Assmann/Peiffer
Energiewirtschaftsgesetz

Assmann/Peiffer
Energiewirtschaftsgesetz

Energie-wirtschaftsgesetz

Kommentar

Herausgegeben von

Dr. Lukas Assmann

Rechtsanwalt, München

Dr. Max Peiffer

Rechtsanwalt, München

2024

Zitiervorschlag:
Assmann/Peiffer EnWG/Bearbeiter/-in EnWG § 1 Rn. 1

www.beck.de

ISBN 978 3 406 81212 5

© 2024 Verlag C. H. Beck oHG
Wilhelmstraße 9, 80801 München
Druck: Beltz Grafische Betriebe GmbH
Am Fliegerhorst 8, 99947 Bad Langensalza

Satz: Meta Systems Publishing & Printservices GmbH, Wustermark
Umschlaggestaltung: Druckerei C.H. Beck Nördlingen

chbeck.de/nachhaltig

Gedruckt auf säurefreiem, alterungsbeständigem Papier
(hergestellt aus chlorfrei gebleichtem Zellstoff)

Alle urheberrechtlichen Nutzungsrechte bleiben vorbehalten.
Der Verlag behält sich auch das Recht vor, Vervielfältigungen dieses Werkes
zum Zwecke des Text and Data Mining vorzunehmen.

Verzeichnis der Bearbeiterinnen und Bearbeiter

Markus Adam, LL.M.	General Counsel, LichtBlick SE, Hamburg
Dr. Lukas Assmann	RA, AssmannPeiffer, München
Dr. Max Baumgart	Assistant Professor, Tilburg University, Tilburg Institute for Law, Technology, and Society (TILT)
Dr. Daniel Breuer	RA, Osborne Clarke, Köln
Michael Englmann	Regulierungskammer des Freistaates Bayern
Christoph Fischer	50Hertz Transmission GmbH
Dr. Simon Groneberg	RA, Ashurst, Frankfurt a.M.
Johannes Groß	RA, Latham & Watkins, Frankfurt a.M.
Sascha Grüner	Bundesnetzagentur, Bonn
Prof. Dr. Jörg Gundel	Universität Bayreuth, Lehrstuhl für Öffentliches Recht, Völker- und Europarecht
Kathrin Hartung	Bereichsleiterin Recht, Markt & Politik, bayernets GmbH, München
Lukas Haun	RA, Becker Büttner Held, Erfurt
Mareike Hebrock, LL.M.	RAin, GSK Stockmann, Hamburg
Dr. Guido Hermeier	Leiter Recht Netzinfrastruktur, Amprion GmbH, Dortmund
Simon Hillmann	RA, AssmannPeiffer, Berlin
Jonas Hilsmann	Amprion GmbH, Dortmund
Patrick Jäger	RA, Noerr, Berlin
Dr. Matthias Jenn	Geschäftsführer, bayernets GmbH, München
Lara Kalinna	Amprion GmbH, Dortmund
Ryan Kelly	Öko-Institut e.V. (Freiburg) und Institut für Volkswirtschaftslehre und Recht, Universität Stuttgart
Dr. Lars Kindler	RA, Gleiss Lutz, Düsseldorf
Prof. Dr. Matthias Knauff, LL.M. Eur.	Friedrich-Schiller-Universität Jena, Lehrstuhl für Öffentliches Recht, insbesondere Öffentliches Wirtschaftsrecht
Dr. Steffen Knepper	RA, Baker Tilly, Düsseldorf
Dr. Carolin König	RAin, AssmannPeiffer, München
Dr. Berthold Kremm	Vorsitzender der Regulierungskammer des Landes Nordrhein-Westfalen, Düsseldorf
Dr. Stefan Kresse	Regulierungskammer des Freistaates Bayern
Christian Marquering, LL.M.Eur.	ONTRAS Gastransport GmbH, Leipzig
Dr. Jule Martin	RAin, Osborne Clarke, Hamburg
Ulrike Pastohr	Richterin am Oberlandesgericht Düsseldorf
Dr. Max Peiffer	RA, AssmannPeiffer, München
Prof. Dr. Johann-Christian Pielow	Ruhr-Universität Bochum, Institut für Berg- und Energierecht
Dr. Raphael Pompl	RA, Dolde Mayen & Partner, Stuttgart
Dr. Thorsten Pries	Bundesnetzagentur, Bonn
Dr. Thilo Richter	RA, Leitfeld, Köln
Steffen Riege	Leiter Recht, Compliance und Interne Revision, ONTRAS Gastransport GmbH, Leipzig
Andreas Rietzler	RA, Kapellmann und Partner, Berlin
Dr. Marc Ruttloff	RA, Gleiss Lutz, Stuttgart
Dr. Mirko Sauer	RA, BDO Legal, Berlin
Martin Schacht	Richter, Dessau-Roßlau
Sebastian Schnurre	RA, AssmannPeiffer, Berlin
Dr. Christoph Sieberg	RA, Leitfeld, Köln

Verzeichnis der Bearbeiterinnen und Bearbeiter

Dr. Tobias Strobel	Bayerisches Staatsministerium für Wirtschaft, Landesentwicklung und Energie, München
Dr. Angelo Vallone	RA, Luther, Düsseldorf
Katrin van Rossum	Vorsitzende Richterin am Oberlandesgericht Düsseldorf
Dr. Valerian von Richthofen	RA, Pinsent Masons, Düsseldorf
Pascal Wagenführ, LL.M. ..	RA, Latham & Watkins, Frankfurt a.M.
Moritz Wegner, LL.M.	Open Grid Europe GmbH, Essen
Dr. Hendrik Wessling, LL.M.	RA, Freshfields Bruckhaus Deringer, Düsseldorf
Prof. Dr. Daniela Winkler .	Universität Stuttgart, Institut für Volkswirtschaftslehre und Recht
Dr. Marc Zeccola	Universität Stuttgart, Institut für Volkswirtschaftslehre und Recht

Vorwort

Der Energiemarkt befindet sich in einem grundlegenden und langfristigen Transformationsprozess. Das macht sich insbesondere im Energiewirtschaftsgesetz (EnWG) bemerkbar, das den Kernbestand der energierechtlichen Regelungen enthält und als „Grundgesetz" der leitungsgebundenen Energieversorgung gelten kann. Die großen Herausforderungen, vor denen die Energiewirtschaft steht, lassen sich insbesondere an den zahlreichen und kaum noch zu überblickenden Novellen ablesen, die das EnWG in jüngster Zeit erfahren hat. Diese sind zunehmend getrieben durch die Bemühungen um Klimaschutz. Daneben bedingt vor allem europäisches Recht den stetigen Wandel des Gesetzes. In jüngster Zeit haben zudem Vorschriften zur Bewältigung der sog. Energiekrise Einzug gehalten, die durch den russischen Angriffskrieg auf die Ukraine ausgelöst worden ist.

Unter besonderer Berücksichtigung all dieser aktuellen Entwicklung wird das EnWG in dem vorliegenden Werk umfassend und praxisnah kommentiert. Die Kommentierung bezieht sich auf die am 1. September 2023 (Redaktionsschluss) geltende Fassung des Gesetzes und ist gleichermaßen für die praktische Rechtsanwendung wie die wissenschaftliche Befassung gedacht.

Alle Texte entstammen dem Online-Kommentar BeckOK EnWG in dessen aktueller achter Edition. Seit seinem erstmaligen Erscheinen vor über zwei Jahren hat sich der BeckOK EnWG in kurzer Zeit zu einem energierechtlichen Standardwerk entwickelt. Das ist insbesondere an den vielen, auch letztinstanzlichen Gerichtsentscheidungen erkennbar, die aus dem BeckOK EnWG zitieren. Seine gute Aufnahme in Wissenschaft und Praxis rechtfertigt es, den Online-Kommentar nun als Printfassung zu veröffentlichen. Natürlich werden wir weiterhin den Online-Kommentar herausgeben und in der gewohnten Taktung aktualisieren, um stets den aktuellen Rechtszustand abzubilden.

Die Kommentierung wurde durch eine Vielzahl von Autorinnen und Autoren aus Praxis, Wissenschaft und Regulierungsverwaltung erstellt. Die Autorinnen und Autoren haben sich nicht nur der Herausforderung gestellt, eine hochwertige Kommentierung vorzulegen, sondern werden auch die zukünftigen Entwicklungen des EnWG zeitnah im BeckOK durch laufende Aktualisierungen begleiten. Wir sind daher unserer gesamten Autorenschaft für die fristgerechte und vorzügliche Arbeit sowie ihre langfristige Bereitschaft zur Weiterentwicklung dieses Werkes zu tiefem Dank verpflichtet.

Für die Erstellung dieses Werkes gilt unser herzlicher Dank schließlich Herrn Dr. Johannes Wasmuth und Herrn Dr. Philipp Thomé sowie ihren Mitarbeitern beim Verlag C.H.BECK, die die vorliegende Veröffentlichung bestmöglich betreut haben.

Anregungen und Hinweise auf nie vollständig auszuschließende Fehler sind ausdrücklich erwünscht und werden erbeten an assmann@assmann-peiffer.de oder peiffer@assmann-peiffer.de.

München, Oktober 2023

Dr. Lukas Assmann
Dr. Max Peiffer

Inhaltsverzeichnis

	Seite
Verzeichnis der Bearbeiterinnen und Bearbeiter	V
Vorwort	VII
Abkürzungsverzeichnis	XIX
Verzeichnis der abgekürzt zitierten Literatur	XXVII

Gesetz über die Elektrizitäts- und Gasversorgung
Teil 1. Allgemeine Vorschriften

§ 1	Zweck und Ziele des Gesetzes	1
§ 1a	Grundsätze des Strommarktes	15
§ 2	Aufgaben der Energieversorgungsunternehmen	22
§ 3	Begriffsbestimmungen	26
§ 3 Nr. 1	(Abrechnungsinformationen)	35
§ 3 Nr. 1a	(Aggregatoren)	35
§ 3 Nr. 1b	(Ausgleichsleistungen)	36
§ 3 Nr. 1c	(Ausspeisekapazität)	37
§ 3 Nr. 1d	(Ausspeisepunkt)	38
§ 3 Nr. 2	(Betreiber von Elektrizitätsversorgungsnetzen)	38
§ 3 Nr. 3	(Betreiber von Elektrizitätsverteilernetzen)	39
§ 3 Nr. 4	(Betreiber von Energieversorgungsnetzen)	41
§ 3 Nr. 5	(Betreiber von Fernleitungsnetzen)	41
§ 3 Nr. 6	(Betreiber von Gasspeicheranlagen)	42
§ 3 Nr. 7	(Betreiber von Gasversorgungsnetzen)	43
§ 3 Nr. 8	(Betreiber von Gasverteilernetzen)	44
§ 3 Nr. 9	(Betreiber von LNG-Anlagen)	44
§ 3 Nr. 9a	(Betreiber technischer Infrastrukturen)	45
§ 3 Nr. 10	(Betreiber von Übertragungsnetzen)	46
§ 3 Nr. 10a	(Betreiber von Übertragungsnetzen mit Regelzonenverantwortung)	47
§ 3 Nr. 10b	(Betreiber von Wasserstoffnetzen)	48
§ 3 Nr. 10c	(Betreiber von Wasserstoffspeicheranlagen)	48
§ 3 Nr. 10d	(Bilanzkreis)	49
§ 3 Nr. 10e	(Bilanzzone)	49
§ 3 Nr. 10f	(Biogas)	50
§ 3 Nr. 11	(dezentrale Erzeugungsanlage)	53
§ 3 Nr. 12	(Direktleitung)	54
§ 3 Nr. 13	(Eigenanlagen)	57
§ 3 Nr. 13a	(Einspeisekapazität)	57
§ 3 Nr. 13b	(Einspeisepunkt)	58
§ 3 Nr. 14	(Energie)	59
§ 3 Nr. 15	(Energieanlagen)	60
§ 3 Nr. 15a	(Energiederivate)	62
§ 3 Nr. 15b	(Energieeffizienzmaßnahmen)	63
§ 3 Nr. 15c	(Energielieferant)	63
§ 3 Nr. 15d	(Energiespeicheranlage)	63
§ 3 Nr. 16	(Energieversorgungsnetze)	64
§ 3 Nr. 17	(Energieversorgungsnetze der allgemeinen Versorgung)	67
§ 3 Nr. 18	(Energieversorgungsunternehmen)	68
§ 3 Nr. 18a	(Energieversorgungsvertrag)	70
§ 3 Nr. 18b	(Erlösobergrenze)	70
§ 3 Nr. 18c	(erneuerbare Energien)	71
§ 3 Nr. 18d	(Erzeugungsanlage)	71

Inhaltsverzeichnis

		Seite
§ 3 Nr. 18e	(europäische Strommärkte)	72
§ 3 Nr. 19	(Fernleitung)	73
§ 3 Nr. 19a	(Gas)	73
§ 3 Nr. 19b	(Gaslieferant)	76
§ 3 Nr. 19c	(Gasspeicheranlage)	77
§ 3 Nr. 19d	(Gasverbindungsleitungen mit Drittstaaten)	78
§ 3 Nr. 20	(Gasversorgungsnetze)	78
§ 3 Nr. 20a	(grenzüberschreitende Elektrizitätsverbindungsleitungen)	80
§ 3 Nr. 21	(Großhändler)	80
§ 3 Nr. 21a	(H-Gasversorgungsnetz)	80
§ 3 Nr. 22	(Haushaltskunden)	81
§ 3 Nr. 23	(Hilfsdienste)	82
§ 3 Nr. 23a	(Kleinstunternehmen)	83
§ 3 Nr. 24	(Kunden)	83
§ 3 Nr. 24a	(Kundenanlagen)	83
§ 3 Nr. 24b	(Kundenanlagen zur betrieblichen Eigenversorgung)	91
§ 3 Nr. 24c	(L-Gasversorgungsnetz)	93
§ 3 Nr. 24d	(landseitige Stromversorgung)	94
§ 3 Nr. 24e	(Landstromanlagen)	94
§ 3 Nr. 25	(Letztverbraucher)	95
§ 3 Nr. 26	(LNG-Anlage)	97
§ 3 Nr. 26a	(Marktgebietsverantwortlicher)	98
§ 3 Nr. 26b	(Messstellenbetreiber)	99
§ 3 Nr. 26c	(Messstellenbetrieb)	99
§ 3 Nr. 26d	(Messung)	100
§ 3 Nr. 27	(Netzbetreiber)	100
§ 3 Nr. 28	(Netznutzer)	100
§ 3 Nr. 29	(Netzpufferung)	101
§ 3 Nr. 29a	(neue Infrastruktur)	101
§ 3 Nr. 29b	(oberste Unternehmensleitung)	101
§ 3 Nr. 29c	(Offshore-Anbindungsleitungen)	102
§ 3 Nr. 29d	(örtliches Verteilernetz)	102
§ 3 Nr. 30	(Regelzone)	103
§ 3 Nr. 31	(selbstständige Betreiber von grenzüberschreitenden Elektrizitätsverbindungsleitungen)	103
§ 3 Nr. 31a	(Stromlieferanten)	104
§ 3 Nr. 31b	(Stromliefervertrag mit dynamischen Tarifen)	105
§ 3 Nr. 31c	(Teilnetz)	105
§ 3 Nr. 31d	(Transportkunde)	106
§ 3 Nr. 31e	(Transportnetzbetreiber)	106
§ 3 Nr. 31f	(Transportnetz)	106
§ 3 Nr. 32	(Übertragung)	107
§ 3 Nr. 33	(Umweltverträglichkeit)	107
§ 3 Nr. 33a	(Unternehmensleitung)	108
§ 3 Nr. 34	(Verbindungsleitungen)	108
§ 3 Nr. 35	(Verbundnetz)	109
§ 3 Nr. 35a	(Versorgeranteil)	110
§ 3 Nr. 36	(Versorgung)	110
§ 3 Nr. 37	(Verteilung)	111
§ 3 Nr. 38	(vertikal integriertes Unternehmen)	112
§ 3 Nr. 38a	(volatile Erzeugung)	115
§ 3 Nr. 38b	(vollständig integrierte Netzkomponenten)	116
§ 3 Nr. 39	(vorgelagertes Rohrleitungsnetz)	116
§ 3 Nr. 39a	(Wasserstoffnetz)	117
§ 3 Nr. 39b	(Wasserstoffspeicheranlagen)	120
§ 3 Nr. 40	(Winterhalbjahr)	120

Inhaltsverzeichnis

Seite

§ 3a	Verhältnis zum Eisenbahnrecht	121
§ 4	Genehmigung des Netzbetriebs	123
§ 4a	Zertifizierung und Benennung des Betreibers eines Transportnetzes	133
§ 4b	Zertifizierung in Bezug auf Drittstaaten	144
§ 4c	Pflichten der Transportnetzbetreiber	151
§ 4d	Widerruf der Zertifizierung nach § 4a, nachträgliche Versehung mit Auflagen	156
§ 5	Anzeige der Energiebelieferung	159
§ 5a	Speicherungspflichten, Veröffentlichung von Daten	169
§ 5b	Anzeige von Verdachtsfällen, Verschwiegenheitspflichten	172

Teil 2. Entflechtung
Abschnitt 1. Gemeinsame Vorschriften für Verteilernetzbetreiber und Transportnetzbetreiber

§ 6	Anwendungsbereich und Ziel der Entflechtung	175
§ 6a	Verwendung von Informationen	190
§ 6b	Rechnungslegung und Buchführung	198
§ 6c	Ordnungsgeldvorschriften	214
§ 6d	Betrieb eines Kombinationsnetzbetreibers	216

Abschnitt 2. Entflechtung von Verteilernetzbetreibern und Betreibern von Speicheranlagen

§ 7	Rechtliche Entflechtung von Verteilernetzbetreibern	217
§ 7a	Operationelle Entflechtung von Verteilernetzbetreibern	227
§ 7b	Entflechtung von Gasspeicheranlagenbetreibern und Transportnetzeigentümern	249
§ 7c	Ausnahme für Ladepunkte für Elektromobile; Verordnungsermächtigung	251

Abschnitt 3. Besondere Entflechtungsvorgaben für Transportnetzbetreiber

§ 8	Eigentumsrechtliche Entflechtung	257
§ 9	Unabhängiger Systembetreiber	269
§ 10	Unabhängiger Transportnetzbetreiber	278
§ 10a	Vermögenswerte, Anlagen, Personalausstattung, Unternehmensidentität des Unabhängigen Transportnetzbetreibers	284
§ 10b	Rechte und Pflichten im vertikal integrierten Unternehmen	298
§ 10c	Unabhängigkeit des Personals und der Unternehmensleitung des Unabhängigen Transportnetzbetreibers	311
§ 10d	Aufsichtsrat des Unabhängigen Transportnetzbetreibers	325
§ 10e	Gleichbehandlungsprogramm und Gleichbehandlungsbeauftragter des Unabhängigen Transportnetzbetreibers	330

Teil 3. Regulierung des Netzbetriebs
Abschnitt 1. Aufgaben der Netzbetreiber

§ 11	Betrieb von Energieversorgungsnetzen	339
§ 11a	Ausschreibung von Energiespeicheranlagen, Festlegungskompetenz	381
§ 11b	Ausnahme für Energiespeicheranlagen, Festlegungskompetenz	383
§ 11c	Überragendes öffentliches Interesse für Anlagen zur Speicherung elektrischer Energie	386
§ 12	Aufgaben der Betreiber von Elektrizitätsversorgungsnetzen, Verordnungsermächtigung	387
§ 12a	Szenariorahmen für die Netzentwicklungsplanung	402
§ 12b	Erstellung des Netzentwicklungsplans durch die Betreiber von Übertragungsnetzen	413
§ 12c	Prüfung und Bestätigung des Netzentwicklungsplans durch die Regulierungsbehörde	426

XI

Inhaltsverzeichnis

		Seite
§ 12d	Umsetzungsbericht der Übertragungsnetzbetreiber und Monitoring durch die Regulierungsbehörde	447
§ 12e	Bundesbedarfsplan	449
§ 12f	Herausgabe von Daten	457
§ 12g	Schutz europäisch kritischer Anlagen, Verordnungsermächtigung	467
§ 12h	Marktgestützte Beschaffung nicht frequenzgebundener Systemdienstleistungen	477
§ 13	Systemverantwortung der Betreiber von Übertragungsnetzen	486
§ 13a	Erzeugungsanpassung und ihr bilanzieller und finanzieller Ausgleich	509
§ 13b	Stilllegungen von Anlagen	526
§ 13c	Vergütung bei geplanten Stilllegungen von Anlagen	536
§ 13d	Netzreserve	545
§ 13e	Kapazitätsreserve	567
§ 13f	Systemrelevante Gaskraftwerke	583
§ 13g	Stilllegung von Braunkohlekraftwerken	591
§ 13h	Verordnungsermächtigung zur Kapazitätsreserve	600
§ 13i	Weitere Verordnungsermächtigungen	605
§ 13j	Festlegungskompetenzen	612
§ 14	Aufgaben der Betreiber von Elektrizitätsverteilernetzen	620
§ 14a	Netzorientierte Steuerung von steuerbaren Verbrauchseinrichtungen und steuerbaren Netzanschlüssen; Festlegungskompetenzen	628
§ 14b	Steuerung von vertraglichen Abschaltvereinbarungen, Verordnungsermächtigung	637
§ 14c	Marktgestützte Beschaffung von Flexibilitätsdienstleistungen im Elektrizitätsverteilernetz; Festlegungskompetenz	640
§ 14d	Netzausbaupläne, Verordnungsermächtigung; Festlegungskompetenz	644
§ 14e	Gemeinsame Internetplattform; Festlegungskompetenz	654
§ 15	Aufgaben der Betreiber von Fernleitungsnetzen	658
§ 15a	Netzentwicklungsplan der Fernleitungsnetzbetreiber	664
§ 15b	Umsetzungsbericht der Fernleitungsnetzbetreiber	676
§ 16	Systemverantwortung der Betreiber von Fernleitungsnetzen	677
§ 16a	Aufgaben der Betreiber von Gasverteilernetzen	695

Abschnitt 2. Netzanschluss

§ 17	Netzanschluss, Verordnungsermächtigung	697
§ 17a	Bundesfachplan Offshore des Bundesamtes für Seeschifffahrt und Hydrographie	709
§ 17b	Offshore-Netzentwicklungsplan	719
§ 17c	Prüfung und Bestätigung des Offshore-Netzentwicklungsplans durch die Regulierungsbehörde sowie Offshore-Umsetzungsbericht der Übertragungsnetzbetreiber	726
§ 17d	Umsetzung der Netzentwicklungspläne und des Flächenentwicklungsplans	731
§ 17e	Entschädigung bei Störungen oder Verzögerung der Anbindung von Offshore-Anlagen	748
§ 17f	Belastungsausgleich	758
§ 17g	Haftung für Sachschäden an Windenergieanlagen auf See	765
§ 17h	Abschluss von Versicherungen	766
§ 17i	Evaluierung	767
§ 17j	Verordnungsermächtigung	768
§ 18	Allgemeine Anschlusspflicht	770
§ 19	Technische Vorschriften	778
§ 19a	Umstellung der Gasqualität; Verordnungsermächtigung	785

Abschnitt 3. Netzzugang

§ 20	Zugang zu den Energieversorgungsnetzen	791
§ 20a	Lieferantenwechsel	811

Inhaltsverzeichnis

		Seite
§ 21	Bedingungen und Entgelte für den Netzzugang	815
§ 21a	Regulierungsvorgaben für Anreize für eine effiziente Leistungserbringung; Verordnungsermächtigung	821
§ 21b	Sondervorschriften für regulatorische Ansprüche und Verpflichtungen der Transportnetzbetreiber; Festlegungskompetenz	845
§ 22	Beschaffung der Energie zur Erbringung von Ausgleichsleistungen	850
§ 23	Erbringung von Ausgleichsleistungen	854
§ 23a	Genehmigung der Entgelte für den Netzzugang	856
§ 23b	Veröffentlichungen der Regulierungsbehörde; Festlegungskompetenz	860
§ 23c	Veröffentlichungspflichten der Netzbetreiber	869
§ 23d	Verordnungsermächtigung zur Transparenz der Kosten und Entgelte für den Zugang zu Energieversorgungsnetzen	876
§ 24	Regelungen zu den Netzzugangsbedingungen, Entgelten für den Netzzugang sowie zur Erbringung und Beschaffung von Ausgleichsleistungen; Verordnungsermächtigung	878
§ 24a	Schrittweise Angleichung der Übertragungsnetzentgelte; Bundeszuschüsse; Festlegungskompetenz	885
§ 24b	Zuschuss zur anteiligen Finanzierung der Übertragungsnetzkosten; Zahlungsmodalitäten	889
§ 25	Ausnahmen vom Zugang zu den Gasversorgungsnetzen im Zusammenhang mit unbedingten Zahlungsverpflichtungen	892
§ 26	Zugang zu LNG-Anlagen, vorgelagerten Rohrleitungsnetzen und Gasspeicheranlagen im Bereich der leitungsgebundenen Versorgung mit Erdgas	896
§ 27	Zugang zu den vorgelagerten Rohrleitungsnetzen	899
§ 28	Zugang zu Gasspeicheranlagen; Verordnungsermächtigung	902
§ 28a	Neue Infrastrukturen	906
§ 28b	Bestandsleitungen zwischen Deutschland und einem Drittstaat	910
§ 28c	Technische Vereinbarungen über den Betrieb von Gasverbindungsleitungen mit Drittstaaten	918

Abschnitt 3a. Sondervorschriften für selbstständige Betreiber von grenzüberschreitenden Elektrizitätsverbindungsleitungen

§ 28d	Anwendungsbereich	920
§ 28e	Grundsätze der Netzkostenermittlung	922
§ 28f	Feststellung der Netzkosten durch die Bundesnetzagentur	923
§ 28g	Zahlungsanspruch zur Deckung der Netzkosten	925
§ 28h	Anspruch auf Herausgabe von Engpasserlösen	928
§ 28i	Verordnungsermächtigung	930

Abschnitt 3b. Regulierung von Wasserstoffnetzen

§ 28j	Anwendungsbereich der Regulierung von Wasserstoffnetzen	933
§ 28k	Rechnungslegung und Buchführung	937
§ 28l	Ordnungsgeldvorschriften	938
§ 28m	Entflechtung	939
§ 28n	Anschluss und Zugang zu den Wasserstoffnetzen; Verordnungsermächtigung	948
§ 28o	Bedingungen und Entgelte für den Netzzugang; Verordnungsermächtigung	953
§ 28p	Ad-hoc Prüfung der Bedarfsgerechtigkeit von Wasserstoffnetzinfrastrukturen	955
§ 28q	Bericht zur erstmaligen Erstellung des Netzentwicklungsplans Wasserstoff	959

Abschnitt 4. Befugnisse der Regulierungsbehörde, Sanktionen

§ 29	Verfahren zur Festlegung und Genehmigung	962
§ 30	Missbräuchliches Verhalten eines Netzbetreibers	974
§ 31	Besondere Missbrauchsverfahren der Regulierungsbehörde	985
§ 32	Unterlassungsanspruch, Schadensersatzpflicht	993
§ 33	Vorteilsabschöpfung durch die Regulierungsbehörde	1000
§ 34	(aufgehoben)	1004

Inhaltsverzeichnis

		Seite
§ 35	Monitoring und ergänzende Informationen	1004
§ 35a	Allgemeines	1009
§ 35b	Füllstandsvorgaben; Bereitstellung ungenutzter Speicherkapazitäten; Verordnungsermächtigung	1012
§ 35c	Ausschreibung von strategischen Optionen zur Vorhaltung von Gas; ergänzende Maßnahmen zur Gewährleistung der Versorgungssicherheit	1019
§ 35d	Freigabeentscheidung	1021
§ 35e	Umlage der Kosten des Marktgebietsverantwortlichen; Finanzierung	1025
§ 35f	Evaluierung	1027
§ 35g	Inkrafttreten, Außerkrafttreten	1027
§ 35h	Außerbetriebnahme und Stilllegung von Gasspeichern	1028

Teil 4. Energielieferung an Letztverbraucher

§ 36	Grundversorgungspflicht	1036
§ 37	Ausnahmen von der Grundversorgungspflicht	1045
§ 38	Ersatzversorgung mit Energie	1049
§ 39	Allgemeine Preise und Versorgungsbedingungen	1054
§ 40	Inhalt von Strom- und Gasrechnungen; Festlegungskompetenz	1057
§ 40a	Verbrauchsermittlung für Strom- und Gasrechnungen	1061
§ 40b	Rechnungs- und Informationszeiträume	1064
§ 40c	Zeitpunkt und Fälligkeit von Strom- und Gasrechnungen	1068
§ 41	Energielieferverträge mit Letztverbrauchern	1069
§ 41a	Lastvariable, tageszeitabhängige oder dynamische und sonstige Stromtarife	1077
§ 41b	Energielieferverträge mit Haushaltskunden außerhalb der Grundversorgung; Verordnungsermächtigung	1080
§ 41c	Vergleichsinstrumente bei Energielieferungen	1085
§ 41d	Erbringung von Dienstleistungen außerhalb bestehender Liefer- oder Bezugsverträge; Festlegungskompetenz	1088
§ 41e	Verträge zwischen Aggregatoren und Betreibern einer Erzeugungsanlage oder Letztverbrauchern	1091
§ 42	Stromkennzeichnung, Transparenz der Stromrechnungen, Verordnungsermächtigung	1092
§ 42a	Mieterstromverträge	1100

Teil 5. Planfeststellung, Wegenutzung

§ 43	Erfordernis der Planfeststellung	1108
§ 43a	Anhörungsverfahren	1136
§ 43b	Planfeststellungsbeschluss, Plangenehmigung	1142
§ 43c	Rechtswirkungen der Planfeststellung und Plangenehmigung	1147
§ 43d	Planänderung vor Fertigstellung des Vorhabens	1149
§ 43e	Rechtsbehelfe	1152
§ 43f	Änderungen im Anzeigeverfahren	1155
§ 43g	Projektmanager	1173
§ 43h	Ausbau des Hochspannungsnetzes	1178
§ 43i	Überwachung	1191
§ 43j	Leerrohre für Hochspannungsleitungen	1195
§ 43k	Zurverfügungstellung von Geodaten	1198
§ 43l	Regelungen zum Auf- und Ausbau von Wasserstoffnetzen	1211
§ 43m	Anwendbarkeit von Artikel 6 der Verordnung (EU) 2022/2577	1226
§ 44	Vorarbeiten	1234
§ 44a	Veränderungssperre, Vorkaufsrecht	1247
§ 44b	Vorzeitige Besitzeinweisung	1255
§ 44c	Zulassung des vorzeitigen Baubeginns	1271
§ 45	Enteignung	1285
§ 45a	Entschädigungsverfahren	1304
§ 45b	Parallelführung von Planfeststellungs- und Enteignungsverfahren	1308

Inhaltsverzeichnis

Seite

§ 46	Wegenutzungsverträge	1311
§ 46a	Auskunftsanspruch der Gemeinde	1335
§ 47	Rügeobliegenheit, Präklusion	1339
§ 48	Konzessionsabgaben	1348

Teil 6. Sicherheit und Zuverlässigkeit der Energieversorgung

§ 49	Anforderungen an Energieanlagen	1354
§ 49a	Elektromagnetische Beeinflussung	1369
§ 49b	Temporäre Höherauslastung	1379
§ 50	Vorratshaltung zur Sicherung der Energieversorgung	1385
§ 50a	Maßnahmen zur Ausweitung des Stromerzeugungsangebots, befristete Teilnahme am Strommarkt von Anlagen aus der Netzreserve; Verordnungsermächtigung	1388
§ 50b	Maßnahmen zur Ausweitung des Stromerzeugungsangebots, Pflicht zur Betriebsbereitschaft und Brennstoffbevorratung für die befristete Teilnahme am Strommarkt von Anlagen aus der Netzreserve	1392
§ 50c	Maßnahmen zur Ausweitung des Stromerzeugungsangebots, Ende der befristeten Teilnahme am Strommarkt und ergänzende Regelungen zur Kostenerstattung	1397
§ 50d	Maßnahmen zur Ausweitung des Stromerzeugungsangebots, befristete Versorgungsreserve Braunkohle; Verordnungsermächtigung	1399
§ 50e	Verordnungsermächtigung zu Maßnahmen zur Ausweitung des Stromerzeugungsangebots und Festlegungskompetenz der Bundesnetzagentur	1401
§ 50f	Verordnungsermächtigung für Maßnahmen zur Reduzierung der Gasverstromung zur reaktiven und befristeten Gaseinsparung	1403
§ 50g	Flexibilisierung der Gasbelieferung	1405
§ 50h	Vertragsanalyse der Gaslieferanten für Letztverbraucher	1406
§ 50i	Verhältnis zum Energiesicherungsgesetz	1407
§ 50j	Evaluierung der Maßnahmen nach den §§ 50a bis 50h	1407
§ 51	Monitoring der Versorgungssicherheit	1408
§ 51a	Monitoring des Lastmanagements	1416
§ 52	Meldepflichten bei Versorgungsstörungen	1418
§ 53	Ausschreibung neuer Erzeugungskapazitäten im Elektrizitätsbereich	1422
§ 53a	Sicherstellung der Versorgung von Haushaltskunden mit Erdgas	1425

Teil 7. Behörden
Abschnitt 1. Allgemeine Vorschriften

§ 54	Allgemeine Zuständigkeit	1430
§ 54a	Zuständigkeiten gemäß der Verordnung (EU) Nr. 2017/1938, Verordnungsermächtigung	1567
§ 54b	Zuständigkeiten gemäß der Verordnung (EU) 2019/941, Verordnungsermächtigung	1572
§ 55	Bundesnetzagentur, Landesregulierungsbehörde und nach Landesrecht zuständige Behörde	1575
§ 56	Tätigwerden der Bundesnetzagentur beim Vollzug des europäischen Rechts	1577
§ 57	Zusammenarbeit mit Regulierungsbehörden anderer Mitgliedstaaten, der Agentur für die Zusammenarbeit der Energieregulierungsbehörden und der Europäischen Kommission	1580
§ 57a	Überprüfungsverfahren	1589
§ 57b	Zuständigkeit für regionale Koordinierungszentren; Festlegungskompetenz	1595
§ 58	Zusammenarbeit mit den Kartellbehörden	1598
§ 58a	Zusammenarbeit zur Durchführung der Verordnung (EU) Nr. 1227/2011	1605
§ 58b	Beteiligung der Bundesnetzagentur und Mitteilungen in Strafsachen	1613

Abschnitt 2. Bundesbehörden

§ 59	Organisation	1617

Inhaltsverzeichnis

		Seite
§ 60	Aufgaben des Beirates	1629
§ 60a	Aufgaben des Länderausschusses	1632
§ 61	Veröffentlichung allgemeiner Weisungen des Bundesministeriums für Wirtschaft und Energie	1636
§ 62	Gutachten der Monopolkommission	1641
§ 63	Berichterstattung	1647
§ 64	Wissenschaftliche Beratung	1656
§ 64a	Zusammenarbeit zwischen den Regulierungsbehörden	1661

Teil 8. Verfahren und Rechtsschutz bei überlangen Gerichtsverfahren
Abschnitt 1. Behördliches Verfahren

§ 65	Aufsichtsmaßnahmen	1664
§ 66	Einleitung des Verfahrens, Beteiligte	1669
§ 66a	Vorabentscheidung über Zuständigkeit	1673
§ 67	Anhörung, mündliche Verhandlung	1675
§ 68	Ermittlungen	1677
§ 68a	Zusammenarbeit mit der Staatsanwaltschaft	1680
§ 69	Auskunftsverlangen, Betretungsrecht	1681
§ 70	Beschlagnahme	1688
§ 71	Betriebs- oder Geschäftsgeheimnisse	1690
§ 71a	Netzentgelte vorgelagerter Netzebenen	1692
§ 72	Vorläufige Anordnungen	1693
§ 73	Verfahrensabschluss, Begründung der Entscheidung, Zustellung	1695
§ 74	Veröffentlichung von Verfahrenseinleitungen und Entscheidungen	1698

Abschnitt 2. Beschwerde

§ 75	Zulässigkeit, Zuständigkeit	1701
§ 76	Aufschiebende Wirkung	1719
§ 77	Anordnung der sofortigen Vollziehung und der aufschiebenden Wirkung	1724
§ 78	Frist und Form	1731
§ 79	Beteiligte am Beschwerdeverfahren	1737
§ 80	Anwaltszwang	1740
§ 81	Mündliche Verhandlung	1742
§ 82	Untersuchungsgrundsatz	1745
§ 83	Beschwerdeentscheidung	1752
§ 83a	Abhilfe bei Verletzung des Anspruchs auf rechtliches Gehör	1773
§ 84	Akteneinsicht	1778
§ 85	Geltung von Vorschriften des Gerichtsverfassungsgesetzes und der Zivilprozessordnung	1788

Abschnitt 3. Rechtsbeschwerde

§ 86	Rechtsbeschwerdegründe	1791
§ 87	Nichtzulassungsbeschwerde	1798
§ 88	Beschwerdeberechtigte, Form und Frist	1801

Abschnitt 4. Gemeinsame Bestimmungen

§ 89	Beteiligtenfähigkeit	1811
§ 90	Kostentragung und -festsetzung	1816
§ 91	Gebührenpflichtige Handlungen	1825
§ 92	aufgehoben	1838
§ 93	Mitteilung der Bundesnetzagentur	1838

Abschnitt 5. Sanktionen, Bußgeldverfahren

§ 94	Zwangsgeld	1840
§ 95	Bußgeldvorschriften	1843

Inhaltsverzeichnis

	Seite
§ 95a Strafvorschriften	1857
§ 95b Strafvorschriften	1861
§ 96 Zuständigkeit für Verfahren wegen der Festsetzung einer Geldbuße gegen eine juristische Person oder Personenvereinigung	1863
§ 97 Zuständigkeiten im gerichtlichen Bußgeldverfahren	1865
§ 98 Zuständigkeit des Oberlandesgerichts im gerichtlichen Verfahren	1867
§ 99 Rechtsbeschwerde zum Bundesgerichtshof	1869
§ 100 Wiederaufnahmeverfahren gegen Bußgeldbescheid	1870
§ 101 Gerichtliche Entscheidungen bei der Vollstreckung	1871

Abschnitt 6. Bürgerliche Rechtsstreitigkeiten

§ 102 Ausschließliche Zuständigkeit der Landgerichte	1872
§ 103 Zuständigkeit eines Landgerichts für mehrere Gerichtsbezirke	1878
§ 104 Benachrichtigung und Beteiligung der Regulierungsbehörde	1880
§ 105 Streitwertanpassung	1882

Abschnitt 7. Gemeinsame Bestimmungen für das gerichtliche Verfahren

§ 106 Zuständiger Senat beim Oberlandesgericht	1887
§ 107 Zuständiger Senat beim Bundesgerichtshof	1891
§ 108 Ausschließliche Zuständigkeit	1893

Teil 9. Sonstige Vorschriften

§ 109 Unternehmen der öffentlichen Hand, Geltungsbereich	1895
§ 110 Geschlossene Verteilernetze	1906
§ 111 Verhältnis zum Gesetz gegen Wettbewerbsbeschränkungen	1996
§ 111a Verbraucherbeschwerden	1999
§ 111b Schlichtungsstelle, Verordnungsermächtigung	2003
§ 111c Zusammentreffen von Schlichtungsverfahren und Missbrauchs- oder Aufsichtsverfahren	2011

Teil 9a. Transparenz

§ 111d Einrichtung einer nationalen Informationsplattform	2013
§ 111e Marktstammdatenregister	2021
§ 111f Verordnungsermächtigung zum Marktstammdatenregister	2032

Teil 10. Evaluierung, Schlussvorschriften

§ 112 Evaluierungsbericht	2044
§ 112a Bericht der Bundesnetzagentur zur Einführung einer Anreizregulierung	2046
§ 112b Berichte des Bundesministeriums für Wirtschaft und Klimaschutz sowie der Bundesnetzagentur zur Evaluierung der Wasserstoffnetzregulierung	2049
§ 113 Laufende Wegenutzungsverträge	2051
§ 113a Überleitung von Wegenutzungsrechten auf Wasserstoffleitungen	2052
§ 113b Umstellung von Erdgasleitungen im Netzentwicklungsplan Gas der Fernleitungsnetzbetreiber	2059
§ 113c Übergangsregelungen zu Sicherheitsanforderungen; Anzeigepflicht und Verfahren zur Prüfung von Umstellungsvorhaben	2061
§ 114 Wirksamwerden der Entflechtungsbestimmungen	2064
§ 115 Bestehende Verträge	2064
§ 116 Bisherige Tarifkundenverträge	2066
§ 117 Konzessionsabgaben für die Wasserversorgung	2067
§ 117a Regelung bei Stromeinspeisung in geringem Umfang	2068
§ 117b Verwaltungsvorschriften	2070
§ 118 Übergangsregelungen	2071
§ 118a Regulatorische Rahmenbedingungen für LNG-Anlagen; Verordnungsermächtigung und Subdelegation	2101

Inhaltsverzeichnis

	Seite
§ 118b Befristete Sonderregelungen für Energielieferverträge mit Haushaltskunden außerhalb der Grundversorgung bei Versorgungsunterbrechungen wegen Nichtzahlung	2107
§ 118c Befristete Notversorgung von Letztverbrauchern im Januar und Februar des Jahres 2023	2122
§ 119 Verordnungsermächtigung für das Forschungs- und Entwicklungsprogramm „Schaufenster intelligente Energie – Digitale Agenda für die Energiewende"	2136
§ 120 Schrittweiser Abbau der Entgelte für dezentrale Einspeisung; Übergangsregelung	2144
§ 121 Außerkrafttreten der §§ 50a bis 50c und 50e bis 50j	2153

Anlage. Berechnung der Vergütung

Anlage (zu § 13g) Berechnung der Vergütung ... 2154

Sachverzeichnis ... 2157

Abkürzungsverzeichnis

aA	andere(r) Ansicht/Auffassung
aaO.	am angegebenen Ort
ABl.	Amtsblatt
abl.	ablehnend
Abs.	Absatz
abw.	abweichend
ACER	Agentur für die Zusammenarbeit der Energieregulierungsbehörden
ACER-VO	Verordnung (EU) 2019/942 des Europäischen Parlaments und des Rates vom 5. Juni 2019 zur Gründung einer Agentur der Europäischen Union für die Zusammenarbeit der Energieregulierungsbehörden
aE	am Ende
AEUV	Vertrag über die Arbeitsweise der Europäischen Union
aF	alte Fassung
AG	Aktiengesellschaft; Amtsgericht
AGB	Allgemeine Geschäftsbedingungen
AktG	Aktiengesetz
allg.	allgemein
Alt.	Alternative
amtl.	amtlich
ÄndG	Änderungsgesetz
Anh.	Anhang
Anl.	Anlage
Anm.	Anmerkung
AO	Abgabenordnung
AöR	Anstalt des öffentlichen Rechts
ARegV	Verordnung über die Anreizregulierung der Energieversorgungsnetze
Art.	Artikel
AT	Allgemeiner Teil
AtG	Atomgesetz
Aufl.	Auflage
ausf.	ausführlich
Ausschuss-Drs.	Ausschussdrucksache
AVBEltV	Verordnung über Allgemeine Bedingungen für die Elektrizitätsversorgung von Tarifkunden
AVBGasV	Verordnung über Allgemeine Bedingungen für die Gasversorgung von Tarifkunden
Az.	Aktenzeichen
BaFin	Bundesanstalt für Finanzdienstleistungsaufsicht
BAG	Bundesarbeitsgericht
BAnz.	Bundesanzeiger
BauGB	Baugesetzbuch
BayGVBl.	Bayerisches Gesetz- und Verordnungsblatt
BB	Betriebs-Berater
BBPlG	Bundesbedarfsplangesetz
Bd.	Band
BDEW	Bundesverband der Energie- und Wasserwirtschaft
BDSG	Bundesdatenschutzgesetz
BEE	Bundesverband Erneuerbarer Energien
Begr.	Begründung
Beil.	Beilage
Beschl.	Beschluss
Betr.	betreffend
BetrVG	Betriebsverfassungsgesetz
BFH	Bundesfinanzhof
BFHE	Entscheidungen des Bundesfinanzhofs
BFO	Bundesfachplan Offshore
BGB	Bürgerliches Gesetzbuch
BGBl.	Bundesgesetzblatt
BGH	Bundesgerichtshof

XIX

Abkürzungsverzeichnis

BGHZ	Entscheidungssammlung des Bundesgerichtshofs in Zivilsachen
BImSchG	Bundes-Immissionsschutzgesetz
BK	Beschlusskammer
BKartA	Bundeskartellamt
Bl.	Blatt
BMDV	Bundesministerium für Digitales und Verkehr
BMF	Bundesministerium der Finanzen
BMI	Bundesministerium des Innern
BMJ	Bundesministerium der Justiz
BMJV	Bundesministerium der Justiz und für Verbraucherschutz (jetzt BMJ)
BMVI	Bundesministerium für Verkehr und digitale Infrastruktur (jetzt BMDV)
BMWi	Bundesministerium für Wirtschaft und Energie (jetzt BMWK)
BMWK	Bundesministerium für Wirtschaft und Klimaschutz
BNAG	Gesetz über die Bundesnetzagentur für Elektrizität, Gas, Telekommunikation, Post und Eisenbahnen
BNetzA	Bundesnetzagentur
BR	Bundesrat
BRD	Bundesrepublik Deutschland
BR-Drs.	Bundesrats-Drucksache
BReg	Bundesregierung
Brem.GBl.	Gesetzblatt Bremen
BSG	Bundessozialgericht
BSH	Bundesamt für Seeschifffahrt und Hydrographie
BSI	Bundesamt für Sicherheit in der Informationstechnik
BSI-KritisV	Verordnung zur Bestimmung Kritischer Infrastrukturen nach dem BSI-Gesetz (BSI-Kritisverordnung)
Bsp.	Beispiel
bspw.	beispielsweise
BT	Bundestag; Besonderer Teil
BT-Drs.	Bundestags-Drucksache
BTOElt	Bundestarifordnung Elektrizität
BT-Prot.	Bundestags-Protokoll
BVerfG	Bundesverfassungsgericht
BVerfGE	Entscheidungssammlung des Bundesverfassungsgerichts
BVerwG	Bundesverwaltungsgericht
BVerwGE	Entscheidungssammlung des Bundesverwaltungsgerichts
BW	Baden-Württemberg
bzgl.	bezüglich
bzw.	beziehungsweise
ca.	circa
CEER	Council of European Energy Regulators
cm	Zentimeter (Maßeinheit der Länge)
CR	Computer und Recht
d.	der/die/das/den/des/durch
DCC	Demand Connection Code
dh	das heißt
diff.	differenziert, differenzierend
DIN	Deutsche Industrienorm
DÖV	Die öffentliche Verwaltung
Drs.	Drucksache
DS-GVO	Datenschutz-Grundverordnung
DuD	Datenschutz und Datensicherung
DVBl.	Deutsches Verwaltungsblatt
DVGW	Deutscher Verein des Gas- und Wasserfaches e. V.
DVO	Durchführungsverordnung
e.V.	eingetragener Verein
EAG	Europäische Atomenergiegemeinschaft
Ed.	Edition
EEG	Erneuerbare-Energien-Gesetz
EEX	European Energy Exchange
EG	Europäische Gemeinschaft
EGKS	Europäische Gemeinschaft für Kohle und Stahl
EGV	Vertrag zur Gründung der Europäischen Gemeinschaft vom 25. 3. 1957
Einl.	Einleitung

Abkürzungsverzeichnis

EKI	Europäische Kritische Infrastrukturen
EKI-RL	Richtlinie 2008/114/EG des Rates vom 8. Dezember 2008 über die Ermittlung und Ausweisung europäischer kritischer Infrastrukturen und die Bewertung der Notwendigkeit, ihren Schutz zu verbessern
EL	Ergänzungslieferung
EltSV	Verordnung zur Sicherung der Elektrizitätsversorgung in einer Versorgungskrise (Elektrizitätssicherungsverordnung)
EMRK	Europäische Menschenrechtskonvention
endg.	endgültig
engl.	englisch
EnLAG	Energieleitungsausbaugesetz
EnSiG	Energiesicherungsgesetz
ENTSO	European Network of Transmission System Operators
ENTSO-E	European Network of Transmission System Operators for Electricity
ENTSO-G	European Network of Transmission System Operators for Gas
EnWG	Energiewirtschaftsgesetz
EnWGKostV	Energiewirtschaftskostenverordnung
EP	Europäisches Parlament
EPSKI	Europäisches Programm für den Schutz kritischer Infrastrukturen
ER	EnergieRecht
ERegG	Eisenbahnregulierungsgesetz
Erg.	Ergebnis, Ergänzung
erg.	ergänzend
et al.	und andere
etc	et cetera (und so weiter)
EU	Europäische Union
EuG	Gericht erster Instanz der Europäischen Gemeinschaften
EuGH	Europäischer Gerichtshof
EUV	Vertrag über die Europäische Union idF des Vertrags von Lissabon
EuZW	Europäische Zeitschrift für Wirtschaftsrecht
evtl.	eventuell
EVU	Energieversorgungsunternehmen
EWeRK	Zweimonatsschrift des Institutes für Energie- und Wettbewerbsrecht in der kommunalen Wirtschaft e. V.
EWG	Europäische Wirtschaftsgemeinschaft
EWR	Europäischer Wirtschaftsraum
f., ff.	folgende Seite bzw. Seiten
FEP	Flächenentwicklungsplan
FFH-RL	Richtlinie 2006/105/EG des Europäischen Parlaments und des Rates vom 21. Mai 1992 zur Erhaltung der natürlichen Lebensräume sowie der wildlebenden Tiere und Pflanzen
FKVO	Fusionskontrollverordnung
Fn.	Fußnote
FS	Festschrift
FStrG	Bundesfernstraßengesetz
g	Gramm (Maßeinheit der Masse)
GasGVV	Verordnung über Allgemeine Bedingungen für die Grundversorgung von Haushaltskunden und die Ersatzversorgung mit Gas aus dem Niederdrucknetz – Gasgrundversorgungsverordnung
GasNEV	Verordnung über die Entgelte für den Zugang zu Gasversorgungsnetzen
GasNZV	Verordnung über den Zugang zu Gasversorgungsnetzen
GBl.	Gesetzblatt
GbR	Gesellschaft bürgerlichen Rechts
GD	Generaldirektion
GD TREN	Generaldirektion Energie und Verkehr
geänd.	geändert
GeLi Gas	Festlegung der Bundesnetzagentur zu Wechselprozessen bei der Belieferung mit Gas
gem.	gemäß
GewO	Gewerbeordnung
GG	Grundgesetz
ggf.	gegebenenfalls
GmbH	Gesellschaft mit beschränkter Haftung

Abkürzungsverzeichnis

GmbH & Co. KG	Gesellschaft mit beschränkter Haftung und Compagnie Kommanditgesellschaft
GMBl.	Gemeinsames Ministerialblatt
GmS-OBG	Gemeinsamer Senat der obersten Gerichtshöfe des Bundes
GO	Gemeindeordnung
GPKE	Festlegung der Bundesnetzagentur zu Wechselprozessen bei der Belieferung mit Elektrizität
grds.	grundsätzlich
GVBl.	Gesetz- und Verordnungsblatt
GVOBl.	Gesetz- und Verordnungsblatt
GWB	Gesetz gegen Wettbewerbsbeschränkungen
GWh	Gigawattstunde
HdB	Handbuch
Herv.	Hervorhebung
HK	Handkommentar
hM	herrschende Meinung
Hs.	Halbsatz
HVDC	High Voltage Direct Current Connection
ID	Identifikationsnummer
idF	in der Fassung
idR	in der Regel
iE	im Ergebnis
iHv	in Höhe von
insbes.	insbesondere
IR	Infrastruktur und Recht
iRd	im Rahmen des/der
iRv	im Rahmen von
iSd	im Sinne des/der
ISO	Internationale Organisation für Normung
iSv	im Sinne von
IT	Informationstechnik
ITO	Independent Transmission Operator
iVm	in Verbindung mit
jew.	jeweils
KAE	Anordnung über die Zulässigkeit von Konzessionsabgaben der Unternehmen und Betriebe zur Versorgung mit Elektrizität, Gas und Wasser an Gemeinden und Gemeindeverbände
KAEAnO	Anordnung über die Zulässigkeit von Konzessionsabgaben der Unternehmen und Betriebe zur Versorgung mit Elektrizität, Gas und Wasser an Gemeinden und Gemeindeverbände
Kap.	Kapitel, Kapital
KAV	Verordnung über Konzessionsabgaben für Strom und Gas
Kfz	Kraftfahrzeug
kg	Kilogramm (Maßeinheit der Masse)
KG	Kommanditgesellschaft; Kammergericht
KGaA	Kommanditgesellschaft auf Aktien
km	Kilometer
KOM	Mitteilung der Kommission
KoV	Kooperationsvereinbarung
KraftNAV	Verordnung zur Regelung des Netzanschlusses von Anlagen zur Erzeugung von elektrischer Energie
krit.	kritisch
KStG	Körperschaftsteuergesetz
kV	Kilovolt
KVBG	Kohleverstromungsbeendigungsgesetz
kW	Kilowatt
KWKG	Kraft-Wärme-Kopplungsgesetz
LAG	Landesarbeitsgericht
LG	Landgericht
lit.	litera
LNG	Liquefied natural gas
Ls.	Leitsatz
LSA	Sachsen-Anhalt
LSG	Landessozialgericht
LSV	Ladesäulenverordnung
lt.	laut
m	Meter (Maßeinheit der Länge)

Abkürzungsverzeichnis

mAnm	mit Anmerkung
MaStRV	Marktstammdatenregisterverordnung
max.	maximal
MBL.	Ministerialblatt
mind.	mindestens
Mio.	Million(en)
MMR	MultiMedia und Recht
Mrd.	Milliarde(n)
MsbG	Messstellenbetriebsgesetz
MV	Mecklenburg-Vorpommern
MW	Megawatt
MWh	Megawattstunde
mwN	mit weiteren Nachweisen
mWv	mit Wirkung vom
N&R	Netzwirtschaften und Recht
Nachw.	Nachweise
NAV	Niederspannungsanschlussverordnung
NC CAM	Verordnung (EU) 2017/459 der Kommission vom 16. März 2017 zur Festlegung eines Netzkodex über Mechanismen für die Kapazitätszuweisung in Fernleitungsnetzen und zur Aufhebung der Verordnung (EU) Nr. 984/2013
NC ER	Network Code Electricity Emergency and Restoration
NDAV	Niederdruckanschlussverordnung
Nds.	Niedersachsen
NELEV	Elektrotechnische-Eigenschaften-Nachweis-Verordnung
NEP	Netzentwicklungsplan
NetzResV	Netzreserveverordnung
nF	neue Fassung
nfSDL	nicht frequenzgebundene Systemdienstleistungen
NJW	Neue Juristische Wochenschrift
Nr.	Nummer
NRW	Nordrhein-Westfalen
nv	nicht veröffentlicht
NVwZ	Neue Zeitschrift für Verwaltungsrecht
NVwZ-RR	Neue Zeitschrift für Verwaltungsrecht – Rechtsprechungs-Report
oÄ	oder Ähnliche/s
OHG	Offene Handelsgesellschaft
OLG	Oberlandesgericht
O-NEP	Offshore-Netzentwicklungsplan
OVG	Oberverwaltungsgericht
PCI	Projects of Common Interests gemäß Verordnung zu Leitlinien für die europäische Energieinfrastruktur
Prot.	Protokoll
R+S	Recht und Steuern im Gas- und Wasserfach
RA	Rechtsanwalt
RdE	Recht der Elektrizitätswirtschaft, seit 1992 Recht der Energiewirtschaft
RefE	Referentenentwurf
RegE	Regierungsentwurf
RegTP	Regulierungsbehörde für Telekommunikation und Post
REMIT-VO	Verordnung (EU) Nr. 1227/2011 des Europäischen Parlaments und des Rates vom 25. Oktober 2011 über die Integrität und Transparenz des Energiegroßhandelsmarkts
ResKV	Verordnung zur Regelung des Verfahrens der Beschaffung einer Netzreserve sowie zur Regelung des Umgangs mit geplanten Stilllegungen von Energieerzeugungsanlagen zur Gewährleistung der Sicherheit und Zuverlässigkeit des Elektrizitätsversorgungssystems (Reservekraftwerksverordnung) vom 27. Juni 2013 (im Zuge des Strommarktgesetzes umbenannt in NetzResV)
RfG	Requirements for Generators
Risikovorsorge-VO	Verordnung (EU) 2019/941 des Europäischen Parlaments und des Rates vom 5. Juni 2019 über Risikovorsorge im Elektrizitätssektor und zur Aufhebung der Richtlinie 2005/89/EG
RL	Richtlinie
Rn.	Randnummer
ROG	Raumordnungsgesetz
Rs.	Rechtssache

XXIII

Abkürzungsverzeichnis

Rspr.	Rechtsprechung
RWE	Rheinisch-Westfälische Elektrizitätswerke
S.	Seite(n), Satz
s.	siehe
Saarl.	Saarland
SchlH	Schleswig-Holstein
SE	Europäische Aktiengesellschaft (Societas Europaea)
SeeAnlV	Seeanlagenverordnung
SINTEGV	Verordnung zur Schaffung eines rechtlichen Rahmens zur Sammlung von Erfahrungen im Förderprogramm „Schaufenster intelligente Energie – Digitale Agenda für die Energiewende"
Slg.	Sammlung
sog.	sogenannt
SoS-VO	Verordnung (EU) 2017/1938 des Europäischen Parlaments und des Rates vom 25. Oktober über Maßnahmen zur Gewährleistung der sicheren Gasversorgung und zur Aufhebung der Verordnung (EU) Nr. 994/2010
StaaV	Stromangebotsausweitungsverordnung
StGB	Strafgesetzbuch
StPO	Strafprozessordnung
StromGVV	Stromgrundversorgungsverordnung
StromNEV	Verordnung über Entgelte für den Zugang zu Elektrizitätsversorgungsnetzen
StromNZV	Verordnung über den Zugang zu Elektrizitätsversorgungsnetzen
StromStG	Stromsteuergesetz
StromStV	Stromsteuerverordnung
stRspr	ständige Rechtsprechung
SÜG	Sicherheitsüberprüfungsgesetz
SUP	Strategische Umweltprüfung
SUP-RL	Richtlinie 2001/42/EG des Europäischen Parlaments und des Rates vom 27. Juni 2001 über die Prüfung der Umweltauswirkungen bestimmter Pläne und Programme
SysStabV	Systemstabilitätsverordnung
TA	Technische Anleitung
TAB	Technische Anschlussbedingungen
TAR	Technische Anschlussregel
TEN-E-VO	Verordnung (EU) Nr. 347/2013 vom 17. 4. 2013 zu Leitlinien für die transeuropäische Energieinfrastruktur und zur Aufhebung der Entscheidung Nr. 1364/2006/EG und zur Änderung der Verordnungen (EG) 713/2009, (EG) 714/2009, (EG) 715/2009
THE	Trading Hub Europe
TKG	Telekommunikationsgesetz
TYNDP	Ten-Year-Network-Development-Plan
u.	und, unter, unten
u.a.	und andere, unter anderem
uÄ	und Ähnliches
UAbs.	Unterabsatz
UCTE	Union for the Co-ordination of Transmission of Electricity
UIG	Umweltinformationsgesetz
UmwG	Umwandlungsgesetz
UmwRG	Umwelt-Rechtsbehelfsgesetz
ÜNB	Übertragungsnetzbetreiber
ÜNSchutzV	Verordnung zum Schutz von Übertragungsnetzen
unzutr.	unzutreffend
Urt.	Urteil
usw	und so weiter
UVPG	Gesetz über die Umweltverträglichkeitsprüfung
UVP-RL	Richtlinie 2011/92/EU des Europäischen Parlaments und des Rates vom 13. Dezember 2011 über die Umweltverträglichkeitsprüfung bei bestimmten öffentlichen und privaten Projekten
UWG	Gesetz gegen den unlauteren Wettbewerb
v.	vom, von
va	vor allem
Var.	Variante
VDE	Verband deutscher Elektrotechniker
VDN	Verband der Netzbetreiber
VerfGH	Verfassungsgerichtshof

Abkürzungsverzeichnis

VersWirt	Versorgungswirtschaft
VG	Verwaltungsgericht
VGH	Verwaltungsgerichtshof
vgl.	vergleiche
VKU	Verband kommunaler Unternehmen e. V.
VNB	Verteilernetzbetreiber
VO	Verordnung
Vogelschutz-RL	Richtlinie 2009/147/EG des Europäischen Parlaments und des Rates vom 20. November 2009 über die Erhaltung er wildlebenden Vogelarten
Vorb.	Vorbemerkung
vs.	versus
VSA	Allgemeine Verwaltungsvorschriften zum materiellen und organisatorischen Schutz von Verschlusssachen
VuR	Verbraucher und Recht
VwGO	Verwaltungsgerichtsordnung
VwVfG	Verwaltungsverfahrensgesetz
VwVG	Verwaltungsvollstreckungsgesetz
WAR	Wissenschaftlicher Arbeitskreis für Regulierungsfragen bei der Bundesnetzagentur
WindSeeG	Windenergie-auf-See-Gesetz
WpHG	Wertpapierhandelsgesetz
WuW	Wirtschaft und Wettbewerb
WuW/E	Wirtschaft und Wettbewerb/Entscheidungssammlung zum Kartellrecht
zB	zum Beispiel
ZD	Zeitschrift für Datenschutz
ZEuP	Zeitschrift für Europäisches Wirtschaftsrecht
Ziff.	Ziffer
ZNER	Zeitschrift für Neues Energierecht
ZPO	Zivilprozessordnung
zT	zum Teil
ZUR	Zeitschrift für Umweltrecht
zust.	zustimmend
zutr.	zutreffend
zzgl.	zuzüglich

Verzeichnis der abgekürzt zitierten Literatur

Assmann/Peiffer	Assmann/Peiffer, Kraft-Wärme-Kopplungsgesetz, 2018.
Aust/Jacobs/Pasternak/ Friedrich Enteignungsentschädigung	Aust/Jacobs/Pasternak, Enteignungsentschädigung, 8. Aufl. 2021.
Bartsch/Röhling/Salje/Scholz	Bartsch/Röhling/Salje/Scholz, Stromwirtschaft, 2. Aufl. 2008.
Baumann/Gabler/Günther	Baumann/Gabler/Günther, EEG, 2019.
Baumbach/Hopt	Baumbach/Hopt, Handelsgesetzbuch, 40. Aufl. 2021.
Baumbach/Hueck	Baumbach/Hueck, GmbHG, 22. Aufl. 2019.
Baur/Salje/Schmidt-Preuß Energiewirtschaft	Baur/Salje/Schmidt-Preuß, Regulierung in der Energiewirtschaft, 2. Aufl. 2016.
Bechtold/Bosch	Bechtold/Bosch, GWB, 10. Aufl. 2021.
Beck AEG	Hermes/Sellner, Beck'scher AEG-Kommentar, 2. Aufl. 2014.
BeckOK GewO	Pielow, BeckOK GewO, 59. Ed. 1.6.2023.
BeckOK GG	Epping/Hillgruber, BeckOK Grundgesetz, 56. Ed. 15.8.2023.
BeckOK UmweltR	Giesberts/Reinhardt, BeckOK Umweltrecht, 67. Ed. 1.7.2023.
BeckOK VwGO	Posser/Wolff/Decker, BeckOK VwGO, 66. Ed. 1.7.2023.
BeckOK VwVfG	Bader/Ronellenfitsch, BeckOK VwVfG, 60. Ed. 1.7.2023.
Berger Besitzeinweisung	Berger, Die vorzeitige Besitzeinweisung, 2016.
Bourwieg/Hellermann/ Hermes	Bourwieg/Hellermann/Hermes, EnWG, 4. Aufl. 2023.
Britz/Hellermann/Hermes	Britz/Hellermann/Hermes, EnWG, 3. Aufl. 2015.
Büdenbender	Büdenbender, EnWG, 2003.
Bunte	Bunte, Kartellrecht, Band 1, 2, 14. Aufl. 2021.
Calliess/Ruffert	Calliess/Ruffert, EUV/AEUV, 6. Aufl. 2022.
Dauses/Ludwigs EU-WirtschaftsR-HdB	Dauses/Ludwigs, Handbuch des EU-Wirtschaftsrechts, 58. EL 2023.
de Witt/Scheuten NABEG	de Witt/Scheuten, NABEG, 2013.
Depenheuer/Shirvani Enteignung	Depenheuer/Shirvani, Die Enteignung, 2017.
Dreier	Dreier, Grundgesetz Kommentar, Band 1, 4. Aufl. 2023.
Dürig/Herzog/Scholz	Dürig/Herzog/Scholz, Grundgesetz-Kommentar, 99. EL 2022.
Ehlers/Fehling/Pünder BesVerwR	Ehlers/Fehling/Pünder, Besonderes Verwaltungsrecht, Band 1, 2, 3, 4. Aufl. 2019.
Ehricke Energiesektor	Ehricke, Hürden und Grenzen der Liberalisierung im Energiesektor, 2013.
Elspas/Graßmann/Rasbach	Elspas/Graßmann/Rasbach, Berliner Kommentare EnWG – Energiewirtschaftsgesetz, 2. Aufl. 2023.
Eyermann	Eyermann, Verwaltungsgerichtsordnung, 16. Aufl. 2022.
Fetzer/Scherer/Graulich	Fetzer/Scherer/Graulich, TKG, 3. Aufl. 2020.
FK-EUV/GRC/AEUV	Pechstein/Nowak/Häde, Frankfurter Kommentar zu EUV, GRC und AEUV, Band 1, 2, 3, 4, 2017.
FK-KartellR	Jaeger/Kokott/Pohlmann/Schroeder/Kulka, Frankfurter Kommentar zum Kartellrecht, 101. EL 2022.
Forgó/Helfrich/Schneider Betr. Datenschutz-HdB	Forgó/Helfrich/Schneider, Betrieblicher Datenschutz, 3. Aufl. 2019.
Friesecke	Friesecke, Bundeswasserstraßengesetz, 7. Aufl. 2019.
FS Salje, 2013	Klees/Gent, Energie – Wirtschaft – Recht – Festschrift für Peter Salje zum 65. Geburtstag, 2013.
Fuchs	Fuchs, Wertpapierhandelsgesetz, 2. Aufl. 2016.
Gassner/Seith	Gassner/Seith, Ordnungswidrigkeitengesetz, 2. Aufl. 2020.
Geppert/Schütz	Geppert/Schütz, Beck'scher TKG-Kommentar, 5. Aufl. 2023.
Grabitz/Hilf/Nettesheim	Grabitz/Hilf/Nettesheim, Das Recht der Europäischen Union, 79. EL 2023.
Grüneberg	Grüneberg, Bürgerliches Gesetzbuch, 82. Aufl. 2023.
Haritz/Menner/Bilitewski	Haritz/Menner/Bilitewski, Umwandlungssteuergesetz, 5. Aufl. 2019.

Verzeichnis der abgekürzt zitierten Literatur

Heun TelekommunikationsR-HdB	Heun, Handbuch Telekommunikationsrecht, 3. Aufl. 2019.
HK-UVPG	Peters/Balla/Hesselbarth, Gesetz über die Umweltverträglichkeitsprüfung, 4. Aufl. 2019.
HK-VerwR	Fehling/Kastner/Störmer, Verwaltungsrecht, 5. Aufl. 2021.
Holznagel/Schütz	Holznagel/Schütz, Anreizregulierungsrecht, 2. Aufl. 2019.
Huck/Müller	Huck/Müller, Verwaltungsverfahrensgesetz, 3. Aufl. 2020.
Hüffer/Koch	Hüffer/Koch, Aktiengesetz, 14. Aufl. 2020.
Immenga/Mestmäcker	Immenga/Mestmäcker, Wettbewerbsrecht, Band 1, 2, 3, 4, 5, 6. Aufl. 2019.
Jarass BImSchG	Jarass, BImSchG, 14. Aufl. 2022.
Jarass/Kment	Jarass/Kment, Baugesetzbuch, 3. Aufl. 2022.
Jarass/Pieroth	Jarass/Pieroth, Grundgesetz für die Bundesrepublik Deutschland, 17. Aufl. 2022.
Kamann/Ohlhoff/Völcker Kartellverfahren-HdB	Kamann/Ohlhoff/Völcker, Kartellverfahren und Kartellprozess, 2017.
Kipker Cybersecurity-HdB	Kipker, Cybersecurity, 2. Aufl. 2023.
Kipker/Reusch/Ritter	Kipker/Reusch/Ritter, Recht der Informationssicherheit, 2023.
Kment EnWG	Kment, Energiewirtschaftsgesetz, 2. Aufl. 2019.
Knack/Henneke	Knack/Henneke, Verwaltungsverfahrensgesetz, 11. Aufl. 2019.
Knauff GEG/GEIG	Knauff, GEG/GEIG, 2022.
Kodal StraßenR-HdB	Kodal, Handbuch Straßenrecht, 8. Aufl. 2021.
Koenig/Kühling/Rasbach EnergieR	Koenig/Kühling/Rasbach, Energierecht, 3. Aufl. 2012.
Köhler/Bornkamm/Feddersen	Köhler/Bornkamm/Feddersen, Gesetz gegen den unlauteren Wettbewerb, 41. Aufl. 2023.
Kölner Komm KartellR	Busche/Röhling, Kölner Kommentar zum Kartellrecht, Band 1, 2, 3, 4, 2012.
Kopp/Ramsauer	Kopp/Ramsauer, VwVfG, 24. Aufl. 2023.
Kopp/Schenke	Kopp/Schenke, VwGO, 29. Aufl. 2023.
Kühling/Rasbach/Busch EnergieR	Kühling/Rasbach/Busch, Energierecht, 5. Aufl. 2021.
Landmann/Rohmer UmweltR	Landmann/Rohmer, Umweltrecht, 100. EL 2023.
Langen/Bunte	Langen/Bunte, Kartellrecht, Band 1, 2, 13. Aufl. 2018.
Leupold/Wiebe/Glossner IT-R	Leupold/Wiebe/Glossner, IT-Recht, 4. Aufl. 2021.
Loewenheim/Meessen/Riesenkampff/Kersting/Meyer-Lindemann	Loewenheim/Meessen/Riesenkampff/Kersting/Meyer-Lindemann, Kartellrecht, 4. Aufl. 2020.
Mann/Sennekamp/Uechtritz	Mann/Sennekamp/Uechtritz, Verwaltungsverfahrensgesetz, 2. Aufl. 2019.
Maunz/Dürig	Maunz/Dürig, Grundgesetz, 88. EL 2019.
MüKoBGB	Säcker/Rixecker/Oetker/Limperg, Münchener Kommentar zum Bürgerlichen Gesetzbuch, Band 1, 2, 3, 4/2, 5, 6, 7, 8, 9, 11, 9. Aufl. 2021.
MüKoWettbR	Bien/Meier-Beck/Montag/Säcker, Münchener Kommentar zum Wettbewerbsrecht, Band 1/1, 1/2, 2, 3, 4, 5, 4. Aufl. 2021.
MüKoZPO	Krüger/Rauscher, Münchener Kommentar zur ZPO, Band 1, 2, 3, 6. Aufl. 2020.
Musielak/Voit	Musielak/Voit, ZPO, 20. Aufl. 2023.
Noack/Servatius/Haas	Noack/Servatius/Haas, GmbHG, 23. Aufl. 2022.
Ortlieb/Staebe Geschlossene Verteilernetze-HdB	Ortlieb/Staebe, Praxishandbuch Geschlossene Verteilernetze und Kundenanlagen, 2014.
Park	Park, Kapitalmarktstrafrecht, 5. Aufl. 2019.
Posser/Faßbender PraxHdB Netzplanung/Netzausbau	Posser/Faßbender, Praxishandbuch Netzplanung und Netzausbau, 2013.
Pritzsche/Vacha EnergieR	Pritzsche/Vacha, Energierecht, 2017.
Pünder/Schellenberg	Pünder/Schellenberg, Vergaberecht, 3. Aufl. 2019.
Rasbach/Baumgart Gaswirtschaft-HdB	Rasbach/Baumgart, Vertragshandbuch Gaswirtschaft, 2. Aufl. 2013.
Rosin/Pohlmann/Gentzsch/Metzenthin/Böwing	Rosin/Pohlmann/Gentzsch/Metzenthin/Böwing, Praxiskommentar zum EnWG, 2016.

Verzeichnis der abgekürzt zitierten Literatur

Sachs	Sachs, GG, 9. Aufl. 2021.
Säcker EnergieR	Säcker, Berliner Kommentar zum Energierecht, Band 3, 6, 7, 8, 5. Aufl. 2022.
Säcker/Körber TKG	Säcker/Körber, TKG – TTDSG, 4. Aufl. 2023.
Sadler/Tillmanns	Sadler/Tillmanns, Verwaltungs-Vollstreckungsgesetz/Verwaltungszustellungsgesetz VwVG, VwZG, 10. Aufl. 2020.
Salje EnWG	Salje, Energiewirtschaftsgesetz – Gesetz über die Elektrizitäts- und Gasversorgung, 2006.
Schenke/Graulich/Ruthig	Schenke/Graulich/Ruthig, Sicherheitsrecht des Bundes, 2. Aufl. 2019.
Schink/Reidt/Mitschang	Schink/Reidt/Mitschang, UVPG/UmwRG, 2. Aufl. 2023.
Schmitt/Hörtnagl	Schmitt/Hörtnagl, Umwandlungsgesetz, Umwandlungssteuergesetz, 9. Aufl. 2020.
Schneider/Theobald EnergieWirtschaftsR-HdB	Schneider/Theobald, Recht der Energiewirtschaft, 5. Aufl. 2021.
Schneider/Volpert/Fölsch	Schneider/Volpert/Fölsch, Gesamtes Kostenrecht, 3. Aufl. 2021.
Schoch/Schneider	Schoch/Schneider, Verwaltungsrecht, Band VwGO, 44. EL 2023.
Schönke/Schröder	Schönke/Schröder, Strafgesetzbuch, 30. Aufl. 2019.
Schreiber Regulierungsinstrumente	Schreiber, Das Zusammenspiel der Regulierungsinstrumente in den Netzwirtschaften Telekommunikation, Energie und Eisenbahnen, 2009.
Schulte/Kloos ÖffWirtschaftsR-HdB	Schulte/Kloos, Handbuch Öffentliches Wirtschaftsrecht, 2016.
Schwark/Zimmer	Schwark/Zimmer, Kapitalmarktrechts-Kommentar, 5. Aufl. 2020.
Spieth/Lutz-Bachmann	Spieth/Lutz-Bachmann, Offshore-Windenergierecht, 2018.
Steinbach	Steinbach, NABEG/EnLAG/EnWG, 2013.
Steinbach/Franke	Steinbach/Franke, Kommentar zum Netzausbau, 3. Aufl. 2021.
Steinberg/Wickel/Müller Fachplanung	Steinberg/Wickel/Müller, Fachplanung, 4. Aufl. 2012.
Stelkens/Bonk/Sachs	Stelkens/Bonk/Sachs, VwVfG, 10. Aufl. 2022.
Streinz	Streinz, EUV/AEUV, 3. Aufl. 2018.
Theobald/Kühling	Theobald/Kühling, Energierecht, 120. EL 2023.
Theobald/Theobald Grundzüge EnergiewirtschaftsR	Theobald/Theobald, Grundzüge des Energiewirtschaftsrechts, 3. Aufl. 2013.
Thon Leitungsvorhaben	Thon, Beschleunigung energierechtlicher Leitungsvorhaben durch Parallelführung von Planfeststellungs- und Enteignungsverfahren, 2016.
v. Münch/Kunig	von Münch/Kunig, Grundgesetz: GG, Band 1, 2, 7. Aufl. 2021.
von der Groeben/Schwarze/Hatje	von der Groeben/Schwarze/Hatje, Europäisches Unionsrecht, 7. Aufl. 2015.
Wiedemann KartellR-HdB	Wiedemann, Handbuch des Kartellrechts, 4. Aufl. 2020.
Winkler/Baumgart/Ackermann Europäisches EnergieR	Winkler/Baumgart/Ackermann, Europäisches Energierecht, 2020.
Wysk	Wysk, Verwaltungsgerichtsordnung, 3. Aufl. 2020.
Zenke/Schäfer Energiehandel	Zenke/Schäfer, Energiehandel in Europa, 4. Aufl. 2017.
Ziekow FachplanungsR-HdB	Ziekow, Handbuch des Fachplanungsrechts, 2. Aufl. 2014.
Ziekow ÖffWirtschaftsR	Ziekow, Öffentliches Wirtschaftsrecht, 5. Aufl. 2020.
Zöller	Zöller, ZPO, 34. Aufl. 2022.

Schulze/Kloos ÖffWir-

Winkler/Baumgart/

Gesetz über die Elektrizitäts- und Gasversorgung

Teil 1. Allgemeine Vorschriften

§ 1 Zweck und Ziele des Gesetzes

(1) Zweck des Gesetzes ist eine möglichst sichere, preisgünstige, verbraucherfreundliche, effiziente, umweltverträgliche und treibhausgasneutrale leitungsgebundene Versorgung der Allgemeinheit mit Elektrizität, Gas und Wasserstoff, die zunehmend auf erneuerbaren Energien beruht.

(2) Die Regulierung der Elektrizitäts- und Gasversorgungsnetze dient den Zielen der Sicherstellung eines wirksamen und unverfälschten Wettbewerbs bei der Versorgung mit Elektrizität und Gas und der Sicherung eines langfristig angelegten leistungsfähigen und zuverlässigen Betriebs von Energieversorgungsnetzen.

(3) Zweck dieses Gesetzes ist ferner die Umsetzung und Durchführung des Europäischen Gemeinschaftsrechts auf dem Gebiet der leitungsgebundenen Energieversorgung.

(4) Um den Zweck des Absatzes 1 auf dem Gebiet der leitungsgebundenen Versorgung der Allgemeinheit mit Elektrizität zu erreichen, verfolgt dieses Gesetz insbesondere die Ziele,
1. die freie Preisbildung für Elektrizität durch wettbewerbliche Marktmechanismen zu stärken,
2. den Ausgleich von Angebot und Nachfrage nach Elektrizität an den Strommärkten jederzeit zu ermöglichen,
3. dass Erzeugungsanlagen, Anlagen zur Speicherung elektrischer Energie und Lasten insbesondere möglichst umweltverträglich, netzverträglich, effizient und flexibel in dem Umfang eingesetzt werden, der erforderlich ist, um die Sicherheit und Zuverlässigkeit des Elektrizitätsversorgungssystems zu gewährleisten, und
4. den Elektrizitätsbinnenmarkt zu stärken sowie die Zusammenarbeit insbesondere mit den an das Gebiet der Bundesrepublik Deutschland angrenzenden Staaten sowie mit dem Königreich Norwegen und dem Königreich Schweden zu intensivieren.

Überblick

§ 1 stellt die Grundsatznorm des EnWG dar, die Zwecke und Ziele des Gesetzes (zu diesen Begrifflichkeiten → Rn. 7.1) beschreibt. Absatz 1 benennt neben dem herkömmlichen Zieldreieck des Energiewirtschaftsrechts, welches Preisgünstigkeit (→ Rn. 22 ff.), Energieversorgungssicherheit (→ Rn. 16) und Umweltverträglichkeit (→ Rn. 20 f.) umfasst, auch die Kriterien der Effizienz (→ Rn. 28 ff.) des Verbraucherschutzes (→ Rn. 26) und seit neuestem der Treibhausgasneutralität (→ Rn. 20a ff.). Daneben sollte auch die Erweiterung um das ungeschriebene Kriterium der Akzeptanz (→ Rn. 32) diskutiert werden. Der liberalisierte Strommarkt, der dem EnWG zugrunde liegt, geht von einer freien Entfaltung der Marktkräfte aus (→ Rn. 22). Dennoch verdeutlicht Absatz 2, dass die Sicherstellung des wirksamen und unverfälschten Wettbewerbs sowie der Daseinsvorsorge auch des regulierenden Eingriffs bedürfen (→ Rn. 35 ff.). Absatz 3 bettet den nationalen Energiemarkt in den europäischen Energiebinnenmarkt ein, indem er feststellt, dass das EnWG auch der Umsetzung und Durchführung des europäischen Energierechts dient (→ Rn. 40 ff.). Absatz 4 schließlich ist im Zusammenhang mit § 1a zu lesen: Die dort näher konkretisierten Zielsetzungen werden hier eingeführt (→ Rn. 43 ff.).

Winkler

Übersicht

	Rn.		Rn.
A. Entstehungsgeschichte	1	3. Umweltverträglichkeit und Treibhausgasneutralität	20
B. Inhalt und Zwecksetzung	5	4. Preisgünstigkeit	22
		5. Verbraucherschutz	26
C. Kommentierung	13	6. Akzeptanz	32
I. Absatz 1	13	II. Absatz 2	35
1. Allgemeines	13	III. Absatz 3	40
2. Energiesicherheit	15	IV. Absatz 4	43

A. Entstehungsgeschichte

1 § 1 wurde mit der Neufassung des EnWG 2005, welches wiederum das vorher geltende EnWG 1998 ablöste, durch das Zweite Gesetz zur Neuregelung des Energiewirtschaftsrechts vom 7.7.2005 (BGBl. I 1970) erlassen (für einen zeitlichen Rückblick bis 1935 Kment EnWG/Kment § 1 Rn. 1). In Umsetzung des Binnenmarktpakets für die leitungsgebundene Energieversorgung (Elektrizitäts-Binnenmarkt-Richtlinie 2003/54/EG, Gas-Binnenmarkt-Richtlinie 2003/55/EG, Verordnung zum grenzüberschreitenden Stromhandel VO (EG) 1228/2003) sollte das nationale Energiewirtschaftsrecht auf eine versorgungssichere, nachhaltige und wettbewerbliche Grundlage gestellt werden (BT-Drs. 15/3917, 1; zu diesem sog. Zieldreieck des Energiewirtschaftsrechts → Rn. 14).

2 § 1 wurde durch Artikel 1 des Gesetzes zur Neuregelung energiewirtschaftsrechtlicher Vorschriften vom 26.7.2011 (BGBl. I 1554) in Absatz 1 um die Vorgabe ergänzt, dass Elektrizität und Gas „zunehmend auf erneuerbaren Energien" (→ Rn. 20) beruhen. Darin kommt der Gedanke zum Ausdruck, dass der Anteil der erneuerbaren Energien am Energiemix zukünftig zunehmen soll und zunehmen wird. Dies entspricht den Beobachtungen der vergangenen Jahre, wonach mittlerweile mehr als 50 Prozent der Stromerzeugung aus erneuerbaren Energien stammt (Fraunhofer ISE https://energy-charts.info/charts/renewable_share/chart.htm?l=de&c=DE&year=2022). Mit der Einführung des Zieles der Treibhausgasneutralität (→ Rn. 4a) entfällt jedoch der eigenständige Regelungsgehalt dieser Vorgabe.

3 Wichtige Änderungen erfolgten durch Art. 1 des Strommarktgesetzes vom 26.7.2016 (BGBl. I 1786). Hierdurch wurden die Zielsetzungen nach Absatz 4 eingefügt, die mit der zeitgleichen Einführung des § 1a korrespondieren (→ Rn. 43, → § 1a Rn. 1 ff.). Zugleich wurde die Überschrift des § 1 angepasst, wonach § 1 nunmehr auch ausdrücklich Ziele und Zwecke enthält. Damit wurde der Aufnahme der Zielbestimmungen in Absatz 4 Rechnung getragen (BT-Drs. 18/7317, 75).

4 Durch das Gesetz zur Umsetzung unionsrechtlicher Vorgaben und zur Regelung reiner Wasserstoffnetze im Energiewirtschaftsrecht vom 16.7.2021 (BGBl. I 3016), welches der Umsetzung des EU-Legislativpakets „Saubere Energie für alle Europäer" dient, wurden in Absatz 1 die Wörter „Elektrizität und Gas" durch die Wörter „Elektrizität, Gas und Wasserstoff" ersetzt. Hierdurch wird Wasserstoff als neue Energieform ausdrücklich benannt werden. Als Energie im Sinne dieses Gesetzes wurde zuvor in § 3 Nr. 14 aF (nur) „Elektrizität und Gas, soweit sie zur leitungsgebundenen Energieversorgung verwendet werden kann", verstanden. Mit der Gesetzesänderung wurde auch diese Definition auf „Elektrizität, Gas und Wasserstoff" erweitert. Damit verbunden wird die Möglichkeit zum Aufbau einer deutschen Wasserstoffinfrastruktur. Bislang sind reine Wasserstoffnetze jedoch weder reguliert noch gelten die bestehenden Regeln im Fall einer Umrüstung vorhandener Erdgasleitungen fort. In einem neuen Abschnitt 3b (§§ 28j ff.) wird daher auch die Regulierung der Wasserstoffnetze niedergelegt. Zur Klarstellung wäre daher auch eine Ergänzung des Absatz 2 um die Wasserstoffnetze empfehlenswert.

4a Zuletzt wurde § 1 durch das Gesetz zur Änderung des Energiewirtschaftsrechts im Zusammenhang mit dem Klimaschutz-Sofortprogramm und zu Anpassungen im Recht der Endkundenbelieferung vom 19.7.2022 (BGBl. I 1214) angepasst. Die bisherigen Ziele werden damit durch die weitere Zielsetzung der Treibhausgasneutralität ergänzt. Der bisherige Einschub zur zunehmenden Nutzung erneuerbarer Energien (→ Rn. 2) wird damit überflüssig, ohne vom Gesetzgeber gestrichen zu werden.

B. Inhalt und Zwecksetzung

§ 1 (und insbesondere dessen Absatz 1) wird als Präambel (Bourwieg/Hellermann/Hermes/Hellermann/Hermes § 1 Rn. 1) oder „Programmsatz" (Säcker EnergieR/Säcker § 1 Rn. 1, 62) bezeichnet. Diesen Bezeichnungen ist zuzustimmen, soweit sie verdeutlichen, dass § 1 die Stoßrichtung und den Regelungsgehalt des Energiewirtschaftsrechts vorgibt. Verkürzend wäre jedoch der Eindruck, dass die Vorschrift lediglich symbolischen oder appellativen Charakter besitzt und keine Regelungswirkung entfaltet (hierzu noch unter → Rn. 8). 5

§ 1 normiert eine Gemeinwohlbindung des Energiewirtschaftsrechts, welche an den Daseinsvorsorgecharakter und die volkswirtschaftliche Relevanz der Energieerzeugung anknüpft. Reichweite und Umfang der Gemeinwohlbindung werden durch die Zwecksetzungen des Absatz 1 konkretisiert. Zugleich wird – wie Absätze 2, 4 Nummer 1 sowie § 1a Abs. 1, § 3 verdeutlichen – das Energiewirtschaftsrecht in einen Ordnungsrahmen wettbewerblicher Strukturen eingebettet, welcher insbesondere die Preisgünstigkeit, Effektivität und Innovation der Energiewirtschaft sicherstellen soll. Dahinter steht die Anpassung an einen liberalen Strommarkt 2.0, wie er durch die Regelungen des Strommarktgesetzes (→ § 1a Rn. 1 ff.) vollendet wurde. Auch (privatwirtschaftlich-organisierte) Energieversorgungsunternehmen iSv § 3 Nr. 18 sind gem. § 2 Abs. 1 grundsätzlich der Gemeinwohlbindung des § 1 unterworfen (→ § 2 Rn. 2). 6

§ 1 dient der Bestimmung der Zwecke und Ziele des Energiewirtschaftsrechts, was (seit 2016) auch in der ergänzten amtlichen Überschrift zum Ausdruck kommt. Die Vorschrift weist eine finale Normstruktur auf, wobei die einzelnen dort genannten Zwecke und Ziele gleichermaßen Erwartung und Aufgabe darstellen. Des Weiteren kann zwischen allgemeinen Zwecken (Absatz 1) und besonderen Zielen (Absatz 4) unterschieden werden, wobei die besonderen Ziele Konkretisierungen der allgemeinen Zwecke darstellen. Gemeint ist hiermit jedoch keine abschließende, dh verengende, Konkretisierung, sondern vielmehr eine – besondere Bereiche umfassende – Auslegung des allgemeinen Ziels. Absatz 3 stellt (entgegen dem Wortlaut der Norm) keinen Zweck im engeren Sinne dar, da hiermit letztlich eine deklaratorische Anordnung verbunden ist (vgl. hierzu → Rn. 40). Absatz 2 hingegen klärt das Verhältnis von wettbewerblichen Strukturen und Regulierungsauftrag. 7

Die begriffliche Abgrenzung von „Zwecken" und „Zielen" ist nicht offensichtlich. Der Gesetzgeber spricht davon, dass die Zielbestimmungen des Absatz 4 dazu dienen, die Zwecke nach Absatz 1 zu erreichen (BT-Drs. 18/7317, 75). Damit wird ein Stufenverhältnis offenbar: Während die Zweckbestimmungen nach Absatz 1 allgemeiner, aber auch grundlegender gehalten sind, stellen die in Absatz 4 benannten Ziele konkretisierte Anwendungsfälle dar. Das bestätigt sich mit Blick auf die Ziele, die in § 1 Abs. 1 aufgeführt sind. Eine weitere Konkretisierung erfahren diese durch § 1a (→ § 1a Rn. 5 f., → § 1a Rn. 7 ff., → § 1a Rn. 12 ff., → § 1a Rn. 15 ff.). 7.1

Die Zweckbestimmungen des Absatz 1 sind nicht unmittelbar vollziehbar (so etwa OLG Schleswig EnWZ 2013, 76) und können insbesondere nicht (dem Grundsatz des Gesetzesvorbehalts und dem Bestimmtheitsgrundsatz entsprechend – vgl. Bourwieg/Hellermann/Hermes/Hellermann/Hermes § 1 Rn. 1) als Ermächtigungsgrundlagen herangezogen werden. Es handelt sich vielmehr um „Leitlinien" (BT-Drs. 18/7317, 75) des Gesetzgebers, die zur Konkretisierung unbestimmter Gesetzesbegriffe und Ermessensspielräume sowie als Auslegungshilfe der übrigen EnWG-Vorschriften zu berücksichtigen sind (BT-Drs. 18/7317, 75; OLG Schleswig EnWZ 2013, 76, welches auch vom „Geist des Gesetzes" spricht; Büdenbender 37 f.; Büdenbender DVBl 2005, 1161 (1165); Bourwieg/Hellermann/Hermes/Hellermann/Hermes § 1 Rn. 51; Kment EnWG/Kment § 1 Rn. 2; Säcker EnergieR/Säcker § 1 Rn. 62; zur Auslegung des § 46 iSd § 1 BGH NVwZ-RR 2020, 929 Rn. 36; BeckRS 2021, 45328 Rn. 20). In dieser Funktion können sie auch der Auslegung von Ermächtigungsnormen dienen (zur Auslegung von Rechtsverordnungsermächtigungen iSd Art. 80 Abs. 1 S. 2 OLG Brandenburg EnWZ 2018, 29 Rn. 42). 8

Teilweise greifen energiewirtschaftliche Vorschriften explizit auf die Zwecksetzung nach Absatz 1 zurück (bspw. § 50 Abs. 1 GasNZV oder § 46 Abs. 4 S. 1). Dabei handelt es sich aber um eine bloß deklaratorische Verstärkung (Bourwieg/Hellermann/Hermes/Hellermann/Hermes § 1 Rn. 54); auch mit Blick auf die übrigen Vorschriften des EnWG ist die Zweckbestimmung nach Absatz 1 zu berücksichtigen (OLG Schleswig EnWZ 2013, 76 mit Blick auf 9

§ 46 Abs. 3 S. 5 aF). Da die Zweckbestimmungen im Einzelfall – wie noch darzustellen sein wird (→ Rn. 21, → Rn. 23, → Rn. 31; vgl. auch Säcker EnergieR/Säcker § 1 Rn. 69 f.) – widersprüchliche Wirkungen zeitigen können, sind sie ggf. untereinander und gegeneinander abzuwägen, ohne dass einzelnen Belangen ein abstrakter Vorrang einzuräumen ist (Kment EnWG/Kment § 1 Rn. 2; s. auch Säcker EnergieR/Säcker § 1 Rn. 18; es scheint jedoch zu weit gehend von einer „Zielantimonie" zu sprechen, so aber Theobald/Kühling/Theobald § 1 Rn. 7). Es handelt sich daher um Berücksichtigungs- und Optimierungsgebote (Bourwieg/Hellermann/Hermes/Hellermann/Hermes § 1 Rn. 54; Theobald/Kühling/Theobald § 1 Rn. 32), bei deren Anwendung den staatlichen Entscheidungsträgern regelmäßig ein Entscheidungsspielraum zukommt. Eine absolute Zielerreichung scheidet regelmäßig aus, da jeweils Abstriche zugunsten der anderen Ziele gemacht werden müssen (exemplarisch Theobald/Kühling/Theobald § 1 Rn. 9). Eine Ausnahme besteht mit Blick auf die Klimaverträglichkeit, da die „zunehmend(e)" Versorgung der Allgemeinheit mit „erneuerbaren Energien" auf die Umsetzung der Energiewende und damit eine quantifizierbare progressive Veränderung (→ Rn. 20) ausgerichtet ist.

10 An der in Absatz 1 enthaltenen Regelung lässt sich auch der **Anwendungsbereich** des Gesetzes ablesen: es handelt sich dabei um die **leitungsgebundene Versorgung der Allgemeinheit mit Elektrizität, Gas und Wasserstoff.** Dies bestätigt § 3 Nr. 14, wonach Energie iSd Gesetzes „Elektrizität, Gas und Wasserstoff [sind], soweit sie zur leitungsgebundenen Energieversorgung verwendet werden". Gas wiederum ist nach § 3 Nr. 19a „Erdgas, Biogas, Flüssiggas im Rahmen der §§ 4 und 49 sowie, wenn sie in ein Gasversorgungsnetz eingespeist werden, Wasserstoff, der durch Wasserelektrolyse erzeugt worden ist, und synthetisch erzeugtes Methan, das durch wasserelektrolytisch erzeugten Wasserstoff und anschließende Methanisierung hergestellt worden ist". Andere Energieträger (etwa Fernwärme, Stein- und Braunkohle, Erdöl, Biomasse) unterfallen dem Anwendungsbereich des EnWG hingegen nicht (Bourwieg/Hellermann/Hermes/Hellermann/Hermes § 1 Rn. 21). Auch Gas bewegt sich außerhalb des Anwendungsbereichs, soweit es nicht leitungsgebunden ist, sondern mittels anderer Systeme transportiert wird (Bourwieg/Hellermann/Hermes/Hellermann/Hermes § 1 Rn. 22).

11 Die Energieversorgung muss nach Absatz 1 der **Versorgung der Allgemeinheit** dienen. Vom Anwendungsbereich des Gesetzes ausgenommen sind daher Vorgänge der Eigenversorgung, die zumeist durch Eigenanlagen (§ 3 Nr. 13) betrieben werden. Solche Prozesse bedürfen nicht der Regulierung des EnWG, welches auf die Abläufe von Wirtschaftsprozessen gerichtet ist. Dies belegt auch Absatz 1, dessen Zielsetzungen im Hinblick auf die Eigenversorgung regelmäßig keine Wirkung entfalten dürften. Dass die Versorgung **im Allgemeininteresse** erfolgt, ergibt sich bereits aus der hiermit verfolgten Aufgabe der Daseinsvorsorge (→ Rn. 16) und ist daher nicht Regelungsgegenstand des Absatz 1 (zurückhaltend daher zur Wirkung des Einschubs Theobald/Kühling/Theobald § 1 Rn. 14 f.).

12 Das Energiewirtschaftsrecht stellt in diesem Sinne Sonderrecht für die leitungsgebundene Energieversorgung dar. Als solches überformt und verdrängt es allgemeine Rechtsregeln, etwa im Bereich des Vertrags- oder Gesellschaftsrechts (hierzu im Detail Bourwieg/Hellermann/Hermes/Hellermann/Hermes § 1 Rn. 10 ff.).

C. Kommentierung

I. Absatz 1

1. Allgemeines

13 Absatz 1 greift die Zweckbestimmung des § 1 EnWG 1998 („möglichst sichere, preisgünstige und umweltverträgliche leitungsgebundene Versorgung mit Elektrizität und Gas") auf und ergänzt diese um die Merkmale Verbraucherschutz und Effizienz (vgl. BT-Drs. 15/3917, 47) sowie Treibhausgasneutralität (vgl. BT-Drs. 20/1599, 29, 50). Diese Kriterien wirken als Grundlagen des Energiewirtschaftsrechts, welches auf diese Weise an das Gemeinwohl gebunden wird.

13.1 Sie sind daher etwa bei der Auswahlentscheidung im Rahmen der Konzessionsvergabe für den Betrieb eines Energieversorgungsnetzes zu berücksichtigen (s. nur BGH BeckRS 2020, 4930; NVwZ

2014, 807 (Ls. 1); OLG Brandenburg BeckRS 2020, 22438 Rn. 66; OLG Dresden BeckRS 2019, 38388 Rn. 27; OLG Koblenz BeckRS 2019, 29906 Rn. 4; OLG Karlsruhe EWeRK 2020, 34 (40); OLG Karlsruhe NJOZ 2018, 1809 (Ls. 1); LG Wiesbaden BeckRS 2020, 39543 Rn. 14; LG Dortmund BeckRS 2019, 27022 Rn. 46). Sofern es sich um eine kommunale Konzessionsgeberin handelt, ist dies in § 46 Abs. 4 S. 1 explizit niedergelegt (hierzu Höch/Christ RdE 2021, 527 ff.; zur Frage, ob sich diese Verpflichtung bereits unmittelbar aus § 1 oder der verfassungsrechtlichen Bindung der Gemeinden ergibt, Hellermann EnWZ 2013, 147 (151); Bourwieg/Hellermann/Hermes/Hellermann/Hermes, § 1 Rn. 28). Hierdurch soll der Wettbewerb um die Netze ermöglicht, im Wettbewerb den Zielen von § 1 Gewicht verliehen und insgesamt die am Wettbewerb teilnehmenden Unternehmen vor Diskriminierung geschützt werden (LG Mannheim EnWZ 2013, 328 (331)). Nach einer Gesetzesreform durch das Gesetz zur Änderung der Vorschriften zur Vergabe von Wegenutzungsrechten zur leitungsgebundenen Energieversorgung vom 27.1.2017 (BGBl. I 130) wurde in § 46 Abs. 4 S. 2 niedergelegt, dass unter Wahrung der netzwirtschaftlichen Anforderungen auch kommunale Belange berücksichtigt werden können (OLG Schleswig BeckRS 2020, 41418; zur früheren Rechtsprechung des BGH Hellermann EnWZ 2014, 339 (341 f.)). Hiermit wird der Selbstverwaltungsgarantie nach Art. 28 Abs. 2 GG Rechnung getragen (vgl. auch Theobald/Kühling/Theobald § 1 Rn. 6). Ausweislich der Gesetzesbegründung (BT-Drs. 18/8184, 14 f.) soll damit die zuvor ergangene Rechtsprechung des BGH in den Rechtssachen „Berkenthin" und „Heiligenhafen" aufgenommen werden. Auch wenn gesetzlich nicht abschließend festgelegt ist, in welchem Verhältnis die kommunalen Interessen zu den Zielen nach § 1 stehen (Mundt EWeRK 2016, 149 (151), der daher Rechtsunsicherheit beklagt), geht die Rechtsprechung davon aus, dass die Auswahlkriterien nach Abs. 1 nicht zwingend vorrangig sein müssen (OLG Düsseldorf EnWZ 2016, 171; s. auch Gemeinsamer Leitfaden des BKartA und der BNetzA zur Vergabe von Strom- und Gasnetzkonzessionen, 2. Aufl. 2015, Rn. 32 f. mwN). In Betracht kommt die Verwendung einer Bewertungsmatrix, bei der die Auswahlkriterien zu gewichten sind (OLG Düsseldorf EnWZ 2016, 171 (172); vgl. BGH NVwZ 2014, 817 (821); 2014, 807 (810)). Das zugrunde gelegte Bewertungsschema muss aus Gründen der Transparenz und Diskriminierungsfreiheit offengelegt werden. Auch die gesetzlich angeordnete Laufzeitbegrenzung der Wegenutzungsverträge von 20 Jahren nach § 46 Abs. 2 S. 1 soll verhindern, dass das Verteilnetz im natürlichen Monopol erstarrt und daher Wettbewerb verhindert (vgl. Lange/Möllnitz EWeRK 2016, 5 (6)). Sie wirkt daher iSd § 1 Abs. 2 (→ Rn. 35).

13.2 Auch soweit die Regulierungsbehörde bei der Ermittlung des Wagniszuschlags gem. § 7 Abs. 5 StromNEV ihren Spielraum ausgestaltet, sind neben der Berufsfreiheit und den weiteren Grundrechten der betroffenen Netzbetreiber die Rechte und berechtigten Interessen der Netznutzer und der Allgemeinheit – und hierbei auch die in Absatz 1 vorgegebenen – Ziele zu berücksichtigen (BGH BeckRS 2020, 5191 Rn. 11).

14 Absatz 1 stellt demnach sechs Kriterien („sicher", „preisgünstig", „umweltverträglich", „verbraucherschützend", „effizient", „treibhausgasneutral") auf, die eine gemeinwohlverträgliche Energieversorgung sicherstellen. Anstelle des früheren sog. Zieldreiecks aus Versorgungssicherheit, Preisgünstigkeit und Umweltverträglichkeit wurde zwischenzeitlich von einem „Zielfünfeck" (so Kment EnWG/Kment § 1 Rn. 1; Theobald/Kühling/Theobald § 1 Rn. 4, auch „Zielequintett" Theobald/Kühling/Theobald § 1 Rn. 5) oder „Hexagon" gesprochen, welches nun zu einem „Sechseck" erweitert wurde. Dennoch lassen sich die bisherigen fünf Kriterien auf drei Oberbegriffe zurückführen, da der Verbraucherschutz sowohl in der Versorgungssicherheit als auch in der Preisgünstigkeit angelegt ist (→ Rn. 16, → Rn. 22), während Effizienz als Kosteneffizienz der Preisgünstigkeit und als Energieeffizienz der Umweltverträglichkeit zugerechnet werden kann (→ Rn. 20 f., → Rn. 22). Zugleich lässt sich insbesondere die Effizienz als Hilfsziel charakterisieren, welches einen Weg zur Erreichung der Hauptziele Preisgünstigkeit und Umweltverträglichkeit aufzeigt (vgl. Theobald/Kühling/Theobald § 1 Rn. 7). Die Treibhausgasneutralität weist einen unmittelbaren Bezug zur Umweltverträglichkeit auf, wobei dieses Ziel aufgrund seiner überragenden Bedeutung jedoch gesondert betrachtet werden muss. Versorgungssicherheit, Preisgünstigkeit, Umweltverträglichkeit und Treibhausgasneutralität stehen daher im Mittelpunkt. Diese Kriterien lassen sich auch in das sog. Zieldreieck der Energiepolitik einbetten, welches für die Europäische Energieunion prägend ist (hierzu Winkler/Baumgart/Ackermann Europäisches EnergieR Kap. 1 Rn. 5 ff.). Eckpunkte dieses Zieldreiecks sind Energieversorgungssicherheit, Umweltverträglichkeit und Wettbewerbsfähigkeit/Binnenmarkt, wodurch ökonomische, ökologische und soziale Interessen zusammengeführt werden. Auch auf europäischer Ebene ist der besondere Stellenwert des Klimaschutzes herauszustreichen.

2. Energiesicherheit

15 Eine sichere Energieversorgung ist in erster Linie eine **technisch sichere Versorgung** (Bourwieg/Hellermann/Hermes/Hellermann/Hermes § 1 Rn. 32; Theobald/Kühling/ Theobald § 1 Rn. 18), was den Ausschluss von Gefahren bei der Errichtung der erforderlichen technischen Anlagen meint. § 49 Abs. 1 S. 1 verlangt daher, dass Energieanlagen „so zu errichten und zu betreiben [sind], dass die technische Sicherheit gewährleistet wird". Daher sind insbesondere die allgemein anerkannten Regeln der Technik zu beachten (§ 49 Abs. 2 S. 2). Die Einhaltung der allgemein anerkannten Regeln der Technik wird vermutet, wenn die technischen Regeln des Verbandes der Elektrotechnik Elektronik Informationstechnik e.V. sowie des Deutschen Vereins des Gas- und Wasserfaches e.V. eingehalten werden (vgl. § 49 Abs. 2 S. 1), ohne dass hierdurch weitere Anforderungen ausgeschlossen werden (vgl. § 49 Abs. 2 S. 2, Abs. 2a, Abs. 4–5). Ein hoher Sicherheitsstandard wird daher durch das einschlägige Anlagenrecht sichergestellt.

16 Energiesicherheit wird daher in erster Linie als Energieversorgungssicherheit verstanden: **Energieversorgungssicherheit** meint eine sichere leitungsgebundene Versorgung der Allgemeinheit mit Strom und Gas (zur Differenzierung zwischen langfristiger sowie mittel- und kurzfristiger Energieversorgungssicherheit Säcker EnergieR/Säcker § 1 Rn. 5 f.). Der Begriff der Versorgung wird in § 3 Nr. 36 EnWG legaldefiniert als „die Erzeugung oder Gewinnung von Energie zur Belieferung von Kunden, der Vertrieb von Energie an Kunden und der Betrieb eines Energieversorgungsnetzes" und umfasst somit die gesamte Wertschöpfungskette der Energiewirtschaft. Es handelt sich – wie schon das BVerfG mehrmals betont hat – um eine öffentliche Aufgabe von größter Bedeutung, da die Energieversorgung einen Bereich der Daseinsvorsorge darstellt, dessen der Bürger „zur Sicherung einer menschenwürdigen Existenz unumgänglich bedarf" (BVerfGE 134, 242 = NVwZ 2014, 211 Rn. 287; BVerfGE 66, 248 (258) = NJW 1984, 1872; auch BVerfGE 25, 1 (16); 30, 292 (323) = NJW 1971, 1255; BVerfGE 53, 30 (58) = NJW 1980, 759; BVerfGE 91, 186 (206) = NJW 1995, 381; hierzu auch Altenschmidt NVwZ 2015, 559 ff.; zu den Folgen eines mehrtägigen Stromausfalls BT-Drs. 17/5672). Zugleich ist die ständige Verfügbarkeit ausreichender Energiemengen eine entscheidende Voraussetzung für die Funktionsfähigkeit der gesamten Wirtschaft (BVerfGE 134, 242 = NVwZ 2014, 211 Rn. 287; s. auch BVerfGE 30, 292 (324) = NJW 1971, 1255). Die Bedeutung der Versorgungssicherheit ist auch auf europäischer Ebene anerkannt (EuGH BeckRS 2004, 73601 – Campus Oil; EuGH BeckRS 2004, 77466 Rn. 47 – Kommission Frankreich; vgl. auch Art. 122 Abs. 1 AEUV).

17 Energieversorgungssicherheit ist sichergestellt, wenn ausreichende Erzeugungskapazitäten bestehen, um den prognostizierten Energiekonsum zu decken, wenn eine hinreichende (technisch zuverlässige) Netzinfrastruktur besteht, die Netzstabilität sichergestellt ist und die Netze hinreichend gegen Eingriffe Dritter abgesichert sind, was auch die ökonomische Leistungsfähigkeit von Energieerzeugern und Netzbetreibern verlangt (zu dieser sog. ökonomischen Ebene Bourwieg/Hellermann/Hermes/Hellermann/Hermes § 1 Rn. 35). Es zeichnet sich immer deutlicher ab, dass das (digitalisierte) Stromnetz eine fortschreitend störanfällige Infrastruktur darstellt. Zu dem Betrieb eines sicheren Energieversorgungsnetzes gehört nach § 11 Abs. 1a S. 1 daher auch ein angemessener Schutz gegen Bedrohungen für Telekommunikations- und elektronische Datenverarbeitungssysteme. Wurde eine Energieanlagen nach Maßgabe des § 11 Abs. 1b S. 1 EnWG als Kritische Infrastruktur (KRITIS) bestimmt und ist an ein Energieversorgungsnetz angeschlossen, muss der Betreiber eine angemessene IT-Sicherheit gewährleisten. Zugleich kann insbesondere die Netzstabilität in einem regenerativen Energiesystem, bei welchem Strom volatil abhängig von der Wind- und Sonnenkraft eingespeist wird, Schwierigkeiten bereiten. Solange sich dieses Problem nicht durch eine Fortentwicklung der Speicherkapazitäten lösen lässt, verlangt die Energieversorgungssicherheit u.a. einen Ausbau des Energieversorgungsnetzes, der notwendig ist, um die Versorgung der Bevölkerung (auch in Spitzenbedarfszeiten; hierzu Kment EnWG/Kment § 1 Rn. 4; Hauer, Versorgungssicherheit, 2020, S. 222 f.) mit Energie sicherzustellen. Hieraus kann daher die Planrechtfertigung iSd § 43 (evtl. iVm § 1 Abs. 2 S. 1 EnLAG – „energiewirtschaftliche Notwendigkeit") abgeleitet werden (insgesamt zur Wirkung der Ziele des Absatz 1 im Hinblick auf die Planrechtfertigung Arjomand N&R 2019, 14 ff.; OVG Bautzen BeckRS 2022, 17423, Rn. 46).

Die Planrechtfertigung ist zunächst unabhängig von der Art des eingespeisten Stroms anzunehmen. **17.1**
Nach der Rechtsprechung des BVerfG (BVerfGE 134, 242 = NVwZ 2014, 211 Rn. 287) und des
BVerwG (BeckRS 2020, 22736 Rn. 35; 2020, 42599 Rn. 32) ist Bund und Ländern die energiepolitische Entscheidung zugewiesen, mit welchen Energieträgern und in welcher Kombination verfügbarer
Energieträger sie eine zuverlässige Energieversorgung sicherstellen wollen. Das BVerfG betont, dass
den politischen Entscheidungsträgern hierbei ein weiter Gestaltungs- und Einschätzungsspielraum zur
Verfügung steht, der von einer Vielzahl von Faktoren (wie etwa Versorgungssicherheit, Kosten für
Wirtschaft und Verbraucher, Einfluss aus Klima- und Umweltschutz, Auswirkungen auf Arbeitsmarkt,
Rücksichtnahme auf europäische oder internationale Verpflichtungen) abhängig ist. Ein erheblicher
Einschätzungsspielraum soll auch bei der Gewichtung der einzelnen Faktoren, der Beurteilung des
Zusammenspiels der verschiedenen Faktoren sowie der prognostischen Einschätzung bestehen (BVerfGE
134, 242 = NVwZ 2014, 211 Rn. 287). Eine verfassungsgerichtliche Überprüfung ist damit weitgehend
ausgeschlossen. Ein dieser Auffassung entgegenstehendes Rechtsgutachten (Eckardt, Stromleitungsbau,
Klimaschutz und das Eigentumsgrundrecht, Rechtsgutachten im Auftrag des Solarenergie-Fördervereins
Deutschland e.V. vom 14.9.2014) knüpft stattdessen – auf verfassungsrechtlicher Ebene – an die Überlegung an, dass die im Rahmen der Trassenplanung erforderliche Enteignung eine „tragfähige" Gemeinwohldienlichkeit erfordere, die jedoch einem Vorhaben, das nicht auf die Förderung des Umwelt- und
Klimaschutzes ausgerichtet ist, gerade nicht zugesprochen werden könne. Einfachgesetzlich kann mit
§ 1 Abs. 1 argumentiert werden: Der nachträgliche Einschub „die zunehmend auf erneuerbaren Energien beruht" (→ Rn. 2) verdeutlicht den gesetzgeberischen Grundentscheidung (BT-Drs. 17/6072, 50)
für einen sich fortlaufend steigernden („zunehmend") Anteil erneuerbarer Energien. Dieser ist nicht
nur durch den Ausbau der regenerativen Energieerzeugung, sondern auch die Berücksichtigung im
Rahmen der Einspeisung sicherzustellen. Andernfalls würde diese Regelung des Absatz 1 entkernt.
Anzunehmen ist also ein genereller Vorrang der Herstellung der Versorgungssicherheit durch regenerative Energien, der nur bei Nichtverfügbarkeit sowie zum Zwecke der Kapazitätsvorhaltung den Rückgriff auf konventionelle Stromerzeugung erlaubt (vgl. auch Wichert NVwZ 2014, 1471 (1472)).

Entsprechend der doppelten Bedeutung der Versorgungssicherheit für jeden einzelnen **18**
Bürger, aber auch für die gesamte Wirtschaft (→ Rn. 16) ist dieser ebenso eine individuelle
wie eine kollektive Ebene zu entnehmen (Bourwieg/Hellermann/Hermes/Hellermann/
Hermes § 1 Rn. 33; Kment EnWG/Kment § 1 Rn. 4). Letztere verlangt, dass alle Bürger
an das Stromnetz angeschlossen sind. Dementsprechend verpflichten §§ 17 und 18 den Netzbetreiber, alle Letztverbraucher anzuschließen, was wiederum einheitliche technische Standards voraussetzt, die nach § 19 zu entwickeln und zu veröffentlichen sind (OLG Brandenburg BeckRS 2019, 4958 Rn. 5).

Der einzelne Bürger kann hieraus einen Anspruch auf Netzzugang ableiten, der sich **19**
allerdings – im Sinne eines Kontrahierungszwangs – auf das „Ob" des Netzzugangs bzw. des
Vertragsschlusses mit dem Energieversorger beschränkt. Das „Wie" der Vertragsgestaltung
(so Einzelheiten der inhaltlichen Ausgestaltung, Folgen von Pflichtverletzungen und Nichterfüllungen) wird hiervon allerdings nicht erfasst (LG Mainz BeckRS 2012, 21941; OLG
Frankfurt a. M. BeckRS 2008, 13781; OLG Köln RdE 2008, 58; LG Kassel NJW-RR
2007, 1651; zur Preisgestaltung noch unter 17.1.). § 1 ist daher nicht geeignet, im Zivilprozess
Ansprüche oder Rechtspositionen zu verschaffen (OLG Düsseldorf BeckRS 2010, 142331).

In Knappheitssituationen werden Verteilungsmodalitäten relevant, die sich ebenfalls am **19a**
Maßstab (größtmöglicher) Versorgungssicherheit messen lassen müssen. Aktuelle Bedeutung
gewinnt in diesem Kontext § 53a, der die Sicherstellung der Versorgung von Haushaltskunden mit Erdgas normiert.

Bei Versorgungsstörungen entstehen Meldepflichten: Nach § 52 S. 1 müssen die Netzbe- **19b**
treiber jedes Jahr bis zum 30. April der BNetzA über alle im letzten Kalenderjahr aufgetretenen Versorgungsunterbrechungen in ihrem Netz einen Bericht vorlegen. Die BNetzA führt
selbst entsprechend dem § 51 Abs. 1 1 EnWG in Abstimmung mit dem Bundesministerium
für Wirtschaft und Klimaschutz (BMWK) fortlaufend ein Monitoring durch, um die Versorgungssicherheit zu überwachen. Außerdem erstellt die BNetzA gemäß § 63 Abs. 2 S. 1
EnWG bis zum 31.10.22 und dann mindestens alle zwei Jahre einen Bericht zum Stand und
zur Entwicklung der Versorgungssicherheit durch Erdgas und Elektrizität. In den Bericht sind
die Erkenntnisse aus dem Monitoring nach § 51 sowie getroffene oder geplante Maßnahmen
aufzunehmen (§ 63 Abs. 2 S. 4). In die Berichte ist zugleich eine Abschätzung der Angemessenheit der Ressourcen gemäß den Anforderungen der VO (EU) 943/2019 zu integrieren

(§ 63 Abs. 2 S. 2 und 3). Hiervon ausgehend legt die Bundesregierung dem Bundestag erstmals zum 31.1.2023 und dann mindestens alle vier Jahre Handlungsempfehlungen vor (§ 63 Abs. 2 S. 7).

3. Umweltverträglichkeit und Treibhausgasneutralität

20 Das Merkmal der **Umweltverträglichkeit,** das als einfachgesetzliche Umsetzung des Art. 20a GG zu verstehen ist, ist bereits seit dem EnWG 1998 in § 1 enthalten. Gemäß der Legaldefinition in § 3 Nr. 33 verbirgt sich dahinter die Verpflichtung, „dass die Energieversorgung den Erfordernissen eines nachhaltigen, insbesondere rationellen und sparsamen Umgangs mit Energie genügt, eine schonende und dauerhafte Nutzung von Ressourcen gewährleistet ist und die Umwelt möglichst wenig belastet wird", wobei der Nutzung von Kraft-Wärme-Kopplung und erneuerbaren Energien besondere Bedeutung zukommt. Aufgrund der Bezugnahme auf das Nachhaltigkeitsprinzip und den Grundsatz der Ressourcenschonung geht die Definition weiter als das entsprechende Verständnis nach dem UVPG (s. Kment EnWG/Kment § 1 Rn. 10).

20a Der nachträglichen Einführung des Vorrangs der erneuerbaren Energien (→ Rn. 2) wurde insofern keine materiell-inhaltliche Änderung zugesprochen, sondern diese vielmehr als Verstärkung der im Begriff der Umweltverträglichkeit enthaltenen Klimaschutzaspekte verstanden. Mit der Neueinführung des Zieles der Treibhausgasneutralität wird dieser Halbsatz letztlich obsolet und hätte daher gestrichen werden können. Laut Gesetzesbegründung dient die Ergänzung lediglich der „Klarstellung" (BT-Drs. 20/1599, 50), dass das übergeordnete Ziel der Treibhausgasneutralität auch für die leitungsgebundene Versorgung der Allgemeinheit mit Elektrizität, Gas und Wasserstoff gilt. Insofern in der Gesetzesbegründung auf das Ziel der Erreichung der Treibhausgasneutralität bis 2045 verwiesen wird (vgl. BT-Drs. 20/1599, 1, 2, 28, 32, 34, 36, 51, 55), knüpft die Regelung unmittelbar an die Vorgaben des Bundes-Klimaschutzgesetzes an (vgl. § 3 Abs. 2). Darüber hinaus wird ‚Klimaverträglichkeit' als eigenständige Zielbestimmung neben jene der ‚Umweltverträglichkeit' gestellt und hierdurch in ihrer Bedeutsamkeit betont. Dies ist den immer deutlicher werdenden Auswirkungen der Klimakrise geschuldet. Konsequenterweise wäre die Legaldefinition der Umweltverträglichkeit in § 3 Nr. 33 anzupassen gewesen, die sich bislang explizit auch auf Aspekte der Treibhausgasneutralität bezieht.

20b Quantifizierbare Maßstäbe zur Umsetzung der Energiewende enthält § 1 EEG 2021 (vgl. auch Theobald/Kühling/Theobald § 1 Rn. 16), wonach der Anteil erneuerbarer Energien an der Stromversorgung bis zum Jahre 2030 auf 65 Prozent (Absatz 2) steigen soll. In der ab 1.1.2023 geltenden Fassung (BGBl. 2022 I 1237) soll dieser Anteil auf mindestens 80 Prozent erhöht werden. Erneuerbare Energien sind nach § 3 Nr. 18b iVm Nr. 21 EEG 2021 „a) Wasserkraft einschließlich der Wellen-, Gezeiten-, Salzgradienten- und Strömungsenergie, b) Windenergie, c) solare Strahlungsenergie, d) Geothermie, e) Energie aus Biomasse einschließlich Biogas, Biomethan, Deponiegas und Klärgas sowie aus dem biologisch abbaubaren Anteil von Abfällen aus Haushalten und Industrie". Weiterhin soll „vor dem Jahr 2050" der gesamte in Deutschland erzeugte oder verbrauchte Strom treibhausgasneutral erzeugt werden (§ 1 Abs. 3 EEG 2021). Diese zeitliche Zielsetzung ist im Sinne des § 3 Abs. 2 KlimaSchG (→ Rn. 20a) zu interpretieren.

21 Die Energieversorgungsnetze sollen die Voraussetzungen für den Ausbau der erneuerbaren Energien schaffen, um den virulenten Konflikt zwischen Klima- und Verbraucherschutz aufzulösen. Der Gesetzgeber ist diesem Auftrag durch den Erlass der entsprechenden Vorschriften, etwa in §§ 43 ff., nachgekommen. Auch im Übrigen sollten die Regelungen des EnWG auf eine Förderung der regenerativen Energieerzeugung ausgerichtet sein. Der Zweck der Umweltverträglichkeit richtet sich allerdings nicht nur an staatliche Entscheidungsträger; dahinter steht auch eine gesamtgesellschaftliche Verpflichtung, die sich an den Verbraucher richtet.

4. Preisgünstigkeit

22 Damit Energie nicht nur technisch zur Verfügung steht, sondern auch finanzierbar ist, benennt Absatz 1 die Preisgünstigkeit als weiteres Kriterium gemeinwohlorientierter Energiepolitik, welche zwar erstmals durch das EnWG 1998 in den Gesetzestext aufgenommen wurde, jedoch davor schon in der Präambel des EnWG enthalten war. Teilweise wird die Preisgünstigkeit auch dem Aspekt der Versorgungssicherheit zugerechnet (vgl. Bourwieg/Hellermann/Hermes/Hellermann/Hermes § 1 Rn. 36). Zum Garanten günstiger Preise soll nach der Intention des Gesetzgebers der Wettbewerb werden, der im Verhältnis zu den Zwecken des Absatz 1 „dienender Funktion" (Bourwieg/Hellermann/Hermes/Hellermann/Hermes § 1 Rn. 37) ist (vgl. jedoch auch Absatz 2, → Rn. 35). Unter **Wettbewerblichkeit** wird in erster Linie (Markt-)Wirtschaftlichkeit verstanden. Dahinter steht der Gedanke einer Stärkung der Marktmechanismen, die auch in Absatz 4 Nummer 1 sowie in § 1a Abs. 1 aufgegriffen wird. Skizziert wird hierdurch das Bild des liberalisierten, wettbewerblichen Energiemarktes.

22.1 Zum Entstehungszeitpunkt der Norm mit Erlass des EnWG 1998 lag die Stromerzeugung in Deutschland in staatlicher Hand. Der Liberalisierungsprozess ging von der europäischen Ebene aus. Der von der EG durch das **Erste Energiebinnenmarktpaket** von 1996 (bzw. 1998 für Gas), welches die RL 96/92/EG betreffend gemeinsame Vorschriften für den Elektrizitätsbinnenmarkt sowie die RL 98/30/EG betreffend gemeinsame Vorschriften für den Erdgasbinnenmarkt umfasste, angestoßene Prozess wurde in Deutschland durch das 1998 neu geschaffene EnWG umgesetzt.

23 Indem der Gesetzgeber wettbewerbliche Strukturen schafft, versucht er, Marktmechanismen zu institutionalisieren, die Garant günstiger Preise werden. Absatz 1 sieht hingegen keine „quasi-regulatorische, kostenbasierte Preisprüfung" vor (Fricke EnWZ 2017, 362). Zudem kann Preisgünstigkeit „um jeden Preis", also eine möglichst billige Energieversorgung der Endkunden, nicht gewollt sein, da – ausgehend vom Kriterium der Versorgungssicherheit – auch die Investitionskraft und Investitionsbereitschaft der Energieversorger erhalten und deren angemessene Erträge gesichert werden müssen (BGH NJW 2012, 1865 (1867); Theobald/Kühling/Theobald § 1 Rn. 23; Bourwieg/Hellermann/Hermes/Hellermann/Hermes § 1 Rn. 33; zur sog. ökonomischen Dimension der Versorgungssicherheit → Rn. 17). Dem Energieversorger wird daher regelmäßig das Recht eingeräumt, Kostensteigerungen in gewissem Umfang an den Kunden weiterzugeben (BR-Drs. 77/79 34; BGHZ 182, 41 = NJW 2009, 2667; BGHZ 182, 59 = NJW 2009, 2662; BGHZ 185, 96 = NJW 2010, 2789). Die Versorgungssicherheit betrifft nämlich nicht nur die technische Sicherheit und die Sicherstellung einer ausreichenden Stromversorgung (so BR-Drs. 805/96, 28). Sie verlangt auch die Unterhaltung von Reservekapazitäten, die Durchführung von Wartungsarbeiten und Reparaturen sowie Investitionen, welche wiederum nur durchgeführt werden können, wenn die ausreichenden Finanzmittel zur Verfügung stehen (BGH NJW 2012, 1865 (1867); Bourwieg/Hellermann/Hermes/Hellermann/Hermes § 1 Rn. 33).

23.1 Die Frage, ob der Verbraucher mit Verweis auf § 1 Abs. 1, § 2 Abs. 1 eine Inhaltskontrolle hinsichtlich der Preisgestaltung geltend machen kann, wird unterschiedlich beantwortet. Verschiedentlich wird in der Rspr. betont, dass die Frage, ob eine Preiserhöhung der Billigkeit iSd § 315 BGB entspricht, nicht nach dem EnWG zu beantworten sei (so LG Mainz BeckRS 2012, 21941; OLG Düsseldorf BeckRS 2010, 142331; OLG Celle IR 2010, 132; NJOZ 2010, 1478 (1479); OLG München NJOZ 2009, 2532; OLG Frankfurt a. M. IR 2008, 135). Hingegen geht der BGH zurecht davon aus, Strom- und Gasversorger aufgrund von § 1 Abs. 1, § 2 Abs. 1 EnWG verpflichtet sind, ihre eigenen Bezugskosten im Interesse der Kunden niedrig zu halten: Vom Preisänderungsrecht des Grundversorgers sind daher (Bezugs-)Kostensteigerungen nicht umfasst, „die der Versorger auch unter Berücksichtigung des ihm zuzubilligenden unternehmerischen Entscheidungsspielraums ohne die Möglichkeit einer Preiserhöhung aus betriebswirtschaftlichen Gründen vermieden hätte" (BGH BeckRS 2008, 25620 Rn. 43; EnWZ 2015, 228 Rn. 33).

23.2 Im Zuge der durch die russische Annexion der Ukraine verursachten Gaskrise erlangen §§ 24 ff. EnSiG Bedeutung, welche Preisanpassungen und Preismonitoring im Falle verminderter Gasimporte vorsehen. In diesen Fällen enthalten alle betroffenen Energieversorgungsunternehmen entlang der Lieferkette das Recht, ihre Gaspreise gegenüber ihren Kunden auf ein angemessenes Niveau anzupassen, wobei die Preisanpassung die Mehrkosten der erforderlichen Ersatzbeschaffung nicht überschreiten darf (§ 24 Abs. 1 S. 3 und 4 EnSiG). An deren Stelle kann auch eine saldierte Preisanpassung nach § 26 EnSiG treten.

24 Mit dem Fortschreiten der Klimakrise und der hieraus erwachsenden Notwendigkeit, die Energieerzeugung und -verwendung technisch fortzuentwickeln, verdeutlicht sich ein weiterer Aspekt der Wirtschaftlichkeit: Ihr lässt sich zugleich der Gedanke der Technologie-

souveränität und Innovationskompetenz entnehmen (hierzu Fraunhofer-Allianz Energie, „Wettbewerbfähigkeit als Schlüsselbaustein für ein nachhaltiges Energiesystem", Positionspapier, abrufbar unter www.energie.fraunhofer.de). Technologische Innovation vermag im europäischen wie internationalen Kontext die deutsche Wettbewerbsfähigkeit zu erhöhen. Zugleich können auf diesem Wege Nachhaltigkeit und Wirtschaftlichkeit zusammengeführt werden. Mit der Sicherstellung technologischer Souveränität kann auch verhindert werden, dass die mit der Umsetzung der Energiewende zu erreichende Überwindung der (gegenwärtig schmerzlich spürbaren) Importabhängigkeit von Energieträgern durch eine neue Importabhängigkeit von Energietechnologien konterkariert wird (Fraunhofer-Allianz Energie, „Wettbewerbsfähigkeit als Schlüsselbaustein für ein nachhaltiges Energiesystem", Positionspapier, 2, abrufbar unter www.energie.fraunhofer.de). Letztlich wirkt sich dies auch auf die Preisstabilität aus.

25 Das Merkmal der Preisgünstigkeit enthält auch eine soziale Konnotation, soweit hiermit auch die weitgehende Erschwinglichkeit von Energieleistungen gesichert wird. Die Gleichstellung von Preisgünstigkeit und Sozialverträglichkeit (und hieraus resultierend die Quersubventionierung sozial schwacher Verbraucher) wird jedoch überwiegend abgelehnt (Bourwieg/Hellermann/Hermes/Hellermann/Hermes § 1 Rn. 39; Theobald/Kühling/Theobald § 1 Rn. 24; Säcker EnergieR/Säcker § 1 Rn. 30).

5. Verbraucherschutz

26 Das Kriterium des Verbraucherschutzes steht in engem Zusammenhang mit dem Gedanken der Versorgungssicherheit und der Preisgünstigkeit, da beide die Rechtsstellung des Verbrauchers stützen. Fraglich ist daher, ob diesem Zweck eigenständige Bedeutung zukommen kann (vgl. hierzu BT-Drs. 15/3917, Anl. 2, 78). Dies ist etwa zu bejahen, soweit der Verbraucherschutz die Abwicklung der Vertrags- und Lieferbedingungen erleichtert (Säcker EnergieR/Säcker § 1 Rn. 21, 28), Entscheidungsvoraussetzungen (wie etwa die Stromzusammensetzung bzw. den Ökostromanteil) transparent macht (hierzu noch → Rn. 28) oder Beteiligungs- und Beschwerderechte umfasst (so etwa die Vorschriften zur Stärkung der Beteiligungsrechte von Verbraucherverbänden - § 31 Abs. 1, §§ 66, 89 - sowie zu Verbraucherbeschwerden - §§ 111a–111c (hierzu Säcker EnergieR/Säcker § 1 Rn. 27). Mit zunehmender Digitalisierung ist auch die Berücksichtigung datenschutzrechtlicher Vorgaben zu bedenken.

27 Verbraucher iSd EnWG sind Haushaltskunden iSv § 3 Nr. 22 und sonstige Letztverbraucher iSv § 3 Nr. 25. Damit liegt dem Gesetz ein weiter Verbraucherbegriff (vgl. auch § 13 BGB) zugrunde. Zwischen den Verbrauchergruppen werden „Binnendifferenzierungen" mit „unterschiedlich intensive(n) Schutzbestimmungen" vorgenommen (Bourwieg/Hellermann/Helmes/Hellermann/Helmes § 1 Rn. 43).

28 Umgekehrt lässt sich aus dem Gesetzeszweck der Verbraucherfreundlichkeit (unter Zuhilfenahme der im Folgenden genannten unionsrechtlichen Vorgaben sowie unter Verweis auf § 1a Abs. 5, → § 1a Rn. 18) auch ein Transparenzgebot ableiten (so auch Bourwieg/Hellermann/Hermes/Hellermann/Hermes § 1 Rn. 42). Diese Transparenz erfasst Vertragsbedingungen, allgemeine Informationen und Streitbeilegungsverfahren. Nach Art. 20 Abs. 2 S. 2 RL (EU) 2018/2001 müssen die Mitgliedstaaten bspw. von den Übertragungsnetz- und Verteilnetzbetreibern verlangen, dass sie die Tarife für den Anschluss von Gas aus erneuerbaren Quellen veröffentlichen, wobei sie objektive, transparente und nichtdiskriminierende Kriterien zugrunde legen. Mit Erlass der EU-Rahmenverordnung (EU) 2017/1369 zur Festlegung eines Rahmens für die Energieverbrauchskennzeichnung soll die einheitliche Anwendung der Verbrauchskennzeichnung bei allen Produktgruppen die Transparenz erhöhen und die Verständlichkeit für die Kunden verbessern (vgl. Erwägungsgrund 11 VO (EU) 2017/1369). Eine Ermächtigung zur Anordnung der Veröffentlichung von Unternehmensdaten lässt sich dem aus § 1 abgeleiteten Transparenzgebot jedoch nicht entnehmen (OLG Brandenburg EnWZ 2018, 29 Rn. 47). Durch die Anordnung von derartigen Informationspflichten wird der „aktive Verbraucher" geschaffen, dessen Rechtsstellung deutlich gestärkt wird (vgl. auch Theobald/Kühling/Theobald § 1 Rn. 28; Säcker EnergieR/Säcker § 1 Rn. 22 ff.). Indem der Verbraucher etwa in die Lage versetzt wird, den Ökostromanteil am Gesamtenergiemix zu erfassen, vermag er zugleich eine aktivierende Rolle im Hinblick auf die Durchset-

zung der Energiewende einzunehmen und somit zur Zielerreichung nach § 1 beizutragen (Theobald/Kühling/Theobald § 1 Rn. 5 spricht von „ökologischen Steuerungsimpulsen").

Als weiteres Kriterium wird der (unbestimmte und auch in § 3 nicht konkretisierte) Begriff der Effizienz aufgestellt. Dem Begriff können zwei Aspekte entnommen werden (so auch Bourwieg/Hellermann/Hermes/Hellermann/Hermes § 1 Rn. 44 ff.; Kment EnWG/Kment § 1 Rn. 8; Theobald/Kühling/Theobald § 1 Rn. 29 ff.; vgl. auch die Definitionsvorschläge in Ausschuss-Drs. 15(9)1511, 179 (205)): Der Gesetzgeber ging ausweislich der Begründung (BT-Drs. 15/5268) und der näheren Konkretisierung in § 46 Abs. 4 S. 2 vom Gedanken der Kosteneffizienz aus, der inhaltliche Nähe zum Kriterium der Preisgünstigkeit aufweist, wobei weitergehend nicht nur der Endpreis, sondern auch dem Transport nachgelagerte Wertschöpfungsketten erfasst sind (Kment EnWG/Kment § 1 Rn. 8). Begrifflich ähnlich wird in § 1a der Ausbau der Stromnetze unter den Vorbehalt „volkswirtschaftlicher Effizienz" gestellt (→ § 1a Rn. 15).

Daneben liegt jedoch auch eine Interpretation als Energieeffizienz nahe, die wiederum inhaltliche Nähe zur Umweltverträglichkeit bzw. Klimaverträglichkeit aufweist. Gemäß § 3 Nr. 15b sind Energieeffizienzmaßnahmen „Maßnahmen zur Verbesserung des Verhältnisses zwischen Energieaufwand und damit erzieltem Ergebnis im Bereich von Energieumwandlung, Energietransport und Energienutzung."

Beide Aspekte können in ein Spannungsverhältnis treten, das sich gleichermaßen im Verhältnis zwischen den Zielen der Versorgungssicherheit und der Kostengünstigkeit darstellt.

6. Akzeptanz

Bedenkenswert sind weiterhin Überlegungen, diesen Kriterienkatalog um ein weiteres (bislang noch ungeschriebenes) Kriterium – die **Akzeptanz**(fähigkeit) energiepolitischer Maßnahmen – zu erweitern (Kelly EurUP 2018, 449 (450); Hauff et al. et 2011 (10), 83 ff.; Becker/Gailing/Naumann RaumPlanung 2012 (162/3), 42 ff.; Winkler/Baumgart/Ackermann Europäisches EnergieR Kap. 1 Rn. 10; ausf. zur Aufwertung der Akzeptanz im Verwaltungsverfahren Zeccola DÖV 2019, 100 ff.; Schoch/Schneider/Schoch VwVfG Einl. Rn. 150 ff. mwN). Während wesentliche Systementscheidungen deutscher Energiepolitik – wie vornehmlich die Energiewende – (grundsätzliche) Unterstützung erfahren (Setton/Renn, Soziales Nachhaltigkeitsbarometer der Energiewende 2017: Kernaussagen und Zusammenfassung der wesentlichen Ergebnisse. IASS Study. Potsdam: Institute for Advanced Sustainability Studies (IASS), 6 ff. (abrufbar unter www.publications.iass-potsdam.de), sieht sich die **Umsetzung** wesentlicher Ziele dieser Energiepolitik (so bspw. der Ausbau von Stromtrassen) vermehrtem Widerstand ausgesetzt, sodass „der Umgang mit Bürgerprotesten und Akzeptanzfragen" in den Mittelpunkt des Regulierungsgeschäfts gerückt zu sein scheint (Homann in Mohr, Energierecht im Wandel, 2018, 40 f.). Die Energiewende wird daher nicht gelingen, wenn nicht die Einbindung des Bürgers und die Berücksichtigung seiner berechtigten Interessen gelingt, wenn nicht Entscheidungsprozesse und Entscheidungsergebnisse akzeptabel sind (zur genaueren Analyse der Herbeiführung gesellschaftlicher Akzeptanz am Beispiel des MsbG Kelly EurUP 2018, 449 (450 ff.)). Inhaltlich gehört dazu maßgeblich die Herausforderung, die Umsetzung der Energiewende hinsichtlich ihrer ökologischen, sozialen und wirtschaftlichen Wirkungen intra- und intergenerativ gerecht zu gestalten. Gerade im Hinblick auf einzelne Infrastrukturvorhaben wird es – aufgrund der damit verbundenen gesellschaftspolitischen Konflikte – jedoch nur schwer gelingen, vollständige Akzeptanz auf Seiten der Betroffenen herbeizuführen (zur rechtlichen Dimension der Akzeptanz Zeccola/Gessner in Fraune/Knodt/Gölz/Langer, Akzeptanz und politische Partizipation in der Energietransformation, 2019, 133 ff.). Umso mehr muss das Verfahren durch Transparenz, Kommunikation und einen deliberativen Diskurs die Einbindung des Bürgers ermöglichen (hierzu Fraune/Knodt in Fraune/Knodt/Gölz/Langer, Akzeptanz und politische Partizipation in der Energietransformation, 2019, 159 (162)).

In der europäischen RL zur Förderung regenerativer Energien (RL (EU) 2018/2001) wird die Akzeptanz daher auch bereits in den Erwägungsgründen hervorgehoben: Nach Erwägungsgrund 17 RL (EU) 2018/2001 können kleine Anlagen von großem Nutzen sein, wenn es um eine bessere öffentliche Akzeptanz geht und die Einführung von Projekten im Bereich erneuerbarer Energien insbesondere auf lokaler Ebene sichergestellt werden kann.

Erwägungsgrund 70 RL (EU) 2018/2001 betont, dass es einen erheblichen Mehrwert im Hinblick auf die Akzeptanz erneuerbarer Energie und den Zugang zu zusätzlichem Privatkapital vor Ort bringt, wenn sich BürgerInnen vor Ort und lokale Behörden im Rahmen von Erneuerbare-Energie-Gemeinschaft an Projekten im Bereich erneuerbare Energien beteiligen. Gemäß Art. 4 Abs. 8 lit. f RL (EU) 2018/2001 erstattet die Kommission regelmäßig Bericht über die Ergebnisse der über Ausschreibungsverfahren in der Union gewährten Förderung für Elektrizität aus erneuerbaren Quellen, wobei sie u.a. analysiert, welche Wirkungen auf die Akzeptanz vor Ort zu beobachten ist.

34 Dass auch der Gesetzgeber des EnWG diese Problematik erkannt hat und sie einer rechtlich validen Lösung zuführen möchte, zeigt die Regelung des § 43h, in welcher der Vorrang der Erdverkabelung niedergelegt ist. Diese führt bei dem – für eine erfolgreiche Energiewende unverzichtbaren – Ausbau von Stromtrassen zu einer verstärkten Akzeptanz und verhindert auf diesem Wege Bürgerproteste und Klageverfahren (hierzu noch → § 43h Rn. 2). Auch die Regelungen zur Transparenz (→ Rn. 28) können Akzeptanzprozesse auf Seiten der Beteiligten ermöglichen.

II. Absatz 2

35 Absatz 2 stellt die Regulierung der Elektrizitäts- und Gasversorgungsnetze (umgesetzt in den Teilen 2 und 3 des Gesetzes) in den Kontext dieser Zielvorgaben. Demnach dient die Vorschrift zunächst „der Sicherstellung eines wirksamen und unverfälschten Wettbewerbs bei der Versorgung mit Elektrizität und Gas" (vgl. auch die entsprechende Formulierung in § 3 Nr. 24a lit. c). Ziel ist also die Herstellung notwendiger Bedingungen für einen freien Elektrizitätsversorgungsmarkt, welcher gem. § 3 Nr. 36 „die Erzeugung oder Gewinnung von Energie zur Belieferung von Kunden, de(n) Vertrieb von Energie an Kunden und de(n) Betrieb eines Energieversorgungsnetzes" umfasst. Ziel des EnWG ist damit nicht nur der Schutz des Wettbewerbs im Netz, sondern ebenso der Wettbewerb um Netze und zwischen Netzen (OLG Düsseldorf NJOZ 2019, 1087 Rn. 81). Dies ist der Erkenntnis geschuldet, dass die Ausstattung mit funktionsfähigen und flächendeckenden Energieversorgungsnetzen zu den Grundelementen funktionierender Volkswirtschaften zählt (→ Rn. 16), es sich aber bei Netzen um sog. natürliche Monopole handelt, bei denen Wettbewerb auf den Ebenen der Erzeugung und des Handels nur funktionieren kann, wenn der gleichberechtigte diskriminierungsfreie Zugang der Erzeuger und Verbraucher zu den wettbewerbsneutral betriebenen Übertragungs- und Verteilungsnetzen sichergestellt ist (OLG Düsseldorf NJOZ 2019, 1087 Rn. 81). Von natürlichen Monopolen spricht man, da den – zur Errichtung der Netze erforderlichen – hohen Fixkosten vergleichsweise geringe Betriebskosten gegenüberstehen. In einem unreglementierten System würden solche natürlichen Monopole den Markteintritt von Konkurrenten behindern; funktionierende und zugängliche Übertragungsnetze sind jedoch zwingende Voraussetzung dafür, dass entsprechende Märkte überhaupt entstehen. Hierzu bedarf es aber intensiver Regulierung (Bourwieg/Hellermann/Hermes/Hellermann/ Hermes § 1 Rn. 60). Dies erfolgt u.a. durch den Abbau von Monopolen und Oligopolen, der insbesondere durch die Entflechtung von Energieerzeugern und Netzbetreibern herbeigeführt wird (vgl. §§ 6 ff.). Auch die Vorschriften zur Netzzugangs- und Netzentgeltregulierung sollen der Sicherstellung einer wettbewerbsanalogen Situation dienen (vgl. insbesondere § 21 Abs. 1 und 2). Wettbewerbsähnliche Zustände werden erzeugt oder zumindest simuliert (OLG Düsseldorf EnWZ 2017, 315 Rn. 76; NJOZ 2019, 1010 Rn. 61). So soll etwa die Netzentgeltregulierung nach § 21a iVm der Anreizregulierungsverordnung sicherstellen, dass der Monopolist seine Infrastrukturdienstleistungen möglichst effizient und zu angemessenen Preisen erbringt und überdies ausreichende Investitionen in die Netzinfrastruktur vorgenommen werden (OLG Düsseldorf EnWZ 2017, 315 Rn. 76; NJOZ 2019, 1019 Rn. 61; vgl. auch Absatz 2 Alternative 2).

36 Regelungsgegenständlich sind die – für die Versorgung der Allgemeinheit (vgl. Absatz 1, → Rn. 10) zuständigen – Energie- und Gasversorgungsnetze. Um die Anforderung einer sicheren Versorgung der Allgemeinheit iSd Absatz 1 zu erfüllen, ist regelmäßig von einem weiten Netzbegriff auszugehen, dem grundsätzlich alle Anlagen, die der leitungsgebundenen Versorgung von Letztverbrauchern dienen, unterfallen (Thomale/Berger EnWZ 2018, 147 (150)). Eine Ausnahme besteht lediglich, wenn kein Bezug zur Versorgung der Allgemeinheit

besteht, weil eine Anlage zur Eigenversorgung oder eine sog. Kundenanlage iSv § 3 Nr. 24a vorliegt (zur Begrifflichkeit Thomale/Berger EnWZ 2018, 147 (150)). Ausweislich ihrer Definition ist diese „für die Sicherstellung eines wirksamen und unverfälschten Wettbewerbs bei der Versorgung mit Elektrizität und Gas unbedeutend" (§ 3 Nr. 24a lit. c). Der in Absatz 2 angenommene Regulierungsbedarf entfällt daher.

Absatz 2 dient darüber hinaus „der Sicherung eines langfristig angelegten leistungsfähigen und zuverlässigen Betriebs von Energieversorgungsnetzen", also der Daseinsvorsorge (→ Rn. 16). Dies ist besonders erforderlich unter dem Einfluss volatiler regenerativer Energieerzeugung. Dem leistungsfähigen Betrieb dienen u.a. rechtliche Regelungen zum Engpassmanagement. 37

Über Absatz 2 wird der Gesetzgeber beim Erlass von Regulierung auf die Zielsetzung des Schutzes von Wettbewerblichkeit und Versorgungssicherheit verwiesen und hierdurch zugleich beschränkt. Umgekehrt sind die Regulierungsvorschriften (der Teile 2 und 3) vor dem Hintergrund dieser Zielsetzung auszulegen (BT-Drs. 15/3917, 47 f.). 38

Wichtige Regulierungsaufgaben sind daher u.a. die Genehmigung der Entgelte für den Netzzugang nach § 23a, die Genehmigung oder Festlegung im Rahmen der Entgeltbestimmung für den Netzzugang im Wege einer Anreizregulierung nach § 21a, die Genehmigung oder Untersagung individueller Entgelte für den Netzzugang, die Überwachung der Vorschriften zur Entflechtung, die Überwachung der Vorschriften zur Systemverantwortung der Betreiber von Energieversorgungsnetzen. Der Regulierungsauftrag richtet sich an die BNetzA sowie die Landesregulierungsbehörden. Die Verteilung der Zuständigkeiten ergibt sich aus §§ 54 ff. (vgl. hierzu auch Theobald/Kühling/Theobald § 1 Rn. 42). 39

III. Absatz 3

Absatz 3 stellt klar, dass das EnWG auch der Umsetzung und Durchführung europäischen Energierechts dient. Bei der Auslegung der Vorschriften des EnWG sind daher die zwingenden unionsrechtlichen Vorgaben zu berücksichtigen (BT-Drs. 15/3917, 48). Der Gesetzgeber verweist damit auf die zahlreichen europäischen Vorschriften, auf deren Grundlage eine Vielzahl von Vorschriften des Energiewirtschaftsrechts ergangen ist und deren Vorgaben bei der Auslegung und Anwendung des Gesetzesrechts zu berücksichtigen sind. Da sich die Pflicht zur sog. richtlinienkonformen bzw. unionsrechtskonformen Auslegung bereits aus dem supranationalen Charakter des europäischen Energierechts ergibt, beschränkt sich Absatz 3 auf eine deklaratorische Wirkung (Kment EnWG/Kment § 1 Rn. 2: „klarstellende Funktion"; vgl. auch Theobald/Kühling/Theobald § 1 Rn. 48; Säcker EnergieR/Säcker § 1 Rn. 60); auch der Hinweis in der Gesetzesbegründung ist überflüssig. Die verschiedentlich geäußerte Annahme eines dynamischen Verweises auf EU-Recht ist irreführend. 40

Zugleich verdeutlicht der Gesetzgeber hierdurch die Einbettung des nationalen Energiemarktes in den europäischen Energiebinnenmarkt bzw. die Energieunion (hierzu Winkler/Baumgart/Ackermann Europäisches EnergieR Kap. 1 Rn. 1 ff.). Auch wenn bereits am Anfang des europäischen Einigungsprozesses eine gemeinsame europäische Energiepolitik stand (vgl. nur die Gründung der EGKS 1951 und der EAG 1957), kann von einer umfassenden europäischen Energiepolitik erst seit etwas mehr als zwanzig Jahren gesprochen werden. In dieser Zeit wurden insgesamt vier Energiebinnenmarktpakete erlassen: das Erste Energiebinnenmarktpaket mit den RL 96/92/EG und 98/30/EG, das Zweite Energiebinnenmarktpaket mit der Elektrizitäts-Binnenmarkt-Richtlinie 2003/54/EG und der Gas-Binnenmarkt-Richtlinie 2003/55/EG und den Verordnungen VO (EG) Nr. 1228/2003 und VO (EG) Nr. 1775/2003, das Dritte Energiebinnenmarktpaket mit den Verordnungen VO (EG) Nr. 713/2009, VO (EG) Nr. 714/2009, VO (EG) Nr. 715/2009 sowie den Elektrizitäts-Binnenmarkt-Richtlinie 2009/72/EG und Gas-Binnenmarkt-Richtlinie 2009/73/EG und zuletzt das Vierte Energiebinnenmarktpaket (sog. Clean Energy Package) mit der Gebäudeeffizienz-RL (EU) 2018/844, der Energieeffizienz-RL (EU) 2018/2002, der Erneuerbare-Energien-RL (EU) 2018/2001, der Governance-VO (EU) 2018/1999, der Elektrizitäts-Binnenmarkt-Richtlinie (EU) 2019/944, der Elektrizitätsbinnenmarkt-VO (EU) 2019/943, der Risikovorsorge-VO (EU) 2019/941 und der ACER-VO (EU) 2019/942. Der Energiebinnenmarkt ist durch die Verwirklichung der Grundfreiheiten und einen unverfälschten 41

Wettbewerb gekennzeichnet (vgl. Streinz/Pechstein EUV Art. 3 Rn. 7); er soll den Verbrauchern „echte Wahlmöglichkeiten zu fairen, wettbewerbsorientierten Preisen bieten" (Mitteilung der Kommission vom 10.1.2007, „Eine Energiepolitik für Europa", KOM(2007)1 endg.). Der Europäische Rat betont in seinen Schlussfolgerungen vom 4.2.2011 (EUCO 2/1/11 REV 1, 1), dass die Europäische Union „einen voll funktionsfähigen, als Verbund organisierten und integrierten Energiebinnenmarkt" braucht.

41.1   Die rechtlichen Grundlagen hierzu finden sich in Art. 3 Abs. 3 S. 1 AEUV sowie den einschlägigen Kompetenznormen. Art. 3 Abs. 3 S. 1 EUV verpflichtet die Europäische Union zur Errichtung eines **Binnenmarktes** (Art. 26 Abs. 2 AEUV) – auch im Bereich des Energiesektors. Hierin kommt der Grundsatz der Wettbewerblichkeit zum Ausdruck. Eine Relativierung erfährt dieser, soweit man bedenkt, dass die Union – ebenfalls nach Art. 3 Abs. 3 S. 1 EUV – auch einer sozialen Entwicklung und dem Umwelt- (und Klima!-)Schutz verpflichtet ist. Wesentliche Meilensteine bei der Fortentwicklung des Energiebinnenmarktes waren die Einführung der Art. 170 ff. AEUV (durch den Vertrag von Maastricht) sowie Art. 194 Abs. 1 AEUV (durch den Vertrag von Lissabon). Ergänzend können energiepolitische Maßnahmen auf Art. 114 AEUV, Art. 192 AEUV oder Art. 179 f. AEUV gestützt werden.

42   Um eine verstärkte Vergemeinschaftung der Union auch im Bereich der Energiepolitik zu beschreiben, welche eine bessere Kontrolle systemischer Risiken gewährleisten soll, wird in jüngerer Zeit zunehmend von der Entwicklung einer „Energieunion" gesprochen (Zachmann, Die Europäische Energieunion: Schlagwort oder wichtiger Integrationsschritt?, in Friedrich-Ebert-Stiftung (Hrsg.), gute gesellschaft – soziale demokratie, 2017, 2 (abrufbar unter www.fes.de/bibliothek)). Die Europäische Energieunion soll Krisenfestigkeit herbeiführen: Sie beinhaltet neben dem Ziel, die Importabhängigkeit des europäischen Energiesektors abzubauen, Impulse zur Erhöhung der Versorgungssicherheit, zur Schaffung eines integrierten Energiebinnenmarktes, zur Förderung der Energieeffizienz, zur Förderung der EU-Klimapolitik bzw. konkret zur Verringerung der CO_2-Emissionen sowie zur Forschungs- und Innovationsförderung (Mitteilung der Kommission, Rahmenstrategie für eine krisenfeste Energieunion mit einer zukunftsorientierten Klimaschutzstrategie, COM(2015) 80 endg.). Diese verschiedenen – miteinander verknüpften – **fünf Dimensionen,** die zugleich Ausprägung der energiepolitischen Leitziele der Union sind, werden durch die „Rahmenstrategie für eine krisenfeste Energieunion" vom 25.2.2015 (COM(2015) 80 endg., 4) in einen Zeitplan die Jahre 2015 bis 2020 eingebettet. Die konkrete Ausrichtung der europäischen Energiepolitik änderte sich je nach (aktuellen) politischen Zielsetzungen und Anforderungen: Im Fokus standen und stehen die starke Importabhängigkeit, die fortwährend steigende Energienachfrage und die parallel steigenden Klimaschutzerwägungen, schwankende Energiepreise, Sicherheitsrisiken für die Erzeuger- und Transitländer und generell die Entwicklung eines funktionsfähigen Energiebinnenmarktes. Insbesondere wurde die zunächst stark ökonomische Ausrichtung zunehmend durch ökologische Überlegungen ergänzt (s. bereits Mitteilung der Kommission, „Fahrplan für Erneuerbare Energien im 21. Jahrhundert: Größere Nachhaltigkeit in der Zukunft" vom 10.01.2007, COM (2006) 848 endg.).

IV. Absatz 4

43   Der nachträglich eingefügte Absatz 4 soll die Ziele eines weiterentwickelten Strommarktes gesetzlich verankern. Gemeinsam mit dem zeitgleich eingeführten § 1a werden hierdurch die Zwecke des Absatz 1 konkretisiert (BT-Drs. 18/7317, 75). Sie basieren auf der Grundsatzentscheidung für einen weiterentwickelten Strommarkt 2.0 und gegen einen sog. Kapazitätsmarkt (→ § 1a Rn. 4; vgl. auch Stelter/Ipsen EnWZ 2016, 483) sowie die zunehmende Integration des nationalen Strommarktes in den europäischen Binnenmarkt.

44   Die erste Zielbestimmung hebt die Notwendigkeit der langfristig wettbewerblichen und damit freien Strompreisbildung sowie die Stärkung der Preissignale an den Strommärkten für Erzeuger und Verbraucher hervor (BT-Drs. 18/7317, 75). Wie § 1a Abs. 1 S. 2 hervorhebt (→ § 1a Rn. 6), soll die Preisbildung frei von regulatorischen Eingriffen und daher wettbewerblich erfolgen (als Preisobergrenze wirkt auch nicht das kartellrechtliche Missbrauchsverbot; vgl. Kment EnWG/Kment § 1 Rn. 14). Die Möglichkeit der Entstehung von Preisspitzen (hierzu Kment EnWG/Kment § 1 Rn. 14) ist dem Gesetzgeber bekannt (BT-Drs. 18/7317, 75) und zur Finanzierung der Energiewende, und hier insbesondere selten eingesetzter,

aber als Reserve notwendiger konventioneller Stromerzeugungskapazitäten, sowie zur Steigerung von Investitionsanreizen auch erwünscht (→ § 1a Rn. 6).

Nach der zweiten Zielsetzung soll der „Strommarkt 2.0" jederzeit den Ausgleich von 45 Angebot und Nachfrage an den Strommärkten ermöglichen. Der Strommarkt soll daher immer ausreichend Kapazitäten vorhalten, um Angebot und Nachfrage jederzeit auszugleichen (BT-Drs. 18/7317, 75). Zur Vermeidung von Systembilanzungleichgewichten sollen Bilanzkreis- und Ausgleichsenergiesysteme dienen (BT-Drs. 18/7317, 75; hierzu → § 1a Rn. 7). Über die Kapazitätsreserve (§§ 13e und 13h) wird die Stromversorgung zusätzlich abgesichert. Hierdurch wird der Zweck der Versorgungssicherheit (→ Rn. 16) verfolgt.

Gegenstand der dritten Zielbestimmung ist, dass Erzeugungsanlagen, Anlagen zur Speicherung elektrischer Energie und Lasten insbesondere möglichst umweltverträglich, netzverträglich, effizient und flexibel in dem Umfang eingesetzt werden, der erforderlich ist, um die Sicherheit und Zuverlässigkeit des Elektrizitätsversorgungssystems zu gewährleisten. Hierbei geht es insbesondere um die Stärkung von Flexibilitätsoptionen, die erforderlich ist, um die Transformation des Energiesystems zu optimieren (zu verschiedenen Möglichkeiten der Flexibilisierung Kment EnWG/Kment § 1 Rn. 17). 46

Die vierte Zielbestimmung schließlich dient dem Ziel, den Elektrizitätsbinnenmarkt zu 47 stärken (→ Rn. 41) sowie die Zusammenarbeit insbesondere mit den an das Gebiet der Bundesrepublik Deutschland angrenzenden Staaten (Österreich, Schweiz, Frankreich, Luxemburg, Belgien, Niederlande, Dänemark, Polen, Tschechien) sowie mit dem Königreich Norwegen und dem Königreich Schweden zu intensivieren. Auch hierdurch werden Flexibilitätsoptionen geschaffen: Die Vorteile eines gestärkten und liberalisierten Elektrizitätsbinnenmarktes sollen für eine kosteneffiziente Gewährleistung der Versorgungssicherheit genutzt werden (BT-Drs. 18/7317, 76). Die besondere Hervorhebung der an das Bundesgebiet angrenzenden Staaten sowie der Königreiche Norwegen und Schweden erklärt sich zum einen daraus, dass es sich bei den angrenzenden Staaten um das für Deutschland relevante Stromgebiet handelt; zum anderen wird auf die „Erklärung vom 8. Juni 2015" Bezug genommen (BT-Drs. 18/7317, 76) – gemeint ist damit die „Joint Declaration for Regional Cooperation on Security of Electricity Supply in the Framework of the Internal Energy Market" (abrufbar unter www.bmwi.de), welche nicht nur von Deutschland und seinen Nachbarstaaten, sondern auch von Schweden und Norwegen unterzeichnet wurde. Die in den Blick genommene Zusammenarbeit soll gewährleisten, dass mit den aufgeführten Staaten ein höheres Maß an Vernetzung und Marktkopplung besteht als mit anderen Mitgliedstaaten und sich die Strommärkte künftig immer stärker gegenseitig beeinflussen und absichern können (BT-Drs. 18/7317, 76). Die Art und Weise der Zusammenarbeit wird in § 1a Abs. 6 (insbesondere Satz 2, → § 1a Rn. 22) näher konkretisiert.

§ 1a Grundsätze des Strommarktes

(1) ¹Der Preis für Elektrizität bildet sich nach wettbewerblichen Grundsätzen frei am Markt. ²Die Höhe der Preise für Elektrizität am Großhandelsmarkt wird regulatorisch nicht beschränkt.

(2) ¹Das Bilanzkreis- und Ausgleichsenergiesystem hat eine zentrale Bedeutung für die Gewährleistung der Elektrizitätsversorgungssicherheit. ²Daher sollen die Bilanzkreistreue der Bilanzkreisverantwortlichen und eine ordnungsgemäße Bewirtschaftung der Bilanzkreise sichergestellt werden.

(3) ¹Es soll insbesondere auf eine Flexibilisierung von Angebot und Nachfrage hingewirkt werden. ²Ein Wettbewerb zwischen effizienten und flexiblen Erzeugungsanlagen, Anlagen zur Speicherung elektrischer Energie und Lasten, eine effiziente Kopplung des Wärme- und des Verkehrssektors mit dem Elektrizitätssektor sowie die Integration der Ladeinfrastruktur für Elektromobile in das Elektrizitätsversorgungssystem sollen die Kosten der Energieversorgung verringern, die Transformation zu einem umweltverträglichen, zuverlässigen und bezahlbaren Energieversorgungssystem ermöglichen und die Versorgungssicherheit gewährleisten.

(4) Elektrizitätsversorgungsnetze sollen bedarfsgerecht unter Berücksichtigung des Ausbaus der Stromerzeugung aus erneuerbaren Energien nach § 4 des Erneuer-

bare-Energien-Gesetzes, der Versorgungssicherheit sowie volkswirtschaftlicher Effizienz ausgebaut werden.

(5) Die Transparenz am Strommarkt soll erhöht werden.

(6) [1]Als Beitrag zur Verwirklichung des Elektrizitätsbinnenmarktes sollen eine stärkere Einbindung des Strommarktes in die europäischen Strommärkte und eine stärkere Angleichung der Rahmenbedingungen in den europäischen Strommärkten, insbesondere mit den an das Gebiet der Bundesrepublik Deutschland angrenzenden Staaten sowie dem Königreich Norwegen und dem Königreich Schweden, angestrebt werden. [2]Es sollen die notwendigen Verbindungsleitungen ausgebaut, die Marktkopplung und der grenzüberschreitende Stromhandel gestärkt sowie die Regelenergiemärkte und die vortägigen und untertägigen Spotmärkte stärker integriert werden.

Überblick

Der 2016 eingeführte (→ Rn. 1) § 1a konkretisiert die im EnWG 2005 (Zweites Gesetz zur Neuregelung des Energiewirtschaftsrechts v. 7.7.2005, BGBl. I 1970 (1972)) eingeführten spezielleren Regulierungsziele iSd § 1 Abs. 2 und die 2016 durch Art. 1 Strommarktgesetz (Gesetz zur Weiterentwicklung des Strommarktes (Strommarktgesetz) v. 26.7.2016, BGBl. I 1786) konkretisierend formulierten Zielbestimmungen des § 1 Abs. 4 durch die Niederlegung von Grundsätzen des Strommarktes 2.0. Bei diesen nicht unmittelbar vollziehbaren Grundsätzen (→ Rn. 3) handelt es sich im Einzelnen um die freie Preisbildung (→ Rn. 5 f.), die Sicherstellung der Versorgungssicherheit durch Bilanzkreis- und Ausgleichsenergiesysteme (→ Rn. 7 ff.), die Flexibilisierung von Angebot und Nachfrage (→ Rn. 12 ff.), den Ausbau der Stromnetze (→ Rn. 15 ff.), die Erhöhung der Transparenz (→ Rn. 18 f.) sowie die Einbindung in den europäischen Strommarkt (→ Rn. 21 f.).

Übersicht

	Rn.		Rn.
A. Entstehungsgeschichte und Zwecksetzung	1	III. Flexibilisierung von Angebot und Nachfrage (Abs. 3)	12
B. Grundsätze im Einzelnen	5	IV. Stromnetzausbau	15
I. Freie Preisbildung (Abs. 1)	5	V. Transparenz	18
II. Versorgungssicherheit durch Bilanzkreis- und Ausgleichsenergiesysteme (Abs. 2)	7	VI. Einbindung in den europäischen Strommarkt (Abs. 6)	21

A. Entstehungsgeschichte und Zwecksetzung

1 § 1a wurde durch Art. 1 Strommarktgesetz vom 26.7.2016 (BGBl. I 1786) eingeführt. Hierdurch werden das Normprogramm zur Weiterentwicklung des Strommarktes sowie die **Grundprinzipien des Strommarktes** und der leitungsgebundenen Versorgung mit Elektrizität explizit im Gesetz verankert (BR-Drs. 542/15, 57). Im Mittelpunkt der Gesetzesreform, die der Umsetzung der Grundsatzentscheidung für einen Strommarkt 2.0 aus dem Weißbuch „Ein Strommarkt für die Energiewende" aus dem Jahr 2015 dient, steht die Stärkung der Marktmechanismen (BR-Drs. 542/15, 62; → Rn. 5, → Rn. 12), was auch in Absatz 1 sowie Absatz 3 deutlich zum Ausdruck kommt. Die Gesetzesreform dient zugleich der Sicherstellung der Versorgungssicherheit (BR-Drs. 542/15, 62; vgl. Absätze 2–4, → Rn. 7, → Rn. 13, → Rn. 15), der Erhöhung der Transparenz (BR-Drs. 542/15, 64; vgl. Absatz 5 → Rn. 18), der angemessenen und fairen Kostenverteilung (BR-Drs. 542/15, 65; vgl. Absätze 1–4 → Rn. 5, → Rn. 7, → Rn. 13, → Rn. 15), der Flexibilisierung des Stromsystems und des Bürokratieabbaus (BR-Drs. 542/15, 65; vgl. Absatz 3 → Rn. 12). Gleichzeitig verankern die Grundsätze auch Inhalte der Erklärung vom 8.6.2015, welche die regionale Kooperation zur Sicherstellung der Energiesicherheit betrifft (BR-Drs. 542/15, 84; vgl. Absatz 6 → Rn. 21). § 1a verdeutlicht mit den hier konkretisierten Grundsätzen die Entscheidung für einen Strommarkt 2.0, was auch die Entscheidung für ein transformiertes, nachhaltiges, maßgeblich auf erneuerbaren Energien beruhendes Energiesystem bedeutet.

Der Gedanke der Nachhaltigkeit und des Klimaschutzes, der sowohl im Grünbuch („Ein Strommarkt für die Energiewende", 2014, 36 f.) als auch im Weißbuch herausgehobene Bedeutung findet, erfährt jedoch keine Erwähnung im Gesetzestext.

Mit Art. 3 des Gesetzes zur Änderung der Bestimmungen zur Stromerzeugung aus Kraft-Wärme-Kopplung und zur Eigenversorgung vom 22.12.2016 (BGBl. I 3106) wurde lediglich eine redaktionelle Änderung vorgenommen (hierzu Kment EnWG/Kment § 1a Rn. 1; Theobald/Kühling/Theobald § 1a Rn. 1). 2

Die in § 1a aufgeführten **Grundsätze** enthalten dem Rechtscharakter nach „Leitlinien des Energiewirtschaftsrechts" (Kment EnWG/Kment § 1a Rn. 2; vgl. auch § 1 Abs. 1, 3), welche die Anwendung und Auslegung der übrigen EnWG-Vorschriften steuern. Unmittelbare Rechtsfolgen sind aus ihnen hingegen nicht ableitbar. Die Grundsätze des § 1a stehen in einem Stufenverhältnis, indem sie einerseits selbst die in § 1 Abs. 2 und 4 Nr. 2–4 niedergelegten Ziele konkretisieren (Säcker EnergieR/Säcker § 1a Rn. 1; → Rn. 5, → Rn. 12, → Rn. 15) und andererseits durch weitere Vorschriften des EnWG konkretisiert werden (→ Rn. 9, → Rn. 15). Soweit es zu Friktionen innerhalb der Grundsätze kommt, sind diese durch Einzelfallabwägungen im Rahmen des Regulierungsermessens zu bewältigen (vgl. auch Säcker EnergieR/Säcker § 1a Rn. 3). 3

Die Regelungen des Strommarktgesetzes (→ Rn. 1) enthalten die **Grundsatzentscheidung** für einen „Strommarkt 2.0" und gegen eine sog. Kapazitätsmarkt. Die vorausgehende politische Diskussion lässt sich anhand des Grünbuchs „Ein Strommarkt für die Energiewende" (S. 39 ff., zu unterschiedlichen Ausgestaltungsformen des Kapazitätsmarkts S. 42 f.) sowie des gleichnamigen Weißbuchs nachvollziehen. 4

Die politische Diskussion um die Errichtung eines Kapazitätsmarkts (zur Haltung der deutschen Bundesländer unter Grünbuch, 24 f.) steht in engem Zusammenhang mit der Furcht vor Lieferengpässen oder -ausfällen, die bei einem zunehmenden Anteil variabler Erneuerbarer Energien bei gleichzeitiger Abnahme konventioneller Stromerzeugungsmethoden (Kohlestrom, Atomstrom) zu drohen scheinen. Der Kapazitätsmarkt dient der Gewährleistung der Versorgungssicherheit, indem er die Vorhaltung von Stromerzeugungskapazitäten dadurch anreizt, dass bereits die Vorhaltung von Kapazitäten vergütet wird. Dem liegt die Annahme zugrunde, dass der Strommarkt selbst keine ausreichenden Anreize für Investitionen in Kapazitäten enthält. Im Weißbuch „Ein Strommarkt für die Energiewende" wird andererseits darauf hingewiesen, dass Kapazitätsmärkte (aufgrund der notwendigen Eingriffe in die Marktmechanismen) anfällig sind für Regulierungsfehler und die Transformation des Energiesystems erschweren (S. 4, ausf. S. 26 f.; zu den Gegenargumenten bereits S. 26). Der „Strommarkt 2.0." (zu dessen Kernpunkten Kirschnick/Krappitz IR 2016, 266 ff.) geht daher von einer Kapazitätsreserve (§ 13e; hierzu auch Stelter/Ipsen EnWZ 2016, 483 (486)) aus. Die Vorhaltung von Kapazitäten wird hierbei über den Strommarkt (und zwar explizit am Regelleistungsmarkt und in Options- und Lieferverträgen) refinanziert (sog. Energy-Only-Markt) (Weißbuch, „Ein Strommarkt für die Energiewende", 4). Im Unterschied zum Kapazitätsmarkt umfasst die Kapazitätsreserve nur Kraftwerke, die nicht am Strommarkt teilnehmen und den Wettbewerb und die Preisbildung nicht verzerren (Weißbuch, „Ein Strommarkt für die Energiewende", 4). 4.1

Die Entscheidung für einen „Strommarkt 2.0" wurde durch das Grünbuch „Ein Strommarkt für die Energiewende" vorbereitet. Dieses widmet sich insbesondere der Frage, ob die Preissignale des Strommarktes die richtigen Anreize setzen, damit ausreichende Kapazitäten vorgehalten werden. Das namensgleiche Weißbuch vom Juli 2015 stellt nach einer öffentlichen Konsultationsphase die Entscheidung des Bundesministeriums für Wirtschaft und Energie vor, den bestehenden Strommarkt zum „Strommarkt 2.0" weiterzuentwickeln. Diese Entscheidung basiert u.a. auf einem im Auftrag des BMWi ergangenen Gutachten, wonach Kapazitätsmärkte „die Teilnahme von flexiblen Anbietern durch Präqualifikationskriterien und implizite Barrieren" erschweren und „die Preissignale am Spotmarkt" verzerren. Hierdurch wird eine Flexibilisierung des Strommarktes ebenso erschwert wie durch eine übermäßige Aufrechterhaltung unrentabler Bestandsanlagen im Markt (Leitstudie Strommarkt 2015, Studie der Connect Energy Economics GmbH iAd Bundesministeriums für Wirtschaft und Energie, 82; krit. zur Einführung eines Kapazitätsmarkts auch Helmholtz Allianz ENERGY TRANS, Policy Brief: Braucht Deutschland jetzt Kapazitätszahlungen für eine gesicherte Stromversorgung?, Ausgabe 1/2015). Zudem führen alle betrachteten Modelle zu Friktionen mit der Binnenmarktintegration (Leitstudie Strommarkt 2015, Studie der Connect Energy Economics GmbH iAd Bundesministeriums für Wirtschaft und Energie, 82). Die durch den Kapazitätsmarkt erzeugte geringere Flexibilität des Strommarktes und hieraus resultierende Situationen mit einem hohen Angebot aus erneuerbaren Energien und geringer Stromnachfrage können niedrige oder sogar negative Strompreise zur Folge haben. Der hierdurch 4.2

gesenkte Marktwert der erneuerbaren Energien erhöht über die ansteigende EEG-Umlage – zusätzlich zu anfallenden Kapazitätszahlungen – die Verbraucherkosten (BR-Drs. 542/15, 82).

B. Grundsätze im Einzelnen

I. Freie Preisbildung (Abs. 1)

5   Die Regelungen des Absatzes 1, wonach sich der Preis für Elektrizität „nach wettbewerblichen Grundsätzen frei am Markt" bildet und die Höhe der Preise für Elektrizität am Großhandelsmarkt „regulatorisch nicht beschränkt" wird, dienen der **Stärkung der Marktmechanismen** und damit einem wesentlichen Baustein des Strommarkts 2.0, der als „Grundsatzentscheidung für einen liberalisierten, europäischen Strommarkt" zu verstehen ist (Grünbuch, 5; zum Zusammenspiel von Markt und Regulierung in der Energiewirtschaft Müsgens EnWZ 2017, 243 (246 f.)). Absatz 1 setzt die Zielbestimmung nach § 1 Abs. 2 („Sicherstellung eines wirksamen und unverfälschten Wettbewerbs bei der Versorgung mit Elektrizität und Gas") sowie des § 1 Abs. 4 Nr. 1 („die faire Preisbildung für Elektrizität durch wettbewerbliche Marktmechanismen zu stärken") um. Die Marktpreissignale werden gestärkt, indem der „Stromgroßhandelspreis möglichst unverzerrt als Steuerungsinstrument wirken kann" (BR-Drs. 542/15, 57). Laut Gesetzesbegründung soll hierdurch die Planungs- und Investitionssicherheit gewährleistet und die Anreize zur Bilanzkreistreue gestärkt werden (BR-Drs. 542/15, 57). In den jüngsten Preissteigerungen aufgrund des völkerrechtswidrigen russischen Angriffskrieges zeigt sich jedoch auch die Anfälligkeit des so gebildeten Strommarktpreises für Krisen (hierzu Möller-Klapperich/Rasquin NJ 2022, 433 ff.).

6   Satz 1 regelt, dass sich der Preis für Elektrizität am Großhandelsmarkt nach **wettbewerblichen Grundsätzen** frei am Strommarkt durch Angebot und Nachfrage bildet. Satz 2 bestätigt dies, indem eine regulatorische Beschränkung der Elektrizitätspreise am Großhandelsmarkt ausgeschlossen wird, wobei „die von den Börsen für den vortätigen oder untertätigen Spotmarkthandel festgelegten technischen Maximalpreise" unberührt bleiben (BR-Drs. 542/15, 84). Die Gesetzesbegründung fasst dies als „klares Signal an Investoren" auf (BR-Drs. 542/15, 84). Daher sind auch Preisspitzen möglich (Grünbuch, „Ein Strommarkt für die Energiewende", 8), um die für die Versorgungssicherheit (noch) wichtigen konventionellen Stromerzeugungskapazitäten zu refinanzieren (Stelter/Ipsen EnWZ 2016, 483 (484)) und Investitionsanreize zu setzen (Theobald/Kühling/Theobald § 1a Rn. 3). Dies verdeutlicht die Friktionen von Energiewende und Versorgungssicherheit: Während gegenwärtig durch die so gesicherte Finanzierung der fossilen Energieerzeuger die Zielsetzung der Energiewende relativiert wird, ist künftig damit zu rechnen, dass – aufgrund zunehmender Flexibilisierung des Strommarktes und daraus resultierender Reduktion von Preisspitzen – die Rentabilität von und Investitionsbereitschaft in konventionelle Kraftwerke und damit zugleich die Versorgungssicherheit abnimmt (zur Problematik Theobald/Kühling/Theobald § 1a Rn. 3, der insoweit auf die Funktion der Kapazitätsreserve nach § 13e und der Sicherheitsbereitschaft nach § 13g Abs. 1 verweist). Mittelbare Rückwirkungen solcher regulatorischen Maßnahmen (bspw. auch des Engpassmanagements) auf die Preisbildung bleiben daher weiter möglich (hierzu Säcker EnergieR/Säcker § 1a Rn. 6).

II. Versorgungssicherheit durch Bilanzkreis- und Ausgleichsenergiesysteme (Abs. 2)

7   Ein wesentlicher Baustein des „Strommarktes 2.0" ist weiterhin die **Versorgungssicherheit**, die bereits in § 1 Abs. 1 Erwähnung findet. Diese wird nach Absatz 2 Satz 1 zentral durch das Bilanzkreis- und Ausgleichsenergiesystem gewährleistet, welches zusammen mit der Regelleistung dafür sorgt, dass genau so viel Strom in das Stromnetz eingespeist wird, wie gleichzeitig aus diesem entnommen wird (Grünbuch, „Ein Strommarkt für die Energiewende", 11). Die **Bilanzkreistreue** und ordnungsgemäße Bewirtschaftung der Bilanzkreise ist daher über Absatz 2 Satz 2 als neuer Grundsatz des Strommarktes aufgenommen (Kirschnick/Krappitz IR 2016, 266). § 1a Abs. 2 dient damit der Umsetzung des in § 1 Abs. 4 Nr. 2 aufgestellten Ziels, „den Ausgleich von Angebot und Nachfrage nach Elektrizität an den Strommärkten jederzeit zu ermöglichen".

7.1   Nach § 3 Nr. 10a wird als Bilanzkreis „im Elektrizitätsbereich innerhalb einer Regelzone die [virtuelle] Zusammenfassung von Einspeise- und Entnahmestellen verstanden, die dem Zweck dient, Abweichungen zwischen Einspeisungen und Entnahmen durch ihre Durchmischung zu minimieren und die Abwicklung von Handelstransaktionen zu ermöglichen". Ein Bilanzkreis umfasst etwa die Kraftwerke eines Betreibers oder die Erzeugung und Nachfrage eines Energieversorgers, jeweils bezogen auf eine Regelzone. Eine Regelzone ist gem. § 3 Nr. 30 „das Netzgebiet, für dessen Primärregelung, Sekundärregelung und Minutenreserve ein Betreiber von Übertragungsnetzen im Rahmen der Union für die Koordinierung des Transports elektrischer Energie (UCTE) verantwortlich ist". Somit wirkt der Bilanzkreisverantwortliche „als Schnittstelle zwischen Netznutzern und Übertragungsnetzbetreibern (Theobald/Kühling/Theobald § 1a Rn. 4). Er ist verpflichtet, Fahrpläne zu erstellen, die Einspeise- und Entnahmevorgänge für jede Viertelstunde des Folgetages sowie den Stromaustausch mit anderen Bilanzkreisen darzustellen (Grünbuch, „Ein Strommarkt für die Energiewende, 11).

Von dem Bilanzkreis- und Ausgleichsenergiesystem umfasst werden insbesondere die **Pflichten,** alle Erzeuger und Verbraucher in Bilanzkreisen zu erfassen (Bilanzkreispflicht), auf Basis von Last- und Erzeugungsprognosen ausgeglichene Fahrpläne anzumelden und einzuhalten (Pflicht zur Bilanzkreistreue) sowie unvorhergesehene Fahrplanabweichungen durch Ausgleichsenergie abzurechnen (Ausgleichsenergiesystem) (Grünbuch, „Ein Strommarkt für die Energiewende"). **Bilanzkreistreue** meint die Pflicht des Bilanzkreisverantwortlichen, auf Basis von Prognosen ausgeglichene Fahrpläne (→ Rn. 7.1) anzumelden. Zentraler Anreiz zur Erfüllung dieser Pflicht sind die Ausgleichsenergiekosten; weicht nämlich ein Bilanzkreis von dem Fahrplan ab, muss der Bilanzkreisverantwortliche die Kosten für den Einsatz der Regelleistung tragen. **8**

Der Gesetzgeber bezieht sich hierbei auf die (gleichzeitigen) Änderungen in § 13 Abs. 5 und in der StromNZV (BR-Drs. 542/15, 84). Insbesondere der durch das Strommarktgesetz neu eingefügte § 13 Abs. 5 S. 2 legt fest, dass „die Pflicht zur Bilanzkreisabrechnung durch die Betreiber von Übertragungsnetzen auch in Situationen hoher Knappheit" (BR-Drs. 542/15, 96) iSd § 13 Abs. 2 S. 1 besteht. Hierdurch bleiben Anreize für die Bilanzkreisverantwortlichen, ihre Bilanzkreise für jede Viertelstunde ausgeglichen zu halten, aufrechterhalten (BR-Drs. 542/15, 62 (96)). **9**

Nach der Gesetzesbegründung soll eine Ausnahme (von § 13 Abs. 2) nur dann vorliegen, wenn die Abrechnung der Bilanzkreise nach Zwangsabschaltungen tatsächlich unmöglich ist oder im Falle einer vom Übertragungsnetzbetreiber „verursachten" Unterdeckung eine unbillige Härte gegenüber dem Bilanzkreisverantwortlichen entstehen würde (BT-Drs. 18/7317, 86; krit. zur fehlenden gesetzlichen Regelung Stelter/Ipsen EnWZ 2016, 483 (485)). In solchen Fällen habe die Regulierungsbehörde die Möglichkeit, im Wege des Verwaltungsvollzugs von aufsichtsrechtlichen Maßnahmen unter dem Gesichtspunkt der Verhältnismäßigkeit abzusehen (BT-Drs. 18/7317, 86; zur Kritik Stelter/Ipsen EnWZ 2016, 483 (485)). **9.1**

Mit der Änderung der StromNZV erhält die Regulierungsbehörde in § 8 StromNZV die Möglichkeit, teilweise „die Kosten für die Vorhaltung der Regelenergie über die Ausgleichsenergie abzurechnen sowie Regelarbeits- und Regelleistungspreise in einem Einheitspreisverfahren zu bestimmen" (BR-Drs. 542/15, 62). Macht die Regulierungsbehörde von der hierdurch eröffneten Möglichkeit Gebrauch, die Vorhaltungskosten über die Ausgleichsenergie abzurechnen, können Anreize zur Bilanzkreistreue gestärkt und Kosten verursachungsgerechter verteilt werden (BR-Drs. 542/15, 62; krit. hierzu Stelter/Ipsen EnZW 2016, 483 (485)). **10**

Entsprechend werden die Festlegungskompetenzen der Regulierungsbehörde in § 27 StromNZV zur Gestaltung der Abrechnung von Regel- und Ausgleichsenergie (durch Ergänzung des § 27 Abs. 1 StromNZV um die Nummern 3b und 21a, 23 lit. d, e) ausgeweitet (BR-Drs. 542/15, 62). Die neue Festlegungskompetenz in § 27 Abs. 1 Nr. 21a StromNZV entspricht den Änderungen in § 8 Abs. 1, 2 StromNZV. Danach kann die Regulierungsbehörde Regelungen treffen zu den Kriterien für oder Anforderungen an die Abrechnung der Kosten für denjenigen Teil der Vorhaltung von Regelenergie aus Sekundärregel- und Minutenreserveleistung, der dem Verhalten der Bilanzkreisverantwortlichen in ihrer Gesamtheit zuzurechnen ist, über die Ausgleichsenergie nach § 8 Abs. 2 StromNZV und zu dem Verfahren der Bilanzkreisabrechnung durch die Betreiber der Übertragungsnetze. Die verhaltensverursachte Zurechnung stellt nicht auf die individuelle Zurechnung der Vorhaltekosten an einzelne Bilanzkreisverantwortliche, sondern auf die Gruppe der Bilanzkreisverantwortlichen ab (BR-Drs. 542/15, 162). **11**

III. Flexibilisierung von Angebot und Nachfrage (Abs. 3)

12 Absatz 3 Satz 1 regelt den Grundsatz, dass der Strommarkt 2.0 insbesondere auf eine Flexibilisierung von Angebot und Nachfrage hinwirken soll. Hierdurch wird die Zielsetzung nach § 1 Abs. 4 Nr. 3 („effizient und flexibel") konkretisiert. Künftige Maßnahmen sollen daher verstärkt darauf überprüft werden, ob sie der Flexibilisierung entgegenstehen (BR-Drs. 542/15, 84). Flexibilisierung soll dabei nicht nur auf Angebots-, sondern auch auf Nachfrageseite erreicht werden (sog. Demand Response). Auf Nachfrageseite kann diese etwa durch die Errichtung individueller Netzspeicher gem. § 26a StromNZV erreicht werden (Säcker EnergieR/Säcker § 1a Rn. 8). Hierzu können auch die Ladepunkte der Elektromobilität dienen (→ Rn. 14).

13 Satz 2 verankert den Grundsatz, dass durch einen Wettbewerb aller Flexibilitätsoptionen auf Erzeugungs- und Nachfrageseite sowie eine effiziente Kopplung des Wärme- und des Verkehrssektors mit dem Elektrizitätssektor die Kosten der Energieversorgung minimiert und die Versorgungssicherheit gestärkt werden sollen (BR-Drs. 542/15, 84).

14 Absatz 3 Satz 2 benennt zugleich die Elektromobilität als Bestandteil des Strommarkts 2.0. Hierdurch betont der Gesetzgeber, dass die Elektromobilität als „Schlüssel zu einer umweltverträglichen, zuverlässigen und bezahlbaren Mobilität ... einen wichtigen Beitrag zur Energiewende" leistet (BR-Drs. 542/15, 84). Eine erhöhte Flexibilität kann insbesondere erreicht werden, indem auch Elektromobile als Ladepunkte dienen. § 3 Nr. 25 ordnet die Ladepunkte für Elektromobile dementsprechend auch als Letztverbraucher ein. Der weitreichende Einsatz erfordert jedoch zunächst den Aufbau einer flächendeckenden und bedarfsgerechten Ladeinfrastruktur (BR-Drs. 542/15, 84; Säcker EnergieR/Säcker § 1a Rn. 8), welche einen bedeutenden Beitrag zu einer Transformation zu einem nachhaltigen Energieversorgungssystem leisten könnte (BR-Drs. 542/15, 84). Auch zu nennen ist in diesem Zusammenhang die viel diskutierte Möglichkeit zur netzdienlichen Steuerung von steuerbaren, dh abschaltbaren Verbrauchseinrichtungen (insbesondere Elektromobile), gegen reduziertes Netznutzungsentgelt nach § 14a (sog. Spitzenlastglättung).

IV. Stromnetzausbau

15 Gemäß Absatz 4 sind Elektrizitätsversorgungsnetze künftig bedarfsgerecht unter Berücksichtigung der wachsenden Stromerzeugung aus erneuerbaren Energien, der Versorgungssicherheit sowie volkswirtschaftlicher Aspekte auszubauen. Der Absatz bezieht sich auf den Ausbau der Elektrizitätsversorgungsnetze, wie er in § 11 Abs. 1 S. 1, § 12 Abs. 3 S. 1, §§ 12e, 43, § 1 EnLAG iVm Anlage, § 1 BBPlG iVm Anlage NABEG vorgesehen ist. Der Ausbau dient „der Sicherung eines langfristig angelegten leistungsfähigen und zuverlässigen Betriebs von Energieversorgungsnetzen" iSd § 1 Abs. 2. Die Erforderlichkeit der einzelnen bedarfsgerechten Netzentwicklungsmaßnahmen bestimmt sich dabei nach dem in § 11 Abs. 1 iVm § 12b Abs. 1 S. 2 niedergelegten „NOVA-Prinzip" – dh Netz-Optimierung, vor -Verstärkung, vor -Ausbau (s. nur Kment EnWG/Posser § 12b Rn. 22 f.). Die Ausbaunotwendigkeit ist vor allem vor dem Hintergrund des wachsenden Anteils volatiler erneuerbarer Energien erforderlich, um die Systemstabilität (hierzu Kment EnZW 2016, 1438 ff.) und damit auch Versorgungssicherheit (→ Rn. 1) als wichtigen Grundpfeiler des Strommarktes 2.0 zu sichern. Zugleich verweist Absatz 4 allerdings darauf, dass der Ausbau auch unter Berücksichtigung „volkswirtschaftlicher Aspekte" zu erfolgen hat, sodass der Grundsatz der Kosteneffizienz zu berücksichtigen ist (BR-Drs. 542/15, 85). Auch § 11 Abs. 1 S. 1 stellt die Verpflichtung der Betreiber von Energieversorgungsnetzen, „ein sicheres, zuverlässiges und leistungsfähiges Energieversorgungsnetz ... auszubauen", unter den Vorbehalt wirtschaftlicher Zumutbarkeit. Dieser Vorbehalt kann jedoch keine Geltung beanspruchen, soweit der Gesetzgeber die „energiewirtschaftliche Notwendigkeit" bzw. den „vordringlichen Bedarf" festgestellt hat (vgl. § 12e Abs. 1 S. 1 iVm § 1 Abs. 1 S. 1 BBPlG (evtl. iVm §§ 1, 2 Abs. 1 NABEG: „überragende[s] öffentliche[s] Interesse"); § 1 Abs. 1 EnLAG; wohl relativierend Kment EnWG/Kment § 1a Rn. 10).

16 Eine besondere Rolle spielt der Grundsatz der Kosteneffizienz bei der sehr kostenaufwändigen Methode der Erdverkabelung (hierauf weist Kment EnWG/Kment § 1a Rn. 10 zu Recht hin), welche aus Gründen der Akzeptanzsteigerung bevorzugt und daher auch gesetzlich normiert ist (→ § 43h; vgl. Schmitz/Uibeleisen in Schmitz/Uibeleisen, Netzausbau,

2016, Rn. 148 ff.; Jornitz/Förster NVwZ 2016, 801 ff.). Jedoch stellt auch § 43h die Erdverkabelung unter einen Kostenvorbehalt, da die Gesamtkosten für Errichtung und Betrieb des Erdkabels die Gesamtkosten der technisch vergleichbaren Freileitung des Faktor 2,75 nicht überschreiten darf.

Dem Gedanken der Kosteneffizienz kann auch dadurch genügt werden, dass die Netze 17 nicht zwingend für die „letzte Kilowattstunde" ausgebaut werden (BR-Drs. 542/15, 85; BT-Drs. 18/7317, 60), womit eine Abregelung von Erneuerbare-Energie-Anlagen ermöglicht wird. § 11 Abs. 2 S. 1 erlaubt den Betreibern von Elektrizitätsversorgungsnetzen entsprechend, die prognostizierte jährliche Stromerzeugung von Erneuerbaren-Energie-Anlagen um bis zu 3 Prozent zu reduzieren (sog. Spitzenkappung). Das ändert allerdings nichts an der Systemverantwortung des Netzbetreibers, der durch das Einspeisemanagement entstehende Kosten zu tragen hat (vgl. § 11 Abs. 2; Stelter/Ipsen EnWZ 2016, 483 (488)), weshalb aus Sicht der Kosteneffizienz zwischen den verschiedenen Varianten abzuwägen ist (vgl. hierzu Kment EnWG/Kment § 1a Rn. 10).

V. Transparenz

Absatz 5 verankert den Transparenzgedanken im EnWG, welcher auch der Kontrolle und 18 Sicherstellung der in § 1 Abs. 2, Abs. 4 Nr. 1–4 genannten Voraussetzungen dient (vgl. auch Säcker EnergieR/Säcker § 1a Rn. 2). Durch Art. 1 Strommarktgesetz vom 26.7.2016 (BGBl. I 1786) wurde daher zugleich Abschnitt 9a eingefügt, der die Einrichtung einer nationalen Informationsplattform und eines Marktstammdatenregisters vorsieht. Die durch die sog. Energiewende bedingten Transformationsprozesse der Energieversorgungssysteme werden von Seiten der Öffentlichkeit mit großer Skepsis beobachtet. Die Regulierung des Energierechts ist daher von dem Gedanken geleitet, in gesamtgesellschaftlicher Hinsicht akzeptanzverbessernd zu wirken (BR-Drs. 543/15, 159). Transparenzerhöhung und Akzeptanzverbesserung beinhalten zugleich eine legitimations- und damit demokratiefördernde Wirkung. Die Steigerung der Transparenz am Strommarkt ist daher eine zentrale Maßnahme des Weißbuchs „Ein Strommarkt für die Energiewende". Ziel des neu einzurichtenden Informationsportals für Strommarktdaten ist es, „auf der Plattform relevante Strommarktdaten für Deutschland systematisch aufzubereiten und anwenderfreundlich der interessierten Öffentlichkeit darzustellen" (BR-Drs. 542/15, 85). Transparente und aktuelle Strommarktdaten stellen eine wichtige Informationsbasis für Bürger, Fachöffentlichkeit, politische Entscheidungsträger und Wissenschaft dar (Kment EnWG/Winkler § 111d Rn. 2). Als Informationsplattform für Strommarktdaten dient nun die von der BNetzA geschaffene Website SMARD.de.

Vorgaben zur Entgelttransparenz finden sich in § 21 Abs. 1 (vgl. hierzu § 21a Abs. 6 S. 1 19 Nr. 2 iVm § 31 ARegV – s. OLG Frankfurt a. M. BeckRS 2017, 132371 Rn. 30; OLG Düsseldorf BeckRS 2018, 29432; NJOZ 2019, 1019). Weitere Veröffentlichungspflichten enthalten § 6b Abs. 4 EnWG, § 17 StromNZV, § 40 GasNZV sowie § 27 GasNEV.

Der Transparenzgedanke findet seine Grenze in datenschutzrechtlichen Erwägungen. So 20 können nicht alle verfügbaren Informationen öffentlich gemacht werden, wenn ein wettbewerbskonformes Marktergebnis erzielt werden soll (BR-Drs. 542/15, 85). Auch Absatz 5 wirkt als Leitlinie (→ Rn. 3) – die Vorschrift kann daher nicht die Funktion einer Ermächtigungsgrundlage übernehmen, sie kann lediglich als Auslegungshilfe dienen (vgl. OLG Frankfurt a. M. BeckRS 2017, 132371 Rn. 30). Wie weit die Veröffentlichungspflichten im Einzelnen reichen, ist daher vom Gesetzgeber in konkretisierenden Vorschriften, welche auch Datenschutzaspekte berücksichtigen, zu regeln.

VI. Einbindung in den europäischen Strommarkt (Abs. 6)

Absatz 6 regelt die **Einbindung** des nationalen Strommarktes in die europäischen Strom- 21 märkte und den **Elektrizitätsbinnenmarkt** (zu dessen Entwicklung Winkler/Baumgart/Ackermann Europäisches EnergieR Kap. 1 D. Rn. 15 ff.), wodurch die stärkere europäische Zusammenarbeit verankert wird. Satz 1 enthält daher das Ziel, dass als Beitrag zur Vollendung des europäischen Elektrizitätsbinnenmarktes eine stärkere Einbindung des nationalen Strommarktes in die europäischen Strommärkte sowie eine stärkere Angleichung der Rahmenbedingungen in den europäischen Strommärkten angestrebt werden soll. Die europäischen

Märkte sind bereits weitgehend miteinander gekoppelt. Der europäische Stromhandel macht das Stromsystem effizienter und verhindert den Bedarf an Erzeugungskapazitäten. Dadurch wird die Systemstabilität und damit zugleich die Versorgungssicherheit gestärkt: Mit dem europäischen Stromhandel können die großräumigen Ausgleichseffekte und Effizienzgewinne bei der Last, bei erneuerbaren Energien (so etwa zur Bewältigung wetterbedingter Einspeiseschwankungen) und beim Einsatz von konventionellen Kraftwerken genutzt werden. Eine rein nationale Sicht auf Versorgungssicherheit ist mit dem Konzept eines europäischen Strommarktes nicht mehr vereinbar (DIW, Europäische Perspektive für Versorgungssicherheit auf Strommärkten notwendig, 2014, abrufbar unter: https://www.diw.de/documents/publikationen/73/diw_01.c.484864.de/diw_roundup_39_de.pdf). Gegenwärtig wird der europäische Stromhandel jedoch noch durch die (mangelnde) Verfügbarkeit der Übertragungskapazitäten zwischen den Märkten begrenzt.

22 Besonders hervorgehoben wird die **Zusammenarbeit** der Bundesrepublik Deutschland mit den angrenzenden Staaten (Österreich, Schweiz, Frankreich, Luxemburg, Belgien, Niederlande, Dänemark, Polen, Tschechien) sowie mit dem Königreich Norwegen und dem Königreich Schweden. Dies erklärt sich zum einen daraus, dass es sich bei den angrenzenden Staaten um das für Deutschland relevante Stromgebiet handelt, zum anderen nimmt der Gesetzgeber – ausweislich der Gesetzesbegründung – damit auf „die Erklärung vom 8. Juni 2015" Bezug (BR-Drs. 542/15, 85); gemeint ist damit die „Joint Declaration for Regional Cooperation on Security of Electricity Supply in the Framework of the Internal Energy Market" (https://www.bmwi.de/Redaktion/DE/Downloads/J-L/joint-declaration-for-regional-cooperation-on-security-of-electricity-supply-in-the-framework-of-the-internal-energy-market.html), welche nicht nur von Deutschland und seinen Nachbarstaaten, sondern auch von Schweden und Norwegen unterzeichnet wurde.

23 Satz 2 konkretisiert diese Zielsetzung dahingehend, dass insbesondere die notwendigen Verbindungsleitungen ausgebaut, die Marktkopplung und der grenzüberschreitende Stromhandel gestärkt und die Regelenergiemärkte sowie die vortägigen und untertägigen Spotmärkte stärker integriert werden sollen. Unter Marktkopplung sollen nach der Gesetzesbegründung (BR-Drs. 542/15, 85) sowohl die vortägigen wie die untertägigen Verfahren verstanden werden, „bei denen Aufträge, die gesammelt werden, miteinander abgeglichen und gleichzeitig zonenübergreifende Kapazitäten für verschiedene Gebotszonen auf dem vortägigen oder untertägigen Markt vergeben wurden." Die Bedeutung der verstärkten regionalen Zusammenarbeit zur Gewährleistung der Versorgungssicherheit wurde auch von der Europäischen Kommission in ihrer am 15.7.2015 veröffentlichten Mitteilung COM (2015) 340 zur Einleitung des Prozesses der öffentlichen Konsultation zur Umgestaltung des Energiemarkts, welche durch das sog. Winterpaket „Clear Energy for all Europeans" umgesetzt worden ist, aufgegriffen (BR-Drs. 542/15, 85).

24 Die Stärkung des grenzüberschreitenden Stromhandels erfordert auch die Erarbeitung von Netzkodizes, dh rechtlichen Bedingungen des Netzzugangs mit Blick auf die Netzsicherheit und -zuverlässigkeit, die Interoperabilität sowie die Kapazitätsvergabe und das Engpassmanagement. Die Ausarbeitung der Netzkodizes liegt in der Hand von ENTSO, dh des Europäischen Netzes der Übertragungsnetzbetreiber (vgl. Art. 59 Abs. 1 VO (EU) 2019/943).

§ 2 Aufgaben der Energieversorgungsunternehmen

(1) Energieversorgungsunternehmen sind im Rahmen der Vorschriften dieses Gesetzes zu einer Versorgung im Sinne des § 1 verpflichtet.

(2) Die Verpflichtungen nach dem Erneuerbare-Energien-Gesetz und nach dem Kraft-Wärme-Kopplungsgesetz bleiben vorbehaltlich des § 13, auch in Verbindung mit § 14, unberührt.

Überblick

§ 2 Abs. 1 normiert als programmatische Grundsatznorm eine allgemeine Verpflichtung aller Energieversorgungsunternehmen zu einer Versorgung iSd § 1, dh vor allem einer möglichst sicheren, preisgünstigen, verbraucherfreundlichen, effizienten und umweltverträglichen leitungsgebundenen Versorgung der Allgemeinheit mit Elektrizität, Gas und Wasserstoff (→ Rn. 1 f.). Der Adressatenkreis dieser allgemeinen, aber eher abstrakten Aufgabenverpflichtung ist weit auszulegen und umfasst grundsätzlich Energieversorgungsunternehmen aller Wertschöpfungsstufen (→ Rn. 3 f.). Gemäß Absatz 2 bleiben die spezielleren Verpflichtungen nach EEG und KWKG von Absatz 1 unberührt (→ Rn. 6 f.). Dieser grundsätzliche Vorrang der sonderenergiewirtschaftsrechtlichen Pflichten aus EEG und KWKG erfährt durch den in Absatz 2 statuierten Vorbehalt des § 13, auch iVm § 14, eine wesentliche Einschränkung zugunsten der Versorgungssicherheit (→ Rn. 8).

Sowohl die programmatisch-appellartig gefasste Verpflichtungsregel des Absatzes 1 als auch die diese begrenzende Unberührtheitsklausel des Absatzes 2 nehmen in der Praxis primär eine klarstellende Funktion, ohne eigenständigen Regelungscharakter, ein (→ Rn. 5, → Rn. 7). Jedoch betont der Gesetzgeber mit § 2 die wirtschaftliche Eigen- sowie besondere Gemeinwohlverantwortung der entflochtenen Energieversorgungsunternehmen im liberalisierten Energiemarkt.

A. Allgemeine Verpflichtung von Energieversorgungsunternehmen (Abs. 1)

I. Regelungsgehalt

Der Absatz 1 statuiert eine umfassende, aber zugleich relativ abstrakte **allgemeine Verpflichtung aller Energieversorgungsunternehmen** (kurz: EVU) iSd § 3 Nr. 18 zur Versorgung iSd § 1 im Rahmen der Vorschriften dieses Gesetzes. Die grundlegendste Aufgabe aller EVU ist demnach gem. § 1 Abs. 1 eine möglichst sichere, preisgünstige, verbraucherfreundliche, effiziente und umweltverträgliche leitungsgebundene **Versorgung der Allgemeinheit mit Elektrizität, Gas und Wasserstoff** (Fassung des „Entwurfes eines Gesetzes zur Umsetzung unionsrechtlicher Vorgaben und zur Regelung reiner Wasserstoffnetze im Energiewirtschaftsrecht – EnWG-Novelle 2021, BR-Drs. 165/21, 3), die zunehmend auf erneuerbarer Energie beruht. Die Verpflichtung des EVU gem. Absatz 1 stellt mit dem Verweis auf § 1 die systematische Grundpflicht zur leitungsgebundenen „(Energie-)Versorgung der Allgemeinheit" (§ 1 Abs. 1) nach Maßgabe der nicht unmittelbar vollziehbaren „Leitlinien des Energiewirtschaftsrechts" (Kment EnWG/Kment § 1 Rn. 2 f.; s. auch Bourwieg/Hellermann/Hermes/Hellermann/Hermes § 1 Rn. 53) sicher. Neben den gefestigten gemeinwohlorientierten Gesetzeszwecken iSd § 1 Abs. 1 und 3 sind also auch die im EnWG 2005 (Zweites Gesetz zur Neuregelung des Energiewirtschaftsrechts v. 7.7.2005, BGBl. I 1970 (1972)) eingeführten spezielleren Regulierungsziele iSd § 1 Abs. 2 und die 2016 durch Art. 1 Strommarktgesetz (Gesetz zur Weiterentwicklung des Strommarktes (Strommarktgesetz) v. 26.7.2016, BGBl. I 1786) konkretisierend formulierten Zielbestimmungen des § 1 Abs. 4 von der allgemeinen Verpflichtungsregel des Absatzes 1 umfasst.

An die allgemeine Aufgabenverpflichtung für alle EVU in Absatz 1 knüpft die **speziellere energiewirtschaftsrechtliche Aufgabenordnung** an. Durch den Zusatz „im Rahmen der Vorschriften dieses Gesetzes" wird bereits klargestellt, dass Aufgaben und Pflichten der EVU durch die konkreteren Regelungen näher bestimmt sind. Hierzu gehören insbesondere die Verpflichtungen der §§ 11–16a gegenüber den Betreibern von Energieversorgungsnetzen (sog. Netzbetreiber) iSv § 3 Nr. 4, die Einhaltung der besonderen Entflechtungsvorgaben gem. §§ 6 ff. für vertikal integrierte EVU iSv § 3 Nr. 38 oder auch die Grundversorgungspflicht gem. § 36 der Energielieferanten iSv § 3 Nr. 18 Alt. 1. Diese gem. § 36 ausdrückliche Inpflichtnahme von Energielieferanten stellt jedoch eine Ausnahme im EnWG-Regime dar, denn grundsätzlich wird im liberalisierten Energiemarkt nur der Netzbetrieb, jedoch nicht der weitestgehend wettbewerbsoffene Energiehandel durch das EnWG reguliert, weshalb die meisten spezifischen energiewirtschaftsrechtlichen Pflichten auch nur die Marktrolle des Netzbetreibers (Elektrizität, Gas und Wasserstoff) iSv § 3 Nr. 4, 10 ff. iVm Nr. 2 und 6 treffen (Theobald/Kühling/Theobald § 2 Rn. 7).

II. Normadressaten

Die Verpflichtung des Absatzes 1 adressiert bereits ihrem Wortlaut nach die Grundgesamtheit der **Energieversorgungsunternehmen** iSv § 3 Nr. 18, dh nicht nur die auf bestimmten, sondern auf sämtlichen mit der Elektrizitäts- und Gasversorgung verbundenen Markt-

EnWG § 2   Teil 1. Allgemeine Vorschriften

ebenen tätigen Unternehmen entlang der gesamten Wertschöpfungskette. Nach der Legaldefinition in § 3 Nr. 18 gehören zu diesem Personenkreis drei alternative Fallgruppen: **Energielieferanten** (Alternative 1), **Betreiber von Energieversorgungsnetzen** (Alternative 2) und **Eigentümer von Energieversorgungsnetzen mit entsprechender Verfügungsbefugnis** (Alternative 3); nicht aber die Betreiber von Kundenanlagen iSd § 3 Nr. 24a und 24b (vgl. auch § 3 Nr. 16) oder Kommunen mit ihren Wegenetzen (Kment EnWG/Kment § 2 Rn. 4; Bourwieg/Hellermann/Hermes/Hellermann § 2 Rn. 6; aA Salje EnWG § 2 Rn. 9; Theobald/Kühling/Theobald, § 2 Rn. 9). Als Lieferantentätigkeit von EVU sieht § 3 Nr. 18 Alt. 1 die Lieferung von Energie, dh Strom oder Gas, an andere vor. Somit fallen neben den ausdrücklich genannten Kundenanlagen auch weitere Fälle der bloßen Eigenbedarfsdeckung, bspw. Energielieferungstätigkeiten innerhalb desselben Rechtsträgers (wie der Betrieb eines geschlossenen Industrienetzes zur individuellen Bedarfsdeckung), nicht unter den § 3 Nr. 18 und mithin aus der Bindung an die Versorgerpflichten von EVU (vgl. Bourwieg/Hellermann/Hermes/Hellermann § 3 Rn. 43 mwN; Theobald/Kühling/Theobald § 3 Rn. 126 ff., 147 ff.). Im Ergebnis ist der **Adressatenkreis** abgesehen von einzelnen Ausnahmen – zB Kundenanlagen zur bloßen Eigenbedarfsdeckung – **grundsätzlich weit auszulegen** und geht bspw. über den engeren Begriff des gem. §§ 6 ff. zu entflechtenden vertikal integrierten EVU iSd § 3 Nr. 38 hinaus.

4   Die Offenheit des Adressatenkreises erstreckt sich nicht nur über die einzelnen Marktebenen der Energiewirtschaft hinweg, sondern auch über den Radius des staatlichen Wirkungskreises hinaus. Die generelle Verpflichtung des Absatzes 1 stellt nämlich klar, dass auch die – regulierten – energiewirtschaftlich tätigen Unternehmen im Rahmen ihrer Versorgereigenschaft und nicht nur die – regulierenden – staatlichen Stellen zur Erreichung der Gesetzeszwecke und -ziele des § 1 verpflichtet sind. Dieser **„programmatische Charakter"** des seit 2005 (Zweites Gesetz zur Neuregelung des Energiewirtschaftsrechts v. 7.7.2005, BGBl. I 1970 (1972)) in seiner jetzigen Fassung formulierten Absatzes 1 beinhaltet mit der weitreichenden Versorgungspflicht also eine Art **„Appellfunktion"** (Rosin/Pohlmann/Gentzsch/Metzenthin/Böwing/Stappert/Groß § 2 Rn. 3 f.), welche die **wirtschaftliche Eigenverantwortung** sowie **besondere Gemeinwohlverantwortung aller EVU,** dh Energieerzeuger, Netzbetreiber und Stromhändler, im entflochtenen Energiemarkt betont (BT-Drs. 15/3917, 48; s. auch Elspas/Graßmann/Rasbach/Ludwigs § 2 Rn. 4; Säcker EnergieR/Säcker § 2 Rn. 3 f. mwN).

4.1   Auf staatlicher Regulierungsseite sind wiederum primär die BNetzA für Elektrizität, Gas, Telekommunikation, Post und Eisenbahnen (kurz: BNetzA), welche die zentralen sektorspezifischen Regulierungsaufgaben in der nationalen Energiewirtschaftsordnung wahrnimmt, sowie die Landesregulierungsbehörden, die gem. §§ 54 ff. für bestimmte Regulierungsaufgaben ergänzend zuständig sind (diese Aufteilung entspricht der exekutivföderalistischen Grundordnung der Art. 83 ff. GG), von § 1 adressiert. BNetzA und Landesregulierungsbehörden werden gem. § 64a in gegenseitiger Kooperation und wechselseitiger Unterstützung regulatorisch tätig.

III. Praktische Bedeutung in der Anwendung

5   In der energiewirtschaftsrechtlichen Praxis kommt der allgemeinen Verpflichtung des Absatzes 1 mit seiner appellartigen Ausrichtung **wenig bis überhaupt keine eigenständige Regelungswirkung** zu. Die konkreten Pflichten sowie die von diesen im Einzelfall adressierten Marktrollen ergeben sich in der praktischen Anwendung erst durch die näheren Aufgabenzuweisungen, mithin sei Absatz 1 wohl kaum mehr als ein gesetzgeberisches „Feigenblatt" (Theobald/Kühling/Theobald § 2 Rn. 10) und „schlicht überflüssig" (Salje EnWG § 2 Rn. 9). Die Verpflichtung des Absatzes 1 entfaltet mithin allenfalls als strukturelle **Auslegungsleitlinie** bei der Anwendung konkreter Rechte, Aufgaben und Pflichten zB der §§ 11 ff. bzw. der §§ 49 ff. (exemplarisch hierzu BGH BeckRS 2016, 6282 Ls. 4, Rn. 33; BGH BeckRS 2008, 25620 Rn. 43) sowie als **letzte Auffangklausel** praktische Bedeutsamkeit. Folglich kommt dem Absatz 1 maßgeblich eine **klarstellende Funktion** zu (BT-Drs. 15/3917, 48). Eine autonome Daseinsberechtigung erhält der programmatische Absatz 1 jedoch dadurch, dass er auch die EVU an die gemeinwohlorientierte Aufgabenordnung des EnWG bindet, wenn auch ohne dabei einen rechtlich durchsetzungsfähigen Anspruch zu

begründen (so iE auch Kment EnWG/Kment § 2 Rn. 5; Säcker EnergieR/Säcker § 2 Rn. 4 mwN; Rosin/Pohlmann/Gentzsch/Metzenthin/Böwing/Stappert/Groß § 2 Rn. 4).

Nach dem konkretisierenden § 11 Abs. 1 S. 1 sind etwa „nur" die Betreiber von Energieversorgungsnetzen (nicht also die von Absatz 1 mitumfassten Energielieferanten) konkret dazu verpflichtet, ein sicheres, zuverlässiges und leistungsfähiges Energieversorgungsnetz diskriminierungsfrei zu betreiben, zu warten und bedarfsgerecht zu optimieren, zu verstärken und auszubauen (sog. NOVA-Prinzip), soweit es wirtschaftlich zumutbar ist, wohingegen bspw. gem. §§ 12, 13 „nur" die Betreiber von Übertragungsnetzen iSd § 3 Nr. 10, die zusammen mit den Betreibern von Elektrizitätsverteilernetzen iSd § 3 Nr. 3 die Oberkategorie der Betreiber von Elektrizitätsversorgernetzen bilden, eine umfassende Systemverantwortung für ihre Regelzone iSd § 3 Nr. 30 trifft. 5.1

B. Speziellere Verpflichtungen nach EEG und KWKG bleiben grundsätzlich unberührt (Abs. 2)

Der Absatz 2 stellt in Erweiterung (mit dem Gesetz zur Förderung der Kraft-Wärme-Kopplung (KWKFördG) v. 25.10.2008, BGBl. I 2101 wurde der Verweis auf § 14 ergänzt) des § 2 Abs. 5 EnWG 1998 (Gesetz zur Neuregelung des Energiewirtschaftsrechts v. 24.4.1998, BGBl. I 730) bzw. § 2 Abs. 6 EnWG 2003 (Erstes Gesetz zur Änderung des Gesetzes zur Neuregelung des Energiewirtschaftsrechts v. 20.5.2003, BGBl. I 686) klar, dass die näheren Verpflichtungen nach EEG und KWKG von Absatz 1 vorbehaltlich des § 13, auch iVm § 14, unberührt bleiben (vgl. Theobald/Kühling/Theobald § 2 Rn. 11; Kment EnWG/Kment § 2 Rn. 2; Säcker EnergieR/Säcker § 2 Rn. 1). 6

Laut der Gesetzesbegründung entspreche der Absatz 2 in seiner jetzigen Fassung § 2 Abs. 5 EnWG 2003 (BT-Drs. 15/3917, 48). Dabei scheint es sich jedoch um einen redaktionellen Fehler des Gesetzgebers zu handeln (Kment EnWG/Kment § 2 Rn. 2). Auf einen solchen Irrtum deutet der Vergleich mit § 2 Abs. 6 EnWG 2003, dessen Inhalt davor wortgleich in § 2 Abs. 5 EnWG 1998 geregelt war (vgl. BT-Drs. 15/197, 2), hin (Theobald/Kühling/Theobald § 2 Rn. 11 mwN). Denn, wenn auch nicht wortlautgetreu, ist der Regelungsgehalt des § 2 Abs. 6 EnWG 2003 inhaltlich vergleichbar mit dem aktuell geltenden Absatz 2 (Büdenbender DVBl. 2005, 1161 (1166)). Demzufolge wäre die Gesetzesbegründung korrigierend so auszulegen, dass der Absatz 2 inhaltlich an den § 2 Abs. 6 EnWG 2003 anknüpft und eben nicht dem § 2 Abs. 5 EnWG 2003 entspricht (so bereits Kment EnWG/Kment § 2 Rn. 2; Theobald/Kühling/Theobald § 2 Rn. 11; Salje EnWG § 2 Rn. 11; Büdenbender DVBl 2005, 1161 (1166)). 6.1

I. Grundsatz: Anwendungsvorrang von EEG und KWKG

Folglich schreibt Absatz 2 zunächst eine gesetzliche Konkurrenzregel zugunsten des EEG und KWKG in Form einer **rein deklaratorischen, nicht konstitutiven** (Theobald/Kühling/Theobald § 2 Rn. 12; Büdenbender DVBl. 2005 1161 (1166)) „**Unberührtheitsklausel**" fest (allg. Böckel, Instrumente der Einpassung neuen Rechts in die Rechtsordnung – Unter besonderer Berücksichtigung der Unberührtheitsklauseln, 1993, 92 ff.; Kment ZNER 2011 225 (228); Säcker EnergieR/Säcker § 2 Rn. 5). Auch wenn aus dem „unberührt bleiben" jedoch nicht gleichsam automatisch ein genereller Vorrang ableitbar ist (so Rosin/Pohlmann/Gentzsch/Metzenthin/Böwing/Stappert/Groß § 2 Rn. 6; Elspas/Graßmann/Rasbach/Ludwigs § 2 Rn. 5; aA wohl Theobald/Kühling/Theobald § 2 Rn. 12; Salje EnWG § 2 Rn. 12), regelt der explizit kodifizierte Vorbehalt zugunsten des § 13, auch iVm § 14, grundsätzlich, dass die spezielleren Pflichten aus dem EEG und dem KWKG dem allgemeinen EVU-Verpflichtungsregime des Absatzes 1 iVm § 1 in der Anwendungspraxis vorgehen, so bspw. hinsichtlich der Netzbetreiberpflichten zum vorrangigen Anschluss- und der Abnahme von Strom aus erneuerbaren Energien, Grubengas oder hocheffizienten Kraft-Wärme-Kopplungsanalgen gem. § 11 Abs. 1 EEG 2023 und § 3 Abs. 1, 2 KWKG. Da der **grundsätzliche Vorrang sonderenergiewirtschaftsrechtlicher Normen** im konkreten Einzelfall jedoch ohnehin aus dem allgemeinen lex specialis-Grundsatz folgt, hätte es dieser rein deklaratorischen Kollisionsregelung nicht bedurft (Büdenbender DVBl 2005, 1161 (1171); Bourwieg/Hellermann/Hermes/Hellermann § 2 Rn. 11; Theobald/Kühling/Theobald § 2 Rn. 12; Kment EnWG/Kment § 2 Rn. 6; Säcker EnergieR/Säcker § 2 Rn. 5). 7

II. Vorbehalt: Einschränkung der Vorrangregel zugunsten der Systemsicherheit

8 Der grundsätzliche Vorrang der Pflichten aus EEG und KWKG erfährt in Absatz 2 eine wesentliche Einschränkung zugunsten der Netzbetreiberpflichten aus § 13 iVm § 14. Die Vorbehaltsregelung des Absatzes 2 ist Ausdruck des energiewirtschaftsrechtlichen **Gebotes der Versorgungssicherheit** gem. § 1 Abs. 1 (vgl. bereits Salje EnWG § 2 Rn. 13; Theobald/Kühling/Theobald § 2 Rn. 14; Bourwieg/Hellermann/Hermes/Hellermann § 2 Rn. 12). § 12 Abs. 1 sieht iVm § 13 vor, dass die Betreiber von Übertragungsnetzen (sog. Übertragungsnetzbetreiber, kurz ÜNB bzw. engl. Transmission System Operator, kurz TSO) iSv § 3 Nr. 10 eine **Systemverantwortung** (zur Grundverantwortung der ÜNB gem. § 13 grundlegend Kment NVwZ 2016, 1438 (1438)) für ihre Regelzone iSv § 3 Nr. 30 trifft. Die systemverantwortlichen ÜNB sind gem. § 13 Abs. 1 zur Beseitigung einer Störung oder Gefährdung der Sicherheit oder Zuverlässigkeit des Elektrizitätsversorgungssystems berechtigt und verpflichtet, netz- (Nummer 1) und marktbezogene (Nummer 2) Maßnahmen sowie zusätzliche Reserven (Nummer 3) – namentlich die Netzreserve gem. § 13d und die Kapazitätsreserve gem. § 13e – einzusetzen. Nach § 14 Abs. 1 S. 1 gelten diese, den ÜNB im Rahmen der Systemverantwortung gem. § 13 übertragenen, Rechte und Pflichten auch für Betreiber von Elektrizitätsverteilernetzen (sog. Verteilnetzbetreiber, kurz VNB bzw. Distribution System Operator, kurz DSO) iSv § 3 Nr. 3, soweit sie für die Sicherheit und Zuverlässigkeit der Elektrizitätsversorgung in ihrem Netz verantwortlich sind. Zur **Verhinderung einer Pflichtenkollision** auf Seiten des Netzbetreibers sieht Absatz 2 also vor, dass insbesondere die Einspeiseverpflichtungen nach § 11 Abs. 1 EEG 2023 bzw. § 3 Abs. 1, 2 KWKG im begründeten Einzelfall temporär suspendiert werden können, sofern dies zur **Aufrechterhaltung der Systemsicherheit** erforderlich ist (Kment EnWG/Kment § 2 Rn. 6; Elspas/Graßmann/Rasbach/Ludwigs § 2 Rn. 6; Scholz/Tüngler RdE 2010, 317 (320); Hofmann EnWZ 2015, 70 (74)). Nähere Voraussetzungen für ein solch begründetes Abweichen vom Einspeisevorrang regeln § 13 Abs. 3 S. 1–3 iVm §§ 14, 15 EEG 2023).

8.1 Die Vorbehaltsregelung in Absatz 2 normiert eine allgemeine Kollisionsregel zum (Vorrang-)Verhältnis zwischen den Systemverantwortungspflichten gem. § 12 iVm §§ 13, 14 Anschluss- und Abnahmepflichten der Netzbetreiber zur vorrangigen „Abnahme, Übertragung und Verteilung" von Strom aus erneuerbaren Energiequellen, Grubengas und hocheffizienten KWK-Anlagen (sog. Einspeisevorrang) gem. § 11 Abs. 1 EEG 2023 bzw. § 3 Abs. 1, 2 KWKG andererseits (ausf. BeckOK EEG/Woltering, 11. Ed., Stand 16.11.2020, § 11 Rn. 9 ff., 24; Assmann/Peiffer/Assmann KWKG § 3 Rn. 25 ff., 49 ff.). Zur rechtmäßigen Lösung eines solchen Kollisionsfalles ist bei dem Einsatz von Maßnahmen der Systemsicherheit und des Einspeisemanagements nach § 13 Abs. 1, 2 bzw. auch §§ 14, 15 EEG 2023 iVm § 2 Abs. 2 das allgemeine Rangverhältnis von Netzsicherheitsmaßnahmen gem. § 13 Abs. 1 nach dem Grundsatz der Maßnahmeneffizienz sowie dem Verhältnismäßigkeitsgrundsatz zu beachten (→ § 13 Rn. 27 ff.). Zusammengefasst sind danach zuvorderst netzbezogene (Abs. 13 Abs. 1 S. 1 Nr. 1), dann marktbezogene Maßnahmen (§ 13 Abs. 1 S. 1 Nr. 2) und erst danach zusätzlich Reserven (§ 13 Abs. 1 S. 1 Nr. 3) einzusetzen. Wobei von dieser Regel des § 13 Abs. 1 und 2 abgewichen werden kann, wenn aufgrund der Abruffreihenfolge, inklusive des EE-Einspeisevorrangs, eine Gefährdung oder Störung des Netzes nicht behoben werden kann; d.h. wenn die ÜNB auf die Mindesteinspeisung aus bestimmten (konventionellen) Anlagen angewiesen sind und keine technisch gleich wirksame andere Maßnahme verfügbar ist (sog. netztechnisch erforderliches Minimum) (→ § 13 Rn. 97 ff.).

§ 3 Begriffsbestimmungen

Im Sinne dieses Gesetzes bedeutet
1. **Abrechnungsinformationen**
   Informationen, die üblicherweise in Rechnungen über die Energiebelieferung von Letztverbrauchern zur Ermittlung des Rechnungsbetrages enthalten sind, mit Ausnahme der Zahlungsaufforderung selbst,
1a. **Aggregatoren**
   natürliche oder juristische Personen oder rechtlich unselbständige Organisationseinheiten eines Energieversorgungsunternehmens, die eine Tätigkeit ausüben, bei der Verbrauch oder Erzeugung von elektrischer Energie in Energie-

Begriffsbestimmungen § 3 EnWG

anlagen oder in Anlagen zum Verbrauch elektrischer Energie auf einem Elektrizitätsmarkt gebündelt angeboten werden,
1b. Ausgleichsleistungen
Dienstleistungen zur Bereitstellung von Energie, die zur Deckung von Verlusten und für den Ausgleich von Differenzen zwischen Ein- und Ausspeisung benötigt wird, zu denen insbesondere auch Regelenergie gehört,
1c. Ausspeisekapazität
im Gasbereich das maximale Volumen pro Stunde in Normkubikmeter, das an einem Ausspeisepunkt aus einem Netz oder Teilnetz insgesamt ausgespeist und gebucht werden kann,
1d. Ausspeisepunkt
ein Punkt, an dem Gas aus einem Netz oder Teilnetz eines Netzbetreibers entnommen werden kann,
2. Betreiber von Elektrizitätsversorgungsnetzen
natürliche oder juristische Personen oder rechtlich unselbständige Organisationseinheiten eines Energieversorgungsunternehmens, die Betreiber von Übertragungs- oder Elektrizitätsverteilernetzen sind,
3. Betreiber von Elektrizitätsverteilernetzen
natürliche oder juristische Personen oder rechtlich unselbständige Organisationseinheiten eines Energieversorgungsunternehmens, die die Aufgabe der Verteilung von Elektrizität wahrnehmen und verantwortlich sind für den Betrieb, die Wartung sowie erforderlichenfalls den Ausbau des Verteilernetzes in einem bestimmten Gebiet und gegebenenfalls der Verbindungsleitungen zu anderen Netzen,
4. Betreiber von Energieversorgungsnetzen
Betreiber von Elektrizitätsversorgungsnetzen oder Gasversorgungsnetzen,
5. Betreiber von Fernleitungsnetzen
Betreiber von Netzen, die Grenz- oder Marktgebietsübergangspunkte aufweisen, die insbesondere die Einbindung großer europäischer Importleitungen in das deutsche Fernleitungsnetz gewährleisten, oder natürliche oder juristische Personen oder rechtlich unselbstständige Organisationseinheiten eines Energieversorgungsunternehmens, die die Aufgabe der Fernleitung von Erdgas wahrnehmen und verantwortlich sind für den Betrieb, die Wartung sowie erforderlichenfalls den Ausbau eines Netzes,
   a) das der Anbindung der inländischen Produktion oder von LNG-Anlagen an das deutsche Fernleitungsnetz dient, sofern es sich hierbei nicht um ein vorgelagertes Rohrleitungsnetz im Sinne von Nummer 39 handelt, oder
   b) das an Grenz- oder Marktgebietsübergangspunkten Buchungspunkte oder -zonen aufweist, für die Transportkunden Kapazitäten buchen können,
6. Betreiber von Gasspeicheranlagen
natürliche oder juristische Personen oder rechtlich unselbständige Organisationseinheiten eines Energieversorgungsunternehmens, die die Aufgabe der Speicherung von Erdgas wahrnehmen und für den Betrieb einer Gasspeicheranlage verantwortlich sind,
7. Betreiber von Gasversorgungsnetzen
natürliche oder juristische Personen oder rechtlich unselbständige Organisationseinheiten eines Energieversorgungsunternehmens, die Gasversorgungsnetze betreiben,
8. Betreiber von Gasverteilernetzen
natürliche oder juristische Personen oder rechtlich unselbständige Organisationseinheiten eines Energieversorgungsunternehmens, die die Aufgabe der Verteilung von Gas wahrnehmen und verantwortlich sind für den Betrieb, die Wartung sowie erforderlichenfalls den Ausbau des Verteilernetzes in einem bestimmten Gebiet und gegebenenfalls der Verbindungsleitungen zu anderen Netzen,
9. Betreiber von LNG-Anlagen
natürliche oder juristische Personen oder rechtlich unselbständige Organisationseinheiten eines Energieversorgungsunternehmens, die die Aufgabe der

Verflüssigung von Erdgas oder der Einfuhr, Entladung und Wiederverdampfung von verflüssigtem Erdgas wahrnehmen und für den Betrieb einer LNG-Anlage verantwortlich sind,

9a. Betreiber technischer Infrastrukturen
natürliche oder juristische Personen, die für den sicheren Betrieb technischer Infrastrukturen verantwortlich sind, wobei technische Infrastrukturen alle Infrastrukturen sind, an denen durch Einwirken eines Elektrizitätsversorgungsnetzes elektromagnetische Beeinflussungen auftreten können; hierzu zählen insbesondere Telekommunikationslinien im Sinne des § 3 Nummer 64 des Telekommunikationsgesetzes, Rohrleitungsanlagen aus leitfähigem Material, Steuer- und Signalleitungen oder Hoch- und Höchstspannungsleitungen innerhalb eines Beeinflussungsbereichs von bis zu 1000 Metern um die beeinflussende Anlage,

10. Betreiber von Übertragungsnetzen
natürliche oder juristische Personen oder rechtlich unselbständige Organisationseinheiten eines Energieversorgungsunternehmens, die die Aufgabe der Übertragung von Elektrizität wahrnehmen und die verantwortlich sind für den Betrieb, die Wartung sowie erforderlichenfalls den Ausbau des Übertragungsnetzes in einem bestimmten Gebiet und gegebenenfalls der Verbindungsleitungen zu anderen Netzen,

10a. Betreiber von Übertragungsnetzen mit Regelzonenverantwortung
die Unternehmen 50Hertz Transmission GmbH, Amprion GmbH, TenneT TSO GmbH und TransnetBW GmbH sowie ihre Rechtsnachfolger,

10b. Betreiber von Wasserstoffnetzen
natürliche oder juristische Personen, die die Aufgabe des Transports oder der Verteilung von Wasserstoff wahrnehmen und verantwortlich sind für den Betrieb, die Wartung sowie erforderlichenfalls den Ausbau des Wasserstoffnetzes,

10c. Betreiber von Wasserstoffspeicheranlagen
natürliche oder juristische Personen oder rechtlich unselbständige Organisationseinheiten eines Energieversorgungsunternehmens, die die Aufgabe der Speicherung von Wasserstoff wahrnehmen und für den Betrieb einer Wasserstoffspeicheranlage verantwortlich sind,

10d. Bilanzkreis
im Elektrizitätsbereich innerhalb einer Regelzone die Zusammenfassung von Einspeise- und Entnahmestellen, die dem Zweck dient, Abweichungen zwischen Einspeisungen und Entnahmen durch ihre Durchmischung zu minimieren und die Abwicklung von Handelstransaktionen zu ermöglichen,

10e. Bilanzzone
im Gasbereich der Teil eines oder mehrerer Netze, in dem Ein- und Ausspeisepunkte einem bestimmten Bilanzkreis zugeordnet werden können,

10f. Biogas
Biomethan, Gas aus Biomasse, Deponiegas, Klärgas und Grubengas sowie Wasserstoff, der durch Wasserelektrolyse erzeugt worden ist, und synthetisch erzeugtes Methan, wenn der zur Elektrolyse eingesetzte Strom und das zur Methanisierung eingesetzte Kohlendioxid oder Kohlenmonoxid jeweils nachweislich weit überwiegend aus erneuerbaren Energiequellen im Sinne der Richtlinie 2009/28/EG (ABl. L 140 vom 5.6.2009, S. 16) stammen,

11. dezentrale Erzeugungsanlage
eine an das Verteilernetz angeschlossene verbrauchs- und lastnahe Erzeugungsanlage,

12. Direktleitung
eine Leitung, die einen einzelnen Produktionsstandort mit einem einzelnen Kunden verbindet, oder eine Leitung, die einen Elektrizitätserzeuger und ein Elektrizitätsversorgungsunternehmen zum Zwecke der direkten Versorgung mit ihrer eigenen Betriebsstätte, Tochterunternehmen oder Kunden verbindet, oder eine zusätzlich zum Verbundnetz errichtete Gasleitung zur Versorgung einzelner Kunden,

13. Eigenanlagen
Anlagen zur Erzeugung von Elektrizität zur Deckung des Eigenbedarfs, die nicht von Energieversorgungsunternehmen betrieben werden,
13a. Einspeisekapazität
im Gasbereich das maximale Volumen pro Stunde in Normkubikmeter, das an einem Einspeisepunkt in ein Netz oder Teilnetz eines Netzbetreibers insgesamt eingespeist werden kann,
13b. Einspeisepunkt
ein Punkt, an dem Gas an einen Netzbetreiber in dessen Netz oder Teilnetz übergeben werden kann, einschließlich der Übergabe aus Speichern, Gasproduktionsanlagen, Hubs oder Misch- und Konversionsanlagen,
14. Energie
Elektrizität, Gas und Wasserstoff, soweit sie zur leitungsgebundenen Energieversorgung verwendet werden,
15. Energieanlagen
Anlagen zur Erzeugung, Speicherung, Fortleitung oder Abgabe von Energie, soweit sie nicht lediglich der Übertragung von Signalen dienen, dies schließt die Verteileranlagen der Letztverbraucher sowie bei der Gasversorgung auch die letzte Absperreinrichtung vor der Verbrauchsanlage ein,
15a. Energiederivat
ein in Abschnitt C Nummer 5, 6 oder 7 des Anhangs I der Richtlinie 2004/39/EG des Europäischen Parlaments und des Rates vom 21. April 2004 über Märkte für Finanzinstrumente, zur Änderung der Richtlinien 85/611/EWG und 93/6/EWG des Rates und der Richtlinie 2000/12/EG des Europäischen Parlaments und des Rates und zur Aufhebung der Richtlinie 93/22/EWG des Rates (ABl. L 145 vom 30.4.2001, S. 1, ABl. L 45 vom 16.2.2005, S. 18) in der jeweils geltenden Fassung genanntes Finanzinstrument, sofern dieses Instrument auf Elektrizität oder Gas bezogen ist,
15b. Energieeffizienzmaßnahmen
Maßnahmen zur Verbesserung des Verhältnisses zwischen Energieaufwand und damit erzieltem Ergebnis im Bereich von Energieumwandlung, Energietransport und Energienutzung,
15c. Energielieferant
Gaslieferant oder Stromlieferant,
15d. Energiespeicheranlage
Anlage in einem Elektrizitätsnetz, mit der die endgültige Nutzung elektrischer Energie auf einen späteren Zeitpunkt als den ihrer Erzeugung verschoben wird oder mit der die Umwandlung elektrischer Energie in eine speicherbare Energieform, die Speicherung solcher Energie und ihre anschließende Rückumwandlung in elektrische Energie oder Nutzung als ein anderer Energieträger erfolgt,
16. Energieversorgungsnetze
Elektrizitätsversorgungsnetze und Gasversorgungsnetze über eine oder mehrere Spannungsebenen oder Druckstufen mit Ausnahme von Kundenanlagen im Sinne der Nummern 24a und 24b sowie im Rahmen von Teil 5 dieses Gesetzes Wasserstoffnetze,
17. Energieversorgungsnetze der allgemeinen Versorgung
Energieversorgungsnetze, die der Verteilung von Energie an Dritte dienen und von ihrer Dimensionierung nicht von vornherein nur auf die Versorgung bestimmter, schon bei der Netzerrichtung feststehender oder bestimmbarer Letztverbraucher ausgelegt sind, sondern grundsätzlich für die Versorgung jedes Letztverbrauchers offen stehen,
18. Energieversorgungsunternehmen
natürliche oder juristische Personen, die Energie an andere liefern, ein Energieversorgungsnetz betreiben oder an einem Energieversorgungsnetz als Eigentümer Verfügungsbefugnis besitzen; der Betrieb einer Kundenanlage oder einer Kundenanlage zur betrieblichen Eigenversorgung macht den Betreiber nicht zum Energieversorgungsunternehmen,

18a. Energieversorgungsvertrag
ein Vertrag über die Lieferung von Elektrizität oder Gas, mit Ausnahme von Energiederivaten,
18b. Erlösobergrenze
Obergrenzen der zulässigen Gesamterlöse eines Netzbetreibers aus den Netzentgelten,
18c. erneuerbare Energien
Energien im Sinne des § 3 Nummer 21 des Erneuerbare-Energien-Gesetzes,
18d. Erzeugungsanlage
Anlage zur Erzeugung von elektrischer Energie,
18e. europäische Strommärkte
die Strommärkte der Mitgliedstaaten der Europäischen Union sowie der Schweizerischen Eidgenossenschaft und des Königreichs Norwegen,
19. Fernleitung
der Transport von Erdgas durch ein Hochdruckfernleitungsnetz, mit Ausnahme von vorgelagerten Rohrleitungsnetzen, um die Versorgung von Kunden zu ermöglichen, jedoch nicht die Versorgung der Kunden selbst,
19a. Gas
Erdgas, Biogas, Flüssiggas im Rahmen der §§ 4 und 49 sowie, wenn sie in ein Gasversorgungsnetz eingespeist werden, Wasserstoff, der durch Wasserelektrolyse erzeugt worden ist, und synthetisch erzeugtes Methan, das durch wasserelektrolytisch erzeugten Wasserstoff und anschließende Methanisierung hergestellt worden ist,
19b. Gaslieferant
natürliche und juristische Personen, deren Geschäftstätigkeit ganz oder teilweise auf den Vertrieb von Gas zum Zwecke der Belieferung von Letztverbrauchern ausgerichtet ist,
19c. Gasspeicheranlage
eine einem Gasversorgungsunternehmen gehörende oder von ihm betriebene Anlage zur Speicherung von Gas, einschließlich des zu Speicherzwecken genutzten Teils von LNG-Anlagen, jedoch mit Ausnahme des Teils, der für eine Gewinnungstätigkeit genutzt wird, ausgenommen sind auch Einrichtungen, die ausschließlich Betreibern von Leitungsnetzen bei der Wahrnehmung ihrer Aufgaben vorbehalten sind,
19d. Gasverbindungsleitungen mit Drittstaaten
Fernleitungen zwischen einem Mitgliedstaat der Europäischen Union und einem Drittstaat bis zur Grenze des Hoheitsgebietes der Mitgliedstaaten oder dem Küstenmeer dieses Mitgliedstaates,
20. Gasversorgungsnetze
alle Fernleitungsnetze, Gasverteilernetze, LNG-Anlagen oder Gasspeicheranlagen, die für den Zugang zur Fernleitung, zur Verteilung und zu LNG-Anlagen erforderlich sind und die einem oder mehreren Energieversorgungsunternehmen gehören oder von ihm oder von ihnen betrieben werden, einschließlich Netzpufferung und seiner Anlagen, die zu Hilfsdiensten genutzt werden, und der Anlagen verbundener Unternehmen, ausgenommen sind solche Netzteile oder Teile von Einrichtungen, die für örtliche Produktionstätigkeiten verwendet werden,
20a. grenzüberschreitende Elektrizitätsverbindungsleitungen
Übertragungsleitungen zur Verbundschaltung von Übertragungsnetzen einschließlich aller Anlagengüter bis zum jeweiligen Netzverknüpfungspunkt, die eine Grenze zwischen Mitgliedstaaten oder zwischen einem Mitgliedstaat und einem Staat, der nicht der Europäischen Union angehört, queren oder überspannen und einzig dem Zweck dienen, die nationalen Übertragungsnetze dieser Staaten zu verbinden,
21. Großhändler
natürliche oder juristische Personen mit Ausnahme von Betreibern von Übertragungs-, Fernleitungs-, Wasserstoff- sowie Elektrizitäts- und Gasverteiler-

netzen, die Energie zum Zwecke des Weiterverkaufs innerhalb oder außerhalb des Netzes, in dem sie ansässig sind, kaufen,

21a. H-Gasversorgungsnetz
ein Gasversorgungsnetz zur Versorgung von Kunden mit H-Gas,

22. Haushaltskunden
Letztverbraucher, die Energie überwiegend für den Eigenverbrauch im Haushalt oder für den einen Jahresverbrauch von 10 000 Kilowattstunden nicht übersteigenden Eigenverbrauch für berufliche, landwirtschaftliche oder gewerbliche Zwecke kaufen,

23. Hilfsdienste
sämtliche zum Betrieb eines Übertragungs- oder Elektrizitätsverteilernetzes erforderlichen Dienste oder sämtliche für den Zugang zu und den Betrieb von Fernleitungs- oder Gasverteilernetzen oder LNG-Anlagen oder Gasspeicheranlagen erforderlichen Dienste, einschließlich Lastausgleichs- und Mischungsanlagen, jedoch mit Ausnahme von Anlagen, die ausschließlich Betreibern von Fernleitungsnetzen für die Wahrnehmung ihrer Aufgaben vorbehalten sind,

23a. Kleinstunternehmen
ein Unternehmen, das weniger als zehn Personen beschäftigt und dessen Jahresumsatz oder dessen Jahresbilanzsumme 2 Millionen Euro nicht überschreitet,

24. Kunden
Großhändler, Letztverbraucher und Unternehmen, die Energie kaufen,

24a. Kundenanlagen
Energieanlagen zur Abgabe von Energie,
a) die sich auf einem räumlich zusammengehörenden Gebiet befinden,
b) mit einem Energieversorgungsnetz oder mit einer Erzeugungsanlage verbunden sind,
c) für die Sicherstellung eines wirksamen und unverfälschten Wettbewerbs bei der Versorgung mit Elektrizität und Gas unbedeutend sind und
d) jedermann zum Zwecke der Belieferung der angeschlossenen Letztverbraucher im Wege der Durchleitung unabhängig von der Wahl des Energielieferanten diskriminierungsfrei und unentgeltlich zur Verfügung gestellt werden,

24b. Kundenanlagen zur betrieblichen Eigenversorgung
Energieanlagen zur Abgabe von Energie,
a) die sich auf einem räumlich zusammengehörenden Betriebsgebiet befinden,
b) mit einem Energieversorgungsnetz oder mit einer Erzeugungsanlage verbunden sind,
c) fast ausschließlich dem betriebsnotwendigen Transport von Energie innerhalb des eigenen Unternehmens oder zu verbundenen Unternehmen oder fast ausschließlich dem der Bestimmung des Betriebs geschuldeten Abtransport in ein Energieversorgungsnetz dienen und
d) jedermann zum Zwecke der Belieferung der an sie angeschlossenen Letztverbraucher im Wege der Durchleitung unabhängig von der Wahl des Energielieferanten diskriminierungsfrei und unentgeltlich zur Verfügung gestellt werden,

24c. L-Gasversorgungsnetz
ein Gasversorgungsnetz zur Versorgung von Kunden mit L-Gas,

24d. landseitige Stromversorgung
die mittels einer Standardschnittstelle von Land aus erbrachte Stromversorgung von Seeschiffen oder Binnenschiffen am Liegeplatz,

24e. Landstromanlagen
die Gesamtheit der technischen Infrastruktur aus den technischen Anlagen zur Frequenz- und Spannungsumrichtung, der Standardschnittstelle einschließlich der zugehörigen Verbindungsleitungen, die

a) sich in einem räumlich zusammengehörigen Gebiet in oder an einem Hafen befinden und
b) ausschließlich der landseitigen Stromversorgung von Schiffen dienen,

25. Letztverbraucher
natürliche oder juristische Personen, die Energie für den eigenen Verbrauch kaufen; auch der Strombezug der Ladepunkte für Elektromobile und der Strombezug für Landstromanlagen steht dem Letztverbrauch im Sinne dieses Gesetzes und den auf Grund dieses Gesetzes erlassenen Verordnungen gleich,

26. LNG-Anlage
eine Kopfstation zur Verflüssigung von Erdgas oder zur Einfuhr, Entladung und Wiederverdampfung von verflüssigtem Erdgas; darin eingeschlossen sind Hilfsdienste und die vorübergehende Speicherung, die für die Wiederverdampfung und die anschließende Einspeisung in das Fernleitungsnetz erforderlich sind, jedoch nicht die zu Speicherzwecken genutzten Teile von LNG-Kopfstationen,

26a. Marktgebietsverantwortlicher
ist die von den Fernleitungsnetzbetreibern mit der Wahrnehmung von Aufgaben des Netzbetriebs beauftragte bestimmte natürliche oder juristische Person, die in einem Marktgebiet Leistungen erbringt, die zur Verwirklichung einer effizienten Abwicklung des Gasnetzzugangs durch eine Person zu erbringen sind,

26b. Messstellenbetreiber
ein Netzbetreiber oder ein Dritter, der die Aufgabe des Messstellenbetriebs wahrnimmt,

26c. Messstellenbetrieb
der Einbau, der Betrieb und die Wartung von Messeinrichtungen,

26d. Messung
die Ab- und Auslesung der Messeinrichtung sowie die Weitergabe der Daten an die Berechtigten,

27. Netzbetreiber
Netz- oder Anlagenbetreiber im Sinne der Nummern 2 bis 5, 7 und 8, 10 und 10a,

28. Netznutzer
natürliche oder juristische Personen, die Energie in ein Elektrizitäts- oder Gasversorgungsnetz einspeisen oder daraus beziehen,

29. Netzpufferung
die Speicherung von Gas durch Verdichtung in Fernleitungs- und Verteilernetzen, ausgenommen sind Einrichtungen, die Betreibern von Fernleitungsnetzen bei der Wahrnehmung ihrer Aufgaben vorbehalten sind,

29a. neue Infrastruktur
eine Infrastruktur, die nach dem 12. Juli 2005 in Betrieb genommen worden ist,

29b. oberste Unternehmensleitung
Vorstand, Geschäftsführung oder ein Gesellschaftsorgan mit vergleichbaren Aufgaben und Befugnissen,

29c. Offshore-Anbindungsleitungen
Anbindungsleitungen im Sinne von § 3 Nummer 5 des Windenergie-auf-See-Gesetzes,

29d. örtliches Verteilernetz
ein Netz, das überwiegend der Belieferung von Letztverbrauchern über örtliche Leitungen, unabhängig von der Druckstufe oder dem Durchmesser der Leitungen, dient; für die Abgrenzung der örtlichen Verteilernetze von den vorgelagerten Netzebenen wird auf das Konzessionsgebiet abgestellt, in dem ein Netz der allgemeinen Versorgung im Sinne des § 18 Abs. 1 und des § 46 Abs. 2 betrieben wird einschließlich von Leitungen, die ein örtliches Verteilernetz mit einem benachbarten örtlichen Verteilernetz verbinden,

Begriffsbestimmungen § 3 EnWG

30. **Regelzone**
im Bereich der Elektrizitätsversorgung das Netzgebiet, für dessen Primärregelung, Sekundärregelung und Minutenreserve ein Betreiber von Übertragungsnetzen im Rahmen der Union für die Koordinierung des Transports elektrischer Energie (UCTE) verantwortlich ist,

31. **selbstständige Betreiber von grenzüberschreitenden Elektrizitätsverbindungsleitungen**
Betreiber von Übertragungsnetzen, die eine oder mehrere grenzüberschreitende Elektrizitätsverbindungsleitungen betreiben, ohne
   a) Betreiber von Übertragungsnetzen mit Regelzonenverantwortung zu sein, oder
   b) mit einem Betreiber von Übertragungsnetzen mit Regelzonenverantwortung im Sinne des Artikels 3 Absatz 2 der Verordnung (EG) Nr. 139/2004 des Rates vom 20. Januar 2004 über die Kontrolle von Unternehmenszusammenschlüssen (ABl. L 24 vom 29.1.2004, S. 1) verbunden zu sein,

31a. **Stromlieferanten**
natürliche und juristische Personen, deren Geschäftstätigkeit ganz oder teilweise auf den Vertrieb von Elektrizität zum Zwecke der Belieferung von Letztverbrauchern ausgerichtet ist,

31b. **Stromliefervertrag mit dynamischen Tarifen**
ein Stromliefervertrag mit einem Letztverbraucher, in dem die Preisschwankungen auf den Spotmärkten, einschließlich der Day-Ahead- und Intraday-Märkte, in Intervallen widergespiegelt werden, die mindestens den Abrechnungsintervallen des jeweiligen Marktes entsprechen,

31c. **Teilnetz**
im Gasbereich ein Teil des Transportgebiets eines oder mehrerer Netzbetreiber, in dem ein Transportkunde gebuchte Kapazitäten an Ein- und Ausspeisepunkten flexibel nutzen kann,

31d. **Transportkunde**
im Gasbereich Großhändler, Gaslieferanten einschließlich der Handelsabteilung eines vertikal integrierten Unternehmens und Letztverbraucher,

31e. **Transportnetzbetreiber**
jeder Betreiber eines Übertragungs- oder Fernleitungsnetzes,

31f. **Transportnetz**
jedes Übertragungs- oder Fernleitungsnetz,

32. **Übertragung**
der Transport von Elektrizität über ein Höchstspannungs- und Hochspannungsverbundnetz einschließlich grenzüberschreitender Verbindungsleitungen zum Zwecke der Belieferung von Letztverbrauchern oder Verteilern, jedoch nicht die Belieferung der Kunden selbst,

33. **Umweltverträglichkeit**
dass die Energieversorgung den Erfordernissen eines nachhaltigen, insbesondere rationellen und sparsamen Umgangs mit Energie genügt, eine schonende und dauerhafte Nutzung von Ressourcen gewährleistet ist und die Umwelt möglichst wenig belastet wird, der Nutzung von Kraft-Wärme-Kopplung und erneuerbaren Energien kommt dabei besondere Bedeutung zu,

33a. **Unternehmensleitung**
die oberste Unternehmensleitung sowie Personen, die mit Leitungsaufgaben für den Transportnetzbetreiber betraut sind und auf Grund eines Übertragungsaktes, dessen Eintragung im Handelsregister oder einem vergleichbaren Register eines Mitgliedstaates der Europäischen Union gesetzlich vorgesehen ist, berechtigt sind, den Transportnetzbetreiber gerichtlich und außergerichtlich zu vertreten,

34. **Verbindungsleitungen**
Anlagen, die zur Verbundschaltung von Elektrizitätsnetzen dienen, oder eine Fernleitung, die eine Grenze zwischen Mitgliedstaaten quert oder überspannt und einzig dem Zweck dient, die nationalen Fernleitungsnetze dieser Mitgliedstaaten zu verbinden,

Peiffer

35. Verbundnetz
eine Anzahl von Übertragungs- und Elektrizitätsverteilernetzen, die durch eine oder mehrere Verbindungsleitungen miteinander verbunden sind, oder eine Anzahl von Gasversorgungsnetzen, die miteinander verbunden sind,
35a. Versorgeranteil
der auf die Energiebelieferung entfallende Preisanteil, der sich rechnerisch nach Abzug der Umsatzsteuer und der Belastungen nach § 40 Absatz 3 ergibt,
36. Versorgung
die Erzeugung oder Gewinnung von Energie zur Belieferung von Kunden, der Vertrieb von Energie an Kunden und der Betrieb eines Energieversorgungsnetzes,
37. Verteilung
der Transport von Elektrizität mit hoher, mittlerer oder niederer Spannung über Elektrizitätsverteilernetze oder der Transport von Gas über örtliche oder regionale Leitungsnetze, um die Versorgung von Kunden zu ermöglichen, jedoch nicht die Belieferung der Kunden selbst; der Verteilung von Gas dienen auch solche Netze, die über Grenzkopplungspunkte verfügen, über die ausschließlich ein anderes, nachgelagertes Netz aufgespeist wird,
38. vertikal integriertes Unternehmen
ein im Elektrizitäts- oder Gasbereich tätiges Unternehmen oder eine Gruppe von Elektrizitäts- oder Gasunternehmen, die im Sinne des Artikels 3 Absatz 2 der Verordnung (EG) Nr. 139/2004 des Rates vom 20. Januar 2004 über die Kontrolle von Unternehmenszusammenschlüssen (ABl. L 24 vom 29.1.2004, S. 1) miteinander verbunden sind, wobei das betreffende Unternehmen oder die betreffende Gruppe im Elektrizitätsbereich mindestens eine der Funktionen Übertragung oder Verteilung und mindestens eine der Funktionen Erzeugung oder Vertrieb von Elektrizität oder im Erdgasbereich mindestens der Funktionen Fernleitung, Verteilung, Betrieb einer LNG-Anlage oder Speicherung und gleichzeitig eine der Funktionen Gewinnung oder Vertrieb von Erdgas wahrnimmt,
38a. volatile Erzeugung
Erzeugung von Strom aus Windenergieanlagen und aus solarer Strahlungsenergie,
38b. vollständig integrierte Netzkomponenten
Netzkomponenten, die in das Übertragungs- oder Verteilernetz integriert sind, einschließlich Energiespeicheranlagen, und die ausschließlich der Aufrechterhaltung des sicheren und zuverlässigen Netzbetriebs und nicht der Bereitstellung von Regelenergie oder dem Engpassmanagement dienen,
39. vorgelagertes Rohrleitungsnetz
Rohrleitungen oder ein Netz von Rohrleitungen, deren Betrieb oder Bau Teil eines Öl- oder Gasgewinnungsvorhabens ist oder die dazu verwendet werden, Erdgas von einer oder mehreren solcher Anlagen zu einer Aufbereitungsanlage, zu einem Terminal oder zu einem an der Küste gelegenen Endanlandeterminal zu leiten, mit Ausnahme solcher Netzteile oder Teile von Einrichtungen, die für örtliche Produktionstätigkeiten verwendet werden,
39a. Wasserstoffnetz
ein Netz zur Versorgung von Kunden ausschließlich mit Wasserstoff, das von der Dimensionierung nicht von vornherein nur auf die Versorgung bestimmter, schon bei der Netzerrichtung feststehender oder bestimmbarer Kunden ausgelegt ist, sondern grundsätzlich für die Versorgung jedes Kunden offensteht, dabei umfasst es unabhängig vom Durchmesser Wasserstoffleitungen zum Transport von Wasserstoff nebst allen dem Leitungsbetrieb dienenden Einrichtungen, insbesondere Entspannungs-, Regel- und Messanlagen sowie Leitungen oder Leitungssysteme zur Optimierung des Wasserstoffbezugs und der Wasserstoffdarbietung,
39b. Wasserstoffspeicheranlagen
eine einem Energieversorgungsunternehmen gehörende oder von ihm betriebene Anlage zur Speicherung von Wasserstoff, mit Ausnahme von Einrichtun-

(Aggregatoren) § 3 Nr 1a EnWG

gen, die ausschließlich Betreibern von Wasserstoffnetzen bei der Wahrnehmung ihrer Aufgaben vorbehalten sind,
40. **Winterhalbjahr**
   der Zeitraum vom 1. Oktober eines Jahres bis zum 31. März des Folgejahres.

§ 3 Nr. 1 (Abrechnungsinformationen)
Im Sinne dieses Gesetzes bedeutet
1. Abrechnungsinformationen
   Informationen, die üblicherweise in Rechnungen über die Energiebelieferung von Letztverbrauchern zur Ermittlung des Rechnungsbetrages enthalten sind, mit Ausnahme der Zahlungsaufforderung selbst.

Die Definition der Abrechnungsinformationen wurde im Zuge der sog. Wasserstoff-Novelle zum 27.7.2021 (BGBl. I 3026) zusammen mit der Überarbeitung der §§ 40 ff. eingeführt. Die Begriffsbestimmung gehört zu **§ 40b**, der regelt, dass und wie Energieversorger ihren Letztverbrauchern Abrechnungsinformationen zur Verfügung stellen müssen. Was zu den Abrechnungsinformationen gehört, ist in § 40b nicht konkretisiert, sondern anhand der Begriffsbestimmung in § 3 Nr. 1a zu bestimmen. Die Begriffsbestimmung wurde in Umsetzung von **Art. 18 Elektrizitäts-Binnenmarkt-Richtlinie** (EU) 2019/944 eingeführt (BT-Drs. 19/27453, 124) und ist daher in dessen Lichte auszulegen. 1

Die Begriffsbestimmung in § 3 Nr. 1 ist allerdings sehr unergiebig. Ihr lässt sich nur entnehmen, dass zu den Abrechnungsinformationen all diejenigen Informationen gehören, die für die **Betragsermittlung** in Strom- und Gasrechnungen erforderlich sind und „üblicherweise" in den Rechnungen enthalten sind. Ergänzend hierzu ergibt sich aus § 40b Abs. 4, dass die Abrechnungsinformationen auf Grundlage des nach § 40a festgestellten Verbrauchs zu ermitteln sind. Demnach gehören zu den Abrechnungsinformationen jedenfalls all diejenigen Messwerte und Kennzahlen, die für die Abrechnung des jeweiligen Strom- oder Gastarifs erforderlich sind („**kostenrelevante Informationen**"). Dies umfasst demnach – abhängig von der Tarifstruktur – nicht zwingend alle in § 40 Abs. 2 aufgezählten Rechnungsinhalte. 2

Zu den Abrechnungsinformationen gehören in erster Linie der **Verbrauch** im Abrechnungszeitraum (vgl. Anhang I Nr. 1.2.a Elektrizitäts-Binnenmarkt-Richtlinie (EU) 2019/944), einschließlich der Angabe des Anfangs- und Endzählerstandes (vgl. § 40 Abs. 2 Nr. 6). Je nach Gestaltung des Strom- oder Gastarifs können aber auch abrechnungsrelevante **Leistungsspitzen** oder – bei zeitanteiliger Abrechnung von Grundpreisen – **Lieferzeiträume** Teil der Abrechnungsinformationen sein. Bei unterjährigen Rechnungen über **verbrauchsunabhängige Abschlagszahlungen** gehören die Verbrauchsmengen nicht zu den Abrechnungsinformationen, weil der Verbrauch nicht relevant ist für den Rechnungsbetrag. 3

Gleichzeitig ist der Begriffsbestimmung von § 1 Nr. 1 zu entnehmen, dass die **Zahlungsaufforderung** (also die Rechnung im eigentlichen Sinne) nicht zu den Abrechnungsinformationen gehört. Auch die **Verbrauchsinformationen** (insbes. iSv § 40 Abs. 2 Nr. 7 und Nr. 8) sind nicht Teil der Abrechnungsinformationen (BR-Drs. 165/21, 98). 4

§ 3 Nr. 1a (Aggregatoren)
Im Sinne dieses Gesetzes bedeutet
1a. **Aggregatoren**
   natürliche oder juristische Personen oder rechtlich unselbständige Organisationseinheiten eines Energieversorgungsunternehmens, die eine Tätigkeit ausüben, bei der Verbrauch oder Erzeugung von elektrischer Energie in Energieanlagen oder in Anlagen zum Verbrauch elektrischer Energie auf einem Elektrizitätsmarkt gebündelt angeboten werden.

Die Definition der Aggregatoren wurde im Zuge der sog. Wasserstoff-Novelle zum 27.7.2021 (BGBl. I 3026) zusammen mit § 41e sowie den ergänzenden Vorschriften in § 20 1

Peiffer

Abs. 1c, § 20a Abs. 3 und § 41d Abs. 3 eingeführt. Mit diesen Vorschriften hat der deutsche Gesetzgeber die Vorgaben von Art. 15 und 17 Elektrizitäts-Binnenmarkt-Richtlinie (EU) 2019/944 umgesetzt. Danach müssen die Mitgliedstaaten die Möglichkeit schaffen, dass Endkunden sich an der **Laststeuerung durch Aggregierung** beteiligen können. Aggregierung ist nach der Konzeption der Elektrizitäts-Binnenmarkt-Richtlinie (EU) 2019/944 die Bündelung und gemeinsame Vermarktung von Kundenlasten (Netzbezug) oder Erzeugung (Netzeinspeisung) im Stromsektor.

2   Nach der Begriffsbestimmung von § 3 Nr. 1a sind alle „Tätigkeiten" tatbestandlich, durch die Verbrauch oder Erzeugung am Elektrizitätsmarkt „**gebündelt angeboten**" werden. Aggregator ist also, wer eine **Bündelungsfunktion** übernimmt. Aufgrund der offenen Formulierung („Tätigkeit") ist im Übrigen unerheblich, durch welche technischen und/oder vertraglichen Modelle der Aggregator die Anlagen bündelt. Tatbestandlich ist es insbesondere, wenn mehrere Anlagen verbrauchs- oder erzeugungsseitig zentral gesteuert werden („**virtuelles Kraftwerk**"). Aber auch andere Modelle zur gebündelten Vermarktung dürften tatbestandlich sein, bspw. der Einsatz dezentraler Steuerungseinheiten, die nach vorgegeben Parametern agieren.

3   Des Weiteren lässt sich der Begriffsbestimmung entnehmen, dass die Bündelung zur Vermarktung auf „**einem Elektrizitätsmarkt**" erfolgen muss. Dieser Begriff ist im EnWG nicht enthalten, ist aber – aufgrund des unionsrechtlichen Hintergrunds der Aggregatoren-Definition – im Lichte der Elektrizitätsmarkt-Definition in Art. 2 Nr. 9 Elektrizitäts-Binnenmarkt-Richtlinie (EU) 2019/944 auszulegen (vgl. BR-Drs. 165/21, 99). Nach der darin enthaltenen, nicht abschließenden Aufzählung gehören zu den Elektrizitätsmärkten u.a. der außerbörsliche Handel, die Strombörsen, die Märkte für Kapazitätsprodukte, Systemdienstleistungen und Regelreserve. Hierunter lassen sich gleichermaßen die Beteiligung am **Intraday-/Day-Ahead-Handel** sowie alle Arten von Flexibilitätsprodukten (etwa Vermarktung in der positiven/negativen **Regelleistung**, als **zuschaltbare oder abschaltbare Last** oder im Rahmen von Redispatch-Vereinbarungen gem. **§ 13 Abs. 6a**) fassen. Die Definition ist aber offen gestaltet, sodass Aggregatoren auch alle weiteren Modelle für eine gemeinsame Vermarktung, die der Markt ggf. hervorbringt, erbringen können.

4   Schließlich lässt sich der Begriffsbestimmung entnehmen, dass sowohl **eigenständige Marktakteure** (die genannten natürlichen oder juristischen Personen, aber auch alle anderen Rechtssubjekte) als auch **unselbstständige Abteilungen** (Organisationseinheiten) von Energieversorgungsunternehmen als Aggregator tätig sein können.

§ 3 Nr. 1b (Ausgleichsleistungen)

Im Sinne dieses Gesetzes bedeutet
1b. Ausgleichsleistungen
    Dienstleistungen zur Bereitstellung von Energie, die zur Deckung von Verlusten und für den Ausgleich von Differenzen zwischen Ein- und Ausspeisung benötigt wird, zu denen insbesondere auch Regelenergie gehört.

1   Nach der Legaldefinition in § 3 Nr. 1b unterfallen dem Begriff „Ausgleichsleistungen" zwei Konstellationen, in denen Betreiber von Strom- und Gasnetzen Energie einsetzen: **Alternative 1** erfasst den Einsatz von Energie zum Ausgleich physikalisch bedingter Netzverluste („**Verlustenergie**", vgl. u.a. § 2 Nr. 12 StromNZV). Unter **Alternative 2** fällt der Energieeinsatz zum Ausgleich von Differenzen zwischen der Einspeisung in das Netz und der Entnahme aus dem Netz. Derartige Differenzen treten regelmäßig aufgrund von **Fahrplanabweichungen** der Netznutzer auf und werden durch die Netzbetreiber ausgeglichen durch den Einsatz von **Ausgleichsenergie** (Gegenstück der Ausgleichsenergie ist beschaffungsseitig die **Regelenergie**, vgl. auch § 2 Nr. 12 GasNZV und § 2 Nr. 9 StromNZV).

2   Die **Zuständigkeit der Netzbetreiber** zur Beschaffung und zum Einsatz von Ausgleichsenergie ergibt sich aus deren **Systemverantwortung**. Diese verpflichtet Übertragungsnetzbetreiber gem. § 13, Verteilnetzbetreiber gem. § 14 iVm § 13, Fernleitungsnetzbetreiber gem. § 16 und Gasverteilnetzbetreiber gem. § 16a iVm § 16 dazu, Störungen im Netzbetrieb zu beseitigen, die sich aus Ungleichgewichten zwischen Energieeinspeisung und Energieent-

(Ausspeisekapazität) § 3 Nr 1c EnWG

nahme ergeben. Um diese Aufgabe zu erfüllen, setzt der Netzbetreiber Ausgleichsenergie ein. Die Zuständigkeit der Netzbetreiber zur Beschaffung von **Verlustenergie** ergibt sich aus deren allgemeiner Betreiberrolle.

Die Begriffsbestimmung von § 3 Nr. 1b entfaltet Bedeutung zum einen für die Regelung 3 der **Reichweite der Netzbetreiberbefugnisse**: So regelt § 16 Abs. 1 Nr. 2 ausdrücklich, dass sich Gasnetzbetreiber dieses Instruments bedienen dürfen. Auch die Stromnetzbetreiber sind befugt, Ausgleichsleistungen einzusetzen. Dies ist in § 13 zwar nicht ausdrücklich vorgesehen, wird aber in § 22 vorausgesetzt. Bedeutung hat die Begriffsbestimmung zum anderen für die Anwendung der §§ 22 und 23, die die Beschaffung von Ausgleichs- und Verlustenergie durch die Netzbetreiber regeln, sowie im Rahmen der Ermächtigungsgrundlage von § 24 S. 2 Nr. 3, auf deren Grundlage ein Ausgleichsenergiepreis sowie die Beschaffung von Ausgleichs- und Verlustenergie durch Rechtsverordnung geregelt werden können.

§ 3 Nr. 1b hat allerdings einen **geringen Regelungsgehalt**. Dieser beschränkt sich auf 4 die Klarstellung, dass mit „Ausgleichsleistungen" lediglich die Energiebeschaffung zum Ausgleich von Verlustenergie und zur Bereitstellung von Ausgleichsenergie gemeint ist. Diese enge Begrenzung erklärt sich aus den Entflechtungsvorgaben in den §§ 6–10e, die es den Netzbetreibern im Grundsatz verbieten, Energie zu beschaffen oder zu erzeugen. Im Rahmen der Systemverantwortung gilt insoweit eine Ausnahme.

Die Beschaffung der **Regelenergie**, die der Netzbetreiber dann als **Ausgleichsenergie** 5 einsetzt, ist im Einzelnen geregelt in §§ 6–9 StromNZV (für den Strombereich) sowie in §§ 28 f. GasNZV (für den Gasbereich). Die Beschaffung der Verlustenergie ist für den Strombereich geregelt in § 10 StromNZV. Im Gasbereich ist die Beschaffung der Verlustenergie nicht in der GasNZV geregelt. Für die Beschaffung der Verlustenergie durch die Gasnetzbetreiber gilt allein § 22.

§ 3 Nr. 1c (Ausspeisekapazität)

Im Sinne dieses Gesetzes bedeutet
1c. Ausspeisekapazität
im Gasbereich das maximale Volumen pro Stunde in Normkubikmeter, das an einem Ausspeisepunkt aus einem Netz oder Teilnetz insgesamt ausgespeist und gebucht werden kann.

§ 3 Nr. 1c legt für die Gassparte fest, dass die Größe der Ausspeiskapazität ausgedrückt 1 wird durch das in Normkubikmetern bemessene Volumen, das pro Stunde maximal entnommen werden kann (**Nm³/h**). Die Begriffsbestimmung gilt nur für die Kapazität von Ausspeisepunkten aus dem Gasnetz. Die spiegelbildliche Erscheinung der Einspeisekapazität ist in § 3 Nr. 13a inhaltlich identisch geregelt.

Die Begriffsbestimmung des § 3 Nr. 1c schafft die Grundlage für die Abwicklung des 2 Netzzugangs im Gasnetz. Gemäß § 20 Abs. 1b wird der Netzzugang zum Gasnetz durch **Einspeise- und Ausspeisekapazitäten** umgesetzt, die die Transportkunden (vgl. § 3 Nr. 31d) beim Netzbetreiber buchen können. Dabei sind die Transportkunden berechtigt, Gas von jedem Einspeisepunkt für die Ausspeisung an jeden Ausspeisepunkt innerhalb des Netzes transportieren zu lassen. Der Weg vom Einspeisepunkt zum Ausspeisepunkt ist allein Sache des Gasnetzbetreibers (sog. **entry-exit-System**). Die Größe der gebuchten Ausspeisekapazität gibt dabei an, welches Gasvolumen pro Stunde an einem bestimmten Punkt entnommen werden kann.

Ein **Normkubikmeter** (Nm³) entspricht der Gasmenge, die unter Normbedingungen, 3 dh bei einer Temperatur von null Grad Celsius und einem absoluten Druck von 1,01325 bar in einem Würfel mit 1 m Kantenlänge Platz findet (vgl. § 2 Nr. 1 GasNZV idF v. 25.7.2005 und ISO 13443).

§ 3 Nr. 1c nimmt Bezug auf den in § 3 Nr. 1d definierten Begriff des **Ausspeisepunktes,** 4 bezieht sich demnach also unmittelbar nur auf die Ausspeisekapazität bei der Entnahme von Erdgas aus dem Netz. Das entspricht der Funktionsweise des Entry-Exit-Systems, nach dem der Ausspeisevertrag nur mit dem (Verteil-)Netzbetreiber abgeschlossen wird, aus dessen Netz das Gas entnommen werden soll (vgl. § 20 Abs. 1b S. 3).

EnWG § 3 Nr 2　　　　　　　　　　　　　　　　　　　　　Teil 1. Allgemeine Vorschriften

5　　Für die Abwicklung von Gaslieferungen kommt es allerdings nicht auf die Ausspeisekapazität an, sondern auf die **Ausspeiseleistung,** die in § 2 Nr. 2 GasNZV definiert ist als maximale in kWh bemessene Energiemenge, die pro Stunde am Ausspeisepunkt für den Transportkunden bereitgestellt wird.

§ 3 Nr. 1d (Ausspeisepunkt)

　　Im Sinne dieses Gesetzes bedeutet
　　1d. Ausspeisepunkt
　　　　ein Punkt, an dem Gas aus einem Netz oder Teilnetz eines Netzbetreibers entnommen werden kann.

1　　§ 3 Nr. 1d definiert den Ausspeisepunkt als die Lokalität im Gasnetz, an der Gas physikalisch aus dem Netz entnommen werden kann. Die Begriffsbestimmung hat nur erklärende Relevanz für die Abwicklung von **Transportvorgängen** im Gasbereich. Nach dem in § 20 Abs. 1b verankerten entry-exit-System können Transportkunden (§ 3 Nr. 31d) Gas zur Entnahme ausschließlich an Ausspeispunkte transportieren lassen (vgl. § 20 Abs. 1b S. 3). Aus der Begriffsbestimmung ergibt sich, dass nur Punkte beliefert werden können, an denen das Gas physikalisch entnommen werden kann. **Kuppelpunkte** zwischen den verschiedenen (etwa vor- oder nachgelagerten) Gasnetzen sind demgegenüber nicht tatbestandlich und können daher auch nicht beliefert werden.

2　　Ausspeisepunkte im Sinne der Begriffsbestimmung können sich auch in einem Teilnetz iSv § 3 Nr. 31c befinden. Der Begriff Ausspeisepunkt gilt allein im Gasbereich. Sein Pendant im Strombereich ist die **Entnahmestelle** (vgl. § 2 Nr. 6 StromNEV) bzw. der Entnahmepunkt (vgl. § 20 Abs. 1a).

§ 3 Nr. 2 (Betreiber von Elektrizitätsversorgungsnetzen)

　　Im Sinne dieses Gesetzes bedeutet
　　2. Betreiber von Elektrizitätsversorgungsnetzen
　　　　natürliche oder juristische Personen oder rechtlich unselbständige Organisationseinheiten eines Energieversorgungsunternehmens, die Betreiber von Übertragungs- oder Elektrizitätsverteilernetzen sind.

Überblick

　　Die Definition des Betreibers von Elektrizitätsversorgungsnetzen in § 3 Nr. 2 ist weitgehend tautologisch, weil sie keine tatbestandlichen Voraussetzungen der Betreiberstellung regelt. Die Norm hat Hilfsfunktion für die Anwendung zahlreicher Vorschriften des EnWG, die Aufgaben und Pflichten von Stromnetzbetreibern regeln. Der Begriffsbestimmung lässt sich entnehmen, dass es sich beim Betreiber um eine Person (→ Rn. 1 f.) oder unselbstständige Organisationseinheit (→ Rn. 3 f.) handelt, die ein Elektrizitätsversorgungsnetz (→ Rn. 6 ff.) betreibt (→ Rn. 5). Die entsprechende Begriffsbestimmung für den Gasbereich („Betreiber von Gasversorgungsnetzen") findet sich in § 3 Nr. 7.

A. Person

1　　Betreiber können sowohl **juristische Personen des Privatrechts** sein, also insbesondere GmbH, Aktiengesellschaft oder Genossenschaft, als auch **juristische Personen des öffentlichen Rechts,** also beispielsweise kommunaler Eigen- bzw. Regiebetrieb oder sog. Kommunalunternehmen (Anstalt des öffentlichen Rechts). Ferner kommen als Netzbetreiber **natürliche Personen** in Betracht, also insbesondere Einzelkaufleute iSv § 1 HGB.

2　　Über den Wortlaut hinaus können auch **rechtsfähige Personengesellschaften,** wie die Gesellschaft bürgerlichen Rechts, die Offene Handelsgesellschaft oder die Kommanditgesellschaft Netzbetreiber sein (Theobald/Kühling/Theobald § 3 Rn. 17). Es ist kein Grund

(Betreiber von Elektrizitätsverteilernetzen) § 3 Nr 3 EnWG

ersichtlich, warum rechtsfähige Personengesellschaften nicht als Netzbetreiber in Betracht kommen sollten.

B. Unselbstständige Organisationseinheit

Auch die **rechtlich unselbstständigen Organisationseinheiten** der vorstehend dargestellten Personen sind ausdrücklich in § 3 Nr. 2 genannt und können daher Betreiber sein. Dies führt dazu, dass auch die rechtlich unselbstständige Netzsparte von Energieversorgungsunternehmen Netzbetreibereigenschaft hat und damit Adressat der netzbetreiberbezogenen Regelungen des EnWG sein kann.

Dass unselbstständige Organisationseinheiten Betreiber sein können, ist vor allem für vertikal integrierte Energieversorgungsunternehmen relevant, deren Stromnetz weniger als 100.000 Kunden hat, und die ihr Netz nicht in einer unabhängigen Rechtsform betreiben. Für diese gilt, dass die für Netzbetreiber gültigen Regelungen nur auf die Netzsparte Anwendung finden.

C. Betreiberstellung

Die Voraussetzungen für das Vorliegen der Betreiberstellung regelt Nummer 2 nicht. Insoweit ist ergänzend die Begriffsbestimmung von § 3 Nr. 3 heranzuziehen. Dieser lässt sich entnehmen, dass Betreiber derjenige ist, der **verantwortlich** ist für den **Betrieb, die Wartung** und den **Ausbau** des Netzes. Nicht entscheidend ist demnach, wer Eigentümer oder sonst dinglich Berechtigter des Netzes ist. Es kommt vielmehr allein darauf an, wer die genannten netzspezifischen **Tätigkeiten** eigenverantwortlich ausübt.

D. Elektrizitätsversorgungsnetz

Dem Tatbestand von § 3 Nr. 2 unterfällt, wer ein Übertragungs- oder Elektrizitätsverteilernetz betreibt. Der Begriffsbestimmung lässt sich damit entnehmen, dass es **zwei Arten** von Elektrizitätsversorgungsnetzen gibt: Übertragungsnetze und Elektrizitätsverteilernetze. **Gemeinsamer Oberbegriff** ist das Elektrizitätsversorgungsnetz.

Der Begriff des **Übertragungsnetzes** wird in § 3 Nr. 10 mittelbar definiert. Hierunter versteht man ein Energieversorgungsnetz (§ 3 Nr. 16), das der Übertragung von Strom dient. Der Begriff der Übertragung wiederum ist in § 3 Nr. 32 definiert als überregionaler und grenzüberschreitender Elektrizitätstransport im Höchstspannungsnetz (380/220 kV, dh Netzebenen 1 und 2) und im Hochspannungsverbundnetz (110 kV, dh Netzebene 3).

Der Begriff des **Elektrizitätsverteilernetzes** wird mittelbar in § 3 Nr. 3 konkretisiert als Energieversorgungsnetz (§ 3 Nr. 16), das der Verteilung von Strom dient. Der Begriff der Verteilung ist in § 3 Nr. 37 für den Strombereich definiert als Transport von Strom auf hoher, mittlerer oder niederer Spannung (umfasst also den Spannungsbereich von 110 kV bis 400 V, dh Netzebenen 3–7) zum Zwecke der Letztverbraucher-Versorgung.

§ 3 Nr. 3 (Betreiber von Elektrizitätsverteilernetzen)

Im Sinne dieses Gesetzes bedeutet
3. **Betreiber von Elektrizitätsverteilernetzen**
natürliche oder juristische Personen oder rechtlich unselbständige Organisationseinheiten eines Energieversorgungsunternehmens, die die Aufgabe der Verteilung von Elektrizität wahrnehmen und verantwortlich sind für den Betrieb, die Wartung sowie erforderlichenfalls den Ausbau des Verteilernetzes in einem bestimmten Gebiet und gegebenenfalls der Verbindungsleitungen zu anderen Netzen.

Überblick

Nach der Begriffsbestimmung von § 3 Nr. 3 sind Betreiber von Elektrizitätsverteilernetzen all diejenigen (→ Rn. 1), die auf Ebene der Stromverteilung (→ Rn. 2 f.) für Netzbetrieb,

EnWG § 3 Nr 3 Teil 1. Allgemeine Vorschriften

-wartung und -ausbau verantwortlich sind (→ Rn. 4 ff.). Anhand dieser Begriffsbestimmung ist der sachliche Anwendungsbereich der Vorschriften des EnWG zu bestimmen, die auf die Betreiber von Verteilernetzen im Strombereich anwendbar sind, also insbesondere § 14.

A. Person oder Organisationseinheit

1   Wie bei § 3 Nr. 2 können sowohl natürliche und juristische Personen (des Privatrechts und des öffentlichen Rechts), einschließlich rechtsfähiger Personengesellschaften, als auch nicht rechtsfähige Organisationseinheiten von Energieversorgungsunternehmen Netzbetreiber sein (→ § 3 Nr. 2 Rn. 1 f.).

B. Aufgabe der Verteilung von Elektrizität „wahrnehmen"

2   In § 3 Nr. 3 sind nur die Betreiber von Energieversorgungsnetzen (§ 3 Nr. 16) tatbestandlich, die der Verteilung von Elektrizität dienen („Aufgabe der Verteilung ... wahrnehmen"). Der Begriff der Verteilung ist in **§ 3 Nr. 37** geregelt und meint im Stromsektor den Elektrizitäts-Transport auf **hoher, mittlerer oder niederer Spannung** (umfasst also den Spannungsbereich von 110 kV bis 400 V, dh Netzebenen 3–7). Nicht tatbestandlich sind demgegenüber die Übertragungsnetze entsprechend der Definition von Übertragung in § 3 Nr. 32.

3   Mittelbar enthält § 3 Nr. 3 – der eigentlich nur den Betreiber definiert – zugleich eine Konkretisierung des Begriffs des **Elektrizitätsverteilernetzes,** auf den manche Vorschriften des EnWG Bezug nehmen (so etwa § 7). Dieser Begriff ist an keiner anderen Stelle im EnWG definiert.

C. „Verantwortlich" für Betrieb, Wartung, Ausbau

4   Die Begriffsbestimmung des § 3 Nr. 3 enthält eine im Vergleich zu § 3 Nr. 2 aussagekräftigere Konkretisierung der Frage, wer als **Betreiber** eines Elektrizitätsversorgungsnetzes anzusehen ist. Auf diese Konkretisierung nimmt auch § 3 Nr. 2 Bezug, wenn dieser vom „Betreiber" spricht, und entfaltet daher auch insoweit Geltung.

5   Nach der klaren Regelung in § 3 Nr. 3 ist Netzbetreiber derjenige, der für Betrieb, Wartung und Ausbau des Netzes **verantwortlich** ist. Die Netzbetreiberrolle ist demnach davon unabhängig, wer Eigentümer bzw. anderweitig dinglich Berechtigter des Netzes ist oder wer das wirtschaftliche Risiko des Netzbetriebs trägt. Es kommt allein darauf an, wer nach der tatsächlich gelebten vertraglichen Ausgestaltung die netzbezogenen Funktionen Betrieb, Wartung und Ausbau **eigenverantwortlich ausübt.**

6   Dass allein derjenige die Rolle des Netzbetreibers innehat, der tatsächlich eigenverantwortlich die in § 3 Nr. 2 genannten netzbezogenen Tätigkeiten ausübt, ergibt sich auch aus dem **Sinn und Zweck** der Definition und der auf diese bezugnehmenden Vorschriften. Dieser besteht darin, die im EnWG geregelten Rechte und Pflichten der Netzbetreiber effektiv umzusetzen. Daher ist derjenige als Netzbetreiber anzusehen, der den bestimmenden Einfluss über den Netzbetrieb innehat (Säcker EnergieR/Boesche § 3 Rn. 4) und **tatsächlich für die Tätigkeiten Netzbetrieb, -wartung, und -ausbau verantwortlich ist.** Denn Adressat der im EnWG geregelten Pflichten zum Betrieb, zur Wartung und zum Ausbau des Netzes kann nur derjenige sein, der faktisch in der Lage ist, diese Pflichten zu erfüllen. Anders als etwa im Anlagenbetreiberbegriff des BImSchG oder des EEG kommt es vorliegend nicht darauf an, wer das **wirtschaftliche Risiko** des Anlagenbetriebs trägt.

7   In der Regel ist der **Eigentümer** des Netzes auch dessen Betreiber. Im Fall von Netzpachtmodellen ist Betreiber allerdings derjenige, der die **tatsächliche Sachherrschaft** über das Netz hat und nach den Regeln des Pachtvertrags schuldrechtlich dafür zuständig ist, alle netzbetriebsbezogenen Entscheidungen selbst zu treffen. In der Regel ist dies der Netz-Pächter. Demgegenüber kommt es für die Zuordnung der Betreiberstellung nicht darauf an, wer das wirtschaftliche Risiko für den Netzbetrieb trägt. Soweit der Betreiber externe **Dienstleister** mit der Erbringung einzelner netzbezogener Tätigkeiten beauftragt, werden diese nicht zum Netzbetreiber, da sie nur nach Weisung des Auftraggebers tätig werden und ihre Beauftragung daher nicht die Zuständigkeit des eigentlichen Netzbetreibers entfallen lässt.

(Betreiber von Fernleitungsnetzen) § 3 Nr 5 EnWG

§ 3 Nr. 4 (Betreiber von Energieversorgungsnetzen)

Im Sinne dieses Gesetzes bedeutet
4. Betreiber von Energieversorgungsnetzen
Betreiber von Elektrizitätsversorgungsnetzen oder Gasversorgungsnetzen.

„Betreiber von Energieversorgungsnetzen" ist der Oberbegriff aller Arten von Netzbetreibern im Strom- und Gasbereich auf allen Netzebenen und damit zentraler Anknüpfungspunkt für die Vorschriften des EnWG, die für alle Netzbetreiber gelten (insbesondere §§ 11, 17, 18, 20, 21, 30). Die Begriffsbestimmung in § 3 Nr. 4 hat nur die Funktion einer **Weiterverweisung**. Denn sie nimmt zum einen Bezug auf den in § 3 Nr. 3 definierten Begriff „Betreiber von Elektrizitätsversorgungsnetzen", und zum anderen auf den in § 3 Nr. 7 definierten Begriff „Betreiber von Gasversorgungsnetzen". Jeder, der in eine dieser beiden Kategorien fällt, ist zugleich „Betreiber von Energieversorgungsnetzen". Einen weitergehenden Regelungsgehalt entfaltet § 3 Nr. 4 nicht. 1

§ 3 Nr. 5 (Betreiber von Fernleitungsnetzen)

Im Sinne dieses Gesetzes bedeutet
5. Betreiber von Fernleitungsnetzen
Betreiber von Netzen, die Grenz- oder Marktgebietsübergangspunkte aufweisen, die insbesondere die Einbindung großer europäischer Importleitungen in das deutsche Fernleitungsnetz gewährleisten, oder natürliche oder juristische Personen oder rechtlich unselbstständige Organisationseinheiten eines Energieversorgungsunternehmens, die die Aufgabe der Fernleitung von Erdgas wahrnehmen und verantwortlich sind für den Betrieb, die Wartung sowie erforderlichenfalls den Ausbau eines Netzes,
a) das der Anbindung der inländischen Produktion oder von LNG-Anlagen an das deutsche Fernleitungsnetz dient, sofern es sich hierbei nicht um ein vorgelagertes Rohrleitungsnetz im Sinne von Nummer 39 handelt, oder
b) das an Grenz- oder Marktgebietsübergangspunkten Buchungspunkte oder -zonen aufweist, für die Transportkunden Kapazitäten buchen können.

Überblick

§ 3 Nr. 5 definiert in etwas unübersichtlicher Struktur den „Fernleitungsnetzbetreiber". Demnach sind Betreiber von Fernleitungsnetzen all diejenigen (→ Rn. 1), die im Bereich der Fernleitung (→ Rn. 2 ff.) für Netzbetrieb, -wartung und -ausbau verantwortlich sind (→ Rn. 9). Anhand dieser Begriffsbestimmung ist der sachliche Anwendungsbereich der Vorschriften des EnWG zu bestimmen, die auf die Betreiber von Fernleitungsnetzen anwendbar sind (u.a. §§ 15, 15a ff., 16). Die Einordnung eines Gasversorgungsnetzes als Fernleitungsnetz hat insbesondere zur Folge, dass die verschärften Entflechtungsregeln (§§ 8 ff.) anwendbar sind.

A. Person oder Organisationseinheit

Der Begriffsbestimmung lässt sich – wenn auch umständlich formuliert – entnehmen, dass sowohl natürliche und juristische Personen (des Privatrechts und des öffentlichen Rechts), einschließlich rechtsfähiger Personengesellschaften, als auch nicht rechtsfähige Organisationseinheiten von Energieversorgungsunternehmen Fernleitungsnetzbetreiber sein können. Dies entspricht § 3 Nr. 2. Auf die entsprechende Kommentierung zu § 3 Nr. 2 wird verwiesen (→ § 3 Nr. 2 Rn. 1 f.). 1

B. Fernleitungsnetze

§ 3 Nr. 5 benennt mehrere **Merkmale,** bei deren Vorliegen ein Gasversorgungsnetz zwingend als Fernleitungsnetz einzuordnen ist. Der Begriff der **Fernleitung** ist zwar in § 3 2

Peiffer 41

Nr. 19 definiert als „Transport von Erdgas durch ein Hochdruckfernleitungsnetz". Dieser Begriffsbestimmung lässt sich aber gerade nicht entnehmen, wann es sich um ein „Fernleitungsnetz" handelt. Diesbezüglich ist **allein § 3 Nr. 5** aufschlussreich. Der Regelung liegt der Gedanke zugrunde, dass alle Gasnetze mit Bedeutung für den europäischen Gasmarkt Fernleitungsnetze sind (BT-Drs. 17/6072, 50, wonach allgemein die „**europäische Dimension**" des Netzes maßgeblich ist).

3   Die Einordnung einer Gasleitung als Fernleitung setzt voraus, dass sie dem **überregionalen oder grenzüberschreitenden Gastransport** dient. Gasleitungen, deren **Hauptfunktion** in der Versorgung von Letztverbrauchern besteht, sind keine Fernleitungen, sondern gehören zum Gasverteilnetz. Die Abgrenzung zur Verteilung (§ 3 Nr. 37) ist anhand einer **funktionalen Betrachtung** der jeweiligen Netzanlage durchzuführen.

4   § 3 Nr. 5 ist als **Check-Liste** zu verstehen. Sofern ein Gasnetz eines der darin genannten Merkmale erfüllt, hat es **zwingend** den Status eines Fernleitungsnetzes.

I. Marktgebiets- und Grenzübergangspunkte

5   So sind alle Netze, die **Marktgebiets- oder Grenzübergangspunkte** aufweisen, Fernleitungsnetze. Das Vorliegen derartiger Übergangspunkte verleiht dem Netz Bedeutung für den europäischen Gasmarkt. Einschränkend ist in diesem Zusammenhang aber § 3 Nr. 37 Hs. 2 zu berücksichtigen: Ein Gasnetz, das zwar einen Grenzübergangspunkt aufweist, aber ausschließlich dazu dient, ein anderes nachgelagertes Verteilnetz aufzuspeisen, ist kein Fernleitungsnetz. Denn in einer solchen Konstellation hat das Gasnetz trotz Grenzübergangspunkt keine europäische Bedeutung und bezweckt auch keinen überregionalen Transport.

6   Ausdrücklich wird klargestellt, dass Netze, die „**große europäische Importleitungen**" in das deutsche Fernleitungsnetz einbinden, Fernleitungen sind.

II. Gasproduktions- und LNG-Anlagen (lit. a)

7   Darüber hinaus sind gem. **lit. a** Netze, die inländische **Gasproduktionsanlagen** oder **LNG-Anlagen** an das inländische Fernleitungsnetz anbinden, ebenfalls Fernleitungsnetze. Die hiervon erfassten Netze erlangen ihre Bedeutung für den europäischen Gasmarkt also nur aufgrund der Anbindung der genannten Anlagen an das Fernleitungsnetz. Das vorgelagerte Rohrleitungsnetz iSv § 3 Nr. 39, also die der **Gasgewinnung** zuzurechnenden Leitungen, bleiben – wie iRd § 3 Nr. 19 – allerdings vom Fernleitungsnetz ausgenommen.

III. Buchungspunkte oder -zonen (lit. b)

8   **Lit. b** nennt überdies Netze mit „Buchungspunkten oder -zonen an Grenz- oder Marktgebietsübergangspunkten". Hiervon sind offenbar Netze erfasst, die nicht selbst über die genannten physikalischen Übergangspunkte verfügen, es aber ermöglichen, Kapazitäten für den Grenz- oder Marktgebietsübertritt zu buchen.

C. „Verantwortlich" für Betrieb, Wartung, Ausbau

9   Gemäß § 3 Nr. 5 kommt die Betreiberrolle demjenigen zu, der für Betrieb, Wartung und Ausbau der genannten Anlagen **verantwortlich** ist. Die Betreiberrolle wird demnach iRv § 3 Nr. 5 anhand derselben Kriterien bestimmt wie in § 3 Nr. 3, sodass auf die Kommentierung hierzu verwiesen wird (→ § 3 Nr. 3 Rn. 4 ff.).

§ 3 Nr. 6 (Betreiber von Gasspeicheranlagen)

Im Sinne dieses Gesetzes bedeutet
6. Betreiber von Gasspeicheranlagen
natürliche oder juristische Personen oder rechtlich unselbständige Organisationseinheiten eines Energieversorgungsunternehmens, die die Aufgabe der Speicherung von Erdgas wahrnehmen und für den Betrieb einer Gasspeicheranlage **verantwortlich sind.**

(Betreiber von Gasversorgungsnetzen) § 3 Nr 7 EnWG

Überblick

Nach der Begriffsbestimmung von § 3 Nr. 6 sind Betreiber von Gasspeicheranlagen diejenigen (→ Rn. 1), die die Speicherung von Erdgas wahrnehmen (→ Rn. 2) und für den Betrieb einer Gasspeicheranlage verantwortlich sind (→ Rn. 3). Anhand dieser Begriffsbestimmung ist der sachliche Anwendungsbereich der Vorschriften des EnWG zu bestimmen, die auf die Betreiber von Gasspeicheranlagen anwendbar sind (u.a. §§ 5a, 6ff., 28). Bis zur Wasserstoff-Novelle 2021 (BGBl. I 3026) wurden Gasspeicher im EnWG noch als „Speicheranlagen" bezeichnet. Um diesen Begriff nicht mit **„Energiespeicheranlagen"** für Strom (jetzt in § 3 Nr. 15d definiert) zu verwechseln, heißen Gasspeicher nun **„Gasspeicheranlagen"** (BT-Drs. 19/27453, 89).

A. Person oder Organisationseinheit

Wie bei § 3 Nr. 2 können sowohl natürliche und juristische Personen (des Privatrechts 1 und des öffentlichen Rechts), einschließlich rechtsfähiger Personengesellschaften, als auch nicht rechtsfähige Organisationseinheiten von Energieversorgungsunternehmen Betreiber von Gasspeicheranlagen sein. Auf die entsprechende Kommentierung zu § 3 Nr. 2 wird verwiesen (→ § 3 Nr. 2 Rn. 1 f.).

B. Aufgabe der Speicherung von Erdgas „wahrnehmen"

In § 3 Nr. 6 sind nur die **Betreiber** von Gasspeicheranlagen tatbestandlich. Die Gasspei- 2 cheranlagen definiert **§ 3 Nr. 19c** als Anlagen zur Speicherung von Erdgas. Dass diese Funktion in § 3 Nr. 6 erneut genannt wird, ist eigentlich überflüssig und führt zu keiner tatbestandlichen Einschränkung.

C. „Verantwortlich" für Betrieb, Wartung, Ausbau

In § 3 Nr. 6 gilt derselbe **Betreiberbegriff** wie in § 3 Nr. 3. Demnach kommt die Betrei- 3 berrolle demjenigen zu, der für den Betrieb der Speicheranlage verantwortlich ist. Die Betreiberrolle wird demnach anhand derselben Kriterien bestimmt wie in § 3 Nr. 3, sodass auf die Kommentierung hierzu verwiesen wird (→ § 3 Nr. 3 Rn. 4ff.).

§ 3 Nr. 7 (Betreiber von Gasversorgungsnetzen)

Im Sinne dieses Gesetzes bedeutet
7. **Betreiber von Gasversorgungsnetzen**
natürliche oder juristische Personen oder rechtlich unselbständige Organisationseinheiten eines Energieversorgungsunternehmens, die Gasversorgungsnetze betreiben.

Die Definition des Betreibers von Gasversorgungsnetzen in § 3 Nr. 7 hat ausschließlich die 1 Funktion einer **Weiterverweisung.** Durch die Bezugnahme auf die in § 3 Nr. 20 definierten Gasversorgungsnetze macht sie klar, dass „Betreiber von Gasversorgungsnetzen" der **gemeinsame Oberbegriff** der **vier Arten von Netzbetreibern** im Gasbereich ist. Dies sind im Einzelnen: Betreiber von Gasverteilernetzen (§ 3 Nr. 8), Betreiber von Fernleitungsnetzen (§ 3 Nr. 5), Betreiber von LNG-Anlagen (§ 3 Nr. 9) und Betreiber von Gasspeicheranlagen (§ 3 Nr. 6).

Der Begriffsbestimmung entspricht im Strombereich die Begriffsbestimmung des § 3 Nr. 2 2 („Betreiber von Elektrizitätsversorgungsnetzen") mit dem Unterschied, dass es für den Strombereich keine eigenständige Definition des „Elektrizitätsversorgungsnetzes" gibt (dass dies der gemeinsame Oberbegriff von Übertragungsnetz und Stromverteilernetz ist, ergibt sich direkt aus § 3 Nr. 2).

Der Begriff „Betreiber von Gasversorgungsnetzen" wird in allen Vorschriften des EnWG 3 verwendet, die für alle Gasnetzbetreiber gelten (so etwa §§ 19 Abs. 2, 19a, 20 Abs. 1b).

Peiffer 43

§ 3 Nr. 8 (Betreiber von Gasverteilernetzen)

Im Sinne dieses Gesetzes bedeutet
8. **Betreiber von Gasverteilernetzen**
natürliche oder juristische Personen oder rechtlich unselbständige Organisationseinheiten eines Energieversorgungsunternehmens, die die Aufgabe der Verteilung von Gas wahrnehmen und verantwortlich sind für den Betrieb, die Wartung sowie erforderlichenfalls den Ausbau des Verteilernetzes in einem bestimmten Gebiet und gegebenenfalls der Verbindungsleitungen zu anderen Netzen.

Überblick

Nach der Begriffsbestimmung von § 3 Nr. 8 sind Betreiber von Gasverteilernetzen all diejenigen (→ Rn. 1), die im Bereich der Gasverteilnetze (→ Rn. 2) für Netzbetrieb, -wartung und -ausbau verantwortlich sind (→ Rn. 3). Anhand dieser Begriffsbestimmung ist der sachliche Anwendungsbereich der Vorschriften des EnWG zu bestimmen, die auf die Betreiber von Gasverteilernetzen anwendbar sind (u.a. § 7 Abs. 2 S. 2, § 7a Abs. 7 S. 2, §§ 14b, 15a Abs. 4, 16a).

A. Person oder Organisationseinheit

1   Wie bei § 3 Nr. 2 können sowohl natürliche und juristische Personen (des Privatrechts und des öffentlichen Rechts), einschließlich rechtsfähiger Personengesellschaften, als auch nicht rechtsfähige Organisationseinheiten von Energieversorgungsunternehmen Gasverteilernetzbetreiber sein. Auf die entsprechende Kommentierung zu § 3 Nr. 2 wird verwiesen (→ § 3 Nr. 2 Rn. 1 f.).

B. Aufgabe der Gasverteilung „wahrnehmen"

2   In § 3 Nr. 8 sind nur die Betreiber von Energieversorgungsnetzen (§ 3 Nr. 16) tatbestandlich, die der Verteilung von Gas dienen („Aufgabe der Verteilung von Gas ... wahrnehmen"). Die Gasverteilung ist definiert in **§ 3 Nr. 37** als „Transport von Gas über örtliche oder regionale Leitungsnetze, um die Versorgung des Kunden zu ermöglichen". Hierzu gehören Gasnetze, die typischerweise im Druckbereich von 23 mbar bis zu 16 bar betrieben werden und zur Endkundenversorgung dienen. Nicht tatbestandlich sind demgegenüber die Fernleitungen iSv § 3 Nr. 19.

C. „Verantwortlich" für Betrieb, Wartung, Ausbau

3   Gemäß § 3 Nr. 8 kommt die Betreiberrolle demjenigen zu, der für Betrieb, Wartung und Ausbau eines Gasverteilernetzes **verantwortlich** ist. Die Netzbetreiberrolle wird demnach iRv § 3 Nr. 8 anhand derselben Kriterien bestimmt wie in § 3 Nr. 3, sodass auf die Kommentierung hierzu verwiesen wird (→ § 3 Nr. 3 Rn. 4 ff.).

§ 3 Nr. 9 (Betreiber von LNG-Anlagen)

Im Sinne dieses Gesetzes bedeutet
9. **Betreiber von LNG-Anlagen**
natürliche oder juristische Personen oder rechtlich unselbständige Organisationseinheiten eines Energieversorgungsunternehmens, die die Aufgabe der Verflüssigung von Erdgas oder der Einfuhr, Entladung und Wiederverdampfung von verflüssigtem Erdgas wahrnehmen und für den Betrieb einer LNG-Anlage verantwortlich sind.

Überblick

Nach der Begriffsbestimmung von § 3 Nr. 9 sind Betreiber von LNG-Anlagen diejenigen (→ Rn. 1), die eine LNG-Anlage (→ Rn. 2 f.) betreiben (→ Rn. 4). Die Begriffsbestim-

(Betreiber technischer Infrastrukturen) § 3 Nr 9a EnWG

mung wird benötigt für die Anwendung einiger Vorschriften des EnWG, die auf die Betreiber von LNG-Anlagen anwendbar sind (so etwa §§ 5a, 6a, 15 Abs. 2).

A. Person oder Organisationseinheit

Wie bei § 3 Nr. 2 können sowohl natürliche und juristische Personen (des Privatrechts und des öffentlichen Rechts), einschließlich rechtsfähiger Personengesellschaften, als auch nicht rechtsfähige Organisationseinheiten von Energieversorgungsunternehmen Betreiber von LNG-Anlagen sein. Auf die entsprechende Kommentierung zu § 3 Nr. 2 wird verwiesen (→ § 3 Nr. 2 Rn. 1 f.). 1

B. LNG-Anlage

§ 3 Nr. 9 verweist auf den Begriff der LNG-Anlage (§ 3 Nr. 26) und nennt zusätzlich die Tätigkeiten der **Verflüssigung von Erdgas** oder der Einfuhr, Entladung und **Wiederverdampfung von verflüssigtem Erdgas,** die in die Zuständigkeit der Betreiber von LNG-Anlagen fallen. Diese Funktionen ergeben sich bereits aus dem Begriff der LNG-Anlage, sodass deren Nennung in § 3 Nr. 9 eigentlich überflüssig ist. 2

LNG-Anlagen iSd EnWG sind ausschließlich Anlagen, die **an das Fernleitungsnetz** angeschlossen sind und entweder Erdgas aus diesem Netz für den Weitertransport verflüssigen oder flüssiges Erdgas verdampfen zur Einspeisung in das Ferngasnetz. 3

C. „Verantwortlich" für Betrieb, Wartung, Ausbau

In § 3 Nr. 9 gilt derselbe Betreiberbegriff wie in § 3 Nr. 3. Demnach ist die Betreiberrolle nach denselben Kriterien zu bestimmen wie in § 3 Nr. 3. Betreiber ist, wer für Betrieb und Wartung der LNG-Anlage **verantwortlich** ist (Eigentümerstellung und Verteilung des wirtschaftlichen Betreiberrisikos sind unerheblich). Im Übrigen wird auf die Kommentierung zu § 3 Nr. 3 verwiesen (→ § 3 Nr. 3 Rn. 4 ff.). 4

§ 3 Nr. 9a (Betreiber technischer Infrastrukturen)

Im Sinne dieses Gesetzes bedeutet
9a. Betreiber technischer Infrastrukturen
natürliche oder juristische Personen, die für den sicheren Betrieb technischer Infrastrukturen verantwortlich sind, wobei technische Infrastrukturen alle Infrastrukturen sind, an denen durch Einwirken eines Elektrizitätsversorgungsnetzes elektromagnetische Beeinflussungen auftreten können; hierzu zählen insbesondere Telekommunikationslinien im Sinne des § 3 Nummer 64 des Telekommunikationsgesetzes, Rohrleitungsanlagen aus leitfähigem Material, Steuer- und Signalleitungen oder Hoch- und Höchstspannungsleitungen innerhalb eines Beeinflussungsbereichs von bis zu 1000 Metern um die beeinflussende Anlage.

Der Begriff des Betreibers technischer Infrastrukturen wurde mit Wirkung zum 13.10.2022 zusammen mit § 49a und 49b eingeführt (BGBl. 2022 I 1726). Die Definition hat in erster Linie für die Anwendung von **§ 49a** Relevanz. Diese Vorschrift trägt der Problematik Rechnung, dass Anlagen der Höchst- und Hochspannungsebene im Übertragungsnetz durch Induktion andere technische Infrastrukturen in räumlicher Nähe **elektromagnetisch beeinflussen** können. Um hiergegen technische Maßnahmen ergreifen zu können, regelt § 49a wechselseitige Mitwirkungs-, Auskunfts- und Duldungspflichten zwischen dem Übertragungsnetzbetreiber und dem Betreiber technischer Infrastrukturen. Dieselbe Schutzrichtung verfolgt **§ 49b Abs. 3 und Abs. 4** für den Fall, dass sich die elektromagnetische Beeinflussung durch eine **temporäre Höherauslastung der Übertragungsnetze** übergangsweise erhöht. Auch für diesen Fall gelten im Verhältnis zum Betreiber technischer Infrastrukturen Mitwirkungs-, Auskunfts- und Duldungspflichten. 1

Peiffer

2 **Betreiber** ist gem. § 3 Nr. 9a diejenige Person, die für den sicheren Betrieb der jeweiligen Infrastruktur „verantwortlich" ist. Aus dem Wortlaut und dem Regelungszusammenhang zu §§ 49a und 49b folgt, dass es zur Bestimmung der Betreiberstellung iSv § 3 Nr. 9a nicht auf die Eigentumsverhältnisse oder darauf ankommt, wer das wirtschaftliche Risiko des Anlagenbetriebs trägt. Entscheidend ist vielmehr allein das **technische Anlagenrisiko.** Das liegt bei demjenigen, der die **tatsächliche und rechtliche Verfügungsmacht** über die Anlage hat und daher die notwendigen Entscheidungen treffen kann, um kritische Zustände der Anlage oder von dieser ausgehende Gefährdungen zu vermeiden (in Anlehnung an VGH Mannheim NVwZ 1988, 562). Setzt der Betreiber für den Anlagenbetrieb einen Dritten ein, der nur nach den Weisungen des Betreibers handelt, wird der **weisungsgebundene Dritte** nicht zum Betreiber.

3 Technische Infrastrukturen iSv § 3 Nr. 9a sind Anlagen, an denen „durch Einwirken eines Elektrizitätsversorgungsnetzes elektromagnetische Beeinflussungen" auftreten können. Das trifft auf Anlagen mit **leitfähigen Strukturen** zu, in denen elektrische Ströme und Spannungen induziert werden können (BT-Drs. 20/3497, 40). Durch derartig induzierte elektrische Ströme und Spannungen kann es etwa zu Personengefährdungen infolge einer erhöhten Berührungsspannung, beschleunigter Korrosion an metallischen Strukturen, Beeinträchtigung an technischen Systemen sowie zu Störungen von elektrischen Geräten und Funk- und Telekommunikationssystemen kommen (BT-Drs. 20/3497, 40). Die Begriffsbestimmung nennt als Beispiele Telekommunikationslinien, Rohrleitungsanlagen aus leitfähigem Material, Steuer- und Signalleitungen innerhalb „von bis zu 1000 Metern um die beeinflussende Anlage". Diese Entfernung dürfte nicht als strenge Obergrenze zu verstehen sein, sondern hat eher indizielle Wirkung („insbesondere").

§ 3 Nr. 10 (Betreiber von Übertragungsnetzen)

Im Sinne dieses Gesetzes bedeutet
10. Betreiber von Übertragungsnetzen
    natürliche oder juristische Personen oder rechtlich unselbständige Organisationseinheiten eines Energieversorgungsunternehmens, die die Aufgabe der Übertragung von Elektrizität wahrnehmen und die verantwortlich sind für den Betrieb, die Wartung sowie erforderlichenfalls den Ausbau des Übertragungsnetzes in einem bestimmten Gebiet und gegebenenfalls der Verbindungsleitungen zu anderen Netzen.

Überblick

Nach der Begriffsbestimmung in § 3 Nr. 10 sind Betreiber von Übertragungsnetzen all diejenigen (→ Rn. 1), die in einem bestimmten Gebiet (→ Rn. 2f.) auf der Übertragungsebene (→ Rn. 4f.) für Netzbetrieb, -wartung und -ausbau verantwortlich sind (→ Rn. 6). Anhand dieser Begriffsbestimmung ist der sachliche Anwendungsbereich der Vorschriften des EnWG zu bestimmen, die auf die Betreiber von Übertragungsnetzen anwendbar sind (u.a. §§ 11 Abs. 3, 12ff., 13ff., 17aff.). Seit der Wasserstoff-Novelle vom 27.7.2021 (BGBl. I 3026) gibt es zwei Arten von Übertragungsnetzbetreibern: solche mit Regelzonenverantwortung (§ 3 Nr. 10a) und sog. selbstständige Betreiber von grenzüberschreitenden Elektrizitätsverbindungsleitungen (§ 3 Nr. 31). § 3 Nr. 10 regelt die Betreiber von Übertragungsnetzen als gemeinsamen Oberbegriff.

A. Person oder Organisationseinheit

1 Wie bei § 3 Nr. 2 können sowohl natürliche und juristische Personen (des Privatrechts und des öffentlichen Rechts), einschließlich rechtsfähiger Personengesellschaften, als auch nicht rechtsfähige Organisationseinheiten von Energieversorgungsunternehmen Übertragungsnetzbetreiber sein. Auf die entsprechende Kommentierung zu § 3 Nr. 2 wird verwiesen (→ § 3 Nr. 2 Rn. 1 f.).

B. „In einem bestimmten Gebiet"

Das Tatbestandsmarkmal „in einem bestimmten Gebiet" hat keine eigenständige Bedeutung. Aus ihm folgt insbesondere nicht, dass die Leitungen eine bestimmte Mindestdimensionierung oder -vermaschung erreichen müssten, um als Übertragungsnetz eingeordnet werden zu können. Entsprechend dem **weiten Netzbegriff** (→ § 3 Nr. 16 Rn. 8 ff.; BGH IR 2012, 227 Rn. 9; OLG Düsseldorf BeckRS 2018, 14164) kann vielmehr auch eine **einzelne Leitung** Übertragungsnetz sein (OLG Düsseldorf BeckRS 2016, 7424). 2

Für diese **weite Auslegung** spricht auch § 3 Nr. 32, der „Übertragung" definiert als Transport von Elektrizität über ein Höchstspannungs- und Hochspannungsverbundnetz einschließlich grenzüberschreitender Verbindungen. In dieser Definition wird nicht auf den Tatbestand eines Netzes oder Gebietes abgestellt. Entscheidend ist vielmehr allein der übergeordnete bzw. grenzüberschreitende Elektrizitätstransport. Außerdem werden in § 3 Nr. 32 auch einzelne „**grenzüberschreitende Verbindungsleitungen**" genannt. Dies bestätigt, dass auch einzelne Leistungen Übertragungsnetz sein können. 3

C. Aufgabe der Übertragung von Elektrizität

In § 3 Nr. 10 sind nur Betreiber tatbestandlich, die Energieversorgungsnetze (§ 3 Nr. 16) betreiben, die der Übertragung von Elektrizität dienen („Aufgabe der Übertragung ... wahrnehmen"). Der Begriff der Übertragung ist in **§ 3 Nr. 32** geregelt und meint den überregionalen und grenzüberschreitenden Transport von Elektrizität im **Höchstspannungs- und im Hochspannungsverbundnetz** (Spannungsbereich 380–220 kV, dh Netzebenen 1–3). Die Spannungsebenen sind allerdings nicht schematisch zu sehen, auch 110 kV-Netze können der Übertragung dienen (→ § 3 Nr. 32 Rn. 2). Darüber hinaus gehören – unabhängig von der Spannungsebene – die in § 3 Nr. 20a definierten **grenzüberschreitenden Elektrizitätsverbindungsleitungen** zum Übertragungsnetz. Nicht tatbestandlich sind demgegenüber die Elektrizitätsverteilernetze entsprechend der Definition der Verteilung in § 3 Nr. 37. 4

Mittelbar enthält § 3 Nr. 10 – der eigentlich nur den Betreiber definiert – zusammen mit § 3 Nr. 32 zugleich eine Konkretisierung des Begriffs **Übertragungsnetz,** auf den manche Vorschriften des EnWG Bezug nehmen (so etwa §§ 11 Abs. 3, 12d Abs. 2). Das Übertragungsnetz ist an keiner anderen Stelle im EnWG definiert. 5

D. „Verantwortlich" für Betrieb, Wartung, Ausbau

Gemäß § 3 Nr. 10 kommt die Betreiberrolle demjenigen zu, der für Betrieb, Wartung und Ausbau eines Übertragungsnetzes **verantwortlich** ist. Die Netzbetreiberrolle wird demnach iRv § 3 Nr. 10 anhand derselben Kriterien bestimmt wie in § 3 Nr. 3, sodass auf die Kommentierung hierzu verwiesen wird (→ § 3 Nr. 3 Rn. 4 ff.). 6

§ 3 Nr. 10a (Betreiber von Übertragungsnetzen mit Regelzonenverantwortung)

Im Sinne dieses Gesetzes bedeutet
10a. Betreiber von Übertragungsnetzen mit Regelzonenverantwortung
   die Unternehmen 50Hertz Transmission GmbH, Amprion GmbH, TenneT TSO GmbH und TransnetBW GmbH sowie ihre Rechtsnachfolger.

Die Definition der „Betreiber von Übertragungsnetzen mit Regelzonenverantwortung" wurde im Zuge der sog. Wasserstoff-Novelle zum 27.7.2021 (BGBl. I 3026) in das EnWG überführt. Bislang war diese Begriffsbestimmung in **§ 2 Nr. 3a StromNEV aF** enthalten, deren Abschnitt 2a zur Bildung der bundeseinheitlichen Übertragungsnetzentgelte ausschließlich für die Übertragungsnetzbetreiber mit Regelzonenverantwortung gilt. 1

Mit der Wasserstoff-Novelle wurde **Abschnitt 3a** (§§ 28d–28i) neu in das EnWG eingeführt, der ausschließlich für die in § 3 Nr. 31 definierten selbstständigen Betreiber von grenzüberschreitenden Elektrizitätsverbindungsleitungen gilt. Da diese Leitungen systematisch zum Übertragungsnetz gehören (vgl. § 3 Nr. 20a), ergab sich die Notwendigkeit, in § 3 Nr. 10a für die **herkömmlichen vier Übertragungsnetzbetreiber** eine eigene begriffliche 2

EnWG § 3 Nr 10c Teil 1. Allgemeine Vorschriften

Kategorie zu bilden. Bei diesen regelzonenverantwortlichen Übertragungsnetzbetreibern handelt es sich um eine Unterform der allgemeinen Übertragungsnetzbetreiber iSv § 3 Nr. 10.

3   Vor allem drei im EnWG geregelte Pflichten gelten nur für die vier regelzonenverantwortlichen Übertragungsnetzbetreiber: die Pflichten zur Erarbeitung eines gemeinsamen Szenariorahmens (§ 12a), zur Entwicklung von Netzentwicklungsplänen hieraus (§§ 12b ff.) und zur marktgestützten Beschaffung von Systemdienstleistungen (§ 12h). Darüber hinaus gelten natürlich alle Regelungen des EnWG, die allgemein auf Übertragungsnetzbetreiber Anwendung finden, auch für die regelzonenverantwortlichen Übertragungsnetzbetreiber.

§ 3 Nr. 10b (Betreiber von Wasserstoffnetzen)

Im Sinne dieses Gesetzes bedeutet
10b. **Betreiber von Wasserstoffnetzen**
   natürliche oder juristische Personen, die die Aufgabe des Transports oder der Verteilung von Wasserstoff wahrnehmen und verantwortlich sind für den Betrieb, die Wartung sowie erforderlichenfalls den Ausbau des Wasserstoffnetzes.

1   Die Definition des Betreibers von Wasserstoffnetzen in § 3 Nr. 10b wird in erster Linie zur Bestimmung des persönlichen Anwendungsbereichs der Vorschriften des **Abschnitts 3b** benötigt, in dem Pflichten und Rechte von Wasserstoffnetzbetreibern geregelt sind. Die Begriffsbestimmung knüpft an die in § 3 Nr. 39a geregelten **Wasserstoffnetze** an.

2   Wie bei § 3 Nr. 2 können sowohl **natürliche** als auch **juristische Personen** (des Privatrechts und des öffentlichen Rechts), einschließlich rechtsfähiger Personengesellschaften, Betreiber von Wasserstoffnetzen sein. Auf die entsprechende Kommentierung zu § 3 Nr. 2 wird verwiesen (→ § 3 Nr. 2 Rn. 1 f.).

3   In § 3 Nr. 10b sind nur die Betreiber von Wasserstoffnetzen (§ 3 Nr. 39a) tatbestandlich, die die **Verteilung** oder den **Transport** von Wasserstoff durchführen. Im Rahmen der Wasserstoffnetzregulierung wird nicht unterschieden zwischen einer höheren Ebene des Transportes (bzw. der Übertragung iSv § 3 Nr. 32) und einer nachgeordneten Ebene der Verteilung (§ 3 Nr. 37). Daher hat sich der Gesetzgeber in § 3 Nr. 10b für eine Formulierung entschieden, bei der offen bleiben konnte, welche Funktion das jeweilige Wasserstoffnetz hat. Die Versorgung (bzw. Belieferung) mit Wasserstoff ist nicht Aufgabe des Wasserstoffnetzbetreibers iSv § 3 Nr. 10b.

4   Gemäß § 3 Nr. 10b kommt die Betreiberrolle demjenigen zu, der für Betrieb, Wartung und Ausbau eines Wasserstoffnetzes **verantwortlich** ist. Die Netzbetreiberrolle wird demnach iRv § 3 Nr. 10b anhand derselben Kriterien bestimmt wie in § 3 Nr. 3, sodass auf die Kommentierung hierzu verwiesen wird (→ § 3 Nr. 3 Rn. 4 ff.).

§ 3 Nr. 10c (Betreiber von Wasserstoffspeicheranlagen)

Im Sinne dieses Gesetzes bedeutet
10c. **Betreiber von Wasserstoffspeicheranlagen**
   natürliche oder juristische Personen oder rechtlich unselbständige Organisationseinheiten eines Energieversorgungsunternehmens, die die Aufgabe der Speicherung von Wasserstoff wahrnehmen und für den Betrieb einer Wasserstoffspeicheranlage verantwortlich sind.

1   Die Begriffsbestimmung in § 3 Nr. 10c knüpft tatbestandlich an die in § 3 Nr. 39b definierte Wasserstoffspeicheranlage an. Der Begriff des Wasserstoffspeicheranlagenbetreibers wird in erster Linie für die Anwendung von § 28j Abs. 2 iVm § 28n benötigt.

2   Wie bei § 3 Nr. 2 können sowohl natürliche und juristische Personen (des Privatrechts und des öffentlichen Rechts), einschließlich rechtsfähiger Personengesellschaften, als auch nicht rechtsfähige Organisationseinheiten von Energieversorgungsunternehmen Betreiber

(Bilanzzone) § 3 Nr 10e EnWG

von Wasserstoffspeicheranlagen sein. Auf die entsprechende Kommentierung zu § 3 Nr. 2 wird verwiesen (→ § 3 Nr. 2 Rn. 1 f.).

In § 3 Nr. 10c gilt derselbe **Betreiberbegriff** wie in § 3 Nr. 3. Demnach kommt die 3 Betreiberrolle demjenigen zu, der für den Betrieb der Speicheranlage verantwortlich ist. Die Betreiberrolle wird demnach anhand derselben Kriterien bestimmt wie in § 3 Nr. 3, sodass auf die Kommentierung hierzu verwiesen wird (→ § 3 Nr. 3 Rn. 4 ff.).

§ 3 Nr. 10d (Bilanzkreis)

Im Sinne dieses Gesetzes bedeutet
10d. **Bilanzkreis**
im Elektrizitätsbereich innerhalb einer Regelzone die Zusammenfassung von Einspeise- und Entnahmestellen, die dem Zweck dient, Abweichungen zwischen Einspeisungen und Entnahmen durch ihre Durchmischung zu minimieren und die Abwicklung von Handelstransaktionen zu ermöglichen.

Die in § 3 Nr. 10d definierten Bilanzkreise dienen der **bilanziellen Abwicklung von** 1 **Stromlieferungen** über das Netz. Wie sich bereits der Definition entnehmen lässt, sind alle Einspeise- und Entnahmestellen im Stromnetz Bilanzkreisen zugeordnet, sodass alle in das Netz eingespeisten und alle aus diesem entnommenen Strommengen in Bilanzkreisen erscheinen. Die Bilanzkreise sind das Instrument zur Realisierung des Netzzugangs, vgl. § 20 Abs. 1a S. 5.

Handelstransaktionen werden dadurch abgewickelt, dass Strommengen von einem in 2 einen anderen Bilanzkreis gebucht werden. Über den Wortlaut hinaus können aber auch Bilanzkreise gebildet werden, denen keine Einspeise- oder Entnahmestellen zugeordnet sind, vgl. § 4 Abs. 1 S. 2 StromNZV.

In räumlicher Hinsicht umspannen die Bilanzkreise jeweils nur **eine Regelzone** iSv § 3 3 Nr. 30, dh jedem Bilanzkreis können nur die Einspeise- und Entnahmestellen zugeordnet werden, die sich innerhalb der Regelzone befinden, für die der Bilanzkreis gebildet ist. Für die Abwicklung regelzonenübergreifender Transporte werden die Strommengen zwischen den Bilanzkreisen in den verschiedenen Regelzonen umgebucht.

Auch im **Gasbereich** werden Ein- und Ausspeisungen sowie Handelsgeschäfte über 4 Bilanzkreise abgewickelt, vgl. § 2 Nr. 4 GasNZV. Das EnWG enthält insoweit aber keine Begriffsbestimmung.

§ 3 Nr. 10e (Bilanzzone)

Im Sinne dieses Gesetzes bedeutet
10e. **Bilanzzone**
im Gasbereich der Teil eines oder mehrerer Netze, in dem Ein- und Ausspeisepunkte einem bestimmten Bilanzkreis zugeordnet werden können.

Unter der Bilanzzone (auch bezeichnet als **Marktgebiet**, vgl. § 20 GasNZV) versteht 1 man im Gasbereich einen räumlichen Bereich, in dem alle ein- und ausgespeisten Gasmengen gemeinsam bilanziert werden. Innerhalb der Bilanzzone werden beliebig viele Bilanzkreise iSv § 2 Nr. 4 GasNZV gebildet. Alle Einspeise- und Entnahmepunkte, die sich innerhalb der Bilanzzone befinden, sind einem Bilanzkreis für diese Bilanzzone zugeordnet. Für jede Bilanzzone ist ein **Marktgebietsverantwortlicher** iSv § 3 Nr. 26a (bzw. § 20 Abs. 1 GasNZV) benannt, der die Bilanzkreisabwicklung durchführt und den **Virtuellen Handelspunkt** für die Bilanzzone betreibt.

Im deutschen Gasmarkt gibt es seit dem 1.10.2021 **nur noch eine Bilanzzone**, bzw. – 2 gleichbedeutend – **ein Marktgebiet** (vgl. § 21 Abs. 1 GasNZV), das von der **Trading Hub Europe** GmbH (THE) als Marktgebietsverantwortliche betrieben wird. Bis dahin gab es

Peiffer 49

EnWG § 3 Nr. 10f Teil 1. Allgemeine Vorschriften

zwei Bilanzzonen, deren Marktgebietsverantwortliche die NetConnect Germany GmbH & Co. KG und die GASPOOL Balancing Services GmbH waren.

3   Der Bilanzzone entspricht im Strombereich die **Regelzone** iSv § 3 Nr. 30.

§ 3 Nr. 10f (Biogas)

Im Sinne dieses Gesetzes bedeutet
10 f. Biogas
  Biomethan, Gas aus Biomasse, Deponiegas, Klärgas und Grubengas sowie Wasserstoff, der durch Wasserelektrolyse erzeugt worden ist, und synthetisch erzeugtes Methan, wenn der zur Elektrolyse eingesetzte Strom und das zur Methanisierung eingesetzte Kohlendioxid oder Kohlenmonoxid jeweils nachweislich weit überwiegend aus erneuerbaren Energiequellen im Sinne der Richtlinie 2009/28/EG (ABl. L 140 vom 5.6.2009, S. 16) stammen.

Überblick

§ 3 Nr. 10f definiert den Begriff „Biogas", auf den insbesondere § 3 Nr. 19a verweist, an den aber auch die §§ 19, 20a und 20b GasNEV sowie die Vorschriften in Teil 6 der GasNZV und § 11 Abs. 2 S. 1 Nr. 8a ARegV tatbestandlich anknüpfen (→ Rn. 3). Zu Biogas gehören in erster Linie die biomassebasierten Gaserzeugnisse Biomethan, Biogas, Deponiegas und Klärgas (→ Rn. 6 f.) und das fossile Grubengas (→ Rn. 8). Darüber hinaus sind Wasserstoff (→ Rn. 9 ff.) und synthetisches Methan (→ Rn. 14 ff.) tatbestandlich, sofern sie „weit überwiegend" aus erneuerbaren Energiequellen erzeugt worden sind.

A. Entstehungsgeschichte und Bedeutung der Begriffsbestimmung

1   Die Begriffsbestimmung für „Biogas" wurde 2005 im Zuge der Umsetzung der „zweiten" Gas-Binnenmarkt-Richtlinie 2003/55/EG in das **EnWG 2005** aufgenommen. Nach ihr richtet sich, auf welche Gasarten das EnWG anwendbar ist. Sie konkretisiert damit insbesondere den **sachlichen Anwendungsbereich des EnWG** (BT-Drs. 15/5268, 117). Gemäß § 3 Nr. 19a gilt das EnWG auch für Biogas. Was hierunter fällt, richtet sich nach § 3 Nr. 10 f.

2   Seine aktuelle Fassung erhielt § 3 Nr. 10f durch die **EnWG-Novelle 2011**, in deren Zuge der Gesetzgeber klargestellt hat, dass das EnWG **auch auf Wasserstoff** anwendbar ist (→ § 3 Nr. 19a Rn. 17). In diesem Zusammenhang wurden emissionsarm erzeugter Wasserstoff und emissionsarm erzeugtes synthetisches Methan zusätzlich in den Kreis der „Biogase" aufgenommen. Begrifflich ist diese Aufnahme nicht ganz passend, weil Wasserstoff und synthetisches Methan gerade nicht aus Biomasse gewonnen werden. Sachlich passend ist die Aufnahme aber allemal. Denn durch sie stärkt der Gesetzgeber gezielt zwei weitere Arten **emissionsarmer Gase.** Die Erweiterung der Begriffsbestimmung bewirkt, dass auch emissionsarmer Wasserstoff und emissionsarmes synthetisches Methan von den Biogas-Privilegierungen profitieren.

3   Die Biogasdefinition in § 3 Nr. 10f gilt auch für die Anwendung der Vorschriften der **GasNEV** und der **GasNZV,** die für die **Einspeisung von Biogas** in das Gasnetz und den **Transport von Biogas** über das Gasnetz Privilegierungen enthalten:
  • Gem. § 20a GasNEV erhalten Biogas-Einspeiser vom Netzbetreiber **vermiedene Netzentgelte** ausgezahlt.
  • Gem. § 19 Abs. 1 S. 3 GasNEV ist Biogas bei der **Rückspeisung in das Fernleitungsnetz** von Einspeiseentgelten freigestellt.
  • Die §§ 31–34 GasNZV enthalten **Privilegien** beim Netzanschluss für Biogasanlagen und einen Vorrang beim Transport von Biogas im Netz.
  • In § 35 GasNZV ist ein sog. **erweiterter Bilanzkreisausgleich** geregelt, auf dessen Grundlage spezielle Biogasbilanzkreise gebildet werden, in denen die Einspeisung und Entnahme von Biogas nicht streng synchron erfolgen müssen.
  • Schließlich regelt § 36 GasNZV **Qualitätsanforderungen,** die das Biogas bei dessen Einspeisung in das Gasnetz erfüllen muss.

(Biogas)　　　　　　　　　　　　　　　　　　　　　　　　　　§ 3 Nr 10f EnWG

All diese Regeln sind anwendbar, sofern Biogas in das Erdgasnetz eingespeist wird. Neben Biomethan können insbesondere Wasserstoff und synthetisches Methan in das Gasnetz eingespeist werden.

B. Andere Biogas-Begriffe

§ 3 Nr. 10f gilt **nicht** im Rahmen des **EEG,** das zwar ebenfalls in zahlreichen Vorschriften auf „Biogas" Bezug nimmt, aber in § 3 Nr. 11 EEG 2021 eine eigene spezialgesetzliche und damit vorrangige Biogas-Definition enthält. Im Vergleich zum EnWG ist der Biogas-Begriff des EEG deutlich enger, weil hier nur Gas aus anaerober Vergärung von Biomasse tatbestandlich ist. 4

Genauso wenig gilt § 3 Nr. 10f im Rahmen der Regelungen zur sog. THG-Quote in §§ **37a ff. BImSchG** sowie der dazugehörigen Rechtsverordnungen. Unter welchen Voraussetzungen Biogas als Biokraftstoff anerkannt werden kann, regelt § 37b Abs. 6 BImSchG. 5

C. Biomethan, Biogas, Deponiegas und Klärgas

Biomethan, Biogas, Deponiegas und Klärgas werden durch anaerobe Vergärung von Biomasse (**Biogas**), biogenen Abfallfraktionen (**Deponiegas**) oder Klärschlamm (**Klärgas**) gewonnen. Diese drei Biogasarten werden deshalb privilegiert, weil bei ihrer Verwertung nicht mehr Treibhausgase emittiert werden, als vorher im Erzeugungsprozess aus der Atmosphäre entnommen und gebunden wurden. Um **Biomethan** handelt es sich, wenn diese drei Gaserzeugnisse auf Erdgasqualität aufbereitet und in das Gasnetz eingespeist werden. Die Netzeinspeisung ermöglicht es, Biomethan zu speichern, bedarfsgerecht einzusetzen und über das Netz zu Orten zu transportieren, an denen auch die beim Stromerzeugungsprozess anfallende Abwärme genutzt werden kann (Wärmesenken). 6

Die Begriffsbestimmung enthält keinerlei Anforderungen an die eingesetzte Technik zur Biogaserzeugung bzw. -aufbereitung. Genauso wenig wird konkretisiert, welche Stoffe unter die Ausgangsstoffe Biomasse, Deponiegas und Klärschlamm fallen. Damit ist der Biogasbegriff im EnWG deutlich weiter als im EEG, wo nur Biomasse im Sinne der **BiomasseV** tatbestandlich ist. 7

D. Grubengas

Grubengas ist keine erneuerbare Energie, sondern kommt in Kohleflözen vor und entsteht als **fossiles Begleitgas** im Rahmen des Kohleabbaus. Sofern Grubengas ungenutzt in die Atmosphäre gelangt, hat es eine stark klimaschädliche Wirkung. Das gezielte Einsammeln von Grubengas und seine Nutzung etwa zur Stromerzeugung hat daher eine klimaschützende Wirkung. Dies rechtfertigt es, dass die Verstromung von Grubengas nach dem EEG gefördert und Grubengas darüber hinaus durch die sonstigen netz- und transportbezogenen Privilegien für Biogas iSv § 3 Nr. 10f (→ Rn. 3) gestärkt wird. 8

E. Emissionsarm erzeugter Wasserstoff

Wasserstoff gilt als Biogas, sofern er durch Wasserstoffelektrolyse erzeugt wird und der zur Erzeugung eingesetzte Strom **weit überwiegend** aus erneuerbaren Energiequellen im Sinne der Erneuerbare-Energien-Richtlinie (RL 2009/28/EG) stammt (**„grüner" Wasserstoff**). Der Verweis bezieht sich nicht auf die aktuelle Erneuerbare-Energien-RL 2021 (RL (EU) 2018/2001), sondern auf deren Vorgängerrichtlinie, die seit 30.6.2021 außer Kraft ist. Dass der deutsche Gesetzgeber den Verweis nicht aktualisiert hat, dürfte wohl allein gesetzgeberischer Nachlässigkeit geschuldet sein. Die Definition von erneuerbarer Energie in Art. 2 lit. a RL 2009/28/EG dürfte aber weitgehend gleichlautend sein mit der Begriffsbestimmung in der Nachfolgregelung Art. 2 S. 2 Nr. 1 RL (EU) 2018/2001. 9

Die technische Beschränkung auf **Wasserelektrolyse** dürfte tatsächlich keine tatbestandliche Beschränkung bedeuten. Denn in der Regel ist für die Erzeugung von Wasserstoff aus grünem Strom ohnehin ein Elektrolyseur erforderlich. 10

Zu den **erneuerbaren Energiequellen** iSv Art. 2 lit. a RL 2009/28/EG zählen Wind, Sonne, aerothermische, hydrothermische und geothermische Energie, Meeresenergie, Was- 11

Peiffer

serkraft, Biomasse, Deponiegas, Klärgas und Biogas. **Weit überwiegend** ist der erneuerbare Anteil dann, wenn er einen Anteil von mindestens 80 Prozent erreicht (BT-Drs. 17/6072, 50). **Maßgeblicher Zeitraum** für die Erfüllung des Merkmals des weit überwiegenden Einsatzes von Strom aus erneuerbaren Energiequellen ist das Kalenderjahr bzw. bei unterjährigem Beginn oder Ende der Einspeisung das Rumpfkalenderjahr.

12   § 3 Nr. 10f enthält keine einschränkenden Vorgaben zur **Strombezugskonstellation.** Es ist daher davon auszugehen, dass eine **Direktleitung** zwischen der Anlage, in der der erneuerbare Strom erzeugt wird, und dem Elektrolyseur ausreichend, aber nicht erforderlich ist. Ebenso dürfte es tatbestandlich sein, wenn der erneuerbare Strom **über das Netz** bezogen wird.

13   § 3 Nr. 10f regelt nicht, wie die erneuerbare Eigenschaft des eingesetzten Stroms **nachzuweisen** ist. Bei einer **Stromdirektleitung** bereitet die Nachweisführung keine Schwierigkeiten. Sofern der erneuerbare Strom über das Netz bezogen wird, stellt sich allerdings die Frage, wie die erneuerbare Eigenschaft des Stroms zu belegen ist. Nachdem § 3 Nr. 10f hinsichtlich des Tatbestands „Strom aus erneuerbaren Energiequellen" allgemein auf die Erneuerbare-Energien-Richtlinie (RL 2009/28/EG) verweist, ist davon auszugehen, dass die in dieser Richtlinie vorgesehenen Nachweisformen ausreichend sind. Zum Nachweis von grünem Strom enthält die Richtlinie mit den sog. **Herkunftsnachweisen** ein eigenes Nachweissystem. Die Herkunftsnachweise wurden in Deutschland durch § 79 EEG und die Herkunfts- und Regionalnachweisdurchführungsverordnung (HkRNDV) umgesetzt, in denen Einzelheiten u.a. für die Ausstellung, Anerkennung, Übertragung und Entwertung von Herkunftsnachweisen geregelt sind. Es dürfte damit zulässig sein, grünen Strom von einem Energieversorgungsunternehmen über das Netz zu beziehen, der durch Herkunftsnachweise als erneuerbar ausgewiesen ist.

13.1   Sofern für den erzeugten und in das Gasnetz eingespeisten Wasserstoff die Biogas-Privilegien (→ Rn. 3) in Anspruch genommen werden sollen, muss der Einspeiser **gegenüber dem Gasnetzbetreiber** nachweisen, dass der eingespeiste Wasserstoff die tatbestandlichen Voraussetzungen von § 3 Nr. 10f erfüllt. Anforderungen an die Nachweisführung gegenüber dem Gasnetzbetreiber sind nicht geregelt. Es reicht daher aus, wenn der Anlagenbetreiber gegenüber dem Netzbetreiber **im Rahmen des Anschlussbegehrens** entsprechende Angaben zu der Herkunft des eingesetzten Stroms macht (BNetzA, Positionspapier zur Anwendung der Vorschriften der Einspeisung von Biogas auf die Einspeisung von Wasserstoff und synthetischem Methan in Gasversorgungsnetze, 2). Ein weitergehender oder gar dauerhafter und wiederholter Nachweis der biogenen Eigenschaft des Wasserstoffs ist grundsätzlich nicht erforderlich (BNetzA, Positionspapier zur Anwendung der Vorschriften der Einspeisung von Biogas auf die Einspeisung von Wasserstoff und synthetischem Methan in Gasversorgungsnetze, 2).

F. Emissionsarm erzeugtes synthetisches Methan

14   Neben „grünem" Wasserstoff ist auch „grünes" synthetisches Methan tatbestandlich. Synthetisches Methan (**„SNG"**) wird durch Weiterverarbeitung von Wasserstoff in **Methanisierungsanlagen** gewonnen (→ § 3 Nr. 19a Rn. 12).

15   Die Anforderungen an den **Wasserstoff** sind dabei dieselben wie für nicht methanisierten grünen Wasserstoff: Grünes synthetisches Methan kann nur aus Wasserstoff gewonnen werden, der der Wasserstoffelektrolyse erzeugt wurde unter weit überwiegendem Einsatz von Strom aus erneuerbaren Quellen im Sinne der Erneuerbare-Energien-Richtlinie (RL 2009/28/EG) (→ Rn. 11).

16   Zusätzlich muss das zur Methanisierung eingesetzte **Kohlendioxid** oder **Kohlenmonoxid** jeweils nachweislich weit überwiegend aus erneuerbaren Energiequellen im Sinne der Erneuerbare-Energien-Richtlinie (RL 2009/28/EG) stammen. Entsprechend der Definition von erneuerbarer Energie in Art. 2 lit. a RL 2009/28/EG kann der Kohlenstoff daher insbesondere aus (fester) **Biomasse, Deponiegas, Klärgas** oder **Biogas** stammen. Darüber hinaus ist Kohlenstoffdioxid tatbestandlich, das unter Einsatz von erneuerbarem Strom aus der Atmosphäre gefiltert wird („**Direct Air Capture**").

17   Dabei dürfte ein **stofflicher Einsatz** des erneuerbaren Kohlendioxids bzw. Kohlenmonoxids nach Nämlichkeitsgrundsätzen erforderlich sein, dh die Methanisierungsanlage muss stofflich mit erneuerbaren Kohlenstoffatomen beschickt werden. Für eine bilanzielle Grünstellung des eingesetzten Kohlenstoffs (mittels Nachweisen oder Zertifikaten) ist aktuell keine

(dezentrale Erzeugungsanlage) § 3 Nr 11 EnWG

rechtliche Grundlage ersichtlich. Der Anteil an erneuerbarem Kohlenstoff muss – bezogen auf das Kalenderjahr – **mindestens 80 Prozent** betragen. Zur Nachweisführung gegenüber dem Gasnetzbetreiber → Rn. 13.1.

§ 3 Nr. 11 (dezentrale Erzeugungsanlage)

Im Sinne dieses Gesetzes bedeutet
11. **dezentrale Erzeugungsanlage**
    eine an das Verteilernetz angeschlossene verbrauchs- und lastnahe Erzeugungsanlage.

Die Legaldefinition der dezentralen Erzeugungsanlage wurde 2005 in das EnWG aufgenommen zur Umsetzung der entsprechenden Begriffsbestimmung in Art. 2 Nr. 31 Elektrizitäts-Binnenmarkt-Richtlinie 2003/54/EG. Gegenüber der Richtlinie hat der deutsche Gesetzgeber engere tatbestandliche Anforderungen geregelt: Gem. § 3 Nr. 11 muss die Erzeugungsanlage „**verbrauchs- und lastnah**" sein, was nach der Elektrizitäts-Binnenmarkt-Richtlinie 2003/54/EG nicht erforderlich ist. 1

Der Typus der dezentralen Erzeugungsanlage soll im Rahmen der Netzentwicklung eine hervorgehobene Beachtung finden. Denn bei der Planung des Verteilernetzausbaus sind gem. **§ 14d Abs. 3 Nr. 2** die dezentralen Erzeugungsanlagen besonders zu berücksichtigen. Darüber hinaus wird der Begriff der dezentralen Erzeugungsanlage in **§ 18 StromNEV** und in **§ 120** verwendet, in dem der Anspruch der Betreiber dezentraler Erzeugungsanlagen auf Zahlung sog. **vermiedener Netzentgelte** geregelt ist. 2

Aus der Definition der Erzeugungsanlage in § 3 Nr. 18d und dem Sachzusammenhang von § 14d folgt, dass nur **Stromerzeugungsanlagen** den Tatbestand von § 3 Nr. 11 erfüllen können (Kment EnWG/Schex § 3 Rn. 19; aA Säcker EnergieR/Boesche § 3 Rn. 36; Bourwieg/Hellermann/Hermes, § 3 Rn. 30). **Stromspeicher** sollen nach Auffassung des OLG Düsseldorf schon keine Erzeugungsanlage iSv § 3 Nr. 18d sein (OLG Düsseldorf EnWZ 2022, 276 Rn. 107 ff.). Auf sie soll § 18 StromNEV aber analog anwendbar sein, weil auch durch die Netzeinspeisung aus Stromspeichern der Bezug aus dem vorgelagerten Netz reduziert und der Einspeisenetzbetreiber damit von den Kosten des vorgelagerten Netzes entlastet wird (OLG Düsseldorf EnWZ 2022, 276 Rn. 131 ff.). Daher können auch Stromspeicher vermiedene Netzentgelte beanspruchen. 3

Darüber hinaus ist erforderlich, dass die Erzeugungsanlage an das Strom-**Verteilernetz** angeschlossen ist. Zum Verteilernetz gehören gem. § 3 Nr. 37 nur Netze **bis einschließlich Hochspannung (110 kV)** (vgl. auch § 3 Nr. 32). Erzeugungsanlagen, die an ein Höchstspannungsnetz (380 kV) angeschlossen sind, sind daher nicht tatbestandlich und haben keinen Anspruch auf vermiedene Netzentgelte (BGH BeckRS 2018, 4681). Erzeugungsanlagen, die **sowohl an das Verteiler- als auch an das Übertragungsnetz** angeschlossen sind, sind insgesamt – auch hinsichtlich der Einspeisung auf Verteilernetzebene – keine dezentrale Erzeugungsanlage (BGH BeckRS 2020, 41702). Dies ergibt sich aus der Zielrichtung von § 18 Abs. 1 StromNEV. Demnach kommen dezentrale Erzeugungsanlagen in den Genuss vermiedener Netzentgelte, weil sie einen **Netzausbau im vorgelagerten Netz** vermeiden können (BGH BeckRS 2020, 41702). Anlagen, die sowohl auf der Verteiler- als auch auf der Übertragungsebene einspeisen, sind allerdings nicht geeignet, einen Netzausbau auf der Übertragungsebene zu vermeiden. 4

Schließlich verlangt die Begriffsbestimmung, dass es sich um eine **verbrauchs- und lastnahe** Erzeugungsanlage handelt. Dieses Merkmal wurde vor allem zur Klarstellung aufgenommen und soll die Vorteile der Nutzung dezentraler Erzeugung benennen (BT-Drs. 15/5268, 117). Ob die Erzeugungsanlage im Einzelfall Verbrauchs- und Lastnähe hat, ist anhand ihrer möglichen netzentlastenden Wirkung zu beurteilen. Demnach ist das Merkmal erfüllt, wenn die Anlage hinsichtlich Lage und Erzeugungskapazität so dimensioniert ist, dass der erzeugte Strom **vor Ort bzw. in der näheren Umgebung verbraucht** werden kann (OLG Düsseldorf EnWZ 2022, 276 Rn. 154). Dabei sind aber **keine zu hohen Anforderungen** zu stellen. Insbesondere muss für die Geltendmachung von vermiedenen Netzentgelten nicht konkret nachgewiesen werden, wo der dezentral eingespeiste Strom verbraucht wird. An der 5

Peiffer

Verbrauchs- und Lastnähe dürfte es nur fehlen, wenn im Einzelfall technisch ausgeschlossen ist, dass der Strom „vor" dem Übertragungsnetz verbraucht wird.

§ 3 Nr. 12 (Direktleitung)

Im Sinne dieses Gesetzes bedeutet
12. Direktleitung
eine Leitung, die einen einzelnen Produktionsstandort mit einem einzelnen Kunden verbindet, oder eine Leitung, die einen Elektrizitätserzeuger und ein Elektrizitätsversorgungsunternehmen zum Zwecke der direkten Versorgung mit ihrer eigenen Betriebsstätte, Tochterunternehmen oder Kunden verbindet, oder eine zusätzlich zum Verbundnetz errichtete Gasleitung zur Versorgung einzelner Kunden.

Überblick

Die Direktleitung ist eine Unterform der Energieanlage (§ 3 Nr. 15). Vom Energieversorgungsnetz (§ 3 Nr. 16) unterscheidet sie sich dadurch, dass sie nicht Netz ist und daher die netzbezogenen Vorschriften des EnWG nicht anwendbar sind. Insoweit ist die Direktleitung mit der Kundenanlage (§ 3 Nr. 24a bzw. 24b) vergleichbar, die ebenfalls kein Netz und daher vom Anwendungsbereich der netzbezogenen Vorschriften des EnWG ausgenommen ist.

Gemäß § 3 Nr. 12 erfüllen **drei Direktversorgungskonstellationen** den Tatbestand der Direktleitung, wobei die ersten beiden auf den Elektrizitätssektor und die dritte auf den Gassektor zugeschnitten sind:

- **Alternative 1** erfasst eine Leitung zwischen einer Stromerzeugungsanlage („einzelner Produktionsstandort") und einem Stromverbraucher („einzelner Kunde") (→ Rn. 4 ff.).
- Unter die **Alternative 2** fällt eine Leitung zwischen einem Elektrizitätserzeuger und einem Elektrizitätsversorger zur Versorgung von Betriebsstätten, Tochterunternehmen oder Kunden des Elektrizitätsversorgers (→ Rn. 10 f.).
- **Alternative 3** erfasst eine Gas-Stichleitung zur Versorgung einzelner Kunden (→ Rn. 13 ff.).

A. Historischer Hintergrund und Relevanz

1   Der Begriff der Direktleitung stammt aus Art. 2 Nr. 15 Elektrizitäts-Binnenmarkt-Richtlinie 2003/54/EG und Art. 2 Nr. 18 Gas-Binnenmarkt-Richtlinie 2003/55/EG und wurde **2005** zusammen mit den Vorgaben zur Netzregulierung **in das EnWG übernommen**. Nach den beiden Binnenmarkt-Richtlinien sind die Mitgliedstaaten verpflichtet sicherzustellen, dass Energieerzeuger und Energieversorger über Direktleitungen Kunden versorgen können, ohne hierbei durch Regulierungsvorgaben unverhältnismäßig mit Kosten und Verwaltungsaufwand belastet zu sein. Solche **Direktversorgungskonstellationen** haben nach Vorstellung des Gemeinschaftsgesetzgebers **keine** bzw. nur eine untergeordnete **Wettbewerbsrelevanz**. Die Anwendung der Netzregulierung würde daher einen unverhältnismäßig hohen Verwaltungsaufwand für „Direkt-Versorger" bedeuten.

2   Der deutsche Gesetzgeber hat die **Privilegierung von Direktleitungen** dadurch umgesetzt, dass er diese vom Netzbegriff und damit aus dem sachlichen Anwendungsbereich der Netzregulierung ausgenommen hat. Dass Direktleitungen kein Energieversorgungsnetz iSv § 3 Nr. 16 sind, ist gesetzlich zwar nicht ausdrücklich geregelt, ergibt sich aber aus dem historischen Hintergrund der Begriffsbestimmung von § 3 Nr. 12 sowie daraus, dass diese gleichsam einer lex specialis gegenüber § 3 Nr. 16 vorrangig ist (Infrastruktur, die unter § 3 Nr. 12 gefasst werden kann, ist aus § 3 Nr. 16 ausgenommen).

3   Die Begriffsbestimmung der Direktleitung hat damit dieselbe Funktion wie die Begriffsbestimmung der Kundenanlage – beide nehmen **Sonderkonstellationen** von der Netzregulierung aus. Anders als die Kundenanlage muss die Direktleitung allerdings keine räumlichen Kriterien erfüllen, sondern ist durch eine reine **Punkt-zu-Punkt-Beziehung** zwischen Erzeugung und Verbrauch gekennzeichnet.

(Direktleitung) § 3 Nr 12 EnWG

B. Leitung von einzelnem Produktionsstandort zu einzelnem Kunden (Alt. 1)

Die Alternative 1 gilt **nur für den Elektrizitätssektor** (aA → Rn. 4.1) und erfasst 4
Leitungen, die einen einzelnen Produktionsstandort mit einem einzelnen Kunden verbinden.
Mit Produktionsstandort ist die Strom-Erzeugungsanlage gemeint. Leitungen von dieser
Erzeugungsanlage zu einem **einzelnen Stromkunden** erfüllen den Tatbestand. Der Begriff
„Kunde" in der Alternative 1 ist enger auszulegen als in § 3 Nr. 24; tatbestandlich sind nur
Leitungen zu Verbrauchsstandorten, an denen der Kunde den über die Leitung gelieferten
Strom tatsächlich **selbst verbraucht**. Leitet der Kunde den Strom an **Dritte** weiter, kann
die Leitung nicht mehr als Direktleitung eingeordnet werden. Dies ergibt sich aus dem
Sinn und Zweck der Direktleitungs-Definition sowie daraus, dass mit Direktleitung die
unmittelbare physikalische Verbindung zwischen Erzeugung und Verbrauch gemeint ist.

Die Alternative 1 gilt nur für den Strombereich, weil sie aus wörtlich aus Art. 2 Nr. 15 Elektrizitäts- 4.1
Binnenmarkt-Richtlinie 2003/54/EG übernommen worden ist und nur die Alternative 3 auf die Gas-
Binnenmarkt-Richtlinie 2003/55/EG zurückzuführen ist (aA Espas/Grassmann/Raspach § 3 Rn. 44;
Bourwieg/Hellermann/Hermes § 3 Rn. 31, wonach die Alternative 1 auch im Gasbereich anwendbar
sei).

I. Einzelner Kunde

Über den Wortlaut hinaus kann die Alternative 1 auch dann erfüllt sein, wenn die Leitung 5
mehr als einen Kunden mit dem Kraftwerksstandort verbindet (Theobald/Kühling/Theobald § 3 Rn. 77; Kment EnWG/Schex § 3 Rn. 22; Espas/Grassmann/Raspach § 3 Rn. 44).
Dies folgt aus einer Auslegung im Lichte der Gas-Binnenmarkt-Richtlinie 2003/55/EG.
Diese erlaubt für den Gasbereich Direktleitungen zur Versorgung von mehr als einem Kunden. Wegen der gleichen Wertung ist nicht ersichtlich, warum der Tatbestand der Direktleitung im Strombereich enger ausgelegt werden müsste.

Sofern an die Leitung nur eine **begrenzte überschaubare Anzahl von Kunden** angeschlossen ist, steht dies der Einordnung als Direktleitung daher nicht entgegen. Übersteigt 6
die Anzahl der versorgten Kunden diese Größenordnung, kommt eine Einordnung als
Direktleitung nicht mehr in Betracht und kann es sich – sofern nicht Versorgungsnetz – um
eine Kundenanlage iSv § 3 Nr. 24a bzw. 24b handeln.

II. Keine Verbindung zum Netz

Leitungen, die – unmittelbar oder mittelbar – aus dem Netz entnommenen Strom führen 7
oder Strom in das Netz einspeisen, können allerdings nicht als Direktleitung klassifiziert
werden. Denn nach dem Sinn und Zweck der Regulierung können Leitungen, bei denen
es sich um eine **„Verlängerung" des Netzes** handelt, nicht von der Regulierung ausgenommen bleiben. Es ist demnach erforderlich, dass die Leitung zusätzlich zum Netz errichtet
worden ist und die Kunden **„außerhalb" des Netzes** versorgt. Wenn die Leitung nicht
hinweggedacht werden kann, ohne dass das Verbundnetz beeinträchtigt würde, ist die Einordnung als Direktleitung ausgeschlossen (BGH IR 2012, 227 Rn. 18).

Daher sind Stromleitungen zwischen dem Energieversorgungsnetz auf der einen und einer 8
Erzeugungsanlage bzw. einem Verbraucher auf der anderen Seite keine Direktleitung iSv § 3
Nr. 12. Es handelt sich dann vielmehr um sog. **Stichleitungen,** deren regulierungsrechtlicher Status einzelfallabhängig ist (vgl. hierzu Garbers EnWZ 2016, 347).

Versorgt ein Kraftwerk über mehrere **strahlenartig angeordnete Leitungen** jeweils 9
einzelne Kunden, schließt dies die Einordnung der einzelnen Leitungen als Direktleitung
nicht aus, sofern die tatbestandlichen Voraussetzungen von § 3 Nr. 12 jeweils erfüllt sind. In
diesem Fall kann es sich um eine **Ansammlung von mehreren Direktleitungen** handeln
(vgl. BGH 18.10.2011 – EnVR 68/10, IR 2012, 227 Rn. 20, wo dies im Ergebnis aber
abgelehnt wurde).

C. Leitung von Elektrizitätserzeuger zu Energieversorger (Alt. 2)

Die Alternative 2 gilt nur für den Elektrizitätssektor und ist tatbestandlich weiter gefasst 10
als die Alternative 1, da sie auch die Versorgung weiterer Abnehmer zulässt. Die Alternative 2

erfasst nicht Leitungen vom Kraftwerk zum Stromverbraucher (dann Alternative 1), sondern Leitungen vom Kraftwerk zum **Stromversorger**. In diesem Fall kann es sich um Direktleitungen handeln, wenn der Stromversorger den Strom selbst nutzt („Betriebsstätte"), ihn an Tochterunternehmen oder an Kunden weiterliefert.

11 In jedem Fall ist – wie bei Alternative 1 – erforderlich, dass der Strom **außerhalb des Netzes verbleibt** und über die Direktleitung auch kein Netzstrom geliefert wird. Die Direktleitung darf sich nicht als „Erweiterung" oder „Verlängerung" des Netzes darstellen.

12 Bei der Einordnung von Stromleitungen als Direktleitung sind außerdem die **Umstände des Einzelfalls** im Rahmen einer Gesamtwürdigung zu berücksichtigen. Dabei ist zum einen die **Eigenschaft der angeschlossenen Personen** zu berücksichtigen (Leidinger/Berger RdE 2009, 161 (164)): Sofern sich auf der einen Seite ein Erzeugungsstandort und auf der anderen Seite ein Kunde befindet, spricht dies für eine Direktleitung. Steht auf der einen Seite hingegen ein Netzbetreiber oder auf beiden Seiten ein Letztverbraucher, scheidet eine Direktleitung aus. Zum anderen spricht es gegen die Einordnung als Direktleitung, wenn diese kommerziell, dh **gegen Entgelt** betrieben wird (Riedel/Schroeder-Czaja/Jacobshagen, Objekt- und Arealnetze, 2007, 45 f.). Im Rahmen der Einzelfallbetrachtung ist anhand der Ziele des § 1 auch konkret zu betrachten, ob für die jeweilige Leitung ein **Regulierungsbedürfnis** besteht.

D. Zusätzlich zum Verbundnetz errichtete Gasleitung zur Versorgung einzelner Kunden (Alt. 3)

13 Die Alternative 3 gilt ausschließlich im Gasbereich. Nach dieser können Gasleitungen als Direktleitung eingeordnet werden, wenn sie zusätzlich zum Verbundnetz errichtet sind und der Versorgung „einzelner" Kunden dienen.

I. Zusätzlich errichtet

14 „Zusätzlich zum Verbundnetz errichtet" ist eine Gasleitung dann, wenn sie nicht mit dem Gasnetz verbunden ist und aus diesem gespeist wird (OLG Düsseldorf RdE 2016, 197 Rn. 31 = BeckRS 2015, 10692 – Chemiepark). Nur wenn sich die Gasleitung als **Parallelleitung** neben dem Gasnetz darstellt, kann sie als Direktleitung eingestuft werden. Demgegenüber können **Stichleitungen** vom Gasnetz zum Verbraucher nicht als Direktleitung eigeordnet werden (OLG Naumburg EnWZ 2014, 520 Rn. 52).

15 Demnach sind nur Konstellationen tatbestandlich, in denen **dezentral Gas erzeugt** wird (etwa Biomethan- oder Wasserstofferzeugungsanlagen), das außerhalb des Gasversorgungsnetzes an Abnehmer geliefert wird.

16 Für die rechtliche Einordnung der Gasleitung kommt es zunächst auf ihren **Errichtungszeitpunkt** an. Wurde diese ursprünglich als Teil des Versorgungsnetzes gebaut, kann die Leitung später nicht mehr als „zusätzlich" zum Gasnetz eingeordnet werden (OLG Düsseldorf RdE 2016, 197 Rn. 33 = BeckRS 2015, 10692).

17 Eine ursprünglich als Netzbestandteil errichtete Leitung kann aber nachträglich zur Direktleitung **„umgewidmet"** werden durch Abschluss einer **Ausschließlichkeitsvereinbarung,** durch die der Netzbetreiber die bislang zu seinem Versorgungsnetz gehörende Leitung dauerhaft **„aus dem Netzverbund entlässt"** und einem Betreiber zur ausschließlichen Nutzung überlässt (OLG Düsseldorf RdE 2016, 197 Rn. 36 = BeckRS 2015, 10692). Auch eine rein **faktische Überlassung** der Leitung an einen externen Betreiber kann zu ihrer Umwidmung in eine Direktleitung führen, sofern sich aus den Umständen ein entsprechender Entwidmungswille des Netzbetreibers ergibt (aA OLG Düsseldorf RdE 2016, 197 Rn. 36 = BeckRS 2015, 10692, das stets den Abschluss einer ausdrücklichen Ausschließlichkeitsvereinbarung verlangt).

II. Versorgung einzelner Kunden

18 Gasleitungen können nur dann als Direktleitung eingeordnet werden, wenn sie zur Versorgung „einzelner Kunden" genutzt werden. Dieses Tatbestandsmerkmal ist genauso auszulegen wie in Alternative 1 und setzt voraus, dass nur eine **begrenzte überschaubare Anzahl von Kunden** angeschlossen ist.

(Einspeisekapazität) § 3 Nr 13a EnWG

§ 3 Nr. 13 (Eigenanlagen)
Im Sinne dieses Gesetzes bedeutet
13. Eigenanlagen
   Anlagen zur Erzeugung von Elektrizität zur Deckung des Eigenbedarfs, die nicht von Energieversorgungsunternehmen betrieben werden.

Der Begriff der Eigenanlage geht auf das EnWG 1935 zurück. Gemäß **§ 6 Abs. 3 EnWG 1935** hatten diejenigen, die ihre Energie selbst erzeugen, nur einen eingeschränkten Anschluss- und Versorgungsanspruch. Auch heute haben Betreiber von Eigenanlagen gem. § 37 Abs. 1 nur einen reduzierten Anspruch auf Grundversorgung und können sich (von Ausnahmen abgesehen) gem. § 18 Abs. 2 S. 1 nicht auf die allgemeine Anschlusspflicht berufen. Der Begriff der Eigenanlage wurde ursprünglich in **§ 1 der Fünften EnWG-Durchführungsverordnung v. 21.10.1940** (RGBl. I 1391/1940) definiert und 2005 in § 3 Nr. 13 übernommen. 1

Eigenanlagen sind Stromerzeugungsanlagen „**zur Deckung des Eigenbedarfs**", die nicht von einem EVU betrieben werden. Nach dem Wortlaut von § 3 Nr. 13 ist es unerheblich, **zu welchem Anteil** der Betreiber seinen Strombedarf durch seine eigene Stromerzeugungsanlage abdeckt. Diese Auslegung folgt auch aus dem **Regelungszusammenhang**: Gegenüber Eigenversorgern sind Netzbetreiber gem. § 18 Abs. 2 S. 1 nur eingeschränkt zum Netzanschluss und sind Grundversorger gem. § 37 Abs. 1 nur eingeschränkt zur Versorgung verpflichtet. Diese Einschränkung rechtfertigt sich dadurch, dass Grundversorger und Netzbetreiber ihre Tarife und Bedingungen im Hinblick auf **Vollversorgungen** kalkulieren und daher nicht für Letztverbraucher/Anschlussnehmer passen, die nur zu Spitzenlastzeiten oder bei Ausfall ihrer Eigenversorgung Strom beziehen. Es soll verhindert werden, dass der Letztverbraucher nur den günstigen Teil seines Bedarfs an Leistung oder Strommenge selbst deckt, den unwirtschaftlichen aber aus dem öffentlichen Netz bezieht (Theobald/Kühling/Theobald § 3 Rn. 86). 2

Selbstversorgungsanlagen, die **durch ein Energieversorgungsunternehmen betrieben** werden, sinne vom Tatbestand des § 3 Nr. 13 ausgenommen. Diese Ausnahme stellt sicher, dass Energieversorgungsunternehmen, die in eigenen Anlagen Strom für den Betrieb ihres Netzes oder ihre sonstigen Verbraucher erzeugen, nicht den Beschränkungen durch § 18 Abs. 2 S. 1 und § 37 Abs. 1 unterliegen. Aufgrund dieser Ausnahme sind alle in der Praxis häufig anzutreffenden Betriebsmodelle der **Überschusseinspeisung** vom Tatbestand des § 3 Nr. 13 ausgenommen. Denn wird der in der Anlage erzeugte Strom teilweise in das Netz eingespeist oder außerhalb des Netzes an Dritte geliefert, wird der Betreiber zum Energieversorgungsunternehmen und kann die Anlage damit nicht als Eigenanlage iSv § 3 Nr. 13 eingeordnet werden. 3

Unter den in § 37 Abs. 1 S. 3 geregelten Voraussetzungen sind **Netzersatzanlagen** (Notstromaggregate) vom Tatbestand der Eigenanlage ausgenommen. Wer eine Stromerzeugungsanlage ausschließlich dazu betreibt, um im Falle von Netzunterbrechungen den eigenen Energiebedarf zu decken, und die Anlage ansonsten nicht mehr als 15 Stunden pro Monat zur Erprobung betreibt, hat den unbeschränkten Grundversorgungsanspruch aus § 36. 4

Im Anwendungsbereich von § 18 sind **KWK-Anlagen bis 150 kW** installierter elektrischer Erzeugungsleistung und Anlagen zur Erzeugung von **Strom aus erneuerbaren Energien** vom Tatbestand der Eigenanlage ausgenommen, vgl. § 18 Abs. 2 S. 3. Durch diese Ausnahme wird die Umsetzbarkeit von effizienten bzw. emissionsneutralen Eigenversorgungsmodellen verbessert. 5

§ 3 Nr. 13a (Einspeisekapazität)
Im Sinne dieses Gesetzes bedeutet
13a. Einspeisekapazität
   im Gasbereich das maximale Volumen pro Stunde in Normkubikmeter, das an einem Einspeisepunkt in ein Netz oder Teilnetz eines Netzbetreibers insgesamt eingespeist werden kann.

EnWG § 3 Nr 13b Teil 1. Allgemeine Vorschriften

1 § 3 Nr. 13a legt für die Gassparte fest, dass die Größe der Einspeisekapazität bemessen wird durch das in Normkubikmetern ausgedrückte Volumen, das pro Stunde maximal eingespeist werden kann (**Nm³/h**). Die Begriffsbestimmung gilt nur für die Kapazität von Einspeisepunkten. Die spiegelbildliche Erscheinung der Ausspeisekapazität ist in § 3 Nr. 1c inhaltlich identisch geregelt.

2 Ein **Normkubikmeter** (Nm³) entspricht der Gasmenge, die unter Normbedingungen, dh bei einer Temperatur von null Grad Celsius und einem absoluten Druck von 1,01325 bar in einen Würfel mit 1 m Kantenlänge Platz findet (vgl. § 2 Nr. 1 GasNZV idF v. 25.7.2005 und ISO 13443).

3 § 3 Nr. 13a nimmt Bezug auf den in § 3 Nr. 13b definierten Begriff des **Einspeisepunktes**. Für die Abwicklung von Gaslieferungen kommt es allerdings nicht auf die Einspeisekapazität an, sondern auf die **Einspeiseleistung**, die § 2 Nr. 9 GasNZV definiert als maximale in kWh bemessene Energiemenge, die pro Stunde am Einspeisepunkt für den Transportkunden vorgehalten wird.

§ 3 Nr. 13b (Einspeisepunkt)

Im Sinne dieses Gesetzes bedeutet
13b. Einspeisepunkt
ein Punkt, an dem Gas an einen Netzbetreiber in dessen Netz oder Teilnetz übergeben werden kann, einschließlich der Übergabe aus Speichern, Gasproduktionsanlagen, Hubs oder Misch- und Konversionsanlagen.

1 § 3 Nr. 13b definiert den Einspeisepunkt als die Lokalität im Gasnetz, an der Gas physikalisch an den Netzbetreiber übergeben werden kann. Der Einspeisepunkt ist das Gegenstück zu dem in § 3 Nr. 1d definierten Ausspeisepunkt. Beide Begriffe wurden 2005 in das EnWG aufgenommen zur rechtlichen Verankerung des sog. **entry-exit-Systems** in § 20 Abs. 1b. Sie haben hierbei in erster Linie erklärende Funktion.

2 Nach dem entry-exit-System wickeln Transportkunden (§ 3 Nr. 31d) die Transporte über das Gasnetz kaufmännisch dadurch ab, dass sie jeweils einen **Einspeisepunkt (= entry)** und einen **Ausspeisepunkt (= exit)** benennen, zwischen denen das Gas transportiert werden soll. Die technische Abwicklung der zwischen Einspeisepunkt und Ausspeisepunkt liegenden Schritte ist allein Sache des Netzbetreibers. Sofern Einspeisepunkt und Ausspeisepunkt nicht im Netz desselben Betreibers liegen, koordinieren sich die beteiligten Netzbetreiber untereinander, um den Transport bis zum Ausspeisepunkt abzuwickeln. An den Verbindungen zwischen den verschiedenen Gasnetzen befinden sich keine Einspeisepunkte iSv Nummer 13b. Vielmehr handelt es sich insoweit um sog. **Netzkopplungspunkte** iSv § 20 Abs. 1b.

3 Die Begriffsbestimmung in Nummer 13b hat in erster Linie **erklärende Funktion** für die Regelung des entry-exit-Systems. In ihrem zweiten Halbsatz **stellt sie überdies klar**, dass sich auch an der Übergabe aus bestimmten **Produktions- bzw. Lagerstätten** Einspeisepunkte befinden, von denen daher Lieferungen gebucht werden können. Im Einzelnen wird die Übergabe aus „Speichern", Gasproduktionsanlagen, Hubs, Misch- und Konversionsanlagen als Einspeisepunkte genannt. Mit „Speicher" sind **Gasspeicheranlagen iSv § 3 Nr. 19c** gemeint. Diese Begriffsbestimmung hat der Gesetzgeber zum 27.7.2021 eingeführt (BGBl. 2021 I 3026), dabei aber vergessen, auch § 3 Nr. 13b auf die neue Begrifflichkeit zu aktualisieren.

4 Der Begriff der **Gasproduktionsanlagen** ist gesetzlich nicht definiert. Hierunter lassen sich unterirische Lagerstätten, aus denen fossiles Erdgas gefördert wird, begrifflich nicht fassen, weil es sich nicht um eine „Produktion", sondern lediglich um eine Förderung von Erdgas handelt (Theobald/Kühling/Theobald § 3 Rn. 91). Aber **Biogasaufbereitungsanlagen** iSv §§ 31 ff. GasNZV oder **Wasserstofferzeugungsanlagen** sind tatbestandlich erfasst. Was der Gesetzgeber mit dem Begriff „**Hub**" umschreiben wollte, ist unklar. Damit kann jedenfalls weder der sog. Virtuelle Handelspunkt (VHP) noch die Energiebörse gemeint sein (aA Elspas/Graßmann/Rasbach § 3 Rn. 52). Denn an diesen findet eine physikalische Übergabe von Gasmengen nicht statt.

§ 3 Nr. 14 (Energie)

Im Sinne dieses Gesetzes bedeutet
14. Energie
Elektrizität, Gas und Wasserstoff, soweit sie zur leitungsgebundenen Energieversorgung verwendet werden.

Die „Energie"-Definition enthält zwei grundlegende Aussagen zum Anwendungsbereich aller Vorschriften des EnWG, die unmittelbar oder mittelbar an das Tatbestandsmarkmal Energie anknüpfen: Zum einen stellt sie klar, dass **nur Elektrizität, Gas** (§ 3 Nr. 19a) **und Wasserstoff** in den Anwendungsbereich des EnWG fallen. Für andere Energieträger, wie etwa Wärme (Dampf, Heißwasser), Flüssigbrennstoffe (Heizöl), Flüssigkraftstoffe (Benzin, Diesel) oder Festbrennstoffe (Holz, Kohle) gilt das EnWG nicht. Zum anderen stellt § 3 Nr. 14 klar, dass das EnWG nur für die **leitungsgebundene Versorgung** gilt – eine Einschränkung, die sich freilich bereits aus § 1 Abs. 3 ergibt. 1

Durch die Wasserstoff-Novelle 2021 (BGBl. I 3026) ist der Energie-Begriff erweitert worden auf **Wasserstoff als dritten Energieträger,** der selbstständig neben Elektrizität und Gas steht. Dies führte zu einer signifikanten Vergrößerung des sachlichen Anwendungsbereichs des EnWG, weil Wasserstoff bislang gem. § 3 Nr. 19a nur zum Gas gezählt wurde, wenn er in Wasserelektrolyse erzeugt wurde. Nunmehr spielt die Art der Erzeugung des Wasserstoffs keine Rolle. Dass Wasserstoff in vielen Fällen nicht zur Energieversorgung, sondern vielmehr **stofflich in Industrieprozessen** genutzt wird, schließt der Anwendung des EnWG auf Wasserstoff nicht aus, solange der Wasserstoff leitungsgebunden transportiert wird (BT-Drs. 19/27453, 88). Das in § 3 Nr. 14 enthaltene Tatbestandsmerkmal „Energieversorgung" ist jedenfalls insoweit einschränkend auszulegen. 2

Die tatbestandliche Beschränkung auf **„Leitung"** erfordert nur, dass die Energie über Leitungen transportiert wird. Wer Erzeuger, Transporteur oder Abnehmer der in den Leitungen vorhandenen Energie ist, oder durch wen und wie die Leitung betrieben wird, spielt demgegenüber keine Rolle. Nicht nur Leitungen im regulierten Netz, sondern auch Leitungen in Kundenanlagen erfüllen daher den Tatbestand. 3

In **räumlich-physikalischer Hinsicht** verlangt Leitungsgebundenheit, dass es eine durchgehende Leitungsverbindung zwischen Erzeugung bzw. Gewinnung über die Verteilung bis zum Letztverbraucher gibt (OLG Düsseldorf RdE 2016, 412 Rn. 44 = BeckRS 2016, 6656). **Alternative Arten des Energietransportes,** etwa per Flasche oder im Tank („Trailer"), sind vom Energie-Begriff ausgenommen und unterfallen daher nicht dem EnWG. 4

Auf der Verbrauchsseite erstreckt sich der Anwendungsbereich des EnWG daher bis zu dem Punkt, an dem die Energie **die Leitung verlässt.** Dieser Punkt ist in aller Regel nicht deckungsgleich mit dem Ausspeisepunkt (§ 3 Nr. 1d) bzw. Entnahmepunkt (§ 20 Abs. 1a), sondern liegt meist deutlich hinter dem Ende des Energieversorgungsnetzes. 5
- So handelt es sich etwa im Falle einer an das Erdgasnetz angeschlossenen **Erdgastankstelle** (CNG-Tankstelle) bis zum Verlassen des Erdgases an der Zapfsäule in den Tank des Kraftfahrzeuges um Energie iSd EnWG (OLG Düsseldorf RdE 2016, 412 Rn. 45 = BeckRS 2016, 6656).
- Gleiches gilt für eine über das Netz versorgte **LNG-Tankstelle.** Bis zu seiner Entnahme aus dem Einfüllstutzen ist das LNG („Liquified Natural Gas") Energie iSv § 3 Nr. 14 (→ § 3 Nr. 19a Rn. 8).
- Bei an das Netz angeschlossenen **Ladepunkten für Elektrofahrzeuge** reicht der Energiebegriff bis zur Einspeicherung des Stroms in die Fahrzeugbatterie.

Aufgrund dieser weiten Auslegung des Tatbestandsmerkmals der Leitungsgebundenheit unterliegt auch der Bereich **zwischen Ausspeisepunkt/Entnahmepunkt und Ende der Leitung** all denjenigen Vorschriften des EnWG, die tatbestandlich nicht an das Netz, sondern an „Energie" anknüpfen (insbesondere die §§ 6 ff. und § 49). Im Fall von Ladepunkten unterliegt der **Ladevorgang** dem EnWG. Demgegenüber ist der in der Batterie selbst gespeicherte Strom nicht mehr Energie iSd EnWG, sodass etwa der Verkauf oder der Austausch von Wechselakkus außerhalb des EnWG erfolgt. Gleiches gilt etwa für aus dem Erdgasnetz 6

EnWG § 3 Nr 15   Teil 1. Allgemeine Vorschriften

befüllte **Gasflaschen:** Auf deren Vertrieb findet das EnWG keine Anwendung; auf deren Befüllung jedenfalls bis zum Abfüllstutzen.

§ 3 Nr. 15 (Energieanlagen)

Im Sinne dieses Gesetzes bedeutet
15. Energieanlagen
Anlagen zur Erzeugung, Speicherung, Fortleitung oder Abgabe von Energie, soweit sie nicht lediglich der Übertragung von Signalen dienen, dies schließt die Verteileranlagen der Letztverbraucher sowie bei der Gasversorgung auch die letzte Absperreinrichtung vor der Verbrauchsanlage ein.

Überblick

Die Energieanlage ist der gemeinsame Oberbegriff insbesondere für die Erzeugungsanlage (§ 3 Nr. 18d), die Kundenanlage (§ 3 Nr. 24a bzw. 24b), das Energieversorgungsnetz (§ 3 Nr. 16) und die Direktleitung (§ 3 Nr. 12). Nach der Definition sind all diejenigen Komponenten Energieanlage, die dem Zweck der Energieversorgung dienen (→ Rn. 3 ff.), bis zur Grenze der letzten Absperreinrichtung bzw. der Hausanschlusssicherung (→ Rn. 13). Reine Kommunikations- und Datenübertragungsanlagen sind vom Energieanlagen-Begriff ausgenommen (→ Rn. 14 ff.).

A. Normzweck und Entstehungsgeschichte

1   Die Begriffsbestimmung wird benötigt zur Begrenzung des sachlichen Anwendungsbereichs der auf Energieanlagen anwendbaren EnWG-Vorschriften. Derlei gibt es im EnWG allerdings nur wenige. Die anlagenbezogenen Vorschriften des EnWG knüpfen in aller Regel vielmehr an den Tatbestand des Energieversorgungsnetzes (§ 3 Nr. 16) an. In erster Linie entfaltet die Energieanlagen-Bestimmung iRv **§ 49** Bedeutung, der die **technischen Anforderungen** an die Errichtung und den Betrieb von Energieanlagen betrifft. Hier ist anhand der Energieanlagen-Definition insbesondere zu beurteilen, welche technischen Komponenten von der sog. Normsetzungskompetenz des VDE und des DVGW aus § 49 Abs. 2 S. 2 umfasst sind.

2   Die Energieanlagen-Definition wurde 1998 als § 2 Abs. 2 EnWG 1998 eingeführt und 2005 ergänzt um die Klarstellung zu den Verteileranlagen beim Energieverbraucher sowie die Speicheranlagen.

B. Anlagen mit Energieversorgungszweck

3   Von § 3 Nr. 15 sind alle Anlagen erfasst, die der **Erzeugung, Speicherung, Fortleitung** oder **Abgabe** von Energie dienen. Entscheidendes Kriterium ist der Zweck der Anlage, wobei nur diejenigen Komponenten Energieanlagen-Status haben, die **„unmittelbar"** den genannten **Energieversorgungszwecken** dienen (BR-Drs. 806/96, 29). Betriebsmittel, die zwar theoretisch zur Energieversorgung geeignet sind, tatsächlich jedoch zu einem anderen Zweck eingesetzt werden oder nur mittelbar dem Zweck der Energieversorgung dienen, sind keine Energieanlage.

4   Genauso wenig sind Komponenten, die nur mittelbar oder ganz **allgemein dem Geschäftsbetrieb** des Energieversorgungsunternehmens dienen, Energieanlage (BR-Drs. 806/96, 30). So sind etwa Kundenkarteien, Betriebsstatistiken, Karten, Investitions- und Finanzierungspläne, Grundstücke, Gebäude, Fahrzeuge der Verwaltung, Verkaufs- oder Ausstellungslager von Energieverbrauchsgeräten keine Energieanlagen (Theobald/Kühling/Theobald § 3 Rn. 107 f.).

5   Tatbestandlicher Ausgangspunkt der Begriffsbestimmung ist die Energie-Definition in § 3 Nr. 14. Dieser ist insbesondere die technisch-physikalische Anforderung zu entnehmen, dass nur **leitungsgebundene** Energieversorgung tatbestandlich ist (→ § 3 Nr. 14 Rn. 2). Dies ist auch bei der Auslegung des Energieanlagen-Begriffs zu berücksichtigen und führt dazu,

(Energieanlagen) § 3 Nr 15 EnWG

dass Komponenten, die sich nach der Kette der leitungsgebundenen Energieversorgung befinden (mobile Gastanks, mobile Batterien), keine Energieanlage sind.

I. Anlagen zur Erzeugung

Zu den Energieanlagen **zur Erzeugung** gehören u.a. die Kraftwerke mit ihren der Erzeugung unmittelbar gewidmeten Anlagenteilen (zB Turbinen, Generatoren) sowie die dazu gehörigen Nebenanlagen nebst den entsprechenden baulichen Vorrichtungen (zB Kesseleinrichtung, Maschinenanlage, Transport- und Vorratseinrichtung, Kühlwasserleitungen, Kühltürme) (BR-Drs. 806/96, 29 f.). Im Übrigen gelten keinerlei Beschränkungen auf bestimmte Erzeugungstechniken; man kann sich an der Begriffsdefinition in **§ 3 Nr. 18d** orientieren. Aufgrund der Erweiterung des Energiebegriffs in § 3 Nr. 14 auf Wasserstoff im Jahr 2021 (BGBl. I 3026) unterfallen nunmehr auch Elektrolyseure und anderen **Wasserstofferzeugungsanlagen** dem § 3 Nr. 15. 6

Bei **KWK-Anlagen,** die gleichzeitig Nutzwärme und Strom erzeugen, sind nur die zur Stromerzeugung erforderlichen technischen Komponenten Energieanlage im Sinne der Begriffsbestimmung. Da Wärme nicht dem Energiebegriff iSv § 3 Nr. 14 unterfällt, sind die technischen Komponenten zur Wärmeauskopplung und -nutzbarmachung keine Energieanlage iSd EnWG. 7

II. Anlagen zur Speicherung

Anlagen zur Energiespeicherung sind ebenfalls Energieanlagen im Sinne der Begriffsbestimmung. Damit sind im Gasbereich die **Gasspeicheranlagen iSv § 3 Nr. 19c** gemeint, im Strombereich die **Energiespeicheranlagen iSv § 3 Nr. 15d** und im Wasserstoffbereich die **Wasserstoffspeicheranlagen iSv § 3 Nr. 39b** tatbestandlich. Dies gilt allerdings nur für stationäre Speicher, die fest mit dem Strom- bzw. Gasnetz verbunden sind. Das ergibt sich aus der Energiedefinition in § 3 Nr. 14, nach der nur die leitungsgebundene Energieversorgung tatbestandlich ist. 8

Daher sind **tragbare Batterien,** wie sie auch in tragbaren Geräten (Mobiltelefone, Laptop, etc) verbaut sind, keine Energieanlagen iSv § 3 Nr. 15, sondern Verbrauchsgeräte. Ebenfalls keine Energieanlage sind **mobile Gas- oder Wasserstoffspeicher,** wie sie in Kesselwagen oder in CNG-Fahrzeugen vorhanden sind. Ebenso wenig sind Einrichtungen zum Transport von Akkumulatoren, Batterien oder mobilen Gasspeichern Energieanlagen iSv § 3 Nr. 15 (Theobald/Kühling/Theobald § 3 Rn. 114). 9

III. Anlagen zur Fortleitung

Die Anlagen **zur Fortleitung** von Elektrizität, Gas und Wasserstoff umfassen sämtliche Leitungen, unabhängig von Spannungs- bzw. Druckebene, einschließlich Nebeneinrichtungen (zB Schalt-, Umspann- und Umformanlagen bei Elektrizität, Gasdruckregelstationen und Gasmessstationen für Gas) (BR-Drs. 806/96, 30). 10

IV. Anlagen zur Abgabe

Zu den Anlagen **zur Abgabe** von Elektrizität, Gas und Wasserstoff gehören insbesondere der **Netzanschluss,** die notwendigen Messeinrichtungen (Strom-, Gas- und Wasserstoffzähler) sowie die internen Verteileranlagen beim Energieverbraucher. Die **internen Verteileranlagen** wurden im Rahmen der 2005 in Kraft getretenen Reform des EnWG aus Klarstellungsgründen aufgenommen (BR-Drs. 613/04, 82). 11

Im Gasbereich kann man sich an der Netzanschlussdefinition in **§ 5 S. 2 NDAV** orientieren: Jedenfalls die darin genannten Komponenten (Netzanschlussleitung, Absperreinrichtung außerhalb des Gebäudes, Isolierstück, Hauptabsperreinrichtung, ggf. Haus-Druckgerät) sind Energieanlagen iSv § 3 Nr. 15. Im Strombereich kann **§ 5 S. 2 NAV** herangezogen werden. Demnach ist die Netzanschlussleitung bis zur Hausanschlusssicherung Teil des Netzanschlusses und damit Energieanlage iSv § 3 Nr. 15. 12

Peiffer

C. Letzte Absperreinrichtung/Hausanschlusssicherung

13 Die eigentlichen **Verbrauchsanlagen** selbst sind nicht Energieanlage iSd EnWG. Als Grenze zwischen Energie- und Verbrauchsanlage im Gasbereich nennt § 3 Nr. 15 die **letzte Absperreinrichtung** vor der Verbrauchsanlage. Im Strombereich endet die Energieanlage an der **Hausanschlusssicherung** (vgl. § 5 S. 2 NAV). Demnach sind Hausanschluss- und Installationsanlagen bis zur letzten Absperreinrichtung/Hausanschlusssicherung Energieanlage.

D. Nicht: Signalübertragungsanlagen

14 § 3 Nr. 15 nimmt Anlagen, die lediglich der Übertragung von Signalen dienen, ausdrücklich vom Energieanlagenbegriff aus. Der Wortlaut ist dabei etwas zu weit geraten. Denn **Fernwirkleitungen zur Netzsteuerung** sind richtigerweise Teil der Energieanlage. Das ergibt sich zum einen aus dem historischen Gesetzgeberwillen (BR-Drs. 806/96, 30). Zum anderen folgt dies aus dem Sinn und Zweck der Begriffsbestimmung iRv § 49: Da die Netzsteuerung für die Sicherheit und Zuverlässigkeit des Netzbetriebs von zentraler Bedeutung ist, müssen die hohen in § 49 niedergelegten technischen Sicherheitsanforderungen auch für diese gelten.

15 Ausgenommen vom Energieanlagenbegriff sind demgegenüber alle Telegrafen- und **Fernsprechanlagen** sowie Anlagen des **Rundfunks und Fernsehens,** die nicht unter das EnWG fallen (BR-Drs. 806/96, 30). Dass allein die reinen Fernkommunikationsanlagen aus dem EnWG ausgenommen sind, zeigt auch § 2 Abs. 1 S. 2 EnWG 1935. Dieser regelte, dass Anlagen, „[…] die lediglich der Übertragung von Zeichen oder Lauten dienen", nicht zu „[…] den Energieanlagen gehören […]".

16 Anschlussleitungen zur Stromversorgung von Fernkommunikationsanlagen sind selbstverständlich Energieanlagen und unterfallen dem EnWG (Theobald/Kühling/Theobald § 3 Rn. 117).

§ 3 Nr. 15a (Energiederivate)

Im Sinne dieses Gesetzes bedeutet
15a. Energiederivat
ein in Abschnitt C Nummer 5, 6 oder 7 des Anhangs I der Richtlinie 2004/39/EG des Europäischen Parlaments und des Rates vom 21. April 2004 über Märkte für Finanzinstrumente, zur Änderung der Richtlinien 85/611/EWG und 93/6/EWG des Rates und der Richtlinie 2000/12/EG des Europäischen Parlaments und des Rates und zur Aufhebung der Richtlinie 93/22/EWG des Rates (ABl. L 145 vom 30.4.2001, S. 1, ABl. L 45 vom 16.2.2005, S. 18) in der jeweils geltenden Fassung genanntes Finanzinstrument, sofern dieses Instrument auf Elektrizität oder Gas bezogen ist.

1 § 3 Nr. 15a wurde 2011 zusammen mit § 5a eingeführt und ist ausschließlich für dessen Anwendung erforderlich. Energiederivate im Sinne der Begriffsbestimmung sind **reine Finanzinstrumente,** deren Wert von der Entwicklung der Energiepreise abhängt, aus denen sich aber kein Anspruch auf die Lieferung von Strom oder Gas ergibt.

2 Hintergrund ist Art. 64 Elektrizitäts-Binnenmarkt-Richtlinie (EU) 2019/944 und Art. 44 Gas-Binnenmarkt-Richtlinie 2009/73/EG. Nach diesen Vorschriften müssen die Mitgliedstaaten Energieversorger u.a. dazu verpflichten, Daten über Transaktionen mit Elektrizitäts- und Gasderivaten zu speichern und auf Verlangen gegenüber Behörden offenzulegen. Dieser Pflicht ist Deutschland durch Einführung von § 5a nachgekommen. Der hierbei maßgebliche Begriff der Energiederivate wurde in § 3 Nr. 15a durch Verweis auf die Regelungen der **RL 2004/39/EG über Märkte für Finanzinstrumente** definiert. Auf die Definition in dieser Richtlinie verweisen auch die Elektrizitäts-Binnenmarkt-Richtlinie (EU) 2019/944 und die Gas-Binnenmarkt-Richtlinie 2009/73/EG. Die RL 2004/39/EG ist seit 3.1.2018 allerdings nicht mehr in Kraft und zum Teil durch die RL 2014/65/EU neu gefasst und zum Teil durch die VO (EU) 600/2014 ersetzt worden. Der Verweis in § 3 Nr. 15a wäre daher zu aktualisieren.

(Energiespeicheranlage) § 3 Nr 15d EnWG

Tatbestandlich in § 3 Nr. 15a sind demnach die in Abschnitt C Nr. 5, 6 und 7 Anhang I 3
RL 2004/39/EG genannten Finanzinstrumente, sofern sie auf Elektrizität oder Gas bezogen
sind. Anhang I Abschnitt C Nr. 5 RL 2004/39/EG zählt beispielsweise die folgenden Finanzinstrumente auf: „**Optionen, Terminkontrakte, Swaps, Termingeschäfte** und alle anderen Derivatkontrakte in Bezug auf Waren, die barabgerechnet werden müssen oder auf
Wunsch einer der Parteien (anders als wegen eines zurechenbaren oder anderen Beendigungs-
grunds) bar abgerechnet werden können" (Herv. d. Verf.). Sofern diese und andere Finanzinstrumente auf Energie bezogen sind, handelt es sich um Energiederivate.

§ 3 Nr. 15b (Energieeffizienzmaßnahmen)

Im Sinne dieses Gesetzes bedeutet
15b. Energieeffizienzmaßnahmen
   **Maßnahmen zur Verbesserung des Verhältnisses zwischen Energieaufwand
   und damit erzieltem Ergebnis im Bereich von Energieumwandlung, Energietransport und Energienutzung.**

Die Definition der Energieeffizienzmaßnahmen wurde 2005 in das EnWG aufgenommen 1
zusammen mit dem heutigen **§ 14d Abs. 5 S. 1,** der Verteilernetzbetreiber dazu verpflichtet,
bei der Planung des Stromnetzausbaus die Auswirkungen von Energieeffizienzmaßnahmen
zu berücksichtigen. Vor Durchführung einer jeden Netzausbaumaßnahme müssen Verteilernetzbetreiber demnach prüfen, ob die Notwendigkeit der geplanten Maßnahme dadurch
entfallen ist, dass es infolge von Energieeffizienzmaßnahmen zu einem **geringeren Strombezug** über das Netz kommt. Die Berücksichtigung derartiger Energieeffizienzmaßnahmen
im Rahmen der Netzausbauplanung soll die **Kosteneffizienz des Netzbetriebs** erhöhen
(BR-Drs. 613/04, 104). § 14d Abs. 5 S. 1 setzt damit das in § 1 Abs. 1 enthaltene Ziel einer
möglichst **effizienten Energieversorgung** um.

Energieeffizienzmaßnahmen im Sinne der Begriffsbestimmung sind Maßnahmen, durch die 2
das **Verhältnis** zwischen Energieaufwand und dem dadurch erzielten Ergebnis bei Umwandlung, Transport und Nutzung von Energie verbessert wird. Unter diese abstrakt gehaltene Definition fallen etwa Maßnahmen zum **Abbau von Transportverlusten** im Netz, zur **Reduktion
von Umspannverlusten** oder zur Umstellung auf **verbrauchsärmere Geräte**.

§ 3 Nr. 15c (Energielieferant)

Im Sinne dieses Gesetzes bedeutet
15c. Energielieferant
   Gaslieferant oder Stromlieferant.

Die Definition des Energielieferanten wurde 2021 (BGBl. I 3026) in das EnWG aufgenom- 1
men und soll der **Klarstellung** dienen (BT-Drs. 19/27453, 88). An den Begriff des Energielieferanten knüpfen tatbestandlich vor allem die Vorschriften der §§ 40 ff. an, die die Abrechnungs-
und Mitteilungspflichten bei Energielieferungen regeln. Aus der Begriffsbestimmung von § 3
Nr. 15c ergibt sich, dass diese Pflichten gleichermaßen für **Gaslieferanten** (§ 3 Nr. 19b) und
Stromlieferanten (§ 3 Nr. 31a) gelten. **Wasserstoff** ist in § 3 Nr. 15c nicht genannt. Die Lieferung von Wasserstoff, der als Energieträger eigentlich im Anwendungsbereich des EnWG liegt
(vgl. § 3 Nr. 14), ist demnach keine Energielieferung im Sinne des EnWG.

§ 3 Nr. 15d (Energiespeicheranlage)

Im Sinne dieses Gesetzes bedeutet
15d. Energiespeicheranlage
   **Anlage in einem Elektrizitätsnetz, mit der die endgültige Nutzung elektri-
   scher Energie auf einen späteren Zeitpunkt als den ihrer Erzeugung verschoben wird oder mit der die Umwandlung elektrischer Energie in eine speicher-**

Peiffer

bare Energieform, die Speicherung solcher Energie und ihre anschließende Rückumwandlung in elektrische Energie oder Nutzung als ein anderer Energieträger erfolgt.

1   Die **Energiespeicherdefinition** in § 3 Nr. 15d wurde mit Wirkung zum 1.7.2023 neu gefasst (Gesetz vom 19.7.2022, BGBl. I 1214), um ihren Wortlaut an die Begriffsbestimmung in Art. 2 Nr. 59 der Elektrizitäts-Binnenmarkt-Richtlinie (RL (EU) 2019/944) anzupassen (BT-Drs. 20/2402, 38). Eine inhaltliche Veränderung gegenüber der alten Fassung von § 3 Nr. 15d aus dem Jahre 2021 (BGBl. I 3026) war damit nicht bezweckt. Im Vergleich zur Vorläuferfassung ist die neue **Definition funktional** ausgestaltet. Zu den Energiespeicheranlagen gehören demnach die folgenden Anlagen:
- **Reine Elektrizitätsspeicher,** in denen elektrische Energie eingespeichert und – ohne Umwandlung in eine andere Energieform – wieder entnommen wird (also insbesondere Batteriespeicher).
- Anlagen zur **Speicherung von Strom in anderen Energieformen mit Rückumwandlung in Strom,** im Einzelnen: Umwandlung von Strom in andere Energieform, Speicherung der anderen Energieform und Rückumwandlung der anderen Energieform in Strom. Hierunter fallen also v.a. die bislang in § 3 Nr. 15d genannten chemischen, mechanischen und physikalischen Zwischenspeicher.
- Unter § 3 Nr. 15d fallen schließlich auch sog. **Sektorenkopplungsanlagen,** in denen die Nutzung des Stroms „als … anderer Energieträger" erfolgt. Eine Rückumwandlung in Strom erfolgt hier also nicht. Hierunter lassen sich Elektrolyseure und andere Power-to-X-Anlagen ohne Rückverstromung fassen (BT-Drs. 19/27453, 88).

2   Die Begriffsbestimmung § 3 Nr. 15d erfasst **ausschließlich Anlagen, die elektrische Energie aufnehmen.** Speicher für Gas und Wasserstoff sind in den parallelen Vorschriften der § 3 Nr. 19c und § 3 Nr. 39b definiert.

3   Auf den Begriff der Energiespeicheranlage wird in den § 3 Nr. 38b (Energiespeicheranlage als „vollständig integrierte Netzkomponente"), §§ 7 Abs. 1, 8 Abs. 2, 10b Abs. 3 (Entflechtung Speicher- und Netzbetrieb), § 11a (Ausschreibung Energiespeicherbetrieb durch Netzbetreiber) und § 11b (ausnahmsweiser Betrieb von Energiespeicheranlagen durch Netzbetreiber) verwiesen.

4   Die Vorschriften des EnWG, die auf **reine Elektrizitätsspeicher** Anwendung finden, verwenden den Begriff „**Anlagen zur Speicherung elektrischer Energie**" – so insbesondere § 11c (Überragendes öffentliches Interesse an Anlagen zur Speicherung elektrischer Energie), § 13b (Stilllegung von Großspeichern), §§ 17 Abs. 1, 18, 19 (Netzanschluss für Speicher), § 31 Abs. 3 (Besonders Missbrauchsverfahren bei Anschluss größerer Speicher) und § 118 Abs. 6 S. 1 (Netzentgeltbefreiung für Speicher). Dieser Begriff ist nur insoweit enger als der Begriff der Energiespeicheranlage iSv § 3 Nr. 15d, als Sektorenkopplungsanlagen nicht dazugehören. „Anlagen zur Speicherung elektrischer Energie" stellen stets auch Energiespeicheranlagen in § 3 Nr. 15d dar.

§ 3 Nr. 16 (Energieversorgungsnetze)

Im Sinne dieses Gesetzes bedeutet
16. Energieversorgungsnetze
    Elektrizitätsversorgungsnetze und Gasversorgungsnetze über eine oder mehrere Spannungsebenen oder Druckstufen mit Ausnahme von Kundenanlagen im Sinne der Nummern 24a und 24b sowie im Rahmen von Teil 5 dieses Gesetzes Wasserstoffnetze.

Überblick

Mit dem Begriff Energieversorgungsnetz wird der Teilbereich der Energieanlagen (§ 3 Nr. 15) umgrenzt, der der Fortleitung von Energie dient. Die Definition ist weitgehend tautologisch, weil sie nichts darüber sagt, was unter einem „Netz" (→ Rn. 8 ff.) zu verstehen ist. Das so bestimmte Netz muss der „Versorgung" (→ Rn. 11 ff.) dienen. Im Rahmen von Teil 5 des EnWG gelten auch Wasserstoffnetze als Energieversorgungsnetz (→ Rn. 14).

Aufschlussreich ist die Definition primär insoweit, als sie klarstellt, dass Kundenanlagen (§ 3 Nr. 24a bzw. 24b) kein Netz iSd EnWG sind und damit nicht den netzbezogenen Regelungen des EnWG unterfallen. Außerdem lässt sich der Begriffsbestimmung entnehmen, dass Energieversorgungsnetz der gemeinsame Oberbegriff ist für **Elektrizitätsversorgungsnetz** und **Gasversorgungsnetz** (§ 3 Nr. 20).

Das EnWG unterscheidet zwei Arten von Energieversorgungsnetzen: Zum einen die **Energieversorgungsnetze der allgemeinen Versorgung** (§ 3 Nr. 17), zu denen im Strombereich die Übertragungsnetze und die Elektrizitätsverteilernetze und im Gasbereich die Fernleitungsnetze und Gasverteilernetze gehören, und zum anderen die **geschlossenen Verteilernetze** (§ 110).

A. Historischer Hintergrund und Bedeutung

Die Begriffsbestimmung wurde 2005 eingeführt zur Umsetzung der **Netzregulierungsvorgaben** aus der zweiten Elektrizitäts-Binnenmarkt-Richtlinie 2003/54/EG und der zweiten Gas-Binnenmarkt-Richtlinie 2003/55/EG. 1

Die Begriffsbestimmung konkretisiert den **zentralen Anknüpfungspunkt** für alle EnWG-Vorschriften der Netzregulierung. Diese sind nur auf Energieverteilanlagen anwendbar, die den Status eines Energieversorgungsnetzes haben. Insbesondere die Netzzugangs- (§ 20), Netzanschluss- (§§ 17 ff.) und Netzentgeltregulierung (§ 21) sowie ggf. die Entflechtungsvorgaben (§§ 6 ff.) finden nur auf Energieversorgungsnetze Anwendung. Sofern die Voraussetzungen eines **geschlossenen Verteilernetzes** iSv § 110 erfüllt sind, kann sich der Betreiber von manchen Netzbetreiberpflichten befreien lassen. 2

Vom Begriff des Energieversorgungsnetzes und damit von der Netzregulierung ausgenommen sind die **Kundenanlagen** (§ 3 Nr. 24a bzw. 24b) und die **Direktleitungen** (§ 3 Nr. 12). Dabei stellen Kundenanlage und Direktleitung die **Ausnahmen** zum Netz dar (vgl. für die Kundenanlage ausdrücklich in § 3 Nr. 16). In **Zweifelsfällen** ist daher von einem Energieversorgungsnetz auszugehen, sofern die Tatbestandsmerkmale von § 3 Nr. 16 erfüllt sind. 3

Abhängig von ihrer Funktion sind zwei Gruppen von Energieversorgungsnetzen zu unterscheiden: Die **Transportnetze** (vgl. § 3 Nr. 31f) dienen dem Energietransport über weite Strecken auf der oberen Ebene des Netzsystems. Im Stromsektor heißen die Transportnetze Übertragungsnetze, im Gassektor Fernleitungsnetze. Die **Verteilernetze** (§ 3 Nr. 37) bezwecken die lokale Verteilung der Energie auf den unteren Ebenen des Gesamtsystems bis zum Energieverbraucher. 4

B. „Versorgungsnetz"

Der Begriff des „Netzes" wird in § 3 Nr. 16 vorausgesetzt, aber nicht beschrieben. Ausgehend von der Zielsetzung des EnWG, im Interesse der Verbraucher möglichst umfassend das Wettbewerbsdefizit innerhalb der Versorgungsinfrastruktur auszugleichen, gilt ein **weiter Netzbegriff** (BGH IR 2012, 227 Rn. 9; OLG Düsseldorf CuR 2018, 64 Rn. 54 = BeckRS 2018, 14164). Diese Wertung leitet sich auch aus dem hohen Stellenwert einer funktionsfähigen Versorgung von Bürgern und Unternehmen mit Energie ab, die die Regulierung der Energienetze gewährleisten soll. 5

Angesichts dieser zentralen Bedeutung soll es unregulierte Bereiche nur geben, soweit **kein Regulierungsbedürfnis** besteht (Fietze ER 2020, 149 (150)) oder es zwar ein Regulierungsbedürfnis gibt, es im Einzelfall aber **unverhältnismäßig** wäre, dem Betreiber der Energieverteilanlage die Netzbetreiberpflichten aufzuerlegen. Die Begriffsbestimmung ist daher insbesondere unter Berücksichtigung des Regulierungsbedürfnisses und der Verhältnismäßigkeit auszulegen. 6

Für die Geltung eines weiten Netzbegriffs spricht auch der **unionsrechtliche Hintergrund** der Begriffsbestimmung. Denn nach den Vorgaben der Elektrizitäts-Binnenmarkt-Richtlinie 2003/54/EG müssen die Mitgliedstaaten dafür sorgen, dass grundsätzlich jedes Verteilernetz reguliert ist. Nur ausnahmsweise ist es dem nationalen Gesetzgeber gestattet, Sachverhalte aus der Regulierung auszunehmen, sofern dies aus Gründen der Verhältnismä- 7 ßigkeit geboten ist (Erwägungsgrund 30 Elektrizitäts-Binnenmarkt-Richtlinie 2009/72/EG). Diese gemeinschaftsrechtliche Vorgabe ist auch in der sog. vierten Elektrizitäts-Binnenmarkt-Richtlinie (EU) 2019/944 fortgeschrieben worden (vgl. dort Erwägungsgrund 66 Elektrizitäts-Binnenmarkt-Richtlinie (EU) 2019/944) und daher nach wie vor im Wege **richtlinienkonformer Auslegung** des EnWG zu beachten (→ § 3 Nr. 24a Rn. 8 f.).

I. Netz

8   Nach seinem Wortlaut verlangt § 3 Nr. 16 zunächst, dass ein Netz vorliegt. Dieser Begriff scheint zwar darauf hinzudeuten, dass eine bloße Leitung nicht tatbestandlich sein kann. Tatsächlich ist eine bestimmte **quantitative Ausdehnung** oder ein qualitatives Minimum an Verknüpfungspunkten bzw. Vermaschung des Leitungssystems allerdings nicht erforderlich. Netz können vielmehr alle **Anlagen zur Verteilung** und Abgabe von Energie sein. Dies folgt insbesondere aus einer richtlinienkonformen Auslegung im Lichte der Elektrizitäts-Binnenmarkt-Richtlinie (EU) 2019/944, deren Regulierungsvorgaben unabhängig von der physikalischen Ausdehnung des Netzes umzusetzen sind.

9   Neben einem System aus mehreren **vermaschten Leitungen** kann damit auch eine einzelne **Stichleitung** oder ein Verbund mehrerer Stichleitungen (sog. **Strahlennetz**) Netzqualität haben (vgl. BGH NJW-RR 2005; IR 2012, 227 Rn. 19).

10 Von der **Direktleitung iSv § 3 Nr. 12** unterscheidet sich die **Stichleitung mit Netzqualität** dadurch, dass erstere nur der Versorgung einzelner Kunden dient und nicht an ein Energieversorgungsnetz angeschlossen sein kann. Im Zweifel handelt es sich nicht um eine Direktleitung, weil diese als gesetzlicher Ausnahmefall konzipiert ist. Sofern auch nicht der Tatbestand der Kundenanlage iSv § 3 Nr. 24a bzw. 24b erfüllt ist, handelt es sich um ein Energieversorgungsnetz iSv § 3 Nr. 16.

11 Sog. **Arealnetze** (siehe ausführlich zum Begriff → § 3 Nr. 17 Rn. 6) können – je nach Ausdehnung, Nutzerkreis und Zweckrichtung – Energieversorgungsnetz iSv § 3 Nr. 16, geschlossenes Verteilernetz iSv § 110 oder Kundenanlage iSv § 3 Nr. 24a/b sein.

II. Versorgung

12 Ein Netz ist nur dann Versorgungsnetz iSv § 3 Nr. 16, wenn es der **Versorgung Dritter** dient. Es kommt mithin allein auf die Funktion der jeweiligen Energieanlage an. Dass Netze nur vor dem Hintergrund ihrer Versorgungsfunktion regulierungsrechtliche Relevanz haben, folgt aus dem Sinn und Zweck der Regulierung und aus dem Wortlaut der Begriffsbestimmung.

13 Aus den Vorschriften der § 3 Nr. 29c und Nr. 36 lässt sich hierzu entnehmen, dass Versorgung iSd EnWG dann vorliegt, wenn das Netz dazu dient, andere als den Netzbetreiber, also **Dritte mit Energie zu beliefern.** Denn § 3 Nr. 29c stellt klar, dass ein örtliches Verteilernetz überwiegend der Belieferung von Letztverbrauchern dient. Und § 3 Nr. 36 umschreibt näher, welche Tätigkeiten zur Versorgung zählen. Danach stellt u.a. der Vertrieb von Energie an Kunden Versorgung dar.

14 Netze, die **ausschließlich der Eigenversorgung** des Netzbetreibers dienen, haben keine Versorgungsfunktion und sind daher nicht Teil des Energieversorgungsnetzes. Sie sind auch nicht Kundenanlage (→ § 3 Nr. 24a Rn. 10 ff.).

C. Wasserstoffnetze als Energieversorgungsnetz

15 Durch die Wasserstoff-Novelle 2021 (BGBl. I 3026) ist die Begriffsbestimmung von § 3 Nr. 16 erweitert worden auf die in § 3 Nr. 39a definierten Wasserstoffnetze. Wasserstoffnetze gelten demnach nicht allgemein, sondern nur „im Rahmen von Teil 5" des EnWG als Energieversorgungsnetze. Das bedeutet, dass Wasserstoffnetze im Bereich des **Planfeststellungsverfahrens** nach den §§ 43 ff. und hinsichtlich die **Wegenutzungsrechte** nach den §§ 46 ff. behandelt werden. Die allgemeinen im Teil 3 enthaltenen Regeln der Netz- und Netzentgeltregulierung finden auf Wasserstoffnetze demgegenüber keine Anwendung. Insoweit gelten nur die speziellen Vorschriften des Abschnitts 3b im Teil 3.

§ 3 Nr. 17 (Energieversorgungsnetze der allgemeinen Versorgung)
Im Sinne dieses Gesetzes bedeutet
17. Energieversorgungsnetze der allgemeinen Versorgung
Energieversorgungsnetze, die der Verteilung von Energie an Dritte dienen und von ihrer Dimensionierung nicht von vornherein nur auf die Versorgung bestimmter, schon bei der Netzerrichtung feststehender oder bestimmbarer Letztverbraucher ausgelegt sind, sondern grundsätzlich für die Versorgung jedes Letztverbrauchers offen stehen.

Überblick

Energieverteilanlagen zur **Versorgung Dritter** stellen in der Regel – sofern es sich nicht nur um eine Direktleitung iSv § 3 Nr. 12 oder Kundenanlage iSv § 3 Nr. 24a bzw. 24b handelt – ein („einfaches") Energieversorgungsnetz iSv § 3 Nr. 16 dar. Sofern zusätzlich die in § 3 Nr. 17 geregelten Voraussetzungen erfüllt sind, ist es zugleich ein **(„qualifiziertes")** Energieversorgungsnetz der allgemeinen Versorgung. Voraussetzung hierfür ist, dass das Energieversorgungsnetz der Verteilung von Energie an Dritte dient (→ Rn. 4), es eine Mindestdimensionierung erreicht (→ Rn. 5 ff.) und es zur Versorgung jedes Letztverbrauchers offensteht (→ Rn. 9).

A. Relevanz der Begriffsbestimmung

Für die Betreiber von Energieversorgungsnetzen der allgemeinen Versorgung gelten weitergehende Pflichten als für die Betreiber (einfacher) Energieversorgungsnetze. Zusätzlich zu den **allgemeinen Netzbetreiberpflichten** – Netzausbau (§ 11), Netzanschluss (§ 17), Netzzugang (§ 20) und Netzentgeltregulierung (§ 21) – sind sie gem. **§ 18 Abs. 1** verpflichtet, allgemeine Netzanschlussbedingungen zu veröffentlichen und jedermann zu diesen Bedingungen an ihr Netz anzuschließen sowie gem. **§ 36 Abs. 2 S. 2** festzustellen, wer Grundversorger in ihrem Netzgebiet ist. 1

Darüber hinaus sind im Strombereich nur die Betreiber von Energieversorgungsnetzen der allgemeinen Versorgung verpflichtet, die **Netzbetreiber-Pflichten nach dem EEG** (vgl. § 3 Nr. 36 EEG 2021) und **nach dem KWKG** (vgl. § 3 Nr. 21 KWKG 2020) zu erfüllen. 2

Schließlich gelten nur für die Energieversorgungsnetze der allgemeinen Versorgung die besonderen Regeln der **qualifizierten Wegenutzungsrechte** gem. § 46 Abs. 2–6 (vgl. Fietze/Kahl, Das Energieversorgungsnetz, 2019, 3). Anlagen zur Abgabe von Energie, die nicht die Qualität von § 3 Nr. 17 erreichen, können demgegenüber auf Grundlage einfacher Wegenutzungsverträge iSv § 46 Abs. 1 im öffentlichen Verkehrsraum errichtet werden. 3

B. Versorgung Dritter

Als erste Voraussetzung normiert § 3 Nr. 17, dass das Energieversorgungsnetz der Energieverteilung an Dritte dienen muss. Diese Voraussetzung ist allerdings bereits dem Begriff „Versorgungsnetz" immanent und stellt daher keine über § 3 Nr. 16 hinausgehende zusätzliche Anforderung dar. Sie ist erfüllt, sobald das Energieversorgungsnetz dazu eingesetzt wird, **andere als den Betreiber** („Dritte") mit Energie zu versorgen. 4

C. Mindestdimensionierung

Über § 3 Nr. 16 hinaus verlangt § 3 Nr. 17, dass das Energieversorgungsnetz der allgemeinen Versorgung **nach seiner Dimensionierung** nicht von vornherein nur auf die Versorgung bestimmter, schon bei Netzerrichtung feststehender oder bestimmbarer Letztverbraucher ausgelegt ist. 5

Diese Voraussetzung dient der Abgrenzung sog. **Arealnetze** von Energieversorgungsnetzen der allgemeinen Versorgung (BT-Drs. 15/5268, 117). Arealnetze sind im EnWG nicht geregelt, haben sich aber als Begrifflichkeit in der Branche etabliert. Hierbei handelt es sich um Energieverteilanlagen, die **räumlich auf ein klar umgrenztes (Betriebs-)Gelände** 6 begrenzt sind. Arealnetze können allenfalls („einfache") Energieversorgungsnetze iSv § 3 Nr. 16, wenn nicht geschlossene Verteilernetze iSv § 110 oder Kundenanlagen iSv § 3 Nr. 24a bzw. 24b, darstellen. Demgegenüber handelt es sich aufgrund des Dimensionierungs-Kriteriums in § 3 Nr. 17 beim Arealnetz nicht um ein Energieversorgungsnetz der allgemeinen Versorgung.

7   Nach dem Dimensionierungs-Kriterium ist die Einordnung als Energieversorgungsnetz der allgemeinen Versorgung ausgeschlossen, wenn das Energieversorgungsnetz von vornherein so ausgelegt ist, dass nur ein bei Netzerrichtung **bereits feststehender Kreis** an Letztverbrauchern angeschlossen wird. Das ist der Fall, wenn das Versorgungsnetz gezielt für bestimmte Letztverbraucher errichtet worden und der Anschluss weiterer Letztverbraucher nicht vorgesehen ist.

8   Die Einordnung als Energieversorgungsnetz der allgemeinen Versorgung ist auch dann ausgeschlossen, wenn zwar der Kreis der versorgten Letztverbraucher am Anfang noch nicht feststeht, aber bereits **„bestimmbar"** ist. Durch diese Formulierung wird klargestellt, dass es sich auch dann **nicht um ein Netz der allgemeinen Versorgung** handelt, wenn die angeschlossenen Letztverbraucher zwar noch nicht namentlich bekannt sind, das Netz aber so dimensioniert ist, dass nur Letztverbraucher angeschlossen werden können, die sich auf dem betroffenen Areal ansiedeln werden (BT-Drs. 15/5268, 117).

D. Offenstehen für die Versorgung jedes Letztverbrauchers

9   Als drittes Merkmal verlangt § 3 Nr. 17, dass das Versorgungsnetz für die Versorgung **jedes** Letztverbrauchers offensteht. Diese Voraussetzung ist erfüllt, wenn der Netzbetreiber **subjektiv bereit** und **objektiv in der Lage** ist, jeden Letztverbraucher, der dies wünscht, an sein Netz anzuschließen (Schroeder-Czaja/Jacobshagen IR 2006, 50 (53)). Es kommt mithin darauf an, ob das Versorgungsnetz so konzipiert ist und betrieben wird, dass weitere beliebige Letztverbraucher angeschlossen werden können.

§ 3 Nr. 18 (Energieversorgungsunternehmen)

Im Sinne dieses Gesetzes bedeutet
18. **Energieversorgungsunternehmen**
    natürliche oder juristische Personen, die Energie an andere liefern, ein Energieversorgungsnetz betreiben oder an einem Energieversorgungsnetz als Eigentümer Verfügungsbefugnis besitzen; der Betrieb einer Kundenanlage oder einer Kundenanlage zur betrieblichen Eigenversorgung macht den Betreiber nicht zum Energieversorgungsunternehmen.

Überblick

Das in § 3 Nr. 18 definierte Energieversorgungsunternehmen (**EVU**) ist der Oberbegriff für die Hauptakteure der Energieversorgungswirtschaft. Hierzu gehören Personen (→ Rn. 4 f.), die sich in der Lieferung von Energie an andere (→ Rn. 6 ff.) oder als Betreiber von Energieversorgungsnetzen betätigen (→ Rn. 9 f.). Im Halbsatz 2 stellt die Begriffsbestimmung zudem klar, dass allein der Betrieb einer Kundenanlage nicht den Status als Energieversorgungsunternehmen mit sich bringt (→ Rn. 11 f.).

A. Relevanz der Begriffsbestimmung

1   Die wenigsten Vorschriften des EnWG sind allgemein an EVUs adressiert. In der Regel sind vielmehr direkt die Betreiber von Energieversorgungsnetzen (etwa §§ 11 ff.) oder EVUs in ihrer Rolle als Energielieferant iSv § 3 Nr. 15c (etwa §§ 5, 5a, 36, 40 ff.) verpflichtet. Als zentrale Vorschrift, die allgemein für EVUs gilt, ist in erster Linie **§ 2 Abs. 1** zu nennen, wonach EVUs die in § 1 genannten allgemeinen Anforderungen an die Energieversorgung beachten müssen.

2   Unternehmen, die sich in der Erzeugung oder Bereitstellung von Strom und Gas betätigen oder ähnliche Leistungen oder Dienstleistungen im Energiebereich anbieten, müssen stets

(Energieversorgungsunternehmen) § 3 Nr 18 EnWG

im Auge behalten, ob ihre Tätigkeit unter § 3 Nr. 18 fällt. Ist dies der Fall, müssen sie sorgfältig prüfen, welche Pflichten aus dem EnWG zu beachten sind. Insbesondere können sie zur **Anzeige gem. § 5** verpflichtet sein (Nichtbeachtung kann gem. § 95 Abs. 1 Nr. 2 eine Ordnungswidrigkeit darstellen).

Durch die Erweiterung des Energiebegriffs (§ 3 Nr. 14) auf **Wasserstoff** werden auch 3 Unternehmen, die **leitungsgebunden Wasserstoff liefern**, zum Energieversorgungsunternehmen (nicht aber zum Energielieferanten, vgl. § 3 Nr. 15c). Zu einer Anzeige gem. § 5 wären die Lieferanten von Wasserstoff aber nur verpflichtet, wenn sie Haushaltskunden außerhalb von Kundenanlagen mit Wasserstoff beliefern.

B. „Person"

Nach der Formulierung von § 3 Nr. 18 können sowohl **natürliche** als auch **juristische** 4 **Personen** (GmbH, AG) EVU sein. Selbstverständlich können sich darüber hinaus auch **rechtsfähige Personengesellschaften** (OHG, GbR) als EVU betätigen.

Über den Wortlaut hinaus können auch Unternehmen **ohne Rechtspersönlichkeit** 5 EVU sein. Dies folgte in der alten Fassung der Begriffsbestimmung in § 2 Abs. 2 EnWG 1998 bereits aus deren Formulierung (BR-Drs. 806/96, 30). Mit der Neuformulierung der Begriffsbestimmung zum 4.8.2011 war keine Änderung des EVU-Begriffs bezweckt (BT-Drs. 17/6365). Neben den ausdrücklich genannten natürlichen und juristischen Personen können daher auch betriebliche Einheiten ohne eigene Rechtspersönlichkeit EVU sein (Theobald/Kühling/Theobald § 3 Rn. 142 f.), beispielsweise nicht rechtsfähige **Regiebetriebe** von öffentlich-rechtlichen Körperschaften.

C. Energie an andere liefern (Hs. 1 Var. 1)

In der **Variante 1** ist EVU, wer Energie iSv § 3 Nr. 14 an „andere" liefert. Zentrales 6 Kriterium ist das Vorliegen einer **Drittbelieferung**. Die Betreiber von Erzeugungsanlagen zur Eigenversorgung sind demnach kein EVU. Die Energiebereitstellung **innerhalb von Konzernstrukturen** (Lieferung an Tochtergesellschaft oder an eigene Gesellschafterin, etc) führt demgegenüber zum EVU-Status und löst im Grundsatz die Geltung bestimmter EnWG-Vorschriften aus. Allerdings gilt die **Anzeigepflicht aus § 5** nicht, sofern das EVU keine Haushaltskunden oder Haushaltskunden nur innerhalb von Kundenanlagen beliefert.

Wer als Energieversorger anzusehen ist, hängt nicht von dem physikalisch-technischen 7 Durchleitungsvorgang und damit von der tatsächlichen Leistungserbringung ab; maßgeblich ist vielmehr die Übernahme der Versorgungspflicht aufgrund **schuldrechtlicher Vereinbarung** (OLG Düsseldorf EnWZ 2015, 511 Rn. 117). Im Falle atypischer Vertragsgestaltungen ist eine Gesamtwürdigung durchzuführen, um zu beurteilen, wie sich die geschuldete Tätigkeit aus der objektiven Sicht eines durchschnittlichen Kunden darstellt (BGH BeckRS 2016, 12051 – für Energiedienstleistungsvertrag mit Contracting-Komponente).

Bei der Beurteilung, wer Energieversorger iSd EnWG ist, entfaltet auch die in § 3 Nr. 25 8 enthaltene Letztverbraucherdefinition Geltung. Aus § 3 Nr. 25 Hs. 2 ergibt sich, dass bei der **Bereitstellung von Ladestrom** für Elektrofahrzeuge der Betreiber der Ladeinfrastruktur (sog. Charge Point Operator = CPO) Letztverbraucher ist. Damit steht zugleich fest, dass der **CPO nicht Energieversorgungsunternehmen** iSv § 3 Nr. 18 sein kann. Genauso wenig werden sog. „**Mobility Service Provider**" (= MSP) (auch bezeichnet als „E-Mobility Service Provider"), die den Nutzern von Elektrofahrzeugen das punktuelle Aufladen ermöglichen, zum Energieversorgungsunternehmen. Sie vermarkten zwar Ladevorgänge, liefern aber nicht Energie iSd EnWG. Der Nutzer des Elektrofahrzeuges ist beim Ladevorgang nicht Letztverbraucher des Stroms, sondern bloßer Nutzer des Stroms (vgl. Oldiges/Reimann DStR 2019, 1125 (1127)).

D. Energieversorgungsnetz betreiben (Hs. 1 Var. 2 und Var. 3)

Gemäß § 3 Nr. 18 Hs. 1 Var. 2 sind auch die Betreiber von Energieversorgungsnetzen iSv 9 § 3 Nr. 4 Energieversorgungsunternehmen.

Darüber hinaus kommt gem. § 3 Nr. 18 Hs. 1 Var. 3 auch demjenigen EVU-Status zu, 10 der **Eigentümer eines Energieversorgungsnetzes** iSv § 3 Nr. 16 ist. Dies gilt allerdings

Peiffer

nur, wenn der Eigentümer „Verfügungsbefugnis" über das Netz hat. Diese Voraussetzung dürfte nur dann erfüllt sein, wenn der Eigentümer tatsächlich die **unmittelbare Sachherrschaft** über sein Netz innehat und für die Tätigkeiten Netzbetrieb, -wartung, und -ausbau verantwortlich ist. Hat der Eigentümer das Netz demgegenüber an Dritte verpachtet und den operativen Netzbetrieb dadurch vollständig abgegeben, kommt ihm nicht der Status als EVU zu. Für dieses Auslegungsergebnis spricht insbesondere, dass er mangels Zugriffsmöglichkeit auf sein Netz gar nicht in der Lage wäre, die im EnWG geregelten Netzbetreiberpflichten zu erfüllen.

E. Betrieb Kundenanlage (Hs. 2)

11 Im Zuge der Novellierung 2011 wurde im Halbsatz 2 die Klarstellung aufgenommen, dass allein der Betrieb einer Kundenanlage iSv § 3 Nr. 24a bzw. 24b keinen EVU-Status begründet. Infolgedessen sind Kundenanlagenbetreiber von der Geltung vieler EVU-Vorschriften ausgenommen.

12 Sofern der Betreiber der Kundenanlagen allerdings **zusätzlich Dritte** innerhalb oder außerhalb der Kundenanlage **mit Energie beliefert,** erlangt er gem. § 3 Nr. 18 Hs. 1 Var. 1 EVU-Status. Bleibt die Energiebelieferung auf Dritte innerhalb der Kundenanlage beschränkt, ist der Betreiber der Kundenanlage gem. § 5 S. 1 Hs. 2 allerdings nicht zur Anzeige gegenüber der Regulierungsbehörde verpflichtet.

§ 3 Nr. 18a (Energieversorgungsvertrag)

Im Sinne dieses Gesetzes bedeutet
18a. Energieversorgungsvertrag
   ein Vertrag über die Lieferung von Elektrizität oder Gas, mit Ausnahme von Energiederivaten.

1 Der Begriff Energieversorgungsvertrag wurde 2011 zusammen mit § 5a eingeführt und spielt ausschließlich bei dessen Anwendung eine Rolle. Energieversorgungsverträge im Sinne der Begriffsbestimmung sind allgemein alle Verträge über die Lieferung von Elektrizität und Gas. **Energiederivate** sind in § 3 Nr. 15a eigenständig definiert und vom Begriff des Energieversorgungsvertrags ausgenommen. Die Definition wurde übernommen aus Art. 2 Nr. 13 Elektrizitäts-Binnenmarkt-Richtlinie (EU) 2019/944 („Elektrizitätsversorgungsvertrag") und Art. 2 Nr. 34 Gas-Binnenmarkt-Richtlinie 2009/73/EG („Gasversorgungsvertrag"). Nachdem Wasserstoff nicht genannt ist, sind **Wasserstofflieferverträge** keine Energieversorgungsverträge im Sinne der Vorschriften.

2 Die Begriffsbestimmung in § 3 Nr. 18a entfaltet insbesondere keine Geltung iRv § 41, der nur für **Energielieferverträge mit Haushaltskunden** gilt.

§ 3 Nr. 18b (Erlösobergrenze)

Im Sinne dieses Gesetzes bedeutet
18b. Erlösobergrenze
   Obergrenzen der zulässigen Gesamterlöse eines Netzbetreibers aus den Netzentgelten.

1 Der Begriff der Erlösobergrenze wurde 2021 in das EnWG eingeführt (BGBl. 2021 I 3026). Er ist schon vorher in diversen Vorschriften der **ARegV** verwendet worden, war darin aber nicht definiert. Bei der Erlösobergrenze handelt es sich um die maximal zulässigen Erlöse, die jeder Netzbetreiber (iSv § 3 Nr. 27) durch Netzentgelte einnehmen kann. Der Betrag wird für jedes Jahr durch die Regulierungsbehörde genehmigt auf Grundlage einer **Kostenprüfung** nach der StromNEV und der GasNEV und unter Berücksichtigung der **Anreizregulierung** nach der ARegV.

(Erzeugungsanlage) § 3 Nr 18d EnWG

§ 3 Nr. 18c (erneuerbare Energien)

Im Sinne dieses Gesetzes bedeutet
18c. erneuerbare Energien
    Energien im Sinne des § 3 Nummer 21 des Erneuerbare-Energien-Gesetzes.

Der Begriff „erneuerbare Energien" spielt im EnWG hauptsächlich für die Vorschrift zur **1** **Stromkennzeichnung in § 42** eine Rolle. Er wird außerdem in § 1 Abs. 1 (Zielbestimmung EnWG), § 1a Abs. 4 (Grundsätze Strommarkt), § 3 Nr. 33, § 11 Abs. 2 (Stromnetzausbau), § 13 Abs. 6b (Systemverantwortung Stromnetzbetreiber), § 18 Abs. 2 (Netzanschlussanspruch), § 24 S. 2 Nr. 4 Bst. a (Festlegungskompetenz), § 35 Abs. 1 Nr. 6 (Monitoring) verwendet.

Für **§ 3 Nr. 10f (Definition Biogas iSd EnWG)** kommt es demgegenüber nicht auf den Erneuerbare-Energien-Begriff von § 3 Nr. 18c an. Vielmehr verweist § 3 Nr. 10f auf die Erneuerbare Energien-Richtlinie (→ § 3 Nr. 10f Rn. 11). **1.1**

Was unter erneuerbaren Energien im Sinne dieser Vorschrift zu verstehen ist, definiert **2** § 3 Nr. 18c durch Verweis auf **§ 3 Nr. 21 Erneuerbare-Energien-Gesetz.** Nachdem keine bestimmte Fassung des EEG in Bezug genommen wird, handelt es sich um einen **dynamischen Verweis.** Im EnWG gilt demnach stets die Erneuerbare Energien-Definition des jeweils aktuellen EEG.

Demnach gehören zu den erneuerbaren Energien (**§ 3 Nr. 21 EEG 2023**): Wasserkraft **3** einschließlich der Wellen-, Gezeiten-, Salzgradienten- und Strömungsenergie, Windenergie, solare Strahlungsenergie, Geothermie, Energie aus Biomasse einschließlich Biogas, Biomethan, Deponiegas und Klärgas sowie aus dem biologisch abbaubaren Anteil von Abfällen aus Haushalten und Industrie.

Im Anwendungsbereich von § 3 Nr. 18c **gilt der Biogas-Begriff iSv § 3 Nr. 10f nicht** **4** (Elspas/Graßmann/Rasbach § 3 Nr. 18c Rn. 84; Säcker EnergieR/Boesche § 3 Nr. 18c Rn. 96; aA Bourwieg/Hellermann/Hermes § 3 Rn. 46). Der Biogas-Begriff von § 3 Nr. 10f ist deutlich weiter als der EEG gültige. Während im EEG nur Gas aus der anaeroben Vergärung von Biomasse tatbestandlich ist, gelten im § 3 Nr. 10f auch **Grubengas, Wasserstoff** und **methanisierter Wasserstoff** (SNG) (sofern überwiegend aus erneuerbarem Strom erzeugt) als Biogas (→ § 3 Nr. 10f Rn. 4). Dieser weite Biogas-Begriff ist nur dann anwendbar, wenn Vorschriften des EnWG (insbesondere § 3 Nr. 19a) oder Vorschriften der auf dem EnWG beruhenden Rechtsverordnungen tatbestandlich „Biogas" voraussetzen. Dann konkretisiert § 3 Nr. 10f, was unter diesem Tatbestandsmerkmal zu verstehen ist. § 3 Nr. 18c gilt demgegenüber dann, wenn Vorschriften aus dem EnWG (bzw. der Verordnungen) auf „Erneuerbare Energien" verweisen. Für diesen Fall verweist § 3 Nr. 18c EnWG auf § 3 Nr. 21 EEG; für eine ergänzende Heranziehung von § 3 Nr. 10f ist daher kein Raum.

§ 3 Nr. 18d (Erzeugungsanlage)

Im Sinne dieses Gesetzes bedeutet
18d. Erzeugungsanlage
    Anlage zur Erzeugung von elektrischer Energie.

Die Legaldefinition der „Erzeugungsanlage" wurde durch das Strommarktgesetz zum **1** 30.7.2016 in die Begriffsbestimmungen in § 3 überführt. Bis dahin war sie in **§ 13 Abs. 1a S. 1 EnWG 2011** verortet. Durch die Überführung sollte die Systematik der Regelungen verbessert, aber **keine inhaltliche Änderung** bewirkt werden (BR-Drs. 542/15, 85). Dem § 3 Nr. 18d lässt sich entnehmen, dass alle Kraftwerksanlagen, in denen (auch) Strom erzeugt wird, unabhängig von der Erzeugungstechnologie und unabhängig vom eingesetzten Energieträger, Erzeugungsanlage sind. In Betracht kommt eine Stromerzeugung insbesondere aus Braun- und Steinkohle, Erdgas, Mineralöl, Abfall, Biomasse, Lauf- und Speicherwasser oder Geothermie.

Auch ortsfeste (stationäre) **Stromspeicher** (insbesondere Batterien) erfüllen den Tatbestand der Erzeugungsanlage, soweit sie elektrische Energie abgeben (BNetzA Beschl. v. **2**

Peiffer

18.12.2020 – BK8-20/10465-M1, 12; aA Elspas/Graßmann/Raspach § 3 Rn. 87). Denn bei der Entladung (Einspeisung in das Netz) wirken sie genauso wie sonstige Erzeugungsanlagen und die Begriffsbestimmung in § 3 Nr. 18d enthält keinerlei Anforderungen an die Art der Stromerzeugung oder die Herkunft der eingesetzten Primärenergie. Gegen die Einordnung von Stromspeichern als Erzeugungsanlagen spricht auch nicht, dass diese „nur" die Strommengen erzeugen können, die sie zuvor aus dem Netz entnommen haben. Denn in Anlehnung an die Rechtsprechung des BGH zu den Pumpspeicherkraftwerken sind die Vorgänge der Stromspeicherung und der Stromrückgewinnung zwei getrennte Vorgänge, die rechtlich voneinander unabhängig zu beurteilen sind (BGH ZNER 2019, 172 Rn. 9 = BeckRS 2010, 4706).

3   Demgegenüber hat das OLG Düsseldorf entschieden, dass **Stromspeicher keine Erzeugungsanlagen** seien, Regelungen für Erzeugungsanlagen aber **analog** auf Speicheranlagen **angewendet** werden können (OLG Düsseldorf EnWZ 2022, 276 Rn. 107 ff., noch nicht rechtskräftig). Nach Auffassung des OLG Düsseldorf könnten Stromspeicher nicht als Erzeugungsanlagen eingeordnet werden, weil ihr eigentlicher Zweck nicht in der Erzeugung liege, sondern in der (Zwischen-)Speicherung von elektrischer Energie, die zuvor dem Netz entnommen worden ist (OLG Düsseldorf EnWZ 2022, 276 Rn. 109). Außerdem könne nur dann von „Erzeugen" gesprochen werden, wenn die in einem Primärenergieträger enthaltene Energie in elektrische Energie umgewandelt werde; bei Speichern gebe es demgegenüber zwei Umwandlungsprozesse – den ersten bei der Beladung und den zweiten bei der Entladung (OLG Düsseldorf EnWZ 2022, 276 Rn. 111). Diese Begründung, die maßgeblich auf die Betreibermotivation abstellt, kann aber nicht überzeugen. Denn aus Sicht des Netzes kommt es **allein auf die physikalische Betrachtung** an, dass die Anlage elektrische Energie bereitstellt.

§ 3 Nr. 18e (europäische Strommärkte)

Im Sinne dieses Gesetzes bedeutet
18e. **europäische Strommärkte**
   die **Strommärkte der Mitgliedstaaten der Europäischen Union** sowie der **Schweizerischen Eidgenossenschaft und des Königreichs Norwegen**.

1   Auf den Begriff der europäischen Strommärkte nehmen § 12 und § 51 Bezug. Gemäß § 51 ist die BNetzA dafür zuständig, ein **Monitoring zur Versorgungssicherheit** durchzuführen. Im Rahmen dieses Monitorings betrachtet die BNetzA auch die Situation auf den **europäischen Strommärkten** in ihren Auswirkungen auf den **deutschen Markt**, vgl. § 51 Abs. 3 Nr. 1. Um dieses Monitoring durchführen zu können, sind die Betreiber von Elektrizitätsversorgungsnetzen gem. § 12 Abs. 5 Nr. 3 verpflichtet, die ihnen vorliegenden Informationen zu den europäischen Strommärkten bereitzustellen.

2   Zu den europäischen Strommärkten im Sinne der Legaldefinition gehören die Strommärkte der EU-Mitgliedstaaten sowie der Schweizerischen Eidgenossenschaft und des Königreichs Norwegen. Der schweizerische und der norwegische Strommarkt werden für die Zwecke des Monitorings der Versorgungssicherheit zu den europäischen Strommärkten gezählt, weil diese Strommärkte **eng mit dem deutschen Strommarkt verbunden** sind (BR-Drs. 542/15, 85 f.).

3   Dass im Rahmen des Monitorings zur Versorgungssicherheit auch Strommärkte außerhalb Deutschlands berücksichtigt werden, trägt dem Umstand Rechnung, dass der deutsche Strommarkt zunehmend in den europäischen Elektrizitätsbinnenmarkt integriert ist (BR-Drs. 542/15, 83). Aus diesem Grunde hat der deutsche Gesetzgeber 2016 in **§ 1 Abs. 4 Nr. 4** als **weitere Zielbestimmung** verankert, den europäischen Elektrizitätsbinnenmarkt zu stärken und die Zusammenarbeit insbesondere mit den an das Gebiet der Bundesrepublik Deutschland angrenzenden Staaten auszubauen (BR-Drs. 542/15, 83). Um diesem Ziel Rechnung zu tragen, umfasst das Monitoring zur Versorgungssicherheit auch die ausländischen Strommärkte.

§ 3 Nr. 19 (Fernleitung)

Im Sinne dieses Gesetzes bedeutet
19. **Fernleitung**
der Transport von Erdgas durch ein Hochdruckfernleitungsnetz, mit Ausnahme von vorgelagerten Rohrleitungsnetzen, um die Versorgung von Kunden zu ermöglichen, jedoch nicht die Versorgung der Kunden selbst.

Die Fernleitung im Gasbereich ist der Parallelbegriff zur Übertragung im Strombereich (§ 3 Nr. 32). Fernleitungs- und Übertragungsnetz fallen unter den gemeinsamen **Oberbegriff Transportnetz iSv § 3 Nr. 31f** und meinen alle Energieanlagen, die dem Zweck dienen, Gas und Strom auf den oberen Netzebenen (im Gasbereich: Hochdrucknetz) über weite Entfernungen zu transportieren. Fernleitungsnetze sind daran erkennbar, dass an sie **keine** (bzw. nur ausnahmsweise) **Letztverbraucher** angeschlossen sind. 1

Die Begriffsbestimmung von § 3 Nr. 19 ist weitgehend tautologisch. Ihr lässt sich in erster Linie nur entnehmen, dass Gasleitungen **auf Hochdruckebene** erfasst sind, nicht aber, wann es sich um „Fernleitungen" handelt. Für die Einordnung eines Gasnetzes als Fernleitungsnetz ist vielmehr **§ 3 Nr. 5** heranzuziehen, der mehrere Merkmale aufzählt, die ein Gasnetz zum Fernleitungsnetz machen. Allgemein sind nur Gasleitungen mit **Bedeutung für den europäischen Gasmarkt** Fernleitungen (BT-Drs. 17/6072, 50). Dies ist dann der Fall, wenn die Gasleitung dem **überregionalen oder grenzüberschreitenden Gastransport** dient. Zu den Merkmalen der Fernleitungsnetze wird auf die Kommentierung zu § 3 Nr. 5 verwiesen (→ § 3 Nr. 5 Rn. 2 ff.). 2

Eine **unmittelbare Versorgung** von Letztverbrauchern erfolgt über das Transportnetz nicht. Das bringt § 3 Nr. 19 für den Gasbereich durch die etwas verwirrende Formulierung zum Ausdruck, dass Fernleitung den Transport von Erdgas meint, „jedoch nicht die Versorgung der Kunden selbst". Fernleitungsnetze sind also dadurch gekennzeichnet, dass unmittelbar **keine Kunden** angeschlossen sind, sondern nur Gasverteilernetze. 3

Nach dem Wortlaut von § 3 Nr. 19 umfasst Fernleitung nur den Transport von **Erdgas**. Bei wortlautgetreuer Anwendung könnten demnach die anderen gasförmigen Energieträger, die ebenfalls unter den Gasbegriff von § 3 Nr. 19a fallen, nicht in der Fernleitung transportiert werden. Es gibt allerdings keinen Hinweis darauf, dass der Gesetzgeber für die Fernleitung tatsächlich einen anderen **Gasbegriff** einführen wollte als für die Gasverteilernetze. Dies wäre auch aus technischer Sicht nicht praktikabel, weil Verteilernetze und Fernleitungen an vielen Stellen miteinander verbunden sind und gleichzeitig alle Arten von Gas bundesweit transportiert werden können. Richtigerweise ist die Begriffsbestimmung daher weit auszulegen in dem Sinne, dass **alle Gas-Arten** iSv § 3 Nr. 19a in der Fernleitung transportiert werden können (aA Elspas/Graßmann/Raspach § 3 Rn. 92). 4

So kann etwa auch **Biomethan** oder **Wasserstoff** in das Fernleitungsnetz eingespeist und als Beimisch-Produkt über dieses transportiert werden. Nicht zu den Fernleitungen gehören allerdings die **Wasserstoffnetze** iSv § 3 Nr. 39a, bei denen das EnWG nicht zwischen der Transport- und der Verteilebene unterscheidet. Dass Wasserstoffnetze nicht Fernleitungsnetze sind, macht § 3 Nr. 19 dadurch klar, dass Wasserstoff hier nicht erwähnt ist. 5

Die **vorgelagerten Rohrleitungsnetze** iSv § 3 Nr. 39 sind ausdrücklich vom Fernleitungsbegriff ausgenommen. Auf diese finden die allgemeinen Netzzugangs- und Netzanschlussansprüche keine Anwendung. Vielmehr gelten insoweit die Sonderregeln in § 26 und § 27. 6

§ 3 Nr. 19a (Gas)

Im Sinne dieses Gesetzes bedeutet
19a. **Gas**
Erdgas, Biogas, Flüssiggas im Rahmen der §§ 4 und 49 sowie, wenn sie in ein Gasversorgungsnetz eingespeist werden, Wasserstoff, der durch Wasserelektrolyse erzeugt worden ist, und synthetisch erzeugtes Methan, das durch wasserelektrolytisch erzeugten Wasserstoff und anschließende Methanisierung hergestellt worden ist.

Überblick

Der Begriffsbestimmung in § 3 Nr. 19a lässt sich die essenzielle Aussage entnehmen, dass die Anwendbarkeit das EnWG in der Gassparte nicht auf Erdgas beschränkt ist. Vielmehr werden **fünf Stoffarten** aufgezählt, die „Gas" iSd EnWG darstellen:
- Erdgas (→ Rn. 1 f.),
- Biogas (→ Rn. 3),
- Flüssiggas (→ Rn. 4 ff.),
- Wasserstoff (→ Rn. 9 ff.) und
- synthetisches Methan (→ Rn. 12).
- Darüber hinaus können ggf. auch noch weitere nicht ausdrücklich genannte Gas-Arten unter den Tatbestand gefasst werden (→ Rn. 13 ff.).

Die „Gas"-Definition hat Hilfsfunktion zur Bestimmung des Anwendungsbereichs insbesondere der an den Tatbestand des Gasversorgungsnetzes anknüpfenden Regelungen des EnWG sowie von § 49 Abs. 2 S. 1 Nr. 2. Vor allem bei den nicht-fossilen bzw. erneuerbaren Gasen (Biomethan, Wasserstoff, etc) ist anhand von § 3 Nr. 19a zu prüfen, ob es sich um Gas iSd EnWG handelt.

A. Erdgas (Var. 1)

1   Bei Erdgas handelt es sich nach allgemeinem Verständnis um einen fossilen Energieträger, dessen **Hauptbestandteil Methan** ist, das – je nach Förderstätte – einen unterschiedlich hohen Anteil hat. Im deutschen Markt wird Erdgas in zwei Brennwert-Qualitäten geliefert und gehandelt: Hochkalorisches **H-Gas** (§ 3 Nr. 21a) wird vorwiegend in Russland und Norwegen gefördert und fließt im größten Teil des deutschen Erdgasnetzes. Niederkalorisches **L-Gas** (§ 3 Nr. 24c) stammt vorwiegend aus den Niederlanden und wird vor allem im Nord-Westen Deutschlands im Gasnetz transportiert. Auch **komprimiertes Erdgas** („**CNG**" – Compressed Natural Gas) unterfällt dem EnWG, allerdings nur solange es Bezug zum leitungsgebundenen Transport hat (→ § 3 Nr. 14 Rn. 5).

2   Auch **verflüssigtes Erdgas** („**LNG**" – Liquified Natural Gas; zu unterscheiden von Flüssiggas → Rn. 4) unterfällt dem Tatbestand „Erdgas" in § 3 Nr. 19a. Dennoch finden die Vorschriften des EnWG nur ausnahmsweise Anwendung auf die **LNG-Wirtschaft**. Denn zusätzliche tatbestandliche Voraussetzung für die Geltung des EnWG ist das Vorliegen von „Energie" iSv § 3 Nr. 14, was wiederum **Leitungsgebundenheit** erfordert. LNG, das in Speichern per Straße oder Schiff transportiert wird, unterliegt daher nicht dem EnWG. Auch LNG-Abfüllstationen, die nicht über das Erdgasnetz versorgt werden, fallen aus dem Anwendungsbereich des EnWG. Demgegenüber unterliegen **LNG-Tankstellen,** die an das Erdgasnetz angeschlossen sind, jedenfalls bis zum Punkt der Entnahme des LNG aus dem Abfüllstutzen bestimmten Vorschriften des EnWG (→ § 3 Nr. 14 Rn. 4).

2a Hinsichtlich der **wettbewerbsrechtlichen Aspekte** des Betriebs von LNG-Infrastruktur gilt das EnWG allerdings weitgehend nicht. Die einzige Ausnahme sind **LNG-Anlagen iSv § 3 Nr. 26,** also an das Fernleitungsnetz angebundene Anlagen zum Wechsel zwischen den Aggregatzuständen flüssig und gasförmig, insbesondere sog. LNG-Terminals (→ § 3 Nr. 26 Rn. 1 ff.). Der **Zugang zu LNG-Anlagen** fällt in den Anwendungsbereich des EnWG (→ § 3 Nr. 26 Rn. 4). Im Übrigen – also für die LNG-Infrastruktur, die nicht LNG-Anlagen iSv § 3 Nr. 26 sind, sowie ergänzend für die im EnWG nicht geregelten wettbewerblichen Aspekte von LNG-Anlagen – gilt **allgemeines Wettbewerbsrecht,** ggf. also das GWB (BT-Drs. 16/12898, 19).

B. Biogas (Var. 2)

3   In der Variante 2 wird auf Biogas iSv § 3 Nr. 10f verwiesen. Alle dort als Biogas definierten gasförmigen Energieträger sind zugleich Gas iSv § 3 Nr. 19a.

C. Flüssiggas (Var. 3)

4   Flüssiggas ist weitgehend aus dem Anwendungsbereich des EnWG ausgenommen. Nach der Begriffsbestimmung in § 3 Nr. 19a Var. 3 ist Flüssiggas nur „im Rahmen von §§ 4 und

(Gas) § 3 Nr 19a EnWG

49" Gas. Das bedeutet, dass **ausschließlich die §§ 4 und 49 EnWG anwendbar** sind, die beide die Betriebssicherheit betreffen. Die Anwendbarkeit dieser Vorschriften auf Flüssiggas hielt der Gesetzgeber wegen der besonderen **Betriebsgefahren von Flüssiggasanlagen** für erforderlich (BT-Drs. 16/12898, 19).

Zum Flüssiggas gehören insbesondere Propan und Butan, abgefüllt in Gasflaschen (sog. **Flaschengas**) oder eingefüllt in stationären **Flüssiggasbehältern** (Gastank unter oder oberhalb der Erde) sowie „**LPG**" (Liquified Petroleum Gas). Verflüssigtes Erdgas ist demgegenüber kein Flüssiggas (→ Rn. 2). 5

Der Verweis auf § 4 führt dazu, dass der Betrieb von **Flüssiggasversorgungsnetzen** der behördlichen Genehmigung bedarf. Die **Genehmigungspflicht aus § 4** greift aber nur bei Flüssiggasversorgungs-Anlagen, die sich als Energieversorgungsnetz iSv § 3 Nr. 16 darstellen. Das kann bei zentralen Tankversorgungen mit Flüssiggas (Bsp.: Anbindung mehrerer Gebäude in einem Wohnquartier oder in einem großen Industriebetrieb an einen zentralen Flüssiggastank) der Fall sein. In solchen Konstellationen liegt ein **genehmigungspflichtiges Flüssiggasversorgungsnetz** insbesondere dann vor, wenn Dritte versorgt werden und die Versorgungsstruktur eine gewisse räumliche und volumenmäßige Größenordnung erreicht. Sind diese Voraussetzungen erfüllt, ist ein Genehmigungsverfahren nach § 4 durchzuführen. 6

Flüssiggasversorgungsnetze, die **vor dem 13.7.2005** (= Inkrafttreten von § 4) errichtet und in Betrieb genommen worden sind, bleiben allerdings genehmigungsfrei. Flüssiggasversorgungseinrichtungen, die zwar schon vor dem 13.7.2005 betrieben wurden, aber erst ab dem 13.7.2005 den Status eines Flüssiggasversorgungsnetzes erreichen, wachsen hierdurch in die Genehmigungspflicht aus § 4 hinein. 7

Der Verweis auf § 49 bedeutet, dass Flüssiggasversorgungs-Anlagen so zu betreiben sind, dass die **technische Sicherheit** gewährleistet ist und die allgemein anerkannten Regeln der Technik beachtet werden. In der Praxis ist das einschlägige **DVGW-Regelwerk** zu beachten, vgl. § 49 Abs. 2 S. 1 Nr. 2. Allerdings findet § 49 nur auf Flüssiggas-Anlagen im Rahmen der leitungsgebundenen Energieversorgung Anwendung (vgl. § 3 Nr. 14), dh der Vertrieb von Flaschengas oder die Anlieferung von Flüssiggas zur Befüllung von hauseigenen Flüssiggasspeichern unterliegt nicht den Anforderungen von § 49 EnWG. 8

D. Wasserstoff (Var. 4)

Gemäß § 3 Nr. 19a kann auch Wasserstoff Gas iSd EnWG sein, allerdings nur, sofern der Wasserstoff in das Gasversorgungsnetz **eingespeist** wird und er durch **Wasserelektrolyse** erzeugt worden ist. Diese beiden Voraussetzungen müssen kumulativ erfüllt sein. 9

Wasserstoff, der sich **außerhalb des Gasversorgungsnetzes** befindet (etwa in Flaschen oder Transportfahrzeugen), ist nicht Gas iSd EnWG. Sofern der Wasserstoff aus erneuerbarem Strom gewonnen wird, könnte er aber Biogas iSv § 3 Nr. 10f darstellen und wäre als solches auch in der Gas-Definition von § 3 Nr. 19a enthalten. Auch in diesem Fall ist das EnWG allerdings nur anwendbar, soweit es sich um leitungsgebundene Energieversorgung handelt (vgl. § 3 Nr. 14), dh mit der Entnahme des Wasserstoffs aus dem Netz verlässt er den Anwendungsbereich des EnWG. 10

Wasserstoff ist nur dann Gas iSd EnWG, wenn er **in Wasserelektrolyse** erzeugt worden ist. Wasserstoff, der unter Einsatz anderer Technologien hergestellt wird, etwa mittels Pyrolyseverfahren oder durch Dampfreformation, ist demnach nicht unmittelbar vom Gasbegriff umfasst (ggf. gilt aber ein weiter Gas-Begriff; → Rn. 13 ff.). Sofern Wasserstoff in **Wasserstoffnetzen** iSv § 3 Nr. 39a transportiert oder in **Wasserstoffspeicheranlagen** iSv § 3 Nr. 39b gespeichert wird, handelt es sich nicht um Gas iSv § 3 Nr. 19a, aber um Wasserstoff iSv § 3 Nr. 14. Dies gilt unabhängig davon, in welchem Verfahren der Wasserstoff hergestellt worden ist (Elektrolyse, Pyrolyse, Dampfreformation, etc). 11

E. Synthetisches Methan (Var. 5)

Nach Variante 5 ist auch methanisierter Wasserstoff (**SNG** – „Synthetic Natural Gas") Gas iSd EnWG. Dieses sog. synthetische Methan wird in Methanisierungsanlagen hergestellt, in denen Wasserstoff unter Einsatz von Kohlenstoff zu Methan (CH_4) verwandelt wird. Die Begriffsbestimmung enthält keinerlei Anforderungen an die eingesetzte Technologie zur 12

Methanisierung, sodass sowohl **chemische Methanisierung** (sog. **Sabatier-Prozess**) als auch **biologische Methanisierung** tatbestandlich ist. Erforderlich ist allerdings, dass der zur Methanisierung eingesetzte Wasserstoff elektrolytisch hergestellt worden ist.

F. Enger oder weiter Gas-Begriff?

13   Umstritten ist, ob neben den in § 3 Nr. 19a ausdrücklich genannten Gas-Arten auch andere Arten gasförmiger Energie Gas iSd EnWG darstellen können. Diese Frage stellt sich etwa für Wasserstoff, der nicht durch Wasserelektrolyse hergestellt wird und daher bei wortlautstrenger Anwendung nicht die Voraussetzungen von § 3 Nr. 19a Var. 4 erfüllt.

14   Der **Wortlaut** von § 3 Nr. 19a spricht dafür, dass die Aufzählung abschließenden Charakter hat und daher insoweit ein **enger Gas-Begriff** gilt, also alle nicht aufgezählten gasförmigen Energieträger nicht tatbestandlich sind. In der Norm werden die Voraussetzungen für die Klassifizierung bestimmter Gas-Arten als Gas detailliert geregelt. Diese Voraussetzungen würden umgangen, wenn die Aufzählung in § 3 Nr. 19a keinen abschließenden Charakter hätte.

15   Dennoch geht die wohl herrschende Meinung davon aus, dass im EnWG ein **weiter Gas-Begriff** gilt (Theobald/Kühling/Theobald § 3 Rn. 168; Britz/Hellermann/Hermes/Hellermann, 3. Aufl., § 3 Rn. 37; Säcker EnergieR/Barbknecht § 3 Rn. 101; Kment EnWG/Schex § 3 Rn. 45). Zur Begründung wird insbesondere auf das **EnWG 1935** verwiesen, in dem der Begriff Gas nicht definiert war, sondern ohne weitere tatbestandliche Einschränkungen als Energieträger vorausgesetzt worden ist. Insbesondere die früher weit verbreiteten Gase der sog. **ersten Gasfamilie** unterfielen dem EnWG 1935. Hierzu gehören **Stadt-, Fern- oder Kokereigase**, die durch Kohlevergasung hergestellt und in Leitungen vor Ort verteilt worden sind. Stadtgas bestand zu rund 50 Prozent aus Wasserstoff und unterscheidet sich daher stofflich von Erdgas und den anderen in § 3 Nr. 19a genannten Gasen.

16   Erstmals im **EnWG 2005** wurde eine Legaldefinition für Gas aufgenommen (§ 3 Nr. 19a EnWG 2005: „Im Sinne dieses Gesetzes bedeutet Gas Erdgas und Biogas"). Die Einführung dieser Legaldefinition sollte aber nur der Klarstellung dienen (BT-Drs. 15/5268, 117) und hatte erkennbar nicht den Zweck, den Gas-Begriff weiterzuentwickeln bzw. enger zu fassen. Dies spricht dafür, dass die Aufzählung von „Erdgas" und „Biogas" in der Fassung von 2005 als Regelbeispiele zu verstehen war.

17   Durch die **EnWG-Novelle 2011** erhielt § 3 Nr. 19a seine aktuelle Fassung. Die Anpassung sollte nur der Klarstellung dienen, dass Wasserstoff und methanisierter Wasserstoff (synthetisches Methan) unter das EnWG fallen (BT-Drs. 17/6072, 50). Man kann der Gesetzgeber daher dahingehend verstehen, dass beide Gas-Arten ohnehin schon Gas iSd EnWG darstellten. Denn 2011 sollte der Gas-Begriff offenbar nicht verändert werden.

18   Im **Ergebnis** ist es daher am überzeugendsten, dass im EnWG nach wie vor ein weiter Gas-Begriff gilt. Daher können auch andere Gas-Arten (wie etwa nicht elektrolytisch hergestellter Wasserstoff) als Gas iSd EnWG eingeordnet werden. Zu denken ist etwa an Wasserstoff aus Dampfreformation oder Pyrolyse.

19   Für die Geltung des weiten Gas-Begriffs spricht schließlich auch eine **richtlinienkonforme Auslegung** der Gas-Definition. Diese wurde zur Umsetzung der „zweiten" Gas-Binnenmarkt-Richtlinie 2003/55/EG in das EnWG 2005 aufgenommen. Deren Anwendungsbereich erstreckt sich gem. Art. 1 Abs. 2 Gas-Binnenmarkt-Richtlinie 2003/55/EG auf „Erdgas, einschließlich verflüssigtem Erdgas (LNG), ... Biogas und Gas aus Biomasse oder **andere(n) Gasarten**, soweit es technisch und ohne Beeinträchtigung der Sicherheit möglich ist, diese Gase in das Erdgasnetz einzuspeisen und durch dieses Netz zu transportieren." Bei Umsetzung in nationales Recht wurden zwar die „anderen Gasarten" nicht in das EnWG 2005 übernommen. Aufgrund des europarechtlichen Hintergrundes von § 3 Nr. 19a ist aber eine richtlinienkonforme Auslegung geboten, die für einen weiten Gas-Begriff spricht.

§ 3 Nr. 19b (Gaslieferant)

Im Sinne dieses Gesetzes bedeutet
19b. Gaslieferant
    natürliche und juristische Personen, deren Geschäftstätigkeit ganz oder teilweise auf den Vertrieb von Gas zum Zwecke der Belieferung von Letztverbrauchern ausgerichtet ist.

(Gasspeicheranlage) § 3 Nr 19c EnWG

Der Begriff Gaslieferant hat Bedeutung vor allem in Verbindung mit der hieran anknüpfenden Definition des **Energielieferanten in § 3 Nr. 15c**. Als solche müssen auch Gaslieferanten bei der Belieferung von Letztverbrauchern die Abrechnungs- und Informationspflichten nach den §§ 40 ff. einhalten. Darüber hinaus nehmen nur **zwei weitere Vorschriften** auf den Begriff des Gaslieferanten Bezug: § 3 Nr. 31d, der den Begriff Transportkunde definiert, und § 111f, der die Verordnungsermächtigung für das Marktstammdatenregister enthält. 1

Die Begriffsbestimmung wurde 2005 eingeführt, der Gesetzgeber hielt dies aus Gründen der **Klarstellung** für erforderlich (BT-Drs. 15/5268, 117). Das systematische Gegenstück im Stromsektor ist der in § 3 Nr. 31a definierte Stromlieferant. Die Begriffe Gas- und Stromlieferant sind nicht gleichbedeutend mit den **Energieversorgungsunternehmen** (§ 3 Nr. 18). Soweit Energieversorgungsunternehmen Letztverbraucher beliefern, sind sie auch Gas- bzw. Stromlieferant und unterliegen damit den für diese geltenden Vorschriften. 2

Zentrales tatbestandliches Merkmal der Begriffsbestimmung ist die **Belieferung von Letztverbrauchern** iSv § 3 Nr. 25. Dies nimmt diejenigen, die Gas nur zur eigenen Versorgung beschaffen oder erzeugen, vom Begriff des Gaslieferanten aus. Die Formulierung **„zum Zweck"** könnte darauf hindeuten, dass auch diejenigen, die Händler oder Gasversorger mit Gas beliefern, das für den Letztverbrauch eingesetzt werden soll, Gaslieferanten sind (Säcker EnergieR/Barbknecht § 3 Rn. 103). Richtig dürfte aber sein, dass Gaslieferant nur derjenige ist, der direkt Letztverbraucher beliefert. Andernfalls wäre jeder Gashändler Gaslieferant, weil das gesamte Gas letztlich zu Letztverbrauchern gelangen soll. Wer nur Großhändler (§ 3 Nr. 21) oder Gasversorger (§ 3 Nr. 18) beliefert, ist nicht Gaslieferant. 3

Ein Gaslieferant liegt aber auch dann vor, wenn dieser nicht nur Letztverbraucher beliefert („teilweise"), sondern **zusätzlich andere Tätigkeiten** ausübt. Diese anderen Tätigkeiten können sogar den überwiegenden Anteil des Geschäftsumfangs des Gaslieferanten ausmachen (Theobald/Kühling/Theobald § 3 Rn. 174). Andererseits ist aber erforderlich, dass die Geschäftstätigkeit auf die Letztverbraucherbelieferung **ausgerichtet** ist, dh gelegentliche Lieferungen an Letztverbraucher allein machen den Versorger noch nicht zum Gaslieferanten. Die Beschränkung im Wortlaut auf **natürliche** und **juristische Personen** ist zu eng geraten. Auch rechtsfähige Personengesellschaften (KG, OHG) können Gaslieferant sein. Insoweit gelten gleichermaßen die Ausführungen zum Betreiberbegriff in § 3 Nr. 2 (→ § 3 Nr. 2 Rn. 1 f.). 4

§ 3 Nr. 19c (Gasspeicheranlage)

Im Sinne dieses Gesetzes bedeutet
19c. **Gasspeicheranlage**
eine einem Gasversorgungsunternehmen gehörende oder von ihm betriebene Anlage zur Speicherung von Gas, einschließlich des zu Speicherzwecken genutzten Teils von LNG-Anlagen, jedoch mit Ausnahme des Teils, der für eine Gewinnungstätigkeit genutzt wird, ausgenommen sind auch Einrichtungen, die ausschließlich Betreibern von Leitungsnetzen bei der Wahrnehmung ihrer Aufgaben vorbehalten sind.

Überblick

§ 3 Nr. 19c definiert Gasspeicheranlagen – teilweise tautologisch – als Anlagen zur Speicherung von Gas (→ Rn. 1 ff.), die einem Gasversorgungsunternehmen gehören oder von diesem betrieben werden (→ Rn. 4). Auf den Begriff der Gasspeicheranlage kommt es vor allem iRv § 28 an, der den Zugang zu Gasspeicheranlagen regelt. Bis zur Wasserstoff-Novelle 2021 (BGBl. I 3026) hießen die Gasspeicheranlagen noch „Speicheranlage". Um Verwechslungen mit stromaufnehmenden Speichern zu vermeiden (jetzt: „Energiespeicher" iSv § 3 Nr. 15d), wurde der Begriff nachgebessert. Seine tatbestandlichen Anforderungen haben sich hierdurch nicht verändert (BT-Drs. 19/27453, 89).

EnWG § 3 Nr 20   Teil 1. Allgemeine Vorschriften

A. Anlagen zur Speicherung von Gas

1   Nach der Begriffsbestimmung sind allgemein Anlagen zur Speicherung von Gas tatbestandlich. Einschränkende technische Vorgaben enthält die Vorschrift nicht. Erfasst werden damit insbesondere Untergrundspeicher (**Kavernenspeicher**).

2   Ausdrücklich ausgenommen sind jedoch diejenigen Speicherkomponenten, die im Rahmen der **Gasgewinnung** genutzt werden. Überdies stellt die Definition klar, dass auch der zu Speicherzwecken genutzte Teil von **LNG-Anlagen** (§ 3 Nr. 26), Gasspeicheranlage ist.

3   Ebenfalls ausgenommen sind Speichereinrichtungen, die ausschließlich von Leitungsnetzbetreibern betrieben werden **zur Wahrnehmung ihrer Aufgaben.** Diese Formulierung bedeutet, dass die im Rahmen des Netzbetriebs eingesetzten Gasspeicher (etwa zur Bereitstellung von Ausgleichsenergie) keine Gasspeicheranlage iSv § 3 Nr. 19c sind.

B. Betrieb durch Gasversorgungsunternehmen

4   Um eine Gasspeicheranlage iSv § 3 Nr. 19c handelt es sich nur dann, wenn sie einem Gasversorgungsunternehmen gehört oder von diesem betrieben wird. Hierzu gehören gem. § 3 Nr. 18 sowohl Gasversorger als auch Gasnetzbetreiber. Der Wortlaut geht insoweit aber zu weit. Denn auch der Betrieb von Gasspeicheranlagen unterliegt den Entflechtungsvorgaben von §§ 6 ff. und kann daher nicht uneingeschränkt durch Gasversorger erbracht werden.

§ 3 Nr. 19d (Gasverbindungsleitungen mit Drittstaaten)

Im Sinne dieses Gesetzes bedeutet
19d. **Gasverbindungsleitungen mit Drittstaaten**
     Fernleitungen zwischen einem Mitgliedstaat der Europäischen Union und einem Drittstaat bis zur Grenze des Hoheitsgebietes der Mitgliedstaaten oder dem Küstenmeer dieses Mitgliedstaates.

1   Die Begriffsbestimmung der „Gasverbindungsleitungen mit Drittstaaten" wurde zusammen mit § 28b und § 28c zum 12.12.2019 eingeführt zur Umsetzung der Gas-Binnenmarkt-Richtlinie (EU) 2019/692, die eine **Ausweitung der Binnenmarktregulierung** im Gasbereich auf Verbindungsleitungen zwischen EU-Mitgliedstaaten und Drittstaaten vorsieht. Diese europarechtliche Vorgabe ist u.a. dadurch umgesetzt worden, dass in § 28b die Möglichkeit eingeführt worden ist, bestehende Gasverbindungsleitungen mit Drittstaaten von der Anwendung der §§ 8–10e und §§ 20–28 freizustellen. Im Umkehrschluss ergibt sich hieraus, dass die Entflechtungsvorgaben und die Netzzugangsregulierung im Grundsatz auch auf Gasverbindungsleitungen mit Drittstaaten anwendbar sind (BR-Drs. 401/19, 7).

2   Nach der Legaldefinition in § 3 Nr. 19d gehört zu den „Gasverbindungsleitungen mit Drittstaaten" der Teil der Leitungen, der auf dem Hoheitsgebiet oder im Küstengewässer der Mitgliedstaaten bis zur Grenze zum Drittstaat verläuft (= **Ende** der Gasverbindungleitung iSv § 3 Nr. 19d). **Beginn** der Gasverbindungsleitung iSv § 3 Nr. 19d ist der erste Kopplungspunkt mit dem Netz der Mitgliedstaaten (BR-Drs. 401/19, 7).

§ 3 Nr. 20 (Gasversorgungsnetze)

Im Sinne dieses Gesetzes bedeutet
20. **Gasversorgungsnetze**
     alle Fernleitungsnetze, Gasverteilernetze, LNG-Anlagen oder Gasspeicheranlagen, die für den Zugang zur Fernleitung, zur Verteilung und zu LNG-Anlagen erforderlich sind und die einem oder mehreren Energieversorgungsunternehmen gehören oder von ihm oder von ihnen betrieben werden, einschließlich Netzpufferung und seiner Anlagen, die zu Hilfsdiensten genutzt werden, und der Anlagen verbundener Unternehmen, ausgenommen sind solche Netzteile

oder Teile von Einrichtungen, die für örtliche Produktionstätigkeiten verwendet werden.

Überblick

§ 3 Nr. 20 fasst insgesamt **vier Arten** von Gasversorgungsinfrastruktur unter den gemeinsamen Oberbegriff „Gasversorgungsnetz" zusammen (→ Rn. 1 f.). Darüber hinaus stellt die Vorschrift für bestimmte **Nebenanlagen** klar, dass sie Teil des Gasversorgungsnetzes sind (→ Rn. 3 ff.). Komponenten für **örtliche Produktionstätigkeiten** sind vom Gasversorgungsnetz ausgenommen (→ Rn. 6). Mit der Einordnung von Versorgungsinfrastruktur als Gasversorgungsnetz ist gem. § 3 Nr. 16 zugleich entschieden, dass es sich um ein **Energieversorgungsnetz** handelt und damit zahlreiche netzbezogene Vorschriften zur Anwendung kommen, insbesondere § 17 (Anspruch auf Netzanschluss) und § 20 (Anspruch auf Netzzugang).

A. Vier Arten von Gasversorgungsnetzen

Die ersten drei aufgezählten Arten von Gasversorgungsnetzen sind – naheliegenderweise – Netze zur **Fernleitung** iSv § 3 Nr. 19, Netze zur **Verteilung** iSv § 3 Nr. 37 von Gas und **LNG-Anlagen** iSv § 3 Nr. 26. 1

Als viertes werden die **Gasspeicheranlagen** iSv § 3 Nr. 19c genannt. Diese sind allerdings nur dann Gasversorgungsnetz, wenn sie für den Zugang zu den ersten drei genannten Arten der Gasversorgungsnetze erforderlich sind und einem oder mehreren Energieversorgungsunternehmen (§ 3 Nr. 18) gehören oder von solchen betrieben werden. Diese **zusätzlichen Voraussetzungen** für die Einordnung von Gasspeicheranlagen als Gasversorgungsnetz erklären sich dadurch, dass Betreiber von Gasspeicheranlagen allgemein nur nach Maßgabe von § 28 verpflichtet sind, anderen Unternehmen Zugang zu ihren Gasspeicheranlagen zu gewähren. § 3 Nr. 20 führt dazu, dass – darüberhinausgehend – der allgemeine Netzanschluss- und Netzzugangsanspruch aus §§ 17 und 20 auf Speicheranlagen Anwendung findet, die für den Netzzugang zu den sonstigen Gasversorgungsnetzen erforderlich sind und durch ein (oder mehrere) Energieversorgungsunternehmen betrieben werden oder in deren Eigentum stehen. 2

B. Hilfs- und Nebenanlagen

§ 3 Nr. 20 stellt darüber hinaus klar, dass Anlagen zur Netzpufferung iSv § 3 Nr. 29 und Anlagen für Hilfsdienste iSv § 3 Nr. 23 Teil des Gasversorgungsnetzes sind. Diese **Klarstellung** ist im Interesse der Gasnetzbetreiber sinnvoll, um diesbezügliche Zweifel auszuräumen. So hat es etwa bei der Netzentgeltregulierung (§§ 21 ff.) oder im Bereich der Wegenutzungsrechte (§ 46) für den Netzbetreiber hohe Relevanz, welche Komponenten zum Gasversorgungsnetz gehören. 3

Anlagen zur **Netzpufferung** iSv § 3 Nr. 29 meint insbesondere die im Gasnetz verbauten Gasdruckregelstationen. Anlagen, die zu **Hilfsdiensten** iSv § 3 Nr. 23 genutzt werden, sind etwa Anlagen zur Gaskonditionierung, Gaseinspeisung, Gasodorierung oder zur Erbringung von Regelenergie. 4

Zusätzlich nennt § 3 Nr. 20 „**Anlagen verbundener Unternehmen**". Dies dürfte der Klarstellung dienen, dass die vorstehend genannten Hilfs- und Nebenanlagen auch durch Tochter- und Konzernunternehmen des Netzbetreibers betrieben werden dürfen. 5

C. Nicht: örtliche Produktionstätigkeiten

Durch § 3 Nr. 20 aE sind Netz- und Anlagenteile vom Begriff des Gasversorgungsnetzes ausgenommen, die für örtliche Produktionstätigkeiten verwendet werden. Diese Ausnahme hielt der Gesetzgeber für erforderlich, weil derartige Einrichtungen dem Anwendungsbereich des BBergG unterliegen (BR-Drs. 613/04, 82). Die Ausnahme erfasst demnach Anlagen aus dem Bereich der **Gasgewinnung,** die daher schon nach ihrer Funktion nicht dem Gasversorgungsnetz zugerechnet werden können. 6

§ 3 Nr. 20a (grenzüberschreitende Elektrizitätsverbindungsleitungen)
Im Sinne dieses Gesetzes bedeutet
20a. grenzüberschreitende Elektrizitätsverbindungsleitungen
Übertragungsleitungen zur Verbundschaltung von Übertragungsnetzen einschließlich aller Anlagengüter bis zum jeweiligen Netzverknüpfungspunkt, die eine Grenze zwischen Mitgliedstaaten oder zwischen einem Mitgliedstaat und einem Staat, der nicht der Europäischen Union angehört, queren oder überspannen und einzig dem Zweck dienen, die nationalen Übertragungsnetze dieser Staaten zu verbinden.

1 Der Begriff der grenzüberschreitenden Elektrizitätsverbindungsleitungen wurde zum 27.7.2021 (BGBl. I 3026) zusammen mit dem neuen **Abschnitt 3a** (§§ 28d–28i) neu in das EnWG eingeführt. Wie sich dem § 3 Nr. 20a entnehmen lässt, sind die grenzüberschreitenden Elektrizitätsverbindungsleitungen Teil des Übertragungsnetzes (vgl. § 3 Nr. 32). Für diese Teile des Übertragungsnetzes enthält Abschnitt 3a besondere Vorschriften der Netzentgeltregulierung. Deren Anwendungsbereich ist anhand von § 3 Nr. 20a zu bestimmen.

2 Nach der Begriffsbestimmung von § 3 Nr. 20a sind Übertragungsleitungen bis zu solchen Netzverknüpfungspunkten tatbestandlich, die **Staatsgrenzen zwischen EU-Mitgliedstaaten** oder **zu Drittstaaten** überschreiten und dazu dienen, die **Übertragungsnetze der verschiedenen Staaten** zu verbinden. Bei den grenzüberschreitenden Elektrizitätsverbindungsleitungen iSv § 3 Nr. 20a handelt es sich um einen Unterfall der Verbindungsleitungen iSv § 3 Nr. 34.

§ 3 Nr. 21 (Großhändler)
Im Sinne dieses Gesetzes bedeutet
21. Großhändler
natürliche oder juristische Personen mit Ausnahme von Betreibern von Übertragungs-, Fernleitungs-, Wasserstoff- sowie Elektrizitäts- und Gasverteilernetzen, die Energie zum Zwecke des Weiterverkaufs innerhalb oder außerhalb des Netzes, in dem sie ansässig sind, kaufen.

1 Soweit Energieversorgungsunternehmen (§ 3 Nr. 18) Energie **nicht direkt an Letztverbraucher** (sondern an andere Versorger) liefern, sind sie zugleich Großhändler iSv § 3 Nr. 21. Als solche gehören sie zu den Kunden iSv § 3 Nr. 24, an die zahlreiche Regelungen des EnWG anknüpfen (so etwa § 3 Nr. 12, 19, 32, 36, § 5a, § 7). Außerdem sind sie Transportkunden iSv § 3 Nr. 31d, sodass sie einen Anspruch auf Netzzugang zum Energietransport haben (§ 20 Abs. 1b S. 5). Darüber hinaus wird der Begriff „Großhändler" im EnWG nicht verwendet.

2 Zentrales tatbestandliches Merkmal der Begriffsbestimmung ist der **Zweck des Weiterverkaufs**. Dies nimmt diejenigen, die Energie zur eigenen Versorgung beschaffen, vom Begriff des Großhändlers aus. Ebenfalls kein Großhändler ist, wer Energie an Letztverbraucher iSv § 3 Nr. 25 liefert (dann handelt es sich um einen Stromlieferanten iSv § 3 Nr. 31a bzw. einen Gaslieferanten iSv § 3 Nr. 19b).

3 Die Beschränkung im Wortlaut auf **natürliche** und **juristische Personen** dürfte zu eng geraten sein. Auch rechtsfähige Personengesellschaften (KG, OHG) können Gaslieferant sein. Insoweit gelten gleichermaßen die Ausführungen zum Betreiberbegriff in § 3 Nr. 2 (→ § 3 Nr. 2 Rn. 1 f.).

4 Vom Großhändler-Begriff ausgenommen sind die **Netzbetreiber** („Betreiber von Übertragungs-, Fernleitungs-, Wasserstoff- sowie Elektrizitäts- und Gasverteilernetzen"). Denn diese sind nicht für den Vertrieb von Energie zuständig, sondern ausschließlich für deren Transport.

§ 3 Nr. 21a (H-Gasversorgungsnetz)
Im Sinne dieses Gesetzes bedeutet
21a. H-Gasversorgungsnetz
ein Gasversorgungsnetz zur Versorgung von Kunden mit H-Gas.

(Haushaltskunden) § 3 Nr 22 EnWG

Die Definition des H-Gasversorgungsnetzes ist nur relevant im Rahmen der Regelungen 1
zur **Umstellung der Gasqualität** im Gasversorgungsnetz von L- auf H-Gas. Sie gilt daher
vor allem für die Anwendung von § 19a, aber auch von § 17 Abs. 1 S. 2 und § 18 Abs. 1
S. 2. Sie wurde zum 21.12.2018 eingeführt. Wie in § 3 Nr. 21a klargestellt, handelt es sich
bei einem H-Gasversorgungsnetz um ein Gasversorgungsnetz (§ 3 Nr. 20), in dem H-Gas,
also hochkalorisches Gas fließt.

In Deutschland werden zwei verschiedene Gasqualitäten verbraucht: das niederkalorische 2
L-Gas (vgl. § 3 Nr. 24c) und das hochkalorische **H-Gas**. Rund 30 Prozent der deutschen
Gaskunden beziehen L-Gas; insgesamt sind mehr als vier Millionen inländische Haushalte
und Industriebetriebe an die L-Gasversorgungsnetze angeschlossen (BT-Drs. 19/5523, 106).
Das H-Gas stammt vor allem aus Förderstätten in Russland und Norwegen und wird von
Osten bzw. Norden importiert. Da die Förderung von L-Gas, welches vor allem aus den
Niederlanden importiert wird, rückläufig ist, ergibt sich immer wieder die Notwendigkeit,
dass die Gasqualität von Gasversorgungsnetzen von L-Gas auf H-Gas umgestellt wird.

§ 3 Nr. 22 (Haushaltskunden)
Im Sinne dieses Gesetzes bedeutet
22. **Haushaltskunden**
Letztverbraucher, die Energie überwiegend für den Eigenverbrauch im Haushalt oder für den einen Jahresverbrauch von 10 000 Kilowattstunden nicht übersteigenden Eigenverbrauch für berufliche, landwirtschaftliche oder gewerbliche Zwecke kaufen.

Überblick

Haushaltskunden sind all diejenigen Letztverbraucher (§ 3 Nr. 25), die Energie für nicht
unternehmerische Zwecke beziehen (**Alternative 1,** → Rn. 1 ff.) oder den Strom zwar für
unternehmerische Zwecke, aber in nicht besonders großem Umfang (< 10.000 kWh p.a.)
beziehen (**Alternative 2,** → Rn. 4 ff.). Es handelt sich also um die Letztverbraucher-
Gruppe, die der Gesetzgeber für **besonders schutzwürdig** hält, weil sie Nicht-Unternehmer (Alternative 1) oder Kleinverbraucher (Alternative 2) sind. Haushaltskunden haben gem.
§§ 36 ff. Anspruch auf Grundversorgung und können außerhalb der Grundversorgung nur
unter Einhaltung der Vorgaben von §§ 41 f. versorgt werden.

A. Private Nutzungszwecke (Alt. 1)

Unter die **Alternative 1** fallen Letztverbraucher, die Energie überwiegend für den Eigen- 1
verbrauch **im Haushalt** beziehen. Mit Haushalt sind die Räumlichkeiten zur privaten
Lebensführung gemeint (Wohnung). Das ergibt sich nicht zwingend aus dem Begriff „Haushalt", sondern folgt vielmehr aus der Abgrenzung zu Alternative 2, die eine berufliche,
landwirtschaftliche oder gewerbliche Energienutzung erfasst. Ähnlich wie beim **Verbraucher-Begriff des § 13 BGB** fallen unter § 3 Nr. 22 Alt. 1 alle Energieverwendungszwecke,
die weder beruflicher noch landwirtschaftlicher oder gewerblicher Natur sind.

Dabei reicht es für die Einordnung als Haushaltskunde aus, wenn die Energie **überwie-** 2
gend für nicht-unternehmerische Zwecke verwendet wird. Überwiegend meint mehr als
50 Prozent. Letztverbraucher sind demnach auch dann Haushaltskunden, wenn sie weniger
als 50 Prozent der bezogenen Energie für berufliche, landwirtschaftliche oder gewerbliche
Zwecke nutzen. Demnach bleibt Haushaltskunde, wer den bezogenen Strom teilweise im
sog. Homeoffice oder im landwirtschaftlichen Nebenerwerb nutzt, oder die Energie teilweise
an Dritte weiterleitet (etwa im Falle der teilweisen Vermietung des selbst genutzten Hauses).

In Alternative 1 gilt **keine Mengenbeschränkung.** Letztverbraucher, die die Energie 3
weit überwiegend für den privaten Eigenverbrauch einsetzen, sind demnach auch dann
Haushaltskunden, wenn sie mehr als 10.000 kWh pro Jahr beziehen. Sofern die Energie
teilweise für unternehmerische Zwecke genutzt wird, kann der Letztverbraucher allerdings

Peiffer

nur dann als Haushaltskunde eingeordnet werden, wenn er jährlich nicht mehr als 10.000 kWh unternehmerisch nutzt.

B. Unternehmerische Nutzungszwecke (Alt. 2)

4   Unter die Alternative 2 fallen Letztverbraucher mit unternehmerischem Energienutzungszweck, sofern ihr **Jahresverbrauch 10.000 kWh** nicht übersteigt. Diese Grenze ist – auch wenn dies nicht ausdrücklich geregelt ist – jeweils gesondert auf Gas und Strom anzuwenden. So ist beispielsweise ein Letztverbraucher mit einem Jahresstromverbrauch von 10.000 kWh und einem ebenso großen Jahresgasverbrauch Haushaltskunde, auch wenn er insgesamt einen Energieverbrauch von 20.000 kWh jährlich hat.

5   Bei der Anwendung der Jahresverbrauchsgrenze kommt es nicht auf den tatsächlichen Verbrauch an, der erst im Nachhinein feststünde. Vielmehr sind die Umstände **bei Vertragsschluss** maßgeblich. Der Energieversorger hat daher den voraussichtlichen Jahresverbrauch des Letztverbrauchers zu **prognostizieren** und den Letztverbraucher als Haushaltskunden zu behandeln, sofern der Energieversorger aufgrund der ihm bekannten Einzelfallumstände davon ausgehen durfte und musste, dass die 10.000 kWh-Grenze nicht überschritten wird (OLG Hamm RdE 2014, 406 Rn. 37 = BeckRS 2014, 5143). Der Letztverbraucher bleibt Haushaltskunde, auch wenn sein Verbrauch im Nachhinein die 10.000 kWh-Grenze übersteigen sollte.

6   Tatbestandlich sind **berufliche, landwirtschaftliche** oder **gewerbliche Zwecke**. Zu den beruflichen Zwecken gehören insbesondere auch freiberufliche Tätigkeiten (etwa Architekturbüros, Steuerberatungs- und Rechtsanwaltskanzleien oder Unternehmensberatungen).

§ 3 Nr. 23 (Hilfsdienste)

Im Sinne dieses Gesetzes bedeutet
23. Hilfsdienste
sämtliche zum Betrieb eines Übertragungs- oder Elektrizitätsverteilernetzes erforderlichen Dienste oder sämtliche für den Zugang zu und den Betrieb von Fernleitungs- oder Gasverteilernetzen oder LNG-Anlagen oder Gasspeicheranlagen erforderlichen Dienste, einschließlich Lastausgleichs- und Mischungsanlagen, jedoch mit Ausnahme von Anlagen, die ausschließlich Betreibern von Fernleitungsnetzen für die Wahrnehmung ihrer Aufgaben vorbehalten sind.

1   Der Begriff der Hilfsdienste wurde 2005 zur Umsetzung von Art. 2 Nr. 14 Gas-Binnenmarkt-Richtlinie 2003/55/EG und Art. 2 Nr. 17 Elektrizitäts-Binnenmarkt-Richtlinie 2003/54/EG in das EnWG übernommen. Entsprechend dem unterschiedlichen Begriffsverständnis im europäischen Recht hat der Begriff im Strom- und im Gasbereich eine unterschiedliche Bedeutung.

2   Im **Strombereich** sind sämtliche **zum Betrieb** eines Elektrizitätsversorgungsnetzes **erforderlichen** Dienste Hilfsdienste im Sinne der Vorschrift. Im Strombereich hat die Begriffsbestimmung allerdings – gegenwärtig – keinen Anwendungsbereich, weil dieser Begriff in keiner anderen Vorschrift vorkommt.

3   Im **Gasbereich** gehören zu den Hilfsdiensten flankierende Tätigkeiten, die **für den Zugang** zu und **den Betrieb** von Fernleitungs- oder Gasverteilernetzen oder LNG-Anlagen oder Gasspeicheranlagen **erforderlich** sind. Die Begriffsbestimmung entfaltet vor allem iRv § 28 Geltung, der einen speziellen Zugang zu den Hilfsdiensten regelt. § 28 soll sicherstellen, dass die Betreiber von Gasspeicheranlagen den Zugang zu den Gasspeicheranlagen nicht dadurch behindern, dass sie den Zugangswilligen die hierfür erforderlichen Hilfsdienste verweigern. Zu den Hilfsdiensten im Gasbereich gehören u.a. Empfang und Bestätigung von Fahrplannominierungen, Disposition der durchzuleitenden Gasmengen, Überprüfung von Messeinrichtungen, Abrechnung und Rechnungsstellung, etc. Im Gasbereich kommt es auf den Begriff „Hilfsdienste" auch in § 3 Nr. 20 an, weil hiernach auch die **Anlagen zur Erbringung der Hilfsdienste** Teil des Gasversorgungsnetzes sind. Die Tätigkeiten, die ausschließlich den Fernleitungsnetzbetreibern für die Wahrnehmung ihrer Aufgaben vorbehalten sind, stellen allerdings keine Hilfsdienste dar.

(Kundenanlagen) § 3 Nr 24a EnWG

§ 3 Nr. 23a (Kleinstunternehmen)
Im Sinne dieses Gesetzes bedeutet
23a. Kleinstunternehmen
ein Unternehmen, das weniger als zehn Personen beschäftigt und dessen Jahresumsatz oder dessen Jahresbilanzsumme 2 Millionen Euro nicht überschreitet.

Der Begriff der Kleinstunternehmen ist nur für die Anwendung von § 41c relevant. Darin 1
ist geregelt, dass Kleinstunternehmen mit weniger als 100.000 kWh Jahresverbrauch unentgeltlichen Zugang zu einem unabhängigen Vergleichsinstrument erhalten müssen. Die Begriffsbestimmung entspricht – zwar nicht im Wortlaut aber – inhaltlich dem Art. 2 Nr. 6 Elektrizitäts-Binnenmarkt-Richtlinie (EU) 2019/944 und ist daher genauso auszulegen wie dieser.
Bei der Auslegung kann die **Empfehlung der Europäischen Kommission** vom 2
6.5.2003 „betreffend die Definition der Kleinstunternehmen sowie der kleinen und mittleren Unternehmen" (ABl. L 124/36 v. 20.5.2003) herangezogen werden (Elspas/Graßmann/Raspach § 3 Rn. 116b).

§ 3 Nr. 24 (Kunden)
Im Sinne dieses Gesetzes bedeutet
24. Kunden
Großhändler, Letztverbraucher und Unternehmen, die Energie kaufen.

Der Begriff des Kunden wird in erster Linie in zahlreichen anderen Begriffsbestimmungen 1
verwendet, hat also Hilfsfunktion für deren Anwendung. Zu nennen sind insbesondere die Begriffsbestimmungen der Direktleitung (§ 3 Nr. 12), der Fernleitung (§ 3 Nr. 19), der Übertragung (§ 3 Nr. 32), der Versorgung (§ 3 Nr. 36) und der Verteilung (§ 3 Nr. 37).
§ 3 Nr. 24 definiert den „Kunden" durch eine **Aufzählung** von **drei Personengruppen:** 2
Die zuerst genannten **Großhändler** sind in § 3 Nr. 21 konkretisiert und umfassen diejenigen, die Energie für den weiteren Vertrieb beziehen. Zu den zweitgenannten **Letztverbrauchern** zählen gem. § 3 Nr. 25 diejenigen, die Energie für den eigenen Verbrauch beziehen. Als dritte Gruppe nennt § 3 Nr. 24 „**Unternehmen,** die Energie kaufen". Der Nennung dieser weiteren Gruppe hätte es nicht bedurft, weil die energieverbrauchenden Unternehmen ohne weiteres auch unter den Begriff der Letztverbraucher gefasst werden können.

§ 3 Nr. 24a (Kundenanlagen)
Im Sinne dieses Gesetzes bedeutet
24a. Kundenanlagen
Energieanlagen zur Abgabe von Energie,
  a) **die sich auf einem räumlich zusammengehörenden Gebiet befinden,**
  b) **mit einem Energieversorgungsnetz oder mit einer Erzeugungsanlage verbunden sind,**
  c) **für die Sicherstellung eines wirksamen und unverfälschten Wettbewerbs bei der Versorgung mit Elektrizität und Gas unbedeutend sind und**
  d) **jedermann zum Zwecke der Belieferung der angeschlossenen Letztverbraucher im Wege der Durchleitung unabhängig von der Wahl des Energielieferanten diskriminierungsfrei und unentgeltlich zur Verfügung gestellt werden.**

Überblick
In die Kategorie der Kundenanlage fallen Energieanlagen (§ 3 Nr. 15), die weder Energieversorgungsnetz (§ 3 Nr. 16) noch Direktleitung (§ 3 Nr. 12) sind. Zahlreiche Vorschriften

Peiffer 83

des EnWG finden auf Kundenanlagen keine Anwendung. Die Begriffsbestimmung ist insbesondere maßgeblich, um den sachlichen Anwendungsbereich der netzbezogenen Regulierungsvorgaben des EnWG zu bestimmen (→ Rn. 1 ff.). Es ist aber unklar, ob das Rechtsinstitut der Kundenanlage mit dem Europarecht vereinbar ist (→ Rn. 7 ff.).

Energieanlagen (→ Rn. 10 ff.) sind Kundenanlagen, wenn sie **vier Voraussetzungen** erfüllen:
- Sie müssen sich auf einem **räumlich zusammengehörenden Gebiet** befinden (→ Rn. 13 ff.),
- mit einem Energieversorgungsnetz oder einer Erzeugungsanlage **verbunden** sein (→ Rn. 20 f.),
- dürfen **keine Wettbewerbsrelevanz** haben (→ Rn. 22 ff.) und
- es muss eine **diskriminierungsfreie und unentgeltliche Durchleitung** möglich sein (→ Rn. 33 ff.).

Übersicht

	Rn.		Rn.
A. Relevanz des Begriffs und Auslegungsgrundsätze	1	F. Keine Wettbewerbsrelevanz (lit. c)	22
B. Entstehungsgeschichte und Vereinbarkeit mit Europarecht	7	I. Bezugspunkt: Wettbewerb im Energiemarkt	23
C. Energieanlage zur Abgabe von Energie	10	II. Orientierungswerte nach BGH-Rechtsprechung	26
		III. Sonstige Umstände	30
D. Räumlich zusammengehörendes Gebiet (lit. a)	13	G. Diskriminierungsfreie und unentgeltliche Durchleitung (lit. d)	33
I. Indizien für räumlichen Gebietszusammenhang	14	I. „Zur Verfügung stellen"	35
II. Indizien gegen räumlichen Gebietszusammenhang	17	II. „Diskriminierungsfrei"	40
E. Verbindung mit Energieversorgungsnetz oder Erzeugungsanlage (lit. b)	20	III. „Unentgeltlich"	41
		IV. Kundenanlagenbetreiber als Energieversorger innerhalb der Kundenanlage	45

A. Relevanz des Begriffs und Auslegungsgrundsätze

1 Die Begriffe der Kundenanlage und des Energieversorgungsnetzes schließen sich gegenseitig aus. Das ergibt sich aus § 3 Nr. 16, der Kundenanlagen ausdrücklich aus dem Begriff des Energieversorgungsnetzes ausnimmt. Gleichzeitig lässt sich dem § 3 Nr. 16 entnehmen, dass die Kundenanlage als **Ausnahme** konzipiert ist. In **Zweifelsfällen** handelt es sich nach der gesetzgeberischen Konzeption um ein Netz (OLG Frankfurt CuR 2018, 17 Rn. 37 = BeckRS 2018, 7613; OLG Düsseldorf CuR 2018, 64 Rn. 54 = BeckRS 2018, 14164). Die **Beweislast** für das Vorliegen einer Kundenanlage liegt also bei demjenigen, der meint, eine Kundenanlage zu betreiben.

2 Dies erklärt sich mit dem hohen Stellenwert einer funktionierenden und kosteneffizienten Leitungsinfrastruktur, die das EnWG gewährleisten soll. Um eine Kundenanlage handelt es sich daher nur dann, wenn sie für die Sicherstellung eines wirksamen unverfälschten **Wettbewerbs** bei der Versorgung mit Strom und Gas **unbedeutend** ist (BT-Drs. 17/6072, 51). Diese Wertung ist bei der Auslegung der Tatbestandsmerkmale von § 3 Nr. 24a zu berücksichtigen.

3 Auf Energieanlagen, die als Kundenanlage betrieben werden, finden große Teile des EnWG **keine Anwendung**. Viele **Netzbetreiberpflichten** gelten daher für den Kundenanlagenbetreiber nicht:
- Da der **Betreiber einer Kundenanlage** nicht Netzbetreiber ist, unterliegt er insbesondere **nicht der Netzregulierung** (Netzanschluss- und Netzzugangspflichten aus §§ 17 ff. und §§ 20 ff.).
- Zudem benötigt der Kundenanlagenbetreiber **keine Genehmigung** gem. § 4.
- Außerdem ist der Kundenanlagenbetreiber **nicht verpflichtet,** die Förderungen **nach dem EEG oder dem KWKG** auszuzahlen.

(Kundenanlagen) § 3 Nr 24a EnWG

- Energielieferungen innerhalb der Kundenanlage können und müssen (vgl. § 3 Nr. 24a lit. d) zudem netzentgeltfrei erbracht werden, weil innerhalb der Kundenanlage **keine Netzentgeltregulierung** gilt. Die an die Kundenanlage angeschlossenen Letztverbraucher können daher den Strom, der innerhalb der Kundenanlage erzeugt wird, **zu günstigeren Konditionen** beziehen als über das Energieversorgungsnetz versorgte Letztverbraucher (Fietze ER 2020, 149).

Innerhalb der Kundenanlage finden außerdem die **Entflechtungsvorgaben aus §§ 6 ff. keine Anwendung.** Der Kundenanlagenbetreiber kann daher selbst Energie erzeugen und damit Letztverbraucher über seine eigenen Energieleitungen beliefern. Macht der Betreiber der Kundenanlage von dieser Möglichkeit Gebrauch, erlangt er zwar den Status eines Energieversorgungsunternehmens iSv § 3 Nr. 18 (vgl. § 5 S. 1 Hs. 2) und unterliegt insoweit den energierechtlichen Vorgaben für Energieversorger. Netzbezogene Pflichten muss er demgegenüber nicht beachten, weil er nicht Netzbetreiber ist. 4

Der Status als Kundenanlage bedeutet umgekehrt für die **Letztverbraucher** innerhalb der Kundenanlage nur einen **eingeschränkten Schutz:** Sie haben keinen gesetzlichen Anspruch auf Anschluss und Zugang zur Kundenanlage, sind gegenüber dem Betreiber der Kundenanlage nicht durch das EnWG vor Diskriminierung (§ 17 und § 20) und missbräuchlichem Verhalten (§ 30) geschützt. Zum Ausgleich sieht § 3 Nr. 24a lit. d vor, dass jedermann die Letztverbraucher innerhalb der Kundenanlage unentgeltlich beliefern kann. Dies gewährleistet einen **Schutz vor faktischer Abhängigkeit** der Letztverbraucher innerhalb der Kundenanlage vom Betreiber der Kundenanlage. 5

In räumlicher Hinsicht reicht die Kundenanlage bis zum **Netzverknüpfungspunkt** zum regulierten Netz. Anhand von § 3 Nr. 24a lässt sich demnach auch der Punkt bestimmen, an dem das regulierte Netz beginnt und die unregulierte Kundenanlage endet. 6

B. Entstehungsgeschichte und Vereinbarkeit mit Europarecht

Die Kategorie der Kundenanlage hat der deutsche Gesetzgeber **2011** im Zuge der Umsetzung der „dritten" Elektrizitäts-Binnenmarkt-Richtlinie 2009/72/EG und der „dritten" Gas-Binnenmarkt-Richtlinie 2009/73/EG zusammen mit dem **geschlossenen Verteilernetz (§ 110)** eingeführt. Während letzteres ausdrücklich in Art. 28 Elektrizitäts-Binnenmarkt-Richtlinie 2009/72/EG und Art. 28 Gas-Binnenmarkt-Richtlinie 2009/73/EG vorgesehen ist, kennen die Richtlinien weder den Begriff der „Kundenanlage" noch enthalten sie eine Regelung, die es den Mitgliedstaaten gestatten würde, Anlagen zur Abgabe von Energie von der Netzregulierung auszunehmen. Dies wirft die Frage auf, ob unregulierte Kundenanlagen **mit dem Unionsrecht vereinbar** sind. 7

Die europarechtliche Pflicht der Mitgliedstaaten, die Regulierungsvorgaben aus den Binnenmarktrichtlinien in nationales Recht umzusetzen, umfasst alle Energieversorgungsstrukturen, die in den **Anwendungsbereich der Binnenmarktrichtlinien** fallen. Der Anwendungsbereich der nationalen Netzregulierung darf daher nicht hinter dem Anwendungsbereich der Binnenmarktrichtlinien zurückfallen. Ausdrücklich regeln die Binnenmarktrichtlinien nicht, dass und welche Energieversorgungsstrukturen von ihrem Anwendungsbereich ausgenommen sind. Aber nach dem **Sinn und Zweck der Binnenmarktrichtlinien** ist davon auszugehen, dass diese solche Versorgungsanlagen nicht erfassen, für die mangels Wettbewerbsrelevanz kein Regulierungsbedürfnis besteht (Säcker EnergieR/Boesche § 3 Rn. 115). Nur diesen Bereich nicht regulierungsdürftiger Anlagen konkretisiert der deutsche Gesetzgeber durch die Kategorie der Kundenanlagen. Die Regelung steht damit im Einklang mit dem Unionsrecht (Säcker EnergieR/Boesche § 3 Rn. 115). 8

§ 3 Nr. 24a ist allerdings **richtlinienkonform** dahingehend **auszulegen,** dass nur solche Versorgungsanlagen Kundenanlagen sind, die auch nicht in den Anwendungsbereich der Binnenmarktrichtlinien fallen. Andersherum ausgedrückt können Anlagen, die nach den Regelungen der Binnenmarktrichtlinien von deren Regelungen erfasst sind, keine Kundenanlagen im EnWG sein (Säcker EnergieR/Boesche § 3 Rn. 116). Dasselbe gilt für Anlagen, die den Tatbestand eines geschlossenen Verteilernetzes iSv Art. 28 Elektrizitäts-Binnenmarkt-Richtlinie 2009/72/EG und Art. 28 Gas-Binnenmarkt-Richtlinie 2009/73/EG bzw. § 110 erfüllen. Auch diese können nicht Kundenanlage sein (Säcker EnergieR/Boesche § 3 Rn. 116). 9

9a Der BGH hat Zweifel, ob das in Deutschland geltende Rechtsinstitut der Kundenanlage jedenfalls in seiner konkreten Ausgestaltung mit den Binnenmarktrichtlinien vereinbar ist und hat daher durch Beschluss vom 13.12.2022 (BGH NJOZ 2023, 154) dem EuGH die Frage zur **Vorabentscheidung** (Art. 267 AEUV) vorgelegt, ob die Kundenanlage iSv § 3 Nr. 24a (und deren Freistellung vom Regulierungsrecht) mit Art. 2 Nr. 28 und 29 sowie Art. 30 ff. der Elektrizitäts-Binnenmarkt-Richtlinie 2019/944 vereinbar ist (eingegangen beim **EuGH am 9.5.2023 als Rs. C-293/23 – ENGIE Deutschland**).

9a.1 In dem Rechtsstreit, der zur Vorlage zum EuGH geführt hat, geht es um zwei elektrische Anlagen (Anlage 1 für 96 Wohneinheiten auf einer Fläche von 9.000 m² zur Durchleitung von 288 MWh Strom p.a.; Anlage 2 für 160 Wohneinheiten auf einer Fläche von 25.500 m² zur Durchleitung von 480 MWh Strom p.a.), die als Kundenanlage betrieben werden sollen. Unter Anwendung von § 3 Nr. 24a EnWG kommt der BGH zum Ergebnis, dass diese Anlagen **Kundenanlagen darstellen** und daher nach dem EnWG **unreguliert betrieben werden können**.

9a.2 Der BGH hat aber **Zweifel, ob dieses Ergebnis im Einklang mit der Elektrizitäts-Binnenmarkt-Richtlinie 2019/944** steht. Angesichts der Größe der Anlagen könne nicht ausgeschlossen werden, dass sie Bestandteil des Verteilernetzes iSv Art. 2 Nr. 28, 29 Elektrizitäts-Binnenmarkt-Richtlinie 2019/944 sind und Deutschland daher gem. Art. 30 ff. Elektrizitäts-Binnenmarkt-Richtlinie 2019/944 verpflichtet wäre, sie der Energieregulierung zu unterstellen. Gem. Art. 2 Nr. 28 Elektrizitäts-Binnenmarkt-Richtlinie 2019/944 gehört zur Verteilung der Transport von Strom über Verteilernetze zur Belieferung von Kunden. Diese Begriffsbestimmung unterscheidet nicht danach, welche Dimensionierung die Leitungen haben oder welche Strommengen durchgeleitet werden. Es ist daher zweifelhaft, bis zu welcher Größenordnung Stromverteilungsanlagen vom Verteilernetzbegriff ausgenommen bleiben können (BGH 13.12.2022 – EnVR 83/20, juris Rn. 20 = NJOZ 2023, 154).

C. Energieanlage zur Abgabe von Energie

10 Nur Energieanlagen „zur Abgabe von Energie" können Kundenanlage sein. Anlagen zur Erzeugung, Speicherung und Fortleitung von Energie sind zwar Energieanlagen iSv § 3 Nr. 15, gehören aber nicht zur Kundenanlage (und sind übrigens auch kein Energieversorgungsnetz). Tatbestandlich können demnach all diejenigen technischen Komponenten sein, die dazu dienen, Dritte mit Energie zu beliefern.

11 Sofern es sich um Leitungsinfrastruktur handelt, die **ausschließlich der Eigenversorgung** des Betreibers dient und über die **keine Dritten** versorgt werden, handelt es sich von vornherein weder um eine Kundenanlage noch um ein Energieversorgungsnetz – unabhängig von der räumlichen Ausdehnung oder der Menge der durchgeleiteten Energie (Fietze ER 2020, 149 (150)).

12 Das Gesetz regelt keine weiteren Anforderungen an die Dimensionierung oder Struktur der Anlage zur Abgabe von Energie. Es ist daher unerheblich, ob es sich nur um einzelne **Stichleitungen** handelt oder um ein System miteinander verschalteter Leitungen.

D. Räumlich zusammengehörendes Gebiet (lit. a)

13 Nach lit. a können die Energieanlagen nur dann Kundenanlage sein, wenn das Gebiet, über das sie sich erstrecken, räumlich zusammengehörend ist. Diese Voraussetzung ist erfüllt, wenn die von den Leitungen versorgte Fläche nach äußerlicher Betrachtung als **räumliche Gebietseinheit** erscheint, also zusammenhängend und nicht durch störende oder trennende Unterbrechungen zergliedert ist. Ob ein räumlicher Gebietszusammenhang vorliegt, ist anhand einer **Gesamtwürdigung** zu beurteilen.

I. Indizien für räumlichen Gebietszusammenhang

14 Für das Vorliegen eines räumlichen Gebietszusammenhangs spricht es insbesondere, wenn das Gebiet **geografisch umgrenzt** ist, dh durch die bauliche Situation äußerlich abgrenzbar ist. Dies ist etwa erfüllt bei Verteilanlagen innerhalb eines Gebäudes (**Hausanlage im Mehrfamilienhaus**). Ein räumlicher Gebietszusammenhang kann darüber hinaus aber auch bei einer Gruppe von **Reihenhäusern** vorliegen, die über ein gemeinsames Leitungssystem verfügen und an denselben Netzverknüpfungspunkt angeschlossen sind (BGH RdE 2020, 193 = BeckRS 2019, 35718 – Netze BW; vorgehend OLG Düsseldorf CuR 2018, 64 =

(Kundenanlagen) § 3 Nr 24a EnWG

BeckRS 2018, 14164). Eine äußerliche Umgrenzung in diesem Sinne kann auch bei einem **Gebäudekomplex** gegeben sein, der etwa durch Verkehrswege umschlossen ist und sich daher als äußerlich wahrnehmbare Einheit von seiner Umgebung abhebt.

Hat die Energieanlage eine relativ **geringe räumliche Ausdehnung**, spricht dies allein 15 schon für das Vorliegen eines räumlichen Gebietszusammenhang. So ist der Umstand, dass lediglich 20 Wohneinheiten angeschlossen sind und die räumliche Ausdehnung eine Größe von 50 x 150 Meter nicht übersteigt, ein starkes Indiz für das Vorliegen des räumlichen Zusammenhangs (OLG Düsseldorf 13.6.2018 – VI-3 Kart 77/17, CuR 2018, 64 Rn. 65 = BeckRS 2018, 14164).

Für einen räumlichen Gebietszusammenhang spricht es ferner, wenn sich das Gebiet auf 16 einem **einzigen Grundstück im Rechtssinne** (dh auf einem einheitlichen Grundbuchblatt vorgetragen) befindet (BGH RdE 2020, 193 Rn. 23 = BeckRS 2019, 35718 – Netze BW). Andersherum wird der räumliche Gebietszusammenhang aber nicht deshalb aufgehoben, weil sich die Leitungen über **verschiedene Grundstücke** im Rechtssinne erstrecken (BNetzA/Landesregulierungsbehörden, Gemeinsames Positionspapier, 2012, 3). Erforderlich ist dann aber, dass das Gebiet aus der Sicht eines **objektiven Betrachters** als einheitlich wahrgenommen wird (OLG Frankfurt CuR 2018, 17 Rn. 65 = BeckRS 2018, 7613). Die Eigentumsverhältnisse spielen dabei keine Rolle. Es können daher auch **Grundstücke verschiedener Eigentümer** räumlich zusammengehören.

II. Indizien gegen räumlichen Gebietszusammenhang

Gegen die räumliche Zusammengehörigkeit spricht es, wenn die Fläche durch **Grundstü-** 17 **cke oder Grundstücksteile,** die nicht an die Kundenanlage angeschlossen sind, oder durch ähnliche **öffentliche Räume** zerteilt ist. Eine die versorgte Fläche **durchquerende Straße** oder andere trennende Elemente wie **Gleisanlagen** oder **Brücken** können die räumliche Zusammengehörigkeit stören (OLG Düsseldorf CuR 2018, 64 Rn. 61 = BeckRS 2018, 14164). Hierbei kommt es darauf an, ob sich die räumliche Situation äußerlich noch als Einheit darstellt, oder ob sie durch Straße, Brücke, etc in verschiedene Bereiche getrennt erscheint.

Im Rahmen der erforderlichen Gesamtwürdigung sind allerdings auch die verbindenden 18 Elemente zu berücksichtigen. Teilende Elemente sind unschädlich, wenn sie **nicht ins Gewicht fallen** oder aufgrund anderer verbindender Aspekte die räumliche Zusammengehörigkeit insgesamt nicht stören. So ist etwa im Fall von **querenden Straßen** auch deren Ausgestaltung, Breite und Widmung der Straße sowie Art und Ausmaß der Nutzung zu berücksichtigen (OLG Düsseldorf CuR 2018, 64 Rn. 62 = BeckRS 2018, 14164). Dient die Straße hauptsächlich der Erschließung des Gebiets der Kundenanlage („**Anliegerstraße**") und ist sie nicht besonders breit, entfaltet sie nur in geringerem Maße eine trennende Wirkung.

So befindet sich etwa eine **Gruppe von Reihenhäusern,** die zwar durch eine **öffentliche** 19 **Straße** in zwei Teile getrennt ist, dennoch in räumlichem Zusammenhang, wenn sich das Gebiet der Reihenhäuser im Übrigen als äußerlich zusammenhängend darstellt (BGH RdE 2020, 193 Rn. 23 = BeckRS 2019, 35718 – Netze BW).

E. Verbindung mit Energieversorgungsnetz oder Erzeugungsanlage (lit. b)

Lit. b verlangt, dass die Kundenanlage mit einem **Energieversorgungsnetz** (§ 3 Nr. 16) 20 oder einer Erzeugungsanlage verbunden ist. Dabei spielt es keine Rolle, auf welcher Spannungsebene die Kundenanlage an das Energieversorgungsnetz angeschlossen ist. Das Tatbestandsmerkmal ist auch dann erfüllt, wenn die Kundenanlage gleichzeitig an **mehrere Energieversorgungsnetze** angeschlossen ist. Denn der Wortlaut verlangt nur, die Kundenanlage mindestens mit „einem" Energieversorgungsnetz (oder „einer" Erzeugungsanlage) verbunden ist. Trotz des Wortlautes („oder") ist der Tatbestand auch erfüllt, wenn die Anlage gleichzeitig an ein **Energieversorgungsnetz und an eine Erzeugungsanlage** angeschlossen ist (BGH 13.12.2022 – EnVR 83/20, juris, Rn. 9 = NJOZ 2023, 154).

Gemäß lit. b ist es keine zwingende Voraussetzung, dass die Kundenanlage über einen 21 Netzverknüpfungspunkt mit einem Energieversorgungsnetz verbunden ist. Alternativ ist es ausreichend, wenn die Kundenanlage an eine **Erzeugungsanlage** angeschlossen ist („**Insel-**

lösung"). Diese Alternative ist auch dann erfüllt, wenn innerhalb der Kundenanlage **mehrere Erzeugungsanlagen** vorhanden sind.

F. Keine Wettbewerbsrelevanz (lit. c)

22   Entscheidende Bedeutung für die Abgrenzung zwischen Kundenanlage und Energieversorgungsnetz kommt dem in lit. c genannten Kriterium der Wettbewerbsrelevanz zu. Nach diesem können Anlagen zur Abgabe von Energie nur dann als Kundenanlage eingeordnet werden, wenn sie für die Sicherstellung eines **wirksamen und unverfälschten Wettbewerbs** bei der Versorgung mit Elektrizität und Gas unbedeutend sind.

I. Bezugspunkt: Wettbewerb im Energiemarkt

23   Entsprechend dem Anliegen der Netzregulierung, einen Ausgleich zur faktischen Monopolstellung des örtlichen Netzbetreibers zu schaffen, akzeptiert das EnWG unregulierte Kundenanlagen nur, wenn diese unbedeutend sind für den Wettbewerb und daher ohnehin **kein Regulierungsbedürfnis** besteht. Das Tatbestandsmerkmal hat dabei zwei Bezugspunkte (vgl. BGH ZNER 2020, 99 Rn. 27 = BeckRS 2019, 37126 – Gewoba): Die Kundenanlage muss sowohl für den Wettbewerb auf der Ebene der **Energiebelieferung** (also auf der Marktebene) als auch für den Wettbewerb auf der Ebene des **Netzbetriebes** unbedeutend sein.

24   Aus diesen beiden Bezugspunkten ergibt sich, dass die Energieanlage dann nicht mehr unerheblich für den Wettbewerb ist iSv lit. c, wenn sie nach **Kundenzahl, geographischer Ausdehnung, Strommenge** und **sonstigen Strukturmerkmalen** eine Dimension erreicht, die mehr verlangt als die bloße Gewährleistung des Zugangs der angeschlossenen Letztverbraucher zum vorgelagerten Verteilernetz.

25   Dabei kommt es nach der Rechtsprechung des BGH allein auf eine **absolute Betrachtung** der **Situation in der Kundenanlage** selbst an. Unerheblich ist demgegenüber die wettbewerbliche Relevanz der Kundenanlage in Relation zu den in Deutschland insgesamt gehandelten und verbrauchten Energiemengen oder zu der Größe des vorgelagerten Netzbetreibers (BGH ZNER 2020, 99 Rn. 33 = BeckRS 2019, 37126 – Gewoba; ebenso Brodt/Lietz RdE 2018, 20 (23) und Thomale/Berger EnWZ 2018, 147 (150); anders Helmes EnWZ 2013, 23 (25) und Ortlieb/Staebe Geschlossene Verteilernetze-HdB/Klinge Kap. 3 Rn. 53 ff.). Eine derartige relative Betrachtung wäre nicht geeignet, das Regulierungsbedürfnis der Energieverteilanlage aus Sicht der angeschlossenen Letztverbraucher (und nur auf diese kommt es an) zutreffend zu erfassen.

II. Orientierungswerte nach BGH-Rechtsprechung

26   Zur Beurteilung der Wettbewerbsrelevanz zieht der BGH **vier Orientierungswerte** heran. Demnach soll eine Energieanlage **in der Regel** nicht mehr für den Wettbewerb unbedeutend sein, wenn
- mehrere hundert Letztverbraucher angeschlossen sind,
- die Anlage eine Fläche von deutlich über 10.000 m² versorgt,
- die jährliche Menge an durchgeleiteter Energie voraussichtlich **1.000 MWh deutlich übersteigt** und
- **mehrere Gebäude** angeschlossen sind

26.1   BGH 13.12.2022 – EnVR 83/20, juris Rn. 15 = NJOZ 2023, 154; BGH ZNER 2020, 99 Rn. 32 = BeckRS 2019, 37126 – Gewoba; vorgehend OLG Düsseldorf CuR 2018, 55 = BeckRS 2018, 11281.

27   Diese vier vom BGH entwickelten Kennzahlen sind allerdings nicht als starre Obergrenzen zu verstehen, sondern nur als **Orientierungswerte für die Gesamtbetrachtung** im jeweiligen Einzelfall. Dabei gilt:
- Sofern alle **vier Orientierungswerte kumulativ überschritten** sind, ist die Anlage nur ausnahmsweise wettbewerblich unbedeutend (BGH ZNER 2020, 99 Rn. 32 = BeckRS 2019, 37126 – Gewoba).
- Bleibt die Anlage andersherum **hinter zwei oder mehr Orientierungswerten zurück**, ist sie regelmäßig wettbewerblich unbedeutend (BGH 13.12.2022 – EnVR 83/20 juris Rn. 18 = NJOZ 2023, 154).

- Allerdings ist auch dann, wenn die Anlage hinter mehreren Orientierungswerten zurückbleibt, **stets eine Gesamtwürdigung** durchzuführen und zu fragen, ob die Anlage gleichwohl – wegen weiterer Umstände – wettbewerblich bedeutend ist (BGH 13.12.2022 – EnVR 83/20, juris Rn. 15 = NJOZ 2023, 154). Dabei ist jeweils auch zu berücksichtigen, wie sehr die Orientierungswerte über- bzw. unterschritten sind.

Anhand der vom BGH entwickelten Orientierungswerte können auch **Industrie- oder Gewerbegebiete** sachgerecht eingeordnet werden: Gibt es hier einzelne Letztverbraucher, die große Energiemengen verbrauchen, bleibt die Anlage dennoch wettbewerblich unbedeutend, sofern etwa die Anzahl der Letztverbraucher oder die Ausdehnung der Anlage unterhalb der genannten Orientierungswerte liegen. **28**

Andererseits können etwa auch Anlagen mit einer **weiten räumlichen Ausdehnung** als Kundenanlagen eingeordnet werden, weil sie anhand der Strukturmerkmale „angeschlossene Letztverbraucher" oder „durchgeleitete Energiemenge" unbedeutend sind für den Wettbewerb. **29**

III. Sonstige Umstände

In jedem Fall – egal ob die vorstehend genannten Orientierungswerte erreicht werden oder nicht – ist zur Beurteilung der Wettbewerbsrelevanz eine **Gesamtwürdigung** durchzuführen (BGH 13.12.2022 – EnVR 83/20, juris Rn. 15 = NJOZ 2023, 154; BT-Drs. 17/6072, 51). Im Rahmen der Gesamtwürdigung sind – neben der Über- bzw. Unterschreitung der Richtwerte – auch weitere **Aspekte des Einzelfalls** zu berücksichtigen. **30**

So kann etwa die **Ausgestaltung der Verträge** berücksichtigt werden, die der Betreiber der Energieverteilanlage mit den Letztverbrauchern abgeschlossen hat. Dabei spricht es etwa gegen die Einordnung als Kundenanlage, wenn der Betreiber gleich einem Netzbetreiber Netzanschlussverträge abgeschlossen hat (Thomale/Berger EnWZ 2018, 147 (152)). **31**

Im Rahmen der Gesamtschau kann auch berücksichtigt werden, ob es im räumlichen Umgriff der Anlage weitere Kundenanlagen gibt. Dabei können allerdings ohne weiteres **mehrere Kundenanlagen nebeneinander** bestehen, sofern sie jeweils über einen eigenen Netzverknüpfungspunkt iSv lit. b verfügen und **galvanisch getrennt sind** (BGH 13.12.2022 – EnVR 83/20 juris Rn. 17 = NJOZ 2023, 154). Denn der energierechtliche Status eines Kundenanlagen-Betreibers kann nicht davon abhängig sein, ob und wie viele Kundenanlagen es in der Nachbarschaft gibt. **32**

Anders soll dann zu entscheiden sein, wenn die **mehreren Kundenanlagen durch denselben Betreiber** betrieben werden und diese Gestaltung offensichtlich gewählt wurde, um Regulierungsvorgaben zu umgehen (Thomale/Berger EnWZ 2018, 147 (152)). Diese Auslegung ist aber zu streng. Im regulierten Markt es grundsätzlich unbedenklich, wenn die Marktteilnehmer ihre Geschäftsmodelle gezielt auf den Regulierungsrahmen ausrichten und so gestalten, dass sie – im Rahmen des Regulierungsrechts – ein optimales wirtschaftliches Ergebnis erzielen. Eine Einschränkung ist erst dann geboten, wenn die **Grenze des Rechtsmissbrauchs** überschritten wird. **32.1**

G. Diskriminierungsfreie und unentgeltliche Durchleitung (lit. d)

Lit. d verlangt, dass der Betreiber seine Kundenanlage jedem (insbesondere Energieversorgern außerhalb der Kundenanlage und an die Kundenanlage angeschlossenen Letztverbrauchern) diskriminierungsfrei und unentgeltlich zur Verfügung stellt. Dieses Erfordernis sichert das **freie Lieferantenwahlrecht** für die Letztverbraucher innerhalb der Kundenanlage. **33**

Lit. d hat keine Bedeutung, wenn der Betreiber die Kundenanlage ausschließlich für sich selbst nutzt. Dann handelt es sich – sofern die weiteren in § 3 Nr. 24a genannten Voraussetzungen erfüllt sind – stets um eine Kundenanlage. Sind dagegen auch **andere Letztverbraucher** an die Kundenanlage angeschlossen (zB Mieter in einem **Mietshaus** oder **Einkaufszentrum,** Unternehmen in einem **Gewerbepark,** Wohnungseigentümer in einer **Wohnungseigentümergemeinschaft**), entfaltet die Anforderung von lit. d zentrale Bedeutung. **33a**

Obwohl nur als Tatbestandsmerkmal ausgestaltet, wirkt lit. d **mittelbar wie eine Regulierung der Kundenanlage:** Sofern der Betreiber nicht von sich aus die Vorgaben des lit. d erfüllt und seine Anlage nicht jedermann zur Belieferung unentgeltlich und diskriminie- **34**

EnWG § 3 Nr 24a Teil 1. Allgemeine Vorschriften

rungsfrei zur Verfügung stellt, wird er kraft Gesetzes zum Netzbetreiber und unterliegt damit den strengen Pflichten aus dem EnWG, jedermann an sein (dann) Netz anzuschließen und Netznutzung zu gewähren. Lit. d normiert damit eine nicht einklagbare **Obliegenheit** des Kundenanlagenbetreibers. Erfüllt er diese nicht, finden auf ihn die §§ 17, 20 Anwendung.

I. „Zur Verfügung stellen"

35   In erster Linie ist erforderlich, dass der Betreiber die Kundenanlage **jedermann zur Verfügung stellt** zum Zwecke der Belieferung der angeschlossenen Letztverbraucher. Das bedeutet, dass der Betreiber den angeschlossenen Letztverbrauchern gestatten muss, seinen Energielieferanten frei zu wählen. Umgekehrt muss der Betreiber jedem Energielieferanten die Belieferung von Letztverbrauchern innerhalb der Kundenanlage ermöglichen.

36   Problematisch sind daher insbesondere **Exklusivitätsvereinbarungen** zwischen dem Betreiber der Anlage und den Letztverbrauchern, die (ggf. mittelbar) eine Bindung dahingehend auslösen, dass der Letztverbraucher Energie nur vom Betreiber der Kundenanlage beziehen kann (BT-Drs. 17/6072, 51; BGH IR 2012, 227 Rn. 12 – Campingplatz). Unzulässig wäre es beispielsweise, wenn der Vermieter einer Räumlichkeit seine Mieter mietvertraglich dazu verpflichtet, ihren Strom vom Vermieter oder einem anderen vom Vermieter vorgegebenen Versorger zu beziehen (**keine Kopplung von Mietvertrag und Stromliefervertrag**).

37   Lit. d ist aufgrund **teleologischer Reduktion** nicht anwendbar auf Letztverbraucher mit **nur vorübergehendem und nebensächlichem Strombezug**. Das ist insbesondere bei **Hotels und Beherbergungsbetrieben** der Fall, die ihren Gästen üblicherweise nicht gestatten, während ihres Aufenthaltes Strom von Dritten zu beziehen. Es würde über die Zielsetzung des Energiewirtschaftsrechts hinausschießen, wenn die Netzbetreiberregulierung auch in solchen Fällen Anwendung fände (BGH IR 2012, 227 Rn. 14 – Campingplatz). Die Anforderungen von lit. d müssen daher nach der Rechtsprechung des BGH nicht eingehalten werden gegenüber Letztabnehmern, die folgende drei Voraussetzungen erfüllen (BGH IR 2012, 227 Rn. 15 – Campingplatz):
• der Letztabnehmer nutzt die Kundenanlage nur vorübergehend (**erste Voraussetzung**),
• die Bereitstellung von Energie für den Letztabnehmer ist nur ein untergeordneter Teil der Gesamtleistungen, die der Kundenanlagenbetreiber gegenüber dem Letztverbraucher erbringt (**zweite Voraussetzung**), und
• der Kundenanlagenbetreiber rechnet die Energie nicht separat gegenüber dem Letztabnehmer ab; diese ist vielmehr mit dem Gesamtpreis der Leistung abgegolten (**dritte Voraussetzung**).

38   **Dauercamper** erfüllen die erste Voraussetzung nicht (BGH IR 2012, 227 Rn. 16 – Campingplatz). Diesen muss der Campingplatz-Betreiber also die freie Wahl des Stromversorgers ermöglichen, wenn er nicht Netzbetreiber werden will. Demgegenüber kann der Campingplatz-Betreiber gegenüber **Kurzzeitcampern** die Auswahl des Stromversorgers beschränken, ohne die Einordnung der Verteilanlagen auf dem Campingplatz als Kundenanlage zu gefährden. Bei **Studentenwohnheimen** dürfte es sich um einen Grenzfall handeln: Jedenfalls sofern Zimmer nur übergangsweise (semesterweise) vermietet werden, erscheint eine Anwendung von lit. d verzichtbar.

39   Damit Letztverbraucher innerhalb der Kundenanlage durch externe Energielieferanten beliefert werden können, ist der Betreiber des Energieversorgungsnetzes, an das die Kundenanlage angeschlossen ist, gem. § 20 Abs. 1d S. 1 verpflichtet, den Zählpunkt zur Erfassung der durch die Kundenanlage aus dem Netz entnommenen Strommenge (**Summenzähler**) sowie **Unterzählpunkte** innerhalb der Kundenanlage (**bilanzierungsrelevante Unterzähler**) einzurichten. Zur Ermittlung der von extern an den Letztverbraucher in der Kundenanlage gelieferten Energiemenge werden die Zählwerte am Unterzähler und am Summenzähler verrechnet.

II. „Diskriminierungsfrei"

40   In der Obliegenheit, die Kundenanlage jedermann zur Verfügung zu stellen, unterliegt der Kundenanlagenbetreiber zusätzlich einem **Diskriminierungsverbot**. Dies schließt es aus, die Letztverbraucher innerhalb der Kundenanlage bei der Durchleitung unterschiedlich zu behandeln. Dieses Erfordernis entfaltet eigenständige Bedeutung nur, soweit es dem Kun-

(Kundenanlagen zur betrieblichen Eigenversorgung) **§ 3 Nr 24b EnWG**

denanlagenbetreiber überhaupt gestattet ist, die Energiedurchleitung von Vorgaben abhängig zu machen. Denkbar wären etwa **technische Vorgaben oder Anschlussbedingungen**, die bei der Energiedurchleitung zu beachten sind. Sofern solche Vorgaben existieren, müssten sie innerhalb der Kundenanlage für jedermann gleichermaßen gelten.

III. „Unentgeltlich"

Der Betreiber hat den Zugang zur Kundenanlage und deren Nutzung im Wege der 41 Durchleitung **unentgeltlich** zu ermöglichen. Insbesondere darf von Energielieferanten, die Letztverbraucher innerhalb der Kundenanlage beliefern, kein Nutzungsentgelt für die Durchleitung gefordert werden.

Wird dagegen die Kundenanlage im Rahmen eines vertraglichen Gesamtpaketes (beispiels- 42 weise **im Rahmen eines Miet- oder Pachtvertrages**) zur Verfügung gestellt, ist das Merkmal der Unentgeltlichkeit erfüllt, sofern das Entgelt nicht abhängig ist von der Nutzung der Kundenanlage, insbesondere sich die Höhe nicht nach der Menge der durchgeleiteten Energie richtet (BGH 13.12.2022 – EnVR 83/20 juris Rn. 11 f. = NJOZ 2023, 154; BT-Drs. 17/6072, 51). Es ist daher unschädlich, wenn ein **einheitliches, verbrauchsunabhängiges monatliches Grundentgelt** für die Nutzung der Kundenanlage erhoben wird (ebd.). Ein problematisches Nutzungsentgelt liegt aber dann vor, wenn der Betreiber der Anlage für den Fall der Drittbelieferung mit Energie einen höheren Miet- oder Pachtzins verlangt (BNetzA/Landesregulierungsbehörden, Gemeinsames Positionspapier, 2012, 3).

Unproblematisch ist außerdem, wenn die Kosten für Errichtung, Betrieb und Wartung 43 der Kundenanlage **verbrauchsunabhängig auf die Letztverbraucher innerhalb der Kundenanlage umgelegt** werden (BGH 13.12.2022 – EnVR 83/20, juris Rn. 13 = NJOZ 2023, 154; OLG Frankfurt CuR 2018, 17 Rn. 44 = BeckRS 2018, 7613; aA BNetzA/Landesregulierungsbehörden, Gemeinsames Positionspapier, 2012, 3). Dabei spielt es für die Anwendung von § 3 Nr. 24a keine Rolle, ob die Kostenumlage nach den Regelungen der BetrKV zulässig ist (BGH 13.12.2022 – EnVR 83/20 juris Rn. 13 = NJOZ 2023, 154).

Demgegenüber schließen **prohibitive Preisgestaltungen** oder sonstige Umgehungstat- 44 bestände die Unentgeltlichkeit aus (BT-Drs. 17/6072, 51). Ein solcher Umgehungstatbestand kann etwa dann vorliegen, wenn sich der Betreiber durch den Nutzer der Kundenanlage unverhältnismäßig hohe Kosten für einen Zählereinbau versprechen lässt, die erkennbar darauf abzielen, den Nutzer von einer Belieferung durch einen Dritten abzuhalten.

IV. Kundenanlagenbetreiber als Energieversorger innerhalb der Kundenanlage

Lit. d schließt es nicht aus, dass der Kundenanlagenbetreiber **Letztverbraucher in seiner** 45 **Kundenanlage selbst** versorgt (vgl. auch § 5 S. 1 Hs. 2). Das Recht der Letztverbraucher, sich ggf. einen anderen Versorger zu wählen, kann der Kundenanlagenbetreiber aber nicht ausschließen oder einschränken.

Offen ist allerdings, mit welcher **Laufzeit** der Kundenanlagenbetreiber Stromlieferverträge 46 mit den Letztverbrauchern innerhalb der Kundenanlage abschließen kann. Während der Laufzeit des Stromliefervertrages ist es dem Letztverbraucher nicht möglich, den Stromversorger frei zu wählen. Eine übermäßig lange Vertragslaufzeit könnte daher mit lit. d unvereinbar sein. Allerdings muss – wie auch bei der Energiebelieferung über das Netz – die **Wahlfreiheit** in erster Linie **bei Vertragsabschluss** bestanden haben. Daraus folgt, dass in AGB vereinbarte Laufzeitregelungen mit lit. d vereinbar sind, sofern sie auch AGB-rechtlich wirksam sind und der Kundenanlagenbetreiber dem Letztverbraucher vor Vertragsschluss die Wahl gelassen hat, von wem er die Energie beziehen will. Eine zweijährige Festlaufzeit dürfte daher – entsprechend § 309 Nr. 9 BGB – auch innerhalb der Kundenanlage zulässig sein. Individualvertraglich können auch längere Laufzeiten vereinbart werden.

§ 3 Nr. 24b (Kundenanlagen zur betrieblichen Eigenversorgung)

Im Sinne dieses Gesetzes bedeutet
24b. **Kundenanlagen zur betrieblichen Eigenversorgung**
Energieanlagen zur Abgabe von Energie,

EnWG § 3 Nr 24b Teil 1. Allgemeine Vorschriften

a) die sich auf einem räumlich zusammengehörenden Betriebsgebiet befinden,
b) mit einem Energieversorgungsnetz oder mit einer Erzeugungsanlage verbunden sind,
c) fast ausschließlich dem betriebsnotwendigen Transport von Energie innerhalb des eigenen Unternehmens oder zu verbundenen Unternehmen oder fast ausschließlich dem der Bestimmung des Betriebs geschuldeten Abtransport in ein Energieversorgungsnetz dienen und
d) jedermann zum Zwecke der Belieferung der an sie angeschlossenen Letztverbraucher im Wege der Durchleitung unabhängig von der Wahl des Energielieferanten diskriminierungsfrei und unentgeltlich zur Verfügung gestellt werden.

Überblick

Die Kundenanlage zur betrieblichen Eigenversorgung ist ein Sonderfall der (allgemeinen) Kundenanlage iSv § 3 Nr. 24a. Die Begriffsbestimmung in § 3 Nr. 24b ist daher im Grundsatz **genauso auszulegen wie der Begriff der Kundenanlage** in § 3 Nr. 24a (→ § 3 Nr. 24a Rn. 1 ff.). Von dieser unterscheidet sich die Betriebskundenanlage allerdings in zwei Punkten: Zum einen ist sie gem. lit. a auf ein „räumlich zusammengehörendes **Betriebsgebiet**" beschränkt (→ Rn. 2 ff.). Zum anderen kommt es gem. lit. c nicht auf die fehlende Wettbewerbsrelevanz der durchgeleiteten Energie an (→ § 3 Nr. 24a Rn. 22 ff.), sondern darauf, dass die Kundenanlage „fast ausschließlich" dem Unternehmen dient (→ Rn. 5 ff.). Die Regelung ist **auf Industrie- und Energieversorgungsbetriebe** zugeschnitten und erleichtert es diesen, den Tatbestand der Kundenanlage zu erfüllen.

A. Relevanz, Entstehungsgeschichte, Auslegung

1 Hinsichtlich Relevanz, Entstehungsgeschichte und Auslegungsgrundsätze von § 3 Nr. 24b wird auf die entsprechende Kommentierung zu § 3 Nr. 24a verwiesen (→ § 3 Nr. 24a Rn. 1 ff. und → § 3 Nr. 24a Rn. 7 ff.). Dasselbe gilt für den in § 3 Nr. 24b genannten Begriff „Energieanlage zur Abgabe von Energie" (→ § 3 Nr. 24a Rn. 10 ff.) sowie die in § 3 Nr. 24b lit. b (→ § 3 Nr. 24a Rn. 20 f.) und lit. d (→ § 3 Nr. 24a Rn. 33 ff.) genannten Voraussetzungen, die gleichermaßen in § 3 Nr. 24a enthalten sind und daher ebenso wie diese auszulegen sind.

B. Räumlich zusammenhörendes Betriebsgebiet (lit. a)

2 Anders als die allgemeine Kundenanlage kann sich die Kundenanlage zur betrieblichen Eigenversorgung gem. lit. a über das gesamte „räumlich zusammenhängende Betriebsgebiet" erstrecken. Durch die Bezugnahme auf **„Betriebsgebiet"** (anstelle von „Gebiet" in § 3 Nr. 24a lit. a) kann sich die Kundenanlage zur betrieblichen Eigenversorgung auch **über weite Flächen erstrecken,** sofern sie zum selben Betrieb gehören (BT-Drs. 17/6072, 51).

3 Erforderlich ist aber, dass das Betriebsgelände **„räumlich zusammengehört"**. Dieser Begriff ist genauso auszulegen wie bei § 3 Nr. 24a lit. a (→ § 3 Nr. 24a Rn. 13 ff.). Es ist also eine Gesamtwürdigung der äußeren Umstände unter Berücksichtigung verbindender („umklammernder") und trennend wirkender Faktoren durchzuführen. Neben den bereits bei § 3 Nr. 24a lit. a genannten Verkehrswegen (Straßen und Gleisanlagen) sind vorliegend allerdings auch **unternehmenstypische Einrichtungen** zu berücksichtigen: So kann sich etwa die räumliche Zusammengehörigkeit aus betriebsumspannenden Förderband-Anlagen, Medienversorgungsinfrastrukturen (Wärme, Wasser, Edelgase), Umzäunungen oder betriebseigener Verkehrswege ergeben, die das Betriebsgebiet verklammern.

4 Handelt es sich um ein Betriebsgebiet iSv § 3 Nr. 24b und sind dennoch nicht die tatbestandlichen Voraussetzungen einer Kundenanlage zur betrieblichen Eigenversorgung erfüllt, bleibt die Anwendung von § 3 Nr. 24a weiterhin möglich. Die Regelung von § 3 Nr. 24b entfaltet in seinem Anwendungsbereich also **keine Sperrwirkung** gegenüber § 3 Nr. 24a. Denn beide Arten der Kundenanlage sind Alternativen, die gleichrangig nebeneinanderstehen.

C. „Fast ausschließlich" dem Unternehmen dienend (lit. c)

Anders als bei den allgemeinen Kundenanlagen spielt die Wettbewerbsrelevanz und damit insbesondere die Menge der durchgeleiteten Energie keine Rolle für die Einordnung als Betriebskundenanlage. Vielmehr können Betriebskundenanlagen auch größere Energiemengen durchleiten, solange die Energieanlage „fast ausschließlich" zur betrieblichen Energieversorgung (lit. c Alternative 1) oder „fast ausschließlich" zur bestimmungsgemäßen Energieabtransport (lit. c Alternative 2) genutzt wird.

I. Betriebliche Eigenversorgung (lit. c Alt. 1)

In der ersten in lit. c genannten Konstellation dient die Anlage ausschließlich dem betriebsnotwendigen Transport von Energie **innerhalb des eigenen Unternehmens** oder zu verbundenen Unternehmen. Diese Alternative ist auf alle Produktions-, Gewerbe-, Dienstleistungs- oder Industriebetriebe zugeschnitten, die auf ihrem Betriebsgelände („innerhalb des eigenen Unternehmens") Einrichtungen betreiben, über die Energie zu den Produktionsanlagen transportiert werden kann.

II. Bestimmungsgemäßer Energieabtransport (lit. c Alt. 2)

Die zweite in lit. c genannte Konstellation betrifft Energieerzeugungsbetriebe, die über eigene Leitungen die Energie aus ihrer Erzeugungsanlage in das Netz einspeisen. Dies betrifft also insbesondere **Kraftwerksstandorte**.

III. „Fast ausschließlich"

Das Kriterium „fast ausschließlich" in § 3 Nr. 24b lit. c tritt anstelle des Kriteriums der Wettbewerbsrelevanz der durchgeleiteten Energiemenge in § 3 Nr. 24a lit. c. Die absolute Menge der durch die Kundenanlage transportierten Energie spielt in § 24b lit. c also keine Rolle. Eine Kundenanlage zur betrieblichen Eigenversorgung kann demnach auch dann vorliegen, wenn die durchgeleitete Energiemenge sehr groß ist (BT-Drs. 17/6072, 51). Voraussetzung ist lediglich, dass der Anteil der Energie, der an Dritte geliefert wird, im Verhältnis zur Gesamtenergiemenge vernachlässigbar klein ist („fast ausschließlich"). Je nach Einzelfall darf der an Dritte gelieferte **Anteil 5–10 Prozent** nicht überschreiten (BNetzA/Landesregulierungsbehörden, Gemeinsames Positionspapier, 2012, 8).

Lit. c stellt klar, dass der Energietransport zu oder aus **„verbundenen Unternehmen"** als Eigenverbrauch gilt. Dh alle Unternehmen, die miteinander verbunden sind gem. §§ 15 ff. AktG, werden zusammen betrachtet, obwohl es sich um rechtlich selbstständige Unternehmen handelt. Energiemengen, die im Konzernverbund oder innerhalb des Betriebsgeländes bereitgestellt werden, gehören zur betrieblichen Eigenversorgung. Dies ermöglicht auch die Umsetzung von **Contracting-Modellen innerhalb von Betriebskundenanlagen** (Elspas/Graßmann/Raspach/Schreiner § 3 Rn. 134).

§ 3 Nr. 24c (L-Gasversorgungsnetz)

Im Sinne dieses Gesetzes bedeutet
24c. L-Gasversorgungsnetz
ein Gasversorgungsnetz zur Versorgung von Kunden mit L-Gas.

Die Definition des L-Gasversorgungsnetzes ist nur relevant im Rahmen der Regelungen zur Umstellung der Gasqualität im Gasversorgungsnetz von L- auf H-Gas. Sie gilt daher vor allem für die Anwendung von § 19a, aber auch von § 17 Abs. 1 S. 2 und § 18 Abs. 1 S. 2. Sie wurde zum 21.12.2018 eingeführt. Wie in § 3 Nr. 24c klargestellt, handelt es sich bei einem L-Gasversorgungsnetz um ein Gasversorgungsnetz (§ 3 Nr. 20), in dem L-Gas, also niederkalorisches Gas fließt.

In Deutschland werden zwei verschiedene Gasqualitäten verbraucht: das niederkalorische **L-Gas** (vgl. § 3 Nr. 24c) und das hochkalorische **H-Gas**. Rund 30 Prozent der deutschen Gaskunden beziehen L-Gas; insgesamt sind mehr als vier Millionen inländische Haushalte und Industriebetriebe an die L-Gasversorgungsnetze angeschlossen (BT-Drs. 19/5523, 106). Da der Import von L-Gas rückläufig ist, ergibt sich immer wieder die Notwendigkeit, dass die Gasqualität von Gasversorgungsnetzen von L-Gas auf H-Gas gestellt wird.

§ 3 Nr. 24d (landseitige Stromversorgung)

Im Sinne dieses Gesetzes bedeutet
24d. landseitige Stromversorgung
die mittels einer Standardschnittstelle von Land aus erbrachte Stromversorgung von Seeschiffen oder Binnenschiffen am Liegeplatz.

1   Die Definition der „landseitigen Stromversorgung" in § 3 Nr. 24d wurde zum 17.5.2019 eingeführt zusammen mit § 49 Abs. 2a und wird ausschließlich für die Anwendung des letzteren benötigt. Die Regelung geht auf die RL 2014/94/EU über den Aufbau der Infrastruktur für alternative Kraftstoffe zurück, durch die die Mitgliedstaaten u.a. verpflichtet sind, EU-weit einheitliche Standards zu schaffen für sog. **Landstromanlagen**.

2   Landstromanlagen sind Einrichtungen zur hafenseitigen Stromversorgung von See- und Binnenschiffen. Nach der Zielvorgabe des EU-Gesetzgebers soll die Nutzung von Landstromanlagen erleichtert werden, weil diese eine **saubere Stromversorgung im Schiffsverkehr** ermöglicht. Nach Vorstellung des EU-Gesetzgebers kommt der Einsatz von Landstromanlagen insbesondere See- und Binnenschiffhäfen zugute, in denen die Luftqualität oft schlecht und der Lärmpegel hoch ist (Erwägungsgrund 34 RL 2014/94/EU). Gemäß Art. 4 Abs. 6 RL 2014/94/EU iVm Anhang II Nr. 1.7 RL 2014/94/EU müssen die Mitgliedstaaten sicherstellen, dass landseitige Stromversorgungsanlagen den technischen Spezifikationen der Norm IEC/ISO/IEEE 80005-1 entsprechen. Dieser Pflicht ist Deutschland durch die Einführung von § 49 Abs. 2a nachgekommen.

3   Die Definition in § 3 Nr. 24d entspricht Art. 2 Nr. 6 RL 2014/94/EU. Tatbestandlich sind Anlagen, durch die Schiffe **am Liegeplatz** im Hafen mit Strom versorgt werden. Hierbei gehört aber nur die eigentliche **Schnittstelle** (dh der Stecker) am Land zur landseitigen Stromversorgung. Die Erzeugungsanlagen und andere vorgelagerte Einrichtungen der Verschaltung sind nicht erfasst.

§ 3 Nr. 24e (Landstromanlagen)

Im Sinne dieses Gesetzes bedeutet
24e. Landstromanlagen
die Gesamtheit der technischen Infrastruktur aus den technischen Anlagen zur Frequenz- und Spannungsumrichtung, der Standardschnittstelle einschließlich der zugehörigen Verbindungsleitungen, die
a) sich in einem räumlich zusammengehörigen Gebiet in oder an einem Hafen befinden und
b) ausschließlich der landseitigen Stromversorgung von Schiffen dienen.

1   Die Definition der „Landstromanlagen" in § 3 Nr. 24e hat ausschließlich für die Anwendung der Letztverbraucher-Definition in § 3 Nr. 25 Relevanz. Nach deren § 3 Nr. 25 Hs. 2 gilt der Strombezug von Landstromanlagen als Letztverbrauch iSv § 3 Nr. 25. Landstromanlagen umfassen gem. § 3 Nr. 24e alle elektrischen Anlagen (einschließlich Anlagen der Frequenz- und Spannungsumrichtung), die ausschließlich zur **landseitigen Stromversorgung von Schiffen** dienen. Es handelt sich also um die elektrischen Anlagen zur Umsetzung einer landseitigen Stromversorgung iSv § 3 Nr. 24d.

2   Derartige Anlagen sind gem. § 3 Nr. 24e **lit. a** allerdings nur dann tatbestandlich, wenn sie sich „in einem räumlich zusammengehörigen Gebiet" oder „an einem Hafen" befinden. Die erste Tatbestandsalternative („**räumlich zusammengehöriges Gebiet**") ist genauso auszulegen wie bei § 3 Nr. 24a lit. a. Es ist demnach eine Gesamtbetrachtung der Gebietsstruktur im Hinblick auf verbindende oder trennende Elemente durchzuführen (→ § 3

(Letztverbraucher) § 3 Nr 25 EnWG

Nr. 24a Rn. 13 ff.). Für die zweite Tatbestandsalternative („**Hafen**") spielen die Gesichtspunkte der Größe und Zusammengehörigkeit demgegenüber keine Rolle. Vielmehr ergibt sich das verbindende Element hier daraus, dass sich die Anlage zur Abgabe von Elektrizität „an einem Hafen" befindet.

Die in § 3 Nr. 24e **lit. b** genannten Schiffe können **sowohl See- als auch Binnenschiffe** 3 sein. Das ergibt sich aus § 3 Nr. 24d, der ebenfalls für diese beiden Arten von Schiffen gilt. Darüber hinaus lässt sich dem lit. b entnehmen, dass die Landstromanlage **ausschließlich** der landseitigen Stromversorgung dienen muss. Dies schließt es aus, dass andere Verbraucher als Schiffe über dieselbe Anlage mit Strom beliefert werden.

§ 3 Nr. 25 (Letztverbraucher)

Im Sinne dieses Gesetzes bedeutet
25. Letztverbraucher
Natürliche oder juristische Personen, die Energie für den eigenen Verbrauch kaufen; auch der Strombezug der Ladepunkte für Elektromobile und der Strombezug für Landstromanlagen steht dem Letztverbrauch im Sinne dieses Gesetzes und den auf Grund dieses Gesetzes erlassenen Verordnungen gleich.

Überblick

Zu den in § 3 Nr. 25 definierten Letztverbrauchern gehören all diejenigen, die Energie für ihren **eigenen Verbrauch** beziehen. Die Begriffsbestimmung wird in erster Linie in zahlreichen Vorschriften des EnWG verwendet, entfaltet aber **auch außerhalb des EnWG** universelle Geltung (→ Rn. 1 ff.). Im Merkmal „eigener Verbrauch" unterscheidet sich der Letztverbraucher von den Großhändlern (§ 3 Nr. 21), die Energie beziehen, um damit andere zu beliefern. Neben der Letztverbraucher-Definition in Halbsatz 1 (→ Rn. 6 ff.) enthält § 3 Nr. 25 im Halbsatz 2 wichtige Klarstellungen für die Elektroladestationen (→ Rn. 13 ff.) und für die Landstromanlagen (→ Rn. 17 f.).

A. Relevanz der Letztverbraucher-Definition

Der Begriff des Letztverbrauchers wird zum einen in zahlreichen anderen Begriffsbestim- 1 mungen in § 3 verwendet (so etwa Nr. 15 – Energieanlagen; Nr. 17 – Energieversorgungsnetze der allgemeinen Versorgung; Nr. 19b – Gaslieferant; Nr. 24a – Kundenanlage; Nr. 32 – Übertragung), und hat damit bei deren Anwendung Hilfsfunktion.

Zum anderen ist der Letztverbraucher der finale „Empfänger" der Energie und damit 2 **Ziel und Ende der energiewirtschaftlichen Wertschöpfungskette.** Letztlich sind alle Vorschriften des EnWG auf den Schutz des Letztverbrauchers ausgerichtet, der – wie in § 1 Abs. 1 formuliert – sicher, preisgünstig, verbraucherfreundlich, effizient und umweltverträglich mit Gas und Strom versorgt werden soll. § 1 Abs. 1 spricht zwar von der Versorgung der „Allgemeinheit". Hiermit ist aber nichts anderes gemeint als die **„Allgemeinheit der Letztverbraucher".** Im Einklang mit dieser Schutzrichtung sind insbesondere die Letztverbraucher Inhaber der Ansprüche auf Netzanschluss (§§ 17, 18) und Netzzugang (§ 20) und gelten bei deren Belieferung mit Energie die speziellen Vorgaben von §§ 36 ff.

Darüber hinaus wird der Begriff in zahlreichen anderen energiewirtschaftlichen Verord- 3 nungen und Gesetzen verwendet. So knüpft etwa die **Netzentgeltpflicht** gem. § 14 Abs. 1 StromNEV an den Letztverbrauch an (BGH ZNER 2010, 172 Rn. 7 = BeckRS 2010, 4706). Schuldner der Netzentgelte ist aber der Netznutzer iSv § 3 Nr. 28. Dieser ist nicht zwingend auch Letztverbraucher. Ähnliches gilt im **Stromsteuerrecht:** § 5 Abs. 1 StromStG knüpft die Steuerpflicht daran an, dass Strom durch Letztverbraucher aus dem Versorgungsnetz entnommen wird. Auch hier ist der Letztverbraucher in der Regel aber nicht Schuldner der Stromsteuer.

Das EEG und das KWKG enthalten in **§ 3 Nr. 33 EEG 2023** bzw. in **§ 2 Nr. 17 KWKG** 4 **2023** eigene Letztverbraucher-Definitionen. Soweit Vorschriften des EEG bzw. des KWKG an den Begriff des Letztverbrauchers anknüpfen, gilt nicht § 3 Nr. 25 EnWG, sondern die jeweilige spezialgesetzliche Letztverbraucherdefinition aus dem EEG bzw. KWKG.

Peiffer

5   Auch wenn die Letztverbraucher-Definition im **EEG** und im **KWKG** nicht darauf abstellt, wer die Energie „kauft", sondern vielmehr daran anknüpft, wer die Energie „verbraucht", ist sie im Grundsatz **genauso auszulegen** wie die Letztverbraucher-Definition in § 3 Nr. 25 Hs. 1 (vgl. auch OLG Hamm BeckRS 2010, 25535; OLG Hamburg BeckRS 2014, 16421). Dies gilt allerdings nicht für die in § 3 Nr. 25 Hs. 2 enthaltene **Sonderregel für Ladestationen und Landstromanlagen.** Diese findet sich in anderen Gesetzen nicht (insbesondere nicht im EEG) und kann daher auch nicht außerhalb des EnWG angewendet werden (BR-Drs. 542/15, 86).

B. Letztverbraucherbegriff (Hs. 1)

6   Gemäß Halbsatz 1 ist Letztverbraucher, wer Energie für den eigenen Verbrauch **kauft.** Das Wort „kauft" wurde 2005 bei Einführung der Legaldefinition aus der „Endkunden"-Definition in der Gas-Binnenmarkt-Richtlinie 2003/55/EG und der Elektrizitäts-Binnenmarkt-Richtlinie 2003/54/EG übernommen. Der Begriff ist zu eng gewählt. Denn auch **andere Vertragsgestaltungen** (etwa Energie-Schenkung oder atypische Abreden über die Bereitstellung von „Nutzenergie") sind tatbestandlich.

7   Durch die Formulierung „kauft" soll lediglich zum Ausdruck kommen, dass derjenige, der die Energie **selbst erzeugt,** nicht Letztverbraucher iSd EnWG ist (BR-Drs. 157/15, 164). Das Tatbestandsmerkmal „kauft" erfordert daher allgemein das Vorliegen einer wie auch immer gearteten **vertraglichen Vereinbarung,** auf deren Grundlage Energie geliefert oder bereitgestellt wird (BGH RdE 2021, 25 Rn. 20 ff. = BeckRS 2020, 15163; OLG Hamburg BeckRS 2014, 16421 Rn. 82 ff.). Insbesondere muss der Vertrag kein Entgelt für die Belieferung vorsehen.

8   Entscheidende Voraussetzung für die Einordnung als Letztverbraucher ist, dass dieser die bezogene Energie für den **eigenen Verbrauch** bezieht. Dies ist nicht erfüllt, wenn ein **Vermieter oder Verpächter** – ohne selbst am Verbrauch teilzunehmen – den Strom bezieht und ihn an seine Mieter oder Pächter weiterleitet (BGH NJW 2014, 266 Rn. 22).

9   Sofern zweifelhaft ist, wem der Verbrauch zuzuordnen ist, ist im Einzelfall zu klären, wer **Betreiber der Anlage** ist, in der die bezogene Energie eingesetzt wird. Dabei liegt die Betreiberstellung bei demjenigen, der nach der jeweiligen vertraglichen (ggf. auslegungsbedürftigen) Abrede die Betriebsweise der Anlage vorgeben kann, die tatsächliche Sachherrschaft über diese hat und das wirtschaftliche Risiko des Anlagenbetriebs trägt (OLG Hamburg BeckRS 2014, 16421 Rn. 50 ff.). Das Erfordernis der **Sachherrschaft** ergibt sich aus § 19 NAV/§ 19 NDAV, die den Anschlussnutzer verpflichtet, Anlagen und Verbrauchsgeräte so zu betreiben, dass Störungen Dritter vermieden werden. Diese Pflicht kann nur erfüllen, wer auch tatsächlich die Möglichkeit hat, auf die Anlagen einzuwirken, um Störungen zu vermeiden.

10 Zu welchem **Zweck** der Letztverbraucher die Energie verbraucht, ist unerheblich. Letztverbrauch liegt daher auch vor, wenn der Letztverbraucher den bezogenen Strom nur dazu nutzt, Verluste innerhalb seines geschlossenen Verteilernetzes auszugleichen (OLG Hamm 16.7.2018 – I-8 U 119/17 Rn. 41 ff.). Auch die Betreiber von **Energiespeicheranlagen** (§ 3 Nr. 15d) bzw. „Anlagen zur Speicherung elektrischer Energie" (§ 118 Abs. 6) sind Letztverbraucher, soweit sie den Speicher laden und hierfür Strom aus dem Netz beziehen (BGH ZNER 2010, 172 = BeckRS 2010, 4706 für Pumpspeicherkraftwerk). Dem steht nicht entgegen, dass sie den Strom nur speichern und anschließend wieder in das Netz einspeisen wollen. Denn auch ein Verbrauch, der nur zu einer **Energieumwandlung** führt, ist Letztverbrauch iSd EnWG (BGH ZNER 2010, 172 Rn. 10 = BeckRS 2010, 4706: entscheidend sei allein, dass der entnommene Strom für eine energieabhängige Funktion „aufgezehrt" werde). Im Grundsatz sind Speicherbetreiber damit hinsichtlich des aus dem Netz entnommenen Stroms netzentgeltpflichtig (Ausnahmen bestehen aber gem. § 118 Abs. 6).

11 Da es auf den Zweck des Energieverbrauchs nicht ankommt, sind sowohl private (Verbraucher-) als auch berufliche Zwecke tatbestandlich. Auch **Unternehmer iSv § 14 BGB** sind Letztverbraucher iSd EnWG (BGH ZNER 2010, 172 Rn. 8 = BeckRS 2010, 4706), sofern sie die bezogene Energie nicht an Dritte weiterliefern (dann Großhändler iSv § 3 Nr. 21 oder Energieversorger iSv § 3 Nr. 18). Auf den ersten Blick scheint zwar § 3 Nr. 24 die Einordnung von Unternehmen als Letztverbraucher auszuschließen, weil Unternehmen hier scheinbar als eigene Gruppe genannt werden. Der Wortlaut dieser Begriffsbestimmung ist

(LNG-Anlage) § 3 Nr 26 EnWG

insoweit aber trügerisch und schließt es nicht aus, dass Unternehmen Letztverbraucher sind, sofern die weiteren Voraussetzungen erfüllt sind (→ § 3 Nr. 24).

Die Beschränkung im Wortlaut auf **natürliche** und **juristische Personen** ist zu eng geraten. Auch rechtsfähige Personengesellschaften (KG, OHG) können Letztverbraucher sein. Insoweit gelten gleichermaßen die Ausführungen zum Betreiberbegriff in § 3 Nr. 2 (→ § 3 Nr. 2 Rn. 1 f.). 12

C. Sonderregel für Ladepunkte (Hs. 2)

Die im Halbsatz 2 enthaltene Sonderregel für Elektroladepunkte wurde **2016** durch das **Strommarktgesetz** ergänzt. Sie besagt, dass der gesamte Strombezug von **Elektrofahrzeugen** als Letztverbrauch des Ladepunkts gilt. Dies zu regeln hielt der Gesetzgeber für erforderlich, weil andernfalls die Ladevorgänge als Letztverbrauch im geladenen Elektrofahrzeug zu werten wären, mit den **unerwünschten Konsequenzen,** dass der Ladepunktbetreiber (Charge Poing Operator = CPO) zum Energieversorgungsunternehmen würde (jedenfalls dann, wenn er nicht Betreiber des Elektrofahrzeugs ist) und die Ladevorgänge Energielieferungen iSv §§ 36 ff. darstellten. Halbsatz 2 führt dazu, dass der Betreiber des Ladepunktes Letztverbraucher ist iSv § 3 Nr. 25, auch wenn er den Ladestrom an die von Dritten betriebenen Elektrofahrzeuge weiterliefert. Dies gilt auch dann, wenn die Vermarktung des Ladepunktes durch einen Dritten in der Rolle als MSP erfolgt (→ § 3 Nr. 18 Rn. 8). Aufgrund von § 3 Nr. 25 Hs. 2 sind weder CPO noch MSP Energieversorger. 13

Halbsatz 2 gilt sowohl für **öffentlich zugängliche** Ladepunkte, die in den Anwendungsbereich der **LSV** fallen, als auch für solche Ladepunkte, die **nicht öffentlich** zugänglich sind. 14

Halbsatz 2 gilt ausdrücklich nur für den Letztverbrauch „im Sinne dieses Gesetzes" und den auf Grund dieses Gesetzes erlassenen Verordnungen". Die Regelung greift insbesondere also für die Regelungen der **StromNEV** mit der Folge, dass der Betreiber des Ladepunktes den darin genutzten Strom ggf. zu seinen individuellen Netzentgelten beziehen kann, auch wenn die beladenen Fahrzeuge von Dritten betrieben werden, die selbst keine Netzentgeltprivilegierung in Anspruch nehmen können. 15

Unmittelbare Auswirkung von Halbsatz 2 ist, dass die Erbringung von Ladedienstleistungen **keine Energielieferung** darstellt und daher nicht die Vorgaben von § 40 und § 42 erfüllen muss. Außerdem sind Betreiber von Ladepunkten (CPO) kein Energieversorgungsunternehmen und müssen daher insbesondere **keine Anzeige nach § 5** durchführen und unterliegen nicht dem Untersagungsvorbehalt von § 5 S. 4. 16

D. Sonderregel für Landstromanlagen (Hs. 2)

Halbsatz 2 enthält eine weitere Sonderregel für Landstromanlagen iSv § 3 Nr. 24e. Diese wurde 2021 eingeführt (BGBl. 2021 I 3026) und besagt, dass der Strom, der über Ladestromanlagen an Schiffe abgegeben wird, als **Letztverbrauch in der Landstromanlage** gilt. Letztverbraucher dieses Stroms ist damit der Betreiber der Landstromanlage. 17

Diese Fiktion bewirkt, dass die energiewirtschaftsrechtlichen Pflichten ausschließlich im Verhältnis zwischen Stromlieferant und Landstromanlagen-Betreiber gelten, und nicht im Verhältnis zwischen Landstromanlagen-Betreiber und dem jeweiligen Schiffs-Betreiber (BT-Drs. 19/27453, 90). Die Nutzung der Landstromanlage durch Schiffe stellt demnach **keinen Strombezug iSd EnWG** dar. Das erleichtert die Abwicklung der landseitigen Stromversorgung von Schiffen: Die Vorgaben von §§ 40 ff. finden keine Anwendung. Außerdem ist der Betreiber einer Landstromanlage kein Energieversorgungsunternehmen und muss daher insbesondere **keine Anzeige nach § 5** durchführen. 18

§ 3 Nr. 26 (LNG-Anlage)

Im Sinne dieses Gesetzes bedeutet
26. **LNG-Anlage**
eine Kopfstation zur Verflüssigung von Erdgas oder zur Einfuhr, Entladung und Wiederverdampfung von verflüssigtem Erdgas; darin eingeschlossen sind

Hilfsdienste und die vorübergehende Speicherung, die für die Wiederverdampfung und die anschließende Einspeisung in das Fernleitungsnetz erforderlich sind, jedoch nicht die zu Speicherzwecken genutzten Teile von LNG-Kopfstationen.

1   Die Legaldefinition der LNG-Anlage ist 2005 zur Umsetzung von Art. 2 Nr. 11 Gas-Binnenmarkt-Richtlinie 2003/55/EG in das EnWG aufgenommen worden (BR-Drs. 613/04, 83). LNG-Anlagen iSd EnWG sind in der **Alternative 1** Anlagen, in denen Erdgas **verflüssigt** wird zu LNG (Liquified Natural Gas). In der **Alternative 2** gehören dazu sog. **LNG-Terminals** zur Einfuhr, Entladung und zum Wiederverdampfen von verflüssigtem Erdgas. Ebenfalls unter die Begriffsbestimmung fallen in der **Alternative 3 Hilfsdienste** und die vorübergehende Speicherung, im Zusammenhang mit der Wiederverdampfung und anschließenden Einspeisung.

2   Während die „vorübergehende Speicherung" für die Wiederverdampfung unter den Tatbestand gefasst werden kann, ist die eigentliche **Speicherung** nach dem letzten Halbsatz nicht Teil der LNG-Anlage. Insoweit handelt es sich um eine Gasspeicheranlage iSv § 3 Nr. 19c (→ § 3 Nr. 19c Rn. 2).

3   Der Begriffsbestimmung lässt sich entnehmen, dass LNG-Anlagen nur tatbestandlich sind, sofern sie **an das Fernleitungsnetz** angeschlossen sind. Demgegenüber erfüllen LNG-Tankstellen, die an das Gasverteilernetz angebunden sind, nicht den Tatbestand der LNG-Anlage iSv § 3 Nr. 26. Sie unterfallen teilweise aber dennoch dem EnWG (→ § 3 Nr. 14 Rn. 5).

4   Der **Zugang zu LNG-Anlagen** ist im EnWG geregelt:
- In erster Linie ist die **LNG-Verordnung (LNGV)** zu beachten, die die BNetzA am 16.11.2022 erlassen hat (BAnz AT 17.11.2022 V1). Grundlage hierfür ist die Verordnungsermächtigung in § 118a S. 1, die das BMWK durch sog. Subdelegationsverordnung vom 12.11.2022 (BGBl. I 2002) auf die BNetzA übertragen hat, vgl. § 118a S. 2.
- Hinsichtlich der **Entgelte für den Zugang** zu LNG-Anlagen gilt § 23a EnWG, wie insbesondere durch § 118 Abs. 46c bestätigt wird. Demnach können die Betreiber von LNG-Anlagen (→ § 3 Nr. 9 Rn. 1) kostenbasierte Entgelte genehmigen lassen und erheben.
- Darüber hinaus ist § 26 zu beachten, wonach die BNetzA Festlegungen zu den Bedingungen des Zugangs zu LNG-Anlagen erlassen kann.

5   Im Übrigen gelten die **§§ 43 ff.** für die Planfeststellungsverfahren von LNG-Anlagen, allerdings mit den Modifikationen durch **§ 8 LNG-Beschleunigungsgesetz** (LNGG) vom 24. Mai 2022 (BGBl. I 802). Außerdem gelten über § 3 Nr. 19a die Vorschriften § 49 und § 4 hinsichtlich der technischen Sicherheit von LNG-Anlagen.

§ 3 Nr. 26a (Marktgebietsverantwortlicher)

Im Sinne dieses Gesetzes bedeutet
26a. Marktgebietsverantwortlicher
   ist die von den Fernleitungsnetzbetreibern mit der Wahrnehmung von Aufgaben des Netzbetriebs beauftragte bestimmte natürliche oder juristische Person, die in einem Marktgebiet Leistungen erbringt, die zur Verwirklichung einer effizienten Abwicklung des Gasnetzzugangs durch eine Person zu erbringen sind.

1   Die Definition in § 3 Nr. 26a wurde zum 30.4.2022 durch das sog. **Gasbevorratungsgesetz** (BGBl. 2022 I 674) aufgenommen. Durch dieses Gesetz wurde angesichts der Energiekrise im Jahr 2022 der neue **Teil 3a** in das EnWG eingeführt, in dem Füllstandsvorgaben für Gasspeicheranlagen geregelt sind. Bei der Einhaltung der Füllstandsvorgaben kommen dem Marktgebietsverantwortlichen Zuständigkeit, Pflichten und Befugnisse zu. Daher hielt es der Gesetzgeber für geboten, diesen Begriff gesetzlich zu definieren. Die Begriffsbestimmung soll aber nicht nur für die Anwendung von Teil 3a, sondern **allgemein gelten** (BT-Drs. 20/1024, 20).

(Messstellenbetrieb) § 3 Nr 26c EnWG

Den Marktgebietsverantwortlichen gibt es nur im **Gasbereich.** Seine Entsprechung im Strombereich sind die **Übertragungsnetzbetreiber mit Regelzonenverantwortung** (§ 3 Nr. 10a). Der Marktgebietsverantwortliche ist dafür zuständig, die Gaslieferungen im gesamten Marktgebiet **bilanziell abzuwickeln.** Technisch erfolgt dies über **Bilanzkreise,** denen die Einspeisepunkte (§ 3 Nr. 13b) und Ausspeisepunkte (§ 3 Nr. 1d) zugeordnet sind. Diese Bilanzkreise werden durch den Marktgebietsverantwortlichen gebildet. Außerdem betreibt der Marktgebietsverantwortliche einen **Virtuellen Handelspunkt,** über den die Bilanzkreisbuchungen durchgeführt werden können. Ferner ist der Marktgebietsverantwortliche zuständig für die Beschaffung von **Ausgleichsenergie** zum Ausgleich von Bilanzkreisabweichungen und für die **Zulassung von Bilanzkreisverantwortlichen.** 2

Seit 1.10.2022 gibt es in Deutschland nur noch **ein Marktgebiet,** das von der Trading Hub Europe GmbH als Marktgebietsverantwortliche verwaltet wird (→ § 3 Nr. 10e Rn. 2). 3

Die Begriffsbestimmung nimmt Bezug auf den branchenüblichen Terminus „Marktgebiet", der im EnWG jedoch nicht definiert ist. In der Sache ist die **„Bilanzzone" iSv § 3 Nr. 10e** gemeint, auf die die Definition in § 3 Nr. 26a richtigerweise Bezug nehmen müsste, wenn sie kohärent mit den sonstigen Begriffsbestimmungen des EnWG gestaltet wäre. 4

§ 3 Nr. 26b (Messstellenbetreiber)

Im Sinne dieses Gesetzes bedeutet
26b. Messstellenbetreiber
ein Netzbetreiber oder ein Dritter, der die Aufgabe des Messstellenbetriebs wahrnimmt.

Gemäß § 3 Nr. 26b ist Messstellenbetreiber derjenige, der die Aufgabe des Messstellenbetriebs iSv § 3 Nr. 26b wahrnimmt. Die Definition unterscheidet dabei zwischen dem **Netzbetreiber** (**Alternative 1**), der in der Regel zugleich grundzuständiger Messstellenbetreiber ist iSv § 2 Nr. 4 MsbG und einem für den Messstellenbetrieb zuständigen Dritten (Alternative 2). **Dritter iSd Alternative 2** kann entweder der **wettbewerbliche Messstellenbetreiber** sein, den der Anschlussnutzer gem. § 5 MsbG gewählt hat, oder ein **anderes Unternehmen** als der Netzbetreiber, welches die Grundzuständigkeit gem. § 41 MsbG übernommen hat. 1

Im Ergebnis ist die Messstellenbetreiber-Definition in § 3 Nr. 26b deckungsgleich mit der **Begriffsbestimmung in § 2 Nr. 12 MsbG.** Bei der Anwendung von § 3 Nr. 26b sollte man direkt § 2 Nr. 12 MsbG heranziehen, der den § 3 Nr. 26b obsolet gemacht hat. 2

§ 3 Nr. 26c (Messstellenbetrieb)

Im Sinne dieses Gesetzes bedeutet
26c. Messstellenbetrieb
der Einbau, der Betrieb und die Wartung von Messeinrichtungen.

Die in § 3 Nr. 26c enthaltene Definition des Messstellenbetriebs ist mit Einführung von § 3 MsbG **obsolet geworden.** Die Regelung ist noch auf die Systematik der Messzugangsverordnung (**MessZV**) von 2008 zugeschnitten, die inzwischen wieder aufgehoben worden ist. Gesetzestechnisch ist § 3 Nr. 26c zwar weiterhin gültig und anwendbar. Die Vorschrift sollte aber im Lichte des jüngeren und spezielleren § 3 MsbG ausgelegt werden. 1

Demnach umfasst der Messstellenbetrieb **Einbau, Betrieb und Wartung von Messeinrichtungen** (vgl. auch § 3 Abs. 2 Nr. 1 MsbG). Darüber hinaus gehört die Gewährleistung einer mess- und eichrechtskonformen **Messung** entnommener, verbrauchter und eingespeister Energie einschließlich der **Messwertaufbereitung** und form- und fristgerechten Datenübertragung ebenfalls zum Messstellenbetrieb. Diese Tätigkeiten werden in § 3 Abs. 2 Nr. 1 MsbG als Teil des Messstellenbetriebs festgelegt. 2

Demgegenüber geht das EnWG in § 3 Nr. 26d noch davon aus, dass Messung und Messstellenbetrieb zwei verschiedene und voneinander **zu trennende Tätigkeiten** sind. Diese Aufteilung ist mit dem Inkrafttreten des MsbG allerdings hinfällig geworden. Im aktuellen 3

Recht ist die Messung Teil des Messstellenbetriebs. Das EnWG müsste an dieser Stelle auf den aktuellen Stand gebracht werden.

§ 3 Nr. 26d (Messung)

Im Sinne dieses Gesetzes bedeutet
26d. **Messung**
die Ab- und Auslesung der Messeinrichtung sowie die Weitergabe der Daten an die Berechtigten.

1 § 3 Nr. 26d definiert als Messung die Tätigkeiten der Ab- bzw. Auslesung von Messwerten, deren Aufbereitung und Übermittlung. Nach der Systematik des EnWG sind diese auf die eigentliche Verbrauchserfassung gerichteten Tätigkeiten nicht Teil des in § 3 Nr. 26c definierten Messstellenbetriebs. Mit dem Inkrafttreten von § 3 MsbG ist diese Aufteilung allerdings hinfällig geworden. Die Regelung ist noch auf die Systematik der Messzugangsverordnung (**MessZV**) von 2008 zugeschnitten, die inzwischen wieder aufgehoben worden ist. Im aktuellen Recht ist die Messung Teil des Messstellenbetriebs. Das EnWG müsste an dieser Stelle auf den aktuellen Stand gebracht werden.

§ 3 Nr. 27 (Netzbetreiber)

Im Sinne dieses Gesetzes bedeutet
27. **Netzbetreiber**
Netz- oder Anlagenbetreiber im Sinne der Nummern 2 bis 5, 7 und 8, 10 und 10a.

1 § 3 Nr. 27 legt den gemeinsamen Oberbegriff aller Betreiber von Gas- und Stromnetzen auf der Ebene der **Verteilung** (§ 3 Nr. 37) und auf Ebene der **Übertragung** (§ 3 Nr. 32) bzw. **Fernleitung** (§ 3 Nr. 19) als „Netzbetreiber" fest. Diese Legaldefinition wird benötigt zur Anwendung aller Vorschriften, die an den „Netzbetreiber" adressiert sind (etwa § 4 Abs. 4, 6 ff., 14a, 21a). Hier hat § 3 Nr. 27 **Weiterverweisungsfunktion** und umfasst im Einzelnen die Betreiber von Elektrizitätsversorgungsnetzen (§ 3 Nr. 2), Elektrizitätsverteilernetzen (§ 3 Nr. 3), Energieversorgungsnetzen (§ 3 Nr. 4), Fernleitungsnetzen (§ 3 Nr. 5), Gasversorgungsnetzen (§ 3 Nr. 7), Gasverteilernetzen (§ 3 Nr. 8), Übertragungsnetzen (§ 3 Nr. 10) und von Übertragungsnetzen mit Regelzonenverantwortung (§ 3 Nr. 10a).

2 Der in § 3 Nr. 10b geregelte **Betreiber von Wasserstoffnetzen** und der in § 3 Nr. 10c definierte **Betreiber von Wasserstoffspeicheranlagen** ist in § 3 Nr. 27 nicht in Bezug genommen. Daher gehören diese beiden Betreiber nicht zum Kreis der Netzbetreiber, die auf Netzbetreiber anwendbaren Vorschriften gelten für sie nicht.

§ 3 Nr. 28 (Netznutzer)

Im Sinne dieses Gesetzes bedeutet
28. **Netznutzer**
natürliche oder juristische Personen, die Energie in ein Elektrizitäts- oder Gasversorgungsnetz einspeisen oder daraus beziehen.

1 § 3 Nr. 28 definiert den „Netznutzer", der im Tatbestand mehrerer Vorschriften des EnWG verwendet wird. Demnach ist Netznutzer, wer Energie in das Gas- oder Stromnetz einspeist oder aus diesem bezieht. Ausschlaggebend ist allerdings nicht, wer physikalisch die Energie bezieht oder einspeist. Netznutzer ist vielmehr derjenige, der mit dem Netzbetreiber in einem **vertraglichen Netznutzungsverhältnis** steht und damit für die Netznutzung zahlt bzw. wegen deren Einschränkung Ansprüche gegen den Netzbetreiber geltend machen kann.

(oberste Unternehmensleitung) **§ 3 Nr 29b EnWG**

Im **Stromsektor** wird gem. § 20 Abs. 1a S. 1 der **Netznutzungsvertrag** zwischen Energieversorgungsunternehmen und Letztverbraucher abgeschlossen, wodurch der Letztverbraucher (§ 3 Nr. 25) zugleich Netznutzer wird. Im Falle der sog. **All-Inclusive-Belieferung** ist das Energieversorgungsunternehmen Netznutzer; es schließt gem. § 20 Abs. 1a S. 2 einen sog. **Lieferantenrahmenvertrag** mit dem Netzbetreiber ab. Der Letztverbraucher ist hier nicht zugleich Netznutzer. 2

Im **Gassektor** wird das Netznutzungsverhältnis gem. § 20 Abs. 1b S. 1 und 2 durch Abschluss von Ein- bzw. Ausspeiseverträgen begründet. Im Fall der **All-Inclusive-Belieferung** schließt der Gasversorger den Ausspeisevertrag gem. § 20 Abs. 1b S. 3 und wird hierdurch zum Netznutzer, obwohl er physikalisch keine Berührung zum Gas hat. 3

Die Beschränkung im Wortlaut von § 3 Nr. 28 auf **natürliche** und **juristische Personen** ist zu eng geraten. Auch rechtsfähige Personengesellschaften (KG, OHG) können Netznutzer sein. Insoweit gelten gleichermaßen die Ausführungen zum Betreiberbegriff in § 3 Nr. 2 (→ § 3 Nr. 2 Rn. 1 f.). 4

§ 3 Nr. 29 (Netzpufferung)

Im Sinne dieses Gesetzes bedeutet
29. Netzpufferung
die Speicherung von Gas durch Verdichtung in Fernleitungs- und Verteilernetzen, ausgenommen sind Einrichtungen, die Betreibern von Fernleitungsnetzen **bei der Wahrnehmung ihrer Aufgaben vorbehalten sind.**

Der Begriff der Netzpufferung entfaltet nur im Rahmen der Legaldefinition des Gasversorgungsnetzes (§ 3 Nr. 20) Geltung. Dieser lässt sich entnehmen, dass auch Anlagen zur Netzpufferung **Teil des Gasversorgungsnetzes** sind. Was unter Netzpufferung zu verstehen ist, regelt § 3 Nr. 29. Demnach ist Netzpufferung das „Speichern von Gas durch Verdichtung" in Gasnetzen. Die Netzpufferung wird also nicht durch Einsatz von Gasspeicheranlagen iSv § 3 Nr. 19c bewirkt, sondern durch Anlagen innerhalb des Gasnetzes, wie etwa **Gasdruckregelstationen.** Ausgenommen sind allerdings Anlagen, die ausschließlich durch die Fernleitungsnetzbetreiber iSv § 3 Nr. 5 genutzt werden. 1

§ 3 Nr. 29a (neue Infrastruktur)

Im Sinne dieses Gesetzes bedeutet
29a. neue Infrastruktur
eine Infrastruktur, die nach dem 12. Juli 2005 in Betrieb genommen worden ist.

Der Begriff der neuen Infrastruktur hat nur iRv § 28a Bedeutung. Diese Vorschrift ermöglicht es, neue Verbindungsleitungen zwischen Deutschland und anderen Staaten oder LNG- und Speicheranlagen befristet von der Netzregulierung auszunehmen. Diese Ausnahmen sind möglich, um **Investitionen in derartige Infrastruktur** zu erleichtern. Aus dem Verweis auf § 3 Nr. 29a ergibt sich aber, dass nur Infrastruktur, die nach dem 12.7.2005 in Betrieb genommen worden ist, von § 29a profitieren kann. **Alt-Infrastruktur,** die bereits vor Einführung der strengen Netzregulierung (2005) in Betrieb genommen worden ist, benötigt keine erleichterten Investitionsbedingungen mehr und ist daher von § 28a ausgenommen. 1

§ 3 Nr. 29b (oberste Unternehmensleitung)

Im Sinne dieses Gesetzes bedeutet
29b. oberste Unternehmensleitung
Vorstand, Geschäftsführung oder ein Gesellschaftsorgan mit vergleichbaren Aufgaben und Befugnissen.

Peiffer 101

EnWG § 3 Nr 29d

1 Der in § 3 Nr. 29b definierte Begriff der obersten Unternehmensleitung wird zur Anwendung von § 10c benötigt. Diese Vorschrift enthält Vorgaben an die einzuhaltende Unabhängigkeit der Mitglieder der Unternehmensleitung eines sog. Unabhängigen Transportnetzbetreibers, der als Alternative zur eigentumsrechtlichen Entflechtung gem. § 8 oder zur Entflechtung durch Benennung eines Unabhängigen Systembetreibers gem. § 9 benannt werden kann (§§ 10–10e).

2 Nach der Begriffsbestimmung gehören zur obersten Unternehmensleitung die Mitglieder des **Vorstands, die Geschäftsführer** und **Gesellschaftsorgane** mit vergleichbaren Aufgaben und Befugnissen. Jedenfalls im deutschen Gesellschaftsrecht ist unklar, welche weiteren Gesellschaftsorgane tatbestandlich sein können. Im Regelfall dürfte der **Aufsichtsrat** nicht zur obersten Unternehmensleitung zählen. Denn er ist gem. § 10c Abs. 1 dafür zuständig, die oberste Unternehmensleitung zu benennen, kann also nicht Teil von dieser sein. Anders könnte allenfalls zu entscheiden sein, wenn der Aufsichtsrat nach den Regeln der Unternehmenssatzung tatsächlich auch Entscheidungen zur Unternehmensleitung treffen kann. Von solchen Konstellationen abgesehen dürften die Anforderungen von § 10c auf den rein aufsichtlich tätigen Aufsichtsrat keine Anwendung finden.

§ 3 Nr. 29c (Offshore-Anbindungsleitungen)

Im Sinne dieses Gesetzes bedeutet
29c. **Offshore-Anbindungsleitungen**
Anbindungsleitungen im Sinne von § 3 Nummer 5 des Windenergie-auf-See-Gesetzes.

1 Die Begriffsbestimmung in § 3 Nr. 29c hat nur eine Verweisungsfunktion. Mehrere Vorschriften im EnWG knüpfen tatbestandlich an die Offshore-Anbindungsleitung an (so etwa § 17b ff. für den Offshore-Netzentwicklungsplan oder § 43 Abs. 1 Nr. 2 für das Planfeststellungsverfahren). Bei deren Anwendung gilt die Begriffsbestimmung von § 3 Nr. 5 Wind-SeeG. Der Begriff der Offshore-Anbindungsleitung im EnWG **folgt der Definition im WindSeeG** (BT-Drs. 20/1634, 112).

§ 3 Nr. 29d (örtliches Verteilernetz)

Im Sinne dieses Gesetzes bedeutet
29d. **örtliches Verteilernetz**
ein Netz, das überwiegend der Belieferung von Letztverbrauchern über örtliche Leitungen, unabhängig von der Druckstufe oder dem Durchmesser der Leitungen, dient; für die Abgrenzung der örtlichen Verteilernetze von den vorgelagerten Netzebenen wird auf das Konzessionsgebiet abgestellt, in dem ein Netz der allgemeinen Versorgung im Sinne des § 18 Abs. 1 und des § 46 Abs. 2 betrieben wird einschließlich von Leitungen, die ein örtliches Verteilernetz mit einem benachbarten örtlichen Verteilernetz verbinden.

1 Das in § 3 Nr. 29d definierte örtliche Verteilernetz ist eine Unterform des § 3 Nr. 8 vorausgesetzten und in § 3 Nr. 20 genannten Gasverteilernetzes. Dass **ausschließlich Gasnetze** tatbestandlich sind, ergibt sich aus der Bezugnahme auf die „Druckstufe" bzw. den „Leitungsdurchmesser". Das örtliche Verteilernetz ist dadurch gekennzeichnet, dass es **überwiegend** der Belieferung von **Letztverbrauchern** (§ 3 Nr. 25) dient. „Überwiegend" ist die Letztverbraucherbelieferung, wenn mehr als 50 Prozent des über das Gasverteilernetz gelieferten Gases für Letztverbraucher bestimmt ist (Kment EnWG/Schex § 3 Rn. 80). Diese Mengenbetrachtung ist – wie die Begriffsbestimmung klarstellt – bezogen auf das jeweilige **Konzessionsgebiet** durchzuführen. Konzessionsgebiet meint den räumlichen Geltungsbereich eines Konzessionsvertrages iSv § 46 Abs. 2.

2 Insbesondere **§ 20 Abs. 1b S. 11** verweist auf den Begriff des örtlichen Verteilernetzes und verpflichtet dessen Betreiber, die **letzte Stufe im Gastransport** nach dem entry-exit-

(Betreiber grenzüberschreitender Elektrizitätsverbindungsleitungen) § 3 Nr 31 EnWG

System durchzuführen. Hierzu sind die Betreiber der örtlichen Verteilernetze verpflichtet, an den Einspeisepunkten zu den vorgelagerten Gasnetzen die **Gasmengen zu übernehmen,** die an den Ausspeisepunkten ihres örtlichen Verteilernetzes aus dem Netz entnommen werden sollen. Grundlage für den Netzzugang zur Ausspeisung im örtlichen Verteilernetz ist ein Lieferantenrahmenvertrag (vgl. § 3 Abs. 4 S. 2 GasNZV), den der Transportkunde mit dem Betreiber des örtlichen Verteilernetzes abschließt. Diverse weitere Aspekte des Netzzugangs durch die Verteiler der örtlichen Verteilernetzbetreiber regelt die GasNZV (Rechtsverordnungsermächtigung: § 24).

Im letzten Halbsatz stellt die Begriffsbestimmung klar, dass auch die **Leitungen zur** 3 **Verbindung** verschiedener örtlicher Verteilernetze untereinander Teil des örtlichen Verteilernetzes sind. Diese Klarstellung ist zum einen im Hinblick auf § 46 Abs. 2 sinnvoll. Denn für diese Vorschrift stellt sie klar, dass die energiewirtschaftlichen Konzessionsverträge auch die Befugnis zur Errichtung und zum Betrieb derartiger Verbindungsleitungen auf den öffentlichen Verkehrswegen gewähren. Zum anderen ergibt sich aus ihr, dass die Verbindungsleitungen als Netzbestandteil über die Netzentgelte finanziert werden können.

§ 3 Nr. 30 (Regelzone)

Im Sinne dieses Gesetzes bedeutet
30. Regelzone
   im Bereich der Elektrizitätsversorgung das Netzgebiet, für dessen Primärregelung, Sekundärregelung und Minutenreserve ein Betreiber von Übertragungsnetzen im Rahmen der Union für die Koordinierung des Transports elektrischer Energie (UCTE) verantwortlich ist.

Unter einer Regelzone versteht man im Stromsektor einen räumlichen Bereich, in dem 1 die **Regelleistung** (Primär-, Sekundär- und Minutenreserve) zur Einhaltung der Netzfrequenz durch einen einzelnen Übertragungsnetzbetreiber erbracht wird. Mit Regelzone ist demnach der Bereich des Stromnetzes gemeint, der gemeinsam geregelt wird.

Darüber hinaus werden auch die **Bilanzkreise** iSv § 3 Nr. 10d jeweils nur für die einzel- 2 nen Regelzonen gebildet. Alle Einspeise- und Entnahmestellen, die sich innerhalb der Regelzone befinden, sind Bilanzkreisen für diese Regelzone zugeordnet. Alle ein- und ausgespeisten Strommengen werden gemeinsam bilanziert durch den für die jeweilige Regelzone verantwortlichen Übertragungsnetzbetreiber. Im deutschen Strommarkt gibt es **vier Regelzonen,** die den Netzgebieten der vier Übertragungsnetzbetreiber mit Regelzonenverantwortung (§ 3 Nr. 10a) Tennet TSO, 50HertzTransmission, Amprion und TransnetBW entsprechen und von diesen betrieben werden.

Das Gegenstück der Regelzone ist die **Bilanzzone** im Gasbereich (vgl. § 3 Nr. 10e), auch 3 bekannt als „Marktgebiet".

§ 3 Nr. 31 (selbstständige Betreiber von grenzüberschreitenden Elektrizitätsverbindungsleitungen)

Im Sinne dieses Gesetzes bedeutet
31. selbstständige Betreiber von grenzüberschreitenden Elektrizitätsverbindungsleitungen
   Betreiber von Übertragungsnetzen, die eine oder mehrere grenzüberschreitende Elektrizitätsverbindungsleitungen betreiben, ohne
   a) Betreiber von Übertragungsnetzen mit Regelzonenverantwortung zu sein, oder
   b) mit einem Betreiber von Übertragungsnetzen mit Regelzonenverantwortung im Sinne des Artikels 3 Absatz 2 der Verordnung (EG) Nr. 139/2004 des Rates vom 20. Januar 2004 über die Kontrolle von Unternehmenszusammenschlüssen (ABl. L 24 vom 29.1.2004, S. 1) verbunden zu sein.

1   Der Begriff des selbstständigen Betreibers von grenzüberschreitenden Elektrizitätsverbindungsleitungen wurde zum 27.7.2021 (BGBl. I 3026) zusammen mit dem **Teil 3, Abschnitt 3a** (§§ 28d–28i) neu in das EnWG aufgenommen und ist für die Bestimmung des persönlichen Anwendungsbereichs dieses neuen Abschnitts relevant. Tatbestandlich knüpft der Begriff an die in **§ 3 Nr. 20a** definierten **grenzüberschreitenden Elektrizitätsverbindungsleitungen** an. Bei den Betreibern derartiger Leitungen handelt es sich um **Übertragungsnetzbetreiber** (definiert in § 3 Nr. 10), allerdings solche ohne Regelzonenverantwortung (andernfalls § 3 Nr. 10a).

2   Regelzonenverantwortliche Übertragungsnetzbetreiber iSv § 3 Nr. 10a können nicht auch Betreiber iSv § 3 Nr. 31 sein. Denn gem. § 3 Nr. 31 **lit. a** erfüllt den Tatbestand nur, wer eine grenzüberschreitende Elektrizitätsverbindungsleitung iSv § 3 Nr. 20a betreibt, ohne auch ein Übertragungsnetz mit Regelzonenverantwortung zu betreiben. Der Zusatz **„selbständiger"** in der Begrifflichkeit macht dies zusätzlich deutlich: Es sind nur Fälle erfasst, in denen die grenzüberschreitende Elektrizitätsverbindungsleitung **nicht als Teil eines „regulären" Übertragungsnetzes** mit Regelzonenverantwortung betrieben wird.

3   Dass nur „selbständige" Betreiber tatbestandlich sind, hat seinen Hintergrund im Zweck der besonderen Netzentgeltregulierung in den §§ 28d–28i (BT-Drs. 19/27453, 114). Diese wurde eingeführt, damit **Betreiber grenzüberschreitender Interkonnektoren** die hierfür anfallenden Kosten leichter finanzieren können. Während regelzonenverantwortliche Übertragungsnetzbetreiber iSv § 3 Nr. 10a diese Kosten über ihre regulären Netzentgelte finanzieren können, ist dies den „selbständigen" Betreibern nicht möglich. Denn bei diesen gibt es keine unmittelbar angeschlossenen Netznutzer, gegenüber denen Netzentgelte erhoben werden können. Um dieses Finanzierungsdefizit auszugleichen, wurden die §§ 28d–28i eingeführt. Daher sollen diejenigen, die ohnehin schon „regulärer" (regelzonenverantwortlicher) Übertragungsnetzbetreiber sind, nicht in den Anwendungsbereich dieser besonderen Vorschriften fallen. Dies wird durch die Begriffsbestimmung von § 3 Nr. 31 gewährleistet.

4   Gemäß § 3 Nr. 31 **lit. b** sind auch diejenigen vom Anwendungsbereich der §§ 28d–28i ausgeschlossen, die zwar nicht selbst regelzonenverantwortliche Übertragungsnetzbetreiber sind, aber mit einem solchen so verbunden sind, dass eine **Kontrolle iSv Art. 3 Abs. 2 EG-Fusionskontrollverordnung** (VO (EG) Nr. 139/2004) vorliegt. Eine tatbestandsausschließende Kontrolle in diesem Sinne liegt vor, wenn die Betreiber zwar formell selbstständig bleiben, aber durch tatsächliche oder rechtliche Umstände die Möglichkeit geschaffen wird, bestimmenden Einfluss auf die Tätigkeit des jeweils anderen Unternehmens auszuüben, etwa durch gesellschaftsrechtliche Beteiligung (Art. 3 Abs. 2 lit. a EG-Fusionskontrollverordnung) oder durch vertragliche Abreden, wie etwa Stimmbindungsverträge (Art. 3 Abs. 3 lit. b EG-Fusionskontrollverordnung). Hierdurch sollen mögliche **Umgehungskonstruktionen ausgeschlossen** werden. In welche Richtung die Kontrolle ausgeübt werden kann (also Kontrolle des regelzonenverantwortlichen Übertragungsnetzbetreibers über den Betreiber einer grenzüberschreitenden Elektrizitätsverbindungsleitung oder andersherum), spielt tatbestandlich keine Rolle.

§ 3 Nr. 31a (Stromlieferanten)

Im Sinne dieses Gesetzes bedeutet
31a. Stromlieferanten
natürliche und juristische Personen, deren Geschäftstätigkeit ganz oder teilweise auf den Vertrieb von Elektrizität zum Zwecke der Belieferung von Letztverbrauchern ausgerichtet ist.

1   Der Begriff Stromlieferant hat Bedeutung zum einen in Verbindung mit der hieran anknüpfenden Definition des **Energielieferanten in § 3 Nr. 15c**. Als solche müssen auch Stromlieferanten bei der Belieferung von Letztverbrauchern die Abrechnungs- und Informationspflichten nach den §§ 40 ff. erfüllen. Zum anderen nimmt der § 41a auf den Stromlieferanten Bezug. Nach dieser Vorschrift sind Stromlieferanten verpflichtet, dynamische Tarife anzubieten.

2   Das systematische Gegenstück im Gassektor ist der in § 3 Nr. 19b definierte Gaslieferant. Die Begriffe Strom- und Gaslieferant sind nicht gleichbedeutend mit den **Energieversorgungsunternehmen** (§ 3 Nr. 18). Soweit Energieversorgungsunternehmen Letztverbraucher beliefern, sind sie auch Strom- bzw. Gaslieferant und unterliegen damit den für diese geltenden Vorschriften.

Zentrales tatbestandliches Merkmal der Begriffsbestimmung ist die **Belieferung von Letztverbrauchern** iSv § 3 Nr. 25. Dies nimmt diejenigen, die Strom nur zur eigenen Versorgung beschaffen oder erzeugen, vom Tatbestand aus. Stromlieferant ist nur derjenige, der direkt Letztverbraucher beliefert; reine Stromhändler sind nicht tatbestandlich (→ § 3 Nr. 19b Rn. 2).

Ein Stromlieferant liegt aber auch dann vor, wenn dieser nicht nur Letztverbraucher beliefert („teilweise"), sondern **zusätzlich andere Tätigkeiten** ausübt. Diese anderen Tätigkeiten können sogar den überwiegenden Anteil des Geschäftsumfangs des Stromlieferanten ausmachen (Theobald/Kühling/Theobald § 3 Rn. 174). Andererseits ist aber erforderlich, dass die Geschäftstätigkeit auf die Letztverbraucherbelieferung **ausgerichtet** ist, dh gelegentliche Lieferungen an Letztverbraucher allein machen den Versorger noch nicht zum Stromlieferanten. Die Beschränkung im Wortlaut auf **natürliche** und **juristische Personen** dürfte zu eng geraten sein. Auch rechtsfähige Personengesellschaften (KG, OHG) können Stromlieferant sein. Insoweit gelten gleichermaßen die Ausführungen zum Betreiberbegriff in § 3 Nr. 2 (→ § 3 Nr. 2 Rn. 1 f.).

§ 3 Nr. 31b (Stromliefervertrag mit dynamischen Tarifen)

Im Sinne dieses Gesetzes bedeutet
31b. Stromliefervertrag mit dynamischen Tarifen
ein Stromliefervertrag mit einem Letztverbraucher, in dem die Preisschwankungen auf den Spotmärkten, einschließlich der Day-Ahead- und Intraday-Märkte, in Intervallen widergespiegelt werden, die mindestens den Abrechnungsintervallen des jeweiligen Marktes entsprechen.

Die Begriffsbestimmung des § 3 Nr. 31b wird ausschließlich für die Anwendung von § 41a benötigt und wurde zusammen mit diesem 2021 eingeführt (BGBl. 2021 I 3026). Die Begriffsbestimmung entspricht der Definition in Art. 2 Nr. 15 Elektrizitäts-Binnenmarkt-Richtlinie (EU) 2019/944. Gemäß Art. 11 Elektrizitäts-Binnenmarkt-Richtlinie (EU) 2019/944 müssen die Mitgliedstaaten dafür sorgen, dass Stromverbraucher **Zugang zu Stromlieferverträgen mit dynamischen Tarifen** haben. Durch derartige dynamische Tarife soll es den Verbrauchern ermöglicht werden, ihre **Stromkosten zu senken,** indem sie ihren Verbrauch an die Preissignale des Strommarktes anpassen können (vgl. Erwägungsgrund 37 Elektrizitäts-Binnenmarkt-Richtlinie (EU) 2019/944).

Nach der Begriffsbestimmung ist ein dynamischer Stromliefervertrag iSv § 3 Nr. 31b dadurch gekennzeichnet, dass seine Tarifstruktur Preisschwankungen auf den Spotmärkten „**widerspiegelt**". Das erfordert, dass der vom Letztverbraucher zu zahlende Strompreis an den **Spotmarkt-Preis** gekoppelt sein muss. In welcher Form diese Kopplung erfolgen kann, ist nicht geregelt. Denkbar wäre beispielsweise eine **Indexierung** des Stromtarifes an den Spotmarkt-Peis oder die Berechnung des jeweiligen **Spotmarkt-Preises zuzüglich Beschaffungsaufschlag.**

Die Begriffsbestimmung regelt nicht, auf **welchen Spotmarkt-Preis** der Tarif bezogen sein muss. Der Stromlieferant kann also frei festlegen, an welchem Intraday-, Day-Ahead- oder sonstigem an der Börse gehandelten Produkt der Tarif anknüpft. Allerdings verlangt die Begriffsbestimmung, dass das **Abrechnungsintervall** gegenüber dem Letztverbraucher mindestens dem Markt-Intervall entspricht. Dies dürfte so zu verstehen sein, dass die Preissignale mindestens mit der im Sportmarkt geltenden „Genauigkeit" an den Letztverbraucher weitergegeben werden müssen. Wird beispielsweise das in Bezug genommene Börsen-Produkt in Viertelstunden-Intervallen abgerechnet, muss sich der dynamische Tarif ebenfalls mindestens viertelstunden-scharf anpassen.

§ 3 Nr. 31c (Teilnetz)

Im Sinne dieses Gesetzes bedeutet
31c. Teilnetz
im Gasbereich ein Teil des Transportgebiets eines oder mehrerer Netzbetreiber, in dem ein Transportkunde gebuchte Kapazitäten an Ein- und Ausspeisepunkten flexibel nutzen kann.

EnWG § 3 Nr 31f Teil 1. Allgemeine Vorschriften

1   Die in § 3 Nr. 31c definierten Teilnetze gibt es ausdrücklich nur im Gasbereich. Es handelt sich um Netzteile, die der Gasnetzbetreiber bzw. bei netzgebietsüberschreitenden Teilnetzen mehrere Netzbetreiber zusammen bilden können, und innerhalb derer die Transportkunden die gebuchten Kapazitäten flexibel nutzen können. Der Begriff wurde zusammen mit § 20 Abs. 1b S. 7 und S. 10 eingeführt und hat primär für deren Anwendung Bedeutung.

§ 3 Nr. 31d (Transportkunde)

Im Sinne dieses Gesetzes bedeutet
31d. Transportkunde
im Gasbereich Großhändler, Gaslieferanten einschließlich der Handelsabteilung eines vertikal integrierten Unternehmens und Letztverbraucher.

1   Den in § 3 Nr. 31d definierten Transportkunden gibt es nur im Gasbereich. Hier hat der Begriff Bedeutung für die Abwicklung des Netzzugangs nach dem **entry-exit-Modell** gem. **§ 20 Abs. 1b.** Nach diesem Modell schließen die Netzbetreiber Ein- und Ausspeiseverträge mit den Transportkunden, die dadurch gegen den Netzbetreiber Ansprüche auf Einspeisung bzw. Ausspeisung von Gas erhalten. Zahlreiche Vorschriften der **GasNZV** und der **GasNEV** verwenden den Begriff des Transportkunden, der nach § 3 Nr. 31d auszulegen ist. Die parallele Erscheinung im **Elektrizitätsbereich** ist der Netznutzer, der in § 3 Nr. 28 definiert ist und in zahlreichen Regelungen der StromNEV und der StromNZV vorkommt.

2   Die Begriffsbestimmung beschränkt sich auf eine Aufzählung von Akteuren, die Transportkunde sein können: **Großhändler** (§ 3 Nr. 21), **Gaslieferanten** (§ 3 Nr. 19b) und **Letztverbraucher** (§ 3 Nr. 25). Letztverbraucher werden nur dann Transportkunden, wenn sie selbst den Ausspeisevertrag abschließen. Im Fall einer All-inclusive-Belieferung des Letztverbrauchers ist der Gaslieferant Transportkunde. Die Begriffsbestimmung stellt zudem klar, dass auch die Handelsabteilung eines vertikal integrierten Gasversorgungsunternehmens (§ 3 Nr. 38) Transportkunde sein kann.

§ 3 Nr. 31e (Transportnetzbetreiber)

Im Sinne dieses Gesetzes bedeutet
31e. Transportnetzbetreiber
jeder Betreiber eines Übertragungs- oder Fernleitungsnetzes.

1   § 3 Nr. 31e definiert den Transportnetzbetreiber und knüpft damit an die in § 3 Nr. 31f enthaltene Definition des Transportnetzes an. Transportnetz ist der gemeinsame Oberbegriff von **Übertragungsnetz** (vgl. § 3 Nr. 32) und **Fernleitungsnetz** (vgl. § 3 Nr. 19). Dementsprechend ist der Transportnetzbetreiber der gemeinsame Oberbegriff des Übertragungsnetzbetreibers iSv § 3 Nr. 10 (bzw. Übertragungsnetzbetreibers mit Regelzonenverantwortung iSv § 3 Nr. 10a) und des Fernleitungsnetzbetreibers iSv § 3 Nr. 5.

2   Der Begriff Transportnetzbetreiber wird in zahlreichen Vorschriften verwendet (so etwa in §§ 4a ff. und §§ 6 ff.). Hier hat § 3 Nr. 31e die Funktion einer Weiterverweisung auf den Betreiber von Übertragungsnetzen und Fernleitungsnetzen.

§ 3 Nr. 31f (Transportnetz)

Im Sinne dieses Gesetzes bedeutet
31f. Transportnetz
jedes Übertragungs- oder Fernleitungsnetz.

1   Das in § 3 Nr. 31f definierte Transportnetz ist der gemeinsame Oberbegriff der höchstrangigen für den **überregionalen Energietransport** bestimmten Netze. Im Stromsektor sind das die Übertragungsnetze (§ 3 Nr. 32), im Gassektor die Fernleitungsnetze (§ 3 Nr. 19).

(Umweltverträglichkeit) § 3 Nr 33 EnWG

Den Transportnetzen nachgeordnet sind die Gasverteilernetze (§ 3 Nr. 8) und die Elektrizitätsverteilernetze.

Der Begriff Transportnetz wird in zahlreichen Vorschriften verwendet (so etwa in §§ 4a ff. und §§ 6 ff.). Hier hat § 3 Nr. 31f die Funktion einer Weiterverweisung auf Übertragungsnetz und Fernleitungsnetz.

§ 3 Nr. 32 (Übertragung)

Im Sinne dieses Gesetzes bedeutet
32. **Übertragung**
    der Transport von Elektrizität über ein Höchstspannungs- und Hochspannungsverbundnetz einschließlich grenzüberschreitender Verbindungsleitungen zum Zwecke der Belieferung von Letztverbrauchern oder Verteilern, jedoch nicht die Belieferung der Kunden selbst.

Die in § 3 Nr. 32 definierte Übertragung meint den **überregionalen und grenzüber- 1 schreitenden** Transport von Elektrizität durch die übergeordneten Übertragungsnetzbetreiber (§ 3 Nr. 10 bzw. Nr. 10a). Auf den Begriff „Übertragung" iSv § 3 Nr. 32 nimmt keine sonstige Vorschrift des EnWG Bezug. Vielmehr wird auf den Begriff des **Übertragungsnetzes** verwiesen (so etwa §§ 11 Abs. 2, 12d Abs. 2). Dieser Begriff ist an keiner anderen Stelle im EnWG definiert, kann aber anhand von § 3 Nr. 32 und § 3 Nr. 10 ausgelegt werden.

Gemäß § 3 Nr. 32 ist Übertragung die Transporttätigkeit im **Höchstspannungs- und 2 Hochspannungsverbundnetz** (Spannungsbereich 380–220 kV, dh Netzebenen 1–3). Die Spannungsebenen sind allerdings nicht schematisch zu sehen, auch 110 kV-Netze können der Übertragung dienen (Säcker EnergieR/Boesche § 3 Rn. 201). Maßgeblich ist vielmehr die Funktion des jeweiligen Elektrizitätsnetzes für den überregionalen und grenzüberschreitenden Transport. Die Abgrenzung zur Verteilung (§ 3 Nr. 37) ist anhand einer **funktionalen Betrachtung** der konkreten Netzanlagen durchzuführen.

Ein Übertragungsnetz ist insbesondere daran erkennbar, **dass keine Letztverbraucher 3 angeschlossen** sind. Andersherum steht es der Einordnung als Übertragungsnetz allerdings nicht entgegen, wenn einzelne Letztverbraucher angeschlossen sind (OLG Düsseldorf RdE 2016, 536 Rn. 40 = BeckRS 2016, 7424). Entscheidend ist der **Hauptzweck des jeweiligen Netzes.** Liegt dieser im Strom-Transport und nicht in der Strom-Verteilung an Letztverbraucher, handelt es sich um ein Übertragungsnetz. **Ausgenommen** sind andersherum alle Elektrizitätsverteilernetze im Sinne der Definition der Verteilung in § 3 Nr. 37, in denen der Strom bis zum Kunden transportiert wird.

§ 3 Nr. 32 stellt außerdem klar, dass der Stromtransport in **grenzüberschreitenden Ver- 4 bindungsleitungen** iSv § 3 Nr. 34 zur Übertragung gehört. Damit steht zugleich fest, dass die Betreiber grenzüberschreitender Verbindungsleitungen Übertragungsnetzbetreiber sind – entweder in Form regelzonenverantwortlicher Übertragungsnetzbetreiber iSv § 3 Nr. 10a oder als sog. selbstständiger Betreiber iSv § 3 Nr. 31.

Der Zusatz, dass „**nicht die Belieferung der Kunden selbst**" Übertragung ist, dient 5 der Klarstellung und soll den strengen Vorgaben zur Entflechtung von Netzbetrieb und Energievertrieb in den §§ 6 ff. Rechnung tragen. Darüber hinaus hat er keinen Regelungsgehalt.

§ 3 Nr. 33 (Umweltverträglichkeit)

Im Sinne dieses Gesetzes bedeutet
33. **Umweltverträglichkeit**
    dass die Energieversorgung den Erfordernissen eines nachhaltigen, insbesondere rationellen und sparsamen Umgangs mit Energie genügt, eine schonende und dauerhafte Nutzung von Ressourcen gewährleistet ist und die Umwelt möglichst wenig belastet wird, der Nutzung von Kraft-Wärme-Kopplung und erneuerbaren Energien kommt dabei besondere Bedeutung zu.

EnWG § 3 Nr 34   Teil 1. Allgemeine Vorschriften

1   Der Begriff der Umweltverträglichkeit entfaltet in erster Linie im Rahmen der **Zielbestimmung in § 1 Abs. 1** Geltung. Nach dieser Zielbestimmung bezweckt das EnWG u.a. eine umweltverträgliche Energieversorgung. Darüber hinaus nimmt **§ 112 Nr. 2** Bezug auf den Begriff der Umweltverträglichkeit. Nach dieser Vorschrift war die Bundesregierung verpflichtet, bis zum 1.7.2007 einen Evaluierungsbericht über die Erfahrungen mit und die Ergebnisse der Regulierung vorzulegen. In diesem Bericht sollten auch die Auswirkungen der Regelungen auf die Umweltverträglichkeit der Energieversorgung dargelegt werden.

2   Demgegenüber erfolgt im Rahmen der Netzentwicklungsplanung gem. §§ 12a ff. und der Planfeststellung nach den §§ 43 ff. die Umweltverträglichkeitsprüfung nach dem Gesetz über die Umweltverträglichkeitsprüfung (**UVPG**). § 3 Nr. 33 hat insoweit keine Relevanz.

3   Der Begriffsbestimmung lässt sich entnehmen, dass die Umweltverträglichkeit sowohl durch **Energieeinsparung** („efficiency first") als auch durch eine **umwelt- und ressourcenschonende Energieerzeugung** erreicht werden kann. Energieeinsparung lässt sich insbesondere durch die Nutzung von Kraft-Wärme-Kopplung erreichen, umweltverträgliche Energieerzeugung durch die Nutzung von Erneuerbaren Energien. Beide Arten von Erzeugungstechnologie sind gleichwertig nebeneinander genannt.

§ 3 Nr. 33a (Unternehmensleitung)

Im Sinne dieses Gesetzes bedeutet
33a. **Unternehmensleitung**
die oberste Unternehmensleitung sowie Personen, die mit Leitungsaufgaben für den Transportnetzbetreiber betraut sind und auf Grund eines Übertragungsaktes, dessen Eintragung im Handelsregister oder einem vergleichbaren Register eines Mitgliedstaates der Europäischen Union gesetzlich vorgesehen ist, berechtigt sind, den Transportnetzbetreiber gerichtlich und außergerichtlich zu vertreten.

1   Der in § 3 Nr. 33a definierte Begriff der Unternehmensleitung wird zur **Anwendung von § 10c** benötigt. Diese Vorschrift enthält Vorgaben an die einzuhaltende Unabhängigkeit der Mitglieder der Unternehmensleitung eines sog. Unabhängigen Transportnetzbetreibers, der als Alternative zur eigentumsrechtlichen Entflechtung gem. § 8 oder zur Benennung eines Unabhängigen Systembetreibers gem. § 9 benannt werden kann (§§ 10–10e).

2   Nach der Begriffsbestimmung umfasst die Unternehmensleitung die oberste Unternehmensleitung iSv § 3 Nr. 29b sowie alle Personen, die mit **Leitungsaufgaben** für den Transportnetzbetreiber betraut sind und aufgrund eines **eintragungspflichtigen Aktes** zur gerichtlichen und außergerichtlichen Vertretung des Transportnetzbetreibers befugt sind. Aus deutscher Sicht kommen nur die **Prokuristen** (§ 49 HGB) in Betracht. Einfache Bevollmächtigte (Handlungsbevollmächtigte iSv § 54 HGB) sind nicht eintragungspflichtig und erfüllen daher nicht den Tatbestand von § 3 Nr. 33a.

§ 3 Nr. 34 (Verbindungsleitungen)

Im Sinne dieses Gesetzes bedeutet
34. **Verbindungsleitungen**
Anlagen, die zur Verbundschaltung von Elektrizitätsnetzen dienen, oder eine Fernleitung, die eine Grenze zwischen Mitgliedstaaten quert oder überspannt und einzig dem Zweck dient, die nationalen Fernleitungsnetze dieser Mitgliedstaaten zu verbinden.

1   Bei den in § 3 Nr. 34 definierten Verbindungsleitungen handelt es sich um Strom- oder Gasleitungen, die allein dem Energieaustausch zwischen verschiedenen Strom- und Gasnetzen dienen. Verbindungsleitungen schaffen die überregionale und grenzüberschreitende Verschaltung von Energienetzen.

2   Im **Elektrizitätsbereich** stellt gem. **§ 3 Nr. 34 Alt. 1** jede Anlage zur Verschaltung von Stromnetzen eine Verbindungsleitung dar. Tatbestandlich sind demnach alle Leitungen, die

(Verbundnetz) § 3 Nr 35 EnWG

verschiedene Stromnetze miteinander verbinden – unabhängig davon, welche Spannungsebene die verbundenen Netze haben, und ob sie der Verteilung oder Übertragung dienen. Unerheblich ist schließlich auch, ob die Verbindungsleitung eine gewisse räumliche Dimension erreicht oder Landesgrenzen überschreitet. Sofern die Verbindungsleitung Staatsgrenzen überschreitet, dürfte es sich in aller Regel um eine **grenzüberschreitende Elektrizitätsverbindungsleitung** iSv § 3 Nr. 20a handeln.

Im **Gasbereich** ist der Begriff der Verbindungsleitung gem. **§ 3 Nr. 34 Alt. 2** enger. Hier 3
sind ausschließlich Fernleitungen iSv § 3 Nr. 19 tatbestandlich, die eine Grenze zwischen Mitgliedstaaten **queren** und allein dem Zweck dienen, die Fernleitungsnetze verschiedener Mitgliedstaaten miteinander zu verbinden. Die Alternative „**überspannt**" dürfte keinen eigenen Regelungsgehalt haben. Sofern die Gasverbindungsleitung bis zu einem Staat außerhalb der Europäischen Union (sog. Drittstaat) reicht, handelt es sich um eine **Gasverbindungsleitung mit Drittstaaten** iSv § 3 Nr. 19d. Hierbei handelt es sich also einen Unterfall der in § 3 Nr. 34 definierten Verbindungsleitung.

Das EnWG enthält mehrere Regeln spezifisch für den Betrieb und den Ausbau von Verbin- 4
dungsleitungen, um den überregionalen und internationalen Stromtransport und den internationalen Gastransport zu verbessern. So können etwa gem. **§ 28a** und **§ 28b** grenzüberschreitende Verbindungsleitungen teilweise von der **Netzregulierung ausgenommen** werden. Außerdem sind Kapazitätsengpässe in Verbindungsleitungen gem. § 35 Abs. 1 Nr. 2 ausdrücklich Gegenstand des Monitorings durch die Regulierungsbehörde. Speziell für **grenzüberschreitende Gasverbindungsleitungen** gilt § 28c. Für **grenzüberschreitende Elektrizitätsverbindungsleitungen**, die nicht von regelzonenverantwortlichen Übertragungsnetzbetreibern betrieben werden, enthalten die **§§ 28d–28i** besondere Netzentgeltregelungen.

§ 3 Nr. 35 (Verbundnetz)

Im Sinne dieses Gesetzes bedeutet
35. **Verbundnetz**
eine Anzahl von Übertragungs- und Elektrizitätsverteilernetzen, die durch eine oder mehrere Verbindungsleitungen miteinander verbunden sind, oder eine Anzahl von Gasversorgungsnetzen, die miteinander verbunden sind.

Das in § 3 Nr. 35 definierte Verbundnetz gibt es sowohl im Elektrizitäts- (Alternative 1) 1
als auch im Gasbereich (Alternative 2). Zentrales Kennzeichen eines Verbundnetzes ist in jedem Fall, dass eine „**Anzahl von …netzen**" **miteinander verbunden** ist. Obwohl die Verwendung des Wortes „Anzahl" darauf hindeuten könnte, dass eine Vielzahl von Netzen verbunden sein muss, reicht es richtigerweise aus, wenn **zwei (oder mehr) Netze** verbunden sind (Theobald/Kühling/Theobald § 3 Rn. 267). Aus technischen Gründen werden Verbundnetze deshalb gebildet, um die **Ausfallsicherheit zu erhöhen** und eine verbesserte Druck- und Spannungshaltung zu gewährleisten (Salje EnWG § 3 Rn. 240).

Im **Elektrizitätsbereich** liegt gem. **§ 3 Nr. 35 Alt. 1** ein Verbundnetz vor, wenn Über- 2
tragungs- und/oder Verteilernetze durch **Verbindungsleitungen** iSv § 3 Nr. 34 miteinander verbunden werden. Aus dem Verweis auf § 3 Nr. 34 ergeben sich aber keine zusätzlichen Anforderungen. Denn im Elektrizitätsbereich sind alle Leitungen Verbindungsleitungen, die ausschließlich dazu dienen, Elektrizitätsnetze miteinander zu verbinden. Daher kann es Verbundnetze auf allen Spannungsebenen und gleichermaßen im Bereich der Übertragung und der Verteilung geben.

Im **Gasbereich** handelt es sich gem. **§ 3 Nr. 35 Alt. 2** um ein Verbundnetz, wenn Gasver- 3
sorgungsnetze miteinander verbunden sind. Der in § 3 Nr. 20 definierte Begriff Gasversorgungsnetze umfasst sowohl Gasverteilernetze als auch Fernleitungsnetze. Demnach kann es Verbundnetze auf jeder Druckstufe und gleichermaßen im Bereich der Fernleitung und der Verteilung geben.

Der Begriff des Verbundnetzes wird vor allem in § 12 Abs. 1 und § 15 verwendet, in denen 4
u.a. geregelt ist, dass Übertragungsnetzbetreiber und Fernleitungsnetzbetreiber dafür zuständig sind, die Energieübertragung unter Berücksichtigung des **Energieaustausches zwischen den Verbundnetzen** zu regeln. Dies ist die sog. **Regelverantwortung** der Fernleitungsnetzbetrei-

Peiffer

ber bzw. der regelzonenverantwortlichen Übertragungsnetzbetreiber, die alle Verbundnetze innerhalb der Regelzone (§ 3 Nr. 30) bzw. innerhalb des Marktgebiets umfasst.

§ 3 Nr. 35a (Versorgeranteil)

Im Sinne dieses Gesetzes bedeutet
35a. **Versorgeranteil**
der auf die Energiebelieferung entfallende Preisanteil, der sich rechnerisch nach Abzug der Umsatzsteuer und der Belastungen nach § 40 Absatz 3 ergibt.

1   Der Begriff des Versorgeranteils wurde zum 29.7.2022 eingeführt zusammen mit § 41b Abs. 4 mit dem Ziel, **einseitige Preisanpassungen** in bestehenden Stromlieferverträgen außerhalb der Grundversorgung **transparenter** zu machen. Solche Preisanpassungen kann der Versorger nur durchführen durch eine sog. **Unterrichtung** an den Kunden, die die Mindestanforderungen gem. § 41 Abs. 5 erfüllt. Bei Stromlieferverträgen mit Haushaltskunden außerhalb der Grundversorgung muss der Versorger in der Unterrichtung gem. § 41b Abs. 4 auch darauf hinweisen, in welchem Umfang sich der **Versorgeranteil** ändert durch den neuen Preis.

1.1   Auch bei Preisanpassungen innerhalb der Grundversorgung muss der Versorger den Kunden darüber informieren, in welchem Umfang sich der **Versorgeranteil** ändert. Dies ist für die Grundversorgung allerdings spezialgesetzlich in §§ 5 Abs. 2 S. 2 HS. 2 iVm § 2 Abs. 3 S. 3 StromGVV geregelt. Daher entfaltet die Begriffsbestimmung von § 3 Nr. 35a hier keine Wirkung. Wegen des identischen Wortlautes kann § 5 Abs. 3 S. 3 StromGVV aber genauso ausgelegt werden. Überdies muss in der Grundversorgung der Versorgeranteil **bereits im Vertrag bzw. in der Vertragsbestätigung ausgewiesen** sein, vgl. § 2 Abs. 3 S. 3 StromGVV.

2   Durch die Mitteilung von Veränderungen des Versorgeranteils soll die **Transparenz von Preisanpassungen** im Stromsektor erhöht werden. Hintergrund ist die Struktur des Strompreises, den der Kunde an seinen Stromlieferanten zu zahlen hat. Dieser setzt sich zum großen Teil aus sog. **Stromnebenkosten** zusammen, deren Höhe der Versorger nicht beeinflussen kann und die Veränderungen unterworfen sind (Netzentgelte, Messentgelte, KWKG-Umlage, Umlage gem. § 19 Abs. 2 StromNEV, ab 1.1.2023 Umlage gem. § 118 Abs. 6 S. 9, Offshore-Netzumlage, AbLaV-Umlage, Konzessionsabgabe, Stromsteuer, Umsatzsteuer).

3   Abhängig von den jeweiligen Regelungen im Stromliefervertrag kann der Versorger Veränderungen in den Stromnebenkosten durch Preisanpassungen an seine Kunden weitergeben. Damit die Kunden bei derartigen Preisanpassungen leichter nachvollziehen können, ob und in welchem Umfang die **Preisanpassung auf Veränderungen der Stromnebenkosten zurückführbar** ist, ist der Stromversorger nunmehr verpflichtet, die Veränderung des sog. Versorgeranteils (also derjenigen Bestandteile des Strompreises, der der Versorger selbst beeinflussen kann) mitzuteilen. Durch die Mitteilung des Versorgeranteils wird damit plastisch, welche Einnahmen der Versorger tatsächlich aus der Strombelieferung hat.

4   Der Versorgeranteil umfasst die Beschaffungs- und Vertriebskosten sowie die Marge des Energielieferanten (BR-Drs. 164/22, 50). Rechnerisch wird er gem. § 3 Nr. 35a dadurch ermittelt, dass vom Gesamt-Strompreis zunächst die Umsatzsteuer und dann die **einzelnen in § 40 Abs. 3 genannten Stromnebenkosten** abzogen werden. Die Umlage gem. § 118 Abs. 6 S. 9 ist in § 40 Abs. 3 noch nicht genannt, müsste hier aber zum 1.1.2023 noch aufgenommen werden, weil sie ab diesem Zeitpunkt zur Anwendung kommt.

§ 3 Nr. 36 (Versorgung)

Im Sinne dieses Gesetzes bedeutet
36. **Versorgung**
die Erzeugung oder Gewinnung von Energie zur Belieferung von Kunden, der Vertrieb von Energie an Kunden und der Betrieb eines Energieversorgungsnetzes.

(Verteilung) § 3 Nr 37 EnWG

Der in § 3 Nr. 36 definierte Begriff der Versorgung wird in zahlreichen anderen Vorschriften des EnWG verwendet und ist daher zentral. Der Begriff beschreibt die **drei klassischen Wertschöpfungsstufen** der Energiewirtschaft. Auffällig ist, dass sich die als Versorgung definierten Tätigkeiten nicht mit den Tätigkeiten des Energieversorgungsunternehmens iSv § 3 Nr. 18 decken: Während in § 3 Nr. 36 die Energie-Erzeugung/Gewinnung, der Energievertrieb und der Versorgungsnetzbetrieb genannt sind, ist die Energie-Erzeugung/Gewinnung keine dem Energieversorgungsunternehmen zugeordnete Aufgabe. 1

Nach der **Variante 1** gehören zur Versorgung die Tätigkeiten **Stromerzeugung bzw. Gasgewinnung.** Diese beiden Tätigkeiten sind aber nur dann tatbestandlich, wenn die Energie zur Belieferung von Kunden iSv § 3 Nr. 24 erzeugt/gewonnen wird. Der Betrieb einer Erzeugungsanlage zur Eigenversorgung ist demnach keine Versorgung im Sinne der Bestimmung. 2

In der **Variante 2** ist der Vertrieb von Energie an Kunden eine Versorgungstätigkeit. Auch die Energiebereitstellung **innerhalb von Konzernstrukturen** (Lieferung an Tochtergesellschaft oder an eigene Gesellschafterin, etc) ist demnach Versorgung. 3

In der **Variante 3** ist schließlich der Betrieb von Energieversorgungsnetzen iSv **§ 3 Nr. 16** Versorgung. 4

§ 3 Nr. 37 (Verteilung)

Im Sinne dieses Gesetzes bedeutet
37. Verteilung
 der Transport von Elektrizität mit hoher, mittlerer oder niederer Spannung über Elektrizitätsverteilernetze oder der Transport von Gas über örtliche oder regionale Leitungsnetze, um die Versorgung von Kunden zu ermöglichen, jedoch nicht die Belieferung der Kunden selbst; der Verteilung von Gas dienen auch solche Netze, die über Grenzkopplungspunkte verfügen, über die ausschließlich ein anderes, nachgelagertes Netz aufgespeist wird.

Die in § 3 Nr. 37 definierte Verteilung meint den Energietransport zum Zwecke der Versorgung von Letztverbrauchern. Verteilung ist das Gegenstück zur Übertragung (§ 3 Nr. 32) im Stromsektor und zur Fernleitung (§ 3 Nr. 19) im Gassektor. Nachdem Übertragung bzw. Fernleitung die Ausnahmen sind, ist **im Zweifel** vom Vorliegen einer **Verteilung** auszugehen. 1

Entscheidendes Kriterium für die Einordnung von Netzanlagen bzw. Tätigkeiten als Teil der „Verteilung" ist deren jeweiliger **Zweck,** der anhand einer **funktionalen Betrachtung** festzustellen ist: Komponenten, die zur Versorgung vor Ort errichtet und betrieben werden, gehören demnach zur Verteilung; Komponenten für den überregionalen oder grenzüberschreitenden Energietransport ohne Letztverbraucheranschluss sind der Übertragung/Fernleitung zuzuordnen. Die **Spannungsebene** oder **Druckstufe** der jeweiligen Leitung hat keine, allenfalls indikative Relevanz für die Einordnung als Verteilung oder Übertragung/Fernleitung. Für die Abgrenzung wird auf die Kommentierung zu § 3 Nr. 32 (→ § 3 Nr. 32 Rn. 1 ff.) und § 3 Nr. 5 (→ § 3 Nr. 5 Rn. 2 ff.) verwiesen. 2

Sog. **gemischt-genutzte Leitungen,** die sowohl der Versorgung vor Ort dienen als auch zur Versorgung benachbarter Gebiete, sind Teil der Verteilung (BGH ZNER 2014, 449 Rn. 30 ff. = BeckRS 2014, 15806 – Stromnetz Homberg). 3

Der Zusatz, dass „**nicht die Belieferung der Kunden selbst**" Verteilung ist, dient der Klarstellung und soll den strengen Vorgaben zur Entflechtung von Netzbetrieb und Energievertrieb in den §§ 6 ff. Rechnung tragen. Darüber hinaus hat er keinen Regelungsgehalt. 4

Der **Halbsatz 2** stellt für den Gasbereich klar, dass auch Gasnetze mit Grenzkopplungspunkten zur Verteilung gehören, wenn sie **ausschließlich** ein anderes, **nachgelagertes Netz aufspeisen.** Diese ergänzende Klarstellung erklärt sich aus der in § 3 Nr. 5 enthaltenen Auflistung von Merkmalen, anhand derer Gasnetze als Fernleitungsnetze zu identifizieren sind. Eines der dort genannten Merkmale ist das Vorhandensein eines Grenzübergangspunktes. Hierzu schafft § 3 Nr. 37 Hs. 2 eine Rückausnahme, nach der nicht jeder Grenzüber- 5

Peiffer

gangspunkt zwingend zur Einstufung als Fernleitung führt (→ § 3 Nr. 5 Rn. 5). Allerdings gilt diese Rückausnahme nur, wenn das aufgespeiste **nachgelagerte Netz selbst Versorgungsnetz** ist. Durch diese Rückausnahme soll insbesondere sichergestellt werden, dass inländische Gasnetze, die ihr **Gas aus einem Nachbarland** erhalten, sonst aber unstreitig als Verteilernetz einzustufen sind, Verteilernetz bleiben (BT-Drs. 17/6072, 52).

§ 3 Nr. 38 (vertikal integriertes Unternehmen)

Im Sinne dieses Gesetzes bedeutet
38. **vertikal integriertes Unternehmen**
ein im Elektrizitäts- oder Gasbereich tätiges Unternehmen oder eine Gruppe von Elektrizitäts- oder Gasunternehmen, die im Sinne des Artikels 3 Absatz 2 der Verordnung (EG) Nr. 139/2004 des Rates vom 20. Januar 2004 über die Kontrolle von Unternehmenszusammenschlüssen (ABl. L 24 vom 29.1.2004, S. 1) miteinander verbunden sind, wobei das betreffende Unternehmen oder die betreffende Gruppe im Elektrizitätsbereich mindestens eine der Funktionen Übertragung oder Verteilung und mindestens eine der Funktionen Erzeugung oder Vertrieb von Elektrizität oder im Erdgasbereich mindestens eine der Funktionen Fernleitung, Verteilung, Betrieb einer LNG-Anlage oder Speicherung und gleichzeitig eine der Funktionen Gewinnung oder Vertrieb von Erdgas wahrnimmt.

Überblick

Der in § 3 Nr. 38 definierte Begriff des vertikal integrierten Unternehmens ist Ausgangspunkt für die Anwendbarkeit der Entflechtungsvorgaben nach den §§ 6 ff. (→ Rn. 1 f.) und wurde zusammen mit diesen eingeführt (→ Rn. 3 ff.). Den Tatbestand erfüllen Unternehmen oder Unternehmensgruppen (→ Rn. 6 ff.), die gleichzeitig Tätigkeiten in den Geschäftsbereichen Netzbetrieb und Energieerzeugung bzw. -vertrieb ausüben (→ Rn. 13 ff.).

Übersicht

	Rn.		Rn.
A. Relevanz der Begriffsbestimmung	1	I. Geschäftsbereich Netzbetrieb	14
B. Gesetzgebungsgeschichte	3	II. Geschäftsbereich Energieerzeugung/-versorgung	16
C. Unternehmen oder Unternehmensgruppen	6	III. „Gleichzeitig wahrnimmt"	17
D. Gleichzeitig Netzbetrieb und Energieerzeugung/-versorgung	13	E. Rechtsfolge	20

A. Relevanz der Begriffsbestimmung

1 Unternehmen, die den Tatbestand von § 3 Nr. 38 erfüllen, sind Adressat der Entflechtungsvorgaben. Abhängig von der Ebene und der Dimensionierung des von ihnen betriebenen Netzes sind vertikal integrierte Unternehmen zur **informationellen** (§ 6a) und **buchhalterischen** (§ 6b) Entflechtung und darüber hinaus ggf. auch zur **rechtlichen** (§ 7) und **operationellen/personellen** (§ 7a) und möglicherweise sogar zur **eigentumsrechtlichen** (§ 8) Entflechtung verpflichtet.

2 Führt ein vertikal integriertes Unternehmen gem. § 8 die **eigentumsrechtliche Entflechtung** durch, handelt es sich nicht mehr um ein vertikal integriertes Unternehmen. Die Entflechtungsvorgaben finden auf dieses Unternehmen fortan also eigentlich keine Anwendung mehr (faktisch wirken sie aber fort). Wird stattdessen von den Möglichkeiten des § 9 oder § 10 Gebrauch gemacht und ein Unabhängiger Systembetreiber oder ein Unabhängiger Transportnetzbetreiber benannt, handelt es sich weiterhin um ein vertikal integriertes Unternehmen und gelten für dieses Unternehmen nach wie vor die Entflechtungsvorgaben. Das-

(vertikal integriertes Unternehmen) **§ 3 Nr 38 EnWG**

selbe gilt im Falle der **rechtlichen Entflechtung** (§ 7), bei der das Netzunternehmen und das Erzeugungs- bzw. Vertriebsunternehmen zwar rechtlich getrennt sind, aber von demselben Gesellschafter gehalten werden.

B. Gesetzgebungsgeschichte

Die Begriffsbestimmung wurde **2005** zusammen mit den Entflechtungsvorgaben eingeführt zur Umsetzung der Vorgaben aus der zweiten Gas-Binnenmarkt-Richtlinie 2003/55/EG und der zweiten Elektrizitäts-Binnenmarkt-Richtlinie 2003/54/EG. Dabei wurde der Begriff des vertikal integrierten Unternehmens nahezu wortglich aus den entsprechenden Begriffsbestimmungen in **Art. 2 Nr. 20 Gas-Binnenmarkt-Richtlinie 2003/55/EG** und **Art. 2 Nr. 21 Elektrizitäts-Binnenmarkt-Richtlinie 2003/54/EG** übernommen und zu einem einheitlichen Begriff für beide Energiesparten verbunden. 3

Die Entflechtung soll sicherstellen, dass Ausgestaltung und Abwicklung des Netzbetriebs in diskriminierungsfreier Weise geschehen und es **keine Grundlage für mögliche verdeckte Quersubventionen** zwischen den Tätigkeiten des Geschäftsbereichs Netzbetrieb und den Geschäftstätigkeiten Energieerzeugung und -vertrieb gibt (BR-Drs. 613/04, 87 f.) bzw. eine mögliche **Bevorzugung der eigenen Vertriebstätigkeit** durch die Transportabteilung gibt. 4

In der ab 2011 geltenden Fassung enthielt die Begriffsbestimmung einen lokalen Bezug auf das **Gebiet der Europäischen Union** („ein in der Europäischen Union im Elektrizitäts- oder Gasbereich tätiges Unternehmen"). Angesichts des räumlichen Geltungsbereichs des EU-Rechts war der deutsche Gesetzgeber ursprünglich davon ausgegangen, dass Unternehmen nur dann entflochten werden müssen, wenn sie die zu entflechtenden Tätigkeiten gleichzeitig im Gemeinschaftsgebiet ausüben (BT-Drs. 17/6072, 52). Diese lokale Beschränkung wurde mit Wirkung zum 29.7.2022 aufgehoben (BGBl. 2022 I 1214), nachdem sie der EuGH als **richtlinienwidrig** beanstandet hat (EuGH BeckRS 2021, 24362 Rn. 29 ff. – Kommission/Deutschland): 5

Der Begriff des vertikal integrierten Unternehmens ist **autonom auszulegen** anhand der Definitionen in der Gas- und der Elektrizitäts-Binnenmarkt-Richtlinie, die keine lokale Beschränkung enthalten. Außerdem ist ein **Konflikt zwischen Interessen** des Netzbetriebs und Interessen der Vertriebsseite beim vertikal integrierten Unternehmen auch dann zu befürchten, wenn eine der Tätigkeiten außerhalb der Union ausgeübt werden (EuGH BeckRS 2021, 24362 Rn. 43 – Kommission./. Deutschland). Um richtlinienkonforme Zustände zu schaffen, wurde die Begriffsbestimmung angepasst (BT-Drs. 20/2402, 38 f.). 5.1

C. Unternehmen oder Unternehmensgruppen

Die Begriffsbestimmung stellt in erster Linie auf Unternehmen ab, meint also Fälle, in denen **derselbe Rechtsträger** gleichzeitig im Netzbetrieb und in der Energieerzeugung/-vertrieb tätig ist. 6

Darüber hinaus können auch **Unternehmensgruppen** tatbestandlich sein, sofern sie durch die Möglichkeit **bestimmender Einflussnahme** iSv Art. 3 Abs. 2 VO (EG) 139/2004 (FKVO) miteinander verbunden sind. Insbesondere sofern es innerhalb **derselben Unternehmensgruppe** (Konzern) einen Rechtsträger gibt, der Netztätigkeiten ausübt, und einen anderen Rechtsträger gibt, der Tätigkeiten im Bereich Energieerzeugung/-vertrieb wahrnimmt, ist anhand von Art. 3 Abs. 2 FKVO zu prüfen, ob **ein gemeinsamer Gesellschafter** oder sonst wie Beteiligter vorhanden ist, der eine bestimmende Einflussnahme auf diese beiden Rechtsträger hat. Ist dies der Fall, werden beide Rechtsträger zu vertikal integrierten Unternehmen, sodass beide die Entflechtungsvorgaben einhalten müssen. Dasselbe gilt, wenn der im Netzbereich tätige Rechtsträger auf den im Vertrieb tätigen Rechtsträger bestimmenden Einfluss ausüben kann, oder andersherum. 7

Nach Art. 3 Abs. 2 FKVO liegt eine **bestimmende Einflussnahme** vor, wenn „Rechte, Verträge oder andere Mittel" vorliegen, die „einzeln oder zusammen unter Berücksichtigung aller tatsächlichen oder rechtlichen Umstände die Möglichkeit gewähren, einen bestimmenden Einfluss auf die Tätigkeit des Unternehmens auszuüben". Der Begriff der bestimmenden Einflussnahme ist demnach **weit gefasst** und erfordert eine **Gesamtbetrachtung.** Hierbei 8

Peiffer

sind die zu Art. 3 Abs. 2 FKVO ergangene Rechtsprechung und Verwaltungspraxis der EU-Kommission heranzuziehen (BR-Drs. 613/04, 85). Insbesondere die Mitteilung der EU-Kommission über den Begriff der beteiligten Unternehmen (ABl. C 66, 14 ff.) und die Mitteilung der EU-Kommission über den Begriff des Zusammenschlusses (ABl. C 66, 5 ff.) sind zu berücksichtigen.

9 Im Rahmen von § 3 Nr. 38 kommt es allein auf die **rechtliche oder tatsächliche Möglichkeit** an, Kontrolle auf das Unternehmen auszuüben. Es ist tatbestandlich nicht erforderlich, dass diese Kontrollmöglichkeit auch tatsächlich genutzt wird (BR-Drs. 613/04, 85).

10 Eine bestimmende Einflussnahme im Sinne dieser Regelung hat in erster Linie der **Mehrheitsgesellschafter** des Unternehmens. In aller Regel ergibt sich aus der einfachen Stimmrechtsmehrheit (50 Prozent + 1) eine bestimmende Einflussnahmemöglichkeit. **Minderheitsbeteiligungen** ermöglichen demgegenüber in der Regel keine bestimmende Einflussnahme. Etwas anderes kann aber gelten, wenn besondere Umstände hinzutreten, aus denen sich ein bestimmender Einfluss für den Minderheitsgesellschafter ergibt (etwa weil der Minderheitsgesellschafter Vetorechte bei wesentlichen Entscheidungen hat oder die Stimmenverteilung in der Gesellschafterversammlung abweichend von der Kapitalbeteiligung geregelt ist) (BR-Drs. 613/04, 86). Andersherum vermittelt eine Mehrheit in der Gesellschafterversammlung keine bestimmende Einflussnahmemöglichkeit, wenn der Mehrheitsgesellschafter beispielsweise aufgrund eines **Stimmbindungsvertrags** nur abstimmen kann wie der Minderheitsgesellschafter.

11 Eine Minderheitsbeteiligung kann auch dann eine bestimmende Einflussnahme auf das Unternehmen verschaffen, wenn die übrigen Geschäftsanteile auf **viele kleine Anteilseigner** verstreut sind und es daher wahrscheinlich ist, dass der Minderheitsgesellschafter angesichts seiner Beteiligung, des früheren Stimmverhaltens und der Position anderer Gesellschafter in der Hauptversammlung über eine stabile Stimmenmehrheit verfügen wird (Elspas/Graßmann/Rasbach § 3 Rn. 204).

12 Auch ohne gesellschaftsrechtliche Beteiligung kann die Möglichkeit zur bestimmenden Einflussnahme gegeben sein, etwa aufgrund **konzernrechtlicher Organisationsverträge** (wie Beherrschungs-, Betriebsüberlassungs- und Betriebsführungsverträge). Ausreichend ist ferner die Kontrollmöglichkeit in „**sonstiger Weise**", etwa bei personeller Verflechtung (BR-Drs. 613/04, 86).

D. Gleichzeitig Netzbetrieb und Energieerzeugung/-versorgung

13 § 3 Nr. 38 erfasst Unternehmen oder Unternehmensgruppen, die neben Tätigkeiten im Geschäftsbereich des Netzbetriebs (→ Rn. 14 f.) kumulativ (→ Rn. 17 ff.) Tätigkeiten auf den vor- bzw. nachgelagerten Wertschöpfungsstufen der Energieerzeugung oder -versorgung (→ Rn. 16) ausüben.

I. Geschäftsbereich Netzbetrieb

14 Der Geschäftsbereich Netzbetrieb umfasst im **Elektrizitätssektor** den Betrieb von Übertragungsnetzen (vgl. § 3 Nr. 10 bzw. § 3 Nr. 10a) und Elektrizitätsverteilernetzen (vgl. § 3 Nr. 3). Im **Gasbereich** gehören zum Geschäftsbereich Netzbetrieb der Betrieb von Fernleitungsnetzen (vgl. § 3 Nr. 5) und der Betrieb von Gasverteilernetzen (vgl. § 3 Nr. 8), sowie der Betrieb von LNG-Anlagen (§ 3 Nr. 26) und Gasspeicheranlagen (§ 3 Nr. 6).

15 Nach dem Wortlaut von § 3 Nr. 38 kommt es nur darauf an, dass im Geschäftsbereich Netzbetrieb eine „**Funktion**" wahrgenommen wird. Es ist demnach also nicht erforderlich, dass das Unternehmen die **Rolle des Netzbetreibers** innehat (→ § 3 Nr. 3 Rn. 4 ff. zu den Voraussetzungen der Betreiberstellung). Auch eine sonstige Beteiligung oder Mitwirkung (etwa als Dienstleister oder Verpächter des Netzes) kann die Einordnung als vertikal integriertes Unternehmen nach sich ziehen. In solchen Fällen ist allerdings einschränkend erforderlich, dass das Unternehmen in Bezug auf den Netzbetrieb **eine eigenverantwortliche Tätigkeit** ausübt und selbst über Aspekte des Netzbetriebs entscheiden kann. **Bloße Hilfstätigkeiten**, die auf Weisung des Netzbetreibers erbracht werden, müssen nicht entflochten werden.

(volatile Erzeugung) § 3 Nr 38a EnWG

II. Geschäftsbereich Energieerzeugung/-versorgung

Der zweite Geschäftsbereich umfasst die vor- bzw. nachgelagerten Wertschöpfungsstufen der Energieversorgung, also die Gewinnung (Gas) bzw. Erzeugung (Strom) und den Vertrieb von Gas oder Strom an Kunden. **16**

III. „Gleichzeitig wahrnimmt"

Der Tatbestand von § 3 Nr. 38 ist erfüllt, wenn **„gleichzeitig"** mindestens eine Funktion aus dem Geschäftsbereich Netzbetrieb und mindestens eine Funktion aus dem Geschäftsbereich Energieerzeugung/-versorgung wahrgenommen wird. Entsprechend der Formulierung **„mindestens"** reicht es aus, wenn nur jeweils eine Funktion aus den beiden Geschäftsbereichen ausgeübt werden. **17**

Ein vertikal integriertes Unternehmen liegt auch vor, wenn sich ausschließende Tätigkeiten **aus dem Gas- und Strombereich** gleichzeitig ausgeübt werden (BR-Drs. 613/04, 89; aA Elspas/Graßmann/Rasbach § 3 Rn. 206). So wird ein Gasnetzbetreiber zum vertikal integrierten Unternehmen, wenn er gleichzeitig vertriebliche Tätigkeiten im Strombereich ausübt. Gleiches gilt für einen Stromnetzbetreiber, der Gas gewinnt oder vertreibt. Betreibt dagegen ein Unternehmen **gleichzeitig ein Strom- und ein Gasnetz,** wird es hierdurch nicht zum vertikal integrierten Unternehmen (BR-Drs. 613/04, 89). Genauso wenig führt es zum Vorliegen eines vertikal integrierten Unternehmens, wenn Tätigkeiten aus dem Gas- oder Stromsektor mit **Tätigkeiten außerhalb dieser Sektoren** verbunden werden (BR-Drs. 613/04, 89). **18**

Nach der aktuellen, seit 29.7.2022 geltenden Fassung (→ Rn. 5) liegt ein vertikal integriertes Unternehmen auch dann vor, wenn nur eine der Tätigkeiten Netzbetrieb bzw. Erzeugung/Vertrieb innerhalb der Europäischen Union und die andere **außerhalb der Union ausgeübt** wird. Selbstverständlich kann es sich auch dann um ein vertikal integriertes Unternehmen handeln, wenn die verschiedenen kollidierenden Tätigkeiten in **verschiedenen Mitgliedstaaten** ausgeübt werden. **19**

E. Rechtsfolge

Sofern ein Unternehmen nach den vorstehend dargestellten Grundsätzen kollidierende Tätigkeiten ausübt, handelt es sich **insgesamt** um ein vertikal integriertes Unternehmen iSv § 3 Nr. 38. Der Begriff ist also nicht auf die Teile des vertikal integrierten Unternehmens beschränkt, die im Elektrizitäts- oder Erdgasbereich tätig sind; vielmehr müssen **alle durch Kontrolle verbundenen Teile** des vertikal integrierten Unternehmens **die Entflechtungsvorgaben erfüllen** (BT-Drs. 20/2402, 39). Das bringt die Begriffsbestimmung in der seit 29.7.2022 geltenden Fassung durch den Terminus „vertikal integrierte Unternehmen" anstelle der bis dahin verwendeten Begrifflichkeit „vertikal integrierte Energieversorgungsunternehmen" zum Ausdruck. **20**

§ 3 Nr. 38a (volatile Erzeugung)

Im Sinne dieses Gesetzes bedeutet
38a. volatile Erzeugung
Erzeugung von Strom aus Windenergieanlagen und aus solarer Strahlungsenergie.

Auf den in § 3 Nr. 38a definierten Begriff der volatilen Erzeugung kommt es ausschließlich bei der Anwendung von **§ 120** sowie des auf diesen zurückzuführenden **§ 18 StromNEV** an. Die Begriffsbestimmung wurde zusammen mit § 120 durch das sog. **Netzentgeltmodernisierungsgesetz** (NeMoG) 2017 eingeführt zum schrittweisen Abbau der vermiedenen Netzentgelte im Strombereich (BR-Drs. 73/17, 11 f.). Dabei gilt, dass für Stromerzeugungsanlagen mit volatiler Erzeugung die vermiedenen Netzentgelte früher abgebaut werden, weil diese Anlagen nicht dauerhaft und netzauslastungsorientiert in das Netz einspeisen können und daher nicht geeignet sind, eine Vorhaltung von Netzinfrastruktur zu vermeiden (BT-Drs. 18/11528, 17). **1**

Peiffer

2 Nach der Begriffsbestimmung gehören **Windkraft-** und **PV-Anlagen** zur volatilen Erzeugung. Nicht erfasst sind demgegenüber beispielsweise Wasserkraft- und Biogasanlagen, die zwar auch durch Einsatz Erneuerbarer Energien Strom erzeugen, aber in geringerem Maße witterungsbedingten Erzeugungsschwankungen unterliegen.

§ 3 Nr. 38b (vollständig integrierte Netzkomponenten)

Im Sinne dieses Gesetzes bedeutet
38b. **vollständig integrierte Netzkomponenten**
Netzkomponenten, die in das Übertragungs- oder Verteilernetz integriert sind, einschließlich Energiespeicheranlagen, und die ausschließlich der Aufrechterhaltung des sicheren und zuverlässigen Netzbetriebs und nicht der Bereitstellung von Regelenergie oder dem Engpassmanagement dienen.

1 Die Begriffsbestimmung in § 3 Nr. 38b wurde 2021 eingeführt (BGBl. 2021 I 3026), zusammen mit § 11b. Diese Vorschrift enthält eine Ausnahme zum allgemeinen in **§ 7 Abs. 1 S. 2 niedergelegten Grundsatz,** dass Elektrizitätsverteilernetzbetreiber nicht berechtigt sind, Energiespeicheranlagen (§ 3 Nr. 15d) als Eigentümer zu haben, zu errichten, zu verwalten oder zu betreiben. Hiervon kann die Regulierungsbehörde durch Festlegung gem. § 11b Abs. 1 Nr. 2 Ausnahmen gestatten, sofern die Verteilernetzbetreiber die Energiespeicheranlagen als „vollständig integrierte Netzkomponenten" iSv § 3 Nr. 38b betreiben. Die Begriffsbestimmung in § 3 Nr. 38b entspricht Art. 2 Nr. 51 **Elektrizitäts-Binnenmarkt-Richtlinie** (EU) 2019/944.

2 Vollständig integrierte Netzkomponenten sind solche Anlagen und Betriebsmittel, die **ausschließlich netzdienlich eingesetzt** werden zur Gewährleistung der Sicherheit und Zuverlässigkeit des Netzes. Solche Komponenten dürfen allerdings **nicht zur Erbringung von Regelenergie** (Primärregelleistung, Sekundärregelleistung und Minutenreserve) eingesetzt werden, die gem. § 22 Abs. 2 am Markt zu beschaffen sind. Erst recht können sie **nicht zur Erbringung von Engpassmanagement** genutzt werden, weil die hierfür erforderliche zu- und abschaltbare Leistung gem. § 13 Abs. 6 auch am Markt beschafft werden muss.

3 Von § 3 Nr. 38b sind vielmehr nur solche Netzkomponenten erfasst, die für den Betrieb des Netzes erforderlich sind, etwa **Kondensatoren** oder **Schwungräder,** die die Synchronisation unterschiedlicher Teile des Systems ermöglichen (BT-Drs. 19/27453, 91).

§ 3 Nr. 39 (vorgelagertes Rohrleitungsnetz)

Im Sinne dieses Gesetzes bedeutet
39. **vorgelagertes Rohrleitungsnetz**
Rohrleitungen oder ein Netz von Rohrleitungen, deren Betrieb oder Bau Teil eines Öl- oder Gasgewinnungsvorhabens ist oder die dazu verwendet werden, Erdgas von einer oder mehreren solcher Anlagen zu einer Aufbereitungsanlage, zu einem Terminal oder zu einem an der Küste gelegenen Endanlandeterminal zu leiten, mit Ausnahme solcher Netzteile oder Teile von Einrichtungen, die für örtliche Produktionstätigkeiten verwendet werden.

1 Das in § 3 Nr. 39 definierte vorgelagerte Rohrleitungsnetz meint im Gasbereich diejenigen Leitungen, in denen Erdgas **aus einer Förderstätte** zur weiteren Verwendung geleitet wird. Je nach Konstellation können derartige vorgelagerte Rohrleitungen zu einer Aufbereitungsanlage führen, in der das Naturgas zur Einspeisung in das Gasnetz auf Netzqualität aufbereitet wird, oder zu einem Terminal oder Endanlandeterminal, wo das Erdgas zum weiteren Transport auf Schiffe oder Fahrzeuge verladen wird. Derartige Leitungsstrukturen gehören funktional zur **Gasgewinnung** (Säcker EnergieR/Barbknecht § 3 Rn. 223) und sind – aufgrund der Legaldefinition in § 3 Nr. 39 – nicht Teil des Energieversorgungsnetzes.

2 Die Einordnung als vorgelagertes Rohrleitungsnetz führt dazu, dass die auf Energieversorgungsnetze anwendbaren Vorschriften zur Netznutzung und zum Netzzugang nicht anwendbar sind. Stattdessen gelten die **Sondervorschriften** der § 26 und § 27.

(Wasserstoffnetz) § 3 Nr 39a EnWG

§ 3 Nr. 39a (Wasserstoffnetz)
Im Sinne dieses Gesetzes bedeutet
39a. Wasserstoffnetz
ein Netz zur Versorgung von Kunden ausschließlich mit Wasserstoff, das von der Dimensionierung nicht von vornherein nur auf die Versorgung bestimmter, schon bei der Netzerrichtung feststehender oder bestimmbarer Kunden ausgelegt ist, sondern grundsätzlich für die Versorgung jedes Kunden offensteht, dabei umfasst es unabhängig vom Durchmesser Wasserstoffleitungen zum Transport von Wasserstoff nebst allen dem Leitungsbetrieb dienenden Einrichtungen, insbesondere Entspannungs-, Regel- und Messanlagen sowie Leitungen oder Leitungssysteme zur Optimierung des Wasserstoffbezugs und der Wasserstoffdarbietung.

Überblick

Die Einführung der Begriffsbestimmung für das Wasserstoffnetz in § 3 Nr. 39a war eine der zentralen Neuerungen durch die **Wasserstoff-Novelle** im Jahr 2021 (BGBl. I 3026). Mit dieser wurde Wasserstoff als dritter Energieträger – neben Strom und Gas – in den sachlichen Anwendungsbereich des EnWG aufgenommen (§ 3 Nr. 14) und im neuen Teil 3, Abschnitt 3b eine **Regulierung von Wasserstoffnetzen** eingeführt. Zur Bestimmung des sachlichen Anwendungsbereichs dieses Abschnitts kommt es auf die Begriffsbestimmung in § 3 Nr. 39a an. Dabei ist allerdings zu beachten, dass Teil 3, Abschnitt 3b als **optionales Instrument** ausgestaltet ist. Ein Wasserstoffnetz unterliegt dem Abschnitt nur dann, wenn dessen Betreiber hierfür optiert hat.

Gemäß § 3 Nr. 39a liegt ein Wasserstoffnetz dann vor, wenn es „**ausschließlich**" für Wasserstoff bestimmt ist (→ Rn. 1 ff.) und nach seiner Dimensionierung als **allgemeines Versorgungsnetz** konzipiert ist (→ Rn. 5 ff.). Eine Unterscheidung zwischen Transport und Verteilung gilt im Bereich der Wasserstoffnetze nicht (→ Rn. 15 f.). Gemäß § 3 Nr. 39a gehören auch Nebenkomponenten zum Wasserstoffnetz (→ Rn. 17 f.).

Trotz der Verwendung des Begriffs „Netz" sind Wasserstoffnetze **im Grundsatz keine Energieversorgungsnetze iSv § 3 Nr. 16**, sodass die Vorschriften zur Netzregulierung – insbesondere die Netzanschluss- und Zugangsansprüche (§§ 17, 20) – keine Anwendung finden. Von diesem Grundsatz abweichend regelt aber § 3 Nr. 16 aE, dass Wasserstoffnetze „**im Rahmen**" von Teil 5 Netz sind, und damit alle netzbezogenen Vorschriften dieses Teils auf Wasserstoffnetze Anwendung finden (ohne dass der Betreiber des Wasserstoffnetzes hierfür optieren müsste).

A. „Ausschließlich" Wasserstoff

Nur **reine Wasserstoffnetze,** in denen „ausschließlich" Wasserstoff transportiert wird und keine sonstigen Gase beigemischt sind, erfüllen den Tatbestand von § 3 Nr. 39a (BT-Drs. 19/27453, 117). **Beimisch-Netze,** die anteilig Wasserstoff (beigemischt zu Methan) enthalten, können aber „Gasversorgungsnetz" iSv § 3 Nr. 20 sein (BT-Drs. 19/27453, 117), weil Wasserstoff – jedenfalls wenn er elektrolytisch erzeugt worden ist – den Gas-Begriff iSv § 3 Nr. 19a erfüllt. 1

Durch die Beschränkung auf reine Wasserstoffnetze wollte der Gesetzgeber gewährleisten, dass Gasversorgungsnetze und Wasserstoffnetze bei der Rechnungslegung und Netzentgeltregulierung separat behandelt werden und eine **Quersubventionierung der Wasserstoffinfrastruktur** durch die Gasversorgungsnetze verhindert wird (BT-Drs. 19/27453, 119). Der Gesetzgeber meinte, aufgrund von Art. 13 Abs. 1 S. 1 EU-VO Erdgasfernleitungsnetzzugang (VO (EG) 715/2009) und Art. 7 S. 2 lit. c VO (EU) 2017/460 Netzkodex über harmonisierte Fernleitungsentgeltstrukturen zu einer separaten Rechnungslegung für Gas und Wasserstoff verpflichtet zu sein. 2

Ob gemeinsame Netzentgelte für Gas und Wasserstoff tatsächlich gegen EU-Recht verstoßen würden, ist aber fraglich (dagegen insbesondere Pielow, Vereinbarkeit gemeinsamer Netzentgelte für Erdgas und Wasserstoff, 2021): 3

Peiffer

3.1 Zum einen gilt die Gas-Binnenmarkt-Richtlinie 2009/73/EG in der aktuellen Fassung gem. Art. 1 Abs. 2 einheitlich für Erdgas und „andere Gasarten", soweit diese in das Erdgasnetz eingespeist und durch dieses transportiert werden. Das EU-Recht behandelt das **Erdgas- und Wasserstoffnetz daher als Einheit** (Pielow, Vereinbarkeit gemeinsamer Netzentgelte für Erdgas und Wasserstoff, 2021, S. 29). Außerdem schließt Art. 7 S. 2 lit. c VO (EU) 2017/460 Netzkodex über harmonisierte Fernleitungsentgeltstrukturen nur eine „unzulässige" Quersubvention aus und **ermöglicht daher gemeinsame Netzentgelte** für Gas und Wasserstoff, sofern diese im Einklang stehen mit übergeordneten Prinzipien des EU-Rechts (Pielow, Vereinbarkeit gemeinsamer Netzentgelte für Erdgas und Wasserstoff, 2021, S. 39 ff.).

4 Was unter **Wasserstoff** zu verstehen ist, ist weder in der Begriffsbestimmung noch an anderer Stelle des EnWG geregelt. Es dürfte daher nur darauf ankommen, dass es sich um Wasserstoff im chemischen Sinne handelt. Weitergehende Anforderungen hinsichtlich der genutzten Erzeugungstechnologie oder der zur Erzeugung eingesetzten Ausgangsstoffe enthält die Begriffsbestimmung nicht. Damit gelten insbesondere die in § 3 Nr. 19a geregelten technischen Anforderungen vorliegend nicht. Demnach sind insbesondere die folgenden Wasserstoffarten, die sich in der Branche entwickelt haben, tatbestandlich:
- sog. **grüner Wasserstoff:** Erzeugt mittels Elektrolyse aus 100 Prozent erneuerbarem Strom,
- sog. **grauer Wasserstoff:** Erzeugt mittels Dampfreformation unter Einsatz von Erdgas. Hierbei entsteht Kohlenstoff, der in die Atmosphäre gelangt.
- sog. **blauer Wasserstoff:** Erzeugt mittels Dampfreformation unter Einsatz von Erdgas. Der entstehende Kohlenstoff wird unterirdisch verpresst in CCS-Technik („Carbon Capture and Storage") und gelangt daher nicht in die Atmosphäre.
- sog. **türkiser Wasserstoff:** Erzeugt mittels Methanpyrolyse unter Einsatz von Erdgas. Der entstehende Kohlenstoff wird als Feststoff (Granulat) gebunden und gelangt daher nicht in die Atmosphäre.
- sog. **gelber Wasserstoff:** Erzeugt mittels Elektrolyse unter Einsatz eines Strommixes.
- sog. **violetter Wasserstoff:** Erzeugt mittels Elektrolyse unter Einsatz von Atomstrom.

B. Allgemeines Versorgungsnetz

5 Gemäß § 3 Nr. 39a muss es sich um ein Netz (→ Rn. 6 f.) handeln, das der „Versorgung von Kunden" dient (→ Rn. 8 ff.), eine gewisse Mindest-„Dimensionierung" hat (→ Rn. 11 ff.) und für „jeden Kunden offenstehen" (→ Rn. 14).

I. Netz

6 Nach seinem Wortlaut verlangt § 3 Nr. 39a zunächst, dass ein „Netz" vorliegt. Dieser Begriff scheint zwar darauf hinzudeuten, dass eine bloße Leitung nicht tatbestandlich sein kann. Tatsächlich ist in physikalischer Hinsicht eine bestimmte **quantitative Ausdehnung** oder ein qualitatives Minimum an Verknüpfungspunkten bzw. Vermaschung des Leitungssystems allerdings nicht erforderlich. Netz können vielmehr alle **Anlagen zur Verteilung** und Abgabe von Wasserstoff sein, sofern sie nicht auf einen von vornherein feststehenden abschließenden Kundenkreis beschränkt sind (→ Rn. 11 ff.). Zur Begründung kann auch der „Netz"-Begriff der Gas-Binnenmarkt-Richtlinie 2009/73/EG herangezogen werden, deren Regulierungsvorgaben unabhängig von der physikalischen Ausdehnung des Netzes umzusetzen sind.

7 Neben einem System aus mehreren **vermaschten Leitungen** kann damit auch eine einzelne **Stichleitung** oder ein Verbund mehrerer Stichleitungen (sog. **Strahlennetz**) Netzqualität haben (vgl. zum Energieversorgungsnetz: BGH NJW-RR 2005, 565; IR 2012, 227 Rn. 19). Dass auch eine einzelne **Wasserstoffleitung** den Tatbestand eines „Wasserstoffnetzes" iSv § 3 Nr. 39a erfüllen kann, ergibt sich auch aus der Gesetzesbegründung, die ausdrücklich auch Wasserstoffleitungen als Objekt der Regulierung nach Abschnitt 3b bezeichnet (BT-Drs. 19/27453, 118).

II. Versorgungsfunktion

8 Die Voraussetzung, dass das Wasserstoffnetz der Versorgung dienen muss, ist bereits aus § 3 Nr. 16 bekannt und kann daher wie dort ausgelegt werden. Anlagen zum Transport und

(Wasserstoffnetz) § 3 Nr 39a EnWG

zur Abgabe von Wasserstoff sind danach nur dann Wasserstoffnetz, wenn sie der **Versorgung Dritter** dienen. Nur wenn das Netz eine solche Versorgungsfunktion hat, kommt ihm regulierungsrechtliche Relevanz zu.

Aus den Vorschriften der § 3 Nr. 29c und Nr. 36 lässt sich entnehmen, dass Versorgung 9 iSd EnWG dann vorliegt, wenn das Netz dazu dient, andere als den Netzbetreiber, also **Dritte, mit Wasserstoff zu beliefern**. Denn § 3 Nr. 29c stellt klar, dass ein örtliches Verteilernetz überwiegend der Belieferung von Letztverbrauchern dient. Und § 3 Nr. 36 umschreibt näher, welche Tätigkeiten zur Versorgung zählen. Danach stellt u.a. der Vertrieb von Energie an Kunden Versorgung dar.

Wasserstoffnetze, die **ausschließlich der Eigenbelieferung** des Netzbetreibers dienen, 10 haben keine Versorgungsfunktion und sind daher nicht tatbestandlich.

III. Mindest-Dimensionierung

Darüber hinaus verlangt § 3 Nr. 38a, dass das Wasserstoffnetz **nach seiner Dimensionie-** 11 **rung** nicht von vornherein nur auf die Versorgung bestimmter, schon bei Netzerrichtung feststehender oder bestimmbarer Kunden ausgelegt ist. Diese tatbestandliche Formulierung ist aus § 3 Nr. 17 bekannt und kann daher wie dort ausgelegt werden.

Nach dem Dimensionierungs-Kriterium ist die Einordnung als Wasserstoffnetz ausge- 12 schlossen, wenn die Wasserstoffinfrastruktur von vornherein so ausgelegt ist, dass nur ein bei Netzerrichtung **bereits feststehender Kreis** an Kunden angeschlossen werden kann. Das ist der Fall, wenn die Infrastruktur gezielt für bestimmte Letztverbraucher errichtet worden und der Anschluss weiterer Letztverbraucher nicht vorgesehen ist. Wasserstoffverteilanlagen, die räumlich **auf ein klar umgrenztes (Betriebs-)Gelände begrenzt** sind, sind demnach in aller Regel kein Wasserstoffnetz.

Die Einordnung als Wasserstoffnetz ist auch dann ausgeschlossen, wenn zwar der Kreis 13 der versorgten Letztverbraucher am Anfang noch nicht feststeht, aber bereits **„bestimmbar"** ist. Das ist dann der Fall, wenn die Leitungen so dimensioniert sind, dass nur Letztverbraucher angeschlossen werden können, die sich auf einem bestimmten Gebiet/Areal ansiedeln werden (vgl. zu § 3 Nr. 17 BT-Drs. 15/5268, 117).

IV. Offenstehen für jeden Kunden

Als viertes Merkmal verlangt § 3 Nr. 39a, dass das Wasserstoffnetz für die Versorgung 14 **jedes** Kunden offensteht. Diese Voraussetzung ist aus § 3 Nr. 17 bekannt. Wie dort ist sie erfüllt, wenn der Betreiber des Wasserstoffnetzes **subjektiv bereit** und **objektiv in der Lage** ist, jeden Kunden, der dies wünscht, an sein Netz anzuschließen. Es kommt mithin darauf an, ob das Wasserstoffnetz so konzipiert ist und betrieben wird, dass weitere beliebige Letztverbraucher angeschlossen werden können.

C. Keine Unterscheidung zwischen Netzebenen

Anders als im Strom- und Gassektor unterscheidet das EnWG bei Wasserstoffnetzen nicht 15 zwischen der (unteren) Netzebene der Verteilung (§ 3 Nr. 37) und der (oberen) Netzebene der Fernleitung (§ 3 Nr. 19) bzw. Übertragung (§ 3 Nr. 32). Das erklärt sich dadurch, dass im Teil 3, Abschnitt 3b nur ein einheitliches (optionales) Regulierungs-Regime für Wasserstoffnetze eingeführt ist, das nicht zwischen Netzebenen unterscheidet. Dieses Regulierungs-Regime ist bewusst einfach gehalten, weil der Gesetzgeber es zunächst nur als „**Übergangsregelung für die Einstiegsphase**" konzipiert hat (BT-Drs. 19/27453, 118). Ziel sind zunächst der Aufbau und die Regulierung einzelner Verbindungsleitungen zwischen Wasserstoff-Senken und -Aufkommen, aus denen sich ggf. zukünftig ein umspannendes Leitungssystem entwickeln kann.

Dass es bei den Wasserstoffnetzen **nur eine Netzebene im Rechtssinne** gibt, schließt 16 es natürlich nicht aus, dass Wasserstoffnetze physikalisch auf verschiedenen Druckstufen betrieben werden, bzw. ein Wasserstoffnetz mehrere Druckebenen umfasst. Das deutet sich auch im Wortlaut von § 3 Nr. 39a an, wonach der Tatbestand „unabhängig vom Durchmesser" der Leitung erfüllt ist.

D. Nebenkomponenten

17 Die Begriffsbestimmung stellt am Ende klar, dass „**alle dem Leitungsbetrieb dienenden**" Komponenten ebenfalls zum Wasserstoffnetz gehören, und zählt – nicht abschließend – Entspannungs-, Regel- und Messanlagen sowie Komponenten zur „Optimierung des Wasserstoffbezugs und der Wasserstoffdarbietung" auf.

18 Diese Ergänzung dient der **Klarstellung**, dass nicht nur die Wasserstoffleitungen selbst gem. § 28o Abs. 1 in die Netzentgeltbildung einfließen und gem. § 113a aufgrund des Konzessionsvertrags auf den öffentlichen Straßen errichtet und betrieben werden dürfen, sondern auch alle notwendigen Nebenkomponenten. Damit hat der **Netzbegriff im Bereich Wasserstoff** dieselbe Reichweite wie im Gas-Bereich – auch hier gehören Gasdruck-Regelstationen, Messgeräte, Anlagen zur Gaskonditionierung und Druckhaltung zum Netz.

§ 3 Nr. 39b (Wasserstoffspeicheranlagen)

Im Sinne dieses Gesetzes bedeutet
39b. Wasserstoffspeicheranlagen
eine einem Energieversorgungsunternehmen gehörende oder von ihm betriebene Anlage zur Speicherung von Wasserstoff, mit Ausnahme von Einrichtungen, die ausschließlich Betreibern von Wasserstoffnetzen bei der Wahrnehmung ihrer Aufgaben vorbehalten sind.

1 Zusammen mit der Einführung von Teil 3, Abschnitt 3b durch die **Wasserstoff-Novelle** im Jahr 2021 (BGBl. I 3026) wurde in § 3 Nr. 39b auch die Wasserstoffspeicheranlage definiert. Der Begriff wird iRv § 28j Abs. 2 iVm § 28n benötigt, der für Wasserstoffspeicheranlagen eine optionale Anschluss- und Zugangsregulierung enthält. Außerdem haben die Betreiber von Wasserstoffspeicheranlagen gem. § 28m Abs. 1 S. 2 Entflechtungsvorgaben zu beachten. Die Begriffsbestimmung in § 3 Nr. 39b wurde in Anlehnung an die Definition der „Gasspeicheranlagen" in § 3 Nr. 19c ausgestaltet.

2 Gemäß § 3 Nr. 39b sind allgemein Anlagen zur Speicherung von **Wasserstoff** tatbestandlich. Einschränkende technische Vorgaben enthält die Vorschrift nicht. Demnach können alle Technologien zur Wasserstoffspeicherung tatbestandlich sein – insbesondere **unterirdische Kavernen**. Der Begriff Wasserstoff ist wie bei § 3 Nr. 39a auszulegen (→ § 3 Nr. 39a Rn. 4).

3 Vom Begriff der Wasserstoffspeicheranlage sind allerdings die **Komponenten ausgenommen**, die Betreibern von Wasserstoffnetzen bei der Wahrnehmung ihrer Aufgaben vorbehalten sind. Damit wird auf die Begriffsbestimmung des Wasserstoffnetzes in § 3 Nr. 39a Bezug genommen. Diese stellt am Ende klar, dass „**alle dem Leitungsbetrieb dienenden**" Komponenten Teil des Wasserstoffnetzes sind, und nennt beispielhaft Entspannungs-, Regel- und Messanlagen sowie Komponenten zur „Optimierung des Wasserstoffbezugs und der Wasserstoffdarbietung". Hieraus folgt beispielsweise, dass Gasdruck-Regelstationen innerhalb des Wasserstoffnetzes nicht unter § 3 Nr. 39b fallen.

4 Um eine Wasserstoffspeicheranlage iSv § 3 Nr. 39b handelt es sich schließlich nur dann, wenn diese einem **Energieversorgungsunternehmen** gehört oder von diesem betrieben wird. Hierzu gehören gem. § 3 Nr. 18 sowohl Energieversorger als auch Betreiber von Energieversorgungsnetzen. Nachdem Wasserstoff ebenfalls unter den Energiebegriff in § 3 Nr. 14 unterfällt, kommen auch **reine Wasserstoffversorger** als Betreiber von Wasserstoffspeicheranlagen in Betracht.

§ 3 Nr. 40 (Winterhalbjahr)

Im Sinne dieses Gesetzes bedeutet
40. Winterhalbjahr
der Zeitraum vom 1. Oktober eines Jahres bis zum 31. März des Folgejahres.

1 Die Begriffsbestimmung für das Winterhalbjahr wurde 2016 durch das Strommarktgesetz eingeführt. Der Begriff wird vor allem in § 13e verwendet, nach dem die Übertragungsnetzbetreiber zu verschiedenen Winterhalbjahren verpflichtet sind, Kapazitätsreserven zu bilden.

§ 3a Verhältnis zum Eisenbahnrecht

Dieses Gesetz gilt auch für die Versorgung von Eisenbahnen mit leitungsgebundener Energie, insbesondere Fahrstrom, soweit im Eisenbahnrecht nichts anderes geregelt ist.

Überblick

§ 3a betrifft das Verhältnis des Energiewirtschaftsrechts zum Eisenbahnrecht (zum Hintergrund → Rn. 1) und regelt das Verhältnis beider Rechtsregime zueinander (→ Rn. 2 ff.).

A. Hintergrund

Mit der dritten AEG-Novelle vom 30.4.2005 (BGBl. I 1138) wurde der Bahnstrom aus dem Anwendungsbereich des Allgemeinen Eisenbahngesetzes (AEG) herausgenommen und unterliegt seitdem grundsätzlich den Regelungen des EnWG, soweit im Eisenbahnrecht nichts anderes geregelt ist. 1

B. Regelungsgehalt

Mit § 3a werden die Anwendungsbereiche des EnWG und des Eisenbahnrechts bezüglich der leitungsgebundenen Energie für Eisenbahnen abgegrenzt. 2

Eine spiegelbildliche Regelung ist in § 1 Abs. 2 S. 3 AEG enthalten, wonach das AEG „nicht für die Versorgung von Eisenbahnen mit leitungsgebundener Energie, insbesondere Fahrstrom" gilt, soweit nicht im Eisenbahnrecht etwas anderes bestimmt ist (dazu auch BGH NVwZ-RR 2011, 277 Rn. 13). In § 1 Abs. 3 Eisenbahnregulierungsgesetz (ERegG) ist das Rangverhältnis ebenfalls geregelt, wobei der Gesetzgeber hier die Abgrenzung in anderer Richtung formuliert hat. Nach § 1 Abs. 3 ERegG gilt das Eisenbahnregulierungsgesetz „für die Versorgung von Eisenbahnen mit leitungsgebundener Energie, insbesondere Fahrstrom, und Telekommunikationsleistungen, soweit dies jeweils durch dieses Gesetz bestimmt ist." 3

§ 3a sieht ein Regel-Ausnahme-Verhältnis vor. Das EnWG ist für die Versorgung von Eisenbahnen mit leitungsgebundener Energie anwendbar (Regel), solange und soweit im Eisenbahnrecht nichts anderes geregelt ist (Ausnahme) (Kment EnWG/Schex § 3a Rn. 2). Danach gelten im Grundsatz die für das Energierecht anzuwendenden Regelungen auch für die Erzeugung und Versorgung im Bereich des Eisenbahnrechts, solange und soweit nicht eisenbahnbezogene Besonderheiten eine Sonderregelung verlangen und diese Sonderregelung auch im Eisenbahnrecht angelegt ist (Bourwieg/Hellermann/Hermes EnWG/Hermes § 3a Rn. 5). Zur Bestimmung des anwendbaren Rechtsregimes ist zu prüfen, ob und inwiefern das Eisenbahnrecht Regelungen trifft und ob diese als abschließend einzustufen sind. Der Verweis in § 3a auf den gesamten Regelungskomplex des Eisenbahnrechts führt mangels Konkretisierung auf einzelne Normen zu Schwierigkeiten bei der Bestimmung der Normen des Eisenbahnrechts. Zum Eisenbahnrecht zählen u.a. das AEG, das Bahneinheitengesetz (BEinheitenG), das Bundeseisenbahnverkehrsverwaltungsgesetz (BEVVG), das Eisenbahnneuordnungsgesetz (ENeuOG), das ERegG sowie Verordnungen, die auf der Grundlage von Gesetzen des Eisenbahnrechts erlassen wurden, wie die Eisenbahn-Bau- und Betriebsordnung (EBO), die Eisenbahn-Signalordnung 1959 (ESO 1959) und die Eisenbahn-Verkehrsordnung (EVO). 4

Die Anwendungsregelung in § 3a bezieht sich ausdrücklich auf die Versorgung von Eisenbahnen mit leitungsgebundener Energie. Die Begriffe Versorgung, Eisenbahnen und Energie sind gesetzlich definiert. Danach gilt: 5

Nach § 3 Nr. 36 ist **Versorgung** die Erzeugung oder Gewinnung von Energie zur Belieferung von Kunden, der Vertrieb von Energie an Kunden und der Betrieb eines Energieversorgungsnetzes. Dabei wird erkennbar, dass auch der Betrieb von Energieversorgungsnetzen, zu denen nach § 3 Nr. 16 auch die Elektrizitätsversorgungsnetze gehören, in den Regelungsgehalt von § 3a aufgenommen wird. Das Bahnstromnetz, das sich in ein Bahnstromfernleitungsnetz (110 kV) und ein Bahnstromverteilernetz (15 kV) aufteilt, ist ein solches Elektrizitätsversorgungsnetz und wird vom Regelungsgehalt des § 3a und damit grundsätzlich vom Anwendungsbereich des EnWG erfasst (BGH NVwZ-RR 2011, 277 Rn. 11 f.; Kment 6

EnWG/Schex § 3a Rn. 4). Die Bezugnahme auf „Fahrstrom" ist keine Einschränkung, sondern, wie der Wortlaut „insbesondere" zeigt, ein Regelbeispiel (BGH NVwZ-RR 2011, 277 Rn. 12; Säcker EnergieR/Klinge § 3a Rn. 33). Das Regelbeispiel hebt besonders hervor, dass § 3a die Versorgung des Fahrbetriebs der Bahn mit Elektrizität erfasst, dementsprechend der Fahrstrom im Schienenverkehr grundsätzlich unter das Regelungsregime des EnWG fallen soll.

7   Für **Eisenbahnen** gibt es keine Begriffsbestimmung im EnWG; der Begriff ist iSd § 2 Abs. 1 AEG zu verstehen. Danach sind Eisenbahnen öffentliche Einrichtungen oder privatrechtlich organisierte Unternehmen, die Eisenbahnverkehrsdienste erbringen (Eisenbahnverkehrsunternehmen) oder eine Eisenbahninfrastruktur betreiben (Eisenbahninfrastrukturunternehmen) (BGH NVwZ-RR 2011, 277 Rn. 11).

8   Zudem ist auch **Energie** in den Begriffsbestimmungen des EnWG definiert (§ 3 Nr. 14) und umfasst Elektrizität, Gas und Wasserstoff, soweit sie zur leitungsgebundenen Energieversorgung verwendet werden. Maßgebliches Kriterium ist die Leitungsgebundenheit. Diese setzt eine Leitungsverbindung zwischen Erzeuger, Verteiler und Letztverbraucher voraus, die eine erhebliche und langfristige Kapitalbindung sowie langfristige Planungs-, Genehmigungs- und Amortisationszeiträume impliziert und mit einer fehlenden Speicherfähigkeit der Energie einhergeht (vgl. Säcker EnergieR/Klinge § 3a Rn. 32, Theobald/Kühling EnergieR/Theobald § 3a Rn. 7). Daher wird von dem Regelungsvorrang des Energierechts nach § 3a auch die leitungsgebundene Versorgung von Eisenbahnen mit Gas iSv § 3 Nr. 19a umfasst. Die Versorgung von Eisenbahnen mit Gas hat derzeit keine große praktische Relevanz (Kment EnWG/Schex § 3a Rn. 6); dasselbe gilt für die Versorgung mit Wasserstoff, der aber in Zukunft an Bedeutung gewinnen kann, da das BMWK den Aufbau einer Wasserstoffwirtschaft als zentral benennt (BMWK, Eröffnungsbilanz Klimaschutz, 2022, S. 20).

9   Aufgrund der **offenen Formulierung des Ausnahmenvorbehalts,** wonach das Energiewirtschaftsrecht Anwendung findet, „soweit im Eisenbahnrecht nichts anderes geregelt ist", kann das Verhältnis beider Rechtsregime im Einzelfall schwer zu bestimmen sein. Das zeigen auch die Auseinandersetzungen aus der Vergangenheit. Es war insbesondere umstritten, ob auf die Bahnstromfernleitungen die Regulierungsvorschriften des EnWG, hier insbesondere das Netzzugangs- und Entgeltregime, Anwendung finden oder ob das Eisenbahnregulierungsrecht gilt, das im Kern nur eine Regelung zur Diskriminierungsfreiheit vorsieht (zur Auseinandersetzung vgl. nur Beck AEG/Hermes AEG § 1 Rn. 30; Bourwieg/Hellermann/Hermes EnWG/Hermes § 3a Rn. 2; Ehricke ZNER 2005, 301 (305); Ehricke IR 2006, 10 (14); Säcker EnergieR/Klinge § 3a Rn. 36 ff.; Grün/Jasper N&R 2007, 46 (47 ff.); Salje EnWG § 3a Rn. 5). Eine Grundsatzentscheidung zum Verhältnis der Rechtsregime und damit zur Einordnung der Ausnahmeregelung hat der BGH im Jahr 2010 getroffen. Danach unterfällt die Regulierung des Bahnstromnetzes den Vorgaben des EnWG (BGH NVwZ-RR 2011, 277 Rn. 9 ff.). Dieser Entscheidung lässt sich auch entnehmen, dass nicht jede eisenbahnrechtliche Regelung ausreicht, um die Anwendung des EnWG auszuschließen. Es wird insbesondere auch auf die Regelungstiefe der jeweiligen eisenbahnrechtlichen Bestimmungen ankommen. Denn in Fällen, in denen die Regelungstiefe der eisenbahnrechtlichen Bestimmungen nicht so weit wie das EnWG reicht, liegt es zumindest nah, dass keine abschließende vorrangige Regelung im Eisenbahnrecht beabsichtigt ist (vgl. Säcker EnergieR/Klinge § 3a Rn. 37). So hat es dem BGH aufgrund der detaillierteren Netzzugangs- und Entgeltregelungen des EnWG nicht ausgereicht, dass das Eisenbahnrecht allgemein die Diskriminierungsfreiheit verlangt (BGH NVwZ-RR 2011, 277 Rn. 19). Der BGH führt zur Begründung im Einzelnen aus, dass das Eisenbahnrecht Zugangs- und Entgeltregelungen nur für die Benutzung der Schienenwege sowie der in § 2 Abs. 3c AEG genannten Serviceeinrichtungen enthalte, nicht aber für die Nutzung und das Entgelt für die Nutzung des Bahnstromnetzes (BGH NVwZ-RR 2011, 277 Rn. 18 ff.). Im Eisenbahnrecht gelten niedrigere Anforderungen für die Gewährung des Zugangs zum Bahnstromnetz im Verhältnis zu sonstigen Stromnetzen, insbesondere findet auch keine Entgeltregulierung in Bezug auf die Nutzung von Durchleitungen statt, obwohl die Entgeltregulierung wichtiger Bestandteil der Zugangsregulierung ist (Grün/Jasper N&R 2007, 46 (48)). Aufgrund der geringeren Anforderungen im Eisenbahnrecht rechtfertigt sich ein Rückgriff auf das EnWG. Durch die Anwendbarkeit des EnWG wird der Zugang zu Bahnstromnetzen nicht nur für Eisenbahnverkehrsunternehmen eröffnet, sondern auch für andere Stromlieferanten, was zu einer Förderung des Wettbewerbs führt (Grün/Jasper N&R 2007, 46 (48)).

Da sich die **Entgelte** für das Bahnstromnetz nach dem EnWG richten, kommen insbesondere die §§ 21, 23a sowie die Bestimmungen der StromNEV zur Anwendung. Nach § 21 Abs. 1 müssen die Entgelte für den Netzzugang erstens angemessen, diskriminierungsfrei, transparent sein und dürfen im Weiteren nicht ungünstiger sein, als sie von den Betreibern der Energieversorgungsnetze in vergleichbaren Fällen für Leistungen innerhalb ihres Unternehmens oder gegenüber verbundenen oder assoziierten Unternehmen angewendet und tatsächlich oder kalkulatorisch in Rechnung gestellt werden. Zudem müssen nach § 21 Abs. 2 EnWG die Nutzungsentgelte kostenorientiert gebildet werden. 10

Leitungsbezogene Fragen, dh die Errichtung, die Unterhaltung, der Zugang sowie der Betrieb der Leitungsinfrastruktur, richten sich im Wesentlichen nach dem EnWG. Aufgrund der Anwendbarkeit des EnWG auf den Zugang zur Leitungsinfrastruktur hat der Betreiber der Bahnstromfernleitungen gemäß § 20 Abs. 1 S. 1 jedermann nach sachlich gerechtfertigten Kriterien diskriminierungsfreien Netzzugang zu gewähren. Die Anwendbarkeit des § 20 Abs. 1 S. 1 ist weiter als die Bestimmungen des Eisenbahnrechts zum Zugang zur Leitungsinfrastruktur, denn der Betreiber der Bahnstromfernleitungen hat nach dem EnWG die Bedingungen einschließlich möglichst bundesweit einheitlicher Musterverträge, Konzessionsabgaben sowie die Entgelte für den Netzzugang bis zum 15. Oktober eines Jahres für das Folgejahr zu veröffentlichen. Des Weiteren besteht für den Netzbetreiber nach § 20 Abs. 1 S. 5 die Pflicht, die Netzzugangsregelung massengeschäftstauglich auszugestalten. Eisenbahnrechtliche Besonderheiten gelten für sog. Bahnstromfernleitungen mit 110 kV, deren Errichtung nach § 18 AEG der Planfeststellung bzw. Plangenehmigung bedarf und deren technische Nutzungsbedingungen u.a. in § 4 Abs. 1 AEG sowie den dazu gehörenden technischen Regelwerken gesondert geregelt sind. Das betrifft allerdings nicht die (energie-)wirtschaftlichen Fragen des Zugangs und der Nutzung, die in den Anwendungsbereich des EnWG fallen (Bourwieg/Hellermann/Hermes EnWG/Hermes § 3a Rn. 12; BGH NVwZ-RR 2011, 277 Rn. 16 ff.). Dieses Normverhältnis gilt auch für die Leitungen, die den Fahrstrom an der Strecke bereitstellen. 11

Für die **Energiebelieferung** gelten keine eisenbahnrechtlichen Besonderheiten (OLG Frankfurt a. M. OLGR 2007, 416 (418 f.); Bourwieg/Hellermann/Hermes EnWG/Hermes § 3a Rn. 14; Ehricke ZNER 2005, 301 (305)); zusätzlich zu den energierechtlichen Vorgaben ist das spezielle unionsrechtliche Diskriminierungsverbot zu beachten, wonach der Betreiber einer Eisenbahninfrastruktur ein einzelnes Eisenbahnunternehmen bei der Versorgung mit Energie nicht benachteiligen darf (Art. 5 Abs. 1 RL 2001/14/EG iVm Anhang II Nr. 2a RL 2001/14/EG). 12

Für die Aufsicht über die Einhaltung der Bestimmungen zur Zugangsgewährung sowie zu Nutzungsentgelten ist die BNetzA zuständig; vgl. §§ 66 ff. ERegG. 13

§ 4 Genehmigung des Netzbetriebs

(1) ¹Die Aufnahme des Betriebs eines Energieversorgungsnetzes bedarf der Genehmigung durch die nach Landesrecht zuständige Behörde. ²Über die Erteilung der Genehmigung entscheidet die nach Landesrecht zuständige Behörde innerhalb von sechs Monaten nach Vorliegen vollständiger Antragsunterlagen.

(2) ¹Die Genehmigung nach Absatz 1 darf nur versagt werden, wenn der Antragsteller nicht die personelle, technische und wirtschaftliche Leistungsfähigkeit und Zuverlässigkeit besitzt, um den Netzbetrieb entsprechend den Vorschriften dieses Gesetzes auf Dauer zu gewährleisten. ²Unter den gleichen Voraussetzungen kann auch der Betrieb einer in Absatz 1 genannten Anlage untersagt werden, für dessen Aufnahme keine Genehmigung erforderlich war.

(3) Im Falle der Gesamtrechtsnachfolge oder der Rechtsnachfolge nach dem Umwandlungsgesetz oder in sonstigen Fällen der rechtlichen Entflechtung des Netzbetriebs nach § 7 oder den §§ 8 bis 10 geht die Genehmigung auf den Rechtsnachfolger über.

(4) Die nach Landesrecht zuständige Behörde kann bei einem Verstoß gegen Absatz 1 den Netzbetrieb untersagen oder den Netzbetreiber durch andere geeig-

nete Maßnahmen vorläufig verpflichten, ein Verhalten abzustellen, das einen Versagungsgrund im Sinne des Absatzes 2 darstellen würde.

(5) Das Verfahren nach Absatz 1 kann über eine einheitliche Stelle abgewickelt werden.

Überblick

§ 4 statuiert für den Betrieb eines Energieversorgungsnetzes ein **präventives Verbot mit Erlaubnisvorbehalt.** Dies soll der Versorgungssicherheit in Deutschland dienen (→ Rn. 2). Anders als bei der Versorgung mit Energie (hierzu → § 5 Rn. 5), ist für den Betrieb eines Energieversorgungsnetzes eine Anzeige nicht ausreichend, sondern eine Genehmigung erforderlich.

Abs. 1 enthält das **ex-ante-Genehmigungserfordernis,** welches an die Aufnahme des Betriebs eines Energieversorgungsnetzes anknüpft (→ Rn. 10). Der Gesetzgeber hat die Genehmigung in die Hände der nach **Landesrecht zuständigen Behörde** (sog. Energieaufsichtsbehörde) gelegt, da diese auch für die Sicherheit und Zuverlässigkeit der Energieversorgung nach §§ 49 ff. zuständig und daher sachlich kompetent ist, um die Genehmigungsvoraussetzungen zu prüfen (→ Rn. 19). Für die Genehmigung ist eine feste **Frist von sechs Monaten** vorgesehen (→ Rn. 29).

Abs. 2 regelt die **Genehmigungsvoraussetzungen** (→ Rn. 34). Demnach hat der Antragsteller seine personelle, technische und wirtschaftliche Leistungsfähigkeit und Zuverlässigkeit für den Netzbetrieb nachzuweisen.

Abs. 3 betrifft spezielle Fälle der **Rechtsnachfolge** und regelt, unter welchen Umständen die Genehmigung auf den Rechtsnachfolger übergeht, insbesondere in Fällen der rechtlichen Entflechtung des Netzbetriebs (→ Rn. 59). Dies dient der Vereinfachung und Entlastung der Verwaltung.

Wird ein Energieversorgungsnetz rechtswidrig betrieben, kann die zuständige Behörde nach **Abs. 4** den Netzbetrieb untersagen oder den Netzbetreiber durch andere geeignete Maßnahmen dazu verpflichten, das Verhalten abzustellen (→ Rn. 72).

Übersicht

	Rn.		Rn.
A. Normzweck und Entstehungsgeschichte	1	I. Adressat der Leistungsfähigkeit und Zuverlässigkeit	37
B. Genehmigungspflicht, Zuständigkeit und Frist (Abs. 1 und 5)	6	II. Leistungsfähigkeit	39
I. Adressat der Genehmigungspflicht	7	III. Zuverlässigkeit	47
II. Aufnahme des Betriebs eines Energieversorgungsnetzes	10	IV. Beispielhafte Nachweise zum Antrag	49
III. Praxisfall Kundenanlagen iSd § 3 Nr. 24a/24b	14	V. Verfahren und Rechtsschutz	50
IV. Zuständige Genehmigungsbehörde und einheitliche Stelle nach Abs. 5	19	VI. Untersagungsverfügung bei Genehmigungsfreiheit (Abs. 2 S. 2)	55
V. Form des Antrags und Verfahren der Genehmigung	23	D. Übergang der Genehmigung bei Rechtsnachfolge (Abs. 3)	59
VI. Genehmigungsfrist	29	I. Gesamtrechtsnachfolge	61
C. Genehmigungsvoraussetzungen (Abs. 2 S. 1)	34	II. Rechtliche Entflechtung	68
		E. Folgen bei Netzbetrieb ohne Genehmigung (Abs. 4)	72

A. Normzweck und Entstehungsgeschichte

1 Die Genehmigung des Netzbetriebs nach § 4 war in der Sache bereits im EnWG 1998 vorgesehen. Allerdings war in der Vorgängerregelung des § 3 EnWG 1998 die Energieversorgung anderer noch insgesamt unter einen Genehmigungsvorbehalt gestellt. Mit dem EnWG 2005 wurde dies dergestalt geändert, dass nur noch der Netzbetrieb unter dem Genehmigungsvorbehalt blieb, während für die reine Energiebelieferung eine bloße Anzeige nach § 5 genügt.

Hintergrund dieser Aufspaltung ist, dass nach Ansicht des Gesetzgebers der Betrieb der 2
Netze als Energieinfrastruktur höhere **Bedeutung für die Versorgungssicherheit** hat. Für
diesen Bereich bedarf es daher auch in einem liberalisierten Marktumfeld weiterhin einer
staatlichen Genehmigung (BT-Drs. 15/3917, 50). Die ex-ante-Genehmigung soll gewährleisten, dass die Netzinfrastruktur nur durch leistungsfähige und zuverlässige Personen betrieben wird.

Für den Bereich der Energie**lieferung** ist dieses hohe Schutzniveau aus Sicht des Gesetzgebers verzichtbar. Nach § 5 genügt deswegen eine Anzeige. Die Regulierungsbehörde kann 3
dann in Zweifelsfällen von sich aus aktiv werden.

§ 4 hat seit seiner Einführung mit dem EnWG 2005 **nur geringe Änderungen** erfahren. 4
So wurde mit Art. 2 des Gesetzes vom 4.11.2010 (BGBl. I 1483) die Regelung des § 4
Abs. 1 S. 2 aufgenommen, welche die Genehmigungsfrist enthält (hierzu → Rn. 29). Ferner
wurden die Absätze 4 und 5 ergänzt (hierzu → Rn. 72).

Mit Art. 1 des Gesetzes vom 20.12.2012 (BGBl. I 2730) wurde in § 4 Abs. 3 der Verweis 5
auf die §§ 8–10 aufgenommen, da dies aufgrund der gesonderten Vorschriften zur rechtlichen
Entflechtung von Transportnetzbetreibern erforderlich wurde (hierzu → Rn. 70).

B. Genehmigungspflicht, Zuständigkeit und Frist (Abs. 1 und 5)

Die Aufnahme des Betriebs eines Energieversorgungsnetzes steht nach Abs. 1 S. 1 unter 6
einem **generellen Genehmigungsvorbehalt.** Die Genehmigungspflicht greift bereits mit
der Aufnahme des Betriebs und knüpft damit an den Beginn der Tätigkeit an. Die Genehmigung ist daher **ex-ante** einzuholen. Dies soll sicherstellen, dass Energienetze nur durch
geprüft zuverlässige Personen betrieben werden (→ Rn. 2).

I. Adressat der Genehmigungspflicht

Adressat der Genehmigungspflicht ist der Betreiber des jeweiligen Netzes. Netzbetreiber 7
können nach den Begriffsdefinitionen natürliche oder juristische Personen oder rechtlich
unselbständige Organisationseinheiten eines Energieversorgungsunternehmens sein (vgl. § 3
Nr. 2 ff.). Wer als Betreiber anzusehen ist, muss im Einzelfall anhand der Betreiberkriterien
festgestellt werden. Entscheidend ist, wer die tatsächliche Sachherrschaft und Verfügungsbefugnis über das Netz innehat und das wirtschaftliche Risiko aus dem Netzbetrieb trägt (vgl.
→ § 3 Nr. 3 Rn. 4). Der Betreiber eines Netzes muss nicht mit dem **Eigentümer des
Netzes** personenidentisch sein, etwa dann, wenn der Eigentümer sein Netz an einen Dritten
zum Betrieb verpachtet hat. In diesem Fall bedarf nur der Pächter einer Genehmigung gem.
§ 4, nicht jedoch der Netz-Eigentümer.

Nach § 3 Nr. 16 sind vom **Begriff des Energieversorgungsnetzes** alle **Elektrizitäts-** 8
versorgungsnetze und Gasversorgungsnetze (unabhängig von Spannungsebene bzw.
Druckstufe) umfasst, also Gas-/Elektrizitätsverteilernetze, Übertragungsnetze und Fernleitungsnetze sowie LNG-Anlagen oder Gas-Speicheranlagen. Auch Teilnetze unterliegen dem
Genehmigungsvorbehalt (Bourwieg/Hellermann/Hermes/Hermes § 4 Rn. 7). Seit der
Änderung durch Artikel 1 des Gesetzes vom 16.7.2021 (BGBl. I 3026) umfasst der Begriff
des Energieversorgungsnetzes im Rahmen von Teil 5 auch **Wasserstoffnetze.**

Der Begriff des Energieversorgungsnetzes beinhaltet auch **geschlossene Verteilernetze** 9
iSd § 110 (vgl. → § 3 Nr. 16 Rn. 2), nicht aber **Kundenanlagen** iSd § 3 Nr. 24a bzw. 24b
oder Direktleitungen (Elspas/Graßmann/Rasbach/Wachovius § 4 Rn. 10).

II. Aufnahme des Betriebs eines Energieversorgungsnetzes

Die **Aufnahme des Betriebs** liegt mit der ersten Tätigkeit vor, die als Netzbetreiber 10
ausgeführt wird. Vorbereitende Tätigkeiten für den Betrieb, also insbesondere Planung und
Errichtung des Netzes, gehören nicht dazu (vgl. Säcker EnergieR/Säcker/Steffens § 4
Rn. 19; Bourwieg/Hellermann/Hermes/Hermes § 4 Rn. 11). Entscheidend ist die Inbetriebnahme, die mit der ersten Einspeisung/Ausspeisung von Strom bzw. Gas in das bzw.
aus dem Netz vorliegt.

Auch die **Erweiterung des Netzgebiets** eines bereits genehmigten Netzbetreibers kann 11
eine erneute Genehmigungspflicht auslösen. Dies dann, wenn die ursprüngliche Genehmi-

gung räumlich beschränkt war (zur Zulässigkeit der räumlichen Beschränkung s. Säcker EnergieR/Säcker/Steffens § 4 Rn. 28). Für die Erweiterung benötigt der Betreiber dann eine zusätzliche Genehmigung.

12   Eine neue Genehmigung ist auch dann erforderlich, wenn neben einem bereits genehmigten Elektrizitätsversorgungsnetz nunmehr zudem ein Gasversorgungsnetz betrieben wird (Bourwieg/Hellermann/Hermes/Hermes § 4 Rn. 15).

13   Netzbetreiber, die ihre Tätigkeit bereits **vor Inkrafttreten des EnWG 2005** aufgenommen haben, bedürfen keiner erneuten Genehmigung. Eine solche Aufnahme des Netzbetriebs liegt nicht im Anwendungsbereich der Norm, da der Netzbetrieb nicht neu aufgenommen, sondern fortgeführt wird (Bourwieg/Hellermann/Hermes/Hermes § 4 Rn. 44). Dies betrifft sowohl Unternehmen, die bereits über eine Genehmigung nach § 5 EnWG 1935 oder § 3 EnWG 1998 verfügen, als auch Unternehmen, die bei Aufnahme des Netzbetriebs keiner Genehmigungspflicht unterlagen.

III. Praxisfall Kundenanlagen iSd § 3 Nr. 24a/24b

14   Problematisch können Fälle sein, in denen Energieanlagen als Kundenanlage iSd § 3 Nr. 24a bzw. 24b betrieben werden. Ab einer bestimmten Größe werden Kundenanlagen **ipso jure** zum Energieversorgungsnetz (im Detail → § 3 Nr. 24a Rn. 22). Wenn die Größenbeschränkungen einer Kundenanlage rein tatsächlich überschritten werden, wird der Betrieb einer Kundenanlage daher zum Betrieb eines Energieversorgungsnetzes, unabhängig davon, ob dies vom Betreiber gewünscht ist.

15   Kundenanlagen haben in Deutschland eine hohe Bedeutung und liegen in großer Anzahl vor. Typische Beispiele sind kleinere Energieanlagen in Gewerbe- und Industriegebieten, Krankenhäusern oder Wohnanlagen.

16   Der **Vorteil von Kundenanlagen** liegt darin, dass diese nicht der Regulierung durch das EnWG unterliegen und daher dem Betreiber mehr Freiheiten lassen. Zudem lassen sich bei Stromlieferungen über Kundenanlagen **Stromnebenkosten sparen.** Denn innerhalb von Kundenanlagen fallen keine Netzentgelte an und daher auch nicht die in diesem Zusammenhang erhobene Konzessionsabgabe, KWKG-Umlage oder Offshore-Netzumlage.

17   Die Größenbeschränkungen einer Kundenanlage werden von der BNetzA und der Rechtsprechung zunehmend eng interpretiert (→ § 3 Nr. 24a Rn. 26). Betreiber einer Kundenanlage müssen daher streng darauf achten, nicht **ungewollt in den genehmigungspflichtigen Betrieb** eines Energieversorgungsnetzes zu fallen, etwa weil die Kundenanlage sukzessive ausgebaut wird und in den Status eines Netzes „hineinwächst".

18   Dies hat auch deswegen hohe praktische Relevanz, weil der Betrieb eines Energieversorgungsnetzes ohne Genehmigung als **Ordnungswidrigkeit** nach § 95 Abs. 1 Nr. 1, Abs. 2 mit einer Geldbuße bis zu 100.000 EUR pönalisiert ist.

IV. Zuständige Genehmigungsbehörde und einheitliche Stelle nach Abs. 5

19   Die zuständige Behörde für die Genehmigung des Netzbetriebs wird nach **Landesrecht** bestimmt (sog. **Energieaufsichtsbehörde** in Abgrenzung von der Regulierungsbehörde iSd § 54). Dies ist deswegen sachgerecht, weil die Landesbehörden bereits nach dem EnWG 1998 mit dieser Aufgabe betreut waren und daher über langjährige Sachkunde verfügen (BT-Drs. 15/3917, 50). Zudem ist die Energieaufsichtsbehörde auch für die technische Sicherheit der Energieanlagen nach § 49 zuständig, die für den Betrieb der Energieversorgungsnetze große Bedeutung hat (BT-Drs. 15/3917, 50). Die Behördenzuständigkeit liegt daher sinnvollerweise in einer Hand.

20   Die Genehmigung ist somit nicht bei der Regulierungsbehörde iSd § 54 (BNetzA oder Landesregulierungsbehörde), sondern bei der davon getrennt nach Landesrecht bestimmten Stelle zu beantragen. Die meisten Bundesländer haben ihr Wirtschaftsministerium zur Energieaufsichtsbehörde erklärt. So wird etwa für den Freistaat Bayern durch Art. 1 des Gesetzes über die Zuständigkeiten zum Vollzug wirtschaftsrechtlicher Vorschriften (ZustWiG) das Staatsministerium für Wirtschaft, Landesentwicklung und Energie für zuständig bestimmt.

21   Erstreckt sich das geplante Netzgebiet auf **mehrere Bundesländer,** stellt sich die Frage, welche Energieaufsichtsbehörde örtlich zuständig ist. Nach § 3 Abs. 2 S. 4 VwVfG haben in diesem Fall die Energieaufsichtsbehörden der berührten Bundesländer eine gemeinsame

Entscheidung über die Zuständigkeit zu treffen (Elspas/Graßmann/Rasbach/Wachovius § 4 Rn. 13).

Durch Art. 2 des Gesetzes vom 4.11.2010 (BGBl. I 1483) wurde in § 4 Abs. 5 ergänzt, 22
dass das Verfahren über eine **einheitliche Stelle** abgewickelt werden kann. Diese Regelung berührt nicht die Zuständigkeit der Landesbehörden, sondern soll allein dazu dienen, einen einheitlichen Ansprechpartner zu benennen (vgl. Mitteilung der Kommission, KOM(2012), 261 final, 11). Hintergrund ist Art. 6 Abs. 1 Dienstleistungs-RL (RL 2006/123/EG), welcher zur organisatorischen Erleichterung für EU-weite Dienstleister einen einheitlichen Ansprechpartner verlangt. Im Rahmen der Genehmigung nach § 4 macht die Regelung wenig Sinn, da ohnehin nur eine Landesbehörde zuständig ist. Dennoch sah sich der Gesetzgeber aufgrund der Dienstleistungsrichtlinie aber zur Ergänzung in § 4 Abs. 5 gezwungen (BT-Drs. 17/1719, 27).

V. Form des Antrags und Verfahren der Genehmigung

Die Genehmigung erfolgt im Rahmen eines normalen Verwaltungsverfahrens nach dem 23
jeweils anwendbaren VwVfG der Länder und wird durch Verwaltungsakt abgeschlossen. Für das Verfahren kann eine Gebühr anfallen. Für den Freistaat Bayern besteht beispielsweise ein Gebührenrahmen von 30–7.500 EUR (s. Tarif-Nr. 5.III.3/1.1. des Kostenverzeichnisses (KVz) vom 12.10.2001).

Für den Antrag auf Genehmigung besteht **kein Formzwang.** Die Genehmigung kann 24
daher formlos beantragt werden.

Im Antrag ist zu erläutern, inwiefern die Genehmigungsvoraussetzungen des § 4 Abs. 2 25
für den Antragsteller und das beantragte Netz vorliegen. Im Anhang sind entsprechende Nachweise vorzulegen. Zwar liegt die **Darlegungs- und Beweislast** für die Versagungsgründe im Grundsatz bei der Energieaufsichtsbehörde, doch trifft den Antragsteller nach § 26 Abs. 2 VwVfG eine umfassende Mitwirkungspflicht (Elspas/Graßmann/Rasbach/Wachovius § 4 Rn. 20; aA Bourwieg/Hellermann/Hermes/Hermes § 4 Rn. 24, wobei dies aufgrund der auch dort angenommenen Mitwirkungspflicht aus § 26 Abs. 2 VwVfG meist zum gleichen Ergebnis führt).

In § 55 Abs. 2 ist für das Verfahren vorgesehen, dass eine Benachrichtigung der BNetzA 26
durch die nach Landesrecht zuständige Behörde erfolgt, wenn letztere ein Verfahren nach § 4 einleitet und diese den Aufgabenbereich der BNetzA berührt (vgl. → § 55 Rn. 9).

Die erteilte Genehmigung wird gegenüber dem Antragsteller gemäß VwVfG begründet 27
und bekannt gegeben. Eine Veröffentlichung der Genehmigung ist im Gesetz nicht vorgesehen. § 4 unterscheidet sich damit auch insoweit von § 5, bei dem vorgeschrieben ist, dass die Regulierungsbehörde die Liste der angezeigten Unternehmen fortlaufend auf ihrer Internetseite veröffentlicht.

Hinzuweisen ist allerdings darauf, dass Netzbetreiber verpflichtet sind, sich nach § 3 Abs. 1 28
Nr. 5 MaStRV im **Marktstammdatenregister zu registrieren.** In § 3 Abs. 2 S. 2 MaStRV ist speziell vorgesehen, dass Netzbetreiber sich unverzüglich nach der Bekanntgabe der Genehmigung nach § 4 registrieren müssen. Für Netzbetreiber gilt damit nicht die Monatsfrist des § 3 Abs. 2 S. 1 MaStRV. Sie müssen sich vielmehr ohne schuldhaftes Zögern nach Bekanntgabe der Genehmigung registrieren.

VI. Genehmigungsfrist

§ 4 Abs. 1 S. 2 enthält eine Frist, bis zu der über die Erteilung der beantragten Genehmi- 29
gung entschieden werden muss. Die Regelung ist lex specialis zu § 42a VwVfG und verdrängt diesen somit. § 4 Abs. 1 S. 2 geht auf Art. 13 Abs. 3 **Dienstleistungs-RL** (RL 2006/123/EG) zurück. Dieser sieht vor, dass bei mitgliedstaatlichen Genehmigungsverfahren eine angemessene Frist zur Bearbeitung vorab festgelegt und bekannt gemacht werden muss. In Umsetzung dieser Vorgaben hat der deutsche Gesetzgeber durch Gesetz vom 4.11.2010 die **Sechs-Monats-Frist** eingeführt (BT-Drs. 17/1719, 26).

Die Frist beginnt allerdings erst zu laufen, wenn die **vollständigen Antragsunterlagen** 30
bei der Behörde vorliegen. Da das Gesetz nicht regelt, welche Antragsunterlagen im Einzelnen vorzulegen sind, kann die Behörde in Bezug auf die allgemeinen Genehmigungsvoraussetzungen des § 4 Abs. 2 eine Reihe unterschiedlicher Nachweise verlangen (zu Beispielen

Assmann

→ Rn. 49). Demnach kann auch der Fristbeginn variieren und die Sechs-Monats-Frist auch erst erheblich nach dem Einreichen der ersten Antragsunterlagen zu laufen beginnen.

31 Nach Art. 13 Abs. 6 Dienstleistungs-RL ist die Behörde allerdings verpflichtet, im Falle eines unvollständigen Antrags den Antragsteller so schnell wie möglich darüber zu informieren, dass Unterlagen nachzureichen sind, und welche Auswirkungen dies auf die Frist haben kann.

32 Wird die **Genehmigungsfrist** durch die Behörde **nicht eingehalten,** sieht Art. 13 Abs. 4 Dienstleistungs-RL vor, dass die Genehmigung als erteilt gilt (Genehmigungsfiktion). Es kann im nationalen Recht jedoch eine andere Regelung vorgesehen werden, wenn dies durch einen zwingenden Grund des Allgemeininteresses gerechtfertigt ist. Der deutsche Gesetzgeber hat bei der Richtlinienumsetzung von dieser Ausnahme Gebrauch gemacht und **keine Genehmigungsfiktion** durch Fristablauf geregelt. Begründet hat er dies mit der herausragenden Bedeutung, die einer zuverlässigen und funktionsfähigen Infrastruktur in Deutschland in Gestalt der Energieversorgungsnetze zukommt (BT-Drs. 17/1719, 26).

33 Festzuhalten ist damit, dass **keine konkreten Folgen** eintreten, wenn die Behörde den Antrag nicht innerhalb der Sechs-Monats-Frist bescheidet. Vielmehr hat der Antragsteller in diesem Fall nach den allgemeinen Regelungen des Verwaltungsrechts vorzugehen und etwa eine **Untätigkeitsklage** nach § 75 VwGO auf Erteilung der Genehmigung zu erheben (→ Rn. 53).

C. Genehmigungsvoraussetzungen (Abs. 2 S. 1)

34 Die Genehmigungsvoraussetzungen sind in § 4 Abs. 2 S. 1 geregelt. Dabei ist der Wortlaut nicht positiv auf die Voraussetzungen der Genehmigung formuliert, sondern zählt negativ auf, unter welchen Gründen eine Genehmigung zu versagen ist (**Versagungsgründe**). Ein anderer Prüfungsmaßstab ergibt sich daraus nicht.

35 Bei der Genehmigung handelt es sich um eine **gebundene Entscheidung.** Nach dem Wortlaut darf die Genehmigung nur versagt werden, wenn einer der **abschließend** aufgezählten Gründe vorliegt. Positiv formuliert bedeutet dies, dass die Genehmigung zu erteilen ist, wenn die Genehmigungsvoraussetzungen vorliegen. Ein Ermessen steht der Genehmigungsbehörde insofern nicht zu.

36 Die Genehmigung ist zu erteilen, wenn der Antragsteller die **personelle, technische und wirtschaftliche Leistungsfähigkeit und Zuverlässigkeit** hat, den Netzbetrieb entsprechend den Vorschriften des EnWG auf Dauer zu gewährleisten.

I. Adressat der Leistungsfähigkeit und Zuverlässigkeit

37 Die Leistungsfähigkeit und Zuverlässigkeit bezieht sich auf die **Person des Antragstellers.** In der Regel wird dies eine juristische Person sein. Es kommt daher in erster Linie auf die Leistungsfähigkeit und Zuverlässigkeit der **Geschäftsführung und der verantwortlichen Mitarbeiter** an, die für den Netzbetrieb zuständig sind.

38 Der Antragsteller muss die Leistungsfähigkeit und Zuverlässigkeit nicht zwingend in eigener Person bzw. durch eigene Mitarbeiter erfüllen, sondern kann hierzu auch auf **sachlich kompetente Dienstleister** zurückgreifen (Bourwieg/Hellermann/Hermes/Hermes § 4 Rn. 26). In diesem Fall sind die Leistungsfähigkeit und Zuverlässigkeit der Dienstleister und deren Mitarbeiter zu prüfen. Durch Einbindung von Dienstleistern kann also die Leistungsfähigkeit und Zuverlässigkeit eines anderen für den Antragssteller genutzt werden. Voraussetzung dafür ist, dass ein rechtsgültiger Dienstleistungsvertrag mit ausreichender Laufzeit und Verpflichtung vorliegt sowie eine ausreichende Kontrollbefugnis durch den Antragsteller.

II. Leistungsfähigkeit

39 Der Begriff der Leistungsfähigkeit ist von der Zuverlässigkeit zu unterscheiden und getrennt zu prüfen. Die Leistungsfähigkeit bezieht sich auf die **zukünftige Leistungserbringung,** wohingegen die Zuverlässigkeit im Schwerpunkt das bisherige Handeln des Antragstellers in den Blick nimmt.

40 Die Leistungsfähigkeit liegt vor, wenn zu erwarten ist, dass der Betreiber den Netzbetrieb entsprechend den Vorschriften des EnWG auf Dauer erbringen kann. Es handelt sich mithin

um eine **Prognoseentscheidung** für die Zukunft. Übergeordnetes Ziel ist die Versorgungssicherheit im Hinblick auf den Netzbetrieb.

Bezugspunkt der Prognoseentscheidung sind die Vorschriften des EnWG. Dies betrifft insbesondere die Vorschriften des Teil 3 zur Regulierung des Netzbetriebs. Umfasst sind aber nach dem Sinn und Zweck des § 4 auch die auf Grundlage des EnWG erlassenen Rechtsverordnungen und behördlichen Entscheidungen (Bourwieg/Hellermann/Hermes/ Hermes § 4 Rn. 21). 41

Zunächst ist die **personelle Leistungsfähigkeit** nachzuweisen. Diese erfordert, dass ausreichend geeignetes Personal vorhanden ist, um den Netzbetrieb auszuführen. 42

Zum einen ist dafür eine ausreichende Anzahl an Mitarbeitern erforderlich (Bourwieg/ Hellermann/Hermes/Hermes § 4 Rn. 25). Die Mitarbeiter müssen vor Ort verfügbar sein, um in Störungsfällen unverzüglich reagieren zu können. 43

Zum anderen muss das Personal auch über das erforderliche Know-how verfügen, insbesondere zu den energiewirtschaftsrechtlichen Anforderungen für den Netzbetrieb. Zum Nachweis wird die Qualifikation der Mitarbeiter abgefragt und werden entsprechende Nachweise verlangt, etwa die Mittelspannungsschaltberechtigung oder die Benennung der Technischen Führungskraft nach VDE-Anwendungsregel VDE-AR-N 4001 (S 1000) bzw. DVGW-Arbeitsblatt G1000. 44

Daneben ist die **technische Leistungsfähigkeit** darzulegen. Dieses Kriterium bezieht sich auf die technischen Aspekte des Netzbetriebs. Der Netzbetreiber muss über ausreichende technische Ausrüstung verfügen, um den ordnungsgemäßen Betrieb zu gewährleisten (Bourwieg/Hellermann/Hermes/Hermes § 4 Rn. 26). Insoweit kommt es also darauf an, dass der Antragsteller ausreichenden Zugriff auf vollausgestattete Werkzeugwagen oder verschiedene Prüfgeräte zur Entstörung und Schutzprüfung hat. 45

Schließlich ist die **wirtschaftliche Leistungsfähigkeit** erforderlich. Der Betreiber muss über eine ausreichende finanzielle Ausstattung verfügen, um die mit dem Netzbetrieb einhergehenden Aufwände bedienen zu können. Für den Nachweis dieses Merkmals lassen sich die Energieaufsichtsbehörden meist den letzten **Jahresabschluss** des Netzbetreibers, die Wirtschaftlichkeitsrechnung für den Netzbetrieb und/oder eine Bonitätsauskunft vorlegen. Bei neu gegründeten Netzbetreibern wird noch kein Jahresabschluss vorliegen und in den ersten Geschäftsjahren wird dieser oftmals negatives Eigenkapital aufweisen, da sich die Investitionen in den Netzbetrieb erst mittel- und langfristig amortisieren. Insbesondere für neu gegründete Netzbetreiber kann es sich anbieten, die ausreichende Eigenkapitalausstattung durch eine **Patronatserklärung** der Muttergesellschaft nachzuweisen. 46

III. Zuverlässigkeit

Der Begriff der Zuverlässigkeit entstammt dem Gewerberecht (Kment EnWG/Kment § 4 Rn. 14; Bourwieg/Hellermann/Hermes/Hermes § 4 Rn. 28). Unzuverlässig iSd § 35 Abs. 1 S. 1 GewO ist, wer „nach dem Gesamteindruck seines Verhaltens nicht die Gewähr dafür bietet, dass er sein Gewerbe künftig ordnungsgemäß betreibt" (stRspr s. BVerwG NVwZ 1982, 503). Angewendet auf den Netzbetrieb bedeutet dies, dass ein Netzbetreiber unzuverlässig ist, der nach dem **Gesamteindruck seines Verhaltens** nicht die Gewähr dafür bietet, dass er das Netz entsprechend den Vorschriften des EnWG auf Dauer ordnungsgemäß betreibt. 47

Anhaltspunkte für die Unzuverlässigkeit können sich speziell aus früheren Tätigkeiten mit Energieanlagen, aber auch allgemein aus der **Missachtung öffentlich-rechtlicher Vorschriften** durch den Antragsteller ergeben, welche sich auf den Netzbetrieb auswirken können (Bourwieg/Hellermann/Hermes/Hermes § 4 Rn. 29). So lassen sich die Energieaufsichtsbehörden regelmäßig das polizeiliche Führungszeugnis der Geschäftsführung sowie den Lebenslauf als Mindestmaß der Prüfung vorlegen. 48

IV. Beispielhafte Nachweise zum Antrag

Die Energieaufsichtsbehörden stellen zum Teil Hinweise zur Verfügung, in denen dargestellt ist, welche Unterlagen mit einem Antrag vorgelegt werden sollen. Nach dem Merkblatt der bayerischen Energieaufsichtsbehörde sind beispielsweise folgende Unterlagen beizufügen (jeweils nur soweit zutreffend): 49

- Projektbeschreibung
- Unternehmensbeschreibung
- Beschreibung der personellen, technischen und wirtschaftlichen Leistungsfähigkeit, um einen dauerhaften Netzbetrieb entsprechend den Vorschriften des Energiewirtschaftsgesetzes zu gewährleisten
- Organisationsplan
- Gesellschaftervertrag
- Handels-, Vereins-, oder Genossenschaftsregisterauszug oder Nachweis der Gewerbeanmeldung
- Stellungnahme der Rechtsaufsichtsbehörde mit Beurteilung der wirtschaftlichen Leistungsfähigkeit/Gemeinderats- bzw. Stadtratsbeschluss zur Aufnahme des Netzbetriebes
- Konzessionsvertrag (Wegerechtsvertrag)
- Kauf-/Pachtvertrag über das Netz
- Führungszeugnis, Lebenslauf der Geschäftsführer
- Kartographische Darstellung des Energieversorgungnetzes mit genauer Abgrenzung zu vor- bzw. nachgelagerten Energieanlagen, Schaltplan, ggf. weitere Planunterlagen
- Auflistung der technischen Anlagen, insbesondere Angabe der im Versorgungsnetz vorhandenen Druckstufen (ND, MD, HD < 16 bar, HD > 16 bar) bzw. Spannungsebenen (NS, MS, HS, Höchstspannung)
- Betriebsführungsvertrag über die gesamte Betriebsführung im technischen und kaufmännischen Bereich oder entsprechende Dienstleistungsverträge
- Darstellung des Entstörungsdienstes/Risikomanagements für den Netzbetrieb
- Nachweis der Qualifikation des Betriebsführers/Dienstleisters
- Benennung der Technischen Führungskraft nach VDE-Anwendungsregel VDE-AR-N 4001 (S 1000) bzw. DVGW-Arbeitsblatt G1000 mit Darstellung der entsprechenden Qualifikation
- Nachweis der Mittelspannungsschaltberechtigung(en)
- Nachweis der wirtschaftlichen Leistungsfähigkeit, zB durch Geschäftsbericht/Jahresabschluss/Wirtschaftlichkeitsrechnung/Eröffnungsbilanz/Patronatserklärung, Auskunft eines Wirtschaftsinformationsdienstes über die Bonität

V. Verfahren und Rechtsschutz

50   Die Genehmigungsbehörde entscheidet über die Genehmigungsvoraussetzungen durch Verwaltungsakt (vgl. → Rn. 23). Die Entscheidung der Genehmigungsbehörde ist gerichtlich in **vollem Umfang überprüfbar,** da es sich bei der „Leistungsfähigkeit" und „Zuverlässigkeit" um **unbestimmte Rechtsbegriffe** handelt, die der Genehmigungsbehörde keinen eigenen Beurteilungsspielraum eröffnen (Bourwieg/Hellermann/Hermes/Hermes § 4 Rn. 18; aA Elspas/Graßmann/Rasbach/Wachovius § 4 Rn. 21).

51   Zwar handelt es sich bei der Beurteilung der Leistungsfähigkeit und Zuverlässigkeit um eine **Prognoseentscheidung** (→ Rn. 40). Bei derartigen Entscheidungen kann der Behörde ein Prognosespielraum zustehen, der vom Gericht grundsätzlich nur **auf Prognosefehler** hin überprüft werden kann, wenn sich solche im Gesetz oder durch Auslegung hinreichend deutlich ermitteln lassen (BeckOK VwGO/Decker VwGO § 114 Rn. 35, 36). Abweichend von diesem Grundsatz können aber auch Prognoseentscheidungen einer **vollen gerichtlichen Überprüfung** unterliegen, wie etwa die Gewerbeuntersagung wegen Unzuverlässigkeit nach § 35 GewO (BeckOK GewO/Brüning GewO § 35 Rn. 24). Für § 4 ist nicht ersichtlich, dass der Energieaufsichtsbehörde ein eigener Prognosespielraum eingeräumt werden sollte. Vielmehr ist die Prognoseentscheidung wie bei der vergleichbaren Regelung des § 35 GewO in vollem Umfang gerichtlich überprüfbar.

52   Ein negativer Bescheid kann vor den **Verwaltungsgerichten** angegriffen werden, da die abdrängende Sonderzuweisung in die ordentliche Gerichtsbarkeit nach § 75 Abs. 1, 4 nicht greift. Bei ablehnender Entscheidung ist eine Verpflichtungsklage in Form der Versagungsgegenklage auf Erlass der begehrten Entscheidung zu erheben (§ 42 Abs. 1 Var. 2 VwGO). Die Durchführung eines Vorverfahrens nach § 68 Abs. 1 S. 1 VwGO ist regelmäßig entbehrlich, da die Genehmigungsbehörde meist eine oberste Landesbehörde iSd § 68 Abs. 1 S. 2 Nr. 1 VwGO ist.

Bei Untätigkeit der Behörde kann eine Untätigkeitsklage erhoben werden, wobei in 53
Abweichung von § 75 S. 2 VwGO die Genehmigungsfrist von sechs Monaten iSd § 4 Abs. 1
S. 2 abgewartet werden muss (→ Rn. 29).

Dritten stehen gegen eine positive Genehmigung keine Rechtsmittel zu, da § 4 **keine** 54
drittschützende Wirkung hat (Elspas/Graßmann/Rasbach/Wachovius § 4 Rn. 38). Dritten fehlt damit die Klagebefugnis (§ 42 Abs. 2 VwGO), da sie durch die Genehmigung nicht in eigenen Rechten verletzt werden.

VI. Untersagungsverfügung bei Genehmigungsfreiheit (Abs. 2 S. 2)

In § 4 Abs. 2 S. 2 ist ein **Spezialfall einer Untersagungsverfügung** geregelt für Fälle, 55
in denen der Netzbetrieb keiner Genehmigung bedarf. Dies ist nur in Altfällen gegeben, die vom Anwendungsbereich des § 4 Abs. 1 nicht erfasst sind, also insbesondere, wenn die Tätigkeit vor Inkrafttreten des EnWG 2005 aufgenommen wurde (→ Rn. 13).

In diesen Altfällen kann die Energieaufsichtsbehörde den Betrieb eines Energieversor- 56
gungsnetzes untersagen, wenn sich herausstellt, dass die Genehmigungsvoraussetzungen des § 4 Abs. 2 S. 1 für den Betreiber nicht vorliegen. Eine Untersagungsverfügung ist demnach möglich, wenn die Leistungsfähigkeit oder Zuverlässigkeit von Anfang an nicht vorgelegen haben oder diese nachträglich wieder entfallen sind. § 4 Abs. 2 S. 2 stellt damit sicher, dass für alle Betreiber eines Energieversorgungsnetzes (solche mit und solche ohne Genehmigungsvorbehalt) die **gleichen Anforderungen** an die Leistungsfähigkeit und Zuverlässigkeit gelten. Der Erlass einer Untersagungsverfügung nach Abs. 2 S. 2 steht **im Ermessen der Energieaufsichtsbehörde.**

§ 4 Abs. 2 S. 2 steht im sachlichen Zusammenhang mit Abs. 4. Dort ist geregelt, dass bei 57
einem Verstoß gegen das Genehmigungserfordernis der Netzbetrieb untersagt werden kann. Da in Altfällen kein Genehmigungserfordernis bestand, war in § 4 Abs. 2 S. 2 eine eigene Ermächtigungsgrundlage für ein Tätigwerden der Behörde erforderlich.

Das Verfahren für die Untersagungsverfügung richtet sich nach dem jeweiligen VwVfG 58
der Länder. Rechtsschutz gegen eine Untersagungsverfügung besteht durch Anfechtungsklage vor den Verwaltungsgerichten (§ 42 Abs. 1 Var. 1 VwGO). Ein Vorverfahren nach § 68 VwGO ist regelmäßig entbehrlich, soweit es sich bei der Energieaufsichtsbehörde um eine oberste Landesbehörde handelt (§ 68 Abs. 1 S. 2 Nr. 1 VwGO).

D. Übergang der Genehmigung bei Rechtsnachfolge (Abs. 3)

Die Genehmigung nach § 4 ist **höchstpersönlich** und gilt nur für den jeweiligen Antrag- 59
steller (Elspas/Graßmann/Rasbach/Wachovius § 4 Rn. 26). Ändert sich der Betreiber für ein Netz, ist daher eine Neugenehmigung erforderlich. Die Genehmigung geht nicht automatisch über.

In Ausnahme von diesem Grundsatz sieht § 4 Abs. 3 spezielle Fälle der Rechtsnachfolge 60
vor. In den genannten Fällen geht die Genehmigung iSv § 4 des bisherigen Betreibers des Energieversorgungsnetzes auf seinen Rechtsnachfolger **ipso iure** über. Die Regelung dient damit der **Verwaltungsvereinfachung,** da kein getrennter Übertragungsakt erforderlich ist (BT-Drs. 15/3917, 50).

I. Gesamtrechtsnachfolge

Als erster Fall ist in § 4 Abs. 3 Var. 1 die **Gesamtrechtsnachfolge** (Universalsukzession) 61
genannt, wenn also das Vermögen einer Person insgesamt und ungeteilt uno actu ohne gesonderte dingliche Übertragung jedes einzelnen Gegenstandes auf einen anderen Rechtsträger übergeht. Praktisch nicht relevant ist die Gesamtrechtsnachfolge von natürlichen Personen etwa nach § 1922 BGB, da Netze regelmäßig durch juristische Personen betrieben werden.

Bei juristischen Personen kann es insbesondere nach den Regelungen des **Umwand-** 62
lungsgesetzes zu einer Gesamtrechtsnachfolge kommen. Dieser Fall ist speziell auch in § 4 Abs. 3 Var. 2 genannt. Mangels praktischer Bedeutung kann dahinstehen, ob die Tatbestände des Umwandlungsgesetzes unter § 4 Abs. 3 Var. 1 oder 2 zu subsumieren sind.

63 Nach § 1 Abs. 1 UmwG sind vier Arten der Umwandlung von inländischen Rechtsträgern zu unterscheiden: die Verschmelzung, die Spaltung (Aufspaltung, Abspaltung, Ausgliederung) die Vermögensübertragung und der Formwechsel. Für jede Art der Umwandlung ist im Einzelfall getrennt zu beurteilen, inwiefern eine **(Gesamt-)Rechtsnachfolge** vorliegt.

64 Für die Verschmelzung ist etwa in § 20 Abs. 1 Nr. 1 UmwG geregelt, dass das Vermögen im Ganzen vom übertragenden Rechtsträger auf den übernehmenden Rechtsträger übergeht, also eine Gesamtrechtsnachfolge erfolgt (Schmitt/Hörtnagl/Winter UmwG § 20 Rn. 27).

65 Demgegenüber ist für die Spaltung in § 131 Abs. 1 Nr. 1 UmwG bestimmt, dass eine Sonderrechtsnachfolge erfolgt, wonach nicht das gesamte Vermögen, sondern nur die im Spaltungsvertrag festgelegten Teile am Vermögensübergang teilnehmen (Schmitt/Hörtnagl/Hörtnagl UmwG § 131 Rn. 4).

66 Schließlich ist für den Formwechsel festzuhalten, dass hier kein Rechtsträgerwechsel stattfindet, da der Rechtsträger in der im Umwandlungsbeschluss bestimmten neuen Rechtsform weiterbesteht (§ 202 Abs. 1 Nr. 1 UmwG). Die Identität des Rechtsträgers bleibt vom Wechsel der Rechtsform also unberührt, insofern liegt auch keine Rechtsnachfolge vor (Schmitt/Hörtnagl/Winter UmwG § 202 Rn. 2). Der Formwechsel ist daher von § 4 Abs. 3 nicht erfasst, da die Genehmigung ohnehin für den Rechtsträger in seiner neuen Rechtsform fortbesteht.

67 Dies gilt genauso für einen **Wechsel der Gesellschafter** einer juristischen Person, da dies den Rechtsträger unberührt lässt (für eine analoge Anwendung des § 4 in derartigen Konstellationen s. Säcker EnergieR/Säcker/Steffens § 4 Rn. 61).

II. Rechtliche Entflechtung

68 Als weitere Variante sieht § 4 Abs. 3 Var. 3 vor, dass die Genehmigung in Fällen der **rechtlichen Entflechtung** automatisch übergeht. Dies betrifft zum einen die rechtliche Entflechtung von Verteilernetzbetreibern nach § 7. Zum anderen ist die Entflechtung von Transportnetzbetreibern nach den §§ 8–10 umfasst.

69 Die Entflechtungsvorschriften verpflichten vertikal integrierte Energieversorgungsunternehmen, den Netzbetrieb hinsichtlich ihrer Rechtsform unabhängig von anderen Tätigkeitsbereichen der Energieversorgung auszugestalten (vgl. → § 7 Rn. 6). Es müssen damit im Grundsatz unterschiedliche Rechtspersonen bestehen. Bei Aufteilung eines vertikal integrierten Energieversorgungsunternehmens regelt § 4 Abs. 3 den Übergang der Genehmigung iSv § 4 auf die Rechtsperson, welche den Netzbetrieb fortführt.

70 Gleiches gilt für Transportnetzbetreiber, also Betreiber eines Übertragungs- oder Fernleitungsnetzes (§ 3 Nr. 31e). Mit Gesetz vom 20.12.2012 (BGBl. I 2730) wurden die Vorschriften zur Entflechtung von Transportnetzbetreibern eingeführt. Im Rahmen einer redaktionellen Folgeänderung wurde auch § 4 Abs. 3 ergänzt, um diesen Vorschriften Rechnung zu tragen (BT-Drs. 17/10754, 21).

71 Für die Entflechtung von Transportnetzbetreibern hat der Gesetzgeber unterschiedliche Modelle vorgesehen: die eigentumsrechtliche Entflechtung nach § 8, die Benennung eines unabhängigen Systembetreibers (ISO) nach § 9 (→ § 9 Rn. 1) und die Benennung eines unabhängigen Transportnetzbetreibers (ITO) nach § 10 (→ § 10 Rn. 1).

E. Folgen bei Netzbetrieb ohne Genehmigung (Abs. 4)

72 Nach § 4 Abs. 4 Alt. 1 haben die nach Landesrecht zuständigen Behörden (Energieaufsichtsbehörden → Rn. 19) das Recht, einen **illegalen – also nicht genehmigten – Netzbetrieb** durch Verwaltungsakt zu untersagen (**Untersagungsverfügung**). Die Ermächtigungsgrundlage wurde durch Gesetz vom 4.11.2010 (BGBl. I 1483) in das EnWG aufgenommen, um klarzustellen, dass die nach Landesrecht zuständigen Behörden, die nicht Regulierungsbehörden sind, die erforderlichen Maßnahmen treffen können (BT-Drs. 17/1719, 26). Die Gefahren, die mit einem illegalen Netzbetrieb für die Infrastruktur verbunden sind, machen aus Sicht des Gesetzgebers eine explizite Untersagungsbefugnis notwendig (BT-Drs. 17/1719, 26).

73 Die Untersagungsverfügung setzt voraus, dass ein Verstoß gegen § 4 Abs. 1 und damit **keine Genehmigung** vorliegt. § 4 Abs. 4 greift also nur, wenn das Genehmigungserfordernis ignoriert wurde. Wurde eine Genehmigung beantragt und erteilt, sind allerdings **nachträg-**

lich die **Genehmigungsvoraussetzungen entfallen** (etwa die Leistungsfähigkeit oder Zuverlässigkeit), kann die Behörde somit keine Untersagung nach Abs. 4 erlassen.

Vielmehr ist in einem solchen Fall auf die allgemeinen verwaltungsrechtlichen Vorschriften zur **Rücknahme und zum Widerruf von Verwaltungsakten** zurückzugreifen (§§ 48, 49 VwVfG). Diese Regelungen sind durch das EnWG nicht verdrängt (vgl. BT-Drs. 15/3917, 50). Der Widerruf der Genehmigung nach § 49 Abs. 2 Nr. 3 VwVfG ist in der Praxis der häufigste Fall, da dieser erfüllt ist, wenn die Genehmigungsvoraussetzungen nachträglich entfallen. 74

Neben der Untersagungsverfügung können die Energieaufsichtsbehörden den Netzbetreiber nach § 4 Abs. 4 Alt. 2 auch durch andere geeignete Maßnahmen vorläufig verpflichten, ein Verhalten abzustellen, das einen Versagungsgrund iSd Abs. 2 darstellen würde (**Verpflichtungsverfügung**). Gegenüber der vollständigen Untersagungsverfügung ist dies ein milderes Mittel und soll speziell für laufende Genehmigungsverfahren ermöglichen, dass vorläufige Maßnahmen getroffen werden können (BT-Drs. 17/1719, 26 f.). 75

Sowohl bei der Untersagungsverfügung als auch bei der Verpflichtungsverfügung handelt es sich um **Ermessensentscheidungen**. Hierbei gilt der allgemeine Verhältnismäßigkeitsgrundsatz, wonach die Behörde das mildeste Mittel zu ergreifen hat, welches die Gefahr wirksam beseitigt. Aufgrund der Gefahren, die mit einem illegalen Netzbetrieb für die Infrastruktur verbunden sind, insbesondere für die Versorgungssicherheit in Deutschland, kann im Einzelfall auch eine Ermessensreduzierung auf null vorliegen. Hierfür gelten die allgemeinen verwaltungsrechtlichen Maßstäbe (vgl. Schoch/Schneider/Riese, 39. EL Juli 2020, VwGO § 114 Rn. 39). 76

Untersagungs- oder Verpflichtungsverfügung können nach den Vorgaben der **Verwaltungsvollstreckungsgesetze** der Länder durchgesetzt werden. 77

Der Rechtsweg gegen eine Untersagungs- oder Verpflichtungsverfügung liegt bei den Verwaltungsgerichten. Ein Vorverfahren nach § 68 VwGO ist regelmäßig entbehrlich, soweit es sich bei der Energieaufsichtsbehörde um eine oberste Landesbehörde handelt. Es ist dann unmittelbar Anfechtungsklage zu erheben (§ 42 Abs. 1 Var. 1 VwGO). 78

Hinzuweisen ist noch darauf, dass der Betrieb eines Energieversorgungsnetzes ohne Genehmigung als **Ordnungswidrigkeit** nach § 95 Abs. 1 Nr. 1, Abs. 2 mit einer Geldbuße bis zu 100.000 EUR pönalisiert ist. 79

§ 4a Zertifizierung und Benennung des Betreibers eines Transportnetzes

(1) ¹Der Betrieb eines Transportnetzes bedarf der Zertifizierung durch die Regulierungsbehörde. ²Das Zertifizierungsverfahren wird auf Antrag des Transportnetzbetreibers oder des Transportnetzeigentümers, auf begründeten Antrag der Europäischen Kommission oder von Amts wegen eingeleitet. ³Transportnetzbetreiber oder Transportnetzeigentümer haben den Antrag auf Zertifizierung bis spätestens 3. März 2012 zu stellen.

(2) ¹Transportnetzbetreiber haben dem Antrag alle zur Prüfung des Antrags erforderlichen Unterlagen beizufügen. ²Die Unterlagen sind der Regulierungsbehörde auf Anforderung auch elektronisch zur Verfügung zu stellen.

(3) Die Regulierungsbehörde erteilt die Zertifizierung des Transportnetzbetreibers, wenn der Transportnetzbetreiber nachweist, dass er entsprechend den Vorgaben der §§ 8 oder 9 oder der §§ 10 bis 10e organisiert ist.

(4) Die Zertifizierung kann mit Nebenbestimmungen verbunden werden, soweit dies erforderlich ist, um zu gewährleisten, dass die Vorgaben der §§ 8 oder 9 oder der §§ 10 bis 10e erfüllt werden.

(5) ¹Die Regulierungsbehörde erstellt innerhalb eines Zeitraums von vier Monaten ab Einleitung des Zertifizierungsverfahrens einen Entscheidungsentwurf und übersendet diesen unverzüglich der Europäischen Kommission zur Abgabe einer Stellungnahme. ²Die Regulierungsbehörde hat der Europäischen Kommission mit der Übersendung des Entscheidungsentwurfs nach Satz 1 alle Antragsunterlagen nach Absatz 2 zur Verfügung zu stellen.

EnWG § 4a Teil 1. Allgemeine Vorschriften

(6) ¹Die Regulierungsbehörde hat binnen zwei Monaten nach Zugang der Stellungnahme der Europäischen Kommission oder nach Ablauf der Frist des Artikels 51 Absatz 1 der Verordnung (EU) Nr. 2019/943 des Europäischen Parlaments und des Rates vom 5. Juni 2019 über den Elektrizitätsbinnenmarkt (ABl. L 158 vom 14.6.2019, S. 54) oder des Artikels 3 Absatz 1 der Verordnung (EG) Nr. 715/2009 des Europäischen Parlaments und des Rates vom 13. Juli 2009 über die Bedingungen für den Zugang zu den Erdgasfernleitungsnetzen und zur Aufhebung der Verordnung (EG) Nr. 1775/2005 (ABl. L 211 vom 14.8.2009, S. 36, L 229 vom 1.9.2009, S. 29), ohne dass der Regulierungsbehörde eine Stellungnahme der Europäischen Kommission zugegangen ist, eine Entscheidung zu treffen. ²Hat die Europäische Kommission eine Stellungnahme übermittelt, berücksichtigt die Regulierungsbehörde diese so weit wie möglich in ihrer Entscheidung. ³Die Entscheidung wird zusammen mit der Stellungnahme der Europäischen Kommission im Amtsblatt der Bundesnetzagentur in nicht personenbezogener Form bekannt gegeben. ⁴Trifft die Regulierungsbehörde innerhalb der Frist nach Satz 1 keine Entscheidung, gilt der betreffende Transportnetzbetreiber bis zu einer Entscheidung der Regulierungsbehörde als zertifiziert.

(7) ¹Mit der Bekanntgabe der Zertifizierung im Amtsblatt der Bundesnetzagentur ist der Antragsteller als Transportnetzbetreiber benannt. ²Die Regulierungsbehörde teilt der Europäischen Kommission die Benennung mit. ³Die Benennung eines Unabhängigen Systembetreibers im Sinne des § 9 erfordert die Zustimmung der Europäischen Kommission.

(8) Artikel 51 der Verordnung (EU) Nr. 2019/943 und Artikel 3 der Verordnung (EG) Nr. 715/2009 bleiben unberührt.

Überblick

Die Vorschrift regelt das Erfordernis einer behördlichen Entscheidung (sog. Zertifizierung) für den Betrieb eines Transportnetzes. Zweck und Entstehungsgeschichte liegen in europäischen Vorgaben für einen funktionierenden Energiebinnenmarkt. Das Zertifizierungserfordernis bildet den formalen Ausgangspunkt für die Einhaltung der materiellen Entflechtungsvorgaben und richtet sich ausschließlich an Betreiber von Transportnetzen als Adressaten. Die Vorschrift regelt einen detaillierten Verfahrensablauf mit der Zuständigkeit der Regulierungsbehörde unter Berücksichtigung der Stellungnahme der Europäischen Kommission. Das Verfahren zur Erteilung der Zertifizierung kann durch verschiedene Antragsberechtigte eingeleitet werden und ist für die Beteiligten an verschiedene Form- und Fristerfordernisse gebunden. Die Entscheidung der Regulierungsbehörde kann auch mit Nebenbestimmungen versehen werden, wovon regelmäßig in verschiedenen Formen umfangreich Gebrauch gemacht wird. Die Darlegungs- und Beweislast liegt beim Netzbetreiber, soweit dieser Antragsteller ist und ist in Ausgleich mit dem Untersuchungsgrundsatz im behördlichen Verfahren zu bringen. Rechtsschutz gegen die Entscheidung der Regulierungsbehörde ist grundsätzlich mittels Beschwerde zu suchen.

Übersicht

	Rn.		Rn.
A. Zweck und Entstehungsgeschichte	1	III. Zeitpunkt des Antrags (Abs. 1 S. 3)	14
B. Zertifizierungserfordernis (Abs. 1 S. 1)	3	IV. Form des Antrags (Abs. 2)	16
		V. Vorlagepflicht für Unterlagen (Abs. 2)	17
I. Zielsetzung der Zertifizierung	3	VI. Verfahrensablauf (Abs. 5 und 6)	19
II. Rechtsnatur der Zertifizierung	5	VII. Landesregulierungsbehörden	24
III. Sanktionen	6	E. Entscheidung der Regulierungsbehörde (Abs. 3, 4, 6 und 7)	25
C. Adressaten (Abs. 1 S. 2)	7		
D. Zertifizierungsverfahren (Abs. 1, 2, 5 und 6)	10	I. Voraussetzungen (Abs. 3)	25
		II. Nebenbestimmungen (Abs. 4)	26
I. Zuständigkeit	10	1. Arten von Nebenbestimmungen	28
II. Antragsberechtigte (Abs. 1 S. 2)	11	2. Inhalte von Nebenbestimmungen	34

134 Schacht

	Rn.		Rn.
III. Berücksichtigung der Stellungnahme der Europäischen Kommission (Abs. 3 S. 2)	36	VI. Wirkung der Entscheidung (Abs. 7)	45
		VII. Fiktion der Entscheidung (Abs. 6 S. 4)	47
IV. Darlegungs- und Beweislast (Abs. 3)	39		
V. Umfasste Entscheidungen	44	F. Rechtsschutz	48

A. Zweck und Entstehungsgeschichte

Durch die Zertifizierung soll die **Einhaltung der Vorgaben zur Entflechtung** von der Regulierungsbehörde bestätigt werden. Der Zweck liegt in der strategischen Bedeutung von Transportnetzen für einen funktionsfähigen Energiebinnenmarkt (Erwägungsgrund 25 Elektrizitäts-Binnenmarkt-Richtlinie 2009/72/EG und Erwägungsgrund 22 Gas-Binnenmarkt-Richtlinie 2009/73/EG; Kment EnWG/Franke § 4a Rn. 1). Grund für die Zertifizierung ist deshalb nicht die Zugehörigkeit zu einem vertikal integrierten Energieversorgungsunternehmen (§ 3 Nr. 38, → § 3 Nr. 38 Rn. 1), sondern die Bedeutung für den Energiebinnenmarkt des betriebenen Netzes. Durch diese Maßnahmen sollen insbesondere Gefährdungen für die Sicherheit der Energieversorgung verhindert werden. 1

Das Zertifizierungserfordernis wurde durch Art. 1 Nr. 4 des Gesetzes zur Neuregelung energiewirtschaftlicher Vorschriften vom 26.7.2011 (BGBl. I 1554) in das EnWG aufgenommen und hat seinen Ursprung in den Vorgaben des Dritten Energiebinnenmarktpaketes. Grundlagen des Dritten Energiebinnenmarktpaketes bilden vorrangig die Elektrizitäts-Binnenmarkt-Richtlinie 2009/72/EG und die Gas-Binnenmarkt-Richtlinie 2009/73/EG (dazu instruktiv Gundel/Germelmann EuZW 2009, 763) sowie die VO (EG) Nr. 714/2009 und VO (EG) Nr. 715/2009. Für den Elektrizitätssektor hat zudem durch die Elektrizitäts-Binnenmarkt-Richtlinie (EU) 2019/944 und die VO (EU) Nr. 2019/943 eine teilweise Ergänzung stattgefunden, welche ohne Auswirkungen auf das Zertifizierungsverfahren in nationales Recht umgesetzt wurde. Die Normsetzungskompetenz der Europäischen Institutionen erfordert in der Regel einen für den Binnenmarkt relevanten Sachverhalt. Die Regelungen für Transportnetzbetreiber weisen aus diesem Grund einen europäischen Bezug auf. Dies wird bei der Definition der „Übertragung" („einschließlich grenzüberschreitender Verbindungsleitungen", § 3 Nr. 32) und dem „Betreiber von Fernleitungsnetzen" („insbesondere die Einbindung großer europäischer Importleitungen in das deutsche Fernleitungsnetz", § 3 Nr. 5) deutlich. Die Auslegung der Europäischen Kommission scheint hingegen ausschließlich darauf abzustellen, dass „Netzbetreiber [...] Entscheidungen mit diskriminierender Wirkung treffen" können (vgl. KOM, Stellungnahme vom 19.12.2019 – C(2019) 9299 final, 8 – Ferngas). Dieses Kriterium trifft indes auf sämtliche Netzbetreiber zu. Vielmehr kommt es deshalb auf eine Gesamtwürdigung unter Berücksichtigung der funktional europäischen Aufgabe an, die sich nicht allein nach technischen Parametern richten kann (zu Fernleitungen nennt OLG Düsseldorf BeckRS 2020, 28488 Rn. 92 ff. bspw. Leitungsdurchmesser, Druckstufen und Grad der Vermaschung). 2

B. Zertifizierungserfordernis (Abs. 1 S. 1)

I. Zielsetzung der Zertifizierung

In Erweiterung der Genehmigung des Netzbetriebs nach § 4 erfordert der Betrieb eines Transportnetzes darüber hinaus die Zertifizierung. Ziel ist die Sicherstellung der Vorgaben zur **Entflechtung** und damit der Transparenz und Unabhängigkeit dieser Netze im Rahmen des jeweils gewählten Entflechtungsmodells (§ 4a Abs. 3 iVm § 6 Abs. 1 S. 2). Die dabei zu unterscheidenden Entflechtungsmodelle haben keinen Einfluss auf das Zertifizierungserfordernis. Für die Entflechtungsmodelle gilt als Grundsatz die eigentumsrechtlich vollständige Entflechtung nach § 8. Ausnahmen sind ausschließlich für solche Transportnetze, die zum Stichtag 3.9.2009 im Eigentum eines vertikal integrierten Energieversorgungsunternehmens (§ 3 Nr. 38) standen (§ 6 Abs. 1 S. 3). Die für Transportnetze zulässigen weiteren Entflechtungsmodelle sind der Unabhängige Systembetreiber nach § 9 sowie der Unabhängige Transportnetzbetreiber nach §§ 10–10e. 3

4 Die Zertifizierung wird darüber hinaus im Sinne einer **dauerhaften Kontrolle** verstanden, um die konsequente Einhaltung der Entflechtungsvorgaben beobachten zu können (Art. 10 Abs. 4 S. 1 Elektrizitäts-Binnenmarkt-Richtlinie 2009/72/EG und Art. 10. Abs. 4 S. 1 Gas-Binnenmarkt-Richtlinie 2009/73/EG). Das wird besonders deutlich an der Verpflichtung der bereits zertifizierten Transportnetzbetreiber, die Regulierungsbehörde über „alle geplanten Transaktionen, die eine Neubewertung der Entflechtungsvorgaben erforderlich machen können" (Art. 10 Abs. 3 Elektrizitäts-Binnenmarkt-Richtlinie 2009/72/EG und Art. 10 Abs. 3 Gas-Binnenmarkt-Richtlinie 2009/73/EG; vgl. auch § 4c S. 1, → § 4c Rn. 1) zu unterrichten. Außerdem ist die Einleitung des Zertifizierungsverfahrens auch durch die Europäische Kommission oder von Amts wegen durch die Regulierungsbehörde möglich, um die Zertifizierungspflicht gegenüber Betreibern von Transportnetzen durchzusetzen.

4a In Ergänzung zur Zertifizierungsentscheidung erfolgt außerdem die Einordnung als kritische Infrastruktur iSv § 3 Abs. 10, 10 Abs. 1 BSIG iVm § 2 Abs. 6, Anhang 1 Teil 3 BSI-KritisV, sofern das betriebene Transportnetz die maßgeblichen Schwellenwerte erreicht.

II. Rechtsnatur der Zertifizierung

5 Die Zertifizierung stellt fest, dass die Entflechtungsvorgaben eingehalten werden und ist damit in der deutschen Verwaltungssystematik ein **feststellender Verwaltungsakt** (Britz/Hellermann/Hermes/Stamm, 3. Aufl., § 4a Rn. 5). Zugleich wird angenommen, dass der Betrieb eines Transportnetzes ohne die erteilte Zertifizierung unzulässig sei und es sich deshalb bei dem Zertifizierungserfordernis um ein präventives Verbot mit Erlaubnisvorbehalt handelt (Britz/Hellermann/Hermes/Stamm, 3. Aufl., § 4a Rn. 5; Theobald/Kühling/Hendrich § 4a Rn. 25). Der Betrieb des Netzes wird hingegen im Rahmen der Genehmigung nach § 4 überprüft, weshalb der Betrieb eines Netzes ohne erforderliche Zertifizierung ausschließlich eine Ordnungswidrigkeit darstellt. Dies führt allerdings nicht dazu, dass das Netz nicht betrieben werden darf (Kment EnWG/Franke § 4a Rn. 19; Säcker EnergieR/Lucks § 4a Rn. 8). Insbesondere im Streit darüber, ob ein Netzbetreiber als Transportnetzbetreiber zu qualifizieren ist, könnte dies ansonsten dazu führen, dass eine Infrastruktur zur Energieversorgung nicht betrieben werden dürfte. Dieses Ergebnis ist im Interesse der Versorgungssicherheit in jedem Fall zu vermeiden (im Ergebnis ebenso Theobald/Kühling/Hendrich § 4a Rn. 26, auch wenn die Berechnung des Mehrerlöses sich nicht daran orientieren kann, dass keine Erlöse erzielt wurden, sondern dass lediglich nicht die Erlöse als Transportnetzbetreibers erzielt worden wären).

III. Sanktionen

6 Der Betrieb eines Transportnetzes ohne die nach § 4a erforderliche Zertifizierung stellt einen **Bußgeldtatbestand** nach § 95 Abs. 1 Nr. 1a dar, welche mit einer Geldbuße bis zu 1.000.000 EUR geahndet werden kann (§ 95 Abs. 2 S. 1).

C. Adressaten (Abs. 1 S. 2)

7 Das Zertifizierungserfordernis richtet sich an **Betreiber von Transportnetzen** nach § 3 Nr. 31d. Allein entscheidend ist der Betrieb des Transportnetzes, also die Stellung als Betreiber eines Übertragungsnetzes (§ 3 Nr. 10 – „Übertragung" in § 3 Nr. 32) oder Betreiber eines Fernleitungsnetzes (§ 3 Nr. 5 – „Fernleitung" in § 3 Nr. 19). Darüber hinaus werden auch Anbindungsleitungen zu Höchst- oder Hochspannungsebene zu Offshore-Anlagen einbezogen (BNetzA Beschl. v. 22.10.2013 – BK6-12-277, S. 7 ff. – TenneT Offshore, abrufbar unter www.bundesnetzagentur.de). Insofern wird an die Gefahr der Tätigkeit und die Entscheidungsgewalt über das Transportnetz angeknüpft. Zur Erweiterung auf solche Transportnetzbetreiber mit Bezug zu Drittstatten vgl. § 4b (→ § 4b Rn. 1).

8 Die Zertifizierung ist eine **personengebundene Entscheidung** und bezieht sich nicht auf die betriebenen Anlagen, auch wenn die Zertifizierung sich auf das Transportnetz bezieht (vgl. BNetzA Beschl. v. 12.4.2019 – BK7-19-012, S. 5 – Jordgas). Aus diesem Grund erfordert ein Betreiberwechsel grundsätzlich eine neue Zertifizierung. Dies wird deutlich im Fall eines bisher verpachteten Transportnetzes, dessen Betrieb an den Eigentümer zurückfällt und der Eigentümer infolgedessen erneut die Stellung als Betreiber erlangt (BNetzA Beschl.

v. 29.1.2020 – BK7-18-051 – Ferngas). Auch die Anordnung der Treuhandverwaltung nach § 17 EnSiG und der Enteignung nach §§ 18 ff. EnSiG kann deshalb Auswirkungen auf die Zertifizierung haben (BT-Drs. 20/1501, 26 f.; dazu auch Schmitz/Helleberg UKuR 2022, 129).

Ein Wechsel des Eigentums am Transportnetzbetreiber wird nach erfolgter Zertifizierung in der Regel einen Umstand darstellen, der iRv § 4c (→ § 4c Rn. 1) mitzuteilen ist und nicht zwangsläufig eine neue Zertifizierung erforderlich macht.

Wann einzelne Leitungen oder mehrere zusammenhängende Leitungen als „Netz" zu qualifizieren sind, bleibt offen. Der **Begriff „Netz"** wird im EnWG selbst nicht weiter thematisiert, sondern lediglich negativ und mittelbar abgegrenzt. Insbesondere wird man Kundenanlagen nach § 3 Nr. 24a und 24b ausnehmen müssen (vgl. OLG Düsseldorf EnWZ 2020, 234). Das ergibt sich aus dem Bedürfnis zur Genehmigung jeglichen Netzbetriebs nach § 4 und daraus, dass darin ausschließlich Energieversorgungsnetze iSv § 3 Nr. 16 genannt sind und von dieser Definition Kundenanlagen explizit ausgenommen sind. Auch Direktleitungen (§ 3 Nr. 12, vgl. Baumann/Gabler/Günther/Bauer EEG § 44b Rn. 48) und Eigenanlagen (§ 3 Nr. 13) werden davon auszunehmen sein, selbst wenn diese nicht ausdrücklich genannt werden. Im Fall von sog. Inselnetze, also Energieanlagen, die keine gesonderte Verbindung zu einem übrigen Netz (vgl. § 61a Nr. 2 EEG 2021), sowie für die Behandlung von einzelnen Transitleitungen kann es daher teilweise zu Abgrenzungsfragen kommen. Aufgrund der nicht unbedeutenden Rolle für die inländische Energieversorgung im Rahmen des Verbundnetzes wurde eine einzelne Transitleitung bereits als Transportnetz eingestuft (BGH BeckRS 2017, 105798: wegen des Auslandsbezugs von besonderer Bedeutung).

D. Zertifizierungsverfahren (Abs. 1, 2, 5 und 6)

I. Zuständigkeit

Über die Zertifizierung entscheidet als Regulierungsbehörde die **BNetzA** (§ 54 Abs. 1). Innerhalb der BNetzA sind die Beschlusskammern zuständig (§ 59 Abs. 1 S. 1) und speziell die **Beschlusskammern 6 (Übertragungsnetzbetreiber) und 7 (Fernleitungsnetzbetreiber)** verantwortlich. Gemeinsam haben beide Beschlusskammern ein **Hinweispapier zur Antragsstellung** herausgegeben und damit wichtige Hinweise für das bedeutende Antragsverfahren für die Transportnetzbetreiber gegeben (BNetzA, Hinweispapier Zertifizierung vom 12.12.2011 – BK6-11-157 und BK7-11-157, abrufbar unter www.bundesnetzagentur.de – im Folgenden: BNetzA, Hinweispapier Zertifizierung). Das Hinweispapier Zertifizierung gibt dabei ausschließlich die Rechtsauffassung der Regulierungsbehörde wieder (BNetzA, Hinweispapier Zertifizierung, 1) und stellt keine für Transportnetzbetreiber rechtlich bindende Entscheidung dar.

II. Antragsberechtigte (Abs. 1 S. 2)

Antragberechtigt sind zunächst **Transportnetzbetreiber (Variante 1)** und **Transportnetzeigentümer (Variante 2).** Der Antrag durch den Transportnetzbetreiber als Adressaten der Zertifizierung ist der Regelfall.

Möglich ist bei begründetem Antrag auch die Stellung des Antrags durch die **Europäische Kommission (Variante 3).** Dies dient der Umsetzung von Art. 10 Abs. 4 S. 2 lit. c Elektrizitäts-Binnenmarkt-Richtlinie 2009/72/EG (nunmehr Art. 52 Abs. 4 S. 2 lit. c Elektrizitäts-Binnenmarkt-Richtlinie (EU) 2019/944) und Art. 10 Abs. 4 S. 2 lit. c Gas-Binnenmarkt-Richtlinie 2009/73/EG.

Darüber hinaus kann die **Regulierungsbehörde von Amts wegen** ein Verfahren zur Zertifizierung einleiten **(Variante 4).** Dies setzt Art. 10 Abs. 4 S. 2 lit. b Elektrizitäts-Binnenmarkt-Richtlinie 2009/72/EG (nunmehr Art. 52 Abs. 4 S. 2 lit. b Elektrizitäts-Binnenmarkt-Richtlinie (EU) 2019/944) und Art. 10 Abs. 4 S. 2 lit. b Gas-Binnenmarkt-Richtlinie 2009/73/EG in nationales Recht um. Für Aufsichtsbehörden stellt die Möglichkeit zur Antragsstellung eine Art Aufsichtsmaßnahme dar, weshalb dies im Zusammenhang mit den §§ 29 ff. betrachtet werden muss. Die Regulierungsbehörde ist allerdings nicht befugt, dem Betreiber eine Antragspflicht aufzuerlegen, dies kann nur mittelbar über ein Bußgeld nach § 95 Abs. 1 Nr. 1a erfolgen (vgl. Kment EnWG/Franke § 4a Rn. 5). In diesem Fall wird das

Ermessen der Regulierungsbehörde bei der Bemessung der Höhe der Geldbuße sehr stark einzuschränken sein, weil die Regulierungsbehörde den rechtswidrigen Zustand durch Einleitung eines Zertifizierungsverfahrens selbst beenden kann.

III. Zeitpunkt des Antrags (Abs. 1 S. 3)

14   Die Vorschrift sieht eine **Frist** für die Zertifizierungspflicht für Eigentümer oder Betreiber des Transportnetzes **bis zum 3.3.2012** vor. Für zu diesem Zeitpunkt bestehende Transportnetze und deren Betreiber war die Frist systematisch eine Übergangsregelung. Die Antragsfrist ist allerdings nicht versäumt, wenn später ein Transportnetzbetreiber entsteht oder ein Netzbetreiber zu einem Transportnetzbetreiber wird. Die Vorschrift ist vielmehr iSd Art. 9 Abs. 1 Elektrizitäts-Binnenmarkt-Richtlinie 2009/72/EG und Art. 9 Abs. 1 Gas-Binnenmarkt-Richtlinie 2009/73/EG **europarechtskonform auszulegen.** Dort wurde bzw. wird der 3.3.2012 als Stichtag genannt, ab dem die Mitgliedstaaten die Entflechtungskonformität zu gewährleisten haben. Wenn der Zweck dieser Fristbestimmung nicht gefährdet ist, betrachtet auch die Regulierungsbehörde einen entsprechenden Antrag nicht als verspätet (vgl. BNetzA 29.1.2020 – BK7-18-051 – Ferngas).

15   Dabei kommt es nicht darauf an, dass das Transportnetz zum relevanten Zeitpunkt im Eigentum eines bestimmten vertikal integrierten Energieversorgungsunternehmens stand. Nachträgliche Änderungen des vertikal integrierten Energieversorgungsunternehmens haben deshalb keinen Einfluss darauf, dass eine bestimmtes Entflechtungsmodell gewählt werden darf (zB BNetzA 2.12.2013 – BK7-12-030, S. 13 f. – OGE).

IV. Form des Antrags (Abs. 2)

16   Im Umkehrschluss aus § 4a Abs. 2, wonach dem Antrag beizufügende Unterlagen „auf Anforderung auch elektronisch zur Verfügung zu stellen" sind, geht offenbar das Gesetz von einem **schriftlichen Antrag** (§ 126 BGB) aus. Die Regulierungsbehörde sieht vor, dass der schriftliche Antrag mehrfach ausgefertigt in Reinschrift und in geschwärzter, um Geschäftsgeheimnisse bereinigter Form **sowie elektronisch** (ebenfalls in Reinschrift und geschwärzter Form) vorzulegen sind (BNetzA, Hinweispapier Zertifizierung, Ziff. 1.4 S. 5). Die Vorgaben zur mehrfachen Vorlage von Unterlagen findet seine Rechtfertigung in § 71 S. 1 (→ § 71 Rn. 1).

V. Vorlagepflicht für Unterlagen (Abs. 2)

17   Dem eigentlichen Antrag sind auch **„erforderliche" Unterlagen** beizufügen. Das Erfordernis bezieht sich dem Wortlaut nach nur auf einen Antrag des Transportnetzbetreibers als Antragsberechtigten nach Absatz 1 Satz 2 Variante 1. Sinnvoll ist dies auch für einen möglichen Antrag des Transportnetzeigentümers. Im Falle einer anderweitigen Einleitung des Verfahrens ist die Regulierungsbehörde über § 69 befugt, umfassende Auskünfte zu verlangen.

18   Welche Unterlagen „erforderlich" im Sinne der Vorschrift sind, wird dem Ermessen der Regulierungsbehörde überlassen – dabei hat sich die Regulierungsbehörde allerdings in den allgemeinen Ermessensgrenzen zu bewegen und hat das Ermessen rechtmäßig auszuüben. Im **BNetzA, Hinweispapier Zertifizierung, Anlagen 1 und 2** hat die Regulierungsbehörde die aus ihrer Sicht relevanten Unterlagen getrennt nach eigentumsrechtlich entflochtenen Transportnetzbetreibern (Anlage 1) und unabhängigen Transportnetzbetreibern (Anlage 2) aufgelistet. Diese Aufzählung muss keineswegs abschließend sein. Für Antragsteller dient diese Auflistung als wichtige Gliederung für die Unterlagen und spiegeln die Voraussetzungen der Entflechtungsmodelle anhand der §§ 8 ff. wider. Ergänzend ist außerdem der ausgefüllte Fragebogen **„Questionnaire – Certification of TSOs"** (vgl. KOM, Commission Staff Working Paper on certification of Transmission System Operators of networks for electricity and natural gas in the European Union – SEC(2011) 1095 final, abrufbar unter ec.europa.eu) einzureichen.

VI. Verfahrensablauf (Abs. 5 und 6)

Der Ablauf des Verfahrens wird von Art. 51 VO (EU) Nr. 2019/943 und Art. 3 VO (EG) **19**
Nr. 715/2009 vorgegeben und ist im Wesentlichen in § 4a Abs. 5 und 6 beschrieben. Eine
Darstellung der für das Zertifizierungsverfahren relevanten Fristen findet sich in Abbildung
1 unter Ziff. 1.5 BNetzA, Hinweispapier Zertifizierung, 6, mit der Einschränkung, dass der
späteste Zeitpunkt der Antragstellung nur für diejenigen Netzbetreiber Geltung beansprucht,
die zum 3.3.2012 bereits ein Transportnetz betrieben haben (→ Rn. 14).

Nach Eingang des Antrags auf Zertifizierung hat die **Regulierungsbehörde** innerhalb **20**
von vier Monaten einen **Entscheidungsentwurf** zu erstellen (§ 4a Abs. 5 S. 1). Zeiten für
die Nachforderung von Unterlagen oder Informationen werden in diesen Zeitraum nicht
eingerechnet, weil davon ausgegangen wird, dass die Frist erst beginnt, wenn die vollständigen Informationen für eine Entscheidung der Regulierungsbehörde vorliegen. Anschließend
ist der Entwurf zur Stellungnahme an die Europäische Kommission weiterzuleiten.

Die Frist zur **Stellungnahme der Europäischen Kommission** ergibt sich aus Art. 51 **21**
Abs. 1 UAbs. 1 S. 2 VO (EU) Nr. 2019/943 bzw. Art. 3 Abs. 1 UAbs. 1 S. 2 VO (EG)
Nr. 715/2009. Deren Frist beträgt im Regelfall ebenfalls zwei Monate. Übermittelt die
Europäische Kommission innerhalb dieser Frist keine Stellungnahme, gilt dies als Stellungnahme ohne Einwände. Die Frist verlängert sich um weitere zwei Monate, wenn zusätzlich
eine Stellungnahme der Agentur für die Zusammenarbeit der Energieregulierungsbehörden
nach Art. 51 Abs. 1 UAbs. 2 S. 1 VO (EU) Nr. 2019/943 bzw. Art. 3 Abs. 1 UAbs. 2 S. 1
VO (EG) Nr. 715/2009 abgefordert wird.

Nach Zugang der Stellungnahme der Europäischen Kommission bei der Regulierungsbehörde (oder dem Fristablauf nach → Rn. 21), hat diese innerhalb von weiteren zwei Monaten die endgültige Entscheidung zur **Zertifizierung zu erlassen** (§ 4a Abs. 6 S. 1). Entscheidet die Regulierungsbehörde nicht innerhalb dieses Zeitraums über die Zertifizierung, **22**
gilt der Transportnetzbetreiber bis zu einer Entscheidung als zertifiziert (§ 4a Abs. 6 S. 4).
Die Vorschrift differenziert nicht nach dem jeweiligen Antragsberechtigten und wird deshalb
voraussichtlich teleologisch auf Anträge des Transportnetzbetreibers oder des Transportnetzeigentümers reduziert werden müssen (vgl. → Rn. 47.2).

Lediglich als Klarstellung kann § 4a Abs. 8 aufgefasst werden, der in jedem Fall die **23**
Unvereinbarkeit mit den darin genannten Vorgaben der europäischen Verordnungen vermeiden soll (vgl. Britz/Hellermann/Hermes/Stamm, 3. Aufl., § 4a Rn. 48).

VII. Landesregulierungsbehörden

Darüber hinaus ist die jeweilige Landesregulierungsbehörde über die Einleitung des Ver- **24**
fahrens zu informieren (§ 55 Abs. 1 S. 2, → § 55 Rn. 6).

E. Entscheidung der Regulierungsbehörde (Abs. 3, 4, 6 und 7)

I. Voraussetzungen (Abs. 3)

Wird vom Transportnetzbetreiber nach Auffassung der Regulierungsbehörde ausreichend **25**
dargelegt, dass der **Netzbetrieb rechtlich, organisatorisch und personell unabhängig
von den übrigen Geschäftsbereichen des vertikal integrierten Energieversorgungsunternehmen geführt** wird, hat die Regulierungsbehörde einen positiven Zertifizierungsbescheid zu erlassen. Mit anderen Worten hat der Transportnetzbetreiber seinen Betrieb
abhängig vom praktizierten Entflechtungsmodell entsprechend den Vorgaben nach §§ 8 oder
9 oder der §§ 10–10e zu organisieren. Die Regulierungsbehörde spricht in diesem Zusammenhang teilweise von der **„Zertifizierungsfähigkeit"** (zB BNetzA Beschl. v. 29.1. 2020 –
BK7-18-051, S. 24 – Ferngas). Die Entscheidung ist eine **gebundene Entscheidung** (Säcker
EnergieR/Lucks § 4b Rn. 24) und nur in Bezug auf die möglichen Nebenbestimmungen
eine Ermessensentscheidung.

II. Nebenbestimmungen (Abs. 4)

Die Regulierungsbehörde kann von der Möglichkeit, Nebenbestimmungen zu erlassen, **26**
Gebrauch machen (§ 6a Abs. 4). Die Regelung wäre vor dem Hintergrund von **§ 36 VwVfG**

entbehrlich. Nebenbestimmungen sollen die Erfüllung der Bedingungen des Verwaltungsaktes sicherstellen (§ 36 Abs. 1 VwVfG). Im Fall eines Antrags durch den Transportnetzbetreiber kann die Regelung von Nebenbestimmungen als milderes Mittel gegenüber der Ablehnung einer Zertifizierung aufgefasst werden (zB BNetzA Beschl. v. 3.8.2015 – BK6-12-047, Ziff. 2.3 S. 15 – TenneT TSO; BNetzA Beschl. v. 9.11.2012 – BK6-12-040 – 50Hertz). Denkbar wäre als Nebenbestimmung auch eine insgesamt aufschiebend bedingte Zertifizierung.

27 Die Zertifizierung ist im Besonderen mit Nebenbestimmungen zu erlassen, wenn es sich um Aspekte handelt, die zur Erfüllung entweder einen längeren Zeitraum in Anspruch nehmen (Britz/Hellermann/Hermes/Stamm, 3. Aufl., § 4a Rn. 22) oder die Zertifizierungsvoraussetzungen im Wesentlichen erfüllt sind (zB BNetzA Beschl. v. 11.4.2013 – BK6-12-004 – TransnetBW; Kment EnWG/Franke § 4a Rn. 16). Darüber hinaus gibt § 4d der Regulierungsbehörde nachträgliche Eingriffsmöglichkeiten, sofern ein Transportnetzbetreiber nicht (mehr) die Entflechtungsvoraussetzungen erfüllen sollte.

1. Arten von Nebenbestimmungen

28 Nebenbestimmungen können die Zertifizierung im Ganzen oder teilweise befristen, bedingen oder unter Widerrufsvorbehalt erlassen sowie diese mit einer Auflage oder dem Vorbehalt von deren nachträglicher Aufnahme, Änderung oder Ergänzung versehen.

29 Die **Befristung** kann eine Belastung oder Begünstigung zu einem bestimmten Zeitpunkt beginnen oder beenden lassen oder generell einen Gültigkeitszeitraum festlegen (§ 36 Abs. 2 Nr. 1 VwVfG). Die Regulierungsbehörde sieht dies häufig für die Frist zur Umsetzung von Auflagen vor (vgl. → Rn. 35).

30 Die **Bedingung** ist für Ereignisse vorgesehen, deren Eintritt ungewiss ist und an deren Eintritt eine Belastung oder Begünstigung geknüpft wird (§ 36 Abs. 2 Nr. 2 VwVfG).

31 Der **Widerrufsvorbehalt** (§ 36 Abs. 2 Nr. 3 VwVfG) betrifft den Wegfall des Verwaltungsaktes insgesamt und erfordert im Gegensatz zur Bedingung ein zusätzliches Tätigwerden der Behörde in Form des Widerrufs nach § 49 Abs. 2 Nr. 1 VwVfG. Einen Widerrufsvorbehalt sieht die Regulierungsbehörde in der Regel für jeden Zertifizierungsbescheid vor. Dies ist auch für Bescheide erfolgt, die eine Versagung der Zertifizierung zum Gegenstand hatten, wenn nachträglich die Zertifizierungsvorgaben nachgewiesen werden sollten (zB BNetzA Beschl. v. 3.8.2015 – BK6-12-047 – TenneT TSO; BNetzA Beschl. v. 21.3.2014 – BK6-12-027 – Baltic Cable).

32 In der Mehrzahl der Fälle macht die Regulierungsbehörde von der **Auflage** Gebrauch. Diese schreibt dem Adressaten ein Tun, Dulden oder Unterlassen vor (§ 36 Abs. 2 Nr. 4 VwVfG – zur Abgrenzung von der modifizierenden Auflage Britz/Hellermann/Hermes/Stamm, 3. Aufl., § 4a Rn. 23). Zu Informationspflichten vgl. → § 4c Rn. 9. Ausdrücklich regelt das Gesetz auch, dass Auflagen nachträglich geändert oder ergänzt werden können (vgl. § 4d S. 2).

33 Der Auflagenvorbehalt gibt der Regulierungsbehörde die Möglichkeit, nachträglich Auflagen vorzuschreiben (vgl. § 36 Abs. 2 Nr. 5 VwVfG). Diese Möglichkeit sieht das Gesetz darüber hinaus ausdrücklich in § 4d S. 2 vor.

2. Inhalte von Nebenbestimmungen

34 Es ist der **Regelfall**, dass die Regulierungsbehörde den Zertifizierungsbescheid mit Auflagen und Vorbehalten erteilt. Die dabei erteilten Nebenbestimmungen stellen zum Teil weitreichende Eingriffe in grundrechtliche Positionen und die Vertragsfreiheit mit Dritten dar. Hierzu zählen sämtliche Bereiche, die auch die materiellen Entflechtungsvoraussetzungen oder Aufgaben als Transportnetzbetreiber behandeln. Dies sind beispielhaft:
- Bestimmungen zu **Vertragsverhältnissen,** wie bspw. die Abänderung oder Aufhebung von Vertragsverhältnissen (BNetzA Beschl. v. 2.12.2013 – BK7-12-030, S. 19 f. – OGE; Beschl. v. 11.4.2013 – BK6-12-004 – TransnetBW),
- **Vorgaben zum vertikal integrierten Energieversorgungsunternehmen** in Bezug auf Beteiligungen an Unternehmen aus den Bereichen, Gewinnung, Erzeugung oder Vertrieb (zB BNetzA Beschl. v. 29.1.2020 – BK7-18-051, S. 21 – Ferngas),

- Unabhängigkeit des **Personals** (zB BNetzA Beschl. v. 11.4.2013 – BK6-12-004 – TransnetBW), einschließlich Mitglieder der obersten Unternehmensleitung (zB BNetzA Beschl. v. 29.1.2020 – BK7-18-051, S. 21 – Ferngas);
- Erfüllung von **Anschlussbegehren** an bestimmte Energieanlagen (BNetzA Beschl. v. 3.8.2015 – BK6-12-047 – TenneT TSO).

Die Regulierungsbehörde bedient sich häufig der Möglichkeit, **Umsetzungsfristen** vorzusehen. Besonders im Fall von Auflagen macht die Regulierungsbehörde davon Gebrauch. Derartige Auflagen enthalten damit systematisch zugleich den Regelungsgehalt einer Bedingung oder Befristung. Die Dauer der Umsetzungsfrist ist sehr stark vom Inhalt der jeweiligen Auflage abhängig und bezieht sich beispielhaft auf einen Zeitpunkt unmittelbar ab Wirksamkeit der Zertifizierung (zB BNetzA Beschl. v. 3.8.2015 – BK6-12-047 – TenneT TSO), bis zu einem bestimmten Zeitraum nach Wirksamkeit der Zertifizierung (zB BNetzA Beschl. v. 9.11.2012 – BK7-12-033 – terranets bw) oder auch bis zum Ablauf des nächsten Termins einer Kündigungsfrist im Rahmen von Vertragsverhältnissen (zB BNetzA Beschl. v. 2.12.2013 – BK7-12-030, S. 19 f. – OGE). 35

III. Berücksichtigung der Stellungnahme der Europäischen Kommission (Abs. 6 S. 2)

Bei ihrer Entscheidung „berücksichtigt die Regulierungsbehörde [die Auffassung der Europäischen Kommission] so weit wie möglich". § 4a Abs. 6 S. 2 regelt die Ausnahme zum Unabhängigen Systembetreiber nach § 9 (→ Rn. 38). Die Regelung sieht demzufolge die **Letztentscheidungskompetenz** über die Einhaltung der Entflechtungsvorgaben bei **der Regulierungsbehörde** (Säcker EnergieR/Lucks § 4a Rn. 40). Die Regelungen verlangen somit auch nicht, dass die Regulierungsbehörde die Auffassung der Europäischen Kommission vollständig umzusetzen hat. Ob dem Wortlaut im Gegensatz zu § 4b Abs. 5 S. 2 eine weiterreichende Kompetenz der Regulierungsbehörde entnommen werden kann (vgl. Säcker EnergieR/Lucks § 4b Rn. 23), erscheint nicht überzeugend (→ § 4b Rn. 19). 36

In zahlreichen Entscheidungen ist die Regulierungsbehörde von der Einschätzung der Europäischen Kommission abgewichen. Dazu beruft sich die Regulierungsbehörde u.a. auf den in den Elektrizitäts- bzw. Gas-Binnenmarkt-Richtlinien dem nationalen Gesetzgeber eröffneten Ausgestaltungsspielraum. Vor diesem Hintergrund wurde durch die Europäische Kommission ein Verfahren zur fehlerhaften Umsetzung von verschiedenen Aspekten der Elektrizitäts- und Gas-Binnenmarkt-Richtlinien durch die Bundesrepublik Deutschland geführt. Der EuGH ist der Auffassung der Europäischen Kommission weitgehend gefolgt (vgl. EuGH BeckRS 2021, 24362). Die Entscheidung befasst sich u.a. mit den deutschen Regelungen zum Begriff des vertikal integrierten Energieversorgungsunternehmens und den Karenzvorschriften für Personal, welche nach Auffassung des EuGH nicht im Einklang mit europäischem Recht stehen. 37

Eine spezielle Regelung sieht § 4a Abs. 7 S. 3 für die **Benennung eines Unabhängigen Systembetreibers** nach § 9 vor. Diese erfordert ausdrücklich die Zustimmung der Europäischen Kommission. Diese Regelung setzt Art. 44 Abs. 1 S. 2 Elektrizitäts-Binnenmarkt-Richtlinie (EU) 2019/944 und Art. 14 Abs. 1 S. 2 Gas-Binnenmarkt-Richtlinie 2009/73/EG nahezu wortlautidentisch um. Lehnt die Europäische Kommission diese Zertifizierung ab, ist dieses Votum für die Entscheidung der Regulierungsbehörde verbindlich (Theobald/Kühling/Hendrich § 4a Rn. 23; Säcker EnergieR/Lucks § 4a Rn. 49). Kommt es zu einer Ablehnung aufgrund der verweigerten Zustimmung der Europäischen Kommission, richtet sich dennoch der Rechtsschutz des Transportnetzbetreibers gegen die daraus folgende ablehnende Entscheidung der Regulierungsbehörde (im Einzelnen zum Rechtsschutz in diesem Fall Britz/Hellermann/Hermes/Stamm, 3. Aufl., § 4a Rn. 41). 38

IV. Darlegungs- und Beweislast (Abs. 3)

Das Gesetz geht in Absatz 3 davon aus, dass der Transportnetzbetreiber „nachweist", dass die Zertifizierungsvoraussetzungen vorliegen. Dies bedeutet, dass der Transportnetzbetreiber verpflichtet ist, sämtliche seinem Einflussbereich unterliegenden Tatsachen nachweisen zu müssen (Britz/Hellermann/Hermes/Stamm, 3. Aufl., § 4a Rn. 16). Das Nachweiserfordernis findet sich ausdrücklich nur in Art. 44 Abs. 2 Elektrizitäts-Binnenmarkt-Richtlinie (EU) 39

EnWG § 4a   Teil 1. Allgemeine Vorschriften

2019/944 und Art. 14 Abs. 2 Gas-Binnenmarkt-Richtlinie 2009/73/EG für den Unabhängigen Netzbetreiber bzw. Unabhängigen Systembetreiber nach § 9. Die Europäische Kommission geht ebenfalls explizit von der **Beweislast aufseiten des Transportnetzbetreibers** aus („The burden of proof [...] is put on the potential TSO" – Interpretative Note on Directive 2009/72/EC and Directive 2009/73/EC – The Unbundling Regime, Ziff. 2.5, S. 23, abrufbar unter https://ec.europa.eu).

40   Das Nachweiserfordernis wird auch dem Grundsatz entnommen, dass in einem Antragsverfahren einem Beteiligten die Darlegungs- und Beweislast für die ihm günstigen Umstände obliegt (Danner/Theobald/Boos, 110. EL Januar 2021 § 82 Rn. 9).

41   Die Formulierung des § 4a Abs. 3, wonach der Transportnetzbetreiber die Voraussetzungen der Zertifizierung nachzuweisen hat, steht neben dem im Verwaltungsverfahren geltenden **Untersuchungsgrundsatz (§ 24 VwVfG)**. Die Regulierungsbehörde kann dazu alle Ermittlungen führen und Beweise erheben, die für ihre Entscheidungen erforderlich sind (§ 68 Abs. 1). Welche Reichweite die Nachweispflicht aus Absatz 3 im Gegensatz zum allgemeinen Untersuchungsgrundsatz (ergänzend zum gerichtlichen Verfahren auch § 82 Abs. 1) haben kann, kann für den Transportnetzbetreiber von nicht unerheblicher Bedeutung sein. Die Regulierungsbehörden und Gerichte sind zumindest dazu aufgefordert, **sämtliche Ermittlungsmöglichkeiten zu nutzen, bevor eine nachteilige Entscheidung** aufgrund der Unaufklärbarkeit von betreffenden Tatsachen **ergehen kann** (Säcker EnergieR/Johanns/Roesen § 82 Rn. 9). Die Regulierungsbehörden haben dafür mit den §§ 68 ff. sehr weitreichende Befugnisse erhalten, welche der Transportnetzbetreiber nicht zu Verfügung hat. Auskunftsverlangen können sich bspw. auch auf wirtschaftliche Verhältnisse im Rahmen der VO (EG) Nr. 139/2004 (§ 69 Abs. 1 S. 1 Nr. 2) sowie Auskünfte von Wirtschafts- und Berufsvereinigungen der Energiewirtschaft (§ 69 Abs. 1 S. 2) beziehen. Dazu sind auch Maßnahmen mit weiteren Behörden durchzuführen. Ausdrücklich vorgesehen ist aufgrund der Nähe zum Wettbewerbsrecht der Austausch von Informationen mit den Wettbewerbsbehörden (vgl. §§ 58 Abs. 4, 50f Abs. 1 GWB).

42   Darüber hinaus wird davon ausgegangen, dass der Antrag für den Antragsteller rechtlich vorteilhaft ist (vgl. OLG Düsseldorf BeckRS 2009, 22827 unter B.II.1.a; Theobald/Kühling/Hendrich § 4a Rn. 1). Der Betreiber eines Transportnetzes und auch Dritte unterliegen weitreichenden Eingriffen in Grundfreiheiten, die die unternehmerische Freiheit zum Teil erheblich einschränken können (insbesondere im Bereich des Unabhängigen Transportnetzbetreibers) und erlegt weitreichende Pflichten auf (bspw. Mitwirkung am Netzentwicklungsplan, Netzanschluss- und -zugangspflicht). Insbesondere im Fall von Unstimmigkeiten über die Eigenschaft als Transportnetzbetreiber und die Einleitung eines Verfahrens von Amts wegen ist davon auszugehen, dass aus Sicht des Transportnetzbetreibers nicht ausschließlich Vorteile mit der Zertifizierung verbunden sind. Als Betreiber eines Transportnetzes wird der Antrag nach § 4a nicht zuletzt auch deshalb gestellt, weil ein rechtskonformes Verhalten sichergestellt und insbesondere die drohenden Sanktionen nach § 95 vermieden werden sollen. In übrigen Fällen, in denen andere Antragsberechtigte als der Transportnetzbetreiber den Antrag stellen (→ Rn. 11 ff.), sollte die Darlegungs- und Beweislast deshalb nicht auf den Transportnetzbetreiber verlagert werden.

43   Die Nachweispflicht kann auch unter formellen Aspekten eine Grenze erfahren, soweit der Antrag Unterlagen erfordert, die über das Formerfordernis (→ Rn. 16) hinausgehen. Daraus kann auch der Schluss gezogen werden, dass eine beglaubigte oder notariell beurkundete Form von Unterlagen nicht gefordert werden kann. Die Regulierungsbehörde wird dies nur in besonders gelagerten und gesondert zu begründenden Ausnahmefällen unter Ausschöpfung sämtlicher Erkenntnisquellen anfordern.

43.1   Von Bedeutung können Formfragen bspw. auch bei Nachweisen über gesellschaftsrechtliche Eigentumsverhältnisse unter Beteiligung von Unternehmen aus Drittstaaten sein, die nicht aus öffentlich zugänglichen Quellen erkennbar sind. Hierfür überträgt die Regulierungsbehörde zu Recht nicht unreflektiert die bspw. für die Beurkundung von Gesellschafterbeschlüssen oder ähnlichem aufgestellten Grundsätze (vgl. OLG Jena BeckRS 2018, 8363), weil das Gesetz für das Antragsverfahren gerade keine besonders strenge Form vorgesehen hat. Die Regulierungsbehörde lässt zutreffend **Angaben** zum vertikal integrierten Energieversorgungsunternehmen **genügen, die glaubhaft dargelegt wurden** (auch zum Folgenden BNetzA Beschl. v. 29.1.2020 – BK7-18-051, S. 21 – Ferngas). Entgegen der Auffassung der Europäischen Kommission genügen dafür Informationen, die „ausschließlich aus öffentlich zugänglichen Quellen stammen, deren Vollständigkeit [der Transportnetzbetreiber] nicht garantieren kann" (BNetzA ABl. 05/2020, 287 (295)), sofern diese **Angaben durch Recherchen der Regulierungsbehörde plausibilisiert** werden können. Die Regulierungsbehörde oder die Europäische Kommission hätte aus diesem Grund dezidierte Zweifel darzulegen und anhand einer konkret zu erwartenden Verletzung von materiellen Voraussetzungen der Entflechtung zu begründen.

V. Umfasste Entscheidungen

Wird die Zertifizierung erstmalig erteilt, werden regelmäßig **weitere erforderliche Genehmigungen und Zustimmungen mit erteilt** (zB BNetzA Beschl. v. 29.1.2020 – BK7-18-051 – Ferngas). Dies macht die Regulierungsbehörde davon abhängig, dass die genehmigungspflichtigen **Sachverhalte** im Antrag **hinreichend deutlich dargestellt** und die entsprechenden **Unterlagen vollständig** eingereicht werden (BNetzA, Hinweispapier Zertifizierung, Ziff. 1.6). Zu nennen sind für unabhängige Transportnetzbetreiber insbesondere die Genehmigung des Gleichbehandlungsprogramms (§ 10e Abs. 1 S. 1), die Zustimmung zur Ernennung der Person des Gleichbehandlungsbeauftragten (§ 10e Abs. 3 S. 2), die Genehmigung der Auftrags- und Beschäftigungsbedingungen der Person des Gleichbehandlungsbeauftragten (§ 10e Abs. 3 S. 3). Umstritten ist dies für die vertraglichen Bedingungen über die **Erbringung von Dienstleistungen durch den Transportnetzbetreiber für das vertikal integrierte Energieversorgungsunternehmen** (§ 10a Abs. 3 S. 2 Nr. 2). Der Vertrag könnte fortgesetzt werden und unterliegt keinem Verbot mit Erlaubnisvorbehalt (zutreffend Britz/Hellermann/Hermes/Stamm, 3. Aufl., § 4a Rn. 6). Der Vertrag ist auch nicht iSv § 134 BGB nichtig (aA wohl bspw. BNetzA Beschl. v. 11.4.2013 – BK6-12-004, S. 83 – TransnetBW), weil Vereinbarungen der Regulierungsbehörde nach § 10b Abs. 5 S. 2 „in der Zertifizierung zur Genehmigung vorzulegen" sind. Genehmigung ist vom Wortlaut her die nachträgliche Zustimmung (§ 184 BGB) und lässt den Vertrag zunächst schwebend unwirksam (BeckOK BGB/Bub BGB § 184 Rn. 8) und nicht unmittelbar nichtig sein. Dies wäre die Rechtsfolge eines Verstoßes gegen § 134 BGB (BeckOK BGB/Wendtland BGB § 134 Rn. 10). Nur vor diesem Hintergrund lässt es sich mit den Instrumenten des Zivilrechts erklären, dass die Regulierungsbehörde während einer Übergangsphase bestimmte Vereinbarungen als angemessen (und somit nicht nichtig) erachtet, obwohl die Vorgaben zur Entflechtung nur weitgehend eingehalten werden (zB BNetzA Beschl. v. 9.11.2012 – BK7-12-033, S. 38 ff. – terranets bw).

44

VI. Wirkung der Entscheidung (Abs. 7)

Die Wirkung der Entscheidung der Regulierungsbehörde stellt § 4a Abs. 7 S. 1 klar: mit Bekanntgabe ist der Antragsteller **als Transportnetzbetreiber benannt.** Damit wird neben der offensichtlichen Klarstellung der Wirkung auch der **Zeitpunkt der Zertifizierung** konkretisiert. Ab diesem Zeitpunkt treffen den Transportnetzbetreiber relevante Entflechtungsvorgaben und der Transportnetzbetreiber kann bspw. Entgelte nach den relevanten Vorschriften bilden und erlösen. Häufig beginnen auch Fristen für die Umsetzung von Nebenbestimmungen ab diesem Zeitpunkt zu laufen.

45

Die Regulierungsbehörde hat ihre Entscheidung im Amtsblatt der BNetzA gemeinsam mit der Stellungnahme der Europäischen Kommission bekannt zu geben (§ 4a Abs. 6 S. 3). Zur Wahrung von Betriebs- und Geschäftsgeheimnissen wird die nach § 71 vorzulegende geschwärzte Fassung veröffentlicht.

46

VII. Fiktion der Entscheidung (Abs. 6 S. 4)

Daneben regelt § 4a Abs. 6 S. 4 die **Fiktion der Zertifizierung,** sofern die Regulierungsbehörde innerhalb der von § 4a Abs. 6 S. 1 geregelten Frist (→ Rn. 22) keine Entscheidung bekanntgibt. Für den Zeitraum bis zur Entscheidung durch die Regulierungsbehörde haben sich Betroffene als Transportnetzbetreiber behandeln zu lassen und damit alle Anforderungen der Entflechtung zu erfüllen.

47

Die Vorschrift findet nach ihrem Wortlaut ausschließlich auf den Zeitraum Anwendung, welcher ab dem Zugang der Stellungnahme durch die Europäische Kommission oder dem Ablauf von deren Frist zur Stellungnahme beginnt. Für den Zeitraum nach § 4a Abs. 5 S. 1 (→ Rn. 20) sieht die Vorschrift

47.1

keine Fiktionswirkung vor. Für diesen Fall sprechen verschiedene Argumente für die entsprechende Anwendung von § 75 Abs. 3 S. 2. Die „Entscheidung" ist auch der an die Europäische Kommission zu übersendende Entscheidungsentwurf und die angemessene Frist ist die gesetzlich vorgesehene Frist. Die Konstellation wurde vom Gesetzgeber ausdrücklich nur für die letzte Frist geregelt. Im Interesse eines zügigen Verfahrens hat der Gesetzgeber und auch der Richtliniengeber Fiktionen sowohl für die Stellungnahmefrist der Europäischen Kommission als auch der Regulierungsbehörde vorgesehen. Dass dies bei lediglich einer vom Gesetzgeber geregelten Frist nicht gewollt gewesen sein soll, ist nicht überzeugend. Auch ist die Interessenlage insofern vergleichbar, dass die zügige Schaffung von Rechtssicherheit im Interesse aller Beteiligten einschließlich des Transportnetzbetreibers liegt. Vergleichbar ist das Unterlassen auch nicht mit dem endgültigen Bescheid, weil auf dessen verspäteten Erlass dem Transportnetzbetreiber ein Zuwarten auch unter Berücksichtigung der Versorgungssicherheit nicht zugemutet werden kann.

47.2 Im Falle einer Einleitung eines Verfahrens von Amts wegen infolge von Unstimmigkeit über die Eigenschaft als Transportnetzbetreiber sind Netzbetreiber in der Regel einem hohen Erfüllungsaufwand ausgesetzt. Sollte die Regulierungsbehörde das Verfahren nicht ruhend stellen oder eine vorläufige Anordnung (§ 72) zur Aussetzung der Entflechtungsvorschriften erlassen, erscheinen bei nachträglicher Nichterteilung der Zertifizierung Amtshaftungsansprüche gerechtfertigt (vgl. zum darüber hinaus möglichen Rechtsschutz → Rn. 48).

F. Rechtsschutz

48 Rechtsschutz wird nach den allgemeinen Vorschriften durch Einlegung der **Beschwerde** gewährt (§§ 75 ff.). Es ist zu beachten, dass die Beschwerde gegen Entscheidungen **grundsätzlich keine aufschiebende Wirkung** hat (§ 76 Abs. 1 Hs. 1). Soweit mittels Anordnung der aufschiebenden Wirkung (§ 77 Abs. 1) erfolgt, wird durch § 76 Abs. 1 Hs. 2 lediglich eine Einschränkung auf die Durchsetzung der Entflechtungsverpflichtungen vorgenommen. Die Zertifizierung hat ihren materiellen Schwerpunkt (→ § 76 Rn. 6) auch in der Durchsetzung von Verpflichtungen zur Entflechtung. Transportnetzbetreiber treffen allerdings auch darüberhinausgehende Verpflichtungen, die sich nicht auf Vorgaben der Entflechtung beziehen. Die Reichweite der aufschiebenden Wirkung müsste sich deshalb mit dem Argument des **hohen Erfüllungsaufwands** für effektiven Rechtsschutz auch auf diese Pflichten und damit die Zertifizierung insgesamt beziehen.

48.1 Für den Fall der Fiktion einer Zertifizierung aus § 4a Abs. 6 S. 4 (→ Rn. 22) kommt zudem eine Beschwerde gestützt auf § 75 Abs. 3 S. 2 in Betracht, wobei die gesetzlichen Fristen als die angemessene Frist anzusehen sind. Ob dabei die Fiktion einer Zertifizierung mit dem Argument des Vorrangs der spezielleren Vorschrift gegenüber der Gleichstellung mit einer Ablehnung der Entscheidung (§ 75 Abs. 3 S. 3) Vorrang einzuräumen ist, ist auch von der Interessenlage abhängig. Zumindest im Fall eines Verfahrens von Amts wegen erscheint zur Vermeidung eines hohen Erfüllungsaufwands aufseiten des Netzbetreibers die allgemeine Regelung und damit die Wirkung als Ablehnung interessengerecht. Zum Rechtsschutz bei Unterlassen der Erstellung des Entscheidungsentwurfs vgl. → Rn. 47.

49 Es empfiehlt sich zudem, dass der **Antrag** gegen die Zertifizierung zur Vermeidung der Bestandskraft **zugleich gegen die Benennung** gerichtet wird (Britz/Hellermann/Hermes/Stamm, 3. Aufl., § 4a Rn. 45). Hintergrund sind die Regelungen der Art. 52 Abs. 2 S. 1 Elektrizitäts-Binnenmarkt-Richtlinie (EU) 2019/944 und Art. 10 Abs. 2 S. 1 Gas-Binnenmarkt-Richtlinie 2009/73/EG, wonach der Transportnetzbetreiber mit der Bescheinigung der Einhaltung der Zertifizierungsvoraussetzungen zu benennen ist. Die europäischen Regelungen gehen deshalb von der Benennung als rechtlichen Abschluss des Verfahrens aus (Theobald/Kühling/Hendrich § 4a Rn. 21; Säcker EnergieR/Lucks § 4a Rn. 48), was einem eigenständigen und konstitutiv wirkenden Rechtsakt entspricht (Britz/Hellermann/Hermes/Stamm, 3. Aufl., § 4a Rn. 45). Der nationale Gesetzgeber löst dies ausdrücklich mit einer Fiktion im Moment der Bekanntgabe, welche zugleich die Benennung beinhaltet (§ 4a Abs. 7 S. 1).

§ 4b Zertifizierung in Bezug auf Drittstaaten

(1) ¹Beantragt ein Transportnetzbetreiber oder ein Transportnetzeigentümer, der von einer oder mehreren Personen aus einem oder mehreren Staaten, die nicht

Zertifizierung in Bezug auf Drittstaaten § 4b EnWG

der Europäischen Union oder dem Europäischen Wirtschaftsraum angehören (Drittstaaten), allein oder gemeinsam kontrolliert wird, die Zertifizierung, teilt die Regulierungsbehörde dies der Europäischen Kommission mit. ²Transportnetzbetreiber oder Transportnetzeigentümer haben den Antrag auf Zertifizierung bis spätestens 3. März 2013 bei der Regulierungsbehörde zu stellen.

(2) ¹Wird ein Transportnetzbetreiber oder ein Transportnetzeigentümer von einer oder mehreren Personen aus einem oder mehreren Drittstaaten allein oder gemeinsam kontrolliert, ist die Zertifizierung nur zu erteilen, wenn der Transportnetzbetreiber oder der Transportnetzeigentümer den Anforderungen der §§ 8 oder 9 oder der §§ 10 bis 10e genügt und das Bundesministerium für Wirtschaft und Energie feststellt, dass die Erteilung der Zertifizierung die Sicherheit der Elektrizitäts- oder Gasversorgung der Bundesrepublik Deutschland und der Europäischen Union nicht gefährdet. ²Der Antragsteller hat mit der Antragstellung nach Absatz 1 zusätzlich beim Bundesministerium für Wirtschaft und Energie die zur Beurteilung der Auswirkungen auf die Versorgungssicherheit erforderlichen Unterlagen einzureichen.

(3) ¹Das Bundesministerium für Wirtschaft und Energie übermittelt der Regulierungsbehörde binnen drei Monaten nach Eingang der vollständigen erforderlichen Unterlagen nach Absatz 2 Satz 2 seine Bewertung, ob die Erteilung der Zertifizierung die Sicherheit der Elektrizitäts- oder Gasversorgung der Bundesrepublik Deutschland und der Europäischen Union gefährdet. ²Bei seiner Bewertung der Auswirkungen auf die Versorgungssicherheit berücksichtigt das Bundesministerium für Wirtschaft und Energie
1. die Rechte und Pflichten der Europäischen Union gegenüber diesem Drittstaat, die aus dem Völkerrecht, auch aus einem Abkommen mit einem oder mehreren Drittstaaten, dem die Union als Vertragpartei angehört und in dem Fragen der Energieversorgungssicherheit behandelt werden, erwachsen;
2. die Rechte und Pflichten der Bundesrepublik Deutschland gegenüber diesem Drittstaat, die aus einem mit diesem Drittstaat geschlossenen Abkommen erwachsen, soweit sie mit dem Unionsrecht in Einklang stehen, und
3. andere besondere Umstände des Einzelfalls und des betreffenden Drittstaats.

(4) Vor einer Entscheidung der Regulierungsbehörde über die Zertifizierung des Betriebs eines Transportnetzes bitten Regulierungsbehörde und Bundesministerium für Wirtschaft und Energie die Europäische Kommission um Stellungnahme, ob der Transportnetzbetreiber oder der Transportnetzeigentümer den Anforderungen der §§ 8 oder 9 oder der §§ 10 bis 10e genügt und eine Gefährdung der Energieversorgungssicherheit der Europäischen Union auf Grund der Zertifizierung ausgeschlossen ist.

(5) ¹Die Regulierungsbehörde hat innerhalb von zwei Monaten, nachdem die Europäische Kommission ihre Stellungnahme vorgelegt hat oder nachdem die Frist des Artikels 53 Absatz 6 der Richtlinie (EU) 2019/944 des Europäischen Parlaments und des Rates vom 5. Juni 2019 mit gemeinsamen Vorschriften für den Elektrizitätsbinnenmarkt und zur Änderung der Richtlinie 2012/27/EU (ABl. L 158 vom 14.6.2019, S. 125; L 15 vom 20.1.2020, S. 8) oder des Artikels 11 Absatz 6 der Richtlinie 2009/73/EG des Europäischen Parlaments und des Rates vom 13. Juli 2009 über gemeinsame Vorschriften für den Erdgasbinnenmarkt und zur Aufhebung der Richtlinie 2003/55/EG (ABl. L 211 vom 14.8.2009, S. 55) abgelaufen ist, ohne dass die Europäische Kommission eine Stellungnahme vorgelegt hat, über den Antrag auf Zertifizierung zu entscheiden. ²Die Regulierungsbehörde hat in ihrer Entscheidung der Stellungnahme der Europäischen Kommission so weit wie möglich Rechnung zu tragen. ³Die Bewertung des Bundesministeriums für Wirtschaft und Energie ist Bestandteil der Entscheidung der Regulierungsbehörde.

(6) Die Regulierungsbehörde hat der Europäischen Kommission unverzüglich die Entscheidung zusammen mit allen die Entscheidung betreffenden wichtigen Informationen mitzuteilen.

EnWG § 4b Teil 1. Allgemeine Vorschriften

(7) ¹Die Regulierungsbehörde hat ihre Entscheidung zusammen mit der Stellungnahme der Europäischen Kommission im Amtsblatt der Bundesnetzagentur in nicht personenbezogener Form zu veröffentlichen. ²Weicht die Entscheidung von der Stellungnahme der Europäischen Kommission ab, ist mit der Entscheidung die Begründung für diese Entscheidung mitzuteilen und zu veröffentlichen.

Überblick

Die Vorschrift regelt die Abweichungen im Zertifizierungsverfahren für den Fall, dass ein Transportnetzbetreiber gemeinsam oder allein durch eine Person aus einem Drittstaat kontrolliert wird. Das weiterhin bestehende Zertifizierungserfordernis (→ § 4a Rn. 3) trifft den Transportnetzbetreiber, sofern dieser von einer Person mit Drittstaatenbezug allein oder gemeinsam kontrolliert wird. Dadurch kommt es zu verschiedenen Abweichungen mit Einfluss auf den Verfahrensablauf und dessen Beteiligte. Hauptmerkmal der Entscheidung der Regulierungsbehörde ist neben der Einhaltung der Entflechtungsvorschriften außerdem die Bewertung der Gefährdung der Energieversorgung. Die Bewertung wird durch das Bundesministerium für Wirtschaft und Energie vorgenommen und ergänzt den Prüfumfang durch die Europäische Kommission. Rechtsschutz richtet sich nach den allgemeinen Regelungen und ist gegen die Entscheidung der Regulierungsbehörde zu suchen.

Übersicht

	Rn.		Rn.
A. Zweck und Entstehungsgeschichte	1	D. Verfahrensablauf (Abs. 3, 4 und 5)	11
B. Adressat und Drittstaatenbezug (Abs. 1 S. 1)	4	E. Entscheidung der Regulierungsbehörde (Abs. 2 und 3)	12
C. Zertifizierungsverfahren (Abs. 1 und 2)	8	I. Voraussetzungen der Entflechtung	13
I. Antragsberechtigte (Abs. 1 S. 1)	8	II. Bewertung der Gefährdung der Energieversorgungssicherheit	14
II. Vorlagepflicht für Unterlagen (Abs. 2 S. 2)	9	III. Berücksichtigung der Entscheidung der Europäischen Kommission (Abs. 5 S. 2)	19
III. Zeitpunkt und Form des Antrags (Abs. 1 S. 2)	10	IV. Darlegungs- und Beweislast	20
		F. Rechtsschutz	21

A. Zweck und Entstehungsgeschichte

1   Der Zweck der Vorschrift verändert sich gegenüber der Zertifizierung in § 4a nicht und bleibt die Versorgungssicherheit (→ § 4a Rn. 1). Die ergänzenden Voraussetzungen im Falle des Bezugs zu Drittstaaten werden lediglich im Rahmen der Zertifizierung nach § 4a geprüft und stellen **keine gesonderte Zertifizierung** dar (Gundel/Germelmann EuZW 2009, 763 (769)). Soweit die Vorschrift keine Abweichungen von den Regelungen aus § 4a enthält, sind entsprechend dessen Regelungen als „allgemeiner Teil" der Zertifizierung anzuwenden (im Ergebnis auch Theobald/Kühling/Hendrich § 4b Rn. 6; Britz/Hellermann/Hermes/Stamm, 3. Aufl., § 4b Rn. 1; missverständlich insofern die Formulierung als „besondere Zertifizierungspflicht" u.a. bei Scholtka/Helmes NJW 2011, 3185 (3189); Säcker EnergieR/Lucks § 4b Rn. 6; Kment EnWG/Franke § 4b Rn. 1). Der Gesetzgeber bezeichnete die Regelungen des § 4b als die **„speziellen zusätzlichen Voraussetzungen"** (BT-Drs. 17/6072, 52) und regelt auch konsequent in § 95 Abs. 1 Nr. 1a die Vorschrift nicht als gesondert sanktionierbaren Sachverhalt neben § 4a. Zudem würden sich verschiedene Regelungslücken ergeben (zB zur Darlegungs- und Beweislast → Rn. 20).

2   Der Prüfungsmaßstab im Falle des Bezugs zu Drittstaaten findet seine Grundlage in Art. 53 Elektrizitäts-Binnenmarkt-Richtlinie (EU) 2019/944 und Art. 11 Gas-Binnenmarkt-Richtlinie 2009/73/EG. Sofern eine Person aus einem Drittstaat die Kontrolle über den Betreiber eines Transportnetzes erlangt, gehen die Elektrizitäts-Binnenmarkt-Richtlinie (EU) 2019/944 und Gas-Binnenmarkt-Richtlinie 2009/73/EG von einer besonderen Prüfungsbedürftigkeit der Gewährleistung der Versorgungssicherheit aus. Diese Annahme lässt sich auch dadurch rechtfertigen, dass **bestimmte europäische Grundfreiheiten,** insbesondere die

Kapitalverkehrs- und die Niederlassungsfreiheit, **gegenüber Personen aus Drittstaaten nicht anwendbar** sind (vgl. Gundel/Germelmann EuZW 2009, 763 (770); Säcker EnergieR/Lucks § 4b Rn. 9 ff.).

Der ursprüngliche Vorschlag in den Elektrizitäts-Binnenmarkt-Richtlinie 2009/72/EG und Gas-Binnenmarkt-Richtlinie 2009/73/EG ging darüber weit hinaus. Im Fall eines Kontrollerwerbs durch Personen aus „Drittländern" sollte die Zertifizierung gänzlich verweigert werden, wenn nicht der Nachweis einer ausgeschlossenen Einflussnahme auf den Transportnetzbetreiber erbracht werden konnte (Art. 8b Abs. 2 KOM(2007) 528 endg., 34; Art. 7b KOM(2007) 529 endg., 35 f.). Dieses Vorhaben – auch bezeichnet als „Gazprom-Klausel" (Gundel/Germelmann EuZW 2009, 763 (769)) – wurde allerdings nicht in dieser Form aufrechterhalten (dazu Säcker EnergieR/Lucks § 4b Rn. 4; Britz/Hellermann/Hermes/Stamm, 3. Aufl., § 4b Rn. 3 mwN). 3

B. Adressat und Drittstaatenbezug (Abs. 1 S. 1)

Allgemein kann zu den Adressaten der Vorschrift auf die Ausführungen zu § 4a verwiesen werden (→ § 4a Rn. 8 ff.). Hinzu tritt der Umstand des Drittstaatenbezugs. **Drittstaat** definiert die Vorschrift selbst als Staat, der nicht der Europäischen Union oder dem Europäischen Wirtschaftsraum angehört (§ 4b Abs. 1 S. 1). 4

Die Definition des Drittstaats beurteilt sich nach der betroffenen europäischen Grundfreiheit. Danach kann die Definition unterschiedlich ausfallen. Die Elektrizitäts-Binnenmarkt-Richtlinie 2009/72/EG und Gas-Binnenmarkt-Richtlinie 2009/73/EG definieren den darin verwendeten Begriff „Drittland" nicht. Für den Fall, dass eine Person aus einem Drittland die Kontrolle über eine Gesellschaft erlangt, wird die ebenfalls in Betracht kommende Kapitalverkehrsfreiheit gem. Art. 63 AEUV von der Niederlassungsfreiheit nach Art. 49 AEUV verdrängt (EuGH BeckRS 2006, 71000 mwN – Test Claimants in Class IV of the ACT Group Litigation/Commissioners of Inland Revenue (die Entscheidung erging zu Art. 43 und 56 EGV, behält unter Geltung des AEUV allerdings grundsätzlich ihre Gültigkeit), vgl. auch Art. 65 Abs. 2 AEUV). Wird hingegen eine Kontrollbeteiligung nicht erreicht (sog. Portfolioinvestition), findet mangels Betroffenheit des Binnenmarkts die Kapitalverkehrsfreiheit Anwendung (vgl. Germelmann EuZW 2008, 596 (599); Säcker EnergieR/Lucks § 4b Rn. 10). Aus diesem Grund erscheint die Definition konsequent, weil laut RL 2004/38/EG unter die Niederlassungsfreiheit ausschließlich Angehörige aus Mitgliedstaaten der EU und des EWR fallen. 4.1

Die Person aus einem Drittstaat hat die alleinige oder gemeinsame Kontrolle über den Transportnetzbetreiber auszuüben. Der Begriff der **Kontrolle** nimmt Bezug auf das europäische Konzept der Ausübung von bestimmendem Einfluss auf ein Unternehmen und damit die VO (EG) Nr. 139/2004 (sog. **Fusionskontrollverordnung** – im Folgenden FKVO; BNetzA, Hinweispapier Zertifizierung vom 12.12.2011 – BK6-11-157 und BK7-11-157, Ziff. 1.8.1, S. 10, abrufbar unter www.bundesnetzagentur.de – im Folgenden: BNetzA, Hinweispapier; Kment EnWG/Franke § 4b Rn. 1). Kontrolle wird durch Rechte, Verträge oder andere Mittel begründet, die einzeln oder zusammen unter Berücksichtigung aller tatsächlichen oder rechtlichen Umstände die Möglichkeit gewähren, einen bestimmenden Einfluss auf die Tätigkeit eines Unternehmens auszuüben (Art. 3 Abs. 2 FKVO). 5

Die **alleinige Kontrolle** wird erworben, wenn ein Unternehmen alleine bestimmenden Einfluss auf ein anderes Unternehmen ausüben kann und wird auf rechtlicher oder faktischer Grundlage erworben (KOM, 2008/C 95/01, Rn. 54 ff.). 6

Gemeinsame Kontrolle ist gegeben, wenn zwei oder mehr Unternehmen oder Personen die Möglichkeit haben, in einem Unternehmen bestimmenden Einfluss auszuüben. Bestimmender Einfluss bedeutet hier in der Regel die Möglichkeit, Aktionen zu blockieren, die das strategische Wirtschaftsverhalten eines Unternehmens bestimmen. Im Unterschied zur alleinigen Kontrolle, bei der ein einzelner Gesellschafter die strategischen Entscheidungen des Unternehmens bestimmen kann, können bei einer gemeinsamen Kontrolle Pattsituationen entstehen, weil zwei oder mehr Muttergesellschaften die Möglichkeit haben, strategische Entscheidungen zu blockieren, weshalb die Gesellschafter die Geschäftspolitik des Gemeinschaftsunternehmens einvernehmlich festlegen und zusammenarbeiten müssen (vgl. KOM, 2008/C 95/01, Rn. 62 ff.). 7

Durch die Möglichkeit der Ausübung gemeinsamer Kontrolle erscheint die Anwendung von § 4b ausschließlich auf den Fall, dass sämtliche die Kontrolle ausübenden Personen aus einem Drittstaat 7.1

stammen, problematisch. Die Vorschrift wird nicht angewendet, wenn nur eine die gemeinsame Kontrolle ausübende Person aus einem Drittstaat stammt (BNetzA, Hinweispapier, Ziff. 1.8.1, S. 10). Zielstellung von § 4b ist insbesondere die gesonderte Prüfung von Gefahren für die Energieversorgungssicherheit, wenn „gemeinsam" Kontrolle ausgeübt werden kann. Eine Person aus der EU oder dem EWR ist auch im Falle der gemeinsamen Kontrolle auf die Zusammenarbeit mit der Person aus einem Drittstaat angewiesen. Diese kann auch bei gemeinsamer Kontrolle wichtige Entscheidungen blockieren und damit (nachteiligen) Einfluss auf die Versorgungssicherheit nehmen.

C. Zertifizierungsverfahren (Abs. 1 und 2)
I. Antragsberechtigte (Abs. 1 S. 1)

8   Die Vorschrift geht dem Wortlaut nach ausschließlich davon aus, dass der Transportnetzbetreiber oder der Transportnetzeigentümer einen entsprechenden Antrag stellen. Gleichwohl ist davon auszugehen, dass darüber hinaus auch die Regulierungsbehörde und die Europäische Kommission antragsberechtigt sein werden. Die Vorschrift ist als Erweiterung zur erforderlichen Zertifizierung zu verstehen (→ Rn. 1), sodass die Abweichung der Formulierungen zu keiner Abweichung im Verfahren verglichen zu den Regelungen aus § 4a führen darf.

II. Vorlagepflicht für Unterlagen (Abs. 2 S. 2)

9   Neben den allgemeinen Unterlagen zum Nachweis der Einhaltung der Entflechtungsvorschriften hat der Antragsteller (im Falle eines Antrags durch den Transportnetzbetreiber bzw. den Transportnetzeigentümer) auch die Unterlagen einzureichen, die zur Beurteilung der Auswirkungen auf die Versorgungssicherheit erforderlich sind. Insofern kann auf die Ausführungen zu § 4a (→ § 4a Rn. 17) verwiesen werden.

III. Zeitpunkt und Form des Antrags (Abs. 1 S. 2)

10 Im Gegensatz zum Zeitpunkt des § 4a Abs. 1 S. 3 ist der für den Antrag nach § 4b relevante Zeitpunkt ein Jahr später der **3.3.2013** (§ 4b Abs. 1 S. 2). Dies ergibt sich aus den in Art. 49 Abs. 1 S. 1 Elektrizitäts-Binnenmarkt-Richtlinie 2009/72/EG und Art. 54 Abs. 1 S. 1 Gas-Binnenmarkt-Richtlinie 2009/73/EG geregelten Umsetzungsfristen. Im Übrigen gelten die Ausführungen zu § 4a entsprechend (→ § 4a Rn. 14).

D. Verfahrensablauf (Abs. 3, 4 und 5)

11 In Ergänzung zum allgemeinen Verfahrensablauf nach § 4a hat das **Bundesministerium für Wirtschaft und Energie** drei Monate nach Eingang der vollständigen erforderlichen Unterlagen Zeit, um die **Gefährdungen für die Sicherheit der Energieversorgung** zu beurteilen (§ 4b Abs. 3 S. 1 – für den Fall der Überschreitung der Frist, vgl. → Rn. 21). Im Anschluss ist die **Stellungnahme der Europäischen Kommission** zur Einhaltung der allgemeinen Vorschriften zur Entflechtung und einer Gefährdung der Energieversorgungssicherheit einzuholen (§ 4b Abs. 4). Nach Eingang der Stellungnahme der Europäischen Kommission bei der Regulierungsbehörde bzw. dem Ablauf der in Art. 11 Abs. 6 UAbs. 1 S. 2 Elektrizitäts-Binnenmarkt-Richtlinie (EU) 2019/944 und Art. 11 Abs. 6 UAbs. 1 S. 2 Gas-Binnenmarkt-Richtlinie 2009/73/EG genannten Frist von zwei Monaten hat die Regulierungsbehörde innerhalb weiterer zwei Monate über die Zertifizierung zu entscheiden (§ 4b Abs. 5 S. 1). Ausdrücklich sieht § 4b Abs. 6 die Mitteilung der Entscheidung über die Zertifizierung durch die Regulierungsbehörde an die Europäische Kommission vor. Außerdem ist die Stellungnahme der Europäischen Kommission ebenfalls zu veröffentlichen, was unter besonderer Berücksichtigung im Fall von Abweichungen zu erfolgen hat (§ 4b Abs. 7).

E. Entscheidung der Regulierungsbehörde (Abs. 2 und 3)

12 Die modifizierte Zertifizierung verläuft aufgrund der erweiterten Anforderungen parallel. Für die Entscheidung über die (Gesamt-)Zertifizierung bleibt allerdings ausschließlich die Regulierungsbehörde zuständig (Britz/Hellermann/Hermes/Stamm, 3. Aufl., § 4b Rn. 8).

I. Voraussetzungen der Entflechtung

13 Der Transportnetzbetreiber muss zunächst die für das jeweils gewählte Entflechtungsmodell relevanten Entflechtungsvoraussetzungen erfüllen (→ § 4a Rn. 25). Insofern kann § 4b Abs. 2 S. 1 missverstanden werden (Britz/Hellermann/Hermes/Stamm, 3. Aufl., § 4b Rn. 8), weil der Transportnetzeigentümer die Vorgaben zur Entflechtung nicht einzuhalten hat. Adressat ist allein der Betreiber des Transportnetzes. An der Möglichkeit des Transportnetzeigentümers, einen entsprechenden Antrag auf Zertifizierung zu stellen, ändert das allerdings nichts.

II. Bewertung der Gefährdung der Energieversorgungssicherheit

14 Die Bewertung zur **Gefährdung der Energieversorgungssicherheit** ist auf nationaler Ebene dem Bundesministerium für Wirtschaft und Energie zugewiesen. Dies führt vor dem Hintergrund der inhaltlich ähnlichen Prüfung von Erwerbsvorgängen durch Personen aus Drittstaaten nach § 55 Abs. 1 S. 2 Nr. 1 AWV iVm §§ 2 Abs. 10, 10 Abs. 1 BSIG iVm § 2 Abs. 1 Nr. 1 und 2 BSI-KritisV zu einer Bündelung der Sachkompetenz. Zudem ist die vorzunehmende Prüfung als eine **„politische Bewertung"** anzusehen (BT-Drs. 17/6072, 53). Dass sich das Bundesministerium für Wirtschaft und Energie dazu eine Art Letztentscheidungskompetenz vorbehalten möchte, erscheint zur Vermeidung einer Kompetenztrennung nachvollziehbar. Demzufolge ist die Regulierungsbehörde an die Bewertung zur Gefährdung der Energieversorgungssicherheit durch das Bundesministerium für Wirtschaft und Energie gebunden (BNetzA, Hinweispapier Zertifizierung, Ziff. 1.8.3, S. 10; Säcker EnergieR/Lucks § 4b Rn. 18). Die Bewertung des Bundesministeriums für Wirtschaft und Energie stellt keinen gesonderten Rechtsakt dar (→ Rn. 21), weshalb die Bewertung jederzeit abgeändert werden kann, solange keine Zertifizierungsentscheidung erlassen wurde. Ist eine solche Entscheidung erlassen worden ist ausschließlich § 4c S. 4 maßgeblich (vgl. → § 4c Rn. 21).

15 Die zu prüfenden Inhalte der Bewertung sind in § 4b Abs. 3 S. 2 genannt, aber bleiben weiterhin **unbestimmt** (so auch Britz/Hellermann/Hermes/Stamm, 3. Aufl., § 4b Rn. 10) und werfen Fragen nach konkreter Zweckbestimmung auf. Insbesondere liegt den zu prüfenden Sachverhalten die Annahme zugrunde, dass der Drittstaat auf die den Transportnetzbetreiber kontrollierende Person im Drittstaat Einfluss nehmen kann, um die Versorgungssicherheit innerhalb der BRD oder EU zu gewährleisten. Inwieweit sich dies rechtlich umsetzen ließe, kann unter Umständen eine Neubewertung nach § 4c (→ § 4c Rn. 20 ff.) erforderlich machen.

16 Vom Bundesministerium für Wirtschaft und Energie konkret zu prüfen sind Rechte und Pflichten der EU gegenüber dem betroffenen Drittstaat aus **völkerrechtlichen Vereinbarungen,** soweit diese sich mit der **Energieversorgungssicherheit** auseinandersetzen **(Nummer 1)** oder **völkerrechtlichen Vereinbarungen** der BRD mit dem Drittstaat, die **mit Unionsrecht im Einklang** stehen **(Nummer 2)**. Darüber hinaus können **besondere Umstände des Einzelfalls** in Bezug auf den Drittstaat berücksichtigt werden **(Nummer 3)**. Die thematischen Bezüge im Rahmen einer völkerrechtlichen Vereinbarung nach Nummer 1 lassen sich durch das Bundesministerium für Wirtschaft und Energie beurteilen. Ob allerdings nach Nummer 2 Abkommen der BRD mit dem Unionsrecht im Einklang stehen, ist – unter ausschließlicher Berücksichtigung des Wortlauts – letztendlich nicht der Exekutive, sondern allein der europäischen Judikative und somit dem EuGH überlassen (Art. 267 Abs. 1 AEUV).

16.1 Die Europäische Kommission zieht in dieser Bewertung bspw. heran, dass der Drittstaat Mitglied der Organisation für wirtschaftliche Zusammenarbeit und Entwicklung (OECD) und der Internationalen Energieagentur (IEA) ist, welche sich auch mit Fragen der Energieversorgungssicherheit beschäftigen. Darüber hinaus wurde auch eine Zusammenarbeit im Rahmen der G7 zu Energiefragen und Partnerschaften bei energiebezogenen Projekten sowie sonstige Partnerschaften und Vereinbarungen zur Zusammenarbeit als Begründung gelten gelassen. Im konkreten Fall wurden derartige Verbindungen auch vor dem Hintergrund nur geringer kontrollierter Fernleitungskapazitäten und damit geringer Bedeutung für die Versorgungssicherheit als ausreichend erachtet (vgl. zum Ganzen Stellungnahme der Kommission vom 19.12.2019 – C(2019) 9299 final, 4 f. – Ferngas).

16.2 Das Handels- und Kooperationsabkommen zwischen der Europäischen Union und der Europäischen Atomgemeinschaft einerseits und dem Vereinigten Königreich Großbritannien und Nordirland andererseits vom 31.12.2020 sieht ebenfalls in den Art. 1 ff. ENER spezielle Regelungen zur zukünftigen

Organisation der Energiemärkte vor und wird aufgrund von bestehenden Verbindungsleitungen voraussichtlich berücksichtigt werden können.

17   Der Begriff „andere besondere Umstände" ist einer juristischen Bewertung zu weiten Teilen entzogen und kann sich ausschließlich darauf beschränken, dass die Ausübung des Ermessens nicht rechtswidrig ist (im Detail zur Ermessensprüfung Britz/Hellermann/Hermes/Stamm, 3. Aufl., § 4b Rn. 10). Der Bewertung können deshalb sämtliche Umstände zugrunde gelegt werden, sofern diese Einfluss auf die Energieversorgung haben können. Es erscheint hingegen wenig überzeugend, wenn für die Ziele des EnWG Umstände herangezogen werden, die nicht im Zusammenhang mit der Energieversorgung stehen. Dennoch verdeutlicht das Prüfprogramm in bisherigen Entscheidungen umso mehr den gesetzgeberischen Willen, dass es sich um eine politisch motivierte Bewertung handelt.

18   Die Energieversorgungssicherheit wird zugleich durch die **Europäische Kommission** im Rahmen ihrer vollständigen Stellungnahme zur Zertifizierung geprüft (§ 4b Abs. 4; BNetzA, Hinweispapier Zertifizierung, Ziff. 1.8.4, S. 11). Die Europäische Kommission geht in ihrer Stellungnahme nicht zwangsläufig auf die Energieversorgungssicherheit ein (vgl. KOM, Stellungnahme vom 30.1.2013 – C(2013) 570 final – Thyssengas), was allerdings nicht zum Abwarten der Frist bis zum Eintritt der Fiktion nach § 4b Abs. 5 S. 1 führt.

III. Berücksichtigung der Entscheidung der Europäischen Kommission (Abs. 5 S. 2)

19   Die Regulierungsbehörde hat die Entscheidung der Europäischen Kommission im Rahmen der Zertifizierungsentscheidung zu berücksichtigen (→ § 4a Rn. 36f.). Ob dem Wortlaut mit der Formulierung „**so weit wie möglich Rechnung zu tragen**" ein „Mehr" im Gegensatz zu § 4a Abs. 6 S. 2 entnommen werden kann (vgl. Säcker EnergieR/Lucks § 4b Rn. 23), erscheint nicht überzeugend. Die verwendeten Formulierungen sehen keine Bindung der Regulierungsbehörde an die Stellungnahme der Europäischen Kommission vor. Welcher „Grad der Befolgung" damit genau verbunden ist, wird durch die identische Formulierung „so weit wie möglich" bereits hinreichend zum Ausdruck gebracht. Ansonsten wird es sich ausschließlich um eine synonyme Formulierung handeln. Ein „Mehr" scheint nur hinsichtlich des Aufwands, die Argumentation der Regulierungsbehörde niederschreiben zu müssen, zu bestehen. Das bedeutet allerdings nicht, dass damit auch eine inhaltlich weitergehende Auseinandersetzung verbunden sein muss.

IV. Darlegungs- und Beweislast

20   Zur Darlegungs- und Beweislast iRv § 4b kann ebenfalls auf die allgemeine Vorschrift zum Zertifizierungsverfahren nach § 4a Bezug genommen werden (→ § 4a Rn. 39 ff.), weshalb eine fehlende ausdrückliche Regelung zur Nachweispflicht in § 4b nicht erforderlich ist.

F. Rechtsschutz

21   Die Bewertung der Versorgungssicherheit stellt keinen gesonderten Verwaltungsakt dar und wird „Bestandteil der Entscheidung der Regulierungsbehörde" (§ 4b Abs. 5 S. 3). Die Bewertung kann aus diesem Grund nicht gesondert einer rechtlichen Überprüfung unterzogen werden (BT-Drs. 17/6072, 53). Auch wenn § 4b keine Fiktionswirkung für den Fall der Untätigkeit der Regulierungsbehörde regelt, findet die Vorschrift des § 4a Abs. 6 S. 4 als allgemeine Vorschrift Anwendung (Britz/Hellermann/Hermes/Stamm, 3. Aufl., § 4b Rn. 17). Hingegen tritt keine Fiktion für die Erstellung der Bewertung durch das Bundesministerium für Wirtschaft und Energie ein (Britz/Hellermann/Hermes/Stamm, 3. Aufl., § 4b Rn. 12), sodass die Unterlassung mittels § 75 Abs. 3 S. 2 auch entsprechend auf eine Unterlassung des Bundesministeriums für Wirtschaft und Energie anzuwenden ist. Im Übrigen können für diesen Fall und weitere Fragen des Rechtsschutzes die Ausführungen zu § 4a herangezogen werden (→ § 4a Rn. 48).

§ 4c Pflichten der Transportnetzbetreiber

¹Die Transportnetzbetreiber haben die Regulierungsbehörde unverzüglich über alle geplanten Transaktionen und Maßnahmen sowie sonstige Umstände zu unterrichten, die eine Neubewertung der Zertifizierungsvoraussetzungen nach den §§ 4a und 4b erforderlich machen können. ²Sie haben die Regulierungsbehörde insbesondere über Umstände zu unterrichten, in deren Folge eine oder mehrere Personen aus einem oder mehreren Drittstaaten allein oder gemeinsam die Kontrolle über den Transportnetzbetreiber erhalten. ³Die Regulierungsbehörde hat das Bundesministerium für Wirtschaft und Energie und die Europäische Kommission unverzüglich über Umstände nach Satz 2 zu informieren. ⁴Das Bundesministerium für Wirtschaft und Energie kann bei Vorliegen von Umständen nach Satz 2 seine Bewertung nach § 4b Absatz 1 widerrufen.

Überblick

Die Vorschrift dient der effizienten und aus Sicht der Regulierungsbehörde erleichterten Umsetzung der Kontrollaufgaben zur Einhaltung der Entflechtungsvorgaben (→ Rn. 1) und setzt europarechtliche Vorgaben um (→ Rn. 3). Zu diesem Zweck besteht für Transportnetzbetreiber eine Unterrichtungspflicht über alle geplanten Transaktionen, Maßnahmen und sonstigen Umstände (→ Rn. 5), die zur Neubewertung der Zertifizierung führen können (→ Rn. 10). Zeitpunkt und Form der Unterrichtung hat der Gesetzgeber weitgehend der Praxis überlassen (→ Rn. 13). Rechtsfolgen einer unrechtmäßigen Unterrichtung ergeben sich aus allgemeineren Bestimmungen (→ Rn. 19). Ausdrücklich geregelt wird auch die Kontrolländerung bei Drittstaatenbezug, weil in diesem Fall spezielle Reaktionsmöglichkeiten im Zusammenhang mit § 4b bestehen.

Übersicht

	Rn.		Rn.
A. Normzweck und Entstehungsgeschichte	1	II. Frist zur Unterrichtung	14
		III. Form der Unterrichtung	16
B. Unterrichtungspflicht des Transportnetzbetreibers (S. 1 und 2)	4	IV. Unterrichtung bei Vertraulichkeitsvereinbarungen uÄ	18
I. Transaktionen, Maßnahmen und sonstige Umstände	5	D. Rechtsfolgen nicht ordnungsgemäßer Unterrichtung	19
II. Neubewertung der Zertifizierung	10	E. Kontrolländerung bei Drittstaatenbezug (S. 2, 3 und 4)	20
C. Unterrichtung der Regulierungsbehörde (S. 1)	13	I. Anwendungsbereich der Vorschrift	20
I. Zeitpunkt der Unterrichtung	13	II. Widerruf der Bewertung	21

A. Normzweck und Entstehungsgeschichte

Im Rahmen des erstmaligen Zertifizierungsverfahrens hat die Regulierungsbehörde stichtagsbezogen die Einhaltung der Entflechtungsvorgaben als ausreichend bzw. im Fall von Nebenbestimmungen als im Wesentlichen ausreichend attestiert. Um im weiteren Verlauf die Sachnähe des Transportnetzbetreibers zu zertifizierungsrelevanten Umständen zu nutzen, ist dieser zur regelmäßigen Information an die Regulierungsbehörde verpflichtet. 1

Im Umkehrschluss bedeutet die Vorschrift allerdings nicht, dass sich die Regulierungsbehörde bei ihrer Überwachungsaufgabe ausschließlich auf Informationen des Transportnetzbetreibers verlassen darf. Die allgemeinen Befugnisse der Regulierungsbehörde nach §§ 68 ff. einschließlich Amtsermittlung (§ 24 VwVfG) bleiben von der Verpflichtung des Transportnetzbetreibers unberührt. Aus jeder nicht mitgeteilten Information, die die Regulierungsbehörde auf andere Art und Weise erlangt, kann deshalb nicht zwangsläufig auf eine Verletzung der Unterrichtungspflicht geschlossen werden (vgl. Kment EnWG/Franke § 4c Rn. 2). Der Regulierungsbehörde soll die Überwachung der Transportnetzbetreiber ausschließlich erleichtert und damit effizienter gestaltet werden (Säcker EnergieR/Lucks § 4c Rn. 2). 2

3   Die Vorschrift setzt die Unterrichtungspflichten auch in der Nummerierung der jeweils gleichlautenden Art. 10 Abs. 3 und 11 Abs. 2 Elektrizitäts-Binnenmarkt-Richtlinie 2009/72/EG sowie Art. 10 Abs. 3 und 11 Abs. 2 Gas-Binnenmarkt-Richtlinie 2009/73/EG (gleichlautend in Art. 52 Abs. 3 bzw. 53 Abs. 2 Elektrizitäts-Binnenmarkt-Richtlinie (EU) 2019/944) in nationales Recht um.

B. Unterrichtungspflicht des Transportnetzbetreibers (S. 1 und 2)

4   Die Unterrichtungspflicht bezieht sich auf sämtliche geplante Transaktionen, Maßnahmen und sonstige Umstände (Satz 1) und im Speziellen die Änderung der Kontrolle mit Drittstaatenbezug (Satz 2), die Auswirkungen auf die Zertifizierungsvoraussetzungen haben können. Verpflichtete sind ausschließlich Transportnetzbetreiber iSv § 3 Nr. 31c (→ § 3 Nr. 31c Rn. 1).

I. Transaktionen, Maßnahmen und sonstige Umstände

5   Die Norm sieht als Auslöser der Unterrichtungspflicht Transaktionen, Maßnahmen und sonstige Umstände. Die Begriffe werden häufig in der Literatur nicht klar voneinander abgegrenzt. Allgemein werden die Änderung der Entflechtungsvariante, eine Änderung des Netzgebiets und eine Änderung der Eigentümerstruktur (Theobald/Kühling/Hendrich § 4c Rn. 2) als Beispiele erwähnt. Genannt wird auch der Umstand, dass die Entflechtungsvorgaben nicht länger eingehalten werden (Säcker EnergieR/Lucks § 4c Rn. 4). Eine genauere Abgrenzung ist trotz der üblicherweise genannten Beispiele im Interesse der Rechtsklarheit.

6   Transaktionen sind Veränderungen in der Gesellschafter- oder der Gesellschaftsstruktur des Transportnetzbetreibers. Als in Satz 2 erwähnter Spezialfall fällt darunter auch die als nicht abschließend zu verstehende Kontrollveränderung mit Drittstaatenbezug. Zu den Transaktionen zählen deshalb allgemein ausgedrückt auch strukturelle Veränderungen bei der Ausübung von Rechten oder Einflussnahme auf den Transportnetzbetreiber (Britz/Hellermann/Hermes/Stamm, 3. Aufl., § 4c Rn. 6). Darunter können auch Vetorechte für bestimmte Gesellschafter oder veränderte Quoren bei der Beschlussfassung in Gremien subsumiert werden, weil auch diese Umstände Einfluss auf die Kontrolle über den Transportnetzbetreiber haben können.

7   Maßnahmen sind in Abgrenzung zu den Transaktionen unternehmensinterne Vorgänge ohne gesellschaftsrechtlichen Bezug (Britz/Hellermann/Hermes/Stamm, 3. Aufl., § 4c Rn. 7). Diese beziehen sich vorrangig auf das eingesetzte Personal, genutzte Infrastruktur, aber auch auf ausgeübte Tätigkeitsbereiche des Transportnetzbetreibers.

8   Sonstige Umstände sind der Auffangtatbestand, in dessen Anwendungsbereich auch Ereignisse fallen können, auf die der Transportnetzbetreiber keinen Einfluss hat (Britz/Hellermann/Hermes/Stamm, 3. Aufl., § 4c Rn. 7 nennt dazu bspw. das Ausscheiden eines Mitglieds der obersten Unternehmensleitung). Allerdings werden diese Umstände in der Regel nicht geplant im Sinne der Vorschrift sein (vgl. → Rn. 13). Auch vor dem Hintergrund der Bußgelddrohung sollten externe Umstände nicht als geeignete Auslöser der Unterrichtungspflicht gelten, weil dadurch die Vorschrift zunehmend in die Nähe einer Informationsbeschaffungspflicht des Transportnetzbetreibers verschoben werden würde. Vor dem Hintergrund einer fortbestehenden Amtsermittlung durch die Regulierungsbehörde (→ Rn. 2) ist dies jedoch nicht erforderlich (ähnlich auch die Pflicht zur Überwachung des Gleichbehandlungsprogramms durch die Person des Gleichbehandlungsbeauftragten gem. § 10e Abs. 2 S. 1, welcher ausweislich des Wortlauts seine Tätigkeit unbeschadet der Befugnisse der Regulierungsbehörde auszuüben hat).

9   Aufgrund der weitreichenden Formulierung von § 4c S. 1 geht die Regulierungsbehörde teilweise auch dazu über, bestimmte Umstände bereits im Zertifizierungsbescheid als unterrichtungspflichtige Tatsache zu benennen (vgl. → § 4a Rn. 28 f. zu Nebenbestimmungen). Die Befugnis, das Informationsbedürfnis iRv § 4c nachträglich auszuweiten, kann auch durch eine nachträgliche Auflage auf Grundlage von § 4d erfolgen. Dies kann auch als regulär wiederkehrender Bericht zu diesen Umständen ausgestaltet sein (zB BNetzA Beschl. v. 20.12.2013 – BK7-12-248 – Fluxys zur Zertifizierung der Muttergesellschaft; Beschl. v. 22.10.2013 – BK6-12-277 – TenneT Offshore zur quartalsweisen Berichterstattung über Erzeugungsaktivitäten einer mittelbaren Gesellschafterin). Aufgrund der weitreichenden

Auswirkungen auf die Zertifizierung dient dieses Vorgehen auch der Erhöhung der Rechtssicherheit bei verhältnismäßiger Abgrenzung des Informationsbedarfs zu spezifischen Umständen (in diese Richtung auch Kment EnWG/Franke § 4a Rn. 17). Unterrichtungspflichten, die über die im Zertifizierungsbescheid benannten oder nachträglich als Auflage ergänzten Unterrichtungspflichten hinausgehen, sollten aufgrund der drohenden Bußgeldsanktion nur auf eindeutige Konstellation beschränkt bleiben.

II. Neubewertung der Zertifizierung

Die Umstände müssen auch Auswirkungen auf die Zertifizierung haben. Damit soll zum einen vermieden werden, dass die Regulierungsbehörde über sämtliche Umstände des Transportnetzbetreibers informiert wird. Zum anderen soll erreicht werden, dass der Transportnetzbetreiber keine relevanten Informationen zurückhält.

Der Begriff „Neubewertung" spricht als Indiz dafür, dass das Informationsbedürfnis eine gesteigerte Relevanz des Umstandes für die Zertifizierung haben muss. Dies wird im Umkehrschluss auch so verstanden, dass die Information auch dazu geeignet sein muss, dass die Zertifizierung auf Grundlage dieser neuen Informationen wegfallen würde (Kment EnWG/Franke § 4c Rn. 2). Als personengebundene Entscheidung dürfte dies insbesondere der Fall sein, wenn der Betreiber des Transportnetzes wechselt (vgl. → § 4a Rn. 8).

Im Bereich der Entflechtungsvariante als Unabhängiger Transportnetzbetreiber existieren sehr umfangreiche und detailbezogene Entflechtungsvorgaben (beispielhaft Einsatz von Personal und Informationstechnologie, § 10a Abs. 5; Nutzung von Räumlichkeiten, § 10a Abs. 6). Der Transportnetzbetreiber befindet sich deshalb in einem Spannungsverhältnis, weil sich für bestimmte „Umstände" die Zertifizierungsrelevanz unter Umständen erst im Nachhinein oder durch eine Auslegungsvariante herausstellen kann. Nicht zuletzt aufgrund der sehr weitreichenden Bußgeldsanktion (§ 95 Abs. 1 Nr. 1b) kann in diesem Zusammenhang ausschließlich eine ex-ante-Sicht zugrunde gelegt werden. Infolgedessen kann vom Transportnetzbetreiber lediglich verlangt werden, dass Umstände mitgeteilt werden, die auch im Zeitpunkt der Informationsgewinnung vernünftigerweise als zertifizierungsrelevant bewertet werden mussten und somit zum Widerruf der Zertifizierung führen müssten (→ Rn. 11).

C. Unterrichtung der Regulierungsbehörde (S. 1)

I. Zeitpunkt der Unterrichtung

Bereits über geplante Umstände ist die Regulierungsbehörde zu unterrichten. Geplant bedeutet zunächst, dass eine Unterrichtung in der Regel zu spät erfolgen würde, wenn der Umstand eingetreten bzw. die Transaktion oder Maßnahme umgesetzt ist. Sofern der Umstand im Willen des Transportnetzbetreibers liegt, hat deshalb die Unterrichtung vor dem Zeitpunkt der letzten möglichen Entscheidung zu erfolgen. Zum anderen ist nicht jede Überlegung innerhalb der Prüfungsphase der Regulierungsbehörde mitzuteilen (Britz/Hellermann/Hermes/Stamm, 3. Aufl., § 4c Rn. 8). Anders als bei Unterrichtungspflichten im Bereich der betrieblichen Mitbestimmung wird man nicht davon ausgehen können, dass die Regulierungsbehörde bereits dann einzubeziehen ist, wenn Lösungsmöglichkeiten entwickelt werden und zwangsläufig eine Mitsprache der Regulierungsbehörde bei der Entscheidungsfindung ermöglicht werden soll (vgl. bspw. BAG NJW 1972, 2328). Zu welchem Zeitpunkt die Unterrichtung rechtmäßig erfolgt, wird deshalb zum größten Teil von den konkreten Umständen abhängig sein. Allerdings erscheint es in Abhängigkeit von den wirtschaftlichen Auswirkungen sinnvoll, bereits frühzeitig die Regulierungsbehörde einzubinden. Im Bereich von Transaktionen wird bspw. nicht jeder abgeschlossene Letter of Intent (hier verstanden im Sinne einer rechtlich nicht verbindlichen Absichtserklärung) eine Unterrichtungspflicht auslösen (nicht nach der Verbindlichkeit differenzierend Britz/Hellermann/Hermes/Stamm, 3. Aufl., § 4c Rn. 8). Teilweise können auch Vorgespräche mit der Regulierungsbehörde geführt werden, um die Bewertungstendenz in Erfahrung zu bringen. Schlussendlich liegen der Unterrichtungspflicht im Regelfall unternehmerische Entscheidungen zugrunde, deren Umsetzung nicht von der Genehmigung der Regulierungsbehörde oder von einer Frist für Einwände durch die Regulierungsbehörde abhängt. Dies ist ausdrücklich für das Gleichbehandlungsprogramm (§ 10e Abs. 1 S. 1) bzw. die Benennung der Mitglieder der obersten Unternehmensleitung des Transportnetzbetreibers (§ 10c Abs. 1 S. 3) vorgesehen. Insbesondere wird eine „Genehmigung" iSv § 10b Abs. 5 S. 2 ausschließlich im Zertifizierungsverfahren nach § 4a gefordert (→ § 4a Rn. 44), nicht hingegen für Umstände iRv § 4c.

II. Frist zur Unterrichtung

14 Die Information hat „unverzüglich" zu erfolgen, womit auf die gesetzliche Definition für „ohne schuldhaftes Zögern" in § 121 Abs. 1 BGB (BeckOK/BGB/Wendtland BGB § 121 Rn. 6) Bezug genommen wird. Eine entsprechende zeitliche Komponente ist in der Elektrizitäts-Binnenmarkt-Richtlinie 2009/72/EG und der Gas-Binnenmarkt-Richtlinie 2009/73/EG nicht vorgesehen.

15 Aufgrund der Bußgeldrelevanz nach § 95 Abs. 1 Nr. 1b dürfen hier keine überspannten Anforderungen gestellt werden, zumal sich im Zusammenhang mit dem Begriff „geplant" nicht in jedem Fall ein eindeutiger Zeitpunkt definieren lässt.

III. Form der Unterrichtung

16 Eine bestimmte Form der Unterrichtung ist nicht von der Vorschrift vorgegeben und wird auch nicht in der Elektrizitäts-Binnenmarkt-Richtlinie 2009/72/EG oder der Gas-Binnenmarkt-Richtlinie 2009/73/EG gefordert. Aus Gründen des Nachweises der Unterrichtung empfiehlt sich für den Transportnetzbetreiber die Übersendung in Textform per E-Mail oder Schriftform. Eine Unterrichtung erfordert darüber hinaus die relevanten Angaben der Umstände (bspw. betroffene Personen, Zeitpunkte der Wirksamkeit von Maßnahmen etc) und die Übermittlung der als relevant anzusehenden Unterlagen, aus denen sich die Neubewertung der Zertifizierung ergeben würde (Britz/Hellermann/Hermes/Stamm, 3. Aufl., § 4c Rn. 10).

17 Bei Transportnetzbetreibern im vertikal integrierten Energieversorgungsunternehmen wird die Mitteilung der Information in der Regel durch die Person des Gleichbehandlungsbeauftragten im Rahmen von deren Informationspflicht nach § 10e Abs. 4 durchgeführt, ohne dass dies zwingend in dieser Form gehandhabt werden muss oder daraus weitere Schlüsse für die Verantwortlichkeit des Gleichbehandlungsbeauftragten gezogen werden könnten.

IV. Unterrichtung bei Vertraulichkeitsvereinbarungen uÄ

18 Die Unterrichtungspflicht kann im Konflikt mit inzwischen üblichen Vertraulichkeits- oder Geheimhaltungsvereinbarungen mit Dritten stehen. Die in der Regel vorgesehenen Ausnahmen im Rahmen derartiger Vereinbarungen sind häufig auf Fälle beschränkt, in denen eine spezielle Anordnung existiert oder eine gesetzliche Verpflichtung besteht und ist häufig mit verschiedenen Einschränkungen verbunden (bspw. vorherige Informationspflicht an den ursprünglichen Inhaber der vertraulichen Informationen – vgl. BeckFormB ZivilR/Thurn/Ziegenhain N.1. Vertraulichkeitsvereinbarung – Non-Disclosure Agreement § 7). Dies ist aufgrund der proaktiven Unterrichtungspflicht sowie der kurzen Fristsetzung nicht immer praktikabel. In jedem Fall wäre der vertragliche Ausnahmetatbestand einer gesetzlichen Verpflichtung zugunsten des Transportnetzbetreibers auch auf § 4c S. 1 anzuwenden und weitergehende Einschränkungen in diesem Sinne auszulegen. Dies hat zur Folge, dass der Transportnetzbetreiber ohne Verstoß gegen derartige Vereinbarungen vorrangig der Unterrichtungspflicht nachkommen kann. Im Zweifel empfiehlt sich eine Regelung, wonach die Regulierungsbehörden ohne Einschränkungen über sämtliche Umstände unterrichtet werden können.

D. Rechtsfolgen nicht ordnungsgemäßer Unterrichtung

19 Eine nicht wie gesetzlich vorgeschriebene Unterrichtung kann im Ermessen der Regulierungsbehörde nach Maßgabe von § 95 Abs. 1 Nr. 1b iVm Abs. 2 S. 1 mit einem Bußgeld bis zu 100.000 EUR geahndet werden. Eine entsprechende ausdrückliche Sanktionsmöglichkeit

sehen die Elektrizitäts-Binnenmarkt-Richtlinie 2009/72/EG und die Gas-Binnenmarkt-Richtlinie 2009/73/EG nicht vor, sondern beschränken sich auf allgemeine Angaben zu wirksamen, verhältnismäßigen und abschreckenden Sanktionen (vgl. Erwägungsgrund 84 Elektrizitäts-Binnenmarkt-Richtlinie (EU) 2019/944 und Erwägungsgrund 33 Gas-Binnenmarkt-Richtlinie 2009/73/EG). Zur Vermeidung eines Bußgeldes sind vom Inhaber des Unternehmens erforderliche Aufsichtsmaßnahmen zu ergreifen und umzusetzen (§ 130 OWiG iVm § 9 Abs. 1 OWiG, vgl. BeckOK OWiG/Beck OWiG § 130 Rn. 36). Im Rahmen der Unterrichtungspflicht sind deshalb beschäftigte Personen in geeigneter Weise über die gesetzlichen Anforderungen zu informieren (Britz/Hellermann/Hermes/Stamm, 3. Aufl., § 4c Rn. 13), was in der Regel durch unternehmensinterne Richtlinien, Handlungsanweisungen oder sonstige Mitteilungen im Rahmen des Weisungsrechts nach § 106 GewO (vergleichbar mit Verhaltensrichtlinien, vgl. BeckOK GewO/Hoffmann/Schulte GewO § 106 Rn. 71) erfolgt.

E. Kontrolländerung bei Drittstaatenbezug (S. 2, 3 und 4)

I. Anwendungsbereich der Vorschrift

Im Falle des Wechsels der Kontrolle an einem Transportnetzbetreiber zugunsten von Personen aus Drittstaaten ist dieser Umstand durch Transportnetzbetreiber besonders mitzuteilen (§ 4c S. 2). Infolgedessen informiert die Regulierungsbehörde auch das Bundesministerium für Wirtschaft und Energie sowie die Europäische Kommission. In diesem Zusammenhang soll das Bundesministerium für Wirtschaft und Energie seine Bewertung iRv § 4b Abs. 1 widerrufen können. 20

Die Vorschrift kann unter mehreren Gesichtspunkten kritisiert werden und gar als „verunglückt" bezeichnet werden (Britz/Hellermann/Hermes/Stamm, 3. Aufl., § 4c Rn. 16). Die grundlegende Zielrichtung der Vorschrift kann indes durch Auslegung ermittelt werden. Könnten Angehörige eines Drittstaates die Kontrolle über einen Transportnetzbetreiber erlangen, soll dieser Umstand von der Regulierungsbehörde auch an das Bundesministerium für Wirtschaft und Energie und die Europäische Kommission eskaliert werden. Diese haben zu bewerten, ob dieser Kontrollerwerb die Sicherheit der Energieversorgung gefährden und insbesondere Einfluss auf die Versorgungssicherheit haben wird (§ 4b Abs. 3 S. 1 und 2, → § 4b Rn. 7). Diese erneute Bewertung hat die Regulierungsbehörde wiederum bei ihrer Zertifizierungsentscheidung zu berücksichtigen. 20.1

II. Widerruf der Bewertung

Die Vorschrift sieht auch einen Widerruf der Bewertung durch das Bundesministerium für Wirtschaft und Energie vor. Dazu verweist § 4c S. 4 zunächst auf die Bewertung nach „§ 4b Abs. 1". Unter der Annahme eines Redaktionsversehens ist darunter die Bewertung nach § 4b Abs. 3, Abs. 2 S. 1 zu verstehen, da ansonsten keinerlei Anwendungsbereich bestehen würde. 21

Zudem ist zu klären, welche Bewertung „widerrufen" werden kann. Der Begriff „widerrufen" ist nicht im streng juristischen Sinne zu verstehen. Sofern ein Transportnetzbetreiber bisher unter der Kontrolle von einer oder mehreren Personen steht, die nicht aus Drittstaaten stammen, gibt es keine Bewertung nach § 4b Abs. 3, die geändert oder widerrufen werden könnte. In diesem Fall wäre überhaupt erst ein erweitertes Verfahren nach § 4b einzuleiten, in dessen Rahmen das Bundesministerium für Wirtschaft und Energie eine Bewertung nach § 4b Abs. 3 abgeben kann (Theobald/Kühling/Hendrich § 4c Rn. 4). Ein geringer Anwendungsbereich verbleibt der Norm für den Fall, dass bereits ein (erstmaliger) Kontrollerwerb durch Angehörige aus Drittstaaten stattgefunden hat und nun eine Veränderung der Kontrollverhältnisse durch andere Angehörige aus Drittstaaten erfolgt und erneut zu bewerten ist (Säcker EnergieR/Lucks § 4c Rn. 6). 22

Eine Regelungslücke könnte angenommen werden, wenn Umstände eintreten, die zwar die politische Bewertung der Energieversorgungssicherheit beeinflussen, allerdings nicht auf eine Änderung der Kontrolle, sondern bspw. eine unternehmerische Entscheidung zurückzuführen sind. Der Wortlaut nimmt ausdrücklich auf § 4c S. 2 Bezug, der ausschließlich den Fall des Erhalts der Kontrolle regelt (quasi im Sinne einer Eingangskontrolle). Die Gesetzesbegründung (BT-Drs. 17/6072) geht auf diesen 22.1

Aspekt nicht ein. Auch die Regelungen der Art. 11 Elektrizitäts-Binnenmarkt-Richtlinie 2009/72/EG und Art. 11 Gas-Binnenmarkt-Richtlinie 2009/73/EG sehen nur eine Entscheidung zum Zeitpunkt des Erwerbs der Kontrolle vor. Da es sich um eine politische Bewertung handelt, muss in diesen Fällen nicht zwangsläufig auch eine konkrete Gefährdung der Betriebssicherheit oder Versorgungssicherheit eingetreten sein. Auch § 4d gibt ausschließlich der Regulierungsbehörde die Befugnis für nachträgliche Maßnahmen. Für diesen Fall scheint das Bundesministerium für Wirtschaft und Energie keine Befugnis zu haben, die politische Bewertung abändern zu können. Allerdings wird man vor diesem Hintergrund § 4c S. 1 auch auf solche Umstände erweitern müssen, die sich auf die Gefährdung der Energieversorgungssicherheit beziehen. Der Wortlaut von § 4c S. 1 nimmt zumindest ausdrücklich auch Bezug auf § 4b. Vor dem Hintergrund des unspezifischen Prüfprogramms in § 4b Abs. 3 würden sich daraus u.a. weitreichende Beobachtungspflichten für eine kontrollierende Person aus einem Drittstaat über politische Vereinbarungen mit der BRD und der EU ergeben. Umso bedeutsamer erscheint es, dass die Regulierungsbehörde über Auflagen das Informationsbedürfnis weitgehend spezifizieren (vgl. → Rn. 9). Sofern im Zertifizierungsbescheid der Widerruf vorbehalten ist (→ § 4a Rn. 27), wäre als ultima ratio die Zertifizierung zu widerrufen.

§ 4d Widerruf der Zertifizierung nach § 4a, nachträgliche Versehung mit Auflagen

¹Die Regulierungsbehörde kann eine Zertifizierung nach § 4a oder § 4b widerrufen oder erweitern oder eine Zertifizierung nachträglich mit Auflagen versehen sowie Auflagen ändern oder ergänzen, soweit auf Grund geänderter tatsächlicher Umstände eine Neubewertung der Zertifizierungsvoraussetzungen erforderlich wird. ²Die Regulierungsbehörde kann eine Zertifizierung auch nachträglich mit Auflagen versehen sowie Auflagen ändern oder ergänzen. ³Insbesondere kann sie dem Transportnetzbetreiber Maßnahmen aufgeben, die erforderlich sind, um zu gewährleisten, dass der Transportnetzbetreiber die Anforderungen der §§ 8 bis 10e erfüllt. ⁴§ 65 bleibt unberührt.

Überblick

§ 4d erlaubt der zuständigen Regulierungsbehörde (→ Rn. 15), Zertifizierungsentscheidungen nach § 4a oder § 4b (→ Rn. 2) zu widerrufen (→ Rn. 3), zu erweitern (→ Rn. 8) oder mit Auflagen zu versehen (→ Rn. 10). Im Wege der Anfechtungs- und Verpflichtungsbeschwerde können Transportnetzbetreiber die behördliche Entscheidung gerichtlich kontrollieren lassen (→ Rn. 12).

A. Hintergrund

1 § 4d wurde durch Art. 1 Nr. 4 des Gesetzes zur Neuregelung energiewirtschaftsrechtlicher Vorschriften vom 26.7.2011 (BGBl. I 1554) in das EnWG eingefügt und dient der Umsetzung der unionsrechtlichen Zertifizierungsvorgaben. Unionsrechtlich ist vorgesehen, dass die zuständige Regulierungsbehörde die Einhaltung der Zertifizierungsvorgaben ständig überwacht und kontrolliert (Art. 10 Abs. 4 lit. b Gas-Binnenmarkt-Richtlinie 2009/73/EG). Transportnetzbetreiber müssen die Voraussetzung der Zertifizierungsentscheidung daher nicht nur zum Zeitpunkt der Zertifizierung einhalten; die Zertifizierungsvorgaben müssen dauerhaft gewahrt werden. Mit § 4d bekommt die zuständige Behörde die Möglichkeit, die Zertifizierungsentscheidung zu widerrufen oder nachträglich zu verändern.

B. Regelungsgehalt

I. Zertifizierungsentscheidung als Anknüpfungspunkt

2 Die in § 4d geregelten behördlichen Handlungsinstrumente knüpfen an eine erteilte Zertifizierungsentscheidung nach § 4a bzw. § 4b an. Nach § 4a bedürfen Transportnetzbetreiber (→ § 3 Nr. 31e Rn. 1) einer sog. Zertifizierung. Durch das Zertifizierungsverfahren soll sichergestellt werden, dass die Vorgaben der Entflechtung durch die Transportnetzbetreiber

eingehalten werden (§§ 8–10e). § 4b enthält Regelungen zur Zertifizierung von Transportnetzbetreibern mit einem Drittstaatenbezug.

II. Widerruf der Zertifizierungsentscheidung

Nach § 4d S. 1 ist die zuständige Behörde (→ Rn. 15) befugt, eine rechtmäßig erlassene 3
Zertifizierungsentscheidung zu widerrufen. Der Widerruf ist nach allgemeinem verwaltungsrechtlichem Verständnis ein Unterfall der Aufhebung von Verwaltungsakten und bezieht sich – im Gegensatz zur Rücknahme nach § 48 VwVfG – auf eine rechtmäßig erteilte Verwaltungsentscheidung. Der Widerruf ist damit eines der stärksten Eingriffsbefugnisse der Regulierungsbehörde, weil er die rechtmäßig erteilte Verwaltungsentscheidung aufhebt.

§ 4d S. 1 sieht für den Widerruf der Zertifizierungsentscheidung nach § 4a und § 4b eine 4
eigenständige Ermächtigungsgrundlage vor und schafft eine partielle Sonderregelung zu § 49 Abs. 2 Nr. 3 VwVfG. Nach Auffassung der BNetzA ist § 4d S. 1 EnWG als spezialgesetzliche Regelung gegenüber dem § 49 Abs. 2 Nr. 3 VwVfG vorrangig anzuwenden (BNetzA, Beschl. v. 20.10.2015, BK7-15-091, S. 3 (Widerruf der Zertifizierung der Gasunie Ostseeanbindungsleitung GmbH)). Anders als nach der allgemeinen Regelung in § 49 VwVfG ist für § 4d das öffentliche Interesse an einem Widerruf nicht notwendig; ein solches öffentliches Interesse ist auch auf Unionsebene für den Widerruf nicht vorgesehen. Zudem löst ein Widerruf nach § 4d S. 1 abweichend zu § 49 Abs. 6 S. 1 VwVfG keine Entschädigungsansprüche aus (Bourwieg/Hellermann/Hermes/Stamm § 4d Rn. 3).

Der Widerruf kommt nur in Betracht, soweit aufgrund „**geänderter tatsächlicher** 5
Umstände" eine Neubewertung der Zertifizierungsvoraussetzungen erforderlich wird. Das entspricht, auch bei abweichendem Wortlaut, den „nachträglich eingetretenen Tatsachen" nach § 49 Abs. 2 Nr. 3 VwVfG und erfordert, dass sich Tatsachen geändert haben oder hinzugekommen sind, die für die Bewertung der Zertifizierungsentscheidung relevant sind (Bourwieg/Hellermann/Hermes/Stamm § 4d Rn. 5). Damit dem Unionsrecht umfassend Rechnung getragen wird, ist dieses Tatbestandsmerkmal weit auszulegen und erfasst Tatsachen unabhängig davon, ob sie aus der Sphäre des Transportnetzbetreibers stammen oder bspw. durch die Regulierungsbehörde oder die Europäische Kommission geschaffen wurden (Bourwieg/Hellermann/Hermes/Stamm § 4d Rn. 5). Rechtsänderungen oder veränderte rechtliche Auffassungen in Praxis und Rechtsprechung sind dagegen keine geänderten tatsächlichen Umstände (BVerwG BeckRS 1973, 452; NVwZ 1984, 102 (103); 1991, 577 (579); Kopp/Ramsauer/Ramsauer VwVfG § 49 Rn. 45).

Der Widerruf einer Zertifizierungsentscheidung unterfällt dem allgemeinen Verhältnismä- 6
ßigkeitsgebot und steht im Ermessen der Regulierungsbehörde („**kann**") (Kment EnWG/Franke § 4d Rn. 2; Elspas/Graßmann/Rasbach/Haellmigk/Hansen EnWG § 4d Rn. 7). Für eine rechtmäßige Widerrufsentscheidung ist daher notwendig, dass die Einhaltung der Entflechtungsvorgaben und damit die Erhaltung der Zertifizierungsentscheidung nicht durch andere (behördliche) Instrumente, wie bspw. Nebenbestimmungen oder einen Teilwiderruf, erreicht werden kann. In die Ermessenserwägung hat die Regulierungsbehörde einzustellen, dass der Widerruf der Zertifizierungsentscheidung die ultima ratio ist und damit nur vorgenommen werden kann, wenn die Erreichung rechtmäßiger Zustände auf andere Weise nicht möglich ist.

Der Widerruf wirkt ex nunc (BVerwG NJW 1958, 154 (155); Kopp/Ramsauer/Ramsauer 7
VwVfG § 49 Rn. 8; Obermayer/Funke-Kaiser/Baumeister VwVfG § 49 Rn. 23). Er wird grundsätzlich mit dem Bekanntwerden wirksam (§ 43 Abs. 1 VwVfG) (BVerwG BeckRS 2017, 139150 Rn. 10; Stelkens/Bonk/Sachs/Sachs VwVfG § 43 Rn. 174). Die zuständige Behörde kann auch einen späteren Wirksamkeitszeitpunkt bestimmen, bspw. die Bestandskraft des Widerrufes, und sie kann – ggf. zur Wahrung der Verhältnismäßigkeit – einen Übergangszeitraum bestimmen.

Ein Widerruf der Zertifizierungsentscheidung kommt in Zukunft für die Ferngas Netzgesellschaft 7.1
mbH in Betracht. In der Zertifizierungsentscheidung vom 29.1.2020 (BK7-18-051) hat die BNetzA vorgesehen, dass die Ferngas Netzgesellschaft mbH ihre Netzstruktur nach der Marktgebietszusammenlegung am 1.10.2021 nochmals zur Prüfung bei der BNetzA vorlegen muss. Weil die Ferngas Netzgesellschaft mbH durch die Marktgebietszusammenlegung ihren einzigen Marktgebietsübergangspunkt verlieren wird, verliert sie damit – jedenfalls nach dem nationalen Recht – auch die Eigenschaft als

Fernleitungsnetzbetreiber nach § 3 Nr. 5 und unterfällt damit nicht mehr dem Entflechtungsregime des EnWG. Das wird vermutlich zum Widerruf der erteilten Zertifizierungsentscheidung führen. Unklar ist allerdings das Zusammenwirken mit dem Unionsrecht. Die Europäische Kommission hat in der Stellungnahme zur Zertifizierungsentscheidung darauf hingewiesen, dass das deutsche Begriffsverständnis zum Fernleitungsnetzbetreiber von dem Begriffsverständnis auf Unionsebene abweicht. Insbesondere ist auf Unionsebene **nicht** vorgesehen, dass die Einstufung als Fernleitung (und folglich als Fernleitungsnetzbetreiber) vom Vorhandensein von Grenz-, oder Marktgebietsübergangspunkten abhängt (s. dazu auch Stellungnahme C(2019) 9299 final).

III. Erweiterung der Zertifizierungsentscheidung

8 § 4d S. 1 gibt der zuständigen Behörde die Befugnis, eine bestehende Zertifizierungsentscheidung zu erweitern. Die Erweiterung der Zertifizierungsentscheidung ist immer dann möglich, soweit aufgrund „**geänderter tatsächlicher Umstände**" eine Veränderung der Zertifizierungsentscheidung erforderlich ist.

9 Eine Erweiterung der Zertifizierungsentscheidung kann sich aus unterschiedlichen Gründen ergeben. Eine **sachliche Erweiterung** der Zertifizierungsentscheidung kommt in Betracht, wenn sich die Organisation des Transportnetzbetreibers etwa durch interne Umstrukturierung oder Zukauf von Geschäftsbereichen verändert. Zudem sind auch Erweiterungen der Zertifizierungsentscheidung in **personeller Hinsicht** denkbar, bspw. bei Drittstaatenbezug (§ 4b). Dagegen erfordert die räumliche Erweiterung des Netzes keine Erweiterung der Zertifizierungsentscheidung. Der Umfang des Netzes ist nicht Gegenstand der Zertifizierungsentscheidung, sodass Netzausbaumaßnahmen oder Netzübernahmen regelmäßig nicht dazu führen, dass die Zertifizierungsentscheidung anders bewertet und neu getroffen werden müsste.

IV. Gesetzlicher Auflagenvorbehalt (S. 1, 2, 3)

10 § 4d S. 1 und 2 erlaubt es der zuständigen Behörde, dass sie die Zertifizierungsentscheidung nachträglich mit Auflagen versieht und bestehende Auflagen ändert oder ergänzt. Damit besteht ein gesetzlicher Auflagenvorbehalt für Zertifizierungsentscheidungen, der von dem Rechtsgrundsatz, wonach Nebenbestimmungen mit der Hauptentscheidung zu erlassen sind (§ 36 Abs. 2 VwVfG), abweicht (VGH BW BeckRS 2008, 35607 Rn. 19; Knack/Henneke/Henneke/Berger VwVfG § 36 Rn. 49; Stelkens/Bonk/Sachs/Stelkens VwVfG § 36 Rn. 36 ff.). § 4d S. 1 setzt voraus, dass die Auflagen aufgrund „**geänderter tatsächlicher Umstände**" aufgegeben bzw. verändert oder ergänzt werden und ist damit anlassbezogen. Nach Satz 2 sind diese geänderten tatsächlichen Umstände nicht erforderlich und die zuständige Behörde kann den gesetzlichen Auflagenvorbehalt auch aus anderen Gründen nutzen, um die Umsetzung der bestehenden Zertifizierungsentscheidung sicherzustellen. Dieses zielbezogene Verständnis des Satzes 2 bestätigt auch das Regelbeispiel des Satzes 3, wonach die zuständige Behörde dem Transportnetzbetreiber auch Maßnahmen aufgeben kann, die erforderlich sind, damit der Transportnetzbetreiber die gesetzlichen Anforderungen aus §§ 8–10e erfüllt (mit der Unterscheidung zwischen anlass- und zielbezogener Maßnahme: Bourwieg/Hellermann/Hermes/Stamm § 4d Rn. 18). Eine solche zielbezogene Maßnahme erließ die BNetzA beispielsweise bei Änderung der Gesellschaftsstruktur (siehe BK6-12-277 S. 3 zur TenneT Offshore 1. Beteiligungsgesellschaft mbH und BK6-15-045 S. 3 zur TenneT Offshore 9. Beteiligungsgesellschaft mbH). Mit dem Auflagenvorbehalt nach Satz 2 wird der zuständigen Behörde die Möglichkeit gegeben, nachträgliche Rechtsänderungen oder veränderte Rechtsansichten durch zusätzliche oder geänderte Auflagen in der Zertifizierungsentscheidung nachträglich umzusetzen. Satz 2 geht damit weiter als Satz 1, sodass sich der Regelungsgehalt des Satzes 1 in Satz 2 doppelt (Bourwieg/Hellermann/Hermes/Stamm § 4d Rn. 18; Theobald/Kühling/Hendrich § 4d Rn. 1).

11 Der Auflagenvorbehalt steht im Ermessen der Behörde („**kann**") und unterfällt dem allgemeinen Verhältnismäßigkeitsgebot. Das kann es erforderlich machen, dass die zuständige Behörde bei nachträglichen Auflagen bzw. der nachträglichen Veränderung bestehender Auflagen dem Transportnetzbetreiber hinreichende (Übergangs-)Fristen einräumt.

C. Rechtsschutz

Der Widerruf der Zertifizierungsentscheidung sowie die Auferlegung weiterer Nebenbestimmungen sind für den Transportnetzbetreiber belastende Verwaltungsakte, gegen die im Wege einer Anfechtungsbeschwerde durch den Transportnetzbetreiber vorgegangen werden kann (§ 75 Abs. 1 S. 1). Die nachträgliche Regelung, Veränderung oder Ergänzung von Auflagen ist als selbstständiger Verwaltungsakt isoliert anfechtbar (Bourwieg/Hellermann/Hermes/Stamm § 4d Rn. 20). Bei der Anfechtungsbeschwerde entfällt die aufschiebende Wirkung nach § 76 Abs. 1. 12

Die Erweiterung der Zertifizierungsentscheidung ist in der Regel ein den Transportnetzbetreiber begünstigender Verwaltungsakt, sodass eine Verpflichtungsbeschwerde statthaft ist. Eine Anfechtungsbeschwerde kommt aber dann in Betracht, wenn die Erweiterungsentscheidung mit (modifizierenden) Nebenbestimmungen versehen wird. Wenn und soweit keine Einigkeit zwischen der zuständigen Behörde und dem Transportnetzbetreiber besteht, ob „geänderte tatsächliche Umstände" eine Erweiterung der Zertifizierungsentscheidung erforderlich machen, kann eine Feststellungsbeschwerde in Betracht kommen (zur Statthaftigkeit der Feststellungsbeschwerde: Bourwieg/Hellermann/Hermes/Laubenstein/Bourzaeri § 75 Rn. 3). 13

D. Verhältnis zu anderen Vorschriften (S. 4)

§ 4d S. 4 stellt klar, dass § 65 unberührt bleibt und regelt damit, dass die Regulierungsbehörde im Zusammenhang mit der Zertifizierungsentscheidung auch auf der Grundlage der allgemeinen Anordnungsbefugnis tätig werden kann. Das betrifft insbesondere solche Fälle, in denen ein Transportnetzbetreiber seine Tätigkeit gänzlich ohne Zertifizierungsentscheidung aufnimmt. In einem solchen Fall fehlt für die in § 4d geregelten Handlungsinstrumente bereits die Zertifizierungsentscheidung als Anknüpfungspunkt (Kment EnWG/Franke § 4d Rn. 3). Liegt jedoch eine Zertifizierungsentscheidung vor, dann sind die in § 4 S. 1–3 aufgeführten Handlungsinstrumente gegenüber § 65 vorrangig (Kment EnWG/Franke § 4d Rn. 3). § 65 ist vor allem in solchen Fällen anzuwenden, in denen die Einhaltung der Entflechtungsvorgaben und damit auch die (unveränderte) Erhaltung der Zertifizierungsentscheidung dadurch erreicht werden kann, dass ein Dritter Adressat der behördlichen Maßnahme wird; das ist nach § 4d nicht möglich, wohl aber nach § 65 (BT-Drs. 17/6072, 53). 14

E. Zuständigkeit

Zuständig ist nach § 4d S. 1 die Regulierungsbehörde. Für einen Widerruf ist nach allgemeinem Verwaltungsrecht die Behörde sachlich zuständig, die zum Zeitpunkt der Aufhebungsentscheidung für den Erlass des aufzuhebenden Verwaltungsaktes zuständig wäre (BVerwG NVwZ 1992, 63 (64); NVwZ-RR 2012, 431 f.; BeckOK VwVfG/Abel, 59. Ed. 1.04.2023, VwVfG § 49 Rn. 86). Die Zuständigkeit für die Zertifizierung nach § 4a ergibt sich aus § 54 Abs. 1 für die BNetzA (Säcker EnergieR/Lucks § 4a Rn. 10). Dabei ist die Beschlusskammer 6 für die Übertragungsnetzbetreiber zuständig und Beschlusskammer 7 für Fernleitungsnetzbetreiber (vgl. § 59 Abs. 1 S. 1; Säcker EnergieR/Lucks § 4d Rn. 10). Für den Widerruf der Zertifizierung nach § 4a oder das nachträgliche Versehen mit Auflagen ist dementsprechend ebenfalls die BNetzA zuständig (vgl. Säcker EnergieR/Lucks § 4d Rn. 3). Die Zuständigkeit der entsprechenden Kammern gilt auch hier (vgl. BK6-15-045 bei TenneT Offshore 9. Beteiligungsgesellschaft mbH). 15

§ 5 Anzeige der Energiebelieferung

(1) ¹Energielieferanten, die Haushaltskunden mit Energie beliefern, müssen nach Maßgabe des Absatzes 2 Satz 1 und 2 die Aufnahme und Beendigung der Tätigkeit sowie Änderungen ihrer Firma bei der Bundesnetzagentur anzeigen; ausgenommen ist die Belieferung von Haushaltskunden ausschließlich innerhalb einer Kundenanlage oder eines geschlossenen Verteilernetzes sowie über nicht auf Dauer angelegte Leitungen. ²Die Bundesnetzagentur veröffentlicht laufend auf ihrer Inter-

netseite eine Liste der angezeigten Energielieferanten; dabei werden die Firma und die Adresse des Sitzes der angezeigten Energielieferanten veröffentlicht. ³Von der Bundesnetzagentur werden monatlich die Energielieferanten veröffentlicht, die in den jeweils letzten zwölf Monaten die Beendigung ihrer Tätigkeit angezeigt haben.

(2) ¹Die nach Absatz 1 Satz 1 erster Halbsatz erforderliche Anzeige der Aufnahme der Tätigkeit ist unverzüglich vorzunehmen. ²Die nach Absatz 1 Satz 1 erster Halbsatz erforderliche Anzeige der Beendigung der Tätigkeit hat der Energielieferant nach Maßgabe des Satzes 4 und so rechtzeitig vorzunehmen, dass diese der Bundesnetzagentur spätestens drei Monate vor dem geplanten Beendigungstermin zugeht. ³Der Energielieferant darf die Tätigkeit nicht vor Ablauf des nach Satz 2 angezeigten Beendigungstermins beenden, es sei denn, er hat einen Antrag auf Eröffnung eines Insolvenzverfahrens gestellt. ⁴Mit der Anzeige der Beendigung der Tätigkeit nach Absatz 1 Satz 1 erster Halbsatz hat der Energielieferant zugleich den geplanten Beendigungstermin mitzuteilen und darzulegen, wie die Erfüllung der vertraglichen Verpflichtungen des Energielieferanten gegenüber Haushaltskunden bis zur geplanten Beendigung der Tätigkeit sichergestellt ist. ⁵Die vertraglichen Vereinbarungen zwischen dem Energielieferanten und den betroffenen Haushaltskunden bleiben unberührt.

(3) ¹Zeitgleich mit der Anzeige der Beendigung der Tätigkeit nach Absatz 2 Satz 2 hat der Energielieferant die von der Beendigung betroffenen Haushaltskunden und die Netzbetreiber, in deren Netzgebieten er Haushaltskunden beliefert, in Textform über das Datum der Beendigung seiner Tätigkeit zu informieren. ²Der Energielieferant ist verpflichtet, die Anzeige zugleich einfach auffindbar auf seiner Internetseite zu veröffentlichen.

(4) ¹Mit der Anzeige der Aufnahme der Tätigkeit ist das Vorliegen der personellen, technischen und wirtschaftlichen Leistungsfähigkeit sowie der Zuverlässigkeit der Geschäftsleitung darzulegen. ²Die Bundesnetzagentur ist berechtigt, das Vorliegen der personellen, technischen und wirtschaftlichen Leistungsfähigkeit sowie der Zuverlässigkeit der Geschäftsleitung jederzeit unter Nutzung der behördlichen Aufsichtsrechte nach diesem Gesetz zu überprüfen. ³Die Bundesnetzagentur kann die Vorlage des Jahresabschlusses über das letzte Geschäftsjahr und, sofern der Abschluss von einem Abschlussprüfer geprüft worden ist, auch die Vorlage des Prüfungsberichtes sowie des Bestätigungsvermerkes oder Versagungsvermerkes des Abschlussprüfers verlangen.

(5) ¹Die Regulierungsbehörde kann einem Energielieferanten die Ausübung der Tätigkeit jederzeit ganz oder teilweise untersagen, wenn die personelle, technische oder wirtschaftliche Leistungsfähigkeit oder Zuverlässigkeit nicht gewährleistet ist. ²Satz 1 sowie Absatz 1 Satz 3 und Absatz 4 sind nicht für Energielieferanten mit Sitz in einem anderen Mitgliedstaat der Europäischen Union anzuwenden, wenn der Energielieferant von der zuständigen Behörde des Herkunftsmitgliedstaates ordnungsgemäß zugelassen worden ist.

Überblick

Nach **Absatz 1** unterliegt die Belieferung von Haushaltskunden mit Energie einer **Anzeigepflicht** (→ Rn. 5). Für die Belieferung von Gewerbe- und Industriekunden besteht damit genauso wenig eine Anzeigepflicht wie für die Belieferung über ein Kundenanlage oder geschlossene Verteilernetze (→ Rn. 13). Die Anzeige hat gegenüber der BNetzA zu erfolgen, die auf ihrer Internetseite ein eigenes Formular zur Verfügung stellt (→ Rn. 23). **Absatz 2** regelt die **Anzeigefrist**. Die Aufnahme der Tätigkeit ist unverzüglich nach der Aufnahme anzuzeigen, während die Beendigung bereits mit einer Vorlauffrist von drei Monaten mitzuteilen ist (→ Rn. 27). Nach **Absatz 3** sind Haushaltskunden und Netzbetreiber über die Beendigung direkt zu informieren (→ Rn. 35). **Absatz 4** regelt die genaueren Vorgaben, welche eine Anzeige zu erfüllen hat. So sind Nachweise für die **personelle, technische und wirtschaftliche Leistungsfähigkeit** sowie die Zuverlässigkeit der Geschäftsleitung vorzulegen (→ Rn. 26). **Absatz 5** ermächtigt die BNetzA, einem Energie-

Anzeige der Energiebelieferung **§ 5 EnWG**

versorgungsunternehmen die Belieferung von Haushaltskunden ganz oder teilweise zu untersagen (Untersagungsverfügung) (→ Rn. 53). Die Regelung statuiert damit eine **ex-post-Kontrolle,** wenn die Leistungsfähigkeit oder Zuverlässigkeit nicht (mehr) gewährleistet ist.

Übersicht

	Rn.		Rn.
A. Normzweck und Entstehungsgeschichte	1	I. Bezugspunkt der Leistungsfähigkeit und Zuverlässigkeit	42
B. Anzeigepflicht (Abs. 1)	5	II. Leistungsfähigkeit	44
I. Energielieferung an Haushaltskunden	8	1. Personelle Leistungsfähigkeit	46
II. Gesetzliche Ausnahmen	13	2. Technische Leistungsfähigkeit	47
III. Anknüpfungspunkt	18	3. Wirtschaftliche Leistungsfähigkeit	48
IV. Zuständigkeit	23	III. Zuverlässigkeit	50
V. Sanktionierung	24	F. Untersagungsverfügung der BNetzA (Abs. 5)	53
VI. Veröffentlichung durch die BNetzA	25	I. Voraussetzungen	55
C. Frist der Anzeige (Abs. 2)	27	II. Verfahren und Rechtsschutz	58
D. Veröffentlichung der Beendigung (Abs. 3)	35	G. Ausnahme für EU-Energieversorgungsunternehmen	64
E. Inhalt und Form der Anzeige (Abs. 4)	39		

A. Normzweck und Entstehungsgeschichte

§ 5 dient dem **Schutz von Haushaltskunden** bei der Belieferung mit Strom und Gas (BT-Drs. 15/3917, 50). Durch die Anzeigepflicht nach Absatz 1 Satz 1 und die behördliche Eingriffsbefugnis nach Absatz 5 soll gewährleistet werden, dass nur **hinreichend leistungsfähige und zuverlässige Energieversorgungsunternehmen** auf dem deutschen Markt tätig werden. Ob durch § 5 allerdings ein wirksamer Verbraucherschutz erreicht werden kann, wird bezweifelt (Rosin/Pohlmann/Gentzsch/Metzenthin/Böwing/Jansen/Boemke § 5 Rn. 22). Denn vor dem in der Praxis häufigsten Fall einer Insolvenz des Energieversorgers kann die Untersagungsverfügung nur sehr eingeschränkt schützen, da im Zeitpunkt des Tätigwerdens der Regulierungsbehörde die wirtschaftliche Leistungsfähigkeit regelmäßig bereits derart verschlechtert ist, dass die Untersagungsverfügung zwangsweise zur Insolvenz des Energieversorgers führt. 1

In der **Vorgängerregelung** des EnWG 1998 stand die Energieversorgung anderer noch unter einem Genehmigungsvorbehalt (vgl. § 3 EnWG 1998). Mit dem **EnWG 2005** hat der Gesetzgeber den Bereich der Energiebelieferung nur noch durch eine Anzeigepflicht nach § 5 beschränkt. Der Gesetzgeber ist also von einer ex-ante-Kontrolle zu einer **ex-post-Kontrolle** übergegangen. Die Behörde muss demnach aktiv werden, wenn sie die Tätigkeit eines Energieversorgungsunternehmens untersagen möchte. Im Gegensatz dazu verblieb der Betrieb eines Energieversorgungsnetzes unter dem Genehmigungsvorbehalt (vgl. → § 4 Rn. 6). Aufgrund der Historie stehen §§ 4 und 5 in engem Zusammenhang. 2

§ 5 hat seit seiner Einführung **zwei Änderungen** erfahren. So wurde durch Gesetz vom 26.7.2011 (BGBl. I 1554) in Satz 1 aufgenommen, dass die Belieferung von Haushaltskunden ausschließlich innerhalb einer Kundenanlage oder eines geschlossenen Verteilernetzes sowie über nicht auf Dauer angelegte Leitungen von der Anzeigepflicht ausgenommen ist (→ Rn. 13). Ferner hat der Gesetzgeber den Absatz 5 Satz 2 ergänzt, wonach Absatz 5 Satz 1 sowie Absatz 1 Satz 3 und Absatz 4 nicht für Energieversorgungsunternehmen mit Sitz in einem anderen Mitgliedstaat der Europäischen Union gelten, wenn das Energieversorgungsunternehmen von der zuständigen Behörde des Herkunftsmitgliedstaats ordnungsgemäß zugelassen worden ist (→ Rn. 49). Damit kam der Gesetzgeber einer Vorgabe der Elektrizitäts-Binnenmarkt-Richtlinie 2009/72/EG und Gas-Binnenmarkt-Richtlinie nach (RL 2009/73/EG) (BT-Drs. 17/6072, 53). 3

Die zweite Änderung erfolgte durch Artikel 1 des Gesetzes vom 19.7.2022 (BGBl. I 1214) (Gesetz zur Änderung des Energiewirtschaftsrechts im Zusammenhang mit dem Klimaschutz-Sofortprogramm und zu Anpassungen im Recht der Endkundenbelieferung). Dieser gliederte § 5 in seine **aktuelle Struktur mit fünf Absätzen.** Der bisherige Inhalt des § 5 4 wurde dabei fortgeführt. Die Ergänzungen bezogen sich im Wesentlichen auf genauere Vorgaben hinsichtlich der Beendigung der Energielieferung. Denn in der Vergangenheit hatten verschiedene Energielieferanten im Zuge der Energiekrise 2021/2022 ihre Tätigkeit unkontrolliert eingestellt, was Verbraucher benachteiligte. Ob die Neuregelung allerdings geeignet ist, die Verbraucherrechte effektiv zu stärken, bleibt abzuwarten.

B. Anzeigepflicht (Abs. 1)

5   § 5 Abs. 1 S. 1 stipuliert eine **Anzeigepflicht** für die Aufnahme und Beendigung der Energiebelieferung von Haushaltungskunden sowie Änderungen der Firma des Energieversorgungsunternehmens.

6   **Adressat** der Regelung sind Energieversorgungsunternehmen iSd § 3 Nr. 18, also natürliche oder juristische Personen, die Energie an andere liefern (vgl. → § 3 Nr. 18 Rn. 3).

7   Bei Mehrpersonenkonstellationen hat der BGH dies dahingehend präzisiert, dass Energielieferant derjenige ist, der aus der objektiven Sicht eines durchschnittlichen Kunden tatsächlich als Stromlieferant auftritt (BGH BeckRS 2016, 12051). Diese Einordnung als Energielieferant hängt daher nicht von dem physikalischen Durchleitungsvorgang und damit von der tatsächlichen Leistungserbringung ab, sondern maßgeblich ist, wer aufgrund der getroffenen vertraglichen Vereinbarungen **aus Sicht des Kunden als Stromlieferant** auftritt (BGH BeckRS 2016, 12051).

I. Energielieferung an Haushaltskunden

8   Anzuzeigen ist die Energielieferung an **Haushaltskunden.** Nach der Begriffsdefinition des § 3 Nr. 22 sind Haushaltskunden alle Letztverbraucher, die Energie überwiegend für den Eigenverbrauch im Haushalt (**Privatverbraucher**) **oder** für den einen Jahresverbrauch von 10.000 kWh nicht übersteigenden Eigenverbrauch für berufliche, landwirtschaftliche oder gewerbliche Zwecke kaufen (**Kleinverbraucher**) (im Einzelnen → § 3 Nr. 22 Rn. 1). Wie viele Haushaltskunden das Energieversorgungsunternehmen beliefert, ist irrelevant. Bereits die Belieferung eines einzelnen Haushaltskunden löst die Anzeigepflicht aus.

9   Die Belieferung von größeren **Gewerbe- und Industriekunden,** die den Schwellenwert von 10.000 kWh/a übersteigen, fällt hingegen nicht unter die Anzeigepflicht.

10   Eine **Energielieferung** liegt vor, wenn auf Grundlage einer vertraglichen Vereinbarung Energie einer anderen Person zur Verfügung gestellt wird (BGH RdE 2021, 25 Rn. 20 ff. = BeckRS 2020, 15163; OLG Hamburg BeckRS 2014, 16421 Rn. 82 ff.). Insbesondere muss der Vertrag kein Entgelt für die Belieferung vorsehen. Eine Energielieferung liegt auch vor, wenn der Vertrag zwar eine Lieferung von Nutzenergie (Licht, Kraft, Wärme, Kälte) vorsieht, aber tatsächlich eine Energieumwandlung erst beim Letztverbraucher erfolgt (OLG Düsseldorf BeckRS 2015, 12433 Rn. 111 ff.). Eine **Eigenversorgung** erfüllt hingegen nicht den Tatbestand, da es an einer Lieferung an andere fehlt (Elspas/Graßmann/Rasbach/Wachovius § 5 Rn. 11).

11   Anzuzeigen ist sowohl die Lieferung von **Elektrizität, Gas oder Wasserstoff,** soweit sie zur leitungsgebundenen Energieversorgung verwendet werden (vgl. § 3 Nr. 14). Wird zunächst nur eine Art der Energiebelieferung angezeigt, etwa die Elektrizitätsbelieferung, wäre die andere Art der Energiebelieferung, hier die Gasbelieferung, getrennt anzuzeigen.

12   **Reine Vermittler** sowie Stromgroßhändler sind nicht von der Anzeigepflicht erfasst. Dies gilt auch für Unternehmen, die den Energieeinkauf für eine größere Anzahl von Haushaltskunden bündeln, solange diese nicht die Rolle des Weiterverteilers übernehmen, sondern als Makler auftreten (Elspas/Graßmann/Rasbach/Wachovius § 5 Rn. 9).

II. Gesetzliche Ausnahmen

13   **Ausgenommen von der Anzeigepflicht** ist die Energielieferung ausschließlich innerhalb einer Kundenanlage oder eines geschlossenen Verteilernetzes sowie über nicht auf Dauer angelegte Leitungen (§ 5 Abs. 1 S. 1 Hs. 2). Diese Ausnahmen wurden durch das Gesetz vom 26.7.2011 (BGBl. I 1554) in Satz 1 aufgenommen und sollten Entlastungen für kleinere Energieanlagen schaffen, an denen typischerweise nur eine begrenzte Anzahl von Letztverbrauchern angeschlossen ist (BT-Drs. 17/6072, 53). Das Bedürfnis für eine Kontrolle der

Energieversorgungsunternehmen ist in diesen Fällen entsprechend niedriger und daher hat der Gesetzgeber auf eine Anzeigepflicht verzichtet.

Dies betrifft zum einen den relevanten Fall einer **Kundenanlage** iSd § 3 Nr. 24a bzw. 24b (→ § 3 Nr. 24a Rn. 1). Kundenanlagen bestehen zu einer großen Anzahl in Deutschland. Typisches Beispiel ist etwa ein Energie-Contracting, bei welchem der Contractor Strom vor Ort erzeugt und an den Kunden liefert (meist in gekoppelter Erzeugung mit Wärme in einer KWK-Anlage). Hier besteht keine Anzeigepflicht. **14**

Die Lieferung von **Mieterstrom** wird aber regelmäßig nicht unter diese Ausnahmevorschrift fallen, wenn der Mieterstromlieferant – wie in § 42a Abs. 2 vorgesehen – neben Strom aus der Photovoltaik-Anlage vor Ort auch Strom aus dem Netz liefert. Denn eine Anzeige nach § 5 ist nur entbehrlich, wenn **ausschließlich** Strom innerhalb der Kundenanlage geliefert wird und nicht auch (anteilig) Strom aus dem Netz. **15**

Die Ausnahme des § 5 Abs. 1 S. 1 Hs. 2 erstreckt sich daneben auf die Energiebelieferung innerhalb eines **geschlossenen Verteilernetzes** iSd § 110 sowie über **nicht auf Dauer angelegte Leitungen.** Letzteres ist beispielsweise bei der Versorgung von Baustellen oder von Fahrgeschäften und Verkaufsständen auf Jahrmärkten, Weihnachtsmärkten oder ähnlichem gegeben (BT-Drs. 17/6072, 53). **16**

Nicht ausgenommen von der Anzeigepflicht sind indes Energielieferungen über **Direktleitungen** iSd § 3 Nr. 12. Zwar wird hier ebenfalls nur eine geringe Anzahl an Letztverbrauchern bestehen, jedoch hat der Gesetzgeber keine Ausnahme vorgesehen. **17**

III. Anknüpfungspunkt

Die Anzeigepflicht wird zum einen mit der **Aufnahme** der Energielieferung ausgelöst. Diese beginnt mit dem Auftritt des Energieversorgungsunternehmens am Markt. Da § 5 Haushaltkunden vor nicht-leistungsfähigen oder unzuverlässigen Unternehmen schützen soll, ist es zweckmäßig, bereits den **Markteintritt** als Anknüpfungspunkt zu sehen (s. BNetzA Beschl. v. 26.6.2007 – BK6-07-008, S. 8 ff.; Rauch IR 2011, 26). Rein unternehmensinterne Vorbereitungshandlungen für den Markteintritt sind demgegenüber nicht anzeigepflichtig (BNetzA Beschl. v. 26.6.2007 – BK6-07-008, S. 8). **18**

In diesem Zusammenhang ist auch darauf hinzuweisen, dass § 5 keine dem § 4 Abs. 3 entsprechende Regelung zur **Rechtsnachfolge** enthält. Eine Anzeige eines Unternehmens geht also nicht automatisch auf den Rechtsnachfolger über und es kann daher im Falle einer Rechtsnachfolge eine erneute Anzeige nach § 5 erforderlich sein. **19**

Genauso wie die Aufnahme des Betriebs ist auch die **Beendigung** der Tätigkeit sowie die **Änderung der Firma** iSd § 17 HGB, also eine Änderung des Namens des Energieversorgungsunternehmens, anzuzeigen. Auch ein „Pausieren" der Energielieferung kann eine Beendigung im Sinne der Vorschrift darstellen (vgl. BNetzA Beschl. v. 12.6.2023 – BK6-23-029). **20**

Die Anzeigepflicht gilt erst für Tätigkeiten, die **nach dem 13.7.2005** – und damit nach dem Inkrafttreten des § 5 – aufgenommen wurden. Frühere Tätigkeiten unterfallen nicht dem **zeitlichen Anwendungsbereich** der Norm. Eine rückwirkende Anzeigepflicht für bereits bestehende Energieversorgungsunternehmen ist dem Wortlaut des § 5 nicht zu entnehmen. Es ist davon auszugehen, dass für diese Unternehmen die Genehmigungen nach den Vorgängerregelung des § 5 EnWG 1935 oder § 3 EnWG 1998 fortgelten sollten. Eine klarstellende Übergangsregelung zur zeitlichen Geltung des § 5 fehlt allerdings. **21**

Die BNetzA ermöglicht den Energieversorgungsunternehmen, die bereits vor dem 13.7.2005 Haushaltskunden beliefert haben, eine **freiwillige Lieferantenanzeige** nach § 5, um ebenfalls in der veröffentlichten Liste der deutschen Energieversorgungsunternehmen erscheinen zu können. **22**

IV. Zuständigkeit

Zuständig für das Anzeigeverfahren ist die Regulierungsbehörde iSd § 54 Abs. 1, also die **BNetzA.** Dies ist zweckmäßig, weil sich die Energielieferung regelmäßig nicht auf ein Bundesland beschränkt (BT-Drs. 15/3917, 50). Zudem stehen nicht Fragen der technischen Sicherheit von Energieanlagen im Vordergrund – für welche die Energieaufsichtsbehörden zuständig sind (→ § 49 Rn. 1) –, sondern Fragen der Energie-Lieferverträge, mit denen **23** die BNetzA vielfach befasst ist. Die BNetzA ist daher in besonderem Maße geeignet, die Leistungsfähigkeit und Zuverlässigkeit von Energieversorgungsunternehmen zu beurteilen (BT-Drs. 15/3917, 50).

V. Sanktionierung

24 Die Anzeige nach § 5 Abs. 1 S. 1 hat auch deswegen gehobene Bedeutung, da eine fehlende, unrichtige, unvollständige oder nicht rechtzeitige Anzeige eine Ordnungswidrigkeit darstellt, die mit einer Geldbuße bis zu 100.000 EUR geahndet werden kann (vgl. § 95 Abs. 1 Nr. 1c). Aufgrund dieser Regelung ist es sinnvoll, das von der BNetzA veröffentlichte Formular zur Anzeige zu verwenden, um das Risiko einer unvollständigen Anzeige zu minimieren (→ Rn. 26).

VI. Veröffentlichung durch die BNetzA

25 § 5 Abs. 1 S. 2 sieht vor, dass die BNetzA eine Liste der Energielieferanten laufend auf ihrer Internetseite veröffentlicht (www.bundesnetzagentur.de), welche die Energielieferung **neu aufgenommen** haben. Dabei werden nur die Firma und die Adresse des angezeigten Unternehmens veröffentlicht (§ 5 Abs. 1 S. 2 Hs. 2). Die Veröffentlichung ist gebührenfrei.

26 Neu hinzugefügt hat der Gesetzgeber durch Artikel 1 des Gesetzes vom 19.7.2022 (BGBl. I 1214), dass die BNetzA auch eine Liste der Energielieferanten veröffentlicht, die in den jeweils letzten zwölf Monaten die **Beendigung ihrer Tätigkeit** angezeigt haben. Dies soll die Transparenz für Verbraucher erhöhen, in dem die Informationen bei einer zuverlässigen Stelle gebündelt werden (BT-Drs. 20/1599, 50).

C. Frist der Anzeige (Abs. 2)

27 Die Anzeige der **Aufnahme der Energielieferung** hat **unverzüglich** zu erfolgen, vgl. § 5 Abs. 2 S. 1 (**Anzeigefrist**). Dies bedeutet, dass die Anzeige im Regelfall ohne schuldhaftes Zögern iSd § 121 Abs. 1 BGB nach dem Markteintritt zu erfolgen hat, da dies der maßgebliche Anknüpfungspunkt ist (→ Rn. 18).

28 Die Anzeigefrist für die **Beendigung der Tätigkeit** hat der Gesetzgeber durch Artikel 1 des Gesetzes vom 19.7.2022 (BGBl. I 1214) neu aufgenommen. So ist die Anzeige nicht mehr unverzüglich nach der Beendigung vorzunehmen, sondern bereits so rechtzeitig, dass die BNetzA mit einem **Vorlauf von drei Monaten** über den geplanten Beendigungszeitpunkt informiert wird, vgl. § 5 Abs. 2 S. 2.

29 Dieser zeitliche Vorlauf soll die Verbraucherrechte stärken, in sie den Verbrauchern die Möglichkeit verschafft, sich auf die Beendigung einzustellen und sich einen neuen Energielieferanten zu suchen (BT-Drs. 20/1599, 50).

30 § 5 Abs. 2 S. 3 sieht vor, dass der Energielieferant seine Tätigkeit nicht vor dem rechtzeitig angezeigten Beendigungstermins beenden darf. Dies gilt nicht, wenn der Energielieferant einen Antrag auf Eröffnung eines Insolvenzverfahrens gestellt hat. Das Insolvenzrecht geht vor.

31 Ein Verstoß gegen die Anzeigefristen ist nach § 95 Abs. 1 Nr. 1c und 1d eine **Ordnungswidrigkeit** und mit einer Geldbuße bewährt.

32 Für den **Inhalt der Beendigungsanzeige** macht § 5 Abs. 2 S. 4 insoweit weitergehende Vorgaben, als der Energielieferant mit der Anzeige auch darzulegen hat, wie die Lieferpflichten gegenüber dem Haushaltskunden bis zum geplanten Beendigungstermin sichergestellt werden. Im Wesentlichen hat der Energielieferant zu erläutern, in welchem Umfang er noch Energie für die Versorgung der Haushaltskunden beschafft. Diese Regelung soll dagegen vorbeugen, dass der Energielieferant seinen Lieferverpflichtungen faktisch bereits vor dem Beendigungszeitpunkt nicht mehr nachkommen kann und soll der BNetzA eine ausreichende Informationsgrundlage für ein etwaiges Tätigwerden verschaffen.

33 Der Umfang der mitzuteilenden Informationen richtet sich nach dem Einzelfall und abhängig von dem jeweiligen Energielieferanten. Die Gesetzesbegründung führt hierzu wie folgt aus (BT-Drs. 20/1599, 50): „Je nach Organisationsstruktur, Unternehmensaufbau, Kundenzahl und Beschaffungsstrategie, bedarf es angepasster Unterlagen, um darzulegen, dass die Verpflichtungen gegenüber den Kunden bis zur Tätigkeitsbeendigung erfüllt werden.

Hauptleistungspflicht gegenüber den Kunden ist die Energiebelieferung bis zur Vertragsbeendigung. Es ist insofern in jedem Fall die noch zu beliefernde Zahl der Kunden und die Beschaffung deren Energiebedarfs bis zur Beendigung darzulegen. Aber auch die personelle und technische Infrastruktur zur Abwicklung der Vertragsbeendigungen (Kündigungserklärung, Endabrechnung etc.) muss vorhanden sein, sodass bis zum Tätigkeitsende die Pflichten (einschließlich der vertraglichen Nebenpflichten) eingehalten werden können."

§ 5 Abs. 2 S. 5 stellt klar, dass die Anzeige gegenüber der BNetzA nach § 5 Abs. 2 S. 4 die **vertraglichen Vereinbarungen mit den betroffenen Haushaltskunden** nicht ändern. Dies ist eigentlich selbstverständlich und soll nur etwaigen Missverständnissen vorbeugen. Ist ein Energielieferant beispielsweise vertraglich gegenüber Haushaltskunden zu einer länger dauernden Belieferung verpflichtet, rechtfertigt die Beendigungsanzeige keinen Verstoß gegen die vertraglichen Verpflichtungen (BT-Drs. 20/1599, 50).

D. Veröffentlichung der Beendigung (Abs. 3)

Als weitere Neuregelung hat der Gesetzgeber durch Artikel 1 des Gesetzes vom 19.7.2022 (BGBl. I 1214) vorgesehen, dass die Beendigung der Energielieferung nicht nur gegenüber der BNetzA anzuzeigen ist, sondern nach Absatz 3 Satz 1 auch **betroffene Haushaltskunden und Netzbetreiber** informiert werden müssen.

Hierzu hat der Energielieferant den betroffenen Haushaltskunden und Netzbetreibern den Beendigungszeitpunkt **in Textform mitzuteilen.** Die Mitteilung hat zeitgleich mit der Anzeige gegenüber der BNetzA iSd Absatz 2 Satz 2 zu erfolgen. Für die Mitteilung gegenüber den Haushaltskunden und Netzbetreibern gilt damit mittelbar ebenfalls die **Vorlauffrist von drei Monaten** vor Beendigung der Tätigkeit.

Kommt ein Energielieferant der Informationspflicht nach Absatz 3 Satz 1 nicht, nicht richtig, nicht vollständig oder nicht rechtzeitig nach, ist dies bußgeldbewehrt und stellt nach § 95 Abs. 1 Nr. 2 eine **Ordnungswidrigkeit** dar.

Nach Absatz 3 Satz 2 muss der Energielieferant die Anzeigen an die BNetzA iSd Absatz 2 Satz 2 einfach auffindbar auf seiner **Internetseite veröffentlichen.** Diese Vorgaben des Absatz 3 sollen ebenfalls die Transparenz erhöhen und damit Verbraucherrechte stärken.

E. Inhalt und Form der Anzeige (Abs. 4)

Nach § 5 Abs. 4 S. 1 sind mit der Aufnahme der Tätigkeit durch den Energielieferanten seine personelle, technische und wirtschaftliche Leistungsfähigkeit sowie Zuverlässigkeit der Geschäftsleitung darzulegen. Die **Darlegungs- und Beweislast** liegt beim Anzeigenden. Die BNetzA hält auf ihrer Internetseite ein **Formular für die Anzeige** nach § 5 bereit (s. www.bundesnetzagentur.de). Ein Formzwang besteht mangels gesetzlicher Anordnung allerdings nicht.

Die Anforderungen des § 5 Abs. 4 S. 1 gleichen dem Wortlaut des § 4 Abs. 2, wonach die personelle, technische und wirtschaftliche Leistungsfähigkeit sowie die Zuverlässigkeit des Betreibers eines Energieversorgungsnetzes darzulegen ist. Der Bezugspunkt ist allerdings ein anderer. Während sich § 5 auf die Belieferung mit Energie bezieht, hat § 4 Abs. 2 den Netzbetrieb zum Gegenstand. Inhaltlich gibt es daher keine Überschneidungen der Normen, wenn auch die Begriffe der Leistungsfähigkeit und Zuverlässigkeit deckungsgleich sind.

Die BNetzA hat das Recht die personelle, technische und wirtschaftliche Leistungsfähigkeit sowie Zuverlässigkeit jederzeit unter Nutzung der behördlichen Aufsichtsrechte nach dem EnWG zu überprüfen, vgl. § 5 Abs. 4 S. 2.

I. Bezugspunkt der Leistungsfähigkeit und Zuverlässigkeit

Die Leistungsfähigkeit und die Zuverlässigkeit beziehen sich auf die **Person des Anzeigenden.** Dies wird meist eine juristische Person sein, unter deren Firma das Energieversorgungsunternehmen betrieben wird. Maßgeblich sind bei juristischen Personen die Leistungsfähigkeit und die Zuverlässigkeit der Geschäftsleitung und des sonstigen Personals. Hinsichtlich der Zuverlässigkeit kommt dies bereits im Wortlaut des § 5 Abs. 4 S. 1 zum Ausdruck, der sich speziell auf die **Geschäftsleitung** bezieht.

43 Die Leistungsfähigkeit kann neben eigenem Personal auch durch **kompetente Dienstleister** nachgewiesen werden (Rauch IR 2011, 26 (27)). Voraussetzung dafür ist, dass ein rechtsgültiger Dienstleistungsvertrag mit ausreichender Laufzeit vorliegt sowie eine wirksame Kontrolle des Dienstleisters sichergestellt ist. Praktischer Anwendungsfall sind etwa White-Label-Angebote, bei denen ein Dienstleister für einen anderen unter dessen Firma Energie an Haushaltskunden liefert. Maßgeblich ist in diesen Fällen auch die Leistungsfähigkeit des White-Label-Dienstleisters.

II. Leistungsfähigkeit

44 Die Begriffe der Leistungsfähigkeit und Zuverlässigkeit sind zu trennen. Die Leistungsfähigkeit bezieht sich auf die **zukünftige Leistungsbringung,** wohingegen die Zuverlässigkeit im Schwerpunkt das vergangene Handeln in den Blick nimmt.

45 Die Leistungsfähigkeit liegt vor, wenn zu erwarten ist, dass das Energieversorgungsunternehmen die Belieferung von Haushaltskunden mit Energie entsprechend den gesetzlichen Vorschriften des EnWG auf Dauer erbringen kann. Es handelt sich mithin um eine **Prognoseentscheidung** für die Zukunft.

1. Personelle Leistungsfähigkeit

46 Zum Ersten ist die **personelle Leistungsfähigkeit** nachzuweisen. Diese erfordert, dass ausreichend Personal vorhanden ist, um die Energiebelieferung auszuführen. Dafür muss eine **ausreichende Anzahl** an Mitarbeitern vorhanden sein. Im Rahmen der Anzeige ist hierzu ein Organigramm des Energieversorgungsunternehmens vorzulegen (vgl. BNetzA, Formular zur Anzeige nach § 5 EnWG, Stand: 10/2020, abrufbar über die Internetseite der BNetzA). Darüber hinaus muss das Personal auch über das **erforderliche Know-How** verfügen. Im Anzeigeformular der BNetzA ist durch den Anzeigenden zu versichern, dass er „über fachkundiges Personal in ausreichender Anzahl [verfügt], welches die notwendige technische Sachkunde und kaufmännische Qualifikation mitbringt." (vgl. BNetzA, Formular zur Anzeige nach § 5 EnWG, Stand: 10/2020, abrufbar über die Internetseite der BNetzA).

2. Technische Leistungsfähigkeit

47 Zum Zweiten ist die **technische Leistungsfähigkeit** darzulegen. Dieses Kriterium bezieht sich auf die technischen Aspekte der Energiebelieferung. Entscheidend ist in diesem Zusammenhang, dass das Energieversorgungsunternehmen eine „geeignete EDV [vorhält], die einen sicheren und reibungslosen Informationsaustausch gemäß den rechtlichen Bestimmungen sicherstellt" (vgl. BNetzA, Formular zur Anzeige nach § 5 EnWG, Stand: 10/2020, abrufbar über die Internetseite der BNetzA). Im Mindestmaß betrifft dies die ordnungsgemäße Vertrags- und Bilanzierungsmanagement (BNetzA Beschl. v. 26.6.2007 – BK6-07-008, S. 10).

3. Wirtschaftliche Leistungsfähigkeit

48 Zum Dritten ist die **wirtschaftliche Leistungsfähigkeit** erforderlich. Das Energieversorgungsunternehmen muss über eine ausreichende finanzielle Ausstattung verfügen, um die mit der Energiebelieferung einhergehenden Aufwände bedienen zu können. Die BNetzA verlangt hierzu eine genauere Darstellung zur Kapitalherkunft nach Eigen- und Fremdkapital des Energieversorgungsunternehmens. Ferner ist zu versichern, dass das Energieversorgungsunternehmen in der Lage ist, mit seinen finanziellen Ressourcen gesetzliche und vertragliche Verpflichtungen zu erfüllen und die Belieferung von Haushaltskunden sicherzustellen sowie über die Möglichkeit verfügt, benötigtes neues Kapital sicher einzuwerben (vgl. BNetzA, Formular zur Anzeige nach § 5 EnWG, Stand: 10/2020, abrufbar über die Internetseite der BNetzA). Bei Zweifeln wäre etwa der Jahresabschluss, eine Bonitätsauskunft des Unternehmens oder eine Patronatserklärung der Muttergesellschaft vorzulegen (BNetzA Beschl. v. 26.6.2007 – BK6-07-008, S. 13).

49 § 5 Abs. 4 Satz 3 sieht nunmehr ausdrücklich vor, dass die BNetzA auch die Vorlage des Jahresabschlusses über das letzte Geschäftsjahr und, sofern der Abschluss von einem Abschlussprüfer geprüft worden ist, auch die Vorlage des Prüfungsberichtes sowie des Bestäti-

III. Zuverlässigkeit

Neben der Leistungsfähigkeit muss zudem die **Zuverlässigkeit der Geschäftsleitung** 50
dargelegt werden. Der Begriff der Zuverlässigkeit entstammt dem Gewerberecht (vgl. →
§ 4 Rn. 47). Unzuverlässig iSd § 35 Abs. 1 S. 1 GewO ist, wer „nach dem Gesamteindruck
seines Verhaltens nicht die Gewähr dafür bietet, dass er sein Gewerbe künftig ordnungsgemäß
betreibt" (stRspr, s. BVerwG NVwZ 1982, 503).

Angewendet auf die Energiebelieferung bedeutet dies, dass die Geschäftsleitung unzuver- 51
lässig ist, wenn sie nach dem Gesamteindruck ihres Verhaltens nicht die Gewähr dafür bietet,
dass sie die Belieferung von Haushaltskunden mit Energie gemäß den gesetzlichen Vorgaben
gewährleisten kann.

Anhaltspunkte für die Unzuverlässigkeit können sich speziell aus **früheren Tätigkeiten,** 52
aber auch allgemein aus der **Missachtung öffentlich-rechtlicher Vorschriften** durch die
Geschäftsleitung ergeben, welche sich auf die Energiebelieferung auswirken können. So lässt
sich die BNetzA regelmäßig das polizeiliche Führungszeugnis sowie eine Schufa-Auskunft
der Geschäftsleitung als Mindestmaß der Prüfung vorlegen (vgl. BNetzA, Formular zur
Anzeige nach § 5 EnWG, Stand: 10/2020, abrufbar über die Internetseite der BNetzA).

F. Untersagungsverfügung der BNetzA (Abs. 5)

Nach § 5 Abs. 5 S. 1 kann die BNetzA die Ausübung der Tätigkeit des Energieversor- 53
gungsunternehmens jederzeit ganz oder teilweise untersagen, wenn die personelle, technische
oder wirtschaftliche Leistungsfähigkeit oder Zuverlässigkeit nicht gewährleistet ist (**Untersagungsverfügung**). § 5 Abs. 5 S. 1 folgt damit dem Konzept einer **ex-post-Kontrolle.**
Anders als bei einem Genehmigungsvorbehalt, bei dem die Kontrolle ex ante erfolgt, darf
das Energieversorgungsunternehmen mit der Anzeige nach § 5 seine Tätigkeit aufnehmen,
ohne dass zuvor eine Kontrolle durchgeführt wird. Die BNetzA kann dann aber im Wege
der Untersagungsverfügung im Nachhinein einschreiten, wenn sie die Leistungsfähigkeit
oder Zuverlässigkeit als nicht gewährleistet ansieht.

Eine Untersagungsverfügung durch die BNetzA ist **in der Praxis die Ausnahme** und 54
wurde durch die Regulierungsbehörde bisher nur in wenigen Fällen erlassen (vgl. BNetzA
Beschl. v. 26.6.2007 – BK6-07-008 sowie BNetzA Beschl. v. 13.7.2023 – BK7-23-041).

I. Voraussetzungen

Voraussetzung einer Untersagungsverfügung ist, dass die personelle, technische oder wirt- 55
schaftliche Leistungsfähigkeit oder Zuverlässigkeit nicht gewährleistet ist. Zweifel der
Behörde reichen nicht aus. Diese Voraussetzung ist zum einen dann gegeben, wenn die
Leistungsfähigkeit oder Zuverlässigkeit **bereits zum Anzeigezeitpunkt** nicht vorlagen,
zum anderen dann, wenn sie **nachträglich entfallen** sind. Letzteres ist beispielsweise denkbar, wenn das Energieversorgungsunternehmen in eine finanzielle Schieflage gerät.

Die Untersagungsverfügung steht im **Ermessen** der Behörde (Entschließungs- und Aus- 56
wahlermessen) und hat insbesondere dem allgemeinen Verhältnismäßigkeitsgrundsatz zu
genügen. Die Behörde hat das mildeste Mittel zu wählen, das zu einer wirksamen Abwehr
des beanstandeten Verstoßes führt. Eine vollständige Untersagung der Energiebelieferung
wird daher nur ausnahmsweise in Betracht kommen, wenn das Energieversorgungsunternehmen gerügte Verstöße nicht beseitigt, etwa eine unzureichende finanzielle Ausstattung.

Energieversorgungsunternehmen, die bereits **vor dem 13.7.2005** tätig geworden sind, 57
können über eine bestandskräftige, auch die Belieferung von Haushaltskunden einschließende Genehmigung nach § 5 EnWG 1935 oder § 3 EnWG 1998 verfügen. In diesem Fall
ist diese Genehmigung nach den §§ 48, 49 VwVfG aufzuheben, bevor eine Untersagungsverfügung erlassen wird. Andernfalls würden widersprechende Verwaltungsakte bestehen.

II. Verfahren und Rechtsschutz

58 Das **Verfahren der Untersagungsverfügung** richtet sich nach den §§ 66 ff. und – soweit dort keine Regelung enthalten ist – den ergänzenden Vorschriften des VwVfG des Bundes. Das Energieversorgungsunternehmen ist also insbesondere anzuhören (§ 67 Abs. 1) und eine Untersagungsverfügung zu begründen (§ 73 Abs. 1).

59 Die BNetzA kann ihre Untersagungsverfügung nach den für die Vollstreckung von Verwaltungsmaßnahmen geltenden Vorschriften durchsetzen (vgl. § 94 S. 1). In Betracht kommt insbesondere die Festsetzung eines **Zwangsgeldes** nach § 11 VwVG, wobei die Höhe des Zwangsgeldes mindestens 1.000 EUR und höchstens 10 Mio. EUR beträgt (vgl. § 94 S. 2).

60 Ein Verstoß gegen eine vollziehbare Anordnung nach § 5 Abs. 5 S. 1 ist ferner eine **Ordnungswidrigkeit** iSd § 95 Abs. 1 Nr. 3 lit. a, die mit einem Bußgeld in Höhe von bis zu 10.000 EUR geahndet werden kann.

61 **Rechtsschutz** gegen eine Untersagungsverfügung wird nach der abdrängenden Sonderzuweisung des § 75 Abs. 1, 4 vor den ordentlichen Gerichten gewährt. Das zulässige Rechtsmittel ist eine **Beschwerde** nach § 75 Abs. 1 beim OLG Düsseldorf. Hiergegen besteht die Möglichkeit einer **Rechtsbeschwerde** zum BGH gem. § 86 Abs. 1 oder der Nichtzulassungsbeschwerde gem. § 87 Abs. 1. Ein Widerspruchsverfahren vergleichbar dem § 68 VwGO ist in den §§ 66 ff. vor Erhebung der Beschwerde nicht vorgesehen.

62 Im gerichtlichen Verfahren ist die Untersagungsverfügung in vollem Umfang überprüfbar (Rauch IR 2011, 26 (29)). Ein eigener Prognosespielraum der BNetzA hinsichtlich der zukünftigen Leistungsfähigkeit und Zuverlässigkeit besteht, wie auch bei der vergleichbaren Vorschrift des § 35 GewO, nicht (vgl. hierzu auch → § 4 Rn. 51).

63 Hinzuweisen ist in diesem Zusammenhang noch darauf, dass die BNetzA unabhängig von einem Verfahren der Untersagungsverfügung nach § 5 Abs. 5 S. 5 auch ein **Aufsichtsverfahren nach § 65 Abs. 1** einleiten kann. Für die Untersagung der Belieferung von Haushaltskunden mit Energie ist § 5 Abs. 5 S. 1 allerdings die speziellere Regelung, die der generellen Eingriffsermächtigung nach § 65 Abs. 1 vorgeht (Säcker EnergieR/Säcker § 5 Rn. 41). In einem Aufsichtsverfahren nach § 65 Abs. 1 kann die BNetzA beispielsweise anordnen, dass der Energielieferant die Beendigung der Belieferung von Haushaltskunden bis zu einem bestimmten Datum anzuzeigen hat, wenn dies bisher pflichtwidrig nicht erfolgt ist (vgl. BNetzA Beschl. v. 12.6.2023 – BK6-23-029).

G. Ausnahme für EU-Energieversorgungsunternehmen

64 § 5 Abs. 5 S. 2 enthält eine Ausnahmeregelung für Energieversorgungsunternehmen mit Sitz in einem anderen Mitgliedstaat der Europäischen Union (**EU-Energieversorgungsunternehmen**), wenn das EU-Energieversorgungsunternehmen von der zuständigen Behörde des Herkunftsmitgliedstaats ordnungsgemäß zugelassen worden ist.

65 Die Regelung geht zurück auf Art. 3 Abs. 4 Elektrizitäts-Binnenmarkt-Richtlinie 2009/72/EG und Art. 3 Abs. 5 Gas-Binnenmarkt-Richtlinie 2009/73/EG (BT-Drs. 17/6072, 53). Danach haben die Mitgliedstaaten sicherzustellen, dass alle Kunden das Recht haben, von einem Lieferanten versorgt zu werden, unabhängig davon, in welchem Mitgliedstaat dieser als Lieferant zugelassen ist, sofern der Lieferant die geltenden Regeln im Bereich Handel und Ausgleich einhält.

66 **Voraussetzung der Ausnahmevorschrift** ist, dass ein Zulassungsverfahren nach dem Herkunftsstaat ordnungsgemäß durchlaufen wurde. Ob und in welchem Umfang ein solches Zulassungsverfahren besteht, ist innerhalb der Europäischen Union nicht einheitlich geregelt. Maßgeblich sind damit die nationalen Gesetze jedes Mitgliedstaats.

67 Sofern die Zulassung erfolgt ist, sind für EU-Energieversorgungsunternehmen § 5 Abs. 1 S. 3 und Abs. 4 sowie Abs. 5 S. 1 nicht anzuwenden. Ob die Regelung in dieser Weise aufgrund der Elektrizitäts- bzw. Gas-Binnenmarkt-Richtlinie gefordert war und sinnvoll ist, könnte bezweifelt werden. Die Regelungen sind indes geltendes Recht.

68 Im Ergebnis haben EU-Energieversorgungsunternehmen zwar eine **Anzeige nach § 5 Abs. 1 S. 1** vorzunehmen. In der Anzeige muss aber nicht die Leistungsfähigkeit sowie Zuverlässigkeit nach § 5 Abs. 4 dargelegt werden. Vielmehr ist die Anzeige darauf beschränkt, dass die Aufnahme oder Beendigung der Tätigkeit im Gebiet der Bundesrepublik Deutschland unter Nennung der Firma angezeigt wird. Voraussetzung ist aber, dass das EU-Energieversorgungsunternehmen in seinem Herkunftsmitgliedstaat ordnungsgemäß zugelassen worden ist.

Ferner ist für EU-Energieversorgungsunternehmen § 5 Abs. 5 S. 1 nicht anwendbar, wonach die BNetzA **Untersagungsverfügungen** treffen kann, wenn die Leistungsfähigkeit sowie die Zuverlässigkeit nicht (mehr) vorliegen. Aufgrund dieser gesetzlichen Konzeption kann die BNetzA daher gegen EU-Energieversorgungsunternehmen nicht vorgehen, wenn sie die Leistungsfähigkeit oder Zuverlässigkeit nicht gewährleistet sieht, sondern nur die Behörde des Herkunftsmitgliedstaats. 69

§ 5a Speicherungspflichten, Veröffentlichung von Daten

(1) ¹Energieversorgungsunternehmen, die Energie an Kunden verkaufen, haben die hierfür erforderlichen Daten über sämtliche mit Großhandelskunden und Transportnetzbetreibern sowie im Gasbereich mit Betreibern von Gasspeicheranlagen und LNG-Anlagen im Rahmen von Energieversorgungsverträgen und Energiederivaten getätigte Transaktionen für die Dauer von fünf Jahren zu speichern und sie auf Verlangen der Regulierungsbehörde, dem Bundeskartellamt, den Landeskartellbehörden sowie der Europäischen Kommission zu übermitteln, soweit dies für deren jeweilige Aufgabenerfüllung erforderlich ist. ²Daten im Sinne des Satzes 1 sind genaue Angaben zu den Merkmalen der Transaktionen wie Laufzeit-, Liefer- und Abrechnungsbestimmungen, Menge, Datum und Uhrzeit der Ausführung, Transaktionspreise und Angaben zur Identifizierung des betreffenden Vertragspartners sowie entsprechende Angaben zu sämtlichen offenen Positionen und nicht abgerechneten Energieversorgungsverträgen und Energiederivaten.

(2) ¹Die Regulierungsbehörde kann Informationen nach Absatz 1 in nicht personenbezogener Form veröffentlichen, wenn damit keine wirtschaftlich sensiblen Daten über einzelne Marktakteure oder einzelne Transaktionen preisgegeben werden. ²Satz 1 gilt nicht für Informationen über Energiederivate. ³Die Regulierungsbehörde stellt vor der Veröffentlichung das Einvernehmen mit dem Bundeskartellamt her.

(3) Soweit sich aus dem
1. Wertpapierhandelsgesetz,
2. den Artikeln 72 bis 76 der Delegierten Verordnung (EU) 2017/565 der Kommission vom 25. April 2016 zur Ergänzung der Richtlinie 2014/65/EU des Europäischen Parlaments und des Rates in Bezug auf die organisatorischen Anforderungen an Wertpapierfirmen und die Bedingungen für die Ausübung ihrer Tätigkeit sowie in Bezug auf die Definition bestimmter Begriffe für die Zwecke der genannten Richtlinie (ABl. L 87 vom 31.3.2017, S. 1), in der jeweils geltenden Fassung, oder
3. handels- oder steuerrechtlichen Bestimmungen Pflichten zur Aufbewahrung ergeben, die mit den Pflichten nach Absatz 1 vergleichbar sind, ist das Energieversorgungsunternehmen insoweit von den Pflichten zur Aufbewahrung gemäß Absatz 1 befreit.

Überblick

§ 5a normiert in Umsetzung der Strom- und Gasbinnenmarktrichtlinien eine Pflicht für Energieversorgungsunternehmen, die Energie an Kunden verkaufen, bestimmte Handelsdaten zu speichern und auf Verlangen an abschließend aufgezählte Regulierungsbehörden zu übermitteln. Die Bestimmung dient der Erhöhung der Transparenz der Preisbildung auf den Großhandelsmärkten für Strom und Gas (→ Rn. 1 f.). Die unter bestimmten Voraussetzungen bestehende Pflicht zur Übermittlung der Daten an die zuständigen Behörden ermöglicht diesen eine effektivere Kontrolle der Aktivitäten auf den jeweiligen Großhandelsmärkten und trägt insgesamt zu einer steigenden Markttransparenz bei. Zugleich ist die Bestimmung auf einen Ausgleich zwischen berechtigten Transparenz-

EnWG § 5a   Teil 1. Allgemeine Vorschriften

und Kontrollinteressen und den Schutz von wirtschaftlich und wettbewerblich sensiblen Handelsdaten gerichtet (→ Rn. 13 ff.).

A. Allgemeines

I. Inhalt und Zweck

1   Regelungsgegenstand des § 5a ist die Verpflichtung von Energieversorgungsunternehmen, die Energie an Kunden verkaufen, bestimmte Handelsdaten für einen Zeitraum von fünf Jahren aufzubewahren und sie den zuständigen Behörden auf Verlangen zu übermitteln.

2   Hauptzweck der Einführung des § 5a ist es, größere Markttransparenz zu schaffen und somit auch zu einer **ordnungsgemäßen Preisbildung** auf den Energiegroßhandelsmärkten beizutragen. Indem Unternehmen verpflichtet werden, relevante Daten für einen bestimmten Zeitraum aufzubewahren, wird eine entsprechende **Überwachung** des Energiegroßhandels und der Energiemärkte gewährleistet. Auf einer nächsten Stufe soll dadurch eine zuverlässige und vor allem preisgünstige Energieversorgung der Verbraucher sichergestellt werden.

II. Entstehungsgeschichte

3   § 5a wurde mit der EnWG-Novelle 2011 durch Art. 1 Nr. 6 des Gesetzes zur Neuregelung energiewirtschaftsrechtlicher Vorschriften vom 26.7.2011 (BGBl. I 1554) eingeführt und ist zum 4.8.2011 in Kraft getreten. Die aktuelle Fassung der Vorschrift fand sich in dieser Form bereits im ersten Regierungsentwurf (BR-Drs. 343/11, 13 ff.).

4   Mit der Einführung des § 5a wurden Art. 40 Elektrizitäts-Binnenmarkt-Richtlinie 2009/72/EG, nunmehr Art. 64 Elektrizitäts-Binnenmarkt-Richtlinie (EU) 2019/944 und Art. 44 Gas-Binnenmarkt-Richtlinie 2009/73/EG, zuletzt geändert durch Gas-Binnenmarkt-Richtlinie (EU) 2019/692, in nationales Recht umgesetzt. Mit dem „Gesetz zur Umsetzung unionsrechtlicher Vorgaben und zur Regelung reiner Wasserstoffnetze im Energiewirtschaftsrecht" vom 27.7.2021 wurde der Begriff der „Speicheranlage" in § 3 Nr. 31 aF umbenannt und inhaltsgleich in den Begriff der „Gasspeicheranlage" in § 3 Nr. 19c überführt. In der Folge wurde die neue Begrifflichkeit auch in § 5a übernommen.

B. Speicherungs- und Übermittlungspflichten (Abs. 1)

5   Gemäß § 5a Abs. 1 ergeben sich bestimmte **Speicherungspflichten** von spezifischen Daten für die Dauer von fünf Jahren.

6   Adressaten der Speicherungsverpflichtung sind grundsätzlich **Energieversorgungsunternehmen** iSd § 3 Nr. 18. Allerdings ergibt sich aus der Anknüpfung der Norm an den Verkauf von Energie an Kunden, dass nicht jedes Energieversorgungsunternehmen den Pflichten nach § 5a Abs. 1 unterliegt. Vielmehr müssen diese Unternehmen Energie iSd § 3 Nr. 14 an Kunden iSd § 3 Nr. 24, dh insbesondere an Großhändler und Letztverbraucher, verkaufen. Damit sind solche Energieversorgungsunternehmen iSd § 3 Nr. 18, die ausschließlich ein Energieversorgungsnetz betreiben, von Absatz 1 nicht erfasst.

7   Eine Speicherungspflicht ergibt sich zudem nur für bestimmte Rechtsgeschäfte der adressierten Unternehmen. Dies sind **Transaktionen** im Rahmen von **Energieversorgungsverträgen** iSd § 3 Nr. 18a und **Energiederivate** iSd § 3 Nr. 15a. Bei Energiederivaten handelt es sich um Finanzinstrumente, die sich auf Elektrizität oder Gas beziehen und in Abschnitt C Nr. 5, 6 oder 7 des Anhangs I RL 2004/39/EG in der jeweils geltenden Fassung abschließend aufgeführt sind (zB Optionen, Terminkontrakte, Swaps).

8   Zudem kommt es für die Verpflichtungen aus Absatz 1 auch maßgeblich auf die Kunden an, zu deren Gunsten die Transaktionen getätigt werden. Ein Energieversorgungsunternehmen ist nach Absatz 1 nur dann verpflichtet, Handelsdaten zu speichern, wenn es sich bei den Vertragspartnern um Großhandelskunden oder Transportnetzbetreiber iSd § 3 Nr. 31e sowie im Gasbereich zusätzlich um Betreiber von Gasspeicheranlagen iSd § 3 Nr. 19c bzw. von LNG-Anlagen iSd § 3 Nr. 9 handelt. Die Definition der Großhandelskunden ergibt sich – mangels eigener Definition des EnWG – aus Art. 40 Elektrizitäts-Binnenmarkt-Richtlinie 2009/72/EG bzw. Art. 44 Gas-Binnenmarkt-Richtlinie 2009/73/EG.

In zeitlicher Hinsicht gibt § 5a vor, dass die erfassten Daten zu getätigten Transaktionen 9
für einen Zeitraum von **fünf Jahren** zu speichern sind, nennt jedoch keinen ausdrücklichen
Beginn dieser Frist. In § 5a Abs. 1 hat der deutsche Gesetzgeber allerdings gegenüber dem
Wortlaut des Art. 40 Elektrizitäts-Binnenmarkt-Richtlinie 2009/72/EG bzw. Art. 44 der
Gas-Binnenmarkt-Richtlinie 2009/73/EG, deren Umsetzung Absatz 1 dient, auf die Verwendung des Zusatzes „**mindestens**" in Bezug auf die Speicherdauer verzichtet. Der fünfjährige Aufbewahrungszeitraum muss daher mit dem Entstehen der Daten, dh mit Durchführung der jeweiligen Transaktion, zu laufen beginnen, da für eine Anknüpfung an spätere
Bearbeitungsschritte, wie etwa die Erstellung der Aufzeichnung, begrifflich kein Raum bleibt
(Kment EnWG/Schex § 5a Rn. 5).

Art. 40 Abs. 4 Elektrizitäts-Binnenmarkt-Richtlinie 2009/72/EG und Art. 44 Abs. 4 10
Gas-Binnenmarkt-Richtlinie 2009/73/EG erlauben der Europäischen Kommission zudem,
zur Gewährleistung der einheitlichen Anwendung der Regelungen Leitlinien zu erlassen, in
denen die Methoden und Modalitäten der Datenaufbewahrung sowie Form und Inhalt der
aufzubewahrenden Daten festgelegt werden. Bisher wurde von dieser Ermächtigung jedoch
noch kein Gebrauch gemacht. Mithin existieren bislang keine verbindlichen Vorgaben zur
Sicherstellung von Dateninhalten sowie einer einheitlichen Datenqualität bei der Aufbewahrung von Transaktionen.

Darüber hinaus sind die Energieversorgungsunternehmen verpflichtet, die zu speichern- 11
den Daten auf Verlangen an die zuständige Behörde zu übermitteln. Die hierzu berechtigten
Behörden sind abschließend in § 5a Abs. 1 aufgezählt (die BNetzA, die Landesregulierungsbehörden, das BKartA, die Landeskartellbehörden und die Europäische Kommission).
Voraussetzung für die Verpflichtung zur Übermittlung der Daten ist, dass dies für die Aufgabenerfüllung der zuständigen Behörde erforderlich ist. Damit steht sie unter dem ausdrücklichen Verhältnismäßigkeitsvorbehalt und der Grundsatz der Zweckbindung, welcher dem
Datenschutzrecht immanent ist, ist einzuhalten (Kment EnWG/Schex § 5a Rn. 6).

C. Veröffentlichung von Daten (Abs. 2)

Nach § 5a Abs. 2 S. 1 darf die Regulierungsbehörde Informationen nach Absatz 1 in nicht 12
personenbezogener Form veröffentlichen, wenn damit keine wirtschaftlich sensiblen Daten
über einzelne Marktakteure oder einzelne Transaktionen preisgegeben werden. Folglich darf
die Veröffentlichung nur so erfolgen, dass die jeweiligen Unternehmen nicht zu identifizieren
sind. Dies gilt sowohl hinsichtlich eines Unternehmens, das der Behörde Informationen zur
Verfügung gestellt hat, als auch für an den Transaktionen beteiligte Unternehmen. (Säcker
EnergieR/Säcker § 5a Rn. 8).

Trotz der somit mindestens erforderlichen Anonymisierung der Daten besteht die Mög- 13
lichkeit, dass die veröffentlichten Daten Rückschlüsse auf das Marktverhalten von Wettbewerbern zulassen. Insofern entsteht ein Spannungsfeld zwischen der Wahrung und dem Schutz
des Geheimwettbewerbs auf den Gas- und Strommärkten einerseits und dem Schutz des
Marktes und dem Bedürfnis nach einer höheren Markttransparenz und dem damit einhergehenden erhöhten Vertrauen in die Strom- und Gasmärkte andererseits. Aus diesem Grund
handelt es sich bei § 5a Abs. 2 um eine Ermessensvorschrift. Zudem kann die jeweilige
Regulierungsbehörde die Daten gem. § 5a Abs. 2 S. 3 auch nur im Einvernehmen mit dem
BKartA veröffentlichen, was ebenfalls dem Schutz des Wettbewerbes dienen soll.

Eine Ausnahme besteht in Bezug auf Informationen über Energiederivate iSd § 3 Nr. 15a, 14
da diese entsprechend den europarechtlichen Vorgaben von der Möglichkeit der Veröffentlichung gem. § 5a Abs. 2 S. 2 ausgenommen wurden, sofern sie auf Elektrizität oder Gas
bezogen sind.

D. Befreiung von der Speicherungspflicht (Abs. 3)

§ 5a Abs. 3 nimmt Energieversorgungsunternehmen von der Pflicht zur **Speicherung** 15
nach Abs. 1 aus, sofern sie nach dem WpHG, den Art. 72–76 VO (EU) 2017/565 (Delegierte
Verordnung (EU) 2017/565 der Kommission vom 25.4.2016 zur Ergänzung der Richtlinie
2014/65/EU des Europäischen Parlaments und des Rates in Bezug auf die organisatorischen
Anforderungen an Wertpapierfirmen und die Bedingungen für die Ausübung ihrer Tätigkeit

sowie in Bezug auf die Definition bestimmter Begriffe für die Zwecke der genannten Richtlinie, ABl. L 87 v. 31.3.2017) oder aufgrund steuer- und handelsrechtlicher Bestimmungen schon **vergleichbaren Aufbewahrungspflichten** unterliegen. In Betracht kommen hier insbesondere die Pflichten nach § 257 HGB und § 147 AO. Der Gesetzgeber hat damit berücksichtigt, dass es auf den Energiegroßhandelsmärkten aufgrund der Vielzahl anwendbarer Bestimmungen zu einer Überlagerung von Aufbewahrungspflichten kommen kann. Sinn und Zweck der Befreiung ist es daher, den betroffenen Unternehmen eine **mehrfache Erhebung** von Daten zu ersparen, die sie bereits aufgrund anderer gesetzlicher Speicherpflichten erhoben haben. Die Pflicht zur **Übermittlung** auf Verlangen der Regulierungsbehörden ebenso wie die Möglichkeit einer Veröffentlichung nach § 5a Abs. 2 bleiben jedoch unberührt.

E. Rechtsfolgen bei Verletzung der Pflichten

16   Ein Verstoß gegen die Pflicht aus § 5a Abs. 1 liegt gem. § 95 Abs. 1 Nr. 3a dann vor, wenn ein Unternehmen die entsprechenden genannten Daten nicht, nicht richtig, nicht vollständig oder nicht rechtzeitig übermittelt. Wird ein solcher Verstoß vorsätzlich oder fahrlässig begangen, stellt dies eine bußgeldbewehrte Ordnungswidrigkeit dar. Zwar ist auf den ersten Blick lediglich die fehlende, falsche oder unvollständige **Übermittlung** der Daten bußgeldbewehrt und nicht schon die unterbliebene, falsche oder unvollständige **Speicherung** der entsprechenden Daten. Allerdings wird eine unterbliebene, falsche oder unvollständige Speicherung regelmäßig auch zu einer nicht ordnungsgemäßen Übermittlung der Daten führen.

§ 5b Anzeige von Verdachtsfällen, Verschwiegenheitspflichten

(1) ¹Personen, die beruflich Transaktionen mit Energiegroßhandelsprodukten arrangieren, dürfen ausschließlich Personen, die auf Grund ihres Berufs einer gesetzlichen Verschwiegenheitspflicht unterliegen, und staatliche Stellen von einer Anzeige gemäß Artikel 15 Satz 1 der Verordnung (EU) Nr. 1227/2011 des Europäischen Parlaments und des Rates vom 25. Oktober 2011 über die Integrität und Transparenz des Energiegroßhandelsmarkts (ABl. L 326 vom 8.12.2011, S. 1) oder von einer daraufhin eingeleiteten Untersuchung oder einem daraufhin eingeleiteten Ermittlungsverfahren in Kenntnis setzen. ²Die Bundesnetzagentur kann Inhalt und Ausgestaltung der Vorkehrungsmaßnahmen und Verfahren nach Artikel 15 Satz 2 der Verordnung (EU) Nr. 1227/2011 durch Festlegung nach § 29 Absatz 1 näher bestimmen. ³Für die zur Auskunft nach Artikel 15 Satz 1 verpflichtete Person gilt § 55 der Strafprozessordnung entsprechend.

(2) Ergreift die Bundesnetzagentur Maßnahmen wegen eines möglichen Verstoßes gegen ein Verbot nach Artikel 3 oder Artikel 5 der Verordnung (EU) Nr. 1227/2011, so dürfen die Adressaten dieser Maßnahmen ausschließlich Personen, die auf Grund ihres Berufs einer gesetzlichen Verschwiegenheitspflicht unterliegen, und staatliche Stellen von diesen Maßnahmen oder von einem daraufhin eingeleiteten Ermittlungsverfahren in Kenntnis setzen.

Überblick

§ 5b regelt Inhalt und Reichweite von Verschwiegenheitspflichten in Bezug auf Anzeigen von Verstößen gegen die VO (EU) Nr. 1227/2011, der sog. REMIT-VO (Regulation on Energy Market Integrity and Transparency), sowie daraufhin eingeleiteter Untersuchungen oder Ermittlungsverfahren (→ Rn. 4 ff.). Auch Adressaten von Maßnahmen, die von der BNetzA im Zusammenhang mit einem solchen Verstoß ergriffen werden, sind weitgehend zur Verschwiegenheit verpflichtet (→ Rn. 11 ff.). Die Norm dient damit insbesondere einer effektiven Verfolgung von Verstößen gegen die gemeinschaftsrechtlichen Verbote des Insiderhandels und der Marktmanipulation auf nationaler Ebene.

A. Allgemeines

I. Inhalt und Zweck

§ 5b Abs. 1 flankiert die Anzeigepflicht nach Art. 15 S. 1 **REMIT-VO** (in Deutschland unmittelbar anwendbar, Verordnung (EU) Nr. 1227/2011 des Europäischen Parlaments und des Rates vom 25. Oktober 2011 über die Integrität und Transparenz des Energiegroßhandelsmarkts). Personen, die beruflich Transaktionen mit Energiegroßhandelsprodukten **arrangieren**, trifft danach die Pflicht zur Anzeige von **begründeten Verdachtsfällen** des Insiderhandels nach Art. 3 REMIT-VO oder der Marktmanipulation nach Art. 5 REMIT-VO. Indem den Anzeigenden weitreichende **Verschwiegenheitspflichten** einerseits hinsichtlich der Anzeige selbst und andererseits hinsichtlich daraufhin eingeleiteter Untersuchungen oder Ermittlungsverfahren auferlegt werden, soll eine vorzeitige Kenntnis der angezeigten Personen bzw. Beschuldigten von den Ermittlungen verhindert werden. Im Ergebnis sind die Pflichten nach § 5b Abs. 1 daher auf eine effektivere Verfolgung von Verstößen gegen die REMIT-VO gerichtet.

In ähnlicher Weise sieht § 5b Abs. 2 darüber hinaus eine Verpflichtung der **Adressaten von Maßnahmen der BNetzA** zur Verfolgung von Verstößen gegen Art. 3 und 5 REMIT-VO zur Verschwiegenheit vor. Hierdurch wird vermieden, dass Mitbeschuldigte durch die Adressaten der Maßnahmen Kenntnis von Ermittlungsmaßnahmen erlangen und entsprechende Verdunklungsmaßnahmen vornehmen können (vgl. Säcker EnergieR/Säcker § 5b Rn. 1).

II. Entstehungsgeschichte

§ 5b wurde aufgrund von Art. 2 des Gesetzes zur Errichtung einer Markttransparenzstelle für den Großhandel mit Strom und Gas (BGBl. 2012 I 2043) mit Wirkung zum 12.12.2012 in das EnWG eingefügt. Die Bestimmung ist mit Ausnahme einer redaktionellen Anpassung zum 27.7.2013 im Rahmen des zweiten Gesetzes über Maßnahmen zur Beschleunigung des Netzausbaus Elektrizitätsnetze (BGBl. 2013 I 2543) seit Einführung unverändert geblieben.

B. Verschwiegenheitspflicht nach Abs. 1

I. Adressaten der Verschwiegenheitspflicht

Adressaten des § 5b Abs. 1 sind „Personen, die beruflich Transaktionen mit Energiegroßhandelsprodukten **arrangieren**". Da der deutsche Gesetzgeber in § 5b die Begrifflichkeiten aus der REMIT-VO übernommen hat, kann es sich ausgehend von Art. 2 Nr. 8 REMIT-VO bei „Personen" sowohl um natürliche als auch um juristische Personen handeln.

Da sich im deutschen Recht keine Definition des Begriffs der „Energiegroßhandelsprodukte" findet, ist auch insoweit auf die Definition in Art. 2 Nr. 4 REMIT-VO zurückzugreifen. Danach zählen zu den Energiegroßhandelsprodukten neben originären Energieversorgungsverträgen und Energiederivaten auf Großhandelsebene auch Verträge über die Lieferung und die Verteilung von Energie an Endverbraucher; letztere aufgrund der gesetzlichen Fiktion in Art. 2 Nr. 5 REMIT-VO jedoch nur bei einer Verbrauchskapazität von mehr als 600 GWh. Normadressaten sind daher vor allem Broker als **professionelle Energiehändler bzw. Börsen** als Energiehandelsplattformen, aber auch Lieferanten, große Endkunden und Betreiber von Kraftwerken, Gasspeichern und LNG-Anlagen (Kment EnWG/Schex § 5b Rn. 3).

II. Inhalt der Verschwiegenheitspflicht

Die oben genannten Normadressaten dürfen gem. § 5b Abs. 1 S. 1 lediglich bestimmte Personen und staatliche Stellen über eine Anzeige gem. Art. 15 Abs. 1 REMIT-VO, eine daraufhin eingeleitete Untersuchung bzw. ein Ermittlungsverfahren informieren und sind im Übrigen gegenüber jedermann zur Verschwiegenheit verpflichtet.

III. Ausnahmen von der Verschwiegenheitspflicht

7   Die Verschwiegenheitspflicht gem. § 5b Abs. 1 entfällt einerseits gegenüber solchen Personen, die grundsätzlich **von Berufs wegen** zur Verschwiegenheit gesetzlich verpflichtet sind, dh beruflichen Geheimnisträgern. Neben Rechtsanwälten kommen insoweit auch Steuerberater und Wirtschaftsprüfer sowie **Compliance-Beauftragte** eines Unternehmens in Betracht. Nach dem Willen des Gesetzgebers sollen die verfassungsrechtlich garantierten Rechte sowohl der Anzeigenden als auch der Adressaten der darauf beruhenden Maßnahmen, einen Verteidiger hinzuzuziehen, gewahrt werden (BT-Drs. 17/10060, 32).

8   Des Weiteren besteht keine Verschwiegenheitspflicht gegenüber **staatlichen Stellen**, wozu aufgrund der Strafbewehrung von Verstößen gegen die REMIT-VO insbesondere Strafverfolgungsbehörden zählen. Zudem sind ausgehend von § 5a auch Regulierungsbehörden, das Bundes- sowie die Landeskartellämter und die Europäische Kommission erfasst (Elspas/Graßmann/Rasbach/Wachovius § 5b Rn. 36).

IV. Festlegungskompetenz der BNetzA gem. Abs. 1 S. 2

9   Personen, die beruflich Transaktionen mit Energiegroßhandelsprodukten arrangieren, müssen nach Art. 15 S. 2 REMIT-VO wirksame Vorkehrungen und Verfahren einführen und beibehalten, mit denen Verstöße gegen Art. 3 oder 5 REMIT-VO festgestellt werden können. Insoweit sieht § 5b Abs. 1 S. 2 vor, dass die BNetzA durch **Festlegung gem. § 29 Abs. 1** nähere Bestimmungen zum Inhalt und zur Ausgestaltung der nach Art. 15 S. 2 REMIT-VO zu treffenden Vorkehrungen und Verfahren vorgeben kann.

V. Auskunftsverweigerungsrecht

10   § 5b Abs. 1 S. 3 ordnet für die Personen, die nach Art. 15 S. 1 REMIT-VO zur Anzeige von bzw. Information über Verdachtsfälle verpflichtet sind, die entsprechende Anwendung von § 55 StPO an. Damit können sich diese Personen auf ein **Auskunftsverweigerungsrecht** berufen, sofern es um Fragen geht, deren Beantwortung sie selbst oder ihre Angehörigen iSd § 52 Abs. 1 StPO in die Gefahr der Verfolgung aufgrund einer Straftat oder einer Ordnungswidrigkeit bringen würde. Die Verweigerung muss **ausdrücklich** erklärt werden, sodass belastende Tatsachen nicht lediglich verschwiegen werden dürfen (BVerfG NJW 1975, 103).

C. Verschwiegenheitspflicht nach Abs. 2

11   Adressaten von Maßnahmen der BNetzA, die aufgrund eines möglichen Verstoßes gegen Art. 3 oder 5 REMIT-VO ergriffen wurden, trifft in Bezug auf diese Maßnahmen oder ein daraufhin eingeleitetes Ermittlungsverfahren ebenfalls eine Verschwiegenheitspflicht. Eine Ausnahme gilt auch hier ausschließlich gegenüber Personen, die aufgrund ihres Berufs einer gesetzlichen Verschwiegenheitspflicht unterliegen sowie gegenüber staatlichen Stellen. Damit wird der Adressatenkreises der Verschwiegenheitspflicht nach Absatz 1 durch § 5b Abs. 2 auf die **Beschuldigten** erweitert.

12   Kenntnis von solchen Maßnahmen erlangt in der Regel derjenige, bei dem im Rahmen eines Ermittlungsverfahrens Durchsuchungen vorgenommen werden, wenn Dokumente eingesehen werden oder Auskunftsersuche zur Aufklärung des Sachverhalts eingehen. Durch die Verschwiegenheitspflicht nach § 5b Abs. 2 sollen Beschuldigte etwaige **Mitbeschuldigte** nicht über die Maßnahmen informieren können und Letzteren damit die Möglichkeit genommen werden, Beweise zu vernichten oder die Ermittlungen anderweitig zu behindern.

13   **Ausnahmen** von der Verschwiegenheitspflicht gelten gegenüber denselben Personenkreisen wie nach § 5b Abs. 1 (→ Rn. 7). In Bezug auf Maßnahmen der BNetzA ist auch die Unterrichtung der Compliance-Stelle eines Unternehmens möglich, sofern das Unternehmen nicht auch selbst Adressat der Maßnahme ist (BT-Drs. 17/10 060, 32).

D. Sanktionen bei Verstößen

14   Gemäß § 95 Abs. 1a Nr. 1 handelt ordnungswidrig, wer vorsätzlich oder leichtfertig gegen § 5b Abs. 1 oder Abs. 2 verstößt, indem eine andere Person in Kenntnis gesetzt wird. Ein Verstoß gegen die Verschwiegenheitsverpflichtungen nach § 5b ist zudem mit einem Bußgeld bewehrt.

Teil 2. Entflechtung

Abschnitt 1. Gemeinsame Vorschriften für Verteilernetzbetreiber und Transportnetzbetreiber

§ 6 Anwendungsbereich und Ziel der Entflechtung

(1) ¹Vertikal integrierte Unternehmen und rechtlich selbstständige Betreiber von Elektrizitäts- und Gasversorgungsnetzen, die im Sinne des § 3 Nummer 38 mit einem vertikal integrierten Unternehmen verbunden sind, sind zur Gewährleistung von Transparenz sowie diskriminierungsfreier Ausgestaltung und Abwicklung des Netzbetriebs verpflichtet. ²Um dieses Ziel zu erreichen, müssen sie die Unabhängigkeit der Netzbetreiber von anderen Tätigkeitsbereichen der Energieversorgung nach den §§ 6a bis 10e sicherstellen. ³Die §§ 9 bis 10e sind nur auf solche Transportnetze anwendbar, die am 3. September 2009 im Eigentum eines vertikal integrierten Unternehmens standen.

(2) ¹Die in engem wirtschaftlichen Zusammenhang mit der rechtlichen und operationellen Entflechtung eines Verteilernetzes, eines Transportnetzes oder eines Betreibers von Gasspeicheranlagen nach § 7 Absatz 1 und §§ 7a bis 10e übertragenen Wirtschaftsgüter gelten als Teilbetrieb im Sinne der §§ 15, 16, 18, 20 und 24 des Umwandlungssteuergesetzes. ²Satz 1 gilt nur für diejenigen Wirtschaftsgüter, die unmittelbar auf Grund des Organisationsakts der Entflechtung übertragen werden. ³Für die Anwendung des § 15 Absatz 1 Satz 1 des Umwandlungssteuergesetzes gilt auch das Vermögen als zu einem Teilbetrieb gehörend, das der übertragenden Körperschaft im Rahmen des Organisationsakts der Entflechtung verbleibt. ⁴§ 15 Absatz 2 und § 22 des Umwandlungssteuergesetzes, § 34 Absatz 7a des Körperschaftsteuergesetzes sowie § 6 Absatz 3 Satz 2 und Absatz 5 Satz 4 bis 6 sowie § 16 Absatz 3 Satz 3 und 4 des Einkommensteuergesetzes sind auf Maßnahmen nach Satz 1 nicht anzuwenden, sofern diese Maßnahme von Transportnetzbetreibern im Sinne des § 3 Nummer 31f oder Betreibern von Gasspeicheranlagen bis zum 3. März 2012 ergriffen worden sind. ⁵Satz 4 gilt bezüglich des § 22 des Umwandlungssteuergesetzes und der in § 34 Absatz 7a des Körperschaftsteuergesetzes genannten Fälle nur für solche mit der siebenjährigen Sperrfrist behafteten Anteile, die zu Beginn der rechtlichen oder operationellen Entflechtung bereits bestanden haben und deren Veräußerung unmittelbar auf Grund des Organisationsakts der Entflechtung erforderlich ist. ⁶Für den Erwerber der Anteile gilt Satz 4 nicht und dieser tritt bezüglich der im Zeitpunkt der Veräußerung der Anteile noch laufenden Sperrfrist unter Besitzzeitanrechnung in die Rechtsstellung des Veräußerers ein. ⁷Bei der Prüfung der Frage, ob die Voraussetzungen für die Anwendung der Sätze 1 und 2 vorliegen, leistet die Regulierungsbehörde den Finanzbehörden Amtshilfe (§ 111 der Abgabenordnung).

(3) ¹Erwerbsvorgänge im Sinne des § 1 des Grunderwerbsteuergesetzes, die sich für Verteilernetzbetreiber, Transportnetzbetreiber oder Betreiber von Gasspeicheranlagen aus der rechtlichen oder operationellen Entflechtung nach § 7 Absatz 1 und den §§ 7a bis 10e ergeben, sind von der Grunderwerbsteuer befreit. ²Absatz 2 Satz 4 und 7 gelten entsprechend.

(4) Die Absätze 2 und 3 gelten nicht für diejenigen Unternehmen, die eine rechtliche Entflechtung auf freiwilliger Grundlage vornehmen.

Überblick

§ 6 begründet für vertikal integrierte Unternehmen und mit einem solchen verbundene, rechtlich selbstständige Energienetzbetreiber (→ Rn. 17 ff.) die gesetzliche Verpflichtung zur

Entflechtung. Die umfangreichen entflechtungsrechtlichen Regelungen in den §§ 6a–10e (→ Rn. 44 ff.) dienen letztlich dem Ziel, eine Verzerrung des Wettbewerbs innerhalb des Energiebinnenmarktes zugunsten des vertikal integrierten Unternehmens zu verhindern. Maßnahmen, die infolge der gesetzlichen Verpflichtung zur Entflechtung ergriffen werden müssen, sollen aber für die betroffenen Unternehmen weder zu ertragsteuerlichen (→ Rn. 53 ff.) noch zu grunderwerbsteuerlichen (→ Rn. 78 ff.) Nachteilen führen. Diese steuerlichen Privilegierungen gelten jedoch nicht für Entflechtungen auf rein freiwilliger Basis (→ Rn. 81).

Übersicht

	Rn.		Rn.
A. Normzweck und Bedeutung	1	E. Rechtsfolgen (Abs. 1 S. 2 und 3)	44
B. Entstehungsgeschichte	5	I. Netzbetreiber	45
I. Erstes Energiebinnenmarktpaket	5	II. Betreiber von Gasspeicher- und LNG-Anlagen	48
II. Zweites Energiebinnenmarktpaket	6		
III. Drittes Energiebinnenmarktpaket	7	F. Ertragsteuerliche Privilegierung (Abs. 2)	53
IV. Elektrizitäts-Binnenmarkt-Richtlinie 2019	11	I. Problemstellung	53
C. Auslegungshilfen	13	II. Umwandlungssteuergesetz	58
D. Normadressaten (Abs. 1 S. 1)	17	1. Fiktion der Übertragung eines Teilbetriebs	59
I. Vertikal integrierte Unternehmen	18	2. Voraussetzungen und Umfang der Fiktion	63
1. Verbundenheit	19	3. Fiktion bezüglich der nicht übertragenen Vermögenswerte	69
2. Tätigkeit im Elektrizitäts- und Gasbereich	20	4. Wegfall des Bedarfs einer Fiktion	70
3. Tätigkeit innerhalb der Europäischen Union	30	5. Sonderfall Verpachtung	71
II. Rechtlich selbstständige Netzbetreiber	35	6. Suspendierung ertragsteuerlicher Sperrfristen	73
III. Weitere Adressaten der Entflechtungsregelungen	36	7. Amtshilfe	77
1. Betreiber von LNG-, Gasspeicher- und sonstigen Anlagen	36	G. Grunderwerbsteuerliche Privilegierung (Abs. 3)	78
2. Anlageneigentümer	39		
IV. Ausnahmeregelungen	41	H. Freiwillige Entflechtung (Abs. 4)	81

A. Normzweck und Bedeutung

1 Eine wesentliche Besonderheit der Energieversorgung gegenüber vielen anderen Wirtschaftszweigen ist ihre weitreichende Abhängigkeit von einer umfassenden Infrastruktur für den Transport ihres zentralen Gutes, der Energie (§ 3 Nr. 14) in Form von Elektrizität und Gas (§ 3 Nr. 19a). Ohne feste Verbindung zwischen der Quelle und dem Verbraucher funktioniert Energieversorgung nicht oder nur mit erheblichem Aufwand. Der Transport von Elektrizität ohne Leitungsverbindung ist zwar theoretisch denkbar, zB mittels Batterien, wäre aber weitestgehend unwirtschaftlich. Dasselbe gilt für Gas, auch wenn der Transport von (verflüssigtem) Gas mit Schiffen, LKW oder in Gasflaschen in der Praxis zumindest eine gewisse Rolle spielt.

2 Der Auf- und Ausbau der erforderlichen Transportinfrastruktur erfolgte und erfolgt bis heute entsprechend den konkreten Bedarfen. Ein solcher Bedarf kann sich ergeben, weil eine neue Energiequelle, wie zB ein Kraftwerk oder eine Gasgewinnungsanlage, an das bestehende Energienetz angeschlossen oder weil Verbraucher erstmals oder verstärkt mit Energie versorgt werden soll.

3 Aufgrund der erheblichen Kosten für den Auf- und Ausbau der Elektrizitäts- und Gastransportinfrastruktur wäre eine Doppelung oder mehrfach Errichtung der benötigten Anlagen volkswirtschaftlich unsinnig. Diese Unsinnigkeit hat zur Folge, dass der Betrieb der Elektrizitäts- und Gastransportinfrastruktur ein **natürliches Monopol** darstellt. Wenn der Betreiber einer solchen Infrastruktur wiederum Teil eines Energieversorgungsunternehmens oder -konzerns ist, könnte er sein natürliches Monopol nutzen, Wettbewerbern seines Unternehmens oder Konzerns den Zugang zu Energiequellen bzw. -verbrauchern in seinem Netz-

gebiet zu verweigern oder jedenfalls zu erschweren. Damit könnte der Infrastrukturbetreiber den Wettbewerb der Energieversorgung zugunsten seines Energieversorgungsunternehmens oder -konzerns beeinflussen.

Wenn im Bereich der Elektrizitäts- und Gasversorgung Wettbewerb gewünscht ist, ist es demzufolge erforderlich, allen Energieversorgungsunternehmen in gleicher Weise Zugang zum natürlichen Monopol der Energietransportinfrastruktur zu gewähren (Bourwieg/Hellermann/Hermes/Hölscher § 6 Rn. 9; Kment EnWG/Knauff § 6 Rn. 2; Säcker EnergieR/Säcker/Schönborn § 6 Rn. 3). Diesem Ziel dient die in Teil 2 des EnWG geregelte Entflechtung, indem sie **Transparenz** sowie eine **diskriminierungsfreie Ausgestaltung und Abwicklung des Netzbetriebs** erreichen möchte. Außerdem soll zur Vermeidung einer Wettbewerbsverzerrung die **Quersubventionierung** der im Wettbewerb stehenden Tätigkeiten des Energieversorgungsunternehmens oder -konzerns durch den verbundenen Transportinfrastrukturbetrieb verhindert werden (Bourwieg/Hellermann/Hermes/Hölscher § 6 Rn. 9; Kment EnWG/Knauff § 6 Rn. 2; Säcker EnergieR/Säcker/Schönborn § 6 Rn. 2). Schließlich sollen sich die Instandhaltung und der Ausbau der Energietransportinfrastruktur ausschließlich am allgemeinen Bedarf und nicht an den Vorstellungen des mit dem Betreiber verbundenen Energieversorgungsunternehmens oder -konzerns orientieren (Säcker EnergieR/Säcker/Schönborn § 6 Rn. 2). 4

B. Entstehungsgeschichte

I. Erstes Energiebinnenmarktpaket

Gesetzliche Regelungen zur Entflechtung im Energiebereich wurden erstmals in den Art. 13–15 Elektrizitätsbinnenmarkt-RL 1996 (RL 96/92/EG) betreffend den europäischen Elektrizitätsbinnenmarkt sowie in Art. 12, 13 Erdgasbinnenmarkt-RL 1998 (RL 98/30/EG) betreffend den europäischen Erdgasbinnenmarkt getroffen. Die damaligen Entflechtungsvorgaben beschränkten sich auf eine rein buchhalterische Entflechtung. Danach hatte jedes integrierte Elektrizitäts- bzw. Erdgasunternehmen die interne Buchführung u.a. für seine Übertragungs-/Fernleitungs- und Verteilungsaktivitäten so zu organisieren, als ob die betreffenden Tätigkeiten von separaten Firmen ausgeführt würden, Art. 14 Abs. 3 Elektrizitätsbinnenmarkt-RL 1996; Art. 13 Abs. 3 Erdgasbinnenmarkt-RL 1998. Dadurch sollten Diskriminierungen, Quersubventionierungen und Wettbewerbsverzerrungen vermieden werden. Außerdem waren im Anhang zum Jahresabschluss die Geschäfte größeren Umfangs mit verbundenen Unternehmen gesondert aufzuführen, Art. 14 Abs. 5 Elektrizitätsbinnenmarkt-RL 1996; Art. 13 Abs. 5 Erdgasbinnenmarkt-RL 1998. Die Umsetzung dieser Vorgaben in nationales Recht erfolgte 1998 im neugefassten § 9 EnWG 1998 zunächst nur für Elektrizitätsversorgungsunternehmen und 2003 durch die Einfügung eines neuen § 9a EnWG 1998 für Gasversorgungsunternehmen (ausf. Elspas/Graßmann/Rasbach/Rasbach § 6 Rn. 9 f.). 5

II. Zweites Energiebinnenmarktpaket

Eine erste Verschärfung der Entflechtungsvorgaben brachten die zweite Elektrizitäts- und die zweite Erdgasbinnenmarktrichtlinie (Elektrizitäts-Binnenmarkt-Richtlinie 2003/54/EG und Gas-Binnenmarkt-Richtlinie 2003/55/EG). Danach war zur Vollendung des Elektrizitäts- und des Erdgasbinnenmarkts ein nichtdiskriminierender Zugang zum Netz des Übertragungs-/Fernleitungs- sowie des Verteilernetzbetreibers von größter Bedeutung (Erwägungsgrund 7 Elektrizitäts-Binnenmarkt-Richtlinie 2003/54/EG; Erwägungsgrund 8 Gas-Binnenmarkt-Richtlinie 2003/55/EG). Um einen effizienten und nichtdiskriminierenden Netzzugang zu gewährleisten mussten Übertragungs-/Fernleitungs- und Verteilernetze durch unterschiedliche Rechtspersonen betrieben werden, wenn vertikal integrierte Unternehmen bestanden (Erwägungsgrund 8 Elektrizitäts-Binnenmarkt-Richtlinie 2003/54/EG; Erwägungsgrund 10 Gas-Binnenmarkt-Richtlinie 2003/55/EG). Auch war es notwendig, dass die Netzbetreiber über eine hinreichende Unabhängigkeit verfügten (Erwägungsgrund 8 Elektrizitäts-Binnenmarkt-Richtlinie 2003/54/EG; Erwägungsgrund 10 Gas-Binnenmarkt-Richtlinie 2003/55/EG). Die nähere Ausgestaltung dieser rechtlichen und funktionalen Entflechtung erfolgte in Art. 10 Elektrizitäts-Binnenmarkt-Richtlinie 2003/54/EG und Art. 9 Gas-Binnenmarkt-Richtlinie 2003/55/EG für Übertragungs- und Fernleitungsnetzbetreiber 6 sowie in Art. 15 Elektrizitäts-Binnenmarkt-Richtlinie 2003/54/EG und Art. 13 Gas-Binnenmarkt-Richtlinie 2003/55/EG für Verteilernetzbetreiber. Diese Vorgaben wurden im Zuge der Neuregelung des EnWG im Jahr 2005 durch die neugefassten §§ 6–10 EnWG in nationales Recht umgesetzt (ausf. Säcker EnergieR/Säcker/Schönborn § 6 Rn. 5 ff.). Dabei wurden die vier Grundformen der Entflechtung, die informatorische, die buchhalterische, die operationelle und die rechtliche Entflechtung erstmals im EnWG verankert (Theobald/Kühling/Heinlein/Büsch § 6 Rn. 7). Eine eigentumsrechtliche Entflechtung, wie heute in § 8 für Transportnetzbetreiber geregelt, war damals noch nicht vorgesehen.

III. Drittes Energiebinnenmarktpaket

7   Die aktuelle Fassung des Teils 2 des EnWG beruht auf dem dritten Energiebinnenmarktpaket aus dem Jahr 2009 (ausf. Säcker EnergieR/Säcker/Schönborn § 6 Rn. 8 ff.; Säcker EnergieR/Säcker/Mohr § 8 Rn. 16 ff.). Die dritte Elektrizitäts- und die dritte Erdgasbinnenmarktrichtlinie (Elektrizitäts-Binnenmarkt-Richtlinie 2009/72/EG; Gas-Binnenmarkt-Richtlinie 2009/73/EG) brachten weitere Verschärfungen, da die rechtliche und funktionale Entflechtung des zweiten Energiebinnenmarktpakets nach Auffassung des europäischen Gesetzgebers nicht zu einer tatsächlichen Entflechtung der Übertragungs- und Fernleitungsnetzbetreiber geführt hat (Erwägungsgrund 10 Elektrizitäts-Binnenmarkt-Richtlinie 2009/72/EG; Erwägungsgrund 7 Gas-Binnenmarkt-Richtlinie 2009/73/EG). Dabei wurde erstmals bei der Entflechtung zwischen der Übertragungs-/Fernleitungsebene einerseits und der Verteilerebene andererseits unterschieden. Auch hat der europäische Gesetzgeber den Anwendungsbereich von Teilen der entflechtungsrechtlichen Vorschriften auf Betreiber von Gasspeicher- und LNG-Anlagen ausgedehnt.

8   Für die **Verteilerebene** brachten die neuen Richtlinien nur einzelne Verschärfungen. Zum einen muss der Verteilernetzbetreiber nun über die erforderlichen Ressourcen verfügen, Art. 26 Abs. 2 lit. c Elektrizitäts-Binnenmarkt-Richtlinie 2009/72/EG bzw. Gas-Binnenmarkt-Richtlinie 2009/73/EG. Zum anderen verlangt Art. 26 Abs. 3 Elektrizitäts-Binnenmarkt-Richtlinie 2009/72/EG bzw. Gas-Binnenmarkt-Richtlinie 2009/73/EG, dass ein Verteilernetzbetreiber, der Teil eines vertikal integrierten Unternehmens ist, in seinen Kommunikations- und Branding-Aktivitäten dafür Sorge trägt, dass eine Verwechslung mit dem vertikal integrierten Unternehmen ausgeschlossen ist. Diese zusätzlichen Anforderungen hat der deutsche Gesetzgeber in § 7a Abs. 4 S. 2, Abs. 6 umgesetzt.

9   Auf **Übertragungs- und Fernleitungsebene** waren die Verschärfungen deutlich schwerwiegender. Die Entflechtung auf dieser Ebene ist in drei Modellen möglich. Als ideal sieht der europäische Gesetzgeber eine eigentumsrechtliche Entflechtung an (Erwägungsgrund 11 Elektrizitäts-Binnenmarkt-Richtlinie 2009/72/EG; Erwägungsgrund 8 Gas-Binnenmarkt-Richtlinie 2009/73/EG). Als sozusagen nur zweitbeste Lösung wurde den Mitgliedstaaten die Möglichkeit eröffnet, statt einer eigentumsrechtlichen Entflechtung eine Entflechtung durch die Benennung eines vom vertikal integrierten Unternehmen unabhängigen Netzbetreibers (Unabhängiger Systembetreiber) oder eines Übertragungs-/Fernleitungsnetzbetreibers, der weitestgehend unabhängig von den sonstigen Unternehmensbereichen des vertikal integrierten Unternehmens organisiert ist, (Unabhängiger Transportnetzbetreiber) zu gestatten. Diese beiden Alternativmodelle wurden vor allen Dingen deswegen eingeführt, weil es fraglich erschien, ob der europäische Gesetzgeber überhaupt die Kompetenz für die Einführung einer eigentumsrechtlichen Entflechtung besitzt (ausf. Säcker EnergieR/Säcker/Schönborn § 6 Rn. 15 ff.; Säcker EnergieR/Säcker/Mohr § 8 Rn. 44 ff.). Außerdem gab es Bedenken im Hinblick auf die nationalgesetzlichen Eigentumsgarantien (ausf. Säcker EnergieR/Säcker/Schönborn § 6 Rn. 15 ff.; Säcker EnergieR/Säcker/Mohr § 8 Rn. 44 ff.; Theobald/Kühling/Heinlein/Büsch § 6 Rn. 14).

10 Die Umsetzung der europarechtlichen Vorgaben aus dem dritten Energiebinnenmarktpaket in nationales Recht erfolgte im Jahr 2011. Dabei versuchte die Europäische Kommission dahingehend auf die Mitgliedstaaten einzuwirken, dass diese für die Verteilernetzebene noch weitere, über die Forderungen der beiden Richtlinien hinausgehende Verschärfungen einführen. Der deutsche Gesetzgeber beschränkte sich jedoch auf die Umsetzung der europarechtlichen Vorgaben ohne weitergehende Verschärfungen.

IV. Elektrizitäts-Binnenmarkt-Richtlinie 2019

Im Jahr 2019 hat der europäische Gesetzgeber die Elektrizitäts-Binnenmarkt-Richtlinie aus dem Jahr 2009 (Elektrizitäts-Binnenmarkt-Richtlinie 2009/72/EG) durch die Elektrizitäts-Binnenmarkt-Richtlinie 2019/944/EU neugefasst. Dabei wurden die Entflechtungsregelungen weitestgehend unberührt gelassen. Eingefügt wurden lediglich Sonderregelungen betreffend **Ladepunkte für Elektrofahrzeuge** (Art. 33 Elektrizitäts-Binnenmarkt-Richtlinie 2019/944/EU) sowie **Energiespeicheranlagen** (Art. 36, 54 Elektrizitäts-Binnenmarkt-Richtlinie 2019/944/EU). Deren Umsetzung in nationales Recht erfolgte im Jahr 2021 durch Änderung bzw. Einfügung der §§ 6b Abs. 3 S. 1, 7 Abs. 1 S. 2, 7c, 8 Abs. 2 S. 4, 9 Abs. 2 S. 1 und 10b Abs. 3 S. 3.

11

Im **Gasbereich** wollte der europäische Gesetzgeber ursprünglich die neue Elektrizitäts-Binnenmarkt-Richtlinie einfach spiegeln. Im Rahmen des Green Deal soll die Gas-Binnenmarkt-Richtlinie aus dem Jahr 2009 (Gas-Binnenmarkt-Richtlinie 2009/73/EG) nunmehr grundlegend überarbeitet werden. Einen ersten Entwurf hat die Europäische Kommission am 15.12.2021 veröffentlicht. Sowohl das Europäische Parlament als auch der Europäische Rat haben den Entwurf der Kommission in Vorbereitung auf den Trilog geprüft und jeweils eine eigene Position entwickelt. Mit einer überarbeiteten Gas-Binnenmarkt-Richtlinie ist im Laufe des Jahres 2023 zu rechnen. Dabei dürften die Entflechtungsregelungen für Betreiber von Gasversorgungsnetzen (§ 3 Nr. 7) weitgehend unberührt bleiben. Demgegenüber ist mit neuen entflechtungsrechtlichen Regelungen für **Betreiber von Wasserstoffnetzen** (§ 3 Nr. 10b) zu rechnen.

12

C. Auslegungshilfen

Ganz grundsätzlich hat sich die Auslegung der §§ 6 ff. an deren Sinn und Zweck, nämlich der Verhinderung einer Verzerrung des Wettbewerbs innerhalb des Energiebinnenmarktes infolge eines natürlichen Monopols, zu orientieren. Dieses Ziel soll durch **Transparenz** und einen **diskriminierungsfreien Netzbetrieb** erreicht werden. Nur solche Maßnahmen, die für die Zielerreichung erforderlich sind, lassen sich aus den §§ 6 ff. ableiten (Theobald/Kühling/Heinlein/Büsch § 6 Rn. 35).

13

Die **BNetzA** hat sowohl allein als auch gemeinsam mit den Regulierungsbehörden der Länder verschiedene Dokumente betreffend ihr Verständnis der Entflechtungsvorschriften veröffentlicht:

14

- Gemeinsame Auslegungsgrundsätze der Regulierungsbehörden des Bundes und der Länder zu den Entflechtungsbestimmungen in §§ 6–10 EnWG vom 1.3.2006
- Gemeinsame Richtlinie der Regulierungsbehörden des Bundes und der Länder zur Umsetzung der informatorischen Entflechtung nach § 9 EnWG vom 13.6.2007
- Konkretisierung der gemeinsamen Auslegungsgrundsätze der Regulierungsbehörden des Bundes und der Länder zu den Entflechtungsbestimmungen in §§ 6–10 EnWG vom 21.10.2008
- Hinweispapier der BNetzA zur Antragstellung im Zertifizierungsverfahren für Transportnetzbetreiber (BNetzA Beschl. v. 12.12.2011 – BK6-11-157 und BK7-11-157)
- Gemeinsame Auslegungsgrundsätze III der Regulierungsbehörden des Bundes und der Länder zu den Anforderungen an die Markenpolitik und das Kommunikationsverhalten bei Verteilernetzbetreibern (§ 7a Abs. 6 EnWG) vom 16.7.2012
- Leitfaden der Regulierungsbehörden des Bundes und der Länder zur Auslegung der buchhalterischen Entflechtung nach § 6b EnWG vom 21.11.2013
- Rechtliche Vorgaben zur Informationsbereitstellung durch den Unabhängigen Transportnetzbetreiber (UTB) an seine Gesellschafter

Des Weiteren können die Vermerke der **Europäischen Kommission** betreffend ihre Interpretation der Entflechtungsregelungen im dritten Energiebinnenmarktpaket sowie zur Behandlung von Interessenkonflikten im Fall der eigentumsrechtlichen Entflechtung herangezogen werden:

15

- Interpretative Note on Directive 2009/72/EC Concerning Common Rules for the Internal Market in Electricity and Directive 2009/73/EC Concerning Common Rules for the Internal Market in Natural Gas, The Unbundling Regime vom 22.1.2010

- Ownership Unbundling – The Commission's Practice in Assessing the Presence of a Conflict of Interest Including in Case of Financial Investors vom 8.5.2013

16 Schließlich hat die **European Regulators Group for Electricity & Gas** im Jahr 2008 Guidelines for Good Practice on Functional and Informational Unbundling for Distribution System Operators veröffentlicht.

D. Normadressaten (Abs. 1 S. 1)

17 Die Regelung des § 6 richtet sich zum einen an vertikal integrierte Unternehmen und zum anderen an rechtlich selbstständige Betreiber von Elektrizitäts- und Gasversorgungsnetzen, die iSd § 3 Nr. 38 mit einem vertikal integrierten Unternehmen verbunden sind. Sie stellt sozusagen den Ausgangspunkt für die umfassenden Entflechtungsregelungen der §§ 6–10e dar (Bourwieg/Hellermann/Hermes/Hölscher § 6 Rn. 1; Theobald/Kühling/Heinlein/Büsch § 6 Rn. 1).

I. Vertikal integrierte Unternehmen

18 Die gesetzliche Definition des vertikal integrierten Unternehmens findet sich in § 3 Nr. 38. Demnach kommt es darauf an, ob das betroffene Unternehmen oder die betroffene Gruppe von Unternehmen miteinander verbunden sowie im Elektrizitäts- und Gasbereich aktiv ist. Die BNetzA spricht insoweit von einem **Kontrollkriterium** sowie einem **Aktivitätskriterium** (BNetzA, Zertifizierungsverfahren: Hinweispapier zur Antragstellung, 12.12.2011, 23 f.; → Rn. 18.1).

18.1 Gem. der bis zum 29.7.2022 geltenden Fassung des § 3 Nr. 38 konnten nur solche Unternehmen Teil eines vertikal integrierten Unternehmens sein, die in der Europäischen Union tätig sind (→ Rn. 30 ff.). Durch das „Gesetz zur Änderung des Energiewirtschaftsrechts im Zusammenhang mit dem Klimaschutz-Sofortprogramm und zu Anpassungen im Recht der Endkundenbelieferung" vom 19.7.2022 (BGBl. I 1214) hat der Gesetzgeber dieses sog. **geographische Kriterium** (BNetzA, Zertifizierungsverfahren: Hinweispapier zur Antragstellung, 12.12.2011, 23 f.) gestrichen. Die Streichung dient der Umsetzung des Urteils des EuGH vom 2.9.2021 (BT-Drs. 20/2402, 38 f.), in dem er eine nicht ordnungsgemäße Umsetzung europäischen Sekundärrechts in nationales Recht festgestellt hat (EuGH BeckRS 2021, 24362 Rn. 19 ff.).

1. Verbundenheit

19 Die Entflechtungsregelungen gelten nicht nur für einzelne Unternehmen, sondern können auch auf eine ganze Gruppe von Unternehmen Anwendung finden. Mehrere Unternehmen bilden aber nur dann eine relevante Gruppe, wenn sie miteinander verbunden sind. Für die Frage der Verbundenheit verweist die Definition in § 3 Nr. 38 auf die Regelung des Art. 3 Abs. 2 EG-Fusionskontrollverordnung (Verordnung (EG) Nr. 139/2004 vom 20.1.2004 über die Kontrolle von Unternehmenszusammenschlüssen (ABl. L 24 vom 29.1.2004, 1)).

2. Tätigkeit im Elektrizitäts- und Gasbereich

20 Des Weiteren muss das Unternehmen oder die Gruppe von verbundenen Unternehmen, wenn es/sie im **Elektrizitätsbereich** tätig ist, mindestens eine der Funktionen Übertragung (§ 3 Nr. 32) oder Verteilung (§ 3 Nr. 37) und gleichzeitig eine der Funktionen Erzeugung oder Vertrieb von Elektrizität wahrnehmen (→ Rn. 20.1). Wenn das Unternehmen oder die Gruppe von verbundenen Unternehmen im **Erdgasbereich** tätig ist, muss es/sie mindestens eine der Funktionen Fernleitung (§ 3 Nr. 19), Verteilung (§ 3 Nr. 37), Betrieb einer LNG-Anlage (§ 3 Nr. 26) oder (Gas-)Speicherung (§ 3 Nr. 19c; BT-Drs. 19/27453, 89) und gleichzeitig eine der Funktionen Gewinnung oder Vertrieb von Erdgas wahrnehmen (→ Rn. 20.1).

20.1 Die BNetzA hat in einem Zertifizierungsverfahren ein iSv Art. 3 Abs. 2 EG-Fusionskontrollverordnung (VO (EG) 139/2004) verbundenes Unternehmen, das ein Elektrizitäts- und Gasnetz betreibt sowie Energie erzeugt, trotzdem als nicht zum vertikal integrierten Unternehmen gehörig betrachtet. Zum einen diene das von ihm auf seinem Werksgelände betriebene Strom- und Gasnetz fast ausschließlich dem betriebsnotwendigen Transport von Energie innerhalb des eigenen Unternehmens oder zu verbundenen Unternehmen und stelle somit eine Kundenanlage zur betrieblichen Eigenversorgung iSd § 3 Nr. 24b dar (BNetzA Beschl. v. 5.2.2013 – BK7-12-031, S. 13). Zum anderen hat die BNetzA die vorhandene Energieerzeugung in Analogie zu § 3 Nr. 24b als nicht relevant eingestuft, da diese nur etwas über 5 Prozent der Fremdversorgung diente (BNetzA Beschl. v. 5.2.2013 – BK7-12-031, S. 14). Die Europäische Kommission war offenbar anderer Ansicht und hat das fragliche Unternehmen als Teil des vertikal integrierten Unternehmens eingestuft (BNetzA Beschl. v. 5.2.2013 – BK7-12-031, S. 14).

Aufgrund des Wortlauts wird zum Teil die Auffassung vertreten, die §§ 6–10e würden **21** keine Verpflichtungen für Elektrizitäts- oder Gasunternehmen oder Gruppen verbundener Elektrizitäts- oder Gasunternehmen begründen, die entweder ausschließlich oder gar nicht im Netzbereich (inkl. Betrieb von LNG-Anlagen und Gasspeicherung) tätig sind (Bourwieg/Hellermann/Hermes/Hölscher § 6 Rn. 21; Kment EnWG/Knauff § 6 Rn. 4; Kment EnWG/Knauff § 6 Rn. 6). Allerdings finden sich in den §§ 6–10e auch Regelungen, die sich nicht nur an vertikal integrierte Unternehmen, sondern ausdrücklich auch an Netzbetreiber richten, die nicht Teil eines vertikal integrierten Unternehmens sind (Theobald/Kühling/Heinlein/Büsch § 6 Rn. 26, 37).

Zuzugeben ist allerdings, dass die Mehrheit der Entflechtungsregelungen auf **ausschließliche** **22** **Netzbetreiber** keine Anwendung finden. So müssen Netzbetreiber, die nicht Teil eines vertikal integrierten Unternehmens sind, sich nur informatorisch und buchhalterisch, grundsätzlich aber nicht rechtlich oder operationell entflechten. Eigentumsrechtlich entflochtene Transportnetzbetreiber, die also nicht (mehr) mit einem vertikal integrierten Unternehmen iSd § 3 Nr. 38 verbunden sind, müssen aber trotzdem die Vorgaben des § 8 Abs. 2 beachten (Theobald/Kühling/Heinlein/Büsch § 6 Rn. 26). Für den Unabhängigen Systembetreiber, der gem. § 9 Abs. 2 S. 1 iVm § 8 Abs. 2 S. 2–4 ebenfalls nicht Teil eines vertikal integrierten Unternehmens sein darf, finden sich umfangreiche Entflechtungsvorschriften in § 9.

Des Weiteren muss das einzelne Unternehmen oder die Gruppe von verbundenen Unter- **23** nehmen die Funktionen Betrieb von Netzen oder LNG-Anlagen oder Gasspeicherung einerseits sowie Erzeugung von Elektrizität bzw. Gewinnung von Erdgas oder deren Vertrieb andererseits wahrnehmen. Der Wortlaut des § 3 Nr. 38 spricht dafür, dass sowohl die Netzfunktion als auch die Erzeugungs-/Gewinnungs- und Vertriebsfunktion in derselben Sparte, also im Elektrizitäts- oder im Erdgasbereich wahrgenommen werden müssen (Rosin/Pohlmann/Gentzsch/Metzenthin/Böwing/Smousavi/Thomas § 8 Rn. 11 Fn. 21; Theobald/Kühling/Heinlein/Büsch § 6 Rn. 19). Für eine solche Auslegung kann man außerdem anführen, dass eine Unternehmensgruppe, die zB kein Erdgas gewinnt bzw. vertreibt, für sich selbst keinen unmittelbaren Wettbewerbsvorteil schafft, wenn sie gruppenfremde Unternehmen im Rahmen des Betriebs ihres Gasnetzes bei der Gewinnung oder dem Vertrieb von Erdgas behindern würde.

Für eine **Spartentrennung** kann man des Weiteren auf das europäische Sekundärrecht **24** verweisen, auf das die §§ 6–10e zurückgehen. Der europäische Gesetzgeber hat für den Elektrizitäts- und den Erdgasbereich jeweils eine eigene, spartenbezogene Richtlinie und damit auch eine eigene Begriffsbestimmung für das „vertikal integrierte Unternehmen" erlassen (Art. 2 Nr. 21 Elektrizitäts-Binnenmarkt-Richtlinie 2009/72/EG; Art. 2 Nr. 20 Gas-Binnenmarkt-Richtlinie 2009/73/EG).

Demgegenüber nimmt die BNetzA zumindest auf der **Transportnetzebene** keine solche **25** Spartentrennung vor (BNetzA Beschl. v. 29.1.2020 – BK7-18-051, S. 17). Die Behörde begründet dies mit der Vorschrift des Art. 9 Abs. 3 Elektrizitäts-Binnenmarkt-Richtlinie 2009/72/EG bzw. Gas-Binnenmarkt-Richtlinie 2009/73/EG. Danach ist eine eigentumsrechtliche Entflechtung auf Transportnetzebene auch dann gefordert, wenn ein Übertragungsnetzbetreiber und ein Unternehmen mit der Funktion Gewinnung oder Versorgung mit Erdgas von ein und derselben Person kontrolliert werden und vice versa. Dabei ist allerdings zu beachten, dass Art. 9 Abs. 3 Elektrizitäts-Binnenmarkt-Richtlinie 2009/72/EG bzw. Gas-Binnenmarkt-Richtlinie 2009/73/EG nur auf dessen Absatz 1 lit. b Bezug nimmt, der in § 8 Abs. 2 S. 2, 3 in nationales Recht umgesetzt worden ist. Für alle übrigen Entflechtungsregelungen fehlt im europäischen Sekundärrecht eine entsprechende ausdrückliche Verschränkung zischen den Sparten.

Da für **Verteilernetze** aber eine dem Art. 9 Abs. 3 Elektrizitäts-Binnenmarkt-Richtlinie **26** 2009/72/EG bzw. Gas-Binnenmarkt-Richtlinie 2009/73/EG vergleichbare Verschränkung der beiden Richtlinien generell fehlt, spricht viel dafür, dass eine reine Spartenbetrachtung jedenfalls dann angezeigt ist, wenn in dem Unternehmen oder der Gruppe verbundener Unternehmer nur Verteilernetze, aber keine Transportnetze betrieben werden (für eine generelle Spartentrennung auch auf Transportnetzebene: Elspas/Graßmann/Rasbach/Rasbach § 6 Rn. 30; Rosin/Pohlmann/Gentzsch/Metzenthin/Böwing/Smousavi/Thomas § 8 Rn. 11 Fn. 21; gegen eine Spartentrennung sowohl auf Verteiler- als auch auf Transportnetzebene: Bourwieg/Hellermann/Hermes/Hölscher § 6 Rn. 14; Rosin/Pohlmann/Gentzsch/Metzenthin/Böwing/Schmutzer/Schoon/Stolzenburg § 7 Rn. 8).

27 Mit Wirkung vom 29.7.2022 hat der Gesetzgeber in § 3 Nr. 38 den ursprünglichen Begriff „vertikal integriertes Energieversorgungsunternehmen" durch den Begriff „vertikal integriertes Unternehmen" ersetzt. Dadurch solle klargestellt werden, „dass der Begriff nicht auf die Teile des vertikal integrierten Unternehmens beschränkt ist, die im Elektrizitäts- oder Erdgasbereich tätig sind, sondern alle durch Kontrolle verbundenen Teile des vertikal integrierten Unternehmens erfasst" (BT-Drs. 20/2402, 39).

28 Mit dieser Änderung reagierte der deutsche Gesetzgeber auf die Ausführungen des EuGH in seinem Urteil vom 2.9.2021 zur Frage der Europarechtskonformität von § 10c Abs. 2, 6 (EuGH BeckRS 2021, 24362 Rn. 45 ff.). Nach Auffassung des EuGH sind während der dreijährigen Cooling-on Phase Anstellungsverhältnisse oder Interessen- oder Geschäftsbeziehungen nicht nur zu Unternehmen der vertikal integrierten Unternehmens aus dem Elektrizitäts- oder Gasbereich schädlich, sondern zu allen verbundenen Unternehmen, unabhängig davon, ob sie im Energiebereich tätig sind oder nicht. Diese Auffassung vermag insbesondere vor dem Hintergrund des Wortlauts der Definition des vertikal integrierten Unternehmens im europäischen Sekundärrechts (Art. 2 Nr. 21 Elektrizitäts-Binnenmarkt-Richtlinie 2009/72/EG bzw. Art. 2 Nr. 20 Gas-Binnenmarkt-Richtlinie 2009/73/EG) nicht zu überzeugen. Dort wird ausdrücklich auf Elektrizitäts- bzw. Gasunternehmen sowie eine Gruppe von Elektrizitäts- bzw. Gasunternehmen abgestellt. Eine über den Wortlaut hinausgehende Auslegung ist auch nicht mit dem Sinn und Zweck der entflechtungsrechtlichen Vorschriften zu begründen und aufgrund der erheblichen Einschränkungen für die Betroffenen aus § 10c Abs. 2, 6 als unverhältnismäßig abzulehnen (→ § 10c Rn. 31).

29 Der EuGH hat die Frage, welche verbundenen Unternehmen Teil eines vertikal integrierten Unternehmens sind, im Übrigen nur im Zusammenhang mit der Europarechtskonformität von § 10c Abs. 2, 6 (EuGH BeckRS 2021, 24362 Rn. 45 ff.) und nicht im Zusammenhang mit der Europarechtskonformität der allgemeinen Definition in § 3 Nr. 38 (EuGH BeckRS 2021, 24362 Rn. 19 ff.) diskutiert. Vor diesem Hintergrund ist der deutsche Gesetzgeber mit seinen Ausführungen zur Erforderlichkeit der Anpassungen in § 3 Nr. 38 ohne erkennbaren Grund über das Ziel hinausgeschossen. Dementsprechend kann eine über den Energiebereich hinausreichende Definition des vertikal integrierten Unternehmens allenfalls für § 10c Abs. 2, 6 Anwendung finden (→ § 10c Rn. 31). Seinen überschießenden Eifer hat der Gesetzgeber zumindest für den Bereich der buchhalterischen Entflechtung erkannt und stellt in der Gesetzesbegründung klar, dass die Begriffsänderung in § 6b Abs. 1 S. 1 „ohne Auswirkung auf den Adressatenkreis dieser Regelung" bleibt (BT-Drs. 20/2402, 40). Ebenso wenig zielführend ist die erweiterte Definition im Bereich der informatorischen Entflechtung gem. § 6a Abs. 2 (→ § 6a Rn. 8a f.).

3. Tätigkeit innerhalb der Europäischen Union

30 Bis zum 29.7.2022 hat § 3 Nr. 38 außerdem verlangt, dass die Funktionen Netzbetrieb einerseits sowie Erzeugung/Gewinnung oder Vertrieb andererseits innerhalb der Europäischen Union ausgeübt werden (→ Rn. 30.1). Dabei kam es nicht auf den **Sitz** des/der betroffenen Unternehmen(s) an, sondern auf den Ort des Marktes, auf dem das/die Unternehmen tätig ist/sind (BNetzA, Zertifizierungsverfahren: Hinweispapier zur Antragstellung, 12.12.2011, S. 25). Dementsprechend findet das EnWG gem. § 109 Abs. 2 „Anwendung auf alle Verhaltensweisen, die sich im Geltungsbereich dieses Gesetzes auswirken, auch wenn sie außerhalb des Geltungsbereichs dieses Gesetzes veranlasst werden".

30.1 In einigen Zertifizierungsverfahren hat die BNetzA die Erzeugung/Gewinnung von Energie außerhalb der Europäischen Union bei der Frage mitbetrachtet, ob ein Verstoß gegen § 8 Abs. 2 S. 2, 3 vorliegt (BNetzA Beschl. v. 22.10.2013 – BK6-12-277, S. 7 ff.; BNetzA Beschl. v. 16.3.2016 –

Anwendungsbereich und Ziel der Entflechtung § 6 EnWG

BK6-15-045, S. 7 ff.). Einen solchen hat die BNetzA jeweils mit dem Argument verneint, dass die Gefahr eines Interessenskonflikts bereits dadurch ausgeschlossen sei, dass zwischen den betroffenen Märkten und dem Energiemarkt in Europa keine technische oder wirtschaftliche Verbindung bestehe (BNetzA Beschl. v. 22.10.2013 – BK6-12-277, S. 8; BNetzA Beschl. v. 16.3.2016 – BK6-15-045, S. 8). Außerdem sei es ausgeschlossen, dass eine solche Verbindung in absehbarer Zeit entstehen könnte (BNetzA Beschl. v. 22.10.2013 – BK6-12-277, S. 8; BNetzA Beschl. v. 16.3.2016 – BK6-15-045, S. 8).

In den entsprechenden Begriffsbestimmungen des europäischen Sekundärrechts findet sich keine solche geographische Einschränkung (Art. 2 Nr. 21 Elektrizitäts-Binnenmarkt-Richtlinie 2009/72/EG; Art. 2 Nr. 20 Gas-Binnenmarkt-Richtlinie 2009/73/EG). Vor diesem Hintergrund vertrat der **Generalanwalt** in seinen Schlussanträgen in einem Vertragsverletzungsverfahren gegen die Bundesrepublik Deutschland die Auffassung, dass die Definition des vertikal integrierten Unternehmens in § 3 Nr. 38 gegen die europäischen Richtlinien verstoße (Schlussanträge des Generalanwalts vom 14.1.2021 in der Rs. C-718/18, BeckRS 2021, 195 Rn. 29 ff.). 31

Der **EuGH** hat sich in seinem Urteil vom 2.9.2021 (EuGH BeckRS 2021, 24362 Rn. 19 ff.) der Auffassung des Generalanwalts angeschlossen. Der Begriff des vertikal integrierten Unternehmens sei weit auszulegen, „so dass gegebenenfalls Tätigkeiten erfasst werden können, die außerhalb des Unionsgebiets ausgeübt werden. Demnach führt die Beschränkung auf Tätigkeiten, die in der Union ausgeübt werden, zu einer ungerechtfertigten Verengung der Tragweite dieses Begriffs" (EuGH BeckRS 2021, 24362 Rn. 39). 32

Der EuGH begründet seine Auffassung im Wesentlichen damit, dass nicht auszuschließen sei, „dass zwischen einem Übertragungsnetzbetreiber in der Union und Erzeugern oder Lieferanten von Elektrizität oder Erdgas, die Tätigkeiten in diesen Bereichen außerhalb der Union ausüben, **Interessenkonflikte** bestehen" (EuGH BeckRS 2021, 24362 Rn. 37). Vor dem Hintergrund der weitreichenden Eingriffe des Entflechtungsrechts in die Rechtspositionen eines Unternehmens erscheint diese Begründung nicht ausreichend. Richtig ist, dass die Energiewirtschaft zunehmend international, über die Außengrenzen der Union hinweg verflochten ist. Besonders deutlich zeigt sich dies im weltweiten Markt für LNG. Andererseits ist im Elektrizitätsbereich ein Interessenkonflikt über Kontinente hinweg nicht wirklich vorstellbar. Vor diesem Hintergrund ist eine Definition des vertikal integrierten Unternehmens, die jede weltweite Tätigkeit im Bereich der Erzeugung, Gewinnung oder Vertrieb von Energie einschließt, **unverhältnismäßig**. Richtigerweise wird man jeweils im konkreten Einzelfall prüfen müssen, ob die Gefahr eines Interessenkonflikts besteht (→ Rn. 30.1). 33

Mit Wirkung vom 29.7.2022 hat der deutsche Gesetzgeber das Urteil des EuGH vom 2.9.2021 (EuGH BeckRS 2021, 24362) umgesetzt und in § 3 Nr. 38 die Voraussetzung einer **Tätigkeit innerhalb der Europäischen Union** gestrichen (BT-Drs. 20/2402, 38). 34

II. Rechtlich selbstständige Netzbetreiber

Der Verweis in § 6 Abs. 1 S. 1 Alt. 2 auf rechtlich selbstständige Netzbetreiber, die mit einem vertikal integrierten Unternehmen verbunden sind, hat nur klarstellenden Charakter (Kment EnWG/Knauff § 6 Rn. 6; Theobald/Kühling/Heinlein/Büsch § 6 Rn. 25). Diese werden bereits durch die Definition des vertikal integrierten Unternehmens in § 3 Nr. 38 erfasst. Die **Klarstellung** soll es den Regulierungsbehörden ermöglichen, direkt auf die Netzbetreiber zugehen zu können und nicht den Umweg über die Leitung des vertikal integrierten Unternehmens nehmen zu müssen (BT-Drs. 17/6072, 54). 35

III. Weitere Adressaten der Entflechtungsregelungen

1. Betreiber von LNG-, Gasspeicher- und sonstigen Anlagen

Für LNG-Anlagen (§ 3 Nr. 26) und Gasspeicheranlagen (§ 3 Nr. 19c) gelten die obigen Ausführungen (→ Rn. 3 f.) zu den natürlichen Monopolen der Netzbetreiber entsprechend. Konsequenterweise gilt zumindest ein Teil der Entflechtungsregelungen auch für Betreiber von Gasspeicher- oder LNG-Anlagen (→ Rn. 48 ff.). 36

Für **Energiespeicheranlagen** (§ 3 Nr. 15d) regelt § 7 Abs. 1 S. 2, dass Betreiber von Elektrizitätsverteilernetzen nicht berechtigt sind, solche zu errichten, zu verwalten, zu betrei- 37 ben oder deren Eigentümer zu sein. Für **Betreiber von Wasserstoffnetzen** (§ 3 Nr. 10b) verweisen die §§ 28j ff. auf einzelne entflechtungsrechtliche Regelungen (→ Rn. 47).

38 Nicht genannt werden in den entflechtungsrechtlichen Vorschriften demgegenüber zB Anlagen zur **Betankung von Fahrzeugen mit Gas.** Für solche gesetzlich nicht ausdrücklich geregelten Anlagen ist im Rahmen der Entflechtung die Frage zu prüfen, ob die konkrete Anlage dem natürlichen Monopol des Netzbetriebs (einschließlich Betrieb von Gasspeicher- und LNG-Anlagen) oder dem wettbewerblichen Bereich der Erzeugung/Gewinnung von Energie und deren Vertrieb an Kunden zuzurechnen ist (Theobald/Kühling/Heinlein/Büsch § 6 Rn. 24). Stellt der Netzbetreiber eine Anlage zB im Rahmen eines Pachtverhältnisses einem Dritten zur Verfügung, der diese zur Energieerzeugung/-gewinnung oder für den Energievertrieb nutzt, ist die Anlage entflechtungsrechtlich grundsätzlich dem Netzbetrieb zuzurechnen.

2. Anlageneigentümer

39 In den Vorschriften der §§ 6–10e wird vereinzelt zwischen dem Betreiber und dem Eigentümer einer Anlage differenziert. Diese Rollen können zB im Rahmen eines Pachtmodells oder der Entflechtung durch die Benennung eines Unabhängigen Systembetreibers gem. § 9 auseinanderfallen. Sofern beide Teil desselben vertikal integrierten Unternehmens sind, werden sie infolgedessen von den Vorschriften der informatorischen und buchhalterischen Entflechtung gem. §§ 6a, 6b erfasst. Die Vorschriften der rechtlichen und operationellen Entflechtung kommen demgegenüber auf den Anlageneigentümer grundsätzlich nicht zur Anwendung. Allerdings muss sich im Fall der Entflechtung eines Transportnetzbetreibers durch die Benennung eines Unabhängigen Systembetreibers der Eigentümer des betroffenen Transportnetzes gem. § 7b rechtlich und operationell nach den für Verteilernetzbetreiber geltenden Vorschriften (§§ 7, 7a) entflechten.

40 Auf Anlageneigentümer, die nicht Teil eines vertikal integrierten Unternehmens sind, sind die Entflechtungsvorschriften grundsätzlich nicht anwendbar. Eine Ausnahme findet sich nur in § 6a Abs. 1, wonach Transportnetzeigentümer auch dann die Vorschriften der informatorischen Entflechtung zu beachten haben, wenn sie nicht Teil eines vertikal integrierten Unternehmens sind.

IV. Ausnahmeregelungen

41 Vertikal integrierte Unternehmen, an deren Elektrizitäts- bzw. Gasverteilernetz weniger als 100.000 Kunden unmittelbar oder mittelbar angeschlossen sind, müssen ihre Verteilernetzbetreiber nicht rechtlich und operationell entflechten (§§ 7 Abs. 2, 7a Abs. 7). Die Anforderungen der informatorischen und buchhalterischen Entflechtung gelten demgegenüber trotzdem.

42 Des Weiteren können gem. § 28a (setzt Art. 36 Gas-Binnenmarkt-Richtlinie 2009/73/EG in nationales Recht um) **Verbindungsleitungen** zwischen Deutschland und anderen Staaten oder LNG- und Gasspeicheranlagen unter bestimmten Voraussetzungen von den Vorschriften der §§ 8–10e ausgenommen werden. Für den Elektrizitätsbereich enthält der unmittelbar anwendbare Art. 63 Elektrizitäts-Binnenmarkt-Verordnung (VO (EU) 2019/943) eine vergleichbare Regelung.

43 Schließlich enthielt § 110 aF für **Objektnetze** eine Ausnahme von den entflechtungsrechtlichen Vorgaben. Im Zuge der Novellierung der §§ 6 ff. im Jahr 2011 hat der Gesetzgeber diese Ausnahmeregelung gestrichen, sodass geschlossene Verteilernetze ebenfalls zu entflechten sind. Aufgrund ihrer Größe (→ Rn. 41) dürfte sie aber regelmäßig nur die Verpflichtung zur buchhalterischen und informatorischen Entflechtung treffen.

E. Rechtsfolgen (Abs. 1 S. 2 und 3)

44 Die gem. § 6 Abs. 1 S. 1 verpflichteten Unternehmen müssen Transparenz sowie die diskriminierungsfreie Ausgestaltung und Abwicklung des Netzbetriebs gewährleisten. Dieses Ziel soll erreicht werden, indem der Netzbetreiber entsprechend den Vorgaben der §§ 6a–10e von den wettbewerblichen Tätigkeiten der Energieversorgung unabhängig zu organisieren

ist. Die gesetzlichen Vorgaben der §§ 6–10e sind abschließend (Kment EnWG/Knauff § 6 Rn. 7; Schneider/Theobald EnergieWirtschaftsR-HdB/de Wyl/Finke § 4 Rn. 37).

I. Netzbetreiber

Für alle Netzbetreiber gelten zunächst die Regelungen der §§ 6a, 6b über die informatorische und buchhalterische Entflechtung. Für **Verteilernetzbetreiber** gelten zusätzlich die Vorschriften betreffend die rechtliche (§ 7) und operationelle (§ 7a) Entflechtung. Für **Transportnetzbetreiber** gelten ergänzend zu §§ 6a, 6b die Regelungen zur eigentumsrechtlichen Entflechtung (§ 8), über den Unabhängigen Systembetreiber (§ 9) und den Unabhängigen Transportnetzbetreiber (§§ 10–10e). Dabei stellen die §§ 8, 9 und 10–10e drei gleichwertige, alternative Entflechtungsmodelle für Transportnetzbetreiber zur Verfügung, die jedoch nicht gemischt werden können (Kment EnWG/Knauff § 6 Rn. 8). 45

Die Alternativen Unabhängiger Systembetreiber (§ 9) und Unabhängiger Transportnetzbetreiber (§§ 10–10e) sind gem. § 6 Abs. 1 S. 3 nur auf solche Transportnetze anwendbar, die am 3.9.2009 im Eigentum eines vertikal integrierten Unternehmens standen. Dieses Datum entspricht dem Datum des Inkrafttretens des dritten Energiebinnenmarktpaketes (→ Rn. 7 ff.). Nicht erforderlich ist, dass das Transportnetz zum Stichtag im Eigentum des vertikal integrierten Unternehmens stand, das sich nach § 9 oder nach §§ 10–10e entflechten möchte (Theobald/Kühling/Heinlein/Büsch § 6 Rn. 42). Ausreichend ist, dass das Transportnetz zum Stichtag Eigentum irgendeines vertikal integrierten Unternehmens war (Theobald/Kühling/Heinlein/Büsch § 6 Rn. 42). Zulässig ist auch, dass das Transportnetz zwischenzeitlich nicht im Eigentum eines vertikal integrierten Unternehmens, sondern im Eigentum eines gem. § 8 eigentumsrechtlich entflochtenen Transportnetzbetreibers stand (BNetzA, Zertifizierungsverfahren: Hinweispapier zur Antragstellung, 12.12.2011, 22 f.; Theobald/Kühling/Heinlein/Büsch § 6 Rn. 43). Insoweit kommt es nicht auf eine unternehmensbezogene, sondern auf eine netzbezogene Sichtweise an (Theobald/Kühling/Heinlein/Büsch § 6 Rn. 42). 46

Für **Betreiber von Wasserstoffnetzen** (§ 3 Nr. 10b) enthalten die §§ 28k–28m spezielle Entflechtungsvorschriften, die teilweise auf die §§ 6 ff. verweisen. 47

II. Betreiber von Gasspeicher- und LNG-Anlagen

Die Anforderungen der **informatorischen Entflechtung** gem. § 6a sind auch von Gasspeicheranlagenbetreibern (§ 3 Nr. 6) und Betreibern von LNG-Anlagen (§ 3 Nr. 9) zu beachten. Dies gilt nicht nur dann, wenn sie mit einem vertikal integrierten Unternehmen iSd § 3 Nr. 38 verbunden sind (Theobald/Kühling/Heinlein/Büsch § 6 Rn. 23). Auch wenn kein solcher Verbund besteht, müssen Gasspeicheranlagenbetreiber und Betreiber von LNG-Anlagen aufgrund ihrer ausdrücklichen Nennung in § 6a die Anforderungen der informatorischen Entflechtung erfüllen (Theobald/Kühling/Heinlein/Büsch § 6 Rn. 27; Elspas/Graßmann/Rasbach/Rasbach § 6a Rn. 3). 48

Betreiber von Gasspeicheranlagen müssen außerdem die Vorschriften der **buchhalterischen Entflechtung** in § 6b beachten, unabhängig davon, ob sie Teil eines vertikal integrierten Unternehmens sind oder nicht (Theobald/Kühling/Heinlein/Büsch § 6 Rn. 23, 27). Letzteres ergibt sich aus ihrer ausdrücklichen Nennung in § 6b Abs. 1 S. 1. 49

Demgegenüber werden Betreiber von LNG-Anlagen in § 6b Abs. 1 S. 1 nicht ausdrücklich genannt. Sofern sie Teil eines vertikal integrierten Unternehmens sind, gilt § 6b für sie als Teil des vertikal integrierten Unternehmens (Theobald/Kühling/Heinlein/Büsch § 6 Rn. 23). Wenn sie nicht Teil eines vertikal integrierten Unternehmens sind, müssen sie § 6b nicht beachten (aA Theobald/Kühling/Heinlein/Büsch § 6 Rn. 27). 50

Des Weiteren müssen sich Betreiber von Gasspeicheranlagen auch **rechtlich** und **operationell** entflechten, sofern sie mit einem vertikal integrierten Unternehmen iSd § 3 Nr. 38 verbunden sind und die weiteren Voraussetzungen des § 7b erfüllen. Im Umkehrschluss sind die §§ 7, 7a auf Gasspeicheranlagenbetreiber, die nicht Teile eines vertikal integrierten Unternehmens sind, nicht anwendbar. 51

Betreiber von LNG-Anlagen sind demgegenüber sowohl von der **rechtlichen** als auch von der **operationellen** Entflechtung befreit, selbst wenn sie Teil eines vertikal integrierten Unternehmens sind (Theobald/Kühling/Heinlein/Büsch § 6 Rn. 23). 52

F. Ertragsteuerliche Privilegierung (Abs. 2)

I. Problemstellung

53 Die Entflechtungsregelungen der §§ 6 ff. setzen einen rechtlich selbstständigen Netzbetreiber voraus. Wie ein solcher selbstständiger Netzbetreiber vom vertikal integrierten Unternehmen auszustatten ist, ist im Gesetz demgegenüber nur teilweise geregelt.

54 Für **Verteilernetzbetreiber** verlangt § 7a Abs. 1 lediglich, dass dessen Unabhängigkeit „hinsichtlich der Organisation, der Entscheidungsgewalt und der Ausübung des Netzgeschäfts" sicherzustellen ist. Nach § 7a Abs. 4 S. 1 muss der Verteilernetzbetreiber über den Betrieb, die Wartung und den Ausbau des Netzes tatsächlich und unabhängig vom übrigen vertikal integrierten Unternehmen entscheiden können. Außerdem muss er über die dafür erforderliche „Ausstattung in materieller, personeller, technischer und finanzieller Hinsicht" verfügen (§ 7a Abs. 4 S. 2).

55 Demgegenüber verlangt die eigentumsrechtliche Entflechtung eines **Transportnetzbetreibers** gem. § 8 Abs. 2 S. 1, dass der Netzbetreiber unmittelbar oder mittelbar Eigentümer des Transportnetzes ist. Weitere ausdrückliche gesetzliche Anforderungen an die Ausstattung des eigentumsrechtlich entflochtenen Transportnetzbetreibers bestehen demgegenüber nicht.

56 Im Fall der Entflechtung durch Benennung eines Unabhängigen Transportnetzbetreibers muss dieser gem. § 10a Abs. 1 „über die finanziellen, technischen, materiellen und personellen Mittel verfügen, die [...] für den Transportnetzbetrieb erforderlich sind". Der unabhängige Transportnetzbetreiber muss außerdem unmittelbarer oder mittelbarer Eigentümer aller „für den Transportnetzbetrieb erforderlichen Vermögenswerte, einschließlich des Transportnetzes" sein.

57 Die gesetzlichen Vorgaben zur **Ausstattung** des entflochtenen Netzbetreibers machen es teilweise erforderlich, im Zuge der Entflechtung Wirtschaftsgüter in mehr oder minder großem Umfang zu übertragen. Werden Wirtschaftsgüter von einem Unternehmen auf ein anderes Unternehmen übertragen, können dabei stille Reserven aufgedeckt werden und der dadurch entstehende Buchgewinn ist grundsätzlich als Ertrag zu versteuern (Säcker EnergieR/Säcker/Schönborn § 6 Rn. 33; Theobald/Kühling/Heinlein/Büsch § 6 Rn. 48). Diese Konsequenz soll durch § 6 Abs. 2, 3 (→ Rn. 57.1) vermieden und damit eine steuerlich neutrale Durchführung der Entflechtung ermöglicht werden (Bourwieg/Hellermann/Hermes/Hölscher § 6 Rn. 27; Theobald/Kühling/Heinlein/Büsch § 6 Rn. 46; Kment EnWG/Knauff § 6 Rn. 10).

57.1 § 6 Abs. 2, 3 war bereits 2005 im EnWG enthalten, wurde im Zug der EnWG-Novelle 2011 jedoch gestrichen. Der ursprüngliche Gesetzentwurf sah zwar eine Fortführung der steuerlichen Privilegierung vor (BT-Drs. 17/6072, 11). Damit wäre aber die Zustimmung des Bundesrats zur gesamten Novelle erforderlich gewesen. Um dies zu vermeiden, wurde § 6 Abs. 2, 3 im EnWG 2011 gestrichen (BT-Drs. 17/6365, 32 f.). Wiedereingeführt wurden die Absätze 2 und 3 erst mit Wirkung zum 5.3.2013.

II. Umwandlungssteuergesetz

58 In bestimmten Fallgestaltungen, namentlich der Umstrukturierung von Unternehmen, ermöglicht das UmwStG eine **ertragsteuerneutrale Übertragung** von Wirtschaftsgütern. Eine Unternehmensumstrukturierung führt nämlich – anders als im Fall einer Veräußerung an Dritte – in aller Regel nicht dazu, dass dem oder den betroffenen Unternehmen ein Entgelt zufließt (Semler/Stengel/Moszka, Umwandlungsgesetz, 4. Aufl. 2017, Einleitung B Rn. 1).

1. Fiktion der Übertragung eines Teilbetriebs

59 Das Umwandlungssteuerrecht setzt voraus, dass nicht nur einzelne Wirtschaftsgüter, sondern ein **Teilbetrieb** übertragen wird. Der Begriff des Teilbetriebs ist im nationalen Recht nicht definiert (Haritz/Menner/Bilitewski/Menner, 4. Aufl. 2015, § 20 Rn. 90; Schmitt/Hörtnagl/Stratz/Schmitt § 20 Rn. 79). Eine Definition findet sich demgegenüber im europäischen Recht in Art. 2 lit. j Fusions-RL (RL 2009/133/EG). Danach ist ein Teilbetrieb „die Gesamtheit der in einem Unternehmensteil einer Gesellschaft vorhandenen aktiven und

Anwendungsbereich und Ziel der Entflechtung § 6 EnWG

passiven Wirtschaftsgüter, die in organisatorischer Hinsicht einen selbstständigen Betrieb, d. h. eine aus eigenen Mitteln funktionsfähige Einheit, darstellen".

Die nationale Rechtsprechung definiert den Teilbetrieb als „ein organisatorisch geschlossener, mit einer gewissen Selbstständigkeit ausgestatteter Teil des Gesamtbetriebs [...], der – für sich betrachtet – alle Merkmale eines Betriebs im Sinne des EStG aufweist und als solcher lebensfähig ist" (BFH DStRE 2007, 1229). 60

Welche der beiden Definitionen im UmwStG anzuwenden ist, ist umstritten (Haritz/Menner/Bilitewski/Menner, 4. Aufl. 2015, § 20 Rn. 91; Schmitt/Hörtnagl/Stratz/Schmitt § 20 Rn. 79 ff.). Beide Definitionen können aber dazu führen, dass, um ertragsteuerlich neutral zu sein, die Übertragung von mehr Wirtschaftsgütern erforderlich ist, als nach den gesetzlichen Entflechtungsvorschriften eigentlich gefordert wäre (BT-Drs. 17/6072, 55; Bourwieg/Hellermann/Hermes/Hölscher § 6 Rn. 28; Säcker EnergieR/Säcker/Schönborn § 6 Rn. 35; Theobald/Kühling/Heinlein/Büsch § 6 Rn. 51). 61

Zum Schutz der betroffenen Unternehmen hat der Gesetzgeber deshalb in § 6 Abs. 2 S. 1 die unwiderlegliche (Kment EnWG/Knauff § 6 Rn. 13) Fiktion geschaffen, dass die in engem wirtschaftlichem Zusammenhang mit einer Entflechtung übertragenen Wirtschaftsgüter einen Teilbetrieb im Sinne des UmwStG darstellen und damit die gewollte ertragsteuerliche Neutralität erreicht wird. Dabei stellt das Gesetz auf eine rechtliche und operationelle Entflechtung ab. Da LNG-Anlagen nur informatorisch (§ 6a) und buchhalterisch (§ 6b) entflochten werden müssen, werden sie in § 6 Abs. 2 nicht genannt. Für die Fiktion kommt es im Übrigen nicht darauf an, ob die Entflechtung im Wege einer Aufspaltung, Abspaltung oder Teilübertragung (§§ 15, 16 UmwStG) oder im Wege der Einbringung bzw. Ausgliederung (§§ 20, 24 UmwStG) erfolgt (Theobald/Kühling/Heinlein/Büsch § 6 Rn. 49). 62

2. Voraussetzungen und Umfang der Fiktion

Voraussetzung der Fiktion ist zum einen, dass die Übertragung in „engem wirtschaftlichem Zusammenhang mit der rechtlichen und operationellen Entflechtung" erfolgt (§ 6 Abs. 2 S. 1). Zum anderen gilt die Fiktion gem. § 6 Abs. 2 S. 2 nur für solche „Wirtschaftsgüter, die unmittelbar auf Grund des Organisationsaktes der Entflechtung übertragen werden". In der Gesetzesbegründung wird dabei auf die „im Zuge der Entflechtungsbestimmungen zu übertragenden Wirtschaftsgüter" abgestellt (BT-Drs. 17/6072, 55). Die Teilbetriebsfiktion gelte nur für den Fall der gesetzlich durch das EnWG geregelten unmittelbaren Entflechtungsmaßnahmen (BT-Drs. 17/6072, 55). Die Regelung des § 6 Abs. 2 S. 2 solle Missbräuche verhindern, so dass die Fiktion nur für diejenigen Wirtschaftsgüter gelte, die unmittelbar zur Sicherstellung der stärkeren Entflechtungsvorgaben übertragen werden (BT-Drs. 17/6072, 55). 63

Aufgrund des Wortlauts der Gesetzesbegründung könnte man argumentieren, dass nur die Übertragung solcher Wirtschaftsgüter ertragsteuerlich privilegiert werden soll, die für die Umsetzung der Entflechtungsvorgaben zwingend erforderlich ist. Soweit sich das vertikal integrierte Unternehmen entscheiden sollte, nicht zwingend erforderliche Wirtschafsgüter zu übertragen, würde die Privilegierung entfallen. 64

Eine solche Sichtweise vermag jedoch nicht zu überzeugen. Wenn die betroffenen Unternehmen schon gesetzlich zur Entflechtung verpflichtet werden, muss ihnen ein angemessener Entscheidungsspielraum verbleiben, wie sie die Entflechtung umsetzen möchten. Dabei muss es zulässig sein, über die gesetzlichen Mindestanforderungen hinauszugehen. Maßstab muss sein, ob die Übertragung von Wirtschaftsgütern, die aufgrund der Umsetzung der Entflechtungsvorgaben erfolgen, für das konkrete Unternehmen im Vergleich zu einer Nicht-Übertragung aus organisatorischen, wirtschaftlichen, finanziellen oder sonstigen Gründen vorteilhaft ist (ähnl. Kment EnWG/Knauff § 6 Rn. 15; Säcker EnergieR/Säcker/Schönborn § 6 Rn. 37; Theobald/Kühling/Heinlein/Büsch § 6 Rn. 53). 65

Nicht ertragsteuerlich privilegiert ist demgegenüber die Übertragung von Wirtschaftsgütern, die nur **anlässlich einer Entflechtung** übertragen werden (Kment EnWG/Knauff § 6 Rn. 15; Säcker EnergieR/Säcker/Schönborn § 6 Rn. 38; Theobald/Kühling/Heinlein/Büsch § 6 Rn. 53). Steuerliche Gestaltungsmöglichkeiten sollen nämlich gerade nicht eröffnet werden (BT-Drs. 17/6072, 55). 66

Jenn

67 Aufgrund der vorstehenden Überlegungen muss es aber auch zulässig sein, zu einem **späteren Zeitpunkt** nachzusteuern. Stellt sich das ursprünglich erarbeitete Konzept zur Umsetzung der Entflechtung im Nachhinein als nicht optimal heraus, muss auch die weitere Übertragung von Wirtschaftsgütern ertragsteuerlich privilegiert werden (enger Kment EnWG/Knauff § 6 Rn. 16; Säcker EnergieR/Säcker/Schönborn § 6 Rn. 39). Dabei kann sich das vertikal integrierte Unternehmen jedoch nicht auf Unzulänglichkeiten seines Konzepts berufen, die es bewusst in Kauf genommen hat. Dasselbe gilt, soweit Unzulänglichkeiten auf Umständen beruhen, die erst nach dem Organisationsakt der Entflechtung eingetreten sind. Dadurch wird faktisch verhindert, dass das ertragsteuerliche Privileg auf unbestimmte Zeit genutzt werden kann.

68 Die Voraussetzung des § 6 Abs. 2 S. 2, wonach das ertragsteuerliche Privileg nur für solche Wirtschaftsgüter gilt, „die unmittelbar auf Grund des Organisationsaktes der Entflechtung übertragen werden", verlangt demnach **keine zeitliche Unmittelbarkeit** (aA Kment EnWG/Knauff § 6 Rn. 14; Kment EnWG/Knauff § 6 Rn. 16). Gemeint ist hier lediglich ein unmittelbarer inhaltlicher Zusammenhang mit der Umsetzung der Entflechtungsvorgaben wie oben beschrieben (Säcker EnergieR/Säcker/Schönborn § 6 Rn. 39 erlauben mehrere getrennte Übertragungsakte, verlangen aber ein einheitliches Entflechtungskonzept).

3. Fiktion bezüglich der nicht übertragenen Vermögenswerte

69 § 6 Abs. 2 S. 3 stellt schließlich die Fiktion auf, dass das Vermögen, das nach der Entflechtung beim abgebenden Unternehmen verbleibt, einen Teilbetrieb im Sinne des UmwStG darstellt. Eine ertragsteuerneutrale Entflechtung ist gem. § 15 Abs. 1 S. 2 UmwStG für den Fall einer Abspaltung und einer Teilübertragung nur möglich, wenn beim abgebenden Unternehmen ein Teilbetrieb verbleibt. Diese Voraussetzung fingiert § 6 Abs. 2 S. 3 und soll als umfassende Teilbetriebsfiktion Rechtsklarheit in Zweifelsfällen schaffen (BT-Drs. 17/6072, 55).

4. Wegfall des Bedarfs einer Fiktion

70 Auf die Fiktion des § 6 Abs. 2 S. 1–3 kommt es im Übrigen nicht an, wenn im Rahmen der Entflechtung ein Teilbetrieb im Sinne des UmwStG übertragen wird. Sofern die umwandlungssteuerrechtlichen Anforderungen (→ Rn. 59 f.) erfüllt sind, müssen die Voraussetzungen des § 6 Abs. 2 S. 1, 2 zumindest zusätzlich erfüllt sein (Theobald/Kühling/Heinlein/Büsch § 6 Rn. 61).

5. Sonderfall Verpachtung

71 Eine besondere Konstellation kann sich ergeben, wenn das vertikal integrierte Unternehmen im Zug der Entflechtung Wirtschaftsgüter an den rechtlich selbstständigen Netzbetreiber nicht zivilrechtlich übereignet, sondern lediglich verpachtet. Eine solche Konstruktion ist bei Verteilernetzbetreibern ohne weiteres zulässig. Für Transportnetzbetreiber verlangen demgegenüber §§ 8 Abs. 2, 10a Abs. 1 S. 2 zumindest mittelbares Eigentum am Transportnetz, während im Fall eines Unabhängigen Systembetreibers iSv § 9 ein Pachtverhältnis mit dem vertikal integrierten Unternehmen als Netzeigentümer grundsätzlich möglich wäre.

72 In einer solchen Konstellation stellt sich die Frage, ob durch die Verpachtung das **wirtschaftliche Eigentum** am Pachtgegenstand auf den Netzbetreiber übergeht und damit stille Reserven aufgedeckt werden, die eine Ertragsteuerpflicht auslösen (ausf. Theobald/Kühling/Heinlein/Büsch § 6 Rn. 66 ff.). Vor dem Hintergrund der gesetzgeberischen Intention, keine Ertragsteuerpflicht im Zusammenhang mit der Umsetzung der Entflechtungsvorschriften auslösen zu wollen, wird man den Übergang des wirtschaftlichen Eigentums im Rahmen eines Pachtvertrags unter den Begriff der Übertragung iSd § 6 Abs. 2 subsumieren können (Säcker EnergieR/Säcker/Schönborn § 6 Rn. 46; für eine analoge Anwendung Theobald/Kühling/Heinlein/Büsch § 6 Rn. 69).

6. Suspendierung ertragsteuerlicher Sperrfristen

73 Die verschiedenen Regelungen zur ertragsteuerlichen Privilegierung von Unternehmensumstrukturierungen enthalten regelmäßig Sperrfristen als spezialgesetzliche Missbrauchsrege-

lungen. Sofern innerhalb der jeweils geltenden Sperrfrist bestimmte Wirtschaftsgüter weiterübertragen werden, entfällt nachträglich die ertragsteuerliche Privilegierung.

Die Umsetzung der gesetzlichen Entflechtungsvorgaben kann aber zu einer Verletzung solcher Sperrfristen als Folge früherer Umstrukturierungen führen. Dieses Ergebnis verhindert § 6 Abs. 2 S. 4, allerdings nur zugunsten von Transportnetzbetreibern und Betreibern von Gasspeicheranlagen, nicht aber zugunsten von **Verteilernetzbetreibern** (Kment EnWG/Knauff § 6 Rn. 18; Theobald/Kühling/Heinlein/Büsch § 6 Rn. 58; → Rn. 74.1). Außerdem müssen die Entflechtungsmaßnahmen vor dem 3.3.2012 (Stichtag für die Antragstellung für die Zertifizierung nach § 4a Abs. 1) ergriffen worden sein. Dabei genügt es, wenn die Maßnahmen bis zu dem genannten Stichtag begonnen wurden (Theobald/Kühling/Heinlein/Büsch § 6 Rn. 57). Nicht erforderlich ist demgegenüber, dass die Maßnahmen vollständig umgesetzt sind (Theobald/Kühling/Heinlein/Büsch § 6 Rn. 57). 74

Für Verteilernetzbetreiber, die sich aufgrund der Überschreitung der De-minimis-Grenze des § 7 Abs. 2 entflechten müssen, sah § 6 Abs. 2 S. 4 in der bis zum 3.8.2011 geltenden Fassung eine entsprechende Privilegierung für Maßnahmen vor, die bis zum 31.12.2007 (für Unternehmen iSd § 7 Abs. 1, 2 aF) bzw. bis zum 31.12.2008 (für Unternehmen iSd § 7 Abs. 3 aF) ergriffen worden sind. Diese Regelung gilt aufgrund der Übergangsregelung des § 118 Abs. 2 fort. Entflechtungsmaßnahmen, die ein Verteilernetzbetreiber nach diesen Stichtagen vorgenommen hat, waren schon nach der alten Fassung nicht privilegiert. 74.1

Der Verhinderung von **Umgehungen** und **missbräuchlichen Gestaltungen** dient ebenfalls § 6 Abs. 2 S. 5. Demnach gilt die siebenjährige Sperrfrist des § 22 UmwStG und des § 34 Abs. 7a KStG für die Veräußerung nur solcher Anteile nicht, die zu Beginn der Entflechtung bereits bestanden haben. Außerdem muss die Veräußerung unmittelbar aufgrund des Organisationsaktes der Entflechtung erforderlich sein. Demzufolge gilt die siebenjährige Sperrfrist für die Veräußerung solcher Anteile, die erst durch die Entflechtung neu entstanden sind (BT-Drs. 17/6072, 55). 75

Klarstellenden Charakter hat § 6 Abs. 2 S. 6. Die in § 6 Abs. 2 S. 4 angeordnete Befreiung von den Sperrfristen gilt nicht für den Erwerber eines mit einer Sperrfrist belasteten Anteils. Dieser tritt vielmehr in die Rechtsstellung des Veräußerers ein. Ist die Sperrfrist also zum Zeitpunkt der Veräußerung als Maßnahme zur Umsetzung der gesetzlichen Entflechtungsvorgaben noch nicht abgelaufen, gilt die Restlaufzeit nunmehr zulasten des Erwerbers. Die Sperrfrist beginnt demnach infolge der Veräußerung nicht erneut zu laufen (Kment EnWG/Knauff § 6 Rn. 18; Theobald/Kühling/Heinlein/Büsch § 6 Rn. 59). 76

7. Amtshilfe

Die Frage, ob die Voraussetzungen des § 6 Abs. 2 S. 1, 2 gegeben sind, ist grundsätzlich von den zuständigen Finanzbehörden zu prüfen und zu entscheiden. Dabei haben sie gem. § 6 Abs. 2 S. 7 die Möglichkeit (jedoch nicht die Pflicht), ein Amtshilfeersuchen iSd § 111 AO an die zuständige Regulierungsbehörde zu richten. 77

G. Grunderwerbsteuerliche Privilegierung (Abs. 3)

Im Rahmen der Entflechtung kann es außerdem zur Übertragung von Grundstücken kommen. Ein solcher Vorgang löst grundsätzlich Grunderwerbsteuer aus (§ 1 GrEStG). Da die Entflechtung in aller Regel nicht auf einer freiwilligen Entscheidung, sondern auf gesetzlichen Vorgaben beruht, sieht § 6 Abs. 3 S. 1 eine Befreiung von der Grunderwerbsteuer vor. Voraussetzung ist, dass sich die Übertragung des Grundstücks aus der Entflechtung ergibt. Nicht privilegiert sind – wie schon bei der Ertragsteuer – Vorgänge, die nur **anlässlich der Entflechtung** stattfinden (→ Rn. 66). 78

Die Regelung des § 6 Abs. 3 S. 2, wonach § 6 Abs. 2 S. 4 entsprechend anwendbar ist, stellt zum einen klar, dass die grunderwerbsteuerliche Privilegierung nur zugunsten von Transportnetzbetreibern und Betreibern von Gasspeicheranlagen, nicht jedoch zugunsten von Verteilernetzbetreibern und Betreibern von LNG-Anlagen, die sowieso nur informatorisch und buchhalterisch entflochten werden müssen, gilt. Zum anderen muss die Übertragung des Grundstücks vor dem 3.3.2012 erfolgt sein (→ Rn. 79.1). Wie bereits oben ausge- 79

Jenn 189

führt muss die Übertragung dafür begonnen, aber noch nicht vollständig umgesetzt sein (→ Rn. 74).

79.1 Die Auffassung, jede vor dem 3.3.2012 erfolgte Übertragung von Grundeigentum werde grunderwerbsteuerlich privilegiert, sofern diese im Zuge der Entflechtung eines Transportnetzbetreibers oder des Betreibers einer Gasspeicheranlage notwendig geworden wäre (so wohl Kment EnWG/Knauff § 6 Rn. 21), ist zu weitgehend. Eine solche zeitlich unbegrenzte Rückwirkung war vom Gesetzgeber sicherlich nicht gewollt. Gemäß § 118 Abs. 2 ist § 6 Abs. 2–4 mit Wirkung vom 13.7.2009, dem Tag, an dem die Elektrizitäts-Binnenmarkt-Richtlinie 2009/72/EG und Gas-Binnenmarkt-Richtlinie 2009/73/EG beschlossen worden sind, anzuwenden.

80 Auch bei der Prüfung grunderwerbsteuerlicher Fragen kann (muss aber nicht) die zuständige Finanzbehörde ein Amtshilfeersuchen an die zuständige Regulierungsbehörde richten (§ 6 Abs. 3 S. 2, Abs. 2 S. 7 (→ Rn. 77)).

H. Freiwillige Entflechtung (Abs. 4)

81 In der bis 2011 geltenden Fassung des § 6 galten die steuerlichen Privilegierungen auch für solche Unternehmen, die sich freiwillig entflochten haben. Dieses Privileg wurde vom Gesetzgeber gestrichen. Die Gesetzesbegründung enthält dazu keine Erklärung. Da § 6 Abs. 2, 3 steuerliche Nachteile im Zusammenhang mit der Umsetzung der gesetzlichen Verpflichtung zur Entflechtung verhindern soll, erscheint es jedoch konsequent, dieses Privileg auf rein freiwillige Vorgänge nicht auszudehnen.

§ 6a Verwendung von Informationen

(1) Unbeschadet gesetzlicher Verpflichtungen zur Offenbarung von Informationen haben vertikal integrierte Unternehmen, Transportnetzeigentümer, Netzbetreiber, Gasspeicheranlagenbetreiber sowie Betreiber von LNG-Anlagen sicherzustellen, dass die Vertraulichkeit wirtschaftlich sensibler Informationen, von denen sie in Ausübung ihrer Geschäftstätigkeit als Transportnetzeigentümer, Netzbetreiber, Gasspeicheranlagenbetreiber sowie Betreiber von LNG-Anlagen Kenntnis erlangen, gewahrt wird.

(2) ¹Legen das vertikal integrierte Unternehmen, Transportnetzeigentümer, Netzbetreiber, ein Gasspeicheranlagenbetreiber oder ein Betreiber von LNG-Anlagen über die eigenen Tätigkeiten Informationen offen, die wirtschaftliche Vorteile bringen können, so stellen sie sicher, dass dies in nicht diskriminierender Weise erfolgt. ²Sie stellen insbesondere sicher, dass wirtschaftlich sensible Informationen gegenüber anderen Teilen des Unternehmens vertraulich behandelt werden.

Überblick

§ 6a regelt die **informatorische Entflechtung**. Dabei begründet Absatz 1 die Verpflichtung der Normadressaten (→ Rn. 4 ff.), bestimmte Informationen (→ Rn. 15 f.) vertraulich zu behandeln (→ Rn. 21 ff.). Legen die Verpflichteten Informationen über die eigene Tätigkeit (→ Rn. 32 f.) offen, muss dies gem. Absatz 2 Satz 1 in nichtdiskriminierender Weise erfolgen (→ Rn. 36 ff.). Eine besondere Pflicht zur Vertraulichkeit gilt gem. Absatz 2 Satz 2 innerhalb des vertikal integrierten Unternehmens (→ Rn. 39 f.).

Übersicht

	Rn.		Rn.
A. Entstehungsgeschichte und Bedeutung	1	III. Kenntniserlangung in Ausübung der Geschäftstätigkeit	17
B. Normadressaten	4	IV. Sicherstellung der Vertraulichkeit	21
C. Pflicht zur Vertraulichkeit (Abs. 1)	11	V. Ausnahmen	26
I. Schutzzweck	12	VI. Gesellschaftsrechtliche Informationsrechte	28
II. Wirtschaftlich sensible Daten	15		

Verwendung von Informationen § 6a EnWG

	Rn.		Rn.
D. Diskriminierungsfreie Offenlegung (Abs. 2 S. 1)	30	III. Diskriminierungsfreie Offenlegung	36
I. Informationen über die eigene Tätigkeit	32	E. Unternehmensinterne Pflicht zur	
II. Gesetzliche Offenlegungspflichten	34	Vertraulichkeit (Abs. 2 S. 2)	39

A. Entstehungsgeschichte und Bedeutung

Die Vorschrift des § 6a wurde 2011 im Zuge der Umsetzung des **dritten Energiebinnen-** 1
marktpakets in das EnWG eingefügt. Sie dient der Umsetzung von Art. 16, 27 Elektrizitäts-
Binnenmarkt-Richtlinie 2009/72/EG bzw. Gas-Binnenmarkt-Richtlinie 2009/73/EG in
nationales Recht. Inhaltlich entspricht § 6a Abs. 1, 2 S. 1 der Regelung des § 9 aF, wurde
jedoch um die Transportnetzeigentümer, Gasspeicheranlagenbetreiber und Betreiber von
LNG-Anlagen erweitert (BT-Drs. 17/6072, 56). Ergänzt wurde außerdem die besondere
Pflicht zur Vertraulichkeit innerhalb des vertikal integrierten Unternehmens gem. § 6a Abs. 2
S. 2. § 9 aF diente wiederum der Umsetzung von Art. 12, 16 Elektrizitäts-Binnenmarkt-
Richtlinie 2003/54/EG sowie Art. 10, 14 Gas-Binnenmarkt-Richtlinie 2003/55/EG.

Die informatorische Entflechtung zielt auf die **Verhinderung einer Verzerrung des** 2
Wettbewerbs innerhalb des Energiebinnenmarktes (Kment EnWG/Knauff § 6a Rn. 1;
Säcker EnergieR/Säcker/Schönborn § 6a Rn. 4). Infolge des natürlichen Monopols der
Energieinfrastruktur besteht das Risiko, dass Marktteilnehmer einen Wettbewerbsvorteil
erlangen, wenn sie über die Energieinfrastruktur inkl. deren Kunden Informationen besitzen,
die anderen Marktteilnehmern nicht zur Verfügung stehen. Zur Vermeidung dieses Risikos
sind zum einen bestimmte Informationen vertraulich zu behandeln, vor allen Dingen innerhalb des vertikal integrierten Unternehmens (§ 6a Abs. 1, 2 S. 2). Zum anderen müssen
Informationen, wenn sie offengelegt werden, allen Marktteilnehmern gleichzeitig und in
gleicher Weise zur Verfügung gestellt werden (§ 6a Abs. 2 S. 1).

Zu § 9 aF haben die Regulierungsbehörden des Bundes und der Länder am 13.6.2007 3
eine gemeinsame Richtlinie veröffentlicht. Des Weiteren finden sich in den „Gemeinsame[n]
Auslegungsgrundsätze[n]" der Regulierungsbehörden des Bundes und der Länder zu den
Entflechtungsbestimmungen in §§ 6–10 EnWG" vom 1.3.2006 Ausführungen betreffend die
informatorische Entflechtung gem. § 9 aF. Bei beiden Dokumenten handelt es sich jedoch
nicht um Festlegungen gem. § 29 und sie haben auch nicht den Charakter einer Verwaltungs-
vorschrift, sondern sollen lediglich als Orientierungshilfen dienen (BNetzA, Gemeinsame
Richtlinie zur Umsetzung der informatorischen Entflechtung nach § 9 EnWG, 2007, 3;
BNetzA, Gemeinsame Auslegungsgrundsätze zu den Entflechtungsbestimmungen in §§ 6–10
EnWG, 2006, 5). Da § 6a weitgehend (→ Rn. 1) wortgleich zu § 9 aF ist, werden sowohl
die gemeinsamen Richtlinien als auch die gemeinsamen Auslegungsgrundsätze von den
Regulierungsbehörden weiterhin angewandt.

B. Normadressaten

Adressaten der Vorschrift sind vertikal integrierte Unternehmen (§ 3 Nr. 38), Transport- 4
netzeigentümer (→ Rn. 8), Netzbetreiber (§ 3 Nr. 27), Gasspeicheranlagenbetreiber (§ 3
Nr. 6) sowie Betreiber von LNG-Anlagen (§ 3 Nr. 9).

Während sich § 6 an vertikal integrierte Unternehmen und mit diesen verbundene, recht- 5
lich selbstständige Netzbetreiber richtet, ist der Adressatenkreis des § 6a weiter. Denn schon
das vertikal integrierte Unternehmen erfasst sämtliche Elektrizitäts- und Gasunternehmen,
die miteinander verbunden sind, unabhängig von ihrer jeweiligen Rolle bzw. Aufgabe. Die
ergänzende Nennung der Transportnetzeigentümer, Netzbetreiber, Gasspeicheranlagenbetreiber sowie Betreiber von LNG-Anlagen erweitert den Adressatenkreis des § 6a somit auf
solche Unternehmen, die nicht Teil eines vertikal integrierten Unternehmens sind.

Gegen die Einbeziehung **selbstständiger Netzbetreiber,** die nicht Teil eines vertikal 6
integrierten Unternehmens sind, könnte man anführen, dass § 6 Abs. 1 als zentrale Norm
für „Anwendungsbereich und Ziel der Entflechtung" nur solche rechtlich selbstständigen
Netzbetreiber erwähnt, die mit einem vertikal integrierten Unternehmen verbunden sind.
Des Weiteren müssen gem. § 6 Abs. 1 S. 2 zur Erreichung der Ziele der Entflechtung die

EnWG § 6a   Teil 2. Entflechtung

Vorschriften der §§ 6a–10e die Unabhängigkeit „der Netzbetreiber von anderen Tätigkeitsbereichen der Energieversorgung" sicherstellen, was eine Verbundenheit zwischen dem vertikal integrierten Unternehmen und dem Netzbetreiber voraussetzt. Außerdem führt die Gesetzesbegründung aus: „Normadressaten der Entflechtungsbestimmungen sind vertikal integrierte [Unternehmen]; gegebenenfalls sind auch zum vertikal integrierten [Unternehmen] gehörige rechtlich selbstständige Netzbetriebsgesellschaften unmittelbar verpflichtet" (BT-Drs. 17/6072, 54).

7   Andererseits dient die informatorische Entflechtung dem **diskriminierungsfreien Netzzugang** und einem **unverfälschten Wettbewerb** (BT-Drs. 15/3917, 54). Diese Ziele können aber nur dann sinnhaft erreicht werden, wenn die informatorische Entflechtung nicht nur für solche Netzbetreiber gilt, die Teil eines vertikal integrierten Unternehmens sind (Bourwieg/Hellermann/Hermes/Hölscher § 6a Rn. 5; Elspas/Graßmann/Rasbach/Rasbach § 6a Rn. 3; Rosin/Pohlmann/Gentzsch/Metzenthin/Böwing/Schmutzer/Schoon/Stolzenburg § 6a Rn. 9; Theobald/Kühling/Heinlein/Büsch § 6a Rn. 6). Gleiches gilt für Transportnetzeigentümer, Gasspeicheranlagenbetreiber und Betreiber von LNG-Anlagen (Bourwieg/Hellermann/Hermes/Hölscher § 6a Rn. 5; Elspas/Graßmann/Rasbach/Rasbach § 6a Rn. 3).

8   Der gesetzlich nicht definierte **Transportnetzeigentümer** entsteht im Zuge der Entflechtung durch Benennung eines Unabhängigen Systembetreibers gem. § 9. Der Transportnetzeigentümer wurde in § 6a eingefügt, weil er, auch wenn er das Transportnetz nicht betreibt, aufgrund seiner zivilrechtlichen Eigentümerstellung über wirtschaftlich sensible Informationen Dritter verfügen kann (Theobald/Kühling/Heinlein/Büsch § 6a Rn. 5).

8a   Mit Wirkung vom 29.7.2022 hat der Gesetzgeber in §§ 6a, 3 Nr. 38 den ursprünglichen Begriff „vertikal integriertes Energieversorgungsunternehmen" durch den Begriff „**vertikal integriertes Unternehmen**" ersetzt. Dadurch solle klargestellt werden, „dass der Begriff nicht auf die Teile des vertikal integrierten Unternehmens beschränkt ist, die im Elektrizitäts- oder Erdgasbereich tätig sind, sondern alle durch Kontrolle verbundenen Teile des vertikal integrierten Unternehmens erfasst" (BT-Drs. 20/2402, 39).

8b   Eine solch allgemeine Erweiterung des Anwendungsbereichs der entflechtungsrechtlichen Vorschriften ist abzulehnen (→ § 6 Rn. 27 ff.). Deutlich wird dies auch bei der Regelung des § 6a Abs. 2. Es ist kein Grund ersichtlich, warum Unternehmen, die Teile eines vertikal integrierten Unternehmens nach der erweiterten Definition des § 3 Nr. 38 aber nicht im Energiebereich tätig sind, Informationen über die eigene Tätigkeit, die wirtschaftliche Vorteile bringen können, diskriminierungsfrei offenlegen müssen. Dasselbe gilt für die besondere Vertraulichkeit wirtschaftlich sensibler Informationen innerhalb des Konzerns gem. § 6a Abs. 2 S. 2.

9   Die Aufzählung der Normadressaten ist **abschließend**, sodass keine weiteren Personen wie zB Berater erfasst werden (VG Frankfurt a. M. BeckRS 2016, 48763; Bourwieg/Hellermann/Hermes/Hölscher § 6a Rn. 7; Kment EnWG/Knauff § 6a Rn. 3; Rosin/Pohlmann/Gentzsch/Metzenthin/Böwing/Schmutzer/Schoon/Stolzenburg § 6a Rn. 10; Theobald/Kühling/Heinlein/Büsch § 6a Rn. 8). Eine Umgehung des § 6a durch den gezielten Einsatz Dritter wäre trotzdem unzulässig. Vor der Weitergabe von wirtschaftlichen Informationen iSd § 6a an Dritte ist der Weitergebende verpflichtet, den Dritten zur Vertraulichkeit vertraglich zu verpflichten (Bourwieg/Hellermann/Hermes/Hölscher § 6a Rn. 7; Rosin/Pohlmann / Gentzsch / Metzenthin / Böwing / Schmutzer / Schoon / Stolzenburg § 6a Rn. 10; Rosin / Pohlmann / Gentzsch / Metzenthin / Böwing / Schmutzer / Schoon / Stolzenburg § 6a Rn. 84; Theobald/Kühling/Heinlein/Büsch § 6a Rn. 8; BNetzA, Gemeinsame Richtlinie zur Umsetzung der informatorischen Entflechtung nach § 9 EnWG, 2007, 7). Eine vertragliche Verpflichtung kann entfallen, sofern bereits eine berufliche Vertraulichkeitspflicht besteht (Theobald/Kühling/Heinlein/Büsch § 6a Rn. 8; aA Rosin/Pohlmann/Gentzsch/Metzenthin/Böwing/Schmutzer/Schoon/Stolzenburg § 6a Rn. 10).

10   Die Regelung gilt unabhängig von der **Größe der Unternehmen.** Eine De-minimis-Regelung wie für die rechtliche oder operationelle Entflechtung von Verteilernetzbetreibern (§§ 7 Abs. 2; 7a Abs. 7) enthält § 6a nicht. Um den Anforderungen des § 6a auch ohne rechtliche bzw. operationelle Entflechtung genügen zu können, muss der Netzbetrieb innerhalb des vertikal integrierten Unternehmens entsprechend organisiert werden, zB durch Verhaltensregeln und Dienstanweisungen (BNetzA Gemeinsame Auslegungsgrundsätze zu den Entflechtungsbestimmungen in §§ 6–10 EnWG, 2006, 27).

C. Pflicht zur Vertraulichkeit (Abs. 1)

Für die Normadressaten (→ Rn. 4 ff.) ergibt sich aus § 6a Abs. 1 die Verpflichtung, sicher 11
zu stellen, dass wirtschaftlich sensible Daten vertraulich behandelt werden.

I. Schutzzweck

Zum Teil wird die Auffassung vertreten, die Vorschrift des § 6a Abs. 1 diene dem **Daten-** 12
schutz, also dem Schutz des Netzkunden (Kment EnWG/Knauff § 6a Rn. 6; Schneider/
Theobald EnergieWirtschaftsR-HdB/de Wyl/Finke § 4 Rn. 46). Die Gegenauffassung geht
zu Recht von einer **wettbewerbsschützenden Funktion** aus (OLG Düsseldorf BeckRS
2023, 3210 Rn. 48, 50; 2023, 3244 Rn. 51, 54; Bourwieg/Hellermann/Hermes/Hölscher
§ 6a Rn. 8 f.; Säcker EnergieR/Säcker/Schönborn § 6a Rn. 6; Theobald/Kühling/Hein-
lein/Büsch § 6a Rn. 16). So verweist auch die Begründung des Gesetzesentwurfs zum einen
auf den Informationsschutz „im Interesse eines […] unverfälschten Wettbewerbs auf den vor-
und nachgelagerten Märkten der Energieversorgung" (BT-Drs. 15/3917, 54). Zum anderen
soll § 6a Abs. 1 als „Vorkehrung gegen eine Weitergabe an andere, im Wettbewerb stehende
Geschäftsbereiche des vertikal integrierten Unternehmens, wie insbesondere dem Produkt-
vertrieb" dienen (BT-Drs. 15/3917, 55).

Dies entspricht auch der **Sichtweise des europäischen Gesetzgebers.** Dieser hatte 13
beim dritten Energiebinnenmarktpaket die Verbesserung des Wettbewerbs vor Augen; der
Datenschutz wird demgegenüber in keinem einzigen der Erwägungsgründe der maßgeblichen Richtlinien erwähnt (Theobald/Kühling/Heinlein/Büsch § 6a Rn. 18).

Würde man schließlich nur auf den **Schutz der Kunden** abstellen, würde die Vorschrift 14
des § 6a Abs. 1 im Hinblick auf Haushaltskunden möglicherweise ins Leere laufen. Im Fall
eines Haushaltskunden als Netznutzer sind kaum Informationen denkbar, die aus dessen
Sicht wirtschaftlich sensibel und deswegen schützenswert wären. Demgegenüber sind gerade
Informationen über die zahlreichen Haushaltskunden an den Elektrizitäts- und Erdgasnetzen
für den Wettbewerb von erheblicher Bedeutung und deswegen schützenswert.

II. Wirtschaftlich sensible Daten

Die Norm schützt wirtschaftlich sensible Informationen. In Abgrenzung zu Absatz 2 15
betrifft Absatz 1 Informationen über Dritte und nicht Informationen über die verpflichteten
Unternehmen selbst (Kment EnWG/Knauff § 6a Rn. 5; Säcker EnergieR/Säcker/Schön-
born § 6a Rn. 27). Die von § 6a Abs. 1 erfassten Informationen werden oftmals als **Netzkun-**
deninformationen bezeichnet (BNetzA, Gemeinsame Auslegungsgrundsätze zu den Entflechtungsbestimmungen in §§ 6–10 EnWG, 2006, 25). Auch wenn es im Schwerpunkt um
Informationen bzgl. Netzkunden gehen wird, so schützt § 6a Abs. 1 Informationen aber
nicht nur bzgl. der Netzkunden, sondern auch bzgl. sonstiger Dritter, sodass der Begriff
Drittinformationen geeigneter erscheint (BNetzA, Gemeinsame Richtlinie zur Umsetzung der informatorischen Entflechtung nach § 9 EnWG, 2007, 7). Dabei kann die Drittin-
formation technischer, wirtschaftlicher, rechtlicher oder sonstiger Natur sein (Bourwieg/
Hellermann/Hermes/Hölscher § 6a Rn. 8).

Für die Frage, wann eine solche Information über einen Dritten **wirtschaftlich sensibel** 16
ist, enthält das EnWG keine weiteren Regelungen oder Hinweise. Ausgehend vom Schutzzweck (→ Rn. 12 ff.) unterfallen Informationen immer dann § 6a Abs. 1, wenn diese geeignet sind, unberechtigte Marktchancen auf vor- und nachgelagerten Wettbewerbsmärkten
zu gewähren (OLG Düsseldorf BeckRS 2023, 3210 Rn. 49; 2023, 3244 Rn. 51; Elspas/
Graßmann/Rasbach/Rasbach § 6a Rn. 7; Elspas/Graßmann/Rasbach/Rasbach § 6a Rn. 10;
Rosin/Pohlmann/Gentzsch/Metzenthin/Böwing/Schmutzer/Schoon/Stolzenburg § 6a
Rn. 12). Dies ist zB dann der Fall, wenn durch Weitergabe von Informationen die dem
vertikal integrierten Unternehmen zugehörigen Wettbewerbsbereiche in die Lage versetzt
werden, einen Kunden gezielt anzusprechen und ihm ein qualifiziertes, dh auf seine Bedürf-
nisse zugeschnittenes und sich von den Offerten Dritter abhebendes Angebot zu unterbreiten
(OLG Düsseldorf BeckRS 2023, 3210 Rn. 49; OLG Düsseldorf BeckRS 2023, 3244 Rn. 51;
→ Rn. 16.1). Im Umkehrschluss schützt § 6a Abs. 1 solche Informationen nicht, die offensichtlich keine Relevanz für den Wettbewerb im Energiebinnenmarkt besitzen (OLG Düssel-

dorf BeckRS 2023, 3210 Rn. 50; 2023, 3244 Rn. 53; Elspas/Graßmann/Rasbach/Rasbach § 6a Rn. 8; Rosin/Pohlmann/Gentzsch/Metzenthin/Böwing/Schmutzer/Schoon/Stolzenburg § 6a Rn. 16; Säcker EnergieR/Säcker/Schönborn § 6a Rn. 32). Dasselbe gilt für solche Informationen, die allgemein bekannt bzw. zugänglich sind (Elspas/Graßmann/Rasbach/Rasbach § 6a Rn. 8; Rosin/Pohlmann/Gentzsch/Metzenthin/Böwing/Schmutzer/Schoon/Stolzenburg § 6a Rn. 17; Säcker EnergieR/Säcker/Schönborn § 6a Rn. 32). Im Zweifel ist der Begriff der wirtschaftlich sensiblen Information weit auszulegen (Bourwieg/Hellermann/Hermes/Hölscher § 6a Rn. 8). Beispiele für nach Auffassung der Regulierungsbehörden des Bundes und der Länder wirtschaftlich sensible Daten finden sich im Übrigen in Anlage 1 zur gemeinsamen Richtlinie vom 13.6.2007.

16.1 Als wirtschaftlich sensibel sind Angaben zu den Marktlokationen von Letztverbrauchern und die Information einzuordnen, dass die Stromversorgung der Marktlokation ab einem bestimmten Zeitpunkt nicht durch einen Lieferanten sichergestellt ist (OLG Düsseldorf BeckRS 2023, 3244 Rn. 52).

III. Kenntniserlangung in Ausübung der Geschäftstätigkeit

17 Der Normadressat muss von der wirtschaftlich sensiblen Information in Ausübung seiner Geschäftstätigkeit Kenntnis erlangt haben. Die Geschäftstätigkeit der verpflichteten Unternehmen umfasst dabei nicht nur den **technischen Betrieb**, sondern auch die **kaufmännischen Bereiche** (Schneider/Theobald EnergieWirtschaftsR-HdB/de Wyl/Finke § 4 Rn. 44; Theobald/Kühling/Heinlein/Büsch § 6a Rn. 11). Die Voraussetzung der Kenntniserlangung in Ausübung der Geschäftstätigkeit ist im Zweifel weit auszulegen (Bourwieg/Hellermann/Hermes/Hölscher § 6a Rn. 10; Theobald/Kühling/Heinlein/Büsch § 6a Rn. 11).

18 Informationen, die ein verpflichtetes Unternehmen in Ausübung einer Geschäftstätigkeit erlangt, die nicht in § 6a Abs. 1 genannt ist, also nicht der Entflechtung unterliegt, fallen allerdings nicht in den Anwendungsbereich des § 6a (Elspas/Graßmann/Rasbach/Rasbach § 6a Rn. 11; Kment EnWG/Knauff § 6a Rn. 8; Rosin/Pohlmann/Gentzsch/Metzenthin/Böwing/Schmutzer/Schoon/Stolzenburg § 6a Rn. 7; Schneider/Theobald EnergieWirtschaftsR-HdB/de Wyl/Finke § 4 Rn. 44).

19 Eine **Verlagerung von Aufgaben auf Dritte**, insbesondere auf verbundene Unternehmen, entlastet die verpflichteten Unternehmen nicht (Rosin/Pohlmann/Gentzsch/Metzenthin/Böwing/Schmutzer/Schoon/Stolzenburg § 6a Rn. 37; Schneider/Theobald EnergieWirtschaftsR-HdB/de Wyl/Finke § 4 Rn. 45; Theobald/Kühling/Heinlein/Büsch § 6a Rn. 14).

20 Auch kommt es nicht darauf an, ob der Dritte die Informationen zur Verfügung gestellt oder das verpflichtete Unternehmen diese selbst generiert hat (Bourwieg/Hellermann/Hermes/Hölscher § 6a Rn. 10; Kment EnWG/Knauff § 6a Rn. 9; Rosin/Pohlmann/Gentzsch/Metzenthin/Böwing/Schmutzer/Schoon/Stolzenburg § 6a Rn. 21; Theobald/Kühling/Heinlein/Büsch § 6a Rn. 12). Ebenso ist es gleichgültig, ob die Informationen für die Geschäftsbeziehung erforderlich waren oder nicht (Kment EnWG/Knauff § 6a Rn. 9). Erfasst wird eine Kenntniserlangung auch während **vorvertraglicher Verhandlungen,** unabhängig davon, ob es zum Vertragsschluss kommt oder nicht (Kment EnWG/Knauff § 6a Rn. 9; Theobald/Kühling/Heinlein/Büsch § 6a Rn. 12). Schließlich wirkt § 6a über den Zeitpunkt der Beendigung der (vertraglichen) Geschäftsbeziehung hinaus fort (Kment EnWG/Knauff § 6a Rn. 9; Theobald/Kühling/Heinlein/Büsch § 6a Rn. 12).

IV. Sicherstellung der Vertraulichkeit

21 Die von § 6a Abs. 1 geschützten Informationen haben die verpflichteten Unternehmen vertraulich zu behandeln, dürfen sie also nicht an Dritte weitergeben (Kment EnWG/Knauff § 6a Rn. 10; Theobald/Kühling/Heinlein/Büsch § 6a Rn. 25). Dritte sind dabei alle außerhalb des verpflichteten Unternehmens, vor allen Dingen andere Unternehmen oder Bereiche des vertikal integrierten Unternehmens, wie zB der Energievertrieb (Kment EnWG/Knauff § 6a Rn. 11; Schneider/Theobald EnergieWirtschaftsR-HdB/de Wyl/Finke § 4 Rn. 51; Theobald/Kühling/Heinlein/Büsch § 6a Rn. 25). Aus dieser Verpflichtung ergeben sich entsprechende technische und organisatorische Anforderungen (Bourwieg/Hellermann/Her-

mes/Hölscher § 6a Rn. 14; Theobald/Kühling/Heinlein/Büsch § 6a Rn. 25). Dabei ist aber der **Grundsatz der Verhältnismäßigkeit** zu beachten (Rosin/Pohlmann/Gentzsch/Metzenthin/Böwing/Schmutzer/Schoon/Stolzenburg § 6a Rn. 29).

Sofern das verpflichtete Unternehmen gemeinsame **IT-Systeme** mit anderen Unternehmen oder Bereichen insbesondere innerhalb des vertikal integrierten Unternehmens nutzt, sind geeignete Zugriffsregelungen zu treffen (BGH NVwZ 2009, 195; Bourwieg/Hellermann/Hermes/Hölscher § 6a Rn. 15; Kment EnWG/Knauff § 6a Rn. 11; Säcker EnergieR/Säcker/Schönborn § 6a Rn. 41; Theobald/Kühling/Heinlein Rn. 37). Eine physische Trennung der IT-Systeme ist demgegenüber nicht erforderlich (Bourwieg/Hellermann/Hermes/Hölscher § 6a Rn. 15; Schneider/Theobald EnergieWirtschaftsR-HdB/de Wyl/Finke § 4 Rn. 57; Theobald/Kühling/Heinlein/Büsch § 6a Rn. 37). Nur im Fall **Unabhängiger Transportnetzbetreiber** verlangt § 10a Abs. 5 getrennte IT-Systeme innerhalb des vertikal integrierten Unternehmens. **22**

Nutzt das verpflichtete Unternehmen **Shared Services** (→ Rn. 23.1), sind ebenfalls geeignete Maßnahmen zum Schutz der wirtschaftlich sensiblen Informationen zu ergreifen (Bourwieg/Hellermann/Hermes/Hölscher § 6a Rn. 16; Theobald/Kühling/Heinlein/Büsch § 6a Rn. 27). Ausreichend ist dafür jedenfalls, wenn bestimmte Mitarbeiter der Shared Services ausschließlich für das von § 6a verpflichtete Unternehmen tätig sind und der Zugriff anderer Mitarbeiter auf die geschützten Informationen verhindert wird (Bourwieg/Hellermann/Hermes/Hölscher § 6a Rn. 16). Letzteres kann durch entsprechende Zugriffsrechte auf elektronisch verarbeitete Daten sowie durch Arbeitsanweisungen erreicht werden, wonach Unterlagen bei Nichtgebrauch wegzusperren und Arbeitsräume bei Verlassen abzusperren sind. Ergänzend sind die Mitarbeiter auf die Vorgaben des § 6a zu verpflichten. **23**

Als **Shared Services** werden solche Dienstleistungen bezeichnet, die innerhalb eines Unternehmens oder einer Gruppe von Unternehmen für verschiedene Bereiche oder Unternehmen zentral erbracht werden. Typische Beispiele sind eine zentrale Rechts-, Personal-, Strategie-, Beschaffungs- oder IT-Abteilung. **23.1**

Eine besondere Herausforderung kann § 6a für **Kleinunternehmen** darstellen, da er keine De-minimis Ausnahme enthält (→ Rn. 10). Besteht ein Shared Service nur aus einem Mitarbeiter, ist eine personelle Trennung nicht möglich. Eine Verpflichtung, statt einer Vollzeitkraft zwei Teilzeitkräfte zu beschäftigen, kann § 6a nicht entnommen werden. In diesen Fällen muss allein eine gesonderte arbeitsrechtliche Verpflichtung des Mitarbeiters auf die Vorgaben des § 6a genügen (BT-Drs. 15/3917, 55; Säcker EnergieR/Säcker/Schönborn § 6a Rn. 46; Schneider/Theobald EnergieWirtschaftsR-HdB/de Wyl/Finke § 4 Rn. 53). Dafür spricht auch, dass das Gesetz für diese Unternehmen weder eine rechtliche noch eine operationelle Entflechtung verlangt (§ 7 Abs. 2; § 7a Abs. 7). **24**

Fraglich ist, ob eine gesonderte arbeitsrechtliche Verpflichtung auch dann allein ausreichend sein kann, wenn in dem Shared Service mehrere Mitarbeiter tätig sind. Dies muss jedenfalls dann zulässig sein, wenn eine Matrixorganisation (Dimension 1: Aufgaben innerhalb des Shared Service; Dimension 2: von § 6a verpflichtete und nicht verpflichtete Unternehmen bzw. Bereiche) des Shared Service unverhältnismäßig wäre. Bei der Frage der **Verhältnismäßigkeit** ist insbesondere zu beachten, dass Shared Services grundsätzlich zulässig sind und aus § 6a Abs. 1 nicht weitergehende Anforderungen an eine operationelle Entflechtung als aus § 7a abgeleitet werden können (Theobald/Kühling/Heinlein/Büsch § 6a Rn. 32). Nur im Fall eines **Unabhängigen Transportnetzbetreibers** verbietet § 10a Abs. 3 die Inanspruchnahme von Shared Services innerhalb des vertikal integrierten Unternehmens. **25**

V. Ausnahmen

Eine Ausnahme von den Verpflichtungen aus § 6a Abs. 1 gilt für **gesetzliche Offenbarungspflichten**. Entscheidend ist dabei, dass zwingend eine gesetzliche Grundlage bestehen muss (Kment EnWG/Knauff § 6a Rn. 12; Theobald/Kühling/Heinlein/Büsch § 6a Rn. 38). So ist beispielsweise im Falle der Ersatzversorgung gem. § 38 EnWG die Weitergabe der dafür benötigten Daten gesetzlich legitimiert (OLG Düsseldorf BeckRS 2023, 3210 Rn. 50; 2023, 3244 Rn. 53). Eine Übersicht weiterer Pflichten aus dem Bereich des Energierechts enthält Anlage 2 der gemeinsamen Richtlinie der Regulierungsbehörden vom 13.6.2007. Die Weitergabe von geschützten Informationen an Behörden ist vor dem Hintergrund der **26**

Jenn

EnWG § 6a   Teil 2. Entflechtung

Verpflichtung zur Amtsverschwiegenheit unbedenklich (Bourwieg/Hellermann/Hermes/Hölscher § 6a Rn. 12; Theobald/Kühling/Heinlein/Büsch § 6a Rn. 40).

27 Des Weiteren ist die Weitergabe von geschützten Informationen an Dritte mit **Einwilligung des Betroffenen** zulässig (BT-Drs. 15/3917, 55; Theobald/Kühling/Heinlein/Büsch § 6a Rn. 41). Im Fall einer Einwilligung ist jedoch grundsätzlich darauf zu achten, dass die Informationen diskriminierungsfrei weitergegeben werden (OLG Düsseldorf BeckRS 2023, 3210 Rn. 50; 2023, 3244 Rn. 54; BT-Drs. 15/3917, 55; Theobald/Kühling/Heinlein/Büsch § 6a Rn. 42). Da § 6a dem Schutz des Wettbewerbs dient (→ Rn. 12 ff.), müssen wirtschaftlich sensible Daten so offengelegt werden, dass jeder darauf zugreifen kann und eine Wettbewerbsverzerrung vermieden wird (Theobald/Kühling/Heinlein/Büsch § 6a Rn. 42). Allerdings kann der Betroffene seine **Einwilligung einschränken** (aA Theobald/Kühling/Heinlein/Büsch § 6a Rn. 42). Dies gilt soweit er – da er nicht von § 6a verpflichtet wird – ihn betreffende Informationen beim verpflichteten Unternehmen anfordern und selbst gezielt weitergeben könnte.

27a Demgegenüber vertritt das OLG Düsseldorf die Auffassung, dass die Einwilligung des Betroffenen, wirtschaftlich sensible Informationen an einen bestimmten Energielieferanten weiterzugeben, zu dem weder ein gesetzliches noch ein vertragliches Lieferverhältnis besteht, unzulässig sein soll, insbesondere wenn es sich dabei um ein mit dem Netzbetreiber verbundenes Unternehmen handelt (OLG Düsseldorf BeckRS 2023, 3210 Rn. 50; 2023, 3244 Rn. 54). Diese Auffassung vermag nicht zu überzeugen, soweit der Betroffene Informationen beim Netzbetreiber selbst einholen und gezielt weitergeben könnte.

VI. Gesellschaftsrechtliche Informationsrechte

28 Ein besonderes Spannungsverhältnis ergibt sich im Rahmen der gesellschaftsrechtlichen Informationsrechte. So haben die Geschäftsführer einer GmbH nach § 51a Abs. 1 GmbHG jedem **Gesellschafter** auf Verlangen Auskunft über die Angelegenheiten der Gesellschaft zu geben und im Zuge dessen evtl. auch Drittinformationen offenzulegen. Durch ein solches Auskunftsverlangen könnte sich der Gesellschafter eines von § 6a Abs. 1 verpflichteten Unternehmens einen Wettbewerbsvorteil verschaffen (Theobald/Kühling/Heinlein/Büsch § 6a Rn. 43). Um dies zu verhindern, ist dem Informationsschutz nach § 6a Abs. 1 grundsätzlich der Vorrang vor gesellschaftsrechtlichen Informationsrechten einzuräumen (Elspas/Graßmann/Rasbach/Rasbach § 6a Rn. 18; Kment EnWG/Knauff § 6a Rn. 12; Säcker EnergieR/Säcker/Schönborn § 6a Rn. 52; Theobald/Kühling/Heinlein/Büsch § 6a Rn. 44). Dieser Vorrang gilt jedoch nicht für solche Informationen, die keinen Wettbewerbsvorteil begründen können, zB weil sie hinreichend aggregiert sind (Bourwieg/Hellermann/Hermes/Hölscher § 6a Rn. 13; Säcker EnergieR/Säcker/Schönborn § 6a Rn. 52).

29 Vergleichbare Probleme bestehen bei der Weitergabe von geschützten Informationen an einen evtl. bestehenden **Aufsichtsrat.** Zwar sind Aufsichtsräte nach § 116 Abs. 2 AktG bzw. § 52 Abs. 1 GmbHG iVm § 116 Abs. 2 AktG grundsätzlich zur Verschwiegenheit verpflichtet. Trotzdem besteht das Risiko, dass die Aufsichtsräte die Drittinformationen – ohne diese offenzulegen – im Rahmen ihrer sonstigen Tätigkeit nutzen, um sich bzw. ihrem Bereich oder Unternehmen einen Wettbewerbsvorteil zu verschaffen. Um dieses Risiko auszuschließen, sind geschützte Informationen auch gegenüber dem Aufsichtsrat soweit zu bearbeiten, zB zu aggregieren, dass sie keine Wettbewerbsvorteile mehr begründen können (Säcker EnergieR/Säcker/Schönborn § 6a Rn. 52).

D. Diskriminierungsfreie Offenlegung (Abs. 2 S. 1)

30 Während § 6a Abs. 1 wirtschaftlich sensible Informationen über Dritte schützt, betrifft § 6a Abs. 2 S. 1 Informationen über die eigene Tätigkeit der verpflichteten Unternehmen. Solche Informationen werden oftmals als **Netzinformationen** bezeichnet (BNetzA, Gemeinsame Auslegungsgrundsätze zu den Entflechtungsbestimmungen in §§ 6–10 EnWG, 2006, 25 f.). Erfasst werden allerdings nur solche Informationen, die im Wettbewerb einen Vorteil bringen können. Denn auch diese Regelung dient dem Wettbewerbsschutz (Kment EnWG/Knauff § 6a Rn. 13; Theobald/Kühling/Heinlein/Büsch § 6a Rn. 50).

31 Eine Liste von **Prozessen,** bei denen nach Auffassung der Regulierungsbehörden des Bundes und der Länder die Veröffentlichung und die diskriminierungsfreie Weitergabe von

Informationen von besonderer Bedeutung ist, findet sich in der gemeinsamen Richtlinie vom 13.6.2007 (BNetzA, Gemeinsame Richtlinie zur Umsetzung der informatorischen Entflechtung nach § 9 EnWG, 2007, 11). Außerdem findet sich eine – nicht abschließende – Liste mit sensiblen Informationen in Anlage 1.

I. Informationen über die eigene Tätigkeit

Was im Einzelnen zur Tätigkeit des verpflichteten Unternehmens gehört, ist gesetzlich 32 nicht geregelt. Da die Entflechtungsvorschriften die Nachteile ausgleichen sollen, die durch die bestehenden natürlichen Monopole der Energieinfrastruktur entstehen können, ist dies der maßgebliche Bezugspunkt. § 6a Abs. 2 S. 1 erfasst sämtliche Informationen, die nur das verpflichtete Unternehmen aus und im Zusammenhang mit seiner Stellung als natürlicher Monopolist gewinnt (Theobald/Kühling/Heinlein/Büsch § 6a Rn. 48). Dazu zählen zB Informationen über anstehende Betriebsunterbrechungen, Ausbaumaßnahmen, freie Kapazitäten, Preisentwicklungen usw, sofern sie den monopolistischen Bereich betreffen. Im Zweifel ist der Anwendungsbereich weit auszulegen (Kment EnWG/Knauff § 6a Rn. 14).

Des Weiteren müssen die fraglichen Informationen einen **wirtschaftlichen Vorteil** brin- 33 gen können. Dabei bedeutet wirtschaftlicher Vorteil eine potentielle Besserstellung innerhalb des geschützten Wettbewerbs (Kment EnWG/Knauff § 6a Rn. 14). Dafür kann auch die Vermeidung eines Nachteils genügen (Kment EnWG/Knauff § 6a Rn. 14). Maßgeblich ist die Sichtweise eines objektiven Informationsempfängers (Kment EnWG/Knauff § 6a Rn. 14; Theobald/Kühling/Heinlein/Büsch § 6a Rn. 50). Nicht erforderlich ist, dass der potentielle wirtschaftliche Vorteil auch realisiert wird (Theobald/Kühling/Heinlein/Büsch § 6a Rn. 50).

II. Gesetzliche Offenlegungspflichten

Auch im Fall einer gesetzlichen Offenlegungspflicht kann § 6a Abs. 2 S. 1 grundsätzlich 34 Wirkung entfalten (Kment EnWG/Knauff § 6a Rn. 16; Schneider/Theobald EnergieWirtschaftsR-HdB/de Wyl/Finke § 4 Rn. 39; Theobald/Kühling/Heinlein/Büsch § 6a Rn. 52; aA Bourwieg/Hellermann/Hermes/Hölscher § 6a Rn. 20). Allerdings wird man nicht verlangen können, dass jede aufgrund einer gesetzlichen Verpflichtung mitgeteilte Information diskriminierungsfrei allen offengelegt werden muss. Informiert zB ein Netzbetreiber die BNetzA aufgrund gesetzlicher Vorgaben über einen bestimmten Sachverhalt, besteht keine allgemeine Offenlegungspflicht aus § 6a Abs. 2 S. 1, da die BNetzA nicht am durch § 6a geschützten Wettbewerb teilnimmt und zur Amtsverschwiegenheit verpflichtet ist. Dasselbe gilt im Fall der gesetzlich angeordneten Weitergabe von Informationen zwischen Netzbetreibern. Die fragliche Information verschafft dem Adressaten bei objektiver Betrachtung keinen Wettbewerbsvorteil und die Teilnehmer des Wettbewerbs müssen nicht vor einer unzulässigen Verzerrung geschützt werden. Außerdem sind die Netzbetreiber gem. § 6a Abs. 1 zur Vertraulichkeit im Hinblick auf die erhaltenen Informationen verpflichtet.

Bereits aus dem Wortlaut ergibt sich im Übrigen, dass § 6a Abs. 2 S. 1 **keine Offenle-** 35 **gungspflicht** begründet. Es obliegt vielmehr allein dem verpflichteten Unternehmen zu entscheiden, ob es bestimmte, geschützte Informationen offenlegen möchte oder nicht (Bourwieg/Hellermann/Hermes/Hölscher § 6a Rn. 19; Säcker EnergieR/Säcker/Schönborn § 6a Rn. 54; Schneider/Theobald EnergieWirtschaftsR-HdB/de Wyl/Finke § 4 Rn. 59; Theobald/Kühling/Heinlein/Büsch § 6a Rn. 45).

III. Diskriminierungsfreie Offenlegung

Sofern sich ein verpflichtetes Unternehmen entscheidet, von § 6a Abs. 2 S. 1 erfasste 36 Informationen offenzulegen, oder solche Informationen aufgrund gesetzlicher Pflichten einem Dritten offenlegen muss, der dadurch einen objektiven Wettbewerbsvorteil erlangen könnte, muss dies in nichtdiskriminierender Weise geschehen. Eine **Offenlegung** setzt voraus, dass die Informationen mit dem Willen des verpflichteten Unternehmens in die Öffentlichkeit gelangen (Kment EnWG/Knauff § 6a Rn. 16). Ein aktives Tun des verpflichteten Unternehmens ist demgegenüber nicht erforderlich.

Das Diskriminierungsverbot bedeutet zunächst, dass der **Umfang** der offengelegten Infor- 37 mationen für alle identisch sein muss (Kment EnWG/Knauff § 6a Rn. 18; Säcker EnergieR/

EnWG § 6b Teil 2. Entflechtung

Säcker/Schönborn § 6a Rn. 55; weniger streng Schneider/Theobald EnergieWirtschaftsR-HdB/de Wyl/Finke § 4 Rn. 65). Des Weiteren muss die Information allen **zeitgleich** offengelegt werden (Bourwieg/Hellermann/Hermes/Hölscher § 6a Rn. 21; Kment EnWG/Knauff § 6a Rn. 18; Säcker EnergieR/Säcker/Schönborn § 6a Rn. 55; Theobald/Kühling/Heinlein/Büsch § 6a Rn. 51). Schließlich muss die **Art und Weise** so gewählt werden, dass für niemanden dadurch ein Nachteil entsteht (Kment EnWG/Knauff § 6a Rn. 18; Säcker EnergieR/Säcker/Schönborn § 6a Rn. 55). Eine Veröffentlichung auf der Homepage des verpflichteten Unternehmens erfüllt diese Voraussetzungen in aller Regel (Kment EnWG/Knauff § 6a Rn. 18; Säcker EnergieR/Säcker/Schönborn § 6a Rn. 55; Theobald/Kühling/Heinlein/Büsch § 6a Rn. 52). Ein Verstoß gegen § 6a Abs. 2 S. 1 läge dennoch vor, wenn das verpflichtete Unternehmen nur bestimmte Adressaten auf die Veröffentlichung auf seiner Homepage aktiv hinweisen würde (Theobald/Kühling/Heinlein/Büsch § 6a Rn. 53; BNetzA, Gemeinsame Auslegungsgrundsätze zu den Entflechtungsbestimmungen in §§ 6–10 EnWG, 2006, 26).

38 Besonders zu beachten sind die Vorgaben des § 6a Abs. 2 S. 1 im Fall **gesellschaftsrechtlicher Auskunftsansprüche.** Anders als bei Absatz 1 begründet Absatz 2 Satz 1 kein Recht, die verlangte Auskunft zu verweigern. Sofern diese für den Anfragenden einen Wettbewerbsvorteil begründen kann, ist die angefragte Netzinformation gegenüber allen diskriminierungsfrei offen zu legen. Insoweit genügt eine Veröffentlichung zB auf der Homepage; eine aktive Übermittlung an alle potentiell Interessierten ist demgegenüber nicht erforderlich (Rosin/Pohlmann/Gentzsch/Metzenthin/Böwing/Schmutzer/Schoon/Stolzenburg § 6a Rn. 80). Um eine Veröffentlichungspflicht zu vermeiden, kann die angefragte Netzinformation aber auch soweit bearbeitet, zB aggregiert, werden, dass ein Wettbewerbsvorteil ausgeschlossen ist.

E. Unternehmensinterne Pflicht zur Vertraulichkeit (Abs. 2 S. 2)

39 Schließlich verlangt § 6a Abs. 2 S. 2, dass wirtschaftlich sensible Informationen gegenüber anderen Teilen des Unternehmens vertraulich behandelt werden. Für den Begriff der „wirtschaftlich sensiblen Information" kann auf die obigen Ausführungen zu Absatz 1 verwiesen werden (→ Rn. 15 f.). Auch für die Frage, wie die Vertraulichkeit der Informationen durch organisatorische und technische Maßnahmen sichergestellt werden kann, ist auf die obigen Ausführungen zu verweisen (→ Rn. 21 ff.).

40 Die fraglichen Informationen sind gegenüber anderen Teilen des Unternehmens zu schützen. Dabei geht es nicht nur um das verpflichtete Unternehmen selbst, das möglicherweise aus mehreren Geschäftsbereichen besteht. Vom Sinn und Zweck der Norm her wird man auf das gesamte vertikal integrierte Unternehmen, mit dem das verpflichtete Unternehmen ggf. verbunden ist, abstellen müssen.

§ 6b Rechnungslegung und Buchführung

(1) ¹**Vertikal integrierte Unternehmen im Sinne des § 3 Nummer 38, einschließlich rechtlich selbständiger Unternehmen, die zu einer Gruppe verbundener Elektrizitäts- oder Gasunternehmen gehören und mittelbar oder unmittelbar energiespezifische Dienstleistungen erbringen, und rechtlich selbständige Netzbetreiber sowie Betreiber von Gasspeicheranlagen haben ungeachtet ihrer Eigentumsverhältnisse und ihrer Rechtsform einen Jahresabschluss und Lagebericht nach den für Kapitalgesellschaften geltenden Vorschriften des Ersten, Dritten und Vierten Unterabschnitts des Zweiten Abschnitts des Dritten Buchs des Handelsgesetzbuchs aufzustellen, prüfen zu lassen und offenzulegen; § 264 Absatz 3 und § 264b des Handelsgesetzbuchs sind insoweit nicht anzuwenden.** ²**Handelt es sich bei dem Unternehmen nach Satz 1 um eine Personenhandelsgesellschaft oder das Unternehmen eines Einzelkaufmanns, dürfen das sonstige Vermögen der Gesellschafter oder des Einzelkaufmanns (Privatvermögen) nicht in die Bilanz und die auf das Privatvermögen entfallenden Aufwendungen und Erträge nicht in die Gewinn- und Verlustrechnung aufgenommen werden.**

(2) ¹Im Anhang zum Jahresabschluss sind die Geschäfte größeren Umfangs mit verbundenen oder assoziierten Unternehmen im Sinne von § 271 Absatz 2 oder § 311 des Handelsgesetzbuchs gesondert auszuweisen. ²Hierbei sind insbesondere Leistung und Gegenleistung anzugeben.

(3) ¹Unternehmen nach Absatz 1 Satz 1 haben zur Vermeidung von Diskriminierung und Quersubventionierung in ihrer internen Rechnungslegung jeweils getrennte Konten für jede ihrer Tätigkeiten in den nachfolgend aufgeführten Bereichen so zu führen, wie dies erforderlich wäre, wenn diese Tätigkeiten von rechtlich selbstständigen Unternehmen ausgeführt würden:
1. Elektrizitätsübertragung;
2. Elektrizitätsverteilung;
3. Gasfernleitung;
4. Gasverteilung;
5. Gasspeicherung;
6. Betrieb von LNG-Anlagen;
7. Entwicklung, Verwaltung oder Betrieb von Ladepunkten für Elektromobile nach § 7c Absatz 2.

²Tätigkeit im Sinne dieser Bestimmung ist auch jede wirtschaftliche Nutzung eines Eigentumsrechts an Elektrizitäts- oder Gasversorgungsnetzen, Gasspeichern, LNG-Anlagen oder Ladepunkten für Elektromobile nach § 7c Absatz 2. ³Für die anderen Tätigkeiten innerhalb des Elektrizitätssektors und innerhalb des Gassektors sind Konten zu führen, die innerhalb des jeweiligen Sektors zusammengefasst werden können. ⁴Für Tätigkeiten außerhalb des Elektrizitäts- und Gassektors sind ebenfalls eigene Konten zu führen, die zusammengefasst werden können. ⁵Soweit eine direkte Zuordnung zu den einzelnen Tätigkeiten nicht möglich ist oder mit unvertretbarem Aufwand verbunden wäre, hat die Zuordnung durch Schlüsselung zu den Konten, die sachgerecht und für Dritte nachvollziehbar sein muss, zu erfolgen. ⁶Mit der Aufstellung des Jahresabschlusses ist für jeden der genannten Tätigkeitsbereiche jeweils eine den in Absatz 1 Satz 1 genannten Vorschriften entsprechende Bilanz und Gewinn- und Verlustrechnung (Tätigkeitsabschluss) aufzustellen und dem Abschlussprüfer zur Prüfung vorzulegen. ⁷Dabei sind in der Rechnungslegung die Regeln, einschließlich der Abschreibungsmethoden, anzugeben, nach denen die Gegenstände des Aktiv- und Passivvermögens sowie die Aufwendungen und Erträge den gemäß Satz 1 bis 4 geführten Konten zugeordnet worden sind.

(4) ¹Die gesetzlichen Vertreter haben den Tätigkeitsabschluss unverzüglich, jedoch spätestens vor Ablauf des zwölften Monats des dem Abschlussstichtag nachfolgenden Geschäftsjahres, gemeinsam mit dem nach Absatz 1 Satz 1 in Verbindung mit § 325 des Handelsgesetzbuchs offenzulegenden Jahresabschluss der das Unternehmensregister führenden Stelle elektronisch zur Einstellung in das Unternehmensregister zu übermitteln. ²§ 326 des Handelsgesetzbuchs ist insoweit nicht anzuwenden.

(5) ¹Die Prüfung des Jahresabschlusses gemäß Absatz 1 umfasst auch die Einhaltung der Pflichten zur Rechnungslegung nach Absatz 3. ²Dabei ist neben dem Vorhandensein getrennter Konten auch zu prüfen, ob die Wertansätze und die Zuordnung der Konten sachgerecht und nachvollziehbar erfolgt sind und der Grundsatz der Stetigkeit beachtet worden ist. ³Im Bestätigungsvermerk zum Jahresabschuss ist anzugeben, ob die Vorgaben nach Absatz 3 eingehalten worden sind.

(6) ¹Unbeschadet der besonderen Pflichten des Prüfers nach Absatz 5 kann die Regulierungsbehörde zusätzliche Bestimmungen gegenüber dem Unternehmen nach Absatz 1 Satz 1 durch Festlegung nach § 29 Absatz 1 treffen, die vom Prüfer im Rahmen der Jahresabschlussprüfung über die nach Absatz 1 anwendbaren Prüfungsvoraussetzungen hinaus zu berücksichtigen sind. ²Sie kann insbesondere zusätzliche Schwerpunkte für die Prüfungen festlegen. ³Eine solche Festlegung muss spätestens sechs Monate vor dem Bilanzstichtag des jeweiligen Kalenderjahres ergehen.

(7) ¹Der Auftraggeber der Prüfung des Jahresabschlusses hat der Regulierungsbehörde unverzüglich nach Feststellung des Jahresabschlusses eine Ausfertigung des Berichts über die Prüfung des Jahresabschlusses nach § 321 des Handelsgesetzbuchs (Prüfungsbericht) einschließlich erstatteter Teilberichte zu übersenden. ²Der Prüfungsbericht ist fest mit dem geprüften Jahresabschluss, dem Lagebericht und den erforderlichen Tätigkeitsabschlüssen zu verbinden. ³Der Bestätigungsvermerk oder der Vermerk über die Versagung sind im Prüfungsbericht wiederzugeben. ⁴Der Lagebericht muss auf die Tätigkeiten nach Absatz 3 Satz 1 eingehen. ⁵Geschäftsberichte zu den in Absatz 3 Satz 1 und 2 aufgeführten Tätigkeitsbereichen sind von den Unternehmen auf ihrer Internetseite zu veröffentlichen. ⁶Tätigkeitsabschlüsse zu den Tätigkeitsbereichen, die nicht in Absatz 3 Satz 1 aufgeführt sind, hat die Regulierungsbehörde als Geschäftsgeheimnisse zu behandeln. ⁷Prüfberichte von solchen Unternehmen nach Absatz 1 Satz 1, die mittelbar oder unmittelbar energiespezifische Dienstleistungen erbringen, sind der Regulierungsbehörde zu übersenden, die für das regulierte Unternehmen nach § 54 Absatz 1 zuständig ist.

(8) ¹Unternehmen, die nur deshalb als vertikal integriertes Unternehmen im Sinne des § 3 Nummer 38 einzuordnen sind, weil sie auch Betreiber eines geschlossenen Verteilernetzes sind, und ihre Abschlussprüfer sind von den Verpflichtungen nach den Absätzen 4 und 7 ausgenommen. ²Die Befugnisse der Regulierungsbehörde insbesondere nach § 110 Absatz 4 bleiben unberührt.

Überblick

§ 6b enthält umfassende Vorschriften betreffend die buchhalterische Entflechtung. Zum einen sind die von § 6b erfassten Unternehmen (→ Rn. 12 ff.) verpflichtet, unabhängig von ihrer jeweiligen Rechtsform einen Jahresabschluss und Lagebericht nach den handelsrechtlichen Vorschriften für Kapitalgesellschaften aufzustellen (→ Rn. 19 ff.), prüfen zu lassen (→ Rn. 54 ff.) und zu veröffentlichen. Zum anderen müssen sie im Anhang des Jahresabschlusses Geschäfte größeren Umfangs mit verbundenen oder assoziierten Unternehmen gesondert ausweisen (→ Rn. 24 ff.). Des Weiteren sind für verschiedene Tätigkeitsbereiche innerhalb des Energiesektors, die ein natürliches Monopol darstellen, sowie weitere Tätigkeitsbereiche innerhalb und außerhalb des Energiesektors jeweils getrennte Konten zu führen (→ Rn. 33 ff.) sowie eine gesonderte Bilanz und Gewinn- und Verlustrechnung, ein sog. Tätigkeitsabschluss, aufzustellen und prüfen zu lassen (→ Rn. 41 ff.). Außerdem ist der Bericht über die Prüfung des Jahresabschlusses der Regulierungsbehörde zu übersenden (→ Rn. 62 ff.) und es sind Geschäftsberichte zu den verschiedenen Tätigkeiten im Energiesektor zu veröffentlichen (→ Rn. 68 f.). Die Regulierungsbehörden können überdies zusätzliche Bestimmungen betreffend die Prüfung des Jahresabschlusses im Rahmen einer Festlegung erlassen (→ Rn. 59 ff.). Schließlich gelten die Vorschriften der buchhalterischen Entflechtung für vertikal integrierte Unternehmen, die im Netzbereich ausschließlich ein geschlossenes Verteilernetz betreiben, nur eingeschränkt (→ Rn. 72 f.).

Übersicht

	Rn.		Rn.
A. Normzweck und Bedeutung	1	I. Geschäfte größeren Umfangs	25
B. Entstehungsgeschichte	5	II. Verbundene Unternehmen	28
C. Normadressaten (Abs. 1 S. 1 Hs. 1)	12	III. Assoziierte Unternehmen	30
I. Vertikal integrierte Unternehmen	12	IV. Form und Inhalt des gesonderten Ausweises	32
II. Servicegesellschaften	13		
III. Rechtlich selbstständige Netzbetreiber und Gasspeicherbetreiber	17	F. Getrennte Kontenführung (Abs. 3)	33
		I. Tätigkeitsbereiche	35
IV. Sonstige Energieversorgungsunternehmen und -konzerne	18	II. Direkte und indirekte Zuordnung	37
D. Jahresabschluss und Lagebericht (Abs. 1 S. 1 Hs. 2, S. 2)	19	III. Tätigkeitsabschluss	41
		1. Aufstellung des Tätigkeitsabschlusses	42
		2. Prüfung des Tätigkeitsabschlusses	45
E. Geschäfte größeren Umfangs (Abs. 2)	24	G. Veröffentlichungspflichten (Abs. 4)	47

	Rn.		Rn.
H. Prüfung des Jahresabschlusses (Abs. 5)	54	I. Auftraggeber der Prüfung des Jahresabschlusses	63
I. Festlegungskompetenz der Regulierungsbehörden (Abs. 6)	59	II. Zu übermittelnde Unterlagen	65
		III. Veröffentlichungspflicht	68
J. Übermittlungs- und Veröffentlichungspflicht (Abs. 7)	62	IV. Servicegesellschaften	70
		K. Ausnahmeregelung (Abs. 8)	72

A. Normzweck und Bedeutung

Die Regelung des § 6b ist Teil der allgemeinen Entflechtungsregelungen, richtet sich also gleichermaßen an Verteiler- und Transportnetzbetreiber. Zweck der Regelung ist es, das Unbundling (= Entflechtung) in der **Rechnungslegung** und **Buchführung** von vertikal integrierten Unternehmen einschließlich verbundener Servicegesellschaften, die energiespezifische Dienstleistungen erbringen, sowie von rechtlich selbstständigen Netzbetreibern und Betreibern von Gasspeicheranlagen umzusetzen. Dadurch möchte der Gesetzgeber „die Voraussetzungen für die Kostenregulierung schaffen sowie Quersubventionen und Diskriminierung in vertikal integrierten [Unternehmen] verhindern" (BT-Drs. 17/10754, 21). 1

§ 6b verlangt zum einen, dass die betroffenen Unternehmen unabhängig von ihrer Rechtsform einen Jahresabschluss und Lagebericht nach den für Kapitalgesellschaften geltenden Vorschriften des HGB aufstellen. Dies dient insbesondere der **Transparenz** und besseren **Vergleichbarkeit** (BT-Drs. 15/3917, 55 zu § 10 Abs. 1 aF). 2

Zum anderen müssen sie ihre sämtlichen Aktivitäten bestimmten Tätigkeitsbereichen zuordnen und für diese jeweils getrennte Konten führen sowie separate **Tätigkeitsabschlüsse** erstellen und vom Abschlussprüfer prüfen lassen. Dadurch soll die verursachungsgerechte Zuordnung der in den jeweiligen Sektoren (Elektrizitäts-, Gas- und Nicht-Energiesektor) entstandenen Kosten zu einzelnen Tätigkeiten (Elektrizitätsübertragung, Elektrizitätsverteilung, Gasfernleitung, Gasverteilung, Gasspeicherung, Betrieb von LNG-Anlagen, Entwicklung, Verwaltung oder Betrieb von Ladepunkten für Elektromobile nach § 7c Abs. 2, sonstige Tätigkeiten jeweils im Elektrizitäts- und im Gassektor sowie sonstige Tätigkeiten außerhalb des Energiesektors) gewährleistet werden. 3

Um anderen Marktteilnehmern Einblick in die verschiedenen Tätigkeitsbereiche eines vertikal integrierten Unternehmens zu ermöglichen, hat der Gesetzgeber schließlich die **Veröffentlichungspflicht** der Tätigkeitsabschlüsse aufgenommen. Durch die Veröffentlichung im Bundesanzeiger und für nach dem 31.12.2021 beginnende Geschäftsjahre im Unternehmensregister können die Tätigkeitsabschlüsse einfach und zeitnah von Dritten abgerufen werden. Dies „dient der Markttransparenz und entfaltet eine Schutzwirkung für potenzielle Investoren wie für Gläubiger und alle Netzkunden" (BT-Drs. 17/6072, 56 zur ursprünglichen Verpflichtung zur Bekanntmachung im elektronischen Bundesanzeiger). 4

B. Entstehungsgeschichte

Im Zuge der Liberalisierung des Strom- und Gasmarktes Ende der neunziger Jahre des 20. Jahrhunderts war es auf Grund des natürlichen Monopols der Netze erforderlich, die in den verschiedenen Tätigkeitsbereichen von Energieversorgungsunternehmen anfallenden Aufwendungen und Erträge getrennt auszuweisen und hierfür getrennte Konten zu führen. Denn nur durch die getrennte Ausweisung im Rechnungswesen war es möglich, die für das Netz angefallenen Kosten kostenrechnerisch zu ermitteln. Die so ermittelten Kosten waren wiederum die Voraussetzung für die Ermittlung von diskriminierungsfreien und verursachungsgerechten Netzentgelten, die alle Netznutzer für die Nutzung des Netzes zu bezahlen haben. 5

Die ersten Regelungen betreffend die Rechnungslegung von Elektrizitäts- und Gasversorgern enthielten die §§ 9, 9a EnWG 1998. Diese dienten der Umsetzung von Art. 14 Elektrizitätsbinnenmarkt-RL 1996 (BT-Drs. 13/7274, 34) und Art. 13 Erdgasbinnenmarkt-RL 1998 (BT-Drs. 15/197, 6) als Teil des **ersten Energiebinnenmarktpaketes** in nationales Recht in den Jahren 1998 (§ 9 EnWG 1998) und 2003 (§ 9a EnWG 1998). 6

7 Im Zuge der Umsetzung des **zweiten Energiebinnenmarktpaketes** in nationales Recht, konkret von Art. 19 Elektrizitäts-Binnenmarkt-Richtlinie 2003/54/EG und Art. 17 Gas-Binnenmarkt-Richtlinie 2003/55/EG, hat der deutsche Gesetzgeber die §§ 9, 9a EnWG 1998 zusammengefasst und im Jahr 2005 durch § 10 aF ersetzt (BT-Drs. 15/3917, 55).

8 Die Vorschrift des § 6b wurde schließlich 2011 in das EnWG eingefügt und dient der Umsetzung von Art. 31 Elektrizitäts-Binnenmarkt-Richtlinie 2009/72/EG bzw. Gas-Binnenmarkt-Richtlinie 2009/73/EG als Teil des **dritten Energiebinnenmarktpaketes** in nationales Recht (BT-Drs. 17/6072, 56). Sie entspricht grundsätzlich § 10 aF, enthält jedoch in den Absätzen 1, 3 und 4 Ergänzungen, die der Klarstellung und Verbesserung dienen (BT-Drs. 17/6072, 56). Außerdem hat der deutsche Gesetzgeber im Jahr 2012 den Anwendungsbereich des § 6b durch eine Änderung in Absatz 1 dahingehend geklärt, dass „sich die Vorgaben […] zur buchhalterischen Entflechtung [nur] auf vertikal integrierte [Unternehmen] und selbständige Netzbetreiber beziehen" (BT-Drs. 17/10754, 21). Gleichzeitig wurde Absatz 8 neu eingefügt (BT-Drs. 17/10754, 22).

8a In 2021 hat der Gesetzgeber als redaktionelle Folgeänderung in § 6b Abs. 1 S. 1 den Begriff „Speicheranlagen" (§ 3 Nr. 31 aF) durch den inhaltsgleichen Begriff „Gasspeicheranlagen" (§ 3 Nr. 19c) ersetzt (BT-Drs. 19/27453, 91). Des Weiteren wurde in § 6b Abs. 3 S. 1 Nr. 7 für die Betreiber von Elektrizitätsverteilernetzen, die von der neu eröffneten Möglichkeit des § 7c Abs. 2 Gebrauch machen, die Verpflichtung zur Führung eines getrennten Kontos für Tätigkeiten im Bereich der Entwicklung, Verwaltung und Betrieb von Ladepunkten für Elektromobile eingeführt (BT-Drs. 19/27453, 92). Da die Betreiber von Elektrizitätsverteilernetzen demnach auch Eigentümer von Ladepunkten für Elektromobile sein können, wurde § 6b Abs. 3 S. 2 um die wirtschaftliche Nutzung solchen Eigentums ergänzt (BT-Drs. 19/27453, 92). Die Ersetzung des Begriffs „Erstellung" in § 6b Abs. 3 S. 6 durch den Begriff „Aufstellung" stellt schließlich eine rein redaktionelle Anpassung dar (BT-Drs. 19/27453, 92). Gemäß § 118 Abs. 32 findet § 6b Abs. 3 in der 2021 geänderten Fassung erstmals auf Jahresabschlüsse sowie Tätigkeitsabschlüsse für nach dem 31.12.2020 beginnende Geschäftsjahre Anwendung (→ § 118 Rn. 101 f.).

9 Die Regulierungsbehörden des Bundes und der Länder haben am 21.11.2013 einen **Leitfaden** „zur Auslegung der buchhalterischen Entflechtungsbestimmungen nach § 6b EnWG" veröffentlicht. Darin werden zu vier Themenkomplexen insgesamt 15 Fragen betreffend § 6b beantwortet.

10 Des Weiteren enthalten die „Gemeinsame[n] Auslegungsgrundsätze der Regulierungsbehörden des Bundes und der Länder zu den Entflechtungsbestimmungen in §§ 6–10 EnWG" vom 1.3.2006 ein eigenes Kapitel betreffend die Rechnungslegung und interne Buchführung gem. § 10 aF. Da § 6b in weiten Teilen inhaltsgleich mit § 10 aF ist, werden die gemeinsamen Auslegungsgrundsätze von den Regulierungsbehörden weiterhin angewandt.

11 Schließlich hat die BNetzA am 25.11.2019 (aufgrund Organleihe auch für die Bundesländer Berlin, Brandenburg, Bremen und Schleswig-Holstein) zwei Festlegungen mit dem Titel: „Vorgaben von zusätzlichen Bestimmungen für die Erstellung und Prüfung von Jahresabschlüssen und Tätigkeitsabschlüssen gegenüber vertikal integrierten [Unternehmen] und rechtlich selbstständigen Netzbetreibern" erlassen (BNetzA Beschl. v. 25.11.2019 – BK8-19/00002-A bis BK8-19/00006-A; BNetzA Beschl. v. 25.11.2019 – BK9-19/613-1 bis BK9-19/613-5). Weitgehend inhaltsgleiche Festlegungen wurden auch von mehreren Landesregulierungsbehörden veröffentlicht (→ Rn. 61).

11a Gegen verschiedene Tenorziffern der beiden Festlegungen der BNetzA wurden mehrere **Beschwerden** eingelegt, die vom OLG Düsseldorf jedoch als unbegründet zurückgewiesen wurden (OLG Düsseldorf BeckRS 2021, 12169; 2021, 12170; 2021, 12172; 2021, 30393; 2021, 30409). Die in zwei Verfahren eingelegten Rechtsbeschwerden waren erfolglos (BGH EnWZ 2022, 362; BeckRS 2022, 19828).

C. Normadressaten (Abs. 1 S. 1 Hs. 1)

I. Vertikal integrierte Unternehmen

12 In Absatz 1 Satz 1 Halbsatz 1 ist der Adressatenkreis des § 6b **abschließend** (Kment EnWG/Knauff § 6b Rn. 2) geregelt (→ Rn. 12.1). Demnach finden die Vorschriften der

buchhalterischen Entflechtung Anwendung auf vertikal integrierte Unternehmen iSd § 3 Nr. 38. Als Beispiel sei hier ein Unternehmen genannt, das in einer Gemeinde die Konzession iSd § 46 für das Elektrizitäts- bzw. Gasverteilernetz innehat und gleichzeitig Energie vertreibt. Dies trifft auf viele kleine kommunale Energieversorgungsunternehmen im gesamten Bundesgebiet zu (→ Rn. 12.2).

§ 117a enthält eine ausdrückliche Ausnahmeregelung von § 6b Abs. 1 für Betreiber von bestimmten Anlagen mit einer Stromeinspeisung von geringem Umfang. Der Verweis in § 117a S. 1 auf § 10 Abs. 1 meint dessen Fassung im Jahr 2009, die dem heutigen § 6b Abs. 1 entspricht. Allerdings läuft § 117a infolge der Änderung des § 6b Abs. 1 im Jahr 2012 (→ Rn. 8) mittlerweile ins Leere (Kment EnWG/Knauff § 6b Rn. 3; Theobald/Kühling/Steinbeck § 117a Rn. 3; BNetzA, Leitfaden zur Auslegung der buchhalterischen Entflechtungsbestimmungen, 21.11.2013, 8). **12.1**

Ist eine Kommune sowohl an einem vertikal integrierten Unternehmen als auch an einem kommunalen Unternehmen außerhalb des Energiebereichs (zB Krankenhaus, Wohnungsbaugesellschaft oder Bäderbetrieb) beteiligt und erzeugt letzteres in einer dezentralen Anlage Energie (zB BHKW oder PV-Anlage), so ist dieses nach Auffassung der Regulierungsbehörden des Bundes und der Länder nicht Teil des vertikal integrierten Unternehmens und muss somit nicht die Vorschriften der buchhalterischen Entflechtung aus § 6b beachten, wenn es sich bei der Energieerzeugung um einen Nebenzweck handelt, bei dem keine erkennbare Wahrscheinlichkeit der tatsächlichen oder rechtlichen Einflussnahme durch die Kommune besteht (BNetzA, Leitfaden zur Auslegung der buchhalterischen Entflechtungsbestimmungen, 21.11.2013, 5 ff.). Eine solche Konstellation wird **widerleglich vermutet,** wenn der Umsatz des energiespezifischen Geschäftsbereichs dauerhaft unter 5 Prozent des Gesamtumsatzes des fraglichen Unternehmens liegen soll und (kumulativ) die Anlage zur Energieerzeugung eine Leistung von max. 500 kW besitzt (BNetzA, Leitfaden zur Auslegung der buchhalterischen Entflechtungsbestimmungen, 21.11.2013, 6). **12.2**

Mit Wirkung vom 29.7.2022 hat der Gesetzgeber in § 3 Nr. 38 und in § 6b Abs. 1 S. 1, Abs. 8 S. 1 den ursprünglichen Begriff „vertikal integriertes Energieversorgungsunternehmen" durch den Begriff „vertikal integriertes Unternehmen" ersetzt. Diese Änderung bleibt aber „ohne Auswirkung auf den Adressatenkreis" des § 6b (BT-Drs. 20/2402, 40). **12a**

Der Adressatenkreis des § 6b wird, anders als bspw. im HGB, grundsätzlich weder durch die Gesellschaftsform (→ Rn. 20) noch durch die Größe des betroffenen Netzbetreibers eingeschränkt. Insbesondere enthält § 6b keine De-minimis-Regelung wie in §§ 7 Abs. 2, 7a Abs. 7. Demnach gehören auch Netzbetreiber, die eine **Einnahmen-Überschussrechnung** gem. § 4 Abs. 3 EStG erstellen, grundsätzlich zum Adressatenkreis des § 6b. **12b**

II. Servicegesellschaften

Als Teil des vertikal integrierten Unternehmens nennt § 6b Abs. 1 S. 1 Hs. 1 des Weiteren rechtlich selbstständige Unternehmen, die zu einer Gruppe verbundener Elektrizitäts- und Gasunternehmen gehören und mittelbar oder unmittelbar energiespezifische Dienstleistungen erbringen. Die ausdrückliche Nennung dieser Unternehmen dient lediglich der **Klarstellung** (BT-Drs. 17/10754, 21), da sie regelmäßig bereits von der Definition des vertikal integrierten Unternehmens gem. § 3 Nr. 38 erfasst werden (Kment EnWG/Knauff § 6b Rn. 2). **13**

Unter **unmittelbaren** energiespezifischen Dienstleistungen versteht die Gesetzesbegründung „die Erfüllung kommerzieller, technischer und/oder wartungsbezogener Aufgaben" iSd Art. 2 Nr. 35 Elektrizitäts-Binnenmarkt-Richtlinie 2009/72/EG und Art. 2 Nr. 1 Gas-Binnenmarkt-Richtlinie 2009/73/EG (BT-Drs. 17/10754, 21). Die BNetzA nennt beispielhaft den „Börsenhandel mit Energie und die Vermarktung speziell an Großverbraucher (Supermarktketten usw.) durch ein Tochterunternehmen" (BNetzA, Leitfaden zur Auslegung der buchhalterischen Entflechtungsbestimmungen, 21.11.2013, 3) und bzgl. der Tätigkeitsbereiche Elektrizitäts- und Gasverteilung sowie Elektrizitätsübertragung und Gasfernleitung „Netzwartung, Netzsteuerung, Netzführung oder Zählerauswertung" (BNetzA Beschl. v. 25.11.2019 – BK8-19/00002-A bis BK8-19/00006-A, S. 33; BNetzA Beschl. v. 25.11.2019 – BK9-19/613-1 bis BK9-19/613-5, S. 31). **14**

Der Begriff der **mittelbaren** energiespezifischen Dienstleistungen ist weit auszulegen. Er umfasst „beispielsweise die Verbrauchsabrechnung sowie IT-Dienstleistungen, soweit diese speziell für die Energiewirtschaft angeboten werden und es sich um keine Standardanwen- **15**

EnWG § 6b   Teil 2. Entflechtung

dungen handelt" (BT-Drs. 17/10754, 21). Demzufolge sind Dienstleistungen, die zwar für ein Energieversorgungsunternehmen erbracht, aber nicht speziell für die Energiewirtschaft konzipiert wurden, keine energiespezifische Dienstleistung iSd § 6b Abs. 1 S. 1 Hs. 1 (Theobald/Kühling/Heinlein/Büsch § 6b Rn. 18; → Rn. 15.1).

15.1 Keine energiespezifischen Dienstleistungen sind nach Auffassung der BNetzA zB die Kantine oder Lohnabrechnung, selbst wenn diese ausschließlich gegenüber dem Netzbetrieb erbracht werden (BNetzA Beschl. v. 25.11.2019 – BK8-19/00002-A bis BK8-19/00006-A, S. 34; BNetzA Beschl. v. 25.11.2019 – BK9-19/613-1 bis BK9-19/613-5, S. 32). Demgegenüber sei eine energierechtliche Rechtsberatung keine Standardanwendung, sondern werde speziell für die Energiewirtschaft angeboten (BNetzA Beschl. v. 25.11.2019 – BK8-19/00002-A bis BK8-19/00006-A, S. 34; BNetzA Beschl. v. 25.11.2019 – BK9-19/613-1 bis BK9-19/613-5, S. 32; aA Elspas/Graßmann/Rasbach/Rasbach § 6b Rn. 2; Rosin/Pohlmann/Gentzsch/Metzenthin/Böwing/Schnabel/Marquard § 6b Rn. 16). Generell spräche bei Dienstleistungen, die aufgrund ihrer besonderen Art nicht ohne weiteres extern ausgeschrieben werden könnten, viel für deren Einordnung als mittelbare energiespezifische Dienstleistung (BNetzA Beschl. v. 25.11.2019 – BK8-19/00002-A bis BK8-19/00006-A, S. 34; BNetzA Beschl. v. 25.11.2019 – BK9-19/613-1 bis BK9-19/613-5, S. 32 f.).

16 Schließlich muss eine solche Servicegesellschaft mit einem **vertikal** (in § 6b Abs. 1 S. 1 Hs. 1 fehlt der Begriff „vertikal", wohl aufgrund eines redaktionellen Versehens) integrierten Unternehmen iSd § 3 Nr. 38 verbunden sein (Elspas/Graßmann/Rasbach/Rasbach § 6b Rn. 2; Theobald/Kühling/Heinlein/Büsch § 6b Rn. 18). Demnach kommen die Vorschriften der buchhalterischen Entflechtung nicht zur Anwendung, wenn die Servicegesellschaft Teil einer Gruppe verbundener (Energie)Unternehmen ist, die keine der Funktionen Übertragung, Fernleitung, Verteilung, Betrieb einer LNG-Anlage oder Gasspeicherung wahrnimmt (Bourwieg/Hellermann/Hermes/Hölscher § 6b Rn. 10).

III. Rechtlich selbstständige Netzbetreiber und Gasspeicherbetreiber

17 Die Vorschriften der buchhalterischen Entflechtung sind des Weiteren von rechtlich selbstständigen Netzbetreibern (§ 3 Nr. 27) und rechtlich selbstständigen Gasspeicherbetreibern (§ 3 Nr. 6) zu beachten. Diese Erweiterung des Anwendungsbereichs von Teilen der Entflechtungsvorschriften auf Netz- und Gasspeicherbetreiber, die **nicht Teil eines vertikal integrierten Unternehmens** sind, erklärt sich weniger durch den Gesetzeszweck der Verhinderung von Quersubventionierungen als durch den Gesetzeszweck der „Transparenz und besseren Vergleichbarkeit" (BT-Drs. 15/3917, 55 zu § 10 Abs. 1 aF). Dieser ist wiederum Voraussetzung für die Berechnung der Netznutzungsentgelte und damit der Kostenregulierung (→ Rn. 5).

IV. Sonstige Energieversorgungsunternehmen und -konzerne

18 Sonstige Energieversorgungsunternehmen und -konzerne, die keine der Funktionen Übertragung, Fernleitung, Verteilung, Betrieb einer LNG-Anlage oder Gasspeicherung wahrnehmen, also reine **Energielieferanten** und **Erzeugungsgesellschaften,** sind von den Vorschriften der buchhalterischen Entflechtung ausgenommen (BT-Drs. 17/10754, 21). Im Hinblick auf solche Unternehmen und Konzerne besteht kein Risiko einer unzulässigen Quersubventionierung oder die Notwendigkeit erhöhter Transparenz für die Kostenregulierung (Säcker EnergieR/Poullin § 6b Rn. 9; Theobald/Kühling/Heinlein/Büsch § 6b Rn. 19).

D. Jahresabschluss und Lagebericht (Abs. 1 S. 1 Hs. 2, S. 2)

19 Die von § 6b Abs. 1 S. 1 Hs. 1 erfassten Unternehmen sind verpflichtet, einen Jahresabschluss und Lagebericht nach den für Kapitalgesellschaften geltenden Vorschriften des HGB aufzustellen (§§ 264–289f HGB), prüfen zu lassen (§§ 316–324a HGB) und offenzulegen (§§ 325–329 HGB).

20 Dabei kommt es ausdrücklich nicht darauf an, wer Eigentümer des betroffenen Unternehmens und in welcher Rechtsform dieses organisiert ist. Erfasst werden somit zB auch Unternehmen, deren Eigentümer die öffentliche Hand ist und die als **Eigenbetrieb** oder als

Anstalt des öffentlichen Rechts (Bourwieg/Hellermann/Hermes/Hölscher § 6b Rn. 13; Rosin/Pohlmann/Gentzsch/Metzenthin/Böwing/Schnabel/Marquard § 6b Rn. 20; Theobald/Kühling/Heinlein/Büsch § 6b Rn. 21), als Kommunalunternehmen oder als **Genossenschaft** organisiert sind. Auch **Personenhandelsgesellschaften** (→ Rn. 20.1) haben die Vorschriften für Kapitalgesellschaften betreffend die Aufstellung, Prüfung und Offenlegung ihres Jahresabschlusses und Lageberichts zu beachten. Für einzelne Rechtsformen bestehende Ausnahmeregelungen des HGB betreffend Rechnungslegung und Buchführung kommen für die von § 6b Abs. 1 S. 1 Hs. 1 erfassten Unternehmen nicht zur Anwendung, soweit sie im Widerspruch zu den energiewirtschaftlichen Regelungen stehen.

Dies gilt auch für solche Personenhandelsgesellschaften, bei denen persönlich haftender Gesellschafter mind. eine natürliche Person oder eine weitere Personen(handels)gesellschaft mit einer natürlichen Person als persönlich haftendem Gesellschafter ist (Bourwieg/Hellermann/Hermes/Hölscher § 6b Rn. 14). Der Verweis in § 6b Abs. 1 S. 1 Hs. 1 ist insoweit weitergehender als die Regelungen in den §§ 264a–264c HGB zu Personenhandelsgesellschaften und geht diesen als lex specialis vor. **20.1**

Die handelsrechtlichen Vorschriften sehen für **kleine** (inkl. Kleinstkapitalgesellschaften iSd § 267a Abs. 1 HGB) und **mittelgroße Kapitalgesellschaften** iSd § 267 Abs. 1 und 2 HGB an verschiedenen Stellen Erleichterungen im Hinblick auf die Aufstellung (§§ 274a, 276, 288 HGB), die Prüfung (§ 316 Abs. 1 S. 1 HGB) und die Offenlegung (§§ 326f. HGB) des Jahresabschlusses und ggf. des Lageberichts vor. Diese Erleichterungen gelten grundsätzlich auch für die von § 6b Abs. 1 S. 1 Hs. 1 erfassten Unternehmen (Bourwieg/Hellermann/Hermes/Hölscher § 6b Rn. 17; Elspas/Graßmann/Rasbach/Rasbach § 6b Rn. 7; Kment EnWG/Knauff § 6b Rn. 4 Fn. 12; Rosin/Pohlmann/Gentzsch/Metzenthin/Böwing/Schnabel/Marquard § 6b Rn. 4; Säcker EnergieR/Poullie § 6b Rn. 9; Säcker EnergieR/Poullie § 6b Rn. 12; Säcker EnergieR/Poullie § 6b Rn. 15; Schneider/Theobald EnergieWirtschaftsR-HdB/de Wyl/Finke § 4 Rn. 86 ff.; Theobald/Kühling/Heinlein/Büsch § 6b Rn. 25 ff.). Allerdings schließt § 6b Abs. 4 S. 3 die Anwendbarkeit der Erleichterungen für kleine Kapitalgesellschaften bei der **Offenlegung** gem. § 326 HGB des Jahresabschlusses und ggf. des Lageberichts ausdrücklich aus. Des Weiteren haben die Regulierungsbehörden des Bundes und der Länder in ihren Festlegungen aus 2019 bis 2021 (→ Rn. 11) für den jeweiligen Adressatenkreis eine **Prüfpflicht** begründet, ohne dass sich diese auf die Erleichterungen zur Prüfung des Jahresabschlusses und ggf. des Lageberichts gem. § 316 Abs. 1 S. 1 HGB berufen können (zB BNetzA Beschl. v. 25.11.2019 – BK8-19/00002-A bis BK8-19/00006-A Tenorziffer 2; BNetzA Beschl. v. 25.11.2019 – BK9-19/613-1 bis BK9-19/613-5 Tenorziffer 2; OLG Düsseldorf BeckRS 2021, 30409). **21**

§ 264 Abs. 3 HGB befreit Kapitalgesellschaften, die Teil eines Konzerns sind, unter bestimmten Voraussetzungen von der Verpflichtung zur Aufstellung eines eigenen Jahresabschlusses und Lageberichts. Eine entsprechende Regelung für bestimmte Personenhandelsgesellschaften findet sich in § 264b HGB. Dieses **Konzernprivileg** ist gem. § 6b Abs. 1 S. 1 Hs. 2 auf die von § 6b Abs. 1 S. 1 Hs. 1 erfassten Unternehmen nicht anzuwenden, um eine Umgehung der buchhalterischen Entflechtungsvorschriften auszuschließen (Kment EnWG/Knauff § 6b Rn. 7). **22**

Handelt es sich bei dem von § 6b Abs. 1 S. 1 Hs. 1 erfassten Unternehmen um eine Personenhandelsgesellschaft oder einen Einzelkaufmann, so darf gem. § 6b Abs. 1 S. 2 das **Privatvermögen** der Gesellschafter oder des Einzelkaufmanns nicht miterfasst werden. Sinn und Zweck der buchhalterischen Entflechtung ist die Schaffung von Transparenz als Voraussetzung zur Vermeidung von Quersubventionierungen und Diskriminierungen sowie für die Kostenregulierung (→ Rn. 1 ff.). Hierfür ist die Offenlegung des Privatvermögens nicht erforderlich, auch wenn dieses grundsätzlich als Haftungsmasse zur Verfügung steht (Kment EnWG/Knauff § 6b Rn. 8; Theobald/Kühling/Heinlein/Büsch § 6b Rn. 35). **23**

E. Geschäfte größeren Umfangs (Abs. 2)

Gemäß § 6b Abs. 2 sind von den verpflichteten Unternehmen jeweils im Anhang zu ihrem Jahresabschluss Geschäfte größeren Umfangs mit verbundenen oder assoziierten Unternehmen gesondert auszuweisen. Sinn und Zweck der Regelung ist es, überprüfen zu können, ob eine **Quersubventionierung** zwischen den Konzernteilen gegeben ist. Die Regelung **24** vereinfacht die Prüfungen der Regulierungsbehörden und auch ggf. erforderliche Korrekturen.

I. Geschäfte größeren Umfangs

25 Ein Geschäft größeren Umfangs liegt laut Gesetzesbegründung vor, „wenn es aus dem Rahmen der gewöhnlichen Energieversorgungstätigkeit herausfällt und für die Bewertung der Vermögens- und Ertragslage des Unternehmens nicht nur von untergeordneter Bedeutung ist" (BT-Drs. 15/3917, 55 zu § 10 Abs. 2 aF). Demnach kommt es nicht auf den **absoluten Wert** des fraglichen Geschäfts oder dessen **prozentualen Anteil** am Gesamtumsatz des verpflichteten Unternehmens an (Bourwieg/Hellermann/Hermes/Hölscher § 6b Rn. 21; Theobald/Kühling/Heinlein/Büsch § 6b Rn. 38).

26 Für den Rahmen der **gewöhnlichen Energieversorgungstätigkeit** sowie die Vermögens- und Ertragslage ist im Übrigen auf das verpflichtete Unternehmen und nicht auf die mit ihm verbundenen oder assoziierten Unternehmen abzustellen (Kment EnWG/Knauff § 6b Rn. 9).

27 Außerdem entsteht die Pflicht zu einem gesonderten Ausweis nicht automatisch für jedes Geschäft, das geeignet sein könnte, Diskriminierungen (Kment EnWG/Knauff § 6b Rn. 9), Quersubventionierungen oder Wettbewerbsverzerrungen zu ermöglichen. Maßgeblich ist vielmehr, ob es sich dabei um ein aus Sicht des verpflichteten Unternehmens Geschäft größeren Umfangs handelt oder nicht (→ Rn. 27.1).

27.1 Theobald/Kühling/Heinlein/Büsch § 6b Rn. 38 (und wohl auch Elspas/Graßmann/Rasbach/Rasbach § 6b Rn. 8) scheinen davon auszugehen, dass im Fall eines Diskriminierungs-, Quersubventionierungs- und Wettbewerbsverzerrungspotentials das Volumen des fraglichen Geschäfts für das verpflichtete Unternehmen und dessen Vermögens- und Ertragslage automatisch nicht von untergeordneter Bedeutung ist. Auch wenn dies im Ergebnis oftmals der Fall sein wird, so ist ein Automatismus angesichts des Wortlauts des § 6b Abs. 2 und der Gesetzesbegründung nicht zu begründen (so wohl auch Kment EnWG/Knauff § 6b Rn. 9).

II. Verbundene Unternehmen

28 Gemäß § 271 Abs. 2 S. 1 HGB fallen unter die verbundenen Unternehmen solche Unternehmen, die als Mutter- oder Tochterunternehmen in den Konzernabschluss des obersten Mutterunternehmens nach den Vorschriften über die Vollkonsolidierung (§§ 300–307 HGB) einzubeziehen sind. Tochterunternehmen, die ausnahmsweise nach § 296 HGB nicht in den Konzernabschluss einbezogen werden, gelten gem. § 271 Abs. 2 S. 2 HGB trotzdem als verbundene Unternehmen.

29 Tochterunternehmen sind gem. § 290 Abs. 1 S. 1 HGB Unternehmen, auf die mittelbar oder unmittelbar durch ein anderes Unternehmen (= Mutterunternehmen) ein **beherrschender Einfluss** ausgeübt wird. Ein solcher beherrschender Einfluss besteht immer in den in § 290 Abs. 2 HGB beschriebenen Fallkonstellationen, insbesondere, wenn dem Mutterunternehmen die Mehrheit der Stimmrechte der Gesellschafter zusteht. Bei den in § 290 Abs. 2 HGB beschriebenen Fallkonstellationen handelt es sich um unwiderlegbare Vermutungen (BeckOK HGB/v. Kanitz/Hoffmann HGB § 290 Rn. 8). Aber auch andere Fallkonstellationen können einen beherrschenden Einfluss begründen (Baumbach/Hopt/Merkt, 39. Aufl., HGB § 290 Rn. 9; MüKoHGB/Busse von Colbe/Fehrenbacher HGB § 290 Rn. 23).

III. Assoziierte Unternehmen

30 Assoziierte Unternehmen sind in § 311 Abs. 1 S. 1 HGB legaldefiniert. Dabei handelt es sich um Unternehmen, an denen ein in einen Konzernabschluss einbezogenes Unternehmen beteiligt ist, ohne dass die fraglichen Unternehmen selbst in den Konzernabschluss einzubeziehen sind, und auf die das Konzernunternehmen einen maßgeblichen Einfluss ausübt.

31 Gemäß § 311 Abs. 1 S. 2 HGB wird ein solcher **maßgeblicher Einfluss** im Fall einer mind. 20prozentigen Beteiligung an den Stimmrechten vermutet. Diese Vermutung kann durch den Nachweis widerlegt werden, dass ein maßgeblicher Einfluss tatsächlich nicht ausgeübt wird (Baumbach/Hopt/Merkt, 39. Aufl., HGB § 311 Rn. 3), zB infolge einer nachhalti-

gen Einschränkung der Gesellschafterrechte durch Gesetz, Rechtsprechung oder Verträge (BeckOK HGB/Schorse HGB § 311 Rn. 15). Im Fall eines Stimmrechtsanteils von weniger als 20 Prozent ist unter Berücksichtigung der faktischen Gesamtumstände nachzuweisen, dass ein maßgeblicher Einfluss tatsächlich ausgeübt wird (MüKoHGB/Pellens/Fülbier HGB § 311 Rn. 22).

IV. Form und Inhalt des gesonderten Ausweises

Geschäfte größeren Umfangs iSd § 6b Abs. 2 S. 1 sind im Anhang zum Jahresabschluss 32 gesondert auszuweisen. Dabei müssen gem. § 6b Abs. 2 S. 2 vor allen Dingen Leistung und Gegenleistung angegeben werden. Darüber hinaus sind der/die konkrete(n) Geschäftspartner, das Datum und die Dauer des Geschäfts anzugeben (Bourwieg/Hellermann/Hermes/Hölscher § 6b Rn. 22; Theobald/Kühling/Heinlein/Büsch § 6b Rn. 41). Auch sollten die Geschäfte einzeln ausgewiesen und nicht zusammengefasst werden (Bourwieg/Hellermann/Hermes/Hölscher § 6b Rn. 22; Säcker EnergieR/Poullie § 6b Rn. 26; Theobald/Kühling/Heinlein/Büsch § 6b Rn. 41). Im Ergebnis müssen die Angaben es ermöglichen, die auszuweisenden Geschäfte auf deren Angemessenheit, Marktüblichkeit und Wettbewerbskonformität zu überprüfen (Kment EnWG/Knauff § 6b Rn. 9).

F. Getrennte Kontenführung (Abs. 3)

Die von § 6b Abs. 1 S. 1 Hs. 1 erfassten Unternehmen haben gem. § 6b Abs. 3 S. 1 zur 33 Vermeidung von Diskriminierung und Quersubventionierung in ihrer internen Rechnungslegung, der Kostenrechnung, getrennte Konten für die in Ihrem Unternehmen durchgeführten Tätigkeiten zu führen. Die Führung der getrennten Konten muss so erfolgen, als wenn die Tätigkeiten von **rechtlich selbstständigen Unternehmen** ausgeführt würden. Dabei sind die einheitlichen Vorgaben des Handelsgesetzbuches zu beachten (BT-Drs. 15/3917, 55).

Nicht erforderlich ist, dass die Unternehmen schon während des laufenden Geschäftsjahres 34 eine laufende (**progressive**) Verbuchung in getrennten Buchungskreisen vornehmen (BT-Drs. 15/3917, 55; Bourwieg/Hellermann/Hermes/Hölscher § 6b Rn. 35; Schneider/Theobald EnergieWirtschaftsR-HdB/de Wyl/Finke § 4 Rn. 95; Theobald/Kühling/Heinlein/Büsch § 6b Rn. 48). Es genügt vielmehr eine nachträgliche (**retrograde**) Bebuchung der getrennten Konten zum Jahresabschluss (Bourwieg/Hellermann/Hermes/Hölscher § 6b Rn. 35; Theobald/Kühling/Heinlein/Büsch § 6b Rn. 48), sofern sichergestellt ist, dass im Bedarfsfall eine Überleitung auf die getrennten Konten auch schon während des laufenden Geschäftsjahres möglich ist (BT-Drs. 15/3917, 55; Schneider/Theobald EnergieWirtschaftsR-HdB/de Wyl/Finke § 4 Rn. 95).

I. Tätigkeitsbereiche

Das Gesetz differenziert im Ergebnis zwischen insgesamt **zehn Tätigkeitsbereichen** bzw. 35 **Tätigkeiten**, für die jeweils getrennte Konten zu führen sind (→ Rn. 35.1). Das sind zum einen die sieben in § 6b Abs. 3 S. 1 aufgeführten Bereiche Elektrizitätsübertragung (§ 3 Nr. 32), Elektrizitätsverteilung (§ 3 Nr. 37), Gasfernleitung (§ 3 Nr. 19), Gasverteilung (§ 3 Nr. 37), Gasspeicherung (§ 3 Nr. 19c), Betrieb von LNG-Anlagen (§ 3 Nr. 26) sowie Entwicklung, Verwaltung oder Betrieb von Ladepunkten für Elektromobile nach § 7c Abs. 2. Sonstige Tätigkeiten innerhalb des Energiesektors, zB die Erzeugung von Elektrizität, die Gewinnung von Erdgas, der Elektrizitäts- oder Gasvertrieb sowie der Elektrizitäts- oder Gashandel sind gem. § 6b Abs. 3 S. 3 auf die beiden Sparten Elektrizität und Gas aufzuteilen, aber nicht weiter nach bestimmten Tätigkeiten innerhalb dieser Sparten zu differenzieren (Bourwieg/Hellermann/Hermes/Hölscher § 6b Rn. 25). Der zehnte Tätigkeitsbereich umfasst schließlich sämtliche Tätigkeiten außerhalb des Energiebereichs, § 6b Abs. 3 S. 4. Auch dort ist keine weitere Unterteilung in bestimmte Tätigkeitsbereiche bzw. Tätigkeiten erforderlich.

Gemäß § 28k Abs. 2 S. 1 sind auch Betreiber von Wasserstoffnetzen, die neben dem Betrieb von 35.1 Wasserstoffnetzen weitere Tätigkeiten ausüben, zur Vermeidung von Diskriminierung und Quersubventionierung verpflichtet, in ihrer internen Rechnungslegung ein eigenes Konto für die Tätigkeit des

Betriebs von Wasserstoffnetzen so zu führen, wie dies erforderlich wäre, wenn diese Tätigkeit von rechtlich selbstständigen Unternehmen ausgeführt würde.

36 Den in § 6b Abs. 3 S. 1 aufgeführten Tätigkeitsbereichen ist gem. Absatz 3 Satz 2 auch die **wirtschaftliche Nutzung** eines Eigentumsrechts zuzuordnen. Demzufolge sind auch die Verpächter von Elektrizitäts- oder Gasversorgungsnetzen, Gasspeichern, LNG-Anlagen oder Ladepunkten für Elektromobile verpflichtet, für die einzelnen, in § 6b Abs. 3 S. 1, 3 und 4 aufgeführten Tätigkeitsbereiche getrennte Konten zu führen (Säcker EnergieR/Poullie § 6b Rn. 33). Die Verpachtung als solche stellt demnach keinen eigenen Tätigkeitsbereich dar, sondern deren Zuordnung zu einem der im Gesetz genannten Tätigkeitsbereiche bestimmt sich durch den Pachtgegenstand (Elspas/Graßmann/Rasbach/Rasbach § 6b Rn. 15; Rosin/Pohlmann/Gentzsch/Metzenthin/Böwing/Schnabel/Marquard § 6b Rn. 32).

II. Direkte und indirekte Zuordnung

37 Den verschiedenen Tätigkeitsbereichen sind im Rahmen der internen Rechnungslegung gem. § 6b Abs. 3 S. 5 die entstehenden Erlöse, Aufwände, Investitionen usw. zuzuordnen. Relativ unproblematisch ist dies für solche Positionen, die **vollumfänglich** einem bestimmten Tätigkeitsbereich zugeordnet werden können, zB Erlöse aus Netzentgelten, Konzessionsabgaben, Materialaufwand und Investitionen für die Errichtung und Instandhaltung einer LNG-Anlage oder den Aufwand für Personal, das ausschließlich für die Vermarktung eines Gasspeichers eingesetzt wird.

38 Es gibt jedoch Kostenarten, die entweder den einzelnen Tätigkeitsbereichen nicht direkt zugeordnet werden können oder bei denen die Zuordnung einen **unvertretbaren Aufwand** erfordern würde. Ein unvertretbarer Aufwand ist erst anzunehmen, wenn dieser in einem deutlichen Missverhältnis zu dem entflechtungsrechtlich angestrebten Transparenzgewinn steht (ähnlich Elspas/Graßmann/Rasbach/Rasbach § 6b Rn. 21; Kment EnWG/Knauff § 6b Rn. 21; Rosin/Pohlmann/Gentzsch/Metzenthin/Böwing/Schnabel/Marquard § 6b Rn. 129; Säcker EnergieR/Poullie § 6b Rn. 51; Schneider/Theobald EnergieWirtschaftsR-HdB/de Wyl/Finke § 4 Rn. 99; Theobald/Kühling/Heinlein/Büsch § 6b Rn. 55). Dabei kann es auch auf die Höhe der in Frage stehenden Beträge ankommen (Kment EnWG/Knauff § 6b Rn. 21).

39 Beispiele hierfür können anfallende Gebäudemieten, Kosten von Shared Services (zB IT-, Rechts- oder Personalabteilung, Buchhaltung) oder Geschäftsführerkosten sein. Diese Kosten sind ggf. verursachungsgerecht und sachgerecht auf die Tätigkeitsbereiche zu schlüsseln. Die **Schlüsselung** muss für Dritte nachvollziehbar sein. In der Praxis kommen Mengenschlüssel (bspw. Anzahl Personen, Raumflächen, Kontenanzahl, Personal- oder Materialaufwand) und Wertschlüssel (umsatz- oder gewinnabhängige Schlüssel) zum Einsatz.

40 Die Schlüsselung ist den handelsrechtlichen **Grundsätzen ordnungsgemäßer Buchführung,** insbesondere dem Grundsatz der Stetigkeit unterworfen (Elspas/Graßmann/Rasbach/Rasbach § 6b Rn. 23; Säcker EnergieR/Poullie § 6b Rn. 45; Theobald/Kühling/Heinlein/Büsch § 6b Rn. 55) und gem. § 6b Abs. 5 vom Abschlussprüfer zu prüfen (→ Rn. 54 ff.).

III. Tätigkeitsabschluss

41 § 6b Abs. 3 S. 6 schreibt vor, dass für jeden Tätigkeitsbereich ein sog. Tätigkeitsabschluss bestehend aus einer Bilanz sowie einer Gewinn- und Verlustrechnung entsprechend den handelsrechtlichen Vorschriften aufzustellen und dem Abschlussprüfer zur Prüfung vorzulegen ist. Die Pflicht zur Aufstellung und Prüfung eines Tätigkeitsabschlusses gilt nicht nur für die in § 6b Abs. 3 S. 1 aufgeführten Tätigkeitsbereiche, sondern für sämtliche Tätigkeitsbereiche iSd § 6 Abs. 3 S. 1, 3 und 4 (Säcker EnergieR/Poullie § 6b Rn. 68; Schneider/Theobald EnergieWirtschaftsR-HdB/de Wyl/Finke § 4 Rn. 94; Theobald/Kühling/Heinlein/Büsch § 6b Rn. 44; aA Elspas/Graßmann/Rasbach/Rasbach § 6b Rn. 18; Rosin/Pohlmann/Gentzsch/Metzenthin/Böwing/Schnabel/Marquard § 6b Rn. 39; → Rn. 41.1 f.). Andernfalls würde die Pflicht aus § 6b Abs. 7 S. 6, „Tätigkeitsabschlüsse zu den Tätigkeitsbereichen, die nicht in Absatz 3 Satz 1 aufgeführt sind," als Geschäftsgeheimnis zu behandeln,

ins Leere laufen (Säcker EnergieR/Poullie § 6b Rn. 68; Theobald/Kühling/Heinlein/Büsch § 6b Rn. 44).

Gemäß § 3 Abs. 4 S. 2 MsbG iVm § 6b Abs. 3 S. 6 ist auch der grundzuständige Messstellenbetreiber **41.1** verpflichtet, für den modernen Messstellenbetrieb und intelligente Messsysteme einen gesonderten Tätigkeitsbericht zu erstellen und testieren zu lassen (OLG Düsseldorf EnWZ 2020,465; abl. Wagner IR 2021, 62). Die Überwachung der Vorgaben zur buchhalterischen Entflechtung des grundzuständigen modernen Messstellenbetriebs gem. § 3 Abs. 4 S. 5 MsbG richtet sich nach § 54 und nicht nach § 76 MsbG (OLG Düsseldorf EnWZ 2020, 471; zust. Wagner IR 2021, 62).

Gemäß § 28k Abs. 2 S. 3 gilt die Pflicht zur Aufstellung und Prüfung eines Tätigkeitsabschlusses **41.2** auch für die Betreiber von Wasserstoffnetzen.

1. Aufstellung des Tätigkeitsabschlusses

Bei der Aufstellung des Tätigkeitsabschlusses ist zu beachten, dass die **Bewertungs- und** **42** **Bilanzierungsmethoden** im Jahresabschluss und in den Tätigkeitsabschlüssen eines Unternehmens einheitlich angewendet werden müssen (Rosin/Pohlmann/Gentzsch/Metzenthin/Böwing/Schnabel/Marquard § 6b Rn. 62; Schneider/Theobald EnergieWirtschaftsR-HdB/de Wyl/Finke § 4 Rn. 100; Theobald/Kühling/Heinlein/Büsch § 6b Rn. 57). Des Weiteren ist auch für den Tätigkeitsabschluss der **Grundsatz der Stetigkeit** zu beachten (Elspas/Graßmann/Rasbach/Rasbach § 6b Rn. 24; Rosin/Pohlmann/Gentzsch/Metzenthin/Böwing/Schnabel/Marquard § 6b Rn. 62; Säcker EnergieR/Poullie § 6b Rn. 79; Schneider/Theobald EnergieWirtschaftsR-HdB/de Wyl/Finke § 4 Rn. 94; Theobald/Kühling/Heinlein/Büsch § 6b Rn. 45). Außerdem enthalten die Festlegungen der Regulierungsbehörden des Bundes und der Länder aus 2019 bis 2021 (→ Rn. 11) ergänzende Vorgaben betreffend Inhalt und Aufbau des Tätigkeitsabschlusses (zB BNetzA Beschl. v. 25.11.2019 – BK8-19/00002-A bis BK8-19/00006-A Tenorziffer 4.1 bis 4.6; BNetzA Beschl. v. 25.11.2019 – BK9-19/613-1 bis BK9-19/613-5 Tenorziffer 4.1 bis 4.6; BGH EnWZ 2022, 362; OLG Düsseldorf BeckRS 2021, 12169; 2021, 12172; 2021, 30393; 2021, 30409). Schließlich sind bei der Aufstellung des Tätigkeitsabschlusses die handelsrechtlichen Erleichterungen (→ Rn. 21) abhängig von der Größe des jeweiligen **Tätigkeitsbereichs** zu beachten (offenlassend Elspas/Graßmann/Rasbach/Rasbach § 6b Rn. 24; aA Säcker EnergieR/Poullie § 6b Rn. 69). Dafür spricht insbesondere, dass § 6b Abs. 3 S. 1 eine getrennte Kontenführung verlangt, als ob „diese Tätigkeiten von rechtlich selbstständigen Unternehmen ausgeführt würden" (Elspas/Graßmann/Rasbach/Rasbach § 6b Rn. 24). Rechtlich selbstständige Unternehmen könnten sich aber zweifelsohne auf die handelsrechtlichen Erleichterungen berufen.

Handelt es sich bei dem verpflichteten Unternehmen um eine **Servicegesellschaft** **43** (→ Rn. 13 ff.), muss sie die von ihr erbrachten, energiespezifischen Dienstleistungen den verschiedenen Tätigkeitsbereichen zuordnen (BNetzA Beschl. v. 25.11.2019 – BK8-19/00002-A bis BK8-19/00006-A Tenorziffer 3; BNetzA Beschl. v. 25.11.2019 – BK9-19/613-1 bis BK9-19/613-5 Tenorziffer 3; BGH EnWZ 2022, 362; BeckRS 2022, 19828; OLG Düsseldorf BeckRS 2021, 12169; 2021, 12170; 2021, 12172; 2021, 30393; 2021, 30409; aA Rosin/Pohlmann/Gentzsch/Metzenthin/Böwing/Schnabel/Marquard § 6b Rn. 39; Säcker EnergieR/Poullie § 6b Rn. 68). Dies gilt aber nur für solche Dienstleistungen, die gegenüber dem verbundenen, vertikal integrierten Unternehmen erbracht werden (BNetzA Beschl. v. 25.11.2019 – BK8-19/00002-A bis BK8-19/00006-A Tenorziffer 3; BNetzA Beschl. v. 25.11.2019 – BK9-19/613-1 bis BK9-19/613-5 Tenorziffer 3; BGH EnWZ 2022, 362; BeckRS 2022,19828; OLG Düsseldorf BeckRS 2021, 12169; 2021, 12170; 2021, 12172; 2021, 30393; 2021, 30409).

Schließlich sind gem. § 6b Abs. 3 S. 7 auch im **Tätigkeitsabschluss** die Regeln, ein- **44** schließlich der Abschreibungsmethoden, nach denen die Gegenstände des Aktiv- und Passivvermögens sowie die Aufwendungen und Erträge den gem. § 6b Abs. 3 S. 1, 3 und 4 geführten Konten zugeordnet worden sind, aufzuführen und zu erläutern.

2. Prüfung des Tätigkeitsabschlusses

Auch bei der Prüfung des Tätigkeitsabschlusses sind grundsätzlich die handelsrechtlichen **45** Erleichterungen (→ Rn. 21) abhängig von der Größe des jeweiligen **Tätigkeitsbereichs** zu beachten (Elspas/Graßmann/Rasbach/Rasbach § 6b Rn. 26). Allerdings haben die Regulierungsbehörden des Bundes und der Länder in ihren Festlegungen aus 2019 bis 2021 (→ Rn. 11) für den jeweiligen Adressatenkreis eine allgemeine Prüfpflicht begründet, ohne dass sich diese auf die Erleichterungen zur Prüfung des Tätigkeitsabschlusses gem. § 316 Abs. 1 S. 1 HGB berufen können (zB BNetzA Beschl. v. 25.11.2019 – BK8-19/00002-A bis BK8-19/00006-A Tenorziffer 2; BNetzA Beschl. v. 25.11.2019 – BK9-19/613-1 bis BK9-19/613-5 Tenorziffer 2; OLG Düsseldorf BeckRS 2021, 30409).

46 Außerdem verpflichten die Festlegungen den jeweiligen Adressatenkreis, den Auftrag des Abschlussprüfers auf die im Tätigkeitsabschluss ergänzend aufzunehmenden Angaben (→ Rn. 42) auszudehnen (zB BNetzA Beschl. v. 25.11.2019 – BK8-19/00002-A bis BK8-19/00006-A Tenorziffer 4; BNetzA Beschl. v. 25.11.2019 – BK9-19/613-1 bis BK9-19/613-5 Tenorziffer 4; BGH EnWZ 2022, 362; OLG Düsseldorf BeckRS 2021, 12169; 2021, 12172; 2021, 30393; 2021, 30409).

G. Veröffentlichungspflichten (Abs. 4)

47 Gemäß § 6b Abs. 1 S. 1 Hs. 1 iVm § 325 HGB sind der festgestellte oder gebilligte **Jahresabschluss** und ggf. **Lagebericht** sowie der Bestätigungsvermerk oder der Vermerk über dessen Versagung offenzulegen. Dies muss gem. § 325 Abs. 1a HGB spätestens ein Jahr nach dem Abschlussstichtag des Geschäftsjahres geschehen.

48 Mit der EnWG-Novelle 2011 (BT-Drs. 17/6072,) wurde in § 6b Abs. 3 S. 6 die Verpflichtung zur Erstellung von **Tätigkeitsabschlüssen** sowie in § 6b Abs. 4 aF die Pflicht zu deren Einreichung und Veröffentlichung beim Betreiber des elektronischen Bundesanzeigers eingefügt. Gem. § 6b Abs. 4 S. 1 nF iVm § 118 Abs. 35 sind die Rechnungslegungsunterlagen für nach dem 31.12.2021 beginnende Geschäftsjahre nicht mehr dem Betreiber des elektronischen Bundesanzeigers, sondern der das Unternehmensregister führenden Stelle zur Einstellung in das Unternehmensregister zu übermitteln. Die Pflicht zur Veröffentlichung dient der Markttransparenz sowie dem Schutz der Gläubiger, potenzieller Investoren und aller Netzkunden (BT-Drs. 17/6072, 56). Für die Regulierungsbehörden sind die im elektronischen Bundesanzeiger oder Unternehmensregister veröffentlichten Tätigkeitsabschlüsse aber auch hilfreich, da diese jederzeit einfach über das Internet abgerufen werden können.

49 Der Wortlaut des § 6b Abs. 4 differenziert nicht zwischen den in § 6b Abs. 3 S. 1, 3 und 4 aufgeführten Tätigkeitsbereichen. Richtigerweise betrifft die Pflicht zur Einreichung und Veröffentlichung im elektronischen Bundesanzeiger oder Unternehmensregister aber nur die **Tätigkeitsbereiche gem. § 6b Abs. 3 S. 1** (Bourwieg/Hellermann/Hermes/Hölscher § 6b Rn. 47; so wohl auch Elspas/Graßmann/Rasbach/Rasbach § 6b Rn. 30, 18; Rosin/Pohlmann/Gentzsch/Metzenthin/Böwing/Schnabel/Marquard § 6b Rn. 55; aA Säcker EnergieR/Poullie § 6b Rn. 86). Denn andernfalls würde die Pflicht der Regulierungsbehörden aus § 6b Abs. 7 S. 6, die Tätigkeitsabschlüsse zu den Tätigkeitsbereichen, die nicht in § 6b Abs. 3 S. 1 aufgeführt sind, als Geschäftsgeheimnis zu behandeln, ins Leere laufen.

50 Die zu veröffentlichenden Unterlagen sind gem. § 6b Abs. 4 S. 1 beim Betreiber des Bundesanzeigers und für nach dem 31.12.2021 beginnende Geschäftsjahre bei der das Unternehmensregister führenden Stelle **unverzüglich** (→ Rn. 50.1), jedoch spätestens vor Ablauf des zwölften Monats des dem Abschlussstichtag nachfolgenden Geschäftsjahres einzureichen. An einem Beispiel soll dies verdeutlicht werden. Handelt es sich um den Tätigkeitsabschluss für das Geschäftsjahr vom 1.1.2022 bis 31.12.2022, ist der Tätigkeitsabschluss spätestens vor dem 31.12.2023 beim Bundesanzeiger einzureichen.

50.1 Die Einreichung des Jahresabschlusses und Lageberichts muss gem. § 325 Abs. 1a HGB nicht unverzüglich, sondern nur innerhalb von zwölf Monaten erfolgen. Anderseits sind der Jahresabschluss und Lagebericht gem. § 6b Abs. 4 S. 1 **gemeinsam** mit dem Tätigkeitsabschluss einzureichen. In der Folge erstreckt sich die Unverzüglichkeit aus § 6b Abs. 4 S. 1 auch auf den Jahresabschluss und Lagebericht der von § 6b Abs. 1 S. 1 Hs. 1 erfassten Unternehmen (aA Säcker EnergieR/Poullie § 6b Rn. 85).

51 Gem. § 118 Abs. 35 ist die Regelung in § 6b Abs. 4 S. 2 aF, wonach der Tätigkeitsabschluss unverzüglich im Bundesanzeiger zu veröffentlichen ist, letztmals auf Rechnungslegungsunterlagen für das vor dem 1.1.2022 beginnende Geschäftsjahr anzuwenden. Dabei handelt es sich um eine Folgeänderung zur Aufhebung des § 325 Abs. 2 HGB (BT-Drs. 19/28177, 166).

Die größenabhängigen Erleichterungen für **kleine Kapitalgesellschaften** (inkl. Kleinst- 52
kapitalgesellschaften iSd § 267a Abs. 1 HGB) gem. § 326 Abs. 1 HGB, die es diesen Gesellschaften u.a. ermöglichen, nur die Bilanz und den Anhang zur Veröffentlichung einzureichen, sind gem. § 6b Abs. 4 S. 2 ausgeschlossen. Das bedeutet, dass grundsätzlich alle von § 6b Abs. 1 S. 1 Hs. 1 erfassten Unternehmen unabhängig von ihrer Größe die Bilanz, die Gewinn- und Verlustrechnung sowie den vollständigen Anhang im Bundesanzeiger und für nach dem 31.12.2021 beginnende Geschäftsjahr im Unternehmensregister veröffentlichen müssen. Anwendbar sind allerdings die Erleichterungen aus § 327 HGB für **mittelgroße Kapitalgesellschaften** iSd § 267 Abs. 2 HGB (Bourwieg/Hellermann/Hermes/Hölscher § 6b Rn. 37; Säcker EnergieR/Poullie § 6b Rn. 17).

Ebenso ausgeschlossen ist die zusätzliche Vereinfachungsregelung des § 326 Abs. 2 HGB, 53
die es **Kleinstkapitalgesellschaften** ermöglicht, die Bilanz in elektronischer Form zur dauerhaften Hinterlegung beim Betreiber des Bundesanzeigers und für nach dem 31.12.2021 beginnende Geschäftsjahre bei der das Unternehmensregister führenden Stelle mit einem Hinterlegungsauftrag einzureichen.

H. Prüfung des Jahresabschlusses (Abs. 5)

Gemäß § 316 Abs. 1 S. 1 HGB sind der Jahresabschluss und der Lagebericht von mittelgro- 54
ßen und großen **Kapitalgesellschaften** iSd § 267 Abs. 2, 3 HGB durch einen Abschlussprüfer zu prüfen. Diese Prüfpflicht gilt für die von § 6b Abs. 1 S. 1 Hs. 1 erfassten Unternehmen unabhängig von ihrer jeweiligen Rechtsform.

Zwar können sich die betroffenen Unternehmen grundsätzlich auf die Ausnahme in § 316 55
Abs. 1 S. 1 HGB für **kleine Kapitalgesellschaften** iSd § 267 Abs. 1 HGB (inkl. Kleinstkapitalgesellschaften iSd § 267a Abs. 1 HGB) berufen (Bourwieg/Hellermann/Hermes/Hölscher § 6b Rn. 38; Säcker EnergieR/Poullie § 6b Rn. 87; Theobald/Kühling/Heinlein/Büsch § 6b Rn. 33). Dies ergibt sich u.a. daraus, dass die Ausnahmeregelung in § 316 Abs. 1 S. 1 HGB von § 6b nicht ausdrücklich ausgeschlossen wird, im Gegensatz zur Ausnahmeregelung des § 326 HGB, § 6b Abs. 4 S. 3. Allerdings haben die Regulierungsbehörden des Bundes und der Länder in ihren Festlegungen aus 2019 bis 2021 (→ Rn. 11) für den jeweils betroffenen Adressatenkreis die Berufung auf **größenabhängige Erleichterungen** für die Prüfung des Jahresabschlusses und ggf. des Lageberichts ausgeschlossen (zB (BNetzA Beschl. v. 25.11.2019 – BK8-19/00002-A bis BK8-19/00006-A Tenorziffer 2; BNetzA Beschl. v. 25.11.2019 – BK9-19/613-1 bis BK9-19/613-5 Tenorziffer 2; OLG Düsseldorf BeckRS 2021, 30409).

Gemäß § 6b Abs. 5 S. 1 hat der Abschlussprüfer zusätzlich zum Jahresabschluss zu prüfen, 56
ob die Vorgaben des § 6b Abs. 3 umgesetzt wurden. Dabei ist gem. § 6b Abs. 5 S. 2 neben dem Vorhandensein getrennter Konten zu prüfen, ob die **Wertansätze** verursachungsgerecht und die Zuordnung der Konten zu den Tätigkeitsbereichen sachgerecht sind. Insbesondere ist zu prüfen, ob die vorgenommene **Schlüsselung** bei den nicht direkt zurechenbaren Kosten (→ Rn. 38 f.) verursachungsgerecht ist.

Darüber hinaus ist darauf zu achten, dass die **Grundsätze der Stetigkeit** bei der Aufstel- 57
lung der Tätigkeitsabschlüsse beachtet wurden. Hierunter versteht man unter anderem, dass es bei den Ansätzen im Zeitablauf grundsätzlich nicht zu unbegründeten großen Abweichungen kommt.

Der Abschlussprüfer hat gem. § 6b Abs. 5 S. 3 mit seinem **Bestätigungsvermerk** iSd 58
§ 322 HGB anzugeben, ob die Vorgaben nach § 6b Abs. 3 eingehalten wurden.

I. Festlegungskompetenz der Regulierungsbehörden (Abs. 6)

§ 6b Abs. 6 S. 1 räumt den Regulierungsbehörden des Bundes und der Länder die Mög- 59
lichkeit ein, durch eine zu erlassende Festlegung iSd § 29 Abs. 1 zusätzliche Bestimmungen gegenüber den von § 6b Abs. 1 S. 1 Hs. 1 erfassten Unternehmen zu treffen. Solche Bestimmungen sind vom Prüfer im Rahmen der Jahresabschlussprüfung zu berücksichtigen. Durch die Festlegung können gem. § 6b Abs. 6 S. 2 insbesondere **zusätzliche Prüfungsschwerpunkte** festgelegt werden. Für die Frage, ob eine regulierungsbehördliche Festlegung **hinreichend bestimmt** ist, sind die Grundsätze maßgeblich, die für allgemeine Verwaltungsakte

EnWG § 6b — Teil 2. Entflechtung

gelten (BGH EnWZ 2022, 362; BeckRS 2022,19828; OLG Düsseldorf BeckRS 2021, 12170; 2021, 12172; 2021, 12169).

60 Derartige Festlegungen müssen gem. § 6b Abs. 6 S. 3 spätestens sechs Monate vor dem Bilanzstichtag des jeweiligen Kalenderjahres erlassen werden. Konkret bedeutet das, dass bspw. Festlegungen für das Bilanzjahr 2023 spätestens bis zum 30.6.2023 ergangen sein müssen. Die sechsmonatige Vorlauffrist soll laut Gesetzesbegründung sicherstellen, „dass sich die Prüfer rechtzeitig auf die zusätzlichen Anforderungen an die Prüfung einstellen können und die Prüfung richtig erfolgt" (BT-Drs. 17/10754, 22).

61 Die BNetzA (aufgrund Organleihe auch für die Bundesländer Berlin, Brandenburg, Bremen und Schleswig-Holstein) sowie die Regulierungsbehörden der Bundesländer Bayern (→ Rn. 61.1 ff.), Hessen, Mecklenburg-Vorpommern, Niedersachsen, Nordrhein-Westfalen, Saarland, Sachsen und Sachsen-Anhalt haben in den Jahren 2019 bis 2021 größtenteils inhaltsgleiche Festlegungen gem. § 6b Abs. 6 für die Unternehmen in der jeweiligen Zuständigkeit erlassen. In Rheinland-Pfalz hat die Landesregulierungsbehörde entsprechende Festlegungsverfahren für die Bereich Strom und Gas gestartet. Die Landesregulierungsbehörde von Baden-Württemberg hat bereits 2015 von dieser Möglichkeit Gebrauch gemacht, allerdings mit einem anderen Inhalt.

61.1 Die Regulierungskammer des Freistaates Bayern hat die Festlegung für die Netzbetreiber im Gasbereich in Ihrer Zuständigkeit mit Geltung ab dem Bilanzstichtag 31.12.2020 und im Strombereich mit Geltung ab dem Bilanzstichtag 31.12.2021 erlassen. Hintergrund für den unterschiedlichen **Geltungsstichtag** sind die Basisjahre 2020 (Gas) und 2021 (Strom) für die vierte Regulierungsperiode.

61.2 In den Festlegungen hat die bayerische Regulierungskammer den Netzbetreibern zahlreiche Vorgaben auferlegt, die die Erstellung und Prüfung der Jahres- sowie Tätigkeitsabschlüsse betreffen und der Regulierungsbehörde die Kostenprüfung des Ausgangsniveaus für die vierte Regulierungsperiode erleichtern sollen. Da in den Zuständigkeitsbereich der Regulierungskammer auch einige kleine Netzbetreiber fallen, für die der zusätzliche Aufwand durch die Festlegungen sehr hohe Kosten im Vergleich zu den Erlösen aus dem Netzbetrieb darstellen würde, hat die Regulierungskammer für diese kleinen Netzbetreiber in Ihrer Zuständigkeit jeweils in Tenorziffer 7 eine **Härtefallregelung** in die Festlegungen aufgenommen. Zur Klarstellung, welche Unternehmen die Härtefallregelung grundsätzlich in Anspruch nehmen können, enthalten die Festlegungen Regelbeispiele für Netzbetreiber, Dienstleister und Verpächter. So fallen unter die Härtefallregelung alle Stromnetzbetreiber, deren Erlösobergrenze im Kalenderjahr vor dem Jahr, auf das sich der Jahres- und Tätigkeitsabschluss des Netzbetreibers bezieht, nach Abzug der vorgelagerten Netzkosten und vermiedenen Netzentgelte 300.000 EUR (netto) unterschreitet. Im Gasbereich hat die Regulierungskammer die gleiche Regelung vorgesehen mit dem Unterschied, dass dort nur die vorgelagerten Netzkosten von der Erlösobergrenze abgezogen werden.

61.3 Erbringer von **energiespezifischen Dienstleistungen** gegenüber einem verbundenen Netzbetreiber fallen grundsätzlich unter die Härtefallregelung, sofern deren gesamten Umsatzerlöse aus der Erbringung von energiespezifischen Dienstleistungen gegenüber verbundenen Netzbetreibern im Jahr vor dem Jahr, auf das sich der Jahres- und Tätigkeitsabschluss des Dienstleisters bezieht, eine Höhe von 300.000 EUR (netto) unterschreiten. Zusätzlich dürfen die Umsatzerlöse aus der Erbringung von energiespezifischen Dienstleistungen gegenüber dem jeweiligen verbunden Netzbetreiber eine Höhe von fünf Prozent der kalenderjährlichen Erlösobergrenze des jeweiligen verbundenen Netzbetreibers für das Kalenderjahr vor dem Jahr, auf das sich der fragliche Jahres- und Tätigkeitsabschluss des Dienstleisters bezieht, nicht überschreiten. Dabei werden die vorgelagerten Netzkosten (Strom/Gas) und die vermiedenen Netzentgelte (Strom) abgezogen. Beispiel: Um von der Festlegung im Jahr 2023 ausgenommen zu werden, muss ein Dienstleister die vorgegebenen Grenzen im Jahr 2022 erfüllen.

61.4 Sämtliche Umsatzerlöse eines **Verpächters** aus der Verpachtung gegenüber verbundenen Unternehmen müssen in dem Jahr vor dem Jahr, für das die Festlegung gelten soll, 300.000 EUR (netto) unterschreiten. Zusätzlich dürfen die Umsatzerlöse aus der Verpachtung gegenüber dem jeweiligen verbundenen Netzbetreiber fünf Prozent von dessen Erlösobergrenze abzüglich der vorgelagerten Netzkosten (Strom/Gas) und der vermiedenen Netzentgelte in dem Jahr vor dem Jahr, für das die Festlegung gelten soll, nicht übersteigen.

J. Übermittlungs- und Veröffentlichungspflicht (Abs. 7)

62 Gemäß § 6b Abs. 7 S. 1 hat der Auftraggeber der Prüfung des Jahresabschlusses der Regulierungsbehörde unverzüglich nach Feststellung des Jahresabschlusses eine Ausfertigung des Prüfungsberichts einschließlich erstatteter Teilberichte zu übersenden. **Unverzüglich** meint dabei gem. § 121 Abs. 1 S. 1 BGB ohne schuldhaftes Zögern (Kment EnWG/Knauff § 6b Rn. 28; Theobald/Kühling/Heinlein/Büsch § 6b Rn. 60). Die Festlegungen der Regulierungsbehörden des Bundes und der Länder aus 2019 bis 2021 (→ Rn. 11) verpflichten den jeweiligen Adressatenkreis zur Übermittlung spätestens bis zum Ablauf des achten Monats nach Abschluss des Geschäftsjahres (zB BNetzA Beschl. v. 25.11.2019 – BK8-19/00002-A bis BK8-19/00006-A Tenorziffer 7; BNetzA Beschl. v. 25.11.2019 – BK9-19/613-1 bis BK9-19/613-5 Tenorziffer 7; OLG Düsseldorf BeckRS 2021, 30409 → Rn. 62.1).

Die Festlegungen der Landesregulierungsbehörden Bayern und Sachsen-Anhalt erlauben eine Fristverlängerung in begründeten Einzelfällen. Die Festlegungen der Landesregulierungsbehörden Mecklenburg-Vorpommern und Sachsen verlängern die Übermittlungsfrist für kleine Gesellschaften gem. § 267 Abs. 1 HGB auf 11 Monate. 62.1

I. Auftraggeber der Prüfung des Jahresabschlusses

Der Abschlussprüfer des Jahresabschlusses wird gem. § 318 Abs. 1 S. 1 Hs. 1 HGB von den Gesellschaftern **gewählt**. Im Fall einer GmbH oder einer Personenhandelsgesellschaft iSd § 264a Abs. 1 HGB kann gem. § 318 Abs. 1 S. 2 HGB der Gesellschaftsvertrag eine andere Zuständigkeit regeln. Diese Möglichkeit besteht im Fall einer AG oder eine KGaA demgegenüber nicht (BeckOK HGB/Schorse/Morfeld HGB § 318 Rn. 5). 63

Den **Prüfungsauftrag** erteilen gem. § 318 Abs. 1 S. 4 HGB die gesetzlichen Vertreter oder der Aufsichtsrat, sofern dieser zuständig ist. Der Aufsichtsrat ist gem. § 111 Abs. 2 S. 3 AktG zwingend zuständig im Fall einer AG, einer KGaA und einer mitbestimmten GmbH (MüKoAktG/Habersack AktG § 111 Rn. 92) sowie gem. § 10d Abs. 1 iVm § 111 Abs. 2 S. 3 AktG im Fall eines Unabhängigen Transportnetzbetreibers. 64

II. Zu übermittelnde Unterlagen

Gemäß § 6b Abs. 7 S. 2 ist der Prüfungsbericht fest mit dem geprüften Jahresabschluss, dem Lagebericht und den erforderlichen Tätigkeitsabschlüssen iSd § 6b Abs. 3 S. 6 zu verbinden. Damit ist eine **elektronische Übermittlung** eigentlich nicht zulässig (Kment EnWG/Knauff § 6b Rn. 28), wird von den Regulierungsbehörden aber regelmäßig akzeptiert bzw. gefordert (zB Informationsschreiben 5/2020 der BK 8). Der Prüfungsbericht muss gem. § 6b Abs. 7 S. 3 auch den **Bestätigungsvermerk** oder den Vermerk über die Versagung wiedergeben. 65

Durch das umfangreiche Unterlagenpaket wird gewährleistet, dass die Regulierungsbehörde nicht nur ein Bild des **gesamten Unternehmens,** sondern vermittelt durch den Lagebericht, der gem. § 6b Abs. 7 S. 4 auf die Tätigkeiten nach § 6b Abs. 3 S. 1 eingehen muss, und die Tätigkeitsabschlüsse einen vertieften Einblick in die unterschiedlichen Tätigkeitsbereiche erhält. Nur so ist eine kosteneffiziente Überprüfung der Netznutzungsentgelte möglich (Theobald/Kühling/Heinlein/Büsch § 6b Rn. 60). 66

Tätigkeitsabschlüsse zu den Tätigkeitsbereichen, die nicht in § 6b Abs. 3 S. 1 aufgeführt sind, hat die Regulierungsbehörde gem. § 6b Abs. 7 S. 6 als **Geschäftsgeheimnis** zu behandeln. Diese unterliegen auch nicht der Publizitätspflicht aus § 6b Abs. 4 (→ Rn. 49; Bourwieg/Hellermann/Hermes/Hölscher § 6b Rn. 47; aA Säcker EnergieR/Poullie § 6b Rn. 86). 67

III. Veröffentlichungspflicht

Zusätzlich zur Übermittlungspflicht aus § 6b Abs. 7 S. 1 begründet § 6b Abs. 7 S. 5 eine Verpflichtung der betroffenen Unternehmen, **Geschäftsberichte** zu den in § 6b Abs. 3 S. 1 und 2 aufgeführten energiewirtschaftlichen Tätigkeitsbereichen auf ihrer Internetseite zu veröffentlichen. Der Geschäftsbericht besteht jedenfalls aus einer Zusammenfassung des Jahresabschlusses und des Lageberichts (Kment EnWG/Knauff § 6b Rn. 29). Im Hinblick auf die in § 6b Abs. 3 S. 1 aufgeführten Tätigkeitsbereiche sind auch die entsprechenden **Tätigkeitsabschlüsse** Teil des Geschäftsberichts (Kment EnWG/Knauff § 6b Rn. 29; Theobald/Kühling/Heinlein/Büsch § 6b Rn. 60). 68

Im Hinblick auf die Tätigkeiten gem. § 6b Abs. 3 S. 2 könnte man argumentieren, dass der entsprechende Tätigkeitsabschluss nicht Teil des Geschäftsberichts sein kann, da andern- 69 falls die Pflicht aus § 6b Abs. 7 S. 6, Tätigkeitsabschlüsse zu den nicht in § 6b Abs. 3 S. 1 aufgeführten Tätigkeitsbereichen als Geschäftsgeheimnis zu behandeln, ins Leere laufen würde (so Kment EnWG/Knauff § 6b Rn. 29). Richtigerweise begründet § 6b Abs. 3 S. 2 aber keine zusätzlichen Tätigkeitsbereiche, für die jeweils ein eigener Tätigkeitsabschluss aufzustellen wäre. Stattdessen ordnet er an, dass die dort genannten Tätigkeiten („wirtschaftliche Nutzung eines Eigentumsrechts an ...") den Bereichen gem. § 6b Abs. 3 S. 1 zuzuordnen sind. Damit werden sie Teil des jeweiligen Tätigkeitsabschlusses und sind so als Teil des Geschäftsberichts zu veröffentlichen.

IV. Servicegesellschaften

70 Servicegesellschaften, die in den Anwendungsbereich des § 6b Abs. 1 S. 1 Hs. 1 fallen (→ Rn. 13 ff.), übermitteln ihren Prüfungsbericht gem. § 6b Abs. 7 S. 7 der Regulierungsbehörde, die für das regulierte Unternehmen, für das die Servicegesellschaft Dienstleistungen erbringt, nach § 54 Abs. 1 zuständig ist. Diese Regelung ist erforderlich, da für eine reine Servicegesellschaft keine unmittelbare Zuständigkeit einer Regulierungsbehörde besteht (BT-Drs. 17/10754, 22).

71 Erbringt die Servicegesellschaft Dienstleistungen für **mehrere** Gesellschaften, die zum Teil in den Zuständigkeitsbereich der BNetzA und zum Teil in den Zuständigkeitsbereich einer oder mehrerer Landesregulierungsbehörden fallen, ist der Bericht allen zuständigen Bundes- und Landesregulierungsbehörden zu übersenden (BT-Drs. 17/10754, 22).

K. Ausnahmeregelung (Abs. 8)

72 Gemäß § 6b Abs. 8 sind vertikal integrierte Unternehmen, deren Tätigkeit im Netzbereich ausschließlich im Betrieb eines geschlossenen Verteilernetzes iSd § 110 besteht, sowie deren Abschlussprüfer von den Verpflichtungen aus § 6b Abs. 4 und 7 befreit. Das betrifft die Verpflichtung zur Einreichung und Bekanntmachung des Tätigkeits- und Jahresabschlusses (§ 6b Abs. 4) sowie zur Übersendung des Prüfungsberichts an die Regulierungsbehörde und zur Veröffentlichung des Tätigkeitsberichts (§ 6b Abs. 7).

73 Die Pflicht zur Aufstellung und Prüfung (→ Rn. 73.1) des Jahres- und des Tätigkeitsabschlusses bleibt jedoch unberührt (BT-Drs. 17/10754, 22). Dies beinhaltet auch die Verpflichtung zur Führung von getrennten Konten gem. § 6b Abs. 3 und den gesonderten Ausweis von Geschäften größeren Umfangs gem. § 6b Abs. 2. Dies dient insgesamt der Sicherstellung von verursachungsgerechten Netznutzungsentgelten und um die Überprüfung der Entgelte gem. § 110 Abs. 4 S. 1 zu ermöglichen.

73.1 Bourwieg/Hellermann/Hermes/Hölscher § 6b Rn. 50 verneinen eine Prüfungspflicht gem. § 6b Abs. 5, ohne dies vor dem Hintergrund des Gesetzeswortlauts näher zu begründen.

§ 6c Ordnungsgeldvorschriften

(1) ¹Die Ordnungsgeldvorschriften der §§ 335 bis 335b des Handelsgesetzbuchs sind auf die Verletzung der Pflichten zur Offenlegung des Jahresabschlusses und Lageberichts nach § 6b Absatz 1 Satz 1 oder des Tätigkeitsabschlusses nach § 6b Absatz 4 entsprechend anzuwenden. ²Das Ordnungsgeldverfahren kann durchgeführt werden
1. bei einer juristischen Person gegen die juristische Person oder die Mitglieder des vertretungsberechtigten Organs;
2. bei einer Personenhandelsgesellschaft im Sinne des § 264a Absatz 1 des Handelsgesetzbuchs gegen die Personenhandelsgesellschaft oder gegen die in § 335b Satz 2 des Handelsgesetzbuchs genannten Personen;
3. bei einer Personenhandelsgesellschaft, die nicht in Nummer 2 genannt ist, gegen die Personenhandelsgesellschaft oder den oder die vertretungsbefugten Gesellschafter;
4. bei einem Unternehmen, das in der Rechtsform des Einzelkaufmanns betrieben wird, gegen den Inhaber oder dessen gesetzlichen Vertreter.
³§ 329 des Handelsgesetzbuchs ist entsprechend anzuwenden.

(2) Die nach § 54 Absatz 1 zuständige Regulierungsbehörde übermittelt der das Unternehmensregister führenden Stelle einmal pro Kalenderjahr Name und Anschrift der ihr bekannt werdenden Unternehmen nach § 6b Absatz 1 Satz 1.

Überblick

Die Regelung des § 6c dient der Durchsetzung der sich aus § 6b ergebenden Verpflichtungen zur Aufstellung, Prüfung und Offenlegung des Jahresabschlusses und Lageberichts sowie zu deren Einreichung gemeinsam mit dem Tätigkeitsabschlusses beim Betreiber des Bundesanzeigers und gem. § 118 Abs. 35 für nach dem 31.12.2021 beginnende Geschäftsjahre bei der das Unternehmensregister führenden Stelle (→ Rn. 3 ff.). Der Betreiber des Bundesanzeigers und die das Unternehmensregister führende Stelle haben die eingereichten Unterlagen zu prüfen (→ Rn. 6). Dafür erforderliche Informationen erhalten sie auch von der jeweils zuständigen Regulierungsbehörde (→ Rn. 7).

A. Normzweck und Entstehungsgeschichte

Gemäß § 6b Abs. 1 S. 1 müssen die dort genannten Energieversorgungsunternehmen die Vorschriften des HGB betreffend Jahresabschluss und Lagebericht von Kapitalgesellschaften sowie deren Prüfung und Offenlegung beachten und zwar unabhängig von ihrer tatsächlichen Rechtsform. Konsequenterweise gelten nach § 6c Abs. 1 S. 1 auch die entsprechenden Ordnungsgeldvorschriften des HGB ebenfalls unabhängig von der **Rechtsform** des Energieversorgungsunternehmens (BT-Drs. 17/6072, 56). 1

Die Vorschrift des § 6c wurde 2011 in das EnWG eingefügt und hatte – anders als § 6b – keinen inhaltlichen Vorgänger. Zwei spätere Änderungen in den Jahren 2012 und 2013 haben zum einen lediglich den Hinweis auf die elektronische Form des Bundesanzeigers in Absatz 2 gestrichen, da dieser überflüssig geworden war (BT-Drs. 17/7560, 32). Zum anderen wurde der Verweis in Absatz 1 Satz 1 um die §§ 335a, 335b HGB erweitert als Folgeänderung zur gleichzeitigen Änderung der §§ 335–335b HGB (BT-Drs. 17/13221, 11). Gemäß § 118 Abs. 15 gilt für § 6c in der 2013 geänderten Fassung Art. 70 Abs. 3 EGHGB entsprechend (→ § 118 Rn. 71). 2

In 2021 wurde § 6c erneut geändert, insbesondere wurde ein neuer Absatz 1 Satz 3 eingefügt. Die Änderungen dienten der redaktionellen Verbesserung und sollten klarstellen, gegen wen ein Ordnungsgeldverfahren nach § 335 HGB durchgeführt werden kann (BT-Drs. 19/27453, 92). 2a

Mit Wirkung vom 1.8.2022 hat der Gesetzgeber die klarstellende Definition des Begriffs der Offenlegung in § 6c Abs. 1 S. 2 aF gestrichen, da sich diese bereits aus dem Wortlaut des § 6b Abs. 4 S. 1 ergibt (BT-Drs. 19/28177, 166). 2b

B. Ordnungsgeldverfahren

Gemäß § 6c Abs. 1 S. 1 sind die **Ordnungsgeldvorschriften** der §§ 335–335b HGB auch auf die Verletzung der Pflichten aus § 6b Abs. 1 S. 1 zur Offenlegung des Jahresabschlusses und des Lageberichts sowie aus § 6b Abs. 4 zur Offenlegung des Tätigkeitsabschlusses entsprechend anzuwenden. Die §§ 335–335b HGB regeln die Festsetzung von Ordnungsgeld im Fall einer Nichtbefolgung der Pflicht zur Offenlegung des Jahresabschlusses, des Lageberichts, des Konzernabschlusses, des Konzernlageberichts und anderer Unterlagen der Rechnungslegung gem. §§ 325, 325a HGB. 3

Gemäß § 6b Abs. 4 S. 1 ist gemeinsam mit dem nach § 325 HGB offenzulegenden Jahresabschluss auch der Tätigkeitsabschluss iSd § 6b Abs. 3 S. 6 beim Betreiber des Bundesanzeigers und gem. § 118 Abs. 35 für nach dem 31.12.2021 beginnende Geschäftsjahre bei der das Unternehmensregister führenden Stelle einzureichen und im Bundesanzeiger oder Unternehmensregister bekannt machen zu lassen. 3a

Durch die Gesetzesänderung im Jahr 2021 (→ Rn. 2a) hat der Gesetzgeber klargestellt, dass die Ordnungsgeldvorschriften der §§ 335–335b HGB nicht auf die **weitergehenden Verpflichtungen** in § 6b Abs. 1 S. 1, Abs. 4 anwendbar sind. Dies betrifft insbesondere die Verpflichtung, einen Jahresabschluss und Lagebericht nach den für Kapitalgesellschaften 3b geltenden Vorschriften aufzustellen sowie prüfen zu lassen und zwar unabhängig von der tatsächlichen Rechtsform, § 6b Abs. 1 S. 1.

4   Des Weiteren sind die §§ 335–335b HGB auf alle in § 6b Abs. 1 S. 1 genannten Energieversorgungsunternehmen anwendbar und zwar unabhängig von ihrer jeweiligen Rechtsform. § 335 HGB gilt bereits unmittelbar für Kapitalgesellschaften sowie gem. § 335b S. 1 HGB für Personenhandelsgesellschaften iSd § 264a Abs. 1 HGB. Die **Erweiterung des persönlichen Anwendungsbereichs** der §§ 335–335b HGB durch § 6c Abs. 1 S. 1 iVm § 6b Abs. 1 S. 1 betrifft somit zum einen Personenhandelsgesellschaften, die nicht die Voraussetzungen des § 264a Abs. 1 HGB erfüllen. Dies sind Personenhandelsgesellschaften, bei denen mittelbar oder unmittelbar eine natürliche Person unbeschränkt haftet. In der Praxis weniger relevant dürfte die weitere Erweiterung auf Einzelunternehmer sein.

5   **Adressaten** eines Ordnungsgeldes können gem. § 6c Abs. 1 S. 2 sowohl das Energieversorgungsunternehmen selbst als auch dessen gesetzliche Vertreter sein. Diese Regelung entspricht inhaltlich der Regelung des § 335 Abs. 1 S. 1, 2 HGB.

C. Prüfung der einzureichenden Unterlagen

6   Gemäß § 6c Abs. 1 S. 3 ist § 329 HGB entsprechend anzuwenden. Aus § 329 Abs. 1 S. 1 HGB ergibt sich die Pflicht des Betreibers des Bundesanzeigers und für nach dem 31.12.2021 beginnende Geschäftsjahre die Pflicht der das Unternehmensregister führenden Stelle zu prüfen, ob die einzureichenden Unterlagen fristgemäß und vollzählig eingereicht worden sind. Im Fall eines Verstoßes haben sie gem. § 329 Abs. 4 HGB das Bundesamt für Justiz als gem. § 335 Abs. 1 S. 1 HGB für ein Ordnungsgeldverfahren zuständige Behörde zu informieren. Infolge der Regelung in § 6c Abs. 1 S. 3 erweitert sich die Prüfpflicht des Betreibers des Bundesanzeigers und der das Unternehmensregister führenden Stelle personell auf die von § 6b Abs. 1 S. 1 erfassten Energieversorgungsunternehmen und sachlich auf den ebenfalls einzureichenden und zu veröffentlichenden Tätigkeitsabschluss (Elspas/Graßmann/Rasbach/Rasbach § 6c Rn. 2; Kment EnWG/Knauff § 6c Rn. 5; Theobald/Kühling/Heinlein/Büsch § 6c Rn. 15).

D. Mitteilungspflicht der Regulierungsbehörde

7   Die Regulierungsbehörde ist gem. § 6c Abs. 2 iVm § 118 Abs. 35 verpflichtet, dem Betreiber des Bundesanzeigers und für nach dem 31.12.2021 beginnende Geschäftsjahre der das Unternehmensregister führenden Stelle einmal pro Kalenderjahr Name und Anschrift der ihr bekannten Unternehmen, die von § 6b Abs. 1 S. 1 verpflichtet werden, zu übermitteln. Ohne Übermittlung dieser Daten können der Betreiber des Bundesanzeigers und die das Unternehmensregister führende Stelle die Rechtzeitigkeit und Vollständigkeit ihnen eingereichter Unterlagen allenfalls unter allgemeinen Gesichtspunkten prüfen. Name und Anschrift auch aller von § 6b Abs. 1 S. 1 verpflichteten Unternehmen sollten der Betreiber des Bundesanzeigers und die das Unternehmensregister führende Stelle bereits gem. § 329 Abs. 1 S. 2 HGB erhalten. Allerdings fehlt ihnen ohne die Mitteilung der Regulierungsbehörde die Information, welche Unternehmen die zusätzlichen Pflichten aus § 6b Abs. 1 S. 1, Abs. 4 zu beachten haben.

§ 6d Betrieb eines Kombinationsnetzbetreibers

Der gemeinsame Betrieb eines Transport- sowie eines Verteilernetzes durch denselben Netzbetreiber ist zulässig, soweit dieser Netzbetreiber die Bestimmungen der §§ 8 oder 9 oder §§ 10 bis 10e einhält.

Überblick

§ 6d stellt zum einen klar, dass ein Unternehmen sowohl ein Transport- als auch ein Verteilernetz betreiben darf (→ Rn. 4 f.). Zum anderen unterwirft er einen solchen Kombinationsnetzbetreiber insgesamt den strengeren Regeln der Entflechtung von Transportnetzen (→ Rn. 6).

A. Normzweck und Entstehungsgeschichte

Nach der Gesetzesbegründung kann „der gemeinsame Betrieb eines Transportnetzes und eines Verteilernetzes […] unter Synergie- und Effizienzgesichtspunkten sinnvoll und die kostenoptimale Lösung sein" (BT-Drs. 17/6072, 56). Seit der EnWG-Novelle 2011 stellt das Gesetz an die Entflechtung von Transportnetzen aber strengere Anforderungen als an die Entflechtung von Verteilernetzen. § 6d regelt deswegen, welche Entflechtungsvorschriften von einem Kombinationsnetzbetreiber zu beachten sind. 1

Die Vorschrift des § 6d wurde im Rahmen der Umsetzung des **dritten Energiebinnenmarktpakets** 2011 in das EnWG eingefügt. Konkret dient er der Umsetzung von Art. 29 Elektrizitäts-Binnenmarkt-Richtlinie 2009/72/EG bzw. Gas-Binnenmarkt-Richtlinie 2009/73/EG. 2

In Deutschland existiert bislang nur ein einziger Kombinationsnetzbetreiber, namentlich die Ferngas Netzgesellschaft mbH (BNetzA Beschl. v. 29.1.2020 – BK7-18-051). Diese betreibt sowohl ein Gasverteilernetz als auch ein Gastransportnetz in Nordbayern und Thüringen. 3

B. Kombinationsnetzbetreiber

§ 6d stellt zunächst klar, dass ein Unternehmen sowohl ein Verteilernetz (§ 3 Nr. 3, 8) als auch ein Transportnetz (§ 3 Nr. 31f) betreiben kann. Dabei verlangt § 6d keine **Spartenreinheit,** sondern ist auch auf Spartenkombinationen, also zB auf den gemeinsamen Betrieb eines Gastransportnetzes sowie eines Stromverteilernetzes anzuwenden (Bourwieg/Hellermann/Hermes/Hölscher § 6d Rn. 3; Kment EnWG/Knauff § 6d Rn. 3; Säcker EnergieR/Säcker/Schönborn § 6d Rn. 2; Theobald/Kühling/Heinlein/Büsch § 6d Rn. 2). Zulässig ist auch der gemeinsame Betrieb von Elektrizitäts- bzw. Gasnetzen mit Netzen anderer, nicht im EnWG geregelter Sparten, zB Fernwärme, Wasser, Abwasser und Telekommunikation (Bourwieg/Hellermann/Hermes/Hölscher § 6d Rn. 2; Kment EnWG/Knauff § 6d Rn. 2). 4

Verliert der als Transportnetz zu qualifizierende Teil des Netzes nachträglich seine Eigenschaft als Transportnetz iSd § 3 Nr. 31f, so endet damit auch die Anwendbarkeit des § 6d (BNetzA Beschl. v. 29.1.2020 – BK7-18-051, S. 22 ff.). 5

C. Entflechtungsrechtliche Anforderungen

Der gemeinsame Betrieb eines Transport- und eines Verteilernetzes stellt den Netzbetreiber vor die Herausforderung, dass das Gesetz an die Entflechtung von Transportnetzen strengere Anforderungen als an die Entflechtung von Verteilernetzen stellt. Transportnetzbetreiber müssen entweder eigentumsrechtlich (§ 8) oder durch die Benennung eines Unabhängigen Systembetreibers (§ 9) oder eines Unabhängigen Transportnetzbetreibers (§§ 10–10e) entflochten werden. Demgegenüber sind die Anforderungen für Verteilernetzbetreiber im Hinblick auf deren rechtliche (§ 7) und operationelle Entflechtung (§ 7a) deutlich weniger streng. Im Fall eines Kombinationsnetzbetreibers muss dieser insgesamt, also auch im Hinblick auf das Verteilernetz, den strengeren Regeln der Entflechtung von Transportnetzen genügen (BNetzA Beschl. v. 29.1.2020 – BK7-18-051, S. 13). 6

Abschnitt 2. Entflechtung von Verteilernetzbetreibern und Betreibern von Speicheranlagen

§ 7 Rechtliche Entflechtung von Verteilernetzbetreibern

(1) ¹Vertikal integrierte Unternehmen haben sicherzustellen, dass Verteilernetzbetreiber, die mit ihnen im Sinne von § 3 Nummer 38 verbunden sind, hinsichtlich ihrer Rechtsform unabhängig von anderen Tätigkeitsbereichen der Energieversorgung sind. ²Betreiber von Elektrizitätsverteilernetzen sind nicht berechtigt, Eigen-

tümer einer Energiespeicheranlage zu sein oder eine solche zu errichten, zu verwalten oder zu betreiben.

(2) ¹Vertikal integrierte Unternehmen, an deren Elektrizitätsverteilernetz weniger als 100 000 Kunden unmittelbar oder mittelbar angeschlossen sind, sind hinsichtlich der Betreiber von Elektrizitätsverteilernetzen, die mit ihnen im Sinne von § 3 Nummer 38 verbunden sind, von den Verpflichtungen nach Absatz 1 ausgenommen. ²Satz 1 gilt für Gasverteilernetze entsprechend.

Überblick

Nachdem die Vorgaben der informatorischen und buchhalterischen Entflechtung gem. §§ 6a–6c für alle Netzbetreiber gleichermaßen gelten, begründet § 7 die Verpflichtung zur rechtlichen Entflechtung (→ Rn. 7 ff.) nur im Hinblick auf Verteilernetzbetreiber (→ Rn. 6). Dabei hat das vertikal integrierte Unternehmen die Möglichkeit, das Verteilernetz dem Netzbetreiber zu übereignen oder zu verpachten (→ Rn. 18 ff.). Des Weiteren enthält Absatz 1 Satz 2 Spezialregelungen für Elektrizitätsverteilernetzbetreiber und Energiespeicheranlagen (→ Rn. 23a ff.). Schließlich findet sich in Absatz 2 eine Ausnahmeregelung für kleinere Verteilernetzbetreiber mit weniger als 100.000 angeschlossenen Kunden (→ Rn. 24 ff.).

Übersicht

	Rn.		Rn.
A. Normzweck und Entstehungsgeschichte	1	2. Verteilernetzbetreiber als Pächter	21
		C. Energiespeicheranlagen (Abs. 1 S. 2)	23a
B. Pflicht zur rechtlichen Entflechtung (Abs. 1 S. 1)	6	I. Umfang der Verbotsnorm	23c
I. Rechtliche Unabhängigkeit	7	1. Eigentum an Energiespeicheranlagen	23c
1. Verhältnis der zu entflechtenden Bereiche	8	2. Betreiben von Energiespeicheranlagen	23d
2. Rechtsform des Verteilernetzbetreibers	12	3. Verwalten von Energiespeicheranlagen	23e
II. Tätigkeitsfelder des Verteilernetzbetreibers	17	4. Errichten von Energiespeicheranlagen	23l
III. Verteilernetzbetreiber als Eigentümer oder Pächter des Netzes	18	II. Gesetzliche Ausnahmeregelungen	23m
		III. Gasverteilernetzbetreiber	23p
1. Verteilernetzbetreiber als Eigentümer	20	**D. De-minimis-Regelung (Abs. 2)**	24
		I. Angeschlossene Kunden	25
		II. Mehrere Verteilernetze im Konzern	35

A. Normzweck und Entstehungsgeschichte

1 Die Verpflichtung zur rechtlichen Entflechtung wurde 2005 in das EnWG eingeführt. Infolgedessen waren vertikal integrierte Unternehmen verpflichtet, den Netzbetrieb als rechtlich selbstständiges Unternehmen und damit getrennt von den übrigen Tätigkeitsbereichen der Energieversorgung zu organisieren. Die wirtschaftliche Verflechtung wurde damit jedoch nicht beseitigt (Kment EnWG/Knauff § 7 Rn. 1), da das Gesetz keine eigentumsrechtliche Entflechtung vorsah.

2 § 7 aF diente der Umsetzung von Art. 10, 15 Elektrizitäts-Binnenmarkt-Richtlinie 2003/54/EG sowie Art. 9, 13 Gas-Binnenmarkt-Richtlinie 2003/55/EG (BT-Drs. 15/3917, 52). Nach Auffassung des europäischen Gesetzgebers war die rechtliche Entflechtung angezeigt, „um einen effizienten und nichtdiskriminierenden Netzzugang zu gewährleisten" (Erwägungsgrund 8 Elektrizitäts-Binnenmarkt-Richtlinie 2003/54/EG und Erwägungsgrund 10 Gas-Binnenmarkt-Richtlinie 2003/55/EG), der wiederum für einen wirksamen und fairen Wettbewerb im Bereich der Energieversorgung erforderlich sei.

3 Die Pflicht zur rechtlichen Entflechtung gem. § 7 Abs. 1 aF erfasste alle Netzbetreiber, also sowohl die Verteiler- als auch die Transportnetzbetreiber. Allerdings erlaubte § 7 Abs. 3 aF in Übereinstimmung mit Art. 30 Abs. 2, 15 Abs. 1 Elektrizitäts-Binnenmarkt-Richtlinie 2003/54/EG und Art. 33 Abs. 2, 13 Abs. 1 Gas-Binnenmarkt-Richtlinie 2003/55/EG, die

rechtliche (nicht aber die operationelle) Entflechtung für Verteilernetzbetreiber erst zum 1.7.2007 umzusetzen.

Der deutsche Gesetzgeber hat § 7 im Jahr 2011 neu gefasst. Die Neufassung dient der Umsetzung von Art. 26 Abs. 1 Elektrizitäts-Binnenmarkt-Richtlinie 2009/72/EG bzw. Gas-Binnenmarkt-Richtlinie 2009/73/EG (BT-Drs. 17/6072, 56). Seitdem verpflichtet die Regelung nur noch Verteilernetzbetreiber. Für Transportnetzbetreiber gelten die strengeren Entflechtungsvorgaben der §§ 8–10e Durch die Herausnahme der Transportnetzbetreiber haben sich die Anforderungen an Verteilernetzbetreiber jedoch nicht geändert (BT-Drs. 17/6072, 56). Diese können nach Auffassung des deutschen Gesetzgebers im Rahmen der bestehenden sonstigen gesetzlichen Bestimmungen erfüllt werden, sodass eine Änderung des Gesellschafts-, Mitbestimmungs- oder Steuerrechts nicht erforderlich war (BT-Drs. 15/3917, 52). 4

Im Jahr 2021 hat der Gesetzgeber die Regelung des § 7 Abs. 1 S. 2 ergänzt. Diese dient der Umsetzung von Art. 36 Abs. 1 Elektrizitäts-Binnenmarkt-Richtlinie (EU) 2019/944 in nationales Recht (BT-Drs. 19/27453, 92). Im Jahr 2022 wurde der Begriff „vertikal integriertes Energieversorgungsunternehmen" durch den Begriff „vertikal integriertes Unternehmen" als Folgeänderung zur Anpassung in § 3 Nr. 38 ersetzt (BT-Drs. 20/2402, 39). 4a

Die Regulierungsbehörden des Bundes und der Länder haben am 1.3.2006 „Gemeinsame Auslegungsgrundsätze der Regulierungsbehörden des Bundes und der Länder zu den Entflechtungsbestimmungen in §§ 6–10 EnWG" und am 21.10.2008 eine Konkretisierung zu diesen gemeinsamen Auslegungsgrundsätze veröffentlicht. Bei beiden Dokumenten handelt es sich nicht um Festlegungen iSd § 29 Abs. 1 und sie haben auch nicht den Charakter einer Verwaltungsvorschrift, sondern sollen lediglich als Orientierungshilfen dienen (BNetzA, Gemeinsame Auslegungsgrundsätze zu den Entflechtungsbestimmungen in §§ 6–10 EnWG, 2006, 5; BNetzA, Konkretisierung der gemeinsamen Auslegungsgrundsätze zu den Entflechtungsbestimmungen in §§ 6–10 EnWG, 2008, 3). Da § 7 im Hinblick auf Verteilernetzbetreiber in wesentlichen Teilen inhaltsgleich mit § 7 aF ist, werden sowohl die gemeinsamen Auslegungsgrundsätze als auch die Konkretisierung von den Regulierungsbehörden weiterhin angewandt. 5

B. Pflicht zur rechtlichen Entflechtung (Abs. 1 S. 1)

Normadressaten von § 7 Abs. 1 S. 1 sind vertikal integrierte Unternehmen iSd § 3 Nr. 38, in deren Verbund sich ein Verteilernetzbetreiber für Elektrizität (§ 3 Nr. 3) bzw. für Gas (§ 3 Nr. 8) findet. Der Verteilernetzbetreiber ist hinsichtlich seiner Rechtsform so zu organisieren, dass er von den **anderen Tätigkeitsbereichen der Energieversorgung** unabhängig ist. Die übrigen Tätigkeitsbereiche der Energieversorgung sind Erzeugung von Elektrizität und Gewinnung von Erdgas sowie deren Vertrieb. Eine rechtliche Trennung des Verteilernetzbetreibers von Tätigkeitsbereichen außerhalb der Energieversorgung verlangt § 7 demgegenüber nicht. 6

I. Rechtliche Unabhängigkeit

Eine hinreichende rechtliche Unabhängigkeit des Verteilernetzbetreibers von den übrigen Tätigkeitsbereichen ist dann gegeben, wenn der Verteilernetzbetreiber und die übrigen Tätigkeitsbereiche jeweils in rechtlich selbstständigen Einheiten organisiert sind, also jeweils über **eigene Rechtspersönlichkeiten** verfügen (Kment EnWG/Knauff § 7 Rn. 5). Dabei macht das Gesetz keine unmittelbaren Vorgaben im Hinblick auf die gesellschaftsrechtliche Formenwahl sowie die Zahl und Größe der Rechtspersonen (BT-Drs. 15/3917, 52). Allerdings muss die gewählte Rechtsform geeignet sein, die Anforderungen der operationellen Entflechtung gem. § 7a zu erfüllen (BT-Drs. 15/3917, 52). Denn erst diese gewährleistet im Zusammenspiel mit der rechtlichen Entflechtung, dass das vertikal integrierte Unternehmen nicht in der Lage ist, seine Verbundenheit mit dem Verteilernetzbetreiber zu nutzen, um sich einen unerlaubten Wettbewerbsvorteil im Energiemarkt zu verschaffen. 7

1. Verhältnis der zu entflechtenden Bereiche

Das Verhältnis zwischen dem Verteilernetzbetreiber einerseits und dem Unternehmen, das in den anderen, wettbewerblichen Bereichen der Energieversorgung tätig ist, andererseits 8

kann grundsätzlich in **drei Varianten** organisiert werden (Säcker EnergieR/Säcker/Schönborn § 7 Rn. 23 ff.; Schneider/Theobald EnergieWirtschaftsR-HdB/de Wyl/Finke § 4 Rn. 129 ff.):
- Zum einen ist denkbar, dass das Unternehmen der anderen, wettbewerblichen Tätigkeitsbereiche Muttergesellschaft des Verteilernetzbetreibers ist.
- Zum anderen kann der Verteilernetzbetreiber Muttergesellschaft des Unternehmens der anderen, wettbewerblichen Tätigkeitsbereiche sein.
- Schließlich können beide als Schwestergesellschaften unterhalb einer Holdinggesellschaft organisiert sein.

9 Während die erste und dritte Variante keinen grundsätzlichen Bedenken begegnen, stellt sich für die zweite Variante die Frage, ob diese geeignet ist, die Anforderungen der operationellen Entflechtung gem. § 7a zu erfüllen (Bourwieg/Hellermann/Hermes/Hölscher § 7 Rn. 12; Säcker EnergieR/Säcker/Schönborn § 7 Rn. 38; Schneider/Theobald EnergieWirtschaftsR-HdB/de Wyl/Finke § 4 Rn. 131; Theobald/Kühling/Finke § 7 Rn. 24 f.). Die Regulierungsbehörden des Bundes und der Länder sind jedenfalls der Auffassung, dass es innerhalb eines vertikal integrierten Unternehmens grundsätzlich ausgeschlossen ist, „dass die Netzgesellschaft ihrerseits an einer anderen Gesellschaft beteiligt ist, die direkt oder indirekt in den Bereichen der Gewinnung, Erzeugung oder des Vertriebes von Energie (Strom/Gas) an Kunden zuständig ist" (BNetzA, Konkretisierung der gemeinsame Auslegungsgrundsätze zu den Entflechtungsbestimmungen in §§ 6–10 EnWG, 2008, 11 ff.; ausf. BNetzA Beschl. v. 3.2.2012 – BK7-09-014, S. 11 ff.).

10 Richtigerweise wird man davon ausgehen müssen, dass ein Verteilernetzbetreiber, der gleichzeitig Muttergesellschaft der Wettbewerbsbereiche des vertikal integrierten Unternehmens ist, die Anforderungen der operationellen Entflechtung aus § 7a nicht oder nur sehr schwer erfüllen kann (Bourwieg/Hellermann/Hermes/Hölscher § 7 Rn. 12; Rosin/Pohlmann/Gentzsch/Metzenthin/Böwing/Schmutzer/Schoon/Stolzenburg § 7 Rn. 16 ff.; Säcker EnergieR/Säcker/Schönborn § 7a Rn. 29 ff.). Denn als Muttergesellschaft wäre der Verteilernetzbetreiber aus Sicht des Gesamtkonzerns auch für den Erfolg der Wettbewerbsbereiche verantwortlich. Diese Verantwortlichkeit würde wiederum die von § 7a Abs. 1, 3 geforderte (Handlungs)Unabhängigkeit des Verteilernetzbetreibers und seines Leitungspersonals untergraben (Bourwieg/Hellermann/Hermes/Hölscher § 7 Rn. 12; Säcker EnergieR/Säcker/Schönborn § 7a Rn. 29 f.). Den Verteilernetzbetreiber so zu organisieren, dass die für den Netzbetrieb verantwortlichen Personen hinreichend unabhängig sind, wäre – wenn überhaupt – nur mit erheblichem Aufwand möglich (Säcker EnergieR/Säcker/Schönborn § 7a Rn. 29).

11 Keine Bedenken bestehen dagegen, die Verteilernetze eines oder mehrerer vertikal integrierten Unternehmen – auch spartenübergreifend – in einem Unternehmen zusammenzufassen (Theobald/Kühling/Finke § 7 Rn. 22). Das Unternehmen kann außerdem für den Betrieb weiterer Netze (zB Wasser, Abwasser, Fernwärme, Telekommunikation), zuständig sein (Theobald/Kühling/Finke § 7 Rn. 22).

2. Rechtsform des Verteilernetzbetreibers

12 Als **Rechtsform für den Verteilernetzbetreiber** kommen vor allen Dingen in Betracht die Kapitalgesellschaften GmbH und Aktiengesellschaft sowie die Personenhandelsgesellschaft in Form eine GmbH/AG & Co. KG. Aber auch andere Formen juristischer Personen des Privatrechts oder des öffentlichen Rechts sind grundsätzlich denkbar (Elspas/Graßmann/Rasbach/Rasbach § 7 Rn. 4; Kment EnWG/Knauff § 7 Rn. 5). Zulässig sind auch europarechtliche Gesellschaftsformen (zB SE) und solche aus anderen EU-Mitgliedstaaten (Kment EnWG/Knauff § 7 Rn. 5). Nicht ausreichend sind demgegenüber Gestaltungsformen, die lediglich zu einer organisatorischen, nicht aber rechtlichen Selbstständigkeit des Verteilernetzbetreibers führen, wie zB kommunale Eigenbetriebe (Kment EnWG/Knauff § 7 Rn. 5).

13 Abhängig von der gewählten Rechtsform kann es notwendig sein, die Beziehung zwischen der Netzbetreibergesellschaft und dem übrigen vertikal integrierten Unternehmen weitergehend zu regeln. Denn einerseits hat das vertikal integrierte Unternehmen ein Interesse daran, dass seine Verbundenheit mit dem Verteilernetzbetreiber für den Gesamtkonzern möglichst vorteilhaft ist. Andererseits soll die Entflechtung die Unabhängigkeit des Netzbetriebs von

den übrigen Geschäftsbereichen sicherstellen, um eine Verzerrung des Wettbewerbs innerhalb des Energiebinnenmarktes zugunsten des vertikal integrierten Unternehmens zu verhindern. Daraus ergibt sich ein Spannungsverhältnis, das durch die bestehenden gesellschaftsrechtlichen Regelungen nicht entsprechend den Zielen der Entflechtung aufgelöst wird. Deswegen enthält vor allen Dingen § 7a weitergehende, zum Gesellschaftsrecht vorrangige Regelungen.

Besondere Herausforderungen bestehen insoweit bei der **GmbH**. So ist deren Geschäfts- **14** führung zum einen gegenüber der Gesellschafterversammlung weisungsabhängig (BeckOK GmbHG/Schindler GmbHG § 46 Rn. 132; Baumbach/Hueck/Zöllner/Noack, 22. Aufl. 2019, GmbHG § 46 Rn. 91). Zum anderen stehen den Gesellschaftern gem. § 51a GmbHG umfassende Informationsrechte zu. Schließlich kann ein Geschäftsführer gem. § 38 GmbHG jederzeit abberufen werden, ist also vom Wohlwollen der Gesellschafter abhängig und infolgedessen in seinen Entscheidungen möglicherweise nicht vollkommen unabhängig.

Demgegenüber ist der Vorstand einer **Aktiengesellschaft** weder gegenüber der Hauptver- **15** sammlung noch gegenüber dem Aufsichtsrat weisungsgebunden (Hüffer/Koch, 11. Aufl. 2014, AktG § 76 Rn. 25). Außerdem kann der Aufsichtsrat die Bestellung zum Vorstandsmitglied gem. § 84 Abs. 3 S. 1 AktG nur aus wichtigem Grund widerrufen. Die Rechtsform der Aktiengesellschaft bietet also insgesamt für den Verteilernetzbetreiber im Vergleich zur GmbH von vornherein eine größere Unabhängigkeit. Auf der anderen Seite ist der Aufwand zur Gründung sowie für die laufende Organisation einer Aktiengesellschaft im Vergleich zur GmbH größer.

Die Rechtsform der **GmbH/AG & Co. KG** wird häufig aus steuerlichen Gründen **16** gewählt, da diese ertragsteuerlich transparent ist. Darüber hinaus gelten für die Gründung und den laufenden Organisationsaufwand einer Personenhandelsgesellschaft als solcher weniger strenge Anforderungen als für Kapitalgesellschaften. Allerdings benötigt eine GmbH/AG & Co. KG die Gründung und laufende Verwaltung einer Kapitalgesellschaft als Komplementärin. Für diese sind die obigen Ausführungen zur GmbH bzw. Aktiengesellschaft als Netzbetreiberin grundsätzlich ebenfalls zu beachten.

II. Tätigkeitsfelder des Verteilernetzbetreibers

Die Regelung des § 7 verbietet im Übrigen nicht, die beiden Sparten Elektrizität und Gas **17** in einer Verteilernetzbetreibergesellschaft zusammenzufassen (Elspas/Graßmann/Rasbach/ Rasbach § 7 Rn. 3; Rosin/Pohlmann/Gentzsch/Metzenthin/Böwing/Schmutzer/Schoon/ Stolzenburg § 7 Rn. 9; Säcker EnergieR/Säcker/Schönborn § 7 Rn. 34; Schneider/Theobald EnergieWirtschaftsR-HdB/de Wyl/Finke § 4 Rn. 112). Außerdem erlaubt § 6d ausdrücklich den gemeinsamen Betrieb von Verteiler- und Transportnetzen in einer Gesellschaft. Ebenso steht es der Verteilernetzbetreibergesellschaft frei, Tätigkeiten außerhalb des Energiesektors, gleichgültig, ob sie nach der mit Wirkung vom 19.7.2022 geänderten Definition gem. § 3 Nr. 38 den entflechtungsrechtlichen Vorschriften unterfallen oder nicht (→ § 6 Rn. 27 ff.), auszuüben (Elspas/Graßmann/Rasbach/Rasbach § 7 Rn. 3; Kment EnWG/ Knauff § 7 Rn. 6; Rosin/Pohlmann/Gentzsch/Metzenthin/Böwing/Schmutzer/Schoon/ Stolzenburg § 7 Rn. 9; Säcker EnergieR/Säcker/Schönborn § 7 Rn. 34; Schneider/Theobald EnergieWirtschaftsR-HdB/de Wyl/Finke § 4 Rn. 12 ff., 108; → Rn. 17.1 f.).

Art. 31 Abs. 10 Elektrizitäts-Binnenmarkt-Richtlinie (EU) 2019/944 geht demgegenüber offenbar **17.1** davon aus, dass Elektrizitätsverteilernetzbetreiber andere Tätigkeiten nur dann ausüben dürfen, wenn dies genehmigt wurde und die Regulierungsbehörde geprüft hat, dass eine derartige Tätigkeit notwendig ist, damit der Elektrizitätsverteilernetzbetreiber seine Verpflichtungen aus Elektrizitäts-Binnenmarkt-Richtlinie (EU) 2019/944 und VO (EU) 2019/943 erfüllen kann (Schneider/Theobald EnergieWirtschaftsR-HdB/de Wyl/Finke § 4 Rn. 12 ff.). Dies gilt jedoch nicht für das Eigentum an anderen Netzen als Stromnetzen sowie deren Ausbau, Verwaltung und Betrieb, soweit ihm dieses Recht erteilt worden ist. Die Regelung des Art. 31 Abs. 10 Elektrizitäts-Binnenmarkt-Richtlinie (EU) 2019/944 hat der deutsche Gesetzgeber bislang nicht in nationales Recht umgesetzt.

Auch wenn Art. 31 Elektrizitäts-Binnenmarkt-Richtlinie (EU) 2019/944 keine **De-minimis-** **17.2** **Regelung** enthält, ergibt sich für ein vertikal integriertes Unternehmen, an deren Elektrizitätsverteilernetz weniger als 100.000 Kunden unmittelbar oder mittelbar angeschlossen sind, aus Art. 31 Abs. 10 Elektrizitäts-Binnenmarkt-Richtlinie (EU) 2019/944 keine mittelbare Pflicht zur rechtlichen Entflechtung. Stattdessen wird man auf die entsprechenden Organisationseinheiten innerhalb des vertikal integ-

III. Verteilernetzbetreiber als Eigentümer oder Pächter des Netzes

18 Der rechtlich selbstständige Verteilernetzbetreiber muss nicht **Eigentümer** des von ihm betriebenen Verteilernetzes sein, sondern kann dieses auch vom Netzeigentümer **pachten**. Diese beiden Möglichkeiten stehen nur den Verteilernetzbetreibern und den **Transportnetzbetreibern**, die gem. § 9 durch die Benennung eines Unabhängigen Systembetreibers entflochten werden, offen. Demgegenüber verlangen §§ 8 Abs. 2 S. 1, 10a Abs. 1 S. 2 bei den Transportnetzbetreibern, die eigentumsrechtlich oder durch die Benennung eines Unabhängigen Transportnetzbetreibers entflochten werden, dass diese Eigentümer des von ihnen betriebenen Transportnetzes sind.

19 Ein bloßer **Betriebsführungsvertrag**, bei dem der zu entflechtende Verteilernetzbetreiber als Dienstleister des vertikal integrierten Unternehmens lediglich die Betriebsführung übernimmt, genügt den Anforderungen des § 7 an eine rechtliche Entflechtung nicht (Elspas/Graßmann/Rasbach/Rasbach § 7 Rn. 6; Säcker EnergieR/Säcker/Schönborn § 7 Rn. 31; aA Adenauer RdE 2019, 324).

1. Verteilernetzbetreiber als Eigentümer

20 Soll der Verteilernetzbetreiber Eigentümer des Verteilernetzes werden, können die Beteiligten zwischen den möglichen Rechtskonstruktionen frei wählen (Bourwieg/Hellermann/Hermes/Hölscher § 7 Rn. 14; Theobald/Kühling/Finke § 7 Rn. 10; Schneider/Theobald EnergieWirtschaftsR-HdB/de Wyl/Finke § 4 Rn. 116; BNetzA, Gemeinsame Auslegungsgrundsätze zu den Entflechtungsbestimmungen in §§ 6–10 EnWG, 2006, 12 f.). In Betracht kommen dabei grundsätzlich eine Aufspaltung (§ 123 Abs. 1 UmwG), eine Abspaltung (§ 123 Abs. 2 UmwG) oder eine Ausgliederung (§ 123 Abs. 3 UmwG) des Netzbetriebs. Denkbar sind aber auch eine rechtsgeschäftliche Eigentumsübertragung zwischen dem vertikal integrierten Unternehmen und dem Verteilernetzbetreiber, wie zB ein Kaufvertrag oder eine Einbringung (BNetzA, Gemeinsame Auslegungsgrundsätze zu den Entflechtungsbestimmungen in §§ 6–10 EnWG, 2006, 12).

2. Verteilernetzbetreiber als Pächter

21 Den Anforderungen der rechtlichen Entflechtung genügt auch ein rein schuldrechtliches Pachtverhältnis zwischen dem Netzeigentümer und dem rechtlich selbstständigen Verteilernetzbetreiber. Um die Ziele der Entflechtung trotzdem zu erreichen, müssen die pachtvertraglichen Regelungen jedoch dazu führen, dass die **Verantwortlichkeit für den Netzbetrieb** beim Pächter/rechtlich selbstständigen Verteilernetzbetreiber liegt (Bourwieg/Hellermann/Hermes/Hölscher § 7 Rn. 15; Säcker EnergieR/Säcker/Schönborn EnWG § 7 Rn. 27; BNetzA, Gemeinsame Auslegungsgrundsätze zu den Entflechtungsbestimmungen in §§ 6–10 EnWG, 2006, 13). Im Ergebnis muss er über das gepachtete Netz wirtschaftlich entscheiden und im eigenen Namen sowie auf eigene Rechnung am Markt auftreten können (Säcker EnergieR/Säcker/Schönborn § 7 Rn. 27).

22 Bei der Ausgestaltung des Pachtvertrags sind vor allen Dingen die folgenden Aspekte zu beachten:
- Es empfiehlt sich eine **Mindestlaufzeit** von drei Jahren (ausf. Bourwieg/Hellermann/Hermes/Hölscher § 7 Rn. 15; Säcker EnergieR/Säcker/Schönborn § 7 Rn. 27).
- Der **Pachtzins und sonstige Entgelte** sollten nicht höher sein als die Kosten, wäre der Verteilernetzbetreiber Eigentümer der gepachteten Anlagen (ausf. Bourwieg/Hellermann/Hermes/Hölscher § 7 Rn. 16 ff.; Säcker EnergieR/Säcker/Schönborn § 7 Rn. 29 f.).
- Der Pächter sollte Anspruch auf alle **Daten und Informationen** haben, die er eventuell der zuständigen Regulierungsbehörde vorlegen muss (ausf. Bourwieg/Hellermann/Hermes/Hölscher § 7 Rn. 20; Säcker EnergieR/Säcker/Schönborn § 7 Rn. 29; BNetzA, Gemeinsame Auslegungsgrundsätze zu den Entflechtungsbestimmungen in §§ 6–10 EnWG, 2006, 13).

23 Im Fall eines Pachtmodells ist außerdem darauf zu achten, dass eventuell angestrebte **steuerliche Vorteile**, zB die Vermeidung von Ertrag- und Grunderwerbsteuer, verloren

gehen können, wenn infolge der Ausgestaltung des Pachtvertrags zwar nicht das zivilrechtliche, aber das wirtschaftliche Eigentum auf den Verteilernetzbetreiber übergeht (ausf. Bourwieg/Hellermann/Hermes/Hölscher § 7 Rn. 24 ff.; BNetzA, Gemeinsame Auslegungsgrundsätze zu den Entflechtungsbestimmungen in §§ 6–10 EnWG, 2006, 15). Außerdem sind die Risiken einer **verdeckten Sacheinlage** zu beachten (ausf. Säcker EnergieR/Säcker/Schönborn § 7 Rn. 32 f.).

C. Energiespeicheranlagen (Abs. 1 S. 2)

Die im Jahr 2021 eingefügte Regelung des § 7 Abs. 1 S. 2 verbietet Betreibern von Elektrizitätsverteilernetzen (→ Rn. 23a.1), Eigentümer einer Energiespeicheranlage zu sein oder eine solche zu errichten, zu verwalten oder zu betreiben. Der Begriff der **Energiespeicheranlage** ist in § 3 Nr. 15d definiert.   23a

Das entsprechende Verbot für Betreiber von **Übertragungsnetzen** findet sich in § 8 Abs. 2 S. 4, § 9 Abs. 2 S. 1 iVm § 8 Abs. 2 S. 4, § 10b Abs. 3 S. 3 und dient der Umsetzung von Art. 54 Abs. 1 Elektrizitäts-Binnenmarkt-Richtlinie (EU) 2019/944 in nationales Recht.   23a.1

Das Verbot des § 7 Abs. 1 S. 2 gilt für sämtliche Betreiber von Elektrizitätsverteilernetzen, unabhängig davon, ob sie Teil eines vertikal integrierten Unternehmens sind oder nicht (Halbig EnWZ 2020, 3). Dies ergibt sich aus Sinn und Zweck der Regelung (→ Rn. 23f ff.).   23b

I. Umfang der Verbotsnorm

1. Eigentum an Energiespeicheranlagen

Das Verbot, Eigentümer einer Energiespeicheranlage zu sein, gilt für **unmittelbares und mittelbares Eigentum**. Andernfalls könnte der Elektrizitätsverteilernetzbetreiber durch Gründung einer Tochtergesellschaft, die Eigentümerin der Energiespeicheranlage ist, die gesetzliche Regelung des § 7 Abs. 1 S. 2 ohne weiteres umgehen.   23c

2. Betreiben von Energiespeicheranlagen

Für den Begriff des Betreibens einer Energiespeicheranlage kann man sich an der gesetzlichen Definition für Betreiber von Anlagen zur Speicherung anderer Energieträger orientieren. Ausgehend von § 3 Nr. 6 (Betreiber von Gasspeicheranlagen) und § 3 Nr. 10c (Betreiber von Wasserstoffspeicheranlagen) ist Betreiber einer Energiespeicheranlage derjenige, der für deren Betrieb die **Verantwortung** trägt.   23d

3. Verwalten von Energiespeicheranlagen

Demgegenüber finden sich im Gesetz keine eindeutigen Hinweise darauf, wie das Verwalten von Energiespeicheranlagen zu verstehen ist (→ Rn. 23e.1). In Abgrenzung zu den anderen in § 7 Abs. 1 S. 2 genannten Tätigkeiten, insbesondere zum Betrieb von Energiespeicheranlagen, ist verwalten dahingehend zu verstehen, dass für den Eigentümer bzw. den Betreiber einer Energiespeicheranlage **Dienstleistungen** erbracht werden. Solche können grundsätzlich kaufmännischer und technischer Natur sein.   23e

Art. 36 Abs. 1 Elektrizitäts-Binnenmarkt-Richtlinie (EU) 2019/944, dessen Umsetzung in nationales Recht § 7 Abs. 1 S. 2 dient, verwendet ebenfalls den Begriff „verwalten", ohne diesen zu definieren.   23e.1

Für die Frage, welche Dienstleistungen vom Verbot des § 7 Abs. 1 S. 2 erfasst sind, ist vor allen Dingen auf den **Sinn und Zweck der Regelung** abzustellen. Im Hinblick auf die europäische Regelung in Art. 36 Elektrizitäts-Binnenmarkt-Richtlinie (EU) 2019/944, deren Umsetzung in nationales Recht § 7 Abs. 1 S. 2 dient, finden sich dazu folgende Ausführungen: „Nach dem neuen Elektrizitätsmarktkonzept sollten Speicherdienste marktgestützt und wettbewerblich gehalten sein. Daher sollte eine Quersubventionierung zwischen der Energiespeicherung und der regulierten Funktion der Verteilung oder der Übertragung vermieden werden. Diese Beschränkung des Eigentums an Energiespeicheranlagen dient dazu, Wettbewerbsverzerrungen vorzubeugen, das Risiko der Diskriminierung abzuwenden,   23f

EnWG § 7 Teil 2. Entflechtung

allen Marktteilnehmern fairen Zugang zu Energiespeicherdiensten zu gewähren und über den Betrieb der Verteiler- oder Übertragungsnetze hinaus die wirksame und effiziente Nutzung von Energiespeicheranlagen zu fördern." (Erwägungsgrund 62 Elektrizitäts-Binnenmarkt-Richtlinie (EU) 2019/944). Im Ergebnis geht es dem europäischen Gesetzgeber um den **Schutz des Wettbewerbs** im Bereich der Speicherung elektrischer Energie.

23g Ein Elektrizitätsverteilernetzbetreiber könnte grundsätzlich auf drei Arten als Dienstleister in den Wettbewerb im Bereich der Speicherung elektrischer Energie eingreifen. Zum einen könnte er seine **Dienstleistungen absichtlich schlecht erbringen,** zumindest gegenüber bestimmten Eigentümern bzw. Betreibern von Energiespeicheranlagen. Dieses Risiko kann aber schon deswegen das Verbot in § 7 Abs. 1 S. 2 nicht rechtfertigen, weil kein Eigentümer bzw. Betreiber von Energiespeicheranlagen gezwungen ist, einen bestimmten Dienstleister zu beauftragen.

23h Zum anderen könnte ein Betreiber von Elektrizitätsverteilernetzen sein reguliertes Netzgeschäft nutzen, um – zumindest gegenüber bestimmten Eigentümern bzw. Betreibern von Energiespeicheranlagen – seine Dienstleistungen besonders günstig anzubieten. Eine solche **Quersubventionierung** des Wettbewerbs im Bereich der Speicherung elektrischer Energie ist bei sämtlichen Dienstleistungen grundsätzlich denkbar. Dies würde für eine sehr weite Auslegung des Verbots in § 7 Abs. 1 S. 2 sprechen.

23i Allerdings besteht das Risiko der Quersubventionierung nicht nur bei Dienstleistungen im Zusammenhang mit Energiespeicheranlagen. Die Erbringung von Dienstleistungen für Dritte ist Verteilernetzbetreibern aber nicht generell verboten. Dies gilt auch für Dienstleistungen gegenüber anderen Unternehmen des vertikal integrierten Unternehmens. Selbst für Unabhängige Transportnetzbetreiber, die ähnlich einem Verteilernetzbetreiber Teil eines vertikal integrierten Unternehmens sind, hat der Gesetzgeber ein generelles Verbot der Erbringung von Dienstleistungen gegenüber anderen Unternehmen des vertikal integrierten Unternehmens nicht für erforderlich gehalten. Eine solche ist unter den Voraussetzungen des § 10a Abs. 3 S. 2 zulässig. Wäre es dem europäischen Gesetzgeber im vorliegenden Fall um das Risiko der Quersubventionierung gegangen, hätte eine dem § 10a Abs. 3 S. 2 entsprechende Regelung genügt. Ein generelles Dienstleistungsverbot wäre demgegenüber unverhältnismäßig.

23j Schließlich könnte ein Elektrizitätsverteilernetzbetreiber seine **monopolistische Stellung** als Betreiber des Elektrizitätsverteilernetzes, an das die Energiespeicheranlage angeschlossen ist, nutzen, um selbst besonders gute Leistungen zu erbringen bzw. Wettbewerber im Bereich der Verwaltung von Energiespeicheranlagen zu behindern. Sofern man dieser Auffassung folgt, verbietet § 7 Abs. 1 S. 2 nur solche Dienstleistungen, bei denen ein Elektrizitätsverteilernetzbetreiber gegenüber Wettbewerbern einen Vorteil aufgrund des Betriebs des maßgeblichen Elektrizitätsverteilernetzes hätte. Für alle anderen Dienstleistungen ist kein Verbotsgrund ersichtlich.

23k Demzufolge kann sich das Verbot des § 7 Abs. 1 S. 2 auch nur auf das jeweilige **Netzgebiet** des Elektrizitätsverteilernetzbetreibers beziehen. Es ist kein Grund ersichtlich, warum ein solcher im Netzgebiet eines anderen Elektrizitätsverteilernetzbetreibers weder Eigentümer von Energiespeicheranlagen sein noch solche errichten, verwalten und betreiben dürfen soll.

4. Errichten von Energiespeicheranlagen

23l Die vorstehenden Überlegungen zum Verbot des Verwaltens von Energiespeicheranlagen gelten entsprechend für das ebenfalls in § 7 Abs. 1 S. 2 enthaltene Verbot des Errichtens von Energiespeicheranlagen. Dabei umfasst errichten sämtliche Aufgaben und Tätigkeiten, die als Vorarbeiten für den Betrieb einer Energiespeicheranlage erforderlich sind, insbesondere Planung, Genehmigung, Beschaffung und Bau von Energiespeicheranlagen. Da im Bereich der Errichtung von Energiespeicheranlagen die Schnittstellen mit dem Betreiber des maßgeblichen Elektrizitätsverteilernetzes sehr zahlreich sein dürften, ist das Verbot des Errichtens von Energiespeicheranlagen in § 7 Abs. 1 S. 2 eher weitreichend.

II. Gesetzliche Ausnahmeregelungen

23m Gemäß § 11b sind Betreiber von Elektrizitätsverteilernetzen unter den dort genannten Voraussetzungen ausnahmsweise berechtigt, Eigentümer von bestimmten Energiespeicheranlagen zu sein oder solche zu errichten, zu verwalten oder zu betreiben. Des Weiteren findet § 7 Abs. 1 S. 2 gem. § 110 Abs. 1 keine Anwendung auf den Betrieb eines **geschlossenen Verteilernetzes.**

Eine weitere Ausnahme vom Verbot des § 7 Abs. 1 S. 2 ergibt sich möglicherweise aus § 7 Abs. 2. Dieser verweist seinem Wortlaut nach auf den gesamten Absatz 1. Allerdings hat die in § 7 Abs. 2 enthaltene **De-minimis-Regelung** ihre Grundlage in Art. 35 Abs. 4 Elektrizitäts-Binnenmarkt-Richtlinie (EU) 2019/944, der ausdrücklich nur auf die Absätze 1, 2 und 3 des Art. 35 Elektrizitäts-Binnenmarkt-Richtlinie (EU) 2019/944 verweist. Die Verbotsregelungen betreffend Energiespeicheranlagen finden sich demgegenüber in Art. 33 Elektrizitäts-Binnenmarkt-Richtlinie (EU) 2019/944, sodass insoweit die europäische De-minimis-Regelung nicht zur Anwendung kommt. Vor diesem Hintergrund ist davon auszugehen, dass der allgemeine Verweis auf § 7 Abs. 1 in § 7 Abs. 2 ein redaktionelles Versehen des nationalen Gesetzgebers darstellt und die Regelung des § 7 Abs. 1 S. 2 alle Elektrizitätsverteilernetzbetreiber erfasst, unabhängig von ihrer Größe. Dies erscheint auch nicht unverhältnismäßig, da sich aus § 7 Abs. 1 S. 2 nur die Verpflichtung ergibt, gewisse Dinge zu unterlassen, während sich aus § 7 Abs. 1 S. 1 Verpflichtungen ergeben, die kleinere Elektrizitätsverteilernetzbetreiber überfordern können. 23n

Allerdings hat dies zur Folge, dass ein vertikal integriertes Unternehmen, dessen Elektrizitätsverteilernetzbetreiber aufgrund der De-minimis-Regelung in § 7 Abs. 2 nicht rechtlich entflochten ist, insgesamt vom Verbot des § 7 Abs. 1 S. 2 erfasst wird. Dieses Ergebnis erscheint vor dem Hintergrund konsequent, dass infolge einer fehlenden rechtlichen (§ 7) und operationellen Entflechtung (§ 7a) das Risiko einer unzulässigen Beeinflussung des Wettbewerbs im Bereich des Speicherns elektrischer Energie besteht (→ Rn. 23j). 23o

III. Gasverteilernetzbetreiber

Auch wenn sich das Verbot in § 7 Abs. 1 S. 2 ausdrücklich nur an Elektrizitätsverteilernetzbetreiber richtet, verbietet sich ein erlaubender Umkehrschluss im Hinblick auf die Betreiber von Gasverteilernetzen (BT-Drs. 19/27453, 92). Insoweit kommen auch weiterhin die allgemeinen entflechtungsrechtlichen Vorschriften zur Anwendung (BT-Drs. 19/27453, 92). 23p

D. De-minimis-Regelung (Abs. 2)

Die rechtliche Entflechtung ist für das betroffene vertikal integrierte Unternehmen mit nicht unerheblichem Aufwand verbunden. Dies gilt sowohl für die erstmalige Entflechtung als auch für den laufenden Betrieb von mindestens zwei rechtlich selbstständigen Unternehmen. Der europäische Gesetzgeber hatte deswegen für vertikal integrierte Unternehmen mit Verteilernetzen, an denen weniger als 100.000 Kunden angeschlossen sind, eine Ausnahmemöglichkeit bereits in Art. 15 Abs. 2 S. 3 Elektrizitäts-Binnenmarkt-Richtlinie 2003/54/EG und Art. 13 Abs. 2 S. 3 Gas-Binnenmarkt-Richtlinie 2003/55/EG eröffnet. Von dieser Möglichkeit hat der deutsche Gesetzgeber in § 7 Abs. 2 Gebrauch gemacht. Denn bei solchen Unternehmen stehe der mit der rechtlichen Entflechtung verbundene Aufwand nicht mehr im Verhältnis zu den mit der Entflechtung verfolgten Zielen (BT-Drs. 15/3917, 52 f.). 24

I. Angeschlossene Kunden

Der Begriff des **Kunden** ist in § 3 Nr. 24 definiert. Hierbei handelt es sich um „Großhändler, Letztverbraucher und Unternehmen, die Energie kaufen". Weiter sind die Begriffe Großhändler und Letztverbraucher in § 3 Nr. 21, 25 definiert. Der Begriff des Unternehmens hat vor dem Hintergrund dieser gesetzlichen Definitionen keine eigenständige Bedeutung (Theobald/Kühling/Finke § 7 Rn. 33). 25

Des Weiteren müssen die Kunden **unmittelbar oder mittelbar an das Verteilernetz angeschlossen** sein. Für die Frage, wann ein zu zählender Anschluss vorliegt, kann auf die tatsächlich Belieferten, auf die physischen Netzanschlüsse oder auf die bestehenden Vertragsverhältnisse abgestellt werden. 26

Für die erste Variante, also die **Anzahl der tatsächlich Belieferten,** könnte man den Wortlaut der Art. 15 Abs. 2 S. 3 Elektrizitäts-Binnenmarkt-Richtlinie 2003/54/EG, Art. 13 Abs. 2 S. 3 Gas-Binnenmarkt-Richtlinie 2003/55/EG und Art. 26 Abs. 4 Elektrizitäts-Bin- 27

EnWG § 7 Teil 2. Entflechtung

nenmarkt-Richtlinie 2009/72/EG bzw. Gas-Binnenmarkt-Richtlinie 2009/73/EG anführen: „..., die weniger als 100.000 angeschlossene Kunden oder kleine isolierte Netze beliefern". Allerdings ist die Anzahl der tatsächlich Belieferten, also zB der in einem Haushalt lebenden Personen, für ein vertikal integriertes Unternehmen nicht verlässlich zu ermitteln. Schon aus diesem Grund kann es für die Ausnahmeregelung des § 7 Abs. 2 hierauf nicht ankommen (Bourwieg/Hellermann/Hermes/Hölscher § 7 Rn. 46; Kment EnWG/Knauff § 7 Rn. 8; Säcker EnergieR/Säcker/Schönborn § 7 Rn. 10).

28 Demgegenüber ist die Anzahl der unmittelbaren **physischen Netzanschlüsse** für ein vertikal integriertes Unternehmen ohne weiteres zu bestimmen. Dieser Wert bildet deshalb den Ausgangspunkt für die Frage, ob die Voraussetzungen des § 7 Abs. 2 erfüllt sind oder nicht (Bourwieg/Hellermann/Hermes/Hölscher § 7 Rn. 45; Säcker EnergieR/Säcker/Schönborn § 7 Rn. 10; BNetzA, Gemeinsame Auslegungsgrundsätze zu den Entflechtungsbestimmungen in §§ 6–10 EnWG, 2006, 8). Allerdings kann er unter verschiedenen Gesichtspunkten anzupassen sein.

29 So sind zusätzlich zu den unmittelbaren Netzanschlüssen auch die **mittelbaren** zu erfassen. Die Kategorie des mittelbar angebundenen Kunden wurde eingeführt, um zu vermeiden, dass durch missbräuchliche Gestaltungen die Entflechtungsvorschriften umgangen werden können. So sollte laut Gesetzesbegründung sichergestellt werden, „dass nicht einzelne größere Unternehmen mit Hilfe einer scheinbaren Bündelung von Versorgungsverhältnissen auf wenige Kunden in den Genuss dieser Ausnahme gelangen" (BT-Drs. 15/3917, 53). Besteht zB für ein Mehrfamilienhaus nur ein einziger unmittelbarer Anschluss an das Verteilernetz sowie nur ein Energieliefervertrag zwischen dem vertikal integrierten Unternehmen und dem Eigentümer/Vermieter, so sind trotzdem alle Haushalte einzeln zu zählen, soweit zwischen ihnen und dem Eigentümer/Vermieter ein separates Energielieferverhältnis besteht (BT-Drs. 15/3917, 53). Wird die Energie demgegenüber umgewandelt, zB das vom Eigentümer/Vermieter bezogene Gas in Wärme, gelten die Bezieher der Wärme, also die Mieter, nicht als mittelbare Kunden (BT-Drs. 15/3917, 53).

30 Andererseits zählt ein Abnehmer von Energie, der mehrere **Anschlüsse** des Verteilernetzbetreibers nutzt, zB für Ampel- oder Werbeanlagen, Straßenbeleuchtung oder ÖPNV, trotzdem nur als ein einziger Kunde (Bourwieg/Hellermann/Hermes/Hölscher § 7 Rn. 50; Kment EnWG/Knauff § 7 Rn. 8; Schneider/Theobald EnergieWirtschaftsR-HdB/de Wyl/Finke § 4 Rn. 143).

31 Demgegenüber kommt es nicht darauf an, ob das betroffene vertikal integrierte Unternehmen mit dem unmittelbaren oder mittelbaren Nutzer des Netzanschlusses auch einen **Energielieferungsvertrag** abgeschlossen hat (Rosin/Pohlmann/Gentzsch/Metzenthin/Böwing/Schmutzer/Schoon/Stolzenburg § 7 Rn. 63; Säcker EnergieR/Säcker/Schönborn § 7 Rn. 10; Schneider/Theobald EnergieWirtschaftsR-HdB/de Wyl/Finke § 4 Rn. 141). Relevant sind für § 7 Abs. 2 nämlich auch solche Netzanschlüsse, bei denen die Energielieferung durch einen Dritten erfolgt.

32 Die Regulierungsbehörden des Bundes und der Länder haben in Anlage 1 zu ihren **gemeinsamen Auslegungsgrundsätzen** zu den Entflechtungsbestimmungen in §§ 6–10 EnWG vom 1.3.2006 verschiedene Beispiele veröffentlicht, wann ihrer Auffassung nach von einem und wann von mehreren Kundenanschlüssen iSd § 7 Abs. 2 auszugehen ist.

33 Bei der Feststellung der Zahl der angeschlossenen Kunden ist im Übrigen zwischen den **Sparten** zu trennen (Bourwieg/Hellermann/Hermes/Hölscher § 7 Rn. 41; Kment EnWG/Knauff § 7 Rn. 7; Säcker EnergieR/Säcker/Schönborn § 7 Rn. 9; Schneider/Theobald EnergieWirtschaftsR-HdB/de Wyl/Finke § 4 Rn. 146; Theobald/Kühling/Finke § 7 Rn. 41). Es kann also sein, dass, sollte ein vertikal integriertes Unternehmen sowohl ein Elektrizitäts- als auch ein Gasverteilernetz betreiben, nur eines der beiden rechtlich und operationell entflochten werden muss (Säcker EnergieR/Säcker/Schönborn § 7 Rn. 9; Schneider/Theobald EnergieWirtschaftsR-HdB/de Wyl/Finke § 4 Rn. 146; Theobald/Kühling/Finke § 7 Rn. 41).

34 Die Zahl der relevanten Kunden ist vom vertikal integrierten Unternehmen **regelmäßig zu prüfen** (Kment EnWG/Knauff § 7 Rn. 7). Sobald der Schwellenwert überschritten ist, besteht die Verpflichtung zur rechtlichen Entflechtung (Kment EnWG/Knauff § 7 Rn. 7; Schneider/Theobald EnergieWirtschaftsR-HdB/de Wyl/Finke § 4 Rn. 145; Theobald/Kühling/Finke § 7 Rn. 40). Dies gilt jedoch dann nicht, wenn sich die Zahl der angeschlosse-

nen Kunden infolge besonderer Umstände nur für einen kurzen, vorübergehenden Zeitraum erhöht hat und ein zeitnahes Absinken unter den Schwellenwert von 100.000 sicher zu erwarten ist (Schneider/Theobald EnergieWirtschaftsR-HdB/de Wyl/Finke § 4 Rn. 141).

II. Mehrere Verteilernetze im Konzern

Bei der regelmäßigen Prüfung sind alle Verteilernetzbetreiber, die Teil ein und desselben 35 vertikal integrierten Unternehmens sind, gemeinsam – aber nach Sparten getrennt (→ Rn. 33; Elspas/Graßmann/Rasbach/Rasbach § 7 Rn. 9) – zu betrachten. Sind also mehrere Verteilernetze mit einem vertikal integrierten Unternehmen iSd § 3 Nr. 38 verbunden, ist die Zahl der jeweils unmittelbar oder mittelbar angeschlossenen Kunden zu addieren (Bourwieg/Hellermann/Hermes/Hölscher § 7 Rn. 52; Kment EnWG/Knauff § 7 Rn. 9; Säcker EnergieR/Säcker/Schönborn § 7 Rn. 18; Schneider/Theobald EnergieWirtschaftsR-HdB/de Wyl/Finke § 4 Rn. 147; Theobald/Kühling/Finke § 7 Rn. 42; BNetzA, Gemeinsame Auslegungsgrundsätze zu den Entflechtungsbestimmungen in §§ 6–10 EnWG, 2006, 9). Übersteigt die Summe 100.000, so gelten für alle Verteilernetzbetreiber die Entflechtungsvorgaben auch dann, wenn sie allein betrachtet von der De-minimis-Regelung Gebrauch machen könnten (Bourwieg/Hellermann/Hermes/Hölscher § 7 Rn. 52; Säcker EnergieR/Säcker/Schönborn § 7 Rn. 18; BNetzA, Gemeinsame Auslegungsgrundsätze zu den Entflechtungsbestimmungen in §§ 6–10 EnWG, 2006, 9; Theobald/Kühling/Finke § 7 Rn. 32 möchte nur solche Verteilernetze gemeinsam betrachten, die physisch miteinander verbunden sind).

§ 7a Operationelle Entflechtung von Verteilernetzbetreibern

(1) Unternehmen nach § 6 Absatz 1 Satz 1 haben die Unabhängigkeit ihrer im Sinne von § 3 Nummer 38 verbundenen Verteilernetzbetreiber hinsichtlich der Organisation, der Entscheidungsgewalt und der Ausübung des Netzgeschäfts nach Maßgabe der folgenden Absätze sicherzustellen.

(2) Für Personen, die für den Verteilernetzbetreiber tätig sind, gelten zur Gewährleistung eines diskriminierungsfreien Netzbetriebs folgende Vorgaben:
1. Personen, die mit Leitungsaufgaben für den Verteilernetzbetreiber betraut sind oder die Befugnis zu Letztentscheidungen besitzen, die für die Gewährleistung eines diskriminierungsfreien Netzbetriebs wesentlich sind, müssen für die Ausübung dieser Tätigkeiten einer betrieblichen Einrichtung des Verteilernetzbetreibers angehören und dürfen keine Angehörigen von betrieblichen Einrichtungen des vertikal integrierten Unternehmens sein, die direkt oder indirekt für den laufenden Betrieb in den Bereichen der Gewinnung, Erzeugung oder des Vertriebs von Energie an Kunden zuständig sind.
2. Personen, die in anderen Teilen des vertikal integrierten Unternehmens sonstige Tätigkeiten des Netzbetriebs ausüben, sind insoweit den fachlichen Weisungen der Leitung des Verteilernetzbetreibers zu unterstellen.

(3) Unternehmen nach § 6 Absatz 1 Satz 1 haben geeignete Maßnahmen zu treffen, um die berufliche Handlungsunabhängigkeit der Personen zu gewährleisten, die mit Leitungsaufgaben des Verteilernetzbetreibers betraut sind.

(4) ¹Vertikal integrierte Unternehmen haben zu gewährleisten, dass die Verteilernetzbetreiber tatsächliche Entscheidungsbefugnisse in Bezug auf die für den Betrieb, die Wartung und den Ausbau des Netzes erforderlichen Vermögenswerte des vertikal integrierten Unternehmens besitzen und diese im Rahmen der Bestimmungen dieses Gesetzes unabhängig von der Leitung und den anderen betrieblichen Einrichtungen des vertikal integrierten Unternehmens ausüben können. ²Das vertikal integrierte Unternehmen hat sicherzustellen, dass der Verteilernetzbetreiber über die erforderliche Ausstattung in materieller, personeller, technischer und finanzieller Hinsicht verfügt, um tatsächliche Entscheidungsbefugnisse nach Satz 1 effektiv ausüben zu können. ³Zur Wahrnehmung der wirtschaftlichen Befugnisse der Leitung des vertikal integrierten Unternehmens und seiner Aufsichtsrechte über

EnWG § 7a   Teil 2. Entflechtung

die Geschäftsführung des Verteilernetzbetreibers im Hinblick auf dessen Rentabilität ist die Nutzung gesellschaftsrechtlicher Instrumente der Einflussnahme und Kontrolle, unter anderem der Weisung, der Festlegung allgemeiner Verschuldungsobergrenzen und der Genehmigung jährlicher Finanzpläne oder gleichwertiger Instrumente, insoweit zulässig als dies zur Wahrnehmung der berechtigten Interessen des vertikal integrierten Unternehmens erforderlich ist. [4]Dabei ist die Einhaltung der §§ 11 bis 16a sicherzustellen. [5]Weisungen zum laufenden Netzbetrieb sind nicht erlaubt; ebenfalls unzulässig sind Weisungen im Hinblick auf einzelne Entscheidungen zu baulichen Maßnahmen an Energieanlagen, solange sich diese Entscheidungen im Rahmen eines vom vertikal integrierten Unternehmen genehmigten Finanzplans oder gleichwertigen Instruments halten.

(5) [1]Vertikal integrierte Unternehmen sind verpflichtet, für die mit Tätigkeiten des Netzbetriebs befassten Mitarbeiter ein Programm mit verbindlichen Maßnahmen zur diskriminierungsfreien Ausübung des Netzgeschäfts (Gleichbehandlungsprogramm) festzulegen, den Mitarbeitern dieses Unternehmens und der Regulierungsbehörde bekannt zu machen und dessen Einhaltung durch eine natürliche oder juristische Person (Gleichbehandlungsbeauftragter) zu überwachen. [2]Pflichten der Mitarbeiter und mögliche Sanktionen sind festzulegen. [3]Der Gleichbehandlungsbeauftragte legt der Regulierungsbehörde jährlich spätestens zum 31. März einen Bericht über die nach Satz 1 getroffenen Maßnahmen des vergangenen Kalenderjahres vor und veröffentlicht ihn in nicht personenbezogener Form. [4]Der Gleichbehandlungsbeauftragte des Verteilernetzbetreibers ist in seiner Aufgabenwahrnehmung vollkommen unabhängig. [5]Er hat Zugang zu allen Informationen, über die der Verteilernetzbetreiber und etwaige verbundene Unternehmen verfügen, soweit dies zu Erfüllung seiner Aufgaben erforderlich ist.

(6) Verteilernetzbetreiber, die Teil eines vertikal integrierten Unternehmens sind, haben in ihrem Kommunikationsverhalten und ihrer Markenpolitik zu gewährleisten, dass eine Verwechslung zwischen Verteilernetzbetreiber und den Vertriebsaktivitäten des vertikal integrierten Unternehmens ausgeschlossen ist.

(7) [1]Vertikal integrierte Unternehmen, an deren Elektrizitätsverteilernetz weniger als 100 000 Kunden unmittelbar oder mittelbar angeschlossen sind, sind hinsichtlich der Betreiber von Elektrizitätsverteilernetzen, die mit ihnen im Sinne von § 3 Nummer 38 verbunden sind, von den Verpflichtungen nach Absatz 1 bis 6 ausgenommen. [2]Satz 1 gilt entsprechend für Gasverteilernetze.

Überblick

§ 7a regelt die gesetzlichen Anforderungen an die operationelle Entflechtung der Verteilernetzbetreiber. Dabei begründet Absatz 1 die allgemeine Verpflichtung zur operationellen Entflechtung (→ Rn. 5 f.). Diese allgemeine Verpflichtung wird in Absatz 2 durch spezielle Anforderungen an die personelle Entflechtung zwischen Verteilernetzbetreiber und vertikal integriertem Unternehmen konkretisiert (→ Rn. 7 ff.). Des Weiteren muss gem. Absatz 3 das Leitungspersonal des Verteilernetzbetreibers berufliche Handlungsunabhängigkeit besitzen (→ Rn. 28 ff.). Ergänzend verlangt Absatz 4 tatsächliche Entscheidungsbefugnisse des Verteilernetzbetreibers, die dieser auch unabhängig vom vertikal integrierten Unternehmen ausüben können muss (→ Rn. 35 ff.). Ebenfalls als Teil der operationellen Entflechtung muss der Verteilernetzbetreiber gem. Absatz 5 über ein Gleichbehandlungsprogramm mit Maßnahmen zur diskriminierungsfreien Ausübung des Netzgeschäfts und einen Gleichbehandlungsbeauftragten, der dessen Einhaltung überwacht, verfügen (→ Rn. 68 ff.). Außerdem muss sich der Verteilernetzbetreiber sowohl im Hinblick auf sein Kommunikationsverhalten als auch auf seine Markenpolitik von den Vertriebsaktivitäten des vertikal integrierten Unternehmens unterscheiden (→ Rn. 94 ff.). Schließlich sieht das Gesetz eine Ausnahme von den Anforderungen der operationellen Entflechtung für kleinere Verteilernetzbetreiber vor (→ Rn. 108 f.).

§ 7a EnWG

Operationelle Entflechtung von Verteilernetzbetreibern

Übersicht

	Rn.		Rn.
A. Normzweck und Bedeutung	1	III. Gesellschaftsrechtliche Instrumente der Einflussnahme und Kontrolle (Abs. 4 S. 3, 4)	49
B. Entstehungsgeschichte	2	IV. Weisungsverbot (Abs. 4 S. 5)	55
C. Anwendungsbereich (Abs. 1)	5	1. Laufender Netzbetrieb (Abs. 4 S. 5 Hs. 1)	56
D. Personelle Entflechtung (Abs. 2)	7	2. Bauliche Maßnahmen an Energieanlagen (Abs. 4 S. 5 Hs. 2)	61
I. Tätigkeit für den Verteilernetzbetreiber	8	3. Rechtsfolge	67
II. Personen, die mit Leitungsaufgaben für den Verteilernetzbetreiber betraut sind (Abs. 2 Nr. 1 Alt. 1)	9	**G. Gleichbehandlungsprogramm (Abs. 5)**	68
III. Personen mit Letztentscheidungsbefugnis (Abs. 2 Nr. 1 Alt. 2)	13	I. Gleichbehandlungsprogramm	69
IV. Angehörigkeit bzw. Inkompatibilität der Angehörigkeit	16	1. Verpflichtung zur Erstellung eines Gleichbehandlungsprogramms	69
V. Personen, die sonstige Tätigkeiten ausüben (Abs. 2 Nr. 2)	23	2. Adressaten des Gleichbehandlungsprogramms	70
VI. Shared Services	27	3. Aufbau und Inhalt des Gleichbehandlungsprogramms	71
E. Handlungsunabhängigkeit (Abs. 3)	28	II. Gleichbehandlungsbeauftragter	82
I. Normadressaten	29	1. Benennung und Kandidatenkreis	82
II. Geschützte Personen	30	2. Aufgaben, Rechte und Pflichten	84
III. Sicherung der Handlungsunabhängigkeit	31	III. Gleichbehandlungsbericht	89
F. Entscheidungsgewalt (Abs. 4)	35	**H. Kommunikationsverhalten und Markenpolitik (Abs. 6)**	94
I. Tatsächliche und unabhängige Entscheidungsbefugnis (Abs. 4 S. 1)	36	I. Normzweck	96
II. Mindestausstattung des Verteilernetzbetreibers (Abs. 4 S. 2)	40	II. Adressaten	97
1. Personelle Ausstattung	43	III. Kommunikationsverhalten und Markenpolitik	100
2. Materielle und technische Ausstattung	44	IV. Verwechslungsgefahr	103
3. Finanzielle Ausstattung	45	V. Durchsetzung	107
		I. De-minimis-Regelung (Abs. 7)	108

A. Normzweck und Bedeutung

Gemäß § 7 Abs. 1 haben vertikal integrierte Unternehmen sicherzustellen, dass Verteilernetzbetreiber, mit denen sie iSd § 3 Nr. 38 verbunden sind, von anderen Tätigkeitsbereichen der Energieversorgung hinsichtlich ihrer Rechtsform unabhängig sind. Die rechtliche Entflechtung genügt aber nicht, um das insgesamt verfolgte Ziel, nämlich die Gewährleistung von Transparenz sowie einer diskriminierungsfreien Ausgestaltung und Abwicklung des Netzbetriebs (§ 6 Abs. 1 S. 1), zu erreichen (Säcker EnergieR/Säcker/Schönborn § 7a Rn. 2). Deshalb muss der Verteilernetzbetreiber über die rechtliche Unabhängigkeit hinaus so organisiert sein, dass eine Einflussnahme des übrigen vertikal integrierten Unternehmens auf den Netzbetrieb und eine daraus resultierende Beeinflussung des Wettbewerbs im Energiebinnenmarkt ausgeschlossen sind (Kment EnWG/Knauff § 7a Rn. 1; Säcker EnergieR/Säcker/Schönborn § 7a Rn. 2; Schneider/Theobald EnergieWirtschaftsR-HdB/de Wyl/Finke § 4 Rn. 134; Theobald/Kühling/Finke § 7a Rn. 2). 1

B. Entstehungsgeschichte

Das **erste Energiebinnenmarktpaket** bestehend unter anderem aus Elektrizitätsbinnenmarkt-RL 1996 und Erdgasbinnenmarkt-RL 1998 enthielt nur Vorgaben betreffend die informatorische und buchhalterische, nicht jedoch die operationelle Entflechtung von Netzbetreibern. Die Verpflichtung zur operationellen Entflechtung wurde erstmals 2005 in Umsetzung von Art. 10, 15 Elektrizitäts-Binnenmarkt-Richtlinie 2003/54/EG sowie Art. 9, 13 Gas-Binnenmarkt-Richtlinie 2003/55/EG als § 8 aF in das EnWG eingefügt (BT-Drs. 15/3917, 53). Die damalige Regelung galt für alle Netzbetreiber, also sowohl für Verteilernetzbetreiber als auch für Transportnetzbetreiber. 2

Jenn 229

3 Eine Neufassung der Regelungen zur operationellen Entflechtung wurde im Zuge des **dritten Energiebinnenmarktpakets** erforderlich. Im Jahr 2011 hat der deutsche Gesetzgeber die Art. 26 Abs. 2–4 Elektrizitäts-Binnenmarkt-Richtlinie (2009/72/EG) bzw. Gas-Binnenmarkt-Richtlinie 2009/73/EG in nationales Recht umgesetzt und § 7a in das EnWG eingefügt (BT-Drs. 17/6072, 57). Die wesentliche Änderung gegenüber § 8 aF bestand darin, dass die Regelungen der operationellen Entflechtung in § 7a nur noch für Verteilernetzbetreiber, aber nicht mehr für Transportnetzbetreiber gelten. Deren operationelle Entflechtung ist seitdem in den §§ 8–10e geregelt. Des Weiteren hat der Gesetzgeber klargestellt (Säcker EnergieR/Säcker/Schönborn § 7a Rn. 6), dass der Verteilernetzbetreiber über ausreichende personelle, technische, materielle und finanzielle Ressourcen verfügen muss (§ 7a Abs. 4 S. 2). Außerdem wurden die ausdrückliche Unabhängigkeit sowie umfassende Informationsrechte des Gleichbehandlungsbeauftragten ergänzt (§ 7a Abs. 5 S. 4, 5). Schließlich hat der Gesetzgeber Vorgaben betreffend das Kommunikationsverhalten sowie die Markenpolitik eines Verteilernetzbetreibers, der Teil eines vertikal integrierten Unternehmens ist, eingefügt (§ 7a Abs. 6).

3a Mit Wirkung vom 29.7.2022 wurde der Begriff „vertikal integriertes Energieversorgungsunternehmen" durch den Begriff „vertikal integriertes Unternehmen" als Folgeänderung zur Anpassung in § 3 Nr. 38 ersetzt (BT-Drs. 20/2402, 39 f.). Dadurch solle klargestellt werden, „dass der Begriff nicht auf die Teile des vertikal integrierten Unternehmens beschränkt ist, die im Elektrizitäts- oder Erdgasbereich tätig sind, sondern alle durch Kontrolle verbundenen Teile des vertikal integrierten Unternehmens erfasst" (BT-Drs. 20/2402, 39).

4 Die Regulierungsbehörden des Bundes und der Länder haben am 1.3.2006 „**Gemeinsame Auslegungsgrundsätze** der Regulierungsbehörden des Bundes und der Länder zu den Entflechtungsbestimmungen in §§ 6–10 EnWG" und am 21.10.2008 eine Konkretisierung zu diesen gemeinsamen Auslegungsgrundsätze veröffentlicht. Bei beiden Dokumenten handelt es sich nicht um Festlegungen und sie haben auch nicht den Charakter einer Verwaltungsvorschrift, sondern sollen lediglich als Orientierungshilfen dienen (BNetzA, Gemeinsame Auslegungsgrundsätze zu den Entflechtungsbestimmungen in §§ 6–10 EnWG, 2006, 5; BNetzA, Konkretisierung der gemeinsamen Auslegungsgrundsätze zu den Entflechtungsbestimmungen in §§ 6–10 EnWG, 2008, 3). Da § 7a im Hinblick auf Verteilernetzbetreiber weitgehend (→ Rn. 3) inhaltsgleich mit § 8 aF ist, werden sowohl die gemeinsamen Auslegungsgrundsätze als auch deren Konkretisierung von den Regulierungsbehörden weiterhin angewendet.

C. Anwendungsbereich (Abs. 1)

5 § 7a richtet sich infolge des Verweises in Absatz 1 auf § 6 Abs. 1 S. 1 sowohl an vertikal integrierten Unternehmen, die mit einem Verteilernetzbetreiber iSv § 3 Nr. 38 verbunden sind, als auch an den verbundenen, gem. § 7 Abs. 1 rechtlich unabhängig zu organisierenden Verteilernetzbetreiber. Bei vielen der in § 7a begründeten Verpflichtungen ist aber nur das vertikal integrierte Unternehmen faktisch in der Lage, diese umzusetzen (Kment EnWG/Knauff § 7a Rn. 2). Trotzdem soll durch die Einbeziehung der Verteilernetzbetreiber den Regulierungsbehörden zumindest die Möglichkeit eröffnet werden, erforderlichenfalls direkt auf den Verteilernetzbetreiber zuzugehen (BT-Drs. 17/6072, 54; Säcker EnergieR/Säcker/Schönborn § 7a Rn. 8; Theobald/Kühling/Finke § 7a Rn. 4).

6 Die Vorschriften der operationellen Entflechtung sind gem. § 7b auf **Transportnetzeigentümer**, sofern ein Unabhängiger Systembetreiber iSd § 9 benannt wurde, sowie auf **Betreiber von Gasspeicheranlagen**, die Teil eines vertikal integrierten Unternehmens sind und zu denen der Zugang technisch und wirtschaftlich erforderlich ist für einen effizienten Netzzugang im Hinblick auf die Belieferung von Kunden, weitgehend entsprechend anzuwenden. Dies gilt nicht für die Vorgaben zum Kommunikationsverhalten sowie zur Markenpolitik in § 7a Abs. 6 und die De-minimis-Regelung in § 7a Abs. 7, da § 7b nur auf § 7a Abs. 1–5 verweist.

D. Personelle Entflechtung (Abs. 2)

7 Für zwei Gruppen von Personen, die für den Verteilernetzbetreiber tätig sind, verlangt § 7a Abs. 2 Nr. 1 „die zwingende Zugehörigkeit oder Inkompatibilität einer Zugehörigkeit zu einem rechtlich selbstständigen Verteilernetzbetreiber bzw. dem verbundenen vertikal integrierten [Unternehmen]" (BT-Drs. 17/6072, 57). Dies betrifft zum einen Personen mit **Leitungsaufgaben** und zum anderen Personen, die die **Befugnis zu Letztentscheidungen** besitzen. Ergänzend begründet § 7a Abs. 2 Nr. 2 im Hinblick auf Personen, die in anderen Teilen des vertikal integrierten Unternehmens sonstige Tätigkeiten des Netzbetriebs ausüben, ein **fachliches Weisungsrecht** des Verteilernetzbetreibers.

I. Tätigkeit für den Verteilernetzbetreiber

Die Vorgaben der personellen Entflechtung betreffen Personen, die für den Verteilernetzbetreiber tätig sind. Dazu zählen zunächst solche Personen, die mit dem Verteilernetzbetreiber in einem **Arbeits- oder Anstellungsverhältnis** stehen. Darüber hinaus werden aber auch solche Personen erfasst, mit denen kein Arbeits- oder Anstellungsverhältnis besteht, die jedoch rein faktisch für den Verteilernetzbetreiber tätig sind (Bourwieg/Hellermann/Hermes/Hölscher § 7a Rn. 5; Schneider/Theobald EnergieWirtschaftsR-HdB/de Wyl/Finke § 4 Rn. 153; Theobald/Kühling/Finke § 7a Rn. 6). Dabei kommt es nicht darauf an, auf welcher rechtlichen Grundlage die Person für den Verteilernetzbetreiber tätig ist, zB aufgrund einer **Arbeitnehmerüberlassung** oder auch **ohne formalen Rechtsgrund** (Bourwieg/Hellermann/Hermes/Hölscher § 7a Rn. 5; Theobald/Kühling/Finke § 7a Rn. 6). Maßgeblich ist insoweit eine rein **funktionale Betrachtungsweise** (Bourwieg/Hellermann/Hermes/Hölscher § 7a Rn. 5; Rosin/Pohlmann/Gentzsch/Metzenthin/Böwing/Schmutzer/Schoon/Stolzenburg § 7a Rn. 12; Schneider/Theobald EnergieWirtschaftsR-HdB/de Wyl/Finke § 4 Rn. 153).

8

II. Personen, die mit Leitungsaufgaben für den Verteilernetzbetreiber betraut sind (Abs. 2 Nr. 1 Alt. 1)

Laut Gesetzesbegründung sind mit Leitungsaufgaben betraute Personen solche, „die im Hinblick auf unternehmerische Verantwortung, Planung und operative Gestaltung Einfluss auf die Unternehmenspolitik haben" (BT-Drs. 15/3917, 53). Erfasst sind jedenfalls die **Geschäftsführung** (→ Rn. 9.1) bzw. der **Vorstand** des Verteilernetzbetreibers (Bourwieg/Hellermann/Hermes/Hölscher § 7a Rn. 8; Kment EnWG/Knauff § 7a Rn. 4; Säcker EnergieR/Säcker/Schönborn § 7a Rn. 15; Schneider/Theobald EnergieWirtschaftsR-HdB/de Wyl/Finke § 4 Rn. 156; Theobald/Kühling/Finke § 7a Rn. 8).

9

Nicht erforderlich ist im Fall einer GmbH, dass das **Weisungsrecht der Gesellschafterversammlung** gegenüber der Geschäftsführung im Gesellschaftsvertrag ausgeschlossen wird (aA Kment EnWG/Knauff § 7a Rn. 4; Säcker EnergieR/Säcker/Schönborn § 7a Rn. 76; BNetzA, Konkretisierung der gemeinsame Auslegungsgrundsätze zu den Entflechtungsbestimmungen in §§ 6–10 EnWG, 2008, 11). Insoweit genügen die vorrangigen energierechtlichen Einschränkungen des gesellschaftsrechtlichen Weisungsrechts (→ Rn. 55 ff.).

9.1

Abhängig von den gesellschaftsvertraglichen Kompetenzregelungen können auch andere **Organe** des Verteilernetzbetreibers Leitungsaufgaben wahrnehmen (Kment EnWG/Knauff § 7a Rn. 4). In Betracht kommt zB der Aufsichtsrat des Verteilernetzbetreibers, sofern dessen Aufgaben im Hinblick auf die Leitung des Unternehmens mit denen der Geschäftsführung bzw. des Vorstands vergleichbar sind (Kment EnWG/Knauff § 7a Rn. 4 Fn. 5; Säcker EnergieR/Säcker/Schönborn § 7a Rn. 15 und Theobald/Kühling/Finke § 7a Rn. 11 unterscheiden insoweit zwischen einem fakultativen und einem obligatorischen Aufsichtsrat).

10

Des Weiteren können **Personen unterhalb der Geschäftsführung bzw. des Vorstands** mit Leitungsaufgaben betraut sein. Dafür kommt es maßgeblich darauf an, welchen Einfluss diese aufgrund der individuellen Ausgestaltung ihrer funktionalen Kompetenzen auf die Unternehmenspolitik haben (BT-Drs. 15/3917, 53; BNetzA, Gemeinsame Auslegungsgrundsätze zu den Entflechtungsbestimmungen in §§ 6–10 EnWG, 2006, 17; aA Rosin/Pohlmann/Gentzsch/Metzenthin/Böwing/Schmutzer/Schoon/Stolzenburg § 7a Rn. 18). Dabei ist insbesondere auf unternehmensinterne Regelungen bezüglich der Entscheidungsbefugnisse sowie auf die gelebte Unternehmenspraxis abzustellen (Bourwieg/Hellermann/Hermes/Hölscher § 7a Rn. 8).

11

EnWG § 7a Teil 2. Entflechtung

12   Bei **leitenden Angestellten** iSd § 5 Abs. 3 BetrVG wird man üblicherweise davon ausgehen können, dass diese mit Leitungsaufgaben iSd § 7a Abs. 2 Nr. 1 betraut sind (Kment EnWG/Knauff § 7a Rn. 4). Bei **Prokuristen** kommt es demgegenüber entscheidend darauf an, welche Entscheidungsbefugnisse ihnen unternehmensintern eingeräumt sind (aA Bourwieg/Hellermann/Hermes/Hölscher § 7a Rn. 8; BNetzA, Gemeinsame Auslegungsgrundsätze zu den Entflechtungsbestimmungen in §§ 6–10 EnWG, 2006, 17). Die Prokura als solche begründet nämlich nur ein Vertretungsrecht (rechtliches Können), aber keine Entscheidungsbefugnisse (rechtliches Dürfen). Die Erteilung von Prokura kann allerdings ein Indiz für eine Leitungsaufgabe sein (Kment EnWG/Knauff § 7a Rn. 4).

III. Personen mit Letztentscheidungsbefugnis (Abs. 2 Nr. 1 Alt. 2)

13   § 7a Abs. 2 Nr. 1 Alt. 2 erfasst solche Personen, die die Befugnis zu Letztentscheidungen besitzen, die für die Gewährung eines diskriminierungsfreien Netzbetriebs wesentlich sind. Eine solche Befugnis führt regelmäßig dazu, dass die Person als mit Leitungsaufgaben für den Verteilernetzbetreiber iSd § 7a Abs. 2 Nr. 1 Alt. 1 betraut gilt (Bourwieg/Hellermann/Hermes/Hölscher § 7a Rn. 13). Der Anwendungsbereich der Alternative 2 ist also eher gering und soll evtl. bestehende Regelungslücken schließen, insbesondere Personen auf **niedrigeren Hierarchiestufen** erfassen, die trotzdem im Tagesgeschäft weitreichende Entscheidungen für einen diskriminierungsfreien Netzbetrieb treffen können, wie zB im Dispatching (Bourwieg/Hellermann/Hermes/Hölscher § 7a Rn. 13; Kment EnWG/Knauff § 7a Rn. 5).

14   Eine Befugnis zur Letztentscheidung setzt voraus, dass der Betreffende über einen gewissen **Entscheidungsspielraum** verfügt (Bourwieg/Hellermann/Hermes/Hölscher § 7a Rn. 11; Säcker EnergieR/Säcker/Schönborn § 7a Rn. 17; Schneider/Theobald EnergieWirtschaftsR-HdB/de Wyl/Finke § 4 Rn. 157; BNetzA, Gemeinsame Auslegungsgrundsätze zu den Entflechtungsbestimmungen in §§ 6–10 EnWG, 2006, 18). Ein solcher ist nicht gegeben, wenn unternehmensinterne oder gesetzliche Regelungen weitestgehend den Prozess und die Grundlagen verbindlich vorgeben, die für die Entscheidungsfindung maßgeblich sind. Ebenfalls keine Entscheidungsbefugnis hat derjenige, der die **Entscheidung** eines anderen **lediglich vorbereitet** (Bourwieg/Hellermann/Hermes/Hölscher § 7a Rn. 12; Kment EnWG/Knauff § 7a Rn. 5). Auch darf die getroffene Entscheidung in der Regel vor ihrer Umsetzung nicht mehr durch andere überprüft werden (können) (Bourwieg/Hellermann/Hermes/Hölscher § 7a Rn. 11; Säcker EnergieR/Säcker/Schönborn § 7a Rn. 17; Schneider/Theobald EnergieWirtschaftsR-HdB/de Wyl/Finke § 4 Rn. 157; BNetzA, Gemeinsame Auslegungsgrundsätze zu den Entflechtungsbestimmungen in §§ 6–10 EnWG, 2006, 18). Unschädlich ist demgegenüber eine zwar theoretisch, aber tatsächlich nicht gegebene Überprüfungs- bzw. Weisungsmöglichkeit durch einen Vorgesetzten, zB weil eine Rücksprache mit dem Vorgesetzten aus zeitlichen Gründen nicht möglich ist (Kment EnWG/Knauff § 7a Rn. 5; Schneider/Theobald EnergieWirtschaftsR-HdB/de Wyl/Finke § 4 Rn. 157; Theobald/Kühling/Finke § 7a Rn. 13). Dasselbe gilt für die immer gegebene Möglichkeit einer **nachträglichen Kontrolle** der umgesetzten Entscheidung, sofern durch die Kontrollmöglichkeit die Entscheidungsfreiheit nicht faktisch beseitigt wird (Kment EnWG/Knauff § 7a Rn. 5).

15   Des Weiteren muss der Entscheidungsspielraum einen Bereich betreffen, der für die Gewährleistung eines **diskriminierungsfreien Netzbetriebs** wesentlich ist. Dadurch soll eine unzulässige Verzerrung des Wettbewerbs im Energiebinnenmarkt zugunsten des mit dem Verteilernetzbetreiber verbundenen vertikal integrierten Unternehmens verhindert werden. Das Risiko einer solchen Wettbewerbsverzerrung besteht vor allen Dingen in den Bereichen des Netzzugangs, der Netzentgelte, des Netzanschlusses und dessen Bedingungen sowie der Netzsteuerung (Bourwieg/Hellermann/Hermes/Hölscher § 7a Rn. 12; Kment EnWG/Knauff § 7a Rn. 5; Säcker EnergieR/Säcker/Schönborn § 7a Rn. 18; Schneider/Theobald EnergieWirtschaftsR-HdB/de Wyl/Finke § 4 Rn. 160; BNetzA, Gemeinsame Auslegungsgrundsätze zu den Entflechtungsbestimmungen in §§ 6–10 EnWG, 2006, 18). Allerdings haben der Gesetzgeber und die Regulierungsbehörden in diesen Bereichen (bis auf die Netzsteuerung) die Entscheidungsspielräume der Verteilernetzbetreiber durch umfangreiche gesetzliche Regelungen bzw. Festlegungen erheblich eingeschränkt.

IV. Angehörigkeit bzw. Inkompatibilität der Angehörigkeit

Die von § 7a Abs. 2 Nr. 1 erfassten Personen müssen für die Ausübung der verteilernetzbezogenen Tätigkeiten einer betrieblichen Einrichtung des Verteilernetzbetreibers angehören. Gleichzeitig dürfen sie nicht betrieblichen Einrichtungen des vertikal integrierten Unternehmens angehören, die direkt oder indirekt für den laufenden Betrieb in den Bereichen Gewinnung, Erzeugung oder Vertrieb von Energie an Kunden zuständig sind. Durch diese Verpflichtung und Beschränkung sollen die **Unabhängigkeit** der von § 7a Abs. 2 Nr. 1 erfassten Personen gesichert und diese **vor Interessenskollisionen geschützt** werden (BT-Drs. 15/3917, 53). 16

Betriebliche Einrichtungen sind der Verteilernetzbetreiber und das übrige vertikal integrierte Unternehmen jeweils insgesamt, aber auch jede ihrer organisatorisch oder rechtlich selbstständigen Einheiten (Bourwieg/Hellermann/Hermes/Hölscher § 7a Rn. 18; Kment EnWG/Knauff § 7a Rn. 6; Rosin/Pohlmann/Gentzsch/Metzenthin/Böwing/Schmutzer/Schoon/Stolzenburg § 7a Rn. 33). 17

Angehörige einer solchen betrieblichen Einrichtung sind jedenfalls diejenigen Personen, mit denen ein Arbeits- oder Anstellungsverhältnis besteht (Bourwieg/Hellermann/Hermes/Hölscher § 7a Rn. 19; Kment EnWG/Knauff § 7a Rn. 6). Demgegenüber genügt eine nur organisatorische Zuordnung, zB aufgrund einer **bloßen Abordnung** ohne Arbeits- oder Anstellungsverhältnis mit dem Verteilernetzbetreiber oder einer seiner betrieblichen Einrichtungen, nicht (Bourwieg/Hellermann/Hermes/Hölscher § 7a Rn. 19; Kment EnWG/Knauff § 7a Rn. 6; BNetzA, Konkretisierung der gemeinsamen Auslegungsgrundsätze zu den Entflechtungsbestimmungen in §§ 6–10 EnWG, 2008, 4 f.; aA Schneider/Theobald EnergieWirtschaftsR-HdB/de Wyl/Finke § 4 Rn. 165; Theobald/Kühling/Finke § 7a Rn. 20). Ebenso wenig ist eine nur organschaftliche Bestellung durch den Verteilernetzbetreiber ohne Anstellungsvertrag für die von § 7a Abs. 2 Nr. 1 geforderte Angehörigkeit zum Verteilernetzbetreiber ausreichend (Elspas/Graßmann/Rasbach/Rasbach § 7a Rn. 5; BNetzA, Konkretisierung der gemeinsamen Auslegungsgrundsätze zu den Entflechtungsbestimmungen in §§ 6–10 EnWG, 2008, 4 f.; Rosin/Pohlmann/Gentzsch/Metzenthin/Böwing/Schmutzer/Schoon/Stolzenburg § 7a Rn. 29) 18

Die Angehörigkeit zu bzw. ein Tätigwerden für sowohl den Verteilernetzbetreiber als auch das vertikal integrierte Unternehmen schließt § 7a Abs. 2 Nr. 1 nicht generell aus (Bourwieg/Hellermann/Hermes/Hölscher § 7a Rn. 19; Kment EnWG/Knauff § 7a Rn. 6; Theobald/Kühling/Finke § 7a Rn. 19). Zulässig ist eine **Doppelangehörigkeit bzw. -tätigkeit** beispielsweise, wenn diese zwar innerhalb eines Konzerns aber außerhalb des Energiebereichs stattfindet, zB im Bereich Wasser, Fernwärme, Telekommunikation oder Nahverkehr (Bourwieg/Hellermann/Hermes/Hölscher § 7a Rn. 20; Säcker EnergieR/Säcker/Schönborn § 7a Rn. 24; BNetzA, Gemeinsame Auslegungsgrundsätze zu den Entflechtungsbestimmungen in §§ 6–10 EnWG, 2006, 18). Ebenfalls zulässig ist eine Doppelangehörigkeit bzw. -tätigkeit innerhalb des übrigen vertikal integrierten Unternehmens, wenn **keine Zuständigkeit für den laufenden Betrieb** der Bereiche Gewinnung, Erzeugung oder Vertrieb besteht (Schneider/Theobald EnergieWirtschaftsR-HdB/de Wyl/Finke § 4 Rn. 166). Diese Voraussetzung erfüllen grundsätzlich die **Aufsichtsgremien** des vertikal integrierten Unternehmens, solange diese in den Wettbewerbsbereichen tatsächlich nur Aufsichtsfunktionen wahrnehmen (Bourwieg/Hellermann/Hermes/Hölscher § 7a Rn. 22; Elspas/Graßmann/Rasbach/Rasbach § 7a Rn. 6; Kment EnWG/Knauff § 7a Rn. 7). Aus demselben Grund ist es zulässig, dass Leitungspersonen des übrigen vertikal integrierten Unternehmens in das Aufsichtsgremium eines verbundenen Verteilernetzbetreibers berufen werden (Säcker EnergieR/Säcker/Schönborn § 7a Rn. 23). 19

Eine **Mitgliedschaft in der Geschäftsführung bzw. im Vorstand** sowohl des Verteilernetzbetreibers als auch des vertikal integrierten Unternehmens ist demgegenüber ausgeschlossen (BT-Drs. 15/3917, 53; Bourwieg/Hellermann/Hermes/Hölscher § 7a Rn. 21; Kment EnWG/Knauff § 7a Rn. 7; Säcker EnergieR/Säcker/Schönborn § 7a Rn. 22; Theobald/Kühling/Finke § 7a Rn. 22; BNetzA, Gemeinsame Auslegungsgrundsätze zu den Entflechtungsbestimmungen in §§ 6–10 EnWG, 2006, 18). Dieses Verbot gilt selbst dann, wenn zwischen den Bereichen Elektrizität und Gas getrennt würde, zB Tätigkeit für das Gasverteilernetz einerseits und den Elektrizitätsvertrieb andererseits (Bourwieg/Hellermann/Hermes/Hölscher § 7a Rn. 23; Säcker EnergieR/Säcker/Schönborn § 7a Rn. 24). 20

21 Demgegenüber kann eine von § 7a Abs. 2 Nr. 1 erfasste Person für eine iSd § 3 Nr. 38 verbundene **Holding-Gesellschaft** tätig werden bzw. dieser angehören, wenn die Wettbewerbsbereiche rechtlich selbstständig organisiert sind und die Holding-Gesellschaft tatsächlich keine Entscheidungen betreffend den laufenden Betrieb dieser Bereiche trifft (Bourwieg/Hellermann/Hermes/Hölscher § 7a Rn. 24; Säcker EnergieR/Säcker/Schönborn § 7a Rn. 22; Schneider/Theobald EnergieWirtschaftsR-HdB/de Wyl/Finke § 4 Rn. 166; Theobald/Kühling/Finke § 7a Rn. 23).

22 Die Frage, ob ein Geschäftsführer oder Vorstand des Verteilernetzbetreibers gleichzeitig **Prokurist** des vertikal integrierten Unternehmens sein darf, ist anhand der konkreten Umstände des Einzelfalls zu entscheiden (Theobald/Kühling/Finke § 7a Rn. 26; aA BNetzA, Konkretisierung der gemeinsamen Auslegungsgrundsätze zu den Entflechtungsbestimmungen in §§ 6–10 EnWG, 2008, 5 f. und Rosin/Pohlmann/Gentzsch/Metzenthin/Böwing/Schmutzer/Schoon/Stolzenburg § 7a Rn. 38 halten eine Prokura in jedem Fall für unzulässig). Ist durch interne Regelungen sichergestellt, dass der Prokurist keine Möglichkeit der (mittelbaren) Einflussnahme auf die Wettbewerbsbereiche besitzt, bestehen keine Bedenken (Theobald/Kühling/Finke § 7a Rn. 25 f.).

22a An den vorstehenden Ausführungen ändert die mit Wirkung vom 29.7.2022 **erweiterte Definition des vertikal integrierten Unternehmens** in § 3 Nr. 38 (→ § 6 Rn. 27 ff.) nichts. § 7a Abs. 2 Nr. 1 verbietet eine Doppelangehörigkeit bzw. -tätigkeit ausdrücklich nur für den Verteilernetzbetreiber einerseits und dem laufenden Betrieb in den wettbewerblichen Bereichen Gewinnung, Erzeugung und Vertrieb von Energie an Kunden andererseits. Im Umkehrschluss gilt dies nicht für alle anderen betrieblichen Einrichtungen des vertikal integrierten Unternehmens, die außerhalb des Energiebereichs tätig sind. Etwas anderes ergibt sich auch nicht aus Sinn und Zweck der entflechtungsrechtlichen Regelungen. Jedenfalls wäre ein weitergehender Eingriff in die Rechte der Betroffenen unverhältnismäßig.

V. Personen, die sonstige Tätigkeiten ausüben (Abs. 2 Nr. 2)

23 Alle sonstigen Aufgaben und Tätigkeiten des Verteilernetzbetreibers, die nicht von § 7a Abs. 2 Nr. 1 erfasst sind, können grundsätzlich von Angehörigen des übrigen vertikal integrierten Unternehmens erledigt bzw. ausgeübt werden. Damit macht der Gesetzgeber deutlich, dass seiner Meinung nach solche Aufgaben und Tätigkeiten keinen erheblichen Einfluss auf die Diskriminierungsfreiheit des Netzbetriebs haben können und somit geringere Anforderungen an die personelle Entflechtung zu stellen sind (Bourwieg/Hellermann/Hermes/Hölscher § 7a Rn. 25). Für diese Personen verlangt § 7a Abs. 2 Nr. 2 nur ein fachliches **Weisungsrecht der Leitung** des Verteilernetzbetreibers.

24 Dabei kommt es nicht darauf an, wie die **Rechtsbeziehung** zwischen der betreffenden Person und dem übrigen vertikal integrierten Unternehmen ausgestaltet ist, also ob zB ein Arbeitsverhältnis besteht. Auch muss die Person, wenn sie dem vertikal integrierten Unternehmen angehört, nicht in die Organisation des Verteilernetzbetreibers eingegliedert sein (Kment EnWG/Knauff § 7a Rn. 9). Maßgeblich ist insoweit allein, dass die Person, sofern und soweit sie Tätigkeiten des Verteilernetzbetriebs ausübt, den **fachlichen Weisungen** der Leitung des Verteilernetzbetreibers unterstellt ist. Evtl. abweichende fachliche Weisungen aus anderen Bereichen des vertikal integrierten Unternehmens sind insoweit nachrangig (BT-Drs. 15/3917, 54; Rosin/Pohlmann/Gentzsch/Metzenthin/Böwing/Schmutzer/Schoon/Stolzenburg § 7a Rn. 57) oder unzulässig (Säcker EnergieR/Säcker/Schönborn § 7a Rn. 27).

25 Dabei beinhaltet das fachliche Weisungsrecht des Verteilernetzbetreibers jedenfalls den **Ort** sowie die **Art und Weise**, wo bzw. wie eine Aufgabe zu erledigen bzw. eine Tätigkeit auszuüben ist. Auch kann die Leitung des Verteilernetzbetreibers die Aufgaben bzw. Tätigkeiten priorisieren, soweit diese den Netzbetrieb betreffen.

26 Sofern die betreffende Person auch für einen oder mehrere **andere Bereiche** des vertikal integrierten Unternehmens tätig ist, was § 7a Abs. 2 Nr. 2 nicht verbietet (Bourwieg/Hellermann/Hermes/Hölscher § 7a Rn. 25), kann es zu Konflikten insbesondere **zeitlicher Art** kommen. Hierbei handelt es sich jedoch nicht um eine fachliche, sondern um eine organisatorische Frage, weswegen das fachliche Weisungsrecht der Leitung des Verteilernetzbetreibers nicht zur Anwendung kommen kann. Aus diesem Grund empfiehlt sich dringend eine klare

Regelung organisatorischer Fragen zwischen dem Verteilernetzbetreiber und dem vertikal integrierten Unternehmen (Kment EnWG/Knauff § 7a Rn. 9; Schneider/Theobald EnergieWirtschaftsR-HdB/de Wyl/Finke § 4 Rn. 174; Theobald/Kühling/Finke § 7a Rn. 28).

VI. Shared Services

Unter Beachtung der Vorgaben des § 7a Abs. 2 Nr. 1 und 2 ist die Nutzung sogenannter Shared Services des vertikal integrierten Unternehmens durch den Verteilernetzbetreiber **unbedenklich**. In der Gesetzesbegründung werden für solche Shared Services beispielhaft „Serviceeinrichtungen zur Wartung von technischen Anlagen und Geräten, IT-Dienste oder Rechtsberatung" genannt (BT-Drs. 15/3917, 54). Bei der Nutzung von Shared Services durch den Verteilernetzbetreiber sind die sonstigen Entflechtungsvorgaben, insbesondere zur informatorischen Entflechtung gem. § 6a, zu beachten (Bourwieg/Hellermann/Hermes/Hölscher § 7a Rn. 28; Kment EnWG/Knauff § 7a Rn. 10; Schneider/Theobald EnergieWirtschaftsR-HdB/de Wyl/Finke § 4 Rn. 178; Theobald/Kühling/Finke § 7a Rn. 30; BNetzA, Gemeinsame Auslegungsgrundsätze zu den Entflechtungsbestimmungen in §§ 6–10 EnWG, 2006, 19). Zur Vermeidung von Quersubventionierungen darf das vertikal integrierte Unternehmen Shared Services außerdem **nur zu marktüblichen Konditionen** erbringen (Bourwieg/Hellermann/Hermes/Hölscher § 7a Rn. 28; Kment EnWG/Knauff § 7a Rn. 13; Säcker EnergieR/Säcker/Schönborn § 7a Rn. 64; Schneider/Theobald EnergieWirtschaftsR-HdB/de Wyl/Finke § 4 Rn. 193).   27

E. Handlungsunabhängigkeit (Abs. 3)

Über die personelle Entflechtung hinaus fordert § 7a Abs. 3, dass geeignete Maßnahmen zu treffen sind, um die berufliche Handlungsunabhängigkeit der Personen zu gewährleisten, die mit Leitungsaufgaben des Verteilernetzbetreibers betraut sind (→ Rn. 28.1 f.). Das Leitungspersonal soll nach der Gesetzesbegründung „in ihren Handlungen von sachfremden Interessen – insbesondere solchen, die das vertikal integrierte [Unternehmen] bevorzugen würde – unbeeinflusst agieren" (BT-Drs. 17/6072, 57). Das Leitungspersonal darf also keine Nachteile zu erwarten haben, sollte es sein Handeln ausschließlich am **Wohl des Verteilernetzbetreibers** ausrichten (Bourwieg/Hellermann/Hermes/Hölscher § 7a Rn. 35; Säcker EnergieR/Säcker/Schönborn § 7a Rn. 35; Schneider/Theobald EnergieWirtschaftsR-HdB/de Wyl/Finke § 4 Rn. 177). Gleichzeitig darf es keine Anreize geben, das Handeln nicht am Wohl des Verteilernetzbetreibers auszurichten (Bourwieg/Hellermann/Hermes/Hölscher § 7a Rn. 35; Säcker EnergieR/Säcker/Schönborn § 7a Rn. 35).   28

Die Pflicht des vertikal integrierten Unternehmens, die berufliche Handlungsunabhängigkeit des Leitungspersonals des Verteilernetzbetreibers zu gewährleisten, führt nicht automatisch dazu, dass diese nicht als abhängig Beschäftigte iSd Sozialversicherungsrechts gelten (LSG Berlin-Brandenburg BeckRS 2012, 65628 mAnm Mückl IR 2012, 186). Maßgeblich ist die Ausgestaltung der Rechtsbeziehung im konkreten Einzelfall (Mückl IR 2012, 186).   28.1

Ebenso wenig wird dadurch die Einrichtung eines gemeinsamen Betriebsrates für sämtliche Unternehmen des vertikal integrierten Unternehmens, also auch für einen Verteilernetzbetreiber, ausgeschlossen (LAG Köln BeckRS 2013, 69893).   28.2

I. Normadressaten

Diese Verpflichtung trifft infolge der ausdrücklichen Verweisung in § 7a Abs. 3 auf § 6 Abs. 1 S. 1 sowohl das vertikal integrierte Unternehmen als auch den Verteilernetzbetreiber selbst. Ausgenommen sind aufgrund der Formulierung des § 6 Abs. 1 S. 1 solche Verteilernetzbetreiber, die nicht Teil eines vertikal integrierten Unternehmens sind (Säcker EnergieR/Säcker/Schönborn § 7a Rn. 34). Für solche unabhängigen Verteilernetzbetreiber würde eine personelle Entflechtung auch keinen Sinn ergeben, da insoweit ein Risiko der Verzerrung des Wettbewerbs im Energiebinnenmarkt nicht realistisch ist.   29

II. Geschützte Personen

Der Wortlaut des § 7a Abs. 3 verlangt eine berufliche Handlungsunabhängigkeit für die mit Leitungsaufgaben betrauten Personen des Verteilernetzbetreibers. Dementsprechend   30 schützt § 7a Abs. 3 nicht die in § 7a Abs. 2 Nr. 1 Alt. 2 genannten **Personen mit Befugnis zur Letztentscheidung in wesentlichen Aufgaben** (Bourwieg/Hellermann/Hermes/Hölscher § 7a Rn. 34; Kment EnWG/Knauff § 7a Rn. 8; Theobald/Kühling/Finke § 7a Rn. 36; aA Säcker EnergieR/Säcker/Schönborn § 7a Rn. 33).

III. Sicherung der Handlungsunabhängigkeit

31   Auch wenn der Gesetzestext verlangt, dass Maßnahmen ergriffen werden, die die berufliche Handlungsunabhängigkeit sichern, geht es in der Praxis in aller Regel darum, **Maßnahmen zu unterlassen,** die die Unabhängigkeit gefährden würden. So hält die Gesetzesbegründung zur Vorgängerfassung in § 8 aF solche Maßnahmen für unzulässig, wonach „wesentliche Anteile der Bezahlung und Erfolgshonorierung von anderen als den Leistungen im Netzgeschäft abhängen" (BT-Drs. 15/3917, 54). Demnach sieht die Gesetzesbegründung kein Problem, wenn **unwesentliche Vergütungsanteile** von anderen Faktoren abhängen. Für die Frage der Wesentlichkeit wird man sowohl auf den prozentualen Anteil an der Gesamtvergütung als auch auf den absoluten Betrag abstellen müssen. Jedenfalls muss sich ein leistungsabhängiger Vergütungsanteil ggf. im Wesentlichen am Erfolg des Verteilernetzbetriebs ausrichten (Bourwieg/Hellermann/Hermes/Hölscher § 7a Rn. 35; Säcker EnergieR/Säcker/Schönborn § 7a Rn. 39; Theobald/Kühling/Finke § 7a Rn. 42).

32   Ebenfalls unzulässig kann eine ungewöhnlich kurze **Laufzeit der Anstellungsverträge** des Leitungspersonals sein (Bourwieg/Hellermann/Hermes/Hölscher § 7a Rn. 35; Kment EnWG/Knauff EnWG § 7a Rn. 8; Säcker EnergieR/Säcker/Schönborn § 7a Rn. 42). Dabei sind die ansonsten innerhalb des vertikal integrierten Unternehmens üblichen Laufzeiten von Anstellungsverträgen für das Leitungspersonal als Maßstab nur bedingt geeignet (Säcker EnergieR/Säcker/Schönborn § 7a Rn. 42; Theobald/Kühling/Finke § 7a Rn. 44). So ist denkbar, dass dort kurze Vertragslaufzeiten ein übliches (und grundsätzlich zulässiges) Mittel sind, steuernd auf die betroffenen Mitarbeiter einzuwirken (Theobald/Kühling/Finke § 7a Rn. 44). Stattdessen bietet sich ein Vergleich zu üblichen Laufzeiten vergleichbarer Verträge außerhalb des vertikal intergierten Unternehmens an (Rosin/Pohlmann/Gentzsch/Metzenthin/Böwing/Schmutzer/Schoon/Stolzenburg § 7a Rn. 71). Abgesehen davon kann im konkreten Einzelfall eine **kurze Laufzeit gerechtfertigt** sein, wenn der Versuch einer unzulässigen Beeinflussung des Leitungspersonals ausgeschlossen ist.

33   Aber selbst bei Anstellungsverträgen mit üblichen Laufzeiten stellt sich früher oder später die Frage einer **Vertragsverlängerung.** Die damit einhergehende Unsicherheit für das Leitungspersonal begründet zwangsläufig das Risiko von nicht vollständig unbeeinflussten Handlungen und Entscheidungen ausschließlich zum Wohl des Verteilernetzbetreibers. Die Vereinbarung von unbefristeten Anstellungsverträgen würde das Problem allenfalls zum Teil lösen, weil zB im Fall der Geschäftsführung das Risiko einer jederzeitigen ordentlichen Kündigung des Anstellungsvertrages samt Widerruf der Bestellung gem. § 38 Abs. 1 GmbHG droht. Dieses Risiko könnte durch eine teleologische Reduktion des § 38 Abs. 1 GmbHG zur Sicherung der von § 7a Abs. 3 geforderten Unabhängigkeit reduziert werden (Bourwieg/Hellermann/Hermes/Hölscher § 7a Rn. 36). Dabei könnte man sich an § 84 Abs. 3 AktG orientieren, der den Widerruf der Bestellung zum Vorstand einer Aktiengesellschaft nur aus wichtigem Grund erlaubt. Allerdings ist eine unbefristete Bestellung von Vorständen generell (§ 84 Abs. 1 AktG) und von Geschäftsführern in bestimmten Konstellationen (§ 31 Abs. 1 MitBestG iVm § 84 Abs. 1 AktG) unzulässig. Letztlich ist dieses Dilemma nicht endgültig auflösbar.

34   Unzulässig ist grundsätzlich eine **Beteiligung** der Leitungspersonen am vertikal integrierten Unternehmen (aA Bourwieg/Hellermann/Hermes/Hölscher § 7a Rn. 37; Kment EnWG/Knauff § 7a Rn. 8 Fn. 27). Eine solche Beteiligung begründet das Risiko, dass sich das Leitungspersonal nicht allein vom Erfolg des Verteilernetzbetreibers, sondern (auch) vom Erfolg des vertikal integrierten Unternehmens leiten lässt und deswegen Entscheidungen trifft, die den Wettbewerb innerhalb des Energiebinnenmarktes in unzulässiger Weise verzerren. Dagegen spricht auch nicht, dass § 10c Abs. 4 ein ausdrückliches Verbot für Unabhängige Transportnetzbetreiber enthält, das in den Entflechtungsregelungen für Verteilernetzbetreiber fehlt (so aber wohl Bourwieg/Hellermann/Hermes/Hölscher § 7a Rn. 37). Auch wenn der Gesetzgeber die Entflechtungsregeln für Transportnetzbetreiber bewusst sehr viel strenger

gefasst hat als für Verteilernetzbetreiber, so kann nicht schon allein aus dem Umstand, dass bestimmte Sachverhalte nur für Transport-, aber nicht für Verteilernetzbetreiber geregelt sind, der Schluss gezogen werden, der Gesetzgeber wollte den Verteilernetzbetreibern insoweit einen Freibrief geben. Eine **Ausnahme** vom Beteiligungsverbot ist im Übrigen zulässig, wenn die Beteiligung so marginal ist, dass sie für eine Beeinträchtigung der Handlungsunabhängigkeit objektiv ungeeignet ist.

F. Entscheidungsgewalt (Abs. 4)

Während § 7a Abs. 2, 3 sicherstellen sollen, dass das Personal des Verteilernetzbetreibers in seinen Entscheidungen und Handlungen nicht von den Interessen des vertikal integrierten Unternehmens beeinflusst wird, sollen Absatz 4 Sätze 1, 2 gewährleisten, dass die aus Sicht der Entflechtung wesentlichen Entscheidungen beim Verteilernetzbetreiber tatsächlich und unabhängig getroffen werden können. Ergänzend beschränken § 7a Abs. 4 S. 3–5 die **gesellschaftsrechtlichen Einfluss- und Kontrollmöglichkeiten** des vertikal integrierten Unternehmens gegenüber dem Verteilernetzbetreiber. 35

I. Tatsächliche und unabhängige Entscheidungsbefugnis (Abs. 4 S. 1)

Die Regelung des § 7a Abs. 4 S. 1 verlangt zugunsten des Verteilernetzbetreibers die tatsächliche Entscheidungsbefugnis in Bezug auf **Vermögenswerte des vertikal integrierten Unternehmens,** die für den Betrieb, die Wartung und den Ausbau des Verteilernetzes erforderlich sind. Die Regelung erfasst nicht Vermögenswerte des Verteilernetzbetreibers, da er über diese schon aufgrund seiner eigenen, unmittelbaren Rechtsposition entscheiden kann (Bourwieg/Hellermann/Hermes/Hölscher § 7a Rn. 38; Säcker EnergieR/Säcker/Schönborn § 7a Rn. 53). 36

Die Entflechtungsvorschriften auf Ebene der Verteilernetzbetreiber setzen nicht voraus, dass diese Eigentümer aller für den Netzbetrieb erforderlichen Vermögenswerte sind (Kment EnWG/Knauff § 7a Rn. 12; Schneider/Theobald EnergieWirtschaftsR-HdB/de Wyl/Finke § 4 Rn. 184). Stattdessen genügt es, wenn dem Verteilernetzbetreiber durch entsprechende vertragliche Vereinbarungen die **Entscheidungsbefugnis** über die von § 7a Abs. 4 S. 1 erfassten Vermögenswerte eingeräumt wird, zB im Rahmen eines **Pachtvertrags** (Bourwieg/Hellermann/Hermes/Hölscher § 7a Rn. 44; Kment EnWG/Knauff § 7a Rn. 12; Säcker EnergieR/Säcker/Schönborn § 7a Rn. 53; Schneider/Theobald EnergieWirtschaftsR-HdB/de Wyl/Finke § 4 Rn. 184; Theobald/Kühling/Finke § 7a Rn. 52; BNetzA, Gemeinsame Auslegungsgrundsätze zu den Entflechtungsbestimmungen in §§ 6–10 EnWG, 2006, 19). Dabei muss die vertraglich eingeräumte Rechtsposition des Verteilernetzbetreibers weitgehend der Position des unmittelbaren Rechtsinhabers ähnlich sein (Kment EnWG/Knauff § 7a Rn. 12; Säcker EnergieR/Säcker/Schönborn § 7a Rn. 56). Nicht erforderlich ist die Einräumung einer dinglichen Verfügungsbefugnis (Säcker EnergieR/Säcker/Schönborn § 7a Rn. 56). 37

Die Entscheidungsbefugnis des Verteilernetzbetreibers – sei es aufgrund eigener, unmittelbarer Rechtsposition, sei es aufgrund vertraglicher Vereinbarungen mit dem eigentlichen Inhaber der Rechtsposition – muss **alle Vermögenswerte** erfassen, die für den Betrieb, die Wartung und den Ausbau des Verteilernetzes erforderlich sind. Gemeint sind nicht nur die technischen Anlagen des Verteilernetzes, sondern auch zahlreiche Vertragsbeziehungen mit Dritten, wie zB mit Kunden, Dienstleistern oder Grundstückseigentümern (Kment EnWG/Knauff § 7a Rn. 12; Säcker EnergieR/Säcker/Schönborn § 7a Rn. 56; Schneider/Theobald EnergieWirtschaftsR-HdB/de Wyl/Finke § 4 Rn. 183; Theobald/Kühling/Finke § 7a Rn. 50). 38

§ 7a Abs. 4 S. 1 zielt darauf ab, dem Verteilernetzbetreiber zu ermöglichen, alle Entscheidungen betreffend den Betrieb, die Wartung und den Ausbau des Verteilernetzes unabhängig vom vertikal integrierten Unternehmen treffen zu können. Insoweit verpflichtet er allein das vertikal integrierte Unternehmen zur Übertragung der erforderlichen Befugnisse sowie zum Verzicht auf jede Art der Einflussnahme. Das Ziel der Entflechtung wird aber erst erreicht, wenn der Verteilernetzbetreiber von seinen unabhängigen Entscheidungsbefugnissen auch tatsächlich Gebrauch macht. Deswegen ergibt sich aus den allgemeinen Grundsätzen der Entflechtung für den Verteilernetzbetreiber die **Verpflichtung,** im Rahmen der vom 39 vertikal integrierten Unternehmen eingeräumten Möglichkeiten Entscheidungen zu treffen, auch Gebrauch zu machen (Säcker EnergieR/Säcker/Schönborn § 7a Rn. 55).

II. Mindestausstattung des Verteilernetzbetreibers (Abs. 4 S. 2)

40 Um seine Entscheidungsbefugnisse effektiv ausüben zu können, ist das vertikal integrierte Unternehmen gem. § 7a Abs. 4 S. 2 verpflichtet sicherzustellen, dass der Verteilernetzbetreiber über die **erforderliche Ausstattung** verfügt (BT-Drs. 17/6072, 57). Nach der Gesetzesbegründung bedeutet dies, „dass die Netzgesellschaften grundsätzlich eine gewisse Größe haben müssen, die ihnen dies – abhängig vom Umfang des jeweiligen Netzbetriebs – ermöglicht" (BT-Drs. 17/6072, 57). Allein die rechtliche Selbstständigkeit nach § 7 Abs. 1 bedeutet nicht, dass der Verteilernetzbetreiber über die Ressourcen verfügt, die er benötigt, um von seinen Entscheidungsbefugnissen nach § 7a Abs. 4 S. 1 tatsächlich Gebrauch machen zu können (Kment EnWG/Knauff § 7a Rn. 13).

41 Die Vorgängerregelung des § 7a Abs. 4 (§ 8 Abs. 4 aF) enthielt keine ausdrückliche Verpflichtung zur hinreichenden Ausstattung des Verteilernetzbetreibers. Trotzdem haben die Regulierungsbehörden eine solche vor allen Dingen im Hinblick auf die personelle Ausstattung des Verteilernetzbetreibers gefordert (BNetzA, Konkretisierung der gemeinsamen Auslegungsgrundsätze zu den Entflechtungsbestimmungen in §§ 6–10 EnWG, 2008, 6 ff.). Insbesondere müsse der Verteilernetzbetreiber in der Lage sein, Entscheidungen im Rahmen **diskriminierungsanfälliger Netzbetreiberaufgaben** (DNA) selbst zu treffen und eine Auslagerung der DNA auf andere Unternehmen des vertikal integrierten Unternehmens sei grundsätzlich unzulässig (BNetzA, Konkretisierung der gemeinsamen Auslegungsgrundsätze zu den Entflechtungsbestimmungen in §§ 6–10 EnWG, 2008, 7 ff.). Eine Auslagerung an **Dritte** sei demgegenüber zulässig, allerdings müsse der Verteilernetzbetreiber in der Lage sein, die beauftragten Dritten selbstständig auszuwählen sowie zu überwachen und zu leiten (BNetzA, Konkretisierung der gemeinsamen Auslegungsgrundsätze zu den Entflechtungsbestimmungen in §§ 6–10 EnWG, 2008, 10).

42 Welche Ausstattung konkret erforderlich ist, kann nur im jeweiligen Einzelfall beurteilt werden. Das Gesetz spricht dabei von der Ermöglichung einer **effektiven** Ausübung der Entscheidungsbefugnisse. Das Ziel, das erreicht werden muss, ist das Treffen von für den Verteilernetzbetreiber und den Wettbewerb möglichst vorteilhaften Entscheidungen. Von der Ermöglichung einer auch **effizienten** Ausübung der Entscheidungsbefugnisse ist demgegenüber im Gesetz keine Rede.

1. Personelle Ausstattung

43 Das Personal, dessen Aufgabe innerhalb des Verteilernetzbetreibers (auch) das Treffen von Entscheidungen ist, muss zum einen über die erforderliche **Qualifikation** verfügen. Ohne die erforderliche Qualifikation sollte das Personal bereits von sich aus auf eine selbstständige Entscheidung verzichten. Zum anderen muss es in ausreichender **Anzahl** vorhanden sein, da Entscheidungen in aller Regel innerhalb eines bestimmten Zeitraums oder bis zu einem bestimmten Zeitpunkt zu treffen sind.

2. Materielle und technische Ausstattung

44 Des Weiteren muss dem betreffenden Personal die materielle und technische Ausstattung zur Verfügung stehen, die es benötigt, um für den Verteilernetzbetreiber und den Wettbewerb möglichst vorteilhafte Entscheidungen treffen zu können. Dies betrifft zB die IT-Ausstattung. Dabei ist auf die konkreten **Bedürfnisse des Verteilernetzbetreibers** und nicht auf die Wünsche des vertikal integrierten Unternehmens abzustellen (Kment EnWG/Knauff § 7a Rn. 13).

3. Finanzielle Ausstattung

45 Schließlich darf einer effektiven Entscheidungsfindung nicht die fehlende finanzielle Ausstattung im Wege stehen. Eine Entscheidung, die aus finanziellen Gründen nicht umgesetzt werden kann, ist am Ende wertlos. Deswegen muss es dem Verteilernetzbetreiber grundsätzlich erlaubt sein, sich evtl. erforderliches Kapital am Markt zu besorgen (Bourwieg/Heller-

mann/Hermes/Hölscher § 7a Rn. 43; Kment EnWG/Knauff § 7a Rn. 13). Darauf kann das vertikal integrierte Unternehmen allerdings Einfluss nehmen, indem es gem. § 7a Abs. 4 S. 3 zB allgemeine **Verschuldensobergrenzen** festlegt, soweit dies zur Wahrnehmung seiner berechtigten Interessen erforderlich ist. Nach der Gesetzesbegründung sind Netzbaumaßnahmen des Verteilernetzbetreibers immer nur im Rahmen des vom vertikal integrierten Unternehmen genehmigten Finanzplans oder vergleichbarer Vorgaben zulässig (BT-Drs. 17/6072, 57).

Eine allgemeine Verpflichtung des vertikal integrierten Unternehmens, erforderlichenfalls 46 das **Eigenkapital** des Verteilernetzbetreibers zu erhöhen, lässt sich dem Gesetz nicht entnehmen (Theobald/Kühling/Finke § 7a Rn. 61). Eine solche Verpflichtung der Gesellschafter bestünde nämlich auch dann nicht, wenn der Verteilernetzbetreiber nicht Teil eines vertikal integrierten Unternehmens wäre. Im Hinblick auf die Eigenkapitalausstattung des Verteilernetzbetreibers ist deswegen darauf abzustellen, wie ein objektiver Dritter als Gesellschafter des Verteilernetzbetreibers in der konkreten Situation handeln würde. Dabei scheint der Gesetzgeber für Netzbetreiber grundsätzlich von einer Eigenkapitalquote in Höhe von maximal 40 Prozent auszugehen (vgl. § 7 StromNEV; § 7 GasNEV).

Sofern das vertikal integrierte Unternehmen dem Verteilernetzbetreiber finanzielle Mittel 47 als **Gesellschafterdarlehen** zur Verfügung stellt, darf dies nur zu marktüblichen Konditionen erfolgen (Bourwieg/Hellermann/Hermes/Hölscher § 7a Rn. 43; Kment EnWG/Knauff § 7a Rn. 13; Theobald/Kühling/Finke § 7a Rn. 61).

Unzulässig wäre, wenn das vertikal integrierte Unternehmen dem Verteilernetzbetreiber 48 die erforderlichen Finanzmittel entzieht (Kment EnWG/Knauff § 7a Rn. 13), zB durch eine Herabsetzung des Eigenkapitals oder durch einen Gesellschafterbeschluss über eine entsprechende Gewinnausschüttung. Dies verbietet aber nicht grundsätzlich den Abschluss eines **Gewinnabführungsvertrages** zwischen dem vertikal integrierten Unternehmen und dem Verteilernetzbetreiber (Kment EnWG/Knauff § 7a Rn. 13; Rosin/Pohlmann/Gentzsch/Metzenthin/Böwing/Schmutzer/Schoon/Stolzenburg § 7a Rn. 94). Der Vertrag sollte aber eine Regelung beinhaltend die vorrangige Verpflichtung des vertikal integrierten Unternehmens aus § 7a Abs. 4 S. 2 enthalten. Demgegenüber ist ein **Beherrschungsvertrag** unzulässig, soweit er gegen § 7a Abs. 4 S. 1 verstößt (Elspas/Graßmann/Rasbach/Rasbach § 7a Rn. 23; so wohl auch Kment EnWG/Knauff § 7a Rn. 13; für ein generelle Unzulässigkeit Rosin/Pohlmann/Gentzsch/Metzenthin/Böwing/Schmutzer/Schoon/Stolzenburg § 7a Rn. 93).

III. Gesellschaftsrechtliche Instrumente der Einflussnahme und Kontrolle (Abs. 4 S. 3, 4)

Die vorbeschriebenen Verpflichtungen und Einschränkungen des vertikal integrierten 49 Unternehmens stehen in einem Spannungsverhältnis zu dessen Rechten als Gesellschafter des Verteilernetzbetreibers. Die Nutzung gesellschaftsrechtlicher Instrumente der Einflussnahme und Kontrolle wird durch die operationelle Entflechtung nicht generell verboten, unterliegt aber bestimmten Voraussetzungen.

§ 7a Abs. 4 S. 3 nennt als mögliche gesellschaftsrechtliche Instrumente der Einflussnahme 50 und Kontrolle beispielhaft die Weisung, die Festlegung allgemeiner Verschuldungsobergrenzen und die Genehmigung jährlicher Finanzpläne. Aus dem Wortlaut des Gesetzes ergibt sich, dass diese Aufzählung **nicht abschließend** ist, sondern auch damit vergleichbare Instrumente erfasst werden (Bourwieg/Hellermann/Hermes/Hölscher § 7a Rn. 47; Kment EnWG/Knauff § 7a Rn. 16; Theobald/Kühling/Finke § 7a Rn. 62).

Von den von § 7a Abs. 4 S. 3 erfassten gesellschaftsrechtlichen Instrumenten darf das verti- 51 kal integrierte Unternehmen nach dem Gesetzeswortlaut Gebrauch machen, soweit dies zur Wahrnehmung seiner **berechtigten Interessen** erforderlich ist. Dabei geht es nicht um den Schutz jeden beliebigen Interesses des vertikal integrierten Unternehmens, sondern nur um **wirtschaftliche** Interessen (BT-Drs. 17/6072, 57), konkret um das Interesse an der Rentabilität des Verteilernetzbetreibers. § 7a Abs. 4 S. 3 ist somit nicht auf solche gesellschaftsrechtlichen Instrumente anwendbar, die für die Wahrnehmung wirtschaftlicher Interessen von vornherein untauglich sind. Diese Einschränkung hat allerdings – wenn überhaupt – nur eine geringe praktische Bedeutung (Kment EnWG/Knauff § 7a Rn. 16). Das Interesse des vertikal integrierten Unternehmens an der Rentabilität des Gesamtkonzerns bzw. seiner übrigen Unternehmensbereiche ist demgegenüber nicht geeignet, die Anwendung gesellschaftsrechtlicher Instrumente zu rechtfertigen.

52 Das Interesse des vertikal integrierten Unternehmens an der Rentabilität, also am wirtschaftlichen Erfolg des Verteilernetzbetreibers, kann mit dessen gesetzlichen Aufgaben und **Verpflichtungen aus den §§ 11–16a** kollidieren. Der Verteilernetzbetreiber ist insbesondere gem. § 11 Abs. 1 S. 1 verpflichtet, „ein sicheres, zuverlässiges und leistungsfähiges Energieversorgungsnetz diskriminierungsfrei zu betreiben, zu warten und bedarfsgerecht zu optimieren, zu verstärken und auszubauen, soweit es wirtschaftlich zumutbar ist". Das potentielle Spannungsverhältnis zwischen den wirtschaftlichen Interessen des vertikal integrierten Unternehmens einerseits sowie den Verpflichtungen des Verteilernetzbetreibers aus § 11 Abs. 1 S. 1 und dessen Aufgaben aus §§ 12–16a andererseits löst § 11 Abs. 1 S. 3 zulasten der wirtschaftlichen Interessen des vertikal integrierten Unternehmens. Dementsprechend postuliert auch § 7a Abs. 4 S. 4 einen Vorrang der Verpflichtungen und Aufgaben des Verteilernetzbetreibers aus §§ 11–16a.

53 Soweit die wirtschaftlichen Interessen des vertikal integrierten Unternehmens nicht mit den Verpflichtungen und Aufgaben des Verteilernetzbetreibers kollidieren, kann das vertikal integrierte Unternehmen von den ihm zur Verfügung stehenden gesellschaftsrechtlichen Instrumente uneingeschränkt Gebrauch machen. Dabei kommt es nicht darauf an, ob dem vertikal integrierten Unternehmen andernfalls ein **erheblicher** wirtschaftlicher Nachteil droht. Es genügt bereits ein geringer Nachteil, damit der Einsatz gesellschaftsrechtlicher Instrumente durch das vertikal integrierte Unternehmen zur Wahrnehmung seiner wirtschaftlichen Interessen gerechtfertigt ist (Bourwieg/Hellermann/Hermes/Hölscher § 7a Rn. 49; Rosin/Pohlmann/Gentzsch/Metzenthin/Böwing/Schmutzer/Schoon/Stolzenburg § 7a Rn. 113; Schneider/Theobald EnergieWirtschaftsR-HdB/de Wyl/Finke § 4 Rn. 186; Theobald/Kühling/Finke § 7a Rn. 59).

54 Schließlich muss die Nutzung gesellschaftsrechtlicher Instrumente der Einflussnahme und Kontrolle zur Wahrnehmung der berechtigten Interessen des vertikal integrierten Unternehmens **erforderlich** sein. Dies ist immer dann der Fall, wenn dem vertikal integrierten Unternehmen kein gleichermaßen geeignetes, milderes Mittel zur Verfügung steht (Bourwieg/Hellermann/Hermes/Hölscher § 7a Rn. 50; Säcker EnergieR/Säcker/Schönborn § 7a Rn. 72; Schneider/Theobald EnergieWirtschaftsR-HdB/de Wyl/Finke § 4 Rn. 186; Theobald/Kühling/Finke § 7a Rn. 60; BNetzA, Gemeinsame Auslegungsgrundsätze zu den Entflechtungsbestimmungen in §§ 6–10 EnWG, 2006, 20).

IV. Weisungsverbot (Abs. 4 S. 5)

55 Eine weitere Einschränkung der Möglichkeiten der Einflussnahme stellt das Weisungsverbot gem. § 7a Abs. 4 S. 5 dar. Danach sind Weisungen des vertikal integrierten Unternehmens gegenüber einem verbundenen Verteilernetzbetreiber immer verboten, sofern diese den **laufenden Netzbetrieb** betreffen. Dasselbe gilt für Weisungen, die einzelne Entscheidungen zu **baulichen Maßnahmen** an Energieanlagen betreffen, sofern sich die Entscheidungen im Rahmen des vom vertikal integrierten Unternehmen genehmigten Finanzplans oder gleichwertiger Instrumente bewegen. Damit werden die Möglichkeiten der gesellschaftsrechtlichen Einflussnahmen des vertikal integrierten Unternehmens, wie sie § 7a Abs. 4 S. 3 eröffnet, erheblich eingeschränkt und die Entscheidungsbefugnisse des Verteilernetzbetreibers, die § 7a Abs. 4 S. 1 fordert, zusätzlich geschützt (Bourwieg/Hellermann/Hermes/Hölscher § 7a Rn. 51).

55.1 Das Weisungsverbot aus § 7a Abs. 4 S. 5 führt nicht dazu, dass die Mitarbeiter eines Verteilernetzbetreibers bei der Bestimmung der Anzahl der Mitarbeiter des vertikal integrierten Unternehmens nach dem Mitbestimmungsgesetz unberücksichtigt bleiben (LG Düsseldorf BeckRS 2011, 22399 mAnm Mückl EWiR 2012, 185).

1. Laufender Netzbetrieb (Abs. 4 S. 5 Hs. 1)

56 Der laufende Netzbetrieb umfasst jedenfalls das kaufmännische und technische **Tagesgeschäft** des Verteilernetzbetreibers, soweit es dem Betrieb des Verteilernetzes dient. Tätigkei-

ten des Verteilernetzbetreibers außerhalb des Netzbetriebs werden nicht erfasst; diese unterfallen schon als solche nicht den gesetzlichen Entflechtungsvorschriften (Kment EnWG/Knauff § 7a Rn. 18). Nicht Teil des Netzbetriebs iSv § 7a Abs. 4 S. 5 Hs. 1 sind außerdem bauliche Maßnahmen an Energieanlagen. Insoweit gilt das eingeschränkte Weisungsverbot des § 7a Abs. 4 S. 5 Hs. 2.

Tagesgeschäft bedeutet dabei nicht, dass die einzelne Tätigkeit jeden Tag ausgeübt werden muss. Maßgeblich ist insoweit, dass diese für einen Verteilernetzbetreiber üblich bzw. nicht außergewöhnlich ist. Im Umkehrschluss bedeutet dies, dass im Hinblick auf Maßnahmen und Tätigkeiten, die für einen Verteilernetzbetreiber **unüblich bzw. außergewöhnlich** sind, ein Weisungsrecht des vertikal integrierten Unternehmens jedenfalls nicht nach § 7a Abs. 4 S. 5 Hs. 1 ausgeschlossen ist (Bourwieg/Hellermann/Hermes/Hölscher § 7a Rn. 51; Kment EnWG/Knauff § 7a Rn. 18; Theobald/Kühling/Finke § 7a Rn. 64). 57

In **technischer** Hinsicht umfasst das Tagesgeschäft vor allen Dingen die regelmäßige Inspektion, Wartung und Instandsetzung aller für die Verteilung von Elektrizität oder Gas eingesetzten technischen Anlagen. Dazu gehören neben dem eigentlichen Netz einschließlich Stationen insbesondere auch die Anlagen, die für die Netzsteuerung benötigt werden. Erfasst wird außerdem nicht nur die eigentliche Tätigkeit, sondern auch alle vorbereitenden und unterstützenden Maßnahmen, wie beispielsweise die Planung, das Beschaffungswesen und das Claim Management. 58

Das **kaufmännische** Tagesgeschäft betrifft vor allen Dingen die wirtschaftlichen und rechtlichen Beziehungen zu den Netzkunden, aber auch zu Dienstleistern, Werkunternehmern, Lieferanten, Grundstückseigentümern und finanzierenden Kreditinstituten. Ebenso fallen darunter die wirtschaftlichen und rechtlichen Beziehungen zu dem für den Netzbetrieb eingesetzten Personal. 59

Für die Frage, ob eine konkrete Maßnahme oder Tätigkeit Teil des laufenden Netzbetriebs ist, kommt es nicht auf deren **Bedeutung** an, zB aufgrund ihres Geldwertes (aA Bourwieg/Hellermann/Hermes/Hölscher § 7a Rn. 51; Theobald/Kühling/Finke § 7a Rn. 64). Auch im Fall von bedeutenden Maßnahmen oder Tätigkeiten des Netzbetriebs besteht kein Weisungsrecht des vertikal integrierten Unternehmens, sofern diese für den konkreten Verteilernetzbetreiber nicht unüblich bzw. außergewöhnlich sind. 60

2. Bauliche Maßnahmen an Energieanlagen (Abs. 4 S. 5 Hs. 2)

Im Hinblick auf einzelne Entscheidungen zu baulichen Maßnahmen an Energieanlagen iSv § 3 Nr. 15 besteht gem. § 7a Abs. 4 S. 5 Hs. 2 ebenfalls ein Weisungsverbot. Allerdings greift das Weisungsverbot nur, sofern sich die Entscheidung im Rahmen eines vom vertikal integrierten Unternehmen genehmigten Finanzplans oder vergleichbaren Instruments hält. 61

Aufzustellen ist der Finanzplan oder ein vergleichbares Instrument vom Verteilernetzbetreiber; das vertikal integrierte Unternehmen kann diesen nur genehmigen oder ablehnen (Säcker EnergieR/Säcker/Schönborn § 7a Rn. 70; Schneider/Theobald EnergieWirtschaftsR-HdB/de Wyl/Finke § 4 Rn. 187). Eine Ablehnung des Finanzplans ist aber nur unter Beachtung der allgemeinen Anforderungen des § 7a Abs. 4 S. 1, 2 und 4 (Säcker EnergieR/Säcker/Schönborn § 7a Rn. 71) sowie der grundlegenden Voraussetzungen für den Einsatzes eines Finanzplans oder eines gleichwerten Instruments gem. § 7a Abs. 4 S. 3 zulässig. 62

Es gibt keine allgemeinverbindliche Definition eines Finanzplans oder gesetzliche Vorgaben, wie ein solcher aufgebaut sein muss. Der **Finanzplan** eines Unternehmens stellt grundsätzlich dessen geplante Mittelherkunft und Mittelverwendung dar. Dabei fasst er üblicherweise verschiedene Einzelpläne zusammen. Zu diesen Einzelplänen zählen regelmäßig der Investitionsplan und der Kostenplan, der wiederum die Aufwandsplanung zB für Materialaufwand, Personalaufwand und sonstigen betrieblichen Aufwand zusammenfasst. 63

Demnach genehmigt das vertikal integrierte Unternehmen im Rahmen des Finanzplans nur ein **Gesamtinvestitionsbudget** bzw. einen Gesamtbetrag (jeweils) für Personal-, Material- und sonstigen betrieblichen Aufwand. Die dahinter liegenden, oftmals sehr zahlreichen Einzelpositionen sind demgegenüber nicht Gegenstand der Genehmigung. Innerhalb des genehmigten Finanzplans kann der Verteilernetzbetreiber einzelne Entscheidungen über infrastrukturbezogene Baumaßnahmen weisungsfrei treffen (Säcker EnergieR/Säcker/ 64

Schönborn § 7a Rn. 73; Schneider/Theobald EnergieWirtschaftsR-HdB/de Wyl/Finke § 4 Rn. 188).

65 Die Interessen des vertikal integrierten Unternehmens sind dadurch gewahrt, dass es dem Finanzplan **vorab** zustimmen muss. Um eine vernünftige Entscheidung treffen zu können, muss es aber auch verstehen und prüfen können, wie sich die einzelnen, im Finanzplan ausgewiesenen Positionen zusammensetzen. Deswegen wird der Verteilernetzbetreiber neben dem Finanzplan auch den **Investitionsplan** und den **Kostenplan** vorlegen müssen, allerdings nicht zur Genehmigung, sondern nur zur Information. Dabei sind die Vorschriften der informatorischen Entflechtung gem. § 6a zu beachten.

66 Grundsätzlich zulässig ist, dass das vertikal integrierte Unternehmen im Zuge der Genehmigung des Finanzplans für bedeutsame Vorhaben einen **Genehmigungsvorbehalt** festlegt (Bourwieg/Hellermann/Hermes/Hölscher § 7a Rn. 52; Kment EnWG/Knauff § 7a Rn. 19; Säcker EnergieR/Säcker/Schönborn § 7a Rn. 70). Ein solcher Genehmigungsvorbehalt ist aber nur dann zulässig, wenn das vertikal integrierte Unternehmen den vom Verteilernetzbetreiber vorgelegten Finanzplan insoweit ablehnen könnte, ohne dabei gegen § 7a Abs. 4 S. 1–4 zu verstoßen (Säcker EnergieR/Säcker/Schönborn § 7a Rn. 70).

3. Rechtsfolge

67 Weisungen, die gegen das Verbot des § 7a Abs. 4 S. 5 verstoßen, sind gem. § 134 BGB (direkt oder analog) **unwirksam** (Bourwieg/Hellermann/Hermes/Hölscher § 7a Rn. 53; Kment EnWG/Knauff § 7a Rn. 18; Säcker EnergieR/Säcker/Schönborn § 7a Rn. 72).

G. Gleichbehandlungsprogramm (Abs. 5)

68 Nach § 6 Abs. 1 S. 1 sind vertikal integrierte Unternehmen sowie alle verbundenen Netzbetreiber verpflichtet, eine diskriminierungsfreie Ausgestaltung und Abwicklung des Netzbetriebs zu gewährleisten. Als Teil dieser Verpflichtung müssen vertikal integrierte Unternehmen im Zuge der operationellen Entflechtung eines Verteilernetzbetreibers gem. § 7a Abs. 5 ein Gleichbehandlungsprogramm festlegen und dessen Einhaltung durch einen Gleichbehandlungsbeauftragten überwachen lassen.

I. Gleichbehandlungsprogramm

1. Verpflichtung zur Erstellung eines Gleichbehandlungsprogramms

69 Die Pflicht zur Festlegung eines Gleichbehandlungsprogramms trifft nach dem Wortlaut des Gesetzes das vertikal integrierte Unternehmen. Innerhalb des vertikal integrierten Unternehmens wird man aber auf den verbundenen **Verteilernetzbetreiber** als das eigentlich verpflichtete Unternehmen abstellen müssen (Bourwieg/Hellermann/Hermes/Hölscher § 7a Rn. 55 ff.; Kment EnWG/Knauff § 7a Rn. 21; Säcker EnergieR/Säcker/Schönborn § 7a Rn. 79a; aA Elspas/Graßmann/Rasbach/Rasbach § 7a Rn. 26; Rosin/Pohlmann/Gentzsch/Metzenthin/Böwing/Schmutzer/Schoon/Stolzenburg § 7a Rn. 126; Schneider/Theobald EnergieWirtschaftsR-HdB/de Wyl/Finke § 4 Rn. 195; Theobald/Kühling/Finke § 7a Rn. 70). Dafür spricht zum einen der Wortlaut des Art. 26 Abs. 2 lit. d Elektrizitäts-Binnenmarkt-Richtlinie 2009/72/EG bzw. Gas-Binnenmarkt-Richtlinie 2009/73/EG, dessen Umsetzung in nationales Recht § 7a Abs. 5 dient. Dort wird der Verteilernetzbetreiber ausdrücklich als Verpflichteter genannt. Auch dürfte der Verteilernetzbetreiber geeigneter sein, ein Gleichbehandlungsprogramm festzulegen, als das übrige vertikal integrierte Unternehmen, das möglicherweise kein oder nur ein eingeschränktes Interesse an einem diskriminierungsfreien Netzzugang hat.

2. Adressaten des Gleichbehandlungsprogramms

70 Adressaten des Gleichbehandlungsprogramms sind alle Mitarbeiter des vertikal integrierten Unternehmens, die für den Netzbetrieb tätig sind. Insoweit kann auf die Ausführungen zu § 7a Abs. 2 (→ Rn. 7 ff.) verwiesen werden. Das Gleichbehandlungsprogramm verpflichtet demnach nicht nur die Mitarbeiter des Verteilernetzbetreibers, sondern auch die Mitarbeiter

im übrigen vertikal integrierten Unternehmen, soweit diese Tätigkeiten des Netzbetriebs ausüben und gem. § 7a Abs. 2 Nr. 2 dem fachlichen Weisungsrecht der Leitung des Verteilernetzbetreibers unterliegen (Säcker EnergieR/Säcker/Schönborn § 7a Rn. 79; wohl auch Theobald/Kühling/Finke § 7a Rn. 73). Nicht erfasst werden demgegenüber externe Dienstleister, da § 7a Abs. 5 ausdrücklich von Mitarbeitern des vertikal integrierten Unternehmens spricht (Kment EnWG/Knauff § 7a Rn. 22; Rosin/Pohlmann/Gentzsch/Metzenthin/Böwing/Schmutzer/Schoon/Stolzenburg § 7a Rn. 141).

3. Aufbau und Inhalt des Gleichbehandlungsprogramms

Das Gleichbehandlungsprogramm muss zum einen **verbindliche Maßnahmen** und zum anderen **Pflichten** der Mitarbeiter sowie mögliche **Sanktionen** im Fall von Pflichtverletzungen festlegen (Säcker EnergieR/Säcker/Schönborn EnWG § 7a Rn. 80). Ziel muss dabei sein, eine diskriminierungsfreie Ausübung des Netzgeschäfts durch die damit befassten Mitarbeiter des vertikal integrierten Unternehmens zu gewährleisten (Säcker EnergieR/Säcker/Schönborn § 7a Rn. 78). Die Gesetzesbegründung hat dabei an „organisatorische und verfahrensmäßige Vorgaben und Verhaltenskontrollen" gedacht (BT-Drs. 15/3917, 54). Die ausdrückliche Festlegung von Mitarbeiterpflichten und Sanktionsmöglichkeiten dient insoweit der erforderlichen Klarheit und Verbindlichkeit (BT-Drs. 15/3917, 54). 71

Als **Einleitung** zum Gleichbehandlungsprogramm sehen die gemeinsamen Auslegungsgrundsätze der Regulierungsbehörden des Bundes und der Länder eine Selbstbeschreibung des Energieversorgungsunternehmens vor (BNetzA, Gemeinsame Auslegungsgrundsätze zu den Entflechtungsbestimmungen in §§ 6–10 EnWG, 2006, 21). Diese müsse „in jedem Fall die Unternehmensstruktur und ein aktuelles Organigramm des gesamten Energieversorgungsunternehmens" enthalten (BNetzA, Gemeinsame Auslegungsgrundsätze zu den Entflechtungsbestimmungen in §§ 6–10 EnWG, 2006, 21). 72

Unter den vom Gesetz in § 7a Abs. 5 S. 1 geforderten **verbindlichen Maßnahmen** ist eine Beschreibung der konkreten Umsetzung der gesetzlichen Entflechtungsvorgaben (operationell, informatorisch, buchhalterisch und rechtlich) zu verstehen. 73

Im Hinblick auf die von § 7a Abs. 5 S. 2 geforderte Festlegung von **Pflichten** der Mitarbeiter ist ein abschließender Pflichtenkatalog nicht möglich. Je umfangreicher der Pflichtenkatalog ist, desto einfacher ist es für die betroffenen Mitarbeiter, Verstöße gegen das grundlegende Verbot eines diskriminierenden Netzbetriebs zu vermeiden. Ergänzend empfiehlt sich eine Generalklausel, wonach diskriminierendes Verhalten im Netzbetrieb generell zu unterlassen ist (Kment EnWG/Knauff § 7a Rn. 26). 74

Ein besonderer Hinweis sollte auf die Vorgaben zur **informatorischen Entflechtung** gem. § 6a erfolgen, speziell im Hinblick auf Netzkundeninformationen (§ 6a Abs. 1) und Netzinformationen (§ 6a Abs. 2) (Säcker EnergieR/Säcker/Schönborn § 7a Rn. 81; Theobald/Kühling/Finke § 7a Rn. 76). 75

Möglichst eindeutige Pflichten sollten außerdem für die Themenfelder des **Netzbetriebs** festgelegt werden, in denen der Verteilernetzbetreiber den Wettbewerb, in dem sich die übrigen Bereiche/Unternehmen des vertikal integrierten Unternehmens mit anderen befinden, beeinflussen könnte. Dazu zählen beispielsweise der Netzzugang und die Netznutzung, die Netzsteuerung sowie die Beschaffung von Energie, Dienstleistungen oder ähnlichem durch den Verteilernetzbetreiber, aber auch die Erbringung von Dienstleistungen durch den Verteilernetzbetreiber für andere. 76

Außerdem sollten die Mitarbeiter verpflichtet werden, wenn sie für den Netzbetrieb tätig sind, **erkennbar** für den Verteilernetzbetreiber aufzutreten (BNetzA, Gemeinsame Auslegungsgrundsätze zu den Entflechtungsbestimmungen in §§ 6–10 EnWG, 2006, 21). Auch sollten **Empfehlungen** zugunsten des übrigen vertikal integrierten Unternehmens verboten werden (BNetzA, Gemeinsame Auslegungsgrundsätze zu den Entflechtungsbestimmungen in §§ 6–10 EnWG, 2006, 21). 77

Bei der Ausformulierung des Gleichbehandlungsprogramms muss – wie bei allen internen Regelungen – die richtige Balance zwischen Regelungstiefe, Handhabbarkeit sowie Verständlichkeit für die Mitarbeiter gefunden werden (Bourwieg/Hellermann/Hermes/Hölscher § 7a Rn. 63; Kment EnWG/Knauff § 7a Rn. 25; Theobald/Kühling/Finke § 7a 78

Rn. 75). Es nützt nichts, ein riesiges, umfassendes Werk zu schaffen, das von den betroffenen Mitarbeitern nur als Last empfunden und letztlich nicht beachtet wird.

79 Neben den Pflichten für die Mitarbeiter sind **Sanktionsmöglichkeiten** für den Fall der Pflichtverletzung festzulegen. Dabei kann es sich aber nur um allgemein **arbeitsrechtlich zulässige Sanktionen** handeln. Das Energierecht schafft hier keine weitergehenden Möglichkeiten (Kment EnWG/Knauff § 7a Rn. 27). Deswegen ist ein allgemeiner Verweis auf die potentiellen arbeitsrechtlichen Konsequenzen ausreichend und eine nähere Beschreibung nicht erforderlich (Bourwieg/Hellermann/Hermes/Hölscher § 7a Rn. 64; Säcker EnergieR/Säcker/Schönborn § 7a Rn. 86; Schneider/Theobald EnergieWirtschaftsR-HdB/de Wyl/Finke § 4 Rn. 201; Säcker EnergieR/Säcker/Schönborn § 7a Rn. 78; aA Kment EnWG/Knauff § 7a Rn. 27).

80 Das Gleichbehandlungsprogramm ist zum einen der Regulierungsbehörde und zum anderen den Mitarbeitern bekannt zu geben. Wie die **Bekanntgabe** an die Mitarbeiter konkret zu erfolgen hat, ist gesetzlich nicht geregelt. Damit das Gleichbehandlungsprogramm seine gewünschte Wirkung entfalten kann, muss der Zugang möglichst unproblematisch, zB über eine Veröffentlichung im Intranet des Verteilernetzbetreibers oder Auslegung an geeigneten Orten im Unternehmen, organisiert sein (BNetzA Beschl. v. 11.4.2013 – BK6-12-004, S. 79; BNetzA Beschl. v. 9.11.2012 – BK6-12-044, S. 59 jeweils zum inhaltsgleichen § 10e Abs. 1 S. 1; Kment EnWG/Knauff § 7a Rn. 23; Säcker EnergieR/Säcker/Schönborn § 7a Rn. 84; Theobald/Kühling/Finke § 7a Rn. 74). Denkbar ist auch ein Versand an alle Mitarbeiter per E-Mail (BNetzA Beschl. v. 9.3.2020 – BK7-18-051, S. 76 zum inhaltsgleichen § 10e Abs. 1 S. 1; Theobald/Kühling/Finke § 7a Rn. 74). Zur Unterstreichung seiner Bedeutung sollte es von der Geschäftsleitung des Verteilernetzbetreibers **unterzeichnet** werden (Bourwieg/Hellermann/Hermes/Hölscher § 7a Rn. 59; Säcker EnergieR/Säcker/Schönborn § 7a Rn. 84; BNetzA, Gemeinsame Auslegungsgrundsätze zu den Entflechtungsbestimmungen in §§ 6–10 EnWG, 2006, 21). Außerdem sollten die Mitarbeiter über die Inhalte des Gleichbehandlungsprogramms **geschult** werden (Bourwieg/Hellermann/Hermes/Hölscher § 7a Rn. 59; Kment EnWG/Knauff § 7a Rn. 23; Säcker EnergieR/Säcker/Schönborn § 7a Rn. 84; Schneider/Theobald EnergieWirtschaftsR-HdB/de Wyl/Finke § 4 Rn. 202; Theobald/Kühling/Finke § 7a Rn. 79; BNetzA, Gemeinsame Auslegungsgrundsätze zu den Entflechtungsbestimmungen in §§ 6–10 EnWG, 2006, 21).

81 Darüber hinaus kann das Gleichbehandlungsprogramm auch als **Dienstanweisung** ausgestaltet werden (ausf. zu den arbeitsrechtlichen Aspekten Säcker EnergieR/Säcker/Schönborn § 7a Rn. 80 ff.). Dann ist dessen Empfang oder Kenntnisnahme durch jeden betroffenen Mitarbeiter schriftlich zu bestätigen (Bourwieg/Hellermann/Hermes/Hölscher § 7a Rn. 59; Kment EnWG/Knauff § 7a Rn. 23; Säcker EnergieR/Säcker/Schönborn § 7a Rn. 84; aA Rosin/Pohlmann/Gentzsch/Metzenthin/Böwing/Schmutzer/Schoon/Stolzenburg § 7a Rn. 142).

II. Gleichbehandlungsbeauftragter

1. Benennung und Kandidatenkreis

82 Für die Überwachung der Einhaltung des Gleichbehandlungsprogramms ist ein Gleichbehandlungsbeauftragter zu benennen. Anders als für die Ernennung des Gleichbehandlungsbeauftragten eines Unabhängigen Transportnetzbetreibers (§ 10e Abs. 2 S. 2) ist die **Zuständigkeit** für die Benennung des Gleichbehandlungsbeauftragten beim Verteilernetzbetreiber gesetzlich nicht geregelt. Grundsätzlich zuständig ist die Geschäftsführung bzw. der Vorstand des Verteilernetzbetreibers (Bourwieg/Hellermann/Hermes/Hölscher § 7a Rn. 69).

83 Gleichbehandlungsbeauftragter kann gem. § 7a Abs. 5 S. 1 sowohl eine natürliche als auch eine juristische Person sein. Nicht erforderlich ist, dass es sich um einen **Mitarbeiter** des Verteilernetzbetreibers handelt oder dass er in die Organisation des Verteilernetzbetreibers eingebunden ist (Kment EnWG/Knauff § 7a Rn. 28; Säcker EnergieR/Säcker/Schönborn § 7a Rn. 88; Schneider/Theobald EnergieWirtschaftsR-HdB/de Wyl/Finke § 4 Rn. 203; Theobald/Kühling/Finke § 7a Rn. 84). So kann auch ein **Dienstleister** mit der Rolle des Gleichbehandlungsbeauftragten beauftragt werden (Bourwieg/Hellermann/Hermes/Hölscher § 7a Rn. 67; Schneider/Theobald EnergieWirtschaftsR-HdB/de Wyl/Finke § 4 Rn. 205; Theobald/Kühling/Finke § 7a Rn. 83).

2. Aufgaben, Rechte und Pflichten

Die Aufgaben, Rechte und Pflichten des Gleichbehandlungsbeauftragten sollten im Gleichbehandlungsprogramm festgelegt werden (Bourwieg/Hellermann/Hermes/Hölscher § 7a Rn. 65; Theobald/Kühling/Finke § 7a Rn. 77). Soweit nicht anders geregelt, unterstützt der Gleichbehandlungsbeauftragte die Unternehmensleitung bei der Einhaltung der gesetzlichen Entflechtungsregelungen (Bourwieg/Hellermann/Hermes/Hölscher § 7a Rn. 66; Kment EnWG/Knauff § 7a Rn. 28; Schneider/Theobald EnergieWirtschaftsR-HdB/de Wyl/Finke § 4 Rn. 204; Theobald/Kühling/Finke § 7a Rn. 85). Die **Letztverantwortung** für einen diskriminierungsfreien Netzbetrieb liegt aber bei der Unternehmensleitung (Bourwieg/Hellermann/Hermes/Hölscher § 7a Rn. 66; Schneider/Theobald EnergieWirtschaftsR-HdB/de Wyl/Finke § 4 Rn. 204; Theobald/Kühling/Finke § 7a Rn. 85). Sie entscheidet auch über mögliche Sanktionen, sollte der Gleichbehandlungsbeauftragte einen Verstoß gegen das Gleichbehandlungsprogramm feststellen (Bourwieg/Hellermann/Hermes/Hölscher § 7a Rn. 66; Kment EnWG/Knauff § 7a Rn. 30; Theobald/Kühling/Finke § 7a Rn. 88).

Aufgabe des Gleichbehandlungsbeauftragten ist die **Überwachung** der für den Netzbetrieb tätigen Mitarbeiter des vertikal integrierten Unternehmens. Um dieser Aufgabe gerecht werden zu können, muss der Gleichbehandlungsbeauftragte entsprechend fachlich und persönlich geeignet sein (Bourwieg/Hellermann/Hermes/Hölscher § 7a Rn. 68; Kment EnWG/Knauff § 7a Rn. 28; Säcker EnergieR/Säcker/Schönborn § 7a Rn. 88; Theobald/Kühling/Finke § 7a Rn. 83). Auch muss der Gleichbehandlungsbeauftragte über **hinreichende Ressourcen** zur Erfüllung seiner Aufgaben verfügen (Kment EnWG/Knauff § 7a Rn. 28 unter Verweis auf die entsprechende Regelung in § 10e Abs. 2 S. 6 für den Gleichbehandlungsbeauftragten eines Unabhängigen Transportnetzbetreibers).

Des Weiteren verlangt § 7a Abs. 5 S. 4 die **vollkommene Unabhängigkeit** des Gleichbehandlungsbeauftragten in seiner Aufgabenwahrnehmung. Die Gesetzesbegründung verweist insoweit auf dessen Unabhängigkeit „von Weisungen des vertikal integrierten Unternehmens oder eines seiner Tochterunternehmen" (BT-Drs. 17/6072, 57). So muss der Gleichbehandlungsbeauftragte selbst über **Art und Umfang** seiner Überwachungstätigkeit entscheiden können (Theobald/Kühling/Finke § 7a Rn. 88; aA Bourwieg/Hellermann/Hermes/Hölscher § 7a Rn. 67, die ein Ermessen des Unternehmens bzw. der Unternehmensleitung annehmen). Anders als der Gleichbehandlungsbeauftragte eines Unabhängigen Transportnetzbetreibers (§ 10e Abs. 7) verfügt der Gleichbehandlungsbeauftragte eines Verteilernetzbetreibers jedoch nicht über eine persönliche, sondern nur über eine **fachliche Unabhängigkeit** (Bourwieg/Hellermann/Hermes/Hölscher § 7a Rn. 70). Außerdem genießt der Gleichbehandlungsbeauftragte keinen besonderen **Kündigungsschutz** (Kment EnWG/Knauff § 7a Rn. 28; Rosin/Pohlmann/Gentzsch/Metzenthin/Böwing/Schmutzer/Schoon/Stolzenburg § 7a Rn. 153).

Wesentlich für die effektive Aufgabenerfüllung ist insbesondere das Recht, regelmäßig **stichprobenartige Kontrollen** betreffend die Einhaltung des Gleichbehandlungsprogramms durchführen zu dürfen (Bourwieg/Hellermann/Hermes/Hölscher § 7a Rn. 65; Rosin/Pohlmann/Gentzsch/Metzenthin/Böwing/Schmutzer/Schoon/Stolzenburg § 7a Rn. 157). Gemäß § 7a Abs. 5 S. 5 ist dem Gleichbehandlungsbeauftragten außerdem **Zugang zu allen Informationen** zu gewähren, die für die Erfüllung seiner Aufgabe erforderlich sind. Dabei kommt es nicht darauf an, ob die Informationen beim Verteilernetzbetreiber oder einem anderen Unternehmen des vertikal integrierten Unternehmens vorhanden sind (Rosin/Pohlmann/Gentzsch/Metzenthin/Böwing/Schmutzer/Schoon/Stolzenburg § 7a Rn. 151; Rosin/Pohlmann/Gentzsch/Metzenthin/Böwing/Schmutzer/Schoon/Stolzenburg § 7a Rn. 158). Für die Frage der Erforderlichkeit verfügt der Gleichbehandlungsbeauftragte über eine Einschätzungsprärogative (Kment EnWG/Knauff § 7a Rn. 29).

Auch haben alle Mitarbeiter das Recht, sich an den Gleichbehandlungsbeauftragten zu wenden (Bourwieg/Hellermann/Hermes/Hölscher § 7a Rn. 65; Kment EnWG/Knauff § 7a Rn. 29). Hierfür ist erforderlich, dass seine **Kontaktdaten** allgemein zugänglich sind. Gleichzeitig sind die Mitarbeiter verpflichtet, dem Gleichbehandlungsbeauftragten Auskunft zu erteilen (Kment EnWG/Knauff § 7a Rn. 29; Säcker EnergieR/Säcker/Schönborn § 7a Rn. 88). Auch externe Dritte müssen die Möglichkeit haben, sich direkt an den Gleichbehandlungsbeauftragten zu wenden.

III. Gleichbehandlungsbericht

89 Gemäß § 7a Abs. 5 S. 3 ist der Gleichbehandlungsbeauftragte verpflichtet, jedes Jahr bis spätestens zum 31.3. der Regulierungsbehörde einen Gleichbehandlungsbericht vorzulegen und diesen in nicht personenbezogener Form zu veröffentlichen. Über die gesetzliche Regelung hinaus trägt der Gleichbehandlungsbeauftragte auch die inhaltliche Verantwortung für den Bericht (Rosin/Pohlmann/Gentzsch/Metzenthin/Böwing/Schmutzer/Schoon/Stolzenburg § 7a Rn. 165; Theobald/Kühling/Finke § 7a Rn. 90).

90 **Inhalt** des Berichts sind die innerhalb des vorangegangenen Kalenderjahres getroffenen Maßnahmen zur diskriminierungsfreien Ausübung des Netzgeschäfts. Dazu zählen insbesondere die Festlegung und eventuell erfolgte Änderungen des Gleichbehandlungsprogramms einschließlich ihrer Bekanntmachung sowie durchgeführte Schulungen und Überwachungsmaßnahmen (Bourwieg/Hellermann/Hermes/Hölscher § 7a Rn. 73). Auch sollte die jeweils aktuelle Struktur des vertikal integrierten Unternehmens sowie des Verteilernetzbetreibers berichtet werden.

91 Außerdem hat der Gleichbehandlungsbeauftragte über die von ihm festgestellten **Verstöße** gegen das Gleichbehandlungsprogramm sowie evtl. ergriffene Sanktionen und Gegenmaßnahmen zu berichten (Kment EnWG/Knauff § 7a Rn. 31). Dabei ist es zulässig, vergleichbare Verstöße gegen das Gleichbehandlungsprogramm nicht einzeln aufzuzählen, sondern zu typisieren (Bourwieg/Hellermann/Hermes/Hölscher § 7a Rn. 73; Kment EnWG/Knauff § 7a Rn. 31).

92 Weder im Hinblick auf die **Form** des Berichts noch auf dessen **Detailierungsgrad** gibt es Vorgaben. Insoweit kann der Gleichbehandlungsbeauftragte selbst entscheiden. Der Bericht muss aber die Regulierungsbehörde in die Lage versetzen, sich ein zutreffendes Bild vom Gleichbehandlungsprogramm und dessen Einhaltung machen zu können (Bourwieg/Hellermann/Hermes/Hölscher § 7a Rn. 72; Schneider/Theobald EnergieWirtschaftsR-HdB/de Wyl/Finke § 4 Rn. 208; Theobald/Kühling/Finke § 7a Rn. 91). Dabei kann eine **Bewertung** des bestehenden Systems durch den Gleichbehandlungsbeauftragten hilfreich sein (Kment EnWG/Knauff § 7a Rn. 31).

93 Die **Veröffentlichung** des Gleichbehandlungsberichts kann beispielsweise über die Homepage des Verteilernetzbetreibers erfolgen (Kment EnWG/Knauff § 7a Rn. 31; Säcker EnergieR/Säcker/Schönborn § 7a Rn. 89). Zuvor ist dieser zu anonymisieren und sind **Geschäftsgeheimnisse** zu entfernen (Kment EnWG/Knauff § 7a Rn. 31; Schneider/Theobald EnergieWirtschaftsR-HdB/de Wyl/Finke § 4 Rn. 208; Theobald/Kühling/Finke § 7a Rn. 91).

H. Kommunikationsverhalten und Markenpolitik (Abs. 6)

94 Die Vorgaben zum Kommunikationsverhalten und zur Markenpolitik eines Verteilernetzbetreibers wurden erst 2011 in das EnWG eingefügt. Sie dienen der Umsetzung von Art. 26 Abs. 3 Elektrizitäts-Binnenmarkt-Richtlinie 2009/72/EG bzw. Gas-Binnenmarkt-Richtlinie 2009/73/EG. Durch diese Regelung soll verhindert werden, dass der Verteilernetzbetreiber, der Teil eines vertikal integrierten Unternehmens ist, diesen Umstand zur Verzerrung des Wettbewerbs im Energiebinnenmarkt zugunsten des vertikal integrierten Unternehmens nutzen kann.

95 Die Regulierungsbehörden des Bundes und der Länder haben am 16.7.2012 **gemeinsame Auslegungsgrundsätze** zu den Anforderungen an die Markenpolitik und das Kommunikationsverhalten bei Verteilernetzbetreibern veröffentlicht. Dabei handelt es sich nicht um eine Festlegung iSd § 29 oder eine sonstige Verwaltungsvorschrift, sondern lediglich um eine Orientierungshilfe (BNetzA, Gemeinsame Auslegungsgrundsätze zu den Entflechtungsbestimmungen in §§ 6–10 EnWG, 2006, 4).

I. Normzweck

96 Bei der Umsetzung in nationales Recht hat der deutsche Gesetzgeber zum einen darauf abgestellt, dass die Transparenz gegenüber dem Verbraucher verbessert werden soll (BT-Drs. 17/6072, 57). Diesem solle stärker bewusst werden, dass Vertrieb und Verteilernetz zwei getrennte Aktivitäten innerhalb des vertikal integrierten Unternehmens sind (BT-Drs.

17/6072, 57). Zum anderen solle die Verbundenheit der Mitarbeiter des Verteilernetzbetreibers mit dem Netzbetrieb gestärkt und infolgedessen die Verbundenheit mit dem übrigen vertikal integrierten Unternehmen geschwächt werden (BT-Drs. 17/6072, 57). Um dieses Ziel zu erreichen sei der Verteilernetzbetreiber verpflichtet, vor allem bei der Kommunikation mit externen Dritten darauf zu achten, dass **Verwechslungen** mit den Vertriebsaktivitäten des vertikal integrierten Unternehmens **ausgeschlossen** sind (BT-Drs. 17/6072, 57). Als Beispiele für einen getrennten Auftritt nennt der Gesetzgeber ein eigenes Logo des Verteilernetzbetreibers, das er auf seinem Briefpapier und auf seinen Fahrzeugen einsetzt (BT-Drs. 17/6072, 57).

II. Adressaten

Adressaten der Pflichten aus § 7a Abs. 6 sind die **Verteilernetzbetreiber** (BNetzA, Gemeinsame Auslegungsgrundsätze zu den Entflechtungsbestimmungen in §§ 6–10 EnWG, 2006, 4). Diese müssen dafür sorgen, dass sie bei ihrem Außenauftritt – bestehend aus Kommunikationsverhalten und Markenpolitik – als eigenständiges Unternehmen wahrgenommen und eine Verwechslung mit den **Vertriebsaktivitäten** des vertikal integrierten Unternehmens ausgeschlossen ist (Kment EnWG/Knauff § 7a Rn. 32). Demgegenüber ist eine Verwechslungsgefahr mit den übrigen, nicht vertrieblichen Aktivitäten des vertikal integrierten Unternehmens unkritisch (BNetzA, Gemeinsame Auslegungsgrundsätze zu den Entflechtungsbestimmungen in §§ 6–10 EnWG, 2006, 8). 97

Allerdings darf zu erkennen sein, dass Netzbetrieb und Vertrieb zu derselben **Unternehmensgruppe** gehören (BT-Drs. 17/6072, 57; OLG Düsseldorf EnWZ 2016, 33 Rn. 61; Bourwieg/Hellermann/Hermes/Hölscher § 7a Rn. 77; Kment EnWG/Knauff § 7a Rn. 34; Säcker EnergieR/Säcker/Schönborn § 7a Rn. 90a). Dagegen darf der Verteilernetzbetreiber nicht den Eindruck erwecken, wer die Produkte des mit ihm verbundenen Vertriebs wählt, habe deswegen irgendwelche Vorteile bei den von ihm, dem Verteilernetzbetreiber angebotenen Leistungen. Ein solcher unzulässiger Vorteil könnte zB eine Verkürzung der Wartezeit auf einen Hausanschluss sein. 98

Auch wenn sich § 7a Abs. 6 seinem Wortlaut nach nur an den Verteilernetzbetreiber richtet, so muss doch auch das **übrige vertikal integrierte Unternehmen** eine Verwechslung zwischen Vertrieb und Verteilernetzbetreiber vermeiden (OLG Jena BeckRS 2017, 148114 Rn. 22 ff. mzustAnm Modi GRUR-Prax 2018, 409). Denn nach § 6 Abs. 1 S. 2 ist das vertikal integrierte Unternehmen insgesamt verpflichtet, die Einhaltung der §§ 6a–10e sicherzustellen. So darf das übrige vertikal integrierte Unternehmen beispielsweise nicht den Eindruck vermitteln, es könne die Leistungen des Verteilernetzbetreibers, zB die Errichtung eines Hausanschlusses, mit anbieten (OLG Jena BeckRS 2017, 148114 Rn. 35). 99

Infolge der mit Wirkung vom 29.7.2022 **erweiterten Definition des vertikal integrierten Unternehmens** in § 3 Nr. 38 (→ § 6 Rn. 27 ff.) stellt sich die Frage, ob der Vertrieb iSd § 7a Abs. 6 nur Aktivitäten im Energiebereich oder sämtliche Vertriebsaktivitäten des vertikal integrierten Unternehmens auch außerhalb des Energiebereichs umfasst. Sinn und Zweck der Regelung ist es zu verhindern, dass ein Unternehmen bzw. ein Unternehmensverbund sich dadurch einen Wettbewerbsvorteil verschaffen kann, dass ein Teil des Unternehmens bzw. der Unternehmensgruppe ein natürliches Monopol darstellt. Das Risiko einer unzulässigen Beeinflussung des Wettbewerbs besteht aber nicht nur im Energiebereich, auch wenn es dort möglicherweise am größten ist. Deswegen könnte man argumentieren, dass § 7a Abs. 6 die Vermeidung einer Verwechslungsgefahr nicht nur für den Vertrieb im Energiebereich, sondern für alle vertrieblichen Aktivitäten des vertikal integrierten Unternehmens verlangt. Dagegen spricht aber entscheidend, dass die Voraussetzungen des § 3 Nr. 38 nicht erfüllt sind und damit kein vertikal integriertes Unternehmen vorliegt, wenn das betreffende Unternehmen oder die betreffende Unternehmensgruppe keinerlei wettbewerbliche Funktion im Elektrizitäts- oder Erdgasbereich wahrnimmt. In einem solchen Fall kommt § 7b Abs. 6 nicht zur Anwendung. Es ist kein Grund ersichtlich, warum Vertriebsaktivitäten außerhalb des Energiebereichs strengeren Anforderungen genügen sollten, nur weil innerhalb des Unternehmens bzw. der Unternehmensgruppe Vertriebsaktivitäten auch im Energiebereich stattfinden. Außerdem dienen die Entflechtungsregelungen dem Schutz des Wettbewerbs im Energiebinnenmarkt und nicht in sonstigen Märkten. 99a

III. Kommunikationsverhalten und Markenpolitik

100 Unter den Begriff des Kommunikationsverhaltens ist **jede Form** der an Dritte gerichteten **Information** und sonstige Ansprache zu fassen (OLG Düsseldorf EnWZ 2016, 33 Rn. 51). Eine solche Ansprache kann schriftlich, im Internet, per E-Mail aber auch mündlich, zB telefonisch, erfolgen (Kment EnWG/Knauff § 7a Rn. 33). Auch kann es sich um eine einmalige, flüchtige Ansprache, zB im Rahmen eines Interviews, handeln (Kment EnWG/Knauff § 7a Rn. 33).

101 Unter den Begriff der Markenpolitik fallen alle Maßnahmen, die sich mit den angebotenen Produkten und Leistungen, ihrer Darstellung und Charakterisierung befassen (OLG Düsseldorf EnWZ 2016, 33 Rn. 51; Kment EnWG/Knauff § 7a Rn. 34). Darunter fällt grundsätzlich auch die Unternehmensbezeichnung (Kment EnWG/Knauff § 7a Rn. 34).

102 Eine eindeutige Trennung zwischen Kommunikationsverhalten einerseits und Markenpolitik andererseits ist nicht möglich, aber auch nicht erforderlich (OLG Düsseldorf EnWZ 2016, 33 Rn. 51; Kment EnWG/Knauff § 7a Rn. 34). Denn § 7a Abs. 6 verfolgt eine möglichst umfassende Trennung der Marktauftritte des Verteilernetzbetreibers und des verbundenen Vertriebs (OLG Düsseldorf EnWZ 2016, 33 Rn. 51; Kment EnWG/Knauff § 7a Rn. 34). Nach Auffassung der Regulierungsbehörden ist die Markenpolitik ein wesentlicher Teil des Kommunikationsverhaltens (Gemeinsame Auslegungsgrundsätze III der Regulierungsbehörden des Bundes und der Länder zu den Anforderungen an die Markenpolitik und das Kommunikationsverhalten bei Verteilernetzbetreibern zu § 7a Abs. 6 EnWG, 2012, 4 f.).

IV. Verwechslungsgefahr

103 Für die Frage, ob das Kommunikationsverhalten oder die Markenpolitik eines Verteilernetzbetreibers die Gefahr einer Verwechslung mit den Vertriebsaktivitäten des vertikal integrierten Unternehmens begründet, sind **markenrechtliche Grundsätze** heranzuziehen (BGH RdE 2017, 69 Rn. 16). Für einen Verstoß gegen § 7a Abs. 6 genügt allerdings eine **Verwechslungsgefahr im weiteren Sinne** nicht (BGH RdE 2017, 69 Rn. 17). Eine solche liegt vor, wenn die Gefahr besteht, „dass der Verkehr zwar die Unterschiede zwischen den Marken erkennt, aber organisatorische oder wirtschaftliche Verbindungen zwischen den Markeninhabern herstellt" (BGH RdE 2017, 69 Rn. 17). Ein Verstoß gegen § 7a Abs. 6 liegt erst bei einer **Verwechslungsgefahr im engeren Sinne** vor, also im Fall eines Verhaltens, „das geeignet ist, den Eindruck zu erwecken, dass der Netzbetreiber und das Versorgungsunternehmen identisch sind" (BGH RdE 2017, 69 Rn. 17).

104 Für die Frage, ob zwischen zwei **Zeichen** eine Verwechslungsgefahr im engeren Sinne besteht, ist der Gesamteindruck der beiden Zeichen zu ermitteln (BGH RdE 2017, 69 Rn. 18). Sofern es sich um ein komplexes Zeichen handelt, sind grundsätzlich alle Bestandteile zu berücksichtigen (BGH RdE 2017, 69 Rn. 18). Dabei können einzelne Bestandteile unter bestimmten Voraussetzungen prägenden Charakter haben (BGH RdE 2017, 69 Rn. 18). Entscheidend sind aber immer die Umstände des konkreten Einzelfalls (BGH RdE 2017, 69 Rn. 18).

105 Dasselbe gilt für die Frage, ob ein gemeinsamer **Internetauftritt** des Verteilernetzbetreibers und des übrigen vertikal integrierten Unternehmens gegen § 7a Abs. 6 verstößt (OLG Jena BeckRS 2017, 148114 hat diese Frage nicht behandelt, da es einen Verstoß gegen § 7a Abs. 6 schon aus anderen Gründen bejaht hat). Ein solcher ist nicht von vornherein unzulässig (Modi GRUR-Prax 2018, 409; aA Gemeinsame Auslegungsgrundsätze III der Regulierungsbehörden des Bundes und der Länder zu den Anforderungen an die Markenpolitik und das Kommunikationsverhalten bei Verteilernetzbetreibern zu § 7a Abs. 6 EnWG, 2012, 6), da durchaus zu erkennen sein darf, dass Netzbetrieb und Vertrieb zu derselben Unternehmensgruppe gehören (→ Rn. 98). Allerdings muss der Internetauftritt so gestaltet sein, dass eine Verwechslung zwischen Verteilernetzbetreiber und den Vertriebsaktivitäten des vertikal integrierten Unternehmens ausgeschlossen ist (Modi GRUR-Prax 2018, 409).

106 Auf eine strikte Trennung zwischen Verteilernetzbetrieb und Vertrieb ist insbesondere bei den **Kommunikationskanälen** mit den jeweiligen Kunden zu achten. So sind jeweils unterschiedliche Telefonnummern, E-Mail-Adressen, Kontaktformulare im Internet, Briefpapiere, Vertragsunterlagen sowie Werbemittel, Plakate und Anzeigen zu verwenden (Gemeinsame Auslegungsgrundsätze III der Regulierungsbehörden des Bundes und der Län-

der zu den Anforderungen an die Markenpolitik und das Kommunikationsverhalten bei Verteilernetzbetreibern zu § 7a Abs. 6 EnWG, 2012, 5 f.).

V. Durchsetzung

Die Beachtung der Vorgaben des § 7a Abs. 6 können nicht nur die Regulierungsbehörden durchsetzen. Grundsätzlich können auch Wettbewerber des vertikal integrierten Unternehmens und Verbraucherverbände einen Unterlassungsanspruch geltend machen (OLG Jena BeckRS 2017, 148114 Rn. 38 ff.; Kment EnWG/Knauff § 7a Rn. 32). 107

I. De-minimis-Regelung (Abs. 7)

Die De-minimis-Regelung in § 7a Abs. 7 ist inhaltsgleich (Elspas/Graßmann/Rasbach § 7a Rn. 35; Theobald/Kühling/Finke EnWG § 7a Rn. 5) mit der in § 7 Abs. 2, sodass auf die dortige Kommentierung verwiesen werden kann (→ § 7 Rn. 24). Demnach sind vertikal integrierte Unternehmen, die mit einem kleinen Verteilernetzbetreiber verbunden sind, von den Anforderungen der operationellen Entflechtung ausgenommen. Die Anforderungen zur informatorischen und buchhalterischen Entflechtung gem. §§ 6a–6c gelten trotzdem, ebenso wie die Anforderungen an einen Kombinationsnetzbetreiber gem. § 6d. 108

Nach Auffassung des Gesetzgebers kann die Anwendbarkeit der Vorschriften der operationellen Entflechtung ausnahmsweise trotzdem erforderlich sein, wenn im konkreten Einzelfall die Vorgaben der §§ 6a–6c ansonsten ins Leere laufen würden (BT-Drs. 17/6072, 57). Aufgrund des eindeutigen Gesetzeswortlauts kann es sich dabei aber nur um eine sehr enge **Ausnahme** handeln (Kment EnWG/Knauff § 7a Rn. 37). 109

§ 7b Entflechtung von Gasspeicheranlagenbetreibern und Transportnetzeigentümern

Auf Transportnetzeigentümer, soweit ein Unabhängiger Systembetreiber im Sinne des § 9 benannt wurde, und auf Betreiber von Gasspeicheranlagen, die Teil eines vertikal integrierten Unternehmens sind und zu denen der Zugang technisch und wirtschaftlich erforderlich ist für einen effizienten Netzzugang im Hinblick auf die Belieferung von Kunden, sind § 7 Absatz 1 und § 7a Absatz 1 bis 5 entsprechend anwendbar.

Überblick

Die Vorschrift des § 7b bestimmt, dass die Regelungen der rechtlichen und operationellen Entflechtung gem. §§ 7, 7a nicht nur auf Verteilernetzbetreiber, sondern unter bestimmten Voraussetzungen auch auf Transportnetzeigentümer (→ Rn. 2 ff.) und Betreiber von Gasspeicheranlagen (→ Rn. 5 ff.) anwendbar sind.

A. Normzweck und Entstehungsgeschichte

§ 7b wurde 2011 in das EnWG eingefügt und dient der Umsetzung von Art. 14 Elektrizitäts-Binnenmarkt-Richtlinie 2009/72/EG und Art. 15 Gas-Binnenmarkt-Richtlinie 2009/73/EG in nationales Recht (BT-Drs. 17/6072, 57). Der europäische Gesetzgeber sieht zum einen die Notwendigkeit, infolge der Einführung des unabhängigen Systembetreibers gem. Art. 13 Elektrizitäts-Binnenmarkt-Richtlinie 2009/72/EG und Art. 14 Gas-Binnenmarkt-Richtlinie 2009/73/EG Risiken für den Wettbewerb auf Ebene des Transportnetzeigentümers zu begrenzen. Zum anderen ist „die Unabhängigkeit der [Gas]Speicheranlagenbetreiber zu gewährleisten, damit der Zugang Dritter zu [Gas]Speicheranlagen verbessert wird, die technisch und/oder wirtschaftlich notwendig sind, um einen effizienten Zugang zum System für die Versorgung der Verbraucher zu ermöglichen" (Erwägungsgrund 24 Gas-Binnenmarkt-Richtlinie 2009/73/EG). 1

B. Transportnetzeigentümer

2   Nimmt ein vertikal integriertes Unternehmen die Funktion Übertragung bzw. Fernleitung wahr, kann es sich u.a. gem. § 9 durch die Benennung eines Unabhängigen Systembetreibers entflechten. In der Folge fallen die Rollen des **Unabhängigen Systembetreibers** als Betreiber des Transportnetzes einerseits und des **Transportnetzeigentümers** als zivilrechtlicher Eigentümer des Transportnetzes andererseits auseinander. Die entflechtungsrechtlichen Anforderungen an den Unabhängigen Systembetreiber (= Transportnetzbetreiber) ergeben sich aus § 9. Für den Transportnetzeigentümer enthalten die §§ 8–10e demgegenüber keine gesonderten entflechtungsrechtlichen Vorgaben.

3   Da der Transportnetzeigentümer aber Teil des vertikal integrierten Unternehmens bleibt, besteht weiterhin die Gefahr, dass trotz Benennung eines Unabhängigen Systembetreibers der Transportnetzeigentümer auf den Betrieb des Transportnetzes in der Weise Einfluss nimmt, dass die von § 6 Abs. 1 S. 1 geforderte „Gewährleistung von Transparenz sowie diskriminierungsfreier Ausgestaltung und Abwicklung des Netzbetriebs" nicht mehr gegeben ist. Aus diesem Grund verlangt § 7b die rechtliche und operationelle Entflechtung des Transportnetzeigentümers entsprechend den Anforderungen an die Entflechtung von Verteilernetzbetreibern gem. §§ 7 Abs. 1, 7a Abs. 1–5.

4   Nicht anwendbar auf Transportnetzeigentümer sind die de-minimis Ausnahmen in §§ 7 Abs. 2, 7a Abs. 7 und die Regelungen betreffend das Kommunikationsverhalten und die Markenpolitik gem. § 7a Abs. 6.

C. Betreiber von Gasspeicheranlagen

5   Auf den Betreiber einer Gasspeicheranlage (§ 3 Nr. 6) ist § 7b nur anwendbar, wenn dieser zum einen Teil eines vertikal integrierten Unternehmens ist. Zum andern muss der Zugang zu der Gasspeicheranlage (§ 3 Nr. 19c) technisch und wirtschaftlich erforderlich sein für einen effizienten Netzzugang im Hinblick auf die Belieferung von Kunden (§ 3 Nr. 24). Beide Voraussetzungen müssen **kumulativ** vorliegen (Kment EnWG/Knauff § 7b Rn. 4).

6   **Teil eines vertikal integrierten Unternehmens** ist der Gasspeicherbetreiber dann, wenn zwischen beiden eine Verbindung iSd Art. 3 Abs. 2 EG-Fusionskontrollverordnung (VO (EG) Nr. 139/2004; ABl. 2004 L 24, 1) besteht. Allerdings liegt kein vertikal integriertes Unternehmen vor, wenn keines der mit dem Gasspeicherbetreiber im vorstehenden Sinne verbundenen Unternehmen in einem der in § 3 Nr. 38 genannten Wettbewerbsbereiche tätig ist. Unter dieser Voraussetzung kann ein Unternehmen also sowohl als Netz- als auch als Gasspeicherbetreiber tätig sein (Elspas/Graßmann/Rasbach/Lihs/Eckhardt § 7b Rn. 8; Rosin/Pohlmann/Gentzsch/Metzenthin/Böwing/Schmutzer/Schoon/Stolzenburg § 7b Rn. 11 ff.).

7   Gemäß § 28 Abs. 1 S. 2 gilt der „Zugang zu einer Gasspeicheranlage […] als **technisch oder wirtschaftlich erforderlich** für einen effizienten Netzzugang im Hinblick auf die Belieferung von Kunden, wenn es sich bei der Gasspeicheranlage um einen Untergrundspeicher, mit Ausnahme von unterirdischen Röhrenspeichern handelt". Dabei kommt es nicht darauf an, ob der Gasspeicher an einem Verteilernetz oder einem Fernleitungsnetz angeschlossen ist (Elspas/Graßmann/Rasbach/Lihs/Eckhardt § 7b Rn. 7; Säcker EnergieR/Säcker/Schönborn § 7b Rn. 12). Nicht von § 7b erfasst werden demnach oberirdische Gasspeicheranlagen sowie unterirdische Röhrenspeicher.

8   Der Gesetzgeber begründet diese Erweiterung der Entflechtungsregeln auf bestimmte Gasspeicheranlagen damit, dass diese, wenn der Zugang zu einer Gasspeicheranlage für einen effizienten Netzzugang im Hinblick auf die Belieferung von Kunden notwendig ist, „zunehmend den Charakter einer wesentlichen Infrastruktur [erhält], zu der Zugang zu gewähren ist, um die mit der Netzregulierung verfolgten Ziele erreichen zu können" (BT-Drs. 17/6072, 58). In einem solchen Fall sei es notwendig, dass bereits die Struktur des Betreibers der Gasspeicheranlage die Diskriminierungsfreiheit des Zugangs zu dieser Anlage grundsätzlich unterstützt (BT-Drs. 17/6072, 58). Auch wenn diese Begründung umstritten ist (Bourwieg/Hellermann/Hermes/Hölscher § 7b Rn. 4), ist der Wortlaut des Gesetzes an dieser Stelle eindeutig (Kment EnWG/Knauff § 7b Rn. 5).

9   Die nicht von § 7b erfassten **oberirdischen Gasspeicheranlagen** und unterirdischen **Röhrenspeicher** müssen allerdings die Vorschriften der §§ 6a, 6b betreffend die informatori-

sche und buchhalterische Entflechtung beachten (Rosin/Pohlmann/Gentzsch/Metzenthin/ Böwing/Schmutzer/Schoon/Stolzenburg § 7b Rn. 2).
Wie beim Transportnetzeigentümer gelten für den von § 7b erfassten Betreiber einer Gasspeicheranlage nicht die **de-minimis-Ausnahmen** der §§ 7 Abs. 2, 7a Abs. 7 und die Regelungen betreffend das **Kommunikationsverhalten** und die **Markenpolitik** gem. § 7a Abs. 6.

10

§ 7c Ausnahme für Ladepunkte für Elektromobile; Verordnungsermächtigung

(1) [1]Betreiber von Elektrizitätsverteilernetzen dürfen weder Eigentümer von Ladepunkten für Elektromobile sein noch diese Ladepunkte entwickeln, verwalten oder betreiben. [2]Satz 1 ist nicht für private Ladepunkte für Elektromobile anzuwenden, die für den Eigengebrauch des Betreibers von Elektrizitätsverteilernetzen bestimmt sind.

(2) [1]Abweichend von Absatz 1 Satz 1 sind Betreiber von Elektrizitätsverteilernetzen befugt, in ihrem Netzgebiet das Eigentum an Ladepunkten für Elektromobile zu halten oder diese Ladepunkte zu entwickeln, zu verwalten oder zu betreiben, sofern in Fällen regionalen Marktversagens, das nach Durchführung eines offenen, transparenten und diskriminierungsfreien Ausschreibungsverfahrens durch eine kommunale Gebietskörperschaft festgestellt worden ist, die Bundesnetzagentur nach Maßgabe der Bedingungen einer aufgrund des Absatzes 3 erlassenen Rechtsverordnung ihre Genehmigung dazu erteilt hat. [2]Im Falle einer Genehmigung hat die Bundesnetzagentur den Betreiber des Elektrizitätsverteilernetzes zu verpflichten, Dritten den Zugang zu den Ladepunkten zu angemessenen und diskriminierungsfreien Bedingungen zu gewähren. [3]Die Voraussetzungen für den Fortbestand einer Genehmigung sind mindestens alle fünf Jahre durch die Regulierungsbehörde zu überprüfen.

(3) [1]Das Bundesministerium für Wirtschaft und Energie wird ermächtigt, im Einvernehmen mit dem Bundesministerium für Verkehr und digitale Infrastruktur durch Rechtsverordnung mit Zustimmung des Bundesrates die Voraussetzungen einer Genehmigung nach Absatz 2 festzulegen und das Ausschreibungsverfahren näher zu bestimmen. [2]Insbesondere können durch Rechtsverordnung Regelungen getroffen werden,
1. zu der Bestimmung eines Bedarfs und eines regionalen Marktversagens im Hinblick auf den Ladeinfrastrukturaufbau, insbesondere hinsichtlich der Abgrenzung des betroffenen Gebiets und der bereits bestehenden Ladepunkte, einschließlich der Festlegung von Ausschreibungsbedingungen und -verfahren,
2. zu den Anforderungen an ein Ausschreibungsverfahren nach Absatz 2 Satz 1 sowie den Voraussetzungen und dem Verfahren für Genehmigungen der Regulierungsbehörde sowie
3. zu der regelmäßigen Überprüfung und Bewertung nach Erteilung einer Genehmigung, ob Dritte in der Lage sind, Eigentümer von Ladepunkten zu sein oder diese zu entwickeln, zu betreiben oder zu verwalten, sowie zu möglichen Folgemaßnahmen einschließlich einer mindestens schrittweisen Einstellung der von Absatz 1 erfassten Tätigkeiten des Betreibers von Elektrizitätsverteilernetzen.

Überblick

§ 7c regelt die Entflechtung betreffend Ladepunkte. Grundsätzlich dürfen Elektrizitätsverteilernetzbetreiber nicht Eigentümer von Ladepunkten sein (→ Rn. 3) und solche weder entwickeln (→ Rn. 15) noch verwalten (→ Rn. 5 ff.) oder betreiben (→ Rn. 4). Eine Ausnahme gilt für den Eigengebrauch (→ Rn. 16 ff.) sowie für geschlossene Verteilernetze und bestehende Ladepunkte (→ Rn. 17), nicht jedoch für kleinere Verteilernetzbetreiber (→ Rn. 21 f.). Auch kann die BNetzA im Fall eines regionalen Marktversagens eine Ausnahmegenehmigung erteilen (→ Rn. 23 ff.). Schließlich wird das Bundesministerium für Wirtschaft und Klimaschutz ermächtigt, Einzelheiten im Rahmen einer Rechtsverordnung zu regeln (→ Rn. 27 ff.).

Übersicht

	Rn.		Rn.
A. Normzweck und Entstehungsgeschichte	1	3. Verwalten von Ladepunkten	5
		4. Entwickeln von Ladepunkten	15
B. Entflechtungsregeln betreffend Ladepunkte (Abs. 1)	2	II. Ausnahme für den Eigengebrauch (Abs. 1 S. 2)	16
I. Grundregel (Abs. 1 S. 1)	2	III. Weitere Ausnahmeregelungen	20
1. Eigentum an Ladepunkten	3	C. Regionales Marktversagen (Abs. 2)	23
2. Betrieb von Ladepunkten	4	D. Verordnungsermächtigung (Abs. 3)	27

A. Normzweck und Entstehungsgeschichte

1 § 7c wurde 2021 in das EnWG neu eingefügt und dient der Umsetzung von Art. 33 Abs. 2–4 Elektrizitäts-Binnenmarkt-Richtlinie (EU) 2019/944 in nationales Recht (BT-Drs. 19/27453, 92).

B. Entflechtungsregeln betreffend Ladepunkte (Abs. 1)

I. Grundregel (Abs. 1 S. 1)

2 § 7c Abs. 1 S. 1 enthält die Grundregel, dass Betreiber von Elektrizitätsverteilernetzen (§ 3 Nr. 3) nicht Eigentümer von Ladepunkten für Elektromobile sein und solche weder entwickeln noch verwalten oder betreiben dürfen. Ein entsprechendes Verbot für **Übertragungsnetzbetreiber** (§ 3 Nr. 10) enthält das Gesetz demgegenüber nicht.

1. Eigentum an Ladepunkten

3 Die Definition des Begriffs **Ladepunkt** findet sich in § 2 Nr. 2 Ladesäulenverordnung (BT-Drs. 19/27453, 92 verweist auf § 2 Nr. 6 Ladesäulenverordnung aF). Das Verbot, Eigentümer eines Ladepunkts zu sein, gilt für **unmittelbares und mittelbares Eigentum**. Andernfalls könnte der Elektrizitätsverteilernetzbetreiber durch Gründung einer Tochtergesellschaft, die Eigentümerin des Ladepunkts ist, die gesetzliche Regelung des § 7c Abs. 1 S. 1 ohne weiteres umgehen.

2. Betrieb von Ladepunkten

4 Gemäß § 2 Nr. 8 Ladesäulenverordnung ist Betreiber eines Ladepunktes, „wer unter Berücksichtigung der rechtlichen, wirtschaftlichen und tatsächlichen Umstände bestimmenden Einfluss auf den Betrieb eines Ladepunktes ausübt" (ebenso Bourwieg/Hellermann/Hermes/Hellermann § 7c Rn. 8; Elspas/Graßmann/Rasbach/Rasbach § 7c Rn. 7; Martel/Kloppenburg VersWirt 2022, 73 (74)).

3. Verwalten von Ladepunkten

5 Demgegenüber findet sich keine gesetzliche Definition für das Verwalten von Ladepunkten (→ Rn. 5.1). In Abgrenzung zu den anderen in § 7c Abs. 1 S. 1 genannten Tätigkeiten, insbes. zum Betrieb von Ladepunkten, ist „verwalten" dahingehend zu verstehen, dass für den Eigentümer bzw. den Betreiber eines Ladepunktes **Dienstleistungen** erbracht werden. Solche können grundsätzlich kaufmännischer und technischer Natur sein (ebenso Martel/Kloppenburg VersWirt 2022, 73).

5.1 Art. 33 Abs. 2 Elektrizitäts-Binnenmarkt-Richtlinie (EU) 2019/944, dessen Umsetzung in nationales Recht § 7c Abs. 1 S. 1 dient, verwendet ebenfalls den Begriff „verwalten", ohne diesen zu definieren.

6 Fraglich ist allerdings, ob § 7c Abs. 1 S. 1 für jede Art von Dienstleistung gilt. So wird die Auffassung vertreten, die Erbringung von **untergeordneten Dienstleistungen** sei zulässig

(Schneider/Theobald EnergieWirtschaftsR-HdB/de Wyl/Finke § 4 Rn. 9). Begründet wird dies damit, Ausgangspunkt des § 7c Abs. 1 S. 1 sei die Sorge, dass Elektrizitätsverteilernetzbetreiber ihre natürliche Monopolstellung im Netzbetrieb im Bereich netznaher Dienstleistungen nutzen könnten, das Entstehen eines wirksamen Wettbewerbs zu verhindern (Schneider/Theobald EnergieWirtschaftsR-HdB/de Wyl/Finke § 4 Rn. 9). Nach ähnlicher Auffassung soll ein Verwalten iSd § 7c Abs. 1 S. 1 erst dann vorliegen, wenn der Verwaltende im Tagesgeschäft ein Mindestmaß an Entscheidungsbefugnis hinsichtlich des Betriebs des Ladepunktes hat (Bourwieg/Hellermann/Hermes/Hellermann § 7c Rn. 8; Drout/Thye IR 2021, 218). Im Umkehrschluss soll die bloße Erbringung von operativen Dienstleistungen nach Vorgaben des wirtschaftlich verantwortlichen Betreibers der Ladepunkte zulässig sein (Elspas/Graßmann/Rasbach/Rasbach § 7c Rn. 7; Martel/Kloppenburg VersWirt 2022, 73 (74)).

Für die Frage, welche Dienstleistungen vom Verbot des § 7c Abs. 1 S. 1 erfasst sind, ist vor allen Dingen auf den **Sinn und Zweck der Regelung** abzustellen. Bedauerlicherweise finden sich in den Erwägungsgründen der Elektrizitäts-Binnenmarkt-Richtlinie (EU) 2019/944 keine Ausführungen zu den Überlegungen des europäischen Gesetzgebers betreffend Art. 33 Elektrizitäts-Binnenmarkt-Richtlinie (EU) 2019/944. Auch die nationalen Gesetzesmaterialen enthalten keine Hinweise auf die Bedeutung und den Umfang des Begriffs „verwalten". 7

Im Hinblick auf das sehr ähnlich ausgestaltete Verbot betreffend Energiespeicheranlagen (Art. 36, 54 Elektrizitäts-Binnenmarkt-Richtlinie (EU) 2019/944; § 7 Abs. 1 S. 2, § 8 Abs. 2 S. 4, § 10b Abs. 3 S. 3, § 11b) hat der europäische Gesetzgeber ausgeführt: „Nach dem neuen Elektrizitätsmarktkonzept sollten Speicherdienste marktgestützt und wettbewerblich gehalten sein. Daher sollte eine Quersubventionierung zwischen der Energiespeicherung und der regulierten Funktion der Verteilung oder der Übertragung vermieden werden. Diese Beschränkung des Eigentums an Energiespeicheranlagen dient dazu, Wettbewerbsverzerrungen vorzubeugen, das Risiko der Diskriminierung abzuwenden, allen Marktteilnehmern fairen Zugang zu Energiespeicherdiensten zu gewähren und über den Betrieb der Verteileroder Übertragungsnetze hinaus die wirksame und effiziente Nutzung von Energiespeicheranlagen zu fördern." (Erwägungsgrund 62 Elektrizitäts-Binnenmarkt-Richtlinie (EU) 2019/944). Im Ergebnis geht es dem europäischen Gesetzgeber um den **Schutz des Wettbewerbs** im Bereich des Speicherns von elektrischer Energie. Aus dessen Sicht gelten diese Überlegungen vermutlich in vergleichbarer Weise für den Bereich des Ladens von elektrisch betriebenen Fahrzeugen, da die Grundkonstellation vergleichbar ist und dementsprechend die gesetzlichen Regelungen sehr ähnlich ausgestaltet wurden (iE ebenso Bourwieg/Hellermann/Hermes/Hellermann § 7c Rn. 4; Knauff/Pfeifer jM 2021, 456 (459)). 8

Ein Elektrizitätsverteilernetzbetreiber könnte grundsätzlich auf drei Arten als Dienstleister in den Wettbewerb im Bereich des Ladens von elektrisch betriebenen Fahrzeugen eingreifen. Zum einen könnte er seine **Dienstleistungen absichtlich schlecht erbringen,** zumindest gegenüber bestimmten Eigentümern bzw. Betreibern von Ladepunkten. Dieses Risiko kann aber schon deswegen das Verbot in § 7c Abs. 1 S. 1 nicht rechtfertigen, weil kein Eigentümer bzw. Betreiber von Ladepunkten gezwungen ist, einen bestimmten Dienstleister zu beauftragen. 9

Zum anderen könnte ein Betreiber von Elektrizitätsverteilernetzen sein reguliertes Netzgeschäft nutzen, um – zumindest gegenüber bestimmten Eigentümern bzw. Betreibern von Ladepunkten – seine Dienstleistungen besonders günstig anzubieten. Eine solche **Quersubventionierung** des Wettbewerbs im Bereich des Ladens von elektrisch betriebenen Fahrzeugen ist bei sämtlichen Dienstleistungen grundsätzlich denkbar. Dies würde für eine sehr weite Auslegung des Verbots in § 7c Abs. 1 S. 1 sprechen. 10

Allerdings hat es der europäische Gesetzgeber – anders als für Energiespeicheranlagen (Art. 36, 54 Elektrizitäts-Binnenmarkt-Richtlinie (EU) 2019/944) – nicht für erforderlich erachtet, ein der Regelung des § 7c Abs. 1 S. 1 entsprechendes Verbot für **Übertragungsnetzbetreiber** einzuführen. Dort besteht aber grundsätzlich dasselbe Risiko einer Quersubventionierung. Für gem. § 8 eigentumsrechtlich entflochtene Übertragungsnetzbetreiber scheint dieses Risiko generell unbeachtlich, da für die Erbringung von Dienstleistungen keine gesetzlichen Regelungen bestehen. Für gem. §§ 10–10e durch die Benennung eines Unabhängigen Transportnetzbetreibers entflochtene Übertragungsnetzbetreiber kommen nur im Hinblick auf Dienstleitungen für andere Unternehmen des vertikal integrierten 11

Unternehmens die Vorschriften des § 10a Abs. 3 S. 2 zur Anwendung. Diese enthalten jedoch kein generelles Verbot, sondern nur bestimmte Voraussetzungen, unter denen die Erbringung von Dienstleistungen für andere Unternehmen des vertikal integrierten Unternehmens zulässig ist. Wäre es dem europäischen Gesetzgeber im vorliegenden Fall um das Risiko der Quersubventionierung gegangen, hätte eine dem § 10a Abs. 3 S. 2 entsprechende Regelung genügt. Ein generelles Dienstleistungsverbot wäre demgegenüber unverhältnismäßig.

12 Schließlich könnte ein Elektrizitätsverteilernetzbetreiber seine **monopolistische Stellung** als Betreiber des Elektrizitätsverteilernetzes, an das die Ladepunkte angeschlossen sind, nutzen, um selbst besonders gute Leistungen zu erbringen bzw. Wettbewerber im Bereich der Verwaltung von Ladepunkten zu behindern. Diese Sichtweise würde auch erklären, warum für Übertragungsnetzbetreiber eine entsprechende Regelung fehlt. Ladepunkte, die direkt am Netz eines Übertragungsnetzbetreibers angeschlossen sind, sind aufgrund der Spannungsebene nicht realistisch.

13 Sofern man dieser Auffassung folgt, verbietet § 7c Abs. 1 S. 1 nur solche Dienstleistungen, bei denen ein Elektrizitätsverteilernetzbetreiber gegenüber Wettbewerbern einen Vorteil aufgrund des Betriebs des maßgeblichen Elektrizitätsverteilernetzes hätte (zust. Bourwieg/Hellermann/Hermes/Hellermann § 7c Rn. 8; so wohl auch Schneider/Theobald EnergieWirtschaftsR-HdB/de Wyl/Finke § 4 Rn. 9). Für alle anderen Dienstleistungen ist kein Verbotsgrund ersichtlich.

14 Demzufolge kann sich das Verbot des § 7c Abs. 1 S. 1 auch nur auf das jeweilige **Netzgebiet** des Elektrizitätsverteilernetzbetreibers beziehen (zust. Bourwieg/Hellermann/Hermes/Hellermann § 7c Rn. 8). Es ist kein Grund ersichtlich, warum ein solcher im Netzgebiet eines anderen Elektrizitätsverteilernetzbetreibers weder Eigentümer von Ladepunkten sein noch solche entwickeln, verwalten oder betreiben dürfen soll.

4. Entwickeln von Ladepunkten

15 Die vorstehenden Überlegungen zum Verbot des Verwaltens von Ladepunkten gelten entsprechend für das ebenfalls in § 7c Abs. 1 S. 1 enthaltene Verbot des Entwickelns von Ladepunkten. Dabei umfasst „entwickeln" sämtliche Aufgaben und Tätigkeiten, die als Vorarbeiten für den Betrieb eines Ladepunkts erforderlich sind, insbesondere Planung, Genehmigung, Beschaffung und Bau von Ladepunkten (zust. Bourwieg/Hellermann/Hermes/Hellermann § 7c Rn. 8; ebenso Elspas/Graßmann/Rasbach/Rasbach § 7c Rn. 7; Martel/Kloppenburg VersWirt 2022, 73 (74)). Da im Bereich der Entwicklung von Ladepunkten die Schnittstellen mit dem Betreiber des maßgeblichen Elektrizitätsverteilernetzes sehr zahlreich sein dürften, ist das Verbot des Entwickelns von Ladepunkten in § 7c Abs. 1 S. 1 eher weitreichend.

II. Ausnahme für den Eigengebrauch (Abs. 1 S. 2)

16 Das generelle Verbot gem. § 7c Abs. 1 S. 1 gilt gem. Absatz 1 Satz 2 nicht für private Ladepunkte, die für den Eigengebrauch des Elektrizitätsverteilernetzbetreibers bestimmt sind. **Private Ladepunkte** sind solche, die nicht öffentliche Ladepunkte iSd § 2 Nr. 5 Ladesäulenverordnung sind (BT-Drs. 19/27453, 92 verweist auf § 2 Nr. 9 Ladesäulenverordnung aF).

17 Der **Eigengebrauch** umfasst zunächst alle Ladevorgänge von Betriebsfahrzeugen des Elektrizitätsverteilernetzbetreibers, soweit die Fahrten betrieblich veranlasst sind. Fraglich ist, ob der Eigengebrauch auch solche Ladevorgänge erfasst, bei denen zwar ein Betriebsfahrzeug geladen wird, die Fahrt aber privat veranlasst ist, zB für einen Umzug am Wochenende. Dasselbe gilt für Ladevorgänge von Mitarbeitern, die regelmäßig mit ihrem privaten Elektrofahrzeug zur Arbeit fahren, sowie von Besuchern des Elektrizitätsverteilernetzbetreibers.

18 Sinn und Zweck der Ausnahmeregelung in § 7c Abs. 1 S. 2 ist es, den Hochlauf der Elektromobilität zu unterstützen. Denn ohne diese Ausnahmeregelung dürften Elektrizitätsverteilernetzbetreiber aufgrund des Verbots in § 7c Abs. 1 S. 1 ihre eigene Fahrzeugflotte nicht oder nur sehr zögerlich auf elektrische Antriebe umstellen. Auf der anderen Seite soll durch die Ausnahmeregelung der Wettbewerb im Bereich des Ladens von elektrisch betriebenen Fahrzeugen nicht unnötig verzerrt werden. Vor diesem Hintergrund erscheint es sinnvoll, einen Eigengebrauch immer dann zu bejahen, wenn andernfalls die Nutzung eines Elektrofahrzeugs statt eines Fahrzeugs mit Verbrennungsmotor unterbleiben würde.

Ausnahme für Ladepunkte für Elektromobile; Verordnungsermächtigung **§ 7c EnWG**

Dies dürfte in den oben beschriebenen, fraglichen Fällen üblicherweise der Fall sein (zust. Bourwieg/Hellermann/Hermes/Hellermann § 7c Rn. 9).

Gemäß Art. 33 Abs. 2 Elektrizitäts-Binnenmarkt-Richtlinie (EU) 2019/944 gilt die Ausnahmeregelung des § 7c Abs. 1 S. 2 im Übrigen nur für solche Ladepunkte, die **ausschließlich** für den Eigenbrauch bestimmt sind, also nicht auch Dritten zur Verfügung gestellt werden. **19**

III. Weitere Ausnahmeregelungen

Gemäß § 110 Abs. 1 ist § 7c Abs. 1 nicht auf den Betrieb eines **geschlossenen Verteilernetzes** anzuwenden. Allerdings müssen die Betreiber geschlossener Verteilernetze die Vorschriften der buchhalterischen Entflechtung gem. § 6b beachten, wobei § 6b Abs. 8 einige Erleichterungen enthält. Eine weitere, befristete Ausnahme vom Verbot des § 7c Abs. 1 S. 1 findet sich in § 118 Abs. 34 für **bestehende Ladepunkte**, dh Ladepunkte, „die von Betreibern von Elektrizitätsverteilernetzen bereits vor dem 27. Juli 2021 entwickelt, verwaltet oder betrieben worden sind" (→ § 118 Rn. 105 ff.). Auch im Hinblick auf bestehende Ladepunkte sind mangels gesetzlicher Ausnahmeregelungen die Vorschriften der buchhalterischen Entflechtung gem. § 6b zu beachten (Elspas/Graßmann/Rasbach/Rasbach § 7c Rn. 12; aA Martel/Kloppenburg VersWirt 2022, 73 (76 f.)). **20**

Keine Ausnahme enthält § 7c demgegenüber für kleinere Elektrizitätsverteilernetzbetreiber, die unter die **De-minimis-Regelungen** in §§ 7 Abs. 2, 7a Abs. 7 fallen. Nach dem Wortlaut des § 7 Abs. 2 gilt das vergleichbare Verbot aus § 7 Abs. 1 S. 2, an Energiespeicheranlagen Eigentum zu haben oder solche zu entwickeln, zu verwalten oder zu betreiben, nicht für kleinere Elektrizitätsverteilernetzbetreiber (→ § 7 Rn. 23n). Allerdings hat die in §§ 7 Abs. 2, 7a Abs. 7 enthaltene De-minimis-Regelung ihre Grundlage in Art. 35 Abs. 4 Elektrizitäts-Binnenmarkt-Richtlinie (EU) 2019/944, der ausdrücklich nur auf die Art. 35 Abs. 1, 2 und 3 Elektrizitäts-Binnenmarkt-Richtlinie (EU) 2019/944 verweist. Die Verbotsregelungen betreffend Ladepunkte und Energiespeicheranlagen finden sich demgegenüber in Art. 33, 36 Elektrizitäts-Binnenmarkt-Richtlinie (EU) 2019/944, sodass insoweit die europäische De-minimis-Regelung nicht zur Anwendung kommt. Vor diesem Hintergrund ist davon auszugehen, dass die Regelung des § 7c alle Elektrizitätsverteilernetzbetreiber erfasst, unabhängig von ihrer Größe (zust. Bourwieg/Hellermann/Hermes/Hellermann § 7c Rn. 10; ebenso Martel/Kloppenburg VersWirt 2022, 73 (75 f.); aA Drouet/Thye IR 2021, 218). Dies erscheint auch nicht unverhältnismäßig, da sich aus § 7c nur die Verpflichtung ergibt, gewisse Dinge zu unterlassen, während sich aus §§ 7, 7a Verpflichtungen ergeben, die kleinere Elektrizitätsverteilernetzbetreiber überfordern können. **21**

Allerdings hat dies zur Folge, dass ein vertikal integriertes Unternehmen, dessen Elektrizitätsverteilernetzbetreiber aufgrund der De-minimis-Regelung in § 7 Abs. 2 nicht rechtlich entflochten ist, insgesamt vom Verbot des § 7c Abs. 1 S. 1 erfasst wird (aA Elspas/Graßmann/Rasbach/Rasbach § 7c Rn. 3 ff.). Dieses Ergebnis erscheint konsequent vor dem Hintergrund, dass infolge einer fehlenden rechtlichen (§ 7) und operationellen Entflechtung (§ 7a) das Risiko einer unzulässigen Beeinflussung des Wettbewerbs im Bereich des Ladens von elektrisch betriebenen Fahrzeugen besteht (→ Rn. 12). **22**

C. Regionales Marktversagen (Abs. 2)

§ 7c Abs. 2 eröffnet die Möglichkeit, von der Grundregel des § 7c Abs. 1 S. 1 abzuweichen, wenn ein regionales Marktversagen vorliegt. Voraussetzung ist zunächst, dass ein offenes, transparentes und diskriminierungsfreies **Ausschreibungsverfahren** durchgeführt und aufgrund dessen ein regionales Marktversagen festgestellt wurde (→ Rn. 23.1). Für die **Durchführung** eines solchen Ausschreibungsverfahrens sind die kommunalen Gebietskörperschaften zuständig. Diese sind am besten geeignet, die Offenheit, Transparenz und Diskriminierungsfreiheit des Ausschreibungsverfahrens zu gewährleisten (→ Rn. 23.2). **23**

Art. 33 Abs. 3 lit. a, b Elektrizitäts-Binnenmarkt-Richtlinie (EU) 2019/944 verlangt eine vorherige Überprüfung und Genehmigung des Ausschreibungsverfahrens durch die Regulierungsbehörde. **23.1**

Art. 33 Abs. 3 S. 2 Elektrizitäts-Binnenmarkt-Richtlinie (EU) 2019/944 geht scheinbar davon aus, dass die Elektrizitätsverteilernetzbetreiber für das Ausschreibungsverfahren verantwortlich sind. Dies ist **23.2**

24 Als Verantwortlicher für das Ausschreibungsverfahren stellen die kommunalen Gebietskörperschaften ggf. auch das regionale Marktversagen (→ Rn. 24.1) fest. Regelungen betreffend die Voraussetzungen einer solche **Feststellung** sowie die Anforderungen an ein Ausschreibungsverfahren können gem. § 7c Abs. 3 S. 2 Nr. 1, 2 durch Rechtsverordnung getroffen werden.

24.1 Gemäß Art. 33 Abs. 3 lit. a Elektrizitäts-Binnenmarkt-Richtlinie (EU) 2019/944 setzt ein Marktversagen voraus, dass das Ausschreibungsverfahren entweder erfolglos war oder die ausgeschriebenen und bezuschlagten Leistungen nicht zu angemessenen Kosten und nicht rechtzeitig erbracht wurden. Nach Auffassung des Bundeskartellamtes liegt ein Marktversagen vor, wenn „kein anderer Anbieter [als der örtliche Elektrizitätsverteilernetzbetreiber] bereit ist, trotz der öffentlichen Ausschreibung, in dem betroffenen Netzgebiet Ladepunkte anzubieten" (BKartA, Sektoruntersuchung zur Bereitstellung und Vermarktung öffentlich zugänglicher Ladeinfrastruktur für Elektrofahrzeuge, Sachstandsbericht, Oktober 2021, S. 11).

25 Des Weiteren muss die BNetzA die Ausnahme von § 7c Abs. 1 S. 1 aufgrund einer nach § 7c Abs. 3 erlassenen Rechtsverordnung **genehmigen.** Solange eine solche Rechtsverordnung nicht vorliegt, kann von der Grundregel des § 7c Abs. 1 S. 1 nicht aufgrund eines regionalen Marktversagens abgewichen werden (BT-Drs. 19/27453, 93). In ihrer Genehmigung muss die BNetzA den Betreiber des Elektrizitätsverteilernetzes gem. § 7c Abs. 2 S. 2 verpflichten, Dritten den Zugang zu den Ladepunkten zu angemessenen und diskriminierungsfreien Bedingungen zu gewähren (→ Rn. 25.1).

25.1 Unzulässig ist insbesondere ein Betrieb der Ladepunkte zum Vorteil von mit dem Elektrizitätsverteilernetzbetreiber verbundenen Unternehmen, Art. 33 Abs. 3 lit. c Elektrizitäts-Binnenmarkt-Richtlinie (EU) 2019/944.

26 Alle Voraussetzungen müssen **kumulativ** vorliegen. Dies lässt sich aus Art. 33 Abs. 3 Elektrizitäts-Binnenmarkt-Richtlinie (EU) 2019/944 („sofern alle folgenden Bedingungen erfüllt sind") ableiten. Außerdem hat die BNetzA gem. § 7c Abs. 2 S. 3 die Voraussetzungen für den Fortbestand einer Genehmigung iSd § 7c Abs. 2 S. 1 mindestens alle fünf Jahre zu überprüfen (→ Rn. 26.1).

26.1 Art. 33 Abs. 4 Elektrizitäts-Binnenmarkt-Richtlinie (EU) 2019/944 sieht vor, dass im Zuge einer regelmäßigen Überprüfung eine öffentliche Konsultation durchzuführen ist. Sollte sich dort andeuten, dass Dritte in der Lage sind, die Aufgabe zu übernehmen, ist das Ausschreibungsverfahren erneut durchzuführen und im Erfolgsfall die Tätigkeit des Elektrizitätsverteilernetzbetreibers schrittweise einzustellen. Die Regulierungsbehörde kann für das Ausschreibungsverfahren die Bedingung aufstellen, dass der Restwert der Investitionen in die Ladeinfrastruktur zu erstatten ist.

26a Macht der Betreiber eines Elektrizitätsverteilernetzes von einer ihm erteilten Ausnahmegenehmigung nach § 7c Abs. 2 Gebrauch, muss er insbesondere die Vorschriften der **buchhalterischen Entflechtung** gem. § 6b Abs. 3 S. 1 Nr. 7, S. 2 beachten (Bourwieg/Hellermann/Hermes/Hellermann § 7c Rn. 11).

D. Verordnungsermächtigung (Abs. 3)

27 § 7c Abs. 3 enthält eine Verordnungsermächtigung zugunsten des Bundesministeriums für Wirtschaft und Energie (jetzt Bundesministerium für Wirtschaft und Klimaschutz). In einer solchen Verordnung können die Voraussetzungen einer Genehmigung gem. § 7c Abs. 2 und des vorauszugehenden Ausschreibungsverfahrens näher geregelt werden.

28 Dies betrifft gem. **§ 7c Abs. 3 S. 2 Nr. 1** zunächst Regelungen zur Bestimmung des Bedarfs für den Aufbau einer Ladeinfrastruktur. Von Interesse sind dabei vor allen Dingen die Abgrenzung des betroffenen Gebiets sowie die dort evtl. bereits vorhandenen Ladepunkte. Des Weiteren kann in einer solchen Verordnung die Festlegung der Ausschreibungsbedingungen sowie des Ausschreibungsverfahrens geregelt werden. Weiterer möglicher Regelungsinhalt ist die Bestimmung eines regionalen Marktversagens.

29 Gemäß **§ 7c Abs. 3 S. 2 Nr. 2** können in der Verordnung auch Anforderungen an ein Ausschreibungsverfahren iSd § 7c Abs. 2 S 1 geregelt werden. Dasselbe gilt für mögliche

Eigentumsrechtliche Entflechtung § 8 EnWG

Voraussetzungen und das Verfahren für Genehmigungen der Regulierungsbehörde gem. § 7c Abs. 2.

Schließlich ist gem. § 7c Abs. 3 S. 2 Nr. 3 die regelmäßige Überprüfung und Bewertung 30 nach Erteilung einer Genehmigung möglicher Regelungsgegenstand. Dies umfasst auch Regelungen zu möglichen Folgemaßnahmen einschließlich einer evtl. erforderlichen schrittweisen Einstellung der Tätigkeit des Betreibers des Elektrizitätsverteilernetzes.

Abschnitt 3. Besondere Entflechtungsvorgaben für Transportnetzbetreiber

§ 8 Eigentumsrechtliche Entflechtung

(1) Vertikal integrierte Unternehmen haben sich nach Maßgabe der folgenden Absätze zu entflechten, soweit sie nicht von einer der in § 9 oder den §§ 10 bis 10e enthaltenen Möglichkeiten Gebrauch machen.

(2) ¹Der Transportnetzbetreiber hat unmittelbar oder vermittelt durch Beteiligungen Eigentümer des Transportnetzes zu sein. ²Personen, die unmittelbar oder mittelbar die Kontrolle über ein Unternehmen ausüben, das eine der Funktionen Gewinnung, Erzeugung oder Vertrieb von Energie an Kunden wahrnimmt, sind nicht berechtigt, unmittelbar oder mittelbar Kontrolle über einen Betreiber eines Transportnetzes oder ein Transportnetz oder Rechte an einem Betreiber eines Transportnetzes oder einem Transportnetz auszuüben. ³Personen, die unmittelbar oder mittelbar die Kontrolle über einen Transportnetzbetreiber oder ein Transportnetz ausüben, sind nicht berechtigt, unmittelbar oder mittelbar Kontrolle über ein Unternehmen, das eine der Funktionen Gewinnung, Erzeugung oder Vertrieb von Energie an Kunden wahrnimmt, oder Rechte an einem solchen Unternehmen auszuüben. ⁴Insbesondere sind Übertragungsnetzbetreiber nicht berechtigt, Eigentümer einer Energiespeicheranlage zu sein oder eine solche zu errichten, zu verwalten oder zu betreiben. ⁵Personen, die unmittelbar oder mittelbar die Kontrolle über ein Unternehmen ausüben, das eine der Funktionen Gewinnung, Erzeugung oder Vertrieb von Energie an Kunden wahrnimmt, oder Rechte an einem solchen Unternehmen ausüben, sind nicht berechtigt, Mitglieder des Aufsichtsrates oder der zur gesetzlichen Vertretung berufenen Organe eines Betreibers von Transportnetzen zu bestellen. ⁶Personen, die Mitglied des Aufsichtsrates oder der zur gesetzlichen Vertretung berufenen Organe eines Unternehmens sind, das eine Funktion der Gewinnung, Erzeugung oder Vertrieb von Energie an Kunden wahrnimmt, sind nicht berechtigt, Mitglied des Aufsichtsrates oder der zur gesetzlichen Vertretung berufenen Organe des Transportnetzbetreibers zu sein. ⁷Rechte im Sinne von Satz 2, 3 und 5 sind insbesondere:
1. die Befugnis zur Ausübung von Stimmrechten, soweit dadurch wesentliche Minderheitsrechte vermittelt werden, insbesondere in den in § 179 Absatz 2 des Aktiengesetzes, § 182 Absatz 1 des Aktiengesetzes sowie § 193 Absatz 1 des Aktiengesetzes geregelten oder vergleichbaren Bereichen,
2. die Befugnis, Mitglieder des Aufsichtsrates oder der zur gesetzlichen Vertretung berufenen Organe zu bestellen,
3. das Halten einer Mehrheitsbeteiligung.

⁸Die Verpflichtung nach Satz 1 gilt als erfüllt, wenn zwei oder mehr Unternehmen, die Eigentümer von Transportnetzen sind, ein Gemeinschaftsunternehmen gründen, das in zwei oder mehr Mitgliedstaaten als Betreiber für die betreffenden Transportnetze tätig ist. ⁹Ein anderes Unternehmen darf nur dann Teil des Gemeinschaftsunternehmens sein, wenn es nach den Vorschriften dieses Abschnitts entflochten und zertifiziert wurde. ¹⁰Transportnetzbetreiber haben zu gewährleisten, dass sie über die finanziellen, materiellen, technischen und personellen Mittel

Jenn

EnWG § 8 Teil 2. Entflechtung

verfügen, die erforderlich sind, um die Aufgaben nach Teil 3 Abschnitt 1 bis 3 wahrzunehmen.

(3) Im unmittelbaren Zusammenhang mit einem Entflechtungsvorgang nach Absatz 1 dürfen weder wirtschaftlich sensible Informationen nach § 6a, über die ein Transportnetzbetreiber verfügt, der Teil eines vertikal integrierten Unternehmens war, an Unternehmen übermittelt werden, die eine der Funktionen Gewinnung, Erzeugung oder Vertrieb von Energie an Kunden wahrnehmen, noch ein Personalübergang vom Transportnetzbetreiber zu diesen Unternehmen stattfinden.

Überblick

§ 8 regelt die eigentumsrechtliche Entflechtung von Transportnetzbetreibern und stellt eine von insgesamt drei Entflechtungsoptionen dar (→ Rn. 2). Die eigentumsrechtliche Entflechtung verlangt zum einen, dass der Transportnetzbetreiber unmittelbarer oder mittelbarer Eigentümer des Transportnetzes ist (→ Rn. 11 ff.). Zum anderen ist eine gemeinsame Kontrolle des entflochtenen Transportnetzbetreibers und des Transportnetzes einerseits sowie wettbewerblicher Bereiche der Energieversorgung andererseits unzulässig (→ Rn. 33 ff.). Des Weiteren hat die eigentumsrechtliche Entflechtung eine Einschränkung der Rechte zur Bestellung und Besetzung von Organen des Transportnetzbetreibers zur Folge (→ Rn. 45 ff.). Auch darf ein Übertragungsnetzbetreiber weder Eigentümer einer Energiespeicheranlage sein noch eine solche errichten, verwalten oder betreiben (→ Rn. 50a f.). Außerdem muss der Transportnetzbetreiber über die für die Erfüllung seiner Aufgaben erforderliche Ausstattung verfügen (→ Rn. 51 ff.). Schließlich sind im unmittelbaren Zusammenhang mit dem Entflechtungsvorgang Einschränkungen bzgl. der Übermittlung von Informationen und Personalübergängen zu beachten (→ Rn. 58 ff.).

Übersicht

	Rn.		Rn.
A. Normzweck und Bedeutung	1	1. Betroffene Bereiche	33
B. Entstehungsgeschichte	5	2. Gemeinsame Kontrolle	35
C. Normadressaten (Abs. 1)	8	3. Ausübung von Rechten	36
D. Eigentum am Transportnetz (Abs. 2 S. 1)	11	II. Ausnahmemöglichkeit	41
I. Umfang des Transportnetzes	12	III. Einschränkungen bei der Bestellung der Organe des Transportnetzbetreibers (Abs. 2 S. 5)	45
II. Unmittelbares Eigentum	21	IV. Einschränkungen bei der Besetzung der Organe des Transportnetzbetreibers (Abs. 2 S. 6)	48
III. Mittelbares Eigentum	23		
IV. Nutzungsrechte	28	F. Energiespeicheranlagen (Abs. 2 S. 4)	50a
V. Gesetzliche Ausnahme (Abs. 2 S. 8, 9)	30		
E. Kontroll- und Beteiligungsverbot (Abs. 2 S. 2, 3, 5 und 6)	32	G. Ausstattung des Transportnetzbetreibers (Abs. 2 S. 9)	51
I. Verbot der gemeinsamen Kontrolle und Ausübung von Rechten (Abs. 2 S. 2, 3)	33	H. Einschränkungen beim Entflechtungsvorgang (Abs. 3)	58

A. Normzweck und Bedeutung

1   Während die §§ 6–6d Entflechtungsvorgaben sowohl für Verteilernetzbetreiber als auch für Transportnetzbetreiber und die §§ 7, 7a ergänzende Regelungen nur für Verteilernetzbetreiber aufstellen, enthalten die §§ 8–10e besondere Entflechtungsvorgaben nur für Transportnetzbetreiber iSd § 3 Nr. 31e. Diese sind sehr viel strikter als die Sonderregelungen für Verteilernetzbetreiber gem. §§ 7, 7a.

2   Für die Entflechtung der Transportnetzbetreiber stellt § 8 die eigentumsrechtliche Entflechtung als **Grundmodell** auf. Dieses kommt immer dann zur Anwendung, wenn ein vertikal integriertes Unternehmen von der Möglichkeit zur Entflechtung eines Transportnetzbetreibers weder durch die Benennung eines Unabhängigen Systembetreibers gem. § 9

noch eines Unabhängigen Transportnetzbetreibers gem. §§ 10–10e Gebrauch machen möchte oder Gebrauch machen kann. Bei der Auswahl des Entflechtungsmodells sind die vertikal integrierten Unternehmen grundsätzlich frei (Kment EnWG/Knauff § 8 Rn. 1). Allerdings sind die in den §§ 8, 9 und 10–10e geregelten Entflechtungsmöglichkeiten abschließend und **Mischformen** sind unzulässig (BT-Drs. 17/6072, 58; Säcker EnergieR/Säcker/Mohr § 8 Rn. 1).

Eine **befristete Ausnahme** von der Anwendung des § 8 kann die zuständige Regulierungsbehörde gem. §§ 28a, 28b im Hinblick auf neue Infrastrukturen sowie Gasverbindungsleitungen zwischen Deutschland und einem Drittstaat gewähren, sofern die dort jeweils genannten, strengen Voraussetzungen erfüllt sind (→ Rn. 3.1). 3

Die BNetzA hat im Rahmen der Zertifizierung der OPAL Gastransport GmbH & Co. KG von der Ausnahmemöglichkeit des § 28a Gebrauch gemacht (BNetzA Beschl. v. 17.11.2017 – BK7-16-162). Diese Freistellung von der Regulierung hat die BNetzA auf Antrag der OPAL GmbH & Co. KG mit Wirkung zum 30.6.2023 widerrufen (BNetzA Beschl. v. 15.6.2023 – BK7-08-009-W1). Weitere Freistellungen von der Regulierung nach § 28a hat die BNetzA zugunsten der German LNG Terminal GmbH (BNetzA Beschl. v. 19.6.2023 – BK7-22-140), der Deutsche ReGas GmbH & Co. KGaA (BNetzA Beschl. v. 12.1.2023 – BK7-22-086) und der Hanseatic Energy Hub GmbH (BNetzA Beschl. v. 19.9.2022 – BK7-20-107) beschlossen. Die Ausnahmemöglichkeit des § 28b kam gegenüber der Nord Stream AG zur Anwendung (BNetzA Beschl. v. 20.5.2020 – BK7-19-108), während ein entsprechender Antrag der Nord Stream 2 AG abgelehnt wurde (BNetzA Beschl. v. 15.5.2020 – BK7-20-004). 3.1

Die BNetzA hat bislang acht Übertragungsnetzbetreiber und 17 Fernleitungsnetzbetreiber zertifiziert. Von diesen insgesamt 25 zertifizierten Transportnetzbetreibern haben fünf Übertragungsnetzbetreiber und vier Fernleitungsnetzbetreiber den Weg der eigentumsrechtlichen Entflechtung gewählt. 4

B. Entstehungsgeschichte

§ 8 wurde wie die beiden anderen Entflechtungsalternativen in den §§ 9 und 10–10e im Jahr 2011 in das EnWG eingefügt. Er dient der Umsetzung von Art. 9 Elektrizitäts-Binnenmarkt-Richtlinie 2009/72/EG bzw. Gas-Binnenmarkt-Richtlinie 2009/73/EG als Teil des dritten Energiebinnenmarktpaketes in nationales Recht (BT-Drs. 17/6072, 58). Dabei hat der deutsche Gesetzgeber die Formulierungen aus den europäischen Richtlinien weitestgehend unverändert übernommen. 5

In der Literatur wurde im zeitlichen Zusammenhang mit dem dritten Energiebinnenmarktpaket und im Hinblick auf die eigentumsrechtliche Entflechtung eine umfangreiche Diskussion darüber geführt, ob der europäische Gesetzgeber über die erforderliche Gesetzgebungskompetenz verfügt und ob die Regelungen der eigentumsrechtlichen Entflechtung mit Unions-, Verfassungs- und Völkerrecht vereinbar sind (ausf. Säcker EnergieR/Säcker/Mohr § 8 Rn. 44 ff.). Soweit ersichtlich gab es bislang keine Gelegenheit diese Fragen umfassend gerichtlich zu klären. Der BGH hat allerdings die Vereinbarkeit der Karenzzeitregelungen des § 10c Abs. 2 S. 1, Abs. 5 mit höherrangigem Recht bejaht (BGH EnWZ 2016, 262 Rn. 19 ff.). 6

In 2021 wurde in § 8 Abs. 2 ein neuer Satz 4 eingefügt. Dieser dient der Umsetzung von Art. 54 Abs. 1 Elektrizitäts-Binnenmarkt-Richtlinie (EU) 2019/944 in nationales Recht (BT-Drs. 19/27453, 93). 6a

Die BNetzA hat am 12.12.2011 ein **Hinweispapier** zur Antragstellung im Zertifizierungsverfahren für Transportnetzbetreiber veröffentlicht. Dieses beinhaltet u.a. das Rechtsverständnis der BNetzA zu einzelnen Zertifizierungsregelungen, also auch zu den zur Auswahl stehenden drei Entflechtungsmodellen. 7

C. Normadressaten (Abs. 1)

Die Verpflichtungen aus § 8 richten sich gem. Absatz 1 an vertikal integrierte Unternehmen (→ § 6 Rn. 18 ff.), die mit einem Transportnetzbetreiber iSd § 3 Nr. 38 verbunden sind. Dabei ergibt sich aus Art. 9 Abs. 3 Elektrizitäts-Binnenmarkt-Richtlinie 2009/72/EG bzw. Gas-Binnenmarkt-Richtlinie 2009/73/EG, dass die Verpflichtungen – zumindest teilweise (→ Rn. 9) – selbst dann greifen, wenn sich innerhalb des vertikal integrierten Unter- 8

Jenn

EnWG § 8   Teil 2. Entflechtung

nehmens die wettbewerblichen Tätigkeiten auf den einen Energieträger (Elektrizität oder Erdgas) und die Transporttätigkeit auf den anderen Energieträger (Erdgas oder Elektrizität) beschränken (Säcker EnergieR/Säcker/Mohr § 8 Rn. 85; im Ergebnis ebenso, aber mit anderer Begründung: Rosin/Pohlmann/Gentzsch/Metzenthin/Böwing/Smousavi/Thomas § 8 Rn. 11 ff.).

9   Gegen eine generelle spartenübergreifende Anwendung von § 8 könnte man anführen, dass Art. 9 Abs. 3 Elektrizitäts-Binnenmarkt-Richtlinie 2009/72/EG bzw. Gas-Binnenmarkt-Richtlinie 2009/73/EG nur auf dessen Absatz 1 lit. b Bezug nimmt, der in § 8 Abs. 2 S. 2, 3 in nationales Recht umgesetzt worden ist (so argumentieren bspw. Rosin/Pohlmann/Gentzsch/Metzenthin/Böwing/Smousavi/Thomas § 8 Rn. 64 f.). Für alle übrigen Regelungen des § 8 fehlt im europäischen Sekundärrecht eine entsprechende **ausdrückliche** Verschränkung zischen den Sparten Elektrizität und Erdgas.

10   Transportnetz ist gem. § 3 Nr. 31f jedes Übertragungs- oder Fernleitungsnetz. Dementsprechend ist **Transportnetzbetreiber** gem. § 3 Nr. 31e jeder Betreiber eines Übertragungs- (§ 3 Nr. 10) oder Fernleitungsnetzes (§ 3 Nr. 5). Dabei umfasst der Betrieb insbesondere die Aufgaben nach Teil 3 Abschnitt 1–3. Abzugrenzen sind die Transportnetzbetreiber von den Betreibern von Elektrizitäts- und Gasverteilernetzen (§ 3 Nr. 3, 8). Deren spezifische Entflechtungsregeln finden sich in den §§ 7, 7a.

D. Eigentum am Transportnetz (Abs. 2 S. 1)

11   Die eigentumsrechtliche Entflechtung verlangt gem. § 8 Abs. 2 S. 1, dass der Transportnetzbetreiber **Eigentümer des Transportnetzes** ist. Dabei genügt auch eine mittelbare Eigentümerstellung, die nach Auffassung des Gesetzgebers vor allen Dingen aus Gründen der Finanzierung vorstellbar ist (BT-Drs. 17/6072, 58). Ein bloßes Pachtverhältnis ist demgegenüber grundsätzlich nicht ausreichend. Nur in eng begrenzten Ausnahmefällen lässt die BNetzA zu Recht eine Nutzungsüberlassung im Wege eines Pachtverhältnisses genügen (BNetzA Beschl. v. 5.2.2013 – BK7-12-028, S. 13 f.; → Rn. 28 f.; Säcker EnergieR/Säcker/Mohr § 8 Rn. 87 scheinen eine Pachtlösung generell auszuschließen).

I. Umfang des Transportnetzes

12   Transportnetz ist gem. § 3 Nr. 31f jedes Übertragungs- oder Fernleitungsnetz. Gesetzlich definiert sind des Weiteren die Tätigkeiten Übertragung (§ 3 Nr. 32) und Fernleitung (§ 3 Nr. 19). Es fehlt jedoch eine gesetzliche Definition, welche konkreten Betriebsmittel Teil des Transportnetzes iSd § 8 Abs. 2 S. 1 sind.

13   Die BNetzA unterscheidet zwischen **direkten und indirekten Teilen des Transportnetzes** (BNetzA, Zertifizierungsverfahren: Hinweispapier zur Antragstellung, 12.12.2011, 15). Nur im Hinblick auf den direkten Teil des Transportnetzes müsse der Transportnetzbetreiber gem. § 8 Abs. 2 S. 1 Eigentümer sein. „Zu den direkten Betriebsmitteln des Transportnetzes zählen sämtliche Betriebsmittel, die direkt für den Betrieb erforderlich sind. Erforderlich ist dabei alles, was der Netzbetreiber zur Erfüllung seiner Pflichten, also u.a. für die Herstellung von Anschluss an das Netz und die Gewährleistung des Zugangs zum Netz benötigt; inklusive der Leitwarte. [...] Zu den indirekten Betriebsmitteln des Transportnetzes zählen dagegen sämtliche Betriebsmittel, die nur mittelbar für den Betrieb des Transportnetzes notwendige Einrichtungen und Anlagen sind (wie zB Büroräume, IT-Hardware, etc); [...] Genauso sind nicht-technische (zB zur Bilanzierung notwendige Einrichtungen) sowie immaterielle Vermögenswerte (zB Eigentum an der Marke des Tarnsportnetzbetreibers)" nur indirekte Teile des Transportnetzes (BNetzA, Zertifizierungsverfahren: Hinweispapier zur Antragstellung, 12.12.2011, 15).

14   **Ziel** der eigentumsrechtlichen Entflechtung ist die vollständige Trennung des Transportnetzbetreibers vom vertikal integrierten Unternehmen. Deswegen muss der Transportnetzbetreiber so aufgestellt sein, dass er den Netzbetrieb selbstständig und unabhängig vom vertikal integrierten Unternehmen gewährleisten kann. Soweit er dafür Betriebsmittel benötigt, die er am Markt beschaffen kann, muss er nicht Eigentümer sein, sondern kann diese beispielsweise mieten oder leasen. Betriebsmittel, für die kein Markt besteht, die also Teil des natürlichen Monopols darstellen, müssen demgegenüber grundsätzlich im Eigentum des Transport-

netzbetreibers stehen. Nur so kann die vom Gesetz geforderte Unabhängigkeit des Transportnetzbetreibers vom vertikal integrierten Unternehmen erreicht werden.

Nicht von § 8 Abs. 2 S. 1 erfasst werden demnach zB die **Büroräume** und deren Ausstattung sowie die **Fahrzeuge** des Transportnetzbetreibers (Bourwieg/Hellermann/Hermes/Hölscher § 8 Rn. 21). 15

Teil des natürlichen Monopols Übertragungsnetz sind demgegenüber jedenfalls die **Freileitungen, Umspannwerke** und **Höchstspannungskabel** sowie die **Leit- und Sicherungstechnik** (BNetzA Beschl. v. 9.11.2012 – BK6-12-040, S. 9). Bei Fernleitungsnetzen sind es die **Rohrleitungen** sowie **Verdichter- und GDRM-Anlagen** (Bourwieg/Hellermann/Hermes/Hölscher § 8 Rn. 21). Erfolgt die Netzsteuerung im Rahmen der technischen Betriebsführung durch einen Dritten, muss der Transportnetzbetreiber nicht Eigentümer der **Leitwarte** sein (BNetzA Beschl. v. 20.12.2013 – BK7-12-188, S. 39 zum inhaltsgleichen § 10a Abs. 1 S. 2). 16

Nicht im Eigentum des Transportnetzbetreibers stehen müssen die **Grundstücke,** auf denen Strommasten stehen oder durch die Transportleitungen führen (Bourwieg/Hellermann/Hermes/Hölscher § 8 Rn. 22; Kment EnWG/Knauff § 8 Rn. 2; Säcker EnergieR/Säcker/Mohr § 8 Rn. 95). 17

Strommasten müssen ebenfalls nicht im Eigentum des Übertragungsnetzbetreibers stehen (Bourwieg/Hellermann/Hermes/Hölscher § 8 Rn. 22; Kment EnWG/Knauff § 8 Rn. 2). Diese Ausnahme rechtfertigt sich vor allen Dingen aus praktischen Gründen. Die gegenseitige Überlassung von **Gestängeplätzen** ist eine etablierte Form der Zusammenarbeit der Netzbetreiber untereinander (BNetzA Beschl. v. 9.11.2012 – BK6-12-044, S. 20 zum inhaltsgleichen § 10a Abs. 1 S. 2). Dadurch werden Leitungstrassen optimal ausgenutzt und die Errichtung weiterer Trassen möglichst vermieden (BNetzA Beschl. v. 9.11.2012 – BK6-12-044, S. 20 zum inhaltsgleichen § 10a Abs. 1 S. 2). 18

Kein Teil des Übertragungsnetzes sind ferner **110-kV-Sammelschienen,** auch wenn nach § 17 die Gewährung von Netzanschluss zu den Aufgaben der Übertragungsnetzbetreiber gehört (BNetzA Beschl. v. 9.11.2012 – BK6-12-040, S. 11). Um dem Wahlrecht eines Anschlusspetenten hinsichtlich der Spannungsebene, an die er angeschlossen werden möchte, nachkommen zu können, müssen die Übertragungsnetzbetreiber den Zugang zu ihrem Übertragungsnetz mittels einer eigenen unterspannungsseitigen Sammelschiene oder eben in sonstiger Weise ermöglichen (BNetzA Beschl. v. 9.11.2012 – BK6-12-040, S. 11; BNetzA Beschl. v. 11.4.2013 – BK6-12-004, S. 19 f., 21 f. zum inhaltsgleichen § 10a Abs. 1 S. 2). 19

Ähnliches gilt für gemeinsam mit anderen Netzbetreibern **in Umspannwerken genutzte bauliche und allgemeine Infrastruktureinrichtungen** (BNetzA Beschl. v. 9.11.2012 – BK6-12-044, S. 19 zum inhaltsgleichen § 10a Abs. 1 S. 2). Insoweit reichen Nutzungsrechte, die eine eigentümeradäquate Verfügung des Übertragungsnetzbetreibers über die entsprechenden Betriebsmittel gewährleisten (BNetzA Beschl. v. 9.11.2012 – BK6-12-044, S. 19 zum inhaltsgleichen § 10a Abs. 1 S. 2). 20

II. Unmittelbares Eigentum

Die Anforderungen des § 8 Abs. 2 S. 1 sind immer dann erfüllt, wenn der Transportnetzbetreiber **unmittelbarer Alleineigentümer** des Transportnetzes ist. Ausreichend ist grundsätzlich aber auch **Bruchteilseigentum** (Bourwieg/Hellermann/Hermes/Hölscher § 8 Rn. 8; BNetzA Beschl. v. 9.11.2012 – BK6-12-040, S. 9; BNetzA Beschl. v. 2.5.2013 – BK7-12-028, S. 8). Entspricht die tatsächliche Nutzung einer Leitung der Höhe des Bruchteilseigentums oder unterschreitet dieses, sind die Voraussetzung des § 8 Abs. 2 S. 1 erfüllt (BNetzA Beschl. v. 2.5.2013 – BK7-12-028, S. 8). Übersteigen die Nutzungsrechte demgegenüber in erheblichem Umfang den Bruchteileigentumsanteil, ist zu prüfen, ob eine ausnahmsweise zulässige Nutzungsüberlassung gegeben ist (BNetzA Beschl. v. 2.5.2013 – BK7-12-028, S. 8; → Rn. 28 f.). 21

Im Fall von Bruchteilseigentum ist außerdem zu beachten, dass die **technische Betriebsführung** von Betriebsmitteln grundsätzlich nur einheitlich erfolgen kann (BNetzA Beschl. v. 5.2.2013 – BK7-12-028, S. 8). Vor diesem Hintergrund können die Betreibereigenschaft iSd § 8 Abs. 2 S. 1 und die technische Betriebsführung auseinanderfallen, ohne dass dies 22

Jenn

gegen die Verpflichtungen aus § 8 Abs. 2 S. 1 verstößt (BNetzA Beschl. v. 5.2.2013 – BK7-12-028, S. 8).

III. Mittelbares Eigentum

23   Neben dem unmittelbaren Eigentum genügt gem. § 8 Abs. 2 S. 1 auch mittelbares Eigentum, vermittelt durch eine Beteiligung am eigentlichen Eigentümer des Transportnetzes. Diese Voraussetzung ist jedenfalls dann erfüllt, wenn der Transportnetzbetreiber **alleiniger Gesellschafter** des rechtlich selbstständigen Transportnetzeigentümers (Leitungsgesellschaft) ist (Bourwieg/Hellermann/Hermes/Hölscher § 8 Rn. 9).

24   Grundsätzlich zulässig ist aber auch, dass die Leitungsgesellschaft **mehrere** Gesellschafter hat. Eine solche Konstellation ist im Fernleitungsnetz nicht unüblich. Die BNetzA stellt an eine solche Konstruktion aber verschiedene Anforderungen.

25   Zum einen müssen nach Auffassung der BNetzA sämtliche Gesellschafter der Leitungsgesellschaft **Transportnetzbetreiber** sein (BNetzA, Zertifizierungsverfahren: Hinweispapier zur Antragstellung, 12.12.2011, 14). Diese Anforderung vermag jedoch nicht zu überzeugen. Wählt ein vertikal integriertes Unternehmen die Entflechtung nach § 9, ist kein Grund ersichtlich, warum nicht der in diesem Konstrukt zwingend vorgesehene Transportnetzeigentümer anstelle des Unabhängigen Systembetreibers Gesellschafter der Leitungsgesellschaft sein darf (Bourwieg/Hellermann/Hermes/Hölscher § 8 Rn. 11; aA Säcker EnergieR/Säcker/Mohr § 8 Rn. 92). Unzulässig ist es jedenfalls, wenn Unternehmen aus den Wettbewerbsbereichen Anteile an der Leitungsgesellschaft halten (BNetzA Beschl. v. 5.2.2013 – BK7-12-028, S. 9; BNetzA Beschl. v. 9.11.2012 – BK7-12-029, S. 12 zum inhaltsgleichen § 10a Abs. 1 S. 2; Bourwieg/Hellermann/Hermes/Hölscher § 8 Rn. 11; Säcker EnergieR/Säcker/Mohr § 8 Rn. 92; aA Rosin/Pohlmann/Gentzsch/Metzenthin/Böwing/Smousavi/Thomas § 8 Rn. 35 für Pipe-in-Pipe-Modelle).

26   Zum anderen müssen die Gesellschafter die Leitungsgesellschaft **gemeinsam beherrschen** (BNetzA, Zertifizierungsverfahren: Hinweispapier zur Antragstellung, 12.12.2011, 14). Unzulässig ist eine alleinige Kontrolle durch nur eines der beteiligten Unternehmen aufgrund gesellschaftsvertraglicher Regelungen oder durch entsprechende anderweitige Absprachen oder Verträge (BNetzA, Zertifizierungsverfahren: Hinweispapier zur Antragstellung, 12.12.2011, 14). Für die Frage der gemeinschaftlichen oder alleinigen Kontrolle ist auf die entsprechenden Regelungen in der europäischen Fusionskontrollverordnung (EG-Fusionskontrollverordnung) abzustellen (BNetzA, Zertifizierungsverfahren: Hinweispapier zur Antragstellung, 12.12.2011, 14). In Betracht kommen dabei beispielsweise Vetorechte, die es den Gesellschaftern ermöglichen, wesentliche Entscheidungen für das strategische Wirtschaftsverhalten der Leitungsgesellschaft zu blockieren, wie zB Entscheidungen über Budget, Geschäftsplan, größere Investitionen und/oder die Besetzung der Unternehmensleitung (BNetzA Beschl. v. 5.2.2013 – BK7-12-028, S. 9 f.; BNetzA Beschl. v. 9.11.2012 – BK7-12-035, S. 12 zum inhaltsgleichen § 10a Abs. 1 S. 2).

27   Schließlich muss die Beteiligung an der Leitungsgesellschaft eine **Verfügungsbefugnis** über das Transportnetz vermitteln, die der eines Eigentümers nach Maßgabe der §§ 903 ff. BGB entspricht (BNetzA, Zertifizierungsverfahren: Hinweispapier zur Antragstellung, 12.12.2011, 14). Diese kann aber schon aufgrund der gewählten Konstellation mit mehreren Transportnetzbetreibern nicht einer alleinigen Verfügungsbefugnis entsprechen. Ausreichend sind deswegen Rechte, die mit denen eines Miteigentümers nach §§ 1008 ff. BGB vergleichbar sind (BNetzA, Zertifizierungsverfahren: Hinweispapier zur Antragstellung, 12.12.2011, 14). Diese Voraussetzung wird bei Transportnetzen üblicherweise dadurch erreicht, dass die Leitung in mehrere virtuelle Leitungssysteme („Pipe-in-Pipe") aufgeteilt wird (vgl. BNetzA Beschl. v. 5.2.2013 – BK7-12-028, S. 11 f.; BNetzA Beschl. v. 9.11.2012 – BK7-12-035, S. 13 f. zum inhaltsgleichen § 10a Abs. 1 S. 2). Jeder Mitgesellschafter fungiert dann bzgl. seines virtuellen Leitungssystems als Netzbetreiber und ihm stehen Verfügungsbefugnisse zu, die denen eines (Mit-)Eigentümers entsprechen. Dies setzt insbesondere voraus, dass „der Transportnetzbetreiber die in seinem Eigentum stehenden Leitungen Dritten zum Zweck des Energietransports anbieten kann, einen beherrschenden Einfluss auf Zustand, Betrieb und Ausbau der Leitungen entfaltet und seine Rechte an der Leitung auf Wunsch ggf. auch wieder aufgeben kann" (BNetzA Beschl. v. 9.11.2012 – BK7-12-037, S. 8 ff.). Im Hinblick

auf den Ausbau der Leitung muss er eigenständig zB den Bau neuer Ein- und Ausspeisepunkte sowie eine Kapazitätserweiterung oder Kapazitätserhöhung verlangen oder vornehmen können (BNetzA Beschl. v. 9.11.2012 – BK7-12-037, S. 10; BNetzA Beschl. v. 2.12.2013 – BK7-12-030, S. 30 f. zum inhaltsgleichen § 10a Abs. 1 S. 2).

IV. Nutzungsrechte

Die BNetzA lässt unter bestimmten Voraussetzungen auch Nutzungsrechte, die sich nicht aus einer Stellung als unmittelbarer oder mittelbarer Eigentümer ableiten, für die Erfüllung der Voraussetzungen des § 8 Abs. 2 S. 1 genügen (BNetzA, Zertifizierungsverfahren: Hinweispapier zur Antragstellung, 12.12.2011, 16). Erforderlich ist jedoch zum einen, dass die Nutzungsrechte des Transportnetzbetreibers einer Eigentümerstellung faktisch und rechtlich vergleichbar sind. Zum anderen muss das betroffene Objekt entweder von einem anderen, ebenfalls eigentumsrechtlich entflochtenen Transportnetzbetreiber oder von einem Transportnetzeigentümer überlassen werden, der im Rahmen einer Entflechtung gem. § 9 zertifiziert wurde. Schließlich darf das überlassene Objekt im Verhältnis zum Gesamttransportnetz nicht wesentlich ins Gewicht fallen, also im Vergleich zum sonstigen Netz nur eine untergeordnete Rolle spielen. Dabei bedarf das Merkmal der Wesentlichkeit einer wertenden Betrachtung, sodass an kleinere Transportnetzbetreiber andere Maßstäbe zu stellen sind als an größere (BNetzA Beschl. v. 20.12.2013 – BK7-12-046, S. 10). **28**

Dieser teleologischen Auslegung des § 8 Abs. 2 S. 1 ist grundsätzlich zuzustimmen (Bourwieg/Hellermann/Hermes/Hölscher § 8 Rn. 18; aA Kment EnWG/Knauff § 8 Rn. 3). Unter den vorgenannten Voraussetzungen gefährdet eine bloße Nutzungsüberlassung nicht die Ziele der eigentumsrechtlichen Entflechtung (Bourwieg/Hellermann/Hermes/Hölscher § 8 Rn. 14). Allerdings ist nicht nachvollziehbar, warum nach Auffassung der BNetzA der überlassende Netzeigentümer nur ein ebenfalls eigentumsrechtlich entflochtener Transportnetzbetreiber oder der Netzeigentümer im Rahmen einer Entflechtung gem. § 9 sein darf. Richtigerweise kann es insoweit nur drauf ankommen, ob der überlassende Netzeigentümer aufgrund des Überlassungsvertrages die Möglichkeit hat, in unzulässiger Weise in den Wettbewerb im Energiebinnenmarkt einzugreifen (→ Rn. 29.1). Dies ist jedoch schon durch die Voraussetzung auszuschließen, dass der Transportnetzbetreiber faktisch und rechtlich vergleichbar einem Eigentümer agieren können muss. **29**

Die BNetzA hat eine Nutzungsüberlassung unbeanstandet gelassen, obwohl diese nicht mit einem anderen zertifizierten Netzbetreiber, sondern mit einer Gesellschaft des gleichen Konzerns vereinbart war, die ausschließlich Netzbetreibertätigkeiten wahrgenommen hat und sich im Eigentum eines europäischen Staates befand (BNetzA Beschl. v. 3.8.2015 – BK6-12-047, S. 7). Eine solche Konstruktion sei mit der Nutzungsüberlassung durch einen anderen Transportnetzbetreiber, der selbst den entflechtungsrechtlichen Vorgaben genügen muss, gleichzustellen (BNetzA Beschl. v. 3.8.2015 – BK6-12-047, S. 7). **29.1**

V. Gesetzliche Ausnahme (Abs. 2 S. 8, 9)

Eine gesetzliche Ausnahme von der Anforderung, dass der Transportnetzbetreiber unmittelbarer oder mittelbarer Eigentümer des Transportnetzes sein muss, erlaubt § 8 Abs. 2 S. 8. Danach muss der Betreiber eines Transportnetzes nicht Eigentümer des Transportnetzes sein, wenn er zum einen als Gemeinschaftsunternehmen von zwei oder mehr Unternehmen gegründet wurde, die Eigentümer der betroffenen Transportnetze sind. Zum anderen müssen die Transportnetze in zwei oder mehr Mitgliedstaaten liegen. Dadurch wird (nationalen) Transportnetzbetreibern die Möglichkeit eröffnet, das Eigentum an ihrem Transportnetz zu behalten und gleichzeitig dessen Betrieb auf einen grenzüberschreitenden Transportnetzbetreiber zu übertragen (Bourwieg/Hellermann/Hermes/Hölscher § 8 Rn. 19; Säcker EnergieR/Säcker/Mohr § 8 Rn. 93). **30**

Möchte sich ein Unternehmen an einem solchen grenzüberschreitenden Transportnetzbetreiber beteiligen, muss es gem. § 8 Abs. 2 S. 9 nach den Vorschriften des Abschnitts 3 entflochten und gem. § 4c zertifiziert sein. Dadurch wird klargestellt, dass eine Beteiligung an einem grenzüberschreitenden Transportnetzbetreiber nicht nur für eigentumsrechtlich entflochtene Transportnetzbetreiber, sondern auch für die Transportnetzbetreiber möglich ist, die durch die Benennung eines Unabhängigen Systembetreibers (§ 9) oder eines Unabhängigen Transportnetzbetreibers (§§ 10–10e) entflochten wurden. **31**

Jenn

E. Kontroll- und Beteiligungsverbot (Abs. 2 S. 2, 3, 5 und 6)

32 § 8 Abs. 2 S. 2, 3, 5 und 6 macht umfassende Vorgaben zur **personellen Entflechtung** des eigentumsrechtlich entflochtenen Transportnetzbetreibers. Ziel der Regelung ist es, „sachwidrigen Interessenkollisionen und -vermengungen zwischen Transportnetzbetrieb und anderen Funktionen im Energiebereich vorzubeugen, um die Ziele der Entflechtung zu erreichen" (BT-Drs. 17/6072, 58).

I. Verbot der gemeinsamen Kontrolle und Ausübung von Rechten (Abs. 2 S. 2, 3)

1. Betroffene Bereiche

33 Nach § 8 Abs. 2 S. 2, 3 hat die **personelle Entflechtung** zwischen Unternehmen, die eine der Funktionen Gewinnung, Erzeugung oder Vertrieb von Energie an Kunden wahrnehmen, (Wettbewerbsbereich) sowie Transportnetzbetreibern und Transportnetzen (Transportbereich) zu erfolgen. Dabei ist zu beachten, dass die beiden Bereiche nicht Teil ein- und desselben vertikal integrierten Unternehmens gewesen oder zum Zeitpunkt der Entflechtung noch sein müssen (Säcker EnergieR/Säcker/Mohr § 8 Rn. 101).

34 Im Transportbereich nennt das Gesetz neben dem Transportnetzbetreiber bewusst auch das Transportnetz als solches. Dadurch soll eine Umgehung durch eine rechtliche Trennung zwischen dem Betreiber einerseits und dem Eigentümer des Transportnetzes andererseits vermieden werden (Kment EnWG/Knauff § 8 Rn. 6). Für die eigentumsrechtliche Entflechtung genügt es gem. § 8 Abs. 2 S. 1, wenn der Transportnetzbetreiber mittelbar über eine Beteiligung Eigentümer des Transportnetzes ist, sodass die Betreiber- und die Eigentümerstellung auseinanderfallen können. Aber bereits die bloße Kontrolle nur über das Transportnetz (und nicht über dessen Betrieb) beinhaltet das Risiko einer unzulässigen Verzerrung des Wettbewerbs im Energiebinnenmarkt.

2. Gemeinsame Kontrolle

35 Der Begriff der **Kontrolle** ist im EnWG nicht definiert, insoweit ist auf die Definition in Art. 3 Abs. 2 FKVO zurückzugreifen (Bourwieg/Hellermann/Hermes/Hölscher § 8 Rn. 26; Kment EnWG/Knauff § 8 Rn. 7; Säcker EnergieR/Säcker/Mohr § 8 Rn. 102; Säcker EnergieR/Säcker/Mohr § 8 Rn. 105). Danach liegt Kontrolle vor, wenn ein bestimmender Einfluss auf die Tätigkeit eines Unternehmens ausgeübt werden kann. Dabei kommt es nicht darauf an, auf welcher rechtlichen oder tatsächlichen Grundlage der bestimmende Einfluss möglich ist. Auch muss die Kontrollmöglichkeit nicht unmittelbar sein, sondern kann mittelbar durch zwischengeschaltete natürliche oder juristische Personen vermittelt werden. Des Weiteren spielt es keine Rolle, ob von der Kontrollmöglichkeit tatsächlich Gebrauch gemacht wird oder nicht. Außerdem muss nicht jede Tätigkeit kontrolliert werden können. Insoweit kommt es maßgeblich darauf an, ob strategische Entscheidungen des kontrollierten Unternehmens bestimmt werden können.

3. Ausübung von Rechten

36 Der Ausübung von Kontrolle ist die Ausübung von Rechten gleichgestellt. § 8 Abs. 2 S. 2 nennt **beispielhaft** einige solche Rechte. Ein Verstoß gegen die personelle Entflechtung ist gem. § 8 Abs. 2 S. 7 Nr. 1 gegeben, wenn eine Person, die im einen Bereich Kontrolle ausübt, im anderen Bereich befugt ist, Stimmrechte auszuüben, soweit dadurch wesentliche Minderheitsrechte vermittelt werden. Das Halten von Minderheitsbeteiligungen ist demnach zulässig, soweit dadurch keine **wesentlichen** Minderheitsrechte verliehen werden (BT-Drs. 17/6072, 58). Wesentliche Minderheitsrechte sind insbesondere Sperrminoritäten gegen Satzungsänderungen (§ 179 Abs. 2 AktG), gegen Entscheidungen über Kapitalerhöhungen der Gesellschaft gegen Einlagen (§ 182 Abs. 1 AktG) und gegen Beschlüsse über eine bedingte Kapitalerhöhung (§ 193 Abs. 1 AktG). In den vorgenannten Fällen sieht das Gesetz eine Sperrminorität jeweils ab mehr als 25 Prozent der Stimmrechte vor. Der Gesellschaftsvertrag kann die Sperrminorität aber auch niedriger festsetzen oder einen einstimmigen Beschluss verlangen, sodass jeder Gesellschafter unabhängig von seiner Beteiligungsquote über eine Sperrminorität verfügt.

Die Möglichkeit einer **Minderheitsbeteiligung** unter bestimmten Voraussetzungen hat 37
der deutsche Gesetzgeber aus Verhältnismäßigkeitsgründen eröffnet und sich für eine „dem
Sinn und Zweck der Richtlinienvorschrift entsprechende Auslegung [des Art. 9 Abs. 1 lit.
b RL 2009/72/EG bzw. RL 2009/73/EG] entschieden" (BT-Drs. 17/6072, 58). In Art. 9
Abs. 1 Elektrizitäts-Binnenmarkt-Richtlinie 2009/72/EG bzw. Gas-Binnenmarkt-Richtlinie
2009/73/EG hat der europäische Gesetzgeber demgegenüber „die Befugnis zur Ausübung
von Stimmrechten" genügen lassen und zwar ohne jede weitere Voraussetzung, insbesondere
ohne jeden (ausdrücklichen) Verweis auf Minderheitsrechte. Vor diesem Hintergrund
erscheint die Europarechtskonformität der Umsetzung der beiden Richtlinien zumindest
fraglich (Bourwieg/Hellermann/Hermes/Hölscher § 8 Rn. 24; Rosin/Pohlmann/
Gentzsch/Metzenthin/Böwing/Smousavi/Thomas § 8 Rn. 92 ff.; Säcker EnergieR/Säcker/
Mohr § 8 Rn. 111 ff.). Unproblematisch ist demgegenüber eine Minderheitsbeteiligung, die
keine Stimmrechte beinhaltet und auch sonst keine rechtlichen oder faktischen Einflussnahmemöglichkeiten eröffnet (Kment EnWG/Knauff § 8 Rn. 8).

Einen Verstoß gegen die Anforderungen der personellen Entflechtung kann außerdem 38
gem. § 8 Abs. 2 S. 7 Nr. 2 das Recht begründen, Mitglieder des **Aufsichtsrats** oder der zur
gesetzlichen Vertretung berufenen **Organe** zu bestellen. Dabei kommt es nicht darauf an,
ob dieses Recht alle, die Mehrheit oder nur einzelne der Organmitglieder betrifft (Säcker
EnergieR/Säcker/Mohr § 8 Rn. 115; aA Rosin/Pohlmann/Gentzsch/Metzenthin/Böwing/
Smousavi/Thomas § 8 Rn. 103). Obwohl sowohl der nationale als auch europäische Gesetzestext nur von der Bestellung der Organmitglieder spricht, gilt das Verbot – um das gesetzgeberische Ziel zu erreichen – auch für die Abberufung sowie den Abschluss, die Änderung
und die Beendigung der entsprechenden Dienstverträge (Säcker EnergieR/Säcker/Mohr
§ 8 Rn. 114). Nicht ausreichend ist demgegenüber ein bloßes Vorschlagsrecht (Bourwieg/
Hellermann/Hermes/Hölscher § 8 Rn. 30).

Schließlich stellt gem. § 8 Abs. 2 S. 7 Nr. 3 die Wahrnehmung von Kontrolle in dem 39
einen Bereich und das Halten einer **Mehrheitsbeteiligung** im anderen Bereich grundsätzlich einen Verstoß gegen die Vorgaben des § 8 Abs. 2 S. 2, 3 dar. Eine Mehrheitsbeteiligung
ermöglicht in aller Regel aber nicht nur die Ausübung von Rechten iSd § 8 Abs. 2 S. 7,
sondern begründet bereits die Möglichkeit der Ausübung von Kontrolle iSd § 8 Abs. 2 S. 2,
3 (Bourwieg/Hellermann/Hermes/Hölscher § 8 Rn. 31; Kment EnWG/Knauff § 8 Rn. 8;
Säcker EnergieR/Säcker/Mohr § 8 Rn. 115). Verfügt der Betroffene trotz einer Mehrheitsbeteiligung über keine Stimmrechte, können ausnahmsweise die Voraussetzungen weder der
Wahrnehmung von Kontrolle noch der Ausübung von Rechten erfüllt sein (Säcker EnergieR/Säcker/Mohr § 8 Rn. 115).

Dem Gesetzeswortlaut ist im Übrigen zu entnehmen, dass ein Verstoß gegen § 8 Abs. 2 40
S. 2, 3 nur dann gegeben sein kann, wenn die betreffende Person wenigstens in einem der
beiden Bereiche Kontrolle wahrnimmt. Im Umkehrschluss verbietet die eigentumsrechtliche
Entflechtung nicht, in beiden Bereichen jeweils nur Rechte iSd § 8 Abs. 2 S. 7 auszuüben
(Säcker EnergieR/Säcker/Mohr § 8 Rn. 104). Demzufolge und unter Einbeziehung der
Regelung des § 8 Abs. 2 S. 5 ist es zulässig, dass eine Person in beiden Bereichen jeweils
eine **Minderheitsbeteiligung** hält, sofern diese zum einen in beiden Bereichen keine Kontrollmöglichkeit begründet und zum anderen kein Recht zur Bestellung von Organen im
Transportbereich besteht (Bourwieg/Hellermann/Hermes/Hölscher § 8 Rn. 34; Rosin/
Pohlmann/Gentzsch/Metzenthin/Böwing/Smousavi/Thomas § 8 Rn. 109).

II. Ausnahmemöglichkeit

Nach Auffassung der BNetzA stellt aber nicht jede gleichzeitige, formale Kontrolle eines 41
Transportnetzbetreibers und von Unternehmen, die eine der Funktionen Gewinnung,
Erzeugung oder Vertrieb von Energie an Kunden wahrnehmen, einen Verstoß gegen § 8
Abs. 2 S. 2, 3 dar (BNetzA Beschl. v. 9.11.2012 – BK6-12-040, S. 16 ff.). Eine solche Ausnahme kommt vor allen Dingen im Fall von **Finanzinvestoren** in Betracht, die sowohl im
Transportbereich als auch in den Wettbewerbsbereichen investiert sind.

Die Entflechtungsregelungen dienen „in erster Linie dem Zweck, das strategische Zusam- 42
menwirken des Transportnetzbetreibers als Monopolisten und verbundenen Energieunternehmen, die im wettbewerblichen Bereich tätig sind, zu unterbinden. Insbesondere soll die

Möglichkeit der Wettbewerbsverfälschung durch Diskriminierung von Wettbewerbern oder Quersubventionierung verhindert werden" (BNetzA Beschl. v. 9.11.2012 – BK6-12-040, S. 17). Des Weiteren sei zu berücksichtigen, dass im Bereich der Transportnetze in den kommenden Jahren erheblicher Investitionsbedarf besteht (BNetzA Beschl. v. 9.11.2012 – BK6-12-040, S. 18). Daraus folgert die BNetzA, „dass trotz formal bestehender gemeinsamer Kontrolle oder Ausübung von Rechten ausnahmsweise kein Verstoß gegen § 8 Abs. 2 S. 2 und 3 vorliegt, wenn dadurch mittel- und langfristige Investitionen ermöglicht werden und aufgrund der Interessenlage und internen Struktur des Investors eine Wettbewerbsverfälschung durch Missbrauch des Einflusses auf den Transportnetzbetreiber praktisch nahezu ausgeschlossen ist" (BNetzA Beschl. v. 9.11.2012 – BK6-12-040, S. 18).

43   Dasselbe soll gelten, wenn „die konkrete Beteiligung in den Bereichen Erzeugung, Gewinnung oder Vertrieb von Energie an Kunden keinerlei Anreiz bietet, die Entscheidungen des Transportnetzbetreibers zum Vorteil seiner Beteiligungen oder zum Nachteil von Konkurrenten zu beeinflussen" (BNetzA Beschl. v. 9.11.2012 – BK6-12-040, S. 21). Ob diese Voraussetzungen vorliegen müsse im Wege einer Gesamtschau und Abwägung aller Umstände des konkreten Einzelfalls beurteilt werden (BNetzA Beschl. v. 9.11.2012 – BK6-12-040, S. 21 ff.; BNetzA Beschl. v. 22.10.2013 – BK6-12-277, S. 8 ff.; BNetzA Beschl. v. 16.3.2016 – BK6-15-045, S. 8 ff.; BNetzA Beschl. v. 30.6.2017 – BK6-16-253, S. 11 ff.).

44   Diese teleologische Auslegung des § 8 Abs. 2 S. 2, 3 durch die BNetzA ist grundsätzlich zu begrüßen. Allerdings sind an die Voraussetzungen strenge Anforderungen zu stellen. Außerdem ist die BNetzA gem. § 4c S. 1 unverzüglich zu informieren, sollten Veränderungen geplant sein, die eine Neubewertung erforderlich machen können.

III. Einschränkungen bei der Bestellung der Organe des Transportnetzbetreibers (Abs. 2 S. 5)

45   Die Regelung in § 8 Abs. 2 S. 5 schränkt die Rechte der Personen, die unmittelbar oder mittelbar die Kontrolle über oder Rechte an einem Unternehmen ausüben, das eine der Funktionen Gewinnung, Erzeugung oder Vertrieb von Energie an Kunden wahrnimmt, noch weiter ein. Diese dürfen weder die Mitglieder des Aufsichtsrats noch die zur gesetzlichen Vertretung berufenen Organe (→ Rn. 45.1 f.) des Transportnetzbetreibers bestellen. Auch diese Regelung ist auf die Abberufung sowie den Abschluss, die Änderung und die Beendigung des entsprechenden Dienstvertrags zu erweitern (Säcker EnergieR/Säcker/Mohr § 8 Rn. 106; → Rn. 38).

45.1   Die BNetzA vertritt die Auffassung, dass die Anforderungen des § 8 Abs. 2 S. 4, 5 aF (= § 8 Abs. 2 S. 5, 6 nF) auch auf Prokuristen Anwendung finden (BNetzA Beschl. v. 5.2.2013 – BK7-12-028, S. 19; BNetzA Beschl. v. 20.12.2013 – BK7-12-046, S. 12 f.). Diese Auffassung ist unrichtig. Die Prokura gem. § 48 HGB begründet eine rechtsgeschäftliche, nicht gesetzliche Vertretungsmacht (BeckOK HGB/Meyer HGB § 48 Rn. 1; MüKoHGB/Krebs HGB Vor § 48 Rn. 39). Demgemäß sind Prokuristen keine organschaftlichen Vertreter (Baumbach/Hopt/Merkt, 39. Aufl., HGB Vor § 48 Rn. 3; MüKoHGB/Krebs HGB Vor § 48 Rn. 39).

45.2   Art. 9 Abs. 1 lit. d Elektrizitäts-Binnenmarkt-Richtlinie 2009/72/EG bzw. Gas-Binnenmarkt-Richtlinie 2009/73/EG, deren Umsetzung in nationales Recht § 8 Abs. 2 S. 5 dient, nennt neben dem Aufsichtsrat und dem zur gesetzlichen Vertretung berufenen Organ noch den Verwaltungsrat. Das deutsche Gesellschaftsrecht kennt ein solches Gremium nicht. Vermutlich hat der deutsche Gesetzgeber deswegen auf dessen Nennung verzichtet. Vor dem Hintergrund des europäischen Sekundärrechts ist § 8 Abs. 2 S. 5 erforderlichenfalls dahingehend richtlinienkonform auszulegen, dass auch weitere Gremien, die mit dem Aufsichtsrat bzw. dem zur gesetzlichen Vertretung berufenen Organ vergleichbar sind, erfasst werden (Rosin/Pohlmann/Gentzsch/Metzenthin/Böwing/Smousavi/Thomas § 8 Rn. 80 ff.). Dies kann bspw. beim Einsatz ausländischer/europäischer Organisationsformen oder im Gesellschaftsvertrag einer GmbH begründeter Organe der Fall sein (Rosin/Pohlmann/Gentzsch/Metzenthin/Böwing/Smousavi/Thomas § 8 Rn. 81).

46   Während im Bereich der personellen Entflechtung die Regelung des § 8 Abs. 2 S. 3 die Regelung des § 8 Abs. 2 S. 2 einfach 1:1 spiegelt, fehlt eine solche Spiegelung für die Regelung des § 8 Abs. 2 S. 5. Diese ergibt sich jedoch – in eingeschränktem Umfang – aus § 8 Abs. 2 S. 3 (Rosin/Pohlmann/Gentzsch/Metzenthin/Böwing/Smousavi/Thomas § 8 Rn. 74 ff.; Säcker EnergieR/Säcker/Mohr § 8 Rn. 107). § 8 Abs. 2 S. 3 verbietet dem erfass-

ten Personenkreis u.a. jede Ausübung von Rechten an einem Unternehmen, das eine der Funktionen Gewinnung, Erzeugung und Vertrieb von Energie an Kunden wahrnimmt, und damit gem. § 8 Abs. 2 S. 7 Nr. 2 auch das Gebrauchmachen von der Befugnis, Mitglieder des Aufsichtsrats oder der zur gesetzlichen Vertretung berufenen Organe zu bestellen. § 8 Abs. 2 S. 3 verpflichtet allerdings nur solche Personen, die einen Transportnetzbetreiber oder ein Transportnetz kontrollieren. § 8 Abs. 2 S. 5 verpflichtet demgegenüber nicht nur solche Personen, die Kontrolle, sondern auch solche, die Rechte an einem Wettbewerbsunternehmen ausüben, hat also einen größeren Anwendungsbereich als § 8 Abs. 2 S. 3.

Ein weiterer Unterschied zu § 8 Abs. 2 S. 2, 3 besteht darin, dass dort neben dem Transportnetzbetreiber das Transportnetz ausdrücklich genannt wird. Auch in Art. 9 Abs. 1 lit. c Elektrizitäts-Binnenmarkt-Richtlinie 2009/72/EG bzw. Gas-Binnenmarkt-Richtlinie 2009/73/EG, deren Umsetzung in nationales Recht § 8 Abs. 2 S. 5 dient, werden neben dem Übertragungs- bzw. dem Fernleitungsnetzbetreiber das Übertragung- bzw. Fernleitungsnetz explizit aufgeführt. Vor diesem Hintergrund und mangels anderweitiger Hinweise in der Gesetzesbegründung ist davon auszugehen, dass die Auslassung des Transportnetzes in § 8 Abs. 2 S. 5 lediglich ein Versehen ist, das durch eine europarechtskonforme Auslegung geheilt werden kann.

IV. Einschränkungen bei der Besetzung der Organe des Transportnetzbetreibers (Abs. 2 S. 6)

§ 8 Abs. 2 S. 6 verbietet schließlich, dass eine Person als Mitglied des Aufsichtsrats oder als zur gesetzlichen Vertretung berufenes Organ in beiden Bereichen bestellt wird. Auch hier gilt, dass die fehlende Nennung des Transportnetzes neben dem Transportnetzbetreiber offenbar ein redaktionelles Versehen und dieses durch eine entsprechende europarechtskonforme Auslegung (Art. 9 Abs. 1 lit. d Elektrizitäts-Binnenmarkt-Richtlinie 2009/72/EG bzw. Gas-Binnenmarkt-Richtlinie 2009/73/EG) zu heilen ist (→ Rn. 47).

Nach richtiger Auffassung der BNetzA kommt es insoweit nicht darauf an, dass infolge der eigentumsrechtlichen Entflechtung der Transportnetzbetreiber nicht mehr Teil eines vertikal integrierten Unternehmens ist. (BNetzA Beschl. v. 9.11.2012 – BK6-12-040, S. 25). Das Risiko, dass der Betroffene Informationen, die er im Rahmen seines Mandats im Transportbereich erhält, im Rahmen eines Mandats im Wettbewerbsbereich verwendet und dadurch den Wettbewerb im Energiebinnenmarkt beeinflusst, besteht unabhängig von der rechtlichen Verbundenheit der Unternehmen iSd § 3 Nr. 38. Aus diesem Grund muss auch der Wettbewerbsbereich nicht Teil eines vertikal integrierten Unternehmens sein.

Für sonstige Mitarbeiter im Wettbewerbsbereich und im Transportbereich gilt dieses Verbot im Übrigen nicht (Elspas/Graßmann/Rasbach/Hampel/Sack § 8 Rn. 22; Rosin/Pohlmann/Gentzsch/Metzenthin/Böwing/Smousavi/Thomas § 8 Rn. 89; Säcker EnergieR/Säcker/Mohr § 8 Rn. 108). Insoweit fehlt eine dem § 7a Abs. 2 vergleichbare Regelung. Allerdings sind die übrigen Vorschriften der (eigentumsrechtlichen) Entflechtung zu beachten, zB § 8 Abs. 3 (Elspas/Graßmann/Rasbach/Hampel/Sack § 8 Rn. 22; Säcker EnergieR/Säcker/Mohr § 8 Rn. 108).

F. Energiespeicheranlagen (Abs. 2 S. 4)

Die im Jahr 2021 eingefügte Regelung des § 8 Abs. 2 S. 4 verbietet **Betreibern von Übertragungsnetzen** (§ 3 Nr. 10), Eigentümer einer Energiespeicheranlage (§ 3 Nr. 15d) zu sein oder eine solche zu errichten, zu verwalten oder zu betreiben. Auch wenn sich dieses Verbot ausdrücklich nur an Übertragungsnetzbetreiber richtet, verbietet sich ein erlaubender Umkehrschluss im Hinblick auf die **Betreiber von Gasnetzen** (BT-Drs. 19/27453, 93). Insoweit kommen auch weiterhin die allgemeinen entflechtungsrechtlichen Vorschriften zur Anwendung (BT-Drs. 19/27453, 93). Im Übrigen kann auf die Kommentierung zum wortgleichen § 7 Abs. 1 S. 2 für Elektrizitätsverteilernetzbetreiber verwiesen werden (→ § 7 Rn. 23a ff.).

Gemäß § 11b sind Betreiber von Übertragungsnetzen unter den dort genannten Voraussetzungen ausnahmsweise berechtigt, Eigentümer von bestimmten Energiespeicheranlagen zu sein oder solche zu errichten, zu verwalten oder zu betreiben.

EnWG § 8 Teil 2. Entflechtung

G. Ausstattung des Transportnetzbetreibers (Abs. 2 S. 9)

51 Nach § 8 Abs. 2 S. 9 muss der Transportnetzbetreiber gewährleisten, dass er über die erforderlichen Mittel zur Erfüllung seiner Aufgaben verfügt. Nach dem Willen des Gesetzgebers soll dadurch gewährleistet werden, „dass insbesondere die grundsätzliche Fähigkeit des Transportnetzbetreibers, die zu einem sicheren und effizienten Netzbetrieb erforderlichen Investitionen zu tätigen, erhalten bleibt" (BT-Drs. 17/6072, 58). Zu gewährleisten sind dafür durch den Transportnetzbetreiber die erforderlichen finanziellen, materiellen, technischen und personellen Mittel.

52 Die zu erfüllenden **Aufgaben des Transportnetzbetreibers** ergeben sich aus den §§ 11–28a. Im Wesentlichen sind es die Pflichten, ein sicheres, zuverlässiges und leistungsfähiges Transportnetz diskriminierungsfrei zu betreiben, zu warten und bedarfsgerecht zu optimieren, zu verstärken und auszubauen sowie die Gewährung des Netzanschlusses und Netzzugangs zu dem Transportnetz.

53 Im Hinblick auf die **materiellen und technischen Mittel** ist insbesondere auf alle für den Betrieb des Transportnetzes erforderlichen Anlagen abzustellen (BNetzA Beschl. v. 3.8.2015 – BK6-12-047, S. 10). Insoweit besteht bereits aus § 8 Abs. 2 S. 1 die Verpflichtung des Transportnetzbetreibers, dass er unmittelbarer oder mittelbarer Eigentümer ist (→ Rn. 11 ff.).

54 Im Rahmen der Prüfung der erforderlichen **personellen Ausstattung** stellt die BNetzA auf die Organisation und die Anzahl der angestellten Personen, insbesondere auf die für den Betrieb des Transportnetzes erforderlichen personellen Ressourcen ab (BNetzA Beschl. v. 3.8.2015 – BK6-12-047, S. 10). Dabei muss der Transportnetzbetreiber nicht alle Aufgaben mit eigenem Personal erfüllen können. Dienstleistungsverträge sind grundsätzlich zulässig, allerdings muss eine qualifizierte Überwachung und Kontrolle der Dienstleister gewährleistet sein (BNetzA Beschl. v. 3.8.2015 – BK6-12-047, S. 10; BNetzA Beschl. v. 9.11.2012 – BK7-12-037, S. 14). Der Einsatz von Dienstleistern darf es dem Transportnetzbetreiber im Ergebnis nicht unmöglich machen, letztverantwortlich die gesetzeskonforme Erfüllung seiner Netzbetreiberaufgaben zu gewährleisten (BNetzA Beschl. v. 9.11.2012 – BK7-12-037, S. 15).

55 Die Anforderungen im Hinblick auf die **finanziellen Mittel** gehen über die europäischen Vorgaben in Art. 9 Elektrizitäts-Binnenmarkt-Richtlinie 2009/72/EG bzw. Gas-Binnenmarkt-Richtlinie 2009/73/EG hinaus. Der europäische Gesetzgeber fordert nur für den Unabhängigen Transportnetzbetreiber iSd § 10, dass dieser über die erforderlichen finanziellen Ressourcen verfügt (Art. 17 Abs. 1 Elektrizitäts-Binnenmarkt-Richtlinie 2009/72/EG bzw. Gas-Binnenmarkt-Richtlinie 2009/73/EG). Gerade vor dem Hintergrund der im Zuge der Energiewende erforderlichen Optimierung, Verstärkung und des Ausbaus der Transportnetze erscheint die Gewährleistung auch der erforderlichen finanziellen Mittel als Voraussetzung für eine Zertifizierung als eigentumsrechtlich entflochtener Transportnetzbetreiber allerdings gerechtfertigt (BNetzA Beschl. v. 3.8.2015 – BK6-12-047, S. 11 f.).

56 Bei der Beurteilung der Gewährleistung der erforderlichen finanziellen Mittel ist es nach Auffassung der BNetzA zulässig, „aus dem reibungslosen Ablauf von Investitionen in der Vergangenheit auf die Zukunft" zu schließen (BNetzA Beschl. v. 3.8.2015 – BK6-12-047, S. 12). Die erforderlichen finanziellen Mittel müssen nicht als Eigenkapital zur Verfügung stehen. Ausreichend ist insoweit, dass die Voraussetzungen für eine Aufnahme von Fremdkapital im erforderlichen Umfang erfüllt sind, der eigentumsrechtlich entflochtene Transportnetzbetreiber insbesondere über eine ausreichende Bonität verfügt (BNetzA Beschl. v. 9.11.2012 – BK7-12-037, S. 13).

57 Die Verpflichtung des Transportnetzbetreibers, zu gewährleisten, dass er über die erforderlichen finanziellen Mittel verfügt, begründet im Übrigen grundsätzlich keine Verpflichtung zur Durchführung einer **Kapitalerhöhung** (Rosin/Pohlmann/Gentzsch/Metzenthin/Böwing/Smousavi/Thomas § 8 Rn. 131). Hierfür wäre ein Gesellschafterbeschluss erforderlich und die Gesellschafter des eigentumsrechtlich entflochtenen Transportnetzbetreibers sind nicht Adressaten des § 8.

57a Eine Ausnahme gilt jedoch gem. § 65 Abs. 2a S. 2 im Hinblick auf solche Investitionen des Transportnetzbetreibers, die sich aus dem für ihn relevanten **Netzentwicklungsplan** ergeben und innerhalb von drei Jahren ab dessen Verbindlichkeit durchgeführt werden mussten (→ Rn. 57a.1). Demnach kann die Regulierungsbehörde nach Ablauf der dreijährigen

Durchführungsfrist den Transportnetzbetreiber verpflichten, eine Kapitalerhöhung im Hinblick auf diese Investitionen durchzuführen und dadurch unabhängigen Investoren eine Kapitalbeteiligung zu ermöglichen. Richtigerweise trifft diese Verpflichtung nicht nur den Transportnetzbetreiber, sondern auch dessen Gesellschafter, die einer Kapitalerhöhung zustimmen müssen (BT-Drs. 20/27453, 136).

Art. 22 Abs. 7 S. 1 lit. c Elektrizitäts-Binnenmarkt-Richtlinie 2009/72/EG (jetzt wortgleich Art. 51 Abs. 7 lit. c Elektrizitäts-Binnenmarkt-Richtlinie 2019/944/EU) bzw. Gas-Binnenmarkt-Richtlinie 2009/73/EG sieht vor, dass die Regulierungsbehörde einen Transportnetzbetreiber unter bestimmten Umständen zu einer **Kapitalerhöhung verpflichten** können soll, wenn dieser seinen Verpflichtungen aus dem Netzentwicklungsplan nicht nachkommt. Der deutsche Gesetzgeber hatte sich 2011 bewusst entschieden, diese Möglichkeit (europarechtskonform) nicht in § 65 Abs. 2a aufzunehmen (BT-Drs. 17/6072, 92). Auch bestehen gegen die europäische Regelung verfassungsrechtliche Bedenken (Schmidt-Preuß ET 9/2009, 82 (87); Gärditz/Rubel N&R 2010, 194 (204)). Mit Wirkung vom 27.7.2021 hat der deutsche Gesetzgeber diese Möglichkeit doch noch in § 65 Abs. 2a S. 2 aufgenommen, allerdings ohne zu begründen, wie es zu diesem Sinneswandel gekommen ist (BT-Drs. 19/27453, 136). **57a.1**

H. Einschränkungen beim Entflechtungsvorgang (Abs. 3)

Ergänzend zu den Vorschriften der informatorischen Entflechtung gem. § 6a Abs. 1 verbietet § 8 Abs. 3 einem Transportnetzbetreiber, der Teil eines vertikal integrierten Unternehmens war, dass er **wirtschaftlich sensible Informationen** im unmittelbaren Zusammenhang mit einer Entflechtung nach §§ 8, 9 oder 10–10e an Unternehmen übermittelt, die eine der Funktionen Gewinnung, Erzeugung oder Vertrieb von Energie an Kunden wahrnehmen. Dieses Verbot gilt nicht allgemein, sondern nur für die Weitergabe von Informationen an im Wettbewerb tätige Sparten „des sich entflechtenden Unternehmens" (BT-Drs. 17/6072, 58). **58**

Verboten ist im unmittelbaren Zusammenhang mit einer Entflechtung nach §§ 8, 9 oder 10–10e des Weiteren, dass **Personal** des Transportnetzbetreibers zu einem Unternehmen wechselt, das in einem Wettbewerbsbereich tätig ist. Auch dieses Verbot gilt nur im Hinblick auf Wettbewerbsunternehmen, die Teil des sich entflechtenden vertikal integrierten Unternehmens sind (BT-Drs. 17/6072, 58 f.; aA Kment EnWG/Knauff § 8 Rn. 16). **59**

Das Verbot des Personalübergangs gilt demgegenüber nicht für einen Wechsel vom sich entflechtenden vertikal integrierten Unternehmen zum Transportnetzbetreiber (Rosin/Pohlmann/Gentzsch/Metzenthin/Böwing/Smousavi/Thomas § 8 Rn. 139). **60**

Auch ist ein späterer Wechsel, der nicht mehr im **unmittelbaren Zusammenhang** mit der Entflechtung steht, zulässig. Dabei ist aufgrund des starken Eingriffs in die Rechte der betroffenen Arbeitnehmer, insbesondere in das evtl. gegebene Widerspruchsrecht gem. § 613a Abs. 6 BGB (Seitz/Werner BB 2005, 1961), die Voraussetzung des unmittelbaren Zusammenhangs eng auszulegen. Eine Parallelwertung zu § 6 Abs. 2 (so aber Kment EnWG/Knauff § 8 Rn. 16) ist schon aufgrund der unterschiedlichen Formulierungen (§ 6 Abs. 2: „in engem wirtschaftlichem Zusammenhang") nicht angezeigt. **61**

§ 9 Unabhängiger Systembetreiber

(1) ¹Ein Unabhängiger Systembetreiber kann nach Maßgabe dieser Vorschrift benannt werden
1. für ein Transportnetz, wenn dieses am 3. September 2009 im Eigentum eines vertikal integrierten Unternehmens stand, oder
2. für ein Fernleitungsnetz, das Deutschland mit einem Drittstaat verbindet, in Bezug auf den Abschnitt von der Grenze des deutschen Hoheitsgebietes bis zum ersten Kopplungspunkt mit dem deutschen Netz, wenn das Fernleitungsnetz am 23. Mai 2019 im Eigentum eines vertikal integrierten Unternehmens stand.
²Unternehmen, die einen Antrag auf Zertifizierung des Betriebs eines Unabhängigen Systembetreibers stellen, haben die Unabhängigkeit des Transportnetzbetreibers nach Maßgabe der Absätze 2 bis 6 sicherzustellen.

(2) ¹Auf Unabhängige Systembetreiber ist § 8 Absatz 2 Satz 2, 3, 5 und 6 entsprechend anzuwenden, dabei ist auf Unabhängige Systembetreiber im Elektrizitätsbe-

reich auch § 8 Absatz 2 Satz 4 entsprechend anwendbar. ²Er hat über die materiellen, finanziellen, technischen und personellen Mittel zu verfügen, die erforderlich sind, um die Aufgaben des Transportnetzbetreibers nach Teil 3 Abschnitt 1 bis 3 wahrzunehmen. ³Der Unabhängige Systembetreiber ist verpflichtet, den von der Regulierungsbehörde überwachten zehnjährigen Netzentwicklungsplan nach den §§ 12a bis 12f oder § 15a umzusetzen. ⁴Der Unabhängige Systembetreiber hat in der Lage zu sein, den Verpflichtungen, die sich aus der Verordnung (EU) 2019/943 oder der Verordnung (EG) Nr. 715/2009 ergeben, auch hinsichtlich der Zusammenarbeit der Übertragungs- oder Fernleitungsnetzbetreiber auf europäischer und regionaler Ebene, nachkommen zu können.

(3) ¹Der Unabhängige Systembetreiber hat den Netzzugang für Dritte diskriminierungsfrei zu gewähren und auszugestalten. ²Er hat insbesondere Netzentgelte zu erheben, Engpasserlöse einzunehmen, das Transportnetz zu betreiben, zu warten und auszubauen, sowie im Wege einer Investitionsplanung die langfristige Fähigkeit des Transportnetzes zur Befriedigung einer angemessenen Nachfrage zu gewährleisten. ³Der Unabhängige Systembetreiber hat im Elektrizitätsbereich neben den Aufgaben nach Satz 1 und 2 auch die Rechte und Pflichten, insbesondere Zahlungen, im Rahmen des Ausgleichsmechanismus zwischen Übertragungsnetzbetreibern nach Artikel 49 der Verordnung (EU) 2019/943 wahrzunehmen. ⁴Der Unabhängige Systembetreiber trägt die Verantwortung für Planung, einschließlich der Durchführung der erforderlichen Genehmigungsverfahren, Bau und Betrieb der Infrastruktur. ⁵Der Transportnetzeigentümer ist nicht nach Satz 1 bis 4 verpflichtet.

(4) ¹Der Eigentümer des Transportnetzes und das vertikal integrierte Unternehmen haben im erforderlichen Umfang mit dem Unabhängigen Systembetreiber zusammenzuarbeiten und ihn bei der Wahrnehmung seiner Aufgaben, insbesondere durch Zurverfügungstellung der dafür erforderlichen Informationen, zu unterstützen. ²Sie haben die vom Unabhängigen Systembetreiber beschlossenen und im Netzentwicklungsplan nach den §§ 12a bis 12f oder § 15a für die folgenden drei Jahre ausgewiesenen Investitionen zu finanzieren oder ihre Zustimmung zur Finanzierung durch Dritte, einschließlich des Unabhängigen Systembetreibers, zu erteilen. ³Die Finanzierungsvereinbarungen sind von der Regulierungsbehörde zu genehmigen. ⁴Der Eigentümer des Transportnetzes und das vertikal integrierte Unternehmen haben die notwendigen Sicherheitsleistungen, die zur Erleichterung der Finanzierung eines notwendigen Netzausbaus erforderlich sind, zur Verfügung zu stellen, es sei denn, der Eigentümer des Transportnetzes oder das vertikal integrierte Unternehmen haben der Finanzierung durch einen Dritten, einschließlich dem Unabhängigen Systembetreiber, zugestimmt. ⁵Der Eigentümer des Transportnetzes hat zu gewährleisten, dass er dauerhaft in der Lage ist, seinen Verpflichtungen nach Satz 1 bis 3 nachzukommen.

(5) Der Eigentümer des Transportnetzes und das vertikal integrierte Unternehmen haben den Unabhängigen Systembetreiber von jeglicher Haftung für Sach-, Personen- und Vermögensschäden freizustellen, die durch das vom Unabhängigen Systembetreiber betriebenen Transportnetz verursacht werden, es sei denn, die Haftungsrisiken betreffen die Wahrnehmung der Aufgaben nach Absatz 3 durch den Unabhängigen Systembetreiber.

(6) Betreibt der Unabhängige Systembetreiber die Transportnetze mehrerer Eigentümer von Transportnetzen, sind die Voraussetzungen der Absätze 1 bis 5 im Verhältnis zwischen dem Unabhängigen Systembetreiber und dem jeweiligen Eigentümer von Transportnetzen oder dem jeweiligen vertikal integrierten Unternehmen jeweils zu erfüllen.

Überblick

§ 9 regelt die Anforderungen an die Entflechtung eines Transportnetzbetreibers durch die Benennung eines Unabhängigen Systembetreibers. Dabei übernimmt der Unabhängige

Systembetreiber die Aufgaben des Netzbetriebs ohne Eigentümer des Transportnetzes zu sein. Von dieser Entflechtungsmöglichkeit kann aber nur unter engen Voraussetzungen Gebrauch gemacht werden (→ Rn. 12 ff.). Ist der Anwendungsbereich des § 9 eröffnet und soll ein Unabhängiger Systembetreiber benannt werden, sind an dessen Unabhängigkeit und Ausstattung strenge Anforderungen zu stellen (→ Rn. 20 ff.). In Abgrenzung zum Netzeigentümer übernimmt der Unabhängige Systembetreiber sämtliche Aufgaben aus und im Zusammenhang mit dem Netzbetrieb (→ Rn. 25 ff.). Andererseits sind sowohl der Eigentümer des Transportnetzes als auch das übrige vertikal integrierte Unternehmen verpflichtet, mit dem Unabhängigen Systembetreiber zusammenzuarbeiten und ihn zu unterstützen (→ Rn. 32 ff.). Ergänzt wird diese Verpflichtung durch eine umfassende Haftungsfreistellung (→ Rn. 44 f.). Schließlich erlaubt das Gesetz dem Unabhängigen Systembetreiber, für mehrere Transportnetzeigentümer tätig zu werden (→ Rn. 46).

Übersicht

	Rn.		Rn.
A. Normzweck und Bedeutung	1	II. Ausstattungsgebot (Abs. 2 S. 2)	22
B. Entstehungsgeschichte	4	F. Aufgaben des Unabhängigen Systembetreibers (Abs. 2 S. 3 und 4, Abs. 3)	25
C. Normadressat (Abs. 1 S. 2)	9	G. Pflichten des Transportnetzeigentümers und des vertikal integrierten Unternehmens (Abs. 4)	32
D. Anwendungsbereich (Abs. 1 S. 1)	12		
I. Allgemeine Voraussetzungen (Abs. 1 S. 1 Nr. 1)	13	I. Allgemeine Kooperations- und Unterstützungspflicht (Abs. 4 S. 1)	33
II. Sonderregelungen für Fernleitungsnetze (Abs. 1 S. 1 Nr. 2)	18	II. Finanzierungspflicht (Abs. 4 S. 2–4)	35
III. Spartenübergreifende Entflechtung	19	III. Leistungsfähigkeit des Transportnetzeigentümers (Abs. 4 S. 5)	42
E. Unabhängigkeit des Unabhängigen Systembetreibers (Abs. 2 S. 1 und 2)	20	H. Haftungsfreistellung (Abs. 5)	44
I. Kontroll- und Beteiligungsverbot (Abs. 2 S. 1)	20	I. Betrieb mehrerer Transportnetze (Abs. 6)	46

A. Normzweck und Bedeutung

Als weitere Möglichkeit der Entflechtung auf Ebene der Transportnetzbetreiber sieht § 9 die Benennung eines Unabhängigen Systembetreibers vor. Anders als im Fall der eigentumsrechtlichen Entflechtung nach § 8 bleibt dabei das Eigentum am Transportnetz beim vertikal integrierten Unternehmen. Allerdings muss es den Betrieb des Transportnetzes auf ein rechtlich selbstständiges und weitestgehend unabhängiges Unternehmen übertragen, den Unabhängigen Systembetreiber. Außerdem hat das vertikal integrierte Unternehmen gem. § 7b im Hinblick auf den Transportnetzeigentümer die Vorschriften der §§ 7 Abs. 1, 7a Abs. 1–5 betreffend die rechtliche und operationelle Entflechtung zu beachten. Die Regelungen in § 7b sollen im Zusammenspiel mit den Regelungen in § 9 Abs. 2, 3 gewährleisten, „dass Quersubventionierungen und Diskriminierungen zugunsten des Transportnetzeigentümers vermieden werden" (BT-Drs. 17/6072, 59).

Eine **befristete Ausnahme** von der Anwendung des § 9 kann die zuständige Regulierungsbehörde gem. §§ 28a, 28b im Hinblick auf neue Infrastrukturen sowie Gasverbindungsleitungen zwischen Deutschland und einem Drittstaat gewähren, sofern die dort jeweils genannten, strengen Voraussetzungen erfüllt sind (→ Rn. 2.1).

Die BNetzA hat im Rahmen der Zertifizierung der OPAL Gastransport GmbH & Co. KG von der Ausnahmemöglichkeit des § 28a Gebrauch gemacht (BNetzA Beschl. v. 17.11.2017 – BK7-16-162). Diese Freistellung von der Regulierung wurde von der BNetzA auf Antrag der OPAL GmbH & Co. KG mit Wirkung zum 30.6.2023 widerrufen (BNetzA Beschl. v. 15.6.2023 – BK7-08-009-W1). Weitere Freistellungen von der Regulierung nach § 28a hat die BNetzA zugunsten der German LNG Terminal GmbH (BNetzA Beschl. v. 19.6.2023 – BK7-22-140), der Deutsche ReGas GmbH & Co. KGaA (BNetzA Beschl. v. 12.1.2023 – BK7-22-086) und der Hanseatic Energy Hub GmbH (BNetzA Beschl. v. 19.9.2022 – BK7-20-107) beschlossen. Die Ausnahmemöglichkeit des § 28b kam gegenüber der Nord Stream AG zur Anwendung (BNetzA Beschl. v. 20.5.2020 – BK7-19-108), während ein entsprechender Antrag der Nord Stream 2 AG abgelehnt wurde (BNetzA Beschl. v. 15.5.2020 – BK7-20-004).

3 In der Praxis hat diese Entflechtungsmöglichkeit bislang keine Bedeutung erlangt. Keines der bestehenden deutschen Transportnetze wurde durch die Benennung eines Unabhängigen Systembetreibers entflochten. Dies liegt möglicherweise daran, dass zwar das Eigentum am Transportnetz im vertikal integrierten Unternehmen verbleiben darf, der Unabhängige Systembetreiber aber grundsätzlich wie ein nach § 8 eigentumsrechtlich entflochtener Transportnetzbetreiber organisiert werden muss. Wenn ein vertikal integriertes Unternehmen die eigentumsrechtliche Entflechtung ihres Transportnetzes nach § 8 ablehnt, erscheint der Unabhängige Transportnetzbetreiber gem. §§ 10–10e insgesamt attraktiver als der Unabhängige Systembetreiber gem. § 9. Vor diesem Hintergrund hat die BNetzA in ihrem Hinweispapier zum Zertifizierungsverfahren auf detaillierte Ausführungen zur Zertifizierung eines Unabhängigen Systembetreibers bewusst verzichtet (BNetzA, Zertifizierungsverfahren: Hinweispapier zur Antragstellung, 12.12.2011, 48).

B. Entstehungsgeschichte

4 § 9 wurde wie die beiden anderen Entflechtungsvarianten in den §§ 8 und 10-10e im Jahr 2011 in das EnWG eingefügt. Er dient der Umsetzung von Art. 13 Elektrizitäts-Binnenmarkt-Richtlinie 2009/72/EG und Art. 14 Gas-Binnenmarkt-Richtlinie 2009/73/EG als Teil des dritten Energiebinnenmarktpaketes in nationales Recht (BT-Drs. 17/6072, 59).

5 Ähnlich wie im Fall der eigentumsrechtlichen Entflechtung gem. § 8 (→ § 8 Rn. 6) wurde in der Literatur verschiedentlich die Gesetzgebungskompetenz des europäischen Gesetzgebers sowie die Vereinbarkeit der Regelungen des § 9 mit dem Grundgesetz in Frage gestellt (ausf. Säcker EnergieR/Säcker/Mohr § 9 Rn. 23 f.).

6 Mit Wirkung zum 12.12.2019 hat der deutsche Gesetzgeber § 9 Abs. 1 S. 1 neugefasst und dort die Regelung der Nummer 2 neu eingefügt. Diese Neufassung dient der Umsetzung des durch Art. 1 Nr. 3 Gas-Binnenmarkt-Richtlinie (EU) 2019/692 geänderten Art. 14 Abs. 1 Gas-Binnenmarkt-Richtlinie 2009/73/EG und erweitert den Anwendungsbereich der Marktregelungen des Dritten Binnenmarktpaketes im Gasbereich auf Verbindungsleitungen zwischen EU-Mitgliedstaaten und Drittstaaten (BT-Drs. 19/13443, 9, 11). Bis zum Inkrafttreten der Gas-Binnenmarkt-Richtlinie (EU) 2019/692 waren die Vorschriften der Europäischen Union für den Erdgasbinnenmarkt nicht auf Gasfernleitungen aus und in Drittländern anzuwenden. Dieses Versäumnis sollte durch verschiedene Änderungen der Gas-Binnenmarkt-Richtlinie 2009/73/EG beseitigt werden. Konkreter Anlass für den Erlass der Gas-Binnenmarkt-Richtlinie (EU) 2019/692 war der Bau der Gasfernleitung Nord Stream 2, die zusätzlich zur bereits bestehenden Gasfernleitung Nord Stream 1 Russland mit Deutschland verbinden sollte (ausf. zum Entstehungsprozess Keller-Herder/Scholtka ER 2018, 55).

7 Gegen die Richtlinie haben die Projektgesellschaft der Nord Stream 2 und die Betreibergesellschaft der Nord Stream 1 Nichtigkeitsklage beim EuG eingereicht. Der EuG hat beide Klagen als unzulässig abgewiesen (EuG BeckRS 2020, 9776; 2020, 9770). Gegen die Entscheidung des EuG hat die Nord Stream 2 AG Rechtsmittel beim EuGH eingelegt (BeckEuRS 2020, 644863). Der Generalanwalt hat in seinen Schlussanträgen vom 6.10.2021 der Auffassung des EuG widersprochen und die Nichtigkeitsklage der Nord Stream 2 AG für zulässig erachtet. Infolgedessen solle die Sache zur Entscheidung über die Begründetheit an das EuG zurückverwiesen werden. In seinem Urteil vom 12.7.2022 ist der EuGH dem Generalanwalt gefolgt und hat festgestellt, dass die Nichtigkeitsklage der Nord Stream 2 AG zulässig ist, sowie die Sache zur Entscheidung an den EuG zurückverwiesen (BeckRS 2022, 16289).

8 In 2021 wurde § 9 Abs. 2 S. 1 neugefasst. Diese Neufassung ist eine Folgeänderung zur Einfügung des neuen § 8 Abs. 2 S. 4 (BT-Drs. 19/27453, 93) und dient damit der Umsetzung von Art. 54 Abs. 1 Elektrizitäts-Binnenmarkt-Richtlinie (EU) 2019/944 in nationales Recht. Bei dieser Gelegenheit hat der Gesetzgeber auch die Verweise auf europäisches Sekundärrecht in § 9 Abs. 2 S. 4, Abs. 3 S. 3 an die geänderte europäische Gesetzeslage angepasst.

C. Normadressat (Abs. 1 S. 2)

9 Gemäß § 9 Abs. 1 S. 2 haben Unternehmen, die die Zertifizierung eines Unabhängigen Systembetreibers (= Transportnetzbetreiber) beantragen, dessen Unabhängigkeit gem. § 9

Abs. 2–6 sicherzustellen. Transportnetz ist gem. § 3 Nr. 31f jedes Übertragungs- oder Fernleitungsnetz. Dementsprechend ist Transportnetzbetreiber gem. § 3 Nr. 31e jeder Betreiber eines Übertragungs- (§ 3 Nr. 10) oder Fernleitungsnetzes (§ 3 Nr. 5). Dabei umfasst der Betrieb insbesondere die Aufgaben nach Teil 3 Abschnitt 1–3. Abzugrenzen sind die Transportnetzbetreiber von den Betreibern von Elektrizitäts- und Gasverteilernetzen (§ 3 Nr. 3, 8). Deren spezifische Entflechtungsregeln finden sich in den §§ 7, 7a.

Gemäß § 4a hat entweder der Transportnetzbetreiber oder der Transportnetzeigentümer **10** den Antrag auf Zertifizierung zu stellen. Im Fall der Entflechtung gem. § 9 sind also der Unabhängige Systembetreiber und das Unternehmen innerhalb des vertikal integrierten Unternehmens, das Eigentümer des Transportnetzes ist, antragsberechtigt (→ Rn. 10.1). Demzufolge sind jedenfalls der Unabhängige Systembetreiber und der Transportnetzeigentümer verpflichtet, die Anforderungen aus § 9 Abs. 2–6 sicherzustellen.

Zum Teil wird die Antragsbefugnis nur beim Netzeigentümer gesehen (Säcker EnergieR/Säcker/ **10.1** Mohr § 9 Rn. 27). Diese Sichtweise basiert vermutlich auf dem Wortlaut von Art. 13 Abs. 1 Elektrizitäts-Binnenmarkt-Richtlinie 2009/72/EG und Art. 14 Abs. 1 Gas-Binnenmarkt-Richtlinie 2009/73/EG: „[...] und auf Vorschlag des Eigentümers des [Transport]netzes einen unabhängigen Netzbetreiber benennen".

Darüber hinaus muss aber auch das (übrige) vertikal integrierte Unternehmen durch § 9 **11** Abs. 1 S. 2 verpflichtet werden, da dieses in aller Regel den größten Einfluss hat und letztlich nur so die Erreichung der Ziele der Entflechtung gewährleistet werden kann (Kment EnWG/ Knauff § 9 Rn. 3).

D. Anwendungsbereich (Abs. 1 S. 1)

Der Anwendungsbereich des § 9 ist eröffnet zum einen für **Transportnetze,** die am **12** 3.9.2009 im Eigentum eines vertikal integrierten Unternehmens standen, (→ Rn. 13 ff.) und zum anderen für den Teil des **Fernleitungsnetzes,** der Deutschland mit einem Drittstaat verbindet, wenn dieses am 23.5.2019 im Eigentum eines vertikal integrierten Unternehmens stand (→ Rn. 18). Sofern keine der beiden vorgenannten Voraussetzungen erfüllt ist, bleibt für den Transportnetzbetreiber nur die Möglichkeit der eigentumsrechtlichen Entflechtung gem. § 8.

I. Allgemeine Voraussetzungen (Abs. 1 S. 1 Nr. 1)

Die Entflechtung eines Transportnetzes als Teil eines vertikal integrierten Unternehmens **13** durch die Benennung eines Unabhängigen Systembetreibers ist nur möglich, wenn das betroffene Transportnetz am 3.9.2009 im Eigentum eines vertikal integrierten Unternehmens stand. Dieses Datum entspricht dem Tag des Inkrafttretens der beiden Richtlinien des Dritten Energiebinnenmarktpaketes, Elektrizitäts-Binnenmarkt-Richtlinie 2009/72/EG und Gas-Binnenmarkt-Richtlinie 2009/73/EG.

Nicht erforderlich ist, dass das vertikal integrierte Unternehmen, das zum Zeitpunkt der **14** Entflechtung Eigentümerin des Transportnetzes ist, diese Rechtsposition schon vor dem 3.9.2009 inne hatte. So ist es unschädlich, wenn vor dem 3.9.2009 ein anderes vertikal integriertes Unternehmen Eigentümerin des Transportnetzes war und das von der Entflechtung betroffene vertikal integrierte Unternehmen dieses erst nach dem 3.9.2009 erworben hat (BT-Drs. 17/6072, 59; BNetzA Beschl. v. 2.12.2013 – BK7-12-030, S. 13 f.; BNetzA Beschl. v. 12.3.2013 – BK7-12-036, S. 9 beide zum inhaltsgleichen § 10 Abs. 1 S. 1 aF). Zulässig ist auch, dass das Transportnetz zwischenzeitlich nicht im Eigentum eines vertikal integrierten Unternehmens, sondern im Eigentum eines gem. § 8 eigentumsrechtlich entflochtenen Transportnetzbetreibers stand (BNetzA, Zertifizierungsverfahren: Hinweispapier zur Antragstellung, 12.12.2011, 22 f.; Theobald/Kühling/Heinlein/Büsch § 6 Rn. 43). Insoweit kommt es nicht auf eine unternehmensbezogene, sondern auf eine netzbezogene Sichtweise an (Theobald/Kühling/Heinlein/Büsch § 6 Rn. 42).

Zum maßgeblichen Transportnetz gehören auch dessen **Erweiterungen.** Insoweit kommt **15** es nicht darauf an, ob im Fall von Neubauten diese vor oder nach dem 3.9.2009 geplant, begonnen oder fertiggestellt wurden (BNetzA Beschl. v. 20.12.2013 – BK7-12-188, S. 26 ff. zum inhaltsgleichen § 10 Abs. 1 S. 1 aF). Unschädlich ist dabei auch die Gründung einer

EnWG § 9   Teil 2. Entflechtung

eigenen Gesellschaft, die den Neubau realisieren und betreiben soll (BNetzA Beschl. v. 20.12.2013 – BK7-12-188, S. 26 ff. zum inhaltsgleichen § 10 Abs. 1 S. 1 aF). Ebenso unproblematisch sind Erweiterungen durch Zukäufe nach dem 3.9.2009 (BNetzA Beschl. v. 9.11.2012 – BK7-12-034, S. 9 zum inhaltsgleichen § 10 Abs. 1 S. 1 aF und Zukäufen in einem geringen Umfang).

16 Vereinzelt wird die Auffassung vertreten, eine Entflechtung nach § 9 sei ausgeschlossen, wenn das von der Entflechtung betroffene vertikal integrierte Unternehmen vor dem 3.9.2009 überhaupt kein Transportnetz betrieben und dieses **vollumfänglich** erst nach dem 3.9.2009 erworben oder selbst neu errichtet habe (Kment EnWG/Knauff § 9 Rn. 5). In diesen Fällen bestehe kein Bedarf, das Vertrauen des vertikal integrierten Unternehmens zu schützen (Kment EnWG/Knauff § 9 Rn. 5). Eine Entflechtung des Transportnetzes sei dann nur noch im Wege der eigentumsrechtlichen Entflechtung nach § 8 möglich (Kment EnWG/Knauff § 9 Rn. 5).

17 Dieser Auffassung kann nur eingeschränkt zugestimmt werden. Die **Errichtung** eines vollständig neuen Transportnetzes nach dem 3.9.2009 ist möglicherweise nicht schützenswert, so dass insoweit nur die eigentumsrechtliche Entflechtung gem. § 8 und demzufolge die Errichtung nur außerhalb eines vertikal integrierten Unternehmens in Betracht kommt. Allerdings dürfte dieser Fall in der Praxis keine Rolle spielen, da Neubauten in aller Regel eine Erweiterung bereits bestehender Transportnetze darstellen (→ Rn. 15). Im Fall des **Erwerbs** eines Transportnetzes ist demgegenüber das Vertrauen des Veräußerers in jedem Fall schützenswert. Denn der Wert des Transportnetzes würde erheblich beeinträchtigt, wenn ein Erwerb durch ein vertikal integriertes Unternehmen von vornherein ausgeschlossen und damit der Kreis potentieller Erwerber empfindlich eingeschränkt wäre.

II. Sonderregelungen für Fernleitungsnetze (Abs. 1 S. 1 Nr. 2)

18 Für bestimmte Teile des deutschen Fernleitungsnetzes sieht § 9 Abs. 1 S. 1 Nr. 2 eine Sonderregelung vor. Diese ist auf solche Teile des Fernleitungsnetzes anwendbar, die Deutschland mit einem Drittstaat, also einem Nicht-EU-Mitgliedstaat verbinden. Konkret erfasst wird der Abschnitt zwischen der Grenze des deutschen Hoheitsgebietes und dem ersten Kopplungspunkt mit dem deutschen Fernleitungsnetz. Zum deutschen Hoheitsgebiet zählt auch das Küstenmeer in der Nord- und Ostsee. Im Hinblick auf solche Abschnitte ist es erforderlich, dass diese am 23.5.2019 im Eigentum eines vertikal integrierten Unternehmens standen. Andernfalls ist nur eine eigentumsrechtliche Entflechtung gem. § 8 möglich, da gem. § 10 Abs. 1 S. 1 Nr. 2 die Entflechtung durch die Benennung eines Unabhängigen Transportnetzbetreibers ebenfalls ausscheidet. Das Datum entspricht dem Tag des Inkrafttretens der Gas-Binnenmarkt-Richtlinie (EU) 2019/692.

III. Spartenübergreifende Entflechtung

19 Wie schon im Fall der eigentumsrechtlichen Entflechtung (→ § 8 Rn. 8) kommen die Regelungen des § 9 auch dann zur Anwendung, wenn sich innerhalb des vertikal integrierten Unternehmens die wettbewerblichen Tätigkeiten ausschließlich auf den einen Energieträger (Elektrizität oder Erdgas) und die Transporttätigkeit ausschließlich auf den anderen Energieträger (Erdgas oder Elektrizität) beschränken.

E. Unabhängigkeit des Unabhängigen Systembetreibers (Abs. 2 S. 1 und 2)

I. Kontroll- und Beteiligungsverbot (Abs. 2 S. 1)

20 Gemäß § 9 Abs. 2 S. 1 ist das Kontroll- und Beteiligungsverbot, wie es für die eigentumsrechtliche Entflechtung in § 8 Abs. 2 S. 2, 3, 5 und 6 geregelt ist, auf den Unabhängigen Systembetreiber entsprechend anzuwenden. Demnach kann auf die dortige Kommentierung verwiesen werden (→ § 8 Rn. 32 ff.). Im Ergebnis werden dem vertikal integrierten Unternehmen, das Eigentümer des Transportnetzes bleibt, die Einflussnahmemöglichkeiten auf den entflochtenen Netzbetreiber, sprich den Unabhängigen Systembetreiber, weitestgehend genommen.

Für Unabhängige Systembetreiber im Elektrizitätsbereich verweist § 9 Abs. 2 S. 1 zusätzlich auf § 8 Abs. 2 S. 4. Demnach ist ein Unabhängiger Systembetreiber im Elektrizitätsbereich nicht berechtigt, Eigentümer einer **Energiespeicheranlage** zu sein oder eine solche zu errichten, zu verwalten oder zu betreiben. Insoweit kann auf die entsprechende Kommentierung zu § 8 Abs. 2 S. 4 verwiesen werden (→ § 8 Rn. 50a f.). Dasselbe Verbot gilt im Übrigen für den Eigentümer des fraglichen Übertragungsnetzes gem. § 7b iVm § 7 Abs. 1 S. 2. 21

II. Ausstattungsgebot (Abs. 2 S. 2)

Des Weiteren muss der Unabhängige Systembetreiber gem. § 9 Abs. 2 S. 2 über die **materiellen, finanziellen, technischen und personellen Mittel** verfügen, die für die Erfüllung seiner Aufgaben als Tarnsportnetzbetreiber erforderlich sind. Dieses Ausstattungsgebot entspricht den Regelungen in den § 8 Abs. 2 S. 9, § 10a Abs. 1 S. 1, sodass auf die dortige Kommentierung verwiesen werden kann (→ § 8 Rn. 51 ff., → § 10a Rn. 3 ff.). Anders als bei der eigentumsrechtlichen Entflechtung und der Entflechtung mittels Benennung eines Unabhängigen Transportnetzbetreibers muss der Unabhängige Systembetreiber aber gerade nicht Eigentümer des von ihm betriebenen Transportnetzes sein. 22

Auch wenn der Unabhängige Systembetreiber nicht Eigentümer des von ihm betriebenen Transportnetzes sein muss, so muss er doch über **eigentümergleiche Rechte** an dem Netz verfügen. Denn andernfalls ist er nicht in der Lage, die ihn aus § 9 Abs. 2–3 treffenden Verpflichtungen (effizient) zu erfüllen. Dementsprechend ist die vertragliche Beziehung zwischen dem Netzeigentümer und dem Unabhängigen Systembetreiber betreffend die Überlassung des Transportnetzes auszugestalten (Kment EnWG/Knauff § 9 Rn. 9). Möglich ist dies zB im Rahmen eines **Pachtvertrages** (ausf. Säcker EnergieR/Säcker/Mohr § 9 Rn. 43 ff.). Grundsätzlich unzulässig wäre demgegenüber zB ein bloßer **Betriebsführungsvertrag** zwischen dem Netzeigentümer als Auftraggeber und dem Unabhängigen Systembetreiber als Auftragnehmer (Säcker EnergieR/Säcker/Mohr § 9 Rn. 46). 23

Im Rahmen dieses Vertragsverhältnisses ist auch das **Entgelt** des Netzeigentümers für die Überlassung des Transportnetzes an den Unabhängigen Systembetreiber zu regeln. Art. 37 Abs. 3 lit. d Elektrizitäts-Binnenmarkt-Richtlinie 2009/72/EG und Art. 41 Abs. 3 lit. d Gas-Binnenmarkt-Richtlinie 2009/73/EG kann entnommen werden, dass der Netzeigentümer eine „angemessene Vergütung der Netzvermögenswerte und neuer Investitionen in das Netz [...], sofern diese wirtschaftlich und effizient getätigt werden", verlangen kann. 24

F. Aufgaben des Unabhängigen Systembetreibers (Abs. 2 S. 3 und 4, Abs. 3)

Bereits aus dem Verweis in § 9 Abs. 2 S. 2 auf Teil 3 Abschnitt 1–3 des EnWG ergibt sich, dass der Unabhängige Systembetreiber verpflichtet ist, sämtliche Aufgaben eines Transportnetzbetreibers wahrzunehmen. Die ausdrückliche Nennung einzelner Sachverhalte in § 9 Abs. 2–3 dient Großteils der zusätzlichen **Klarstellung** der Aufgabenverteilung zwischen Netzeigentümer einerseits und Netzbetreiber = Unabhängigem Systembetreiber andererseits. Dabei darf das fehlende Eigentum am Transportnetz die Möglichkeiten des Unabhängigen Systembetreibers zur (effizienten) Erfüllung seiner Aufgaben nicht einschränken. 25

Der Verweis in § 9 Abs. 2 S. 3 auf die Verpflichtung des Unabhängigen Systembetreibers zur Umsetzung des jeweiligen **Netzentwicklungsplans** ist insoweit überflüssig, als sich diese bereits aus der Verweisung in § 9 Abs. 2 S. 2 auf die §§ 12a ff., 15a ergibt (Kment EnWG/Knauff § 9 Rn. 11). 26

Die Verpflichtung zur diskriminierungsfreien Gewährleistung und Ausgestaltung des **Netzzugangs** für Dritte gem. § 9 Abs. 3 S. 1 ergibt sich bereits aus § 17. Durch die Wiederholung in § 9 Abs. 3 S. 1 betont der Gesetzgeber nochmals, dass das vertikal integrierte Unternehmen trotz seines Eigentums am Transportnetz im Hinblick auf den Netzzugang nicht bevorzugt behandelt werden darf (Elspas/Graßmann/Rasbach/Hampel/Sack § 9 Rn. 11; Kment EnWG/Knauff § 9 Rn. 14). 27

Auch die besondere Nennung der Pflichten in § 9 Abs. 3 S. 2 dient lediglich der Klarstellung, dass der Unabhängige Systembetreiber vollumfänglich für den Betrieb des Transportnetzes verantwortlich ist und der Netzeigentümer insoweit keine Rechte an seinem Eigentum hat. Insbesondere vereinnahmt der Unabhängige Systembetreiber und nicht der Netzeigentü- 28 mer die **Netzentgelte** und **Engpasserlöse**. Im Gegenzug ist der Unabhängige Systembetreiber für den Betrieb und die Wartung des Transportnetzes verantwortlich.

29   Neben dem Erhalt des bestehenden Netzes ist der Unabhängige Systembetreiber aber auch verpflichtet, das Transportnetz bedarfsgerecht im Wege einer Investitionsplanung **auszubauen**. Dabei ist die Investitionsplanung vom Unabhängigen Systembetreiber und nicht vom Netzeigentümer zu erstellen. Konsequenterweise ist der Unabhängige Systembetreiber gem. § 9 Abs. 3 S. 4 für Planung, Bau und Betrieb des Netzausbaus allein verantwortlich. Die Finanzierung hat jedoch gem. § 9 Abs. 4 S. 2 im Zweifelsfall der Eigentümer des Transportnetzes oder das vertikal integrierte Unternehmen zu tragen.

30   Nicht ausdrücklich gesetzlich geregelt ist demgegenüber die Frage, wer **Eigentümer** eines solchen Netzausbaus wird. Im Ergebnis sollte der Unabhängige Systembetreiber Eigentümer werden. Dies selbst dann, wenn die Finanzierung durch den Eigentümer des Transportnetzes oder das vertikal integrierte Unternehmen erfolgt (Bourwieg/Hellermann/Hermes/Hölscher § 9 Rn. 13 differenzieren demgegenüber nach der Finanzierungsquelle). Zum einen haben weder der Eigentümer des Transportnetzes noch das vertikal integrierte Unternehmen die Möglichkeit, auf die Qualität der Planung und der Bauausführung Einfluss zu nehmen. Die damit verbundenen Eigentümerrisiken sollten deswegen beim Unabhängigen Systembetreiber liegen. Zum anderen sieht das Gesetz im Fall der Finanzierung durch den Transportnetzeigentümer oder das vertikal integrierte Unternehmen eine Prüfung der entsprechenden Finanzierungsvereinbarung durch die Regulierungsbehörde vor. Durch diese Prüfung soll verhindert werden, dass im Zusammenhang mit der Finanzierung die Möglichkeit einer unerwünschten Einflussnahme auf den Unabhängigen Systembetreiber oder einer Quersubventionierung der Wettbewerbsbereiche des vertikal integrierten Unternehmens eröffnet wird. Sofern der Transportnetzeigentümer oder das vertikal integrierte Unternehmen Eigentümer eines Netzausbaus werden würde, müsste dieser/dieses – statt einer Finanzierungsvereinbarung – mit dem gem. § 9 Abs. 3 S. 4 planenden und bauausführenden Unabhängigen Systembetreiber einen Kauf- oder Werkvertrag abschließen. Die Prüfung eines solchen Vertragsverhältnisses durch die Regulierungsbehörde sieht das Gesetz demgegenüber nicht vor, hält also eine solche Konstellation augenscheinlich für ausgeschlossen.

31   Die Regelung in § 9 Abs. 3 S. 5 stellt schließlich nochmals klar, dass die in den vorstehenden Sätzen aufgeführten Pflichten allein den Unabhängigen Systembetreiber und nicht den Transportnetzeigentümer treffen.

G. Pflichten des Transportnetzeigentümers und des vertikal integrierten Unternehmens (Abs. 4)

32   Aus § 9 Abs. 4 ergeben sich sowohl für den Eigentümer des Transportnetzes als auch das vertikal integrierte Unternehmen weitgehende Verpflichtungen. Dass sowohl der Transportnetzeigentümer als auch das vertikal integrierte Unternehmen verpflichtet werden, soll verhindern, dass die Kooperations- und Unterstützungspflichten, die primär den Eigentümer des Transportnetzes treffen, durch entsprechende gesellschaftsrechtliche Konstruktionen seitens des vertikal integrierten Unternehmens ausgehöhlt oder umgangen werden (BT-Drs. 17/6072, 59).

I. Allgemeine Kooperations- und Unterstützungspflicht (Abs. 4 S. 1)

33   Aus § 9 Abs. 4 S. 1 ergibt sich für den Transportnetzeigentümer und das vertikal integrierte Unternehmen eine allgemeine Pflicht zur Zusammenarbeit mit dem Unabhängigen Systembetreiber sowie dessen Unterstützung. Letztere umfasst insbesondere die Zurverfügungstellung der für den Netzbetrieb erforderlichen Informationen. Dabei sind die Anforderungen der informatorischen Entflechtung aus § 6a zu beachten (Säcker EnergieR/Säcker/Mohr § 9 Rn. 47).

34   Diese allgemeine Kooperations- und Unterstützungspflicht besteht aber nur soweit, wie sie der Unabhängige Netzbetreiber zur (effizienten) Erfüllung seiner Aufgaben als Netzbetreiber benötigt (Kment EnWG/Knauff § 9 Rn. 17).

II. Finanzierungspflicht (Abs. 4 S. 2–4)

Des Weiteren besteht die Verpflichtung des Transportnetzeigentümers und des vertikal integrierten Unternehmens, die vom Unabhängigen Systembetreiber beschlossenen und im Netzentwicklungsplan für die folgenden drei Jahre ausgewiesenen Investitionen zu finanzieren. Alternativ kann die Zustimmung zur Finanzierung durch Dritte oder durch den Unabhängigen Systembetreiber erteilt werden. Dadurch wird eine Verhinderung des bedarfsgerechten Netzausbaus durch den Transportnetzeigentümer oder das vertikal integrierte Unternehmen ausgeschlossen, solange es irgendeine Quelle gibt, die bereit ist, den Ausbau zu finanzieren. 35

Die Finanzierungspflicht betrifft aber nur solche Investitionen, die der Unabhängige Systembetreiber beschlossen hat und die im Netzentwicklungsplan für die folgenden drei Jahre ausgewiesen sind. Diese Voraussetzungen müssen **kumulativ** vorliegen. Sonstige Investitionen werden von § 9 Abs. 4 S. 2 nicht erfasst (Kment EnWG/Knauff § 9 Rn. 22). 36

Nicht gesetzlich geregelt ist die Frage, wer final entscheidet, sollte eine Finanzierung über mehrere der drei genannten Quellen möglich sein. Da der Unabhängige Systembetreiber für den gesamten Netzbetrieb und damit auch für dessen Wirtschaftlichkeit verantwortlich ist, ist dieser insoweit letztentscheidungsbefugt (Säcker EnergieR/Säcker/Mohr § 9 Rn. 48 gehen von einem Vorrang zugunsten des Netzeigentümers gegenüber anderen Finanzierungsquellen aus). Insbesondere kann ihn weder der Transportnetzeigentümer noch das vertikal integrierte Unternehmen zwingen, eine Finanzierung durch einen der beiden oder eine Drittfinanzierung abzuschließen. 37

Für die Letztverantwortlichkeit des Unabhängigen Systembetreibers im Hinblick auf die Finanzierung von Investitionen iSd § 9 Abs. 4 S. 2 spricht auch die Regelung in § 9 Abs. 4 S. 4. Danach sind der Transportnetzeigentümer und das vertikal integrierte Unternehmen verpflichtet, notwendige Sicherheitsleistungen, die zur Erleichterung der Finanzierung eines notwendigen Netzausbaus erforderlich sind, zur Verfügung zu stellen, selbst wenn sie eine Drittfinanzierung und die Finanzierung durch den Unabhängigen Systembetreiber ablehnen. Diese Verpflichtung macht deutlich, dass der Gesetzgeber den Transportnetzeigentümer und das vertikal integrierte Unternehmen in einer eher dienenden Rolle in Finanzierungsfragen sieht. 38

Die Voraussetzung in § 9 Abs. 4 S. 4, dass der zu finanzierende Netzausbau **notwendig** sein muss, ist jedenfalls dann erfüllt, wenn eine Finanzierungspflicht aus § 9 Abs. 4 S. 2 besteht (Kment EnWG/Knauff § 9 Rn. 23, der zusätzlich einen weitergehenden Entscheidungsspielraum des Unabhängigen Systembetreibers annimmt). 39

Auch müssen die Sicherheitsleistungen notwendig sein, so dass ohne sie eine Drittfinanzierung erschwert wäre. Das Gesetz spricht insoweit von einem **Erfordernis zur Erleichterung der Finanzierung.** Dabei kann die Erleichterung sowohl die wirtschaftlichen Konditionen als auch die sonstigen Verpflichtungen des Unabhängigen Systembetreibers aus der Finanzierungsvereinbarung mit dem Dritten betreffen. 40

Die Finanzierungsvereinbarungen sind gem. § 9 Abs. 4 S. 3 von der Regulierungsbehörde zu **genehmigen.** Dies kann aber nur Finanzierungsvereinbarungen mit dem Transportnetzeigentümer oder dem vertikal integrierten Unternehmen und nicht solche mit Dritten betreffen (Elspas/Graßmann/Rasbach/Hampel/Sack § 9 Rn. 17 und Säcker EnergieR/Säcker/Mohr § 9 Rn. 49 gehen von einer Genehmigungspflicht nur im Fall einer Finanzierung durch den Netzeigentümer aus, während Rosin/Pohlmann/Gentzsch/Metzenthin/Böwing/Smousavi/Thomas § 9 Rn. 40 von einer umfassenden Genehmigungspflicht auszugehen scheinen). Denn nur in den erstgenannten Fällen besteht ein Kontrollbedarf dahingehend, dass zum einen die wirtschaftlichen Rahmenbedingungen marktüblich sind und zum anderen die entflechtungsrechtlichen Vorgaben nicht umgangen werden, zB durch in Darlehensverträgen übliche Informationspflichten oder Zustimmungsvorbehalte. Die wirtschaftliche Marktüblichkeit von Finanzierungsverträgen mit Dritten ist demgegenüber Gegenstand der Kostenprüfung gem. § 6 ARegV. 41

III. Leistungsfähigkeit des Transportnetzeigentümers (Abs. 4 S. 5)

Die Verpflichtung aus § 9 Abs. 4 S. 5, wonach der Transportnetzeigentümer seine Leistungsfähigkeit im Hinblick auf seine Pflichten aus § 9 Abs. 4 S. 1–3 dauerhaft zu gewährleis- 42 ten hat, ist nach ihrem Sinn und Zweck erweiternd auszulegen. So wird dadurch nicht nur der Transportnetzeigentümer, sondern auch das vertikal integrierte Unternehmen verpflichtet (Kment EnWG/Knauff § 9 Rn. 21). Handelt es sich bei dem Transportnetzeigentümer um eine selbstständige Rechtsperson, die gerade nicht den strengen entflechtungsrechtlichen Vorgaben des § 9 unterliegt, kann sie in aller Regel ihre Finanzkraft nicht allein gewährleisten, sondern ist insoweit vom vertikal integrierten Unternehmen abhängig.

43 Eine erweiternde Auslegung dahingehend, dass auch die Verpflichtung aus § 9 Abs. 4 S. 4 gewährleistet werden muss, ist demgegenüber nicht erforderlich (Rosin/Pohlmann/Gentzsch/Metzenthin/Böwing/Smousavi/Thomas § 9 Rn. 43; Säcker EnergieR/Säcker/Mohr § 9 Rn. 51; aA Kment EnWG/Knauff § 9 Rn. 23). Können die notwendigen Sicherheitsleistungen nicht zur Verfügung gestellt werden und scheitert deswegen eine Drittfinanzierung, besteht als Rückfallebene die Finanzierungsverpflichtung aus § 9 Abs. 4 S. 2. Deren Erfüllung ist nach § 9 Abs. 4 S. 5 dauerhaft zu gewährleisten.

H. Haftungsfreistellung (Abs. 5)

44 Aus § 9 Abs. 5 ergibt sich für den Eigentümer des Transportnetzes und das vertikal integrierte Unternehmen die Verpflichtung, den Unabhängigen Systembetreiber von jeglicher Haftung für Sach-, Personen- und Vermögensschäden freizustellen, die durch das betroffene Transportnetz verursacht werden. Die **rechtliche Grundlage** des von einem Dritten geltend gemachten Haftungsanspruchs ist dabei unbeachtlich (Kment EnWG/Knauff § 9 Rn. 24).

45 Auf die Freistellung kann sich der Unabhängige Systembetreiber jedoch nicht berufen, sofern die Haftungsrisiken die Wahrnehmung der Aufgaben nach § 9 Abs. 3 betreffen. Im Fall eines Netzausbaus, den der Unabhängige Systembetreiber gem. § 9 Abs. 3 S. 4 allein zu verantworten hat, erscheint es sachgerecht, dass er für evtl. auftretende Schadenersatzansprüche Dritter auch allein haftet. Dasselbe gilt im Fall von Schadenersatzansprüchen Dritter, die der Unabhängige Systembetreiber durch eine mangelhafte **Wartung** oder **Instandhaltung** des Transportnetzes zu verantworten hat (Elspas/Graßmann/Rasbach/Hampel/Sack § 9 Rn. 18; Kment EnWG/Knauff § 9 Rn. 25).

I. Betrieb mehrerer Transportnetze (Abs. 6)

46 Aus § 9 Abs. 6 ergibt sich für einen Unabhängigen Systembetreiber die Möglichkeit, die Transportnetze verschiedener vertikal integrierter Unternehmen zu betreiben. Dann müssen die Voraussetzungen des § 9 Abs. 1–5 im Verhältnis zu dem jeweiligen Eigentümer des Transportnetzes und dem jeweiligen vertikal integrierten Unternehmen erfüllt werden. Deren Erfüllung ist im Rahmen der Zertifizierung getrennt zu prüfen (BT-Drs. 17/6072, 59).

§ 10 Unabhängiger Transportnetzbetreiber

(1) ¹Vertikal integrierte Unternehmen können einen Unabhängigen Transportnetzbetreiber nach Maßgabe dieser Bestimmung sowie der §§ 10a bis 10e benennen:
1. für ein Transportnetz, wenn es am 3. September 2009 im Eigentum des vertikal integrierten Unternehmens stand, oder
2. für ein Fernleitungsnetz, das Deutschland mit einem Drittstaat verbindet, in Bezug auf den Abschnitt von der Grenze des deutschen Hoheitsgebietes bis zum ersten Kopplungspunkt mit dem deutschen Netz, wenn das Fernleitungsnetz am 23. Mai 2019 im Eigentum des vertikal integrierten Unternehmens stand.

²Der Unabhängige Transportnetzbetreiber hat neben den Aufgaben nach Teil 3 Abschnitt 1 bis 3 mindestens für folgende Bereiche verantwortlich zu sein:
1. die Vertretung des Unabhängigen Transportnetzbetreibers gegenüber Dritten und der Regulierungsbehörde,
2. die Vertretung des Unabhängigen Transportnetzbetreibers innerhalb des Europäischen Verbunds der Übertragungs- oder Fernleitungsnetzbetreiber,
3. die Erhebung aller transportnetzbezogenen Entgelte, einschließlich der Netzentgelte, sowie gegebenenfalls anfallender Entgelte für Hilfsdienste, insbesondere

für Gasaufbereitung und die Beschaffung oder Bereitstellung von Ausgleichs- oder Verlustenergie,
4. die Einrichtung und den Unterhalt solcher Einrichtungen, die üblicherweise für mehrere Teile des vertikal integrierten Unternehmens tätig wären, insbesondere eine eigene Rechtsabteilung und eigene Buchhaltung sowie die Betreuung der beim Unabhängigen Transportnetzbetreiber vorhandenen Informationstechnologie-Infrastruktur,
5. die Gründung von geeigneten Gemeinschaftsunternehmen, auch mit anderen Transportnetzbetreibern, mit Energiebörsen und anderen relevanten Akteuren, mit dem Ziel die Entwicklung von regionalen Strom- oder Gasmärkten zu fördern, die Versorgungssicherheit zu gewährleisten oder den Prozess der Liberalisierung der Energiemärkte zu erleichtern.

(2) ¹Vertikal integrierte Unternehmen haben die Unabhängigkeit ihrer im Sinne von § 3 Nummer 38 verbundenen Unabhängigen Transportnetzbetreiber hinsichtlich der Organisation, der Entscheidungsgewalt und der Ausübung des Transportnetzgeschäfts nach Maßgabe der §§ 10a bis 10e zu gewährleisten. ²Vertikal integrierte Unternehmen haben den Unabhängigen Transportnetzbetreiber in einer der nach Artikel 1 der Richtlinie 2009/101/EG des Europäischen Parlaments und des Rates vom 16. September 2009 zur Koordinierung der Schutzbestimmungen, die in den Mitgliedstaaten den Gesellschaften im Sinne des Artikels 48 Absatz 2 des Vertrags im Interesse der Gesellschafter sowie Dritter vorgeschrieben sind, um diese Bestimmungen gleichwertig zu gestalten (ABl. L 258 vom 1.10.2009, S. 11) zulässigen Rechtsformen zu organisieren.

Überblick

§ 10 regelt die grundlegenden Anforderungen an die Entflechtung eines Transportnetzbetreibers durch die Benennung eines Unabhängigen Transportnetzbetreibers. Von dieser Entflechtungsmöglichkeit kann nur unter engen Voraussetzungen Gebrauch gemacht werden (→ Rn. 11 ff.). Außerdem weist § 10 Abs. 2 S. 2 dem Unabhängigen Transportnetzbetreiber zusätzlich zu den allgemeinen Aufgaben eines Netzbetreibers gem. Teil 3 Abschnitt 1–3 weitergehende Aufgaben ausdrücklich zu, um das Verhältnis zum vertikal integrierten Unternehmen zu klären (→ Rn. 15 ff.). Gleichzeitig wird das vertikal integrierte Unternehmen verpflichtet, die Unabhängigkeit des Unabhängigen Transportnetzbetreibers zu gewährleisten (→ Rn. 22). Schließlich erlaubt das Gesetz die Organisation des Unabhängigen Transportnetzbetreibers nur in bestimmten Rechtsformen (→ Rn. 23 ff.).

Übersicht

	Rn.		Rn.
A. Normzweck und Bedeutung	1	II. Erhebung transportnetzbezogener Entgelte (Abs. 1 S. 2 Nr. 3)	18
B. Entstehungsgeschichte	5	III. Shared Services (Abs. 1 S. 2 Nr. 4)	19
C. Normadressaten	10	IV. Gemeinschaftsunternehmen (Abs. 1 S. 2 Nr. 5)	21
D. Anwendungsbereich (Abs. 1 S. 1)	11		
E. Aufgaben des Unabhängigen Transportnetzbetreibers (Abs. 1 S. 2)	15	F. Pflichten des vertikal integrierten Unternehmens (Abs. 2 S. 1)	22
I. Vertretung des Unabhängigen Transportnetzbetreibers (Abs. 1 S. 2 Nr. 1 und 2)	17	G. Zulässige Rechtsform (Abs. 2 S. 2)	23

A. Normzweck und Bedeutung

Die Vorschrift des § 10 eröffnet neben der eigentumsrechtlichen Entflechtung gem. § 8 und der Entflechtung durch Benennung eines Unabhängigen Systembetreibers gem. § 9 einen dritten Weg zur Entflechtung eines Transportnetzbetreibers. Während bei der eigentumsrechtlichen Entflechtung die Verbindung zwischen dem Transportnetzbetreiber und dem vertikal integrierten Unternehmen vollständig gekappt wird, verbleibt bei der zweiten

Entflechtungsvariante, der Benennung eines Unabhängigen Systembetreibers, zumindest das Eigentum am Transportnetz beim vertikal integrierten Unternehmen. Nur der Betreiber des Transportnetzes, sprich der Unabhängige Systembetreiber, muss aus dem vertikal integrierten Unternehmen herausgelöst werden. Bei der dritten Variante, der Entflechtung durch die Benennung eines Unabhängigen Transportnetzbetreibers, bleiben sowohl das Transportnetz als auch dessen Betreiber Teil des vertikal integrierten Unternehmens. Damit ist diese Variante der Entflechtung für das vertikal integrierte Unternehmen mit den geringsten Eingriffen verbunden (BT-Drs. 17/6072, 59).

2 Da die dritte Entflechtungsvariante erlaubt, dass das Transportnetz und der Transportnetzbetreiber Teil des vertikal integrierten Unternehmens bleiben, enthalten die §§ 10–10e im Vergleich zu den beiden anderen Entflechtungsvarianten für Transportnetzbetreiber sehr umfangreiche Anforderungen an die personelle, organisatorische und operationelle Entflechtung. Dadurch soll trotz der weiterhin bestehenden Verbundenheit die Unabhängigkeit des Transportnetzbetreibers vom vertikal integrierten Unternehmen gewährleistet werden. Im Grundsatz ist diese Variante mit der Entflechtung auf Verteilernetzebene gem. §§ 7 f. vergleichbar, enthält aber an zahlreichen Stellen deutlich detailliertere und verschärfte Anforderungen.

3 Eine **befristete Ausnahme** von der Anwendung der §§ 10–10e kann die zuständige Regulierungsbehörde gem. §§ 28a, 28b im Hinblick auf neue Infrastrukturen sowie Gasverbindungsleitungen zwischen Deutschland und einem Drittstaat gewähren, sofern die dort jeweils genannten, strengen Voraussetzungen erfüllt sind (→ Rn. 3.1).

3.1 Die BNetzA hat im Rahmen der Zertifizierung der OPAL Gastransport GmbH & Co. KG von der Ausnahmemöglichkeit des § 28a Gebrauch gemacht (BNetzA Beschl. v. 17.11.2017 – BK7-16-162). Diese Freistellung von der Regulierung hat die BNetzA auf Antrag der OPAL GmbH & Co. KG mit Wirkung zum 30.6.2023 widerrufen (BNetzA Beschl. v. 15.6.2023 – BK7-08-009-W1). Weitere Freistellungen von der Regulierung nach § 28a hat die BNetzA zugunsten der German LNG Terminal GmbH (BNetzA Beschl. v. 19.6.2023 – BK7-22-140), der Deutsche ReGas GmbH & Co. KGaA (BNetzA Beschl. v. 12.1.2023 – BK7-22-086) und der Hanseatic Energy Hub GmbH (BNetzA Beschl. v. 19.9.2022 – BK7-20-107) beschlossen. Die Ausnahmemöglichkeit des § 28b kam gegenüber der Nord Stream AG zur Anwendung (BNetzA Beschl. v. 20.5.2020 – BK7-19-108), während ein entsprechender Antrag der Nord Stream 2 AG abgelehnt wurde (BNetzA Beschl. v. 15.5.2020 – BK7-20-004).

4 Die BNetzA hat bislang acht Übertragungsnetzbetreiber und 17 Fernleitungsnetzbetreiber zertifiziert. Von diesen insgesamt 25 zertifizierten Transportnetzbetreibern haben vier Übertragungsnetzbetreiber und zwölf Fernleitungsnetzbetreiber den Weg der Entflechtung durch die Benennung eines Unabhängigen Transportnetzbetreibers gewählt.

B. Entstehungsgeschichte

5 Wie die beiden anderen Entflechtungsalternativen in den §§ 8, 9 wurden die §§ 10–10e im Jahr 2011 in das EnWG eingefügt. Sie dienen der Umsetzung der Art. 17–23 Elektrizitäts-Binnenmarkt-Richtlinie 2009/72/EG bzw. Gas-Binnenmarkt-Richtlinie 2009/73/EG als Teil des dritten Energiebinnenmarktpaketes in nationales Recht (BT-Drs. 17/6072, 59). Der ursprüngliche Entwurf der Europäischen Kommission für das dritte Energiebinnenmarktpaket sah auf Ebene der Transportnetzbetreiber nur die beiden Möglichkeiten der eigentumsrechtlichen Entflechtung und der Entflechtung durch Benennung eines Unabhängigen Systembetreibers vor. Insbesondere Deutschland und Frankreich haben sich für die Einführung der dritten Entflechtungsvariante, der Benennung eines Unabhängigen Transportnetzbetreibers, stark gemacht (Bourwieg/Hellermann/Hermes/Hölscher § 10 Rn. 1; ausf. Säcker EnergieR/Säcker/Mohr § 10 Rn. 4 ff.). Da die europäischen Richtlinien diese Entflechtungsvariante bereits sehr detailliert regeln, hatte der deutsche Gesetzgeber bei der Umsetzung einen nur sehr reduzierten Umsetzungsspielraum (Bourwieg/Hellermann/Hermes/Hölscher § 10 Rn. 3).

6 Anders als im Fall der eigentumsrechtlichen Entflechtung gem. § 8 (→ § 8 Rn. 6) und der Entflechtung durch Benennung eines Unabhängigen Systembetreibers gem. § 9 (→ § 9 Rn. 5) wurden in der Literatur gegen die Entflechtung durch Benennung eines Unabhängigen Transportnetzbetreibers keine unions- oder verfassungsrechtlichen Bedenken erhoben (Säcker EnergieR/Säcker/Mohr § 10 Rn. 11; → Rn. 6.1).

Der BGH musste sich in mehreren Entscheidungen betreffend die Karenzzeitenregelungen des § 10c **6.1** Abs. 6 iVm Abs. 2 S. 1, Abs. 5 mit der Frage auseinandersetzen, ob diese gegen höherrangiges Recht verstoßen (BGH EnWZ 2016, 262 Rn. 19 ff.; 2016, 454; 2016, 456). Im Ergebnis hat der BGH diese Frage verneint.

Die BNetzA hat am 12.12.2011 ein **Hinweispapier** zur Antragstellung im Zertifizie- **7** rungsverfahren für Transportnetzbetreiber veröffentlicht. Dieses beinhaltet u.a. das Rechtsverständnis der BNetzA zu einzelnen Zertifizierungsregelungen, also auch zu den zur Auswahl stehenden drei Entflechtungsmodellen.

Mit Wirkung zum 12.12.2019 hat der deutsche Gesetzgeber § 10 Abs. 1 S. 1 neugefasst **8** und dort die Regelung der Nummer 2 neu eingefügt. Diese Neufassung dient der Umsetzung des durch Art. 1 Nr. 2 Gas-Binnenmarkt-Richtlinie (EU) 2019/692 geänderten Art. 9 Abs. 8 Gas-Binnenmarkt-Richtlinie 2009/73/EG und erweitert den Anwendungsbereich der Marktregelungen des Dritten Binnenmarktpaketes im Gasbereich auf Verbindungsleitungen zwischen EU-Mitgliedstaaten und Drittstaaten (BT-Drs. 19/13443, 9, 11). Bis zum Inkrafttreten der Gas-Binnenmarkt-Richtlinie (EU) 2019/692 waren die Vorschriften der Europäischen Union für den Erdgasbinnenmarkt nicht auf Gasfernleitungen aus und in Drittländern anzuwenden. Dieses Versäumnis soll durch verschiedene Änderungen der Gas-Binnenmarkt-Richtlinie 2009/73/EG beseitigt werden. Konkreter Anlass für den Erlass der Gas-Binnenmarkt-Richtlinie (EU) 2019/692 war der Bau der Gasfernleitung Nord Stream 2, die zusätzlich zu bereits bestehenden Gasfernleitung Nord Stream 1 Russland mit Deutschland verbinden soll (ausf. zum Entstehungsprozess Keller-Herder/Scholtka ER 2018, 55).

Gegen die Richtlinie haben die Projektgesellschaft der Nord Stream 2 und die Betreiberge- **9** sellschaft der Nord Stream 1 Nichtigkeitsklage beim EuG eingereicht. Der EuG hat beide Klagen als unzulässig abgewiesen (EuG BeckRS 2020, 9776; 2020, 9770). Gegen die Entscheidung des EuG hat die Nord Stream 2 AG Rechtsmittel beim EuGH eingelegt (BeckEuRS 2020, 644863). Der Generalanwalt hat in seinen Schlussanträgen vom 6.10.2021 der Auffassung des EuG widersprochen und die Nichtigkeitsklage der Nord Stream 2 AG für zulässig erachtet. Infolgedessen solle die Sache zur Entscheidung über die Begründetheit an das EuG zurückverwiesen werden. In seinem Urteil vom 12.7.2022 ist der EuGH dem Generalanwalt gefolgt und hat festgestellt, dass die Nichtigkeitsklage der Nord Stream 2 AG zulässig ist, sowie die Sache zur Entscheidung an den EuG zurückverwiesen (BeckRS 2022, 16289).

C. Normadressaten

Die Verpflichtungen aus § 10 richten sich gem. Absätze 1 und 2 an vertikal integrierte **10** Unternehmen (→ § 6 Rn. 18 ff.), die mit einem Transportnetzbetreiber iSd § 3 Nr. 38 verbunden sind. Dabei greifen die Verpflichtungen selbst dann, wenn sich innerhalb des vertikal integrierten Unternehmens die wettbewerblichen Tätigkeiten auf den einen Energieträger (Elektrizität oder Erdgas) und die Transporttätigkeit auf den anderen Energieträger (Erdgas oder Elektrizität) beschränken (→ § 8 Rn. 8).

D. Anwendungsbereich (Abs. 1 S. 1)

Die Vorschriften der §§ 10–10e setzen voraus, dass ein **Transportnetzbetreiber** gegeben **11** ist. Transportnetz ist gem. § 3 Nr. 31f jedes Übertragungs- oder Fernleitungsnetz. Dementsprechend ist Transportnetzbetreiber gem. § 3 Nr. 31e jeder Betreiber eines Übertragungs- (§ 3 Nr. 10) oder Fernleitungsnetzes (§ 3 Nr. 5). Dabei umfasst der Betrieb insbesondere die Aufgaben nach Teil 3 Abschnitt 1–3 (→ Rn. 11.1). Abzugrenzen sind die Transportnetzbetreiber von den Betreibern von Elektrizitäts- und Gasverteilernetzen (§ 3 Nr. 3, 8). Deren spezifische Entflechtungsregeln finden sich in den §§ 7, 7a.

Unschädlich ist, wenn die Bruchteilseigentümer einer Transportleitung im Rahmen eines Betriebs- **11.1** führungsvertrages die technische und kaufmännische Betriebsführung auf ein Mitglied der Bruchteilsgemeinschaft übertragen (BNetzA Beschl. v. 20.12.2013 – BK7-12-188, S. 24 f.). Die rechtliche Betreibereigenschaft und die Betriebsführung können also ohne weiteres auseinanderfallen (BNetzA Beschl. v. 20.12.2013 – BK7-12-188, S. 24).

Jenn

12 Wie die Entflechtung durch Benennung eines Unabhängigen Systembetreibers gem. § 9 setzt auch die Entflechtung durch die Benennung eines Unabhängigen Transportnetzbetreibers gem. § 10 Abs. 1 S. 1 Nr. 1 voraus, dass das fragliche Transportnetz am 3.9.2009 im Eigentum eines vertikal integrierten Unternehmens stand. Insoweit kann auf die dortige Kommentierung verwiesen werden (→ § 9 Rn. 13 ff.).

13 Darüber hinaus sieht § 10 Abs. 1 S. 1 Nr. 2 für bestimmte Teile des deutschen Fernleitungsnetzes eine Sonderregelung vor. Diese ist auf solche Teile des Fernleitungsnetzes anwendbar, die Deutschland mit einem Drittstaat, also einem Nicht-EU-Mitgliedstaat verbinden. Konkret erfasst wird der Abschnitt zwischen der Grenze des deutschen Hoheitsgebietes und dem ersten Kopplungspunkt mit dem deutschen Fernleitungsnetz. Zum deutschen Hoheitsgebiet zählt auch das Küstenmeer in der Nord- und Ostsee. Im Hinblick auf solche Abschnitte ist es erforderlich, dass diese am 23.5.2019 im Eigentum eines vertikal integrierten Unternehmens standen. Andernfalls ist nur eine eigentumsrechtliche Entflechtung gem. § 8 möglich, da gem. § 9 Abs. 1 S. 1 Nr. 2 die Entflechtung durch die Benennung eines Unabhängigen Systembetreibers ebenfalls ausscheidet. Das Datum entspricht dem Tag des Inkrafttretens der Gas-Binnenmarkt-Richtlinie (EU) 2019/692.

14 Sofern der Anwendungsbereich der §§ 10–10e nicht eröffnet ist, bleibt nur die Möglichkeit der eigentumsrechtlichen Entflechtung gem. § 8.

E. Aufgaben des Unabhängigen Transportnetzbetreibers (Abs. 1 S. 2)

15 Wie jeder andere Netzbetreiber auch, hat ein Unabhängiger Transportnetzbetreiber zunächst die Aufgaben gem. Teil 3 Abschnitt 1–3 zu erfüllen. Dazu zählt gem. § 11 Abs. 1 S. 1 vor allen Dingen „ein sicheres, zuverlässiges und leistungsfähiges Energieversorgungsnetz diskriminierungsfrei zu betreiben, zu warten und bedarfsgerecht zu optimieren, zu verstärken und auszubauen, soweit es wirtschaftlich zumutbar ist".

16 Ergänzend weist § 10 Abs. 1 S. 2 dem Unabhängigen Transportnetzbetreiber **weitere Aufgaben** ausdrücklich zu. Damit möchte ihm der Gesetzgeber im Ergebnis „alle Aufgaben mit wesentlichem Bezug zum Transportnetzbetrieb" übertragen (BT-Drs. 17/6072, 59). Die Aufzählung in § 10 Abs. 1 S. 2 ist dabei nicht abschließend (Elspas/Graßmann/Rasbach/Hampel/Sack § 10 Rn. 15; Kment EnWG/Knauff § 10 Rn. 5; Säcker EnergieR/Säcker/Mohr § 10 Rn. 29).

I. Vertretung des Unabhängigen Transportnetzbetreibers (Abs. 1 S. 2 Nr. 1 und 2)

17 Zunächst vertritt sich der Unabhängige Transportnetzbetreiber gem. § 10 Abs. 1 S. 2 Nr. 1, 2 selbst gegenüber Dritten, der Regulierungsbehörde und innerhalb des Europäischen Verbundes der Übertragungs- und Fernleitungsnetzbetreiber (ENTSO-E und ENTSO-G). Damit ist eine Vertretung durch das vertikal integrierte Unternehmen ausgeschlossen. Eine Vertretung durch Dritte, zB durch externe Berater, ist demgegenüber jederzeit möglich. Allerdings darf dies weder auf Veranlassung des vertikal integrierten Unternehmens geschehen (Kment EnWG/Knauff § 10 Rn. 6) noch darf dieses irgendeinen Einfluss auf den Dritten ausüben.

II. Erhebung transportnetzbezogener Entgelte (Abs. 1 S. 2 Nr. 3)

18 Des Weiteren erhebt der Unabhängige Transportnetzbetreiber gem. § 10 Abs. 1 S. 2 Nr. 3 alle transportnetzbezogenen Entgelte. Darunter fallen auch Entgelte für Hilfsdienstleistungen iSd § 3 Nr. 23. Dabei erhebt der Unabhängige Transportnetzbetreiber die Entgelte für sich und nicht als Inkassobüro für das vertikal integrierte Unternehmen (Kment EnWG/Knauff § 10 Rn. 7).

III. Shared Services (Abs. 1 S. 2 Nr. 4)

19 Im Hinblick auf die in Konzernstrukturen üblichen **Shared Services** verlangt § 10 Abs. 1 S. 2 Nr. 4, dass der Unabhängige Transportnetzbetreiber über eigene Einrichtungen verfügt. Das Gesetz verlangt neben einer entsprechenden Aufbauorganisation auch die erforderlichen Mittel, um die Aufgaben tatsächlich wahrnehmen zu können (BNetzA Beschl. v.

19.11.2019 – BK6-17-087, S. 16). Dabei ist es nicht erforderlich, dass der Unabhängige Transportnetzbetreiber die Aufgaben vollumfänglich selbst erledigt. Er kann sich Dienstleister bedienen, eine „komplette oder weitgehende Fremdvergabe" wäre allerdings unzulässig (BNetzA Beschl. v. 19.11.2019 – BK6-17-087, S. 16). Der Unabhängige Transportnetzbetreiber muss jedenfalls im Außenverhältnis rechtlich und wirtschaftlich verantwortlich sein (BNetzA Beschl. v. 19.11.2019 – BK6-17-087, S. 13).

Das Gesetz nennt in § 10 Abs. 1 S. 2 Nr. 4 als Shared Services beispielhaft (→ Rn. 20.1) **20** die Rechtsabteilung, Buchhaltung und IT-Abteilung. Im Ergebnis ist der Unabhängige Transportnetzbetreiber als **Vollfunktionsunternehmen** so zu organisieren und auszustatten, dass er seine Aufgaben auch dann erfüllen könnte, wenn er nicht mehr Teil des vertikal integrierten Unternehmens wäre und auch sonst keine Verbindung dazu hätte, zB über Dienstleistungsverträge. Weitergehende Regelungen zu diesem Themenkomplex finden sich in § 10a. Dass dem Unabhängigen Transportnetzbetreiber infolgedessen möglicherweise höhere Kosten entstehen, die letztlich die Netznutzer über die Netzentgelte zu tragen haben, wird hingenommen (Kment EnWG/Knauff § 10 Rn. 8).

Ergänzend nennt die BNetzA folgende Aufgabengebiete, für die ein Unabhängiger Transportnetzbetreiber über eine eigene Einrichtung verfügen muss: **20.1**
- Datenschutz (BNetzA Beschl. v. 11.4.2013 – BK6-12-004, S. 16)
- Controlling (BNetzA Beschl. v. 11.4.2013 – BK6-12-004, S. 16)
- Personal (BNetzA Beschl. v. 11.4.2013 – BK6-12-004, S. 17)
- Einkauf (BNetzA Beschl. v. 19.11.2019 – BK6-17-087, S. 18; BNetzA Beschl. v. 11.4.2013 – BK6-12-004, S. 17)
- Bilanzkreismanagement (BNetzA Beschl. v. 19.11.2019 – BK6-17-087, S. 17 f.)
- Finanzprüfung (BNetzA Beschl. v. 19.11.2019 – BK6-17-087, S. 18)

IV. Gemeinschaftsunternehmen (Abs. 1 S. 2 Nr. 5)

Schließlich ist gem. § 10 Abs. 1 S. 2 Nr. 5 der Unabhängige Transportnetzbetreiber und **21** nicht das vertikal integrierte Unternehmen für die Gründung von Gemeinschaftsunternehmen verantwortlich, die der Förderung von regionalen Strom- und Gasmärkten, der Gewährleistung der Versorgungssicherheit oder der Erleichterung des Prozesses der Liberalisierung der Energiemärkte dienen. Die Aufzählung der Ziele möglicher Gemeinschaftsunternehmen ist abschließend (Kment EnWG/Knauff § 10 Rn. 9). Demgegenüber eröffnet der Verweis auf „andere relevante Akteure" einen nicht abgeschlossenen Personenkreis als potentielle Partner für solche Gemeinschaftsunternehmen. Der Verweis auf „andere Transportnetzbetreiber" meint nicht nur solche, die nach den §§ 10–10e entflochten sind, sondern alle iSd § 3 Nr. 31e (Kment EnWG/Knauff § 10 Rn. 9).

F. Pflichten des vertikal integrierten Unternehmens (Abs. 2 S. 1)

Das vertikal integrierte Unternehmen hat gem. § 10 Abs. 2 S. 1 die Unabhängigkeit eines **22** mit ihm iSd § 3 Nr. 38 verbundenen Unabhängigen Transportnetzbetreibers im Hinblick auf dessen Organisation und Entscheidungsgewalt sowie der Ausübung des Transportnetzgeschäftes zu gewährleisten. Diese Grundverpflichtung wird in den §§ 10a–10e umfangreich spezifiziert, sodass für § 10 Abs. 2 S. 1 als Auffangnorm allenfalls ein geringer Anwendungsbereich bleibt.

G. Zulässige Rechtsform (Abs. 2 S. 2)

Ein Unabhängiger Transportnetzbetreiber kann gem. § 10 Abs. 2 S. 2 in Deutschland nur **23** in der Form einer GmbH, einer Aktiengesellschaft oder einer Kommanditgesellschaft auf Aktien organisiert werden. Die Rechtsform der GmbH & Co. KG steht demgegenüber grundsätzlich nicht zur Verfügung. Die in Deutschland zertifizierten Unabhängigen Transportnetzbetreiber sind alle in der Rechtsform einer GmbH organisiert (→ Rn. 23.1).

Der Fernleitungsnetzbetreiber OPAL ist rechtlich als GmbH & Co. KG organisiert. Die Zulässigkeit **23.1** ergibt sich aus der Zertifizierung der OPAL GmbH & Co. KG nach den Regelungen des Gas-Binnenmarkt-Richtlinie 2003/55/EG (BNetzA Beschl. v. 17.11.2017 – BK7-16-162, S. 28).

Jenn

EnWG § 10a Teil 2. Entflechtung

24 Nach Auffassung der BNetzA ist nach Sinn und Zweck des § 10 Abs. 2 S. 2 außerdem die „**Societas Europaea** (Europäische Gesellschaft) als Rechtsform für Aktiengesellschaften in der Europäischen Union [...] ebenfalls bei dualistischer Struktur der Aufsichts- und Vertretungsorgane zulässig" (BNetzA, Zertifizierungsverfahren: Hinweispapier zur Antragstellung, 12.12.2011, 26).

25 Die in § 10 Abs. 2 S. 2 in Bezug genommene Publizitäts-RL (RL 2009/101/EG) wurde durch Art. 166 GesR-RL (RL (EU) 2017/1132 über bestimmte Aspekte des Gesellschaftsrechts) mit Ablauf des 19.7.2017 aufgehoben. Die zulässigen Rechtsformen eines Unabhängigen Transportnetzbetreibers ergeben sich gem. Art. 166 Abs. 2 in Verbindung mit Anhang IV GesR-RL nunmehr aus Anhang II GesR-RL.

§ 10a Vermögenswerte, Anlagen, Personalausstattung, Unternehmensidentität des Unabhängigen Transportnetzbetreibers

(1) ¹Unabhängige Transportnetzbetreiber müssen über die finanziellen, technischen, materiellen und personellen Mittel verfügen, die zur Erfüllung der Pflichten aus diesem Gesetz und für den Transportnetzbetrieb erforderlich sind. ²Unabhängige Transportnetzbetreiber haben, unmittelbar oder vermittelt durch Beteiligungen, Eigentümer an allen für den Transportnetzbetrieb erforderlichen Vermögenswerten, einschließlich des Transportnetzes, zu sein.

(2) ¹Personal, das für den Betrieb des Transportnetzes erforderlich ist, darf nicht in anderen Gesellschaften des vertikal integrierten Unternehmens angestellt sein. ²Arbeitnehmerüberlassungen des Unabhängigen Transportnetzbetreibers an das vertikal integrierte Unternehmen sowie Arbeitnehmerüberlassungen des vertikal integrierten Unternehmens an den Unabhängigen Transportnetzbetreiber sind unzulässig.

(3) ¹Andere Teile des vertikal integrierten Unternehmens haben die Erbringung von Dienstleistungen durch eigene oder in ihrem Auftrag handelnde Personen für den Unabhängigen Transportnetzbetreiber zu unterlassen. ²Die Erbringung von Dienstleistungen für das vertikal integrierte Unternehmen durch den Unabhängigen Transportnetzbetreiber ist nur zulässig, soweit
1. die Dienstleistungen grundsätzlich für alle Nutzer des Transportnetzes diskriminierungsfrei zugänglich sind und der Wettbewerb in den Bereichen Erzeugung, Gewinnung und Lieferung nicht eingeschränkt, verzerrt oder unterbunden wird;
2. die vertraglichen Bedingungen für die Erbringung der Dienstleistung durch den Unabhängigen Transportnetzbetreiber für das vertikal integrierte Unternehmen der Regulierungsbehörde vorgelegt und von dieser geprüft wurden und
3. die Dienstleistungen weder die Abrechnung erbrachter Dienstleistungen gegenüber dem Kunden für das vertikal integrierte Unternehmen im Bereich der Funktionen Erzeugung, Gewinnung, Verteilung, Lieferung von Elektrizität oder Erdgas oder Speicherung von Erdgas noch andere Dienstleistungen umfassen, deren Wahrnehmung durch den Unabhängigen Transportnetzbetreiber geeignet ist, Wettbewerber des vertikal integrierten Unternehmens zu diskriminieren.
³Die Befugnisse der Regulierungsbehörde nach § 65 bleiben unberührt.

(4) Der Unabhängige Transportnetzbetreiber hat sicherzustellen, dass hinsichtlich seiner Firma, seiner Kommunikation mit Dritten sowie seiner Markenpolitik und Geschäftsräume eine Verwechslung mit dem vertikal integrierten Unternehmen oder irgendeinem Teil davon ausgeschlossen ist.

(5) ¹Unabhängige Transportnetzbetreiber müssen die gemeinsame Nutzung von Anwendungssystemen der Informationstechnologie mit jeglichem Unternehmensteil des vertikal integrierten Unternehmens unterlassen, soweit diese Anwendungen der Informationstechnologie auf die unternehmerischen Besonderheiten des Unabhängigen Transportnetzbetreibers oder des vertikal integrierten Unternehmens angepasst wurden. ²Unabhängige Transportnetzbetreiber haben die gemeinsame Nutzung von Infrastruktur der Informationstechnologie mit jeglichem Unterneh-

mensteil des vertikal integrierten Unternehmens zu unterlassen, es sei denn, die Infrastruktur
1. befindet sich außerhalb der Geschäftsräume des Unabhängigen Transportnetzbetreibers und des vertikal integrierten Unternehmens und
2. wird von Dritten zur Verfügung gestellt und betrieben.
³Unabhängige Transportnetzbetreiber und vertikal integrierte Unternehmen haben sicherzustellen, dass sie in Bezug auf Anwendungssysteme der Informationstechnologie und Infrastruktur der Informationstechnologie, die sich in Geschäfts- oder Büroräumen des Unabhängigen Transportnetzbetreibers oder des vertikal integrierten Unternehmens befindet, nicht mit denselben Beratern oder externen Auftragnehmern zusammenarbeiten.

(6) Unabhängiger Transportnetzbetreiber und jegliche Unternehmensteile des vertikal integrierten Unternehmens haben die gemeinsame Nutzung von Büro- und Geschäftsräumen, einschließlich der gemeinsamen Nutzung von Zugangskontrollsystemen, zu unterlassen.

(7) ¹Der Unabhängige Transportnetzbetreiber hat die Rechnungslegung von anderen Abschlussprüfern als denen prüfen zu lassen, die die Rechnungsprüfung beim vertikal integrierten Unternehmen oder bei dessen Unternehmensteilen durchführen. ²Der Abschlussprüfer des vertikal integrierten Unternehmens kann Einsicht in Teile der Bücher des Unabhängigen Transportnetzbetreibers nehmen, soweit dies zur Erteilung des Konzernbestätigungsvermerkes im Rahmen der Vollkonsolidierung des vertikal integrierten Unternehmens erforderlich ist. ³Der Abschlussprüfer ist verpflichtet, aus der Einsicht in die Bücher des Unabhängigen Transportnetzbetreibers gewonnene Erkenntnisse und wirtschaftlich sensible Informationen vertraulich zu behandeln und sie insbesondere nicht dem vertikal integrierten Unternehmen mitzuteilen.

Überblick

§ 10a stellt wesentliche Anforderungen an die operationelle und personelle Entflechtung eines Unabhängigen Transportnetzbetreibers. So muss er über die finanziellen, technischen, materiellen und personellen Mittel verfügen, die für die Erfüllung seiner gesetzlichen Pflichten erforderlich sind (→ Rn. 3 ff.). Insbesondere muss er Eigentümer aller für den Netzbetrieb erforderlichen Vermögenswerte sein (→ Rn. 6 ff.). Ergänzend zu dieser grundlegenden Forderung enthält § 10a spezielle Regelungen betreffend die organisatorische Anbindung des Personals des Unabhängigen Transportnetzbetreibers (→ Rn. 12 ff.). Des Weiteren ist die Erbringung von Dienstleistungen zwischen dem vertikal integrierten Unternehmen und dem Unabhängigen Transportnetzbetreiber verboten bzw. erheblich eingeschränkt (→ Rn. 21 ff.). Außerdem verlangt das Gesetz einen getrennten Marktauftritt der beiden Unternehmen (→ Rn. 41 ff.). Ebenso müssen deren IT-Systeme (→ Rn. 51 ff.) sowie ihre Büro- und Geschäftsräume voneinander getrennt sein (→ Rn. 60 f.). Schließlich fordert § 10a, dass das vertikal integrierte Unternehmen und der Unabhängige Transportnetzbetreiber von unterschiedlichen Abschlussprüfern geprüft werden (→ Rn. 62 ff.).

Übersicht

	Rn.		Rn.
A. Normzweck und Entstehungsgeschichte	1	IV. Eigentümerähnliche Rechtsposition	10
B. Ausstattung des Unabhängigen Transportnetzbetreibers (Abs. 1 S. 1)	3	D. Personelle Entflechtung (Abs. 2)	12
		I. Anstellungsverbot	13
C. Eigentum des Unabhängigen Transportnetzbetreibers (Abs. 1 S. 2)	6	II. Anstellungsverhältnis	15
		III. Pflicht zur Anstellung	16
I. am Transportnetz	6	IV. Verbot der Arbeitnehmerüberlassung	19
II. an sonstigen Vermögenswerten, die für den Transportnetzbetrieb erforderlich sind	8	E. Verbot der gegenseitigen Erbringung von Dienstleistungen (Abs. 3)	21
III. an Betriebsmitteln über das Transportnetz hinaus	9	I. Dienstleistungen des vertikal integrierten Unternehmens (Abs. 3 S. 1)	22

	Rn.		Rn.
1. Historie und Normzweck	22	I. Außenauftritt	43
2. Begriff der Dienstleistung	25	II. Kommunikation mit Dritten	47
3. Ausnahmen	29	III. Konzernstrukturen	48
4. Dienstleistungsbereich	32		
II. Dienstleistungen des Unabhängigen Transportnetzbetreibers (Abs. 3 S. 2)	33	**G. Trennung der IT-Systeme (Abs. 5)**	51
1. Bezug zum Transportnetzbetrieb	34	I. Software (Abs. 5 S. 1)	52
2. Diskriminierungsfreier Zugang (Abs. 3 S. 2 Nr. 1)	36	II. Hardware (Abs. 5 S. 2)	56
3. Prüfung durch Regulierungsbehörde (Abs. 3 S. 2 Nr. 2)	38	III. Berater und externe Auftragnehmer (Abs. 5 S. 3)	59
4. Allgemeines Diskriminierungsverbot (Abs. 3 S. 2 Nr. 3)	40	**H. Räumliche Trennung (Abs. 6)**	60
F. Getrennter Marktauftritt (Abs. 4)	41	**I. Unterschiedliche Abschlussprüfer (Abs. 7)**	62

A. Normzweck und Entstehungsgeschichte

1 In § 10a werden die grundlegenden Anforderungen an die **Organisation** und die **Ausstattung** des Unabhängigen Transportnetzbetreibers geregelt. Diese sind im Vergleich zur eigentumsrechtlichen Entflechtung gem. § 8 und der Entflechtung durch Benennung eines Unabhängigen Systembetreibers gem. § 9 deutlich strenger und detaillierter. Grund dafür ist, dass – anders als bei den beiden anderen Entflechtungsvarianten – sowohl das Transportnetz als auch der Transportnetzbetreiber mit dem vertikal integrierten Unternehmen verbunden bleiben. Infolgedessen ist das Risiko einer unzulässigen Beeinflussung des Wettbewerbs im Energiebinnenmarkt zugunsten des vertikal integrierten Unternehmens erheblich größer. Um dieses Risiko auszuschalten hat der Gesetzgeber umfangreiche Regelungen zur Gewährleistung der Unabhängigkeit des Unabhängigen Transportnetzbetreibers vom vertikal integrierten Unternehmen aufgestellt.

2 Die Regelung des § 10a wurde 2011 in das EnWG eingefügt. Sie dient der Umsetzung des Art. 17 Elektrizitäts-Binnenmarkt-Richtlinie 2009/72/EG bzw. 2009/73/EG als Teil des dritten Energiebinnenmarktpaketes in nationales Recht (BT-Drs. 17/6072, 59 ff.).

2a Mit Wirkung vom 29.7.2022 wurde § 10a an verschiedenen Stellen an die Ersetzung des Begriffs „vertikal integriertes Energieversorgungsunternehmen" durch den Begriff „vertikal integriertes Unternehmen" in § 3 Nr. 38 und die damit verbundene weiterreichende Definition angepasst (BT-Drs. 20/2402, 40; → § 6 Rn. 27 ff.). Dies betraf auch die zum Teil wenig konsequenten Verweise auf „Tochtergesellschaften" (§ 10 Abs. 2 S. 1 aF), „Tochterunternehmen" (§ 10a Abs. 3 S. 1, Abs. 4 aF) und „Teile" (§ 10a Abs. 5 S. 2, Abs. 6, 7 S. 1 aF) des vertikal integrierten (Energieversorgungs-)Unternehmens.

B. Ausstattung des Unabhängigen Transportnetzbetreibers (Abs. 1 S. 1)

3 Die Regelung in § 10a Abs. 1 S. 1 verlangt, dass der Unabhängige Transportnetzbetreiber über die finanziellen, technischen, materiellen und personellen Mittel verfügt, die er für die Erfüllung seiner Pflichten aus dem EnWG und für den Transportnetzbetrieb benötigt. Die zu erfüllenden **Aufgaben** des Transportnetzbetreibers ergeben sich aus den §§ 11–28a. Im Wesentlichen sind es die Pflichten, ein sicheres, zuverlässiges und leistungsfähiges Transportnetz diskriminierungsfrei zu betreiben, zu warten und bedarfsgerecht zu optimieren, zu verstärken und auszubauen sowie die Gewährung des Netzanschlusses und Netzzugangs zu dem Transportnetz.

4 Die Anforderung aus § 10a Abs. 1 S. 1 ist mit denen aus § 8 Abs. 2 S. 9 für die eigentumsrechtliche Entflechtung und aus § 9 Abs. 2 S. 2 für die Entflechtung durch die Benennung eines Unabhängigen Systembetreibers inhaltsgleich (Bourwieg/Hellermann/Hermes/Hölscher § 10a Rn. 3; Elspas/Graßmann/Rasbach/Hampel/Sack § 10a Rn. 3; Kment EnWG/Knauff § 10a Rn. 2). Deswegen kann grundsätzlich auf die dortige Kommentierung verwiesen werden (→ § 8 Rn. 51 ff.; → § 9 Rn. 22).

5 Ergänzende Anforderungen ergeben sich für den Unabhängigen Transportnetzbetreiber im Hinblick auf seine
- finanzielle Ausstattung aus § 10b Abs. 1 S. 2, Abs. 4,

- technische und materielle Ausstattung aus § 10a Abs. 1 S. 2 sowie
- personelle Ausstattung aus §§ 10a Abs. 2, 10c.

C. Eigentum des Unabhängigen Transportnetzbetreibers (Abs. 1 S. 2)

I. am Transportnetz

Der Unabhängige Transportnetzbetreiber muss gem. § 10a Abs. 1 S. 2 unmittelbar oder vermittelt durch Beteiligungen Eigentümer des von ihm betriebenen Transportnetzes sein. Diese Regelung findet sich wortgleich in § 8 Abs. 2 S. 1 für die eigentumsrechtliche Entflechtung, so dass weitestgehend auf die dortige Kommentierung verwiesen werden kann (→ § 8 Rn. 11 ff.; → Rn. 6.1). 6

Die Europäische Kommission hat in einigen Zertifizierungsverfahren die Auffassung vertreten, dass eine Bruchteilsgemeinschaft nicht mit europäischem Recht (Art. 17 Abs. 1 lit. a Elektrizitäts-Binnenmarkt-Richtlinie 2009/72/EG bzw. Gas-Binnenmarkt-Richtlinie 2009/73/EG) vereinbar sei, wenn die Partner der Bruchteilsgemeinschaft einem unterschiedlichen Entflechtungsniveau unterliegen (BNetzA Beschl. v. 5.2.2013 – BK7-12-031, S. 24 f.; BNetzA Beschl. v. 5.2.2013 – BK7-12-032, S. 12; BNetzA Beschl. v. 2.12.2013 – BK7-12-030, S. 20 f.: Bruchteilsgemeinschaft mit einem Gasspeicherbetreiber). Die BNetzA hat sich dieser Auffassung zu Recht nicht angeschlossen (BNetzA Beschl. v. 5.2.2013 – BK7-12-031, S. 25 f.; BNetzA Beschl. v. 5.2.2013 – BK7-12-032, S. 13 f.; BNetzA Beschl. v. 2.12.2013 – BK7-12-030, S. 22 ff.). 6.1

§ 10a Abs. 1 S. 2 verlangt jedoch nicht, dass das vertikal integrierte Unternehmen seine **dinglichen Leitungsrechte** auf den Unabhängigen Transportnetzbetreiber dinglich überträgt (BNetzA Beschl. v. 11.4.2013 – BK6-12-004, S. 22). Es genügt insoweit, wenn der Unabhängige Transportnetzbetreiber rechtlich in die Lage versetzt wird, die Drittgrundstücke, über die die von ihm betriebenen Leitungen verlaufen, entsprechend zu nutzen (BNetzA Beschl. v. 11.4.2013 – BK6-12-004, S. 22). Hierfür genügt eine vollständige und unbefristete schuldrechtliche Übertragung der dinglichen Leitungsrechte (BNetzA Beschl. v. 11.4.2013 – BK6-12-004, S. 22). 7

II. an sonstigen Vermögenswerten, die für den Transportnetzbetrieb erforderlich sind

Außerdem verlangt § 10a Abs. 1 S. 2, dass der Unabhängige Transportnetzbetreiber unmittelbarer oder mittelbarer Eigentümer aller sonstigen für den Transportnetzbetrieb erforderlichen Vermögenswerte ist. Nach Auffassung der BNetzA ergeben sich trotz der abweichenden Formulierung in § 10a Abs. 1 S. 2 keine über § 8 Abs. 2 S. 1 hinausgehenden Anforderungen (BNetzA, Zertifizierungsverfahren: Hinweispapier zur Antragstellung, 12.12.2011, 27). Dieser Auffassung ist zuzustimmen (Bourwieg/Hellermann/Hermes/Hölscher § 10a Rn. 5; wohl auch Kment EnWG/Knauff § 10a Rn. 3), da bereits der Begriff des Transportnetzes alle für dessen Betrieb erforderlichen Vermögenswerte einschließt. 8

III. an Betriebsmitteln über das Transportnetz hinaus

Im Hinblick auf über das Transportnetz hinausgehende Betriebsmittel, wie zB Fahrzeugflotte, Büroflächen, Büroausstattung oder IT-Ausstattung, besteht kein Grund, dass der Unabhängige Transportnetzbetreiber an diesen zivilrechtliches Eigentum hat (Elspas/Graßmann/Rasbach/Hampel/Sack § 10a Rn. 5). Andernfalls würde die unternehmerische Entscheidungsfreiheit des Unabhängigen Transportnetzbetreibers, sich diese weitergehenden Betriebsmittel möglichst wirtschaftlich zu beschaffen, unnötig eingeschränkt. Der vom Gesetzgeber gewünschte Unabhängigkeitsgrad des Unabhängigen Transportnetzbetreibers wird durch einen Leasingvertrag über Fahrzeuge oder IT-Ausstattung sowie einen Mietvertrag über Büroflächen oder Büroausstattung regelmäßig nicht negativ beeinflusst. Dies gilt selbst dann, wenn das vertikal integrierte Unternehmen an den Unabhängigen Transportnetzbetreiber zB Büroflächen vermietet (Bourwieg/Hellermann/Hermes/Hölscher § 10a Rn. 5; aA Kment EnWG/Knauff § 10a Rn. 3). Dabei ist lediglich auf marktübliche Konditionen und die räumliche Trennung gem. § 10a Abs. 6 zu achten. 9

Jenn

IV. Eigentümerähnliche Rechtsposition

10 In der Gesetzesbegründung wird im Hinblick auf die von § 10a Abs. 1 S. 2 erfassten Vermögenswerte „zivilrechtliches Eigentum" gefordert (BT-Drs. 17/6072, 60). Wie schon für § 8 Abs. 2 S. 1 (→ § 8 Rn. 28 f.) lässt die BNetzA auch bei § 10a Abs. 1 S. 2 unter bestimmten Umständen eine eigentümerähnliche Rechtsposition genügen (BNetzA, Zertifizierungsverfahren: Hinweispapier zur Antragstellung, 12.12.2011, 27).

11 Dieser Auffassung ist grundsätzlich zuzustimmen. Allerdings kann es nicht darauf ankommen, dass das überlassene Objekt von einem anderen **Transportnetzbetreiber** oder im Fall einer Entflechtung durch Benennung eines Unabhängigen Systembetreibers gem. § 9 vom **Transportnetzeigentümer** überlassen wird (so aber BNetzA, Zertifizierungsverfahren: Hinweispapier zur Antragstellung, 12.12.2011, 27, 16). Maßgeblich ist vielmehr, dass der Unabhängige Transportnetzbetreiber aufgrund des Überlassungsvertrags eine eigentümerähnliche Rechtsposition erhält und demzufolge der überlassende Netzeigentümer den Wettbewerb im Energiebinnenmarkt nicht in unzulässiger Weise beeinflussen kann (→ § 8 Rn. 29).

D. Personelle Entflechtung (Abs. 2)

12 Im Hinblick auf die personelle Entflechtung des Unabhängigen Transportnetzbetreibers sind die Anforderungen des § 10a Abs. 2 S. 1 weitergehender als die vergleichbaren Anforderungen für Verteilernetzbetreiber in § 7a Abs. 2 Nr. 1 (→ § 7a Rn. 9 ff.; → § 7a Rn. 13 ff.). Während § 7a Abs. 2 Nr. 1 nur Personen mit Leitungsaufgaben oder bestimmten Letztentscheidungsbefugnissen erfasst, gilt § 10a Abs. 2 S. 1 für das gesamte Personal, das für den Betrieb des Transportnetzes erforderlich ist. Weitere Regelungen das Personal des Unabhängigen Transportnetzbetreibers betreffend finden sich in § 10c.

I. Anstellungsverbot

13 Der Gesetzeswortlaut verbietet, dass das für den Transportnetzbetrieb erforderliche Personal bei anderen Gesellschaften des vertikal integrierten Unternehmens angestellt ist. § 10a Abs. 2 S. 1 verbietet jedoch nicht, dass ein Mitarbeiter des Unabhängigen Transportnetzbetreibers gleichzeitig bei einem anderen Netzbetreiber, der Teil desselben vertikal integrierten Unternehmens und ordnungsgemäß entflochten ist, angestellt ist (BNetzA Beschl. v. 9.11.2012 – BK7-12-029, S. 29).

14 Mit Wirkung vom 29.7.2022 hat der Gesetzgeber die zuvor ausdrücklich genannten **Tochtergesellschaften** des vertikal integrierten (Energieversorgungs-)Unternehmens gestrichen. Diese Streichung wurde möglich durch die Erweiterung des Begriffs des vertikal integrierten Unternehmens in § 3 Nr. 38 (BT-Drs. 20/2402, 40). Dieser umfasst nunmehr auch verbundene Unternehmen, die nicht im Energiebereich tätig sind (→ § 6 Rn. 27 ff.). Damit hat die Streichung keine inhaltliche Änderung des § 10a Abs. 2 S. 1 zur Folge (→ Rn. 14.1).

14.1 § 10a Abs. 2 S. 1 aF hat neben dem vertikal integrierten Energieversorgungsunternehmen ausdrücklich auch dessen **Tochtergesellschaften** genannt. Der Begriff des vertikal integrierten Energieversorgungsunternehmens umfasste gem. § 3 Nr. 38 aF nur solche Unternehmen, die im Energiebereich tätig sind. Um eine eigene Bedeutung zu erlangen, musste der Begriff Tochtergesellschaft Unternehmen erfassen, die zum einen weder im Elektrizitäts- noch im Gasbereich tätig und damit nicht Teil des vertikal integrierten Energieversorgungsunternehmens waren (BNetzA Beschl. v. 5.2.2013 – BK7-12-027, S. 14 f.; BNetzA Beschl. v. 2.12.2013 – BK7-12-030, S. 15). Zum anderen musste die fragliche Unternehmen mit dem vertikal integrierten Energieversorgungsunternehmen iSd § 3 Nr. 38 aF verbunden sein (aA BNetzA Beschl. v. 5.2.2013 – BK7-12-027, S. 14 f.).

II. Anstellungsverhältnis

15 Der Begriff der Anstellung ist weit auszulegen und **funktional** zu verstehen (BNetzA Beschl. v. 29.1.2020 – BK7-18-051, S. 70). § 10a Abs. 2 S. 1 verbietet demnach jede „einer Anstellung vergleichbare Tätigkeit bzw. jede Überlassung von Personal an das vertikal integrierte [Unternehmen]", da das Verbot andernfalls „durch Personalleasing oder Dienstleis-

III. Pflicht zur Anstellung

Über den Gesetzeswortlaut hinaus spricht die Gesetzesbegründung davon, dass das fragliche Personal beim Unabhängigen Transportnetzbetreiber selbst angestellt sein müsse (BT-Drs. 17/6072, 60). Diese Auffassung ist abzulehnen (Bourwieg/Hellermann/Hermes/Hölscher § 10a Rn. 6, 8; Kment EnWG/Knauff § 10a Rn. 5). Zulässig ist auch ein schlanker Transportnetzbetreiber, der die technische und/oder kaufmännische Betriebsführung ganz oder teilweise von **Dritten** erledigen lässt (BNetzA, Zertifizierungsverfahren: Hinweispapier zur Antragstellung, 12.12.2011, 27 f.; Bourwieg/Hellermann/Hermes/Hölscher § 10a Rn. 8; einschränkend Säcker EnergieR/Säcker/Mohr § 10a Rn. 12 f.).

Allerdings müssen die beim Unabhängigen Transportnetzbetreiber angestellten Personen in der Lage sein, die Dritten zu **koordinieren** und zu **überwachen** (BNetzA, Zertifizierungsverfahren: Hinweispapier zur Antragstellung, 12.12.2011, 27 f.; Bourwieg/Hellermann/Hermes/Hölscher § 10a Rn. 8). Eine solche Überwachung ist nach richtiger Auffassung der BNetzA erst dann möglich, wenn sie durch „umfassende unbeschränkte Weisungsrechte, umfassende Auskunftsrechte, regelmäßige und außerordentliche Informationspflichten und ein ordentliches und außerordentliches Kündigungsrecht vertraglich" abgesichert ist (BNetzA Beschl. v. 29.1.2020 – BK7-18-051, S. 28 ff.; BNetzA Beschl. v. 19.11.2019 – BK6-17-087, S. 13). Des Weiteren ist der beauftragte Dienstleister vertraglich zu verpflichten, die Entflechtungsvorgaben einzuhalten, sofern es sich um das vertikal integrierte Unternehmen handelt (BNetzA Beschl. v. 29.1.2020 – BK7-18-051, S. 31 f. scheint diese Voraussetzung im Hinblick auf alle Dienstleister zu fordern). Außerdem muss der Unabhängige Transportnetzbetreiber im Außenverhältnis rechtlich und wirtschaftlich verantwortlich sein (BNetzA Beschl. v. 19.11.2019 – BK6-17-087, S. 13).

Abgesehen von der Koordinierung und Überwachung Dritter muss das eigene Personal des Weiteren ausreichen, „um wesentliche **Managementaufgaben** sowie das laufende Alltagsgeschäft aus eigener Personalkraft heraus bewältigen zu können" (BNetzA Beschl. v. 19.11.2019 – BK6-17-087, S. 21; → Rn. 18.1 f.).

Die BNetzA lässt umfangreichere Drittvergaben ausnahmsweise zu, wenn „es sich bei den ausgelagerten Aufgaben zu großen Teilen nicht um das Alltagsgeschäft, sondern um eher komplexe technische oder fachspezifische Arbeiten" handelt (BNetzA Beschl. v. 19.11.2019 – BK6-17-087, S. 22). Des Weiteren war im konkreten Fall die äußerst geringe Dimensionierung des Netzes zu berücksichtigen (BNetzA Beschl. v. 19.11.2019 – BK6-17-087, S. 22; in diese Richtung auch BNetzA Beschl. v. 9.11.2012 – BK7-12-035, S. 14 ff.).

Des Weiteren verlangt die BNetzA, dass „mindestens eine handlungsfähige Person und eine weitere handlungsfähige Person als Vertretung im Fall der Verhinderung unmittelbar bei dem Transportnetzbetreiber angestellt sein" müssen (BNetzA Beschl. v. 29.1.2020 – BK7-18-051, S. 35; BNetzA Beschl. v. 20.12.2013 – BK7-12-188, S. 37). In diesem Sinne handlungsfähig sind Geschäftsführer und Prokuristen (BNetzA Beschl. v. 29.1.2020 – BK7-18-051, S. 36) sowie Handlungsbevollmächtigte iSd § 54 HGB (BNetzA Beschl. v. 20.12.2013 – BK7-12-188, S. 37). Sind diese nicht allein-, sondern nur gesamtvertretungsberechtigt, erhöht sich die Mindestzahl der Personen, die beim Transportnetzbetreiber angestellt sein muss, entsprechend (BNetzA Beschl. v. 29.1.2020 – BK7-18-051, S. 35; BNetzA Beschl. v. 20.12.2013 – BK7-12-188, S. 37).

IV. Verbot der Arbeitnehmerüberlassung

Ergänzend verbietet § 10a Abs. 2 S. 2 die gegenseitige Arbeitnehmerüberlassung zwischen dem Unabhängigen Transportnetzbetreiber und dem vertikal integrierten Unternehmen. Dieses Verbot gilt grundlegend, also über das für den Transportnetzbetrieb hinaus erforderliche Personal (Elspas/Graßmann/Rasbach/Hampel/Sack § 10a Rn. 7; Bourwieg/Hellermann/Hermes/Hölscher § 10a Rn. 7; Kment EnWG/Knauff § 10a Rn. 5). Allerdings wird man vor dem Hintergrund des Gesetzeszwecks eine Ausnahme für solches Personal zulassen müssen, bei dessen Überlassung das Risiko einer unzulässigen Wettbewerbsverzerrung zugunsten des vertikal integrierten Unternehmens ausgeschlossen ist, zB Reinigungspersonal (aA Elspas/Graßmann/Rasbach/Hampel/Sack § 10a Rn. 7).

20 Ebenfalls zulässig ist eine Arbeitnehmerüberlassung zwischen dem Unabhängigen Transportnetzbetreiber und Dritten im Rahmen der einschlägigen Gesetze (Bourwieg/Hellermann/Hermes/Hölscher § 10a Rn. 8; Elspas/Graßmann/Rasbach/Hampel/Sack § 10a Rn. 8; Kment EnWG/Knauff § 10a Rn. 5).

E. Verbot der gegenseitigen Erbringung von Dienstleistungen (Abs. 3)

21 § 10a Abs. 3 enthält Regelungen betreffend die Erbringung von Dienstleistungen zwischen dem vertikal integrierten Unternehmen einerseits und dem Unabhängigen Transportnetzbetreiber andererseits. Mit Wirkung vom 29.7.2022 wurde der Verweis auf **Tochterunternehmen** des vertikal integrierten (Energieversorgungs-)Unternehmens gestrichen (→ Rn. 14) ohne dass dadurch eine inhaltliche Änderung erfolgte (BT-Drs. 20/2402, 40). Denn der erweiterte Begriff des „vertikal integrierten Unternehmens" gem. § 3 Nr. 38 umfasst grundsätzlich sämtliche verbundenen Unternehmen, unabhängig davon, ob sie im Energiebereich tätig sind oder nicht (BT-Drs. 20/2402, 38 f.). Die gleichzeitig erfolgte Einfügung „Andere Teile des [...]" ist rein deklaratorischer Natur und dient nur der Wortangleichung an das europäische Sekundärrecht (BT-Drs. 20/2402, 40).

I. Dienstleistungen des vertikal integrierten Unternehmens (Abs. 3 S. 1)

1. Historie und Normzweck

22 Vor Einfügung der gesonderten Entflechtungsvorschriften für Transportnetzbetreiber in den §§ 8 ff. waren vertikal integrierte Unternehmen gem. § 7 Abs. 1 aF nur verpflichtet, einen verbundenen Netzbetreiber als rechtlich selbstständige Einheit zu organisieren und ihn gem. §§ 8, 9 aF operationell und informatorisch zu entflechten. In Umsetzung der damaligen Vorgaben wurden die Transportnetzbetreiber als eigenes Unternehmen innerhalb des vertikal integrierten Unternehmens organisiert, dabei aber Großteils nur mit dem allernötigsten Personal ausgestattet. Die meisten Aufgaben des Transportnetzbetreibers hat das vertikal integrierte Unternehmen im Rahmen von Dienstleistungsverträgen übernommen.

23 Die Regelung in § 10a Abs. 3 S. 1 verbietet es nunmehr dem vertikal integrierten Unternehmen, Dienstleistungen für den Unabhängigen Transportnetzbetreiber zu erbringen. Infolgedessen musste bei vielen Unabhängigen Transportnetzbetreibern die personelle Ausstattung massiv erhöht und die Voraussetzungen für die Erledigung zahlreicher Aufgaben vom vertikal integrierten Unternehmen auf den Unabhängigen Transportnetzbetreiber übertragen werden. In den Zertifizierungen zahlreicher Transportnetzbetreiber finden sich zu diesem Themenkomplex zum Teil umfangreiche Nebenbestimmungen.

24 Das Verbot der Erbringung von Dienstleistungen durch das vertikal integrierte Unternehmen für den Unabhängigen Transportnetzbetreiber soll dessen Unabhängigkeit in allen Bereichen vollständig gewährleisten, „indem auch mittelbare Einflussnahmen des vertikal integrierten [Unternehmens], wie sie ggf. über die Ausgestaltung der Bedingungen, zu denen die Dienstleistungen für den Unabhängigen Transportnetzbetreiber erbracht werden, möglich wären, ausgeschlossen werden" (BT-Drs. 17/6072, 60). Das Verbot gilt zur Vermeidung von Umgehungen auch für vom vertikal integrierten Unternehmen beauftragte Personen (BNetzA, Zertifizierungsverfahren: Hinweispapier zur Antragstellung, 12.12.2011, 29).

2. Begriff der Dienstleistung

25 Das Verbot des § 10a Abs. 3 S. 1 betrifft dem Wortlaut nach nur Dienstleistungen (→ Rn. 25.1). Nach Auffassung der BNetzA ist der Begriff der Dienstleistung weiter zu ziehen als der des BGB (BNetzA, Zertifizierungsverfahren: Hinweispapier zur Antragstellung, 12.12.2011, 29). Demnach liege eine Dienstleistung vor, wenn eine **Tätigkeit** erbracht wird, sodass typischerweise ein Dienst- oder Werkvertrag nach §§ 611, 631 BGB gegeben sei (BNetzA Beschl. v. 9.11.2012 – BK6-12-044, S. 48). Sinn und Zweck der Regelung des § 10a Abs. 3 S. 1 sei es zu verhindern, dass die Vorgaben aus § 10a Abs. 2 dadurch unterlaufen werden, dass die fragliche Tätigkeit vom vertikal integrierten Unternehmen im Rahmen eines Dienstleistungsverhältnisses erbracht werden (BNetzA Beschl. v. 9.11.2012 – BK6-12-044, S. 49).

Vermögen, Anlagen, Personal, Identität des Unabh. Transportnetzbetreibers **§ 10a EnWG**

Die BNetzA ordnet Verträge zwischen dem Unabhängigen Transportnetzbetreiber und dem vertikal 25.1 integrierten Unternehmen, die die folgenden Themenbereiche betreffen, als Dienstleistungsvertrag iSd § 10a Abs. 3 S. 1 ein:
- Lieferung von Energie: Nein (BNetzA Beschl. v. 9.11.2012 – BK7-12-033, S. 40)
- Nutzung von Lichtwellenleitern: Ja (BNetzA Beschl. v. 9.11.2012 – BK7-12-033, S. 40)
- Nutzung von baulichen und allgemeinen Infrastruktureinrichtungen in Umspannwerken: Nein (BNetzA Beschl. v. 11.4.2013 – BK6-12-004, S. 67; BNetzA Beschl. v. 9.11.2012 – BK6-12-044, S. 47)
- Nutzung von Gestängeplätzen: Nein (BNetzA Beschl. v. 9.11.2012 – BK6-12-044, S. 21, 47 f.; BNetzA Beschl. v. 11.4.2013 – BK6-12-004, S. 57)
- Nutzung von Masten: Nein (BNetzA Beschl. v. 11.4.2013 – BK6-12-004, S. 57.)
- Nutzung von Büro- und Geschäftsräumen sowie Lagerinfrastruktur: Nein (BNetzA Beschl. v. 9.11.2012 – BK6-12-044, S. 48)
- Bewirtschaftung eines Stromkreises im Rahmen der Engpassauktion: Ja (BNetzA Beschl. v. 11.4.2013 – BK6-12-004, S. 58)
- Verrechnung von Aufwendungen der betrieblichen Altersversorgung: Nein (BNetzA Beschl. v. 11.4.2013 – BK6-12-004, S. 59)
- Aufbewahrung des beleghaften Archivs: Offen gelassen (BNetzA Beschl. v. 11.4.2013 – BK6-12-004, S. 34 f.)
- Altdatenarchivierung: Ja (BNetzA Beschl. v. 9.11.2012 – BK6-12-044, S. 26 ff.)
- Buchhalterische Aufbereitung der Personalrückstellungen: Nein (BNetzA Beschl. v. 11.4.2013 – BK6-12-004, S. 39)
- Ermittlung der Verzinsung aus einem Cash Pooling: Nein (BNetzA Beschl. v. 11.4.2013 – BK6-12-004, S. 39)

Das Verbot in § 10a Abs. 3 S. 1 soll zum Schutz des Wettbewerbs im Energiebinnenmarkt 26 zum einen eine **Quersubventionierung** der Wettbewerbsbereiche des vertikal integrierten Unternehmens durch den Unabhängigen Transportnetzbetreiber verhindern. In diese Richtung kann auch die oben (→ Rn. 24) zitierte Gesetzesbegründung verstanden werden. Das Risiko der Quersubventionierung besteht aber bei jedem **entgeltlichen Vertrag** zwischen dem vertikal integrierten Unternehmen und dem Unabhängigen Transportnetzbetreiber. Trotzdem sind kommerzielle und finanzielle Beziehungen zwischen den beiden gem. § 10b Abs. 5 nicht per se verboten. Stattdessen sind die entsprechenden Vereinbarungen der Regulierungsbehörde zur Genehmigung vorzulegen (§ 10b Abs. 5 S. 2). Ebenso wenig ist die Weitergabe von Informationen durch den Unabhängigen Transportnetzbetreiber an das vertikal integrierte Unternehmen generell verboten, sondern durch § 6a lediglich eingeschränkt.

Zum anderen soll durch das umfassende Verbot des § 10a Abs. 3 S. 1 das Dilemma vermieden werden, dass das vertikal integrierte Unternehmen für die Erbringung der geschuldeten Dienstleistungen möglicherweise **Informationen** benötigt, die es gem. § 6a Abs. 1 nicht bekommen darf. Außerdem kann das vertikal integrierte Unternehmen so keinen wettbewerbsverzerrenden Einfluss auf den Transportnetzbetrieb ausüben, in dem es die eigenen Mitarbeiter anweist, Dienstleistungen für den Unabhängigen Transportnetzbetreiber inhaltlich und/oder zeitlich in einer bestimmten Art und Weise zu erledigen.

Vor diesem Hintergrund kommt es bei der Auslegung des Begriffs Dienstleistung zunächst 28 darauf an, dass das vertikal integrierte Unternehmen eine Tätigkeit schuldet. Des Weiteren ist zu prüfen, ob das vertikal integrierte Unternehmen aufgrund der konkreten Aufgabe und/oder der vertraglichen Gestaltung die Möglichkeit hat, auf den Wettbewerb im Energiebinnenmarkt in unzulässiger Weise Einfluss zu nehmen. Sofern dies ausgeschlossen werden kann, kommt das Verbot des § 10a Abs. 3 S. 1 nicht zur Anwendung. Auf eine rechtliche Einordnung als bestimmter Vertragstyp im Sinne des BGB, kommt es demgegenüber nicht an.

3. Ausnahmen

Die BNetzA ist richtigerweise der Auffassung, eine Ausnahme vom Verbot des § 10a 29 Abs. 3 S. 1 sei jedenfalls unter sehr engen Voraussetzungen möglich. Zum einen müsse eine solche „zum Schutz übergeordneter Interessen wie z. B. der Sicherheit und Zuverlässigkeit des Übertragungsnetzes oder ähnlicher gewichtiger Interessen erforderlich sein. Dabei sind die Anforderungen umso höher, je stärker die Dienstleistung Missbrauchspotential eröffnet

Jenn

oder aber die unabhängige Aufgabenerfüllung des [Transportnetz]betreibers in Frage stellt" (BNetzA Beschl. v. 9.11.2012 – BK6-12-044, S. 24; BNetzA Beschl. v. 11.4.2013 – BK6-12-004, S. 30). Zum anderen sei erforderlich, dass die „Dienstleistung im konkreten Fall nicht von einem konzernunabhängigen Unternehmen erbracht werden kann" (BNetzA Beschl. v. 9.11.2012 – BK6-12-044, S. 24; BNetzA Beschl. v. 11.4.2013 – BK6-12-004, S. 30). Schließlich könne eine solche Ausnahme grundsätzlich nur vorübergehender Natur sein (BNetzA Beschl. v. 9.11.2012 – BK6-12-044, S. 24; BNetzA Beschl. v. 11.4.2013 – BK6-12-004, S. 30). In Ausnahmefällen ist demnach auch eine langfristige Nutzung von Dienstleistungen des vertikal integrierten Unternehmens durch den Unabhängigen Transportnetzbetreiber möglich (BNetzA Beschl. v. 9.11.2012 – BK6-12-044, S. 26 ff.; BNetzA Beschl. v. 9.11.2012 – BK7-12-033, S. 18 ff.).

30 Sofern die Dienstleistungen durch einen **anderen Netzbetreiber,** der Teil desselben vertikal integrierten Unternehmens ist, erbracht werden sollen, ist zu berücksichtigen, dass dieser ebenfalls zu entflechten und damit das Risiko einer unzulässigen Wettbewerbsverzerrung schon dadurch ausgeschlossen ist. Demnach ist die Erbringung von Dienstleistungen zwischen entflochtenen Netzbetreibern selbst dann zulässig, wenn sie Teil desselben vertikal integrierten Unternehmens sind (BNetzA Beschl. v. 9.11.2012 – BK7-12-029, S. 20 ff.; BNetzA Beschl. v. 20.12.2013 – BK7-12-188, S. 40 f.; ebenso für Dienstleistungen zwischen Unabhängigen Transportnetzbetreibern und Verteilernetzbetreibern: Elspas/Graßmann/Rasbach/Hampel/Sack § 10a Rn. 15; Säcker EnergieR/Säcker/Mohr § 10a Rn. 27).

31 Ebenso zulässig ist die Erbringung von Dienstleistungen für den Unabhängigen Transportnetzbetreiber durch ein 100prozentiges **Tochterunternehmen des Unabhängigen Transportnetzbetreibers** (BNetzA Beschl. v. 29.1.2020 – BK7-18-051, S. 28 f.). Dieses muss allerdings die entflechtungsrechtlichen Vorgaben in gleicher Weise beachten wie der Unabhängige Transportnetzbetreiber (BNetzA Beschl. v. 29.1.2020 – BK7-18-051, S. 29).

4. Dienstleistungsbereich

32 Der Wortlaut des Gesetzes schränkt das Verbot nicht auf Dienstleistungen (→ Rn. 25 ff.) im Zusammenhang mit dem **Transportnetzbetrieb** ein. Richtigerweise ist das Verbot, das sehr stark in die Freiheiten der betroffenen Unternehmen eingreift, insoweit einschränkend auszulegen. Nur für den Tätigkeitsbereich, der den Vorgaben der §§ 10–10e unterliegt, kann das Dienstleistungsverbot greifen (aA BNetzA, Zertifizierungsverfahren: Hinweispapier zur Antragstellung, 12.12.2011, 29; Elspas/Graßmann/Rasbach/Hampel/Sack § 10a Rn. 10; Kment EnWG/Knauff § 10a Rn. 8). In allen anderen Tätigkeitsbereichen kann das vertikal integrierte Unternehmen für den Unabhängigen Transportnetzbetreiber grundsätzlich Dienstleistungen erbringen. Allerdings ist dabei im konkreten Einzelfall darauf zu achten, dass die gesetzlichen Entflechtungsvorgaben nicht umgangen oder aufgeweicht werden.

II. Dienstleistungen des Unabhängigen Transportnetzbetreibers (Abs. 3 S. 2)

33 Demgegenüber ist es dem Unabhängigen Transportnetzbetreiber gem. § 10a Abs. 3 S. 2 grundsätzlich erlaubt, Dienstleistungen für das vertikal integrierte Unternehmen zu erbringen. Dabei sind aber folgende Einschränkungen zu beachten, die ebenfalls dem Schutz des Wettbewerbs dienen (Kment EnWG/Knauff § 10a Rn. 9).

1. Bezug zum Transportnetzbetrieb

34 Zunächst ist festzustellen, dass die Regelung des § 10a Abs. 3 S. 2 nur solche Dienstleistungen erfassen kann, die einen Bezug zum Transportnetzbetrieb haben. Die gesamten Entflechtungsregelungen haben den Sinn und Zweck zu verhindern, dass es aufgrund des natürlichen Monopols der Netzbetreiber zu Verzerrungen des Wettbewerbs innerhalb des Energiebinnenmarktes kommen kann. Bietet ein Transportnetzbetreiber Dienstleistungen an, bei denen schon per se das Risiko einer Verzerrung des relevanten Wettbewerbs ausgeschlossen ist, kann § 10a Abs. 3 S. 2 nicht zur Anwendung kommen.

35 Vor diesem Hintergrund kommt es auch nicht auf das potentielle Risiko einer Wettbewerbsverzerrung dadurch an, dass eine **Quersubventionierung** der Dienstleistungen des Unabhängigen Transportnetzbetreibers aus dem Transportnetzbetrieb heraus nicht ausge-

Vermögen, Anlagen, Personal, Identität des Unabh. Transportnetzbetreibers § 10a EnWG

schlossen werden kann. Denn die Entflechtungsregelungen dienen dem Schutz des Wettbewerbs im Energiebinnenmarkt und nicht in sonstigen Märkten.

2. Diskriminierungsfreier Zugang (Abs. 3 S. 2 Nr. 1)

Sofern § 10a Abs. 3 S. 2 auf eine vom Unabhängigen Transportnetzbetreiber angebotene 36
Dienstleistung Anwendung findet, muss er diese gem. Nummer 1 allen Nutzern des Transportnetzes diskriminierungsfrei (→ Rn. 36.1) zugänglich machen. Dabei genügt es, wenn er sie dem Markt anbietet; es besteht kein Kontrahierungszwang (Säcker EnergieR/Säcker/Mohr § 10a Rn. 24). Das Angebot an Dritte kann zB auf der Internetseite des Unabhängigen Transportnetzbetreibers erfolgen (BNetzA Beschl. v. 5.2.2013 – BK7-12-031, S. 27).

Um die Diskriminierungsfreiheit zu gewährleisten, verlangt die BNetzA, dass die Kalkulationsgrund- 36.1
lage für das vertikal integrierte Unternehmen und Dritte unter Berücksichtigung folgender Prämissen identisch ist:
• Verwendung einheitlicher Kalkulationseinheiten je Dienstleistung (zB Stunde; Einkauf)
• Verwendung einheitlicher Personalkostensätze
• Definition von Einheiten, sofern diese nicht belegt sind (zB Standard-Einkaufsvorgang)
Des Weiteren muss die Rechnung an das vertikal integrierte Unternehmen so aufgeschlüsselt sein, dass ein Vergleich mit der Kalkulationsgrundlage für Dritte möglich ist. (BNetzA Beschl. v. 9.11.2012 – BK7-12-026, S. 12).

Allerdings darf durch die angebotenen Dienstleistungen der Wettbewerb in den Bereichen 37
Erzeugung, Gewinnung und Lieferung von Energie nicht eingeschränkt, verzerrt oder unterbunden werden. Diese Voraussetzungen stellen in erster Linie auf die zentrale Dienstleistung des Unabhängigen Transportnetzbetreibers ab, nämlich den Transport von Energie durch sein Transportnetz. Gerade im Hinblick darauf darf der Unabhängige Transportnetzbetreiber sein vertikal integriertes Unternehmen nicht als solches gegenüber anderen Transportkunden bevorzugen. Zulässig ist es demgegenüber, wenn der Unabhängige Transportnetzbetreiber zB unterschiedliche Transportleistungen unterschiedlich bepreist und das vertikal integrierte Unternehmen zufälligerweise von dem Unterschied profitiert.

3. Prüfung durch Regulierungsbehörde (Abs. 3 S. 2 Nr. 2)

Des Weiteren sind gem. § 10a Abs. 3 S. 2 Nr. 2 die vertraglichen Bedingungen der Regu- 38
lierungsbehörde zur Prüfung vorzulegen. Diese Vorlagepflicht betrifft aber nach dem Gesetzeswortlaut nur die Dienstleistungen, die der Unabhängige Transportnetzbetreiber für das vertikal integrierte Unternehmen erbringt.

Laut Gesetzesbegründung sind die Bedingungen von der Regulierungsbehörde nur auf 39
ihre Entflechtungskonformität zu prüfen und – über den Gesetzeswortlaut hinaus, aber entsprechend der Formulierung in Art. 17 Abs. 1 lit. c ii Elektrizitäts-Binnenmarkt-Richtlinie 2009/72/EG bzw. Gas-Binnenmarkt-Richtlinie 2009/73/EG – von der Regulierungsbehörde auch zu **genehmigen** (BT-Drs. 17/6072, 60; aA Schneider/Theobald EnergieWirtschaftsR-HdB/de Wyl/Finke § 4 Rn. 250). Spätere **Änderungen** sind der Regulierungsbehörde unverzüglich mitzuteilen (BNetzA Beschl. v. 9.11.2012 – BK7-12-026, S. 12 f.; BNetzA Beschl. v. 5.2.2013 – BK7-12-031, S. 28).

4. Allgemeines Diskriminierungsverbot (Abs. 3 S. 2 Nr. 3)

Schließlich darf der Unabhängige Transportnetzbetreiber gem. § 10a Abs. 3 S. 2 Nr. 3 40
ganz generell keine Dienstleistungen erbringen, deren Erbringung gerade durch ihn geeignet ist, Wettbewerber des vertikal integrierten Unternehmens zu diskriminieren. Dazu zählt laut Gesetz insbesondere die Abrechnung von Dienstleistungen gegenüber dem Kunden (§ 3 Nr. 24) für das vertikal integrierte Unternehmen im Bereich der Funktionen Erzeugung, Gewinnung, Verteilung und Lieferung von Energie oder Speicherung von Erdgas.

F. Getrennter Marktauftritt (Abs. 4)

Im Außenauftritt des Unabhängigen Transportnetzbetreibers soll gem. § 10a Abs. 4 eine 41
Verwechslung mit dem vertikal integrierten Unternehmen ausgeschlossen werden. Zum

Jenn

Außenauftritt zählen gem. Gesetzesbegründung „insbesondere die Firma, das Logo, eingetragene Marken, die Werbelinie und Slogans sowie der Internetauftritt" (BT-Drs. 17/6072, 60).

41a Mit Wirkung vom 29.7.2022 wurde der Verweis auf **Tochterunternehmen** des vertikal integrierten (Energieversorgungs-)Unternehmens gestrichen (→ Rn. 14) ohne dass dadurch eine inhaltliche Änderung erfolgte (BT-Drs. 20/2402, 40). Denn der erweiterte Begriff des „vertikal integrierten Unternehmens" gem. § 3 Nr. 38 umfasst grundsätzlich sämtliche verbundenen Unternehmen, unabhängig davon, ob sie im Energiebereich tätig sind oder nicht (BT-Drs. 20/2402, 38 f.). Die gleichzeitig erfolgte Einfügung „oder irgendeinem Teil davon" ist rein deklaratorischer Natur und dient nur der Wortangleichung an das europäische Sekundärrecht (BT-Drs. 20/2402, 40).

42 Die Anforderungen in § 10a Abs. 4 sind gegenüber den entsprechenden Anforderungen für **Verteilernetzbetreiber** in § 7a Abs. 6 deutlich verschärft. § 10a Abs. 4 stellt nämlich nicht nur auf die Kommunikation und die Markenpolitik, sondern zusätzlich auf die Firma und die Geschäftsräume des Unabhängigen Transportnetzbetreibers ab. Des Weiteren ist eine Verwechslung nicht nur mit den Vertriebsaktivitäten, sondern mit dem vertikal integrierten Unternehmen insgesamt unzulässig.

I. Außenauftritt

43 Sinn und Zweck dieser Regelung ist es zu vermeiden, „dass der potentielle Vertragspartner in der organisatorischen und wirtschaftlichen Verbindung von Transportnetzbetreiber und vertikal integrierten [Unternehmen] **produktbezogene Vorteile** erblickt" (BT-Drs. 17/6072, 60). „Maßgeblich ist dabei die **Verkehrsauffassung**, dabei ist auf den durchschnittlich informierten, aufmerksamen und verständigen Durchschnittsverbraucher abzustellen" (BT-Drs. 17/6072, 60).

44 Nach Auffassung der BNetzA besteht das Risiko einer Ähnlichkeit zwischen dem Unabhängigen Transportnetzbetreiber und dem vertikal integrierten Unternehmen, die eine Verwechslungsgefahr begründet, insbesondere dann, „wenn ein objektiver Betrachter annehmen könnte, dass die Dienstleistungen (zB Transport- und Vertriebsdienstleistungen) von einem **wirtschaftlich verbundenen Unternehmen** angeboten werden" (BNetzA, Zertifizierungsverfahren: Hinweispapier zur Antragstellung, 12.12.2011, 30). Nicht ausreichend sei demnach, der Marke des vertikal integrierten Unternehmens lediglich einen Zusatz, wie zB „Netz", hinzuzufügen (BNetzA, Zertifizierungsverfahren: Hinweispapier zur Antragstellung, 12.12.2011, 30).

45 Zulässig ist demgegenüber, „wenn sich der Unabhängige Transportnetzbetreiber einer **Unternehmensgruppe** zuordnet. Denkbar ist zB, klein gedruckt auf Visitenkarten auf das vertikal integrierte [Unternehmen] zu verweisen (ein Mitglied der Xy-Gruppe), unzulässig wäre aber die Verwendung der gleichen E-Mailadresse wie das vertikal integrierte [Unternehmen] oder andere Maßnahmen des Außenauftritts, die keine klare Abgrenzung vom vertikal integrierten [Unternehmen] ermöglichen" (BT-Drs. 17/6072, 60).

46 Unzulässig ist es ebenfalls, wenn der Unabhängige Transportnetzbetreiber in seiner Firma eine Buchstabenkombination verwendet und der Verkehr aufgrund der **Zeichenähnlichkeit** „vom Bestehen besonderer wirtschaftlicher Beziehungen und engerer organisatorischer Zusammenhänge" mit dem vertikal integrierten Unternehmen ausgeht (BNetzA Beschl. v. 5.2.2013 – BK7-12-032, S. 22).

II. Kommunikation mit Dritten

47 Die BNetzA nimmt demgegenüber keinen Verstoß gegen Entflechtungsrecht an, wenn der Unabhängige Transportnetzbetreiber verpflichtet ist, das vertikal integrierte Unternehmen „mit ausreichendem Vorlauf über die Abgabe von **Aussagen gegenüber Medien**, deren Inhalt [das vertikal integrierte Unternehmen] tangiert, Erklärungen zum Geschäftsverlauf und zur Ergebnisentwicklung sowie Erklärungen und/oder Äußerungen in jeder Form zu den in § 15 WpHG beschriebenen Sachverhalten" zu informieren (BNetzA Beschl. v. 11.4.2013 – BK6-12-004, S. 43). Dies gilt jedenfalls dann, wenn das vertikal integrierte Unternehmen börsennotiert ist (BNetzA Beschl. v. 11.4.2013 – BK6-12-004, S. 43). Ein **Weisungsrecht** oder ein **Zustimmungsvorbehalt** zugunsten des vertikal integrierten

Vermögen, Anlagen, Personal, Identität des Unabh. Transportnetzbetreibers § 10a EnWG

Unternehmens würde demgegenüber in jedem Fall gegen Entflechtungsrecht verstoßen (BNetzA Beschl. v. 11.4.2013 – BK6-12-004, S. 43).

III. Konzernstrukturen

Ist die **Muttergesellschaft** des Unabhängigen Transportnetzbetreibers ebenfalls ein Unabhängiger Transportnetzbetreiber, ist insoweit eine Verwechslungsgefahr unerheblich (BNetzA Beschl. v. 9.11.2012 – BK7-12-029, S. 23 f.). In diesem Verhältnis sind die entflechtungsrechtlichen Vorgaben der §§ 10–10e nicht anwendbar (BNetzA Beschl. v. 9.11.2012 – BK7-12-029, S. 23 f.). Dasselbe gilt infolge der allgemeinen Entflechtungsregelungen auch für sonstige verbundene Netzbetreiber. 48

Infolge der Erweiterung der Definition des vertikal integrierten Unternehmens in § 3 Nr. 38 (→ Rn. 41a) könnte man im Übrigen annehmen, dass der getrennte Marktauftritt gem. Absatz 4 im Verhältnis zu allen verbundenen Unternehmen gilt, unabhängig davon, ob sie im Energiebereich tätig sind oder nicht (→ Rn. 48.1 f.). Richtigerweise ist die Regelung des Absatz 4 dahingehend auszulegen, dass eine Verwechslungsgefahr nur mit solchen verbundenen Unternehmen ausgeschlossen werden soll, die ebenfalls im **Energiebereich** tätig sind (aA Elspas/Graßmann/Rasbach/Hampel/Sack § 10a Rn. 20). Denn die Entflechtungsregelungen dienen dem Schutz des Energiebinnenmarktes und sollen Verzerrungen des entsprechenden Wettbewerbs zugunsten verbundener Unternehmen vermeiden. Andere Märkte fallen demgegenüber nicht in den Schutzbereich der entflechtungsrechtlichen Vorschriften. 48a

Etwas anderes kann auch nicht im Hinblick auf das Risiko einer **Quersubventionierung** zwischen dem Unabhängigen Transportnetzbetreiber und verbundenen Unternehmen außerhalb des Energiebereichs gelten. Denn dieses Risiko besteht zum einen auch bei eigentumsrechtlich entflochtenen Transportnetzbetreibern und in § 8 findet sich keine Absatz 4 entsprechende Regelung. Zum anderen wird durch das umfangreiche regulatorische System sichergestellt, dass Netzbetreiber ihr natürliches Monopol nicht ausnutzen können. 48b

Die BNetzA hatte für **(Zwischen)Holdinggesellschaften**, die Teil des vertikal integrierten Unternehmens aber nicht in den Wettbewerbsbereichen aktiv sind, die Auffassung vertreten, dass diese ausnahmsweise nicht in den Anwendungsbereich des Absatz 4 aF fallen können (BNetzA Beschl. v. 29.1.2020 – BK7-18-051, S. 41 f.). § 10a Abs. 4 stelle allerdings seinem Wortlaut nach auf das vertikal integrierte Unternehmen insgesamt und nicht nur auf die Wettbewerbsbereiche ab (BNetzA Beschl. v. 29.1.2020 – BK7-18-051, S. 41). Werde eine (Zwischen)Holdinggesellschaft nach außen tätig, zB im Rahmen ihrer Finanzierungsfunktion, könnten die Vorgaben des § 10a Abs. 4 trotzdem zu beachten sein (BNetzA Beschl. v. 29.1.2020 – BK7-18-051, S. 41 f.). 48.1

Diese Auffassung war auch für Absatz 4 aF abzulehnen. Die Entflechtungsregelungen sollen die Möglichkeit einer Verzerrung des Wettbewerbs im Energiebinnenmarkt durch das vertikal integrierte Unternehmen verhindern. Diese Möglichkeit besteht nicht im Hinblick auf solche Unternehmen des vertikal integrierten Unternehmens, die lediglich **Finanzierungsfunktion** wahrnehmen. 48.2

G. Trennung der IT-Systeme (Abs. 5)

In einer zunehmend digitalisierten Welt sind die wesentlichen Unternehmensinformationen größtenteils in den IT-Systemen der Unternehmen zu finden. Könnte das vertikal integrierte Unternehmen auf die IT-Systeme des Unabhängigen Transportnetzbetreibers zugreifen, könnte es sich möglicherweise sensible Daten beschaffen, die potentiell zu einem Wettbewerbsvorteil führen. Dieses Risiko soll durch die Verpflichtung in § 10a Abs. 5, die IT-Systeme zu trennen, ausgeschlossen werden. Konsequenterweise begründet § 10a Abs. 5 keine Verpflichtung zur Trennung der IT-Systeme zwischen entflochtenen Netzbetreibern, auch wenn sie demselben vertikal integrierten Unternehmen angehören (BNetzA Beschl. v. 20.12.2013 – BK7-12-188, S. 43 f.). 51

I. Software (Abs. 5 S. 1)

Die Regelung in § 10a Abs. 5 S. 1 verbietet die gemeinsame Nutzung von **Anwendungssystemen der Informationstechnologie**, soweit diese auf die unternehmerischen Besonderheiten des Unabhängigen Transportnetzbetreibers oder des vertikal integrierten Unter- 52 nehmens (→ Rn. 52.1) angepasst wurden. Gemeint sind mit Anwendungssystemen der Informationstechnologie die auf der jeweiligen IT-Hardware eingesetzten Softwareprogramme (BT-Drs. 17/6072, 60).

52.1 Nach Auffassung der BNetzA ist eine Trennung der IT-Technologie auch gegenüber (Zwischen)Holdinggesellschaften, die Teile des vertikal integrierten Unternehmens aber nicht in den Wettbewerbsbereichen tätig sind, erforderlich (BNetzA Beschl. v. 29.1.2020 – BK7-18-051, S. 43). Andernfalls könnten die entflechtungsrechtlichen Vorgaben durch entsprechende gesellschaftsrechtliche Konstrukte umgangen werden (BNetzA Beschl. v. 29.1.2020 – BK7-18-051, S. 43).

53 Die Voraussetzung der **gemeinsamen Nutzung** einer Software ist nicht nur dann erfüllt, wenn alle Nutzer, gleichgültig ob solche des Unabhängigen Transportnetzbetreibers oder solche des vertikal integrierten Unternehmens, unmittelbar auf die gespeicherten bzw. verarbeiteten wettbewerbsrelevanten Daten der anderen Nutzer zugreifen können. Vielmehr möchte § 10a Abs. 5 S. 1 ganz allgemein verhindern, dass das vertikal integrierte Unternehmen dadurch Informationen über den verbundenen Transportnetzbetrieb bekommt, dass es die gleiche Software wie der Unabhängige Transportnetzbetreiber nutzt. Selbst bei einer rechtlich und physikalisch komplett getrennten Nutzung der gleichen Software ist ein unerwünschter Informationsfluss gegeben, wenn die Software entweder speziell für den Unabhängigen Transportnetzbetreiber programmiert oder eine (branchenspezifische) **Standardsoftware** zuvor an dessen Bedürfnisse angepasst wurde. In beiden Fällen kann sie wettbewerbsrelevante Informationen über den Unabhängigen Transportnetzbetreiber enthalten, die dem vertikal integrierten Unternehmen nicht zur Verfügung gestellt werden dürfen. Sofern eine (branchenspezifische) Standardsoftware nicht verändert wurde, kann sie sowohl vom Unabhängigen Transportnetzbetreiber als auch vom vertikal integrierten Unternehmen genutzt werden.

54 Demgegenüber ist kein Grund ersichtlich, warum eine an die Bedürfnisse des vertikal integrierten Unternehmens zuvor angepasste (branchenspezifische) Standardsoftware nicht auch vom Unabhängigen Transportnetzbetreiber genutzt werden darf. Ein Informationsfluss vom vertikal integrierten Unternehmen zum Unabhängigen Transportnetzbetreiber wird in den Entflechtungsvorschriften generell nicht geregelt, also grundsätzlich als unkritisch eingeschätzt.

55 Die Regelung des § 10a Abs. 5 S. 1 begründet aber kein weitergehendes **Informationsverbot**. Informationen, die nicht wettbewerbsrelevant sind und die der Unabhängige Transportnetzbetreiber dem vertikal integrierten Unternehmen zur Verfügung stellen darf, dürfen grundsätzlich auch auf elektronischem Weg übermittelt werden. Insoweit kann es auch keinen Unterschied machen, ob der Unabhängige Transportnetzbetreiber die Information erst aus seinem IT-System herausholt und dann zB als Anhang zu einer E-Mail versendet oder ob das vertikal integrierte Unternehmen auf die IT-Systeme des Unabhängigen Transportnetzbetreibers selbst zugreift und sich die Information so beschafft. Dabei ist jedoch zu gewährleisten, dass der Zugriff nur auf solche Informationen möglich ist, die nicht wettbewerbsrelevant sind.

II. Hardware (Abs. 5 S. 2)

56 Das weitere Verbot der gemeinsamen Nutzung von IT-Infrastruktur gem. § 10a Abs. 5 S. 2 soll verhindern, dass das vertikal integrierte Unternehmen aufgrund physischer Verbindungen grundsätzlich in der Lage ist, beim Unabhängigen Transportnetzbetreiber auf wettbewerbsrelevante Informationen zuzugreifen. Das Gesetz verlangt demnach eine **physische Trennung** der IT-Infrastruktur (Bourwieg/Hellermann/Hermes/Hölscher § 10a Rn. 21). Dies beinhaltet aus den oben genannten Gründen (→ Rn. 55) kein Verbot dahingehend, dass der Unabhängige Transportnetzbetreiber nicht (mehr) auf das **Intranet** des vertikal integrierten Unternehmens zugreifen kann, vorausgesetzt ein Zugriff des vertikal integrierten Unternehmens auf die Daten des Unabhängigen Transportnetzbetreibers ist ausgeschlossen (aA BNetzA Beschl. v. 9.11.2012 – BK7-12-029, S. 25 ff.).

57 Eine Ausnahme vom Verbot der gemeinsamen Nutzung von IT-Infrastruktur erlaubt das Gesetz allerdings dann, wenn sich diese außerhalb der Geschäftsräume sowohl des Unabhängigen Transportnetzbetreibers als auch des vertikal integrierten Unternehmens befindet. Dadurch soll sichergestellt werden, dass keiner der beiden einen direkten Zugriff auf die

IT-Infrastruktur des jeweils anderen hat (BT-Drs. 17/6072, 61). Zusätzlich muss die IT-Infrastruktur von einem Dritten zur Verfügung gestellt und betrieben werden. „Ein wesentliches Kernelement des Geschäfts dieser Dienstleister ist notwendigerweise die Geheimhaltung der gespeicherten Daten und deren Schutz vor unberechtigtem Zugriff Dritter, dh (einzelfallabhängig) auch vor einem Zugriff des vertikal integrierten [Unternehmens]" (BT-Drs. 17/6072, 61).

Diese Ausnahme soll es ermöglichen, dass der Unabhängige Transportnetzbetreiber und 58 das vertikal integrierte Unternehmen zB **Rechenleistung in einem externen Rechenzentrum** bei demselben Dienstleister kontrahieren (BT-Drs. 17/6072, 61). Damit soll der Realität in der Praxis angemessen Rechnung getragen werden (BT-Drs. 17/6072, 61).

III. Berater und externe Auftragnehmer (Abs. 5 S. 3)

Schließlich verbietet § 10a Abs. 5 S. 3 dem Unabhängigen Transportnetzbetreiber und 59 dem vertikal integrierten Unternehmen im Hinblick auf Ihre Software und Hardware, sofern sich diese in ihren jeweiligen Geschäftsräumen befindet, mit denselben Beratern oder externen Auftragnehmern zusammenzuarbeiten. Ausweislich der Gesetzesbegründung ist dabei nicht auf das beauftragte Unternehmen, sondern auf die konkrete **natürliche Person,** die den Auftrag erledigt, abzustellen (BT-Drs. 17/6072, 61). Damit können der Unabhängige Transportnetzbetreiber und das vertikal integrierte Unternehmen mit demselben IT-Unternehmen zusammenarbeiten, „solange es sich bei den beratenden Personen nicht um dieselbe natürliche Person handelt" (BNetzA, Zertifizierungsverfahren: Hinweispapier zur Antragstellung, 12.12.2011, 31; → Rn. 59.1). Allerdings muss sich das beauftragte IT-Unternehmen nach Auffassung der BNetzA so organisieren, dass die gesamten betroffenen Organisationseinheiten entweder nur für den Unabhängigen Transportnetzbetreiber oder nur für das vertikal integrierte Unternehmen tätig und die Mitarbeiter diesen Organisationseinheiten dauerhaft zugeordnet sind (BNetzA Beschl. v. 11.4.2013 – BK6-12-004, S. 45; BNetzA Beschl. v. 9.11.2012 – BK7-12-026, S. 14).

In mehreren Zertifizierungsverfahren hat die Europäische Kommission die Auffassung vertreten, 59.1 dass nur unter außergewöhnlichen Umständen der Unabhängige Transportnetzbetreiber und das vertikal integrierte Unternehmen ein und dasselbe IT-Unternehmen beauftragen dürfen (BNetzA Beschl. v. 9.11.2012 – BK6-12-044, S. 37 ff.; BNetzA Beschl. v. 9.11.2012 – BK7-12-026, S. 15). Dieser Auffassung hat sich die BNetzA nicht angeschlossen (BNetzA Beschl. v. 9.11.2012 – BK6-12-044, S. 37 ff.; BNetzA Beschl. v. 9.11.2012 – BK7-12-026, S. 15 ff.).

H. Räumliche Trennung (Abs. 6)

Nach § 10a Abs. 6 ist einem Unabhängigen Transportnetzbetreiber und dem vertikal 60 integrierten Unternehmen (→ Rn. 60.1) untersagt, Büro- und Geschäftsräume sowie Zugangskontrollsysteme gemeinsam zu nutzen. Durch die strikte räumliche Trennung soll die Möglichkeit eines **unmittelbar physischen Zugriffs** auf wettbewerbsrelevante Informationen des Unabhängigen Transportnetzbetreibers durch das vertikal integrierte Unternehmen verhindert werden. Durch getrennte Zugangskontrollsysteme soll außerdem verhindert werden, dass sich Mitarbeiter des vertikal integrierten Unternehmens ohne weiteres Zutritt zu den getrennten Räumlichkeiten des Unabhängigen Transportnetzbetreibers verschaffen können, zB weil beide über eine gemeinsame Schließanlage verfügen (Kment EnWG/Knauff § 10a Rn. 19).

Nach Auffassung der BNetzA ist eine räumliche Trennung auch gegenüber (Zwischen)Holdinggesellschaften, die Teile des vertikal integrierten Unternehmens aber nicht in den Wettbewerbsbereichen 60.1 tätig sind, erforderlich (BNetzA Beschl. v. 29.1.2020 – BK7-18-051, S. 44). Andernfalls könnten die entflechtungsrechtlichen Vorgaben durch entsprechende gesellschaftsrechtliche Konstrukte umgangen werden (BNetzA Beschl. v. 29.1.2020 – BK7-18-051, S. 44).

Die Voraussetzungen des § 10a Abs. 6 sind jedenfalls erfüllt, wenn sich die Büro- und 61 Geschäftsräume des Unabhängigen Transportnetzbetreibers und des vertikal integrierten Unternehmens auf **verschiedenen Liegenschaften** befinden. Aus Gründen der Verhältnismäßigkeit und der wirtschaftlichen Zumutbarkeit (BT-Drs. 17/6072, 61) kann es aber auch genügen, wenn die Trennung in **demselben Gebäude** durch entsprechende Maßnahmen, zB durch Verschluss und Verplombung von Durchgangstüren (BNetzA Beschl. v. 5.2.2013 – BK7-12-031, S. 34), gewährleistet ist (Bourwieg/Hellermann/Hermes/Hölscher § 10a Rn. 25; Kment EnWG/Knauff § 10a Rn. 19). Dabei kann der Unabhängige Transportnetzbetreiber Flächen vom integrierten Unternehmen zu marktüblichen Konditionen mieten (BNetzA, Zertifizierungsverfahren: Hinweispapier zur Antragstellung, 12.12.2011, 32). Allerdings müssen **getrennte Eingänge** gegeben sein (BNetzA, Zertifizierungsverfahren: Hinweispapier zur Antragstellung, 12.12.2011, 31 f.). Eine **eigene Adresse** des Unabhängigen Transportnetzbetreibers erscheint demgegenüber nicht erforderlich (aA BNetzA, Zertifizierungsverfahren: Hinweispapier zur Antragstellung, 12.12.2011, 31 f.).

I. Unterschiedliche Abschlussprüfer (Abs. 7)

62 Schließlich verbietet § 10a Abs. 7 dem Unabhängigen Transportnetzbetreiber, die Rechnungslegung von denselben Abschlussprüfern prüfen zu lassen, die die Rechnungslegung des vertikal integrierten Unternehmens oder bei dessen Unternehmensteilen prüfen. Auch diese Regelung ist Teil der informatorischen Entflechtung (Kment EnWG/Knauff § 10a Rn. 20). Wie bei der Regelung in § 10a Abs. 5 S. 3 ist dabei nicht auf das beauftragte Prüfungsunternehmen, sondern auf die konkrete **natürliche Person** des Prüfers abzustellen (BT-Drs. 17/6072, 61; → Rn. 62.1).

62.1 In mehreren Zertifizierungsverfahren hat die Europäische Kommission die Auffassung vertreten, dass bei richtiger Anwendung der einschlägigen europarechtlichen Vorgaben (Art. 17 Abs. 6 Elektrizitäts-Binnenmarkt-Richtlinie 2009/72/EG bzw. Gas-Binnenmarkt-Richtlinie 2009/73/EG) nur in eng begrenzten Ausnahmefällen der Unabhängige Transportnetzbetreiber und das vertikal integrierte Unternehmen ein und dieselbe Wirtschaftsprüfungsgesellschaft beauftragen dürfen (BNetzA Beschl. v. 9.11.2012 – BK7-12-026, S. 19 f.; BNetzA Beschl. v. 29.1.2020 – BK7-18-051, S. 45). Dieser Auffassung hat sich die BNetzA nicht angeschlossen (BNetzA Beschl. v. 9.11.2012 – BK7-12-026, S. 20 ff.; BNetzA Beschl. v. 29.1.2020 – BK7-18-051, S. 45 f.).

63 Dieselbe natürliche Person kann aber die Abschlüsse verschiedener Transportnetzbetreiber, die Teil ein und desselben vertikal integrierten Unternehmens sind, prüfen (Elspas/Graßmann/Rasbach/Hampel/Sack § 10a Rn. 27). Insoweit besteht kein Risiko einer Verzerrung des Wettbewerbs im Energiebinnenmarkt zugunsten des vertikal integrierten Unternehmens infolge der Weitergabe sensibler Informationen.

64 Diese Ausnahme gilt allerdings nicht für die Prüfung des Abschlusses eines **Verteilernetzbetreibers**, der zusammen mit einem Unabhängigen Transportnetzbetreiber Teil eines vertikal integrierten Unternehmens ist. Für Verteilernetzbetreiber fehlt eine dem § 10a Abs. 7 S. 1 entsprechende Regelung, sodass diese denselben Abschlussprüfer (in Person) beauftragen dürfen wie das vertikal integrierte Unternehmen.

65 Da der Unabhängige Transportnetzbetreiber Teil des Konzerns des vertikal integrierten Unternehmens ist, ist seine Rechnungslegung notwendigerweise Teil des **Konzernabschlusses** (§§ 290 ff. HGB) und damit auch dessen Prüfung (§ 317 Abs. 3 HGB). Aus diesem Grund muss der Abschlussprüfer des vertikal integrierten Unternehmens die Möglichkeit haben, die Bücher des Unabhängigen Transportnetzbetreibers zumindest soweit einzusehen, wie dies zur Erteilung des Konzernbestätigungsvermerks im Rahmen der Vollkonsolidierung (§§ 300 ff. HGB) des vertikal integrierten Unternehmens erforderlich ist. Diese Möglichkeit räumt ihm § 10a Abs. 7 S. 2 ein und stellt so sicher, dass die Entflechtung durch die Benennung eines Unabhängigen Transportnetzbetreibers „eine im Vergleich zu den anderen beiden Optionen gleichwertige Entflechtungsvariante ist" (BT-Drs. 17/6072, 61). Allerdings ist er gem. § 10a Abs. 7 S. 3 zur Vertraulichkeit verpflichtet, darf die so gewonnenen Erkenntnisse und wirtschaftlich sensiblen Informationen insbesondere nicht dem vertikal integrierten Unternehmen mitteilen.

§ 10b Rechte und Pflichten im vertikal integrierten Unternehmen

(1) ¹Vertikal integrierte Unternehmen müssen gewährleisten, dass Unabhängige Transportnetzbetreiber wirksame Entscheidungsbefugnisse in Bezug auf die für

den Betrieb, die Wartung und den Ausbau des Netzes erforderlichen Vermögenswerte des vertikal integrierten Unternehmens besitzen und diese im Rahmen der Bestimmungen dieses Gesetzes unabhängig von der Leitung und den anderen betrieblichen Einrichtungen des vertikal integrierten Unternehmens ausüben können. ²Unabhängige Transportnetzbetreiber müssen insbesondere die Befugnis haben, sich zusätzliche Finanzmittel auf dem Kapitalmarkt durch Aufnahme von Darlehen oder durch eine Kapitalerhöhung zu beschaffen. ³Satz 1 und 2 gelten unbeschadet der Entscheidungen des Aufsichtsrates nach § 10d.

(2) ¹Struktur und Satzung des Unabhängigen Transportnetzbetreibers haben die Unabhängigkeit des Transportnetzbetreibers vom vertikal integrierten Unternehmen im Sinne der §§ 10 bis 10e sicherzustellen. ²Vertikal integrierte Unternehmen haben jegliche unmittelbare oder mittelbare Einflussnahme auf das laufende Geschäft des Unabhängigen Transportnetzbetreibers oder den Netzbetrieb zu unterlassen; sie unterlassen ebenfalls jede unmittelbare oder mittelbare Einflussnahme auf notwendige Tätigkeiten zur Erstellung des zehnjährigen Netzentwicklungsplans nach den §§ 12a bis 12f oder § 15a durch den Unabhängigen Transportnetzbetreiber.

(3) ¹Tochterunternehmen des vertikal integrierten Unternehmens, die die Funktionen Erzeugung, Gewinnung oder Vertrieb von Energie an Kunden wahrnehmen, dürfen weder direkt noch indirekt Anteile am Transportnetzbetreiber halten. ²Der Transportnetzbetreiber darf weder direkt oder indirekt Anteile an Tochterunternehmen des vertikal integrierten Unternehmens, die die Funktionen Erzeugung, Gewinnung oder Vertrieb von Energie an Kunden wahrnehmen, halten noch Dividenden oder andere finanzielle Zuwendungen von diesen Tochterunternehmen erhalten. ³Insbesondere sind Übertragungsnetzbetreiber nicht berechtigt, Eigentümer einer Energiespeicheranlage zu sein oder eine solche zu errichten, zu verwalten oder zu betreiben.

(4) Der Unabhängige Transportnetzbetreiber hat zu gewährleisten, dass er jederzeit über die notwendigen Mittel für die Errichtung, den Betrieb und den Erhalt eines sicheren, leistungsfähigen und effizienten Transportnetzes verfügt.

(5) ¹Das vertikal integrierte Unternehmen und der Unabhängige Transportnetzbetreiber haben bei zwischen ihnen bestehenden kommerziellen und finanziellen Beziehungen, einschließlich der Gewährung von Krediten an das vertikal integrierte Unternehmen durch den Unabhängigen Transportnetzbetreiber, marktübliche Bedingungen einzuhalten. ²Der Transportnetzbetreiber hat alle kommerziellen oder finanziellen Vereinbarungen mit dem vertikal integrierten Unternehmen der Regulierungsbehörde in der Zertifizierung zur Genehmigung vorzulegen. ³Die Befugnisse der Behörde zur Überprüfung der Pflichten aus Teil 3 Abschnitt 3 bleiben unberührt. ⁴Der Unabhängige Transportnetzbetreiber hat diese kommerziellen und finanziellen Beziehungen mit dem vertikal integrierten Unternehmen umfassend zu dokumentieren und die Dokumentation der Regulierungsbehörde auf Verlangen zur Verfügung zu stellen.

(6) Die organschaftliche Haftung der Mitglieder von Organen des vertikal integrierten Unternehmens für Vorgänge in Bereichen, auf die diese Mitglieder nach diesem Gesetz keinen Einfluss ausüben durften und tatsächlich keinen Einfluss ausgeübt haben, ist ausgeschlossen.

Überblick

Die umfangreichen Regelungen des § 10b sollen die Unabhängigkeit des Unabhängigen Transportnetzbetreibers vom vertikal integrierten Unternehmen vor allen Dingen unter organisationsrechtlichen und finanziellen Gesichtspunkten sichern. So sind dem Unabhängigen Transportnetzbetreiber zum einen umfassende Entscheidungsbefugnisse zu gewährleisten (→ Rn. 4 f.). In diesem Zusammenhang ist ihm auch die Befugnis einzuräumen, sich zusätzliche Finanzmittel zu beschaffen (→ Rn. 10 ff.). Zum anderen sichern die Struktur und Satzung des Unabhängigen Transportnetzbetreibers sowie ein weitreichendes Weisungsverbot

EnWG § 10b

zulasten des vertikal integrierten Unternehmens die angestrebte Unabhängigkeit (→ Rn. 22 ff.). Des Weiteren verbietet § 10b eine Verflechtung zwischen dem Unabhängigen Transportnetzbetreiber einerseits und den Wettbewerbsbereichen des vertikal integrierten Unternehmens andererseits (→ Rn. 39 ff.). Auch darf ein Übertragungsnetzbetreiber weder Eigentümer einer Energiespeicheranlage sein noch eine solche errichten, verwalten oder betreiben (→ Rn. 42 a f.). Der Unabhängige Transportnetzbetreiber muss überdies gewährleisten, dass er über die für die Erfüllung seiner Aufgaben erforderlichen Mittel verfügt (→ Rn. 43 ff.). Außerdem hat die Regulierungsbehörde die finanziellen und kommerziellen Beziehungen mit dem vertikal integrierten Unternehmen zu prüfen (→ Rn. 46 ff.). Schließlich schließt § 10b die Haftung der Organe des vertikal integrierten Unternehmens aus, soweit sie keinen Einfluss auf den Unabhängigen Transportnetzbetreiber ausüben (→ Rn. 54 f.).

Übersicht

	Rn.		Rn.
A. Normzweck und Entstehungsgeschichte	1	D. Konzernstruktur (Abs. 3 S. 1 und 2)	39
B. Entscheidungsbefugnisse und Finanzmittel (Abs. 1)	3	E. Energiespeicheranlagen (Abs. 3 S. 3)	42a
I. Wirksame und unabhängige Entscheidungsbefugnisse (Abs. 1 S. 1)	4	F. Gewährleistung der notwendigen Mittel (Abs. 4)	43
II. Beschaffung von Finanzmitteln (Abs. 1 S. 2)	10	G. Kommerzielle und finanzielle Beziehungen (Abs. 5)	46
1. Aufnahme von Darlehen	12	I. Zulässigkeit kommerzieller und finanzieller Beziehungen (Abs. 5 S. 1)	46
2. Kapitalerhöhung	13		
C. Struktur und Satzung sowie Verbot der Einflussnahme (Abs. 2)	22	II. Voraussetzung der Marktüblichkeit (Abs. 5 S. 1)	48
I. Struktur und Satzung des Unabhängigen Transportnetzbetreibers (Abs. 2 S. 1)	23	III. Genehmigungs- und Dokumentationspflicht (Abs. 5 S. 2 und 4)	50
II. Verbot der Einflussnahme (Abs. 2 S. 2)	25	IV. Weitergehende Befugnisse der Behörden (Abs. 5 S. 3)	53
1. Laufendes Geschäft	27		
2. Weitere Fälle verbotener Einflussnahmen	34	H. Haftungsausschluss (Abs. 6)	54

A. Normzweck und Entstehungsgeschichte

1 § 10b enthält umfassende Regelungen zu den Rechten und Pflichten sowohl des Unabhängigen Transportnetzbetreibers als auch des vertikal integrierten Unternehmens. Dadurch soll die Unabhängigkeit des Unabhängigen Transportnetzbetreibers innerhalb des vertikal integrierten Unternehmens vor allen Dingen unter **organisationsrechtlichen und finanziellen** Gesichtspunkten sichergestellt werden.

2 Die Vorschrift des § 10b wurde 2011 in das EnWG eingefügt und dient der Umsetzung von Art. 18 Elektrizitäts-Binnenmarkt-Richtlinie 2009/72/EG bzw. Gas-Binnenmarkt-Richtlinie 2009/73/EG in nationales Recht (BT-Drs. 17/6072, 61).

2a In 2021 wurde in § 10b Abs. 3 ein neuer Satz 3 eingefügt. Dieser dient der Umsetzung von Art. 54 Abs. 1 Elektrizitäts-Binnenmarkt-Richtlinie (EU) 2019/944 in nationales Recht (BT-Drs. 19/27453, 93).

B. Entscheidungsbefugnisse und Finanzmittel (Abs. 1)

3 § 10b Abs. 1 S. 1 verpflichtet das vertikal integrierte Unternehmen zu gewährleisten, dass der Unabhängige Transportnetzbetreiber über die für die Erfüllung seiner gesetzlichen Aufgaben erforderlichen Vermögenswerte wirksam und unabhängig entscheiden kann. Außerdem muss er die Möglichkeit haben, sich zusätzliche Finanzmittel zu beschaffen, § 10b Abs. 1 S. 2. Bei all seinen Entscheidungen hat sich der Unabhängige Transportnetzbetreiber aber innerhalb des von seinem Aufsichtsrat beschlossenen Finanzplans zu bewegen, § 10b Abs. 1 S. 3 (BT-Drs. 17/6072, 62).

I. Wirksame und unabhängige Entscheidungsbefugnisse (Abs. 1 S. 1)

Die Regelung des § 10b Abs. 1 S. 1 stellt einen grundlegenden Programmsatz betreffend 4 die Unabhängigkeit des Unabhängigen Transportnetzbetreibers (→ Rn. 4.1 ff.) dar, der durch die weiteren Anforderungen in § 10b konkretisiert wird. Nach Auffassung des Gesetzgebers trifft das vertikal integrierte Unternehmen die grundlegende Verpflichtung zu gewährleisten, dass der Unabhängige Transportnetzbetreiber „seine Aufgaben ohne direkte oder indirekte Einflussnahme des vertikal integrierten [Unternehmens] wahrnehmen kann" (BT-Drs. 17/6072, 61). Dafür benötigt der Unabhängige Transportnetzbetreiber „eine – im Verhältnis zu den Aufgaben der Transportgesellschaft – angemessene Ausstattung mit Vermögenswerten", die er „ohne Einflussnahme des vertikal integrierten [Unternehmens] oder eines seiner Tochterunternehmen nutzen" können muss (BT-Drs. 17/6072, 61 f.).

Die von § 10b Abs. 1 S. 1 geforderte Unabhängigkeit des Unabhängigen Transportnetzbetreibers 4.1 kann nach Auffassung der BNetzA beeinträchtigt sein, wenn dieser eine **Minderheitsbeteiligung** an einem Energieversorgungsunternehmen hält, das im Bereich Vertrieb tätig, aber nicht Teil des vertikal integrierten Unternehmens ist, so dass das Beteiligungsverbot aus § 10b Abs. 3 S. 2 nicht zur Anwendung kommt (BNetzA Beschl. v. 29.1.2020 – BK7-18-051, S. 50 ff.). Bedauerlicherweise ist der Beschluss an den entscheidenden Stellen geschwärzt, so dass die Argumentation der BNetzA nicht nachvollzogen werden kann. In der Konsequenz hat die BNetzA den Unabhängigen Transportnetzbetreiber verpflichtet, die Beteiligung aufzugeben, zB auf ein Mutterunternehmen zu übertragen. Die Europäische Kommission hatte noch weitergehend die Übertragung auf eine Mutter- oder Schwestergesellschaft außerhalb der direkten Holdingstruktur des Unabhängigen Transportnetzbetreibers gefordert.

Des Weiteren geht die BNetzA zu Recht davon aus, dass ein Eingriff des vertikal integrierten 4.2 Unternehmens in das **Betriebsvermögen** oder das **Stammkapital** des Unabhängigen Transportnetzbetreibers grundsätzlich die wirtschaftlichen Fähigkeiten des Unabhängigen Transportnetzbetreibers tangiert und damit dessen Unabhängigkeit iSd § 10b Abs. 1 S. 1 verletzt (BNetzA Beschl. v. 9.11.2012 – BK7-12-033, S. 35 f.).

Ebenso sieht die BNetzA die Unabhängigkeit des Unabhängigen Transportnetzbetreibers in Frage 4.3 gestellt, wenn er das vertikal integrierte Unternehmen exklusiv über seine Tätigkeiten im Bereich der **Interessenvertretung gegenüber der Politik** informiert (BNetzA Beschl. v. 11.4.2013 – BK6-12-004, S. 43 f.). Erforderlich sei, dass diese Informationen in gleicher Weise allgemein zu Verfügung gestellt werden (BNetzA Beschl. v. 11.4.2013 – BK6-12-004, S. 44). Diese Auffassung der BNetzA ist zu weitgehend. Es ist kein realistisches Szenario denkbar, in dem das vertikal integrierte Unternehmen aufgrund solcher Informationen den Wettbewerb im Energiebinnenmarkt zu seinen Gunsten beeinflussen könnte.

Keine Gefahr für die Unabhängigkeit des Unabhängigen Transportnetzbetreibers besteht nach richtiger 4.4 Auffassung der BNetzA im Fall von **Gruppenverträgen** des vertikal integrierten Unternehmens mit Dritten (BNetzA Beschl. v. 9.11.2012 – BK7-12-029, S. 22 f.). Solche Verträge räumen den Mitgliedern einer Unternehmensgruppe die Möglichkeit ein, Leistungen des Vertragspartners (zB Flüge, Mietwagen, Hotelübernachtungen, Bürobedarf) zu vergünstigten Konditionen in Anspruch zu nehmen. Sofern keine Verpflichtung des Unabhängige Transportnetzbetreibers besteht, von einer solchen Möglichkeit Gebrauch zu machen, bestehen keine entflechtungsrechtlichen Bedenken (BNetzA Beschl. v. 9.11.2012 – BK7-12-029, S. 22 f.).

Etwas anderes nimmt die BNetzA im Fall einer **Gruppenversicherung zur Betriebshaftpflicht-** 4.5 **versicherung** an (BNetzA Beschl. v. 9.11.2012 – BK7-12-029, S. 23). Da die Betriebshaftpflichtversicherung auch Ansprüche des vertikal integrierten Unternehmens gegenüber dem Unabhängigen Transportnetzbetreiber abdecken kann, könnten im Einzelfall Interessenkonflikte entstehen, so dass die von § 10b geforderte Unabhängigkeit des Unabhängigen Transportnetzbetreibers nicht gegeben sei (BNetzA Beschl. v. 9.11.2012 – BK7-12-029, S. 23). Diese Auffassung ist abzulehnen. Die Unabhängigkeit des Unabhängigen Transportnetzbetreibers vom vertikal integrierten Unternehmen ist kein Selbstzweck, sondern soll jede Möglichkeit der Verzerrung des Wettbewerbs im Energiebinnenmarkt zugunsten des vertikal integrierten Unternehmens verhindern. Eine solche Möglichkeit im Zusammenhang mit einer Gruppenversicherung zur Betriebshaftpflichtversicherung ist realistischerweise nicht erkennbar.

Die Formulierung in § 10b Abs. 1 S. 1 ist weitestgehend wortgleich mit der in § 7a Abs. 4 5 S. 1 für **Verteilernetzbetreiber** (→ § 7a Rn. 36 ff.) und deckt sich auch mit deren Zweckrichtung (Kment EnWG/Knauff § 10b Rn. 2). In beiden Fällen bleibt der zu entflechtende Netzbetreiber Teil des vertikal integrierten Unternehmens, sodass besondere Anforderungen an die Gewährleistung der Unabhängigkeit des Netzbetreibers zu stellen sind. Anders als im

Fall eines Verteilernetzbetreibers muss ein Unabhängiger Transportnetzbetreiber aber gem. § 10a Abs. 1 S. 2 (mittelbarer) Eigentümer der Vermögenswerte sein, die für die Erfüllung seiner gesetzlichen Pflichten und für den Transportnetzbetrieb erforderlich sind (→ § 10a Rn. 6 ff.). Die Rechtsposition als Eigentümer stärkt die entsprechenden Entscheidungsbefugnisse des Unabhängigen Transportnetzbetreibers erheblich.

6 Nach Auffassung der BNetzA gelten die entflechtungsrechtlichen Anforderungen an die Unabhängigkeit eines Unabhängigen Transportnetzbetreibers auch für solche Gesellschafter des Unabhängigen Transportnetzbetreibers, die nicht Teil eines vertikal integrierten Unternehmens sind (BNetzA Beschl. v. 2.12.2013 – BK7-12-030, S. 55). Denn die Unabhängigkeit des Transportnetzbetreibers sei unteilbar (BNetzA Beschl. v. 2.12.2013 – BK7-12-030, S. 55, 60). § 10b Abs. 1 S. 1 verlange kumulativ, dass „der Unabhängige Transportnetzbetreiber wirksame Entscheidungsbefugnisse besitzen und diese unabhängig vom vertikal integrierten [Unternehmen] ausüben können" muss (BNetzA Beschl. v. 2.12.2013 – BK7-12-030, S. 60). Am ersten Kriterium fehle es, wenn ein Gesellschafter des Unabhängigen Transportnetzbetreibers, der nicht Teil eines vertikal integrierten Unternehmens ist, Einfluss nehmen könne (BNetzA Beschl. v. 2.12.2013 – BK7-12-030, S. 60).

7 Diese Auffassung vermag nicht zu überzeugen. Sinn und Zweck der entflechtungsrechtlichen Regelungen ist es zu verhindern, dass ein vertikal integriertes Unternehmen seine Verbindung zu einem Netzbetreiber nutzt, um den Wettbewerb im Energiebinnenmarkt zu seinen Gunsten zu beeinflussen. Dieses Risiko besteht aber dann nicht, wenn ein Gesellschafter des Unabhängigen Transportnetzbetreibers – und die mit ihm verbundenen Unternehmen – gar nicht an dem fraglichen Wettbewerb teilnimmt. Dementsprechend verlangt das Gesetz zu Recht nicht, dass ein Transportnetzbetreiber in jedem Fall weitgehend unabhängig von seinen Gesellschaftern sein muss. So kennt § 8, der die eigentumsrechtliche Entflechtung, also die vollständige Trennung von jedem vertikal integrierten Unternehmen, regelt, keine mit § 10b vergleichbaren Vorschriften betreffend die Unabhängigkeit des entflochtenen Transportnetzbetreibers (das erkennt auch BNetzA Beschl. v. 2.12.2013 – BK7-12-030, S. 60).

8 Eine andere Beurteilung ergibt sich auch nicht daraus, dass dann innerhalb des Gesellschafterkreises des Unabhängigen Transportnetzbetreibers eine Zweiklassengesellschaft entsteht. Dies ist vor dem Hintergrund zu akzeptieren, dass eine Einschränkung der Rechte als Gesellschafter nur soweit zulässig sein kann, wie dies für den Schutz des Wettbewerbs innerhalb des Energiebinnenmarkts erforderlich ist. Konsequenterweise sind dann aber die Gesellschafter, die nicht Teil eines vertikal integrierten Unternehmens sind, verpflichtet, die entflechtungsrechtlichen Vorgaben gegenüber den anderen Gesellschaftern ebenfalls einzuhalten, also zB exklusive Informationen nicht weiterzugeben.

9 Der Sorge der BNetzA, die Unabhängigkeit des Transportnetzbetreibers könne dann durch gesellschaftsrechtliche Gestaltungen in einfacher Weise umgangen werden (BNetzA Beschl. v. 2.12.2013 – BK7-12-030, S. 60), ist schließlich dadurch Rechnung zu tragen, dass entsprechende Versuche im konkreten Einzelfall zu sanktionieren sind. Aufgrund des erheblichen Eingriffs in die Rechte der Gesellschafter verbietet sich aber eine pauschale Betrachtungsweise.

II. Beschaffung von Finanzmitteln (Abs. 1 S. 2)

10 Damit Entscheidungsbefugnisse nicht ins Leere laufen, muss sich der Entscheidungsträger die für die Umsetzung seiner Entscheidungen erforderlichen Finanzmittel beschaffen können (Säcker EnergieR/Säcker/Mohr § 10b Rn. 15). Dementsprechend müssen Unabhängige Transportnetzbetreiber gem. § 10b Abs. 1 S. 2 die Befugnis haben, sich zusätzliche Finanzmittel auf dem Kapitalmarkt zu beschaffen. Demgegenüber ist beim **Verteilernetzbetreiber** gem. § 7a Abs. 4 S. 2 das vertikal integrierte Unternehmen verpflichtet sicherzustellen, dass der Verteilernetzbetreiber über die erforderliche finanzielle Ausstattung verfügt (→ § 7a Rn. 45 ff.).

11 Für die Beschaffung zusätzlicher Finanzmittel durch den Unabhängigen Transportnetzbetreiber sieht § 10b Abs. 1 S. 2 die Aufnahme von **Darlehen** oder eine **Kapitalerhöhung** vor. Dabei ist zu beachten, dass der Unabhängige Transportnetzbetreiber Teil des Konzerns des vertikal integrierten Unternehmens ist. Sowohl die Aufnahme eines Darlehens als auch

eine Kapitalerhöhung wirken sich infolge der Konsolidierung auf die Finanzkennzahlen des vertikal integrierten Unternehmens aus. Zu dessen Schutz muss der Unabhängige Transportnetzbetreiber gem. § 10b Abs. 1 S. 3 den vom Aufsichtsrat gem. § 10d Abs. 2 S. 2 beschlossenen **Finanzplan** und **Höhe der Verschuldung** beachten (BT-Drs. 17/6072, 62). Innerhalb dieses Rahmens soll der Unabhängige Transportnetzbetreiber nach Auffassung des Gesetzgebers jedoch selbstständig entscheiden können (BT-Drs. 17/6072, 62).

1. Aufnahme von Darlehen

Möchte sich der Unabhängige Transportnetzbetreiber Finanzmittel in Form eines Darlehens beschaffen, kann er ein solches sowohl bei Dritten als auch beim vertikal integrierten Unternehmen aufnehmen. Im Fall der Aufnahme des Darlehens bei einem Dritten sind außer § 10b Abs. 1 S. 3 (vom Aufsichtsrat beschlossener Finanzplan und Verschuldenshöhe) keine weiteren entflechtungsrechtlichen Einschränkungen zu beachten. Die Marktüblichkeit der Konditionen wird von der Regulierungsbehörde erst im Rahmen der Kostenprüfung gem. § 6 ARegV überprüft. Im Fall der Aufnahme des Darlehens beim vertikal integrierten Unternehmen sind die zusätzlichen Anforderungen des § 10b Abs. 5 (Einhaltung marktüblicher Bedingungen) zu beachten.

2. Kapitalerhöhung

Alternativ zur Aufnahme eines Darlehens muss ein Unabhängiger Transportnetzbetreiber die Möglichkeit einer Kapitalerhöhung haben. Über eine Kapitalerhöhung entscheidet im Fall einer GmbH gem. § 53 Abs. 1 GmbHG iVm §§ 55 ff. GmbHG die Gesellschafterversammlung und im Fall einer Aktiengesellschaft gem. § 119 Abs. 1 Nr. 7 AktG iVm §§ 182 ff. AktG die Hauptversammlung. Demzufolge liegt die **Entscheidungsbefugnis** über eine Kapitalerhöhung nicht beim Unabhängigen Transportnetzbetreiber, sondern beim vertikal integrierten Unternehmen.

Daran ändert auch § 10d Abs. 2 S. 2 nichts, der in ausdrücklicher Abweichung von § 119 AktG dem obligatorischen Aufsichtsrat des Unabhängigen Transportnetzbetreibers die Entscheidung über dessen **Finanzplanung** zuweist. Wesentlicher Bestandteil der Finanzplanung ist zwar die geplante Mittelherkunft, also auch eine beabsichtigte Kapitalerhöhung. Allerdings stellt der Beschluss des Aufsichtsrats über den Finanzplan noch nicht den erforderlichen Beschluss über die Kapitalerhöhung als solche dar. Dieser muss von den Gesellschaftern des Unabhängigen Transportnetzbetreibers entsprechend der gesellschaftsrechtlichen Vorgaben (§ 53 Abs. 2 S. 1 GmbHG, § 182 Abs. 1 S. 1 AktG) selbst getroffen werden (so wohl auch Elspas/Graßmann/Rasbach/Sack/Hampel § 10b Rn. 4; Kment EnWG/Knauff § 10b Rn. 5).

Bei der Entscheidung über eine Kapitalerhöhung hat das vertikal integrierte Unternehmen als Gesellschafterin des Unabhängigen Transportnetzbetreibers aber seine Verpflichtung aus § 10b Abs. 1 S. 1 zu beachten, wonach es gewährleisten muss, dass der Unabhängige Transportnetzbetreiber **wirksame Entscheidungsbefugnisse** in Bezug auf die für den Betrieb, die Wartung und den Ausbau des Netzes erforderlichen Vermögenswerte besitzt. Die Wirksamkeit der Entscheidungsbefugnisse des Unabhängigen Transportnetzbetreibers ist aber immer dann in Frage gestellt, wenn das Vorhandensein ausreichender Finanzmittel für die Umsetzung der Entscheidung nicht sicher ist.

Das vertikal integrierte Unternehmen darf eine Kapitalerhöhung trotz der Verpflichtung aus § 10b Abs. 1 S. 1 aber immer dann ablehnen, wenn es auf der Grundlage angemessener Informationen vernünftigerweise davon ausgehen muss, dass die durch die geplante Kapitalerhöhung zu finanzierenden Maßnahmen am Ende ein **Verlustgeschäft** für den Unabhängigen Transportnetzbetreiber darstellen werden. Dasselbe gilt, wenn die zu finanzierenden Maßnahmen zwar einen Gewinn versprechen, dieser Gewinn aber nicht ausreicht, die realistischerweise zu erwartenden Verluste des übrigen Geschäfts des Unabhängigen Transportnetzbetreibers dauerhaft auszugleichen („Gutes Geld dem schlechten hinterherwerfen").

Das vertikal integrierte Unternehmen darf eine Kapitalerhöhung außerdem dann ablehnen, wenn es zwar nicht von einem Verlustgeschäft ausgeht, aber mit einer **zu geringen Rendite** rechnen muss. Denn Investitionsmöglichkeiten in einen Transportnetzbetreiber stehen immer im Wettbewerb mit anderen Investitionsmöglichkeiten. Eine staatlich verordnete Investitionspflicht würde in diesen Wettbewerb in unzulässiger Weise eingreifen.

18 Um zu entscheiden, welche **Mindestrendite** das vertikal integrierte Unternehmen berechtigterweise erwarten darf, ist auf den Vergleich mit einem marktwirtschaftlich handelnden Investor abzustellen. Dabei ist zu beachten, dass, auch wenn aufgrund der umfassenden Regulierung die wirtschaftlichen Risiken eines Netzbetreibers im Vergleich zu vielen anderen Wirtschaftszweigen weniger umfangreich sind, das Geschäft eines Netzbetreibers nicht risikolos ist. Zum einen kann der Gesetz- und Verordnungsgeber die wirtschaftlichen Rahmenbedingungen durch Änderung der regulatorischen Vorschriften jederzeit beeinflussen. Zum anderen ergeben sich aus der Energiewende nicht unerhebliche Unsicherheiten im Hinblick auf den zukünftigen Bedarf an Transportnetzen.

19 Die vorstehenden Überlegungen werden auch durch eine Parallelwertung mit einem gem. § 8 eigentumsrechtlich entflochtenen Transportnetzbetreiber bestätigt. § 8 Abs. 2 S. 9 begründet gerade keine Verpflichtung bzw. keinen Anspruch, den Transportnetzbetreiber erforderlichenfalls mittels einer Kapitalerhöhung mit zusätzlichen Finanzmitteln auszustatten (→ § 8 Rn. 57 f.). Es ist kein Grund ersichtlich, warum ein vertikal integriertes Unternehmen insoweit weitergehend verpflichtet sein sollte als die Gesellschafter eines eigentumsrechtlich entflochtenen Transportnetzbetreibers.

20 In diesem Zusammenhang ist auch zu bedenken, dass eine Kapitalerhöhung ganz erheblich in die Rechtsposition des vertikal integrierten Unternehmens eingreifen kann. Zum einen kann dadurch die Verpflichtung des vertikal integrierten Unternehmens begründet werden, dem Unabhängigen Transportnetzbetreiber erhebliche Finanzmittel zur Verfügung zu stellen. Zum anderen wird die Beteiligung des vertikal integrierten Unternehmens an dem Unabhängigen Transportnetzbetreiber verwässert, wenn ein Dritter im Zuge einer Kapitalerhöhung eine Beteiligung erwirbt oder erhöht. Dies kann letztlich dazu führen, dass das vertikal integrierte Unternehmen den Unabhängigen Transportnetzbetreiber nicht mehr konsolidieren kann. Auch aufgrund dieses massiven potentiellen Eingriffs sind die oben beschriebenen Einschränkungen (→ Rn. 16 f.) gerechtfertigt (aA Säcker EnergieR/Säcker/Mohr § 10b Rn. 18; ebenfalls gegen eine umfassende Finanzierungspflicht, allerdings ohne Nennung konkreter Einschränkungen Elspas/Graßmann/Rasbach/Sack/Hampel § 10b Rn. 5).

21 Des Weiteren könnte man für eine Verpflichtung des vertikal integrierten Unternehmens, einer Kapitalerhöhung immer zustimmen zu müssen, anführen, dass dessen Interessen bereits hinreichend im Beschluss des Aufsichtsrats über den Finanzplan, der ggf. eine Kapitalerhöhung enthalten müsste, berücksichtigt seien (so wohl Kment EnWG/Knauff § 10b Rn. 5). Allerdings können bei der Frage einer Kapitalerhöhung die Interessen des Unabhängigen Transportnetzbetreibers und des vertikal integrierten Unternehmens diametral entgegengerichtet sein. Es ist aber nicht die Aufgabe des Aufsichtsrats des Unabhängigen Transportnetzbetreibers ein solches Spannungsverhältnis aufzulösen.

21a Schließlich sieht § 65 Abs. 2a S. 2 seit 2021 die Möglichkeit einer Verpflichtung des Unabhängigen Transportnetzbetreibers durch die Regulierungsbehörde zu einer Kapitalerhöhung für solche Investitionen des Unabhängigen Transportnetzbetreibers vor, die sich aus dem für ihn relevanten **Netzentwicklungsplan** ergeben und innerhalb von drei Jahren ab deren Verbindlichkeit durchgeführt werden mussten (→ Rn. 21a.1). Im Umkehrschluss ist zu folgern, dass in allen anderen Fällen gerade keine entsprechende Verpflichtung besteht.

21a.1 Art. 22 Abs. 7 S. 1 lit. c Elektrizitäts-Binnenmarkt-Richtlinie 2009/72/EG (jetzt wortgleich Art. 51 Abs. 7 lit. c Elektrizitäts-Binnenmarkt-Richtlinie 2019/944/EU) bzw. Gas-Binnenmarkt-Richtlinie 2009/73/EG sieht vor, dass die Regulierungsbehörde einen Transportnetzbetreiber unter bestimmten Umständen zu einer **Kapitalerhöhung verpflichten** können soll, wenn dieser seinen Verpflichtungen aus dem Netzentwicklungsplan nicht nachkommt. Der deutsche Gesetzgeber hatte sich 2011 bewusst entschieden, diese Möglichkeit (europarechtskonform) nicht in § 65 Abs. 2a aufzunehmen (BT-Drs. 17/6072, 92). Auch bestehen gegen die europäische Regelung verfassungsrechtliche Bedenken (Schmidt-Preuß ET 9/2009, 82 (87); Gärditz/Rubel N&R 2010, 194 (204)). Mit Wirkung vom 27.7.2021 hat der deutsche Gesetzgeber diese Möglichkeit doch noch in § 65 Abs. 2a S. 2 aufgenommen, allerdings ohne zu begründen, wie es zu diesem Sinneswandel gekommen ist (BT-Drs. 19/27453, 136).

21b Gem. § 65 Abs. 2a S. 2 kann die Regulierungsbehörde nach Ablauf der dreijährigen Durchführungsfrist den Unabhängigen Transportnetzbetreiber verpflichten, eine Kapitalerhöhung im Hinblick auf die Finanzierung der nach Netzentwicklungsplan notwendigen Investitionen durchzuführen und dadurch unabhängigen Investoren eine Kapitalbeteiligung zu ermöglichen. Richtigerweise trifft diese Verpflichtung nicht nur den Unabhängigen Transportnetzbetreiber, sondern auch das vertikal integrierte Unternehmen, das als dessen Gesellschafter einer Kapitalerhöhung zustimmen muss (BT-Drs. 20/27453, 136; → Rn. 13 ff.).

C. Struktur und Satzung sowie Verbot der Einflussnahme (Abs. 2)

Gemäß § 10b Abs. 2 S. 1 muss das vertikal integrierte Unternehmen die Unabhängigkeit 22 des Unabhängigen Transportnetzbetreibers auch durch dessen Struktur und Satzung sicherstellen. Außerdem ist dem vertikal integrierten Unternehmen gem. § 10b Abs. 2 S. 2 jede Einflussnahme auf das laufende Geschäft des Unabhängigen Transportnetzbetreibers und die Erstellung des Netzentwicklungsplans verboten.

I. Struktur und Satzung des Unabhängigen Transportnetzbetreibers (Abs. 2 S. 1)

Der Begriff Struktur in § 10b Abs. 2 S. 1 meint den organisatorischen Aufbau des Unab- 23 hängigen Transportnetzbetreibers (Kment EnWG/Knauff § 10b Rn. 8). Gemäß § 10 Abs. 2 S. 2 darf ein Unabhängiger Transportnetzbetreiber nur in bestimmten Rechtsformen organisiert sein (→ § 10 Rn. 23 f.). Dabei ist zu beachten, dass im Hinblick auf die Einrichtung und Ausgestaltung der Organe zahlreiche gesetzliche Vorgaben zu beachten sind. Im Hinblick auf die übrige Organisation bestehen demgegenüber keine normativen Vorgaben. Allerdings muss der Unabhängige Transportnetzbetreiber gem. § 10 Abs. 1 S. 2 Nr. 4 letztlich als Vollfunktionsunternehmen organisiert sein.

Betreffend den Gesellschaftsvertrag bzw. die Satzung des Unabhängigen Transportnetzbe- 24 treibers finden sich zum einen im Gesellschaftsrecht Vorgaben, die unabhängig von § 10b Abs. 2 S. 1 zu beachten sind. Weitere normative Vorgaben finden sich in den entflechtungsrechtlichen Vorschriften der §§ 10–10e. Ansonsten darf der Gesellschaftsvertrag bzw. die Satzung dem vertikal integrierten Unternehmen keine Rechte, Ansprüche oder Aufgaben einräumen, die die Unabhängigkeit des Unabhängigen Transportnetzbetreibers gefährden.

II. Verbot der Einflussnahme (Abs. 2 S. 2)

Ergänzend verbietet § 10b Abs. 2 S. 2 jede unmittelbare oder mittelbare Einflussnahme 25 des vertikal integrierten Unternehmens auf das **laufende Geschäft** des Unabhängigen Transportnetzbetreibers, den Netzbetrieb und die notwendigen Tätigkeiten zur Erstellung des Netzentwicklungsplans. In den drei genannten Bereichen sind damit insbesondere **Weisungen** des vertikal integrierten Unternehmens nicht erlaubt. Ebenso unzulässig sind **Zustimmungsvorbehalte** zugunsten der Gesellschafter- oder Hauptversammlung sowie des Aufsichtsrates (Säcker EnergieR/Säcker/Mohr § 10b Rn. 10; Säcker EnergieR/Säcker/Mohr § 10b Rn. 13).

Die Vorgaben des § 10b Abs. 2 S. 2 gehen den gesellschaftsrechtlichen Regelungen, insbe- 26 sondere zu Weisungsrechten der Gesellschafter, als **lex specialis** vor (Säcker EnergieR/Säcker/Mohr § 10b Rn. 13). Die zum Teil erhobene Forderung, die Satzung des Unabhängigen Transportnetzbetreibers müsse die gesetzlichen Weisungsrechte ausdrücklich ausschließen (Säcker EnergieR/Säcker/Mohr § 10b Rn. 13), ist zu weitgehend. Insoweit genügt die vorrangige gesetzliche Regelung des § 10b Abs. 2 S. 2.

1. Laufendes Geschäft

Gesetzlich nicht definiert ist der Begriff des laufenden Geschäfts des Unabhängigen Trans- 27 portnetzbetreibers (→ Rn. 29.1). In der **Gesetzesbegründung** werden alternativ die Begriffe Alltagsgeschäft und Tagesgeschäft verwendet, die insbesondere die Erstellung des Netzentwicklungsplans einschließen (BT-Drs. 17/6072, 62, 64).

Auch die **BNetzA** verwendet in diesem Zusammenhang den Begriff Tagesgeschäft, 28 scheint damit aber sowohl das laufende Geschäft des Unabhängigen Transportnetzbetreibers als auch den Netzbetrieb zu meinen (BNetzA, Zertifizierungsverfahren: Hinweispapier zur

Antragstellung, 12.12.2011, 34). Sie grenzt außerdem den Begriff des laufenden Geschäfts „und folglich nicht zustimmungsbedürftigen Tagesgeschäfts", durch das „weder Geschäftszweck noch Umfang oder Risiko der Gesellschaft geändert werden", vom „gesellschaftsrechtlich anerkannten Begriff des Grundlagengeschäfts" ab (BNetzA Beschl. v. 3.12.2013 – BK7-12-036, S. 46).

29 Ähnlich wird in der **Literatur** bzgl. des insoweit wortgleichen § 10d Abs. 2 S. 3 die Auffassung vertreten, laufende Geschäfte erfassten nur solche Geschäfte nicht, „die die generelle strategische Ausrichtung der Gesellschaft ohne Determinierung des Netzgeschäfts betreffen und von zentraler Relevanz für deren Rentabilität sind" (Säcker EnergieR/Säcker/Mohr § 10d Rn. 14).

29.1 Die BNetzA vertritt zu der Frage, welche Themenbereiche Teil des laufenden Geschäfts eines Unabhängigen Transportnetzbetreibers sind bzw. welche Regelungen in das laufende Geschäft eines Unabhängigen Transportnetzbetreibers unzulässigerweise eingreifen, folgende Auffassung:
- Arbeits-, Gesundheits- und Umweltschutz: Laufendes Geschäft (BNetzA Beschl. v. 5.2.2013 – BK7-12-031, S. 44)
- Konzernweite Bilanzierungsregeln im Fall der Vollkonsolidierung: Kein laufendes Geschäft, soweit zur Ermöglichung des Konzernabschlusses erforderlich (BNetzA Beschl. v. 11.4.2013 – BK6-12-004, S. 55; BNetzA Beschl. v. 5.2.2013 – BK7-12-031, S. 45; BNetzA Beschl. v. 5.2.2013 – BK7-12-027, S. 33)
- Personelle Entscheidungsbefugnisse für Personen außerhalb der Unternehmensleitung: Laufendes Geschäft (BNetzA Beschl. v. 12.3.2013 – BK7-12-036, S. 47 ff.; BNetzA Beschl. v. 2.12.2013 – BK7-12-030, S. 57 f.)
- Festlegung des Organisationsplans der Gesellschaft: Laufendes Geschäft (BNetzA Beschl. v. 9.11.2012 – BK7-12-033, S. 33)
- Finanzierungsverträge über einem bestimmten Wert, die außerhalb des üblichen Geschäftsverkehrs liegen und nicht bereits im verabschiedeten Finanzplan vorgesehen sind: Kein laufendes Geschäft (BNetzA Beschl. v. 9.11.2012 – BK6-12-044, S. 43 f.)
- Erlass einer Geschäftsordnung für die Geschäftsführung: Laufendes Geschäft (BNetzA Beschl. v. 19.11.2019 – BK6-17-087, S. 33)

30 Nach Auffassung der BNetzA ergibt sich aus § 10b Abs. 2 S. 2 ein Verbot regelmäßiger **Meetings** der Unternehmensleitung des Unabhängigen Transportnetzbetreibers mit Vertretern des vertikal integrierten Unternehmens soweit dort laufende Geschäfte iSd § 10b Abs. 2 S. 2 besprochen werden (BNetzA Beschl. v. 3.12.2013 – BK7-12-036, S. 49 ff.). Dabei stellt die BNetzA maßgeblich darauf ab, dass Gegenstand solcher regelmäßiger Meetings nur die Themenbereiche sein könnten, in denen das vertikal integrierte Unternehmen auch entscheidungsbefugt sei. Im Umkehrschluss bedeutet dies, dass nach Auffassung der BNetzA bereits die bloße **Berichterstattung** gegenüber dem vertikal integrierten Unternehmen über die laufenden Geschäfte des Unabhängigen Transportnetzbetreibers eine unzulässige Einflussnahme iSd § 10b Abs. 2 S. 2 darstellt.

31 Diese Auffassung erscheint zu weitgehend. Das Verbot der Einflussnahme in § 10b Abs. 2 S. 2 ist kein Selbstzweck, sondern soll verhindern, dass das vertikal integrierte Unternehmen seine Verbundenheit mit dem Unabhängigen Transportnetzbetreiber missbraucht, um den Wettbewerb im Energiebinnenmarkt zu seinen Gunsten zu beeinflussen. Eine solche wettbewerbsverzerrende Beeinflussung scheidet im Fall von bereits **abgeschlossenen Sachverhalten** des laufenden Geschäfts von vornherein aus, so dass insoweit eine (regelmäßige) Berichterstattung gegenüber dem vertikal integrierten Unternehmen zulässig ist.

32 Im Hinblick auf nicht abgeschlossene Sachverhalte des laufenden Geschäfts ist eine (regelmäßige) Berichterstattung gegenüber dem vertikal integrierten Unternehmen zulässig, soweit das Risiko einer Wettbewerbsverzerrung ausgeschlossen werden kann, der Sachverhalt also keine wie auch immer geartete Wettbewerbsrelevanz hat. Dies betrifft jedenfalls Sachverhalte sofern und soweit sie allgemein bekannt sind, also auch den Wettbewerbern des vertikal integrierten Unternehmens.

33 In den übrigen Fällen ist eine (regelmäßige) Berichterstattung gegenüber dem vertikal integrierten Unternehmen grundsätzlich unzulässig. Eine Ausnahme kann nur dann bejaht werden, wenn im konkreten Einzelfall das objektive Interesse des vertikal integrierten Unternehmens an der Berichterstattung das Risiko einer Einflussnahme sowie deren potentielle Auswirkung auf den Wettbewerb deutlich überwiegt.

2. Weitere Fälle verbotener Einflussnahmen

Unzulässig ist gem. § 10b Abs. 2 S. 2 des Weiteren ein **Beherrschungsvertrag** iSd § 291 Abs. 1 S. 1 AktG zugunsten des vertikal integrierten Unternehmens (BNetzA, Zertifizierungsverfahren: Hinweispapier zur Antragstellung, 12.12.2011, 34; Bourwieg/Hellermann/Hermes/Hölscher § 10b Rn. 6; Kment EnWG/Knauff § 10b Rn. 11; Säcker EnergieR/Säcker/Mohr § 10b Rn. 12). 34

Zulässig ist demgegenüber ein **isolierter Gewinnabführungsvertrag,** sofern er keine Beherrschungsmöglichkeit des vertikal integrierten Unternehmens vorsieht (BNetzA, Zertifizierungsverfahren: Hinweispapier zur Antragstellung, 12.12.2011, 34; Bourwieg/Hellermann/Hermes/Hölscher § 10b Rn. 7; Elspas/Graßmann/Rasbach/Sack/Hampel § 10b Rn. 6; aA Kment EnWG/Knauff § 10b Rn. 11). Außerdem müssen die Rechte des Aufsichtsrats aus § 10d Abs. 2 S. 2 sichergestellt sein (BNetzA Beschl. v. 2.12.2013 – BK7-12-030, S. 55 f.). Deswegen muss der Aufsichtsrat einem Ergebnisabführungsvertrag zustimmen bzw. einen solchen genehmigen und während seiner Laufzeit über die Bildung und Auflösung von Gewinnrücklagen entscheiden (BNetzA Beschl. v. 29.1.2020 – BK7-18-051, S. 48). Demgegenüber begründet ein Zustimmungsvorbehalt für die Bildung und Auflösung von Gewinnrücklagen zugunsten des vertikal integrierten Unternehmens als Eigentümer des Unabhängigen Transportnetzbetreibers und Organträger einen Verstoß gegen § 10d Abs. 2 S. 2 (BNetzA Beschl. v. 5.2.2013 – BK7-12-027, S. 29). 35

Ebenso zulässig ist die Bildung eines **Cash Pools** zwischen dem Unabhängigen Transportnetzbetreiber und dem vertikal integrierten Unternehmen (BNetzA Beschl. v. 11.4.2013 – BK6-12-004, S. 54). Insoweit ist nicht erforderlich, dass der Unabhängige Transportnetzbetreiber berechtigt ist, einzelne Konten aus dem Cash Pool herauszunehmen (aA BNetzA Beschl. v. 19.11.2019 – BK6-17-087, S. 38; BNetzA Beschl. v. 11.4.2013 – BK6-12-004, S. 54). Denn im Rahmen des Cash Pools wird beim Unabhängigen Transportnetzbetreiber vorhandene, überschüssige Liquidität durch einen Anspruch in gleicher Höhe (zzgl. marktüblicher Verzinsung) gegen das vertikal integrierte Unternehmen ersetzt ohne dass dem Unabhängigen Transportnetzbetreiber die Mittel endgültig entzogen würden. Allerdings dürfen dem Unabhängigen Transportnetzbetreiber durch das Cash Pooling keine Nachteile im Hinblick auf die Beschaffung von Finanzmitteln von Dritten entstehen (BNetzA, Zertifizierungsverfahren: Hinweispapier zur Antragstellung, 12.12.2011, 38). Zur Absicherung des Unabhängigen Transportnetzbetreibers muss der Cash Pool Vertrag außerdem umfassende gegenseitige Informationsrechte und -pflichten enthalten (BNetzA Beschl. v. 5.2.2013 – BK7-12-027, S. 29 ff.). Dies ist aus Sicht des Unabhängigen Transportnetzbetreibers erforderlich, damit er die Werthaltigkeit seiner Ansprüche im Rahmen des Cash Pooling laufend überprüfen und erforderlichenfalls die entsprechenden Verträge rechtzeitig kündigen kann (BNetzA Beschl. v. 19.11.2019 – BK6-17-087, S. 34 f., 38 f.; BNetzA Beschl. v. 5.2.2013 – BK7-12-032, S. 34). 36

Demgegenüber verstößt eine Bindung des Unabhängigen Transportnetzbetreibers bzw. seines Personals, zB aufgrund arbeitsvertraglicher Regelungen (BNetzA Beschl. v. 20.12.2013 – BK7-12-20, S. 68 f.), an **Konzernrichtlinien** des vertikal integrierten Unternehmens gegen § 10b Abs. 2 S. 2, soweit sie das laufende Geschäft des Unabhängigen Transportnetzbetreibers betreffen (BNetzA Beschl. v. 5.2.2013 – BK7-12-027, S. 32 f.; → Rn. 37.1). 37

Nach Auffassung der BNetzA galt dies selbst dann, wenn die Konzernobergesellschaft nicht Teil des vertikal integrierten Unternehmens iSd § 3 Nr. 38 aF war (BNetzA Beschl. v. 5.2.2013 – BK7-12-031, S. 42 ff.). Denn die Konzernobergesellschaft hatte infolge der gesellschaftsrechtlichen Verbundenheit selbst dann ein Interesse am wirtschaftlichen Erfolg der Wettbewerbsbereiche des vertikal integrierten Unternehmens, wenn sie kein Teil davon war. Die erweiterte Definition des vertikal integrierten Unternehmens in § 3 Nr. 38 bestätigt diese Auffassung der BNetzA. 37.1

Insgesamt versteht die BNetzA das **Einflussnahmeverbot** des § 10b Abs. 2 S. 2 als sehr weitreichend. Aber auch hier ist wieder auf den Sinn und Zweck der Entflechtungsregelungen abzustellen. Das vertikal integrierte Unternehmen darf aus dem Umstand, dass es mit einem Unabhängigen Transportnetzbetreiber verbunden ist, keinen Wettbewerbsvorteil erzielen können (die bloße Möglichkeit ist bereits ausreichend). Demnach ist eine Einflussnahme des vertikal integrierten Unternehmens auf den Unabhängigen Transportnetzbetrei- 38 ber immer dann zulässig, wenn das Risiko einer Wettbewerbsverzerrung ausgeschlossen werden kann.

D. Konzernstruktur (Abs. 3 S. 1 und 2)

39 Die Regelungen des § 10b Abs. 3 S. 1, 2 verbieten eine wechselseitige Beteiligung zwischen dem Unabhängigen Transportnetzbetreiber einerseits und Tochterunternehmen des vertikal integrierten Unternehmens, die die Funktionen Erzeugung, Gewinnung oder Vertrieb von Energie an Kunden wahrnehmen, andererseits. Richtigerweise gilt das Verbot nicht nur für Tochterunternehmen, sondern auch für die Konzernmutter des vertikal integrierten Unternehmens, sofern diese selbst eine der Funktionen Erzeugung, Gewinnung oder Vertrieb von Energie an Kunden wahrnimmt (Bourwieg/Hellermann/Hermes/Hölscher § 10b Rn. 9; Kment EnWG/Knauff § 10b Rn. 12). Zum Vertrieb von Energie an Kunden zählt auch der Verkauf von CNG an Tankstellen (OLG Düsseldorf RdE 2016, 412).

40 Während § 8 Abs. 2 **Minderheitsbeteiligungen** ohne Kontrollmöglichkeit zwischen dem eigentumsrechtlich entflochtenen Transportnetzbetreiber und dem früheren vertikal integrierten Unternehmen grundsätzlich zulässt (→ § 8 Rn. 37), verbietet § 10b Abs. 3 S. 1, 2 jegliche Beteiligung, unabhängig davon, ob eine Einflussnahmemöglichkeit besteht oder nicht (Elspas/Graßmann/Rasbach/Sack/Hampel § 10b Rn. 9; Kment EnWG/Knauff § 10b Rn. 12; Rosin/Pohlmann/Gentzsch/Metzenthin/Böwing/Lucks § 10b Rn. 60). Im Ergebnis dürfen in der Konzernstruktur des vertikal integrierten Unternehmens in direkter Linie oberhalb sowie ganz allgemein unterhalb des Unabhängigen Transportnetzbetreibers keine der Funktionen Erzeugung, Gewinnung oder Vertrieb von Energie an Kunden wahrgenommen werden. Unkritisch sind demgegenüber reine **Holdinggesellschaften** sowie sämtliche Funktionen außerhalb des regulierten Energiebereichs (BNetzA, Zertifizierungsverfahren: Hinweispapier zur Antragstellung, 12.12.2011, 35 ff.; Kment EnWG/Knauff § 10b Rn. 15). Dasselbe gilt für Unternehmen, die zwar im regulierten Energiebereich, aber nicht in einem der Wettbewerbsbereiche tätig sind, insbesondere andere Netzbetreiber (BNetzA Beschl. v. 2.12.2013 – BK7-12-030, S. 64).

41 Im Rahmen des gegenseitigen Beteiligungsverbots sind auch **Dividendenzahlungen** in beide Richtungen von vornherein ausgeschlossen (Kment EnWG/Knauff § 10b Rn. 14). Der Unabhängige Transportnetzbetreiber darf aber nicht nur keine Beteiligungen halten und damit keine Dividenden beziehen, sondern gem. § 10b Abs. 3 S. 2 von den betroffenen Gesellschaften auch keine **anderen finanziellen Zuwendungen** erhalten. Damit soll sichergestellt werden, dass der Unabhängige Transportnetzbetreiber kein wie auch immer geartetes wirtschaftliches Interesse am Erfolg der Tätigkeiten Erzeugung, Gewinnung oder Vertrieb von Energie an Kunden des vertikal integrierten Unternehmens hat (BT-Drs. 17/6072, 62).

42 Sofern der Unabhängige Transportnetzbetreiber Dividenden an das vertikal integrierte Unternehmen zahlen darf, weil sein Gesellschafter nicht in den Wettbewerbsbereichen aktiv ist, sind auch andere finanzielle Zuwendungen zulässig. Die Entscheidung über solche finanziellen Zuwendungen darf das vertikal integrierte Unternehmen aber gem. § 10b Abs. 2 S. 2 grundsätzlich nicht beeinflussen. Außerdem sind die Anforderungen des § 10b Abs. 4–5 zu beachten.

E. Energiespeicheranlagen (Abs. 3 S. 3)

42a Die im Jahr 2021 eingefügte Regelung des § 10b Abs. 3 S. 3 verbietet **Betreibern von Übertragungsnetzen** (§ 3 Nr. 10), Eigentümer einer Energiespeicheranlage (§ 3 Nr. 15d) zu sein oder eine solche zu errichten, zu verwalten oder zu betreiben. Auch wenn sich dieses Verbot ausdrücklich nur an Übertragungsnetzbetreiber richtet, verbietet sich ein erlaubender Umkehrschluss im Hinblick auf die **Betreiber von Gasnetzen** (BT-Drs. 19/27453, 93). Insoweit kommen auch weiterhin die allgemeinen entflechtungsrechtlichen Vorschriften zur Anwendung (BT-Drs. 19/27453, 93). Im Übrigen kann auf die Kommentierung zum wortgleichen § 7 Abs. 1 S. 2 für Elektrizitätsverteilernetzbetreiber verwiesen werden (→ § 7 Rn. 23a ff.).

Gemäß § 11b sind Betreiber von Übertragungsnetzen unter den dort genannten Voraussetzungen ausnahmsweise berechtigt, Eigentümer von bestimmten Energiespeicheranlagen zu sein oder solche zu errichten, zu verwalten oder zu betreiben.   42b

F. Gewährleistung der notwendigen Mittel (Abs. 4)

Aus § 10b Abs. 4 ergibt sich für den Unabhängigen Transportnetzbetreiber die Verpflichtung zu gewährleisten, dass er jederzeit über die notwendigen Mittel für den Netzbetrieb verfügt (→ Rn. 43.1). Diese Verpflichtung richtet sich ausweislich ihres Wortlauts nur an den Unabhängigen Transportnetzbetreiber und nicht an das vertikal integrierte Unternehmen.   43

Bei der Prüfung dieser Voraussetzung betrachtet die BNetzA insbesondere folgende Aspekte/Informationsquellen: 43.1
- Höhe des Anlagevermögens und der Anlagequote (BNetzA Beschl. v. 5.2.2013 – BK7-12-027, S. 34)
- Höhe des Eigenkapitals und der Eigenkapitalquote (BNetzA Beschl. v. 5.2.2013 – BK7-12-027, S. 34)
- Bestehen eines Cash Pool Vertrags (BNetzA Beschl. v. 5.2.2013 – BK7-12-027, S. 34 f.)
- Bestehen eines Ergebnisabführungsvertrags mit Verpflichtung zum Ausgleich eines Jahresfehlbetrags (BNetzA Beschl. v. 5.2.2013 – BK7-12-027, S. 35)
- Testierte Jahresabschlüsse (BNetzA Beschl. v. 29.1.2020 – BK7-18-051, S. 58)
- Gültiger Wirtschaftsplan (BNetzA Beschl. v. 5.2.2013 – BK7-12-027, S. 35)
- Möglichkeit eigenständig auf dem Kapitalmarkt neue Finanzmittel zu akquirieren (BNetzA Beschl. v. 29.1.2020 – BK7-18-051, S. 60)
- Aufgrund des Kostenantrags gem. § 6 Abs. 1 ARegV genehmigte Kosten (BNetzA Beschl. v. 9.11.2012 – BK7-12-029, S. 36)

Allerdings verpflichtet bereits § 10b Abs. 1 S. 1 das vertikal integrierte Unternehmen im Ergebnis in vergleichbarer Weise (Bourwieg/Hellermann/Hermes/Hölscher § 10b Rn. 11 spricht deswegen von einer überflüssigen Redundanz). Demnach ist das vertikal integrierte Unternehmen verpflichtet, den Unabhängigen Transportnetzbetreiber im Zusammenhang mit dessen Einrichtung mit allen Mitteln auszustatten, die dieser für die Errichtung, den Betrieb und den Erhalt eines sicheren, leistungsfähigen und effizienten Transportnetzes notwendigerweise verfügen muss (Kment EnWG/Knauff § 10b Rn. 17). Ab diesem Zeitpunkt ist allein der Unabhängige Transportnetzbetreiber in der Pflicht, der infolge der Entflechtung vom vertikal integrierten Unternehmen möglichst unabhängig sein soll.   44

Dabei hat der Unabhängige Transportnetzbetreiber insbesondere die gem. § 10d Abs. 2 S. 2 vom Aufsichtsrat beschlossenen **Finanzpläne** und **Höhe der Verschuldung** zu beachten. Die Gesetzesbegründung verweist in diesem Zusammenhang interessanterweise auf „den vom vertikal integrierten [Unternehmen] zu setzenden, angemessenen Finanzrahmen für den Unabhängigen Transportnetzbetreiber" (BT-Drs. 17/6072, 62; ebenso: BNetzA, Zertifizierungsverfahren: Hinweispapier zur Antragstellung, 12.12.2011, 37; Kment EnWG/Knauff § 10b Rn. 18).   45

G. Kommerzielle und finanzielle Beziehungen (Abs. 5)

I. Zulässigkeit kommerzieller und finanzieller Beziehungen (Abs. 5 S. 1)

Sofern der Unabhängige Transportnetzbetreiber und das vertikal integrierte Unternehmen kommerzielle und finanzielle Beziehungen eingehen, müssen diese gem. § 10b Abs. 5 S. 1 marktüblich sein. Damit stellt das Gesetz klar, dass solche kommerziellen und finanziellen Beziehungen im Rahmen des § 10b Abs. 5 grundsätzlich zulässig sind. Dazu zählen zB Miet-, Energiebezugs- sowie Cash-Pool-Verträge. Unzulässig sind demgegenüber gem. § 10a Abs. 3 S. 1 Dienstleistungen, die das vertikal integrierte Unternehmen gegenüber dem Unabhängigen Transportnetzbetreiber erbringt.   46

Nicht in den Anwendungsbereich des § 10b Abs. 5 S. 1 fallen kommerzielle oder finanzielle Beziehungen zwischen zwei Unabhängigen Transportnetzbetreibern, die Teil desselben vertikal integrierten Unternehmens sind (BNetzA Beschl. v. 20.12.2013 – BK7-11-188, S. 63).   47

Infolge der erweiterten Definition des vertikal integrierten Unternehmens in § 3 Nr. 38 ist Absatz 5 einschränkend dahingehend auszulegen, dass kommerzielle und finanzielle Bezie-   47a

EnWG § 10b   Teil 2. Entflechtung

hungen nur zu Unternehmen erfasst werden, die ebenfalls im Energiebereich tätig sind. Dies ergibt sich aus Sinn und Zweck der entflechtungsrechtlichen Vorschriften, die u.a. eine Quersubventionierung der wettbewerblichen Bereiche durch das natürliche Monopol der Netze und damit eine Verzerrung des Wettbewerbs im Energiebinnenmarkt verhindern soll. Andere Märkte fallen demgegenüber nicht in den Schutzbereich. Dementsprechend fehlt eine Absatz 5 entsprechende Vorschrift in § 8, der die eigentumsrechtliche und damit strengste Form der Entflechtung regelt.

II. Voraussetzung der Marktüblichkeit (Abs. 5 S. 1)

48   Durch die Zulässigkeitsvoraussetzung der Marktüblichkeit soll verhindert werden, dass der Unabhängige Transportnetzbetreiber durch überhöhte Entgelte die anderen Tätigkeiten des vertikal integrierten Unternehmens **quersubventioniert** und es infolgedessen zu einer Wettbewerbsverzerrung kommt. Dasselbe gilt für Darlehen des Unabhängigen Transportnetzbetreibers an das vertikal integrierte Unternehmen, sofern insbesondere der Zinssatz unter Marktniveau liegt. Die Voraussetzung der Marktüblichkeit betrifft aber nicht nur die Entgelthöhe, sondern sämtliche Vertragsregelungen (BNetzA Beschl. v. 9.11.2012 – BK6-12-044, S. 47 ff.).

49   Zur **Beurteilung** der Marktüblichkeit kann darauf abgestellt werden, „ob ein ordentlicher und gewissenhafter Geschäftsführer eines vergleichbaren nicht verbundenen Unternehmens sich auf ein entsprechendes Geschäft eingelassen hätte" (BNetzA Beschl. v. 19.11.2019 – BK6-17-087, S. 37). Dieser Maßstab basiert auf dem Fremdvergleichsgrundsatz gem. § 1 Abs. 1 S. 1 AStG sowie der Rechtsprechung zur verdeckten Gewinnausschüttung (BNetzA Beschl. v. 11.4.2013 – BK6-12-004, S. 60). Die Marktüblichkeit kann außerdem dann grundsätzlich angenommen werden, wenn ein Ausschreibungsverfahren durchgeführt worden ist (BNetzA Beschl. v. 9.11.2012 – BK7-12-034, S. 35; Rosin/Pohlmann/Gentzsch/Metzenthin/Böwing/Lucks § 10b Rn. 90).

III. Genehmigungs- und Dokumentationspflicht (Abs. 5 S. 2 und 4)

50   Um die Einhaltung der Anforderungen aus § 10b Abs. 5 S. 1 überprüfen zu können, ist der Unabhängige Transportnetzbetreiber gem. § 10b Abs. 5 S. 2 verpflichtet, alle kommerziellen und finanziellen Vereinbarungen mit dem vertikal integrierten Unternehmen der Regulierungsbehörde in der Zertifizierung nach § 4a zur Genehmigung vorzulegen. Die **Prüfung und Genehmigung** betreffen nur die Einhaltung der entflechtungsrechtlichen Vorgaben.

51   Ergänzend ist der Unabhängige Transportnetzbetreiber gem. § 10b Abs. 5 S. 4 zur laufenden **Dokumentation** und zur Vorlage auf Verlangen der Regulierungsbehörde verpflichtet. Damit soll die Voraussetzung geschaffen werden, dass die Regulierungsbehörde eingreifen kann, sollte sich die Situation gegenüber der Zertifizierung ändern (BT-Drs. 17/6072, 62).

52   Gemäß § 10e Abs. 4 S. 3 berichtet außerdem der **Gleichbehandlungsbeauftragte** der Regulierungsbehörde laufend über die finanziellen und kommerziellen Beziehungen und deren Änderungen.

IV. Weitergehende Befugnisse der Behörden (Abs. 5 S. 3)

53   § 10b Abs. 5 S. 3 stellt lediglich klar, dass, sofern das vertikal integrierte Unternehmen Zugang zum Transportnetz des Unabhängige Transportnetzbetreiber hat, eine Prüfung der weitergehenden Anforderungen gem. §§ 20 ff. und der damit verbundenen Befugnisse der Regulierungsbehörde unberührt bleiben (BT-Drs. 17/6072, 62).

H. Haftungsausschluss (Abs. 6)

54   Da die Einflussnahmemöglichkeiten des vertikal integrierten Unternehmens auf den Unabhängigen Transportnetzbetreiber stark beschränkt sind, ist die Haftung der Organe des vertikal integrierten Unternehmens gem. § 10b Abs. 6 dementsprechend eingeschränkt. Dadurch findet der allgemeine Grundsatz Berücksichtigung, „dass eine persönliche Haftung grundsätzlich ein Verschulden des Haftenden voraussetzt" (BT-Drs. 17/6072, 62).

§ 10b Abs. 6 schließt die Haftung der Organe des vertikal integrierten Unternehmens aus, soweit das fragliche Organ aufgrund der entflechtungsrechtlichen Vorgaben keinen Einfluss auf den Unabhängigen Transportnetzbetreiber ausüben durfte. Hat das fragliche Organ gegen das gesetzliche Einflussnahmeverbot verstoßen, entfällt die Haftungsprivilegierung nach § 10b Abs. 6 (Kment EnWG/Knauff § 10b Rn. 21). Die Haftung der Organe des Unabhängigen Transportnetzbetreibers werden von § 10b Abs. 6 demgegenüber nicht eingeschränkt (Elspas/Graßmann/Rasbach/Sack/Hampel § 10b Rn. 16; Kment EnWG/Knauff § 10b Rn. 23). 55

§ 10c Unabhängigkeit des Personals und der Unternehmensleitung des Unabhängigen Transportnetzbetreibers

(1) ¹Der Unabhängige Transportnetzbetreiber hat der Regulierungsbehörde die Namen der Personen, die vom Aufsichtsrat als oberste Unternehmensleitung des Transportnetzbetreibers ernannt oder bestätigt werden, sowie die Regelungen hinsichtlich der Funktion, für die diese Personen vorgesehen sind, die Laufzeit der Verträge mit diesen Personen, die jeweiligen Vertragsbedingungen sowie eine eventuelle Beendigung der Verträge mit diesen Personen unverzüglich mitzuteilen. ²Im Falle einer Vertragsbeendigung hat der Unabhängige Transportnetzbetreiber der Regulierungsbehörde die Gründe, aus denen die Vertragsbeendigung vorgesehen ist, vor der Entscheidung mitzuteilen. ³Entscheidungen und Regelungen nach Satz 1 werden erst verbindlich, wenn die Regulierungsbehörde innerhalb von drei Wochen nach Zugang der Mitteilung des Unabhängigen Transportnetzbetreibers keine Einwände gegen die Entscheidung erhebt. ⁴Die Regulierungsbehörde kann ihre Einwände gegen die Entscheidung nur darauf stützen, dass Zweifel bestehen an:
1. der beruflichen Unabhängigkeit einer ernannten Person der obersten Unternehmensleitung oder
2. der Berechtigung einer vorzeitigen Vertragsbeendigung.

(2) ¹Die Mehrheit der Angehörigen der Unternehmensleitung des Unabhängigen Transportnetzbetreibers darf in den letzten drei Jahren vor einer Ernennung nicht bei einem Unternehmen des vertikal integrierten Unternehmens oder einem Mehrheitsanteilseigner dieser Unternehmen angestellt gewesen sein oder Interessen- oder Geschäftsbeziehungen zu einem dieser Unternehmen unterhalten haben. ²Die verbleibenden Angehörigen der Unternehmensleitung des Unabhängigen Transportnetzbetreibers dürfen in den letzten sechs Monaten vor einer Ernennung keine Aufgaben der Unternehmensleitung und keine mit der Aufgabe beim Unabhängigen Transportnetzbetreiber vergleichbaren Aufgaben bei einem Unternehmen des vertikal integrierten Unternehmens oder einem Mehrheitsanteilseigner dieser Unternehmen wahrgenommen haben.

(3) ¹Der Unabhängige Transportnetzbetreiber hat sicherzustellen, dass seine Unternehmensleitung und seine Beschäftigten weder bei anderen Unternehmensteilen des vertikal integrierten Unternehmens oder bei deren Mehrheitsanteilseignern angestellt sind noch Interessen- oder Geschäftsbeziehungen zu ihnen unterhalten. ²Satz 1 umfasst nicht die zu marktüblichen Bedingungen erfolgende Belieferung von Energie für den privaten Verbrauch oder die zu marktüblichen Bedingungen für den privaten Verbrauch erfolgende Belieferung im Rahmen sonstiger Kauf- oder Dienstleistungsverträge.

(4) ¹Der Unabhängige Transportnetzbetreiber und das vertikal integrierte Unternehmen haben zu gewährleisten, dass Personen der Unternehmensleitung und die übrigen Beschäftigten des Unabhängigen Transportnetzbetreibers weder direkt noch indirekt Beteiligungen an Unternehmensteilen des vertikal integrierten Unternehmens halten noch finanzielle Zuwendungen von diesen erhalten, es sei denn, es handelt sich um Beteiligungen am Unabhängigen Transportnetzbetreiber oder Zuwendungen vom Unabhängigen Transportnetzbetreiber. ²Der Unabhängige Transportnetzbetreiber hat zu gewährleisten, dass die Vergütung von Personen

der Unternehmensleitung und der übrigen Beschäftigten des Unabhängigen Transportnetzbetreibers nicht vom wirtschaftlichen Erfolg, insbesondere vom Betriebsergebnis, des vertikal integrierten Unternehmens, mit Ausnahme des Unabhängigen Transportnetzbetreibers, abhängig ist.

(5) Nach Beendigung des Vertragsverhältnisses zum Unabhängigen Transportnetzbetreiber dürfen Personen der Unternehmensleitung für vier Jahre bei anderen Unternehmensteilen des vertikal integrierten Unternehmens als dem Unabhängigen Transportnetzbetreiber oder bei deren Mehrheitsanteilseignern keine beruflichen Positionen bekleiden oder berufliche Aufgaben wahrnehmen oder Interessen- oder Geschäftsbeziehungen zu ihnen unterhalten.

(6) Absatz 2 Satz 1 sowie Absatz 3 und 5 gelten für Personen, die der obersten Unternehmensleitung unmittelbar unterstellt und für Betrieb, Wartung oder Entwicklung des Netzes verantwortlich sind, entsprechend.

Überblick

§ 10c enthält umfangreiche Regelungen betreffend das Personal und die Unternehmensleitung des Unabhängigen Transportnetzbetreibers. So steht der Regulierungsbehörde im Hinblick auf die Ernennung und Bestätigung von Mitgliedern der obersten Unternehmensleitung sowie im Fall einer Vertragsbeendigung ein Einwendungsvorbehalt zu (→ Rn. 5 ff.). Außerdem schränkt § 10c die zulässigen Beziehungen der Mitglieder der Unternehmensleitung des Unabhängigen Transportnetzbetreibers zum vertikal integrierten Unternehmen und dessen Mehrheitsanteilseignern für den Zeitraum vor ihrer Ernennung, während der sog. Cooling-on-Periode, erheblich ein (→ Rn. 22 ff.). Vergleichbares gilt für den Zeitraum nach der Beendigung des Vertragsverhältnisses mit dem Unabhängigen Transportnetzbetreiber, während der sog. Cooling-off-Periode (→ Rn. 56 ff.). Auch darf die Vergütung der Mitglieder der Unternehmensleitung des Unabhängigen Transportnetzbetreibers nicht vom wirtschaftlichen Erfolg des vertikal integrierten Unternehmens abhängen (→ Rn. 52 ff.). Des Weiteren dürfen sämtliche Beschäftigte des Unabhängigen Transportnetzbetreibers weder beim vertikal integrierten Unternehmen oder einem Mehrheitsanteilseigner angestellt sein noch mit diesen Interessen- oder Geschäftsbeziehungen unterhalten (→ Rn. 40 ff.). Ergänzend gilt ein umfassendes Beteiligungsverbot für sämtliche Beschäftigte des Unabhängigen Transportnetzbetreibers am vertikal integrierten Unternehmen (→ Rn. 47 ff.). Schließlich sind einige der Regelungen des § 10c betreffend die Unternehmensleitung auf Mitglieder der zweiten Führungsebene entsprechend anwendbar (→ Rn. 65 ff.).

Übersicht

	Rn.		Rn.
A. Normzweck und Entstehungsgeschichte	1	II. Verbot von Interessen- und Geschäftsbeziehungen (Abs. 3 S. 1 Alt. 2)	44
B. Oberste Unternehmensleitung (Abs. 1)	5	E. Beteiligungsverbot (Abs. 4 S. 1)	47
		F. Vergütungsregelungen (Abs. 4 S. 2)	52
I. Ernennung und Bestätigung	6	I. Unternehmensleitung	52
II. Vertragsbeendigung	14	II. Übrige Beschäftigte	53
C. Cooling-on (Abs. 2)	22	G. Cooling-off (Abs. 5)	56
I. Kreis der Betroffenen	25	I. Verbot der Bekleidung beruflicher Positionen und der Wahrnehmung beruflicher Aufgaben	
II. Anforderungen an die Mehrheit (Abs. 2 S. 1)	29	gaben	59
III. Anforderungen an die übrigen Angehörigen (Abs. 2 S. 2)	35	II. Verbot einer Interessen- oder Geschäftsbeziehung	62
IV. Ausnahmeregelung (Abs. 2 S. 3 aF)	39	III. Anwendbarkeit auf Stellvertreter	63
D. Unzulässige Beziehungen zum vertikal integrierten Unternehmen (Abs. 3)	40	H. Zweite Führungsebene (Abs. 6)	65
		I. Normadressaten	66
I. Anstellungsverbot (Abs. 3 S. 1 Alt. 1)	41	II. Rechtsfolgen	71

A. Normzweck und Entstehungsgeschichte

Die Regelungen des § 10c sollen die Unabhängigkeit des Personals und der Unternehmensleitung des Unabhängigen Transportnetzbetreibers vom vertikal integrierten Unternehmen sicherstellen, indem Interessenskonflikte vermieden werden. Dabei differenziert das Gesetz zwischen
- der obersten Unternehmensleitung (§ 3 Nr. 29b),
- der Unternehmensleitung (§ 3 Nr. 33a),
- den Personen, die der obersten Unternehmensleitung unmittelbar unterstellt und in bestimmten Bereichen tätig sind (die sogenannte zweite Führungsebene) sowie
- den übrigen Beschäftigten des Unabhängigen Transportnetzbetreibers.

Die Vorschrift des § 10c wurde 2011 in das EnWG eingefügt und dient der Umsetzung von Art. 19 Elektrizitäts-Binnenmarkt-Richtlinie 2009/72/EG bzw. Gas-Binnenmarkt-Richtlinie 2009/73/EG in nationales Recht (BT-Drs. 17/6072, 62 ff.). Im Jahr 2017 wurde in § 10c Abs. 2 S. 1 die Tätigkeit „Betrieb einer LNG-Anlage" ergänzt. Diese Ergänzung diente der Anpassung an die Definition des vertikal integrierten Energieversorgungsunternehmens in § 3 Nr. 38 aF (BT-Drs. 18/12999, 16).

In 2021 hat der Gesetzgeber ein offenbar redaktionelles Versehen korrigiert und in § 10c Abs. 2 S. 2 den Betrieb einer LNG-Anlage ergänzt (BT-Drs. 19/27453, 93).

Mit Wirkung vom 29.7.2022 hat der Gesetzgeber § 10c Abs. 2–5 neu gefasst. Diese Neufassung reagiert auf die Feststellungen des EuGH in seinem Urteil vom 2.9.2021 zur Frage der Europarechtskonformität von § 10c Abs. 2, 6 (EuGH BeckRS 2021, 24362 Rn. 45 ff.; BT-Drs. 20/2402, 40 f.).

B. Oberste Unternehmensleitung (Abs. 1)

Im Hinblick auf die Mitglieder der obersten Unternehmensleitung des Unabhängigen Transportnetzbetreibers sieht § 10c Abs. 1 vor allen Dingen einen Einwendungsvorbehalt zugunsten der Regulierungsbehörde vor. Dieser betrifft sowohl deren Ernennung und Bestätigung als auch die Vertragsbeendigung. Die oberste Unternehmensleitung entspricht gem. § 3 Nr. 29b dem Vorstand, der Geschäftsführung oder einem sonstigen Gesellschaftsorgan mit vergleichbaren Aufgaben und Befugnissen.

I. Ernennung und Bestätigung

Der Unabhängige Transportnetzbetreiber hat der Regulierungsbehörde gem. § 10c Abs. 1 S. 1 im Fall der Ernennung und Bestätigung einer Person als Teil der obersten Unternehmensleitung folgendes unverzüglich mitzuteilen:
- Name der Person,
- Regelungen hinsichtlich der Funktion,
- Laufzeit des Vertrags und
- die weiteren Vertragsbedingungen.

Hierfür sind entsprechende Dienstverträge und etwaige Überlassungsverträge für Dienstwagen der Regulierungsbehörde vorzulegen (BNetzA Beschl. v. 9.11.2012 – BK6-12-044, S. 49).

Die Ernennung und Bestätigung eines Mitglieds der obersten Unternehmensleitung fallen gem. § 10d Abs. 2 S. 1 in den **Zuständigkeitsbereich des Aufsichtsrats** des Unabhängigen Transportnetzbetreibers. Diesem kommt auch die Aufgabe zu, die Regulierungsbehörde zu informieren (Kment EnWG/Knauff § 10d Rn. 2; aA Elspas/Graßmann/Rasbach/Sack/Hampel § 10c Rn. 8). Denn die zu übermittelnden Informationen sind weitgehend sensibler Natur und eine Offenlegung insbesondere gegenüber den übrigen Mitgliedern der obersten Unternehmensleitung ist regelmäßig nicht erwünscht.

Die Mitteilung der relevanten Informationen hat **unverzüglich,** also ohne schuldhaftes Zögern zu erfolgen (§ 121 Abs. 1 S. 1 BGB). Dabei entsteht die Mitteilungspflicht erst mit der Beschlussfassung des Aufsichtsrats. Dies ergibt sich im Umkehrschluss aus § 10c Abs. 1 S. 2, wonach der Regulierungsbehörde nur im Fall einer Vertragsbeendigung die Gründe noch vor der Entscheidung mitgeteilt werden müssen.

10 Die Entscheidung des Aufsichtsrats wird gem. § 10c Abs. 1 S. 3 erst verbindlich, wenn die Regulierungsbehörde nicht innerhalb von drei Wochen, nachdem ihr die Mitteilung mit allen erforderlichen Informationen zugegangen ist, keine Einwände erhebt. Dies gilt sowohl für die Entscheidung über den schuldrechtlichen Anstellungsvertrag als auch über die gesellschaftsrechtliche Ernennung oder Bestätigung (BNetzA, Zertifizierungsverfahren: Hinweispapier zur Antragstellung, 12.12.2011, 40). Die Fristberechnung erfolgt nach den Vorschriften der §§ 187 ff. BGB und der Beschluss ist entsprechend dem Gesetzeswortlaut („…werden erst verbindlich…") bis zum ereignislosen Fristablauf **schwebend unwirksam** (Elspas/Graßmann/Rasbach/Sack/Hampel § 10c Rn. 9; Kment EnWG/Knauff § 10c Rn. 3; Rosin/Pohlmann/Gentzsch/Metzenthin/Böwing/Hempel § 10c Rn. 40).

11 Die Regulierungsbehörde kann gem. § 10c Abs. 1 S. 4 Nr. 1 ihre Einwände nur damit begründen, dass sie Zweifel an der beruflichen Unabhängigkeit der ernannten oder bestätigten Person hat. Andere Gründe sind nicht zulässig (Kment EnWG/Knauff § 10c Rn. 4; Rosin/Pohlmann/Gentzsch/Metzenthin/Böwing/Hempel § 10c Rn. 50).

12 Die von der Regulierungsbehörde angeführten Zweifel müssen eine **belastbare Grundlage** haben (Elspas/Graßmann/Rasbach/Sack/Hampel § 10c Rn. 9; Kment EnWG/Knauff § 10c Rn. 4). Ein Vollbeweis ist demgegenüber nicht erforderlich (Elspas/Graßmann/Rasbach/Sack/Hampel § 10c Rn. 9; Rosin/Pohlmann/Gentzsch/Metzenthin/Böwing/Hempel § 10c Rn. 50; Säcker EnergieR/Säcker/Mohr § 10c Rn. 9).

13 Keine begründeten Zweifel ergeben sich allein daraus, dass das Vertragsverhältnis zeitlich befristet ist. Zwar muss die betroffene Person dann jeweils auf eine Vertragsverlängerung hoffen. Andererseits ist sie während der **Befristung** vor einer ordentlichen Kündigung geschützt, während unbefristete Anstellungsverträge eines Mitglieds der obersten Unternehmensleitung grundsätzlich jederzeit ordentlich gekündigt werden können. Allerdings darf die Befristung nicht zu kurz sein. Zeiträume von mindestens drei Jahren erscheinen sinnvoll (vergleiche dazu auch die Anmerkungen zu § 7a Abs. 3 → § 7a Rn. 32 f.).

II. Vertragsbeendigung

14 Des Weiteren muss der Unabhängige Transportnetzbetreiber gem. § 10c Abs. 1 S. 2 eine Beendigung des Vertrags mit einer Person der obersten Unternehmensleitung unverzüglich der Regulierungsbehörde mitteilen. Dasselbe gilt für den Fall, dass ein **befristetes Vertragsverhältnis** nicht verlängert wird (Säcker EnergieR/Säcker/Mohr § 10c Rn. 7).

15 Auch die Entscheidung über eine Vertragsbeendigung ist gem. § 10d Abs. 2 S. 1 vom **Aufsichtsrat** des Unabhängigen Transportnetzbetreibers zu treffen. Dementsprechend trifft die Mitteilungspflicht auch im Fall einer Vertragsbeendigung den Aufsichtsrat (→ Rn. 8; aA Elspas/Graßmann/Rasbach/Sack/Hampel § 10c Rn. 8).

16 Anders als bei der Ernennung und Bestätigung (→ Rn. 9) sind gem. § 10c Abs. 1 S. 2 die Gründe für eine beabsichtigte Vertragsbeendigung noch vor der eigentlichen Entscheidung des Aufsichtsrats der Regulierungsbehörde mitzuteilen. Gleichzeitig muss auch hier die Mitteilung gem. § 10c Abs. 1 S. 1 **unverzüglich** erfolgen. Dem Gesetzwortlaut ist nicht zu entnehmen, auf welchen Zeitpunkt für die Frage der Unverzüglichkeit (→ Rn. 16.1) abzustellen ist. Dafür bietet sich aus Gründen der Effizienz und Eindeutigkeit der Zeitpunkt an, an dem eine entsprechende Entscheidung des Aufsichtsrats offiziell in die Wege geleitet, also üblicherweise die Einladung (ggf. samt vorbereitenden Unterlagen) an die Aufsichtsratsmitglieder versendet wird.

16.1 Art. 19 Abs. 2 S. 1 Elektrizitäts-Binnenmarkt-Richtlinie 2009/72/EG bzw. Elektrizitäts-Binnenmarkt-Richtlinie 2009/72/EG fordert **keine unverzügliche** Mitteilung. Warum der nationale Gesetzgeber dieses Zeitelement eingefügt hat, ist der Gesetzesbegründung nicht zu entnehmen. Eigentlich ist es nicht erforderlich, da die entsprechende Entscheidung des Aufsichtsrats erst nach ereignislosem Ablauf der dreiwöchigen Frist gem. § 10c Abs. 1 S. 3 wirksam wird. Schon aus diesem Grund hat der Unabhängige Transportnetzbetreiber ein ureigenes Interesse, der Regulierungsbehörde die relevanten Informationen möglichst rasch mitzuteilen (Rosin/Pohlmann/Gentzsch/Metzenthin/Böwing/Hempel § 10c Rn. 25).

17 Außerdem ist dem Gesetz nicht eindeutig zu entnehmen, ob die Entscheidung des Aufsichtsrats über eine Vertragsbeendigung erst nach Ablauf der dreiwöchigen Frist gem. § 10c Abs. 1 S. 3 oder bereits währenddessen getroffen werden darf. Für Letzteres spricht der

Wortlaut des § 10c Abs. 1 S. 3, wonach alle Entscheidungen gem. § 10c Abs. 1 S. 1, also auch solche über eine Vertragsbeendigung, erst nach ereignislosem Ablauf der dreiwöchigen Prüffrist wirksam werden. Im Umkehrschluss kann die Entscheidung bereits während der Prüffrist getroffen werden, ist dann aber zunächst schwebend unwirksam (Kment EnWG/ Knauff § 10c Rn. 3; → Rn. 10 für den Fall der Ernennung oder Bestätigung).

Auf der anderen Seite müssen die Gründe einer Vertragsbeendigung gem. § 10c Abs. 1 **18** S. 2 der Regulierungsbehörde noch vor der Entscheidung mitgeteilt werden (→ Rn. 18.1). Diese Anforderung wäre sinnlos, wenn der Aufsichtsrat des Unabhängigen Transportnetzbetreibers den fraglichen Beschluss noch während der laufenden dreiwöchigen Prüffrist fassen könnte. Deswegen ist die Entscheidung über eine Vertragsbeendigung erst zulässig, nachdem die dreiwöchige Frist des § 10c Abs. 1 S. 3 ohne Einwand verstrichen ist (aA Rosin/Pohlmann/Gentzsch/Metzenthin/Böwing/Hempel § 10c Rn. 41). Die Regelung in § 10c Abs. 1 S. 3, wonach entsprechende Entscheidungen erst nach ereignislosem Ablauf der dreiwöchigen Prüffrist verbindlich werden, findet demnach auf Entscheidungen über eine Vertragsbeendigung faktisch keine Anwendung.

Die Regelung des § 10c Abs. 1 S. 2 hat keine Grundlage im europäischen Recht, vgl. Art. 19 Abs. 2 **18.1** Elektrizitäts-Binnenmarkt-Richtlinie 2009/72/EG bzw. Gas-Binnenmarkt-Richtlinie 2009/73/EG. Warum der nationale Gesetzgeber diese Sonderregelung (nur) für Fälle der Vertragsbeendigung eingefügt hat, ist der Gesetzesbegründung nicht zu entnehmen.

Gegen eine Vertragsbeendigung kann die Regulierungsbehörde gem. § 10c Abs. 1 S. 4 **19** Nr. 2 nur dann einen **Einwand** erheben, wenn sie Zweifel an der Berechtigung einer vorzeitigen Vertragsbeendigung hat. Ein Vollbeweis ist demgegenüber nicht erforderlich (Elspas/ Graßmann/Rasbach/Sack/Hampel § 10c Rn. 9; Rosin/Pohlmann/Gentzsch/Metzenthin/ Böwing/Hempel § 10c Rn. 53; Säcker EnergieR/Säcker/Mohr § 10c Rn. 9).

Die Zweifel müssen jedoch eine belastbare Grundlage haben (Elspas/Graßmann/Rasbach/ **20** Sack/Hampel § 10c Rn. 9; Kment EnWG/Knauff § 10c Rn. 4). Dabei ist es nicht die Aufgabe der Regulierungsbehörde, die allgemeinen rechtlichen Voraussetzungen einer solchen Vertragsbeendigung zu prüfen. Ihre begründeten Zweifel müssen sich vielmehr darauf richten, dass beispielsweise die betroffene Person durch die Vertragsbeendigung dafür bestraft werden soll, dass sie sich gegen unzulässige Einflussnahmeversuche des vertikal integrierten Unternehmens gewehrt hat oder dass sie durch eine aus Sicht des vertikal integrierten Unternehmens weniger unabhängige Person ersetzt werden soll. Hierfür müssen aber konkrete Hinweise vorliegen.

Eine besondere Herausforderung ergibt sich in den Fällen, in denen der schuldrechtliche **21** Vertrag bzw. die gesellschaftsrechtliche Bestellung eines Mitglieds der obersten Unternehmensleitung zeitlich **befristet** ist und nicht verlängert werden soll. Üblicherweise bedarf eine Nichtverlängerung keines formalen Beschlusses des Aufsichtsrats. Außerdem sieht § 10c Abs. 1 S. 4 Nr. 2 nur Einwände gegen eine „**vorzeitige** Vertragsbeendigung" vor. Demzufolge steht der Regulierungsbehörde in einem solchen Fall kein Einwendungsvorbehalt zu (Rosin/Pohlmann/Gentzsch/Metzenthin/Böwing/Hempel § 10c Rn. 16; aA Säcker EnergieR/Säcker/Mohr § 10c Rn. 7).

C. Cooling-on (Abs. 2)

§ 10c Abs. 2 soll ebenfalls die Unabhängigkeit des Unabhängigen Transportnetzbetreibers **22** vom vertikal integrierten Unternehmen durch die Vermeidung von Interessenskonflikten sichern und betrifft die gesamte Unternehmensleitung (§ 3 Nr. 33a). Laut Gesetzesbegründung sollen die Cooling-on-Perioden in § 10c Abs. 2 S. 1, 2 „gewährleisten, dass zwar noch ein Wechsel im Konzern zwischen anderen Tochterunternehmen des vertikal integrierten [Unternehmens] möglich ist, gleichzeitig jedoch gewährleistet wird, dass sich das Verhältnis zwischen der betreffenden natürlichen Person und ihrem bisherigen „Arbeitgeber" im Konzern aufgrund der sich fortschreitenden Entwicklungen in den wettbewerblichen Energiebereichen sowie des abnehmenden persönlichen Kontakts ausreichend „abkühlt", um einen diskriminierungsfreien Betrieb des Transportnetzes zu gewährleisten" (BT-Drs. 17/6072, 63). Dabei ist nicht erforderlich, dass im konkreten Einzelfall das Risiko eines Interessenkonflikts nachgewiesen wird; insoweit genügt bereits das abstrakte Risiko (Säcker EnergieR/Säcker/ Mohr § 10c Rn. 17).

EnWG § 10c   Teil 2. Entflechtung

23   Da die Cooling-on-Regelung des § 10c Abs. 2 die Rechte der Betroffenen stark einschränkt, stellt sich die Frage, ob dieser gegen **höherrangiges Recht** verstößt (vgl. dazu auch → § 8 Rn. 6; → § 9 Rn. 5; → § 10 Rn. 6). Diese Frage hat der BGH sowohl im Hinblick auf die Charta der Grundrechte der Europäischen Union als auch der deutschen Grundrechte verneint (BGH EnWZ 2016, 262 Rn. 19 ff.). Die dagegen gerichtete Verfassungsbeschwerde wurde vom BVerfG nicht zur Entscheidung angenommen (BGH EnWZ 2019, 15 Rn. 33).

24   Nach Auffassung der BNetzA sind die Vorgaben des § 10c Abs. 2 durch entsprechende **arbeitsrechtliche Gestaltungen** sowohl beim Unabhängigen Transportnetzbetreiber als auch beim vertikal integrierten Unternehmen verbindlich umzusetzen (BNetzA, Zertifizierungsverfahren: Hinweispapier zur Antragstellung, 12.12.2011, 40 f.; Elspas/Graßmann/Rasbach/Sack/Hampel § 10c Rn. 11).

I. Kreis der Betroffenen

25   Der Kreis der von § 10c Abs. 2 Betroffenen ist größer als der von § 10c Abs. 1 Betroffenen und umfasst die gesamte Unternehmensleitung. Gemäß § 3 Nr. 33a gehören zur Unternehmensleitung neben der obersten Unternehmensleitung (§ 3 Nr. 29b) solche Personen mit Leitungsaufgaben, die den Unabhängigen Transportnetzbetreiber aufgrund eines Übertragungsaktes, der ins Handelsregister eingetragen werden muss, gerichtlich und außergerichtlich vertreten können.

26   Teil der Unternehmensleitung sind demnach **Prokuristen** iSd § 48 HGB, sofern sie eine Leitungsaufgabe wahrnehmen. Besondere Regelungen für Personen mit Leitungsaufgabe finden sich für Verteilernetzbetreiber in § 7a Abs. 2 Nr. 1, so dass für den Begriff der Leitungsfunktion auf die dortigen Ausführungen verwiesen werden kann (→ § 7a Rn. 9 ff.).

27   In der Gesetzesbegründung werden außerdem **Generalbevollmächtigte** genannt (BT-Drs. 17/6072, 63; ebenso: Bourwieg/Hellermann/Hermes/Hölscher § 10c Rn. 6; Kment EnWG/Knauff § 10c Rn. 5). Allerdings ist nicht vorgesehen, dass eine Generalvollmacht in das Handelsregister oder in ein sonstiges Register eingetragen wird (BeckOK HGB/Meyer HGB § 53 Rn. 28), so dass die Voraussetzungen des § 3 Nr. 33a insoweit nicht erfüllt sind und ein Generalbevollmächtigter nicht Teil der Unternehmensleitung ist. Dass die Frage, ob eine Generalvollmacht in das Handelsregister eingetragen werden kann, umstritten ist (BeckOK HGB/Meyer HGB § 53 Rn. 28 f.) ändert nichts daran, dass es keine Vorschrift gibt, die deren Eintragung verpflichtend vorsieht.

28   Auch **Handlungsbevollmächtigte** iSd § 54 HGB sind nicht Teil der Unternehmensleitung, da für sie ebenfalls keine Pflicht zur Eintragung im Handelsregister besteht (Rosin/Pohlmann/Gentzsch/Metzenthin/Böwing/Hempel § 10c Rn. 63).

II. Anforderungen an die Mehrheit (Abs. 2 S. 1)

29   Für die Mehrheit der Angehörigen der Unternehmensleitung des Unabhängigen Transportnetzbetreibers fordert § 10c Abs. 2 S. 1, dass diese in den letzten **drei Jahren** vor einer Ernennung nicht bei einem Unternehmen des vertikal integrierten Unternehmens oder einem Mehrheitsanteilseigner dieser Unternehmen **angestellt** gewesen sein dürfen. Entsprechend den Feststellungen des EuGH in seinem Urteil vom 2.9.2021 zur Frage der Europarechtskonformität von § 10c Abs. 2, 6 (EuGH BeckRS 2021, 24362 Rn. 45 ff.) hat der deutsche Gesetzgeber mit Wirkung vom 29.7.2022 die in § 10c Abs. 2 S. 1 aF enthaltene Beschränkung auf Unternehmen, die im Energiebereich tätig sind, gestrichen. Demnach ist jede Voranstellung innerhalb des vertikal integrierten Unternehmens unzulässig, unabhängig ob innerhalb oder außerhalb des Energiebereichs (→ Rn. 29.1). Im Fall des Wechsels von einem anderen vertikal integrierten Unternehmen sind die Cooling-on-Regelungen demgegenüber unbeachtlich.

29.1   In einem Urteil aus 2016 hat der BGH einen Verstoß der Karenzzeitregelungen gem. § 10c Abs. 6 iVm Abs. 2 S. 1, Abs. 5 aF gegen höherrangiges Recht verneint. Zur Begründung hat er verschiedentlich darauf abgestellt, dass nur Wechsel innerhalb der im Energiebereich tätigen Unternehmen eines Unternehmensverbunds eingeschränkt, Wechsel zwischen dem Energiebereich und anderen Bereichen demgegenüber uneingeschränkt zulässig seien (BGH RdE 2016, 518 Rn. 32 ff.).

Zwar erkennt der EuGH in seinem Urteil vom 2.9.2021, dass die **Definition des vertikal** 30
integrierten Unternehmens in Art. 2 Nr. 21 Elektrizitäts-Binnenmarkt-Richtlinie
2009/72/EG bzw. Art. 2 Nr. 20 Gas-Binnenmarkt-Richtlinie 2009/73/EG ausdrücklich nur
auf Elektrizitäts- und Erdgasunternehmen abstellt (EuGH EuZW 2021, 893 Rn. 58). Daraus
könne aber nicht der Schluss gezogen werden, „dass die Teile des VIU, die nicht im Elektrizitäts- oder Erdgasbereich tätig sind, von diesem Begriff ausgenommen wären" (EuGH EuZW
2021, 893 Rn. 58). „Eine solche enge Auslegung würde nicht nur das Ziel der Gewährleistung einer wirksamen Entflechtung gefährden, sondern auch zu einer künstlichen Aufspaltung des Unternehmens führen, die an der wirtschaftlichen Realität vorbeiginge" (EuGH
EuZW 2021, 893 Rn. 58). Außerdem lasse sich „nicht ausschließen, dass eine Führungskraft
bzw. Person der Unternehmensleitung und/oder ein Mitglied der Verwaltungsorgane des
Übertragungsnetzbetreibers, die bzw. das vor ihrer bzw. seiner Ernennung innerhalb eines
VIU in einem anderen als dem Energiesektor tätig war, durch die Tätigkeit dieses Unternehmens in den Bereichen der Erzeugung oder Lieferung von Elektrizität und Erdgas beeinflusst
worden ist" (EuGH EuZW 2021, 893 Rn. 57; → Rn. 30.1).

Das zuletzt genannte Argument des EuGH erscheint wenig überzeugend. Art. 19 Abs. 3, 8 Elektrizi- 30.1
täts-Binnenmarkt-Richtlinie 2009/72/EG bzw. Art. 19 Abs. 3, 8 Gas-Binnenmarkt-Richtlinie
2009/73/EG betrifft ausschließlich die Unabhängigkeit von Entscheidungsträgern von Übertragungs-
und Fernleitungsnetzbetreibern. Entscheidungsträger anderer Unternehmen des vertikal integrierten
Unternehmens sind nicht Regelungsgegenstand, unabhängig davon, ob sie im Energiebereich tätig sind
oder nicht.

Die Auffassung des EuGH vermag nicht zu überzeugen. Zum einen widerspricht sie dem 31
Wortlaut der Definition des vertikal integrierten Unternehmens in Art. 2 Nr. 21 Elektrizitäts-Binnenmarkt-Richtlinie 2009/72/EG bzw. Art. 2 Nr. 20 Gas-Binnenmarkt-Richtlinie
2009/73/EG. Zum anderen ist sie auch nicht vom Sinn und Zweck der Entflechtungsregelungen gedeckt. Durch die Entflechtungsregelungen soll verhindert werden, dass ein vertikal
integriertes Unternehmen seine Möglichkeiten der Einflussnahme im Bereich eines natürlichen Monopols missbraucht, um den Wettbewerb im Energiebinnenmarkt zu beeinflussen.
„Jedes Entflechtungssystem sollte die Interessenkonflikte zwischen Erzeugern, Lieferanten
und Fernleitungs- bzw. Übertragungsnetzbetreibern wirksam lösen, um Anreize für die notwendigen Investitionen zu schaffen und den Zugang von Markteinsteigern durch einen
transparenten und wirksamen Rechtsrahmen zu gewährleisten [...]" (Erwägungsgrund 12
Elektrizitäts-Binnenmarkt-Richtlinie 2009/72/EG bzw. Erwägungsgrund 9 Gas-Binnenmarkt-Richtlinie 2009/73/EG). Wie dieses Ziel gefährdet sein könnte, wenn zB der
Geschäftsführer eines Fernleitungsnetzbetreibers zuvor Geschäftsführer eines verbundenen
Bäderbetriebs war, ist nicht ersichtlich. Der mögliche Gedanke, dass auch Schwimmbäder auf
Energieversorgung angewiesen sind, wäre jedenfalls nicht ausreichend, um die erheblichen
Eingriffe aus § 10c Abs. 2 zu rechtfertigen.

Die **Mehrheit** der Unternehmensleitung entspricht im Fall einer geraden Anzahl von 32
Mitgliedern der Hälfte ihrer Mitglieder plus Eins (Elspas/Graßmann/Rasbach/Sack/Hampel
§ 10c Rn. 11). Im Fall einer ungeraden Anzahl ist der Hälftebetrag aufzurunden, ohne dass
zusätzlich Eins addiert wird.

Für die Frage der **Mehrheitsanteilseignerschaft** ist nicht nur auf unmittelbar, sondern 33
auch mittelbar gehaltene Anteile abzustellen (BGH IR 2019, 134 zu der insoweit wort- und
inhaltsgleichen Vorschrift des § 10c Abs. 5 mzustAnm Becher IR 2019, 134).

Einschränkend auszulegen ist schließlich der sehr weitreichende Wortlaut des Verbots 34
einer **Interessen- oder Geschäftsbeziehung.** So sind keine Gründe ersichtlich, warum
die Einschränkungen für den Zeitraum des Cooling-on weitergehender sein sollen als die
Einschränkungen gem. § 10c Abs. 3 während des Anstellungsverhältnisses beim Unabhängigen Transportnetzbetreiber. Entsprechend der Ausnahmeregelung des § 10c Abs. 3 S. 2 sind
auch bereits während des Cooling-on-Periode sämtliche Interessen- oder Geschäftsbeziehungen zu marktüblichen Bedingungen die im rein privaten Bereich unschädlich.

III. Anforderungen an die übrigen Angehörigen (Abs. 2 S. 2)

Für die übrigen Angehörigen der Unternehmensleitung des Unabhängigen Transport- 35
netzbetreibers gilt gem. § 10c Abs. 2 S. 2, dass diese in den letzten **sechs Monaten** vor einer

Ernennung keine Aufgaben der Unternehmensleitung und keine mit der Aufgabe beim Unabhängigen Transportnetzbetreiber vergleichbaren Aufgaben bei einem Unternehmen des vertikal integrierten Unternehmens oder einem Mehrheitsanteilseigner dieser Unternehmen wahrgenommen haben dürfen. Auch hier hat der deutsche Gesetzgeber entsprechend den Feststellungen des EuGH in seinem Urteil vom 2.9.2021 zur Frage der Europarechtskonformität von § 10c Abs. 2, 6 (EuGH BeckRS 2021, 24362 Rn. 45 ff.) die in § 10c Abs. 2 S. 2 aF enthaltene Beschränkung auf Unternehmen, die im Energiebereich tätig sind, mit Wirkung vom 29.7.2022 gestrichen. Aufgrund des weitgehend identischen Wortlauts kann zunächst auf die obige Kommentierung zu § 10c Abs. 2 S. 1 verwiesen werden (→ Rn. 29 ff.).

36 Anders als in § 10c Abs. 2 S. 1 ist jedoch für die Minderheit der Angehörigen der Unternehmensleitung nicht schon jedes Anstellungsverhältnis, sondern zum einen nur eine frühere Wahrnehmung der Aufgaben der **Unternehmensleitung** relevant. Für den Begriff der Unternehmensleitung kann dabei auf die Definition in § 3 Nr. 33a zurückgegriffen werden, auch wenn diese unmittelbar nur für den Unabhängigen Transportnetzbetreiber gilt (Rosin/Pohlmann/Gentzsch/Metzenthin/Böwing/Hempel § 10c Rn. 91).

37 Zum anderen kommt § 10c Abs. 2 S. 2 zur Anwendung, wenn die betroffene Person zwar keine Aufgaben der Unternehmensleitung, aber bei einem anderen Unternehmen des vertikal integrierten Unternehmens oder einem Mehrheitsanteilseigner dieser Unternehmen **vergleichbare Aufgaben** wahrgenommen hat wie beim Unabhängigen Transportnetzbetreiber.

38 Demgegenüber sind **Interessen- oder Geschäftsbeziehung** zu einem solchen Unternehmen – anders als für die Mehrheit der Angehörigen der Unternehmensleitung – unbeachtlich.

IV. Ausnahmeregelung (Abs. 2 S. 3 aF)

39 Die Ausnahmeregelung des § 10c Abs. 2 S. 3 aF hat der Gesetzgeber mit Wirkung vom 29.7.2022 als „Übergangsregelung für die damalige Änderung des Energiewirtschaftsgesetzes" gestrichen (BT-Drs. 20/2402, 40; → Rn. 39.1). Dadurch soll sich aber „für die bisher in den Anwendungsbereich der Übergangsvorschrift fallenden Anwendungsfälle […] keine Verschlechterung ergeben" (BT-Drs. 20/2402, 40).

39.1 Die Europäische Kommission hatte in mehreren Zertifizierungsverfahren Zweifel an der Europarechtskonformität der Übergangsbestimmung des § 10c Abs. 2 S. 3 geäußert. Demgegenüber sah die BNetzA keinen Verstoß gegen die Elektrizitäts-Binnenmarkt-Richtlinie 2009/72/EG bzw. Gas-Binnenmarkt-Richtlinie 2009/73/EG (BNetzA Beschl. v. 9.11.2012 – BK7-12-026, S. 33 f.).

D. Unzulässige Beziehungen zum vertikal integrierten Unternehmen (Abs. 3)

40 Während § 10c Abs. 2 Sachverhalte betrifft, die zeitlich vor einem Anstellungsverhältnis beim Unabhängigen Transportnetzbetreiber stattgefunden haben, enthält § 10c Abs. 3 Regelungen, die während eines Anstellungsverhältnisses beim Unabhängigen Transportnetzbetreiber zu beachten sind.

I. Anstellungsverbot (Abs. 3 S. 1 Alt. 1)

41 § 10c Abs. 3 S. 1 verpflichtet den Unabhängigen Transportnetzbetreiber und betrifft nicht nur dessen Unternehmensleitung, sondern **alle Beschäftigten**. Diese dürfen gem. § 10c Abs. 3 S. 1 Alt. 1 weder bei anderen Unternehmensteilen des vertikal integrierten Unternehmens noch bei deren Mehrheitsanteilseignern (→ Rn. 41.2) angestellt sein. Infolge der Erweiterung der Definition des vertikal integrierten Unternehmens gem. § 3 Nr. 38 gilt dieses Beschäftigungsverbot grundsätzlich unabhängig davon, ob das andere Unternehmen im Energiebereich tätig ist oder nicht (→ Rn. 41.1).

41.1 Neben vertikal integrierten Energieversorgungsunternehmen hatte 10c Abs. 3 S. 1 aF ausdrücklich auch auf dessen **Teile** verwiesen. Der Gesetzesbegründung war zu entnehmen, dass damit Tochterunternehmen des vertikal integrierten Energieversorgungsunternehmens gemeint waren (BT-Drs. 17/6072, 63). Sofern diese im Energiebereich tätig sind, gehörten sie gem. § 3 Nr. 38 aF bereits zum vertikal integrierten Energieversorgungsunternehmen. Demzufolge musste es sich dabei um Tochterunternehmen außerhalb des Energiebereichs gehandelt haben. Deren gesonderte Nennung ist infolge der erweiterten Definition des vertikal integrierten Unternehmens in § 3 Nr. 38 nF nicht mehr erforderlich.

§ 10c Abs. 3 S. 1 aF hatte ein gleichzeitiges Anstellungsverhältnis bei einem Mehrheitsanteilseigner nicht verboten und war damit weniger weitgehend als § 10c Abs. 2 S 1, 2 aF. Dies stand allerdings in Widerspruch zum Wortlaut des Art. 19 Abs. 4 Elektrizitäts-Binnenmarkt-Richtlinie 2009/72/EG bzw. Gas-Binnenmarkt-Richtlinie 2009/73/EG. **41.2**

Das Anstellungsverbot gem. § 10c Abs. 3 S. 1 wäre aber **unverhältnismäßig,** würde es vollkommen uneingeschränkt gelten. Dessen Sinn und Zweck ist es, mögliche Wettbewerbsverzerrungen zugunsten des vertikal integrierten Unternehmens zu verhindern. Sofern dieses Risiko im konkreten Einzelfall ausgeschlossen werden kann, besteht für das Anstellungsverbot keine Rechtfertigung. So ist zum Beispiel kein sachlicher Grund ersichtlich, warum eine beim Unabhängigen Transportnetzbetreiber angestellte Reinigungskraft nicht auch beim vertikal integrierten Unternehmen angestellt sein kann. **42**

Aus demselben Grund verbietet § 10c Abs. Abs. 3 S. 1 auch nicht ein Anstellungsverhältnis bei einem anderen Unabhängigen Transportnetzbetreiber innerhalb desselben vertikal integrierten Unternehmens (BNetzA Beschl. v. 20.12.2013 – BK7-12-188, S. 68). Tatsächlich muss gem. § 10a Abs. 2 S. 1 sogar mit jedem Unabhängigen Transportnetzbetreiber, für den der Betroffene tätig ist, ein Anstellungsverhältnis bestehen (BNetzA Beschl. v. 20.12.2013 – BK7-12-188, S. 69). **43**

II. Verbot von Interessen- und Geschäftsbeziehungen (Abs. 3 S. 1 Alt. 2)

Des Weiteren dürfen gem. § 10c Abs. 3 S. 1 Alt. 2 sämtliche Beschäftigte des Unabhängigen Transportnetzbetreibers, einschließlich der Unternehmensleitung, keine Interessen- oder Geschäftsbeziehungen zu anderen Unternehmensteilen des vertikal integrierten Unternehmens oder zu deren Mehrheitsanteilseignern unterhalten (→ Rn. 44.1). Infolge der Erweiterung der Definition des vertikal integrierten Unternehmens in § 3 Nr. 38 (→ § 6 Rn. 27 ff.) kommt es auch hier nicht darauf an, ob der jeweilige Interessens- oder Geschäftspartner im Energiebereich tätig ist oder nicht. Maßgeblich ist allein die Verbundenheit iSd § 3 Nr. 38 bzw. die Stellung als Mehrheitsanteilseigner. **44**

Nach Auffassung der BNetzA liegt ein Verstoß gegen § 10c Abs. 3 S. 1 Alt. 2 auch dann vor, wenn „die Gewährung einer individuellen Vergütungserhöhung der Leitenden Angestellten […] an das zentral im Konzern gewährte Budget gekoppelt" ist (BNetzA Beschl. v. 11.4.2013 – BK6-12-004, S. 72 f.). Eine entsprechende „Vereinbarung dürfte gemäß § 134 BGB nichtig sein" ((BNetzA Beschl. v. 11.4.2013 – BK6-12-004, S. 72). **44.1**

Eine **Ausnahme** (→ Rn. 46.1) vom Verbot von Interessen- oder Geschäftsbeziehungen gilt gem. § 10c Abs. 3 S. 2 ausdrücklich für die Belieferung von Energie für den privaten Verbrauch zu marktüblichen Bedingungen. Diese Ausnahme wurde 2022 auf Belieferungen im Rahmen sonstiger Kauf- oder Dienstleistungsverträge erweitert (ohne Begründung BT-Drs. 20/2402, 41). Dabei ist der Begriff „Belieferung" weit auszulegen und umfasst nicht nur die Belieferung mit Sachen, sondern auch die Erbringung von Dienstleistungen, zB die Beförderung im ÖPNV, die Nutzung öffentlicher Bäder und die Erbringung von Telekommunikationsleistungen. **45**

Ebenso zulässig sind Interessen- oder Geschäftsbeziehungen zu einem **anderen Unabhängigen Transportnetzbetreiber** innerhalb desselben vertikal integrierten Unternehmens (BNetzA Beschl. v. 20.12.2013 – BK7-12-20, S. 68). Ebenfalls kein Verstoß gegen § 10c Abs. 3 S. 1 Alt. 2 liegt vor, wenn Mitarbeiter des Unabhängigen Transportnetzbetreibers gem. § 5 Abs. 1 MitBestG oder gem. § 2 Abs. 1 DrittelbG als **Arbeitnehmervertreter in den Aufsichtsrat** der Konzernobergesellschaft des vertikal integrierten Unternehmens gewählt werden (BNetzA Beschl. v. 5.2.2013 – BK7-12-032, S. 46; Rosin/Pohlmann/Gentzsch/Metzenthin/Böwing/Hempel § 10c Rn. 85). Dasselbe gilt für Mitarbeiter des Unabhängigen Transportnetzbetreibers, die im **Konzernbetriebsrat** des vertikal integrierten Unternehmens tätig sind (Rosin/Pohlmann/Gentzsch/Metzenthin/Böwing/Hempel § 10c Rn. 112). **46**

EnWG § 10c   Teil 2. Entflechtung

46.1   Art. 19 Abs. 4 Elektrizitäts-Binnenmarkt-Richtlinie 2009/72/EG bzw. Gas-Binnenmarkt-Richtlinie 2009/73/EG, dessen Umsetzung in nationales Recht § 10c Abs. 3 dient, enthält diese Ausnahme nicht. Der deutsche Gesetzgeber hat sie eingefügt, damit „auch Beschäftigte und die Unternehmensleitung eines Unabhängigen Transportnetzbetreiber vollständig von den Vorteilen der Liberalisierung der Energiemärkte und dem zunehmenden Wettbewerb im Strom- und Gassektor profitieren können" (BT-Drs. 17/6072, 63).

E. Beteiligungsverbot (Abs. 4 S. 1)

47   Ebenfalls zur Vermeidung von Interessenkonflikten und damit zur Sicherung der Unabhängigkeit des Unabhängigen Transportnetzbetreibers sowie des Ausschlusses von Wettbewerbsverzerrungen zugunsten des vertikal integrierten Unternehmens verbietet § 10c Abs. 4 S. 1 allen Beschäftigten des Unabhängigen Transportnetzbetreibers, einschließlich der Unternehmensleitung, Beteiligungen an Unternehmensteilen des vertikal integrierten Unternehmens (→ Rn. 47.1) zu halten noch von diesen Zuwendungen zu erhalten. Dies gilt ausdrücklich nicht für Beteiligungen am Unabhängigen Transportnetzbetreiber und für Zuwendungen von diesem.

47.1   Neben vertikal integrierten Energieversorgungsunternehmen hatte 10c Abs. 4 S. 1 aF ausdrücklich auch auf dessen **Unternehmensteile** verwiesen. Damit waren rechtlich selbständige Tochterunternehmen des vertikal integrierten Energieversorgungsunternehmens gemeint. Sofern diese im Energiebereich tätig sind, gehörten sie gem. § 3 Nr. 38 aF bereits zum vertikal integrierten Energieversorgungsunternehmen. Demzufolge musste es sich dabei um Tochterunternehmen außerhalb des Energiebereichs gehandelt haben. Deren gesonderte Nennung ist infolge der erweiterten Definition des vertikal integrierten Unternehmens in § 3 Nr. 38 nF nicht mehr erforderlich.

48   § 10c Abs. 4 S. 1 aF enthielt ein Verbot des **Erwerbs** von Anteilen am vertikal integrierten Energieversorgungsunternehmen für alle Beschäftigten des Unabhängigen Transportnetzbetreibers. Ergänzend sah § 10c Abs. 4 S. 2 eine **Verpflichtung zur Veräußerung** bereits erworbener Anteile bis zum 31.3.2016 vor, die allerdings nur für Mitglieder der Unternehmensleitung, also nicht für die übrigen Beschäftigten des Unabhängigen Transportnetzbetreibers galt. Insoweit sah der Gesetzgeber offenbar kein hinreichend relevantes Risiko eines Interessenkonfliktes (BT-Drs. 17/6072, 63). Der EuGH hat in seinem Urteil vom 2.9.2021 festgestellt, dass die Ausnahmeregelung für sonstige Beschäftigte des Unabhängigen Transportnetzbetreibers nicht mit Art. 19 Abs. 5 Elektrizitäts-Binnenmarkt-Richtlinie 2009/72/EG bzw. Gas-Binnenmarkt-Richtlinie 2009/73/EG vereinbar ist (EuGH EuZW 2021, 893 Rn. 69 ff.). „Selbst wenn diese Beschäftigten nicht an den laufenden unternehmerischen Entscheidungen des [Unabhängigen Transportnetzbetreibers] beteiligt sind, kann nämlich nicht ausgeschlossen werden, dass sie die Tätigkeiten ihres Arbeitgebers beeinflussen können und daher Interessenkonflikte entstehen können, wenn sie Beteiligungen am VIU oder an Teilen des VIU halten" (EuGH EuZW 2021, 893 Rn. 77). In Umsetzung dieser Rechtsprechung hat der deutsche Gesetzgeber § 10c Abs. 4 S. 1, 2 zusammengefasst und inhaltlich erweitert (BT-Drs. 20/2402, 41). In § 118 Abs. 42 findet sich dazu eine entsprechende **Übergangsregelung**.

49   Sowohl der Unabhängige Transportnetzbetreiber als auch das vertikal integrierte Unternehmen sind verpflichtet, die Einhaltung des Verbots aus § 10c Abs. 4 S. 1 zu gewährleisten. Diese Verpflichtung kann letztlich aber nur der Unabhängige Transportnetzbetreiber erfüllen, in dem er ein entsprechendes Verbot in die Anstellungsverträge – zumindest neuer Mitarbeiter – aufnimmt (Kment EnWG/Knauff § 10c Rn. 10).

50   Die Vorschrift erfasst nicht nur Beteiligungen im engeren Sinn, also zB Geschäftsanteile oder Aktien, sondern verbietet auch den Erwerb finanzieller Instrumente wie zB **Aktienoptionen,** die ebenfalls einen Interessenkonflikt auslösen können (BNetzA, Zertifizierungsverfahren: Hinweispapier zur Antragstellung, 12.12.2011, 42).

51   Zulässig ist demgegenüber der **mittelbare Anteilserwerb** zB durch den Erwerb von Anteilen an einem Fonds, der von Dritten gemanagt wird (BT-Drs. 17/6072, 63). Diese Ausnahme ist zur Wahrung der Verhältnismäßigkeit grundsätzlich erforderlich, kann aber dann nicht mehr greifen, sobald das Risiko eines Interessenkonfliktes besteht. Ein solcher Interessenkonflikt ist nach Auffassung der BNetzA jedenfalls dann nicht gegeben, wenn „es sich um einen Fonds handelt, der auch Personen außerhalb des vertikal integrierten

Unternehmens zum Kauf angeboten wird, bei dem der [Transportnetzbetreiber] und/oder die Mitglieder der Unternehmensleitung keinen Einfluss auf die Entscheidungen der Fondsmanager haben und dessen Anteil am vertikal integrierten Unternehmen oder seiner Unternehmensteile im Verhältnis zum Gesamtvolumen des Fonds berechnet nach dem aktuellen Wert der Anteile einen erheblichen Anteil nicht überschreitet" (BNetzA, Zertifizierungsverfahren: Hinweispapier zur Antragstellung, 12.12.2011, 43).

F. Vergütungsregelungen (Abs. 4 S. 2)

I. Unternehmensleitung

Der Unabhängige Transportnetzbetreiber hat gem. § 10c Abs. 4 S. 2 zu gewährleisten, dass die Vergütung der Mitglieder seiner Unternehmensleitung nicht vom wirtschaftlichen Erfolg, insbesondere vom Betriebsergebnis des vertikal integrierten Unternehmens (→ Rn. 52.1 f.) abhängt. Eine Abhängigkeit vom Erfolg des Unabhängigen Transportnetzbetreibers ist demgegenüber ausdrücklich zulässig. **52**

Neben dem vertikal integrierten Energieversorgungsunternehmen hatte § 10c Abs. 4 S. 3 aF ausdrücklich auf **Tochtergesellschaften** des vertikal integrierten Energieversorgungsunternehmens verwiesen. Gemeint waren damit rechtlich selbstständige Unternehmen, die mit dem vertikal integrierten Energieversorgungsunternehmen iSd § 3 Nr. 38 aF verbunden, aber außerhalb des Energiebereichs tätig sind. Deren gesonderte Nennung ist infolge der erweiterten Definition des vertikal integrierten Unternehmens in § 3 Nr. 38 nF nicht mehr erforderlich. **52.1**

Ebenso kam nach Auffassung der BNetzA § 10c Abs. 4 S. 3 aF zur Anwendung, wenn das vertikal integrierte Energieversorgungsunternehmen Teil eines größeren Konzerns war, die Vergütung der Unternehmensleitung des Unabhängigen Transportnetzbetreibers vom Erfolg des Gesamtkonzerns abhing und dessen Ergebnis vom wirtschaftlichen Erfolg des vertikal integrierten Energieversorgungsunternehmens erheblich beeinflusst wurde (BNetzA Beschl. v. 5.2.2013 – BK7-12-031, S. 59 f.). Der BNetzA war zuzugeben, dass auch in einer solchen Konstellation die Unabhängigkeit des Unabhängigen Transportnetzbetreibers vom vertikal integrierten Energieversorgungsunternehmen nicht mehr gewährleistet war. Fraglich war allerdings, ob eine so weitgehende Auslegung des Gesetzeswortlauts noch zulässig war. **52.2**

II. Übrige Beschäftigte

Dasselbe gilt infolge der entsprechenden Ergänzung mit Wirkung vom 29.7.2022 nunmehr ausdrücklich auch für alle übrigen Beschäftigten des Unabhängigen Transportnetzbetreibers. Die BNetzA war schon für § 10c Abs. 4 S. 3 aF der Auffassung, dass der nationale Gesetzgeber die europäische Vorgabe aus Art. 19 Abs. 5 S. 2 Elektrizitäts-Binnenmarkt-Richtlinie 2009/72/EG bzw. Gas-Binnenmarkt-Richtlinie 2009/73/EG in § 10c Abs. 4 S. 3 nur unvollständig umgesetzt hatte (BNetzA Beschl. v. 11.4.2013 – BK6-12-004, S. 75 f.). Der Wortlaut des § 10c Abs. 4 S. 3 stelle „ein redaktionelles Versehen dar" und sei „daher richtlinienkonform dahingehend auszulegen, dass auch die Vergütung von **Beschäftigten** (→ Rn. 53.1) nicht vom wirtschaftlichen Erfolg des vertikal integrierten Unternehmens abhängig sein" dürfe (BNetzA Beschl. v. 11.4.2013 – BK6-12-004, S. 76; zust. Rosin/Pohlmann/Gentzsch/Metzenthin/Böwing/Hempel § 10c Rn. 148). Dieser Auffassung ist der Gesetzgeber durch die ausdrückliche Ergänzung der übrigen Beschäftigten in § 10c Abs. 4 S. 2 gefolgt (BT-Drs. 20/2402, 41). **53**

Eine Betriebsvereinbarung, nach der eine Erfolgsbeteiligung für Mitarbeiter des Unabhängigen Transportnetzbetreibers an die Erreichung der Ziele des vertikal integrierten Unternehmens gekoppelt ist, dürfte nach Auffassung der BNetzA gem. § 134 BGB nichtig sein (BNetzA Beschl. v. 11.4.2013 – BK6-12-004, S. 76). **53.1**

Richtigerweise wird man auch hier auf den Sinn und Zweck der Entflechtungsregelungen abstellen müssen. Immer dann, wenn Beschäftigte des Unabhängigen Transportnetzbetreibers aufgrund ihrer Aufgabe oder ihres Wissens in der Lage wären, dem vertikal integrierten Unternehmen einen Wettbewerbsvorteil zu verschaffen, darf deren Vergütung zur Vermeidung von Interessenkonflikten nicht vom wirtschaftlichen Erfolg des vertikal integrierten **54**

Jenn

Unternehmens abhängen (Kment EnWG/Knauff § 10c Rn. 12; allein auf den Wortlaut abstellend Bourwieg/Hellermann/Hermes/Hölscher § 10c Rn. 15).

55 In der Praxis ist jedoch kaum vorstellbar, dass die Vergütung eines Beschäftigten des Unabhängigen Transportnetzbetreibers in zulässiger Weise vom wirtschaftlichen Erfolg des vertikal integrierten Unternehmens abhängen kann. Denn solche variablen Vergütungskomponenten dienen üblicherweise der Unternehmenssteuerung und werden deswegen an Faktoren geknüpft, die der Betroffene tatsächlich beeinflussen kann. Einen Anreiz, von einer bestehenden Möglichkeit, das wirtschaftliche Ergebnis des vertikal integrierten Unternehmens zu beeinflussen, Gebrauch zu machen, verbietet aber gerade § 10c Abs. 4 S. 2.

G. Cooling-off (Abs. 5)

56 § 10c Abs. 5 stellt das zeitliche Pendant zur Regelung des § 10c Abs. 2 dar und betrifft ebenfalls die gesamte Unternehmensleitung iSd § 3 Nr. 33a. Allerdings differenziert § 10c Abs. 5 – anders als § 10c Abs. 2 – nicht zwischen der Mehrheit der Unternehmensleitung und den übrigen Mitgliedern.

57 Sinn und Zweck der Regelung ist es zu verhindern, dass das vertikal integrierte Unternehmen einen Wettbewerbsvorteil erlangt, weil ein ehemaliges Mitglied der Unternehmensleitung des Unabhängigen Transportnetzbetreibers wettbewerbsrelevantes Wissen mitbringt. Dabei ist nicht erforderlich, dass im konkreten Einzelfall ein entsprechendes Risiko nachgewiesen wird; es genügt bereits das **abstrakte Risiko** einer Wettbewerbsverzerrung (Säcker EnergieR/Säcker/Mohr § 10c Rn. 22).

58 Nach Auffassung der BNetzA sind auch die Vorgaben des § 10c Abs. 5 durch entsprechende **arbeitsrechtliche Gestaltungen** sowohl beim Unabhängigen Transportnetzbetreiber als auch beim vertikal integrierten Unternehmen verbindlich umzusetzen (BNetzA, Zertifizierungsverfahren: Hinweispapier zur Antragstellung, 12.12.2011, 41).

I. Verbot der Bekleidung beruflicher Positionen und der Wahrnehmung beruflicher Aufgaben

59 Nach der Beendigung ihres Vertragsverhältnisses mit dem Unabhängigen Transportnetzbetreiber dürfen die Mitglieder der Unternehmensleitung des Unabhängigen Transportnetzbetreibers für **vier Jahre** bei anderen Unternehmensteilen des vertikal integrierten Unternehmens als dem Unabhängigen Transportnetzbetreiber oder bei deren Mehrheitsanteilseignern keine beruflichen Positionen bekleiden oder berufliche Aufgaben wahrnehmen. Für die Frage der **Mehrheitsanteilseignerschaft** ist nicht nur auf unmittelbar, sondern auch mittelbar gehaltene Anteile abzustellen (BGH IR 2019, 134 mzustAnm Becher IR 2019, 134).

60 Entsprechend den Feststellungen des EuGH in seinem Urteil vom 2.9.2021 zur Frage der Europarechtskonformität von § 10c Abs. 2, 6 (EuGH BeckRS 2021, 24362 Rn. 45 ff.) hat der deutsche Gesetzgeber mit Wirkung vom 29.7.2022 die in § 10c Abs. 5 S. 1 aF enthaltene Beschränkung auf **Unternehmen, die im Energiebereich tätig sind,** gestrichen (BT-Drs. 20/2402, 41). Demnach ist jede Bekleidung beruflicher Positionen und Wahrnehmen beruflicher Aufgaben innerhalb des vertikal integrierten Unternehmens unzulässig, unabhängig ob innerhalb oder außerhalb des Energiebereichs. Insoweit kann weitestgehend auf die Kommentierung zu § 10c Abs. 2 S. 1 verwiesen werden (→ Rn. 29 ff.).

61 Das Anstellungsverbot des § 10c Abs. 5 gilt gem. § 109 Abs. 2 auch für Anstellungsverhältnisse mit Unternehmen des vertikal integrierten Unternehmens, die sich nach **ausländischem Recht** richten (BGH EnWZ 2019, 15 Rn. 19 ff. bzgl. eines Vertrags nach russischem Recht mzustAnm Burbach IR 2019, 156). Außerdem ist zu beachten, dass ein neuer Anstellungsvertrag erst nach Ablauf der Cooling-off-Periode und nicht schon währenddessen, aufschiebend bedingt auf den ersten Tag nach Ablauf der Cooling-off-Periode, abgeschlossen werden darf (BGH EnWZ 2019, 15 Rn. 34 ff.).

II. Verbot einer Interessen- oder Geschäftsbeziehung

62 Ebenso schädlich ist eine Interessen- oder Geschäftsbeziehung zu anderen Unternehmensteilen des vertikal integrierten Unternehmens als dem Unabhängigen Transportnetzbetreiber oder zu deren Mehrheitsanteilseignern. Damit sind insbesondere **Beratertätigkeiten** beim

vertikal integrierten Unternehmen nach dem Ausscheiden beim Unabhängigen Transportnetzbetreiber verboten (Bourwieg/Hellermann/Hermes/Hölscher § 10c Rn. 16; Kment EnWG/Knauff § 10c Rn. 13). Aber auch hier ist eine einschränkende Auslegung wie bei § 10c Abs. 2 angezeigt (→ Rn. 34).

III. Anwendbarkeit auf Stellvertreter

Fraglich ist, ob die Cooling-off-Regelungen auch auf die Stellvertreter der Mitglieder 63 der Unternehmensleitung anzuwenden sind (offenlassend für die Mitglieder der zweiten Führungsebene BGH EnWZ 2016, 262 Rn. 57). Dafür spricht, dass diese über einen zumindest vergleichbaren Wissensstand wie die Vertretenen verfügen müssen, um ihre Aufgabe als Stellvertreter sinnvoll wahrnehmen zu können (Mohr N&R 2016, 163 erstreckt mit diesem Argument die Regelung des § 10c Abs. 6 auf die Stellvertreter der Mitglieder der zweiten Führungsebene). Damit könnte man ein vergleichbares Risiko einer unzulässigen Wettbewerbsverzerrung zugunsten des vertikal integrierten Unternehmens wie bei den eigentlichen Mitgliedern der Unternehmensleitung annehmen.

Dagegen spricht jedoch entscheidend, dass die Regelung des § 10c Abs. 5 einen starken 64 Eingriff in die Rechte der Betroffenen darstellt und deswegen grundsätzlich **eng auszulegen** ist. Außerdem gibt es in der Praxis üblicherweise einen erheblichen Unterschied zwischen dem Wissensstand des Vertretenen und des Vertreters, weil Letzterer in aller Regel eine andere Hauptaufgabe hat und die Stellvertreterfunktion nur eingeschränkt wahrnehmen kann.

H. Zweite Führungsebene (Abs. 6)

Die Risiken einer Wettbewerbsverzerrung zugunsten des vertikal integrierten Unterneh- 65 mens, die die Vorschriften des § 10c Abs. 1–5 ausschließen sollen, bestehen nicht nur im Hinblick auf die Mitglieder der (obersten) Unternehmensleitung des Unabhängigen Transportnetzbetreibers, sondern auch im Hinblick auf die weiteren Führungsebenen. Ob eine Führungskraft aufgrund eines einzutragenden Übertragungsaktes Vollmacht erhält und damit Teil der Unternehmensleitung ist oder nicht, hängt oftmals vom Zufall ab (BT-Drs. 17/6072, 64) und hat keine Auswirkungen auf das vorgenannte Risiko. Deswegen erklärt § 10c Abs. 6 die Vorschriften des § 10c Abs. 2 S. 1, Abs. 3, 5 auf Personen entsprechend anwendbar, die der obersten Unternehmensleitung unmittelbar unterstellt und für Betrieb, Wartung oder Entwicklung des Netzes verantwortlich sind.

I. Normadressaten

§ 10c Abs. 6 erfasst potentiell alle Beschäftigten des Unabhängigen Transportnetzbetrei- 66 bers, die zwar nicht Mitglied der obersten Unternehmensleitung iSd § 3 Nr. 29b, aber diesen unmittelbar disziplinarisch unterstellt sind. Eine Person ist auch dann der obersten Unternehmensleitung unmittelbar unterstellt, wenn zwischen ihr und der obersten Unternehmensleitung rein organisatorisch noch eine Führungsebene besteht, diese aber mit einem Mitglied der obersten Unternehmensleitung besetzt ist (offengelassen BGH EnZW 2016, 262; BNetzA Beschl. v. 19.11.2019 – BK6-117-087, S. 44 f.). Andernfalls könnte die Regelung des § 10c Abs. 6 leicht umgangen werden.

Nicht erfasst werden hingegen Mitarbeiter, „die nur **ausnahmsweise** der obersten Unter- 67 nehmensleitung, zB in ihrer Funktion als zuständiger Bearbeiter oder wegen ihrer speziellen Expertise, direkt berichten könnten" (BT-Drs. 17/6072, 64).

Verliert ein Beschäftigter, zB im Zuge einer Änderung der Organisationsstruktur, die 68 Unmittelbarkeit zur obersten Unternehmensleitung, beginnt für ihn ab diesem Zeitpunkt die vierjährige Cooling-off-Periode des § 10c Abs. 5 zu laufen, auch wenn er nach wie vor beim Unabhängigen Transportnetzbetreiber beschäftigt sein sollte. Nach Auffassung der BNetzA führt eine **Organisationsänderung** im Übrigen nicht dazu, dass die im Rahmen des Zertifizierungsverfahrens getroffenen Feststellungen, welche Positionen innerhalb des Unabhängigen Transportnetzbetreibers von § 10c Abs. 6 erfasst werden, überprüft und erforderlichenfalls korrigiert werden müssen (BNetzA Beschl. v. 2.12.2013 – BK7-13-127 mkrit-Anm Abdelghany IR 2014, 70).

EnWG § 10c   Teil 2. Entflechtung

69   Unzulässig ist die **Vermutung,** dass alle Mitglieder der zweiten Führungsebene eines Transportnetzbetreibers die Voraussetzung des § 10c Abs. 6: „für Betrieb, Wartung oder Entwicklung des Netzes verantwortlich" erfüllen (BGH EnWZ 2016, 262 Rn. 43). Allerdings werden nicht nur die Führungskräfte derjenigen Bereiche erfasst, „die sich lediglich in technischer Hinsicht mit Betrieb, Wartung und Entwicklung des Netzes befassen, sondern auch die Führungskräfte, die aufgrund ihrer beruflichen Tätigkeit über umfangreiche Kenntnisse der technischen Eigenschaften des Transportnetzes und seines Zustandes verfügen und innerhalb ihres Zuständigkeitsbereichs maßgeblichen Einfluss auf die unternehmerischen Entscheidungen der Geschäftsleitung des Transportnetzbetreibers ausüben" können (BGH EnWZ 2016, 262 Rn. 55). Dabei kommt es entscheidend auf die konkrete Aufgabenbeschreibung innerhalb des Organisationsschemas des Unabhängigen Transportnetzbetreibers an (BGH EnWZ 2016, 262 Rn. 60).

70   Der BGH musste sich in mehreren Verfahren mit der Frage auseinandersetzen, welche (vor allen Dingen nicht-technischen) Bereiche verschiedener Fernleitungsnetzbetreiber von der Regelung des § 10c Abs. 6 erfasst werden und welche nicht (BGH EnWZ 2016, 262 mzustAnm Mohr N&R 2016, 163; EnWZ 2016, 454; 2016, 456; 2016, 457 mzustAnm Eder/Becker IR 2016, 228; 2017, 177 mkritAnm Eder/Becker IR 2017, 59). Dabei hat er jeweils die Umstände des konkreten Einzelfalls, insbesondere die Aufgabenbeschreibungen der einzelnen betroffenen Positionen geprüft und anhand der oben dargestellten allgemeinen Kriterien bewertet (→ Rn. 70.1).

70.1   Im Ergebnis hat der BGH die Leiter folgender, jeweils strittiger Bereiche als Führungskräfte zweiter Ebene festgestellt:
- Vertragsenergieermittlung, Anlagentechnik, Montage, Trassenengineering, IT-Management, Einkauf, Controlling, Finanzen und Steuern, Personal und Verwaltung, Recht und Versicherungen, Regulierungsmanagement, Leitungsrechte und Liegenschaften (BGH EnWZ 2016, 262 mzustAnm Mohr N&R 2016, 163)
- IT/Organisation, Finanzen/Controlling, Personal/Recht, Regulierungsmanagement/Strategie (BGH EnWZ 2016, 454)
- Finanzen & IT, Gremien, Recht & Personal (BGH EnWZ 2016, 456)
- Key Account Management, Operations, Infrastructure/Europe, Finance (BGH EnWZ 2016, 457 mzustAnm Eder/Becker IR 2016, 228)
- Abwicklung/Operatives, Assetmanagement, Netzservice, Kapazitäts- und Dienstleistungsmanagement, Prozess- und IT-Management, Recht und Regulierung, Kaufmännischer Bereich (BGH EnWZ 2017, 177 mkritAnm Eder/Becker IR 2017, 59)

II. Rechtsfolgen

71   § 10c Abs. 6 ordnet für die betroffenen Personen an, dass für diese die Regelungen in § 10c Abs. 2 S. 1, Abs. 3, 5 entsprechend gelten. Damit kommt zum einen die **dreijährige Cooling-on-Periode** zur Anwendung (→ Rn. 22 ff.). Diese muss aber nicht von allen, sondern nur von der Mehrheit der betroffenen Führungskräfte der zweiten Führungsebene beachtet werden (Elspas/Graßmann/Rasbach/Sack/Hampel § 10c Rn. 13; Säcker EnergieR/Säcker/Mohr § 10c Rn. 14; aA Rosin/Pohlmann/Gentzsch/Metzenthin/Böwing/Hempel § 10c Rn. 183). Aufgrund des Verweises nur auf Satz 1 des § 10c Abs. 2 gelten für die übrigen Führungskräfte der zweiten Führungseben keine Cooling-on-Regelungen, auch nicht die des § 10c Abs. 2 S. 2 (Elspas/Graßmann/Rasbach/Sack/Hampel § 10c Rn. 13; Säcker EnergieR/Säcker/Mohr § 10c Rn. 14).

72   Zum anderen sind gem. § 10c Abs. 3 sowohl **Anstellungsverhältnisse** als auch **sonstige Interessen- und Geschäftsbeziehungen** zum vertikal integrierten Unternehmen weitestgehend verboten (→ Rn. 41 ff.). Dieses Verbot gilt aber schon aufgrund des Wortlauts von § 10c Abs. 3 („seine Beschäftigten") unmittelbar für die von § 10c Abs. 6 erfassten Führungskräfte.

73   Schließlich ist die **vierjährige Cooling-off-Periode** gem. § 10c Abs. 5 von allen betroffenen Führungskräften der zweiten Ebene und nicht nur von ihrer Mehrheit zu beachten (→ Rn. 56 ff.).

§ 10d Aufsichtsrat des Unabhängigen Transportnetzbetreibers

(1) Der Unabhängige Transportnetzbetreiber hat über einen Aufsichtsrat nach Abschnitt 2 des Teils 4 des Aktiengesetzes zu verfügen.

(2) ¹Entscheidungen, die Ernennungen, Bestätigungen, Beschäftigungsbedingungen für Personen der Unternehmensleitung des Unabhängigen Transportnetzbetreibers, einschließlich Vergütung und Vertragsbeendigung, betreffen, werden vom Aufsichtsrat getroffen. ²Der Aufsichtsrat entscheidet, abweichend von § 119 des Aktiengesetzes, auch über die Genehmigung der jährlichen und langfristigen Finanzpläne des Unabhängigen Transportnetzbetreibers, über die Höhe der Verschuldung des Unabhängigen Transportnetzbetreibers sowie die Höhe der an die Anteilseigner des Unabhängigen Transportnetzbetreibers auszuzahlenden Dividenden. ³Entscheidungen, die die laufenden Geschäfte des Transportnetzbetreibers, insbesondere den Netzbetrieb sowie die Aufstellung des zehnjährigen Netzentwicklungsplans nach den §§ 12a bis 12f oder nach § 15a betreffen, sind ausschließlich von der Unternehmensleitung des Unabhängigen Transportnetzbetreibers zu treffen.

(3) ¹§ 10c Absatz 1 bis 5 gilt für die Hälfte der Mitglieder des Aufsichtsrats des Unabhängigen Transportnetzbetreibers abzüglich einem Mitglied entsprechend. ²§ 10c Absatz 1 Satz 1 und 2 sowie Satz 4 Nummer 2 gilt für die übrigen Mitglieder des Aufsichtsrates des Unabhängigen Transportnetzbetreibers entsprechend.

Überblick

§ 10d begründet zum einen für den Unabhängigen Transportnetzbetreiber die Verpflichtung, einen Aufsichtsrat einzurichten (→ Rn. 3 f.). Zum anderen werden die Aufgaben dieses obligatorischen Aufsichtsrats beschrieben (→ Rn. 5 ff.). Außerdem stellt das Gesetz an die Unabhängigkeit der Minderheit der Aufsichtsratsmitglieder weitreichende Anforderungen (→ Rn. 22 ff.).

Übersicht

	Rn.		Rn.
A. Normzweck und Entstehungsgeschichte	1	III. Laufendes Geschäft des Unabhängigen Transportnetzbetreibers (Abs. 2 S. 3)	14
B. Pflicht zur Einrichtung eines Aufsichtsrats (Abs. 1)	3	1. Verhältnis Finanzplan und laufendes Geschäft	16
		2. Berichtswesen	18
C. Aufgaben des Aufsichtsrats (Abs. 2)	5	D. Anforderungen an die Mitglieder des Aufsichtsrats (Abs. 3)	22
I. Aufgaben betreffend die Unternehmensleitung (Abs. 2 S. 1)	6	I. Bestimmung der Mindestanzahl an unabhängigen Aufsichtsratsmitgliedern	23
II. Wirtschaftliche Vorgaben (Abs. 2 S. 2)	9	II. Voraussetzung der Unabhängigkeit	26

A. Normzweck und Entstehungsgeschichte

Infolge der umfangreichen Vorgaben der §§ 10–10e sind die Möglichkeiten des vertikal 1 integrierten Unternehmens, auf einen mit ihm verbundenen Unabhängigen Transportnetzbetreiber Einfluss zu nehmen, sehr stark beschränkt. Die Auswirkungen dieser Beschränkung werden zumindest teilweise durch den obligatorischen Aufsichtsrat abgemildert, dessen Mitglieder das vertikal integrierte Unternehmen mehrheitlich bestimmen kann (Säcker EnergieR/Säcker/Mohr § 10d Rn. 1). Dabei ist zu beachten, dass „der Aufsichtsrat eine Sonderstellung [hat], weil er nicht nur Kontrollorgan der Geschäftsleitung ist, sondern über ihn die Anteilseigner – dh die Muttergesellschaft des vertikal integrierten [Unternehmens] – ihre eigenen Unternehmensinteressen einfließen lassen dürfen" (BGH EnWZ 2016, 262 Rn. 49).

Die Vorschrift des § 10d wurde 2011 in das EnWG eingefügt und dient der Umsetzung 2 von Art. 20 Elektrizitäts-Binnenmarkt-Richtlinie 2009/72/EG bzw. Gas-Binnenmarkt-Richtlinie 2009/73/EG in nationales Recht (BT-Drs. 17/6072, 64).

B. Pflicht zur Einrichtung eines Aufsichtsrats (Abs. 1)

3 Gemäß § 10d Abs. 1 ist jeder Unabhängige Transportnetzbetreiber verpflichtet, einen Aufsichtsrat einzurichten. Diese Verpflichtung gilt für jede Rechtsform, in der sich ein Unabhängiger Transportnetzbetreiber gem. § 10 Abs. 2 S. 2 organisieren kann (→ § 10 Rn. 23 ff.), „so dass mit dieser Vorschrift eine sektorspezifische Regelung im Gesellschaftsrecht getroffen wird" (BT-Drs. 17/6072, 64). Während eine AG (Hüffer/Koch, 14. Aufl., AktG § 95 Rn. 1; MüKoAktG/Habersack AktG § 95 Rn. 5) und eine KGaA (Hüffer/Koch, 14. Aufl., AktG § 278 Rn. 15; MüKoAktG/Perlitt AktG § 287 Rn. 2) schon von sich aus über einen Aufsichtsrat verfügen müssen, ist im Fall einer GmbH ein Aufsichtsrat nur ausnahmsweise, zB gem. § 6 Abs. 1 MitbestG, § 1 Abs. 1 Nr. 3 DrittelbG, oder eben gem. § 10d Abs. 1 obligatorisch (Bourwieg/Hellermann/Hermes/Hölscher § 10d Rn. 1; Kment EnWG/Knauff § 10d Rn. 2; Säcker EnergieR/Säcker/Mohr § 10d Rn. 4; Säcker EnergieR/Säcker/Mohr § 10d Rn. 7).

4 Auf den obligatorischen Aufsichtsrat eines Unabhängigen Transportnetzbetreibers sind die aktienrechtlichen Vorschriften der §§ 95–116 AktG anzuwenden. Im Fall einer GmbH kommt § 52 Abs. 1 GmbHG soweit ergänzend zur Anwendung, wie § 10d und §§ 95–116 AktG keine vorrangige Regelung beinhalten (BNetzA, Zertifizierungsverfahren: Hinweispapier zur Antragstellung, 12.12.2011, 43; Elspas/Graßmann/Rasbach/Sack/Hampel § 10d Rn. 3; Säcker EnergieR/Säcker/Mohr § 10d Rn. 4).

C. Aufgaben des Aufsichtsrats (Abs. 2)

5 Die Aufgaben des obligatorischen Aufsichtsrats eines Unabhängigen Transportnetzbetreibers ergeben sich zunächst aus § 10d Abs. 2. Ergänzend gelten die §§ 95–116 AktG sowie im Fall einer GmbH nachrangig § 52 GmbHG (Elspas/Graßmann/Rasbach/Sack/Hampel § 10d Rn. 3; Säcker EnergieR/Säcker/Mohr § 10d Rn. 4).

I. Aufgaben betreffend die Unternehmensleitung (Abs. 2 S. 1)

6 Der Aufsichtsrat hat gem. § 10d Abs. 2 S. 1 über die Ernennung, Bestätigung, Beschäftigungsbedingungen einschließlich Vergütung und Vertragsbeendigung für Personen der Unternehmensleitung iSd § 3 Nr. 33a zu entscheiden (→ Rn. 6.1). Nach richtiger Auffassung der BNetzA kann der Kreis der betroffenen Personen nicht, zB durch entsprechende Regelungen im Gesellschaftsvertrag oder der Satzung, über den der Unternehmensleitung hinaus ausgedehnt werden (BNetzA Beschl. v. 3.12.2013 – BK7-12-036, S. 48).

6.1 Der betroffene Personenkreis ist damit weiter als im Aktienrecht. §§ 84, 87 AktG erfassen nur den Vorstand, nicht aber zB Prokuristen, die gem. § 3 Nr. 33a grundsätzlich Mitglied der Unternehmensleitung eines Unabhängigen Transportnetzbetreibers sind (→ § 10c Rn. 26).

7 Die Aufzählung der vom Aufsichtsrat zu entscheidenden Themen in § 10d Abs. 2 S. 1 ist **nicht abschließend.** Dessen Entscheidungsbefugnis umfasst sowohl alle körperschaftsrechtlichen Akte (Bestellung, Wiederbestellung/Verlängerung und Widerruf) als auch den Anstellungsvertrag unter allen Aspekten (Inhalt, Abschluss, Verlängerung, Änderung und Beendigung) (Säcker EnergieR/Säcker/Mohr § 10d Rn. 8).

8 Eine **Prokura** kann gem. § 48 Abs. 1 HGB im Fall einer Kapitalgesellschaft nur durch den organschaftlichen Vertreter, also nur durch Geschäftsführung oder Vorstand erteilt werden (BeckOK HGB/Meyer HGB § 48 Rn. 15). Die Zuständigkeit des Aufsichtsrats des Unabhängigen Transportnetzbetreibers für die gesamte Unternehmensleitung und damit gem. § 3 Nr. 33a auch für Prokuristen soll daran nichts ändern. Richtigerweise steht die Erteilung einer Prokura durch die Geschäftsführung/den Vorstand des Unabhängigen Transportnetzbetreibers unter dem **Zustimmungsvorbehalt** des Aufsichtsrats.

II. Wirtschaftliche Vorgaben (Abs. 2 S. 2)

9 Nach § 10d Abs. 2 S. 2 entscheidet der Aufsichtsrat des Weiteren über die jährlichen und langfristigen **Finanzpläne** des Unabhängigen Transportnetzbetreibers, über die Höhe seiner **Verschuldung** sowie die Höhe der **Dividende**.

Über die vorgenannten Punkte entscheidet üblicherweise im Fall einer GmbH die Gesellschafterversammlung und im Fall einer AG die Hauptversammlung. Die Gesellschafter- oder Hauptversammlung wird jedoch vom vertikal integrierten Unternehmen kontrolliert, so dass dieses über den Finanzplan, die Verschuldungshöhe und die Dividende den wirtschaftlichen Spielraum des Unabhängigen Transportnetzbetreibers maßgeblich beeinflussen und sich selbst dadurch einen unzulässigen Wettbewerbsvorteil verschaffen könnte (Rosin/Pohlmann/Gentzsch/Metzenthin/Böwing/Lucks § 10 d Rn. 33; Kment EnWG/Knauff § 10d Rn. 4). Diese Möglichkeit soll durch die Verlagerung der Aufgabe auf den Aufsichtsrat ausgeschlossen werden. 10

Allerdings darf das vertikal integrierte Unternehmen seine eigenen Unternehmensinteressen grundsätzlich über den Aufsichtsrat einfließen lassen (BGH EnWZ 2016, 262 Rn. 49). Dort bilden die zumindest teilweise unabhängigen Aufsichtsräte (→ Rn. 22; → Rn. 26 ff.) ein gewisses Gegengewicht zur potentiellen Dominanz der vom vertikal integrierten Unternehmen abhängigen Aufsichtsräte (BNetzA, Zertifizierungsverfahren: Hinweispapier zur Antragstellung, 12.12.2011, 44). 11

Bei der Entscheidung über die Finanzpläne, die Verschuldungshöhe und die Dividende hat sich der Aufsichtsrat in erster Linie an den **Unternehmensinteressen des Unabhängigen Transportnetzbetreibers** zu orientieren (Elspas/Graßmann/Rasbach/Sack/Hampel § 10d Rn. 6; Rosin/Pohlmann/Gentzsch/Metzenthin/Böwing/Lucks § 10d Rn. 30; Säcker EnergieR/Säcker/Mohr § 10d Rn. 15 f.). Dieser muss insbesondere seine gesetzlichen Verpflichtungen aus dem EnWG erfüllen können (Elspas/Graßmann/Rasbach/Sack/Hampel § 10d Rn. 6; Rosin/Pohlmann/Gentzsch/Metzenthin/Böwing/Lucks § 10 d Rn. 30; Säcker EnergieR/Säcker/Mohr § 10d Rn. 15 f.). Gleichzeitig ist der Unabhängige Transportnetzbetreiber Teil des vertikal integrierten Unternehmens und seine wirtschaftlichen Rahmendaten beeinflussen insbesondere infolge der Konsolidierung auch die des vertikal integrierten Unternehmens. Diesen Aspekt darf der Aufsichtsrat bei seinen Entscheidungen berücksichtigen, sofern und soweit er mit den Unternehmensinteressen des Unabhängigen Transportnetzbetreibers vereinbar ist (Säcker EnergieR/Säcker/Mohr § 10d Rn. 2). 12

Ein **Gewinnabführungsvertrag** zwischen dem Unabhängigen Transportnetzbetreiber und dem vertikal integrierten Unternehmen greift im Übrigen nicht unzulässig in die Entscheidungsbefugnisse des Aufsichtsrats nach § 10d Abs. 2 S. 2 ein (BNetzA 11.4.2013 – BK6-12-004, S. 77; Bourwieg/Hellermann/Hermes/Hölscher § 10d Rn. 4). Allerdings darf ein solcher Gewinnabführungsvertrag weder einen Zustimmungsvorbehalt im Hinblick auf die Bildung von Gewinnrücklagen noch ein Recht, die Auflösung von Gewinnrücklagen zu verlangen, zugunsten des Eigentümers des Unabhängigen Transportnetzbetreibers enthalten (BNetzA Beschl. v. 9.11.2012 – BK7-12-034, S. 30 f.). 13

III. Laufendes Geschäft des Unabhängigen Transportnetzbetreibers (Abs. 2 S. 3)

Gemäß § 10d Abs. 2 S. 3 hat der Aufsichtsrat keine Entscheidungsbefugnis bzgl. der laufenden Geschäfte (→ § 10b Rn. 27 ff.) des Unabhängigen Transportnetzbetreibers, insbesondere den Netzbetrieb, sowie die Aufstellung des Netzentwicklungsplans. Die Entscheidungsteilung zwischen Finanzplan, Verschuldenshöhe und Dividende einerseits sowie dem laufenden Geschäft und dem Netzentwicklungsplan andererseits „dient der Stärkung der Unabhängigkeit des [Unabhängigen] Transportnetzbetreibers im vertikal integrierten [Unternehmen], weil in Folge Vertreter des vertikal integrierten [Unternehmens], die Mitglieder des Aufsichtsrates sind, keinen Einfluss auf direkt den Netzbetrieb betreffende Fragen nehmen können" (BT-Drs. 17/6072, 64). 14

Die Regelung des § 10d Abs. 2 S. 3 ist ein Verbotsgesetz iSd § 134 BGB, sodass Entscheidungen des Aufsichtsrats, die das laufende Geschäft des Unabhängigen Transportnetzbetreibers betreffen, unwirksam sind (Elspas/Graßmann/Rasbach/Sack/Hampel § 10d Rn. 7; Kment EnWG/Knauff § 10d Rn. 5; Rosin/Pohlmann/Gentzsch/Metzenthin/Böwing/Lucks § 10d Rn. 39; Säcker EnergieR/Säcker/Mohr § 10d Rn. 13). 15

1. Verhältnis Finanzplan und laufendes Geschäft

Die Regelung des § 10c Abs. 2 S. 3 steht in einem direkten Spannungsverhältnis zur Entscheidungsbefugnis des Aufsichtsrats über den Finanzplan des Unabhängigen Transport- 16 netzbetreibers. Der Finanzplan gibt an, woher erforderlichenfalls neue Finanzmittel des Unabhängigen Transportnetzbetreibers stammen und wie er beabsichtigt, diese zu verwenden. Da aber gem. § 10d Abs. 2 S. 3 allein die Unternehmensleitung des Unabhängigen Transportnetzbetreibers über dessen laufende Geschäfte entscheidet, muss der vom Aufsichtsrat zu beschließende Finanzplan einen gewissen **Abstraktionsgrad** aufweisen. Denn die ausschließliche Entscheidungsbefugnis der Unternehmensleitung darf nicht über den Finanzplan ausgehebelt werden.

17   Die ausschließliche Entscheidungsbefugnis der Unternehmensleitung betreffend die laufenden Geschäfte sowie die Aufstellung des Netzentwicklungsplans darf außerdem nicht durch entsprechende **Zustimmungsvorbehalte** zugunsten des Aufsichtsrats ausgehöhlt werden (Bourwieg/Hellermann/Hermes/Hölscher § 10d Rn. 5; Elspas/Graßmann/Rasbach/Sack/Hampel § 10d Rn. 7; Kment EnWG/Knauff § 10d Rn. 5; Rosin/Pohlmann/Gentzsch/Metzenthin/Böwing/Lucks § 10d Rn. 42). Zulässig ist jedoch ein Zustimmungsvorbehalt für solche Geschäfte und Maßnahmen, „die zu einer grundlegenden Veränderung der Vermögens-, Finanz- oder Ertragslage führen oder anderweitig über den normalen Geschäftsablauf hinausgehen" (BNetzA Beschl. v. 9.11.2012 – BK7-12-035, S. 23). Dazu zählen zB der Erwerb oder die Veräußerung von Unternehmensteilen sowie die Änderung der Unternehmensstruktur (BNetzA Beschl. v. 19.11.2019 – BK6-17-087, S. 47). Im konkreten Einzelfall können aber selbst solche Maßnahmen ein laufendes Geschäft des Unabhängigen Transportnetzbetreibers darstellen, so dass dann der Zustimmungsvorbehalt zugunsten des Aufsichtsrats wiederum unzulässig ist (BNetzA Beschl. v. 9.11.2012 – BK7-12-029, S. 34; BNetzA Beschl. v. 5.2.2013 – BK7-12-031, S. 39 f.).

2. Berichtswesen

18   Außerdem stellt sich – ähnlich wie bei § 10b Abs. 2 S. 2 (→ § 10b Rn. 30 ff.) – die Frage, ob und ggf. in welchem Umfang der Unabhängige Transportnetzbetreiber dem Aufsichtsrat über Sachverhalte des laufenden Geschäfts berichten darf. Bedenken könnten sich daraus ergeben, dass hierüber ausschließlich die Unternehmensleitung des Unabhängigen Transportnetzbetreibers zu entscheiden hat. Nach Auffassung der BNetzA sollte sich der Aufsichtsrat aber nur mit solchen Sachverhalten befassen, bzgl. derer er auch entscheidungsbefugt ist (BNetzA Beschl. v. 3.12.2013 – BK7-12-036, S. 49; zust. Säcker EnergieR/Säcker/Mohr § 10d Rn. 13). Infolgedessen könnte man Berichte gegenüber dem Aufsichtsrat über das laufende Geschäft als unzulässig einstufen.

19   Da die maßgeblichen Entscheidungen bereits von der Unternehmensleitung des Unabhängigen Transportnetzbetreibers getroffen worden sind, sind Berichte über **abgeschlossene Sachverhalte** jedoch immer zulässig. Insoweit besteht das Risiko einer unzulässigen Einflussnahme durch den Aufsichtsrat nicht mehr. Außerdem ist die Berichterstattung erforderlich, damit der Aufsichtsrat seine Aufgabe aus § 10d Abs. 1 iVm § 111 Abs. 1 AktG erfüllen kann, nämlich die Geschäftsführung zu überwachen. Demnach ist der Aufsichtsrat verpflichtet, insbesondere bereits abgeschlossene Vorgänge auf deren Recht- und Zweckmäßigkeit hin zu überprüfen (MüKoAktG/Habersack AktG § 111 Rn. 29; Hüffer/Koch, 14. Aufl., AktG § 111 Rn. 5, 14).

20   Die **vorbeugende Überwachung** der Geschäftsführung erfolgt regelmäßig über entsprechende Entscheidungsvorbehalte zugunsten des Aufsichtsrats (MüKoAktG/Habersack AktG § 111 Rn. 114; Hüffer/Koch, 14. Aufl., AktG § 111 Rn. 13). Die Möglichkeit der Festlegung von Entscheidungsvorbehalten zugunsten des Aufsichtsrats ist im Fall eines Unabhängigen Transportnetzbetreibers jedoch erheblich eingeschränkt (→ Rn. 17). Sofern ein wirksamer Vorbehalt besteht, muss aber der Aufsichtsrat, um eine fundierte Entscheidung treffen zu können, über sämtliche erforderlichen Informationen verfügen.

21   Im Übrigen bezieht sich die **präventive Kontrolle** des Aufsichtsrats auf die strategische Unternehmensführung, nicht jedoch auf das operative Geschäft (MüKoAktG/Habersack AktG § 111 Rn. 12). Dementsprechend muss der Unabhängige Transportnetzbetreiber seinen Aufsichtsrat (auch) über noch nicht abgeschlossene Sachverhalte des laufenden Geschäfts informieren, soweit dies für eine ordnungsgemäße Präventivkontrolle der strategischen Unternehmensführung durch den Aufsichtsrat erforderlich ist.

D. Anforderungen an die Mitglieder des Aufsichtsrats (Abs. 3)

Damit das vertikal integrierte Unternehmen den Aufsichtsrat des Unabhängigen Transportnetzbetreibers nicht nur mit Personen besetzt, die eine große Nähe zum vertikal integrierten Unternehmen haben, und infolgedessen das Risiko einer unerwünschten Einflussnahme auf den Unabhängigen Transportnetzbetreiber besteht, verlangt § 10d Abs. 3, dass die Hälfte der Mitglieder des Aufsichtsrats abzüglich eines Mitglieds unabhängig ist. 22

I. Bestimmung der Mindestanzahl an unabhängigen Aufsichtsratsmitgliedern

Im Fall einer **geraden** Anzahl von Aufsichtsratsmitgliedern errechnet sich die Mindestanzahl an unabhängigen Mitgliedern, indem vom Hälftebetrag Eins abgezogen wird. 23

Im Fall einer **ungeraden** Anzahl von Aufsichtsratsmitgliedern ist für die Berechnung der Mindestanzahl an unabhängigen Mitgliedern der Hälftebetrag abzurunden, ohne dass zusätzlich Eins abgezogen wird. Andernfalls müsste bei einem dreiköpfigen Aufsichtsrat (§ 95 AktG verlangt mindestens drei Aufsichtsratsmitglieder) keines der Mitglieder unabhängig sein. 24

Des Weiteren kommt es auf die vom Gesetz (§ 95 S. 1 AktG) oder im Gesellschaftsvertrag oder in der Satzung festgelegte **Zahl der Aufsichtsratsmitglieder** an, unabhängig davon, ob alle Aufsichtsratsposten tatsächlich besetzt sind. 25

II. Voraussetzung der Unabhängigkeit

Von den bestellten Aufsichtsratsmitgliedern muss die so ermittelte Mindestanzahl zur Sicherung ihrer **Unabhängigkeit** den strengen Anforderungen des § 10c Abs. 1–5 (→ Rn. 26.1) genügen. Insbesondere sind gem. § 10c Abs. 3 S. 1 Anstellungsverhältnisse oder sonstige Interessen- und Geschäftsbeziehungen mit dem vertikal integrierten Unternehmen unzulässig. Dies gilt jedoch nicht, sofern die Beziehung zu einem weiteren zertifizierten Unabhängigen Transportnetzbetreiber innerhalb desselben vertikal integrierten Unternehmens besteht (BNetzA Beschl. v. 9.11.2012 – BK7-12-02, S. 48 f.). 26

Gemäß § 10d Abs. 3 S. 1 iVm § 10c Abs. 2 S. 3 finden die Vorgaben des § 10c Abs. 1 S. 1, 2 betreffend das Cooling-on keine Anwendung auf Aufsichtsratsmitglieder, die vor dem 3.3.2012 bestellt worden sind. Die Europäische Kommission hatte in verschiedenen Zertifizierungsverfahren Zweifel geäußert, ob diese Übergangsregelung europarechtskonform ist. Die BNetzA geht demgegenüber davon aus, dass die Stichtagsregelung für die Cooling-on-Regelungen mit Europarecht vereinbar ist (BNetzA Beschl. v. 9.11.2012 – BK6-12-044, S. 58; BNetzA Beschl. v. 9.11.2012 – BK7-12-029, S. 49). 26.1

Die Gesetzesbegründung geht im Übrigen davon aus, dass „**Arbeitnehmervertreter,** die nach dem Mitbestimmungsgesetz Teil des Aufsichtsrates des Unabhängigen Transportnetzbetreibers sind, jedoch vom vertikal integrierten Unternehmen in den Aufsichtsrat entsandt werden", als unabhängig gelten und vermutet, „dass sie die strengen Vorgaben des § 10c Abs. 1 bis 5 erfüllen" (BT-Drs. 17/6072, 64 f.; im Ergebnis ebenso BNetzA Beschl. v. 11.4.2013 – BK6-12-004, S. 78). 27

Nicht klar wird dabei, wie ein Mitarbeiter des Unabhängigen Transportnetzbetreibers sowohl von den Arbeitnehmern in den Aufsichtsrat gewählt als auch vom vertikal integrierten Unternehmen dorthin entsandt werden kann. Im Ergebnis ist jedoch richtigerweise zu vermuten, dass Mitglieder des Aufsichtsrats des Unabhängigen Transportnetzbetreibers, die dort die Interessen der Arbeitnehmer vertreten, die strengen Voraussetzungen des § 10c Abs. 1–5 erfüllen. Dabei kommt es nicht darauf an, ob der Betreffende nach dem Mitbestimmungsgesetz oder dem Drittelbeteiligungsgesetz von den Mitarbeitern des Unabhängigen Transportnetzbetreibers in den Aufsichtsrat gewählt oder vom vertikal integrierten Unternehmen als Mitglied des Betriebsrats des Unabhängigen Transportnetzbetreibers dorthin entsandt wurde. 28

Eine **schädliche Interessenbeziehung** iSd § 10c Abs. 3 S. 1 besteht auch dann, wenn der Betreffende nicht nur Mitglied des Aufsichtsrats des Unabhängigen Transportnetzbetreibers, sondern auch des Aufsichtsrats eines anderen Unternehmens des vertikal integrierten Unternehmens ist (Säcker EnergieR/Säcker/Mohr § 10d Rn. 19 im Hinblick auf Arbeitnehmervertreter). Zwar hat sich der Betreffende in beiden Mandaten am Interesse der jeweiligen Gesellschaft zu orientieren (MüKoAktG/Habersack AktG Vor § 95 Rn. 13; MüKoAktG/ 29

Habersack AktG § 116 Rn. 11), sodass kein Risiko eines Interessenkonflikts besteht. Allerdings besteht das Risiko, dass Informationen aus dem einen Aufsichtsrat Entscheidungen im anderen Aufsichtsrat beeinflussen und im Ergebnis zu einer Verzerrung des Wettbewerbs im Energiebinnenmarkt führen können.

30 Die **Mehrheit** der Aufsichtsratsmitglieder darf demgegenüber vom vertikal integrierten Unternehmen grundsätzlich abhängig sein. Für diese gelten nur die formellen Anforderungen des § 10c Abs. 1 S. 1, 2 und 4 Nr. 2 betreffend ihre Ernennung und Bestätigung sowie die Beendigung ihrer Tätigkeit als Aufsichtsrat entsprechend. Im Hinblick auf die Ernennung und Bestätigung steht der Regulierungsbehörde demgegenüber kein Vetorecht zu (Elspas/Graßmann/Rasbach/Sack/Hampel § 10d Rn. 13; Säcker EnergieR/Säcker/Mohr § 10d Rn. 18).

§ 10e Gleichbehandlungsprogramm und Gleichbehandlungsbeauftragter des Unabhängigen Transportnetzbetreibers

(1) ¹Unabhängige Transportnetzbetreiber haben ein Programm mit verbindlichen Maßnahmen zur diskriminierungsfreien Ausübung des Betriebs des Transportnetzes festzulegen (Gleichbehandlungsprogramm), den Mitarbeitern bekannt zu machen und der Regulierungsbehörde zur Genehmigung vorzulegen. ²Im Programm sind Pflichten der Mitarbeiter und mögliche Sanktionen festzulegen.

(2) ¹Unbeschadet der Befugnisse der Regulierungsbehörde wird die Einhaltung des Programms fortlaufend durch eine natürliche oder juristische Person (Gleichbehandlungsbeauftragter des Unabhängigen Transportnetzbetreibers) überwacht. ²Der Gleichbehandlungsbeauftragte des Unabhängigen Transportnetzbetreibers wird vom nach § 10d gebildeten Aufsichtsrat des unabhängigen Transportnetzbetreibers ernannt. ³§ 10c Absatz 1 bis 5 gilt für den Gleichbehandlungsbeauftragten des Unabhängigen Transportnetzbetreibers entsprechend, § 10c Absatz 2 Satz 1 und 2 gilt nicht entsprechend, wenn der Unabhängige Transportnetzbetreiber eine natürliche Person zum Gleichbehandlungsbeauftragten des Unabhängigen Transportnetzbetreibers bestellt hat. ⁴Der Gleichbehandlungsbeauftragte des Unabhängigen Transportnetzbetreibers ist der Leitung des Unabhängigen Transportnetzbetreibers unmittelbar zu unterstellen und in dieser Funktion weisungsfrei. ⁵Er darf wegen der Erfüllung seiner Aufgaben nicht benachteiligt werden. ⁶Der Unabhängige Transportnetzbetreiber hat dem Gleichbehandlungsbeauftragten des Unabhängigen Transportnetzbetreibers die zur Erfüllung seiner Aufgaben notwendigen Mittel zur Verfügung zu stellen. ⁷Der Gleichbehandlungsbeauftragte des Unabhängigen Transportnetzbetreibers kann vom Unabhängigen Transportnetzbetreiber Zugang zu allen für die Erfüllung seiner Aufgaben erforderlichen Daten sowie, ohne Vorankündigung, zu den Geschäftsräumen des Unabhängigen Transportnetzbetreibers verlangen; der Unabhängige Transportnetzbetreiber hat diesem Verlangen des Gleichbehandlungsbeauftragten des Unabhängigen Transportnetzbetreibers zu entsprechen.

(3) ¹Der Aufsichtsrat des Unabhängigen Transportnetzbetreibers hat die Ernennung des Gleichbehandlungsbeauftragten des Unabhängigen Transportnetzbetreibers der Regulierungsbehörde unverzüglich mitzuteilen. ²Die Ernennung nach Absatz 2 Satz 2 wird erst nach Zustimmung der Regulierungsbehörde wirksam. ³Die Zustimmung zur Ernennung ist von der Regulierungsbehörde, außer im Falle fehlender Unabhängigkeit oder fehlender fachlicher Eignung der vom Unabhängigen Transportnetzbetreiber zur Ernennung vorgeschlagenen Person, zu erteilen. ⁴Die Auftragsbedingungen oder Beschäftigungsbedingungen des Gleichbehandlungsbeauftragten des Unabhängigen Transportnetzbetreibers, einschließlich der Dauer seiner Bestellung, sind von der Regulierungsbehörde zu genehmigen.

(4) ¹Der Gleichbehandlungsbeauftragte des Unabhängigen Transportnetzbetreibers hat der Regulierungsbehörde regelmäßig Bericht zu erstatten. ²Er erstellt einmal jährlich einen Bericht, in dem die Maßnahmen zur Durchführung des Gleichbehandlungsprogramms dargelegt werden, und legt ihn der Regulierungsbehörde

spätestens zum 30. September eines Jahres vor. ³Er unterrichtet die Regulierungsbehörde fortlaufend über erhebliche Verstöße bei der Durchführung des Gleichbehandlungsprogramms sowie über die finanziellen und kommerziellen Beziehungen, insbesondere deren Änderungen, zwischen dem vertikal integrierten Unternehmen und dem Unabhängigen Transportnetzbetreiber. ⁴Er berichtet dem Aufsichtsrat des Unabhängigen Transportnetzbetreibers und gibt der obersten Unternehmensleitung Empfehlungen zum Gleichbehandlungsprogramm und seiner Durchführung.

(5) ¹Der Gleichbehandlungsbeauftragte des Unabhängigen Transportnetzbetreibers hat der Regulierungsbehörde alle Entscheidungen zum Investitionsplan oder zu Einzelinvestitionen im Transportnetz spätestens dann zu übermitteln, wenn die Unternehmensleitung des Transportnetzbetreibers diese Entscheidungen dem Aufsichtsrat zuleitet. ²Der Gleichbehandlungsbeauftragte des Unabhängigen Transportnetzbetreibers hat die Regulierungsbehörde unverzüglich zu informieren, wenn das vertikal integrierte Unternehmen in der Gesellschafter- oder Hauptversammlung des Transportnetzbetreibers durch das Abstimmungsverhalten der von ihm ernannten Mitglieder einen Beschluss herbeigeführt oder die Annahme eines Beschlusses verhindert und auf Grund dessen Netzinvestitionen, die nach dem zehnjährigen Netzentwicklungsplan in den folgenden drei Jahren durchgeführt werden sollten, verhindert oder hinausgezögert werden.

(6) ¹Der Gleichbehandlungsbeauftragte des Unabhängigen Transportnetzbetreibers ist berechtigt, an allen Sitzungen der Unternehmensleitung, des Aufsichtsrats oder der Gesellschafter- oder Hauptversammlung teilzunehmen. ²In den Sitzungen des Aufsichtsrats ist dem Gleichbehandlungsbeauftragten des Unabhängigen Transportnetzbetreibers ein eigenes Rederecht einzuräumen. ³Der Gleichbehandlungsbeauftragte des Unabhängigen Transportnetzbetreibers hat an allen Sitzungen des Aufsichtsrates teilzunehmen, die folgende Fragen behandeln:
1. Netzzugangsbedingungen nach Maßgabe der Verordnung (EU) 2019/943 und der Verordnung (EG) Nr. 715/2009 (ABl. L 211 vom 14.8.2009, S. 36), insbesondere soweit die Beratungen Fragen zu Netzentgelten, Leistungen im Zusammenhang mit dem Zugang Dritter, der Kapazitätsvergabe und dem Engpassmanagement, Transparenz, Systemdienstleistungen, Ausgleich von Energieverlusten und Sekundärmärkte betreffen,
2. Vorhaben für den Betrieb, die Wartung und den Ausbau des Transportnetzes, insbesondere hinsichtlich der notwendigen Investitionen für den Netzanschluss und Netzverbund, in neue Transportverbindungen, für die Kapazitätsausweitung und die Verstärkung vorhandener Kapazitäten oder
3. den Verkauf oder Erwerb von Energie, die für den Betrieb des Transportnetzes erforderlich ist.

(7) ¹Nach vorheriger Zustimmung der Regulierungsbehörde kann der Aufsichtsrat den Gleichbehandlungsbeauftragten des Unabhängigen Transportnetzbetreibers abberufen. ²Die Abberufung hat aus Gründen mangelnder Unabhängigkeit oder mangelnder fachlicher Eignung auf Verlangen der Regulierungsbehörde zu erfolgen.

Überblick

§ 10e enthält umfassende Regelungen betreffend das Gleichbehandlungsprogramm (→ Rn. 4 ff.) und den Gleichbehandlungsbeauftragten des Unabhängigen Transportnetzbetreibers. Die Stellung des Gleichbehandlungsbeauftragten wird zum einen durch die gesetzlichen Vorgaben für dessen Ernennung (→ Rn. 9 ff.) und Abberufung (→ Rn. 38 f.) sowie seine Unabhängigkeit vom vertikal integrierten Unternehmen (→ Rn. 16 f.) gestärkt. Zum anderen ist er vom Unabhängigen Transportnetzbetreiber angemessen auszustatten und er verfügt über umfassende Informations-, Zugangs-, Teilnahme- und Rederechte (→ Rn. 19 ff.). Im Gegenzug ist der Gleichbehandlungsbeauftragte verpflichtet, an bestimmten Sitzungen der Organe des Unabhängigen Transportnetzbetreibers teilzunehmen (→ Rn. 25) sowie regelmäßig und anlassbezogen Bericht zu erstatten (→ Rn. 27 ff.).

EnWG § 10e

Teil 2. Entflechtung

Übersicht

	Rn.		Rn.
A. Normzweck und Entstehungsgeschichte	1	III. Teilnahmerechte des Gleichbehandlungsbeauftragten (Abs. 6 S. 1 und 3)	21
B. Gleichbehandlungsprogramm (Abs. 1)	4	IV. Rederecht des Gleichbehandlungsbeauftragten (Abs. 6 S. 2)	26
C. Ernennung des Gleichbehandlungsbeauftragten (Abs. 2 S. 1 und 2, Abs. 3)	9	F. Berichtpflichten des Gleichbehandlungsbeauftragten	27
		I. Jährlicher Gleichbehandlungsbericht (Abs. 4 S. 2)	28
D. Unabhängigkeit des Gleichbehandlungsbeauftragten (Abs. 2 S. 3–5)	16	II. Laufende Berichterstattung (Abs. 4 S. 3)	29
		III. Informationen zum Investitionsplan und zu Einzelinvestitionen (Abs. 5 S. 1 und 2)	33
E. Ausstattung und Informationsrechte des Gleichbehandlungsbeauftragten	19	IV. Berichtspflicht gegenüber dem Aufsichtsrat (Abs. 4 S. 4)	36
I. Ausstattung des Gleichbehandlungsbeauftragten (Abs. 2 S. 6)	19	V. Empfehlungen gegenüber der obersten Unternehmensleitung (Abs. 4 S. 4)	37
II. Zugangsrechte des Gleichbehandlungsbeauftragten (Abs. 2 S. 7)	20	G. Abberufung des Gleichbehandlungsbeauftragten (Abs. 7)	38

A. Normzweck und Entstehungsgeschichte

1 Um Transparenz und einen diskriminierungsfreien Betrieb des Transportnetzes zu gewährleisten, muss der Unabhängige Transportnetzbetreiber ein Gleichbehandlungsprogramm festlegen und einen Gleichbehandlungsbeauftragten ernennen. Für **Verteilernetzbetreiber** findet sich eine vergleichbare Regelung in § 7a Abs. 5 (→ § 7a Rn. 68 ff.). Diese ist sehr viel kürzer und unspezifischer. Offenbar geht der Gesetzgeber davon aus, dass das Risiko einer unzulässigen Wettbewerbsverzerrung zugunsten des vertikal integrierten Unternehmens sowie deren mögliche Auswirkungen im Fall eines Transportnetzbetreibers deutlich größer bzw. gravierender sind als im Fall eines Verteilernetzbetreibers (Kment EnWG/Knauff § 10e Rn. 1).

2 Im Fall der eigentumsrechtlichen Entflechtung gem. § 8 sowie der Entflechtung durch Benennung eines Unabhängigen Systembetreibers gem. § 9 besteht weder für den **Transportnetz-** noch für den **Unabhängigen Systembetreiber** eine Verpflichtung, ein Gleichbehandlungsprogramm festzulegen oder einen Gleichbehandlungsbeauftragten zu ernennen. Sowohl der Transportnetz- als auch der Unabhängige Systembetreiber sind infolge der Entflechtung nicht mehr mit dem vertikal integrierten Unternehmen verbunden, sodass Transparenz und diskriminierungsfreier Betrieb des Transportnetzes nicht mehr besonders geschützt werden müssen. Demgegenüber ist im Fall der Entflechtung gem. § 9 der **Transportnetzeigentümer** gem. § 7b verpflichtet, die entsprechenden Vorgaben für Verteilernetzbetreiber aus § 7a Abs. 5 umzusetzen, da er mit dem vertikal integrierten Unternehmen verbunden bleibt.

3 Die Vorschrift des § 10e wurde 2011 in das EnWG eingefügt und dient der Umsetzung von Art. 21 Elektrizitäts-Binnenmarkt-Richtlinie 2009/72/EG bzw. Gas-Binnenmarkt-Richtlinie 2009/73/EG in nationales Recht. Sie knüpft an die zuvor in § 8 Abs. 1 aF enthaltenen Vorgaben für ein Gleichbehandlungsprogramm und einen Gleichbehandlungsbeauftragten an (BT-Drs. 18/6072, 65). Diese Vorgaben galten für alle Netzbetreiber, also für Verteiler- und Transportnetzbetreiber gleichermaßen.

3a In 2021 hat der Gesetzgeber den Verweis auf europäisches Sekundärrecht in § 10e Abs. 6 S. 3 Nr. 1 an die geänderte europäische Gesetzeslage angepasst (BT-Drs. 19/27453, 93). Außerdem wurden dort in Umsetzung von Art. 50 Abs. 8 S. 2 lit. a Elektrizitäts-Binnenmarkt-Richtlinie (EU) 2019/944 die Systemdienstleistungen ergänzt (BT-Drs. 19/27453, 93 f.).

B. Gleichbehandlungsprogramm (Abs. 1)

4 Wie im Fall der Entflechtung eines Verteilernetzbetreibers (→ § 7a Rn. 69) ist gem. § 10e Abs. 1 S. 1 der Netzbetreiber und nicht das vertikal integrierte Unternehmen verpflichtet, ein Gleichbehandlungsprogramm festzulegen (Säcker EnergieR/Säcker/Mohr § 10e Rn. 6).

Adressaten des Gleichbehandlungsprogramms sind gem. § 10e Abs. 1 S. 2 die Mitarbeiter des Unabhängigen Transportnetzbetreibers. Infolge der personellen Entflechtung gem. § 10a Abs. 2 werden – anders als im Fall der Entflechtung eines Verteilernetzbetreibers (→ § 7a Rn. 70) – die Mitarbeiter des übrigen vertikal integrierten Unternehmens nicht verpflichtet (Elspas/Graßmann/Rasbach/Sack/Hampel § 10e Rn. 4). Ebenso wenig richtet sich das Gleichbehandlungsprogramm an Dienstleister des Unabhängigen Transportnetzbetreibers, da § 10e Abs. 1 ausdrücklich nur von dessen Mitarbeitern spricht (Elspas/Graßmann/Rasbach/Sack/Hampel § 10e Rn. 4; aA Säcker EnergieR/Säcker/Mohr § 10e Rn. 7).

Das Gleichbehandlungsprogramm muss gem. § 10e Abs. 1 S. 1 **verbindliche Maßnahmen** zur diskriminierungsfreien Ausübung des Transportnetzbetriebs festlegen und ist den Mitarbeitern des Unabhängigen Transportnetzbetreibers **bekannt zu machen.** Außerdem sind gem. § 10e Abs. 1 S. 2 Pflichten der Mitarbeiter und mögliche **Sanktionen** festzulegen. Sowohl im Hinblick auf den Inhalt des Gleichbehandlungsprogramms als auch auf dessen Bekanntmachung ergeben sich gegenüber den Vorgaben für Verteilernetzbetreiber in § 7a Abs. 5 S. 1 aus § 10e keine geringeren Anforderungen (Bourwieg/Hellermann/Hermes/Hölscher § 10e Rn. 3; Kment EnWG/Knauff § 10e Rn. 2 f.; Schneider/Theobald/de Wyl/Finke § 4 Rn. 250), sodass zunächst auf die dortige Kommentierung verwiesen werden kann (→ § 7a Rn. 71 ff.).

Allerdings sind die entflechtungsrechtlichen Vorgaben für Unabhängige Transportnetzbetreiber teilweise deutlich strenger als für Verteilernetzbetreiber. Insbesondere diese **weitergehenden Verpflichtungen,** für deren Einhaltung der Unabhängige Transportnetzbetreiber verantwortlich ist, sind in dessen Gleichbehandlungsprogramm zu berücksichtigen. Dadurch kann er seine eigenen Mitarbeiter relativ unkompliziert direkt verpflichten (Rosin/Pohlmann/Gentzsch/Metzenthin/Böwing/Hartung § 10e Rn. 24 f.). Dies gilt vor allen Dingen für das Verbot

- der Doppelanstellung aus §§ 10a Abs. 2, 10c Abs. 3,
- von Interessen- und Geschäftsbeziehungen aus § 10c Abs. 3 und
- des Haltens von Anteilen aus § 10c Abs. 4

(Rosin/Pohlmann/Gentzsch/Metzenthin/Böwing/Hartung § 10e Rn. 25).

Während Verteilernetzbetreiber ihr Gleichbehandlungsprogramm der BNetzA gem. § 7a Abs. 5 S. 1 nur bekannt machen müssen, müssen Unabhängige Transportnetzbetreiber ihres der BNetzA gem. § 10e Abs. 1 S. 1 zur **Genehmigung** vorlegen. Die BNetzA behält sich vor, im Rahmen der Genehmigung „Auflagen zur Handhabung und künftigen Überprüfung der Effektivität des Gleichbehandlungsprogramms auszusprechen" (BNetzA, Zertifizierungsverfahren: Hinweispapier zur Antragstellung, 12.12.2011, 45).

C. Ernennung des Gleichbehandlungsbeauftragten (Abs. 2 S. 1 und 2, Abs. 3)

Der Unabhängige Transportnetzbetreiber ist gem. § 10e Abs. 2 S. 1 verpflichtet, die Funktion eines Gleichbehandlungsbeauftragten einzurichten. Dessen grundlegende **Aufgabe** ist es, die Einhaltung des Gleichbehandlungsprogramms zu überwachen (→ Rn. 9.1). Insoweit ergeben sich zum Gleichbehandlungsbeauftragten eines Verteilernetzbetreibers keine Unterschiede. Allerdings hat der Gesetzgeber die Position des Gleichbehandlungsbeauftragten eines Unabhängigen Transportnetzbetreibers gegenüber der Unternehmensleitung und dem Aufsichtsrat nochmals gestärkt (BT-Drs. 17/6072, 65). Dadurch soll „die Einhaltung des Diskriminierungsverbots durch die Mitarbeiter des Unabhängigen Transportnetzbetreibers effektiver als bisher" gewährleistet werden (BT-Drs. 17/6072, 65). Um seine Aufgaben ordnungsgemäß erfüllen zu können, muss der Gleichbehandlungsbeauftragte über die erforderliche **persönliche und fachliche Eignung** verfügen.

Nicht zu den **gesetzlichen** Aufgaben des Gleichbehandlungsbeauftragten gehört es, die Einhaltung sämtlicher Entflechtungsvorschriften zu überwachen (Rosin/Pohlmann/Gentzsch/Metzenthin/Böwing/Hartung § 10e Rn. 37 ff.). Allerdings kann es aus Gründen der Effizienz sinnvoll sein, ihn damit zusätzlich zu beauftragen (Rosin/Pohlmann/Gentzsch/Metzenthin/Böwing/Hartung § 10e Rn. 40).

Eine Stärkung der Unabhängigkeit des Gleichbehandlungsbeauftragten ergibt sich gem. § 10e Abs. 2 S. 2 auch daraus, dass er vom **Aufsichtsrat** des Unabhängigen Transportnetzbe-

EnWG § 10e Teil 2. Entflechtung

treibers ernannt wird. Dabei kann der Aufsichtsrat gem. § 10e Abs. 2 S. 1 eine natürliche oder eine juristische Person ernennen. Zulässig ist auch die Benennung eines anderen Unabhängigen Transportnetzbetreibers als Gleichbehandlungsbeauftragten (BNetzA Beschl. v. 20.12.2013 – BK7-12-188, S. 79).

11 Im Fall der Ernennung einer **natürlichen Person** kann diese ein Beschäftigter des Unabhängigen Transportnetzbetreibers sein, muss aber nicht (Bourwieg/Hellermann/Hermes/Hölscher § 10e Rn. 5; Säcker EnergieR/Säcker/Mohr § 10e Rn. 17). Ist er beim Unabhängigen Transportnetzbetreiber angestellt, kann er auch andere Aufgaben übernehmen, sofern ihm für seine eigentliche Tätigkeit ausreichend Zeit verbleibt bzw. diese im Zweifelsfall Vorrang genießt (BNetzA Beschl. v. 14.6.2018 – BK7-18-0037, S. 3; BNetzA Beschl. v. 18.9.2018 – BK7-18-047, S. 3). Außerdem muss die vom Gesetz geforderte Unabhängigkeit gewährleistet sein (→ Rn. 16 ff.). Ein Beschäftigungsverhältnis des Gleichbehandlungsbeauftragten beim übrigen vertikal integrierten Unternehmen ist demgegenüber gem. § 10e Abs. 2 S. 3 iVm § 10c Abs. 3 S. 1 ausgeschlossen.

12 Die Ernennung hat der Aufsichtsrat des Unabhängigen Transportnetzbetreibers gem. § 10e Abs. 3 S. 1 der Regulierungsbehörde unverzüglich mitzuteilen. Die Ernennung wird erst nach Zustimmung der Regulierungsbehörde wirksam, § 10e Abs. 3 S. 2 (→ Rn. 15.1). Diese darf ihre **Zustimmung** gem. § 10e Abs. 3 S. 3 nur verweigern, wenn der vom Unabhängigen Transportnetzbetreiber zur Ernennung vorgeschlagenen Person die Unabhängigkeit oder die fachliche Eignung fehlt.

13 Die Anforderungen an die **Unabhängigkeit** des Gleichbehandlungsbeauftragten sind gesetzlich definiert (→ Rn. 16 f.). Demgegenüber fehlt für die Frage der **fachlichen Eignung** eine gesetzliche Definition. Nach der Gesetzesbegründung sind bei deren Bewertung „hinreichend strenge, aber keine überzogen engen Anforderungen an den zu ernennenden Gleichbehandlungsbeauftragten zu stellen" (BT-Drs. 17/6072, 65).

14 Während § 10c Abs. 1 S. 4 für eine Intervention der Regulierungsbehörde bei der Ernennung, Bestätigung oder Vertragsbeendigung eines Mitglieds der obersten Unternehmensleitung bereits **Zweifel** an der beruflichen Unabhängigkeit genügen lässt, muss entsprechend dem Wortlaut des § 10e Abs. 3 S. 3 für eine Verweigerung der Zustimmung zur Ernennung des Gleichbehandlungsbeauftragten die Unabhängigkeit oder die fachliche Eignung fehlen. Insoweit sind die gesetzlichen Anforderungen an die Verweigerung der Zustimmung gem. § 10e Abs. 3 S. 3 strenger als an die Erhebung eines Einwands gem. § 10c Abs. 1 S. 3, 4.

15 Darüber hinaus muss die Regulierungsbehörde die **Auftrags- oder Beschäftigungsbedingungen** des Gleichbehandlungsbeauftragten einschließlich der Dauer seiner Ernennung genehmigen, § 10e Abs. 3 S. 4 (→ Rn. 15.1). Auch insoweit darf die Regulierungsbehörde die Genehmigung nur verweigern, wenn diese zur Folge haben, dass die Unabhängigkeit des Gleichbehandlungsbeauftragten nicht mehr gewährleistet ist (Kment EnWG/Knauff § 10e Rn. 8 lässt bereits belastbare Zweifel an der Unabhängigkeit genügen).

15.1 Sowohl die Zustimmungen gem. § 10e Abs. 3 S. 2, Abs. 7 S. 1 als auch die Genehmigung gem. § 10e Abs. 3 S. 4 erfordern eine ausdrückliche Äußerung der Regulierungsbehörde. Die Regelung des § 10c Abs. 1 S. 3 ist trotz des Verweises in § 10e Abs. 2 S. 3 auf § 10c Abs. 1-5 nicht anwendbar (Rosin/Pohlmann/Gentzsch/Metzenthin/Böwing/Hartung § 10e Rn. 72, 92).

D. Unabhängigkeit des Gleichbehandlungsbeauftragten (Abs. 2 S. 3–5)

16 Die Unabhängigkeit des Gleichbehandlungsbeauftragten ist für dessen Aufgabenerfüllung von zentraler Bedeutung und wird dadurch besonders gesichert, dass für ihn gem. § 10e Abs. 2 S. 3 iVm § 10c Abs. 1–5 dieselben Anforderungen gelten wie für die Unabhängigkeit des Personals und der (obersten) Unternehmensleitung sowie den unabhängigen Teil des Aufsichtsrats des Unabhängigen Transportnetzbetreibers. Dadurch soll eine rein objektive Wahrnehmung seiner Aufgaben durch den Gleichbehandlungsbeauftragten gewährleistet werden (BT-Drs. 17/6072, 65). Die **Cooling-on-Regelungen** des § 10c Abs. 2 S. 1, 2 gelten jedoch nicht, sofern eine natürliche Person als Gleichbehandlungsbeauftragter ernannt wird.

17 Des Weiteren ist der Gleichbehandlungsbeauftragte gem. § 10e Abs. 2 S. 4 unmittelbar der Leitung des Unabhängigen Transportnetzbetreibers zu unterstellen (→ Rn. 18.1) und in dieser Funktion **weisungsfrei**. Auch darf er gem. § 10e Abs. 2 S. 5 wegen der Erfüllung

seiner Aufgaben **nicht benachteiligt werden**. Dadurch erhält der Gleichbehandlungsbeauftragte eine dem Datenschutzbeauftragten vergleichbare Position und Unabhängigkeit (BT-Drs. 17/6072, 65).

Schließlich ist es nicht zulässig, dass innerhalb eines vertikal integrierten Unternehmens ein 18 Gleichbehandlungsbeauftragter für alle Netzbetreiber (Verteiler- und Transportnetzbetreiber) zuständig ist (BNetzA, Zertifizierungsverfahren: Hinweispapier zur Antragstellung, 12.12.2011, 46; Säcker EnergieR/Säcker/Mohr EnWG § 10e Rn. 16).

Bei Mitgliedern der Unternehmensleitung ist davon auszugehen, dass diese nicht hinreichend unab- 18.1 hängig sind, um die Aufgabe des Gleichbehandlungsbeauftragten ordnungsgemäß wahrnehmen zu können (BNetzA Beschl. v. 2.12.2013 – BK7-12-030, S. 89; BNetzA Beschl. v. 5.2.2013 – BK7-12-032, S. 56). Deshalb kann der Gleichbehandlungsbeauftragte nicht gleichzeitig Geschäftsführer oder Prokurist des Unabhängigen Transportnetzbetreibers und damit Mitglied der Unternehmensleitung iSd § 3 Nr. 33a sein (BNetzA Beschl. v. 9.11.2012 – BK7-12-035, S. 35; BNetzA Beschl. v. 5.2.2013 – BK7-12-027, S. 43; BNetzA Beschl. v. 18.9.2018 – BK7-18-047, S. 4). Nach Auffassung der BNetzA ist die Unabhängigkeit des Gleichbehandlungsbeauftragten außerdem dann zweifelhaft, wenn er gegenüber den Eigentümern des Unabhängigen Transportnetzbetreibers berichtspflichtig ist (BNetzA Beschl. v. 9.11.2012 – BK6-12-044, S. 59 f.).

E. Ausstattung und Informationsrechte des Gleichbehandlungsbeauftragten

I. Ausstattung des Gleichbehandlungsbeauftragten (Abs. 2 S. 6)

Der Unabhängigkeit des Gleichbehandlungsbeauftragten dient auch, dass ihm der Unab- 19 hängige Transportnetzbetreiber gem. § 10e Abs. 2 S. 6 die zur Erfüllung seiner Aufgaben notwendigen Mittel zur Verfügung stellen muss (BT-Drs. 17/6072, 65). Gemeint sind damit **Sach- und Geldmittel** aber auch die **personelle Ausstattung** (BNetzA Beschl. v. 2.12.2013 – BK7-12-030, S. 90). Notwendige Mittel sind demnach im Fall eines unternehmensinternen Gleichbehandlungsbeauftragten vor allen Dingen ein geeignetes Büro einschließlich IT-Ausstattung. Darüber hinaus ist ihm ein angemessenes Budget zur Verfügung zu stellen, zB für Fachliteratur, Fortbildungsmaßnahmen und Fachveranstaltungen. Abhängig von der Größe des Unabhängigen Transportnetzbetreibers und damit dem Aufgabenumfang des Gleichbehandlungsbeauftragten muss dieser die Möglichkeit haben, auf unterstützende Personalressourcen zugreifen zu können.

II. Zugangsrechte des Gleichbehandlungsbeauftragten (Abs. 2 S. 7)

Der Gleichbehandlungsbeauftragte kann des Weiteren gem. § 10e Abs. 2 S. 7 vom Unab- 20 hängigen Transportnetzbetreiber Zugang zu allen für die Erfüllung seiner Aufgaben erforderlichen **Daten** und Zugang zu den **Geschäftsräumen** des Unabhängigen Transportnetzbetreibers verlangen. Einem solchen Verlangen muss der Unabhängige Transportnetzbetreiber uneingeschränkt, vorbehaltlos und unverzüglich Folge leisten (Kment EnWG/Knauff § 10c Rn. 9). Auch ist der Gleichbehandlungsbeauftragte nicht verpflichtet, sein Verlangen nach Zugang zu den Geschäftsräumen vorher anzukündigen. Allerdings wird man ein Zugangsrecht außerhalb der üblichen Geschäftszeiten des Unabhängigen Transportnetzbetreibers nur in Notfällen annehmen können.

III. Teilnahmerechte des Gleichbehandlungsbeauftragten (Abs. 6 S. 1 und 3)

Außerdem ist der Gleichbehandlungsbeauftragte gem. § 10e Abs. 6 S. 1 berechtigt, an 21 allen Sitzungen der Unternehmensleitung, des Aufsichtsrats und Gesellschafter- oder Hauptversammlungen des Unabhängigen Transportnetzbetreibers teilzunehmen. Dieses Teilnahmerecht erstreckt sich auch auf die Sitzungen evtl. gebildeter **Ausschüsse des Aufsichtsrats** (BNetzA Beschl. v. 2.12.2013 – BK7-12-030, S. 58).

Von seinem gesetzlichen Teilnahmerecht kann der Gleichbehandlungsbeauftragte aber nur 22 dann Gebrauch machen, wenn er rechtzeitig über entsprechende Sitzungen informiert wird (Kment EnWG/Knauff § 10e Rn. 17). Damit er über eine Sitzungsteilnahme entscheiden kann, sind dem Gleichbehandlungsbeauftragten nicht nur der Sitzungstermin mitzuteilen, sondern auch die Tagesordnung und alle vorbereitenden Unterlagen mit ausreichend Vorlaufzeit zur Verfügung zu stellen. Die Vorlaufzeiten sind jedenfalls dann ausreichend, wenn evtl. bestehende gesetzliche oder gesellschaftsvertragliche Ladungsfristen beachtet werden.

23 Das Teilnahmerecht des Gleichbehandlungsbeauftragten beschränkt sich im Übrigen nicht auf solche Sitzungen, bei denen sich aus der Tagesordnung Hinweise auf für ihn relevante Themen ergeben (Kment EnWG/Knauff § 10e Rn. 17). Denn es kann nicht ausgeschlossen werden, dass die vorher kommunizierte Tagesordnung in der Sitzung spontan verändert oder ergänzt wird.

24 Auf den **Ort und die Zeit der Sitzungen** kann der Gleichbehandlungsbeauftragte keinen Einfluss nehmen. So kann er nicht verlangen, eine physische Sitzung durchzuführen, wenn alle Mitglieder des betroffenen Gremiums mit einer Telefon-, Web- oder Videokonferenz einverstanden sind. Unzulässig ist es demgegenüber, den Gleichbehandlungsbeauftragten als einzigen von einer physischen Sitzung auszuschließen und auf eine Teilnahme per Telefon-, Web- oder Videokonferenz zu verweisen. Nach Auffassung der BNetzA sind die Sitzungstermine außerdem so zu wählen, dass ihm bzw. seinem Vertreter eine Teilnahme effektiv möglich ist (BNetzA Beschl. v. 2.12.2013 – BK7-12-030, S. 58 f.). Auch darf das Teilnahmerecht nicht dadurch unterlaufen werden, dass dem Gleichbehandlungsbeauftragten nur das Sitzungsprotokoll zur Verfügung gestellt wird (Kment EnWG/Knauff § 10e Rn. 17).

25 Eine **Teilnahmepflicht** (→ Rn. 25.1) des Gleichbehandlungsbeauftragten an den Sitzungen des Aufsichtsrats besteht nur in den in § 10e Abs. 6 S. 3 aufgelisteten Fällen. Nach Auffassung des Gesetzgebers umfassen die aufgelisteten Fälle „alle für den Netzbetrieb zentralen Fragen, bei denen auch grundsätzlich ein erhebliches Diskriminierungspotential zugunsten des vertikal integrierten [Unternehmens] oder seiner Tochtergesellschaften besteht" (BT-Drs. 17/6072, 66).

25.1 Die BNetzA hat eine Teilnahmepflicht des Gleichbehandlungsbeauftragten an regelmäßigen Treffen der Geschäftsführung des Unabhängigen Transportnetzbetreibers mit Vertretern des vertikal integrierten Unternehmens und dem Aufsichtsrat als Auflage im Rahmen einer Zertifizierung angeordnet, wenn in diesen Treffen das Risiko einer Einflussnahme auf das laufende Geschäft des Unabhängigen Transportnetzbetreibers besteht (BNetzA Beschl. v. 2.12.2013 – BK7-12-030, S. 60 f.; BNetzA Beschl. v. 3.12.2013 – BK7-12-036, S. 50 f.). Der Gleichbehandlungsbeauftragte wurde außerdem verpflichtet, „ein Wort- oder Verlaufprotokoll oder einen gleichermaßen geeigneten Nachweis über die Sitzung zu erstellen und dieses der Beschlusskammer unverzüglich im Anschluss an die jeweilige Sitzung zu übermitteln" (BNetzA Beschl. v. 2.12.2013 – BK7-12-030, S. 61; BNetzA Beschl. v. 3.12.2013 – BK7-12-036, S. 50).

IV. Rederecht des Gleichbehandlungsbeauftragten (Abs. 6 S. 2)

26 In den Sitzungen des Aufsichtsrats ist dem Gleichbehandlungsbeauftragten gem. § 10e Abs. 6 S. 2 ein eigenes Rederecht einzuräumen. Demgegenüber hat er kein Rederecht in den Sitzungen der übrigen Gesellschaftsorgane (Elspas/Graßmann/Rasbach/Sack/Hampel § 10e Rn. 16; Säcker EnergieR/Säcker/Wolf § 10e Rn. 25).

F. Berichtspflichten des Gleichbehandlungsbeauftragten

27 Der Gleichbehandlungsbeauftragte hat gem. § 10e Abs. 4 S. 1 der Regulierungsbehörde regelmäßig Bericht zu erstatten. Vorbehaltlich der weiteren gesetzlichen Regelungen kann der Gleichbehandlungsbeauftragte dabei sowohl über den **Zeitpunkt** als auch über die **Art und Weise** (mündlich oder schriftlich) der Berichterstattung frei entscheiden (BT-Drs. 17/6072, 65; aA Säcker EnergieR/Säcker/Mohr § 10e Rn. 22: Berichte an die BNetzA haben „aus Gesichtspunkten der Transparenz und Praktikabilität" schriftlich zu erfolgen).

I. Jährlicher Gleichbehandlungsbericht (Abs. 4 S. 2)

28 Gemäß § 10e Abs. 4 S. 2 ist der Gleichbehandlungsbeauftragte verpflichtet, der Regulierungsbehörde jedes Jahr zum 30. September einen Bericht vorzulegen, in dem er die Maßnahmen zur Durchführung des Gleichbehandlungsprogramms darlegt. Dieser jährliche Gleichbehandlungsbericht hat schriftlich zu erfolgen. Sein Inhalt entspricht dem des jährlichen Berichts des Gleichbehandlungsbeauftragten eines Verteilernetzbetreibers gem. § 7a Abs. 5 S. 3 (→ § 7a Rn. 89 ff.). Der Gleichbehandlungsbeauftragte eines Unabhängigen

Transportnetzbetreibers ist jedoch nicht verpflichtet, den Gleichbehandlungsbericht zu **veröffentlichen** (Bourwieg/Hellermann/Hermes/Hölscher § 10e Rn. 14; Elspas/Graßmann/Rasbach/Sack/Hampel § 10e Rn. 14a).

II. Laufende Berichterstattung (Abs. 4 S. 3)

Anders als der Gleichbehandlungsbeauftragte eines Verteilernetzbetreibers muss der Gleichbehandlungsbeauftragte eines Unabhängigen Transportnetzbetreibers gem. § 10e Abs. 4 S. 3 der Regulierungsbehörde auch fortlaufend über **erhebliche Verstöße** bei der Durchführung des Gleichbehandlungsprogramms sowie über die finanziellen und kommerziellen Beziehungen zwischen dem Unabhängigen Transportnetzbetreiber und dem vertikal integrierten Unternehmen berichten. Die Frage der Erheblichkeit eines Verstoßes gegen das Gleichbehandlungsprogramms ist jeweils im konkreten Einzelfall zu beantworten. 29

Die **anlassbezogene, unterjährige Berichterstattung** soll es der Regulierungsbehörde ermöglichen, umgehend, also bereits vor Erhalt des jährlichen Gleichbehandlungsberichts, einzugreifen. Diese Möglichkeit ist jedenfalls dann zu eröffnen, wenn ein besonders gravierender Verstoß gegen die Gleichbehandlungsvorschriften vorliegt. Dabei kommt es zum einen auf die **Bedeutung** der verletzten Vorschrift im Gesamtkanon der Gleichbehandlungsvorschriften und zum anderen auf den Grad des **Vertretenmüssens** des Betroffenen an. Bei der Frage der Bedeutung der verletzten Vorschrift sind zum einen die **abstrakte** Wahrscheinlichkeit einer aus der Verletzung resultierenden Wettbewerbsverzerrung zugunsten des vertikal integrierten Unternehmens und zum anderen der potentielle, **abstrakte** Wettbewerbsvorteil des vertikal integrierten Unternehmens zu berücksichtigen. 30

Des Weiteren sollte der Gleichbehandlungsbeauftragte der Regulierungsbehörde die Möglichkeit eines unterjährigen Eingreifens ermöglichen, wenn – unabhängig von der Bedeutung der verletzten Vorschrift und dem Vertretenmüssen – im konkreten Fall eine **erhebliche Wettbewerbsverzerrung** zugunsten des vertikal integrierten Unternehmens droht. 31

Insbesondere durch die anlassbezogene, unterjährige Berichtspflicht aus § 10e Abs. 4 S. 3 wird der Gleichbehandlungsbeauftragte zum Erfüllungsgehilfen der Regulierungsbehörde bzw. zu deren verlängertem Arm (Bourwieg/Hellermann/Hermes/Hölscher § 10c Rn. 13, 15). 32

III. Informationen zum Investitionsplan und zu Einzelinvestitionen (Abs. 5 S. 1 und 2)

Des Weiteren muss der Gleichbehandlungsbeauftragte gem. § 10e Abs. 5 S. 1 die Regulierungsbehörde über alle Entscheidungen zum Investitionsplan oder zu Einzelinvestitionen im Transportnetz informieren. Solche Entscheidungen betreffen regelmäßig das laufende Geschäft des Unabhängigen Transportnetzbetreibers, sodass dafür gem. §§ 10b Abs. 2 S. 2 Hs. 2, 10d Abs. 2 S. 3 ausschließlich die Unternehmensleitung zuständig ist. Informiert diese den Aufsichtsrat des Unabhängigen Transportnetzbetreibers über eine solche Entscheidung, muss der Gleichbehandlungsbeauftragte spätestens zeitgleich der Regulierungsbehörde über die Entscheidung berichten. 33

Außerdem hat der Gleichbehandlungsbeauftragte gem. § 10e Abs. 5 S. 2 die Regulierungsbehörde unverzüglich zu informieren, wenn das vertikal integrierte Unternehmen in der Gesellschafter- oder Hauptversammlung durch die von ihm ernannten Mitglieder **Netzinvestitionen**, die nach dem Netzentwicklungsplan in den folgenden drei Jahren durchgeführt werden sollten, verhindert oder verzögert. Eine solche Verhinderung oder Verzögerung kann sowohl durch die Herbeiführung als auch durch die Verhinderung der Annahme eines Beschlusses geschehen. Durch diese Informationspflicht soll die Regulierungsbehörde in die Lage versetzt werden, „von ihren Befugnissen zur Durchsetzung des Netzentwicklungsplans [frühzeitig] Gebrauch machen zu können" (BT-Drs. 17/6072, 66). 34

Die Informationspflicht aus § 10e Abs. 5 S. 2 besteht im Übrigen auch für den Fall, dass vom vertikal integrierten Unternehmen entsandte Mitglieder im **Aufsichtsrat** des Unabhängigen Transportnetzbetreibers eine Netzinvestition verhindern oder verzögern (Rosin/Pohlmann/Gentzsch/Metzenthin/Böwing/Hartung § 10e Rn. 81 ff.). Bei der Nichtnennung des Aufsichtsrats in § 10e Abs. 5 S. 2 handelt es sich offenbar um ein Redaktionsversehen (Rosin/Pohlmann/Gentzsch/Metzenthin/Böwing/Hartung § 10e Rn. 84). So geht die Gesetzesbe- 35

EnWG § 10e   Teil 2. Entflechtung

gründung von einer Informationspflicht aus, wenn „durch das vertikal integrierte [Unternehmen] oder durch die von ihm ernannten Aufsichtsratsmitglieder ein Beschluss herbeigeführt oder verhindert wurde" (BT-Drs. 17/6072, 66). Diese Formulierung entspricht inhaltlich Art. 21 Abs. 5 Elektrizitäts-Binnenmarkt-Richtlinie 2009/72/EG bzw. Gas-Binnenmarkt-Richtlinie 2009/73/EG, deren Umsetzung in nationales Recht § 10e Abs. 5 S. 2 dient

IV. Berichtspflicht gegenüber dem Aufsichtsrat (Abs. 4 S. 4)

36   Eine weitere Berichtspflicht trifft den Gleichbehandlungsbeauftragten gem. § 10e Abs. 4 S. 4 gegenüber dem Aufsichtsrat. Dadurch soll dem Aufsichtsrat ermöglicht werden, im Rahmen des rechtlich Zulässigen von seinen Aufsichtsrechten gegenüber der Unternehmensleitung Gebrauch zu machen (BT-Drs. 17/6072, 65). Um dieses Ziel zu erreichen, sind die Regelungen betreffend die Berichtspflichten des Gleichbehandlungsbeauftragten gegenüber der Regulierungsbehörde auf dessen Berichtspflichten gegenüber dem Aufsichtsrat entsprechend anzuwenden (Kment EnWG/Knauff § 10e Rn. 13).

V. Empfehlungen gegenüber der obersten Unternehmensleitung (Abs. 4 S. 4)

37   Schließlich hat der Gleichbehandlungsbeauftragte gem. § 10e Abs. 4 S. 4 der obersten Unternehmensleitung Empfehlungen zum Gleichbehandlungsprogramm und seiner Durchführung zu geben. Dadurch soll die oberste Unternehmensleitung über verbesserungswürdige und -bedürftige Umstände informiert und damit in die Lage versetzt werden, Empfehlungen des Gleichbehandlungsbeauftragten im Tagesgeschäft entsprechend umzusetzen (BT-Drs. 17/6072, 65 f.).

G. Abberufung des Gleichbehandlungsbeauftragten (Abs. 7)

38   Für die Abberufung des Gleichbehandlungsbeauftragten ist gem. § 10e Abs. 7 S. 1 der Aufsichtsrat des Unabhängigen Transportnetzbetreibers zuständig. Hierfür ist allerdings die vorherige Zustimmung der Regulierungsbehörde erforderlich (→ Rn. 15.1). Dieser Zustimmungsvorbehalt (→ Rn. 38.1) soll eine missbräuchliche Abberufung des Gleichbehandlungsbeauftragten vermeiden, zB weil er seine Aufgabe „zu gründlich" erledigt hat (BT-Drs. 17/6072, 66). Die Regulierungsbehörde darf die Zustimmung nicht verweigern, wenn sie nur **Zweifel** an der Ordnungsmäßigkeit der Abberufung hat. Die Missbräuchlichkeit der Abberufung muss vielmehr erkennbar sein (Kment EnWG/Knauff § 10e Rn. 20).

38.1   Der Zustimmungsvorbehalt zugunsten der Regulierungsbehörde kann nicht durch eine arbeitsvertragliche Regelung zwischen dem Unabhängigen Transportnetzbetreiber und dem Gleichbehandlungsbeauftragten, wonach der Unabhängige Transportnetzbetreiber dem Gleichbehandlungsbeauftragten innerhalb seines Unternehmens eine andere zumutbare Aufgabe bzw. Funktion, die seiner Vorbildung und seinen Fähigkeiten entspricht, übertragen kann, ausgehebelt werden (BNetzA Beschl. v. 16.8.2016 – BK6-16-183, S. 4).

39   Gleichzeitig kann die Regulierungsbehörde gem. § 10e Abs. 7 S. 2 die Abberufung des Gleichbehandlungsbeauftragten verlangen. Ein solches **Verlangen** ist aber nur dann zulässig, wenn es dem Gleichbehandlungsbeauftragten an Unabhängigkeit oder fachlicher Eignung fehlt. Der Aufsichtsrat muss einem berechtigten Verlangen der Regulierungsbehörde folgen und den Gleichbehandlungsbeauftragten abberufen (BT-Drs. 17/6072, 66).

Teil 3. Regulierung des Netzbetriebs

Abschnitt 1. Aufgaben der Netzbetreiber

§ 11 Betrieb von Energieversorgungsnetzen

(1) [1]Betreiber von Energieversorgungsnetzen sind verpflichtet, ein sicheres, zuverlässiges und leistungsfähiges Energieversorgungsnetz diskriminierungsfrei zu betreiben, zu warten und bedarfsgerecht zu optimieren, zu verstärken und auszubauen, soweit es wirtschaftlich zumutbar ist. [2]Sie haben insbesondere die Aufgaben nach den §§ 12 bis 16a zu erfüllen. [3]Sie nehmen diese Aufgaben für ihr Energieversorgungsnetz in eigener Verantwortung wahr. [4]Sie kooperieren und unterstützen sich bei der Wahrnehmung dieser Aufgaben; dies ist insbesondere für Maßnahmen anzuwenden, die sich auf das Netz eines anderen Betreibers von Energieversorgungsnetzen auswirken können. [5]Die Verpflichtungen sind auch anzuwenden im Rahmen der Wahrnehmung der wirtschaftlichen Befugnisse der Leitung des vertikal integrierten Unternehmens und seiner Aufsichtsrechte nach § 7a Absatz 4 Satz 3. [6]Der Ausbau eines L-Gasversorgungsnetzes ist nicht bedarfsgerecht im Sinne von Satz 1, wenn er auf Grund von Netzanschlüssen erfolgen muss, zu deren Einräumung der Betreiber des L-Gasversorgungsnetzes nicht nach den §§ 17 und 18 verpflichtet war.

(1a) [1]Der Betrieb eines sicheren Energieversorgungsnetzes umfasst insbesondere auch einen angemessenen Schutz gegen Bedrohungen für Telekommunikations- und elektronische Datenverarbeitungssysteme, die für einen sicheren Netzbetrieb notwendig sind. [2]Die Regulierungsbehörde erstellt hierzu im Benehmen mit dem Bundesamt für Sicherheit in der Informationstechnik einen Katalog von Sicherheitsanforderungen und veröffentlicht diesen. [3]Der Katalog der Sicherheitsanforderungen enthält auch Regelungen zur regelmäßigen Überprüfung der Erfüllung der Sicherheitsanforderungen. [4]Ein angemessener Schutz des Betriebs eines Energieversorgungsnetzes liegt vor, wenn dieser Katalog der Sicherheitsanforderungen eingehalten und dies vom Betreiber dokumentiert worden ist. [5]Die Einhaltung kann von der Regulierungsbehörde überprüft werden. [6]Zu diesem Zwecke kann die Regulierungsbehörde nähere Bestimmungen zu Format, Inhalt und Gestaltung der Dokumentation nach Satz 4 treffen.

(1b) [1]Betreiber von Energieanlagen, die durch Inkrafttreten der Rechtsverordnung gemäß § 10 Absatz 1 des BSI-Gesetzes vom 14. August 2009 (BGBl. I S. 2821), das zuletzt durch Artikel 8 des Gesetzes vom 17. Juli 2015 (BGBl. I S. 1324) geändert worden ist, in der jeweils geltenden Fassung als Kritische Infrastruktur bestimmt wurden und an ein Energieversorgungsnetz angeschlossen sind, haben innerhalb einer von der Regulierungsbehörde festzulegenden Frist einen angemessenen Schutz gegen Bedrohungen für Telekommunikations- und elektronische Datenverarbeitungssysteme zu gewährleisten, die für einen sicheren Anlagenbetrieb notwendig sind. [2]Die Regulierungsbehörde erstellt hierzu im Benehmen mit dem Bundesamt für Sicherheit in der Informationstechnik einen Katalog von Sicherheitsanforderungen, in den auch die Bestimmung der Frist nach Satz 1 aufzunehmen ist, und veröffentlicht diesen. [3]Für Telekommunikations- und elektronische Datenverarbeitungssysteme von Anlagen nach § 7 Absatz 1 des Atomgesetzes haben Vorgaben auf Grund des Atomgesetzes Vorrang. [4]Die für die nukleare Sicherheit zuständigen Genehmigungs- und Aufsichtsbehörden des Bundes und der Länder sind bei der Erarbeitung des Katalogs von Sicherheitsanforderungen zu beteiligen. [5]Der Katalog von Sicherheitsanforderungen enthält auch Regelungen zur regelmäßigen Überprüfung der Erfüllung der Sicherheitsanforderungen. [6]Ein angemessener Schutz des Betriebs von Energieanlagen im Sinne von Satz 1 liegt vor, wenn dieser Katalog eingehalten und dies vom Betreiber dokumentiert worden

EnWG § 11   Teil 3. Regulierung des Netzbetriebs

ist. [7]Die Einhaltung kann von der Bundesnetzagentur überprüft werden. [8]Zu diesem Zwecke kann die Regulierungsbehörde nähere Bestimmungen zu Format, Inhalt und Gestaltung der Dokumentation nach Satz 6 treffen.

(1c) [1]Betreiber von Energieversorgungsnetzen und von solchen Energieanlagen, die durch Inkrafttreten der Rechtsverordnung gemäß § 10 Absatz 1 des BSI-Gesetzes als Kritische Infrastruktur bestimmt haben,
1. Störungen der Verfügbarkeit, Integrität, Authentizität und Vertraulichkeit ihrer informationstechnischen Systeme, Komponenten oder Prozesse, die zu einem Ausfall oder einer erheblichen Beeinträchtigung der Funktionsfähigkeit des Energieversorgungsnetzes oder der betreffenden Energieanlage geführt haben,
2. erhebliche Störungen der Verfügbarkeit, Integrität, Authentizität und Vertraulichkeit ihrer informationstechnischen Systeme, Komponenten oder Prozesse, die zu einem Ausfall oder einer erheblichen Beeinträchtigung der Funktionsfähigkeit des Energieversorgungsnetzes oder der betreffenden Energieanlage führen können,

über die Kontaktstelle unverzüglich an das Bundesamt für Sicherheit in der Informationstechnik zu melden. [2]Die Meldung muss Angaben zu der Störung, zu möglichen grenzübergreifenden Auswirkungen sowie zu den technischen Rahmenbedingungen, insbesondere der vermuteten oder tatsächlichen Ursache und der betroffenen Informationstechnik, enthalten. [3]Die Nennung des Betreibers ist nur dann erforderlich, wenn die Störung tatsächlich zu einem Ausfall oder einer Beeinträchtigung der Funktionsfähigkeit der Kritischen Infrastruktur geführt hat. [4]Das Bundesamt für Sicherheit in der Informationstechnik hat die Meldungen unverzüglich an die Bundesnetzagentur weiterzuleiten. [5]Das Bundesamt für Sicherheit in der Informationstechnik und die Bundesnetzagentur haben sicherzustellen, dass die unbefugte Offenbarung der ihnen nach Satz 1 zur Kenntnis gelangten Angaben ausgeschlossen wird. [6]Zugang zu den Akten des Bundesamtes für Sicherheit in der Informationstechnik sowie zu den Akten der Bundesnetzagentur in Angelegenheiten nach § 11 Absatz 1a bis Absatz 1c wird nicht gewährt. [7]§ 29 des Verwaltungsverfahrensgesetzes bleibt unberührt. [8]§ 8e Absatz 1 des BSI-Gesetzes ist entsprechend anzuwenden.

(1d) [1]Betreiber von Energieversorgungsnetzen und von solchen Energieanlagen, die durch Inkrafttreten der Rechtsverordnung gemäß § 10 Absatz 1 des BSI-Gesetzes als Kritische Infrastruktur bestimmt wurden, sind verpflichtet, spätestens bis zum 1. April jeden Jahres, die von ihnen betriebene Anlage beim Bundesamt für Sicherheit in der Informationstechnik zu registrieren und eine Kontaktstelle zu benennen. [2]Das Bundesamt für Sicherheit in der Informationstechnik übermittelt die Registrierungen einschließlich der damit verbundenen Kontaktdaten an die Bundesnetzagentur. [3]Die Registrierung eines Betreibers eines Energieversorgungsnetzes oder von solchen Energieanlagen, die durch Inkrafttreten der Rechtsverordnung gemäß § 10 Absatz 1 des BSI-Gesetzes als Kritische Infrastruktur bestimmt wurden, kann das Bundesamt für Sicherheit in der Informationstechnik auch selbst vornehmen, wenn der Betreiber seine Pflicht zur Registrierung nicht erfüllt. [4]Nimmt das Bundesamt für Sicherheit in der Informationstechnik eine solche Registrierung selbst vor, informiert es die Bundesnetzagentur darüber und übermittelt die damit verbundenen Kontaktdaten. [5]Die Betreiber haben sicherzustellen, dass sie über die benannte oder durch das Bundesamt für Sicherheit in der Informationstechnik festgelegte Kontaktstelle jederzeit erreichbar sind. [6]Die Übermittlung von Informationen durch das Bundesamt für Sicherheit in der Informationstechnik nach § 8b Absatz 2 Nummer 4 Buchstabe a des BSI-Gesetzes erfolgt an diese Kontaktstelle.

(1e) [1]Betreiber von Energieversorgungsnetzen und von solchen Energieanlagen, die durch Inkrafttreten der Rechtsverordnung gemäß § 10 Absatz 1 des BSI-Gesetzes als Kritische Infrastruktur bestimmt wurden, haben spätestens ab dem 1. Mai 2023 in ihren informationstechnischen Systemen, Komponenten oder Prozessen, die für die Funktionsfähigkeit der von ihnen betriebenen Energieversorgungsnetze oder Energieanlagen maßgeblich sind, in angemessener Weise Systeme zur Angriffserkennung einzusetzen. ²Die eingesetzten Systeme zur Angriffserkennung müssen geeignete Parameter und Merkmale aus dem laufenden Betrieb kontinuierlich und automatisch erfassen und auswerten. ³Sie sollten dazu in der Lage sein, fortwährend Bedrohungen zu identifizieren und zu vermeiden sowie für eingetretene Störungen geeignete Beseitigungsmaßnahmen vorsehen. ⁴Dabei soll der Stand der Technik eingehalten werden. ⁵Der Einsatz von Systemen zur Angriffserkennung ist angemessen, wenn der dafür erforderliche Aufwand nicht außer Verhältnis zu den möglichen Folgen eines Ausfalls oder einer Beeinträchtigung des betroffenen Energieversorgungsnetzes oder der betroffenen Energieanlage steht.

(1f) ¹Betreiber von Energieversorgungsnetzen und von solchen Energieanlagen, die nach der Rechtsverordnung gemäß § 10 Absatz 1 des BSI-Gesetzes als Kritische Infrastruktur gelten, haben dem Bundesamt für Sicherheit in der Informationstechnik erstmalig am 1. Mai 2023 und danach alle zwei Jahre die Erfüllung der Anforderungen nach Absatz 1d nachzuweisen. ²Das Bundesamt für Sicherheit in der Informationstechnik hat die hierfür eingereichten Nachweisdokumente unverzüglich an die Bundesnetzagentur weiterzuleiten. ³Das Bundesamt für Sicherheit in der Informationstechnik und die Bundesnetzagentur haben sicherzustellen, dass die unbefugte Offenbarung der ihnen nach Satz 1 zur Kenntnis gelangten Angaben ausgeschlossen wird. ⁴Das Bundesamt für Sicherheit in der Informationstechnik kann bei Mängeln in der Umsetzung der Anforderungen nach Absatz 1d oder in den Nachweisdokumenten nach Satz 1 im Einvernehmen mit der Bundesnetzagentur die Beseitigung der Mängel verlangen.

(1g) ¹Die Bundesnetzagentur legt bis zum 22. Mai 2023 im Einvernehmen mit dem Bundesamt für Sicherheit in der Informationstechnik durch Allgemeinverfügung im Wege einer Festlegung nach § 29 Absatz 1 in einem Katalog von Sicherheitsanforderungen für das Betreiben von Energieversorgungsnetzen und Energieanlagen fest,
1. welche Komponenten kritische Komponenten im Sinne des § 2 Absatz 13 Satz 1 Nummer 3 Buchstabe a des BSI-Gesetzes sind oder
2. welche Funktionen kritisch bestimmte Funktionen im Sinne des § 2 Absatz 13 Satz 1 Nummer 3 Buchstabe b des BSI-Gesetzes sind.

²Die Betreiber von Energieversorgungsnetzen und Energieanlagen, die durch Rechtsverordnung gemäß § 10 Absatz 1 Satz 1 des BSI-Gesetzes als Kritische Infrastruktur bestimmt wurden, haben die Vorgaben des Katalogs spätestens sechs Monate nach dessen Inkrafttreten zu erfüllen, es sei denn, in dem Katalog ist eine davon abweichende Umsetzungsfrist festgelegt worden. ³Der Katalog wird mit den Katalogen der Sicherheitsanforderungen nach § 11 Absatz 1a und 1b verbunden.

(2) ¹Für einen bedarfsgerechten, wirtschaftlich zumutbaren Ausbau der Elektrizitätsversorgungsnetze nach Absatz 1 Satz 1 können Betreiber von Elektrizitätsversorgungsnetzen den Berechnungen für ihre Netzplanung die Annahme zugrunde legen, dass die prognostizierte jährliche Stromerzeugung je unmittelbar an ihr Netz angeschlossener Anlage zur Erzeugung von elektrischer Energie aus Windenergie an Land oder solarer Strahlungsenergie um bis zu 3 Prozent reduziert werden darf (Spitzenkappung). ²Betreiber von Elektrizitätsversorgungsnetzen, die für ihre Netzplanung eine Spitzenkappung zugrunde gelegt haben, müssen dies
1. auf ihrer Internetseite veröffentlichen,
2. dem Betreiber des vorgelagerten Elektrizitätsversorgungsnetzes, dem Betreiber des Übertragungsnetzes, der Bundesnetzagentur sowie der zuständigen Landesregulierungsbehörde unverzüglich mitteilen und
3. im Rahmen der Netzplanung für einen sachkundigen Dritten nachvollziehbar dokumentieren.

³Die Dokumentation nach Satz 2 Nummer 3 muss der Bundesnetzagentur, der zuständigen Landesregulierungsbehörde, dem Betreiber des vorgelagerten Elektrizitätsversorgungsnetzes, dem Betreiber des Übertragungsnetzes, einem Einspeisewilligen sowie einem an das Netz angeschlossenen Anlagenbetreiber auf Verlangen

unverzüglich vorgelegt werden. ⁴Die §§ 13 und 14 und § 11 des Erneuerbare-Energien-Gesetzes bleiben unberührt. ⁵Ein Betreiber des Elektrizitätsversorgungsnetzes, der Kosten für die Reduzierung der Einspeisung von mehr als 3 Prozent der jährlichen Stromerzeugung einer Anlage zur Erzeugung von Strom aus erneuerbaren Energien, Grubengas oder Kraft-Wärme-Kopplung bei der Ermittlung seiner Netzentgelte in Ansatz bringt, muss der Bundesnetzagentur sowie der zuständigen Landesregulierungsbehörde den Umfang der und die Ursachen für die Reduzierung der Einspeisung mitteilen und im Fall einer Spitzenkappung die Dokumentation nach Satz 2 Nummer 3 vorlegen.

(3) ¹In Rechtsverordnungen über die Regelung von Vertrags- und sonstigen Rechtsverhältnissen können auch Regelungen zur Haftung der Betreiber von Energieversorgungsnetzen aus Vertrag und unerlaubter Handlung für Sach- und Vermögensschäden, die ein Kunde durch Unterbrechung der Energieversorgung oder durch Unregelmäßigkeiten in der Energieversorgung erleidet, getroffen werden. ²Dabei kann die Haftung auf vorsätzliche oder grob fahrlässige Verursachung beschränkt und der Höhe nach begrenzt werden. ³Soweit es zur Vermeidung unzumutbarer wirtschaftlicher Risiken des Netzbetriebs im Zusammenhang mit Verpflichtungen nach § 13 Absatz 2, § 13b Absatz 5 und § 13f Absatz 1, auch in Verbindung mit § 14, und § 16 Absatz 2 und 2a, auch in Verbindung mit § 16a, erforderlich ist, kann die Haftung darüber hinaus vollständig ausgeschlossen werden.

Überblick

Als Eingangsvorschrift zu Abschnitt 1 des 3. Teils des EnWG enthält § 11 grundlegende Vorgaben für die Betreiber von Energieversorgungsnetzen. § 11 Abs. 1 definiert die von diesen zu erfüllenden zentralen Aufgaben (→ Rn. 18 ff.). §§ 11 Abs. 1a–1g betreffen die informationstechnische Sicherheit (→ Rn. 48 ff.). § 11 Abs. 2 regelt die Zulässigkeit der Berücksichtigung der Spitzenkappung bei der Netzplanung (→ Rn. 146 ff.). § 11 Abs. 3 enthält eine Verordnungsermächtigung im Hinblick auf Haftungsregelungen (→ Rn. 163 ff.).

Übersicht

	Rn.		Rn.
A. Normzweck und Bedeutung	1	II. Schutz gegen Bedrohungen für Telekommunikations- und elektronische Datenverarbeitungssysteme	67
B. Entstehungsgeschichte	5		
C. Betrieb und Ausbau der Energieversorgungsnetze (Abs. 1)	18	III. Katalog von IT-Sicherheitsanforderungen	70
I. Grundlegende Verpflichtungen	19	IV. Erfüllung und Nachweise	81
1. Anforderungen an das Energieversorgungsnetz	20	F. Meldepflichten für Betreiber Kritischer Infrastruktur (Abs. 1c)	84
2. Netzbezogene Aktivitäten	24	I. Eröffnung des Anwendungsbereichs	85
3. Wirtschaftliche Zumutbarkeit	32	II. Meldepflichtige Geschehnisse	89
II. Aufgabenerfüllung nach §§ 12–16a	36	III. Adressat und Zeitpunkt	93
III. Eigenverantwortlichkeit und Kooperationspflicht	38	IV. Inhalt	96
IV. Bezug zu den Entflechtungsvorgaben	42	V. Geheimhaltung	101
V. Ausbau von L-Gasversorgungsnetzen	44	G. Registrierung und Kommunikation (Abs. 1d)	105
D. Informationstechnische Sicherheit (Abs. 1a)	48	I. Registrierung durch verpflichtete Unternehmen	106
I. Schutz gegen Bedrohungen für Telekommunikations- und elektronische Datenverarbeitungssysteme	49	II. Registrierung durch das BSI	113
II. Katalog von IT-Sicherheitsanforderungen	54	III. Kontaktstelle	116
III. Erfüllung und Nachweise	60	H. Verwendung von Systemen zur Angriffserkennung (Abs. 1e)	118
E. Sicherheitsanforderungen für Kritische Infrastruktur (Abs. 1b)	63	I. Nachweis der Verwendung von Systemen zur Angriffserkennung (Abs. 1f)	129
I. Eröffnung des Anwendungsbereichs	64		

	Rn.		Rn.
J. Vorgaben für Kritische Komponenten und Funktionen (Abs. 1g)	136	I. Begrenzung der Einspeisung von Wind- und Solarstrom	148
I. Festlegung	137	II. Transparenz	155
II. Umsetzungspflicht	144	III. Systemverantwortung	159
		IV. Abregelungen	160
K. Planerische Berücksichtigung der Spitzenkappung (Abs. 2)	146	L. Verordnungsermächtigung (Abs. 3)	163

A. Normzweck und Bedeutung

Wegen ihrer Qualifikation als natürliches Monopol bilden die Energieversorgungsnetze einen der **Regelungsschwerpunkte des EnWG**. Teil 3 des EnWG gestaltet die Regulierung des Netzbetriebs in mehr als 60 teils sehr umfangreichen Vorschriften aus. Diese sind vier Abschnitten zugeordnet, welche die Aufgaben der Netzbetreiber (§§ 11–16a), den Netzanschluss (§§ 17–19a), den Netzzugang (§§ 20–28c) sowie die Befugnisse der Regulierungsbehörde (§§ 29–35) betreffen. 1

Der erste Abschnitt, dem § 11 zugehörig ist, gestaltet die **Rechtsstellung der Betreiber von Energieversorgungsnetzen** ausführlich und teils höchst detailgenau aus. Dabei weist § 11 insoweit eine Besonderheit auf, als sich die Vorschrift anders als die übrigen Regelungen dieses Abschnitts zumindest teilweise an alle Betreiber von Energieversorgungsnetzen richtet und nicht ausschließlich Elektrizitäts- oder Gasversorgungsnetze betrifft. Die an einzelne Ausprägungen von Netzbetreibern gerichteten Bestimmungen knüpfen an § 11 an und nehmen teilweise spezifische Konkretisierungen des Regelungsgehalts der Vorschrift vor. Insoweit kommt § 11 eine Klammerfunktion zu, die sich nicht zuletzt in ihrer systematischen Verankerung niederschlägt. Spezifische Bezugnahmen sind in § 12 Abs. 3b S. 1, § 12a Abs. 1 S. 4, § 12b Abs. 1 S. 3, § 13 Abs. 5 S. 4, § 16 Abs. 3 S. 4 enthalten. Überdies ist § 11 für die Berechnung der zulässigen Netzentgelte auf Grundlage der ARegV von zentraler Bedeutung (vgl. nur BGH EnWZ 2013, 562 Rn. 18; OLG Düsseldorf BeckRS 2018, 5994 Rn. 23 ff.). Im vierten Abschnitt erklärt § 35 Abs. 1 Nr. 8 den Umfang, in dem die Betreiber von Übertragungs-, Fernleitungs- und Verteilernetzen ihren Aufgaben nach den §§ 11 ff. nachkommen, zum Gegenstand des Monitorings der BNetzA. 2

§ 11 weist enge Bezüge zu zahlreichen Bestimmungen des **1. Teils** des EnWG auf. Die in § 1 benannten Zwecke und Ziele des Gesetzes und die grundlegende Aufgabenbestimmung für alle Energieversorgungsunternehmen in § 2 bilden den Ausgangspunkt für die normative Bestimmung der Aufgaben der Netzbetreiber (vgl. auch BT-Drs. 15/3917, 56). Entsprechendes gilt in Bezug auf die Elektrizitätsversorgungsnetze nach § 1a Abs. 4. Unmittelbare Bezüge bestehen überdies zu den §§ 4 ff., da Genehmigung und – bei Transportnetzen – Zertifizierung gleichsam den Weg zur Anwendung der Bestimmungen des 3. Teils eröffnen. 3

Deutlich weniger eng sind die Bezüge zwischen § 11 und den weiteren Bestimmungen des 3. Teils des EnWG zu den Regelungen der übrigen Teile des Gesetzes. So zählen die Vorschriften des **2. Teils** über die Entflechtung zwar ebenfalls zu den für Netzbetreiber zentralen Regelungen. Sie sind jedoch primär auf deren Struktur und Organisation gerichtet und berühren die Bestimmung und Wahrnehmung ihrer Aufgaben allenfalls punktuell. § 7a Abs. 4 S. 4 fordert ausdrücklich die Sicherstellung der §§ 11 ff. bei finanzrelevanten Einflussnahmen auf den Verteilernetzbetreiber. Auch die Bestimmungen über die Planfeststellung und die Wegenutzung im **5. Teil** betreffen vornehmlich die Netzbetreiber. Dabei handelt es sich jedoch nicht um regulierungsrechtliche und die spezifischen Aufgaben betreffende Vorgaben, sondern um solche verwaltungsverfahrensrechtlicher Natur. Eine Verbindung ergibt sich allerdings aus dem Umstand, dass die der Planfeststellung vorgelagerten abstrakten Planungsschritte Teil der Regelungen in Abschnitt 1 des 3. Teils des EnWG sind. Die Vorgaben des **6. Teils** über Sicherheit und Zuverlässigkeit der Energieversorgung beziehen zwar die Netzbetreiber grundsätzlich in ihren Anwendungsbereich ein. Diesbezüglich enthalten die Bestimmungen des dritten Teils einschließlich § 11 teils konkretere Vorgaben. Im **7. Teil** erklärt § 59 Abs. 1 S. 2 Nr. 1 und 2 die Beschlusskammern der BNetzA für nicht zuständig für die Erstellung und Überprüfung von Katalogen von Sicherheitsanforderungen nach § 11 4

EnWG § 11 Teil 3. Regulierung des Netzbetriebs

Abs. 1a und 1b sowie für die Aufgaben nach § 11 Abs. 2. Als Bestandteil des **8. Teils** qualifiziert § 95 Abs. 1 Nr. 2a und 2b die Missachtung der Sicherheitskataloge nach § 11 Abs. 1a und 1b sowie die nicht ordnungsgemäße Meldung nach § 11 Abs. 1c als Ordnungswidrigkeiten.

B. Entstehungsgeschichte

5   Die aktuelle Fassung des § 11 ist das Ergebnis zahlreicher Änderungen. In der Fassung des **EnWG 2005** beschränkte sich die Vorschrift auf die heute in § 11 Abs. 1 und 3 enthaltenen Regelungen, die seither jedoch ebenfalls Veränderungen erfahren haben. Die Schaffung der Vorschrift erfolgte dabei insbesondere im Hinblick auf die gebotene Umsetzung europarechtlicher Vorgaben (BT-Drs. 15/3917, 56).

6   Eine erste inhaltliche Ergänzung erfuhr § 11 Abs. 1 durch das **Gesetz zur Beschleunigung des Ausbaus der Höchstspannungsnetze** (BGBl. 2009 I 2870). Das bis dahin in Satz 1 ausschließlich enthaltene Gebot eines bedarfsgerechten Netzausbaus wurde um die Aspekte der Optimierung und Verstärkung ergänzt, wobei nach Auffassung des Gesetzgebers keine neuen Verpflichtungen begründet werden sollten (BT-Drs. 16/10491, 18).

7   Mit dem **Gesetz zur Neuregelung energiewirtschaftsrechtlicher Vorschriften** (BGBl. 2011 I 1554) erfolgte eine Ergänzung der bestehenden Absätze um § 11 Abs. 1a. Die seither nur partiell geänderte Regelung konkretisiert den in § 11 Abs. 1 enthaltenen Begriff des sicheren Betriebs eines Energieversorgungsnetzes „in dem Sinne, dass der Begriff insbesondere auch – aber nicht nur – einen angemessenen Schutz gegen Bedrohungen für Telekommunikations- und elektronische Datenverarbeitungssysteme umfasst" (BT-Drs. 17/6072, 66), und trägt damit dem Umstand Rechnung, dass Energieversorgungsnetze, die unter Verwendung von vernetzter Informationstechnik gesteuert werden, eine besondere Vulnerabilität gegenüber Hacker-Angriffen aufweisen.

8   Die nächste inhaltliche Änderung des § 11 durch das **IT-Sicherheitsgesetz** (BGBl. 2015 I 1324) ging mit einer Schärfung der Konturen des § 11 Abs. 1a einher. Auf Grundlage seiner ursprünglichen Fassung bestehende Unsicherheiten sollten beseitigt werden, indem insbesondere ein Bezug der Datenverarbeitungssysteme zum sicheren Netzbetrieb hergestellt, Vorgaben für den von der BNetzA zu erstellenden Katalog von Sicherheitsanforderungen formuliert, dessen Wirkungen eindeutig gefasst und die Festlegungsbefugnisse der BNetzA verfahrensrechtlich vereinfacht wurden (BT-Drs. 18/4096, 32 f.). Überdies wurde § 11 um die Absätze 1b und 1c ergänzt. Diese Regelungen betreffen ausschließlich Betreiber, deren Energieanlagen auf Grundlage des BSI-Gesetzes als Kritische Infrastruktur qualifiziert wurden. In der Sache wurden über § 11 Abs. 1a hinausgehende Schutzstandards sowie ergänzende Meldepflichten an das BSI eingeführt, „um einen umfassenden Schutz für den Netzbetrieb sicherstellen zu können" (BT-Drs. 18/4096, 33).

9   Mit dem **Strommarktgesetz** (BGBl. 2016 I 1786) wurde der heutige § 11 Abs. 2 eingefügt und damit erstmalig die Möglichkeit der planerischen Berücksichtigung geschaffen, „in einem begrenzten Umfang die Spitzenkappung von Erneuerbare-Energien-Anlagen als Alternative bei der Netzplanung zu berücksichtigen. Damit eröffnet Absatz 2 dem Netzbetreiber die Möglichkeit, sein Netz nicht mehr auf die Aufnahme der letzten Kilowattstunde auszulegen, sondern es auf ein zur Gewährleistung des energiewirtschaftlichen Zwecks nach § 1 Abs. 1 EnWG iVm § 1 EEG 2014 volkswirtschaftlich sinnvolles Maß zu dimensionieren" (BT-Drs. 18/7317, 78 f.). Ergänzend erfolgte eine punktuelle „Nachbearbeitung" des § 11 Abs. 1b S. 1 und 2 im Hinblick auf das maßgebliche Fristenregime (BT-Drs. 18/8915, 31).

10 Durch das **Gesetz zur Umsetzung der Richtlinie (EU) 2016/1148 des Europäischen Parlaments und des Rates vom 6. Juli 2016 über Maßnahmen zur Gewährleistung eines hohen gemeinsamen Sicherheitsniveaus von Netz- und Informationssystemen in der Union** (BGBl. 2017 I 1885) wurde § 11 Abs. 1c inhaltlich präzisiert und zudem übersichtlicher gefasst. Der Kern der Änderung dient der Umsetzung von Art. 14 Abs. 3 und 4 der in der Gesetzesbezeichnung genannten Richtlinie (BT-Drs. 18/11242, 54).

11 Mit dem **Netzentgeltmodernisierungsgesetz** (BGBl. 2017 I 2503) wurde ein zwischenzeitlich wieder aufgehobener (→ Rn. 15) § 11 Abs. 3 geschaffen. Vor dem Hintergrund der mit Atomausstieg und Energiewende verbundenen Herausforderungen stellte die Regelung „klar, dass Übertragungsnetzbetreiber besondere netztechnische Betriebsmittel

vorhalten können, wenn bei einem tatsächlichen örtlichen Ausfall eines oder mehrerer Betriebsmittel im Übertragungsnetz kurzfristige Maßnahmen nötig sind, um wieder in einen nach den allgemeinen technischen Regeln geforderten sicheren Betriebszustand zurück zu kommen", und normierte Vorgaben für deren Beschaffung. Der Regelungsgehalt des bisherigen § 13k ging in der neu geschaffenen Vorschrift auf (BT-Drs. 18/11242, 16 f.).

Das **Gesetz zur Änderung des Erneuerbare-Energien-Gesetzes, des Kraft-** 12 **Wärme-Kopplungsgesetzes, des Energiewirtschaftsgesetzes und weiterer energierechtlicher Vorschriften** (BGBl. 2018 I 2549) ergänzte § 11 Abs. 1 um einen neuen Satz 4, der die fehlende Bedarfsgerechtigkeit des Netzausbaus bei L-Gasversorgungsanschlüssen regelt. Die Einführung der Bestimmung erfolgte im Zusammenhang mit § 17 Abs. 1 S. 2 und § 18 Abs. 1 S. 2 Nr. 2 und zielt auf die Vermeidung von Fehlanreizen. Die zusätzliche Ergänzung des § 11 Abs. 2 S. 5 um die Bezugnahme auf die Ermittlung der Netzentgelte ist als Folgeänderung klarstellender Natur (BT-Drs. 19/5523, 106).

Eine weitere, jedoch erst verzögert in Kraft getretene Änderung des § 11 erfolgte durch 13 das **Gesetz zur Beschleunigung des Energieleitungsausbaus** (BGBl. 2019 I 706). § 11 Abs. 1 wurde durch neue Sätze 3 und 4 ergänzt, um die Eigenverantwortlichkeit der Netzbetreiber und ihre Kooperationspflicht zu betonen (BT-Drs. 19/9027, 9). Darüber hinaus wurden die Verweise auf das EEG aktualisiert.

Mit dem **Zweiten Gesetz zur Erhöhung der Sicherheit informationstechnischer** 14 **Systeme** (BGBl. 2021 I 1122) wurde § 11 um die Absätze 1d und 1e ergänzt. Diese stehen in engem Zusammenhang mit den vorstehenden Absätzen, aber auch den parallel vorgenommenen Änderungen des BSIG, und normieren spezifische Anforderungen für Betreiber von Energieversorgungsnetzen und von solchen Energieanlagen, die als Kritische Infrastruktur bestimmt wurden.

Die nächste Änderung des § 11 erfolgte durch das **Gesetz zur Umsetzung unionsrecht-** 15 **licher Vorgaben und zur Regelung reiner Wasserstoffnetze im Energiewirtschaftsrecht** (BGBl. 2021 I 3026). Hierdurch wurde der durch das Netzentgeltmodernisierungsgesetz eingeführte Absatz 3 (→ Rn. 11) infolge der Einführung des neuen Redispatch-Systems zum 1.10.2021 gestrichen und der bisherige Absatz 4 zu Absatz 3 (BT-Drs. 19/31009, 11).

Als eine weitere Änderung wurde § 11 Abs. 1g – zunächst unter Freilassung der erst 16 künftig zu vergebenden Bezeichnung Absatz 1f – mit Wirkung zum 22.5.2022 eingefügt. Die Bestimmung ist Teil des **Gesetzes zur Änderung des Energiesicherungsgesetzes 1975 und anderer energiewirtschaftlicher Vorschriften** (BGBl. 2022 I 730).

Durch das **Gesetz zur Änderung des Energiewirtschaftsrechts im Zusammenhang** 17 **mit dem Klimaschutz-Sofortprogramm und zu Anpassungen im Recht der Endkundenbelieferung** (BGBl. 2022 I 1214) wurde § 11 mit Wirkung vom 29.7.2022 mehrfach geändert. Neben einer Ersetzung der Terminus „vertikal integriertes Energieversorgungsunternehmen" durch den Begriff des vertikal integrierten Unternehmens (im gesamten EnWG) vor dem Hintergrund der EuGH-Entscheidung zur unzureichenden Umsetzung der Entflechtungsregeln in deutsches Recht (EuGH EuZW 2021, 893; BT-Drs. 20/2402, 38 f.) wurden die Regelungen über die IT-Sicherheit weiter ausgebaut. Dabei wurde ein neuer Absatz 1d eingeführt. Die bisherigen Absätze 1d und 1e wurde mit marginalen Änderungen zu Absätzen 1e und 1f (BT-Drs. 20/1599, 10).

C. Betrieb und Ausbau der Energieversorgungsnetze (Abs. 1)

§ 11 Abs. 1 adressiert mit Ausnahme der systemwidrigen Sonderregelung für die Betreiber 18 von L-Gasversorgungsnetzen in Satz 6 sämtliche Betreiber von Energieversorgungsnetzen iSv § 3 Nr. 4 (→ § 3 Nr. 4 Rn. 1). Die Vorschrift begründet für die erfassten Unternehmen unmittelbare Verpflichtungen, ohne potenziell Begünstigten damit korrespondierende Rechte zu verleihen (Rauch IR 2008, 218; von „Grundpflichten" spricht Baur/Salje/Schmidt-Preuß Energiewirtschaft/Ruthig Kap. 97 Rn. 17 ff.), und ergänzt die in § 2 enthaltene allgemeine Verpflichtung von Energieversorgungsunternehmen sektorspezifisch (BT-Drs. 16/10491, 18).

EnWG § 11 Teil 3. Regulierung des Netzbetriebs

I. Grundlegende Verpflichtungen

19 § 11 Abs. 1 S. 1 statuiert die grundlegende Verpflichtung, ein sicheres, zuverlässiges und leistungsfähiges Energieversorgungsnetz iSv § 3 Nr. 16 (→ § 3 Nr. 16 Rn. 4 ff.) diskriminierungsfrei zu betreiben, zu warten und bedarfsgerecht zu optimieren, zu verstärken und auszubauen, soweit es wirtschaftlich zumutbar ist. Bei diesen Anforderungen handelt es sich um solche, die erforderlich sind, um die **Versorgungssicherheit** auch unter den Bedingungen der Energiewende in einem wettbewerblich geprägten Energiemarkt (dies hervorhebend Schneider/Theobald EnergiewirtschaftsR-HdB/Theobald/Zenke/Dessau § 15 Rn. 114) zu gewährleisten. Es handelt sich mithin ungeachtet der weithin gleichlaufenden ökonomischen Interessen der Netzbetreiber um Vorgaben, die im Interesse der Allgemeinheit bestehen und die Qualifikation der Energieversorgung als Aufgabe der Daseinsvorsorge widerspiegeln (vgl. auch OLG Celle BeckRS 2008, 13976; Bourwieg/Hellermann/Hermes/Bourwieg/Frechen § 11 Rn. 13 ff.). Den wirtschaftlichen Erfordernissen der Netzbetreiber wird durch die Notwendigkeit der wirtschaftlichen Zumutbarkeit der zu ergreifenden Maßnahmen explizit Rechnung getragen (→ Rn. 19.1).

19.1 Einen Anreiz für Netzbetreiber, sich über eine Intensivierung des Einsatzes von Redispatch-Maßnahmen einer Investitionspflicht nach § 11 zu entziehen, hat das OLG Düsseldorf (NJOZ 2015, 1683 Rn. 220) aufgrund der normativen Ausgestaltung des Pflichtenregimes in den §§ 12 ff. sowie in Anbetracht der Möglichkeit regulierungsbehördlicher Aufsichtsmaßnahmen nach § 65 für nicht gegeben erachtet.

1. Anforderungen an das Energieversorgungsnetz

20 Mit der Bezugnahme auf Sicherheit, Zuverlässigkeit und Leistungsfähigkeit des Netzes hat der Gesetzgeber **qualitative Anforderungen** an dieses formuliert, die von den Netzbetreibern erfüllt werden müssen. Den normativen Vorgaben entspricht mithin nicht jedes Energieversorgungsnetz per se, sondern nur ein solches, das Mindestanforderungen entspricht. Dies setzt regelmäßig Wartungs- und Ausbaumaßnahmen voraus, die daher in § 11 Abs. 1 S. 1 ausdrücklich Erwähnung finden (→ Rn. 25 f.). Mangels Netzcharakters nicht erfasst werden Kundenanlagen und Direktleitungen (s. nur Säcker EnergieR/König § 11 Rn. 15 f.).

21 Das Gebot der **Sicherheit** der Energieversorgungsnetze ist eine wesentliche Voraussetzung für die in § 1 Abs. 1 geforderte sichere Versorgung der Allgemeinheit mit Elektrizität und Gas. Gemeint ist damit zunächst die technische Sicherheit, die nach § 49 zu bestimmen ist (Säcker EnergieR/König § 11 Rn. 21; → § 49 Rn. 10). Im Fokus steht dabei die gefahrlose Nutzbarkeit der Energieversorgungsnetze. Hierzu gehört auch, wie § 11 Abs. 1a klarstellt, die informationstechnische Sicherheit (→ Rn. 48 ff.), nicht aber eine allgemeine Terrorresilienz (näher Huerkamp RdE 2016, 280 ff.). Überdies setzt die Sicherheit in diesem Sinne auch die Fähigkeit des Netzes zur Aufrechterhaltung der Versorgung bei Problemfällen durch eine angemessene Netzstruktur voraus (Theobald/Kühling/Theobald § 11 Rn. 15), insbesondere durch die grundsätzliche Einhaltung des (n-1)-Kriteriums beim Bau sowie Betrieb, wonach das Versorgungsnetz den Ausfall eines Betriebsmittels, etwa einer Stromleitung, eines Transformators oder eines Kraftwerks, zu kompensieren in der Lage sein muss (Elspas/Graßmann/Rasbach/Rauch § 11 Rn. 38; Kment EnWG/Tüngler § 11 Rn. 36).

22 Die **Zuverlässigkeit** der Energieversorgungsnetze setzt weithin ihre Sicherheit voraus. Als netz- und nicht netzbetreiberbezogene Anforderung unterscheidet sich der Begriff der Zuverlässigkeit in § 11 von demjenigen in § 4 Abs. 2 S. 1 (→ § 4 Rn. 47; teils aA Elspas/Graßmann/Rasbach/Rauch § 11 Rn. 42). § 19 Abs. 3 S. 1 ARegV definiert die Netzzuverlässigkeit als „die Fähigkeit des Energieversorgungsnetzes, Energie möglichst unterbrechungsfrei und unter Einhaltung der Produktqualität zu transportieren." Ein solches Verständnis liegt auch § 11 Abs. 1 S. 1 zugrunde. Die Zuverlässigkeit der Netze ist gegeben, wenn sie die Funktion der Energieversorgung der Allgemeinheit dauerhaft und grundsätzlich unterbrechungsfrei gewährleisten können (s. auch Bourwieg/Hellermann/Hermes/Bourwieg/Frechen § 11 Rn. 52; Säcker EnergieR/König § 11 Rn. 23). Dass es hierzu auch einer Einspeisung von Energie in die Netze bedarf, die gerade nicht zu den Aufgaben der Netzbetreiber zählt, ist ebenso offensichtlich wie im Kontext des § 11 Abs. 1 S. 1 bedeutungslos (vgl. auch Theobald/Kühling/Theobald § 11 Rn. 14). Im Hinblick auf die Vermeidung eines

Black-out wird das Merkmal der Zuverlässigkeit in zahlreichen weiteren, an die Netzbetreiber gerichteten Vorschriften konkretisiert, wobei anders als in § 11 Abs. 1 S. 1 zwischen verschiedenen Ausprägungen von Energieversorgungsnetzen unterschieden wird.

Auch das Merkmal der **Leistungsfähigkeit** ist ungeachtet paralleler gewerberechtlicher 23 Begrifflichkeiten netz- und nicht netzbetreiberbezogen zu verstehen (teils aA Elspas/Graßmann/Rasbach/Rauch § 11 Rn. 43 ff.). Auch insoweit ist eine Anlehnung an die Begrifflichkeit der ARegV möglich. Nach § 19 Abs. 3 S. 2 ARegV beschreibt „[d]ie Netzleistungsfähigkeit ... die Fähigkeit des Energieversorgungsnetzes, die Nachfrage nach Übertragung von Energie zu befriedigen." Der Begriff bezieht sich mithin auf die Fähigkeit der Energieversorgungsnetze, Energiemengen im durch Angebot und Nachfrage bestimmten Maße zu transportieren. In Frage steht damit vornehmlich ihre Kapazität. Insoweit besteht zugleich eine enge Verbindung zum Gebot ihrer Zuverlässigkeit, da diese durch eine dem Bedarf nicht entsprechende Dimensionierung der Netze technisch in Frage gestellt werden kann. Darüber hinaus setzt die Leistungsfähigkeit der Elektrizitätsversorgungsnetze voraus, dass diese in der Lage sind, die erheblichen Schwankungen bei der Einspeisung von Strom aus erneuerbaren Energien unbeschadet zu verkraften und auch darüber hinaus den Erfordernissen des Strommarktes zu entsprechen.

2. Netzbezogene Aktivitäten

Der **Betrieb** des Netzes nimmt auf die Kernaufgabe und -tätigkeit von Netzbetreibern 24 Bezug. Ein Energieversorgungsnetz muss nicht nur physisch vorhanden und funktionsfähig sein (Netzbereitstellung), sondern auch genutzt und technisch gesteuert werden (Netzführung) (Bourwieg/Hellermann/Hermes/Bourwieg/Frechen § 11 Rn. 61 ff.; Säcker EnergieR/König § 11 Rn. 17). Hinzu kommt die kaufmännische Betriebsführung, in deren Mittelpunkt das Regulierungs- und das Vertragsmanagement stehen (Elspas/Graßmann/Rasbach/Rauch § 11 Rn. 26). Das EnWG gestaltet den Netzbetrieb nur punktuell normativ aus und erfordert im Übrigen die Ergreifung der technisch hierfür notwendigen Maßnahmen (→ Rn. 24.1).

Die Betriebspflicht (s. auch Bourwieg/Hellermann/Hermes/Bourwieg/Frechen § 11 Rn. 67 f., 24.1 73 ff.; Baur/Salje/Schmidt-Preuß Energiewirtschaft/Ruthig Kap. 97 Rn. 35) besteht unabhängig von der Existenz eines gültigen Konzessionsvertrags nach § 46 Abs. 2. Nutzt der Konzessionsvertragspartner einer Gemeinde jedoch durch den Weiterbetrieb eines Stromverteilungsnetzes auch nach Auslaufen des Konzessionsvertrages deren Straßen- und Wegeflächen weiter, so hat die Gemeinde einen Bereicherungsanspruch nach § 812 Abs. 1 S. 2 BGB und kann Wertersatz nach § 818 Abs. 2 BGB verlangen (LG Dortmund BeckRS 2015, 11618).

Des Weiteren erfordert § 11 Abs. 1 S. 1 die **Wartung** des Netzes. Diese dient der dauerhaf- 25 ten Sicherstellung seiner Funktionsfähigkeit und liegt grundsätzlich ebenso wie der Netzbetrieb als solcher auch im ökonomischen Interesse des Netzbetreibers. Die Notwendigkeit ihrer normativen Vorgabe liegt gleichwohl darin begründet, dass es Netzbetreibern im Einzelfall betriebswirtschaftlich sinnvoll erscheinen mag, auf kostenintensive Wartungsmaßnahmen zu verzichten, etwa wenn ein Verlust der Konzession nach § 46 Abs. 2 zu erwarten ist oder im Interesse der Gesellschafter Gewinne erzielt werden sollen, die andernfalls auf Grundlage der zulässigen Einnahmen nach § 21a iVm der ARegV nicht erreichbar wären. Der weite Begriff der Wartung (vgl. Bourwieg/Hellermann/Hermes/Bourwieg/Frechen § 11 Rn. 80; Kment EnWG/Tüngler § 11 Rn. 44) umfasst neben notwendigen Reparaturen aufgetretener Schäden auch – im Rahmen des Möglichen und Zumutbaren – ein kontinuierliches Monitoring der Leitungen sowie der Netztechnik, um Probleme bereits vor ihrem Auftreten zu erkennen und ihre Ursachen beseitigen zu können (Elspas/Graßmann/Rasbach/Rauch § 11 Rn. 29). Damit geht die Verpflichtung einher, „nicht mehr funktionstüchtige sowie solche Bauteile auszutauschen, bei denen ein Defekt zu erwarten ist"; jedoch ist dem Netzbetreiber „ein sehr weiter, in erster Linie an den konkreten technischen Gegebenheiten und Risiken ausgerichteter unternehmerischer Entscheidungsspielraum" zuzugestehen (BGH NVwZ-RR 2016, 731 Rn. 23, 26). Eine nicht anlassbezogene, vorsorgliche Kontroll- und Wartungspflicht, die eine regelmäßige generelle Kontrolle erdverlegter Stromkabel umfasst, hat das OLG Hamm (BeckRS 2013, 10044; BeckRS 2013, 10045) allerdings zu Recht abgelehnt. Jedenfalls bei faktischer Unzugänglichkeit der Anlagen wird der Wartungspflicht genügt, wenn auf auftretende Probleme reagiert wird. Jedoch ist vom Netzbetreiber unabhängig von spezifischen Verpflichtungen deren Erkennung sicherzustellen. Überdies hat er durch geeignete Vorbereitungsmaßnahmen zu gewährleisten, dass eine Problembehandlung unverzüglich erfolgen kann (vgl. Theobald/Kühling/Theobald § 11 Rn. 21).

26   Zusätzlich verlangt § 11 Abs. 1 S. 1 – unter Beachtung des Maßstabs der Bedarfsgerechtigkeit (→ Rn. 29 f.) – die Optimierung und Verstärkung sowie den Ausbau des Netzes (von einer „Kernpflicht" spricht Sailer RdE 2016, 444 (447)). Dabei handelt es sich sämtlich um **Netzerweiterungsmaßnahmen,** deren begriffliche Unterscheidung zwar möglich, aber rechtlich von untergeordneter Bedeutung ist (Säcker EnergieR/König § 11 Rn. 59). Ihre Benennung im Einzelnen hat vorbehaltlich speziellerer gesetzlicher Vorgaben vor allem illustrative Bedeutung. Auch besteht zwischen den Maßnahmen keine Rangfolge (BT-Drs. 16/10491, 18) (→ Rn. 26.1).

26.1 Insbesondere kann der Regelung „ein genereller Vorrang des Optimierens oder Verstärkens einer bestehenden Hochspannungsleitung vor einem Neubau nicht entnommen werden" (BVerwG ZUR 2012, 499 (502); EnWZ 2013, 518 Rn. 43).

27   Als **Optimierung** lässt sich die Verbesserung der Funktionsfähigkeit eines Netzes durch punktuelle, gleichsam „abrundende" Maßnahmen ohne Substanzeingriff (Kment EnWG/Tüngler § 11 Rn. 47) verstehen. Diese Maßnahmen können vor allem netztechnischer Natur sein. So kommt insbesondere der Einsatz intelligenter Netztechnik in Betracht (BT-Drs. 18/7317, 78). Im Einzelfall können auch Stilllegungen einzelner Netzbestandteile als Optimierungsmaßnahmen zu qualifizieren sein (Elspas/Graßmann/Rasbach/Rauch § 11 Rn. 32). Eine **Verstärkung** setzt dagegen stets eine Ertüchtigung vorhandener Netzbestandteile voraus, etwa durch eine Zubeseilung oder den Austausch von Elektrizitätsfreileitungen unter Nutzung der vorhandenen Masten, die Erhöhung von Trafoleistungen oder den Einbau von Spannungsreglern (Bourwieg/Hellermann/Hermes/Bourwieg § 11 Rn. 85; Kment EnWG/Tüngler § 11 Rn. 48) (→ Rn. 27.1).

27.1 Nach der Gesetzesbegründung sind „Optimierungs- und Netzverstärkungsmaßnahmen unter Berücksichtigung der Systemverantwortung und der in § 1 genannten Ziele, insbesondere der effizienten leitungsgebundenen Energieversorgung, ... von den Netzbetreibern in einem ersten Schritt zu prüfen und gegebenenfalls in Angriff zu nehmen. Bei der Bestimmung der im Einzelfall zu ergreifenden Maßnahmen sind weiterhin z. B. deren Auswirkungen auf das Gesamtsystem, die mittel- bis langfristig erforderlich[e]n Transportkapazität, die mittel- bis langfristige Entwicklung des Netzes sowie die Erfordernisse eines sicheren und zuverlässigen Netzbetriebs, Netzverluste und Effizienzanforderungen zu berücksichtigen" (BT-Drs. 16/10491, 18).

28   Um einen **Netzausbau** handelt es sich, wenn ein bestehendes Netz vergrößert wird, sodass bislang nicht einbezogene Bereiche erfasst werden und eine Kapazitätserweiterung erfolgt (Bourwieg/Hellermann/Hermes/Bourwieg § 11 Rn. 86; Sailer RdE 2016, 444 (447); für ein auch qualitatives Verständnis dagegen Rauch IR 2008, 218 f.). Exemplarisch sei für die Verteilernetzebene auf den Anschluss eines neuen Baugebiets einer Kommune mit Strom- und Gasleitungen verwiesen. Im Bereich der Transportnetze bildet der für den Erfolg der Energiewende unabdingbare Netzausbau den zentralen Gegenstand der Bestimmungen des Energiefachplanungsrechts.

29   Alle diese Formen in der Netzerweiterung, nicht aber des Betriebs und der Wartung, sollen dem Maßstab der **Bedarfsgerechtigkeit** entsprechen. Es wird damit auf die Funktion der Netze zur Versorgung von Bevölkerung und Wirtschaft mit Energie wie auch zur Herstellung des Ausgleichs zwischen Angebot und Nachfrage im Energiemarkt verwiesen (Säcker EnergieR/König § 11 Rn. 39; Baur/Salje/Schmidt-Preuß Energiewirtschaft/Ruthig Kap. 97 Rn. 37; ähnlich Theobald/Kühling/Theobald § 11 Rn. 24). Dies bedeutet, dass Netzerweiterungsmaßnahmen nicht isoliert zu betrachten sind, sondern ihr gebotener Umfang sich aus einer Prognose der tatsächlichen Gegebenheiten ergibt (näher Sailer RdE 2016, 444 (448 f.), die freilich ständig im Fluss und zugleich objektiv zu bestimmen sind (vgl. auch Bourwieg/Hellermann/Hermes/Bourwieg § 11 Rn. 98 ff.; Ruge EnWZ 2015, 497 f.). Tendenziell ist dabei jedenfalls im Elektrizitätsbereich ein stetig zunehmender Bedarf festzustellen, der für sämtliche Stromnetze perspektivisch eine Erweiterungsnotwendigkeit mit sich

bringt. Nicht bedarfsgerecht sind jedenfalls technisch und gesamtwirtschaftlich nicht erforderliche Netzerweiterungen (Rauch IR 2008, 218 (219)) (→ Rn. 29.1).

Eine Konkretisierung der Anforderungen an die Bedarfsgerechtigkeit hat das OLG Düsseldorf vorgenommen. Das Gericht führt in der Sache überzeugend aus: „Mit dem Kriterium der Bedarfsgerechtigkeit hat der deutsche Gesetzgeber Art. 12 lit. a, Art. 25 Abs. 1 RL 2009/72 und Art. 13 lit. a, Art. 25 RL 2009/73 umgesetzt, denen zufolge Netzbetreiber verpflichtet werden müssen, auf lange Sicht die Fähigkeit des Netzes sicherzustellen, eine angemessene Nachfrage nach Transport und Verteilung von Strom und Gas zu befriedigen, unter wirtschaftlichen Bedingungen und unter gebührender Beachtung des Umweltschutzes sichere, zuverlässige und leistungsfähige Netze zu betreiben, zu warten und auszubauen. Mit einem bedarfsgerechten Ausbau des Energieversorgungsnetzes kann der Netzbetreiber sowohl im Nachhinein auf eine veränderte Nachfrage reagieren, aber auch auf zukünftig zu erwartende Nachfrageänderungen antizipierend reagieren (Holznagel/Schütz/Müller-Kirchbauer/Paust/Weyer, 1. Aufl. 2013, ARegV § 23 Rn. 67). Das Kriterium der Bedarfsgerechtigkeit soll dabei sowohl Über- als auch Unterinvestitionen in die Energieversorgungsnetze verhindern. Die Gefahr von Überinvestitionen folgt aus der Tatsache, dass Netzbetreiber als natürliche Monopolisten nicht im Wettbewerb mit anderen Unternehmen stehen und ohne eine staatliche Regulierung keinen Anreiz für eine effiziente Leistungserbringung hätten. Der durch die Anreizregulierung vorgegebene Kostendruck birgt demgegenüber die Gefahr von Unterinvestitionen, wenn Netzbetreiber zur Vermeidung von Kosten nur noch die nötigsten Investitionen tätigen. Vor diesem Hintergrund haben Netzbetreiber ihre Netzerweiterungsmaßnahmen an dem objektiven Transport- und Verteilungsbedarf an Elektrizität und Gas zu orientieren. Die Anmeldung eines subjektiven Transport- oder Verteilungsbedarfs durch einen Marktteilnehmer allein reicht daher nicht aus, um eine konkrete Ausbaupflicht des Netzbetreibers auszulösen (Säcker EnergieR/König, 3. Aufl., § 11 Rn. 33). Insgesamt ist eine langfristige Perspektive anzulegen, so dass kurzfristige Kapazitätsmängel nicht zwangsläufig mit einer fehlenden Bedarfsgerechtigkeit gleichzusetzen sind.

Der objektive Transport- und Verteilungsbedarf muss von den Netzbetreibern unter Berücksichtigung der energiewirtschaftlichen Zielsetzungen gem. § 1 ermittelt werden. Bei der Festlegung des anzustrebenden Kapazitätsniveaus sind insbesondere die Ziele der Versorgungssicherheit, eines wirksamen und unverfälschten Wettbewerbs und der kosteneffizienten Leistungserbringung zu berücksichtigen. Um netzseitige Gefahren für die Versorgungssicherheit auszuschließen, müssen die Energieversorgungsnetze stets die nötige Kapazität aufweisen, um allen Strom- oder Gasausspeisungswünschen von Letztverbrauchern entsprechen zu können. Gleichzeitig ergibt sich aus dem Ziel einer kosteneffizienten Leistungserbringung, dass Überkapazitäten, die das hiernach notwendige Maß überschreiten, vermieden werden müssen. Die Schaffung von Überkapazitäten in einem Ausmaß, das weder für die Gewährleistung einer hohen Versorgungssicherheit noch für die Förderung eines wirksamen und unverfälschten Wettbewerbs erforderlich ist, muss aus Gründen der Kosteneffizienz unterbleiben (Säcker EnergieR/König, 3. Aufl., § 11 Rn. 34-36).

Die mit dem bedarfsgerechten Ausbau gem. § 11 verbundene Versorgungssicherheit und Netzzuverlässigkeit erfordert indes nicht allein die einmalige Herstellung einer Anbindung. Die Netzzuverlässigkeit ist vielmehr nur dann gewährleistet, wenn die Anbindung auch störungsfrei aufrechterhalten werden kann. Es kann daher auch die Bevorratung mit Ersatzteilen notwendig sein, wenn nur so im Falle einer Störung oder im Falle des Wartungsbedarfs die Fähigkeit des Netzes sichergestellt werden kann, eine angemessene Nachfrage nach Transport und Verteilung von Strom und Gas zu befriedigen (vgl. BGH EnVR 10/15 Rn. 19 (juris); Senat 14.01.2015 – VI-3 Kart 70/13 (V) Rn. 24, 47 (juris) zu § 23 Abs. 1 S. 2 Nr. 5 AReg).

Ob eine Maßnahme für den bedarfsgerechten Ausbau des Energieversorgungsnetzes nach § 11 notwendig ist, ist vielmehr für jeden Einzelfall anhand des objektiven Transport- und Verteilungsbedarfs unter Berücksichtigung der energiewirtschaftlichen Zielsetzungen gemäß § 1, insbesondere der Ziele der Versorgungssicherheit, des wirksamen und unverfälschten Wettbewerbs und der kosteneffizienten Leistungserbringung zu ermitteln. Bei der vorliegend vor allem vorzunehmenden Abwägung zwischen der Kosteneffizienz und der Versorgungssicherheit ist zwar auch das n-1-Kriterium zu berücksichtigen. Der sichere Netzbetrieb an Land erfordert die Beachtung allgemein anerkannter Regeln, zu denen auch das n-1-Kriterium gehört (Senat 14.01.2015 – VI-3 Kart 70/13 (V), Rn. 40 juris). Es sind indes auch Fälle denkbar, in denen es nicht sachgerecht erscheint, das (n-1)-Kriterium als alleinigen Beurteilungsmaßstab heranzuziehen. Zum Pflichtenkreis des Netzbetreibers gehört nach § 11 der Betrieb eines sicheren, leistungsfähigen und zuverlässigen Energieversorgungsnetzes. Wenn ein Netz auch unter Einhaltung des (n-1)-Kriteriums ausnahmsweise eine sichere und zuverlässige Versorgung dauerhaft nicht gewährleisten, sondern ein störungsfreier Netzbetrieb zuverlässig nur mit darüberhinausgehenden

29.1

29.2

29.3

29.4

Reserven und Betriebsmitteln betrieben werden kann, können auch über das (n-1)-Kriterium hinausgehende Maßnahmen im Einzelfall für einen bedarfsgerechten Netzausbau erforderlich sein. Bei dieser Beurteilung sind neben der Wahrscheinlichkeit des Ausfalls der Betriebsmittel auch die für die Maßnahme aufzuwendenden Kosten sowie die Wahrscheinlichkeit des Schadenseintritts und die Höhe eines möglichen Schadens gegeneinander abzuwägen" (OLG Düsseldorf BeckRS 2018, 5994 Rn. 28 f., 33, 39).

30 Für Elektrizitätsversorgungsnetze nimmt § 11 Abs. 2 (→ Rn. 146 ff.), für Gasversorgungsnetze § 11 Abs. 1 S. 6 eine partielle Konkretisierung des Maßstabs für einen bedarfsgerechten Ausbau vor. Bei den Transportnetzen fließt die Bedarfsgerechtigkeit in die Netzentwicklungsplanung nach §§ 12a ff. ein (vgl. auch Säcker EnergieR/König § 11 Rn. 35 ff., 46 ff.). Individuelle Ansprüche auf einen Netzausbau lassen sich aus dem Gebot der Bedarfsgerechtigkeit nicht ableiten (Kment EnWG/Tüngler § 11 Rn. 52).

31 Bei sämtlichen dieser Aktivitäten ist die **Diskriminierungsfreiheit** sicherzustellen (Bourwieg/Hellermann/Hermes/Bourwieg § 11 Rn. 106). Dabei handelt es sich um eine grundlegende, das Energieregulierungsrecht in seiner Gesamtheit prägende Anforderung. Eine gezielte, sachgrundlose Ungleichbehandlung von Dritten etwa durch selektiv wirkende netztechnische Maßnahmen ist auszuschließen. Insbesondere ist aus wettbewerblichen Gründen eine Schlechterbehandlung von nicht konzernangehörigen gegenüber konzernangehörigen Unternehmen verboten (vgl. auch § 6 Abs. 1 S. 1, § 17 Abs. 1 S. 1, § 21 Abs. 1; Säcker EnergieR/König § 11 Rn. 26; Baur/Salje/Schmidt-Preuß Energiewirtschaft/Ruthig Kap. 97 Rn. 39). Gegenstand des Diskriminierungsverbots sind sämtliche Maßnahmen im Zusammenhang mit netzbezogenen Aktivitäten einschließlich deren Bepreisung. Für Netzanschluss und Netzzugang wird dies in § 17 Abs. 1 S. 1 und § 20 Abs. 1 S. 1 nochmals klargestellt. Zugleich handelt es sich für die betroffenen Bereiche um die spezielleren und daher vorrangig anzuwendenden Vorschriften. Für das Diskriminierungsverbot des § 11 Abs. 1 S. 1 bleibt daher nur Raum, soweit Netzbetrieb und -entwicklung allgemein betroffen sind, etwa im Zusammenhang mit Entscheidungen über die örtliche und zeitliche Ertüchtigung des Netzes.

3. Wirtschaftliche Zumutbarkeit

32 Als Grenze für die in § 1 Abs. 1 S. 1 enthaltenen Verpflichtungen normiert die Vorschrift deren wirtschaftliche Zumutbarkeit für den Netzbetreiber (grundlegend dazu Ringel, Die wirtschaftliche Zumutbarkeit im Energierecht, 2011, insbes. 57 ff., 183 ff.). Zumindest soweit es sich bei diesen um privatwirtschaftliche Unternehmen handelt, ist dies auch grundrechtlich geboten und lässt sich als Ausprägung des Verhältnismäßigkeitsgrundsatzes deuten (BVerwG BeckRS 2012, 52464 Rn. 27; BVerwGE 147, 184 Rn. 43 = BeckRS 2013, 57308). Wenngleich die Energieversorgung als Aufgabe der Daseinsvorsorge zu qualifizieren ist, handelt es sich gleichwohl um einen Wirtschaftssektor, der nach den Gesetzen des Marktes funktionieren soll. Die **Verhinderung einer finanziellen Überbeanspruchung** der Netzbetreiber durch rechtliche Vorgaben ist eine wesentliche Grundlage für deren Funktionieren als Unternehmen und um ihre existenzielle Angewiesenheit auf öffentliche Mittel auszuschließen. Außer in § 11 Abs. 1 S. 1 wird die wirtschaftliche Zumutbarkeit von Verpflichtungen für die Netzbetreiber daher in zahlreichen weiteren für diese relevanten Bestimmungen vorgesehen (vgl. § 17 Abs. 1 S. 1, Abs. 2 S. 1, § 18 Abs. 1, § 20 Abs. 1b S. 5 und 7, Abs. 2 S. 1).

33 Gegenstand des Vorbehalts sind die **Verpflichtungen zu netzbezogenen Aktivitäten.** Die Qualifikationen des Energieversorgungsnetzes als sicher, zuverlässig und leistungsfähig (→ Rn. 24 ff.) sowie das Gebot der Diskriminierungsfreiheit (→ Rn. 31) unterfallen zwar grammatikalisch ebenfalls der Einschränkungsmöglichkeit. Sinn und Zweck sprechen jedoch gegen deren Einbeziehung, da andernfalls sowohl die Ziele des § 1 als auch die grundlegenden, europarechtlich determinierten Wertungen des Energieregulierungsrechts in Frage gestellt würden. Auch deuten die parallelen Formulierungen in § 17 Abs. 2 S. 1 und § 20 Abs. 2 S. 1 darauf hin, dass nach Auffassung des Gesetzgebers ein Dispens vom Gebot der Diskriminierungsfreiheit aus wirtschaftlichen Gründen nicht in Betracht kommt.

34 Für die **Bestimmung** der wirtschaftlichen Zumutbarkeit ist richtigerweise im Kern eine objektivierte betriebswirtschaftliche Perspektive anzulegen (Bourwieg/Hellermann/Hermes/Bourwieg § 11 Rn. 111 ff.). Zwar wird das wirtschaftliche Risiko der Netzbetreiber durch die regulierungsbehördlich auf normativer Grundlage sanktionierten Netznutzungs-

entgelte reduziert. Eine volkswirtschaftliche Betrachtungsweise – die eine wirtschaftliche Unzumutbarkeit selbst in Extremfällen regelmäßig entfallen ließe – ist dem Energieregulierungsrecht jenseits der an die öffentliche Hand gerichteten Vorschriften fremd. Die Möglichkeit der Überwälzbarkeit der Kosten auf die Verbraucher besteht für den einzelnen Netzbetreiber in Bezug auf konkrete netzbezogene Aktivitäten nur theoretisch (vgl. auch letztlich offen lassend BVerwG ZUR 2012, 499 (502); BVerwGE 147, 184 Rn. 43 = BeckRS 2013, 57308). Für Einzelmaßnahmen gilt daher grundsätzlich, dass sich deren Kosten – unter Berücksichtigung etwaiger Baukostenzuschüsse nach § 11 NAV/§ 11 NDAV (vgl. zur Problematik bei Erschließungsträgern Rauch IR 2008, 218 (220)) – innerhalb der üblichen Nutzungsdauer der Anlagen amortisieren können müssen und auch ein angemessener Gewinn erzielt werden kann (Kment EnWG/Tüngler § 11 Rn. 60; ähnlich Peters ZNER 2007, 272 (274); restriktiver Säcker EnergieR/König § 11 Rn. 66; Sailer RdE 2016, 444 (452)). Soweit allerdings der „allgemeine Netzbetrieb" in Frage steht, der in wirtschaftlicher Hinsicht nicht zuletzt durch die regulierungsbehördliche Festlegung von Erlösobergrenzen determiniert wird, die wirtschaftlichen und finanziellen Fähigkeiten des jeweiligen Netzbetreibers in das Verhältnis zu der in Frage stehenden Verpflichtung und ihrer Bedeutung für die Funktionsfähigkeit des Netzbetriebs zu setzen. Nur wenn die Ergreifung der eigentlich gebotenen netzbezogenen Aktivitäten den betroffenen Netzbetreiber finanziell völlig unverhältnismäßig belasten würde, kommt eine Ausnahme in Betracht, zumal eine solche die Betriebspflicht insgesamt in Frage stellen würde (vgl. Säcker EnergieR/König § 11 Rn. 18) (→ Rn. 34.1).

Insoweit hat das OLG Hamm zu Recht entschieden, dass eine mit einem flächendeckenden regelmä- **34.1** ßigen „Aufgraben der vielfach im Straßenkörper oder ... unter einer Pflasterung verlegten Kabel mit einer anschließenden ordnungsgemäßen Wiederherstellung des vorherigen Zustandes" (OLG Hamm BeckRS 2013, 10044 Rn. 8) verbundene „regelmäßige Sichtkontrolle aller erdverlegten Stromkabel mit einem derart hohen Kostenaufwand verbunden wäre, dass sich in diesem Falle ... ohne eine gleichzeitige exorbitante Erhöhung der Strompreise keine Gewinne mehr mit der Lieferung von Strom erzielen ließen. Gleiches gilt für ... alternativ[e] ... Kontrollmessungen aller erdverlegten Stromkabel, die ... zur Vermeidung entsprechender Defekte in sehr kurzen Intervallen geführt werden müssten und – wegen der für die Messung notwendigen Abtrennung der anderen in dem jeweiligen Gebiet vorhandenen Anschlüsse – jeweils mit einem hohen Personal- und Kostenaufwand verbunden wären" (BeckRS 2013, 10045).

Soweit in der Literatur die Möglichkeit einer Unwirtschaftlichkeit für die Allgemeinheit **35** diskutiert wird (zurückhaltend positiv Bourwieg/Hellermann/Hermes/Bourwieg § 11 Rn. 115 ff.), obliegt die Entscheidung darüber dem Gesetzgeber. Die durch § 11 Abs. 1 S. 1 adressierten Netzbetreiber verfügen insoweit weder über die notwendigen Erkenntnismöglichkeiten noch über eine Bewertungs- und Entscheidungskompetenz (vgl. auch Elspas/Graßmann/Rasbach/Rauch § 11 Rn. 58).

II. Aufgabenerfüllung nach §§ 12–16a

§ 11 Abs. 1 S. 2 verweist **deklaratorisch** auf die Erfüllung der in den folgenden Bestim- **36** mungen des 1. Abschnitts des 3. Teils des EnWG konkretisierten Aufgaben und Verpflichtungen der Netzbetreiber. Die in Bezug genommenen Bestimmungen richten sich vielfach nur an bestimmte Gruppen von Netzbetreibern. Für die tatbestandlich von den §§ 12–16a jeweils nicht erfassten Netzbetreiber führt auch § 11 Abs. 1 S. 2 nicht zu einer Bindung. In Anbetracht ihres vernachlässigbaren juristischen Gehalts ist die Vorschrift letztlich überflüssig.

Darüber hinaus kommt § 11 Abs. 1 S. 2 wegen der nicht abschließenden Bezugnahme **37** auf die nachfolgenden Vorschriften („insbesondere") eine – allerdings wenig spezifische – Hinweisfunktion auf die **Beachtlichkeit sonstiger normativer Anforderungen** zu, die ihre Grundlage teils im EnWG, vielfach aber auch in anderen Gesetzen des Energierechts wie auch der sonstigen Rechtsordnung finden und entweder an die spezifische Funktion als Netzbetreiber anknüpfen oder diese allgemein in ihrer Eigenschaft als (Energieversorgungs-)Unternehmen adressieren. Hieraus resultierende Pflichten bleiben (naturgemäß mangels abschließenden Charakters) von § 11 unberührt (BT-Drs. 16/10491, 18).

III. Eigenverantwortlichkeit und Kooperationspflicht

38 § 11 Abs. 1 S. 2–4 verpflichtet die Energieversorgungunternehmen, die in den vorstehenden Sätzen genannten Aufgaben für ihr Energieversorgungsnetz in eigener Verantwortung wahrzunehmen, zugleich aber zu diesem Zweck miteinander zu kooperieren und sich zu unterstützen, was vor allem für Maßnahmen gilt, die sich auf das Netz eines anderen Betreibers von Energieversorgungsnetzen auswirken können. Nach der Gesetzesbegründung handelt es sich um die **Kodifikation** von „in der Praxis bereits geltenden Grundsätze[n]" (BT-Drs. 19/9027, 9). Ob es ihr daher bedurft hätte, sei dahingestellt.

39 Das Gebot der **Eigenverantwortlichkeit** der Aufgabenwahrnehmung bringt Selbstverständliches zum Ausdruck. Es steht in Anbetracht ihrer Stellung als Adressaten normativer Anforderungen außer Frage, dass die verbindlichen Vorgaben für Energieversorgungsnetzbetreiber von diesen unmittelbar und eigenständig zu beachten sind. Dies dürfte auch mit ihrem – von der privaten oder öffentlichen Trägerschaft unabhängigen – Selbstverständnis als Unternehmen korrespondieren, die als selbstständige Akteure am Rechts- und Wirtschaftsverkehr teilnehmen. Da es sich allerdings um einen in hohem Maße regulierten Sektor handelt, kann die BNetzA die Beachtung der Verpflichtung zum Betrieb eines sicheren, zuverlässigen und leistungsfähigen Energieversorgungsnetzes im Rahmen der behördlichen Aufsicht nach § 65 sicherstellen (OLG Düsseldorf BeckRS 2012, 18079). An der Eigenverantwortlichkeit des Netzbetreibers für die Erfüllung der gesetzlichen Vorgaben ändert dies jedoch nichts; vielmehr setzen Aufsichtsmaßnahmen diese gerade voraus.

40 Den Kern der Neuregelung bildet daher auch die Pflicht zur **Kooperation.** Ungeachtet des fehlenden normativen Neuigkeitswertes (vgl. Bourwieg/Hellermann/Hermes/Bourwieg/Frechen § 11 Rn. 39 ff.) und ihrer teilweise näheren Ausgestaltung in Bezug auf konkrete, eine Zusammenarbeit der Netzbetreiber erfordernde Aspekte, hat der Gesetzgeber eine Hervorhebung in § 11 für notwendig erachtet. Ihre zentrale Bedeutung innerhalb des vielfache Verknüpfungen aufweisenden Netzverbundes wird damit sichtbar gemacht (→ Rn. 40.1).

40.1 Nach der Gesetzesbegründung folgt „[a]us der Kooperationspflicht ... auch, dass bei Maßnahmen, die sich auf das Netz anderer Netzbetreiber auswirken können, die Belange der betroffenen Netzbetreiber zu berücksichtigen sind. Diesen Prinzipien kommt angesichts der künftigen Aufgaben der Netzbetreiber eine besondere Bedeutung zu, die an dieser Stelle betont wird. Im Strombereich bedarf es insbesondere für das zukünftige einheitliche System des Netzengpassmanagements einer engen Kooperation zwischen den Netzbetreibern, um netzübergreifend die optimale Gesamtlösung zu identifizieren und den europarechtlich gebotenen Einspeisevorrang umzusetzen. Der jeweilige Redispatch-Abruf muss zwischen den betroffenen Netzbetreibern koordiniert werden, was u. a. einen ansprechenden Informationsaustausch zwischen den Netzbetreibern voraussetzt. Dieser Informationsaustausch dient insbesondere auch dazu, etwaige Konflikte hinsichtlich des Einsatzes von Redispatch-Maßnahmen zu identifizieren und aufzulösen, wobei in der Regel die Redispatch-Maßnahmen der jeweils nachgelagerten Netzebene vorrangig sind, da auf den vorgelagerten Netzebenen in der Regel mehr Alternativen zur Verfügung stehen. Der notwendige Datenaustausch richtet sich nach den hierfür bereits bestehenden Regelungen, insbesondere Artikel 40 ff. der Verordnung (EU) 2017/1485 der Kommission vom 2. August 2017, § 12 Absatz 4 EnWG (für die Verteilnetzbetreiber in Verbindung mit § 14 Absatz 1) sowie den auf diesen Grundlagen ergangenen Genehmigungen und Festlegungen und der Marktstammdatenregisterverordnung. Der Datenaustausch nach der Verordnung (EU) 2017/1485 der Kommission vom 2. August 2017 ist auf Basis des Beschlusses BK6-18-071 der BNetzA auch für die Verteilnetzbetreiber vorgesehen. Gegebenenfalls zusätzlich notwendige Festlegungen kann die BNetzA nach § 12 Absatz 6 EnWG treffen. Bei der Wahrnehmung der Aufgaben und der gebotenen Kooperation der Netzbetreiber sind u. a. die spezifischen Vorgaben der §§ 12, 13, 13a und 14 EnWG zu beachten" (BT-Drs. 19/9027, 9).

41 Konkrete Rechtspflichten lassen sich aus dem allgemeinen Kooperationsgebot jedoch nicht ableiten. Für deren Begründung bedarf es spezifischer Vorgaben (dazu umfassend Kavacs, Die Zusammenarbeit von Netzbetreibern im Strombereich vor dem Hintergrund der Digitalisierung und Dezentralisierung der Energiesysteme, 2023, insb. ab S. 66). Es handelt sich daher vornehmlich um eine generelle Verhaltensanforderung, deren Missachtung nur in Extremfällen als Rechtsverstoß qualifiziert werden kann. Insoweit kann § 11 Abs. 1 S. 4 auch weder als Einfallstor für Detailsteuerungsmaßnahmen durch die BNetzA dienen noch im Verhältnis der Netzbetreiber untereinander die Eigenverantwortlichkeit aushöhlen.

IV. Bezug zu den Entflechtungsvorgaben

Anders als die vorstehenden Sätze adressiert § 11 Abs. 1 S. 5 nicht alle Energieversorgungsnetzbetreiber. Für **Verteilernetzbetreiber,** die Teil eines vertikal integrierten Unternehmens iSv § 3 Nr. 38 sind, stellt die Vorschrift klar, dass die aus den voranstehenden Sätzen folgenden Verpflichtungen uneingeschränkt zu beachten sind, dass also „auch die Leitung eines vertikal integrierten Energieversorgungsunternehmens bei der Ausübung ihrer Leitungs- und Aufsichtsbefugnisse gegenüber einem verbundenen Netzbetreiber durch diese Bestimmungen zu Aufgaben und Verantwortung von Netzbetreibern gebunden ist" (BT-Drs. 15/3917, 56). Korrespondierend damit verweist § 7a Abs. 4 S. 4 auf die Einhaltung u.a. des § 11 (→ § 7a Rn. 52).

Gemäß § 7a Abs. 4 S. 3 ist „[z]ur Wahrnehmung der wirtschaftlichen Befugnisse der Leitung des vertikal integrierten Energieversorgungsunternehmens und seiner Aufsichtsrechte über die Geschäftsführung des Verteilernetzbetreibers im Hinblick auf dessen Rentabilität ... die **Nutzung gesellschaftsrechtlicher Instrumente der Einflussnahme und Kontrolle,** unter anderem der Weisung, der Festlegung allgemeiner Verschuldungsobergrenzen und der Genehmigung jährlicher Finanzpläne oder gleichwertiger Instrumente, insoweit zulässig, als dies zur Wahrnehmung der berechtigten Interessen des vertikal integrierten Energieversorgungsunternehmens erforderlich ist." Die Vorschrift ermöglicht eine gewisse, vom Gesetzgeber als legitim angesehene Einflussnahme der Konzernleitung auf den in seinem Agieren weithin eigenständigen Verteilernetzbetreiber (näher → § 7a Rn. 49 ff.; Kment EnWG/Knauff § 7a Rn. 14 ff.). § 11 Abs. 1 S. 5 formuliert diesbezüglich eine Grenze zulässiger Einflussnahme. Insbesondere darf diese nicht zu einer Überlagerung der gesetzlichen Vorgaben für den Netzbetrieb aus Gründen der (Steigerung der) Rentabilität führen.

V. Ausbau von L-Gasversorgungsnetzen

Systematisch wenig geglückt enthält § 11 Abs. 1 S. 6 eine Vorschrift, deren Regelungsgehalt sich auf spezifische Gasversorgungsnetze beschränkt und insoweit den Aspekt des **bedarfsgerechten Ausbaus** iSv § 11 Abs. 1 S. 1 (→ Rn. 29) konkretisiert. Der Regelung liegt dabei ein negativer Ansatz zugrunde.

Ausschließlicher Bezugsgegenstand sind **L-Gasversorgungsnetze** iSv § 3 Nr. 24c (→ § 3 Nr. 24c Rn. 1 f.). Die Vorschrift ist Konsequenz der aufgrund der absehbaren Erschöpfung der diesbezüglichen Quellen insbesondere in den Niederlanden notwendigen Marktraumumstellung vor allem im Nordwesten Deutschlands von L-Gas (Low calorific gas) auf H-Gas (High calorific gas), das über einen höheren Methangehalt und Brennwert verfügt, bis Ende 2029. Technischer Hintergrund ist die Unmöglichkeit der gleichzeitigen Nutzung ein- und desselben Netzes für die Versorgung mit L- und H-Gas.

Ausschließlich in Bezug auf diese L-Gasversorgungsnetze nimmt § 11 Abs. 1 S. 6 eine **Beschränkung der Ausbauverpflichtung** für den Fall vor, dass es an der diese auslösenden Bedarfsgerechtigkeit fehlt, wenn der Ausbau aufgrund von Netzanschlüssen erfolgen müsste, zu deren Einräumung der Betreiber nicht nach den §§ 17 und 18 verpflichtet war. Eine derartige Verpflichtung besteht nach § 17 Abs. 1 S. 2 und 3, § 18 Abs. 1 S. 2 Nr. 2, S. 3 f. seit dem Stichtag 21.12.2018 nur noch im Ausnahmefall (→ § 17 Rn. 42 f., → § 18 Rn. 26 ff.). Nach der Gesetzesbegründung kann sich „[d]ementsprechend ... ein Ausbaubedarf im L-Gasversorgungsnetz in der Regel nur noch daraus ergeben, dass Netzanschlüsse auch ohne eine entsprechende gesetzliche Verpflichtung des Netzbetreibers erstellt werden. Mit Blick auf die knapper werdenden L-Gas-Ressourcen hätte dies nachteilige Auswirkungen für die Versorgungssicherheit der Bestandskunden, die die Ausbaumaßnahmen zugleich noch über Netzentgelte mitfinanzieren müssten. Um die damit verbundenen Fehlanreize zu beseitigen, stellt der neue § 11 Abs. 1 S. 4 [aF = Satz 6 nF] im Interesse der Bestandskunden im L-Gasversorgungsnetz klar, dass Ausbaumaßnahmen zur Integration von Netzanschlüssen, die ohne gesetzliche Verpflichtung eingeräumt wurden, nicht bedarfsgerecht im Sinne von Satz 1 sind. Regulatorisch kann daher für solche Ausbaumaßnahmen auch keine Kostenanerkennung erfolgen" (BT-Drs. 19/5523, 106). Im Ergebnis bedeutet dies, dass von wenigen

Ausnahmesituationen abgesehen der Ausbau eines L-Gasversorgungsnetzes gesetzlich nicht mehr zu den Aufgaben der Netzbetreiber zählt. Die in der Gesetzesbegründung zutreffend angesprochene Folge der Nichtanerkennung der mit einem solchen verbundenen Kosten bei der Netzentgeltregulierung wirkt als effektives Stoppsignal für die Erweiterung der L-Gasversorgungsnetze.

47 Die aus § 11 Abs. 1 S. 1 folgenden **übrigen Verpflichtungen** der Netzbetreiber bleiben durch § 11 Abs. 1 S. 6 **unberührt**. Die Betreiber von L-Gasversorgungsnetzen bleiben daher bis zu deren Umstellung auf H-Gas gem. § 19a uneingeschränkt zu deren Betrieb und Wartung sowie erforderlichenfalls auch zu bedarfsgerechten Maßnahmen der Optimierung und Verstärkung verpflichtet.

D. Informationstechnische Sicherheit (Abs. 1a)

48 § 11 Abs. 1a thematisiert die informationstechnische Sicherheit von Energieversorgungsnetzen (auch) zur Sicherung ihrer Daseinsvorsorgefunktion (Schippel ITRB 2022, 138 (140)). Die mehrfach geänderte Bestimmung (→ Rn. 7 f.) gilt für **alle Betreiber von Energieversorgungsnetzen** (vgl. OLG Düsseldorf BeckRS 2017, 132865 Rn. 35 ff.; Thomale VersorgW 2015, 301 (302); Schaller CR 2022, 635 (638)), sofern Telekommunikations- und elektronische Datenverarbeitungssysteme für den Netzbetrieb verwendet werden und einschließlich der Betreiber von geschlossenen Verteilernetzen (Bartsch EnWZ 2023, 69 (70, 72 f.)). Für solche Netzbetreiber, deren Netze als Kritische Infrastruktur qualifiziert wurden, gelten zusätzlich die aus § 11 Abs. 1b–1g folgenden Anforderungen.

I. Schutz gegen Bedrohungen für Telekommunikations- und elektronische Datenverarbeitungssysteme

49 § 11 Abs. 1a S. 1 konkretisiert den Begriff des sicheren Betriebs eines Energieversorgungsnetzes gem. § 11 Abs. 1 S. 1 bereichsspezifisch (BT-Drs. 17/6072, 66). Die Vorschrift trägt der durch die umfassende informationstechnische Steuerbarkeit der Netze geschaffenen Gefahrenlage (s. dazu und zu den verfassungsrechtlich gebotenen Reaktionsnotwendigkeiten nur Guckelberger DVBl 2015, 1213 ff.) Rechnung und soll einen **Schutz vor Hackerangriffen** gewährleisten. Zwar lässt sich das Gebot der informationstechnischen Sicherheit der Netze in Anbetracht der gebotenen dynamischen Auslegung auch interpretativ aus § 11 Abs. 1 S. 1 gewinnen. Mit § 11 Abs. 1a S. 1 hat der Gesetzgeber jedoch Rechtssicherheit geschaffen. Ob und Wie der Gewährleistung informationstechnischer Netzbetriebssicherheit wird mit der expliziten normativen Vorgabe zumindest im Grundsatz der juristischen Auseinandersetzung sowie betriebswirtschaftlichen Erwägungen entzogen.

50 Bezugsgegenstand der Norm sind Telekommunikations- und elektronische Datenverarbeitungssysteme. Der Begriff der **Telekommunikationssysteme** entspricht demjenigen der Telekommunikationsanlagen iSv § 3 Nr. 60 TKG, meint mithin „technische Einrichtungen, Systeme oder Server, die als Nachrichten identifizierbare elektromagnetische oder optische Signale oder Daten senden, übertragen, vermitteln, empfangen, steuern oder kontrollieren können". **Elektronische Datenverarbeitungssysteme** lassen sich in Anlehnung an den Begriff der Informationstechnik iSv § 2 Abs. 1 BSIG als „alle technischen Mittel zur Verarbeitung von Informationen" qualifizieren. Eine Verarbeitung liegt entsprechend Art. 4 Nr. 2 DS-GVO vor bei „jede[m] mit oder ohne Hilfe automatisierter Verfahren ausgeführten Vorgang oder jede solche Vorgangsreihe im Zusammenhang mit ... Daten wie das Erheben, das Erfassen, die Organisation, das Ordnen, die Speicherung, die Anpassung oder Veränderung, das Auslesen, das Abfragen, die Verwendung, die Offenlegung durch Übermittlung, Verbreitung oder eine andere Form der Bereitstellung, den Abgleich oder die Verknüpfung, die Einschränkung, das Löschen oder die Vernichtung". Technisch erfasst werden mithin alle Systeme, die der nichtmechanischen Netzsteuerung dienen.

51 Das normative Gebot eines informationstechnisch sicheren Netzbetriebs bezieht sich allerdings nur auf solche Systeme, die **für einen sicheren Netzbetrieb notwendig** sind. Nach Auffassung des Gesetzgebers handelt es sich dabei um solche, die einen sicheren Netzbetrieb garantieren (BT-Drs. 18/4096, 32). Dies erfasst die meisten der in der ursprünglichen Fassung der Vorschrift in Bezug genommenen Systeme, „die der Netzsteuerung dienen". Welche Telekommunikations- und elektronischen Datenverarbeitungssysteme von der Norm konkret erfasst werden, ist wesentlich von der technischen Entwicklung und der tatsächlichen Verwendung derartiger Systeme im Netzbetrieb abhängig (vgl. auch Elspas/Graßmann/Rasbach/Rauch § 11 Rn. 69 f.) (→ Rn. 51.1).

Nach Auffassung der BNetzA bezieht sich die Vorgabe auf „alle zentralen und dezentralen Anwendungen, Systeme und Komponenten, die für einen sicheren Netzbetrieb notwendig sind. Enthalten sind demnach zumindest alle TK- und EDV-Systeme des Netzbetreibers, welche direkt Teil der Netzsteuerung sind, d. h. unmittelbar Einfluss nehmen auf die Netzfahrweise. Daneben sind auch TK- und EDV-Systeme im Netz betroffen, die selbst zwar nicht direkt Teil der Netzsteuerung sind, deren Ausfall jedoch die Sicherheit des Netzbetriebs gefährden könnte. Darunter fallen z. B. Messeinrichtungen an Trafo- oder Netzkoppelstationen." Allerdings erfolge „[d]ie Ermittlung der im Einzelfall betroffenen Anwendungen, Systeme und Komponenten eines Netzes ... durch den jeweiligen Netzbetreiber selbst unter Beachtung der in diesem IT- Sicherheitskatalog vorgegebenen Kriterien" (BNetzA, IT-Sicherheitskatalog gemäß § 11 Absatz 1a Energiewirtschaftsgesetz, 2015, 6). 51.1

Eine für die Praxis relevante, gewisse Konkretisierung erfolgt durch den IT-Sicherheitskatalog der BNetzA auf Grundlage von § 11 Abs. 1a S. 2 (→ Rn. 54 ff.). Dieser benennt verschiedene Technologiekategorien und ordnet diesen exemplarisch spezifische Systeme zu (→ Rn. 52.1). 52

Die Kategorie Leitsystem/Systembetrieb erfasst „[a]lle zentralisierten Systeme, die der Netzsteuerung und -überwachung dienen, sowie die hierzu notwendigen unterstützenden IT-Systeme, Anwendungen und zentralen Infrastrukturen." Exemplarisch benannt werden zentrale Netzleit- und Netzführungssysteme, zentrale Messwerterfassungssysteme, Systeme zur Überwachung und Steuerung von Netzspeichern, Datenarchivierungssysteme, zentrale Parametrier-, Konfigurations- und Programmiersysteme sowie die für den Betrieb der genannten Systeme notwendigen unterstützenden Systeme. Der Kategorie Übertragungstechnik/Kommunikation unterfällt „[d]ie in der Netzsteuerung zur Kommunikation eingesetzte Übertragungs-, Telekommunikations- und Netzwerktechnik", z. B. Router, Switches und Firewalls, übertragungstechnische Netzelemente, zentrale Management- und Überwachungssysteme der Übertragungs-, Telekommunikations- und Netzwerktechnik, Kommunikationsendgeräte und Funksysteme. Die Kategorie Sekundär-, Automatisierungs- und Fernwirktechnik erfasst „[d]ie prozessnahe Steuerungs- und Automatisierungstechnik, die zugehörigen Schutz- und Sicherheitssysteme sowie fernwirktechnische Komponenten. Hierzu gehören insbesondere die Technik in den dezentralen Stationen sowie die Automatisierungstechnik in Netzspeicheranlagen." Beispielhaft genannt werden Steuerungs- und Automatisierungskomponenten, Leit- und Feldgeräte, Controller und SPSen inklusive digitaler Sensor- und Aktorelemente, Schutzgeräte und Sicherheitskomponenten, Fernwirkgeräte sowie Mess- und Zählvorrichtungen (BNetzA, IT-Sicherheitskatalog gemäß § 11 Absatz 1a Energiewirtschaftsgesetz, 2015, 11 f.). 52.1

Das zu erreichende **Schutzniveau** wird in § 11 Abs. 1a S. 1 wenig spezifisch als „angemessen" qualifiziert. Allerdings nimmt § 11 Abs. 1a S. 3 eine Konkretisierung dahingehend vor, dass ein angemessener Schutz vorliegt, wenn der IT-Sicherheitskatalog der BNetzA eingehalten und dies dokumentiert wird (→ Rn. 60 f.). Damit wird die Bestimmung des (Mindest-)Standards der informationstechnischen Sicherheit (Thomale VersorgW 2015, 301 (302); de Wyl/Weise/Bartsch VersorgW 2016, 133 (134)) letztlich der BNetzA zugewiesen. Die eigenständige Verantwortlichkeit der Netzbetreiber beschränkt sich daher auf dessen ordnungsgemäße Umsetzung. Ihre Beachtung ist nach § 95 Abs. 1 Nr. 2a bußgeldbewehrt. 53

II. Katalog von IT-Sicherheitsanforderungen

§ 11 Abs. 1a S. 2 statuiert eine Verpflichtung der BNetzA, im Benehmen mit dem Bundesamt für Sicherheit in der Informationstechnik (BSI) einen Katalog von IT-Sicherheitsanforderungen aufzustellen und zu veröffentlichen. Die BNetzA hat dieser normativen Vorgabe mit dem „**IT-Sicherheitskatalog gemäß § 11 Absatz 1a Energiewirtschaftsgesetz**" im Jahr 2015 Rechnung getragen. Dieser ist auf der Homepage der BNetzA zugänglich (https://www.bundesnetzagentur.de/SharedDocs/Downloads/DE/Sachgebiete/Energie/Unternehmen_Institutionen/Versorgungssicherheit/IT_Sicherheit/IT_Sicherheitskatalog_08-2015.pdf?__blob=publicationFile&v=1, zuletzt abgerufen am 25.7.2023; siehe dazu auch Kipker/Reusch/Ritter/Voigt/Böhme § 11 EnWG Rn. 72 ff.; krit. zur Ausgestaltung Köhler EnWZ 2015, 407 (408); zweifelnd im Hinblick auf die fehlende Befristung Dittrich MMR 54

2022, 1039 (1041)) und weist die Qualität einer Allgemeinverfügung auf (OLG Düsseldorf BeckRS 2017, 132865 Rn. 18; Bourwieg/Hellermann/Hermes/Frechen § 11 Rn. 133 unter Auseinandersetzung mit abweichenden Auffassungen).

55 Bei der inhaltlichen Ausgestaltung des IT-Sicherheitskatalogs verfügt die NBetzA über ein **Ermessen** (vgl. OLG Düsseldorf BeckRS 2017, 132865 Rn. 21 f.). Die Herstellung des Benehmens mit dem BSI dient der Sicherstellung der fachlichen Angemessenheit der Anforderungen. Es handelt sich um ein Verfahrenserfordernis, das nicht mit einer strikten Bindung der BNetzA an die Auffassungen des BSI einhergeht. Vielmehr ist eine Abweichung in begründeten Fällen zulässig (s. nur BVerwG NVwZ 1993, 890 (891); Hornung/Schallbruch, IT-Sicherheitsrecht/Guckelberger, 1. Aufl. 2021, § 23 Rn. 10).

56 Der IT-Sicherheitskatalog richtet sich entsprechend dem Anwendungsbereich des § 11 Abs. 1a notwendig und zulässigerweise an **alle Netzbetreiber** unabhängig von Art und Größe (de Wyl/Weise/Bartsch VersorgW 2014, 180 (181)). Eine verfassungsrechtlich problematische Ungleichbehandlung geht damit nicht einher (OLG Düsseldorf BeckRS 2017, 132865 Rn. 23 ff., 40 ff.).

57 Das Ziel des informationstechnisch sicheren Netzbetriebs ist nach dem IT-Sicherheitskatalog „insbesondere durch die Auswahl geeigneter, angemessener und dem allgemein anerkannten Stand der Technik entsprechender Maßnahmen zur Realisierung der folgenden Schutzziele aus dem Bereich der Informationssicherheit zu erreichen: die Sicherstellung der **Verfügbarkeit** der zu schützenden Systeme und Daten, die Sicherstellung der **Integrität** der verarbeiteten Informationen und Systeme, die Gewährleistung der **Vertraulichkeit** der mit den betrachteten Systemen verarbeiteten Informationen" (BNetzA, IT-Sicherheitskatalog gemäß § 11 Absatz 1a Energiewirtschaftsgesetz, 2015, 5).

58 Zentral ist die Einrichtung eines durch eine unabhängige und hierfür akkreditierte Stelle (näher BNetzA, Konformitätsbewertungsprogramm zur Akkreditierung von Zertifizierungsstellen für den IT-Sicherheitskatalog gemäß § 11 Absatz 1a Energiewirtschaftsgesetz auf der Grundlage der ISO/IEC 27006, 2022) zertifizierten **Informationssicherheits-Managementsystems** (ISMS), das festlegt, „mit welchen Instrumenten und Methoden das Management die auf Informationssicherheit ausgerichteten Aufgaben und Aktivitäten nachvollziehbar lenkt (plant, einsetzt, durchführt, überwacht und verbessert)." Als Maßstab hierfür dient die Norm DIN ISO/IEC 27001 (dazu im Überblick Giebichenstein/Schirp CB 2015, 66 (69 f.); Weise/Brühl CR 2015, 290 (292 ff.); s. auch Kipker Cybersecurity-HdB/Sohr/Kemmerich, 1. Aufl. 2020, Kap. 2 Rn. 198 ff.). Hinsichtlich der Implementierung verweist der IT-Sicherheitskatalog auf die Normen DIN ISO/IEC 27002 und DIN ISO/IEC TR 27019 (DIN SPEC 27019) in der jeweils geltenden Fassung (krit. zur Verhältnismäßigkeit de Wyl/Weise/Bartsch VersorgW 2016, 133 (136)). Überdies haben die Netzbetreiber einen ordnungsgemäßen Betrieb der relevanten Telekommunikations- und Datenverarbeitungssysteme zu gewährleisten. Dabei müssen auch Risiken durch IKT-basierte Angriffe bewertet und durch geeignete Schutzmaßnahmen behandelt werden. Zudem hat der Netzbetreiber eine Übersicht über die vom Geltungsbereich des IT-Sicherheitskatalogs betroffenen Anwendungen, Systeme und Komponenten mit den anzutreffenden Haupttechnologien und deren Verbindungen zu erstellen (Netzstrukturplan). Außerdem sind gemäß den detaillierten Vorgaben bezüglich Komponenten, Systemen und Anwendungen eine Risikoeinschätzung der Informationssicherheit mit den Schadenskategorien „kritisch", „hoch" und „mäßig" vorzunehmen und Maßnahmen der Risikobehandlung festzulegen. Darüber hinaus ist ein – fachlich kompetenter (de Wyl/Weise/Bartsch VersorgW 2016, 133 (135)) – Ansprechpartner IT-Sicherheit zu benennen (BNetzA, IT-Sicherheitskatalog gemäß § 11 Absatz 1a Energiewirtschaftsgesetz, 2015, 8 ff.; für den Fall einer Betriebsführung durch Dritte siehe BNetzA, Mitteilung zur Zertifizierung nach IT-Sicherheitskatalog § 11 Abs. 1a und 1b EnWG im Fall einer Betriebsführung durch Dritte, 2022).

59 Dem aus § 11 Abs. 1a S. 3 folgenden Gebot der Existenz von **Regelungen zur regelmäßigen Überprüfung der Erfüllung der Sicherheitsanforderungen** trägt der IT-Sicherheitskatalog dadurch Rechnung, dass auf Grundlage der DIN ISO/IEC 27001 das ISMS und die damit verbundenen Maßnahmen kontinuierlich auf Wirksamkeit überprüft und im Bedarfsfall angepasst werden müssen. Der IT-Sicherheitskatalog legt hierfür die Anwendung des „Plan-Do-Check-Act-Modells" (PDCA-Modell) für die Prozesse des ISMS nahe, das sich durch ständige Bewertungen und erforderlichenfalls Anpassung von Schutzmaßnahmen

III. Erfüllung und Nachweise

Gemäß § 11 Abs. 1a S. 4 führt die Erfüllung der Anforderungen des IT-Sicherheitskatalogs 60
durch einen Netzbetreiber kraft Gesetzes zur Fiktion des Betriebs seines Energieversorgungsnetzes als informationstechnisch angemessen sicher (Köhler EnWZ 2015, 407 (408)). „Damit bleibt grundsätzlich **kein Spielraum** mehr für die Betreiber, **andere** aus ihrer Sicht angemessene **Schutzmaßnahmen** zu erarbeiten. Der Sicherheitskatalog der BNetzA stellt einen Mindeststandard dar, der von den Betreibern einzuhalten ist" (BT-Drs. 18/4096, 33). Dessen Übererfüllung ist zulässig (vgl. auch BT-Drs. 17/6072, 66), jedoch nicht normativ geboten.

Zusätzlich bedarf es nach § 11 Abs. 1a S. 4 einer **Dokumentation** der Ergreifung der im 61
IT-Sicherheitskatalog vorgegebenen Maßnahmen. In Bezug auf deren Format, Inhalt und Gestaltung ermächtigt § 11 Abs. 1a S. 6 die BNetzA zu detaillierten Vorgaben. Als Rechtsform kommt diesbezüglich eine Allgemeinverfügung in Betracht. Hiervon hat sie bislang keinen Gebrauch gemacht. Auch der IT-Sicherheitskatalog nimmt nur punktuell allgemein auf Dokumentationserfordernisse Bezug. Im Hinblick darauf hat die Dokumentation vollständig, maßstabsorientiert und verständlich sowie in engem zeitlichem Zusammenhang mit vorgenommenen Maßnahmen zu erfolgen, um ihre Zwecke erfüllen zu können. Gesetzlich nicht geboten ist allerdings die automatische Übermittlung der Dokumentation an die BNetzA.

In Hinblick darauf, ob die Vorgaben des IT-Sicherheitskatalogs im Einzelfall eingehalten 62
werden, räumt § 11 Abs. 1a S. 5 der BNetzA eine Kompetenz zur **Überprüfung** ein. Nach der Gesetzesbegründung hat diese „erforderlichenfalls" zu erfolgen (BT-Drs. 17/6072, 66). Dies wie auch die offene Fassung der Norm legen nahe, dass regelmäßige Überprüfungen nicht erfolgen müssen, sondern diese im Zweifel anlassbezogen erfolgen. Dabei kann es sich um aufgetretene Sicherheitsprobleme oder erkannte Dokumentationsmängel handeln. Anlasslosen Kontrollen steht § 11 Abs. 1a S. 5 allerdings nicht entgegen. Letztlich verfügt die BNetzA über ein Ermessen, das sie ermessensfehlerfrei auszuüben hat. Bei der Überprüfung verfügt die BNetzA über die ihr allgemein zugewiesenen Befugnisse nach den §§ 65 ff.

E. Sicherheitsanforderungen für Kritische Infrastruktur (Abs. 1b)

§ 11 Abs. 1b orientiert sich in seiner **Normstruktur** an § 11 Abs. 1a. Die Anwendungsbereiche 63
beider Vorschriften überschneiden sich überdies teilweise. Die Schaffung des § 11 Abs. 1b wurde vom Gesetzgeber für notwendig erachtet, „um einen umfassenden Schutz für den Netzbetrieb sicherstellen zu können" (BT-Drs. 18/4096, 33), da „sich substanzielle informationstechnische Angriffe auf Anlagenebene idR gegen mehrere Anlagen gleichzeitig richten werden. Für einen solchen Fall kann daher nicht davon ausgegangen werden, dass angegriffene Energieanlagen einfach durch andere Energieanlagen substituiert werden können. Es ist daher wichtig, dass jede einzelne Anlage über ein entsprechend hohes Schutzniveau verfügt, um nicht Teilziel oder gar Werkzeug von Angriffen auf die Strom- oder Gasversorgung zu werden" (BNetzA, IT-Sicherheitskatalog gemäß § 11 Absatz 1b Energiewirtschaftsgesetz, 2018, 3). Inhaltliche Parallelen bestehen zu § 8a BSIG, dessen Anwendung jedoch nach § 8d Abs. 1 Nr. 2 BSIG ausgeschlossen wird (im Überblick zum Verhältnis von EnWG und BSIG Kipker/Reusch/Ritter/Voigt/Böhme § 11 Rn. 21 ff.).

I. Eröffnung des Anwendungsbereichs

Als **Adressaten** benennt § 11 Abs. 1b S. 1 Betreiber von Energieanlagen iSv § 3 Nr. 15 64
(→ § 3 Nr. 15 Rn. 3 ff. Dittrich MMR 2022, 1039 (1040); abl. zur Verankerung der Regelung in § 11 daher Säcker EnergieR/König § 11 Rn. 93), die in der auf Grundlage von § 10 Abs. 1 BSIG erlassenen Verordnung zur Bestimmung Kritischer Infrastrukturen nach dem BSI-Gesetz (BSI-KritisV) als Kritische Infrastruktur bestimmt wurden und an ein Energieversorgungsnetz iSv § 3 Nr. 16 angeschlossen sind (→ Rn. 64.1).

Nach § 1 Nr. 2 BSI-KritisV gilt als Betreiber „eine natürliche oder juristische Person, die unter 64.1
Berücksichtigung der rechtlichen, wirtschaftlichen und tatsächlichen Umstände bestimmenden Einfluss

auf die Beschaffenheit und den Betrieb einer Anlage oder Teilen davon ausübt." Der Anlagenbegriff wird überdies dahingehend konkretisiert, dass es sich dabei handelt um „a) Betriebsstätten und sonstige ortsfeste Einrichtungen, die für die Erbringung einer kritischen Dienstleistung notwendig sind [sowie] b) Maschinen, Geräte und sonstige ortsveränderliche Einrichtungen, die für die Erbringung einer kritischen Dienstleistung notwendig sind. Einer Anlage sind alle vorgesehenen Anlagenteile und Verfahrensschritte zuzurechnen, die zum Betrieb notwendig sind, sowie Nebeneinrichtungen, die mit den Anlagenteilen und Verfahrensschritten in einem betriebstechnischen Zusammenhang stehen und die für die Erbringung einer kritischen Dienstleistung notwendig sind." Diese Begrifflichkeit (kritisch zur unzureichenden Abstimmung Schaller CR 2022, 635 (637)) ist nach Sinn und Zweck der aufeinander bezogenen Regelungen ergänzend auch bei der Interpretation von § 11 Abs. 1b zugrunde zu legen.

65 Für den Energiesektor im Anwendungsbereich des EnWG (→ § 1 Rn. 10) qualifiziert § 2 Abs. 1 Nr. 1 und 2 BSI-KritisV die Versorgung der Allgemeinheit mit Elektrizität (Stromversorgung) und Gas (Gasversorgung) als kritische Dienstleistungen iSv § 10 Abs. 1 S. 1 BSIG. Ergänzend bestimmt § 1 Nr. 3 BSI-KritisV den Terminus als „eine Dienstleistung zur Versorgung der Allgemeinheit in den Sektoren nach den §§ 2 bis 8, deren Ausfall oder Beeinträchtigung zu erheblichen Versorgungsengpässen oder zu Gefährdungen der öffentlichen Sicherheit führen würde." § 2 Abs. 2 BSI-KritisV stellt konkretisierend klar, dass „[d]ie Stromversorgung und Gasversorgung … in den Bereichen Erzeugung, Übertragung und Verteilung von Strom sowie Förderung, Transport und Verteilung von Gas erbracht" werden. Die hierfür notwendigen **Kritischen Infrastrukturen,** die in § 2 Abs. 10 BSIG als „Einrichtungen, Anlagen oder Teile davon, die 1. den Sektoren Energie … angehören und 2. von hoher Bedeutung für das Funktionieren des Gemeinwesens sind, weil durch ihren Ausfall oder ihre Beeinträchtigung erhebliche Versorgungsengpässe oder Gefährdungen für die öffentliche Sicherheit eintreten würden", legaldefiniert werden, werden in § 2 Abs. 5 iVm Anhang 1 Teil 3 BSI-KritisV als Anlagen oder Anlagenteile bestimmt, die jeweils spezifische Schwellenwerte erreichen oder überschreiten (→ Rn. 65.1 ff.; zur europarechtlich bedingten Notwendigkeit der Anpassung Rath/Ekardt/Schiela MMR 2023, 176 (178); siehe auch Wegmann BB 2023, 835 (838 ff.)).

65.1 Im Einzelnen sind anknüpfend an den Anlagenbegriff des § 1 Abs. 1 Nr. 1 BSI-KritisV (dazu Kipker Cybersecurity-HdB/Beucher/Fromageau, 1. Aufl. 2020, Kap. 12 Rn. 41 ff.; Hornung/Schallbruch, IT-Sicherheitsrecht/Fischer, 1. Aufl. 2021, § 13 Rn. 57 ff.) folgende Anlagenkategorien und Schwellenwerte vorgesehen:

Nr.	Anlagenkategorie	Bemessungskriterium	Schwellenwert
1.	**Stromversorgung**		
1.1	Stromerzeugung		
1.1.1	Erzeugungsanlage	installierte Netto-Nennleistung (elektrisch) in MW	420
1.1.2.	Erzeugungsanlage mit Wärmeauskopplung (KWK-Anlage)	installierte Netto-Nennleistung (direkt mit Wärmeauskopplung verbundene elektrische Wirkleistung bei Wärmenennleistung ohne Kondensationsanteil) in MW	420
1.1.3	Dezentrale Energieerzeugungsanlage	installierte Netto-Nennleistung (elektrisch) in MW	420
1.1.4	Speicheranlage	installierte Netto-Nennleistung (elektrisch) in MW	420
1.1.5	Anlage oder System zur Steuerung/Bündelung elektrischer Leistung	installierte Netto-Nennleistung (elektrisch) in MW	420
1.2	Stromübertragung		
1.2.1	Übertragungsnetz	Durch Letztverbraucher und Weiterverteiler entnommene Jahresarbeit in GWh/Jahr	3 700

Nr.	Anlagenkategorie	Bemessungskriterium	Schwellenwert
1.2.2	Zentrale Anlage und System für den Stromhandel, soweit diese den physischen kurzfristigen Spothandel und das deutsche Marktgebiet betreffen	Handelsvolumen an der Börse in TWh/Jahr	200
1.3	Stromverteilung		
1.3.1	Verteilernetz	Durch Letztverbraucher und Weiterverteiler entnommene Jahresarbeit in GWh/Jahr	3 700
1.3.2	Messstelle	Leistung der angeschlossenen Verbrauchsstelle beziehungsweise Einspeisung in MW	420
2.	**Gasversorgung**		
2.1	Gasförderung		
2.1.1	Gasförderanlage	Energie des geförderten Gases in GWh/Jahr	5 190
2.1.2	Gasspeicher	Entnommene Arbeit in GWh/Jahr	5 190
2.2	Gastransport		
2.2.1	Fernleitungsnetz	Durch Letztverbraucher und Weiterverteiler entnommene Jahresarbeit in GWh/Jahr	5 190
2.3	Gasverteilung		
2.3.1	Gasverteilernetz	Entnommene Arbeit in GWh/Jahr	5 190

Zu beachten sind die § 3 ergänzenden Begriffsbestimmungen in Anhang 1 Teil 1 Nr. 2 BSI-KritisV. Die Berechnungsformeln zur Ermittlung der Schwellenwerte sind Anhang 1 Teil 2 BSI-KritisV zu entnehmen. Nach Anhang 1 Teil 1 Nr. 7 BSI-KritisV gilt in dem Fall, dass „mehrere Anlagen derselben Art in einem engen räumlichen und betrieblichen Zusammenhang [stehen] (gemeinsame Anlage) und erreichen oder überschreiten [sie] die in Teil 3 Spalte D genannten Schwellenwerte zusammen, ... die gemeinsame Anlage als Kritische Infrastruktur." Ein enger räumlicher und betrieblicher Zusammenhang setzt kumulativ voraus, dass die Anlagen auf demselben Betriebsgelände liegen, mit gemeinsamen Betriebseinrichtungen verbunden sind, einem vergleichbaren technischen Zweck dienen und unter gemeinsamer Leitung stehen. 65.2

In zeitlicher Hinsicht gilt gem. Anhang 1 Teil 1 Nr. 3 BSI-KritisV „[e]ine Anlage, die einer in Teil 3 Spalte B genannten Anlagenkategorie zuzuordnen ist, ... ab dem 1. April des Kalenderjahres, das auf das Kalenderjahr folgt, in dem ihr Versorgungsgrad den in Teil 3 Spalte D genannten Schwellenwert erstmals erreicht oder überschreitet, als Kritische Infrastruktur." Anhang 1 Teil 1 Nr. 4 BSI-KritisV verpflichtet den jeweiligen Betreiber, „den Versorgungsgrad seiner Anlage für das zurückliegende Kalenderjahr jeweils bis zum 31. März des Folgejahres zu ermitteln." 65.3

Sind derartige Anlagen an ein Energieversorgungsnetz angeschlossen, ist der Anwendungsbereich des § 11 Abs. 1b eröffnet. Als **Anschluss** ist dabei jede physische Verbindung zu einem Energieversorgungsnetz zu verstehen (→ § 17 Rn. 17). Dies schließt entsprechend den Bezugnahmen auf Transport- und Verteilernetze in Anhang 1 Teil 3 BSI-KritisV die Energieversorgungsnetze selbst ein, zumal diese miteinander verbunden sind. Der Fokus des § 11 Abs. 1b liegt gleichwohl auf Anlagen, die nicht selbst Netzcharakter aufweisen, aber erhebliche Auswirkungen auf die Energieversorgungsnetze haben können. Insoweit richtet sich die Verpflichtung an „Energieanlagen, die mit dem öffentlichen Versorgungsnetz verbunden sind, ... dort, wo eine Gefährdung für den Netzbetrieb möglich ist, ebenfalls Sicherheitsmaßnahmen zu ergreifen" (BT-Drs. 18/4096, 33). 66

II. Schutz gegen Bedrohungen für Telekommunikations- und elektronische Datenverarbeitungssysteme

67 Die Betreiber von Kritischen Infrastrukturen im Energiesektor, die an Energieversorgungsnetze angeschlossen sind, unterliegen der **materiellen Verpflichtung,** einen angemessenen Schutz gegen Bedrohungen für Telekommunikations- und elektronische Datenverarbeitungssysteme zu gewährleisten, die für einen sicheren Anlagenbetrieb notwendig sind. Hinsichtlich der erfassten informationstechnischen Systeme besteht keine Abweichung gegenüber § 11 Abs. 1a S. 1 (→ Rn. 50). Welche Telekommunikations- und elektronischen Datenverarbeitungssysteme von der Norm konkret erfasst werden, ist wiederum wesentlich von der technischen Entwicklung und der tatsächlichen Verwendung derartiger Systeme abhängig (→ Rn. 67.1).

67.1 Nach Auffassung der BNetzA bezieht sich die Vorgabe auf „alle zentralen und dezentralen Anwendungen, Systeme und Komponenten, die für einen sicheren Anlagenbetrieb notwendig sind. Die Ermittlung der im Einzelfall betroffenen Anwendungen, Systeme und Komponenten erfolgt durch den jeweiligen Anlagenbetreiber selbst unter Beachtung der in diesem IT-Sicherheitskatalog vorgegebenen Kriterien und mit Blick auf das Ziel eines umfassenden Schutzes für den Netzbetrieb" (BNetzA, IT-Sicherheitskatalog gemäß § 11 Absatz 1b Energiewirtschaftsgesetz, 2018, 8).

68 Das zu erreichende **Schutzniveau** wird in § 11 Abs. 1b S. 1 wenig spezifisch als „angemessen" qualifiziert. Allerdings nimmt § 11 Abs. 1b S. 6 eine Konkretisierung dahingehend vor, dass ein angemessener Schutz vorliegt, wenn der IT-Sicherheitskatalog der BNetzA eingehalten und dies dokumentiert wird (→ Rn. 81 f.). Damit wird die Bestimmung des Standards der informationstechnischen Sicherheit auch in Bezug auf Kritische Infrastrukturen im Energiesektor letztlich der BNetzA zugewiesen. Die eigenständige Verantwortlichkeit der Netzbetreiber beschränkt sich daher auf dessen ordnungsgemäße Umsetzung. Ihre Beachtung ist nach § 95 Abs. 1 Nr. 2a bußgeldbewehrt.

69 Die ursprünglich in § 11 Abs. 1b S. 1 enthaltene Vorgabe in zeitlicher Hinsicht wurde gestrichen, sodass eine Konsistenz zu § 11 Abs. 1a erreicht wurde (BT-Drs. 18/8915, 31). Die normativ angelegte Frist für die **Umsetzung** der Sicherheitsanforderungen hat die BNetzA in ihrem IT-Sicherheitskatalog in der Weise bestimmt, dass die betroffenen Unternehmen bis zum **31.3.2021** den Abschluss des Zertifizierungsverfahrens, dessen Gegenstand die Erfüllung der einschlägigen Vorgaben ist, nachzuweisen hatten (BNetzA, IT-Sicherheitskatalog gemäß § 11 Absatz 1b Energiewirtschaftsgesetz, 2018, 19). Die Anforderungen, deren Erfüllung eine Zertifizierungsstelle für eine Akkreditierung nachweisen muss, um die geforderte Zertifizierung vorzunehmen, hat die BNetzA näher bestimmt (BNetzA, Konformitätsbewertungsprogramm zur Akkreditierung von Zertifizierungsstellen für den IT-Sicherheitskatalog gemäß § 11 Absatz 1b Energiewirtschaftsgesetz auf der Grundlage der ISO/IEC 27006, 2020).

III. Katalog von IT-Sicherheitsanforderungen

70 § 11 Abs. 1b S. 2 statuiert eine Verpflichtung der BNetzA, im Benehmen mit dem Bundesamt für Sicherheit in der Informationstechnik (BSI) einen Katalog von IT-Sicherheitsanforderungen aufzustellen und zu veröffentlichen. Die BNetzA hat dieser normativen Vorgabe mit dem „**IT-Sicherheitskatalog gemäß § 11 Absatz 1b Energiewirtschaftsgesetz**" im Jahr 2018 Rechnung getragen. Dieser ist auf der Homepage der BNetzA zugänglich (https://www.bundesnetzagentur.de/SharedDocs/Downloads/DE/Sachgebiete/Energie/Unternehmen_Institutionen/Versorgungssicherheit/IT_Sicherheit/IT_Sicherheitskatalog_2018.pdf?__blob=publicationFile&v=4, zuletzt abgerufen am 25.7.2023; siehe dazu auch Kipker/Reusch/Ritter/Voigt/Böhme § 11 Rn. 112 ff.). Seine Verbindlichkeit wurde durch Allgemeinverfügung von 18.12.2018 (Az. 8155_606/607) hergestellt.

71 **Zuständigkeit und Verfahren** werden normativ teilweise geregelt. Die Begründung der Zuständigkeit der BNetzA gem. § 11 Abs. 1b S. 2 (vgl. auch OLG Düsseldorf BeckRS 2017, 132865 Rn. 29) anstelle des BSI erfolgte, da es „[a]ufgrund der technischen Nähe ... notwendig und sinnvoll [sei], dass die Sicherheitsstandards für Netzbetreiber und für die betroffenen Energieanlagen aufeinander abgestimmt sind" (BT-Drs. 18/4096, 33). Die Herstellung des Benehmens mit dem BSI (→ Rn. 55) dient der Sicherstellung der fachlichen

Angemessenheit der Anforderungen. Die durch § 11 Abs. 1b S. 4 vorgesehene Beteiligung der für die nukleare Sicherheit zuständigen Genehmigungs- und Aufsichtsbehörden des Bundes und der Länder sichert den in § 11 Abs. 1b S. 3 geregelten Vorrang des Atomrechts (→ Rn. 79) ab.

Der **Adressatenkreis** des IT-Sicherheitskatalogs stimmt mit dem personellen Anwendungsbereich des § 11 Abs. 1b S. 1 überein (→ Rn. 64 ff.). 72

Bei der inhaltlichen Ausgestaltung des IT-Sicherheitskatalogs verfügt die BNetzA über ein Ermessen. Das Ziel des informationstechnisch sicheren Anlagenbetriebs ist nach dem IT-Sicherheitskatalog „insbesondere durch die Auswahl geeigneter, angemessener und dem allgemein anerkannten Stand der Technik entsprechender Maßnahmen zur Realisierung der folgenden Schutzziele aus dem Bereich der Informationssicherheit zu erreichen: die Sicherstellung der **Verfügbarkeit** der zu schützenden Systeme und Daten, die Sicherstellung der **Integrität** der verarbeiteten Informationen und Systeme, die Gewährleistung der **Vertraulichkeit** der mit den betrachteten Systemen verarbeiteten Informationen" (BNetzA, IT-Sicherheitskatalog gemäß § 11 Absatz 1b Energiewirtschaftsgesetz, 2018, 5; → Rn. 90). 73

Überdies müssen Energieanlagen „jederzeit so zu betreiben werden, dass von ihnen keine Gefährdung für den sicheren Netzbetrieb ausgeht." Hierzu werden **besondere Schutzziele** nach Anlagenkategorien formuliert (BNetzA, IT-Sicherheitskatalog gemäß § 11 Absatz 1b Energiewirtschaftsgesetz, 2018, 6 f.). Diese betreffen zum einen **Erzeugungsanlagen und Speicheranlagen** gemäß Anhang 1 Teil 3 Nr. 1.1.1–1.1.4 BSI-KritisV (→ Rn. 74.1). 74

Zu gewährleisten ist diesbezüglich die Bereitstellung von elektrischer Leistung entsprechend den kommunizierten Fahrplänen und vertraglichen Verpflichtungen im Rahmen der Maßnahmen gem. § 13 Abs. 1, der Anforderung des Übertragungsnetzbetreibers gem. § 13 Abs. 2 und der Anforderung des Verteilernetzbetreibers gem. § 13 Abs. 2 iVm § 14 Abs. 1 sowie zur Deckung des lebenswichtigen Bedarfs an Elektrizität entsprechend den Verfügungen des Lastverteilers gem. § 1 Abs. 1 Nr. 1 EltSV iVm § 1 Abs. 1 EnSiG. Darüber hinaus ist die Schwarzstartfähigkeit zu gewährleisten, sofern technisch möglich und vertraglich mit dem Netzbetreiber vereinbart, sowie die Unterstützung des Netzbetreibers beim Netzwiederaufbau. 74.1

Zum anderen betreffen sie **Gasförderanlagen und Gasspeicher** gem. Anhang 1 Teil 3 Nr. 2.1.1 und 2.1.2 BSI-KritisV (→ Rn. 75.1). 75

Insoweit sind die Bereitstellung von Ausspeiseleistung bzw. Speicherkapazität entsprechend den kommunizierten Fahrplänen der Speichernutzer und die Ein- und Ausspeisung von Gasmengen entsprechend den vertraglichen Verpflichtungen im Rahmen der Maßnahmen gem. § 16 Abs. 1, die Ein- und Ausspeisung von Gasmengen entsprechend den Anforderungen des Fernleitungsnetzbetreibers gem. § 16 Abs. 2 und den Anforderungen des Verteilernetzbetreibers gem. § 16 Abs. 2 iVm § 16a Abs. 1 sowie die Ein- und Ausspeisung von Gasmengen zur Deckung des lebenswichtigen Bedarfs an Gas entsprechend den Verfügungen des Lastverteilers gem. § 1 Abs. 1 Nr. 1 GasSV iVm § 1 Abs. 1 EnSiG zu gewährleisten. 75.1

Im Hinblick auf die Bedeutung für den sicheren Anlagenbetrieb von Telekommunikations- und elektronischen Datenverarbeitungssystemen hat die BNetzA eine Klassifizierung von Anwendungen, Systemen und Komponenten von Energieanlagen in sechs Gruppen („**Zonen**") vorgenommen. Die Zuordnung ist maßgeblich für das gebotene Schutzniveau (→ Rn. 76.1 ff.). 76

Zone 1: Zwingend notwendig für den sicheren Betrieb der Energieanlage sind diejenigen TK- und EDV-Systeme, die sich durch folgende Eigenschaften auszeichnen: Ihr Fokus liegt auf der Verfügbarkeit der Daten und Systeme bzw. der Funktionalität und auf der Integrität der Messungen und Signale zum Schutz von Menschen, Anlage und Umwelt. Eine Manipulation von Daten oder Systemen führt direkt zu Auswirkungen auf die angesteuerten Anlagenteile. Sie besitzen keine Ausfalltoleranz – Anlage bzw. Anlagenteile schalten sich bei Fehlfunktionen umgehend ab. 76.1

Zone 2: Dauerhaft notwendig für den Betrieb der Energieanlage sind diejenigen TK- und EDV-Systeme, die sich durch folgende Eigenschaften auszeichnen: Ihr Fokus liegt auf der Integrität der Messungen, Signale und Daten und der Verfügbarkeit der Daten und Systeme bzw. der Funktionalität. Eine Manipulation der Daten oder Systeme kann indirekt zu falschen Bedienhandlungen führen. Ihre Ausfalltoleranz liegt bei wenigen Minuten bis einer Stunde – Anlage kann kurzfristig mit erhöhtem personellen Einsatz zur manuellen Überprüfung von Funktionalitäten, zur manuellen Steuerung oder Hand-Nachrechnung von Werten ohne Beeinträchtigung von Menschen, Anlage und Umwelt weiter 76.2

betrieben werden. Exemplarisch benannt werden für die Zonen 1 und 2 Automatisierung (Messen-Steuern-Regeln), Lebensdauerüberwachung, Prozessdatenmanagement, Feldinstrumentierung, Autarke Steuerung sowie Onlineoptimierung und -diagnose.

76.3 Zone 3: Notwendig für den Betrieb der Energieanlage und zur Erfüllung gesetzlicher Anforderungen sind diejenigen TK- und EDV-Systeme, die sich durch folgende Eigenschaften auszeichnen: Ihr Fokus liegt auf der Integrität der Daten. Eine Manipulation der Daten oder Systeme kann indirekt Auswirkungen auf die Fahrweise der betriebenen Anlagen haben. Ihre Ausfalltoleranz liegt bei wenigen Stunden – Anlage wird nicht planmäßig betrieben, Netzdienstleistungen entfallen, Daten der Energieanlage sind extern nicht verfügbar, Instandhaltung ist erschwert oder nicht mehr möglich. Exemplarisch benannt werden Zugangskontrollsystem, Funk- und Nachrichtentechnik, Dispatching und Dokumentenmanagementsysteme.

76.4 Zone 4: Bedingt notwendig für den kontinuierlichen Betrieb der Energieanlage sind diejenigen TK- und EDV-Systeme, die sich durch folgende Eigenschaften auszeichnen: Der Schutzbedarf dieser Systeme muss spezifisch ermittelt werden. Ihre Ausfalltoleranz liegt bei wenigen Tagen – sicherer Anlagenbetrieb ist bei Ausfall weiterhin möglich. Exemplarisch benannt werden Portfolio-Monitoring, Einsatzoptimierung und technisches Berichtswesen.

76.5 Zone 5: Notwendig für die organisatorischen Prozesse der Energieanlage sind diejenigen TK- und EDV-Systeme, die sich durch folgende Eigenschaften auszeichnen: Der Schutzbedarf dieser Systeme muss spezifisch ermittelt werden. Ihre Ausfalltoleranz liegt bei einer Woche – sicherer Anlagenbetrieb ist bei Ausfall weiterhin möglich. Exemplarisch benannt werden Office, Email und Instandhaltung.

76.6 Zone 6: Bedingt notwendig für die Organisation der Prozesse der Energieanlage sind diejenigen TK- und EDV-Systeme, die sich durch folgende Eigenschaften auszeichnen: Der Schutzbedarf dieser Systeme muss spezifisch ermittelt werden. Ihre Ausfalltoleranz liegt bei einer Woche – sicherer Anlagenbetrieb ist bei Ausfall weiterhin möglich. Exemplarisch benannt wird das Internet.

77 Die Zuordnung einzelner informationstechnischer Systeme zu den jeweiligen Zonen erfolgt durch den Anlagenbetreiber. Dabei sind sowohl Systeme, die für die Prozessführung und im Leitstand eingesetzt werden, als auch Büro- und Verwaltungsinformationssysteme zu berücksichtigen (BNetzA, IT-Sicherheitskatalog gemäß § 11 Absatz 1b Energiewirtschaftsgesetz, 2018, 8 ff.).

78 Ebenso wie im Anwendungsbereich des § 11 Abs. 1a ist die Einrichtung eines durch eine unabhängige und hierfür akkreditierte Stelle zertifizierten **Informationssicherheits-Managementsystems** (ISMS) von zentraler Bedeutung (→ Rn. 58). Dieses muss mindestens die Anwendungen, Systeme und Komponenten der Zonen 1–3 umfassen. Der ordnungsgemäße Betrieb ist zu gewährleisten. Auch im Hinblick auf die Bestimmung und den Umgang mit Risiken bestehen ähnliche Anforderungen. Hinsichtlich der Risikoeinschätzung werden die Schadenskategorien „kritisch", „hoch", „mäßig" und „gering" vorgegeben. Ein Netzstrukturplan ist wegen der Einbeziehung von anderen Anlagen nicht vorgesehen. Darüber hinaus war bis zum 28.2.2019 ein Ansprechpartner IT-Sicherheit zu benennen. Unberührt bleibt dadurch die Pflicht zur Registrierung einer Kontaktstelle gegenüber dem BSI nach § 8b Abs. 3 BSIG (BNetzA, IT-Sicherheitskatalog gemäß § 11 Absatz 1b Energiewirtschaftsgesetz, 2018, 10 ff.) sowie nunmehr auch aus § 11 Abs. 1d (→ Rn. 116). Der aus § 11 Abs. 1b S. 2 folgenden Verpflichtung zur Aufnahme einer Umsetzungsfrist hat die BNetzA Folge geleistet (→ Rn. 69).

79 § 11 Abs. 1b S. 3 statuiert vor dem Hintergrund etablierter Regelungen einen **Vorrang des Atomrechts** in Bezug auf als Kritische Infrastruktur zu qualifizierende und mit einem Energieversorgungsnetz verbundene kerntechnische Anlagen, der überdies aus Gründen der Spezialität naheliegt. Die Betreiber derartiger Anlagen sind zur Beachtung der – wegen der Qualifikation als Verschlusssache nicht veröffentlichten (vgl. GMBl. 2013, 711) – Richtlinie für den Schutz von IT-Systemen in kerntechnischen Anlagen und Einrichtungen der Sicherungskategorien I und II gegen Störmaßnahmen oder sonstige Einwirkungen Dritter (SEWD-Richtlinie IT) verpflichtet und haben deren Beachtung der BNetzA jährlich zum 30.6. durch Bestätigung der für die nukleare Sicherheit zuständigen Genehmigungs- und Aufsichtsbehörden der Länder nachzuweisen (BNetzA, IT-Sicherheitskatalog gemäß § 11 Absatz 1b Energiewirtschaftsgesetz, 2018, 20 f.).

80 Dem aus § 11 Abs. 1b S. 5 folgenden Gebot der Existenz von **Regelungen zur regelmäßigen Überprüfung der Erfüllung der Sicherheitsanforderungen** trägt der IT-Sicherheitskatalog in gleicher Weise wie bei demjenigen auf Grundlage von § 11 Abs. 1a Rechnung

(BNetzA, IT-Sicherheitskatalog gemäß § 11 Absatz 1b Energiewirtschaftsgesetz, 2018, 12 f.; → Rn. 59).

IV. Erfüllung und Nachweise

Gemäß § 11 Abs. 1b S. 6 führt die Erfüllung der Anforderungen des IT-Sicherheitskatalogs 81 durch einen Betreiber Kritischer Infrastruktur **kraft Gesetzes** zur Qualifikation des Betriebs seiner Anlage als informationstechnisch angemessen sicher.

Hinsichtlich der gebotenen **Dokumentation** gilt mangels anderweitiger Vorgaben in § 11 82 Abs. 1b S. 6 das zu § 11 Abs. 1a S. 4 Ausgeführte entsprechend (→ Rn. 61). Von der in § 11 Abs. 1b S. 8 enthaltenen Ermächtigung zum Erlass näherer Bestimmungen zu Format, Inhalt und Gestaltung hat die BNetzA bislang keinen Gebrauch gemacht.

Auch die Regelung der **Überprüfungskompetenz** der BNetzA in § 11 Abs. 1b S. 7 83 weist keinen gegenüber § 11 Abs. 1a S. 5 abweichenden Regelungsgehalt auf (→ Rn. 62).

F. Meldepflichten für Betreiber Kritischer Infrastruktur (Abs. 1c)

§ 11 Abs. 1c begründet störungsbezogene Meldepflichten für die Betreiber Kritischer 84 Infrastrukturen im Anwendungsbereich des EnWG. Die Bestimmung weist enge Bezüge zu den Meldepflichten nach dem BSIG auf. Die Meldungen sind „notwendig, um eine möglichst **umfassende und frühzeitige Warnung** möglicherweise ebenfalls betroffener Betreiber Kritischer Infrastrukturen zu gewährleisten und darüber hinaus fundierte Aussagen zur IT-Sicherheitslage in Deutschland treffen zu können" (BT-Drs. 18/4096, 33).

I. Eröffnung des Anwendungsbereichs

§ 11 Abs. 1c S. 1 nimmt eine abschließende Bestimmung des Kreises der **Adressaten** der 85 Meldepflichten vor. Der Wortlaut ist allerdings nicht eindeutig gefasst, sodass hinsichtlich des Anwendungsbereichs Rechtsunsicherheiten verbleiben.

Die zunächst in Bezug genommenen **Betreiber von Energieversorgungsnetzen** sind 86 solche iSv § 3 Nr. 4 (→ § 3 Nr. 4 Rn. 1). Aufgrund der Formulierung des § 11 Abs. 1c S. 1 ist jedoch nicht zweifelsfrei erkennbar, ob nur diejenigen Betreiber von Energieversorgungsnetzen erfasst werden, deren Netze als Kritische Infrastruktur zu qualifizieren sind (vgl. auch zur früheren Gesetzesfassung OLG Düsseldorf BeckRS 2017, 132865 Rn. 32 ff.; Guckelberger DVBl 2015, 1213 (1220)). Grammatikalisch ist ein solches Verständnis der Norm nicht ausgeschlossen. Dagegen spricht jedoch die historische Entwicklung der Norm (→ Rn. 86.1).

Mit dem Gesetz zur Umsetzung der Richtlinie (EU) 2016/1148 des Europäischen Parlaments und 86.1 des Rates vom 6. Juli 2016 über Maßnahmen zur Gewährleistung eines hohen gemeinsamen Sicherheitsniveaus von Netz- und Informationssystemen in der Union (→ Rn. 10) wurde die vormalige Formulierung „Betreiber von Energieversorgungsnetzen und Energieanlagen, die ..." durch „Betreiber von Energieversorgungsnetzen und von solchen Energieanlagen, die ..." ersetzt. Die Gesetzesbegründung zur Änderung des § 11 Abs. 1c führt jedoch aus, dass klargestellt werde, „dass die Meldepflichten nach Absatz 1c Satz 1 für alle Betreiber von Energieversorgungsnetzen gelten". Überdies spricht sie im Hinblick auf den Erfüllungsaufwand der Verwaltung von einer „Ausdehnung der Meldepflichten auf alle Energienetze" (BT-Drs. 18/11242, 55, 32).

Nur ein solches, alle Betreiber von Energieversorgungsnetzen umfassendes Verständnis 87 trägt schließlich auch dem Sinn und Zweck der Vorschrift angemessen Rechnung, zumal auch § 11 Abs. 1b vornehmlich gerade auf den Schutz der Energieversorgungsnetze von IT-basierten Gefährdungen abzielt. Es wäre wenig zielführend, wenn gerade die Betreiber der in erster Linie zu schützenden Infrastruktur von den Meldepflichten ausgenommen wären (im Ergebnis ebenso Säcker EnergieR/König § 11 Rn. 102; Hornung/Schallbruch, IT-Sicherheitsrecht/Guckelberger, 1. Aufl. 2021, § 23 Rn. 28).

Darüber hinaus bezieht § 11 Abs. 1c S. 1 übereinstimmend mit § 11 Abs. 1b S. 1 diejeni- 88 gen **Betreiber von Energieanlagen** ein, die der **BSI-KritisV** unterfallen (→ Rn. 64 f.). Einen expliziten Verweis auf den Anschluss der betreffenden Anlagen an ein Energieversorgungsnetz enthält die Norm anders als § 11 Abs. 1b S. 1 nicht. Nach dem Inhalt der Meldepflicht (→ Rn. 89 ff.) wird ein solcher jedoch vorausgesetzt.

II. Meldepflichtige Geschehnisse

89 Nach § 11 Abs. 1c S. 1 greift die Meldepflicht in zwei Fällen ein, die denjenigen des – nach § 8d Abs. 3 Nr. 2 BSIG nicht anwendbaren – § 8b Abs. 4 BSIG entsprechen und in gleicher Weise zu verstehen sind. Die Regelung ist ebenso **zwingend** wie **abschließend**. Die mehrfache Verwendung unbestimmter Rechtsbegriffe kann jedoch bei der Rechtsanwendung zu Unschärfen führen. Gesetzestechnisch wenig gelungen ist dabei überdies die kumulative Verwendung von Erheblichkeitskriterien mit unterschiedlichen Anknüpfungspunkten.

90 **Bezugsgegenstand** der Meldepflichten sind die informationstechnischen Schutzziele der Verfügbarkeit, Integrität, Authentizität und Vertraulichkeit der von den Betreibern verwendeten informationstechnischen Systeme, Komponenten oder Prozesse. Zu deren Bestimmung kann mangels energiewirtschaftsrechtlicher Determinierung auf den in § 2 Abs. 1 BSIG legaldefinierten Begriff der **Informationstechnik** zurückgegriffen werden. Erfasst werden danach „alle technischen Mittel zur Verarbeitung von Informationen." Einer trennscharfen Abgrenzung zwischen Systemen, Komponenten und Prozessen bedarf es für die Zwecke des § 11 Abs. 1c S. 1 nicht. Gleichwohl handelt es sich bei Systemen um technische Gesamtheiten, bei Komponenten um deren Bestandteile und bei Prozessen um Abläufe, die unter deren Verwendung erfolgen (Schenke/Graulich/Ruthig/Buchberger BSIG § 2 Rn. 2; Werner/Brinker/Raabe CR 2022, 817 (820 ff.)). Die Begriffe Verfügbarkeit, Integrität und Vertraulichkeit hat die BNetzA unter Bezugnahme auf die Norm ISO/IEC 27000 sektorspezifisch wie folgt definiert: „**Verfügbarkeit** bedeutet, dass die zu schützenden Systeme und Daten auf Verlangen einer berechtigten Einheit zugänglich und nutzbar sind. Es muss sichergestellt werden, dass Daten, Systeme und (informationstechnische) Netzwerke, die für die Erbringung der zugesicherten Leistung oder die Einhaltung anderer Anforderungen an die Energieanlagen in Bezug auf den sicheren Netzbetrieb notwendig sind, im für die Gewährleistung der Energieversorgung benötigten Umfang zur Verfügung stehen. **Integrität** bedeutet zum einen die Richtigkeit und Vollständigkeit der verarbeiteten Daten und zum anderen die korrekte Funktionsweise der Systeme. Das bedeutet, dass die Erbringung der zugesicherten Leistung oder die Einhaltung anderer Anforderungen an die Energieanlagen in Bezug auf den sicheren Netzbetrieb durch eine korrekte und vollständige Übertragung, Speicherung sowie Verarbeitung von Daten sichergestellt werden muss. Unter **Vertraulichkeit** wird der Schutz der Systeme und Daten vor unberechtigtem Zugriff durch Personen oder Prozesse verstanden. Es muss sichergestellt werden, dass Daten, deren Offenlegung die Erbringung der zugesicherten Leistung oder die Einhaltung anderer Anforderungen an die Energieanlagen in Bezug auf den sicheren Netzbetrieb gefährden würde, unberechtigten Personen oder Institutionen nicht bekannt werden" (BNetzA, IT-Sicherheitskatalog gemäß § 11 Absatz 1b Energiewirtschaftsgesetz, 2018, 5). **Authentizität** bedeutet, dass Daten jederzeit ihrem Ursprung zugeordnet werden können (s. zum Ganzen auch allg. Kipker Cybersecurity-HdB/Sohr/Kemmerich, 1. Aufl. 2020, Kap. 2 Rn. 6 ff.).

91 § 11 Abs. 1c S. 1 Nr. 1 verpflichtet die Normadressaten zur Mitteilung von auf die Bezugsgegenstände bezogenen **Störungen,** die zu einem Ausfall oder einer erheblichen Beeinträchtigung der Funktionsfähigkeit des Energieversorgungsnetzes oder der betreffenden Energieanlage geführt haben. Eine Störung liegt nach der Gesetzesbegründung zu § 8b Abs. 4 BSIG (zur Übertragbarkeit Kipker/Reusch/Ritter/Voigt/Böhme § 11 Rn. 138) vor, „wenn die eingesetzte Technik die ihr zugedachte Funktion nicht mehr richtig oder nicht mehr vollständig erfüllen kann oder versucht wurde, entsprechend auf sie einzuwirken. Dazu zählen insbesondere Fälle von Sicherheitslücken, Schadprogrammen und erfolgten, versuchten oder erfolgreich abgewehrten Angriffen auf die Sicherheit in der Informationstechnik sowie außergewöhnliche und unerwartete technische Defekte mit IT-Bezug (zum Beispiel nach Softwareupdates oder ein Ausfall der Serverkühlung)" (BT-Drs. 18/4096, 27 f.). Auf ihre Erheblichkeit (→ Rn. 92) kommt es insoweit nicht an (Säcker EnergieR/König § 11 Rn. 103). Eine derartige Störung muss jedoch Auswirkungen auf das Energieversorgungsnetz oder die Energieanlage in der Weise gezeigt haben, dass sie einen Ausfall oder eine erhebliche Beeinträchtigung **tatsächlich** hervorgerufen hat. Ein **Ausfall** ist die weitestgehende Form der Beeinträchtigung in der Weise, dass das ordnungsgemäße Funktionieren des Netzes oder der Anlage dauerhaft oder vorübergehend beseitigt wurde. Eine **Beeinträchtigung** ist bei Funktionsdefiziten gegeben. Diese ist **erheblich,** wenn diese die Funktionsfähigkeit des Netzes oder der Anlage derart in Mitleidenschaft zieht, dass ihre Leistungsfähigkeit mehr als nur marginal betroffen ist. Das Erheblichkeitskriterium bezieht sich mithin „nicht auf den Grad des IT-Vorfalls, sondern auf den Grad der Beeinträchtigung der Funktionsfähigkeit der Kritischen Infrastruktur" (BT-Drs. 18/11242, 54).

§ 11 Abs. 1c S. 1 Nr. 2 bezieht sich auf **erhebliche Störungen,** die **potenziell** einen **92 Ausfall** oder eine **erhebliche Beeinträchtigung** der Funktionsfähigkeit des Energieversorgungsnetzes oder der betreffenden Energieanlage zur Folge haben, ohne dass diese eingetreten wäre. Nach der Gesetzesbegründung zu § 8b Abs. 4 BSIG liegt eine erhebliche Störung vor, „wenn durch sie die Funktionsfähigkeit der erbrachten kritischen Dienstleistung bedroht ist. ... Erheblich sind insbesondere solche IT-Störungen, die nicht bereits automatisiert oder mit wenig Aufwand mithilfe der nach § 8a [BSIG] als Stand der Technik beschriebenen Maßnahmen abgewehrt werden können. Dies ist beispielsweise der Fall bei neuartigen oder außergewöhnlichen IT-Vorfällen, bei gezielten Angriffen, für neue Modi Operandi sowie für unerwartete Vorkommnisse. Insbesondere gilt dies aber auch für Vorfälle, die nur mit deutlich erhöhtem Ressourcenaufwand bewältigt werden können (erhöhter Koordinierungsaufwand, Hinzuziehen zusätzlicher Experten, Nutzung einer besonderen Aufbauorganisation, Einberufung eines Krisenstabs). IT-Störungen sind hingegen nicht erheblich, wenn es sich um tagtäglich vorkommende Ereignisse (Spam, übliche Schadsoftware, die standardmäßig im Virenscanner abgefangen wird, Hardwareausfälle im üblichen Rahmen) handelt und die mit den nach Stand der Technik nach § 8a des BSI-Gesetzes zu ergreifenden Maßnahmen ohne nennenswerte Probleme bewältigt werden" (BT-Drs. 18/4096, 28). Für die Qualifikation einer Störung als erheblich sprechen in Anlehnung an Art. 6 RL (EU) 2016/1148 u.a. eine hohe Zahl der betroffenen Nutzer, weitgehende Auswirkungen von Sicherheitsvorfällen – hinsichtlich Ausmaß und Dauer – auf wirtschaftliche und gesellschaftliche Tätigkeiten oder die öffentliche Sicherheit und eine erhebliche Größe des Gebiets, das von einem Sicherheitsvorfall betroffen sein könnte. Jedenfalls wird die Meldepflicht ausgelöst, sofern eine nicht völlig zu vernachlässigende Wahrscheinlichkeit besteht, dass erhebliche Störungen zu mindestens erheblichen Beeinträchtigungen des Netz- oder Anlagenbetriebs (→ Rn. 91) führen.

III. Adressat und Zeitpunkt

Gemäß § 11 Abs. 1c S. 1 hat die Meldung an das **BSI** als „zentrale Meldestelle für Betreiber **93** Kritischer Infrastrukturen in Angelegenheiten der Sicherheit der informationstechnischen Systeme, Komponenten oder Prozesse" (BT-Drs. 18/4096, 32) zu erfolgen, nicht an die BNetzA. Seitens des Betreibers ist hierfür zwingend die von diesem gem. 11 Abs. 1d S. 1 und § 8b Abs. 3 BSIG benannte Kontaktstelle zuständig (→ Rn. 93.1, → Rn. 116).

Die zusätzliche Einrichtung einer gemeinsamen übergeordneten Ansprechstelle nach § 8b Abs. 5 **93.1** BSIG wird hierdurch nicht ausgeschlossen.

Die Meldung an das BSI muss **unverzüglich** iSv § 121 Abs. 1 S. 1 BGB, mithin „ohne **94** schuldhaftes Zögern", vorgenommen werden. Es muss folglich ein unmittelbarer zeitlicher Zusammenhang zwischen der Wahrnehmung des Auftretens der Störung und ihrer tatsächlichen oder potenziellen Auswirkungen durch den Betreiber und der Meldung an das BSI bestehen. Hierfür bedarf es nicht zuletzt unternehmensorganisatorischer Maßnahmen, welche eine Information der Kontaktstelle gewährleisten.

Das BSI ist nach § 11 Abs. 1c S. 4 zur **Weiterleitung** eingehender Meldungen **an die 95 BNetzA** verpflichtet, sodass diese ebenfalls über relevante Vorkommnisse informiert ist und ggf. auf diese im Rahmen ihrer Befugnisse reagieren kann. Die Weiterleitung hat unverzüglich iSv § 121 Abs. 1 S. 1 BGB und ohne jegliche Bearbeitung der Meldung zu erfolgen, da gesetzlich nicht nur die Teilung erlangter Informationen seitens des BSI gefordert ist, sondern die Meldung unmittelbar in Bezug genommen wird.

IV. Inhalt

Der Inhalt der abzugebenden Meldung bestimmt sich nach § 11 Abs. 1c S. 2. Das BSI **96** stellt den registrierten Kontaktstellen ein **Formular** und eine **Anleitung** zur Vornahme der

EnWG § 11 Teil 3. Regulierung des Netzbetriebs

Meldung zur Verfügung und setzt deren Verwendung und eine Meldung in elektronischer Form voraus. Weder das EnWG noch das BSIG oder ergänzende Rechtsverordnungen erklären deren Verwendung allerdings für verbindlich.

97 Zwingend aufzunehmen sind Angaben zu der die Meldung auslösenden **Störung**. Diese müssen sich zu den in § 11 Abs. 1c S. 1 Nr. 1 und 2 genannten Aspekten (→ Rn. 89 ff.) verhalten und diese so konkret wie möglich darstellen.

98 Weitere Pflichtangaben betreffen die **möglichen grenzübergreifenden Auswirkungen**. In Anbetracht der Verknüpfung deutscher Energieversorgungsnetze mit denjenigen der Nachbarstaaten können sich Probleme im deutschen Energiesystem auch dort auswirken. Die Einschätzung dieser Auswirkungen kann durch das von der Störung betroffene Unternehmen nicht in jedem Falle sicher und uneingeschränkt vorgenommen werden. Aufgrund seiner Kenntnis von der eigenen Bedeutung für das deutsche und europäische Energieversorgungssystem hilft die Aussage dem BSI und der BNetzA, das Ausmaß etwaiger grenzüberschreitender Auswirkungen des Sicherheitsvorfalls realistisch einzuschätzen und ggf. zu deren Begrenzung dienende Maßnahmen zu ergreifen und insbesondere die in den betroffenen EU-Mitgliedstaaten für die informationstechnische Sicherheit zuständigen Behörden nach § 8b Abs. 2 Nr. 4 lit. d BSIG zu unterrichten.

99 Für die Bewertung des meldepflichtigen Vorfalls und für daran anknüpfende Gefahreneinschätzungen von entscheidender Bedeutung ist auch die geforderte Mitteilung der **technischen Rahmenbedingungen, insbesondere der vermuteten oder tatsächlichen Ursache und der betroffenen Informationstechnik**. Die Informationen über die verwendete und betroffene Technik sind regelmäßig zugleich zur Beschreibung der Störung erforderlich. Hinsichtlich ihrer Ursachen sind Behauptungen ins Blaue hinein zu vermeiden (vgl. auch zur Kennzeichnung von Vermutungen Guckelberger DVBl 2015, 1213 (1220)). Eine Ursachenerforschungspflicht geht mit § 11 Abs. 1c S. 2 allerdings nicht einher, zumal diese dem Gebot der Unverzüglichkeit der Meldung (→ Rn. 94) widerspräche.

100 Eine **Nennung des betroffenen Betreibers** in der Meldung ist nach § 11 Abs. 1c S. 3 nicht stets, sondern nur dann erforderlich, wenn die Störung tatsächlich zu einem Ausfall oder einer Beeinträchtigung der Funktionsfähigkeit der Kritischen Infrastruktur geführt hat, mithin in den Fällen des § 11 Abs. 1c S. 1 Nr. 1 (→ Rn. 91). In diesem Falle bedarf es der Angabe, um eine schnelle und angemessene Krisenreaktion des BSI zu ermöglichen (Thomale VersorgW 2015, 301 (303)). Kontaktinformationen werden jedoch im Meldeformular des BSI abgefragt und sollen nicht zuletzt technische Rückfragen ermöglichen.

V. Geheimhaltung

101 Die § 11 Abs. 1c S. 1 unterfallenden „hochsensiblen sicherheitskritischen Informationen unterliegen einem **besonderen Schutzbedürfnis**" (BT-Drs. 18/4096, 33). Der Gesetzgeber hat daher ihre vertrauliche Behandlung angeordnet.

102 Nach § 11 Abs. 1c S. 5 haben BSI und BNetzA sicherzustellen, dass die **unbefugte Offenbarung** der ihnen durch Störungsmeldungen zur Kenntnis gelangten Angaben **ausgeschlossen** wird. Die Informationen sind mithin grundsätzlich gegenüber Dritten geheim zu halten. Anderes gilt nur, wenn und soweit eine Kenntnisgabe an spezifische Adressaten gesetzlich vorgesehen ist, etwa in § 32 Abs. 1 Nr. 8 und § 51 EnWG sowie § 13 BSIG. In diesem Fall liegt eine Offenbarungsbefugnis vor.

103 Nur sehr eingeschränkt ist auch ein Zugang zu den Akten gegeben. Zwar können Verfahrensbeteiligte **Akteneinsicht** nach § 11 Abs. 1c S. 7 EnWG iVm § 29 VwVfG erhalten, soweit diese zur Geltendmachung oder Verteidigung ihrer rechtlichen Interessen erforderlich ist. Aus § 11 Abs. 1c S. 8 iVm § 8e Abs. 2 BSIG folgt jedoch das ergänzende Erfordernis, dass „schutzwürdige Interessen des betroffenen Betreibers Kritischer Infrastrukturen ... dem nicht entgegenstehen und durch den Zugang zu den Akten keine Beeinträchtigung von Sicherheitsinteressen eintreten kann." Im Übrigen schließt § 11 Abs. 1c S. 6 eine solche in Bezug auf Angelegenheiten nach § 11 Abs. 1a–1c – und damit nicht nur betreffend Kritische Infrastrukturen, sondern generell bezüglich der informationstechnischen Sicherheit der erfassten Anlagen – kategorisch aus.

104 Die Erteilung von **Auskünften** wird ebenfalls eng begrenzt. § 11 Abs. 1c S. 8 iVm § 8e Abs. 1 S. 1 BSIG gestattet eine Auskunftserteilung auf Antrag von Dritten über IT-sicher-

Betrieb von Energieversorgungsnetzen   § 11 EnWG

heitsrelevante Informationen nur, „wenn schutzwürdige Interessen des betroffenen Betreibers Kritischer Infrastrukturen ... dem nicht entgegenstehen und durch die Auskunft keine Beeinträchtigung von Sicherheitsinteressen eintreten kann." Auskunftsverlangen auf Grundlage der Informationsfreiheitsgesetze ist damit weithin die Grundlage entzogen (Säcker EnergieR/König § 11 Rn. 107).

G. Registrierung und Kommunikation (Abs. 1d)

Der durch das Gesetz zur Änderung des Energiewirtschaftsrechts im Zusammenhang mit dem Klimaschutz-Sofortprogramm und zu Anpassungen im Recht der Endkundenbelieferung (→ Rn. 17) neu eingefügte § 11 Abs. 1d begründet eine Registrierungspflicht für die den IT-sicherheitsrechtlichen Anforderungen des EnWG unterfallenden Unternehmen. Der Gesetzgeber hielt ausweislich der **Gesetzesbegründung** eine diesbezügliche „Ergänzung [für] erforderlich, damit eine Registrierungspflicht für alle Betreiber von Energieversorgungsnetzen und Betreiber von Energieanlagen, die als Kritische Infrastruktur im Sinne des BSI-Gesetzes gelten, sichergestellt ist. Denn nur durch solche Registrierungspflicht kann sichergestellt werden, dass die Nachweise gemäß § 11 Absatz 1f vollständig eingereicht werden und das BSI auch im Umkehrschluss seinen Aufgaben zur Warnung und Information der Unternehmen nachkommen kann. Es ist auch davon auszugehen, dass nur solche Betreiber, die tatsächlich registriert sind, im Falle eines Sicherheitsvorfalls in der Lage sind diesen Sicherheitsvorfall auch gegenüber dem BSI zu melden" (BT-Drs. 20/1599, 51).   105

I. Registrierung durch verpflichtete Unternehmen

§ 11 Abs. 1d S. 1 normiert als zentrales Gebot die Verpflichtung zur Registrierung der **adressierten Unternehmen.** Dabei handelt es sich um diejenigen Unternehmen, die Energieversorgungsnetze betreiben oder solche Energieanlagen, die gemäß der KritisV als Kritische Infrastruktur zu qualifizieren sind (→ Rn. 65). Insoweit besteht hinsichtlich der Verpflichteten eine uneingeschränkte Übereinstimmung mit den Vorgaben in § 11 Abs. 1c, 1e–1g. Diese ist zugleich wegen des engen Regelungszusammenhangs geboten.   106

§ 11 Abs. 1d S. 1 statuiert – insoweit übereinstimmend mit § 8b Abs. 3 S. 1 BSIG, dessen Geltung im Anwendungsbereich des § 11 nach § 8d BSIG nicht ausgeschlossen ist (vgl. Kipker Cybersecurity-HdB/Beucher/Fromageau, 1. Aufl. 2020, Kap. 12 Rn. 106; Schaller CR 2022, 635 (637)) – zwei Verpflichtungen der adressierten Unternehmen. Zum einen haben sie die von ihnen betriebene Anlage, mithin das Energieversorgungsnetz oder von der KritisV erfasste Energieanlage, beim **BSI** (nicht der BNetzA) zu **registrieren.** Dabei handelt es sich um eine formelle Mitteilung ihrer Existenz und einer nach § 11 Abs. 1d relevanten Tätigkeit, wie sie im Kontext des EnWG etwa auch für Energiegroßhändler oder im Zusammenhang mit dem Marktstammdatenregister vorgesehen ist. Zudem sind sie zur **Benennung ihrer Kontaktstelle** (→ Rn. 116) verpflichtet.   107

Zum Zweck der Vorschrift kann ergänzend auf die Begründung zu § 8b Abs. 3 BSIG zurückgegriffen werden. Danach wird „[a]us Gründen der Rechtssicherheit für die Registrierung als Kardinalpflicht des Betreibers wird neben der Pflicht zur Registrierung einer Kontaktstelle eine Pflicht zur Registrierung der Kritischen Infrastruktur unmittelbar verankert. Die Pflicht zur Registrierung für KRITIS-Betreiber ist auch erforderlich, damit das Bundesamt seinen Aufgaben nach § 3 und § 8b Absatz 2 Nummer 4 BSIG nachkommen kann. Insbesondere soll das Bundesamt die meldepflichtigen Unternehmen im Gegenzug auch über sie betreffende Informationen unverzüglich in Kenntnis setzen. Dies können von anderen Unternehmen gemeldete Vorfälle sein, oder auch Informationen, die das Bundesamt über andere Quellen erlangt, z. B. Schwachstellen in bestimmten IT-Produkten oder neue Methoden oder Angriffsvektoren für Cyberangriffe. Damit das Bundesamt diese Informationen zielgenau an die Unternehmen weiterleiten kann, ist es erforderlich, dass das Bundesamt die entsprechenden Unternehmen kennt und somit einschätzen kann, welche Informationen für diese Unternehmen relevant sind. Die bisherige reine Benennung von Kontaktstellen ist hier nicht ausreichend, da das Bundesamt ausreichende Informationen darüber benötigt, welche Informationen für diese Unternehmen relevant sind" (BT-Drs. 19/26106, 80).   107.1

Nach dem eindeutigen Wortlaut („jeden Jahres") handelt es sich – abweichend von § 8b Abs. 3 S. 1 BSIG und insoweit spezieller – um **wiederkehrende Verpflichtungen** (aA   108

Knauff   367

Kipker/Reusch/Ritter/Voigt/Böhme § 11 Rn. 157), die jährlich bis zum 1. April zu erfüllen sind. Für die erstmalige Registrierung ist gleichwohl für neue Betreiber die Frist des § 8b Abs. 3 S. 1 BSIG maßgeblich, die mithin spätestens bis zum ersten Werktag, der darauf folgt, dass diese erstmalig oder erneut als Betreiber einer Kritischen Infrastruktur nach der BSI-KritisV gelten, erfolgen muss. Wenngleich durch die jährliche Mitteilung die Aktualität der dem BSI vorliegenden Informationen (weitgehend) sichergestellt werden soll, überschreitet der Gesetzgeber damit die Grenze des verfassungsrechtlich Möglichen. Entscheidend ist dabei die Abweichung von der einmaligen Meldepflicht § 8b Abs. 3 S. 1 BSIG. Diese impliziert eine Qualifikation von Energieversorgungsnetzen und anderen § 11 Abs. 1c ff. unterfallenden Energieanlagen als gleichsam „besonders" kritische Infrastruktur, die jedoch weder im EnWG noch im BSIG eine Grundlage findet. Folge ist eine Ungleichbehandlung, für die ein sachlicher Grund weder in den Gesetzgebungsmaterialien enthalten (BT-Drs. 20/1599) noch sonst ersichtlich ist, und damit ein Verstoß gegen Art. 3 Abs. 1 GG im Verhältnis der Betreiber Kritischer Infrastruktur im Anwendungsbereich von § 11 zu denjenigen, die „nur" § 8b Abs. 3 S. 1 BSIG unterfallen. Insbesondere fehlt es – anders als bei den § 11 Abs. 1f S. 1 unterfallenden Informationen (→ Rn. 129 ff.) – an einer Dynamik der den Informationspflichten unterfallenden Gegenstände.

108.1 Mit Blick auf die Berufsfreiheit, Art. 12 Abs. 1 GG, ist ein Verfassungsverstoß der Regelung dagegen gerade noch nicht anzunehmen. Die Verpflichtungen nach § 11 Abs. 1d S. 1 sind als Eingriffe in Form einer Berufsausübungsregelung zu qualifizieren, so dass ein sachlicher Grund zur Rechtfertigung genügt (grundlegend BVerfGE 7, 377). Auch insoweit muss die Verhältnismäßigkeit aber uneingeschränkt gewahrt sein. Im vorliegenden Kontext kommt – entsprechend § 8d Abs. 3 S. 1 BSIG – als milderes Mittel die Mitteilungsverpflichtung mit Anlagenbezug bei der Aufnahme oder Änderung des Betriebs sowie hinsichtlich der Kontaktstelle bei ihrer Einrichtung oder Änderung in Betracht. Mag der Aufwand für die Unternehmen nach einer erstmaligen Mitteilung auch überschaubar sein, sofern keine Änderungen erfolgt sind, so muss er gleichwohl einmal jährlich betrieben werden. Zur Verfassungsmäßigkeit trägt allein der Umstand bei, dass die Regelung letztlich auf die informationstechnische Sicherheit des Energieversorgungssystems insgesamt abzielt, die bei einem mehr als nur zu vernachlässigenden Bestand an veralteten Daten beim BSI nicht gewährleistet werden könnte.

109 Folglich ist die **Regelung im Hinblick auf die Statuierung sich wiederholender Mitteilungspflichten ("jeden Jahres") verfassungswidrig** und insoweit nichtig. Gültig bleibt allerdings die Verpflichtung zur Vornahme einer erstmaligen Registrierung nach § 8b Abs. 3 S. 1 BSIG für neue Betreiber sowie – mit Blick auf den eigenständigen verbleibenden Regelungsgehalt – für am 29.7.2022 vorgefundene Adressaten deren Verpflichtung zur Vornahme der Registrierung bis zum 1.4.2023.

110 Eine Aussage über die **Art und Weise der Mitteilung** enthält § 11 Abs. 1d S. 1 nicht. Auch fehlt es sowohl im EnWG als auch im BSIG an einer diesbezüglichen Verordnungs- oder Festlegungsermächtigung. Das BSI hat ein Melde- und Informationsportal eingerichtet (https://mip.bsi.bund.de/registermain), auf dem die erforderlichen Daten eingegeben werden können. Das hieraus generierte Formular ist dem BSI mit Unterschrift versehen zukommen zu lassen. Unabhängig davon sind die Unternehmen mangels rechtlicher Verpflichtung zu dessen Nutzung frei darin, wie sie ihrer Registrierungspflicht und der Benennung der Kontaktstelle nachkommen.

111 Ein Verstoß gegen die Registrierungspflicht nach § 11 Abs. 1d wird in § 95 nicht als bußgeldbewehrte **Ordnungswidrigkeit** qualifiziert. Anderes gilt jedoch für die nicht verdrängte Registrierungspflicht bei Tätigkeitsaufnahme als Betreiber Kritischer Infrastruktur im Energiesektor aus § 8b Abs. 3 S. 1 BSIG nach § 14 Abs. 2 Nr. 5 BSIG.

112 § 11 Abs. 1d S. 2 sieht die **Übermittlung der Registrierungen** einschließlich der damit verbundenen Kontaktdaten, mithin der Erreichbarkeit der Kontaktstelle, durch das BSI **an die BNetzA** vor. Die Vorschrift trägt der gemeinsamen Verantwortung beider Behörden für die IT-Sicherheit im Energiesektor Rechnung und korrespondiert insoweit mit § 11 Abs. 1f S. 2 (→ Rn. 132).

II. Registrierung durch das BSI

113 Für den Fall, dass ein hierzu nach § 11 Abs. 1d S. 1 verpflichtetes Unternehmen (→ Rn. 106) seiner Registrierungspflicht nicht nachkommt, sieht § 11 Abs. 1d S. 3 die

Möglichkeit der **Registrierung von Amts** wegen durch das BSI „im Wege der Ersatzvornahme" (BT-Drs. 19/26106, 80, zum regelungsidentischen § 8b Abs. 3 S. 2 BSIG) vor. Eine entsprechende Verpflichtung besteht nicht. Jedoch spricht bei der diesbezüglichen Ermessensausübung der Zweck der Registrierung (→ Rn. 105) dafür, diese im Zweifel vorzunehmen. Voraussetzung ist allerdings eine entsprechende Kenntnis des BSI. Unerheblich ist, wie es diese erlangt hat. Insbesondere kann auch die BNetzA als Hinweisgeber fungieren, wenngleich sie die Registrierung nicht selbst vornehmen kann.

Weder in § 11 Abs. 1d noch in § 8b Abs. 3 angesprochen ist der Fall des **Verlusts der** **114** **Eigenschaft als Betreiber Kritischer Infrastruktur.** Dann verliert auch die Registrierung des Unternehmens beim BSI ihren Sinn. Nach der Gesetzesbegründung zu § 8b Abs. 3 ist auch in dieser Konstellation ein Tätigwerden des BSI im Sinne einer Löschung der Registrierung von Amts wegen möglich und zugleich geboten (BT-Drs. 19/26106, 80).

Für den Fall einer Registrierung von Amts wegen normiert § 11 Abs. 1d S. 4 übereinstim- **115** mend mit § 11 Abs. 1d S. 2 (→ Rn. 112) die Verpflichtung des BSI zur **Information** **der BNetzA.** Die damit verbundene Übermittlung der Kontaktdaten bezieht sich auf die Erreichbarkeit der Kontaktstelle, die erforderlichenfalls im Zuge der Registrierung durch das BSI festgelegt wird, vgl. § 11 Abs. 1d S. 5, § 8b Abs. 3 S. 3 BSIG. Im Nachgang unternehmensseitig gemeldete Änderungen hinsichtlich der Kontaktstelle sind der BNetzA vom BSI nach § 11 Abs. 1d S. 2 mitzuteilen.

III. Kontaktstelle

§ 11 Abs. 1d S. 5 normiert übereinstimmend mit § 8b Abs. 3 S. 4 BSIG die Selbstverständ- **116** lichkeit, dass die Betreiber Kritischer Infrastruktur im Energiesektor die **jederzeitige** **Erreichbarkeit über ihre Kontaktstelle** sicherzustellen haben. Dabei ist unerheblich, ob sie diese im Zuge der Registrierung selbst benannt haben oder die Festlegung durch das BSI erfolgt ist. Die als Kontaktstelle fungierende Einheit des Unternehmens dient mithin – der Bezeichnung entsprechend – als Kommunikationskanal, wie auch § 11 Abs. 1c S. 1 verdeutlicht (→ Rn. 93). Dieser muss uneingeschränkt zur Verfügung stehen. Dies gilt sowohl in zeitlicher Hinsicht als auch in Bezug auf die Funktionsfähigkeit, so dass insbesondere eine unverzügliche Kenntnisnahme von eingehenden Informationen oder Anfragen gegeben ist.

Das BSI hat auf seiner Homepage sein Verständnis der jederzeitigen Erreichbarkeit erläutert. Danach **116.1** meint die „Formulierung ‚jederzeit erreichbar' gemäß § 8b Absatz 3 BSIG, dass Betreiber über die registrierte Kontaktstelle rund um die Uhr (24/7) in der Lage sind, BSI-Produkte zur Warnung und Information von KRITIS-Betreibern, (BSI-Produkte: Cyber-Sicherheitswarnungen, Lageinformationen etc.) entgegenzunehmen, unverzüglich zu sichten und zu bewerten (Bearbeitung der Informationen auf Zuruf). In der Regel werden BSI-Produkte während der üblichen Geschäftszeiten versendet. Es ist jedoch nicht auszuschließen, dass das BSI in Ausnahmefällen dringende Warnungen auch außerhalb der üblichen Geschäftszeiten, also an Feiertagen, Wochenenden oder nachts, versendet. Das BSI gestaltet die Cyber-Sicherheitswarnungen so, dass Dringlichkeit und (potenzieller) Handlungsbedarf aus der E-Mail-Betreffzeile (automatisiert) herausgelesen werden können. Somit können bereits existierende dauerhaft erreichbare Stellen in der Institution, z. B. Pforte, Werkschutz oder sonstige Bereitschaftsdienste, akuten Handlungsbedarf erkennen und ggf. eine Alarmierung bzw. Weiterleitung an geeignete Ansprechpartner auslösen. Geeignete Ansprechpartner verfügen über die fachliche Kompetenz zur Beurteilung des konkreten Vorfalls und sind in die Organisation und Prozesse zur Vorfallsbewältigung eingebunden. Gesteigerte Anforderungen an die Verfügbarkeit einer Kontaktstelle des Betreibers ergeben sich nach einer Meldung einer IT-Störung gegenüber dem BSI. Um eine reibungslose Vorfallsbewältigung in Zusammenarbeit mit dem BSI zu gewährleisten, sollen interne (Weiterleitungs-)Prozesse eingerichtet werden, die eine Alarmierung geeigneter Ansprechpartner nach Eingang der Information auch außerhalb der üblichen Geschäftszeiten sicherstellen. Dies gilt insbesondere, wenn Sie eine IT-Störung an das BSI gemeldet haben und mit Rückfragen des BSI zu rechnen ist. Zudem empfiehlt es sich die Verwendung eines Funktionspostfachs anstelle einer persönlichen E-Mail-Adresse (https://www.bsi.bund.de/DE/Themen/KRITIS-und-regulierte-Unternehmen/Kritische-Infrastrukturen/Allgemeine-Infos-zu-KRITIS/Kontaktstelle-benennen/kontaktstelle-benennen_node.html, zuletzt abgerufen am 25.7.2023)."

Daran anknüpfend sieht § 11 Abs. 1d S. 6 übereinstimmend mit § 8b Abs. 3 S. 5 BSIG **117** vor, dass die **Übermittlung von Informationen durch das BSI nach § 8b Abs. 2 Nr. 4** lit. a BSIG an diese Kontaktstelle** erfolgt, so dass andere Adressaten innerhalb der Unternehmensorganisation eines Betreibers Kritischer Infrastruktur im Energiesektor ausgeschlossen werden. Bei den erfassten Informationen handelt es sich um solche, die den jeweiligen Betreiber nach § 8b Abs. 2 Nr. 1-3 BSIG betreffen. Dabei handelt es sich um die für die Abwehr von Gefahren für die Sicherheit in der Informationstechnik wesentlichen Informationen, insbesondere solche zu Sicherheitslücken, zu Schadprogrammen, zu erfolgten oder versuchten Angriffen auf die Sicherheit in der Informationstechnik und zu der dabei beobachteten Vorgehensweise (Nr. 1), die Ergebnisse der Analyse potentieller Auswirkungen auf die Verfügbarkeit der Kritischen Infrastrukturen (Nr. 2) und ein kontinuierlich aktualisiertes Lagebild bezüglich der Sicherheit in der Informationstechnik der Kritischen Infrastrukturen (Nr. 3).

117.1 Hieraus ergibt sich zugleich ein informatorisches „Geben und Nehmen" im Verhältnis der Betreiber Kritischer Infrastruktur und dem BSI: „Die Betreiber leisten insoweit durch die Meldungen einen eigenen Beitrag und bekommen dafür, da sie auch von den Meldungen der anderen Betreiber an das BSI und der Bewertung dieser Meldungen durch das BSI profitieren, im Gegenzug ein Mehrfaches an Informationen und Know-how zurück" (zu § 8b Abs. 2 BSIG BT-Drs. 18/4096, 27).

H. Verwendung von Systemen zur Angriffserkennung (Abs. 1e)

118 § 11 Abs. 1e, der durch Absatz 1f ergänzt wird (→ Rn. 129 ff.), ist Konsequenz der zutreffenden gesetzgeberischen Erkenntnis, dass „**Cyber-Angriffe** ... für Staat, Wirtschaft und Gesellschaft ... ein **großes Gefahrenpotential** dar[stellen]" (BT-Drs. 19/26106, 1). Durch die Vorschrift „wird die in § 8a Absatz 1a [des] BSI-Gesetzes neu eingeführte Pflicht für Betreiber Kritischer Infrastrukturen, Systeme zur Angriffserkennung einzusetzen, auch analog für Betreiber von Energieversorgungsnetzen und solchen Energieanlagen, die durch Inkrafttreten der Rechtsverordnung gemäß § 10 Absatz 1 BSI-Gesetz als Kritische Infrastruktur bestimmt wurden, eingeführt" (BT-Drs. 19/26106, 98; ohne spezifischen Energierechtsbezug zum Umgang mit Ransomware-Angriffen unter Berücksichtigung der aktuellen Rechtslage im Überblick Heinrichs/Neumeier CB 2022, 14/55).

119 Der Kreis der **Adressaten** des § 11 Abs. 1e entspricht demjenigen des § 11 Abs. 1c (→ Rn. 85 ff.). Ausweislich der Gesetzesbegründung (BT-Drs. 19/26106, 98; siehe auch Bartsch EnWZ 2023, 69 (73 f.)) steht außer Frage, dass Betreiber von Energieversorgungsnetzen auch dann erfasst werden, sofern diese nicht als Kritische Infrastruktur qualifiziert werden.

120 Wenngleich ein Schutz gegen Cyber-Angriffe zweifelsohne in der Sache jederzeit geboten ist, griff die Verpflichtungswirkung des § 11 Abs. 1e erst mit Verzögerung ein. Ebenso wie nach § 8a Abs. 1a BSIG griff das in der Norm enthaltene Gebot erst **mit Wirkung vom 1.5.2023** ein. Dies „trägt dem Umstand Rechnung, dass für die Umsetzung der Vorgaben ... bei komplexen und größeren Kritischen Infrastrukturen ... mehr als zwölf Monate benötigt werden, zumal Gesetzesverstöße mit Bußgeldern belegt sind" (zu § 8a Abs. 1a BSIG BT-Drs. 19/28844, 41, vgl. auch BT-Drs. 19/26106, 80). Eine vorzeitige Ausrichtung an den gesetzlichen Anforderungen stand den Verpflichteten gleichwohl frei.

121 In der Sache verpflichtet § 11 Abs. 1e die Netzbetreiber und (sonstigen) Betreiber von Energieanlagen, die der BSI-KritisV unterfallen, informationstechnische Systeme zur Angriffserkennung einzusetzen, und gestaltet die diesbezüglichen Anforderungen näher aus. Grundsätzlich gelten dabei **dieselben Maßstäbe wie im Anwendungsbereich des BSIG** (vgl. auch Dittrich MMR 2022, 1039 (1041)). Jedoch hat der Gesetzgeber diese um einige **bereichsspezifische Vorgaben** ergänzt.

122 Eine gegenständliche Beschränkung besteht insoweit, als § 11 Abs. 1e S. 1 nur informationstechnische Systeme, Komponenten oder Prozesse erfasst, die für die **Funktionsfähigkeit der jeweils betriebenen Energieversorgungsnetze oder Energieanlagen** maßgeblich sind. Dies entspricht der Bezugnahme auf die Anforderungen an einen sicheren Netzbetrieb in § 11 Abs. 1a S. 1 (→ Rn. 49 ff.) bzw. einen sicheren Anlagenbetrieb in § 11 Abs. 1b S. 1 (→ Rn. 67). Ein umfassender Schutz der Informationstechnik der einbezogenen Unternehmen entsprechend den in § 11 Abs. 1e enthaltenen Anforderungen ist damit nicht geboten. Gleichwohl genügt ein Netz- oder Anlagenbetriebsbezug der eingesetzten IT, um den Anwendungsbereich der Vorschrift in sachlicher Hinsicht zu eröffnen. Entscheidend muss nach Sinn und Zweck der Regelung insoweit die Möglichkeit einer Gefährdung sein. Dabei spricht die Kreativität von Hackern dafür, eine solche im Zweifel jedenfalls bei informationstechnischen Systemen, Komponenten oder Prozessen anzunehmen, die in irgendeiner Weise mit der Netz- bzw. Anlagensteuerung verbunden ist. Die IT-Sicherheitskataloge der BNetzA können insoweit der Orientierung dienen.

Da die Abwehr von Cyberangriffen nur dann erfolgreich sein kann, wenn diese (überhaupt 123 und als solche) erkannt werden, normiert § 11 Abs. 1e S. 1 die **zentrale Verpflichtung zum Einsatz von Systemen zur Angriffserkennung.** Konkretisierende, jedoch gleichwohl recht abstrakte Anforderungen an diese sind den beiden nachfolgenden Sätzen zu entnehmen. Danach müssen die Systeme geeignete Parameter und Merkmale aus dem laufenden Betrieb kontinuierlich und automatisch erfassen und auswerten und sollten dazu in der Lage sein, fortwährend Bedrohungen zu identifizieren und zu vermeiden, sowie für eingetretene Störungen geeignete Beseitigungsmaßnahmen vorsehen. Geboten ist damit die Fähigkeit zur Überwachung der für den Netz- bzw. Anlagenbetrieb unternehmensseitig eingesetzten IT in Verbindung mit einer grundsätzlichen Fähigkeit zur Problemerkennung und -bekämpfung.

Die Gesetzesbegründung zu § 8a Abs. 1a BSIG führt konkretisierend aus: „Bereits heute ist eine 123.1 große Anzahl von Systemen zur Angriffserkennung verfügbar. Diese unterscheiden sich u. a. in den Verfahren zur Detektion und sind für unterschiedliche Einsatzszenarien optimiert. Unterschiede liegen z. B. in den jeweils untersuchten Daten, die beispielsweise an den Übergängen zu öffentlichen Netzen, vom netzwerkinternen Datenverkehr oder auch von internen Daten der IT-Systeme erhoben werden. Ebenso unterscheidet sich die Methodik zur Erkennung von Cyber-Angriffen. Hierbei gibt es beispielsweise den Abgleich mit statischen Mustern zu Software und Kommunikationen, von denen bekannt ist, dass sie im Zusammenhang mit Cyber-Angriffen stehen. Es werden auch generische Muster sowie Verfahren der künstlichen Intelligenz eingesetzt, um Hinweise auf Cyber-Angriffe zu erhalten. Eine weitere Methode ist es, den störungsfreien Betrieb zu erfassen und dann Abweichungen von diesem Zustand zur Detektion zu verwenden (so genannte Anomaliedetektion). Die Systeme zur Angriffserkennung sollen die Kommunikationstechnik der Betreiber Kritischer Infrastrukturen möglichst umfassend schützen. ... Unternehmen benötigen für den Einsatz von Systemen zur Angriffserkennung Informationen, die sich als Erkennungsmuster zu Cyber-Angriffen einsetzen lassen. Der Einsatz der Systeme zur Angriffserkennung erfordert, dass die eingesetzten Erkennungsmuster ständig aktuell gehalten werden. Das Bundesamt wird dabei weiterhin, wie in der Vergangenheit geschehen (§ 8b Absatz 2 Nummer 4a), die Betreiber unterstützen. Hierzu wird eigens der Austausch über die Malware Information Sharing Plattform (MISP) des Bundesamtes bereitgestellt. Für einen möglichst reibungslosen und effizienten Austausch sind definierte Prozesse, Formate und Werkzeuge zum Austausch von technischen Merkmalen zu Cyber-Angriffen notwendig. Das Bundesamt wird hierzu Vorgaben veröffentlichen. Bereits heute werden auf einer Vielzahl von IT-Systemen Systeme zur Angriffserkennung genutzt. Diese Systeme untersuchen automatisiert Daten aus den IT-Systemen, zu dessen Schutz sie eingesetzt werden" (BT-Drs. 19/26106, 79).

Da eine nähere Vorgabe der informationstechnisch erforderlichen Fähigkeiten durch 124 Recht letztlich nicht erfolgen kann, verweist § 11 Abs. 1e S. 4 auf den **Stand der Technik.** Entsprechend der üblichen Begriffsverwendung wird damit auf den Entwicklungsstand fortschrittlicher Verfahren, Einrichtungen oder Betriebsweisen verwiesen, der die praktische Eignung einer Maßnahme zur Zielerreichung insgesamt gesichert erscheinen lässt, vgl. § 3 Abs. 6 S. 1 BImSchG, § 3 Abs. 28 S. 1 KrWG, im vorliegenden Kontext also „die praktische Eignung einer Maßnahme zum Schutz der Funktionsfähigkeit von informationstechnischen Systemen, Komponenten oder Prozessen gegen Beeinträchtigungen der Verfügbarkeit, Integrität, Authentizität und Vertraulichkeit gesichert erscheinen lässt" (zu § 8a BSIG BT-Drs. 18/4096, 26). Dieser – den Einsatz künstlicher Intelligenz nahe legende (Dittrich MMR 2022, 1039 (1041 f.) – Maßstab ist strenger als der in § 49 Abs. 1 für die technische Sicherheit in Bezug genommene der allgemein anerkannten Regeln der Technik (→ § 49 Rn. 16 ff.). Bei seiner Bestimmung „sind insbesondere einschlägige internationale, europäische und nationale Normen und Standards heranzuziehen, aber auch vergleichbare Verfahren, Einrichtungen und Betriebsweisen, die mit Erfolg in der Praxis erprobt wurden. Die Verpflichtung zur Berücksichtigung des Stands der Technik schließt die Möglichkeit zum Einsatz solcher Vorkehrungen nicht aus, die einen ebenso effektiven Schutz wie die anerkannten Vorkehrungen nach dem Stand der Technik bieten" (zu § 8a BSIG BT-Drs. 18/4096, 26; im Überblick zum Stand der Technik im Bereich der IT-Sicherheit Kipker Cybersecurity-HdB/Ekrot/ Fischer/Müller, 1. Aufl. 2020, Kap. 3 Rn. 18 ff.).

125 Die Verpflichtung zum Einsatz von dem Stand der Technik entsprechenden Systemen zur Angriffserkennung besteht nach § 11 Abs. 1e S. 1 nicht uneingeschränkt, sondern wird von vornherein durch die Notwendigkeit ihrer Angemessenheit beschränkt (vgl. auch zur verwendungsabhängigen Differenzierung allgemein Werner/Brinker/Raabe CR 2022, 817 (824)). Diesen Maßstab konkretisiert § 11 Abs. 1e S. 5 dahingehend, dass diese gegeben ist, wenn der dafür erforderliche Aufwand nicht außer Verhältnis zu den möglichen Folgen eines Ausfalls oder einer Beeinträchtigung des betroffenen Energieversorgungsnetzes oder der betroffenen Energieanlage steht. Damit wird letztlich auf den Grundsatz der Verhältnismäßigkeit verwiesen. Es bedarf daher einer „Abwägung der Interessen an einem umfassenden Schutz mit bestehenden Risiken" (zu § 8a Abs. 1a BSIG BT-Drs. 19/26106, 79). Ein vollständiger Verzicht auf derartige Systeme dürfte dem regelmäßig nicht entsprechen (Kipker/Reusch/Ritter/Ritter BSIG § 8a Rn. 23).

126 Der Begriff des **Aufwands** bezieht sich auf die mit dem Einsatz eines Systems zur Angriffserkennung verbundenen technischen Maßnahmen und (regelmäßig damit verbundenen) finanziellen Belastungen des jeweiligen Verpflichteten (zu § 8a BSIG BT-Drs. 18/4096, 26). Damit wird zugleich ein „Preis-Leistungs-Verhältnis" hinsichtlich der Abwehr von Cyberangriffen eingeführt. Die Bestimmung des Aufwands ist dabei nicht allgemein in Bezug auf Abwehrmaßnahmen vorzunehmen, sondern für konkret zu verwendende Systeme. Dies kann dazu führen, dass sich in einzelnen Fällen nur bestimmte Lösungen als unangemessen erweisen, während funktionsgleiche Alternativen gesetzlich sogar geboten sind. Für die verpflichteten Unternehmen bedeutet dies, dass sie sich, sofern der Aufwand sich bei Rückgriff auf eine bestimmte technische Lösung bzw. einen bestimmten Anbieter als mit Blick auf den Aufwand unangemessen erweisen sollte, einen Marktüberblick verschaffen müssen, bevor sie auf die Systeme zur Angriffserkennung verzichten. Soweit die Gesetzesbegründung zu § 8a Abs. 1a BSIG darauf hinweist, dass „Systeme zur Angriffserkennung zum Beispiel im Falle falscher Warnmeldungen auch zu Schäden führen [können]" (BT-Drs. 19/26106, 79), ist dem nicht zu widersprechen und sind diese einem Aufwand gleichzustellen. Allerdings dürfte es diesbezüglich regelmäßig an belastbaren Erkenntnissen fehlen.

127 Auf der Gegenseite sind die möglichen **Folgen eines Ausfalls oder einer Beeinträchtigung** des betroffenen Energieversorgungsnetzes oder der betroffenen Energieanlage in die Abwägung einzustellen. Mit Blick auf die Funktion der Netze für die Funktionsfähigkeit des Gemeinwesens und in Anbetracht des Umstandes, dass es sich bei den erfassten sonstigen Energieanlagen nur um solche handelt, die als Kritische Infrastruktur zu qualifizieren sind, muss jede Maßnahme zur Abwehr konzeptionell bekannter Angriffe, die mehr als nur gänzlich unerhebliche Störungen nach sich ziehen können, zu ihrer Bewertung als angemessen führen. Dies gilt umso mehr, als die Kosten für den Einsatz der Systeme zur Angriffserkennung grundsätzlich über die Netzentgelte bzw. Energiepreise umgelegt werden können und somit das wirtschaftliche Risiko der Unternehmen regelmäßig sehr überschaubar ist. Anders verhält es sich in Bezug auf ihrer Art nach unbekannte Bedrohungen. Die Kreativität von Kriminellen oder seitens Drittstaaten eingesetzter Hacker kann und muss von den verpflichteten Unternehmen nicht vorweggenommen werden – was zudem auch die gesetzlich gebotene Orientierung am Stand der Technik überschritte. Das Risiko von Ausfällen und Beeinträchtigungen von Energienetzen und -anlagen durch Cyberangriffe lässt sich (wohl) auch mit größtem Aufwand nicht vollständig bannen. Es kann hingenommen werden, sofern eine seiner Realisierung dienenden Vorbeugung mit Systemen zur Angriffserkennung gänzlich ziellos erfolgen müsste, sodass die angestrebte Sicherheit letztlich nur durch Zufall (vielleicht) erreicht würde. Der hierfür erforderliche Aufwand wäre nicht nur erheblich, sondern als unangemessen zu qualifizieren. Allerdings dürfen die verpflichteten Unternehmen sich insoweit nicht auf eine punktuelle Lagebewertung beschränken. Werden neue Gefährdungspotenziale bekannt – sei es durch das BSI und andere staatliche Behörden oder durch private IT-(Sicherheits-)Anbieter – bedarf es der Reaktion in Form einer neuen Bewertung durch die nach § 11 Abs. 1e verpflichteten Unternehmen.

128 Das Gesetz schweigt zu der Frage, wem die **Entscheidung** über die Angemessenheit und damit den Einsatz eines Systems zur Angriffserkennung zukommt. Wenngleich insoweit in Übereinstimmung mit der sonstigen Rollenzuweisung an die Akteure im Energiesektor

durch das EnWG den Adressaten des § 11 Abs. 1e eine Einschätzungsprärogative zuzubilligen ist, zeigt die Möglichkeit des Mängelbeseitigungsverlangens durch das BSI nach § 11 Abs. 1f S. 4 auf, dass die Unternehmen insoweit einer behördlichen Kontrolle unterliegen (→ Rn. 134), sodass letztlich eine Gesamtverantwortung für einen angemessenen Schutz vor Cyberangriffen begründet wird.

I. Nachweis der Verwendung von Systemen zur Angriffserkennung (Abs. 1f)

Anknüpfend an den vorstehenden Absatz wird ausweislich der **Gesetzesbegründung** „[i]n § 11 Absatz 1e ... für Betreiber Kritischer Infrastrukturen, die Energieversorgungsnetze oder Energieanlagen betreiben, eine Pflicht zum Nachweis der Anforderungen aus § 11 Absatz 1d EnWG an das BSI eingeführt. Im Falle von Mängeln in der Umsetzung der Anforderungen oder Mängeln in den Nachweisdokumenten wird das BSI befugt, im Einvernehmen mit der BNetzA die Beseitigung der Mängel zu verlangen" (BT-Drs. 19/26106, 98). Die durch das Gesetz zur Änderung des Energiewirtschaftsrechts im Zusammenhang mit dem Klimaschutz-Sofortprogramm und zu Anpassungen im Recht der Endkundenbelieferung erfolgte Verortung der Regelung in Absatz 1f (→ Rn. 17) ändert hieran in der Sache nichts. Jedoch ist zu beachten, dass die in der Gesetzesbegründung in Bezug genommenen Anforderungen des § 11 Abs. 1d nunmehr in § 11 Abs. 1e enthalten sind. **129**

Die **Adressaten** der Verpflichtungen auf § 11 Abs. 1f sind mit denjenigen des § 11 Abs. 1e identisch (→ Rn. 119). Erfasst werden daher auch die Betreiber solche Energieversorgungsnetze, die nicht als Kritische Infrastruktur zu qualifizieren sind. Mit der Angleichung des Wortlauts durch das Gesetz zur Änderung des Energiewirtschaftsrechts im Zusammenhang mit dem Klimaschutz-Sofortprogramm und zu Anpassungen im Recht der Endkundenbelieferung ist eine diesbezügliche Klarstellung erfolgt und nunmehr „eindeutig, dass sich die Nachweispflicht zum Einsatz von Angriffserkennungssystemen auf alle Betreiber von Energieversorgungsnetzen bezieht und nicht nur auf jene, die oberhalb der Schwellenwertes liegen" (BT-Drs. 20/1599, 51). **130**

§ 11 Abs. 1f S. 1 enthält eine Verpflichtung der § 11 Abs. 1e unterfallenden Unternehmen, dem BSI (nicht der BNetzA) die Erfüllung der aus dieser Vorschrift folgenden Anforderungen nachzuweisen. Dies musste erstmalig zum 1.5.2023 und muss sodann in einem Zweijahresturnus geschehen. Nicht geregelt ist, welche der im Folgesatz in Bezug genommenen **Nachweisdokumente** mit welchem konkreten Inhalt in welcher Form einzureichen sind. Ungeachtet der wegen § 8d Abs. 2 Nr. 2 BSIG fehlenden Anwendbarkeit sieht § 8a Abs. 3 S. 2 ff. BSIG vor, dass „[d]er Nachweis ... durch Sicherheitsaudits, Prüfungen oder Zertifizierungen erfolgen [kann]. Die Betreiber übermitteln dem Bundesamt die Ergebnisse der durchgeführten Audits, Prüfungen oder Zertifizierungen einschließlich der dabei aufgedeckten Sicherheitsmängel. Das Bundesamt kann die Vorlage der Dokumentation, die der Überprüfung zugrunde gelegt wurde, verlangen." Dies ist grundsätzlich auf § 11 Abs. 1f übertragbar. Ungeachtet dessen ist es zu wünschen, dass das BSI ergänzend bezogen auf § 11 Abs. 1f S. 1 praxisgerechte Vorgaben formuliert wird. Eine spezifische Festlegungskompetenz entsprechend § 8a Abs. 5 BSIG besteht allerdings nicht, sodass die Verpflichteten auf Grundlage des geltenden Rechts über gewisse Spielräume verfügen. Bei einer (nahe liegenden) elektronischen Einreichung ist zudem sicherzustellen, dass durch den Informationsgehalt im Zusammenwirken mit der Übermittlungsweise der IT-Sicherheit uneingeschränkt Rechnung getragen wird, um nicht für die gerade abzuwehrenden Cyberangriffe einen Ansatz zu bieten. **131**

Im Einzelnen führt die Gesetzesbegründung zu § 8a BSIG zu den Nachweisanforderungen aus: „Die Ausgestaltung der Sicherheitsaudits, Prüfungen und Zertifizierungen soll nicht im Detail gesetzlich vorgegeben werden, da die Ausgestaltung von den gegebenenfalls erarbeiteten branchenspezifischen Sicherheitsstandards, den in den Branchen vorhandenen technischen Gegebenheiten und bereits bestehenden Auditierungs- und Zertifizierungssystemen abhängt. Generell soll geprüft werden, ob der Betreiber die für seine Branche und Technologie geeigneten und wirksamen Maßnahmen und Empfehlungen befolgt, etwa ein Information Security Management (Sicherheitsorganisation, IT-Risikomanagement etc.) betreibt, kritische Cyber-Assets identifiziert hat und managt, Maßnahmen zur Angriffsprävention und -erkennung betreibt, ein Business Continuity Management (BCM) implementiert hat und darüber hinaus die branchenspezifischen Besonderheiten (zum Beispiel den jeweiligen branchenspezifischen **131.1**

Sicherheitsstandard, sofern ein solcher erstellt und anerkannt wurde) umsetzt. Die Sicherheitsaudits, Prüfungen oder Zertifizierungen sollen von dazu nachweislich qualifizierten Prüfern bzw. Zertifizierern durchgeführt werden. Bei Zertifizierungen nach internationalen, europäischen oder nationalen Standards kann auf die bestehenden Zertifizierungsstrukturen zurückgegriffen werden. Ein Auditor gilt als qualifiziert, wenn er seine Qualifikation zur Überprüfung der Einhaltung der Sicherheitsstandards gegenüber dem BSI auf Verlangen formal glaubhaft machen kann. Denkbar ist in diesem Zusammenhang etwa die Anknüpfung an Zertifizierungen, die für die fachlich-technische Prüfung im jeweiligen Sektor angeboten werden (zum Beispiel zertifizierte Prüfer für bestimmte ISO-Normen oder Ähnliches). Eine Kontrolle der Einhaltung der Erfordernisse nach Absatz 1 kann zudem über etablierte Prüfmechanismen erfolgen. So prüfen Wirtschaftsprüfer bereits heute unter anderem im Rahmen der Jahresabschlussprüfung die für die Rechnungslegung relevanten IT-Systeme" (BT-Drs. 18/4096, 26 f.).

132 Damit die Verpflichtung der Nachweisführung gegenüber dem BSI keine unzureichende **Information der BNetzA** zur Folge hat, deren Zuständigkeit für die IT-Sicherheit im Energiesektor im Übrigen aus § 11 Abs. 1a und 1b folgt, sieht § 11 Abs. 1f S. 2 ebenso wie § 11 Abs. 1c S. 4 (→ Rn. 95) eine Pflicht des BSI zur Weiterleitung der Nachweise gem. § 11 Abs. 1f S. 1 an die BNetzA vor. Mangels anderweitiger Angaben gilt dies uneingeschränkt. Für den Maßstab der Unverzüglichkeit gilt § 121 Abs. 1 S. 1 BGB.

133 In gleicher Weise wie nach § 11 Abs. 1c S. 5 (→ Rn. 102) ist eine **unbefugte Offenbarung** erhaltener Angaben von BSI und BNetzA **auszuschließen**.

134 Sofern die Erfüllung der materiellen Anforderungen nach § 11 Abs. 1d oder die Nachweisführung gem. § 11 Abs. 1e S. 1 unzureichend erfolgt, kann das BSI auf Grundlage von § 11 Abs. 1e S. 4 gegenüber dem betreffenden Unternehmen ein **Mängelbeseitigungsverlangen** äußern. Dabei handelt es sich – insbesondere bei der gebotenen europarechtskonformen Auslegung, vgl. Art. 15 Abs. 3 RL (EU) 2016/1148 des Europäischen Parlaments und des Rates vom 6. Juli 2016 über Maßnahmen zur Gewährleistung eines hohen gemeinsamen Sicherheitsniveaus von Netz- und Informationssystemen in der Union (ABl. L 194, 1 vom 19.7.2016) – um eine Ermächtigung, verbindlich die Beseitigung von Sicherheits- und Dokumentationsdefiziten anzuordnen (vgl. zur Parallelregelung in § 8a BSIG BT-Drs. 18/4096, 27). Damit das adressierte Unternehmen dem Folge leisten kann, muss das Verlangen klar spezifiziert werden und insbesondere die Mängel so detailgenau benennen, dass eine Abhilfe möglich ist. Dass die Vorgabe einer Frist hierfür nicht gesetzlich vorgesehen ist, ist in Anbetracht der zum 1.5.2023 eingreifenden Verpflichtung unerheblich. Da die Adressaten dieser ohnehin unmittelbar unterliegen, wäre eine (sachlich angemessene) Fristsetzung für die Abhilfemaßnahmen seitens des BSI nach hier vertretener Auffassung von der Ermächtigungsgrundlage ebenfalls gedeckt. Eine diesbezügliche normative Klarstellung wäre aus Gründen der Rechtssicherheit allerdings zu begrüßen. In formaler Hinsicht bedarf es des Einvernehmens der BNetzA, mithin deren Einverständnis (BVerwGE 22, 342 (345)).

135 Eine **Überprüfungskompetenz** des BSI normiert § 11 Abs. 1f **nicht**. Dies ist umso erstaunlicher, als § 11 Abs. 1a S. 5 und § 11 Abs. 1b S. 7 (→ Rn. 62, → Rn. 83) innerhalb des Anwendungsbereichs der Regelungen eine Überprüfung der Einhaltung der gesetzlichen und darüber hinaus verbindlich vorgegebenen Anforderungen durch die adressierten Unternehmen seitens der BNetzA vorsehen. Zugleich steht § 8d Abs. 2 Nr. 2 BSIG ungeachtet des praktischen Bedürfnisses einer analogen Anwendung von § 8a Abs. 4 BSIG, wonach das BSI u.a. in Bezug auf die Vorkehrungen zur Abwehr von Cyberangriffen Überprüfungen vornehmen kann und insoweit über Betretungs-, Einsichtnahme- und Auskunftsrechte verfügt, entgegen. Der Gesetzgeber hat es versäumt, bis zum Eintritt der Wirkung des § 11 Abs. 1f am 1.5.2023 die Regelung entsprechend nachzubessern, um unter Beachtung des rechtsstaatlichen Gesetzesvorbehalts ihre Praktikabilität herzustellen.

J. Vorgaben für Kritische Komponenten und Funktionen (Abs. 1g)

136 Vor dem Hintergrund der Notwendigkeit der Gewährleistung der möglichst umfassenden informationstechnischen Sicherheit im Energiesektor (s. dazu auch Knauff ZdiW 2022, 104) normiert § 11 Abs. 1g „eine Ermächtigung für die BNetzA zum Erlass einer Allgemeinverfügung in Form einer Festlegung für kritische Komponenten nach dem BSI-Gesetz" (BT-Drs. 20/1501, 22). Die **Gesetzesbegründung** führt ergänzend aus: „Bisher gibt es im Energiebereich keine kritischen Komponenten im Sinne des § 2 Absatz 13 BSI-Gesetzes.

Mit dem neu eingeführten § 11 Absatz 1g wird die Befugnis auf die BNetzA übertragen, kritische Komponenten im Sinne des § 2 Absatz 13 BSI-Gesetzes direkt oder durch die Festlegung kritischer Funktionen zu bestimmen. Den Katalog wird die BNetzA im Einvernehmen mit dem Bundesamt für Sicherheit in der Informationstechnik erstellen. Damit wird sichergestellt, dass sechs Monate nach der Veröffentlichung des Katalogs die Betreiber von Energieversorgungsnetzen und Energieanlagen, die als Kritische Infrastruktur im Sinne des § 2 Absatz 10 des BSI-Gesetzes gelten, die Anforderungen des § 9b BSI-Gesetzes einzuhalten haben und den erstmaligen Einsatz einer kritischen Komponente dem Bundesministerium des Innern und für Heimat anzuzeigen haben, es sei denn, der Katalog sieht eine andere Frist vor" (BT-Drs. 20/1501, 39).

I. Festlegung

Alleiniger **Adressat** der Ermächtigung ist die BNetzA. Das Erfordernis des Einvernehmens des BSI, mithin seiner Zustimmung (BVerwGE 22, 342 (345)), bewirkt jedoch dessen zwingende Einbeziehung bei der Ausübung der Regelungskompetenz. 137

Über die Einbeziehung des BSI hinaus enthält § 11 Abs. 1g keine Vorgaben für das **Verfahren**. Die Gesetzesbegründung legt jedoch das gebotene Vorgehen nahe, ohne dieses verbindlich vorzugeben: „Zur Erstellung des Kataloges nach § 11 Absatz 1g EnWG wird die BNetzA insbesondere eine Konsultation der in den Geltungsbereich fallenden Marktteilnehmer durchführen und die Ergebnisse kontinuierlich auf dem aktuellen Stand der Technik halten müssen sowie durch Analyse eingehender IT-Sicherheitsvorfälle und Warnhinweise auf Auswirkungen im Energiesystem anpassen. Beide bestehende IT-Sicherheitskataloge werden jeweils um die neuen Anforderungen erweitert. Dies erfordert jeweils die Abstimmung mit der Deutschen Akkreditierungsstelle (DAkkS), den kontinuierlichen Austausch mit BMI und BSI zur Klärung von Einzelfällen und Entwicklungen sowie eine Anpassung der Grobkonzepte der Schulungen für Auditoren" (BT-Drs. 20/1501, 27). 138

Die Nutzung der Ermächtigung ist nach dem klaren Wortlaut des § 11 Abs. 1g S. 1 nicht in das Ermessen der BNetzA gestellt. Vielmehr begründet die Norm deren **Verpflichtung** zum Tätigwerden (ebenso Kipker/Reusch/Ritter/Voigt/Böhme § 11 Rn. 163) und gibt mit dem 22.5.2023 ein verbindliches Zieldatum vor, das jedoch überschritten wurde. 139

Instrumentell bezieht sich die Ermächtigung zur Schaffung eines Katalogs von Sicherheitsanforderungen für das Betreiben von Energieversorgungsnetzen und Energieanlagen auf eine Festlegung gem. § 29 Abs. 1 (→ § 29 Rn. 12 ff.) in Gestalt einer **Allgemeinverfügung** iSv § 35 S. 2 Alt. 1 VwVfG, mithin eines Verwaltungsakts, der sich an einen nach allgemeinen Merkmalen bestimmten oder bestimmbaren Personenkreis richtet (näher Schoch/Schneider/Knauff VwVfG § 35 Rn. 201 ff.). Dies entspricht dem Rechtscharakter der bestehenden IT-Sicherheitskataloge nach § 11 Abs. 1a und 1b (→ Rn. 54, → Rn. 70), mit denen die neuen Vorgaben nach § 11 Abs. 1g S. 3 verbunden werden sollen (→ Rn. 143). 140

In der Sache bezieht sich die Ermächtigung nach § 11 Abs. 1g S. 1 Nr. 1 zunächst auf die Bestimmung **kritischer Komponenten** iSv § 2 Abs. 13 S. 1 Nr. 3 lit. a BSIG. Dieser bedarf es ausdrücklich, damit Unklarheit darüber, ob Komponenten in Kritischen Infrastrukturen kritische Komponenten iSd BSIG sind, zu vermeiden (BT-Drs. 19/28844, 39). Bei technischen Komponenten handelt es sich um „IT-Produkte, ... die auf Grund eines Gesetzes unter Verweis auf diese Vorschrift als kritische Komponente bestimmt werden". Jenseits der aus § 2 Abs. 9a BSIG folgenden Qualifikation von IT-Produkten als „Software, Hardware sowie alle einzelnen oder miteinander verbundenen Komponenten, die Informationen informationstechnisch verarbeiten", handelt es sich um eine scheinbar zirkelschlüssige Begriffsbestimmung. Allerdings wird ihre Bestimmtheit durch ihren systematischen Zusammenhang deutlich. Nach den vorstehenden Nummern, die von § 11 Abs. 1g S. 1 nicht explizit in Bezug genommen werden, werden kritische Komponenten in Kritischen Infrastrukturen eingesetzt (Nummer 1) und können bei ihnen Störungen der Verfügbarkeit, Integrität, Authentizität und Vertraulichkeit zu einem Ausfall oder zu einer erheblichen Beeinträchtigung der Funktionsfähigkeit Kritischer Infrastrukturen oder zu Gefährdungen für die öffentliche Sicherheit führen (Nummer 2). Diese Anforderungen stehen in einem kumulativen Verhältnis zu der in § 2 Abs. 13 S. 1 Nr. 3 lit. a BSIG genannten Voraussetzung der Bestimmung auf spezialgesetzlicher Grundlage, hier des EnWG. Folglich handelt es sich um spezifi- 141 sche Bestandteile (→ Rn. 90) von IT-Produkten, die in Kritischer Infrastruktur des Energiesektors (→ Rn. 64 ff.) eingesetzt wird und deren uneingeschränkte Funktion die betreffende Kritische Infrastruktur voraussetzt.

142 § 11 Abs. 1g S. 1 Nr. 2 EnWG iVm § 2 Abs. 13 S. 1 Nr. 3 lit. b BSIG ermächtigt die BNetzA alternativ unter denselben Voraussetzungen zu Festlegungen zur Bestimmung derjenigen „IT-Produkte, ... eine auf Grund eines Gesetzes **als kritisch bestimmte Funktion** realisieren." Im Unterschied zu § 11 Abs. 1g S. 1 Nr. 1 wird nicht auf spezifische Komponenten abgestellt, sondern auf eine letztlich von diesen ermöglichte Funktion im Sinne einer Prozess- oder Ergebnisbeeinflussung. Damit wird mittelbar jede Komponente erfasst, die hierzu einen Beitrag leistet (vgl. BT-Drs. 19/26106, 57).

143 Die Bestimmung kritischer Komponenten und Funktionen erfolgt gem. § 11 Abs. 1g S. 3 in einem Katalog, der mit den **IT-Sicherheitskatalogen** nach § 11 Abs. 1a und 1b verbunden wird (→ Rn. 54 ff., → Rn. 70 ff.). Nahe liegt daher eine Änderung und Erweiterung der bestehenden Kataloge. Damit geht notwendig einher, dass über die bloße Qualifikation als kritisch hinaus die Vorgabe von Anforderungen an die IT-Sicherheit der erfassten Komponenten und Funktionen erfolgt, da mangels anderweitiger Regelung nur so dem normativen Ziel Rechnung getragen werden kann. Die Ermächtigung ist insoweit freilich wenig klar gefasst, wenn auch noch unter Berücksichtigung des Regelungszusammenhangs hinreichend bestimmt.

II. Umsetzungspflicht

144 § 11 Abs. 1g S. 2 verpflichtet die **Betreiber** von Energieversorgungsnetzen und Energieanlagen, die in der **BSI-KritisV** als Kritische Infrastruktur bestimmt wurden (→ Rn. 65). Vorbehaltlich einer anderweitigen Fristbestimmung zur Erfüllung der Vorgaben des Katalogs muss die Umsetzung spätestens sechs Monate nach dessen Inkrafttreten erfolgt sein.

145 Dabei ist § 9b BSIG zu beachten. Die Vorschrift normiert eine vorherige und detaillierte **Anzeigepflicht** des Betreibers der Kritischen Infrastruktur unter Beifügung einer Garantieerklärung des Herstellers bei dem geplanten erstmaligen Einsatz einer kritischen Komponente beim Bundesministerium des Innern, für Bau und Heimat. Das Ministerium kann den Einsatz unter den im einzelnen normierten Voraussetzungen bis zum Ablauf von zwei Monaten nach Eingang der Anzeige untersagen oder Anordnungen erlassen, wenn der Einsatz die öffentliche Ordnung oder Sicherheit der Bundesrepublik Deutschland voraussichtlich beeinträchtigt. Im Hinblick darauf erfordert § 11 Abs. 1g S. 2 implizit die Vornahme der Anzeige mindestens zwei Monate vor Ablauf der Umsetzungspflicht. Untersagungen oder Anordnungen seitens des Ministeriums können auch nachträglich ergehen, sind dann aber ohne Bedeutung für die Erfüllung der in § 11 Abs. 1g S. 2 enthaltenen Verpflichtung.

K. Planerische Berücksichtigung der Spitzenkappung (Abs. 2)

146 § 11 Abs. 2 konkretisiert die Anforderungen an **Bedarfsgerechtigkeit und wirtschaftliche Zumutbarkeit des Ausbaus von Elektrizitätsversorgungsnetzen** gem. § 11 Abs. 1 S. 1 (→ Rn. 29 f., → Rn. 32 ff.). Konzeptionell ist § 11 Abs. 2 Ausdruck des gesetzgeberischen Bemühens um eine bessere Abstimmung zwischen diesem und dem Ausbau der Stromerzeugung aus erneuerbaren Energien und weist damit einen ordnungspolitischen Charakter auf (Schäfer-Stradowsky/Timmermann EnWZ 2018, 199 (201)). Die insofern dem Recht der Energiewende zugehörige Vorschrift gibt „dem Netzbetreiber die Möglichkeit, sein Netz nicht mehr auf die Aufnahme der letzten Kilowattstunde auszulegen, sondern es auf ein zur Gewährleistung des energiewirtschaftlichen Zwecks nach § 1 Absatz 1 iVm § 1 EEG 2014 volkswirtschaftlich sinnvolles Maß zu dimensionieren" (BT-Drs. 18/7317, 79).

147 **Adressaten** der Norm sind in Anbetracht der verwendeten Begrifflichkeit (vgl. § 3 Nr. 2) sowohl Übertragungs- als auch Verteilernetzbetreiber. Während erstere nach § 12a Abs. 1 S. 4, § 12b Abs. 1 S. 3 bei der Erstellung des Netzentwicklungsplans verpflichtet sind, § 11 Abs. 2 anzuwenden, „bleibt der Grundsatz der planerischen Gestaltungsfreiheit des Verteilernetzbetreibers [unberührt]. ... Durch die Möglichkeit zur Berücksichtigung der Spitzenkappung erhält der Verteilernetzbetreiber eine zusätzliche Option. Inwiefern er diese Option nutzt, steht im Verantwortungsbereich des jeweiligen Netzbetreibers" (BT-Drs. 18/7317, 79).

I. Begrenzung der Einspeisung von Wind- und Solarstrom

Aus §§ 8 und 12 EEG 2021 folgt eine grundsätzliche Pflicht der Netzbetreiber, Anlagen zur Erzeugung von Strom aus erneuerbaren Energien nach deren Vorstellung anzuschließen und ihre Netze entsprechend dem Stand der Technik zu optimieren, verstärken und auszubauen, um die Abnahme, Übertragung und Verteilung des von diesen erzeugten Stroms sicherzustellen. Diese jeweils mit einem Unverzüglichkeitsgebot verbundenen **Anschluss- und Ausbauverpflichtungen** werden durch § 11 Abs. 2 S. 1 etwas **relativiert**. Ziel ist es, selten auftretende Einspeisespitzen, die bei wetterabhängigen fluktuierenden erneuerbaren Energien aus Onshore-Windkraft- und Photovoltaikanlagen auftreten (BT-Drs. 18/7317, 79) nicht bei Netzplanung und -ausbau berücksichtigen zu müssen, sodass eine andernfalls grundsätzlich hervorgerufene Überdimensionierung des Netzes und die damit verbundenen Kostenfolgen vermieden werden können. 148

Tatbestandlich greift § 11 Abs. 2 S. 1 auf der Ebene der Netzplanung ein (Kment EnWG/Tüngler § 11 Rn. 79). Wie jede Planung ist diese konkret und zukunftsgerichtet und basiert daher auf **Prognosen**. Die hierfür zu treffenden Annahmen sind von dem jeweiligen Netzbetreiber auf tatsächlicher Grundlage unter Berücksichtigung absehbarer Entwicklungen so realitätsnah wie möglich zu treffen. Dabei sind Neu- und Bestandsanlagen unter Einbeziehung ihrer Kapazitäten einzukalkulieren (BT-Drs. 18/7317, 79). Trotz des normativ insoweit allein in Bezug genommenen Erfordernisses eines Anschlusses an das jeweilige Netz iSv § 17 Abs. 1 S. 1 ist dabei zum einen zu unterstellen, dass mit dem Netzanschluss zugleich die Netznutzung einhergeht, und sind zum anderen noch anzuschließende Neuanlagen zu berücksichtigen. Als Anknüpfungswert für § 11 Abs. 2 S. 1 bedarf es zunächst einer Berechnung des potenziellen Ausbaubedarfs ohne Einschränkungen. 149

Eine Modifikation erfolgt sodann allein im Hinblick auf die Einspeisung von Strom aus den explizit in § 11 Abs. 2 S. 1 in Bezug genommenen, an das jeweilige Netz angeschlossenen (und absehbar anzuschließenden) Erzeugungsanlagen. Dabei handelt es sich zum einen um **Anlagen zur Erzeugung von elektrischer Energie aus Windenergie an Land,** sodass Offshore-Windkraftanlagen nicht erfasst werden. Zum anderen werden **Anlagen zur Stromerzeugung aus solarer Strahlungsenergie** einbezogen. Die Begrifflichkeit erfasst alle Solaranlagen iSv § 3 Nr. 41 EEG 2021. Die Stromeinspeisung aus anderen Anlagen (Säcker EnergieR/König § 11 Rn. 114; krit. Elspas/Graßmann/Rasbach/Rauch § 11 Rn. 89) ist ebenso wie der Verbrauch ist nicht Gegenstand von § 11 Abs. 2. Deren Berücksichtigung erfolgt allein nach Maßgabe von § 11 Abs. 1 sowie den weiteren allgemeinen Vorschriften über die Netzplanung. 150

In Bezug auf die erfassten Anlagen ist die **jeweils zu erwartende jährliche Stromerzeugung** gesondert zu bestimmen. Dabei ist im Ausgangspunkt die maximale Erzeugungskapazität zugrunde zu legen. Nach dem eindeutigen Wortlaut ist auf die einzelne Anlage abzustellen, auf die auch die planerisch berücksichtigungsfähige Spitzenkappung bezieht. 151

Die **Spitzenkappung** als solche bedeutet, dass bei den § 11 Abs. 2 S. 1 unterfallenden Anlagen ausgehend von der maximalen Einspeisungskapazität bei der Netzplanung ein Abschlag bei der Bestimmung der Aufnahmefähigkeit des Netzes erfolgt. Damit ist die (Möglichkeit der) partielle(n) Abregelung bei maximaler Ausschöpfung der Erzeugungskapazität durch die Anlagen gleichsam planerisch angelegt. Aufgrund des gebotenen Anlagenbezugs ist ein pauschaler Abschlag der Aufnahmefähigkeit des Netzes für Strom aus Onshore-Windkraft- und Solaranlagen jedoch nicht zulässig. Damit geht einher, dass die Höhe der planerischen Spitzenkappung bei den einzelnen Anlagen unterschiedlich ausfallen kann. 152

Als **Obergrenze** für die zulässige planerische Spitzenkappung sieht § 11 Abs. 2 S. 1 drei Prozent der prognostizierten jährlichen Stromerzeugung durch die an das Netz angeschlossenen Onshore-Windkraft- und Solaranlagen vor. 153

Die Gesetzesbegründung führt hinsichtlich der Höhe des Wertes aus: „Der Wert von drei Prozent der Jahresarbeit je Onshore-Windkraft- und Photovoltaikanlage ergibt sich aus der Verteilernetzstudie, die im Auftrag des BMWi den Netzausbaubedarf auf Verteilernetzebene untersucht und Möglichkeiten zur Reduzierung des Netzausbaubedarfs analysiert hat. ... Hiernach liegt das volkswirtschaftliche Optimum für die Spitzenkappung bei einem anlagenscharfen Wert von maximal drei Prozent der Jahresenergie pro Windkraft- und Photovoltaikanlage. Die Studie empfiehlt daher für alle Spannungsebenen des Verteilernetzes maximal drei Prozent, da dieser Wert den Netzbetreibern einen ausreichenden Spielraum 153.1

Knauff

in der Netzplanung ermöglicht und die volkswirtschaftlichen Folgekosten in einem angemessenen Verhältnis zu den ersparten Netzausbaukosten halten soll. Bei einem höheren Wert würden die abgeregelten Strommengen und damit auch die Kosten der Abregelung sprunghaft ansteigen, so dass diese die Einsparungen beim Netzausbau übersteigen würden. Darüber hinaus könnten bei zu hohen Kappungsansätzen die neben dem Ziel der Kosteneffizienz weiterhin zu gewährleistenden wichtigen Ziele der Versorgungssicherheit und der Umweltverträglichkeit durch zu gering dimensionierte Netze gefährdet werden" (BT-Drs. 18/7317, 79).

154   Verteilernetzbetreiber sind bis zur Erreichung dieser Obergrenze frei darin zu entscheiden, ob und in welcher Höhe sie eine Spitzenkappung planerisch vornehmen (Säcker EnergieR/König § 11 Rn. 113). Für Übertragungsnetzbetreiber gilt dies nicht. Zwar verpflichten § 12a Abs. 1 S. 4, § 12b Abs. 1 S. 3 diese unspezifisch zur Anwendung der Regelungen zur Spitzenkappung nach § 11 Abs. 2, die jedoch gerade durch einen **Ermessensspielraum** gekennzeichnet ist. Die Gesetzesbegründung zu § 12a Abs. 1 S. 4 stellt darauf ab, dass „die Betreiber von Übertragungsnetzen verpflichtet [sind], auf Grundlage der installierten Erzeugungsleistung für die Ermittlung des Transportbedarfs ... eine reduzierte Einspeisung von Windenergieanlagen an Land und Photovoltaikanlagen zu Grunde zu legen." Damit korrespondierend wird die Spitzenkappung im Hinblick auf § 12b Abs. 1 S. 3 als „obligatorisch" qualifiziert und überdies mit der Aussage verbunden, dass „die Betreiber von Übertragungsnetzen... auch die Anwendung des § 11 Abs. 2 EnWG durch die Betreiber von Verteilernetzen in geeigneter Weise in ihre Netzplanung mit einbeziehen müssen" (BT-Drs. 18/7317, 85). Wortlaut und Begründungen sprechen somit dafür, hinsichtlich der Übertragungsnetzbetreiber eine Ermessensreduzierung insoweit anzunehmen, als ein Verzicht auf eine Spitzenkappung bei Aufstellung der Szenariorahmen und des Netzentwicklungsplans nicht erfolgen darf. Zugleich lässt sich jedoch keine Verpflichtung zur Spitzenkappung in Höhe der Obergrenze von drei Prozent herleiten, sodass auch Übertragungsnetzbetreiber eine geringere Spitzenkappung planerisch vorsehen können (vgl. auch BT-Drs. 18/7317, 79).

II. Transparenz

155   § 11 Abs. 2 S. 2 und 3 statuieren spezifische Transparenzerfordernisse für den Fall, dass ein Netzbetreiber von der Möglichkeit der planerischen Spitzenkappung Gebrauch macht. Die Vorgaben dienen der **Information** und ermöglichen zugleich eine **Kontrolle** der rechtmäßigen Anwendung von § 11 Abs. 2 S. 1. Die Anforderungen sind kumulativ zu erfüllen.

156   Gemäß § 11 Abs. 2 S. 2 Nr. 1 haben die betroffenen Netzbetreiber die Tatsache der erfolgten planerischen Spitzenkappung auf ihrer **Internetseite** zu veröffentlichen. Spezifische Vorgaben über die Auffindbarkeit der Information enthält die Norm nicht. Nach Sinn und Zweck der Regelung sollte diese jedoch nicht übermäßig erschwert werden. Der konkrete Informationsgehalt wird ebenfalls normativ nicht vorgegeben. Allein der Hinweis darauf, dass § 11 Abs. 2 S. 1 überhaupt in Anspruch genommen wurde, trägt dem Informationserfordernis der potenziell betroffenen Anlagenbetreiber allerdings nur unzureichend Rechnung (aA wohl BT-Drs. 18/7317, 80). Die Publikation anlagenscharfer Angaben ist normativ gleichwohl nicht angelegt. Vielmehr liegt eine an geografischen Gesichtspunkten orientierte Darstellung nahe, ohne dass eine solche zwingend wäre.

157   § 11 Abs. 2 S. 2 Nr. 2 verpflichtet die betroffenen Netzbetreiber zur unmittelbaren **Mitteilung** der planerischen Spitzenkappung an in der Norm genannten Adressaten. Dabei handelt es sich zunächst um den Betreiber des vorgelagerten Elektrizitätsversorgungsnetzes. Bei diesem kann, muss es sich aber nicht zwingend um eine höhere Netzebene iSv § 2 Nr. 10 StromNEV handeln (vgl. BGH EnWZ 2017, 411). Zu informieren ist des Weiteren der systemverantwortliche Betreiber des Übertragungsnetzes. Dieses Erfordernis richtet sich freilich nur an Verteilernetzbetreiber und gilt nicht im Verhältnis der insoweit technisch voneinander unabhängig agierenden Übertragungsnetzbetreiber untereinander. Grund für die Mitteilungspflicht sind die Wechselwirkungen zwischen den Netzebenen. Zusätzlich sind die BNetzA und die zuständige Landesregulierungsbehörde zu informieren. Die Mitteilung hat unverzüglich iSv § 121 Abs. 1 S. 1 BGB und unaufgefordert zu geschehen. Zeitlich knüpft die Vorschrift ebenso wie § 11 Abs. 2 S. 2 Nr. 1 an eine bereits erfolgte Vornahme der planerischen Spitzenkappung bei der Netzplanung an; einer Vorabeinbeziehung bedarf es auf Grundlage von § 11 Abs. 2 S. 2 Nr. 2 nicht. Mangels Vorgaben an die Übermittlungsart

sind alle im jeweiligen Verhältnis üblichen Kommunikationswege einschließlich solcher elektronischer Natur nutzbar (vgl. BT-Drs. 18/7317, 80).

Zusätzlich ist die planerische Spitzenkappung nach § 11 Abs. 2 S. 2 Nr. 3 zu dokumentieren. Dies muss „im Rahmen der Netzplanung" und damit bereits während des Planungsprozesses erfolgen. Allerdings handelt es sich nicht um einen Bestandteil des Netzplans. Die **Dokumentation** muss alle entscheidungserheblichen Informationen enthalten und für einen sachkundigen Dritten nachvollziehbar, mithin unmittelbar verständlich sein. Der Maßstab der Sachkunde bezieht sich dabei auf einen nach seiner Befähigung und Tätigkeit mit der Netzplanung Vertrauten. Eine Allgemein- oder auch nur eine Interessiertenverständlichkeit ist nicht geboten. Eine Publikation der Dokumentation ist nicht vorgesehen. Allerdings verpflichtet § 11 Abs. 2 S. 3 den Netzbetreiber zu ihrer Vorlage auf Verlangen der in der Vorschrift Genannten. Zusätzlich zu den Adressaten der Mitteilung nach § 11 Abs. 2 S. 2 Nr. 2 handelt es sich dabei zum einen um einen Einspeisewilligen. Die Begrifflichkeit entspricht derjenigen des EEG und bezeichnet denjenigen, „der zwar noch nicht wie der Anlagenbetreiber ... eine Anlage zur Erzeugung von Strom aus Erneuerbaren Energien betreibt, dies jedoch beabsichtigt, insbesondere Strom aus der Anlage in das Stromnetz einspeisen will. Das gilt auch für denjenigen, der die Errichtung und den Betrieb der von ihm geplanten Anlage einem Dritten, namentlich einer noch zu gründenden Gesellschaft überlassen will, wenn er bereits im Besitz einer Baugenehmigung ist und sich das Grundstück für die Errichtung und den Betrieb der Anlage, sofern er nicht selbst dessen Eigentümer ist, durch Vertrag mit dem Eigentümer gesichert hat" (BGH NJW-RR 2007, 1645). Zum anderen wirkt die Vorlagepflicht zugunsten der an das Netz bereits angeschlossenen Anlagenbetreiber iSv § 3 Nr. 2 EEG 2021. Als zusätzlich Vorlageberechtigte benennt das Gesetz mithin diejenigen, die als Erzeuger von Strom aus erneuerbaren Energien potenziell von der Spitzenkappung betroffen sind. Die Vorlage muss unverzüglich nach Aufforderung hierzu erfolgen. Dies kann durch Überlassung einer (ggf. elektronischen) Kopie geschehen oder durch Ermöglichung der Einsichtnahme.

Die Gesetzesbegründung verweist zutreffend darauf, dass für den Fall, dass „im Rahmen der Dokumentation besondere sicherheitsrelevante Aspekte aufgeführt sind, ... der Netzbetreiber diese Punkte schwärzen [darf], bevor er die Dokumentation einem Einspeisewilligen oder Anlagenbetreiber vorlegt" (BT-Drs. 18/7317, 80).

III. Systemverantwortung

§ 11 Abs. 2 S. 3 stellt klar, dass die Regelungen betreffend die Systemverantwortung in §§ 13 und 14 sowie § 11 und – bis zu ihrem Außerkrafttreten am 30.9.2021 – §§ 14 f. EEG 2021 unberührt bleiben. Die Möglichkeit der planerischen Spitzenkappung bewirkt diesbezüglich **keine Abweichungen**.

Dies bedeutet nach der Gesetzesbegründung „insbesondere, dass der Netzbetreiber bei auftretenden Netzengpässen die erforderlichen Netz- und Systemsicherheitsmaßnahmen ... durchführt. ... Die Netzbetreiber sollen weiterhin unter Einhaltung des Vorrangs der erneuerbaren Energien und des Stroms aus Kraft-Wärme-Kopplung diejenigen Erzeugungsanlagen abregeln, die den größten Einfluss auf den Netzengpass haben. Damit wird sichergestellt, dass die abgeregelten Energiemengen so gering wie möglich bleiben. Ob ein Netzengpass voraussichtlich durch eine anstehende Netzausbaumaßnahme beseitigt oder infolge einer Spitzenkappung im Rahmen der Netzausbauplanung voraussichtlich für einen längeren Zeitraum oder dauerhaft bestehen bleiben wird, ändert an der Anwendbarkeit der Regelungen zum Einspeisemanagement [nunmehr: Redispatch, BT-Drs. 19/5523, 106] ... nichts. Der Netzbetreiber, der infolge der Spitzenkappung ... die vollständige Beseitigung eines Netzengpasses unterlassen hat, bleibt der Netzbetreiber, in dessen Netz die Ursache für eine Einspeisemanagement-Maßnahme ... liegt und der daher die Entschädigungskosten zu tragen hat." (BT-Drs. 18/7317, 80).

IV. Abregelungen

Erfolgt der Netzausbau unter Berücksichtigung der Spitzenkappung nach § 11 Abs. 2 S. 1, hat dies bei Überschreitung der Aufnahmekapazität des Netzes eine **Abregelung** betroffener Anlagen zur Folge. Diese löst keinen erneuten Netzausbaubedarf aus, wie § 12 Abs. 3 S. 2 EEG 2021 zu erkennen gibt, wonach § 11 Abs. 2 entsprechend anzuwenden ist.

161 Die mit der Abregelung einhergehenden und von der Nutzung der Möglichkeit der planerischen Spitzenkappung unabhängigen **finanziellen Konsequenzen** bleiben unberührt. Dies betrifft insbesondere die Redispatchvergütung und Entschädigungsregelungen (vgl. BT-Drs. 18/7317, 80; Kment EnWG/Tüngler § 11 Rn. 79).

162 Falls die tatsächliche Abregelung einer Anlage zur Erzeugung von Strom aus erneuerbaren Energien, Grubengas oder Kraft-Wärme-Kopplung jedoch **mehr als drei Prozent der jährlichen Stromerzeugung** im Rahmen des Redispatch beträgt und der Betreiber des Elektrizitätsversorgungsnetzes die hierfür anfallenden Kosten für die Reduzierung der Einspeisung bei der Ermittlung seiner Netzentgelte gem. § 21a in Ansatz bringt, löst dies gem. § 11 Abs. 2 S. 4 spezifische **Informationspflichten** aus. Der BNetzA und der zuständigen Landesregulierungsbehörde sind im Detail der Umfang und die Ursachen für Abregelungen in der genannten Größenordnung mitzuteilen und – bei erfolgter planerischer Spitzenkappung – die Dokumentation nach § 11 Abs. 2 S. 2 Nr. 3 (→ Rn. 158) vorzulegen. Beides ist nicht von einer Anforderung der Behörden abhängig. In Bezug auf die BNetzA sollte die Vorlage im Zusammenhang mit den im Netzentgeltregulierungsverfahren gestellten Anträgen erfolgen. Dies gibt den „Behörden ... im Rahmen ihrer jeweiligen Aufgaben die Möglichkeit zu prüfen, ob die Netzplanung im Rahmen von Satz 1 richtig durchgeführt worden ist" (BT-Drs. 18/7317, 81).

L. Verordnungsermächtigung (Abs. 3)

163 § 11 Abs. 3 enthält eine **unselbstständige Verordnungsermächtigung** in Bezug auf die Haftung der Betreiber von Energieversorgungsnetzen (BT-Drs. 15/3917, 56). Sie setzt die Nutzung anderer Verordnungsermächtigungen in Bezug auf die Regelung von Vertrags- und sonstigen Rechtsverhältnissen voraus. Eine Verpflichtung des Verordnungsgebers begründet die Norm nicht.

164 Regelungen in Verordnungen auf Grundlage § 11 Abs. 3 können **alle Betreiber von Energieversorgungsnetzen** iSv § 3 Nr. 4 betreffen, mithin „Elektrizitäts- und Gasnetzbetreibe[r] auf der Übertragungs-, Fernleitungsnetz- und Verteilernetzstufe" (BT-Drs. 15/3917, 56). Eine einheitliche Ausgestaltung der Haftungsregeln ist dabei unter Beachtung der verfassungsrechtlichen Grenzen nicht geboten.

165 Die Verordnungsermächtigung bezieht sich auf die **vertragliche und deliktische Haftung für Sach- und Vermögensschäden.** Damit erfasst sie die wesentlichen Haftungsgründe. Jedoch erfolgt keine Ermächtigung zur Schaffung eines eigenständigen, bereichsspezifischen Haftungsrechts für die Betreiber von Energieversorgungsnetzen. Vielmehr besteht eine Beschränkung der Ermächtigung auf solche Schäden, die ein Kunde iSv § 3 Nr. 24 gerade **durch Unterbrechung der Energieversorgung oder durch Unregelmäßigkeiten in der Energieversorgung** erleidet. Eine Unterbrechung besteht in einer zumindest kurzzeitigen Nichtversorgung mit Energie. Unregelmäßigkeiten liegen bei einer Störung der Kontinuität der Versorgung mit der geschuldeten Energie vor, etwa bei Spannungsunterschieden oder variierendem Gasdruck. Insoweit werden mangels weitergehender Einschränkung alle unmittelbaren und mittelbaren Schäden einbezogen. Auch auf die Art und Weise der Herbeiführung der Unterbrechung oder Unregelmäßigkeit kommt es nicht an. Sonstige Schäden, die aus dem Handeln eines Netzbetreibers erwachsen können, werden von der Verordnungsermächtigung dagegen nicht erfasst.

166 Auch ohne diesbezügliche explizite Vorgabe ist schließlich eine Anknüpfung an einem **Handeln oder Unterlassen des Netzbetreibers** zwingend geboten. Dem deutschen Haftungsrecht ist eine Haftung ohne einen Verursachungsbeitrag fremd. Es ist davon auszugehen, dass der Gesetzgeber des § 11 Abs. 3 diese Wertung unausgesprochen zugrunde gelegt hat.

167 Nach Sinn und Zweck zielt § 11 Abs. 3 insgesamt auf eine Haftungserleichterung ab. Der Wortlaut von § 11 Abs. 3 S. 1 spricht jedoch neutral von **Regelungen zur Haftung** und lässt damit in den tatbestandlich erfassten Situationen auch eine Haftungsverschärfung durch Rechtsverordnung zu.

168 § 11 Abs. 3 S. 2 gestattet dem Verordnungsgeber spezifische Maßnahmen der **Haftungsbegrenzung.** Zulässig ist die Beschränkung auf vorsätzlich und grob fahrlässig hervorgerufene Schäden. Abweichend von § 276 BGB entfällt dann die Haftung für leichte Fahrlässigkeit. Hinsichtlich der Begrifflichkeit der Verschuldensmaßstäbe ist das allgemeine Zivilrecht zugrunde zu legen. Unabhängig von der Art des Verschuldens ermächtigt § 11 Abs. 4 S. 2 überdies zu einer Begrenzung des zu leistenden Schadensersatzes der Höhe nach. Dies kann für den einzelnen Schadensfall oder für alle durch eine Unterbrechung oder Unregelmäßigkeit der Energieversorgung zugleich hervorgerufenen Schadensfälle geschehen. Jede absolute Grenze für die Höhe des Schadensersatzes ist geeignet, das Risiko des Netzbetreibers auf ein vorhersehbares Maß zu reduzieren.

Werden durch Maßnahmen nach § 13 Abs. 2, § 13b Abs. 5 und § 13f Abs. 1, ggf. iVm **169** § 14, § 16 Abs. 2 und 2a, § 16a Schäden hervorgerufen, kann der Verordnungsgeber auf Grundlage von § 11 Abs. 3 S. 3 einen **Haftungsausschluss** vorsehen. Voraussetzung hierfür ist jedoch, dass die Maßnahmen zur Vermeidung unzumutbarer wirtschaftlicher Risiken des Netzbetriebs erforderlich sind. Es handelt sich mithin um „Notfallmaßnahmen zur Abwendung von Gefahren oder Störungen der Sicherheit oder Zuverlässigkeit der Energieversorgungssysteme ... Diese Notfallmaßnahmen haben unmittelbare Auswirkungen auf die Stromeinspeisungen, Stromtransite und Stromabnahmen. Im Rahmen der Rechtsverordnung ist festzustellen, ob über die nach § 13 Abs. 4 Satz 2 und § 16 Abs. 3 Satz 2 ausgeschlossenen Vermögensschäden hinaus ausnahmsweise für die Netzbetreiber unzumutbare Haftungsrisiken bestehen können, die über die nach Absatz 2 Satz 2 mögliche Begrenzung der Haftung hinaus einen vollständigen Haftungsausschluss erfordern" (BT-Drs. 15/3917, 56).

Auf Grundlage von § 11 Abs. 3 wurden mehrere haftungsbezogene Regelungen im Hin- **170** blick auf Störungen der Anschlussnutzung in Rechtsverordnungen geschaffen. Unterschiedliche Haftungsregime begründen diese allerdings nicht. Die parallelen Regelungen in **§ 18 NAV und § 18 NDAV,** auf die § 25a StromNZV und § 5 GasNZV verweisen, beschränken sich jenseits einer widerleglichen Vermutung für ein schuldhaftes Handeln und die punktuelle Begründung von Auskunftspflichten der Netzbetreiber auf die Begrenzung ihrer Haftungsrisiken. Die haftungsbegründenden Tatbestände des allgemeinen Zivilrechts bleiben dabei unberührt (vgl. OLG Naumburg BeckRS 2013, 18275). Die Haftung nach dem ProdHaftG bleibt ebenfalls unberührt (BGH EnWZ 2014, 321 Rn. 22).

§ 11a Ausschreibung von Energiespeicheranlagen, Festlegungskompetenz

(1) ¹**Der Betreiber eines Elektrizitätsversorgungsnetzes kann die Errichtung, die Verwaltung und den Betrieb einer im Eigentum eines Dritten stehenden Energiespeicheranlage, die elektrische Energie erzeugt, in einem offenen, transparenten und diskriminierungsfreien Verfahren ausschreiben, wenn diese Energiespeicheranlage notwendig ist, damit der Betreiber eines Elektrizitätsversorgungsnetzes seinen Verpflichtungen nach § 11 Absatz 1 Satz 1 in effizienter Weise nachkommen kann.** ²**Der Betreiber eines Elektrizitätsversorgungsnetzes darf einen Zuschlag in einem nach Satz 1 durchgeführten Ausschreibungsverfahren nicht an einen Dritten erteilen, wenn dieser die mit der Energiespeicheranlage im Sinne von Satz 1 angebotene Dienstleistung unter Berücksichtigung der Anforderungen an die Gewährleistung der Sicherheit und Zuverlässigkeit des Elektrizitätsversorgungssystems nicht zu angemessenen Kosten oder nicht rechtzeitig erbringen kann.** ³**Angemessen sind die Kosten, wenn sie die Kosten für die Errichtung, die Verwaltung und den Betrieb einer vergleichbaren Energiespeicheranlage im Eigentum eines Netzbetreibers nicht übersteigen.**

(2) ¹**Der Dritte kann die Anlage nach Absatz 1 Satz 1 so planen und errichten, dass deren Leistungsfähigkeit die durch den Netzbetreiber gesetzten Anforderungen übertrifft.** ²**Wird die Anlage zeitweise oder dauerhaft nicht für die Erfüllung der Vereinbarung nach Absatz 1 benötigt, dürfen Leistung und Arbeit in diesem Umfang durch den Dritten auf den Strommärkten veräußert werden.**

(3) Die Bundesnetzagentur wird ermächtigt, durch Festlegung nach § 29 Absatz 1 dem Betreiber eines Elektrizitätsversorgungsnetzes Vorgaben zur näheren Ausgestaltung des Ausschreibungsverfahrens nach Absatz 1 zu machen.

Überblick

Die Regelung des § 11a wurde durch Art. 2 des Gesetzes zur Änderung des Bundesbedarfsplangesetzes und anderer Vorschriften vom 25.2.2021 (BGBl. I 298) mit Wirkung zum

4.3.2021 als Übergangsregelung (§ 118a) ins EnWG eingefügt. Sie galt ursprünglich nur für Übertragungsnetzbetreiber, wurde aber nach dem Gesetzesentwurf der Bundesregierung (BT-Drs. 19/27453, 151) durch Art. 1 Gesetz zur Umsetzung unionsrechtlicher Vorgaben und zur Regelung reiner Wasserstoffnetze im Energiewirtschaftsrecht v. 16.7.2021 (BGBl. I 3026) mit Wirkung zum 27.7.2021 durch hiesige Hauptregelung ersetzt und entsprechend den europäischen Vorgaben (→ Rn. 1) auf Verteilernetzbetreiber ausgeweitet. So werden zusätzliche Anlagen von den Ausschreibungsregelungen betroffen sein. § 11a ermöglicht den Übertragungsnetzbetreibern, die Errichtung und den Betrieb von Batteriespeicheranlagen auszuschreiben (→ Rn. 2 ff.). Damit wird die Ausnahmeregelung von der Entflechtung des Netzbetriebs, die Art. 54 Elektrizitäts-Binnenmarkt-Richtlinie (EU) 2019/944 im Bereich der Energiespeicheranlagen vorsieht, genutzt und in nationales Recht überführt (vgl. BT-Drs. 19/27453, 60). Eine entsprechende Regelung für Verteilernetzbetreiber enthält die Richtlinie in Art. 36 Elektrizitäts-Binnenmarkt-Richtlinie (EU) 2019/944.

A. Europarechtliche Grundlage

1   Die **Elektrizitäts-Binnenmarkt-Richtlinie (EU) 2019/944** vom 5.6.2019 mit gemeinsamen Vorschriften für den Elektrizitätsbinnenmarkt enthält erstmals konkrete Regelungen zu „Energiespeicheranlagen". Nach dieser sind Speicherdienste grundsätzlich marktgestützt und wettbewerblich zu beschaffen, um Quersubventionierungen zwischen wettbewerblichem Speicherbetrieb und reguliertem Netzbetrieb zu vermeiden. Für Betreiber von Elektrizitätsversorgungsnetzen wird in Art. 36 Abs. 1 und 54 Abs. 1 Elektrizitäts-Binnenmarkt-Richtlinie (EU) 2019/944 ein ausdrückliches Verbot verankert, Energiespeicheranlagen in ihrem Eigentum zu halten oder diese zu betreiben, zu verwalten oder zu errichten. Die Richtlinie gibt den Mitgliedstaaten allerdings die Möglichkeit, unter gewissen Voraussetzungen (u.a. nach Durchführung eines offenen, transparenten und diskriminierungsfreien Ausschreibungsverfahrens) Ausnahmen von diesem Verbot zuzulassen (BT-Drs. 19/27453, 94).

B. Normzweck

2   Zweck des § 11a ist die Ermöglichung von **Ausschreibungen von Batteriespeicheranlagen.** Derartige Ausschreibungen sind erforderlich, da die entsprechende Ausnahmemöglichkeit des Art. 54 Elektrizitäts-Binnenmarkt-Richtlinie (EU) 2019/944 eine erfolglos verlaufene Ausschreibung voraussetzt (vgl. § 11b). Sofern von der Ausnahme kein Gebrauch gemacht wird, ergibt sich keine Verpflichtung zur Durchführung von Ausschreibungen (BT-Drs. 19/27453, 66).

C. Vorgaben zur Ausschreibung (Abs. 1)

3   Gemäß § 11a Abs. 1 S. 1 ist eine Ausschreibung nur zulässig, wenn die **Anlage notwendig** ist, damit der Übertragungsnetzbetreiber in effizienter Weise seinen Verpflichtungen gem. § 11 Abs. 1 S. 1 nachkommen kann. Eine Notwendigkeit besteht nicht, wenn die mit der Anlage zu erbringende Dienstleistung in effizienter Weise als Flexibilitäts- oder Systemdienstleistung am Markt beschafft werden könnte.

4   Gemäß § 11a Abs. 1 S. 2 darf der Übertragungsnetzbetreiber einen Zuschlag dann nicht erteilen, wenn der Dritte die mit der Anlage angebotene Leistung bei vollständiger Gewährleistung der Sicherheit und Zuverlässigkeit des Elektrizitätsversorgungssystems nicht rechtzeitig oder nicht zu angemessenen Kosten zur Verfügung stellen kann.

5   § 11a Abs. 1 S. 3 stellt klar, dass die **Angemessenheit der Kosten** an den Kosten, die einem Netzbetreiber für die Errichtung und den Betrieb einer vergleichbaren Anlage entstehen würden bzw. entstanden sind, bemessen wird. Damit sollen prohibitive Höchstpreise verhindert werden: Sofern die Kosten in diesem Sinne angemessen sind, darf der Netzbetreiber nicht aufgrund der Kosten den Zuschlag verweigern.

D. Ausnahmeregelung zur Vermarktungsmöglichkeit (Abs. 2)

6   § 11a Abs. 2 beinhaltet eine Ausnahme vom **ausdrücklichen Verbot der Vermarktung** von Leistung und Arbeit der Anlage. Sofern ein Dritter Eigentümer der Anlage ist und diese

Anlage zeitweise oder dauerhaft nicht für die Erfüllung der Vereinbarung nach Absatz 1 benötigt wird, dürfen Leistung und Arbeit entgegen dem ursprünglich umfassenden Vermarktungsverbot in diesem Umfang durch den Dritten auf den Strommärkten veräußert werden.

E. Festlegungskompetenz (Abs. 3)

Gemäß § 11a Abs. 3 kann die Regulierungsbehörde Vorgaben zur näheren Ausgestaltung des Ausschreibungsverfahrens nach Absatz 1 festlegen. Insbesondere kann sie Inhalt und Umfang der Ausschreibungsbedingungen regeln, wie zB Verfügbarkeitsanforderungen, Vertragsstrafen und Haftungsregelungen (vgl. BT-Drs. 19/26241, 33). Von dieser Kompetenz hat die BNetzA bislang keinen Gebrauch gemacht. 7

§ 11b Ausnahme für Energiespeicheranlagen, Festlegungskompetenz

(1) Der Betreiber eines Elektrizitätsversorgungsnetzes darf abweichend von Teil 2 Abschnitt 2 und 3 Eigentümer sein von Energiespeicheranlagen, die elektrische Energie erzeugen, oder solche errichten, verwalten oder betreiben, sofern
1. die Regulierungsbehörde dies nach Absatz 2 auf Antrag des Netzbetreibers genehmigt hat oder
2. die Regulierungsbehörde dies für Energiespeicheranlagen, die vollständig integrierte Netzkomponenten darstellen, durch Festlegung gegenüber allen oder einer Gruppe von Netzbetreibern nach § 29 Absatz 1 gestattet hat; sofern eine vollständig integrierte Netzkomponente nicht bereits von einer solchen Festlegung erfasst wird, bleibt der Regulierungsbehörde eine Genehmigung auf Antrag des Netzbetreibers im Einzelfall unbenommen.

(2) Die Regulierungsbehörde erteilt ihre Genehmigung nach Absatz 1 Nummer 1, wenn
1. der Betreiber eines Elektrizitätsversorgungsnetzes nachgewiesen hat, dass die Energiespeicheranlage im Sinne von Absatz 1
   a) notwendig ist, damit er seinen Verpflichtungen gemäß § 11 Absatz 1 Satz 1 in effizienter Weise nachkommen kann,
   b) neben der bestimmungsgemäßen Nutzung nach Buchstabe a nicht verwendet wird, um Leistung oder Arbeit ganz oder teilweise auf den Strommärkten zu kaufen oder zu verkaufen, und
2. der Betreiber eines Elektrizitätsversorgungsnetzes ein offenes, transparentes und diskriminierungsfreies Ausschreibungsverfahren nach § 11a durchgeführt hat, dessen Bedingungen die Regulierungsbehörde im Hinblick auf das technische Einsatzkonzept der Energiespeicheranlage im Sinne von Absatz 1 geprüft hat, und
   a) der Betreiber eines Elektrizitätsversorgungsnetzes den Zuschlag nach § 11a Absatz 1 zur Errichtung, zur Verwaltung oder zum Betrieb der Energiespeicheranlage im Sinne von Absatz 1 nicht an einen Dritten erteilen konnte, oder
   b) sich nach Erteilung des Zuschlags an einen Dritten herausstellt, dass dieser die mit der Energiespeicheranlage im Sinne von Absatz 1 angebotene Dienstleistung nicht oder nicht rechtzeitig erbringen kann.

(3) ¹Soweit eine Genehmigung unter den Voraussetzungen des Absatzes 2 erteilt wurde, führt die Regulierungsbehörde fünf Jahre nach der Inbetriebnahme der Energiespeicheranlage im Sinne von Absatz 1 und danach in regelmäßigen Abständen von höchstens fünf Jahren eine öffentliche Konsultation durch. ²Dabei ermittelt die Regulierungsbehörde, ob Dritte zu angemessenen Kosten unter Berücksichtigung der Anforderungen an die Gewährleistung der Sicherheit und Zuverlässigkeit des Elektrizitätsversorgungssystems in der Lage sind, Eigentümer dieser Energiespeicheranlage im Sinne von Absatz 1 zu sein, diese zu verwalten und zu betreiben. ³Kann die Regulierungsbehörde dies mit hinreichender Wahrscheinlichkeit feststel-

len, verpflichtet sie den Betreiber eines Elektrizitätsversorgungsnetzes, den Betrieb und die Verwaltung der Energiespeicheranlage im Sinne von Absatz 1 gemäß § 11a in Verbindung mit Absatz 2 Nummer 2 auszuschreiben und nach Erteilung eines Zuschlags an einen Dritten innerhalb von 12 Monaten einzustellen, sofern Belange der Versorgungssicherheit nicht entgegenstehen. [4]Mit dem Betrieb der Energiespeicheranlage im Sinne von Absatz 1 ist auch das Eigentum gegen Zahlung des Restbuchwertes zu übertragen. [5]Mit Übertragung des Eigentums erlischt auch die Genehmigung nach Absatz 2. [6]Die Verpflichtung nach den Sätzen 3 und 4 kann mit Nebenbestimmungen versehen werden. [7]Nach erfolgter Eigentumsübertragung darf die Leistung oder Arbeit der Energiespeicheranlage im Sinne von Absatz 1 weder ganz noch teilweise auf den Strommärkten veräußert werden, solange über die Energiespeicheranlage im Sinne von Absatz 1 ein Dienstleistungsvertrag mit dem Betreiber eines Elektrizitätsversorgungsnetzes besteht, mindestens aber für die Dauer von fünf Jahren, nachdem erstmalig eine Ausschreibung nach Satz 3 für die Energiespeicheranlage im Sinne von Absatz 1 durchgeführt wurde.

(4) [1]Während des üblichen kalkulatorischen Abschreibungszeitraums für Batteriespeicheranlagen ist Absatz 3 nicht anzuwenden, sofern es sich um Batteriespeicheranlagen im Eigentum
1. eines Übertragungsnetzbetreibers handelt, für die eine Investitionsentscheidung bis zum 31. Dezember 2024 erfolgt, oder eines Verteilernetzbetreibers handelt, für die eine Investitionsentscheidung bis zum 4. Juli 2019 erfolgte, und
2. die spätestens zwei Jahre nach der Investitionsentscheidung an das Elektrizitätsversorgungsnetz angeschlossen wurden oder werden und die ausschließlich der reaktiven unmittelbaren Wiederherstellung des sicheren und zuverlässigen Netzbetriebs durch netzbezogene Maßnahmen nach § 13 Absatz 1 Satz 1 Nummer 1 dienen.

[2]Die Wiederherstellungsmaßnahme gemäß Satz 1 Nummer 2 beginnt unmittelbar nach Eintritt der Störung und endet, sobald das Problem durch Maßnahmen gemäß § 13 Absatz 1 Satz 1 Nummer 2 und 3 behoben werden kann.

(5) Die Bundesnetzagentur wird ermächtigt, durch Festlegung nach § 29 Absatz 1 Vorgaben zur näheren Ausgestaltung der Genehmigungsverfahren nach Absatz 1 Nummer 1 in Verbindung mit den Absätzen 2 und 3 sowie nach Absatz 1 Nummer 2 zweiter Halbsatz zu treffen.

Überblick

Die Regelung des § 11b wurde durch Art. 1 G v. 16.7.2021 (BGBl. I 3026) mit Wirkung zum 27.7.2021 ins EnWG eingeführt und setzt die frühere Übergangsregelung des § 118b um. Die Regelung sieht eine Ausnahme vom Eigentumsverbot hinsichtlich Batteriespeicheranlagen vor. Grundsätzlich sollen Netzbetreiber nicht Eigentümer von Energiespeicheranlagen sein (vgl. Art. 54 Abs. 1 und 36 Abs. 1 Elektrizitäts-Binnenmarkt-Richtlinie (EU) 2019/944, → Rn. 1). § 11b regelt eine Ausnahme, nach der die BNetzA entsprechend Art. 54 Abs. 5 Elektrizitäts-Binnenmarkt-Richtlinie (EU) 2019/944 entgegen der Regel des Art. 54 Abs. 1 Elektrizitäts-Binnenmarkt-Richtlinie (EU) 2019/944) die Errichtung, das Eigentum oder den Betrieb von Batteriespeichern durch einen Übertragungsnetzbetreiber genehmigen kann (→ Rn. 3 ff.). Notwendige Voraussetzung ist die Durchführung einer erfolglos verlaufenen Ausschreibung (vgl. § 11a). Die Ausnahme gilt für Batteriespeicheranlagen mit spezifischem Einsatzkonzept (reaktive Wiederherstellung des sicheren und zuverlässigen Netzbetriebs nach einer Störung, sog. „Netzbooster"), für die bis zum Jahr 2024 eine Investitionsentscheidung gefallen ist. Sinn und Zweck war die schnellstmögliche Realisierung der im Netzentwicklungsplan 2019 bestätigten Netzbooster-Pilotanlagen.

A. Europarechtliche Grundlage

1   Nach Erwägungsgrund 62 **Elektrizitäts-Binnenmarkt-Richtlinie (EU) 2019/944** sollen Netzbetreiber nicht Eigentümer von Energiespeicheranlagen sein bzw. diese Anlagen nicht errichten, verwalten oder betreiben. Speicherdienste sollen vielmehr marktgestützt und

wettbewerblich gehalten sein. § 11b setzt den in Art. 54 Abs. 5 Elektrizitäts-Binnenmarkt-Richtlinie (EU) 2019/944 vorgesehenen besonders privilegierten Ausnahmetatbestand für Batteriespeicheranlagen mit spezifischem Einsatzkonzept (reaktive Wiederherstellung des sicheren und zuverlässigen Netzbetriebs nach einer Störung) um. § 11b regelt die Voraussetzungen und das Verfahren für die Ausnahme und schöpft dabei die Privilegierungsmöglichkeit nach Art. 54 Abs. 5 Elektrizitäts-Binnenmarkt-Richtlinie (EU) 2019/944 (vgl. BT-Drs. 19/26241, 34).

Die Vorgaben der **Elektrizitäts-Binnenmarkt-Richtlinie (EU) 2019/944** beziehen sich ausschließlich auf den Elektrizitätsbinnenmarkt. Damit gilt das Verbot in Bezug auf Eigentum, Betrieb, Verwaltung und Errichtung von Energiespeicheranlagen nur für die Betreiber von Elektrizitätsversorgungsnetzen. Umkehrschlüsse in Bezug auf etwaige Möglichkeiten von Gasnetzbetreibern, Eigentum an Energiespeicheranlagen zu halten, diese zu betreiben, zu errichten oder zu verwalten, sind mithin unzulässig (vgl. BT-Drs. 19/27453, 94).

B. Ausnahmetatbestand für Batteriespeicheranlagen mit spezifischem Einsatzkonzept

Von oben beschriebenem Verbot (→ Rn. 1) für Betreiber von Elektrizitätsversorgungsnetzen, Eigentum an Batteriespeicheranlagen zu halten, können Ausnahmen gemacht werden. Gemäß **§ 11b Abs. 1** bedarf die **Ausnahme vom Eigentumsverbot** der jeweils zu beantragenden Genehmigung durch die Regulierungsbehörde. Entsprechend Art. 54 Abs. 5 Elektrizitäts-Binnenmarkt-Richtlinie (EU) 2019/944 sind nur Batteriespeicheranlagen zum Zweck der reaktiven Netzbetriebsführung vom Anwendungsbereich des § 11b erfasst.

Gemäß **§ 11b Abs. 2** kann die Regulierungsbehörde eine Ausnahme vom Eigentumsverbot genehmigen, wenn die in Satz 1 Nummern 1–3 benannten Voraussetzungen kumulativ vorliegen (→ Rn. 5 ff.). Zudem wird die Genehmigung erst wirksam, wenn die in Satz 2 genannte Bedingung erfüllt ist (→ Rn. 11 f.).

I. Anwendungsbereich

Nach § 11b Abs. 2 S. 1 Nr. 1 lit. a hat der Übertragungsnetzbetreiber nachzuweisen, dass die Anlage **notwendig** ist, damit er in effizienter Weise seinen **Verpflichtungen gem. § 11 Abs. 1 S. 1** nachkommen kann. Die Notwendigkeit wäre zu verneinen, wenn die mit der Anlage zu erbringende Dienstleistung in effizienter Weise als Flexibilitäts- oder Systemdienstleistung am Markt beschafft werden könnte.

Nach § 11b Abs. 2 S. 1 Nr. 1 lit. b hat der Übertragungsnetzbetreiber sicherzustellen und nachzuweisen, dass die Anlage **ausschließlich zu netzdienlichen Zwecken genutzt** wird und nicht dazu verwendet wird, um Leistung oder Arbeit auch nicht teilweise oder temporär auf den Strommärkten zu kaufen oder zu verkaufen. Damit wird die in Art. 54 Abs. 2 lit. b Elektrizitäts-Binnenmarkt-Richtlinie (EU) 2019/944 formulierte Anforderung umgesetzt.

II. Erster Markttest

§ 11b Abs. 2 S. 1 Nr. 2 beschreibt den (ersten) „**Markttest**". Danach hat der Übertragungsnetzbetreiber in einem offenen, transparenten und diskriminierungsfreien Ausschreibungsverfahren nach § 11a zu ermitteln, ob die Anlage durch Dritte errichtet und betrieben werden kann.

Nach **§ 11b Abs. 2 S. 1 Nr. 2 lit. a** muss das Ausschreibungsverfahren erfolglos verlaufen sein. Es darf also kein Zuschlag an einen Dritten erteilt worden sein.

Die Voraussetzung nach Satz 1 zur Genehmigung des Eigentums an einer Batteriespeicheranlage und der darauf bezogenen Tätigkeiten des Übertragungsnetzbetreibers ist nach **§ 11b Abs. 2 S. 1 Nr. 2 lit. b** auch dann erfüllt, wenn sich erst nach Erteilung des Zuschlags herausstellt, dass die mit der Anlage angebotene Leistung nicht oder nicht rechtzeitig erbracht werden kann. Damit soll insbesondere die erforderliche Qualität der Angebote von Dritten im Ausschreibungsverfahren sichergestellt werden.

Der Netzbetreiber gibt die Ausschreibungsbedingungen vor. Die Regulierungsbehörde überprüft diese allerdings im Hinblick auf das technische Einsatzkonzept der Anlage sowie die hiermit verbundenen Haftungsregelungen auf ihre **Offenheit, Transparenz und Diskriminierungsfreiheit** hin. Dabei prüft die Regulierungsbörde auch, ob der Übertragungsnetzbetreiber keine weitergehende Haftung von einem Dritten verlangt, als er selbst gesetzlich auferlegt bekommen hat.

III. Zweiter Markttest (Abs. 3)

11 § 11b Abs. 3 setzt die von der Richtlinie in Art. 54 Abs. 5 S. 1 Elektrizitäts-Binnenmarkt-Richtlinie (EU) 2019/944 vorgegebene Bedingung zur Geltungsdauer des Privilegs um. Im sog. zweiten Markttest wird in regelmäßigen Abständen das Fortbestehen der Voraussetzungen für eine Genehmigung der Ausnahme vom Eigentumsverbot überprüft. Eine mögliche Ausnahme von der Anwendung des Absatzes 3 sieht Absatz 4 für bestimmte Batteriespeicheranlagen während des üblichen kalkulatorischen Abschreibungszeitraums vor. Die Ausnahmeregelung soll nur für solche (besonders privilegierte) Batteriespeicheranlagen gelten, die ausschließlich zur reaktiven Wiederherstellung der Sicherheit und Zuverlässigkeit des Elektrizitätsversorgungssystems gem. § 13 Abs. 1 Nr. 1 eingesetzt werden (Netzbooster). Der Einsatz der Anlagen darf dabei nur so lange erfolgen, wie die Netzsicherheit nicht durch Maßnahmen gem. § 13 Abs. 1 Nr. 2 und 3 sichergestellt werden kann (vgl. BT-Drs. 19/26241, 34).

C. Festlegungskompetenz (Abs. 5)

12 Gemäß § 11b Abs. 5 kann die Regulierungsbehörde nähere Bestimmungen zur Ausgestaltung des Verfahrens nach Absatz 2 festlegen (vgl. BT-Drs. 19/26241, 35). Davon wurde bislang kein Gebrauch gemacht.

§ 11c Überragendes öffentliches Interesse für Anlagen zur Speicherung elektrischer Energie

Die Errichtung und der Betrieb von Anlagen zur Speicherung elektrischer Energie liegen im überragenden öffentlichen Interesse und dienen der öffentlichen Sicherheit.

Überblick

§ 11c ist mit der Novelle des Raumordnungsgesetzes (BGBl. 2023 I Nr. 88) eingeführt worden. Die Regelung dient der Umsetzung der Verordnung (EU) 2022/2577 des Rates vom 22.12.2022 zur Festlegung eines Rahmens für einen beschleunigten Ausbau der Nutzung erneuerbarer Energien. § 11c gilt seit dem 29.3.2023. Die Regelung ist damit auch in laufenden Genehmigungs- und gerichtlichen Verfahren zu berücksichtigen.

A. Überragendes öffentliches Interesse

1 Mit § 11c bezweckt der Gesetzgeber in erster Linie eine **Beschleunigung von Planungs- und Genehmigungsverfahren** für Anlagen zur Speicherung elektrischer Energie. Die Regelung flankiert neben den Parallelregelungen zu den Übertragungsnetzen im BBPlG und NABEG sowie den Elektrizitätsverteilnetzen (→ § 14d Rn. 42) die Regelung zum überragenden öffentlichen Interesse der Errichtung und des Betriebs von Anlagen zur Erzeugung von Strom aus erneuerbaren Energien (→ § 2 EEG). Belange wie beispielsweise der Denkmalschutz dürften daher bei der Abwägung widerstreitender Belange gegenüber der Errichtung und dem Betrieb von Anlagen zur Speicherung elektrischer Energie regelmäßig zurückzustehen haben (→ zu § 2 EEG: OVG Greifswald 7. 2.2023 – 5 K 171/22).

B. Energiewirtschaftliche Bedeutung von Anlagen zur Speicherung elektrischer Energie

2 Die Bedeutung der Regelung geht über die genehmigungsrechtliche Abwägung hinaus. Der Gesetzgeber unterstreicht mit § 11c auch die grundsätzliche energiewirtschaftliche

Bedeutung von Anlagen zur Speicherung elektrischer Energie im auf erneuerbaren Energien basierenden Stromsystem der Zukunft (→ BT-Drs. 20/5830, 46). § 11c ist daher ein starkes Indiz für die **generelle Netzdienlichkeit** von Speicheranlagen. Auch dürfte § 11c der Erhebung von Baukostenzuschüssen bei Batteriespeicheranlagen entgegenstehen.

C. Reichweite der Privilegierung

§ 11c bezieht sich nach seinem Wortlaut auf „Anlagen zur Speicherung elektrischer Energie" und nicht auf den (weiteren) Begriff der Energiespeicheranlagen (→ § 3 Nr. 15d Rn. 1). Auch wenn sich § 11c gesetzessystematisch im Zusammenhang mit den Regelungen in § 11a und § 11b befindet, die für Energiespeicheranlagen gelten, scheint dies kein gesetzgeberisches Redaktionsversehen zu sein. Sog. **Sektorenkopplungsanlagen** (Elektrolyseure und andere Power-to-X-Anlagen) dürften daher nicht in den Genuss der Privilegierung des § 11c kommen. 3

§ 12 Aufgaben der Betreiber von Elektrizitätsversorgungsnetzen, Verordnungsermächtigung

(1) ¹Betreiber von Übertragungsnetzen haben die Energieübertragung durch das Netz unter Berücksichtigung des Austauschs mit anderen Verbundnetzen zu regeln und mit der Bereitstellung und dem Betrieb ihrer Übertragungsnetze im nationalen und internationalen Verbund zu einem sicheren und zuverlässigen Elektrizitätsversorgungssystem in ihrer Regelzone und damit zu einer sicheren Energieversorgung beizutragen. ²Betreiber von Übertragungsnetzen können vereinbaren, die Regelverantwortung für ihre Netze auf einen Betreiber von Übertragungsnetzen zu übertragen. ³Mit der Übertragung der Regelverantwortung erhält der verantwortliche Netzbetreiber die Befugnisse der §§ 13 bis 13b. ⁴Die Übertragung der Regelverantwortung ist der Regulierungsbehörde spätestens sechs Monate vorher anzuzeigen. ⁵Die Regulierungsbehörde kann zur Verringerung des Aufwandes für Regelenergie und zur Förderung von einheitlichen Bedingungen bei der Gewährung des Netzzugangs durch Festlegung nach § 29 Absatz 1 die Betreiber von Übertragungsnetzen verpflichten, eine einheitliche Regelzone zu bilden.

(2) Betreiber von Übertragungsnetzen haben Betreibern eines anderen Netzes, mit dem die eigenen Übertragungsnetze technisch verbunden sind, die notwendigen Informationen bereitzustellen, um den sicheren und effizienten Betrieb, den koordinierten Ausbau und den Verbund sicherzustellen.

(3) ¹Betreiber von Übertragungsnetzen haben dauerhaft die Fähigkeit des Netzes sicherzustellen, die Nachfrage nach Übertragung von Elektrizität zu befriedigen und insbesondere durch entsprechende Übertragungskapazität und Zuverlässigkeit des Netzes zur Versorgungssicherheit beizutragen. ²Dafür können sie im Rahmen des technisch Möglichen auch geeignete technische Anlagen etwa zur Bereitstellung von nicht frequenzgebundenen Systemdienstleistungen nutzen, die keine Anlagen zur Erzeugung elektrischer Energie sind. ³Hierbei hat eine Abwägung mit einer marktgestützten Beschaffung nach § 12h zu erfolgen.

(3a) Um die technische Sicherheit und die Systemstabilität zu gewährleisten, wird das Bundesministerium für Wirtschaft und Energie ermächtigt, durch Rechtsverordnung technische Anforderungen an Anlagen zur Erzeugung elektrischer Energie, insbesondere an Anlagen nach dem Erneuerbare-Energien-Gesetz und dem Kraft-Wärme-Kopplungsgesetz, vorzugeben sowie Netzbetreiber und Anlagenbetreiber zu verpflichten, Anlagen, die bereits vor dem 1. Januar 2012 in Betrieb genommen worden sind, entsprechend nachzurüsten sowie anlagenbezogene Daten, die zur Durchführung und Kontrolle des Nachrüstungsprozesses erforderlich sind, bereitzustellen und auszuwerten und Regelungen zur Kostentragung zu treffen.

(3b) ¹Betreiber von Übertragungsnetzen berichten der Regulierungsbehörde auf deren Anforderung über die Sicherheit, Zuverlässigkeit und Leistungsfähigkeit

EnWG § 12   Teil 3. Regulierung des Netzbetriebs

ihres Energieversorgungsnetzes im Sinne von § 11 sowie über die Sicherheit und Zuverlässigkeit des Elektrizitätsversorgungssystems im Sinne von Absatz 1 Satz 1 und Absatz 3. ²Bei einer Anforderung nach Satz 1 bestimmt die Regulierungsbehörde,
1. zu welchem Zeitpunkt und für welchen Zeitraum berichtet werden soll,
2. ob die Betreiber von Übertragungsnetzen einzeln oder gemeinsam berichten sollen,
3. ob und in welchem Umfang Betreiber von Verteilernetzen an der Erstellung des Berichts zu beteiligen sind,
4. zu welchen Themen berichtet werden soll und
5. ob und zu welchen Themen die Betreiber von Übertragungsnetzen Maßnahmen einschließlich Alternativen vorschlagen sollen, die sie zur Erfüllung ihrer Aufgaben künftig für erforderlich halten; dies kann auch Vorsorgemaßnahmen und Pilotprojekte umfassen.

(3c) ¹Betreiber von Verteilernetzen berichten der Regulierungsbehörde auf deren Anforderung über die Sicherheit, Zuverlässigkeit und Leistungsfähigkeit ihres Energieversorgungsnetzes im Sinne von § 11. ²Absatz 3b Satz 2 ist entsprechend anzuwenden.

(4) ¹Die folgenden natürlichen oder juristischen Personen müssen den Betreibern von Elektrizitätsversorgungsnetzen auf deren Verlangen unverzüglich die Informationen einschließlich etwaiger Betriebs- und Geschäftsgeheimnisse bereitstellen, die notwendig sind, damit die Elektrizitätsversorgungsnetze sicher und zuverlässig betrieben, gewartet und ausgebaut werden können:
1. die Betreiber von Erzeugungsanlagen,
2. die Betreiber von Anlagen zur Speicherung von elektrischer Energie,
3. die Betreiber von Elektrizitätsverteilernetzen,
4. die Betreiber von Gasversorgungsnetzen,
5. industrielle und gewerbliche Letztverbraucher,
6. Anbieter von Lastmanagement und
7. Großhändler oder Lieferanten von Elektrizität.
²Zu den bereitzustellenden Informationen zählen insbesondere Stammdaten, Planungsdaten und Echtzeitdaten.

(5) Die Betreiber von Elektrizitätsversorgungsnetzen müssen
1. sicherstellen, dass die Betriebs- und Geschäftsgeheimnisse, die ihnen nach Absatz 4 Satz 1 zur Kenntnis gelangen, ausschließlich so zu den dort genannten Zwecken genutzt werden, dass deren unbefugte Offenbarung ausgeschlossen ist,
2. die nach Absatz 4 erhaltenen Informationen in anonymisierter Form an die Bundesnetzagentur jeweils auf deren Verlangen für die Zwecke des Monitorings nach § 51 übermitteln,
3. neben den nach Nummer 2 zu übermittelnden Informationen an die Bundesnetzagentur jeweils auf deren Verlangen weitere verfügbare und für die Zwecke des Monitorings nach § 51 erforderliche Informationen und Analysen übermitteln, insbesondere verfügbare Informationen und eine gemeinsam von den Betreibern von Übertragungsnetzen in einer von der Bundesnetzagentur zu bestimmenden Form zu erstellende Analyse zu den grenzüberschreitenden Verbindungsleitungen sowie zu Angebot und Nachfrage auf den europäischen Strommärkten, zu der Höhe und der Entwicklung der Gesamtlast in den Elektrizitätsversorgungsnetzen in den vergangenen zehn Jahren im Gebiet der Bundesrepublik Deutschland und zur Sicherheit, Zuverlässigkeit und Leistungsfähigkeit der Energieversorgungsnetze einschließlich des Netzbetriebs,
4. der Bundesnetzagentur jeweils auf deren Verlangen in einer von ihr zu bestimmenden Frist und Form für die Zwecke des Berichts nach § 63 Absatz 3a Informationen und Analysen zu der Mindesterzeugung insbesondere aus thermisch betriebenen Erzeugungsanlagen und aus Anlagen zur Speicherung von elektrischer Energie sowie Informationen und geeignete Analysen zur Entwicklung der Mindesterzeugung übermitteln und

5. der Bundesnetzagentur jeweils jährlich auf deren Verlangen in einer von ihr zu bestimmenden Frist und Form für die Zwecke des Monitorings nach § 51a die Unternehmen und Vereinigungen von Unternehmen nennen, die einen Stromverbrauch von mehr als 20 Gigawattstunden jährlich haben.

(5a) Die Bundesnetzagentur übermittelt die nach Absatz 5 zum Zwecke des Monitorings der Versorgungssicherheit nach § 51 und zur Erfüllung der Berichterstattungspflicht nach § 63 Absatz 2 Satz 1 Nummer 2 erhobenen Daten an das Bundesministerium für Wirtschaft und Energie auf dessen Verlangen.

(6) Die Regulierungsbehörde wird ermächtigt, nach § 29 Absatz 1 Festlegungen zu treffen zur näheren Bestimmung des Kreises der nach Absatz 4 Satz 1 Verpflichteten, zum Inhalt und zur Methodik, zu den Details der Datenweitergabe und zum Datenformat der Bereitstellung an die Betreiber von Elektrizitätsversorgungsnetzen.

(7) Die Regulierungsbehörde, das Bundesministerium für Wirtschaft und Energie sowie die Betreiber von Elektrizitätsversorgungsnetzen sollen anstelle der Abfrage nach den Absätzen 4 und 5 das Marktstammdatenregister nach § 111e nutzen, sobald und soweit ihnen das Marktstammdatenregister den Zugriff auf Daten im Sinne der Absätze 4 und 5 eröffnet.

Überblick

§ 12 regelt unterschiedliche Aspekte im Zusammenhang mit Aufgaben der Betreiber von Elektrizitätsversorgungsnetzen. § 12 Abs. 1 enthält grundlegende Anforderungen an den Betrieb der Übertragungsnetze (→ Rn. 13 ff.). § 12 Abs. 2 regelt Informationspflichten der Übertragungsnetzbetreiber gegenüber anderen Netzbetreibern (→ Rn. 26 ff.). § 12 Abs. 3 bezieht sich auf die zur Deckung der Nachfrage nach Elektrizität erforderlichen Maßnahmen der Übertragungsnetzbetreiber (→ Rn. 31 ff.). § 12 Abs. 3a enthält eine Verordnungsermächtigung betreffend die technische Sicherheit und Systemstabilität (→ Rn. 37 ff.). § 12 Abs. 3b und 3c begründen Berichtspflichten der Übertragungs- (→ Rn. 40 ff.) und Verteilernetzbetreiber (→ Rn. 45 ff.) gegenüber der BNetzA. Verpflichtungen zur Information gegenüber den Betreibern von Elektrizitätsversorgungsnetzen durch angeschlossene Nutzer von Elektrizitätsversorgungsnetzen folgen aus § 12 Abs. 4 (→ Rn. 48 ff.). Auf den Umgang mit diesen Informationen bezieht sich § 12 Abs. 5 (→ Rn. 62 ff.). Die Übermittlung von Informationen durch die BNetzA regelt § 12 Abs. 5a (→ Rn. 68 f.), dem überdies nach § 12 Abs. 6 eine Festlegungskompetenz in Bezug auf die Informationspflichten nach § 12 Abs. 4 zugewiesen wird (→ Rn. 70). Die alternative Nutzung des Marktstammdatenregisters ist Gegenstand von § 12 Abs. 7 (→ Rn. 71).

Übersicht

	Rn.		Rn.
A. Normzweck und Bedeutung	1	G. Berichtspflichten der Übertragungsnetzbetreiber gegenüber der BNetzA (Abs. 3b)	40
B. Entstehungsgeschichte	5		
C. Regelung und Betrieb der Übertragungsnetze (Abs. 1)	13	H. Berichtspflichten der Verteilernetzbetreiber gegenüber der BNetzA (Abs. 3c)	45
I. Netzregelung	14		
II. Übertragung der Regelverantwortung	19	I. Informationen durch Elektrizitätsversorgungsnetznutzer (Abs. 4)	48
III. Bildung einer einheitlichen Regelzone	23		
D. Informationspflichten der Übertragungsnetzbetreiber gegenüber anderen Netzbetreibern (Abs. 2)	26	J. Umgang mit Informationen (Abs. 5)	62
E. Fähigkeit des Netzes zur Nachfragedeckung (Abs. 3)	31	K. Informationsübermittlung durch die BNetzA (Abs. 5a)	68
		L. Festlegungen der BNetzA (Abs. 6)	70
F. Verordnungsermächtigung betreffend technische Sicherheit und Systemstabilität (Abs. 3a)	37	M. Nutzung des Marktstammdatenregisters (Abs. 7)	71

A. Normzweck und Bedeutung

1 § 12 war in seiner ursprünglichen Fassung durch das EnWG 2005 die zentrale Bestimmung über die spezifischen **Aufgaben der Betreiber von Übertragungsnetzen** und konkretisierte insoweit bereichsspezifisch die für alle Netzbetreiber geltenden Anforderungen aus § 11. Im Zuge ihrer seither erfolgten Änderungen (→ Rn. 6 ff.) hat die Vorschrift ihr klares **normatives Konzept** weithin **verloren**. Zwar adressieren einige Absätze auch weiterhin die Übertragungsnetzbetreiber und gestalten deren Rechtsstellung aus. Andere betreffen jedoch alle Betreiber von Elektrizitätsversorgungsnetzen sowie Behörden, insbesondere die BNetzA.

2 Unverändert betrifft § 12 allerdings ausschließlich die **Elektrizitätsversorgungsnetze**. Eine funktionale Entsprechung finden die Regelungen in Bezug auf die Gasversorgungsnetze teilweise in § 15, der sich an die Betreiber von Fernleitungsnetzen richtet und dem Regelungskonzept des EnWG 2005 deutlich stärker verbunden geblieben ist.

3 Abgesehen von den unmittelbar aus § 12 folgenden Verpflichtungen für die **Betreiber von Elektrizitätsverteilernetzen** ordnet § 14 Abs. 1c punktuell eine entsprechende Anwendung u.a. des § 12 durch diese an (→ § 14 Rn. 40). Überdies gelten für sie nach § 14 Abs. 1 S. 1 auf Grundlage von § 12 erlassene Rechtsverordnungen im Rahmen ihrer Verteilungsaufgaben entsprechend, soweit sie für die Sicherheit und Zuverlässigkeit der Elektrizitätsversorgung in ihrem Netz verantwortlich sind (→ § 14 Rn. 11). Damit geht die Relevanz von (Regelungen auf Grundlage von) § 12 deutlich über den unmittelbaren Anwendungsbereich der Vorschrift hinaus.

4 In anderen Bestimmungen des EnWG finden sich vielfach **Bezugnahmen** auf § 12. Die Beachtlichkeit der Norm wird in § 11 Abs. 1 S. 2 hervorgehoben, ihre entsprechende Anwendung durch § 14 Abs. 1 S. 1, Abs. 1c angeordnet. § 13 Abs. 2 verweist explizit auf die Zusammenarbeit der Übertragungsnetzbetreiber nach § 12 Abs. 1 bei der Wahrnehmung ihrer Systemverantwortung. Gemäß § 13 Abs. 3 S. 1 sind bei Maßnahmen nach § 13 Abs. 1 und 2 Auswirkungen auf die Sicherheit und Zuverlässigkeit des Gasversorgungssystems auf Grundlage der von den Betreibern der Gasversorgungsnetze nach § 12 Abs. 4 S. 1 bereitzustellenden Informationen angemessen zu berücksichtigen. Für das Monitoring der Versorgungssicherheit ordnet § 51 Abs. 1 S. 3 die Berücksichtigung der nach § 12 Abs. 4 und 5 übermittelten Informationen an. Die Unzuständigkeit der Beschlusskammern der BNetzA für die Anforderungen der Berichte und die Überwachung der Berichtspflichten nach § 12 Abs. 3b und 3c sowie für die Datenerhebung zur Erfüllung von Berichtspflichten einschließlich der Anforderung von Angaben nach § 12 Abs. 5 S. 1 Nr. 4 folgt aus § 59 Abs. 1 S. 2 Nr. 2a und 3. Berichte über die Mindesterzeugung auf Grundlage von Analysen nach § 12 Abs. 5 S. 1 Nr. 4 sind von der Regulierungsbehörde nach § 63 Abs. 3a S. 1 zu veröffentlichen. Als ordnungswidrig qualifiziert § 95 Abs. 1a vorsätzliche oder leichtfertige Verstöße gegen § 12 Abs. 5 S. 1 Nr. 2 und 3. Die Missachtung des Schutzes von Betriebs- und Geschäftsgeheimnissen gem. § 12 Abs. 5 S. 1 Nr. 1 ist nach § 95b Nr. 1 als Vergehen strafbewehrt.

B. Entstehungsgeschichte

5 In seiner durch das **EnWG 2005** geschaffenen Fassung enthielt die Vorschrift Regelungen, deren Gehalt weithin dem geltenden § 12 Abs. 1 S. 1, Abs. 2, Abs. 3 S. 1, Abs. 4 S. 1 entsprach. Seither hat die Vorschrift zahlreiche Änderungen erfahren.

6 Die erste Änderung des § 12 erfolgte durch das **Gesetz zur Beschleunigung des Ausbaus der Höchstspannungsnetze** (BGBl. 2009 I 2870). Sie betraf den bereits in der ursprünglichen Fassung enthaltenen § 12 Abs. 3a, der Berichtspflichten der Übertragungsnetzbetreiber in Bezug auf die Netzausbauplanung enthielt und durch die nachfolgende Änderung vollständig ersetzt wurde.

7 Das **Gesetz zur Neuregelung energiewirtschaftsrechtlicher Vorschriften** (BGBl. 2011 I 1554) bewirkte erhebliche Veränderungen der Vorschrift. § 12 Abs. 1 wurde um die Sätze 2–5, § 12 Abs. 3 um Satz 2 ergänzt. Des Weiteren erfolgten eine Neufassung von § 12 Abs. 3a, eine Überarbeitung und Ergänzung von § 12 Abs. 4 sowie eine Ergänzung um monitoringbezogene Berichtspflichten in § 12 Abs. 5.

Aufgaben der Betreiber von Elektrizitätsversorgungsnetzen §12 EnWG

Das **Dritte Gesetz zur Neuregelung energiewirtschaftsrechtlicher Vorschriften** 8
(BGBl. 2012 I 2730) brachte neben einer ersten Anpassung der Überschrift Ergänzungen des § 12 Abs. 3a und 4 mit sich.

§ 12 Abs. 3a war sodann Gegenstand der **Zehnten Zuständigkeitsanpassungsverord-** 9
nung (BGBl. 2015 I 1474). Dabei entfiel die vormals enthaltene Notwendigkeit des interministeriellen Einvernehmens beim Verordnungserlass mit Bezug zu EEG und KWKG unterfallenden Anlagen.

Mit dem **Strommarktgesetz** (BGBl. 2016 I 1786) erfolgte eine erneute Änderung der 10
Überschrift. Zusätzlich erfolgte neben einer Aktualisierung der Verweisung in § 12 Abs. 1 S. 3 eine teilweise Umstrukturierung der Regelung. § 12 Abs. 4 und 5 wurde weithin neu gefasst. Die Festlegungsbefugnis der BNetzA wurde mit Änderungen im Detail in § 12 Abs. 6 verankert. Überdies wurde § 12 Abs. 7 angefügt.

Durch das **Gesetz zur Beschleunigung des Energieleitungsausbaus** (BGBl. 2019 I 11
706) erfolgte die Schaffung von § 12 Abs. 3b und 3c.

Mit dem **Kohleausstiegsgesetz** (BGBl. 2020 I 1818) wurde die Zuständigkeit für das 12
Monitoring der Versorgungssicherheit im Bereich Elektrizität auf die BNetzA übertragen. Infolgedessen wurde der bisherige § 12 Abs. 5 angepasst und in zwei Absätze, § 12 Abs. 5 und 5a, aufgespalten.

Die bislang letzte Änderung des § 12 erfolgte durch das **Gesetz zur Umsetzung unions-** 12a
rechtlicher Vorgaben und zur Regelung reiner Wasserstoffnetze im Energiewirtschaftsrecht (BGBl. 2021 I 3026). Hierdurch wurde Absatz 3 Satz 2 geändert und ein neuer Satz 3 angefügt.

C. Regelung und Betrieb der Übertragungsnetze (Abs. 1)

Unmittelbare **Adressaten** des § 12 Abs. 1 sind die Betreiber von Übertragungsnetzen iSv 13
§ 3 Nr. 10. Aufgrund der Anordnung ihrer entsprechenden Anwendung in § 14 Abs. 1 S. 1 ist die Vorschrift jedoch auch für solche Betreiber von Elektrizitätsverteiler maßgeblich, denen die Regelverantwortung für ihr Netz zukommt (→ § 14 Rn. 10).

I. Netzregelung

Anknüpfend an § 1 Abs. 1, § 11 Abs. 1 S. 1 zielt § 12 Abs. 1 S. 1 auf eine **sichere Energie-** 14
versorgung ab (Bourwieg/Hellermann/Hermes/Bourwieg § 12 Rn. 12; → § 1 Rn. 15 ff.) und verpflichtet die Übertragungsnetzbetreiber, hierzu einen Beitrag zu leisten. Dies setzt notwendig die Bereitstellung und den Betrieb ihrer Netze voraus.

Die Übertragungsnetze sind dabei nicht isoliert voneinander, sondern vielfach miteinander 15
verbunden. Dies gilt auch grenzüberschreitend. Indem § 12 Abs. 1 S. 1 explizit auf den **nationalen und internationalen Verbund** Bezug nimmt, knüpft die Norm nicht nur an diesen Umstand an, sondern qualifiziert ihn zugleich in Übereinstimmung mit den europarechtlichen Zielen als rechtlich geboten. Die grenzüberschreitende Pflicht zur Zusammenarbeit der Übertragungsnetzbetreiber, „um die Vollendung und das Funktionieren des Elektrizitätsbinnenmarkts und des zonenübergreifenden Handels zu fördern und die optimale Verwaltung, den koordinierten Betrieb und die sachgerechte technische Weiterentwicklung des europäischen Stromübertragungsnetzes sicherzustellen", folgt freilich unmittelbar aus Art. 28 Abs. 1 VO (EU) 2019/943 über den Elektrizitätsbinnenmarkt (ABl. L 158, 54 vom 14.6.2019); Art. 34 VO (EU) 2019/943 sieht darüber hinaus eine regionale Zusammenarbeit der Übertragungsnetzbetreiber vor.

Die Verantwortlichkeit jedes Übertragungsnetzbetreibers bezieht sich dabei vor allem auf 16
seine **Regelzone** (Elspas/Graßmann/Rasbach/Brucker/Günther § 12 Rn. 4; Kment EnWG/Tüngler § 12 Rn. 19). Nach § 3 Nr. 30 bezeichnet der Begriff „im Bereich der Elektrizitätsversorgung das Netzgebiet, für dessen Primärregelung, Sekundärregelung und Minutenreserve ein Betreiber von Übertragungsnetzen im Rahmen der Union für die Koordinierung des Transports elektrischer Energie (UCTE) verantwortlich ist" (→ § 3 Nr. 30 Rn. 1 ff.). Weniger spezifisch, in der Sache jedoch gleichsinnig legaldefiniert Art. 2 Nr. 67 VO (EU) 2019/943 als Regelzone „einen von einem einzigen Übertragungsnetzbetreiber betriebenen zusammenhängenden Teil des Verbundnetzes und umfasst angeschlossene physikalische Lasten und/oder gegebenenfalls Erzeugungseinheiten". Es handelt sich mithin um

Knauff 391

einen Zuständigkeitsbereich, der im Ausgangspunkt an der Dimension des jeweils betriebenen Übertragungsnetzes ansetzt und sich normativ-technisch bestimmt.

17 Zentrale Verpflichtung der Übertragungsnetzbetreiber auf Grundlage von § 12 Abs. 1 S. 1 ist die technische **Regelung der Energieübertragung** iSv § 3 Nr. 32 in ihrem Netz. Dies erfordert die Ergreifung der notwendigen Maßnahmen, um die Funktionsfähigkeit des Übertragungsnetzes durch einen jederzeitigen Ausgleich von Stromeinspeisung und -entnahme entsprechend dem aktuellen Bedarf zu gewährleisten. Maßgeblich hierfür sind insbesondere die §§ 6 ff. StromNZV sowie die Netzkodizes des ENTSO (Strom). Überdies haben die Übertragungsnetzbetreiber ihre Systemverantwortung gem. §§ 13 ff. wahrzunehmen (zur Abgrenzung ausführlich Säcker EnergieR/König § 12 Rn. 13 ff.). Dabei bestimmen sich die jeweiligen Befugnisse nach den im Vergleich zu § 12 Abs. 1 spezielleren Regelungen (Bourwieg/Hellermann/Hermes/Bourwieg § 12 Rn. 23).

18 Auch die Regelung hat unter **Berücksichtigung des Austauschs mit anderen Verbundnetzen** zu geschehen. Ausweislich deren Legaldefinition in § 3 Nr. 35 bezieht dies alle Übertragungs- und Elektrizitätsverteilernetze ein, durch die das jeweils betriebene Übertragungsnetz durch eine oder mehrere Verbindungsleitungen verbunden ist. Über diese Leitungen erfolgt ein Austausch von Energie. Die hierfür bestehenden technischen Möglichkeiten sollen nach § 12 Abs. 1 S. 1 genutzt und auch bei der Netzregelung einbezogen werden. Dazu ist „unter anderem auch die Bereitstellung von Ausgleichsenergie sicherzustellen" (BT-Drs. 15/3917, 56).

II. Übertragung der Regelverantwortung

19 § 12 Abs. 1 S. 2 gestattet Übertragungsnetzbetreibern, „die Regelverantwortung auf Betreiber anderer Übertragungsnetze zu delegieren, und schließt damit eine wesentliche Lücke zu einer effizienteren Bewirtschaftung der Übertragungsnetze" (BT-Drs. 17/6072, 66). Dabei handelt es sich ausschließlich um ein **Recht** der Übertragungsnetzbetreiber. Eine Verpflichtungswirkung statuiert die Norm nicht. Eine solche kann sich allein aus der Festlegung einer einheitlichen Regelzone durch die BNetzA auf Grundlage von § 12 Abs. 1 S. 5 ergeben (→ Rn. 23 ff.).

20 Die Übertragung erfolgt durch **Vereinbarung,** mithin durch Vertrag. Dieser ist ungeachtet seines für das Gemeinwohl relevanten Gegenstandes zivilrechtlicher Natur (Kment EnWG/Tüngler § 12 Rn. 30) und unterliegt daher dem allgemeinen Vertragsrecht. An einer derartigen Vereinbarung können alle (vier in Deutschland tätigen), müssen aber mindestens zwei Übertragungsnetzbetreiber beteiligt sein. Eine Einbeziehung von Elektrizitätsverteilernetzbetreibern oder sonstigen Unternehmen ist gesetzlich nicht vorgesehen und nach Sinn und Zweck des § 12 Abs. 1 S. 2 ausgeschlossen. Überträgt ein Übertragungsnetzbetreiber die ihm ursprünglich zukommende Regelverantwortung für seine Regelzone, geht damit ein Verlust seiner Qualifikation als solcher nicht einher. In Frage steht allein die Einräumung einer Ausübungsbefugnis in Bezug auf die Wahrnehmung der Regelverantwortung für das betreffende Übertragungsnetz, die allerdings mit einer entsprechenden Verpflichtung für den eintretenden Übertragungsnetzbetreiber einhergeht (vgl. auch Elspas/Graßmann/Rasbach/Brucker/Günther § 12 Rn. 6). Dabei kommt schließlich eine teilweise Übertragung der Regelverantwortung nicht in Betracht kommt. Eine solche ist in technischer Hinsicht ohnehin ausgeschlossen. Der Wortlaut von § 12 Abs. 1 S. 2 („ihre Netze") spricht dafür, dass auch Beschränkungen auf geografisch bestimmbare Teile des betroffenen Übertragungsnetzes nicht erfolgen können.

21 Infolge der Übertragung der Regelverantwortung erhält der nunmehr verantwortliche Übertragungsnetzbetreiber gem. § 12 Abs. 1 S. 3 die **Befugnisse der §§ 13–13b.** Die Zuständigkeit für die übrigen Aufgaben von Übertragungsnetzbetreibern bleibt unberührt.

22 Gemäß § 12 Abs. 1 S. 4 ist die Übertragung der BNetzA spätestens sechs Monate vorher anzuzeigen. Die Berechnung der Frist richtet sich nach §§ 187 ff. BGB. Den Bezugspunkt bildet nach Sinn und Zweck nicht die Vereinbarung, sondern der Übergang der Regelverantwortung. Die BNetzA ist auch nicht bei der Vorbereitung der Vereinbarung einzubeziehen und es bedarf nicht deren Genehmigung (Säcker EnergieR/König § 12 Rn. 37). Die **Anzeige** stellt jedoch die Möglichkeit einer effektiven Kontrolle sowie des Eingreifens im

Bedarfsfall durch die BNetzA unter Nutzung ihrer allgemeinen Befugnisse sicher. Spezifische formale Anforderungen für diese bestehen schließlich nicht.

III. Bildung einer einheitlichen Regelzone

§ 12 Abs. 1 S. 5 ermächtigt die **BNetzA** zur Verpflichtung der Übertragungsnetzbetreiber 23 zur Bildung einer einheitlichen Regelzone, die sämtliche Übertragungsnetze auf dem Territorium der Bundesrepublik Deutschland erfasst. Hiervon hat sie bislang **keinen Gebrauch** gemacht. Jedoch hat sie das Zusammenwirken aller deutschen Übertragungsnetzbetreiber im Rahmen eines Netzregelverbundes angeordnet (BNetzA Beschl. v. 16.3.2010 – BK6-08-111), der von drei der vier Übertragungsnetzbetreiber bereits zuvor begründet worden war (näher Säcker EnergieR/König § 12 Rn. 27 ff.).

Die Bildung einer einheitlichen Regelzone auf Grundlage von § 12 Abs. 1 S. 5 erfolgt 24 nicht unmittelbar durch die BNetzA. Dieser wird vielmehr eine **Anordnungsbefugnis im Hinblick auf den Abschluss einer Vereinbarung** durch die Übertragungsnetzbetreiber zugewiesen, wobei sie deren Gegenstand maßgeblich beeinflusst. Diese Anordnung erfolgt durch Festlegung nach § 29 Abs. 1, mithin durch Verwaltungsakt in dem für Festlegungen vorgesehenen Verfahren.

Hinsichtlich der Anordnung der Bildung einer einheitlichen Regelzone verfügt die 25 BNetzA über ein **Ermessen**. Nach der Vorstellung des Gesetzgebers kann „[d]ie einheitliche Regelzone ... den deutschlandweiten Stromhandel, Vorlaufzeiten für innerdeutsche Fahrplanänderungen vereinfachen und so eine größere Flexibilisierung der Handelsaktivitäten ermöglichen" (BT-Drs. 17/6072, 66). Der maßgebliche Wortlaut ist jedoch enger gefasst. Die Zwecksetzung wird durch § 12 Abs. 1 S. 5 in zweierlei Hinsicht bestimmt. Die normativ genannten Gründe sind abschließend und stehen ungeachtet der Formulierung nicht in einem Kumulativ-, sondern einem Alternativverhältnis. Zum einen kann die einheitliche Regelzone zum Zwecke einer Verringerung des Aufwandes für Regelenergie iSv § 2 Nr. 9 StromNZV, mithin der zum Ausgleich von Leistungsungleichgewichten in der Regelzone eingesetzten Energie, dienen. Dies setzt voraus, dass innerhalb einer ganz Deutschland umfassenden Regelzone die Notwendigkeit der Inanspruchnahme von teurer und damit die Netzentgelte verteuernder Regelenergie im Vergleich zu getrennten Regelzonen geringer ist. Zum anderen kann sie zur Förderung von einheitlichen Bedingungen bei der Gewährung des Netzzugangs gem. § 20 geschaffen werden. Dies setzt freilich ein signifikantes Auseinanderfallen der Bedingungen für den Zugang zu den Übertragungsnetzen voraus, sodass überregional deutliche Ungleichgewichte bestehen, die Auswirkungen über den Energiesektor hinaus haben können. Jedenfalls bei Funktionieren des Netzregelverbundes sollten diese Voraussetzungen nicht gegeben sein.

D. Informationspflichten der Übertragungsnetzbetreiber gegenüber anderen Netzbetreibern (Abs. 2)

Der in § 12 Abs. 1 S. 1 in Bezug genommene Verbund der Netze und die Notwendigkeit 26 ihrer Regelung setzt eine enge Kooperation der Betreiber technisch verbundener Elektrizitätsversorgungsnetze voraus. § 12 Abs. 2 schafft eine wesentliche **informatorische Grundlage für die Zusammenarbeit der Netzbetreiber**. Die Regelung korrespondiert diesbezüglich eng mit § 12 Abs. 4.

Adressaten der Informationsverpflichtung nach § 12 Abs. 2 sind unmittelbar ausschließ- 27 lich die Betreiber von Übertragungsnetzen. Allerdings findet die Vorschrift gem. § 14 Abs. 1 S. 1 entsprechende Anwendung auf systemverantwortliche Elektrizitätsverteilernetzbetreiber (→ § 14 Rn. 10).

Zu informieren sind Betreiber von Netzen, die mit dem Übertragungsnetz des informati- 28 onsverpflichteten Betreibers verbunden sind. Dabei ist unerheblich, ob es sich um andere Übertragungs- oder Verteilernetzbetreiber handelt (vgl. auch BT-Drs. 15/3917, 56). Voraussetzung ist allein die technische Verbindung der Netze. Diese ist gegeben, wenn zwischen den jeweils betriebenen Netzen **Wechselwirkungen** bestehen, sodass sich Maßnahmen innerhalb eines Netzes unmittelbar auf den Betrieb des anderen Netzes auswirken können, ohne dass es auf eine physische Verbindung zwischen den Netzen ankäme (Bourwieg/Hellermann/Hermes/Bourwieg § 12 Rn. 48).

EnWG § 12

29   Der **Gegenstand** der Informationspflicht bezieht sich auf alle Informationen, die notwendig sind, um den sicheren und effizienten Betrieb, den koordinierten Ausbau und den Verbund sicherzustellen. § 12 Abs. 2 ist diesbezüglich bewusst weit gefasst. Im Interesse der Funktionsfähigkeit der Stromversorgung sind alle für den ordnungsgemäßen Betrieb und die gemeinsame Entwicklung der technisch verbundenen Netze relevanten Informationen zu erteilen. Dies gilt unabhängig davon, ob es sich um Informationen aus der Sphäre des Übertragungsnetzbetreibers oder aus der Sphäre eines Netznutzers handelt (Säcker EnergieR/König § 12 Rn. 43). Dementsprechend beziehen sich diese u.a. auf netztechnische Aspekte, auf Reparatur- und Ausbaumaßnahmen oder In- oder Außerbetriebnahme von großen Erzeugungs- oder Verbrauchsanlagen. Mit der normativen Bezugnahme auf die „notwendigen" Informationen geht keine bedeutsame Einschränkung einher (vgl. Bourwieg/Hellermann/Hermes/Bourwieg § 12 Rn. 50 f.). Ausgeschlossen werden damit allein für die verbundenen Netzbetreiber gänzlich unerhebliche Belange. Diesbezüglich ist den Übertragungsnetzbetreibern ein Einschätzungsspielraum zuzuerkennen.

30   Hinsichtlich der **Informationserteilung** enthält sich § 12 Abs. 2 näherer Vorgaben. Allein das Erfordernis einer Bereitstellung weist darauf hin, dass die Übertragungsnetzbetreiber initiativ werden müssen (Baur/Salje/Schmidt-Preuß Energiewirtschaft/Ruthig Kap. 98 Rn. 9). Im Übrigen sind sie – gerade hinsichtlich der Informationsweise – frei. Jedoch entspricht nur eine – allerdings einzelfallspezifisch zu bestimmende – zeitlich angemessene und diskriminierungsfreie (Theobald/Kühling/Theobald § 12 Rn. 11) Information dem Sinn und Zweck der Vorschrift. Zwar handelt es sich bei dieser um eine einseitige Maßnahme. Im Interesse von Netzbetrieb und -entwicklung soll sie jedoch gerade auch angemessene Reaktionen der zu informierenden Netzbetreiber ermöglichen, denen daher ein einklagbarer Anspruch auf Information zukommt (Bourwieg/Hellermann/Hermes/Bourwieg § 12 Rn. 52; Kment EnWG/Tüngler § 12 Rn. 33).

E. Fähigkeit des Netzes zur Nachfragedeckung (Abs. 3)

31   Gemäß § 12 Abs. 3 „trifft die Betreiber von Übertragungsnetzen die Pflicht, dauerhaft die Nachfrage nach Übertragung von Elektrizität zu befriedigen und dabei insbesondere durch entsprechende Übertragungskapazitäten zur Versorgungssicherheit beizutragen" (BT-Drs. 15/3917, 56). Die Vorschrift zielt auf eine **angemessene Dimensionierung der Übertragungsnetze und ihre Funktionsfähigkeit** ab. Sie konkretisiert damit zugleich das Gebot der bedarfsgerechten Netzentwicklung gem. § 11 Abs. 1 S. 1 (Kment EnWG/Tüngler § 12 Rn. 34; → § 11 Rn. 25 f.).

32   **Adressaten** der Verpflichtungen nach § 12 Abs. 3 sind unmittelbar ausschließlich die Betreiber von Übertragungsnetzen. Allerdings findet die Vorschrift gem. § 14 Abs. 1 S. 1 wiederum entsprechende Anwendung auf systemverantwortliche Elektrizitätsverteilernetzbetreiber (→ § 14 Rn. 10).

33   Zentrales Gebot ist die dauerhafte, mithin jederzeitige Sicherstellung der **Fähigkeit des Netzes, die Nachfrage nach Übertragung von Elektrizität zu befriedigen** und damit zur Versorgungssicherheit beizutragen, deren Erreichung sich freilich dem einzelnen Netzbetreiber entzieht. Hierfür bedarf es einer Prognose hinsichtlich der Nachfrageentwicklung und daran anknüpfend einer weiteren Entwicklung des Übertragungsnetzes. Dies erfolgt grundsätzlich im Rahmen der Netzplanungen nach §§ 12a ff. durch alle regelzonenverantwortlichen Übertragungsnetzbetreiber gemeinsam. Darüber hinaus begründet § 12 Abs. 3 S. 1 für jeden Übertragungsnetzbetreiber eine eigenständige, auf das jeweils betriebene Netz bezogene Verantwortung. Bei deren Wahrnehmung hat „[d]er Netzbetreiber … seine Kapazitäten an der regionalen Entwicklung der Nachfrage auszurichten. Die unternehmerische Eigenverantwortlichkeit für Investitionsentscheidungen der Netzbetreiber nach wirtschaftlichen Kriterien bleibt unberührt. Hiermit wird ein Ausgleich zwischen Planbarkeit für den Netzbetreiber und Versorgungssicherheit für den Stromkunden erreicht" (BT-Drs. 15/3917, 56).

34   Im Hinblick auf die Erreichung dieses Ziel nimmt § 12 Abs. 3 S. 1 exemplarisch auf die **Übertragungskapazität und** die **Zuverlässigkeit** des Netzes Bezug. Dabei handelt es sich um ein quantitatives und ein qualitatives Kriterium, die zum Zwecke der Herstellung der Fähigkeit des Netzes zur Nachfragedeckung allerdings kaum voneinander getrennt werden können und zugleich die Leistungsfähigkeit des Netzes determinieren. Die Übertragungska-

pazität bezeichnet dabei die maximale Aufnahmefähigkeit des Netzes für die Übertragung von Energie iSv § 3 Nr. 32 und zielt tendenziell auf einen Netzausbau ab (Ruge EnWZ 2015, 497). Die Verwendung des Begriffs der Zuverlässigkeit entspricht derjenigen in § 11 Abs. 1 S. 1 (→ § 11 Rn. 18).

§ 12 Abs. 3 S. 2 knüpft an die Zielsetzung des vorstehenden Satzes an und stellt einen spezifischen Bezug zu den **technischen Herausforderungen unter den Bedingungen der Energiewende** her (→ Rn. 35.1). 35

Nach der Gesetzesbegründung ist „[d]er Einsatz auch von erzeugungsunabhängigen Techniken zur Gewährleistung der Netzstabilität (insbesondere Anlagen zur Bereitstellung von Blind- und Kurzschlussleistung, wie beispielsweise Kondensatorenanlagen, Kompensationsspulen, FACTS oder Phasenschiebergeneratoren gegebenenfalls in Kopplung mit Schwungradspeichern) ... erforderlich, da durch den wachsenden Anteil erneuerbarer Energien die Transportentfernungen und die zu übertragenen Leistungen im Übertragungsnetz zunehmen, sich zum Teil die Transportrichtungen ändern und dadurch insgesamt die Netzstabilität – auch negativ – beeinflusst werden kann und zugleich (zeitweise bei niedriger Residuallast) weniger konventionelle Kraftwerke einen Beitrag zur Netzstabilität liefern können. Ziel der Regelung ist, im Interesse einer umweltverträglichen Elektrizitätsversorgung einen größeren Anteil erneuerbarer Energien sicher in das Elektrizitätsversorgungssystem zu integrieren, einen effizienteren Einsatz konventioneller Kraftwerke zu ermöglichen, die netztechnisch erforderliche Minimalleistung der konventionellen Kraftwerke zu verringern und bei einem weiteren Ausbau der erneuerbaren Energien deren geltenden Einspeisevorrang mit einem sicheren und zuverlässigen Netzbetrieb zu ermöglichen." (BT-Drs. 17/6072, 66 f.). 35.1

Die Norm enthält anders als in ihrer Fassung vor Erlass des Gesetzes zur Umsetzung unionsrechtlicher Vorgaben und zur Regelung reiner Wasserstoffnetze im Energiewirtschaftsrecht („sollen") keine Verpflichtung („können"), sondern ermöglicht den Übertragungsnetzbetreibern allein die **eigenständige Nutzung** der angesprochenen technischen Maßnahmen (zum Begriff der nicht frequenzgebundenen Systemdienstleistungen → § 12h Rn. 6 ff.). Ausweislich der Gesetzesbegründung handelt es sich dabei um „eine Folgeänderung aufgrund des mit dem Gesetz zur marktgestützten Beschaffung von Systemdienstleistungen vom 22. November 2020 eingeführten § 12h zur Umsetzung der Richtlinie (EU) 2019/944. Danach sollen Systemdienstleistungen grundsätzlich marktgestützt beschafft werden. Mit der Änderung können Übertragungsnetzbetreiber zwar grundsätzlich auch weiterhin Systemdienstleistungen aus eigenen Netzbetriebsmitteln beschaffen, aus Effizienzgründen soll dies aber nur erfolgen, wenn dies wirtschaftlicher ist als die Erbringung durch Marktteilnehmer" (BT-Drs. 19/27453, 97). Gleichwohl verfügen die Übertragungsnetzbetreiber sowohl hinsichtlich der Realisierbarkeit der technischen Maßnahmen als auch ihrer Durchführung über eine weite Einschätzungsprärogative. Dabei ist die Qualifikation von Anlagen als geeignet nicht allein technisch zu bestimmen (Bourwieg/Hellermann/Hermes/Bourwieg § 12 Rn. 60). Der explizite Ausschluss von Erzeugungsanlagen iSv § 3 Nr. 18c korrespondiert mit dem allgemein für Übertragungsnetzbetreiber bestehenden Verbot des Betriebs solcher Anlagen. 36

§ 12 Abs. 3 S. 3 sieht ergänzend eine Pflicht zur **Abwägung** mit einer marktgestützten Beschaffung nach § 12h vor. Zwar ist damit kein unbedingter Vorrang der Beschaffung vor der Eigenleistung verbunden. Erstere ist jedoch zwingend zu prüfen und als Alternative zu bewerten. 36a

F. Verordnungsermächtigung betreffend technische Sicherheit und Systemstabilität (Abs. 3a)

§ 12 Abs. 3a enthält eine Verordnungsermächtigung für das Bundesministerium für Wirtschaft und Energie im Hinblick auf die Gewährleistung der technischen Sicherheit und der Stabilität des **Elektrizitätsversorgungssystems** in seiner Gesamtheit (BT-Drs. 17/6072, 67). 37

Zulässige **Regelungsgegenstände** von weiterhin gegebener Relevanz sind technische Anforderungen an Erzeugungsanlagen iSv § 3 Nr. 18c, wobei ein besonderer Fokus auf Anlagen nach EEG und KWKG besteht. Hierdurch sollen „insbesondere technische Vorgaben für den Netzanschluss von Photovoltaikanlagen beispielsweise zur Frequenz- und Spannungshaltung sowie zur Abschaltbarkeit der Anlagen im Falle von Netzfehlern" ermöglicht werden (BT-Drs. 17/6072, 67). Auch Regelungen, die zu einer höheren Flexibilität der 38

Stromerzeugung führen, können auf § 12 Abs. 3a gestützt werden (Britz/Hellermann/Hermes/Sötebier, 3. Aufl., § 12 Rn. 50). Die weiteren Ermächtigungen beziehen sich auf die Begründung von Verpflichtungen für Netzbetreiber und Anlagenbetreiber zur entsprechenden Nachrüstung vor dem 1.1.2012 in Betrieb genommener Anlagen sowie zur Bereitstellung und Auswertung anlagenbezogener Daten, die zur Durchführung und Kontrolle des Nachrüstungsprozesses erforderlich sind. Im Hinblick auf den Zeitablauf kommt ihnen eine zumindest abnehmende Bedeutung zu.

39 Auf Grundlage von § 12 Abs. 3a und weiteren Ermächtigungen (zum Zusammenwirken vgl. auch OLG Hamm EnWZ 2020, 121 Rn. 92) wurde die Verordnung zur Gewährleistung der technischen Sicherheit und Systemstabilität des Elektrizitätsversorgungsnetzes (**Systemstabilitätsverordnung** – SysStabV) erlassen. Diese zielt darauf ab, eine Gefährdung der Systemstabilität des Elektrizitätsversorgungsnetzes durch Anlagen zur Erzeugung von Strom aus erneuerbaren Energien, Grubengas und aus Kraft-Wärme-Kopplung bei Über- und Unterfrequenzen zu vermeiden. Gleichwohl regelt sie ausschließlich die Nachrüstung von Solar- und KWK-Anlagen und schöpft damit die Potenziale der Ermächtigungsgrundlage nicht aus.

G. Berichtspflichten der Übertragungsnetzbetreiber gegenüber der BNetzA (Abs. 3b)

40 § 12 Abs. 3b begründet ausschließlich für die **Betreiber von Übertragungsnetzen** eine **zusätzliche spezifische Berichtspflicht** gegenüber der BNetzA.

40.1 Hintergrund ihrer Einführung ist der Umstand, dass „[d]er im Rahmen der Energiewende erfolgende Umbau der Stromerzeugung, insbesondere der Rückgang der Kohlekraftwerkskapazitäten, der zeitgleiche Ausbau der erneuerbaren Energien sowie der deutlich ansteigende europäische Stromhandel ... veränderte Herausforderungen für die Sicherheit und Zuverlässigkeit des Elektrizitätsversorgungssystems mit sich [bringen]. Dies gilt insbesondere auch für die Aspekte der Betriebssicherheit und der Stabilität des Übertragungsnetzes, z. B. bezüglich Spannungsregelung, Blindleistungsmanagement, Kurzschlussstrommanagement, dynamischer Stabilität, Systemdienstleistungen und Momentanreserve zur Vermeidung und Beherrschung eines Systemsplits. Die Übertragungsnetzbetreiber müssen die genannten Aspekte daher stärker als bisher bei der Planung, der Auslegung und dem Betrieb ihrer Netze berücksichtigen, damit rechtzeitig ausreichende technische Maßnahmen und Anlagen verfügbar sind. Mit dem neuen Absatz 3b wird daher ein geordneter Prozess etabliert, mit dem insbesondere Aspekte der Betriebssicherheit und der Stabilität des Übertragungsnetzes künftig besser adressiert werden können" (BT-Drs. 19/9027, 10).

41 Für systemverantwortliche Elektrizitätsverteilernernetzbetreiber gilt dies ebenfalls aufgrund § 14 Abs. 1 S. 1 entsprechend, soweit die Verpflichtungen über diejenigen nach § 12 Abs. 3c hinausgehen (→ § 14 Rn. 11).

42 Die Vorlage des Berichts hat nicht gleichsam automatisiert zu erfolgen. Vielmehr wird die Verpflichtung hierzu durch **Anforderung** der BNetzA ausgelöst, für die keine spezifischen normativen Vorgaben bestehen.

43 Der vorzulegende Bericht bezieht sich gem. § 12 Abs. 3b S. 1 auf Sicherheit, Zuverlässigkeit und Leistungsfähigkeit des jeweils betriebenen Übertragungsnetzes iSv § 11 (→ § 11 Rn. 17 ff.) sowie die Sicherheit und Zuverlässigkeit des Elektrizitätsversorgungssystems iSv § 12 Abs. 1 S. 1, Abs. 3 (→ Rn. 14 ff., → Rn. 31 ff.). Die konkreten **Berichtsinhalte** bestimmt jedoch die BNetzA auf Grundlage von § 12 Abs. 3b S. 2 Nr. 4 und 5. Danach entscheidet sie zum einen, zu welchen Themen berichtet werden soll. Gegenstand können insbesondere Angaben und Analysen zu Betriebssicherheit und Stabilität des Übertragungsnetzes zB zu Spannungsregelung, Blindleistungsmanagement, Kurzschlussstrommanagement, dynamischer Stabilität, Systemdienstleistungen oder Momentanreserve sein. Auch kann die BNetzA anlassbezogen Berichte mit bestimmten Schwerpunkten anfordern (BT-Drs. 19/9027, 10). Zum anderen bestimmt die BNetzA, ob und zu welchen Themen die Betreiber von Übertragungsnetzen Maßnahmen einschließlich Alternativen vorschlagen sollen, die sie zur Erfüllung ihrer Aufgaben künftig für erforderlich halten, einschließlich Vorsorgemaßnahmen und Pilotprojekte. Die Gesetzesbegründung verweist diesbezüglich exemplarisch auf innovative Betriebsmittel oder Betriebsführungskonzepte sowie die höhere Auslastung von Betriebsmitteln. Überdies kann die BNetzA insoweit „insbesondere auch die Abgrenzung

zum Netzentwicklungsplan nach § 12b vornehmen. Die Maßnahmen und Alternativen können dabei auch im nicht unmittelbaren Verantwortungsbereich der Übertragungsnetzbetreiber liegen und auch Pilotprojekte umfassen. Die Übertragungsnetzbetreiber sollen den Bedarf für ein Pilotprojekt insbesondere mit dem Innovationsgrad und dem potenziellen Nutzen bei einer zukünftig breiten Anwendung begründen" (BT-Drs. 19/9027, 10).

In **formaler Hinsicht** bestimmt die BNetzA nach § 12 Abs. 3b S. 2, zu welchem Zeitpunkt und für welchen Zeitraum berichtet werden soll (Nummer 1), ob die Betreiber von Übertragungsnetzen einzeln oder gemeinsam berichten sollen (Nummer 2) und ob und in welchem Umfang Betreiber von Verteilernetzen an der Erstellung des Berichts zu beteiligen sind (Nummer 3). Dies bedarf keiner näheren Erläuterung. Jedoch ist zu gewährleisten, dass der den Übertragungsnetzbetreibern zur Verfügung stehende Bearbeitungszeitraum mit den Inhalts- und Beteiligungsanforderungen korrespondiert. 44

H. Berichtspflichten der Verteilernetzbetreiber gegenüber der BNetzA (Abs. 3c)

Für **alle Elektrizitätsverteilernetzbetreiber** begründet § 12 Abs. 3c eine Berichtspflicht gegenüber der BNetzA, da „[a]uch im Verteilnetz ... die Herausforderungen aufgrund der Energiewende [steigen]" (BT-Drs. 19/9027, 10). Diese besteht unabhängig von ihrer Systemverantwortung nach § 14 Abs. 1 S. 1. 45

Die Berichtspflicht für Verteilernetzbetreiber ist derjenigen für Übertragungsnetzbetreiber nach § 12 Abs. 3b nachgeformt. Insbesondere erfolgt auch dieser Bericht nur auf **Anforderung** der BNetzA. Gemäß der Verweisung in § 12 Abs. 3c S. 2 auf § 12 Abs. 3b S. 2 ist auch eine inhaltliche und formale Entsprechung gegeben. 46

Allerdings verweist § 12 Abs. 3c S. 1 in Abweichung zu § 12 Abs. 3b S. 1 ausschließlich auf die **Sicherheit, Zuverlässigkeit und Leistungsfähigkeit** des Energieversorgungsnetzes iSv § 11 (→ § 11 Rn. 17 ff.). Dies ist dem Umstand geschuldet, dass § 12 Abs. 1 S. 1, Abs. 3 für nicht systemverantwortliche Verteilernetzbetreiber nicht gilt und die darin enthaltenen Vorgaben daher für diese nicht als Berichtsgegenstand dienen können. 47

I. Informationen durch Elektrizitätsversorgungsnetznutzer (Abs. 4)

Um einen ordnungsgemäßen Netzbetrieb gewährleisten zu können, benötigen die Netzbetreiber zahlreiche Informationen. Diese befinden sich vielfach außerhalb ihrer Erkenntnismöglichkeiten. § 12 Abs. 4 überwindet die damit verbundenen praktischen Probleme, indem die Vorschrift einen einklagbaren **Informationsanspruch** (Bourwieg/Hellermann/Hermes/Bourwieg § 12 Rn. 82; Kment EnWG/Tüngler § 12 Rn. 48) gegen angeschlossene Netznutzer formuliert. 48

Die aus § 12 Abs. 4 S. 1 folgende **Berechtigung** erfasst alle Betreiber von Elektrizitätsversorgungsnetzen iSv § 3 Nr. 2 und damit sowohl Übertragungs- als auch Elektrizitätsverteilernetzbetreiber. Damit „wird dem Umstand Rechnung getragen, dass die Netzstabilität auf Ebene der Elektrizitätsverteilernetze ebenfalls von Bedeutung ist" (BT-Drs. 18/7317, 81 f.). Eine faktische Differenzierung zwischen ihnen folgt jedoch aus der Art und den Adressaten der Informationsverlangen vor dem Hintergrund der für den jeweiligen Netzbetrieb benötigten Informationen. 49

Die potenziell **Verpflichteten** werden ebenfalls in § 12 Abs. 4 S. 1 abschließend benannt (für eine weite Auslegung Elspas/Graßmann/Rasbach/Brucker/Günther § 12 Rn. 13). Ob es sich dabei um natürliche oder juristische Personen handelt, spielt nach dem Wortlaut keine Rolle. Ungeschriebene Voraussetzung für die Begründung der Verpflichteteneigenschaft ist der Anschluss an das betreffende Netz oder dessen sonstige Nutzung. Konkretisierende Festlegungen kann die BNetzA auf Grundlage von § 12 Abs. 6 treffen (→ Rn. 70). 50

§ 12 Abs. 4 S. 1 Nr. 1 bezieht sich auf die **Betreiber von Erzeugungsanlagen** iSv § 3 Nr. 18d. Ob diese der konventionellen oder ökologischen Stromerzeugung dienen, ist unerheblich. Nach der Begründung zur ersten Fassung des § 12 Abs. 4 können „Erzeuger ... beispielsweise Informationen über die erwartete Verfügbarkeit der einzelnen Erzeugungskapazitäten beitragen, die für die Planung von Einspeisestellen und Spannungshaltung relevant sind. Nicht nur Mitteilungen über Kraftwerksrevisionen, sondern zur langfristigen Sicherheit 51 und Zuverlässigkeit der Elektrizitätsversorgung auch Mitteilungen über Investitionsvorhaben im Kraftwerksbereich können erforderlich sein" (BT-Drs. 15/3917, 56).

52 § 12 Abs. 4 S. 1 Nr. 2 verpflichtet die **Betreiber von Anlagen zur Speicherung von elektrischer Energie**. Der nicht legaldefinierte Begriff bezeichnet Stromspeicher ohne nähere technologische Konkretisierung.

53 Des Weiteren verpflichtet § 12 Abs. 4 S. 1 Nr. 3 die **Betreiber von Elektrizitätsverteilernetzen** zur Informationserteilung. Dies gilt sowohl gegenüber dem Übertragungs- als auch technisch verbundenen anderen Verteilernetzbetreibern. Nach Auffassung des Gesetzgebers können sie ebenso wie Lieferanten „über den Zustand und die Belastung unterer Netzebenen besonders gut Auskunft geben" (BT-Drs. 17/6072, 67).

54 Überdies werden die **Betreiber von Gasversorgungsnetzen** iSv § 3 Nr. 7 gem. § 12 Abs. 4 S. 1 Nr. 4 zur Informationserteilung gegenüber den Betreibern von Elektrizitätsversorgungsnetzen verpflichtet. Hierdurch soll sichergestellt werden, „dass der betreffende Stromnetzbetreiber auch alle erforderlichen Informationen über die Versorgungslage im Gasnetz erhält. Auf diese Weise kann er sich insbesondere frühzeitig auf eine Gefährdung der Brennstoffversorgung systemrelevanter Gaskraftwerke einstellen" (BT-Drs. 17/11705, 50).

55 Die Einbeziehung **industrieller und gewerblicher Letztverbraucher** in den Kreis der Informationsverpflichteten durch § 12 Abs. 4 S. 1 Nr. 5 ist dem Umstand geschuldet, dass sie aus dem Netz Strom in relevanter Menge entnehmen (BT-Drs. 17/6072, 67). Dementsprechend handelt es sich nur um solche Letztverbraucher iSv § 3 Nr. 25, die nicht zugleich als Haushaltskunden iSv § 3 Nr. 22 zu qualifizieren sind; im Übrigen ist die im Normtext angelegte Unterscheidung bedeutungslos (Elspas/Graßmann/Rasbach/Brucker/Günther § 12 Rn. 14).

56 Informationsverpflichtet sind des Weiteren gem. § 12 Abs. 4 S. 1 Nr. 6 die **Anbieter von Lastmanagement**. Der Gesetzgeber will darunter „eine zweckorientierte Veränderung des Verbrauchs elektrischer Energie gegenüber einem ansonsten zu erwartenden Verbrauchsverhalten verstanden" wissen. Der Norm liegt die Einschätzung zugrunde, dass ebenso wie in Bezug auf Speicher „[d]ie zunehmende Nutzung … von Lastmanagementmaßnahmen … künftig erheblichen Einfluss auf die Netzstabilität haben [kann], zB wenn bei hohen Strompreisen große Lasten gleichzeitig vom Netz gehen" (BT-Drs. 18/7317, 81).

57 Schließlich erfasst § 12 Abs. 4 S. 1 Nr. 7 **Großhändler** iSv § 3 Nr. 21 und **Lieferanten**, deren Geschäftsfeld sich auf Elektrizität bezieht. Damit werden weitere relevante Nutzergruppen des Netzes angesprochen, die allerdings nicht selbst über einen Netzanschluss verfügen müssen.

58 Das **Eintreten einer konkreten Informationspflicht** setzt ein sachliches Bedürfnis der Kenntnis der betreffenden Information durch den Betreiber eines Elektrizitätsversorgungsnetzes voraus. § 12 Abs. 4 S. 1 formuliert diesbezüglich den Maßstab der Notwendigkeit der Informationen für eine(n) sichere(n) und zuverlässige(n) Betrieb, Wartung und Ausbau des Netzes. Damit verweist die Vorschrift implizit auf die informatorische Ermöglichung der Erfüllung der Anforderungen des § 11 Abs. 1 S. 1 (Bourwieg/Hellermann/Hermes/Bourwieg § 12 Rn. 78 f.; → § 11 Rn. 14 ff.). Wann eine solche Notwendigkeit gegeben ist, obliegt einer Einschätzungsprärogative des informationsverlangenden Netzbetreibers (Säcker EnergieR/König § 12 Rn. 74) sowie ergänzend der Festlegungsbefugnis der BNetzA auf Grundlage von § 12 Abs. 6 (→ Rn. 70). In Anbetracht der Einbeziehung von Betriebs- und Geschäftsgeheimnissen (→ Rn. 60) bedarf es jedoch stets zumindest nachvollziehbarer Gründe. Bei kleinen, für den Netzbetrieb einzeln und auch im Zusammenwirken mit anderen Anlagen irrelevanten Erzeugungsanlagen und Stromspeichern dürfte die Notwendigkeit zumindest detaillierter Nutzungsdaten regelmäßig nicht gegeben sein. Allerdings kann es „[z]ur Einschätzung der Notwendigkeit einer Nachrüstung dezentraler Erzeugungsanlagen zur Sicherstellung der Systemstabilität … zunächst erforderlich [sein], die technische Beschaffenheit und Einstellungen der einzelnen Anlagen zu erfassen" (BT-Drs. 17/10754, 22). Nicht zu beanstanden ist die Anforderung von Informationen, die den Netzbetreiber „in die Lage versetzen, Netzengpässen oder Spannungsgrenzwertverletzungen durch wirksame Redispatch-Maßnahmen zu begegnen und so das Übertragungsnetz sicher zu betreiben." (OLG Düsseldorf BeckRS 2016, 2887 Rn. 102). Auch sind „Mitteilungspflichten […] erforderlich, um dem Übertragungsnetzbetreiber die für die Anweisung von Redispatch-Maßnahmen notwendige Kenntnis zu verschaffen, welche Erzeugungsanlage bzw. […] welcher Netzkno-

ten über ausreichend freie Kapazitäten für die erforderliche Maßnahme verfügt. Insofern ist die Wahrnehmung der Systemverantwortung durch die Übertragungsnetzbetreiber zwangsläufig eine ‚geteilte Verantwortung', die betrieblich eine enge Kooperation zwischen den verbundenen Übertragungsnetzbetreibern einerseits sowie mit den Netzkunden in der jeweiligen Regelzone andererseits voraussetzt." (OLG Düsseldorf NJOZ 2015, 1683 Rn. 252; ebenso BeckRS 2016, 2887 Rn. 192). Allerdings sind „Gegenstand der Regelung ... weder persönliche noch personenbezogene Daten, sondern betriebsbezogene Daten, die über Stromverbrauch, Einspeisung und Netzzustand Auskunft geben können" (BT-Drs. 17/6072, 67).

§ 12 Abs. 4 S. 2 konkretisiert den **Gegenstand** der betreffenden Informationen zumindest 59 partiell in klarstellender und nicht abschließender Weise. Genannt werden Stammdaten, Planungsdaten und Echtzeitdaten. Dabei sind „Stammdaten ... insbesondere solche Daten, die, wie zB der Name eines Marktakteurs, die Zuordnung von Anlagen zu Netzen, die Anlagengröße und -leistung, Angaben zur Fernsteuerbarkeit, weitgehend konstant bleiben. Planungsdaten meinen die Daten der Zulieferer, die in die Zukunft gerichtet sind und sich auf die Erzeugung eines Kraftwerks, den Verbrauch eines Großkunden etc. beziehen. Echtzeitdaten sollen insbesondere so genannte ‚Real-Time'-Leistungswerte [insbesondere Daten über die Ist-Einspeisung und den Ist-Verbrauch] der Datenzulieferer umfassen" (BT-Drs. 18/7317, 82). Näheres folgt aus § 111e Abs. 2 iVm MaStRV (→ § 111e Rn. 31 ff.). Hinsichtlich der Stammdaten gilt überdies § 12 Abs. 7 (→ Rn. 71).

Soweit diese oder weitere Informationen **Betriebs- und Geschäftsgeheimnisse** betref- 60 fen, hindert dies die Mitteilungsnotwendigkeit nicht. Die Begrifflichkeit ist in Anlehnung an § 2 Nr. 2 GeschGehG als eine Information zu verstehen, „die weder insgesamt noch in der genauen Anordnung und Zusammensetzung ihrer Bestandteile den Personen in den Kreisen, die üblicherweise mit dieser Art von Informationen umgehen, allgemein bekannt oder ohne Weiteres zugänglich ist und daher von wirtschaftlichem Wert ist und die Gegenstand von den Umständen nach angemessenen Geheimhaltungsmaßnahmen durch ihren rechtmäßigen Inhaber ist und bei der ein berechtigtes Interesse an der Geheimhaltung besteht." Hat ein Netzbetreiber auf Grundlage von § 12 Abs. 4 derartige Informationen erlangt, sind diese nach § 12 Abs. 5 Nr. 1 vertraulich zu behandeln (→ Rn. 63). Diese Verpflichtung beginnt mit dem Informationseingang, sodass dieser in geeigneter Weise auszugestalten ist. Wegen der Geheimhaltung kann auch eine umfassende Kontrolle durch die BNetzA nicht erfolgen, ohne dass dadurch allerdings ein rechtsschutzloser Zustand geschaffen würde (OLG Düsseldorf BeckRS 2016, 2889 Rn. 212; ebenso BeckRS 2016, 2887 Rn. 162).

Die **Zurverfügungstellung** der Informationen setzt eine Anforderung durch den hierzu 61 berechtigten Netzbetreiber voraus, für die keine spezifischen Vorgaben bestehen. Das Verlangen muss jedoch als solches wie auch hinsichtlich seiner Gegenstände eindeutig erkennbar sein. Es kann auch regelmäßig erhoben werden (BT-Drs. 17/6072, 67). Die Informationserteilung hat sodann gem. § 12 Abs. 4 S. 1 unverzüglich iSv § 121 Abs. 1 S. 1 BGB erfolgen, überdies nach Sinn und Zweck der Norm insbesondere vollständig und richtig. Darüber hinaus ist ein geeignetes Format zu verwenden, auf dessen Bestimmung der Elektrizitätsversorgungsnetzbetreiber im Rahmen seines Verlangens Einfluss nehmen kann, sofern keine vorrangig zu beachtenden Festlegungen der BNetzA auf Grundlage von § 12 Abs. 6 bestehen.

J. Umgang mit Informationen (Abs. 5)

§ 12 Abs. 5 enthält spezifische Verpflichtungen für **alle Betreiber von Elektrizitätsver-** 62 **sorgungsnetzen** iSv § 3 Nr. 2 in Bezug auf den Umgang mit Informationen. Dabei knüpft die Norm teils an den vorstehenden Absatz an, teils geht ihr Anwendungsbereich darüber hinaus.

§ 12 Abs. 5 Nr. 1 bezieht sich ausschließlich auf gem. § 12 Abs. 4 S. 1 erlangte **Betriebs-** 63 **und Geschäftsgeheimnisse.** Angeordnet wird eine Informationsverwendung ausschließlich zu den in der Norm genannten Zwecken (→ Rn. 58). Überdies hat deren unbefugte Offenbarung zu unterbleiben. Eine solche liegt bei jeder Offenlegung des Informationsgehalts vor, die nicht durch spezifische normative Bestimmungen gerechtfertigt ist. Auf Form und Kontext der Offenbarung kommt es dabei nicht an. Dementsprechend gilt „[d]iese Verpflich-

EnWG § 12 Teil 3. Regulierung des Netzbetriebs

tung ... auch im Rahmen der Übermittlungspflichten nach den Nummern 2 bis 5" (BT-Drs. 18/7317, 82).

64 § 12 Abs. 5 Nr. 2 statuiert die Verpflichtung, nach § 12 Abs. 4 erhaltene Informationen in anonymisierter Form an die BNetzA für die Zwecke des **Monitorings nach § 51** zu übermitteln. Dies hat nicht kalendermäßig, sondern jeweils auf deren Verlangen, mithin ihrer konkreten, auch die betroffenen Informationen spezifizierenden Anforderung zu erfolgen. Überdies sind die formalen Vorgaben der BNetzA zu beachten. Das Gebot der Anonymisierung dient insbesondere „dem Schutz der nach Absatz 4 Verpflichteten vor einer unbefugten Offenbarung von Betriebs- und Geschäftsgeheimnissen" (BT-Drs. 18/7317, 82). Ihm ist durch eine geeignete Darstellungsweise Rechnung zu tragen, die der Herstellung von Verbindungen zwischen bestimmten Informationen und einzelnen Unternehmen entgegensteht. Ob dies allerdings uneingeschränkt gelingen kann, erscheint im Hinblick auf spezifische Charakteristika einzelner, insbesondere großer Unternehmen fraglich.

65 § 12 Abs. 5 Nr. 3 betrifft **zusätzliche** Informationen und Analysen über die von § 12 Abs. 5 Nr. 2 erfassten hinaus, die der BNetzA ebenfalls auf Anforderung zur Verfügung zu stellen sind. Indem die Norm auf **verfügbare Informationen** Bezug nimmt, gibt sie klar zu erkennen, dass es einer gesonderten Informationsermittlung seitens der Betreiber von Elektrizitätsversorgungsnetzen nicht bedarf (Elspas/Graßmann/Rasbach/Brucker/Günther § 12 Rn. 24; Kment EnWG/Tüngler § 12 Rn. 53). Der Kreis der Informationen wird nur insoweit eingegrenzt, als es sich um für die Zwecke des **Monitorings nach § 51** erforderliche Informationen und Analysen handeln muss. Diesbezüglich verfügt die BNetzA allerdings über eine Einschätzungsprärogative. Die exemplarische Bezugnahme auf eine gemeinsam von den Betreibern von Übertragungsnetzen in einer von der BNetzA zu bestimmenden Form – einschließlich zugrunde zu legenden Methoden und Parameter – zu erstellende Analyse zu den grenzüberschreitenden Verbindungsleitungen sowie zu Angebot und Nachfrage auf den europäischen Strommärkten iSv § 3 Nr. 18e, zu der Höhe und der Entwicklung der Gesamtlast in den Elektrizitätsversorgungsnetzen in den vergangenen zehn Jahren im Gebiet der Bundesrepublik Deutschland und zur Sicherheit, Zuverlässigkeit und Leistungsfähigkeit der Energieversorgungsnetze einschließlich des Netzbetriebs verdeutlicht, um welche Art von Informationen es sich typischerweise handeln wird. Eine Beschränkung darauf ist der Norm aber gerade nicht zu entnehmen. Ziel ist es, „das Monitoring der Versorgungssicherheit nach § 51 EnWG umfassend und sachgerecht durchführen zu können" (BT-Drs. 18/7317, 82). Hierfür bezieht sich „[d]ie Datenübermittlung ... insbesondere auf solche Informationen, die außerhalb des rein nationalen Bereichs liegen, soweit diese Auswirkungen auf die Sicherheit und Zuverlässigkeit des Elektrizitätsversorgungssystems in der Bundesrepublik Deutschland haben können" (BT-Drs. 18/7317, 83).

66 Ebenfalls auf Verlangen sind der BNetzA entsprechend den darin enthaltenden Vorgaben an Form und Frist nach § 12 Abs. 5 Nr. 4 für die Zwecke des **Berichts über die Mindesterzeugung** nach § 63 Abs. 3a (→ § 63 Rn. 38 ff.) Informationen und Analysen zu der – für die Systemstabilität notwendigen – Mindesterzeugung insbesondere aus thermisch betriebenen Erzeugungsanlagen und aus Anlagen zur Speicherung von elektrischer Energie sowie Informationen und geeignete Analysen zur Entwicklung der Mindesterzeugung zu übermitteln. Die Informationspflicht richtet sich de facto vor allem an die Übertragungsnetzbetreiber.

66.1 Die Gesetzesbegründung enthält diesbezüglich eine umfang- und inhaltsreiche Erläuterung: „Hintergrund der Regelung ist, dass derzeit eine bestimmte Mindesterzeugung für die Systemstabilität notwendig ist. Diese kann aber erneuerbare Energien verdrängen und damit volkswirtschaftliche Ineffizienzen erzeugen. Zur Wahrung der Systemstabilität sind Systemdienstleistungen wie die Frequenzhaltung, Spannungshaltung und Redispatchfähigkeit erforderlich. Diese Systemdienstleistungen werden derzeit überwiegend durch konventionelle Kraftwerke und Pumpspeicherkraftwerke bereitgestellt. Daraus resultiert die so genannte Mindesterzeugung. Auch die Bereitstellung von Wärme kann zu einer Mindesterzeugung führen. Dies ist der Fall, wenn KWK-Anlagen für die Bereitstellung von Wärme nötig sind, diese aber gleichzeitig Strom unabhängig vom Marktpreis einspeisen oder nicht für den Redispatch in ihrer Einspeiseleistung reduziert werden dürfen. Eine wichtige Grundlage für die Analyse der Mindesterzeugung sind die Informationen, die die Betreiber von Übertragungsnetzen im Rahmen des Energieinformationsnetzes insbesondere von Kraftwerksbetreibern erhalten. Um vorhandene Informationen und Analysen zu nutzen und weitere Datenerhebungen zu vermeiden, müssen die Betreiber von Übertragungsnetzen und die Betreiber von Elektrizitätsverteilernetzen der Regulierungsbehörde jeweils auf

Anforderung in einer angemessenen Frist und in geeigneter Form Informationen und Analysen zu der Mindesterzeugung für die Zwecke des Berichts nach § 63 Abs. 3a übermitteln. Auf dieser Basis sollen die Analysen die relevanten Netzsituationen, insbesondere die kritischsten Stunden für die Integration der erneuerbaren Energien, identifizieren – zB Stunden mit geringster Residuallast. Unter Residuallast wird dabei die in einem Elektrizitätsnetz nachgefragte Last abzüglich des Anteils der Einspeisung aus fluktuierenden erneuerbaren Energien verstanden. Für diese Stunden werden der Grund für die angegebene Mindesterzeugung sowie der Brennstoff der Anlagen ermittelt. Die übermittelten Informationen und Analysen sollen von der Regulierungsbehörde genutzt werden, um die Einflussfaktoren für die Mindesterzeugung und ihre Entwicklung regelmäßig zu evaluieren und in einem Bericht transparent zu machen. Zu den zu übermittelnden Informationen gehören insbesondere die Einspeiseleistung differenziert nach Brennstoffen, der Umfang, in dem die Einspeisung von Elektrizität aus erneuerbaren Energien durch diese Mindesterzeugung beeinflusst worden ist, sowie die Faktoren, die die Mindesterzeugung verursacht haben. Zu solchen Faktoren zählen wiederum insbesondere Regelleistung, Blindleistung, Kurzschlussleistung, Fähigkeit zur Anpassung der Wirkleistungs- oder Blindleistungseinspeisung und Wärmebereitstellung; aber auch weitere Einflussfaktoren sind möglich. Die Informationen sollen unter Wahrung der Betriebs- und Geschäftsgeheimnisse aufbereitet werden und der Regulierungsbehörde in geeigneter, gegebenenfalls aggregierter, Form übermittelt werden, so dass ein Bericht über die Mindesterzeugung erstellt werden kann. Auf der Basis der übermittelten Informationen kann die Regulierungsbehörde prüfen, wie gegebenenfalls auch bei einer niedrigeren Mindesterzeugung die Systemstabilität gewährleistet werden kann" (BT-Drs. 18/7317, 83 f.).

§ 12 Abs. 5 Nr. 5 normiert eine Informationspflicht gegenüber der BNetzA im Zusammenhang mit dem **Monitoring nach § 51a**. Ebenfalls auf deren Verlangen, jedoch jeweils jährlich, haben die Betreiber von Elektrizitätsversorgungsnetzen die Unternehmen und Vereinigungen von Unternehmen zu nennen, die einen Stromverbrauch von mehr als 20 Gigawattstunden jährlich haben. Die Mitteilungspflicht, die auch die Angabe der Höhe des spezifischen Stromverbrauchs umfassen kann, dient dazu, „den Adressatenkreis im Rahmen von § 51a EnWG sachgerecht bestimmen zu können" (BT-Drs. 18/7317, 84). 67

K. Informationsübermittlung durch die BNetzA (Abs. 5a)

§ 12 Abs. 5a ordnet die zwischenbehördliche **Weitergabe von Daten** durch die BNetzA an das BMWK an. Diesem wird dadurch die Erfüllung seiner Aufgaben ermöglicht, ohne dass es hierfür einer eigenständigen Informationserhebung bei den Netzbetreibern bedürfte. Gleichwohl erfolgt die Weitergabe nur auf Anforderung und muss überdies den formalen und zeitlichen Vorgaben entsprechen. 68

Betroffen sind diejenigen **Informationen**, welche sie von den Betreibern von Elektrizitätsversorgungsnetzen im Hinblick auf das Monitoring und die Berichterstattung zur Versorgungssicherheit und damit auf Grundlage von § 12 Abs. 5 Nr. 2 und 3 erhalten hat. Der Schutz von Betriebs- und Geschäftsgeheimnissen ist dabei nach § 12 Abs. 5 Nr. 1 sicherzustellen. 69

L. Festlegungen der BNetzA (Abs. 6)

§ 12 Abs. 6 ermächtigt die BNetzA zum Erlass von Festlegungen nach § 29 Abs. 1, die die **Informationserhebung nach § 12 Abs. 4** betreffen (→ Rn. 48 ff.). Die zulässigen Gegenstände werden abschließend bestimmt. Erfasst werden die nähere Bestimmung des Kreises der Verpflichteten, Inhalt und Methodik, die Details der Datenweitergabe und das Datenformat der Bereitstellung. Ziel ist es, „[i]m Interesse einer ... angemessenen Konkretisierung der gesetzlichen Verpflichtung ..., Einzelheiten dazu festzulegen, wer welche Informationen wann an wen in welchem Format weiterzugeben hat, sie kann dabei insbesondere auch Betreiber kleiner Erzeugungsanlagen verpflichten und eine Online-Weitergabe der Informationen regeln. Die Vorschrift [soll auch] die Voraussetzungen für ein intelligentes Netz schaffen" (BT-Drs. 17/6072, 67 f.). 70

Die BNetzA hat auf dieser Grundlage die Festlegung von Datenaustauschprozessen im Rahmen eines Energieinformationsnetzes (BK6-13-200) erlassen. Überdies wurden zu mehreren Festlegungsentwürfen im Jahr 2020 Konsultationen durchgeführt (s. dazu auch Elspas/Graßmann/Rasbach/Brucker/Günther § 12 Rn. 12). 70.1

M. Nutzung des Marktstammdatenregisters (Abs. 7)

71 § 12 Abs. 7 ist Ausdruck des gesetzgeberischen Bemühens um **Entbürokratisierung**. Bereits im Marktstammdatenregister nach § 111e enthaltene Informationen (→ § 111e Rn. 31 ff.) sollen von der BNetzA, dem BMWK und den Betreibern von Elektrizitätsversorgungsnetzen dort abgerufen statt individuell nach § 12 Abs. 4 und 5 erhoben bzw. übermittelt werden. Dies betrifft insbesondere die Stammdaten (BT-Drs. 18/7317, 84; → Rn. 59). Einer herkömmlichen Informationserhebung steht § 12 Abs. 7 jedoch nicht entgegen.

§ 12a Szenariorahmen für die Netzentwicklungsplanung

(1) ¹Die Betreiber von Übertragungsnetzen mit Regelzonenverantwortung erarbeiten alle zwei Jahre einen gemeinsamen Szenariorahmen, der Grundlage für die Erarbeitung des Netzentwicklungsplans nach § 12b und des Offshore-Netzentwicklungsplans nach § 17b ist. ²Der Szenariorahmen umfasst mindestens drei Entwicklungspfade (Szenarien), die für die mindestens nächsten zehn und höchstens 15 Jahre die Bandbreite wahrscheinlicher Entwicklungen im Rahmen der energiepolitischen Ziele der Bundesregierung abdecken. ³Drei weitere Szenarien müssen das Jahr 2045 betrachten und eine Bandbreite von wahrscheinlichen Entwicklungen darstellen, welche sich an den gesetzlich festgelegten sowie weiteren klima- und energiepolitischen Zielen der Bundesregierung ausrichten. ⁴Für den Szenariorahmen legen die Betreiber von Übertragungsnetzen mit Regelzonenverantwortung angemessene Annahmen für die jeweiligen Szenarien zu Erzeugung, Versorgung, Verbrauch von Strom sowie dessen Austausch mit anderen Ländern sowie zur Spitzenkappung nach § 11 Absatz 2 zu Grunde und berücksichtigen geplante Investitionsvorhaben der europäischen Netzinfrastruktur. ⁵Die Verteilernetzbetreiber werden bei der Erstellung des Szenariorahmens angemessen eingebunden.

(2) ¹Die Betreiber von Übertragungsnetzen mit Regelzonenverantwortung legen der Regulierungsbehörde den Entwurf des Szenariorahmens spätestens bis zum 10. Januar eines jeden geraden Kalenderjahres, beginnend mit dem Jahr 2016, vor. ²Die Regulierungsbehörde macht den Entwurf des Szenariorahmens auf ihrer Internetseite öffentlich bekannt und gibt der Öffentlichkeit, einschließlich tatsächlicher und potenzieller Netznutzer, den nachgelagerten Netzbetreibern, sowie den Trägern öffentlicher Belange Gelegenheit zur Äußerung.

(3) ¹Die Regulierungsbehörde genehmigt den Szenariorahmen unter Berücksichtigung der Ergebnisse der Öffentlichkeitsbeteiligung. ²Die Regulierungsbehörde kann nähere Bestimmungen zu Inhalt und Verfahren der Erstellung des Szenariorahmens, insbesondere zum Betrachtungszeitraum nach Absatz 1 Satz 2 und 3, treffen. ³Die Genehmigung ist nicht selbständig durch Dritte anfechtbar.

Überblick

§ 12a regelt das Verfahren zur Erstellung und Genehmigung des Szenariorahmens als Grundlage für die Netzentwicklungsplanung des Stromübertragungsnetzes. Zunächst wird die Bedeutung des Szenariorahmens als Prognose der zukünftigen Entwicklung der Energiewirtschaft im Rahmen des fünfstufigen Netzausbauprozesses erläutert (→ Rn. 1 ff.). Dann wird die Titulierung bzw. Nummerierung des sich alle zwei Jahre wiederholenden Szenariorahmens erklärt (→ Rn. 4). Absatz 1 regelt den Verfahrensablauf und die Tatbestandsvoraussetzungen des Szenariorahmens (→ Rn. 5 ff.). Absatz 2 erläutert den Beginn des sich alle zwei Jahre wiederholenden Verfahrens sowie die Voraussetzungen des erforderlichen Konsultationsverfahrens (→ Rn. 45 ff.). Absatz 3 regelt die Genehmigungs- und Konkretisierungskompetenz der BNetzA (→ Rn. 51 ff.).

Übersicht

	Rn.		Rn.
A. Allgemeines	1	1. Begleitschreiben an Länder, die über Interkonnektoren mit Deutschland verbunden sind	39
B. Verfahrensablauf und Tatbestandsvoraussetzungen (Abs. 1)	5	2. Zuordnung der nationalen Szenarien zu den europäischen Szenarien	40
I. Gemeinsamer Szenariorahmen	5	3. Bestimmung der Handelskapazitäten und Interkonnektoren	42
II. Szenarien (Entwicklungspfade)	7	VIII. Angemessene Beteiligung der Verteilernetzbetreiber bei der Erstellung des Szenariorahmens	44
III. Bandbreite wahrscheinlicher Entwicklungen	11		
1. Methodik zur Bestimmung der installierten Erzeugungsleistung: regenerative Erzeugung	14	C. Beginn des Verfahrens und Konsultation (Abs. 2)	45
2. Methodik zur Bestimmung der installierten Erzeugungsleistung: Konventionelle Erzeugung	18	I. Verfahrensablauf	45
3. Sektorenkopplung	22	II. Konsultationsverfahren	47
4. Flexibilitätsoptionen und Speicher	24	D. Genehmigungs- und Konkretisierungskompetenz der BNetzA (Abs. 3)	51
IV. Stromverbrauch	31		
V. Energiepolitische Ziele der Bundesregierung	35	I. Genehmigung des Szenariorahmens durch die BNetzA	51
VI. Methodik der Spitzenkappung	36	II. Konkretisierungskompetenz durch die BNetzA	55
VII. Europäischer Rahmen	38		

A. Allgemeines

Das Verfahren zum **Ausbau der Stromübertragungsnetze** besteht aus **fünf Schritten**. 1
In einem ersten (Szenariorahmen) und zweiten (Netzentwicklungsplan) Schritt wird der
Ausbaubedarf des Stromnetzes durch die Übertragungsnetzbetreiber ermittelt und durch
die BNetzA genehmigt. Diese Erkenntnisse münden in den dritten Schritt, in welchem
der Bundesgesetzgeber den Ausbaubedarf gesetzlich fixiert (Bundesbedarfsplangesetz). Dann
werden die **Leitungsverläufe der Stromtrassen** in einem vierten (Bundesfachplanung,
Raumordnung) und fünften (Planfeststellung) Schritt durch die Übertragungsnetzbetreiber
geplant und durch die BNetzA genehmigt.

Der **Szenariorahmen** steht also am Anfang dieses fünfstufigen Prozesses, in dem grund- 2
sätzlich aufgrund der signifikanten Veränderung der Stromerzeugungslandschaft ein hoher
Nord-Süd-Transportbedarf besteht (s. dazu Kment EnWG/Posser § 12a Rn. 2; Steinbach/
Franke/Heimann § 12a Rn. 9 mwN). Er liefert mit seiner **Prognose der zukünftigen
Entwicklung der Energiewirtschaft** die maßgeblichen Input-Parameter für die nächsten
Prozessschritte wie Marktmodellierung und Netzberechnung und damit letztlich des zukünftigen Ausbaubedarfs des Stromübertragungsnetzes. Die energierechtliche Wichtigkeit des
Szenariorahmens ist also nicht hoch genug einzuschätzen, zumal es sich um die einzige
vollumfassende und durch ein Verwaltungs- und Konsultationsverfahren durchgeführte **bundesbehördliche Energieprognose** handelt, an der sich zahlreiche Interessenverbände, Universitäten und sonstige Forschungseinrichtungen orientieren.

Während die ersten Szenariorahmen jährlich erstellt wurden, hat der Gesetzgeber inzwi- 3
schen einen **zweijährigen Prüfzyklus** vorgesehen. Folglich ist der Prozess des Szenariorahmens zwischen Netzplanern und Fachbehörde **iterativ**. Die alle zwei Jahre durchzuführende
Aktualisierung des Szenariorahmens dient auch dazu, die Entwicklung des Stromversorgungssystems an Neuerungen anzupassen. Neue Erkenntnisse bezüglich der aktuellsten technischen und politischen Entwicklungen können so berücksichtigt werden.

Irritationen ergeben sich immer wieder bezüglich der **Titulierung bzw. Nummerie-** 4
rung der einzelnen Szenariorahmen. Während die ersten Szenariorahmen immer gemäß
dem Kalenderjahr ihrer Genehmigung benannt wurden (zB Szenariorahmen 2011, Szenariorahmen 2012, etc), ist in der Zwischenzeit eine Nomenklatur eingeführt worden, die sich
aus zwei Kalenderjahren zusammensetzt (zB Szenariorahmen 2021–2035). Während das erste
Kalenderjahr aus Konvergenzgründen dem Jahr der Bestätigung des Netzentwicklungsplans –
nicht der Genehmigung des Szenariorahmens (!) – entspricht, bezeichnet das zweite Kalen-

EnWG § 12a Teil 3. Regulierung des Netzbetriebs

derjahr das Zieljahr der Kurzfristszenarien von 10–15 Jahren des Szenariorahmens. Der aktuelle Szenariorahmen 2023-2027/2045 umfasst in der Titulierung erstmalig auch die nun für das Zieljahr 2045 gesetzlich implementierten Langfristszenarien.

B. Verfahrensablauf und Tatbestandsvoraussetzungen (Abs. 1)

I. Gemeinsamer Szenariorahmen

5   Die Betreiber von Übertragungsnetzen mit Regelzonenverantwortung iSd § 3 Nr. 10a haben den Entwurf des Szenariorahmens gemeinsam zu erarbeiten. Dabei handelt es sich namentlich um die **vier Übertragungsnetzbetreiber** 50Hertz, Amprion, TransnetBW und TenneT. Die gemeinsame nationale Planung wird auch aufgrund der engen Vermaschung der Übertragungsnetze als erforderlich angesehen, um im Interesse der Versorgungssicherheit und der Kosteneffizienz angemessene Investitionen in die jeweiligen Netze zu gewährleisten (BT-Drs. 17/6072, 68).

5.1   Das Übertragungsnetz in Deutschland ist in vier historisch gewachsene Regionen, sog. Regelzonen, unterteilt. Die Übertragungsnetzbetreiber sind verantwortlich für die Höchstspannungsnetze in ihren Gebieten. 50Hertz betreibt das Höchstspannungsnetz im Norden und Osten Deutschlands. Das Netzgebiet von Amprion liegt schwerpunktmäßig im Westen und Südwesten. TransnetBW verantwortet den größten Teil des Höchstspannungsnetzes Baden-Württembergs. Das Netz der TenneT durchzieht ganz Deutschland und reicht von der Grenze Dänemarks im Norden bis zu den Alpen im Süden.

6   Mit der Konkretisierung der **Regelzonenverantwortung** im EnWG (BT-Drs. 19/7375, 8) soll ausgeschlossen werden, dass private Betreiber von Interkonnektoren – also Stromleitungen, die über die Grenze zweier benachbarter Länder führen – an der innerdeutschen Stromnetzplanung zu beteiligen sind. Diese privaten Betreiber sind im europäischen Kontext formal Übertragungsnetzbetreiber, vgl. Art. 2 Nr. 35 Elektrizitäts-Binnenmarkt-Richtlinie (EU) 2019/944.

II. Szenarien (Entwicklungspfade)

7   Ein Szenario (Entwicklungspfad) erfasst, bezogen auf einen Zielzeitpunkt, die Annahmen zu **Erzeugung, Versorgung und Verbrauch von Strom** im Vergleich zu einem Referenzzeitpunkt. Gemäß § 12a muss der Szenariorahmen mindestens drei Szenarien mit einem Zeithorizont von 10–15 Jahren (**sog. Kurzfristszenarien**) und mindestens drei Szenarien mit dem Zeithorizont 2045 (**sog. Langfristszenario**) enthalten. Ursprünglich gab es für den Szenariorahmen starre Fristen von 10 bzw. 20 Jahren. Durch die Einführung flexibler Zeitkorridore für die Kurzfristszenarien ist eine Anpassung des nationalen Planungshorizonts an die aktuellen europäischen Planungszeiträume des Scenario Reports und des Ten-Year Network Development Plans (TYNDP) gewährleistet (Ruge EnWZ 2016, 497 (499 f.)); ggf. durch lineare Interpolationen zwischen den europäischen Zieljahren.

8   Die Anzahl von drei Kurzfristszenarien entspricht lediglich einer Mindestanzahl und ist in den zurückliegenden Prozessen schon einmal auf bis zu sechs Szenarien erweitert worden (Szenariorahmen 2025, Genehmigung vom 19.12.2014, krit. Säcker EnergieR/Ruge § 12a Rn. 39). Die Langfristszenarien für das Jahr 2045 sollen das Erreichen der Klimaneutralität in den Blick nehmen. Ferner kann die BNetzA über bestimmte **Nebenbestimmungen** (s. dazu Kment EnWG/Posser § 12a Rn. 61) hinaus den Übertragungsnetzbetreibern auch **Sensitivitäten** auferlegen.

8.1   Nebenbestimmungen stellen sicher, dass die Voraussetzungen des § 12a erfüllt werden. Als solche Nebenbestimmungen sind in dem aktuellen Szenariorahmen 2023-2037/2045 die Bestimmungen zur Ermittlung kurz- und mittelfristiger Maßnahmen auf Basis einer Analyse für das Jahr 2030, zur Anwendung des Flow-Based-Market-Coupling-Ansatzes und Durchführung einer Kosten-Nutzen-Analyse sowie zu neuen technischen Ansätzen für Netzbetriebsmittel, Netzbetriebsführung und Systemdienstleistungen sowie Forschungsbedarf erlassen worden. Sensitivitäten sind Szenarien mit Änderungen einzelner Parameterwerte, wobei grundsätzlich nur die Änderung eines einzelnen Parameters untersucht wird (→ Rn. 10).

Die Ausgestaltung der Szenarien hat unterschiedliche Entwicklungsstufen genommen. 9
Ursprünglich wurde ein sog. **Szenarientrichter** eingeführt, der das B-Szenario als maßgebliches mittleres Leitszenario und das A- und C-Szenario als Randszenarien der wahrscheinlichen energiewirtschaftlichen Entwicklung klassifiziert hat (s. dazu Kment EnWG/Posser § 12a Rn. 31; abw. Säcker EnergieR/Ruge § 12a Rn. 10, der von Leitplanken spricht). Im Laufe der Zeit hat sich die BNetzA vom Szenarientrichter bzw. Bild des B-Leitszenarios verabschiedet und ein **Koordinatensystem** entwickelt, in dem alle drei A-, B-, C-Szenarien gleichberechtigt entlang zweier maßgeblicher Entwicklungstrends – darstellt als **Koordinatenachsen** – angeordnet sind (ausf. das Koordinatensystem des Szenariorahmens 2017–2030 darstellend Säcker EnergieR/Ruge § 12a Rn. 24 ff.). Im aktuellen Szenariorahmen 2023–2037/2045 werden erstmalig unterschiedliche Pfade (Wasserstoff-Rollout, EE-Ausbau und Stromnachfrage) zur Erreichung der Klimaneutralität dargestellt. Ein potenzieller Netzausbaubedarf, der sich im darauffolgenden zweiten Schritt im Netzentwicklungsplan (→ Rn. 1 f.) manifestiert, entsteht dabei **nicht** aus der **Vereinigungsmenge,** sondern nur aus der **gemeinsamen Schnittmenge** der A-, B-, C-Szenarien. Es kommen also nur diejenigen Netzausbaumaßnahmen in Betracht, die sich in allen Szenarien des Szenariorahmens manifestieren. Dies entspricht dem „no regret"-Ansatz, nach dem nur Netzausbauprojekte in den Netzentwicklungsplan zu übernehmen sind, die in jeder der wahrscheinlichen Entwicklungen gebaut werden müssen. Nur eine solche robuste Netzplanung trägt der Skepsis der in weiten Teilen vom Netzausbau betroffenen Bevölkerung ausreichend Rechnung.

Die **Sensitivitätsanalyse** ist eine auf die Wirtschaftswissenschaften zurückgehende 10
Methodik, mit der bewertet werden kann, wie empfindlich Kennzahlen auf kleine Änderungen von Eingangsparametern reagieren. Eine im Rahmen des Szenariorahmens auferlegte Sensitivitätsanalyse ist also eine Überprüfung von Änderungen einzelner Parameterwerte oder Gruppen von Parameterwerten in einem Modell. Dabei werden grundsätzlich nur Auswirkungen einer Änderung eines einzelnen Parameters untersucht. Solche Sensitivitätsanalysen sind – anders als die Szenarien – gesetzlich nicht vorgeschrieben und sollen zu einem weiteren Erkenntnisgewinn bei der Feststellung des energiewirtschaftlichen Übertragungsbedarfs führen. So haben Sensitivitätsanalysen Hinweise darauf gegeben, welche Auswirkungen bspw. die Deckelung der Ausbauziele der Offshore-Windkraft, eine dynamische Abregelung der Einspeiseleistung bei Wind Onshore-Anlagen oder deutlich erhöhte CO_2-Zertifikatspreise auf den Netzausbau haben (vgl. dazu den Sensitivitätenbericht 2014 der Übertragungsnetzbetreiber vom 16.4.2014). Dabei ist zu berücksichtigen, dass die Auferlegung von Sensitivitäten durch die BNetzA restriktiv zu handhaben ist, da der Aufwand der Berechnungen des Netzausbaubedarfs einer Sensitivität in etwa dem Rechenaufwand eines Szenarios entspricht.

III. Bandbreite wahrscheinlicher Entwicklungen

Von der **Grundcharakteristik** her ist ein Szenario nach gängiger Genehmigungspraxis 11
der BNetzA als wahrscheinlich zu erachten, wenn es mit einer hinreichend hohen Realisierungswahrscheinlichkeit verbunden ist und das darauf zu entwickelnde Stromnetz den Anforderungen dieses Szenarios genügt (krit. Kment EnWG/Posser § 12a Rn. 27).

Bei der Ermittlung der Szenarien ist grundsätzlich von den **aktuellen rechtlichen und** 12
regulatorischen Rahmenbedingungen auszugehen. Über die aktuell geltenden rechtlichen und politischen Rahmenbedingungen hinaus können nur Entwicklungen oder Veränderungen berücksichtigt werden, wenn diese sich hinreichend konkret abzeichnen und bspw. der Konsens in Politik, Fachwelt und Gesellschaft so groß ist, dass mit einer baldigen rechtlichen Verankerung gerechnet werden muss (zust. Steinbach/Franke/Heimann § 12a Rn. 19; aA Säcker EnergieR/Ruge § 12a Rn. 41). Hier ist bspw. das gesellschaftspolitische Ziel des vollständigen Atom- und Kohleausstiegs zu nennen. Folglich geht es beim Szenariorahmen gerade nicht um die Ankündigung bzw. proaktive Vorwegnahme neuer Technologien ohne gesetzliche Grundlage (ebenfalls so bezüglich der Angemessenheit der Annahmen Theobald/Kühling/Kober § 12a Rn. 13), wie sie beispielsweise wissenschaftliche Forschungseinrichtungen oder entsprechende Interessenverbände in nahezu wöchentlichen Gutachten vorschlagen (zust. Säcker EnergieR/Ruge § 12a Rn. 42, 45 f., 49).

EnWG § 12a   Teil 3. Regulierung des Netzbetriebs

13   Grundsätzlich waren die **Annahmen des Szenariorahmens** in den letzten Jahren geprägt von einem starken Wachstum der Erneuerbaren Energien, von einem Rückbau konventioneller Kraftwerke (insbesondere Atom- und Kohleausstieg), von einer Zurückhaltung bei Investitionen in neue konventionelle (Erdgas-)Kraftwerke, einem konstanten bzw. leicht steigenden Stromverbrauch und dem Ziel der Bundesregierung, die nationalen Klimaschutzziele zu erreichen. Im aktuellen Szenariorahmen 2023–2037/2045 wird von einem rasant steigenden EE-Ausbau und Stromverbrauch ausgegangen.

1. Methodik zur Bestimmung der installierten Erzeugungsleistung: regenerative Erzeugung

14   Zu den **Energieträgern der Erneuerbaren Energien** zählen Wind Onshore, Wind Offshore, Photovoltaik, Biomasse, Wasserkraft und sonstige regenerative Erzeugung (Deponie- und Klärgas, Geothermie, biogener Anteil des Abfalls). Die prognostizierte installierte Gesamtleistung der regenerativen Erzeugung im Zieljahr ergibt sich aus der installierten Kapazität im aktuellen Referenzjahr zuzüglich eines unterstellten jährlichen Bruttozubaus abzüglich eines prognostizierten Rückbaus bestimmter Anlagetypen (Wind Onshore, Photovoltaik, Biomasse).

15   Die Referenzwerte der BNetzA für regenerative Erzeugung können von den Referenzwerten der Übertragungsnetzbetreiber abweichen. Sie ergeben sich aus verschiedenen Veröffentlichungen der BNetzA insbesondere aus dem **Marktstammdatenregister.** Neben den Referenzwerten werden zur Bestimmung des zukünftigen Anlagenrückbaus auch Daten benötigt, die aus der Kraftwerksliste der BNetzA, der Veröffentlichung „EEG in Zahlen" der BNetzA sowie den „Zeitreihen zur Entwicklung der erneuerbaren Energien in Deutschland" der Arbeitsgemeinschaft Erneuerbare Energien Statistik (AGEE-Stat) entnommen werden.

16   Die Grundlage der **Annahmen zum Zubau zur regenerativen Erzeugung** bildet das Ziel der Bundesregierung, einen bestimmten Anteil von Erneuerbarer Energien am Bruttostromverbrauch bis zu einem bestimmten Zieljahr (gegenwärtig handelt es sich um 65 Prozent EE-Anteil in 2030) und die Treibhausgasneutralität bis 2045 zu erreichen. Daraus ergeben sich konkrete jährliche Zubauraten der einzelnen Erneuerbaren Energieträger, die im EEG manifestiert sind. Die gesetzgeberische Festlegung ist ein großer Vorteil gegenüber früheren Szenariorahmenprozessen, in denen der EE-Ausbau aufgrund von historischen Zubauraten und wissenschaftlichen Gutachten abgeschätzt werden musste.

17   Die Bedeutung des **Rückbaus von regenerativen Erzeugungsanlagen,** die das Ende ihrer Betriebsdauer erreichen, wird in Zukunft stark zunehmen. Dies hängt u.a. damit zusammen, dass ab dem Jahre 2021 die ersten Anlagen das Ende ihres 20-jährigen Förderzeitraums durch das EEG erreichen. Die Anlagen unterliegen einer technischen Alterung, die mit einer steigenden Betriebsdauer auch eine steigende Instandhaltung bedingt. Ab einem gewissen Alter ist der Weiterbetrieb der EE-Anlage unwirtschaftlich. Das Ende der Betriebsdauer kann also sowohl wirtschaftliche als auch technische Gründe haben. Die BNetzA unterstellt gegenwärtig im Szenariorahmen für Wind Onshore-Anlagen eine durchschnittliche Betriebsdauer von 22 Jahren und für Photovoltaikanlagen von 25 Jahren. Für bestehende Wind Offshore-Anlagen wird noch kein signifikanter Rückbau angenommen.

2. Methodik zur Bestimmung der installierten Erzeugungsleistung: Konventionelle Erzeugung

18   Zu den **Energieträgern der konventionellen Erzeugung** zählen Kernenergie, Braun- und Steinkohle, Gaskraftwerke, Öl, Pumpspeicher und sonstige konventionelle Erzeugung (Mischstoffe, Gruben- und Kuppelgas, nicht-biogener Anteil des Abfalls).

19   Die prognostizierte installierte konventionelle Kraftwerksleistung basiert auf der Kraftwerksliste und dem Marktstammdatenregister der BNetzA, geplanten Kraftwerksprojekten und Stilllegungsanzeigen durch die Kraftwerksbetreiber. In der Kraftwerksliste wird bei den einzelnen Kraftwerken zwischen den Kategorien „in Betrieb", „in Bau", „in Planung", „saisonale Konservierung" und „vorläufig stillgelegt" unterschieden.

20   Für die Prognose des konventionellen Kraftwerksparks wird die Annahme einer **dauerhaften Betriebsdauer für Bestandsgaskraftwerke** getroffen. Darüber hinaus wird bei den

Gaskraftwerken aus Gründen der Versorgungssicherheit noch ein moderater endogener Zubau modelliert (sog. „lastnahen Reserven"). Kraftwerke für Kernenergie, Braun- und Steinkohle sowie Öl gibt es in keinen Szenarien mehr.

Für den konventionellen Kraftwerkspark sind **Festlegungen zur CO_2-Emissionsobergrenze** notwendig. Da in den ersten Prozessen des Szenariorahmens die nationalen CO_2-Ziele regelmäßig überschritten wurden, hat die BNetzA inzwischen eine Methodik zur zwingenden Einhaltung der nationalen CO_2-Grenzen festgelegt. Zunächst werden die Szenarien so erstellt, dass eine **modellendogene Einhaltung der Emissionsobergrenze** möglich erscheint. Hierfür müssen die Übertragungsnetzbetreiber im ersten Schritt eine Marktmodellierung durchführen, in welcher nur der von der BNetzA prognostizierte CO_2-Preis zum Einsatz kommt. Wenn der sich so ergebende CO_2-Ausstoß des konventionellen Kraftwerksparks die CO_2-Emissionsobergrenze einhält, sind keine weiteren Maßnahmen erforderlich. Sofern die Emissionsobergrenze nicht modellendogen eingehalten wird, müssen die Übertragungsnetzbetreiber so lange eine iterative Erhöhung des nationalen CO_2-Preises vornehmen, bis die Emissionsobergrenze eingehalten wird.

3. Sektorenkopplung

In den letzten Jahren ermöglichte die stetige Integration der Erneuerbaren Energien in den Energiesektor die Möglichkeit einer CO_2-freieren Energiegewinnung. Die **Sektorenkopplung** beschreibt einen Prozess, der die drei großen Sektoren Strom, Wärme und Verkehr zukünftig immer stärker miteinander verknüpft. Dabei gilt es zu beachten, dass der Wärmesektor den größten Energiebedarf aufweist, gefolgt vom Verkehrssektor und erst danach dem Stromsektor.

Während in 2021 im Stromsektor mit etwa 569 TWh Verbrauch der EE-Anteil bereits 41,1 Prozent erreicht, liegt der EE-Anteil im Wärmesektor mit etwa 1.206 TWh Verbrauch bei lediglich 16,5 Prozent und im Verkehrssektor mit etwa 500 TWh Verbrauch sogar bei nur 6,8 Prozent.

Angesichts der Gesamtverbrauchszahlen der einzelnen Sektoren wird deutlich, dass ohne die Sektorenkopplung die von der Bundesregierung als Ziel formulierte Dekarbonisierung kaum umzusetzen ist. Dabei geht es nicht um die Zukunft einer **All-Electric-Society**, in der Wärme- und Verkehrssektor sowie industrielle Produktion ihre CO_2-Reduzierungen ausschließlich durch eine Umstellung auf den Primärenergieträger Strom realisieren, sondern eher um die zukünftige Nutzung von Wasserstoff und anderen synthetischen Brennstoffen. Die Technologien der Sektorenkopplung sind in der Praxis in weiten Bereichen bereits vorhanden und im Szenariorahmen entsprechend berücksichtigt: Elektrofahrzeuge (Verkehrssektor), Wärmepumpen (Wärmesektor), Power-to-Heat und Power-to-Gas (Industriesektor).

4. Flexibilitätsoptionen und Speicher

Durch den zunehmenden Anteil der Erneuerbaren Energien und ihrer volatilen Einspeisung ist eine **Flexibilisierung der Erzeuger- wie auch der Verbraucherseite** zukünftig von großer Bedeutung. In den letzten Szenariorahmen wurde daher von einer kontinuierlichen Steigerung der Flexibilisierung ausgegangen. Hierzu gehören beispielsweise eine Flexibilisierung der konventionellen KWK-Erzeugungsanlagen mit einer verstärkten Entkopplung von Strom- und Wärmeerzeugung, der vermehrte Einsatz von Demand-Side-Management sowie ein intelligenter und flexibler Einsatz neuer Stromanwendungen, insbesondere der Power-to-X-Technologien. Der Szenariorahmen gibt den Übertragungsnetzbetreibern vor, sämtliche zur Verfügung stehenden Potenziale der nachfolgend dargestellten Flexibilitätsoptionen im Sinne eines minimalen Netzausbaubedarfs in einem realistischen Umfang vollständig auszuschöpfen.

Beim **Demand-Side-Management** wird zwischen den Varianten Lastabschaltung und Lastverlagerung unterschieden. Bei der Lastabschaltung wird der Stromverbrauch reduziert und der Bezug nicht auf einen anderen Zeitpunkt verlagert. Bei der Lastverlagerung wird die Last hingegen auf einen anderen Zeitpunkt verschoben und der Stromverbrauch bleibt gleich, wobei die Lasten durch dieses Instrument geglättet werden. Das Demand-Side-Man-

EnWG § 12a

26 Bei der **E-Mobilität** wird zwischen verteilnetzorientiertem, verschiebbarem Laden zu Hause oder am Arbeitsplatz und nicht verschiebbarem Schnellladen im öffentlichen Raum unterschieden (bspw. entlang den Autobahnen). Das Schnellladen bietet kein Flexibilitätspotential, da der Ladevorgang schnell gehen muss, um eine unmittelbare Weiterfahrt zu gewährleisten. Das Laden zu Hause oder am Arbeitsplatz erfordert die technische Umsetzung einer entsprechenden Ladesäulen-Infrastruktur, die entsprechende Gestaltung der Rechtsprechung und ggf. wirtschaftliche Anreize.

27 Für **Haushaltswärmepumpen** wird im Szenariorahmen eine verteilnetzorientiert nutzbare Sperrzeit von maximal sechs Stunden pro Tag unterstellt. Damit diese Flexibilität gewährleistet werden kann, muss die Heizleistung der Wärmepumpen aufgrund der Sperrzeiten erhöht und ein Speicher für Warmwasser installiert werden.

28 **KWK-Anlagen** werden durch den Einsatz von Großwärmepumpen und Elektrodenheizkesseln sowie Wärmespeichern flexibilisiert (strompreisorientierte Fahrweise der KWK-Anlage). Bei hohen Strompreisen wird mit der KWK-Anlage Strom für den Markt und Wärme produziert, während bei niedrigen Strompreisen Strom aus dem Netz bezogen und die Großwärmepumpen bzw. Elektrodenheizkessel für Lastspitzen oder Industrieprozesse eingesetzt werden. Außerdem kann bei niedrigen Strompreisen der Wärmespeicher gefüllt werden.

29 Ferner wird im Szenariorahmen angenommen, dass mit steigender **Biomasseleistung** in den Szenarien die Volllaststunden der Biomasseanlagen in ähnlichem Maße sinken, da die Biomasse auf der Grundlage des EEG zukünftig zu weiterer Flexibilisierung gezwungen bzw. angereizt wird. Ein Betrieb von Biomasseanlagen wird nach dem Auslaufen des zwanzigjährigen EEG-Förderregimes als unwirtschaftlich angesehen.

30 Ein weiterer Schwerpunkt im Rahmen der Bandbreite der wahrscheinlichen Entwicklungen stellt die **verlustarme Speicherung von Strom** dar. Der Szenariorahmen stellt dabei auf die am Markt agierenden Großbatteriespeicher ab, die zukünftig überwiegend am Regelleistungsmarkt eingesetzt werden. Des Weiteren wird davon ausgegangen, dass die Verbreitung von dezentralen Speichern (zB Batteriespeicher im Hausbereich) durch einen gekoppelten Betrieb mit PV-Anlagen bei privaten Haushalten getrieben wird. Daher ist der Fokus des Szenariorahmens auf die Nutzung dezentraler Speicher zur Maximierung der PV-Eigenversorgung privater Haushalte gerichtet.

IV. Stromverbrauch

31 Der Szenariorahmen unterscheidet als maßgebliche Größe für den Netzausbau zwischen Brutto- und Nettostromverbrauch. Der **Bruttostromverbrauch** ist – anders als der Nettostromverbrauch – nicht Bestandteil des genehmigten Stromverbrauchs des Szenariorahmens. Denn für die Strommarktmodellierung und Netzberechnungen ist nur der **Nettostromverbrauch** maßgeblich, während der Bruttostromverbrauch lediglich dazu dient, die gesetzliche EEG-Vorgabe eines bestimmten EE-Anteils am (Brutto)-Stromverbrauch zu überprüfen. Dabei gilt folgende Faustformel: Je höher der Stromverbrauch (zB durch Sektorenkopplung) angenommen wird, desto höher muss der EE-Ausbau sein, um die EE-Ziele der Bundesregierung zu erreichen.

32 Im Szenariorahmen wird der **Nettostromverbrauch** als die von den Verbrauchern in Deutschland genutzte elektrische Arbeit ohne die durch den Transport bedingten Netzverluste im Verteil- und Übertragungsnetz definiert. Ebenfalls nicht hinzugerechnet wird der Kraftwerkseigenverbrauch, da die Höhe des Kraftwerkseigenverbrauchs abhängig von der Höhe der Volllaststunden der Kraftwerke ist, die sich jedoch erst im Rahmen der Marktsimulation ergibt. Ähnlich verhält es sich mit den Pumpspeicherkraftwerken, deren Betrieb ebenfalls nicht zum Nettostromverbrauch hinzugerechnet wird.

33 Die Prognose des **Bruttostromverbrauchs** im Szenariorahmen ist lediglich als Basis für die Ermittlung des Anteils der Erneuerbaren Energien ausschlaggebend und nicht mit dem ermittelten Bruttostromverbrauch im Netzentwicklungsplan zu verwechseln, welcher sich letztlich erst verlässlich nach der Marktsimulation und der Netzberechnung ergibt, dh zum

Zeitpunkt der Genehmigung des Szenariorahmens kann der Bruttostromverbrauch aus den soeben dargelegten Gründen nicht exakt ermittelt werden.

In früheren Szenariorahmenprozessen wurde die zukünftige Entwicklung des Stromverbrauchs als nahezu konstant angenommen. Begründet wurde dies damit, dass zukünftige Effizienzeinsparungen durch einen entsprechenden Mehrverbrauch für die Sektoren Wärme und Verkehr kompensiert werden würden. Allerdings gehen die Annahmen des Szenariorahmens inzwischen aufgrund der für die CO_2-Einsparungen notwendigen Steigerungen der Sektorenkopplung zu Recht von einem **stark steigenden Stromverbrauch** aus. Es stellt sich also nicht mehr die Frage, ob der Stromverbrauch steigt, sondern nur noch um wieviel TWh. 34

Der Stromverbrauch im Jahr 2050 ist grundlegend für die Planung des Ausbaupfads für die Erneuerbaren Energien. Die energiepolitischen Zielszenarien kommen aber zu grundverschiedenen Ergebnissen: Die Spannbreite des Bedarfs der zentralen Studien reicht von 600 TWh bis zu 1.200 TWh. Der Grund liegt in den unterschiedlichen Annahmen der modellierten Szenarien (vgl. dazu dena Leitstudie, Integrierte Energiewende, Juli 2018; Fraunhofer ISE, Wege zu einem klimaneutralen Energiesystem, Februar 2020; FfE, Dynamische und intersektorale Maßnahmenbewertung zur kosteneffizienten Dekarbonisierung des Energiesystems, November 2019). 34.1

V. Energiepolitische Ziele der Bundesregierung

Sämtliche genehmigten Szenarien des Szenariorahmens müssen **die energiepolitischen Ziele der Bundesregierung** erfüllen (Steinbach/Franke/Heimann § 12a Rn. 21 mwN). Somit wird den politischen Zielen der jeweiligen Bundesregierung maßgeblich Rechnung getragen, der Prognosevorgang ist politisch-inhaltlich determiniert (zutr. Posser/Faßbender PraxHdB Netzplanung/Netzausbau/Leidinger § 12a Rn. 253). Durch den immer wiederkehrenden Zwei-Jahres-Turnus des Szenariorahmens können auch entsprechende Änderungen bzw. Aktualisierungen der bundespolitischen Ziele berücksichtigt werden. Beispielhaft seien hier die Einhaltung der CO_2-Ziele und der EE-Anteile am Bruttostromverbrauch sowie Atom- und Kohleausstieg genannt. Die Ergebnisse und deren Herleitung sind von den Übertragungsnetzbetreibern im Entwurf des Netzentwicklungsplans zu veröffentlichen. 35

VI. Methodik der Spitzenkappung

Gemäß § 12a Abs. 1 S. 4 haben die Übertragungsnetzbetreiber bei der Erstellung des gemeinsamen Szenariorahmens die Möglichkeit der **Spitzenkappung** nach § 11 Abs. 2 verbindlich zu berücksichtigen. Um den Netzausbaubedarf auf ein wirtschaftlich sinnvolles Maß zu verringern, sind die Übertragungsnetzbetreiber verpflichtet, auf Grundlage der installierten Erzeugungsleistung für die Ermittlung des Transportbedarfs in allen Szenarien eine reduzierte Einspeisung von Windenergieanlagen an Land und Photovoltaikanlagen zugrunde zu legen. Das Stromnetz soll gerade nicht für den Transportbedarf selten auftretender Einspeisespitzen bis auf die letzte kWh ausgebaut werden. 36

Der Spitzenkappung liegen folgende Annahmen zugrunde: Die prognostizierte jährliche Stromerzeugung je unmittelbar an ihr Netz angeschlossener Anlage zur Erzeugung von elektrischer Energie aus Windenergie an Land oder solarer Strahlungsenergie darf um bis zu 3 Prozent reduziert werden. Darüber hinaus sollen nicht nur Neuanlagen, sondern auch bestehende Wind- und Photovoltaikanlagen bei der Möglichkeit der Spitzenkappung berücksichtigt werden. Unberührt hiervon bleibt der Grundsatz der planerischen Gestaltungsfreiheit des Verteilernetzbetreibers. Die Netzplanung bleibt seine alleinige Aufgabe und er bleibt dafür verantwortlich, seinen Netzausbau auf der Grundlage von sachgerechten Prognosen und Annahmen bedarfsgerecht zu dimensionieren. 37

VII. Europäischer Rahmen

Die Annahmen für die **Erzeugung und den Verbrauch** in den europäischen Ländern beeinflussen maßgeblich die Ergebnisse der dem Szenariorahmen nachfolgenden Marktsimulation, insbesondere den **Stromaustausch** zwischen Deutschland und den angrenzenden Staaten. Der Stromaustausch mit den Nachbarstaaten wiederum beeinflusst die innerdeutsche Netzbelastung und hat somit entsprechende Auswirkungen auf die dem Szenariorahmen 38 folgenden nationalen Netzberechnungen. Diese Anforderungen an den Szenariorahmen sind eine Folge des europäischen Binnenmarktes. Schon aus Gründen der Versorgungssicherheit und Systemstabilität kann das nationale Übertragungsnetz nicht separat betrachtet werden (Steinbach/Franke/Heimann § 12a Rn. 28).

1. Begleitschreiben an Länder, die über Interkonnektoren mit Deutschland verbunden sind

39 Die BNetzA kontaktiert während des Prozesses des Szenariorahmens all diejenigen Regulierungsbehörden der Länder, die über Interkonnektoren mit Deutschland verbunden sind bzw. voraussichtlich mit Deutschland verbunden sein werden. Dadurch wird gewährleistet, dass die **Anrainerstaaten ihre energiepolitische Einschätzung** zum Entwurf des Szenariorahmens der Übertragungsnetzbetreiber abgeben können.

2. Zuordnung der nationalen Szenarien zu den europäischen Szenarien

40 Die europäischen Übertragungsnetzbetreiber (ENTSO-E) und Fernleitungsbetreiber (ENTSOG) veröffentlichen regelmäßig gemeinsam einen **Scenario Report** als Grundlage zum **Ten-Year Network Development Plan (TYNDP)** (ausf. Säcker EnergieR/Ruge § 12a Rn. 1 ff.). Im Scenario Report werden wie im nationalen Szenariorahmen verschiedene Szenarien mit unterschiedlichen Zieljahren dargestellt. Gegenwärtig handelt es sich beim Scenario Report 2022 um die Szenarien „National Trends", „Distributed Energy" und „Global Ambition".

41 Durch die im Szenariorahmen vorgegebene Kopplung der nationalen Szenarien an ein einziges **europäisches Szenario** – gegenwärtig „Distributed Energy" – wird in jedem Szenario ein einheitlicher europäischer Kraftwerkspark für die Modellberechnungen verwendet. Der Einfluss des europäischen Auslands bleibt somit über die Szenarien tendenziell konstant, da sich der Kraftwerkspark und die installierten Erneuerbaren Energien-Leistungen nicht ändern. Der tatsächliche Einsatz der Kraftwerke im europäischen Ausland kann sich allerdings anders darstellen, da dieser als Ergebnis der Marktmodellierung von verschiedenen variablen Faktoren abhängt. Trotzdem können unterschiedliche Ergebnisse der einzelnen Szenarien eher auf die Bandbreite der nationalen Annahmen zurückgeführt werden, als es bei der Zuordnung verschiedener europäischer Szenarien der Fall wäre. Eine Verzerrung der nationalen Ergebnisse wird dadurch soweit wie möglich vermindert.

3. Bestimmung der Handelskapazitäten und Interkonnektoren

42 Der **europäische Handel zwischen den Marktgebieten** ist eine wesentliche Komponente bei der Netzausbauplanung. Da der gehandelte Strom über das Übertragungsnetz transportiert werden muss, wird durch das Handelsergebnis beeinflusst, wie sich die Leistungsflüsse im Netz einstellen. Innerhalb der Marktsimulation muss deshalb eine geeignete Methode zur Abbildung des Stromhandels verwendet werden. Einerseits sollte der Handel zwischen den Marktgebieten möglichst wenig beschränkt werden. Andererseits können die Netze nur in begrenztem Maße Strom transportieren, was die Notwendigkeit begründet, den Handel entsprechend der Übertragungsfähigkeit der Netze zu beschränken.

43 Diese Beschränkung kann entweder durch sog. „**Net Transfer Capacities**" (**NTCs**) oder durch einen sog. „**Flow-Based Market Coupling**"-**Ansatz** (**FBMC**) erfolgen. Beim NTC-Verfahren wird eine Übertragungskapazität für den gerichteten Austausch zwischen zwei Marktgebieten vorgegeben und über den gesamten betrachteten Zeitraum (ein Jahr) konstant gehalten. Beim FBMC werden die verfügbaren Kapazitäten nicht zwischen Marktgebieten, sondern auf sog. „kritischen Zweigen" vorgegeben. Als kritische Zweige werden dabei diejenigen Leitungen definiert, die durch den Handel besonders stark belastet werden. Die leitungsscharfe Vorgabe der Handelskapazitäten erhöht die Anforderungen an die nachfolgende Marktmodellierung in erheblicher Weise. Während in der Vergangenheit das NTC-Verfahren zur Bestimmung der Handelskapazitäten eingesetzt wurde, ist im aktuellen Szenariorahmen die Nutzung des FBMC vorgegeben.

VIII. Angemessene Beteiligung der Verteilernetzbetreiber bei der Erstellung des Szenariorahmens

Gemäß § 12a Abs. 1 S. 5 sind die Verteilernetzbetreiber bei der Erstellung des Szenariorahmens angemessen von den Übertragungsnetzbetreibern einzubinden. Dies geschieht bspw. durch eine Abfrage von Großstromverbrauchern bei den Verteilernetzbetreibern. Da der überwiegende Teil der Anlagen zur Erzeugung Erneuerbarer Energien in den nachgelagerten Verteilnetzen angeschlossen ist, wird auch eine entsprechende Datenabfrage bei den Verteilernetzbetreibern durchgeführt, um u.a. eine Einschätzung der erwarteten Entwicklung des EE-Zubaus zu erhalten. Auch bei der Methode zur Berücksichtigung der Spitzenkappung werden die Verteilernetzbetreiber konsultiert (→ Rn. 36 f.). Ein intensiver Austausch mit gesonderten bilateralen Dialogveranstaltungen zwischen Verteilernetz- und Übertragungsnetzbetreibern im Vorfeld der Erstellung des Szenariorahmens runden die Erfüllung der Anforderungen dieser gesetzlichen Tatbestandsvoraussetzung ab. 44

C. Beginn des Verfahrens und Konsultation (Abs. 2)

I. Verfahrensablauf

Seit dem 10.1.2016 legen die Übertragungsnetzbetreiber **alle zwei Jahre** einen Entwurf des Szenariorahmens vor, § 12a Abs. 2 S. 1. Damit wird immer wiederkehrend der Zwei-Jahres-Turnus, der aus einem Szenariorahmen- und einem darauffolgenden Netzentwicklungsplan-Prozess besteht, eingeleitet (um welchen Prozess es sich jeweils handelt, ergibt sich aus dem Genehmigungs- und Zieljahr des Netzentwicklungsplans (vgl. dazu Genehmigungs- und Zieljahr des Szenariorahmens, → Rn. 3). 45

Die BNetzA genehmigt den von den Übertragungsnetzbetreibern vorgelegten Szenariorahmen auf ihrer Internetseite und stellt die Genehmigung den Übertragungsnetzbetreibern zu. Dadurch setzt sich eine **zehnmonatige Frist** in Gang, nach der die Übertragungsnetzbetreiber der BNetzA auf Grundlage des Szenariorahmens einen konsultierten und überarbeiteten nationalen Netzentwicklungsplan (sog. 2. NEP-Entwurf) zur Bestätigung vorlegen müssen, § 12b Abs. 5. Zuvor sollen die Übertragungsnetzbetreiber gem. § 12b Abs. 3 S. 3 spätestens am 10.12. eines jeden geraden Kalenderjahres auf Grundlage des Szenariorahmens einen nationalen Netzentwicklungsplan zur Konsultation vorlegen (sog. 1. NEP-Entwurf). 46

II. Konsultationsverfahren

Nach § 12a Abs. 3 S. 1 genehmigt die BNetzA den Szenariorahmen unter **Berücksichtigung der Ergebnisse der Öffentlichkeitsbeteiligung** (Theobald/Kühling/Kober § 12a Rn. 20). Die BNetzA erstellt hierfür ein **Begleitdokument** zur Konsultation des Szenariorahmens und macht dieses und den Entwurf des Szenariorahmens auf ihrer Internetseite bekannt. 47

In dem Begleitdokument bittet die BNetzA neben einer allgemeinen Einführung und Vorstellung der Ausrichtung der Szenarien durch die Übertragungsnetzbetreiber um Kommentare und Meinungsäußerungen zu konkreten Fragestellungen. Dabei werden die Fragen in dem Begleitdokument in der Regel ergebnisoffen aufgeworfen und nur in Ausnahmefällen wird eine vorläufige Position der BNetzA angedeutet. 47.1

Die BNetzA gibt der Öffentlichkeit, einschließlich tatsächlicher und potenzieller Netznutzer, den nachgelagerten Netzbetreibern sowie den Trägern öffentlicher Belange mindestens **vier Wochen** Gelegenheit zur Äußerung. Die gesetzlich nicht vorgegebene Frist von vier Wochen ist angemessen (Theobald/Kühling/Kober § 12a Rn. 19; Kment EnWG/Posser § 12a Rn. 48). Während des Konsultationszeitraums veranstaltet die BNetzA in der Regel zwei **Dialogveranstaltungen,** in deren Rahmen die maßgeblichen Aspekte für die abzugebenden Stellungnahmen diskutiert werden. Die in diesen Veranstaltungen geäußerten mündlichen Meinungen sind nicht berücksichtigungsfähig und müssen im Anschluss als Stellungnahmen in Konsultationsprozess schriftlich eingegeben werden (aA Theobald/Kühling/ Kober § 12a Rn. 18). 48

49 Nicht zur Aufgabe des Szenariorahmens und dem damit verbundenen Konsultationsverfahren gehört es, die geltenden Rahmenbedingungen der Energiewende zu verändern. Dies ist Sache der Politik und bedarf einer demokratisch legitimierten Entscheidungsfindung auf parlamentarischer Basis. Einen solchen Prozess kann die Konsultation des Szenariorahmens aber anstoßen oder auch begleiten. Das Ziel der Öffentlichkeitsbeteiligung ist es also, durch Nutzung verschiedenster Mittel und Formate zu einer sachlichen Aufklärung und damit zu einer objektiven und konstruktiven Diskussion nicht nur des Netzausbaus allein, sondern der Energiewende insgesamt beizutragen.

50 Im aktuellen Szenariorahmen hat sich die BNetzA aus Gründen der Übersichtlichkeit erneut dazu entschieden, die Argumente der Konsultationsteilnehmer in einem gesonderten **Auswertungsdokument** strukturierter und lesefreundlicher darzustellen (zB durch Zitate, Statistiken). Die zentrale gesetzliche Berücksichtigungspflicht der Ergebnisse der Öffentlichkeitsbeteiligung durch die BNetzA wird weiterhin gewahrt, da alle relevanten spezifischen Hinweise der Öffentlichkeit in den Entscheidungsgründen des Genehmigungsdokuments weiterhin ausführlich dargestellt und geprüft werden.

D. Genehmigungs- und Konkretisierungskompetenz der BNetzA (Abs. 3)

I. Genehmigung des Szenariorahmens durch die BNetzA

51 Nach § 12a Abs. 3 S. 1 genehmigt die BNetzA den von den Übertragungsnetzbetreibern vorgelegten Entwurf des Szenariorahmens unter Berücksichtigung der Ergebnisse der Öffentlichkeitsbeteiligung. Die BNetzA prüft die **materiellen Tatbestandsvoraussetzungen des § 12a** und auch die **methodischen Anforderungen** für eine Prognose der zukünftigen Entwicklung der Energielandschaft. Die Zuständigkeit der BNetzA ergibt sich aus § 54 Abs. 1 Hs. 1, die Zuständigkeit der Abteilung Energieregulierung aus § 59 Abs. 1 S. 2 Nr. 4.

52 Die Genehmigung des Szenariorahmens stellt einen gegenüber den Übertragungsnetzbetreibern belastenden **Verwaltungsakt** iSd § 35 VwVfG dar, da die Übertragungsnetzbetreiber die Genehmigung des Szenariorahmens der weiteren Netzentwicklungsplanung zugrunde legen müssen (Kment EnWG/Posser § 12a Rn. 59). Da die Genehmigung des Szenariorahmens ein Verwaltungsakt ist, sind die Übertragungsnetzbetreiber vorher anzuhören (Säcker EnergieR/Ruge § 12a Rn. 62). Die Entscheidung der BNetzA ist im Verhältnis zu Dritten kein Verwaltungsakt, denn sie ist nicht an Dritte adressiert und kann somit gegenüber diesen keine unmittelbare Rechtswirkung entfalten (Theobald/Kühling/Kober § 12a Rn. 25). Dies ist jetzt auch gesetzgeberisch durch die Neufassung des § 12a Abs. 3 S. 3 klargestellt worden. Gegen die Genehmigung des Szenariorahmens ist also nur für Übertragungsnetzbetreiber ein Rechtsschutz in Form der **Beschwerde** nach §§ 75 ff. möglich. Für Gerichtsverfahren ist nach § 74 Abs. 4 das für den Sitz der BNetzA zuständige OLG Düsseldorf zuständig.

53 Vor dem Hintergrund der in der Genehmigung des Szenariorahmens verwendeten Vielzahl unbestimmter Rechtsbegriffe mit prognostischem Inhalt, deren Bestimmung komplexe Berechnungs- und Bewertungsvorgänge erfordert, und der Tatsache, dass die Genehmigung unter Änderungen der BNetzA erfolgen kann, ist von einem **Beurteilungsspielraum der BNetzA** auszugehen (Posser/Faßbender PraxHdB Netzplanung/Netzausbau/Leidinger § 12a Rn. 286 sprechen in diesem Zusammenhang von einem planungsähnlichen Gesamtvorgang unter Berücksichtigung prognostischer Elemente).

54 Der Beurteilungsspielraum der BNetzA muss also im Rahmen einer gerichtlichen Überprüfung berücksichtigt werden. Demensprechend hat sich die gerichtliche Kontrolle dieses prognostischen Planungsprozesses und seiner Feststellungen auf eine nachvollziehbare Prüfung zu beschränken, die die Einschätzungsprärogative der Übertragungsnetzbetreiber als Netzplaner und der BNetzA als Fachbehörde wahrt und sich nicht an deren Stelle setzt (Posser/Faßbender PraxHdB Netzplanung/Netzausbau/Leidinger § 12a Rn. 288). **Rechtsprechung zum Szenariorahmen** gibt es noch nicht, da die Übertragungsnetzbetreiber bisher keine Beschwerde gegen den Szenariorahmen erhoben haben.

II. Konkretisierungskompetenz durch die BNetzA

Die BNetzA kann nach § 12a Abs. 3 S. 2 nähere Bestimmungen zu Inhalt und Verfahren der Erstellung des Szenariorahmens, insbesondere zum Betrachtungszeitraum, treffen. Diese Konkretisierungskompetenz dient grundsätzlich der Standardisierung der Verfahrensabläufe sowie der Förderung eines effizienten und effektiven Verfahrens (vgl. bezogen auf § 12c Abs. 7 BT-Drs. 17/6072, 69).

§ 12b Erstellung des Netzentwicklungsplans durch die Betreiber von Übertragungsnetzen

(1) ¹Die Betreiber von Übertragungsnetzen mit Regelzonenverantwortung legen der Regulierungsbehörde auf der Grundlage des Szenariorahmens einen gemeinsamen nationalen Netzentwicklungsplan zur Bestätigung vor. ²Der gemeinsame nationale Netzentwicklungsplan muss alle wirksamen Maßnahmen zur bedarfsgerechten Optimierung, Verstärkung und zum Ausbau des Netzes enthalten, die spätestens zum Ende der jeweiligen Betrachtungszeiträume im Sinne des § 12a Absatz 1 für einen sicheren und zuverlässigen Netzbetrieb erforderlich sind. ³Die Betreiber von Übertragungsnetzen mit Regelzonenverantwortung müssen im Rahmen der Erstellung des Netzentwicklungsplans die Regelungen zur Spitzenkappung nach § 11 Absatz 2 bei der Netzplanung anwenden. ⁴Der Netzentwicklungsplan enthält darüber hinaus folgende Angaben:
1. alle Netzausbaumaßnahmen, die in den nächsten drei Jahren ab Feststellung des Netzentwicklungsplans durch die Regulierungsbehörde für einen sicheren und zuverlässigen Netzbetrieb erforderlich sind,
2. einen Zeitplan für alle Netzausbaumaßnahmen sowie
3. a) Netzausbaumaßnahmen als Pilotprojekte für eine verlustarme Übertragung hoher Leistungen über große Entfernungen,
   b) den Einsatz von Hochtemperaturleiterseilen als Pilotprojekt mit einer Bewertung ihrer technischen Durchführbarkeit und Wirtschaftlichkeit sowie
   c) das Ergebnis der Prüfung des Einsatzes von neuen Technologien als Pilotprojekte einschließlich einer Bewertung der technischen Durchführbarkeit und Wirtschaftlichkeit,
4. den Stand der Umsetzung des vorhergehenden Netzentwicklungsplans und im Falle von Verzögerungen, die dafür maßgeblichen Gründe der Verzögerungen,
5. Angaben zur zu verwendenden Übertragungstechnologie,
6. Darlegung der in Betracht kommenden anderweitigen Planungsmöglichkeiten von Netzausbaumaßnahmen,
7. beginnend mit der Vorlage des ersten Entwurfs des Netzentwicklungsplans im Jahr 2018 alle wirksamen Maßnahmen zur bedarfsgerechten Optimierung, Verstärkung und zum Ausbau der Offshore-Anbindungsleitungen in der ausschließlichen Wirtschaftszone und im Küstenmeer einschließlich der Netzanknüpfungspunkte an Land, die bis zum Ende der jeweiligen Betrachtungszeiträume nach § 12a Absatz 1 für einen schrittweisen, bedarfsgerechten und wirtschaftlichen Ausbau sowie einen sicheren und zuverlässigen Betrieb der Offshore-Anbindungsleitungen sowie zum Weitertransport des auf See erzeugten Stroms oder für eine Anbindung von Testfeldern im Sinne des § 3 Nummer 9 des Windenergie-auf-See-Gesetzes (Testfeld-Anbindungsleitungen) erforderlich sind; für die Maßnahmen nach dieser Nummer werden Angaben zum geplanten Zeitpunkt der Fertigstellung vorgesehen; hierbei müssen die Festlegungen des zuletzt bekannt gemachten Flächenentwicklungsplans nach den §§ 4 bis 8 des Windenergie-auf-See-Gesetzes zu Grunde gelegt werden.

⁵Die Betreiber von Übertragungsnetzen mit Regelzonenverantwortung nutzen bei der Erarbeitung des Netzentwicklungsplans eine geeignete und für einen sachkundigen Dritten nachvollziehbare Modellierung des Elektrizitätsversorgungsnetzes. ⁶Der Netzentwicklungsplan berücksichtigt den gemeinschaftsweiten Netzentwick-

lungsplan nach Artikel 8 Absatz 3b der Verordnung (EG) Nr. 714/2009 und vorhandene Offshore-Netzpläne.

(2) ¹Der Netzentwicklungsplan umfasst alle Maßnahmen, die nach den Szenarien des Szenariorahmens erforderlich sind, um die Anforderungen nach Absatz 1 Satz 2 zu erfüllen. ²Dabei ist dem Erfordernis eines sicheren und zuverlässigen Netzbetriebs in besonderer Weise Rechnung zu tragen.

(3) ¹Die Betreiber von Übertragungsnetzen mit Regelzonenverantwortung veröffentlichen den Entwurf des Netzentwicklungsplans vor Vorlage bei der Regulierungsbehörde auf ihren Internetseiten und geben der Öffentlichkeit, einschließlich tatsächlicher oder potenzieller Netznutzer, den nachgelagerten Netzbetreibern sowie den Trägern öffentlicher Belange und den Energieaufsichtsbehörden der Länder Gelegenheit zur Äußerung. ²Dafür stellen sie den Entwurf des Netzentwicklungsplans und alle weiteren erforderlichen Informationen im Internet zur Verfügung. ³Die Betreiber von Übertragungsnetzen mit Regelzonenverantwortung sollen den Entwurf des Netzentwicklungsplans spätestens bis zum 10. Dezember eines jeden geraden Kalenderjahres, beginnend mit dem Jahr 2016, veröffentlichen. ⁴Die Betreiber von Elektrizitätsversorgungsnetzen sind verpflichtet, mit den Betreibern von Übertragungsnetzen mit Regelzonenverantwortung in dem Umfang zusammenzuarbeiten, der erforderlich ist, um eine sachgerechte Erstellung des Netzentwicklungsplans zu gewährleisten; sie sind insbesondere verpflichtet, den Betreibern von Übertragungsnetzen mit Regelzonenverantwortung für die Erstellung des Netzentwicklungsplans notwendige Informationen auf Anforderung unverzüglich zur Verfügung zu stellen.

(3a) Zum Zeitpunkt der Veröffentlichung nach Absatz 3 Satz 1 übermitteln die Betreiber von Übertragungsnetzen der Regulierungsbehörde Angaben dazu, welche Netzausbaumaßnahmen zur Höchstspannungs-Gleichstrom-Übertragung oder welcher länderübergreifende landseitige Teil von Offshore-Anbindungsleitungen ganz oder weit überwiegend in einem Trassenkorridor, der bereits gemäß § 17 des Netzausbaubeschleunigungsgesetzes Übertragungsnetz in den Bundesnetzplan aufgenommen ist, oder in einem durch Landesplanungen oder nach Landesrecht bestimmten Leitungsverlauf für Erdkabel zur Höchstspannungs-Gleichstrom-Übertragung eines weiteren Vorhabens realisiert werden sollen.

(4) Dem Netzentwicklungsplan ist eine zusammenfassende Erklärung beizufügen über die Art und Weise, wie die Ergebnisse der Beteiligungen nach § 12a Absatz 2 Satz 2 und § 12b Absatz 3 Satz 1 in dem Netzentwicklungsplan berücksichtigt wurden und aus welchen Gründen der Netzentwicklungsplan nach Abwägung mit den geprüften, in Betracht kommenden anderweitigen Planungsmöglichkeiten gewählt wurde.

(5) Die Betreiber von Übertragungsnetzen mit Regelzonenverantwortung legen den konsultierten und überarbeiteten Entwurf des Netzentwicklungsplans der Regulierungsbehörde unverzüglich nach Fertigstellung, jedoch spätestens zehn Monate nach Genehmigung des Szenariorahmens gemäß § 12a Absatz 3 Satz 1, vor.

Überblick

Alle zwei Jahre (→ Rn. 5) erstellen die Übertragungsnetzbetreiber einen gemeinsamen Netzentwicklungsplan-Strom (→ Rn. 1). Dieser knüpft an die Bestätigung des Szenariorahmens an (→ Rn. 33) und bildet damit die zweite Stufe der Bedarfsplanung: Die abstrakte Ausbauverpflichtung der Übertragungsnetzbetreiber wird projektscharf konkretisiert. Als vorbereitendes Instrument für den die Bedarfsplanung abschließenden Bundesbedarfsplan enthält der Netzentwicklungsplan alle wirksamen Maßnahmen zur bedarfsgerechten Optimierung, Verstärkung und zum Ausbau des Netzes (→ Rn. 10), ohne diese jedoch raumkonkret zu verorten (→ Rn. 23). Während der Netzentwicklungsplan gesetzlich näher bestimmte Pflichtangaben enthalten muss (→ Rn. 10), verfügen die indienstgenommenen Übertragungsnetzbetreiber aufgrund ihrer planerischen Gestaltungsfreiheit über ein methodisches Primat, welches allein durch gesetzliche Planungsleit- und -grundsätze determiniert ist (→ Rn. 32).

Übersicht

	Rn.		Rn.
A. Normzweck und Entstehungsgeschichte	1	1. Alternativenprüfung auf Ebene der Bedarfsplanung	22
B. Verfahren		2. Räumliche Alternativen	23
I. Allgemeines	4	3. Technische Alternativen	25
II. Turnus	5	VII. Netzentwicklungsplan Offshore	26
III. Kooperationspflichten	7	VIII. Zusammenfassende Erklärung und Begründung	31
IV. Berichtspflichten	9a	D. Methodik	32
C. Inhalte des Netzentwicklungsplans	10	I. Allgemeines	32
I. Prioritäre Maßnahmen	11	II. Rechtlicher Rahmen	33
II. Zeitplan für alle Netzausbaumaßnahmen	12	1. Entwicklungsgebot	33
III. Berücksichtigung von Pilotprojekten	13	2. Anwendung der Regelung zur Spitzenkappung	34
1. Verlustarme Übertragung hoher Leistungen über große Entfernungen und Hochtemperaturleiterseile	16	3. Berücksichtigung anderweitiger Netzwicklungspläne	35
2. Sonstige neue Technologien	17	4. Sicherheit und Zuverlässigkeit des Netzbetriebs	36
IV. Angaben zum Stand der Umsetzung des vorhergehenden Netzentwicklungsplans sowie zu Verzögerungsgründen	18	III. Bedarfsermittlung	37
V. Angaben zur verwendeten Übertragungstechnologie	21	E. Rechtsfolgen	38
		I. Netzentwicklungsplan als Planrechtfertigung	39
VI. Darlegung der in Betracht kommenden anderweitigen Planungsmöglichkeiten von Netzausbaumaßnahmen	22	II. Verstoß gegen die Pflicht zur rechtzeitigen Vorlage des Entwurfs eines Netzentwicklungsplans	40

A. Normzweck und Entstehungsgeschichte

§§ 12b ff. regeln das Verfahren zur Erstellung und Bestätigung des Netzentwicklungsplans 1
Strom. Parallelvorschriften zum Netzentwicklungsplan Gas finden sich in § 15a. Die verpflichteten Übertragungsnetzbetreiber haben alle zwei Jahre einen gemeinsamen nationalen Netzentwicklungsplan zu erarbeiten, dessen verbindliche Grundlage der genehmigte Szenariorahmen nach § 12a ist. Der Netzentwicklungsplan hat eine **rechtliche Doppelnatur:** Einerseits handelt es sich um ein regulierungsrechtliches Instrument, welches die Netzerweiterungspflichten und damit auch die Investitionspflichten der Übertragungsnetzbetreiber konkretisiert. Andererseits ist der Netzentwicklungsplan dem Planungsrecht und dort der Ebene der Bedarfsplanung zuzuordnen (Riemer, Investitionspflichten der Betreiber von Elektrizitätsübertragungsnetzen, 2017, 70 f.).

Die Vorschrift richtet sich an die **Betreiber von Übertragungsnetzen mit Regelzonenverantwortung.** Damit knüpft der Gesetzgeber die Verpflichtung zur Ausbauplanung 2
für das Übertragungsnetz an die Verantwortlichkeit der Betreiber von Übertragungsnetzen für deren Erweiterung in ihrer jeweiligen Regelzone (BT-Drs. 19/7375, 50). Den Begriff des Übertragungsnetzbetreibers definiert § 3 Nr. 10. Die gegenwärtig durch § 12b Abs. 1 verpflichteten Übertragungsnetzbetreiber mit Regelzonenverantwortung sind entsprechend § 3 Nr. 10a die Unternehmen 50Hertz Transmission GmbH, Amprion GmbH, TenneT TSO GmbH und TransnetBW GmbH sowie deren etwaige Rechtsnachfolger.

§ 12b wurde aufgrund von Art. 1 des Gesetzes zur Neuregelung energiewirtschaftsrechtlicher Vorschriften vom 26.7.2011 eingefügt. Die Vorschriften zur wiederkehrenden Erstellung eines Netzentwicklungsplans sollen der Umsetzung von Art. 22 Elektrizitäts-Binnenmarkt-Richtlinie 2009/72/EG dienen. Allerdings verpflichtet die Richtlinie gerade nicht solche Übertragungsnetzbetreiber, welche wie die deutschen Übertragungsnetzbetreiber bereits eine vollständige eigentumsrechtliche Entflechtung vollzogen haben. Bei der durch § 12b statuierten Pflicht zur Aufstellung eines Netzentwicklungsplans unabhängig von der jeweils gewählten Entflechtungsoption handelt es sich damit um eine überschießende Umset- 3 zung der Elektrizitäts-Binnenmarkt-Richtlinie 2009/72/EG (Fest/Nebel NVwZ 2016, 177 (179)). Nachfolgende Gesetzesänderungen führten u.a. zu einer Umstellung der jährlichen Vorlagepflicht auf einen Zweijahresrhythmus sowie zu einer Integration des ursprünglich eigenständigen Netzentwicklungsplans Offshore.

B. Verfahren

I. Allgemeines

4 Auf Grundlage des genehmigten Szenariorahmens erstellen die verpflichteten Übertragungsnetzbetreiber gemeinsam einen ersten Entwurf des Netzentwicklungsplans. Diesen ersten Entwurf sollen sie gemeinsam mit allen weiteren erforderlichen Informationen spätestens bis zum 10.12. eines jeden geraden Kalenderjahres im Internet veröffentlichen. Damit wird eine erste Konsultation eingeleitet, im Rahmen derer die Übertragungsnetzbetreiber der Öffentlichkeit, einschließlich tatsächlicher oder potenzieller Netznutzer, den nachgelagerten Netzbetreibern sowie den Trägern öffentlicher Belange und den Energieaufsichtsbehörden der Länder Gelegenheit zur Äußerung zu geben zu haben (BT-Drs. 18/4655, 23). Die Beteiligung der Öffentlichkeit durch die Übertragungsnetzbetreiber unterliegt keinen weiteren gesetzlichen Anforderungen, insbesondere keiner verbindlichen Frist (Steinbach/Franke/Heimann § 12b Rn. 46). Fehler bei der Durchführung dieses Beteiligungsverfahrens führen zudem nicht zur Rechtswidrigkeit des Entwurfs (Buus, Bedarfsplanung durch Gesetz, 2018, 152). Unter Berücksichtigung der Ergebnisse der Konsultation legen die Übertragungsnetzbetreiber den konsolidierten (zweiten) Entwurf der BNetzA – welche nach § 54 Abs. 1 Hs. 1 iVm § 59 Abs. 1 S. 2 die Aufgaben der Regulierungsbehörde wahrnimmt – unverzüglich nach Fertigstellung, spätestens aber zehn Monate nach Genehmigung des Szenariorahmens zur Bestätigung vor (BT-Drs. 18/4655, 23).

II. Turnus

5 Art. 22 Abs. 1 Elektrizitäts-Binnenmarkt-Richtlinie 2009/72/EG sieht vor, dass Übertragungsnetzbetreiber der Regulierungsbehörde jedes Jahr nach Konsultation aller einschlägigen Interessenträger einen zehnjährigen Netzentwicklungsplan vorlegen, der sich auf die derzeitige Lage und die Prognosen im Bereich von Angebot und Nachfrage stützt. Damit übereinstimmend hatte der nationale Gesetzgeber in § 12b die Übertragungsnetzbetreiber ursprünglich ebenfalls zu einer jährlichen Überarbeitung des Netzentwicklungsplans verpflichtet. Aufgrund des revolvierenden Erarbeitungsprozesses von Szenariorahmen und Netzentwicklungsplan sowie der anschließenden Bestätigung durch die BNetzA führte jedoch die jährliche Vorlagepflicht zu Überschneidungen dergestalt, dass bereits vor Bestätigung eines Netzentwicklungsplanes ein neues – die Annahmen für die laufende Netzentwicklungsplanung ggf. überholendes – Szenario für die nachfolgenden Netzentwicklungsplan konsultiert wurde. Daneben löste der Prozess beachtliche Mehrfachbelastungen bei Übertragungsnetzbetreibern, BNetzA sowie den übrigen Verfahrensbeteiligten aus (BT-Drs. 18/4655, 22).

6 Mit der Änderung des § 12b durch das Gesetz zur Neuregelung energiewirtschaftsrechtlicher Vorschriften hat der nationale Gesetzgeber beginnend ab dem Jahr 2016 den Prozess zur Netzentwicklungsplanung auf einen **zweijährigen Turnus** umgestellt und damit einen Gleichlauf zwischen den Betrachtungszeiträumen des Szenariorahmens nach § 12a Abs. 1 S. 2, 3 und dem Netzentwicklungsplan hergestellt. Die Vorlage des Netzentwicklungsplans in jedem geraden Kalenderjahr soll zudem eine bessere Berücksichtigung der Inhalte des europäischen Netzentwicklungsplans (TYNDP) ermöglichen, welcher in den ungeraden Jahren vorgelegt wird (Leidinger NuR 2016, 585 (587)). Die hierbei entstehende Friktion zwischen dem zweijährigen Zyklus nach nationaler Rechtslage und der durch Art. 22 Abs. 1 Elektrizitäts-Binnenmarkt-Richtlinie 2009/72/EG vorgesehenen jährlichen Erstellung eines Netzentwicklungsplans (vgl. Ruge EnWZ 2015, 497 (499)) ist aufgrund der überschießenden Umsetzung der Richtlinie (→ Rn. 3) gleichwohl unschädlich.

III. Kooperationspflichten

7 § 12b Abs. 1 S. 1 verpflichtet die Übertragungsnetzbetreiber zu einer gemeinsamen Erarbeitung eines nationalen Netzentwicklungsplans (**horizontale Zusammenarbeit**). Ange-

sichts einer Mehrzahl von Übertragungsnetzbetreibern mit eigener Regelzone in der Bundesrepublik Deutschland ist dies sachgerecht, da aufgrund der engen Vermaschung der Übertragungsnetze die Investition in einem Übertragungsnetz eine parallele Investition in einem benachbarten Übertragungsnetz erforderlich oder aber obsolet machen kann (BT-Drs. 17/6072, 68).

Darüber hinaus enthält § 12b Abs. 3 S. 4 eine die Betreiber von Elektrizitätsversorgungsnetzen treffende Rechtspflicht zur Unterstützung der Übertragungsnetzbetreiber (**vertikale Zusammenarbeit**). Danach sind Betreiber von Elektrizitätsversorgungsnetzen verpflichtet, mit den Betreibern von Übertragungsnetzen mit Regelzonenverantwortung in dem Umfang zusammenzuarbeiten, der erforderlich ist, um eine sachgerechte Erstellung des Netzentwicklungsplans zu gewährleisten. Inhalt dieser Zusammenarbeitspflicht kann es insbesondere sein, dem vorgelagerten Übertragungsnetzbetreiber die notwendigen Informationen über die voraussichtliche Entwicklung von Angebot und Nachfrage (zB durch Zubau dezentraler Einspeiseanlagen) im betreffenden Verteilernetz mitzuteilen (BT-Drs. 17/6072, 69). Nach dem Wortlaut des § 12b Abs. 3 S. 4 Hs. 2 sind die notwendigen Informationen auf Anforderung unverzüglich zur Verfügung zu stellen. Darüber hinaus haben die Betreiber von Elektrizitätsversorgungsnetzen im Rahmen der Öffentlichkeitsbeteiligung auf den verschiedenen Ebenen der Bedarfsplanung (§§ 12a, 12b Abs. 3 sowie 12c) die Gelegenheit zur Stellungnahme. 8

Die Erfüllung dieser Kooperationspflichten kann von der BNetzA erforderlichenfalls mittels **Aufsichtsmaßnahmen** nach § 65 Abs. 1 durchgesetzt werden. 9

IV. Berichtspflichten

Mit Veröffentlichung des ersten Entwurfs des Netzentwicklungsplans haben die Übertragungsnetzbetreiber nach § 12b Abs. 3a gegenüber der BNetzA **Angaben zu einer beabsichtigten räumlichen Bündelung** für in den Netzentwicklungsplan neu aufzunehmende Netzausbaumaßnahmen zu machen. Diese Angaben sind nicht Bestandteil des Netzentwicklungsplans selbst (BT-Drs. 20/1599, 52). 9a

Die Berichtspflicht beschränkt sich auf „neu in den Netzentwicklungsplan aufzunehmende Netzausbaumaßnahmen" und dort auf Vorhaben zur Höchstspannungs-Gleichstrom-Übertragung sowie auf länderübergreifende landseitige Teile von Offshore-Anbindungsleitungen (BT-Drs. 20/1599, 52). Sie dient der Weichenstellung, ob hierfür seitens der BNetzA die Ermittlung eines Präferenzraums gemäß § 12c Abs. 2a notwendig ist oder nicht (→ § 12c Rn. 37). Stehen geeignete Bündelungsoptionen zur Verfügung, ist für neu aufzunehmende Netzausbaumaßnahmen durch die BNetzA kein Präferenzraum nach § 12c Abs. 2a S. 1 zu entwickeln. Vielmehr soll das Vorhaben in diesem Fall bei der Übernahme in den Bundesbedarfsplan eine sog. „G-Kennzeichnung" erhalten („Kennzeichnung für den Verzicht auf die Bundesfachplanung im Sinne von § 2 Abs. 7 BBPlG"), wonach gemäß § 5a Abs. 4 NABEG auf die Durchführung eines Verfahrens der Bundesfachplanung gesetzlich verzichtet wird. 9b

Potenzieller „Bündelungspartner" kann ein durch den Bundesnetzplan nach § 17 NABEG ausgewiesener Trassenkorridor für ein Vorhaben zur Höchstspannungs-Gleichstrom-Übertragung im Sinne des § 2 Abs. 5 BBPlG sein, eine Offshore-Anbindungsleitung im Sinne des § 2 Abs. 3 BBPlG oder ein durch Landesplanungen bestimmter Leitungsverlauf für Erdkabel zur Höchstspannungs-Gleichstrom-Übertragung (BT-Drs. 20/1599, 52). Dabei ist Voraussetzung, dass für diesen „Bündelungspartner" ein Planfeststellungsverfahren bereits eingeleitet oder abgeschlossen wurde. 9c

Neben Maßnahmen, deren Netzverknüpfungspunkte einem schon vom Bundesnetzplan erfassten Vorhaben vollständig entsprechen und die sich innerhalb der bereits festgelegten Trassenkorridore realisieren lassen, sind auch solche Projekte erfasst, bei denen immerhin noch eine „weit überwiegende" Bündelung in Betracht kommt. Die vergleichbare Formulierung in § 5a Abs. 2 S. 1 NABEG wird von der Gesetzesbegründung wie folgt konkretisiert: „Als ‚Daumenregel' kann von der weit überwiegenden Nutzung ausgegangen werden, wenn über 80 Prozent der zu realisierenden Leitungsmeter innerhalb der vorhandenen Trasse realisiert werden sollen." (BT-Drs. 19/7375, 71) 9d

Nach der insoweit eindeutigen Formulierung des § 12b Abs. 3a beschränkt sich die Mitteilungspflicht darauf, ob neu in den Netzentwicklungsplan aufzunehmende Vorhaben unter 9e

Nutzung dargestellter Bündelungseffekte „realisiert werden sollen". Es ist also auf den Willen des jeweils ausbauverpflichteten Übertragungsnetzbetreibers im Zeitpunkt der Mitteilungspflicht abzustellen. Nicht gefordert ist demgegenüber eine weitergehende Untersuchung sich „anbietender" Bündelungsmöglichkeiten (so aber die Gesetzesbegründung, BT-Drs. 20/1599, 52). Eine dahingehende Prüfung kann in einem frühen Stadium der Bedarfsplanung nicht ebenengerecht durchgeführt werden. Sie obliegt – als ein die Entscheidung über eine Festlegung von Präferenzräumen vorbereitender Schritt zur Sachverhaltsermittlung – der Verantwortungssphäre der hierfür zuständigen BNetzA. Die Formulierung der Gesetzesbegründung ist insoweit verfehlt und mit dem Wortlaut der Norm unvereinbar.

C. Inhalte des Netzentwicklungsplans

10   Der gemeinsame nationale Netzentwicklungsplan muss gem. § 12b Abs. 1 S. 2 alle wirksamen (→ § 12c Rn. 5) Maßnahmen zur bedarfsgerechten (→ § 12c Rn. 6) Optimierung, Verstärkung und zum Ausbau des Netzes (→ Rn. 25) enthalten, die spätestens zum Ende des fünfzehnjährigen Betrachtungszeitraums nach § 12a Abs. 1 S. 2 für einen sicheren und zuverlässigen Netzbetrieb erforderlich (→ § 12c Rn. 7) sind. Da der Netzentwicklungsplan der Vorbereitung des Bundesbedarfsplans dient, orientieren sich die zu betrachtenden Maßnahmen an den Regelungszielen des Bundesbedarfsplangesetzes (BBPlG) (Riemer, Investitionspflichten der Betreiber von Elektrizitätsübertragungsnetzen, 2017, 71). Zum **Regelungsgegenstand des Netzentwicklungsplans** gehören neben den Energieleitungen selbst nach § 1 Abs. 2 BBPlG auch die für deren Betrieb notwendigen Anlagen einschließlich der notwendigen Änderungen an den Netzverknüpfungspunkten (Elspaß NVwZ 2014, 489 (491)). Neben Leitungsbaumaßnahmen berücksichtigt der Netzentwicklungsplan daher auch sog. Punktmaßnahmen wie zB Transformatoren, Blindleistungskompensationsanlagen und Schaltanlagen (Posser/Fassbender PraxHdB Netzplanung/Netzausbau/Leidinger Kap. 3 Rn. 304). Unterschieden wird dabei zwischen horizontalen Punktmaßnahmen, die ausschließlich die Höchstspannungsebene betreffen und vertikalen Punktmaßnahmen, die im Netzentwicklungsplan in Abstimmung mit den Verteilernetzbetreibern ermittelt werden (Netzentwicklungsplan Strom 2035, Version 2021, 1. Entwurf, S. 225). Darüber hinaus sind nach § 12b Abs. 1 S. 4 weitere Einzelangaben erforderlich:

I. Prioritäre Maßnahmen

11   Der Betrachtungszeitraum des Netzentwicklungsplans erstreckt sich nach § 12b Abs. 1 S. 2 jeweils auf die kommenden 10–15 Jahre. Im Netzentwicklungsplan sind darüber hinaus diejenigen Netzausbaumaßnahmen zu benennen, welche bereits in den nächsten drei Jahren ab Bestätigung des Netzentwicklungsplans durch die Regulierungsbehörde für einen sicheren und zuverlässigen Netzbetrieb erforderlich sind. Der bei diesen Maßnahmen erzielte Ausbaufortschritt ist in den folgenden Umsetzungsberichten ihrer Bedeutung entsprechend darzustellen (→ § 12d Rn. 5). Eine zeitgerechte Realisierung solch prioritärer Maßnahmen kann die BNetzA auf Grundlage des § 65 Abs. 2a S. 1 durchsetzen (→ § 12c Rn. 61).

II. Zeitplan für alle Netzausbaumaßnahmen

12   Bestandteil des Netzentwicklungsplans ist auch eine Beschreibung des zeitlichen Rahmens für die Realisierung des identifizierten Ausbaubedarfs. Nach dem Wortlaut der Norm ist ein Zeitplan lediglich für Netzausbaumaßnahmen vorzulegen, nicht aber für Optimierungs- oder Verstärkungsmaßnahmen. Die mit § 12b Abs. 1 S. 4 Nr. 2 umgesetzte Vorschrift des Art. 22 Abs. 2 lit. c Elektrizitäts-Binnenmarkt-Richtlinie 2009/72/EG hingegen verlangt einen Zeitplan für „alle" Investitionsprojekte. Es wird vertreten, dass in diesem umfassenden Sinne auch § 12b Abs. 1 S. 4 Nr. 2 europarechtskonform auszulegen ist (Steinbach/Franke/Heimann § 12b Rn. 30). Angesichts der Dauer und Komplexität der nachfolgenden Zulassungsverfahren muss sich der Zeitplan notwendigerweise auf ungefähre, gleichwohl jedoch auch plausible Angaben beschränken (Posser/Fassbender PraxHdB Netzplanung/Netzausbau/Leidinger Kap. 3 Rn. 450). Der Zeitplan für die Netzausbaumaßnahmen bildet die Grundlage für das Monitoring des Ausbaufortschritts nach § 12b Abs. 1 S. 4 Nr. 4 (vgl. Steinbach/Franke/Heimann § 12b Rn. 29).

III. Berücksichtigung von Pilotprojekten

§ 12b Abs. 1 S. 4 Nr. 3 verpflichtet die Übertragungsnetzbetreiber, technische Pilotprojekte im Netzentwicklungsplan zu berücksichtigen. Die Einbeziehung von Pilotprojekten in den Netzentwicklungsplan steht allerdings unter dem Vorbehalt einer Prüfung der wirtschaftlichen und technischen Möglichkeiten zum Einsatz neuer Technologien (BT-Drs. 17/6072, 68). Darüber hinaus sind weitere rechtliche Rahmenbedingungen zu beachten:

So kann auf Ebene der Bedarfsplanung grundsätzlich **nicht abschließend über den raumkonkreten Einsatz bestimmter technischer Ausführungsvarianten** entschieden werden. Eine ebenengerechte Abwägungsentscheidung wird regelmäßig erst im Rahmen des Planfeststellungsverfahrens getroffen werden können. Dies gilt insbesondere für die Frage einer ausnahmsweisen Verkabelung von Drehstromleitungen, da hier die Möglichkeit zur technischen Erprobung einzelner Pilotprojekte vom Vorliegen der durch § 4 Abs. 2 BBPlG sowie § 2 Abs. 2 EnLAG näher bestimmten Auslösekriterien abhängt, welche auf Ebene der Bedarfsplanung noch nicht prüfbar sind (vgl. Steinbach/Franke/Heimann § 12b Rn. 32).

Schließlich sind im Rahmen der Netzentwicklungsplanung nur solche Pilotprojekte berücksichtigungsfähig, zu deren Erprobung die Übertragungsnetzbetreiber auch gesetzlich legitimiert sind: Ausgehend von § 49 Abs. 1 S. 2 sind bei Errichtung und Betrieb von Energieanlagen vorbehaltlich sonstiger Rechtsvorschriften die **allgemein anerkannten Regeln der Technik** zu beachten. Es handelt sich hierbei um solche technischen Regeln, die von den herrschenden Fachkreisen als richtig anerkannt sind und praktiziert werden; darüber hinaus müssen sie – anders als zum Stand der Technik zählende Verfahren – in der Praxis erprobt sein. Auch Betriebsweisen, die schon in ein technisches Regelwerk aufgenommen wurden, deren praktische Erprobung aber noch aussteht, zählen deshalb nicht zu den anerkannten Regeln der Technik (BVerwG NVwZ 2013, 1605 Rn. 41). Die Zielsetzung der Zulassung einer Erprobung neuartiger Technologien im Rahmen von gesetzlich bestimmten Pilotprojekten ist es, zunächst Erfahrungen insbesondere hinsichtlich der wirtschaftlichen und technischen Einsetzbarkeit und deren Umweltauswirkungen zu sammeln, bevor über einen großflächigen Einsatz entschieden wird (BR-Drs. 819/12, 16; den flächendeckenden Einsatz von Hochtemperaturleiterseilen voraussetzend jedoch: BNetzA, Bestätigung NEP 2035, 36). Für die Sicherung der Übertragungsaufgaben sind daher nach zutreffender Auffassung Bau- und Übertragungsverfahren anzuwenden, welche den allgemein anerkannten Regeln der Technik iSv § 49 Abs. 1 entsprechen (Steinbach/Franke/Heimann § 12b Rn. 36).

1. Verlustarme Übertragung hoher Leistungen über große Entfernungen und Hochtemperaturleiterseile

Als Ausnahme von dem in § 49 Abs. 1 S. 2 normierten Grundsatz hat der Gesetzgeber die Erprobung bestimmter Technologien zugelassen, welche noch nicht den allgemein anerkannten Regeln der Technik entsprechen (BVerwG NVwZ 2013, 1605 Rn. 41). Es handelt sich hierbei um Pilotprojekte für eine verlustarme Übertragung hoher Leistungen über große Entfernungen nach § 2 Abs. 2 BBPlG sowie um Hochtemperaturleiterseile nach § 2 Abs. 4 BBPlG.

2. Sonstige neue Technologien

Der Katalog von im Netzentwicklungsplan zu berücksichtigenden Pilotprojekten wurde im Jahr 2015 durch das Gesetz zur Änderung von Bestimmungen des Rechts des Energieleitungsbaus um den Buchstaben c ergänzt. Nach § 12b Abs. 1 S. 4 Nr. 3 lit. c sind im Netzentwicklungsplan nunmehr auch Angaben zu machen über das Ergebnis der Prüfung des Einsatzes sonstiger neuer Technologien als Pilotprojekte einschließlich einer Bewertung ihrer technischen Durchführbarkeit und Wirtschaftlichkeit (BT-Drs. 18/4655, 31). Der Anwendungsbereich dieser Vorschrift umfasst namentlich Erdkabel zur Höchstspannungs-Drehstrom-Übertragung nach § 2 Abs. 6 BBPlG bzw. § 2 EnLAG. Die Annahme, dass § 12b Abs. 1 S. 4 Nr. 3 lit. c zu einer umfassenden Abweichung von den einzuhaltenden anerkannten Regeln der Technik berechtige (insofern zumindest missverständlich: BT-Drs. 18/4655, 31), wäre hingegen mit § 49 Abs. 1 S. 2 unvereinbar und findet auch im Wortlaut des § 12b Abs. 1 S. 4 Nr. 3 lit. c keine Stütze.

IV. Angaben zum Stand der Umsetzung des vorhergehenden Netzentwicklungsplans sowie zu Verzögerungsgründen

18 Nach Art. 22 Abs. 6 und 7 Elektrizitäts-Binnenmarkt-Richtlinie 2009/72/EG sowie Art. 37 Abs. 1 lit. g Elektrizitäts-Binnenmarkt-Richtlinie 2009/72/EG sind die Regulierungsbehörden verpflichtet, den Vollzug des Netzentwicklungsplanes zu überwachen. Als ein Instrument der Evaluierung des Ausbaufortschrittes ordnet § 12b Abs. 1 S. 4 Nr. 4 an, dass im Netzentwicklungsplan Angaben zum Stand der Umsetzung des vorhergehenden Netzentwicklungsplans zu machen und im Falle von Verzögerungen die dafür maßgeblichen Gründe anzugeben sind. Den Ausgangspunkt hierfür bildet jeweils der Zeitplan für Netzausbaumaßnahmen nach § 12b Abs. 1 S. 4 Nr. 2 (Steinbach/Franke/Heimann § 12b Rn. 29).

19 Die daraus gewonnenen Erkenntnisse sollen eine kontinuierliche Überwachung des Umsetzungsstands der Investitionen erlauben und es der Regulierungsbehörde ermöglichen, erforderlichenfalls Maßnahmen zur Durchsetzung des Netzentwicklungsplans zu ergreifen. Zudem versetzt die Angabe von Verzögerungsgründen die Regulierungsbehörde in den Stand zu überprüfen, ob die Verzögerungen aus Gründen eingetreten sind, die vom Netzbetreiber zu vertreten sind. Denn nur in solchen Fällen kann die Regulierungsbehörde entweder den Netzbetreiber zur Durchführung der Investition auffordern oder ein Ausschreibungsverfahren einleiten, an dessen Ende dann Dritte die Investition durchführen (BT-Drs. 17/6072, 68).

20 Die aus § 12b Abs. 1 folgende **Informationspflicht zum Umsetzungsstand** des vorherigen Netzentwicklungsplans wird durch § 5 Abs. 1 S. 1 BBPlG erweitert. Danach müssen die Übertragungsnetzbetreiber zusätzlich über die in den Pilotprojekten des Bundesbedarfsplans gewonnenen Erfahrungen berichten. Dieser Bericht muss insbesondere eine Bewertung der technischen Durchführbarkeit, eine Betrachtung der Wirtschaftlichkeit und die mit den Vorhaben verbundenen Umweltauswirkungen umfassen. Die Berichte zu den Pilotprojekten kann der Gesetzgeber bei der Entscheidung über die etwaige Ausdehnung der Einsatzmöglichkeiten von HGÜ-Leitungen, der Teilverkabelung von HGÜ-Leitungen und den Einsatz von Hochtemperaturleiterseilen berücksichtigen. Diese Berichte können gem. § 5 Abs. 2 BBPlG mit dem gemeinsamen Netzentwicklungsplan verbunden werden.

V. Angaben zur verwendeten Übertragungstechnologie

21 Bei den näher zu charakterisierenden Übertragungstechnologien kann grundlegend differenziert werden zwischen Dreh- und Gleichstromübertragung sowie zwischen Freileitungen und Erdverkabelung (Posser/Fassbender PraxHdB Netzplanung/Netzausbau/Leidinger Kap. 3 Rn. 316). Auch wenn bestimmte Technologieentscheidungen – zB für Höchstspannungsgleichstromübertragung oder den Einsatz von Hochtemperaturleiterseilen nach § 12b Abs. 1 S. 4 Nr. 3 – bereits auf Ebene der Bedarfsplanung getroffen werden sollen, lassen sich weitergehende planerische Aussagen zur einzusetzenden Übertragungstechnologie oftmals erst im nachfolgenden Genehmigungsverfahren machen. Dies gilt beispielsweise für den von bestimmten räumlichen Auslösekriterien abhängigen Einsatz von Erdkabeln im Drehstromnetz (Steinbach/Franke/Heimann § 12b Rn. 32).

VI. Darlegung der in Betracht kommenden anderweitigen Planungsmöglichkeiten von Netzausbaumaßnahmen

1. Alternativenprüfung auf Ebene der Bedarfsplanung

22 Bereits aus dem auch für die Aufstellung des Netzentwicklungsplans geltenden Abwägungsgebot (→ § 12c Rn. 26) folgt eine allgemeine Pflicht zur Ermittlung von Alternativen. Bei der Zusammenstellung des Abwägungsmaterials müssen alle ernsthaft in Betracht kommenden Alternativlösungen berücksichtigt werden und mit der ihnen zukommenden Bedeutung in die vergleichende Prüfung der von den möglichen Alternativen jeweils berührten öffentlichen und privaten Belange eingehen. Das Abwägungsgebot ist verletzt, wenn eine Abwägung überhaupt nicht stattgefunden hat, in die Abwägung nicht alle Belange eingestellt worden sind, die nach Lage der Dinge in sie eingestellt werden mussten oder die Bedeutung der betroffenen Belange verkannt oder der Ausgleich zwischen ihnen in einer Weise vorge-

nommen worden ist, der zur objektiven Gewichtigkeit einzelner Belange außer Verhältnis steht (BVerwG NVwZ 2012, 557 Rn. 54). Mit der nachträglichen Einfügung des § 12b Abs. 1 S. 4 Nr. 6 bezweckte der Gesetzgeber vor allem eine Klarstellung hinsichtlich des Umfangs der durchzuführenden Alternativenprüfung (krit. Leidinger NuR 2016, 585 (587)).

Anderweitige Planungsmöglichkeiten werden zunächst als sog. **Gesamtplanalternativen** dargestellt. 22.1
So bilden nach dem genehmigten Szenariorahmen regelmäßig unterschiedliche Szenarien die Ausgangsbasis für die Erarbeitung des Netzentwicklungsplans, was demzufolge auch zu unterschiedlichen Ergebnisnetzen als Gesamtplanalternative führt, welche sodann im Entwurf des Netzentwicklungsplans einander gegenübergestellt werden (Netzentwicklungsplan Strom 2035, Version 2021, 1. Entwurf, S. 110).

Neben den unterschiedlichen Planungsmöglichkeiten, die sich aus den Szenarien des Szenariorahmens ergeben, sind auch anderweitige Planungsvarianten von Netzausbaumaßnahmen im Netzentwicklungsplan darzulegen. Gemeint sind vor allem unterschiedliche Planungsmöglichkeiten von Netzverknüpfungspunkten, an denen die jeweiligen Netzausbaumaßnahmen beginnen und enden, sowie die Prüfung des Verzichts auf einen Neubau und dessen Ersatz durch eine Optimierung oder Verstärkung des bestehenden Netzes (→ Rn. 25). Die Darlegungspflicht für solche **technischen und räumlichen Alternativen** (Holznagel ZUR 2020, 515 (516)) ist auf in Betracht kommende anderweitige Planungsmöglichkeiten begrenzt. Offensichtlich fernliegende anderweitige Planungsmöglichkeiten müssen demnach nicht betrachtet werden (BT-Drs. 18/4655, 31). 22.2

2. Räumliche Alternativen

Im Hinblick auf die Pflicht zur Prüfung räumlicher Alternativen ist allerdings der Charakter 23
des Netzentwicklungsplans als Instrument der Bedarfsplanung zu berücksichtigen. Demgemäß bildet der Netzentwicklungsplan ein mögliches zukünftiges Netz ab, das bei den vorausgesetzten Anforderungen und Prämissen den benötigten Übertragungsbedarf sicherstellt. Er bestimmt aber nicht konkrete Trassenverläufe oder Standorte für Betriebseinrichtungen und Nebenanlagen (BT-Drs. 17/12638, 29), sondern dokumentiert allein den notwendigen **Übertragungsbedarf zwischen technisch definierten Netzknoten** – den Anfangs- und Endpunkten der Leitungsverbindungen (Steinbach/Franke/Heimann § 12b Rn. 9). Der konkrete Standort von Anlagen und Betriebseinrichtungen wird nach dem Willen des Gesetzgebers (BR-Drs. 819/12, 16) erst in den nachfolgenden Planungs- und Genehmigungsverfahren bestimmt (Elspaß NVwZ 2014, 489 (491)). Dabei kann der Standort von Nebenanlagen ggf. zehn Kilometer oder mehr von dem jeweiligen Netzverknüpfungspunkt entfernt gelegen sein und zB über eine Stichleitung an diesen angebunden werden (BT-Drs. 17/13258, 19). Eine „parzellenscharfe" Detailplanung kann bereits aus Rechtsgründen grundsätzlich nicht Gegenstand der Bedarfsplanung sein, da anderenfalls der vorzubereitende Bundesbedarfsplan die Schwelle zum Maßnahmengesetz überspringen würde (vgl. BVerfG NVwZ 1998, 1060 (1061)).

Der Maßstab für Umfang und Tiefe einer auf Ebene der Bedarfsplanung vorzunehmenden 24
Prüfung räumlicher Alternativen lässt sich § 12b Abs. 1 S. 4 Nr. 6 nicht entnehmen. Bei der Bestimmung des diesbezüglich zu Leistenden wird in Ansatz zu bringen sein, dass aufgrund der hohen technischen Interdependenz zwischen den unterschiedlichen Parametern der Netzplanung eine Alternativenprüfung in Bezug auf einzelne Netzverknüpfungspunkte mit einem nicht zu vernachlässigenden Aufwand verbunden ist (Leidinger NuR 2016, 585 (587)). Es handelt sich jedoch um einen allgemeinen Grundsatz im Recht gestufter Planungsverfahren, dass die Prüfungsanforderungen sachnotwendig von den im Rahmen der jeweiligen Planung bereits verfügbaren Detailkenntnissen abhängig und an die Leistungsgrenzen des jeweiligen planerischen Instruments gebunden sind (BVerwG NVwZ 2015, 1452 (1456); s. auch § 7 Abs. 2 S. 1 ROG). Bereits aus Gründen der Ebenengerechtigkeit ist es daher vertretbar, wenn im Rahmen der Bedarfsplanung nur dort eine Prüfung räumlicher Alternativen vorgenommen wird, wo diese einerseits bereits erkennbar sind und andererseits auch ernsthaft in Betracht kommen können (vgl. BNetzA, Bestätigung NEP 2035, 58).

3. Technische Alternativen

Nach § 12b Abs. 1 S. 2 sind im Netzentwicklungsplan Maßnahmen zur bedarfsgerechten 25
Optimierung, Verstärkung und zum Ausbau des Netzes zu prüfen. Darin drückt sich eine

EnWG § 12b Teil 3. Regulierung des Netzbetriebs

als **NOVA-Prinzip** bezeichnete Prüfungsreihenfolge aus: „Netz-Optimierung vor Verstärkung vor Ausbau."

25.1 Im Rahmen der **Netzoptimierung** wird grundsätzlich der witterungsabhängige Freileitungsbetrieb (WAFB), häufig auch als Freileitungsmonitoring (FLM) bezeichnet, sowie die Nutzung von Hochtemperaturleiterseilen (HTL bzw. HTLS) und – bei dafür bereits ausgerüsteten Freileitungen – eine Spannungsumstellung von 220 kV auf 380 kV untersucht (ÜNB, Netzentwicklungsplan Strom 2035, Version 2021, 1. Entwurf, 105).

25.2 Zu den in einem zweiten Schritt zu prüfenden **Verstärkungsmaßnahmen** gehört die Auflage von zusätzlichen Stromkreisen auf ein bestehendes Gestänge, die Ablösung einer 220 kV-Leitung durch einen 380 kV-Neubau in bestehender Trasse (Ersatzneubau) oder ein 380 kV-Neubau neben einer bereits bestehenden Höchstspannungsleitung (Parallelneubau) (ÜNB, Netzentwicklungsplan Strom 2035, Version 2021, 1. Entwurf, 105).

25.3 Ein **Leitungsneubau** in neuer Trasse wird nur dann vorgeschlagen, wenn vorher alle anderen Optionen geprüft wurden (ÜNB, Netzentwicklungsplan Strom 2035, Version 2021, 1. Entwurf, 105).

VII. Netzentwicklungsplan Offshore

26 Der zunächst eigenständige Netzentwicklungsplan Offshore wurde durch das EEG 2016 in ein System aus Flächenentwicklungsplan (§§ 5 ff. WindSeeG) und Netzentwicklungsplan (§§ 12b f.) überführt. Beide Planungsinstrumente haben den Offshore-Netzentwicklungsplan gem. §§ 17b und 17c abgelöst, der nach § 17b Abs. 5 ab dem Jahr 2018 nicht mehr vorzulegen ist. Von dieser Neuordnung versprach sich der Gesetzgeber sowohl eine bessere Verzahnung des Ausbaus der Offshore-Anbindungsleitungen mit dem landseitigen Netz als auch eine bessere Synchronisierung des Ausbaus der Windenergie auf See und der Offshore-Anbindungsleitungen in einem zentralen Zielsystem (BT-Drs. 18/8860, 332).

27 Unter Zugrundelegung der Festlegungen im Flächenentwicklungsplan nach den §§ 5 ff. WindSeeG – insbesondere dazu, wo und in welcher zeitlichen Reihung Flächen voruntersucht und ausgeschrieben werden sollen und eine Offshore-Anbindungsleitung erforderlich ist – erfolgt beginnend mit dem Jahr 2019 die weitere Netzplanung für die ausschließliche Wirtschaftszone im Rahmen des Netzentwicklungsplans gem. § 12b und § 12c (BT-Drs. 18/8860, 278).

28 Im Rahmen der Festlegungen zu den Offshore-Anbindungsleitungen in der ausschließlichen Wirtschaftszone und im Küstenmeer wird nicht nur der Szenariorahmen, sondern auch der Flächenentwicklungsplan zugrunde gelegt. Zwischen Flächenentwicklungsplan und Netzentwicklungsplan entsteht dadurch ein (zeitliches) Stufenverhältnis: Die Festlegungen des zuletzt bekannt gemachten Flächenentwicklungsplans bilden die entscheidende Einflussgröße für den bedarfsgerechten Ausbau der Offshore-Anbindungsleitungen (BT-Drs. 18/8860, 332).

29 Der Flächenentwicklungsplan trifft dabei die grundlegenden Entscheidungen, insbesondere darüber, wo und in welcher zeitlichen Reihenfolge Flächen voruntersucht und ausgeschrieben werden sollen. Gleichzeitig trifft er auch nach § 5 Abs. 1 Nr. 4, Abs. 3 WindSeeG eine Entscheidung darüber, in welchem Kalenderjahr die jeweils entsprechende Offshore-Anbindungsleitung in Betrieb genommen werden soll, um einen Gleichlauf zwischen Entwicklung der Windenergie auf See und deren Netzanbindung zu gewährleisten. Mit der Nennung des geplanten Fertigstellungstermins der Anbindungsleitung im Rahmen des Netzentwicklungsplans wird diese zeitliche Festlegung des Flächenentwicklungsplans nachvollzogen. Insofern handelt es sich hierbei nur um eine nachrichtliche Übernahme der Festlegung des Flächenentwicklungsplans (BT-Drs. 18/8860, 332).

30 Die Übertragungsnetzbetreiber ermitteln in diesem Rahmen den Bedarf für einen Ausbau der Offshore-Anbindungsleitungen in der ausschließlichen Wirtschaftszone und im Küstenmeer bis zu den Netzverknüpfungspunkten an Land. Dies umfasst auch alle wirksamen Maßnahmen zum Weitertransport des auf See erzeugten Stroms und schließt insbesondere Maßnahmen an den Netzverknüpfungspunkten an Land sowie erforderliche Maßnahmen bei den Stromnetzen an Land ein (BT-Drs. 18/8860, 333).

VIII. Zusammenfassende Erklärung und Begründung

Dem zweiten Entwurf des Netzentwicklungsplans ist nach § 12b Abs. 4 eine zusammenfassende Erklärung beizufügen. Diese hat Erläuterungen über die Berücksichtigung der Konsultationsergebnisse zu enthalten, wobei eine einzelfallweise Erwiderung jeder Stellungnahme nicht gefordert ist (Steinbach/Franke/Heimann § 12b Rn. 47). Ferner hat die zusammenfassende Erklärung darzulegen, aus welchen Gründen der Netzentwicklungsplan nach Abwägung mit den geprüften, in Betracht kommenden anderweitigen Planungsmöglichkeiten gewählt wurde.

D. Methodik

I. Allgemeines

Die Aufstellung des Netzentwicklungsplans ist als ein **planerischer Abwägungsprozess** ausgestaltet (BT-Drs. 17/6072). Dies setzt einen bewertenden Ausgleich von durch die Planung berührten Interessen untereinander und gegeneinander voraus (Posser/Fassbender PraxHdB Netzplanung/Netzausbau/Leidinger Kap. 3 Rn. 349). Soweit nicht diese planerische Abwägung bereits auf Ebene der Bedarfsplanung durch gesetzliche Planungsleit- und -grundsätze gesteuert wird, sind die verpflichteten Übertragungsnetzbetreiber bei der Erarbeitung des Netzentwicklungsplans hinsichtlich Ausgestaltung, Wahl und Anwendung von Methoden im Rahmen des fachlich Vertretbaren frei (Knauff EnWZ 2019, 51 (55)). Dies findet seinen Ausdruck u.a. in der Vorschrift des § 12b Abs. 1 S. 5, wonach bei der Erarbeitung des Netzentwicklungsplans eine geeignete und für einen sachkundigen Dritten nachvollziehbare Modellierung des deutschen Elektrizitätsversorgungsnetzes zu nutzen ist. Bis zur Novellierung des EnWG im Jahre 2022 war hierbei lediglich das Höchstspannungsübertragungsnetz in den Blick zu nehmen. Seither sind insbesondere die für den Betrieb des Übertragungsnetzes relevanten Informationen zur Netzinfrastruktur in den nagelagerten Netzen sowie deren Betriebsweise miteinzubeziehen, ebenso jene Anforderungen, welche die nachgelagerten Netze an den sicheren Netzbetrieb des Übertragungsnetzes stellen und aktive Beiträge (insbesondere Systemdienstleistungen), die die nachgelagerten Netze für den sicheren Übertragungsnetzbetrieb bereitstellen können (BT-Drs. 20/1599, 52). Die Übertragungsnetzbetreiber haben sich auf gemeinsame Grundsätze für die Ausbauplanung des deutschen Übertragungsnetzes geeinigt, die im Juli 2020 in einer überarbeiteten Fassung veröffentlicht worden sind. Diese Grundsätze für die Planung des deutschen Übertragungsnetzes basieren auf den Regelungen des „TransmissionCode 2007 – Netz- und Systemregeln der deutschen Übertragungsnetzbetreiber VDN" und bilden die anerkannten Regeln der Technik bei der Netzplanung ab (vgl. Posser/Fassbender PraxHdB Netzplanung/Netzausbau/Leidinger Kap. 3 Rn. 308).

II. Rechtlicher Rahmen

1. Entwicklungsgebot

Nach dem in § 12a Abs. 1 S. 1 und § 12b Abs. 1 S. 1 verankerten Entwicklungsgebot sind die Maßnahmen des Netzentwicklungsplans aus den Szenarien des Szenariorahmens zu entwickeln (vgl. Posser/Fassbender PraxHdB Netzplanung/Netzausbau/Leidinger Kap. 3 Rn. 296). Auf dieser vorgelagerten Verfahrensstufe werden die Rahmen- oder Grundlagendaten (prognostizierter Verbrauch, Erzeugung nach Primärenergieträgern) für die Netzberechnungen im Rahmen der Netzentwicklungsplanung verbindlich festgesetzt (Ruge EnWZ 2020, 99 (100)). In welcher Weise die unterschiedlichen Entwicklungspfade des Szenariorahmens zu einem konsistenten Ausbauszenario entwickelt werden, ist gesetzlich nicht näher bestimmt. Diskutiert werden die Zugrundelegung eines besonders realitätsnah erscheinenden Leitszenarios, die Fortführung und vergleichende Gegenüberstellung der verschiedenen Szenarien im Netzentwicklungsplan oder eine kumulierende Betrachtungsweise dergestalt, dass eine Maßnahme nur dann in den Netzentwicklungsplan aufgenommen wird, wenn sie nach allen oder zumindest nach mehreren Szenarien erfolgreich ist (vgl. Riemer, Investitionspflichten der Betreiber von Elektrizitätsübertragungsnetzen, 2017, 57 ff.). Letzteres entspricht der

EnWG § 12b   Teil 3. Regulierung des Netzbetriebs

Bestätigungspraxis der BNetzA, wonach der erforderliche Transportbedarf aus unterschiedlichen Szenarien des genehmigten Szenariorahmens abzuleiten ist (BNetzA, Bestätigung NEP 2035, 38).

2. Anwendung der Regelung zur Spitzenkappung

34   Aufgrund der in § 12b Abs. 1 S. 3 enthaltenen Verweisung auf § 11 Abs. 2 haben die Übertragungsnetzbetreiber der Erstellung des Netzentwicklungsplans ferner die Annahme zugrunde zu legen, dass die prognostizierte jährliche Stromerzeugung je unmittelbar an das Netz angeschlossene Anlage zur Erzeugung von elektrischer Energie aus Windenergie an Land oder solarer Strahlungsenergie um bis zu 3 Prozent reduziert werden muss. Diese sog. Spitzenkappung sorgt dafür, dass das Netz nicht für seltene Extremsituationen ausgebaut werden muss, in denen zB zeitgleich ein besonders hohes Angebot an Strom aus Photovoltaikanlagen und Windkraftanlagen besteht. Während die Regelung des § 11 Abs. 2 für die Betreiber von Verteilnetzen lediglich fakultativ Anwendung findet, haben die verpflichteten Betreiber von Übertragungsnetzen sie bei den Berechnungen für den Netzentwicklungsplan zwingend zu beachten (BT-Drs. 18/7317, 85). Hierdurch soll die Netzplanung effizienter und die Kosten des Netzausbaus reduziert werden (BT-Drs. 18/7317, 3). Das Prinzip der Spitzenkappung trägt damit auch dem gesetzlichen Gebot der wirtschaftlichen Zumutbarkeit des Netzausbaus Rechnung (Jarass EWeRK 2016, 169 (171)).

3. Berücksichtigung anderweitiger Netzentwicklungspläne

35   Der Netzentwicklungsplan hat nach § 12b Abs. 1 S. 6 den gemeinschaftsweiten Netzentwicklungsplan nach Art. 8 Abs. 3b VO (EG) Nr. 714/2009 und vorhandene Offshore-Netzpläne zu berücksichtigen. Da hiermit keine strikte Beachtungspflicht statuiert wird, sind Abweichungen von den zu berücksichtigenden anderweitigen Netzentwicklungsplänen zulässig (Steinbach/Franke/Heimann § 12b Rn. 45).

35.1   Bis zum Jahr 2009 war die Planung von Stromnetzen vorwiegend der nationalen Daseinsvorsorge zugeordnet. Ältere gemeinschaftsrechtliche Regelungen mit Energiebezug beruhen daher auf der Kompetenz zur Schaffung des Binnenmarktes und der transeuropäischen Netze. Durch den Vertrag von Lissabon wurde mit Art. 194 AEUV eine **europäische Kompetenz für Energiepolitik** geschaffen.

35.2   Gemäß Art. 8 Abs. 3b VO (EG) Nr. 714/2009 erstellt die ENTSO-E (European Network of Transmission System Operators for Electricity) alle zwei Jahre einen **gemeinschaftsweiten zehnjährigen Netzentwicklungsplan** („TYNDP"). Der TYNDP umfasst u.a. die Modellierung des integrierten Netzes, die Entwicklung von Szenarien, eine europäische Prognose zur Angemessenheit der europäischen Stromerzeugung sowie eine Bewertung der Belastbarkeit des Systems. Im TYNDP sind neben den grenzüberschreitenden Projekten (Interkonnektoren) auch innerdeutsche Projekte aus dem Netzentwicklungsplan enthalten, wenn sie eine überregionale, pan-europäische Bedeutung haben. Anders als im Netzentwicklungsplan werden die Netzausbaumaßnahmen im TYNDP mittels einer Kosten-Nutzen-Analyse bewertet. Die positive Kosten-Nutzen-Analyse ist auch Voraussetzung für die Aufnahme in die PCI-Liste nach VO (EU) Nr. 347/2013.

35.3   Deutsche und europäische Netzplanung sind dabei durch eine Art **Gegenstromprinzip** miteinander verbunden: Während der Netzentwicklungsplan den TYNDP zu berücksichtigen hat, beruht dieser seinerseits nach Art. 8 Abs. 10b VO (EG) Nr. 714/2009 auf den nationalen Investitionsplänen. Auch die Szenarien des TYNDP fließen – ggf. nach näherer Konkretisierung durch die BNetzA in der Genehmigung des Szenariorahmens gem. § 12a Abs. 3 – in die Aufstellung des nationalen Netzentwicklungsplans ein.

4. Sicherheit und Zuverlässigkeit des Netzbetriebs

36   Nach § 12b Abs. 2 S. 2 ist dem Erfordernis eines sicheren und zuverlässigen Netzbetriebs bereits bei der Bedarfsplanung in besonderer Weise Rechnung zu tragen. Dies entspricht den übergeordneten Zielen des EnWG, welches gem. § 1 Abs. 1 u.a. eine möglichst sichere leitungsgebundene Versorgung der Allgemeinheit mit Elektrizität gewährleisten soll. Der so umschriebene Rechtsbegriff der Versorgungssicherheit wird durch das sog. „(n-1)-Kriterium" operationalisiert. Dieses bezeichnet die auch in Art. 3 Abs. 2 Nr. 14 VO (EU) 2017/1485 verankerte Regel, wonach – jedenfalls beim Netzbetrieb an Land – die nach dem

Auftreten eines Ausfalls weiter in Betrieb befindlichen Betriebsmittel innerhalb der Regelzone eines ÜNB in der Lage sind, sich an die neue Betriebssituation anzupassen, ohne betriebliche Sicherheitsgrenzwerte zu überschreiten (zur Unanwendbarkeit des (n−1)-Kriteriums im Bereich Offshore vgl. OLG Düsseldorf BeckRS 2015, 8111 Rn. 46). Das (n−1)-Kriterium gehört zu den anerkannten Regeln der Technik (OLG Düsseldorf BeckRS 2018, 5994 Rn. 53), welche nach § 49 Abs. 1 bei Errichtung und Betrieb von Energieanlagen zu beachten sind. Bei der Ermittlung des bedarfsnotwendigen Netzausbaus auf Grundlage des (n−1)-Kriteriums ist zu berücksichtigen, dass bei einer Erprobung neuartiger Technologien iSv § 12b Abs. 1 S. 4 Nr. 3 ggf. nicht das gleiche Maß an Übertragungssicherheit garantiert werden kann wie bei einem Einsatz bewährter Betriebsmittel, was unter Umständen zusätzliche Redundanzen erforderlich werden lässt (vgl. Steinbach/Franke/Heimann § 12b Rn. 36).

III. Bedarfsermittlung

Aufbauend auf den einzelnen Szenarien nehmen die Übertragungsnetzbetreiber anschließend eine Regionalisierung und Marktmodellierung vor und legen ihre Ergebnisse dem Entwurf des Netzentwicklungsplans zugrunde. Darin identifizieren sie für jedes Szenario die aus ihrer Sicht erforderlichen Maßnahmen. Je nach Ausgestaltung der Szenarien kann das für eine bestimmte Maßnahme in allen, in einigen oder auch nur in einem einzigen Szenario der Fall sein (BNetzA, Bestätigung NEP 2030, 45).

Den Ausgangspunkt für die Ermittlung des Ausbaubedarfs (sog. „Zubaunetz") bildet das sog. „**Startnetz**". Von diesem Netzmodell ausgehend werden alle weiteren Prüfungen durchgeführt. Es besteht aus dem zum Zeitpunkt der Prüfung jeweils vorhandenen Übertragungsnetz und den im Energieleitungsausbaugesetz (EnLAG) vorgesehenen Leitungen, für die der Gesetzgeber die energiewirtschaftliche Notwendigkeit und den vordringlichen Bedarf bereits vor Implementierung der Netzentwicklungsplanung festgestellt hatte. Zusätzlich zählt die BNetzA auch solche Maßnahmen zum Startnetz, die gegenwärtig bereits im Bau sind oder bei denen der Baubeginn unmittelbar bevorsteht. Ferner werden auch solche Vorhaben aus dem Bundesbedarfsplangesetz zum Startnetz gezählt, für die bereits ein Antrag auf Planfeststellung vorliegt (BNetzA, Bestätigung NEP 2030, 35). Start- und Zubaunetz zusammen ergeben das Zielnetz (BNetzA, Bestätigung NEP 2035, 30).

Im deutschen Übertragungsnetz gibt es ca. 450 Netzknoten, an denen Strom in das Höchstspannungsnetz aufgenommen oder ausgespeist wird. Für die Planung des Netzes ist zu ermitteln, wieviel Erzeugungsleistung bzw. Verbrauchslast über jeden einzelnen dieser Netzknoten läuft. Erzeugung und Verbrauch werden folglich regional so genau wie möglich aufgeschlüsselt. Dieser Schritt wird mit dem Begriff „**Regionalisierung**" bezeichnet (BNetzA, Bestätigung NEP 2035, 24).

Bei der Bestimmung des notwendigen Netzausbaubedarfs bestimmen die Übertragungsnetzbetreiber im Rahmen der **Modellierung des Energiemarktes** die tatsächlichen Kraftwerkseinspeisungen und ermitteln die relevanten Netznutzungsfälle. Auf diese Weise wird für jede der 8.760 Stunden eines Jahres eine Einspeise- und Nachfragesituation simuliert. Die Marktmodellierung bildet die Grundlage für die Analyse der Stromflüsse und die Untersuchung der Netzstabilität. So werden für verschiedene Netznutzungsfälle die Schwachstellen des Netzes ermittelt. Im Anschluss identifizieren die Übertragungsnetzbetreiber Maßnahmen, welche die ermittelten Schwachstellen beheben (BT-Drs. 17/12638, 12). Die bedeutsamsten regenerativen Energien Photovoltaik und Windkraft speisen nur dann ein, wenn die Sonne scheint bzw. der Wind weht. Um deren Einspeisung zu modellieren, wurden für die Bestätigung des Netzentwicklungsplans 2035 die tatsächlichen Wetterdaten des Jahres 2012 verwendet, die in dieser Hinsicht als durchschnittlich gelten kann. In der Marktmodellierung werden so nur typische Situationen abgebildet, kein Zusammentreffen mehrerer „extremer" Wetterereignisse, was zu einer Überdimensionierung des Netzes führen könnte (BNetzA, Bestätigung NEP 2035, 27).

Auf Grundlage der Marktsimulation wird in den **Netzanalysen** für jedes Szenario der Netzentwicklungsbedarf untersucht. Dabei wird geprüft, ob das Startnetz in der Lage ist, die in der Marktsimulation berechneten Leistungsflüsse zu transportieren. Ausschlaggebend für die Netzdimensionierung sind die kritischen Stunden, damit die Systemstabilität in Zukunft jederzeit aufrechterhalten werden kann. Zeigt die Analyse Überlastungen auf, werden Netzentwicklungsmaßnahmen nach dem NOVA-Prinzip eingeplant. Das so ermittelte Ergebnisnetz wird abschließend auf Systemstabilität untersucht (Netzentwicklungsplan Strom 2035, Version 2021, 2. Entwurf, 15).

E. Rechtsfolgen

38 Die Entwürfe der Übertragungsnetzbetreiber für einen Netzentwicklungsplan zeitigen keine unmittelbaren Rechtswirkungen (Riemer, Investitionspflichten der Betreiber von Elektrizitätsübertragungsnetzen, 2017, 73). Mittelbare Rechtsfolgen knüpfen sich jedoch bereits vor Bestätigung des Netzentwicklungsplans durch die BNetzA an den Entwurfsprozess:

I. Netzentwicklungsplan als Planrechtfertigung

39 Der Entwurf des Netzentwicklungsplans entfaltet für sich genommen keine Bindungswirkung für nachfolgende Planungsverfahren (Kment EnWG/Posser § 12c Rn. 47). Eine für alle Beteiligten verbindliche Feststellung des Bedarfs für ein Vorhaben tritt erst mit Aufnahme des Vorhabens in das Bundesbedarfsplangesetz ein (vgl. BVerwG NVwZ 2018, 332 Rn. 17). Die für die Planfeststellung eines Vorhabens erforderliche Planrechtfertigung kann allerdings auch ohne gesetzliche Bedarfsfeststellung gegeben sein (BVerwG NVwZ-RR 2019, 91 Rn. 7). In solchen Fällen kann die Begründung des Bedarfs für ein der gesetzlichen Bedarfsfeststellung vorgreifendes Vorhaben bereits aus dem Entwurf des Netzentwicklungsplans abgeleitet werden (OVG Bln-Bbg BeckRS 2020, 3525 Rn. 150; 2019, 16994 Rn. 45). Ihm ist insoweit die Bedeutung eines antizipierten Sachverständigengutachtens beizumessen. Der Planfeststellungsbeschluss für ein Vorhaben des noch in Aufstellung befindlichen Netzentwicklungsplans kann erforderlichenfalls dergestalt unter Vorbehalt gestellt werden, dass mit dem Vollzug des Planfeststellungsbeschlusses erst dann begonnen werden darf, wenn die BNetzA den Bedarf in der bevorstehenden Fortschreibung des Netzentwicklungsplans bestätigt hat (vgl. OVG NRW BeckRS 2017, 128614 Rn. 80).

II. Verstoß gegen die Pflicht zur rechtzeitigen Vorlage des Entwurfs eines Netzentwicklungsplans

40 Nach § 95 Abs. 1 Nr. 3b handelt ordnungswidrig, wer vorsätzlich oder fahrlässig entgegen § 12b Abs. 5 einen Entwurf für einen Netzentwicklungsplan nicht oder nicht rechtzeitig vorlegt. An der erforderlichen Vorwerfbarkeit kann es jedoch beispielsweise dann mangeln, wenn andere zur Mitwirkung Verpflichtete ihren Kooperationspflichten nicht hinreichend nachgekommen sind.

§ 12c Prüfung und Bestätigung des Netzentwicklungsplans durch die Regulierungsbehörde

(1) ¹Die Regulierungsbehörde prüft die Übereinstimmung des Netzentwicklungsplans mit den Anforderungen gemäß § 12b Absatz 1, 2 und 4. ²Sie kann Änderungen des Entwurfs des Netzentwicklungsplans durch die Betreiber von Übertragungsnetzen mit Regelzonenverantwortung verlangen. ³Die Betreiber von Übertragungsnetzen mit Regelzonenverantwortung stellen der Regulierungsbehörde auf Verlangen die für ihre Prüfungen erforderlichen Informationen zur Verfügung. ⁴Bestehen Zweifel, ob der Netzentwicklungsplan mit dem gemeinschaftsweit geltenden Netzentwicklungsplan in Einklang steht, konsultiert die Regulierungsbehörde die Agentur für die Zusammenarbeit der Energieregulierungsbehörden.

(2) ¹Zur Vorbereitung eines Bedarfsplans nach § 12e erstellt die Regulierungsbehörde frühzeitig während des Verfahrens zur Erstellung des Netzentwicklungsplans nach § 12b einen Umweltbericht, der den Anforderungen des § 40 des Gesetzes über die Umweltverträglichkeitsprüfung entsprechen muss. ²Der Umweltbericht nach Satz 1 bezieht den Umweltbericht zum Flächenentwicklungsplan nach § 6 Absatz 4 des Windenergie-auf-See-Gesetzes ein und kann auf zusätzliche oder andere als im Umweltbericht zum Flächenentwicklungsplan nach § 6 Absatz 4 des Windenergie-auf-See-Gesetzes enthaltene erhebliche Umweltauswirkungen beschränkt werden. ³Der Umweltbericht nach Satz 1 kann sich auf den Bereich des

Festlands und des Küstenmeeres beschränken. ⁴Die Betreiber von Übertragungsnetzen mit Regelzonenverantwortung stellen der Regulierungsbehörde die hierzu erforderlichen Informationen zur Verfügung.

(2a) ¹Enthält der nach § 12b Absatz 5 vorgelegte Netzentwicklungsplan eine Neubaumaßnahme zur Höchstspannungs-Gleichstrom-Übertragung, die noch nicht im Netzentwicklungsplan bestätigt wurde und für die keine Bündelungsoption nach § 12b Absatz 3a besteht, hat die Regulierungsbehörde anhand von vorhandenen Daten zur großräumigen Raum- und Umweltsituation für diese Maßnahme einen Präferenzraum im Sinne des § 3 Nummer 10 des Netzausbaubeschleunigungsgesetzes Übertragungsnetz zu ermitteln und dem Umweltbericht zugrunde zu legen. ²Liegen die Voraussetzungen des Satzes 1 im Fall einer Neubaumaßnahme für den länderübergreifenden landseitigen Teil einer Offshore-Anbindungsleitung vor, kann die Regulierungsbehörde Satz 1 entsprechend anwenden. ³Die Ermittlung von Präferenzräumen nach Satz 1 hat keine unmittelbare Außenwirkung und ersetzt nicht die Entscheidung über die Zulässigkeit der Netzausbaumaßnahme. ⁴Die Ermittlung von Präferenzräumen kann nur im Rahmen des Rechtsbehelfsverfahrens gegen die Zulassungsentscheidung für die jeweilige Netzausbaumaßnahme überprüft werden. ⁵Sofern Geodaten über die verbindlichen Festlegungen der Landes- und Regionalplanung benötigt werden, legt die Bundesnetzagentur die Daten des Raumordnungsplan-Monitors des Bundesinstituts für Bau-, Stadt- und Raumforschung zugrunde, die ihr für diesen Zweck zur Verfügung zu stellen sind. ⁶Für diese und andere Geodaten gilt § 31 Absatz 4 des Netzausbaubeschleunigungsgesetzes Übertragungsnetz entsprechend. ⁷Für Maßnahmen, für die ein Bundesfachplanungsverfahren notwendig ist und bei denen noch kein Antrag auf Bundesfachplanung gestellt wurde, ist ein Präferenzraum zu ermitteln, wenn dies der Vorhabenträger bis zum 11. Juni 2023 beantragt. ⁸Bei der Präferenzraumermittlung hat die Regulierungsbehörde zu berücksichtigen, ob eine spätere gemeinsame Verlegung mehrerer Neubaumaßnahmen im Sinne von Satz 1 im räumlichen und zeitlichen Zusammenhang ganz oder weit überwiegend sinnvoll erscheint. ⁹Um eine Bündelung zu ermöglichen, darf die Regulierungsbehörde Kopplungsräume setzen. ¹⁰Sofern die Betreiber von Übertragungsnetzen bei einer Neubaumaßnahme, die in dem nach § 12b Absatz 5 vorgelegten Netzentwicklungsplan enthalten ist, angeben, dass diese Maßnahme die Nutzung der nach § 2 Absatz 8 des Bundesbedarfsplangesetzes vorgesehenen Leerrohrmöglichkeit eines im Bundesbedarfsplan mit „H" gekennzeichneten Vorhabens zum Ziel hat, ist von einer Präferenzraumermittlung abzusehen. ¹¹Die Ermittlung von Präferenzräumen stellt keine raumbedeutsame Planung und Maßnahme im Sinne des § 3 Absatz 1 Nummer 6 des Raumordnungsgesetzes vom 22. Dezember 2008 (BGBl. I S. 2986), das zuletzt durch Artikel 3 des Gesetzes vom 20. Juli 2022 (BGBl. I S. 1353) geändert worden ist, dar.

(3) ¹Nach Abschluss der Prüfung nach Absatz 1 beteiligt die Regulierungsbehörde unverzüglich die Behörden, deren Aufgabenbereich berührt wird, und die Öffentlichkeit. ²Maßgeblich sind die Bestimmungen des Gesetzes über die Umweltverträglichkeitsprüfung, soweit sich aus den nachfolgenden Vorschriften nicht etwas anderes ergibt. ³Gegenstand der Beteiligung ist der Entwurf des Netzentwicklungsplans und in den Fällen des § 12e der Umweltbericht. ⁴Die Unterlagen für die Strategische Umweltprüfung sowie der Entwurf des Netzentwicklungsplans sind für eine Frist von sechs Wochen am Sitz der Regulierungsbehörde auszulegen und darüber hinaus auf ihrer Internetseite öffentlich bekannt zu machen. ⁵Die betroffene Öffentlichkeit kann sich zum Entwurf des Netzentwicklungsplans und zum Umweltbericht bis einen Monat nach Ende der Auslegung äußern.

(4) ¹Die Regulierungsbehörde soll den Netzentwicklungsplan unter Berücksichtigung des Ergebnisses der Behörden- und Öffentlichkeitsbeteiligung mit Wirkung für die Betreiber von Übertragungsnetzen spätestens bis zum 31. Dezember eines jeden ungeraden Kalenderjahres, beginnend mit dem Jahr 2017, bestätigen. ²Die Bestätigung ist nicht selbstständig durch Dritte anfechtbar.

Fischer

(5) Die Betreiber von Übertragungsnetzen mit Regelzonenverantwortung sind verpflichtet, den entsprechend Absatz 1 Satz 2 geänderten Netzentwicklungsplan der Regulierungsbehörde unverzüglich vorzulegen.

(6) ¹Bei Fortschreibung des Netzentwicklungsplans kann sich die Beteiligung der Öffentlichkeit, einschließlich tatsächlicher und potenzieller Netznutzer, der nachgelagerten Netzbetreiber sowie der Träger öffentlicher Belange nach § 12a Absatz 2, § 12b Absatz 3 und § 12c Absatz 3 auf Änderungen gegenüber dem zuletzt genehmigten Szenariorahmen oder dem zuletzt bestätigten Netzentwicklungsplan beschränken. ²Ein vollständiges Verfahren nach den §§ 12a bis 12c Absatz 1 bis 5 muss mindestens alle vier Jahre sowie in den Fällen des § 12e Absatz 1 Satz 3 durchgeführt werden.

(7) Die Regulierungsbehörde kann nähere Bestimmungen zu Inhalt und Verfahren der Erstellung des Netzentwicklungsplans sowie zur Ausgestaltung des nach Absatz 3, § 12a Absatz 2 und § 12b Absatz 3 durchzuführenden Verfahrens zur Beteiligung der Öffentlichkeit treffen.

(8) ¹Die Regulierungsbehörde kann bei Bestätigung des Netzentwicklungsplans oder durch gesonderte Entscheidung bestimmen, wer für die Durchführung einer im Netzentwicklungsplan bestätigten Maßnahme als Vorhabenträger ganz oder teilweise verantwortlich ist. ²Hierbei berücksichtigt die Regulierungsbehörde ausschließlich Belange, die im öffentlichen Interesse eine möglichst zügige, effiziente und umweltschonende Durchführung der Maßnahmen erwarten lassen. ³Dazu gehören Vorschläge im Netzentwicklungsplan und etwaige Vereinbarungen von Übertragungsnetzbetreibern zur Bestimmung eines oder mehrerer Vorhabenträger; in diesem Fall ist durch die Übertragungsnetzbetreiber darzulegen, dass durch eine solche anteilige Zuweisung eine möglichst zügige und effiziente Durchführung der Maßnahme erreicht werden kann. ⁴Darüber hinaus kann sie insbesondere berücksichtigen
1. ob ein Vorhabenträger bereits für ein Vorhaben nach dem Energieleitungsausbaugesetz oder dem Bundesbedarfsplangesetz verantwortlich ist und die bestätigte Maßnahme mit diesem Vorhaben gemeinsam realisiert werden soll,
2. ob durch die Durchführung einer Maßnahme durch einen Vorhabenträger oder durch eine gemeinsame Durchführung der Maßnahme durch mehrere Vorhabenträger die Ziele nach Satz 2 besser erreicht werden können,
3. die personelle, technische und wirtschaftliche Leistungsfähigkeit und Zuverlässigkeit eines Vorhabenträgers,
4. die bisherigen Fortschritte eines Vorhabenträgers bei der Realisierung von Vorhaben nach dem Energieleitungsausbaugesetz und dem Bundesbedarfsplangesetz,
5. in welchem Umfang der Vorhabenträger neben der Durchführung der Maßnahme im Übrigen für Netzausbauvorhaben verantwortlich ist oder sein wird.

⁵Vorhabenträger für im Netzentwicklungsplan bestätigte Leitungen zur Höchstspannungs-Gleichstrom-Übertragung, für welche noch kein Antrag auf Bundesfachplanung nach § 6 Absatz 1 Netzausbaubeschleunigungsgesetz oder in den Fällen des § 5a des Netzausbaubeschleunigungsgesetzes kein Antrag auf Planfeststellungsbeschluss für das Gesamtvorhaben oder Teile davon gestellt wurde, ist im Geltungsbereich des Netzausbaubeschleunigungsgesetzes der Übertragungsnetzbetreiber, in dessen Regelzone der südliche Netzverknüpfungspunkt der Leitung gelegen ist. ⁶Vorhabenträger für im Netzentwicklungsplan bestätigte Offshore-Anbindungsleitungen ist entsprechend § 17d Absatz 1 der Übertragungsnetzbetreiber, in dessen Regelzone der landseitige Netzverknüpfungspunkt gelegen ist. ⁷Die Bundesnetzagentur kann bei der Bestätigung des Netzentwicklungsplans oder durch gesonderte Entscheidung abweichend von den Sätzen 5 und 6 den Vorhabenträger nach den Sätzen 1 bis 4 bestimmen, um eine möglichst zügige, effiziente und umweltschonende Durchführung der Maßnahmen sicherzustellen.

Prüfung u. Bestätigung Netzentwicklungsplan durch Regulierer § 12c EnWG

Überblick

Der von den Übertragungsnetzbetreibern erstellte Netzentwicklungsplan wird mit Bestätigung durch die BNetzA im Hinblick auf die dadurch entstehenden Investitionspflichten verbindlich und vollziehbar (→ Rn. 1). Die BNetzA hat den Entwurf der Übertragungsnetzbetreiber zu prüfen (→ Rn. 3) und abwägend nachzuvollziehen (→ Rn. 26). Soweit dies zur Sicherstellung der Übereinstimmung des Netzentwicklungsplans mit den gesetzlichen Vorgaben erforderlich ist, kann die BNetzA ein Änderungsverlangen gegenüber den Übertragungsnetzbetreibern ausüben (→ Rn. 19). Wenn der bestätigte Netzentwicklungsplan die Grundlage für den gesetzlichen Bundesbedarfsplan bilden soll, wird die erforderliche Strategische Umweltprüfung nebst Öffentlichkeitsbeteiligung in das Verfahren zur Bestätigung des Netzentwicklungsplans integriert (→ Rn. 29). Während künftiger Verfahren zur Aufstellung des Netzentwicklungsplans hat die BNetzA bei Vorliegen der gesetzlichen Voraussetzungen für bestimmte Vorhaben sog. Präferenzräume zu entwickeln (→ Rn. 37). Die Durchführungsverantwortung des jeweiligen Übertragungsnetzbetreibers für ein bestimmtes Vorhaben ergibt sich nach Maßgabe des Gesetzes, soweit die BNetzA nicht davon abweichende Anordnungen trifft (→ Rn. 52).

Übersicht

	Rn.		Rn.
A. Normzweck und Bedeutung	1	D. Ermittlung von Präferenzräumen	37
B. Bestätigung des Netzentwicklungsplans	3	I. Entstehungsgeschichte	38
I. Prüfprogramm	3	II. Anwendungsbereich und Zuständigkeit	40
1. Wirksamkeit	5	III. Verfahrensablauf und -gegenstand	43
2. Bedarfsgerechtigkeit	6	IV. Rechtswirkungen und Rechtsschutz	46
3. Erforderlichkeit	7	V. Besonderheiten von Offshore-Anbindungsleitungen	49
4. Wirtschaftlichkeit	8	VI. Präferenzraumermittlung auf Antrag des Vorhabenträgers	51
5. Klimarelevanz	10		
II. Verfahren	12	E. Vorhabenträgerschaft und Zuweisungsbefugnis	52
1. Öffentlichkeitsbeteiligung	12	I. Gesetzliche Zuweisung der Vorhabenträgerschaft	53
2. Beiladung Dritter	18		
III. Änderungsverlangen der BNetzA	19	II. Behördliche Bestimmung der Vorhabenträgerschaft	57
IV. Bestätigung	22		
1. Regelungsgegenstand	23	F. Rechtsfolgen der Bestätigung	61
2. Abwägungsgebot und Weisungsfreiheit der BNetzA	26	I. Ausbauverpflichtung der Übertragungsnetzbetreiber	61
C. SUP zum Bundesbedarfsplan	29	II. Rechtsfolgen für die Genehmigungsplanung	62
I. Erforderlichkeit einer Strategischen Umweltprüfung (SUP)	29	III. Grundlage für die gesetzliche Bedarfsfeststellung	64
II. Zuständigkeit, Verfahren und Untersuchungsrahmen	31	IV. Rechtsschutzfragen	65
III. Umweltbericht und Alternativenprüfung	32	1. Rechtsmittel der Übertragungsnetzbetreiber	65
IV. (Keine) Pflicht zur Durchführung einer gesonderten Natura 2000-Verträglichkeitsprüfung	36	2. kein Rechtsschutz Dritter	66

A. Normzweck und Bedeutung

Die allgemeine Ausbauverpflichtung der Übertragungsnetzbetreiber nach § 11 Abs. 1 S. 1 wird durch die Bestätigung des Netzentwicklungsplans konkretisiert (Posser/Faßbender PraxHdB Netzplanung/Netzausbau/Leidinger Kap. 3 Rn. 486). Hierdurch wird dieser vollzugsfähig und einer Regulierungsentscheidung nach § 65 Abs. 2a zugänglich (Buus, Bedarfsplanung durch Gesetz, 2018, 167). Spätestens alle vier Jahre ist der bestätigte Netzentwicklungsplan in ein alle Beteiligten bindendes Bundesbedarfsplangesetz zu überführen. **1**

Für die Bestätigung des Netzentwicklungsplans ist nach §§ 54 Abs. 1 Hs. 1, 59 Abs. 1 S. 2 Nr. 4 die Zuständigkeit der BNetzA gegeben. Inhalt und Verfahren der Erstellung des Netzentwicklungsplans können auf Grundlage des § 12c Abs. 7 durch die BNetzA näher **2** konkretisiert werden. Gleiches gilt für die Ausgestaltung des Verfahrens zur Beteiligung der Öffentlichkeit. Nach dem Willen des Gesetzgebers soll dies die Gewähr dafür bieten, dass durch eine Standardisierung der Verfahrensabläufe bei der Erstellung des Netzentwicklungsplans und der Form des Netzentwicklungsplans, das Verfahren effizient und effektiv ausgestaltet werden kann (BT-Drs. 17/6072, 69). Von der ihr ursprünglich eingeräumten Befugnis einer Festlegung gem. § 29 Abs. 1 hat die BNetzA nie Gebrauch gemacht. Nach Streichung des entsprechenden Verweises aus dem Wortlaut der Norm ist ein gesondertes förmliches Festlegungsverfahren nach § 29 Abs. 1 für die näheren Bestimmungen seitens der BNetzA zu Inhalt und Verfahren der Erstellung des Netzentwicklungsplans sowie zur Ausgestaltung des nach § 12a Abs. 2, § 12b Abs. 3 und § 12c Abs. 3 durchzuführenden Verfahrens zur Beteiligung der Öffentlichkeit entbehrlich. Vielmehr sind solche Bestimmungen nach der Gesetzesbegründung „schon aus Beschleunigungsgründen unmittelbar in das Verfahren zum Netzentwicklungsplan zu integrieren" (BT-Drs. 20/1599, 54).

B. Bestätigung des Netzentwicklungsplans

I. Prüfprogramm

3   Nach Vorlage des konsultierten und konsolidierten Entwurfs prüft die BNetzA, ob der Netzentwicklungsplan den gesetzlichen Anforderungen des § 12b Abs. 1, 2 und 4 entspricht und ob die Netzbedarfsberechnung der Übertragungsnetzbetreiber nachvollzogen werden kann (BT-Drs. 17/12638, 13). Der Aufstellung des Netzentwicklungsplans durch die Übertragungsnetzbetreiber und seiner anschließenden Bestätigung durch die BNetzA liegt daher – im Ausgangspunkt – dasselbe Prüfprogramm zugrunde (BT-Drs. 17/6072, 69). Einzelne weitere Prüfschritte wie zB das Berücksichtigungsgebot des Klimaschutzgesetzes (→ Rn. 10) sind demgegenüber ausschließlich einer behördlichen Prüfung überantwortet.

4   Der vorgelegte Netzentwicklungsplan ist zunächst daraufhin zu überprüfen, ob die durch § 12b Abs. 1 geforderten Pflichtangaben (→ § 12b Rn. 10 ff.) vollständig sind und eine Berücksichtigung der Öffentlichkeitsbeteiligung zum ersten Entwurf des Netzentwicklungsplans erfolgt ist (BT-Drs. 17/6072, 69). Die Modalitäten der von den Übertragungsnetzbetreibern durchzuführenden Öffentlichkeitsbeteiligung sind hingegen aufgrund der fehlenden Verweisung auf § 12b Abs. 3 nicht vom gesetzlichen Prüfprogramm umfasst (Schirmer/Seiferth ZUR 2013, 515 (516)). Gegenstand der behördlichen Prüfung ist ferner eine Plausibilitätskontrolle dahingehend, ob die tatsächliche Datengrundlage zutreffend, die Wahl der Entscheidungsprämissen nachvollziehbar und die Prognosemethode fachlich vertretbar sind (für die Bedarfsplanung Gas: OVG Bln-Bbg BeckRS 2019, 16994 Rn. 39). In materieller Hinsicht ist der Entwurf des Netzentwicklungsplans zunächst daran zu messen, ob die darin vorgeschlagenen Ausbaumaßnahmen wirksam, bedarfsgerecht und erforderlich iSd § 12b Abs. 1 S. 2 sind.

1. Wirksamkeit

5   Eine Maßnahme ist wirksam, soweit sie eine drohende Überlastung im Übertragungsnetz verhindert (Posser/Faßbender PraxHdB Netzplanung/Netzausbau/Leidinger Kap. 3 Rn. 418). Berücksichtigt werden dabei nur solche Überlastungen, welche entweder bereits im Grundzustand des Übertragungsnetzes oder aber bei Ausfall eines Betriebsmittels (zB einer Leitung, eines Umspannwerks, usw) auftreten. Eine Ausbaumaßnahme kann aus Effizienzgründen auf der Ebene des Übertragungsnetzes auch wirksam sein, wenn dadurch die unterlagerten Spannungsebenen entlastet werden (Posser/Faßbender PraxHdB Netzplanung/Netzausbau/Leidinger Kap. 3 Rn. 421). So kann es zB effizienter sein, eine neue Leitung auf Übertragungsnetzebene zu errichten, als einen massiven oder nicht nachhaltigen Ausbau auf der 110-kV-Ebene zu betreiben. Grenzüberschreitende Maßnahmen werden einer Kosten-Nutzen-Analyse unterzogen. Die anschließende Bewertung basiert auf dem sich ergebenden Mehrwert sowie den Umweltauswirkungen der grenzüberschreitenden Leitungen (BNetzA, Bestätigung NEP 2035, 47).

2. Bedarfsgerechtigkeit

Das Kriterium der Bedarfsgerechtigkeit soll sowohl Über- als auch Unterinvestitionen in die Energieversorgungsnetze verhindern. Die Gefahr von Überinvestitionen folgt aus dem Umstand, dass Netzbetreiber als natürliche Monopolisten nicht im Wettbewerb mit anderen Unternehmen stehen und ohne eine staatliche Regulierung weniger Anreiz für eine effiziente Leistungserbringung hätten. Der durch die Anreizregulierung vorgegebene Kostendruck birgt demgegenüber die Gefahr von Unterinvestitionen, wenn Netzbetreiber zur Vermeidung von Kosten nur noch die nötigsten Investitionen tätigen. Vor diesem Hintergrund haben Netzbetreiber ihre Netzerweiterungsmaßnahmen an dem objektiven Transport- und Verteilungsbedarf an Elektrizität und Gas zu orientieren. Die Anmeldung eines subjektiven Transport- oder Verteilungsbedarfs durch einen Marktteilnehmer allein reicht daher nicht aus, um eine konkrete Ausbaupflicht des Netzbetreibers auszulösen (Säcker EnergieR/König § 11 Rn. 33).

3. Erforderlichkeit

Um bestätigungsfähig zu sein, müssen die zu realisierenden Maßnahmen innerhalb des Betrachtungszeitraumes für einen sicheren und zuverlässigen Netzbetrieb erforderlich sein. In der Verwaltungspraxis der BNetzA wird dieses Kriterium in der Weise zur Anwendung gebracht, dass Maßnahmen sich auch gegenüber Veränderungen von gesetzlichen oder sonstigen Rahmenbedingungen stabil und zukunftsfest erweisen sollen, um keine unnötigen Ressourcen zu verbrauchen. Eine Maßnahme ist in diesem Sinne erst dann erforderlich, wenn sie auch gegenüber Veränderungen der Netzentwicklungsplanung in einem gewissen Maße widerstandsfähig und damit robust ist (BNetzA, Bestätigung NEP 2035, 41).

4. Wirtschaftlichkeit

Die Bestätigung des Netzentwicklungsplans ist das Ergebnis einer nachvollziehenden Abwägung durch die BNetzA (→ Rn. 26). Eine gerechte Abwägung setzt voraus, dass in die Abwägung an Belangen eingestellt wird, was nach Lage der Dinge in sie eingestellt werden muss. Als maßgebliche Planungsleitsätze nennt § 1 Abs. 1 u.a. die Gewährleistung einer preisgünstigen, verbraucherfreundlichen und effizienten Energieversorgung. Darüber hinaus muss die zur Ausübung des (Planungs-)Ermessens ermächtigte Behörde stets den Grundsatz der Verhältnismäßigkeit beachten. Dies erfordert eine Abwägung, bei der die Behörde die privaten und öffentlichen Interessen nach ihrer konkreten Betroffenheit im jeweiligen Einzelfall gewichten muss. Angesichts der erheblichen Kosten des Netzausbaus, welche durch die Übertragungsnetzbetreiber vorzufinanzieren und letztlich durch private und gewerbliche Stromkunden zu tragen sind, können wirtschaftliche Faktoren nicht ohne Einfluss auf die gesamtstaatliche Bedarfsplanung bleiben (für die Bundesverkehrswegeplanung vgl. BVerwG NVwZ 2022, 1549 Rn. 17).

Nach einer in der Literatur vertretenen Auffassung ist die wirtschaftliche Zumutbarkeit anhand einer einzelfallorientierten **Kosten-Nutzen-Analyse** auf Grundlage einer langfristigen Betrachtung vorzunehmen (Senders/Wegner EnWZ 2021, 243 (244)). Demgegenüber kommt nach Auffassung der BNetzA die Prüfung einzelner Maßnahmen anhand einer Kosten-Nutzen-Analyse oder auch „Cost Benefit Analysis" für Netzausbauprojekte grundsätzlich nicht in Betracht. Dies wird u.a. damit begründet, dass Kostenannahmen mit großen Unsicherheiten behaftet seien, da auf der Planungsebene des Netzentwicklungsplans viele Details der Umsetzung bei weitem nicht sicher bekannt sind (BNetzA, Bestätigung NEP 2035, 61). Dies vermag jedoch weder mit Blick auf die Rechtslage noch im Kontext vergleichbarer Bedarfsermittlungen zu überzeugen. So stellt die Kosten-Nutzen-Analyse das zentrale Bewertungsmodul des Bundesverkehrswegeplans dar, in dem die Investitionskosten eines Vorhabens alle in Geldeinheiten darstellbaren positiven und negativen Projektwirkungen gegenübergestellt werden (BMVI, Bundesverkehrswegeplan 2030, 59). Im Rahmen der Aufstellung des Bundesverkehrswegeplans weist der Bund damit u.a. die gesamtwirtschaftliche Vorteilhaftigkeit eines Projektes nach (Becker ZfV 2016, 1). Nur dann, wenn der Nutzen des Projekts auch die negativen (ökologischen) Folgen überwiegt, dürfe es in den Plan aufgenommen werden (Groß VerwArch 104 (2013), 1 (16)).

5. Klimarelevanz

10 Der mit Bestätigung des Netzentwicklungsplans verbindlich konkretisierte Netzausbaubedarf ist einerseits Folge der Bestrebungen zur Implementierung einer treibhausgasneutralen Energieversorgung, welche zunehmend auf „erneuerbaren Energien" im Sinne des § 3 Nr. 21 EEG beruht. Andererseits leistet der Netzausbau selbst einen Beitrag zur Verursachung von Treibhausgasemissionen. Zu nennen ist der Einsatz von Baustoffen wie Stahl und Beton, aber auch die bei der Übertragung elektrischer Energie über weite Strecken auftretenden Leitungsverluste. Gleichzeitig hat der Netzausbau Einfluss auf den Sektor Landnutzung und bedingt ggf. die Inanspruchnahme sog. Klimasenken. Soweit Vorhaben des Netzausbaus bereits in den Bundesbedarfsplan aufgenommen wurden, hat der Gesetzgeber damit in Ansehung seiner völker- und verfassungsrechtlichen Verpflichtung zum Klimaschutz (BVerfG NJW 2021, 1723 Rn. 144) sowie in Ausübung des ihm durch Art. 20a GG zugewiesenen Gestaltungsspielraums (BVerfG NJW 2021, 1723 Rn. 205) über das „Ob" dieser Vorhaben bereits abschließend entschieden. Deren Klimarelevanz ist daher erst wieder auf Zulassungsebene und dort im Wesentlichen im Sinne eines Optimierungsgebotes zu berücksichtigen (vgl. BVerwG BeckRS 2022, 44373 Rn. 24). Nach einer in der Literatur vertretenen Auffassung kann es zur Erfüllung der bereichsspezifischen Reduktionsvorgaben jedoch auch erforderlich sein, bereits getroffene Bedarfsfeststellungen im Einzelfall zu überprüfen (Faßbender NJW 2021, 2085 (2091)). Für erstmalig hinzutretende Ausbauvorhaben sind bei der behördlichen Bestätigung des Netzentwicklungsplans die Vorgaben des Klimaschutzgesetzes stets zu beachten (vgl. Faßbender NJW 2021, 2085 (2091)). Die für eine sinnvolle Allokation knapper Ressourcen erforderliche klima- und umweltorientierte Gesamtbetrachtung sowie die Bewirtschaftung der jeweiligen Sektorenziele kann sinnvollerweise nur auf Ebene der übergeordneten Netzplanung und nicht erst im Zuge der anlagenspezifischen Zulassungsentscheidung erfolgen (vgl. Groß VerwArch 104 (2013), 1 (16)).

11 § 13 Abs. 1 KSG gebietet allen Trägern öffentlicher Aufgaben, den Zweck des Klimaschutzgesetzes und die zu seiner Erfüllung festgelegten Ziele zu berücksichtigen. Dieses **Berücksichtigungsgebot** konkretisiert die allgemeine Vorbildfunktion der öffentlichen Hand und kommt ausweislich der Gesetzesbegründung bei allen ihren Planungen und Entscheidungen zum Tragen, soweit im Rahmen der gesetzlichen Vorgaben Entscheidungsspielräume bestehen. Das Gebot umfasst sowohl Verwaltungsentscheidungen mit Außenwirkung als auch Entscheidungen ohne Außenwirkung. Dies gilt insbesondere, soweit die zugrundeliegenden Vorschriften bestimmte Entscheidungen vom Vorliegen von „öffentlichen Interessen" oder „vom Wohl der Allgemeinheit" abhängig machen, wenn sie den zuständigen Stellen Planungsaufgaben geben oder Abwägungs-, Beurteilungs- und Ermessensspielräume zuweisen. Der Zweck des Klimaschutzgesetzes und die zu seiner Erfüllung festgesetzten Ziele sind bei diesen Entscheidungen in die Abwägung einzubeziehen. Dabei sind die Bedeutung der Entscheidung für den Klimaschutz zu ermitteln und Klimaschutzgesichtspunkte zu berücksichtigen, soweit keine entgegenstehenden, überwiegenden rechtlichen oder sachlichen Gründe vorliegen (BT-Drs. 19/14337, 36). Der so beschriebenen Pflicht zur Berücksichtigung von Treibhausgasemissionen bei der Bestätigung des Netzentwicklungsplans kann insbesondere nicht mit dem Hinweis auf ein vergleichsweise marginales Gewicht einzelner Ausbauprojekte begegnet werden. Weil der Klimawandel – nach Auffassung des BVerfG – „nur angehalten werden kann, wenn all diese vielen, für sich genommen oft kleinen Mengen von CO_2-Emissionen lokal vermieden werden", darf einer einzelnen Maßnahme nicht entgegen- bzw. zugutegehalten werden, sie wirke sich nur geringfügig aus (vgl. BVerfG NVwZ 2022, 861 Rn. 143). Eine Nichtberücksichtigung der zu prüfenden Klimafolgen stellt vielmehr einen Abwägungsfehler dar (Chladek, Rechtsschutzverkürzung als Mittel der Verfahrensbeschleunigung, 2022, 250). Im Bereich der Bedarfsplanung für Verkehrswege sieht die Bewertungsmethodik u.a. die **Berücksichtigung der sog. Lebenszyklusemissionen** vor. Darunter werden alle Treibhausgasemissionen verstanden, die mit den Erstinvestitionen, Reinvestitionen der Streckenunterhaltung und dem Betrieb der zu bewertenden Infrastrukturmaßnahme verbunden sind (BMVI, Bundesverkehrswegeplan 2030, 61). Die Zugrundelegung solcher Lebenszyklusemissionen wurde durch die Rechtsprechung gebilligt (für die Planfeststellung: BVerwG NVwZ 2022, 1549 Rn. 90).

II. Verfahren

1. Öffentlichkeitsbeteiligung

Nach Abschluss der Prüfung des vorgelegten Netzentwicklungsplans beteiligt die BNetzA 12
unverzüglich die Behörden, deren Aufgabenbereich berührt wird sowie die Öffentlichkeit.
Gegenstand dieser Beteiligung ist gem. § 12c Abs. 3 S. 3 der Entwurf zum Netzentwicklungsplan und „in den Fällen des § 12e" – wenn also der Netzentwicklungsplan als Entwurf für
einen Bundesbedarfsplan dient – auch der Umweltbericht (Schirmer/Seiferth ZUR 2013,
515 (516)). In diesem Falle umfasst die Öffentlichkeitsbeteiligung nach § 12c Abs. 3 auch
das Beteiligungsverfahren im Rahmen der Strategischen Umweltprüfung (BT-Drs. 17/6072,
69).

Der Entwurf des Netzentwicklungsplans und erforderlichenfalls die Unterlagen für die 13
Strategische Umweltprüfung sind für eine Frist von sechs Wochen am Sitz der Regulierungsbehörde auszulegen und darüber hinaus auf ihrer Internetseite öffentlich bekannt zu machen.
Nach Maßgabe der Vorschriften des Gesetzes zur Sicherstellung ordnungsgemäßer Planungs-
und Genehmigungsverfahren während der COVID-19-Pandemie (PlanSiG) kann die Auslegung vollständig durch eine Veröffentlichung im Internet ersetzt werden, wenn die jeweilige
Auslegungsfrist spätestens mit Ablauf des 31.12.2023 endet.

Die betroffene Öffentlichkeit kann sich zum Entwurf des Netzentwicklungsplans und zum 14
Umweltbericht bis zum Ablauf eines Monats nach dem Ende der Auslegung äußern. Betroffene Person ist nach der Legaldefinition des § 2 Abs. 9 UVPG jede Person, deren Belange
durch eine Zulassungsentscheidung oder einen Plan oder ein Programm berührt werden;
hierzu gehören auch Vereinigungen, deren satzungsmäßiger Aufgabenbereich durch eine
Zulassungsentscheidung oder einen Plan oder ein Programm berührt wird, darunter auch
Vereinigungen zur Förderung des Umweltschutzes. Da der Netzentwicklungsplan lediglich
die Ermittlung eines zusätzlichen Übertragungsbedarfs zwischen bestimmten Netzverknüpfungspunkten zum Gegenstand hat, nicht aber auf eine raumkonkrete oder gar grundstücks-
scharfe Festlegung von Trassenverläufen abzielt (→ § 12b Rn. 23), ist die Abgrenzung des
äußerungsberechtigten Kreises der „betroffenen Öffentlichkeit" im Einzelfall schwierig.
Soweit in den Äußerungen Fragen der Versorgungssicherheit angesprochen sind, dürfte angesichts der komplexen Zusammenhänge im Übertragungsnetz einer Begrenzung des Äuße-
rungsrechts auf eine betroffene Öffentlichkeit keine differenzierende Wirkung zukommen.

Der konkrete Nutzen der Öffentlichkeitsbeteiligung für die Verwaltungspraxis scheint 15
begrenzt zu sein. Ein „erheblicher Anteil" der abgegebenen Stellungnahmen beschäftigt sich
entweder grundsätzlich mit dem gesamten Energieversorgungssystem (einschließlich dessen
Finanzierung, des Strommarktdesigns und Entflechtungsfragen) oder führte Gesichtspunkte
an, die nach dem geltenden abgestuften planerischen System anderen Schritten des Ge-
samtprozesses Netzausbau zuzuordnen und dort zu diskutieren sind (Szenariorahmen, Bundesfachplanung, Raumordnung, Planfeststellung). Bisweilen beschränkt sich Stellungnahmen
auf die Ablehnung bestimmter Vorhaben (BNetzA, Bestätigung NEP 2035, 54; s.a. Fink/
Ruffing NdsVBl. 2022, 40).

Bei einer **Fortschreibung des Netzentwicklungsplans** kann sich die Beteiligung der 16
Öffentlichkeit gem. § 12c Abs. 6 auf Änderungen gegenüber dem zuletzt genehmigten Szenariorahmen oder dem zuletzt bestätigten Netzentwicklungsplan beschränken. Ein vollständiges Verfahren muss jedoch mindestens alle vier Jahre bzw. dann durchgeführt werden,
wenn der Netzentwicklungsplan in den Bundesbedarfsplan nach § 12e Abs. 1 S. 3 mündet.

Bestehen Zweifel, ob der nationale Netzentwicklungsplan **mit dem gemeinschaftsweit** 17
geltenden Netzentwicklungsplan in Einklang steht (→ § 12b Rn. 35), so hat die
BNetzA nach § 12c Abs. 1 S. 4 die europäische Agentur für die Zusammenarbeit der Energieregulierungsbehörden („ACER") zu konsultieren.

2. Beiladung Dritter

Beteiligte am Verfahren zur Bestätigung des Netzentwicklungsplans können neben den 18
Übertragungsnetzbetreibern und der BNetzA nach § 66 Abs. 2 Nr. 3 auch beigeladene Dritte
sein, welche einen entsprechenden Antrag gestellt haben und deren Interessen durch die
Entscheidung erheblich berührt werden. Die Entscheidung über eine Beiladung steht im

Ermessen der Regulierungsbehörde. Die BNetzA hat hierbei eine weite Einschätzungsprärogative. So kann die Regulierungsbehörde bei der Ermessensentscheidung berücksichtigen, inwieweit von der Beteiligung eines Beiladungsinteressenten eine Förderung des Verfahrens zu erwarten ist. Das Ermessen erfasst auch die Auswahl verschiedener beiladungsfähiger Personen. Als Ermessenserwägung können auch Gründe der Verfahrensökonomie relevant sein. Es steht einer Beiladung nicht entgegen, dass die Behörde die Informationen durch beiladungswillige Unternehmen auch im Rahmen einer Stellungnahme nach § 67 Abs. 2 oder ohne eine förmliche Einbeziehung erhalten könnte. Sofern für andere Verfahrensbeteiligte möglicherweise Nachteile entstehen, schließt dies eine Beiladung ebenfalls nicht grundsätzlich aus. Eine gewisse Belastung der übrigen Beteiligten hat der Gesetzgeber in Kauf genommen (OLG Düsseldorf BeckRS 2016, 119378 Rn. 29 f.).

III. Änderungsverlangen der BNetzA

19 Die BNetzA kann gem. § 12c Abs. 1 S. 2 Änderungen am Entwurf des Netzentwicklungsplans durch die verpflichteten Übertragungsnetzbetreiber verlangen. Ein solches Änderungsverlangen darf jedoch nur ausgeübt werden, um die Übereinstimmung des Netzentwicklungsplans mit den Anforderungen des § 12b Abs. 1, 2 und 4 sicherzustellen (Buus, Bedarfsplanung durch Gesetz, 2018, 163; Ruge EnWZ 2020, 99 (100)). Die Erstellung des Netzentwicklungsplans gehört ausweislich der amtlichen Überschrift zu Abschnitt 1 des EnWG zu den „Aufgaben der Netzbetreiber". Diesen ist bei Aufstellung des Netzentwicklungsplans ein umfassender Prognose- und Beurteilungsspielraum zuzubilligen (Säcker EnergieR/Ruge § 12b Rn. 33 ff.; Säcker EnergieR/Ruge § 12c Rn. 17). Als Betreiber des Übertragungsnetzes kommt ihnen eine planerische Gestaltungsfreiheit zu, während das Prüfprogramm der BNetzA auf eine nachvollziehende Abwägung beschränkt bleibt (BT-Drs. 17/12638, 13; Buus, Bedarfsplanung durch Gesetz, 2018, 164; Knauff EnWZ 2019, 51 (54 f.)). Dies findet seinen Ausdruck darin, dass der von den Übertragungsnetzbetreibern erarbeitete Netzentwicklungsplan der BNetzA – anders als der Szenariorahmen – nicht zur Genehmigung, sondern lediglich zur Bestätigung vorgelegt wird. Die Rechtfertigung einer Indienstnahme privater Netzbetreiber zum Zwecke der Bedarfsplanung (vgl. Kment EnWZ 2015, 57 (61)) wäre zudem zweifelhaft, wenn die BNetzA vollkommen andere Planungen und Berechnungen an die Stelle der Konzeption der planenden Netzbetreiber setzt.

20 Ob aus Anlass eines solchen Änderungsverlangens eine erneute Beteiligung nach § 12b Abs. 3 durchgeführt werden muss, regelt das Gesetz nicht. Aus der Formulierung, wonach die Übertragungsnetzbetreiber den entsprechend geänderten Netzentwicklungsplan „unverzüglich" vorzulegen haben, lässt sich jedoch die Schlussfolgerung ableiten, dass auf eine erneute Beteiligung der Öffentlichkeit zu verzichten ist (Buus, Bedarfsplanung durch Gesetz, 2018, 155).

21 Das Änderungsverlangen der BNetzA wird in Form eines Verwaltungsaktes ausgeübt, wogegen gem. §§ 75 ff. eine **Anfechtungsbeschwerde** der verpflichteten Übertragungsnetzbetreiber statthaft ist (Kment EnWG/Posser § 12c Rn. 13). Dritte verfügen über keine Rechtsschutzmöglichkeit im Zusammenhang mit einem Änderungsverlangen (Recht, Rechtsschutz im Rahmen des beschleunigten Stromnetzausbaus, 2019, 118). Nach zutreffender Auffassung ergeht das Änderungsverlangen nicht in Form einer an alle Übertragungsnetzbetreiber gerichteten Allgemeinverfügung, sondern als Sammel-Verwaltungsakt in Gestalt eigenständiger, jedoch inhaltsgleicher Bescheide gegenüber den einzelnen Übertragungsnetzbetreibern (Kment EnWG/Posser § 12c Rn. 9, 14). Infolgedessen besteht auch jeweils eine vorherige **Pflicht zur Anhörung der Übertragungsnetzbetreiber** nach § 28 Abs. 1 VwVfG. Eine ordnungsgemäße Anhörung setzt dabei die Ankündigung eines bestimmten Verwaltungsakts voraus, dessen Erlass die Behörde beabsichtigt (BVerwG BeckRS 2014, 45730 Rn. 19).

21.1 Diskutiert wird, ob jeder Adressat einzeln beschwerdebefugt ist, oder ob Rechtsschutz gegen ein Änderungsverlangen nur von allen verpflichteten Übertragungsnetzbetreibern gemeinsam begehrt werden kann (vgl. Ruge EnWZ 2020, 99 (102)). Uneinheitlich wird auch die Frage beurteilt, ob der Verzicht auf Rechtsmittel gegen ein Änderungsverlangen zur Präklusion beim Rechtsschutz gegen die abschließende Bestätigung des Netzentwicklungsplans durch die BNetzA führt (vgl. Ruge EnWZ 2020, 99 (103)). Ein vorsätzliches oder fahrlässiges Zuwiderhandeln gegenüber einer vollziehbaren Anordnung zur Ausführung eines Änderungsverlangens stellt eine Ordnungswidrigkeit nach § 95 Abs. 1 Nr. 3 lit. a dar.

IV. Bestätigung

Die Bestätigung des Netzentwicklungsplans durch die BNetzA ist eine kostenpflichtige 22 Amtshandlung im Sinne der EnWGKostV und erfolgt unter Berücksichtigung des Ergebnisses der Beteiligung der Öffentlichkeit und der Behörden. Verbindlichkeit entfaltet sie ausschließlich für die Betreiber von Übertragungsnetzen im Hinblick auf deren Investitionsentscheidungen (BT-Drs. 17/6072, 69).

1. Regelungsgegenstand

Der bestätigte Netzentwicklungsplan bildet die Grundlage für den der Bundesregierung 23 durch die BNetzA nach Maßgabe des § 12e Abs. 1 S. 1 zu übermittelnden Entwurf eines Bundesbedarfsplans. Um diese vorbereitende Funktion erfüllen zu können, hat sich der Regelungsgegenstand der Bestätigung des Netzentwicklungsplans an den Regelungszielen des Bundesbedarfsplans zu orientieren (Riemer, Investitionspflichten der Betreiber von Elektrizitätsübertragungsnetzen, 2017, 71). Der Bedarfsplan bestimmt Vorhaben durch vier, gelegentlich fünf Merkmale: die technische Ausführung, den Anfangspunkt, den Endpunkt, die Nennspannung und – bei einigen Vorhaben – bestimmte Orte im Trassenverlauf oder die Gesamtstrecke (BVerwG NVwZ-RR 2019, 91 Rn. 4). Aussagen zum konkreten Transportbedarf sind jedoch regelmäßig weder dem Bundesbedarfsplan noch dem verfügenden Teil der Bestätigung des Netzentwicklungsplans zu entnehmen. Eine – aus Rechtsgründen nicht zwingend gebotene – Beschränkung der Bedarfsplanung auf das „ob" der energiewirtschaftlichen Notwendigkeit ohne Aussagen zum konkret erforderlichen Transportbedarf wirft jedoch die Frage auf, ob die Planrechtfertigung hinsichtlich der Dimensionierung einer Ausbaumaßnahme im folgenden Zulassungsverfahren gesondert zu prüfen ist (vgl. de Witt/Durinke RdE 2015, 233 (234)).

Aufgrund ihrer vorbereitenden Funktion gegenüber dem Bundesbedarfsplan dürfen sich 24 der Entwurf des Netzentwicklungsplans wie auch seine Bestätigung nicht auf eine Gegenüberstellung möglicher Alternativen beschränken. Es genügt daher nicht, dem Gesetzgeber unterschiedliche Varianten zur Auswahl „anzubieten". Der bestätigte Netzentwicklungsplan muss vielmehr zu einem abschließend abgewogenen Ergebnis kommen und hat konkrete Ausbauvorhaben eindeutig zu benennen (vgl. Steinbach/Franke/Heimann § 12b Rn. 28). Dies gebietet auch die Rechtsnatur der Bestätigung als Verwaltungsakt (OLG Düsseldorf BeckRS 2021, 39226 Rn. 30), welcher dem Bestimmtheitsgebot des § 37 Abs. 1 VwVfG unterliegt.

Eine lediglich teilweise oder den Entwurf des Netzentwicklungsplans modifizierende 25 Bestätigung kommt grundsätzlich nicht in Betracht (aA Eding, Bundesfachplanung und Landesplanung, 2016, 37). Erweist sich der Entwurf des Netzentwicklungsplans als nicht bestätigungsfähig, so ist die BNetzA auf die Ausübung des ihr zustehenden Änderungsverlangens beschränkt, um die Bestätigungsfähigkeit des Netzentwicklungsplans herbeizuführen. Eine Bestätigungsentscheidung unter Beifügung „modifizierender Auflagen" stellt eine Umgehung der notwendigen Verfahrensförmlichkeit des Änderungsverlangens dar und ist mit der gesetzlichen Konzeption von planerischer Gestaltungsfreiheit (der indienstgenommenen Übertragungsnetzbetreiber) und nachvollziehender Abwägung (durch die BNetzA) unvereinbar (Luhmann ET 2013, 32 (33)).

2. Abwägungsgebot und Weisungsfreiheit der BNetzA

Die Aufstellung des Netzentwicklungsplans durch die Übertragungsnetzbetreiber vollzieht 26 sich als ein **Prozess planerischer Abwägung.** Dies ergibt sich nicht nur aus § 12b Abs. 4. Vielmehr wohnt das Abwägungsgebot nach ständiger Rechtsprechung auch ohne ausdrückliche Normierung dem Wesen der rechtsstaatlichen Planung inne und leitet sich unmittelbar aus dem Rechtsstaatsprinzip ab (BVerwG NJW 1969, 1868 (1869)). Hierbei kommt den Übertragungsnetzbetreibern nicht nur ein Prognosespielraum zu, überdies verfügen sie auch – weil Planung ohne Gestaltungsfreiheit ein Widerspruch in sich wäre (BVerwG VerwRspr

1970, 571 (572)) – über eine entsprechende planerische Gestaltungsfreiheit. Obgleich die Ausübung dieser planerischen Gestaltung zunächst Sache der Übertragungsnetzbetreiber ist (Eding, Bundesfachplanung und Landesplanung, 2016, 35), bleibt die BNetzA im Rahmen der von ihr geforderten Entscheidung nicht darauf beschränkt, lediglich die Beachtung der äußeren Schranken des Abwägungsgebots zu kontrollieren (für die Planfeststellung: OVG Koblenz NVwZ-RR 2013, 630 (631)). Die im Gegensatz zu den Übertragungsnetzbetreibern demokratisch legitimierte Regulierungsbehörde ist vielmehr verpflichtet, die planerische Entscheidung der Übertragungsnetzbetreiber abwägend nachzuvollziehen (Bunge UVPreport 2012, 138 (141)) und dadurch die rechtliche Verantwortung für die Planung zu übernehmen (für die Planfeststellung: BVerwG NVwZ 1995, 598 (600)). Nach anderer Auffassung ist die BNetzA nicht auf eine „nachvollziehende Abwägung ohne eigene Gestaltungsmacht" beschränkt, sondern verfügt über ein weitergehendes Letztentscheidungsrecht (Köck, Das Instrument der Bedarfsplanung, 205). Diese Auffassung lässt jedoch unberücksichtigt, dass die gesetzliche Regelung eines behördlichen Änderungsverlangens leerliefe, wollte man eine grundsätzliche Bindung der BNetzA an den Entwurf des Netzentwicklungsplans der Übertragungsnetzbetreiber verneinen (→ Rn. 19).

27 Die BNetzA ist gleichwohl an den **Untersuchungsgrundsatz** des § 24 VwVfG gebunden und befugt, auch solchen abwägungsrelevanten Gesichtspunkten Rechnung zu tragen, welche im vorhergehenden Planungsprozess noch keine Berücksichtigung gefunden hatten. Sie muss den Entwurf des Netzentwicklungsplans einer eigenständigen rechtlichen Prüfung unterziehen sowie gegebenenfalls eigene Ermittlungen anstellen. Benötigt sie hierfür weitere Informationen oder Unterlagen, hat sie sich diese im Rahmen ihrer Amtsermittlungspflicht nach § 24 VwVfG zu beschaffen (zur Planfeststellung vgl. VG Regensburg BeckRS 2018, 21559 Rn. 37). Hierfür steht ihr das Instrumentarium des § 12c Abs. 1 S. 3 zur Verfügung: Danach sind die Betreiber von Übertragungsnetzen verpflichtet, der Regulierungsbehörde die für ihre Prüfungen erforderlichen Informationen zur Verfügung zu stellen; dies können u.a. Informationen zu Einspeise- und Lastdaten sowie zu Impedanzen und Kapazitäten von Stromkreisen, Schaltanlagen, Transformatoren und sonstigen Netzbetriebsmitteln sein (BT-Drs. 17/6072, 69). Dies entspricht den für eine digitale Netzberechnung erforderlichen Daten iSd § 12f Abs. 1.

28 Es ist umstritten, ob der BNetzA bereits aufgrund ihrer Stellung als „selbständige Bundesoberbehörde im Geschäftsbereich des Bundesministeriums für Wirtschaft und Energie" nach § 1 S. 2 BNetzAG eine „relative Unabhängigkeit" zukommt (zum Streitstand: Deutscher Bundestag, Wissenschaftliche Dienste, WD 3 – 3000 – 158/17, 3). Jedenfalls aber dürfen den „Kernbereich" der planerischen Abwägung betreffende Befugnisse der zur Entscheidung ermächtigten Behörde nicht im Wege fachaufsichtlicher Weisungen ganz oder teilweise beschnitten werden. Das **schließt Weisungen aus,** die darauf abzielen, den behördlichen Entscheidungsspielraum einzuschränken, um eigene planerische Vorstellungen durchsetzen zu können (für die Planfeststellung: BVerwG NVwZ 2012, 557 Rn. 22). Rechtlich zu beanstanden wäre es auch, sollte dieser Entscheidungsspielraum durch aktive Einflussnahmen auf „politischer Ebene" sachwidrig eingeengt werden. Die Behörde verlöre dann die erforderliche innere Distanz und Neutralität zu dem Vorhaben, über die zu entscheiden allein ihr gesetzlich aufgetragen ist. Zudem verfehlt in einem solchen Fall die Beteiligung Dritter im Rahmen des Verfahrensablaufes regelmäßig ihren gesetzlichen Zweck (für die Planfeststellung: BVerwG NVwZ 1987, 578 (582)).

C. SUP zum Bundesbedarfsplan

I. Erforderlichkeit einer Strategischen Umweltprüfung (SUP)

29 Aufstellung und Bestätigung des **Netzentwicklungsplans** unterliegen weder nach nationalem noch nach europäischem Recht der SUP-Pflicht. Die hierfür erforderliche rahmensetzende Verbindlichkeit entfaltet erst der Bundesbedarfsplan. Für die Fälle, in denen auf Grundlage der Bestätigung des Netzentwicklungsplans nach § 12e ein **Bundesbedarfsplan** erlassen werden soll, ordnet § 12c Abs. 2 die Erarbeitung des im Rahmen der strategischen Umweltprüfung zu erstellenden Umweltberichts bereits frühzeitig während des Verfahrens zur Aufstellung des Netzentwicklungsplans an. Frühzeitig bedeutet, dass er bei der Behörden- und

Öffentlichkeitsbeteiligung des zweiten Entwurfs des Netzentwicklungsplans vorliegt und Gegenstand dieser Beteiligungsebene ist (vgl. § 12c Abs. 3 S. 4). Ausgenommen sind nach § 12e Abs. 5 geringfügige Änderungen des Bundesbedarfsplans unter den Voraussetzungen des § 37 UVPG. Die SUP zum Bundesbedarfsplan wird aus Praktikabilitätsgründen in das Verfahren zur Bestätigung des Netzentwicklungsplans integriert, ist jedoch streng genommen kein Bestandteil dieses Verfahrens (Recht, Rechtsschutz im Rahmen des beschleunigten Stromnetzausbaus, 2019, 112).

Die gemeinschaftsrechtliche Verpflichtung zur Durchführung einer Strategischen Umweltprüfung folgert der Gesetzgeber aus der Richtlinie 2001/42/EG, wenngleich dies in der Elektrizitäts-Binnenmarkt-Richtlinie 2009/72/EG nicht erwähnt wird (BT-Drs. 17/6072, 69). Dementsprechend zählt der Bundesbedarfsplan nach § 12c Abs. 2 S. 1 sowie nach § 1 Abs. 1 Nr. 2 iVm Nr. 1.10 der Anlage 5 des UVPG zu den SUP-pflichtigen Plänen und Programmen. 29.1

Art. 6 VO (EU) Nr. 2022/2577 zur Festlegung eines Rahmens für einen beschleunigten Ausbau der Nutzung erneuerbarer Energien („**Notfall-Verordnung**") enthält Maßgaben zur Beschleunigung der Genehmigungserteilung für Projekte im Bereich der erneuerbaren Energien und für die damit verbundene Netzinfrastruktur. Vor dem Hintergrund einer in Erwägungsgrund 1 festgestellten Gefährdung der Versorgungssicherheit der Union und ihrer Mitgliedstaaten können diese für bestimmte Vorhaben **temporär von der Durchführung einer Umweltverträglichkeitsprüfung und von den Bewertungen des Artenschutzes absehen,** „sofern das Projekt in einem für erneuerbare Energien oder Stromnetze vorgesehenen Gebiet für damit verbundene Netzinfrastruktur, die für die Integration erneuerbarer Energie in das Elektrizitätssystem erforderlich ist, durchgeführt wird, falls die Mitgliedstaaten ein solches Gebiet ausgewiesen haben, und dieses Gebiet einer strategischen Umweltprüfung gemäß der Richtlinie 2001/42/EG des Europäischen Parlaments und des Rates unterzogen worden ist". Von dieser Möglichkeit hat die Bundesrepublik durch die Einführung des § 43m Gebrauch gemacht. Nach der Gesetzesbegründung ist die Voraussetzung, wonach das ausgewiesene Gebiet einer Strategischen Umweltprüfung unterzogen wurde, durch die SUP zum Bundesbedarfsplan erfüllt (BT-Drs. 20/5830, 47). Demzufolge sollen auch solche Vorhaben dem Anwendungsbereich des § 43m unterfallen, welche beispielsweise aufgrund eines Bundesfachplanungsverzichts nach § 5a Abs. 3 NABEG auf Ebene der Genehmigungsplanung keine entsprechende Umweltprüfung mehr durchlaufen (vgl. BT-Drs. 20/5830, 47). 30

II. Zuständigkeit, Verfahren und Untersuchungsrahmen

Die **Zuständigkeit der BNetzA** für die Durchführung der SUP und die Erstellung des Umweltberichts zum Bundesbedarfsplan folgt aus § 12c Abs. 2. Die Durchführung der Strategischen Umweltprüfung richtet die sich nach den Vorschriften des UVPG (BT-Drs. 17/6072, 69). Die BNetzA hat nach § 39 UVPG zunächst den **Untersuchungsrahmen für die Strategische Umweltprüfung** festzulegen. Er definiert nicht nur Umfang und Detaillierungsgrad der in den Umweltbericht nach § 40 UVPG aufzunehmenden Angaben. Vielmehr sieht § 39 Abs. 3 UVPG vor, dass zur Vermeidung von Mehrfachprüfungen in mehrstufigen Planungs- und Zulassungsverfahren bereits auf dieser Ebene bestimmt wird, auf welcher der Stufen des gestuften Planungsprozesses bestimmte Umweltauswirkungen schwerpunktmäßig geprüft werden sollen. Dabei sind Art und Umfang der Umweltauswirkungen, fachliche Erfordernisse sowie Inhalt und Entscheidungsgegenstand des Plans oder Programms zu berücksichtigen. Bei nachfolgenden Plänen und Programmen sowie bei der nachfolgenden Zulassung von Vorhaben, für die der Plan oder das Programm einen Rahmen setzt, soll sich die Umweltprüfung auf zusätzliche oder andere erhebliche Umweltauswirkungen sowie auf erforderliche Aktualisierungen und Vertiefungen beschränken. 31

III. Umweltbericht und Alternativenprüfung

In dem sodann zu erstellenden **Umweltbericht** hat die BNetzA nach § 40 UVPG die voraussichtlichen erheblichen Umweltauswirkungen der Durchführung des Netzentwicklungsplans einschließlich vernünftiger Alternativen zu ermitteln, beschreiben und zu bewerten. Wegen der auf der Ebene der Bedarfsplanung noch nicht feststehenden räumlichen Verläufe der Vorhaben und des damit einhergehenden hohen Abstraktionsgrades ihrer Dar- 32 stellung ist die Aussagekraft der SUP zum Bundesbedarfsplan allerdings beschränkt (Säcker EnergieR/Appel NABEG § 5 Rn. 181).

33 **Vernünftige Alternativen** sind sämtliche Lösungsmöglichkeiten, die voraussichtlich geeignet sind, gleichermaßen wie die ursprünglich beabsichtigte Planungsaussage die grundlegenden Ziele der Planung zu erreichen (Posser/Faßbender PraxHdB Netzplanung/Netzausbau/Leidinger Kap. 3 Rn. 385). Zu berücksichtigen ist allerdings, dass der durch die BNetzA bereits genehmigte Szenariorahmen die Grundlage der weiteren Bedarfsplanung bildet. Die dort ermittelten Szenarien sind daher auch als Eingangsparameter für eine Prüfung vernünftiger Alternativen im Rahmen der nachfolgenden SUP heranzuziehen. Die Ableitung eines konkreten Netzausbaubedarfs erfolgt sodann aber aufgrund einer vergleichenden Betrachtung der unterschiedlichen Szenarien, welche mit dem Szenariorahmen nach § 12 durch die BNetzA bestätigt worden sind. Die Bildung der für die Ermittlung des Ausbaubedarfs maßgeblichen „Schnittmengen" aus diesen Szenarien (Kment, Flexibilisierung von Netzverknüpfungspunkten, 2020, 18) erfolgt bei der Aufstellung bzw. Bestätigung des Netzentwicklungsplans und lässt damit auch eine Betrachtung im Rahmen der Alternativenprüfung zur SUP als geboten erscheinen.

34 Konsequenterweise bleibt auch die aus Anlass der Strategischen Umweltprüfung vorzunehmende Alternativenprüfung auf einen den planerischen Zielen des Stromnetzausbaus inhärenten Rahmen beschränkt (zum **Grundsatz der Plankonformität** vgl. Säcker EnergieR/Appel BBPlG Vor § 1 Rn. 41; aA Wulfhorst NVwZ 2011, 1099 (1102)). Zwar ist zu konstatieren, dass jedenfalls für die Verkehrswegeplanung auf Bundesebene nach § 53 Abs. 2 UVPG auch eine Befriedigung des jeweiligen Transportbedarfs durch „alternative Verkehrsnetze und alternative Verkehrsträger" vom Prüfumfang der SUP erfasst ist. Allerdings zielt dieser Systemvergleich auf den Bundesverkehrswegeplan ab, welcher neben Bundesfernstraßen auch Schienenwege der Eisenbahnen des Bundes und Bundeswasserstraßen umfasst. Eine damit vergleichbare übergeordnete Planungsebene für konvergente Netze (sog. „Systementwicklungsplan") existiert im Energiebereich bislang ebenso wenig wie ein energieträgerübergreifendes Abstimmungsgebot iSd § 3 Abs. 2 S. 1 BSWAG. Auch wenn erste Ansätze für die Entwicklung einer die unterschiedlichen Sektoren koordinierenden Bedarfsplanung in § 112b Abs. 1 S. 3 erkennbar werden (vgl. Hermes EnWZ 2022, 99), bleibt es für die Strategische Umweltprüfung zum Bundesbedarfsplan dabei, dass nach Art. 5 Abs. 1 S. 1 der SUP-RL nur solche Alternativen zu prüfen sind, welche die Ziele und den geografischen Anwendungsbereich des Plans oder Programms berücksichtigen. Gemäß Art. 5 Abs. 2 SUP-RL sind im Umweltbericht zudem nur solche Angaben zu machen, die nach gegenwärtigem Wissensstand und aktuellen Prüfmethoden sowie dem Inhalt und Detaillierungsgrad des Plans oder Programms vernünftigerweise verlangt werden können (BVerwG NVwZ 2020, 788 Rn. 69). Als vernünftige Alternativen sind demgemäß vor allem räumliche und technische Alternativen zu prüfen (Steinbach/Franke/Heimann § 12c Rn. 33 f.). Begrenzend wirkt hierbei das Planziel einer Ermittlung technisch erforderlicher Übertragungskapazitäten ohne parzellenscharfe Verortung konkreter Anlagen einerseits sowie die Bindung an die anerkannten Regeln der Technik bzw. gesetzlich näher bestimmte Pilotprojekte andererseits.

35 Der Umweltbericht bezieht den **Umweltbericht zum Flächenentwicklungsplan** nach § 6 Abs. 4 WindSeeG ein und kann auf zusätzliche oder andere als im Umweltbericht zum Flächenentwicklungsplan nach § 6 Abs. 4 WindSeeG enthaltene erhebliche Umweltauswirkungen beschränkt werden. Weitere Mindestinhalte des Umweltberichtes ergeben sich aus § 40 UVPG. Nach § 12c Abs. 2 S. 3 haben die Übertragungsnetzbetreiber der BNetzA die zur Durchführung der Strategischen Umweltprüfung erforderlichen Informationen zur Verfügung zu stellen. Verfügen die im weiteren Verfahren zu beteiligenden Behörden über Informationen, die für den Umweltbericht zweckdienlich sind, haben sie diese gem. § 39 Abs. 4 UVPG ebenfalls an die BNetzA zu übermitteln. Die Beteiligung von Behörden und Öffentlichkeit ist mit der Behörden- und Öffentlichkeitsbeteiligung zur Bestätigung des Netzentwicklungsplans nach § 12c Abs. 3 synchronisiert. Nach Abschluss der Behörden- und Öffentlichkeitsbeteiligung überprüft die zuständige Behörde die Darstellungen und Bewertungen des Umweltberichts unter Berücksichtigung der ihr übermittelten Stellungnahmen und Äußerungen. Das Ergebnis der Überprüfung ist entsprechend § 43 Abs. 2 UVPG im Verfahren zur Aufstellung oder Änderung des Plans oder Programms zu berücksichtigen.

IV. (Keine) Pflicht zur Durchführung einer gesonderten Natura 2000-Verträglichkeitsprüfung

Teilweise wird vertreten, es handele sich bei einem gesetzlichen Bedarfsplan nach § 12e Abs. 4 zudem um einen Plan iSd § 36 S. 1 Nr. 2 BNatSchG (Landmann/Rohmer UmweltR/Gellermann BNatSchG § 36 Rn. 6), was im Verfahren der Planaufstellung die Pflicht zur Durchführung einer Natura 2000-Verträglichkeitsprüfung auslösen könnte. Auch in der einschlägigen Mitteilung der Kommission wird „nachdrücklich empfohlen, SUP und ggf. Verträglichkeitsprüfungen bei nationalen Energieprogrammen und -plänen bereits in der Planungsphase vorzuschreiben (etwa bei von Fernleitungsnetzbetreibern vorgelegten und von den zuständigen Behörden nach Richtlinie 2009/72/EG (30) genehmigten Netzentwicklungsplänen)" (ABl. 2018 C 213, 97). Im Allgemeinen bietet die Bedarfsplanung zwar aufgrund ihrer (auf die Feststellung des Bedarfs) beschränkten inhaltlichen Aussagekraft und ihres hohen Abstraktionsniveaus weder Anlass noch Grundlage für eine Natura 2000-Verträglichkeitsprüfung (Henning/Krappel UPR 2013, 133 (134 f.)). Etwas Anderes kann freilich für solche Bereiche gelten, in denen eine raumkonkrete Beanspruchung bereits aus Perspektive der Bedarfsplanung als sicher erscheint. Dies ist angesichts der verbindlichen Feststellung der Anfangs- und Endpunkte durch die Bedarfsplanung vor allem dort der Fall, wo ein Netzverknüpfungspunkt in einen großflächigen Bereich mit sehr hohem schutzgutübergreifenden Konfliktrisiko eingebettet ist und eine Umgehung dieses Konfliktbereichs auf der nachfolgenden Planungsstufe nicht mehr abweichend von der Entscheidung der Bedarfsplanung getroffen werden kann (Chladek, Rechtsschutzverkürzung als Mittel der Verfahrensbeschleunigung, 2022, 94). Damit übereinstimmend sollen sich Verträglichkeitsprüfungen auf der Ebene nationaler Energie- und Netzplanungen darauf konzentrieren, „empfindliche Standorte zu meiden, an denen die vorgesehenen Energieinfrastrukturen die Erhaltungsziele von Natura-2000-Gebieten sowie in der EU geschützte Arten außerhalb von Natura-2000-Gebieten gefährden könnten" (ABl. 2018 C 213, 97).

D. Ermittlung von Präferenzräumen

Mit Wirkung vom 29.7.2022 wurde § 12c Abs. 2a eingefügt. Danach wird während künftiger Verfahren zur Aufstellung des Netzentwicklungsplans **für neue Maßnahmen der Höchstspannungs-Gleichstrom-Übertragung oder länderübergreifende landseitige Teile von Offshore-Anbindungsleitungen,** welche bislang noch nicht im Bundesbedarfsplan enthalten waren und für die keine Bündelung mit einem bereits in der Planfeststellung befindlichen oder planfestgestellten Vorhaben nach § 12b Abs. 3a in Frage kommt, bereits im Zuge der Bedarfsermittlung jeweils **ein sogenannter Präferenzraum ermittelt.** Nach der Begriffsbestimmung des § 3 Nr. 10 NABEG handelt es sich bei einem Präferenzraum um einen durch die BNetzA ermittelten und dem Umweltbericht des § 12c Abs. 2 zugrunde gelegten Gebietsstreifen, welcher für die Herleitung von Trassen im Sinne des § 18 Abs. 3c NABEG besonders geeignete Räume ausweist.

I. Entstehungsgeschichte

Bei Einführung des Netzausbaubeschleunigungsgesetzes im Jahr 2011 hatte der Gesetzgeber als ein zentrales Beschleunigungsinstrument die Bundesfachplanung etabliert (Appel EnWZ 2021, 435) und sich hiervon den Eintritt „einer erheblichen Bürokratieentlastung der Verfahrensbeteiligten, insbesondere der Vorhabenträger" versprochen. Das gestufte Genehmigungsverfahren aus Bundesfachplanung und Planfeststellung sollte nach Vorstellung des Gesetzgebers „zukünftig innerhalb von vier bis fünf Jahren abgeschlossen werden – im Unterschied zu heute durchaus üblichen zehn Jahren Verfahrensdauer" (BT-Drs. 17/6073, 4). Trotz eines beispiellosen Personaleinsatzes auf Seiten der BNetzA konnte allein das Verfahren der Bundesfachplanung selbst in den besonders beachteten Vorhaben SuedLink und SuedOstLink regelmäßig nicht innerhalb einer Verfahrensdauer von deutlich weniger als drei Jahren zum Abschluss gebracht werden. Überlange Planungs- und Genehmigungsverfahren werden mithin zu den „Hemmschuhen der Energiewende" gezählt (Vollmer NundR 2022, 96 (97)). Infolge dieser offensichtlichen Zielverfehlung wurde der gesetzlich festgesetzte Zeitpunkt einer Evaluierung nach § 36 NABEG vom Jahr 2022 auf das Jahr 2026 verschoben;

es fehlte im Jahr 2022 – 11 Jahre nach Einführung von NABEG und Bundesfachplanung – schlicht an einer hinreichenden Anzahl abgeschlossener Verfahren, die als Gegenstand einer solchen Evaluierung hätten dienen können.

39   Auf das offensichtliche Scheitern der Bundesfachplanung als Beschleunigungsinstrument reagierte der Gesetzgeber 2019 zunächst mit Einführung einer sog. „G-Kennzeichnung" im Bundesbedarfsplangesetz. Danach sollte für besonders eilbedürftige Vorhaben ausgerechnet auf die ursprünglich als Beschleunigungsinstrument konzipierte Bundesfachplanung verzichtet werden. Eine weitere Abkehr vom Verfahren der Bundesfachplanung erfolgt nunmehr durch § 12c Abs. 2a: Soweit nicht aufgrund der genannten G-Kennzeichnung nach § 7 Abs. 2 S. 1 BBPlG oder bei einer angestrebten Nutzung von Optionen zur Trassenbündelung gem. § 7 Abs. 2 S. 3 BBPlG ohnehin auf die Durchführung eines Bundesfachplanungsverfahrens verzichtet wird, soll diese zukünftig für weitere Vorhaben durch die behördliche Ermittlung sog. „Präferenzräume" ersetzt werden. Ob angesichts der Erforderlichkeit zur Entwicklung einer eigenen Planungsmethodik für die Entwicklung von Präferenzräumen und vor dem Hintergrund der notwendigen Adaptionsprozesse aller Verfahrensbeteiligten (vgl. Appel EnWZ 2021, 435 (441)) durch die Einführung von „Präferenzräumen" die nun erhoffte Beschleunigungswirkung erreicht wird, darf als durchaus offen bezeichnet werden.

II. Anwendungsbereich und Zuständigkeit

40   § 12c Abs. 2a findet obligatorische Anwendung auf Neubaumaßnahmen zur Höchstspannungs-Gleichstrom-Übertragung. Für diese Vorhaben hat die BNetzA bei Vorliegen der gesetzlichen Voraussetzungen einen Präferenzraum zu entwickeln. Fakultativ anwendbar ist die Vorschrift auf Neubaumaßnahmen für den länderübergreifenden Teil von Offshore-Anbindungsleitungen (→ Rn. 49) sowie auf Antrag des Vorhabenträgers in den Fällen des § 12c Abs. 2a S. 7 (→ Rn. 51).

41   Präferenzräume werden erstmalig im Rahmen der Erarbeitung des Netzentwicklungsplans 2023 entwickelt. § 12c Abs. 2a S. 1 kommt dementsprechend erst bezogen auf die darin neu enthaltenen Vorhaben zur Anwendung. Für ein neues Vorhaben ist kein Präferenzraum zu ermitteln und im Rahmen des Umweltberichts zu untersuchen, wenn anhand der Angaben der Übertragungsnetzbetreiber gemäß § 12b Abs. 3a absehbar ist, dass das Vorhaben gebündelt mit einem in der Planfeststellung befindlichen oder bereits planfestgestellten Vorhaben verlaufen soll. Unklar ist, wie weitgehend eine von der Ermittlung des Präferenzraums befreiende Bündelungsmöglichkeit gegeben sein muss. Die Angaben der Übertragungsnetzbetreiber nach § 12b Abs. 3a haben nach dem Gesetzeswortlaut „ganz oder weit überwiegend" bestehende Bündelungsmöglichkeiten zum Gegenstand. Die Gesetzesbegründung zu § 12c Abs. 2a ist insoweit weniger restriktiv und stellt auf die Möglichkeit einer „vollständig oder abschnittsweise" gebündelten Realisierung ab (BT-Drs. 20/1599, 54).

42   Die Ermittlung von Präferenzräumen erfolgt – abgesehen vom Sonderfall des § 12c Abs. 2a S. 7 (→ Rn. 51) – von Amts wegen durch die BNetzA. Die systematische Verortung des § 12c Abs. 2a im Gesetz (Teil 3 Abschnitt 1: „Aufgaben der Netzbetreiber") ist daher nicht vollständig geglückt. Obgleich die zum Ausbau verpflichteten Übertragungsnetzbetreiber weiterhin Vorhabenträger und damit grds. auch Träger der planerischen Gestaltungsfreiheit sind, wird die erste Stufe der räumlichen Planung und des Genehmigungsverfahrens **in eine reine Administrativplanung überführt.** Der Gesetzesbegründung zufolge kann die BNetzA die betreffenden Übertragungsnetzbetreiber auffordern, mit dem nach § 12b Abs. 5 zu übermittelnden zweiten Entwurf des Netzentwicklungsplans auch einen Vorschlag für Präferenzräume vorzulegen (BT-Drs. 20/1599, 54). Eine rechtliche Verpflichtung der Übertragungsnetzbetreiber zur Mitwirkung besteht jedoch nicht: Diese ist weder dem gesetzlichen Tatbestand zu entnehmen, noch entspricht sie dem Leitbild einer rein administrativen Planung. Auch hat der Gesetzgeber bei Prüfung des Erfüllungsaufwandes keine entsprechenden Anforderungen an die Übertragungsnetzbetreiber gesehen (BT-Drs. 20/1599, 36).

III. Verfahrensablauf und -gegenstand

43   Mit der Ermittlung von Präferenzräumen wird seitens der BNetzA nach Übermittlung der Angaben gem. § 12b Abs. 3a zur beabsichtigen Nutzung von Bündelungsoptionen durch die Übertragungsnetzbetreiber begonnen. Die Ermittlung der Präferenzräume ist im Wesent-

lichen auf die **technologiebasierte Auswertung von Geodaten** gestützt und beschränkt. Dabei werden für das jeweilige Vorhaben verfügbare Bestandsdaten genutzt, die auch schon bisher bei der Strategischen Umweltprüfung zum Bundesbedarfsplan sowie für die Bundesfachplanung verwendet werden und lt. Gesetzesbegründung ohne Aufbereitung für eine prognostische Ermittlung von Raum- und ggf. Bauwiderständen verwendbar sind. Eine umfängliche Prüfung von Belangen der Raumordnung erfolgt erst im Zulassungsverfahren (BT-Drs. 20/1599, 53).

Im Rahmen einer mittels Geoinformationssystem gestützten Berechnung sollen unter Zuhilfenahme eines von der BNetzA zu definierenden Algorithmus konfliktarme Verbindungsmöglichkeiten zwischen dem Anfangs- und Endpunkt des Vorhabens ermittelt und kartographisch als Präferenzraum dargestellt werden. Dabei handelt es sich nicht um einen Korridor mit gleichbleibender Breite, sondern um einen mäandrierenden Gebietsstreifen, aus dem inselförmige Bereiche mit erwartbar höherer Konfliktlage ausgenommen sein können. Präferenzräume sollen in der Regel eine Breite von circa fünf bis zehn Kilometer aufweisen (BT-Drs. 20/1599, 53). Nach § 12c Abs. 2a S. 8 f. soll sichergestellt werden, dass bei der Ermittlung von Präferenzräumen Bündelungsmöglichkeiten mehrerer Neubaumaßnahmen berücksichtigt werden können, wenn sich eine gemeinsame Führung planerisch aufdrängt und sinnvoll erscheint. Um die Bündelung mehrerer Neubaumaßnahmen in einem Präferenzraum bei der GIS-gestützten Ermittlung berücksichtigen zu können, kann es notwendig sein, Kopplungsräume zu definieren. Kopplungsräume sind diejenigen Räume, an denen die Präferenzräume von Maßnahmen miteinander gekoppelt werden, so dass hier die gemeinsame Führung beginnt bzw. endet. Dies können auch die Netzverknüpfungspunkte der zu bündelnden Neubaumaßnahmen sein. Zudem ist hierbei insbesondere zu berücksichtigen, ob die jeweiligen Vorhaben gemäß dem Netzentwicklungsplan Strom oder der Anlage zum Bundesbedarfsplangesetz über gemeinsame Punkte geführt werden sollen (BT-Drs. 20/6457, 70).

Die so ermittelten Präferenzräume werden sodann **im Rahmen des Umweltberichts gem. § 12c Abs. 2 als Untersuchungsraum für die zu realisierenden Maßnahmen** zugrunde gelegt und die voraussichtlichen erheblichen Umweltauswirkungen ermittelt, beschrieben und bewertet. Eine Alternativenprüfung im Umweltbericht soll nach der Gesetzesbegründung jedenfalls dann erfolgen, wenn alternative Netzverknüpfungspunkte Gegenstand des Verfahrens sind. Da Präferenzräume im engen Zusammenhang mit der Erstellung des Umweltberichts ermittelt werden, durchlaufen sie dieselben Beteiligungsschritte. Diese sehen für den Umweltbericht zunächst (vor Festlegung des Untersuchungsrahmens) eine Konsultation der beabsichtigten Methodik vor und sodann eine Behörden- und Öffentlichkeitsbeteiligung zum Entwurf (BT-Drs. 20/1599, 53 f.).

IV. Rechtswirkungen und Rechtsschutz

Nach § 18 Abs. 3c NABEG sind für Vorhaben, die im Bereich eines Präferenzraums realisiert werden sollen, „**die Trasse sowie die in Frage kommenden Alternativen auf der Grundlage des Präferenzraums zu ermitteln.**" Unter Rückgriff auf das – aus dem Zusammenspiel von Flächennutzungsplan und Bebauungsplan bekannte – Modell einer stufenweisen Konkretisierung der zulässigen Raumnutzung kann daher auch eine von vorherigen Planungsstufe abweichende Konkretisierung erfolgen, soweit hierdurch die Grundkonzeption der höheren Planungsebene nicht berührt wird (vgl. BeckOK BauGB/Petz § 8 Rn. 24 f.). Allerdings soll der Gesetzesbegründung zufolge im Rahmen des Planfeststellungsverfahrens eine räumliche Alternativenprüfung außerhalb des festgelegten Präferenzraums nur erfolgen, sofern zwingende sachliche oder rechtliche Gründe entgegenstehen. Dies ist neben den in § 18 Abs. 3a S. 4 NABEG genannten Fällen beispielsweise auch bei Konflikten mit Zielen der Raumordnung denkbar (BT-Drs. 20/1599, 72).

Die Ermittlung von Präferenzräumen hat nach dem Wortlaut der Norm **keine unmittelbare Außenwirkung.** Die Gesetzesbegründung schreibt dem Präferenzraum einen lediglich verwaltungsinternen Charakter zu (BT-Drs. 20/1599, 54). Demnach sollen die behördlich ermittelten Präferenzräume keine gleichartige Bindungswirkung wie die Entscheidung in der Bundesfachplanung nach § 15 Abs. 1 S. 1 NABEG entfalten. Daher sind die auch die Ergebnisse der Präferenzraumermittlung **nicht selbständig anfechtbar.** Trotz fehlender

Außenwirkung und mangelnder Bindungswirkung für nachfolgende Planungsstufen soll gem. § 12c Abs. 2a S. 3 eine Überprüfung der Präferenzräume im Rahmen des Rechtsbehelfsverfahrens gegen die Zulassungsentscheidung für die jeweilige Ausbaumaßnahme erfolgen können.

48 Unter den Voraussetzungen des § 43m EnWG bzw. von Art. 6 VO (EU) Nr. 2022/2577 kann u.a. für Vorhaben mit festgelegtem Präferenzraum im nachfolgenden Genehmigungsverfahren **von der Durchführung einer Umweltverträglichkeitsprüfung und von den Bewertungen des Artenschutzes abgesehen werden** (→ Rn. 30).

V. Besonderheiten von Offshore-Anbindungsleitungen

49 Für länderübergreifende Offshore-Anbindungsleitungen ist die Entwicklung von Präferenzräumen in das Ermessen der BNetzA gestellt. Bei der Ermessensentscheidung ist insbesondere zu berücksichtigen, ob für die betreffenden Vorhaben voraussichtlich ein Raumordnungsverfahren durchgeführt werden wird. Sofern dies der Fall ist, soll auf die Entwicklung eines Präferenzraumes mangels Erforderlichkeit verzichtet werden (BT-Drs. 20/3497, 36).

50 Die Ermittlung eines Präferenzraums erfolgt lediglich für den landseitigen Teil des Vorhabens. Die Trassenkorridore im Küstenmeer werden von den jeweiligen zuständigen Behörden der Länder ermittelt und sind nicht Gegenstand der Ermittlung von Präferenzräumen. Der landseitige Anlandungspunkt, der durch die zuständige Landesplanungsbehörde mittels landesplanerischer Festlegung ermittelt wird, ist daher für die Ermittlung des Präferenzraums maßgeblich. Sofern keine landesplanerische Festlegung gegeben ist, soll der Anlandungspunkt hilfsweise mittels Abstimmung mit der zuständigen Landesplanungsbehörde oder mithilfe des Kreuzungspunkts der Festküstenlinie und der Luftlinie bestimmt werden (BT-Drs. 20/1599, 53).

VI. Präferenzraumermittlung auf Antrag des Vorhabenträgers

51 Auf Antrag des Vorhabenträgers findet § 12c Abs. 2a S. 1 entsprechende Anwendung, wenn für das Vorhaben andernfalls ein Bundesfachplanungsverfahren durchzuführen wäre und der Antrag auf Bundesfachplanung noch nicht gestellt wurde. Dies hat zur Folge, dass die Regulierungsbehörde ungeachtet der bereits erfolgten Bestätigung im Netzentwicklungsplan einen Präferenzraum zu entwickeln hat, wenn der Vorhabenträger dies fristgerecht beantragt. Die Bundesfachplanung entfällt sodann gemäß § 5a Abs. 4a NABEG kraft Gesetzes. Der Antrag auf entsprechende Anwendung des § 12c Abs. 2a S. 1 ist bis zum 11.6.2023 – innerhalb von zwei Wochen ab Inkrafttreten der Regelung – zu stellen. Die kurze Frist soll bewirken, dass die ausnahmsweise Ermittlung eines Präferenzraums im Rahmen des bereits laufenden Ermittlungsprozesses für den Netzentwicklungsplan 2023 noch rechtzeitig erfolgen kann. Eine Entscheidung durch Verwaltungsakt der Regulierungsbehörde über den Antrag ist nicht erforderlich (BT-Drs. 20/6457, 70 f.).

E. Vorhabenträgerschaft und Zuweisungsbefugnis

52 Die in § 11 Abs. 1 S. 1 allgemein geregelte Verpflichtung zum Ausbau der Übertragungsnetze wird durch die Erstellung und Bestätigung des Netzentwicklungsplans projektscharf konkretisiert. Die Vollziehbarkeit dieser Ausbaupflicht erfordert darüber hinaus eine Zuordnung des jeweiligen Ausbauvorhabens zu einem entsprechend verpflichteten Übertragungsnetzbetreiber. Neben diesem regulatorischen Aspekt ist die Ableitung der Vorhabenträgerschaft auch im genehmigungsrechtlichen Kontext relevant: Wer Vorhabenträger sein kann, ist dort mit Blick auf das jeweilige fachplanerische Regelungssystem zu bestimmen (vgl. BVerwG BeckRS 2007, 25152 Rn. 6; s. auch Schieferdecker NVwZ 2022, 1176 (1178); Füßer/Kreuter DVBl 2021, 1402 (1405)). Zudem kann der Antrag auf Feststellung des Plans nur von einem Unternehmen gestellt werden, das einen dauerhaften Zugriff auf die planfestgestellten Anlagen hat, um so die Einhaltung der im Planfeststellungsverfahren enthaltenen Verpflichtungen sicherstellen zu können (OVG Bautzen BeckRS 2022, 17423 Rn. 20). Gemäß § 3 Nr. 9 NABEG erfolgt eine Zuweisung der Vorhabenträgerschaft entweder durch eine entsprechende Zuordnung im bestätigten Netzentwicklungsplan oder im Wege einer behördlichen Zuweisung nach § 12c Abs. 8. In beiden Fällen kann tauglicher Vorhabenträger

ausschließlich ein Betreiber von Übertragungsnetzen iSd § 3 Nr. 10 sein. Darüber hinaus gestattet § 12 Abs. 1 S. 2 den Betreibern von Übertragungsnetzen eine privatrechtliche Übertragung ihrer Investitionspflichten untereinander (Ruge ER 2015, 131 (134)). Die so bestimmte Vorhabenträgerschaft schließt die Antragstellung eines Dritten im Genehmigungsverfahren dann nicht aus, wenn dies im Namen des Vorhabenträgers und mit Vertretungsmacht geschieht (OVG Bautzen BeckRS 2022, 17423 Rn. 21).

I. Gesetzliche Zuweisung der Vorhabenträgerschaft

Mit dem Gesetz zur Umsetzung unionsrechtlicher Vorgaben und zur Regelung reiner 53 Wasserstoffnetze im Energiewirtschaftsrecht hat der Gesetzgeber die Vorschrift des § 12c Abs. 8 neu gefasst und die gesetzlichen Regelungen hinsichtlich der Vorhabenträgerschaft konkretisiert. Danach bestimmt sich die Durchführungsverantwortung des jeweiligen Übertragungsnetzbetreibers für eine im Netzentwicklungsplan bestätigte **Leitung zur Höchstspannungs-Gleichstrom-Übertragung** im Geltungsbereich des NABEG unmittelbar kraft Gesetzes. § 12c Abs. 8 S. 5 weist demjenigen Übertragungsnetzbetreiber die Vorhabenträgerschaft zu, in dessen Regelzone der südliche Netzverknüpfungspunkt der Leitung belegen ist. Vorhaben, für welche bereits ein Antrag auf Bundesfachplanung nach § 6 Abs. 1 NABEG gestellt wurde, bleiben hiervon unberührt, ebenso solche Vorhaben, bei denen sich die Entbehrlichkeit der Bundesfachplanung aus § 5a NABEG ergibt und für die ein Antrag auf Planfeststellungsbeschluss nach § 19 NABEG gestellt wurde. Hierbei genügt die Anhängigkeit eines Verfahrens für einen Teil des jeweiligen Gesamtvorhabens.

Ausweislich der Gesetzesbegründung (BT-Drs. 19/31009, 12) sah der Gesetzgeber ein 54 besonderes Regelungsbedürfnis für eine gesetzliche Zuweisung der Durchführungsverantwortung im Falle von Leitungen zur Höchstspannungs-Gleichstrom-Übertragung: Die Bestimmung eines Vorhabenträgers durch Verwaltungsakt berge das Risiko einer (Dritt-)Anfechtung dieser Verwaltungsentscheidung, was sich bis zum Eintritt der Bestandskraft des entsprechenden Verwaltungsaktes als Investitionshemmnis auswirken könne. Das Abstellen auf die Regelzonenverantwortung am südlichen Netzverknüpfungspunkt als Kriterium für die Investitionspflicht sei sachgerecht, da dies zu einer gleichmäßiger verteilten Ausbauverpflichtung zwischen den vier Übertragungsnetzbetreibern führe: Angesichts des zu erwartenden starken Ausbaus erneuerbarer Energien in der Nordsee ergebe sich ansonsten „eine einseitige Belastung des Übertragungsnetzbetreibers mit der in Nordwestdeutschland gelegenen Regelzone." Jedenfalls aber orientiert sich die Anknüpfung an die südlich gelegenen Netzverknüpfungspunkten nahe den industriellen Verbrauchsschwerpunkten an der Vorschrift des § 17d Abs. 1, wonach die Vorhabenträgerschaft bei der Anbindung von Windenergieanlagen auf See demjenigen Betreiber des Netzes obliegt, welches den zu übertragenden Strom aufnimmt und einbindet.

Abweichend von der bisherigen Praxis einer geteilten Vorhabenträgerschaft bei der Reali- 55 sierung regelzonenübergreifender Leitungen zur Höchstspannungs-Gleichstrom-Übertragung, führt die Regelung des § 12c Abs. 8 S. 5 nunmehr grundsätzlich zu einer alleinigen Durchführungsverantwortung desjenigen Übertragungsnetzbetreibers, in dessen Regelzone der südliche Netzverknüpfungspunkt belegen ist. Der Gesetzgeber wollte damit einer „tendenziellen Verschlechterung der Prozesseffizienz" entgegenwirken, da sich anderenfalls ein permanenter Abstimmungsbedarf zwischen den beteiligten Übertragungsnetzbetreibern ergibt. Auch sei der konkrete Übergabepunkt an der Regelzonengrenze erst in einem weit vorangeschrittenen Planungsstadium erkennbar, was ex ante zu Unsicherheiten bei einer Zuordnung der Durchführungsverantwortung geführt hätte (BT-Drs. 19/31009, 12).

„In begründeten Ausnahmefällen" (BT-Drs. 19/31009, 13) kann die BNetzA gem. § 12c 56 Abs. 8 S. 7 bei Bestätigung des Netzentwicklungsplans oder durch gesonderte Entscheidung einen bzw. mehrere andere Übertragungsnetzbetreiber nach Maßgabe von § 12c Abs. 8 S. 1– 4 als Vorhabenträger bestimmen. Laut Gesetzesbegründung könne das „Vorliegen eines in bestem Einvernehmen abgestimmten Planungs- und Realisierungskonzepts zweier Übertragungsnetzbetreiber" einen solchen Ausnahmefall darstellen.

II. Behördliche Bestimmung der Vorhabenträgerschaft

Die BNetzA kann bei Bestätigung des Netzentwicklungsplans oder durch gesonderte 57 Entscheidung bestimmen, welcher Übertragungsnetzbetreiber mit Regelzonenverantwortung für die Durchführung einer im Netzentwicklungsplan bestätigten Maßnahme als Vorhabenträger ganz oder teilweise verantwortlich ist. Bei einer behördlichen Zuweisung der Durchführungsverantwortung steht der BNetzA ein **Entschließungsermessen** zu. Übt sie es im Sinne einer Zuweisungsentscheidung aus, hat die BNetzA nach § 12c Abs. 8 S. 2 ausschließlich solche Belange zu berücksichtigen, die im öffentlichen Interesse eine möglichst zügige, effiziente und umweltschonende Durchführung der Maßnahmen erwarten lassen. Die Übertragungsnetzbetreiber können in dem von ihnen erarbeiteten Entwurf des Netzentwicklungsplans Vorschläge zur Bestimmung des verantwortlichen Vorhabenträgers machen. Soweit sie den in § 12c Abs. 8 S. 2 genannten Zielen dienlich sind, hat die BNetzA diese Vorschläge bei einer Zuweisungsentscheidung zu berücksichtigen. Gleiches gilt für Vereinbarungen zwischen den Übertragungsnetzbetreibern nach § 12 Abs. 1 S. 2.

58 Im Rahmen ihres **Auswahlermessens** kann sich die BNetzA zudem am Kriterienkatalog des § 12c Abs. 8 S. 4 orientieren: Neben möglichen Synergieeffekten durch eine gebündelte Realisierung zusammenhängender Vorhaben (Nr. 1) sowie der Frage nach der Opportunität einer allein oder in Projektpartnerschaft mit einem weiteren Vorhabenträger durchzuführenden Maßnahme (Nr. 2) ist insbesondere auch das Kriterium der personellen, technischen und wirtschaftlichen Leistungsfähigkeit und Zuverlässigkeit des verantwortlichen Übertragungsnetzbetreibers angesprochen (Nr. 3). Da die für den Netzausbau aufzuwendenden Mittel weit über die rechtlichen Anforderungen an die Gewährleistung eines zuverlässigen Netzbetriebs iSd § 4 Abs. 2 hinausgehen, ist der Nachweis hinreichender Leistungsfähigkeit für die Realisierung einer Ausbaumaßnahme ein eigenständig zu prüfendes Tatbestandsmerkmal. Die Genehmigung des Netzbetriebs nach § 4 ist dabei notwendige, aber nicht hinreichende Voraussetzung. Die Realisierungsquote des Übertragungsnetzbetreibers bei der Umsetzung früherer Maßnahmen (Nr. 4) kann Rückschlüsse auf dessen Leistungsfähigkeit ermöglichen (BT-Drs. 19/27453, 97). Schließlich gehört die die Belastung des Übertragungsnetzbetreibers mit anderweitigen Vorhaben zu den Kriterien der Auswahlentscheidung (Nr. 5). Auch im rechtlichen Interesse der Vorhabenträgers steht die Zuweisung der Durchführungsverantwortung bereits nach den allgemeinen Grundsätzen des § 11 Abs. 1 S. 1 unter dem Vorbehalt der wirtschaftlichen Zumutbarkeit. Angesichts der erheblichen Kosten des Netzausbaus sind einer – grundsätzlich zulässigen – Indienststellung Dritter verfassungsrechtliche Grenzen gezogen. Insbesondere soll ein verpflichteter Übertragungsnetzbetreiber keine Investitionen vornehmen müssen, die den Wert seines Bestandsnetzes übersteigen (Kment UPR 2014, 81 (84); aA Schöpf, Das neue Planungsrecht der Übertragungsnetze, 2017, 48).

59 Vom Wortlaut des § 12c Abs. 8 gedeckt ist auch **die Entziehung einer bereits ausgeübten Vorhabenträgerschaft** für ein Projekt. Bereits erteilte Genehmigungen bilden kein Eigentum iSd Art. 14 Abs. 1 GG. Selbiges gilt erst recht für erlangte Verfahrenspositionen, ebenso für ggf. frustrierte Planungsaufwendungen (BVerfG NVwZ-RR 2021, 177 Rn. 74 ff.).

60 Nachdem die BNetzA von der ihr eingeräumten Befugnis zur Bestimmung eines verantwortlichen Vorhabenträgers in der Vergangenheit keinen Gebrauch gemacht hatte (BT-Drs. 19/28407, 37), wurde mit der Bestätigung des Netzentwicklungsplans 2035 erstmals eine Entscheidung nach 12c Abs. 8 S. 7 getroffen.

F. Rechtsfolgen der Bestätigung

I. Ausbauverpflichtung der Übertragungsnetzbetreiber

61 § 12c Abs. 4 S. 1 bestimmt, dass die Regulierungsbehörde den Netzentwicklungsplan „mit Wirkung für die Betreiber von Übertragungsnetzen" bestätigt. Die Bestätigung ist damit nicht nur ein reines Verwaltungsinternum oder eine behördliche Verfahrenshandlung iSd § 44a S. 1 VwGO noch hat sie lediglich feststellenden Charakter. Vielmehr begründet die Bestätigung des Netzentwicklungsplans selbst – bereits vor dessen Überführung in das Bundesbedarfsplangesetz – eine unmittelbare Ausbauverpflichtung der Übertragungsnetzbetreiber (OLG Düsseldorf BeckRS 2021, 39226 Rn. 36; Riemer, Investitionspflichten der Betreiber von Elektrizitätsübertragungsnetzen, 2017, 74 ff.). Dies folgt nicht nur aus dem Wortlaut des § 12c Abs. 4 S. 1, sondern auch aus dem Umstand, dass nach § 12b Abs. 1 S. 3 Nr. 2 notwendiger Inhalt des Netzentwicklungsplans u.a. ein Zeitplan für die Realisierung energiewirt-

schaftlich notwendiger Vorhaben ist. Zudem bestimmt § 86a Abs. 1 S. 2 Nr. 2 GBV, dass mit Bestätigung des Netzentwicklungsplans ein berechtigtes Interesse der Übertragungsnetzbetreiber gegeben ist, um zum Zwecke konkreter Planungen für Änderung, Erweiterung oder Neubau von Anlagen Einsicht in das Grundbuch zu nehmen (s. auch BT-Drs. 19/7375, 92). Letztlich ergibt sich eine unmittelbare Vollziehbarkeit des bestätigten Netzentwicklungsplans auch aus § 65 Abs. 2a S. 1: Danach hat die BNetzA den Netzbetreiber unter Setzung einer Frist zur Durchführung von Investitionen für prioritäre Maßnahmen aufzufordern, wenn dieser aus anderen als zwingenden, von ihm nicht zu beeinflussenden Gründen eine solche Investition binnen drei Jahren nach Bestätigung des Netzentwicklungsplans nicht getätigt hat (zur Vollzugspraxis: Posser/Faßbender PraxHdB Netzplanung/Netzausbau/Leidinger Kap. 3 Rn. 496). Die Aufforderung unterbleibt nur dann, wenn die Investition unter Zugrundelegung des jüngsten Netzentwicklungsplans obsolet geworden ist. Im Falle eines fruchtlosen Fristablaufs kann die BNetzA nach § 65 Abs. 2a S. 2 ein Ausschreibungsverfahren zur Durchführung der betreffenden Investition durchführen. Letztlich ist die Bestätigung einer Maßnahme des Netzentwicklungsplans Voraussetzung für die Genehmigung einer Investitionsmaßnahme nach § 23 Abs. 1 S. 1 ARegV (OLG Düsseldorf BeckRS 2020, 22132 Rn. 44), auf welche der Übertragungsnetzbetreiber dann in aller Regel auch einen Anspruch hat (Buus, Bedarfsplanung durch Gesetz, 2018, 168; Posser/Faßbender PraxHdB Netzplanung/Netzausbau/Leidinger Kap. 3 Rn. 510).

II. Rechtsfolgen für die Genehmigungsplanung

Zwar konkretisiert die Bestätigung des Netzentwicklungsplans den Netzausbaubedarf mit Verbindlichkeit für die Übertragungsnetzbetreiber, für die nachfolgenden Genehmigungsverfahren entfaltet sie jedoch noch keine unmittelbare Bindungswirkung (OLG Düsseldorf BeckRS 2021, 39226 Rn. 37; Kment EnWG/Posser § 12c Rn. 47). Eine für alle Beteiligten verbindliche Feststellung des Bedarfs für ein Vorhaben tritt erst mit Aufnahme des Vorhabens in das Bundesbedarfsplangesetz ein (vgl. BVerwG NVwZ 2018, 332 Rn. 17). Da die für das Planfeststellungsverfahren erforderliche Planrechtfertigung jedoch auch ohne gesetzliche Bedarfsfeststellung gegeben sein kann (BVerwG NVwZ-RR 2019, 91 Rn. 7), ist in diesen Konstellationen der behördlichen Bestätigung des Netzentwicklungsplans – mehr noch als bereits dessen Entwurf (→ § 12b Rn. 39) – beim Nachweis des Bedarfs ein erhebliches Gewicht beizumessen (vgl. OVG Lüneburg BeckRS 2022, 21418 Rn. 48). Der bestätigte Netzentwicklungsplan kann insoweit als antizipiertes Sachverständigengutachten für die Bedarfsprüfung herangezogen werden. 62

Dem revolvierenden System der Bedarfsplanung ist die Möglichkeit von Auswirkungen auf bereits laufende Genehmigungsverfahren immanent (vgl. Franke/Karrenstein EnWZ 2019, 195 (198)). So kann sich der einmal festgestellter Bedarf erhöhen oder auch verringern (zur Konkretisierung der Übertragungskapazität in der Bedarfsplanung → Rn. 23). Selbst die vollständige Revision der bereits erfolgten gesetzlichen Bedarfsfeststellung für ein bestimmtes Vorhaben ist im Einzelfall nicht ausgeschlossen (vgl. Pleiner, Überplanung von Infrastruktur, 2016, 208). Maßgeblich ist insoweit jeweils die Sach- und Rechtslage im Zeitpunkt der behördlichen Entscheidung über den Planfeststellungsbeschluss (BVerwG NVwZ 2018, 332 Rn. 16). Aufgrund der regelmäßig abschnittsweise erfolgenden Genehmigung von Ausbauvorhaben und der langen Verfahrenslaufzeiten ist damit das Entstehen eines Planungstorsos zumindest theoretisch denkbar. Dem ließe sich nur begegnen, wenn – entgegen den Anforderungen der Rechtsprechung (BVerwG NVwZ 2017, 708 Rn. 28) – jeder Genehmigungsabschnitt eine eigenständige energiewirtschaftliche Funktion zu erfüllen hätte. Ungeachtet dessen kann die Bestätigung eines Netzentwicklungsplans Anpassungsbedarf für bereits eingeleitete Genehmigungsverfahren auslösen. Eine gesetzliche Ausprägung hat dieses Anpassungsgebot in § 19 S. 4 Nr. 4 NABEG gefunden: Sofern bei einem Vorhaben nach dem Antrag auf Bundesfachplanung und vor Einleitung des Planfeststellungsverfahrens ein Netzentwicklungsplan bestätigt wird, hat der Antrag auf Feststellung des Plans dazulegen, ob und in welchem Umfang zusätzliche energiewirtschaftlich notwendige Maßnahmen zumindest auf Teilabschnitten innerhalb des Trassenkorridors des Vorhabens mittels Leerrohren iSd § 18 Abs. 3 oder Erdkabeln iSd § 26 S. 2 Nr. 2 NABEG mitrealisiert werden können (vgl. Appel/Feurich ER 2020, 47 (55); Franke/Karrenstein EnWZ 2019, 195 (198 f.)). 63

III. Grundlage für die gesetzliche Bedarfsfeststellung

64 Der bestätigte Netzentwicklungsplan dient – nach § 12e Abs. 1 S. 1 mindestens alle vier Jahre – als Entwurf für die gesetzliche Bedarfsfestlegung im Bundesbedarfsplangesetz. Eine den Gesetzgeber unmittelbar bindende Wirkung entfaltet die behördliche Bestätigung nicht (Schirmer/Seiferth ZUR 2013, 515 (517)). Angesichts der Komplexität der Bedarfsplanung erhebt sich allerdings die Frage, inwieweit eine Modifikation des zuvor ermittelten Ausbaubedarfs im anschließenden Gesetzgebungsverfahren (Beispiele bei Ruge ER 2016, 154 (155)) noch vom – anerkanntermaßen weiten – Gestaltungsspielraum des Gesetzgebers (BVerwG NVwZ-RR 2019, 944 Rn. 34) gedeckt ist. Da das Abwägungsgebot im Rechtsstaatsprinzip wurzelt und mithin Verfassungsrang hat (BVerwG NJW 1981, 2137 (2138); Steinberg/Wickel/Müller Fachplanung § 3 Rn. 107), ist auch der zur Legalplanung ermächtigte Gesetzgeber daran gebunden und muss folglich in die Lage versetzt sein, eine sachgerechte, alle öffentlichen und privaten Interessen gebührend berücksichtigende und gegeneinander abwägende Entscheidung zu treffen (vgl. BVerfG NJW 1997, 383 (385); BT-Drs. 19/15619, 22). So setzen die verfassungsrechtlichen Anforderungen an eine eigene Prognoseentscheidung des Gesetzgebers voraus, dass dieser die zugrundeliegenden Sachverhaltsannahmen sorgfältig ermittelt sowie ein angemessenes Prognoseverfahren gewählt und konsequent verfolgt hat, das Prognoseergebnis nicht durch sachfremde Erwägungen beeinflusst wurde und eine hinreichend deutliche Offenlegung der die prognostische Einschätzung tragenden Gesichtspunkte erfolgt (BVerfG NJW 2003, 41 (54)). Eine mittelbare Bindung des Bedarfsgesetzgebers an das Ergebnis der administrativen Bedarfsermittlung (s. auch Durner NuR 2012, 369 (371); Hermes EnWZ 2013, 395 (400)) ergibt sich ferner daraus, dass die SUP zum Bundesbedarfsplan „vorgezogen" wird (Säcker EnergieR/Ruge § 12c Rn. 11) und bereits auf Basis des Netzentwicklungsplans stattfindet. Der bestätigte Netzentwicklungsplan darf daher nicht als „Baukastensystem" verstanden werden, aus dem einzelne Projekte beliebig herausgenommen, Anfangs- oder Endpunkte verschoben oder Prämissen verändert werden können (Britz/Hellermann/Hermes/Bourwieg, 3. Aufl., § 12e Rn. 9).

IV. Rechtsschutzfragen

1. Rechtsmittel der Übertragungsnetzbetreiber

65 Gegen die Bestätigung des Netzentwicklungsplans wie auch gegen eine Zuweisung der Vorhabenträgerschaft durch die BNetzA ist für die Übertragungsnetzbetreiber das Rechtsmittel der Beschwerde nach § 75 statthaft (vgl. Chladek, Rechtsschutzverkürzung als Mittel der Verfahrensbeschleunigung, 2022, 184). Das hierfür in erster Instanz zuständige Gericht ist nach § 75 Abs. 4 das OLG Düsseldorf.

2. kein Rechtsschutz Dritter

66 Die Bestätigung des Netzentwicklungsplans ist gem. § 12c Abs. 4 S. 2 **nicht selbstständig durch Dritte anfechtbar** (vgl. OLG Düsseldorf BeckRS 2021, 39226 Rn. 31; Chladek, Rechtsschutzverkürzung als Mittel der Verfahrensbeschleunigung, 2022, 184; aA Antweiler NZBau 2013, 337 (341)). Eine solche Regelung wird für die Ebene der Bedarfsplanung auch im Hinblick auf Art. 19 Abs. 4 GG für zulässig gehalten (OLG Düsseldorf BeckRS 2021, 39226 Rn. 40 ff.), jedenfalls unter der Prämisse, dass Dritte durch den Bestätigungsakt nicht in eigenen Rechten betroffen sein können (vgl. Moench/Ruttloff NVwZ 2011, 1040 (1042); s. auch BVerwG NVwZ 2022, 564 Rn. 44 zum Rechtsschutzkonzept des § 15 Abs. 3 S. 2 NABEG). Die Folge ist eine Rechtsschutzkonzentration auf Ebene der abschließenden Zulassung des Vorhabens. Erst im Rahmen einer gerichtlichen Überprüfung des Planfeststellungsbeschlusses kann inzident auch eine rechtsfehlerhafte Ermittlung des Bedarfs gerügt werden. Regelmäßig wird zu diesem Zeitpunkt das angegriffene Vorhaben jedoch zum Gegenstand der gesetzlichen Bedarfsfeststellung nach § 12e Abs. 4 geworden sein. In diesen Fällen billigt die Rechtsprechung dem Gesetzgeber einen weiten Gestaltungs- und Prognosespielraum zu und sieht die fachgerichtliche Prüfung von Bedarfsfragen auf eine reine Evidenzkontrolle dahingehend beschränkt, ob die Bedarfsfeststellung evident unsachlich ist, weil es im Hinblick auf den bestehenden oder zu erwartenden Ausbaubedarf an jeglicher Notwen-

digkeit fehlt oder weil sich die Verhältnisse seit der Bedarfsentscheidung so grundlegend gewandelt haben, dass das angestrebte Planungsziel unter keinen Umständen auch nur annähernd erreicht werden kann (BVerfG BeckRS 2012, 55324 Rn. 10; BVerwG BeckRS 2019, 17712 Rn. 20). Möglich bleibt zudem die inzidente Überprüfung der Vereinbarkeit eines durch formelles Gesetz angenommenen Plans mit der SUP-Richtlinie (BVerwG NVwZ 2020, 788 Rn. 56).

Die Bedenken, welche teilweise gegen die Vereinbarkeit des § 12c Abs. 4 S. 2 mit Unionsrecht erhoben werden (vgl. Moench/Ruttloff NVwZ 2011, 1040 (1042)), greifen im Ergebnis nicht durch: Zwar ist nach dem Trianel-Urteil (EuGH NVwZ 2011, 801) eine nationale Regelung mit Unionsrecht unvereinbar, welche den **Rechtsschutz von Umweltverbänden** von der Verletzung drittschützender Normen abhängig macht. Dies hat zur Folge, dass Umweltverbände Genehmigungen von UVP-pflichtigen Vorhaben im Hinblick auf sämtliche europäischen oder auf dem Unionsrecht basierenden Umweltvorschriften angreifen können. Die Bestätigung des Netzentwicklungsplans hat allerdings keine Genehmigung einzelner UVP-pflichtiger Vorhaben zum Gegenstand. Auch das Unionsrecht fordert in Bezug auf solche vorhabenübergreifenden, gesamthaften Planungen keinen Rechtsschutz Dritter, zumal konkrete Betroffenheiten auf Ebene der Bedarfsplanung noch nicht erkennbar sind (Schirmer/Seiferth ZUR 2013, 515 (517)). 67

Auch aus Art. 9 Abs. 3 AarhusÜ ergibt sich nichts Anderes. Zwar geht der Anwendungsbereich dieser Vorschrift über den Kreis UVP-pflichtiger Vorhaben hinaus da sie darauf abzielt, Rechtsschutz gegen jegliche umweltrelevanten Handlungen zu gewährleisten. Ihrem Wortlaut nach gilt dies jedoch nur für Entscheidungen, die Umweltnormen verletzen können oder einen sonstigen umweltrechtlichen Bezug haben. Bezogen auf einen behördlichen Bestätigungsakt, welcher unter Zugrundelegung eines verbindlichen Szenariorahmens die Feststellung eines energiewirtschaftlichen Bedarfs zum Gegenstand hat, ist dieses jedoch zu verneinen (Recht, Rechtsschutz im Rahmen des beschleunigten Stromnetzausbaus, 2019, 114). Erst bei der nachfolgenden Festlegung zB des Trassenverlaufs und bei der Zulassungsentscheidung für ein Vorhaben wird näher geprüft, welche konkreten Auswirkungen auf die Umwelt zu erwarten und welche umweltrechtlichen Vorschriften deshalb zu beachten sind (Schmidt ZUR 2012, 210 (214)). 68

§ 12d Umsetzungsbericht der Übertragungsnetzbetreiber und Monitoring durch die Regulierungsbehörde

(1) ¹Die Betreiber von Übertragungsnetzen mit Regelzonenverantwortung legen der Regulierungsbehörde jeweils spätestens bis zum 30. September eines jeden geraden Kalenderjahres, beginnend mit dem Jahr 2018, einen gemeinsamen Umsetzungsbericht vor, den diese prüft. ²Der Umsetzungsbericht muss folgende Angaben enthalten:
1. Angaben zum Stand der Umsetzung des zuletzt bestätigten Netzentwicklungsplans,
2. im Fall von Verzögerungen der Umsetzung die dafür maßgeblichen Gründe,
3. Angaben zu den Risiken, die Verzögerungen hervorrufen können, und Vorschläge für Maßnahmen, um diese Risiken zu verringern, und
4. Angaben zu Möglichkeiten, um die Umsetzung zu beschleunigen, und Vorschläge für Maßnahmen, um diese Möglichkeiten zu nutzen.

³Die Regulierungsbehörde veröffentlicht den Umsetzungsbericht und gibt allen tatsächlichen und potenziellen Netznutzern Gelegenheit zur Äußerung.

(2) ¹Die Regulierungsbehörde führt fortlaufend ein Monitoring über die Planung und den Stand der Umsetzung der Maßnahmen zur Optimierung, zur Verstärkung und zum Ausbau des Übertragungsnetzes durch und informiert hierüber regelmäßig die Öffentlichkeit. ²Die Betreiber von Übertragungsnetzen und die Behörden stellen der Regulierungsbehörde die für das Monitoring notwendigen Informationen in geeigneter Form zur Verfügung.

EnWG § 12d   Teil 3. Regulierung des Netzbetriebs

Überblick

Der Fortschritt beim Ausbau der Übertragungsnetze unterliegt einem fortlaufenden Monitoring durch die BNetzA (→ Rn. 8). Entsprechende gemeinsame Umsetzungsberichte sind jährlich – alternierend als Bestandteil des Netzentwicklungsplans oder als eigenständiger Bericht nach § 12d – durch die Übertragungsnetzbetreiber zu erarbeiten (→ Rn. 2).

A. Normzweck und Entstehungsgeschichte

1   Der durch das erste Gesetz zur Änderung des Energieverbrauchskennzeichnungsgesetzes und zur Änderung weiterer Bestimmungen des Energiewirtschaftsrechts im Jahr 2015 neugefasste § 12d implementiert ein eigenständiges Berichtswesen mit dem Ziel einer planmäßigen behördlichen Erfassung von Fortschritten und Hemmnissen des Netzausbaus. Ursprünglich war der Umsetzungsbericht Bestandteil des jährlich zu erarbeitenden Netzentwicklungsplans. Mit der Umstellung des Netzentwicklungsplans auf eine zweijährige Erscheinungsweise in den ungeraden Kalenderjahren (→ § 12b Rn. 6) wäre es ohne Einführung einer ergänzenden Verpflichtung zur Vorlage eines gemeinsamen Umsetzungsberichts in den geraden Kalenderjahren zu einer Ausdünnung des behördlichen Monitorings gekommen. Eine Ergänzung der Pflichtangaben des Umsetzungsberichts in § 12d Abs. 1 sowie eine Regelung des fortlaufenden Behördenmonitorings in § 12d Abs. 2 wurde aufgrund des Gesetzes zur Beschleunigung des Energieleitungsausbaus im Jahr 2019 vorgenommen.

B. Umsetzungsbericht der Übertragungsnetzbetreiber

I. Allgemeines

2   Die Betreiber von Übertragungsnetzen mit Regelzonenverantwortung haben der nach § 54 Abs. 1 als zuständige Regulierungsbehörde bestimmten BNetzA spätestens bis zum 30. September eines jeden geraden Kalenderjahres, einen gemeinsamen Umsetzungsbericht vorzulegen. Dessen Zielsetzung entspricht der des § 12b Abs. 1 S. 4 Nr. 4 (→ § 12b Rn. 19). Nach einer behördlichen Prüfung veröffentlicht die BNetzA den Umsetzungsbericht und gibt allen tatsächlichen und potenziellen Netznutzern Gelegenheit zur Äußerung. Das Ergebnis der Äußerungen kann in Vorgaben zum nächsten Netzentwicklungsplan oder in andere Regulierungsverfahren einfließen (BT-Drs. 18/4655, 32).

3   Mit dem Instrument einer gesonderten Berichtspflicht der Übertragungsnetzbetreiber in den geraden Kalenderjahren soll die mit den Netzentwicklungsplänen verbundene Umsetzungsberichterstattung (§ 12b Abs. 1 S. 3 Nr. 4) in den ungeraden Kalenderjahren fortgeschrieben werden. Im Zusammenspiel mit dem Netzentwicklungsplan gibt der Umsetzungsbericht die Möglichkeit, jährlich den Umsetzungsstand der bedarfsnotwendigen Projekte zu verfolgen und zu prüfen, welches die Ursachen für eine Verzögerung in der Umsetzung sind (BT-Drs. 18/4655, 32).

4   Anders als in der Gesetzesbegründung dargestellt, war die Einführung von Umsetzungsberichten allerdings nicht gemeinschaftsrechtlich veranlasst. Art. 22 Elektrizitäts-Binnenmarkt-Richtlinie 2009/72/EG verpflichtet gerade nicht Übertragungsnetzbetreiber, welche wie die deutschen ÜNB bereits eine vollständige eigentumsrechtliche Entflechtung vollzogen haben (Fest/Nebel NVwZ 2016, 177 (179)).

II. Inhalte des Umsetzungsberichts

5   Gegenstand des Berichts sind alle laufenden Umsetzungsvorhaben aus dem letzten Netzentwicklungsplan, insbesondere die Vorhaben, die für die nächsten drei Jahre nach dem Umsetzungsbericht ausgewiesen sind, der tatsächliche Planungsstand sowie bei Verzögerungen die Gründe hierfür. Neue Bedarfsberechnungen sind nicht durchzuführen (BT-Drs. 18/4655, 32). Der gemeinsame Umsetzungsbericht kann nach § 5 Abs. 2 BBPlG mit dem Bericht über die in den Pilotprojekten des Bundesbedarfsplans gewonnenen Erfahrungen verbunden werden (vgl. → § 12b Rn. 20).

6   Die Pflichtangaben des Umsetzungsberichts bestimmt § 12d Abs. 1 S. 2. Danach enthält der Umsetzungsbericht

- Angaben zum Stand der Umsetzung des zuletzt bestätigten Netzentwicklungsplans,
- im Fall von Verzögerungen der Umsetzung die dafür maßgeblichen Gründe,
- Angaben zu den Risiken, die Verzögerungen hervorrufen können, und Vorschläge für Maßnahmen, um diese Risiken zu verringern, und
- Angaben zu Möglichkeiten, um die Umsetzung zu beschleunigen, und Vorschläge für Maßnahmen, um diese Möglichkeiten zu nutzen.

Die im Umsetzungsbericht zu machenden Angaben gehen insoweit über die Inhalte des mit dem Netzentwicklungsplan verbundenen Sachstandsberichts nach § 12b Abs. 1 S. 4 Nr. 4 (→ § 12b Rn. 18) hinaus, als die Netzbetreiber im Umsetzungsbericht auch Verzögerungsrisiken und Beschleunigungschancen zu benennen haben. Hierbei genügen allerdings pauschalisierte Angaben (zB zu Ergebnissen umweltfachlicher Prüfungen). Die Angaben sollen der Regulierungsbehörde, der Öffentlichkeit und der Politik ein effektives Controlling des Netzausbaus ermöglichen. Ausweislich der Gesetzesbegründung sind die Netzbetreibern zudem aufgefordert, auch Änderungsbedarf seitens der Regulierungsbehörde oder des Gesetzgebers zu benennen (BT-Drs. 19/7375, 51). 7

C. Monitoring durch die BNetzA

Nach § 12d Abs. 2 hat die BNetzA ein fortlaufendes Monitoring zu den Netzausbauvorhaben des BBPlG und des EnLAG durchzuführen und dessen Ergebnisse regelmäßig zu veröffentlichen. Dieses Monitoring wird ergänzt um Daten zu Maßnahmen der Netzoptimierung und der Netzverstärkung. Zu erfassen sind insbesondere auch gesondert installierte Betriebsmittel. Das Monitoring soll neben dem jeweiligen Status Quo kontinuierlich den Umsetzungsstand und die erwartete Fertigstellung der laufenden und geplanten Maßnahmen erfassen und wird regelmäßig veröffentlicht. 8

Die Betreiber von Übertragungsnetzen legen der Regulierungsbehörde die hierfür notwendigen Informationen zu dem jeweiligen Netzgebiet vor. Sie stellen der Regulierungsbehörde Geodaten der bestehenden Höchstspannungsleitungen sowie von beantragten und festgelegten Trassenkorridoren und Trassen zur Verfügung, welche sie zur Verwendung in den Planungs- und Genehmigungsverfahren nach dem EnLAG und dem BBPlG erstellen. Behörden, die von den Planungs- und Genehmigungsverfahren betroffen sind, legen der Regulierungsbehörde auf Anfrage ebenfalls Informationen zum den jeweiligen Planungs- und Genehmigungsverfahren vor (BT-Drs. 19/7375, 51). 9

§ 12e Bundesbedarfsplan

(1) ¹Die Regulierungsbehörde übermittelt den Netzentwicklungsplan mindestens alle vier Jahre der Bundesregierung als Entwurf für einen Bundesbedarfsplan. ²Die Bundesregierung legt den Entwurf des Bundesbedarfsplans mindestens alle vier Jahre dem Bundesgesetzgeber vor. ³Die Regulierungsbehörde hat auch bei wesentlichen Änderungen des Netzentwicklungsplans gemäß Satz 1 zu verfahren.

(2) ¹Die Regulierungsbehörde kennzeichnet in ihrem Entwurf für einen Bundesbedarfsplan die länderübergreifenden und grenzüberschreitenden Höchstspannungsleitungen sowie die Offshore-Anbindungsleitungen. ²Dem Entwurf ist eine Begründung beizufügen. ³Die Vorhaben des Bundesbedarfsplans entsprechen den Zielsetzungen des § 1 dieses Gesetzes.

(3) [aufgehoben]

(4) ¹Mit Erlass des Bundesbedarfsplans durch den Bundesgesetzgeber wird für die darin enthaltenen Vorhaben die energiewirtschaftliche Notwendigkeit und der vordringliche Bedarf festgestellt. ²Die Feststellungen sind für die Betreiber von Übertragungsnetzen sowie für die Planfeststellung und die Plangenehmigung nach den §§ 43 bis 43d und §§ 18 bis 24 des Netzausbaubeschleunigungsgesetzes Übertragungsnetz verbindlich.

(5) ¹Für die Änderung von Bundesbedarfsplänen gilt § 37 Satz 1 des Gesetzes über die Umweltverträglichkeitsprüfung. ²Soweit danach keine Pflicht zur Durch-

führung einer Strategischen Umweltprüfung besteht, findet § 12c Absatz 2 keine Anwendung.

Überblick

Kern des Bundesbedarfsplans ist die **Bedarfsfestschreibung für die** darin **enthaltenen Höchstspannungsleitungen**. § 12e gibt die Kontur für das Verfahren zum Erlass (→ Rn. 5 ff.) und den Inhalt des Bundesbedarfsplans vor, der in der Praxis als Anhang zum Bundesbedarfsplangesetz (BBPlG) erlassen wird. Der Bundesbedarfsplan ist **Abschluss der Bedarfsplanung** nach §§ 12a ff. und mit den Kennzeichnungen (→ Rn. 14 ff.) und der Festschreibung der Planrechtfertigung (→ Rn. 24 ff.) **Übergang zum Genehmigungsverfahren,** in dem der Trassenverlauf festgelegt wird.

Übersicht

	Rn.		Rn.
A. Normzweck und Entstehungsgeschichte	1	D. Rechtswirkungen des Bundesbedarfsplans (Abs. 4)	24
B. Verfahren (Abs. 1)	5		
I. Entwurf der BNetzA	6	E. Änderungen des Bundesbedarfsplans und SUP (Abs. 5)	31
II. Entwurf der Bundesregierung und weiteres Gesetzgebungsverfahren	11		
C. Kennzeichnungen im Bundesbedarfsplan (Abs. 2)	14	F. Ausfüllung des § 12e in der Praxis mit dem BBPlG	33

A. Normzweck und Entstehungsgeschichte

1 § 12e wurde als Teil der §§ 12a ff. im Jahr 2011 geschaffen mit dem Gesetz zur Neuregelung energiewirtschaftsrechtlicher Vorschriften v. 26.7.2011 (BGBl. I 1554). Der Bundesbedarfsplan steht in der Tradition des Bedarfsplans des Energieleitungsausbaugesetzes (EnLAG; Urfassung als Art. 1 des Gesetzes zur Beschleunigung des Ausbaus der Höchstspannungsnetze v. 21.8.2009, BGBl. I 2870) sowie von Bedarfsplänen in anderen Sektoren, insbesondere im Verkehrsbereich (zB Bedarfsplan für die Bundesschienenwege). Der erste Bundesbedarfsplan in Ausfüllung von § 12e erging 2013 (näher zur Historie des BBPlG → Rn. 33).

2 Mit dem Bundesbedarfsplan bzw. dem entsprechenden Gesetzesbeschluss kommt es zu einem Übergang der Verantwortlichkeit: Auf den ersten Stufen der Bedarfsplanung (Szenariorahmen und Netzentwicklungsplan (NEP), §§ 12a–12d) liegt die Verantwortlichkeit bei den Übertragungsnetzbetreibern und der BNetzA. Mit dem Bundesbedarfsplan geht die Verantwortung auf die Politik über und den Vorhaben des Bundesbedarfsplans wird durch den Gesetzesbeschluss **demokratische Legitimität** vermittelt.

2.1 Hiermit geht eine weitgehende Verbindlichkeit einher (s. Absatz 4 (→ Rn. 24 ff.), insbesondere die Verbindlichkeit für die Übertragungsnetzbetreiber und die Genehmigungsverfahren in Absatz 4 Satz 2). Dies in Abweichung zur Bestätigung des Netzentwicklungsplans, die nur mit Wirkung für die Übertragungsnetzbetreiber erfolgt (s. § 12c Abs. 4 S. 1).

3 Dem Bundesbedarfsplan ist die **Netzentwicklungsplanung** für die Übertragungsnetze **vorgeschaltet.** Die Auswahl der Vorhaben des EnLAG-Bedarfsplans im Jahr 2009 erfolgte auf Basis der TEN-E-Leitlinien und der dena-Netzstudie I (BT-Drs. 16/10491, 17). Mit den §§ 12a ff. erfolgte eine Weiterentwicklung. So wurde mit der Netzentwicklungsplanung ein umfassend angelegter, mehrstufiger fachlicher Prozess vorgeschaltet, der zudem transparent ist und mehrere Beteiligungen insbesondere der Öffentlichkeit beinhaltet. In der Praxis kommt dem bestätigten NEP eine ganz zentrale Rolle zu. So erfolgt die Vorhabenselektion regelmäßig auf dieser Ebene: die BNetzA bestätigt stets einen nicht unerheblichen Anteil der durch die Übertragungsnetzbetreiber mit dem Entwurf des NEP vorgebrachten Maßnahmen nicht. Im BBPlG werden dagegen regelhaft die Vorhaben des bestätigten NEP ohne weitere Selektion übernommen (→ Rn. 13). In regulierungsrechtlicher Hinsicht ist der NEP ohnehin von zentraler Bedeutung (vgl. insbesondere die Anknüpfung an den NEP in § 65 Abs. 2a

sowie – ungeschrieben – in § 23 ARegV; dazu Strobel, Investitionsplanungs- und Investitionspflichten, 2017, 334 ff.).

Der Bundesbedarfsplan ist eine Besonderheit der Übertragungsnetze: Für andere Energienetzinfrastrukturen gibt es ebenfalls fachliche Pläne, konkret die Netzausbaupläne der Betreiber von Elektrizitätsverteilernetzen (§ 14d), den Netzentwicklungsplan der Fernleitungsnetzbetreiber (§ 15a) sowie den Wasserstoffnetzbericht (§ 28q). Eine Überführung in einen Bundesbedarfsplan bzw. ein Bundesbedarfsplangesetz findet aber nicht statt. Zu einem Überblick über die Bedarfsplanung von Energienetzinfrastrukturen s. Senders/Wegner EnWZ 2021, 243 (246 ff.). **3.1**

Der Bundesbedarfsplan ist auch mit der europäischen Ebene der Netzbedarfsplanung gekoppelt, insbesondere der Unionsliste der Vorhaben von gemeinsamem Interesse basierend auf der VO (EU) Nr. 347/2013 zu Leitlinien für die transeuropäische Energieinfrastruktur (näher zu den Verbindungen Strobel EnWZ 2014, 299 (302 f.)). **4**

B. Verfahren (Abs. 1)

Auf dem Weg hin zum Bundesbedarfsplan lassen sich folgende Schritte ausmachen: Der Entwurf der BNetzA (→ Rn. 6 ff.), der Entwurf der Bundesregierung und das weitere Gesetzgebungsverfahren (→ Rn. 11 ff.). **5**

I. Entwurf der BNetzA

Erster Schritt hin zum Bundesbedarfsplan ist der Entwurf der BNetzA: In Absatz 1 Satz 1, Satz 3 ist die Übermittlung des Netzentwicklungsplans als Entwurf für einen Bundesbedarfsplan durch die BNetzA an die Bundesregierung vorgesehen, dies hat mindestens alle vier Jahre zu erfolgen oder bereits zuvor bei wesentlichen Änderungen des Netzentwicklungsplans. **6**

Gemäß Absatz 1 Satz 1 übermittelt die BNetzA den Netzentwicklungsplan. Dies stellt eine Brücke zwischen NEP-Prozess und Bundesbedarfsplan dar. Mit „Netzentwicklungsplan" ist der gem. § 12c durch die BNetzA bestätigte Netzentwicklungsplan als Resultat des NEP-Verfahrens gemeint (ebenso Kment EnWG/Posser § 12e Rn. 10). Genauer: die Liste der bestätigten Maßnahmen im Tenor der Bestätigung (Buus, Bedarfsplanung durch Gesetz, 2018, 172). Die gesetzlich vorgesehene bloße Übermittlung hat zur Folge, dass im gegenständlichen Stadium des Entwurfs keine inhaltliche Modifikation der Vorhabenliste möglich ist. Die BNetzA hat lediglich die Kennzeichnungsaufgabe nach Absatz 2 Satz 1 (vgl. Kment EnWG/Posser § 12e Rn. 10; zur Kennzeichnung → Rn. 14 ff.). **An dieser Stelle** der Bedarfsplanung und was die Vorhaben als solche angeht, kommt der BNetzA mithin eine **Botenfunktion** zu. Die Einflusshebel der BNetzA finden sich im vorgelagerten Stadium (s. insbesondere § 12c; zu diesen Befugnissen Strobel, Die Investitionsplanungs- und Investitionspflichten der Übertragungsnetzbetreiber, 2017, 325 ff.). **7**

Die gesetzlich vorgesehene regelmäßige Übermittlung bewirkt eine **regelmäßige Aktualisierung** des Bundesbedarfsplans. Diese ist vor dem Hintergrund der stetigen Entwicklungen bei den energiepolitischen Zielen bzw. – allgemeiner formuliert – den Eingangsdaten der Netzentwicklungsplanung zu sehen. Entsprechend können sich Änderungen im Vergleich zu den Vorgänger-Netzentwicklungsplänen ergeben. Die Formulierung „mindestens alle vier Jahre" hat zur Folge, dass **zumindest auf jeden zweiten NEP** ein Entwurf für einen Bundesbedarfsplan folgt. Ferner muss sich der Bundestag in jeder regulär langen Legislaturperiode mindestens einmal mit dem BBPlG auseinandersetzen. Die Abkehr vom ursprünglich in § 12e vorgesehenen dreijährigen Turnus liegt im Übergang auf die Zweijährigkeit der Netzentwicklungsplanung begründet (s. BT-Drs. 18/6383, 19; ursprünglich war für den NEP ein einjähriger Turnus gesetzlich vorgesehen). **8**

Weitere durch die BNetzA erstellte **Informationsgrundlage** für den Bundesbedarfsplan ist der **Umweltbericht** (vgl. BR-Drs. 570/20, 21). Dies ergibt sich zwar nicht aus § 12e, aber aus § 12c Abs. 2 S. 1 („zur Vorbereitung eines Bedarfsplans nach § 12e"). **9**

Nach Absatz 1 Satz 3 greift die Übermittlungspflicht der BNetzA auch bei wesentlichen Änderungen des Netzentwicklungsplans. Dies hat zur Folge, dass bei der Prüfung von Netzentwicklungsplänen, die nicht regulär, dh alle vier Jahre, zu einem Bundesbedarfsplan führen, durch die BNetzA auch die Anstoßpflicht eine Rolle spielt (vgl. BT-Drs. 17/6072, 69). Eine wesentliche Änderung ist insbesondere dann zu bejahen, wenn sich an der Vorhabenliste des **10**

NEP zahlreiche Änderungen wie Neuaufnahmen oder Streichungen ergeben (Kment EnWG/Posser § 12e Rn. 11).

II. Entwurf der Bundesregierung und weiteres Gesetzgebungsverfahren

11 Der zweite Schritt hin zum Bundesbedarfsplan ist der Entwurf der Bundesregierung: Nach Absatz 1 Satz 2 legt die Bundesregierung den Entwurf des Bundesbedarfsplans mindestens alle vier Jahre dem Bundesgesetzgeber vor. Dritter und letzter Schritt ist das weitere Gesetzgebungsverfahren nach den Vorgaben des Grundgesetzes.

11.1 Da es sich um einen Fall des Art. 76 Abs. 1 Alt. 1 GG handelt, ist die Vorlage zunächst dem Bundesrat zur Stellungnahme zuzuleiten (Art. 76 Abs. 2 GG). Einschlägiger Kompetenztitel für den Bundesbedarfsplan ist die „Energiewirtschaft" (Art. 74 Abs. 1 Nr. 11 GG; s. nur Steinbach/Franke/Heimann § 12e Rn. 9). Mangels einer Normierung eines Zustimmungserfordernisses im GG handelt es sich um ein Einspruchsgesetz, was die Einflussmöglichkeiten des Bundesrats im sog. zweiten Durchgang begrenzt (vgl. beispielsweise Kment EnWG/Posser § 12e Rn. 7).

12 Es stellt sich die Frage, ob Bundesregierung und Bundestag **zu Änderungen** am Entwurf **befugt und** hierzu **fähig** sind: Wenngleich der Wortlaut von Absatz 1 Satz 2 insoweit nicht eindeutig ist, ist die Bundesregierung aus verfassungsrechtlichen Erwägungen nicht an den Entwurf der BNetzA gebunden (detailliert Kment EnWG/Posser § 12e Rn. 14 f.). Die Bundesregierung kann entsprechend Änderungen vornehmen und ist bei ihrem Entwurf nicht auf eine bloße Weiterleitung des Entwurfs der BNetzA beschränkt. Der Bundestag ist bei der Verabschiedung des Bundesbedarfsplangesetzes dann weder an den Entwurf noch an Vorgaben aus § 12e gebunden (Kment EnWG/Posser § 12e Rn. 16). Aus diesem Grund kann davon gesprochen werden, dass § 12e eine Kontur für den Bundesbedarfsplan bzw. das BBPlG vorgibt. Teils wird jedoch infrage gestellt, wie groß der Gestaltungsspielraum des Gesetzgebers in der Praxis auf der letzten Stufe der mehrstufigen Bedarfsplanung ist.

12.1 So wird teils eine „Ratifikationslage" der Gesetzgebungsorgane konstatiert (Hermes EnWZ 2013, 395 (400)). Anderenorts wird aufgrund des Informationsgefälles und der Begründunglast bei Abweichungen von den Vorarbeiten des NEP eine Präjudizierung von Bundesregierung und Bundestag gesehen, die letztlich verfassungswidrig sei (Buus, Bedarfsplanung durch Gesetz, 2018, 357 ff.).

13 Zu dieser Frage soll ein Blick auf die Praxis gerichtet werden: In den bisherigen Durchgängen der Bundesbedarfsplanung (Erstes BBPlG 2013, Novellierungen 2015, 2021 und 2022) wurden die Einzelmaßnahmen des jeweils maßgeblichen bestätigten Netzentwicklungsplans **regelhaft übernommen** (auch → Rn. 35). Im praktischen Ergebnis ist dies sachgerecht, da es sich bei dem bestätigten NEP um das Resultat eines äußerst umfangreich angelegten fachlichen Prozesses unter Prüfung der BNetzA handelt. Zu nennen sind insoweit auch die netztechnischen Hintergründe sowie die Wechselwirkungen der Vorhaben zueinander (vgl. Bourwieg/Hellermann/Hermes/Busch § 12e Rn. 17). Ein Blick auf die Praxis verdeutlicht aber auch, dass der **Gesetzgeber den NEP zumindest punktuell nicht nur „abnickt"**, sondern auch Änderungen vornimmt.

13.1 So kam es hinsichtlich des Vorhabens SuedOstLink (Vorhaben Nr. 5) mit dem BBPlG 2015 zu neuen Endpunkten und mit dem BBPlG 2021 zu einer Kapazitätserhöhung auf 4 GW (durch ein neues Vorhaben Nr. 5a). Der neue bayerische Endpunkt (Isar statt Meitingen) in größerer Entfernung in einem anderen bayerischen Regierungsbezirk und in der Regelzone eines anderen Übertragungsnetzbetreibers sowie die Kapazitätserhöhung entsprachen nicht den jeweils maßgeblichen Bestätigungen des NEP (näher hierzu im Hinblick auf die Endpunkte Strobel, Die Investitionsplanungs- und Investitionspflichten der Übertragungsnetzbetreiber, 2017, 467 ff.). Jeweils vorausgegangen waren energiepolitische Einigungen, die keine absolute Vorentscheidung für den Gesetzgeber darstellten, sondern jeweils einen Prüfauftrag an die BNetzA enthielten (s. politische Vereinbarung der Parteivorsitzenden von CDU, CSU und SPD vom 1.7.2015 zu Eckpunkten für eine erfolgreiche Umsetzung der Energiewende, abrufbar auf der Website der Bundesregierung, 10; Einigung von Bundesminister Altmaier mit den Energieministern der Länder Bayern, Hessen und Thüringen vom 5.6.2019, Vorschlag für Lösung der Netzprobleme im Dreiländereck, abrufbar auf der Website des BMWK, 2). Die Prüfaufträge als Rückkoppelungen an den NEP-Prozess sind auch vor dem Hintergrund des natürlichen Wissensdefizits bei Bundesregierung und Bundestag gegenüber Übertragungsnetzbetreibern und BNetzA zu sehen.

Am Rande sei darauf hingewiesen, dass auch der Umweltbericht mit seinen Alternativen Anknüpfungspunkt für Abweichungen des Gesetzgebers sein kann (Bourwieg/Hellermann/Hermes/Busch § 12e Rn. 17). 13.2

C. Kennzeichnungen im Bundesbedarfsplan (Abs. 2)

Gemäß Absatz 2 Satz 1 kennzeichnet die BNetzA in ihrem Entwurf für einen Bundesbedarfsplan drei Kategorien an Leitungen: die länderübergreifenden und grenzüberschreitenden Höchstspannungsleitungen sowie die Offshore-Anbindungsleitungen. 14

Die Kennzeichnungen stellen die **Verbindung zum NABEG** her: Die Kennzeichnungen im finalen BBPlG (nicht im in Absatz 2 Satz 1 angesprochenen Entwurf der BNetzA) sind Voraussetzung für die Anwendbarkeit des NABEG-Genehmigungsregimes, da die insoweit maßgebliche Vorschrift des § 2 Abs. 1 NABEG Kennzeichnungen im BBPlG voraussetzt. Nicht gekennzeichnete Höchstspannungsleitungen werden nach §§ 43 ff. durch die Länder planfestgestellt. 15

Für die Anwendbarkeit des NABEG ist die **Kennzeichnung** und **nicht** allein die **Geografie maßgeblich** (Säcker EnergieR/Appel BBPlG § 2 Rn. 10): Absatz 2 Satz 1 kann zwar so verstanden werden, dass die BNetzA bei ihrem Entwurf hinsichtlich der Kennzeichnungen keinen Spielraum hat, sondern auf einen Geografie-Abgleich beschränkt ist. Letztlich hat Absatz 2 Satz 1 aber keinen Mechanismus zur Folge, wonach faktisch länderübergreifende oder grenzüberschreitende Vorhaben automatisch entsprechend gekennzeichnet werden. Der Gesetzgeber ist nicht an den Vorschlag der BNetzA gebunden (vgl. → Rn. 12). Ferner impliziert § 2 Abs. 1 NABEG (im BBPlG „als solche gekennzeichnet"), dass es auch nicht gekennzeichnete länderübergreifende oder grenzüberschreitende Vorhaben gibt. Dies entspricht auch der Praxis. Ein Grund, warum beispielsweise bei einem faktisch länderübergreifenden Vorhaben auf eine Kennzeichnung verzichtet wird, sind bereits begonnene Verfahren vor Länderbehörden und entsprechend drohende Reibungsverluste bei einer Verfahrensübertragung auf die BNetzA (s. BT-Drs. 18/8915, 44 betreffend die nachträgliche Streichung der A1-Kennzeichnung bei Vorhaben Nr. 39). 16

(Bundes-)Länderübergreifende Höchstspannungsleitungen werden im BBPlG mit **A1** gekennzeichnet. Insoweit zeigen sich der Zweck der Kennzeichnung und der Genehmigung durch die BNetzA nach NABEG: Bei bundesländerübergreifenden Vorhaben soll eine Verfahrensbeschleunigung durch eine Genehmigung durch eine einzige Behörde erzielt werden (s. BT-Drs. 17/6073, 2; BT-Drs. 19/24236, 23). Dahingegen fehlt der Bündelungsvorteil bei den anderen Kennzeichnungen (vgl. BR-Drs. 819/12 (B), 3), insoweit geht es „nur" um die Anwendbarkeit des NABEG-Genehmigungsregimes. 17

Grenzüberschreitende Höchstspannungsleitungen werden im BBPlG mit **A2** gekennzeichnet. Die Wirkungen einer Kennzeichnung beziehen sich selbstredend nur auf den deutschen Anteil eines grenzüberschreitenden Vorhabens bis zur Bundesgrenze. Bis zum BBPlG 2021 war es eine Ausnahme, dass faktisch grenzüberschreitende Vorhaben auch entsprechend gekennzeichnet waren. 18

Bis zum BBPlG 2021 fand sich trotz mehrerer Vorhaben bis zur Bundesgrenze (vgl. etwa Vorhaben Nr. 30 oder 32) nur eine A2-Kennzeichnung (Vorhaben Nr. 40) im BBPlG. Hinsichtlich des BBPlG 2013 wurde die Nicht-Kennzeichnung mehrerer Vorhaben mit drohenden Verzögerungen begründet (BT-Drs. 17/13258, 18). Hinsichtlich der Neuvorhaben des BBPlG 2021 haben die Seekabel-Interkonnektoren (Vorhaben Nr. 69 und 70) keine A2-Kennzeichnung, dagegen haben die Vorhaben Nr. 71 und 72 sowie Teile der Vorhaben 78 und 79 eine A2-Kennzeichnung. Hinsichtlich der Seekabel ist zu berücksichtigen, dass diese generell nicht in den Anwendungsbereich des NABEG fallen (vgl. § 2 NABEG), sondern im Küstenmeer landeinwärts gem. § 43 Abs. 1 S. 1 Nr. 3 durch Länderbehörden planfestgestellt werden bzw. hinsichtlich des Festlandsockels den beiden Genehmigungen aus § 133 Abs. 4 iVm Abs. 1 S. 1 Nr. 1 und Nr. 2 BBergG unterliegen (s. insoweit am Beispiel NORD.LINK (= Vorhaben Nr. 30) Strobel DVBl 2016, 543 (546)). Entsprechend liefe eine A2-Kennzeichnung leer. 18.1

Für **Anbindungsleitungen** von Offshore-Windparks wurde eine **C-Kennzeichnung** im BBPlG geschaffen. Diese Möglichkeit wurde bisher jedoch nicht genutzt, C-Kennzeichnungen kommen im Bundesbedarfsplan nicht vor. Mit dem BBPlG 2021 wurden erstmals Anbindungsleitungen aufgenommen (Vorhaben Nr. 78, 79 und 80), auch diese aber ohne C-Kennzeichnung (zu den Hintergründen s. BT-Drs. 19/24236, 24 f.). 19

Strobel

19.1 Offenbar hat sich im Küstenmeer landeinwärts die Genehmigung durch Länderbehörden (§ 43 Abs. 1 S. 1 Nr. 2) bewährt und eine Genehmigung durch die BNetzA (§ 2 Abs. 1, Abs. 5 NABEG) wird für nicht notwendig erachtet. Anteile von Anbindungsleitungen in der ausschließlichen Wirtschaftszone liegen ohnehin jenseits des Anwendungsbereichs des NABEG (§ 2 Abs. 5 NABEG, § 44 Abs. 1 WindeSeeG). Warum allerdings keine generelle Aufnahme in den Bundesbedarfsplan ohne C-Kennzeichnung erfolgt (auch bei den herkömmlichen Übertragungsleitungen sind Aufnahmen ohne NABEG-Kennzeichnung üblich), ist nicht ohne Weiteres offenkundig (BT-Drs. 19/24326, 24 f. verweist insoweit auf Änderungen von Netzverknüpfungspunkten, die wiederum Änderungen des BBPlG erforderlich machen würden; im insoweit gegenständlichen Einzelfall wurde die Gegenäußerung der Bundesregierung letztlich „überstimmt" und das Vorhaben Nr. 80 wurde aufgenommen (s. BT-Drs. 19/26241, 31)).

20 Die materiellen Rechtswirkungen einer Aufnahme eines Vorhabens in den Bundesbedarfsplan für das Planfeststellungsverfahren (→ Rn. 24 ff.) greifen unabhängig von den drei Kennzeichnungen (Kment EnWG/Posser § 12e Rn. 23). Ohne Kennzeichnung wird insbesondere der Bedarf mit Verbindlichkeit für die Länderbehörden festgestellt (s. die Erstreckung auf die §§ 43 ff. in Absatz 4 Satz 2).

21 Die weiteren Kennzeichnungen des BBPlG (jenseits von A1, A2 und C gibt es die Kennzeichnungen B, D, E, F und G) finden keine Stütze im Wortlaut von § 12e. Es ist daher unklar, ob insoweit Vorschläge der BNetzA in ihrem Entwurf für einen Bundesbedarfsplan in Entsprechung zu Absatz 2 Satz 1 erfolgen. Etwa im Hinblick auf eine G-Kennzeichnung (Verzicht auf die Bundesfachplanung) erschiene dies sachgerecht.

22 Ferner finden sich in Absatz 2 zwei Sätze, die in keinem sachlichen Zusammenhang zu den Kennzeichnungen stehen: Absatz 2 Satz 2 sieht vor, dass dem Entwurf eine Begründung beizufügen ist. Trotz des systematischen Zusammenhangs von Satz 2 zum Vorsatz sind letztlich beide der in Absatz 1 genannten Entwürfe zu begründen (Säcker EnergieR/Benzin § 12e Rn. 25 ff.).

23 Gemäß Absatz 2 Satz 3 entsprechen die Vorhaben des Bundesbedarfsplans den Zielsetzungen des § 1. Diese Vorgabe steht vorrangig im Zusammenhang mit den Wirkungen des Bundesbedarfsplans nach Absatz 4 und weniger mit dem Entwurf, auf welchen sich Absatz 2 ansonsten bezieht (näher Theobald/Kühling/Henze § 12e Rn. 39).

D. Rechtswirkungen des Bundesbedarfsplans (Abs. 4)

24 Absatz 4 betrifft die Rechtswirkungen des Bundesbedarfsplans (BT-Drs. 17/6072, 70), konkret die Wirkung auf die Planfeststellungsverfahren. Nach Absatz 4 Satz 1 werden mit Erlass des Bundesbedarfsplans für die enthaltenen Vorhaben die **energiewirtschaftliche Notwendigkeit und** der **vordringliche Bedarf festgestellt**. Diese Feststellungen sind für die Übertragungsnetzbetreiber sowie die Planfeststellung und Plangenehmigung nach EnWG und NABEG verbindlich (Absatz 4 Satz 2). Auf die Formulierung des Absatzes 4 Satz 1 nimmt § 1 Abs. 1 S. 1 BBPlG Bezug.

24.1 Absatz 4 Satz 2 stellt lediglich auf die Planfeststellung nach §§ 18 ff. NABEG ab, Aussagen zur Bundesfachplanung nach §§ 4 ff. NABEG fehlen. Im Ergebnis dürfte Absatz 4 Satz 2 über den Wortlaut hinaus auch für die Bundesfachplanung gelten (näher Säcker EnergieR/Appel NABEG § 5 Rn. 12 f., dort auch grundsätzlich zur Geltung der Planrechtfertigung in der Bundesfachplanung).

25 Mit Absatz 4 kann bei BBPlG-Vorhaben der energiewirtschaftliche Bedarf im Planfeststellungsverfahren nicht mehr infrage gestellt werden (BT-Drs. 17/6072, 70). Es wird eine Entlastung des Planfeststellungsverfahrens von dieser Frage bezweckt (vgl. Steinbach/Franke/Heimann § 12e Rn. 18). Konkret steht die Voraussetzung der **Planrechtfertigung** fest (statt aller Schirmer/Seifert ZUR 2013, 515 (517)). Eine nähere Darlegung durch den Vorhabenträger und eine entsprechende behördliche Prüfung erübrigen sich (Theobald/Kühling/Henze § 12e Rn. 41; deutlicher: Säcker EnergieR/Pielow § 43 Rn. 39: Prüfung verbiete sich sogar). In der Praxis beschäftigen sich nichtsdestotrotz viele Einwendungen von Bürgern im Anhörungsverfahren mit der Bedarfsfrage. Und in Planfeststellungsbeschlüssen wird regelmäßig trotz gesetzlicher Bedarfsfeststellung stützend näher auf die Bedarfsfrage eingegangen (vgl. auch Ruge/Schirmer ZUR 2018, 399 (401)).

Unter der Planrechtfertigung als ungeschriebenem Erfordernis für Fachplanungen wird 26
zusammengefasst verlangt, dass ein Vorhaben gemessen an den Zielsetzungen des jeweiligen
Fachplanungsgesetzes „vernünftigerweise geboten" ist (exemplarisch BVerwG BeckRS 2006,
23694 Rn. 182). Mit der Planrechtfertigung ist **(nur) eine der Anforderungen des
Genehmigungsverfahrens geklärt** (vgl. Kment EnWG/Posser § 12e Rn. 37; näher zur
Planrechtfertigung und den anderen materiell-rechtlichen Anforderungen im Rahmen der
Planfeststellung etwa Säcker EnergieR/Pielow § 43 Rn. 36 ff.). Die Formulierungen in
Absatz 4 und § 1 Abs. 1 BBPlG haben aber auch eine Relevanz für im Rahmen des Geneh-
migungsverfahrens notwendige Abwägungsentscheidungen.

Für nicht im Bundesbedarfsplan enthaltene Übertragungsnetzvorhaben – sozusagen die 27
spiegelverkehrte Konstellation zu den bisher geschilderten Fällen – muss und kann die Planrechtfertigung durch den Vorhabenträger dargelegt werden, das BBPlG ist nicht abschließend
(Kment EnWG/Posser § 12e Rn. 38; s. auch BT-Drs. 17/12638, 16). Ein entsprechender
Bedarfsnachweis dürfte sich aber als schwierig darstellen, da eine argumentative Auseinandersetzung mit einem fehlenden Bedarfsnachweis im BBPlG und in aller Regel im bestätigten
NEP erforderlich ist (vgl. Steinbach/Franke/Heimann § 12e Rn. 25). Für Vorhaben des
bestätigten NEP, die noch nicht Teil des BBPlG sind, kann weitgehend auf die Berechnungen
und Prüfungen im Rahmen der Netzentwicklungsplanung zurückgegriffen werden (Bour-
wieg/Hellermann/Hermes/Busch § 12e Rn. 29). Regelmäßig dürften aber die Vorbereitungen des Vorhabenträgers und die Erstellung der Antragsunterlagen so lange dauern, dass bis
zum Beginn des Planfeststellungsverfahrens das BBPlG angepasst wurde.

Im Rahmen von Gerichtsverfahren stellt sich die Frage nach der **gerichtlichen Kontrolle** 28
eines Bedarfsnachweises durch das BBPlG: Die in der Praxis relevanteste Rechtsschutz-
konstellation im Kontext des BBPlG sind Klagen gegen Planfeststellungsbeschlüsse (ausführlich zu Rechtsschutzkonstellationen Kment EnWG/Posser § 12e Rn. 45 ff.). Für Klagen
gegen Planfeststellungsbeschlüsse betreffend BBPlG-Vorhaben ist das BVerwG erst- und letztinstanzlich zuständig (§ 50 Abs. 1 Nr. 6 VwGO, § 6 BBPlG). Das BVerwG sieht die Planrechtfertigung bei BBPlG-Vorhaben als auch für die Gerichte verbindlich festgestellt an und
beschränkt die gerichtliche Prüfung des gesetzlich festgelegten Bedarfs auf eine **Evidenzkontrolle** (bezüglich BBPlG-Vorhaben Nr. 8 BVerwG BeckRS 2017, 121698 Rn. 17 unter
Bezugnahme auf BVerwG BeckRS 2013, 57308 Rn. 35 f.). Eine evident sachwidrige
Bedarfsfeststellung ist aufgrund des Beruhens des Bundesbedarfsplans auf dem NEP höchst
hypothetisch.

Insoweit dürfte weitere Rechtsprechung aus dem Verkehrsbereich übertragbar sein. So kommt eine 28.1
Infragestellung der Planrechtfertigung im Falle eines grundlegenden Wandels der zugrundeliegenden
Verhältnisse in Betracht (BVerwG BeckRS 2004, 30337806 unter 2.2.1.; hierauf verweisend Steinbach/
Franke/Heimann § 12e Rn. 23). Auch ein Greifen dieser Konstellation dürfte wegen der regelmäßigen
Novellen des BBPlG ausgeschlossen sein (vgl. Steinbach/Franke/Heimann § 12e Rn. 23).

Mit der **Benennung von Netzverknüpfungspunkten** der einzelnen Vorhaben im Bun- 29
desbedarfsplan gehen **Rechtwirkungen** einher: Mit der Angabe der Netzverknüpfungspunkte werden die Anfangs- und Endpunkte definiert, konkrete Standorte bzw. der räumliche Verlauf der Leitung werden erst im Planungs- und Genehmigungsverfahren bestimmt
(BT-Drs. 17/12638, 16). Der Spielraum für eine Verlagerung gesetzlich benannter Netzverknüpfungspunkte beschränkt sich auf räumliche Konkretisierungen oder Modifikationen
(BVerwG BeckRS 2018, 23510 Rn. 4 (betreffend ein EnLAG-Vorhaben); zur Thematik
Flexibilität von Netzverknüpfungspunkten auch Ruge EnWZ 2015, 497 (502 f.)).

Im Zusammenhang mit den Rechtwirkungen des Bundesbedarfsplans auf Genehmi- 30
gungsverfahren nach NABEG sei schließlich darauf hingewiesen, dass mit einer Aufnahme
eines als NABEG-Vorhaben gekennzeichneten Vorhabens in den Bundesbedarfsplan die Uhr
für den Übertragungsnetzbetreiber für den Antrag auf Bundesfachplanung tickt (s. § 6 S. 2,
S. 3 NABEG).

E. Änderungen des Bundesbedarfsplans und SUP (Abs. 5)

An sich ist zum Bundesbedarfsplan eine Strategische Umweltverträglichkeitsprüfung (SUP) 31
durchzuführen bzw. ein Umweltbericht durch die BNetzA zu erstellen (s. § 35 Abs. 1 Nr. 1

iVm Anlage 5 Nr. 1.10 UVPG, § 12c Abs. 2 EnWG). Absatz 5 betrifft Änderungen des Bundesbedarfsplans und die Pflicht zur Durchführung einer SUP. Nach Absatz 5 Satz 1 iVm § 37 S. 1 UVPG ist im Wesentlichen dann keine SUP erforderlich, wenn es sich um eine geringfügige Änderung handelt und eine Vorprüfung ergibt, dass der Plan voraussichtlich keine erheblichen Umweltauswirkungen hat (zum Gegenstand der Vorprüfung s. Kment EnWG/Posser § 12e Rn. 21).

32 Absatz 5 ist im Zusammenspiel mit § 12c Abs. 2 zu lesen: Sofern nach den Vorgaben des UVPG keine SUP erforderlich ist, findet § 12c Abs. 2 keine Anwendung (Absatz 5 Satz 2) – ein Umweltbericht ist durch die BNetzA nicht zu erstellen. Oberhalb der Schwelle des Absatzes 5 Satz 1 (also zB bei mehr als nur geringfügigen Änderungen) gilt bei Änderungen – auch im Umkehrschluss zu Absatz 5 Satz 2 – § 12c Abs. 2 und ein Umweltbericht ist zu erstellen. Die **Erleichterung** nach Absatz 5 dürfte aufgrund der frühzeitigen Erstellung des Umweltberichts während des Verfahrens zur Erstellung des NEP (so § 12c Abs. 2 S. 1) **regelmäßig keine Anwendung** finden.

32.1 Frühzeitig während der Erstellung des NEP (§ 12c Abs. 2 S. 1) ist der Änderungsumfang noch kaum absehbar. Allein dies stellt die Weichen auf Erstellung eines Umweltberichts. In der Praxis wird in jedem NEP-Durchgang – also auch in den Durchgängen, die nicht regulär zu einem Bundesbedarfsplan führen – ein Umweltbericht erstellt; dies erfolgt vermutlich vorsorglich im Hinblick auf § 12e Abs. 1 S. 3 (vgl. BNetzA, Festlegung des Untersuchungsrahmens für die SUP, Bedarfsermittlung 2021–2035, Mai 2021, 15). Jenseits NEP-veranlasster Änderungen – also etwa, wenn zB die Bundesregierung einen Gesetzentwurf zur Änderung des Bundesbedarfsplans einbringen sollte, der keine Grundlage in einem NEP findet – greift Absatz 5 ebenfalls nicht: Einer solchen Änderung fehlt der Plancharakter (s. § 2 Abs. 7 UVPG) als Grundvoraussetzung einer SUP-Pflicht.

F. Ausfüllung des § 12e in der Praxis mit dem BBPlG

33 Der Blick auf § 12e wird vervollständigt durch einen Blick auf dessen Ausfüllung mit dem BBPlG. Das BBPlG – und mit diesem der erste Bundesbedarfsplan – wurde geschaffen mit dem Zweiten Gesetz über Maßnahmen zur Beschleunigung des Netzausbaus Elektrizitätsnetze v. 23.7.2013 (BGBl. I 2543). Eine recht grundlegende Änderung erfolgte durch das Gesetz zur Änderung von Bestimmungen des Rechts des Energieleitungsbaus v. 21.12.2015 (BGBl. I 2490 (2493)), ferner durch das Gesetz zur Änderung des Bundesbedarfsplangesetzes und anderer Vorschriften v. 25.2.2021 (BGBl. I 298) sowie die EnWG-Novelle 2022 (BGBl. I 1214 (1232)). Neben diesen recht grundlegenden Novellierungen erfolgten mehrere punktuelle Änderungen als Teil von Artikelgesetzen.

34 Der Bundesbedarfsplan des BBPlG 2013 reichte bis zum Vorhaben Nr. 36. Seither ist dieser **Grundstock weitestgehend erhalten** geblieben, was im Sinne der Planungssicherheit zu begrüßen ist, denn im Fall von Streichungen fortgeschrittener Vorhaben droht eine Entwertung von (Vor-)Planungen. Es wurden aber bereits Vorhaben gestrichen: Mit dem BBPlG 2015 die Vorhaben Nr. 16, 22, 23 und 36. Hintergrund war der, dass die Erforderlichkeit im NEP-Prozess nicht mehr festgestellt werden konnte (BT-Drs. 18/6909, 47 ff.). Die Vorhaben Nr. 22 und 23 haben jedoch mit dem BBPlG 2021 wieder Aufnahme in den Bundesbedarfsplan gefunden, da diese im NEP wieder bestätigt wurden (s. BR-Drs. 570/20, 23 f.). Generell kam es zu einer **erheblichen Erweiterung des Bundesbedarfsplans**: Seit 2022 reicht dieser Katalog bis zum Vorhaben Nr. 99. Insoweit ist aber auch zu berücksichtigen, dass bereits realisierte Vorhaben (bisher) nicht gestrichen wurden (s. zB Vorhaben Nr. 9 und 26).

35 Ein **Ergebnisvergleich** von **Bundesbedarfsplan** und **bestätigtem NEP** zeigt, dass in der Regel die Ergebnisse des aktuellen, durch die BNetzA bestätigten NEP gesetzgeberisch übernommen wurden. Dies veranschaulicht auch die gerade geschilderte Streichung und Wiederaufnahme der Vorhaben Nr. 22 und 23. Es gab aber auch politische bzw. gesetzgeberische Abweichungen (hierzu am Beispiel SuedOstLink (= Vorhaben Nr. 5) → Rn. 13). Auf die Kennzeichnungspraxis und deren Hintergründe wurde bereits eingegangen (→ Rn. 17 ff.).

36 Nicht alle Inhalte des BBPlG finden eine Stütze in § 12e, beispielsweise die Erdkabelbezogenen Inhalte. Wesentlicher Diskussionspunkt in der politischen Praxis ist die F-Kennzeichnung gem. §§ 2 Abs. 6, 4 BBPlG. Hintergrund ist der, dass nach weitaus überwiegender Auffassung nur bei solchen Vorhaben des Wechselstrom-Übertragungsnetzes eine Möglich-

keit der abschnittsweisen Erdverkabelung gegeben ist, die als Erdkabelpilotprojekte mit einem „F" gekennzeichnet sind (hierzu Appel/Eding UPR 2018, 281 (284 ff.); nunmehr auch BVerwG BeckRS 2020, 22736 Rn. 101 ff.).

Exemplarisch für die politische Praxis sind die sechs Forderungen nach einer F-Kennzeichnung in den Empfehlungen der Ausschüsse des Bundesrats zum BBPlG 2021 (BR-Drs. 570/1/20). Hinsichtlich dieser Forderungen ist mit dem BBPlG 2021 beim Vorhaben Nr. 77 eine nachträgliche, dh nicht vom Gesetzentwurf umfasste, Erdkabeloption geschaffen worden. 36.1

§ 12f Herausgabe von Daten

(1) Die Regulierungsbehörde stellt dem Bundesministerium für Wirtschaft und Energie sowie dem Umweltbundesamt Daten, die für digitale Netzberechnungen erforderlich sind, insbesondere Einspeise- und Lastdaten sowie Impedanzen und Kapazitäten von Leitungen und Transformatoren, einschließlich unternehmensbezogener Daten und Betriebs- und Geschäftsgeheimnisse zur Verfügung, soweit dies zur Erfüllung ihrer jeweiligen Aufgaben erforderlich ist.

(2) ¹Die Regulierungsbehörde gibt auf Antrag insbesondere netzknotenpunktscharfe Einspeise- und Lastdaten sowie Informationen zu Impedanzen und Kapazitäten von Leitungen und Transformatoren an Dritte heraus, die die Fachkunde zur Überprüfung der Netzplanung und ein berechtigtes Interesse gegenüber der Regulierungsbehörde nachweisen sowie die vertrauliche Behandlung der Informationen zusichern oder die Berechtigung zum Umgang mit Verschlusssachen mit einem Geheimhaltungsgrad nach § 12g Absatz 4 in Verbindung mit § 4 des Sicherheitsüberprüfungsgesetzes haben. ²Die Daten sind in einem standardisierten, elektronisch verarbeitbaren Format zur Verfügung zu stellen. ³Daten, die Betriebs- und Geschäftsgeheimnisse darstellen, dürfen von der Regulierungsbehörde nicht herausgegeben werden. ⁴In diesem Fall hat die Regulierungsbehörde typisierte und anonymisierte Datensätze an den Antragsteller herauszugeben.

Überblick

Die zum angemessenen Ausgleich von gebotenen Geheimhaltungserfordernissen und behördlichem sowie öffentliche Interesse an einer transparenten Stromnetzausbauplanung (→ Rn. 1) 2011 in das EnWG eingeführte (→ Rn. 2) Vorschrift, verpflichtet die BNetzA als gem. § 54 Abs. 1 zuständige Regulierungsbehörde unter bestimmten Voraussetzungen zur Herausgabe von Daten, die für digitale Stromnetzberechnungen erforderlich sind (→ Rn. 4 ff.). Die Vorschrift steht damit im systematischen Zusammenhang mit der Netzausbauplanung (auch: „Bundesbedarfsplanung") gem. §§ 12a ff. (→ Rn. 3).

Nach Absatz 1 besteht eine antragslose Pflicht (→ Rn. 4) zur Herausgabe der für digitale Netzberechnungen erforderlichen Daten (→ Rn. 6 ff.) durch die BNetzA an das BMWi und das UBA (→ Rn. 5). Auch Betriebs- und Geschäftsgeheimnisse können von dieser Herausgabepflicht nach Absatz 1 eingeschlossen sein (→ Rn. 7 f.).

Der Absatz 2 normiert einen konditionierten Anspruch (→ Rn. 12 f.) berechtigter Dritter (→ Rn. 15) auf die Herausgabe von bestimmten Daten in einem standardisierten, elektronisch verarbeitbaren Format (→ Rn. 24 f.) durch die BNetzA, sofern diese ihre Fachkunde zur Überprüfung der Netzplanung (→ Rn. 16 ff.) und ein berechtigtes Interesse (→ Rn. 19 f.) glaubhaft nachweisen können sowie die vertrauliche Behandlung der Daten zusichern oder eine Berechtigung zum Umgang mit Verschlusssachen haben (→ Rn. 21 ff.). Betriebs- und Geschäftsgeheimnisse sind bei der Weitergabe an Dritte jedoch ausgeschlossen (→ Rn. 26). Die Datenherausgabe nach Absatz 2 ist eine gebührenpflichtige Leistung der BNetzA (→ Rn. 27).

Gegen eine Ablehnungsentscheidung der BNetzA zur Datenherausgabe bzw. deren Unterlassung ist die Beschwerde durch anspruchsberechtigte Dritte, das BMWi oder das UBA nach § 75 Abs. 1 bzw. 3 beim OLG Düsseldorf statthaft (→ Rn. 28).

Übersicht

	Rn.		Rn.
A. Allgemeines: Regelungszweck, Historie und Systematik	1	**C. Herausgabeanspruch von Dritten (Abs. 2)**	12
I. Sinn und Zweck	1	I. Allgemein	12
II. Entstehungsgeschichte	2	II. Verpflichtete bzw. Berechtigte: BNetzA bzw. fachkundige Dritte	14
III. Systematische Stellung	3	1. Allgemein	14
B. Herausgabepflicht gegenüber berechtigten Behörden (Abs. 1)	4	2. Fachkundenachweis	16
		3. Berechtigtes Interesse	19
I. Allgemein	4	4. Vertraulichkeitsgewähr	21
II. Verpflichtete bzw. Berechtigte: BNetzA bzw. BMWi und UBA	5	III. Herauszugebende Informationen	24
		IV. Formatvorgaben für die Datenübermittlung	25
III. Herauszugebende Informationen	6	V. Betriebs- und Geschäftsgeheimnisse	26
1. Erfasste Datenkategorien und Geheimnisschutz	6	**D. Kosten und Rechtsschutz**	27
2. Erforderlichkeit zur digitalen Netzberechnung und konkreten Aufgabenerfüllung	9	I. Kostenregelung	27
		II. Rechtsschutz	28

A. Allgemeines: Regelungszweck, Historie und Systematik

I. Sinn und Zweck

1 In § 12f formuliert der Gesetzgeber die wesentlichen Vorgaben für die im Einzelfall vorzunehmende Abwägung zwischen behördlichen und öffentlichen **Informationsinteressen** sowie dem berechtigten Schutz von Betriebs- und Geschäftsgeheimnissen und zwingenden staatlichen bzw. öffentlichen **Geheimhaltungsbedürfnissen** (BT-Drs. 17/6072, 70). Laut der Gesetzesbegründung soll die Vorschrift also einen angemessenen Ausgleich zwischen den gebotenen Geheimhaltungserfordernissen, die sich aus der Notwendigkeit des Schutzes kritischer Infrastrukturen und des Versorgungssicherheitsgedankens ergeben, sowie dem behördlichen und öffentlichen Interesse an einer **transparenten Stromnetzausbauplanung,** welche insbesondere auch die gesellschaftliche **Akzeptanz** der im Rahmen der Energiewende erforderlichen Netzausbauplanung unterstützen soll (vgl. Bourwieg/Hellermann/Hermes/Busch § 12f Rn. 3), herstellen (BT-Drs. 17/6072, 70). Während die **antraglose Datenweitergabe** an benannte Bundesbehörden gem. Absatz 1 „wissenschaftliche Analysen, Lösungen und Strategien zur sicheren, wirtschaftlichen und klimaverträglichen Energieversorgung und der Systemintegration erneuerbarer Energien" ermöglichen soll, dient der **konditionierte Herausgabeanspruch** Dritter gem. Absatz 2 primär dem öffentlichen Interesse an einer transparenten bürgernahen Netzplanung (BT-Drs. 17/6072, 70). Die erkennbaren Differenzen der Zielrichtungen, der berechtigten Personen und der Geheimhaltungsbarrieren begründen teleologisch auch die erheblichen Unterschiede der einzelnen Voraussetzungen an die Zulässigkeit einer etwaigen Datenherausgabe nach Absätzen 1 oder 2 durch die BNetzA (vgl. Kment EnWG/Posser § 12f Rn. 2).

II. Entstehungsgeschichte

2 Die netzdatenbezogenen Auskunftspflichten in § 12f wurden mit Art. 1 des Gesetzes zur Neuregelung energiewirtschaftsrechtlicher Vorschriften vom 26.7.2011 (BGBl. I 1554 (1571 f.)) – als Bestandteil eines ganzen Regelungskomplexes zur Realisierung einer **einheitlichen transparenten Netzausbauplanung** in den §§ 12a–12g (BT-Drs. 17/6072, 20 ff. (68 ff.)) – neu in das EnWG eingeführt und durch das Gesetz zur grundlegenden Reform des Erneuerbare-Energien-Gesetzes und zur Änderung weiterer Bestimmungen des Energiewirtschaftsrechts vom 21.7.2014 (BGBl. I 1066 (1121)) formal an die geänderte Ressortzuständigkeit des Bundesministeriums für Wirtschaft und Energie (BMWi) angepasst (BT-Drs. 18/1304, 188). In § 14 Abs. 1b aF fand sich ein Verweis auf §§ 12a–12c und 12f für die Netzausbauplanung von 110 kV-Netzbetreibern, dieser wurde jedoch mit dem Gesetz zur Änderung der Bestimmungen zur Stromerzeugung aus KWK und zur Eigenversorgung vom

22.12.2016 (BGBl. I 3106 (3138)) entfernt, da von der Möglichkeit seit Einführung der Bestimmung nie Gebrauch gemacht wurde und sich das ÜNB-Netzausbauregime iSd §§ 12a ff. für die Verteilernetzebene mithin als nicht praktikabel erwiesen habe (BT-Drs. 18/1209, 125).

Parallel zur Einführung der einheitlichen Netzausbauplanung gem. §§ 12a–12g ist mit dem (Mantel-)Gesetz über Maßnahmen zur Beschleunigung des Netzausbaus Elektrizitätsnetze vom 28.7.2011 (BGBl. I 1690) auch das Netzausbaubeschleunigungsgesetz Übertragungsnetz (NABEG) erlassen worden, um die an § 12e iVm dem Bundesbedarfsplangesetz (BBPlG) anknüpfenden konkreten Planungs- und Zulassungsverfahren zum Ausbau der Stromnetze der Höchst- und Hochspannungsebene zu beschleunigen (BT-Drs. 17/6249, 1 ff.). Die Regelung in § 12f ist also, auch ihrem Entstehungskontext nach, Bestandteil einer transparenten Bundesbedarfsplanung (§§ 12a–12e), an welche wiederum die Bundesfachplanung (§§ 4 ff. NABEG bzw. §§ 15 f. ROG) und die finale Planfeststellung anschließen (§§ 43 ff. bzw. §§ 18 ff. NABEG) (ausf. zum Ganzen Kelly/Schmidt AöR 144 (2019), 577 (587); Schmidt/Kelly VerwArch 2021, 98 (98 ff., 117 ff.)). 2.1

III. Systematische Stellung

Die Vorschrift weist jedoch nur einen bedingten inhaltlichen Zusammenhang zur Netzausbauplanung im engeren Sinne auf, obwohl sie sich systematisch in diese eingliedert. Denn während die parallel eingeführten §§ 12a–12e unmittelbar die spezifischen Modalitäten des Planungsverfahrens zum Übertragungsnetzausbau, welches gem. § 12e mit dem BBPlG abschließt, regeln, normiert § 12f die daran anknüpfende **Weiter- bzw. Herausgabe** dabei gesammelter **netzbezogener Daten** durch die **BNetzA** (vgl. auch Theobald/Kühling/Kober Vor §§ 12a–12g Rn. 3, 13). Bereits die Platzierung der Vorschrift im direkten Anschluss an §§ 12a–12e deutet darauf hin, dass die von § 12f betroffenen Daten maßgeblich im Rahmen der Netzausbauplanung generiert werden. Ebenfalls lässt sich aus der systematischen Stellung der Vorschrift und der sowohl im Gesetzestext als auch der -begründung verwendeten beispielhaften Datenkategorien mit eindeutigem Strombezug eine ausschließliche Anwendbarkeit auf den Stromsektor ableiten (BT-Drs. 17/6072, 70; ausf. bereits Säcker EnergieR/Benzin § 12f Rn. 4). Demzufolge regelt § 12f als spezielle Norm die Anspruchsvoraussetzungen für die Herausgabe netzbezogener (Infrastruktur-)Daten, welche die BNetzA im Rahmen der Stromnetzausbauplanung von den beteiligten Unternehmen erlangt. 3

Die Vorschrift ergänzt als lex specialis zur Regelung der Herausgabe von netzbezogenen (Infrastruktur-)Daten, die im Rahmen der Netzausbauplanung gem. §§ 12a–12e geschöpft werden, den Kanon anderweitiger Informationspflichten im EnWG (zur Übersicht einiger Beispiele, vgl. nur Säcker EnergieR/Benzin § 12f Rn. 2, 4) und steht damit auch in mittelbarer Beziehung zu den umfassenden Vorgaben zur energiewirtschaftlichen Datenkommunikation in intelligenten Energiesystemen gem. §§ 49 ff. MsbG. Allerdings weisen die von § 12f betroffenen Daten zur Netzausbauplanung in aller Regel keinen Personenbezug, sondern nur Netzknotenpunktschärfe (BT-Drs. 17/6072, 70) auf und unterfallen mithin nicht der datenschutzrechtlichen Grundsatzregel eines generellen Verarbeitungsverbotes mit Erlaubnisvorbehalt. Folglich sind die näheren personenbezogenen Regelungen des u.a. zur Vermeidung einer weiteren Zersplitterung des Energierechts im Rahmen des Gesetzes zur Digitalisierung der Energiewende (GDEW) vom 29.8.2016 (BGBl. I 2034) eingeführten MsbG als bereichsspezifisches Energiedatenschutz-„Stammgesetz" (BT-Drs. 18/7555, 3) sowie die Vorgaben der EU-DS-GVO für den rechtmäßigen Umgang mit den netzbezogenen Daten iSv § 12f nicht einschlägig. 3.1

B. Herausgabepflicht gegenüber berechtigten Behörden (Abs. 1)

I. Allgemein

Absatz 1 normiert eine **antragslose Herausgabepflicht** der gesetzlich erfassten netzbezogenen Daten an die genannten Behörden. Damit hat der Gesetzgeber in Absatz 1 bereits eine Abwägung zugunsten des weitreichenden Informationsinteresses der berechtigten Behörden getroffen (Theobald/Kühling/Henze § 12f Rn. 11). Demnach kann die zuständige Regulierungsbehörde (→ Rn. 5) weder die grundsätzliche Herausgabe noch den Umfang der Daten (→ Rn. 6 ff.) aufgrund eines Antragsversäumnisses der berechtigten Behörden einseitig beschränken (Kment EnWG/Posser § 12f Rn. 4). Allerdings ist der Umfang der 4 von der Regulierungsbehörde gem. Absatz 1 herauszugebenden – Daten durch ein zweigeteiltes Erforderlichkeitskriterium begrenzt (→ Rn. 9 ff.). Aus diesem begrenzenden Maßstab der Erforderlichkeit lässt sich folglich ein **indirektes Antragserfordernis** dahingehend ableiten, dass die berechtigten Behörden der Regulierungsbehörde mitzuteilen haben, welche netzbezogenen Daten im Einzelnen erforderlich sind, um die digitalen Netzberechnungen bzw. wissenschaftlichen Analysen durchführen zu können (BT-Drs. 17/6072, 70; Kment EnWG/Posser § 12f Rn. 4).

II. Verpflichtete bzw. Berechtigte: BNetzA bzw. BMWi und UBA

5   In Ermangelung einer abdrängenden Sonderzuständigkeit der Landesregulierungsbehörden nach § 54 Abs. 2 ist die BNetzA als zuständige Regulierungsbehörde gem. § 54 Abs. 1 zur Datenübermittlung verpflichtet. In Absatz 1 werden zudem ausschließlich das BMWi und das Bundesumweltamt (UBA) als berechtigte Oberste Bundesbehörde (BMWi) bzw. Bundesoberbehörde (UBA) abschließend benannt. Andere staatliche oder private Stellen können die Herausgabe erfasster Netzdaten mithin allenfalls nach Absatz 2 geltend machen (vgl. dazu → Rn. 12 ff.).

5.1   Die nationalen Regulierungsbehörden sollen weitgehend unabhängig von den Interessen der Energiewirtschaft und den Ministerien ihre Regulierungstätigkeit ausüben können, dh dass sie sich der direkten Einflussnahme von Marktinteressen oder staatlichen Stellen entziehen müssen. Deshalb trifft die BNetzA ihre Entscheidungen gem. § 59 Abs. 1 im Regelfall durch unabhängige, justizähnliche Beschlusskammern (BT-Drs. 15/3917, 70). Allerdings sind die in § 59 Abs. 1 S. 2 enumerativ aufgezählten Zuständigkeiten der Entscheidungsbefugnis der BNetzA entzogen. Unter diese Ausnahmen fallen nach § 59 Abs. 1 S. 2 Nr. 4 auch die Aufgaben nach § 12f, folglich hat die BNetzA bei der Verpflichtung zur Datenherausgabe nach § 12f keinen autonomen Entscheidungsspielraum im Wege einer Beschlusskammerentscheidung.

III. Herauszugebende Informationen

1. Erfasste Datenkategorien und Geheimnisschutz

6   Die durch die BNetzA an das BMWi und das UBA herauszugebenden Informationen erfassen alle Daten, die für die **digitale Netzberechnung** erforderlich sind. Nach Wortlautauslegung sind die in Absatz 1 benannten Datenkategorien, dh „insbesondere" Einspeise- und Lastdaten sowie Impedanzen und Kapazitäten von Leitungen und Transformatoren, nur exemplarisch und nicht abschließend genannt (Kment EnWG/Posser § 12f Rn. 7; Theobald/Kühling/Henze § 12f Rn. 16; zur allgemeinen Erläuterung der energiewirtschaftlichen Datenarten vgl. nur Bourwieg/Hellermann/Hermes/Busch § 12f Rn. 9).

7   Primärer Zweck der Regelung ist zwar die Überprüfbarkeit der **Netzausbauplanung** im engeren Sinne gem. §§ 12a–12e (Bourwieg/Hellermann/Hermes/Busch § 12f Rn. 5), mit dessen bundesgesetzlicher Kodifizierung im BBPlG gem. § 12e Abs. 4 die energiewirtschaftliche Notwendigkeit und der vordringliche Bedarf von Vorhaben feststeht. Allerdings sind laut Gesetzbegründung auch weitere zentrale Aufgaben des BMWi und des UBA adressiert (ausgewählte Beispiele bereits bei Theobald/Kühling/Henze § 12f Rn. 14), wie das Erstellen von „wissenschaftliche[n] Analysen, Lösungen und Strategien zur sicheren, wirtschaftlichen und klimaverträglichen Energieversorgung" sowie die generelle „Systemintegration erneuerbarer Energien" (BT-Drs. 17/6072, 70). Dieser weitreichende energiepolitische Anwendungsbereich erfasst auch unternehmensbezogene Daten einschließlich **Betriebs- und Geschäftsgeheimnisse** (vgl. Bourwieg/Hellermann/Hermes/Busch § 12f Rn. 15; Kment EnWG/Posser § 12f Rn. 20; Theobald/Kühling/Henze § 12f Rn. 27), soweit die Herausgabe dieser durch die BNetzA zur Erfüllung der jeweiligen Aufgaben von BMWi oder UBA erforderlich ist.

8   Gerade die Einspeise- und Lastdaten beinhalten in der Regel extrahierbare Informationen zum Stromeinspeiseverhalten der Energieerzeuger und zur Strommengenabnahme von Industrie und Gewerbe (so auch Bourwieg/Hellermann/Hermes/Busch § 12f Rn. 15; Theobald/Kühling/Henze § 12f Rn. 15). Insbesondere aus diesen Datenflüssen lassen sich potenziell Rückschlüsse auf technische oder kaufmännische Unternehmensprozesse ableiten. Diese Informationen sind dann als Betriebs- bzw. Geschäftsgeheimnisse einzuordnen, wenn

Herausgabe von Daten § 12f EnWG

sie Unternehmensbezug haben, nicht offenkundig, sondern nur einem begrenzten Personenkreis zugänglich sind, nach dem Willen des Inhabers geheim bleiben sollen und ein berechtigtes Interesse an deren Geheimhaltung besteht (grundlegend BVerfG BeckRS 9998, 26457 Rn. 87; BVerwG BeckRS 2005, 20236; s. auch Goldhammer NVwZ 2017, 1809 (1810 ff.)). Die Herausgabepflicht in Absatz 1 ist in ihrem Umfang jedoch durch **keinen besonderen Geheimnisschutz** begrenzt. Der Gesetzgeber geht wohl davon aus, dass dies nicht erforderlich ist, da die BNetzA den gleichen Vertraulichkeitsregeln unterliegt wie das BMWi und das UBA (Kment EnWG/Posser § 12f Rn. 11, 18 f., 27).

2. Erforderlichkeit zur digitalen Netzberechnung und konkreten Aufgabenerfüllung

Die verpflichtende Herausgabe von Daten auf Grundlage des Absatzes 1 ist zwar nicht durch ein formales Antragserfordernis auf Grundlage eines berechtigten Interesses, jedoch durch ein zweigeteiltes inhaltliches Erforderlichkeitskriterium begrenzt. 9

Zuvorderst wirkt die Bezugnahme auf die **datengestützte Netzausbauplanung**, dh primär die Erstellung des Netzentwicklungsplans gem. § 12b auf der Grundlage des Szenariorahmens gem. § 12a, begrenzend. Der erforderliche inhaltliche Zusammenhang der Informationen zur Netzausbauplanung ergibt sich bereits aus der systematischen Stellung des § 12f – nach den Vorschriften zur Bundesbedarfsplanung in den §§ 12a–12e – sowie den in Absatz 1 exemplarisch genannten stromnetzbezogenen Datenkategorien (→ Rn. 1, → Rn. 3). Das Mindestmaß der von der BNetzA herauszugebenden Daten stellen also die notwendigen Informationen zur Überprüfbarkeit bzw. Nachvollziehbarkeit aller Entwicklungsschritte bei der Erstellung des Szenariorahmens und dessen Überführung in den Netzentwicklungsplan durch die vier deutschen ÜNB mit Regelzonenverantwortung iSv § 3 Nr. 10, 30 – dh aktuell die TenneT TSO GmbH, 50 Hertz Transmission GmbH, Amprion GmbH und Transnet BW GmbH – dar. Für die Entwicklung wirksamer Maßnahmen einer bedarfsgerechten Optimierung, Verstärkung und zum Ausbau des Netzes iSd § 12b sind mithin insbesondere alle Daten, die auf zukünftige Netzinstabilitäten und räumliche Überlastungen des Übertragungsnetzes hinweisen, notwendig (ähnlich Theobald/Kühling/Henze § 12f Rn. 15 f.). 10

Des Weiteren müssen die herauszugebenden Daten zur Erfüllung der Aufgaben von BMWi oder UBA erforderlich sein. In dieser Ausprägung findet sich das Erforderlichkeitskriterium als Zweckbindungsgrundsatz des bereichsspezifischen Datenschutzes auch in anderen Fachgesetzen wieder (vgl. nur Führ, Gemeinschaftskommentar zum Bundes-Immissionsschutzgesetz, 2. Aufl. 2019, BImSchG § 52 Rn. 122; Kment EnWG/Posser § 12f Rn. 10 mwN). Mit dieser Zweckbindung fingiert der Gesetzgeber die Identität von berechtigtem Interesse und der Erforderlichkeit zur Erfüllung der **konkreten behördlichen Aufgaben** (Theobald/Kühling/Henze § 12f Rn. 11). Mithin sind alle zur digitalen Netzberechnung erforderlichen Daten an das BMWi und das UBA herauszugeben, soweit sie zur Erfüllung der konkreten behördlichen Aufgaben benötigt werden. Folglich entfällt die behördliche Abwägung zwischen den berechtigten Informationsinteressen von BMWi bzw. UBA und dem Interesse am Schutz von Betriebs- und Geschäftsgeheimnissen im Anwendungsbereich des Absatzes 1 (vgl. Theobald/Kühling/Henze § 12f Rn. 11 f., 27; Kment EnWG/Posser § 12f Rn. 20). Die offene und weitreichende Formulierung der exemplarischen Nutzungszwecke für die netzbezogenen Daten in der Gesetzesbegründung macht bereits deutlich, dass der von Absatz 1 erfasste konkrete behördliche Aufgabenumfang nicht eindeutig eingrenzbar ist. Als äußerste Grenze dürfte wohl aber neben dem Anwendungsbereich des EnWG das Ressortprinzip feststehen, damit sind ressortfremde Aufgaben, die weder dem BMWi noch dem UBA zugeordnet werden können (so zB Netzplanungen in den Bereichen der Verkehrswege oder der Telekommunikation), nicht von der Herausgabepflicht des Absatzes 1 umfasst (Kment EnWG/Posser § 12f Rn. 10). 11

C. Herausgabeanspruch von Dritten (Abs. 2)

I. Allgemein

Anders als der Absatz 1 regelt der Absatz 2 keine antraglose Herausgabepflicht mit exklusiver Berechtigung von BMWi und UBA, sondern einen **konditionierten Herausgabean-** 12 spruch „Dritter" auf netzbezogene Daten. Mit dem konditionierten Anspruch in Absatz 2 zielt der Gesetzgeber darauf ab, das Interesse der Öffentlichkeit an einer transparenten Netzplanung und die zwingenden Geheimhaltungsbedürfnisse des Staates und der Öffentlichkeit in einen angemessenen Ausgleich zu bringen (BT-Drs. 17/6072, 70).

13 Absatz 2 Satz 1 schreibt im Gegensatz zu Absatz 1 auch ein **direktes Antragserfordernis** vor, weshalb das Erfüllen aller anspruchsbegrenzenden Bedingungen zwingend in einem zwar formlosen, jedoch inhaltlich hinreichend **begründeten Antrag** nachzuweisen ist. Die in ihrem Umfang gerichtlich überprüfbare Darlegungslast für das Vorliegen der erforderlichen Voraussetzungen trifft mithin den Antragsteller, ohne dass die BNetzA aufgrund des behördlichen Amtsermittlungsgrundsatzes selbst Nachforschungen zur Erfüllung der Anspruchsvoraussetzungen anzustellen hätte (ausf. Kment EnWG/Posser § 12f Rn. 14 mwN).

II. Verpflichtete bzw. Berechtigte: BNetzA bzw. fachkundige Dritte

1. Allgemein

14 Identisch zu Absatz 1 ist die von Absatz 2 zur Herausgabe der netzbezogenen Daten verpflichtete Regulierungsbehörde iSv § 54 Abs. 1 ebenfalls die BNetzA (→ Rn. 5).

15 Den Kreis von potenziell Berechtigten zieht der Gesetzgeber mit seiner offenen Formulierung von „Dritten" grundsätzlich weit, sodass nicht nur natürliche, sondern auch juristische Personen berechtigt sein können, sofern alle weiteren Bedingungen des Absatzes 2 (→ Rn. 16 ff.) erfüllt sind. Nach der Gesetzesbegründung können dies „beispielsweise" einzelne Bürger oder ein als juristische Person organisiertes Forschungsinstitut, aber auch eine Bürgerinitiative, ein Umweltverband oder ein anderer betroffener Interessenträger bzw. ein von diesen Personen beauftragter Dritter sein (BT-Drs. 17/6072, 70). Lediglich die ohnehin von der weiter gefassten antragslosen Herausgabepflicht des Absatzes 1 begünstigten Behörden, dh BMWi und UBA, sind also kategorisch vom engeren Herausgabeanspruch nach Absatz 2 ausgeschlossen. Ein Anspruch aus Absatz 2 besteht aber nur, sofern der Antragsteller die **Fachkunde zur Überprüfung der Netzplanung** und ein **berechtigtes Interesse** glaubhaft nachweisen kann sowie die **vertrauliche Behandlung der Daten** zusichern kann. Bereits die Erhebung der hierzu erforderlichen Daten stellt einen bedeutsamen Eingriff in das Recht auf informationelle Selbstbestimmung dar (Forgó/Helfrich/Schneider Betr. Datenschutz-HdB/Scheider Kap. 5 Rn. 53).

2. Fachkundenachweis

16 Zunächst hat der Antragsteller die Fachkunde zur Überprüfung der Netzplanung nachzuweisen. Die Anforderungen an einen ausreichenden Fachkundenachweis iSd Absatzes 2 Satz 1 sind im EnWG gesetzlich nicht definiert. Auch die Gesetzesbegründung zur Vorschrift konkretisiert das persönliche Merkmal der Fachkunde nicht näher. Folglich muss für die sachgerechte Anwendung der Norm auf entwickelte Kriterien für vergleichbare Regelungsfälle in benachbarten Fachgesetzen – wie etwa § 69 Abs. 2 S. 2 TKG, § 122 Abs. 1 GWB, § 7 ATG oder §§ 7 f. 5. BImSchV – zurückgegriffen werden (ähnlich bereits Bourwieg/Hellermann/Hermes/Busch § 12f Rn. 13; Theobald/Kühling/Henze § 12f Rn. 21; Säcker EnergieR/Benzin § 12f Rn. 16). Zusammenfassend lassen sich aus diesen Regelungen die zentralen Kriterien zur Bestimmung der regelmäßig geforderten Mindestanforderungen an die Fachkunde, dh die „Kenntnisse, Fähigkeiten und Fertigkeiten zur Aufgabenerfüllung" (so zB die TKG-Gesetzesbegründung zum Nachweis der „Fachkunde" iSv §§ 67, 69 TKG) ableiten. Die Fachkunde ist demnach regelmäßig durch (1.) eine einschlägige **fachliche Ausbildung,** zB ein abgeschlossenes ingenieurwissenschaftliches Hochschulstudium im Bereich der Elektro- bzw. Energietechnik, (2.) die erfolgreiche Teilnahme an **fachspezifischen Fortbildungsmaßnahmen** und (3.) **praktische Berufserfahrung** in der Netzplanung nachzuweisen (zu vergleichbaren Regelungsfällen der „Fachkunde", vgl. nur Landmann/Rohmer UmweltR/Hansmann/Maciejewski 5. BImSchV § 7 Rn. 1 ff.; Posser in Hennenhöfer/Mann/Pelzer/Sellner, Atomgesetz, 2021, AtG § 7 Rn. 43; Geppert/Schütz/Schütz TKG § 69 Rn. 11; BeckOK VergabeR/Friton GWB § 122 Rn. 10 ff.).

17 Mangels gesetzlicher Regelung ist die erfolgreiche Teilnahme an einer bestimmten Fachkundeprüfung – wie zB für Kernkraftwerkspersonal nach Ziffer 2 f. FAKKPersoRL – keine

notwendige Bedingung für einen Anspruch nach Absatz 2 (Theobald/Kühling/Henze § 12f Rn. 21 mwN). Unstrittig sind in den Antragsunterlagen jedoch sowohl die fachliche Ausbildung als auch die praktischen Erfahrungen im Bereich der Netzplanung glaubhaft nachzuweisen. Da die notwendigen Kenntnisse, Fähigkeiten und Fertigkeiten zur Überprüfung der Netzplanung im Regelfall durch ein qualifiziertes Ingenieurstudium erworben werden, ist spiegelbildlich in der Regel auch ein entsprechend abgeschlossenes Hochschulstudium als Qualifikationsnachweis notwendig (Bourwieg/Hellermann/Hermes/Busch § 12f Rn. 13; Theobald/Kühling/Henze § 12f Rn. 22; Säcker EnergieR/Benzin § 12f Rn. 16); regelmäßige Fortbildungsmaßnahmen und einschlägige Berufserfahrung dürften den Fachkundenachweis zusätzlich erleichtern (so auch Bourwieg/Hellermann/Hermes/Busch § 12f Rn. 13; Theobald/Kühling/Henze § 12f Rn. 21; Säcker EnergieR/Benzin § 12f Rn. 16 fordert sogar mindestens drei Jahre einschlägige Berufserfahrung, dies ist wohl etwas überzogen, denn auch die herangezogenen vergleichbaren Regelungen wie zB § 7 5. BImSchV fordern maximal zwei Jahre praktische Erfahrung). Die Fachkunde zur Überprüfung der Netzplanung meint folglich kein allgemeines wirtschaftliches oder juristisches Wissen über die Energiewirtschaft, sondern spezielle durch Fortbildungen und Berufserfahrung erweiterte **ingenieurswissenschaftliche Fachkenntnisse in der Stromnetzplanung**.

Ferner muss die Fachkunde als **persönliches Merkmal** des Antragstellers – bei einer juristischen Person des Vertreters – vorliegen. Dies ergibt sich bereits aus der Gesetzesbegründung, da der Gesetzgeber die Fachkunde anders als das ausdrücklich im Wege einer Beauftragung als übertragbar gekennzeichnete berechtigte Interesse (→ Rn. 19 f.) personengebunden ausgestalten hat (so bereits Kment EnWG/Posser § 12f Rn. 15). Der Antragsteller muss mithin unmittelbar die Fachkunde zur Überprüfung der Netzplanung als **individuell zurechenbares** persönliches Merkmal nachweisen können.

3. Berechtigtes Interesse

Zweck und systematische Stellung der Vorschrift sprechen dafür, dass nicht nur die Fachkunde, sondern auch das berechtigte Interesse inhaltlich mit der „Netzplanung" gem. §§ 12a ff. zusammenhängen muss (Bourwieg/Hellermann/Hermes/Busch § 12f Rn. 14). Auf der Ebene der Bedarfsplanung kann regelmäßig aber noch keine unmittelbare Betroffenheit vorliegen, da erst in der nachgelagerten Raumordnungs- bzw. Bundesfachplanung gem. §§ 15 f. ROG bzw. §§ 4 ff. NABEG grobe Trassenkorridore ermittelt und erst bei der finalen Planfeststellung gem. §§ 43 ff. bzw. §§ 18 ff. NABEG die konkrete Vorhabenzulassung mit Außenwirkung erteilt wird (zu diesem „konzentrierten Rechtsschutzmodell" in der Energieleitungsplanung vgl. nur Schlacke ZUR 2017, 456 (457); Franke/Wabnitz ZUR 2017, 462; Kelly/Schmidt AöR 144 (2019), 579 (583 ff.)). Folglich kann auf dieser Ebene nicht der Nachweis eines konkreten wirtschaftlichen bzw. rechtlichen Interesses oder gar einer Rechtsverletzung, sondern nur ein **abstraktes Interesse** mit Bezug zur Netzplanung verlangt werden (Kment EnWG/Posser § 12f Rn. 16). Das berechtigte Interesse liegt nach der Gesetzesbegründung insbesondere dann vor, wenn das BMWi sowie das UBA oder Dritte in deren Auftrag Daten für Netzberechnungen beantragen sowie wenn eine Beauftragung durch eine Bürgerinitiative, einen Umweltverband oder einen anderen betroffenen Interessenträger nachgewiesen wird (BT- Drs. 17/6072, 70). Die in der Gesetzesbegründung fingierte Identität von beauftragender Person bzw. Institution und dem **berechtigten Interesse** ist in den Fällen von BMWi und UBA aufgrund des ohnehin weiter gefassten Anspruches nach Absatz 1 nachvollziehbar, jedoch müssen andere Institutionen das berechtigte Interesse dadurch nachweisen, dass sie die Notwendigkeit der Datenabfrage zur Durchführung einer digitalen Netzberechnung glaubhaft darlegen (Säcker EnergieR/Benzin § 12f Rn. 17f.). Daher ist also weder ein bloß generelles wissenschaftliches Interesse an den Daten ausreichend (so noch Britz/Hellermann/Hermes/Bourwieg, 3. Aufl., § 12f Rn. 11; anders wohl Bourwieg/Hellermann/Hermes/Busch § 12f Rn. 13), noch ein konkretes wirtschaftliches oder rechtliches Betroffensein von der Netzplanung erforderlich.

Das Merkmal des berechtigten Interesses kann nach dem Willen des Gesetzgebers durch „Beauftragung" weitergegeben werden. Das Vorliegen eines persönlichen berechtigten Interesses des Antragstellers ist demnach nicht erforderlich. Vielmehr kann zB eine Behörde, Bürgerinitiative oder ein Umweltverband ihr berechtigtes Interesse einem weiteren Dritten,

EnWG § 12f Teil 3. Regulierung des Netzbetriebs

der wiederum die erforderliche Fachkunde nachzuweisen und die vertrauliche Datenbehandlung zuzusichern hat (→ Rn. 16 ff., → Rn. 21 f.), **mittelbar übertragen**.

4. Vertraulichkeitsgewähr

21   Aufgrund zwingender **Geheimhaltungsbedürfnisse** des Staates und der Öffentlichkeit, die sich aus dem Interesse des Schutzes kritischer Infrastrukturen und des Versorgungssicherheitsgedankens ergeben (→ § 12g Rn. 27 f.), wird der Herausgabeanspruch nach Absatz 2 – je nach Sensibilität der betreffenden Daten – ferner an besondere Vertraulichkeitsanforderungen geknüpft (BT-Drs. 17/6072, 70). Dabei lassen sich zwei Sensibilitätsstufen mit unterschiedlichen Sicherungsniveaus zur Wahrung einer vertraulichen Datenbehandlung unterscheiden. Entscheidend ist demnach gem. Absatz 2 Satz 1, ob sich um (1.) Daten, die von der BNetzA nicht explizit als Verschlusssachen eingestuft wurden, oder (2.) **Verschlusssachen mit einem Geheimhaltungsgrad** nach § 12g Abs. 4 iVm § 4 SÜG handelt. Nach strenger Wortlautauslegung („oder") könnte man vermuten, dass die **Zusicherung der Vertraulichkeit** bzw. die **Berechtigung zum Umgang mit Verschlusssachen** alternative Handlungsformen des Antragstellers zur Vertraulichkeitsgewähr darstellen (so bereits Kment EnWG/Posser § 12f Rn. 17). Dem ist jedoch nicht so, die Anforderungen an die Vertraulichkeit bestimmen sich nach der Geheimhaltungsbedürftigkeit der jeweiligen Daten. Wie bereits die Fachkunde ist die Vertraulichkeit nicht übertragbar, der Antragsteller muss persönlich die vertrauliche Behandlung der Daten zusichern bzw. die Berechtigung zum Umgang mit Verschlusssachen vorweisen können.

22   Für einen Anspruch auf Herausgabe aller nicht explizit als Verschlusssache eingestuften Daten zur Netzplanung ist es ausreichend, wenn der fachkundige Dritte mit berechtigtem Interesse zudem die vertrauliche Behandlung gegenüber der herausgebenden Behörde zusichert (BT-Drs. 17/6072, 70). Als Zusicherungsmittel verwendet die BNetzA in der Regel eine Vertraulichkeitserklärung in Verbindung mit Vertragsstrafen (Bourwieg/Hellermann/Hermes/Busch § 12f Rn. 17).

23   Soweit es sich jedoch um Verschlusssachen handeln sollte, stellt die Gesetzesbegründung klar (BT-Drs. 17/6072, 70), dass die speziellen diesbezüglichen Verfahren zu durchlaufen sind. Der berechtigte Umgang mit Verschlusssachen mit einem Geheimhaltungsgrad iSv § 12g Abs. 4 iVm § 4 SÜG richtet sich im Einzelfall nach den jeweils einschlägigen Verfahren für die Weitergabe von Verschlusssachen an privatrechtlich organisierte Einheiten bzw. für die Weitergabe von Verschlusssachen im öffentlichen Bereich (dazu auch → § 12g Rn. 28.1). Der damit verbundene Aufwand für die BNetzA ist durch das öffentliche Interesse an einer sicheren und zuverlässigen Stromversorgung gerechtfertigt.

23.1   Nach § 4 Abs. 1 S. 1 SÜG iVm § 2 Abs. 1 S. 1 Verschlusssachenanweisung (VSA) sind Verschlusssachen im öffentlichen Interesse, insbesondere zum Schutz des Wohles des Bundes oder eines Landes, geheimhaltungsbedürftige Tatsachen, Gegenstände oder Erkenntnisse, unabhängig von ihrer Darstellungsform (zB Schriftstücke, Zeichnungen, Karten, Fotokopien, Lichtbildmaterial, elektronische Dateien und Datenträger, elektrische Signale, Geräte, technische Einrichtungen oder das gesprochene Wort). Zudem können nach § 4 Abs. 1 S. 2 SÜG Verschlusssachen auch Produkte und die dazugehörenden Dokumente sowie zugehörige Schlüsselmittel zur Entschlüsselung, Verschlüsselung und Übertragung von Informationen sein (Kryptomittel). Ferner hat die BNetzA geheimhaltungsbedürftige Netzplanungsdaten iSv § 4 Abs. 1 SÜG iVm § 2 Abs. 1 VSA nach ihrer Schutzbedürftigkeit gem. § 4 Abs. 2 SÜG iVm § 2 Abs. 2 VSA in vier absteigend vulnerable Geheimhaltungsgrade einzustufen: (1.) STRENG GEHEIM, (2.) GEHEIM, (3.) VS-VERTRAULICH und (4.) VS-NUR FÜR DEN DIENSTGEBRAUCH. Dies kann – insbesondere bei Daten mit einem hohen Geheimhaltungsgrad – bedeuten, dass eine Herausgabe im Einzelfall nicht möglich sein könnte (vgl. hierzu zB § 3 Abs. 2 VSA, nachdem eine Person, die Zugang zu VS-Vertraulich oder höher eingestuften Verschlusssachen erhalten soll oder ihn sich verschaffen kann, sich in der Regel zuvor einer Sicherheitsüberprüfung nach dem SÜG zu unterziehen hat). Die Berechtigung zum Umgang mit Verschlusssachen iSd § 4 Abs. 2 SÜG iVm § 2 Abs. 2 VSA kann, muss sich aber nicht direkt aus dem SÜG bzw. auch der VSA ergeben (§ 4 Abs. 3 SÜG; ähnlich Theobald/Kühling/Henze § 12f Rn. 31). Allgemein gilt nach § 4 Abs. 1a SÜG iVm § 3 Abs. 1 VSA der – in ähnlicher Ausprägung auch aus dem Datenschutzrecht, zB in Art. 5 Abs. 1 lit. c DS-GVO, bekannte – Datenminimierungsgrundsatz: „Kenntnis nur, wenn nötig", dh dass von einer Verschlusssache nur Personen Kenntnis erhalten dürfen, die aufgrund ihrer Aufgabenerfüllung von

III. Herauszugebende Informationen

Wie bereits bei der innerbehördlichen Weitergabe von netzbezogenen Daten nach Absatz 1 ist der Umfang der herauszugebenden Informationen nach Absatz 2 ebenfalls nicht erschöpfend vorgegeben. Auch nach Absatz 2 Satz 1 gibt die BNetzA „insbesondere **netzknotenpunktscharfe** Einspeise- und Lastdaten sowie Informationen zu Impedanzen und Kapazitäten von Leitungen und Transformatoren" an anspruchsberechtigte Dritte heraus. Im Vergleich zu Absatz 1 sind dem Absatz 2 drei redaktionelle Unterschiede zu entnehmen. Zuvorderst ist im Gesetzestext keine Einschränkung auf erforderliche Daten zur digitalen Netzberechnung explizit niedergelegt. Sowohl aus der Gesetzesbegründung als auch der identischen Aufzählung der Datenkategorien wie in Absatz 1 geht allerdings hervor, dass auch von dem Herausgabeanspruch nach Absatz 2 nur Daten erfasst sind, die für die digitale Netzberechnung erforderlich sind (BT-Drs. 17/6072, 70). Ferner spricht der Absatz 2 Satz 1 nicht von „Daten", sondern „Informationen". Dabei handelt es sich wohl nur um einen redaktionellen Fehler, da die Gesetzesbegründung auch für den Absatz 2 von „Daten" spricht, die späteren Sätze 2 und 3 des Absatzes selbst wieder „Daten" nennen und auch sonst keinerlei qualitative Differenz zum Begriff der „Daten" in Absatz 1 erkennbar sind (Kment EnWG/Posser § 12f Rn. 18). Die von Absatz 2 adressierten Netzdaten sind nämlich „**Daten**, die für eine **digitale Netzberechnung erforderlich** sind, insbesondere Impedanzen und Kapazitäten von Stromkreisen, Schaltanlagen, Transformatoren und sonstige Netzbetriebsmittel" (BT-Drs. 17/6072, 70). Schließlich ist in Absatz 2 ausdrücklich von „netzknotenpunktscharfen" Informationen die Rede. Dies dient jedoch lediglich der einfacheren Rechtsanwendung durch potenzielle Antragsteller (Kment EnWG/Posser § 12f Rn. 18), denn auch von Absatz 1 sind nach Telos in der Regel nur netzbezogene Daten in Netzknotenpunktschärfe erfasst. Letztlich ist von Absatz 2 also im Grundsatz der identische Datenumfang wie in Absatz 1 vorgesehen, ohne dabei jedoch auch Betriebs- und Geschäftsgeheimnisse mit abzubilden (so iE auch Bourwieg/Hellermann/Hermes/Busch § 12f Rn. 15; Kment EnWG/Posser § 12f Rn. 18; Theobald/Kühling/Henze § 12f Rn. 24; Säcker EnergieR/Benzin § 12f Rn. 14). Die redaktionellen Differenzen der von Absatz 1 bzw. Absatz 2 erfassten Daten sind nach der hier vertretenen Auslegung eher **irreführend** denn hilfreich. Gerade im Falle einer Beauftragung eines antragsstellenden fachkundigen Dritten durch das BMWi oder UBA ist der vergleichbare Datenumfang zu Absatz 1 nur kohärent.

IV. Formatvorgaben für die Datenübermittlung

Unabhängig von der Frage, welche Informationen im Einzelfall von der BNetzA herauszugeben sind (dazu → Rn. 24), sind die Daten gem. Absatz 2 Satz 2 in „einem **standardisierten, elektronisch verarbeitbaren Format** zur Verfügung zu stellen". Die Gesetzesbegründung nennt als Beispiel für ein solches Datenformat zunächst das auf europäischer Ebene verwendete sog. uct-def-file (ausf. → Rn. 25.1; BT-Drs. 17/6072, 70). Zudem nennt der Gesetzgeber als mögliche Form das Datenformat, in dem die Daten nach § 5 Abs. 1, 2 Kraftwerksnetzanschlussverordnung (KraftNAV) zur Verfügung gestellt werden (BT-Drs. 17/6072, 70). Unstrittig sind die Daten mithin in einem maschinenlesbaren und standardisierten Format elektronisch zu übermitteln (so auch die Begründung zur KraftNAV, vgl. BT-Drs. 283/07, 20). Obwohl der Absatz 1 zur Übermittlungsart keine explizite Regelung trifft, ist es sachgerecht davon auszugehen, dass auch die Weitergabe der Daten an das BMWi und das UBA in einem vergleichbaren elektronisch standardisierten Format zu erfolgen hat (ähnlich Säcker EnergieR/Benzin § 12f Rn. 11; anders Bourwieg/Hellermann/Hermes/Busch § 12f Rn. 10).

Dem Gesetzgeber scheint hier in der Gesetzesbegründung wohl mit dem Kürzel „uct" ein kleiner redaktioneller Fehler unterlaufen zu sein, das bisher gängige (Roh-)Datenaustauschformat für Lastfluss- und mithin Stabilitätsanalysen im europäischen Höchstspannungsnetz ist das – bereits von der Union for the Coordination of Transmission of Electricity (UCTE) als Vorgängerorganisation zum European Network of Transmission System Operators for Electricity (ENTSO-E) eingeführte – „UCTE-DEF"-Format („UCTE DEF FILE"), in einer „UCTE-DEF-FILE" sind die Daten in einer unformatierten

Standard-US-ASCII-Datei ohne jegliche Steuerzeichen abzubilden. Das seit 2006 standardmäßig verwendete Datenaustauschformat UCTE DEF wird von den in dem ENTSO-E organisierten ÜNB jedoch seit 2013 sukzessive auf das Common Grid Model Exchange Standard (CGMES)-Format umgestellt; auch wurde dazu 2016 ein neues Energy Identification Coding (EIC)-Scheme entwickelt (Näheres unter www.entsoe.eu/data). Zudem nennt der Gesetzgeber als mögliche Form das Datenformat, in dem die Daten nach § 5 Abs. 1, 2 KraftNAV zur Verfügung gestellt werden (BT-Drs. 17/6072, 70). Dabei kann es sich nicht nur um originäre Daten des Netzbetreibers, sondern teilweise auch um Netzkundeninformationen handeln (s. dazu Theobald/Kühling/Hartmann KraftNAV § 5 Rn. 5 f.). Gerade die Netzkundeninformationen können in den Betriebs- und Geschäftsgeheimnissen eines ÜNB enthalten sein (näher → Rn. 26).

V. Betriebs- und Geschäftsgeheimnisse

26 Vom konditionierten Herausgabeanspruch gem. Absatz 2 sind anders als von der weitreichenden Herausgabepflicht des Absatzes 1 keine Betriebs- und Geschäftsgeheimnisse erfasst. Betriebs- und Geschäftsgeheimnisse können insbesondere Informationen über die an der Netzausbauplanung nach §§ 12a ff. maßgeblich beteiligten ÜNB, aber potenziell auch über nachgelagerte Netzbetreiber auf Verteilernetzebene oder Energieerzeuger bzw. planende Dienstleistungsunternehmen enthalten, sofern diese auch in den angeforderten Netzdaten abbildbar sind (ähnlich Bourwieg/Hellermann/Hermes/Busch § 12f Rn. 15). Das Innehaben einer natürlichen Monopolstellung steht dabei dem berechtigten Geheimhaltungsinteresse eines Netzbetreibers nicht entgegen (VG Mainz BeckRS 2017, 158494 Ls. 3, Rn. 71 ff.). Nach Absatz 2 Satz 3 ist die **Herausgabe solcher Geheimnisse untersagt.** In diesem Fall hat die BNetzA gem. Satz 4 die Informationen in Form **von typisierten und anonymisierten Datensätzen** an die Anspruchsberechtigten herauszugeben. Damit stellt Absatz 2 Satz 4 einen vermittelnden Ausgleich zwischen der generellen Regel für den Umgang mit Betriebs- und Geschäftsgeheimnissen bei energiewirtschaftlichen Auskunftsbegehren in § 71 S. 2 – nach der zusätzlich eine Fassung ohne Preisgabe von Betriebs- oder Geschäftsgeheimnissen vorzulegen ist – und der strikten Verbotsregelung des Absatzes 2 Satz 3 her (dies bereits hervorhebend Kment EnWG/Posser § 12f Rn. 21). Auch Betriebs- und Geschäftsgeheimnisse können gem. § 4 Abs. 1 S. 3 SÜG im öffentlichen Interesse geheimhaltungsbedürftig sein. Da deren Herausgabe aber ohnehin in Absatz 2 Satz 3 untersagt ist, dürfen solche Informationen auch bei Berechtigung zum Umgang mit Verschlusssachen iSv § 12g Abs. 4 iVm § 4 SÜG nicht an Dritte herausgegeben werden (dazu → Rn. 23, → Rn. 23.1). Wenn allerdings die Voraussetzungen erfüllt sind und keine Betriebs- oder Geschäftsgeheimnisse betroffen sind, hat die BNetzA **keinen Ermessens- oder Abwägungsspielraum** (Theobald/Kühling/Henze § 12f Rn. 28, 32; vgl. → Rn. 5.1).

D. Kosten und Rechtsschutz

I. Kostenregelung

27 Die Herausgabe von Daten nach Absatz 2 ist gem. § 91 Abs. 1 S. 1 Nr. 9 eine gebührenpflichtige Leistung, für die von der BNetzA Kosten (Gebühren und Auslagen) erhoben werden. Die Gebührensätze sind nach § 91 Abs. 3 dabei so zu bemessen, dass die mit den Amtshandlungen verbundenen Kosten gedeckt sind. Darüber hinaus kann der wirtschaftliche Wert, den der Gegenstand der gebührenpflichtigen Handlung hat, berücksichtigt werden. Zudem kann, falls bspw. durch eine aufwändige Typisierung und Anonymisierung von Datensätzen nach Satz 4 bzw. anderweitige Datenaufbereitungen der Gebührenbetrag im Einzelfall außergewöhnlich hoch sein sollte, die Gebühr aus Gründen der Billigkeit ermäßigt werden. Obwohl eine solche Ausnahmesituation kaum denkbar ist, da die Gebührenhöhe nach Nr. 16 der gem. § 91 Abs. 8 vom BMWi erlassenen Energiewirtschaftskostenverordnung (EnWGKostV) zwischen 30 und 500 EUR vergleichsweise gering ist. Kostenschuldner ist nach § 91 Abs. 6 S. 1 Nr. 3 der Antragsteller, der die Herausgabe der Daten veranlasst hat, wobei grundsätzlich auch eine Gesamtschuldnerkonstellation iSd § 91 Abs. 6 S. 3 aus dem antragstellenden Dritten und der diesen beauftragenden Institution denkbar wäre.

II. Rechtsschutz

Gegen die Ablehnung bzw. die Unterlassung einer beantragten Herausgabe der Daten nach Absätzen 1 oder 2 ist die Anfechtungsbeschwerde gem. § 75 Abs. 1 S. 1 bzw. die Verpflichtungsbeschwerde nach § 75 Abs. 3 statthaft (ausf. und krit. bereits Kment EnWG/Posser § 12f Rn. 28 ff. mwN). Nach § 75 Abs. 2 ist jeder beschwerdebefugt, der iSd § 66 Abs. 2 am Verfahren vor der BNetzA beteiligt ist. Dabei sind im energiewirtschaftlichen Verwaltungsverfahren etwaige Antragsteller und Unternehmen, gegen die sich das Verfahren richtet oder die unmittelbar durch eine das Verfahren abschließende Entscheidung belastet werden können, „geborene" Verfahrensbeteiligte (Kment EnWG/Huber § 75 Rn. 13 mwN; OLG Düsseldorf RdE 2010, 35 (38)). Folglich sind sowohl BMWi, UBA als auch Dritte gem. § 75 Abs. 2 grundsätzlich beschwerdebefugt. 28

Nach § 78 Abs. 1 ist die Beschwerde binnen einer Frist von einem Monat bei der BNetzA schriftlich einzureichen. Die Frist beginnt mit der Zustellung der Entscheidung der BNetzA. Unterlässt die BNetzA eine Entscheidung über die Herausgabe der Daten nach § 12f jedoch gänzlich, gilt gem. § 78 Abs. 2 keine Einreichungsfrist. In jedem Fall ist die Beschwerde gem. § 78 Abs. 3 binnen eines Monats, beginnend mit der Einlegung der Beschwerde, nach der Maßgabe des § 78 Abs. 4 zu begründen und nach § 78 Abs. 5 durch einen Rechtsanwalt zu unterzeichnen. 29

Ausschließlich zuständig für Beschwerdeverfahren sind nach § 75 Abs. 4 die Oberlandesgerichte in erster Instanz. Räumlich zuständig ist das Oberlandesgericht, das für den Sitz der jeweils zuständigen Behörde zuständig ist. Für die BNetzA ist dies das OLG Düsseldorf. Für Beschwerdeverfahren nach § 75 Abs. 1, 3 gegen eine Entscheidung der BNetzA iSd § 12f ist gem. §§ 75 Abs. 4, 106 Abs. 1 iVm § 91 GWB mithin der Kartellsenat des OLG Düsseldorf in erster Instanz zuständig. Die erstinstanzliche Zuweisung an das Oberlandesgericht soll primär zur Verfahrensbeschleunigung beitragen (BT-Drs. 15/3917, 71). 30

§ 12g Schutz europäisch kritischer Anlagen, Verordnungsermächtigung

(1) ¹Zum Schutz des Übertragungsnetzes bestimmt die Regulierungsbehörde alle zwei Jahre diejenigen Anlagen oder Teile von Anlagen des Übertragungsnetzes, deren Störung oder Zerstörung erhebliche Auswirkungen in mindestens zwei Mitgliedstaaten der Europäischen Union haben kann (europäisch kritische Anlage). ²Die Bestimmung erfolgt durch Festlegung nach dem Verfahren des § 29. ³Zur Vorbereitung der Festlegung haben die Betreiber von Übertragungsnetzen der Regulierungsbehörde einen Bericht vorzulegen, in dem Anlagen ihres Netzes, deren Störung oder Zerstörung erhebliche Auswirkungen in mindestens zwei Mitgliedstaaten haben kann, vorgeschlagen werden und dies begründet wird. ⁴Der Bericht kann auch von allen Betreibern gemeinsam erstellt und vorgelegt werden.

(2) Betreiber von Übertragungsnetzen haben zum Schutz ihrer gemäß Absatz 1 Satz 1 bestimmten Anlagen Sicherheitspläne zu erstellen sowie Sicherheitsbeauftragte zu bestimmen und der Regulierungsbehörde nachzuweisen.

(3) Die Bundesregierung wird ermächtigt, durch Rechtsverordnung ohne Zustimmung des Bundesrates Einzelheiten zu dem Verfahren der Festlegung und zum Bericht gemäß Absatz 1 sowie zu den Sicherheitsplänen und Sicherheitsbeauftragten nach Absatz 2 zu regeln.

(4) Die für die Festlegung gemäß Absatz 1 Satz 2 erforderlichen Informationen, der Bericht der Betreiber nach Absatz 1 Satz 3 sowie die Sicherheitspläne nach Absatz 2 sind als Verschlusssache mit dem geeigneten Geheimhaltungsgrad im Sinne von § 4 des Sicherheitsüberprüfungsgesetzes einzustufen.

Überblick

Die Vorschrift setzt, ergänzt durch die gem. Absatz 3 erlassene Verordnung zum Schutz von Übertragungsnetzen (ÜNSchVO), die Richtlinie 2008/114/EG des Rates vom 8.12.2008 (EKI-RL) um (→ Rn. 1 ff., → Rn. 4). § 12g ist im Zusammenhang mit den

Vorschriften zur Netzausbauplanung gem. §§ 12a ff. als erste nationale Sicherheitsregelung für kritische Energieinfrastrukturen 2011 eingeführt worden (→ Rn. 6 ff.).

Mit Absatz 1 Sätzen 1 und 2 wird die BNetzA als gem. § 54 Abs. 1 zuständige Regulierungsbehörde dazu ermächtigt und verpflichtet, alle zwei Jahre (→ Rn. 11) durch Festlegung im Verfahren gem. § 29 (→ Rn. 12 f.) die europäisch kritischen Anlagen (→ Rn. 9 f.) zu bestimmen. Nach Absatz 1 Sätzen 3 und 4 haben die ÜNB zur Vorbereitung der Festlegung gem. Absatz 1 Satz 1 der BNetzA ebenfalls alle zwei Jahre (→ Rn. 17) einen – unter Umständen gemeinsamen, → Rn. 18) – Bericht vorzulegen, in dem sie europäisch kritische Anlagen ihres Netzes vorschlagen und dies begründen (→ Rn. 14 ff.).

Zum Schutz der nach Absatz 1 bestimmten europäisch kritischen Anlagen haben ÜNB gem. Absatz 2 regelmäßig zu überprüfende Sicherheitspläne (→ Rn. 22 ff.) sowie Sicherheitsbeauftragte als Kontaktpersonen der Behörden in Sicherheitsfragen (→ Rn. 20 f.) zu bestimmen.

Die Einzelheiten zu den Absätzen 1 und 2 kann die Bundesregierung gem. Absatz 3 in einer Rechtsverordnung regeln; mit der ÜNSchVO hat die Bundesregierung bereits von der Verordnungsermächtigung des Absatzes 3 Gebrauch gemacht (→ Rn. 25 f.). Durch die neuen Pflichten des § 12g iVm der ÜNSchVO entstehen BNetzA und den ÜNB Kosten (→ Rn. 29 f.).

Die gem. Absätzen 1 und 2 erforderlichen Informationen sind je nach Schutzbedürftigkeit als Verschlusssachen mit dem geeigneten Geheimhaltungsgrad iSv § 4 SÜG einzustufen (→ Rn. 27 f.). Zudem sind die verschiedene Gebühren-, Ordnungswidrigkeiten- und Bußgeldvorschriften für Maßnahmen gem. § 12g zu beachten (→ Rn. 29, → Rn. 31 ff.).

Übersicht

	Rn.		Rn.
A. Allgemeines: Regelungszweck, Historie und Systematik	1	2. Harmonisierter Berichtsturnus	17
		3. Gemeinsamer Bericht der ÜNB	18
I. Regelungszweck	1	**C. Schutzmaßnahmen (Abs. 2)**	19
II. Entstehungskontext	4	I. Allgemein	19
1. Unionsrechtlicher Hintergrund	4	II. Sicherheitsbeauftragte	20
2. Umsetzung in nationales Recht	6	III. Sicherheitspläne	22
III. Systematische Verortung	7		
B. Regulierungsbehördliche Bestimmung europäisch kritischer Anlagen (Abs. 1)	9	**D. Verordnungsermächtigung der Bundesregierung (Abs. 3)**	25
I. Bestimmung durch Festlegung der BNetzA (S. 1, 2)	9	**E. Informationszugang und Geheimhaltung (Abs. 4)**	27
1. Europäisch kritische Anlagen	9	**F. Sonstiges: Kosten-, Ordnungswidrigkeiten- und Bußgeldregelung**	29
2. Zuständigkeit, Turnus und Rechtsnatur der Festlegung	11	I. Kosten für den Haushalt und die Preiswirtschaft	29
3. Verfahren der Festlegung	12	II. Kosten und Bußgelder für Betroffene	31
II. Vorbereitender Bericht der ÜNB (S. 3 und 4)	14	1. Gebühren und Auslagen	31
1. Berichtspflicht der ÜNB	14	2. Bußgeldbewerte Ordnungswidrigkeit	33

A. Allgemeines: Regelungszweck, Historie und Systematik

I. Regelungszweck

1   Die Vorschrift dient der Umsetzung der – im Rahmen des „Europäische[n] Programm[s] für den Schutz kritischer Infrastrukturen (EPSKI)" erlassenen – EKI-RL (Richtlinie 2008/114/EG des Rates über die Ermittlung und Ausweisung europäisch kritischer Infrastrukturen und Bewertung der Notwendigkeit, ihren Schutz zu verbessern) für den Bereich der Stromversorgung (→ Rn. 4 f.). Mit der Regelung soll nach der Gesetzesbegründung ein Verfahren geschaffen werden, das – im Lichte der **Systemverantwortung** der ÜNB nach § 12 – die regelmäßige Ermittlung von **Europäisch Kritischen Infrastrukturen** (EKI) und die kontinuierliche Überprüfung von **Sicherheitsplänen** und **Sicherheitsbeauftragten** im Bereich der Stromversorgung ermöglicht (BT-Drs. 17/6072, 46). Relevante Anlagen(-teile)

sind dabei die des Übertragungsnetzes, da dieses für die Sicherheit der Stromversorgung entscheidend ist. Ferner sind die Betreiber von Übertragungsnetzen dazu verpflichtet, gem. § 12 mit dem Betrieb und der Bereitstellung ihrer Übertragungsnetze zu einem sicheren Elektrizitätsversorgungsnetz beizutragen und diesem dauerhaft die Fähigkeit des Netzes sicherzustellen, die Nachfrage nach Übertragung von Elektrizität zu befriedigen und insbesondere durch entsprechende Übertragungskapazität und Zuverlässigkeit des Netzes zur **Versorgungssicherheit** beizutragen (BT-Drs. 17/6072, 46). Der gesetzliche Auftrag für den Betrieb eines sicheren Netzes umfasst grundsätzlich auch einen **adäquaten Schutz vor terroristischen Anschlägen und Naturereignissen** (BT-Drs. 17/6072, 46). Zum adäquaten Schutz des Übertragungsnetzes enthält die Vorschrift in Absatz 3 auch eine Ermächtigungsgrundlage, um das zur Umsetzung der Richtlinie erforderliche Verfahren in einer Rechtsverordnung, der ÜNSchutzVO (→ Rn. 6, → Rn. 25 f.), weiter konkretisieren zu können (BT-Drs. 17/6072, 46).

Sowohl der zentrale Stellenwert als auch die Vulnerabilität eines **sicheren Übertragungsnetzes** im Kontext einer **stabilen Elektrizitätsversorgung** in Europa haben sich insbesondere an zwei Ereignissen manifestiert. Am 4.11.2006 kam es in Folge der Ausschaltung einer Höchstspannungsleitung durch die E.ON Netz GmbH zu einer Überlastung einer Verbindungsleitung (Landesbergen-Wehrendorf), die sich daraufhin automatisch abschaltete (zu den Details s. den „Bericht der BNetzA über die Systemstörung im deutschen und europäischen Verbundsystem am 4.11.2006", abrufbar unter www.bundesnetzagentur.de). Die Folge war ein Stromausfall mit europäischer Tragweite, infolgedessen etwa 15 Millionen Menschen in Teilen Deutschlands, Frankreich, Belgiens, Italiens, Österreichs und Spaniens bis zu 90 Minuten, in Ausnahmefällen sogar bis zu 120 Minuten, ohne Strom waren. 2

Solche Vorfälle sind bei einer zwar insgesamt sehr stabilen Netzsituation in Deutschland auch zukünftig denkbar, wie ein am 8.1.2021 nur knapp vermiedener großflächiger Blackout in Europa in Erinnerung ruft (für Details zum Vorfall s. den aktuellen ENTSO-E Zwischenbericht „Continental Europe Synchronous Area Separation on 8 January 2021 – Interim Report" vom 26.2.2021 unter www.entsoe.eu; → Rn. 3.1). Bereits im April 2011 hat das Büro für Technikfolgenabschätzung beim Bundestag (TAB) eine Untersuchung zu den Folgen eines **langandauernden und großflächigen Stromausfalls** vorgelegt (BT-Drs. 17/5672). Nicht nur wäre die **flächendeckende Versorgung** der Gesellschaft **mit lebenswichtigen Gütern** bzw. Dienstleistungen in einem solchen Falle nicht mehr sicherzustellen, auch wäre die **öffentliche Sicherheit** sowie der Schutz von **Leib und Leben** gefährdet (BT-Drs. 17/5672, 15). Zur Erhöhung der Widerstandsfähigkeit der kritischen (Energie-)Infrastrukturen muss das Katastrophenmanagement – laut dem TAB-Bericht – weiter optimiert werden (BT-Drs. 17/5672, 15). Der im Juli 2011 eingeführte § 12g setzt teleologisch hier an (→ Rn. 6). 3

Am Freitag, den 8.1.2021 um 14:05 Uhr, wurde das kontinentaleuropäische Synchrongebiet erstmals nach dem 4.11.2006 aufgrund kaskadierter Auslösungen mehrerer Übertragungsnetzelemente in zwei Bereiche (Nord-West-Bereich und Süd-Ost-Bereich) aufgeteilt (sog. „system split"). Das bedeutet, die europäischen ÜNB mussten, um einen Zusammenbruch des europäischen Übertragungsnetzes zu verhindern, auf die gem. ENTSO-E Klassifizierung (ENTSO-E Awareness System – EAS) dritte („Emergency") von vier („Blackout") Warnstufen eskalieren. Nach der „Emergency"-Klassifizierung lag demnach eine verschlechterte Situation (einschließlich einer Netzaufteilung in großem Umfang) mit höherem Risiko für benachbarte Systeme vor, dh Sicherheitsprinzipien wurden temporär nicht erfüllt und die globale Sicherheit war gefährdet. Auslöser der europaweiten Netzstörung war nach aktuellem Kenntnisstand der ENTSO-E die überstromschutzbedingte automatische Abschaltung eines 400/110 kV-Sammelschienenkupplers in der kroatischen Umspannanlage Ernestinovo, die Leitungen nach Ungarn, Bosnien-Herzegowina und Serbien miteinander verbindet. Rund eine Stunde nach der Ausgangsstörung konnten die ÜNB – unter Koordination durch die ENTSO-E – beide Netzteile wieder miteinander synchronisieren und so die Störung beheben. 3.1

II. Entstehungskontext

1. Unionsrechtlicher Hintergrund

Das zentrale Instrument zur Umsetzung des **„Europäischen Programms für den Schutz kritischer Infrastrukturen (EPSKI)"** (→ Rn. 4.1) ist die **EKI-RL** (Richtlinie 4

2008/114/EG des Rates über die Ermittlung und Ausweisung europäischer kritischer Infrastrukturen und Bewertung der Notwendigkeit, ihren Schutz zu verbessern, vom 8.12.2008, ABl. 2008 L 345, 75), die auf der Kompetenzgrundlage der Flexibilitätsklausel des Art. 352 AEUV erlassen worden ist (vgl. Grabitz/Hilf/Nettesheim/Winkler AEUV Art. 352 Rn. 122). Durch die EKI-RL wird gem. Art. 1 EKI-RL ein Verfahren zur **Ermittlung und Ausweisung europäischer kritischer Infrastrukturen** („EKI") sowie ein gemeinsamer Ansatz für die Bewertung der Notwendigkeit eines **besseren Schutzes derartiger Infrastrukturen** eingeführt, um zum Schutz der Menschen beizutragen. Nach Art. 3 Abs. 1 EKI-RL ermittelt jeder Mitgliedstaat gem. dem Anhang III EKI-RL in einem vierstufigen Verfahren (→ Rn. 12) die potenziellen EKI, die sowohl die sektorübergreifenden als auch die sektorspezifischen Kriterien erfüllen. Die sektorübergreifenden Kriterien sind in Art. 3 Abs. 2 EKI-RL definiert als (a.) Opfer, (b.) wirtschaftliche Folgen und (c.) Auswirkungen auf die Öffentlichkeit. Die Grenzwerte für die sektorübergreifenden Kriterien leiten sich dabei aus der Schwere der Auswirkungen einer Störung oder Zerstörung einer bestimmten Infrastruktur ab und werden von Mitgliedstaaten für den Einzelfall bestimmt. Die sektorenspezifischen Kriterien berücksichtigen die Besonderheiten einzelner EKI-Sektoren. Die gewählten Sektoren zur Umsetzung der EKI-RL sind gem. Art. 3 Abs. 3 EKI-RL der Verkehrs- und der **Energiesektor** iSd Anhangs I EKI-RL. Anhang I Nr. 1 EKI-RL definiert EKI für den Teilsektor „Strom" als „Infrastrukturen und Anlagen zur Stromerzeugung und -übertragung in Bezug auf die Stromversorgung".

4.1 Bereits 2004 beauftragte der Europäische Rat die EU-Kommission mit der Ausarbeitung einer umfassenden Strategie für den wirksameren Schutz kritischer Infrastrukturen (EU-Hintergrund u.a. ausf. aufgearbeitet bei Theobald/Kühling/Henze § 12g Rn. 8 ff.; Säcker EnergieR/König § 12g Rn. 5 ff. mwN). Daraufhin legte die Kommission ihre „Mitteilung zum Schutz kritischer Infrastrukturen im Rahmen der Terrorismusbekämpfung" (KOM(2004) 698 endg. – ABl. 2005 C 14) am 20.10.2004 vor. Daraus entstand im November 2015 ein von der EU-Kommission angenommenes Grünbuch über ein **„Europäisches Programm für den Schutz kritischer Infrastrukturen (EPSKI)"**, in dem u.a. mögliche politische Strategien zur Verwirklichung des EPSKI aufgezeigt wurden (KOM(2005) 576 endg. – nicht im ABl. veröffentlicht). Auf Grundlage des Grünbuchs hat die Kommission in einer Mitteilung vom 12.12.2006 wiederum konkrete Grundsätze, Verfahren und Instrumente für die Umsetzung des EPSKI vorgeschlagen (KOM (2006)786 endg. – ABl. 2007 C 126). Das allgemeine Ziel des EPSKI ist die Verbesserung des Schutzes kritischer Infrastrukturen in der EU durch Schaffung eines einheitlichen EU-Rahmens.

5 Demzufolge sind gefährdete Stromnetzanlagen(-teile) als EKI, dh iSd Art. 2 lit. b EKI-RL eine in einem Mitgliedstaat gelegene **kritische Infrastruktur**, deren Störung oder Zerstörung **erhebliche Auswirkungen** in mindestens **zwei Mitgliedstaaten** hätte, gem. Art. 3 EKI-RL gegenüber anderen potenziellen erheblich betroffenen Mitgliedstaaten auszuweisen. Des Weiteren haben Mitgliedstaaten dafür zu sorgen, dass die Betreiber der EKI gem. Art. 4 EKI-RL iVm Anhang II EKI-RL Sicherheitspläne aufstellen und gem. Art. 5 EKI-RL Sicherheitsbeauftragte – als Kontaktstelle zwischen EKI-Betreiber und nationaler Regulierungsbehörde in Sicherheitsfragen – bestimmen. Die Mitgliedstaaten hatten die Vorgaben der EKI-RL gem. Art. 12 EKI-RL spätestens bis zum 12.1.2011 nationalrechtlich umzusetzen.

2. Umsetzung in nationales Recht

6 Die EKI-RL wurde für den Sektor Energie mit etwa sechsmonatiger Verspätung durch den – mit Art. 1 des Gesetzes zur Neuregelung energiewirtschaftsrechtlicher Vorschriften vom 26.7.2011 (BGBl. I 1554 (1572)) eingeführten – § 12g in Verbindung mit der auf Grundlage des Absatzes 3 erlassenen ÜNSchVO (Verordnung zum Schutz von Übertragungsnetzen vom 6.1.2012 (BGBl. I 69)) umgesetzt. § 12g besteht in seiner ersten Fassung unverändert fort und auch die ÜNSchVO wurde 2015 (Zehnte Zuständigkeitsanpassungsverordnung vom 31.08.2015, BGBl. I 1474 (1520)) lediglich formal an die geänderte Ressortzuständigkeit des BMWi angepasst. Bis dato kannte das nationale Energierecht keine sektorspezifische Regelung zum Schutz kritischer (europäischer) Energieinfrastrukturen (Säcker EnergieR/König § 12g Rn. 11).

III. Systematische Verortung

Die Vorschrift wurde als Bestandteil des Regelungskomplexes zur Etablierung einer **einheitlichen transparenten Netzausbauplanung** in den §§ 12a–12g (BT-Drs. 17/6072, 20 ff. (68 ff.)) eingeführt. Allerdings nimmt § 12g weder unmittelbaren Einfluss auf die Netzausbauplanung im engeren Sinne (§§ 12a–12e) noch steht er (wie § 12f) im mittelbaren Zusammenhang zu dieser (→ § 12f Rn. 2 f.). Denn § 12g regelt unabhängig von der Netzplanung des Übertragungsnetzes die Bestimmung von Anlagen und Anlageteilen des Übertragungsnetzes, deren Störung oder Zerstörung erhebliche Auswirkungen auf mindestens zwei Mitgliedstaaten der Europäischen Union haben kann – sog. „EKI" (→ Rn. 4 f.) – sowie weitere auf derartige Anlagen gerichtete sicherheitsrelevante Aspekte (Theobald/Kühling/Kober Vor §§ 12a–12g Rn. 3, 14). Einzig verbindend bleibt, dass sowohl die §§ 12a–12e bzw. 12f als auch § 12g schwerpunktmäßig stromnetzbezogene Pflichten der ÜNB normieren, welche durch die BNetzA kontrolliert werden. 7

Auch steht die Vorschrift im systematischen Zusammenhang mit anderen Regelungen zur Versorgungssicherheit im Energiesystem. Zu nennen sind insbesondere die Vorgaben zur Systemverantwortung der Energieversorgungsnetzbetreiber in §§ 11, 12 iVm §§ 13, 14 und die §§ 49–53a sowie das Energiesicherungsgesetz (EnSiG) (ausf. bereits Säcker EnergieR/König § 12g Rn. 12 f.). Ferner hängt § 12g auch mit den sektorenübergreifenden Inhalten des Gesetzes zur Erhöhung der Sicherheit informationstechnischer Systeme (IT-Sicherheitsgesetz) vom 17.7.2015 (BGBl. I 1324) zusammen. Besondere Relevanz entfalten dabei die Regelungen des Gesetzes über das Bundesamt für Sicherheit in der Informationstechnik (BSIG) und der Verordnung zur Bestimmung Kritischer Infrastrukturen nach dem BSIG (BSI-KritisV) (ausf. Säcker EnergieR/König ÜNSchutzV Rn. 2; Theobald/Kühling/Henze § 12g Rn. 52 ff.). 8

Dem BSI werden durch das BSIG die Befugnisse eingeräumt, technische Vorgaben für die Sicherung der Informationstechnik in der Bundesverwaltung zu machen und Maßnahmen umzusetzen, um Gefahren für die Sicherheit der Informationstechnik des Bundes abzuwehren (BT-Drs. 16/11967, 1). Ferner ist das BSI gem. §§ 8a ff. BSIG die zentrale Stelle für die Sicherheit in der Informationstechnik Kritischer Infrastrukturen und digitaler Dienste. Die BSI-KritisV bestimmt u.a. die einzelnen KRITIS-Sektoren iSd BSIG. Die KRITIS im Energiesektor sind dabei in § 2 Abs. 5 BSI-KritisV näher definiert. Das BSIG und § 12g kommen nebeneinander zur Anwendung, bei Kollisionen gilt die vorrangige Anwendung von § 12g als lex specialis. Dazu wird es im Regelfall jedoch nicht kommen, da § 8d Abs. 2 Nr. 2 und Abs. 3 Nr. 2 BSIG die zentralen Überschneidungsbereiche zu den Sicherheitsregelungen des EnWG iVm der ÜNSchutzV aus dem Anwendungsbereich des BSIG herausnimmt (vgl. Theobald/Kühling/Henze § 12g Rn. 55). 8.1

B. Regulierungsbehördliche Bestimmung europäisch kritischer Anlagen (Abs. 1)

I. Bestimmung durch Festlegung der BNetzA (S. 1, 2)

1. Europäisch kritische Anlagen

Absatz 1 Satz 1 setzt die von Art. 2 lit. b EKI-RL iVm Art. 3 Abs. 1 EKI-RL (→ Rn. 4 f.) unionsrechtlich vorgegebene Legaldefinition um, indem er „europäisch kritische Anlagen" als „Anlagen oder Teile von Anlagen des **Übertragungsnetzes**, deren Störung oder Zerstörung **erhebliche Auswirkungen** in mindestens **zwei Mitgliedstaaten** der Europäischen Union haben kann," definiert. In Art. 3 Abs. 3 EKI-RL iVm Anhang I Nr. 1 EKI-RL werden für den Teilsektor Strom „Infrastrukturen und Anlagen zur Stromerzeugung und -übertragung in Bezug auf die Stromversorgung" in den Anwendungsbereich der EKI-RL eingeschlossen. Mit Absatz 1 Satz 1 kommt der deutsche Gesetzgeber den Vorgaben der EKI-RL für den Teilbereich des Übertragungsnetzes als kritische Infrastruktur zur Stromübertragung iSd EKI-RL nach. Die sektorenübergreifenden Kriterien zur Festlegung der EKI sind nach Art. 3 Abs. 2 EKI-RL (a.) Opfer, (b.) wirtschaftliche Folgen inkl. Umweltschäden und (c.) Auswirkungen auf die Öffentlichkeit sowie näher von der Kommission gemeinsam mit den Mitgliedstaaten zu bestimmende konkrete sektorspezifische Kriterien für den Stromsektor (→ Rn. 4 f.). 9

EnWG § 12g   Teil 3. Regulierung des Netzbetriebs

10   Die Vorgaben der EKI-RL zur Bestimmung europäisch kritischer Anlagen werden in Absatz 1 Satz 1 mithin am Maßstab einer sowohl **qualitativ** als auch **quantitativ** definierten **Erheblichkeitsschwelle** umgesetzt. In qualitativer Hinsicht ist nach der Gesetzesbegründung zumindest dann von einer wesentlichen Auswirkung auszugehen, wenn nachhaltig wirkende **Versorgungsengpässe**, erhebliche **Störungen der öffentlichen Sicherheit** oder andere **dramatische Folgen** zu befürchten sind (BT-Drs. 17/6072, 70). Unklar bleibt, warum der Gesetzgeber hier abweichend von „wesentlichen" und nicht wie im Gesetzestext konsistent auch von „erheblichen" Auswirkungen spricht, diese Begriffe sind nach der Gesetzesbegründung augenscheinlich jedoch identisch auszulegen. In quantitativer Hinsicht wird die Erheblichkeitsschwelle dadurch geformt, dass mindestens **zwei Mitgliedstaaten** betroffen sein müssen. Damit wird klargestellt, dass nur Anlagen(-teile) mit einer **europäischen Dimension** erfasst sind (BT-Drs. 17/6072, 70 f.). Resümierend ist für die Festlegung eines Anlagen(-teils) des Übertragungsnetzes als europäisch kritische Anlage demnach entscheidend, ob durch eine Störung bzw. Zerstörung nachhaltige dramatische Folgen für die Versorgungssituation, die öffentliche Sicherheit oder vergleichbare Gemeinwohlgüter (qualitativ) mit Auswirkungen in mindestens zwei Mitgliedstaaten (quantitativ) zu befürchten sind.

2. Zuständigkeit, Turnus und Rechtsnatur der Festlegung

11   Mit Absatz 1 Satz 1 wird die BNetzA als gem. § 54 Abs. 1 zuständige Regulierungsbehörde zur Bestimmung der kritischen Systemteile des Stromübertragungsnetzes nach den dargestellten Definitionskriterien (→ Rn. 4 f., → Rn. 9 f.) verpflichtet und ermächtigt (BT-Drs. 17/6072, 70). Die Bestimmung der **europäisch kritischen Anlagen** soll gem. Absatz 1 Satz 2 im Wege der **Festlegung** nach dem Verfahren des § 29, dh in Form einer standardisierenden (Teil-)Vorabklärung, erfolgen (→ Rn. 11.1), da eine Festlegung weitergehende belastende Entscheidungen etwa zu den Anforderungen an **Sicherheitspläne** und -**beauftragte** iSv Absatz 2 (→ Rn. 19 ff.) ermöglicht, ohne selbst neu erlassen werden zu müssen (BT-Drs. 17/6072, 71). Die BNetzA wird nach Absatz 1 Satz 1 damit beauftragt, durch Festlegung **alle zwei Jahre** die europäisch kritischen Anlagen zu bestimmen. Nach § 29 Abs. 2 kann die BNetzA die Festlegung jedoch schon vor Ablauf der Frist gem. §§ 48, 49 VwVfG zurücknehmen bzw. widerrufen sowie die von ihr festgelegten oder genehmigten Bedingungen und Methoden nachträglich ändern, soweit dies erforderlich ist, um sicherzustellen, dass sie weiterhin den Voraussetzungen für eine Festlegung genügen (vgl. Kment EnWG/Posser § 12g Rn. 10; Theobald/Kühling/Henze § 12g Rn. 27). Ferner ist für die Entscheidung die Beschlusskammer zuständig, da § 59 Abs. 1 S. 2 – anders als bspw. für die vorgehenden §§ 12a–12f (→ § 12f Rn. 5.1) – keine Ausnahme vorsieht.

11.1   § 29 Abs. 1 Alt. 2 normiert eine Festlegungsbefugnis der BNetzA für einseitig verpflichtende Entscheidungen in den in diesem Gesetz benannten Fällen gegenüber der in der jeweiligen Vorschrift Verpflichteten (dies war vor dem EnWG 2011 nur durch Verordnung möglich, vgl. BT-Drs. 17/6072, 82; Kment EnWG/Wahlhäuser § 29 Rn. 3). Nach hM handelt es sich bei einer Festlegung nach § 29 im Regelfall um eine gestaltende Verwaltungsakt in Form einer Allgemeinverfügung iSd § 35 S. 2 VwVfG, zu deren Erlass die BNetzA nach Maßgabe des § 29 Abs. 1 befugt ist (vgl. nur BGH BeckRS 2008, 14197 Ls. 1, Rn. 8 ff.; OLG Düsseldorf BeckRS 2007, 11286; 2016, 8093 Rn. 51 ff.). Allerdings richtet sich die Festlegung durch die BNetzA gem. Absatz 1 – anders als in anderen Fällen zB nach § 12c Abs. 7 – nicht an eine unbestimmte Anzahl von Adressaten eines bestimmbaren Personenkreises (sog. adressatenbezogene Allgemeinverfügung), sondern an den abschließend feststehenden Personenkreis der ÜNB. Folglich ergeht die behördliche Entscheidung der BNetzA auf Grundlage der unmittelbaren gesetzlichen Befugnis in Absatz 1 Sätzen 1 und 2 iVm § 29 Abs. 1 in Gestalt eines **(Sammel-)Verwaltungsaktes** iSv § 35 S. 1 VwVfG mit **belastender Regelungswirkung** gegenüber den verpflichteten ÜNB **im Außenverhältnis** (Kment EnWG/Posser § 12g Rn. 5).

3. Verfahren der Festlegung

12   Das Verfahren zur **(Folge-)Bestimmung** der europäisch kritischen Anlagen nach Absatz 1 Satz 2 ist in Art. 3 Abs. 1 EKI-RL iVm Anhang III EKI-RL vorgegeben und wird auf der gem. Absatz 3 erlassenen ÜNSchVO konkretisiert (→ Rn. 12.1). Nach § 2 Abs. 1 S. 1 ÜNSchVO bestimmt die BNetzA durch Festlegung gem. Absatz 1 Satz 2 europäisch kritische Anlagen innerhalb von **zwei Monaten** nach Erhalt des ÜNB-Berichts iSv Absatz 1

Sätzen 3 und 4 (→ Rn. 14), der gem. § 2 Abs. 1 S. 3 ÜNSchVO zusammen mit den Gefährdungsszenarien iSv § 1 Abs. 2 ÜNSchVO die Grundlage des Festlegungsverfahrens bildet (→ Rn. 16). Dabei hat die BNetzA gem. § 2 Abs. 1 S. 2 ÜNSchVO das vierstufige Verfahren in Anhang III EKI-RL zu beachten. Nach Festlegung der europäisch kritischen Anlagen gemäß dem Verfahren nach Anhang III EKI-RL sind die jeweiligen Anlagen nur den Mitgliedstaaten mitzuteilen, die von der potenziellen EKI erheblich betroffen sein könnten.

Das vierstufige Verfahren zur Festlegung europäisch kritischer Anlagen gem. § 2 Abs. 1 S. 2 **12.1** ÜNSchVO iVm Anhang III EKI-RL beginnt mit einer **Vorauswahl** von KRITIS iSv Art. 2 lit. a EKI-RL anhand der sektorspezifischen Kriterien. Anschließend ist unter Anwendung einzelstaatlicher Methoden bzw. der sektorenübergreifenden Kriterien iSv Art. 3 Abs. 2 EKI-RL – dh Opfer, wirtschaftliche Folgen und Auswirkungen auf die Öffentlichkeit (→ Rn. 4, → Rn. 9) – das potenzielle Ausmaß von **Störungsauswirkungen** zu bestimmen. Bei Infrastrukturen, mit denen wesentliche Dienstleistungen erbracht werden, sind dabei die Verfügbarkeit von Alternativen und die Dauer des Ausfalls bzw. der Wiederherstellung zu berücksichtigen. Nachdem die potenziellen EKI nach diesem Vorgehen identifiziert sind, gilt es, die **europäische Dimension** iSv Art. 2 lit. b EKI-RL, dh die erhebliche Auswirkung auf zwei Mitgliedstaaten im Störungsfall, zu evaluieren. Die verbleibenden EKI mit europäischer Dimension werden final anhand der sektorenübergreifenden Kriterien unter Berücksichtigung der **Schwere der Auswirkungen**, der Verfügbarkeit von Alternativen und der Dauer des Ausfalls bzw. der Wiederherstellung gefiltert. Abschließend werden die eruierten EKI nur den Mitgliedstaaten mitgeteilt, die von der jeweiligen potenziellen EKI erheblich betroffen sein könnten.

Wenn eine Anlage **erstmalig** als europäisch kritische Anlage bestimmt werden soll, **13** beginnt das Verfahren nicht mit Erhalt des Berichts der ÜNB, sondern mit Abschluss der gem. § 2 Abs. 2 in diesem Fall obligatorischen Konsultation durch das BMWi nach Maßgabe des Art. 4 Abs. 1–3 EKI-RL. Das Ergebnis der Konsultation ist von der BNetzA bei ihrer Entscheidung zu berücksichtigen. Die Festlegung hat in diesem Fall innerhalb von **zwei Monaten** nach Abschluss der **Konsultation** durch das **BMWi** zu erfolgen. Bei der Folgefestlegung bedarf es keiner erneuten Konsultation.

II. Vorbereitender Bericht der ÜNB (S. 3 und 4)

1. Berichtspflicht der ÜNB

Um die BNetzA mit den für die Entscheidung notwendigen Informationen auszustatten, **14** werden die vier deutschen **ÜNB** mit Regelzonenverantwortung iSv § 3 Nr. 10, 30 – dh aktuell die TenneT TSO GmbH, 50 Hertz Transmission GmbH, Amprion GmbH und Transnet BW GmbH – gem. Absatz 1 Satz 3 dazu verpflichtet, nach einer **Vorprüfung** der BNetzA Anlagen, deren Ausfall europaweit erhebliche Auswirkungen haben kann (sog. europäisch kritische Anlagen, → Rn. 9 f.), in einem **begründeten Bericht** vorzuschlagen (BT-Drs. 17/6072, 71). Die Details zur Berichtspflicht sind in § 1 ÜNSchVO bestimmt.

Die **ÜNB-Berichtspflicht** nach Absatz 1 Satz 3 ist eine spezielle **Ausprägung der Sys- 15 temverantwortung** gem. § 11 Abs. 1 iVm § 12 Abs. 1 und § 13 (vgl. auch BT-Drs. 17/6072, 46). Die Systemverantwortung der ÜNB erstreckt sich auf das gesamte Elektrizitätsversorgungssystem und dient primär der Abwehr von Gefährdungs- und Störungssituationen (vgl. nur Säcker EnergieR/König § 12 Rn. 12 ff.). Diese Situationen zeichnen sich dadurch aus, dass die Leistungsfähigkeit der Elektrizitätsversorgungsnetze zB durch örtliche Ausfälle, kurzfristige Engpässe und Schwierigkeiten bei der Haltung von Frequenz, Spannung und Stabilität iSv § 13 Abs. 4 temporär eingeschränkt ist (Säcker EnergieR/König § 13 Rn. 16). Deshalb kommen die netzbezogenen bzw. marktbezogenen Maßnahmen oder Reserveinstrumente zur Wahrnehmung der Systemverantwortung (vgl. insbesondere § 13 Abs. 1, 2) regelmäßig auch erst im Stress- oder Störbetrieb, dh reaktiv, zum Einsatz (näher Säcker EnergieR/König § 13 Rn. 16; Kment EnWG/Tüngler § 13 Rn. 22 ff. mwN). Mit seinem **präventiven Schutzzweck,** der bereits vor Eintritt und zur Verhinderung einer konkreten Störungs- oder Gefährdungssituation ansetzt, stellt Absatz 1 Satz 3 dagegen einen Sonderfall der ÜNB-Systemverantwortung dar. Da den ÜNB die Aufgabe der Sicherung der Übertragungsnetze und die Systemverantwortung für die Elektrizitätsversorgung zukommt, besitzen sie auch die fachliche Kompetenz zur Risiko- bzw. Gefährdungsbewertung einzelner europäisch kritischer Netzanlagen(-teile) gem. Absatz 1 Satz 3 (vgl. BT-Drs. 17/6072, 47).

16 Dem Bericht sind gem. § 1 Abs. 2 ÜNSchVO die vom Bundesamt für Bevölkerungsschutz und Katastrophenhilfe (BBK) im Einvernehmen mit der BNetzA erstellten und regelmäßig aktualisierten Gefährdungsszenarien zugrunde zu legen. Dazu hat die BNetzA die Gefährdungsszenarien rechtzeitig vor der Erstellung des Berichts an die ÜNB zu übermitteln. Die jeweils aktuellen Gefährdungsszenarien fungieren sowohl als Grundlage des vorbereitenden ÜNB-Berichts als auch des darauf aufbauenden Festlegungsverfahrens der BNetzA (→ Rn. 12).

2. Harmonisierter Berichtsturnus

17 Den Bericht iSv Absatz 1 Satz 3 haben die ÜNB der BNetzA gem. § 1 Abs. 1 S. 1 ÜNSchVO **alle zwei Jahre** vorzulegen; dieser Turnus korreliert notwendigerweise mit der anschließenden Pflicht zur Bestimmung von europäisch kritischen Anlagen durch die Festlegung der BNetzA (→ Rn. 11). Mit Einführung des § 12g im EnWG 2011 wurde auch der Turnus für die Schwachstellenanalyse nach § 13 Abs. 9 (§ 13 Abs. 7 EnWG 2011) von einem auf zwei Jahre hochgesetzt, damit der Schwachstellenanalysebericht nach § 13 Abs. 9 mit dem Bericht nach Absatz 1 Satz 3 im Wechsel vorzulegen ist und die ÜNB nicht überlastet werden (vgl. BT-Drs. 17/6072, 73). Insofern lässt sich von einer legislativen Harmonisierung der sicherheitskritischen Berichtspflichten der ÜNB sprechen.

3. Gemeinsamer Bericht der ÜNB

18 Um eine **einheitliche Herangehensweise** zu garantieren, wird den ÜNB in Absatz 1 Satz 4 ferner die Möglichkeit eröffnet, einen gemeinsamen Bericht anzufertigen (BT-Drs. 17/6072, 71). Im Interesse einer einheitlichen Netzplanung haben die ÜNB der BNetzA auf der Grundlage des Szenariorahmens iSv § 12a auch einen gemeinsamen nationalen Netzentwicklungsplan (NEP) gem. § 12b jährlich zur Bestätigung vorzulegen. Da der gemeinsam erstellte NEP alle wirksamen Maßnahmen zur bedarfsgerechten Optimierung, Verstärkung und zum Ausbau des Netzes enthält (sog. „NOVA"-Regel iSv § 11 Abs. 1), scheint auch die **Option** für den **gemeinsamen ÜNB-Bericht** zur europäisch relevanten Gefährdungslage des Elektrizitätsversorgungssystems gerechtfertigt. Anders als im Falle des Szenariorahmens bzw. des NEP ist dies jedoch nicht verpflichtend.

C. Schutzmaßnahmen (Abs. 2)

I. Allgemein

19 Nach Absatz 2 sind die ÜNB dazu verpflichtet, zum Schutz der gem. Absatz 1 Satz 1 festgelegten Anlagen **Sicherheitspläne** zu erstellen sowie **Sicherheitsbeauftragte** zu bestimmen und dies der BNetzA nachzuweisen. Damit setzt der Absatz 2 die Art. 5 und 6 EKI-RL iVm Anhang II EKI-RL um; Einzelheiten dazu werden in den §§ 3–5 ÜNSchVO näher geregelt (BT-Drs. 17/6072, 71). Absatz 2 bleibt deutlich hinter dem Detailgrad der Art. 5 und 6 EKI-RL zurück, allerdings werden die näheren Bestimmungen in den §§ 3–5 ÜNSchVO ins deutsche Recht transferiert (Säcker EnergieR/König § 12g Rn. 25). Die unmittelbare Anwendbarkeit der die Eigentümer bzw. Betreiber von europäisch kritischen Anlagen belastenden Richtlinienvorgaben – zB die Pflicht nach Art. 5 Abs. 3 UAbs. 2 EKI-RL – wäre nach EuGH-Rechtsprechung dagegen nicht in Betracht gekommen (EuGH BeckRS 2004, 73753 – Kolpinghuis Nijmegen; ausf. zum Ganzen Kühling JuS 2014, 481 mwN). Ohne die Detailregelungen zu Absatz 2 in den §§ 3–5 ÜNSchVO wäre im Wege der richtlinienkonformen Auslegung des Absatzes 2 der Rückgriff auf die spezifischeren Vorgaben der EKI-RL geboten gewesen (vgl. nur Kühling JuS 2014, 481 (484 ff.)).

II. Sicherheitsbeauftragte

20 Die spezifischen Vorgaben für die Bestimmung eines Sicherheitsbeauftragten gem. Absatz 2 adressiert §§ 3 und 5 Abs. 3 ÜNSchVO in Umsetzung des Art. 6 EKI-RL. Nach § 3 Abs. 2 ÜNSchVO dient der Sicherheitsbeauftragte als **Kontaktperson** der Behörden **in Sicherheitsfragen** und soll über den Bericht nach Absatz 1 Satz 3 iVm § 1 ÜNSchVO und die Sicherheitspläne nach Absatz 2 iVm § 4 ÜNSchVO Auskunft geben können. Die Bestimmung eines solchen Sicherheitsbeauftragten hat der Betreiber einer europäisch kritischen Anlage gem. § 3 Abs. 1 ÜNSchVO **spätestens zwei Wochen** nach der Festlegung der BNetzA nach Absatz 1 Satz 2 der BNetzA zum Schutz des Übertragungsnetzes nachzuweisen.

Wenn die oder der Sicherheitsbeauftragte der Aufgabe als Kontaktperson in Sicherheitsfragen gem. § 3 Abs. 2 ÜNSchVO nicht gerecht wird, kann die BNetzA nach § 5 Abs. 3 ÜNSchVO den Betreiber der Anlage auffordern, für die erforderliche Qualifikation der oder des Sicherheitsbeauftragten innerhalb einer angemessenen Frist zu sorgen oder eine andere Person zu bestimmen. 21

III. Sicherheitspläne

Die nähere Bestimmung des Verfahrens zur Erstellung der Sicherheitspläne iSv Absatz 2 ist in Art. 5 EKI-RL iVm Anhang II EKI-RL vorgeschrieben und in §§ 4 und 5 Abs. 1 und 2 ÜNSchVO umgesetzt. Nach § 4 Abs. 1 ÜNSchVO hat der Betreiber einer europäisch kritischen Anlage **spätestens vier Wochen** nach der Festlegung der BNetzA nach Absatz 1 Satz 2 der BNetzA zum Schutz des Übertragungsnetzes einen Sicherheitsplan vorzulegen. Wenn die BNetzA bei der Festlegung einer Anlage nach Absatz 1 Sätzen 1, 2 iVm § 2 ÜNSchVO von den Vorschlägen in einem Bericht eines ÜNB nach Absatz 1 Satz 3 iVm § 1 ÜNSchVO abweicht, verlängert sich die vierwöchige Frist gem. § 4 Abs. 3 ÜNSchVO auf drei Monate. Diese Fristverlängerung ist erforderlich, da Betreiber bei der Erstellung des Sicherheitsplans für eine etwaige Anlage nicht auf bereits durchgeführte anlagenspezifische Gefährdungs- und Risikoanalysen in ihrem Bericht gem. Absatz 1 Satz 3 iVm § 1 ÜNSchVO aufbauen können. 22

Mindestens hat der Sicherheitsplan gem. § 4 Abs. 1 ÜNSchVO dabei (1.) die **Benennung** der nach Absatz 1 bestimmten **Anlagen,** (2.) die Ergebnisse einer **Risikoanalyse,** die sich auf die in § 1 Abs. 2 ÜNSchVO genannten Gefährdungsszenarien (→ Rn. 16), die Schwachstellen (→ Rn. 17) der europäisch kritischen Anlage und die möglichen Auswirkungen bezieht, sowie (3.) Ermittlung, Auswahl und Rangfolge von **Gegenmaßnahmen und Verfahren** zu enthalten. 23

Der Sicherheitsplan wird gem. § 5 Abs. 1 S. 1 ÜNSchVO innerhalb von vier Wochen nach seiner Vorlage gem. § 4 Abs. 1 S. 1 ÜNSchVO von der BNetzA überprüft. Mit der zeitlichen Kopplung der Überprüfung des Sicherheitsplans durch die BNetzA gem. § 5 ÜNSchVO iVm § 4 Abs. 1 S. 1 ÜNSchVO an den **zweijährigen Turnus** der Festlegung nach Absatz 1 (→ Rn. 11) wird auch eine **regelmäßige Überprüfung** der Sicherheitspläne iSv Art. 5 Abs. 3 UAbs. 2 EKI-RL sichergestellt (Kment EnWG/Posser § 12g Rn. 12). Erfüllt der Sicherheitsplan alle Anforderungen, stellt die BNetzA dem Betreiber der Anlage eine entsprechende Bestätigung aus (§ 5 Abs. 1 S. 2 ÜNSchVO). Andernfalls teilt sie dem Betreiber umgehend mit, welche Beanstandungen bestehen, und setzt diesem eine angemessene Frist, innerhalb der er den Beanstandungen abzuhelfen und dies der BNetzA auf geeignete Weise nachzuweisen hat (§ 5 Abs. 1 S. 1 ÜNSchVO). 24

D. Verordnungsermächtigung der Bundesregierung (Abs. 3)

Mit Absatz 3 wird die Bundesregierung gem. Art. 80 Abs. 1 S. 1 GG ermächtigt, durch Rechtsverordnung ohne Zustimmung des Bundesrates Einzelheiten zu dem Verfahren der Festlegung und zum Bericht gem. Absatz 1 sowie zu den Sicherheitsplänen und Sicherheitsbeauftragten nach Absatz 2 zu regeln. Damit wird eine bundesgesetzliche Ermächtigungsgrundlage geschaffen, auf deren Grundlage die Details der Festlegung durch die BNetzA, Näheres zum Verfahren und zum Inhalt des Berichts der ÜNB sowie Näheres zu den Sicherheitsplänen und Sicherheitsbeauftragten in einer Verordnung geregelt werden können (BT-Drs. 17/6072, 71). 25

Auf der Ermächtigungsgrundlage des Absatzes 3 wurde die 2015 durch die Zehnte Zuständigkeitsanpassungsverordnung vom 31.8.2015 (BGBl. I 1474 (1520)) lediglich formal an die geänderte Ressortzuständigkeit des BMWi angepasste Verordnung zum Schutz von Übertragungsnetzen (ÜNSchVO) vom 6.1.2012 (BGBl. I 69) erlassen (zum Entstehungskontext → Rn. 6). Das genaue Verfahren der Festlegung gem. Absatz 1 Sätze 1 und 2 ist in § 2 26

ÜNSchVO geregelt (→ Rn. 12 f.), die Details zum Verfahren und zum Inhalt des Berichts gem. Absatz 1 Satz 3 in § 1 ÜNSchVO (→ Rn. 14 ff.). Die Erstellung der Sicherheitspläne bzw. die Bestimmung der Sicherheitsbeauftragten gem. Absatz 2 sind in den §§ 4 bzw. 3 ÜNSchVO iVm § 5 ÜNSchVO konkretisiert (→ Rn. 19 ff.).

E. Informationszugang und Geheimhaltung (Abs. 4)

27 Nach Art. 9 EKI-RL haben alle Personen, die nach Maßgabe der RL im Namen eines Mitgliedstaats oder der Kommission mit Verschlusssachen umgehen, eine **angemessene Sicherheitsüberprüfung** zu durchlaufen. Dabei ist durch die Mitgliedstaaten, die Kommission und die zuständigen Aufsichtsbehörden sicherzustellen, dass den Mitgliedstaaten oder der Kommission übermittelte vertrauliche Informationen in Bezug auf den Schutz von EKI zu keinem anderen Zweck als zum **Schutz kritischer Infrastrukturen** verwendet werden. Nach diesem dem Datenschutz(grund-)recht entstammenden Grundsatz der Zweckbindung (vgl. Art. 16 AEUV iVm Art. 6 Abs. 1 lit. b DS-GVO) muss die Datenverarbeitung auf dem Verarbeitungsgrund beruhen, wodurch die Rechtmäßigkeit der Zwecke daher untrennbar mit den zulässigen Gründen der Verarbeitung verknüpft ist (Grabitz/Hilf/Nettesheim/Sobotta AEUV Art. 16 Rn. 37 ff.). Grenze einer zulässigen behördlichen Verwendung vertraulicher Informationen gem. Art. 9 EKI-RL ist mithin der im Gemeinwohlinteresse liegende Schutz kritischer (Energie-)Infrastrukturen.

28 Die Regelung des Absatzes 4 iVm § 6 ÜNSchVO setzt Art. 9 EKI-RL in nationales Recht um. Nach Absatz 4 sind die für die **Festlegung** gem. Absatz 1 Satz 2 erforderlichen Informationen, der **Bericht** der Betreiber nach Absatz 1 Satz 3 sowie die **Sicherheitspläne** nach Absatz 2 als **Verschlusssache** mit dem **geeigneten Geheimhaltungsgrad** iSv § 4 SÜG einzustufen (dazu → § 12f Rn. 21 ff.). Mit der Regelung des Absatzes 4 soll sichergestellt werden, dass der Bericht und alle weiteren im Rahmen des Festlegungsverfahrens notwendigen Informationen **mindestens als „VS – NUR FÜR DEN DIENSTGEBRAUCH"** eingestuft werden (BT-Drs. 17/6072, 71). Für die Einstufung durch Bundesbehörden – wie die BNetzA – die mit Verschlusssachen arbeiten, sowie dort tätige Personen, die Zugang zu Verschlusssachen haben oder eine Tätigkeit ausüben, bei der sie sich Zugang zu Verschlusssachen verschaffen können, existiert die Allgemeine Verwaltungsvorschrift zum materiellen Geheimschutz (Verschlusssachenanweisung – VSA) v. 13.3.2023. §§ 15 ff. VSA iVm Anlage III VSA regeln die Einstufung von Informationen als Verschlusssachen gem. § 4 SÜG näher.

28.1 Darüber, welche Informationen, Berichte und Sicherheitspläne nach Absatz 4 als Verschlusssache einzustufen sind, entscheidet gem. § 6 ÜNSchVO die BNetzA. Verschlusssachen sind nach § 4 Abs. 1 S. 1 SÜG iVm § 2 Abs. 1 VSA im öffentlichen Interesse, insbesondere zum Schutz des Wohles des Bundes oder eines Landes, **geheimhaltungsbedürftige Tatsachen,** Gegenstände oder Erkenntnisse, unabhängig von ihrer Darstellungsform, dh gem. Art. 9 Abs. 2 EKI-RL potenziell auch nicht-schriftliche Informationen, die in Sitzungen ausgetauscht werden, in denen vertraulich zu behandelnde Themen erörtert werden. Entsprechend ihrer Schutzbedürftigkeit sind die Verschlusssachen von der BNetzA mindestens auf der niedrigsten Schutzstufe des § 4 Abs. 2 SÜG iVm § 2 Abs. 2 VSA, nämlich **„VS – NUR FÜR DEN DIENSTGEBRAUCH"** einzustufen. Je nach Sensibilität können diese gem. § 4 Abs. 2 SÜG iVm § 2 Abs. 2 VSA unter Umständen aber auch strenger, nämlich als **„VS-VERTRAULICH", „GEHEIM"** oder sogar **„STRENG GEHEIM"** eingestuft werden. Angesichts der großen Bedeutung einer zuverlässigen Energieversorgung für das alltägliche öffentliche bzw. private Leben dürften die Informationen im Zusammenhang zu Schwachstellen und Vulnerabilitäten in der Energieinfrastruktur regelmäßig lebenswichtige Interessen oder die Sicherheit der Bundesrepublik berühren und mithin gem. § 4 Abs. 2 SÜG iVm § 2 Abs. 2 VSA als GEHEIM oder STRENG GEHEIM einzustufen sein (Säcker EnergieR/König § 12g Rn. 34).

F. Sonstiges: Kosten-, Ordnungswidrigkeiten- und Bußgeldregelung

I. Kosten für den Haushalt und die Preiswirtschaft

29 Für den regulierungsbehördlichen Vollzug der Vorschrift ist die BNetzA zuständig. Die Festlegung durch die BNetzA nach Absatz 1 setzt eine eingehende Prüfung der Netzsituation

in Deutschland und teilweise Europa voraus, sodass sich die **Personal- und Sachausgaben der BNetzA** erhöhen werden (BT-Drs. 17/6072, 47).

Zudem werden gem. Absatz 1 Satz 3 iVm § 1 ÜNSchVO Betreiber von Übertragungsnetzen (ÜNB) verpflichtet, einen Bericht mit einer Störungs- und Zerstörungsanalyse ihres Netzes zu entwerfen (BT-Drs. 17/6072, 47). Für diesen alle zwei Jahre anzufertigenden Bericht gem. Absatz 1 ist eine Analyse der Anlagenstruktur und mithin auch **qualifiziertes Fachkräftepersonal notwendig** (BT-Drs. 17/6072, 3 (48)). Weiterer Arbeits- und Personalaufwand entsteht durch die Erstellung eines Sicherheitsplans für die jeweilige Anlage, der auch umgesetzt werden muss, und die Bestimmung eines Sicherheitsbeauftragten (BT-Drs. 17/6072, 3, 48). Die zusätzlichen **Kosten für Material und Personal** werden von den Betreibern nach den Vorschriften der Anreizregulierungsverordnung voraussichtlich als beeinflussbare Kosten (Ausgaben für Sicherheitsmaßnahmen) veranschlagt und auf die **Netzentgelte umgelegt**, da sie letztlich ein Bestandteil des Strompreises sind (BT-Drs. 17/6072, 3 (48)). Laut der Gesetzesbegründung ist aber davon auszugehen, dass dies zu keiner merklichen Erhöhung des Strompreisniveaus für Unternehmen und Haushalte sowie das Verbraucherpreisniveau führen wird (BT-Drs. 17/6072, 3 (48)). 30

II. Kosten und Bußgelder für Betroffene

1. Gebühren und Auslagen

Für Amtshandlungen auf Grundlage des Absatzes 3 iVm der ÜNSchVO erhebt die BNetzA gem. § 91 Abs. 1 S. 1 Nr. 6 Kosten (Gebühren und Auslagen). Dies ist insbesondere dadurch gerechtfertigt, dass der BNetzA durch § 12g auch zusätzliche Personal- bzw. Sachkosten entstehen. Die Gebührenhöhe nach der gem. § 91 Abs. 8 vom BMWi erlassenen Energiewirtschaftskostenverordnung (EnWGKostV) variiert in den unterschiedlichen Anwendungsfällen der Norm. Nach Nr. 22 EnWGKostV können die Gebühren für die Festlegung nach Absatz 1 iVm § 29 Abs. 1 zwischen 500–50.000 EUR liegen. Für Amtshandlungen aufgrund der ÜNSchVO gelten folgende Gebührenrahmen: eine Bestätigung nach Absatz 3 iVm § 5 Abs. 1 S. 1 und 2 ÜNSchVO kann 500–5.000 EUR (Nr. 47.1 EnWGKostV), eine Beanstandung nach Absatz 3 iVm § 5 Abs. 1 S. 1 und 3 ÜNSchVO ebenfalls 500–5.000 EUR (Nr. 47.2 EnWGKostV) und (Nr. 47.3 EnWGKostV) eine Aufforderung nach Absatz 3 iVm § 5 Abs. 3 ÜNSchVO nur 500 EUR kosten. 31

Kostenschuldner ist nach § 91 Abs. 6 S. 1 Nr. 2 jeweils, wer durch einen Antrag die Tätigkeit der BNetzA veranlasst hat, oder derjenige, gegen den eine Verfügung der BNetzA ergangen ist, dh im vorliegenden Fall der jeweils betroffene ÜNB. 32

2. Bußgeldbewerte Ordnungswidrigkeit

Wenn die ÜNB ihren Pflichten nach § 12g nicht nachkommen, kann die BNetzA zunächst Aufsichtsmaßnahmen nach § 65 ergreifen. Ferner stellt es sowohl eine Ordnungswidrigkeit gem. § 95 Abs. 1 Nr. 3c dar, wenn entgegen Absatz 1 Satz 3 iVm § 1 ÜNSchVO ein Bericht nicht, nicht richtig, nicht vollständig oder nicht rechtzeitig vorgelegt wird, als auch gem. § 95 Abs. 1 Nr. 3d, wenn entgegen Absatz 2 iVm §§ 3–5 ÜNSchVO ein Sicherheitsplan nicht, nicht richtig, nicht vollständig oder nicht rechtzeitig erstellt oder ein Sicherheitsbeauftragter nicht oder nicht rechtzeitig bestimmt wird. Die Ordnungswidrigkeit kann gem. § 95 Abs. 2 mit einer Geldbuße bis zu 100.000 EUR geahndet werden. 33

§ 12h Marktgestützte Beschaffung nicht frequenzgebundener Systemdienstleistungen

(1) ¹Betreiber von Übertragungsnetzen mit Regelzonenverantwortung und Betreiber von Elektrizitätsverteilernetzen sind verpflichtet, für ihr jeweiliges Netz in einem transparenten, diskriminierungsfreien und marktgestützten Verfahren folgende Systemdienstleistungen zu beschaffen:
1. Dienstleistungen zur Spannungsregelung,
2. Trägheit der lokalen Netzstabilität,

3. Kurzschlussstrom,
4. dynamische Blindstromstützung,
5. Schwarzstartfähigkeit und
6. Inselbetriebsfähigkeit.
²Dabei darf die Beschaffung dieser Systemdienstleistungen nur erfolgen, soweit diese für einen sicheren, zuverlässigen und effizienten Netzbetrieb erforderlich sind.

(2) Betreiber von Elektrizitätsverteilernetzen haben diese Systemdienstleistungen nur zu beschaffen, soweit sie diese in ihrem eigenen Netz benötigen oder die Systemdienstleistungen im Einvernehmen mit den Betreibern von Übertragungsnetzen mit Regelzonenverantwortung beschafft werden.

(3) Die Verpflichtung nach Absatz 1 Satz 1 ist nicht für Systemdienstleistungen aus vollständig integrierten Netzkomponenten anzuwenden.

(4) ¹Die Bundesnetzagentur kann Ausnahmen von der Verpflichtung der marktgestützten Beschaffung von Systemdienstleistungen nach § 29 Absatz 1 festlegen, wenn diese wirtschaftlich nicht effizient ist; sie kann auch einzelne Spannungsebenen ausnehmen. ²Erstmalig trifft die Bundesnetzagentur Entscheidungen über Ausnahmen bis zum 31. Dezember 2020 ohne Anhörung. ³Gewährt sie eine Ausnahme, überprüft sie ihre Einschätzung spätestens alle drei Jahre und veröffentlicht das Ergebnis.

(5) ¹Soweit die Bundesnetzagentur keine Ausnahmen nach Absatz 4 festlegt, hat sie die Spezifikationen und technischen Anforderungen der transparenten, diskriminierungsfreien und marktgestützten Beschaffung der jeweiligen Systemdienstleistung, vorbehaltlich des Absatzes 4, nach § 29 Absatz 1 festzulegen. ²Die Spezifikationen und technischen Anforderungen müssen sicherstellen, dass sich alle Marktteilnehmer wirksam und diskriminierungsfrei beteiligen können; dies schließt Anbieter erneuerbarer Energien, Anbieter dezentraler Erzeugung, Anbieter von Laststeuerung und Energiespeicherung sowie Anbieter ein, die in der Aggregierung tätig sind. ³Die Spezifikationen und technischen Anforderungen sollen sicherstellen, dass die marktgestützte Beschaffung der jeweiligen Systemdienstleistung nicht zu einer Reduzierung der Einspeisung vorrangberechtigter Elektrizität führt. ⁴Die Spezifikationen und technischen Anforderungen wirken auf eine größtmögliche Effizienz der Beschaffung und des Netzbetriebs hin.

(6) ¹Statt einer Festlegung nach Absatz 5 kann die Bundesnetzagentur die Betreiber von Übertragungs- und Verteilernetzen auffordern, jeweils gemeinsam Spezifikationen und technische Anforderungen in einem transparenten Verfahren, an dem alle relevanten Netznutzer und Betreiber von Elektrizitätsversorgungsnetzen teilnehmen können, zu erarbeiten oder zu überarbeiten. ²Diese Spezifikationen und technischen Anforderungen sind der Bundesnetzagentur zur Genehmigung vorzulegen; dabei sind die Anforderungen nach Absatz 5 Satz 2 bis 4 entsprechend anzuwenden. ³Die Bundesnetzagentur hat von ihr genehmigte Spezifikationen und technische Anforderungen zu veröffentlichen.

(7) Die Verpflichtungen zur marktgestützten Beschaffung von Systemdienstleistungen nach Absatz 1 sind ausgesetzt, bis die Bundesnetzagentur die Spezifikationen und technischen Anforderungen erstmals nach Absatz 5 festgelegt oder nach Absatz 6 genehmigt hat.

(8) Die Betreiber von Elektrizitätsversorgungsnetzen sind verpflichtet, alle erforderlichen Informationen untereinander auszutauschen und sich abzustimmen, damit die Ressourcen optimal genutzt sowie die Netze sicher und effizient betrieben werden und die Marktentwicklung erleichtert wird.

(9) ¹Hat die Bundesnetzagentur für Systemdienstleistungen nach Absatz 1 Satz 1 Nummer 5 eine Ausnahme nach Absatz 4 festgelegt oder, sofern sie von einer Ausnahme abgesehen hat, noch keine Spezifikationen und technischen Anforderungen nach Absatz 5 festgelegt oder nach Absatz 6 genehmigt, sind die Betreiber von Übertragungsnetzen mit Regelzonenverantwortung und die Betreiber von Elektri-

zitätsverteilernetzen berechtigt, Betreiber von Erzeugungsanlagen oder Anlagen zur Speicherung elektrischer Energie zur Vorhaltung der Schwarzstartfähigkeit ihrer Anlagen zu verpflichten. ²Die Verpflichtung zur Vorhaltung der Schwarzstartfähigkeit umfasst auch die Durchführung von Schwarzstartversuchen und Betriebsversuchen im Sinne der genehmigten vertraglichen Modalitäten für Anbieter von Systemdienstleistungen zum Netzwiederaufbau nach Artikel 4 Absatz 2 Buchstabe b und Absatz 4 der Verordnung (EU) 2017/2196 der Kommission vom 24. November 2017 zur Festlegung eines Netzkodex über den Notzustand und den Netzwiederaufbau des Übertragungsnetzes (ABl. L 312 vom 28.11.2017, S. 54). ³Die Verpflichtung der Betreiber der Erzeugungsanlagen oder Anlagen zur Speicherung elektrischer Energie ist erforderlich, sofern andernfalls die Sicherheit oder Zuverlässigkeit des Elektrizitätsversorgungssystems gefährdet wäre. ⁴Im Falle der Verpflichtung nach Satz 1 kann der Betreiber der Erzeugungsanlage oder der Anlage zur Speicherung elektrischer Energie eine angemessene Vergütung geltend machen, die entsprechend § 13c Absatz 1 bestimmt wird. ⁵§ 13c Absatz 5 ist entsprechend anzuwenden.

Überblick

§ 12h regelt die Beschaffung nicht frequenzgebundener Systemdienstleistungen (**nfSDL**). Grundsätzlich sind Übertragungs- und Verteilernetzbetreiber nach Absatz 1 verpflichtet, nfSDL in einem **transparenten, diskriminierungsfreien und marktgestützten Verfahren** zu beschaffen (→ Rn. 5). Dies gilt nach Absatz 4 nicht, wenn die BNetzA eine Ausnahme gewährt hat (→ Rn. 22). Ferner findet die Regelung erst Anwendung, wenn die genauen Bedingungen für die marktgestützte Beschaffung nach Absatz 5 oder 6 durch die BNetzA festgelegt sind (→ Rn. 37). Für die sog. Schwarzstartfähigkeit sieht Absatz 9 bestimmte Sonderregelungen vor (→ Rn. 40).

Übersicht

	Rn.		Rn.
A. Normzweck und Entstehungsgeschichte	1	6. Inselbetriebsfähigkeit (Abs. 1 S. 1 Nr. 6)	15
B. Pflicht zur marktgestützten Beschaffung von nfSDL (Abs. 1–3)	5	III. Erforderlichkeit der Beschaffung (Abs. 1 S. 2, Abs. 2, Abs. 3)	16
I. Normadressat	5	C. Ausnahmen durch Festlegung der BNetzA (Abs. 4)	22
II. Begriff der nfSDL	6	D. Verfahren und Vorgaben für die marktgestützte Beschaffung (Abs. 5 und 6)	30
1. Dienstleistungen zur Spannungsregelung (Abs. 1 S. 1 Nr. 1)	7	E. Zeitlicher Anwendungsbereich (Abs. 7)	37
2. Trägheit der lokalen Netzstabilität (Abs. 1 S. 1 Nr. 2)	9	F. Informations- und Abstimmungspflicht der Netzbetreiber (Abs. 8)	39
3. Kurzschlussstrom (Abs. 1 S. 1 Nr. 3)	10		
4. Dynamische Blindstromstützung (Abs. 1 S. 1 Nr. 4)	12	G. Übergangsregelung zur Schwarzstartfähigkeit (Abs. 9)	40
5. Schwarzstartfähigkeit (Abs. 1 S. 1 Nr. 5)	13		

A. Normzweck und Entstehungsgeschichte

§ 12h dient der Umsetzung von Art. 31 Abs. 6–8, 40 Abs. 5–7 Elektrizitäts-Binnenmarkt-Richtlinie (EU) 2019/944. Danach sind Übertragungs- und Verteilernetzbetreiber verpflichtet, nicht frequenzgebundene Systemdienstleistungen (nfSDL) in einem transparenten, diskriminierungsfreien und marktgestützten Verfahren zu beschaffen. Das EnWG sah eine derartige Verpflichtung bisher nicht vor. Durch das Gesetz zur Änderung des Energiewirtschaftsgesetzes zur marktgestützten Beschaffung von Systemdienstleistungen vom 22.11.2020 (BGBl. I 2464) wurde § 12h daher **neu eingeführt** zur Umsetzung der europarechtlichen Vorgaben.

Vor Einführung des § 12h wurden die nfSDL dadurch beschafft, dass die Netzbetreiber entsprechende Vorgaben in ihren technischen Anschlussbedingungen vorsahen (BT-Drs. 19/21979, 9). Ergänzend dazu wurden die nfSDL aus eigenen Netzbetriebsmitteln der Netzbetreiber sowie auf Grundlage von bilateralen Verträgen mit einzelnen Kraftwerksbetreibern erbracht (BT-Drs. 19/21979, 9).

2a § 12h hat bisher erst eine Änderung erfahren. Durch Gesetz vom 16.7.2021 (BGBl. I 3026) hat der Gesetzgeber in Absatz 9 Satz 2 eine Präzisierung zum Umfang der Verpflichtungen zur Schwarzstartfähigkeit aufgenommen (→ Rn. 40a).

3 **Ziel des § 12h** ist es, die nfSDL durch ein marktgestütztes Beschaffungsverfahren für alle Marktteilnehmer zu öffnen und dadurch sowohl das **technische Potenzial** für nfSDL zu erhöhen als auch die **Kosten zu senken** (BT-Drs. 19/21979, 9). § 12h dient damit insbesondere der Preisgünstigkeit der Energieversorgung iSd § 1 Abs. 1.

4 § 12h regelt nur einen **Teilbereich der Systemdienstleistungen,** nämlich den in § 12h Abs. 1 S. 1 definierten Bereich der nicht frequenzgebundenen Systemdienstleistungen (→ Rn. 6). Nicht erfasst von § 12h und damit dem marktgestützten Beschaffungsverfahren nach dieser Norm sind etwa der **Redispatch** nach § 13a sowie die **Regelleistung** nach § 21.

B. Pflicht zur marktgestützten Beschaffung von nfSDL (Abs. 1–3)

I. Normadressat

5 Die Pflicht zur marktgestützten Beschaffung von nfSDL obliegt den **Betreibern von Übertragungsnetzen** iSd § 3 Nr. 10, sofern diese die Regelzonenverantwortung tragen, sowie den **Betreibern von Elektrizitätsverteilernetzen** iSd § 3 Nr. 3. Der persönliche Anwendungsbereich der Norm deckt sich damit mit Art. 31 und 40 Elektrizitäts-Binnenmarkt-Richtlinie (EU) 2019/944.

II. Begriff der nfSDL

6 Der Begriff der nicht frequenzgebundene Systemdienstleistungen (nfSDL) wird in Absatz 1 Satz 1 durch die **Aufzählung von sechs Unterbereichen** in den Nummern 1–6 definiert. Die Aufzählung ist abschließend. Nach der Vorstellung des Gesetzgebers deckt sich der Begriff mit dem europäischen Begriffsverständnis zu „nicht frequenzgebundenen Systemdienstleistungen" iSv Art. 2 Nr. 49 Elektrizitäts-Binnenmarkt-Richtlinie (EU) 2019/944, auch wenn die Terminologie leicht abweicht. In der Sache ist dasselbe gemeint (BT-Drs. 19/21979, 14).

1. Dienstleistungen zur Spannungsregelung (Abs. 1 S. 1 Nr. 1)

7 Die in Nummer 1 genannten Dienstleistungen zur Spannungsregelung werden gemeinhin auch als **Blindleistung** bezeichnet. Hierzu gehören alle Regelungshandlungen, die dazu dienen, einen vom Netzbetreiber vorgegebenen Spannungs- oder Blindleistungssollwert einzuhalten (BT-Drs. 19/21979, 14).

8 Der Gesetzgeber führt dies in der Gesetzesbegründung näher aus: „Diese Dienstleistungen können sich auf das Verhalten von Netznutzern am Netzverknüpfungspunkt, auf HGÜ-Systeme, Transformatoren oder weitere Vorrichtungen beziehen. Die Bereitstellung von Blindleistung durch einen Anbieter (z. B. Erzeugungsanlage oder Verbraucher) ist dabei zum Zwecke der Spannungshaltung im Netz des relevanten Netzbetreibers zu verstehen, um schnelle (dynamische) und langsame (quasistationäre) Spannungsänderungen im Netz des Netzbetreibers in den verträglichen Grenzen zu halten. Abzugrenzen davon ist die Einspeisung eines Blindstromes oder Kurzschlussstromes im Fehlerfall" (BT-Drs. 19/21979, 14).

2. Trägheit der lokalen Netzstabilität (Abs. 1 S. 1 Nr. 2)

9 Die in Nummer 2 genannte Trägheit der lokalen Netzstabilität ist eine Systemdienstleistung, die bereits im Vorfeld zur Primärregelleistung einem Wirkleistungsungleichgewicht durch die Momentanreserve aus Synchronmaschinen (Schwungmasse) oder netzbildende Umrichter (synthetische Schwungmasse) entgegenwirkt (BT-Drs. 19/21979, 14; BNetzA Beschl. v. 18.12.2020 – BK6-20-298, S. 5).

3. Kurzschlussstrom (Abs. 1 S. 1 Nr. 3)

Kurzschlussstrom iSv Nummer 3 ist der Strom, der durch Erzeugungsanlagen mindestens kurzfristig in das Stromnetz eingespeist werden muss, damit im Fehlerfall eine Schutzeinrichtung für das Netz auslösen kann (BNetzA Beschl. v. 18.12.2020 – BK6-20-295, S. 5). 10

Die Gesetzesbegründung umschreibt dies wie folgt: „Unter Kurzschlussstrom nach Absatz 1 Satz 1 Nummer 3 ist ein insbesondere von einer Synchronmaschine oder durch einen netzbildenden Umrichter eingespeister Strom aufgrund einer durch einen Fehler verursachten Spannungsabweichung zu verstehen." (BT-Drs. 19/21979, 14). 11

4. Dynamische Blindstromstützung (Abs. 1 S. 1 Nr. 4)

Der Bereitstellung von Blindstrom nach Nummer 4 kommt für die Stabilität der Netzspannung eine besondere Bedeutung zu (BNetzA Beschl. v. 18.12.2020 – BK6-20-296, S. 5). Die dynamische Blindstromstützung soll im Falle eines Netzfehlers die Netzspannung stützen (BT-Drs. 19/21979, 14). Hierzu speisen Stromerzeugungsanlagen bei einem Netzfehler Blindstrom ein und wirken so einem Spannungseinbruch entgegen. Damit sich nichtsynchrone Stromerzeugungsanlagen nicht automatisch im Falle eines Netzfehlers abschalten, müssen diese technisch in der Lage sein, auch bei einem Spannungseinbruch weiter in das Netz einzuspeisen (BNetzA Beschl. v. 18.12.2020 – BK6-20-296, S. 5). 12

5. Schwarzstartfähigkeit (Abs. 1 S. 1 Nr. 5)

Die Schwarzstartfähigkeit nach Absatz 1 Satz 1 Nummer 5 beschreibt die Fähigkeit einer Stromerzeugungsanlage, aus sich heraus, also ohne zusätzlichen Strom aus dem Netz, in Betrieb gehen zu können (BT-Drs. 19/21979, 14; vgl. im Detail BNetzA Beschl. v. 13.1.2023 – BK6-21-023, S. 3). Als zusätzliche Stromquelle nutzen schwarzstartfähige Anlagen oftmals ein Notstromaggregat. 13

Bei einem Ausfall des Netzes ist es entscheidend, dass der Netzbetreiber über ausreichend schwarzstartfähige Anlagen verfügt, damit er das ausgefallene Netz sukzessive wieder aufbauen kann. 14

Die BNetzA hat durch Festlegung vom 13.1.2023 für die Schwarzstartfähigkeit auf **Ebene der Übertragungsnetzbetreiber** die Spezifikationen und technischen Anforderungen der transparenten, diskriminierungsfreien und marktgestützten Beschaffung festgelegt (BNetzA Beschl. v. 13.1.2023 – BK6-21-023). Für die Schwarzstartfähigkeit auf **Ebene der Verteilernetzbetreiber** hat die BNetzA hingegen durch Festlegung vom 22.2.2023 eine Ausnahme von der Verpflichtung zur marktgestützten Beschaffung festgelegt (BNetzA Beschl. v. 22.2.2023 – BK6-21-360). Auf Ebene der Verteilernetzbetreiber stehen nach Feststellung der BNetzA eine geringe Anzahl von schwarzstartfähigen Anlagen in den einzelnen Verteilnetzen ein hoher Transaktionsaufwand gegenüber und daher sei eine marktgestützten Beschaffung nicht wirtschaftlich effizient (BNetzA Beschl. v. 22.2.2023 – BK6-21-360, 10). 14a

Das Beschaffungskonzept für die Schwarzstartfähigkeit auf Ebene der Übertragungsnetzbetreiber ist in der Festlegung vom 13.1.2023 im Einzelnen beschrieben (BNetzA Beschl. v. 13.1.2023 – BK6-21-023). Die Festlegung beschreibt hierzu das Beschaffungsverfahren und die wesentlichen organisatorischen, technischen und personellen Vorgaben für die Beschaffung. Zudem gibt die Festlegung für das Auswahlverfahren die Auswahlkriterien (in den drei Bewertungsgruppen „Technische Kriterien auf Anlagenebene", „Systemische Kriterien" und „Preis") sowie deren Gewichtung vor. Schließlich enthält die Festlegung Regelungen zur Transparenz und zum Nachbeschaffungsverfahren. 14b

6. Inselbetriebsfähigkeit (Abs. 1 S. 1 Nr. 6)

Eine Stromerzeugungsanlage ist inselbetriebsfähig, wenn sie auch nach Trennung vom Elektrizitätsverteilernetz betrieben werden kann, insbesondere zur Versorgung eines Teilnetzes (BT-Drs. 19/21979, 15). Dies setzt voraus, dass die Stromerzeugungsanlage die Spannung und Frequenz in vorgegebenen Bereichen regeln kann, insbesondere bei Lastzuschaltungen (BNetzA Beschl. v. 18.12.2020 – BK6-20-297, S. 5). 15

III. Erforderlichkeit der Beschaffung (Abs. 1 S. 2, Abs. 2, Abs. 3)

16 **Absatz 1 Satz 2** legt fest, dass eine Beschaffung von nfSDL durch den Netzbetreiber nur erfolgen darf, **soweit** dies für einen sicheren, zuverlässigen und effizienten Netzbetrieb erforderlich ist. Der Netzbetreiber muss also im Zweifel nachweisen, dass die nfSDL in diesem Sinne **erforderlich** ist.

17 **Absatz 2** präzisiert in diesem Zusammenhang, dass ein Verteilnetzbetreiber nfSDL im Grundsatz nur für einen **Bedarf in seinem eigenen Netz** beschaffen darf. Nur ausnahmsweise und **im Einvernehmen mit dem Übertragungsnetzbetreiber** kann (bzw. muss) nfSDL auch ein darüberhinausgehenden Bedarf beschafft werden. Eine Abstimmung mit dem Übertragungsnetzbetreiber hat also insbesondere bei einem Netzwiederaufbau nach einem Netzausfall zu erfolgen, da die Übertragungsnetzbetreiber die Verantwortung für den Netzwiederaufbau tragen (BT-Drs. 19/21979, 15).

18 **Schwarzstartfähige Anlagen** iSv Absatz 1 Satz 1 Nummer 5 sind daher vom Verteilnetzbetreiber nur in Abstimmung mit dem Übertragungsnetzbetreiber zu beschaffen. „Eine eigene Beschaffung von Schwarzstartfähigkeit durch die Verteilernetzbetreiber für ihre jeweiligen Netze kommt nur in Betracht, sofern hierdurch ein schnellerer und ebenso sicherer und kosteneffizienter Netzwiederaufbau für einen substantiellen Teil des Versorgungsgebietes gewährleistet wird und die Maßnahmen auch im Konzept des Übertragungsnetzbetreibers dienlich sein können" (BT-Drs. 19/21979, 15).

19 Vergleichbares gilt auch für die Beschaffung von **inselbetriebsfähigen Anlagen** iSv Absatz 1 Satz 1 Nummer 6. Auch diese Anlagen dürfen dem Konzept des Übertragungsnetzbetreibers für einen Netzwiederaufbau nicht entgegenlaufen und der Verteilnetzbetreiber muss inselbetriebsfähige Anlagen daher in Abstimmung mit dem Übertragungsnetzbetreiber beschaffen (BT-Drs. 19/21979, 15).

20 Die Gesetzesbegründung stellt ferner klar, dass die **Trägheit der lokalen Netzstabilität** iSv Absatz 1 Satz 1 Nummer 2 nur von den Übertragungsnetzbetreibern zu beschaffen ist (BT-Drs. 19/21979, 15).

21 **Absatz 3** regelt, dass eine Beschaffung von nfSDL nicht bei vollständig integrierten Netzkomponenten erfolgt und entspricht damit Art. 31 Abs. 7 S. 2 Elektrizitäts-Binnenmarkt-Richtlinie (EU) 2019/944 und Art. 40 Abs. 7 Elektrizitäts-Binnenmarkt-Richtlinie (EU) 2019/944. Vollständig integrierte Netzkomponenten sind **eigene Betriebsmittel des Netzbetreiber** und daher von der Beschaffung ausgenommen, da der Netzbetreiber Systemdienstleistungen nicht bei sich selbst beschaffen kann (BT-Drs. 19/21979, 15; zur Begrifflichkeit der vollständig integrierten Netzkomponenten s. Art. 2 Nr. 51 Elektrizitäts-Binnenmarkt-Richtlinie (EU) 2019/944). Netzbetreiber sollen aus Effizienzgründen nfSDL nur dann aus eigenen Netzbetriebsmitteln beschaffen, wenn dies wirtschaftlicher ist als die Erbringung durch Marktteilnehmer (BT-Drs. 19/21979, 14).

C. Ausnahmen durch Festlegung der BNetzA (Abs. 4)

22 Art. 31 Abs. 7, 40 Abs. 5 Elektrizitäts-Binnenmarkt-Richtlinie (EU) 2019/944 sehen vor, dass eine marktgestützte Beschaffung von nfSDL nicht zu erfolgen hat, wenn die **nationale Regulierungsbehörde** zu der Einschätzung gelangt, dass die marktgestützte Beschaffung nicht frequenzgebundener Systemdienstleistungen wirtschaftlich nicht effizient ist. Diese Ausnahmevorschrift hat der deutsche Gesetzgeber in Absatz 4 umgesetzt. Die BNetzA kann danach Ausnahmen von der marktgestützten Beschaffung iSd Absatzes 1 durch Festlegung iSv § 29 vorsehen. Die BNetzA kann auch nur einzelne Spannungsebenen ausnehmen, beispielsweise die marktgestützte Beschaffung auf die Übertragungsnetze beschränken.

23 Eine Ausnahme darf durch die BNetzA vorgesehen werden, wenn die marktgestützte Beschaffung **wirtschaftlich nicht effizient** ist. Dies ist dann der Fall, wenn die Kosten der marktgestützten Beschaffung die Effizienzgewinne gegenüber anderen Beschaffungsformen übersteigen (BNetzA Beschl. v. 18.12.2020 – BK6-20-295, S. 8).

24 Die wirtschaftliche Effizienz kann nach der Gesetzesbegründung zudem fehlen, wenn die entsprechende Systemdienstleistung aktuell bereits als „inhärente Eigenschaft von Erzeugungsanlagen erbracht wird und ein darüber hinaus gehender Bedarf nicht besteht" (BT-Drs. 19/21979, 15). So bestehen in Netzanschlussverträgen beispielsweise in der Regel Blindleistungsvorgaben, die durch die jeweiligen Anschlussnehmer zu beachten sind. Der

Anschlussnehmer hat danach selbst Blindleistung bereitzustellen und dies reduziert in der Folge den Bedarf an nfSDL für den Netzbetreiber. Auch Kurzschlussstrom wird aktuell inhärent aufgrund der physikalischen Eigenschaften von Synchronmaschinen erbracht (BNetzA Beschl. v. 18.12.2020 – BK6-20-295, S. 8).

Für die Effizienzprüfung marktgestützter Beschaffung von nfSDL hat das BMWi im Januar 2020 ein Gutachten erstellen lassen (vgl. Bericht „Effizienzprüfung marktgestützter Beschaffung von nicht-frequenzgebundenen Systemdienstleistungen (NF-SDL)", Fassung vom 18.8.2020, abrufbar über die Internetseite des BMWi). Dieses Gutachten kommt zu dem Ergebnis, dass die nfSDL des Absatzes 1 Satz 1 Nummern 2, 3, 4 und 6 derzeit nicht wirtschaftlich effizient beschafft werden können. Demgegenüber könne für die nfSDL des Absatz 1 Satz 1 Nummern 1 und 5 „die ökonomische Effizienz marktlicher Beschaffung im Analysehorizont 2021 bis 2025 nicht ausgeschlossen werden." 25

Auf dieser Grundlage hat die BNetzA daher eine **Ausnahme von der marktgestützten Beschaffung** für folgende fünf der sechs in Absatz 1 Satz 1 aufgeführten nfSDL vorgesehen: 26
- Für Nummer 2 (Trägheit der lokalen Netzstabilität) durch BNetzA Beschl. v. 18.12.2020 – BK6-20-298
- Für Nummer 3 (Kurzschlussstrom) durch BNetzA Beschl. v. 18.12.2020 – BK6-20-295
- Für Nummer 4 (dynamische Blindstromstützung) durch BNetzA Beschl. v. 18.12.2020 – BK6-20-296
- Für Nummer 5 (Schwarzstartfähigkeit) durch BNetzA Beschl. v. 22.2.2023 – BK6-21-360 für die **Ebene der Verteilernetzbetreiber**
- Für Nummer 6 (Inselbetriebsfähigkeit) durch BNetzA Beschl. v. 18.12.2020 – BK6-20-297

Im Ergebnis ist daher gegenwärtig nur noch für die nfSDL nach Absatz 1 Satz 1 Nummer 1 (**Dienstleistungen zur Spannungsregelung**) und Nummer 5 (**Schwarzstartfähigkeit auf Ebene der Übertragungsnetzbetreiber**) eine **marktgestützte Beschaffung nach Absatz 1** durchzuführen. 27

Absatz 4 Satz 2 sah für das Verfahren der erstmaligen Ausnahme von der marktgestützten Beschaffung vor, dass die Entscheidung bis zum 31.12.2020 zu erfolgen hat und aufgrund der kurzen Frist ohne die eigentliche erforderliche Anhörung erfolgt (vgl. § 28 Abs. 1 S. 1 Nr. 2 VwVfG). 28

Absatz 4 Satz 3 verpflichtet die BNetzA, die festgelegten Ausnahmen iSd Absatzes 4 spätestens **alle drei Jahre zu überprüfen**. Sämtliche der vorgenannten Ausnahmen von der marktgestützten Beschaffung (BNetzA Beschl. v. 18.12.2020 – BK6-20-295 bis BK6-20-297) stehen daher unter einem **Widerrufsvorbehalt**. Der Gesetzgeber geht davon aus, dass der Bedarf an nfSDL aufgrund der sich ändernden Erzeugungslandschaft und der wachsenden Akteursvielfalt einem stetigen Wandel unterworfen sein wird (BT-Drs. 19/21979, 15). 29

D. Verfahren und Vorgaben für die marktgestützte Beschaffung (Abs. 5 und 6)

Die genauen Bedingungen (Spezifikationen und technischen Anforderungen) für eine marktgestützte Beschaffung von nfSDL sind nach Absatz 5 Satz 1 von der BNetzA durch Festlegung nach § 29 zu beschließen. Dies gilt nur, soweit die BNetzA nicht bereits eine Ausnahme nach Absatz 4 festgelegt hat und daher gar keine marktgestützte Beschaffung mehr durchzuführen ist (→ Rn. 22). Der Verweis auf Absatz 4 ist im Wortlaut des Absatzes 5 unnötig gedoppelt. 30

Die Spezifikationen und technischen Anforderungen für eine marktgestützte Beschaffung sind so festzulegen, dass sich alle Marktteilnehmer wirksam und diskriminierungsfrei an der Beschaffung beteiligen können. In Absatz 5 Satz 2 Halbsatz 2 übernimmt das Gesetz die Auflistung der auch in Art. 31 Abs. 8 Elektrizitäts-Binnenmarkt-Richtlinie (EU) 2019/944 genannten Marktakteure. Die besondere Nennung dieser Marktakteure soll deutlich machen, dass die Spezifikationen und technischen Anforderungen **technologieoffen und zukunftsfähig** auszugestalten sind (BT-Drs. 19/21979, 15). 31

Nach Absatz 5 **Satz 3** ist bei der Ausgestaltung der marktgestützten Beschaffung auch darauf zu achten, dass dadurch nicht die **Einspeisung vorrangberechtigter Elektrizität** reduziert wird. Insbesondere soll gewährleistet werden, dass das netztechnisch erforderliche 32

Minimum iSd § 13 Abs. 3 S. 2 durch eine Beschaffung von nfSDL nur erhöht wird, wenn dies die Einspeisung von Strom aus Erneuerbaren Energien nicht zusätzlich reduziert (BT-Drs. 19/21979, 15). Nach der Gesetzesbegründung können fossile Kraftwerke aber weiterhin als Blindleistungsquelle agieren, wenn eine Bereitstellung von Blindleistung ohne Wirkleistungseinspeisung möglich ist (BT-Drs. 19/21979, 15). Auch eine mit der Bereitstellung von Blindleistung durch vorrangberechtigte Stromerzeugungsanlagen ggf. physikalisch bedingte geringere Wirkleistungsbereitstellung ist zulässig und nicht nach Satz 3 auszuschließen (BT-Drs. 19/21979, 15).

33 In Absatz 5 **Satz 4** ist das Ziel einer **größtmöglichen Effizienz** der Beschaffung von nfSDL und des Netzbetriebs hervorgehoben. Diesem Anliegen ist bei der Ausgestaltung der marktgestützten Beschaffung daher besonders Rechnung zu tragen.

34 Statt die genauen Bedingungen für eine marktgestützte Beschaffung von nfSDL selbst festzulegen, kann die BNetzA dies nach **Absatz 6** auch den **Betreibern von Übertragungs- und Verteilernetzen überlassen.** Die BNetzA hat hierzu die Netzbetreiber entsprechend aufzufordern. Die Netzbetreiber sind dann verpflichtet, die Spezifikationen und technischen Anforderungen für eine marktgestützte Beschaffung von nfSDL gemeinsam zu erarbeiten und der BNetzA zur Genehmigung vorzulegen. Das Verfahren zur Erarbeitung der Spezifikationen und technischen Anforderungen muss transparent sein und allen relevanten Netznutzern und Betreibern von Elektrizitätsversorgungsnetzen zur Teilnahme offenstehen. Diese Verfahrensvorgaben gehen auf Art. 31 Abs. 8 und 40 Abs. 6 Elektrizitäts-Binnenmarkt-Richtlinie (EU) 2019/944 zurück.

35 Inhaltlich entsprechen die Vorgaben für das marktgestützte Beschaffungsverfahren denen des Absatzes 5. Absatz 6 verweist hierzu auf Absatz 5 Sätze 2–4. Der maßgebliche **Unterschied zwischen Absatz 5 und Absatz 6** liegt also nur darin, dass im Verfahren nach Absatz 6 die Netzbetreiber einen Vorschlag für das marktgestützte Beschaffungsverfahren machen, welches der BNetzA zur Genehmigung vorgelegt wird, während im Fall des Absatzes 5 das marktgestützte Beschaffungsverfahren originär durch die BNetzA entwickelt wird. In beiden Fällen ist allerdings ein transparentes und partizipatorisches Verfahren gefordert, an dem sich alle relevanten Marktteilnehmer beteiligen können. Es liegt in der Hand der BNetzA zu entscheiden, welches Verfahren (Absatz 5 oder Absatz 6) geeigneter ist. Die BNetzA könnte auch zwischen den Verfahren wechseln, also beispielsweise zunächst auf ihre Festlegungskompetenz in Absatz 5 verzichten und von dieser erst Gebrauch machen, wenn das Verfahren nach Absatz 6 nicht die gewünschten Erfolge zeigt.

36 Sofern die BNetzA ein marktgestütztes Beschaffungsverfahren nach Absatz 6 genehmigt, sind die genehmigten Spezifikationen und technischen Anforderungen auf der Internetseite und im Amtsblatt der BNetzA zu veröffentlichen.

E. Zeitlicher Anwendungsbereich (Abs. 7)

37 Die Übergangsregelung des Absatzes 7 gibt den **zeitlichen Anwendungsbereich** des marktgestützten Beschaffungsverfahrens nach Absatz 1 vor. So gilt die Pflicht zur marktgestützten Beschaffung erst, wenn die BNetzA die Spezifikationen und technischen Anforderungen nach Absatz 5 festgelegt oder nach Absatz 6 genehmigt hat. Die Übergangsregelung soll der Rechtssicherheit dienen, indem sie ausreichend Zeit für das Festlegungsverfahren schafft und sich alle Marktteilnehmer darauf einstellen können (BT-Drs. 19/21979, 16).

38 Bisher hat die BNetzA nur für die nfSDL Schwarzstartfähigkeit iSd Absatz 1 Satz 1 Nummer 5 eine Festlegung zu den Spezifikationen und technischen Anforderungen der transparenten, diskriminierungsfreien und marktgestützten Beschaffung durch die Übertragungsnetzbetreiber getroffen (BNetzA Beschl. v. 13.1.2023 – BK6-21-023). Das marktgestützte Beschaffungsverfahren nach Absatz 1 ist daher derzeit nur für die **nfSDL Schwarzstartfähigkeit für die Übertragungsnetzbetreiber** anzuwenden.

F. Informations- und Abstimmungspflicht der Netzbetreiber (Abs. 8)

39 Absatz 8 legt den Betreibern von Elektrizitätsversorgungsnetzen eine Informations- und Abstimmungspflicht auf. Diese dient dem Ziel, die Ressourcen optimal zu nutzen und die Netze sicher und effizient zu betreiben, damit die Marktentwicklung erleichtert wird. Aus

dem systematischen Kontext ergibt sich, dass sich die Informations- und Abstimmungspflicht auf die Erbringung von nfSDL bezieht. Die allgemeine Informations- und Kooperationspflicht der Netzbetreiber aus § 12 bleibt unberührt.

G. Übergangsregelung zur Schwarzstartfähigkeit (Abs. 9)

Absatz 9 enthält Sonderregelungen für die Schwarzstartfähigkeit (Absatz 1 Satz 1 Nummer 5; zum Begriff → Rn. 13). Satz 1 sieht vor, dass die Betreiber von Übertragungsnetzen mit Regelzonenverantwortung sowie die Betreiber von Elektrizitätsverteilernetzen berechtigt sind, Betreiber von Erzeugungsanlagen oder von Anlagen zur Speicherung elektrischer Energie **zur Vorhaltung der Schwarzstartfähigkeit** ihrer Anlagen zu **verpflichten.** Diese Verpflichtungsbefugnis gilt, sofern die BNetzA eine Ausnahme nach Absatz 4 festgelegt hat oder – sofern sie von einer Ausnahme abgesehen hat – solange die BNetzA keine Vorgaben für ein marktgestütztes Beschaffungsverfahren nach Absatz 5 festgelegt oder nach Absatz 6 genehmigt hat. **40**

Für die Schwarzstartfähigkeit auf Ebene der Übertragungsnetzbetreiber hat die BNetzA durch Festlegung vom 13.1.2023 bereits die Spezifikationen und technischen Anforderungen der transparenten, diskriminierungsfreien und marktgestützten Beschaffung festgelegt (BNetzA Beschl. v. 13.1.2023 – BK6-21-023). Für die Schwarzstartfähigkeit auf **Ebene der Verteilernetzbetreiber** hat die BNetzA hingegen durch Festlegung vom 22.2.2023 eine Ausnahme von der Verpflichtung zur marktgestützten Beschaffung festgelegt (BNetzA Beschl. v. 22.2.2023 – BK6-21-360). Die Übergangsregelung zur Schwarzstartfähigkeit nach Absatz 9 gilt daher nur noch für die Schwarzstartfähigkeit auf Ebene der **Verteilernetzbetreiber.** **40a**

Der Gesetzgeber hat in Absatz 9 Satz 2 nachträglich präzisiert, dass die Pflicht zur Vorhaltung der Schwarzstartfähigkeit auch die Durchführung von **Schwarzstartversuchen** und Betriebsversuchen der jeweiligen Anlagen umfasst (→ Rn. 2a). Die Betreiber sind also nicht nur verpflichtet, im Falle eines Netzausfalls den Schwarzstart ihrer Anlagen durchzuführen, sondern auch im Vorfeld den Schwarzstart auf Anforderung des Netzbetreibers zu testen. Der Gesetzgeber möchte mit dieser Regelung sicherstellen, dass die schwarzstartfähigen Anlagen im Ernstfall auch tatsächlich bereitstehen und ein Netzwiederaufbau im Interesse der Versorgungssicherheit regelmäßig erprobt wird (BT-Drs. 19/31009, 13). **40b**

Nach Satz 3 ist eine Verpflichtung der Betreiber schwarzstartfähiger Anlagen erforderlich, sofern andernfalls die Sicherheit oder Zuverlässigkeit des Elektrizitätsversorgungssystems gefährdet wäre. Zum Begriff der Gefährdung der Sicherheit oder Zuverlässigkeit des Elektrizitätsversorgungssystems kann auf § 13 Abs. 4 verwiesen werden (→ § 13 Rn. 14). **41**

Als Gegenstück zu Absatz 7 enthält Absatz 9 eine spezielle Übergangsregelung, bis ein marktgestütztes Beschaffungsverfahren besteht. Absatz 9 dient dem Ziel der **Versorgungssicherheit,** da er den **ordnungsrechtlichen Rahmen** für die Sicherstellung der Schwarzstartfähigkeit vorgibt, bis ein marktgestütztes Beschaffungsverfahren diesen ersetzt (BT-Drs. 19/21979, 16). „Bei der Schwarzstartfähigkeit handelt es sich um das Kernstück der Krisenvorsorge, um im Fall eines Blackouts die Stromversorgung unverzüglich wiederherstellen zu können" (BT-Drs. 19/21979, 16). Aus diesem Grund hat der Gesetzgeber eine spezielle **Indienstnahme der Betreiber von Erzeugungsanlagen** und Anlagen zur Speicherung elektrischer Energie vorgesehen, um den Netzwiederaufbau sicherzustellen. **42**

Als Gegenleistung für die Indienstnahme erhalten die Anlagenbetreiber eine **angemessene Vergütung,** die entsprechend der Vergütung bei geplanten Anlagenstilllegungen nach § 13c Abs. 1 bestimmt wird. Anlagenbetreiber werden also für alle Mehrkosten entschädigt, welche ihnen durch die Vorhaltung der Schwarzstartfähigkeit entstehen, also insbesondere Betriebsbereitschafts- und Erzeugungsauslagen sowie ein anteiliger Werteverbrauch (BT-Drs. 19/21979, 16; → § 13c Rn. 11). **43**

Die Netzbetreiber können die Vergütung, welche sie an die Anlagenbetreiber zahlen müssen, entsprechend § 13c Abs. 5 auf Grundlage einer freiwilligen Selbstverpflichtung als **verfahrensregulierte Kosten** anerkennen lassen und diese in der Folge als nicht beeinflussbare Kostenanteile über die Netzentgelte auf die Netznutzer umlegen (vgl. Absatz 9 Satz 5; → § 13c Rn. 35). **44**

§ 13 Systemverantwortung der Betreiber von Übertragungsnetzen

(1) ¹Sofern die Sicherheit oder Zuverlässigkeit des Elektrizitätsversorgungssystems in der jeweiligen Regelzone gefährdet oder gestört ist, sind die Betreiber der Übertragungsnetze berechtigt und verpflichtet, die Gefährdung oder Störung zu beseitigen durch
1. netzbezogene Maßnahmen, insbesondere durch Netzschaltungen,
2. marktbezogene Maßnahmen, insbesondere durch den Einsatz von Regelenergie, Maßnahmen nach § 13a Absatz 1, vertraglich vereinbarte abschaltbare und zuschaltbare Lasten, Information über Engpässe und das Management von Engpässen sowie
3. zusätzliche Reserven, insbesondere die Netzreserve nach § 13d und die Kapazitätsreserve nach § 13e.

²Bei strom- und spannungsbedingten Anpassungen der Wirkleistungserzeugung oder des Wirkleistungsbezugs sind abweichend von Satz 1 von mehreren geeigneten Maßnahmen nach Satz 1 Nummer 2 und 3 die Maßnahmen auszuwählen, die voraussichtlich insgesamt die geringsten Kosten verursachen. ³Maßnahmen gegenüber Anlagen zur Erzeugung oder Speicherung von elektrischer Energie mit einer Nennleistung unter 100 Kilowatt, die durch einen Netzbetreiber jederzeit fernsteuerbar sind, dürfen die Betreiber von Übertragungsnetzen unabhängig von den Kosten nachrangig ergreifen.

(1a) ¹Im Rahmen der Auswahlentscheidung nach Absatz 1 Satz 2 sind die Verpflichtungen nach § 11 Absatz 1 und 3 des Erneuerbare-Energien-Gesetzes einzuhalten, indem für Maßnahmen zur Reduzierung der Wirkleistungserzeugung von Anlagen nach § 3 Nummer 1 des Erneuerbare-Energien-Gesetzes kalkulatorische Kosten anzusetzen sind, die anhand eines für alle Anlagen nach § 3 Nummer 1 des Erneuerbare-Energien-Gesetzes einheitlichen kalkulatorischen Preises zu bestimmen sind. ²Der einheitliche kalkulatorische Preis ist so zu bestimmen, dass die Reduzierung der Wirkleistungserzeugung der Anlagen nach § 3 Nummer 1 des Erneuerbare-Energien-Gesetzes nur erfolgt, wenn dadurch in der Regel ein Vielfaches an Reduzierung von nicht vorrangberechtigter Erzeugung ersetzt werden kann (Mindestfaktor). ³Der Mindestfaktor nach Satz 2 beträgt mindestens fünf und höchstens fünfzehn; Näheres bestimmt die Bundesnetzagentur nach § 13j Absatz 5 Nummer 2.

(1b) [aufgehoben]

(1c) ¹Im Rahmen der Auswahlentscheidung nach Absatz 1 Satz 2 sind bei Maßnahmen zur Erhöhung der Erzeugungsleistung von Anlagen der Netzreserve nach § 13d kalkulatorische Kosten anzusetzen, die anhand eines für alle Anlagen einheitlichen kalkulatorischen Preises zu bestimmen sind. ²Übersteigen die tatsächlichen Kosten die kalkulatorischen Kosten, sind die tatsächlichen Kosten anzusetzen. ³Der einheitliche kalkulatorische Preis ist so zu bestimmen, dass ein Einsatz der Anlagen der Netzreserve in der Regel nachrangig zu dem Einsatz von Anlagen mit nicht vorrangberechtigter Einspeisung erfolgt und in der Regel nicht zu einer höheren Reduzierung der Wirkleistungserzeugung der Anlagen nach § 3 Nummer 1 des Erneuerbare-Energien-Gesetzes führt als bei einer Auswahlentscheidung nach den tatsächlichen Kosten. ⁴Der einheitliche kalkulatorische Preis entspricht mindestens dem höchsten tatsächlichen Preis, der für die Erhöhung der Erzeugungsleistung von Anlagen mit nicht vorrangberechtigter Einspeisung, die nicht zur Netzreserve zählen, regelmäßig aufgewendet wird.

(2) ¹Lässt sich eine Gefährdung oder Störung der Sicherheit oder Zuverlässigkeit des Elektrizitätsversorgungssystems durch Maßnahmen nach Absatz 1 nicht oder nicht rechtzeitig beseitigen, so sind die Betreiber der Übertragungsnetze im Rahmen der Zusammenarbeit nach § 12 Absatz 1 berechtigt und verpflichtet, sämtliche Stromerzeugung, Stromtransite und Strombezüge in ihren Regelzonen den Erfordernissen eines sicheren und zuverlässigen Betriebs des Übertragungsnetzes anzupassen oder diese Anpassung zu verlangen. ²Soweit die Vorbereitung und Durch-

führung von Anpassungsmaßnahmen nach Satz 1 die Mitwirkung der Betroffenen erfordert, sind diese verpflichtet, die notwendigen Handlungen vorzunehmen. ³Bei einer erforderlichen Anpassung von Stromerzeugung und Strombezügen sind insbesondere die betroffenen Betreiber von Elektrizitätsverteilernetzen und Stromhändler – soweit möglich – vorab zu informieren.

(3) ¹Soweit die Einhaltung der in den Absätzen 1 und 2 genannten Verpflichtungen die Beseitigung einer Gefährdung oder Störung verhindern würde, kann ausnahmsweise von ihnen abgewichen werden. ²Ein solcher Ausnahmefall liegt insbesondere vor, soweit die Betreiber von Übertragungsnetzen zur Gewährleistung der Sicherheit und Zuverlässigkeit des Elektrizitätsversorgungssystems auf die Mindesteinspeisung aus bestimmten Anlagen angewiesen sind und keine technisch gleich wirksame andere Maßnahme verfügbar ist (netztechnisch erforderliches Minimum). ³Bei Maßnahmen nach den Absätzen 1 und 2 sind die Auswirkungen auf die Sicherheit und Zuverlässigkeit des Gasversorgungssystems auf Grundlage der von den Betreibern der Gasversorgungsnetze nach § 12 Absatz 4 Satz 1 bereitzustellenden Informationen angemessen zu berücksichtigen.

(4) Eine Gefährdung der Sicherheit oder Zuverlässigkeit des Elektrizitätsversorgungssystems in der jeweiligen Regelzone liegt vor, wenn örtliche Ausfälle des Übertragungsnetzes oder kurzfristige Netzengpässe zu besorgen sind oder zu besorgen ist, dass die Haltung von Frequenz, Spannung oder Stabilität durch die Betreiber von Übertragungsnetzen nicht im erforderlichen Maße gewährleistet werden kann.

(5) ¹Im Falle einer Anpassung nach Absatz 2 Satz 1 ruhen bis zur Beseitigung der Gefährdung oder Störung alle hiervon jeweils betroffenen Leistungspflichten. ²Satz 1 führt grundsätzlich nicht zu einer Aussetzung der Abrechnung der Bilanzkreise durch den Betreiber eines Übertragungsnetzes. ³Soweit bei Vorliegen der Voraussetzungen nach Absatz 2 Maßnahmen getroffen werden, ist insoweit die Haftung für Vermögensschäden ausgeschlossen. ⁴Im Übrigen bleibt § 11 Absatz 3 unberührt. ⁵Die Sätze 3 und 4 sind für Entscheidungen des Betreibers von Übertragungsnetzen im Rahmen von § 13b Absatz 5, § 13f Absatz 1 und § 16 Absatz 2a entsprechend anzuwenden.

(6) ¹Die Beschaffung von Ab- oder Zuschaltleistung über vertraglich vereinbarte ab- oder zuschaltbare Lasten nach Absatz 1 Satz 1 Nummer 2 erfolgt durch die Betreiber von Übertragungsnetzen in einem diskriminierungsfreien und transparenten Ausschreibungsverfahren, bei dem die Anforderungen, die Anbieter von Ab- oder Zuschaltleistung für die Teilnahme erfüllen müssen, soweit dies technisch möglich ist, zu vereinheitlichen sind. ²Die Betreiber von Übertragungsnetzen haben für die Ausschreibung von Ab- oder Zuschaltleistung aus ab- oder zuschaltbaren Lasten eine gemeinsame Internetplattform einzurichten. ³Die Einrichtung der Plattform nach Satz 2 ist der Regulierungsbehörde anzuzeigen. ⁴Die Betreiber von Übertragungsnetzen sind unter Beachtung ihrer jeweiligen Systemverantwortung verpflichtet, zur Senkung des Aufwandes für Ab- und Zuschaltleistung unter Berücksichtigung der Netzbedingungen zusammenzuarbeiten.

(6a) ¹Die Betreiber von Übertragungsnetzen können mit Betreibern von KWK-Anlagen vertragliche Vereinbarungen zur Reduzierung der Wirkleistungseinspeisung aus der KWK-Anlage und gleichzeitigen bilanziellen Lieferung von elektrischer Energie für die Aufrechterhaltung der Wärmeversorgung nach Absatz 1 Satz 1 Nummer 2 schließen, wenn die KWK-Anlage
1. technisch unter Berücksichtigung ihrer Größe und Lage im Netz geeignet ist, zur Beseitigung von Gefährdungen oder Störungen der Sicherheit oder Zuverlässigkeit des Elektrizitätsversorgungssystems aufgrund von Netzengpässen im Höchstspannungsnetz effizient beizutragen,
2. sich im Zeitpunkt des Vertragsabschlusses innerhalb der Bundesrepublik Deutschland, aber außerhalb der Südregion nach der Anlage 1 des Kohleverstromungsbeendigungsgesetzes vom 8. August 2020 (BGBl. I S. 1818), das zuletzt

durch Artikel 26 Absatz 2 des Gesetzes vom 3. Juni 2021 (BGBl. I S. 1534) geändert worden ist, befindet,
3. vor dem 14. August 2020 in Betrieb genommen worden ist und
4. eine installierte elektrische Leistung von mehr als 500 Kilowatt hat.
²In der vertraglichen Vereinbarung nach Satz 1 ist zu regeln, dass
1. die Reduzierung der Wirkleistungseinspeisung und die bilanzielle Lieferung von elektrischer Energie zum Zweck der Aufrechterhaltung der Wärmeversorgung abweichend von § 3 Absatz1 und2 des Kraft-Wärme-Kopplungsgesetzes und als Maßnahme nach Absatz 1 Satz 1 Nummer 2 durchzuführen ist,
2. für die Maßnahme nach Nummer 1 zwischen dem Betreiber des Übertragungsnetzes und dem Betreiber der KWK-Anlage unter Anrechnung der bilanziellen Lieferung elektrischer Energie ein angemessener finanzieller Ausgleich zu leisten ist, der den Betreiber der KWK-Anlage wirtschaftlich weder besser noch schlechter stellt, als er ohne die Maßnahme stünde, dabei ist § 13a Absatz 2 bis 4 entsprechend anzuwenden, und
3. die erforderlichen Kosten für die Investition für die elektrische Wärmeerzeugung, sofern sie nach dem Vertragsschluss entstanden sind, vom Betreiber des Übertragungsnetzes einmalig erstattet werden.
³Die Betreiber der Übertragungsnetze müssen sich bei der Auswahl der KWK-Anlagen, mit denen vertragliche Vereinbarungen nach den Sätzen 1 und 2 geschlossen werden, auf die KWK-Anlagen beschränken, die kostengünstig und effizient zur Beseitigung von Netzengpässen beitragen können. ⁴Die vertragliche Vereinbarung muss mindestens für fünf Jahre abgeschlossen werden und kann höchstens eine Geltungsdauer bis zum 31. Dezember 2028 haben; sie ist mindestens vier Wochen vor dem Abschluss der Bundesnetzagentur und spätestens vier Wochen nach dem Abschluss den anderen Betreibern von Übertragungsnetzen zu übermitteln. ⁵Sie dürfen nur von Übertragungsnetzbetreibern aufgrund von Engpässen im Übertragungsnetz abgeschlossen werden, § 14 Absatz 1 Satz 1 findet insoweit keine Anwendung. ⁶Die installierte elektrische Leistung von Wärmeerzeugern, die aufgrund einer vertraglichen Vereinbarung mit den KWK-Anlagen nach den Sätzen 1 und 2 installiert wird, darf 2 Gigawatt nicht überschreiten.

(6b) ¹Um eine Abregelung von Anlagen nach § 3 Nummer 1 des Erneuerbare-Energien-Gesetzes zu vermeiden, nehmen Betreiber von Übertragungsnetzen nach Absatz 6 bis zum 31. Dezember 2030 gemeinsam eine Ausschreibung für den Strombezug von zuschaltbaren Lasten vor. ²Die Ausschreibung nach Satz 1 erfolgt erstmals zum 1. Juli 2023. ³Über den Umfang der jeweiligen Ausschreibung aufgrund von Netzengpässen entscheidet der Betreiber von Übertragungsnetzen nach Maßgabe der für den jeweiligen Ausschreibungszeitraum erwarteten Reduktion der Erzeugungsleistung aus erneuerbaren Energien. ⁴Teilnahmeberechtigt an Ausschreibungen nach Satz 1 sind zuschaltbare Lasten, sofern
1. für die angebotene Abnahmeleistung innerhalb der letzten zwölf Monate vor Beginn und innerhalb des jeweiligen Ausschreibungszeitraums kein Strombezug an Strommärkten erfolgt,
2. bei Strombezug aus einer verbundenen KWK-Anlage im Fall eines Abrufs deren Stromerzeugung in mindestens dem gleichen Umfang wie der Höhe des Strombezugs der zuschaltbaren Last verringert wird, wobei dem Betreiber der KWK-Anlage die verringerte eigenerzeugte Strommenge bilanziell erstattet wird,
3. die Anlage technisch unter Berücksichtigung ihrer Größe und Lage im Netz geeignet ist, zur Beseitigung von Gefährdungen oder Störungen der Sicherheit oder Zuverlässigkeit des Elektrizitätsversorgungssystems aufgrund von Netzengpässen im Höchstspannungsnetz beizutragen,
4. sich die Anlage innerhalb der Bundesrepublik Deutschland, aber außerhalb der Südregion nach der Anlage 1 des Kohleverstromungsbeendigungsgesetzes vom 8. August 2020 (BGBl. I S. 1818), das zuletzt durch Artikel 13 des Gesetzes vom 16. Juli 2021 (BGBl. I S. 3026) geändert worden ist, befindet,
5. die jederzeitige Verfügbarkeit im Ausschreibungszeitraum gewährleistet wird,

6. die Zuschaltung nach Maßgabe der Ausschreibungsbedingungen und, sobald die Messstelle mit einem intelligenten Messsystem ausgestattet wurde, über ein Smart-Meter-Gateway nach § 2 Satz 1 Nummer 19 des Messstellenbetriebsgesetzes fernsteuerbar ist,
7. das Gebot eine Mindestgröße von 100 Kilowatt aufweist, wobei eine Zusammenlegung kleinerer Lasten durch Dritte zulässig ist, und
8. für die abzunehmende Strommenge ein Gebotspreis in Euro je Megawattstunde abgegeben wird; negative Gebote sind unzulässig.

[5]Die Nichteinhaltung der Bedingungen nach Satz 4 Nummer 1, 2 und 5 wird mit dem Ausschluss von den Ausschreibungen für die Dauer von drei Monaten belegt. [6]Nicht teilnahmeberechtigt sind zuschaltbare Lasten, die unmittelbar oder bilanziell Strom aus Anlagen zur Erzeugung von erneuerbarer Energie beziehen oder innerhalb der letzten zwölf Monate bezogen haben. [7]Für aus dem Netz bezogenen Strom nach Satz 1 werden die Umlagen nach § 17f Absatz 5, nach § 26 Absatz 1 des Kraft-Wärme-Kopplungsgesetzes, nach § 18 Absatz 1 der Abschaltbare-Lasten-Verordnung sowie nach § 19 Absatz 2 Satz 15 der Stromnetzentgeltverordnung nicht erhoben. [8]Die Bundesnetzagentur kann im Wege einer Festlegung nach § 29 Absatz 1 über eine Reduzierung der Netzentgelte bis auf null für diesen Strombezug sowie über den Ausschreibungszeitraum nach Satz 1 entscheiden. [9]An Ausschreibungen nach Satz 1 können sich Betreiber von Verteilernetzen beteiligen, sofern sie dadurch eine Abregelung von Anlagen nach § 3 Nummer 1 des Erneuerbare-Energien-Gesetzes vermeiden können und nachweisen, dass das Netz weder im erforderlichen Umfang nach dem Stand der Technik optimiert, verstärkt oder ausgebaut werden konnte noch andere geeignete Maßnahmen zur effizienten Beseitigung des Engpasses verfügbar sind. [10]Der Bedarf an Zuschaltungen durch Übertragungsnetzbetreiber geht dem Bedarf in Verteilernetzen voraus. [11]Der Betreiber einer zuschaltbaren Last darf nicht im Sinne des Artikels 3 Absatz 2 der Verordnung (EG) Nr. 139/2004 des Rates vom 20. Januar 2004 über die Kontrolle von Unternehmenszusammenschlüssen (ABl. L 24 vom 29.1.2004, S. 1) mit dem Betreiber eines Verteilernetzes verbunden sein.

(7) [1]Über die Gründe von durchgeführten Anpassungen und Maßnahmen sind die hiervon unmittelbar Betroffenen und die Regulierungsbehörde unverzüglich zu informieren. [2]Auf Verlangen sind die vorgetragenen Gründe zu belegen.

(8) Reichen die Maßnahmen nach Absatz 2 nach Feststellung eines Betreibers von Übertragungsnetzen nicht aus, um eine Versorgungsstörung für lebenswichtigen Bedarf im Sinne des § 1 des Energiesicherungsgesetzes abzuwenden, muss der Betreiber von Übertragungsnetzen unverzüglich die Regulierungsbehörde unterrichten.

(9) [1]Zur Vermeidung schwerwiegender Versorgungsstörungen müssen die Betreiber von Übertragungsnetzen alle zwei Jahre eine Schwachstellenanalyse erarbeiten und auf dieser Grundlage notwendige Maßnahmen treffen. [2]Das Personal in den Steuerstellen ist entsprechend zu unterweisen. [3]Über das Ergebnis der Schwachstellenanalyse und die notwendigen Maßnahmen hat der Betreiber eines Übertragungsnetzes alle zwei Jahre jeweils zum 31. August der Regulierungsbehörde zu berichten.

(10) [1]Die Betreiber von Übertragungsnetzen erstellen jährlich gemeinsam für die nächsten fünf Jahre eine Prognose des Umfangs von Maßnahmen nach den Absätzen 1 und 2, die aufgrund von Netzengpässen notwendig sind, und übermitteln diese jedes Jahr spätestens zum 1. Juli an die Bundesnetzagentur. [2]Die zugrunde liegenden Annahmen, Parameter und Szenarien für die Prognose nach Satz 1 sind der im jeweiligen Jahr erstellten Systemanalyse und dem im jeweiligen Jahr oder einem Vorjahr erstellten ergänzenden Analysen nach § 3 Absatz 2 der Netzreserveverordnung zu entnehmen. [3]Die Prognose nach Satz 1 enthält eine Schätzung der Kosten. [4]Die Bundesnetzagentur veröffentlicht die Prognose nach Satz 1.

Überblick

§ 13 normiert ein **einheitliches Regime** zur Behebung von Netzengpässen für EE-/KWK-Anlagen und konventionelle Stromerzeugungsanlagen (sog. **Redispatch 2.0**) (→ Rn. 2). Die Abregelung von Erzeugungsanlagen ist im Einzelnen in § 13a geregelt (→ § 13a Rn. 7 ff.).

Absatz 1 enthält die Grundregel, dass die Übertragungsnetzbetreiber durch geeignete **Netzsicherheitsmaßnahmen** Gefährdungen oder Störungen des Elektrizitätsversorgungssystems beseitigen müssen (→ Rn. 14). Hierzu definiert **Absatz 4,** wann eine Gefährdung der Sicherheit oder Zuverlässigkeit des Elektrizitätsversorgungssystems vorliegt (→ Rn. 17). Kommen mehrere gleich geeignete Redispatch-Maßnahmen in Betracht, müssen die Übertragungsnetzbetreiber zwischen diesen gem. Absatz 1 Satz 2 nach dem **Grundsatz der Kosteneffizienz** auswählen (→ Rn. 35). Welche Kosten bei der Auswahlentscheidung einzustellen sind, regelt **Absatz 1a** speziell für EE-Anlagen iSd EEG (→ Rn. 44) und **Absatz 1c** für Anlagen der Netzreserve (→ Rn. 69).

Sofern die Maßnahmen nach Absatz 1 nicht ausreichen, um die Sicherheit und Zuverlässigkeit des Elektrizitätsversorgungssystems zu gewährleisten, sind die Übertragungsnetzbetreiber nach **Absatz 2** verpflichtet, direkt in den Stromtransport einzugreifen und die erforderlichen Anpassungen von Stromerzeugung und Stromverbrauch vorzunehmen (sog. **Notfallmaßnahmen**) (→ Rn. 74).

Absatz 3 sieht vor, dass ausnahmsweise von der Abruffreihenfolge, die sich aus Absatz 1 und Absatz 2 ergibt, abgewichen werden kann. Dies kann insbesondere dann notwendig sein, wenn ein Übertragungsnetzbetreiber auf eine Mindesteinspeisung aus bestimmten (konventionellen) Kraftwerken angewiesen ist, um die Netzstabilität sicherstellen zu können (sog. **netztechnisch erforderliches Minimum**) (→ Rn. 88).

Absatz 6 konkretisiert die vertragliche **Beschaffung abschaltbarer und zuschaltbarer Lasten** durch die Übertragungsnetzbetreiber, die als eine der Netzsicherheitsmaßnahmen in Absatz 1 genannt ist (→ Rn. 109). Ein spezieller Fall der **Redispatch-Vereinbarung** für KWK-Anlagen ist in **Absatz 6a** vorgesehen (→ Rn. 114). **Absatz 6b** regelt ab dem 1.7.2023 **Ausschreibungen für zuschaltbare Lasten** (→ Rn. 127).

Die Absätze 7–10 enthalten **Analyse- und Informationspflichten.**

Übersicht

	Rn.
A. Normzweck	1
B. Entstehungsgeschichte	5
C. Netzsicherheitsmaßnahmen (Abs. 1)	14
I. Adressat der Regelungen	15
II. Gefährdung oder Störung des Elektrizitätsversorgungssystems (Abs. 4)	17
III. Maßnahmenkategorien	19
1. Netzbezogene Maßnahmen	20
2. Marktbezogene Maßnahmen	21
3. Zusätzliche Reserven	27
IV. Auswahlentscheidung des Netzbetreibers (Abs. 1 S. 2)	29
1. Allgemeines Rangverhältnis der Netzsicherheitsmaßnahmen	30
2. Abruffreihenfolge bei Redispatch	35
3. Überprüfung der Auswahlentscheidung des Netzbetreibers	43
D. Kostenbestimmung für EE-Anlagen (Abs. 1a)	44
I. Einspeisevorrang für erneuerbare Energien	45
II. EE-Anlagen in Kundenanlagen	47
III. Einheitlicher kalkulatorischer Preis	56
IV. Mindestfaktor-Festlegung der BNetzA	57
V. Kalkulatorische EE-Kosten	63
E. Weggefallene Kostenbestimmung für KWK-Anlagen (Abs. 1b)	65
F. Kostenbestimmung für Anlagen der Netzreserve (Abs. 1c)	69
G. Notfallmaßnahmen (Abs. 2)	74
I. Voraussetzungen und Umfang von Notfallmaßnahmen	74
II. Information zu Notfallmaßnahmen	83
H. Netztechnisch erforderliches Minimum und Auswirkung auf das Gasversorgungssystem (Abs. 3)	87
I. Netztechnisch erforderliches Minimum	88
II. Auswirkung auf das Gasversorgungssystem	93
I. Haftungsbeschränkung bei Notfallmaßnahmen (Abs. 5)	96
I. Ruhen der Leistungspflichten	97
II. Bilanzkreisabrechnung	101
III. Haftungsausschluss für Vermögensschäden	104
IV. Weitergehende Haftungsbeschränkung	106
J. Beschaffung von Ab- oder Zuschaltleistung (Abs. 6)	109

	Rn.		Rn.
K. Redispatch-Vereinbarungen mit KWK-Anlagen (Abs. 6a)	114	3. Weitere Voraussetzungen	144
I. Bedeutung der Norm	115	4. Rechtsfolgen bei Verstößen gegen die Teilnahmevoraussetzungen	146
II. Zeitlicher Anwendungsbereich	120	III. Bedingungen des Strombezugs	148
III. Inhalt der Redispatch-Vereinbarung	121	M. Informationspflicht (Abs. 7)	151
L. Ausschreibung von zuschaltbaren Lasten (Abs. 6b)	127	N. Feststellung von Versorgungsstörung (Abs. 8)	156
I. Ausschreibungsverfahren	130	O. Schwachstellenanalyse (Abs. 9)	158
II. Teilnahmeberechtigte zuschaltbare Lasten	137	P. Engpassmanagementprognose (Abs. 10)	160
1. Zusätzlichkeit der zuschaltbaren Last	138		
2. Netztechnischen Wirksamkeit und Lage der zuschaltbaren Last	142		

A. Normzweck

§ 13 soll die **Versorgungssicherheit** des Elektrizitätsversorgungssystems sicherstellen und regelt, welche **Netzsicherheitsmaßnahmen** die **Übertragungsnetzbetreiber** hierzu ergreifen dürfen und müssen. Über die Verweisungsnorm des § 14 Abs. 1 tragen auch die **Verteilernetzbetreiber** die Systemverantwortung des § 13 für ihr jeweiliges Netzgebiet. § 13 konkretisiert damit die zentrale Aufgabe der Netzbetreiber nach § 12 Abs. 1, ein sicheres und zuverlässiges Elektrizitätsversorgungsnetz zu betreiben. 1

Seit dem 1.10.2021 gilt ein **einheitliches Regime zur Behebung von Netzengpässen** für EE-/KWK-Anlagen und konventionelle Kraftwerke (BT-Drs. 19/7375, 51). Ziel ist es dabei, die Kosten für das Gesamtsystem möglich gering zu halten. Anlass der Neuregelung war der starke Anstieg der **Redispatch-Kosten** in jüngster Zeit. Die Kosten der Systemdienstleistungen betrugen für das Jahr 2019 rund 1.931,2 Mio. EUR (s. im Detail BNetzA, Monitoringbericht 2020, 194). Der Redispatch hatte hieran einen Anteil von 227,2 Mio. EUR (BNetzA, Monitoringbericht 2020, 194). 2

Netzengpässe treten in Deutschland deswegen besonders häufig auf, weil va in Norddeutschland eine steigende Stromeinspeisung aus Windkraft erfolgt und der Strom insbesondere in Lastzentren in Süddeutschland verbraucht wird. Das deutsche Stromnetz ist allerdings auf diesen **Nord-Süd-Transport** noch nicht ausreichend ausgelegt. Bisher war ein derartiger Nord-Süd-Transport auch nicht erforderlich, da Strom in fossilen und nuklearen Großkraftwerken in ganz Deutschland erzeugt wurde. Wenn viel Strom aus Windkraft in das deutsche Stromnetz eingespeist wird, kommt es daher regelmäßig zu Netzengpässen. Um dieses Problem langfristig zu lösen, bauen die Übertragungsnetzbetreiber derzeit Gleichstromleitungen von Nord- nach Süddeutschland. 3

Bis das Netz ausreichend ertüchtigt ist, müssen die Übertragungsnetzbetreiber **Netzengpässe** auf andere Weise beseitigen. Hierzu wird meist die Stromeinspeisung aus Windkraft abgeregelt. Instrument hierfür war das **Einspeisemanagement,** das bisher in § 14 EEG 2021 geregelt war und zum 1.10.2021 in § 13 überführt worden ist in eine einheitliche **kostenbasierte Rangfolge** zur Abregelung aller Erzeugungsanlagen (EE-/KWK- und konventionelle Anlagen). Auch im neuen Recht gilt aber gem. Absatz 1a ein grundsätzlicher Vorrang von EE-Strom. Dieser Vorrang ist europarechtlich vorgegeben und unterstützt die Erreichung der Klimaschutzziele. 4

B. Entstehungsgeschichte

Seit seiner Einführung im Jahr 2005 ist § 13 eine „Dauerbaustelle" des EnWG. Wesentliche Veränderungen haben sich insbesondere durch das Gesetz zur Neuregelung energiewirtschaftsrechtlicher Vorschriften vom 26.7.2011 (BGBl. I 1554) ergeben, durch das die **Grundlagen für den Redispatch** gelegt wurden, die sich aktuell in § 13a wiederfinden. 5

Eine weitere Ergänzung in § 13 hinsichtlich der Redispatch-Vergütung und die Einführung des vertraglichen Lastmanagements (heute Absatz 6) erfolgte durch das Dritte Gesetz zur Neuregelung energiewirtschaftsrechtlicher Vorschriften vom 20.12.2012 (BGBl. I 2730). 6

Durch das Gesetz zur grundlegenden Reform des Erneuerbare-Energien-Gesetzes und zur Änderung weiterer Bestimmungen des Energiewirtschaftsrechts vom 21.7.2014 (BGBl. I 7

1066) wurde die genauere Rangfolge der Netzsicherheitsmaßnahmen gerade mit Hinblick auf den Einspeisevorrang von EE- und KWK-Anlagen spezifiziert.

8   Durch das **Strommarktgesetz** vom 26.7.2016 (BGBl. I 1786) wurden **zusätzliche Reserven** eingeführt, derer sich die Stromnetzbetreiber bedienen können, um ihre Systemverantwortung zu erfüllen: insbesondere die Netzreserve iSv § 13d und die Kapazitätsreserve iSv § 13e. Zudem wurde durch das Strommarktgesetz der Redispatch nach § 13a ausgegliedert und die Norm insgesamt neustrukturiert. Die **Ermächtigungsgrundlagen** für Rechtsverordnungen finden sich seitdem in § 13i.

9   Durch das Gesetz zur Einführung von Ausschreibungen für Strom aus erneuerbaren Energien vom 13.10.2016 (BGBl. I 2258) wurden die Absätze 6a (Redispatch-Vereinbarungen mit KWK-Anlagen) und Absatz 10 (Engpassmanagementprognose) eingeführt.

10 Durch das **Gesetz zur Beschleunigung des Energieleitungsausbaus** vom 13.5.2019 (BGBl. I 706), zuletzt geändert durch Artikel 21 des Gesetzes vom 21.12.2020 (BGBl. I 3138), wurde zum 1.10.2021 der Redispatch des EnWG mit dem Einspeisemanagement des EEG zusammengeführt und eine **gesamtsystemoptimierte Auswahlentscheidung** etabliert.

11 Durch das **Gesetz zur Bereithaltung von Ersatzkraftwerken** zur Reduzierung des Gasverbrauchs im Stromsektor im Fall einer drohenden Gasmangellage durch Änderungen des Energiewirtschaftsgesetzes und weiterer energiewirtschaftlicher Vorschriften vom 8.7.2022 (BGBl. I 1054) wurde § 13 Abs. 1b mit Wirkung zum 12.7.2022 ersatzlos gestrichen.

12 Durch das Gesetz zur Änderung des Energiewirtschaftsrechts im Zusammenhang mit dem **Klimaschutz-Sofortprogramm** und zu Anpassungen im Recht der Endkundenbelieferung vom 19.7.2022 (BGBl. I 1214) wurde die Ausschreibung von zuschaltbaren Lasten nach Absatz 6b neu eingefügt.

13 Die bisher **letzte Änderung** erfolgte durch das Gesetz zur Änderung des Energiesicherungsgesetzes und anderer energiewirtschaftlicher Vorschriften vom 8.10.2022 (BGBl. I 1726) und war eher klarstellender Natur, indem in Absatz 2 der aktuelle Satz 2 ergänzt wurde.

C. Netzsicherheitsmaßnahmen (Abs. 1)

14 Nach Absatz 1 sind die Übertragungsnetzbetreiber verpflichtet, bei Gefährdungen oder Störungen der Sicherheit oder Zuverlässigkeit des Elektrizitätsversorgungssystems Maßnahmen zu ergreifen, um die Gefährdungen oder Störungen zu beseitigen (sog. **Netzsicherheitsmaßnahmen**).

I. Adressat der Regelungen

15 Adressat der Regelungen sind die vier deutschen **Übertragungsnetzbetreiber** für ihre jeweilige Regelzone. Über § 14 erstreckt sich die Systemverantwortung entsprechend auf die **Verteilernetzbetreiber** (→ § 14 Rn. 9). Dabei haben die Netzbetreiber sich gegenseitig zu unterstützen und zu kooperieren (§ 11 Abs. 1). Nach § 14 Abs. 1c kann der vorgelagerte Netzbetreiber zudem Vorgaben für Maßnahmen nach § 13 Abs. 1 und 2 für den nachgelagerten Netzbetreiber machen (→ § 14 Rn. 13).

16 Den Übertragungsnetzbetreibern obliegt sowohl das **Recht** als auch die **Pflicht**, die in Abs. 1 aufgeführten Maßnahmen zu ergreifen, sobald und soweit eine Gefährdung oder Störung der Sicherheit oder Zuverlässigkeit des Elektrizitätsversorgungssystems vorliegt.

II. Gefährdung oder Störung des Elektrizitätsversorgungssystems (Abs. 4)

17 Das in Absatz 1 Satz 1 genannte zentrale Tatbestandsmarkmal der Gefährdung oder Störung der Sicherheit oder Zuverlässigkeit des Elektrizitätsversorgungssystems wird in Absatz 4 definiert. Demnach ist der Tatbestand erfüllt, wenn örtliche Ausfälle des Übertragungsnetzes oder kurzfristige **Netzengpässe** zu besorgen sind oder zu besorgen ist, dass die **Haltung von Frequenz, Spannung oder Stabilität** durch die Betreiber von Übertragungsnetzen nicht im erforderlichen Maße gewährleistet werden kann.

Eine **Störung** in diesem Sinne wäre ein **Netzausfall**. Hierzu kommt es in Deutschland allerdings selten, da die Übertragungsnetzbetreiber durch ihre Eingriffe meist präventiv eingreifen können. Häufig sind indes die der Störung vorgelagerten Netzengpässe, bei denen es sich um eine **Gefährdung** handelt. Die Störung ist eine **realisierte Gefährdung** (Säcker EnergieR/König § 13 Rn. 110). Die Gefährdung geht der Störung mit anderen Worten voraus.

III. Maßnahmenkategorien

Absatz 1 Satz 1 unterscheidet drei Kategorien von Maßnahmen, die die Übertragungsnetzbetreiber in Ausübung ihrer Systemverantwortung ergreifen können.

1. Netzbezogene Maßnahmen

Zum Ersten sind dies die in Absatz 1 Satz 1 Nummer 1 genannten netzbezogenen Maßnahmen. Hierbei handelt es sich um **netzintern wirkende Handlungen,** die durch den Übertragungsnetzbetreiber in Bezug auf sein Elektrizitätsversorgungsnetz selbst ergriffen werden können (Halbig ER 2019, 59 (62)). Als Beispiel nennt der Gesetzestext **Netzschaltungen** (sog. Topologiemaßnahme vgl. TransmissionCode 2007, Anhang A.1). Durch derartige Änderung der Stromflüsse können einzelne Gefährdungen bereits behoben werden.

2. Marktbezogene Maßnahmen

Oftmals reichen netzbezogene Maßnahmen aber nicht aus, um eine Gefährdung der Netzstabilität zu beseitigen. Das hat seinen Grund va darin, dass sich das bundesweite Stromnetz in einer grundlegenden Transformation befindet. Aufgrund der hohen Einspeisung von Strom aus erneuerbaren Energien wird es auf absehbare Zeit noch zu erheblichen Netzengpässen gerade im Nord-Süd-Transport kommen. Immer dann, wenn netzbezogene Maßnahmen nicht ausreichen, müssen die Übertragungsnetzbetreiber durch die in Absatz 1 Satz 1 Nummer 2 genannten marktbezogenen Maßnahmen aktiv in den **Strommarkt eingreifen,** um Netzengpässe zu beheben. Als Beispiele für marktbezogene Maßnahmen nennt das Gesetz insbesondere:
- Einsatz von Regelenergie,
- Maßnahmen nach § 13a Abs. 1 (sog. **Redispatch**),
- vertraglich vereinbarte abschaltbare und zuschaltbare Lasten,
- Information über Engpässe und das Management von Engpässen.

Vor allem Regelenergie und Redispatch werden in der Praxis häufig eingesetzt. **Regelenergie** (bzw. „Regelleistung", wenn die regelbare Leistung gemeint ist) gleicht **Leistungsungleichgewichte** in der jeweiligen Regelzone aus (vgl. § 2 Nr. 9 StromNZV). Dabei unterscheidet man je nach Einsatzdauer Primärregelleistung (PRL), Sekundärregelleistung (SRL) und Minutenregelleistung (MRL) (§ 6 Abs. 3 StromNZV). Der Einsatz von Regelenergie ist in § 22 näher geregelt und erfolgt über die gemeinsame Ausschreibungsplattform der Übertragungsnetzbetreiber (s. www.regelleistung.net) (→ § 22 Rn. 19).

Der zweite praxisrelevante Fall ist die Steuerung von Kraftwerken (Erzeugungsanlagen) und Speichern nach § 13a Abs. 1. Dies wird auch als **Redispatch** bezeichnet, da bei ihm die ursprüngliche Einsatzplanung eines Kraftwerks („Dispatch") verändert wird. Voraussetzungen und Durchführung von Redispatch sind in § 13a im Einzelnen geregelt. Hervorzuheben ist, dass mit der Novelle zum 1.10.2021 der Redispatch wesentlich ausgeweitet wurde (daher als **Redispatch 2.0** bezeichnet), da er nun Anlagen ab einer Nennleistung von 100 kW erfasst (→ § 13a Rn. 7).

Absatz 1 Nummer 2 ordnet Redispatch im Wege einer Fiktion als **marktbezogene Maßnahme** ein. Dies ist für den in § 13a vorgesehenen „Zwangsredispatch" nicht treffend, da dieser gerade keine Ausschreibung vergleichbar der Regelenergie-Beschaffung vorsieht und es daher keinen Bezug zum Markt gibt (Mai ER 2020, 184 (185)). Trotz des finanziellen Ausgleichs nach § 13a Abs. 2 handelt es sich um eine **Zwangsmaßnahme** kraft gesetzlichen Schuldverhältnisses (Bourwieg/Hellermann/Hermes/Sötebier § 13 Rn. 107; daher auch als „Zwangsbewirtschaftung" bezeichnet vgl. Möstl EnWZ 2015, 243). Wesentliches Kennzeichen einer marktbezogenen Maßnahme ist nicht der finanzielle Ausgleich, sondern der

Eingriff in Rechte des Netznutzers auf vertraglicher Grundlage (BGH BeckRS 2020, 35771 Rn. 27 (juris)). Die systematische Einordnung des Redispatch nach § 13a ist daher missglückt.

25 Neben den nationalen Begrifflichkeiten ist ferner zu berücksichtigen, dass nach Art. 13 VO (EU) 2019/943 über den Elektrizitätsbinnenmarkt (ABl. L 158/54, **Elektrizitätsbinnenmarkt-VO**) zwischen marktbasiertem und nicht marktbasiertem Redispatch unterschieden wird. Marktbasierter Redispatch ist solcher, der unter Nutzung marktbasierter Mechanismen durchgeführt und vergütet wird, also beispielsweise durch eine Ausschreibungsplattform (vgl. Art. 13 Abs. 2 Elektrizitätsbinnenmarkt-VO). Der in § 13a geregelte Zwangsredispatch ist daher als **nicht marktbasierter Redispatch** iSv Art. 13 Abs. 3 Elektrizitätsbinnenmarkt-VO einzuordnen (aA Mai ER 2020, 184 (191); auch → § 13a Rn. 6).

26 Als eine Art Auffangtatbestand nennt Absatz 1 Satz 1 Nummer 2 noch das **Engpassmanagement** als marktbezogene Maßnahme (vgl. zur näheren Ausgestaltung auch § 15 StromNZV). Hierunter kann die Summe aller marktbezogenen Maßnahmen zur Beseitigung eines Netzengpasses verstanden werden (TransmissionCode 2007, 76). Zu nennen sind insbesondere Countertrading, Market Splitting und die Nichtannahme von intra-day-Fahrplänen (Elspas/Graßmann/Rasbach/Riese/Killius § 13 Rn. 20). Beim **Countertrading** erfolgt der Ausgleich der Übertragungsnetzbetreiber am Markt durch gegenläufige Handelsgeschäfte. Dadurch wird anders als beim Redispatch nicht gezielt auf einzelne Kraftwerke zugegriffen. Vielmehr führt hier das Agieren am Markt zu einem veränderten Nachfrageverhalten, was sich wiederum darauf auswirkt, welches Kraftwerk eingesetzt wird.

3. Zusätzliche Reserven

27 Als letzte Maßnahmenkategorie verweist Absatz 1 Satz 1 Nummer 3 auf die zusätzlichen Reserven, insbesondere die Netzreserve nach § 13d und die Kapazitätsreserve nach § 13e.

28 Bei der **Netzreserve** nach § 13d halten die Übertragungsnetzbetreiber eigene Kraftwerke vor, um örtliche Netzengpässe und Spannungsschwankungen auszugleichen (→ § 13d Rn. 26). Demgegenüber dient die **Kapazitätsreserve** nach § 13e dazu, Leistungsbilanzdefizite auf dem deutschen Strommarkt auszugleichen und die Übertragungsnetzbetreiber halten hierzu Reserveleistung vor (→ § 13e Rn. 4). Beide Reserven dienen also unterschiedlichen Zwecken.

IV. Auswahlentscheidung des Netzbetreibers (Abs. 1 S. 2)

29 Oftmals lässt sich eine Gefährdung des Netzes durch unterschiedliche Netzsicherheitsmaßnahmen beseitigen. In einem solchen Fall muss der Netzbetreiber zwischen mehreren Maßnahmen auswählen.

1. Allgemeines Rangverhältnis der Netzsicherheitsmaßnahmen

30 Das Rangverhältnis der Netzsicherheitsmaßnahmen bestimmt sich im Grundsatz nach der **Maßnahmeneffizienz** und dem **Verhältnismäßigkeitsprinzip** (OLG BeckRS 2016, 2891 Rn. 214; Säcker EnergieR/König § 13 Rn. 102; Halbig ER 2019, 59 (63); vgl. auch BNetzA, Leitfaden zum Einspeisemanagement, Version 1.0, 29.3.2011, 5)). Das Verhältnismäßigkeitsprinzip verlangt, dass von mehreren gleich geeigneten Maßnahmen diejenige gewählt wird, die die Rechte Dritter am geringsten beeinträchtigt. Das Verhältnismäßigkeitsprinzip ist aus dem öffentlichen Recht bekannt und daher auf Netzbetreiber nicht direkt anwendbar (vgl. → § 13d Rn. 11.1). Seine Geltung folgt aber aus den Zielen und Grundsätzen des §§ 1 und 1a, wonach der Strommarkt nach wettbewerblichen Grundsätzen auszugestalten ist. Der **Wettbewerbsgrundsatz** verlangt es, dass diejenige Netzsicherheitsmaßnahme ausgewählt wird, die die Rechte der Marktteilnehmer – und damit den wettbewerblichen Strommarkt – am wenigsten beeinträchtigen (→ § 13d Rn. 11).

31 Daraus folgt, dass für die Auswahlentscheidung zunächst anhand der Geeignetheit verschiedener Netzsicherheitsmaßnahme abzustufen ist, also der **Maßnahmeneffizienz**. Bestimmte Maßnahmen können geeigneter sein als andere, um eine Gefährdung zu beheben. So sind etwa bei einem lokalen Netzengpass gerade lokal wirkende Maßnahmen vorzunehmen.

32 Sofern **mehrere gleich geeignete Maßnahmen** vorliegen, gebietet der Wettbewerbsgrundsatz, dass vorrangig diejenigen Maßnahmen anwendet werden, welche die Rechte

der Marktteilnehmer am geringsten beeinträchtigen. Für die **Netzsicherheitsmaßnahmen** bedeutet dies, dass die netzbezogenen Maßnahmen iSd § 13 Abs. 1 Nr. 1 vor den marktbezogenen Maßnahmen des § 13 Abs. 1 Nr. 2 ergriffen werden müssen, da die netzbezogenen Maßnahmen nur den Netzbetreiber betreffen (OLG Düsseldorf BeckRS 2015, 13422 Rn. 91).

Fernern folgt aus dem Wettbewerbsgrundsatz, dass die **Notfallmaßnahmen** des § 13 33 Abs. 2 nur nachrangig zu den Maßnahmen nach § 13 Abs. 1 angewendet werden dürfen, da die Notfallmaßnahmen die Rechte Dritter stärker belasten (hierzu → Rn. 74). Dieses Rangverhältnis ergibt sich bereits aus dem Wortlaut des § 13 Abs. 2 („Lässt sich eine Gefährdung (…) durch Maßnahmen nach Absatz 1 nicht oder nicht rechtzeitig beseitigen (…)") (TransmissionCode 2007, 9).

Innerhalb **gleich geeigneter marktbezogener Maßnahmen** räumt das Gesetz keiner 34 Maßnahme den Vorrang ein (BGH BeckRS 2020, 35771 Rn. 31). Der Netzbetreiber unterliegt aber dem **Diskriminierungsverbot** des EnWG. Ferner ist nach § 1 eine preisgünstige Energieversorgung bezweckt und daher die **Kosteneffizienz** gleich geeigneter Maßnahmen durch den Netzbetreiber zu berücksichtigen.

2. Abrufreihenfolge bei Redispatch

Speziell für die strom- und spannungsbedingte Anpassung der Wirkleistungserzeugung 35 oder des Wirkleistungsbezugs von Anlagen (Redispatch) erhebt § 13 Abs. 1 S. 2 den **Grundsatz der Kosteneffizienz** zum entscheidenden Maßstab für die Auswahlentscheidung. Bei mehreren **gleich geeigneten Maßnahmen** ist diejenige auszuwählen, die voraussichtlich insgesamt die geringsten Kosten für das Gesamtsystem verursacht.

Hintergrund der Regelung ist zum einen, dass in der Vergangenheit die Kosten für Redis- 36 patch stetig angestiegen sind (→ Rn. 2). Zum anderen unterliegen EE-/KWK-Anlagen und konventionelle Kraftwerke nach dem Regelungsregime des Redispatch 2.0 nunmehr einem einheitlichen Rechtsrahmen. Nach dem Grundsatz der Kosteneffizienz sind bei einem Netzengpass die insgesamt wirksamsten und kostengünstigsten Erzeugungsanlagen heranzuziehen, um den Netzengpass zu beheben (BT-Drs. 19/7375, 51). Hierfür sind die Maßnahmen auf beiden Seiten des Netzengpassen zusammenzunehmen, also sowohl die Anlagen, die vor dem Engpass heruntergeregelt, als auch die Anlagen, die nach dem Engpass hochgeregelt werden müssen (BT-Drs. 19/7375, 51).

Der Übertragungsnetzbetreiber hat die Auswahl anhand einer ganzheitlichen **Prognose-** 37 **entscheidung** zu treffen. In der Kosten- und Wirksamkeitsabschätzung sind grundsätzlich die **tatsächlichen Kosten** einer Maßnahme anzusetzen, also für die Abregelung eines konventionellen Kraftwerks beispielsweise der nach § 13a Abs. 2 zu zahlende finanzielle Ausgleich. Für die Erläuterung zu Art und Umfang des finanziellen Ausgleichs wird auf die Kommentierung zu § 13a verwiesen (→ § 13a Rn. 61). Der finanzielle Ausgleich erfolgt individuell für jede Erzeugungsanlage. Aus dem finanziellen Ausgleich ergeben sich dann für jede Erzeugungsanlage die tatsächlichen Kosten für die Abrufreihenfolge.

Für **EE-Anlagen** und die zusätzlichen Reserven enthalten die Absätze 1 und 1c demge- 38 genüber eigene Vorgaben für den Kostenansatz. Abweichend von den tatsächlichen Kosten sind **kalkulatorische Kosten** anzusetzen (→ Rn. 63). Nach diesen Vorgaben bildet der Übertragungsnetzbetreiber eine merit order, welche die **Abrufreihenfolge** der Erzeugungsanlagen abbildet.

Für die Abrufreihenfolge sieht Absatz 1 **Satz 3** zusätzlich vor, dass Anlagen zur Erzeugung 39 oder Speicherung von elektrischer Energie mit einer **Nennleistung unter 100 KW**, stets nachrangig geregelt werden dürfen. Bei diesen kleineren Anlagen kann der Netzbetreiber also vom Grundsatz der Kosteneffizienz abweichen. Dies verschafft dem Netzbetreiber größere Flexibilität bei der Abrufreihenfolge (BT-Drs. 19/9027, 11). Dies, zumal eine Steuerung dieser Anlagen auch nur eine begrenzte Wirkung entfaltet und diese gleichzeitig in großer Zahl vorliegen (vgl. BNetzA Beschl. v. 6.11.2020 – BK6-20-059, S. 12).

Aus den vorstehend dargestellten Aspekten ergibt sich nach der **Grundkonzeption** der 40 Absätze 1–1c folgende **Abrufreihenfolge** im Rahmen des Redispatch 2.0:
- Konventionelle Kraftwerke iRd § 13a
- Zusätzliche Reserven (Absatz 1c)

- KWK-Anlagen
- EE-Anlagen (Absatz 1a)
- Anlagen unter 100 kW (Absatz 1 S. 3)
- Konventionelle Must-Run-Kraftwerke (Absatz 3)
- Abregelung sämtlicher Stromeinspeisungen, Stromtransite und Stromabnahmen (Notfallmaßnahmen nach Absatz 2)

41 Die **individuelle Abruffreihenfolge jedes Netzbetreibers** kann davon natürlich abweichen, da die tatsächlichen Kosten und kalkulatorischen Kosten der jeweiligen Erzeugungsanlagen und zusätzlichen Reserven anzusetzen sind.

42 Um das Ziel möglichst geringer Kosten im Gesamtsystem über alle Netzebenen hinweg zu erreichen, ist zwingend eine **Kooperation zwischen den Netzbetreibern** erforderlich (vgl. BNetzA Beschl. v. 12.3.2021 – BK6-20-060, S. 12). Denn eine Netzsicherheitsmaßnahme in einer Netzebene kann Störungen in einer anderen Netzebene bzw. in einem anderen Netzgebiet verursachen. Ferner ist das Redispatch-Potential auf verschiedene Netzebenen verteilt, je nachdem wo die Erzeugungsanlage angeschlossen ist. Ein gesamtoptimierter Redispatch erfordert daher eine **einheitliche Datengrundlage.** Die BNetzA hat hierzu eine Festlegung zur Netzbetreiberkoordinierung bei der Durchführung von Redispatch-Maßnahmen erlassen, welche den Informationsaustausch regelt (BNetzA Beschl. v. 12.3.2021 – BK6-20-060). Die Netzbetreiberkoordinierung für Redispatch-Maßnahmen ist speziell in § 13a Abs. 5 geregelt (→ § 13a Rn. 99).

3. Überprüfung der Auswahlentscheidung des Netzbetreibers

43 Der Adressat der jeweiligen Netzsicherheitsmaßnahme kann im Wege eines **besonderen Missbrauchsverfahrens** nach § 31 die korrekte Anwendung des Rangverhältnisses der Netzsicherheitsmaßnahmen durch den Netzbetreiber behördlich- und gerichtlich überprüfen lassen (BGH BeckRS 2020, 35771). Daneben kann die Regulierungsbehörde auch auf Grundlage von § 65 **Aufsichtsmaßnahmen** gegenüber dem Netzbetreiber ergreifen, wenn dieser das Rangverhältnis nicht beachtet.

D. Kostenbestimmung für EE-Anlagen (Abs. 1a)

44 Absatz 1a enthält genauere Vorgaben für die Bestimmung der kalkulatorischen Kosten von Anlagen iSd § 3 Nr. 1 EEG 2023, also Anlagen zur Erzeugung von Strom aus erneuerbaren Energien (**EE-Anlagen**).

I. Einspeisevorrang für erneuerbare Energien

45 Gemäß Absatz 1a Satz 2 werden EE-Anlagen nicht mit den tatsächlichen Kosten in die Auswahlentscheidung eingestellt, um den europarechtlich vorgegebenen Einspeisevorrang für erneuerbare Energien zu gewährleisten. Vielmehr werden EE-Anlagen mit höheren Kosten als konventionelle Kraftwerke in die Auswahlentscheidung eingestellt und damit erst nachrangig abgeregelt. Der Einspeisevorrang für erneuerbare Energien gilt nicht absolut, sondern nur nach Maßgabe des Kostenvergleichs unter Berücksichtigung der besonderen Vorgaben in Absatz 1a. Die **kalkulatorischen Kosten** monetarisieren also den Einspeisevorrang für erneuerbare Energien.

46 Als Folge des durch Absatz 1a **relativierten Einspeisevorrangs** für erneuerbare Energien ergibt sich eine leichte Erhöhung der CO_2-Emissionen und eine leicht verringerte EE-Erzeugung, die aber durch die Vorgaben in engen Grenzen gehalten und in Abwägung mit den Vorteilen für die Systemsicherheit durch den Gesetzgeber als vertretbar angesehen werden (BT-Drs. 19/7375, 52).

II. EE-Anlagen in Kundenanlagen

47 An dieser Stelle ist darauf hinzuweisen, dass der Gesetzgeber den Redispatch 2.0 auch auf EE-Anlagen in Kundenanlagen erstreckt hat, die nicht in das Stromnetz einspeisen, sondern deren Strom vor Ort verbraucht wird (→ § 13a Rn. 18). Nach den Vorgaben des Absatzes 1a müssten derartige **EE-Anlagen in Kundenanlagen** daher ebenfalls in die Auswahlentschei-

dung eingestellt werden (BT-Drs. 19/7375, 52). Dazu ist allerdings eine europarechtliche Einschränkung zu machen.

Nach Art. 13 Abs. 6 lit. a VO (EU) 2019/943 über den Elektrizitätsbinnenmarkt (ABl. L 158/54, **Elektrizitätsbinnenmarkt-VO**) dürfen EE-Anlagen für „nicht marktbasierten abwärts gerichteten Redispatch" (sog. negativen Redispatch) nur dann herangezogen werden, „wenn es keine Alternative gibt oder wenn andere Lösungen zu erheblich unverhältnismäßig hohen Kosten führen oder die Netzsicherheit erheblich gefährden würden". Diese Vorgabe wird durch den Mindestfaktor in Absatz 1a umgesetzt. Denn seine Anwendung sichert, dass EE-Anlagen nur dann abgeregelt werden, wenn bei der Abregelung konventioneller Anlagen unverhältnismäßig hohe Kosten entstehen würden. Insoweit ist Absatz 1a europarechtskonform. 48

Darüber hinaus ist in Art. 13 Abs. 6 lit. c Elektrizitätsbinnenmarkt-VO aber vorgesehen, dass **EE-Anlagen, die nicht in das Übertragungs- oder Verteilernetz einspeisen,** nur für den Redispatch herangezogen werden dürfen, wenn es keine andere Möglichkeit zur Lösung von Netzsicherheitsproblemen gibt. Allein wegen unverhältnismäßig hoher Kosten für die Abregelung konventioneller Stromerzeugungsanlagen dürfen nicht einspeisende EE-Anlagen also nicht abgeregelt werden. Dies bedeutet, dass Netzbetreiber EE-Anlagen, die Strom nicht in das Stromnetz einspeisen, nicht mit den kalkulatorischen Kosten des Absatzes 1a in die Auswahlentscheidung einbeziehen dürfen. 49

Die Regelung aus Art. 13 Abs. 6 lit. c Elektrizitätsbinnenmarkt-VO geht aufgrund des **Anwendungsvorrangs des europäischen Sekundärrechts** dem nationalen Recht vor (Art. 288 Abs. 2 AEUV). § 13 Abs. 1a ist insoweit europarechtswidrig oder jedenfalls europarechtskonform auszulegen. 50

Die Regelung in Art. 13 Abs. 6 lit. c Elektrizitätsbinnenmarkt-VO erfolgte zeitlich nach der Verabschiedung des § 13 Abs. 1a und wurde durch den deutschen Gesetzgeber bisher nicht berücksichtigt. Nur nach Ansicht der BNetzA dürfen die Netzbetreiber bei einer Selbstversorgung mit EE- und KWK-Anlagen keinen negativen Redispatch dieser Anlagen anfordern (BNetzA Beschl. v. 23.3.2021 – BK6-20-061, S. 13). 51

Für den **Umfang des Anwendungsvorrangs** von Art. 13 Abs. 6 lit. c Elektrizitätsbinnenmarkt-VO ist der Wortlaut dieser Norm auszulegen. Unklar ist insbesondere, welche Abregelungen vom nicht marktbasiertem abwärts gerichtetem Redispatch erfasst sind, was bei einer anteiligen Einspeisung gilt und ob Erzeugungsanlagen im Contracting abgeregelt werden dürfen. 52

Zunächst gilt die Norm nur im Rahmen von „nicht marktbasiertem abwärts gerichtetem Redispatch". Aktuell ist der Redispatch in Deutschland nach § 13a nicht marktbasiert, da für die Auswahl der Erzeugungsanlagen keine marktbasierten Mechanismen iSd Art. 13 Abs. 2 Elektrizitätsbinnenmarkt-VO genutzt werden (→ Rn. 25). Mit abwärts gerichtetem Redispatch ist negativer Redispatch gemeint (BNetzA Beschl. v. 23.3.2021 – BK6-20-061, S. 13). Dieser liegt bei Erzeugungsanlagen vor, wenn diese abgeregelt werden, also die Stromeinspeisung reduziert wird. 53

Art. 13 Abs. 6 lit. c Elektrizitätsbinnenmarkt-VO bezieht sich ferner nur auf „nicht in das Übertragungs- oder Verteilernetz eingespeiste, selbst erzeugte Elektrizität". Die Norm ist damit nicht erzeugungsanlagenbezogen, sondern energiemengenbezogen. Erzeugungsanlagen, die **anteilig in das Stromnetz einspeisen,** dürften also anteilig für den Redispatch herangezogen werden. Dies gilt auch für den Kondensationsstromanteil einer KWK-Anlage, der keine Privilegierung genießt (BNetzA Beschl. v. 23.3.2021 – BK6-20-061, S. 13). 54

Schließlich muss der Strom **selbst erzeugt** sein. Da kein Eigenverbrauch der Strommengen vorgesehen ist, kann dies nicht so verstanden werden, dass nur Eigenversorgungs-Modelle im engeren Sinn vom Redispatch ausgenommen sind, also Modelle, in welchen Stromerzeuger und Stromverbraucher personenidentisch sind. Vielmehr dürfen auch in der Praxis häufig anzutreffende **Contracting-Modelle** nicht für den Redispatch herangezogen werden, soweit der Strom vor Ort verbraucht wird. 55

III. Einheitlicher kalkulatorischer Preis

Welche Kosten für EE-Anlage in den Kostenvergleich einzustellen sind, wird einheitlich für alle EE-Anlagen in Deutschland ermittelt, also unabhängig davon, wo die Anlagen stehen 56 und aus welchen erneuerbaren Energien der Strom erzeugt wird. Der einheitliche kalkulatorische Preis ist so zu bestimmen, dass die Abregelung der EE-Anlagen nur erfolgt, wenn in der Regel – also pauschalierend – mindestens das Fünffache und höchstens das Fünfzehnfache an Reduzierung der Erzeugung nicht vorrangberechtigter Anlagen ersetzt werden kann (Mindestfaktor). Der Mindestfaktor im Korridor zwischen fünf und fünfzehn wird durch die BNetzA nach § 13j Abs. 5 Nr. 2 bestimmt. Die Festlegung steht im pflichtgemäßen Ermessen der BNetzA, wobei die Ziele bzw. Zwecke des § 1 zu berücksichtigen sind.

IV. Mindestfaktor-Festlegung der BNetzA

57   Die BNetzA hat in ihrer **Mindestfaktor-Festlegung** vom 30.11.2020 den **EE-Mindestfaktor** auf 10 festgelegt (BNetzA, Mindestfaktor-Festlegung v. 30.11.2020, Az. PGMF-8116-EnWG § 13j). Dies bedeutet, dass EE-Anlagen nach aktueller Rechtslage erst dann abgeregelt werden dürfen, wenn dies mit einem Zehntel der Kosten im Vergleich zu einer Abregelung von konventionellen Kraftwerken verbunden ist. Die eigentliche Auswahlentscheidung der Übertragungsnetzbetreiber nach Absatz 1 Satz 2 ist aber nicht Gegenstand der Mindestfaktor-Festlegung.

58   Zur Bestimmung des EE-Mindestfaktors hat die BNetzA verschiedene Simulationen durchgeführt und die Auswirkungen auf das Redispatch-Volumen (einschließlich der reduzierten EE-Strommenge und der reduzierten KWK-Strommenge), der CO_2-Emissionen und der Redispatch-Kosten untersucht (BNetzA, Mindestfaktor-Festlegung v. 30.11.2020, Az. PGMF-8116-EnWG § 13j, 4).

59   Nach den Vorgaben der Mindestfaktor-Festlegung ist der kalkulatorische Preis für EE-Anlagen durch die Übertragungsnetzbetreiber einmal jährlich zum 1. Oktober eines Jahres zu berechnen (BNetzA, Mindestfaktor-Festlegung v. 30.11.2020, Az. PGMF-8116-EnWG § 13j, Tenorziffer 3). Den **kalkulatorischen EE-Preis** haben die Übertragungsnetzbetreiber auf ihrer gemeinsamen Internetseite zu veröffentlichen.

60   Für die Berechnung des kalkulatorischen EE-Preises sind die durchschnittlichen Kosten für positiven und negativen **Redispatch von konventionellen Kraftwerken** zugrunde zu legen. Die Redispatchkosten von konventionellen Kraftwerken sind ebenfalls durch die Übertragungsnetzbetreiber zu veröffentlichen.

61   Es obliegt damit den Übertragungsnetzbetreibern, den vorgegebenen EE-Mindestfaktor so in einen **kalkulatorischen Preis zu überführen,** dass der EE-Mindestfaktor in der Praxis in der Regel eingehalten oder übertroffen werden (BNetzA, Mindestfaktor-Festlegung v. 30.11.2020, Az. PGMF-8116-EnWG § 13j, 41).

62   Die Mindestfaktor-Festlegung gilt **unbefristet.** Die BNetzA hat darauf verzichtet, der Festlegung einen allgemeinen oder speziellen Widerrufsvorbehalt beizufügen. Dennoch hat die BNetzA nach § 29 Abs. 2 die Möglichkeit, die Festlegung zu ändern, soweit dies erforderlich ist, um sicherzustellen, dass sie weiterhin den Voraussetzungen des Absatzes 1a genügt. Die BNetzA will daher die Praxis beobachten und kontinuierlich prüfen, ob sich aus den praktischen Erfahrungen Anlass für eine Änderung der Mindestfaktor-Festlegung ergibt (BNetzA, Mindestfaktor-Festlegung v. 30.11.2020, Az. PGMF-8116-EnWG § 13j, 43).

V. Kalkulatorische EE-Kosten

63   Aus dem kalkulatorischen EE-Preis multipliziert mit der Menge an abzuregelnder Wirkleistungserzeugung der jeweiligen EE-Anlagen ergeben sich dann die kalkulatorischen EE-Kosten, die für den Vergleich von EE-Anlagen und konventionellen Anlagen in die Auswahlentscheidung nach Absatz 1 Satz 2 eingestellt werden (BT-Drs. 19/7375, 53).

64   Die kalkulatorischen EE-Kosten haben keine Auswirkungen auf den finanziellen Ausgleich, der nach § 13a Abs. 2 an den Anlagenbetreiber zu zahlen ist (BT-Drs. 19/7375, 53). Die kalkulatorischen EE-Kosten werden ausschließlich zu Bildung der merit order im Rahmen der Auswahlentscheidung nach Absatz 1 Satz 2 (Abrufreihenfolge) herangezogen. Dadurch wird es möglich, die Einspisemanagement-Maßnahmen gegenüber EE-Anlagen in die marktbezogenen Maßnahmen zu integrieren. Die kalkulatorischen Kosten, die allein für die Auswahlentscheidung als fiktive Größe anzusetzen sind, sind auch nicht mit tatsächlichen Kosten der Abrechnung identisch (BT-Drs. 19/7375, 53).

E. Weggefallene Kostenbestimmung für KWK-Anlagen (Abs. 1b)

Absatz 1b enthielt bis zum 12.7.2022 eine Regelung, die vergleichbar zu Absatz 1a vorgab, welche Kosten für KWK-Anlagen im Rahmen der Auswahlentscheidung nach Absatz 1 Satz 2 anzusetzen sind. Durch das Gesetz zur Bereithaltung von Ersatzkraftwerken zur Reduzierung des Gasverbrauchs im Stromsektor im Fall einer drohenden Gasmangellage durch Änderungen des Energiewirtschaftsgesetzes und weiterer energiewirtschaftlicher Vorschriften vom 8.7.2022 (BGBl. I 1054) wurde Absatz 1b **ersatzlos gestrichen**. Seit dem 12.7.2022 sind für KWK-Anlagen daher keine kalkulatorischen Kosten, sondern die **tatsächlichen Kosten** in die Auswahlentscheidung einzustellen. 65

Hintergrund der Streichung war die **Gasmangellage** 2022. Der Gesetzgeber wollte durch die Streichung ermöglichen, dass KWK-Anlagen „dauerhaft eine flexible und netzdienliche Fahrweise" anstreben, um damit unnötigen Gasverbrauch zu vermeiden (BT-Drs. 20/2356, 20). Die bis dahin bestehende Mindestfaktorregelung für KWK-Strom wurde aufgehoben. Nach der Vorstellung des Gesetzgebers bleibt auch ohne die Kostenbestimmung in Absatz 1b die „relative Nachrangigkeit von wärmegekoppelter Stromerzeugung aus hocheffizienten KWK-Anlagen" bestehen (BT-Drs. 20/2356, 20). Denn die Abregelung von KWK-Anlagen wird aufgrund der zusätzlichen Aufwendungen für die Ersatzwärmeerzeugung bzw. aufgrund entgangener Wärmeerlöse in der Regel die tatsächlichen Kosten für eine Abregelung von nicht-wärmegekoppelter konventioneller Erzeugung übersteigen. In der Regel sind KWK-Anlagen daher in der Abschaltkaskade vor den EE-Anlage und nach den konventionellen Kraftwerken abzuregeln. 66

Die Abrufreihenfolge von KWK-Anlagen ist – wie bei EE-Anlagen – an den europarechtlichen Vorgaben des Art. 13 Abs. 6 Elektrizitätsbinnenmarkt-VO zu messen (zu EE-Anlagen → Rn. 48). Denn Art. 13 Abs. 6 Elektrizitätsbinnenmarkt-VO sieht vor, dass „nicht marktbasierter abwärts gerichteter Redispatch" bei KWK-Anlagen nur ergriffen werden darf, wenn es abgesehen von abwärts gerichtetem Redispatch bei EE-Anlagen keine Alternative gibt oder, „wenn andere Lösungen zu unverhältnismäßig hohen Kosten führen oder die Netzsicherheit erheblich gefährden würden". Da seit dem 12.7.2022 allein die tatsächlichen Kosten der KWK-Anlage über die Abschaltreihenfolge entscheiden, ist zweifelhaft, ob § 13 den Vorgaben des Art. 13 Abs. 6 lit. b Elektrizitätsbinnenmarkt-VO genügt. Bei der Auswahlentscheidung des Übertragungsnetzbetreibers im Einzelfall ist sicherzustellen, dass **KWK-Anlagen entsprechend nachrangig abgeregelt** werden. 67

Das gleiche gilt auch für KWK-Anlagen, die „nicht in das Übertragungs- oder Verteilernetz eingespeiste, selbst erzeugte Elektrizität" erzeugen. Wie bei EE-Anlagen dürfen diese KWK-Anlagen ohne Netzeinspeisung nur unter den strengeren Vorgaben des Art. 13 Abs. 6 lit. c Elektrizitätsbinnenmarkt-VO für negativen Redispatch angesteuert werden. Dies bedeutet effektiv, dass der negative Redispatch von **KWK-Anlagen in Kundenanlagen,** insbesondere in Contracting-Modellen europarechtlich nicht ohne weiteres möglich ist (hierzu für EE-Anlagen → Rn. 52). 68

F. Kostenbestimmung für Anlagen der Netzreserve (Abs. 1c)

Absatz 1c enthält eine spezielle Regelung für Anlagen der Netzreserve nach § 13d. Diese soll sicherstellen, dass Netzreserve-Anlagen nur nachrangig zu konventionellen Marktkraftwerken eingesetzt werden dürfen (BT-Drs. 19/7375, 54). Gleichzeitig soll aber vermieden werden, dass dieser Nachrang dazu führt, dass mehr EE-Anlagen als notwendig abgeregelt werden (BT-Drs. 19/7375, 54). 69

Aus diesem Grund bestimmt Absatz 1c, dass auch für Netzreserve-Anlagen kalkulatorische Kosten anzusetzen sind. Damit wird ein Ausgleich zwischen der **Nachrangigkeit zu Marktkraftwerken** und den **vorrangberechtigten EE-Anlagen** geschaffen und die Netzreserve-Anlagen werden entsprechend in die Auswahlentscheidung der Netzsicherheitsmaßnahmen eingestuft. 70

Wie für EE-Anlagen ist hierzu ein **einheitlicher kalkulatorischer Preis** zu bestimmen. Übersteigen die tatsächlichen Kosten die kalkulatorischen Kosten, sind die tatsächlichen Kosten anzusetzen. 71

EnWG § 13   Teil 3. Regulierung des Netzbetriebs

72   Der kalkulatorische Preis ist so zu bestimmen, dass die Netzreserve-Anlagen in der Regel nachrangig zu konventionellen Marktkraftwerken hochgefahren werden. Zudem soll es in der Regel nicht zu einer höheren Abregelung von EE-Anlagen kommen.

73   Zu diesem Zweck sieht Satz 4 vor, dass der kalkulatorische Preis von Netzreserve-Anlagen mindestens so hoch anzusetzen ist, wie der höchste tatsächliche Preis von konventionellen Marktkraftwerken. Vergleichsmaßstab ist nicht das teuerste, jemals eingesetzte konventionelle Marktkraftwerk, sondern es wird auf die Kraftwerke abgestellt, die regel- mäßig zur Engpassbeseitigung eingesetzt werden müssen (BT-Drs. 19/7375, 54). Die Festlegungskompetenz nach § 13j Abs. 5 Nr. 1 bietet darüber hinaus die Möglichkeit, die Balance zwischen dem Einspeisevorrang des EE-Stroms und dem nachrangigen Einsatz der Netzreserve zu wahren (BT-Drs. 19/7375, 54).

G. Notfallmaßnahmen (Abs. 2)

I. Voraussetzungen und Umfang von Notfallmaßnahmen

74   Lässt sich eine Gefährdung oder Störung der Sicherheit oder Zuverlässigkeit des Elektrizitätsversorgungssystems durch Maßnahmen nach Absatz 1 nicht oder nicht rechtzeitig beseitigen, sieht Absatz 2 vor, dass die Übertragungsnetzbetreiber sog. **Notfallmaßnahmen** ergreifen dürfen und müssen. Hierzu können sämtliche Stromerzeugungen, Stromtransite und Strombezüge an die Erfordernisse eines sicheren und zuverlässigen Betriebs des Übertragungsnetzes angepasst werden.

75   Aufgrund von Absatz 2 können die Übertragungsnetzbetreiber zum einen direkt in die Stromerzeugung durch Kraftwerke eingreifen (**Erzeugungsmanagement**). In der Sache ist dies nichts anderes als die Erzeugungssteuerung nach § 13a, der nur für Erzeugungsanlagen mit einer Leistung ab 100 kW gilt. Die Befugnis nach Absatz 2 geht aber über § 13a hinaus, insbesondere kennt sie keine Größenschwelle und kann daher auch für kleinere Anlagen genutzt werden.

76   Zum anderen können die Übertragungsnetzbetreiber gem. Absatz 2 auch die Strombezüge regeln, also die Stromentnahme aus dem Netz (**Lastmanagement**). Konkret ermöglicht dies die Abschaltung von Verbrauchern. Hier liegt damit das große zusätzliche Potential von Absatz 2. Die Regelung ermöglicht eine zwangsweise Abschaltung der Verbraucher.

77   Die dritte in Absatz 2 geregelte Art von Notfallmaßnahmen ist die Steuerung von **Stromtransiten** durch Übertragungsnetzbetreiber. Dies meint Fälle der Durchleitung von Strom durch das deutsche Stromnetz, die nicht einem Erzeuger oder Verbraucher zu geordnet sind, also insbesondere der grenzüberschreitende Stromtransport.

78   Die Notfallmaßnahmen des Absatzes 2 sind nach der gesetzlichen Konzeption **nachrangig** zu den Maßnahmen des Absatzes 1 (→ Rn. 33). In der Praxis kommt es daher selten zu derartigen Notfallmaßnahmen, da sich ein Netzengpass meist durch den Redispatch der Erzeugungsanlagen iSv Absatz 1 Nummer 2 beheben lässt.

79   Ein entscheidender Unterschied zwischen Maßnahmen nach Absatz 1 und Absatz 2 liegt darin, dass Absatz 5 eine **Haftungsfreistellung des Netzbetreibers** für Notfallmaßnahmen nach Absatz 2 vorsieht (→ Rn. 107). Bei einer Abregelung von Erzeugungsanlagen nach Absatz 2 muss der Übertragungsnetzbetreiber daher anders als bei einer Abregelung nach § 13a keinen finanziellen Ausgleich leisten. Auch aus diesem Grund hat der Gesetzgeber eine klare Nachrangigkeit der Notfallmaßnahmen vorgesehen. Eine Abregelung ohne Entschädigung soll erst zulässig sein, wenn eine Abregelung mit Entschädigung nach § 13a nicht möglich ist.

80   Der Übertragungsnetzbetreiber hat die Voraussetzungen für die Notfallmaßnahmen iSv Absatz 2 im Streitfall nachzuweisen. Dabei ist zu berücksichtigen, dass der Übertragungsnetzbetreiber eine Prognoseentscheidung zu treffen hat, ob Maßnahmen nach Absatz 1 geeignet sind, die Gefährdung oder Störung zu beseitigen oder ob darüber hinaus noch Notfallmaßnahmen nach Absatz 2 erforderlich sind.

81   Diese Prognoseentscheidung ist gerichtlich nur aus einer ex ante Perspektive nachprüfbar, wobei dem Übertragungsnetzbetreiber ein **Einschätzungsspielraum** hinsichtlich der Wirksamkeit der Maßnahmen zuzugestehen ist (Rosin/Pohlmann/Gentzsch/Metzenthin/Böwing/Ruge § 13 Rn. 107).

Gemäß dem nachträglich durch Gesetz vom 8.10.2022 (BGBl. I 1726) eingefügten 82
Absatz 2 Satz 2 sind die von einer Anpassungsmaßnahmen Betroffenen zur **Mitwirkung verpflichtet**, soweit dies zur Vorbereitung und Durchführung der Maßnahme erforderlich ist. Diese Ergänzung ist eher klarstellender Natur (BT-Drs. 20/3497, 36) und soll die Wirksamkeit der Notfallmaßnahmen sicherstellen. Ein Beispiel für eine Mitwirkungspflicht wäre etwa die manuelle Trennung einer Stromerzeugungsanlage oder eines Stromverbrauchers vom Netz, wenn dies dem Betroffenen möglich ist.

II. Information zu Notfallmaßnahmen

Absatz 2 Satz 3 sieht vor, dass die Übertragungsnetzbetreiber vorab informieren müssen, 83
bevor sie Notfallmaßnahmen des Erzeugungs- und Lastmanagements ergreifen.

Die Informationspflicht dient dazu, dass sich die von der Notfallmaßnahmen betroffenen 84
Erzeuger und Verbraucher und sonstige berührte Marktteilnehmer darauf einstellen können, dass in bestimmten Zeiten kein Strom in das Netz eingespeist bzw. kein Strom entnommen werden kann.

Gemäß Absatz 2 Satz 3 müssen insbesondere die Betreiber von Elektrizitätsverteilernetzen 85
und Stromhändler informiert werden. Diese Aufzählung ist allerdings nur beispielhaft. Auch andere Marktteilnehmer können zu informieren sein (Bourwieg/Hellermann/Hermes/Sötebier § 13 Rn. 451). Gerade Letztverbrauchern, deren Strombezug abgeschaltet wird und die daher intensiv betroffen sind, müssen ebenfalls informiert werden.

Die Informationspflicht gilt selbstredend nur, soweit es möglich ist, sie zu erfüllen. Gerade 86
bei kurzfristig auftretenden Störungen kann eine rechtzeitige Information nicht mehr möglich sein. In diesem Fall wird man nach dem Sinn und Zweck aber eine umgehend nachgeholte Information verlangen können, sobald dies möglich ist (Säcker EnergieR/König § 13 Rn. 151). Dies folgt auch aus der allgemeinen Informationspflicht des § 13 Abs. 7 (→ Rn. 151).

H. Netztechnisch erforderliches Minimum und Auswirkung auf das Gasversorgungssystem (Abs. 3)

Nach den Regelungen des Absatzes 3 kann ausnahmsweise von der Abrufreihenfolge der 87
Absätze 1 und 2 abgewichen werden.

I. Netztechnisch erforderliches Minimum

Absatz 3 Satz 1 und 2 regeln den Sonderfall des netztechnisch erforderlichen Minimums. 88
Damit ist eine Minimaleinspeisung von Strom aus in der Regel konventionellen Erzeugungsanlagen gemeint, die zur Aufrechterhaltung des Stromnetzes aus technischen Gründen zwingend notwendig ist.

Die Formulierung von Absatz 3 Satz 1 ist **missglückt** und aus sich heraus schwer verständ- 89
lich. Dies liegt daran, dass die Regelung zum netztechnisch erforderlichen Minimum ursprünglich im selben Absatz mit dem Einspeisevorrang von EE-Anlagen geregelt war. Der Wortlaut in der Fassung bis zum 30.9.2021 nahm mittelbar auf den Einspeisevorrang von EE-Anlagen Bezug. Im Zusammenhang gelesen bedeutete dies, dass vom Einspeisevorrang von EE-Anlagen ausnahmsweise abgewichen werden durfte, wenn sich bei Anwendung des Einspeisevorrangs die Gefährdung oder Störung des Netzes nicht beseitigen ließe, weil zB ein netztechnisch erforderliches Minimum an konventioneller Stromerzeugung erforderlich ist.

In der aktuellen seit 1.10.2021 geltenden Formulierung von Absatz 3 Satz 1 kommt dieses 90
Verständnis leider nicht mehr klar zum Ausdruck, wenn auch mit der Umstellung der Norm in Absatz 3 keine inhaltliche Änderung einhergehen sollte (BT-Drs. 19/7375, 55).

Absatz 3 Satz 1 meint demnach, dass von der Abrufreihenfolge der Absätze 1 und 2 – 91
inklusive des Einspeisevorrangs für EE-Anlagen – ausnahmsweise abgewichen werden kann, wenn aufgrund dieser Abrufreihenfolge eine Gefährdung oder Störung des Netzes nicht behoben werden kann.

Als Regelbeispiel nennt das Gesetz in Absatz 3 Satz 2 den Fall des netztechnisch erforderli- 92
chen Minimums. Das Regelbeispiel ist erfüllt, wenn der Übertragungsnetzbetreiber auf die

Mindesteinspeisung aus bestimmten (konventionellen) Anlagen angewiesen ist (sog. **must-run-Kraftwerke**) und keine technisch gleich wirksame andere Maßnahme verfügbar ist, um die Sicherheit und Zuverlässigkeit des Elektrizitätsversorgungssystems zu gewährleisten.

II. Auswirkung auf das Gasversorgungssystem

93 Absatz 3 Satz 3 enthält eine allgemeine Vorgabe für die Anwendung aller Maßnahmen nach den Absätzen 1 und 2. Danach sind bei der Auswahlentscheidung zwischen möglichen Netzsicherheitsmaßnahmen die Auswirkungen der Maßnahmen auf das Gasversorgungssystem mit zu berücksichtigen. Auswirkungen dieser Art können etwa bei großen Erdgas-KWK-Anlage auftreten. Werden solche Anlagen abgeregelt, hat diese Abregelung notwendigerweise auch Auswirkungen auf das Gasversorgungssystem, da die Gasabnahme wegfällt. Derartige Zusammenhänge nehmen bei der zunehmenden Verzahnung der Energiesektoren weiter zu. Die Beseitigung einer Störung im Elektrizitätsversorgungssystem soll nicht gleichzeitig eine Störung im Gasversorgungssystem auslösen.

94 Für die Frage, wie die Auswirkungen auf das Gasversorgungssystem zu berücksichtigen sind, enthält das Gesetz keine genaueren Vorgaben, sondern beschränkt sich darauf dies mit einer „angemessenen" Berücksichtigung zu umschreiben.

95 Insoweit kommt dem Übertragungsnetzbetreiber auch an dieser Stelle ein weiter Einschätzungsspielraum zu. Erst wenn die Auswirkungen auf das Gasversorgungssystem gänzlich nicht oder wesentlich falsch berücksichtigt worden sind, wird dieser Einschätzungsspielraum überschritten sein.

I. Haftungsbeschränkung bei Notfallmaßnahmen (Abs. 5)

96 Absatz 5 regelt die Haftung im Fall von Notfallmaßnahmen iSv Absatz 2 Satz 1. Notfallmaßnahmen sind erforderlich, um die Sicherheit oder Zuverlässigkeit des Elektrizitätsversorgungssystems im Allgemeininteresse sicherzustellen (→ Rn. 74). Da die Übertragungsnetzbetreiber keinen „Anreiz zum Untätigbleiben in Notsituationen" (BT-Drs. 15/3917, 57) haben sollen, gewährt Absatz 5 ihnen eine umfassende Haftungsbeschränkung.

I. Ruhen der Leistungspflichten

97 Satz 1 sieht vor, dass bei Notfallmaßnahmen die betroffenen Leistungspflichten „ruhen". Ruhen die Leistungspflichten und müssen diese damit zeitweilig nicht erfüllt werden, scheidet eine Pflichtverletzung des Schuldners und eine darauf aufbauende Schadenersatzhaftung nach § 280 BGB aus. Dies umfasst in erster Linie die **Leistungspflichten der Übertragungsnetzbetreiber** – und über den Verweis des § 14 Abs. 1 auch der Verteilernetzbetreiber – aus den entsprechenden Netznutzungsverträgen. Satz 1 schützt die Netzbetreiber damit vor einer Haftung wegen Unterbrechungen in der Netznutzung.

98 Der Anwendungsbereich von Satz 1 ist nach seinem Wortlaut weit und umfasst „alle hiervon jeweils betroffenen Leistungspflichten". Die Norm beschränkt sich damit nicht auf Leistungspflichten der Netzbetreiber. Im Einzelnen ist allerdings umstritten, welche Leistungspflichten sonstiger Marktteilnehmer von der Norm erfasst sind.

99 Gegen eine weite Auslegung der Regelung sprechen entstehungsgeschichtliche und systematische Erwägungen (Kment EnWG/Tüngler § 13 Rn. 44). Es ist daher überzeugend, dass nur die Leistungen der Netzbetreiber und die hierzu im Synallagma stehenden Leistungen der Netznutzer und anderer Marktteilnehmer erfasst sind (Bourwieg/Hellermann/Hermes/Sötebier § 13 Rn. 416). Der Netzbetreiber braucht also keinen Strom abzunehmen oder bereitzustellen und der Netznutzer dies nicht zu vergüten.

100 Darüber hinausgehend ruhen aber nicht die Leistungspflichten anderer (auch mittelbar betroffener) Marktteilnehmer (zB Anlagenbetreiber, Stromlieferanten, Bilanzkreisverantwortliche) (in diese Richtung wohl Säcker EnergieR/König § 13 Rn. 119; Theobald/Kühling/Hartmann/Weise § 13 Rn. 68). Insbesondere ist der Stromlieferant auch während einer Notfallmaßnahme grundsätzlich weiter zur Stromlieferung verpflichtet und seine Haftung bestimmt sich nach der Regelung des jeweiligen Stromliefervertrags bzw. den sonstigen zivilrechtlichen Regelungen.

II. Bilanzkreisabrechnung

Absatz 5 Satz 2 schränkt Absatz 5 Satz 1 insoweit ein, als die Übertragungsnetzbetreiber 101 weiterhin die Abrechnung der Bilanzkreise zu führen haben. Die Bilanzkreisabrechnung ruht also nicht, sondern wird fortgeführt (BT-Drs. 18/7317, 86).

Die Bilanzkreisverantwortlichen sind damit auch während Notfallmaßnahmen nach wie 102 vor in der Pflicht für einen ausgeglichenen Bilanzkreis zu sorgen. Fehlen im Bilanzkreis Strommengen, da aufgrund einer Notfallmaßnahme beispielsweise ein Kraftwerk nicht in das Stromnetz einspeisen konnte, muss der Bilanzkreisverantwortliche diese Unterdeckung ausgleichen oder – wenn ihm dies nicht gelingt – Ausgleichsenergie iSv § 8 StromNZV bezahlen. Dadurch bleiben die Anreize für die Bilanzkreisverantwortlichen, ihre Stromlieferungen ausreichend abzusichern, erhalten (BT-Drs. 18/7317, 86).

In der Gesetzesbegründung ist noch der Hinweis enthalten, dass die Regulierungsbehör- 103 den die Möglichkeit haben, in begründeten Ausnahmefällen von der Durchsetzung der Bilanzkreisabrechnung durch aufsichtsrechtliche Maßnahmen unter dem Gesichtspunkt der Verhältnismäßigkeit abzusehen (BT-Drs. 18/7317, 86). Dies soll insbesondere gelten, wenn die Abrechnung einer von einem Übertragungsnetzbetreiber verursachten Unterdeckung eines Bilanzkreises für den Bilanzkreisverantwortlichen eine unbillige Härte darstellen würde (BT-Drs. 18/7317, 86).

III. Haftungsausschluss für Vermögensschäden

Absatz 5 Satz 3 stellt klar, dass auch eine Haftung für Vermögensschäden im Falle von 104 Notfallmaßnahmen ausgeschlossen ist. Dies würde sich eigentlich schon aus Satz 1 ergeben, da die Leistungspflicht ruht und daher keine Pflichtverletzung des Übertragungsnetzbetreibers vorliegt (Theobald/Kühling/Hartmann/Weise § 13 Rn. 72). Ohne Pflichtverletzung kann auch keine Schadenersatzpflicht ausgelöst werden. Satz 3 hat insoweit eher klarstellende Funktion. Einen eigenen Anwendungsbereich hat die Norm, wenn eine über die vertragliche Haftung hinausgehende Haftung in Frage steht. Insbesondere bei deliktischen Ansprüchen ist die Haftung für Vermögensschäden damit ausgeschlossen (Säcker EnergieR/König § 13 Rn. 120).

Daneben macht Satz 3 nochmals deutlich, dass der Haftungsausschluss nur gilt, wenn die 105 Voraussetzungen für die Notfallmaßnahme nach Absatz 2 auch tatsächlich vorlagen („bei Vorliegen der Voraussetzungen nach Absatz 2"). Demgegenüber kann der Übertragungsnetzbetreiber haften, wenn er eine Notfallmaßnahme ergreift, ohne dass die Voraussetzungen hierfür erfüllt waren. Dies ist insbesondere dann denkbar, wenn der Übertragungsnetzbetreiber die Nachrangigkeit der Notfallmaßnahme gegenüber Absatz 1 nicht beachtet.

IV. Weitergehende Haftungsbeschränkung

Absatz 5 Satz 4 weist darauf hin, dass „§ 11 Absatz 3" unberührt bleibt. Gemeint ist aller- 106 dings § 11 Abs. 4 (Säcker EnergieR/König § 13 Rn. 122). Der Gesetzgeber hat es bisher versäumt diesen falschen Verweis zu korrigieren.

Nach § 11 Abs. 4 kann durch Rechtsverordnung eine über § 13 Abs. 5 hinausgehende 107 Haftungsbeschränkung getroffen werden. Insbesondere kann die Haftung für Notfallmaßnahmen vollständig ausgeschlossen werden. Eine entsprechende Rechtsverordnung wurde bisher aber nicht erlassen.

Satz 5 erstreckt den Anwendungsbereich des Haftungsausschlusses nach Satz 3 auf andere 108 Situationen mit einem erheblichen Schadensrisiko. Auch in diesen Fällen ist eine Haftung für Vermögensschäden ausgeschlossen. Dies gilt im Einzelnen für die Ausweisung systemrelevanter Erzeugungsanlagen (§ 13b Abs. 5), die Ausweisung systemrelevanter Gaskraftwerke (§ 13f Abs. 1) und Anweisungen von systemrelevanten Gaskraftwerken (§ 16 Abs. 2).

J. Beschaffung von Ab- oder Zuschaltleistung (Abs. 6)

Absatz 6 konkretisiert die Beschaffung von Ab- oder Zuschaltleistung über vertraglich 109 vereinbarte ab- oder zuschaltbare Lasten iSd Absatz 1 Satz 1 Nummer 2. Das vertragliche Lastmanagement nach Absatz 6 bildet das Gegenstück zum Redispatch von Erzeugungsanlagen.

110 Absatz 6 wurde durch das Dritte Gesetz zur Neuregelung energiewirtschaftsrechtlicher Vorschriften vom 20.12.2012 (BGBl. I 2730) in das EnWG eingeführt. Zunächst war die Regelung in Absatz 4a enthalten. Sie wurde in Folge systematischer Umstrukturierungen in Absatz 6 verschoben und die Ermächtigungsgrundlagen für Rechtsverordnungen wurden nach § 13i Abs. 1 und 2 ausgelagert.

111 Für das vertragliche Lastmanagement haben die Übertragungsnetzbetreiber ein Ausschreibungsverfahren über eine **gemeinsame Internetplattform** einzurichten. Die Ausschreibungsplattform muss – wie im Fall der bereits bestehenden gemeinsamen Internetplattform für Regelenergie – ein diskriminierungsfreies und transparentes Ausschreibungsverfahren vorsehen. Die Bundesregierung kann durch Rechtsverordnung nach § 13i Abs. 1 und 2 genauere Regelungen für das Ausschreibungsverfahren vorgeben.

112 Eine derartige Ausschreibungsplattform bestand vom 1.10.2016 bis zum 1.7.2022 für den Bereich der **abschaltbaren Lasten** mit der Verordnung zu abschaltbaren Lasten (**AbLaV**). Die Verordnung zu abschaltbaren Lasten wurde allerdings nicht verlängert, da sie aufgrund ihres ungewissen technischen Nutzens und der teils pauschalen Vergütung in der Kritik stand (Säcker EnergieR/König § 13 Rn. 60).

113 Für den Bereich der **zuschaltbaren Lasten** wurde zum 19.7.2022 der neue Absatz 6b eingeführt (→ Rn. 12), welcher ab dem 1.7.2023 Ausschreibungen für bestimmte zuschaltbare Lasten vorsieht (→ Rn. 127). Für diese Ausschreibungen gelten die allgemeinen Vorgaben des Absatz 6, wonach ein diskriminierungsfreies und transparentes Ausschreibungsverfahren durch die Übertragungsnetzbetreiber durchzuführen ist.

K. Redispatch-Vereinbarungen mit KWK-Anlagen (Abs. 6a)

114 Absatz 6a regelt einen Sonderfall, der es ermöglicht, zuschaltbare Lasten ohne die Durchführung eines diskriminierungsfreien und transparenten Ausschreibungsverfahrens ins Netzengpassregime einzubinden. Die Regelung wurde durch das Gesetz zur Einführung von Ausschreibungen für Strom aus erneuerbaren Energien vom 13.10.2016 (BGBl. I 2258) in § 13 aufgenommen und ist zum 1.1.2017 in Kraft getreten.

I. Bedeutung der Norm

115 Absatz 6a ermöglicht, dass im Rahmen einer vertraglichen Vereinbarung eine KWK-Anlage zusammen mit einem elektrischen Wärmeerzeuger (**Power-to-Heat-Anlage**) durch den Übertragungsnetzbetreiber gesteuert werden kann. Derartige Konzepte gelten als besonders sinnvoll, da sie eine **doppelte Entlastungswirkung** zur Folge haben (BT-Drs. 18/8832, 335). Denn wenn bei einem Netzengpass die Stromeinspeisung durch die KWK-Anlage reduziert wird, entlastet dies allein bereits das Stromnetz. Gleichzeitig fehlt am Standort dann die durch die KWK-Anlage erzeugte Wärme, die dann in einer Power-to-Heat-Anlage aus Strom erzeugt werden muss. Mit dieser Ersatz-Wärmeerzeugung wird zugleich ein großer Verbraucher systemdienlich zugeschaltet.

116 Aufgrund seiner hohen Anforderungen und Komplexität sowie geringen Anreizen hat Absatz 6a in der Praxis bisher nur **geringe Relevanz** erreicht. Der Gesetzgeber hat sich daher entschlossen Absatz 6a perspektivisch durch Absatz 6b abzulösen (BT-Drs. 20/2402, 41).

117 Hinzu kommt, dass nach dem Regelungsregime des Redispatch 2.0 iSv § 13a ohnehin KWK-Anlagen geregelt werden können, selbst wenn der Anlagenbetreiber die in der Anlage erzeugte Wärme benötigt. Denn die ausreichende Ersatz-Wärmeversorgung liegt nach der neuen gesetzlichen Konzeption in der Verantwortung des Anlagenbetreibers (→ § 13a Rn. 95).

118 Die frühere Rechtslage, nach der Anlagenbetreiber eine Regelung der KWK-Anlage deshalb verweigern konnten, weil keine Ersatz-Wärmeversorgung verfügbar war (BT-Drs. 18/8832, 335), und die Anlage damit für den Redispatch nicht zur Verfügung stand, besteht damit nicht mehr. Der Bedarf für Redispatch-Vereinbarungen nach Absatz 6a hat damit abgenommen.

119 Hinzuweisen ist ferner darauf, dass Absatz 6a ausdrücklich nur für Übertragungsnetzbetreiber gilt und von der Verweisungsnorm des § 14 Abs. 1 S. 1 ausgenommen ist (vgl. Absatz 6a

Satz 5). Verteilernetzbetreiber können also keine Redispatch-Vereinbarungen mit KWK-Anlagen schließen.

II. Zeitlicher Anwendungsbereich

Nach der Übergangsregelung des § 118 Abs. 22 ist § 13 Abs. 6a können Redispatch-Vereinbarungen nach dieser Norm nur bis zum **31.12.2023** geschlossen werden. Bestehende Redispatch-Vereinbarungen laufen bis zum Ende der vereinbarten Vertragslaufzeit weiter. 120

III. Inhalt der Redispatch-Vereinbarung

Um von der Möglichkeit des Absatzes 6a Gebrauch zu machen, ist eine vertragliche Vereinbarung zwischen dem KWK-Anlagenbetreiber und dem Übertragungsnetzbetreiber zu schließen. Der Abschluss der Vereinbarung steht im Ermessen des Übertragungsnetzbetreibers. Ein Anspruch des KWK-Anlagenbetreibers auf Abschluss einer Vereinbarung iSv Absatz 6a besteht nicht. 121

Zudem muss die KWK-Anlage die Bedingungen des Satzes 1 Nummern 1–4 erfüllen, also insbesondere geeignet sein, um Netzengpässe zu beheben und vor dem 1.1.2017 in Betrieb genommen worden sein (Bestandsanlage). 122

Satz 2 regelt den **Mindestinhalt der Redispatch-Vereinbarung**. In erster Linie muss der KWK-Anlagenbetreiber die Steuerung der KWK-Anlage ermöglichen und erhält hierfür eine angemessene Vergütung. Für die angemessene Vergütung sind die Vorgaben der § 13a Abs. 2–4 (Redispatch-Vergütung) entsprechend anwendbar. Der KWK-Anlagenbetreiber wird durch die Steuerung damit wirtschaftlich weder besser noch schlechter gestellt (→ § 13a Rn. 63). 123

Der zusätzliche Anreiz für den KWK-Anlagenbetreiber liegt deshalb vor allem in Satz 2 Nummer 3, wonach der Übertragungsnetzbetreiber die Errichtungskosten für die Power-to-Heat-Anlage übernimmt. Nach dem Auslaufen der Redispatch-Vereinbarung darf der KWK-Anlagenbetreiber die Power-to-Heat-Anlage behalten, ohne den Wert auszugleichen zu müssen. Satz 4 sieht für die Redispatch-Vereinbarung eine Mindestlaufzeit von fünf Jahren vor. 124

Zur Umsetzung der Anforderungen von § 13 Abs. 6a haben die deutschen Übertragungsnetzbetreiber eine **freiwillige Selbstverpflichtung** abgegeben, welche die Vorgaben konkretisiert. Die BNetzA hat auf dieser Grundlage die wirksame Verfahrensregulierung festgestellt (BNetzA Beschl. v. 12.1.2018 – BK8-17/0009-A). 125

Bereits bei Erlass des Absatzes 6a wurde kritisiert, dass nach der Norm nur Power-to-Heat-Anlagen als zuschaltbare Lasten in Betracht kommen. Dieser Kritik hat der Gesetzgeber dadurch Rechnung getragen, dass Satz 7 einen **Zielwert von 2 Gigawatt** benennt. Wird dieser Zielwert nicht erreicht, sollen auch andere zuschaltbare Lasten zum Einsatz kommen können (vgl. BT-Drs. 18/9096, 375). Der Gesetzgeber hat zu diesem Zweck mit Wirkung zum 19.7.2022 den neuen Absatz 6b eingeführt, welcher die Regelung des Absatz 6a ablösen soll (BT-Drs. 20/2402, 41). Nach Absatz 6b sind Ausschreibungen für zuschaltbare Lasten erstmals ab dem 1.7.2023 durchzuführen. 126

L. Ausschreibung von zuschaltbaren Lasten (Abs. 6b)

Absatz 6b sieht vor, dass die Übertragungsnetzbetreiber Ausschreibungen für zuschaltbare Lasten durchführen. Durch die Zuschaltung der Lasten soll die andernfalls notwendige **Abregelung von EE-Anlagen** vermieden werden. Die Regelung dient also dem Klimaschutz. 127

Absatz 6 sah bereits seit 2012 einen allgemeinen Rahmen für die Ausschreibung von ab- und zuschaltbaren Lasten vor. Der Bereich der zuschaltbaren Lasten wurde durch den Gesetzgeber aber nur durch die Redispatch-Vereinbarungen mit KWK-Anlagen iSd Absatz 6a ausgefüllt. Da Absatz 6a nicht die erhoffte Wirkung gebracht hat, wurde durch das Gesetz zur Änderung des Energiewirtschaftsrechts im Zusammenhang mit dem Klimaschutz-Sofortprogramm und zu Anpassungen im Recht der Endkundenbelieferung vom 19.7.2022 (BGBl. I 1214) der Absatz 6b mit Wirkung zum 19.7.2022 neu eingefügt. Absatz 6b soll **perspektivisch die Regelung in Absatz 6a ablösen** (BT-Drs. 20/2402, 41). 128

129 Als zuschaltbare Lasten kommen insbesondere **Power-to-Heat-Anlagen** in Betracht, die Strom in Wärme umwandeln und zB an Industriestandorten als Ersatzwärmeversorgung vorgehalten werden.

I. Ausschreibungsverfahren

130 Die Ausschreibungen für zuschaltbare Lasten haben erstmals zum 1.7.2023 zu erfolgen (Satz 2). Diese Frist soll auf den 1.7.2024 verlängert werden (vgl. BT-Drs. 20/7310, 11). Die Ausschreibung erfolgt dabei jeweils für den Folgetag (BT-Drs. 20/2402, 42). Nach Satz 8 kann die BNetzA im Wege einer Festlegung nach § 29 Abs. 1 Vorgaben für den Ausschreibungszeitraum machen.

131 Die Ausschreibungen sind auf den 31.12.2030 befristet.

132 Für das Ausschreibungsverfahren gelten die **allgemeinen Vorgaben** des Absatz 6, wonach ein diskriminierungsfreies und transparentes Ausschreibungsverfahren durch die Übertragungsnetzbetreiber durchzuführen ist.

133 Die Übertragungsnetzbetreiber entscheiden, in welchem Umfang die jeweilige Ausschreibung erfolgt. Hierzu haben sie die erwartete Reduktion von EE-Anlagen im Ausschreibungszeitraum zu berücksichtigen, welche durch die zuschaltbaren Lasten vermieden werden soll (Satz 3).

134 Die **Kosten des Übertragungsnetzbetreibers für die Ausschreibungen** iSd Absatz 6b können als **dauerhaft nicht beeinflussbare Kostenanteile** iSd § 11 Abs. 2 Satz 2 und 4 Anreizregulierungsverordnung gewälzt werden, wenn die BNetzA eine entsprechende Festlegung trifft (BT-Drs. 20/2402, 42).

135 Neben den Übertragungsnetzbetreibern können sich an den Ausschreibungen auch **Betreiber von Verteilernetzen** beteiligen (Satz 9). Die Verteilnetzbetreiber können dadurch zuschaltbare Lasten für ihr jeweiliges Netzgebiet beschaffen. Voraussetzung ist dafür, – wie im Fall der Übertragungsnetzbetreiber – dass durch die zuschaltbaren Lasten eine Abregelung von EE-Anlagen vermieden werden kann. Ferner muss der Verteilnetzbetreiber seiner Pflicht zum bedarfsgerechten Netzausbau nachgekommen sein. Der Verteilnetzbetreiber muss nachweisen, dass sein Verteilernetz weder im erforderlichen Umfang nach dem Stand der Technik optimiert, verstärkt oder ausgebaut werden konnte noch andere geeignete Maßnahmen zur effizienten Beseitigung des Engpasses verfügbar sind.

136 Satz 10 stellt klar, dass der Bedarf des Übertragungsnetzbetreibers an zuschaltbaren Lasten dem Bedarf des Verteilnetzbetreibers vorgeht. Primär ist also der Bedarf der Übertragungsnetzbetreiber zu erfüllen und erst sekundär der Bedarf der Verteilnetzbetreiber. Die Verteilnetzbetreiber haben in diesem Rahmen aber einen Anspruch, dass die Übertragungsnetzbetreiber sie an den Ausschreibungen iSd Absatz 6b beteiligen.

II. Teilnahmeberechtigte zuschaltbare Lasten

137 Absatz 6b Satz 4 definiert, welche zuschaltbaren Lasten an den Ausschreibungen teilnehmen dürfen. Die Voraussetzungen des Satz 4 sind **nicht abschließend** und können durch die Übertragungsnetzbetreiber im Rahmen der Ausschreibungsbedingungen ergänzt werden.

1. Zusätzlichkeit der zuschaltbaren Last

138 Die strengste Anforderung für zuschaltbare Lasten ergibt sich aus Nr. 1, wonach zuschaltbare Lasten innerhalb der letzten zwölf Monate vor Beginn und innerhalb des jeweiligen Ausschreibungszeitraums **keinen Strom an den Strommärkten** beziehen dürfen. Jeglicher Strombezug an Strommärkten ist daher ausgeschlossen. Der Begriff „Strommärkte" ist nicht legal definiert, wird aber in verschiedenen Normen des EnWG verwendet (vgl. §§ 1a, 13c, 13e). Der Begriff ist nach dem Gesetzeszweck weit auszulegen.

139 Laut der Gesetzesbegründung soll mit dieser Vorgabe strategisches Bieterverhalten vermieden werden (BT-Drs. 20/2402, 42). Gemeint ist, dass ein Betreiber einer zuschaltbaren Last, die Anlage bewusst zurückhält und für diese keinen Strom besorgt, weil er ohnehin mit einem Netzengpass und deswegen mit einem Abruf in einer Ausschreibung nach Absatz 6b rechnet. Die jeweilige Anlage wäre also in jedem Fall betrieben worden und liefert keinen zusätzlichen Nutzen, der eine Abregelung von EE-Anlagen vermeiden könnte. Die **Zusätz-**

lichkeit einer zuschaltbaren Last ist das entscheidende Kriterium für die Wirksamkeit der Maßnahme. Der Gesetzgeber hat sich entschlossen, die Zusätzlichkeit dadurch abzusichern, dass die Anlagen im Zeitraum von einem Jahr gar nicht mit Strom durch Strommärkte beliefert werden dürfen. Möglich ist damit nur eine Strombelieferung der zuschaltbaren Last **außerhalb der Strommärkte**, also beispielsweise eine Eigenversorgung.

Satz 6 ergänzt hierzu, dass die zuschaltbare Last auch **keinen Strom von EE-Anlagen** 140 beziehen darf. Über einen Strommarkt wäre der Bezug von EE-Strom ohnehin nach Nr. 1 ausgeschlossen. Satz 6 verbietet darüber hinaus auch eine Lieferung die durch eine EE-Anlage vor Ort oder bilanziell über das Netz erfolgt, ohne dass ein Bezug am Strommarkt vorliegt. Der Gesetzgeber möchte vermeiden, dass weder ein Anreiz besteht EE-Strom abzuregeln noch, dass dieser engpassverstärkend in das Netz eingespeist wird (BT-Drs. 20/2402, 42).

Für **Strombezug aus einer KWK-Anlage** enthält Nr. 2 eine weitere Ergänzung zu 141 Nr. 1. So hat der Betreiber bei einem Strombezug aus einer verbundenen KWK-Anlage sicherzustellen, dass die KWK-Anlage ihre Stromerzeugung in gleichem Umfang wie der Strombezug der zuschaltbaren Last reduziert. Diese Voraussetzung ist an Absatz 6a angelehnt und soll verhindern, dass – vergleichbar zu EE-Anlagen nach Satz 6 – eine engpassverstärkende Einspeisung des KWK-Stroms erfolgt. Dem KWK-Anlagenbetreiber wird die nicht erzeugte Strommenge bilanziell durch den Übertragungsnetzbetreiber geliefert (BT-Drs. 20/2402, 42).

2. Netztechnischen Wirksamkeit und Lage der zuschaltbaren Last

Als weitere Voraussetzung sieht Nr. 3 vor, dass die zuschaltbare Last geeignet sein muss, 142 Gefährdungen oder Störungen der Sicherheit oder Zuverlässigkeit des Elektrizitätsversorgungssystems aufgrund von Netzengpässen im Höchstspannungsnetz zu beseitigen. Dies ist insoweit selbstverständlich, als zuschaltbare Lasten gerade Netzengpässe vermindern sollen und daher nur solche Anlagen in Betracht kommen, die hierzu geeignet sind. Anders als die pauschale Formulierung des Gesetzes vermuten lässt, kommt es nach der Gesetzesbegründung nicht nur auf eine abstrakte Eignung an, sondern für den jeweiligen Netzengpass ist eine **Eignung im Einzelfall** festzustellen (BT-Drs. 20/2402, 42). Der Übertragungsnetzbetreiber hat zu beurteilen, inwiefern die jeweilige Last gemäß ihrer netztechnischen Wirksamkeit geeignet ist, einen konkreten Netzengpass zu vermindern (BT-Drs. 20/2402, 42).

Im Zusammenhang mit dieser Voraussetzung sieht Nr. 4 vor, dass sich die zuschaltbare 143 Last innerhalb der Bundesrepublik Deutschland befinden muss. Ausländische Anlagen sind damit ausgeschlossen. Innerhalb der BRD sind allerdings Anlagen in der sog. **Südregion** nach Anlage 1 des Kohleverstromungsbeendigungsgesetzes (vor allem Landkreise in Baden-Württemberg, Bayern, Hessen und Rheinland-Pfalz) ausgenommen. Denn in der Südregion ist der Bedarf an zuschaltbaren Lasten geringer, da auch die Abregelung von EE-Anlagen geringer ist. Die Südregion ist daher von vornherein von der Ausschreibung ausgeschlossen.

3. Weitere Voraussetzungen

Die Anlage muss im Ausschreibungszeitraum jederzeit verfügbar (Nr. 5) und fernsteuerbar 144 (Nr. 6) sein. Die Mindestgröße für ein Gebot beträgt 100 kW, wobei eine Aggregierung kleinerer Lasten zulässig ist (Nr. 7). Der Gebotspreis erfolgt in Euro je MWh und muss positiv sein (Nr. 8).

Als weitere Voraussetzung sieht Satz 11 vor, dass ein Betreiber einer zuschaltbaren Last 145 nicht im Sinne des Artikels 3 Absatz 2 der Verordnung (EG) Nr. 139/2004 des Rates vom 20. Januar 2004 über die Kontrolle von Unternehmenszusammenschlüssen (ABl. L 24 vom 29.1.2004, S. 1) mit dem Betreiber eines Verteilernetzes verbunden sein darf.

4. Rechtsfolgen bei Verstößen gegen die Teilnahmevoraussetzungen

Das Gesetz sieht nur für die Nummern 1, 2 und 5 vor, welche Rechtsfolge bei einem 146 Verstoß gegen die jeweilige Teilnahmevoraussetzung eintritt (Satz 5). Verstößt der Betreiber gegen eine oder alle der genannten Voraussetzungen, ist die zuschaltbare Last für drei Monate für weitere **Ausschreibungen gesperrt**.

147 Für die anderen Teilnahmevoraussetzung ist keine Rechtsfolge im Gesetz vorgesehen. Die Übertragungsnetzbetreiber können allerdings in den **Ausschreibungsbedingungen** vorsehen, welche Folgen ein Verstoß hat. Die gesetzliche Regelung in Satz 5 ist **nicht abschließend**.

III. Bedingungen des Strombezugs

148 Der Übertragungsnetzbetreiber zahlt dem Betreiber der zuschaltbaren Last bei einem Zuschlag den Gebotspreis in Euro je MWh und liefert diesem den Strom.
Als Stromlieferant ist der Übertragungsnetzbetreiber der Schuldner der **Stromsteuer** (BT-Drs. 20/2402, 42).

149 Für die Lieferung des Stroms fallen die Umlagen nach § 17f Abs. 5 (**Offshore-Netzumlage**), nach § 26 Abs. 1 des Kraft-Wärme-Kopplungsgesetzes (**KWKG-Umlage**), nach § 18 Abs. 1 der Abschaltbare-Lasten-Verordnung (**AbLaV-Umlage**) sowie nach § 19 Abs. 2 S. 15 der Stromnetzentgeltverordnung (**StromNEV-Umlage**) **nicht** an. Die Umlagen-Befreiung soll den Strompreis so günstig wie möglich machen und damit die Anzahl der verfügbaren Lasten erhöhen (BT-Drs. 20/2402, 42).

150 Gleichsam soll auch durch die Regelung in Satz 8 das Potential zuschaltbarer Lasten erweitert werden. Nach Satz 8 kann die BNetzA durch Festlegung über eine Reduktion der Netzentgelte entscheiden bzw. diese auf null reduzieren.

M. Informationspflicht (Abs. 7)

151 Absatz 7 regelt eine allgemeine Informationspflicht der Übertragungsnetzbetreiber für Anpassungen und Maßnahmen nach § 13. Die Regelung ist allgemein gehalten und spezifiziert weder den Regelungsadressaten noch den Detailierungsgrad der Information. Die genauere Ausgestaltung der Informationspflicht hat der Gesetzgeber der BNetzA überlassen, die hierzu durch Festlegung weitergehende Vorgaben erlassen kann (vgl. § 13j Abs. 2 Nr. 1). Eine derartige Festlegung besteht bisher nicht.

152 Aus dem Regelungskontext ergibt sich das die Übertragungsnetzbetreiber und über die Verweisung des § 14 Abs. 1 auch die Verteilernetzbetreiber **auskunftsverpflichtet** sind.

153 **Auskunftsberechtigt** sind die unmittelbar Betroffenen und die Regulierungsbehörde. Unmittelbar Betroffene sind nach der Gesetzesbegründung die Adressaten der jeweiligen Maßnahmen (BT-Drs. 15/3917, 57).

154 Die Information muss unverzüglich, also ohne schuldhaftes Zögern (vgl. § 121 Abs. 1 BGB) zur Verfügung gestellt werden. Die Information „muss geeignet sein, die Notwendigkeit, den Umfang und die Qualität der ergriffenen Maßnahmen nachträglich" nachvollziehbar zu machen (TransmissionCode 2007, 7; so auch Säcker EnergieR/König § 13 Rn. 152). Auf Verlangen sind die für eine Nachprüfung der vorgebrachten Gründe erforderlichen Unterlagen vorzulegen. Genauere Vorgaben sind einer Festlegung der BNetzA nach § 13j Abs. 2 Nr. 1 vorbehalten.

155 Hinzuweisen ist darauf, dass neben Absatz 7 noch eine **spezielle Informationspflicht** bei Notfallmaßnahmen nach Absatz 2 Satz 2 besteht.

N. Feststellung von Versorgungsstörung (Abs. 8)

156 Sofern ein Übertragungsnetzbetreiber feststellt, dass selbst Notfallmaßnahmen nach Absatz 2 nicht ausreichen, um eine Versorgungsstörung für den **lebenswichtigen Bedarf** iSd § 1 Energiesicherungsgesetz abzuwenden, ist er gem. Absatz 8 verpflichtet, die BNetzA unverzüglich zu unterrichten.

157 Sobald es zu einer Versorgungsstörung für lebenswichtigen Bedarf gekommen ist, ist diese Unterrichtungspflicht ohnehin obsolet, da die BNetzA von sich aus tätig werden wird. Die Informationspflicht aus Absatz 8 greift daher in erster Linie bei Sachverhalten, in denen die Versorgung noch nicht unterbrochen ist, aber eine Unterbrechung unmittelbar droht. Der Übertragungsnetzbetreiber hat derartige Fälle unverzüglich an die BNetzA zu melden, sobald er diesen gewahr wird, damit geprüft werden kann, ob und inwieweit Maßnahmen nach dem Energiesicherungsgesetz notwendig werden (BT-Drs. 15/3917, 57). Absatz 8 ist bislang

aber noch nicht zur Anwendung gekommen, da eine derartig umfassende Versorgungsstörung bisher in Deutschland nicht aufgetreten ist.

O. Schwachstellenanalyse (Abs. 9)

Um schwerwiegenden Versorgungsstörungen vorzubeugen, sieht Absatz 9 vor, dass die 158 Übertragungsnetzbetreiber regelmäßig eine Schwachstellenanalyse erarbeiten. Das Gesetz macht keine näheren Vorgaben zu Art und Umfang der Schwachstellenanalyse, insbesondere nicht zur Methodik. Im Rahmen der Schwachstellenanalyse sind aber nach der Gesetzesbegründung nicht die längerfristigen Projekte zur Stärkung der Versorgungssicherheit, wie beispielsweise Leitungs- oder Kraftwerksbau, zu betrachten. Vielmehr sollen in der Schwachstellenanalyse Vorbereitungen für Maßnahmen nach den Absätzen 1 und 2 getroffen werden, damit identifizierte Schwachstellen in einem Gefährdungs- oder Störungsfall am besten ausgeglichen werden können (BT-Drs. 15/3917, 57). Zur Vorbereitung einer derartigen Situation sollen deswegen auch das Personal in den Steuerstellen der Übertragungsnetzbetreiber geschult werden, um insbesondere den Koordinierungsanforderungen unter Zeitdruck in Notsituationen gewachsen zu sein (BT-Drs. 15/3917, 57).

Die Schwachstellenanalyse ist alle zwei Jahre neu vorzunehmen und der BNetzA hierzu 159 jeweils zum 31. August ein Bericht zu erstatten.

P. Engpassmanagementprognose (Abs. 10)

Um die Transparenz des Engpassmanagements zu erhöhen, hat der Gesetzgeber durch das 160 Gesetz zur Einführung von Ausschreibungen für Strom aus erneuerbaren Energien vom 13.10.2016 (BGBl. I 2258) den Absatz 10 in § 13 aufgenommen. Dieser sieht vor, dass die Übertragungsnetzbetreiber jährlich gemeinsam eine Prognose zum Umfang von Maßnahmen nach den Absätzen 1 und 2 für die nächsten fünf Jahre erstellen. In der Engpassmanagementprognose sind auch die Kosten der Maßnahmen zu schätzen, insbesondere für den Redispatch.

Die Engpassmanagementprognose basiert auf den abgestimmten Eingangsparametern der 161 Systemanalysen nach § 3 Abs. 2 NetzResV. Die Methode zur Erstellung der Prognose soll im Vorfeld der Untersuchungen mit der BNetzA abgestimmt werden (BT-Drs. 18/8860, 334). Die Engpassmanagementprognose ist zum 1. Juli an die BNetzA zu übermitteln und wird von dieser veröffentlicht.

§ 13a Erzeugungsanpassung und ihr bilanzieller und finanzieller Ausgleich

(1) ¹Betreiber von Anlagen zur Erzeugung oder Speicherung von elektrischer Energie mit einer Nennleistung ab 100 Kilowatt sowie von Anlagen zur Erzeugung oder Speicherung von elektrischer Energie, die durch einen Netzbetreiber jederzeit fernsteuerbar sind, verpflichtet, auf Aufforderung durch Betreiber von Übertragungsnetzen die Wirkleistungs- oder Blindleistungserzeugung oder den Wirkleistungsbezug anzupassen oder die Anpassung zu dulden. ²Eine Anpassung umfasst auch die Aufforderung einer Einspeisung oder eines Bezugs aus Anlagen, die
1. derzeit keine elektrische Energie erzeugen oder beziehen und erforderlichenfalls erst betriebsbereit gemacht werden müssen oder
2. zur Erfüllung der Anforderungen einer Erzeugung oder eines Bezugs eine geplante Revision verschieben müssen.

(1a) ¹Der Bilanzkreisverantwortliche der betroffenen Einspeise- oder Entnahmestelle hat einen Anspruch auf einen bilanziellen Ausgleich der Maßnahme gegen den Übertragungsnetzbetreiber, der den Betreiber der Anlage nach Absatz 1 zur Anpassung aufgefordert oder die Anpassung durchgeführt hat. ²Der Übertragungsnetzbetreiber hat einen Anspruch gegen den Bilanzkreisverantwortlichen auf Abnahme des bilanziellen Ausgleichs. ³Ist der Strom nach § 57 des Erneuerbare-Energien-Gesetzes zu vermarkten, erfolgt der bilanzielle Ausgleich abweichend von Satz 1 mit dem Bilanzkreis, über den der Übertragungsnetzbetreiber die Ver-

EnWG § 13a   Teil 3. Regulierung des Netzbetriebs

marktung durchführt. ⁴Der Übertragungsnetzbetreiber muss den Bilanzkreisverantwortlichen unverzüglich über den geplanten Zeitpunkt, den Umfang und die Dauer der Anpassung unterrichten. ⁵Der Übertragungsnetzbetreiber muss den Bilanzkreisverantwortlichen und den Betreiber der Anlage nach Absatz 1 unverzüglich über die tatsächlichen Zeitpunkte, den jeweiligen Umfang, die Dauer und die Gründe der Anpassung unterrichten.

(2) ¹Eine nach Absatz 1 Satz 1 vorgenommene Anpassung ist zwischen dem Betreiber des Übertragungsnetzes und dem Betreiber der Anlage zur Erzeugung oder Speicherung von elektrischer Energie angemessen finanziell auszugleichen. ²Der finanzielle Ausgleich ist angemessen, wenn er den Betreiber der Anlage unter Anrechnung des bilanziellen Ausgleichs nach Absatz 1a wirtschaftlich weder besser noch schlechter stellt, als er ohne die Maßnahme stünde. ³Ein angemessener finanzieller Ausgleich nach Satz 1 umfasst folgende Bestandteile, wenn und soweit diese durch die jeweilige Anpassung der Wirkleistungs- oder Blindleistungserzeugung oder des Wirkleistungsbezugs auf Anforderung des Betreibers eines Übertragungsnetzes verursacht worden sind:
1. die notwendigen Auslagen für die tatsächlichen Anpassungen der Erzeugung (Erzeugungsauslagen) oder des Bezugs,
2. den Werteverbrauch der Anlage für die tatsächlichen Anpassungen der Erzeugung oder des Bezugs (anteiligen Werteverbrauch),
3. die nachgewiesenen entgangenen Erlösmöglichkeiten, wenn und soweit diese die Summe der nach den Nummern 1 und 2 zu erstattenden Kosten übersteigen,
4. die notwendigen Auslagen für die Herstellung der Betriebsbereitschaft nach Absatz 1 Satz 2 Nummer 1 oder die Verschiebung einer geplanten Revision nach Absatz 1 Satz 2 Nummer 2 und
5. im Fall der Reduzierung der Wirkleistungserzeugung aus Anlagen nach § 3 Nummer 1 des Erneuerbare-Energien-Gesetzes oder von KWK-Strom im Sinne des § 3 Absatz 2 des Kraft-Wärme-Kopplungsgesetzes die entgangenen Einnahmen zuzüglich der zusätzlichen Aufwendungen.

⁴Ersparte Aufwendungen erstattet der Anlagenbetreiber an den zuständigen Betreiber eines Übertragungsnetzes. ⁵Abweichend von Satz 2 ist der bilanzielle Ausgleich nach Absatz 1a nicht anzurechnen, wenn der Strom nach § 57 des Erneuerbare-Energien-Gesetzes zu vermarkten ist.

(3) Grundlage für die Bestimmung des anteiligen Werteverbrauchs nach Absatz 2 Satz 2 Nummer 2 sind die handelsrechtlichen Restwerte und handelsrechtlichen Restnutzungsdauern in Jahren; für die Bestimmung des anteiligen Werteverbrauchs für die Anlage oder Anlagenteile ist als Schlüssel das Verhältnis aus den anrechenbaren Betriebsstunden im Rahmen von Maßnahmen nach Absatz 1 Satz 1 und den für die Anlage bei der Investitionsentscheidung betriebswirtschaftlich geplanten Betriebsstunden zugrunde zu legen.

(4) Weitergehende Kosten, die dem Anlagenbetreiber auch ohne die Anforderung nach Absatz 1 Satz 1 entstehen, insbesondere Betriebsbereitschaftsauslagen und eine Verzinsung des gebundenen Kapitals, werden nicht erstattet.

(5) ¹Maßnahmen nach Absatz 1 erfolgen in Abstimmung mit dem Betreiber desjenigen Netzes, in das die Anlage eingebunden ist, und allen zwischengelagerten Netzbetreibern, durch die das Anschlussnetz mit dem Netz des anfordernden Netzbetreibers verbunden ist, sowie allen vorgelagerten Netzbetreibern, die durch die Maßnahme betroffen sind. ²Trifft ein nachgelagerter Netzbetreiber in seinem Netz Maßnahmen nach Absatz 1 und konkurrieren diese Maßnahmen mit Maßnahmen des vorgelagerten Netzbetreibers nach Absatz 1, so sollen insoweit die Maßnahmen des nachgelagerten Netzbetreibers in der Regel Vorrang haben. ³Der Betreiber eines Übertragungsnetzes, in dessen Netz die Ursache für eine Maßnahme nach Absatz 1 liegt, muss dem Netzbetreiber, der die Maßnahme ausführt oder nach § 14 Absatz 1c Satz 1 zu ihr auffordert, die Kosten für den bilanziellen und finanziellen Ausgleich nach Abzug entstandener Erlöse ersetzen, soweit kein Anspruch nach § 14 Absatz 1c Satz 2 besteht.

Überblick

§ 13a regelt die Steuerung von Erzeugungsanlagen und Speichern durch den Übertragungsnetzbetreiber (auch als **Redispatch 2.0** bezeichnet). In **Absatz 1** ist die Verpflichtung zum Redispatch enthalten, die sich seit dem 1.10.2021 auf Anlagen ab 100 kW erstreckt (→ Rn. 7).

In **Absatz 1a** sind die Folgen für den **bilanziellen Ausgleich** einer Redispatch-Maßnahme, also die Bilanzkreisabrechnung niedergelegt (→ Rn. 45).

Absätze 2–4 behandeln demgegenüber den **finanziellen Ausgleich**, also die Entschädigung der Anlagenbetreiber für die Nachteile des Eingriffs in ihre Anlagen (→ Rn. 61). Spezielle Vorgaben für den Ersatz des anteiligen **Werteverbrauchs** der gesteuerten Anlagen finden sich in Absatz 3 (→ Rn. 88). Demgegenüber grenzt Absatz 4 ab, welche Kosten nicht durch den Netzbetreiber zu erstatten sind (→ Rn. 98).

Absatz 5 enthält Vorgaben für die Abstimmung zwischen den betroffenen Netzbetreibern im Zusammenhang mit einer Redispatch-Maßnahme (→ Rn. 99) sowie das Rangverhältnis widersprechender Maßnahmen (→ Rn. 105). Ferner ist dort in Ergänzung des § 14 Abs. 1c S. 2 ein Kostenersatzanspruch zwischen den Netzbetreibern geregelt (→ Rn. 107).

Übersicht

	Rn.		Rn.
A. Normzweck und Entstehungsgeschichte	1	V. Informationspflichten	59
B. Normadressaten	7	E. Finanzieller Ausgleich (Abs. 2–4)	61
I. Redispatch-verpflichtete Anlagen	7	I. Grundsatz der Kostenneutralität	63
1. Anlagen ab 100 kW Nennleistung	7	II. (Aufgehobene) BNetzA-Festlegung vom 30.10.2012	67
2. Anschluss-Netzebene und Kundenanlagen	17	III. (Aufgehobene) BNetzA-Festlegung vom 10.10.2018	71
3. Betriebsbereitschaft, Notstromanlagen und Revision (Abs. 1 S. 2)	20	IV. Beschluss des OLG Düsseldorf vom 12.8.2020 und BNetzA-Festlegung vom 19.5.2021	75
4. Informationspflichten der Anlagenbetreiber	25	V. Berücksichtigung des bilanziellen Ausgleichs	81
II. Redispatch-berechtigte Netzbetreiber	27	VI. Verursachungsprinzip (Abs. 2 S. 3)	84
C. Voraussetzungen der Redispatch-Maßnahme (Abs. 1)	30	VII. Finanzieller Ausgleich für konventionelle Anlagen (Abs. 2 S. 3 Nr. 1–4)	86
I. Aufforderung des Übertragungsnetzbetreibers	30	VIII. Finanzieller Ausgleich für EE- und KWK-Anlagen (Abs. 2 S. 3 Nr. 5)	92
II. Weitere Voraussetzungen des § 13 Abs. 1	34	IX. Ersparte Aufwendungen (Abs. 2 S. 4) und weitergehende Kosten (Abs. 4)	97
III. (Aufgehobene) Redispatch-Festlegung der BNetzA vom 30.10.2012	38	F. Koordinierung der Netzbetreiber (Abs. 5)	99
IV. Strombedingter und spannungsbedingter Redispatch	44	I. Gemeinsamer Abstimmungsprozess und Festlegung zur Netzbetreiberkoordinierung (Abs. 5 S. 1)	99
D. Bilanzieller Ausgleich (Abs. 1a)	45		
I. Anspruch auf bilanziellen Ausgleich	46	II. Rangverhältnis konkurrierender Redispatch-Maßnahmen (Abs. 5 S. 2)	105
II. Umsetzung des Ausgleichs bei strom- und spannungsbedingtem Redispatch	50		
III. BNetzA-Festlegung zum bilanziellen Ausgleich vom 6.11.2020 und BDEW-Übergangsregelung	55	III. Kostenausgleich zwischen Netzbetreibern für Redispatch-Maßnahmen (Abs. 5 S. 3)	107
IV. Umsetzung des Ausgleichs bei kaufmännischer Abnahme von EE-Strom	58		

A. Normzweck und Entstehungsgeschichte

Eingriffe in die Erzeugungsleistung von Kraftwerken und den Leistungsbezug von Speichern, die dazu dienen das Elektrizitätsversorgungssystem vor Netzengpässen zu schützen, **(Redispatch-Maßnahmen)** sind in Deutschland seit 2014 stark gestiegen (s. hierzu BMWi, Bericht nach § 63 Abs. 2a EnWG zur Wirksamkeit und Notwendigkeit der Maßnahmen nach den §§ 13a bis 13f sowie 13h bis 13j und § 16 Abs. 2a EnWG, 2020, 7). Denn aufgrund der Energiewende und der damit einhergehenden Transformation des deutschen Stromnetzes treten vermehrt Netzengpässe auf, auf die insbesondere durch Redispatch-Maßnahmen reagiert wird. Das Regulierungsrecht hat vor diesem Hintergrund eine neue Stoßrichtung erhalten, die weniger die wettbewerbliche Öffnung als vielmehr die Indienstnahme bestehender Infrastrukturen zum Inhalt hat (Möstl EnWZ 2015, 243).

2   In Rahmen der **Netzsicherheitsmaßnahmen des § 13 Abs. 1** übernimmt der Redispatch eine zentrale Funktion. Für das Verständnis des § 13a ist das Zusammenspiel mit den übrigen Netzsicherheitsmaßnahmen des § 13 Abs. 1 entscheidend (→ § 13 Rn. 18).

3   Die Redispatch-Regelung dient dem übergeordneten Zweck der Versorgungssicherheit. Der Staat nimmt mit der Regelung seine **Gewährleistungsverantwortung** im Rahmen der Daseinsvorsorge wahr und sowohl die Netzbetreiber als auch vor allem die Anlagenbetreiber in die Pflicht.

4   Der Redispatch war ursprünglich in § 13 geregelt und wurde erst nachträglich aufgrund seiner gewachsenen Bedeutung in § 13a verschoben. So wurden die Regelungen zum Redispatch erstmals durch das Gesetz zur Neuregelung energiewirtschaftsrechtlicher Vorschriften vom 26.7.2011 (BGBl. I 1554) eingeführt (→ § 13 Rn. 5) und berechtigten die Übertragungsnetzbetreiber Erzeugungsanlagen mit einer Nennleistung ab 10 MW anzuweisen, gegen eine angemessene Vergütung die Wirkleistungs- oder Blindleistungseinspeisung anzupassen. Durch das **Strommarktgesetz** vom 26.7.2016 (BGBl. I 1786) wurde der Redispatch in § 13a ausgegliedert.

5   Eine entscheidende Änderung erfolgte durch das **Gesetz zur Beschleunigung des Energieleitungsausbaus** vom 13.5.2019 (BGBl. I 706) zuletzt geändert durch Artikel 21 des Gesetzes vom 21.12.2020 (BGBl. I 3138). Mit diesem wurde zum 1.10.2021 der Grenzwert der Redispatch-verpflichteten Anlagen **von 10 MW auf 100 kW** erheblich abgesenkt und wurden die EE- und KWK-Anlagen integriert (→ Rn. 92). In Absatz 1a wurde ferner der bilanzielle Ausgleich einer Redispatch-Maßnahme kodifiziert (→ Rn. 45). Der finanzielle Ausgleich einer Redispatch-Maßnahme wurde in Absatz 2 im Wesentlich inhaltsgleich fortgeführt. Durch die Eingliederung der Einspeisemanagement-Entschädigung für EE- und KWK-Anlagen ergaben sich hierbei aber Anpassungen (→ Rn. 92). Die Übergangsregelung des Absatz 5 ist schließlich weggefallen, da sich diese durch Zeitablauf erledigt hat, und an ihre Stelle wurde die Abstimmungspflicht zwischen den Netzbetreibern für Redispatch-Maßnahmen gesetzt (→ Rn. 99).

6   **Europarechtlich** ist § 13a in Art. 13 VO (EU) 2019/943 über den Elektrizitätsbinnenmarkt (ABl. L 158/54, **Elektrizitätsbinnenmarkt-VO**) eingebettet (s. hierzu Gabler REE 2019, 165). Art. 13 Abs. 1 Elektrizitätsbinnenmarkt-VO sieht im Grundsatz vor, dass der Redispatch über **marktbasierte Mechanismen** beschafft werden soll. Im Gegensatz dazu folgt § 13a einem nicht-marktbasierten Ansatz. So besteht anders als beispielsweise für Regelleistung keine gemeinsame Ausschreibungsplattform der Übertragungsnetzbetreiber für Redispatch. Der **nicht marktbasierte Redispatch des § 13a**, wonach Anlagen auf Anforderung des Übertragungsnetzbetreiber für Redispatch herangezogen werden, ist jedoch im Rahmen des Art. 13 Abs. 3 Elektrizitätsbinnenmarkt-VO zulässig. Aufgrund der geringen Anzahl an Anlagen, die für einen Redispatch in Frage kommen, sind dabei regelmäßig die Voraussetzungen des Art. 13 Abs. 3 lit. c Elektrizitätsbinnenmarkt-VO erfüllt, da kein wirksamer Wettbewerb sichergestellt ist (s. hierzu auch OLG Düsseldorf 12.8.2020 – VI-3 Kart 895/18 (V) Ziff. 4 (juris)).

B. Normadressaten

I. Redispatch-verpflichtete Anlagen

1. Anlagen ab 100 kW Nennleistung

7   Nach Absatz 1 Satz 1 sind Anlagen zur Erzeugung oder Speicherung von elektrischer Energie mit einer Nennleistung **ab 100 Kilowatt** vom Redispatch betroffen.

8   Zudem werden auch Erzeugungs- und Speicheranlagen **unabhängig von ihrer Nennleistung** erfasst, wenn sie durch einen Netzbetreiber jederzeit **fernsteuerbar** sind. Dies trifft etwa auf EE-Anlagen iRd § 9 EEG 2023 zu.

9   Adressat der Redispatch-Anordnung ist jeweils der **Anlagenbetreiber**. § 13a schafft ein **gesetzliches Schuldverhältnis** zwischen dem Übertragungsnetzbetreiber und dem Anla-

genbetreiber (Bourwieg/Hellermann/Hermes/Sötebier § 13a Rn. 13). Einer vertraglichen Bestätigung bedarf es nicht. Obgleich der Anlagenbetreiber einen angemessenen finanziellen Ausgleich nach Absatz 2 erhält, hat der Redispatch daher den Charakter einer **Zwangsmaßnahme** (daher auch als „Zwangsbewirtschaftung" bezeichnet, vgl. Möstl EnWZ 2015, 243).

Der Begriff der **Erzeugungsanlage** ist in § 3 Nr. 18d definiert und umfasst alle Anlage zur Erzeugung von elektrischer Energie (→ § 3 Nr. 18d Rn. 1). Die Art der Erzeugung, also ob konventionelle Anlage, EE-Anlage oder KWK-Anlage, spielt aufgrund der Integration des Einspeisemanagements des § 14 EEG 2021 aF in das einheitliche Redispatch-Regime (Redispatch 2.0) keine Rolle mehr. Vielmehr sind nach aktueller Gesetzeslage alle Erzeugungsanlagen **unabhängig von der Erzeugungstechnologie** vom Redispatch erfasst. 10

Insbesondere kann ein industrieller Betreiber einer KWK-Anlage einer Redispatch-Anforderung nicht (mehr) entgegenhalten, dass die Wärmeerzeugung für den Industrieprozess unabdingbar und eine Abregelung daher ausgeschlossen ist (hierzu → Rn. 96). KWK-Anlagen innerhalb von Kundenanlagen sind bei einer Selbstversorgung jedoch in gewissem Umfang vom negativen Redispatch ausgenommen (→ § 13 Rn. 99). 11

Von der Frage der grundsätzlichen Verpflichtung einer Anlage zum Redispatch ist die Frage der Abruffreihenfolge strikt zu trennen. Letztere ist für konventionelle Anlagen, EE- und KWK-Anlagen umfassend in den § 13 Abs. 1–1c geregelt (→ § 13 Rn. 32). 12

Für Anlagen zur Speicherung von elektrischer Energie (**Stromspeicher**) fehlt eine Definition im EnWG. Zwar ist der Begriff der Energiespeicheranlagen in § 3 Nr. 15d definiert. Dieser Begriff wurde aber vom Gesetzgeber in § 13a nicht verwendet, da von § 13a nur solche Stromspeicher erfasst sein sollen, welche die eingespeicherte elektrische Energie wieder als elektrische Energie abgeben und nicht in einer anderen Energieform. Der Begriff Stromspeicher ist daher unter Heranziehung von § 118 Abs. 6 S. 3 technologieoffen auszulegen und umfasst elektrische, chemische, mechanische oder physikalische Stromspeicher (→ § 118 Rn. 11). 13

Soweit Speicheranlagen elektrische Energie erzeugen, fallen diese Anlagen bereits unter den Oberbegriff der Erzeugungsanlage (ebenso Bourwieg/Hellermann/Hermes/Sötebier § 13a Rn. 16). Insbesondere Pumpspeicherkraftwerke und Batteriespeicher sind in ihrer Erzeugungsfunktion als Erzeugungsanlagen anzusehen (so ausdrücklich im Zuge der Gesetzesbegründung zur Novelle des EEG 2017 vgl. BT-Drs. 18/10209, 106; ferner BNetzA, Bericht Regelungen zu Stromspeichern im deutschen Strommarkt, Stand: März 2021, 20; zur Netzentgeltpflicht von Pumpspeicherkraftwerken vgl. BGH NVwZ-RR 2010, 431; aA OLG Düsseldorf EnWZ 2022, 276 Rn. 107 ff.). Nur hinsichtlich der Verbrauchsfunktion war es erforderlich Speicheranlagen getrennt in § 13a Abs. 1 S. 1 zu erwähnen, da für diese die Besonderheit besteht, dass auch der Wirkleistungs**bezug** durch den Übertragungsnetzbetreiber angewiesen werden kann. 14

Die **Nennleistung von mindestens 100 Kilowatt** als Grenzwert wurde mit Wirkung zum 1.10.2021 eingeführt. Zuvor lag dieser Grenzwert mit 10 Megawatt noch erheblich höher. Hintergrund dieser Absenkung ist, dass das bisher in § 14 EEG 2021 geregelte Einspeisemanagement für EE- und KWK-Anlagen in § 13a integriert wurde. Für das Einspeisemanagement war auch bisher schon der Grenzwert von 100 kW vorgesehen. Aus Gründen der Gleichbehandlung und um eine Verletzung des Einspeisevorrangs zu vermeiden, wurde der Grenzwert von 100 kW einheitlich auf alle Erzeugungsanlagen und Strom-Speicheranlagen erstreckt (BT-Drs. 19/7375, 55). Durch die Absenkung des Grenzwerts erhöhte der Gesetzgeber erheblich den Kreis an Anlagen, die für einen Redispatch in Frage kommen. 15

Der **Begriff der Nennleistung** ist im EnWG nicht näher definiert. Die Nennleistung ist die vom Hersteller angegebene („genannte") höchste Leistung der Anlage, die bei einem bestimmungsgemäßen Betrieb ohne zeitliche Einschränkung erbracht werden kann (BFHE 235, 74 = BeckRS 2011, 96290; zum vergleichbaren Begriff der „installierten Leistung" s. § 3 Nr. 31 EEG 2023). Die Nennleistung lässt sich regelmäßig dem Typenschild der Anlage entnehmen. 16

2. Anschluss-Netzebene und Kundenanlagen

Die Redispatch-Verpflichtung aus Absatz 1 besteht unabhängig davon, auf welcher **Netzebene** die Anlagen angeschlossen sind. Dies war nach früherer Rechtslage noch anders 17

(Säcker EnergieR/König § 13a Rn. 14). § 13a erfasst zudem auch Anlagen in **geschlossenen Verteilernetzen** iSd § 110 (BNetzA Beschl. v. 23.3.2021 – BK6-20-061, S. 5).

18 Nach der aktuellen Formulierung ist der Netzbetreiber ferner berechtigt, Erzeugungsanlagen und Stromspeicher zu regeln, die in **Kundenanlagen** iSd § 3 Nr. 24a/24b angeschlossen sind und nicht in das Elektrizitätsversorgungsnetz einspeisen (BT-Drs. 19/7375, 52). Dies ergibt sich daraus, dass der Wortlaut auf die Anpassung der Wirkleistungs- oder Blindleistungs**erzeugung** abstellt. Die frühere Formulierung bis zum 30.9.2021 bezog sich hingegen auf die Wirkleistungs- oder Blindleistungs**einspeisung**.

19 Für EE- und KWK-Anlagen, die in Kundenanlagen einspeisen und zur Selbstversorgung genutzt werden, ist allerdings eine gewichtige Einschränkung zu machen. Aufgrund von Art. 13 Abs. 6 lit. a VO (EU) 2019/943 über den Elektrizitätsbinnenmarkt (ABl. L 158/54, Elektrizitätsbinnenmarkt-VO) dürfen diese Anlagen nur unter engen Voraussetzungen zum negativen Redispatch herangezogen werden (im Einzelnen → § 13 Rn. 45). EE- und KWK-Anlagen in Kundenanlagen scheiden für den Anteil des Stroms, der vor Ort verbraucht wird, daher regelmäßig vom **negativen Redispatch** nach § 13a aus.

3. Betriebsbereitschaft, Notstromanlagen und Revision (Abs. 1 S. 2)

20 Absatz 1 Satz 2 Nummer 1 erweitert den Kreis der verpflichteten Anlagen, um solche, die aktuell keine elektrische Energie erzeugen oder beziehen und erforderlichenfalls erst betriebsbereit gemacht werden müssen. § 13a beschränkt sich also nicht auf Anlagen, die aktuell in Betrieb sind, sondern umfasst auch **Anlagen, die betriebsbereit** gemacht werden können. Dies ist schon deswegen sinnvoll, weil sich andernfalls Anlagenbetreiber dem Redispatch entziehen könnten, indem sie ihre Anlagen vorübergehend außer Betrieb setzen.

21 Durch Absatz 1 Satz 2 Nummer 1 werden damit auch Kraftwerke in der sog. **Kaltreserve** erfasst. Allerdings kann es einige Zeit in Anspruch nehmen, ein Kraftwerk in der Kaltreserve wieder in den betriebsbereiten Zustand zu versetzen. Aufgrund dieser Beschränkungen kann sich eine Redispatch-Anforderung gegenüber Kraftwerken in der Kaltreserve nur darauf beziehen, dass sich die Anlage wieder anfahrbereit hält und in einem späteren Gefährdungszeitraum für Abrufe zur Verfügung steht.

22 Fraglich ist, ob nach Absatz 1 Satz 2 Nummer 1 auch **Notstromaggregate** zum Redispatch angefordert werden können. Die BNetzA geht davon aus, dass derartige Anlagen für Redispatch nicht in Frage kommen (BNetzA Beschl. v. 23.3.2021 – BK6-20-061, S. 10). Gleichwohl müssen auch Notstromaggregate den Meldepflichten des BNetzA-Beschlusses vom 23.3.2021 (BK6-20-061) nachkommen.

23 Notstromaggregate werden auch deswegen nur eingeschränkt für Redispatch herangezogen werden können, weil sie immissionsschutzrechtlichen Grenzen unterliegen. So dürfen Notstromaggregate ohne BImSchG-Genehmigung nur in engen Grenzen außerhalb der Notstromerzeugung betrieben werden. Die Notstromaggregate sind daher meist aus **rechtlich Gründen nicht verfügbar** für Redispatch-Maßnahmen.

24 Ferner sind nach Absatz 1 Satz 2 Nummer 2 auch Erzeugungs- und Speicheranlagen verpflichtet, die eine **geplante Revision** verschieben müssen, um die Anforderung einer Erzeugung oder eines Bezugs erfüllen zu können.

4. Informationspflichten der Anlagenbetreiber

25 Die Übertragungsnetzbetreiber können einen Redispatch nur durchführen, wenn sie ausreichende Informationen über den regelbaren Anlagenpark haben. Insbesondere muss den Übertragungsnetzbetreibern bekannt sein, welche Anlagen für einen Redispatch überhaupt zur Verfügung stehen. Um diese notwendige Informationsgrundlage zu schaffen, hat die BNetzA mit Beschluss vom 23.3.2021 eine **Festlegung zur Informationsbereitstellung** für Redispatch-Maßnahmen erlassen (BNetzA Beschl. v. 23.3.2021 – BK6-20-061). Die Festlegung findet ihre Rechtsgrundlage in § 12 Abs. 4 S. 1 und Abs. 6.

26 Die Festlegung verpflichtet Anlagenbetreiber **Stammdaten, Planungsdaten, Daten zu Nichtbeanspruchbarkeiten sowie Echtzeitdaten** ihrer jeweiligen Anlagen gemäß der als Anlage beigefügten „Informationsbereitstellung für Redispatch-Maßnahmen" zur Verfügung zu stellen (BNetzA Beschl. v. 23.3.2021 – BK6-20-061 Tenorziffer 1). Die Stammdaten sind seit dem 1.7.2021, die übrigen Daten seit dem 1.10.2021 zu übermitteln. Die Festlegung

geht auf einen brancheninternen Diskussionsprozess des BDEW zur Umsetzung des Redispatch 2.0 zurück.

II. Redispatch-berechtigte Netzbetreiber

Die Redispatch-Maßnahmen darf durch die Übertragungsnetzbetreiber für ihre jeweilige Regelzone angeordnet werden. 27

Über die Verweisungsnorm des § 14 Abs. 1 dürfen aber auch Verteilernetzbetreiber Redispatch-Maßnahmen gegenüber Erzeugungs- und Speicheranlagen in der eigenen und nachgelagerten Netzebene ergreifen. 28

Die Berechtigung mehrerer Netzbetreiber für dieselbe Anlage birgt das Risiko von doppelten oder widersprechenden Anweisungen. Aus diesem Grund regelt Absatz 5 die Koordination zwischen den Netzbetreibern und die Rangfolge von Redispatch-Anordnungen (→ Rn. 105). 29

C. Voraussetzungen der Redispatch-Maßnahme (Abs. 1)

I. Aufforderung des Übertragungsnetzbetreibers

Der Redispatch erfolgt auf Aufforderung des Übertragungsnetzbetreibers. Es bedarf daher einer entsprechenden **Anweisung.** Absatz 1 Satz 1 sieht dabei zwei unterschiedliche Umsetzungsformen vor, die gleichberechtigt nebeneinanderstehen. Zum einen kann der Übertragungsnetzbetreiber den Anlagenbetreiber **zur Steuerung seiner Anlage** anfordern. Zum anderen kann der Übertragungsnetzbetreiber aber auch die **Steuerung der Anlage direkt selbst** vornehmen, wenn entsprechende technische Voraussetzungen gegeben sind. In diesem zuletzt genannten Fall hat der Anlagenbetreiber die Steuerung dann nur noch zu dulden. 30

Der Übertragungsnetzbetreiber darf für Erzeugungsanlagen die Wirkleistungs- oder Blindleistungserzeugung anweisen und für Speicher den Wirkleistungsbezug. 31

Wirkleistung ist die elektrische Leistung, die tatsächlich zur Verfügung steht, um in andere Energieformen (zB mechanische oder thermische) umgewandelt zu werden. Die **Blindleistung** kann demgegenüber nicht in andere Energieformen umgewandelt werden, da sie für den Betrieb des Elektrizitätsversorgungsnetzes erforderlich ist und hierfür aufgebraucht wird (Halbig ER 2019, 59). Die Anpassung der Wirkleistung soll die Frequenz eines Elektrizitätsversorgungsnetzes stabilisieren. Im Gegensatz dazu soll die Anpassung der Blindleistung in erster Linie die Netzspannung halten (Säcker EnergieR/König § 13a Rn. 27; Halbig ER 2019, 59). 32

Je nach Richtung der Steuerung kann zudem zwischen **positivem und negativem Redispatch** unterschieden werden. Positiver Redispatch ist die Erhöhung der Wirkleistungserzeugung bzw. die Verringerung des Wirkleistungsbezugs. Negativer Redispatch wird durch eine Verringerung der Wirkleistungserzeugung bzw. die Erhöhung des Wirkleistungsbezugs nach § 13a Abs. 1 erreicht (BNetzA Beschl. v. 6.11.2020 – BK6-20-059, S. 8). 33

II. Weitere Voraussetzungen des § 13 Abs. 1

Aus der Vorgabe des § 13a Abs. 1, dass der Redispatch auf Aufforderung durchzuführen ist, folgt nicht, dass die Übertragungsnetzbetreiber Redispatch-Maßnahmen nach freiem Ermessen anweisen dürfen. Die weiteren einzuhaltenden Voraussetzungen ergeben sich vielmehr aus der Grundnorm des § 13 Abs. 1. Der Redispatch ist danach als marktbezogene Maßnahme iSd § 13 Abs. 1 Nr. 2 eingeordnet, für die je nach Erzeugungs- und Speicheranlage eine bestimmte **Abrufreihenfolge** zu beachten ist (im Einzelnen → § 13 Rn. 32). 34

Ob die Voraussetzungen des § 13 Abs. 1 vorliegen, ist gegenüber der einzelnen Erzeugungs- und Speicheranlage aber **nicht darzulegen oder zu beweisen** (BT-Drs. 19/7375, 55). Dies ergibt sich wie beschrieben daraus, dass die Voraussetzungen des § 13 Abs. 1 nicht in § 13a Abs. 1 benannt sind. Der Anlagenbetreiber kann daher gegen eine Redispatch-Anordnung nicht einwenden, dass beispielsweise keine Gefährdung des Elektrizitätsversorgungssystems vorliege oder andere Anlagen vorrangig heranzuziehen seien. Die Voraussetzungen des § 13 Abs. 1 dienen in erster Linie nicht dem Schutz des Anlagenbetreibers, 35 sondern öffentlichen Interessen (BT-Drs. 19/7375, 55). Der Anlagenbetreiber kann sich daher nicht auf die Voraussetzungen des § 13 Abs. 1 berufen.

36 Dafür spricht auch der Sinn und Zweck der Regelung, da die Wirksamkeit von Redispatch-Anordnung beeinträchtigt wäre, wenn Anlagenbetreiber die Erforderlichkeit von Maßnahmen im Einzelfall anzweifeln könnten bzw. ein Verweigerungsrecht hätte.

37 Ob der Übertragungsnetzbetreiber im Rahmen der Redispatch-Maßnahme die Anforderungen der § 13 Abs. 1–1c einhält, wird damit unmittelbar nur durch die **Regulierungsbehörde kontrolliert**. Der Anlagenbetreiber kann daneben über ein besonderes Missbrauchsverfahren nach § 31 eine Überprüfung der Redispatch-Maßnahme erreichen.

III. (Aufgehobene) Redispatch-Festlegung der BNetzA vom 30.10.2012

38 Die BNetzA hat am 30.10.2012 die Festlegung zur Standardisierung vertraglicher Rahmenbedingungen für Eingriffsmöglichkeiten der Übertragungsnetzbetreiber in die Fahrweise von Erzeugungsanlagen erlassen, um ein einheitliches, transparentes, diskriminierungsfreies und insoweit für alle betroffenen Marktakteure verlässliches Verfahren für die Durchführung von Redispatch-Maßnahmen sicherzustellen (BNetzA Beschl. v. 30.10.2012 – BK6-11-098, kurz: **Redispatch-Festlegung vom 30.10.2012**).

39 Auf die Beschwerde verschiedener Betroffener hin hat das OLG Düsseldorf die Redispatch-Festlegung vom 30.10.2012 in zwölf Fällen **aufgehoben** (exemplarisch: OLG Düsseldorf BeckRS 2015, 11708).

40 Nach dem Beschluss sind die Tenorziffern 2 Satz 3 (netzknotenbezogene Nennwertgrenze) und Tenorziffer 3 Satz 2 (Wirkleistungsbezug durch Speicheranlagen) der Redispatch-Festlegung vom 30.10.2012 materiell rechtswidrig, aber die Redispatch-Festlegung im Übrigen nicht zu beanstanden. Beide Punkte sind zwischenzeitlich durch **gesetzliche Änderungen überholt**. So wurde der Grenzwert für die Redispatch-Verpflichtung auf 100 kW abgesenkt und es kommt daher auf die netzknotenbezogene Nennwertgrenze nicht mehr an. Zudem ist im Wortlaut von § 13a Abs. 1 nunmehr auch der Wirkleistungsbezug durch Speicheranlagen ausdrücklich geregelt.

41 In Reaktion auf die teilweise Aufhebung durch das OLG Düsseldorf hat die BNetzA ihre Redispatch-Festlegung insgesamt für alle Marktteilnehmer aufgehoben (BNetzA Beschl. v. 15.6.2015 – BK6-11-098-A). Die BNetzA sah sich hierzu veranlasst, da die Entscheidung des OLG Düsseldorf nur Wirkung inter partes zwischen den Verfahrensbeteiligten entfaltete und daher aus Gründen der Gleichbehandlung für alle Marktteilnehmer die Aufhebung erforderlich war. Die Redispatch-Festlegung musste dabei insgesamt gem. § 48 Abs. 1 S. 1 VwVfG zurückgenommen werden, da diese nach Ansicht der BNetzA nicht teilbar war (BNetzA Beschl. v. 15.6.2015 – BK6-11-098-A, S. 2). Durch die Rücknahme der Redispatch-Festlegung entstand nach Ansicht der BNetzA keine Regelungslücke, da sich der Redispatch ausreichend aus dem Gesetz ergibt (BNetzA Beschl. v. 15.6.2015 – BK6-11-098-A, S. 3).

42 Die Praxis folgt indes weiterhin den Vorgaben der Redispatch-Festlegung, soweit diese nicht gesetzlich überholt wurden. Denn zum einen hat die BNetzA im Zusammenhang mit der Aufhebung der Redispatch-Festlegung erklärt, dass sie zukünftige Redispatch-Maßnahmen nicht beanstanden wird, wenn sich die Übertragungsnetzbetreiber dabei an die Vorgaben der aufgehobenen Redispatch-Festlegung halten, soweit diese vom OLG Düsseldorf bestätigt wurde. Es besteht damit eine **faktische Fortwirkung** der Redispatch-Festlegung vom 30.10.2012.

43 Zum anderen haben die Übertragungsnetzbetreiber im Oktober 2019 **freiwillige Selbstverpflichtungen** nach § 11 Abs. 2 S. 4 ARegV zu Redispatch-Maßnahmen abgegeben, in denen die Inhalte der Redispatch-Festlegung fortgeführt werden (die freiwilligen Selbstverpflichtungen der Übertragungsnetzbetreiber sind auf der Internetseite der BNetzA abrufbar). Auf Grundlage der freiwilligen Selbstverpflichtungen der Übertragungsnetzbetreiber hat die BNetzA die wirksame Verfahrensregulierung festgestellt (BNetzA Beschl. v. 10.10.2018 – BK8-18/0007-A).

IV. Strombedingter und spannungsbedingter Redispatch

44 Nach der Redispatch-Festlegung vom 30.10.2012 durften Redispatch-Maßnahmen nur zur Beseitigung von **strom- und spannungsbedingten Engpässen** eingesetzt werden

(BNetzA Beschl. v. 30.10.2012 – BK6-11-098 Tenorziffer 1). Das Instrument ist demnach nur dafür geeignet, physikalische Engpässe im Netz auszugleichen. Der Einsatz zur Beseitigung von **Bilanzungleichgewichten** ist demgegenüber ausgeschlossen (BNetzA Beschl. v. 30.10.2012 – BK6-11-098 Tenorziffer 1). Zur Beseitigung von Bilanzungleichgewichten ist vielmehr Regelenergie einzusetzen. Diese strikte Trennung der **Einsatzzwecke von Redispatch und Regelenergie** ergibt sich bereits aus grundsätzlichen Erwägungen (weiterführend Säcker EnergieR/König § 13a Rn. 28) und ist auch durch den Gesetzgeber anerkannt (BT-Drs. 19/7375, 55). Die Übertragungsnetzbetreiber haben sich zur Trennung der Einsatzzwecke von Redispatch und Regelenergie auch im Rahmen der freiwilligen Selbstverpflichtung der Übertragungsnetzbetreiber zu Redispatch-Maßnahmen bekannt (exemplarisch die freiwillige Selbstverpflichtungen der 50Hertz Transmission GmbH zu Redispatch-Maßnahmen v. 8.10.2018, 2).

D. Bilanzieller Ausgleich (Abs. 1a)

Absatz 1a regelt die Folgen einer Redispatch-Maßnahme für die Bilanzkreisabrechnung (sog. bilanzieller Ausgleich). Die Regelung **kodifiziert** die bisher bei marktbezogenen Maßnahmen gegenüber konventionellen Anlagen **übliche Praxis** und erweitert sie um Maßnahmen gegenüber den bisher vom Einspeisemanagement erfassten EE- und KWK-Strom (BT-Drs. 19/7375, 55). 45

I. Anspruch auf bilanziellen Ausgleich

Nach Satz 1 hat der **Bilanzkreisverantwortliche** (nicht der Anlagenbetreiber) der betroffenen Einspeise- oder Entnahmestelle einen Anspruch auf einen **unentgeltlichen bilanziellen Ausgleich** der Maßnahme gegen den anordnenden Übertragungsnetzbetreiber. Dies bedeutet, dass im Fall einer Abregelung einer Erzeugungsanlage (negativer Redispatch) die Strommengen, die nicht erzeugt werden konnten und daher im Bilanzkreis der Einspeisestelle fehlen (Unterdeckung des Bilanzkreises), durch den Übertragungsnetzbetreiber „aufgefüllt" werden. Bei einer Hochregelung einer Erzeugungsanlage (positiver Redispatch) werden demgegenüber die überschüssigen Strommengen durch den Übertragungsnetzbetreiber abgenommen. Der bilanzielle Ausgleich bewirkt, dass die betroffenen Bilanzkreise so gestellt werden, wie sie stünden, wenn es die Redispatch-Maßnahme nicht gegeben hätte (BT-Drs. 19/7375, 56). 46

Im Fall der **Anweisung durch den Verteilernetzbetreiber** nach § 14 Abs. 1 iVm § 13a Abs. 1 richtet sich der Anspruch auf bilanziellen Ausgleich gegen den anordnenden Verteilernetzbetreiber. 47

Absatz 1a Satz 2 stellt klar, dass dem Bilanzkreisverantwortlichen kein Wahlrecht zusteht, ob er den bilanziellen Ausgleich wünscht. Vielmehr hat auch der Übertragungsnetzbetreiber gegen den Bilanzkreisverantwortlichen einen spiegelbildlichen Anspruch auf bilanziellen Ausgleich. Der bilanzielle Ausgleich ist also stets vorzunehmen. 48

Im Verhältnis zwischen Bilanzkreisverantwortlichem und Anlagenbetreiber macht das Gesetz hinsichtlich des bilanziellen Ausgleichs keine Vorgaben. Dies zu regeln, obliegt damit der vertraglichen Vereinbarung zwischen diesen Beteiligten. 49

II. Umsetzung des Ausgleichs bei strom- und spannungsbedingtem Redispatch

Wirkleistungsanpassungen zur Vermeidung strombedingter Netzengpässe (**strombedingter Redispatch**) werden in der Regel dadurch bewirkt, dass die Wirkleistungseinspeisung von Kraftwerken oder Speichern auf der einen Seite des Engpasses reduziert und die Wirkleistungseinspeisung von Kraftwerken oder Speichern auf der anderen Seite des Engpasses erhöht wird, sodass die Wirkleistungserhöhung gleich dem Betrag der Wirkleistungsreduzierung ist. Die energetische Ausgeglichenheit ist bei einem strombedingten Redispatch automatisch gegeben. Der Strom, der in den hochfahrenden Kraftwerken wegen der Redispatch-Maßnahme mehr erzeugt wird, wird bilanziell über Bilanzkreise der Netzbetreiber in die Bilanzkreise gebucht, in denen durch die Reduzierung der Einspeisung Strom fehlt (BT-Drs. 19/7375, 56). Soweit es sich um direktvermarktete EE-Anlagen handelt, sollte der Strom nach der Gesetzesbegründung nicht in den „sortenreinen" Bilanzkreis gem. § 20 Abs. 1 Nr. 3 50

EEG 2023 gebucht werden, sondern beispielsweise in einen gesonderten Unterbilanzkreis (BT-Drs. 19/7375, 56). Die BNetzA hält dieses Vorgehen allerdings nicht für notwendig und hat von einer verpflichtenden Vorgabe eines weiteren Bilanzkreises abgesehen, um den Umsetzungsaufwand für die betroffenen Unternehmen möglichst gering zu halten (BNetzA Beschl. v. 6.11.2020 – BK6-20-059, S. 11).

51   Gibt es kein korrespondierendes hochfahrendes Kraftwerk, erfolgt der bilanzielle Ausgleich durch einen Verkauf oder Beschaffung von Strom durch den Übertragungsnetzbetreiber im Intraday-Handel einer Strombörse (BT-Drs. 19/7375, 56). Dies ist auch der Fall, soweit Verteilernetzbetreiber nach § 14 Abs. 1 in Verbindung mit den §§ 13, 13a vorgehen und es kein korrespondierendes hochfahrendes Kraftwerk im selben Netzgebiet gibt (BT-Drs. 19/7375, 56).

52   Bei **spannungsbedingtem Redispatch**, bei dem es von vornherein kein korrespondierendes Kraftwerk gibt, nimmt der Übertragungsnetzbetreiber den bilanziellen Ausgleich ebenfalls durch Handelsgeschäfte am Intraday-Handel der Strombörse vor. Beim spannungsbedingten Redispatch wird die Wirkleistungseinspeisung angepasst, um den Einsatz von Blindleistung zur Spannungsstabilisierung in ausreichender Menge zu gewährleisten.

53   Ausnahmsweise ist auch ein Ausgleich über **bilaterale Handelsgeschäfte**, also direkte Stromlieferverträge mit anderen Marktteilnehmern, zulässig, wenn die Gefahr besteht, dass bei einer Durchführung des energetischen Ausgleichs über den Intraday-Handel an der Börse diese oder eine andere zeitgleiche Maßnahme konterkariert würde oder eine nicht ausreichende Liquidität des börslichen Intraday-Handels einen vollständigen energetischen Ausgleich nicht zulässt (s. hierfür exemplarisch die freiwillige Selbstverpflichtungen der 50Hertz Transmission GmbH zu Redispatch-Maßnahmen v. 8.10.2018, 3).

54   Die Gesetzesbegründung hebt für den Ausgleich über die Strommärkte folgendes hervor (BT-Drs. 19/7375, 56): „Hinsichtlich der Vereinbarkeit des Ausgleichs über die Strommärkte mit der Sicherheit und Zuverlässigkeit des Elektrizitätsversorgungssystems, insbesondere bei drohenden Engpässen, gelten die allgemeinen Verantwortlichkeiten nach §§ 11 ff.; der verantwortliche Netzbetreiber kann und muss die notwendigen Maßnahmen ergreifen, um die Gefährdung zu unterbinden. Insbesondere kann und muss er nach § 13a Abs. 1 (iVm § 14 Abs. 1 und 1c) unterbinden, dass eine Erzeugungsanlage ihre Erzeugung engpassverstärkend erhöht. Insoweit ergeben sich keine Unterschiede zu Intraday-Handelsaktivitäten von anderen Marktteilnehmern."

III. BNetzA-Festlegung zum bilanziellen Ausgleich vom 6.11.2020 und BDEW-Übergangsregelung

55   Die genauen Modalitäten für den bilanziellen Ausgleich von Redispatch-Maßnahmen hat die BNetzA auf Grundlage von § 13j Abs. 5 Nr. 3 durch Festlegung vom 6.11.2020 bestimmt (BNetzA Beschl. v. 6.11.2020 – BK6-20-059 Tenorziffer 1). Die Festlegung verweist hierzu auf die Bilanzierungsmodelle und Bestimmung der Ausfallarbeit in Anlage 1 der Festlegung. Anlage 1 zum Beschluss BK6-20-059 bestimmt den Anwendungsbereich der Bilanzierungsmodelle, die Höhe und Durchführung des bilanziellen Ausgleichs sowie die Auswirkungen auf das finanzielle Ausgleich.

56   Im Ausgangspunkt bestehen zwei Bilanzierungsmodelle (Anlage 1 zum Beschluss BK6-20-059, 3). Anlagen, für die die geplante Einspeisung durch Fahrpläne ex ante an einen Netzbetreiber übermittelt werden müssen, werden dem **Planwertmodell** zugeordnet (Anlage 1 zum Beschluss BK6-20-059, 3). Das **Prognosemodell** findet hingegen Anwendung auf alle Anlagen, die nicht dem Planwertmodell zugeordnet sind (Anlage 1 zum Beschluss BK6-20-059, 3).

57   Die BNetzA-Festlegung zum bilanziellen Ausgleich vom 6.11.2020 regelt zudem die massengeschäftstaugliche Kommunikationsprozesse im Zusammenhang mit Redispatch-Maßnahmen und verweist dazu auf ihre Anlage 2 (BNetzA Beschl. v. 6.11.2020 – BK6-20-059 Tenorziffer 2).

57a Bei der Umsetzung des bilanziellen Ausgleichs für Anlagen mit einer Leistung von weniger als 10 MW ist es in der Praxis auf Ebene der Verteilernetzbetreiber zu erheblichen Problemen gekommen, insbesondere konnten die **erforderlichen elektronischen Kommunikationsprozesse nicht implementiert** werden. Die BNetzA hat daher zunächst befristet bis zum

31.5.2022 eine „Übergangslösung" zur Einführung des bilanziellen Ausgleichs des Bundesverbands der Energie und Wasserwirtschaft e. V. (BDEW) vom 20.9.2021 (**BDEW-Übergangslösung**) geduldet, wonach kein bilanzieller Ausgleich durch den Verteilernetzbetreiber erfolgt, sondern der Bilanzkreisverantwortliche den bilanziellen Ausgleich wie bisher im Rahmen der Bilanzkreisbewirtschaftung durchführt und dieser hierfür einen Aufwendungsersatz vom Verteilernetzbetreiber erhält (siehe hierzu BNetzA, Mitteilung Nr. 6 zum Redispatch 2.0 vom 21.9.2021, Az. BK6-20-059).

Die BNetzA behandelt den Aufwandsersatz, der auf Grund der Durchführung der BDEW- **57b** Übergangslösung bei den Verteilernetzbetreiber anfällt, als dauerhaft nicht beeinflussbare Kostenanteile iSd § 11 Abs. 2 S. 4 ARegV im Rahmen der FSV Redispatch bei den Übertragungsnetzbetreibern bzw iSd § 34 Abs. 8 S. 1 ARegV bei den Verteilernetzbetreibern (siehe hierzu BNetzA, Mitteilung Nr. 6 zum Redispatch 2.0 vom 21.9.2021, Az. BK6-20-059).

Auch nach Ablauf der Übergangsfrist am 31.5.2022 bestanden bei zahlreichen Verteiler- **57c** netzbetreiber Implementierungsprobleme fort und diese konnte die von der BNetzA geforderten Schritte zum Beginn des bilanziellen Ausgleichs nicht erfolgreich abschließen (siehe hierzu BNetzA, Mitteilung Nr. 8 zum Redispatch 2.0 vom 4.2.2022, Az. BK6-20-059). Nach Einschätzung der Übertragungsnetzbetreiber bestehen aufgrund des voraussichtlichen Redispatch-Volumens und des geringen Abdeckungsgrads Risiken für die Systembilanz und damit die Sicherheit und Zuverlässigkeit des Elektrizitätsversorgungssystems, die einen Start des bilanziellen Ausgleichs durch die Verteilernetzbetreiber ausschließen (siehe hierzu BNetzA, Mitteilung Nr. 9 zum Redispatch 2.0 vom 3.5.2022, Az. BK6-20-059). Der gesetzlich geforderte bilanzielle Ausgleich für Anlagen mit einer Leistung von weniger als 10 MW ist in der Praxis auf Ebene der Verteilernetzbetreiber daher **bis auf Weiteres ausgesetzt und die BDEW-Übergangsregelung besteht fort.** Bislang hat die BNetzA diesen Zustand hingenommen und noch keine Aufsichts- oder Zwangsmaßnahmen wegen etwaiger Verstöße gegen § 13a Abs. 1a S. 1–4 (iVm § 14 Abs. 1 oder 1c) oder gegen die Festlegung vom 6.11.2020 (BK6-20-059) ergriffen.

IV. Umsetzung des Ausgleichs bei kaufmännischer Abnahme von EE-Strom

Absatz 1a Satz 3 regelt den Fall der Abregelung von EE-Anlagen, deren Strom nicht **58** direktvermarktet, sondern vom Anschlussnetzbetreiber gegen Zahlung einer Einspeisevergütung kaufmännisch abgenommen (§ 11 Abs. 1 S. 2 EEG 2023) und vom Übertragungsnetzbetreiber nach § 57 EEG 2023 vermarktet wird (BT-Drs. 19/7375, 55). Die Gesetzesbegründung hebt hierzu hervor (BT-Drs. 19/7375, 56): „In diesem Fall erfolgt der bilanzielle Ausgleich nicht über den Bilanzkreis, dem die Einspeisestelle zugeordnet ist, sondern direkt über den EEG-Bilanzkreis des Übertragungsnetzbetreibers. Der „Umweg" über den EEG-Bilanzkreis des Anschlussnetzbetreibers ist nicht notwendig und würde unnötigen Umsetzungsaufwand bei den beteiligten Netzbetreibern hervorrufen. Dadurch wird zugleich klargestellt, dass im Falle der Abregelung einer EE-Anlage durch einen Verteilernetzbetreiber der Übertragungsnetzbetreiber in seiner Eigenschaft als Bilanzkreisverantwortlicher seines EEG-Bilanzkreises den bilanziellen Ausgleich beanspruchen und abnehmen muss."

V. Informationspflichten

Absatz 1a Satz 4 soll sicherstellen, dass der **Bilanzkreisverantwortliche** ausreichend über **59** Redispatch-Maßnahmen informiert ist (BT-Drs. 19/7375, 56). Hierzu ist der Übertragungsnetzbetreiber verpflichtet, den Bilanzkreisverantwortlichen unverzüglich **vorab** über geplanten Redispatch-Maßnahmen zu informieren um zu verhindern, dass der Bilanzkreisverantwortliche seinerseits energetisch-bilanzielle Ausgleichsmaßnahmen ergreift (BT-Drs. 19/7375, 56). Die Vorab-Information muss genauere Angaben über den geplanten Zeitpunkt, den Umfang und die Dauer der Redispatch-Maßnahme enthalten.

Nach Durchführung der Redispatch-Maßnahme ist der Übertragungsnetzbetreiber **60** gem. Absatz 1a Satz 5 wiederum verpflichtet, sowohl dem Bilanzkreisverantwortlichen als auch dem **Anlagenbetreiber** unverzüglich Informationen über die tatsächlich erfolgte Anpassung für die Abwicklung des bilanziellen und finanziellen Ausgleichs zur Verfügung zu stellen. Damit werden die Informationspflichten nach dem bisherigen § 14 Abs. 2 und 3 EEG 2021 in das erweiterte Redispatch-System des § 13a eingepasst (BT-Drs. 19/7375, 56).

E. Finanzieller Ausgleich (Abs. 2–4)

61 Absatz 2 regelt den finanziellen Ausgleich für Nachteile durch Redispatch-Maßnahmen. Die Vorschrift gilt seit 1.10.2021 allgemein, dh sowohl für **konventionelle Erzeugung** als auch für **EE- und KWK-Anlagen**. Die ehemalige Sonderregelung der Einspeisemanagement-Entschädigung nach § 15 EEG 2021 für EE-Anlagen wurde zum 1.10.2021 aufgehoben.

62 Ein **Übergangsregelung** für den finanziellen Ausgleich von Redispatch-Maßnahmen, die vor dem 1.10.2021 durchgeführt worden sind, findet sich in § 118 Abs. 25a.

I. Grundsatz der Kostenneutralität

63 Gemäß Absatz 2 Satz 1 haben die Anlagenbetreiber gegen den **Übertragungsnetzbetreiber** einen Anspruch auf **angemessenen finanziellen Ausgleich.** Die **Beweislast** für den Anspruch auf finanziellen Ausgleich liegt unabhängig von der Art der Erzeugung beim Anlagenbetreiber (BT-Drs. 19/7375, 57).

64 Im Fall der **Anweisung durch den Verteilernetzbetreiber** nach § 14 Abs. 1 iVm § 13a Abs. 1 richtet sich der Anspruch auf finanziellen Ausgleich gegen den anordnenden Verteilernetzbetreiber.

65 Absatz 2 Satz 2 definiert den Ausgleich als angemessen, wenn er den Anlagenbetreiber unter Anrechnung des bilanziellen Ausgleichs nach Absatz 1a wirtschaftlich weder besser noch schlechter stellt, als er ohne die Redispatch-Maßnahme stünde (sog. **Neutralitätsgebot**).

66 Grund für das Neutralitätsgebot ist, dass eine Besser- oder Schlechterstellung von angeforderten Anlagen zu einer unerwünschten Verzerrung des Strommarktes führen könnte (BT-Drs. 18/7317, 87). So erhielten die Anlagenbetreiber bei einer wirtschaftlichen Besserstellung möglicherweise einen Anreiz, die Leistungen ihrer Erzeugungsanlagen oder Speicher nicht am freien Markt anzubieten, sondern in der Erwartung eines höher vergüteten Redispatch-Einsatzes zurückzuhalten (Säcker EnergieR/König § 13a Rn. 52).

II. (Aufgehobene) BNetzA-Festlegung vom 30.10.2012

67 Welche **Kostenpositionen** unter einem angemessenen finanziellen Ausgleich im Einzelnen zu erstatten sind, war in der Vergangenheit **umstritten**. Der Großteil der strittigen Kostenpositionen ist zwischenzeitlich durch die Rechtsprechung und den Gesetzgeber geklärt worden.

68 Im Jahr 2012 erließ die BNetzA auf Grundlage des damaligen Wortlauts des § 13a eine **Festlegung über die Vergütung von Redispatch-Maßnahmen** vom 30.10.2012 (BK8-12-019), die auf die Beschwerden mehrerer Kraftwerksbetreiber durch das OLG Düsseldorf aufgehoben wurde (vgl. exemplarisch OLG Düsseldorf BeckRS 2015, 13249). Wesentlicher Angriffspunkt war dabei, dass die Anlagebetreiber nach der BNetzA-Festlegung und dem § 13a aF für Redispatch-Maßnahmen im Kern lediglich einen Ersatz ihrer Erzeugungsauslagen erhielten. Opportunitätskosten, wie etwa entgangene Gewinnmöglichkeiten oder ein Werteverbrauch der Anlage, waren in der Regel nicht ersatzfähig. Diesen **engen Kostenersatz** hat das OLG Düsseldorf für **rechtswidrig** erklärt, weil der Begriff der „angemessenen Vergütung" ist im Grundsatz über einen bloßen Auslagenersatz hinausgehend zu verstehen sei (OLG Düsseldorf BeckRS 2015, 13249 Rn. 117).

69 Da die Entscheidung des OLG Düsseldorf nur Wirkung inter partes im Verhältnis zu den Kraftwerksbetreibern entfaltete, welche gegen die BNetzA-Festlegung Beschwerde eingelegt hatten, hob die BNetzA mit Beschluss vom 19.8.2015 ihre Festlegung über die Vergütung von Redispatch-Maßnahmen vom 30.10.2012 aus Gründen der Gleichbehandlung gegenüber allen Marktteilnehmern rückwirkend auf (Az. BK8-12-019-A).

70 In der Folge regelte der Gesetzgeber unter Berücksichtigung der dargestellten Rechtsprechung des OLG Düsseldorf durch das Strommarktgesetz vom 26.7.2016 (BGBl. I 1786) die **gesetzlich vorgesehene Redispatch-Vergütung neu**. Nach der Neuregelung sind den Anlagenbetreibern nunmehr ausdrücklich auch ein anteiliger Wertverbrauch und entgangene Erlösmöglichkeiten zu erstatten. Weitergehende Vergütungsbestandteile insbesondere Betriebsbereitschaftsauslagen und eine Verzinsung des gebundenen Kapitals sind nach § 13a

Abs. 4 hingegen ausgeschlossen. Diese Rechtslage besteht in der aktuellen Fassung des § 13a fort.

III. (Aufgehobene) BNetzA-Festlegung vom 10.10.2018

Im Oktober 2018 erfolgte eine **weitere Festlegung der BNetzA zur Redispatch-Vergütung** (BNetzA Beschl. v. 10.10.2018 – BK8-18/0007-A). Diesmal wählte die Behörde aber nicht den Weg einer direkten Festlegung gegenüber allen Marktteilnehmern wie noch im Rahmen der Festlegung vom 30.10.2012 (→ Rn. 68). Nach § 13j Abs. 1 S. 2 hätte die BNetzA durchaus durch Festlegung weitere Vorgaben zur Bestimmung der angemessenen Vergütung nach § 13a Abs. 1 und 2 machen dürfen. Die BNetzA entschied sich demgegenüber zu einer Festlegung einer wirksamen Verfahrensregulierung nach §§ 11 Abs. 2 S. 2 iVm § 32 Abs. 1 Nr. 4 ARegV.

In der Sache legte die BNetzA dabei fest, welche Redispatch-Kosten als dauerhaft nicht beeinflussbare Kostenanteile iSd § 11 Abs. 2 ARegV gelten und daher durch die Übertragungsnetzbetreiber ohne Effizienzvergleich direkt über die Netzentgelte finanziert werden können. Die BNetzA machte also unmittelbar nur Vorgaben zur Wälzung der Redispatch-Kosten durch die Übertragungsnetzbetreiber. Gleichwohl erfolgte damit **mittelbar** auch eine **Vorgabe zur Redispatch-Vergütung** gegenüber den Anlagenbetreibern. Denn die Übertragungsnetzbetreiber zahlten in der Praxis an die Anlagenbetreiber keine höhere Redispatch-Vergütung aus, als sie nach der BNetzA-Festlegung auf die Netzgelte wälzen durften.

Im Sinne der Rechtsklarheit wäre es daher zu begrüßen gewesen, wenn die BNetzA die direkte Festlegungskompetenz aus § 13j Abs. 1 S. 2 genutzt hätte, um Vorgaben für die Redispatch-Vergütung zu machen, und nicht den Umweg über die wirksame Verfahrensregulierung genommen hätte.

Der wirksamen Verfahrensregulierung durch die BNetzA-Festlegung vom 10.10.2018 liegen freiwillige Selbstverpflichtungen der Übertragungsnetzbetreiber zu Grunde, die ihrerseits auf einen BDEW-Branchenleitfaden vom 18.4.2018 zur Vergütung von Redispatch-Maßnahmen verweisen.

IV. Beschluss des OLG Düsseldorf vom 12.8.2020 und BNetzA-Festlegung vom 19.5.2021

Die BNetzA-Festlegung vom 10.10.2018 betraf aufgrund ihrer faktischen Wirkungen auch Anlagenbetreiber, obgleich diese nicht Adressat der Festlegung waren. Auf die Beschwerde verschiedener Kraftwerksbetreiber hob das OLG Düsseldorf durch Beschluss vom 12.8.2020 die BNetzA-Festlegung vom 10.10.2018 auf (OLG Düsseldorf 12.8.2020 – VI-3 Kart 895/18 (V) bis 897/18 (V), IR 2021, 8–9).

Das OLG Düsseldorf sah die BNetzA-Festlegung vom 10.10.2018 in zwei Punkten als rechtswidrig an. Zum einen ist nach Ansicht des OLG Düsseldorf auch im Fall des negativen Redispatches (also der Verringerung der Wirkleistungserzeugung) ein anteiliger Werteverbrauch zu zahlen (OLG Düsseldorf 12.8.2020 – VI-3 Kart 895/18 (V) Ziff. 2.2 (juris)). Zum anderen ist die Quotierung bei Teillast nicht zulässig (OLG Düsseldorf 12.8.2020 – VI-3 Kart 895/18 (V) Ziff. 2.3 (juris)). Letzteres führte dazu, dass bei einer Teillast-Anforderung eines Kraftwerks für den Redispatch auch nur ein entsprechend reduzierter Werteverbrauch zu zahlen wäre.

Im Übrigen hielt das OLG Düsseldorf die BNetzA-Festlegung vom 10.10.2018 für rechtmäßig. Nach Auffassung des OLG Düsseldorf hat die BNetzA die Festlegung vom 10.10.2018 ermessensfehlerfrei auf § 32 Abs. 1 Nr. 4 EnWG iVm § 11 Abs. 2 S. 2 und 4 ARegV gestützt; diese **Festlegungskompetenz** wurde nach Auffassung des OLG Düsseldorf nicht durch die Festlegungskompetenz des § 13j Abs. 1 S. 2 verdrängt (OLG Düsseldorf 12.8.2020 – VI-3 Kart 895/18 (V) Ziff. 1.4 (juris)).

Zudem ist die Redispatch-Vergütung des § 13a **verfassungsrechtlich nicht zu beanstanden** und verletzt die Anlagenbetreiber nicht in ihren Rechten aus Art. 3 Abs. 1, 12 Abs. 1 und 14 GG (OLG Düsseldorf 12.8.2020 – VI-3 Kart 895/18 (V) Ziff. 3 (juris); s. hierzu auch Möstl EnWZ 2015, 243 (248); Ruttloff NVwZ 2015, 1086 (1089)). Aus diesen Grundrechten sei insbesondere keine Erstattung weiterer Fixkosten über § 13a Abs. 2 hinaus und/oder von **Kapitalkosten (Eigen- oder Fremdkapitalverzinsung)** erforderlich (kritisch Stelter/Ibsen EnWZ 2016, 483 (485)). Dass § 13a Abs. 2 damit keine Gewinnmarge für die Anlagenbetreiber bei Redispatch-Maßnahmen vorsieht, ist nach der Ansicht des OLG Düsseldorf also verfassungsrechtlich nicht zu beanstanden (s. hierzu auch Möstl EnWZ 2015, 243 (248); Ruttloff NVwZ 2015, 1086 (1089)).

79   Die Entscheidung des OLG Düsseldorf vom 12.8.2020 ist **rechtskräftig,** da die Verfahrensbeteiligten ihre dagegen eingelegten Rechtsbeschwerden übereinstimmend für erledigt erklärt haben. Vorausgegangen waren intensive Vergleichsverhandlungen der Kraftwerksbetreiber, der Übertragungsnetzbetreiber und der BNetzA, die darin mündeten, dass die BNetzA ihre Festlegung vom 10.10.2018 durch Beschluss vom 19.5.2021 rückwirkend zum 1.1.2019 **aufhob** und durch eine **neue Festlegung ersetzte** (BNetzA Beschl. v. 19.5.2021 – BK8-18/0007-A).

80   Die Vorgaben des OLG Düsseldorf vom 12.8.2020 wurden in der **aktuellen BNetzA-Festlegung vom 19.5.2021** berücksichtigt. Hierzu haben die Übertragungsnetzbetreiber angepasste freiwillige Selbstverpflichtungen vorgelegt, welche nunmehr einen anteiligem Werteverbrauch bei positivem und negativem Redispatch vorsehen. Die BNetzA hat auf Grundlage der angepassten freiwillige Selbstverpflichtungen wiederum die wirksame Verfahrensregulierung festgestellt, wonach die Kosten und Erlöse des Redispatch als dauerhaft nicht beeinflussbare Kostenanteile iSd § 11 Abs. 2 S. 2 und 4 ARegV gelten. Die BNetzA-Festlegung vom 19.5.2021 ist **befristet** bis zum 31.12.2023 (3. Regulierungsperiode).

V. Berücksichtigung des bilanziellen Ausgleichs

81   Absatz 2 Satz 2 sieht vor, dass im Rahmen des finanziellen Ausgleichs der bilanzielle Ausgleich nach Absatz 1a anzurechnen ist. Der Bilanzkreis der Anlage wird durch den bilanziellen Ausgleich nach Absatz 1a so gestellt, als wäre die Redispatch-Maßnahme nicht erfolgt. Im Fall des negativen Redispatch werden beispielsweise zusätzliche Strommengen, die aufgrund der verminderten Erzeugung fehlen, durch den Netzbetreiber in den Bilanzkreis gebucht (→ Rn. 50). Der Anlagenbetreiber kann mit diesen Strommengen seine Handelsgeschäfte erfüllen. Eines zusätzlichen finanziellen Ausgleichs bedarf es daher insoweit nicht.

82   Dass der bilanzielle Ausgleich für den finanziellen Ausgleich zu berücksichtigen ist, würde sich indes schon aus dem Neutralitätsgebot ergeben. Der weitere Regelungsgehalt des Absatz 2 Satz 2 ist aber insbesondere darin zu sehen, dass die bilanzielle Anrechnung auch dann erfolgt, wenn der Anlagenbetreiber nicht selbst bilanzkreisverantwortlich ist, sondern sich der Hilfe eines Dritten als Bilanzkreisverantwortlichem (zB eines Direktvermarktungsunternehmens) bedient (BT-Drs. 19/7375, 56). Die Höhe des finanziellen Ausgleichs durch den Netzbetreiber ist in beiden Fällen gleich (BT-Drs. 19/7375, 56). Der Anlagenbetreiber muss also im vertraglichen Innenverhältnis mit seinem Bilanzkreisverantwortlichen einen entsprechenden Ausgleich vorsehen.

83   Absatz 2 Satz 5 stellt klar, dass keine Anrechnung des bilanziellen Ausgleichs erfolgt, wenn der Strom nach § 57 EEG 2023 vermarktet wird. Denn in diesen Fällen kommt der bilanzielle Ausgleich wirtschaftlich nicht dem Anlagenbetreiber zugute, sondern erfolgt über den EEG-Bilanzkreis des Übertragungsnetzbetreibers und wird von diesem nach § 57 EEG 2023 zugunsten des EEG-Kontos vermarktet (BT-Drs. 19/7375, 56). In diesem Fall erfolgt der bilanzielle Ausgleich nicht über den Bilanzkreis, dem die Einspeisestelle zugeordnet ist, sondern direkt über den EEG-Bilanzkreis des Übertragungsnetzbetreibers (→ Rn. 58).

VI. Verursachungsprinzip (Abs. 2 S. 3)

84   Nach Absatz 2 Satz 3 sind nur solche Kosten im Rahmen des finanziellen Ausgleichs zu ersetzen, die kausal durch die jeweilige Redispatch-Maßnahme verursacht worden sind (**Verursachungsprinzip**). Sogenannte **Sowieso-Kosten** einer Anlage sind also nicht erstattungsfähig (hierzu auch die Regelung in Absatz 4 zu weitergehenden Kosten → Rn. 98).

85   Mit Blick auf den Ersatz des Werteverbrauchs der Anlagen nach Absatz 2 Satz 3 Nr. 2 ist insoweit zu präzisieren, dass es hierbei nicht auf eine Kausalität im naturwissenschaftlichen Sinne ankommt, sondern diese allein in zeitlicher Hinsicht zu verstehen ist (OLG Düsseldorf Beschl. v. 12.8.2020 – VI-3 Kart 895/18 (V) Ziff. 2.2.2.2. (juris)). Denn die Kosten für den Werteverbrauch (Abschreibung der Investitionskosten über die Lebensdauer) wären auch dann entstanden, wenn es keine Redispatch-Maßnahme gegeben hätte. Es erfolgt über

Absatz 2 Satz 3 Nr. 2 und Absatz 3 vielmehr eine zeitanteilige Zuordnung der Abschreibung, die dem Verursachungsprinzip genügt.

VII. Finanzieller Ausgleich für konventionelle Anlagen (Abs. 2 S. 3 Nr. 1–4)

Für konventionelle Anlagen und Speicher, also nicht EE- und KWK-Anlagen, ergibt sich aus Absatz 2 Satz 3 Nr. 1–4 im Einzelnen, welche Kostenbestandteile im Rahmen des finanziellen Ausgleichs zu ersetzen sind. 86

Zum Ersten sind die notwendigen Auslagen für die tatsächlichen Anpassungen der Erzeugung (**Erzeugungsauslagen**) oder des Bezugs zu ersetzen (Absatz 2 Satz 3 Nr. 1). Bei einem positivem Redispatch (Erhöhung der Wirkleistungserzeugung) sind dies insbesondere zusätzliche **Brennstoffkosten**, Kosten für CO_2-Emissionsrechte oder auch variable Instandhaltungskosten, dh Mehrkosten für die zusätzliche Instandhaltung und den zusätzlichen Verschleiß der Anlage (BT-Drs. 18/7317, 87). Erzeugungsauslagen ersetzen also bestimmte **Betriebskosten** der Anlage. Maßstab zur Bestimmung der Erzeugungsauslagen sind die jeweiligen Wiederbeschaffungskosten (BT-Drs. 18/7317, 87). 87

Zum Zweiten ist der anteilige Werteverbrauch zu ersetzen (Absatz 2 Satz 3 Nr. 2, Absatz 3). Hierfür bestimmt **Absatz 3**, dass die handelsrechtlichen Restwerte und handelsrechtlichen Restnutzungsdauern heranzuziehen sind. Aus dem Quotienten dieser beiden Werte ist nach der Gesetzesbegründung eine Jahresabschreibung abzuleiten, die dem Werteverbrauch der Anlage bei normaler Auslastung entspricht (BT-Drs. 18/7317, 87). 88

Es erfolgt also eine **zeitanteilige Abschreibung** der Anlagen. Mit dem Werteverbrauch erhält der Anlagenbetreiber somit einen anteiligen Ersatz für seine **Investitionskosten**. 89

Um denjenigen Anteil des Werteverbrauchs zu ermitteln, der durch die Redispatch-Maßnahmen verursacht worden ist, sind nach Absatz 3 Hs. 2 die anrechenbaren Betriebsstunden im Rahmen von Redispatch-Maßnahmen und die für die Anlage bei der Investitionsentscheidung betriebswirtschaftlich geplanten Betriebsstunden zueinander ins Verhältnis zu setzen (Säcker EnergieR/König § 13a Rn. 62; kritisch Kment EnWG/Tüngler § 13a Rn. 15 sowie Stelter/Ibsen EnWZ 2016, 483 (485)). Wie der Anlagenbetreiber nachzuweisen hat, welche Betriebsstunden er der Investitionsentscheidung zu Grunde gelegt hat, spezifiziert das Gesetz nicht. Insofern besteht eine Informationsasymmetrie zwischen Anlagenbetreiber und Netzbetreiber (Säcker EnergieR/König § 13a Rn. 59). 90

Entgangene Erlösmöglichkeiten sind nur erstattungsfähig, soweit diese Opportunitätskosten die Summe der Kostenpositionen der Erzeugungsauslagen und des anteiligen Werteverbrauchs übersteigen (Absatz 2 Satz 3 Nr. 3). Da der Anlagenbetreiber nach Absatz 1a einen bilanziellen Ausgleich erhält und den Strom daher wie geplant vermarkten kann, bezieht sich dies primär auf Erlösmöglichkeiten neben dem Strommarkt, wie etwa vermiedene Netzentgelte iSd § 18 StromNEV. Hat der Anlagenbetreiber zudem weitere Auslagen dafür, dass er nach Absatz 1 Satz 2 Nr. 1 die **Betriebsbereitschaft** der Anlage herstellt oder nach Absatz 1 Satz 2 Nr. 2 eine geplante **Revision** für den Redispatch verschiebt, dann sind diese Kosten ebenfalls zu ersetzen (Absatz 2 Satz 3 Nr. 4). **Allgemeine Betriebsbereitschaftsauslagen** sind nach Absatz 4 aber nicht erstattungsfähig (→ Rn. 98). 91

VIII. Finanzieller Ausgleich für EE- und KWK-Anlagen (Abs. 2 S. 3 Nr. 5)

Neu eingefügt wurde zum 1.10.2021 die Regelung zu entgangenen Einnahmen und zusätzlichen Aufwendungen von EE- und KWK-Anlagen. Die Regelung übernimmt inhaltlich die vormals in § 15 EEG 2021 geregelte **Einspeisemanagement-Entschädigung**. Die materiellen Maßstäbe der bisherigen Härtefallregelung für die Entschädigung von Einspeisemanagement-Maßnahmen bleiben dabei erhalten (BT-Drs. 19/7375, 57). Demgegenüber sind die Regelungen des Absatz 2 Satz 3 Nr. 1–4 auf EE- und KWK-Anlagen **nicht** anwendbar (BT-Drs. 19/7375, 57). 92

Die **entgangenen Einnahmen** bestehen bei EE-Anlagen in der Direktvermarktung in der Regel aus der Marktprämie nach § 20 EEG 2023. Jedoch ist der Entschädigungsanspruch darauf nicht begrenzt, sondern umfasst auch die Vergütung, die der Anlagenbetreiber ohne die Einspeisereduzierung aufgrund eines Direktvermarktungsvertrags von seinem Direktvermarktungsunternehmer erhalten hätte (BGH BeckRS 2022, 1705). Bei EE-Anlagen mit 93

Einspeisevergütung ist die entgehende Einspeisevergütung nach § 21 Abs. 1 Nr. 1–3 EEG 2023 anzusetzen.

94 Die zum bisherigen Einspeisemanagement entwickelten Methoden zur Bestimmung der – nunmehr bilanziell auszugleichenden – „Ausfallarbeit" und der Entschädigungshöhe, wie sie insbesondere durch den **Einspeisemanagement-Leitfaden** der BNetzA etabliert sind, bleiben anwendbar (BT-Drs. 19/7375, 57). Entgangene Verkaufserlöse liegen in Folge des bilanziellen Ausgleichs nicht vor.

95 Speziell für **KWK-Anlagen** ist hervorzuheben, dass die zusätzlichen Aufwendungen auch die **Kosten der alternativen Wärmeerzeugung** umfassen (BT-Drs. 19/7375, 57). Als Auslagen für die alternative Wärmeerzeugung können nur die direkt durch die Maßnahme verursachten Kosten angesetzt werden. Der Anlagenbetreiber kann also nur die **Betriebskosten** für eine alternative Wärmeerzeugung beanspruchen, etwa die Stromkosten für den Betrieb einer elektrischen Wärmeerzeugung (Power-to-Heat-Anlage). Die **Investitionskosten** in eine Power-to-Heat-Anlage sind hingegen nicht erstattungsfähig. Denn nach der Gesetzesbegründung liegt es in der **Risikosphäre des Anlagenbetreibers** für eine ausreichende (Ersatz-)Wärmeversorgung zu sorgen (BT-Drs. 19/7375, 57).

96 Daraus folgt auch, dass die **fehlende Ersatzwärmeversorgung** keinen berechtigten Einwand des Anlagenbetreibers darstellt, der einer Redispatch-Anordnung des Übertragungsnetzbetreiber entgegenstehen würde (BT-Drs. 19/7375, 57).

IX. Ersparte Aufwendungen (Abs. 2 S. 4) und weitergehende Kosten (Abs. 4)

97 Bei allen Anlagen, also sowohl konventionellen Anlagen als auch EE- und KWK-Anlagen, sind ersparte Aufwendungen des Anlagenbetreibers anzurechnen. Diese können beispielsweise in ersparten Brennstoffkosten liegen, wenn eine Erzeugungsanlage abgeregelt wurde.

98 Entsprechend dem Grundsatz der Kostenneutralität sind **weitergehende Kosten**, die dem Anlagenbetreiber auch ohne die Redispatch-Maßnahme entstanden wären, nicht zu ersetzen. Das Gesetz nennt als Beispielsfälle („insbesondere") Betriebsbereitschaftsauslagen oder eine Verzinsung des gebundenen Kapitals. Der Anlagenbetreiber kann also für Zeiten des Redispatch keine pauschale Gewinnmarge ersetzt verlangen. Eine **Eigen- oder Fremdkapitalverzinsung** erfolgt also **nicht** (kritisch Stelter/Ibsen EnWZ 2016, 483 (485)). Diese gesetzliche Vorgabe ist nach Ansicht des OLG Düsseldorf auch verfassungsrechtlich nicht zu beanstanden (→ Rn. 78).

F. Koordinierung der Netzbetreiber (Abs. 5)

I. Gemeinsamer Abstimmungsprozess und Festlegung zur Netzbetreiberkoordinierung (Abs. 5 S. 1)

99 Absatz 5 Satz 1 legt Koordinierungspflichten zwischen den Netzbetreibern bei Redispatch-Maßnahmen fest. So hat der Netzbetreiber, der die Redispatch-Maßnahme anfordert (**anweisender Netzbetreiber**), sich mit dem Netzbetreiber, in dessen Netz die angeforderte Anlage angeschlossen ist (**Anschlussnetzbetreiber**), sowie allen Netzbetreibern, die zwischen beiden Netzebenen liegen (**zwischengelagerte Netzbetreiber**), und den Netzbetreibern, die durch die Redispatch-Maßnahme in vorgelagerten Netzebenen betroffen sind (**vorgelagerte Netzbetreiber**), abzustimmen.

100 Das Gesetz macht keine näheren Vorgaben zu Art und Umfang des gemeinsamen Abstimmungsprozesses der betroffenen Netzbetreiber. Die Koordinierungspflicht des Absatz 5 Satz 1 ist allerdings in die allgemeine Netzbetreiberkoordinierung nach § 11 Abs. 1 S. 3 eigebettet. Ferner ist zu berücksichtigen, dass ein gesamtsystemoptimierter Redispatch, den der Gesetzgeber anstrebt (BT-Drs. 19/9027, 11), eine Netzbetreiberkoordinierung zwingend erfordert, sowohl zur Feststellung von Netzengpässen als auch zur Ermittlung und Ausschöpfung von vorhandenen Redispatch-Potenzialen (BNetzA Beschl. v. 12.3.2021 – BK6-20-060, S. 12).

101 Zur näheren Ausgestaltung der Netzbetreiberkoordinierung nach Absatz 5 hat die BNetzA auf Grundlage von § 12 Abs. 6 eine Festlegung erlassen (BNetzA Beschl. v. 12.3.2021 – BK6-20-060, **Festlegung zur Netzbetreiberkoordinierung**).

102 Die Festlegung **betrifft alle Netzbetreiber** (zum Begriff s. § 3 Nr. 27), an welche unmittelbar oder mittelbar Anlagen mit einer **elektrischen Nennleistung ab 100 kW** angeschlos-

sen sind (BNetzA Beschl. v. 12.3.2021 – BK6-20-060, S. 13). Davon sind auch Industrienetze umfasst (BNetzA Beschl. v. 12.3.2021 – BK6-20-060, S. 15). Ein mittelbarer Anschluss liegt vor, wenn Anlagen in eine Kundenanlage iSd § 3 Nr. 24a, 24b eingebunden ist und damit nicht unmittelbar an das Netz angeschlossen ist.

Die Festlegung zur Netzbetreiberkoordinierung sieht im Einzelnen verschiedene **Informationspflichten** bezogen auf die relevanten Stamm-, Bewegungs- und Plandaten von Anlagen vor (BNetzA Beschl. v. 12.3.2021 – BK6-20-060 Tenorziffern 2–5). Diese Daten erhalten die Netzbetreiber von den Anlagenbetreibern gemäß der getrennten BNetzA-Festlegung zur Informationsbereitstellung für Redispatch-Maßnahmen (s. BNetzA Beschl. v. 23.3.2021– BK6-20-061). Die Daten sind zwischen den betroffenen Netzbetreibern weiterzugeben. Zudem müssen sich Netzbetreiber gegenseitig geplante sowie tatsächlich angewiesene Redispatch-Maßnahmen mitteilen. 103

Für die Informationspflichten sieht die Festlegung zur Netzbetreiberkoordinierung einen fortlaufenden Meldeprozess zwischen den Netzbetreibern vor (BNetzA Beschl. v. 12.3.2021 – BK6-20-060 Tenorziffern 7 und 8). Die Meldung erfolgt grundsätzlich in einer viertelstündlichen Aktualisierung, erstmals seit dem 30.9.2021. 104

II. Rangverhältnis konkurrierender Redispatch-Maßnahmen (Abs. 5 S. 2)

Absatz 5 Satz 2 regelt den Fall, dass zwei betroffene Netzbetreiber Redispatch-Maßnahmen treffen, die sich in ihrer Wirkung widersprechen. Die Gesetzesbegründung nennt als Beispiel, dass ein vorgelagerter Netzbetreiber plant eine Anlage weiter hochzufahren, um eine Abregelung an anderer Stelle auszugleichen, während der nachgelagerte diese Anlage abregeln möchte (BT-Drs. 19/9027, 11). Der Wortlaut des Absatz 5 Satz 2 geht aber darüber hinaus und ist nicht auf die Steuerung derselben Anlage begrenzt. 105

Absatz 5 Satz 2 legt als Grundsatz fest, dass bei derartigen **konkurrierenden Redispatch-Maßnahmen** in der Regel die Maßnahmen des nachgelagerten Netzbetreibers vorgehen. Dies ist sachgerecht, weil dem nachgelagerten Netzbetreiber regelmäßig weniger Maßnahmen für die Netzengpassbehebung zur Auswahl stehen als dem vorgelagerten Netzbetreiber (BT-Drs. 19/9027, 11). Die Gesetzesbegründung sieht aber vor, dass Konkurrenzfällen auch in die andere Richtung aufgelöst werden können und die Maßnahme des vorgelagerten Netzbetreibers Vorrang haben kann, die Netzsicherheit dies im Einzelfall erfordert (BT-Drs. 19/9027, 11). 106

III. Kostenausgleich zwischen Netzbetreibern für Redispatch-Maßnahmen (Abs. 5 S. 3)

Absatz 5 Satz 3 dient der lückenlosen Überführung der bisherigen Regelung zu den Einspeisemanagement-Entschädigungskosten nach § 15 Abs. 1 S. 3 EEG 2021 in § 13a (BT-Drs. 19/9027, 11). Danach hat der Netzbetreiber, in dessen Netz die Ursache für eine Redispatch-Maßnahme liegt (**verantwortlicher Netzbetreiber**), die Entschädigungskosten zu tragen. 107

Die Ursache für eine Redispatch-Maßnahme iSv § 13a Abs. 1 liegt in dem Netz, das nicht oder noch nicht hinreichend ertüchtigt ist und daher einen Netzengpass aufweist (BT-Drs. 19/9027, 11). Der Netzbetreiber, der nach der allgemeinen Regelung des § 11 Abs. 1 zum Netzausbau verpflichtet ist, oder aber aufgrund der besonderen Regelung zur Spitzenkappung nach § 11 Abs. 2 von geringeren Netzausbaukosten profitiert, soll daher nach dem gesetzlichen Leitbild auch die Redispatch-Kosten tragen (BT-Drs. 19/9027, 12). 108

Dieses Grundprinzip ergibt sich in aller Regel bereits aus dem Ersatzanspruch des § 14 Abs. 1c S. 2. Danach hat der Anschlussnetzbetreiber einen Anspruch auf bilanziellen und finanziellen Ersatz gegenüber dem anweisenden Netzbetreiber (→ § 14 Rn. 20). 109

In Ausnahmefällen kann es jedoch sein, dass die Ursache der Redispatch-Maßnahme nicht im Netz des anweisenden Netzbetreibers liegt (BT-Drs. 19/9027, 12). In diesen Fällen hat der anweisende Netzbetreiber nach Absatz 5 Satz 3 einen Kostenersatzanspruch gegenüber dem verantwortlichen Netzbetreiber. Absatz 5 Satz 3 ergänzt damit den Ersatzanspruch nach § 14 Abs. 1c S. 2 in Sonderfällen. Damit ist gewährleistet, dass die **Kosten- und Ausbauverantwortung** für ein Netz stets in einer Hand liegt (BT-Drs. 19/9027, 12). 110

§ 13b Stilllegungen von Anlagen

(1) ¹Betreiber von Anlagen zur Erzeugung oder Speicherung elektrischer Energie mit einer Nennleistung ab 10 Megawatt sind verpflichtet, vorläufige oder endgültige Stilllegungen ihrer Anlage oder von Teilkapazitäten ihrer Anlage dem systemverantwortlichen Betreiber des Übertragungsnetzes und der Bundesnetzagentur möglichst frühzeitig, mindestens aber zwölf Monate vorher anzuzeigen; dabei ist anzugeben, ob und inwieweit die Stilllegung aus rechtlichen, technischen oder betriebswirtschaftlichen Gründen erfolgen soll. ²Vorläufige und endgültige Stilllegungen ohne vorherige Anzeige und vor Ablauf der Frist nach Satz 1 sind verboten, wenn ein Weiterbetrieb technisch und rechtlich möglich ist. ³Eine Stilllegung von Anlagen vor Ablauf der Frist nach den Sätzen 1 und 2 ist zulässig, wenn der Betreiber eines Übertragungsnetzes hierdurch keine Gefährdung oder Störung der Sicherheit oder Zuverlässigkeit des Elektrizitätsversorgungssystems erwartet und er dem Anlagenbetreiber dies nach Absatz 2 Satz 1 mitgeteilt hat.

(2) ¹Der systemverantwortliche Betreiber des Übertragungsnetzes prüft nach Eingang der Anzeige einer Stilllegung nach Absatz 1 Satz 1 unverzüglich, ob die Anlage systemrelevant ist, und teilt dem Betreiber der Anlage und der Bundesnetzagentur das Ergebnis seiner Prüfung unverzüglich schriftlich oder elektronisch mit. ²Eine Anlage ist systemrelevant, wenn ihre Stilllegung mit hinreichender Wahrscheinlichkeit zu einer nicht unerheblichen Gefährdung oder Störung der Sicherheit oder Zuverlässigkeit des Elektrizitätsversorgungssystems führen würde und diese Gefährdung oder Störung nicht durch andere angemessene Maßnahmen beseitigt werden kann. ³Die Begründung der Notwendigkeit der Ausweisung einer systemrelevanten Anlage im Fall einer geplanten vorläufigen oder endgültigen Stilllegung soll sich aus der Systemanalyse der Betreiber von Übertragungsnetzen oder dem Bericht der Bundesnetzagentur nach § 3 der Netzreserveverordnung ergeben. ⁴Die Begründung kann sich auf die Liste systemrelevanter Gaskraftwerke nach § 13f Absatz 1 stützen.

(3) ¹Mit Ausnahme von Revisionen und technisch bedingten Störungen sind vorläufige Stilllegungen Maßnahmen, die bewirken, dass die Anlage nicht mehr anfahrbereit gehalten wird, aber innerhalb eines Jahres nach Anforderung durch den Betreiber eines Übertragungsnetzes nach Absatz 4 Satz 3 wieder betriebsbereit gemacht werden kann, um eine geforderte Anpassung ihrer Einspeisung nach § 13a Absatz 1 umzusetzen. ²Endgültige Stilllegungen sind Maßnahmen, die den Betrieb der Anlage endgültig ausschließen oder bewirken, dass eine Anpassung der Einspeisung nicht mehr innerhalb eines Jahres nach einer Anforderung nach Absatz 4 erfolgen kann, da die Anlage nicht mehr innerhalb dieses Zeitraums betriebsbereit gemacht werden kann.

(4) ¹Vorläufige Stilllegungen von Anlagen, die nach Absatz 1 Satz 1 zur vorläufigen Stilllegung angezeigt wurden, sind auch nach Ablauf der in der Anzeige genannten Frist nach Absatz 1 Satz 1 verboten, solange und soweit der systemverantwortliche Betreiber des Übertragungsnetzes die Anlage nach Absatz 2 Satz 2 als systemrelevant ausweist. ²Die Ausweisung erfolgt für eine Dauer von 24 Monaten; zeigt der Betreiber einer Anlage für den Zeitraum nach Ablauf der 24 Monate die geplante vorläufige Stilllegung nach § 13b Absatz 1 Satz 1 erneut an und wird das Fortbestehen der Systemrelevanz der Anlage durch eine Prüfung des regelzonenverantwortlichen Betreibers eines Übertragungsnetzes festgestellt, erfolgt jede erneute Ausweisung der Anlage als systemrelevant jeweils für einen Zeitraum von bis zu 24 Monaten. ³Der Betreiber einer Anlage, deren vorläufige Stilllegung nach Satz 1 verboten ist, muss die Betriebsbereitschaft der Anlage für Anpassungen der Einspeisung nach § 13a Absatz 1 weiter vorhalten oder wiederherstellen. ⁴Der Betreiber einer vorläufig stillgelegten Anlage, die nach Absatz 2 Satz 2 systemrelevant ist, muss für die Durchführung von Maßnahmen nach § 13 Absatz 1 Nummer 2 und 3 und § 13a Absatz 1 auf Anforderung durch den Betreiber des Übertragungsnetzes und erforderlichenfalls in Abstimmung mit dem Betreiber desjenigen Netzes, in das die Anlage eingebunden ist, die Anlage betriebsbereit machen.

(5) ¹Endgültige Stilllegungen von Anlagen zur Erzeugung oder Speicherung elektrischer Energie mit einer Nennleistung ab 50 Megawatt sind auch nach Ablauf der in der Anzeige genannten Frist nach Absatz 1 Satz 1 verboten, solange und soweit
1. der systemverantwortliche Betreiber des Übertragungsnetzes die Anlage als systemrelevant ausweist,
2. die Ausweisung durch die Bundesnetzagentur genehmigt worden ist und
3. ein Weiterbetrieb technisch und rechtlich möglich ist.
²Der Betreiber des Übertragungsnetzes hat den Antrag auf Genehmigung der Ausweisung nach Prüfung der Anzeige einer Stilllegung unverzüglich bei der Bundesnetzagentur zu stellen und zu begründen. ³Er hat dem Anlagenbetreiber unverzüglich eine Kopie von Antrag und Begründung zu übermitteln. ⁴Die Bundesnetzagentur hat den Antrag zu genehmigen, wenn die Anlage systemrelevant nach Absatz 2 Satz 2 ist. ⁵Die Genehmigung kann unter Bedingungen erteilt und mit Auflagen verbunden werden. ⁶Hat die Bundesnetzagentur über den Antrag nicht innerhalb einer Frist von drei Monaten nach Vorliegen der vollständigen Unterlagen entschieden, gilt die Genehmigung als erteilt, es sei denn,
1. der Antragsteller hat einer Verlängerung der Frist zugestimmt oder
2. die Bundesnetzagentur kann wegen unrichtiger Angaben oder wegen einer nicht rechtzeitig erteilten Auskunft keine Entscheidung treffen und sie hat dies den Betroffenen vor Ablauf der Frist unter Angabe der Gründe mitgeteilt.
⁷Die Vorschriften des Verwaltungsverfahrensgesetzes über die Genehmigungsfiktion sind entsprechend anzuwenden. ⁸Die Ausweisung erfolgt in dem Umfang und für den Zeitraum, der erforderlich ist, um die Gefährdung oder Störung abzuwenden. ⁹Sie soll eine Dauer von 24 Monaten nicht überschreiten, es sei denn, die Systemrelevanz der Anlage wird durch eine Systemanalyse des regelzonenverantwortlichen Betreibers eines Übertragungsnetzes für einen längeren Zeitraum oder für einen Zeitpunkt, der nach dem Zeitraum von 24 Monaten liegt, nachgewiesen und von der Bundesnetzagentur bestätigt. ¹⁰Der Betreiber des Übertragungsnetzes hat dem Betreiber der Anlage die Ausweisung mit der Begründung unverzüglich nach Genehmigung durch die Bundesnetzagentur mitzuteilen. ¹¹Der Betreiber einer Anlage, deren endgültige Stilllegung nach Satz 1 verboten ist, muss die Anlage zumindest in einem Zustand erhalten, der eine Anforderung zur weiteren Vorhaltung oder Wiederherstellung der Betriebsbereitschaft nach Absatz 4 ermöglicht, sowie auf Anforderung des Betreibers eines Übertragungsnetzes die Betriebsbereitschaft der Anlage für Anpassungen der Einspeisung weiter vorhalten oder wiederherstellen, soweit dies nicht technisch oder rechtlich ausgeschlossen ist.

(6) ¹Die Absätze 1 bis 5 gelten nicht für die stillzulegenden Anlagen nach § 13g. ²§ 42 des Kohleverstromungsbeendigungsgesetzes bleibt unberührt.

Überblick

Die Norm regelt verschiedene Instrumente, um eine ausreichende und funktionierende Stromversorgung in Deutschland zu sichern, falls sich Anlagenbetreiber für eine Stilllegung entscheiden (→ Rn. 1 ff.). Zentrale Bedeutung haben dabei die differenzierten Begriffsbestimmungen, die der Planungssicherheit und Rechtsklarheit dienen sollen (→ Rn. 9 ff.). Zum einen ist eine Anzeigepflicht für Anlagenbetreiber bei Stilllegungen vorgesehen (→ Rn. 16), zum anderen besteht daran anknüpfend ein mögliches Stilllegungsverbot, das wesentlich durch das Kriterium der Systemrelevanz determiniert ist (→ Rn. 23 ff.). Des Weiteren wird zwischen vorläufigen (→ Rn. 26 ff.) und endgültigen (→ Rn. 31 ff.) Stilllegungen unterschieden. Die Stilllegungsverbote für Anlagen werfen ferner verfassungsrechtliche Fragen auf, da für den Anlagenbetreiber damit wesentliche Grundrechtseingriffe einhergehen, die der Rechtfertigung bedürfen (→ Rn. 36 ff.). In diesem Zusammenhang sind für die Rechtfertigung auch die Entschädigungsregelungen des § 13c relevant (→ Rn. 44).

Übersicht

	Rn.		Rn.
A. Grundsätzliches	1	I. Stilllegung ohne Anzeige	18
I. Normzweck	1	II. Stilllegung innerhalb der Anzeigefrist	20
II. Norminhalt	2	III. Form und Widerruflichkeit der Anzeige	22
III. Entwicklung	5	D. Systemrelevanz	23
IV. Vorrang von § 13g bei Braunkohlekraftwerken (Abs. 6)	8	E. Vorläufige und endgültige Stilllegung	25
		I. Vorläufige Stilllegung (Abs. 4)	26
B. Begriffsbestimmungen	9	II. Endgültige Stilllegungen (Abs. 5)	31
C. Anzeigepflicht und Stilllegungsverbot (Abs. 1)	16	F. Verfassungsrechtliche Fragen	36
		G. Entschädigung	44

A. Grundsätzliches

I. Normzweck

1 § 13b dient der Gewährleistung der momentanen sowie künftigen Sicherstellung des Umfangs, sowie der **Sicherheit und Störungsfreiheit der Elektrizitätsversorgung** in Deutschland (BT-Drs. 18/7317, 88 f.; Säcker EnergieR/König § 13b Rn. 1; Kment EnWG/Tüngler § 13b Rn. 1; Theobald/Kühling/Lülsdorf § 13b Rn. 8). Um ein funktionierendes und ausreichendes Elektrizitätsversorgungssystem aufrecht zu erhalten und Planungssicherheit zu gewährleisten, regelt die Norm verschiedene Instrumente. Diese sind eine Anzeigepflicht für Anlagenbetreiber sowie voraussetzungsgebundene Stilllegungsverbote. Es besteht ein Stilllegungsverbot ohne vorige Anzeige, ein Verbot der Stilllegung nach Anzeige vor Ablauf einer Anzeigefrist, ein Verbot vorläufiger Stilllegung systemrelevanter Anlagen sowie ein weiteres Verbot für endgültige Stilllegungen. Dieses ist neben der Systemrelevanz jedenfalls an die technische und rechtliche Möglichkeit des Weiterbetriebs gebunden. Gewährt werden soll dadurch die **Unabhängigkeit der Elektrizitätsversorgung** von Profiterwägungen der Anlagenbetreiber bei nicht mehr profitablen, aber versorgungsrelevanten Anlagen (Kment EnWG/Tüngler § 13b Rn. 1).

II. Norminhalt

2 Neben einer **Anzeigepflicht** der Betreiber für die geplante Stilllegung von Anlagen mit einer Nennleistung ab 10 Megawatt (MW) innerhalb einer bestimmten Frist, besteht ein anzeigefristbezogenes Verbot der Stilllegung vor Ablauf der Voranzeigefrist, um durch die zeitlich ungebundene Stilllegungsmöglichkeit die Anzeigefrist nicht zu konterkarieren („**kleines Stilllegungsverbot**"). Ebenfalls besteht unter bestimmten Voraussetzungen ein Verbot für Stilllegungen systemrelevanter Anlagen auch nach Ablauf der Frist. Hierbei werden vorläufige und endgültige Stilllegungen unterschieden, indem unterschiedliche Voraussetzungen sowie Rechtsfolgen aufgestellt werden. Für die Zeit der Ausweisung als systemrelevant gelten für den Betreiber Pflichten in Bezug auf die Betriebsbereitschaft der Anlage für Anpassungen der Einspeisung nach § 13a Abs. 1.

3 Die **Prüfung der Systemrelevanz** erfolgt innerhalb des Ablaufs der Anzeigefrist, was das anzeigefristbezogene Verbot weiter legitimiert, und ist entscheidend für ein anschließendes Stilllegungsverbot. Vorläufige Stilllegungen sind verboten, solange die Ausweisung als systemrelevant erfolgt. Endgültige Stilllegungen bei Anlagen mit einer Nennleistung ab 50 MW sind verboten, solange und soweit die Genehmigung der Ausweisung als systemrelevant durch die BNetzA erfolgt ist und der Weiterbetrieb technisch sowie rechtlich möglich ist.

4 Bis zum 19.7.2023 wurden für die Jahre 2023–2025 insgesamt 47 Kraftwerksblöcke zur Stilllegung angezeigt mit einer Nettonennleistung von 11.864 MW, davon 14 endgültige Stilllegungen mit einer Nettonennleistung von 760 MW (abrufbar unter https://www.bundesnetzagentur.de/ [zuletzt abgerufen am 7.9.2023]). Zusätzlich wurden bis zum 17.3.2023 18 weitere Kraftwerksblöcke zur endgültigen Stilllegung angezeigt, allerdings von den Über-

tragungsnetzbetreibern als systemrelevant nach Absatz 5 ausgewiesen (abrufbar unter https://www.bundesnetzagentur.de/ [zuletzt abgerufen am 7.9.2023]).

III. Entwicklung

Die Regelungen des § 13b wurden durch das **Strommarktgesetz vom 26.7.2016** (BGBl. I 1786) eingeführt und spezifizieren das zuvor in § 13a aF enthaltene Konzept der Stilllegungsverbote durch differenziertere Regelungen. Das Gesetz verfolgt das Ziel, dass die Stromversorgung im aktuellen Strommarkt sicher, kosteneffizient und umweltverträglich erfolgt (BT-Drs. 18/7317, 1). Durch § 13b wird auf Entwicklungen reagiert, dass Anlagenbetreiber aus wirtschaftlichen Erwägungen heraus vermehrt Anlagen zur Stromversorgung bereits stilllegten oder dies planten (Kment EnWG/Tüngler § 13b Rn. 3). 5

Die Vorschrift ist auch im Kontext des **Steinkohleausstiegs** der Bundesregierung zu sehen. Die §§ 26, 37 KVBG stellen die Verbindungsnormen zwischen dem Ausschreibungsverfahren bzw. der gesetzlichen Reduzierung im Rahmen des Kohleausstiegs und der Prüfung der Systemrelevanz und damit der Gewährleistung der Netzsicherheit dar. § 26 KVBG sichert diese in Zusammenhang mit dem Ausschreibungsverfahren, § 37 KVBG bezüglich der gesetzlichen Reduzierung. Demnach hat nach Zuschlag innerhalb der Ausschreibungen bzw. nach Anordnung der gesetzlichen Reduzierung im Rahmen des Kohleausstiegs durch die BNetzA diese dem Übertragungsnetzbetreiber die maßgeblichen Informationen zu den bezuschlagten Steinkohleanlagen, also Ausstiegsdatum und Namen zu übermitteln. Daraufhin werden die § 13b Abs. 1, 2 und 5, §§ 13c, 13d angewendet, also eine Systemrelevanzprüfung durch die BNetzA durchgeführt, jedoch mit der Maßgabe, dass insbesondere Alternativen zum Weiterbetrieb der Steinkohleanlagen unter Berücksichtigung auch technischer Aspekte, erforderlicher Vorlaufzeiten sowie erwarteter Kosten geprüft werden. Dies kann beispielsweise der Umbau eines Generators zu einem Phasenschieber als milderes Mittel sein. Verglichen mit der regulären Prüfung des § 13b stehen bei der Umsetzung der Verbote der Kohleverfeuerung jährlich deutlich größere Mengen an Stilllegungen von Kohlekraftwerken an. Der Maßstab der Prüfung ist es deshalb, eine möglichst unverzügliche, schnelle und umfängliche endgültige Stilllegung der nach Absatz 1 gemeldeten Steinkohleanlagen sowie der nach Absatz 2 Satz 3 systemrelevanten Steinkohleanlagen zu ermöglichen. Ziel dessen ist eine möglichst geringe Menge an systemrelevanten Steinkohlekraftwerken und damit ein geringer Anteil selbiger in der Netzreserve (BT-Drs. 19/17342, 127). Die Einstufung als systemrelevant durch die Übertragungsnetzbetreiber mit anschließender Genehmigung durch die BNetzA im Falle von endgültigen Stilllegungen bewirkt das Verbleiben der Kraftwerke in der Netzreserve und damit ein Weiterbestehen der Kraftwerke am Netz (Martin ER 2020, 100 (104)). Zu bemerken ist auch, dass es dem Anlagenbetreiber gem. § 9 Abs. 1 KVBG freisteht, anstelle der Teilnahme an der Ausschreibung ohne „Incentive", also ohne finanziellen Anreiz die Stilllegung regulär gem. § 13b Abs. 1 anzuzeigen und sich dabei unwiderruflich zu verpflichten, die Anlage spätestens 30 Monate nach der Anzeige stillzulegen (verbindliche Stilllegungsanzeige) oder gegenüber der BNetzA zu erklären, dass er sich unwiderruflich verpflichtet, spätestens 30 Monate nach der Anzeige keine Steinkohle mehr zu verfeuern (von Oppen ER 2020, 3 (6)). Der Vorbehalt der Systemrelevanzprüfung durch den Übertragungsnetzbetreiber bei Stilllegungen im Rahmen des Kohleausstiegs folgt den Empfehlungen der Kohlekommission in ihrem Abschlussbericht (Auszug aus dem Abschlussbericht der Kohlekommission vom Januar 2019, ZNER 2019, 97 (98)). 6

Als problematisch könnte sich erweisen, dass der von der Bundesregierung bis zum 31.12.2038 vorgesehene Kohleausstieg aufgrund von Einstufungen von Kohlekraftwerken als systemrelevant, nicht wie geplant vollzogen werden kann. Es besteht insofern die Möglichkeit, dass die Steinkohlekraftwerke nach Einschätzung der Übertragungsnetzbetreiber und der BNetzA schlicht zu entscheidend für die Sicherheit der deutschen Stromversorgung sind, als dass sie vollumfänglich vom Netz gehen können und auch nicht mehr für die Netzreserve vorgehalten werden. Nicht umsonst wurden 2021 drei Kohlekraftwerke mit einer Nennleistung von 2.000 MW der Betreiber Uniper, Steag und RWE von den Übertragungsnetzbetreibern als systemrelevant eingestuft. 7

Mitte Juli 2022 ist das „Gesetz zur Bereithaltung von Ersatzkraftwerken zur Reduzierung des Gasverbrauchs im Stromsektor im Fall einer drohenden Gasmangellage durch Änderung 7a des Energiewirtschaftsgesetzes und weiterer energiewirtschaftlicher Vorschriften" in Kraft getreten (vgl. BGBl. 2022 I 1054 ff.; vgl. hierzu Friedemann/Kamradt EnWZ 2022, 307 (311 f.)). Ziel des Gesetzes ist es, mittels Änderungen des EnWG für einen befristeten Zeitraum zusätzliche Erzeugungskapazitäten zur Stromerzeugung mit Stein- und Braunkohle sowie Mineralöl zu schaffen und die Stromerzeugung mit Erdgas soweit wie möglich zu ersetzen, um Erdgas einzusparen. Gem. § 50a EnWG können Betreiber von Anlagen, die nach § 13b Abs. 4 und 5 in der Netzreserve vorgehalten werden und die kein Erdgas zur Erzeugung elektrischer Energie einsetzen, durch Rechtsverordnung der Bundesregierung befristet am Strommarkt teilnehmen. Die Rechtsverordnung regelt den Zeitraum für die befristete Teilnahme am Strommarkt, welche jedoch längstens bis einschließlich 31.3.2024 zulässig ist. Aufgrund der akuten Gasknappheit wurde auf dieser Grundlage das Vermarktungsverbot für Steinkohlekraftwerke in der Netzreserve durch die Verordnung zur befristeten Ausweitung des Stromerzeugungsangebots durch Anlagen aus der Netzreserve (Stromangebotsausweitungsverordnung – StaaV) ausgesetzt, solange die Alarmstufe oder die Notfallstufe nach Art. 8 Abs. 2 lit. b und Art. 11 Abs. 1 der Verordnung (EU) 2017/1938 über Maßnahmen zur Gewährleistung der sicheren Gasversorgung gilt. Systemrelevante Steinkohlekraftwerke in der Netzreserve können folglich vorübergehend auch am Strommarkt teilnehmen. Kraftwerke, die demgemäß an den Markt zurückkehren, können jedoch nicht zugleich die Kostenerstattung nach § 13c; §§ 9, 10 NetzResV in Anspruch nehmen, wie § 50c Abs. 4 S. 3 klarstellt. §§ 50b, 50d regeln zudem, dass Betreiber einer Anlage nach § 13 Absatz 4 und 5 die Anlage frühestens ab 1.11.2022 für die befristete Teilnahme am Strommarkt im Dauerbetrieb betriebsbereit halten müssen. Die Bereithaltung der erforderlichen Ersatzbrennstoffe wird gem. § 50c Abs. 3 den Betreibern erstattet. Gem. § 121 treten die §§ 50a, 50b mit Ablauf des 31.3.2024 außer Kraft.

IV. Vorrang von § 13g bei Braunkohlekraftwerken (Abs. 6)

8   Zu beachten ist zudem, dass gem. Absatz 6 Satz 1 die Regelungen des § 13b nicht allgemein für stillzulegende Braunkohlekraftwerke gelten, für die in § 13g eigene Regelungen geschaffen wurden. Wie Absatz 6 Satz 2 seit der Gesetzesänderung zum 14.8.2020 (Art. 4 KohleausstiegsG, BGBl. 2020 I 1818) klarstellt, gilt insofern § 42 KVBG, der die Anwendung der §§ 13b und 13c im Wesentlichen nur für den Ausnahmefall bestimmt, wenn die Überführung in die zeitlich gestreckte Stilllegung vor dem Überführungszeitpunkt erfolgt.

B. Begriffsbestimmungen

9   Einige der für das gesamte EnWG verwendeten Begriffe werden in § 3 definiert, jedoch auch in § 13b selbst finden sich Legaldefinitionen, die für das Regelungsverständnis von grundlegender Bedeutung sind.

10 **Betreiber von Übertragungsnetzen** sind natürliche oder juristische Personen oder rechtlich unselbstständige Organisationseinheiten eines Energieversorgungsunternehmens, die die Aufgabe der Übertragung von Elektrizität wahrnehmen und die verantwortlich sind für den Betrieb, die Wartung sowie erforderlichenfalls den Ausbau des Übertragungsnetzes in einem bestimmten Gebiet und ggf. der Verbindungsleitungen zu anderen Netzen (Legaldefinition in § 3 Nr. 10). In Deutschland gibt es momentan vier Übertragungsnetzbetreiber: Tennet TSO, 50 Hertz Transmission, Amprion und Transnet BW.

11 Eine Anlage ist **systemrelevant**, wenn ihre Stilllegung mit hinreichender Wahrscheinlichkeit zu einer nicht unerheblichen Gefährdung oder Störung der Sicherheit oder Zuverlässigkeit des Elektrizitätsversorgungssystems führen würde und diese Gefährdung oder Störung nicht durch andere angemessene Maßnahmen beseitigt werden kann (Legaldefinition in § 13b Abs. 2 S. 2). **Gefährdung** bedeutet hierbei eine Situation, in der örtliche Ausfälle des Übertragungsnetzes oder kurzfristige Netzengpässe zu besorgen sind oder zu besorgen ist, dass die Haltung von Frequenz, Spannung oder Stabilität durch die Übertragungsnetzbetreiber nicht im erforderlichen Maße gewährleistet werden kann (Legaldefinition in § 13 Abs. 4). Zudem gelten Mindermengen bei Ausschreibungen der Kapazitätsreserve nach § 13e und der Verordnung nach § 13h als eine nicht unerhebliche Gefährdung oder Störung der Sicherheit oder Zuverlässigkeit des Elektrizitätsversorgungssystems (BT-Drs. 18/7317, 89). Eine **Störung** dagegen meint eine realisierte Gefährdung (Säcker EnergieR/König § 13b Rn. 16;

Ruttloff GewArch 2019, 12 (13)). Zu beachten ist jedoch das Erfordernis, dass die Störung oder Gefährdung nicht unerheblich sein dürfen, die Begriffe werden dadurch qualifiziert.

Eine **vorläufige Stilllegung,** Revisionen und technisch bedingte Störungen ausgenommen, bedeutet, dass die Anlage nicht mehr anfahrbereit gehalten wird, aber innerhalb eines Jahres nach Anforderung durch den Betreiber eines Übertragungsnetzes wieder betriebsbereit gemacht werden kann (Legaldefinition in § 13b Abs. 3 S. 1).

Endgültige Stilllegung bedeutet, dass der Betrieb durch eine Maßnahme endgültig ausgeschlossen ist oder diese bewirkt, dass eine Anpassung der Einspeisung nicht mehr innerhalb eines Jahres nach Anforderung erfolgen kann, da die Anlage nicht mehr innerhalb dieses Zeitraums betriebsbereit gemacht werden kann (Legaldefinition in § 13b Abs. 3 S. 2).

Mit dieser Normfassung sollte eine klare Abgrenzung zwischen vorläufiger und endgültiger Stilllegung in zeitlicher Hinsicht ermöglicht werden (Chaaban/Godron ER 2016, 106 (108)). Komplett erledigt sich das Abgrenzungsproblem in praktischer Hinsicht allerdings nicht. Aufgrund technischer und sonstiger Unsicherheiten kann es sehr wohl sein, dass der prognostizierbare Zeitrahmen sowohl über als auch unter einem Jahr liegt, weshalb auch auf subjektive Kriterien zurückzugreifen ist, wie die Absicht des Anlagenbetreibers hinsichtlich einer vorläufigen oder endgültigen Stilllegung (Ruttloff WiVerw 2020, 89 (96)). Objektive Hilfskriterien können sein, ob typische Maßnahmen einer endgültigen Betriebseinstellung getroffen werden, wie die Veräußerung von Vorräten, Lagerbeständen und Ersatzteilen, der Abzug des Betriebspersonals und der Rückbau der Anlage. Anhand der Umstände ist zu beurteilen, ob die jeweilige Anlage letztlich dem Systemsicherheitszugriff der Übertragungsnetzbetreiber (ÜNB) tatsächlich entzogen wird oder nicht.

Der Gesetzgeber sah die Jahresfrist als sachgerecht an, da es eine Verminderung der Verwendbarkeit der Anlage für die Netzreserve bedeutet, wenn es einige Zeit braucht, um die Anlage wieder anfahrbereit zu machen. Um eine klare Grenze ziehen zu können, sei ab einem Jahr von einer Gleichstellung mit endgültig stillgelegten Anlagen auszugehen (BT-Drs. 18/7317, 89). Insofern sollte der gewählte Zeitrahmen die praktischen Gegebenheiten berücksichtigen und diesen gerecht werden (Chaaban/Godron ER 2016, 106 (108)).

C. Anzeigepflicht und Stilllegungsverbot (Abs. 1)

Nach Absatz 1 sind Anlagenbetreiber ab einer Anlagenleistung von 10 MW verpflichtet, vorläufige und endgültige Stilllegungen ihrer Anlage oder Teilkapazitäten ihrer Anlagen dem systemverantwortlichen Betreiber des Übertragungsnetzes und der BNetzA anzuzeigen und dabei anzugeben, ob rechtliche, technische oder betriebswirtschaftliche Gründe dies bedingen. Nach § 95 Abs. 1 Nr. 1c, Abs. 2 handelt es sich beim Unterlassen der Anzeige oder der nicht richtigen, vollständigen oder rechtzeitigen Anzeige um eine **Ordnungswidrigkeit,** die bußgeldbewehrt ist und von der BNetzA geahndet werden kann. Ein Verstoß gegen die Anzeigepflicht kann mit bis zu 100.000 EUR geahndet werden, andere Fälle wie etwa Verstöße gegen Stilllegungsverbote gem. § 95 Abs. 1 Nr. 3f, Abs. 2 mit bis zu 5 Mio. EUR. **Teilkapazität** meint nicht die schlichte Reduktion der Nennleistung, vielmehr ist, um dem allgemeinen Sprachgebrauch zu folgen, davon auszugehen, dass die kleinste Einheit, auf die sich der Terminus Teilkapazität bezieht, Kraftwerksblöcke meint (Säcker EnergieR/König § 13b Rn. 6). Zudem untermauert § 8 Abs. 1 NetzResV, dass Anlagen oder Teilkapazitäten zumindest Kraftwerksblöcke oder größer sind (Säcker EnergieR/König § 13b Rn. 6). Die relativ niedrige Nennleistung hat den Zweck, dass der Übertragungsnetzbetreiber und die BNetzA frühzeitig über alle Stilllegungen informiert werden, die potenziell Auswirkungen auf die Sicherheit und Zuverlässigkeit des Elektrizitätsversorgungssystems haben können (Säcker EnergieR/König § 13b Rn. 4). Die Anzeigefrist läuft zwölf Monate vor Stilllegung ab, soll aber möglichst frühzeitig erfolgen. Nach § 51 ist die BNetzA für das Monitoring der Versorgungssicherheit zuständig, weswegen die Gründe der Stilllegung mitzuteilen sind, um ersteres zu gewährleisten (BT-Drs. 18/7317, 88). Bei diesem Prozess sind die Stilllegungsgründe mit dem Schutzzweck der Norm, namentlich die Versorgungssicherheit der Elektrizitätsversorgung, abzuwägen (Theobald/Kühling/Lülsdorf § 13b Rn. 10). Dem Schutz von Betriebs- und Geschäftsgeheimnissen wird durch eine Kennzeichnung als solche nach § 71 Rechenschaft getragen (BT-Drs. 18/7317, 88).

17 Aus der Vorschrift ergeben sich, in Abhängigkeit von der Anzeigepflicht, zwei verschiedene Stilllegungsverbote.

I. Stilllegung ohne Anzeige

18 Kommt der Anlagenbetreiber der Anzeigepflicht nicht nach, so ist ihm die Stilllegung untersagt nach § 13b Abs. 1 S. 2, vorausgesetzt der **Weiterbetrieb ist technisch und rechtlich weiterhin möglich.** Diese Ausnahme erfüllt den Zweck, technischen Unvorhersehbarkeiten Rechnung zu tragen und einer Gesetzesänderung praktisch die Wirkung zu nehmen. Ein rechtliches Hindernis besteht beispielsweise, wenn eine für den Betrieb erforderliche Genehmigung fehlt, die nicht mit zumutbarem Aufwand kurzfristig erlangt werden kann, oder sonstige rechtliche Umstände, die den Betrieb nachhaltig ausschließen oder maßgeblich beschränken, eintreten, während technische Hindernisse zumindest dann gegeben sind, wenn der Bereich eines „wirtschaftlichen Totalschadens" in Hinblick auf die notwendigen Ertüchtigungsmaßnahmen erreicht ist (Ruttloff ER 2018, 242 (244)).

19 Es handelt sich bei einem Verstoß gegen das Verbot gem. § 95 Abs. 1 Nr. 3f, Abs. 2 um eine mit bis zu 5 Mio. EUR bußgeldbewehrte Ordnungswidrigkeit, für deren Ahndung die BNetzA zuständig ist.

II. Stilllegung innerhalb der Anzeigefrist

20 Zudem ist es dem Betreiber der Anlage gem. § 13b Abs. 1 S. 2 untersagt, in den zwölf Monaten ab Anzeige bis zum geplanten Stilllegungstermin die Anlage vor Ablauf dieser Frist stillzulegen, falls der Weiterbetrieb technisch und rechtlich möglich ist. Ausnahmsweise darf eine Anlage vor Ablauf der Frist stillgelegt werden, wenn der Betreiber des Übertragungsnetzes hierdurch keine Gefährdung oder Störung der Sicherheit oder Zuverlässigkeit des Versorgungssystems erwartet und dies dem Anlagenbetreiber mitteilt. Dies entspricht der Prüfung und der Mitteilung des Ergebnisses der Systemrelevanz (ausführlich dazu → Rn. 23 ff.).

21 Auch hier handelt es sich bei einem Verstoß gegen das Verbot gem. § 95 Abs. 1 Nr. 3f, Abs. 2 um eine bußgeldbewehrte Ordnungswidrigkeit.

III. Form und Widerruflichkeit der Anzeige

22 Die Anzeige der Stilllegung ist eine einseitige **empfangsbedürftige Willenserklärung**, die mit Zugang wirksam wird. Einer besonderen Form bedarf sie nicht (Säcker EnergieR/König § 13b Rn. 7). Aufgrund der besonderen Interessenlage des Anlagenbetreibers in Bezug auf die Bindung an eine geplante Stilllegung, insbesondere in Hinblick auf seine unternehmerische Freiheit, ist grundsätzlich von einer Widerruflichkeit auszugehen. Diese Möglichkeit ist jedoch ausgeschlossen, sobald er den Übertragungsnetzbetreiber auf Ersatz der Betriebsbereitschaftsauslagen in Anspruch genommen hat. Ebenso haftet der Anlagenbetreiber im Falle des Widerrufs begrenzt auf das negative Interesse, also den Vertrauensschaden (s. ausführlich dazu Kment EnWG/Tüngler § 13b Rn. 33 ff.).

D. Systemrelevanz

23 Der Begriff und die Prüfung der Systemrelevanz sind in Absatz 2 geregelt. Die Prüfung der Systemrelevanz soll sich aus einer **Systemanalyse** der Betreiber der Übertragungsnetze oder aus dem Bericht der BNetzA nach § 3 NetzResV ergeben. Es kann Bezug auf die Liste systemrelevanter Gaskraftwerke in § 13f Abs. 1 genommen werden. Die Prüfung hat unverzüglich, also ohne schuldhaftes Zögern iSv § 121 Abs. 1 BGB, stattzufinden. Während in der früher geltenden Gesetzesfassung die Definition der Systemrelevanz lediglich für die endgültige Stilllegung galt, wurde dies als nicht mehr sachgerecht befunden und auf die vorläufige Stilllegung ausgeweitet, um den praktischen Gegebenheiten gerecht zu werden, dass die Wirkung der beiden Arten der Stilllegung kurzfristig dieselbe sein kann (BT-Drs. 18/7317, 88 f.).

24 Im Anschluss an das Prüfungsverfahren ist der Übertragungsnetzbetreiber verpflichtet, dem Anlagenbetreiber das **Ergebnis unverzüglich** schriftlich oder elektronisch **mitzuteilen.** Dies ist für die Erstattung der Betriebsbereitschaftsauslagen nach § 13c bedeutsam (BT-

Drs. 18/7317, 89). Voraussetzung für die Kenntnisnahme ist der Zugang der Mitteilung, die sowohl schriftlich postalisch als auch digital elektronisch erfolgen kann (Theobald/Kühling/Lülsdorf § 13b Rn. 18).

E. Vorläufige und endgültige Stilllegung

Die Rechtsfolgen des Ergebnisses der Prüfung der Systemrelevanz verlaufen unterschiedlich, je nachdem, ob eine vorläufige oder endgültige Stilllegung vorliegt. Ersteres ist in Absatz 4 geregelt, letzteres in Absatz 5. 25

I. Vorläufige Stilllegung (Abs. 4)

Verläuft die Prüfung positiv, sind vorläufige Stilllegungen auch nach Ablauf der zwölfmonatigen Anzeigefrist verboten, solange und soweit die Ausweisung als systemrelevant erfolgt. Dies dient dazu, systemrelevante Anlagen dem Betreiber des Übertragungsnetzes stets zur Verfügung zu halten (BT-Drs. 18/7317, 90). Die Ausweisung erfolgt für einen Zeitraum von **24 Monaten**. Zeigt der Anlagenbetreiber nach Ablauf der Frist erneut die geplante Stilllegung an, so kommt der Mechanismus des § 13b erneut in Bewegung, es erfolgt eine Prüfung und etwaige Ausweisung für bis zu 24 Monate. 26

Ist die Stilllegung verboten, so ist der Betreiber verpflichtet, die **Betriebsbereitschaft** der Anlage für Anpassungen der Einspeisung nach § 13a Abs. 1 weiter vorzuhalten oder wiederherzustellen. 27

Falls sich der Zeitraum der Ausweisung als systemrelevant direkt an den Ablauf der zwölfmonatigen Anzeigefrist anschließt, darf der Anlagenbetreiber somit die Anlage nicht stilllegen, wie bereits ausgeführt. Falls die Anlage jedoch erst zu einem späteren Zeitpunkt als systemrelevant bewertet wird, kann der Anlagenbetreiber die Anlage vorläufig stilllegen, muss diese jedoch zum Zeitpunkt des Beginns der Systemrelevanz wieder betriebsbereit machen und dies für die Dauer der Ausweisung gewährleisten (Kment EnWG/Tüngler § 13b Rn. 26; BT-Drs. 18/7317, 90). 28

Problematisch ist das Bestehen einer **Ahndungslücke,** da ein Verstoß gegen das Stilllegungsverbot nach Absatz 4 Satz 1 im Gegensatz zu dem nach Absatz 1 Satz 1 und Absatz 5 Satz 1 nicht bußgeldbewehrt ist. Dies regelt § 95 Abs. 1 Nr. 3f. Dem Ziehen einer Analogie steht, bei gegebener Annahme einer planwidrigen Regelungslücke durch ein Redaktionsversehen des Gesetzgebers, jedenfalls das Analogieverbot des Art. 103 Abs. 2 GG (**nulla poena sine lege stricta**) entgegen (Säcker EnergieR/König § 13b Rn. 27). 29

Zusammengefasst hat der Betreiber von als systemrelevant ausgewiesenen Anlagen die Betriebsbereitschaft der Anlage jedenfalls für die Dauer der Ausweisung trotz vorhandener Ahndungslücken zu gewährleisten. 30

II. Endgültige Stilllegungen (Abs. 5)

Anders als bei vorläufigen Stilllegungen muss, damit bei endgültigen Stilllegungen ein Verbot eingreift, die Nennleistung nach Absatz 5 **mindestens 50 MW** betragen. Zudem gilt das Verbot nur, solange und soweit die Ausweisung als systemrelevant durch den Übertragungsnetzbetreiber erfolgt ist und durch die BNetzA genehmigt wurde, sowie der Weiterbetrieb technisch und rechtlich möglich ist („**großes Stilllegungsverbot**"). 31

Um den Prozess der Bestätigung zu beschleunigen, hat der Betreiber des Übertragungsnetzes die Genehmigung der Ausweisung nach Prüfung der Stilllegungsanzeige unverzüglich bei der BNetzA zu beantragen und zu begründen. Dem Anlagenbetreiber ist durch den Betreiber des Übertragungsnetzes unverzüglich, also ebenfalls iSv § 121 Abs. 1 BGB ohne schuldhaftes Zögern, eine Kopie des Antrags und dessen Begründung zu übermitteln. Die Prüfung der BNetzA beschränkt sich auf eine erneute Prüfung der Systemrelevanz, bei positiver Prüfung ist der Antrag zu genehmigen. Falls nicht innerhalb von drei Monaten über den Antrag entschieden wird, gilt der Antrag auf Ausweisung als genehmigt (**Genehmigungsfiktion**). Ausnahmen gelten jedoch, wenn der Antragsteller, in diesem Fall der Übertragungsnetzbetreiber, einer Fristverlängerung zugestimmt hat oder die BNetzA wegen unrichtiger Angaben oder nicht rechtzeitig erteilter Auskunft keine Entscheidung treffen kann und sie dies den Betroffenen vor Ablauf der Frist begründet mitteilt. Die Vorschriften 32

33 Ebenso ist die Ausweisung nach Satz 8 in Bezug auf Umfang und Zeitraum auf das erforderliche Maß zu begrenzen.

34 Die 24-monatige Ausweisung kann nach Satz 9 im Einzelfall überschritten werden, wenn der regelzonenverantwortliche Übertragungsnetzbetreiber nachweist, dass die Anlage mehr als 24 Monate oder für einen Zeitpunkt, der nach dem Zeitraum von 24 Monaten liegt, systemrelevant ist und dies durch die BNetzA bestätigt wird. Die zweite Alternative wurde in das Gesetz eingefügt, um für mehr Rechtsklarheit und -sicherheit bei der Rechtsanwendung zu sorgen. Denn in der Praxis hat sich gezeigt, dass Fälle möglich sind, in denen die Systemrelevanz einer Anlage für einen Zeitpunkt nachgewiesen wird, der nach dem Regelzeitraum von 24 Monaten liegt. Diese Ergänzung von § 13b Abs. 5 S. 9 stellt klar, dass die BNetzA die Regelung zur Überschreitung des Regelzeitraums von 24 Monaten für die Ausweitung der Systemrelevanz auch in diesen Fällen anwenden kann (vgl. BT-Drs. 19/31009, 13). Die zweite Alternative dient auch dazu, neben einer verschiedenen zeitlichen Befristung auf einen Zeitraum über die 24 Monate („mehr als 24 Monate") ferner auf eine aufschiebende Bedingung („einen Zeitpunkt, der nach dem Zeitraum von 24 Monaten liegt") Bezug nehmen zu können, deren genaue zeitliche Realisierung unsicher ist. Letzteres können beispielsweise die Realisierung von Infrastrukturvorgaben des Netzausbaus oder die Inbetriebnahme alternativer Erzeugungskapazitäten sein, die den energiewirtschaftlichen Grund für die Ausweisung dann entfallen lassen. Neben dem Schutzzweck des § 13b wird hier auch arbeitsrechtlichen Fragen, wie dem Erhalt vom Arbeitsplätzen, Rechnung getragen, indem die wirtschaftliche und berufliche Planungssicherheit der Kraftwerkbetreiber und Beschäftigen erhöht wird, was wiederum der Anlagenverfügbarkeit für die Netzreserve zugutekommt (BT-Drs. 18/7317, 90). Sind die Voraussetzungen erfüllt, so gilt ein Stilllegungsverbot nach Ablauf der zwölfmonatigen Frist für die Dauer der Ausweisung als systemrelevant. Der Betrieb muss gem. § 7 NetzResV ausschließlich nach Maßgabe der vom Übertragungsnetzbetreiber angeforderten Systemsicherheitsmaßnahmen betrieben werden (**Ausschließlichkeitsprinzip**). Grund für letzte Regelung ist die Vermeidung von Optimierungsmaßnahmen (Kment EnWG/Tüngler § 13b Rn. 29). Ebenso trifft den Anlagenbetreiber die Pflicht, die Anlage in einem solchen Zustand zu erhalten, dass die Voraussetzungen an die Vorhaltung oder Wiederherstellung der Betriebsbereitschaft wie in Absatz 4 gegeben sind, soweit dies nicht technisch oder rechtlich ausgeschlossen ist.

35 Angesichts des gerichtlich nicht überprüfbaren Beurteilungs- und Prognosespielraums kommt dem Gebot zur ordnungsgemäßen Amtsermittlung nach § 24 VwVfG sowie der Begründungspflicht nach § 73 Abs. 1 S. 1 eine besondere prozedurale Bedeutung zu (Friedemann/Kamradt EnWZ 2022, 307 (308 f.)). Allerdings ist auch der gerichtliche Prüfungsmaßstab in der Praxis im Hinblick auf die Begründungsanforderungen vergleichsweise großzügig (vgl. OLG Düsseldorf 19.12.2018 – 3 Kart 117/17 (V) Rn. 76).

F. Verfassungsrechtliche Fragen

36 Die Norm begegnet verfassungsrechtlichen Bedenken in Hinblick auf die Berufsfreiheit des Art. 12 GG und den Schutz des Eigentums nach Art. 14 GG.

37 Umstritten ist zunächst, welcher Schutzbereich welches Grundrechts eröffnet ist. Während einerseits vertreten wird, es handle sich um eine **Indienstnahme Privater** zur Erfüllung öffentlicher Aufgaben, womit primär Art. 12 GG zu prüfen wäre, ist ebenso gut von einer Eröffnung des Schutzbereichs von Art. 14 GG in Form einer **Inhalts- und Schrankenbestimmung** auszugehen (Möstl EnWZ 2015, 243 (246); Ruttloff ER 2018, 242 (246); Friedemann/Kamradt EnWZ 2022, 307 (308)). Im Vordergrund bezüglich der Frage, welches der Grundrechte letztlich einschlägig ist, steht der Schwerpunkt der Maßnahme (Ruttloff ER 2018, 242 (246)). Demnach liegt der Schwerpunkt bei den Stilllegungsverboten eher im Schutzbereich des Art. 14 GG. Im Vordergrund steht die Verwendungsmöglichkeit eines konkreten Vermögensgutes, nämlich des Eigentums an den Kraftwerksanlagen. Aufgrund des Schutzzweckes der Norm, der Sicherung der Energieversorgung der Bevölkerung, passen auch die eigentumsrechtlichen Kategorien wie „**Sozialbindung**" und „**Privatnützigkeit**" besser als die vom konkreten Vermögensgegenstand losgelöste Schrankendogmatik zu Art. 12

GG. Im Ergebnis liegt eine Inhalts- und Schrankenbestimmung vor. Für eine Enteignung fehlt es an einem staatlichen Güterbeschaffungsvorgang (Ruttloff ER 2018, 242 (246); BVerfGE 143, 246 Rn. 246 ff. = BeckRS 2016, 55371). Ebenso wird eine Anwendbarkeit beider Grundrechte nebeneinander vertreten (Burgi/Krönke VerwArch 2018, 423 (434 f.)). Dem Grund dafür, nämlich, dass die Grundsätze bei der Indienstnahme, die zu Art. 12 GG entwickelt wurden, nicht ausgehebelt werden sollen, kann jedoch ebenso durch eine Übertragung dieser auf die Angemessenheitsprüfung des Art. 14 GG Rechnung getragen werden, um das bestehende **Exklusivitätsverhältnis** der beiden Grundrechte nicht zu überwerfen.

Entscheidend ist jedoch ebenso, ob die Eingriffe auch gerechtfertigt sind. Während sich 38 das Stilllegungsverbot als Berufsausübungsregelung darstellt und durch die Gewährleistung der Sicherheit und Zuverlässigkeit der Elektrizitätsversorgung als sogar überragend wichtiges und nicht nur wichtiges Gemeinschaftsgut unter Beachtung des Verhältnismäßigkeitsgrundsatzes auf den ersten Blick gerechtfertigt ist, ist ein Eingriff in Art. 14 GG vordergründig damit gerechtfertigt, dass Kosten gem. § 13c ausgeglichen werden. Denn eine Rendite würde ohnehin aufgrund der geplanten Stilllegung nicht anfallen, weshalb ein Berufen der Anlagenbetreiber auf die wirtschaftliche Verwertbarkeit des Eigentums mangels Renditeerwartung nicht greift (s. ausführlich dazu Säcker EnergieR/König § 13b Rn. 46 f.).

Fraglich ist allerdings, ob diese Argumentation im vorliegenden Fall wirklich zur Rechtfer- 39 tigung des Eingriffs führt. Dafür muss der Eingriff, auf Grundlage von § 13b bzw. ergänzt durch § 13c, verhältnismäßig sein. Zweifelsohne dient es dem **legitimen Zweck** der Sicherung der Stromversorgung. Insbesondere ist die Maßnahme **erforderlich,** da kein anderes, gleich effektives Mittel gegeben ist. Das Aufsetzen und Implementieren eines Investitionsprogramms würde mehrere Jahre dauern und eine Kompensation durch ausländische Stromimporte ist aufgrund von Engpässen an Grenzkuppelstellen nicht ausreichend zu realisieren (Ruttloff WiVerw 2020, 89 (101)). Besonderes Augenmerk ist allerdings auf die **Angemessenheit,** die Verhältnismäßigkeit im engeren Sinne, zu richten, die sich vor allem mit der Höhe der gewährten Vergütung beschäftigt. Unstrittig ist jedenfalls das „Ob" der Vergütung. Durch eine Übertragung der Rechtsprechung zur Indienstnahme Privater in Bezug auf Art. 12 GG ergibt sich, dass die unternehmerische Hauptbetätigung betroffen ist und nicht lediglich eine Nebentätigkeit, ein Kompensationsgebot (Ruttloff ER 2018, 242 (248 f.)). Eine ausgleichende Vergütung muss somit eine vollständige Kompensation der anderenfalls unangemessenen Beeinträchtigung bewirken. Dazu wird man auch einen angemessenen Gewinn rechnen müssen (Burgi/Krönke VerwArch 2018, 423 (443)). Dieser wird jedoch gerade nicht von § 13c gewährt, womit fraglich bleibt, ob das Stilllegungsverbot im vorliegenden Fall dennoch zu rechtfertigen ist.

Die Frage der Angemessenheit ist damit vor allem auch eine der Höhe der zu gewährenden 40 Kompensation, wobei problematisch ist, dass zwar – zumindest vordergründig und ausweislich des Normgebers – kostendeckend kompensiert werden soll, jedoch keinerlei Rendite gewährt wird. Grund dafür dürfte für den Gesetzgeber gewesen sein, dass die Anlagen sowieso stillgelegt werden sollten und somit gar keine Rendite anfallen sollte. Dieser grundsätzlich verständlichen, aber dennoch bedenkenswerten Erwägungen ist jedoch entgegenzutreten mit der aus Art. 14 GG und Art. 12 GG abgeleiteten **Rentabilitätsvermutung** bei wirtschaftlich genutzten Eigentumsgütern. Insbesondere nimmt innerhalb der Angemessenheitsprüfung das Kriterium der Zumutbarkeit besonderes Gewicht in Anspruch. Zu fragen ist somit, ob die Nichtgewährung einer Rendite den Betreibern zumutbar ist, wobei insbesondere der Sozialbezug des betroffenen Eigentums und die Schwere des Eingriffs miteinander abzuwägen sind. Während teilweise damit argumentiert wird, der Anlagenbetreiber übernehme durch die Beteiligung an der Stromversorgung eine Mitverantwortlichkeit für die Netzstabilität, von der er auch selbst profitiere, weshalb es ihm zumutbar sei, renditelos zu produzieren, ist dem, zumindest im Falle eines unbefristeten Stilllegungsverbots mit renditeloser Zwangsbewirtschaftung, die ja nach § 13b Abs. 5 grundsätzlich möglich ist, entgegenzutreten. Problematisch ist nämlich, dass die Gefahr besteht, in einem solchen Fall gar nichts mehr vom grundrechtlich gewährleisteten Eigentumsschutz im Sinne des Kernbereichs der Privatnützigkeit zu bewahren und das Eigentum somit zur bloßen Last durch die Zwangsbewirtschaftung wird (Ruttloff ER 2018, 242 (248 ff.)). Zudem hat der Staat durch die vorgenommenen Maßnahmen zugunsten erneuerbarer Energien die Netzversorgungsvolatilität selbst geschaffen, weshalb das Risiko nicht vom Anlagenbetreiber zu tragen ist (Burgi/Krönke VerwArch 2018, 423 (434 f.)). Da dem Betreiber durch ein unbefristetes Stilllegungsverbot die Möglichkeit genommen wird, das Grundstück und die Infrastruktur anderweitig und möglicherweise gewinnbringend zu nutzen, hätte zumindest für diese Konstellation eine **Härtefallregelung** geschaffen werden müssen, die eine Renditegewährung umfasst (Ruttloff ER 2018, 242 (248 ff.)).

41 Demnach bleibt offen, ob die Vergütung bezogen auf die Höhe letztendlich auch verfassungskonform im Sinne der Angemessenheit ist (Ruttloff GewArch 2019, 12 (14)). Teilweise wird jedoch auch vertreten, dass man eine kostendeckende Inanspruchnahme wohl als vertretbar ansehen kann (Möstl EnWZ 2015, 243 (247 f.); Säcker EnergieR/König § 13b Rn. 46 f.).

42 Ebenso ist problematisch, dass für das „kleine Stilllegungsverbot" innerhalb der zwölfmonatigen Anzeigefrist keine Entschädigungsregelung getroffen wurde, sondern nur für das systemrelevanzabhängige Verbot bei vorläufigen sowie endgültigen Stilllegungen (Ruttloff ER 2018, 242 (248 f.)).

43 Solange diesbezüglich kein Rechtsweg durch die Anlagenbetreiber beschritten wird und die Verfassungsgemäßheit oder Verfassungswidrigkeit vom BVerfG festgestellt wird, bleiben zumindest Fragen offen. Nicht zuletzt, weil auch im Hinblick auf die Ausweisung als systemrelevant ein gerichtlich nicht überprüfbarer Beurteilungs- und Prognosespielraum verbleibt (Friedemann/Kamradt EnWZ 2022, 307 (308 ff.)).

43a Schließlich wird Reformbedarf dahingehend gesehen, dem Klimaschutz im Sinne der §§ 3 Abs. 2, 13 KSG und den Maßgaben des Art. 20a GG weitergehend Rechnung zu tragen, indem der Reservemechanismus stärker auf Dekarbonierung auszurichten sei (Friedemann/Kamradt EnWZ 2022, 307 (310 f.)). Dies dürfte als rechtspolitische Forderung de lege ferenda zu verstehen sein.

G. Entschädigung

44 Die Vergütung, die aufgrund des Grundrechtseingriffes geboten ist, wird durch § 13c geregelt, der Bezug auf die Unterscheidung zwischen vorläufigen und endgültigen Stilllegungen durch § 13b nimmt.

§ 13c Vergütung bei geplanten Stilllegungen von Anlagen

(1) ¹Fordert der Betreiber eines Übertragungsnetzes den Betreiber einer Anlage, die andernfalls auf Grund einer vorläufigen Stilllegung im erforderlichen Zeitraum nicht anfahrbereit wäre, nach § 13b Absatz 4 dazu auf, die Betriebsbereitschaft der Anlage für Anpassungen der Einspeisung weiter vorzuhalten oder wiederherzustellen, kann der Betreiber als angemessene Vergütung geltend machen:
1. die für die Vorhaltung und die Herstellung der Betriebsbereitschaft notwendigen Auslagen (Betriebsbereitschaftsauslagen); im Rahmen der Betriebsbereitschaftsauslagen
   a) werden die einmaligen Kosten für die Herstellung der Betriebsbereitschaft der Anlage berücksichtigt; Kosten in diesem Sinn sind auch die Kosten erforderlicher immissionsschutzrechtlicher Prüfungen sowie die Kosten der Reparatur außergewöhnlicher Schäden, und
   b) wird ein Leistungspreis für die Bereithaltung der betreffenden Anlage gewährt; hierbei werden die Kosten berücksichtigt, die dem Betreiber zusätzlich und fortlaufend auf Grund der Vorhaltung der Anlage für die Netzreserve nach § 13d entstehen; der Leistungspreis kann als pauschalierter Betrag (Euro je Megawatt) zu Vertragsbeginn auf Grundlage von jeweils ermittelten Erfahrungswerten der Anlage festgelegt werden; die Bundesnetzagentur kann die der Anlage zurechenbaren Gemeinkosten eines Betreibers bis zu einer Höhe von 5 Prozent der übrigen Kosten dieser Nummer pauschal anerkennen; der Nachweis höherer Gemeinkosten durch den Betreiber ist möglich;
2. die Erzeugungsauslagen und
3. den anteiligen Werteverbrauch.

²Betriebsbereitschaftsauslagen nach Satz 1 Nummer 1 sind zu erstatten, wenn und soweit diese ab dem Zeitpunkt der Ausweisung der Systemrelevanz der Anlage durch den Betreiber eines Übertragungsnetzes anfallen und der Vorhaltung und dem Einsatz als Netzreserve im Sinne von § 13d Absatz 1 Satz 1 zu dienen bestimmt sind. ³Grundlage für die Bestimmung des anteiligen Werteverbrauchs nach Satz 1 Nummer 3 sind die handelsrechtlichen Restwerte und handelsrechtlichen Restnutzungsdauern in Jahren; für die Bestimmung des anteiligen Werteverbrauchs für die Anlage oder Anlagenteile ist als Schlüssel das Verhältnis aus den anrechenbaren Betriebsstunden im Rahmen von Maßnahmen nach § 13a Absatz 1 Satz 2 und den für die Anlage bei der Investitionsentscheidung betriebswirtschaftlich geplanten Betriebsstunden zugrunde zu legen. ⁴Im Rahmen der Erzeugungsauslagen wird ein Arbeitspreis in Form der notwendigen Auslagen für eine Einspeisung der Anlage gewährt.

(2) ¹Nimmt der Betreiber der Anlage im Sinn von § 13b Absatz 4 Satz 1 den Betreiber des Übertragungsnetzes auf Zahlung der Betriebsbereitschaftsauslagen nach Absatz 1 Satz 1 Nummer 1 in Anspruch, darf ab diesem Zeitpunkt die Anlage für die Dauer der Ausweisung der Anlage als systemrelevant durch den Betreiber eines Übertragungsnetzes ausschließlich nach Maßgabe der von den Betreibern von Übertragungsnetzen angeforderten Systemsicherheitsmaßnahmen betrieben werden. ²Wird die Anlage nach Ablauf der Dauer der Ausweisung als systemrelevant wieder eigenständig an den Strommärkten eingesetzt, ist der Restwert der investiven Vorteile, die der Betreiber der Anlage erhalten hat, zu erstatten. ³Maßgeblich ist der Restwert zu dem Zeitpunkt, ab dem die Anlage wieder eigenständig an den Strommärkten eingesetzt wird.

(3) ¹Der Betreiber einer Anlage, deren endgültige Stilllegung nach § 13b Absatz 5 Satz 1 verboten ist, kann als angemessene Vergütung für die Verpflichtung nach § 13b Absatz 5 Satz 11 von dem jeweiligen Betreiber eines Übertragungsnetzes geltend machen:
1. die Kosten für erforderliche Erhaltungsmaßnahmen nach § 13b Absatz 5 Satz 11 (Erhaltungsauslagen),
2. die Betriebsbereitschaftsauslagen im Sinn von Absatz 1 Satz 1 Nummer 1 und Satz 2,
3. Erzeugungsauslagen im Sinne von Absatz 1 Satz 1 Nummer 2 und Satz 4 und
4. Opportunitätskosten in Form einer angemessenen Verzinsung für bestehende Anlagen, wenn und soweit eine verlängerte Kapitalbindung in Form von Grundstücken und weiterverwertbaren technischen Anlagen oder Anlagenteilen auf Grund der Verpflichtung für die Netzreserve besteht.

²Erhaltungs- und Betriebsbereitschaftsauslagen nach Satz 1 Nummer 1 und 2 sind zu erstatten, wenn und soweit diese ab dem Zeitpunkt der Ausweisung der Systemrelevanz durch den Betreiber eines Übertragungsnetzes nach § 13b Absatz 5 anfallen und der Vorhaltung und dem Einsatz als Netzreserve zu dienen bestimmt sind. ³Der Werteverbrauch der weiterverwertbaren technischen Anlagen oder der Anlagenteile ist nur erstattungsfähig, wenn und soweit die technischen Anlagen in der Netzreserve tatsächlich eingesetzt werden; für die Bestimmung des anteiligen Werteverbrauchs ist Absatz 1 Satz 3 anzuwenden. ⁴Weitergehende Kosten, insbesondere Kosten, die auch im Fall einer endgültigen Stilllegung angefallen wären, sind nicht erstattungsfähig.

(4) ¹Nimmt der Betreiber der Anlage, deren endgültige Stilllegung nach § 13b Absatz 5 Satz 1 verboten ist, den Betreiber des Übertragungsnetzes auf Zahlung der Erhaltungsauslagen oder der Betriebsbereitschaftsauslagen nach Absatz 3 Satz 1 Nummer 1 und 2 sowie Satz 2 in Anspruch, darf die Anlage bis zu ihrer endgültigen Stilllegung ausschließlich nach Maßgabe der von den Betreibern von Übertragungsnetzen angeforderten Systemsicherheitsmaßnahmen betrieben werden. ²Wird die Anlage endgültig stillgelegt, so ist der Restwert der investiven Vorteile bei wiederverwertbaren Anlagenteilen, die der Betreiber der Anlage im Rahmen der Erhaltungsauslagen nach Absatz 3 Satz 1 Nummer 1 und der Betriebsbereitschaftsausla-

gen im Sinne von Absatz 1 Satz 1 Nummer 1 erhalten hat, zu erstatten. ³Maßgeblich ist der Restwert zu dem Zeitpunkt, ab dem die Anlage nicht mehr als Netzreserve vorgehalten wird. ⁴Der Umfang der Vergütung nach Absatz 3 wird in den jeweiligen Verträgen zwischen den Betreibern der Anlagen und den Betreibern der Übertragungsnetze auf Grundlage der Kostenstruktur der jeweiligen Anlage nach Abstimmung mit der Bundesnetzagentur festgelegt.

(5) Die durch die Absätze 1 bis 4 entstehenden Kosten der Betreiber von Übertragungsnetzen werden durch Festlegung der Bundesnetzagentur zu einer freiwilligen Selbstverpflichtung der Betreiber von Übertragungsnetzen nach § 11 Absatz 2 Satz 4 und § 32 Absatz 1 Nummer 4 der Anreizregulierungsverordnung in der jeweils geltenden Fassung als verfahrensregulierte Kosten nach Maßgabe der hierfür geltenden Vorgaben anerkannt.

(6) Die Absätze 1 bis 5 gelten nicht für die stillzulegenden Anlagen nach § 13g.

Überblick

Die Norm steht in engem Zusammenhang mit den Stilllegungsverboten des § 13b und ergänzt diesen (→ Rn. 1 ff.). Spezifisch wird die Vergütung bei vorläufigen und endgültigen Stilllegungen geregelt (→ Rn. 5 ff.). Während die Anspruchsvoraussetzungen in § 13b festgelegt werden, regelt § 13c daran anknüpfend den Umfang der erstattungsfähigen Positionen bei vorläufigen (→ Rn. 11 ff.) und endgültigen Stilllegungen (→ Rn. 24 ff.). Da die Vorschrift die Rechtfertigung des Grundrechtseingriffs auf Seiten der Anlagenbetreiber durch die Stilllegungsverbote des § 13b darstellt, ist besonderes Augenmerk auf die Verfassungskonformität der beiden Vorschriften zu legen (→ Rn. 36 f.). Zudem ist problematisch, ob die finanziellen Ausgleichsleistungen mit dem unionsrechtlichen Beihilferecht vereinbar sind (→ Rn. 38 ff.).

Übersicht

	Rn.		Rn.
A. Grundsätzliches	1	II. Endgültige Stilllegungen	22
I. Normzweck	1	1. Anspruchsvoraussetzungen	23
II. Norminhalt	2	2. Anspruchsinhalt und -umfang	24
III. Entwicklung	3	3. Ausschließlichkeitsprinzip	33
IV. Ausnahme des § 13g	4	III. Ausnahme vom Ausschließlichkeitsprinzip durch das Ersatzkraftwerkebereithaltungsgesetz	34a
B. Vergütung bei vorläufigen und endgültigen Stilllegungen	5	IV. Verteilung der Kosten beim Übertragungsnetzbetreiber	35
I. Vorläufige Stilllegungen	8	C. Verfassungsmäßigkeit	36
1. Anspruchsvoraussetzungen	10	D. Vereinbarkeit mit dem unionsrechtlichen Beihilfeverbot	38
2. Anspruchsinhalt und -umfang	11		
3. Ausschließlichkeitsprinzip	19		
4. Erstattung des Restwerts	21		

A. Grundsätzliches

I. Normzweck

1 Wie in der Kommentierung zu § 13b ausgeführt, sind die Stilllegungsverbote **Grundrechtseingriffe** zulasten der Anlagenbetreiber, welche nur durch eine **Entschädigungsregelung gerechtfertigt** werden können (→ Rn. 36 f., → § 13b Rn. 36 ff.). § 13c ist somit die logische Ergänzung des § 13b, diese beiden Vorschriften sind stets zusammen zu lesen. In diesem Zusammenhang ist zu beachten, dass die Betreiber jedenfalls nicht wirtschaftlich schlechter gestellt werden dürfen, als wenn sie die Anlage plangemäß stillgelegt hätten (Säcker EnergieR/König § 13c Rn. 2). Dies bedeutet zumindest eine Erstattung aller durch das Verbot anfallenden Kosten.

II. Norminhalt

Die Norm regelt den Vergütungsumfang und die Vergütungsvoraussetzungen zugunsten 2
der Betreiber von Anlagen, die zwar planmäßig stillgelegt werden sollten, dies jedoch durch
§ 13b untersagt wurde. Für das „kleine Stilllegungsverbot", also das Verbot der Stilllegung
innerhalb der zwölfmonatigen Anzeigefrist, existiert keine Entschädigungsregelung, was, wie
bereits in den Ausführungen zu § 13b erwähnt, verfassungsrechtlich fragwürdig ist (→ § 13b
Rn. 42 f.).

III. Entwicklung

Wie § 13b geht die jetzige Fassung des § 13c auf das **Strommarktgesetz vom 26.7.2016** 3
zurück (BGBl. 2016 I 1786). Zuvor beinhaltete die Vorschrift Vorgaben für systemrelevante
Gaskraftwerke, was nun von § 13f geregelt wird. Der Inhalt des § 13c setzt mehrere Beschlüsse
der Rechtsprechung um, die sich auf Redispatchmaßnahmen bei Marktkraftwerken bezogen,
jedoch auch für die Vergütung von Kraftwerken der Netzreserve richtungsweisend waren
(Kment EnWG/Tüngler § 13c Rn. 3; Chaaban/Godron ER 2016, 106 (108)); OLG Düsseldorf BeckRS 2015, 11708). Darin hat das Gericht festgestellt, dass ein reiner Aufwendungs-
satz als Vergütung bei Redispatchmaßnahmen nicht ausreichend sei und dass grundsätzlich
auch weitere Kosten und entgangener Gewinn erstattungsfähig seien.

IV. Ausnahme des § 13g

Wie auch § 13b gilt § 13c gem. Absatz 6 nicht für stillzulegende Braunkohlekraftwerke 4
nach § 13g.

B. Vergütung bei vorläufigen und endgültigen Stilllegungen

Die Vergütungsregelungen des § 13c differenzieren – wie auch § 13b – nach vorläufigen 5
und endgültigen Stilllegungen. Zur Begriffsklärung wird auf die Kommentierung zu § 13b
verwiesen (→ § 13b Rn. 12 f.).

In § 13c regeln Absatz 1 und Absatz 2 die vorläufige Stilllegung bzw. die Folgen deren 6
Untersagung nach § 13b Abs. 4. Absatz 3 und Absatz 4 regeln die endgültige Stilllegung oder
wiederum deren finanzielle Untersagungsfolgen nach § 13b Abs. 5.

Die entstehenden Kosten fallen letztendlich beim Übertragungsnetzbetreiber an. Wie diese 7
verteilt werden, regelt Absatz 5.

I. Vorläufige Stilllegungen

Die Erstattung bei der Untersagung vorläufiger Stilllegungen nach § 13b Abs. 4 regelt 8
§ 13c Abs. 1.

Dem Anlagenbetreiber steht ein **Anspruch auf eine angemessene Vergütung** zu, wenn 9
er nach Aufforderung des Übertragungsnetzbetreibers die Anlage trotz geplanter vorläufiger
Stilllegung für Anpassungen der Einspeisung betriebsbereit zu halten oder die Betriebsbereitschaft wiederherzustellen hat. Dieser Anspruch umfasst die Betriebsbereitschaftsauslagen,
Erzeugungsauslagen und den anteiligen Werteverbrauch.

1. Anspruchsvoraussetzungen

Die Anspruchsvoraussetzungen ergeben sich aus dem Wortlaut der Norm. Zum genaueren 10
Verständnis von vorläufigen Stilllegungen und deren Verboten wird auf die Kommentierung
zu § 13b verwiesen (→ § 13b Rn. 26 ff., → § 13b Rn. 31 ff.).

2. Anspruchsinhalt und -umfang

Genauerer Erörterung benötigen die einzelnen Kostenpositionen, die nach der Vorschrift 11
erstattungsfähig sind.

Nach Absatz 1 Nummer 1 sind **Betriebsbereitschaftsauslagen** Auslagen, die für die 12
Vorhaltung und Herstellung der Betriebsbereitschaft notwendig sind. Hierbei werden nach
Buchstabe a die einmaligen Kosten für die Herstellung der Betriebsbereitschaft erstattet, was

auch Kosten erforderlicher immissionsschutzrechtlicher Prüfungen und außergewöhnlicher Reparaturen beinhaltet. Ebenso wird nach Buchstabe b ein Leistungspreis für die Bereithaltung der Anlage gewährt. Konkret besagt Buchstabe a, dass Kosten zu erstatten sind, die erforderlich sind, um die Wiederherstellung der technischen oder rechtlichen Betriebsfähigkeit durchzuführen (Säcker EnergieR/König § 13c Rn. 6). Buchstabe b berücksichtigt beim Leistungspreis die Kosten, die dem Anlagenbetreiber zusätzlich und fortlaufend aufgrund der Vorhaltung der Anlage für die Netzreserve nach § 13d entstehen. Der Leistungspreis kann zu Vertragsbeginn auf Grundlage von jeweils ermittelten Erfahrungswerten der Anlage festgelegt werden (Euro je Megawatt). Zudem besteht die Möglichkeit, dass die BNetzA die der Anlage zurechenbaren Gemeinkosten eines Betreibers bis zu einer Höhe von 5 Prozent der übrigen Kosten pauschal anerkennt, wobei ein Nachweis höherer Gemeinkosten durch den Betreiber möglich ist.

13 Teilweise wird kritisiert, dass die Kraftwerke im Rahmen der Betriebsbereitschaftsauslagen keinen Leistungspreis im Sinne einer leistungsgerechten Entlohnung der Vorhaltekosten als zeitanteilige volle Abschreibung einschließlich Gewinnzuschlags erhalten, sondern nur einen Betrag, der anteilig orientiert an der eingesetzten Leistungskapazität der Anlage berechnet wird (Krönke EnWZ 2018, 59 (63)).

14 Nach Satz 2 sind Betriebsbereitschaftsauslagen von Anlagen nach Satz 1 Nummer 1 zu erstatten, wenn und soweit diese ab dem Zeitpunkt der Ausweisung der Systemrelevanz durch den Betreiber eines Übertragungsnetzes anfallen und dem Netzreservebetrieb zu dienen bestimmt sind. Dies dient ausweislich der Gesetzesbegründung dazu, den Umfang der Erstattung festzulegen und zu konkretisieren. Zudem wurde eine Abkehr von der davor geltenden zwölfmonatigen Frist vollzogen, die nach Aufforderung des Übertragungsnetzbetreibers ablaufen musste, damit der Anspruch entstand. Aufgrund der anfallenden Kosten wurde dies als nicht mehr sachgerecht befunden. Zudem wird so ein Gleichlauf der Anzeige vorläufiger und endgültiger Stilllegungen sichergestellt, was Ungleichbehandlungen vorbeugt. Ebenso wird durch die Abschaffung der Zwölfmonatsfrist vermieden, den Anlagenbetreibern einen Anreiz zu schaffen, notwendige Reparaturen erst nach Ablauf der Frist durchzuführen und somit die Betriebsbereitschaft der Anlage möglicherweise zu gefährden (BT-Drs. 18/7317, 91). Auch bedeutet die Abkehr von der Zwölfmonatsfrist die Möglichkeit für die Anlagenbetreiber, bereits zu diesem Zeitpunkt ihren Strom nicht mehr zu vermarkten, sondern nach § 13d in die Netzreserve eingliedern zu können (Säcker EnergieR/König § 13c Rn. 10).

15 Nach Absatz 1 Satz 4 wird im Rahmen der **Erzeugungsauslagen** ein Arbeitspreis in Form der notwendigen Auslagen für eine Einspeisung der Anlage gewährt. In der Gesetzesbegründung wird klarstellend darauf hingewiesen, dass zu Erzeugungsauslagen insbesondere auch die Mehrkosten zählen, die durch zusätzliche Instandhaltung und zusätzlichen Verschleiß aufgewendet werden müssen, wenn und soweit diese unmittelbar aufgrund der jeweiligen Anpassung der Einspeisung entstehen. Maßstab für die Bestimmung der Erzeugungsauslagen sind die Wiederbeschaffungskosten (BT-Drs. 18/7317, 91).

16 Zu beachten ist jedoch, dass die Vorschriften keinen wirklich neuen Regelungsgehalt mit sich bringen. § 13a Abs. 2 regelt Erzeugungsauslagen bereits in konkreter Form (Säcker EnergieR/König § 13c Rn. 12).

17 Die Höhe der Erstattung des **anteiligen Werteverbrauchs** wird gem. Absatz 1 Satz 3 Halbsatz 1 auf Grundlage der handelsrechtlichen Restwerte und handelsrechtlichen Restnutzungsdauern in Jahren berechnet. Das Verhältnis der anrechenbaren Betriebsstunden im Rahmen von Maßnahmen nach § 13a Abs. 1 S. 2 und den für die Anlage bei der Investitionsentscheidung betriebswirtschaftlich geplanten Betriebsstunden ist nach Absatz 1 Satz 3 Halbsatz 2 für die Bestimmung des anteiligen Werteverbrauchs zugrunde zu legen.

18 Es ist jedoch – wie bei den Erzeugungsauslagen – darauf hinzuweisen, dass dies bereits durch § 13a Abs. 1 S. 2 festgelegt wird.

3. Ausschließlichkeitsprinzip

19 Gemäß Absatz 2 Satz 1 darf der Anlagenbetreiber, nachdem er den systemverantwortlichen Netzbetreiber auf Zahlung der Betriebsbereitschaftsauslagen in Anspruch genommen hat, die Anlage von diesem Zeitpunkt an für die Dauer der Ausweisung als systemrelevant aus-

schließlich nach Maßgabe der von dem Netzbetreiber angeforderten Systemsicherheitsmaßnahmen betreiben. Praktisch hat dies ein **Vermarktungsverbot** zur Folge, die erzeugte Energie kann somit nicht mehr kommerziell genutzt werden, da ansonsten die Gefahr bestünde, eine geplante Stilllegung fälschlicherweise anzuzeigen, um die Energie sozusagen doppelt vergütet zu bekommen (Säcker EnergieR/König § 13c Rn. 14). Dies erzeugt einen Widerspruch im Hinblick auf die Kosteneffizienz der Regelung. Es wäre wohl im Hinblick auf die praktische Erhöhung der Netzentgelte und die damit verbundene Sozialisierung der Kosten der Erstattung (→ Rn. 35) sinnvoller gewesen, die Anlagenbetreiber zur Vermarktung zu verpflichten und die erwirtschafteten Einnahmen mit den Erstattungsbeträgen zu verrechnen (Säcker EnergieR/König § 13c Rn. 15).

Die Beschränkung auf den Zeitraum der Systemrelevanz und damit auf maximal 24 Monate hat zwei Gründe: Einerseits wurde die ursprüngliche Frist von fünf Jahren auf zwei beschränkt, um Marktverzerrungen zu vermeiden, indem eine flexible Verwendung der Anlage priorisiert wurde. Andererseits sollte vermieden werden, dass sich Anlagenbetreiber in nicht rentablen Zeiten in der Netzreserve schadlos halten, um dann wieder kurzfristig profitabel an den Strommarkt zurückzukehren (Theobald/Kühling/Lülsdorf § 13c Rn. 15). Von den Beschränkungen des Absatz 2 Satz 1 ist der Betreiber der Anlage jedoch unter den Voraussetzungen des § 50a Abs. 3 EnWG ausgenommen. 20

4. Erstattung des Restwerts

Nach Absatz 2 Satz 2 ist der **Restwert der investiven Vorteile,** die der Betreiber der Anlage erhalten hat, zu erstatten. Dazu ist nach Satz 3 der Restwert zu dem Zeitpunkt maßgeblich, ab dem die Anlage wieder eigenständig – also ohne Beteiligung eines Netzbetreibers – an den Strommärkten eingesetzt wird. Würde eine solche Regelung nicht existieren, würden die Betreiber der aus der Netzreserve zurückkehrenden Anlagen Vorteile in den Markt mitnehmen, was zu einer erheblichen Wettbewerbsverzerrung führen würde (BT-Drs. 18/7317, 92; Säcker EnergieR/König § 13c Rn. 16). Die befristete Teilnahme am Strommarkt nach § 50a wird bei der Bestimmung des Zeitpunktes für die Ermittlung der Rückerstattung investiver Vorteile nach Absatz 2 Satz 3 im Fall einer vorläufigen Stilllegung nicht berücksichtigt, vgl. § 50c Abs. 4 S. 1. 21

II. Endgültige Stilllegungen

Absatz 3 ist in Zusammenhang mit § 13b Abs. 5 zu sehen und regelt die Erstattungsmöglichkeiten der Kosten beim Verbot endgültiger Stilllegungen. Erstattungsfähig sind die Erhaltungsauslagen iSd § 13b Abs. 5, die Betriebsbereitschaftsauslagen nach Absatz 1 Satz 1 Nummer 1, Satz 2, die Erzeugungsauslagen iSd Absatz 1 Satz 1 Nummer 2, Satz 4 und unter bestimmten Voraussetzungen die Opportunitätskosten des betroffenen Anlagenbetreibers. Ebenso ist der anteilige Werteverbrauch voraussetzungsgebunden erstattungsfähig. Die genannten Kosten sind in Bezug auf ihre Erstattungsfähigkeit abschließend, weitere Kosten sind nach Satz 4 nicht erstattungsfähig. 22

1. Anspruchsvoraussetzungen

Die Anspruchsvoraussetzung ist lediglich anlagenbetreiberbezogen: Die geplante endgültige Stilllegung einer Anlage muss deren Betreiber verboten worden sein. Zu den Voraussetzungen des Verbots wird auf die Kommentierung zu § 13b verwiesen (→ § 13b Rn. 31 ff.). 23

2. Anspruchsinhalt und -umfang

Die einzelnen, teilweise mit denen bei Verboten vorläufiger Stilllegungen identischen, teilweise über diese hinausgehenden, Kostenpositionen sollen im Folgenden genauer dargestellt werden. 24

§ 13b Abs. 5 S. 11 verpflichtet den Anlagenbetreiber, die Anlage in einem Zustand zu erhalten, der eine Anforderung zur weiteren Vorhaltung oder Wiederherstellung der Betriebsbereitschaft nach Abs. 4 ermöglicht. Zudem muss er auf Anforderung des Übertragungsnetzbetreibers die Betriebsbereitschaft der Anlage für Anpassungen der Einspeisung weiter vorhalten oder wiederherstellen, soweit dies nicht technisch oder rechtlich ausge- 25 schlossen ist. Dies verursacht Kosten, welche man als **Erhaltungsauslagen** bezeichnet. Wie sich aus dieser Definition ergibt, ist die Grenze zu Betriebsbereitschaftsauslagen fließend und die Abgrenzung oft nicht klar zu treffen. Da die Rechtsfolgen jedoch die gleichen sind, da beide Arten von Auslagen erstattungsfähig sind, ist die exakte Abgrenzung im Ergebnis gar nicht erforderlich (Säcker EnergieR/König § 13c Rn. 19).

26 Die Erhaltungsauslagen werden jedoch nur erstattet, wenn und soweit diese ab dem **Zeitpunkt der Ausweisung der Systemrelevanz** durch den Betreiber eines Übertragungsnetzes nach § 13b Abs. 5 anfallen und der Vorhaltung und dem Einsatz in der Netzreserve zu dienen bestimmt sind. Die Gründe für diese Regelung sind dieselben wie bei der Erstattung im Falle des Verbotes vorläufiger Stilllegungen, insofern kann auf diese Ausführungen verwiesen werden (→ Rn. 14). Durch die Zweckbindung der Kosten an Vorhaltung und Einsatz der Anlage in der Netzreserve soll verhindert werden, dass insbesondere Erhaltungsmaßnahmen angesetzt werden, die unabhängig vom Erhalt der Betriebsfähigkeit für den Netzreservebetrieb anfallen (Säcker EnergieR/König § 13c Rn. 20).

27 Zu den in Absatz 3 Satz 1 Nummer 2, Satz 2 genannten **Betriebsbereitschaftsauslagen** gilt bezüglich Begriffsbedeutung und dem Zeitpunkt, ab dem die Kostenerstattung greift, dasselbe wie beim Verbot vorläufiger Stilllegungen (→ Rn. 12 ff.).

28 In Absatz 3 Satz 1 Nummer 3 ist die Erstattungsfähigkeit der **Erzeugungsauslagen** aufgeführt. Ebenso wie bei Betriebsbereitschaftsauslagen gilt das gleiche wie bei der Erstattung von Erzeugungsauslagen beim Verbot vorläufiger Stilllegungen (→ Rn. 15 ff.).

29 Absatz 3 Satz 1 Nummer 4 stellt zudem **Opportunitätskosten** in Form einer angemessenen Verzinsung für bestehende Anlagen erstattungsfähig, wenn und soweit eine verlängerte Kapitalbindung in Form von Grundstücken und weiterverwertbaren technischen Anlagen oder Anlagenteilen aufgrund der Verpflichtung für die Netzreserve besteht. Anlagen oder Anlagenteile, die auch bei einer endgültigen Stilllegung nicht weiterverwertbar wären, finden dabei natürlich keine Berücksichtigung, da diese auch bei einer sofortigen Stilllegung und der Nichteingliederung in die Netzreserve keinen Wert hätten (BT-Drs. 18/7317, 93). Die Weiterverwendbarkeit hat der Anlagenbetreiber nachzuweisen, er ist also beweispflichtig (BT-Drs. 18/7317, 93; Theobald/Kühling/Lülsdorf § 13c Rn. 24).

30 Der Anlagenbetreiber hätte durch eine sofortige Stilllegung die verlängerte Kapitalbindung der Grundstücke, Anlagen und Anlagenteile vermieden. Es erscheint somit sachgerecht, auch eine marktangemessene Verzinsung zu erstatten, um die entgangene Verwendungsmöglichkeit des gebundenen Kapitals auszugleichen (BT-Drs. 18/7317, 93). Der Gesetzgeber stellt in der Gesetzesbegründung klar, dass hierüber hinausgehende Opportunitätskosten nicht erstattungsfähig sind (BT-Drs. 18/7317, 93).

31 Grundsätzlich nicht erstattungsfähig ist nach Absatz 3 Satz 3 der **Werteverbrauch** der Anlage. Etwas anderes gilt nach der Vorschrift, wenn und soweit die technischen Anlagen im Rahmen der Netzreserve tatsächlich eingesetzt werden. Für die Berechnung des anteiligen Werteverbrauchs ist Absatz 1 Satz 3 maßgeblich, da Absatz 1 Satz 1 Nummer 3 beim Verbot vorläufiger Stilllegungen den anteiligen Werteverbrauch ebenso erstattungsfähig stellt.

32 Weitere Kosten, insbesondere solche, die auch bei einer endgültigen Stilllegung angefallen wären, sind nicht erstattungsfähig.

3. Ausschließlichkeitsprinzip

33 Parallel zu § 13c Abs. 2 S. 1 regelt § 13c Abs. 4 S. 1 das **Vermarktungsverbot** für Kraftwerksbetreiber bei der Inanspruchnahme des Übertragungsnetzbetreibers untersagter endgültiger Stilllegung aufgrund der ausgewiesenen Systemrelevanz. Ebenso wie bei vorläufigen Stilllegungen darf die Anlage für den Zeitraum der Ausweisung der Systemrelevanz und damit bis zur endgültigen Stilllegung ausschließlich nach Maßgabe der von den Betreibern von Übertragungsnetzen angeforderten Systemsicherheitsmaßnahmen betrieben werden. Es kann entsprechend auf die Kommentierung zu Absatz 2 verwiesen werden (→ Rn. 19 ff.).

34 Darüber hinaus regelt Absatz 4 Satz 2, dass der Restwert der investiven Vorteile bei wiederverwertbaren Anlagenteilen, die der Betreiber im Rahmen der Erhaltungsauslagen und der Betriebsbereitschaftsauslagen eingesetzt hat, zu erstatten ist. Maßgeblich zur Restwertberechnung ist gem. Absatz 4 Satz 3 der Zeitpunkt, an dem die Anlage nicht mehr zur Netzreserve vorgehalten wird. Die befristete Teilnahme am Strommarkt nach § 50a wird bei der Bestim-

mung des Zeitpunktes für die Ermittlung der Rückerstattung investiver Vorteile nach Absatz 4 Satz 3 im Falle einer endgültigen Stilllegung nicht berücksichtigt, vgl. § 50c Abs. 4 S. 1. In § 13c Abs. 4 S. 4 wird geregelt, dass der Umfang der Vergütung nach § 13c Abs. 3 auf Grundlage der Kostenstruktur der jeweiligen Anlage in den entsprechenden Verträgen zwischen Anlagenbetreibern und Übertragungsnetzbetreibern festgelegt wird. Die Festlegung erfolgt nach Abstimmung mit der BNetzA, damit die Verhältnismäßigkeit der Gesamtkosten gesichert ist (Ruttloff WiVerw 2020, 89 (100)).

III. Ausnahme vom Ausschließlichkeitsprinzip durch das Ersatzkraftwerkebereithaltungsgesetz

Mitte Juli 2022 ist das „Gesetz zur Bereithaltung von Ersatzkraftwerken zur Reduzierung des Gasverbrauchs im Stromsektor im Fall einer drohenden Gasmangellage durch Änderung des Energiewirtschaftsgesetzes und weiterer energiewirtschaftlicher Vorschriften" in Kraft getreten (vgl. BGBl. 2022 I 1054 ff.; vgl. hierzu Friedemann/Kamradt EnWZ 2022, 307 (311 f.)). Ziel des Gesetzes ist es, mittels Änderungen des EnWG für einen befristeten Zeitraum zusätzliche Erzeugungskapazitäten zur Stromerzeugung mit Stein- und Braunkohle sowie Mineralöl zu schaffen und die Stromerzeugung mit Erdgas soweit wie möglich zu ersetzen, um Erdgas einzusparen. Gem. § 50a können Betreiber von Anlagen, die nach § 13b Abs. 4 und 5 in der Netzreserve vorgehalten werden und die kein Erdgas zur Erzeugung elektrischer Energie einsetzen, durch Rechtsverordnung der Bundesregierung befristet am Strommarkt teilnehmen. Die Rechtsverordnung regelt den Zeitraum für die befristete Teilnahme am Strommarkt, welche jedoch längstens bis einschließlich 31.3.2024 zulässig ist. Aufgrund der akuten Gasknappheit wurde auf dieser Grundlage das Vermarktungsverbot für Steinkohlekraftwerke in der Netzreserve durch die Verordnung zur befristeten Ausweitung des Stromerzeugungsangebots durch Anlagen aus der Netzreserve (Stromangebotsausweitungsverordnung – StaaV) ausgesetzt, solange die Alarmstufe oder die Notfallstufe nach Art. 8 Abs. 2 lit. b und Art. 11 Abs. 1 der Verordnung (EU) 2017/1938 über Maßnahmen zur Gewährleistung der sicheren Gasversorgung gilt. Systemrelevante Steinkohlekraftwerke in der Netzreserve können folglich vorübergehend auch am Strommarkt teilnehmen. Kraftwerke, die demgemäß an den Markt zurückkehren, können jedoch nicht zugleich die Kostenerstattung nach § 13c EnWG, §§ 9, 10 NetzResV in Anspruch nehmen, wie § 50c Abs. 4 S. 3 klarstellt. §§ 50b, 50d regeln zudem, dass Betreiber einer Anlage nach § 13 Abs. 4 und 5 die Anlage frühestens ab 1.11.2022 für die befristete Teilnahme am Strommarkt im Dauerbetrieb betriebsbereit halten müssen. Die Bereithaltung der erforderlichen Ersatzbrennstoffe wird gem. § 50c Abs. 3 den Betreibern erstattet. Gem. § 121 treten die §§ 50a, 50b mit Ablauf des 31.3.2024 außer Kraft.

IV. Verteilung der Kosten beim Übertragungsnetzbetreiber

Nach Absätzen 1–4 fallen die Erstattungs- und Vergütungskosten beim Übertragungsnetzbetreiber an. Damit dies im Ergebnis nicht so bleibt, regelt Absatz 5 über den Verweis in § 11 Abs. 2 S. 4 ARegV und § 32 Abs. 1 Nr. 4 ARegV, nach denen die Kosten als verfahrensregulierte Kosten gelten, dass die Kosten letztlich als dauerhaft nicht beeinflussbare Kosten vollständig in den Netzentgelten berücksichtigt werden können, was im Ergebnis eine umfassende **Weitergabe an den Netznutzer** bedeutet (Säcker EnergieR/König § 13c Rn. 31; Ruttloff WiVerw 2020, 89 (100)). Voraussetzung ist, dass die Übertragungsnetzbetreiber eine freiwillige Selbstverpflichtung vereinbaren, die durch die BNetzA sodann durch eine Festlegung bestätigt wird.

C. Verfassungsmäßigkeit

§ 13c ist in Zusammenhang mit § 13b zu lesen. Die Regelungen des § 13c sind eine Ausprägung der gebotenen Rechtfertigung des Grundrechtseingriffs durch § 13b. Deshalb kann bezüglich der verfassungsrechtlichen Fragen auf die Ausführungen zu § 13b verwiesen werden (→ § 13b Rn. 36 ff.).

Beachtenswert ist jedoch, dass, während bei endgültigen Stilllegungen Opportunitätskosten erstattungsfähig sind, dies bei vorläufigen Stilllegungen nicht der Fall ist. Von Art. 14

GG umfasst ist, einen Eingriff in das Grundrecht vorausgesetzt, auch die **negative Investitionsfreiheit**, also der Verzicht auf konkurrierende gewinnbringende Verwendungen. Es erscheint nicht ersichtlich, weshalb auf eine parallele Regelung bei vorläufigen Stilllegungen verzichtet wurde (Baur/Schmidt-Preuß RdE 2019, 149 (154)). Die bloße Möglichkeit der Erstattung hätte auch hier enthalten sein können, ob diese Kosten anfallen und erstattet werden, wäre eine Frage des konkreten Einzelfalls.

D. Vereinbarkeit mit dem unionsrechtlichen Beihilfeverbot

38 Es besteht zudem eine unionsrechtsspezifische beihilferechtliche Problematik in Bezug auf die Vergütung nach § 13c bei den Kraftwerken in der Netzreserve nach § 13d, die von Stilllegungsverboten betroffen sind. Mit Gesetz vom 20.11.2019 wurde § 118 Abs. 18 gestrichen, der festlegte, dass die Maßnahmen der §§ 13b–13d nur nach beihilferechtlicher Genehmigung durch die europäische Kommission ergriffen werden dürfen (BGBl. 2019 I 1719). Unberührt davon bleibt das sowieso **erforderliche unionsrechtliche Erfordernis der Notifizierung** der Europäischen Kommission und **Marktvereinbarkeitsprüfung** durch eben diese nach Art. 107, 108 AEUV. Somit hatte § 118 Abs. 18 lediglich die Wirkung der Statuierung auch eines nationalen Vorbehalts. Diese Genehmigung wurde am 20.12.2016 mit Wirkung bis zum 30.6.2020 erteilt. Im Rahmen dessen stufte die Europäische Kommission die Netzreserve auch als staatliche Beihilfe ein (Theobald/Kühling/Däuper § 13d Rn. 16, 17). Die Befristung erfolgte, weil die Netzreserve als Übergangsmaßnahme eingeführt wurde, um Netzengpässe zu vermeiden. Der Bundesregierung steht es frei, bei unveränderter problematischer Versorgungslage einen neuen Antrag auf Genehmigung iRd Art. 107, 108 AEUV zu stellen (Theobald/Kühling/Däuper § 13d Rn. 16, 17).

39 Im Urteil des EuGH vom 28.3.2019 in der Rs. C-405/16P („EEG 2012") wird den **Vergütungsregelungen des EEG nicht die Qualität einer Beihilfe** iSd Art. 107 AEUV zugemessen (EuGH NVwZ 2019, 626). Der EuGH verneinte das Vorliegen staatlicher Mittel mit der Begründung, dass die EEG-Umlage zum einen keine Abgabe sei, da die Versorger nicht dazu verpflichtet seien, die aufgrund der EEG-Umlage gezahlten Beiträge auch an den Verbraucher umzuwälzen, zum anderen fehle die staatliche Verfügungsmacht über die Gelder. Das BMWK geht von einer Übertragbarkeit der Rechtsprechung auf die Netzreserve aus, weswegen kein neuer Antrag auf Genehmigung der Beihilfe bei der Europäischen Kommission gestellt wurde (Bericht des Bundesministeriums für Wirtschaft und Energie nach § 63 Abs. 2a EnWG zur Wirksamkeit und Notwendigkeit der Maßnahmen nach den §§ 13a bis 13f sowie 13h bis 13j und § 16 Abs. 2a EnWG, Stand: Dezember 2020, 9). Auch § 118 Abs. 18 wurde aus diesem Grund gestrichen. Nach der Gesetzesbegründung liefen zu diesem Zeitpunkt Gespräche der Bundesregierung mit der Europäischen Kommission zur Frage, ob die Rechtsprechung des EuGH auch auf die Vergütungsregelungen der Netzreserve übertragbar sei (BT-Drs. 19/11186, 12).

40 Somit ist zum jetzigen Zeitpunkt noch keine abschließende und zufriedenstellende Entscheidung zur Übertragbarkeit der EEG-Rechtsprechung des EuGH gefallen. Falls eine Übertragbarkeit letztlich zu verneinen ist, was bedeutet, dass die Vergütung in der Netzreserve weiterhin als Beihilfe im Sinne des Unionsrechts zu werten ist, stellt sich die Frage der Genehmigungsfähigkeit, was sich nach Art. 107, 108 AEUV richtet. Zuerst einmal ist festzustellen, dass ebenso gute Gründe für die Qualifizierung als Begünstigung, also einen geldwerten Vorteil, dem keine angemessene Gegenleistung gegenübersteht, sprechen (zum Begriff statt vieler: Callies/Ruffert/Cremer AEUV Art. 107 Rn. 11). Zwar ließe sich argumentieren, dass die Vorhaltung systemrelevanter Kraftwerke eine Gegenleistung darstelle, allerdings wird dabei verkannt, dass für dieses Gut gar kein Markt existiert (Säcker EnergieR/Ruttloff/Lippert § 13d Rn. 23). Ebenso kann man das Vorliegen einer Beihilfe ablehnen, indem man feststellt, dass letztlich ein reiner Kostenausgleich erfolge, der Lücken füllt, die ohne ein staatliches Handeln gar nicht entstanden wären. Dem kann man allerdings entgegentreten, da diese Kosten mit der wirtschaftlichen Tätigkeit verbunden seien, sodass ein selektiver Vorteil für einige Unternehmen entstehe (Säcker EnergieR/Ruttloff/Lippert § 13d Rn. 23). Die immer noch unbeantwortete Frage zur Übertragbarkeit der Rechtsprechung zeigt die auch schon in der differenzierten Argumentation zum Ausdruck kommende Komplexität der Thematik. Für den Fall, dass jedoch weiterhin vom Vorliegen einer Beihilfe

iSd Art. 107 AEUV ausgegangen wird, soll nun die Rechtfertigung der Beihilfe dargestellt werden.

Die Beihilfe wäre gerechtfertigt, wenn sie mit dem Binnenmarkt vereinbar ist. Dies richtet 41 sich nach Art. 107 Abs. 2, 3 AEUV. Hier kommt Art. 107 Abs. 3 lit c AEUV in Betracht. Demnach sind Beihilfen mit dem Binnenmarkt vereinbar, wenn sie die Handelsbedingungen nicht in einer Weise verändern, die dem gemeinsamen Interesse zuwiderläuft. Die Europäische Kommission hat zur Konkretisierung dieser Vorschrift **Umweltschutz- und Energiebeihilferichtlinien** erlassen. In Abschnitt 3.9 der Richtlinien sind Beihilfen zur Förderung einer angemessenen Stromerzeugung genannt. Diese sind mit dem Binnenmarkt vereinbar, wenn sie einem Ziel von gemeinsamem Interesse dienen, geeignet sind, dieses Ziel zu verwirklichen, sowie erforderlich sind, einen Anreizeffekt haben und auf das erforderliche Minimum beschränkt sind (Mitteilung der Europäischen Kommission 2014/C 200/39 f.). **Rechtfertigungsgrund ist die Sicherheit und Zuverlässigkeit des Elektrizitätsversorgungssystems,** einem Ziel von gemeinsamem Interesse, was Art. 194 Abs. 1 lit. b AEUV zeigt. In Bezug auf die Geeignetheit regeln die Richtlinien, dass eine Vergütung pro MW zur Verfügung gestellter Kapazität gewährt wird, nicht jedoch eine Vorhaltungsvergütung, was ja in der Netzreserve der Fall ist. Da diese Regelung jedoch keine Auswirkung auf die Preisbildung am Strommarkt hat, akzeptierte die Kommission die deutsche Regelung. Fraglich ist allerdings die Erforderlichkeit, da primär andere Ansätze zu wählen sind, die umweltschädigende Stromproduktionsstätten abschaffen. Deshalb hat die Kommission die Genehmigung auch bis zum 30.6.2020 befristet und somit als Übergangsmaßnahme genehmigt. Zudem wurde Deutschland zur Durchführung von Maßnahmen verpflichtet, wie der verstärkten Zusammenarbeit mit Österreich, um die Netzreserve zu verringern und letztlich abzuschaffen. Die laufenden Gespräche zwischen Bundesregierung und Kommission umfassen vermutlich verstärkt alternative Maßnahmen, um die Netzreserve nicht länger als nötig als Sicherungsmechanismus der Stromversorgung zu erhalten (SA.42955 (2016/N-2); zusammenfassend Säcker EnergieR/Ruttloff/Lippert § 13d Rn. 24 ff.). Die **Angemessenheitsprüfung** befasst sich mit der Höhe und der Art der Vergütung. Insbesondere sollen keine Zufallsgewinne anfallen (Mitteilung der Europäischen Kommission 2014/C 200/40). Daran bestehen keine erheblichen Zweifel (zusammenfassend Säcker EnergieR/Ruttloff/Lippert § 13d Rn. 29).

Somit ist festzuhalten, dass die Beihilfe – sofern sie denn als solche zu qualifizieren ist – 42 **gerechtfertigt** wäre, falls denn die Erforderlichkeit zu bejahen ist, was nach dem Strombedarf der Netzreserve bis ins Jahr 2026 wohl der Fall ist (Feststellung des Bedarfs an Netzreserve für den Winter 2023/2024 (4.616 MW), das Jahr 2024/2025 (8.042 MW) sowie den Zeitraum 2025/2026 (10.202 MW) der BNetzA, abrufbar unter https://www.bundesnetzagentur.de/ [zuletzt abgerufen am 7.9.2023]).

§ 13d Netzreserve

(1) ¹Die Betreiber von Übertragungsnetzen halten nach § 13b Absatz 4 und 5 sowie nach Maßgabe der Netzreserveverordnung Anlagen zum Zweck der Gewährleistung der Sicherheit und Zuverlässigkeit des Elektrizitätsversorgungssystems insbesondere für die Bewirtschaftung von Netzengpässen und für die Spannungshaltung und zur Sicherstellung eines möglichen Versorgungswiederaufbaus vor (Netzreserve). ²Die Netzreserve wird gebildet aus
1. Anlagen, die derzeit nicht betriebsbereit sind und auf Grund ihrer Systemrelevanz auf Anforderung der Betreiber von Übertragungsnetzen wieder betriebsbereit gemacht werden müssen,
2. systemrelevanten Anlagen, für die die Betreiber eine vorläufige oder endgültige Stilllegung nach § 13b Absatz 1 Satz 1 angezeigt haben, und
3. geeigneten Anlagen im europäischen Ausland.

(2) ¹Betreiber von bestehenden Anlagen, die als Netzreserve zur Gewährleistung der Sicherheit und Zuverlässigkeit des Elektrizitätsversorgungssystems verpflichtet worden sind, können unter den Voraussetzungen des § 13e und den Regelungen der Rechtsverordnung nach § 13h auch an dem Verfahren der Beschaffung der

Kapazitätsreserve teilnehmen. ²Sind bestehende Anlagen der Netzreserve im Rahmen des Beschaffungsverfahrens erfolgreich, erhalten sie ihre Vergütung ausschließlich nach den Bestimmungen zur Kapazitätsreserve. ³Sie müssen weiterhin auf Anweisung der Betreiber von Übertragungsnetzen ihre Einspeisung nach § 13a Absatz 1 sowie § 7 der Netzreserveverordnung anpassen.

(3) ¹Unbeschadet der gesetzlichen Verpflichtungen erfolgen die Bildung der Netzreserve und der Einsatz der Anlagen der Netzreserve auf Grundlage des Abschlusses von Verträgen zwischen Betreibern von Übertragungsnetzen und Anlagenbetreibern in Abstimmung mit der Bundesnetzagentur nach Maßgabe der Bestimmungen der Netzreserveverordnung. ²Erzeugungsanlagen im Ausland können nach den Vorgaben der Rechtsverordnung nach § 13i Absatz 3 vertraglich gebunden werden.

Überblick

§ 13d regelt die Netzreserve. Die Netzreserve ist ein Baustein zur Gewährleistung der Stromversorgungssicherheit unter den Bedingungen der Energiewende. Gemeinsam mit der Kapazitätsreserve (§ 13e) und der Sicherheitsbereitschaft (§ 13g) flankiert sie den Wettbewerbsmarkt für Strom (sog. „Strommarkt 2.0"). Während die Kapazitätsreserve Leistungsbilanzdefizite auf dem Strommarkt ausgleicht und die „Braunkohlereserve" des § 13g den lebenswichtigen Strombedarf (§ 13g Abs. 2 S. 1 iVm § 1 Abs. 6 EltSV) absichern soll, steht die Netzreserve im Dienste der Netzsicherheit. Sie soll bis zur Fertigstellung wichtiger Netzausbauprojekte die Funktionsfähigkeit des Stromversorgungsnetzes absichern, insbesondere ausreichend Anlagenkapazität für die kurzfristige Behebung von Netzengpässen durch Redispatch bereithalten (→ Rn. 6 ff.). Die Netzreserve des § 13d ist kein neues Instrument: Ursprünglich war sie als zeitlich befristete Interimslösung (nur) in der Reservekraftwerksverordnung (ResKV) geregelt (→ Rn. 1 ff.). Mit der EnWG-Novelle 2016 hat der Gesetzgeber die Netzreserve dann auf die formal-gesetzliche Grundlage des § 13d gestellt; außerdem wurde die zeitliche Befristung aufgehoben. Verfahrenskonkretisierende Regelungen enthält weiterhin die ResKV, die aus Klarstellungsgründen in Netzreserveverordnung (NetzResV) umbenannt wurde (→ Rn. 4 ff.).

§ 13d Abs. 1 regelt die Funktionsweise der Netzreserve (→ Rn. 26 ff.): Als Netzreserve halten die Übertragungsnetzbetreiber – auf vertraglicher oder gesetzlicher Grundlage (→ Rn. 28 ff.) – außerhalb des Strommarkts systemrelevante Anlagen, die derzeit nicht einspeisen oder von den Betreibern zur Stilllegung angezeigt wurden sowie geeignete Anlagen im europäischen Ausland (EU und Schweiz) vor (→ Rn. 31 ff.; zu unions- und verfassungsrechtlichen Fragen der Anlagenvorhaltung → Rn. 15 ff.). Die Netzreserveanlagen dürfen ausschließlich zur Abwehr von Netzstörungen eingesetzt werden (→ Rn. 35 ff.). Für die Bereitstellung der Anlagen erhalten die Betreiber von den Übertragungsnetzbetreibern eine Vergütung, die über die Netzentgelte von den Netznutzern finanziert wird (→ Rn. 42 ff.). Unter bestimmten Voraussetzungen können die Anlagen zugleich an der Kapazitätsreserve des § 13e teilnehmen (§ 13d Abs. 2, → Rn. 46 ff.). Die Bindung der Netzreserveanlagen erfolgt vorrangig durch den Abschluss privatrechtlicher Verträge zwischen den Anlagen- und Übertragungsnetzbetreibern. Nähere Regelungen dazu enthält die NetzResV (§ 13d Abs. 3, → Rn. 49 ff.).

Übersicht

	Rn.		Rn.
A. Normzweck und Entstehungsgeschichte	1	1. Die Netzreserve als Kapazitätsmechanismus	6
I. Ausgangspunkt: Kodifikation der „Winterreserve" in der Reservekraftwerksverordnung	1	2. Netzbezogene Funktion	9
		3. Stellung im regulatorischen Instrumentenverbund	10
II. Einführung von § 13d mit der EnWG-Reform 2016	4	IV. Der unionsrechtliche Rahmen für die Kapazitätsvorhaltung	15
III. Funktion der Netzreserve im „Strommarkt 2.0"	6	1. Status quo ante: Der primärrechtliche Rahmen	15

Netzreserve § 13d EnWG

Rn.		Rn.
2. Vorgaben der Elektrizitätsbinnenmarkt-VO (VO (EU) 2019/943)	21	5. Befristete Ausnahme durch Ersatzkraft-werkebereithaltungsgesetz 41a
V. Verfassungsrechtliche Grenzen der Kapazitätsvorhaltung	22	V. Vergütung und Finanzierung der Netzreserve 42
B. Funktionsweise der Netzreserve (Abs. 1)	26	1. Vergütung der Vorhalteleistung 42
I. Legaldefinition der Netzreserve	26	2. Umlagefinanzierung der Netzreserve 44
II. Vertragliche und gesetzliche Anlagenbindung	28	**C. Verhältnis zur Kapazitätsreserve (Abs. 2)** 46
III. Netzreservefähige Anlagen	31	**D. Vertragliche Bindung der Reserveanlagen; Verfahren (Abs. 3)** 49
IV. „Marktferne" der Netzreserve (Vermarktungs- und Rückkehrverbote)	35	I. Vorrang vertraglicher Schuldverhältnisse 49
1. Abwehr von Versorgungsgefahren	35	II. Prüfung und Bestätigung des Anlagenbedarfs (§ 3 NetzResV) 52
2. Vermarktungsverbot	36	III. Interessenbekundungsverfahren (§ 4 NetzResV) 55
3. Partielles Rückkehrverbot	39	
4. Erlöschen der Förderfähigkeit von KWK-Anlagen?	41	IV. Voraussetzungen für den Vertragsschluss (§ 5 NetzResV) 56

A. Normzweck und Entstehungsgeschichte

I. Ausgangspunkt: Kodifikation der „Winterreserve" in der Reservekraftwerksverordnung

Die heutige Netzreserve beruht auf der „Winterreserve" der **Reservekraftwerksverord-** 1
nung (ResKV) vom 27.6.2013 (BGBl. I 1947; dazu Däuper/Voß IR 2013, 170 ff.), die auf Grundlage der Verordnungsermächtigung in § 13b Abs. 1 Nr. 2 aF erlassen wurde. Die Verordnung sollte die seit 2011/2012 bestehende Praxis der vertraglichen Bindung von Reservekraftwerken durch die Übertragungsnetzbetreiber systematisieren und kodifizieren, um Transparenz und Planungssicherheit zu verbessern (Begründung zur ResKV, 2).

Faktischer Hintergrund der Anlagenbindung waren **regionale Versorgungsengpässe** im 2
Süden Deutschlands. Der Verordnungsgeber sah es bis zur Fertigstellung wichtiger Netzausbauprojekte als erforderlich an, Reservekraftwerke für besondere Belastungssituationen insbesondere während der Wintermonate vorzuhalten, die außerhalb des Energiemarktes zur Gewährleistung der Sicherheit und Zuverlässigkeit des Elektrizitätsversorgungssystems eingesetzt werden können (s. dazu die Begründung zur ResKV, 1; mit Blick auf § 13b aF BT-Drs. 17/11705, 1 (52); nachfolgend auch BT-Drs. 18/7317, 55 (74)). Hauptgründe für die angespannte Versorgungslage waren (und sind) die Abschaltung der Kernkraftwerke in Süddeutschland („Atomausstieg") und der unzureichende Netzausbau, der einen Zugriff des Südens auf das überwiegend in Norddeutschland produzierten (Offshore-)Windstrom verhindert (Nord-Süd-Gefälle).

Im Ausgangspunkt war die ResKV bis zum Ablauf des 31.12.2017 **befristet** (§ 13b 3
Abs. 1 Nr. 2 S. 5 aF, § 14 Abs. 2 ResKV). Grund für die Befristung war die Erwartung des Verordnungsgebers, dass der Bedarf an Reservekraftwerkskapazität nur vorübergehend bestehen wird. Im Ausgangspunkt sollte die ResKV eine zeitlich und (faktisch) räumlich begrenzte **Übergangslösung** sein (vgl. BT-Drs. 18/7317, 74; Däuper/Voß IR 2013, 170 f.; Franke in Gundel/Lange, Neuausrichtung der deutschen Energieversorgung, 2015, 65 (87)).

II. Einführung von § 13d mit der EnWG-Reform 2016

Mit der EnWG-Novelle 2016 hat der Gesetzgeber § 13d neu in das Gesetz eingefügt 4
(durch Art. 1 Nr. 9 StromMG, BGBl. 2016 I 1786). Seither steht die Vorhaltung der Anlagen der „Winterreserve" auf **formal-gesetzlicher Grundlage**. Die rechtstaatlichen Bedenken im Schrifttum gegen die weitreichende Delegation von Rechtssetzungsbefugnissen auf den Verordnungsgeber in § 13b aF bzw. §§ 13h ff. dürften sich damit größtenteils erledigt haben (vgl. Faßbender/Köck Versorgungssicherheit in der Energiewende/Pielow, 2014, 45 (50 f., 58 m. Fn. 92); Gundel/Germelmann Europäisierung des Energierechts/Germelmann, 2016, 15 (30)). Die (grundrechts-)wesentlichen Maßgaben zur Vorhaltung der Netzreserve sind nunmehr weitgehend formal-gesetzlich geregelt.

Pompl

547

5 Konkretisierendes Verfahrensrecht enthält weiterhin die ResKV, die aus Gründen der Rechtsklarheit in **Netzreserveverordnung** (NetzResV) unbenannt wurde (Art. 6 Nr. 1 StromMG). Die Umbenennung soll eine Verwechslung mit der Kurzbezeichnung der Verordnung zur Einrichtung der Kapazitätsreserve (KapResV, dazu → § 13e Rn. 5) ausschließen und die Terminologie an § 13d anpassen (BT-Drs. 18/7317, 138). Grundlegende inhaltliche Änderungen der Verordnung waren mit der Reform nicht verbunden (im Einzelnen dazu Art. 6 StromMG). Angepasst wurde vor allem das Vergütungssystem in § 6 NetzResV, das sich nunmehr an der Neufassung von § 13c orientiert (→ Rn. 42 ff.). Ferner wurde die **Befristung** der Netzreserve in § 14 Abs. 2 ResKV aufgehoben (Art. 6 Nr. 10, 14 StromMG) und damit der zeitliche Anwendungsbereich der Verordnung **über den 31.12.2017** hinaus verlängert. Nach Ansicht des Gesetzgebers hat sich das System der Netzreservevorhaltung in der Praxis bewährt und soll daher zumindest bis zum Jahr 2023 und ggf. auch darüber hinaus Anwendung finden. Vor dem Hintergrund noch nicht fertig gestellter wichtiger Netzausbauvorhaben sei zukünftig ein Reservesystem notwendig, mit dem unter Berücksichtigung zwischenzeitlicher Netzengpässe auch nach Beendigung der Nutzung der Kernenergie ausreichend Erzeugungskapazitäten zur Gewährleistung der Sicherheit und Zuverlässigkeit des Elektrizitätsversorgungssystems vorgehalten würden (BT-Drs. 18/7317, 74 (145)).

5.1 Folgeänderung der Entfristung war die Neufassung der **Berichts- und Evaluationspflichten** in § 63 Abs. 2a (BT-Drs. 18/7317, 124). Danach veröffentlicht das BMWi mindestens alle zwei Jahre einen Bericht über die Wirksamkeit und Notwendigkeit der Maßnahmen nach §§ 13a ff. Die bisherigen Berichte bescheinigen der Netzreserve, dass sie sich in der Praxis bewährt hat. Die jüngsten Systemanalysen der Übertragungsnetzbetreiber zeigen nach den Berichten zudem, dass auch für die nächsten Jahre noch ein Bedarf bestehen wird, Reservekraftwerke für Redispatchmaßnahmen zu binden, um die Systemsicherheit gewährleisten zu können (s. dazu die Berichte des BMWi nach § 63 Abs. 2a EnWG vom Juli 2017, Dezember 2018 und Dezember 2020). Nach **§ 63 Abs. 2a S. 3** evaluiert das BMWi in dem zum 31.12.2022 zu veröffentlichenden Bericht, ob die Fortgeltung der Regelungen nach §§ 13a ff. und der Netzreserveverordnung über den 31.12.2023 hinaus zur Gewährleistung der Versorgungssicherheit weiterhin notwendig ist. Der Gesetzgeber hat damit eine (widerlegliche) gesetzliche Vermutung für die Erforderlichkeit der Netzreserve bis Ende des Jahres 2023 aufgestellt. Sollte die Überprüfung der Maßnahme dann ergeben, dass sie nicht mehr notwendig ist, ist sie aufzuheben (BT-Drs. 18/7317, 124). Die „Befristung light" durch § 63 Abs. 2a S. 3 kann als einfachgesetzliche Ausprägung des **Verhältnismäßigkeitsgrundsatzes** verstanden werden. Mit der normativen Verlagerung der Dispositionsbefugnis der Anlagenbetreiber über die Netzreserveanlagen auf die Übertragungsnetzbetreiber (näher dazu → Rn. 22 ff. und → Rn. 35 ff.) greift der Gesetzgeber in den Stromerzeugungsmarkt ein, der nach der Logik des europäischen Strombinnenmarktrechts prinzipiell wettbewerblich, also frei von dirigistischen Einflüssen des Staates organisiert sein soll (vgl. zur Zurückdrängung des Wettbewerbsprinzip durch die Energiewende aber Büdenbender UTR 120 (2013), 67 (97); Büdenbender DÖV 2016, 712 (713); Frenz RdE 2017, 109). Die staatliche Marktintervention darf über das zur Sicherstellung der Versorgungssicherheit sachlich und zeitlich erforderliche Maß nicht hinausgehen (ähnlich Säcker EnergieR/Säcker/König § 63 Rn. 23). Offen bleiben kann dabei, ob die „weiche" zeitliche Grenzziehung der Vermutungsregelung in § 63 Abs. 2a S. 3 den Markteingriff wirksam begrenzen kann. Sollte sich entgegen der gesetzgeberischen Erwartung bereits vor dem 31.12.2023 herausstellen, dass die Vorhaltung der Netzreserve nicht mehr erforderlich ist, ist der damit verbundene Markteingriff angesichts des rechtsstaatlichen Übermaßverbots bereits von Verfassungs wegen aufzuheben.

III. Funktion der Netzreserve im „Strommarkt 2.0"

1. Die Netzreserve als Kapazitätsmechanismus

6 Die Netzreserve ist ein sog. Kapazitätsmechanismus. Der Begriff bezeichnet Fördersysteme, die im Interesse der Versorgungssicherheit – anders als der tradierte Strommarkt („Energy-Only-Markt") – nicht nur die tatsächliche Produktion und Einspeisung von Elektrizität in das Stromnetz (Arbeitskomponente), sondern die **Vorhaltung von Anlagenkapazität** (Leistungskomponente) explizit vergüten (dazu Pompl RdE 2020, 8 (9) mwN; auch → § 13e Rn. 2). Als Netzreserve werden **systemrelevante Anlagen** (vor allem Kraftwerke) außerhalb des Strommarktes zur Überbrückung von Netzengpässen und zur Gewährleistung eines sicheren Netzbetriebs vorgehalten. Dies soll sicherstellen, dass den Übertragungsnetzbetreibern ausreichend Anlagenkapazität für den Redispatch (→ Rn. 6.1) zur Verfügung steht

(BT-Drs. 18/7317, 55, 58). Als Gegenleistung für die Bereithaltung der Anlagen erhalten deren Betreiber eine Vergütung von den Übertragungsnetzbetreibern, die diese über die Netzentgelte auf die Stromverbraucher abwälzen dürfen (→ Rn. 42 ff.).

Der sog. **Redispatch** ist ein Instrument des Erzeugungsmanagements der Übertragungsnetzbetreiber 6.1 zur Überwindung von Engpässen im Stromnetz. Bezeichnet wird damit eine präventive oder kurative Beeinflussung von Erzeugerleistung durch den Übertragungsnetzbetreiber mit dem Ziel der Vermeidung oder Beseitigung kurzfristig auftretender Netzengpässe (Anhang A.1. zum TransmissionCode 2007, 2). Hierzu ordnen die Übertragungsnetzbetreiber in der Praxis – auf vertraglicher oder gesetzlicher Grundlage (vgl. § 13 Abs. 1 Nr. 2, § 13a) – vor allem Anpassungen der Erzeugungsleistungen von Kraftwerken an. Bei strombedingten Netzengpässen wird etwa ein räumlich „vor" einer überlasteten Netzstrecke (Netzengpass) gelegenes Kraftwerk heruntergefahren und ein Kraftwerk „hinter" dem Netzengpass hochgefahren. Dadurch nimmt der Stromfluss auf der betroffenen Netzstrecke und entsprechend die Überlastungsgefahr ab (dazu zB Ruttloff NVwZ 2015, 1086; Kment EnWG/Tüngler § 13 Rn. 30; Weyer/Iversen RdE 2021, 1).

Im Gegensatz zu einigen Nachbarstaaten (zB Frankreich) hat sich die Bundesregierung 7 damit gegen die Einführung eines sog. **Kapazitätsmarkts** entschieden (zur Debatte in Deutschland etwa Maatsch, Die Re-Regulierung des Elektrizitätsmarktes in Deutschland, 2014, 62 ff.). Als weitere Spielart von Kapazitätsmechanismen sind Kapazitätsmärkte vom Staat eingeführte, eigenständige Handelsplätze für Anlagenleistung (Vorhaltung von Kapazität). Sie treten neben den Energy-Only-Strommarkt, der nur die tatsächliche Stromproduktion und -einspeisung explizit bepreist (zur impliziten Berücksichtigung der Anlagenleistung über den Strompreis aber BT-Drs. 18/5210, 101; BMWi, Ein Strommarkt für die Energiewende (Grünbuch), 2014, 11 f.; Janssen u.a. et 9/2014, 8 (9); Mundt in Körber, Wettbewerbsbeschränkungen auf staatlich gelenkten Märkten, 2015, 67 (69)). In diesem System bestehen somit zwei Parallelmärkte: ein Markt für die Stromproduktion (Energy-Only-Markt) und ein Markt für die Vorhaltung von Anlagenleistung (Kapazitätsmarkt). Die energiepolitische Strategie der Bundesregierung setzt dagegen auf eine Weiterentwicklung des wettbewerblichen Energy-Only-Marktes („**Strommarkt 2.0**", → § 1a Rn. 1 ff.), dem flankierende Sicherungsmechanismen in Form der Netzreserve (§ 13d), Kapazitätsreserve (§ 13e) und Sicherheitsbereitschaft (§ 13g) zur Seite gestellt werden (s. dazu BMWi, Ein Strommarkt für die Energiewende (Weißbuch), 2015; auch → § 13e Rn. 3).

Wesentlicher Unterschied zwischen dem deutschen System und einem Kapazitätsmarkt 8 ist, dass die Reserveanlagen nur noch außerhalb des Strommarkts eingesetzt werden und grundsätzlich nicht mehr auf diesen zurückkehren dürfen (Vermarktungs- und Rückkehrverbot, → Rn. 35 ff.). Im Gegensatz dazu können zB im **französischen Modell** Anlagenbetreiber ihre Erzeugungsleistung grundsätzlich gleichzeitig auf dem Energy-Only-Strommarkt und dem dezentralen Kapazitätsmarkt („Mécanisme d'obligation de capacité") anbieten, auf dem Versorgungssicherheitszertifikate („Garantie de capacité") zwischen Anlagenbetreibern und Stromversorgern gehandelt werden. Es muss allerdings sichergestellt sein, dass der Kapazitätsbetreiber beide Märkte ohne Ausfälle bedienen kann (s. zum französischen Kapazitätsmarkt Art. L335-1 ff. Code de l'énergie, Annex zu Ord. N° 2011-504 du 9 mai 2011 portant codification de la partie législative du code de l'énergie, J.O.R.F. du 10 mai 2011, texte 56; näher dazu Buckler, Stromwirtschaftsrecht in Frankreich, 2016, 476 ff.; Pompl, Kapazitätssicherung im europäisierten Stromwirtschaftsrecht, 2019, 55 ff., 70 ff.; daneben finden sich auch in anderen EU-Mitgliedstaaten Kapazitätsmechanismen, im Überblick dazu Huhta/Kroeger/Oyewunmi/Eiamchamroonlarp European Energy and Environmental Law Review 23 (2014), 76 (80); Hancher/Riechmann in Hancher/de Hautecloque/Salerno, State Aid and the Energy Sector, 2018, 145 (149)).

2. Netzbezogene Funktion

Die Anlagenreserven nach § 13d, § 13e und § 13g sollen ein „**Sicherheitsnetz**" zur 9 Systemstabilisierung in Ausnahmesituationen bilden (zB bei lokalen Netzengpässen, dem Fehlen von Kraftwerksleistung zur Deckung der Marktnachfrage und Extremwettersituationen, vgl. BT-Drs. 18/7317, 3; BMWi, Ein Strommarkt für die Energiewende (Grünbuch), 2014, 4, 52). Die Netzreserve erfüllt dabei eine netzbezogene Funktion. Sie soll die **Funktionsfähigkeit des Stromversorgungsnetzes** absichern (Netzsicherheit). Dazu halten die

Übertragungsnetzbetreiber außerhalb des Strommarktes Anlagen als Redispatchpotential vor, auf die sie zur Überbrückung von Netzengpässen und Verhinderung überlastungsbedingter Netzausfälle zurückgreifen dürfen (vgl. § 3 Abs. 3 S. 1 NetzResV; BT-Drs. 18/7317, 55). § 13d Abs. 1 S. 1 formuliert den Zweck der Netzreserve zwar allgemeiner als „Gewährleistung der Sicherheit und Zuverlässigkeit des Elektrizitätsversorgungssystems". Der Netzbezug ergibt sich aber aus der Überschrift und dem Wortlaut von § 13d Abs. 1 S. 1, wonach die Netzreserve speziell für die „Bewirtschaftung von Netzengpässen" vorgehalten wird (vgl. auch § 2 Abs. 2 S. 1 NetzResV: „örtliche Ausfälle des Übertragungsnetzes", „kurzfristige Netzengpässe"; § 2 Abs. 2 S. 2, 3 NetzResV: „sicheren Netzbetrieb"). Ferner folgt er aus dem Sinn und Zweck der Netzreserve als Instrument zur Beseitigung von (regionalen) Netzengpässen (vgl. die Begründung zur ResKV, 1, 21; BT-Drs. 18/7317, 55 (74, 94)).

3. Stellung im regulatorischen Instrumentenverbund

10   a) **Verhältnis der Einzelmaßnahmen nach §§ 13 ff.** Neben der Netzreserve enthalten die §§ 13 ff. weitere Instrumente der Übertragungsnetzbetreiber zur Abwehr von Versorgungsgefahren. Maßgebend für das Verhältnis der Einzelmaßnahmen ist – neben dem Wortlaut und der Systematik des Gesetzes – die **Bindung der Übertragungsnetzbetreiber** nach § 2 Abs. 1 an die Zweck- und Zielvorgaben des § 1 (vgl. auch § 11 Abs. 1 S. 1, § 12 Abs. 3). Die Zwecke des Energiewirtschaftsrechts (klassisch: Umweltschutz, Versorgungssicherheit und Preisgünstigkeit) stehen untereinander nicht in einem Subordinationsverhältnis, sondern in einem durch Gleichordnung geprägten Spannungsverhältnis (vgl. etwa BT-Drs. 13/7274, 13; Büdenbender DVBl 2005, 1161 (1164); Kment EnWG/Kment § 1 Rn. 2; Salje EnWG § 1 Rn. 47 ff.; aA Pielow EurUP 2013, 150 (153)). Hierbei kommt keinem Zweck ein absoluter Vorrang zu, vielmehr sind alle Gesetzeszwecke zu berücksichtigen und ein Ausgleich zwischen konkurrierenden Zwecken in der Weise herzustellen, dass alle Zwecke möglichst optimal erfüllt werden (Friedemann/Kamradt EnWZ 2022, 307 (310); Bourwieg/Hellermann/Hermes/Hellermann/Hermes § 1 Rn. 53: „Berücksichtigungs- und Optimierungsgebot"; vgl. auch Tschida, Die Systemverantwortung der Netzbetreiber, 2016, 159 ff.). Für die Übertragungsnetzbetreiber (als Energieversorgungsunternehmen nach § 3 Nr. 2, 16, 18) bedeutet die Zweckbindung, dass sie den Netzbetrieb an den Gemeinwohlbelangen des § 1 ausrichten müssen.

11   Im Rahmen von §§ 13 ff. trifft das öffentliche Interesse der **Versorgungssicherheit** auf den **Wettbewerbsgrundsatz** (vgl. daneben zum Einfluss des Umweltschutzes Säcker EnergieR/König § 13 Rn. 98 f.). Die Gefahrenabwehrmaßnahmen greifen im Interesse einer sicheren Stromversorgung in den im Ausgangspunkt wettbewerblichen – also frei von dirigistischen Einflüssen organisierten – Strommarkt ein. In diesem Spannungsverhältnis müssen die Übertragungsnetzbetreiber bei der Netzbewirtschaftung **vorrangig** die Maßnahmen zur Abwehr von Versorgungsgefahren/-störungen einsetzen, die die Rechte der anderen Marktteilnehmer (speziell der Anlagenbetreiber) am wenigsten beeinträchtigen (Ausgleichsgebot nach § 2 Abs. 1 iVm § 1; ähnlich wie hier → § 13 Rn. 27; Kment EnWG/Tüngler § 13 Rn. 34).

11.1   Teilweise wird die Pflicht der Übertragungsnetzbetreiber zum Einsatz der für die Netznutzer eingriffsärmsten Maßnahme auch aus dem **Verhältnismäßigkeitsgrundsatz** abgeleitet (OLG Düsseldorf BeckRS 2016, 2891 Rn. 208; OLG Düsseldorf BeckRS 2015, 13422 Rn. 198; Säcker EnergieR/König § 13 Rn. 17, 102; Ruttloff WiVerw 2020, 89 (90); Britz/Hellermann/Hermes/Sötebier, 3. Aufl., § 13 Rn. 22). Im Verhältnis zu den Anlagenbetreibern üben die Übertragungsnetzbetreiber allerdings keine Staatsgewalt aus, im Schwerpunkt handelt es sich um privatrechtliche Rechtsverhältnisse (KG ZNER 2016, 48 (49) = BeckRS 2016, 16989). Außerhalb einer Beleihung sind sie als Private grundsätzlich nicht an den Grundsatz der Verhältnismäßigkeit als Ausprägung des Rechtsstaatsprinzips (Art. 20 Abs. 3 GG) gebunden. Eine **rechtliche Beleihung** der Übertragungsnetzbetreiber in ihrer Funktion als Systemverantwortliche erfolgt durch §§ 13 ff. nicht (Fehling DV 47 (2014), 313 (341); Pompl, Kapazitätssicherung im europäisierten Stromwirtschaftsrecht, 2019, 303 ff.; ähnlich Möstl EnWZ 2015, 243 (246); vgl. auch Franzius DV 48 (2015), 175 (197); anders für die Stilllegungsverbote nach § 13a aF Wolfers/Wollenschläger N&R 2013, 251 (253 f.); dagegen Ruttloff in Shirvani, Eigentum im Recht der Energiewirtschaft, 2018, 115 (125 f.)). Insofern findet keine Übertragung originärer Hoheitsrechte vom Staat auf die Netzbetreiber statt, die selbstständig zur Erfüllung bestimmter Verwaltungsaufgaben unter Inanspruchnahme öffentlich-rechtlicher Handlungsformen durchgesetzt werden könnten; die §§ 13 ff. eröffnen den Netzbetreibern insbesondere keine Verwaltungsaktbefugnis (vgl. dazu Burgi FS Maurer, 2001, 581 (585); Klement VerwArch 101 (2010), 112 (118 f.)).

Eine Verhältnismäßigkeitsbindung ist somit allenfalls denkbar, wenn man die den privaten Übertragungsnetzbetreibern nach §§ 13 ff. eingeräumten Eingriffsbefugnisse gegenüber den Anlagenbetreibern in ihrer Wirkung einem staatlichen Eingriffshandeln gleichstellt (so KG ZNER 2016, 48 (49) = BeckRS 2016, 16989: Ein nachträgliches Auswechseln der Rechtsgrundlage für eine Regelung des Netzbetriebes komme deshalb grundsätzlich nicht in Betracht; nachfolgend auch KG ZNER 2020, 527 (529) = BeckRS 2020, 27473: „Nähe der Befugnisse des Netzbetreibers zu hoheitlichem Handeln") und diese „staatsähnlichen" Befugnisse dem Verhältnismäßigkeitsvorbehalt unterwirft. Gegen eine solche Ausdehnung der Verhältnismäßigkeitsbindung in den Bereich privater Wirtschaftstätigkeit spricht die originäre Funktion des Übermaßverbots als Begrenzung staatlichen Handelns auf das im Gemeinwohlinteresse erforderliche Maß. **11.2**

Vorrangig ist der Einsatz **netzbezogener Maßnahmen** (§ 13 Abs. 1 S. 1 Nr. 1) ohne marktverzerrende Außenwirkung, die nur den technischen Netzbetrieb betreffen und keine Kosten oder sonstige Beeinträchtigungen für die Netznutzer verursachen (→ § 13 Rn. 29; OLG Düsseldorf BeckRS 2016, 2891 Rn. 86; 2015, 13422 Rn. 91). Auf zweiter Stufe können die Übertragungsnetzbetreiber marktbezogene Maßnahmen (§ 13 Abs. 1 S. 1 Nr. 2) ergreifen: Hierbei sind **vertraglich vereinbarte Maßnahmen** (zB Last- und Einspeisemanagement) vorrangig vor dem – auch gegen den Willen der betroffenen Anlagenbetreiber durchsetzbaren (vgl. BT-Drs. 17/6072, 71) – **gesetzlichen Einspeisemanagement** nach § 13a (so iE auch Kment EnWG/Tüngler § 13 Rn. 33 ff.; ohne Differenzierung OLG Naumburg BeckRS 2020, 12464 Rn. 26; Theobald/Kühling/Hartmann/Weise § 13 Rn. 16; Säcker EnergieR/König § 13 Rn. 17, 24, 97; mit Blick auf § 13 aF für Gleichrangigkeit OLG Düsseldorf BeckRS 2016, 2891 Rn. 205 ff.; 2015, 13422 Rn. 200 ff.; Britz/Hellermann/Hermes/Sötebier, 3. Aufl. 2015, § 13 Rn. 40). Subsidiär folgt der Einsatz zusätzlicher Reserven (§ 13 Abs. 1 S. 1 Nr. 3), insbesondere der **Netzreserve** und **Kapazitätsreserve** (vgl. zur Netzreserve § 13 Abs. 1 S. 2, Abs. 1c, dazu → § 13 Rn. 1 ff.; deutlicher § 7 Abs. 2 S. 2 NetzResV aF, zur Aufhebung der Regelung infolge der Einfügung von § 13 Abs. 1c BT-Drs. 19/7375, 93; zur Kapazitätsreserve § 24 Abs. 2 S. 2 KapResV, § 26 Abs. 1 S. 1 KapResV; BT-Drs. 18/7317, 85; s. auch Säcker EnergieR/König § 13 Rn. 17, 97; Ruttloff WiVerw 2020, 89 (90)). Wiederum nachrangig folgen die **Notfallmaßnahmen** nach § 13 Abs. 2 (allg. Meinung, zB → § 13 Rn. 30; Theobald/Kühling/Hartmann/Weise § 13 Rn. 16; Säcker EnergieR/König § 13 Rn. 17, 97; vgl. zu § 13 aF auch BT-Drs. 15/3917, 57; OLG Düsseldorf BeckRS 2016, 2891 Rn. 87; 2015, 13422 Rn. 92, 195; OLG Naumburg BeckRS 2020, 12464 Rn. 26). Auf letzter Stufe steht der Einsatz der **Sicherheitsbereitschaft**, die nur zur Deckung des lebenswichtigen Bedarfs an Elektrizität angefordert werden darf (§ 13g Abs. 2 iVm § 1 Abs. 6 EltSV; BT-Drs. 18/7317, 103: „ultima ratio"; → § 13g Rn. 11 f.; BeckOK EnSiR/Pompl EltSV § 1 Rn. 14 ff.). **12**

b) „Auswahlermessen" der Übertragungsnetzbetreiber. Die Stufenfolge ist **nicht streng schematisch** zu verstehen, sondern als grundsätzliches Prüfprogramm. Zweck der §§ 13 ff. ist eine wirksame Gefahrenabwehr. Der Vorrang einer Maßnahme steht deshalb unter dem Vorbehalt, dass sie im Einzelfall zur Beseitigung einer Versorgungsstörung (technisch) geeignet ist (vgl. etwa § 7 Abs. 2 S. 2 NetzResV aF, § 24 Abs. 2 S. 2 KapResV: „geeigneten Maßnahmen"). Aus sachlichen Gründen können die Übertragungsnetzbetreiber von der allgemeinen Einsatzreihenfolge abweichen. Es wäre nicht sachgerecht, sondern eine unnötige Förmelei, wenn sie zunächst eine für die Netznutzer mildere, aber offenkundig ungeeignete Maßnahme einsetzen müssten, bevor sie auf die eingriffsintensivere wirksame Maßnahme zurückgreifen dürften. **13**

Den Übertragungsnetzbetreibern ist aufgrund ihrer besonderen Sachnähe als Systemverantwortliche ein **Prognose- und Einschätzungsspielraum** zuzubilligen, welche Maßnahmen zur Behebung der Störung im Einzelfall geeignet und erforderlich sind (vgl. im Kontext der Systemrelevanzausweisung auch Friedemann/Kamradt EnWZ 2022, 307 (308). Das entbindet sie nicht von einer sorgfältigen und schlüssigen Ex-ante-Prüfung der in Betracht kommenden Maßnahmen. Soweit diese (Missbrauchs-)Grenze gewahrt ist, ist es unschädlich, wenn sich die eingesetzte Maßnahme im Nachhinein als überzogen darstellt (ähnlich Salje EnWG § 13 Rn. 28; s. auch König, Engpassmanagement in der deutschen und europäischen **14**

Elektrizitätsversorgung, 2013, 513 ff.; Tschida, Die Systemverantwortung der Netzbetreiber, 2016, 107, der an den polizeirechtlichen Figuren der Anscheins- und Putativgefahr anknüpft; vgl. ferner KG ZNER 2016, 48 (49) = BeckRS 2016, 16989, wonach Entschädigungsansprüche nach § 12 EEG 2009 und bürgerlich-rechtliche Schadensersatzansprüche des Anlagenbetreibers gegen den Netzbetreiber wegen einer rechtswidrig auf § 13 gestützten Einspeiseanpassung zu verneinen sind). Im Schrifttum wird das **Kriterium der Maßnahmeneffizienz** als Auswahlkriterium vorgeschlagen: Danach haben sich die Netzbetreiber bei der Auswahl von Maßnahmen an den Quotienten aus netzstützender Wirkung und zu entrichtender Vergütung zu orientieren (Säcker EnergieR/König § 13 Rn. 100; vgl. auch Weyer/Iversen RdE 2021, 1).

IV. Der unionsrechtliche Rahmen für die Kapazitätsvorhaltung

1. Status quo ante: Der primärrechtliche Rahmen

15 a) **Beihilfenkontrolle durch die EU-Kommission.** Mit fortschreitender Entwicklung des europäischen Energiebinnenmarkts ist das nationale Energierecht der Mitgliedstaaten zunehmend durch das Unionsrecht „überformt" (s. zur Entwicklung auf EU-Ebene etwa Dauses/Ludwigs EU-WirtschaftsR-HdB/Gundel Kap. M Rn. 47 ff.). Für Kapazitätsmechanismen enthielt das EU-Sekundärrecht bis zum Erlass des vierten Elektrizitätsbinnenmarktpakets (→ Rn. 21 ff.) keine speziellen Vorschriften (eingehend zur früheren Rechtslage Pompl, Kapazitätssicherung im europäisierten Stromwirtschaftsrecht, 2019, 160 ff.). Prüfungsmaßstab war vielmehr das Primärrecht, insbesondere das **EU-Beihilfenrecht**.

16 Die **Europäische Kommission** stuft Zahlungen an Anlagenbetreiber im Rahmen nationaler Kapazitätsmechanismen als staatliche Beihilfen iSv Art. 107 Abs. 1 AEUV ein. Gleichwohl genehmigt sie die Maßnahmen der Mitgliedstaaten grundsätzlich nach Art. 107 Abs. 3 lit. c AEUV iVm den Umwelt- und Energiebeihilfenleitlinien (ABl. 2014 C 200, 1) als mit dem Binnenmarkt vereinbar (dazu Pompl RdE 2020, 8, 10 mit Beispielen). Das gilt auch für die **Netzreserve** des § 13d: Nach der Notifikation der Maßnahme durch die Bundesregierung (Art. 108 Abs. 3 AEUV) stufte die Kommission die Netzreserve mit **Beschluss vom 20.12.2016** (C(2016) 8742 final; zum Inhalt → Rn. 16.1 ff.) als staatliche Beihilfe nach Art. 107 Abs. 1 AEUV ein und genehmigte sie als vorübergehende Maßnahme bis zum 30.6.2020 auf Grundlage von Art. 107 Abs. 3 lit. c AEUV iVm den Umwelt- und Energiebeihilfenleitlinien.

16.1 Der **Beihilfentatbestand** des Art. 107 Abs. 1 AEUV ist erfüllt, wenn eine Maßnahme kumulativ (1) zu einer selektiven Begünstigung von Unternehmen oder Produktionszweige führt, (2) dem Staat zurechenbar ist und aus staatlichen Mitteln finanziert wird (dazu statt vieler Germelmann EWS 2013, 161 (163)), (3) zu einer tatsächlich oder potentiellen Wettbewerbsverfälschung führt und (4) geeignet ist, den grenzüberschreitenden Handel zwischen den Mitgliedstaaten zu beeinträchtigen. Die **Bundesregierung** hatte gegen die Beihilfenqualität der Netzreserve argumentiert, dass die Maßnahme – erstens – nicht aus staatlichen Mitteln gewährt werde, sondern nur einen Mitteltransfer zwischen privaten Parteien (Anlagenbetreiber und Übertragungsnetzbetreiber) beinhalte. Zweitens verschaffe die Maßnahme den Begünstigten keinen selektiven Vorteil, da die vorgesehene Vergütung kostenbasiert erfolge und ihre finanzielle Stellung nicht verbessere. Drittens habe die Maßnahme keine Auswirkungen auf den grenzüberschreitenden Handel, da die Kapazitäten außerhalb des Strommarktes vorgehalten würden und die Vergütung nicht über eine Kostenerstattung hinausgehe (s. zusammenfassend dazu den Beschluss der Kommission C(2016) 8742 final, Rn. 26 v. 20.12.2016).

16.2 Die **EU-Kommission** ist der Argumentation Deutschlands nicht gefolgt. Unter Rückgriff auf die Unionsrechtsprechung (insbes. EuGH EuZW 2014, 115 = EWS 204, 37 mAnm Buckler – Vent de Colère; EuG EnWZ 2016, 409 – EEG 2012; dazu Pompl EWS 2016, 247 ff.) bejahte sie die Zurechenbarkeit der Maßnahme zum Staat und den Einsatz staatlicher Finanzierungsmittel: Die **Zurechnung der Maßnahme** zum Staat begründete die Kommission damit, dass der deutsche Staat den Finanzierungsmechanismus entwickelt und gesetzlich in § 13c Abs. 5 und § 6 Abs. 2 NetzResV vorgeschrieben habe, dass die Kosten der Maßnahme durch eine Erhöhung der Netzentgelte auf alle Verbraucher umgelegt werden könnten.

16.3 Zur **Staatlichkeit der Finanzierungsmittel** stellte die Kommission fest, „dass die Finanzflüsse – wenngleich sie zwischen privaten Parteien (dies sind in diesem Fall Anbieter von Netzreservekapazitäten und Netznutzer, wobei die ÜNB als Mittler vom Staat mit der Verwaltung der Mittel beauftragt sind) erfolgen – ständig unter der Kontrolle des Staates stehen, da die ÜNB gesetzlich angewiesen sind, die Mittel zu erheben und zuzuweisen. Die Netzreserveverordnung verleiht den ÜNB eindeutig eine Reihe von Rechten und Pflichten in Bezug auf die Durchführung der sich aus diesem Gesetz ergebenden Mechanismen, sodass die ÜNB die Entscheidungszentrale für die Funktionsweise des auf der Grundlage der Verordnung eingerichteten Systems bilden. Die an der Funktionsweise der Netzreserveverordnung beteiligten Mittel werden ausschließlich im öffentlichen Interesse und entsprechend den zuvor vom deutschen Gesetzgeber festgelegten Modalitäten verwaltet. Gemäß der Netzreserveverordnung werden den Übertragungsnetzbetreibern die Kosten dieser Tätigkeit vollständig von den Netznutzern erstattet. Diese Mittel fließen nicht direkt von den Netznutzern an die Anbieter von Netzreservekapazitäten, also zwischen unabhängigen Wirtschaftsteilnehmern, sondern an dem Vorgang sind Mittler (nämlich die ÜNB) beteiligt, die vom Staat mit der Erhebung und Verwaltung der Mittel beauftragt sind. Somit ist festzustellen, dass die auf der Grundlage der Netzreserveverordnung erhobenen Mittel, die von den ÜNB gemeinsam verwaltet werden, ständig unter dem beherrschenden Einfluss der öffentlichen Hand bleiben" (Beschluss der Kommission C(2016) 8742 final, Rn. 28 ff. v. 20.12.2016).

Die **selektive Begünstigungswirkung** der Netzreserve leitete die Kommission daraus ab, „dass es sich bei den spezifischen Zahlungen für die Netzreserve (…) um Zahlungen handelt, die die Betreiber nicht erhalten hätten, wenn sie weiter unter normalen wirtschaftlichen Bedingungen auf dem Strommarkt tätig gewesen wären, da die Netzreserve nur inländischen Anlagen offensteht, deren Stilllegung angekündigt wurde." Die Maßnahme sei auch selektiv, weil sie nur bestimmte Wirtschaftsbeteiligte (Teilnehmer der Netzreserve) betreffe (Beschluss der Kommission C(2016) 8742 final, Rn. 34 ff. v. 20.12.2016). **16.4**

Schließlich bejahte die Kommission eine drohende **Wettbewerbsverfälschung** und **Handelsbeeinträchtigung** im Energiebinnenmarkt durch die Netzreserve: „Der liberalisierte deutsche Strommarkt ist geöffnet und gut an die Strommärkte der Nachbarländer angebunden. Strom wird im Energiebinnenmarkt gehandelt und die Funktionsweise des Marktes gewährleistet – im Rahmen der Beschränkungen durch die Gebotszonenkonfiguration –, dass der Strom dort erzeugt wird, wo die Kosten am niedrigsten sind, und über Verbindungsleitungen zu den Verbrauchsorten transportiert wird, an denen der größte Bedarf besteht. Somit kann davon ausgegangen werden, dass die Vergütung für Betreiber von Anlagen in der Netzreserve, die Teil ein und desselben Strommarktes sind und auf diesem miteinander in Wettbewerb stehen, den Handel innerhalb der Union beeinträchtigen und den Wettbewerb verfälschen kann" (Beschluss der Kommission C(2016) 8742 final, Rn. 41 v. 20.12.2016). **16.5**

b) Zäsur durch das EEG-Urteil des EuGH? Früher spiegelte **§ 118 Abs. 18 S. 1 Nr. 1 aF** die Beihilfenrelevanz der Netzreserve wider. Nach der Vorschrift durfte die Vergütung bei geplanten Stilllegungen von Anlagen nach § 13d erst nach beihilfenrechtlicher Genehmigung durch die Europäische Kommission und nach Maßgabe und für die Dauer der Genehmigung ergriffen werden. Die Beihilfengenehmigung der Netzreserve war bis 30.6.2020 befristet (Beschluss der Kommission C(2016) 8742 final, Rn. 128 v. 20.12.2016). Eine Verlängerung der Genehmigung hat Deutschland nicht beantragt. Vor Ablauf der Frist wurden vielmehr die Genehmigungsvorbehalte in § 118 Abs. 18 aF durch Art. 2 Nr. 2 des Gesetzes zur Änderung des Gesetzes über Energiedienstleistungen und andere Energieeffizienzmaßnahmen vom 20.11.2019 (BGBl. I 1719) aufgehoben. **17**

Grund für die Gesetzesänderung war das **Urteil des EuGH vom 28.3.2019** (NVwZ 2019, 626 – Deutschland/Kommission), mit dem der Gerichtshof – entgegen der Auffassung von Kommission und EuG – die Beihilfenqualität des Förder- und Finanzierungssystems des EEG 2012 mangels Einsatz staatlicher Mittel verneint hat. Gesetzgeber und Behörden gehen hiernach davon aus, dass sich die Entscheidung zur Erneuerbaren-Förderung auf andere umlagefinanzierte Fördersysteme im Energiesektor übertragen lässt und entsprechende Maßnahmen nicht mehr der Beihilfenkontrolle der EU-Kommission unterliegen (vgl. zB BT-Drs. 19/11186 (neu), 11 f.; deutlich zur Netzreserve: ABl. BNetzA 5/2020, 272; Bericht des BMWi nach § 63 Abs. 2a EnWG vom Dezember 2020, 9). Es bleibt abzuwarten, ob das die Kommission und ggf. die Unionsgerichte überzeugt. Angesichts der besonderen Bedeutung der Beihilfenkontrolle im Unionsbinnenmarkt (vgl. nur Gundel EWS 2016, 301: „eigener Mikrokosmos") sowie der recht formalen Begründung des EuGH zur EEG-Förderung bestehen insoweit Zweifel. Möglicherweise hält die Bundesregierung an dieser Auffassung aber nicht mehr fest. Denn das Bundesministerium für Wirtschaft und Klimaschutz beabsichtigt offenbar, bei der Kommission eine Verlängerung der bis 30.9.2025 befristeten beihilfenrechtlichen Genehmigung für die Kapazitätsreserve zu beantragen (vgl. Festlegung der **18**

BNetzA v. 25.10.2022 zur Anpassung des Gebotstermins der Kapazitätsreserveausschreibung für den am 01.10.2024 beginnenden dritten Erbringungszeitraum nach § 29 Abs. 1 EnWG, §§ 42 Nr. 2, 8 Abs. 2 KapResV – Az. 4.12.05.03/6, 4, ABl. BNetzA Nr. 22/2022). In Anbetracht des gleichlaufenden Finanzierungssystems von Netz- und Kapazitätsreserve (→ § 13e Rn. 36) erscheint eine Differenzierung insoweit nicht sachgerecht.

19 **c) Vorgaben der Grundfreiheiten.** Neben dem Beihilfenrecht (vgl. zum Verhältnis EuGH RIW 1977, 560 = BeckRS 2004, 73626 – Iannelli/Meroni; EuGH NVwZ 1991, 1071 – Du Pont de Nemours Italiana/USL di Carrara) verlangen die Grundfreiheiten grundsätzlich die **grenzüberschreitende Öffnung** von Kapazitätsmechanismen, die einige Mitgliedstaaten im Ausgangspunkt nicht vorgesehen hatten (so zB Frankreich; die Kommission hat die Öffnung des französischen Fördermechanismus allerdings im Beihilfeverfahren durchgesetzt, s. dazu den Beschluss (EU) 2017/503 der Kommission v. 8.11.2016, ABl. 2017 L 83/116, Rn. 238 f.). Die hM leitet das Öffnungserfordernis aus der Warenverkehrsfreiheit ausländischer Kapazitätsanbieter nach Art. 34 AEUV ab (so Ludwigs RdE 2015, 325 (334); Kment in Schmidt-Preuß/Körber, Regulierung und Gemeinwohl, 2016, 271 (285 ff.); Gerig, Vollendung des EU-Energiebinnenmarktes vs. nationale Marktabschottungen, 2014, 172; Grundmann, Die Förderung konventioneller Kraftwerke zur Gewährleistung der Versorgungssicherheit mit Elektrizität, 2017, 221 ff.; Preuß, Die Vereinbarkeit von Kapazitätsmechanismen mit der Warenverkehrsfreiheit, dem europäischen Beihilferecht und dem Energiebinnenmarkt, 2017, 53 ff.; Riewe, Versorgungssicherheit durch Kapazitätsmechanismen, 2016, 625 ff.; aA Pompl, Kapazitätssicherung im europäisierten Stromwirtschaftsrecht, 2019, 215 ff.: Dienstleistungsfreiheit nach Art. 56 AEUV).

20 Als **Rechtfertigungsgrund** für räumliche Teilnahme- und Förderbeschränkungen von Kapazitätsmechanismen kommt das **öffentliche Interesse der Versorgungssicherheit** in Betracht. Als Teil der öffentlichen Sicherheit in Art. 36, 52 AEUV (grundlegend EuGH DVBl 1985, 333 Rn. 34 – Campus Oil; in jüngerer Zeit zB EuGH EuZW 2011, 17 Rn. 84 – Kommission/Portugal) kann die Sicherheit der Energieversorgung im Grundsatz sogar formal-rechtliche Diskriminierungen rechtfertigen, wie zB einen Teilnahmeausschluss, der an der Belegenheit einer Kapazität im Ausland anknüpft. Zieht man die Sicherheit der Stromversorgung (daneben) als ungeschriebenes zwingendes Gemeinwohlerfordernis im Sinne der Cassis-de-Dijon-Rechtsprechung (grundlegend EuGH NJW 1979, 1766 Rn. 8) heran (so Ludwigs RdE 2015, 325 (335); Riewe, Versorgungssicherheit durch Kapazitätsmechanismen, 2016, 636 f.), kann sie zumindest noch materiell-faktische Diskriminierungen rechtfertigen (allg. dazu Gundel JURA 2001, 79 ff.). Solche liegen vor, wenn nationale Vorschriften zwar für In- und Ausländer unterschiedslos gelten, jedoch Voraussetzungen aufstellen, die für ausländische Energieunternehmen naturgemäß schwieriger zu erfüllen sind als für Inlandsunternehmen (zB ein Direktanschluss an das innerdeutsche Übertragungsnetz). Nach dem Grundsatz der **Verhältnismäßigkeit** erfordert eine Rechtfertigung in jedem Fall den Nachweis, dass die Einbeziehung ausländischer (Nachbar-)Anlagenkapazität – als milderes Mittel gegenüber dem Ausschluss – die Effektivität des inländischen Fördermechanismus beeinträchtigt (eingehend dazu Pompl, Kapazitätssicherung im europäisierten Stromwirtschaftsrecht, 2019, 211 ff.).

20.1 Nach ständiger Rechtsprechung des EuGH kann ein Grundfreiheitseingriff zugleich den Anwendungsbereich der **EU-Grundrechte** eröffnen (vgl. grundlegend EuGH 18.6.1991 – C-260/89, Slg. 1991, I-2925 Rn. 43 = EuZW 1991, 507 – ERT/DEP; später zB EuGH 21.12.2016 – C-201/15, NJW 2017, 1723 Rn. 62 ff. mAnm Gundel – AGET Iraklis). Ein weitergehender (Diskriminierungs-)Schutz für ausländische Anlagenbetreiber, die von einem nationalen Kapazitätsmechanismus ausgeschlossen sind, folgt daraus jedoch nicht (Pompl, Kapazitätssicherung im europäisierten Stromwirtschaftsrecht, 2019, 234 ff.).

2. Vorgaben der Elektrizitätsbinnenmarkt-VO (VO (EU) 2019/943)

21 Die Regelungslücke im Sekundärrecht hat der Unionsgesetzgeber im Jahr 2019 auf Grundlage der **Energiekompetenz** des Art. 194 Abs. 2 AEUV mit der Elektrizitätsbinnenmarkt-VO (VO (EU) 2019/943, ABl. 2019 L 158/54) geschlossen (im Überblick dazu Pause ZUR 2019, 387 (390 ff.); Meyer/Sène RdE 2019, 278 (279 ff.)). Spezielle Regelungen für Kapazitätsmechanismen finden sich in **Art. 21 ff. Elektrizitätsbinnenmarkt-VO** (→

Rn. 21.1 ff.; zum Verhältnis zum Primärrecht Pompl RdE 2020, 8 (13 ff.)). Die Verordnung gilt zwar erst seit 1.1.2020 (Art. 71 Abs. 2 Elektrizitätsbinnenmarkt-VO), nach Art. 22 Abs. 5 Elektrizitätsbinnenmarkt-VO müssen die Mitgliedstaaten aber auch Bestandsmechanismen an ihre Vorgaben anpassen; ausgenommen hiervon sind Verpflichtungen oder Verträge, die vor dem 31.12.2019 eingegangen oder geschlossen wurden (zu den inhaltlichen Vorgaben für Kapazitätsmechanismen → Rn. 21.1 ff.).

Art. 21 Elektrizitätsbinnenmarkt-VO regelt **allgemeine Grundsätze** für Kapazitätsmechanismen. In Art. 21 Abs. 1 Elektrizitätsbinnenmarkt-VO hat der Unionsgesetzgeber die – zuvor schon aus der Beihilfenpraxis der Kommission bekannte – Subsidiarität von Kapazitätsmechanismen gegenüber (energy-only-)markt- bzw. verbrauchsbezogenen Sicherungsinstrumenten festgeschrieben (dazu Pompl, Kapazitätssicherung im europäisierten Stromwirtschaftsrecht, 2019, 93 f., 149 f.; vgl. auch Groebel in Ludwigs, Klimaschutz, Versorgungssicherheit und Wirtschaftlichkeit in der Energiewende, 2018, 33 (35 f.): „,Second-best'-Lösungen"). Vor Einführung eines Kapazitätsmechanismus müssen die Mitgliedstaaten die möglichen Auswirkungen des Mechanismus auf ihre Nachbarstaaten analysieren (Impact Assessment, Art. 21 Abs. 2 Elektrizitätsbinnenmarkt-VO). Strategische Reserven – wie die deutsche Netz- und Kapazitätsreserve – haben grundsätzlich Vorrang vor marktweiten Kapazitätsmechanismen (Art. 21 Abs. 3 Elektrizitätsbinnenmarkt-VO; zur Unterscheidung → Rn. 6 ff.). Wenn keine Versorgungsbedenken im jeweiligen Mitgliedstaat bestehen, ist die Einführung eines Kapazitätsmechanismus ausgeschlossen (Art. 21 Abs. 4 Elektrizitätsbinnenmarkt-VO). Voraussetzung für die Einführung ist zudem eine positive Stellungnahme der Kommission zu den – vorrangig durchzuführenden – Reformen des Mitgliedstaats zur Beseitigung regulatorischer Verzerrungen oder eines Marktversagens auf dem Strommarkt (Art. 21 Abs. 5 Elektrizitätsbinnenmarkt-VO iVm Art. 20 Abs. 3, 5 Elektrizitätsbinnenmarkt-VO). Eine isolierte Schaffung eines Kapazitätsmechanismus ohne begleitende Reform des Energy-Only-Marktes dürfte damit regelmäßig ausscheiden. Wendet ein Mitgliedstaat einen Kapazitätsmechanismus an, muss er dessen Erforderlichkeit laufend überprüfen (Art. 21 Abs. 6, 7 Elektrizitätsbinnenmarkt-VO). Zeitliche Grenzen setzt Art. 21 Abs. 8 Elektrizitätsbinnenmarkt-VO: Kapazitätsmechanismen werden von der Kommission danach für höchstens 10 Jahre genehmigt (zum Verhältnis der Bestimmung zum Beihilfenrecht vgl. Art. 21 Abs. 1 Elektrizitätsbinnenmarkt-VO; dazu auch Pompl RdE 2020, 8 (15)).

21.1

Weitere Gestaltungsgrundsätze für Kapazitätsmechanismen enthält **Art. 22 Abs. 1 Elektrizitätsbinnenmarkt-VO.** Kapazitätsmechanismen müssen danach etwa befristet sein und dürfen nicht über das zur Beseitigung der Versorgungsrisiken Erforderliche hinausgehen. Die Kapazitätsanbieter und die Vergütung für die Anlagenvorhaltung sind in einem transparenten, diskriminierungsfreien und wettbewerblichen Verfahren zu ermitteln; zudem müssen die Mechanismen technologieneutral sein, speziell Energiespeichern und Laststeuerungsanlagen offenstehen. Außerdem sieht Art. 23 Abs. 4 Elektrizitätsbinnenmarkt-VO (zeitlich gestaffelte) Teilnahmeausschlüsse für Erzeugungskapazitäten vor, deren CO_2-Emissionen gewisse Grenzwerte überschreiten (dazu auch → § 13e Rn. 31). Für **strategische Reserven** (zB die Netzreserve) gelten zusätzlich die Vorgaben in **Art. 22 Abs. 2 Elektrizitätsbinnenmarkt-VO** (zum Begriff der strategischen Reserve s. den Beschluss der Kommission C(2016) 8742 final, Rn. 83 v. 20.12.2016; anders als der Verordnungsentwurf der Kommission enthält Art. 2 Elektrizitätsbinnenmarkt-VO keine Legaldefinition des Begriffs mehr, vgl. dazu Art. 2 Abs. 2 lit. v in COM(2016) 861 final, 44 v. 30.11.2016; implizit ergeben sich die Voraussetzungen aber aus Art. 22 Abs. 2 Elektrizitätsbinnenmarkt-VO). Art. 22 Abs. 2 UAbs. 1 lit. d und e Elektrizitätsbinnenmarkt-VO regelt ein Vermarktungsverbot für strategische Reserven: Die Reserveanlagen dürfe danach nicht von den Stromgroßhandelsmärkten oder den Regelreservemärkten vergütet und müssen zumindest für die Dauer der Vertragslaufzeit außerhalb des Marktes vorgehalten werden. Das deutsche Recht sah entsprechende Vermarktungsverbote bereits vor Erlass der Elektrizitätsbinnenmarkt-VO vor (vgl. § 7 Abs. 1 NetzResV, § 13c Abs. 2 S. 1, Abs. 4 S. 1, dazu → Rn. 36 ff.; zur Kapazitätsreserve → § 13e Rn. 39 ff.).

21.2

Art. 26 Elektrizitätsbinnenmarkt-VO regelt die **grenzüberschreitende Beteiligung** an Kapazitätsmechanismen. Nach Art. 26 Abs. 1 Elektrizitätsbinnenmarkt-VO sind Kapazitätsmechanismen, die keine strategischen Reserven sind, und – soweit technisch machbar – strategische Reserven vorbehaltlich der Bestimmungen dieses Artikels offen für die direkte grenzüberschreitende Beteiligung von in einem anderen Mitgliedstaat ansässigen Kapazitätsanbietern. Im Grundsatz hat der Unionsgesetzgeber damit nationale Kapazitätsmechanismen für EU-ausländische Kapazitätsanbieter geöffnet. Im Verordnungsentwurf hatte die Kommission **strategische Reserven** noch von der Öffnungspflicht ausgenommen (vgl. COM(2016) 861 final, 62 v. 30.11.2016, dort noch Art. 21 Abs. 1). Im Gesetzgebungsverfahren konnten sich aber Parlament und Rat durchsetzen (vgl. Ratsdok. 7707/19, 150; Ratsdok. 5070/19, 99, dort wie im Kommissionsentwurf noch Art. 21), sodass nunmehr auch strategische Reserven – unter dem

21.3

Vorbehalt des technisch Möglichen – einer Teilnahme von ausländischen Kapazitätsanbietern offen stehen müssen. Wegen der desintegrativen Wirkung von räumlichen Teilnahmebeschränkungen ist der Technikvorbehalt restriktiv zu handhaben (Pompl RdE 2020, 8 (14)). Die Mitgliedstaaten müssen grundsätzlich sicherstellen, dass inländische und ausländische Anlagen mit der gleichen technischen Leistung am gleichen Wettbewerbsverfahren teilnehmen können (zur zeitlich befristeten Ausnahmemöglichkeit bei Bestandsmechanismen s. Art. 26 Abs. 2 UAbs. 1 Elektrizitätsbinnenmarkt-VO: Berücksichtigung von grenzüberschreitenden Verbindungsleitungen als ausländische Kapazität). Sie können aber anordnen, dass sich die ausländische Kapazität in einem Mitgliedstaat mit **direkter Netzverbindung zum Inland** befinden muss (Art. 26 Abs. 2 UAbs. 2 Elektrizitätsbinnenmarkt-VO). Diese Einschränkungsbefugnis dürfte unter Verhältnismäßigkeitsaspekten gerechtfertigt sein, weil nur direkt mit dem Inland verbundene Nachbarkapazitäten die Versorgungssicherheit in einem Mitgliedstaat gleich effektiv absichern können wie Inlandsanlagen. Umgekehrt dürfen die Mitgliedstaaten inländischen Anlagen die Beteiligung an einem ausländischen Kapazitätsmechanismus nicht untersagen (Art. 26 Abs. 3 Elektrizitätsbinnenmarkt-VO). Kapazitätsanbieter dürfen an mehr als einem Kapazitätsmechanismus teilnehmen, wobei die Nichtverfügbarkeit von Anlagen über sog. **Nichtverfügbarkeitszahlungen** zu sanktionieren ist (Art. 26 Abs. 5, 6 Elektrizitätsbinnenmarkt-VO). Geeignete administrative Vorkehrungen für die grenzüberschreitende Vollstreckung der Strafzahlungen treffen die nationalen Regulierungsbehörden (Art. 26 Abs. 13 S. 2 Elektrizitätsbinnenmarkt-VO). Mithilfe welcher (völker-)rechtlicher Instrumente die grenzüberschreitende Strafkooperation umzusetzen ist, lässt die Verordnung offen; denkbar ist zB der Abschluss von Verwaltungsvereinbarungen zwischen den Regulierungsbehörden. Den nationalen Regulierungsbehörden obliegt es ferner, sicherzustellen, dass die grenzüberschreitende Teilnahme wirksam und diskriminierungsfrei erfolgt (Art. 26 Abs. 13 Elektrizitätsbinnenmarkt-VO).

V. Verfassungsrechtliche Grenzen der Kapazitätsvorhaltung

22 Aus grundrechtlicher Sicht ist eine Indienstnahme Privater für Gemeinwohlbelange nicht unproblematisch. Prüfungsmaßstab für die Inanspruchnahme der Anlagenbetreiber im öffentlichen Interesse der Versorgungssicherheit ist die **Eigentumsgarantie** des Art. 14 Abs. 1 GG. Soweit § 13d und die Vorschriften der NetzResV einen imperativen Zugriff Dritter (Übertragungsnetzbetreiber) auf systemrelevante Anlagen zulassen und die freie Verwertung der Anlagen auf dem Strommarkt einschränken (dazu → Rn. 30 und → Rn. 36 ff.), beschränken die Regelungen die **Dispositionsbefugnis** der betroffenen Betreiber über ihre Anlagen. Das Gesetz verlagert die freie Entscheidung über den Anlagenbetrieb und -einsatz von den Anlagenbetreibern auf die Übertragungsnetzbetreiber (s. auch Möstl EnWZ 2015, 243 (246); vgl. ferner Beckmann in Hebeler u.a., Energiewende in der Industriegesellschaft, 2014, 55 (64); mit Blick auf § 13b Ruttloff in Shirvani, Eigentum im Recht der Energiewirtschaft, 2018, 115 (123 f.); dagegen auf Art. 12 Abs. 1 GG abstellend OLG Düsseldorf BeckRS 2015, 13422 Rn. 250 f.; Steffens VerwArch 105 (2014), 313 (339 ff.); Säcker EnergieR/König § 13a Rn. 31; unklar Wolfers/Wollenschläger N&R 2013, 251 (253); vermittelnd Riewe, Versorgungssicherheit durch Kapazitätsmechanismen, 2016, 404 ff., insbesondere 409 f.: Integration der Besonderheiten der Eigentumsgarantie in die Prüfung von Art. 12 Abs. 1 GG).

23 Anders als die „klassischen" Fälle der Indienstnahme Privater für öffentliche Aufgaben, die traditionell an Art. 12 Abs. 1 GG gemessen wurden (vgl. grundlegend BVerfGE 30, 292 (335) – Erdölbevorratung), knüpfen die Grundrechtsbeschränkungen durch die Reservevorhaltung an keiner bestimmten (Energie-)Unternehmenstätigkeit an. Im Vordergrund steht vielmehr der von Art. 14 Abs. 1 GG geschützte **Zugriff auf die Anlageninfrastruktur** als sachliches Substrat der Betreibertätigkeit. Die privatnützige Verfügungsbefugnis der Betreiber über die Netzreserveanlagen – als erworbene Eigentumspositionen – wird zumindest für die Dauer der Bindung in der Netzreserve aufgehoben. Die Anlagen dürfen ausschließlich außerhalb der Strommärkte nach Maßgabe der von den Übertragungsnetzbetreibern angeforderten Systemsicherheitsmaßnahmen betrieben werden (dazu → Rn. 24 und → Rn. 30, → Rn. 35 ff.). Der Schwerpunkt des Grundrechtseingriffs liegt damit auf der Beschränkung der freien Verwendung vorhandener Vermögensgüter, nicht dem Tätigwerden als Stromerzeuger; zumal es den Betreibern von Netzreserveanlagen unbenommen bleibt, andere Kraftwerke am Energy-Only-Markt anzubieten (näher zum Ganzen Pompl, Kapazitätssicherung im europäisierten Stromwirtschaftsrecht, 2019, 288 ff.).

Netzreserve § 13d EnWG

Die **immissionsschutzrechtlichen Anlagengenehmigungen** unterfallen dagegen nicht dem 23.1
Eigentumsschutz von Art. 14 Abs. 1 GG. Das BVerfG hat die früher offengelassene Frage der Eigentumsfähigkeit von Anlagenzulassungsentscheidungen inzwischen verneint. Solche Genehmigungen zum Betrieb gefährlicher Anlagen sind danach staatliche Erlaubnisse, mit denen präventive Verbote mit Erlaubnisvorbehalt überwunden werden. Sie sind damit nicht vergleichbar jenen subjektiven öffentlichen Rechten, denen nach gefestigter verfassungsgerichtlicher Rechtsprechung Eigentumsschutz zuerkannt wird, weil sie dem Einzelnen eine Rechtsposition verschaffen, welche derjenigen eines Eigentümers entspricht und die so stark ist, dass ihre ersatzlose Entziehung dem rechtsstaatlichen Gehalt des GG widersprechen würde. Solche Rechte sind durch eine zumindest eingeschränkte Verfügungsbefugnis und durch einen in nicht unerheblichem Umfang auf Eigenleistung beruhenden Erwerb gekennzeichnet (BVerfG ZUR 2020, 683 (684 f.) = BeckRS 2020, 19850 – Wind-auf-See-Gesetz; BVerfGE 143, 246 Rn. 231 f. = NJW 2017, 217 – Atomausstieg; zust. Ludwigs NVwZ-Beil. 2017, 3 (6 f.); Shirvani DÖV 2017, 281 (283)). Das trifft auf die (immissionsschutzrechtliche) Genehmigung zum Betrieb einer Stromerzeugungsanlage nicht zu; sie ist nicht Äquivalent eigener Leistung der Anlagenbetreiber.

Klar ersichtlich ist die Eigentumsbeschränkung, soweit systemrelevante Anlagen **kraft** 24
gesetzlicher Verpflichtung (Stilllegungsverbot nach § 13b) als Netzreserve vorgehalten und eingesetzt werden („gesetzliche Netzreserve", dazu → Rn. 30). Der Staat greift hier final und imperativ durch Gesetz auf die Netzreserveanlagen zu, indem er im öffentlichen Interesse der Versorgungssicherheit die Aufrechterhaltung ihrer Betriebsbereitschaft anordnet und die alleinige Verfügungsgewalt über die Anlagen auf die systemverantwortlichen Übertragungsnetzbetreiber überträgt (vgl. § 13d Abs. 1 S. 1 iVm § 13b Abs. 4 S. 4, Abs. 5 S. 11 sowie § 13c Abs. 2 S. 1, Abs. 4 S. 1). Sofern der Anlagenzugriff nicht aufgrund gesetzlicher Anordnung, sondern eines vom Betreiber freiwillig abgeschlossenen **Netzreservevertrages** (dazu → Rn. 29 und → Rn. 56 ff.) erfolgt, stellt sich jedoch die Frage, ob der privatautonome Vertragsschluss den Zurechnungszusammenhang zwischen staatlichem Eingriffsakt und Eigentumsbeschränkung durchbrechen oder ggf. einen Grundrechtsverzicht begründen kann (s. dazu Möstl EnWZ 2015, 243 (245 mit Fn. 36): Verzicht auf Grundrechtspositionen durch freiwillige konsensuale Einwilligung; Fehling DV 47 (2014), 313 (345 mit Fn. 202); einen Grundrechtsverzicht ablehnend Pompl, Kapazitätssicherung im europäisierten Stromwirtschaftsrecht, 2019, 291 ff.).

Als Rechtfertigungsgrund für den Grundrechtseingriff kommt grundsätzlich die **Sicher-** 25
heit der Stromversorgung in Betracht. Das BVerfG hat mehrfach die überragende Bedeutung der Sicherung der Energieversorgung für das Gemeinwohl betont. Es hat dabei die Sicherung der Energieversorgung durch geeignete Maßnahmen als öffentliche Aufgabe von größter Bedeutung bezeichnet und die Energieversorgung zum Bereich der Daseinsvorsorge gerechnet, deren Leistung der Bürger zur Sicherung einer menschenwürdigen Existenz unumgänglich bedarf. Die ständige Verfügbarkeit ausreichender Energiemengen sei zudem eine entscheidende Voraussetzung für die Funktionsfähigkeit der gesamten Wirtschaft (BVerfGE 134, 242 Rn. 286 mwN = NVwZ 2014, 211 – Garzweiler; näher dazu Pompl, Kapazitätssicherung im europäisierten Stromwirtschaftsrecht, 2019, 296 ff.). Solange der **finanzielle Ausgleichsanspruch** der Anlagebetreiber (vgl. § 13c EnWG, §§ 6, 9 und 10 NetzResV, dazu → Rn. 42 ff.) „angemessen" ist (vgl. § 13a Abs. 2), worüber in der Praxis mitunter Streit herrscht (vgl. OLG Düsseldorf NJOZ 2015, 1121 = NVwZ 2015, 1160 (Ls.); Möstl EnWZ 2015, 243 (247 f.)), dürfte der Grundrechtseingriff durch die Vorhaltung der Netzreserve noch verhältnismäßig sein.

B. Funktionsweise der Netzreserve (Abs. 1)

I. Legaldefinition der Netzreserve

§ 13d Abs. 1 S. 1 definiert die Netzreserve als „Anlagen, die die Übertragungsnetzbetreiber 26
zum Zweck der Gewährleistung der Sicherheit und Zuverlässigkeit des Elektrizitätsversorgungssystems insbesondere für die Bewirtschaftung von Netzengpässen und für die Spannungshaltung und zur Sicherstellung eines möglichen Versorgungswiederaufbaus vorhalten". Die klarstellende Aufzählung der Einsatzzwecke (Engpassbewirtschaftung, Spannungshaltung, Versorgungswiederaufbau) ist nicht abschließend („insbesondere"). Damit sollen Über-

schneidungen der Zwecke der Netzreserve mit den Zwecken der Kapazitätsreserve (§ 13e) ausgeschlossen werden (so die Gesetzesbegründung in BT-Drs. 18/7317, 94).

27 Vorgehalten wird die Netzreserve von den Übertragungsnetzbetreibern. **„Vorhalten"** iSv § 13d Abs. 1 S. 1 ist dabei nicht so zu verstehen, dass die Übertragungsnetzbetreiber die Netzreserveanlagen selbst errichten und betreiben dürfen. Dem steht das energierechtliche Entflechtungsregime („Unbundling") entgegen, das eine Trennung von Netzbetrieb und den übrigen Wertschöpfungsstufen (Stromerzeugung und -versorgung) vorschreibt (s. im nationalen Recht §§ 6 ff., im Unionsrecht Art. 43 ff. Elektrizitäts-Binnenmarkt-Richtlinie (EU) 2019/944, ABl. 2019 L 158/125). „Vorgehalten" werden die Netzreserveanlagen vielmehr (indirekt) dadurch, dass die Anlagenbetreiber kraft Vertrag oder Gesetz (→ Rn. 28 ff.) zur Aufrechterhaltung bzw. Wiederherstellung ihrer Betriebsbereitschaft verpflichtet sind und die Übertragungsnetzbetreiber speziell für den Redispatch auf die Anlagen zugreifen dürfen (vgl. auch Säcker EnergieR/König § 13 Rn. 72).

II. Vertragliche und gesetzliche Anlagenbindung

28 Nach § 13d Abs. 1 S. 1 halten die Übertragungsnetzbetreiber die Anlagen nach § 13b Abs. 4 und 5 sowie nach Maßgabe der Netzreserveverordnung vor. Die Legaldefinition stellt damit klar, dass sowohl die bei den Übertragungsnetzbetreibern zur vorläufigen oder endgültigen Stilllegung angezeigten systemrelevanten Anlagen als auch nach Maßgabe der Netzreserveverordnung vertraglich gebundene Anlagen der Netzreserve unterfallen (vgl. BT-Drs. 18/7317, 94). Konzeptionell besteht die Netzreserve des § 13d damit aus zwei Anlagenkategorien: einerseits der **vertraglichen Netzreserve** nach der NetzResV, andererseits der **gesetzlichen Netzreserve** auf Grundlage der Betriebspflichten für systemrelevante Anlagen nach § 13b Abs. 4 und 5.

29 **Vorrangig** ist dabei nach § 1 Abs. 2 S. 3 NetzResV die Bildung der Netzreserve auf Grundlage bilateraler Verträge zwischen den Übertragungsnetz- und Anlagenbetreibern (**Netzreservevertrag**, → Rn. 49 ff., zu den Vertragsschlussvoraussetzungen → Rn. 56 ff.). Die Übertragung der Nutzungsbefugnisse an den Netzreserveanlagen auf den zuständigen Übertragungsnetzbetreiber beruht insofern auf der prinzipiell freien unternehmerischen Entscheidung des Anlagenbetreibers. In der Sache folgt der Vorrang der vertraglichen Anlagenbindung vor dem Hintergrund der Gemeinwohlbindung der Übertragungsnetzbetreiber aus § 2 Abs. 1 iVm § 1 Abs. 1 (zum daraus resultierenden „Ausgleichsgebot" → Rn. 10 ff.) bereits daraus, dass eine privatautonom vereinbarte Anlagenvorhaltung im Hinblick auf die Eigentumsrechte der Betreiber weniger eingriffsintensiv ist als ein Anlagenzugriff auf Grundlage der gesetzlichen Stilllegungsverbote und Betriebspflichten nach § 13b Abs. 4 und 5.

30 **Subsidiär** für den Fall, dass die Vertragsreserve zur Aufrechterhaltung der Netzsicherheit nicht ausreicht, dürfen die Übertragungsnetzbetreiber außerdem auf Anlagen zurückgreifen, die von den Betreibern zur vorläufigen oder endgültigen Stilllegung angezeigt und vom Übertragungsnetzbetreiber – mit Genehmigung der BNetzA – als systemrelevant (§ 13b Abs. 2 S. 2) eingestuft wurden (§ 13d Abs. 1 S. 1 iVm § 13b Abs. 4 und 5). Rechtsfolge der Systemrelevanzausweisung ist, dass die Stilllegung der Anlage verboten ist und ihre Betriebsbereitschaft aufrechterhalten werden bzw. zumindest wiederherstellbar sein muss (§ 13b Abs. 4 S. 3, Abs. 5 S. 11). Auf dieser Grundlage können die Übertragungsnetzbetreiber dann die Einspeisung der **(gesetzlichen) Netzreserveanlagen** – auch gegen den Willen der Betreiber – regulieren (vgl. § 13b Abs. 4 S. 3 und 4, Abs. 5 S. 11 iVm § 13a Abs. 1 S. 1, § 13 Abs. 1 S. 1 Nr. 3). Die Übertragungsnetzbetreiber sind damit nicht zwingend darauf angewiesen, Anlagen für die Netzreserve – ggf. zu unangemessenen Konditionen – auf vertraglicher Basis zu kontrahieren.

III. Netzreservefähige Anlagen

31 Nach der enumerativen (BT-Drs. 18/7317, 94) Aufzählung in § 13d Abs. 1 S. 2 wird die Netzreserve gebildet aus:
• nicht-betriebsbereiten systemrelevanten Anlagen, die auf Anforderung der Übertragungsnetzbetreiber wieder betriebsbereit gemacht werden müssen (Nr. 1),

Netzreserve § 13d EnWG

- (betriebsbereiten) systemrelevanten Anlagen, für die die Betreiber eine vorläufige oder endgültige Stilllegung nach § 13b Abs. 1 S. 1 angezeigt haben (Nr. 2), und
- geeigneten Anlagen im europäischen Ausland (Nr. 3).

Voraussetzung für eine Teilnahme an der Netzreserve ist damit grundsätzlich die **Systemrelevanz** der Anlage (§ 13b Abs. 2; vgl. dazu BT-Drs. 18/7317, 3; zur Ausnahme für ausländische Anlagen → Rn. 58). Das Kriterium der Systemrelevanz begrenzt den (inländischen) Teilnehmerkreis auf Anlagen mit einer Nennleistung ≥ 10 MW. Denn nur für solche Anlagen ist eine Stilllegungsanzeige nach § 13b Abs. 1 S. 1 verpflichtend, die wiederum Voraussetzung für die Systemrelevanzprüfung und -ausweisung nach § 13b Abs. 2 („nach Eingang der Anzeige einer Stilllegung nach Absatz 1 Satz 1") ist. Zudem ist nur eine Bindung von **Bestandsanlagen** in der Netzreserve zulässig. Die im Gesetzentwurf noch vorgesehene Einbeziehung von „neu zu errichtenden Anlagen" hat der Gesetzgeber am Ende nicht aufgenommen (s. § 13d Abs. 1 Nr. 4 des Gesetzentwurfs in BT-Drs. 18/7317, 20; zur Streichung BT-Drs. 18/8915, 10). Stattdessen wurde der – inzwischen aufgehobene – § 13k aF in das Gesetz eingefügt (Art. 1 Nr. 9 StromMG; Säcker EnergieR/König § 13 Rn. 74). 32

Nach § 13k aF konnten die Übertragungsnetzbetreiber Erzeugungsanlagen als besonderes netztechnisches Betriebsmittel errichten, soweit ohne die Errichtung und den Betrieb dieser Erzeugungsanlagen die Sicherheit und Zuverlässigkeit des Elektrizitätsversorgungssystems iSv § 2 Abs. 2 NetzResV gefährdet war. Eine ähnliche Regelung enthielt zuvor § 8 Abs. 4 ResKV. Die Vorschrift war im Gesetzgebungsverfahren nicht unumstritten (zur Entstehungsgeschichte Säcker EnergieR/König § 12 Rn. 127 ff.). Die besonderen netztechnischen Betriebsmittel durften zwar nicht auf den Strommärkten veräußert werden (Vermarktungs- und Rückkehrverbot, § 13k Abs. 1 S. 4 aF iVm § 13e Abs. 4; s. dazu BT-Drs. 18/12999, 17 und → § 13e Rn. 39 ff.). Rechtliche Zweifelsfragen warf § 13k aF aber u.a. mit Blick auf die europäischen und nationalen **Entflechtungsvorgaben** (→ Rn. 27) auf, weil dem Unbundling eine Trennung zwischen netzbezogener und marktbezogener Erzeugungstätigkeit fremd ist (Pompl, Kapazitätssicherung im europäisierten Stromwirtschaftsrecht, 2019, 209 f.; für eine teleologische Reduktion Riewe, Versorgungssicherheit durch Kapazitätsmechanismen, 2016, 429 ff.). Die Vorschrift wurde durch Art. 1 Nr. 6 des Netzgeltmodernisierungsgesetzes vom 17.7.2017 (BGBl. I 2503) aufgehoben und durch § 11 Abs. 3 ersetzt (BT-Drs. 18/12999, 17). Teilweise wird die Aufhebung auf **beihilfenrechtliche Bedenken** der Kommission zurückgeführt (so Ruttloff in Ludwigs, Klimaschutz, Versorgungssicherheit und Wirtschaftlichkeit in der Energiewende, 2018, 133 (157 f.); zurückhaltend Säcker EnergieR/König § 11 Rn. 129), wofür die Herausnahme der Vorschrift aus der Verständigung zwischen der Bundesregierung und der EU-Kommission zur Vereinbarkeit des sog. Energiepakets mit dem EU-Beihilfenrecht spricht (s. dazu BMWi, Überblick über die erzielte Verständigung mit der EU-Kommission zum Energiepaket v. 30.8.2016, 4). 32.1

Anlagen iSv § 13d Abs. 1 S. 2 sind zunächst **Stromerzeugungsanlagen** (Kraftwerke). Im Schrifttum wird der Anlagenbegriff unter Verweis auf die Gesetzesbegründung in BT-Drs. 18/7317, 140 („Erzeugungskapazitäten als Anlagen der Netzreserve") teilweise auf diesen Anlagentyp beschränkt (so Säcker EnergieR/Ruttloff/Lippert § 13d Rn. 8). Systematisch spricht dafür § 2 Abs. 1 NetzResV, der als Zweck der Netzreserve (nur) die Vorhaltung von „Erzeugungskapazitäten" nennt. Im Wortlaut von § 13d Abs. 1 S. 1 hat der Gesetzgeber die Einschränkung auf Erzeugungsanlagen jedoch nicht aufgegriffen. Auch die zitierte Gesetzesbegründung (BT-Drs. 18/7317, 140) ist bei näherer Betrachtung unergiebig: An abseitiger Stelle führt der Gesetzgeber dort die Aufhebung von § 3 Abs. 3 NetzResV (gemeint ist: ResKV) auf die Definition der Netzreserve in § 13d Abs. 1 zurück, „nach der die darin genannten Erzeugungskapazitäten als Anlagen der Netzreserve erfasst werden". Das stützt ein enges Verständnis des Anlagenbegriffs nicht. Nach § 3 Abs. 3 S. 3 ResKV waren die für die Zwecke der Gewährleistung der Systemsicherheit verfügbaren Erzeugungskapazitäten im Rahmen der Systemanalyse der Übertragungsnetzbetreiber nach § 3 Abs. 2 S. 1 ResKV nicht als zusätzlicher Bedarf auszuweisen. Die Vorschrift bezog sich damit von vornherein nur auf Erzeugungsanlagen, die unstreitig dem Anlagenbegriff von § 13d unterfallen. Die Inbezugnahme der Vorschrift durch die Gesetzesbegründung sagt jedoch nichts darüber aus, ob – über Stromerzeugungsanlagen hinaus – sonstige Anlagentypen als Netzreserve gebunden werden können. 33

Systematisch spricht der Verweis von § 13d Abs. 1 S. 1 und S. 2 Nr. 2 auf § 13b für ein weiteres Verständnis des Anlagenbegriffs. Anlagen iSv § 13b Abs. 1 S. 1 sind „Anlagen zur Erzeugung oder Speicherung elektrischer Energie". Zudem sind nach § 13a Abs. 1 sowohl 34

Pompl 559

die Betreiber von Erzeugungsanlagen als auch Speichern zur Durchführung von Maßnahmen nach § 13 Abs. 1 Nr. 3 verpflichtet, der die Netzreserve als Beispielsfall für eine „zusätzliche Reserve" erfasst. Die Einbeziehung von Speichern ist auch sachgerecht. Untechnisch lassen sich Stromspeicher (zB Pumpspeicherkraftwerke) als Erzeugungsanlagen im weiteren Sinne verstehen: Die Stromspeicherung ist kein Selbstzweck, sondern nur ein vorübergehender Zustand bis zur „Ausspeicherung" des Stroms (Umwandlung in elektrische Energie). Folglich unterfallen auch **Stromspeicheranlagen** dem Anlagenbegriff des § 13d (so auch Elspas/Graßmann/Rasbach EnWG/Ehring/Schanko/Elspas § 13d Rn. 13). Ein partielles Auseinanderfallen der sachlichen Anwendungsbereiche von § 13b und § 13d wäre speziell wegen der systematischen Verknüpfung der Normen über das Kriterium der Systemrelevanz (§ 13b) nicht sachgerecht. Eine unterschiedliche Ausgestaltung der Anlagenbegriffe hätte – schon aus Gründen der Rechtsklarheit – einer ausdrücklichen Regelung im Gesetz bedurft.

IV. „Marktferne" der Netzreserve (Vermarktungs- und Rückkehrverbote)

1. Abwehr von Versorgungsgefahren

35   Zweck der Netzreserve ist die Abwehr von Gefahren für die Sicherheit und Zuverlässigkeit des Elektrizitätsversorgungssystems (§ 13d Abs. 1 S. 1). Eine **Gefahr** in diesem Sinne liegt vor, wenn örtliche Ausfälle des Übertragungsnetzes oder kurzfristige Netzengpässe zu besorgen sind oder zu besorgen ist, dass die Haltung von Frequenz, Spannung oder Stabilität durch die Übertragungsnetzbetreiber nicht im erforderlichen Maße gewährleistet werden kann (§ 2 Abs. 2 S. 1 NetzResV). Bei der Netzreserve handelt es sich damit allein um ein Instrument zur **Verhinderung und Behebung von Netzstörungen** (vgl. etwa BT-Drs. 18/7317, 3: „Überbrückung von Netzengpässen"), das nachrangig zu geeigneten Maßnahmen nach § 13 Abs. 1 Nr. 1 und Nr. 2 sowie § 13a Abs. 1 zum Einsatz kommt (→ Rn. 12; vgl. früher auch § 7 Abs. 2 S. 2 NetzResV aF; zur Aufhebung der Vorschrift, mit der allerdings keine Abkehr vom Nachrangigkeitsgrundsatz verbunden sein sollte, BT-Drs. 19/7375, 93).

2. Vermarktungsverbot

36   Vor diesem Hintergrund dürfen Anlagen der Netzreserve nach § 7 Abs. 1 NetzResV ausschließlich **außerhalb der Strommärkte** nach Maßgabe der von den Übertragungsnetzbetreibern angeforderten Systemsicherheitsmaßnahmen eingesetzt werden. Die Vorschrift statuiert ein Vermarktungsverbot für Netzreserveanlagen. Diese dürfen an den Wettbewerbsmärkten nicht (mehr) angeboten werden, zulässig ist nurmehr ein Einsatz der Anlagen für Systemsicherheitsmaßnahmen der Übertragungsnetzbetreiber. „**Strommärkte**" iSv § 7 Abs. 1 NetzResV sind der Stromgroßhandel (Energy-Only-Markt mit Spot-Markt, Intra-Day-Markt, börslicher wie außerbörslicher Terminmarkt) und der Regelenergiemarkt für Primärregelenergie, Sekundärregelenergie und Minutenreserve (Begründung zur ResKV, 20).

37   Außerhalb der NetzResV enthält **§ 13c Abs. 2 S. 1** ein Vermarktungsverbot für systemrelevante Anlagen, die beim Übertragungsnetzbetreiber zur **vorläufigen Stilllegung** angemeldet wurden (§ 13b Abs. 4). Ausgelöst wird das Verbot dadurch, dass der Anlagenbetreiber den Anspruch auf Zahlung von Betriebsbereitschaftsauslagen (§ 13c Abs. 1 S. 1 Nr. 1) gegen den Übertragungsnetzbetreiber geltend macht. Ab diesem Zeitpunkt darf die Netzreserveanlage ausschließlich nach Maßgabe der von den Übertragungsnetzbetreibern angeforderten Systemsicherheitsmaßnahmen betrieben werden. Das Vermarktungsverbot gilt für die Dauer der Systemrelevanzausweisung. **§ 13c Abs. 4 S. 1** enthält ein entsprechendes Verbot für Anlagen, die den Übertragungsnetzbetreibern zur **endgültigen Stilllegung** angezeigt wurden (§ 13b Abs. 5). Insofern wird das Vermarktungsverbot zusätzlich durch die Forderung der Erhaltungsauslagen (§ 13c Abs. 3 S. 1 Nr. 1) ausgelöst. Es besteht bis zur endgültigen Stilllegung der Anlage.

38   **Folge der Vermarktungsverbote** ist, dass die Anlagenleistung nicht mehr am freien Markt angeboten werden darf (vgl. BT-Drs. 18/7317, 93: „Verbot der Anlage zur Teilnahme an den Strommärkten"). Damit soll verhindert werden, dass Anlagenbetreiber gleichzeitig die Vergütung aus der Netzreserve beanspruchen und Erlöse am Markt erzielen können.

Netzreserveanlagen sollen wirtschaftlich nicht bessergestellt werden als Anlagen, die (nur) auf den Wettbewerbsmärkten tätig sind (Säcker EnergieR/König § 13c Rn. 14, 28). Auch das **Unionsrecht** sieht in Art. 22 Abs. 2 UAbs. 1 lit. d und e Elektrizitätsbinnenmarkt-VO (dazu auch → Rn. 21.2) ein Vermarktungsverbot für Reserveanlagen vor: Reserveanlagen dürfen danach nicht von den Stromgroßhandelsmärkten oder den Regelreservemärkten vergütet werden und sind zumindest für die Dauer der Vertragslaufzeit außerhalb des Marktes vorzuhalten.

3. Partielles Rückkehrverbot

Vertraglich kontrahierte Anlagen im deutschen Inland können nach dem Ausscheiden aus der Netzreserve nicht mehr auf den Strommarkt zurückkehren (Rückkehrverbot, „Noway-back-Regelung"). Ein Netzreservevertrag mit dem Betreiber einer Anlage im Inland darf nur abgeschlossen werden, wenn der Betreiber sich verpflichtet, die für die Netzreserve genutzte Anlage nach Ablauf des Vertrages bis zur endgültigen Stilllegung nicht mehr an den Strommärkten einzusetzen (§ 5 Abs. 2 Nr. 2 NetzResV). Zweck der Regelung ist die Verhinderung von Fehlanreizen zu Kraftwerksstilllegungen und Marktverzerrungen durch die Teilnahmemöglichkeit einer stillzulegenden, systemrelevanten Anlage an der Netzreserve (vgl. Begründung zur ResKV, 18 f.). Für **ausländische Anlagen** gilt das Rückkehrverbot nicht, weil § 5 Abs. 3 NetzResV keine entsprechende Vorgabe enthält (dazu → Rn. 57 f.). 39

Außerhalb der vertraglichen Netzreserve schließt das Gesetz eine Rückkehr auf den Strommarkt nicht generell aus. Systemrelevante Anlagen, die von den Betreibern beim Übertragungsnetzbetreiber zur **endgültigen Stilllegung** angezeigt wurden und nur noch aufgrund der gesetzlichen Vorhaltepflichten erhalten werden (§ 13b Abs. 3 S. 2, Abs. 5; dazu auch → Rn. 30), sind nach dem Ausscheiden aus der Netzreserve zwar stillzulegen. An die Stilllegungsanzeige beim Übertragungsnetzbetreiber sind die Anlagenbetreiber grundsätzlich gebunden (Kment EnWG/Tüngler § 13b Rn. 33 ff.). Für Anlagen, die lediglich zur **vorläufigen Stilllegung** angemeldet wurden (§ 13b Abs. 3 S. 1, Abs. 4), ist eine Rückkehr auf den Strommarkt dagegen nicht ausgeschlossen. § 13c Abs. 2 S. 2 geht vielmehr davon aus, dass solche Anlagen nach Ablauf der Systemrelevanzausweisung wieder eigenständig an den Strommärkten eingesetzt werden können. 40

4. Erlöschen der Förderfähigkeit von KWK-Anlagen?

Aufgrund der Vermarktungs- und Rückkehrverbote kann die Bindung einer Anlage in der Netzreserve dazu führen, dass ihre Förderfähigkeit nach dem KWKG (ggf. endgültig) erlischt. Grundsätzlich förderfähig sind nach dem KWKG nur **Kraft-Wärme-Kopplungsanlagen** (vgl. § 1 Abs. 1 KWKG; Assmann/Peiffer/Peiffer KWKG § 2 Rn. 84). Nach § 2 Nr. 14 Hs. 1 KWKG sind das Anlagen, in denen Strom und Nutzwärme erzeugt werden. Charakteristisches Merkmal von KWK-Anlagen ist, dass sie **gleichzeitig** Strom und Wärme erzeugen; eine alternierende Strom- und Wärmeerzeugung ist keine Kraft-Wärme-Kopplung im Sinne des Gesetzes (vgl. § 2 Nr. 13 KWKG; Assmann/Peiffer/Peiffer KWKG § 2 Rn. 79, 86; Säcker EnergieR/Fricke KWKG § 2 Rn. 95, 108 f.). Als Netzreserve dürfen KWK-fähige Anlagen jedoch ausschließlich nach Maßgabe der von den Übertragungsnetzbetreibern angeforderten Systemsicherheitsmaßnahmen betrieben werden (§ 7 Abs. 1 NetzResV, § 13c Abs. 2 S. 1, Abs. 4 S. 1). Wärmeerzeugung ist kein Bestandteil der Systemsicherheitsmaßnahmen zur Abwehr von Netzstörungen. Netzreserveanlagen sind deshalb keine KWK-Anlagen nach § 2 Nr. 14 KWKG. Sofern sie nach dem Ausscheiden aus der Netzreserve wegen des Rückkehrverbots zudem keinen Strom am Markt mehr erzeugen dürfen (→ Rn. 39 f.), können sie die KWK-Eigenschaft auch nicht mehr „zurückerlangen". 41

5. Befristete Ausnahme durch Ersatzkraftwerkebereithaltungsgesetz

Aufgrund der angespannten Gasversorgungslage infolge des Ukraine-Krieges schuf der Gesetzgeber mit dem **Ersatzkraftwerkebereithaltungsgesetz** vom 8.7.2022 (BGBl. I 1054) eine temporäre Ausnahme vom Vermarktungsverbot (§§ 50a ff.). Ziel des Gesetzes ist es, dem Strommarkt für einen bis 31.3.2024 befristeten Zeitraum nicht-erdgasbasierte Erzeugungskapazitäten zur Verfügung stellen, um Gas in der Stromerzeugung einzusparen. 41a

Pompl

Zur Stromerzeugung sollen vorrangig Energieträger eingesetzt werden, die nicht ausschließlich aus Russland importiert werden (Steinkohle, Braunkohle und Öl). Genutzt werden sollen hierzu u. a. Kraftwerke, die in der Netzreserve gebunden sind (BT-Drs. 20/2356, 1 f., 13 f.; s. auch Friedemann/Kamradt EnWZ 2022, 307 (311); Ludwigs NVwZ 2022, 1086 (1091); ferner Elspas/Brucker UKuR 2022, 368).

41b Mit der Schaffung von § 50a Abs. 1 ermöglicht der Gesetzgeber nicht-erdgasbasierten Netzreserveanlagen eine befristete Teilnahme am Strommarkt. Voraussetzung dafür ist, dass die Bundesregierung die Alarm- oder Notfallstufe des Notfallplans Gas ausruft und die Marktteilnahme der Anlagen mittels **Rechtsverordnung** zulässt (§ 50a Abs. 1 S. 1; Friedemann/Kamradt EnWZ 2022, 307 (312); Neumann/Lißek N&R 2022, 257 (263)). Eine Pflicht zum Verordnungserlass nach Ausrufung der Alarm- oder Notfallstufe besteht nicht (BT-Drs. 20/2664, 8). Von der Möglichkeit des § 50a Abs. 1 Satz 1 hat die Bundesregierung mit der **Stromangebotsausweitungsverordnung** (StaaV) vom 13.7.2022 Gebrauch gemacht. Die Verordnung erlaubt Netzreserveanlagen, die kein Erdgas zur Stromerzeugung einsetzen, die Teilnahme am Strommarkt während der Alarm- oder Notfallstufe, längstens bis 31.3.2024 (§ 1 Abs. 1 bis 3 StaaV; Ludwigs NVwZ 2022, 1086 (1091); Neumann/Lißek N&R 2022, 257 (264 f.)).

41c Auf Grundlage von § 50a Abs. 1 iVm der StaaV dürfen die erfassten Netzreserveanlagen befristet an den Strommarkt zurückkehren. Die Anlagenbetreiber dürfen die elektrische Leistung oder Arbeit und die thermische Leistung der Anlagen ganz oder teilweise veräußern (§ 50a Abs. 3 S. 1 Nr. 1). Sie sind von den Veräußerungsbeschränkungen nach § 13c Abs. 2 S. 1, Abs. 4 S. 1 und § 13d Abs. 3 i. V. m. § 7 Abs. 1 NetzResV ausgenommen (§ 50a Abs. 3 S. 2). In formaler Hinsicht muss der Anlagenbetreiber der BNetzA und dem zuständigen Übertragungsnetzbetreiber die Rückkehr an den Strommarkt mindestens fünf Werktage vor Beginn anzeigen (§ 50a Abs. 2). Macht er von der Anzeige keinen Gebrauch, verbleibt die Anlage in der Netzreserve und unterliegt weiter dem Veräußerungsverbot nach § 7 Abs. 1 NetzResV (BT-Drs. 20/2356, 21). Eine Kostenerstattung nach § 13c und § 9 Abs. 2 und § 10 NetzResV ist während der Marktrückkehr weitgehend ausgeschlossen (§ 50c Abs. 4 S. 3; zu den erstattungsfähigen Kosten BT-Drs 20/2356, 22; zu möglichen Marktverzerrungen wegen investiver Vorteile Friedemann/Kamradt EnWZ 2022, 307 (312)).

V. Vergütung und Finanzierung der Netzreserve

1. Vergütung der Vorhalteleistung

42 Die Vergütung der Vorhalteleistung der Anlagenbetreiber richtet sich grundsätzlich nach den Regelungen des **Netzreservevertrages** (§ 5 NetzResV) und § 6 NetzResV. Nach § 6 Abs. 1 S. 1 NetzResV erstattet der Übertragungsnetzbetreiber dem Anlagenbetreiber die Kosten, die durch die Nutzung der bestehenden Anlagen in der Netzreserve entstehen. Schuldner des Erstattungsanspruchs ist der Übertragungsnetzbetreiber, Gläubiger der Anlagenbetreiber. Nicht erstattungsfähig sind Kosten, die auch im Fall einer endgültigen Stilllegung der Anlage angefallen wären (§ 6 Abs. 1 S. 2 NetzResV). **Opportunitätskosten** in Form einer angemessenen Verzinsung für Netzreserveanlagen sind erstattungsfähig, soweit eine verlängerte Kapitalbindung in Form von Grundstücken und weiterverwertbaren technischen Anlagen(teilen) aufgrund der Verpflichtung für die Netzreserve besteht (§ 6 Abs. 1 S. 3 NetzResV; zur früheren Rechtslage → Rn. 42.1). „Weiterverwertbar" sind technische Anlagenteile, die ausgebaut und in einer anderen Energieerzeugungsanlage verwendet werden können. Die Darlegungs- und Beweislast für die Weiterverwertbarkeit liegt bei den Anlagebetreibern (vgl. zur Parallelregelung in § 13c Abs. 3 S. 1 Nr. 4 BT-Drs. 18/7317, 93, 141). Der **Werteverbrauch** der Anlagen(teile) kann nur erstattet werden, wenn und soweit die Netzreserveanlage tatsächlich eingesetzt wird (§ 6 Abs. 1 S. 4 NetzResV). Der Umfang der Kostenerstattung wird im Netzreservevertrag unter Berücksichtigung der Kostenstruktur der betreffenden Anlage nach Abstimmung mit der BNetzA festgelegt (§ 6 Abs. 2 S. 1 NetzResV).

42.1 Nach **früherer Rechtslage** waren Opportunitätskosten nicht erstattungsfähig (§ 6 Abs. 1 S. 2 Hs. 2 ResKV). Geändert wurde dies durch Art. 6 Nr. 7 StromMG (BGBl. 2016 I 1786), womit § 6 NetzResV seine heutige Fassung erhielt. Hintergrund der Änderung war der **Beschluss des OLG Düsseldorf**

Netzreserve § 13d EnWG

NVwZ 2015, 1160 (Ls.) = BeckRS 2015, 10282), mit dem das Gericht die Festlegung der BNetzA vom 30.10.2012 (BK8-12-019) zu Kriterien für die Bestimmung einer angemessenen Vergütung bei strombedingten Redispatch-Maßnahmen und bei spannungsbedingten Anpassungen der Wirkleistungseinspeisung kassiert hat. Eine angemessene Vergütung muss danach auch entgangene Gewinnmöglichkeiten (Opportunitätskosten, Marktprämien oder Schattenpreise) berücksichtigen, die durch Redispatch entstehen (dazu Gauggel/Weise IR 2015, 278 f.; Kindler ZNER 2015, 378 f.; Ruttloff NVwZ 2015, 1086 ff.; Ruttloff/Kindler EnWZ 2015, 401 ff.; Chaaban/Godron ER 2016, 106 (109 ff.)). Streitgegenstand des Beschwerdeverfahrens waren zwar Marktkraftwerke, mit der Änderung der NetzResV hat der Normgeber die Maßstäbe der Rechtsprechung aber auf die Reserveanlagen übertragen (Säcker EnergieR/Ruttloff/Lippert NetzResV § 6 Rn. 7).

Soweit die Anlagenvorhaltung ohne Netzreservevertrag aufgrund der **gesetzlichen Vorhaltepflichten** nach § 13d Abs. 1 S. 1 iVm § 13b Abs. 4 und 5 erfolgt, richtet sich die Vergütung nach § 13c iVm § 9 und § 10 NetzResV. Bei Netzreserveanlagen, die die Betreiber beim Übertragungsnetzbetreiber zur **vorläufigen Stilllegung** angezeigt haben, sind danach die Betriebsbereitschaftsauslagen, Erzeugungsauslagen und der anteilige Werteverbrauch als angemessener Ausgleich für die tatsächliche Abnutzung der Anlagen erstattungsfähig (§ 13c Abs. 1 S. 1 Nr. 1–3, § 9 Abs. 2 NetzResV; BT-Drs. 18/7317, 58 und 91). Bei Anlagen, die zur **endgültigen Stilllegung** angezeigt sind, kommen Erhaltungsauslagen (vgl. § 13b Abs. 5 S. 11) und – analog zu § 6 Abs. 1 S. 3 NetzResV – Opportunitätskosten in Form einer angemessenen Verzinsung hinzu (§ 13c Abs. 3 S. 1 Nr. 1 und 4, § 10 iVm § 6 NetzResV; zum Werteverbrauch der Anlagen § 13c Abs. 3 S. 3). Einzelheiten zur praktischen Anwendung der Regelungen zu den Opportunitätskosten enthält der „Hinweis der Beschlusskammer 8 der BNetzA bezüglich dem Umgang mit den Opportunitätskosten nach § 13c Abs. 3 S. 1 Nr. 4 EnWG" vom 11.8.2020 (online abrufbar unter: www.bundesnetzagentur.de, zuletzt abgerufen am 22.8.2023). Weitergehende Kosten sind nicht erstattungsfähig; das gilt speziell für Kosten, die auch bei einer endgültigen Stilllegung der Anlage angefallen wären (§ 13c Abs. 3 S. 4). Die Regelung entspricht § 6 Abs. 1 S. 2 NetzResV, die auf endgültige Stilllegungen gemäß § 10 NetzResV entsprechend anwendbar ist. 43

Im Sonderfall der **befristeten Teilnahme** einer Netzreserveanlage am Strommarkt nach §§ 50a ff. entfällt der Anspruch auf die Vergütung nach der Netzreserve weitgehend (§ 50c Abs. 4; dazu auch → Rn. 41a ff.), zur Vergütung im Falle der Teilnahme einer Netzreserveanlage an der **Kapazitätsreserve** → Rn. 47. 43a

2. Umlagefinanzierung der Netzreserve

Finanziert wird die Vorhaltung der Netzreserve über ein Umlagesystem (zur Beihilfenrelevanz des Finanzierungssystems → Rn. 16 ff.). Die Kosten der Übertragungsnetzbetreiber werden durch **Festlegung der BNetzA** zu einer **freiwilligen Selbstverpflichtung** der Übertragungsnetzbetreiber nach § 11 Abs. 2 S. 4 ARegV, § 32 Abs. 1 Nr. 4 ARegV als verfahrensregulierte Kosten anerkannt (§ 6 Abs. 2 S. 2 NetzResV, § 13c Abs. 5). Das bedeutet, dass die Übertragungsnetzbetreiber – in einem ersten Schritt – eine freiwillige Selbstverpflichtung vereinbaren müssen, die dann – im zweiten Schritt – durch eine Festlegung der BNetzA bestätigt werden muss. Die Kosten der Netzreserve gelten dann als **verfahrensregulierte Kosten**, die die Übertragungsnetzbetreiber (als dauerhaft nicht beeinflussbare Kosten ohne Effizienzabschlag) vollständig an die Netznutzer (Stromversorger) weitergeben können. Da davon auszugehen ist, dass die Stromversorger die Kosten an die Stromverbraucher durchreichen, tragen letztlich die **Endkunden die Finanzierungslast** für die Netzreserve. Die Kosten werden damit sozialisiert (Säcker EnergieR/König § 13c Rn. 31). In Anlehnung an den Rechtsgedanken des umweltrechtlichen Verursacherprinzips lässt sich die finanzielle Inanspruchnahme der Stromverbraucher damit rechtfertigen, dass sie mit ihrem Strombezug eventuelle Versorgungsstörungen zumindest mitverursachen (vgl. dazu aus der Diskussion zur Erneuerbaren-Förderung Britz/Müller RdE 2003, 163 (167 ff.); Fricke RdE 2010, 83 (85); Gawel DVBl. 2013, 409 (416); Salje EnWG § 37 Rn. 10). 44

Aus finanzverfassungsrechtlicher Sicht wirft die Umlagefinanzierung der Netzreserve die – schon im Kontext der EEG-Umlage (im Überblick zuletzt Böhringer EurUP 2020, 360 f.) kontrovers diskutierte – Frage auf, ob es sich um eine **Finanzierungssonderabgabe** handelt, die nach der Rechtsprechung des BVerfG nur in engen Grenzen zulässig ist (instruktiv 45

EnWG § 13d Teil 3. Regulierung des Netzbetriebs

dazu Germelmann GewArch 2009, 467 ff.) oder lediglich um eine **gesetzliche Preisregelung**. Maßgebend für die Abgrenzung ist, ob die Umlage eine „Aufkommenswirkung zugunsten der öffentlichen Hand" entfaltet und deshalb als öffentliche Abgabe einzuordnen ist (vgl. BVerfG NJW 1997, 573 – Stromeinspeisungsgesetz). Das wäre zu bejahen, wenn die Finanzierungsmittel der staatlichen Verfügungsgewalt unterliegen. Für die Netzreserve dürfte ein hinreichend direkter **Zugriff des Staates** auf die mit der Umlage generierten Geldmittel zu verneinen sein. Gesetz und Verordnung treffen zwar recht engmaschige Regelungen zur Vergütung der Anlagenvorhaltung (s. dazu § 6 NetzResV und § 13c). Die finanzielle Abwicklung der Zahlungen erfolgt aber im rein **privaten Verhältnis** zwischen Anlagenbetreibern und Übertragungsnetzbetreibern, die ihre Kosten wiederum auf die ebenfalls privaten Netznutzer umlegen (dürfen). Im Schwerpunkt handelt es sich bei den gesetzlichen Vorgaben damit um „gesetzliche Preisregelungen für Rechtsbeziehungen zwischen Privaten", deren Einhaltung die BNetzA zwar als Aufsichtsbehörde überwacht (vgl. § 65), ohne jedoch direkt auf die Finanzströme zugreifen zu können (vgl. mit Blick auf die EEG-Umlage BGHZ 201, 355 (358 ff.) = NVwZ 2014, 1180 mAnm Ehrmann; eingehend dazu Pompl, Kapazitätssicherung im europäisierten Stromwirtschaftsrecht, 2019, 310 ff. mwN).

C. Verhältnis zur Kapazitätsreserve (Abs. 2)

46 § 13d Abs. 2 regelt das Verhältnis von Netzreserve und Kapazitätsreserve (§ 13e). Nach Absatz 2 Satz 1 können Betreiber von Netzreserveanlagen unter den Voraussetzungen des § 13e und den Regelungen der KapResV auch an dem Verfahren der Beschaffung der Kapazitätsreserve teilnehmen. Die Vorschrift soll eine **enge Verzahnung** beider Anlagenreserven sichern (BT-Drs. 18/7317, 96). Eine Doppelbindung kommt in erster Linie für systemrelevante Bestandskraftwerke und -speicher in Betracht, da – abgesehen von Auslandsanlagen iSv § 13d Abs. 1 S. 2 Nr. 3 – nur solche Anlagen im Rahmen der Netzreserve teilnahmeberechtigt sind (dazu → Rn. 31 f. und → Rn. 57).

47 Absatz 2 Satz 2 stellt das Verhältnis zwischen den Anlagenreserven klar. Netzreserveanlagen, die an dem Beschaffungsverfahren für die Kapazitätsreserve erfolgreich teilnehmen, erhalten die **Vergütung** danach ausschließlich nach den Vorschriften zur Kapazitätsreserve. Eine doppelte Vergütung aus beiden Reserven ist zur Vermeidung von Missbrauchsmöglichkeiten ausgeschlossen. Vorrangig anzuwenden sind die Vergütungsregelungen der Kapazitätsreserve (BT-Drs. 18/7317, 96). Eine entsprechende Regelung trifft § 20 Abs. 1 KapResV: Betreiber einer Netzreserveanlage können danach für diese Anlage Gebote in der Ausschreibung der Kapazitätsreserve abgeben, wenn sie alle technischen und sonstigen Anforderungen nach der KapResV erfüllt. Erhält ein solches Gebot einen Zuschlag, richtet sich die zu zahlende Vergütung ausschließlich nach § 13e Abs. 3 und § 19 KapResV.

48 Absatz 2 Satz 3 stellt zudem klar, dass **Netzreserveanlagen in der Kapazitätsreserve** weiterhin auf Anweisung der Übertragungsnetzbetreiber ihre Einspeisung nach § 13a Abs. 1 sowie § 7 NetzResV anpassen müssen. Die Vorschrift sichert die Nutzung der doppelt gebundenen Anlagen als Netzreserve ab. Eine vergleichbare Regelung trifft § 20 Abs. 2 KapResV, wonach die Verpflichtung nach § 7 NetzResV, die Einspeisung anzupassen, von der Teilnahme in der Kapazitätsreserve unberührt bleibt. Die Anlage muss für die Netzreserve weiterhin diejenige Leistung dauerhaft zur Verfügung stellen, die sie vor der Teilnahme an der Kapazitätsreserve zur Verfügung gestellt hat. Hierdurch wird sichergestellt, dass netztechnisch günstig gelegene Anlagen durch die Übertragungsnetzbetreiber eingesetzt werden können, wenn es für die Systemsicherheit aufgrund von Netzengpässen erforderlich ist (BT-Drs. 18/7317, 96).

D. Vertragliche Bindung der Reserveanlagen; Verfahren (Abs. 3)

I. Vorrang vertraglicher Schuldverhältnisse

49 Nach § 13d Abs. 3 S. 1 erfolgen die Bildung der Netzreserve und der Einsatz der Netzreserveanlagen – unbeschadet der gesetzlichen Verpflichtungen – auf Grundlage des Abschlusses von **Netzreserveverträgen** zwischen Übertragungsnetzbetreibern und Anlagenbetreibern in Abstimmung mit der BNetzA nach Maßgabe der Bestimmungen der NetzResV. Eine

Netzreserve § 13d EnWG

entsprechende Regelung enthält § 1 Abs. 2 S. 1, 2 NetzResV. Die Bildung der Netzreserve auf vertraglicher Grundlage ist **vorrangig** zur Nutzung der gesetzlichen Bestimmungen zum Umgang mit geplanten Stilllegungen von Anlagen (§ 1 Abs. 2 S. 3; näher dazu → Rn. 28 ff.). § 13d Abs. 3 S. 1 bezieht sich dabei nur auf Anlagen, die im deutschen Inland liegen. Die Bindung von Erzeugungsanlagen im Ausland regelt § 13d Abs. 3 S. 2, der ebenfalls auf die NetzResV verweist. Die Anlagenbetreiber haben **keinen Rechtsanspruch** auf Abschluss eines Netzreservevertrages gegen die Übertragungsnetzbetreiber (§ 4 Abs. 2 S. 3 NetzResV); insofern besteht kein Kontrahierungszwang.

Verträge, die vor Inkrafttreten der ResKV/NetzResV abgeschlossen wurden, genießen nach § 1 Abs. 3 NetzResV **Bestandsschutz:** Danach bleiben bestehende Verträge und Optionen, die von den Übertragungsnetzbetreibern in Abstimmung mit der BNetzA für die Nutzung von Reservekraftwerken für die Winter 2011/2012 und 2012/2013 abgeschlossen wurden, von den Vorgaben der NetzResV unberührt. Sie gelten unter dem neuen Rechtsrahmen ohne Störung der Geschäftsgrundlage fort (Säcker EnergieR/Ruttloff/Lippert NetzResV § 1 Rn. 26). 50

Im Falle einer **Doppelbindung** einer Anlage in Netz- und Kapazitätsreserve (vgl. § 13d Abs. 2, → Rn. 46 ff.) sind die Vertragsparteien zur **Anpassung des Netzreservevertrages** verpflichtet (§ 20 Abs. 3 S. 1 KapResV). Dies betrifft insbesondere die Kostenerstattungsregelungen, da Anlagen in der Kapazitätsreserve ausschließlich nach den Regelungen der KapResV vergütet werden (§ 20 Abs. 1 S. 2 KapResV). Die Vergütungsregelungen des Netzreservevertrages sind deshalb zu suspendieren (vgl. auch Säcker EnergieR/Ruttloff/Lippert NetzResV § 20 Rn. 6: „Ruhen der Kostenerstattungsregeln"). Die konkret vereinbarten Einsatzparameter für Einsätze in der Netzreserve bleiben dagegen von der Anpassungspflicht unberührt, weil die KapResV dazu keine Regelungen trifft (Begründung zur KapResV, 68). 51

II. Prüfung und Bestätigung des Anlagenbedarfs (§ 3 NetzResV)

Die Prüfung des Anlagenbedarfs für die Netzreserve erfolgt in einem **zweistufigen Verfahren,** das jährlich innerhalb fester Fristen durchgeführt wird. Ausgangspunkt der Bedarfsfeststellung ist eine jährlich durchzuführende **Bedarfsanalyse der Übertragungsnetzbetreiber,** die der BNetzA bis spätestens 1.3. eines jeden Jahres zu übermitteln ist (§ 3 Abs. 2, 3 NetzResV; dazu BT-Drs. 18/7317, 139). Zu prüfen ist dabei, ob ausreichend Anlagenkapazität insbesondere als Redispatchpotenzial zur Vermeidung von Netzengpässen und ggf. auch zur Beherrschung von Spannungsproblemen im Hinblick auf die Einhaltung der entsprechenden anerkannten Regeln der Technik für einen sicheren Netzbetrieb vorhanden ist (vgl. Begründung zur ResKV, 17). 52

Den ermittelten Kapazitätsbedarf prüft und bestätigt die **BNetzA** bis spätestens 30.4. (§ 3 Abs. 1 S. 1, 2 NetzResV). Die Ergebnisse werden in einem Bericht veröffentlicht (§ 3 Abs. 1 S. 4 NetzResV). Vor der EnWG-Reform 2016 sah § 3 Abs. 1 S. 1 ResKV den 1.5. als (spätestes) Veröffentlichungsdatum vor. Weil es sich dabei um einen gesetzlichen Feiertag handelt, wurde die Veröffentlichungsfrist auf den 30.4. vorverlegt, um einen regelmäßigen Fristablauf zu gewährleisten (BT-Drs. 18/7317, 138). Für den Winter **2018/2019** stellte die BNetzA einen Bedarf an Erzeugungskapazität für die Netzreserve in Höhe von 6.600 MW fest, für den **Winter 2019/2020** 5.126 MW und für den **Winter 2020/2021** 6.596 MW. Für den **Winter 2021/2022** wurde eine Netzreservebedarf von 5.670 MW bestätigt. Tatsächlich wurden im Zeitraum von 1.10.2021 bis 22.4.2022 die meisten Netzreserveeinsätze seit Bestehen der Netzreserve verzeichnet; die Übertragungsnetzbetreiber forderten an 175 von 204 Tagen Redispatch durch deutsche Netzreservekraftwerke und zudem an 64 Tagen Schweizer und an 6 Tagen italienische Kraftwerke für Redispatcheinsätze an; insgesamt wurde 6.545 MW Netzreserveleistung abgerufen. Für den **Winter 2022/2023** bestätigte die BNetzA einen Netzreservebedarf 8.264 MW. Für den **Winter 2023/2024** wird ein Netzreservebedarf von 5.361 MW prognostiziert (s. dazu die jährlichen Berichte der BNetzA zur Feststellung des Bedarfs an Netzreserve, online abrufbar unter www.bundesnetzagentur.de, zuletzt abgerufen am 22.8.2023). 53

Die regulierungsbehördliche Bestätigung des Reservebedarfs ist ein **Verwaltungsakt** iSv § 35 S. 1 VwVfG gegenüber den Übertragungsnetzbetreibern. Die BNetzA stellt damit den konkreten Bedarf an Anlagenleistung für die Netzreserve verbindlich fest, zu deren Vorhal- 54

Pompl 565

EnWG § 13d   Teil 3. Regulierung des Netzbetriebs

tung die Übertragungsnetzbetreiber nach § 13d Abs. 1 verpflichtet sind (Säcker EnergieR/ Ruttloff/Lippert NetzResV § 3 Rn. 3). Dritte können die Bestätigung **nicht selbstständig anfechten** (§ 3 Abs. 1 S. 3 NetzResV). Zur Begründung der damit verbundenen Rechtsschutzverkürzung verweist der Verordnungsgeber auf § 12c Abs. 4 S. 2, wonach die Bestätigung des Netzentwicklungsplans durch die BNetzA ebenfalls nicht selbstständig durch Dritte anfechtbar ist. Verbindlich sei die Feststellung des Kapazitätsbedarfs nur für die Übertragungsnetzbetreiber (Begründung zur ResKV, 17; krit. dazu Däuper/Voß IR 2013, 170 (171 mit Fn. 8)). **Dritte** iSv § 3 Abs. 1 S. 3 NetzResV sind alle außer die BNetzA und die Übertragungsnetzbetreiber, also insbesondere die Betreiber systemrelevanter Anlagen. Für sie ist die isolierte Anfechtbarkeit der Bedarfsbestätigung der BNetzA ausgeschlossen (s. zur Vereinbarkeit der Regelung mit Art. 19 Abs. 4 GG Säcker EnergieR/Ruttloff/Lippert NetzResV § 3 Rn. 4; mit Blick auf § 12c Abs. 4 S. 2 auch Kment EnWG/Posser § 12c Rn. 49 mwN).

III. Interessenbekundungsverfahren (§ 4 NetzResV)

55   Sofern die BNetzA einen zusätzlichen Kapazitätsbedarf für die Netzreserve bestätigt, veröffentlichen die Übertragungsnetzbetreiber bis spätestens zum 30.4. eines jeden Jahres die **technischen und geografischen Anforderungen** an die Netzreserveanlagen (§ 4 Abs. 1 S. 1 NetzResV). Die Anlagenbetreiber können dann bis spätestens 15.5. ihr Interesse am Abschluss eines Netzreservevertrages bekunden (Interessenbekundungsverfahren, § 4 Abs. 2 NetzResV). Das Interessenbekundungsverfahren soll Transparenz und – im Rahmen des Möglichen – Wettbewerb schaffen (vgl. Begründung zur ResKV, 18). Bei gleicher technischer Eignung mehrerer angebotener Anlagen haben die Übertragungsnetzbetreiber das preisgünstigste Angebot zu berücksichtigen (§ 4 Abs. 2 S. 2 NetzResV). Es besteht aber **kein Rechtsanspruch** der Anlagenbetreiber auf Abschluss eines Netzreservevertrages (§ 4 Abs. 2 S. 3 NetzResV).

IV. Voraussetzungen für den Vertragsschluss (§ 5 NetzResV)

56   Zuständig für den Vertragsschluss mit den Anlagenbetreibern ist nach § 5 Abs. 1 S. 1 NetzResV der Übertragungsnetzbetreiber, in dessen Regelzone die betreffende Anlage an das Stromnetz angeschlossen ist (**Anschluss-Übertragungsnetzbetreiber**). Vor Abschluss des Vertrages muss es sich mit der BNetzA abstimmen. Die **Vertragslaufzeit** kann bis zu 24 Monaten betragen (Regellaufzeit); in begründeten Fällen kann sie auch länger sein (§ 5 Abs. 1 S. 3 NetzResV). Die Entscheidung darüber obliegt dem Anschluss-Übertragungsnetzbetreiber in Abstimmung mit der BNetzA. Ein „begründeter Fall" liegt nach der Verordnungsbegründung etwa vor, wenn nicht auszuschließen ist, dass die betreffende Anlage auch länger für die Absicherung der Systemsicherheit gebraucht werden könnte (Begründung zur ResKV, 18). Legt man diesen Maßstab zugrunde, dürfte sich das Regel-Ausnahme-Verhältnis in § 5 Abs. 1 S. 3 NetzResV allerdings in sein Gegenteil verkehren. Denn regelmäßig wird nicht sicher auszuschließen sein, dass eine Anlage nach der zweijährigen Bindungsdauer nicht mehr als Netzreserve gebraucht wird.

57   Die **Voraussetzungen für den Vertragsschluss** regeln § 5 Abs. 2 und Abs. 3 NetzResV. § 5 Abs. 2 Nr. 1–4 NetzResV bezieht sich dabei auf Netzreserveverträge mit Betreibern von **Anlagen im deutschen Inland.** Ein Netzreservevertrag darf danach nur abgeschlossen werden, wenn die Anlage systemrelevant (§ 13b Abs. 2 S. 2) ist (Nr. 1) und sich der Betreiber verpflichtet, die Netzreserveanlage nach Vertragsende bis zur endgültigen Stilllegung nicht mehr an den Strommärkten einzusetzen (Nr. 2, näher dazu → Rn. 39). Zudem muss die Frist zur Stilllegungsanzeige nach § 13b Abs. 1 S. 1 zum Beginn des geplanten Einsatzes in der Netzreserve verstrichen oder die Anlage bereits vorläufig stillgelegt sein (Nr. 3). Schließlich müssen alle gesetzlichen und genehmigungsrechtlichen Anforderungen an den Anlagenbetrieb für die Vertragsdauer erfüllt sein oder sich die Anlage in einem materiell genehmigungsfähigen Zustand befinden (Nr. 4).

58   Unter den Voraussetzungen des § 5 Abs. 3 Nr. 1–4 NetzResV darf der Anschluss-Übertragungsnetzbetreiber (§ 5 Abs. 1 S. 2 NetzResV) außerdem Netzreserveverträge mit den Betreibern einer Anlage in einem **EU-Mitgliedstaat** oder der **Schweiz** abschließen. Voraussetzung für die Kontrahierung einer ausländischen Anlage ist danach, dass sie geeignet ist, zur Lösung der konkreten Systemsicherheitsprobleme in Deutschland beizutragen (Nr. 1).

Die zuständigen Behörden des Herkunftsstaates dürfen keine Einwände im Hinblick auf die Gewährleistung der Versorgungssicherheit (im Herkunftsstaat) erheben (Nr. 2). Die Anlagenbindung muss für den erforderlichen Zeitraum gesichert sein (Nr. 3). Ferner muss die Anlage bei gleicher technischer Eignung mindestens genauso preisgünstig wie die Nutzung von inländischen Anlagen sein (Nr. 4). Die Teilnahme einer Auslandsanlage an der Netzreserve setzt damit **keine Systemrelevanzausweisung** der Anlage durch die (deutschen) Übertragungsnetzbetreiber (§ 13b Abs. 2) voraus. Zudem gilt das **Rückkehrverbot** des § 5 Abs. 2 Nr. 2 NetzResV nicht (dazu auch → Rn. 39). Die Differenzierung der Voraussetzungen für den Vertragsschluss mit den Betreibern von inländischen und ausländischen Anlagen soll die Nutzungsmöglichkeit von eventuell für die Systemsicherheit erforderlichen Kapazitäten im Ausland erhalten. Bei Vorgabe einer „No-way-back-Regelung" entfiele diese Option mit hoher Wahrscheinlichkeit oder bestünde nur zu sehr hohen Kosten (Begründung zur ResKV, 19).

§ 13e Kapazitätsreserve

(1) ¹Die Betreiber von Übertragungsnetzen halten Reserveleistung vor, um im Fall einer Gefährdung oder Störung der Sicherheit oder Zuverlässigkeit des Elektrizitätsversorgungssystems Leistungsbilanzdefizite infolge des nicht vollständigen Ausgleichs von Angebot und Nachfrage an den Strommärkten im deutschen Netzregelverbund auszugleichen (Kapazitätsreserve). ²Die Kapazitätsreserve wird ab dem Winterhalbjahr 2020/2021 außerhalb der Strommärkte gebildet. ³Die Anlagen der Kapazitätsreserve speisen ausschließlich auf Anforderung der Betreiber von Übertragungsnetzen ein. ⁴Für die Kapazitätsreserve steht die Reduktion des Wirkleistungsbezugs der Einspeisung von Wirkleistung gleich.

(2) ¹Die Bildung der Kapazitätsreserve erfolgt im Rahmen eines wettbewerblichen Ausschreibungsverfahrens oder eines diesem hinsichtlich Transparenz und Nichtdiskriminierung gleichwertigen wettbewerblichen Verfahrens (Beschaffungsverfahren). ²Die Betreiber der Übertragungsnetze führen das Beschaffungsverfahren ab dem Jahr 2019 in regelmäßigen Abständen durch. ³In der Kapazitätsreserve werden Anlagen mit folgender Reserveleistung gebunden:
1. für die Leistungserbringung ab dem Winterhalbjahr 2020/2021 eine Reserveleistung von 2 Gigawatt,
2. für die Leistungserbringung ab dem Winterhalbjahr 2022/2023 eine Reserveleistung in Höhe von 2 Gigawatt vorbehaltlich einer Anpassung nach Absatz 5.

⁴Anlagen können wiederholt an dem Beschaffungsverfahren teilnehmen und in der Kapazitätsreserve gebunden werden.

(3) ¹Die Betreiber der Anlagen der Kapazitätsreserve erhalten eine jährliche Vergütung, deren Höhe im Rahmen des Beschaffungsverfahrens nach Absatz 2 ermittelt wird. ²Die Vergütung umfasst alle Kosten, soweit sie nicht aufgrund einer Verordnung nach § 13h gesondert erstattet werden, einschließlich der Kosten für
1. die Vorhaltung der Anlage, die auch die Kosten für den Stromverbrauch der Anlage selbst, für auf Grund anderer gesetzlicher Vorschriften notwendige Anfahrvorgänge sowie für die Instandhaltung der Anlage und Nachbesserungen umfassen, sowie
2. den Werteverbrauch durch den Einsatz der Anlage.

³Die Betreiber von Übertragungsnetzen dürfen die ihnen auf Grund der Durchführung der Rechtsverordnung nach § 13h entstehenden Kosten nach Abzug der entstehenden Erlöse über die Netzentgelte geltend machen. ⁴Die Kosten nach Satz 3 gelten als dauerhaft nicht beeinflussbare Kostenanteile nach § 11 Absatz 2 Satz 1 der Anreizregulierungsverordnung. ⁵Die Betreiber von Übertragungsnetzen müssen den unterschiedlichen Umfang der nach Satz 3 bei jedem Betreiber eines Übertragungsnetzes verbleibenden Kosten nach Maßgabe der von ihnen oder anderen Netzbetreibern im Bereich ihres Übertragungsnetzes an Letztverbraucher gelieferten Strommengen über eine finanzielle Verrechnung untereinander ausgleichen. ⁶Betreiber von Übertragungsnetzen, die bezogen auf die an Letztverbraucher gelie-

Pompl

ferten Strommengen im Bereich ihres Netzes höhere Zahlungen zu leisten hatten, als es dem Durchschnitt aller Letztverbraucher entspricht, haben einen finanziellen Anspruch auf Belastungsausgleich, bis alle Betreiber von Übertragungsnetzen eine Belastung tragen, die dem Durchschnitt aller Betreiber von Übertragungsnetzen entspricht.

(4) ¹Die Betreiber von Anlagen, die in der Kapazitätsreserve gebunden sind,
1. dürfen die Leistung oder Arbeit dieser Anlagen weder ganz noch teilweise auf den Strommärkten veräußern (Vermarktungsverbot) und
2. müssen diese Anlagen endgültig stilllegen, sobald die Anlagen nicht mehr in der Kapazitätsreserve gebunden sind (Rückkehrverbot), wobei Absatz 2 Satz 4 sowie die Regelungen zur Stilllegung von Erzeugungsanlagen nach den §§ 13b und 13c sowie zur Netzreserve nach § 13d unberührt bleiben; Betreiber von Lasten müssen diese nicht endgültig stilllegen, dürfen aber mit den Lasten endgültig nicht mehr an den Ausschreibungen auf Grund einer Verordnung nach § 13i Absatz 1 und 2 teilnehmen.
²Das Vermarktungsverbot und das Rückkehrverbot gelten auch für Rechtsnachfolger des Betreibers sowie im Fall einer Veräußerung der Anlage für deren Erwerber sowie für die Betreiber von Übertragungsnetzen.

(5) ¹Das Bundesministerium für Wirtschaft und Energie überprüft den Umfang der Kapazitätsreserve bis zum 31. Oktober 2018 und dann mindestens alle zwei Jahre auf Basis des Berichts zum Monitoring der Versorgungssicherheit nach § 63 Absatz 2 Satz 1 Nummer 2 und entscheidet, ob eine Anpassung des Umfangs erforderlich ist. ²Die Entscheidung ist zu begründen und zu veröffentlichen. ³Eine eventuell erforderliche Anpassung des Umfangs der Kapazitätsreserve erfolgt durch oder auf Grund der Rechtsverordnung nach § 13h oder durch Festlegung der Bundesnetzagentur nach § 13j Absatz 4. ⁴Eine Entscheidung, durch die die gebundene Reserveleistung 5 Prozent der durchschnittlichen Jahreshöchstlast im Gebiet der Bundesrepublik Deutschland übersteigen würde, darf nur durch Rechtsverordnung nach § 13h ergehen; diese Rechtsverordnung bedarf der Zustimmung des Bundestages. ⁵Der zugrunde zu legende Wert der durchschnittlichen Jahreshöchstlast errechnet sich als Durchschnittswert aus der für das Gebiet der Bundesrepublik Deutschland für das Jahr, in dem die Erhöhung erstmals stattfinden soll, sowie das Folgejahr prognostizierten Jahreshöchstlast. ⁶Die Prognosen sind aus dem jährlichen Bericht der Bundesnetzagentur nach § 3 Absatz 1 der Netzreserveverordnung zu entnehmen. ⁷Der Jahreshöchstlastwert umfasst auch Netzverluste.

(6) Schließen die Betreiber von Übertragungsnetzen innerhalb von drei aufeinanderfolgenden Jahren keine neuen wirksamen Verträge für den Einsatz von Anlagen in der Kapazitätsreserve, dürfen sie keine Beschaffungsverfahren nach Absatz 2 durchführen.

Überblick

§ 13e regelt die Kapazitätsreserve. Die Kapazitätsreserve ist ein Baustein zur Gewährleistung der Stromversorgungssicherheit unter den Bedingungen der Energiewende. Gemeinsam mit der Netzreserve (§ 13d) und der Sicherheitsbereitschaft (§ 13g) flankiert sie den Wettbewerbsmarkt für Strom (sog. „Strommarkt 2.0"). Während die Netzreserve die Funktionsfähigkeit des Stromversorgungsnetzes und die „Braunkohlereserve" des § 13g den lebenswichtigen Strombedarf (§ 13g Abs. 2 S. 1 iVm § 1 Abs. 6 EltSV) absichern soll, dient die Kapazitätsreserve vor dem Hintergrund eines möglichen Marktversagens (→ Rn. 1 f.) dem Ausgleich von Leistungsbilanzdefiziten (Nachfrageüberschüsse) auf den Strommärkten (→ Rn. 3 ff.).

Hierzu halten die Übertragungsnetzbetreiber außerhalb der Wettbewerbsmärkte Erzeugungsanlagen, Speicher und regelbare Lasten vor, die im Bedarfsfall zur Deckung eines Nachfrageüberschusses eingesetzt werden können (§ 13e Abs. 1, → Rn. 7 ff.). Die Anlagen der Kapazitätsreserve werden von den Übertragungsnetzbetreibern in einem wettbewerblichen Ausschreibungsverfahren beschafft (§ 13e Abs. 2, → Rn. 12 ff.; zum Rechtsschutz der Bieter → Rn. 50 ff.). Im Gegenzug für die Kapazitätsvorhaltung erhalten die Anlagenbetreiber von den Übertragungsnetzbetreibern eine Vergütung, die über die Netzentgelte finanziert wird (§ 13e Abs. 3, → Rn. 34 ff.). Mit der Teilnahme an der Kapazitätsreserve scheiden die Kapazitätsreserveanlagen aus dem Markt aus, sie dürfen von ihren Betreibern an den Wettbewerbsmärkten nicht mehr angeboten werden (Vermarktungs- und Rückkehrverbot, § 13e Abs. 4, → Rn. 39). Die Überwachung des Reservebedarfs obliegt dem BMWi (§ 13e Abs. 5, → Rn. 49). Sofern kein Bedarf an der Kapazitätsvorhaltung besteht, darf das Beschaffungsverfahren der Kapazitätsreserve nicht mehr durchgeführt werden (§ 13e Abs. 6, → Rn. 49a ff.).

Übersicht

	Rn.		Rn.
A. Normzweck und Entstehungsgeschichte	1	I. Vergütung der Kapazitätsvorhaltung	34
I. Ökonomischer Hintergrund: Marktversagen im Stromsektor?	1	II. Umlagefinanzierung der Kapazitätsreserve	36
II. Einführung und Funktion von § 13e im „Strommarkt 2.0"	3	E. Vermarktungs- und Rückkehrverbot (Abs. 4)	39
B. Begriff der Kapazitätsreserve (Abs. 1)	7	I. Schutz der Wettbewerbsmärkte	39
		II. Vermarktungsverbot	40
C. Beschaffungsverfahren (Abs. 2)	12	III. Rückkehrverbot	42
I. Wettbewerbliches Ausschreibungsverfahren	12	IV. Erweiterung des Adressatenkreises	44
II. Teilnahmevoraussetzungen	18	V. Verfahrensrechtliche Sicherung	45
III. Höchstwert für Gebote (Price Cap)	22	VI. Entfall der Förderfähigkeit von KWK-Anlagen	48
IV. Vertragliche Anlagenbindung	25	F. Monitoring der Kapazitätsreserve (Abs. 5)	49
V. Exkurs: Verhältnis von Kohleausstieg und Kapazitätsreserve	29	G. Durchführungsverbot (Abs. 6)	49a
D. Vergütung und Finanzierung der Kapazitätsreserve (Abs. 3)	34	H. Rechtsschutz	50

A. Normzweck und Entstehungsgeschichte

I. Ökonomischer Hintergrund: Marktversagen im Stromsektor?

Die **Energiewende** in Deutschland steht auf zwei tragenden Säulen: einerseits der 1 Abschaltung konventioneller Kraftwerkskapazität (Atom- und Kohleausstieg), andererseits der Umstellung der Stromerzeugung auf erneuerbare Energien (vgl. Klement DV 48 (2015), 55 (76); Koalitionsvertrag zur 19. Legislaturperiode, 14: Anteil erneuerbarer Energien am Stromerzeugungsmix von 65 Prozent bis 2030; Koalitionsvertrag zur 20. Legislaturperiode, 56: 80 Prozent Erneuerbare Energien bis 2030). Die Stromproduktion aus erneuerbaren Energien (vor allem Sonnen- und Windenergie) unterliegt **witterungsbedingten Schwankungen** (sog. Dargebotsabhängigkeit), zu deren Ausgleich eine unterbrechungsfreie Stromversorgung auf nicht-fluktuierende (konventionelle) Erzeugungsleistung (zB Gaskraftwerke) angewiesen ist. Teile der **Energieökonomie** bezweifeln jedoch, dass sich solche Kraftwerke unter den Bedingungen der Energiewende und des einspeiseorientierten Stromarkts (sog. Energy-Only-Markt; → Rn. 2 und → § 13d Rn. 6) noch rentabel betreiben lassen (im Überblick zu den ökonomischen Argumenten etwa Pompl, Kapazitätssicherung im europäisierten Stromwirtschaftsrecht, 2019, 25 ff.; Riewe, Versorgungssicherheit durch Kapazitätsmechanismen, 2016, 176 ff., jeweils mwN).

Vor diesem Hintergrund werden unter dem Schlagwort „**Kapazitätsmechanismen**" 2 seit einiger Zeit Fördersysteme diskutiert, die anders als der tradierte Energy-Only-Markt nicht nur die tatsächliche Produktion und Einspeisung von Elektrizität in das Stromnetz, sondern auch die **Vorhaltung von Anlagenkapazität** eigenständig vergüten (zur Debatte in Deutschland etwa Maatsch, Die Re-Regulierung des Elektrizitätsmarktes in Deutschland, 2014, 62 ff.; zur impliziten Berücksichtigung der Anlagenleistung über den Strompreis BT-Drs. 18/5210, 101; BMWi, Ein Strommarkt für die Energiewende (Grünbuch), 2014, 11 f.; Janssen u.a. et 9/2014, 8 (9); Körber Wettbewerbsbeschränkungen auf staatlich gelenkten

Märkten/Mundt, 2015, 67 (69)). Damit soll die Verfügbarkeit einer ausreichenden Menge an witterungsunabhängig einspeisefähiger „Ausfallkapazität" zur Kompensation von Nachfragespitzen und Schwankungen der Erneuerbaren-Erzeugung sichergestellt werden. Überholt wurde die wissenschaftliche Debatte in der EU durch die politische Entscheidung einiger Mitgliedstaaten für die Einführung solcher Mechanismen (im Überblick dazu Huhta/Kroeger/Oyewunmi/Eiamchamroonlarp European Energy and Environmental Law Review 23 (2014), 76 (80); Hancher/de Hautecloque/Salerno/Hancher/Riechmann, State Aid and the Energy Sector, 2018, 145 (149)). Auch die Einführung von § 13e war Folge dieser Entwicklung.

II. Einführung und Funktion von § 13e im „Strommarkt 2.0"

3   Die Kapazitätsreserve des § 13e hat der Gesetzgeber mit der EnWG-Novelle 2016 neu in das Gesetz eingefügt (Art. 1 Nr. 9 StromMG). Als zentrale Maßnahme des Weißbuches des BMWi „Ein Strommarkt für die Energiewende" vom Juli 2015 war sie nach Auffassung des Gesetzgebers kostengünstiger als ein Stromversorgungssystem mit zusätzlichem Kapazitätsmarkt (BT-Drs. 18/7317, 96; im Überblick auch Ruttloff WiVerw 2020, 89 (111 f.)). Hintergrund war die politische Grundsatzentscheidung der Bundesregierung gegen sog. Kapazitätsmärkte und für eine Weiterentwicklung des bestehenden – heute in § 1a verankerten – **Wettbewerbsmarktes für Strom** („Strommarkt 2.0"; BT-Drs. 18/7317, 76), der durch die Netzreserve (§ 13d), Kapazitätsreserve (§ 13e) und Sicherheitsbereitschaft (§ 13g) flankiert werden soll (zu den verfassungsrechtlichen Grenzen der Anlagenvorhaltung → § 13d Rn. 22 ff.). Kapazitätsmärkte sind dagegen Parallelmärkte für Anlagenleistung (Vorhaltung von Kapazität), die eigenständig neben den Energy-Only-Markt treten (dazu → § 13d Rn. 7): Nach diesem Konzept besteht im Stromsektor ein Markt für die Stromproduktion (Energy-Only-Markt) und ein Markt für die Vorhaltung von Anlagenleistung (Kapazitätsmarkt).

4   **Zweck der Kapazitätsreserve** ist die Absicherung der Stromversorgung (zB BT-Drs. 18/7317, 3 (76)), speziell in der Übergangsphase bis zu einem substantiellen Fortschritt des Netzausbaus in Deutschland (nach der optimistischen Einschätzung des Gesetzgebers bis Mitte der 2020er Jahre). Sie soll als kurzfristig einsetzbarer „**Kapazitätspuffer**" (BT-Drs. 18/7317, 96) zum Einsatz kommen, wenn trotz freier Preisbildung an der Strombörse das Stromangebot die Stromnachfrage der Verbraucher nicht deckt (Leistungsbilanzdefizit, → Rn. 7). Hierzu halten die Übertragungsnetzbetreiber außerhalb des Strommarktes Anlagenkapazität vor, die im Bedarfsfall zum Ausgleich eines Nachfrageüberschusses eingesetzt werden kann (vgl. BT-Drs. 18/7317, 3). Während die Netzreserve (§ 13d) vorrangig die Funktionsfähigkeit des Stromnetzes absichern soll (Netzsicherheit, → § 13d Rn. 9), nimmt die Kapazitätsreserve eine primär **marktbezogene Funktion** wahr: Den Übertragungsnetzbetreibern soll damit dauerhaft Anlagenleistung zur Verfügung stehen, um auch nach dem Kernenergie- und Kohleausstieg schnell auf Leistungsbilanzdefizite aufgrund eines unvollständigen Ausgleichs von Angebot und Nachfrage an den Strommärkten reagieren zu können (BT-Drs. 18/7317, 74). Trotz der unterschiedlichen Funktionen können Anlagen allerdings unter bestimmten Voraussetzungen zugleich an der Netz- und der Kapazitätsreserve teilnehmen (§ 13d Abs. 2, dazu → § 13d Rn. 46 ff.).

5   Konkretisierende Vorschriften zur Kapazitätsreserve enthält die **Kapazitätsreserveverordnung** (KapResV) vom 28.1.2019 (BGBl. I 58), die auf Grundlage der mit der EnWG-Reform 2016 neu geschaffenen Verordnungsermächtigung in § 13h erlassen wurde (dazu auch → § 13h Rn. 1 ff.). In Kraft getreten ist die Verordnung am 6.2.2019 (§ 47 KapResV; Verkündung im BGBl. vom 5.2.2019). Sie gliedert sich in acht Teile: Teil 1 (§§ 1–5 KapResV) enthält allgemeine Bestimmungen, insbesondere Begriffsbestimmungen (§ 2 KapResV), die die rudimentären Definitionen des EnWG zur Kapazitätsreserve ergänzen. Teil 2 der KapResV (§§ 6–23 KapResV) regelt die Beschaffung der Kapazitätsreserve, Teil 3 (§§ 24–30 KapResV) ihren Einsatz und Teil 4 (§§ 31–33 KapResV) die Abrechnung der Anlagenvorhaltung. Teil 5 (§§ 34–36 KapResV) enthält Regelungen zu Vertragsstrafen, Teil 6 (§§ 37–41 KapResV) und Teil 7 (§§ 42–43 KapResV) Vorschriften zu den Aufgaben der Netzbetreiber bzw. der BNetzA. Schlussbestimmungen (zB zum Rechtsschutz, → Rn. 50 ff.) finden sich in Teil 8 der KapResV (§§ 44–47 KapResV).

Nach der beihilfenrechtlichen Notifikation der Kapazitätsreserve durch die Bundesregierung (Art. 108 Abs. 3 AEUV) hat die EU-Kommission die Maßnahme mit **Beschluss (EU) 2018/860 vom 7.2.2018** (ABl. 2018 L 153/143) als Beihilfe iSv Art. 107 Abs. 1 AEUV eingestuft und auf Grundlage von Art. 107 Abs. 3 lit. c AEUV iVm den Umwelt- und Energiebeihilfeleitlinien bis zum 30.9.2025 als mit dem Binnenmarkt vereinbar genehmigt (näher dazu Pompl, Kapazitätssicherung im europäisierten Stromwirtschaftsrecht, 2019, 152 ff.; zu den Vorgaben des Europarechts für die Anlagenvorhaltung → § 13d Rn. 15 ff.; zu unionsrechtlichen Zweifeln an der Ausgestaltung der Kapazitätsreserve Pompl RdE 2021, 8 (16) und → Rn. 18.1).

B. Begriff der Kapazitätsreserve (Abs. 1)

Nach der **Legaldefinition** in § 13e Abs. 1 S. 1 ist die Kapazitätsreserve „Reserveleistung, die die Übertragungsnetzbetreiber zum Ausgleich von Leistungsbilanzdefiziten infolge des nicht vollständigen Ausgleichs von Angebot und Nachfrage an den Strommärkten im deutschen Netzregelverbund vorhalten". Ihr Zweck ist der Ausgleich von Leistungsbilanzdefiziten auf dem Strommarkt. „**Leistungsbilanzdefizite**" sind Differenzen zwischen der Stromentnahme und der Stromeinspeisung, die nicht mit der am Strommarkt verfügbaren Leistung aus Erzeugungsanlagen, Speichern und Lastmanagement oder durch Regelenergie ausgeglichen werden können (BT-Drs. 18/7317, 97). Anders als bei der Netzreserve (§ 13d) steht mithin bei der Kapazitätsreserve nicht die Behebung von Netzstörungen, sondern der **Nachfrageausgleich** im Vordergrund.

„**Reserveleistung**" ist nach § 2 Nr. 20 KapResV die Wirkleistungseinspeisung einer Erzeugungsanlage oder eines Speichers oder Reduktion des Wirkleistungsbezugs einer regelbaren Last, die den Übertragungsnetzbetreibern am Netzeinspeisepunkt für den Einsatz als Kapazitätsreserve zur Verfügung steht und die technischen Anforderungen nach § 9 KapResV erfüllt. Daraus folgt, dass an der Kapazitätsreserve grundsätzlich **Erzeugungsanlagen** wie zB Kraftwerke (§ 2 Nr. 11 KapResV), **Speicher** und **regelbare Lasten** (§ 2 Nr. 19 KapResV) teilnehmen können (s. zum Anlagenbegriff auch § 2 Nr. 5 KapResV; anders noch der Regierungsentwurf zu § 13e in BT-Drs. 18/7317, 21: „Erzeugungsanlagen"; zur Änderung im Gesetzgebungsverfahren BT-Drs. 18/8915, 33).

„**Vorhalten**" iSv § 13e Abs. 1 S. 1 meint dabei nicht, dass die Übertragungsnetzbetreiber die Kapazitätsreserveanlagen selbst errichten und betreiben dürfen. Dem steht die energierechtliche Entflechtung von Netzbetrieb und Stromerzeugung/-versorgung entgegen („Unbundling"; s. im nationalen Recht §§ 6 ff., im Unionsrecht Art. 43 ff. Elektrizitäts-Binnenmarkt-Richtlinie (EU) 2019/944, ABl. 2019 L 158/125). Die Netzbetreiber halten die Kapazitätsreserve vielmehr dadurch vor, dass sie Verträge über die Bereitstellung von Anlagen als Kapazitätsreserve mit deren Betreibern abschließen (Kapazitätsreserveverträge, dazu → Rn. 25 ff.). Entsprechend definiert § 2 Nr. 23 KapResV „Vorhaltung" als Aufrechterhaltung eines Zustandes einer Kapazitätsreserveanlage durch deren Betreiber, der die Wirkleistungseinspeisung oder die Reduktion des Wirkleistungsbezugs entsprechend der vertraglichen Vereinbarungen ermöglicht.

Gebildet wird die Kapazitätsreserve zur Vermeidung von Marktverzerrungen (BT-Drs. 18/7317, 97) ab dem Winterhalbjahr 2020/2021 **außerhalb der Strommärkte** (§ 13e Abs. 1 S. 2). Nach § 13e Abs. 1 S. 3 speisen die Kapazitätsreserveanlagen zudem ausschließlich auf Anforderung der Übertragungsnetzbetreiber ein; eine freie Vermarktung der Anlagen an den Strommärkten ist damit ausgeschlossen (näher dazu → Rn. 40 f.). Einzelheiten zum Einsatz der Kapazitätsreserve regelt Teil 3 der KapResV (§§ 24–30 KapResV). Der Abruf der Kapazitätsreserve erfolgt danach grundsätzlich **nachrangig** zu den markt- und netzbezogenen Maßnahmen nach § 13 Abs. 1 Nr. 1 und 2 (Höchstdauer: 12 Stunden, § 26 Abs. 1, 2 KapResV; zur Stellung der Kapazitätsreserve im regulatorischen Gesamtgefüge der §§ 13 ff. auch → § 13d Rn. 10 ff.). Die Einsatzfähigkeit der Kapazitätsreserveanlagen überprüft der Übertragungsnetzbetreiber, in dessen Regelzone die Anlage an das Stromnetz angeschlossen ist (Anschluss-Übertragungsnetzbetreiber, § 2 Nr. 6 KapResV) in regemäßigen Funktionstests und Probeabrufen (§§ 28 ff. KapResV).

§ 13e Abs. 1 S. 4 stellt die Reduktion des Wirkleistungsbezugs mit deren Einspeisung gleich. In Abgrenzung zur Blindleistung bezeichnet **Wirkleistung** (Watt) die elektrische

Leistung, die für die Umsetzung in eine andere Leistung (zB in mechanische, thermische, chemische, optische oder akustische Leistung) verfügbar ist (vgl. etwa BT-Drs. 17/6071, 61; TransmissionCode 2007, 58). Die Gleichstellungsregelung in Absatz 1 Satz 4 wurde nachträglich durch Art. 3 Nr. 5 lit. a Ziff. bb des Gesetzes vom 17.12.2018 (BGBl. I 2549) eingefügt. Die Änderung stellt klar, dass die Reduktion des Strombezugs durch regelbare Lasten genauso behandelt wird wie die Stromeinspeisung durch Erzeugungsanlagen, weil beides die gleiche Wirkung auf eine unausgeglichene Systembilanz hat (BT-Drs. 19/5523, 113).

C. Beschaffungsverfahren (Abs. 2)

I. Wettbewerbliches Ausschreibungsverfahren

12 § 13e Abs. 2 regelt die wesentlichen Inhalte, das Verfahren und den Zeitpunkt der Beschaffung der Kapazitätsreserve. Ab dem Jahr 2019 beschaffen die Übertragungsnetzbetreiber die Kapazitätsreserve alle zwei Jahre (vgl. § 8 Abs. 1 KapResV) in einem gemeinsamen (§ 6 S. 2 KapResV) wettbewerblichen, transparenten und diskriminierungsfreien Ausschreibungsverfahren (§ 6 S. 1 KapResV) oder einem hinsichtlich Transparenz und Nichtdiskriminierung gleichwertigen wettbewerblichen Verfahren (Beschaffungsverfahren, § 13e Abs. 2 S. 1, 2). Bei der Formulierung hat sich der Gesetzgeber offenbar am Wortlaut von Art. 8 Abs. 1 S. 1 Elektrizitäts-Binnenmarkt-Richtlinie 2009/72/EG (ABl. 2009 L 211/55: „Ausschreibungsverfahren oder ein hinsichtlich Transparenz und Nichtdiskriminierung gleichwertiges Verfahren") orientiert, der früher die Ausschreibung neuer Kapazitäten im Interesse der Versorgungssicherheit regelte und mit dem vierten Strombinnenmarktpaket aufgehoben wurde (vgl. Art. 72 Abs. 1 Elektrizitäts-Binnenmarkt-Richtlinie (EU) 2019/944, ABl. 2019 L 8/125; zu den Vorgaben des Binnenmarktpakets für Kapazitätsmechanismen → § 13d Rn. 21 ff.; zur umstrittenen Frage der Umsetzung von Art. 8 Elektrizitäts-Binnenmarkt-Richtlinie 2009/72/EG durch § 13e Pompl, Kapazitätssicherung im europäisierten Stromwirtschaftsrecht, 2019, 175 ff. mwN). Einzelheiten zum Beschaffungsverfahren regelt Teil 2 der KapResV (§§ 6–23 KapResV).

13 Gegenstand des Beschaffungsverfahrens ist der **gesetzliche Umfang** der Kapazitätsreserve für den jeweiligen Erbringungszeitraum in Höhe von 2 GW (§ 13e Abs. 2 S. 3 EnWG, § 7 KapResV), der ab dem Winterhalbjahr 2022/2023 nach § 13e Abs. 5 durch Rechtsverordnung des BMWi oder Festlegung der BNetzA (dazu § 42 Nr. 1 KapResV) angepasst werden kann (vgl. § 13e Abs. 2 S. 3 Nr. 2). „Erbringungszeitraum" ist dabei der Zeitraum, für den der Anlagenbetreiber zur Vorhaltung der Reserveleistung mit seiner Anlage verpflichtet ist (§ 2 Nr. 10 KapResV; dazu → Rn. 15 f.). Zu unterscheiden ist davon der – zeitlich vorgelagerte – **Ausschreibungszeitraum**, der mit der Bekanntmachung der Beschaffung durch die Übertragungsnetzbetreiber (§ 11 KapResV) beginnt. Die **Bekanntmachung** hat spätestens drei Monate vor dem Gebotstermin auf der gemeinsamen Internetplattform der Übertragungsnetzbetreiber (www.netztransparenz.de) zu erfolgen (zu den Pflichtangaben: § 11 Abs. 2 KapResV). Sie muss insbesondere die von der BNetzA genehmigten Standardbedingungen für Kapazitätsreserveverträge enthalten (§§ 11 Abs. 2 Nr. 7, 37 Abs. 1 Nr. 1, Abs. 2 KapResV; s. dazu die Genehmigung der Standardbedingungen für den Erbringungszeitraum vom 1.10.2020 bis 30.9.2022 der BNetzA v. 23.7.2019 – Az.: 8121-19 sowie die Genehmigung der Standardbedingungen für den zweiten Erbringungszeitraum v. 11.8.2021 – Az.: 4.12.05.03/004, jeweils online verfügbar unter www.bundesnetzagentur.de, zuletzt abgerufen am 22.8.2023).

14 Nach der Bekanntmachung haben interessierte Bieter (mindestens) drei Monate Zeit, um ihre Gebote abzugeben. Die **Gebotsabgabe** regelt § 14 KapResV. Sie erfolgt verdeckt und ist bedingungsfeindlich (§ 14 Abs. 2 KapResV). Die Gebotsmenge muss mindestens 5 MW betragen und darf nur aus einer Anlage erbracht werden (§ 14 Abs. 6 S. 1, 2 KapResV). Ein Gebot, das sich auf mehrere Anlagen bezieht, ist nach § 14 Abs. 6 S. 3 KapResV unzulässig; es ist mithin – außerhalb der Sonderregelung für regelbare Lasten in § 15 KapResV (→ Rn. 14.1) – nicht gestattet, die Leistung mehrerer Anlagen in einem Angebot zusammenzufassen (**Aggregationsverbot**). Bieter dürfen aber (mehrere) Gebote für unterschiedliche Anlagen abgeben. Dabei gilt jeder **Kraftwerksblock** als eigene Anlage (Begr. des RefE zur KapResV, 58 v. 30.4.2018; Säcker EnergieR/Ruttloff/Lippert KapResV § 14 Rn. 4). Das

bedeutet, dass der Betreiber eines Kraftwerks, das aus mehreren Blöcken besteht, für jeden Kraftwerksblock ein eigenes Gebot abgeben kann bzw. muss („ein Block – ein Gebot"). Gleiches gilt für **regelbare Lasten:** Für jede separat regelbare oder abschaltbare Einheit ist ein eigenes Gebot abzugeben. Beizufügen sind den Geboten die in § 16 Nr. 1–8 KapResV aufgeführten Nachweise und Erklärungen. Einmal abgegebene Gebote können bis zum Gebotstermin in Textform (§ 126b BGB) **widerrufen** werden. Maßgebend für den fristgerechten Widerruf ist der Zugang des Widerrufsschreibens beim Übertragungsnetzbetreiber; das Gebot ist eindeutig zu bezeichnen (§ 13 Abs. 1, 2 KapResV). An fristgerecht abgegebene (nicht widerrufene) Gebote sind die Bieter für drei Monate nach dem Gebotstermin gebunden (**Bindefrist,** § 13 Abs. 3 KapResV).

14.1 Abweichend von dem Grundsatz, dass Anlagenleistung nicht aggregiert angeboten werden darf (§ 14 Abs. 6 S. 3 KapResV), können die Betreiber regelbarer Lasten nach § 15 KapResV ein **Konsortium aus bis zu 20 regelbaren Lasten** bilden, um die Anforderungen nach § 9 KapResV (→ Rn. 18) zu erfüllen. Hintergrund der Regelung ist, dass regelbare Lasten die notwendige Verfügbarkeit und die Mindestgebotsgröße (5 MW) allein nur schwer erreichen können (vgl. die Begr. des RefE zur KapResV, 59 v. 30.4.2018). Räumlich müssen die regelbaren Lasten eines Konsortiums in der gleichen Regelzone des deutschen Übertragungsnetzes liegen (§ 15 Abs. 3 KapResV), weil die Betreiber die Anlagen einem separaten Kapazitätsreserve-Bilanzkreis (§ 24 Abs. 5 KapResV) zuordnen müssen, um sie hinreichend von den Strommärkten zu trennen. Bilanzkreise bestehen jeweils nur innerhalb der Regelzonen, nicht jedoch regelzonenübergreifend (vgl. die Begr. des RefE zur KapResV, 59 v. 30.4.2018). Nach außen wird das Konsortium durch einen Bevollmächtigten (Konsortialführer) vertreten, bei einer Ausschreibung wird es als einzelner Bieter behandelt (§ 15 Abs. 1 S. 2 KapResV).

15 Gebotstermin für den **ersten Erbringungszeitraum** (1.10.2020 bis 30.9.2022) war der 1.12.2019 (§ 8 Abs. 1 Nr. 1 KapResV). Von den ausgeschriebenen 2 GW haben die Übertragungsnetzbetreiber in der ersten Ausschreibung nur **1.056 MW** Leistung beschafft. Sofern die nach der Ausschreibung kontrahierte Anlagenleistung (dazu → Rn. 25 ff.) die gesetzliche Beschaffungsmenge unterschreitet, sollen die Übertragungsnetzbetreiber die Differenz grundsätzlich in einem **Nachbeschaffungsverfahren** ausschreiben (§§ 18 Abs. 9, 23 KapResV). Hierfür gelten die Vorschriften zum Beschaffungsverfahren – mit Ausnahme der Fristenregelungen – entsprechend (§ 23 Abs. 2 S. 1 KapResV). Da es sich um eine bloße „Soll-Vorschrift" handelt, kann von der Nachbeschaffung aus sachlichen Gründen abgesehen werden. Nach der ersten Ausschreibung wurde auf eine Nachbeschaffung der nicht kontrahierten 944 MW Anlagenleistung etwa verzichtet, weil Kraftwerksbetreiber nach Auffassung der BNetzA „gute Aussichten" an den Strommärkten gehabt und deshalb von einem Verlassen des Marktes abgesehen hätten, die mit der Teilnahme an der Kapazitätsreserve verbunden gewesen wäre. Die im Markt aktiven Kraftwerke hätten für die Versorgungssicherheit zur Verfügung gestanden (Pressemitteilung der BNetzA v. 28.2.2020 „Erstes Ausschreibungsverfahren für die Kapazitätsreserve abgeschlossen", online abrufbar unter www.bundesnetzagentur.de, zuletzt abgerufen am 22.8.2023; s. auch den Bericht des BMWi nach § 63 Abs. 2a EnWG vom Dezember 2020, 24).

16 Die Gebotstermine für die **nachfolgenden Erbringungszeiträume** ergeben sich aus der – kompliziert formulierten – Regelung des § 8 Abs. 1 Nr. 2 KapResV. Danach ist der Gebotstermin ab dem Jahr 2021 und dann alle zwei Jahre jeweils der 1.4. für den Erbringungszeitraum, der am 1.10. des auf den Gebotstermin folgenden Kalenderjahres beginnt und jeweils zwei Jahre beträgt. Gebotstermin für den **zweiten Erbringungszeitraum** (1.10.2022 bis 30.9.2024) wäre demnach eigentlich der 1.4.2021. Insofern hat die BNetzA jedoch von ihrer Anpassungsbefugnis nach §§ 8 Abs. 2, 42 Nr. 2 KapResV Gebrauch gemacht und den Gebotstermin auf den 1.12.2021 verschoben (s. dazu die Festlegung der BNetzA v. 16.12.2020 zur Anpassung des Gebotstermins der Kapazitätsreserveausschreibung für den zweiten Erbringungszeitraum vom 1.10.2022 bis 30.9.2024 – Az. 4.12.05.03/001, ABl. BNetzA Nr. 24/2020, 1894). Für den zweiten Erbringungszeitraum wurden von den Übertragungsnetzbetreibern **1.086 MW** Leistung kontrahiert.

16a Den Gebotstermin für den **dritten Erbringungszeitraum** (1.10.2024 bis 30.9.2026), der eigentlich der 1.4.2023 gewesen wäre, hat die BNetzA von Amts wegen auf den 1.12.2023 verschoben. Diese Festlegung soll es dem Bundesministerium für Wirtschaft und Klimaschutz ermöglichen, einen Antrag bei der Kommission zur Verlängerung der – bis 30.9.2025 befristeten – beihilferechtlichen Genehmigung für die Kapazitätsreserve bis zum 30.9.2026 zu stellen (Festlegung der BNetzA v. 25.10.2022 zur Anpassung des Gebotstermins der Kapazitätsreserveausschreibung für den am 1.10.2024 beginnenden dritten Erbringungszeitraum nach § 29 Abs. 1 EnWG, §§ 42 Nr. 2, 8 Abs. 2 KapResV – Az. 4.12.05.03/6, ABl. BNetzA Nr. 22/2022; zur beihilfenrechtlichen Genehmigung → Rn. 6).

17 Die **Öffnung der Gebote** erfolgt (selbst wenn sie früher eingegangen sind) erst nach Ablauf des Gebotstermins durch die Übertragungsnetzbetreiber (§ 17 Abs. 1 KapResV). Im Anschluss prüfen diese die **Zulässigkeit der Gebote** (§ 17 Abs. 2 KapResV). Unzulässig ist ein Gebot, wenn die Voraussetzungen des § 17 Abs. 3 und 4 KapResV erfüllt sind. Unzulässige Gebote müssen die Übertragungsnetzbetreiber vom Zuschlagsverfahren (dazu → Rn. 25 ff.) ausschließen (§ 17 Abs. 3 S. 1 KapResV).

II. Teilnahmevoraussetzungen

18 Die Voraussetzungen für die Teilnahme am Beschaffungsverfahren regelt § 9 KapResV. Gemäß **§ 9 Abs. 1 KapResV** sind grundsätzlich solche Anlagen – Erzeugungsanlagen, regelbare Lasten und Speicheranlagen (§ 2 Nr. 5 KapResV) – teilnahmefähig, die kumulativ folgende Anforderungen erfüllen:
- Anschluss an ein Elektrizitätsversorgungsnetz im Bundesgebiet oder im Gebiet des Großherzogtums Luxemburg, das im Normalschaltzustand über nicht mehr als zwei Umspannungen unmittelbar mit der Höchstspannungsebene eines deutschen oder luxemburgischen Übertragungsnetzbetreibers verbunden ist,
- Anfahrzeit von maximal 12 Stunden; wobei Erzeugungsanlagen und Speicher die Anfahrzeit aus dem kalten Zustand erreichen müssen,
- Anpassung der Wirkleistungseinspeisung oder des Wirkleistungsbezugs ab dem Zeitpunkt des Abrufs um mindestens je 30 Prozent der Reserveleistung innerhalb von 15 Minuten; wobei die Anpassung bei Erzeugungsanlagen und Speichern aus dem Betrieb in Mindestteillast erfolgt,
- bei regelbaren Lasten eine konstante und vorbehaltlich der Regelung in § 27 KapResV eine unterbrechungsfreie Leistungsaufnahme mindestens in Höhe des Gebotsmenge einschließlich der Fähigkeit, diese Leistungsaufnahme anhand von Leistungsnachweisen mit mindestens minutengenauer Auflösung nachzuweisen, sowie
- bei Erzeugungsanlagen und Speichern eine Mindestteillast von maximal 50 Prozent der Gebotsmenge nach § 14 Abs. 4 Nr. 1 KapResV.

18.1 § 9 Abs. 1 S. 1 Nr. 1 KapResV wurde mit Wirkung zum 29.7.2022 neu gefasst (Art. 6 Nr. 1 Gesetz vom 19.7.2022, BGBl. I 1228). Nach § 9 Abs. 1 Satz 1 Nr. 1 KapResV aF waren nur Anlagen mit „Anschluss an ein Elektrizitätsversorgungsnetz im Bundesgebiet" teilnahmeberechtigt (zu unionsrechtlichen Zweifeln an dieser räumlichen Einschränkung Pompl RdE 2021, 8 (16)). Mit der Neufassung hat der Gesetzgeber das Beschaffungsverfahren der Kapazitätsreserve für Kraftwerke, Speicher und Lasten geöffnet, die über nicht mehr als zwei Umspannungen an das Höchstspannungsnetz im Gebiet des **Großherzogtums Luxemburg** angeschlossen sind. Hintergrund ist die gemeinsamen Gebotszone der Bundesrepublik Deutschland und des Großherzogtums Luxemburg für den Großhandel mit Elektrizität (BT-Drs. 20/1599, 70). Da die Kapazitätsreserve die Versorgungssicherheit in der gesamten deutsch-luxemburgischen Gebotszone absichert und sich die Stromverbraucher in Luxemburg an der Finanzierung der Kapazitätsreserve beteiligen, ist es sachgerecht, dass sich Anlagen aus Luxemburg an den Ausschreibungen beteiligen dürfen. Die binnenmarktrechtlichen Zweifel an der Begrenzung des räumlichen Anwendungsbereichs der Kapazitätsreserve werden dadurch jedoch nicht vollständig ausgeräumt.

19 Daneben müssen die Übertragungsnetzbetreiber – in Abstimmung mit der BNetzA – gemeinsam und einheitlich **zusätzliche Anforderungen** nach § 9 Abs. 2 Nr. 1–4 KapResV festlegen. § 9 Abs. 3 KapResV enthält zudem besondere Voraussetzungen für **regelbare Lasten:** Solche Anlagen dürfen in den 36 Monaten vor der förmlichen Bekanntmachung der Kapazitätsbeschaffung durch die Übertragungsnetzbetreiber (§ 11 KapResV) keine Vergütung für ihre Flexibilität erhalten haben. Die Prüfung, ob die Kapazitätsreserveanlagen die Teilnahmevoraussetzungen des § 9 KapResV tatsächlich erfüllen, obliegt dem zuständigen Anschluss-Übertragungsnetzbetreiber (§ 2 Nr. 6 KapResV). Er führt dazu für jede Anlage einen **Funktionstest** (§ 28 KapResV) durch.

Mit der Anfügung von § 9 Abs. 4 KapResV mit Verordnung vom 16.10.2020 (BGBl. I 2202) hat die BNetzA eine **Festlegungskompetenz** zur Präzisierung und Änderung der Teilnahmevoraussetzungen für das Beschaffungsverfahren der Kapazitätsreserve erhalten. Hiervon machte sie erstmals mit Festlegung vom 5.5.2021 (Az.: 4.12.05.03/003, ABl. BNetzA Nr. 10/2021, 574) Gebrauch und senkte die Anforderungen nach § 9 Abs. 1 S. 1 Nr. 3 und Nr. 5 KapResV ab. Die Ausschreibung sollte dadurch für mehr Anlagen geöffnet werden, damit die Übertragungsnetzbetreiber die gesetzlich angestrebte Reserveleistung von 2 GW kontrahieren können. Gleichwohl wurde auch in der zweiten Ausschreibung der gesetzliche Zielwert deutlich unterschritten (→ Rn. 16).

19a

Die Anforderung nach § 9 Abs. 1 S. 1 Nr. 3 KapResV wurde dahingehend geändert, dass eine Anlage für die Teilnahme am Beschaffungsverfahren die Anforderung zur Anpassung der Wirkleistungseinspeisung oder des Wirkleistungsbezugs ab dem Zeitpunkt des Abrufs um mindestens je 20 Prozent der Reserveleistung innerhalb von 15 Minuten erfüllen muss; wobei die Anpassung bei Erzeugungsanlagen und Speichern aus dem Betrieb in Mindestteillast erfolgt. § 9 Abs. 1 S. 1 Nr. 5 KapResV wurde dahingehend geändert, dass Erzeugungsanlagen und Speicher für die Teilnahme am Beschaffungsverfahren eine Mindestteillast von maximal 50 Prozent der Reserveleistung in MW haben dürfen oder von maximal 70 Prozent der Reserveleistung in MW, wenn die volle Reserveleistung aus dem kalten Zustand innerhalb von 60 Minuten bereitgestellt werden kann (Ziff. 1 und 2 Festlegung vom 5.5.2021 – Az.: 4.12.05.03/003, ABl. BNetzA Nr. 10/2021, 574).

19b

Gemäß § 10 KapResV haben die Bieter **Sicherheitsleistungen** (Erstsicherheit bei Gebotsabgabe, Zweitsicherheit nach Zuschlagserteilung) bei den Übertragungsnetzbetreibern zu hinterlegen. Damit soll sichergestellt werden, dass die Bieter ihre Verpflichtungen aus der Teilnahme an der Kapazitätsreserve tatsächlich erfüllen wollen bzw. nach Zuschlagserteilung auch erfüllen (Begr. des RefE zur KapResV, 54 f. v. 30.4.2018). Außerdem dienen die Sicherheitsleistungen der Durchsetzung der Vertragsstrafen (§ 34 KapResV), die für den Fall der Nichtverfügbarkeit einer Kapazitätsreserveanlage anfallen. Die Rückgabe der Sicherheiten regelt § 40 KapResV.

20

Auch **Netzreserveanlagen** (§ 13d), für die ein Gebot im Ausschreibungsverfahren der Kapazitätsreserve abgegeben werden soll, müssen die Teilnahmevoraussetzungen erfüllen (§ 20 Abs. 1 S. 1 KapResV). Im Falle eines Zuschlags richtet sich die für diese Anlagen zu zahlende Vergütung ausschließlich nach § 13e Abs. 3 EnWG und § 19 KapResV (§ 20 Abs. 1 S. 2 KapResV; dazu auch → § 13d Rn. 46 ff.). Für die **Teilnahme von Kohlekraftwerken** an dem Beschaffungsverfahren der Kapazitätsreserve enthält das KVBG Sonderregelungen (dazu → Rn. 29 ff.).

21

III. Höchstwert für Gebote (Price Cap)

In der Ausschreibung ist der Höchstwert der Gebote bei **100.000 EUR/MW pro Jahr** gedeckelt. Der Gebotswert darf den Höchstwert nicht überschreiten (§ 12 Abs. 1, 2 KapResV). Das Price Cap soll verhindern, dass die Gebote und – damit verbunden – die Kosten für die Kapazitätsreserve durch strategisches Bieterverhalten und bei schwachem Wettbewerb ungerechtfertigt hoch ausfallen und so eine Überkompensation der Bieter entsteht. Dahinter steht die Befürchtung des Normgebers, dass Bieter ohne Höchstwert erwägen könnten, spekulativ sehr hohe Gebote abzugeben – in der Hoffnung, dass es in der konkreten Ausschreibung zu wenige Gebote gibt – und sie zur Erfüllung des Mengenziels den Zuschlag auch mit einem hohen Gebotswert bekommen (Begr. des RefE zur KapResV, 56 v. 30.4.2018).

22

Bei der Festlegung des Höchstwerts hat sich der Verordnungsgeber an den typischen **fixen Betriebs- und Instandhaltungskosten** unterschiedlicher Kraftwerkstechnologien orientiert. Nach der Verordnungsbegründung entsprechen 100.000 EUR/MW pro Jahr etwa dem Doppelten der fixen jährlichen Betriebs- und Instandhaltungskosten eines Steinkohlekraftwerks und dem Dreifachen der jährlichen Fixkosten eines GuD-Kraftwerks. Der Zuschlag beruht darauf, dass die Fixkosten keine Risiken (zB unerwartete Anlagenausfälle, Reparaturkosten, Vertragsstrafen, Lohnentwicklung, Inflation), Kapitalkosten und eventuelle Kosten der Anlagenbetreiber für die Ertüchtigung von Kraftwerken vor Beginn des Erbringungszeitraums, um die Anforderungen der Kapazitätsreserve zu erfüllen, abbilden (vgl. Begr. des RefE zur KapResV, 56 f. v. 30.4.2018).

23

24 Wird der Höchstwert in drei aufeinanderfolgenden Ausschreibungen durch das letzte bezuschlagte Gebot um jeweils mehr als 10 Prozent unterschritten, reduziert sich das Price Cap für die folgende Ausschreibung um 5 Prozent (§ 12 Abs. 2 S. 2 KapResV). Zudem kann die BNetzA den Höchstwert nach § 12 Abs. 3 KapResV (bis höchstens 200.000 Euro/MW pro Jahr) anpassen.

IV. Vertragliche Anlagenbindung

25 Am Ende des Beschaffungsverfahrens erhalten die erfolgreichen Bieter den **Zuschlag** nach § 18 KapResV. Anders als im zweiten Referentenentwurf des BMWi vom 1.11.2016, wonach die Zuschlagserteilung noch „unverzüglich" zu erfolgen hatte (dazu Säcker EnergieR/Ruttloff/Lippert KapResV § 17 Rn. 2), sollen die Übertragungsnetzbetreiber den Zuschlag nunmehr spätestens 75 Tage nach dem jeweiligen Gebotstermin erteilen (Regelfrist). Verzögerungen müssen sie unverzüglich auf ihrer gemeinsamen Internetplattform (www.netztransparenz.de) bekannt machen und die BNetzA über die Gründe unterrichten (§ 18 Abs. 1 S. 2 KapResV). **Unterschreitet** die angebotene Anlagenleistung aller zulässigen Gebote die ausgeschriebenen Reserveleistung (grundsätzlich: 2 GW), erteilen die Übertragungsnetzbetreiber jedem zulässigen Gebot einen Zuschlag (§ 18 Abs. 3 KapResV). So war es etwa bei der ersten Ausschreibungsrunde der Fall (dazu → Rn. 15). **Übersteigt** die gebotene Reserveleistung die gesetzliche Beschaffungsmenge, richtet sich die Auswahl der Gebote, die einen Zuschlag erhalten, nach dem Verfahren in § 18 Abs. 4–6 KapResV: Die Übertragungsnetzbetreiber erstellen dann eine Angebotskurve der Gebote, wobei zuvorderst die Höhe der Gebotswerte für den Zuschlag maßgebend ist.

26 Mit Erteilung des Zuschlags kommt nach § 18 Abs. 2 KapResV ein **Kapazitätsreservevertrag** zwischen dem erfolgreichen Bieter und dem zuständigen Anschluss-Übertragungsnetzbetreiber (§ 2 Nr. 6 KapResV) zu den mit der Bekanntmachung veröffentlichten Standardbedingungen (→ Rn. 13) zustande. Die Wirksamkeit des Vertrages (vgl. MüKoBGB/Westermann, 8. Aufl. 2018, BGB § 158 Rn. 40) steht danach unter der **aufschiebenden Bindung** (§ 158 Abs. 1 BGB), dass der Bieter die Zweitsicherheit nach § 10 Abs. 2 KapResV fristgerecht und vollständig leistet. Die Übertragungsnetzbetreiber müssen die erfolgreichen Bieter unverzüglich über den Vertragsschluss unterrichten (§ 18 Abs. 7 KapResV). Die Bindung der Kapazitätsreserveanlagen erfolgt damit auf **vertraglicher Grundlage**. Viel Verhandlungsspielraum besteht für die Vertragsparteien angesichts der engmaschigen inhaltlichen Vorgaben von § 13e und der KapResV jedoch nicht. Insbesondere die Vergütung ist bereits durch § 13e Abs. 3 EnWG und § 19 KapResV vorgezeichnet (dazu → Rn. 34 f.). Vorbestimmt wird der Vertragsinhalt außerdem durch die – von den Übertragungsnetzbetreibern erarbeiteten und der BNetzA genehmigten – Standardbedingungen für Kapazitätsreserveanlagen (dazu → Rn. 13). Für den Fall der Nichterfüllung der vertraglichen Verpflichtungen enthalten §§ 34 ff. KapResV Regelungen zu **Vertragsstrafen**.

27 Die **Kündigung** des Kapazitätsreservevertrages regelt § 22 Abs. 1 KapResV. Die Vorschrift ist Lex specialis zum bürgerlich-rechtlichen Kündigungsrecht, verweist inhaltlich aber teilweise darauf. Nach § 22 Abs. 1 KapResV kann der Vertrag ausschließlich bei Vorliegen eines Kündigungsgrundes nach Absatz 2 oder aus wichtigem Grund nach § 314 BGB gekündigt werden. Das **Kündigungsrecht aus § 314 BGB** steht dabei beiden Vertragspartnern (Übertragungsnetz- und Anlagenbetreiber) zu, auf die **Kündigungsgründe des § 22 Abs. 2 KapResV** kann sich – ausweislich des Wortlauts – hingegen nur der Anschluss-Übertragungsnetzbetreiber (§ 2 Nr. 6 KapResV) berufen. Die „Insbesondere"-Formulierung in § 22 Abs. 2 KapResV ist missverständlich, weil die dort aufgeführten Kündigungsgründe der Übertragungsnetzbetreiber – neben § 314 BGB – abschließend sind. Das folgt aus dem Wortlaut von Absatz 1 („ausschließlich"), der keinen Spielraum für weitere ungeschriebene Kündigungsgründe lässt. Die Norm schränkt die **Privatautonomie** der Vertragspartner dahingehend ein, dass sie im Kapazitätsreservevertrag – außerhalb der Kündigung nach § 314 BGB – keine anderen als die in § 22 Abs. 2 KapResV aufgeführten Kündigungsgründe vereinbaren dürfen. Nachdem sich auf diese Gründe nur die Übertragungsnetzbetreiber berufen können, führt dies für die Anlagenbetreiber zu einem weitreichenden **Kündigungsausschluss**. Ihnen verbleibt nur das Kündigungsrecht aus § 22 Abs. 1 Alt. 2 KapResV, § 314 BGB. Der Verordnungsgeber begründet diese Einschränkung damit, dass die Effektivität der Kapazitätsreserve

davon abhängt, dass die Anlagenbetreiber ihre vertraglichen Bereitstellungspflichten erfüllen; sie sollen sich deshalb nur unter engen Voraussetzungen vom Vertrag lösen können (vgl. dazu die Begr. des RefE zur KapResV, 69 v. 30.4.2018 zu § 23 KapResV-E, der noch weitreichendere Beschränkungen der Betreiberrechte zur Vertragsbeendigung vorsah).

28 Nach Vertragsschluss darf die kontrahierte Kapazitätsreserveanlage nicht durch eine andere Anlage ausgetauscht werden. Eine entsprechende Vertragsänderung ist nach § 21 Abs. 1 KapResV unzulässig. **Übertragbar** sind die Rechte und Pflichten aus dem Kapazitätsreservevertrag nur gemeinsam mit der Nutzungsberechtigung an der Anlage (einschließlich des Grundstücks) sowie aller für den Betrieb der Anlage erforderlichen Genehmigungen und Anlagenteile. Hierbei muss gewährleistet sein, dass die im Gebot bezeichnete Anlage weiterhin im vertraglich vereinbarten Umfang für die Kapazitätsreserve zur Verfügung steht, § 21 Abs. 2 KapResV. Zweck der Vorschrift ist die Sicherung des Weiterbetriebes einer für die Kapazitätsreserve kontrahierten Anlage bei rechtsgeschäftlichen Übertragungen. Außerdem sollen Unsicherheiten darüber vermieden werden, in welchem Umfang und von wem die Anlage betrieben wird und wer Adressat der nach der KapResV bestehenden Pflichten ist. Unzulässig ist zudem eine Besicherung mit Anlagen, die noch in den Strommärkten aktiv sind, weil dies die strikte Trennung zwischen Kapazitätsreserve und Wettbewerbsmärkten (dazu → Rn. 39 ff.) konterkarieren würde (so die Begr. des RefE zur KapResV, 64 v. 30.4.2018, noch zu § 19 KapResV-E).

V. Exkurs: Verhältnis von Kohleausstieg und Kapazitätsreserve

29 Mit dem **Kohleausstiegsgesetz vom 8.8.2020** (BGBl. I 1818) hat der Gesetzgeber den schrittweisen Ausstieg Deutschlands aus der Verstromung von Braun- und Steinkohle zur Elektrizitätserzeugung beschlossen (im Überblick dazu Michaels/Däuper EnWZ 2020, 291 ff.). Kern des Artikelgesetzes ist das Gesetz zur Reduzierung und zur Beendigung der Kohleverstromung (Kohleverstromungsbeendigungsgesetz – KVBG), das auch Regelungen zum Verhältnis des Kohleausstiegs zur Kapazitätsreserve enthält.

30 Trotz des Kohleausstiegs dürfen **Steinkohleanlagen** (§ 3 Nr. 25 KVBG) danach weiter an dem Beschaffungsverfahren der Kapazitätsreserve teilnehmen (§ 25 S. 1 KVBG, § 36 S. 1 KVBG). Das gilt selbst dann, wenn für die betreffende Anlage bereits das Verbot der Kohleverfeuerung erteilt und wirksam wurde (BT-Drs. 19/17342, 135). Solange die Steinkohleanlage in der Kapazitätsreserve gebunden ist, ist das Verbot der Kohleverfeuerung für die jeweilige Anlage nach § 51 Abs. 4 Nr. 2 KVBG unwirksam (dazu auch Michaels/Däuper EnWZ 2020, 291 (298); zum Entwurf des KVBG Ruttloff WiVerw 2020, 89 (113 f.)).

31 Nach Ansicht des Gesetzgebers ist die Teilnahmemöglichkeit für Steinkohleanlagen aus **Gründen der Versorgungssicherheit** sachgerecht, um im Rahmen des Kohleausstiegs eine ausreichende Angebotsmenge und Wettbewerb bei der Beschaffung der Kapazitätsreserve zu gewährleisten. Auch aus klimapolitischer Sicht bestünden danach keine Bedenken, weil für Kapazitätsreserveanlagen in Zukunft CO_2-Emissionsgrenzen gelten. Die Gesetzesbegründung verweist dazu auf **Art. 22 Elektrizitätsbinnenmarkt-VO** (BT-Drs. 19/17342, 127; vgl. zur Elektrizitätsbinnenmarkt-VO auch → § 13d Rn. 21 ff.). Art. 22 Abs. 4 Elektrizitätsbinnenmarkt-VO enthält im Hinblick auf Kapazitätsmechanismen zeitlich gestaffelte Teilnahmeausschlüsse für Erzeugungskapazitäten, die bestimmte CO_2-Emissionsgrenzwerte überschreiten. Ab 4.7.2019 sind danach Anlagen ausgeschlossen, die die kommerzielle Erzeugung an oder nach diesem Tag aufgenommen haben, und Emissionen > 550 g CO_2/kWh ausstoßen. Ab 1.7.2025 gilt der Ausschluss auch für Anlagen, die vor dem 4.7.2019 die kommerzielle Erzeugung aufgenommen haben, und Emissionen > 550 g CO_2/kWh und > 350 kg CO_2 im Jahresdurchschnitt je Kilowatt Leistung elektrisch (kWe) ausstoßen.

32 Im Falle des Zustandekommens eines wirksamen Vertrages nach § 18 KapResV (→ Rn. 25 f.) für eine Steinkohleanlage bleiben die Vermarktungsverbote nach § 3 Abs. 2 KapResV (→ Rn. 40 f.) und § 52 Abs. 1 KVBG unberührt (§ 25 S. 2 KVBG, § 36 S. 2 KVBG). Das bedeutet, dass der Anlagenbetreiber die Leistung oder Arbeit der Steinkohleanlage weder ganz noch teilweise auf den Strommärkten veräußern darf. Ein in der Kapazitätsreserve kontrahiertes Steinkohlekraftwerk unterliegt damit gleichsam einem „doppelten" **Vermarktungsverbot**. Dadurch sollen Regelungslücken vermieden werden (BT-Drs. 19/17342, 127 (135)).

33 Für **Braunkohleanlagen** (§ 3 Nr. 9 KVBG) enthält das KVBG keine entsprechenden Sonderregelungen. Im Grundsatz können sie deshalb nicht am Beschaffungsverfahren der Kapazitätsreserve teilnehmen. Eine Ausnahme gilt für Braunkohle-Kleinanlagen iSd § 43 KVBG. „Braunkohle-Kleinanlagen" sind Braunkohleanlagen mit einer Nettonennleistung bis zu einschließlich 150 MW (§ 3 Nr. 10 KVBG). Auf solche Kleinanlagen, die zudem nicht in der Kraftwerksliste in Anlage 2 zum KVBG aufgeführt sind, sind nach § 43 S. 2 KVBG die Regelungen in Teil 3 des KVBG entsprechend anzuwenden. Darunter fällt auch § 25 KVBG. Nicht in der Anlage 2 aufgeführte Braunkohlekraftwerke bzw. -kraftwerksblöcke mit einer Nettonennleistung ≤ 150 MW dürfen mithin am Beschaffungsverfahren der Kapazitätsreserve teilnehmen (vgl. auch BT-Drs. 19/17342, 140).

D. Vergütung und Finanzierung der Kapazitätsreserve (Abs. 3)

I. Vergütung der Kapazitätsvorhaltung

34 Die Vergütung und Finanzierung der Kapazitätsreserve richtet sich nach § 13e Abs. 3 sowie §§ 19 und 31 ff. KapResV. Für die Bereitstellung der Kapazitätsreserveanlagen erhalten die jeweiligen Betreiber eine **jährliche Vergütung**. Die Höhe der Vergütung wird in der Ausschreibung (→ Rn. 11 ff.) im Wettbewerb ermittelt (vgl. § 13e Abs. 3 S. 1). Sie entspricht dem Produkt aus Zuschlagswert und Gebotsmenge (§ 19 Abs. 1 S. 1 KapResV). Der Zuschlagswert (§ 19 Abs. 2 KapResV) bestimmt sich nach dem **Einheitspreissystem** („pay as cleared"): Das heißt, dass alle bezuschlagten Gebote nach dem Gebotswert des höchsten erfolgreichen Gebots vergütet werden. Jedes bezuschlagte Gebot erhält damit den gleichen Preis für die angebotene Leistung (Begr. des RefE zur KapResV, 65 v. 30.4.2018, noch zu § 20 KapResV-E). Der Zuschlagswert für den ersten Erbringungszeitraum (1.10.2020 bis 30.9.2022) betrug 68.000,00 EUR/MW pro Jahr (BT-Drs 19/26563, 2), für den zweiten Erbringungszeitraum (1.10.2022 bis 30.9.2024) 62.940,00 EUR/MW pro Jahr. Schuldner der Vergütung ist der zuständige Anschluss-Übertragungsnetzbetreiber (§ 2 Nr. 6 KapResV); er hat die Vergütung monatlich (jeweils zum zehnten Werktag) anteilig für den vorangegangenen Monat an den Betreiber der Kapazitätsreserveanlage zu zahlen (§ 31 Abs. 1 KapResV).

35 Die Vergütung umfasst nach § 13e Abs. 3 S. 2 alle Kosten, die nicht nach §§ 19 Abs. 4–7, 31 Abs. 2 KapResV gegen Nachweis gesondert erstattet werden. Dazu gehören zunächst die **Vorhaltungskosten** (einschließlich der Kosten für den Stromverbrauch der Anlage), die Kosten für aufgrund anderer gesetzlicher Vorschriften notwendige Anfahrvorgänge, Personalkosten (BT-Drs. 18/7317, 98; vgl. auch § 19 Abs. 7 KapResV) sowie Kosten für die Instandhaltung der Anlage und Nachbesserungen (§ 13e Abs. 3 S. 2 Nr. 1). Der Begriff „Instandhaltung" umfasst dabei alle Maßnahmen zur Erhaltung des funktionsfähigen Zustands oder der Rückführung in diesen, sodass die Anlage die geforderte Funktion erfüllen kann (BT-Drs. 18/7317, 98). Die Vergütung umfasst zudem die Kosten für den einsatzbedingten **Wertverbrauch der Anlage** (§ 13e Abs. 3 S. 2 Nr. 2) und die in § 19 Abs. 3 KapResV aufgeführten Kosten (zB für Funktionstest und Probeabrufe). Die umfassten Kosten gelten mit der Zahlung der Vergütung als abgegolten, unabhängig davon, ob sie damit tatsächlich abdeckt werden. Eine gesonderte Kostenerstattung findet außerhalb von § 19 Abs. 4–6 KapResV nicht statt (Begr. des RefE zur KapResV, 65 v. 30.4.2018; Säcker EnergieR/Ruttloff/Lippert § 13e Rn. 21).

35.1 Nach der EnWG-Reform 2016 regelte zunächst **§ 13e Abs. 3 S. 3 Nr. 1–4** (idF des StromMG v. 26.7.2016, BGBl. I 1786) die gesondert erstattungsfähigen Kosten. Die Vorschrift wurde durch Art. 3 Nr. 5 lit. c Ziff. bb des Gesetzes vom 17.12.2018 (BGBl. I 2549) **aufgehoben**. Nach der Gesetzesbegründung war die Anpassung notwendig, um die Kapazitätsreserve beihilfenrechtlich genehmigungsfähig auszugestalten. Dies erfordere, dass die wesentlichen Kosten von Anlagen der Kapazitätsreserve über die wettbewerblich ermittelte Vergütung abgedeckt und nicht gesondert erstattet würden (BR-Drs. 563/18, 130). Hintergrund der Änderung war die Verpflichtungszusage der Bundesregierung im **Beihilfenverfahren zur Kapazitätsreserve** gegenüber der EU-Kommission, keine variablen Kosten mehr gesondert zu erstatten (s. dazu den Beschluss (EU) 2018/860 der Kommission v. 7.2.2018, ABl. 2018 L 153/143, Rn. 82, 117; dazu auch → Rn. 6). Seit der Gesetzesänderung müssen die Kapazitätsanbieter in ihrem Gebot sowohl die fixen als auch die variablen Kosten für die Anlagenvorhaltung berücksichtigen. Die Kommission geht davon aus, dass diese Änderung zu mehr Wettbewerb in der Ausschreibung führen wird, da die Teilnehmer einen Anreiz erhalten, alle bei ihnen anfallenden Kosten in ihrem Gebot zu berücksichtigen (Beschluss (EU) 2018/860 der Kommission v. 7.2.2018, ABl. 2018 L 153/143, Rn. 117).

II. Umlagefinanzierung der Kapazitätsreserve

36 Finanziert wird die Kapazitätsreserve über ein **Umlagesystem**. Nach § 13e Abs. 3 S. 3 dürfen die Übertragungsnetzbetreiber die ihnen im Zusammenhang mit der Kapazitätsreserve entstehenden Kosten nach Abzug der entstehenden Erlöse über die **Netzentgelte** geltend machen; dazu zählen auch vorbereitende Kosten, zB für eine Rechtsberatung oder Notarkosten (BT-Drs. 18/8915, 11 (34)). Dahinter steht der Gedanke, dass alle Netznutzer von der Vorhaltung der Kapazitätsreserve profitieren. Die Wälzung der Kosten erfolgt über die Netzentgelte, da die Kapazitätsreserve als Systemdienstleistung durch die Übertragungsnetzbetreiber eingesetzt wird (BT-Drs. 18/7317, 99). Die Kosten nach Satz 3 gelten als dauerhaft nicht beeinflussbare Kostenanteile nach § 11 Abs. 2 S. 1 ARegV (§ 13e Abs. 3 S. 4). Denn diese Kosten werden durch § 13e Abs. 3 und die Regelungen der KapResV vorfestgelegt; die Übertragungsnetzbetreiber können sie nicht steuern. Sie sollen daher nicht dem Effizienzvergleich der Anreizregulierung unterliegen (BT-Drs. 18/7317, 99). Anders als bei der Netzreserve ist bei der Kapazitätsreserve damit keine freiwillige Selbstverpflichtung der Übertragungsnetzbetreiber erforderlich, die durch regulierungsbehördliche Festlegung bestätigt werden muss (→ § 13d Rn. 44). Die Übertragungsnetzbetreiber können die Kosten für die Kapazitätsreserve vielmehr ohne Zeitverzug über die Netzentgelte wälzen (vgl. BT-Drs. 18/8915, 12 (34)).

37 § 13e Abs. 3 S. 5 und 6 sehen einen **horizontalen Belastungsausgleich** vor, der eine gleichmäßige finanzielle Belastung der Netznutzer im Bundesgebiet sicherstellen soll. Absatz 3 Satz 6 enthält dabei eine Anspruchsgrundlage für überdurchschnittlich belastete Übertragungsnetzbetreiber gegen die anderen Übertragungsnetzbetreiber auf finanziellen Belastungsausgleich. Die Vorschrift begründet ein gesetzliches Schuldverhältnis zwischen den Übertragungsnetzbetreibern (Säcker EnergieR/Ruttloff/Lippert § 13e Rn. 28; vgl. OLG Celle BeckRS 2014, 12645 = RdE 2014, 334 (338) zum EEG-Belastungsausgleich).

38 Finanzverfassungsrechtlich stellt sich für die Umlage nach § 13e Abs. 3 S. 3 – wie auch bei der Finanzierung der Netzreserve (→ § 13d Rn. 45) – die Frage, ob es sich um eine nur innerhalb enger Grenzen zulässige **Finanzierungssonderabgabe** im Sinne der Rechtsprechung des BVerfG oder um eine bloße gesetzliche Preisregelung handelt. Eine Sonderabgabe setzt eine „Aufkommenswirkung zugunsten der öffentlichen Hand" voraus (BVerfG NJW 1997, 573 – Stromeinspeisungsgesetz), also eine Verfügungsgewalt des Staates über die generierten Finanzierungsmittel. Mit § 13e und der KapResV haben Gesetz- und Verordnungsgeber zwar recht engmaschige Vorgaben zu den vergütungs- und erstattungsfähigen Kosten getroffen. Gegen eine öffentliche Aufkommenswirkung der Umlage zur Finanzierung der Kapazitätsreserve spricht aber, dass die finanzielle Abwicklung der Zahlungen im Privatrechtsverhältnis zwischen Anlagenbetreibern, Übertragungsnetzbetreibern und Netznutzern erfolgt. Im Schwerpunkt handelt es sich um eine „gesetzliche Preisregelung für Rechtsbeziehungen zwischen Privaten", deren Einhaltung die BNetzA als Aufsichtsbehörde überwacht (vgl. § 65), ohne jedoch direkt Zugriff auf die Finanzströme zu nehmen (vgl. zur EEG-Umlage BGHZ 201, 355 (358 ff.) = NVwZ 2014, 1180 mAnm Ehrmann; eingehend dazu Pompl, Kapazitätssicherung im europäisierten Stromwirtschaftsrecht, 2019, 310 ff. mwN).

E. Vermarktungs- und Rückkehrverbot (Abs. 4)

I. Schutz der Wettbewerbsmärkte

39 Zur Absicherung der „**Marktferne**" **der Kapazitätsreserve** (vgl. § 13e Abs. 1 S. 2, 3) enthält § 13e Abs. 4 ein Vermarktungs- und Rückkehrverbot für Kapazitätsreserveanlagen hinsichtlich der Wettbewerbsmärkte für Strom. Zweck der Verbote ist der Schutz der Strommärkte vor Wettbewerbsverzerrungen durch die Reserveanlagen. Im „Strommarkt 2.0" sollen sich die zur Gewährleistung der Versorgungssicherheit benötigten Anlagenkapazitäten grundsätzlich im Wettbewerb (re-)finanzieren. Hierfür benötigen die Anlagenbetreiber die Planungssicherheit, dass keine Kapazitätsreserveanlagen als Wettbewerber am Strommarkt

teilnehmen und die Erlöse der Marktanlagen verringern (BT-Drs. 18/7217, 99). Der Wettbewerbsschutz ist allerdings nicht lückenlos, weil § 13e Abs. 4 eine **unternehmensinterne** Quersubventionierung der mit den Kapazitätsreserveanlagen erwirtschafteten Einnahmen auf andere (Markt-)Anlagen eines Stromerzeugungsunternehmens nicht ausschließt (vgl. dazu im unionsrechtlichen Kontext bereits Pompl, Kapazitätssicherung im europäisierten Stromwirtschaftsrecht, 2019, 107, 153). Ein Verstoß gegen das Vermarktungs- und Rückkehrverbot nach § 13e Abs. 4 S. 1 Nr. 1 und 2 ist eine **Ordnungswidrigkeit** (§ 95 Abs. 1 Nr. 3g und 3h), die mit Geldbuße bis zu 5 Mio. EUR bewehrt ist (§ 95 Abs. 2 S. 1).

II. Vermarktungsverbot

40   Das Vermarktungsverbot des § 13e Abs. 4 S. 1 Nr. 1 verbietet den Betreibern die (teilweise) Veräußerung der Arbeit (Wattstunde, Wh) und Leistung (Watt, W) einer Kapazitätsreserveanlage auf den Strommärkten. Die Reserveanlagen werden **außerhalb der Strommärkte** vorgehalten und nur bei unvorhersehbaren Ereignissen zur Absicherung der Stromversorgung eingesetzt, wenn keine Marktanlagen zur Beseitigung marktlicher Leistungsbilanzdefizite (→ Rn. 7) zur Verfügung stehen. „**Strommärkte**" iSd Norm sind der börsliche und außerbörsliche Terminmarkt, der börsliche und außerbörsliche vor- und untertägige Spotmarkt sowie der Regelleistungsmarkt (BT-Drs. 18/7217, 99).

41   Auf Verordnungsebene ergänzt § 3 Abs. 2 KapResV die Regelungen zum Vermarktungsverbot. § 3 Abs. 2 S. 2 KapResV untersagt im Falle von Erzeugungsanlagen und Speichern die Verwendung der Leistung oder Arbeit einer Kapazitätsreserveanlage für den **Eigenverbrauch.** Insofern besteht damit nicht nur ein Veräußerungsverbot, sondern ein recht weitreichendes Nutzungsverbot. Begründet wird dies damit, dass anderenfalls die Strommärkte dadurch verzerrt würden, dass die Stromnachfrage auf den Strommärkten in dem Umfang sinke, in dem die Kapazitätsreserveanlagen zum Eigenverbrauch herangezogen würden. Nicht vom Eigenverbrauchsverbot erfasst werden sollen regelbare Lasten und der Kraftwerkseigenverbrauch, also der Strom, der in den Neben- und Hilfsanlagen einer Erzeugungsanlage im technischen Sinne verbraucht wird (Begr. des RefE zur KapResV, 46 v. 30.4.2018).

III. Rückkehrverbot

42   Nach § 13e Abs. 4 S. 1 Nr. 2 müssen die Betreiber ihre Kapazitätsreserveanlagen **endgültig stilllegen,** sobald die Anlagen nicht mehr in der Kapazitätsreserve gebunden sind (Rückkehrverbot, „No-way-back-Regelung"). Zulässig ist eine wiederholte Teilnahme am Beschaffungsverfahren der Kapazitätsreserve (§ 13e Abs. 4 S. 1 Nr. 2 Hs. 1, Abs. 2 S. 4). Machen die Betreiber von dieser Möglichkeit Gebrauch, gilt das Rückkehrverbot erst für die Zeit nach der letztmaligen Bindung der Anlage in der Kapazitätsreserve. Soweit eine (frühere) Reserveanlage für einen Erbringungszeitraum nicht in der Kapazitätsreserve gebunden wird, jedoch an späteren Beschaffungsverfahren wieder teilnehmen soll, muss die Anlage in dem Übergangszeitraum bis zum nächsten Beschaffungsverfahren/Erbringungszeitraum – vorbehaltlich der Anforderungen der Netzreserve – vorläufig stillgelegt werden. Eine Vermarktung der Anlage auf den Strommärkten ist verboten (BT-Drs. 18/7217, 100).

43   Eine **Ausnahme vom Rückkehrverbot** statuieren § 13e Abs. 4 S. 1 Nr. 2 Hs. 2 und § 7 Abs. 4 KapResV für regelbare Lasten. Danach müssen die Betreiber die Lasten nach dem Ausscheiden aus der Kapazitätsreserve nicht endgültig stilllegen, sondern dürfen die Leistung oder Arbeit der regelbaren Last auf den Strommärkten veräußern; sie dürfen mit den Lasten aber endgültig nicht mehr an Ausschreibungen nach der auf Grundlage von § 13i Abs. 1 und 2 erlassenen AbLaV (→ § 13i Rn. 3 ff.) teilnehmen. Für die Rückkehr regelbarer Lasten auf den Regelleistungsmarkt trifft § 7 Abs. 5 KapResV spezielle Regelungen. Ein vollständiger Ausschluss einer (vormals) als Kapazitätsreserve kontrahierten Last von der Teilnahme an den Strommärkten erschien dem Gesetzgeber unverhältnismäßig, da dies faktisch eine Schließung der Produktionsanlagen bedeuten würde (BT-Drs. 18/8915, 34). Dieser Ansatz wirft unter Gleichheitsgesichtspunkten (Art. 3 Abs. 1 GG) rechtliche Zweifelsfragen auf, weil das Rückkehrverbot freilich auch für Erzeugungs- und Speicheranlagen mangels marktlicher Einsatzmöglichkeit faktisch zu einer Schließung führt. Unberührt vom Rückkehrverbot bleiben nach § 13e Abs. 4 S. 1 Nr. 2 Hs. 1 zudem die Stilllegungsverbote nach §§ 13b, 13c und die Regelungen zur **Netzreserve** (§ 13d). Damit wird sichergestellt, dass systemrelevante

Anlagen nach dem Ausscheiden aus der Kapazitätsreserve in der Netzreserve zum Einsatz kommen können (vgl. BT-Drs. 18/7237, 100).

IV. Erweiterung des Adressatenkreises

§ 13e Abs. 4 S. 2 erstreckt das Vermarktungs- und Rückkehrverbot auf **Rechtsnachfolger** 44 des Anlagenbetreibers und **Erwerber** von Kapazitätsreserveanlagen. Es handelt sich somit um anlagenbezogene (nicht: betreiberbezogene) Verbote, die mit einer Anlage ab Eintritt in die Kapazitätsreserve verbunden sind. Damit soll eine Umgehung der Verbote durch Veräußerung einer Anlage oder Rechtsnachfolge verhindert werden (BT-Drs. 18/7237, 100). Darüber hinaus bezieht § 13e Abs. 4 S. 2 die **Übertragungsnetzbetreiber** in den Kreis der Verbotsadressaten ein (s. auch § 24 Abs. 1 S. 2 KapResV). Aufgrund der Entflechtung von Netzbetrieb und Erzeugungstätigkeit im Stromsektor („Unbundling") dürfen diese zwar grundsätzlich keine eigenen Erzeugungsanlagen unterhalten (dazu → Rn. 9). In Anbetracht der Anordnungsbefugnisse der Übertragungsnetzbetreiber über die Kapazitätsreserveanlagen (vgl. § 13e Abs. 1 S. 3) sollen damit aber indirekte Einflussnahmen auf die Wettbewerbsmärkte verhindert werden (vgl. BT-Drs. 18/7317, 100; ähnlich Säcker EnergieR/Ruttloff/Lippert § 13e Rn. 35).

V. Verfahrensrechtliche Sicherung

§ 4 KapResV enthält **Anzeige- und Mitteilungspflichten** der Anlagenbetreiber, die die 45 Einhaltung des Vermarktungs- und Rückkehrverbote prozessual absichern (vgl. BT-Drs. 18/7317, 100; Begr. des RefE zur KapResV, 47 v. 30.4.2018). Nach § 4 Abs. 1 KapResV muss der Betreiber der zuständigen Genehmigungsbehörde und der BNetzA eine (geplante) Nutzung einer Anlage als Kapazitätsreserveanlage (Nr. 1) sowie Nutzungsänderungen einer Kapazitätsreserveanlage (Nr. 2) anzeigen. Sofern die Anlagen dem Anwendungsbereich des BImSchG unterfallen (was regelmäßig der Fall sein wird), hat die Vorschrift in Bezug auf die Anzeige gegenüber der immissionsschutzrechtlichen Genehmigungsbehörde nur klarstellende Funktion. Insofern folgt die Anzeigepflicht bereits aus § 15 BImSchG. Eigenständige Bedeutung erlangt die Anzeige gegenüber der BNetzA. Die BNetzA kann die Einhaltung des Vermarktungs- und Rückkehrverbots nach § 43 KapResV – im Benehmen mit der zuständigen (immissionsschutzrechtlichen) Genehmigungsbehörde – im Wege einer **Betriebsuntersagung** durchsetzen.

§ 4 Abs. 2 KapResV sieht daneben vor, dass die Betreiber einer in der Kapazitätsreserve 46 kontrahierten Erzeugungsanlage oder eines Speichers dem systemverantwortlichen Übertragungsnetzbetreiber und der BNetzA eine **geplante Stilllegung** möglichst frühzeitig **anzeigen** müssen; § 13b ist entsprechend anzuwenden. Die Zuständigkeit für die Stilllegungsanzeige an der Systemverantwortlichkeit des Übertragungsnetzbetreibers anzuknüpfen, ist unglücklich. Letztlich ist jeder Übertragungsnetzbetreiber „systemverantwortlich" (vgl. § 13). Richtiger Adressat der Stilllegungsanzeige dürfte der Anschluss-Übertragungsnetzbetreiber (§ 2 Nr. 6 KapResV) sein, weil dieser auch im Übrigen für die Kapazitätsreserveanlagen in seiner Regelzone zuständig ist. Die Anzeigepflicht des § 4 Abs. 2 KapResV soll speziell den Fall abdecken, dass die Systemrelevanz einer Anlage vor der Bindung in der Kapazitätsreserve noch nicht geprüft wurde oder ihre vorläufige Stilllegung mangels Systemrelevanz zulässig war. Bevor die Betreiber solche Anlagen endgültig stilllegen dürfen, sollen die Übertragungsnetzbetreiber eine Möglichkeit haben, die Systemrelevanz erstmals oder erneut zu prüfen. Stilllegung und Abbau der Anlage können dann untersagt werden, wenn die Übertragungsnetzbetreiber die Anlage mit Genehmigung der BNetzA als systemrelevant einstufen (vgl. Begr. des RefE zur KapResV, 48 v. 30.4.2018).

Entsprechend der Erweiterung des Adressatenkreises durch § 13 Abs. 4 S. 2 (→ Rn. 44) 47 erstreckt § 4 Abs. 3 KapResV die Anzeigepflichten auf Rechtsnachfolger des Betreibers und Erwerber einer (Kapazitätsreserve-)Anlage, um eine Umgehung der Regelungen im Falle eines Betreiberwechsels zu verhindern.

VI. Entfall der Förderfähigkeit von KWK-Anlagen

Folge des Vermarktungs- und Rückkehrverbots nach § 13e Abs. 4 EnWG und § 3 Kap- 48 ResV ist, dass Kapazitätsreserveanlagen keine Förderung nach dem KWKG (mehr) erhalten dürfen. Grundsätzlich förderfähig sind nach dem KWKG nur **Kraft-Wärme-Kopplungsanlagen** (vgl. § 1 Abs. 1 KWKG; Assmann/Peiffer/Peiffer KWKG § 2 Rn. 84). Nach § 2 Nr. 14 Hs. 1 KWKG sind das Anlagen, in denen Strom und Nutzwärme erzeugt werden kann. Charakteristisches Merkmal von KWK-Anlagen ist danach, dass sie **gleichzeitig** Strom und Wärme erzeugen. Eine alternierende Strom- und Wärmeerzeugung ist keine Kraft-Wärme-Kopplung im Sinne des KWKG (vgl. § 2 Nr. 13 KWKG; Assmann/Peiffer/Peiffer KWKG § 2 Rn. 79, 86; Säcker EnergieR/Fricke KWKG § 2 Rn. 95, 108 f.). Kapazitätsreserveanlagen speisen ausschließlich auf Anforderung der Übertragungsnetzbetreiber (§ 13e Abs. 1 S. 3) Strom in das Netz ein. Die Übertragungsnetzbetreiber dürfen die Kapazitätsreserve ausschließlich als Systemdienstleistung einsetzen (§ 24 Abs. 1 S. 1 KapResV), um Leitungsbilanzdefizite (Nachfrageüberschüsse) auf dem Strommarkt auszugleichen. Eine Wärmeerzeugung findet in diesem Zusammenhang in den Anlagen nicht statt. Zudem dürfen Erzeugungsanlagen nach dem Ausscheiden aus der Kapazitätsreserve keinen Strom mehr am Markt erzeugen (Rückkehrverbot), sie können ihre Förderfähigkeit als KWK-Anlage damit auch nicht mehr „zurückerlangen". Für die Anlagenbetreiber kann die Teilnahme einer KWK-Anlage am Beschaffungsverfahren der Kapazitätsreserve deshalb eine bedeutsame strategische Richtungsentscheidung sein, der eine sorgfältige Kosten-Nutzen-Analyse vorausgehen sollte.

F. Monitoring der Kapazitätsreserve (Abs. 5)

49 § 13e Abs. 5 regelt das Monitoring der Kapazitätsreserve. Bis zum 31.10.2018 und dann mindestens alle zwei Jahre **überprüft** das BMWi, ob eine Anpassung des Umfangs der Kapazitätsreserve (2 GW) erforderlich ist. Das Monitoring soll sicherstellen, dass Reserveleistung nur in dem jeweils erforderlichen Umfang beschafft und die gebundene Leistung bei Bedarf angepasst wird (BT-Drs. 18/7317, 100). Grundlage der Bedarfsprüfung sind die **Berichte der BNetzA** zum Monitoring der Versorgungssicherheit nach § 63 Abs. 2 S. 1 Nr. 2. Das BMWi ist an die dortigen Angaben aber nicht rechtlich gebunden. Abweichungen sind etwa in Situationen denkbar, in denen eine Anpassung des Umfangs der Kapazitätsreserve aus kurzfristigen Gründen notwendig wird, die in dem Bericht noch nicht oder nicht umfassend berücksichtigt sind (vgl. BT-Drs. 18/7317, 100). Aus Gründen der Transparenz ist die Entscheidung der BNetzA nach § 13e Abs. 5 S. 2 zu begründen und zu veröffentlichen. Nach Absatz 5 Satz 3 erfolgt eine **Anpassung des Umfangs** der Kapazitätsreserve durch oder aufgrund der Rechtsverordnung nach § 13h oder durch Festlegung der BNetzA nach § 13j Abs. 4. Eine Festlegungsbefugnis der BNetzA enthält § 42 Nr. 1 KapResV. Eine Entscheidung, durch die die gebundene Reserveleistung 5 Prozent der durchschnittlichen Jahreshöchstlast (Absatz 5 Sätze 5–7) übersteigen würde, darf abweichend davon nur durch Rechtsverordnung nach § 13h ergehen, die der Zustimmung des Bundestages bedarf (Absatz 5 Satz 4).

G. Durchführungsverbot (Abs. 6)

49a § 13e Abs. 6 wurde durch Art. 1 Nr. 11 des Gesetzes zur Änderung des Energiewirtschaftsrechts im Zusammenhang mit dem Klimaschutz-Sofortprogramm und zu Anpassungen im Recht der Endkundenbelieferung v. 19.7.2022 (BGBl. I 1214) nachträglich ergänzt; die Vorschrift ist am 29.7.2022 in Kraft getreten (vgl. Art. 9 Abs. 1 des Gesetzes, verkündet am 28.7.2022).

49b Absatz 6 setzt Art. 21 Abs. 7 der VO (EU) 2019/943 in nationales Recht um (BT-Drs. 20/1599, 32, 54): Danach haben die Mitgliedstaaten bei der Gestaltung von Kapazitätsmechanismen eine Bestimmung aufzunehmen, die die „effiziente administrative Abschaffung" des Kapazitätsmechanismus vorsieht, wenn in drei aufeinanderfolgenden Jahren keine neuen Verträge nach diesem Mechanismus geschlossen werden. Die Elektrizitätsbinnenmarkt-VO ist insoweit – entgegen dem Urbild der Verordnung als aus sich heraus vollziehbarer Vollregelung – eine „hinkende Verordnung", die auf einen nationalen Umsetzungsakt angewiesen ist (näher dazu FK-EUV/GRC/AEUV/Gundel AEUV Art. 288 Rn. 15). Diesen hat der deutsche Gesetzgeber mit Absatz 6 geschaffen.

49c Nach der Gesetzesbegründung dürfen Übertragungsnetzbetreiber **endgültig** kein Beschaffungsverfahren für die Kapazitätsreserve mehr durchführen, wenn innerhalb eines

Zeitraums von drei Jahren keine neuen wirksamen Verträge für den Einsatz von Anlagen in der Kapazitätsreserve geschlossen wurden (BT-Drs. 20/1599, 54). Das Durchführungsverbot gilt ipso iure, wenn die Voraussetzungen von § 13e Abs. 6 erfüllt sind. Sollte sich später herausstellen, dass die Vorhaltung einer Kapazitätsreserve erneut notwendig wird, bedürfte es wohl einer Gesetzesänderung. Zweckmäßiger wäre gewesen, wenn sich der Gesetzgeber an den sekundärrechtlichen Vorgaben orientiert und eine „administrative Abschaffung" der Kapazitätsreserve vorgesehen hätte. So hätte zB die BNetzA mit einer Untersagungsbefugnis ausgestattet werden können; eine regulierungsbehördliche Untersagungsverfügung dürfte sich unkomplizierter aufheben bzw. ändern lassen als ein gesetzliches Verbot.

H. Rechtsschutz

Der Rechtsschutz von Bietern, die im Beschaffungsverfahren der Kapazitätsreserve keinen 50 Zuschlag erhalten haben, richtet sich nach § 46 KapResV. Nach der Vorschrift sind (nur) gerichtliche Rechtsbehelfe mit dem Ziel statthaft, die Übertragungsnetzbetreiber zur **Erteilung des Zuschlags** zu verpflichten. Aufgrund der privatrechtlichen Ausgestaltung des Beschaffungsverfahrens ist insofern der **ordentliche Rechtsweg** eröffnet (Begr. des RefE zur KapResV, 87 v. 30.4.2018; Elspas/Graßmann/Rasbach/Ehring/Schanko/Elspas § 13e Rn. 31; Säcker EnergieR/Ruttloff/Lippert KapResV § 46 Rn. 2). Statthaft ist eine **Leistungsklage** des nicht-bezuschlagten Bieters gegen die Übertragungsnetzbetreiber gerichtet auf die Erteilung des Zuschlag nach § 18 KapResV für das streitige Gebot (vgl. Säcker EnergieR/Ruttloff/Lippert KapResV § 46 Rn. 2).

Gemäß § 46 Abs. 1 S. 2 KapResV ist § 160 Abs. 3 S. 1 GWB entsprechend anzuwenden. 51 Eine Klage auf Zuschlagserteilung ist mithin unzulässig, soweit der Bieter seine **Rügeobliegenheiten** im Ausschreibungsverfahren verletzt hat. Die Obliegenheit zur vorherigen Rüge ist eine von Amts wegen zu beachtende, in der Regel zwingende Sachentscheidungs- oder Zugangsvoraussetzung. Ohne die vorherige Rüge ist ein Antrag unzulässig und allein deshalb zu verwerfen (s. zB OLG Saarbrücken BeckRS 2016, 105181 Rn. 51; Immenga/Mestmäcker/Dreher GWB § 160 Rn. 45; Pünder/Schellenberg/Nowak GWB § 160 Rn. 50; aA wohl Säcker EnergieR/Ruttloff/Lippert KapResV § 46 Rn. 2: Präklusion des Anspruchs). Ein nicht-bezuschlagter Bieter kann mit der Klage damit nur Verstöße gegen die Verfahrensregelungen der KapResV geltend machen, die er rechtzeitig gegenüber einem Übertragungsnetzbetreiber gerügt hat. Materiell besteht der **Zuschlagsanspruch,** wenn die Anlage die Teilnahmevoraussetzungen (§ 9 KapResV, → Rn. 18 ff.) erfüllt, das Gebot zulässig ist (§ 17 Abs. 3, 4 KapResV, → Rn. 14 ff.) und die Zuschlagsvoraussetzungen (§ 18 Abs. 3–6 KapResV, → Rn. 25) vorliegen. Ist die Klage erfolgreich, müssen die Übertragungsnetzbetreiber den Zuschlag für das streitige Gebot erteilen. Der Gesamtumfang der Kapazitätsreserve für den betroffenen Verpflichtungszeitraum vergrößert sich dann um die neu bezuschlagte Anlagenkapazität (Begr. des RefE zur KapResV, 88 v. 30.4.2018).

Die **Wirksamkeit der Zuschläge** der erfolgreichen Bieter bleibt von einer Klage nach 52 § 46 Abs. 1 KapResV unberührt. Dies gilt auch dann, wenn mit dem aufgrund des Gerichtsverfahrens neu hinzukommenden Zuschlag der zum jeweiligen Gebotstermin ausgeschriebene Umfang der Kapazitätsreserve erreicht oder überschritten wird (§ 46 Abs. 2 KapResV). Eine **Konkurrentenklage** im „klassischen" Sinne ist ausgeschlossen. Nicht-bezuschlagte Bieter können nach § 46 KapResV nur auf Erteilung eines Zuschlags durch die Übertragungsnetzbetreiber klagen, nicht jedoch die Zuschlagserteilung für einen anderen Bieter verhindern oder aufheben lassen. Wegen der Versorgungssicherheitsfunktion der Kapazitätsreserve erachtet der Normgeber Unsicherheiten über die verfügbaren Reserveanlagen für die Dauer eines ggf. mehrere Instanzen umfassenden Gerichtsverfahrens für nicht akzeptabel (s. die Begr. des RefE zur KapResV, 87 v. 30.4.2018).

§ 13f Systemrelevante Gaskraftwerke

(1) ¹**Betreiber von Übertragungsnetzen können eine Anlage zur Erzeugung von elektrischer Energie aus Gas mit einer Nennleistung ab 50 Megawatt ganz oder teilweise als systemrelevantes Gaskraftwerk ausweisen, soweit eine Einschränkung der Gasversorgung dieser Anlage mit hinreichender Wahrscheinlichkeit zu einer**

nicht unerheblichen Gefährdung oder Störung der Sicherheit oder Zuverlässigkeit des Elektrizitätsversorgungssystems führt. ²Die Ausweisung erfolgt in dem Umfang und für den Zeitraum, der erforderlich ist, um die Gefährdung oder Störung abzuwenden. ³Sie soll eine Dauer von 24 Monaten nicht überschreiten, es sei denn, die Systemrelevanz der Anlage wird durch eine Systemanalyse des regelzonenverantwortlichen Betreibers eines Übertragungsnetzes für einen längeren Zeitraum nachgewiesen und von der Bundesnetzagentur bestätigt. ⁴Die Ausweisung bedarf der Genehmigung der Bundesnetzagentur. ⁵Der Betreiber des Übertragungsnetzes hat den Antrag auf Genehmigung unverzüglich nach der Ausweisung bei der Bundesnetzagentur zu stellen und zu begründen. ⁶Er hat dem Anlagenbetreiber unverzüglich eine Kopie von Antrag und Begründung zu übermitteln. ⁷Die Bundesnetzagentur hat den Antrag zu genehmigen, wenn die Anlage systemrelevant im Sinne der Sätze 1 und 2 ist. ⁸§ 13b Absatz 5 Satz 5 bis 7 ist entsprechend anzuwenden. ⁹Der Betreiber des Übertragungsnetzes hat die Ausweisung eines systemrelevanten Gaskraftwerks nach Genehmigung durch die Bundesnetzagentur unverzüglich dem Betreiber der Anlage, den betroffenen Betreibern von Gasversorgungsnetzen sowie dem Betreiber des Elektrizitätsversorgungsnetzes, an das die Anlage angeschlossen ist, mitzuteilen und zu begründen. ¹⁰Die Betreiber von Übertragungsnetzen haben eine Liste mit den systemrelevanten Kraftwerken aufzustellen, diese Liste, falls erforderlich, zu aktualisieren und der Bundesnetzagentur unverzüglich vorzulegen.

(2) ¹Soweit die Ausweisung einer Anlage genehmigt worden ist, sind Betreiber der Erzeugungsanlagen verpflichtet, soweit technisch und rechtlich möglich sowie wirtschaftlich zumutbar, eine Absicherung der Leistung im erforderlichen Umfang durch Inanspruchnahme der vorhandenen Möglichkeiten für einen Brennstoffwechsel vorzunehmen. ²Fallen bei dem Betreiber der Erzeugungsanlage in diesem Zusammenhang Mehrkosten für einen Brennstoffwechsel an, sind diese durch den jeweiligen Betreiber eines Übertragungsnetzes zu erstatten. ³Soweit ein Brennstoffwechsel nicht möglich ist, ist dies gegenüber der Bundesnetzagentur zu begründen und kurzfristig dazulegen, mit welchen anderen Optimierungs- oder Ausbaumaßnahmen der Kapazitätsbedarf befriedigt werden kann. ⁴Die durch den Brennstoffwechsel oder andere Optimierungs- oder Ausbaumaßnahmen entstehenden Kosten des Betreibers von Übertragungsnetzen werden durch Festlegung der Bundesnetzagentur zu einer freiwilligen Selbstverpflichtung der Betreiber von Übertragungsnetzen nach § 11 Absatz 2 Satz 4 und § 32 Absatz 1 Nummer 4 der Anreizregulierungsverordnung in ihrer jeweils geltenden Fassung als verfahrensregulierte Kosten nach Maßgabe der hierfür geltenden Vorgaben anerkannt.

Überblick

§ 13f regelt die Ausweisung von Gaskraftwerken als systemrelevante Gaskraftwerke durch die Übertragungsnetzbetreiber. Das Ziel der Norm besteht darin, die Einsatzfähigkeit dieser Kraftwerke im Interesse einer Sicherung der Systemstabilität des Elektrizitätsversorgungsnetzes abzusichern. Absatz 1 benennt die tatbestandlichen Voraussetzungen für die Ausweisung von Gaskraftwerken als systemrelevante Gaskraftwerke und regelt das Verfahren dieser Ausweisung (→ Rn. 4 ff.). Die Ausweisung eines systemrelevanten Gaskraftwerks erfolgt den zuständigen Übertragungsnetzbetreiber (zu den **Modalitäten der Ausweisung** → Rn. 9 ff.) und bedarf der Genehmigung durch die BNetzA (zum **Genehmigungsverfahren** → Rn. 12 ff.). Im Falle der Genehmigung systemrelevanter Gaskraftwerke statuiert § 13f Abs. 1 S. 9, 10 entsprechende **Mitteilungs-, Begründungs- und Veröffentlichungspflichten der Übertragungsnetzbetreiber** (→ Rn. 15 ff.). Absatz 2 regelt sodann die Rechtsfolgen der Ausweisung als systemrelevantes Gaskraftwerk, nämlich die Verpflichtung des Betreibers, gegen Kostenerstattung durch den Übertragungsnetzbetreiber die Verfügbarkeit des Kraftwerks im erforderlichen Umfang durch Inanspruchnahme der vorhandenen Möglichkeiten für einen **Brennstoffwechsel** abzusichern, sofern dies **technisch und rechtlich möglich sowie wirtschaftlich zumutbar** ist (§ 13f Abs. 2 S. 1, → Rn. 18 ff.). Schließlich wird in Absatz 2 die Refinanzierung der den Übertragungsnetzbetreibern entstehenden Kosten geregelt. Satz 4 ermöglicht insoweit die Anerkennung als **verfahrensregu-**

lierte Kosten nach § 11 Abs. 2 S. 4 ARegV, § 32 Abs. 1 Nr. 4 ARegV, sodass eine vollständige und zeitnahe Refinanzierung der Kosten über die Netzentgelte erfolgen kann (→ Rn. 23).

Übersicht

	Rn.		Rn.
A. Normzweck und Bedeutung	1	IV. Mitteilungs-, Begründungs- und Veröffentlichungspflichten der ÜNB (S. 9, 10) ..	15
B. Ausweisung und Genehmigung von systemrelevanten Gaskraftwerken (Abs. 1)	4	C. Rechtsfolgen der Ausweisung und Genehmigung (Abs. 2)	17
I. Systemrelevante Gaskraftwerke (S. 1)	4	I. Pflichten der Anlagenbetreiber	18
II. Modalitäten der Ausweisung (S. 2, 3) ...	9	II. Kostenerstattung und Refinanzierung über Netzentgelte	21
III. Genehmigung durch die BNetzA (S. 4–8)	12		

A. Normzweck und Bedeutung

Die Vorschrift des § 13f ersetzt den früheren § 13c aF seit dem Inkrafttreten mit Wirkung zum 30.7.2016 (BT-Drs. 18/7317, 100). Die Vorschrift dient dazu, die Einsatzfähigkeit von für das Elektrizitätsversorgungssystem systemrelevanten Gaskraftwerken auch im Falle der Gefährdung der Gasversorgung sicherzustellen (BT-Drs. 17/11705, 52). Störungslagen mit Blick auf die Gasversorgung sollen demnach keine Auswirkung auf das Elektrizitätsversorgungssystem entfalten. Dieses Ziel wird erreicht, indem § 13f die Möglichkeit eröffnet, derartige Gaskraftwerke als systemrelevante Gaskraftwerke auszuweisen. An diese Ausweisung knüpft der Gesetzgeber in § 13f und § 16 Rechtsfolgen, die die **Gefahr brennstoffseitiger Nichtverfügbarkeiten** dieser Kraftwerke reduzieren sollen. Im Dezember 2022 waren insgesamt 54 Gaskraftwerksblöcke mit einer Gesamtleistung von 10,5 GW als systemrelevant ausgewiesen (Bericht des Bundesministeriums für Wirtschaft und Klimaschutz zur Netz- und Kapazitätsreserve, Stand Dezember 2022, S. 14). 1

Die **Ausweisung als systemrelevantes Gaskraftwerk unterscheidet** sich daher von der Zweckrichtung und in den Rechtsfolgen von der Ausweisung eines Kraftwerks als systemrelevant iSv **§ 13b Abs. 2 und 4**. Dort geht es darum, die (freiwillige) Stilllegung eines Kraftwerks zu verhindern. Beiden Systemrelevanzausweisungen ist aber gemein, dass die Verfügbarkeit der Anlage für die Sicherheit oder Zuverlässigkeit des Elektrizitätsversorgungssystems bedeutsam ist. 2

Die Ausweisung von systemrelevanten Gaskraftwerken steht in enger Beziehung mit der **Systemverantwortung der Betreiber von Fernleitungsnetzen** gem. § 16. Demzufolge sind die Fernleitungsbetreiber aufgrund ihrer besonderen Systemverantwortung dazu verpflichtet, etwaigen Gefährdungen oder Störungen mit Blick auf die Sicherheit und Zuverlässigkeit des Gasversorgungssystems im jeweiligen Netz auf **erster Stufe** durch netz- und marktbezogene Maßnahmen zu begegnen (§ 16 Abs. 1). Sofern solche Maßnahmen nach § 16 Abs. 1 jedoch nicht tauglich sind, die konkrete Gefährdung oder Störung zu beseitigen, sieht § 16 Abs. 2 auf **zweiter Stufe** die Befugnis (und Verpflichtung) der Fernleitungsbetreiber vor, sämtliche Gaseinspeisungen, Gastransporte und Gasausspeisungen insoweit anzupassen, wie dies erforderlich ist, um einen sicheren und zuverlässigen Betrieb des Netzes zu gewährleisten. In diesem Zusammenhang statuiert § 16 Abs. 2a S. 1 die Pflicht der Fernleitungsnetzbetreiber, bei Maßnahmen nach § 16 Abs. 1 und Abs. 2 die Sicherheit und Zuverlässigkeit des Elektrizitätsversorgungssystems auf Grundlage der von den Übertragungsnetzbetreibern gem. § 15 Abs. 2 bereitgestellten Informationen zu berücksichtigen. Dabei kommt vor allem systemrelevanten Gaskraftwerken gem. § 13f eine zentrale Bedeutung zu. So statuiert der § 16 Abs. 2a S. 2 zunächst das **Verbot der Einschränkung eines systemrelevanten Gaskraftwerkes** durch netz- oder marktbezogene Maßnahmen nach § 16 Abs. 1, soweit der von solchen Maßnahmen betroffene Übertragungsnetzbetreiber die weitere Gasversorgung der Anlage gegenüber dem Fernleitungsnetzbetreiber anweist. Mit Blick auf Maßnahmen gem. § 16 Abs. 2 sieht § 16 Abs. 2a S. 3 zudem vor, dass ein systemrelevantes Gaskraftwerk durch eine solche **Abregelung nur nachrangig eingeschränkt** werden darf, soweit der von der Abregelung betroffene Übertragungsnetzbetreiber gegenüber dem Fernleitungsnetz- 3 betreiber die weitere Gasversorgung der Anlage angewiesen hat. § 13f ermöglicht also eine den Interdependenzen zwischen Gasversorgung und Stromversorgung Rechnung tragende **koordinierte Wahrnehmung der jeweiligen Systemverantwortung** von Übertragungsnetzbetreibern und Fernleitungsnetzbetreibern. In besonderen Krisensituationen kann die weitere Versorgung von Gaskraftwerken mit der Aufrechterhaltung der Versorgung geschützter Kunden nach § 53a konfligieren. Derartige Fälle sind durch Abwägung der jeweils drohenden Folgen einer Nichtversorgung im Einzelfall zu lösen (Friedemann/Kamradt EnWZ 2022, 307 (312 f.)).

B. Ausweisung und Genehmigung von systemrelevanten Gaskraftwerken (Abs. 1)

I. Systemrelevante Gaskraftwerke (S. 1)

4   § 13f Abs. 1 S. 1 definiert ein systemrelevantes Gaskraftwerk als Anlage zur Erzeugung von elektrischer Energie aus Gas mit einer Nennleistung ab 50 Megawatt, deren Einschränkung mit Blick auf die Gasversorgung mit hinreichender Wahrscheinlichkeit zu einer nicht unerheblichen Gefährdung oder Störung der Sicherheit oder Zuverlässigkeit des Elektrizitätsversorgungsnetzes führt. Dabei sind die Voraussetzungen des systemrelevanten Gaskraftwerks teilweise deckungsgleich mit der Definition der Systemrelevanz in § 13b Abs. 2 S. 2. Insbesondere stellen beide Definitionen auf eine nicht unerhebliche Störung der Sicherheit oder Zuverlässigkeit des Elektrizitätsversorgungsnetzes ab. Mit Blick auf die Gefährdung oder Störung der Sicherheit oder Zuverlässigkeit des Elektrizitätsversorgungsnetzes kann auf die Definition in § 13 Abs. 4 zurückgegriffen werden.

5   Zunächst muss es sich um **eine Anlage zur Erzeugung elektrischer Energie aus Gas mit einer Nennleistung ab 50 MW** handeln. Anlagen, deren Erzeugungsleistung auf anderen Primärenergieträgern beruht, sind folglich kein tauglicher Gegenstand der Ausweisung als systemrelevant nach § 13f (insoweit ist die Norm enger als die Systemrelevanzausweisung nach § 13b) und zwar auch dann nicht, wenn sie technisch mit überschaubarem Aufwand einen Brennstoffwechsel auf Gas vornehmen könnten. Nach Auffassung der BNetzA hindert die Norm die Anlagenbetreiber nicht, ihr Kraftwerk auf andere Brennstoffe umzurüsten. In diesem Falle ende die Ausweisung des Kraftwerks als systemrelevantes Gaskraftwerk durch Erledigung nach § 43 Abs. 2 VwVfG (BNetzA Beschl. v. 30.9.2019 – 608-2019-13f-2, S. 12).

6   Die Voraussetzung der **nicht unerheblichen Gefährdung oder Störung der Sicherheit oder Zuverlässigkeit des Elektrizitätsversorgungssystems** ist deckungsgleich mit der entsprechenden Voraussetzung für die Systemrelevanz gem. § 13b Abs. 2 S. 2, auch wenn nur dort im zweiten Halbsatz formuliert ist, dass eine Systemrelevanz auch voraussetzt, „dass diese Gefährdung oder Störung nicht durch andere angemessene Maßnahmen beseitigt werden kann". Auch die Ausweisung als systemrelevantes Gaskraftwerk kommt nur in Betracht, soweit sie für die Sicherheit oder Zuverlässigkeit des Elektrizitätsversorgungssystems erforderlich ist, weil andere angemessene Maßnahmen mit geringerer Eingriffsintensität nicht zur Verfügung stehen.

7   Die Kriterien der Gefährdung oder Störung der Sicherheit oder Zuverlässigkeit des Elektrizitätsversorgungssystems richten sich auch bei § 13f nach § 13 Abs. 4 (OLG Düsseldorf EnWZ 2019, 115 Rn. 60 ff.). Demzufolge liegt eine **Gefährdung** vor, soweit örtliche Ausfälle des Übertragungsnetzes oder kurzfristige Netzengpässe zu besorgen sind oder zu besorgen ist, dass die Haltung von Frequenz, Spannung oder Stabilität durch die Übertragungsnetzbetreiber nicht gewährleistet werden kann. Eine **Störung** ist gegeben, sofern sich die Gefährdung bereits realisiert hat (Säcker EnergieR/König § 13 Rn. 110). Angesichts dieses Stufenverhältnisses zwischen Gefährdung und Störung ist das für die Bewertung der Systemrelevanz maßgebliche Kriterium die **Gefährdungssituation.** Diese setzt nur voraus, dass entsprechende kritische Netzsituationen gem. § 13 Abs. 4 **zu besorgen** sind; ein tatsächlicher Eintritt dieser Situationen ist zur Annahme einer Gefährdung nicht erforderlich. Für die Bewertung der Gefährdungslage ist nicht von Bedeutung, ob und inwieweit sie mit den Instrumenten nach § 13 Abs. 1 abgewendet werden kann. Vielmehr genügt eine **hypothetische Gefährdungslage,** die tatsächlich eintreten würde, wenn die Instrumente des § 13 Abs. 1 nicht zur Verfügung stünden (OLG Düsseldorf EnWZ 2019, 115 Rn. 60). Über die

Anforderungen des § 13 Abs. 4 an die Gefährdungslage hinaus enthält § 13f Abs. 1 S. 1 (ebenso wie § 13b Abs. 2 S. 2) ein **Erheblichkeitskriterium**. Demzufolge muss die drohende Gefährdung oder Störung der Sicherheit oder Zuverlässigkeit des Netzes „nicht unerheblich" sein. Diese Anforderung stellt sicher, dass der mit der Ausweisung als systemrelevantes Gaskraftwerk einhergehende Eingriff in die Grundrechte der Anlagenbetreiber mit Blick auf die dadurch abgewendeten Risiken für die Sicherheit und Zuverlässigkeit des Netzes verhältnismäßig bleibt. Angesichts der überragenden Bedeutung der Versorgungssicherheit mit Strom wird man gleichwohl an das Erheblichkeitskriterium keine allzu hohen Anforderungen stellen können.

Dieselbe Überlegung ist maßgeblich für die Beurteilung, welche **Wahrscheinlichkeit** 8 einer Gefahrenlage genügt, um den Tatbestand des § 13f Abs. 1 S. 1 zu erfüllen. Insoweit finden die allgemeinen **Grundsätze zur Gefahrenprognose** Anwendung (OLG Düsseldorf EnWZ 2019, 115 Rn. 81 ff.). Demnach sind die Anforderungen an die Wahrscheinlichkeit des Schadenseintritts abhängig von der Bedeutung des beeinträchtigten Rechtsguts einerseits und der Schwere und den Erfolgsaussichten des in der Ausweisung liegenden Grundrechtseingriffs andererseits (BVerwG NVwZ 2018, 504 Rn. 19). In Anbetracht der überragenden Bedeutung der Versorgungssicherheit als betroffenes Rechtsgut und der Schwere der durch einen Netzausfall eintretenden Schäden, die sich auch auf Leib und Leben von Menschen erstrecken können, muss im Grundsatz ein **niedriger Wahrscheinlichkeitsgrad** für die Gefahrenprognose genügen, um eine besonders effektive Gefahrenabwehr zu gewährleisten (OLG Düsseldorf EnWZ 2019, 115 Rn. 81 ff.). Die damit einhergehende relativ niedrige Eingriffsschwelle erscheint verhältnismäßig, da und solange die aus der Ausweisung des Gaskraftwerks als systemrelevant folgenden Grundrechtsbeeinträchtigungen durch eine vollständige Erstattung der dadurch entstehenden Kosten vergleichsweise gering bleiben (→ Rn. 22).

II. Modalitäten der Ausweisung (S. 2, 3)

§ 13f Abs. 1 S. 2 konkretisiert die Modalitäten der Ausweisung. Danach hat die Ausweisung in dem **Umfang** und für den **Zeitraum** zu erfolgen, der erforderlich ist, um die Gefährdung oder Störung abzuwenden. Auch dieses **Erforderlichkeitskriterium** ist im Verhältnismäßigkeitsgrundsatz angelegt. Die Beschränkung des Umfanges der Ausweisung ermöglicht insbesondere eine nur partielle Ausweisung einer Anlage als systemrelevantes Gaskraftwerk, die sich nur auf einen Teil der Erzeugungsleistung bezieht (so auch Säcker EnergieR/Ruttloff/Lippert § 13f Rn. 9).

Der **Zeitraum** der Ausweisung soll nach Satz 3 Halbsatz 1 eine Höchstdauer von 24 10 Monaten nicht überschreiten. Dabei ist diese **Beschränkung des Ausweisungszeitraums** als „Soll-Vorschrift" ausgestaltet, sodass auch eine **höhere Ausweisungsdauer** zulässig ist, aber besonderer Rechtfertigung bedarf (zumal auch eine wiederholte Systemrelevanzausweisung möglich ist). Voraussetzung ist gem. Satz 3 Halbsatz 2, dass die Systemrelevanz der Anlage durch eine Systemanalyse des regelzonenverantwortlichen Übertragungsnetzbetreibers für einen längeren Zeitraum nachgewiesen und von der BNetzA bestätigt wird. Diese Vorgabe entspricht jener in § 13b Abs. 5 S. 9. Hintergrund der **Angleichung der Ausweisungszeiträume** waren die insofern strukturell sehr ähnlichen Regelungskonstrukte. Die Rechtsangleichung bedeutet aber nicht, dass die Ausweisung einer Anlage als systemrelevant nach § 13b und als systemrelevantes Gaskraftwerk nach § 13f stets zeitlich gleichlaufend sein muss (BNetzA Beschl. v. 30.9.2019 – 608-2019-13f-2, S. 11). Unter anderem auf genau diesen Zweck, nämlich die Reduzierung des bürokratischen Aufwandes für Übertragungsnetzbetreiber und die BNetzA durch eine Angleichung der Ausweisungs- und Genehmigungszeiträume, berief sich aber der Gesetzgeber (BT-Drs. 18/7317, 101). Jedenfalls dürfte dieses Argument nicht ausreichen, um eine Anlage nach § 13f länger als systemrelevantes Gaskraftwerk auszuweisen, als es die Voraussetzungen der Systemrelevanz erfüllen wird (zutr. Kment EnWG/Tüngler § 13f Rn. 9). Die wirtschaftliche Planungssicherheit für Betreiber und Belegschaft, die iRd § 13b Abs. 5 S. 9 einer der Gründe für die langfristige Systemrelevanzausweisung eines zur Stilllegung angemeldeten Kraftwerks sein kann, kommt im Rahmen der Ausweisung gem. § 13f Abs. 1 zwar nicht zum Tragen, da die Anlagen auch ohne eine entsprechende Ausweisung weiterbetrieben werden. Die inhaltliche Prüfung der Systemrelevanz, die eine längere Ausweisungs- und Genehmigungsdauer rechtfertigt, erfolgt nach denselben Parametern wie iRd § 13b Abs. 5 S. 9. Demzufolge ist das Ergebnis der **Reservebedarfsfeststellung** heranzuziehen, um zu überprüfen, ob ein Gaskraftwerk auch nach mehr als zwei Jahren noch immer systemrelevant sein wird (BT-Drs. 18/7317, 101).

11 Angesichts des Erforderlichkeitskriteriums gem. § 13f Abs. 1 S. 2, nach dem die Ausweisung in ihrem Umfang und der zeitlichen Dimension an das zur Abwendung der Gefährdung oder Störung erforderliche Maß gekoppelt wird, bedarf es zudem einer Möglichkeit, die Ausweisung bei einem **Wegfall der Voraussetzungen** gem. § 13f Abs. 1 S. 1 aufzuheben. Denkbar ist, dass die BNetzA in diesem Fall die Genehmigung der Ausweisung gem. § 49 VwVfG widerruft (so auch Säcker EnergieR/Ruttloff/Lippert § 13f Rn. 9). Ob der Übertragungsnetzbetreiber auch ohne Zutun der Regulierungsbehörde die Systemrelevanzausweisung vorzeitig durch Erklärung gegenüber dem Anlagenbetreiber beenden kann, erscheint hingegen zweifelhaft. Zwar resultiert aus der Genehmigung keine Pflicht des Übertragungsnetzbetreibers zur Systemrelevanzausweisung. Anerkanntermaßen kann sich eine Genehmigung zudem durch Verzicht nach § 43 Abs. 2 VwVfG erledigen (Schoch/Schneider/Goldhammer, 40. Aufl. 2020, VwVfG § 43 Rn. 120). Doch dürfte dieser ungenehmigten vorzeitigen Beendigung der Systemrelevanzausweisung entgegenstehen, dass die Systemrelevanzausweisung auch einen Vertrauenstatbestand gegenüber den Anlagenbetreibern schafft, auf deren Grundlage sie disponieren können (etwa bei der Brennstoffbeschaffung).

III. Genehmigung durch die BNetzA (S. 4–8)

12 § 13f Abs. 1 S. 4 statuiert ein **Genehmigungserfordernis** im Hinblick auf die Ausweisung als systemrelevantes Gaskraftwerk. Dabei hat der Übertragungsnetzbetreiber den **Antrag auf Genehmigung** unverzüglich nach der Ausweisung bei der BNetzA zu stellen und zu begründen (Satz 5). Diese Reihenfolge ist insoweit überraschend, als die Ausweisung Gegenstand der Genehmigung ist, aber gleichwohl vor ihr ausgesprochen wird. Ungeachtet dessen wird man die **Genehmigung als Wirksamkeitsvoraussetzung** der Ausweisung ansehen müssen. Die Ausweisung erzeugt also bis zur Genehmigung keine Rechtswirkungen. Dem Anlagenbetreiber ist zudem unverzüglich eine Kopie des Antrages und der Begründung zu übermitteln (Satz 6).

13 Nach Satz 7 handelt es sich bei der Genehmigung um eine **gebundene Entscheidung.** Demzufolge hat die BNetzA den Antrag zu genehmigen, wenn die Anlage ein systemrelevantes Gaskraftwerk nach § 13f Abs. 1 S. 1 und 2 ist. Der **Ermittlungs- und Prüfungsauftrag** der BNetzA ist dabei normbezogen auf die Feststellung ausgerichtet, dass eine Einschränkung der Gasversorgung der Anlage mit hinreichender Wahrscheinlichkeit zu einer nicht unerheblichen Gefährdung oder Störung der Sicherheit oder Zuverlässigkeit des Elektrizitätsversorgungssystems iSd § 13 Abs. 1 S. 1 führt. Zwar scheint der Wortlaut des § 68 Abs. 1 der BNetzA ein Ermittlungsermessen einzuräumen. Die **Pflicht zur Sachverhaltsaufklärung von Amts wegen** ergibt sich jedoch jedenfalls aus dem subsidiär anwendbaren § 24 VwVfG (OLG Düsseldorf EnWZ 2019, 115 Rn. 48). Diesem Ermittlungs- und Prüfungsauftrag kommt die BNetzA im Genehmigungsverfahren im Regelfall hinreichend nach, sofern sie sich auf die Reservebedarfsfeststellung sowie die dieser zugrunde liegende Systemanalyse der ÜNB bezieht. Soweit dort die für die Beurteilung der Systemrelevanz gem. Satz 1 maßgeblichen Tatsachen ermittelt und bewertet werden und insbesondere Feststellungen zu dem Bedarf an Erzeugungs- und Reservekapazität, die verfügbar sein muss, um kritische Netzsituationen zu beheben, getroffen werden, darf die BNetzA auf diese öffentlich zugänglichen Erkenntnisse zurückgreifen und ist nicht verpflichtet, dieselben Ermittlungen erneut von Amts wegen anzustellen (OLG Düsseldorf EnWZ 2019, 115 Rn. 49).

14 § 13f Abs. 1 S. 8 erklärt die Vorschriften des § 13b Abs. 5 S. 5–7 für anwendbar. Daraus ergibt sich erstens die Befugnis der BNetzA zum Erlass von **Nebenbestimmungen** in Form von Bedingungen oder Auflagen iSd § 36 VwVfG. Eine solche gesetzliche Ermächtigung ist erforderlich, da es sich bei der Genehmigung gem. § 13f Abs. 1 S. 5 um eine gebundene Entscheidung handelt (§ 36 Abs. 1 VwVfG). Zweitens gilt aufgrund des Verweises auch hier die **Genehmigungsfiktion** gem. § 13b Abs. 5 S. 6, 7, wonach die Genehmigung nach Ablauf von drei Monaten als erteilt gilt, solange sich nicht die Entscheidungsfrist aus den

dort genannten Gründen verlängert. Daraus ergibt sich für die Genehmigung der Ausweisung von systemrelevanten Gaskraftwerken ein verfahrensrechtliches Beschleunigungsgebot.

IV. Mitteilungs-, Begründungs- und Veröffentlichungspflichten der ÜNB (S. 9, 10)

Nach Genehmigung durch die BNetzA hat der Übertragungsnetzbetreiber die Ausweisung 15 des systemrelevanten Gaskraftwerks gem. § 13f Abs. 1 S. 9 gegenüber dem Betreiber der Anlage, den betroffenen Betreibern von Gasversorgungsnetzen sowie dem Betreiber des Elektrizitätsversorgungsnetzes, an das die Anlage angeschlossen ist, mitzuteilen und zu begründen. Die Anordnung dieser **Mitteilungs- und Begründungspflicht** ist vor allem gegenüber den betroffenen Netzbetreibern sinnvoll, da diese nicht Beteiligte des Genehmigungsverfahrens sind. Den ausweisenden Übertragungsnetzbetreiber trifft damit eine **Informationsverantwortung.**

Jene Informationsverantwortung wird ferner durch die **Veröffentlichungspflicht** gem. 16 § 13f S. 10 ausgeweitet. Danach ist der ausweisende Übertragungsnetzbetreiber verpflichtet, eine Liste mit den systemrelevanten Gaskraftwerken aufzustellen, diese Liste laufend zu aktualisieren und der BNetzA unverzüglich vorzulegen. Hintergrund ist dabei die **Veröffentlichung der Liste auf der Internetseite der BNetzA.**

C. Rechtsfolgen der Ausweisung und Genehmigung (Abs. 2)

Während Absatz 1 die Voraussetzungen zur Ausweisung und Genehmigung eines systemre- 17 levanten Gaskraftwerks aufstellt, ergeben sich aus § 13f Abs. 2 die Rechtsfolgen einer solchen Ausweisung und Genehmigung. Diese Rechtsfolgen treten neben die zentrale Rechtsfolge der **Privilegierung des systemrelevanten Gaskraftwerks im Rahmen der Maßnahmen gem. § 16,** die sich aus § 16 Abs. 2a ergibt.

I. Pflichten der Anlagenbetreiber

Den Betreiber eines systemrelevanten Gaskraftwerks trifft zunächst eine **Pflicht, einen** 18 **Brennstoffwechsel** zu ermöglichen. Dabei soll die Verpflichtung gem. § 13f Abs. 2 S. 1 nicht bloß die Absicherung der Leistung durch Inanspruchnahme der vorhandenen Möglichkeiten für einen Brennstoffwechsel umfassen, sondern in einem gewissen Umfang auch die Herstellung dieser Möglichkeit. Nach der Gesetzesbegründung bezieht sich die Pflicht zum Brennstoffwechsel nämlich auf Erzeugungsanlagen, bei denen entweder „ein Brennstoffwechsel **technisch schon möglich ist oder mit geringem Aufwand herbeigeführt werden kann und etwa durch Nutzung bestehender Tanks für Krisenfälle nutzbar gemacht werden kann."** (BT-Drs. 17/11705, 52). Es soll also nicht lediglich die Pflicht bestehen, zB entsprechende Ölvorräte anzulegen und Öltanks betriebsbereit zu halten, sondern offenbar auch **Nachrüstungen** geschuldet sein. Dieses extensive Verständnis der Norm erscheint mit Blick auf den Regelungszweck sowie den Kostenerstattungsanspruch der Betreiber und die Begrenzung der Verpflichtung auf wirtschaftlich zumutbare Maßnahmen vertretbar. In der Praxis spielen die Pflichten im Zusammenhang mit einem Brennstoffwechsel vor allem dann eine Rolle, wenn der Anlagenbetreiber nur auf Grundlage einer Buchung unterbrechbarer Kapazitäten versorgt wird und daher auch jenseits von Netzstörungen nach § 16 mit einer Unterbrechung der Gasbelieferung rechnen muss.

Die Pflicht zum Brennstoffwechsel zur Absicherung der Leistung im erforderlichen 19 Umfang gem. § 13f Abs. 2 S. 1 besteht unter der Voraussetzung der technischen und rechtlichen Möglichkeit sowie der wirtschaftlichen Zumutbarkeit einer solchen Umstellung. Die **technische Möglichkeit** des Brennstoffwechsels ergibt sich aus der Beschaffenheit und Funktionsweise der Erzeugungsanlage, wobei nach der vorgenannten Auffassung des Gesetzgebers offenbar genügt, wenn mit geringem Aufwand diese technische Möglichkeit herstellbar ist. Die **rechtliche Möglichkeit** des Brennstoffwechsels kann limitiert sein aus dem Umfang der Betriebsgenehmigung oder der Vereinbarkeit mit etwaigen Auflagen. Häufig ist der Einsatz einer bivalenten Anlage mit Öl etwa im Hinblick auf den damit verbundenen Verkehr zur Brennstoffbelieferung auf eine bestimmte jährliche Einsatzstundendauer begrenzt. Die rechtliche Möglichkeit setzt damit voraus, dass der Einsatz des alternativen Brennstoffes **in jeder Hinsicht mit dem geltenden Recht vereinbar** ist. Aus § 13f dürfte die Pflicht resultieren, derartige für den bivalenten Betrieb erforderliche Genehmigungen aufrechtzuerhalten und ggf. auch neue Genehmigungen zu beantragen. Die **wirtschaftliche Zumutbarkeit** setzt voraus, dass die Nutzung der alternativen Brennstoffe (Ersatzbeschaffung) bzw. die Nachrüstung der Erzeugungsanlagen zur technischen Ermöglichung des Brennstoffwechsels nicht außer Verhältnis zum bewirkten Nutzen stehen. Ungeachtet des Kostenerstattungsanspruchs der Anlagenbetreiber aus Satz 2 können Maßnahmen wirtschaftlich unzumutbar sein, wenn sie erhebliche eigene Ressourcen binden oder mit anderweitigen Nutzungseinschränkungen der Anlage verbunden sind.

19.1 Der Brennstoffwechsel iSd § 13f Abs. 2 S. 1 ist Rechtsfolge, nicht Voraussetzung der Systemrelevanz (hierzu OLG Düsseldorf EnWZ 2019, 115). Eine Anlage kann also auch dann als systemrelevantes Gaskraftwerk ausgewiesen werden, wenn sie für einen Brennstoffwechsel ungeeignet ist. Das ist konsequent, weil durch die Privilegierung nach § 16 Abs. 2a gleichwohl die Verfügbarkeit der Anlage zusätzlich abgesichert werden kann.

20 Wenn der Anlagenbetreiber der Ansicht ist, dass der **Brennstoffwechsel unmöglich** ist, muss er dies nach § 13f Abs. 2 S. 3 gegenüber der BNetzA begründen und kurzfristig darlegen, mit welchen anderen Optimierungs- oder Ausbaumaßnahmen der Kapazitätsbedarf befriedigt werden kann. Die unmittelbare Einbindung der BNetzA ist insoweit sinnvoll, als zwischen Übertragungsnetzbetreiber und Anlagenbetreiber allein in diesen Fällen regelmäßig keine Einigung zu erzielen ist, ob und welche Maßnahmen nach § 13f – oder ggf. als marktbezogene Maßnahmen nach § 13 Abs. 1 Nr. 2 – zu treffen sind, um die Einsatzfähigkeit der Anlage abzusichern, zumal letztlich die Refinanzierung der Kosten davon abhängt, dass die BNetzA die Kosten als Netzkosten anerkennt.

II. Kostenerstattung und Refinanzierung über Netzentgelte

21 § 13f Abs. 2 S. 2 und 4 regeln, wie mit den Kosten einer Ausweisung einer Anlage als systemrelevantes Gaskraftwerk zu verfahren ist. Leitbild der Regelung ist, dass der Aufwand, weil die Sicherung der Sicherheit und Zuverlässigkeit des Elektrizitätsversorgungsnetzes im Interesse aller Netzkunden und Letztverbraucher ist, unter den Netzkunden sozialisiert wird.

22 Auf der ersten Stufe sieht § 13f Abs. 2 S. 2 dazu eine **Kostentragungspflicht der Übertragungsnetzbetreiber** hinsichtlich der Mehrkosten, die beim Betreiber aufgrund des Brennstoffwechsels anfallen, vor. Dem Betreiber des systemrelevanten Gaskraftwerks steht damit ein **gesetzlicher Erstattungsanspruch** gegenüber dem Übertragungsnetzbetreiber zu. Dieser erstreckt sich auf alle Mehrkosten, die im Zuge des Brennstoffwechsels gem. § 13f Abs. 2 S. 1 anfallen. Nimmt man an, dass der Anlagenbetreiber auch Auf- und Nachrüstungsmaßnahmen, die die technische Möglichkeit des Brennstoffwechsels herbeiführen, ergreifen muss, sind auch die hierauf entfallenden Mehrkosten erstattungsfähig (ebenso Kment EnWG/Tüngler § 13f Rn. 15); das ergibt sich mittelbar aus Satz 4, wonach neben den Kosten des Brennstoffwechsels selbst (also den zusätzlich variablen Kosten insbesondere für die Brennstoffbeschaffung) auch die Kosten anderer „Optimierungs- und Ausbaumaßnahmen" wälzbar sind. Das bedeutet insbesondere, dass auch Kapitalkosten erstattungsfähig sind. Von einer Konkretisierung der Regelungen für Kostenerstattungen durch Festlegung nach § 13j Abs. 2 Nr. 8 hat die BNetzA bislang keinen Gebrauch gemacht.

23 § 13f S. 4 regelt sodann die **Refinanzierung der Kosten der Übertragungsnetzbetreiber über die Netzentgelte**. Auf dieser zweiten Stufe des Finanzierungsmechanismus wird die regulierungsrechtliche Situation der Übertragungsnetzbetreiber insoweit verbessert, als die Kosten aus Erstattungen nach § 13j als dauerhaft nicht beeinflussbare Kostenanteile qualifiziert werden können und dadurch zeitnah, vollständig und ohne Belastung des Übertragungsnetzbetreibers im Effizienzvergleich in die Netzentgeltkalkulation einfließen können. Allerdings wählte der Gesetzgeber insoweit das Instrument der Anerkennung einer freiwilligen Selbstverpflichtung der Netzbetreiber gem. § 11 Abs. 2 S. 4 ARegV, § 32 Abs. 1 Nr. 4 ARegV. Das bedeutet, dass in einer freiwilligen Selbstverpflichtung beschrieben sein muss, wie die erstattungsfähigen Kosten bestimmt werden, und die BNetzA diese Regelung als wirksame Verfahrensregulierung anerkennen muss. Mit der Anerkennung gelten die Kosten als dauerhaft nicht beeinflussbare Kostenanteile. Im Vergleich zur Vorgängerregelung des § 13c Abs. 2 aF, nach der für die Kostenwälzung § 11 Abs. 2 S. 1 Nr. 1 ARegV analog angewendet wurde, schafft die Neuregelung sicherlich Rechtssicherheit (vgl. BT-Drs. 18/

7317, 101). Fraglich ist allein, ob man sich durch eine Aufnahme in den Kostenkatalog in § 11 Abs. 2 S. 1 ARegV den Aufwand einer wirksamen Verfahrensregulierung hätte sparen können, denn die Gefahr überhöhter Kostenerstattungen dürfte auch ohne weitere Maßgaben in einer freiwilligen Selbstverpflichtung gering sein.

§ 13g Stilllegung von Braunkohlekraftwerken

(1) [1]Als Beitrag zur Erreichung der nationalen und europäischen Klimaschutzziele müssen die folgenden Erzeugungsanlagen bis zu dem genannten Kalendertag vorläufig stillgelegt werden (stillzulegende Anlagen), um die Kohlendioxidemissionen im Bereich der Elektrizitätsversorgung zu verringern:
1. bis zum 1. Oktober 2016: Kraftwerk Buschhaus,
2. bis zum 1. Oktober 2017:
   a) Block P des Kraftwerks Frimmersdorf und
   b) Block Q des Kraftwerks Frimmersdorf,
3. bis zum 1. Oktober 2018:
   a) Block E des Kraftwerks Niederaußem,
   b) Block F des Kraftwerks Niederaußem und
   c) Block F des Kraftwerks Jänschwalde,
4. bis zum 1. Oktober 2019:
   a) Block C des Kraftwerks Neurath und
   b) Block E des Kraftwerks Jänschwalde.

[2]Die stillzulegenden Anlagen dürfen jeweils ab dem in Satz 1 genannten Kalendertag für vier Jahre nicht endgültig stillgelegt werden. [3]Nach Ablauf der vier Jahre müssen sie endgültig stillgelegt werden.

(2) [1]Die stillzulegenden Anlagen stehen jeweils ab dem in Absatz 1 Satz 1 genannten Kalendertag bis zu ihrer endgültigen Stilllegung ausschließlich für Anforderungen der Betreiber von Übertragungsnetzen nach Maßgabe des § 1 Absatz 6 der Elektrizitätssicherungsverordnung zur Verfügung (Sicherheitsbereitschaft). [2]Dabei dürfen die Betreiber von Übertragungsnetzen die stillzulegenden Anlagen nur entsprechend den zeitlichen Vorgaben nach Absatz 3 Satz 1 anfordern.

(3) [1]Während der Sicherheitsbereitschaft müssen die Betreiber der stillzulegenden Anlagen jederzeit sicherstellen, dass die stillzulegenden Anlagen die folgenden Voraussetzungen erfüllen:
1. die stillzulegenden Anlagen müssen bei einer Vorwarnung durch den zuständigen Betreiber eines Übertragungsnetzes innerhalb von 240 Stunden betriebsbereit sein und
2. die stillzulegenden Anlagen müssen nach Herstellung ihrer Betriebsbereitschaft ab Anforderung durch den zuständigen Betreiber eines Übertragungsnetzes innerhalb von 11 Stunden auf Mindestteilleistung und innerhalb von weiteren 13 Stunden auf Nettonennleistung angefahren werden können.

[2]Die Betreiber der stillzulegenden Anlagen müssen dem zuständigen Betreiber eines Übertragungsnetzes vor Beginn der Sicherheitsbereitschaft nachweisen, dass ihre stillzulegenden Anlagen die Voraussetzungen nach Satz 1 Nummer 2 erfüllen.

(4) [1]Während der Sicherheitsbereitschaft darf in den stillzulegenden Anlagen Strom nur im Fall eines Einsatzes nach Absatz 2 Satz 1 oder im Fall eines mit dem zuständigen Betreiber eines Übertragungsnetzes abgestimmten Probestarts erzeugt werden. [2]Die Betreiber von Übertragungsnetzen müssen die aus den stillzulegenden Anlagen eingespeisten Strommengen in ihren Bilanzkreisen führen, dürfen die Strommengen aber nicht auf den Strommärkten veräußern. [3]Die Betreiber von Übertragungsnetzen informieren die Marktteilnehmer unverzüglich und auf geeignete Art und Weise über die Vorwarnung und die Anforderung zur Einspeisung einer stillzulegenden Anlage.

(5) [1]Die Betreiber der stillzulegenden Anlagen erhalten für die Sicherheitsbereitschaft und die Stilllegung einer Anlage eine Vergütung nach Maßgabe des Absat-

zes 7 Satz 1 bis 4 in Höhe der Erlöse, die sie mit der stillzulegenden Anlage in den Strommärkten während der Sicherheitsbereitschaft erzielt hätten, abzüglich der kurzfristig variablen Erzeugungskosten. ²Die Höhe der Vergütung für jede stillzulegende Anlage ergibt sich aus der Formel in der Anlage zu diesem Gesetz. ³Wenn eine stillzulegende Anlage bei einer Vorwarnung durch den Betreiber eines Übertragungsnetzes nicht innerhalb von 288 Stunden ab der Vorwarnung nach Absatz 3 Satz 1 Nummer 1 betriebsbereit ist oder nicht innerhalb der Anfahrzeiten nach Absatz 3 Satz 1 Nummer 2 die angeforderte Leistung im Bereich der üblichen Schwankungen einspeist, verringert sich die Vergütung für die stillzulegende Anlage

1. auf null ab dem 13. Tag, wenn und solange die Voraussetzungen aus arbeitsschutz- oder immissionsschutzrechtlichen Gründen nicht erfüllt werden, oder
2. um jeweils 10 Prozent in einem Jahr der Sicherheitsbereitschaft, wenn die Voraussetzungen aus anderen Gründen nicht erfüllt werden.

⁴Wenn eine stillzulegende Anlage die Voraussetzungen der Sicherheitsbereitschaft vorübergehend nicht erfüllen kann, verringert sich die Vergütung ebenfalls ab dem 13. Tag solange auf null, bis die Voraussetzungen wieder erfüllt werden können. ⁵Dies gilt nicht für mit dem Betreiber eines Übertragungsnetzes abgestimmte Wartungs- und Instandsetzungsarbeiten. ⁶Unbeschadet der Sätze 1 bis 5 werden den Betreibern der stillzulegenden Anlagen nach Maßgabe des Absatzes 7 Satz 5 die im Fall einer Vorwarnung oder der Anforderung zur Einspeisung durch den Betreiber eines Übertragungsnetzes oder im Fall eines Probestarts entstehenden Erzeugungsauslagen erstattet.

(6) ¹Eine stillzulegende Anlage kann abweichend von Absatz 1 Satz 2 mit Ablauf des ersten Jahres der Sicherheitsbereitschaft endgültig stillgelegt werden, wenn der Betreiber das dem zuständigen Betreiber eines Übertragungsnetzes spätestens ein halbes Jahr vorher anzeigt. ²Der Betreiber der vorzeitig endgültig stillgelegten Anlage erhält nach der vorzeitigen endgültigen Stilllegung nur noch eine einmalige Abschlussvergütung nach Maßgabe des Absatzes 7 Satz 1, 2 und 6. ³Diese Abschlussvergütung wird pauschal festgesetzt und entspricht der Vergütung, die dem Betreiber für die stillzulegende Anlage im ersten Jahr der Sicherheitsbereitschaft erstattet wurde. ⁴Unbeschadet des Satzes 1 kann eine stillzulegende Anlage auf Antrag des Betreibers und nach Genehmigung durch die Bundesnetzagentur jederzeit endgültig stillgelegt werden, wenn sie die Voraussetzungen der Sicherheitsbereitschaft dauerhaft nicht oder nur unter unverhältnismäßigem Aufwand erfüllen kann; in diesem Fall entfällt mit Wirkung ab der endgültigen Stilllegung der Vergütungsanspruch nach Absatz 5 für diese stillzulegende Anlage; die Sätze 2 und 3 finden in diesem Fall keine Anwendung.

(7) ¹Die Höhe der Vergütung nach Absatz 5 oder 6 wird durch die Bundesnetzagentur festgesetzt. ²Der Betreiber einer stillzulegenden Anlage hat gegen den zuständigen Betreiber eines Übertragungsnetzes einen Vergütungsanspruch in der von der Bundesnetzagentur festgesetzten Höhe. ³Die Vergütung nach Absatz 5 Satz 1 und 2 wird jährlich im Voraus gezahlt, zahlbar monatlich in zwölf gleichen Abschlägen. ⁴Die endgültige Abrechnung eines Bereitschaftsjahres erfolgt – soweit erforderlich – spätestens zum 1. Januar des folgenden Kalenderjahres. ⁵Die Erzeugungsauslagen nach Absatz 5 Satz 6 werden von den Betreibern der Übertragungsnetze nach Ablauf eines Bereitschaftsjahres spätestens zum 1. Januar des folgenden Kalenderjahres gesondert erstattet. ⁶Die Vergütung nach Absatz 6 wird nach Ablauf des ersten Bereitschaftsjahres spätestens zum 1. Januar des folgenden Kalenderjahres abgerechnet. ⁷Die Betreiber von Übertragungsnetzen rechnen Bilanzkreisunterspeisungen und Bilanzkreisüberspeisungen für die Fahrplanviertelstunden, in denen eine Anforderung zur Einspeisung erfolgt ist, im Rahmen der Ausgleichsenergieabrechnung nach § 8 Absatz 2 der Stromnetzzugangsverordnung ab. ⁸Die Betreiber von Übertragungsnetzen dürfen die ihnen nach den Absätzen 5 und 6 entstehenden Kosten nach Abzug der entstehenden Erlöse über die Netzentgelte geltend machen. ⁹Die Kosten mit Ausnahme der Erzeugungsauslagen nach

Absatz 5 Satz 6 gelten als dauerhaft nicht beeinflussbare Kostenanteile nach § 11 Absatz 2 Satz 1 der Anreizregulierungsverordnung. [10]Im Übrigen ist § 13e Absatz 3 Satz 5 und 6 entsprechend anzuwenden.

(8) [1]Das Bundesministerium für Wirtschaft und Energie überprüft im Einvernehmen mit dem Bundesministerium für Umwelt, Naturschutz und nukleare Sicherheit bis zum 30. Juni 2018, in welchem Umfang Kohlendioxidemissionen durch die Stilllegung der stillzulegenden Anlagen zusätzlich eingespart werden. [2]Sofern bei der Überprüfung zum 30. Juni 2018 absehbar ist, dass durch die Stilllegung der stillzulegenden Anlagen nicht 12,5 Millionen Tonnen Kohlendioxidemissionen ab dem Jahr 2020 zusätzlich eingespart werden, legt jeder Betreiber von stillzulegenden Anlagen bis zum 31. Dezember 2018 in Abstimmung mit dem Bundesministerium für Wirtschaft und Energie einen Vorschlag vor, mit welchen geeigneten zusätzlichen Maßnahmen er beginnend ab dem Jahr 2019 jährlich zusätzliche Kohlendioxidemissionen einsparen wird. [3]Die zusätzlichen Maßnahmen aller Betreiber von stillzulegenden Anlagen müssen insgesamt dazu führen, dass dadurch zusammen mit der Stilllegung der stillzulegenden Anlagen 12,5 Millionen Tonnen Kohlendioxid im Jahr 2020 zusätzlich eingespart werden, wobei die Betreiber gemeinsam zusätzlich zu den Einsparungen durch die Stilllegung der stillzulegenden Anlagen nicht mehr als insgesamt 1,5 Millionen Tonnen Kohlendioxid einsparen müssen. [4]Sofern keine Einigung zu den zusätzlichen Maßnahmen erreicht wird, kann die Bundesregierung nach Anhörung der Betreiber durch Rechtsverordnung nach § 13i Absatz 5 weitere Maßnahmen zur Kohlendioxideinsparung in der Braunkohlewirtschaft erlassen.

Überblick

Der in § 13g geregelte vorzeitige Marktaustritt von acht im Einzelnen bezeichneten Braunkohlekraftwerken markiert den Einstieg in den Ausstieg Deutschlands aus der Kohleverstromung. Die Maßnahme ist in erster Linie durch den Klimaschutz motiviert (Absatz 1, → Rn. 4 ff.). Im Interesse der Versorgungssicherheit sollen die Anlagen jedoch nur vorläufig stillgelegt und für die Dauer von vier Jahren als sog. Sicherheitsbereitschaft für den Notfall wieder betriebsbereit gemacht werden können (Absätze 2 und 3, → Rn. 10 ff.). Da jedwede Marktteilnahme der Kraftwerke ausgeschlossen ist (Absatz 4, → Rn. 15), erhalten die Betreiber eine Entschädigung, die sich an den während der Sicherheitsbereitschaft entgangenen Gewinnen orientiert. Die Absätze 5 und 7 der Norm regeln unter Verweis auf eine Formel in der Anlage zu § 13g die Einzelheiten des Vergütungsanspruchs der Anlagenbetreiber gegenüber dem zuständigen Übertragungsnetzbetreiber sowie die Refinanzierung der den Übertragungsnetzbetreibern entstehenden Kosten (vgl. → Rn. 17 ff.). In Absatz 6 wird geregelt, unter welchen Voraussetzungen und mit welchen Rechtsfolgen eine Anlage frühzeitig aus der Sicherheitsbereitschaft ausscheiden und endgültig stillgelegt werden kann. In Absatz 8 hat der Gesetzgeber ein Monitoring vorgesehen sowie einen Weg zu zusätzlichen Emissionsreduktionen für den Fall beschrieben, dass die mit den Stilllegungen erwarteten Emissionsreduktionen nicht eintreten.

Übersicht

	Rn.		Rn.
A. Normzweck und Bedeutung	1	I. Höhe der Vergütung	18
B. Stilllegungspflicht für acht Braunkohlekraftwerke (Abs. 1 und 6)	4	II. Beihilferechtliche Beurteilung	21
		III. Abrechnung der Vergütung	24
C. Ausgestaltung der Sicherheitsbereitschaft (Abs. 2–4)	10	IV. Kostenwälzung	26
D. Vergütung und die Kostentragung der Sicherheitsbereitschaft (Abs. 5 und 7)	17	E. Abgrenzung zur Stilllegung von Braunkohlekraftwerken nach dem KVBG	27

EnWG § 13g

A. Normzweck und Bedeutung

1 Über die vorläufige Stilllegung und Überführung von Braunkohlekraftwerken in eine Sicherheitsbereitschaft nach § 13g wurden rund 2,7 Gigawatt und damit etwa 13 Prozent der Kapazität der deutschen Braunkohlekraftwerke in den Jahren 2016–2019 vorzeitig aus dem Markt genommen. Dieser **„kleine" Braunkohleausstieg** wurde im Verhandlungswege mit den Kraftwerksbetreibern unter Beachtung strukturpolitischer, energiewirtschaftlicher Aspekte und der Klimawirksamkeit der Maßnahme ausgestaltet und gesetzlich festgeschrieben. Wohl nur aufgrund dieses konsensualen Ansatzes konnte die Maßnahme rechtssicher so schnell umgesetzt werden, dass schon im Oktober 2016, also nur rund zwei Monate nach dem Inkrafttreten der Vorschrift am 30.7.2016, das erste Braunkohlekraftwerk in die Sicherheitsbereitschaft überführt werden konnte.

2 Der erhoffte **Klimaschutzbeitrag** hat sich nach Einschätzung einer zwischenzeitlichen Evaluierung, wonach im Jahr 2020 je nach Referenzszenario zwischen 11,8 und 15 Mio. Tonnen CO_2 eingespart werden können, eingestellt (Öko-Institut e.V. und Prognos, Evaluierung der Emissionsminderungen der Braunkohle-Sicherheitsbereitschaft, Dezember 2018, veröffentlicht unter: www.bmwi.de). Zudem dürften die Erfahrungen mit diesem Instrument die Ausgestaltung des später beschlossenen vollständigen Ausstiegs aus der Braunkohleverstromung nach dem KVBG erleichtert haben. Auch dort wurde angesichts der Komplexität der Braunkohlesysteme und der besonderen Betroffenheit der beiden deutschen Revierregionen darauf gesetzt, mit den Betreibern im Verhandlungswege einen Ausstiegspfad zu definieren, der die erforderlichen CO_2-Einsparungen ermöglicht, gleichzeitig aber auch bergrechtlich umsetzbar, strukturpolitisch ausgewogen und sozialverträglich ist und die Versorgungssicherheit nicht gefährdet (→ Rn. 27).

3 Ob die Sicherheitsbereitschaft nach § 13g zudem einen relevanten **Beitrag zur Versorgungssicherheit** leistet, wurde unterschiedlich beurteilt. Die EU-Kommission hatte ernstliche Zweifel, die Maßnahme unter diesem Gesichtspunkt beihilferechtlich zu genehmigen und stützte ihre Entscheidung daher allein auf die klimaschützende Wirkung (EU-Kommission, Staatliche Beihilfe SA.42536 – Deutschland Stilllegung deutscher Braunkohlekraftwerksblöcke, 27.5.2016, Rn. 60). Da die Sicherheitsbereitschaft erst aktiviert werden soll, wenn alle anderen Möglichkeiten zur Sicherung der Versorgung ausgeschöpft sind – einschließlich der Kapazitätsreserve nach § 13e – dient sie der Absicherung der Versorgung in absoluten Extremsituationen. Aus der bislang ausgebliebenen Aktivierung der Sicherheitsbereitschaft wird man daher nicht ohne Weiteres schließen können, dass es dieser letzten Absicherung nicht bedürfe, zumal aufgrund der elementaren Bedeutung einer funktionierenden Elektrizitätsversorgung insoweit ein hohes Schutzniveau angestrebt werden sollte.

3a Der Ukraine-Krieg und die damit drohende Gasmangellage haben dazu geführt, dass fünf in den Jahren 2018 und 2019 in die Sicherheitsbereitschaft überführte Braunkohlekohleblöcke noch einmal in den Strommarkt zurückkehren können sollen, wenn dies geboten ist, um eine weitere Reduktion der Verstromung von Erdgas zu realisieren. Nach § 50d sollen sie als Reserveanlagen bis zum 31.3.2024 in eine Versorgungsreserve überführt werden, aus der sie auf Grundlage einer Rechtsverordnung – dazu ist die Versorgungsreserveabrufverordnung (VersResAbV) erlassen worden – befristet in den Strommarkt zurückkehren dürfen. Dort sollen sie von den Betreibern in eigener Verantwortung marktrational eingesetzt werden, also nicht im Rahmen einer entschädigten Indienstnahme. Die vor allem deshalb erforderliche Abgrenzung der Entschädigungsregelungen des § 13g für die Sicherheitsbereitschaft von den Regelungen zur Entschädigung der Kraftwerksvorhaltung in der Versorgungsreserve unter Berücksichtigung des eigennützigen Betriebs im Falle der Marktrückkehr wird im Einzelnen in § 50d Abs. 5 ff. geregelt.

B. Stilllegungspflicht für acht Braunkohlekraftwerke (Abs. 1 und 6)

4 § 13g Abs. 1 S. 1 benennt **acht Kraftwerke bzw. Kraftwerksblöcke,** die in den Jahren 2016–2019 zu jeweils im Einzelnen benannten Zeitpunkten vorläufig stillgelegt werden müssen. Die mit Blick auf Art. 3 GG sensible Auswahl dieser Kraftwerke erfolgte – mangels hinreichender Anzahl von Betreiberunternehmen – nicht unter wettbewerblichen Bedingungen (wie beim Steinkohleausstieg nach dem Kohleverstromungsbeendigungsgesetz). Auch ein gesetzlich fixierter Kriterienkatalog fehlt. Stattdessen wurden die Kraftwerke **im Wege**

von **Verhandlungen mit den Betreiberunternehmen ausgewählt**. Auf diese Weise konnten neben der Einsparung von Kohlendioxid verschiedene andere Kriterien berücksichtigt werden, u.a. die Kosteneffizienz der Gesamtmaßnahme, regionale Aspekte und Beschäftigungseffekte (BT-Drs. 18/7317, 102), ohne dass Wahl und Gewichtung dieser Kriterien einer Prüfung unter Art. 3 GG standhalten müssen.

Im Ergebnis haben die damals drei Betreiberunternehmen und drei Braunkohlereviere (das Helmstedter Revier, das Lausitzer Revier und das Rheinische Revier) einen Beitrag zur vorzeitigen Reduzierung der Braunkohleverstromung geleistet. Ausgewählt wurden zumeist ältere Anlagen, die aufgrund geringerer Wirkungsgrade besonders hohe spezifische Emissionswerte haben. Mit Blick auf im Vergleich zu moderneren Anlagen kürzeren Restnutzungsdauern und geringeren erzielbaren Erlösen ist die Auswahl dieser Kraftwerke auch ökonomisch sinnvoll: für die Betreiberunternehmen, weil sie nur für vier Jahre eine Vergütung für den vorzeitigen Marktaustritt erhalten (vgl. → Rn. 19) und für die Übertragungsnetzbetreiber und letztlich die Letztverbraucher, weil sie an den während der Sicherheitsbereitschaft entgangenen Gewinnen orientierten Vergütungen der Betreiber finanzieren (vgl. → Rn. 26). 5

§ 13g Abs. 1 S. 2 und S. 3 bestimmen, dass die Anlagen ab dem Kalendertag der jeweiligen vorläufigen Stilllegungspflicht für die Dauer von vier Jahren nicht endgültig stillgelegt werden dürfen, nach Ablauf dieser vier Jahre jedoch endgültig stillgelegt werden müssen. Das **befristete Stilllegungsverbot** dient der Einrichtung einer Sicherheitsbereitschaft nach Absatz 2. Die **im Anschluss bestehende Pflicht zur endgültigen Stilllegung** soll eine Marktrückkehr der Anlagen ausschließen und damit die nachhaltige Emissionsreduktion absichern. 6

Das **Verbot der vorzeitigen endgültigen Stilllegung** wird **in Absatz 6 relativiert**. Nach zwei verschiedenen Varianten ist eine endgültige Stilllegung vor Ablauf der vierjährigen Sicherheitsbereitschaft möglich: 7

Nach **Absatz 6 Satz 1** kann der Anlagenbetreiber eine Anlage bereits **nach Ablauf eines Jahres der Sicherheitsbereitschaft vorzeitig endgültig stilllegen**. Zwar soll nach der Gesetzesbegründung ein „Antrag" des Betreibers erforderlich sein (BT-Drs. 18/7317, 109), doch der insoweit eindeutige Wortlaut der Regelung sieht **lediglich eine Anzeigepflicht** gegenüber dem Übertragungsnetzbetreiber vor. Anders als bei anderen Anlagen können BNetzA und Übertragungsnetzbetreiber die endgültige Stilllegung nicht durch die genehmigte Ausweisung der Anlage als systemrelevant abwenden. § 13b Abs. 6 nimmt die Anlagen nach § 13g ausdrücklich von den entsprechenden Vorgaben in § 13b aus. Der Gesetzgeber ging offenbar davon aus, dass die in der Sicherheitsbereitschaft vorgehaltene Gesamtleistung auch dann noch ausreicht, wenn – im Extremfall – jede Anlage nur jeweils für ein Jahr zur Verfügung steht (BT-Drs. 18/7317, 109). Bei einer vorzeitigen endgültigen Stilllegung nach Satz 1 erhält der Kraftwerksbetreiber gem. Sätzen 2 und 3 eine **(zusätzliche) Abschlussvergütung,** die der für das erste Jahr der Sicherheitsbereitschaft gezahlten Vergütung entspricht. 8

Für den Anlagenbetreiber dürfte ohnehin nur unter besonderen Umständen ein Anreiz bestehen, die endgültige Stilllegung vorzeitig zu betreiben, weil mit diesem Schritt eine Reduktion der Vergütung für die Sicherheitsbereitschaft verbunden ist. Sollten solche Umstände erst nach Ablauf des ersten Jahres der Sicherheitsbereitschaft eintreten, stellt sich die Frage, ob eine vorzeitige endgültige Stilllegung nach Satz 1 – gewissermaßen erst recht – auch zu späteren Zeitpunkten als nach einem Jahr der Sicherheitsbereitschaft erfolgen kann. Mit Blick auf den vom Gesetzgeber angestrebten Mindestumfang der Sicherheitsbereitschaft scheint nichts dagegen zu sprechen. Der Wortlaut („mit" statt „nach" Ablauf des ersten Jahres) könnte gleichwohl für ein abweichendes Verständnis sprechen, wonach endgültige Stilllegungen zu anderen Zeitpunkten allein nach der Regelung in Satz 4 möglich sind. Dafür spricht auch, dass die in Sätzen 2 und 3 vorgesehene pauschale Abschlussvergütung nur in Höhe der im ersten Jahr gezahlten Vergütung entspricht und im Jahr nach dem ersten Bereitschaftsjahr gezahlt werden soll, vgl. Absatz 7 Satz 6. Legt ein Betreiber seine Anlage also nach dem ersten Jahr endgültig still, erhält er (dennoch) zwei Jahresvergütungen. Es sollte offenbar eine schnellere endgültige Stilllegung nach dem ersten Jahr der Sicherheitsbereitschaft angereizt werden. 8.1

Nach **Absatz 6 Satz 4** kann die BNetzA **auf Antrag des Betreibers** genehmigen, die Anlage jederzeit – also auch vor dem Ablauf des ersten Jahres der Sicherheitsbereitschaft – vorzeitig endgültig stillzulegen, wenn der Betreiber die Voraussetzungen der **Sicherheitsbereitschaft dauerhaft nicht oder nur mit unverhältnismäßigem Aufwand erfüllen** kann. Wird eine Anlage nach dieser Vorschrift vorzeitig endgültig stillgelegt, entfällt der 9

Vergütungsanspruch ab dem Zeitpunkt der Stilllegung; eine Abschlussvergütung nach den Sätzen 2 und 3 wird also nicht gezahlt.

C. Ausgestaltung der Sicherheitsbereitschaft (Abs. 2–4)

10 Während das Gebot der vorläufigen Stilllegung in Absatz 1 dem Hauptziel des Gesetzgebers, der Reduktion von CO_2-Emissionen, dient, wird die Sicherheitsbereitschaft im Interesse der Versorgungssicherheit eingerichtet. Ihre Ausgestaltung findet sich in § 13g Abs. 2–4.

11 Den Regelungskern enthält **Absatz 2 Satz 1**. Er legaldefiniert die **Sicherheitsbereitschaft** als den Zeitraum zwischen vorläufiger Stilllegung nach Absatz 1 Satz 1 und endgültiger Stilllegung, in dem die Anlagen ausschließlich für Anforderungen der Übertragungsnetzbetreiber nach Maßgabe des § 1 Abs. 6 Elektrizitätssicherungsverordnung zur Verfügung stehen müssen. Dort ist geregelt, dass der Abruf von Anlagen in der Sicherheitsbereitschaft zur **"Deckung des lebenswichtigen Bedarfs an Elektrizität"** erfolgen kann. Durch den Verweis auf die Elektrizitätssicherungsverordnung wird deutlich, dass der Gesetzgeber die Sicherheitsbereitschaft nicht als Systemdienstleistung ausgestalten wollte, sondern dass die Kraftwerke nur bei außergewöhnlichen Störungen oder Gefährdungen der Sicherheit oder Zuverlässigkeit des Elektrizitätsversorgungssystems „als ultima ratio eingesetzt werden dürfen, wenn keine anderen Maßnahmen zur Verfügung stehen, um die Extremsituation zu bewältigen." (BT-Drs. 18/7317, 103). Die Sicherheitsbereitschaft kommt damit **nachrangig zu den Maßnahmen nach § 13 Abs. 1** zum Einsatz. Darin unterscheidet sich die Sicherheitsbereitschaft insbesondere von der Netzreserve nach § 13d und der Kapazitätsreserve nach § 13e.

12 Nach dem Willen des Gesetzgebers sollen ebenfalls die **Maßnahmen nach § 13 Abs. 2 vorrangig** sein (BT-Drs. 18/7317, 103; ebenso Säcker EnergieR/König § 13 Rn. 71). Der Abruf der Sicherheitsbereitschaft wird also nicht als ultima ratio der Notfallmaßnahmen nach § 13 Abs. 2 betrachtet, sondern als eine Maßnahme, die sich (erst) in das Arsenal der Mittel der staatlichen Krisenreaktion einordnet. Dieses Verständnis führt insbesondere dazu, dass Abschaltungen nach § 13 Abs. 2, soweit sie nicht die Deckung des lebenswichtigen Bedarfs an Elektrizität beeinträchtigen, Vorrang vor dem Abruf der Kraftwerke in Sicherheitsbereitschaft haben können. Die Frage, ob die Schonung dieser vorgehaltenen besonderen Kraftwerksleistung auf Kosten partieller Versorgungsunterbrechungen in diesen Fällen auch unter Berücksichtigung der zusätzlichen Emissionen noch sinnvoll ist, dürfte aber schon aus tatsächlichen Gründen geringe praktische Relevanz haben: Da die Kraftwerke in der Sicherheitsbereitschaft nicht kurzfristig betriebsbereit sein müssen (vgl. Absatz 3 Satz 1), dürfte die Sicherheitsbereitschaft ohnehin nur für die Behebung struktureller Störungen des Elektrizitätsversorgungssystems geeignet sein. In diesen Fällen dürfte zumeist auch die Deckung des lebenswichtigen Bedarfs an Elektrizität gefährdet sein, zumal an eine solche Notfallsituation auch keine überspannten Anforderungen gestellt werden sollten (zutr. Säcker EnergieR/König § 13 Rn. 156).

13 Aufgrund der Besonderheit, dass die Sicherheitsbereitschaft nachrangig zur Kapazitätsreserve ist und nur anlässlich einer staatlich veranlassten klimaschutzmotivierten Reduktion der Kapazitäten des Marktes eingeführt wurde, ist die Sicherheitsbereitschaft auch **kein Kapazitätsmechanismus** – auch nicht in Form einer strategischen Reserve – im Sinne des europäischen Sekundärrechts (Art. 20 ff. VO (EU) 2019/943). Sie ist vielmehr eine **Modalität einer im Kern klimapolitischen Stilllegungsmaßnahme.** Die Sicherheitsbereitschaft fungiert als bloßer „Rückholvorbehalt" allein für den Krisenfall.

14 § 13g Abs. 3 S. 1 legt fest, dass die Anlagen in der Sicherheitsbereitschaft innerhalb von **240 Stunden nach Vorwarnung** durch den zuständigen Übertragungsnetzbetreiber **betriebsbereit** sein müssen und sodann nach **11 Stunden nach Anforderung** einer Einspeisung auf **Mindestteilleistung** und **nach weiteren 13 Stunden** auf ihre **Nettonennleistung** angefahren werden können müssen; eine entsprechende Nachweispflicht der Anlagenbetreiber vor Beginn der Sicherheitsbereitschaft regelt Satz 3. Diese Vorgaben, die die Sicherheitsbereitschaft als Instrument zur Behebung unvorhergesehener Versorgungsgefährdungen ungeeignet erscheinen lassen, sind dem Umstand geschuldet, dass vorläufig stillge-

legte Braunkohlekraftwerke nur mit einem gewissen Vorlauf betriebsbereit gemacht werden können und im Kaltstart vergleichsweise lange Anfahrrampen haben.

(Nur) in der Gesetzesbegründung (BT-Drs. 18/7317, 103) hat der Gesetzgeber ausgeführt, dass die stillzulegenden Anlagen höchstens so lange mit Nettonennleistung betrieben werden dürfen, bis sämtliche Kohlebänder, Kesselbunker und ggf. Kraftwerksbunker leer gefahren sind, maximal jedoch 72 Stunden. Im Falle eines Abbruchs des Abrufes oder des Einsatzes soll die 72-Stunden-Frist zum Zeitpunkt des Abbruchs neu beginnen bzw. entfallen, wenn Kraftwerksbunker, die Kohlebänder und die Kesselbunker zum Zeitpunkt des Abbruchs des Abrufes oder des Einsatzes noch nicht mit Braunkohle befüllt sind. Damit wird die von den Kraftwerksbetreibern vorzuhaltende Kohlelogistik begrenzt. Diese und weitere Ausführungen zu Abweichungstoleranzen in der Gesetzesbegründung dürften für die Vereinbarungen zwischen Kraftwerksbetreibern und Übertragungsnetzbetreibern über die Modalitäten des Einsatzes der Sicherheitsbereitschaft leitend sein. 15

§ 13g Abs. 4 stellt klar, dass die Anlagen in der Sicherheitsbereitschaft nur im Rahmen ihres Einsatzes nach Absatz 2 Satz 1 und im Falle von Probstarts einspeisen dürfen. Derartige Einspeisungen sind gem. Satz 2 über den Bilanzkreis der Übertragungsnetzbetreiber abzuwickeln und dürfen von diesen **nicht in Strommärkten** veräußert werden. Auf diese Weise wird sichergestellt, dass die Anlagen ihre CO_2-Emissionen weitestgehend reduzieren. Zugleich werden mit den Regelungen negative Auswirkungen der Sicherheitsbereitschaft auf die Strommärkte vermieden. Demselben Ziel dient die Pflicht der Übertragungsnetzbetreiber nach Satz 3, die Marktteilnehmer zu informieren, wenn Anlagen aus der Sicherheitsbereitschaft aufgrund einer Vorwarnung betriebsbereit gemacht oder zur Einspeisung angefordert werden. 16

D. Vergütung und die Kostentragung der Sicherheitsbereitschaft (Abs. 5 und 7)

Die Höhe der Vergütung der Sicherheitsbereitschaft richtet sich nach den Vorgaben in § 13g Abs. 5 (zu den Sonderregelungen bei einer vorzeitigen Beendigung der Sicherheitsbereitschaft in Absatz 6 Sätzen 2–4 → Rn. 8). Demgegenüber regelt Absatz 7 die Abwicklung der Vergütung sowie die Kostenwälzung. 17

I. Höhe der Vergütung

Die **Vergütungslogik** benennt Absatz 5 Satz 1: Es sollen die während der vierjährigen Sicherheitsbereitschaft durch das Verbot der Teilnahme an den Strommärkten **entgangenen Erlöse abzüglich der kurzfristig variablen Erzeugungskosten** erstattet werden. Dieser Ansatz orientiert sich daran, die Anlagenbetreiber so zu stellen, wie sie stünden, wenn sie ihre Anlagen nicht vorläufig hätten stilllegen und in der Sicherheitsbereitschaft vorhalten müssen, sondern die Anlagen im Markt eingesetzt hätten. Dieser im Grundsatz sachgerechte Ansatz wird in der Anlage zu § 13g, auf die Satz 2 verweist, mittels einer Formel konkretisiert, die zusätzlich die **Erstattung etwaiger Zusatzkosten** der Sicherheitsbereitschaft vorsieht (einen guten Überblick über die Vergütungskomponenten gibt eine tabellarische Darstellung in der Gesetzesbegründung, BT-Drs. 18/7317, 105 ff.). Satz 6 sieht zudem die Erstattung der **Erzeugungsauslagen** vor, wenn die Anlagen in der Sicherheitsbereitschaft angefordert oder im Rahmen eines erforderlichen Probstarts hochgefahren wurden. 18

Diese Vergütungsregelung dürfte trotz gewisser vereinfachender Annahmen die während der Sicherheitsbereitschaft entstehenden Kosten, einschließlich Opportunitätskosten, relativ gut abbilden. Dennoch **bleibt die Vergütung hinter einem vollständigen Ersatz der Opportunitätskosten** der Anlagenbetreiber des vorzeitigen Marktaustritts **zurück.** Das liegt daran, dass die Anlagen auch nach der vierjährigen Sicherheitsbereitschaft nicht mehr in den Strommarkt zurückkehren dürfen, sondern endgültig stillgelegt werden müssen. Je länger eine Anlage also noch nach Ablauf der Sicherheitsbereitschaft wirtschaftlich hätte eingesetzt werden können, desto weniger gleicht die nur die entgangenen Erlöse von vier Jahren abdeckende Vergütung die den Anlagenbetreibern durch § 13g entstehenden wirtschaftlichen Nachteile aus. 19

Des Weiteren wird in Absatz 5 festgelegt, wie sich die **Vergütung reduziert, wenn** die **Anlagenbetreiber** die **Voraussetzungen der Sicherheitsbereitschaft nicht erfüllen,** 20

EnWG § 13g

insbesondere wenn sie die zeitlichen Vorgaben zur Betriebsbereithaltung und Einspeisung der Anlagen nicht einhalten. Die in den Sätzen 3–5 relativ ausdifferenziert ausgestalteten Regelungen können die Vergütung eines Jahres im Extremfall auf Null reduzieren und stellen für die Anlagenbetreiber einen Anreiz dar, ungeachtet der geringen Wahrscheinlichkeit einer Inanspruchnahme ihrer Anlage die Vorgaben aus Absatz 3 einzuhalten.

II. Beihilferechtliche Beurteilung

21 Noch vor Abschluss des Gesetzgebungsverfahrens des die Sicherheitsbereitschaft nach § 13g einführenden Strommarktgesetzes konnte die beihilferechtliche Zulässigkeit der Vergütung der Sicherheitsbereitschaft geklärt werden. Die EU-Kommission kam zu dem Schluss, dass die Vergütung nach § 13g Abs. 5 nicht auf die Gewährung einer beihilferechtlich unzulässigen Überkompensation abzielte und erklärte die Maßnahme mit Blick auf ihren klimapolitischen Nutzen für **mit dem Binnenmarkt vereinbar** (EU-Kommission, Staatliche Beihilfe SA.42536 – Deutschland Stilllegung deutscher Braunkohlekraftwerksblöcke, 27.5.2016).

22 Da die Anlagenbetreiber ihre Anlagen nicht freiwillig, sondern aufgrund eines gesetzlichen Eingriffsakts (wenngleich nach ihrer Einbindung bei der Ausgestaltung der Maßnahme) in die Sicherheitsbereitschaft überführt haben, stellte sich schon die Frage, ob der **Beihilfetatbestand** des Art. 107 AEUV überhaupt erfüllt ist. Eine Vergütung, die nicht über eine **nach nationalem Entschädigungsrecht gebotene Kompensation** für einen Grundrechtseingriff hinausgeht, begründet nämlich keinen beihilferechtlich relevanten wirtschaftlichen Vorteil (vgl. bereits: EuGH BeckRS 2004, 70675 Rn. 23 und 24 – Asteris). Insoweit war auch beihilferechtlich relevant, dass die Sicherheitsbereitschaft sowohl in die Berufsfreiheit der Anlagenbetreiber nach Art. 12 GG als auch in ihr von Art. 14 GG geschütztes Eigentum an den Anlagen eingreift. Der intensive Eingriff in das Anlageneigentum besteht darin, dass den Betreibern aufgrund der Pflicht zur vorläufigen Stilllegung nach Absatz 1 und dem Verbot, die Kraftwerke in den Strommärkten zu nutzen, jedwede selbstbestimmte Nutzungsmöglichkeit genommen wird. Zudem liegt ein schwerer Eingriff in die Berufsfreiheit der Betreiber vor, weil die Anlagenbetreiber in Bezug auf die betroffenen Anlagen vollständig dem Sicherheitsbereitschaftsregime des § 13g Abs. 3 unterworfen sind und ihnen eine Teilnahme am Strommarkt untersagt wird. Damit stand außer Frage, dass der Eingriff jedenfalls dem Grunde nach entschädigungspflichtig war (ebenso, unter Berufung auf Art. 12 GG, Säcker EnergieR/Ruttloff/Lippert § 13g Rn. 23).

23 Die EU-Kommission ließ letztlich offen, ob vor diesem Hintergrund bereits der Beihilfetatbestand zu verneinen ist. Die EU-Kommission anerkannte aber, dass das Bemühen Deutschlands, langwierige Gerichtsverfahren durch eine gütliche Einigung mit den Betroffenen direkt durch die Gesetzgebung zu vermeiden, sinnvoll ist (EU-Kommission, Staatliche Beihilfe SA.42536 – Deutschland Stilllegung deutscher Braunkohlekraftwerksblöcke, 27.5.2016, Rn. 46). Zugleich stimmte sie Deutschland darin zu, dass die Vergütung einen Ausgleich für tatsächlich entstandene Kosten und Ausgaben darstellt und daher zu keiner Überkompensation führt und zudem eine in wettbewerblichen Verfahren bestimmte Vergütung nicht möglich gewesen sei. Aus Sicht der EU-Kommission überwog im Ergebnis der klimapolitische Nutzen die allenfalls begrenzten negativen wettbewerblichen Effekte der Maßnahme (EU-Kommission, Staatliche Beihilfe SA.42536 – Deutschland Stilllegung deutscher Braunkohlekraftwerksblöcke, 27.5.2016, Rn. 80 ff., 87). Die Maßnahme wurde daher auf der **Grundlage von Art. 107 Abs. 3 lit. c AEUV für mit dem Binnenmarkt vereinbar** erklärt.

III. Abrechnung der Vergütung

24 Die Abwicklung der Vergütung wird in § 13g Abs. 7 S. 1–6 geregelt. Danach kann der Anlagenbetreiber die Vergütung nach Absätzen 5 oder 6 vom zuständigen Übertragungsnetzbetreiber fordern (Satz 2). Die **Höhe dieses gesetzlichen Vergütungsanspruchs setzt die BNetzA fest** (Satz 1). Anders als etwa bei der Netzreserve nach § 13d, deren Vergütung vertraglich „in Abstimmung" mit der BNetzA zu vereinbaren ist, stellt der Gesetzgeber bei § 13g klar, dass die Höhe des gesetzlichen Vergütungsanspruchs durch Verwaltungsakt festgesetzt wird. Das führt dazu, dass im Streitfall die Vergütungshöhe in einem Beschwerde-

verfahren nach § 75 geklärt werden kann und kein Zivilrechtsstreit zwischen Anlagenbetreiber und Übertragungsnetzbetreiber zu führen ist.

Die Sätze 3–6 regeln, wie die Abrechnung der Vergütung und die Erstattung der weiteren 25 Auslagen erfolgen sollen. Danach wird die **Vergütung jährlich im Voraus** in zwölf gleichen Monatsraten gezahlt. Ggf. findet eine endgültige Abrechnung im Folgejahr statt. Nur in der Gesetzesbegründung wird dazu ausgeführt, dass eine solche **nachträgliche Abrechnung** nur dann erfolgen soll, wenn sich eine Abweichung der tatsächlichen Kosten von den der Festsetzung zugrunde gelegten erwarteten Kosten von mehr als 5 Prozent in einem Bereitschaftsjahr ergibt (BT-Drs. 18/7317, 110). Soweit dem Anlagenbetreiber hierdurch eine geringere Vergütung gewährt wird, als ihm nach Absatz 5 Sätze 1 und 2 in Verbindung mit der Formel in der Anlage zugestanden hätte, ist fraglich, ob eine derartige Anspruchskürzung eine hinreichende Grundlage im Gesetz selbst findet.

IV. Kostenwälzung

In den § 13g Abs. 7 S. 7–10 wird die Wälzung der den Übertragungsnetzbetreibern durch 26 die Sicherheitsbereitschaft entstehenden Kosten geregelt. Danach sind die Kosten aus der Vergütung der Vorhaltung der Sicherheitsbereitschaft als dauerhaft nicht beeinflussbare Kostenanteile iSv § 11 Abs. 2 ARegV **über die Netzentgelte wälzbar** (s. auch § 11 Abs. 2 S. 1 Nr. 16 ARegV). Die Erzeugungsauslagen sollen hingegen, da sie durch den Einsatz der Sicherheitsbereitschaft entstehen und jenen Marktteilnehmern zugerechnet werden können, die im fraglichen Zeitraum durch unausgeglichene Bilanzkreise den Einsatz der Sicherheitsbereitschaft verursacht haben, nicht sozialisiert werden. Insoweit ist die **Abrechnung von Ausgleichsenergie** nach § 8 Abs. 2 StromNZV abschließend. Um eine gleichmäßige Verteilung der Kosten der Sicherheitsbereitschaft zu gewährleisten, soll auch für diese Kosten ein **Umlagemechanismus** gelten, weshalb Satz 10 auf die entsprechenden Regelungen in § 13e Abs. 3 S. 5 und 6 verweist.

E. Abgrenzung zur Stilllegung von Braunkohlekraftwerken nach dem KVBG

Der nach §§ 40 ff. KVBG geregelte schrittweise vollständige Ausstieg aus der Braunkohle- 27 verstromung geht in seiner klimapolitischen, energiewirtschaftlichen, struktur- und sozialpolitischen und betriebswirtschaftlichen Tragweite über die Stilllegung von Anlagen und Überführung in die Sicherheitsbereitschaft nach § 13g weit hinaus. Insbesondere unterscheiden sich die Institute in Bezug auf ihre Rückwirkungen auf die aus Tagebau und Kraftwerken bestehenden Erzeugungssysteme. Während § 13g aufgrund des begrenzten Umfangs und der Auswahl der betroffenen Anlagen keine erheblichen Auswirkungen auf diese Gesamterzeugungssysteme hat, sind vom Kohleausstieg nach dem KVBG die Erzeugungssysteme im Ganzen betroffen. Es sind zum Teil gravierende Umplanungen der Tagebaue und Kraftwerkssysteme nötig, um den Ausstieg geordnet, dh auch umweltgerecht und ohne nachteilige Wirkungen auf die Versorgungssicherheit zu bewerkstelligen. Bereits aus diesem Grunde schied von vornherein aus, für die weitere Reduzierung und vollständige Beendigung der Braunkohleverstromung auf der Regelung des § 13g aufzusetzen und lediglich den Kreis der nach § 13g Abs. 1 erfassten stillzulegenden Anlagen zu erweitern.

Der **Braunkohleausstieg nach §§ 40 KVBG** vollzieht sich deshalb nach einem geschlos- 28 senen, von § 13g (mittlerweile auch hinsichtlich der Ausgestaltung der Möglichkeit, einzelne Anlagen im Notfall zu reaktivieren, → Rn. 30) **vollständig unabhängigen Regelungsregime**. Gleichwohl gibt es Parallelen zwischen den beiden Klimaschutzinstrumenten:

Eine **konzeptionelle Parallele** besteht darin, dass **beide gesetzlichen Regime auf der** 29 **Grundlage von Verhandlungen** des Bundes mit den Betreiberunternehmen entwickelt wurden und von Vereinbarungen bzw. öffentlich-rechtlichen Verträgen flankiert sind. Durch das insoweit hergestellte Einvernehmen und entsprechend erklärte Rechtsbehelfsverzichte der Betreiber wurden die mit einer rein ordnungsrechtlichen Lösung einhergehenden verfassungsrechtlichen Risiken vermieden. Zudem konnte über die Verhandlungen sichergestellt werden, dass die jeweiligen Stilllegungspfade nicht nur klimapolitisch wirksam, sondern auch betrieblich umsetzbar und volkswirtschaftlich möglichst effizient sind.

Eine weitere Parallele besteht insoweit, als auch der Stilllegungspfad nach § 40 Abs. 1 iVm 30 Anlage 2 des KVBG vorsieht, dass einzelne Kraftwerke nicht sogleich endgültig stillgelegt werden, sondern für den Fall einer Versorgungskrise reaktiviert werden können. Der Gesetzgeber hatte zwischenzeitlich insoweit auf die Regelungen der Sicherheitsbereitschaft in § 13g zurückgegriffen und in einem neu eingefügten § 13 Abs. 9 (Gesetz v. 8.8.2020, BGBl. I 1818) einzelne Regelungen der Norm für entsprechend anwendbar erklärt. In der ursprünglichen Fassung des § 47 KVBG wurde auch begrifflich an das Regime der Sicherheitsbereitschaft angeknüpft.

31 Diese teilweise Einbeziehung der nach Anlage 2 KVBG betroffenen drei Kraftwerke in die Sicherheitsbereitschaft nach § 13g hat der Gesetzgeber jedoch wieder aufgegeben. § 13g Abs. 9 wurde mWv 1.1.2021 wieder aufgehoben (Gesetz v. 21.12.2020, BGBl. I 3138). Hintergrund dieser Entscheidung ist die Erkenntnis, dass die drei Anlagen aus einem Bündel von Gründen nicht unmittelbar vom Marktbetrieb in die endgültige Stilllegung überführt werden sollen. Die „**zeitlich gestreckte Stilllegung**" dieser Anlagen „dient der planbaren, sozialverträglichen und strukturverträglichen Umsetzung der Stilllegung der betreffenden Braunkohleanlagen" (BT-Drs. 19/25326, 54). Damit unterscheidet sich das Instrument wesentlich von der Sicherheitsbereitschaft nach § 13g, weshalb nunmehr auch begrifflich zwischen der zeitlich gestreckten Stilllegung nach §§ 40 Abs. 1, 50 KVBG und der Sicherheitsbereitschaft unterschieden wird. Ungeachtet dessen sind beide Instrumente in einzelnen Aspekten ähnlich bis deckungsgleich ausgestaltet (vgl. § 50 KVBG).

§ 13h Verordnungsermächtigung zur Kapazitätsreserve

(1) Zur näheren Bestimmung der Kapazitätsreserve nach § 13e wird das Bundesministerium für Wirtschaft und Energie ermächtigt, durch Rechtsverordnung, die nicht der Zustimmung des Bundesrates bedarf, insbesondere Regelungen vorzusehen

1. zur Konkretisierung der Anlagen, aus denen Reserveleistung für die Kapazitätsreserve gebunden werden kann,
2. zu der Menge an Reserveleistung, die in der Kapazitätsreserve gebunden wird, und zu den Zeitpunkten der Leistungserbringung, abweichend von § 13e Absatz 2 Satz 3 und bis zur Grenze nach § 13e Absatz 5 Satz 4,
3. zur Anpassung des Umfangs der Kapazitätsreserve in Ergänzung zu den Anforderungen in § 13e Absatz 5,
4. zum Verhältnis der Kapazitätsreserve zu netz- und marktbezogenen Maßnahmen nach § 13 sowie zu den Anlagen der Netzreserve im Sinne des § 13d Absatz 1,
5. zu der Aktivierung und dem Abruf (Einsatz) der Anlagen, insbesondere um zu gewährleisten, dass die Anlagen der Kapazitätsreserve elektrische Energie ausschließlich auf Anforderung der Betreiber von Übertragungsnetzen einspeisen und die Betreiber der Anlagen die Reserveleistung nicht an den Strommärkten veräußern,
6. zu Art, Zeitpunkt, Zeitraum sowie Häufigkeit, Form und Inhalt des Beschaffungsverfahrens, insbesondere
   a) zu der jeweils zu beschaffenden Reserveleistung,
   b) zur zeitlichen Staffelung der zu beschaffenden Reserveleistung in Teilmengen,
   c) zu den Vorlaufzeiten und zu den Zeitpunkten der tatsächlichen Bereitstellung der Reserveleistung, die nach bestehenden oder neu zu errichtenden Kapazitätsreserveanlagen differenziert werden können,
   d) zur Preisbildung für die Bereitstellung und die Verfügbarkeit der Reserveleistung, einschließlich der Festlegung von Mindest- und Höchstpreisen,
   e) zum Ablauf des Beschaffungsverfahrens,
   f) zur Nachbeschaffung von Reserveleistung, insbesondere wenn die insgesamt zu beschaffende Reserveleistung voraussichtlich nicht erreicht wird, ein Vertrag während der Verpflichtung zur Vorhaltung der Reserveleistung beendet wird oder die Funktionsprüfung trotz Nachbesserungsmöglichkeit nicht erfolgreich ist,

7. zu den Anforderungen für die Teilnahme an dem Beschaffungsverfahren und für die Anlagen, insbesondere
   a) Mindestanforderungen an die Eignung der Teilnehmer,
   b) Anforderungen an die Lage, Größe und die Eignung der Anlagen oder Teilkapazitäten der Anlage, um die Sicherheit und Zuverlässigkeit des Elektrizitätsversorgungssystems im Fall von Leistungsbilanzdefiziten zu gewährleisten,
   c) Anforderungen zur Netz- oder Systemintegration der Anlagen der Kapazitätsreserve,
   d) Anforderungen an das Vorliegen von Genehmigungen bei Anlagen,
   e) Anforderungen an die Anlagen zur Einhaltung des Rückkehrverbotes sowie zu Art, Form, Inhalt und Höhe von Sicherheiten, die von allen Teilnehmern des Beschaffungsverfahrens oder im Fall der Zuschlagserteilung zu leisten sind, um eine Inbetriebnahme sowie die Vorhaltung und den Einsatz der Anlage der Kapazitätsreserve sicherzustellen und zu gewährleisten, dass die Anlagen der Kapazitätsreserve bis zu ihrer endgültigen Stilllegung auch im Fall einer Veräußerung der Anlage nur außerhalb der Strommärkte eingesetzt werden, sowie Anforderungen an die entsprechenden Regelungen zur teilweisen oder vollständigen Rückgewährung dieser Sicherheiten,
   f) festzulegen, wie Teilnehmer an dem Beschaffungsverfahren die Einhaltung der Anforderungen nach den Buchstaben a bis e nachweisen müssen,
8. zu Form, Inhalt und Zeitpunkt der Zuschlagserteilung bei einem Beschaffungsverfahren und zu den Kriterien für die Zuschlagserteilung,
9. zur Berücksichtigung der durch die Kapazitätsreserve entstehenden Kosten der Betreiber von Übertragungsnetzen und zu den Anforderungen an einen Kostenausgleichsmechanismus zwischen den Betreibern der Übertragungsnetze,
10. zu der durch einen Zuschlag vergebenen Vergütung einschließlich der Vergütungsbestandteile, insbesondere zu regeln, dass die Vergütung für die Vorhaltung der Reserveleistung als Leistungspreis in Euro pro Megawatt zu zahlen ist,
11. zu den Kosten, die den Betreibern von Anlagen der Kapazitätsreserve gesondert zu erstatten sind, zur Abgrenzung zwischen erstattungsfähigen Kostenpositionen, nicht erstattungsfähigen Kostenpositionen und Vergütungsbestandteilen sowie zur Abgeltung der Kosten durch einen pauschalen Vergütungssatz,
12. zum Verfahren der Abrechnung der Kosten für die Vorhaltung und den Einsatz der Anlagen der Kapazitätsreserve durch die Betreiber der Übertragungsnetze,
13. zum Verfahren der Anpassung bestehender Verträge bei der Erteilung eines Zuschlags für Anlagen, die nach § 13a Absatz 1, § 13b oder § 13d sowie der Netzreserveverordnung als Netzreserve verpflichtet und an das Netz angeschlossen sind,
14. zur Dauer der vertraglichen Verpflichtung bei bestehenden und neu zu errichtenden Anlagen der Kapazitätsreserve,
15. zu der Art, den Kriterien, den Bedingungen, dem Umfang und der Reihenfolge des Einsatzes der Anlagen der Kapazitätsreserve, einschließlich des Einsatzes geeigneter Anlagen der Kapazitätsreserve für die Netzreserve, durch die Betreiber der Übertragungsnetze,
16. zur Sicherstellung, dass die Anlagen der Kapazitätsreserve den Betreibern der Übertragungsnetze im Bedarfsfall für den Einsatz zur Verfügung stehen, sowie zur Vermeidung von Wettbewerbsverzerrungen auf den Strommärkten, einschließlich der Untersagung des Betriebs der Anlage,
17. zu den Anforderungen, die bei Anlagen der Kapazitätsreserve sicherstellen sollen, dass die Anlagen von den Betreibern der Übertragungsnetze im Bedarfsfall eingesetzt werden können, insbesondere für den Fall, dass eine Anlage nicht oder verspätet aktiviert worden ist oder nicht in einem ausreichenden Umfang einspeist, und zu den Anforderungen, die bei neu zu errichtenden Anlagen die Inbetriebnahme sicherstellen sollen, insbesondere für den Fall, dass eine Anlage nicht oder verspätet in Betrieb genommen worden ist,

a) zu einem Verfahren für Probeabrufe, für einen Funktionstest der Anlagen und für Nachbesserungen in angemessener Frist, um die Betriebsbereitschaft und rechtzeitige Aktivierbarkeit der Anlagen zu gewährleisten, insbesondere

    aa) die Möglichkeit vorzusehen, einen Vertrag mit einem Betreiber einer Anlage bei Vorliegen wichtiger Gründe zu beenden,

    bb) Regelungen zur nachträglichen Beschaffung von Anlagen der Kapazitätsreserve vorzusehen und

    cc) eine Pflicht zu einer Geldzahlung oder zur Reduzierung der Vergütung vorzusehen und deren Höhe und die Voraussetzungen für die Zahlungspflicht zu regeln,

b) zum Vorgehen bei erfolglosen Probeabrufen, Funktionstests oder Einsätzen, insbesondere

    aa) bei der unterlassenen oder verspäteten Aktivierung einer Anlage oder bei der unterlassenen Inbetriebnahme einer neu errichteten Anlage eine Pflicht zu einer Geldzahlung vorzusehen und deren Höhe und die Voraussetzungen für die Zahlungspflicht zu regeln,

    bb) Kriterien für einen Ausschluss von Bietern bei künftigen Beschaffungen der Kapazitätsreserve zu regeln und

    cc) die Möglichkeit vorzusehen, die im Rahmen des Beschaffungsverfahrens zu zahlende Vergütung nach Ablauf einer angemessenen Frist nicht mehr zu zahlen oder zu verringern und danach die Reserveleistung erneut zu vergeben, oder die Dauer oder Höhe der Vergütung nach Ablauf einer angemessenen Frist zu verringern,

18. zu der Art, der Form und dem Inhalt der Veröffentlichungen der Bekanntmachung von Beschaffungsverfahren, der abgegebenen Gebote und den Ergebnissen der Beschaffungsverfahren,

19. zu den Informationen, die zur Durchführung der Nummern 1 bis 14 zu übermitteln sind, und zum Schutz der in diesem Zusammenhang übermittelten Betriebs- und Geschäftsgeheimnisse,

20. zur Bestimmung, wie der nach § 13e Absatz 5 Satz 5 bis 7 zugrunde zu legende Wert der durchschnittlichen Jahreshöchstlast berechnet wird und worauf er sich bezieht,

21. welche Daten übermittelt werden müssen und wer als Verantwortlicher zur Übermittlung verpflichtet ist,

22. zur Gewährleistung von Datensicherheit und Datenschutz; dies umfasst insbesondere Regelungen zum Schutz personenbezogener Daten im Zusammenhang mit den nach Nummer 18 zu übermittelnden Daten einschließlich Aufklärungs-, Auskunfts- und Löschungspflichten,

23. zu Art und Form der Veröffentlichung und Zustellung von Entscheidungen der Bundesnetzagentur im Anwendungsbereich der Rechtsverordnung nach diesem Absatz, insbesondere eine öffentliche Bekanntmachung vorzusehen.

(2) Das Bundesministerium für Wirtschaft und Energie wird ermächtigt, durch Rechtsverordnung, die nicht der Zustimmung des Bundesrates bedarf, die Bundesnetzagentur zu ermächtigen, im Anwendungsbereich der Kapazitätsreserve zur näheren Bestimmung der Regelungen nach Absatz 1 Nummer 1 bis 20 Festlegungen nach § 29 Absatz 1 zu treffen.

Überblick

§ 13h dient als zentrale Ermächtigungsgrundlage zur **Umsetzung der Kapazitätsreserve gem. § 13e** (→ Rn. 5 ff.) auf Verordnungsebene. In diesem Zusammenhang enthält § 13h Abs. 1 eine umfassende **Verordnungsermächtigung der Bundesregierung**, die es ermöglicht, **Regelungen zur konkreten Ausgestaltung sowie zum Beschaffungsverfahren** im Rahmen der Kapazitätsreserve gem. § 13e zu erlassen (→ Rn. 7 ff.). Hinzu tritt die Ermächtigung der Bundesregierung, gem. § 13h Abs. 2 im Anwendungsbereich der Kapazitätsreserve zur näheren Ausgestaltung der Regelungen nach § 13h Abs. 1 entsprechende

Festlegungskompetenzen der BNetzA durch Rechtsverordnung zu schaffen (→ Rn. 18 ff.).

A. Normzweck und Bedeutung

Durch § 13h wird die Bundesregierung ermächtigt, durch Rechtsverordnung, die **nicht der Zustimmung des Bundesrates** bedarf, Regelungen zur Kapazitätsreserve zu erlassen. Dabei umfasst die Verordnungsermächtigung sowohl Regelungen zur Ausgestaltung der Kapazitätsreserve (§ 13h Abs. 1) als auch die Möglichkeit der Ermächtigung der BNetzA zum Erlass von Festlegungen nach § 29 Abs. 1 auf dem Gebiet der Kapazitätsreserve (§ 13h Abs. 2).

Eine derartige **umfassende Verordnungskompetenz** der Bundesregierung mit Blick auf die Ausgestaltung der Kapazitätsreserve gem. § 13e ist dabei aus Sicht des Gesetzgebers erforderlich, da es **konkretisierender Vorgaben auf Verordnungsebene** bedarf, um das durchzuführende Beschaffungsverfahren (§ 13e Abs. 2), die Vorhaltung und den Einsatz der Kapazitätsreserve (§ 13e Abs. 1, Abs. 4) zeitnah, rechtssicher, transparent und diskriminierungsfrei auszugestalten (BT-Drs. 18/7317, 111).

Die ausdifferenzierte Regelung des § 13h dient insbesondere der Wahrung der **verfassungsrechtlichen Anforderungen des Art. 80 Abs. 1 S. 2 GG** an eine Verordnungsermächtigung. Dementsprechend müssen im Gesetz Inhalt, Zweck und Ausmaß der erteilten Ermächtigung bestimmt werden. Einer **Zustimmung des Bundesrates** bedarf es im Rahmen der Verordnungsermächtigung nicht, da die Verordnung der Konkretisierung des § 13e gilt und das EnWG seinerseits kein Zustimmungsgesetz darstellt (Art. 80 Abs. 2 GG).

Die Bundesregierung hat von der Verordnungsermächtigung durch **Erlass der Kapazitätsreserveverordnung** (KapResV) umfassend Gebrauch gemacht, die am 6.2.2019 in Kraft getreten ist.

B. Verordnungsermächtigung zur Regelung der Kapazitätsreserve (Abs. 1)

Die Verordnungsermächtigung der Bundesregierung zur näheren Bestimmung und Regelung der Kapazitätsreserve wird in § 13h Abs. 1 Nr. 1–24 durch eine **enumerative Darstellung von möglichen Regelungsinhalten** konkretisiert. Dabei gilt es zu berücksichtigen, dass die Verordnungskompetenz die Bundesregierung dazu ermächtigt, „insbesondere" Regelungen aus dem Katalog des § 13h Abs. 1 Nr. 1–24 zu erlassen. Danach sind die möglichen Regelungsinhalte der Nummern 1–24 nicht abschließend und können in einer Verordnung insbesondere weitere Regelungen zur **„näheren Bestimmung der Kapazitätsreserve"** aufgenommen werden.

Die Regelungsinhalte der Nummern 1–24 lassen sich in Regelungen zur **Vorhaltung, zum Einsatz sowie zur Vergütung der Kapazitätsreserve** untergliedern. Zudem sind Regelungen zur Konkretisierung und Ausgestaltung des Beschaffungsverfahrens vorgesehen.

I. Vorhaltung der Kapazitätsreserve

Verordnungsermächtigungen für Regelungen betreffend die **Vorhaltung der Kapazitätsreserve** iSd § 13e Abs. 1 finden sich in § 13h Abs. 1 Nr. 1–4.

So umfasst die Verordnungsermächtigung Regelungen zur Konkretisierung der Gewinnungsanlagen (Nummer 1), zur Menge und zum Zeitpunkt der Leistungserbringung (Nummer 2) sowie zum Umfang der Kapazitätsreserve (Nummer 3). Soweit der Umfang der Kapazitätsreserve geregelt wird, ist § 13e Abs. 5 zu beachten. Danach darf eine Anpassung des Umfangs der Kapazitätsreserve nur aufgrund einer Verordnung (und nicht durch Festlegung nach § 13h Abs. 2) und nur mit Zustimmung des Bundestages erfolgen, wenn die gebundene Reserveleistung 5 Prozent der durchschnittlichen Jahreshöchstlast im Gebiet der Bundesrepublik Deutschland übersteigt. Schließlich können auch Regelungen des Verhältnisses der Kapazitätsreserve gem. § 13e zu Maßnahmen nach § 13 sowie zu Anlagen der Netzreserve iSd § 13d Abs. 1 in der Verordnung getroffen werden (Nummer 4; vgl. dazu §§ 5, 20 KapResV).

II. Einsatz der Kapazitätsreserve

9 Regelungen zum **Einsatz der Kapazitätsreserve** können auf die Ermächtigung in § 13h Abs. 1 Nr. 5, 13–17 gestützt werden. In der KapResV finden sich derartige Regelungen in Teil 3.

10 In diesem Zusammenhang können zunächst allgemeine Regelungen zur **Aktivierung sowie zum Abruf** (Einsatz) der Kapazitätsreserve erlassen werden, mit denen sichergestellt wird, dass eine Einspeisung der Reserveleistungen als Systemdienstleistung gesichert ist und gleichzeitig ausgeschlossen wird, dass keine zweckwidrige Veräußerung auf den Strommärkten stattfindet (Nummer 5). Dadurch lässt sich gewährleisten, dass der **Strommarkt durch die Kapazitätsreserve möglichst geringfügig beeinflusst** wird (BT-Drs. 18/7317, 112).

11 Hinzu tritt die Ermächtigung, in einer Verordnung ergänzende und **flankierende Regelungen** zum Einsatz der Kapazitätsreserve zu erlassen. So ermöglichen die Nummern 13 und 14 Regelungen zur Anpassung und Dauer der vertraglichen Verpflichtungen im Zusammenhang mit Anlagen der Kapazitätsreserve, während Nummer 15 die Regelung der Rahmenbedingungen hinsichtlich der Reihenfolge des Einsatzes der Anlagen durch die Übertragungsnetzbetreiber erfasst. Die Nummern 16 und 17 sehen zudem Regelungen zur Sicherstellung der Einsatzbereitschaft der Anlagen sowie zum Verfahren bei fehlendem oder verspätetem Einsatz vor.

III. Vergütung der Kapazitätsreserve

12 Nach § 13h Abs. 1 Nr. 9–12 können Regelungen zur **Vergütung der Kapazitätsreserve** iSd § 13e Abs. 3 getroffen werden. Das umfasst allgemeine Vorgaben zur Vergütung (insbesondere zu den Vergütungsbestandteilen) (Nummer 10), Regelungen zur gesonderten Erstattung von Kosten (Nummer 11) sowie zum Verfahren der Kostenabrechnung (Nummer 12).

13 Mit Blick auf die Kosten der Übertragungsnetzbetreiber umfasst Nummer 9 zudem Regelungen, die vor allem auch einen **Kostenausgleichsmechanismus** zwischen den Übertragungsnetzbetreiber vorsehen können, wobei § 13e Abs. 3 die insoweit wesentlichen Regelungen bereits enthält (→ § 13e Rn. 36). Dabei dient der Kostenausgleichsmechanismus zwischen den Übertragungsnetzbetreibern der Gewährleistung einer bundesweit gleichmäßigen Kostenumlage auf alle Netznutzer, die gleichermaßen von diesem Sicherungsinstrument profitieren (BT-Drs. 18/7317, 112).

IV. Beschaffungsverfahren der Kapazitätsreserve

14 Die **Konkretisierung und Ausgestaltung des Beschaffungsverfahrens** gem. § 13e Abs. 2 kann nach § 13h Abs. 1 Nr. 6–8, 18, 19 in diversen Aspekten näher ausgestaltet werden. Der Konkretisierungsbedarf gerade in diesem Bereich ist offenkundig, denn ein transparentes, nichtdiskriminierendes und effizientes Beschaffungsverfahren bedarf naturgemäß einer weitgehenden Detaillierung. Entsprechend nehmen die diesbezüglichen Regelungen in Teil 2 der KapResV weiten Raum ein.

15 Nummern 6–8 betreffen zunächst allgemeine Regelungen zur Durchführung des Beschaffungsverfahrens. Nummer 6 erlaubt Konkretisierungen des Beschaffungsverfahrens mit Blick auf **Art, Zeitpunkt, Zeitraum, Häufigkeit, Form und Inhalt.** Nach Nummer 7 können die Teilnahmevoraussetzungen konkretisiert und gem. Nummer 8 kann die Zuschlagserteilung näher verordnungsrechtlich ausgestaltet werden.

16 Nummern 18 und 19 flankieren die allgemeinen Regelungen mit Blick auf die **Veröffentlichungen im Rahmen des Beschaffungsverfahrens** sowie die Handhabung der erforderlichen Informationen, insbesondere zur **Wahrung von Betriebs- und Geschäftsgeheimnissen.**

V. Sonstige Regelungen

17 Nach § 13h Abs. 1 Nr. 20–23 können in der Rechtsverordnung weitere Regelungen, die einzelne Aspekte der Kapazitätsreserve nach § 13e näher ausgestalten, aufgenommen werden.

C. Ermächtigung der BNetzA

Der § 13h Abs. 2 sieht sodann eine Ermächtigung der Bundesregierung zur Schaffung **18** von **Festlegungskompetenzen der BNetzA** durch Rechtsverordnung vor, die im Anwendungsbereich der Kapazitätsreserve der näheren Bestimmung der Regelungen iSd § 13h Abs. 1 Nr. 1–20 dienen. Nur die Regelungsgegenstände der Nummern 21–23 muss der Verordnungsgeber selbst abschließend regeln. Die Festlegungskompetenzen der BNetzA sind damit unmittelbar an die Regelungsinhalte des § 13h Abs. 1 geknüpft und durch die Vorschrift des § 13h Abs. 2 gesetzlich verankert (BT-Drs. 18/7317, 114).

Der Verordnungsgeber hat mit § 42 KapResV von der Ermächtigung Gebrauch gemacht **19** und die BNetzA in acht enumerativ genannten Bereichen mit einer Festlegungskompetenz ausgestattet. Darunter ist auch die Kompetenz, die Größe der Kapazitätsreserve festzulegen. Insoweit ist aber § 13e Abs. 5 S. 4 zu berücksichtigen, der bei einer gebundenen Reserveleistung, die 5 Prozent der durchschnittlichen Jahreshöchstlast in Deutschland überschreitet, zwingend eine Regelung durch eine mit Zustimmung des Bundestags erlassene Verordnung vorsieht.

Auf Grundlage der Festlegungskompetenz hat die BNetzA zuletzt die Festlegung zur Anpassung des **19.1** Gebotstermins der Kapazitätsreserveausschreibung für den zweiten Erbringungszeitraum vom 1.10.2022–30.9.2024 (Az.: 4.12.05.03/001) erlassen. Durch diese Festlegung soll ein höherer Wettbewerb zwischen den Bietern erreicht und gewährleistet werden, dass die gesamte gesetzlich angestrebte Reserveleistung in Höhe von 2 GW durch die Übertragungsnetzbetreiber kontrahiert werden kann.

§ 13i Weitere Verordnungsermächtigungen

(1) ¹Die Bundesregierung kann zur Verwirklichung einer effizienten Beschaffung und zur Verwirklichung einheitlicher Anforderungen im Sinne von § 13 Absatz 6 Satz 1 in einer Rechtsverordnung ohne Zustimmung des Bundesrates und mit Zustimmung des Bundestages Regeln für ein sich wiederholendes oder für einen bestimmten Zeitraum geltendes Ausschreibungsverfahren zur Beschaffung von Ab- und Zuschaltleistung vorsehen. ²Die Zustimmung des Bundestages gilt mit Ablauf der sechsten Sitzungswoche nach Zuleitung des Verordnungsentwurfs der Bundesregierung an den Bundestag als erteilt. ³In der Rechtsverordnung können insbesondere Regelungen getroffen werden
1. zu technischen Anforderungen an Ab- oder Zuschaltleistung aus ab- oder zuschaltbaren Lasten,
2. zu Anforderungen an eine Rahmenvereinbarung, die zur Teilnahme an einem Ausschreibungsverfahren berechtigt,
3. zum Verfahren der Angebotserstellung und der Zuschlagserteilung,
4. zum Abruf der Ab- oder Zuschaltleistung und
5. für einen rückwirkenden Wegfall der Vergütung für ab- oder zuschaltbare Lasten bei vorsätzlicher oder grob fahrlässiger Verletzung der Pflichten nach dieser Rechtsverordnung.

⁴Daneben können in der Rechtsverordnung den Anbietern von Ab- oder Zuschaltleistung aus ab- oder zuschaltbaren Lasten Meldepflichten bezüglich der Verfügbarkeit der Ab- oder Zuschaltleistung gegenüber den Betreibern von Übertragungsnetzen auferlegt werden. ⁵Zudem können zivilrechtliche Regelungen für den Fall einer vorsätzlichen oder grob fahrlässigen Verletzung der Pflichten nach dieser Rechtsverordnung vorgesehen werden.

(2) ¹Die Bundesregierung kann die Betreiber von Übertragungsnetzen durch Rechtsverordnung mit Zustimmung des Bundestages verpflichten, Ausschreibungen nach § 13 Absatz 6 Satz 1 für wirtschaftlich und technisch sinnvolle Angebote wiederholend oder für einen bestimmten Zeitraum durchzuführen und auf Grund der Ausschreibungen eingegangene Angebote zum Erwerb von Ab- oder Zuschaltleistung aus ab- oder zuschaltbaren Lasten bis zu einer Gesamtab- oder Zuschaltleistung von jeweils 3 000 Megawatt anzunehmen; die Rechtsverordnung bedarf nicht der Zustimmung des Bundesrates. ²Die Zustimmung des Bundestages gilt

mit Ablauf der sechsten Sitzungswoche nach Zuleitung des Verordnungsentwurfs der Bundesregierung an den Bundestag als erteilt. ³Als wirtschaftlich sinnvoll gelten Angebote zum Erwerb der Lasten, für die eine Vergütung zu zahlen ist, die die Kosten für die Versorgungsunterbrechungen nicht übersteigt, zu denen es ohne die Nutzung der zu- oder abschaltbaren Lasten kommen könnte. ⁴Als technisch sinnvoll gelten Angebote über ab- und zuschaltbare Lasten, durch die Ab- und Zuschaltungen für eine Mindestleistung von 5 Megawatt innerhalb von maximal 15 Minuten herbeigeführt werden können und die geeignet sind, zur Sicherheit und Zuverlässigkeit des Elektrizitätsversorgungssystems in der jeweiligen Regelzone beizutragen. ⁵In der Rechtsverordnung können auch näher geregelt werden
1. die technischen Anforderungen an Ab- oder Zuschaltleistung aus ab- oder zuschaltbaren Lasten,
2. die Anforderungen an die Verträge über den Erwerb von Ab- und Zuschaltleistung aus ab- und zuschaltbaren Lasten,
3. Rechte und Pflichten der Vertragsparteien,
4. die Kriterien für wirtschaftliche und technisch sinnvolle Angebote im Sinn der Sätze 3 und 4,
5. Regelungen zur näheren Ausgestaltung von Berichtspflichten der Bundesnetzagentur gegenüber dem Bundesministerium für Wirtschaft und Energie über die Anwendung der Verordnung und
6. die Ausgestaltung und Höhe der Vergütung.
⁶Zahlungen und Aufwendungen der Betreiber von Übertragungsnetzen, die im Zusammenhang mit der Ausschreibung und dem Erwerb von Ab- oder Zuschaltleistung aus ab- oder zuschaltbaren Lasten stehen, gleichen die Betreiber von Übertragungsnetzen über eine finanzielle Verrechnung monatlich untereinander aus, ein Belastungsausgleich erfolgt dabei entsprechend den §§ 26, 28 und 30 des Kraft-Wärme-Kopplungsgesetzes in der am 31. Dezember 2022 geltenden Fassung; Näheres zum Belastungsausgleich und zu seiner Abwicklung regelt die Rechtsverordnung nach Satz 1. ⁷In der Rechtsverordnung nach Satz 1 können dabei auch Bestimmungen vorgesehen werden, dass die Bundesnetzagentur durch Festlegung nach § 29 Absatz 1 Entscheidungen trifft über
1. Einzelheiten der Ermittlung und Verrechnung der Zahlungen und zur Erhebung der Umlage nach Satz 6,
2. die Änderung der vorgegebenen Gesamtabschaltleistung,
3. die geographische Beschränkung von Ausschreibungen und
4. die Veröffentlichung von Daten zur Schaffung von Markttransparenz.

(3) Die Bundesregierung wird ermächtigt, durch Rechtsverordnungen, die nicht der Zustimmung des Bundesrates bedürfen,
1. Bestimmungen zu treffen
   a) zur näheren Bestimmung des Adressatenkreises nach § 13a Absatz 1 und § 13b Absatz 4 und 5,
   b) zur näheren Bestimmung der Kriterien einer systemrelevanten Anlage nach § 13b Absatz 2 Satz 2,
   c) zu den Kriterien vorläufiger und endgültiger Stilllegungen und zu dem Umgang mit geplanten Stilllegungen von Erzeugungsanlagen nach den §§ 13b und 13c,
   d) zu den Verpflichtungen der Betreiber von Anlagen zur Erzeugung oder Speicherung elektrischer Energie im Sinne von § 13a Absatz 1 und § 13b Absatz 4 und 5,
   e) zu der Vergütung bei geplanten Stilllegungen von Anlagen, abweichend von § 13c, und den Kriterien einer angemessenen Vergütung bei geplanten Stilllegungen von Erzeugungsanlagen nach § 13c,
   f) zum Einsatz von Anlagen in dem Vierjahreszeitraum nach § 13c Absatz 2 sowie
   g) zur Berechnung des finanziellen Ausgleichs nach § 13a Absatz 2 Satz 3 Nummer 5,

2. Regelungen vorzusehen für ein transparentes Verfahren zur Bildung und zur Beschaffung einer Netzreserve aus Anlagen nach § 13d Absatz 1 zum Zwecke der Gewährleistung der Sicherheit und Zuverlässigkeit des Elektrizitätsversorgungssystems, zu den Kriterien einer angemessenen Vergütung, zu den Anforderungen an diese Anlagen sowie zu dem Einsatz der Anlagen in der Netzreserve; hierbei können für die Einbeziehung neu zu errichtender Anlagen auch regionale Kernanteile und Ausschreibungsverfahren vorgesehen werden,
3. Regelungen zu vertraglichen Vereinbarungen nach § 13 Absatz 6a vorzusehen, insbesondere Regelungen für die Auswahl der geeigneten KWK-Anlagen festzulegen.

(4) In Rechtsverordnungen nach Absatz 3 können der Bundesnetzagentur Kompetenzen übertragen werden im Zusammenhang mit der Festlegung des erforderlichen Bedarfs an Netzreserve sowie zum Verfahren und zu möglichen Präqualifikationsbedingungen für den in Absatz 3 Nummer 2 genannten Beschaffungsprozess.

(5) ¹Die Bundesregierung wird ermächtigt, durch Rechtsverordnung, die nicht der Zustimmung des Bundesrates bedarf, Regelungen zur weiteren Einsparung von bis zu 1,5 Millionen Tonnen Kohlendioxid zusätzlich im Jahr 2020 in der Braunkohlewirtschaft nach Maßgabe des § 13g Absatz 8 vorzusehen, wenn und soweit das zur Erreichung der angestrebten Kohlendioxideinsparung in der Braunkohlewirtschaft von 12,5 Millionen Tonnen zusätzlich im Jahr 2020 erforderlich ist. ²Durch die Regelungen der Verordnung muss sichergestellt werden, dass die zusätzliche Einsparung von 12,5 Millionen Tonnen Kohlendioxid im Jahr 2020 so weit wie möglich erreicht wird, die Betreiber gemeinsam aber insgesamt nicht mehr als 1,5 Millionen Tonnen Kohlendioxid zusätzlich im Jahr 2020 einsparen müssen.

Überblick

§ 13i enthält **weitere Verordnungsermächtigungen der Bundesregierung,** die zur Verordnungsermächtigung des § 13h für die Kapazitätsreserve hinzutreten. § 13i Abs. 1 und Abs. 2 betreffen das Lastenmanagement gem. § 13 Abs. 6 S. 1 und ermöglichen eine **Konkretisierung der vertraglichen Vereinbarungen über Ab- und Zuschaltungen von Lasten** (→ Rn. 3 ff.). Die Verordnungsermächtigungen in § 13i Abs. 3, Abs. 4 betreffen die **Konkretisierung und Ausgestaltung der Inanspruchnahme von Anlagen zum Zweck der Sicherung der Netzstabilität** nach §§ 13a–13d (→ Rn. 17 ff.). Schließlich enthält § 13i Abs. 5 eine Verordnungsermächtigung für **Maßnahmen zur zusätzlichen Emissionsminderung,** wenn und soweit mit der Stilllegung von Braunkohlekraftwerken nach § 13g die für das Jahr 2020 angestrebten Kohlendioxid-Emissionsminderungen nicht erreicht werden (→ Rn. 27).

Übersicht

	Rn.		Rn.
A. Normzweck und Bedeutung	1	III. Abruf, Vergütung und Kostenwälzung	14
B. Verordnungsermächtigung für vertragliche Vereinbarungen über Ab- und Zuschaltungen von Lasten (Abs. 1 und 2)	3	C. Verordnungsermächtigung im Zusammenhang mit Redispatch und systemrelevanten Kraftwerken (Abs. 3 und 4)	17
I. Umfang der Beschaffung	8	D. Verordnungsermächtigung im Zusammenhang mit der Stilllegung von Braunkohlekraftwerken nach § 13g (Abs. 5)	27
II. Ausgestaltung des Beschaffungsverfahrens	13		

A. Normzweck und Bedeutung

Der § 13i wurde mit dem Gesetz zur Weiterentwicklung des Strommarktes (BGBl. 2016 **1** I 1786), das am 30.7.2016 in Kraft getreten ist, in das EnWG eingeführt. Hintergrund war dabei vor allem eine grundlegende Anpassung und Überarbeitung der Regelungssystematik der §§ 13 ff. aF aus **Gründen der Rechtsklarheit** (BT-Drs. 18/7317, 85). In diesem Zuge wurden sämtliche Verordnungsermächtigungen, die zuvor in den entsprechenden Vorschriften enthalten waren, in den §§ 13h und 13i gebündelt.

2 In § 13i finden sich nun – weitgehend inhaltsgleich – die **Verordnungsermächtigungen aus § 13 Abs. 4a und 4b aF** (§ 13i Abs. 1 und 2) sowie die **Verordnungsermächtigung nach § 13b aF** zur Inanspruchnahme von Anlagen für Redispatch und in der Netzreserve (§ 13i Abs. 3 und 4). Mit dem Strommarktgesetz neu eingeführt wurde die Verordnungsermächtigung in § 13i Abs. 5, mit der auf eine etwaige Verfehlung der mit der Stilllegung einzelner Braunkohlekraftwerke nach § 13g angestrebten Reduktion der Kohlendioxid-Emissionen reagiert werden könnte (BT-Drs. 18/7317, 114).

B. Verordnungsermächtigung für vertragliche Vereinbarungen über Ab- und Zuschaltungen von Lasten (Abs. 1 und 2)

3 Die Verordnungsermächtigungen in § 13i Abs. 1 und 2 beziehen sich auf die Beschaffung und Vorhaltung ab- und zuschaltbarer Lasten nach § 13 Abs. 6 S. 1. Anders als Kraftwerksbetreiber nach den Indienstnahmeregelungen der §§ 13a ff. tragen die Betreiber von Anlagen, die ihren Strombezug zugunsten der Netzstabilität drosseln oder steigern können, keine rechtliche Verantwortung, an der Stabilisierung des Netzes mitzuwirken. Vielmehr sollen die Übertragungsnetzbetreiber in einem **diskriminierungsfreien und transparenten Ausschreibungsverfahren** ab- oder zuschaltbare Lasten auf vertraglicher Basis beschaffen – es handelt sich um freiwillige marktbezogene Maßnahmen iSv § 13 Abs. 1 Nr. 2. Entsprechend groß ist der Regelungsbedarf, um einerseits zu konkretisieren, in welchem Umfang die Übertragungsnetzbetreiber derartige Leistungen beschaffen sollen und andererseits festzulegen, welche Bedingungen im Einzelnen für die Ausschreibungen gelten sollen. Dem dient die umfassende Verordnungsermächtigung in Absätzen 1 und 2.

4 Die Bundesregierung hat von der Verordnungsermächtigung durch Erlass der **Verordnung über Vereinbarungen zu abschaltbaren Lasten** (AbLaV) Gebrauch gemacht. Diese Verordnung ist jedoch am 1.7.2022 außer Kraft getreten. Die Kosten dieses Instruments des Demand-Side-Managements wurden über ein Umlagesystem sozialisiert, wie § 13i Abs. 2 S. 6 selbst regelt – insoweit ist die Norm keine bloße Verordnungsermächtigung. Ab 2023 entfällt auch die Umlage.

5 Eine Verordnung über die Zuschaltung von Lasten wurde noch nicht erlassen.

6 Die Aufteilung der Verordnungsermächtigung in die Absätze 1 und 2 erschließt sich aufgrund ähnlicher Regelungsgegenstände nicht auf den ersten Blick. In **§ 13i Abs. 1** werden die Regelungsgegenstände genannt, die in einer Verordnung für **jedwede (freiwillige oder verpflichtende) Beschaffung** ab- und zuschaltbarer Lasten adressiert werden dürfen. Diese Vorgaben dienen in erster Linie der Sicherung eines effizienten, transparenten und diskriminierungsfreien Beschaffungsverfahrens.

7 **§ 13i Abs. 2** befasst sich mit Regelungen, die für eine die Übertragungsnetzbetreiber **verpflichtende Ausschreibung** eines bestimmten Volumens von ab- und zuschaltbaren Lasten gelten sollen. Deshalb ist die **Verordnungsermächtigung in Absatz 2 gegenständlich weiter,** weil Regelungen dazu erforderlich sind, in welchem Umfang die Übertragungsnetzbetreiber ab- und zuschaltbare Lasten verpflichtend ausschreiben sollen und wie mit den daraus entstehenden Kosten zu verfahren ist. Wenn jedoch – wie ehedem die AbLaV – eine Verordnung eine Ausschreibungspflicht der Übertragungsnetzbetreiber vorsieht, lassen sich die Regelungsgegenstände von Absätzen 1 und 2 nicht überschneidungsfrei abgrenzen. So ermächtigen zB sowohl Absatz 1 Satz 2 Nummer 1 als auch Absatz 2 Satz 5 Nummer 2 dazu, Vorgaben zu „technischen Anforderungen an Ab- oder Zuschaltleistung aus ab- oder zuschaltbaren Lasten" aufzustellen. Absatzübergreifend lässt sich grob zwischen Vorgaben zur **Bedarfsermittlung,** Vorgaben zur **Ausgestaltung des Beschaffungsverfahrens** im Übrigen und schließlich zur Abwicklung dieser marktbezogenen Maßnahmen, also insbesondere zum **Abruf,** der **Vergütung** und **Kostenwälzung** unterscheiden.

I. Umfang der Beschaffung

8 Im Grundsatz gilt auch für Übertragungsnetzbetreiber Vertragsfreiheit. Deshalb können die Übertragungsnetzbetreiber im Grundsatz beliebig ab- und zuschaltbare Lasten kontrahie-

ren und als marktbezogene Maßnahmen nach § 13 Abs. 1 Nr. 2 einsetzen. Sie müssen hierbei lediglich die Vorgaben in § 13 Abs. 6 und einer etwaigen Rechtsverordnung nach § 13i Abs. 1 zum Beschaffungsverfahren beachten – und ggf. gegenüber der Regulierungsbehörde für die Anerkennung der daraus erwachsenen Kosten als Netzkosten argumentieren.

Etwas anderes gilt aber, wenn die Übertragungsnetzbetreiber per Rechtsverordnung auf der Grundlage von § 13i Abs. 2 S. 1 verpflichtet werden, eine **Gesamtab- oder Zuschaltleistung von jeweils bis zu 3.000 MW** auszuschreiben. § 13i Abs. 2 S. 7 Nr. 2 und 3 sehen vor, dass die BNetzA ermächtigt werden kann, die vorgegebene Gesamtabschaltleistung – dasselbe dürfte für eine Zuschaltleistung gelten – zu ändern und eine geografische Beschränkung der Ausschreibungen festzulegen. **9**

Ebenfalls der Steuerung des Ausschreibungsvolumens dient die Vorgabe in Absatz 2 Satz 1, dass die Übertragungsnetzbetreiber die verpflichtenden Ausschreibungen nur für **„wirtschaftlich sinnvolle" Angebote** durchführen sollen. Den Maßstab bestimmt § 13i Abs. 2 S. 3 selbst, nach dem die zu zahlende Vergütung „die Kosten für die Versorgungsunterbrechungen [...], zu denen es ohne die Nutzung der zu- oder abschaltbaren Lasten kommen könnte" nicht übersteigen darf. Dieser Maßstab des Values of lost load (VoLL) ist eine gängige Überlegung, um zu bestimmen, bis zur welchen Kostengrenze es rational und im Interesse der Nachfrageseite ist, zusätzliche Maßnahmen zur Absicherung einer unterbrechungsfreien Versorgung zu treffen (s. zB Art. 11 VO (EU) 943/2019). In Fallgestaltungen, in denen nicht die Versorgung eines konkreten Letztverbrauchers in Rede steht, sondern grundsätzlich alle Kunden von einer Unterbrechung betroffen sein könnten, verlangt die Bestimmung dieses VoLL jedoch eine anspruchsvolle volkswirtschaftliche Analyse (vgl. ACER Decision on the Methodology for calculating the value of lost load, the cost of new entry, and the reliability standard, 2.10.2020; skeptisch in Bezug auf dieses Kriterium: Säcker EnergieR/Ruttloff/Lippert § 13 Rn. 7; Schellberg/Böhme et 2011, 93 (95)). **10**

Nach Absatz 2 Satz 5 Nummer 4 kann eine Rechtsverordnung die Kriterien für wirtschaftliche und technisch sinnvolle Angebote näher bestimmen. **11**

Neben den wirtschaftlich sinnvollen Angeboten kann mit der Rechtsverordnung auch gem. Absatz 2 Satz 5 Nummer 4 detailliert werden, welche Angebote **„technisch" sinnvoll** sind. Auch dazu trifft § 13i Abs. 2 S. 4 selbst eine erste Regelung: Die Leistungsänderungen müssen für eine Mindestleistung von 5 MW innerhalb von maximal 15 Minuten herbeigeführt werden können und geeignet sein, zur Sicherheit und Zuverlässigkeit des Elektrizitätsversorgungssystems in der jeweiligen Regelzone beizutragen. **12**

II. Ausgestaltung des Beschaffungsverfahrens

Den größten Raum der Verordnungsermächtigung zu den ab- und zuschaltbaren Lasten nehmen jene Vorgaben ein, die die Ausgestaltung des Beschaffungsverfahrens betreffen. Da diese Vorgaben auch auf **Transparenz und Diskriminierungsfreiheit** abzielen und damit auch die Anbieterseite schützen, können sie sowohl für fakultative als auch verpflichtende Ausschreibungen vorgesehen werden, sodass sich derartige Ermächtigungen sowohl in § 13i Abs. 1 als auch in § 13i Abs. 2 finden. Die Rechtsverordnung kann festlegen, welche (weiteren) technischen Voraussetzungen die angebotenen ab- oder zuschaltbaren Lasten erfüllen müssen (sowohl Absatz 1 Satz 2 Nummer 1 als auch Absatz 2 Satz 5 Nummer 2), welche Anforderungen an den Abschluss einer präqualifizierenden Rahmenvereinbarung zu stellen sind (Absatz 1 Satz 2 Nummer 2) und welche Inhalte die Angebote und die Verträge über den Erwerb von Ab- und Zuschaltleistung aus ab- und zuschaltbaren Lasten haben sollen (Absatz 2 Satz 5 Nummern 2, 3, Absatz 1 Satz 2 Nummer 3). Auch Regelungen zum „rückwirkenden Wegfall der Vergütung für ab- oder zuschaltbare Lasten bei vorsätzlicher oder grob fahrlässiger Verletzung zivilrechtlicher Vorgaben" können gem. § 13i Abs. 1 S. 2 Nr. 5 aufgenommen werden, was von der Möglichkeit, die „Rechte und Pflichten der Vertragsparteien" (Absatz 2 Satz 5 Nummer 3) zu konkretisieren, ebenfalls erfasst ist. **13**

III. Abruf, Vergütung und Kostenwälzung

Mittels Rechtsverordnung kann schließlich konkretisiert werden, wie **der Abruf von Ab- oder Zuschaltleistung** zu erfolgen hat (Absatz 1 Satz 2 Nummer 4), während bei verpflichtenden Ausschreibungen auch die **Vergütungsregelungen** selbst geregelt werden **14**

15 § 13i Abs. 2 S. 6 sieht für die Kosten, die den Übertragungsnetzbetreibern aus der Beschaffung von ab- oder zuschaltbaren Lasten entstehen, einen **Umlagemechanismus** vor und verweist hierfür auf die Regelungen der §§ 26, 28 und 30 KWKG in der am 31.12.2022 geltenden Fassung. Aus der Verortung der Regelung in Absatz 2 und wegen des Verweises im zweiten Halbsatz auf die Verordnung nach dessen Satz 1 wird deutlich, dass sich die Umlage und der horizontale Belastungsausgleich nur auf jenen Aufwand beziehen, der bei einer die Übertragungsnetzbetreiber verpflichtenden Ausschreibung eines bestimmten Gesamtbedarfs von ab- und zuschaltbaren Lasten entsteht. Der Gesetzgeber hat diesen Belastungsausgleich im Zusammenhang mit der Verpflichtung der Übertragungsnetzbetreiber und des darin liegenden Eingriffs in Art. 12 GG und Art. 2 Abs. 1 GG gesehen (BT-Drs. 17/11705, 51).

16 § 13i S. 7 ermöglicht zudem, dass die Verordnung weitergehende **Festlegungskompetenzen der BNetzA** iSd § 29 Abs. 1 begründet. Nach Absatz 2 Satz 5 Nummer 5 können in der Verordnung Berichtspflichten der BNetzA gegenüber dem BMWi vorgesehen werden, wodurch ein Monitoring ermöglicht wird, das der Kontrolle und Übersicht vom Systemnutzen und dem Kostenverhältnis dienen soll (BT-Drs. 17/11705, 51).

C. Verordnungsermächtigung im Zusammenhang mit Redispatch und systemrelevanten Kraftwerken (Abs. 3 und 4)

17 In § 13i Abs. 3 und 4 finden sich verschiedene Ermächtigungen der Bundesregierung zum Erlass von **Verordnungen,** die **zu den Regelungsgegenständen der §§ 13a–13d** nähere Vorgaben treffen. In Rede stehen also jene Rechtsverhältnisse zwischen den Betreibern von Kraftwerken oder Speichern und den Übertragungsnetzbetreibern, die den Anlagenbetreibern im Interesse der Netzstabilität Pflichten im Zusammenhang mit der Anpassung der Einspeisung (Redispatch) sowie der Ankündigung beabsichtigter vorläufiger oder endgültiger Stilllegungen ihrer Anlagen und – im Falle der Systemrelevanz dieser Anlagen – ihrer weiteren Betriebsbereithaltung auferlegen. Die Bundesregierung hat von diesen Verordnungsermächtigungen bislang nur durch Erlass der Netzreserveverordnung (NetzResV) vom 27.6.2013 Gebrauch gemacht.

18 Nach § 13i Abs. 3 Nr. 1 lit. a können Regelungen zur näheren Bestimmung des Adressatenkreises nach §§ 13a Abs. 1, 13b Abs. 4 und 5 getroffen werden. Wer angewiesen werden kann, seine Einspeisung anzupassen (Redispatch nach § 13a Abs. 1) und entgegen seiner Absicht zur vorläufigen oder endgültigen Stilllegung die Anlage weiter betriebsbereit zu halten (§ 13b Abs. 4 und 5), ist jeweils im Gesetz nach einem Größenkriterium geregelt (bei Nennleistung ab 10 MW bzw. ab 50 MW nach § 13b sowie bei § 13a Abs. 1 ab 10 MW und ab 1.10.2021 ab 100 kW sowie bei fernsteuerbaren Anlagen). Ein Regelungsspielraum des Verordnungsgebers verbliebe etwa bei der Aufstellung weiterer Kriterien, etwa betreffend die Anlagennutzung (zB wärmegeführte Anlagen) oder in Bezug auf die technischen Voraussetzungen einer Anlage oder deren Netzanbindung.

19 § 13i Abs. 3 Nr. 1 lit. b ermöglicht zunächst die Vorgabe weiterer **Kriterien für die Bestimmung systemrelevanter Anlagen** nach § 13b Abs. 2 S. 2. Dort ist bereits bestimmt, dass eine Anlage systemrelevant ist, wenn ihre „Stilllegung mit hinreichender Wahrscheinlichkeit zu einer nicht unerheblichen Gefährdung oder Störung der Sicherheit oder Zuverlässigkeit des Elektrizitätsversorgungssystems führen würde und diese Gefährdung oder Störung nicht durch andere angemessene Maßnahmen beseitigt werden kann". § 13 Abs. 4 definiert ferner „die Gefährdung oder Störung der Sicherheit oder Zuverlässigkeit des Elektrizitätsversorgungssystems". Eine Verordnung kann hier also nicht konzeptionell abweichende Kriterien benennen. Denkbar wären aber etwa die Vorgabe von Kriterien, nach denen sich ein angestrebtes Zuverlässigkeitsmaß ergibt oder eine Konkretisierung, wie der Umfang anderer angemessener Maßnahmen zu ermitteln ist. Auch kann insoweit auf zu anderen Anlässen angestellte Untersuchungen der Netzstabilität verwiesen werden (vgl. zB § 3 NetzResV).

Bei alledem bleibt zu beachten, dass an die Feststellung der Systemrelevanz rechtsfolgenseitig gewichtige Grundrechtseingriffe geknüpft sind, die dem Schutzgut der Versorgungssicherheit gegenüberstehen. Staatliche Schutzpflichten einerseits und das Übermaßverbot andererseits setzen dem Verordnungsgeber daher bei der weiteren Konkretisierung der Feststellung von Systemrelevanz Grenzen.

Nach § 13i Abs. 3 Nr. 1 lit. c kann der Verordnungsgeber **Kriterien zu vorläufigen** **20** **und endgültigen Stilllegungen** und zu dem Umgang mit geplanten Stilllegungen von Erzeugungsanlagen nach den §§ 13b und 13c festlegen. Auch in diesem Bereich hat bereits der Gesetzgeber Konkretisierungsarbeit geleistet (vgl. § 13b Abs. 3 S. 1, 2, hierzu → § 13b Rn. 13 f.). Denkbar wäre etwa eine Bestimmung dazu, welche Mindestdauer die (nicht auf Revisionen oder technischen Gründen beruhende) fehlende Einsatzfähigkeit einer Anlage haben muss, um (bereits) als vorläufige Stilllegung zu gelten. Dazu schweigt die gesetzliche Definition in § 13b Abs. 3 S. 1. Diese **Abgrenzungsfragen zwischen einer vorläufigen Stilllegung und einem differenzierten Betriebsmodell** stellen sich zB, wenn eine Anlage aus Gründen der Kostenersparnis nur an Werktagen oder saisonal betriebsbereit gehalten werden soll. Was den zweiten Regelungsgegenstand, den „Umgang" mit geplanten Stilllegungen von Erzeugungsanlagen nach §§ 13b und 13c betrifft, ist der Wortlaut der Verordnungsermächtigung denkbar unspezifisch. Da in § 13b die Verpflichtung und in § 13c die Vergütung/Kostenerstattung geregelt ist, dürfte sich der „Umgang" auf beide Facetten dieser Indienstnahme beziehen; die Abgrenzung zu Nummer 1 lit. d und Nummer 1 lit. e und f bleibt damit aber unklar.

§ 13i Abs. 3 Nr. 1 lit. d eröffnet dem Verordnungsgeber, die **Pflichten von Anlagenbe-** **21** **treibern** im Zusammenhang mit **Redispatch (§ 13a)** sowie **untersagten Stilllegungen** näher zu regeln. Dazu können insbesondere Vorgaben zu Art und Umfang des Einsatzes und der Vorhaltung der Anlagen zählen.

§ 13i Abs. 3 Nr. 1 lit. e adressiert die **Entschädigungspflicht nach § 13c**. Hier besteht **22** nicht nur die Möglichkeit, den gesetzlichen Vergütungsmaßstab durch Rechtsverordnung zu konkretisieren. Vielmehr stellt der Gesetzgeber seine Regelungen ausdrücklich – „**abweichend von § 13c**" – zur Disposition des Verordnungsgebers. Während der vom Gesetzgeber gewählte Begriff der „Vergütung" für die Regelungen des § 13c insoweit irreführend ist, als sie allein auf einer Kostenerstattungslogik basieren, also gerade nicht eine markt- und risikoangemessene Vergütung darstellen, wäre der Verordnungsgeber also befugt, eine Vergütung im eigentlichen Sinne vorzusehen (und verfassungsrechtliche Bedenken zu heilen, ohne beihilferechtliche Risiken zu schaffen, vgl. → § 13b Rn. 37 ff., → § 13c Rn. 38). Umgekehrt dürfte mit Blick auf die erhebliche Bedeutung der Entschädigung für die Verhältnismäßigkeit des Indienstnahmeregimes kein Raum bestehen, in einer Verordnung eine Entschädigungsregelung festzulegen, die hinter der Vergütung des § 13c zurückbleibt.

§ 13i Abs. 3 Nr. 1 lit. f ist ohne Anwendungsbereich, weil der Verordnungsgeber in § 13i **23** Abs. 2 schließlich – entgegen der ursprünglichen Entwurfsfassung – kein vierjähriges Marktrückkehrverbot statuiert hat.

§ 13i Abs. 3 Nr. 1 lit. g ermächtigt den Verordnungsgeber, Vorgaben zur Berechnung des **23a** finanziellen Ausgleichs nach § 13a Abs. 2 S. 3 Nr. 5 zu treffen. Diese Verordnungsermächtigung wurde im Zuge der Novellierung der Redispatch-Regelungen aufgenommen, aufgrund derer auch nach dem EEG und KWKG geförderte Anlagen nun den Regelungen des Redispatch nach § 13a unterfallen. Bei der Heranziehung dieser Anlagen zur Erbringung von negativem Redispatch (Wirkleistungsreduzierung) haben die Betreiber einen Anspruch auf finanziellen Ausgleich der Einnahmeverluste und sonstigen Aufwendungen.

Die Verordnungsermächtigung des § 13i Abs. 3 Nr. 2 erlaubt schließlich eine umfassende **24** Regelung zur Bildung und Beschaffung der **Netzreserve gem. § 13d**. Die Bundesregierung hat von der Verordnungsermächtigung durch Erlass der NetzResV Gebrauch gemacht. Die Netzreserve wird zwar auf vertraglicher Basis, aber aufgrund der Vorgaben in § 13d zum Kreis der in Betracht kommenden Anlagen und angesichts der Vergütungsregelungen in § 13c weitgehend nicht marktbezogen oder gar wettbewerblich gebildet. Vielmehr besteht die Netzreserve weitgehend aus inländischen Anlagen, die systemrelevant sind und denen deshalb der Weg in die Stilllegung nach § 13b versperrt ist. Die zwischen Übertragungsnetzbetreiber und Anlagenbetreiber abzuschließenden Verträge bedürfen der „Abstimmung" mit der BNetzA (§§ 5 Abs. 1, 6 Abs. 2 S. 1 NetzResV). Der wenig konkrete Begriff der Abstimmung wird in der Praxis von der BNetzA im Sinne einer Prüfung der erstattungsfähigen Kosten des Anlagenbetreibers interpretiert, über deren Ergebnis sie nicht in Form eines Bescheides entscheiden will. Das Ergebnis dieser Prüfung determiniert faktisch die für den Übertragungsnetzbetreiber akzeptablen Vergütungsregelungen der Netzreserveverträge. Im Vergleich zu anderen wettbewerblich ausgestalteten Beschaffungsregimen ist der Regelungsbedarf des Verordnungsgebers für die Netzreserve daher relativ überschaubar. Oftmals verweist die NetzResV wieder zurück auf die gesetzlichen Regelungen.

25   § 13i Abs. 3 Nr. 3 erfasst Regelungen zu **vertraglichen Vereinbarungen von Übertragungsnetzbetreibern mit Betreibern von KWK-Anlagen zur Wirkleistungsreduzierung** iSd § 13 Abs. 6a. Anders als die Verordnungsermächtigungen des § 13i Abs. 3 Nr. 1 und 2 ist die Verordnungsermächtigung des § 13i Abs. 3 Nr. 3 erst nachträglich mit dem Gesetz zur Einführung von Ausschreibungen für Strom aus erneuerbaren Energien und zu weiteren Änderung des Rechts der erneuerbaren Energien (EEAusG) am 1.1.2017 in Kraft getreten (BGBl. 2016 I 2285). Aufgrund der Abschaffung der sog. Netzausbaugebiete nach § 36c EEG 2021 wurde die zwischenzeitlich in § 13i Abs. 3 Nr. 3 enthaltene Kompetenz, die Übertragungsnetzbetreiber zum Abschluss derartiger vertraglicher Vereinbarungen in Netzausbaugebieten zu verpflichten, aufgehoben (Gesetz v. 21.12.2020 (BGBl. I 3138)).

26   Durch die Vorschrift des § 13i Abs. 4 wird die Verordnungsermächtigung des § 13i Abs. 3 durch die Möglichkeit der **Schaffung von Festlegungskompetenzen der BNetzA** iSd § 29 Abs. 1 ergänzt. Diese können sich auf die Festlegung des erforderlichen **Bedarfs an Netzreserve** sowie auf das **Beschaffungsverfahren und damit zusammenhängenden Präqualifikationsbedingungen** beziehen. Damit sollen insbesondere die in § 13i Abs. 3 genannten Rechtsbegriffe auf Festlegungsebene weiter konkretisiert und ausgestaltet werden (BT-Drs. 17/11705, 52).

D. Verordnungsermächtigung im Zusammenhang mit der Stilllegung von Braunkohlekraftwerken nach § 13g (Abs. 5)

27   § 13i Abs. 5 enthält schließlich eine Verordnungsermächtigung im Zusammenhang mit der Stilllegung von Braunkohlekraftwerken und ihrer Überführung in eine Sicherheitsbereitschaft nach § 13g. Danach sollte die Bundesregierung in der Lage sein, durch Rechtsverordnung Regelungen zur weiteren Einsparung von bis zu 1,5 Mio. Tonnen Kohlendioxid zusätzlich im Jahr 2020 vorzusehen, sofern dies zur Erreichung der angestrebten Kohlendioxideinsparung in der Braunkohlewirtschaft von 12,5 Mio. Tonnen im Jahr 2020 erforderlich ist. Damit dient die Verordnungsermächtigung des § 13i Abs. 5 der **Konkretisierung des § 13g Abs. 8** und soll zur **Erreichung der Emissionsminderung** beitragen (BT-Drs. 18/7317, 114).

28   Die Bundesregierung hat von dieser Regelung keinen Gebrauch gemacht. Erstens hat sie bereits 2018 auf der Grundlage zweier Analysen festgestellt, dass die Emissionsminderungsziele mit 11,8 bis 15 Mio. Tonnen CO_2-Einsparung entweder nur knapp verfehlt oder sogar übertroffen werden (Öko-Institut e.V. und Prognos, Evaluierung der Emissionsminderungen der Braunkohle-Sicherheitsbereitschaft, Dezember 2018, veröffentlicht unter: www.bmwi.de). Zweitens und vor allem ist mit der Entscheidung für einen generellen Ausstieg aus der Kohleverstromung und den Erlass des Kohleausstiegsgesetzes die Dekarbonisierung des Stromsektors sehr viel grundlegender angegangen worden.

§ 13j Festlegungskompetenzen

(1) [1]Die Regulierungsbehörde wird ermächtigt, nach § 29 Absatz 1 Festlegungen zu treffen zur näheren Bestimmung des Adressatenkreises nach § 13a Absatz 1 Satz 1, zu erforderlichen technischen Anforderungen, die gegenüber den Betreibern betroffener Anlagen aufzustellen sind, zu Methodik und Datenformat der Anforderung durch den Betreiber von Übertragungsnetzen. [2]Zur Bestimmung des finanziellen Ausgleichs nach § 13a Absatz 2 kann die Regulierungsbehörde weitere Vorgaben im Wege einer Festlegung nach § 29 Absatz 1 machen, insbesondere
1. dass sich die Art und Höhe des finanziellen Ausgleichs danach unterscheiden, ob es sich um eine Wirk- oder Blindleistungseinspeisung oder einen Wirkleis-

tungsbezug oder um eine leistungserhöhende oder leistungsreduzierende Maßnahme handelt,
2. zu einer vereinfachten Bestimmung der notwendigen Auslagen für die tatsächlichen Anpassungen der Einspeisung (Erzeugungsauslagen) oder des Bezugs nach § 13a Absatz 2 Satz 2 Nummer 1; der finanzielle Ausgleich nach § 13a Absatz 2 Satz 3 Nummer 1 kann ganz oder teilweise als Pauschale für vergleichbare Kraftwerkstypen ausgestaltet werden, wobei der pauschale finanzielle Ausgleich die individuell zuzurechnenden Kosten im Einzelfall nicht abdecken muss; für die Typisierung sind geeignete technische Kriterien heranzuziehen; die Regulierungsbehörde kann vorsehen, dass in Einzelfällen, in denen der pauschale finanzielle Ausgleich eine unbillige Härte darstellen würde und ein Anlagenbetreiber individuell höhere zurechenbare Auslagen nachweist, die über die pauschale Vergütung hinausgehenden Kosten erstattet werden können,
3. zu der Ermittlung der anrechenbaren Betriebsstunden nach § 13a Absatz 3,
4. zu der Ermittlung und zu dem Nachweis der entgangenen Erlösmöglichkeiten nach § 13a Absatz 2 Satz 3 Nummer 3, wobei zwischen Erzeugungsanlagen und Anlagen zur Speicherung elektrischer Energie unterschieden werden kann,
5. zu der Bemessung der ersparten Erzeugungsaufwendungen nach § 13a Absatz 2 Satz 4 und
6. zu einer vereinfachten Bestimmung der zum Zeitpunkt der Investitionsentscheidung betriebswirtschaftlich geplanten Betriebsstunden nach § 13a Absatz 3; die betriebswirtschaftlich geplanten Betriebsstunden können als Pauschale für vergleichbare Kraftwerkstypen ausgestaltet werden; dabei sind die üblichen Betriebsstunden eines vergleichbaren Kraftwerkstyps zum Zeitpunkt der Investitionsentscheidung zugrunde zu legen.

³Die Regulierungsbehörde erhebt bei den Betreibern von Anlagen zur Erzeugung oder Speicherung elektrischer Energie die für die Festlegungen nach Satz 2 und für die Prüfung der angemessenen Vergütung notwendigen Daten einschließlich etwaiger Betriebs- und Geschäftsgeheimnisse. ⁴Die Betreiber sind insoweit zur Auskunft verpflichtet. ⁵Die Regulierungsbehörde kann Festlegungen nach § 29 Absatz 1 zu dem Umfang, Zeitpunkt und der Form der zu erhebenden und mitzuteilenden Daten, insbesondere zu den zulässigen Datenträgern und Übertragungswegen, treffen.

(2) Die Bundesnetzagentur kann durch Festlegung nach § 29 Absatz 1 nähere Bestimmungen treffen,
1. in welchem Umfang, in welcher Form und innerhalb welcher Frist die Netzbetreiber Maßnahmen nach § 13 Absatz 1 und 2, deren Gründe und die zugrunde liegenden vertraglichen Regelungen der Bundesnetzagentur mitteilen und auf einer gemeinsamen Internetplattform veröffentlichen müssen,
1a. in welchen Verfahren, Fristen und welcher Form die Unterrichtung nach § 13a Absatz 1a Satz 4 und 5 vorzunehmen ist,
2. zu den Kriterien für die nach § 13 Absatz 3 Satz 1 geltenden Ausnahmefälle,
3. zur näheren Ausgestaltung und Abgrenzung der Gründe für Stilllegungen nach § 13b Absatz 1 Satz 1 zweiter Halbsatz,
4. zur Ermittlung der anrechenbaren Betriebsstunden nach § 13c Absatz 1 Satz 3 und Absatz 3 Satz 3 zweiter Halbsatz,
5. zu den Kriterien eines systemrelevanten Gaskraftwerks nach § 13f Absatz 1,
6. zur Form der Ausweisung von systemrelevanten Gaskraftwerken nach § 13f Absatz 1 und zur nachträglichen Anpassung an neuere Erkenntnisse,
7. zur Begründung und Nachweisführung nach § 13f,
8. zur angemessenen Erstattung von Mehrkosten nach § 13f Absatz 2 Satz 2, die auch nach pauschalierten Maßgaben erfolgen kann, und
9. zur näheren Bestimmung der Verpflichteten nach § 13f Absatz 2.

(3) ¹Solange und soweit der Verordnungsgeber nach § 13i Absatz 3 keine abweichenden Regelungen getroffen hat, wird die Regulierungsbehörde ermächtigt, nach § 29 Absatz 1 Festlegungen zu den in § 13i Absatz 3 Nummer 1 genannten

Punkten zu treffen. ²Die Regulierungsbehörde wird darüber hinaus ermächtigt, nach § 29 Absatz 1 Festlegungen zu treffen
1. zu erforderlichen technischen und zeitlichen Anforderungen, die gegenüber den nach § 13a Absatz 1 und § 13b Absatz 1, 4 und 5 betroffenen Betreibern von Erzeugungsanlagen aufzustellen sind,
2. zur Methodik und zum Datenformat der Anforderung durch Betreiber von Übertragungsnetzen,
3. zur Form der Ausweisung nach § 13b Absatz 2 und Absatz 5 Satz 1 sowie zur nachträglichen Anpassung an neuere Erkenntnisse und
4. zur Begründung und Nachweisführung nach den §§ 13b und 13c.

(4) Die Bundesnetzagentur kann den Umfang der Kapazitätsreserve nach Maßgabe der Rechtsverordnung nach § 13h durch Festlegung nach § 29 Absatz 1 anpassen, wenn eine Entscheidung nach § 13e Absatz 5 dies vorsieht oder eine Entscheidung der Europäischen Kommission über die beihilferechtliche Genehmigung der Kapazitätsreserve einen geringeren Umfang vorsieht.

(5) Die Bundesnetzagentur kann durch Festlegungen nach § 29 Absatz 1 insbesondere unter Berücksichtigung der Ziele des § 1 frühestens mit Wirkung zum 1. Oktober 2021 nähere Bestimmungen treffen zu
1. einem abweichenden kalkulatorischen Mindestpreis nach § 13 Absatz 1c Satz 4 in der auf Grund des Artikels 1 Nummer 9 des Gesetzes vom 13. Mai 2019 (BGBl. I S. 706) ab dem 1. Oktober 2021 geltenden Fassung,
2. der Bestimmung der kalkulatorischen Kosten und kalkulatorischen Preise nach § 13 Absatz 1a bis 1c in der auf Grund des Artikels 1 Nummer 9 des Gesetzes vom 13. Mai 2019 (BGBl. I S. 706) ab dem 1. Oktober 2021 geltenden Fassung, einschließlich Vorgaben zur Veröffentlichung durch die Netzbetreiber, und
3. dem bilanziellen Ausgleich nach § 13a Absatz 1a in der auf Grund des Artikels 1 Nummer 10 des Gesetzes vom 13. Mai 2019 (BGBl. I S. 706) ab dem 1. Oktober 2021 geltenden Fassung.

(6) ¹Die Bundesnetzagentur erlässt durch Festlegungen nach § 29 Absatz 1 insbesondere unter Berücksichtigung der Ziele des § 1 nähere Bestimmungen zu dem Mindestfaktor nach § 13 Absatz 1a, wobei dieser nicht weniger als das Fünffache und nicht mehr als das Fünfzehnfache betragen darf. ²Die Festlegung des Mindestfaktors nach Satz 1 erfolgt im Einvernehmen mit dem Umweltbundesamt.

(7) ¹Die Bundesnetzagentur kann durch Festlegungen nach § 29 Absatz 1 unter besonderer Berücksichtigung der Ziele des § 1 abweichend von § 13 Absatz 6a Satz 5 bestimmen, dass Betreiber eines Elektrizitätsverteilernetzes, an das mindestens 100 000 Kunden unmittelbar oder mittelbar angeschlossen sind, vertragliche Vereinbarungen nach § 13 Absatz 6a unter entsprechender Anwendung der dortigen Vorgaben zur Beseitigung von Engpässen in ihrem Hochspannungsnetz schließen können. ²Hierzu kann sie nähere Bestimmungen zu Inhalt und Verfahren treffen, insbesondere
1. über Art und Umfang des Nachweises, ob die Anlage nach § 13 Absatz 6a Satz 1 Nummer 1 geeignet ist, zur Beseitigung von Gefährdungen oder Störungen der Sicherheit oder Zuverlässigkeit des Elektrizitätsversorgungssystems aufgrund von Netzengpässen im Hochspannungsnetz des Verteilernetzbetreibers effizient beizutragen,
2. über Ausnahmen von den Vorgaben des § 13 Absatz 6a Satz 1 Nummer 2,
3. über den Nachweis, dass weder das Netz während der Dauer der Vertragslaufzeit im erforderlichen Umfang nach dem Stand der Technik optimiert, verstärkt oder ausgebaut werden kann noch andere geeignete Maßnahmen zur effizienten Beseitigung des Engpasses verfügbar sind,
4. dass der Betreiber des Übertragungsnetzes, in dessen Netz das Elektrizitätsverteilernetz unmittelbar oder mittelbar technisch eingebunden ist, der Vereinbarung zustimmt, wobei die Zustimmung nur aus netztechnischen Gründen verweigert werden kann, und

5. dass der Betreiber der KWK-Anlage nicht im Sinne des Artikels 3 Absatz 2 der Verordnung (EG) Nr. 139/2004 des Rates vom 20. Januar 2004 über die Kontrolle von Unternehmenszusammenschlüssen (ABl. L 24 vom 29.1.2004, S. 1) mit dem Betreiber eines Elektrizitätsverteilernetzes verbunden sein darf.
³Die Ermächtigung nach Satz 1 ist darauf beschränkt, dass Netzengpässe im Sinne des § 13 Absatz 6a Satz 1 Nummer 1 und Satz 5 im Hochspannungsnetz auftreten.

Überblick

§ 13j enthält zahlreiche Festlegungskompetenzen der BNetzA im Hinblick auf die Regelungen der §§ 13 ff. Dabei umfasst § 13j Abs. 1 Festlegungen zum **Redispatch-Regime** iSd § 13a (→ Rn. 4 ff.). In § 13j Abs. 2 finden sich zudem **weitere Festlegungskompetenzen** zur näheren Ausgestaltung der §§ 13 ff. (→ Rn. 9 ff.). Der § 13j Abs. 3 enthält eine **subsidiäre Festlegungskompetenz** der BNetzA (→ Rn. 18 ff.). Hinzu tritt in § 13j Abs. 4 die Möglichkeit, durch Festlegung eine **Anpassung der Kapazitätsreserve** vorzunehmen (→ Rn. 20 ff.). § 13j Abs. 5 und 6 enthalten schließlich Festlegungskompetenzen zur **Ausgestaltung des zukünftigen sog. Redispatch 2.0** (→ Rn. 23 ff.), während § 13j Abs. 7 Festlegungskompetenzen im Zusammenhang mit Vereinbarungen mit KWK-Anlagenbetreibern zum Zwecke des Netzengpassmanagements auf der Hochspannungsebene enthält.

Übersicht

	Rn.		Rn.
A. Normzweck und Bedeutung	1	E. Anpassung der Kapazitätsreserve (Abs. 4)	20
B. Festlegungen zu Redispatch-Maßnahmen (Abs. 1)	4	F. Ausgestaltung des Redispatch-Regimes für EEG-Anlagen (Abs. 5 und 6)	23
C. Weitere Festlegungskompetenzen (Abs. 2)	12	G. Öffnung des Instruments von Redispatch-Vereinbarungen mit Betreibern von KWK-Anlagen für Verteilernetzbetreiber (Abs. 7)	26
D. Ergänzende Vorgaben für die Inanspruchnahme von Kraftwerken nach §§ 13a–13c (Abs. 3)	18		

A. Normzweck und Bedeutung

§ 13j wurde mit dem Strommarktgesetz (BGBl. 2016 I 1786), das am 30.7.2016 in Kraft getreten ist, in das EnWG eingeführt. In diesem Zusammenhang enthält der § 13j nun als zentrale **Ermächtigungsgrundlage zum Erlass von Festlegungen** gem. § 29 Abs. 1 durch die BNetzA sämtliche Festlegungskompetenzen aus den §§ 13 ff. aF (BT-Drs. 18/7317, 114). Diese werden nunmehr aus Gründen der **Übersichtlichkeit** in einer Regelung gebündelt. Aufgrund weiterer Anpassungen der §§ 13 ff. enthält der § 13j ferner einige **neue Festlegungskompetenzen**. 1

Die Festlegungskompetenz des § 13j Abs. 1 S. 1 und 2 entspricht jener in § 13 Abs. 1a S. 3 aF, während sich die Kompetenzen aus §§ 13 Abs. 2a, Abs. 5, 13c Abs. 3 aF nun in § 13j Abs. 2 finden. In § 13j Abs. 3 wurden die Festlegungskompetenzen des § 13b Abs. 3 aF übernommen (BT-Drs. 18/7317, 115 (116)). 2

Neben einigen Anpassungen und Ergänzungen in den Kompetenzen gem. § 13j Abs. 1–3 wurden als vollständig neue Regelungen die Festlegungskompetenzen gem. § 13j Abs. 4–7 eingefügt. Die Festlegungskompetenzen gem. § 13j Abs. 5 und 6 wurden mit dem Gesetz zur Beschleunigung des Energieleitungsausbaus (BGBl. 2019 I 706) mit Wirkung zum 17.5.2019 im Zusammenhang mit der Überführung des Engpassmanagements nach dem EEG in das novellierte Redispatchregime (Redispatch 2.0) in das EnWG eingeführt. Zuletzt ist die Vorschrift um § 13j Abs. 7 ergänzt worden, der es der BNetzA ermöglicht, das zunächst nur für Übertragungsnetzbetreiber vorgesehene Instrument des § 13 Abs. 6a (vertragliche Vereinbarungen mit KWK-Anlagenbetreibern zur Netzengpassbeseitigung) für Hochspannungsnetze zu öffnen. Im Zuge der Aufhebung der Mindestfaktorregelung für KWK-Strom im Sinne des § 13 Abs. 1b zum Zwecke der Einsparung von Gas in KWK-Kopplungsanlagen sowie zur Anreizung einer dauerhaft flexiblen und netzdienlichen Fahrweise dieser Anlagen 3

(BGBl. 2022 I 1054) mit Wirkung zum 12.7.2022 wurde zudem die Festlegungskompetenz des § 13j Abs. 6 Nr. 2 gestrichen (BT-Drs. 20/2356, 20).

B. Festlegungen zu Redispatch-Maßnahmen (Abs. 1)

4 § 13j Abs. 1 enthält Festlegungskompetenzen der BNetzA im Zusammenhang mit **Redispatch-Maßnahmen** gem. § 13a. Dabei übernimmt der § 13j Abs. 1 S. 1 und 2 weitestgehend die Kompetenzen aus der Vorgängerregelung gem. § 13 Abs. 1a S. 3; der Ersatz des bisherigen Begriffs „Konkretisierung" durch die Formulierung „nähere Bestimmung" erfolgte allein aus rechtsförmlichen Gründen und ist ohne inhaltliche Relevanz (vgl. BT-Drs. 18/7317, 114 f.).

5 § 13j Abs. 1 S. 1 ermöglicht den Erlass von Festlegungen zur näheren Bestimmung der **wesentlichen Rahmenbedingungen und Modalitäten** der Redispatch-Maßnahmen gem. § 13a. Das betrifft die nähere Bestimmung des Adressatenkreises gem. § 13a Abs. 1 S. 1, die technischen Anforderungen an die zum Redispatch verpflichteten Anlagen, die Modalitäten der Anforderung und insbesondere auch die nähere Ausgestaltung des „finanziellen Ausgleichs" iSv § 13a Abs. 2 sowie ergänzende Regelungen zu Datenerhebungen und Mitteilungspflichten. Nach § 13j Abs. 1 S. 2 kann die Behörde diverse Detailfragen zur Bestimmung eines angemessenen Ausgleichs für Redispatchanforderungen in einer Festlegung klären (und ist in Sätzen 3–5 mit den nötigen Kompetenzen zur Datenerhebung und deren Regelung ausgestattet).

6 Die ursprüngliche Redispatchregelung in § 13 Abs. 1a idF v. 4.8.2011 enthielt keine weiteren Vorgaben, nach welchem Maßstab eine damals noch als „angemessene Vergütung" bezeichnete finanzielle (Gegen-)Leistung für die Inanspruchnahme für Redispatch zu bestimmen ist. Aus diesem Grund entstand ein erhebliches praktisches Bedürfnis, Rechtssicherheit zu gewinnen, um nicht eine unüberschaubare Anzahl von Zivilrechtsstreitigkeiten zwischen Übertragungsnetzbetreibern und Anlagenbetreibern zu provozieren. Die BNetzA erließ deshalb **zwei Festlegungen,** die sich zum einen mit den Voraussetzungen und dem Verfahren einer Redispatch-Inanspruchnahme (BK6-11-098) und zum anderen mit der Vergütung dieser Inanspruchnahmen (BK8-12-019) befasste. Auf die Beschwerden zahlreicher Anlagenbetreiber hob das OLG Düsseldorf BeckRS 2015, 13249 diese Festlegungen inter partes auf, woraufhin die BNetzA die Festlegungen auch gegenüber allen anderen Marktteilnehmern rückwirkend zum 17.12.2012 aufhob (BK6-11-098-A und BK8-12-019-A). Ein wesentlicher Kritikpunkt des OLG Düsseldorf war, dass die von der BNetzA bestimmten Vergütungsregeln keine Erstattung entgangener Gewinne im Intra-Day-Markt vorsah; zudem hielt das Gericht eine anteilige Fixkostenerstattung zwar für zulässig und auch geboten, beanstandete aber die Ausgestaltung der getroffenen Regelung als mit Art. 3 GG unvereinbar und kartellrechtswidrig (OLG Düsseldorf BeckRS 2015, 13249 Rn. 117 ff., 232 ff.).

7 In Reaktion auf diese Rechtsprechung hatte der Gesetzgeber schließlich selbst **in § 13a Abs. 2 eine weitgehende Konkretisierung** vorgenommen, wie nach seiner Vorstellung eine angemessene Vergütung zu bestimmen ist. Der Gesetzgeber hat sich für ein Kostenerstattungsregime entschieden, das einer reinen Entschädigungslogik folgt. Es soll den Anlagenbetreiber so stellen, wie er stünde, wenn er nicht zum Redispatch herangezogen worden wäre (§ 13a Abs. 2 S. 1). Deshalb umfassen die Vergütungskomponenten eine teilweise Beteiligung an den Fixkosten der Kraftwerke nur in Form einer anteiligen Erstattung des anteiligen Werteverbrauchs (§ 13a Abs. 2 S. 2 Nr. 2). Insbesondere mangels anteiliger Verzinsung des gebundenen Kapitals bleibt die Entschädigung hinter einer leistungsgerechten und risikoadäquaten Entlohnung zurück. Damit hat sich der Gesetzgeber im Geiste von einem Vergütungsansatz gelöst, was das OLG Düsseldorf jedoch als verfassungskonform ansah (OLG Düsseldorf BeckRS 2020, 22830 Rn. 218 ff.). Es ist daher durchaus folgerichtig, dass der Gesetzgeber im Zusammenhang mit der Neuregelung des Redispatch 2.0 den Begriff der „angemessenen Vergütung" durch den des „angemessenen Ausgleichs" ersetzt hat. Mit der jüngsten Änderung des § 13j Abs. 1 wird diese begriffliche Änderung nachvollzogen – lediglich in § 13j Abs. 1 S. 3 taucht der Begriff der „angemessenen Vergütung" (wohl versehentlich) noch auf.

8 Für die Festlegungskompetenz der BNetzA im Hinblick auf die Ausgleichsregelungen bedeutet die gesetzliche Konkretisierung, dass nur noch die **verbleibenden Detailfragen** bei der Ermittlung **der einzelnen Entschädigungskomponenten** Gegenstand einer

Festlegungskompetenzen   § 13j EnWG

Festlegung sein können. Angesichts der in den vergangenen Jahren gewachsenen Bedeutung von Redispatch und der erheblichen Inanspruchnahme einzelner Kraftwerke, die aufgrund ihrer Anschlusssituation und ihren Eigenschaften in besonderer Weise zur Behebung von Netzengpässen in Betracht kommen, bestand jedoch trotz der gesetzlichen Konkretisierung der Vergütung/der Entschädigung ein **erhebliches Interesse nach weiterer Detaillierung.**

Die BNetzA scheute jedoch eine erneute Festlegung, sondern wählte einen anderen Weg. **9** Auf ihr Betreiben fanden, vermittelt durch den BDEW, Gespräche zwischen Anlagenbetreibern und Übertragungsnetzbetreibern statt, die schließlich in einen von der BNetzA inhaltlich mitgetragenen sog. Branchenleitfaden mündeten (Branchenleitfaden – Vergütung von Redispatch-Maßnahmen v. 18.4.2018, veröffentlicht unter www.bdew.de). Die Übertragungsnetzbetreiber verpflichteten sich in einer freiwilligen Selbstverpflichtung zur Abrechnung von Redispatch nach Maßgabe dieses Leitfadens. Die BNetzA stellte daraufhin, gestützt auf § 29 Abs. 1 iVm § 32 Abs. 1 Nr. 4 ARegV, fest, dass eine wirksame Verfahrensregulierung vorlag, wodurch die den Übertragungsnetzbetreibern entstehenden Kosten gem. § 11 Abs. 2 S. 2, 4 ARegV als dauerhaft nicht beeinflussbare Kostenanteile vollständig und ohne Zeitverzug über die Netzentgelte gewälzt werden konnten.

Diese Vorgehensweise warf die Frage auf, ob die Behörde diesen Weg gehen durfte, denn **10** auf der Primärebene – im Abrechnungsverhältnis zwischen Anlagenbetreiber und Übertragungsnetzbetreiber – entfaltete die Entscheidung der BNetzA zwar keine rechtliche, wohl aber faktische Wirkung, denn die Übertragungsnetzbetreiber waren naturgemäß nur bereit zu zahlen, was sie nach der Festlegung der BNetzA wälzen durften (OLG Düsseldorf BeckRS 2020, 22830 Rn. 69, 73). Deshalb wurde von Seiten der Anlagenbetreiber moniert, dass die BNetzA die zwischen den Marktteilnehmern seit Jahren bestehenden Differenzen über die Vergütung zum Anlass einer Festlegung nach § 13j mit rechtlicher Wirkung auch auf der Primärebene hätte nehmen müssen und ermessensfehlerhaft auf den Umweg der Anerkennung einer freiwilligen Selbstverpflichtung ausgewichen war. Das OLG Düsseldorf folgte diesem Einwand nach ausführlicher Befassung letztlich nicht, verwies aber darauf, dass die „Erfahrungen aus dem hiesigen Verwaltungs- und Beschwerdeverfahren, soweit sie sich auf die Eignung der FSV als Instrument der wirksamen Verfahrensregulierung auswirken, von der BNetzA in künftigen Festlegungsverfahren zu würdigen sein [werden]. Bei der Ausübung des Auswahlermessens hinsichtlich des Instruments der Regulierung dürfte dabei zugunsten einer eigenen vollziehbaren Entscheidung der BNetzA deren in § 13j Abs. 1 S. 2 normierte Festlegungskompetenz mitzuberücksichtigen sein." (OLG Düsseldorf BeckRS 2020, 22830 Rn. 114 ff., 130).

In derselben Entscheidung beanstandete das OLG Düsseldorf zwei inhaltliche Aspekte **11** der im BDEW-Leitfaden und mithin den freiwilligen Selbstverpflichtungen niedergelegten Vorgaben zur Ermittlung der Vergütung nach § 13a (die Ermittlung des anteiligen Werteverbrauchs nach § 13a Abs. 2 S. 2 Nr. 2 bei Teillastanforderungen und Leistungsreduzierungen). Das Gericht hob deshalb die Anerkennung der freiwilligen Selbstverpflichtung als wirksame Verfahrensregulierung auf (OLG Düsseldorf BeckRS 2020, 22830 Rn. 131 ff.). In einem zweiten Anlauf glückte es, auch in diesen Punkten eine gesetzeskonforme Konkretisierung zu finden, die auch aus Sicht der zuvor Beschwerde führenden Anlagenbetreiber sachgerecht war. Eine entsprechend angepasste freiwillige Selbstverpflichtung wurde mit Beschl. v. 19.5.2021 von der BNetzA als wirksame Verfahrensregulierung anerkannt (BK8-18-0007-A). Aufgrund der Einbeziehung auch kleinerer und EEG-Anlagen in das Redispatchregime und der damit einhergehenden größeren Bedeutung der Verteilernetzbetreiber für das Netzengpassmanagement hat die BNetzA ein Verfahren eröffnet, um bundeseinheitliche Regelungen für den finanziellen Ausgleich festzulegen; der vorgenannte Beschluss v. 19.5.2021 soll insoweit der Orientierungspunkt bleiben (Konsultation der Beschlusskammer 8 der BNetzA vom 19.1.2022, BK8-22/001-A).

C. Weitere Festlegungskompetenzen (Abs. 2)

§ 13j Abs. 2 enthält weitere Festlegungskompetenzen, die zuvor in §§ 13 Abs. 2a, Abs. 5, **12** 13c Abs. 3 aF geregelt waren und, ergänzt um neue Festlegungskompetenzen, eine in

13	Absatz 2 gebündelte bunte Sammlung verschiedener Einzelaspekte unterschiedlicher Regelungsgegenstände betreffen: Nummer 1 erlaubt Festlegungen im Hinblick auf **Mitteilungs- und Informationspflichten** der Übertragungsnetzbetreiber über im Rahmen der Systemverantwortung nach § 13 Abs. 1 und 2 getroffenen Maßnahmen (zuvor in § 13 Abs. 5 S. 3 aF geregelt).
13a	Die mit Wirkung zum 1.10.2021 eingefügte Nummer 1a enthält Festlegungskompetenzen zur Regelung der **Abwicklung des bilanziellen Ausgleichs,** den § 13a Abs. 1a nunmehr vorsieht. Für den betroffenen Bilanzkreis soll die Redispatchmaßnahme des Übertragungsnetzbetreibers neutral sein. Die in diesem Zusammenhang in § 13 Abs. 1a S. 4 und 5 vorgesehenen Benachrichtigungen des Bilanzkreisverantwortlichen (ex ante) und des Bilanzkreisverantwortlichen und des Anlagenbetreibers (ex post) kann die BNetzA weiter hinsichtlich Verfahren, Fristen und Form ausgestalten (vgl. dazu BNetzA Beschl. v. 6.11.2020 – BK6-20-059).
14	Nummer 2 ermöglicht eine Regelung der Kriterien für die nach § 13 Abs. 3 S. 4 geltenden **Ausnahmen vom Einspeisevorrang für EEG- und KWKG-Anlagen** (vormals § 13 Abs. 2a S. 2 aF).
15	Nummer 3 betrifft wiederum die Begründungspflicht von Anlagenbetreibern, die ihre Anlagen zur Stilllegung anmelden (§ 13b Abs. 1 S. 1 Hs. 2). Eine Festlegung kann regeln, wie über derartige rechtliche, technische oder betriebswirtschaftliche Gründe für die beabsichtigte Stilllegung Auskunft zu geben ist.
16	Nach Nummer 4 kann die BNetzA eine nähere Bestimmung der Vorgaben zur **Ermittlung der anrechenbaren Betriebsstunden** nach § 13c Abs. 1 S. 3, Abs. 3 S. 3 Hs. 2 treffen, also im Rahmen der Ermittlung der Erstattung des anteiligen Werteverbrauchs bei der Inanspruchnahme von Anlagen, deren vorläufige Stilllegung untersagt wurde. Derselbe Parameter kann nach der Festlegungskompetenz in Absatz 1 Satz 2 Nummer 3 auch für die Redispatchvergütung näher bestimmt werden (und wurde dort stattdessen in einer freiwilligen Selbstverpflichtung näher konkretisiert, → Rn. 9).
17	Die Festlegungskompetenzen in Absatz 2 Nummern 5–9 ermöglichen schließlich eine Konkretisierung und Ausgestaltung der **Rahmenbedingungen und Rechtsfolgen** im Zusammenhang mit der **Ausweisung systemrelevanter Gaskraftwerke gem. § 13 f.** Die Festlegungskompetenzen gem. Nummern 5–7 dienen der näheren Ausgestaltung der Rahmenbedingungen im Zusammenhang mit der **Ausweisung gem. § 13f Abs. 1** (insbesondere Kriterien, Form und Begründung), während sich Nummern 8 und 9 auf die **Rechtsfolgen gem. § 13f Abs. 2** und den potentiellen Kreis der Verpflichteten beziehen.

D. Ergänzende Vorgaben für die Inanspruchnahme von Kraftwerken nach §§ 13a–13c (Abs. 3)

18	Die Festlegungskompetenzen in § 13j Abs. 3 entsprechen der Regelung des bisherigen § 13b Abs. 3 aF (BT-Drs. 18/7317, 116). Satz 1 ermächtigt die BNetzA, dieselben Regelungsgegenstände zu regeln, die Gegenstand der Verordnungsermächtigung gem. § 13i Abs. 3 Nr. 1 sind. Die Festlegungskompetenz besteht aber nur, soweit der Verordnungsgeber nicht von seiner eigenen Ausgestaltungsbefugnis Gebrauch macht.
19	Satz 2 dieses Absatzes enthält zudem **darüberhinausgehende Festlegungskompetenzen** der BNetzA zu einzelnen, im wesentlichen prozeduralen Aspekten im Zusammenhang mit der Anforderung von Anlagen nach § 13a oder systemrelevanten Anlagen sowie bei der Prüfung von Anlagen auf Systemrelevanz sowie deren entsprechende Ausweisung.

E. Anpassung der Kapazitätsreserve (Abs. 4)

20	Die Festlegungskompetenz gem. § 13j Abs. 4 ermöglicht es der BNetzA, unter bestimmten Voraussetzungen den Umfang der Kapazitätsreserve iSd § 13e zu modifizieren. Primär zu dieser Entscheidung über die Dimensionierung sind allerdings das Bundesministerium für Wirtschaft und Energie und der Verordnungsgeber berufen, wie sich aus § 13e Abs. 5 ergibt. Danach kann die BNetzA nur in zwei Fällen den Umfang der Kapazitätsreserve durch eine Festlegung nach § 29 Abs. 1 für **einzelne oder mehrere Jahre anpassen** (BT-Drs. 18/7317, 116):

21 Erstens kann sie eine Anpassung der Kapazitätsreserve festlegen, wenn das Bundesministerium für Wirtschaft und Energie nach § 13e Abs. 5, also auf der Grundlage des Berichts zum Monitoring der Versorgungssicherheit, entschieden hat, dass eine Anpassung des Umfangs der Kapazitätsreserve erforderlich ist. Die BNetzA darf dann – wenn nicht eine Entscheidung durch Verordnungsweg nach § 13h Abs. 1 Nr. 3 erfolgt oder nach § 13e Abs. 5 S. 4 erfolgen muss – über den Umfang dieser Anpassung entscheiden.

22 Zweitens kommt eine Festlegung zur Anpassung des Umfangs der Kapazitätsreserve in Betracht, soweit die EU-Kommission in einer Entscheidung über die **beihilferechtliche Genehmigung der Kapazitätsreserve für den Erbringungszeitraum** einen geringeren Umfang vorsieht. Dazu wird es wohl bis zum Jahr 2025 nicht kommen, weil die EU-Kommission in ihrer beihilferechtlichen Genehmigung der Kapazitätsreserve die von Deutschland angewandte Methodik zur Bestimmung des erforderlichen Umfangs der Kapazitätsreserve mit Wirkung bis zum 30.9.2025 gebilligt hat (Beschl. v. 7.2.2018 – SA.45852).

F. Ausgestaltung des Redispatch-Regimes für EEG-Anlagen (Abs. 5 und 6)

23 In § 13j Abs. 5 und 6 finden sich Festlegungskompetenzen der BNetzA, die sich auf die Regelungen der §§ 13 Abs. 1a und 1c, 13a Abs. 1a in der aufgrund des Art. 1 Nr. 9 und 10 des Gesetzes zur Beschleunigung des Energieleitungsausbaus vom 13.5.2019 (BGBl. I 706) seit dem 1.10.2021 geltenden Fassung beziehen. Sie dienen der Ausgestaltung der **Integrierung und Überführung** des zuvor in § 14 EEG 2021 geregelten Einspeisemanagements in das Redispatch-Regime des § 13a (BT-Drs. 19/7375, 52 (55)).

24 Auf Grundlage der Kompetenz des § 13j Abs. 5 hat die BNetzA zunächst die Möglichkeit, die gesetzlichen Vorgaben zum **kalkulatorischen Mindestpreis** gem. § 13 Abs. 1c S. 4 idF ab 1.10.2021 (Nummer 1) sowie die Vorgaben zur Bestimmung der **kalkulatorischen Kosten und kalkulatorischen Preise** gem. § 13 Abs. 1a und 1c (Nummer 2) näher auszugestalten und zu konkretisieren. Dabei kann die BNetzA vor allem Regelungen zur Art und Weise der Berechnung, zur Datengrundlage der Berechnung und zur Frequenz, in der die Berechnung aktualisiert werden muss, treffen (BT-Drs. 19/7375, 58). Hinzutreten können Bestimmungen zum **bilanziellen Ausgleich** iSd § 13a Abs. 1a (Nummer 3). Von der Festlegungskompetenz des § 13j Abs. 5 Nr. 3 hat die BNetzA durch den Beschluss im Festlegungsverfahren zum bilanziellen Ausgleich von Redispatch-Maßnahmen vom 6.11.2020 (BK6-20-059) Gebrauch gemacht.

25 Die Festlegungskompetenz gem. § 13j Abs. 6 unterscheidet sich von allen anderen Festlegungskompetenzen des § 13j darin, dass die BNetzA von ihrer Kompetenz Gebrauch machen muss, während der Erlass aller anderen Festlegungen in ihrem Ermessen steht. Nach Absatz 6 **muss die BNetzA den Mindestfaktor gem. § 13 Abs. 1a festlegen,** nach dem sich bestimmt, wie bei der Einbeziehung von EEG-Anlagen das für den Einspeisevorrang sprechende Klimaschutzinteresse einerseits und das Interesse an einer effizienten Engpassbeseitigung andererseits austariert werden. Weil § 13 Abs. 1a S. 3 lediglich eine Spanne für den Mindestfaktor vorgibt, bedarf es einer Konkretisierung durch die BNetzA. Diese soll gem. § 13j Abs. 6 S. 2 im Einvernehmen mit dem Umweltbundesamt erfolgen. Die erstmalige Festlegung erfolgte mit Beschl. v. 30.11.2020 (PGMF-8116-EnWG § 13j). Danach beträgt der **EE-Mindestfaktor 10.**

G. Öffnung des Instruments von Redispatch-Vereinbarungen mit Betreibern von KWK-Anlagen für Verteilernetzbetreiber (Abs. 7)

26 Nach § 13 Abs. 6a können die Übertragungsnetzbetreiber mit den Betreibern von KWK-Anlagen Verträge schließen, die es ihnen ermöglichen, **die KWK-Anlagen zur Engpassbeseitigung** abzuregeln und durch die Umstellung auf eine strombasierte Wärmeerzeugung zugleich eine zuschaltbare Last zu aktivieren (→ § 13 Rn. 121 ff.). § 13j Abs. 7 eröffnet der BNetzA die Möglichkeit, den Anwendungsbereich dieses Instruments auf Verteilernetzbetreiber mit mindestens 100 000 unmittelbar oder mittelbar angeschlossenen Kunden und die Netzengpassbewirtschaftung in Hochspannungsnetzen zu erweitern. Von dieser erst mit Wirkung zum 27.07.2021 aufgenommenen Festlegungskompetenz (BGBl. 2021 I 3026) hat die BNetzA bislang keinen Gebrauch gemacht.

27 Sollte sich die Behörde entscheiden, auch großen Verteilernetzbetreibern Abschaltvereinbarungen mit KWK-Anlagenbetreibern zum Netzengpassmanagement für Hochspannungsnetze zu ermöglichen, kann sie „nähere Bestimmungen zu Inhalt und Verfahren" treffen (§ 13j Abs. 7 S. 2). Fünf Regelungsbereiche nennt die Vorschrift in den Nummer 1–5 des § 13j Abs. 7 S. 2, auf die die Festlegungskompetenz der BNetzA („insbesondere") nicht beschränkt ist.

28 Insbesondere kann die BNetzA Anforderungen an den Nachweis der Eignung zur effizienten Netzengpassbehebung bestimmen (Nr. 1). Von der räumlichen Begrenzung des Instruments auf Netzausbaugebiete in § 13 Abs. 6a S. 1 Nr. 2 kann sie für die Hochspannungsnetzebene eine Ausnahme zulassen (Nr. 2). Zudem kann die BNetzA weitere Nachweise dafür fordern, dass der Netzengpass nicht durch netzbezogene (Netzoptimierung, -verstärkung und -ausbau) oder andere, effizientere Maßnahmen behoben werden kann (Nr. 3). Auch kann die BNetzA ein Zustimmungserfordernis des vorgelagerten Übertragungsnetzbetreibers vorsehen (Nr. 4) und bestimmen, dass Vereinbarungen nach § 13j Abs. 7 nicht mit verbundenen Unternehmen geschlossen werden (Nr. 5).

29 Diese vom Gesetzgeber genannten möglichen Regelungsgegenstände lassen erkennen, dass die Regulierungsbehörde insbesondere in der Lage sein soll, sicherzustellen, dass vertragliche Vereinbarungen zum Einsatz von KWK-Anlagen zur Netzengpassbewirtschaftung von den Verteilernetzbetreibern nicht vorschnell geschlossen werden. Vor allem sollen sie nicht ermöglichen, die eigenen Aufgaben zum bedarfsgerechten Netzausbau zu vernachlässigen oder entgegen den Zielen des Entflechtungsrechts Vorteile aus dem Verbund eines vertikal integrierten Energieversorgungsunternehmens zu erzielen.

30 Andere „nähere Bestimmungen zu Inhalt und Verfahren" im Sinne von § 13j Abs. 7 S. 2 könnten den Inhalt der abzuschließenden Verträge betreffen. Denkbar wäre auch, nähere Vorgaben zur (diskriminierungsfreien) Auswahl der KWK-Anlagen zu treffen, was ein milderes Mittel im Vergleich zu einem Ausschluss von Anlagen verbundener Unternehmen nach § 13j Abs. 7 S. 2 Nr. 5 darstellen könnte.

31 Fraglich ist, inwieweit die BNetzA auch Festlegungen treffen darf, die von den gesetzlichen Vorgaben in § 13 Abs. 6a abweichen. Systematische Gründe sprechen für eine solche Möglichkeit, denn in § 13j Abs. 7 S. 2 Nr. 2 ist ein solcher Fall ausdrücklich genannt. Nach § 13j Abs. 7 S. 1 kann die BNetzA „abweichend von § 13 Abs. 6a" bestimmen, dass Verteilernetzbetreiber „vertragliche Vereinbarungen nach § 13 Absatz 6a unter entsprechender Anwendung der dortigen Vorgaben" schließen können. Diese „Abweichungsbefugnis" dürfte zwar nur auf die Erstreckung auf Verteilernetzbetreiber und die Hochspannungsebene bezogen sein. Allerdings ist die Ermächtigung in § 13j Abs. 7 S. 2 „nähere Bestimmungen zu Inhalt und Verfahren" zu treffen, denkbar weit formuliert und dürfte auch einschließen, dass die Vorgaben in § 13 Abs. 6a für Verteilernetzbetreiber so angepasst werden, dass den Unterschieden zwischen Übertragungs- und Verteilernetzbetreiber Rechnung getragen werden kann.

32 § 13j Abs. 7 S. 3 stellt klar, dass die Ermächtigung der BNetzA darauf beschränkt ist, dass „Netzengpässe im Sinne des § 13 Absatz 6a Satz 1 Nummer 1 und Satz 5 im Hochspannungsnetz auftreten." Mit der sprachlich missglückten Regelung dürfte gemeint sein, dass die BNetzA ihre Festlegung weder auf den unmittelbaren Anwendungsbereich (Übertragungsnetze) noch auf Netzebenen unterhalb der Hochspannung erstrecken kann. Es darf allein um Vereinbarungen gehen, die **Netzengpässe im Hochspannungsnetz** adressieren.

§ 14 Aufgaben der Betreiber von Elektrizitätsverteilernetzen

(1) [1]Die §§ 12, 13 bis 13c und die auf Grundlage des § 13i Absatz 3 erlassenen Rechtsverordnungen gelten für Betreiber von Elektrizitätsverteilernetzen im Rahmen ihrer Verteilungsaufgaben entsprechend, soweit sie für die Sicherheit und Zuverlässigkeit der Elektrizitätsversorgung in ihrem Netz verantwortlich sind. [2]§ 13 Absatz 9 ist mit der Maßgabe anzuwenden, dass die Betreiber von Elektrizitätsverteilernetzen nur auf Anforderung der Regulierungsbehörde die Schwachstellenanalyse zu erstellen und über das Ergebnis zu berichten haben.

(1a) (weggefallen)

(1b) (weggefallen)

Aufgaben der Betreiber von Elektrizitätsverteilernetzen § 14 EnWG

(1c) ¹Die Betreiber von Elektrizitätsverteilernetzen sind verpflichtet, auf Aufforderung eines Betreibers von Übertragungsnetzen oder eines nach Absatz 1 Satz 1 verantwortlichen Betreibers von Elektrizitätsverteilernetzen, in dessen Netz sie unmittelbar oder mittelbar technisch eingebunden sind, nach dessen Vorgaben und den dadurch begründeten Vorgaben eines Betreibers von vorgelagerten Elektrizitätsverteilernetzen in ihrem Elektrizitätsverteilernetz eigene Maßnahmen nach § 13 Absatz 1 und 2 auszuführen; dabei sind die §§ 12 und 13 bis 13c entsprechend anzuwenden. ²Soweit auf Grund der Aufforderung nach Satz 1 strom- und spannungsbedingte Anpassungen der Wirkleistungserzeugung oder des Wirkleistungsbezugs nach § 13a Absatz 1 durchgeführt werden, hat der Betreiber des Elektrizitätsverteilernetzes einen Anspruch gegen den ihn auffordernden Netzbetreiber auf bilanziellen und finanziellen Ersatz entsprechend den Vorgaben nach Satz 1. ³Der ihn auffordernde Netzbetreiber hat einen Anspruch auf Abnahme des bilanziellen Ersatzes.

(2) ¹Betreiber von Elektrizitätsverteilernetzen haben in Ergänzung zur Berichtspflicht nach § 14d oder in begründeten Einzelfällen auf Verlangen der Regulierungsbehörde innerhalb von zwei Monaten einen Bericht über den Netzzustand und die Umsetzung der Netzausbauplanung zu erstellen und ihr diesen vorzulegen. ²Die Regulierungsbehörde kann Vorgaben zu Frist, Form, Inhalt und Art der Übermittlung des Berichts machen. ³Die Regulierungsbehörde kann den Bericht auf bestimmte Teile des Elektrizitätsverteilernetzes beschränken. ⁴Die Regulierungsbehörde kann durch Festlegung nach § 29 Absatz 1 zum Inhalt des Berichts nähere Bestimmungen treffen.

(3) ¹Die Betreiber von Elektrizitätsverteilernetzen haben für ihr Netzgebiet in Zusammenarbeit mit den Betreibern von Fernwärme- und Fernkältesystemen mindestens alle vier Jahre das Potenzial der Fernwärme- und Fernkältesysteme für die Erbringung marktbezogener Maßnahmen nach § 13 Absatz 1 Satz 1 Nummer 2 zu bewerten. ²Dabei haben sie auch zu prüfen, ob die Nutzung des ermittelten Potenzials gegenüber anderen Lösungen unter Berücksichtigung der Zwecke des § 1 Absatz 1 vorzugswürdig wäre.

Überblick

§ 14 normiert die wesentlichen Aufgaben der Betreiber von Elektrizitätsverteilernetzen. Soweit diese für die Sicherheit und Zuverlässigkeit der Elektrizitätsversorgung in ihrem Netz verantwortlich sind, ordnet § 14 Abs. 1 die entsprechende Anwendung von für Übertragungsnetzbetreiber geltende Vorgaben an (→ Rn. 9 ff.). Die notwendige Unterstützung des Übertragungsnetzbetreibers sowie des verantwortlichen Verteilernetzbetreibers durch sonstige Verteilernetzbetreiber gestaltet § 14 Abs. 1c aus (→ Rn. 13 ff.). § 14 Abs. 2 begründet spezifische Berichtspflichten auf Verlangen der BNetzA (→ Rn. 22 ff.). § 14 Abs. 3 stellt ein Gebot der wiederkehrenden Bewertung des Potenzials der Fernwärme- und Fernkältesysteme für die Erbringung marktbezogener Maßnahmen nach § 13 Abs. 1 S. 1 Nr. 2 auf (→ Rn. 32 ff.).

Übersicht

	Rn.		Rn.
A. Normzweck und Bedeutung	1	II. Bilanzieller und finanzieller Ersatz	20
B. Entstehungsgeschichte	3	E. Berichtspflichten für alle Betreiber von Elektrizitätsverteilernetzen (Abs. 2)	22
C. Entsprechende Geltung von Vorgaben für Übertragungsnetzbetreiber für Betreiber von Elektrizitätsverteilernetzen (Abs. 1)	9	F. Bewertung des Potenzials der Fernwärme- und Fernkältesysteme für die Erbringung marktbezogener Maßnahmen nach § 13 Abs. 1 S. 1 Nr. 2 (Abs. 3)	32
D. Unterstützungspflichten (Abs. 1c)	13		
I. Maßnahmen	14		

Knauff

EnWG § 14

A. Normzweck und Bedeutung

1 § 14 konkretisiert anknüpfend an die in § 11 enthaltenen Bestimmungen, die für alle Netzbetreiber gelten, die **Aufgaben der Betreiber von Elektrizitätsverteilernetzen** iSv § 3 Nr. 3 (→ § 3 Nr. 3 Rn. 1 ff.). Bei diesen handelt es sich zugleich um die einzigen Adressaten der Vorschrift.

2 In anderen Bestimmungen des EnWG finden sich mehrfach **Bezugnahmen** auf § 14. Der Nennung in § 2 Abs. 2 und § 11 Abs. 4 S. 3 kommt keine eigenständige Bedeutung zu. § 11 Abs. 2 S. 4 lässt § 14 im Hinblick auf die Möglichkeit der planerischen Spitzenkappung explizit unberührt. Die Unanwendbarkeit von § 14 Abs. 1 S. 1 in Bezug auf vertragliche Vereinbarungen zur Reduzierung der Wirkleistungseinspeisung aus KWK-Anlagen wird in § 13 Abs. 6a S. 5 normiert. § 13a Abs. 5 S. 3 regelt die Kostentragungspflicht bei Maßnahmen des Übertragungsnetzbetreibers nach § 14 Abs. 1c; die Höhe des finanziellen Ersatzes nach § 14 Abs. 1c S. 2 ist Gegenstand der Transparenzverpflichtung nach § 23b Abs. 1 S. 1 Nr. 11. § 54 Abs. 2 Nr. 5 weist die Zuständigkeit für die Überwachung der Vorschriften zur Systemverantwortung nach § 14 Abs. 1 und 3 den Landesregulierungsbehörden zu, sofern an die Elektrizitätsverteilernetze weniger als 100.000 Kunden unmittelbar oder mittelbar angeschlossen sind. § 59 Abs. 1 S. 2 Nr. 8 schließt die Zuständigkeit der Beschlusskammern der BNetzA für Vorgaben zu den Berichten nach § 14 Abs. 2 aus. § 119 ermächtigt die Bundesregierung zu Abweichungen von § 14 Abs. 1 durch Rechtsverordnung für Teilnehmer an dem von der Bundesregierung geförderten Forschungs- und Entwicklungsprogramm „Schaufenster intelligente Energie – Digitale Agenda für die Energiewende".

B. Entstehungsgeschichte

3 In ihrer ursprünglichen Fassung durch das **EnWG 2005** enthielt die Vorschrift u.a. den heute in § 14 Abs. 1 und 1c verankerten Regelungen weithin entsprechende Vorgaben. Die seither erfolgten Änderungen werden im Folgenden dargestellt, soweit sie nicht ausschließlich redaktioneller Natur waren.

4 Die erste Änderung des § 14 erfolgte durch das **Gesetz zur Beschleunigung des Ausbaus der Höchstspannungsnetze** (BGBl. 2009 I 2870). Noch als § 14 Abs. 1a bezeichnet, erfuhr der heutige § 14 Abs. 1c eine klarstellende Konkretisierung im Hinblick auf die Ausgestaltung der technischen Einbindung (BT-Drs. 16/12898, 19) und wurde durch eine Verweisung auf die §§ 12, 13 ergänzt.

5 Das **Gesetz zur Neuregelung energiewirtschaftsrechtlicher Vorschriften** (BGBl. 2011 I 1554) nahm eine teilweise Neufassung des § 14 Abs. 1 vor. Einige Regelungsgehalte wurden in einen neuen § 14 Abs. 1a übertragen und durch konkretisierende Vorgaben ergänzt. Der Regelungsgehalt des bisherigen § 14 Abs. 1a wurde auf verantwortliche Betreiber von Elektrizitätsverteilernetzen erweitert und zu § 14 Abs. 1c. Neu geschaffen wurde § 14 Abs. 1b.

6 Mit dem **Strommarktgesetz** (BGBl. 2016 I 1786) erfolgte zum einen eine redaktionelle Anpassung der Norm an die Ausdifferenzierung der §§ 13 ff. Zum anderen wurde – damit inhaltlich zusammenhängend – die Verweisung in § 14 Abs. 1 S. 1 auf Verordnungsrecht erweitert.

7 Eine weitere Änderung des § 14 erfolgte durch das **Gesetz zur Änderung der Bestimmungen zur Stromerzeugung aus Kraft-Wärme-Kopplung und zur Eigenversorgung** (BGBl. 2016 I 3106). Hierbei wurde § 14 Abs. 1b weithin neu gefasst.

8 § 14 Abs. 1c wurde durch das **Gesetz zur Beschleunigung des Energieleitungsausbaus** (BGBl. 2019 I 706) in Teilen neu gefasst und erweitert.

8a Mit dem **Gesetz zur Umsetzung unionsrechtlicher Vorgaben und zur Regelung reiner Wasserstoffnetze im Energiewirtschaftsrecht** (BGBl. 2021 I 3026) wurden § 14 Abs. 1a und 1b gestrichen. Ihr Regelungsgehalt wurde jedoch teilweise in den neu geschaffenen Absatz 2 sowie § 14d und § 14e überführt. Der vormalige Absatz 2 wurde zu § 14d Abs. 5 (BT-Drs. 19/27453, 99 (103)). Bei § 14 Abs. 3 handelt es sich um eine Neuregelung.

C. Entsprechende Geltung von Vorgaben für Übertragungsnetzbetreiber für Betreiber von Elektrizitätsverteilernetzen (Abs. 1)

§ 14 Abs. 1 erklärt die in Bezug genommenen, für Übertragungsnetzbetreiber geltenden 9 Vorschriften auf die Betreiber von Elektrizitätsverteilernetzen und unter Modifikation von § 13 Abs. 9 für entsprechend anwendbar, „soweit diese sich im konkreten Einzelfall in einer von Aufgabenzuschnitt und tatsächlichen Einwirkungsmöglichkeiten vergleichbaren Situation befinden wie ein Übertragungsnetzbetreiber" (BT-Drs. 15/3917, 57). Die **tatsächliche Vergleichbarkeit** schlägt sich mithin in einer Parallelität des Rechtsrahmens nieder (vgl. auch Säcker EnWZ 2016, 294 (296); zur Veränderung der Rolle der Verteilernetze im Zuge der Energiewende Elspas/Graßmann/Rasbach/Brucker/Pfeifle § 14 Rn. 4).

Voraussetzung für die Anwendbarkeit der Vorschrift ist die Verantwortlichkeit von Verteilernetzbetreibern für die Sicherheit und Zuverlässigkeit der Elektrizitätsversorgung in ihrem Netz. Diese **Regelverantwortung** (→ § 12 Rn. 14 ff.) für das jeweils eigene Elektrizitätsverteilernetz wird von § 14 anknüpfend an die allgemeine Verpflichtung für alle Netzbetreiber nach § 11 Abs. 1 S. 1 (→ § 11 Rn. 14 ff.) vorausgesetzt. Jedoch besteht aufgrund der Verweisung auf § 12 Abs. 1 S. 2 die Möglichkeit ihrer Übertragung auf einen anderen Elektrizitätsverteilernetzbetreiber. Geschieht dies, greift § 14 Abs. 1 tatbestandlich nicht ein. 10

§ 14 Abs. 1 S. 1 ordnet die **entsprechende Anwendung** der §§ 12, 13–13c sowie der 11 auf Grundlage des § 13i Abs. 3 erlassenen Rechtsverordnungen – und damit der NetzResV (→ § 13i Rn. 17) – an. Abweichungen hinsichtlich der Regelungsgehalte sind damit grundsätzlich nicht verbunden, sodass die Rechte und Pflichten der erfassten Verteilernetzbetreiber denjenigen der von den Bestimmungen unmittelbar adressierten Übertragungsnetzbetreibern entsprechen. Zu berücksichtigen ist jedoch, dass § 12 Abs. 3c ohnehin für alle Betreiber von Elektrizitätsverteilernetzen gilt (→ § 12 Rn. 45). Überdies ordnet § 13 Abs. 6a S. 5 die Unanwendbarkeit des § 14 Abs. 1 S. 1 im Hinblick auf die Beschränkung der Zulässigkeit von vertraglichen Vereinbarungen mit Betreibern von KWK-Anlagen zur Reduzierung der Wirkleistungseinspeisung aus der KWK-Anlage und der gleichzeitigen Lieferung von elektrischer Energie auf Engpasssituationen an. Maßnahmen aufgrund § 14 dürfen schließlich denjenigen des zuständigen Übertragungsnetzbetreibers nicht widersprechen (Elspas/Graßmann/Rasbach/Brucker/Pfeifle § 14 Rn. 8), wie auch § 14 Abs. 1c verdeutlicht (→ Rn. 33 ff.).

In Bezug auf die in § 13 Abs. 9 vorgesehene **Schwachstellenanalyse** (→ § 13 Rn. 120 f.) 12 sieht § 14 Abs. 1 S. 2 vor, dass diese nur auf Anforderung der Regulierungsbehörde vorzunehmen ist. Dies entspricht der „geringeren Relevanz der Verteilnetzbereiche" (BT-Drs. 15/3917, 57).

D. Unterstützungspflichten (Abs. 1c)

§ 14 Abs. 1c regelt das **Zusammenwirken von Netzbetreibern**. Im Interesse der Funktionsfähigkeit der Elektrizitätsversorgung verpflichtet die Norm die Betreiber von Elektrizitätsverteilernetzen, „Maßnahmen des jeweiligen Übertragungsnetzbetreibers zur Vermeidung von Gefährdungen und Störungen im Übertragungsnetz zu unterstützen" (BT-Drs. 15/5268, 119), und zwar „nach dessen Vorgaben durch eigene Maßnahmen ... Die Verteilernetzbetreiber sind für die Sicherheit und Zuverlässigkeit der Elektrizitätsversorgung also nicht nur durch selbstständige Maßnahmen nach Absatz 1, sondern auch für unterstützende Maßnahmen nach Absatz 1a verantwortlich" (BT-Drs. 16/12898, 19). Insbesondere soll die Regelung „es dem Betreiber von Übertragungsnetzen und dem Betreiber eines vorgelagerten Elektrizitätsverteilernetzes erleichtern, ein wirksames Krisenmanagement im Rahmen des § 13 Absatz 2 organisieren zu können" (BT-Drs. 17/6072, 73). 13

I. Maßnahmen

Die Unterstützungspflicht nach § 14 Abs. 1c S. 1 bezieht sich auf Maßnahmen des Betreibers des Übertragungsnetzes oder des nach § 14 Abs. 1 S. 1 systemverantwortlichen Verteilernetzbetreibers, in dessen Netz dasjenige des verpflichteten Verteilernetzbetreibers unmittelbar oder mittelbar technisch eingebunden ist. Die Regelung „ermöglicht es ... dem Betreiber des vorgelagerten Netzes, abweichend von § 13a Absatz 1 EnWG (ggf. in Verbindung mit § 14 Absatz 1) die Anlagen in nachgelagerten Netzen nicht direkt selbst anzuweisen oder zu 14 regeln, sondern sich stattdessen der Unterstützung des Betreibers des nachgelagerten Netzes zu bedienen (sogenannte **Kaskade**)" (BT-Drs. 19/7375, 58).

15 Ziel der zu unterstützenden Maßnahmen ist die **Abwehr von Gefährdungen und Störungen** in den Elektrizitätsversorgungsnetzen. Dabei „ist nicht erforderlich, dass eine Gefährdung der Sicherheit und Zuverlässigkeit des Elektrizitätsversorgungsnetzes des Verteilernetzbetreibers vorliegt" (BT-Drs. 19/7375, 58). Erfasst werden aber „auch Fälle, in denen das Netzproblem ausschließlich im Verteilernetz liegt und ein nachgelagerter Verteilernetzbetreiber durch einen vorgelagerten angewiesen werden soll" (BT-Drs. 17/6072, 73). § 14 Abs. 1c S. 1 soll die Funktionsfähigkeit der Energieversorgungsnetze insgesamt und damit auch und gerade in ihrem Zusammenwirken sicherstellen.

16 Hinsichtlich der von dem nach § 14 Abs. 1c S. 1 unterstützungsverpflichteten Verteilernetzbetreiber zu ergreifenden Maßnahmen besteht eine **Anordnungsbefugnis** der Übertragungs- und systemverantwortlichen Verteilernetzbetreiber, „die in ihrer Wirkung einem staatlichen Eingriffshandeln durchaus gleichkomm[t]" (KG BeckRS 2015, 9943 Rn. 29; 2016, 16989 Rn. 20; von einer „Befehlskette" spricht Säcker EnWZ 2016, 294 (297)). Worauf sich diese konkret bezieht, gibt die Norm nicht vor.

16.1 Nach der Gesetzesbegründung lässt § 14 Abs. 1c „unterschiedliche Modelle der Zusammenarbeit zu, die sich insbesondere auch hinsichtlich der Verantwortungsbereiche unterscheiden können. So ist es beispielsweise denkbar, dass der vorgelagerte Netzbetreiber detaillierte Vorgaben macht, welche Maßnahmen der nachgelagerte Netzbetreiber zu ergreifen hat. Ebenso ist es aber auch denkbar, dass der vorgelagerte Netzbetreiber nur grobe Vorgaben macht, die Auswahl der Maßnahmen aber dem nachgelagerten Netzbetreiber obliegt" (BT-Drs. 19/7375, 59).

17 Sie stößt jedoch insoweit auf Grenzen, als „[d]er Betreiber des vorgelagerten Netzes ... die Anforderungen der nachgelagerten Netze an einen sicheren Netzbetrieb zu beachten" hat (BT-Drs. 19/7375, 59).

18 Die Befugnis nach § 14 Abs. 1c S. 1 muss aktiv in Anspruch genommen werden. Die Norm nimmt diesbezüglich auf die Notwendigkeit einer **Aufforderung** Bezug, ohne diese näher auszugestalten. Es bedarf jedoch einer eindeutigen, an den unterstützungsverpflichteten Verteilernetzbetreiber gerichteten Handlungsanweisung. Eine solche ist darüber hinaus auch insoweit für die nach- und zwischengelagerten Verteilernetzbetreiber verbindlich, als sie die Vorgaben eines vorgelagerten Verteilernetzbetreibers, die dieser in Ausführung von Maßnahmen des Betreibers von Übertragungsnetzen formuliert, ebenfalls umzusetzen haben (BT-Drs. 17/6072, 73).

19 Der unterstützungsverpflichtete Verteilernetzbetreiber ergreift die Maßnahmen zwar innerhalb des Rahmens, der durch die Vorgaben des auffordernden Betreibers gespannt wird, jedoch stets aus eigenem Recht (BT-Drs. 19/7375, 58). Wenngleich eine Maßnahme im Einzelfall „auch in der Weiterleitung einer Information liegen" kann (BT-Drs. 17/6072, 73), dürfte dies kaum den Regelfall darstellen. Anders als die insoweit recht unbestimmte frühere Fassung der Norm, die auf Maßnahmen abstellte, „soweit diese erforderlich sind, um Gefährdungen und Störungen in den Elektrizitätsversorgungsnetzen mit geringstmöglichen Eingriffen in die Versorgung zu vermeiden", nimmt die ab 1.10.2021 geltende Regelung auf Maßnahmen nach § 13 Abs. 1 und 2 Bezug und stellt damit klar, dass es sich um **netz- und marktbezogene Maßnahmen sowie Zwangsmaßnahmen** handelt (so bereits Britz/Hellermann/Hermes/Sötebier, 3. Aufl., § 14 Rn. 17), die im Rahmen der Systemverantwortung erfolgen. Konsequenterweise ordnet § 14 Abs. 1c S. 1 ergänzend an, dass dabei die §§ 12 und 13–13c entsprechend anzuwenden sind. Diese Vorschriften „müssen, wenn sie für eigenverantwortliche Maßnahmen gelten, erst recht auch für Maßnahmen des Verteilernetzbetreiber gelten, die er rechtmäßig nach den Vorgaben der Übertragungsnetzbetreiber durchführt" (BT-Drs. 16/12898, 19; zu den haftungsrechtlichen Folgen OLG Braunschweig BeckRS 2016, 10147 Rn. 32; de Wyl/Hartmann/Weise EnWZ 2013, 66 (68 ff.)). Überdies „können und sollen Maßnahmen nach Absatz 1c in die Planprozesse der Netzbetreiber integriert werden. Dies stellt eine wirksame Beseitigung von Gefahren für die Sicherheit und Zuverlässigkeit des Elektrizitätsversorgungssystems unter Einhaltung der Vorgaben zum Einspeisevorrang sicher und ermöglicht zudem den gezielten energetischen und bilanziellen Ausgleich der Maßnahmen auch bei Nutzung der Kaskade" (BT-Drs. 19/7375, 58 f.).

II. Bilanzieller und finanzieller Ersatz

§ 14 Abs. 1c S. 2 und 3 regelt die **Konsequenzen von Aufforderungen** nach § 14 Abs. 1c S. 1 und ist Ausdruck des Umstandes, dass Redispatch-Maßnahmen nach § 13a Abs. 1a S. 1 und 2 bilanziell auszugleichen sind. Bestehen Maßnahmen in strom- und spannungsbedingten Anpassungen der Wirkleistungserzeugung oder des Wirkleistungsbezugs nach § 13a Abs. 1, hat der diese durchführende Verteilernetzbetreiber einen Anspruch gegen den damit unterstützten Netzbetreiber auf bilanziellen und finanziellen Ersatz, mit dem ein entgegengesetzter Anspruch auf Abnahme des bilanziellen Ersatzes korrespondiert. 20

Die Regelung überträgt die Vorgaben des § 13a Abs. 1a über den Ausgleich bei Redispatch-Maßnahmen (→ § 13a Rn. 45 ff.) auf die § 14 Abs. 1c S. 1 unterfallende Situation (vgl. auch Bourwieg/Hellermann/Hermes/Sötebier § 12 Rn. 32 ff.). Ziel ist es, in dieser jegliche **Besser- oder Schlechterstellung** im Vergleich zu einer Situation ohne einen „zwischengeschalteten" Verteilernetzbetreiber zu **vermeiden**. Hierzu bedarf es der Begründung von Ansprüchen zwischen den Netzbetreibern innerhalb der Kaskade. 21

Die umfang- und aufschlussreiche Gesetzesbegründung führt hierzu aus: „Der bilanzielle und finanzielle Ausgleich wird ebenfalls über die Kaskade abgewickelt: Die Ansprüche auf bilanziellen und finanziellen Ausgleich der betroffenen Bilanzkreisverantwortlichen und Anlagenbetreiber nach § 13a (iVm § 14 Abs. 1) richten sich immer gegen den Netzbetreiber, der die Maßnahme gegenüber dem Anlagenbetreiber durchgeführt hat, auch wenn dieser Netzbetreiber seinerseits dazu von einem vorgelagerten Netzbetreiber nach Satz 1 aufgefordert wurde. Der aufgeforderte Netzbetreiber hat nach Satz 2 einen Anspruch auf Ersatz des bilanziellen und finanziellen Ausgleichs gegenüber dem Netzbetreiber, der ihn aufgefordert hat. Dabei ist auch der bilanzielle und finanzielle Ersatz zu berücksichtigen, den er seinerseits nachgelagerten Netzbetreibern schuldet, soweit dieser aufgrund der Aufforderung des vorgelagerten Elektrizitätsversorgungsnetzes erfolgt. Dadurch wird er hinsichtlich der Ansprüche auf bilanziellen und finanziellen Ausgleich, die er dem Anlagenbetreiber bzw. dem Bilanzkreisverantwortlichen sowie ggf. nachgelagerten Netzbetreibern schuldet, weitgehend glattgestellt. Damit korrespondierend hat der vorgelagerte Netzbetreiber nach Satz 3 einen Anspruch auf Abnahme seiner bilanziellen Ersatzleistung gegenüber dem nachgelagerten Netzbetreiber. Die Regelung überführt den bisherigen § 15 Abs. 1 S. 3 EEG 2017 sinngemäß in das neue System. Die Höhe des bilanziellen und finanziellen Ausgleichs kann abhängig sein von der konkreten praktischen Umsetzung der Kaskade. Macht der vorgelagerte Netzbetreiber konkrete Vorgaben hinsichtlich der umzusetzenden Maßnahmen durch den nachgelagerten Netzbetreiber, wird sich der bilanzielle und finanzielle Ausgleich der Netzbetreiber untereinander grundsätzlich anhand dieser Vorgaben zu orientieren haben. Führt die Umsetzung beispielsweise im Ergebnis dazu, dass mehr oder weniger Energie abgeregelt wird, als vom vorgelagerten Netzbetreiber vorausberechnet, wird er die daraus folgende bilanzielle Abweichung zu tragen haben. Übernimmt es dagegen der nachgelagerte Netzbetreiber, die Maßnahmen auszuwählen und die Ausfallarbeit zu prognostizieren, wird er sich im Rahmen des bilanziellen und finanziellen Ausgleichs daran festhalten lassen müssen. Weicht die tatsächliche Durchführung von der Prognose des nachgelagerten Netzbetreibers ab, beruht die Differenz nicht auf der Aufforderung des vorgelagerten Netzbetreibers und kann daher nicht in den bilanziellen und finanziellen Ausgleich nach Absatz 1c Satz 2 und 3 einbezogen werden" (BT-Drs. 19/7375, 59). 21.1

E. Berichtspflichten für alle Betreiber von Elektrizitätsverteilernetzen (Abs. 2)

§ 14 Abs. 2 verpflichtet die Betreiber von Elektrizitätsverteilernetzen, auf Verlangen der Regulierungsbehörde einen Bericht über den Zustand und die Umsetzung der Ausbauplanung ihres Netzes anzufertigen. Nach der auf die frühere Fassung der Vorschrift bezogenen Gesetzesbegründung verfolgt die Vorschrift zwei Zwecke. Zum einen dient „[d]ie Berichtspflicht ... dazu, dass der Netzbetreiber sich im Falle von Netzengpässen und Netzausbaubedarf strukturiert mit diesem Thema auseinandersetzt und dies überprüfbar darlegt." Zum anderen diene „[d]iese Vorschrift ... dem Bürokratieabbau. Regelmäßige Berichte der Verteilernetze über den Netzzustand sind in der Regel nicht erforderlich, weil die Verteilernetze häufig nicht im gleichen Umfang wie die Übertragungsnetze Veränderungen ausgesetzt sind" (BT-Drs. 17/6072, 73). Mit der Pflicht zur Aufstellung der Netzausbaupläne nach § 14d steht § 14 Abs. 2 in enger Verbindung: „Da Betreiber von Elektrizitätsverteilernetzen künftig gemäß § 14d Absatz 1 die Netzausbaupläne nur in einem zweijährlichen Turnus zu erstellen 22

EnWG § 14 Teil 3. Regulierung des Netzbetriebs

haben, kommt dieser Regelung künftig zudem besondere Bedeutung im Falle von Änderungen oder Aktualisierungen bereits getätigter Angaben im regulären Netzausbaubericht zu" (BT-Drs. 19/27453, 99).

23 **Adressaten** der Verpflichtung sind alle Betreiber von Elektrizitätsverteilernetzen. Eine de minimis-Schwelle besteht nicht (mehr). „Grund hierfür ist, dass der Regulierungsbehörde im Bedarfsfall (zusätzlich zu § 14d) die Möglichkeit eingeräumt werden soll, ergänzende Informationen zum Netzausbau erlangen zu können. Dies ist vor dem Hintergrund sinnvoll, dass zB erneuerbare Erzeugungsanlagen oder flexible Verbrauchseinrichtungen auch an kleinere Netze angeschlossen werden und insoweit ebenfalls Engpässe entstehen können. Deshalb kann es auch bei Betreibern von Elektrizitätsverteilernetzen mit weniger Kunden unter Abwägung aller Umstände zukünftig erforderlich werden, dass die Regulierungsbehörde über den Netzzustand und Netzausbau informiert wird" (BT-Drs. 19/27453, 99).

24 Die Berichtspflicht wird durch ein **Verlangen** seitens der zuständigen Regulierungsbehörde (BNetzA oder Landesregulierungsbehörde, vgl. § 54 Abs. 2 S. 1 Nr. 5) ausgelöst. Eine solche Aufforderung erfolgt unternehmensspezifisch, kann ausweislich § 14 Abs. 2 S. 3 auf Teile des Netzes beschränkt sein (→ Rn. 30) und muss – ggf. in Verbindung mit Festlegungen nach § 14 Abs. 2 S. 4 (→ Rn. 31) – den erforderlichen Inhalt des Berichts erkennen lassen. Nach der Gesetzesbegründung „kann die Regulierungsbehörde auf dieser Grundlage insbesondere Informationen zum Netzzustand, zur Umsetzung der Netzausbauplanung oder zu einzelnen Anpassungen, die sich in Bezug auf den regulären, zweijährlichen Netzausbaubericht ergeben, jederzeit – und insbesondere auch im auf das reguläre Berichtsjahr folgende Jahr – verlangen. Dies gilt beispielsweise für den voraussichtlichen Zeitpunkt des Baubeginns von Maßnahmen, den voraussichtlichen Zeitpunkt der Inbetriebnahme, Verzögerungsgründe, Kosten oder den Projektstatus" (BT-Drs. 19/27453, 99). Eines spezifischen Anlasses für das Verlangen bedarf es nicht. Seine Erhebung liegt jedoch insbesondere dann nahe, „sobald ein Bedarf hierfür ersichtlich wird" (BT-Drs. 17/6072, 73). Der (geänderte) Wortlaut der Vorschrift verdeutlicht dies insoweit, als der Bericht ergänzend zur Berichtspflicht nach § 14d in Bezug auf die Netzausbauplanung oder „in begründeten Einzelfällen" angefordert werden kann. Letzteres liegt insbesondere nahe, wenn der Regulierungsbehörde (Indizien für) Defizite bekannt sind (vgl. auch Britz/Hellermann/Hermes/Sötebier, 3. Aufl., § 14 Rn. 12).

25 Der Bericht ist gem. § 14 Abs. 2 S. 1 innerhalb von zwei Monaten zu erstellen und vorzulegen. Diese gesetzliche **Frist** darf von der Regulierungsbehörde nicht unterschritten werden. Dies dient dem Schutz der verpflichteten Netzbetreiber und der Sicherung der Qualität der Berichte. Die Einräumung einer längeren Bearbeitungszeit durch die Regulierungsbehörde im Einzelfall auf Grundlage von § 14 Abs. 2 S. 2 (→ Rn. 29) wird durch die Norm nicht ausgeschlossen und liegt bei besonders komplexen Netzsituationen nicht fern. Normativ geboten ist sie gleichwohl nicht.

26 Der Inhalt des Berichts bezieht sich nach § 14 Abs. 2 S. 1 zum einen auf den **Zustand des Netzes.** Dabei steht dessen technische Funktionsfähigkeit in Frage. Wenngleich § 14 Abs. 2 insoweit nicht die Vornahme von Bewertungen durch den berichtspflichtigen Betreiber erfordert, bilden die Anforderungen an Sicherheit, Zuverlässigkeit und Leistungsfähigkeit des Netzes iSv § 11 Abs. 1 S. 1 (→ § 11 Rn. 17 ff.) die zentralen Maßstäbe, anhand derer sich der Netzzustand bestimmt.

27 Zum anderen bezieht sich die Berichtspflicht auf die **Umsetzung der Netzausbauplanung,** mithin den Stand ihrer Realisierung. Die Netzausbauplanung als solche unterfällt dagegen § 14d.

28 Obwohl § 14 Abs. 2 S. 1 Netzzustand und Umsetzung der Netzausbauplanung kumulativ in Bezug nimmt und auch ein sachlicher Zusammenhang zwischen beiden Aspekten besteht, erscheint eine **Beschränkung des Berichtsverlangens auf einen der Gegenstände** nicht ausgeschlossen. Sinn und Zweck der Regelung sprechen dafür, die Berichtspflicht der Verteilernetzbetreiber auf solche Informationen beschränken zu können, die nach Auffassung der Regulierungsbehörde sachlich notwendig sind. Überdies korrespondiert nur ein solches Verständnis mit der Wertung des § 14 Abs. 2 S. 3.

29 Hinsichtlich der **Einzelheiten** des Berichts ist die Regulierungsbehörde nach § 14 Abs. 2 S. 2 zu einer umfassenden „Feinsteuerung" berechtigt. Die Regelung „ermöglicht der Regulierungsbehörde, nicht nur konkrete inhaltliche Vorgaben zu machen, sondern auch solche

zum Verfahren. Dies schließt beispielsweise nähere Vorgaben zur elektronischen Form ebenso ein wie detaillierte Frist- und Formularvorgaben, welche durch die verpflichteten Betreiber von Elektrizitätsverteilernetzen einzuhalten sind. So kann die Behörde etwa verlangen, dass durch die Betreiber von Elektrizitätsverteilernetzen ein den gesetzlichen Inhalt konkretisierender Fragebogen binnen einer gewissen Frist zu befüllen ist" (BT-Drs. 19/27453, 99). Gesonderte Fristvorgaben können sich in Anbetracht von § 14 Abs. 2 S. 1 (→ Rn. 25) nicht auf den Gesamtbericht, sondern allenfalls auf eigenständige Teilaspekte beziehen. Zudem sind Widersprüche zu Festlegungen nach § 14 Abs. 2 S. 4 (→ Rn. 31) zu vermeiden; zugleich erscheint insoweit die Notwendigkeit einer zusätzlichen Regelung zweifelhaft, der daher vor allem ein klarstellender Charakter zukommt.

Gemäß § 14 Abs. 1a S. 3 kann der vorzulegende Bericht über Netzzustand und die Umsetzung der Netzausbauplanung von vornherein auf **Teile des Elektrizitätsverteilernetzes** beschränkt werden. Dabei kann es sich um geografisch oder technisch abgrenzbare Netzteile handeln. Will die Regulierungsbehörde hiervon Gebrauch machen, hat sie in ihrem Verlangen die betroffenen Netzbereiche eindeutig zu spezifizieren. 30

Hinsichtlich des Inhalts der vorzulegenden Berichte ermächtigt § 14 Abs. 2 S. 4 die jeweils zuständige Regulierungsbehörde zum Erlass von **Festlegungen** nach § 29 Abs. 1. Hierauf gestützte unternehmensübergreifende Festlegungen wurden zumindest durch die BNetzA bislang nicht erlassen. In Anbetracht der expliziten Bezugnahme auf die Berichtsinhalte sind formale Vorgaben für die Abfassung und Einreichung des Berichts von der Ermächtigung nicht erfasst; diese können gleichwohl Bestandteil des unternehmensspezifischen Berichtsverlangens sein. 31

F. Bewertung des Potenzials der Fernwärme- und Fernkältesysteme für die Erbringung marktbezogener Maßnahmen nach § 13 Abs. 1 S. 1 Nr. 2 (Abs. 3)

§ 14 Abs. 3 betrifft eine spezielle Fragestellung. Die Vorschrift dient der **Umsetzung von Art. 24 Abs. 8 RL (EU) 2018/2001** in nationales Recht (BT-Drs. 19/27453, 99 f.). 32

Wenngleich die Vorschrift entsprechend ihrer systematischen Verankerung in erster Linie die Betreiber von Elektrizitätsverteilernetzen verpflichtet, sind diese nicht allein zu der normativ gebotenen Bewertung in der Lage. Indem § 14 Abs. 3 S. 1 explizit die **Zusammenarbeit mit den Betreibern von Fernwärme- und Fernkältesystemen** erwähnt, werden diese mittelbar in die Verpflichtung einbezogen – ohne dass allerdings den Elektrizitätsverteilernetzbetreibern spezifische Befugnisse zur Erzwingung ihrer Kooperation gesetzlich zugewiesen würden. Zudem ist der Begriff der Fernwärme- und Fernkältesysteme dem EnWG im Übrigen fremd. Allein § 53a S. 1 Nr. 3 nimmt ohne nähere Konkretisierung auf „Fernwärmeanlagen" Bezug. Nicht zuletzt im Hinblick auf die gebotene europarechtskonforme Auslegung ist daher auf die Begriffsbestimmung in Art. 2 S. 2 Nr. 19 RL (EU) 2018/2001 zurückzugreifen. Danach bezeichnet „‚Fernwärme' oder ‚Fernkälte' die Verteilung thermischer Energie in Form von Dampf, heißem Wasser oder kalten Flüssigkeiten von zentralen oder dezentralen Produktionsquellen über ein Netz auf mehrere Gebäude oder Anlagen zur Nutzung von Raum- oder Prozesswärme oder -kälte". Der darauf bezogene Systembegriff wird ohne weitergehenden Gehalt auch in der Richtlinie verwendet. Im Ergebnis sind somit alle Unternehmen von den Elektrizitätsverteilernetzbetreibern in die Vornahme der Bewertung nach § 14 Abs. 3 einzubeziehen, die im betreffenden Verteilernetzgebiet ein Fernwärme- oder -kältenetz betreiben. Dass die u.a. im GEG zusätzlich verwendete Begrifflichkeit der Nahwärme- und -kälte nicht verwendet wird, ist in Anbetracht der Inhaltsgleichheit unerheblich (vgl. Knauff GEG/GEIG/Knauff GEG § 3 Rn. 24 f.). 33

§ 14 Abs. 3 S. 1 begründet wiederkehrenden Handlungsbedarf alle vier Jahre. Dieser **Turnus** kann unterschritten werden. Geschieht dies im Einzelfall, läuft die Vierjahresfrist neu an. Eine Anrechnung nicht ausgeschöpfter Zeiten auf die Folgeperiode ist bei vorzeitigen Bewertungen nicht vorgesehen. 34

Ausschließlicher **Gegenstand** der Bewertung ist das Potenzial der Fernwärme- und Fernkältesysteme für die Erbringung marktbezogener Maßnahmen durch die Übertragungsnetzbetreiber und – auf Grundlage von § 14 Abs. 1 (→ Rn. 11) – die Verteilernetzbetreiber in Wahrnehmung ihrer Systemverantwortung nach § 13 Abs. 1 S. 1 Nr. 2, die freilich in der 35

EnWG § 14a   Teil 3. Regulierung des Netzbetriebs

Norm nicht abschließend bestimmt werden (→ § 13 Rn. 18 ff.). Entsprechend der – insoweit nicht umgesetzten – europarechtlichen Grundlage der Regelung in Art. 24 Abs. 8 RL (EU) 2018/2001 stehen u.a. die Nachfragesteuerung und die Speicherung überschüssiger Energie aus erneuerbaren Quellen im Hinblick auf Bilanzierungs- und andere Systemdienste in Frage.

36   Ungeachtet des ungenauen Wortlauts des § 14 Abs. 3 S. 2 schließt sich an die Potenzialermittlung die Beantwortung der Frage an, ob dessen Nutzung gegenüber anderen Lösungen unter **Berücksichtigung der Zwecke des § 1 Abs. 1** vorzugswürdig wäre. Die teils in sich widersprüchlichen Ziele des § 1 Abs. 1 (→ § 1 Rn. 13 ff.) sollen mithin – ähnlich wie in § 46 Abs. 4 S. 1 – als operabler Maßstab dienen. Für die hierfür erforderliche Gewichtung (→ § 46 Rn. 61 f.) durch die Adressaten des § 14 Abs. 3 fehlt es im Normtext an Anhaltspunkten. Ungeachtet dessen sind diese insoweit in ihrem Wertungsspielraum beschränkt, als Art. 24 Abs. 8 RL (EU) 2018/2001 deutlich spezifischer die Verpflichtung formuliert zu „prüfen, ob die Nutzung des ermittelten Potenzials gegenüber alternativen Lösungen ressourcenschonender und kostengünstiger wäre." Dieses Verständnis ist im Wege der europarechtskonformen Auslegung auf § 14 Abs. 3 S. 2 zu übertragen. Damit die Vorzugswürdigkeit bestimmt werden kann, muss eine hinreichend intensive Auseinandersetzung mit Alternativmaßnahmen erfolgen. Soweit die Verteilernetzbetreiber diesbezüglich unzureichende Erkenntnisse haben, ist der jeweilige Übertragungsnetzbetreiber nach § 12 Abs. 2 zur Unterstützung verpflichtet (→ § 12 Rn. 26 ff.).

§ 14a Netzorientierte Steuerung von steuerbaren Verbrauchseinrichtungen und steuerbaren Netzanschlüssen; Festlegungskompetenzen

(1) ¹Die Bundesnetzagentur kann durch Festlegung nach § 29 Absatz 1 bundeseinheitliche Regelungen treffen, nach denen Betreiber von Elektrizitätsverteilernetzen und Lieferanten, Letztverbraucher und Anschlussnehmer verpflichtet sind, nach den Vorgaben der Bundesnetzagentur Vereinbarungen über die netzorientierte Steuerung von steuerbaren Verbrauchseinrichtungen oder von Netzanschlüssen mit steuerbaren Verbrauchseinrichtungen (steuerbare Netzanschlüsse) im Gegenzug für Netzentgeltreduzierungen abzuschließen. ²Dabei kann die netzorientierte Steuerung über wirtschaftliche Anreize, über Vereinbarungen zu Netzanschlussleistungen und über die Steuerung einzelner steuerbarer Verbrauchseinrichtungen erfolgen. ³Die Festlegung kann insbesondere spezielle Regelungen beinhalten zu:
1. der Vorrangigkeit des Einsatzes wirtschaftlicher Anreize und von Vereinbarungen zu Netzanschlussleistungen gegenüber der Steuerung einzelner Verbrauchseinrichtungen in der netzorientierten Steuerung,
2. der Staffelung des Einsatzes mit direkter Regelung von Verbrauchseinrichtungen oder Netzanschlüssen bei relativ wenigen Anwendungsfällen und zu der verstärkten Verpflichtung zu marktlichen Ansätzen bei steigender Anzahl von Anwendungsfällen in einem solchen Markt,
3. der Verpflichtung des Netzbetreibers, sein Netz im Falle von netzorientierter Steuerung präziser zu überwachen und zu digitalisieren,
4. Definitionen und Voraussetzungen für steuerbare Verbrauchseinrichtungen und steuerbare Netzanschlüsse,
5. Voraussetzungen der netzorientierten Steuerung durch den Netzbetreiber, etwa durch die Vorgabe von Spannungsebenen, und zur diskriminierungsfreien Umsetzung der netzorientierten Steuerung, insbesondere mittels der Vorgabe maximaler Entnahmeleistungen,
6. Spreizung, Stufung sowie netztopologischer und zeitlicher Granularität wirtschaftlicher Anreize sowie zu Fristen der spätesten Bekanntgabe von Änderungen wirtschaftlicher Anreize, um Fehlanreize im vortägigen Stromhandel zu vermeiden,
7. von einer Rechtsverordnung nach § 18 abweichenden besonderen Regelungen für den Netzanschluss und die Anschlussnutzung, insbesondere zu Anschlusskosten und Baukostenzuschüssen,

8. Methoden für die bundeseinheitliche Ermittlung von Entgelten für den Netzzugang für steuerbare Verbrauchseinrichtungen und steuerbare Netzanschlüsse im Sinne des Satzes 1,
9. Netzzustandsüberwachung und Bilanzierung durch den Netzbetreiber sowie Vorgaben zur Messung.

(2) ¹Bis zur Festlegung bundeseinheitlicher Regelungen nach Absatz 1 haben Betreiber von Elektrizitätsverteilernetzen denjenigen Lieferanten und Letztverbrauchern im Bereich der Niederspannung, mit denen sie Netznutzungsverträge abgeschlossen haben, ein reduziertes Netzentgelt zu berechnen, wenn mit ihnen im Gegenzug die netzorientierte Steuerung von steuerbaren Verbrauchseinrichtungen, die über einen separaten Zählpunkt verfügen, vereinbart wird. ²Die Bundesnetzagentur kann durch Festlegung nach § 29 Absatz 1 Regelungen zu Definition und Voraussetzungen für steuerbare Verbrauchseinrichtungen, zum Umfang einer Netzentgeltreduzierung nach Satz 1 oder zur Durchführung von Steuerungshandlungen treffen und Netzbetreiber verpflichten, auf Verlangen Vereinbarungen gemäß Satz 1 nach diesen Regelungen anzubieten.

(3) Als steuerbare Verbrauchseinrichtungen im Sinne von Absatz 1 und 2 gelten insbesondere Wärmepumpen, nicht öffentlich-zugängliche Ladepunkte für Elektromobile, Anlagen zur Erzeugung von Kälte oder zur Speicherung elektrischer Energie und Nachtstromspeicherheizungen, solange und soweit die Bundesnetzagentur in einer Festlegung nach Absatz 1 oder 2 nichts anderes vorsieht.

(4) ¹Sobald die Messstelle mit einem intelligenten Messsystem ausgestattet wurde, hat die Steuerung entsprechend den Vorgaben des Messstellenbetriebsgesetzes und der konkretisierenden Technischen Richtlinien und Schutzprofile des Bundesamtes für Sicherheit in der Informationstechnik sowie gemäß den Festlegungen der Bundesnetzagentur über ein Smart-Meter-Gateway nach § 2 Satz 1 Nummer 19 des Messstellenbetriebsgesetzes zu erfolgen. ²Die Anforderungen aus Satz 1 sind nicht anzuwenden, solange der Messstellenbetreiber von der Möglichkeit des agilen Rollouts nach § 31 Absatz 1 Nummer 2 in Verbindung mit § 21 Absatz 1 Nummer 1 Buchstabe c des Messstellenbetriebsgesetzes Gebrauch macht und gegenüber dem Letztverbraucher sowie dem Netzbetreiber in Textform das Vorliegen der Voraussetzungen des § 31 Absatz 1 des Messstellenbetriebsgesetzes bestätigt, wobei die Anforderungen nach Satz 1 spätestens mit dem Anwendungsupdate nach § 31 Absatz 1 des Messstellenbetriebsgesetzes zu erfüllen sind. ³Beauftragt der Letztverbraucher den Messstellenbetreiber nach § 34 Absatz 2 des Messstellenbetriebsgesetzes mit den erforderlichen Zusatzleistungen, so genügt er bereits mit der Auftragserteilung seinen Verpflichtungen. ⁴Die Bundesnetzagentur kann Bestands- und Übergangsregeln für Vereinbarungen treffen, die vor Inkrafttreten der Festlegungen geschlossen worden sind.

Überblick

§ 14a enthält umfassende Festlegungsbefugnisse der BNetzA, die netzorientierte Steuerung von steuerbaren Verbrauchseinrichtungen zu regeln. Dabei enthält Absatz 1 Festlegungsbefugnisse für ein Zielmodell, durch das Netzengpässe auf Verteilernetzebene im Gegenzug für eine Netzentgeltreduzierung durch Anreize oder ggf. direktes Steuern vermieden werden sollen → Rn. 10. Absatz 2 enthält die Ende 2022 außer Kraft getretene Altfassung, die größtenteils als Übergangsregelung fortgeführt wird → Rn. 28. Absatz 3 enthält eine Definition steuerbarer Verbrauchseinrichtungen, für die die Instrumente nach § 14a zur Anwendung kommen sollen → Rn. 39. Absatz 4 konkretisiert die Verpflichtung zur Steuerung über intelligente Messsysteme → Rn. 43.

EnWG § 14a

Übersicht

	Rn.		Rn.
A. Normzweck und Bedeutung	1	3. Gegenleistung (Netzentgeltreduktion)	16
I. Hintergrund	1	4. Steuerbarer Netzanschluss	17
II. Konkurrenz zu Normen mit Flexibilitätsbezug	5	5. Mögliche Regelungsgegenstände (Abs. 1 S. 3)	18
B. Festlegungskompetenz der BNetzA (Abs. 1)	8	**C. Übergangsregelungen (Abs. 2)**	28
I. Allgemeines zur Reichweite der Festlegungskompetenz	8	I. Fortgeltung der alten Rechtslage (Abs. 2 S. 1)	28
II. Adressaten der Festlegungskompetenz (Abs. 1 S. 1)	10	II. Festlegung von Übergangsbestimmungen (Abs. 2 S. 2)	38
III. Gegenstand der Festlegungsbefugnis	13	**D. Steuerbare Verbrauchseinrichtung (Abs. 3)**	39
1. Kontrahierungszwang und Vertragsverhältnis	13	**E. Steuerung über das intelligente Messsystem (Abs. 4)**	43
2. Netzorientierte Steuerung	14		

A. Normzweck und Bedeutung

I. Hintergrund

1 Die Vorschrift wurde erstmals durch das Gesetz zur Neuregelung energiewirtschaftsrechtlicher Vorschriften vom 26.7.2011 in das EnWG aufgenommen (BGBl. 2011 I 1554). Die Bestimmung **privilegiert** Letztverbraucher, Lieferanten und Anschlussnehmer, so dass diese nur ein reduziertes Netznutzungsentgelt zu zahlen haben. Im Gegenzug für **reduzierte Netznutzungsentgelte** sollen Flexibilisierungspotenziale der begünstigten Netznutzer dem Verteilernetzbetreiber und damit der Energiewende zugutekommen. Der Gesetzgeber versprach sich dadurch einen Beitrag der Norm zur Entlastung der Netze und insbesondere zur Vermeidung von Lastspitzen (vgl. BT-Drs. 17/6072, 73).

2 § 14a EnWG 2011 führte die §§ 7 und 9 der zum 30.6.2007 außer Kraft getretenen BTOElt (BGBl. 1989 I 2255, aufgehoben durch BGBl. 2005 I 1970 (2018)) fort. Mit der damaligen **Schwachlastregelung** sollte eine konstante Stromnachfrage sichergestellt werden, da ein solches Instrument damals vor dem Hintergrund der konstanten Stromeinspeisung durch Atomkraftwerke und andere „Must-Run-Kraftwerke" als sinnvolles Unterziel zur Erreichung von Versorgungssicherheit erachtet wurde (BNetzA/BKartA, Monitoringbericht 2020, 191). Die zunehmend durch erneuerbare Energien dominierte Energieversorgung hat dieses Unterziel obsolet gemacht. Naturgemäß ist dem flexiblen Ausgleich volatiler Erzeugung aufgrund der veränderten Gegebenheiten ein größerer Wert beizumessen als der Aufrechterhaltung einer konstanten Stromnachfrage. Bereits im Rahmen des Gesetzes zur Digitalisierung der Energiewende vom 29.8.2016 (BGBl. I 2034) erfolgte eine erste Berücksichtigung der neu aufgetretenen versorgungspolitischen Zielsetzung. So wurde durch die tatbestandliche Erweiterung von „unterbrechbaren Verbrauchseinrichtungen" hin zu „steuerbaren Verbrauchseinrichtungen" ein **breiterer Flexibilitätsansatz** erstmals betont (BT-Drs. 18/7555, 111).

3 Die alte Fassung des § 14a EnWG 2011 enthielt eine Ermächtigung der Bundesregierung, durch Rechtsverordnung den Rahmen der Ausgestaltung von reduzierten Netznutzungsentgelten sowie Steuerungshandlungen des Netzbetreibers und von Lieferanten zu benennen. Am 22.12.2020 wurde schließlich ein Referentenentwurf des von Peter Altmaier geführten Bundeswirtschaftsministeriums bekannt, wonach die Bestimmung durch das Steuerbare-Verbrauchs-Einrichtungen-Gesetz (**SteuVerG**) modifiziert werden sollte. Dabei war ein **Spitzenglättungsverfahren** vorgesehen, dass den Netzbetreibern ermöglichen sollte, neue steuerbare Verbraucher zeitweise in ihrer Leistung zu drosseln. Aufgrund von politischen Widerständen aus der Automobil-, Energiewirtschaft sowie von Verbraucherschützern wurde der Referentenentwurf jedoch zurückgezogen (vgl. Antwort der Bundesregierung auf eine Kleine Anfrage der FDP-Fraktion vom 3.3.2021, BT-Drs. 19/27221, 3).

4 Zum 1.1.2023 trat schließlich eine **vollständige Neufassung** der Bestimmung in (BGBl. 2022 I 1237). Im Unterschied zum vorherigen Entwurf des SteuVerG enthält die Neuregelung nun in Absatz 1 eine umfassende Festlegungskompetenz der BNetzA – der Gesetzgeber verzichtet dabei weitgehend auf die Ausgestaltung der Regelungsinhalte. Die BNetzA hat am 24.11.2022 ein Eckpunktepapier vorgelegt und damit das Festlegungsverfahren zur Ausgestaltung der Integration von steuerbaren Verbrauchseinrichtungen und steuerbaren Netzanschlüssen nach § 14a zur Gewährleistung der Versorgungssicherheit eröffnet (BNetzA, BK6-22-300/BK8-22/010-A). Eine weitere Ergänzung erfolgte im Rahmen des Gesetzes zum Neustart der Digitalisierung der Energiewende zum 27.5.2023 (BGBl. I Nr. 133), durch die die verpflichtende Steuerung steuerbarer Verbrauchseinrichtungen über intelligente Messsysteme an die modifizierten Bestimmungen des MsbG angepasst wurde.

II. Konkurrenz zu Normen mit Flexibilitätsbezug

Das EnWG enthält in verschiedenen Normen Regelungen zu netzdienlichen Flexibilitäten. Neben § 14a handelt es sich dabei insbesondere um die §§ 13, 13a, 14 Abs. 1 und 1a sowie § 14c. Abgesehen von § 14c regeln die Normen einschließlich § 14a allerdings jeweils nur spezielle Anwendungsfälle. § 14c ist demgegenüber **Generalnorm für die Beschaffung von Flexibilitätsdienstleistungen** → § 14c Rn. 7. Dazu gehören grundsätzlich auch Maßnahmen im Bereich des Engpassmanagements, wie sich aus der gesetzlichen Begründung ergibt (BT-Drs. 19/27453, 100), die unmittelbar auf Art. 32 Abs. 1 der Strom-Binnenmarkt-Richtlinie RL 2019/944 verweist. 5

§ 13 regelt als Grundnorm die Systemverantwortung der Übertragungsnetzbetreiber und gibt vor, welche Maßnahmen diese im Fall einer **Gefährdung oder Störung des Stromnetzes** ergreifen müssen. § 13 (und die damit verbundenen §§ 13a und 14 Abs. 1) gilt also nur anlassbezogen bei einer Gefährdung oder Störung des Stromnetzes. § 14c gilt demgegenüber allgemein auch für die Beschaffung von Flexibilität **unabhängig** von einer Gefährdung oder Störung des Stromnetzes, also für den **regulären Betrieb des Netzes.** Dies ergibt sich auch unmittelbar aus dem Wortlaut des § 14c, wonach dieser die Effizienz bei Betrieb und Ausbau der Verteilernetze verbessern soll. 5.1

Auch § 14a enthält hinsichtlich der Flexibilitätsdienstleistungen nur eine eng begrenzte Sonderregelung. Diese lässt den allgemeinen Anwendungsbereich des § 14c unberührt. So kann nach § 14a der Strombezug steuerbaren Verbrauchseinrichtungen in der Niederspannung mit einem reduzierten Netzentgelt honoriert werden. § 14a enthält damit keine originäre Beschaffung einer Flexibilitätsdienstleistung, sondern nur einen **vergünstigten Netzzugang für flexible Lasten.** 6

Soweit der Gesetzgeber in der Gesetzesbegründung zu § 14a darauf verweist, dass nach den Vorgaben der BNetzA „**vorrangig marktlich organisierte Flexibilitätsansätze** zum Einsatz kommen, um die Netzstabilität sicherzustellen, etwa zeitvariable Netzentgelte, Ausschreibungen von netzdienlicher Flexibilität und weitere Instrumente" (BT-Drs. 20/2656, 44) dürfte ein solche Festlegung mithin ein Zusammenspiel der Bestimmungen von § 14a und § 14c erforderlich machen. 7

B. Festlegungskompetenz der BNetzA (Abs. 1)

I. Allgemeines zur Reichweite der Festlegungskompetenz

Absatz 1 schafft **umfangreiche Festlegungskompetenzen**, die es der BNetzA ermöglichen sollen, **bundeseinheitliche Regelungen** für die Netzintegration von steuerbaren Verbrauchseinrichtungen und Netzanschlüssen mit steuerbaren Verbrauchseinrichtungen zu schaffen (BT-Drs. 20/2656, 44). Die Bestimmung ist, wie auch aus der gesetzlichen Begründung deutlich wird (BT-Drs. 20/2656, 43), vor dem Hintergrund der EuGH-Entscheidung vom 02.09.2021 (C-718/18) zu sehen, in der die unionsrechtlich verbürgte Unabhängigkeit der BNetzA als nationaler Regulierungsbehörde durch den EuGH klargestellt wird und dass bis dato in Deutschland vorherrschende System der **normativen Regulierung** beendet wird (EuGH EuZW 2021, 893 (900)). 8

Die Bestimmung ermächtigt die BNetzA auch zur Festlegung umfassender **Teilnahmeverpflichtungen** von steuerbaren Verbrauchseinrichtungen bzw. steuerbaren Netzanschlüssen. Der Gesetzgeber stellte im Rahmen der Novellierung jedoch folgerichtig klar, dass die Festlegung von Teilnahmeverpflichtungen keinesfalls zwingend ist (BT-Drs. 20/2656, 44) 9 und räumt der BNetzA einen weitreichenden Ermessensspielraum ein. Bei der Festlegung hat die BNetzA folglich insbesondere die **gesetzlichen Grenzen des Ermessens** iSd § 40 VwVfG zu beachten.

II. Adressaten der Festlegungskompetenz (Abs. 1 S. 1)

10 Die Norm adressiert **Betreiber von Elektrizitätsverteilernetzen** iSv § 3 Nr. 3 (zum Begriff→ § 3 Nr. 3 Rn. 1). Diese können von der BNetzA zum Abschluss von Vereinbarungen mit Letztverbrauchern und Lieferanten zur Gewährung von reduzierten Netznutzungsentgelten verpflichtet werden. Die Norm richtet sich weder an Betreiber von Gasverteilernetzen noch an Betreiber von Elektrizitätsübertragungsnetzen.

11 Die BNetzA kann zudem **Letztverbraucher, Lieferanten** (von Elektrizität) und **Anschlussnehmer** verpflichten, Vereinbarungen über die netzorientierte Steuerung mit Betreibern von Elektrizitätsverteilernetzen abzuschließen. Der Letztverbraucherbegriff ist dabei in § 3 Nr. 25 legaldefiniert (zum Begriff→ § 3 Nr. 25 Rn. 1), eine Definition des Begriffs Lieferant fehlt im EnWG. In Anlehnung an den Begriff des Stromlieferanten in § 3 Nr. 31a ist darunter jedoch eine „natürliche oder juristische Person, deren Geschäftstätigkeit ganz oder teilweise auf den Vertrieb von Elektrizität zum Zwecke der Belieferung von Letztverbrauchern ausgelegt ist" zu verstehen. Der Anschlussnehmerbegriff wurde mit dem Gesetz zum Neustart der Digitalisierung in der Energiewende neu in Absatz 1 Satz 1 aufgenommen. Der Anschlussnehmer ist in § 2 Nr. 2 MsbG definiert und im Regelfall der Eigentümer des Grundstücks bzw. des Gebäudes, in dem sich die steuerbare Verbrauchseinrichtung befindet.

12 Der Kreis der Begünstigten umfasst nur solche Lieferanten und Letztverbraucher, die mit dem Netzbetreiber eigene **Netznutzungsverträge** gem. § 20 Abs. 1a S. 1 abgeschlossen haben, auf dessen Grundlage sie zur Zahlung von Netznutzungsentgelten verpflichtet sind (Säcker EnergieR/Franz/Boesche § 14a Rn. 19). In der Regel erfolgt die Netznutzung über den zwischen Lieferanten und Netzbetreiber abgeschlossenen Lieferantenrahmenvertrag.

III. Gegenstand der Festlegungsbefugnis

1. Kontrahierungszwang und Vertragsverhältnis

13 § 14a **verpflichtet** die Adressaten der Norm, soweit von einer Festlegung der BNetzA verpflichtet → Rn. 10 ff., zum Abschluss entsprechender Vereinbarungen über die netzorientierte Steuerung. Durch die abzuschließende Vereinbarung wird das zwischen Netzbetreiber und Netznutzer bestehende **Netznutzungsverhältnis modifiziert**.

2. Netzorientierte Steuerung

14 Gegenstand einer Festlegung ist die **netzorientierte Steuerung** von steuerbaren Verbrauchseinrichtungen. Den Begriff der netzorientierten Steuerung versteht der Gesetzgeber als Oberbegriff für wirtschaftliche Anreize zu netzverträglichem Stromverbrauchsverhalten, Vereinbarungen über Netzanschlussleistungen als auch die aktive Steuerung von steuerbaren Verbrauchseinrichtungen und Netzanschlüssen zur Beseitigung von Netzengpässen (BT-Drs. 20/2656, 44). Umfasst sind damit ausweislich der Gesetzesbegründung sowohl **präventive** als auch **kurative** Maßnahmen. Der Gesetzgeber macht deutlich, dass auch Vorgaben, die nur mittelbar den Stromverbrauch beeinflussen, unter den Begriff der netzorientierten Steuerung zu subsumieren sind.

15 Absatz 1 Satz 2 benennt als **Beispiele** der netzorientierten Steuerung ausdrücklich wirtschaftliche Anreize, Vereinbarungen zu Netzanschlussleistungen und die direkte Steuerung einzelner Verbrauchseinrichtungen.

3. Gegenleistung (Netzentgeltreduktion)

16 Die Festlegungsbefugnis ist begrenzt auf Maßnahmen der netzorientierten Steuerung, die im **Synallagma zu einer Netzentgeltreduzierung** stehen. Der eindeutige Wortlaut „im Gegenzug" spricht dafür, dass Maßnahmen, die aufgrund des weiten Tatbestandsmerkmals

der netzorientierten Steuerung zwar tatbestandlich unter die Norm fallen, dann nicht unter den Anwendungsbereich zu fassen, wenn sie **auf andere Weise vergütet** werden (zB durch über Netznutzungsentgelte finanzierte Ausschreibungen). Für eine über den Wortlaut hinausgehende Auslegung besteht insbesondere deshalb kein Bedürfnis, da solche Maßnahmen der netzorientierten Steuerung ohne Weiteres von § 14c erfasst sind → Rn. 7.

4. Steuerbarer Netzanschluss

Absatz 1 Satz 1 sieht ausdrücklich vor, dass sich die Vereinbarungen sowohl auf den gesamten Netzanschluss beziehen können als auch nur auf die jeweilige steuerbare Verbrauchseinrichtung selbst erstrecken können. Absatz 1 Satz 1 enthält dabei die Legaldefinition des **steuerbaren Netzanschlusses**. Um einen solchen handelt es sich bei Netzanschlüssen mit steuerbaren Verbrauchseinrichtungen. Da nicht zu erwarten ist, dass Wallboxen, Wärmepumpen oder Batteriespeicher in großem Umfang jeweils über eigene Zählpunkte verfügen, sieht der Gesetzgeber mit der Regelung vor, den gesamten Leistungsbezug des Netzanschlusses auf eine bestimmte Leistung zu begrenzen und auf diese Weise höheren Gleichzeitigkeiten im Verteilernetz entgegenzuwirken. 17

5. Mögliche Regelungsgegenstände (Abs. 1 S. 3)

Absatz 1 Satz 3 zählt beispielhaft und nicht abschließend mögliche Regelungsgegenstände einer Festlegung auf. Beispielhaft werden genannt: 18

Absatz 1 Satz 3 Nummer 1 stellt klar, dass **wirtschaftliche Anreize** und Vereinbarung zu bestimmten Netzanschlussleistungen als **vorrangig** gegenüber der direkten Steuerung festgelegt werden dürfen. 19

Absatz 1 Satz 3 Nummer 2 weist darauf hin, dass eine Festlegung je nach Marktdurchdringung steuerbarer Verbrauchseinrichtungen **Vorgaben zur Einsatzstaffelung** beinhalten kann, wobei zu beachten ist, dass direkt steuernde Eingriffe möglichst vermieden werden soll und gerade bei höherer Verbreitung steuerbarer Verbrauchseinrichtungen vorrangig marktliche Ansätze zur Anwendung kommen sollen (BT-Drs. 20/2656, 44). 20

Absatz 1 Satz 3 Nummer 3 gibt der BNetzA die Befugnis, den Netzbetreiber zur **präzisen Netzüberwachung und Digitalisierung** des Verteilernetzes zu verpflichten. 21

Absatz 1 Satz 3 Nummer 4 enthält die Befugnis, **Definitionen für steuerbare Verbrauchseinrichtungen und steuerbare Netzanschlüsse** aufzustellen. 22

Absatz 1 Satz 3 Nummer 5 gestattet der BNetzA, **Voraussetzungen für die netzorientierte Steuerung** zu konkretisieren und Spannungsebenen von der Festlegung auszuschließen oder einzubeziehen. Die Spannungsebenen der Übertragungsnetze sind dabei jedoch nicht von der Festlegungsbefugnis umfasst. Gleichzeitig können maximale Entnahmeleistungen spannungsebenenscharf vorgegeben werden. 23

Absatz 1 Satz 3 Nummer 6 bestimmt, dass **wirtschaftliche Anreize** sowohl formell als auch materiell ausgestaltet werden können. Dabei soll insbesondere Fehlanreizen im vortägigen Stromhandel (Day-Ahead) entgegengewirkt werden. 24

Absatz 1 Satz 3 Nummer 7 befugt die BNetzA zur Festlegung spezieller Regelungen für **Netzanschluss und Anschlussnutzung,** insbesondere auch zu Anschlusskosten und Baukostenzuschüssen. 25

Absatz 1 Satz 3 Nummer 8 enthält die Klarstellung, dass **bundeseinheitliche Methoden für Netznutzungsentgeltermittlung und Netzzugang** für steuerbare Verbrauchseinrichtungen und steuerbare Netzanschlüsse festgelegt werden können. 26

Absatz 1 Satz 3 Nummer 9 gibt vor, dass auch die **Netzzustandsüberwachung und Bilanzierung** durch den Netzbetreiber abweichend geregelt werden kann und über die Regelungen des MsbG hinausgehende Vorgaben für die Messung festgelegt werden können. 27

C. Übergangsregelungen (Abs. 2)

I. Fortgeltung der alten Rechtslage (Abs. 2 S. 1)

Absatz 2 Satz 1 enthält im Wesentlichen die bislang geltende Bestimmung des § 14a S. 1 EnWG 2016, die zum 1.1.2023 außer Kraft getreten ist. Der Gesetzgeber stellt klar, dass die 28

EnWG § 14a   Teil 3. Regulierung des Netzbetriebs

Altregelung so lange gelten soll, bis die BNetzA eine **bundeseinheitliche Regelung** nach Maßgabe von Absatz 1 festgelegt hat (BT-Drs. 20/2656, 44, 45).

29   Auch Absatz 2 Satz 1 enthält einen **Kontrahierungszwang**, der Betreiber von Elektrizitätsverteilernetzen zum diskriminierungsfreien Abschluss von entsprechenden Vereinbarungen verpflichtet („haben […] zu berechnen"), soweit solche im entsprechenden Netz für steuerbare Verbrauchseinrichtungen bestehen. Die Regelung gilt allerdings anders als Absatz 1 nur für die Niederspannungsebene.

30   Anders als in Absatz 1 vorgesehen, der auch steuerbare Netzanschlüsse einbezieht, besteht der Anspruch auf Netzentgeltreduktion nach Absatz 2 Satz 1 dabei nur „**einrichtungsbezogen**" (vgl. BT-Drs. 17/6072, 73) und nicht etwa für die Entnahmestelle insgesamt. Der Anspruch kann damit nur insoweit geltend gemacht werden, wie der Letztverbraucher über steuerbare Verbrauchseinrichtungen verfügt.

31   Erforderlich ist zudem die **Steuerbarkeit** der Verbrauchseinrichtung. Die Definition von steuerbaren Verbrauchseinrichtungen ist in Absatz 3 → Rn. 39 ff. geregelt. Über die bloße Steuerbarkeit der Verbrauchseinrichtung hinausgehend sind jedoch nur solche Lieferanten bzw. Letztverbraucher anspruchsberechtigt, wenn mit diesen eine **netzdienliche Steuerung der Verbrauchseinrichtungen** vereinbart wird. Unter welchen Umständen eine Steuerung netzdienlich ist, entscheidet der Elektrizitätsverteilernetzbetreiber, soweit er den Anforderungen der Transparenz und Diskriminierungsfreiheit genügt. Ein Begründungserfordernis sieht die Bestimmung nicht. Dennoch ist das Tatbestandsmerkmal insoweit objektivierbar, als nicht jede Verschiebung des Nachfrageverhaltens automatisch als netzdienlich erachtet werden kann. Vielmehr muss die Verbrauchseinrichtung in der Lage sein, die vom Elektrizitätsverteilernetzbetreiber ausgeprägten Anforderungen an die netzdienliche Verschiebung des Verbrauchsverhaltens nachweislich zu erbringen.

32   Zu beachten ist, dass die Vorschrift offen lässt, ob der Elektrizitätsverteilernetzbetreiber die Steuerungshandlung auch **tatsächlich anfordern** muss (oder es ausreichend ist, dass diese seitens des Lieferanten bzw. Letztverbrauchers vertraglich für den Fall des Abrufs zugesichert wird) und falls ja, auf welche Weise und von wem die Steuerungshandlung durchzuführen ist.

33   In der Praxis hat sich etabliert, dass der Elektrizitätsverteilernetzbetreiber die Steuerungstechnik selbst vorgibt. Zum Einsatz kommen abhängig vom jeweiligen Netzgebiet Rundsteuertechnik, Zeitschaltung, Fernwirktechnik, keine Steuerung oder hiervon abweichende Techniken (BNetzA/BKartA, Monitoringbericht 2020, 193).

34   Aufgrund der gesetzlichen **Zuweisung der Steuerungstechnik zur Messstelle** gem. § 2 Nr. 11 MsbG und der daraus resultierenden gesetzlichen Zuständigkeit des Messstellenbetreibers für die Auswahl der Steuerungstechnik gem. § 3 Abs. 2 MsbG ist die praktische Handhabung der Bestimmung aus rechtlicher Perspektive fragwürdig. Da Absatz 2 Satz 1 keine Bestimmung enthält, aus der sich eine vom MsbG abweichend Zuständigkeit des Elektrizitätsverteilernetzbetreibers für die Auswahl der konkreten technischen Steuereinrichtungen ergibt (und der Verordnungsgeber von der Ermächtigungsgrundlage gem. Satz 3 bisher kein Gebrauch gemacht wurde), erscheint die Auslegung vorzugswürdig, dass das Auswahlrecht weiterhin dem Messstellenbetreiber zuzuordnen ist. Der Elektrizitätsverteilernetzbetreiber ist jedoch berechtigt, das Steuerungsziel – nicht jedoch das Mittel – allgemein vorzugeben.

35   Erforderlich ist zudem, dass die steuerbare Verbrauchseinrichtung über einen separaten Zählpunkt verfügt. Der Begriff Zählpunkt wird im EnWG selbst nicht definiert und weist erhebliche rechtliche Unschärfen auf.

35.1   Definitionen des Zählpunktes finden sich u.a. in § 2 Nr. 28 MsbG und in § 2 Nr. 14 StromNZV. Nach dem MsbG ist der Zählpunkt „der Punkt, an dem der Energiefluss messtechnisch erfasst wird". Nach der StromNZV ist der Zählpunkt leicht abweichend davon „der Netzpunkt, an dem der Energiefluss zähltechnisch erfasst wird." Die abweichenden Begrifflichkeiten lassen auf Unterschiede rückschließen. Nach der MsbG-Definition und dem dort enthaltenen Abstellen auf die messtechnische Erfassung könnte man annehmen, es handele sich bei dem Zählpunkt immer um den Punkt, an dem auch physisch ein Zähler tatsächlich eine Messung vornimmt. „Virtuelle Zählpunkte" wären demnach nicht erfasst. Die Definition der StromNZV wiederum deutet darauf, dass Zählpunkt nichts anderes als die zähltechnische Aggregation von Messwerten an einer Übergabestelle des Netzes ist. Erschwert wird die Auslegung dadurch, dass parallel zum Zählpunkt eine Reihe weiterer Begriffe an verschiedener Stelle von Gesetzen

634   Schnurre

und Verordnungen genannt werden (Entnahmestelle, Abnahmestelle, Lieferstelle, Einspeisestelle, Ausspeisestelle, Messstelle, Lokation).

Die BNetzA hat den Zählpunktbegriff aus praktischen Gründen in **Marktlokation und** 36
Messlokation aufgespalten (BNetzA Beschl. v. 20.12.2016 – BK6-16-200). Die Marktlokation ist gleichbedeutend mit einer separaten Entnahmestelle. Die „Messlokation" ist hingegen die Zusammenfassung der technischen Einrichtungen, an denen die tatsächliche, physikalische Strommessung erfolgt und liefert die Messwerte für die jeweilige Marktlokation.

Sowohl die normative Ergänzung, dass es sich um einen „separaten" Zählpunkt handeln 37
muss, als auch die Zielstellung der Vorschrift, den Stromverbrauch der steuerbaren Verbrauchseinrichtung vom übrigen Stromverbrauch der Entnahmestelle abgrenzen zu können, sprechen dafür, dass es sich sowohl um einen **separaten physischen Zähler** (und damit um eine separate Messlokation) als auch um eine separate bilanzielle Abgrenzung (und damit um eine separate Marktlokation) handeln muss. Soweit mit dem Verweis auf die auseinanderfallende Handhabung in der Praxis eine abweichende Auffassung hiervon vertreten wird (Säcker EnergieR/Franz/Boesche § 14a Rn. 11), erscheint dies nicht überzeugend.

II. Festlegung von Übergangsbestimmungen (Abs. 2 S. 2)

Nach Absatz 2 Satz 2 kann die BNetzA auch in einem **Übergangszeitraum** im Rahmen 38
der Regelung in Absatz 2 Satz 1 erste Vereinheitlichungen festlegen. Übergangsweise Vereinheitlichungen können dabei Definition und Voraussetzungen für steuerbare Verbrauchseinrichtungen, den Umfang der Netzentgeltreduzierung nach Absatz 2 Satz 1 oder die Durchführung von Steuerungshandlungen umfassen. Zudem kann die BNetzA auch im Übergangszeitraum **bundeseinheitlich** Netzbetreiber dazu verpflichten, Vereinbarungen nach Absatz 2 Satz 1 anzubieten. Eine Verpflichtung von Netznutzern, im Übergangszeitraum an der Durchführung von Steuerungshandlungen teilzunehmen, dürfte demgegenüber ausweislich des Wortlautes nicht von der Festlegungsbefugnis für den Übergangszeitraum umfasst sein.

D. Steuerbare Verbrauchseinrichtung (Abs. 3)

Das Kriterium der „Steuerbarkeit" löste bereits bei der Novellierung der Vorschrift 2016 39
(BGBl. I 2034) den Begriff der „vollständigen Unterbrechbarkeit" ab. Ab diesem Zeitpunkt kam es nicht mehr darauf an, dass die Stromzufuhr einer Verbrauchseinrichtung vollständig abgeschaltet werden können muss (vgl. insoweit BT-Drs. 18/7555, 111). Es genügte die **technische Fähigkeit zur Lastverschiebung** bzw. die grundsätzliche Möglichkeit, die Verbrauchseinrichtung in ihrem Nachfrageverhalten zu beeinflussen (Säcker EnergieR/ Franz/Boesche § 14a Rn. 8). Bereits nach § 14a S. 2 EnWG 2016 war zudem klargestellt, dass auch **Elektromobile** als steuerbare Verbrauchseinrichtung anzusehen sind.

Mit der Neuregelung durch Absatz 3 wird der **Begriff der steuerbaren Verbrauchsein-** 40
richtung nunmehr geregelt. Es ist dabei zu beachten, dass der Begriff durch den Gesetzgeber nicht abschließend geregelt wurde. Dies ergibt sich sowohl aus dem Wortlaut („insbesondere") als auch der Gesetzesbegründung (BT-Drs. 20/2565, 45). Absatz 3 bestimmt dabei ausdrücklich, dass die BNetzA nach Absatz 1 oder Absatz 2 eine abweichende Regelung treffen kann.

Soweit die BNetzA keine abweichende Regelung treffen sollte, gelten als steuerbare Ver- 41
brauchseinrichtungen **Wärmepumpen, nicht öffentlich zugängliche Ladepunkte** für Elektromobile, **Anlagen zur Erzeugung von Kälte, Anlagen zur Speicherung elektrischer Energie** und **Nachtspeicherheizungen.** Dabei ist bezüglich der Definition des Ladepunktes auf § 2 Abs. 2 LSV abzustellen. Öffentlich zugängliche Ladepunkte iSv § 2 Nr. 5 LSV bleiben wegen der kurzen Standzeiten (BT-Drs. 20/2656, 45) von der gesetzlichen Definition ausgenommen. Bzgl. Anlagen zur Speicherung elektrischer Energie wird auf § 12 Abs. 4 S. 1 Nr. 2 verwiesen. Umfasst sind insbesondere Batteriespeicher. Als Wärmepumpen definiert der Gesetzgeber Anlagen, die unter Aufwendung von technischer Arbeit und durch Verbrauch elektrischer Energie thermische Energie aus einem Reservoir mit niedrigerer Temperatur aufnehmen und zusammen mit der Antriebsenergie als Nutzwärme auf einen zu beheizenden Raum, ein Gebäude oder einen Warmwasserspeicher mit höherer Temperatur

EnWG § 14a   Teil 3. Regulierung des Netzbetriebs

übertragen (BT-Drs. 20/2656, 45). Umfasst sind auch elektrische Heizstäbe, sofern diese mit der Wärmepumpe eine Einheit bilden.

42   Da die gesetzliche Definition ausdrücklich sowohl **Absatz 1 als auch Absatz 2 einbezieht**, wird der Anwendungsbereich von Absatz 2 gegenüber dem Status Quo erheblich ausgeweitet. Es erscheint fraglich, ob Netzbetreiber (die zB für Nachtspeicherheizungen) reduzierte Netznutzungsentgelte anbieten, im Rahmen der Übergangsbestimmung nach Absatz 2 Satz 1 bestimmte steuerbare Verbrauchseinrichtungen von der Privilegierung ausschließen dürfen.

E. Steuerung über das intelligente Messsystem (Abs. 4)

43   Absatz 4 Satz 1 enthält die Regelung, dass die Steuerung bei mit intelligenten Messsystemen ausgestatteten Messstellen **über das Smart Meter Gateway** zu erfolgen hat. Für die Auslegung der Begriffe Messstelle, intelligentes Messsysteme und Smart Meter Gateway ist jeweils auf die Begriffsbestimmungen des MsbG abzustellen (§ 2 Nr. 7, 11 sowie 19 MsbG). Sowohl die netzorientierte Steuerung nach Absatz 1 als auch die Steuerung nach Absatz 2 muss damit entsprechend der vom BSI festgelegten Technischen Richtlinien (Richtliniengruppe BSI TR 03109) bzw Schutzprofile erfolgen. Die Steuerung über **eigenständige Steuereinheiten** ist nicht gestattet. Voraussetzungen hierfür ist allerdings, dass eine solche Steuerung bereits vom BSI freigegeben ist. Zum Zeitpunkt dieser Kommentierung ist dies noch nicht gegeben. Eine Ausstattungspflicht für Messstellen mit steuerbare Verbrauchseinrichtungen mit intelligenten Messsystemen ergibt sich aus Absatz 4 Satz 1 nicht. Allerdings ist eine solche in § 31 Abs. 1 Nr. 5 MsbG enthalten.

44   Absatz 4 Satz 2 enthält eine **Ausnahme vom Steuerungserfordernis** über das Smart Meter Gateway. Bis Anfang 2025 hat dabei die Steuerung nicht über das Smart Meter Gateway zu erfolgen, falls der Messstellenbetreiber von der Möglichkeit des **agilen Rollouts** Gebrauch macht. Der in § 31 MsbG seit dem 27.5.2023 neu im Messstellenbetriebsgesetz geregelte agile Rollout sieht vor, dass grundzuständige Messstellenbetreiber bereits 2023 und 2024 mit dem Rollout intelligenter Messsysteme beginnen können, ohne dass die Anwendungen zur Fernsteuerbarkeit iSv § 21 Abs. 1 Nr. 1 lit. c MsbG über das Smart Meter Gateway ausgeführt werden. Der Ausnahmetatbestand erfasst damit ausschließlich solche Messstellen, die von grundzuständigen Messstellenbetreibern iSv § 2 Nr. 6 MsbG ausgestattet werden. Spätestens ab dem 1.1.2025 ist jedoch auch bei diesen Messstellen sicherzustellen, dass die Fernsteuerbarkeit durch ein **Anwendungsupdate** über das Smart Meter Gateway durchgeführt wird. Ob durch entsprechende Anwendungsupdates eine Fernsteuerbarkeit ab Anfang 2025 tatsächlich flächendeckend über Smart Meter Gateways umgesetzt werden kann, ist angesichts der in Deutschland schleppenden Digitalisierung jedoch zumindest zweifelhaft. Durch die Bestimmung soll jedenfalls sichergestellt werden, dass Letztverbraucher nicht gegen die in Absatz 4 Satz 1 festgelegte Pflicht verstoßen, wenn aufgrund eines beschleunigten Rollouts technisch unzureichende Messgeräte eingebaut werden (BT-Drs. 20/6457, 72).

45   Neu eingefügt wurde mit dem Gesetz zum Neustart der Digitalisierung der Energiewende ebenfalls Absatz 4 Satz 3. Klargestellt wird damit, dass Letztverbraucher mit steuerbaren Verbrauchseinrichtungen ihrer Pflicht bereits **durch Beauftragung** des Messstellenbetreibers mit der Durchführung der Steuerung von Verbrauchseinrichtungen und Netzanschlüssen über das intelligente Messsysteme gem. § 34 Abs. 2 S. 1 Nr. 2 MsbG nachkommen. **Nicht erforderlich** ist damit die tatsächliche Installation oder Durchführung, sondern die verbindliche Beauftragung des grundzuständigen oder dritten Messstellenbetreibers. Der Messstellenbetreiber gilt insoweit nicht als **Erfüllungsgehilfe** des Letztverbrauchers nach § 278 BGB (BT-Drs. 20/6457, 72). Angesichts der in der Praxis häufig auftretenden Engpässe bei Installateuren und Lieferengpässen soll dadurch die Verantwortlichkeit von Letztverbraucher auf ein angemessenes Niveau begrenzt werden.

46   Die BNetzA ist nach Absatz 4 Satz 4 befugt, für Vereinbarungen, die **vor Inkrafttreten** der Festlegungen (nach Absatz 1 oder Absatz 2 Satz 2) getroffen wurden, abweichende Bestands- und Übergangsregelungen zu treffen.

§ 14b Steuerung von vertraglichen Abschaltvereinbarungen, Verordnungsermächtigung

¹Soweit und solange es der Vermeidung von Engpässen im vorgelagerten Netz dient, können Betreiber von Gasverteilernetzen an Ausspeisepunkten von Letztverbrauchern, mit denen eine vertragliche Abschaltvereinbarung zum Zweck der Netzentlastung vereinbart ist, ein reduziertes Netzentgelt berechnen. ²Das reduzierte Netzentgelt muss die Wahrscheinlichkeit der Abschaltung angemessen widerspiegeln. ³Die Betreiber von Gasverteilernetzen haben sicherzustellen, dass die Möglichkeit von Abschaltvereinbarungen zwischen Netzbetreiber und Letztverbraucher allen Letztverbrauchern diskriminierungsfrei angeboten wird. ⁴Die grundsätzliche Pflicht der Betreiber von Gasverteilernetzen, vorrangig nicht unterbrechbare Verträge anzubieten und hierfür feste Bestellleistungen nachzufragen, bleibt hiervon unberührt. ⁵Die Bundesregierung wird ermächtigt, durch Rechtsverordnung, die nicht der Zustimmung des Bundesrates bedarf, zur näheren Konkretisierung der Verpflichtung für Betreiber von Gasverteilernetzen und zur Regelung näherer Vorgaben für die vertragliche Gestaltung der Abschaltvereinbarung Bestimmungen zu treffen
1. über Kriterien, für Kapazitätsengpässe in Netzen, die eine Anpassung der Gasausspeisungen zur sicheren und zuverlässigen Gasversorgung durch Anwendung der Abschaltvereinbarung erforderlich macht,
2. über Kriterien für eine Unterversorgung der Netze, die eine Anpassung der Gasausspeisungen zur sicheren und zuverlässigen Gasversorgung durch Anwendung der Abschaltvereinbarung erforderlich macht und
3. für die Bemessung des reduzierten Netzentgelts.

Überblick

Satz 1 der Vorschrift ermöglicht Gasverteilernetzbetreibern, vertragliche Abschaltvereinbarungen (→ Rn. 3) mit Letztverbrauchern zu treffen und gegenüber diesen in der Folge reduzierte Netzentgelte (→ Rn. 10) zu berechnen. Das Angebot auf Abschluss einer Abschaltvereinbarung muss gem. Satz 3 diskriminierungsfrei (→ Rn. 14) erfolgen. Die Bestimmung enthält in Satz 5 eine Verordnungsermächtigung (→ Rn. 17), von der der Verordnungsgeber bisher keinen Gebrauch gemacht hat.

A. Normzweck, Systematik und Bedeutung

Im Gegensatz zu § 14a, der ausschließlich Elektrizitätsverteilernetzbetreiber adressiert (→ § 14a Rn. 6), betrifft § 14b ausschließlich **Betreiber von Gasverteilernetzen** iSv § 3 Nr. 7 (→ § 3 Nr. 7 Rn. 1). Da die Vorschrift erst im Laufe des parlamentarischen Verfahrens durch den Ausschuss für Wirtschaft und Energie Eingang in das Gesetz fand und Hinweise zur systematischen Einordnung in der zugrundeliegenden Begründung fehlen (BT-Drs. 17/11705), bleibt zu vermuten, dass die an § 14a angelehnte Rechtsfolge (reduziertes Netzentgelt) und vergleichbare Zwecksetzung der Vorschrift (Netzentlastung) maßgeblich für die Stellung im Gesetz waren.

Die Vorschrift ist vor dem Hintergrund der im Winter 2011/2012 auftretenden **Engpässe in der Gasversorgung** zu sehen (vgl. BNetzA, Bericht zum Zustand der leitungsgebundenen Energieversorgung im Winter 2011/2012 v. 3.5.2012). Mit Blick auf die zum damaligen Zeitpunkt resultierenden Unsicherheiten in der Gasversorgung sollte § 14b das Handlungsinstrumentarium der Gasverteilernetzbetreiber durch die vertragliche Vereinbarung von Abschaltvereinbarungen mit Letztverbrauchern erweitern. Mittlerweile hat sich die Versorgungssicherheit im Gasbereich gegenüber dem damaligen Zeitpunkt stabilisiert (vgl. SAIDI-Wert in Monitoringbericht BNetzA/BKartA 2019 v. 13.1.2020, 395). Ob die Vorschrift einen Beitrag zur Stabilisierung geleistet hat, ist mit Blick auf die zahlreichen ungeklärten Auslegungsfragen und daraus resultierenden Anwendungsschwierigkeiten in der Praxis zweifelhaft (Britz/Hellermann/Hermes/Bourwieg, 3. Aufl., § 14b Rn. 3).

Nach Einschätzung des BDEW machen fast ausschließlich Gasverteilernetzbetreiber im Zuständigkeitsbereich der Landesregulierungsbehörde Baden-Württemberg von der Möglichkeit vertraglicher

Schnurre

Abschaltvereinbarungen nach § 14b Gebrauch (vgl. BDEW, Positionspapier Vertragliche Abschaltvereinbarungen, Vorschlag zur Anpassung des § 14b EnWG v. 16.11.2016, 3). Hintergrund hierzu ist die genehmigungsfreundliche Praxis der Landesregulierungsbehörde Baden-Württemberg, die gesonderte Netznutzungsentgelte für unterbrechbare Netzanschlussverträge im Unterschied zu den meisten sonstigen Regulierungsbehörden gestattet (Säcker EnergieR/Thole § 14b Rn. 3).

B. Inhalt und Umfang vertraglicher Abschaltvereinbarungen (S. 1)

3   Die Abschaltvereinbarung ist gem. Satz 1 zwischen dem Betreiber des Gasverteilernetzes und dem an das Gasnetz angeschlossenen Letztverbraucher iSd § 3 Nr. 25 (→ § 3 Nr. 25 Rn. 1) abzuschließen. Praktische Relevanz hat die Vorschrift aktuell jedoch nur für **leistungsgemessene Verbraucher** iSv § 24 Abs. 1 GasNZV mit einer jährlichen Abnahmemenge (Arbeit) von mindestens 1.500.000 kWh bzw. einem mittleren Bedarf (Leistung) von über 500 kW.

4   Hinsichtlich der **vertraglichen Regelungsinhalte** der Abschaltvereinbarungen bleibt die gesetzliche Bestimmung vage. Regelungsgegenstand sind in der Praxis etwa die zur Verfügung gestellte Abschaltleistung, der Abschaltzeitraum, der Vorlauf der Abschaltung, der Abschaltmechanismus, die Höhe und Ermittlung der Netzentgeltreduktion, etwaige Toleranzen, die Einbeziehung von Lieferanten sowie Vertragsinhalte zu Haftung, Abrechnung und Laufzeit.

5   Die Abschaltvereinbarung ist nur zulässig, „soweit und solange es der Vermeidung von Engpässen im vorgelagerten Netz dient". Ein materiellrechtlicher Verstoß gegen diese Vorgabe führt dazu, dass die Rechtsfolge der Netzentgeltreduktion **unwirksam** wird und vom Letztverbraucher bzw. Lieferanten zurückgefordert werden kann bzw. muss.

6   Umstritten ist die Frage, ob die **Vermeidung von Engpässen im vorgelagerten Netz** nur dann berücksichtigt werden darf, wenn es sich beim vorgelagerten Netz um ein Fernleitungsnetz iSv § 3 Nr. 19 handelt (so etwa Britz/Hellermann/Hermes/Bourwieg, 3. Aufl., § 14b Rn. 5) oder ob auch die Engpassvermeidung in einem vorgelagerten regionalen oder lokalen Gasverteilernetz ausreichend ist (Säcker EnergieR/Thole § 14b Rn. 8). Für letztere Ansicht spricht – anders als es die Begründung des Ausschusses für Wirtschaft und Technologie (BT-Drs. 17/11705, 53) auf den ersten Blick nahelegt – der Wortlaut der Vorschrift, aus dem sich keine einschränkende Auslegung des Begriffs des vorgelagerten Netzes auf Fernleitungsnetze ergibt, obwohl eine solche Einschränkung gesetzestechnisch ohne weiteres möglich gewesen wäre.

7   Zwingende Voraussetzung für die Umsetzung von Abschaltvereinbarungen ist jedoch, dass die Abschaltvereinbarung der Vermeidung eines **tatsächlich bestehenden Engpasses** in einem vorgelagerten Netz dient. Nach der Begründung des Ausschusses für Wirtschaft und Technologie ist dies nur der Fall, „wenn der Netzbetreiber vom vorgelagerten Netzbetreiber im Rahmen der internen Bestellung unterbrechbare Kapazitäten zugewiesen bekommen hat" (BT-Drs. 17/11705, 53). Auch hier steht jedoch der weitergehende Wortlaut der restriktiven Begründung entgegen. Gegen eine einschränkende Auslegung spricht auch die in Satz 4 enthaltene wiederholende Klarstellung, dass die Pflicht des Gasnetzbetreibers zur Nachfrage fester Bestellleistungen durch die Abschaltvereinbarung nicht umgangen werden soll. Der Gesetzgeber hätte mit Blick auf diese Klarstellung ohne weiteres den Begriff der Vermeidung von Engpässen daran knüpfen können, dass der Gasnetzbetreiber nachgefragte Bestellleistungen nicht erhält. Auch die Verordnungsermächtigung in Satz 5 Nummern 1–2 zeigt gerade auf, dass der Gesetzgeber von der Existenz einer Vielzahl an Kriterien ausgeht, bei deren Vorliegen die Netzentgeltreduktion zur Anwendung kommen soll. Eine wortlautnahe Auslegung erscheint vor diesem Hintergrund überzeugend. Die Abschaltvereinbarung muss folglich **objektiv** zur Vermeidung eines Engpasses im vorgelagerten Gasversorgungsnetz geeignet sein. Erforderlich ist eine Betrachtung des Einzelfalls, wobei der Zuteilung unterbrechbarer Kapazitäten iSv § 8 Abs. 3; 4 GasNZV grundsätzlich Indizwirkung beizumessen ist (so auch Säcker EnergieR/Thole § 14b Rn. 9).

8   Eine Abschaltvereinbarung darf nur getroffen werden, sofern der Letztverbraucher aufgrund der Vereinbarung zur Engpassvermeidung beiträgt und er sich bei Nichtabschluss der Vereinbarung abweichend verhalten hätte. Von solchen **unerwünschten Mitnahmeeffekten** ist ebenfalls dann auszugehen, wenn vom jeweiligen Letztverbraucher kein potenzieller Beitrag zur Aufrechterhaltung der Versorgungssicherheit zu erwarten ist (etwa Saisonbetriebe,

vgl. Landesregulierungsbehörde Baden-Württemberg, Rundschreiben 2012/09 v. 8.10.2012, 2).

Im Übrigen lassen sich die zu §§ 16 und 16a entwickelten Kriterien, wann von einer **Stärkung der Versorgungssicherheit** (→ § 16 Rn. 21 ff.) auszugehen ist, auch bezüglich der Vorschrift des § 14b heranziehen und übertragen. 9

C. Rechtsfolge (S. 1–2)

Im Gegenzug für die Vermeidung von Engpässen im vorgelagerten Netz berechnet der Gasverteilernetzbetreiber gegenüber dem Letztverbraucher ein **reduziertes Netzentgelt**. Da es sich bei der Nutzung der Gasnetze gegen Entgelt um eine synallagmatische Beziehung handelt, ist eine **Reduktion auf Null ausgeschlossen** (vgl. hierzu etwa die Ausführungen des BGH zur vollständigen Netzentgeltbefreiung nach § 19 Abs. 2 S. 2 StromNEV aF in BGH BeckRS 2015, 18833; aA Säcker EnergieR/Thole § 14b Rn. 10). 10

In welcher **Höhe** eine **Netzentgeltreduktion** zulässig ist, ist für das jeweilige Netz individuell zu bestimmen (die Landesregulierungsbehörde Baden-Württemberg hält eine Reduktion des Leistungspreises auf bis zu 20 Prozent für möglich, vgl. Landesregulierungsbehörde Baden-Württemberg, Rundschreiben 2012/09 v. 8.10.2012, 3). 11

Jedenfalls muss das reduzierte Netzentgelt gem. Satz 2 die **Wahrscheinlichkeit der Abschaltung** angemessen widerspiegeln. Eine anhand der individuellen tatsächlichen Unterbrechungsdauer gestaffelte Netzentgeltreduktion ergibt sich daraus jedoch nicht. Vielmehr ist das Wahrscheinlichkeitskriterium dahingehend zu berücksichtigen, dass auf Grundlage der **zugeteilten unterbrechbaren Kapazitäten** Abschaltvereinbarungen mit individuellen Letztverbrauchern getroffen werden können, jedoch leistungsmäßig darüber hinausgehende Abschlüsse von Abschaltvereinbarungen unzulässig sind. In diesem Umfang besteht eine hinreichende Wahrscheinlichkeit, dass es über den Kontrahierungszeitraum zu Abschaltungen durch den Gasnetzbetreiber kommen wird. 12

Im Ergebnis führt dies dazu, dass der tatsächliche Gasbedarf des Letztverbrauchers, der **nicht durch feste Bestellleistungen** gedeckt ist, die kontrahierbare Abschaltleistung begrenzt. Eine Abschaltvereinbarung ist damit auch hinsichtlich befristeter Kapazitäten ausgeschlossen, die nur für ein Bestelljahr verbindlich vereinbart sind (zB durch Absicherung über Lastflusszusagen). Für die geschlossenen Abschaltvereinbarungen folgt daraus, dass eine Erhöhung der festen Bestellleistung gleichermaßen zur Kündigung der noch laufenden Abschaltvereinbarungen mit Letztverbrauchern in entsprechender Höhe führen muss. Dies wird auch aus dem Wortlaut der Bestimmung in Satz 1 („solange") deutlich. 13

D. Diskriminierungsverbot (S. 3)

Das **Diskriminierungsverbot** in Satz 3 bestimmt, dass die Möglichkeit von Abschaltvereinbarungen allen Letztverbrauchern diskriminierungsfrei angeboten werden muss. Voraussetzung ist damit die Vorgabe einheitlicher **sachlich gerechtfertigter Bewertungskriterien** für den Abschluss von Abschaltvereinbarungen, die grundsätzlich für alle Letztverbraucher gleichermaßen zur Anwendung kommen. Aus dem Diskriminierungsverbot ergibt sich zudem das **Transparenzgebot**, klarzustellen, welche Kriterien der Entscheidung zugrunde gelegt werden und überdies ein Begründungserfordernis durch den Gasverteilernetzbetreiber für den Fall der Ablehnung einer Abschaltvereinbarung. Kriterien für den Abschluss der Abschaltvereinbarungen können dabei etwa der Mindestumfang der gesicherten Abschaltleistung, die notwendige Abschaltdauer sowie weitere Kriterien sein, wenn diese in unmittelbarem Zusammenhang zur Engpassvermeidung stehen. Der Wortlaut „sicherstellen" macht deutlich, dass der Gasverteilernetzbetreiber im Streitfall darlegungspflichtig ist, warum ein für den Letztverbraucher nachteiliges Bewertungskriterium dem Zweck der Versorgungssicherheit dient. 14

Eine Pflicht zur Einhaltung einer bestimmten **Abschaltreihenfolge** ergibt sich aus Satz 3 nicht, da sich die Vorgabe nur auf die Angebotsstellung bezieht. Gleichwohl sind auch im Rahmen der Abschaltreihenfolge sachbezogene Kriterien zu berücksichtigen, die anhand der konkreten Abschaltvereinbarung und allgemeinen zivilrechtlichen Grundsätze einer Einzelfallprüfung unterliegen. 15

E. Vorrangige Pflicht zur Vorhaltung fester Bestellleistungen (S. 4)

16 Satz 4 enthält die Klarstellung, dass Gasverteilernetzbetreiber **vorrangig** dazu verpflichtet sind, nicht unterbrechbare Verträge anzubieten und feste Bestellleistungen nachfragen müssen. Kontrahierbaren unterbrechbaren Kapazitäten (vgl. → Rn. 13) kommt damit ein Ausnahmecharakter zu. Dies ist Ausdruck der sich aus § 11 Abs. 1 S. 1 ergebenden Pflicht, sichere, zuverlässige und leistungsfähige Gasversorgungsnetze zu betreiben und bedarfsgerecht auszubauen.

F. Verordnungsermächtigung (S. 5)

17 Weitere Einzelheiten können in einer Verordnung gem. Satz 5 geregelt werden. Die **Verordnungsermächtigung** gestattet der Bundesregierung, durch Rechtsverordnung **ohne Zustimmung des Bundesrates** insbesondere nähere Vorgaben zur **vertraglichen Gestaltung der Abschaltvereinbarungen** zu treffen. Die Verordnungsermächtigung verweist ausdrücklich auf die Möglichkeit der Festlegung von

- Engpasskriterien für eine Anpassung der Gasausspeisung durch Anwendung von Abschaltvereinbarungen (Satz 5 Nummer 1),
- Unterversorgungskriterien für eine Anpassung der Gasausspeisung durch Anwendung von Abschaltvereinbarungen (Satz 5 Nummer 2) sowie
- zur Bestimmung der Höhe der Netzentgeltreduktion (Satz 5 Nummer 3).

18 Die Bundesregierung hat von der Verordnungsermächtigung bisher keinen Gebrauch gemacht.

§ 14c Marktgestützte Beschaffung von Flexibilitätsdienstleistungen im Elektrizitätsverteilernetz; Festlegungskompetenz

(1) ¹Betreiber von Elektrizitätsverteilernetzen, die Flexibilitätsdienstleistungen für ihr Netz beschaffen, um die Effizienz bei Betrieb und Ausbau ihres Verteilernetzes zu verbessern, haben dies in einem transparenten, diskriminierungsfreien und marktgestützten Verfahren durchzuführen. ²Die §§ 13, 13a, 14 Absatz 1 und 1c sowie § 14a bleiben unberührt. ³Dienstleistungen nach § 12h sind keine Flexibilitätsdienstleistungen im Sinne des Satzes 1.

(2) ¹Spezifikationen für die Beschaffung von Flexibilitätsdienstleistungen müssen gewährleisten, dass sich alle Marktteilnehmer wirksam und diskriminierungsfrei beteiligen können. ²Die Betreiber von Elektrizitätsverteilernetzen haben in einem transparenten Verfahren Spezifikationen für die Beschaffung von Flexibilitätsdienstleistungen und für geeignete standardisierte Marktprodukte zu erarbeiten, die von der Bundesnetzagentur zu genehmigen sind.

(3) Abweichend von Absatz 2 kann die Bundesnetzagentur durch Festlegung nach § 29 Absatz 1 Spezifikationen für die Beschaffung von Flexibilitätsdienstleistungen und geeignete standardisierte Marktprodukte vorgeben.

(4) Die Bundesnetzagentur kann für bestimmte Flexibilitätsdienstleistungen eine Ausnahme von der Verpflichtung zur marktgestützten Beschaffung festlegen, sofern eine solche Beschaffung nicht wirtschaftlich effizient ist oder zu schwerwiegenden Marktverzerrungen oder zu stärkeren Engpässen führen würde.

Überblick

§ 14c ist die **Grundnorm für die Beschaffung von Flexibilitätsdienstleistungen** in Elektrizitätsverteilernetzen (→ Rn. 6). Unter Flexibilitätsdienstleistungen im Sinne der Vorschrift sind sämtliche Angebote von Flexibilitätsanbietern für eine flexible Steuerung von Stromverbrauchern, Erzeugungsanlagen und Stromspeichern zu fassen (→ Rn. 3).

§ 14c regelt nicht das „Ob" der Beschaffung von Flexibilitätsdienstleistungen, sondern nur das „Wie". Hierzu enthält § 14c Abs. 2 **materielle Anforderungen** für die Spezifikationen für die Beschaffung von Flexibilitätsdienstleistungen (→ Rn. 13).

Die Spezifikationen für die Beschaffung von Flexibilitätsdienstleistungen werden entweder auf Initiative der Verteilernetzbetreiber von der BNetzA genehmigt oder alternativ durch die BNetzA festgelegt (→ Rn. 15). Die BNetzA kann unter den Voraussetzungen von § 14c Abs. 4 auch Ausnahmen von der marktgestützten Beschaffung festlegen (→ Rn. 25). § 14c dient der Umsetzung von Art. 32 Abs. 1 und 2 Elektrizitäts-Binnenmarkt-Richtlinie (EU) 2019/944 in deutsches Recht (→ Rn. 2). Bis dato erzeugt § 14c **keine Rechtswirkungen,** da die BNetzA noch keine Spezifikationen für die Beschaffung von Flexibilitätsdienstleistungen genehmigt oder festgelegt hat (→ Rn. 28).

Übersicht

	Rn.		Rn.
A. Entstehungsgeschichte und Normzweck	1	IV. Spezifikationen für die Beschaffung von Flexibilitätsdienstleistungen	15
B. Verpflichtung zur marktgestützten Beschaffung von Flexibilitätsdienstleistungen (Abs. 1–3)	3	1. Vorschlag der Verteilernetzbetreiber oder Festlegung durch die BNetzA	15
		2. Frist zur Umsetzung der Spezifikationen	22
I. Definition der Flexibilitätsdienstleistungen	3	C. Ausnahmen von der Verpflichtung zur marktgestützten Beschaffung (Abs. 4)	25
II. Anwendungsbereich des § 14c und Regelungsverhältnis zu §§ 13, 13a, 14 sowie 14a	7		
III. Ob und wie der Beschaffung von Flexibilitätsdienstleistungen	12	D. Zeitlicher Anwendungsbereich und fehlende richtlinienkonforme Umsetzung	28

A. Entstehungsgeschichte und Normzweck

§ 14c wurde mit Wirkung zum 27.7.2021 durch Art. 1 des Gesetzes zur Umsetzung unionsrechtlicher Vorgaben und zur Regelung reiner Wasserstoffnetze im Energiewirtschaftsrecht (BGBl. 2021 I 3026) in das EnWG aufgenommen. Die Norm hat bisher keine Änderungen erfahren. **1**

§ 14c setzt **Art. 32 Abs. 1 und 2 Elektrizitäts-Binnenmarkt-Richtlinie (EU) 2019/ 944** in deutsches Recht um. Beiden Vorschriften liegt der gleiche **Sinn und Zweck** zugrunde. Verteilernetzbetreiber sollen einen Anreiz erhalten, Flexibilitätsdienstleistungen für ihr Netz zu nutzen, um dadurch einen **effizienteren Netzbetrieb** zu erreichen, insbesondere um die Kosten des Netzbetriebs und -ausbaus zu senken. **2**

B. Verpflichtung zur marktgestützten Beschaffung von Flexibilitätsdienstleistungen (Abs. 1–3)

I. Definition der Flexibilitätsdienstleistungen

§ 14c Abs. 1 und § 3 enthalten **keine Definition,** was unter dem Begriff der „Flexibilitätsdienstleistungen" zu subsumieren ist. Allgemein lassen sich unter Flexibilitätsdienstleistungen **„sämtliche last- und erzeugungsseitigen Maßnahmen** fassen, die entweder einseitig auf gesetzlicher Grundlage oder bilateral im Zuge der Abwicklung eines Vertrages mit einem Flexibilitätsanbieter durch den Netzbetreiber vorgenommen werden können" (Lange/Hofmann NuR 2022, 13 (15)). **3**

Dieses Begriffsverständnis wird durch die Elektrizitäts-Binnenmarkt-Richtlinie (EU) 2019/944 bestätigt. In Erwägungsgrund 42 Elektrizitäts-Binnenmarkt-Richtlinie (EU) 2019/944 heißt es, dass Verbraucher in der Lage sein sollen, selbst erzeugte Elektrizität zu verbrauchen, zu speichern und zu vermarkten sowie an allen Elektrizitätsmärkten teilzunehmen und so dem System **Flexibilität zu bieten,** etwa durch Speicherung von Energie, beispielsweise Speicherung unter Einsatz von Elektrofahrzeugen, durch Laststeuerungs- oder durch Energieeffizienzprogramme. Der europäische Gesetzgeber hatte also insbesondere Verbraucher, die Strom selbst erzeugen oder Strom zur Speicherung in Elektrofahrzeuge beziehen, als Flexibilitätsanbieter im Sinn. Aus beiden Handlungen (Stromerzeugung und Stromspeicherung) ergibt sich eine Flexibilität für das Stromnetz, da die Stromerzeugung und die Stromspeicherung regelbar bzw. zeitlich verschiebbar sind. **4**

5 **Flexibilitätsdienstleistungen** liegen daher allgemein vor, wenn Betreiber von Erzeugungsanlagen, Speichern oder Stromverbrauchsgeräten dem Netzbetreiber anbieten, die Anlagen nach seinem Bedarf – also flexibel – zu steuern.

6 Eine negative Abgrenzung erfolgt durch § 14c Abs. 1 S. 3, wonach **Dienstleistungen nach § 12h** keine Flexibilitätsdienstleistungen sind. § 12h listet verschiedene nicht frequenzgebundene **Systemdienstleistungen** auf, die ebenfalls in einem marktgestützten Verfahren zu beschaffen, begrifflich aber von den Flexibilitätsdienstleistungen iSd § 14c zu trennen sind (→ EnWG § 12h Rn. 6).

II. Anwendungsbereich des § 14c und Regelungsverhältnis zu §§ 13, 13a, 14 sowie 14a

7 Das EnWG enthält in verschiedenen Normen Regelungen zu Flexibilitätsleistungen. Einige Normen werden auch in § 14c Abs. 1 S. 2 benannt (§§ 13, 13a, 14 Abs. 1 und 1c sowie § 14a). Die benannten Normen regeln allerdings jeweils nur spezielle Anwendungsfälle. § 14c ist demgegenüber die neue **Grundnorm für die Beschaffung von Flexibilitätsdienstleistungen in Elektrizitätsverteilernetzen.**

8 Die §§ 13, 13a, 14 Abs. 1 und 1c sowie § 14a verhalten sich zu § 14c daher nach dem lex specialis-Grundsatz, was durch den Verweis in § 14c Abs. 1 S. 2 ausdrücklich klargestellt wird (BT-Drs. 19/27453, 100). Dies wird an den benannten Spezialnormen zu Flexibilitätsleistungen deutlich. § 13 regelt die Systemverantwortung der Übertragungsnetzbetreiber und gibt vor, welche Maßnahmen diese im Fall einer Gefährdung oder Störung des Stromnetzes ergreifen müssen. § 13 (und die damit verbundenen §§ 13a und 14 Abs. 1) gilt also nur **anlassbezogen** bei einer Gefährdung oder Störung des Stromnetzes. § 14c gilt demgegenüber allgemein auch für die Beschaffung von Flexibilität unabhängig von einer Gefährdung oder Störung des Stromnetzes, also für den **regulären Betrieb des Netzes.** Dies ergibt sich auch aus dem Wortlaut des § 14c, wonach dieser die Effizienz bei Betrieb und Ausbau der Verteilernetze verbessern soll.

9 §§ 13, 13a, 14 Abs. 1 enthalten damit spezielle (wichtige) Anwendungsfälle, welche auch Flexibilitätsleistungen betreffen. Der Redispatch des § 13a beispielsweise ermöglicht dem Netzbetreiber erhebliche Flexibilität, um im Falle eines Netzengpasses die Erzeugung von Kraftwerken anzupassen. Anders als bei § 14c handelt es sich hierbei aber nicht um eine freiwillige Flexibilitätsleistung, sondern eine zwangsweise Indienstnahme der Anlagen durch den Netzbetreiber (→ EnWG § 13 Rn. 21).

10 § 14c ermöglicht es, auch unabhängig von einem Netzengpass Flexibilitätsdienstleistungen zu beschaffen. Der **eigene Anwendungsbereich des § 14c** ist daher erheblich und nimmt mit der steigenden Anzahl an flexiblen Erzeugern und Verbrauchern kontinuierlich zu (Wärmepumpen, Elektrofahrzeuge, Stromspeicher, Photovoltaik-Anlagen etc).

11 Auch § 14a enthält hinsichtlich der Flexibilitätsdienstleistungen nur eine **eng begrenzte Sonderregelung,** die den allgemeinen Anwendungsbereich des § 14c unberührt lässt. So kann nach § 14a der Strombezug steuerbarer Verbrauchseinrichtungen in der Niederspannung mit einem reduzierten Netzentgelt honoriert werden. § 14a enthält damit keine originäre Beschaffung einer Flexibilitätsdienstleistung, sondern nur einen vergünstigten Netzzugang für flexible Lasten. § 14a ist auch inhaltlich auf den Strom**bezug** beschränkt und ermöglicht also keine Flexibilität für die Strom**einspeisung.** Zudem betrifft § 14a nur die Niederspannung.

III. Ob und wie der Beschaffung von Flexibilitätsdienstleistungen

12 § 14c Abs. 1 richtet sich an die **Verteilernetzbetreiber** und macht für diese Vorgaben, wie Flexibilitätsdienstleistungen beschafft werden müssen.

13 § 14c regelt nicht, **ob** die Verteilernetzbetreiber berechtigt sind, Flexibilitätsdienstleistungen zu beschaffen, sondern setzt dies voraus („Betreiber von Elektrizitätsverteilernetzen, die Flexibilitätsdienstleistungen für ihr Netz beschaffen (…)"). § 14c regelt das „**Wie**" der Beschaffung von Flexibilitätsdienstleistungen (Lange/Hofmann NuR 2022, 13 (14)).

14 In der Gesetzesbegründung heißt es hierzu, dass es Verteilernetzbetreibern bereits nach bestehender Rechtslage grundsätzlich freistand, geeignete Dienstleistungen zu kontrahieren, um ihre Verantwortlichkeiten effizient zu erfüllen (BT-Drs. 19/27453, 100). Der Gesetzgeber

ging also davon aus, dass aus den Grundnormen der §§ 11 ff. für Verteilernetzbetreiber auch eine **Befugnis zur Beschaffung von Flexibilitätsdienstleistungen** folgt. Eine derartige generelle Befugnis zur Beschaffung von Flexibilitätsdienstleistungen kann allerdings bezweifelt werden, da Verteilernetzbetreiber im bisherigen System nur über einen begrenzten Handlungsspielraum verfügen (Lange/Hofmann NuR 2022, 13 (15 f.)).

IV. Spezifikationen für die Beschaffung von Flexibilitätsdienstleistungen

1. Vorschlag der Verteilernetzbetreiber oder Festlegung durch die BNetzA

§ 14c Abs. 1 S. 1 sieht vor, dass die Beschaffung von Flexibilitätsdienstleistungen in einem transparenten, diskriminierungsfreien und marktgestützten Verfahren durchzuführen ist. Die Einzelheiten dieses Verfahrens regelt die Norm nicht, sondern legt dies **in die Hände der Verteilernetzbetreiber.** Diese haben Spezifikationen für die Beschaffung von Flexibilitätsdienstleistungen sowie geeignete standardisierte Marktprodukte zu erarbeiten und der BNetzA zur Genehmigung vorzulegen.

Standardisierte Marktprodukte sind nach der Elektrizitäts-Binnenmarkt-Richtlinie (EU) 2019/944 nur zu spezifizieren, soweit ein Bedarf hierfür besteht und sie geeigneter Weise in Betracht kommen (BT-Drs. 19/27453, 100).

§ 14c Abs. 1 und 2 enthalten keine weitergehenden Vorgaben für die Spezifikationen für die Beschaffung von Flexibilitätsdienstleistungen und dies bleibt daher der Ausgestaltung durch die Verteilernetzbetreiber bzw. die BNetzA vorbehalten.

Die Spezifikationen für die Beschaffung von Flexibilitätsdienstleistungen sollen nach Art. 32 Abs. 1 Elektrizitäts-Binnenmarkt-Richtlinie (EU) 2019/944 in einem **transparenten und partizipatorischen Verfahren** erarbeitet werden, an dem alle relevanten Netznutzer und die Übertragungsnetzbetreiber teilnehmen. Im Wortlaut des § 14c Abs. 2 S. 2 kommt dies nicht vollständig zum Ausdruck, da dieser nur ein transparentes Verfahren verlangt. In der Gesetzesbegründung heißt es aber richtlinienkonform: „Die Betreiber von Elektrizitätsverteilernetzen stellen sicher, dass Netznutzer, deren Interessen berührt sind, und die Betreiber von Übertragungsnetzen am Prozess zur Erarbeitung der Spezifikationen mitwirken. Die Richtlinie selbst adressiert die „relevanten" Netznutzer und Betreiber von Übertragungsnetzen. Im Kontext der Erstellung allgemeiner (technischer) Spezifikationen sind all diejenigen Netznutzer als relevant im Sinne der Richtlinie anzusehen, deren Interessen hierdurch berührt sind. Die Betreiber von Übertragungsnetzen sind insoweit alle gleichermaßen als relevant im Sinne der Richtlinie anzusehen." (BT-Drs. 19/27453, 100).

Nach der Vorstellung des deutschen Gesetzgebers liegt die **Herrschaft über das Verfahren bei der BNetzA** (BT-Drs. 19/27453, 100). „Sie kann die Elektrizitätsverteilernetzbetreiber zur Erarbeitung oder Überarbeitung von Vorschlägen für entsprechende Spezifikationen auffordern. Gleichwohl können auch die Elektrizitätsverteilernetzbetreiber die Initiative bezüglich bestimmter Flexibilitätsdienstleistungen und Marktprodukte ergreifen und ihre Vorschläge der BNetzA zur Genehmigung vorlegen." (BT-Drs. 19/27453, 100).

Die Genehmigung nach § 14c Abs. 2 S. 2 steht im Ermessen der BNetzA. Die Regulierungsbehörde kann die Vorschläge der Verteilernetzbetreiber auch in geänderter Form genehmigen (BT-Drs. 19/27453, 100).

Alternativ kann die BNetzA nach § 14c Abs. 3 auch anstelle der Verteilernetzbetreiber durch **Festlegung nach § 29 Abs. 1** tätig werden und Spezifikationen für die Beschaffung von Flexibilitätsdienstleistungen sowie geeignete standardisierte Marktprodukte vorgeben.

2. Frist zur Umsetzung der Spezifikationen

§ 14c regelt nicht, bis wann die Spezifikationen für die Beschaffung von Flexibilitätsdienstleistungen vorgegeben werden müssen. Dies bedeutet allerdings nicht, dass die weitere Ausgestaltung ohne Frist aufgeschoben werden kann, da die Norm einen **konkreten Handlungsauftrag** beinhaltet („Die Betreiber von Elektrizitätsverteilernetzen haben in einem transparenten Verfahren Spezifikationen (...) zu erarbeiten").

Dies ergibt sich auch aus den europäischen Vorgaben, die für die Auslegung des § 14c zu beachten sind. So enthält Art. 32 Abs. 1 Elektrizitäts-Binnenmarkt-Richtlinie (EU) 2019/944 die klare Verpflichtung für die Mitgliedstaaten, den erforderlichen Regelungsrahmen für die Nutzung von Flexibilität in Verteilernetzen zu schaffen. Die Frist für diesen Regelungsauftrag ergibt sich aus Art. 71 Abs. 1 Elektrizitäts-Binnenmarkt-Richtlinie (EU) 2019/944. Danach haben die Mitgliedstaaten bis spätestens zum 31.12.2020 die erforderlichen Rechts- und Verwaltungsvorschriften in Kraft zu setzen.

24   Vor diesem Hintergrund ist § 14c dahingehend **richtlinienkonform auszulegen,** dass die weitere Ausgestaltung zur marktgestützten Beschaffung von Flexibilitätsdienstleistungen **unmittelbar** zu erfolgen hat. Andernfalls würde Deutschland seine Umsetzungspflichten aus Art. 32 Abs. 1, 71 Abs. 1 Elektrizitäts-Binnenmarkt-Richtlinie (EU) 2019/944 verletzen.

C. Ausnahmen von der Verpflichtung zur marktgestützten Beschaffung (Abs. 4)

25   Nach § 14c Abs. 4 kann die BNetzA für bestimmte Flexibilitätsdienstleistungen eine Ausnahme von der Verpflichtung zur marktgestützten Beschaffung festlegen, sofern eine solche Beschaffung nicht wirtschaftlich effizient ist oder zu schwerwiegenden Marktverzerrungen oder zu stärkeren Engpässen führen würde.

26   Diese Ausnahmemöglichkeit durch eine Festlegung der Regulierungsbehörde gestattet Art. 32 Abs. 1 Elektrizitäts-Binnenmarkt-Richtlinie (EU) 2019/944 ausdrücklich und der deutsche Gesetzgeber hat dies inhaltsgleich in § 14c Abs. 4 umgesetzt (BT-Drs. 19/27453, 100).

27   Ob die BNetzA eine Ausnahme von der marktgestützten Beschaffung festlegt, steht im **Ermessen** der Behörde. Materiell ist die Festlegung nur rechtmäßig, wenn die Beschaffung der jeweiligen Flexibilitätsdienstleistung nicht wirtschaftlich effizient ist oder zu schwerwiegenden Marktverzerrungen oder zu stärkeren Engpässen führen würde.

D. Zeitlicher Anwendungsbereich und fehlende richtlinienkonforme Umsetzung

28   Nach der Übergangsregelung des § 118 Abs. 28 ist die Verpflichtung nach § 14c Abs. 1 für die jeweilige Flexibilitätsdienstleistung ausgesetzt, bis die BNetzA hierfür erstmals Spezifikationen nach § 14c Abs. 2 genehmigt oder nach § 14c Abs. 3 festgelegt hat. Da bis dato für keine Flexibilitätsdienstleistung eine Spezifikationen nach § 14c Abs. 2 genehmigt oder nach § 14c Abs. 3 festgelegt wurde, erzeugt § 14c Abs. 1 noch **keine Rechtswirkungen.**

29   Da § 14c Abs. 1 noch keine Rechtswirkungen erzeugt, besteht derzeit in Deutschland **keine richtlinienkonforme Umsetzung** des Art. 32 Abs. 1 Elektrizitäts-Binnenmarkt-Richtlinie (EU) 2019/944 (so wohl auch Lange/Hofmann NuR 2022, 13 (18)). Art. 32 Abs. 1 Elektrizitäts-Binnenmarkt-Richtlinie (EU) 2019/944 enthält die Verpflichtung für die Mitgliedstaaten den erforderlichen Regelungsrahmen für die Nutzung von Flexibilität in Verteilernetzen zu schaffen. Die Frist für diesen Regelungsauftrag ergibt sich aus Art. 71 Abs. 1 Elektrizitäts-Binnenmarkt-Richtlinie (EU) 2019/944. Danach haben die Mitgliedstaaten bis spätestens zum 31.12.2020 die erforderlichen Rechts- und Verwaltungsvorschriften in Kraft zu setzen.

§ 14d Netzausbaupläne, Verordnungsermächtigung; Festlegungskompetenz

(1) ¹**Betreiber von Elektrizitätsverteilernetzen haben der Regulierungsbehörde erstmals zum 30. April 2024 und dann alle zwei Jahre jeweils zum 30. April eines Kalenderjahres einen Plan für ihr jeweiliges Elektrizitätsverteilernetz (Netzausbauplan) vorzulegen.** ²Der Netzausbauplan wird auf der Grundlage des nach Absatz 3 zu erstellenden Regionalszenarios erarbeitet, um eine integrierte und vorausschauende Netzplanung zu gewährleisten. ³Die Regulierungsbehörde kann Anpassungen des Netzausbauplans verlangen.

(2) ¹Zur Erstellung eines Netzausbauplans teilen die Betreiber von Elektrizitätsverteilernetzen das Gebiet der Bundesrepublik Deutschland in geographisch abgrenzbare und räumlich zusammenhängende Gebiete (Planungsregionen) auf. ²Innerhalb einer Planungsregion haben sich die Betreiber von Elektrizitätsverteiler-

netzen zu den Grundlagen ihrer Netzausbauplanung abzustimmen. ³Die Regulierungsbehörde kann auf Antrag oder von Amts wegen die Aufnahme eines Betreibers eines Elektrizitätsverteilernetzes in eine Planungsregion anordnen.

(3) ¹Betreiber von Elektrizitätsverteilernetzen einer Planungsregion erstellen unter Einbeziehung der Übertragungsnetzbetreiber ein Regionalszenario, welches gemeinsame Grundlage der jeweiligen Netzausbaupläne der Betreiber von Elektrizitätsverteilernetzen in der Planungsregion ist. ²Das Regionalszenario besteht aus einem Entwicklungspfad, der sowohl die für das langfristige Zieljahr 2045 gesetzlich festgelegten sowie weitere klima- und energiepolitische Ziele der Bundesregierung als auch die wahrscheinlichen Entwicklungen für die nächsten fünf und zehn Jahre berücksichtigt. ³Das Regionalszenario beinhaltet
1. Angaben zu bereits erfolgten, erwarteten und maximal möglichen Anschlüssen der verschiedenen Erzeugungskapazitäten und Lasten,
2. Angaben zu den zu erwartenden Ein- und Ausspeisungen sowie
3. Annahmen zur Entwicklung anderer Sektoren, insbesondere des Gebäude- und Verkehrssektors.

⁴Das Regionalszenario ist durch die Betreiber von Elektrizitätsverteilernetzen spätestens zehn Monate bevor der jeweilige Netzausbauplan der Regulierungsbehörde vorzulegen ist, fertigzustellen.

(4) ¹Der Netzausbauplan enthält insbesondere folgende Angaben:
1. Netzkarten des Hochspannungs- und Mittelspannungsnetzes und der Umspannstationen auf Mittelspannung und Niederspannung mit den Engpassregionen des jeweiligen Netzes,
2. Daten, die dem nach Absatz 3 angefertigten Regionalszenario zugrunde liegen,
3. eine Darlegung der voraussichtlichen Entwicklung der Verteilungsaufgabe bis 2045 einschließlich voraussichtlich erforderlicher Maßnahmen zur Optimierung, zur Verstärkung, zur Erneuerung und zum Ausbau des Netzes sowie notwendiger Energieeffizienz- und Nachfragesteuerungsmaßnahmen,
4. die geplanten Optimierungs-, Verstärkungs-, Erneuerungs- und Ausbaumaßnahmen sowie notwendige Energieeffizienz- und Nachfragesteuerungsmaßnahmen in den nächsten fünf und zehn Jahren, wobei anzugeben ist, inwieweit für die Umsetzung dieser Maßnahmen öffentlich-rechtliche Planungs- oder Genehmigungsverfahren notwendig sind, sowie den jeweiligen Stand dieser Verfahren und die Angabe, ob und zu welchem Zeitpunkt durch den Betreiber eines Elektrizitätsverteilernetzes bereits Investitionsentscheidungen bezüglich dieser Maßnahmen getroffen wurden und bis zu welchem Zeitpunkt der Betreiber des Elektrizitätsverteilernetzes von der tatsächlichen Durchführung einer Maßnahme ausgeht,
5. eine detaillierte Darlegung der engpassbehafteten Leitungsabschnitte und der jeweilig geplanten Optimierungs-, Verstärkungs- und Ausbaumaßnahmen,
6. den Bedarf an nicht frequenzgebundenen Systemdienstleistungen und Flexibilitätsdienstleistungen im Sinne des § 14c sowie die geplante Deckung dieses Bedarfs und
7. den Umfang, in dem von dem Instrument der Spitzenkappung nach § 11 Absatz 2 Gebrauch gemacht werden soll.

²Die Darstellung der Angaben nach Satz 1 muss so ausgestaltet sein, dass ein sachkundiger Dritter nachvollziehen kann,
1. welche Veränderungen der Kapazitäten für Leitungstrassen und Umspannstationen sowie welche Veränderungen bei nicht frequenzgebundenen Systemdienstleistungen mit den geplanten Maßnahmen einhergehen,
2. welche Alternativen der Betreiber von Elektrizitätsverteilernetzen geprüft hat,
3. welcher Bedarf an Systemdienstleistungen und Flexibilitätsdienstleistungen nach Realisierung der geplanten Maßnahmen verbleibt und
4. welche Kosten voraussichtlich entstehen.

³Die Regulierungsbehörde kann Vorgaben zu Frist, Form, Inhalt und Art der Übermittlung des Netzausbauplans machen.

(5) Die Regulierungsbehörde kann durch Festlegung nach § 29 Absatz 1 nähere Bestimmungen zu den Absätzen 1 bis 4 treffen.

(6) Die Betreiber von Elektrizitätsverteilernetzen haben zumindest den Netznutzern der Mittel- und Hochspannungsebene sowie den Betreibern von Übertragungsnetzen zu den sie betreffenden Netzausbauplänen Gelegenheit zur Stellungnahme zu geben.

(7) [1]Bei der Erstellung der Netzausbaupläne haben Betreiber von Elektrizitätsverteilernetzen die Möglichkeiten von Energieeffizienz- und Nachfragesteuerungsmaßnahmen zu berücksichtigen und für Niederspannungsnetze die langfristig erwarteten Anschlüsse von Erzeugungskapazitäten und Lasten anzusetzen. [2]Die Bundesregierung wird ermächtigt, durch Rechtsverordnung ohne Zustimmung des Bundesrates allgemeine Grundsätze für die Berücksichtigung der in Satz 1 genannten Belange festzulegen.

(8) [1]Die Absätze 1 bis 4 sowie 6 und 7 sind nicht anzuwenden auf Betreiber von Elektrizitätsverteilernetzen, an deren Elektrizitätsverteilernetz weniger als 100 000 Kunden unmittelbar oder mittelbar angeschlossen sind. [2]Abweichend von Satz 1 sind die Absätze 1 bis 4 sowie 6 und 7 auf Betreiber nach Satz 1 anzuwenden, wenn in dem Elektrizitätsverteilernetz die technisch mögliche Stromerzeugung der beiden vorherigen Jahre aus Windenergie an Land oder aus solarer Strahlungsenergie aus den an das Elektrizitätsverteilernetz angeschlossenen Anlagen auf Veranlassung des Betreibers eines Elektrizitätsverteilernetzes um jeweils mehr als 3 Prozent gekürzt wurde.

(9) [1]Betreiber von Elektrizitätsverteilernetzen nach Absatz 8 Satz 1 sind verpflichtet, Daten nach Absatz 4 Satz 1 Nummer 1 und 2 an den vorgelagerten Betreiber von Elektrizitätsverteilernetzen zu übermitteln. [2]Die Betreiber von Elektrizitätsverteilernetzen nach Absatz 1 stimmen sich zumindest innerhalb einer Planungsregion zu den Anforderungen an die zu übermittelnden Daten ab. [3]Dabei haben sie den Betreibern von Elektrizitätsverteilernetzen nach Absatz 8 Satz 1 Gelegenheit zur Stellungnahme zu geben.

(10) Die Errichtung und der Betrieb von Elektrizitätsverteilernetzen mit einer Nennspannung von 110 Kilovolt sowie von Elektrizitätsverteilernetzen mit einer Nennspannung von unter 110 Kilovolt, sofern sich diese im Außenbereich im Sinne des § 35 des Baugesetzbuchs befinden, liegen im überragenden öffentlichen Interesse und dienen der öffentlichen Sicherheit.

Überblick

§ 14d normiert eine periodische Berichtspflicht der Betreiber von Elektrizitätsverteilernetzen hinsichtlich der Netzausbauplanung. § 14d Abs. 1 regelt, dass Betreiber von Elektrizitätsverteilernetzen der Regulierungsbehörde alle zwei Jahre einen Plan für ihr jeweiliges Elektrizitätsverteilernetz vorzulegen haben, beginnend mit dem 30.4.2024.

Nach **Absatz 2** wird hierfür das Gebiet der Bundesrepublik Deutschland in geographisch abgrenzbare und räumlich zusammenhängende Gebiete (Planungsregionen) aufgeteilt, innerhalb derer sich die jeweiligen Betreiber zu den Grundlagen ihrer Netzausbauplanung und einem für die Planungsregion geltenden Regionalszenario abzustimmen haben. Nach **Absatz 3** haben die Betreiber von Elektrizitätsverteilernetzen einer Planungsregion unter Einbeziehung der Übertragungsnetzbetreiber ein Regionalszenario zu erstellen, welches Grundlage des jeweiligen Netzausbauplans ist. **Absatz 4** statuiert die Anforderungen an den Inhalt und die Darstellung eines jeden Netzausbauplans. Die Regulierungsbehörde kann nach **Absatz 5** die Vorgaben der Absätze 1–4 im Rahmen einer Festlegung konkretisieren. Gemäß **Absatz 6** haben die Betreiber von Elektrizitätsverteilernetzen zumindest den Netznutzern der Mittel- und Hochspannungsebene sowie den Betreibern von Übertragungsnetzen zu den sie betreffenden Netzausbauplänen Gelegenheit zur Stellungnahme zu geben. Bei der Netzausbauplanung haben Elektrizitätsverteilernetzbetreiber gem. **Absatz 7** die Möglichkeiten von Energieeffizienz- und Nachfragesteuerungsmaßnahmen zu berücksichtigen und für Niederspannungsnetze die langfristig erwarteten Anschlüsse von Erzeugungskapazitäten und Lasten anzusetzen. Die Grundsätze für die Berücksichtigung können in einer Verordnung der Bundesregierung geregelt werden. **Absatz 8** normiert eine Ausnahmeregelung in Bezug auf den Anwendungsbereich der Vorschrift und schließt solche Betreiber aus, an deren Elektrizitätsverteilernetz weniger als 100.000 Kunden unmittelbar oder mittelbar angeschlossen sind. Die Ausnahmeregelung sieht eine Rückausnahme für den Fall vor, dass der Elektrizitätsverteilernetzbetreiber die Stromerzeugung aus PV-Anlagen und Onshore-Wind-Anlagen in den beiden vorherigen Jahren um mehr als 3 Prozent gekürzt hat. Nach **Absatz 9** sind von der Ausnahmeregelung betroffene Betreiber verpflichtet Daten nach § 14d Abs. 4 S. 1 Nr. 1 und 2 an den vorgelagerten Betreiber von Elektrizitätsverteilernetzen zu übermitteln. Schließlich stellt **Absatz 10** klar, dass die Errichtung und der Betrieb von Elektrizitätsverteilernetzen mit einer Nennspannung von 110 Kilovolt oder weniger als 110 Kilovolt im überragenden öffentlichen Interesse liegen und der öffentlichen Sicherheit dienen.

Übersicht

	Rn.		Rn.
A. Normzweck und Bedeutung	1	V. Festlegungskompetenz (Abs. 5)	34
B. Entstehungsgeschichte	4	VI. Gelegenheit zur Stellungnahme (Abs. 6)	35
C. Kommentierung	8	VII. Berücksichtigung von Energieeffizienz- und Nachfragesteuerungsmaßnahmen; Verordnungsermächtigung der Bundesregierung (Abs. 7)	36
I. Vorlage von Netzausbauplänen (Abs. 1)	8		
II. Aufteilung der Bundesrepublik Deutschland in Planungsregionen (Abs. 2)	18	VIII. Ausnahmeregelung (Abs. 8)	39
III. Erstellung eines Regionalszenarios (Abs. 3)	24	IX. Übermittlung von Eingangsdaten zur Erstellung eines Regionalszenarios (Abs. 9)	41
IV. Anforderungen an Angaben und Darstellung des Netzausbauplans (Abs. 4)	29	X. Überragendes öffentliches Interesse und öffentliche Sicherheit (Abs. 10)	42

A. Normzweck und Bedeutung

Vor Einführung des § 14d gab es nur wenigen Ausnahmen abgesehen (vgl. insbesondere 1 § 14 Abs. 1a und Abs. 1b aF) keine systematische Bedarfsplanung auf Ebene der Verteilernetzbetreiber (Senders/Wegner EnWZ 2021, 243). Grundlage für die Bedarfsplanung war daher vor allem § 11 (vgl. zu den Einzelheiten BeckOK EnWG/Knauff, 6. Ed. Stand 1.3.2023, § 11 Rn. 15 ff.; Britz/Hellermann/Hermes/Sötebier, 3. Aufl., § 11 Rn. 71 ff.). Demnach sind Energieversorgungsnetze bedarfsgerecht zu optimieren, zu verstärken und auszubauen, soweit dies wirtschaftlich zumutbar ist. Ergänzend hierzu sah § 14 Abs. 1a aF vor, dass Betreiber von Elektrizitätsverteilernetzen auf Verlangen der Regulierungsbehörde innerhalb von zwei Monaten einen Bericht über den Netzzustand und die Netzausbauplanung zu erstellen und ihr diesen vorzulegen hatten. § 14 Abs. 1b aF ergänzte diese anlassbezogene Berichtspflicht durch eine periodische Berichtspflicht für Betreiber von Hochspannungsnetzen mit einer Nennspannung von 110 Kilovolt. Diese Netzbetreiber mussten jährlich Netzkarten mit den Engpassregionen ihres Hochspannungsnetzes und ihre Planungsgrundlagen zur Entwicklung von Ein- und Ausspeisungen in den nächsten zehn Jahren in einem Bericht auf ihrer Internetseite veröffentlichen und der Regulierungsbehörde übermitteln.

Mit der Einführung von § 14d verfolgte der Gesetzgeber das Ziel, die bereits auf nationaler 2 Ebene bestehenden Regelungen zur Berichtspflicht über die Netzausbauplanung der Betreiber von Elektrizitätsverteilernetzen mit den europäischen Vorgaben zu vereinen (BT-Drs. 19/27453, 100). Zu diesem Zweck wurde § 14 Abs. 1a und Abs. 1b aF gestrichen und die darin enthaltenen Regelungen wurden in § 14d überführt und erweitert. Ergänzend können darüber hinaus aber weiterhin weitere anlassbezogene Berichtspflichten nach § 14 Abs. 2 für Betreiber von Elektrizitätsverteilernetzen bestehen. Dies jedoch nur auf Anforderung der Regulierungsbehörde.

Durch die Aufstellung von periodischen Netzausbauplänen soll nach dem Verständnis des 3 deutschen Gesetzgebers das Voranschreiten der Energiewende gefördert und den Netznutzern eine größtmögliche Transparenz über erwartete Netzerweiterungen oder Netzmodernisierungen bereitgestellt werden (BT-Drs. 19/27453, 100).

B. Entstehungsgeschichte

4 § 14d wurde mit dem Gesetz zur Umsetzung unionsrechtlicher Vorgaben und zur Regelung reiner Wasserstoffnetze im Energiewirtschaftsgesetz vom 16.7.2021 ins EnWG eingeführt. Die Norm wurde am 26.7.2021 im BGBl. verkündet und gilt seit dem 27.7.2021.

5 Seine europarechtliche Grundlage hat § 14d in Art. 32 Abs. 3 Elektrizitäts-Binnenmarkt-Richtlinie (EU) 2019/944. Der europäische Gesetzgeber wollte einen Regelungsrahmen schaffen, der die Betreiber von Elektrizitätsverteilernetzen dazu verpflichtet, Netzentwicklungspläne für die Elektrizitätsverteilernetze aufzustellen, da dies in den meisten Mitgliedstaaten nicht vorgesehen war (Erwägungsgrund 61 zur RL 2019/944/EU). Aus Sicht des europäischen Gesetzgebers besteht die Funktion dieser Netzentwicklungspläne darin, die Einbindung von Anlagen, die Strom aus erneuerbaren Quellen erzeugen, zu unterstützen, den Ausbau von Energiespeicheranlagen und die Elektrifizierung des Verkehrs zu fördern und den Netznutzern geeignete Informationen über erwartete Netzerweiterungen oder -modernisierungen bereitzustellen (Erwägungsgrund 61 zur RL 2019/944/EU).

6 Aus Sicht des deutschen Gesetzgebers unterscheiden sich die Pläne der Betreiber von Elektrizitätsverteilernetzen von den Netzentwicklungsplänen der Übertragungsnetzbetreiber. Aus diesem Grund spricht der deutsche Gesetzgeber in § 14d nicht von der Netzentwicklungsplanung bzw. von Netzentwicklungsplänen, sondern von der Netzausbauplanung und von den Netzausbauplänen (BT-Drs. 19/27453, 100). Der europäische Gesetzgeber spricht hingegen auch auf Ebene der Verteilernetzbetreiber von einem Netzentwicklungsplan. Es ist jedoch nicht davon auszugehen, dass der deutsche Gesetzgeber mit der geänderten Wortwahl eine Abweichung von den Vorgaben in Art. 32 Abs. 3 Elektrizitäts-Binnenmarkt-Richtlinie (EU) 2019/944 herbeiführen wollte.

7 Geändert wurde die Norm durch das Gesetz zur Änderung des Energiewirtschaftsrechts im Zusammenhang mit dem Klimaschutz-Sofortprogramm und zu Anpassungen im Recht der Endkundenbelieferung (BGBl. 2022 I 1214), welches am 29.7.2022 in Kraft getreten ist. Ziel dieser Änderung war es, den bestehenden Rechtsrahmen durch eine stärker vorausschauende und integrierte Verteilernetzplanung am Ziel der Treibhausgasneutralität im Jahr 2045 auszurichten und neben dem notwendigen Ausbau erneuerbarer Energien auch sektorenübergreifende Entwicklungen, wie den Hochlauf der Elektromobilität (inklusiver der dafür erforderlichen Ladeinfrastruktur), den verstärkten Einsatz von Wärmepumpen sowie die Dekarbonisierung in Industrie, Gewerbe und Handel in die Netzausbauplanung einzubeziehen (BT-Drs. 20/1599, 55). Darüber hinaus sollten mit der Änderung einige Schwachstellen der bisherigen Regelung korrigiert werden.

7a Eine weitergehende Änderung hat das Gesetz durch das Gesetz zur Änderung des Raumordnungsgesetzes und anderer Vorschriften (ROGÄndG) erfahren (BT-Drs. 20/5830). Im ROGÄndG ist in § 14d Abs. 10 eine Ergänzung aufgenommen worden, wonach auch die Errichtung und der Betrieb von Elektrizitätsverteilernetzen mit einer Nennspannung von unter 110 Kilovolt im Außenbereich von überragendem öffentlichen Interesse sind und der öffentlichen Sicherheit dienen. Hierdurch wird das Ziel verfolgt, auch auf den Spannungsebenen unterhalb der Hochspannung die Planungs- und Genehmigungsverfahren zu beschleunigen.

C. Kommentierung

I. Vorlage von Netzausbauplänen (Abs. 1)

8 Nach § 14d Abs. 1 S. 1 müssen Betreiber von Elektrizitätsverteilernetzen der Regulierungsbehörde erstmals zum 30.4.2024 und dann alle zwei Jahre einen Plan für ihr jeweiliges Elektrizitätsverteilernetz vorlegen (Netzausbauplan).

9 Ursprünglich war eine solche Verpflichtung bereits für Betreiber von Hochspannungsnetzen mit einer Nennspannung von 110 Kilovolt in § 14 Abs. 1b aF vorgesehen. Gleichzeitig mussten nach § 14 Abs. 1a aF sämtliche Betreiber von Elektrizitätsverteilernetzen der Regulierungsbehörde einen Bericht über den Netzzustand und die Netzausbauplanung vorlegen, sofern die Regulierungsbehörde ein entsprechendes Verlangen an die Elektrizitätsverteilernetzbetreiber gerichtet hat. In der Vergangenheit hat es entsprechende Verlangen durch die

Regulierungsbehörde gegeben. Auf dieser Basis hat die Regulierungsbehörde einen Bericht für das Jahr 2021 erstellt und veröffentlicht (BNetzA, Bericht zum Zustand und Ausbau der Verteilernetze 2021).

§ 14d Abs. 1 S. 1 kombiniert nunmehr die beiden Altnormen. Normadressat sind die Betreiber von Elektrizitätsverteilernetzen, welche in § 3 Nr. 3 definiert werden als natürliche oder juristische Personen oder rechtlich unselbständige Organisationseinheiten eines Energieversorgungsunternehmens, die die Aufgabe der Verteilung von Elektrizität wahrnehmen und verantwortlich sind für den Betrieb, die Wartung sowie erforderlichenfalls den Ausbau des Verteilernetzes in einem bestimmten Gebiet und gegebenenfalls der Verbindungsleitungen zu anderen Netzen. Der Begriff der Verteilung wird wiederum in § 3 Nr. 37 bestimmt als der Transport von Elektrizität mit hoher, mittlerer oder niederer Spannung über Elektrizitätsverteilernetze, um die Versorgung von Kunden zu ermöglichen, jedoch nicht die Belieferung der Kunden selbst. § 14d richtet sich somit an sämtliche Elektrizitätsverteilernetzbetreiber (zur Ausnahme siehe § 14d Abs. 6) und zwar unabhängig von der Spannungsebene des jeweiligen Elektrizitätsverteilernetzes. Auf ein Verlangen der Regulierungsbehörde kommt es für die Betreiber von Elektrizitätsverteilernetzen in der Nieder- oder Mittelspannung nicht (mehr) an. Vielmehr muss die Vorlage nunmehr stets unaufgefordert erfolgen. 10

Gegenstand der Vorlagepflicht ist der Netzausbauplan, der in § 14d Abs. 1 S. 1 als Plan für das jeweilige Elektrizitätsverteilernetz definiert wird. Weitere inhaltliche Vorgaben an den Netzausbauplan sind insbesondere in § 14d Abs. 1 S. 2 und in Abs. 4 enthalten. Darüber hinaus räumt der Gesetzgeber der Regulierungsbehörde in § 14 Abs. 2 S. 3 und Abs. 4 S. 3 die Befugnis ein, Anpassungen an den Netzausbauplänen zu verlangen oder weitergehende Vorgaben oder sogar eine Festlegung hinsichtlich des Inhalts der Netzausbaupläne zu erlassen. 11

Im Hinblick auf die Häufigkeit der Vorlage sieht § 14d Abs. 1 S. 1 anstatt eines jährlichen Turnus (vgl. § 14 Abs. 1b aF) in Ausübung des in Art. 32 Abs. 3 Elektrizitäts-Binnenmarkt-Richtlinie (EU) 2019/944 vorgesehenen Ermessensspielraums einen zweijährigen Turnus für die Vorlage der Netzausbaupläne vor, beginnend mit dem 30.4.2024. Durch den zweijährigen Turnus mit dem Stichtag des 30.4. soll eine sinnvolle Verzahnung mit der Erstellung des Szenariorahmens nach § 12a und der Netzentwicklungsplanung der Übertragungsnetzbetreiber nach § 12b sichergestellt werden (BT-Drs. 20/1599, 55). Der zweijährige Turnus wird als ausreichend erachtet, da inhaltliche Änderungen der langfristigen Netzausbauplanung mit einem Planungshorizont von zehn Jahren bei jährlicher Aktualisierung grundsätzlich gering sind und Bedarfsanforderungen sowie spezifische Informationsanforderungen ohnehin über § 14 Abs. 2 jederzeit von der Regulierungsbehörde abgefragt werden können (BT-Drs. 19/27453, 101). 12

Empfängerin der vorzulegenden Netzausbaupläne ist die Regulierungsbehörde. 13

Zur Frist, Form und Art der Übermittlung enthält § 14d keine weiteren Vorgaben. Allerdings kann die Regulierungsbehörde nach § 14d Abs. 2 S. 3 und Abs. 4 S. 3 auch diesbezüglich weitere Vorgaben oder sogar eine Festlegung erlassen (§ 14d Abs. 5). Darüber hinaus ist die Veröffentlichung der Netzausbaupläne in § 14e geregelt. Diese erfolgt gemäß § 14e Abs. 4 Nr. 2 auf der gemeinsamen Internetplattform der Elektrizitätsverteilernetzbetreiber. Damit die Regulierungsbehörde hiervon Kenntnis erlangt, haben die Elektrizitätsverteilernetzbetreiber diese auf die Veröffentlichung hinzuweisen (§ 14e Abs. 3). 14

§ 14d Abs. 1 S. 2 stellt klar, dass die Netzausbaupläne auf Grundlage der in § 14d Abs. 3 näher spezifizierten Regionalszenarien zu erstellen sind. Hierdurch soll eine integrierte und vorausschauende Netzplanung gewährleistet werden. Auf die Erhebung personenbezogener Daten wird hierbei verzichtet (anders noch in § 14d Abs. 1 S. 2 aF). 15

Der Gesetzgeber verfolgt bei der Netzplanung somit eine vier-stufige Systematik. Auf der ersten Stufe stehen die Szenariorahmen der Übertragungsnetzbetreiber (§ 12a). Auf der zweiten Stufe steht der Netzentwicklungsplan der Übertragungsnetzbetreiber (§ 12b). Auf der dritten Stufe stehen die Regionalszenarien der zu einer Planungsregion zusammengeschlossenen Elektrizitätsverteilernetzbetreiber und die vierte Stufe bilden schließlich die Netzausbaupläne der Elektrizitätsverteilernetzbetreiber. 16

§ 14d Abs. 1 S. 3 setzt die Vorgabe des Art. 32 Abs. 4 S. 3 Elektrizitäts-Binnenmarkt-Richtlinie (EU) 2019/944 um. Danach kann die Regulierungsbehörde Anpassungen des Netzausbauplans verlangen. Durch diese Regelung erhält die Regulierungsbehörde auch ohne Erlass einer Festlegung nach Abs. 3 die Möglichkeit, auf die Netzausbauplanung der 17

Elektrizitätsverteilernetzbetreiber einzuwirken und einheitliche Standards zu etablieren. Insbesondere kann die Regulierungsbehörde sicherstellen, dass sämtliche Planungsregionen ihre Netzausbauplanung an den ambitionierten Plänen zum Ausbau der Erneuerbaren Energien Anlagen ausrichten und auch auf Ebene der Elektrizitätsverteilernetze die hierfür erforderlichen Netzkapazitäten vorhalten. Der Regulierungsbehörde kommt an dieser Stelle eine zentrale Bedeutung zu, da bei ihr die Informationen hinsichtlich der Netzausbauplanung und dem Ausbau der Erneuerbaren Energien zusammenfließen.

II. Aufteilung der Bundesrepublik Deutschland in Planungsregionen (Abs. 2)

18   Nach § 14d Abs. 2 S. 1 müssen Betreiber von Elektrizitätsverteilernetzen das Gebiet der Bundesrepublik Deutschland zur Erstellung eines Netzausbauplans in geographisch abgrenzbare und räumlich zusammenhängende Gebiete (Planungsregionen) aufteilen.

19   Normadressaten sind wiederum die Betreiber von Elektrizitätsverteilernetzen. Diese müssen – bevor sie die Netzausbaupläne aufstellen – das Gebiet der Bundesrepublik Deutschland in sog. Planungsregionen einteilen. Wie und wann diese Einteilung erfolgen soll, lässt sich dem Gesetzeswortlaut nicht entnehmen. Nähere Anhaltspunkte sind in der Gesetzesbegründung enthalten. Demnach stellt sich der Gesetzgeber folgenden Prozess vor (BT-Drs. 19/27453, 102):

- Die Konstitution der Planungsregionen soll durch die Betreiber von Elektrizitätsverteilernetzen selbst erfolgen.
- Für die Einteilung sollen ausschließlich die netztechnischen Gegebenheiten, nicht aber die Eigentumsgrenzen ausschlaggebend sein. Der Gesetzgeber ist der Auffassung, dass diese netztechnischen Gegebenheiten von den Netzbetreibern am besten selbst beurteilt werden können.
- Konsequenz der Anknüpfung an die netztechnischen Gegebenheiten ist, dass insbesondere große Netzbetreiber verschiedenen Planungsregionen zugeordnet werden können. Sofern dies der Fall ist, soll dies in den Netzausbauplänen entsprechend angegeben werden.

20   Es bleibt abzuwarten, ob die Konstitution ohne Einbindung einer zentralen, koordinierenden Stelle reibungslos möglich ist. Um die Einteilung zu erleichtern, wäre es wahrscheinlich sinnvoll gewesen, die Koordination der Regulierungsbehörde aufzuerlegen. Der Gesetzgeber hat sich demgegenüber aber in § 14d Abs. 2 S. 3 darauf beschränkt, der Regulierungsbehörde die Befugnis einzuräumen, auf Antrag oder von Amts wegen die Aufnahme eines Betreibers eines Elektrizitätsverteilernetzes in eine Planungsregion anzuordnen.

21   Da es sich bei § 14d Abs. 2 S. 3 um eine Kann-Vorschrift handelt, steht der Regulierungsbehörde bei der Anordnung grundsätzlich ein Ermessensspielraum zu. Bei der Ausübung dieses Ermessensspielraums wird die Regulierungsbehörde insbesondere auch die weiteren Vorstellungen des Gesetzgebers, welche wiederum (nur) in der Gesetzesbegründung niedergelegt sind, berücksichtigen müssen. Demnach sollte die Anzahl der Planungsregionen fünf nicht unterschreiten und fünfzehn nicht überschreiten (BT-Drs. 19/27453, 102). Aus Sicht des Gesetzgebers kann hierdurch ein angemessenes Verhältnis zwischen dem Kommunikations- und Abstimmungsaufwand und dem Nutzen einer abgestimmten Netzausbauplanung erreicht werden (BT-Drs. 19/27453, 102). Ob sich diese Einschätzung als richtig erweist, wird sich in Zukunft zeigen. Da diese Vorgabe nicht im Gesetzestext selbst enthalten ist, wird man der Regulierungsbehörde sowie den Verteilernetzbetreibern mit entsprechender Begründung auch eine abweichende Auffassung und damit eine abweichende Anzahl von Planungsregionen zugestehen können.

22   Die Konstitution von Planungsregionen erzeugt einen nicht unerheblichen Aufwand. Sie ist daher nur dann gerechtfertigt, wenn hierdurch ein entsprechender Nutzen sowohl im Hinblick auf die Netzausbauplanung als auch für die Netznutzer geschaffen wird. Nach der Vorstellung des Gesetzgebers besteht der Nutzen von Planungsregionen darin, dass hierdurch ein systematischer Informationsaustausch einerseits zwischen den Elektrizitätsverteilernetzbetreibern untereinander und andererseits zwischen den Elektrizitätsverteilernetzbetreibern und den Übertragungsnetzbetreibern gewährleistet werden kann (BT-Drs. 19/27453, 101). Gleiches gilt für den Austausch zwischen den Planungsregionen. Das Erfordernis eines systematischen Informationsaustausches führt der Gesetzgeber unter anderem darauf zurück, dass die

Prognose des Zubaus von weiterer Erzeugung und Last regemäßig Unsicherheiten unterliegt, insbesondere hinsichtlich der exakten Lokalität des Netzanschlusses (BT-Drs. 19/27453, 102). Diese grundsätzliche Annahme des Gesetzgebers erscheint richtig. Auch wenn es bereits 23 vielfach Abstimmungen zwischen den Netzbetreibern gibt, sind in der Vergangenheit Fälle aufgetreten, in denen die Abstimmung nicht optimal verlaufen ist. Insbesondere für ein effizientes Engpassmanagement bedarf es eines koordinierten Prozesses, der auch eine Abstimmung zwischen dem jeweiligen Übertragungsnetzbetreiber und den in seiner Region tätigen Verteilernetzbetreibern umfasst. § 14d Abs. 2 S. 2 sieht vor, dass sich die Betreiber von Elektrizitätsverteilernetzen innerhalb einer Planungsregion zu den Grundlagen ihrer Netzausbauplanung abstimmen müssen.

III. Erstellung eines Regionalszenarios (Abs. 3)

Gemäß § 14d Abs. 3 S. 1 erstellen die Elektrizitätsverteilernetzbetreiber einer Planungs- 24 region unter Einbeziehung der Übertragungsnetzbetreiber ein Regionalszenario, welches gemeinsame Grundlage der jeweiligen Netzausbaupläne der Betreiber von Elektrizitätsverteilernetzen in der Planungsregion ist. Auch wenn der Übertragungsnetzbetreiber in die Erstellung des Regionalszenarios einzubeziehen ist, obliegt die Verpflichtung zum bedarfsgerechten Netzausbau weiterhin den Elektrizitätsverteilernetzbetreibern (BT-Drs. 19/27453, 102). Das jeweilige Regionalszenario sollte auch dem Umstand Rechnung tragen, dass insbesondere für Netzanschlussnehmer in höheren Spannungsebenen verschiedene Möglichkeiten zum Netzanschluss bestehen und die potenziellen Netzanschlusspunkte in einigen Regionen unterschiedlichen Netzbetreibern zuzuordnen sind (vgl. BT-Drs. 19/27453, 101). Durch die Aufstellung eines Regionalszenarios kann daher ein Rahmen geschaffen werden, der die notwendige Flexibilität bei der Umsetzung der Netzausbauplanung ermöglicht. Ziel sollte es sein, eine möglichst hohe Effizienz beim Netzausbau zu erreichen und Doppelstrukturen zu vermeiden.

Nach § 14d Abs. 3 S. 2 besteht das Regionalszenario aus einem Entwicklungspfad, der 25 sowohl die für das langfristige Zieljahr 2045 gesetzlich festgelegten sowie weitere klima- und energiepolitische Ziele der Bundesregierung als auch die wahrscheinlichen Entwicklungen für die nächsten fünf und zehn Jahre berücksichtigt. Die Regelung dient einerseits der Verankerung eines langfristigen Regionalszenarios, das über den Planungshorizont der bisherigen Szenarien (fünf bis zehn Jahre) hinausgeht und andererseits der Nachverfolgbarkeit des in den Zwischenjahren stattfindenden Transformationsprozesses. Das Regionalszenario bildet dabei die Grundlage für die Ableitung konkreter Optimierungs-, Verstärkungs-, Erneuerungs- und Ausbaumaßnahmen nach § 14d Abs. 4 Nr. 4 (BT-Drs. 20/1599, 55).

§ 14d Abs. 3 S. 3 legt den Inhalt eines Regionalszenarios fest. Dabei wird berücksichtigt, 26 dass hierdurch die wahrscheinliche Entwicklung der Versorgungsaufgabe dargestellt werden soll. Danach muss ein Regionalszenario folgende Angaben zu Erzeugungsanlagen und Verbrauchseinrichtungen beinhalten:
1. Angaben zu bereits erfolgten, (in den nächsten fünf bis zehn Jahren) erwarteten und maximal möglichen Anschlüssen der verschiedenen Erzeugungskapazitäten und Lasten,
2. Angaben zu den zu erwartenden Ein- und Ausspeisungen sowie
3. Annahmen zur Entwicklung anderer Sektoren, insbesondere des Gebäude- und Verkehrssektors.

Ein besonderes Augenmerk gilt dabei der rasch voranschreitenden Elektrifizierung in den 27 Sektoren Verkehr (Ladeinfrastruktur für Elektrofahrzeuge) und Gebäude (elektrische Wärmepumpen).

§ 14d Abs. 3 S. 4 bestimmt einen Termin zur Fertigstellung der Regionalszenarien. 28 Danach ist ein Regionalszenario durch die Betreiber von Elektrizitätsverteilernetzen spätestens zehn Monate bevor der jeweilige Netzausbauplan der Regulierungsbehörde vorzulegen ist, fertigzustellen. Dadurch wird ein zeitlicher Zusammenhang mit der Erstellung der Netzausbaupläne nach § 14d Abs. 1 S. 1 hergestellt, der darin begründet liegt, dass ein ausreichender Vorlauf zur Erstellung der Netzausbaupläne gewährleistet werden soll.

IV. Anforderungen an Angaben und Darstellung des Netzausbauplans (Abs. 4)

§ 14d Abs. 4 legt die wesentlichen Inhalte des Netzausbauplans fest und beruht auf der 29 Umsetzung der Vorgaben des Art. 32 Abs. 3 Elektrizitäts-Binnenmarkt-Richtlinie (EU) 2019/944 sowie auf der Integration von in § 14 Abs. 1b aF geregelten Vorgaben.

30   Nach § 14d Abs. 4 S. 1 muss der Netzausbauplan die folgenden Angaben enthalten:
1. Netzkarten des Hochspannungs- und Mittelspannungsnetzes und der Umspannstationen auf Mittelspannung und Niederspannung mit den Engpassregionen des jeweiligen Netzes,
2. Daten, die dem nach Absatz 3 angefertigten Regionalszenario zugrunde liegen,
3. eine Darlegung der voraussichtlichen Entwicklung der Verteilungsaufgabe bis 2045 einschließlich voraussichtlich erforderlicher Maßnahmen zur Optimierung, zur Verstärkung, zur Erneuerung und zum Ausbau des Netzes sowie notwendiger Energieeffizienz- und Nachfragesteuerungsmaßnahmen,
4. die geplanten Optimierungs-, Verstärkungs-, Erneuerungs- und Ausbaumaßnahmen sowie notwendige Energieeffizienz- und Nachfragesteuerungsmaßnahmen in den nächsten fünf und zehn Jahren, wobei anzugeben ist, inwieweit für die Umsetzung dieser Maßnahmen öffentlich-rechtliche Planungs- oder Genehmigungsverfahren notwendig sind, sowie den jeweiligen Stand dieser Verfahren und die Angabe, ob und zu welchem Zeitpunkt durch den Betreiber eines Elektrizitätsverteilernetzes bereits Investitionsentscheidungen bezüglich dieser Maßnahmen getroffen wurden und bis zu welchem Zeitpunkt der Betreiber des Elektrizitätsverteilernetzes von der tatsächlichen Durchführung einer Maßnahme ausgeht,
5. den Bedarf an nicht frequenzgebundenen Systemdienstleistungen und Flexibilitätsdienstleistungen im Sinne des § 14c sowie die geplante Deckung dieses Bedarfs und
6. den Umfang, in dem von dem Instrument der Spitzenkappung nach § 11 Absatz 2 Gebrauch gemacht werden soll.

31   Die vorstehenden Angaben unterscheiden nur noch vereinzelt zwischen den jeweiligen Spannungsebenen. So müssen Angaben nach Ziffer 1 nur von Netzbetreibern von Hochspannungs- und Mittelspannungsnetzen abgegeben werden. Die Erweiterung auf die Mittelspannungsebene im Vergleich zu § 14d Abs. 3 S. 1 Nr. 2 aF begründet sich dabei im massiven Zubau erneuerbarer Energien und dem damit einhergehenden Hochlauf der Sektorenkopplung.

32   Die Angaben zu Ziffern 2–7 gelten für sämtliche Betreiber von Elektrizitätsverteilernetzen unabhängig von der Spannungsebene.

33   Die Darstellung der Angaben muss nach § 14d Abs. 4 S. 2 so ausgestaltet sein, dass ein sachkundiger Dritter nachvollziehen kann,
1. welche Veränderungen der Kapazitäten für Leitungstrassen und Umspannstationen sowie welche Veränderungen bei nicht frequenzgebundenen Systemdienstleistungen mit den geplanten Maßnahmen einhergehen,
2. welche Alternativen der Betreiber von Elektrizitätsverteilernetzen geprüft hat,
3. welcher Bedarf an Systemdienstleistungen und Flexibilitätsdienstleistungen nach Realisierung der geplanten Maßnahmen verbleibt und
4. welche Kosten voraussichtlich entstehen.

33a § 14d Abs. 3 S. 3 räumt der Regulierungsbehörde die Befugnis ein, Vorgaben zu Frist, Form, Inhalt und Art der Übermittlung des Netzausbauplans zu erlassen. Aus der Gesetzesbegründung ergibt sich, dass die Vorgaben insbesondere auch die Verpflichtung zur Einhaltung elektronischer Formen und Fristen sowie zur Verwendung von Formularen vorsehen können. Auch könne die Regulierungsbehörde Vorgaben zu den Daten- und Planungsgrundlagen des Netzausbauplans machen (BT-Drs. 19/27453, 102).

V. Festlegungskompetenz (Abs. 5)

34   § 14d Abs. 5 räumt der Regulierungsbehörde die Befugnis ein, durch Festlegung nach § 29 Abs. 1 nähere Vorgaben zum Netzausbauplan und dem Regionalszenario zu treffen. Die Regulierungsbehörde erhält hierdurch die Möglichkeit, einheitliche Vorgaben für eine Vielzahl von Betreibern von Elektrizitätsverteilernetzen zu machen. Hiervon könnten insbesondere Investoren und Betreiber von Erneuerbaren-Energien-Anlagen, von Ladeinfrastrukturen und von Wärmepumpen profitieren, da idealerweise eine einheitliche Informationslage für das gesamte Bundesgebiet geschaffen wird.

VI. Gelegenheit zur Stellungnahme (Abs. 6)

35   § 14d Abs. 6 sieht vor, dass zumindest den Netznutzern der Hochspannungs- und Mittelspannungsebene sowie den Übertragungsnetzbetreibern Gelegenheit zur Stellungnahme zu

dem sie betreffenden Netzausbauplan gegeben werden kann. Die Formulierung des Gesetzes schließt es ebenfalls nicht aus, dass die Verteilernetzbetreiber auch anderen Netznutzern die Gelegenheit zur Stellungnahme anbieten.

VII. Berücksichtigung von Energieeffizienz- und Nachfragesteuerungsmaßnahmen; Verordnungsermächtigung der Bundesregierung (Abs. 7)

§ 14d Abs. 7 entspricht § 14 Abs. 2 aF. Nach S. 1 haben die Betreiber von Elektrizitätsverteilernetzen bei der Erstellung der Netzausbaupläne die Möglichkeiten von Energieeffizienz- und Nachfragesteuerungsmaßnahmen zu berücksichtigen. Hierdurch soll die Kosteneffizienz im Bereich der Elektrizitätsverteilernetze gesteigert werden, was jedoch nicht zu Lasten eines sicheren, zuverlässigen und leistungsfähigen Versorgungsnetzbetriebs gem. § 11 führen sollte (BT-Drs. 15/3917, 57; Britz/Hellermann/Hermes/Sötebier, 3. Aufl., § 14 Rn. 28). Darüber hinaus sind bei der Planung von Niederspannungsnetzen die langfristig erwarteten Anschlüsse von Erzeugungskapazitäten und Lasten anzusetzen. Diese Vorgabe soll gewährleisten, dass beispielsweise das für Photovoltaik-Anlagen zur Verfügung stehende Dachflächenpotenzial bei der Dimensionierung der Netzkapazität frühzeitig einbezogen wird und dafür eine ausreichende Netzkapazität vorgehalten wird (BT-Drs. 20/1599, 56). 36

Eine gesetzliche Definition des in § 14d Abs. 7 verwendeten Begriffs der Energieeffizienzmaßnahme wurde bereits aus Anlass der Erwähnung des Begriffs in § 14 Abs. 2 aF in den Katalog des § 3 Nr. 15b eingeführt. Danach sind Energieeffizienzmaßnahmen Maßnahmen zur Verbesserung des Verhältnisses zwischen dem Energieaufwand und dem damit erzielten Ergebnis im Bereich der Energieumwandlung, Energietransport und Energienutzung. Der Begriff der Nachfragesteuerungsmaßnahme, der ebenfalls schon in § 14d Abs. 5 enthalten ist und bereits im Rahmen des § 14 Abs. 2 aF Erwähnung fand, wurde hingegen nicht gesondert durch den Gesetzgeber definiert. Hierunter können solche Maßnahmen gefasst werden, die sich auf das Verbrauchsverhalten der Netznutzer auswirken und zu einer abnehmenden Schwankung der Verbrauchskurve führen (Theobald/Kühling/Hartmann/Weise § 14 Rn. 45 f.). 37

§ 14d Abs. 7 S. 2 enthält eine Ermächtigung der Bundesregierung, durch Rechtsverordnung ohne Zustimmung des Bundesrates allgemeine Grundsätze für die Berücksichtigung der in § 14d Abs. 7 S. 1 genannten Belange der Energieeffizienz- und Nachfragesteuerungsmaßnahmen festzulegen. 38

VIII. Ausnahmeregelung (Abs. 8)

§ 14d Abs. 8 S. 1 setzt die in Art. 32 Abs. 5 Elektrizitäts-Binnenmarkt-Richtlinie (EU) 2019/944 eingeräumte Möglichkeit um, § 14d Abs. 1–4 sowie 6 und 7 und damit die Verpflichtung zur Erstellung eines Netzausbauplans und eines Regionalszenarios nicht auf Betreiber von Elektrizitätsverteilernetzen mit weniger als 100.000 unmittelbar oder mittelbar angeschlossenen Kunden zu erstrecken. Der administrative Aufwand wird so auf ein verhältnismäßiges Maß beschränkt. 39

§ 14d Abs. 8 S. 2 sieht eine Rückausnahme von der Ausnahmeregelung nach § 14d Abs. 8 S. 1 vor. Sofern in einem Elektrizitätsverteilernetz die technisch mögliche Stromerzeugung der beiden Vorjahre aus Windenergie an Land oder aus solarer Strahlungsenergie den an das Elektrizitätsverteilernetz angeschlossenen Anlagen auf Veranlassung des Elektrizitätsverteilernetzbetreibers in Summe um jeweils mehr als 3 Prozent gekürzt wurde, muss dieser Netzbetreiber auch die Abs. 1–4 sowie 6 und 7 anwenden. Die Fünf-Prozent-Schwelle ist angelehnt an Art. 13 Abs. 5a VO (EU) 2019/943 und soll einen angemessenen Schwellenwert darstellen, um Informationen zu den Ursachen der Einspeisekürzung von Windenergie an Land oder aus solarer Strahlungsenergie zu erhalten (BT-Drs. 19/27453, 103). Allerdings ist zu berücksichtigen, dass die Rückausnahme nur greift, wenn in zwei aufeinanderfolgenden Jahren der Schwellenwert überschritten wird und eine Überschreitung in jedem dieser beiden Jahre erfolgt ist. 40

IX. Übermittlung von Eingangsdaten zur Erstellung eines Regionalszenarios (Abs. 9)

41 § 14d Abs. 9 verpflichtet Verteilernetzbetreiber mit weniger als 100.000 angeschlossenen Kunden, die unter die Ausnahmeregelung des § 14d Abs. 8 fallen, Eingangsdaten für die Erstellung eines Regionalszenarios an den jeweils vorgelagerten Verteilernetzbetreiber zu übermitteln, da diese im Rahmen der Szenarienerstellung auf Datenlieferungen der nachgelagerten Netzbetreiber angewiesen sind. Gemäß § 14d Abs. 9 S. 2 sind die Anforderungen an die zu übermittelnden Daten zumindest innerhalb einer Planungsregion von den nach § 14d Abs. 1 zur Erstellung von Netzausbauplänen verpflichteten Verteilernetzbetreibern abzustimmen. Nach § 14d Abs. 9 S. 3 ist den zur Zulieferung verpflichteten Netzbetreibern Gelegenheit zur Stellungnahme zu geben.

X. Überragendes öffentliches Interesse und öffentliche Sicherheit (Abs. 10)

42 § 14d Abs. 10 stellt klar, dass die Errichtung und der Betrieb von Elektrizitätsverteilernetzen mit einer Nennspannung von 110 Kilovolt sowie von Elektrizitätsverteilernetzen mit einer Nennspannung von unter 110 Kilovolt, sofern sich diese im Außenbereich im Sinne des § 35 BauGB befinden, im überragenden öffentlichen Interesse liegen und der öffentlichen Sicherheit dienen. Durch diese Regelung sollen Hindernisse beim Ausbau des Verteilernetzes, der als wesentlicher Eckpfeiler der angestrebten Energiewende angesehen wird, aus dem Weg geräumt und dadurch die Energiewende weiter vorangetrieben werden. Hierzu müssen die Planungs- und Genehmigungsverfahren zukünftig erheblich beschleunigt werden, u.a. dadurch, dass bei Abwägungsentscheidungen die Bedeutung von Elektrizitätsverteilernetzen wesentlich erhöht wird.

§ 14e Gemeinsame Internetplattform; Festlegungskompetenz

(1) Betreiber von Elektrizitätsverteilernetzen sind verpflichtet, ab dem 1. Januar 2023 zu den in den folgenden Absätzen genannten Zwecken eine gemeinsame Internetplattform einzurichten und zu betreiben.

(2) Betreiber von Elektrizitätsverteilernetzen haben spätestens ab dem 1. Januar 2024 sicherzustellen, dass Anschlussbegehrende von Anlagen gemäß § 8 Absatz 1 Satz 2 des Erneuerbare-Energien-Gesetzes sowie Letztverbraucher, einschließlich Anlagen nach § 3 Nummer 15d und 25, über die gemeinsame Internetplattform auf die Internetseite des zuständigen Netzbetreibers gelangen können, um dort Informationen für ein Netzanschlussbegehren nach § 8 des Erneuerbare-Energien-Gesetzes oder die im Rahmen eines Netzanschlusses nach § 18 erforderlichen Informationen zu übermitteln.

(3) Die Beteiligung nach § 14d Absatz 6 hat über die gemeinsame Internetplattform zu erfolgen.

(4) Betreiber von Elektrizitätsverteilernetzen veröffentlichen auf der gemeinsamen Internetplattform mindestens Folgendes:
1. das jeweilige Regionalszenario nach § 14d Absatz 3, spätestens vier Wochen nach Fertigstellung,
2. den jeweiligen Netzausbauplan nach § 14d Absatz 1, spätestens vier Wochen nach Fertigstellung und
3. die Stellungnahmen nach § 14d Absatz 6.

(5) Die Betreiber von Elektrizitätsverteilernetzen haben die Regulierungsbehörde auf die Veröffentlichungen nach Absatz 4 in Textform hinzuweisen.

(6) Die Regulierungsbehörde kann die Übermittlung einer Zusammenfassung der Stellungnahmen nach § 14d Absatz 6 in Textform verlangen.

(7) Die Regulierungsbehörde kann durch Festlegung nach § 29 Absatz 1 nähere Bestimmungen zu den Absätzen 1 bis 5 treffen.

Gemeinsame Internetplattform; Festlegungskompetenz § 14e EnWG

Überblick

§ 14e normiert die wesentlichen Anforderungen an eine gemeinsame Internetplattform aller Betreiber von Elektrizitätsverteilernetzen in der Bundesrepublik Deutschland. **Absatz 1** regelt, dass alle Betreiber von Elektrizitätsverteilernetzen ab dem 1.1.2023 dazu verpflichtet sind, eine gemeinsame Internetplattform einzurichten und zu betreiben. **Absatz 2** legt dabei die Funktionalität der gemeinsamen Internetplattform dahingehend fest, dass sie als zentraler Einstieg der Netznutzer in den Netzanschlussprozess dienen soll. Nach **Absatz 3** hat die Beteiligung nach § 14d Abs. 6 hat über die gemeinsame Internetplattform zu erfolgen. **Absatz 4** stellt gewisse Mindestanforderungen an Veröffentlichungen auf der gemeinsamen Internetplattform. Die Regulierungsbehörde ist dabei gemäß **Absatz 5** auf entsprechende Veröffentlichungen in Textform hinzuweisen und kann nach **Absatz 6** die Übermittlung einer Zusammenfassung der Stellungnahmen nach § 14d Abs. 6 in Textform verlangen. **Absatz 7** regelt eine Festlegungskompetenz der Regulierungsbehörde.

Übersicht

	Rn.		Rn.
A. Normzweck und Bedeutung	1	III. Gelegenheit zur Stellungnahme über die gemeinsame Internetplattform (Abs. 3)	14
B. Entstehungsgeschichte	4	IV. Veröffentlichungsinhalte auf der gemeinsamen Internetplattform (Abs. 4)	15
C. Kommentierung	8	V. Hinweispflicht gegenüber der Regulierungsbehörde (Abs. 5)	18
I. Verpflichtung zur Einrichtung und zum Betrieb einer gemeinsamen Internetplattform (Abs. 1)	8	VI. Übermittlung einer Zusammenfassung der Stellungnahmen (Abs. 6)	20
II. Weiterleitung der Anschlussnutzer auf die Internetseite des zuständigen Netzbetreibers (Abs. 2)	11	VII. Festlegungskompetenz (Abs. 7)	21

A. Normzweck und Bedeutung

Der Gesetzgeber verfolgte mit der Einführung von § 14e das Ziel, die Verteilernetzbetreiber zu verpflichten, eine gemeinsame Internetplattform zu errichten und zu betreiben, um eine vereinfachte und einheitliche Kommunikation mit den Netznutzern zu ermöglichen. Zudem sollte durch die gemeinsame Internetplattform die Transparenz der Netzausbauplanung erhöht sowie die Auffindbarkeit, Vereinheitlichung und der Austausch von Daten zum Netzausbau gefördert werden (BT-Drs. 19/27453, 103). 1

Die Regelung sieht vor, dass Elektrizitätsverteilernetzbetreiber regelmäßig Regionalszenarios, Netzausbaupläne, Informationen zu Netzanschlussbegehren und Stellungnahmen auf der gemeinsamen Internetplattform veröffentlichen. Damit stellt § 14e eine Änderung zur alten Rechtslage dar, nach der derartige Informationen lediglich dezentral über die individuellen Verteilernetzbetreiber bereitzustellen waren. Durch die gemeinsame Internetplattform soll ein Mehrwert für alle Netznutzer geschaffen und soll die Kooperation der Verteilernetzbetreiber untereinander gestärkt werden (BT-Drs. 19/27453, 103). 2

Die Möglichkeit zur Nutzung der Internetplattform durch die Netznutzer soll deren Bereitschaft erhöhen, freiwillig Informationen zu geplanten Netzanschlüssen zu übermitteln, um einen Beitrag zur regionalen Netzausbauplanung zu leisten (BT-Drs. 19/27453, 104). 3

B. Entstehungsgeschichte

§ 14e wurde mit dem Gesetz zur Umsetzung unionsrechtlicher Vorgaben und zur Regelung reiner Wasserstoffnetze im Energiewirtschaftsgesetz vom 16.7.2021 ins EnWG eingeführt. Die Norm wurde am 26.7.2021 im Bundesgesetzblatt verkündet und gilt seit dem 27.7.2021. 4

Seine europarechtliche Grundlage hat § 14e in Art. 32 Abs. 4 Elektrizitäts-Binnenmarkt-Richtlinie (EU) 2019/944. Der europäische Gesetzgeber wollte es den Netznutzern ermöglichen, anhand der durch die Mitgliedstaaten aufzustellenden Netzentwicklungspläne an geeignete Informationen über erwartete Netzerweiterungen oder -modernisierungen zu gelangen 5

Knepper 655

(Erwägungsgrund 61 zur RL 2019/944/EU). Eine gemeinsame Internetplattform aller Betreiber von Elektrizitätsverteilernetzen bietet hierfür eine entsprechende Plattform.

6 Geändert wurde die Norm wie § 14d letztmalig durch das Gesetz zur Änderung des Energiewirtschaftsrechts im Zusammenhang mit dem Klimaschutz-Sofortprogramm und zu Anpassungen im Recht der Endkundenbelieferung (BGBl. 2022 I 1214), welches am 29.7.2022 in Kraft getreten ist. Dieses sieht vor, angesichts des notwendigen massiven Ausbaus erneuerbarer Energien und des dynamischen Hochlaufs der Sektorenkopplung massentaugliche Prozesse zur Vereinfachung und Beschleunigung von Netzanschlüssen einzuführen, was sich auch auf die Regelungen zur gemeinsamen Internetplattform der Betreiber von Elektrizitätsverteilernetzen in § 14e auswirkt (BT-Drs. 20/1599, 56).

7 Im Rahmen der Änderung wurde zwar grundsätzlich auf die bestehenden Regelungsinhalte aufgebaut, jedoch wurde eine neue Funktionalität in Bezug auf die gemeinsame Internetplattform der Elektrizitätsverteilernetzbetreiber eingeführt. Diese soll fortan als zentraler Einstieg in den Netzanschlussprozess dienen, indem sich ihre Funktion auf die Weiterleitung an die jeweiligen Netzbetreiber beschränkt. Danach haben die Elektrizitätsverteilernetzbetreiber spätestens ab dem 1.1.2024 sicherzustellen, dass Anschlussbegehrende im Sinne des EEG sowie Letztverbraucher über die gemeinsame Internetplattform auf die Internetseite des zuständigen Netzbetreibers gelangen können. Dort muss es ihnen ermöglicht werden, Informationen für ein Netzanschlussbegehren oder die im Rahmen eines Netzanschlusses erforderlichen Informationen (dezentral) zu übermitteln (BT-Drs. 20/1599, 56).

C. Kommentierung

I. Verpflichtung zur Einrichtung und zum Betrieb einer gemeinsamen Internetplattform (Abs. 1)

8 § 14e Abs. 1 S. 1 verpflichtet grundsätzlich alle Betreiber von Elektrizitätsverteilernetzen ab dem 1.1.2023 eine gemeinsame Internetplattform einzurichten und zu betreiben. Auf nationaler Ebene haben die vier deutschen überregionalen Übertragungsnetzbetreiber bereits einheitliche bzw. gemeinsame Informationsportale geschaffen, um ein ausreichendes Maß an Transparenz zu gewährleisten und wesentliche Informationen zu Ihrem Netzbetrieb gebündelt an die Netznutzer heranzutragen (BT-Drs. 19/27453, 103). Aufgrund der deutlich größeren Anzahl an Betreibern von Elektrizitätsverteilernetzen, die für regionale und lokale Stromnetze zuständig sind, ist gerade hier eine gemeinsame Veröffentlichung relevanter Informationen umso dringlicher, um die erforderliche Transparenz zum Elektrizitätsverteilernetzausbau zu schaffen.

9 Während § 14e Abs. 1 aF noch darauf abstellte, dass die gemeinsame Plattform ausschließlich mit nicht personenbezogenen Daten einzurichten und zu betreiben ist, wurde diese Beschränkung durch die Änderung des § 14e durch das Gesetz zur Änderung des Energiewirtschaftsrechts im Zusammenhang mit dem Klimaschutz-Sofortprogramm und zu Anpassungen im Recht der Endkundenbelieferung (BGBl. 2022 I 1214) nun aufgehoben. Elektrizitätsverteilernetzbetreiber sind fortan dazu verpflichtet, Netzanschlussbegehren im Regionalszenario zu berücksichtigen. Aus diesem Grund entfällt auch die Notwendigkeit, Netzanschlussbegehren über die Internetplattform zu übermitteln und zu veröffentlichen. Netzanschlussbegehren werden daher ausschließlich dezentral und unmittelbar zwischen Netzanschlusspetent und Elektrizitätsverteilernetzbetreiber kommuniziert. Vor diesem Hintergrund konnten in § 14e sämtliche Bezugnahmen auf die personenbezogenen Daten und deren Übermittlung und Veröffentlichung in nicht personenbezogener Form gestrichen werden.

10 Konsequenterweise wurde im Rahmen der Gesetzesänderung daher auch eine Streichung des bisherigen § 14e Abs. 1 S. 2 vorgenommen, wonach die geltenden Rechtsvorschriften zur Datensicherheit und zum Schutz von Betriebs- und Geschäftsgeheimnissen zu beachten sowie die erforderlichen technischen und organisatorischen Maßnahmen zu deren Sicherstellung zu ergreifen waren, um die Kommunikation auf der Internetplattform zwischen den Betreibern der Elektrizitätsverteilernetze und den Netznutzern möglichst sicher zu gestalten.

II. Weiterleitung der Anschlussnutzer auf die Internetseite des zuständigen Netzbetreibers (Abs. 2)

Durch die Änderung der Funktionalität der gemeinsamen Internetplattform durch das Gesetz zur Änderung des Energiewirtschaftsrechts im Zusammenhang mit dem Klimaschutz-Sofortprogramm und zu Anpassungen im Recht der Endkundenbelieferung (BGBl. 2022 I 1214) dient die Internetplattform fortan ausschließlich als zentraler Einstieg der Netznutzer in den Netzanschlussprozess. Diese neue Funktionalität ist in § 14e Abs. 2 verankert. 11

Danach muss es Anschlussbegehrenden von Anlagen gemäß § 8 Abs. 1 S. 2 EEG sowie Letztverbrauchern, einschließlich Anlagen nach § 3 Nr. 15d und 25, ab dem 1.1.2024 möglich sein, über die gemeinsame Internetplattform der Verteilernetzbetreiber auf die jeweilige Internetseite des für den Netzanschlussprozess zuständigen Netzbetreibers zu gelangen, um dort Informationen für ein Netzanschlussbegehren nach § 8 EEG oder die im Rahmen eines Netzanschlusses nach § 18 erforderlichen Informationen zu übermitteln. 12

Die gemeinsame Internetplattform dient dabei als zentrale Anlaufstelle. Sie gewährleistet dabei ausschließlich die Weiterleitung an den jeweiligen Netzbetreiber. Die eigentliche Übermittlung der für den Netzanschluss erforderlichen Informationen und die Stellung des Anschlussbegehrens selbst erfolgt dezentral auf der Internetseite des Anschlussnetzbetreibers, z. B. über eine Eingabemaske (BT-Drs. 20/1599, 57). 13

III. Gelegenheit zur Stellungnahme über die gemeinsame Internetplattform (Abs. 3)

§ 14e Abs. 3 knüpft an die Regelung in § 14d Abs. 6 an, wonach Netznutzern der Hochspannungs- und Mittelspannungsebene sowie den Übertragungsnetzbetreibern Gelegenheit zur Stellungnahme zu dem sie betreffenden Netzausbauplan gegeben werden kann. Hierzu soll die gemeinsame Internetplattform genutzt werden können. Durch die hierdurch folgende Zusammenführung der jeweiligen Stellungnahmen wird die Transparenz erhöht und die Möglichkeit eröffnet, in einer gemeinsamen Auseinandersetzung Kompromisse zu finden und den Netzausbau letztlich voranzutreiben. 14

IV. Veröffentlichungsinhalte auf der gemeinsamen Internetplattform (Abs. 4)

§ 14e Abs. 4 regelt den Inhalt der Veröffentlichungen der Betreiber von Elektrizitätsverteilernetzen auf der gemeinsamen Internetplattform. Hierbei werden jedoch nur gewisse Mindestanforderungen statuiert, sodass etwaige Veröffentlichungen inhaltlich auch hierüber hinaus gehen können. 15

Namentlich müssen das jeweilige Regionalszenario nach § 14d Abs. 3 und der jeweilige Netzausbauplan nach § 14d Abs. 1 jeweils spätestens vier Wochen nach Fertigstellung sowie die Stellungnahmen der konsultierten Personen nach § 14e Abs. 6 auf der gemeinsamen Internetplattform veröffentlicht werden. 16

Im Vergleich zur alten Regelung des § 14 Abs. 1b aF, wonach die Betreiber von Elektrizitätsverteilernetzen die entsprechenden Informationen auf ihrer Internetseite zu veröffentlichen hatten, sind die Informationen künftig für alle Teilnehmer transparent, leicht zugänglich und übersichtlich aufzufinden. Die zentrale Veröffentlichung erhöht dabei die Transparenz der Netzausbaupläne und erleichtert die Auffindbarkeit, Vereinheitlichung und den Austausch von Daten zum Netzausbau. Ebenso führt eine möglichst einheitliche Veröffentlichung der Netzplanungsergebnisse zu der von der Regelung beabsichtigten Erhöhung der Transparenz auch gegenüber relevanten Netznutzern (BT-Drs. 19/27453, 104). 17

V. Hinweispflicht gegenüber der Regulierungsbehörde (Abs. 5)

§ 14e Abs. 5 statuiert eine Hinweispflicht der Betreiber von Elektrizitätsverteilernetzen gegenüber der Regulierungsbehörde hinsichtlich der nach § 14e Abs. 4 erfolgten Veröffentlichungen auf der gemeinsamen Internetplattform in Textform. 18

Dies dient einerseits dazu, die beabsichtigte Transparenz der Netzausbauplanung gegenüber der Verwaltung zu wahren und stellt andererseits sicher, dass die Informationen der Betreiber von Elektrizitätsverteilernetzen zum Netzausbau auch in einer für die Verwaltung gut handhabbaren Form vorliegen. 19

VI. Übermittlung einer Zusammenfassung der Stellungnahmen (Abs. 6)

20 Die Regulierungsbehörde kann gemäß § 14e Abs. 6 die Übermittlung einer Zusammenfassung der Stellungnahmen nach § 14d Abs. 6 in Textform verlangen.

VII. Festlegungskompetenz (Abs. 7)

21 Durch die Änderung des § 14e durch das Gesetz zur Änderung des Energiewirtschaftsrechts im Zusammenhang mit dem Klimaschutz-Sofortprogramm und zu Anpassungen im Recht der Endkundenbelieferung (BGBl. 2022 I 1214) ist der zuvor in § 14e Abs. 5 aF enthaltene Verweis auf die Ausnahmeregelung des § 14d Abs. 6 S. 1 aF weggefallen. Fortan sind die in § 14e Abs. 1–6 enthaltenen Regelungen auch auf Betreiber von Elektrizitätsverteilernetzen, an deren Elektrizitätsverteilernetz weniger als 100 000 Kunden unmittelbar oder mittelbar angeschlossen sind, anzuwenden. Die Errichtung und der Betrieb der gemeinsamen Internetplattform ist somit eine gemeinsame Aufgabe aller Verteilernetzbetreiber. Hintergrund ist, dass insbesondere auch kleinere Verteilernetzbetreiber mit geringerem Digitalisierungsgrad von einer einheitlichen Plattformlösung profitieren sollen und infolge der voranschreitenden Sektorenkopplung gerade in der Niederspannung massentaugliche Prozesse gefragt sind (BT-Drs. 20/1599, 57).

22 § 14e Abs. 7 regelt fortan nur noch die Festlegungskompetenz der Regulierungsbehörde hinsichtlich der Regelungen des § 14e Abs. 1 bis 5. Hierdurch soll die Regulierungsbehörde die Möglichkeit erhalten, das Verfahren über die Einrichtung und den Betrieb einer gemeinsamen Internetplattform durch nähere Bestimmungen bei Bedarf über eine Festlegung nach § 29 Abs. 1 zu regeln. Die Festlegung stellt eine besondere Handlungsform der Regulierungsbehörde dar und gleicht am ehesten einer Allgemeinverfügung (BeckOK EnWG/Vallone § 29 Rn. 16; Theobald/Kühling/Boos § 29 Rn. 18 f.). Sie hat die Funktion, eine Regelung verbindlich gegenüber einem durch allgemeine Merkmale bestimmten Personenkreis zu treffen, sodass sie zu einer Vereinheitlichung des Verfahrens hin zu einer gemeinsamen Internetplattform für alle Teilnehmer führt, die die Konsultation mit den Netznutzern abermals vereinfacht.

23 Durch die Festlegung der Regulierungsbehörde kann außerdem der Kreis der Netznutzer, denen durch den Betreiber von Elektrizitätsverteilernetzen Gelegenheit zur Stellungnahme zu dem Netzausbauplan zu geben ist, über § 14e Abs. 3 hinaus erweitert werden.

§ 15 Aufgaben der Betreiber von Fernleitungsnetzen

(1) Betreiber von Fernleitungsnetzen haben den Gastransport durch ihr Netz unter Berücksichtigung der Verbindungen mit anderen Netzen zu regeln und mit der Bereitstellung und dem Betrieb ihrer Fernleitungsnetze im nationalen und internationalen Verbund zu einem sicheren und zuverlässigen Gasversorgungssystem in ihrem Netz und damit zu einer sicheren Energieversorgung beizutragen.

(2) [1]Um zu gewährleisten, dass der Transport und die Speicherung von Erdgas in einer mit dem sicheren und effizienten Betrieb des Verbundnetzes zu vereinbarenden Weise erfolgen kann, haben Betreiber von Fernleitungsnetzen, Speicher- oder LNG-Anlagen jedem anderen Betreiber eines Gasversorgungsnetzes, mit dem die eigenen Fernleitungsnetze oder Anlagen technisch verbunden sind, die notwendigen Informationen bereitzustellen. [2]Betreiber von Übertragungsnetzen sind verpflichtet, Betreibern von Fernleitungsnetzen unverzüglich die Informationen einschließlich etwaiger Betriebs- und Geschäftsgeheimnisse bereitzustellen, die notwendig sind, damit die Fernleitungsnetze sicher und zuverlässig betrieben, gewartet und ausgebaut werden können. [3]Die Betreiber von Fernleitungsnetzen haben sicherzustellen, ihnen nach Satz 2 zur Kenntnis gelangte Betriebs- und Geschäftsgeheimnisse ausschließlich so zu den dort genannten Zwecken zu nutzen, dass deren unbefugte Offenbarung ausgeschlossen ist.

(3) Betreiber von Fernleitungsnetzen haben dauerhaft die Fähigkeit ihrer Netze sicherzustellen, die Nachfrage nach Transportdienstleistungen für Gas zu befriedi-

gen und insbesondere durch entsprechende Transportkapazität und Zuverlässigkeit der Netze zur Versorgungssicherheit beizutragen.

Überblick

§ 15 legt einen **besonderen Fokus auf die Zusammenarbeit** der Fernleitungsnetzbetreiber untereinander, zwischen Fernleitungsnetzbetreibern und Gasverteilernetzbetreibern sowie zwischen Fernleitungsnetzbetreibern und Übertragungsnetzbetreibern. Mit der Verpflichtung zur Zusammenarbeit soll ein möglichst effizientes Gesamtsystem für die Gasversorgung sichergestellt werden (Britz/Hellermann/Hermes/Bourwieg, 3. Aufl., § 15 Rn. 2). **Absatz 1** normiert zunächst die Regelung des Gastransports sowie die Bereitstellung und den Betrieb der Fernleitungsnetze im Verbund als Grundpflichten der Fernleitungsnetzbetreiber (→ Rn. 5). Diese Pflichten werden von Informationspflichten des **Absatzes 2** flankiert (→ Rn. 14). Nach **Absatz 3** ist es Ziel, dass die Fernleitungsnetze bedarfsgerecht ausgelegt sind und zur Versorgungssicherheit beitragen (→ Rn. 24).

Übersicht

	Rn.		Rn.
A. Normzweck und Bedeutung	1	I. Betreiber von Fernleitungsnetzen, Speicher- oder LNG-Anlagen (S. 1)	14
B. Entstehungsgeschichte	4	II. Übertragungsnetzbetreiber (S. 2)	18
C. Grundpflichten der Fernleitungsnetzbetreiber (Abs. 1)	5	III. Schutz von Betriebs- und Geschäftsgeheimnissen (S. 3)	21
I. Regelung des Gastransports	6	IV. Durchsetzung des Informationsanspruchs	22
II. Bereitstellung und Betrieb im Verbund	10	E. Nachfrageorientiertheit und Versorgungssicherheit (Abs. 3)	24
D. Informationspflichten (Abs. 2)	14		

A. Normzweck und Bedeutung

§ 15 trifft eine der Aufgabenbestimmung für Betreiber von Übertragungsnetzen in § 12 entsprechende Regelung für den Gassektor (BR-Drs. 613/04, 104). Die Vorschrift bezieht sich ebenfalls **nur auf die Transportnetzebene** und adressiert damit zunächst nur die Fernleitungsnetzbetreiber, findet aber über § 16a **entsprechend Anwendung auf die Verteilernetzebene** und die Verteilernetzbetreiber. 1

§ 15 **konkretisiert** die allgemeinen, in § 11 Abs. 1 geregelten Netzbetreiberpflichten, ein sicheres, zuverlässiges und leistungsfähiges Energieversorgungsnetz diskriminierungsfrei zu betreiben, zu warten und bedarfsgerecht zu optimieren, zu verstärken und auszubauen. Zudem ergänzt die Vorschrift die Grundpflichten eines (Fernleitungs-)Netzbetreibers, Netzkunden anzuschließen (§ 17) und Netzzugang zu gewähren (§ 20). 2

§ 15 ordnet ausdrücklich **Kooperationen zwischen den Fernleitungsnetzbetreibern, Gasverteilernetzbetreibern und Übertragungsnetzbetreibern** an. Erst durch die Kooperation dieser Netzbetreiber wird auf der vorgelagerten Stufe der Gasgewinnung und auf der nachgelagerten Stufe des Vertriebs Wettbewerb ermöglicht und sichergestellt, sodass entsprechende Absprachen und abgestimmte Verhaltensweisen (vgl. § 1 GWB) nicht nur zulässig, sondern sogar gefordert sind. 3

B. Entstehungsgeschichte

§ 15 dient der Umsetzung der gemeinschaftsrechtlichen Vorgaben, wie sie ursprünglich in Art. 8, 12 Gas-Binnenmarkt-Richtlinie 2003/55/EG geregelt waren (vgl. betr. die Informationspflichten des § 15 Abs. 2 S. 1: BR-Drs. 613/04, 104). § 15 Abs. 2 S. 2, 3 ist durch Art. 1 Nr. 12 des Dritten Gesetzes zur Neuregelung energiewirtschaftlicher Vorschriften v. 20.12.2012 (BGBl. I 2730) eingefügt worden. 4

C. Grundpflichten der Fernleitungsnetzbetreiber (Abs. 1)

5   Absatz 1 normiert Grundpflichten der Fernleitungsnetzbetreiber (vgl. insoweit § 3 Nr. 5).

I. Regelung des Gastransports

6   Absatz 1 verpflichtet die Fernleitungsnetzbetreiber zunächst den Gastransport durch ihr Netz **unter Berücksichtigung der Verbindungen mit anderen Netzen** zu regeln. Der für den Gasbereich untypische Begriff des „Regelns" erklärt sich aus der Parallelität zu der Regelung in § 12 Abs. 1 (Britz/Hellermann/Hermes/Bourwieg, 3. Aufl., § 15 Rn. 8). Auch wenn der Begriff des „Regelns" jedenfalls im Strombereich in die Nähe zur Systemverantwortung für die Regelzone rückt, erfasst Absatz 1 sämtliche Aspekte des Gastransports. Wie sich aus der systematischen Stellung zu § 16 ergibt, wird die besondere Aufgabe der Systemverantwortung in jener Vorschrift geregelt, während § 15 den Gastransport im Ganzen betrifft (Britz/Hellermann/Hermes/Bourwieg, 3. Aufl., § 15 Rn. 6 f.).

7   Das Regeln iSd Absatzes 1 betrifft **inhaltlich** demnach sowohl technische Aspekte, die den physischen Gasfluss betreffen, als auch kommerzielle Aspekte, die das Nutzungsverhältnis zwischen Netzbetreiber und Netzkunden betreffen (Kment EnWG/Tüngler § 15 Rn. 12; vgl. auch Säcker EnergieR/Barbknecht § 15 Rn. 17). Zu den **technischen Aspekten** gehört zunächst die Gewährleistung der technischen Sicherheit der Fernleitungsnetze iSd § 49 durch Beachtung der allgemein anerkannten Regeln der Technik, wie sie vor allem in den – rechtlich zwar unverbindlichen – Regelwerken des DVGW Ausdruck finden. Ferner zählt dazu die physische Steuerung des Gasflusses in Kooperation mit den anderen Netzbetreibern. Zu den **kommerziellen Aspekten** gehört die gesamte Abwicklung des Gastransports über Netznutzungsverträge und Lieferantenrahmenverträge unter Beachtung der dazu ergangenen Festlegungen der BNetzA, zB die Festlegung einheitlicher Geschäftsprozesse und Datenformate beim Wechsel des Lieferanten bei der Belieferung mit Gas („GeLi Gas") (Beschl. v. 11.7.2006 – BK7-06-067; zuletzt geändert durch Beschl. v. 20.12.2016 – BK7-16-142 oder die Festlegung in Sachen Bilanzierung Gas (Umsetzung des Netzkodexes Gasbilanzierung, „GaBi Gas 2.0"), Beschl. v. 19.12.2014 – BK7-14-020).

8   **Räumlich** beschränkt sich die Pflicht auf das jeweilige **Fernleitungsnetz** des Fernleitungsnetzbetreibers („Netz"). Nur insoweit kann der jeweilige Netzbetreiber „regeln", also zB Schalthandlungen vornehmen.

9   Aufgrund der **Wechselwirkungen,** die durch den Transport von Gas ausgelöst werden, haben Fernleitungsnetzbetreiber auch die Verbindungen mit anderen Netzen zu berücksichtigen. Netzbetrieb beschränkt sich nicht auf das eigene Netz, sondern ist immer auch Systemverantwortung. Diese Verpflichtung des Absatzes 1 korrespondiert mit § 20 Abs. 1b, der den Zugang zu den Gasversorgungsnetzen regelt. Nach § 20 Abs. 1b S. 5 sind alle Betreiber von Gasversorgungsnetzen verpflichtet, untereinander in dem Ausmaß verbindlich zusammenzuarbeiten, das erforderlich ist, damit der Transportkunde zur Abwicklung eines Transports auch über mehrere, durch Netzkopplungspunkte miteinander verbundene Netze nur einen Einspeise- und einen Ausspeisevertrag abschließen muss. Die Kooperationspflichten sind weiter durch die GasNZV und die „Kooperationsvereinbarung zwischen Betreibern von in Deutschland gelegenen Gasversorgungsnetzen" geregelt (inzwischen in der 12. Fassung vom 31.3.2021, die am 1.10.2021 in Kraft tritt).

II. Bereitstellung und Betrieb im Verbund

10 Absatz 1 verpflichtet die Fernleitungsnetzbetreiber ferner dazu, mit der Bereitstellung und dem Betrieb ihrer Fernleitungsnetze im nationalen und internationalen Verbund zu einem **sicheren und zuverlässigen Gasversorgungssystem** in ihrem Netz und damit zu einer sicheren Energieversorgung beizutragen.

11 Absatz 1 normiert **keine weitere Aufgabe** der Fernleitungsnetzbetreiber. Insoweit greift er zunächst mit dem Begriff der Bereitstellung auf die in §§ 17, 20 konkretisierten Pflichten zurück, Netzanschlusspetenten an sein Netz anzuschließen und Netznutzern den Zugang zu seinem Netz zu gewähren. Der Begriff des Betriebs greift die in §§ 11, 16 ausgestalteten Pflichten des Netzausbaus und -betriebs sowie der Systemverantwortung auf. Absatz 1 enthält dagegen eine **Vorgabe, wie** die Fernleitungsnetzbetreiber ihre Netzbetreiberaufgaben zu

erfüllen haben. Sie sind verpflichtet, bei der Erfüllung der in Bezug genommenen Netzbetreiberaufgaben in besonderem Maße einen Beitrag zur Sicherheit und Zuverlässigkeit des Gasversorgungssystems und der Sicherheit der Energieversorgung leisten. Dies lässt sich nur im nationalen und internationalen Verbund erreichen. Absatz 1 fordert demnach von den Fernleitungsnetzbetreibern, die Bereitstellung und den Betrieb ihrer Fernleitungsnetze als Gemeinschaftsaufgabe zu interpretieren (vgl. Säcker EnergieR/Barbknecht § 15 Rn. 18 f.).

Eine solche Zusammenarbeit der Fernleitungsnetzbetreiber ist auch bereits **gemein- 12 schaftsrechtlich** zB in VO (EG) Nr. 715/2009 angelegt und im Verband Europäischer Fernleitungsnetzbetreiber für Gas (kurz ENTSO-G) institutionalisiert. Zu den Aufgaben zählt vor allem die Ausarbeitung von Netzkodizes für bestimmte Bereiche (vgl. Art. 8 Abs. 1, 6 VO (EG) Nr. 715/2009) und die Verabschiedung u.a. eines gemeinschaftsweiten Netzentwicklungsplans (vgl. Art. 8 Abs. 3 lit. b, 10 VO (EG) Nr. 715/2009). Zudem korrespondiert Absatz 1 mit den übergeordneten Zielen der **nationalen** Gesetzgebung zur Energieversorgung, wie sie im Gesetzeszweck des EnWG in § 1 zum Ausdruck kommen. Danach ist Zweck des EnWG eine möglichst sichere, preisgünstige, verbraucherfreundliche, effiziente und umweltverträgliche leitungsgebundene Versorgung der Allgemeinheit mit Elektrizität und Gas. Einer ausdrücklichen Regelung – wie in Absatz 1 geschehen – hätte es eigentlich nicht bedurft, da die Netzbetreiberpflichten immer im Lichte des § 1 bzw. der EU-Verordnungen auszulegen sind.

Der Begriff „Verbund" wird im EnWG nicht definiert, lediglich das „Verbundnetz" in 13 § 3 Nr. 35 als eine Anzahl von Gasversorgungsnetzen legaldefiniert, die miteinander verbunden sind. Absatz 1 ist allerdings dahingehend zu verstehen, dass **auf keinen bestimmten Verbund konkreter Netze abgestellt** wird, die sich anhand bestimmter Kriterien abgrenzen ließen, insbesondere nicht auf technisch verbundene Netze wie in Absatz 2 (→ Rn. 14). Die Bezugnahme auf den „Verbund" ist eher **abstrakt zu verstehen** und bedeutet, dass der Fernleitungsnetzbetreiber bei Bereitstellung und Betrieb seines Netzes die Auswirkungen seines Netzbetriebs unter besonderer Berücksichtigung der Auswirkungen auf und Wechselwirkungen zu anderen Netzen zu beachten hat. Was unter „Verbund" zu verstehen ist, welcher Kreis von Fernleitungsnetzbetreibern gemeint ist, kann daher je nach zu erfüllender Netzbetreiberaufgabe und Aufgabenzuschnitt unterschiedlich zu beantworten sein.

D. Informationspflichten (Abs. 2)

I. Betreiber von Fernleitungsnetzen, Speicher- oder LNG-Anlagen (S. 1)

Satz 1 verpflichtet **Betreiber von Fernleitungsnetzen, Speicher- oder LNG-Anla- 14 gen,** jedem anderen Betreiber eines Gasversorgungsnetzes, mit dem die eigenen Fernleitungsnetze oder Anlagen technisch verbunden sind, die **notwendigen Informationen** bereitzustellen. Ziel dieser Informationspflicht ist zu gewährleisten, dass der Transport und die Speicherung von Erdgas in einer mit dem sicheren und effizienten Betrieb des Verbundnetzes zu vereinbarenden Weise erfolgen kann. Das spiegelbildliche Informationsrecht steht jedem anderen Betreiber eines Gasversorgungsnetzes zu. Das bedeutet, dass die Informationsverpflichteten des Satzes 1 nicht zugleich auch Informationsberechtigte („jedem anderen") sein und untereinander Ansprüche geltend machen können. Für die Qualifizierung als Informationsberechtigter kommt es allein darauf an, dass der Informationspetent mit den Anlagen des Informationsverpflichteten technisch verbunden ist. Damit ist ein gemeinsamer Netzkopplungspunkt gemeint (vgl. § 7 GasNZV; so auch Britz/Hellermann/Hermes/Bourwieg, 3. Aufl., § 15 Rn. 17), also eine physische Verbindung. Bloße Wechselwirkungen zwischen zwei Netzen, die technisch nicht miteinander verbunden sind, genügen nicht, um das Informationsrecht zu begründen (vgl. insoweit die Abgrenzung zu Absatz 1, → Rn. 13).

Satz 1 erweitert den **Kreis der Normadressaten** um die Betreiber von Speicher- oder 15 LNG-Anlagen (dazu Theobald/Kühling/Theobald § 15 Rn. 14). Diese Erweiterung verdeutlicht, dass der sichere Betrieb des Gasversorgungssystems eine Kooperationsaufgabe aller beteiligten Betreiber von Infrastruktureinrichtungen ist. So können zB Speicher eine wichtige netzdienliche Funktion ausüben. Insofern sind auch die Informationen aller beteiligten Marktteilnehmer erforderlich.

16 Anspruchsberechtigt ist jeder Betreiber eines Gasversorgungsnetzes. Dies verdeutlicht den engen Netzbezug dieser Informationspflicht. Nicht anspruchsberechtigt sind andere Marktteilnehmer, wie zB die Betreiber von Speichern oder LNG-Anlagen.

17 Der **Begriff der Informationen** wird nicht näher definiert. Aus dem Regelungskontext ergibt sich jedoch, dass der Begriff **inhaltlich weit** auszulegen ist und grundsätzlich alle netz- und betriebsbezogenen Informationen umfasst, deren Kenntnis für den sicheren und zuverlässigen Betrieb, die Wartung und den Ausbau der Fernleitungsnetze iSd § 11 notwendig ist (Säcker EnergieR/Barbknecht § 15 Rn. 23). Eine **Beschränkung des Umfangs** der bereitzustellenden Informationen erfolgt durch das Adjektiv „notwendig". Damit ist nicht jede verfügbare Information schlechterdings bereitzustellen, sondern nur diejenigen Informationen und diese auch nur in derjenigen Aufbereitung, Aggregation oder Detailtiefe, um andere Netzbetreiber in die Lage zu versetzen, ihre Netze sicher, zuverlässig und leistungsfähig im Verbund zu betreiben. Die bereitzustellenden Informationen lassen sich unterteilen in einerseits **netzbezogene** Informationen, die sich auf technische Angaben über die einzelnen Netzkomponenten und Anlagenteile beziehen, und andererseits in **betriebsbezogene** Informationen, die Auskunft über die Steuerung und Auslastung des Netzes geben (vgl. Kment EnWG/Tüngler § 15 Rn. 19).

II. Übertragungsnetzbetreiber (S. 2)

18 Satz 2 enthält eine systematisch überraschende Regelung, sie adressiert die Übertragungsnetzbetreiber und verpflichtet diese zur **sektorübergreifenden Bereitstellung von Informationen** an die Fernleitungsnetzbetreiber.

19 Der nachträglich eingefügte Satz 2 verpflichtet Übertragungsnetzbetreiber, den Fernleitungsnetzbetreibern unverzüglich die Informationen einschließlich etwaiger Betriebs- und Geschäftsgeheimnisse bereitzustellen, die notwendig sind, damit die Fernleitungsnetze sicher und zuverlässig betrieben, gewartet und ausgebaut werden können. Satz 2 regelt also eine sektorübergreifende Informationspflicht. Er adressiert die Übertragungsnetzbetreiber außerhalb der Regelungen, die sich originär an jene richten (§§ 12 ff.). Auch dies belegt, dass der Gesetzgeber den Betrieb der Energieversorgungsnetze als eine Gesamtaufgabe der Netzbetreiber ansieht. Die **wechselseitigen Abhängigkeiten** zwischen Strom- und Gasnetzbetreibern sowie zukünftig auch Wasserstoffnetzbetreibern werden im Zuge der weiter zu intensivierenden Sektorkopplung zunehmen und weitere Informationsflüsse erforderlich machen. Nach Auffassung des Gesetzgebers umfasst die Verpflichtung alle Informationen, die für Betrieb, Wartung und Ausbau des Gasnetzes notwendig sind (BT-Drs. 17/11705, 53). Zu den notwendigen Informationen zählen insbesondere Informationen zu Gaskraftwerken sowie zu regionalen Leistungsbilanzen (Britz/Hellermann/Hermes/Bourwieg, 3. Aufl., § 15 Rn. 18). Zum Begriff der Notwendigkeit → Rn. 17.

20 Der ausdrückliche Hinweis darauf, dass der Informationsanspruch sich auch auf **Betriebs- und Geschäftsgeheimnisse** bezieht, ist zunächst dahingehend zu verstehen, dass eine Verweigerung, einem entsprechenden Informationsgesuch nachzukommen, nicht auf den Schutz von Betriebs- und Geschäftsgeheimnissen gestützt werden kann. Grundsätzlich können sich auch Netzbetreiber, die mit ihren Netzen ein natürliches Monopol betreiben, auf den Schutz von Betriebs- und Geschäftsgeheimnissen berufen; denn sie stehen jedenfalls in nach- und vorgelagerten Märkten sowie in Bereichen wie Effizienzvergleich und Konzessionsvergaben untereinander und in Bereichen wie Beschaffung oder bei Lieferanten, Kapitalgebern und beim Personal mit anderen Marktteilnehmern im Wettbewerb. Netzbetreiber haben daher an der Nichtverbreitung von Informationen, über die sich Rückschlüsse über die Ausbaustrategie oder die getätigten Investitionen ableiten lassen, ein berechtigtes Interesse (BVerfG NJW 2017, 3507 Rn. 33; unter Hinweis auf BGH EnWZ 2014, 378 Rn. 77). Diesem berechtigten Geheimhaltungsinteresse ist daher auch vorliegend Rechnung zu tragen. Vor diesem Hintergrund erlangt das Adjektiv „**notwendig" eine doppelte Bedeutung**. Es dient nicht nur der inhaltlichen Begrenzung der Informationen auf diejenigen Daten und Unterlagen, die für den Betrieb eines sicheren Gasversorgungsnetzes erforderlich sind. Zugleich gewährleistet es auch, dass das berechtigte Geheimhaltungsinteresse der Übertragungsnetzbetreiber bei der Abwägung der Notwendigkeit einzubeziehen ist.

III. Schutz von Betriebs- und Geschäftsgeheimnissen (S. 3)

Die Betreiber von Fernleitungsnetzen haben nach Satz 3 sicherzustellen, ihnen nach Satz 2 21 zur Kenntnis gelangte Betriebs- und Geschäftsgeheimnisse ausschließlich so zu den dort genannten Zwecken zu nutzen, dass deren **unbefugte Offenbarung ausgeschlossen** ist. Diese Verpflichtung korreliert mit dem weiten Umfang des Informationsanspruchs nach Satz 2, der ausdrücklich auch Betriebs- und Geschäftsgeheimnisse umfasst. Die Fernleitungsnetzbetreiber sind verpflichtet, mit diesen sensiblen Daten sorgsam umzugehen und Datenschutzgesichtspunkten Rechnung zu tragen (BT-Drs. 17/11705, 53).

IV. Durchsetzung des Informationsanspruchs

Für die Durchsetzung des Informationsanspruchs der Gasversorgungsnetzbetreiber gegen- 22 über den Fernleitungsnetzbetreibern bzw. der Fernleitungsnetzbetreiber gegenüber den Übertragungsnetzbetreibern ist der **Zivilrechtsweg** zu beschreiten.

Zudem wäre flankierend oder isoliert auch eine **Aufsichtsmaßnahme** iSd § 65 Abs. 1 23 S. 1 durch die Regulierungsbehörde denkbar, die die Unternehmen verpflichten kann, ein Verhalten abzustellen, dass den Bestimmungen des EnWG und den dazu ergangenen Rechtsvorschriften entgegensteht. Missbrauchsverfahren gem. §§ 30 f. kommen dagegen nicht in Betracht, da insoweit nur Verstöße gegen Vorschriften zum Netzanschluss und zum Netzzugang iSd Abschnitte 2 und 3 des Teils 3 des EnWG gerügt werden können, nicht jedoch Verstöße gegen Abschnitt 1, zu dem § 15 gehört.

E. Nachfrageorientiertheit und Versorgungssicherheit (Abs. 3)

Gemäß Absatz 3 haben Fernleitungsnetzbetreiber dauerhaft die Fähigkeit ihrer Netze 24 sicherzustellen, die **Nachfrage nach Transportdienstleistungen für Gas zu befriedigen** und insbesondere durch entsprechende Transportkapazität und Zuverlässigkeit der Netze **zur Versorgungssicherheit beizutragen**. Absatz 3 konkretisiert die allgemeine Netzbetreiberpflicht aus § 11 Abs. 1 S. 1, ein sicheres, zuverlässiges und leistungsfähiges Energieversorgungsnetz diskriminierungsfrei zu betreiben, zu warten und bedarfsgerecht zu optimieren, zu verstärken und auszubauen; denn Transportdienstleistungen können dauerhaft nur dann zuverlässig und versorgungssicher erbracht werden, wenn der Zustand der Netze durch Wartung und Instandhaltung aufrechterhalten wird und das Netz entsprechend der Nachfrage nach Transportdienstleistungen verstärkt und ausgebaut wird.

Die Sicherstellung eines nachfrageadäquaten Zustands des Netzes erfordert die weitsichtige 25 und mit anderen Netzbetreibern abgestimmte Ermittlung zukünftiger Transportbedarfe und eine ebensolche Planung der Vorhaltung und des Ausbaus entsprechender Transportkapazitäten. Das **verfahrensmäßige Instrumentarium** für diese Planung bietet § 15a mit dem **Netzentwicklungsplan** der Fernleitungsnetzbetreiber (Kment EnWG/Tüngler § 15 Rn. 26). Insoweit sind Fernleitungsnetzbetreiber nach § 17 GasNZV verpflichtet, marktgebietsweit den langfristigen Kapazitätsbedarf in einem netzbetreiberübergreifenden, transparenten und diskriminierungsfreien Verfahren zu ermitteln. Dabei sind u.a. ihre Erwartungen über die Entwicklung des Verhältnisses von Angebot und Nachfrage, vorliegende Erkenntnisse aus durchgeführten Marktabfragen zum langfristig verbindlich benötigten Kapazitätsbedarf und vorliegende Erkenntnisse aus Lastflusssimulationen zu berücksichtigen. Gerade mit Blick auf die geforderte Kooperation der Netzbetreiber untereinander sind auch die Möglichkeiten zur Kapazitätserhöhung durch Zusammenarbeit mit angrenzenden Fernleitungs- oder Verteilernetzbetreibern zu prüfen.

Absatz 3 stellt jedoch **keine Anspruchsgrundlage für einen entsprechenden indivi-** 26 **duellen Ausbau** eines einzelnen Transportkunden dar (Kment EnWG/Tüngler § 15 Rn. 25; aA Britz/Hellermann/Hermes/Bourwieg, 3. Aufl., § 15 Rn. 20). Dies lässt sich damit begründen, dass Absatz 3 nicht als Anspruchsgrundlage eines abgrenzbaren Kreises möglicher Anspruchsberechtigter formuliert, sondern als Pflicht des Fernleitungsnetzbetreibers ausgestaltet ist. Zudem existieren speziellere Regelungen, die Anspruchsgrundlagen enthalten. In Betracht kommen insoweit Ansprüche auf Netzanschluss gem. § 17 Abs. 1 oder Kapazitätsreservierung gem. § 38 GasNZV bzw. Kapazitätsausbau gem. § 39 GasNZV (zB eines Gaskraft-

Sieberg

werkbetreibers) oder aber ein Anspruch auf Netzzugang gem. § 20 Abs. 1, 1b (zB eines Transportkunden).

§ 15a Netzentwicklungsplan der Fernleitungsnetzbetreiber

(1) ¹Die Betreiber von Fernleitungsnetzen haben in jedem geraden Kalenderjahr einen gemeinsamen nationalen Netzentwicklungsplan zu erstellen und der Regulierungsbehörde unverzüglich vorzulegen, erstmals zum 1. April 2016. ²Dieser muss alle wirksamen Maßnahmen zur bedarfsgerechten Optimierung, Verstärkung und zum bedarfsgerechten Ausbau des Netzes und zur Gewährleistung der Versorgungssicherheit enthalten, die in den nächsten zehn Jahren netztechnisch für einen sicheren und zuverlässigen Netzbetrieb erforderlich sind. ³Insbesondere ist in den Netzentwicklungsplan aufzunehmen, welche Netzausbaumaßnahmen in den nächsten drei Jahren durchgeführt werden müssen, und ein Zeitplan für die Durchführung aller Netzausbaumaßnahmen. ⁴Bei der Erarbeitung des Netzentwicklungsplans legen die Betreiber von Fernleitungsnetzen angemessene Annahmen über die Entwicklung der Gewinnung, der Versorgung, des Verbrauchs von Gas und seinem Austausch mit anderen Ländern zugrunde und berücksichtigen geplante Investitionsvorhaben in die regionale und gemeinschaftsweite Netzinfrastruktur sowie in Bezug auf Gasspeicheranlagen und LNG-Wiederverdampfungsanlagen einschließlich der Auswirkungen denkbarer Störungen der Versorgung sowie der gesetzlich festgelegten klima- und energiepolitischen Ziele der Bundesregierung (Szenariorahmen). ⁵Der Netzentwicklungsplan berücksichtigt den gemeinschaftsweiten Netzentwicklungsplan nach Artikel 8 Absatz 3b der Verordnung (EG) Nr. 715/2009. ⁶Die Betreiber von Fernleitungsnetzen veröffentlichen den Szenariorahmen und geben der Öffentlichkeit und den nachgelagerten Netzbetreibern Gelegenheit zur Äußerung, sie legen den Entwurf des Szenariorahmens der Regulierungsbehörde vor. ⁷Die Regulierungsbehörde bestätigt den Szenariorahmen unter Berücksichtigung der Ergebnisse der Öffentlichkeitsbeteiligung.

(2) ¹Betreiber von Fernleitungsnetzen haben der Öffentlichkeit und den nachgelagerten Netzbetreibern vor der Vorlage des Entwurfs des Netzentwicklungsplans bei der Regulierungsbehörde Gelegenheit zur Äußerung zu geben. ²Hierzu stellen die Betreiber von Fernleitungsnetzen die erforderlichen Informationen auf ihrer Internetseite zur Verfügung. ³Betreiber von Fernleitungsnetzen nutzen bei der Erarbeitung des Netzentwicklungsplans eine geeignete und allgemein nachvollziehbare Modellierung der deutschen Fernleitungsnetze. ⁴Dem Netzentwicklungsplan ist eine zusammenfassende Erklärung beizufügen über die Art und Weise, wie die Ergebnisse der Öffentlichkeitsbeteiligung in dem Netzentwicklungsplan berücksichtigt wurden und aus welchen Gründen der Netzentwicklungsplan nach Abwägung mit den geprüften, in Betracht kommenden anderweitigen Planungsmöglichkeiten gewählt wurde. ⁵Der aktuelle Netzentwicklungsplan muss den Stand der Umsetzung des vorhergehenden Netzentwicklungsplans enthalten. ⁶Haben sich Maßnahmen verzögert, sind die Gründe der Verzögerung anzugeben.

(3) ¹Die Regulierungsbehörde hört zum Entwurf des Netzentwicklungsplans alle tatsächlichen und potenziellen Netznutzer an und veröffentlicht das Ergebnis. ²Personen und Unternehmen, die den Status potenzieller Netznutzer beanspruchen, müssen diesen Anspruch darlegen. ³Die Regulierungsbehörde ist befugt, von den Betreibern von Fernleitungsnetzen sämtliche Daten zu verarbeiten, die zur Prüfung erforderlich sind, ob der Netzentwicklungsplan den Anforderungen nach Absatz 1 Satz 2 und 5 sowie nach Absatz 2 entspricht. ⁴Bestehen Zweifel, ob der Netzentwicklungsplan mit dem gemeinschaftsweit geltenden Netzentwicklungsplan in Einklang steht, konsultiert die Regulierungsbehörde die Agentur für die Zusammenarbeit der Energieregulierungsbehörden. ⁵Die Regulierungsbehörde kann innerhalb von drei Monaten nach Veröffentlichung des Konsultationsergebnisses von den Betreibern von Fernleitungsnetzen Änderungen des Netzentwicklungsplans verlangen, diese sind von den Betreibern von Fernleitungsnetzen innerhalb

von drei Monaten umzusetzen. ⁶Die Regulierungsbehörde kann bestimmen, welcher Betreiber von Fernleitungsnetzen für die Durchführung einer Maßnahme aus dem Netzentwicklungsplan verantwortlich ist. ⁷Verlangt die Regulierungsbehörde keine Änderungen innerhalb der Frist nach Satz 3 und 4, ist der Netzentwicklungsplan für die Betreiber von Fernleitungsnetzen verbindlich.

(4) Betreiber von Gasverteilernetzen sind verpflichtet, mit den Betreibern von Fernleitungsnetzen in dem Umfang zusammenzuarbeiten, der erforderlich ist, um eine sachgerechte Erstellung der Netzentwicklungspläne zu gewährleisten; sie sind insbesondere verpflichtet, den Betreibern von Fernleitungsnetzen für die Erstellung des Netzentwicklungsplans erforderliche Informationen unverzüglich zur Verfügung zu stellen.

(5) Die Regulierungsbehörde kann durch Festlegung nach § 29 Absatz 1 zu Inhalt und Verfahren des Netzentwicklungsplans sowie zur Ausgestaltung der von den Fernleitungsnetzbetreibern durchzuführenden Konsultationsverfahren nähere Bestimmungen treffen.

(6) ¹Nach der erstmaligen Durchführung des Verfahrens nach Absatz 1 und 2 kann sich die Öffentlichkeitsbeteiligung auf Änderungen gegenüber dem zuletzt bestätigten Szenariorahmen oder dem zuletzt veröffentlichten Netzentwicklungsplan beschränken. ²Ein vollständiges Verfahren muss mindestens alle vier Jahre durchgeführt werden.

Überblick

§ 15a enthält die Vorgaben zur Aufstellung des Netzentwicklungsplans der Fernleitungsnetzbetreiber. **Absatz 1** enthält die generelle Verpflichtung für Fernleitungsnetzbetreiber, einen gemeinsamen nationalen Netzentwicklungsplan zu erstellen (→ Rn. 5) und hierzu nach **Absatz 2** der Öffentlichkeit und den nachgelagerten Netzbetreibern vor der Vorlage des Entwurfs des Netzentwicklungsplans bei der Regulierungsbehörde Gelegenheit zur Äußerung zu geben (→ Rn. 25). **Absatz 3** regelt die Prüfung des Netzentwicklungsplans durch die Regulierungsbehörde einschließlich der dafür erforderlichen Anhörung der Netznutzer und eines möglichen Änderungsverlangens (→ Rn. 42). Ferner sieht § 15 die Einbeziehung der Gasverteilernetzbetreiber in den Prozess der Aufstellung des Netzentwicklungsplans in **Absatz 4** (→ Rn. 57), eine Festlegungskompetenz der BNetzA in **Absatz 5** (→ Rn. 59) und mögliche Einschränkungen der Öffentlichkeitsbeteiligung in **Absatz 6** (→ Rn. 62) vor.

Übersicht

	Rn.		Rn.
A. Normzweck und Bedeutung	1	D. Prüfung des Netzentwicklungsplans (Abs. 3)	42
B. Entstehungsgeschichte	4	I. Konsultation zum Netzentwicklungsplan	42
C. Pflicht zur Erstellung eines gemeinsamen nationalen Netzentwicklungsplans (Abs. 1, 2)	5	II. Prüfungskompetenz der BNetzA	45
		1. Inhalt der Prüfungskompetenz	46
I. Normadressaten		2. Änderungsverlangen	49
1. Fernleitungsnetzbetreiber	6	3. Bestimmung der Verantwortlichkeit	53
2. Verteilernetzbetreiber	7	4. Verbindlichkeit durch Zeitablauf	54
II. Regelungsinhalte	8	E. Einbeziehung der Gasverteilernetzbetreiber (Abs. 4)	57
1. Allgemeines	8		
2. Erste Stufe: Szenariorahmen	10	F. Festlegungskompetenz der BNetzA (Abs. 5)	59
3. Zweite Stufe: Netzentwicklungsplan	25		
III. Durchsetzung der Pflichten der Normadressaten	41	G. Eingeschränkte Öffentlichkeitsbeteiligung (Abs. 6)	62

A. Normzweck und Bedeutung

§ 15a ist im Gasbereich die Parallelvorschrift zu den §§ 12a ff. im Strombereich. Wie schon ein bloßer Vergleich der Struktur und Inhalte der beiden Regelungskomplexe zeigt, sind die

Regelungen zum Netzentwicklungsplan Strom weitaus strukturierter und inhaltlich dezidierter ausgestaltet. Schon an den Normüberschriften lässt sich dort die dreistufige Ausgestaltung durch Szenariorahmen, Netzentwicklungsplan und Umsetzungsbericht klar erkennen. Im Gasbereich lässt der Gesetzgeber **weniger Klarheit und Strukturiertheit** erkennen. So wird der Szenariorahmen nicht als eigenständiger Verfahrensschritt geregelt, sondern seine Inhalte werden lediglich in § 15 Abs. 1 S. 4 als Maßstäbe für die Prüfung und Aufstellung des Netzentwicklungsplan genannt (Kment EnWG/Posser § 15a Rn. 2).

2 Ein wesentlicher **konzeptioneller Unterschied** zur Netzentwicklungsplanung Strom besteht darin, dass die Netzentwicklungsplanung Gas nicht durch eine gesetzliche Bedarfsplanung (vgl. § 12e) abgeschlossen wird. Der Bundesbedarfsplan, der als Bundesgesetz beschlossen wird, bildet die Schnittstelle sowohl zum Anwendungsbereich des NABEG als auch der Planfeststellung nach den §§ 43 ff. Die jeweils in den Plan aufgenommenen Projekte erhalten die Planrechtfertigung (Kment EnWG/Posser § 12e Rn. 1). Ungeachtet dessen hat die Aufnahme von Maßnahmen in den Netzentwicklungsplan jedenfalls Rückwirkung auf die Genehmigung dieser Maßnahmen als Investitionsmaßnahmen iSd § 23 ARegV insoweit, als sie regelmäßig zur Stabilität des Gesamtsystems, für die Einbindung in das nationale oder internationale Verbundnetz oder für einen bedarfsgerechten Ausbau des Gasversorgungsnetzes nach § 11 notwendig sein dürften (so auch Britz/Hellermann/Hermes/Bourwieg, 3. Aufl., § 15a Rn. 59).

3 Die nachstehende Kommentierung beschränkt sich auf die Besonderheiten der Netzentwicklungsplanung in Gasbereich.

B. Entstehungsgeschichte

4 Wie sich schon an der Paragraphennummerierung erkennen lässt, ist § 15a nachträglich eingefügt worden, und zwar durch Art. 1 Nr. 14 des Gesetzes zur Neuregelung energiewirtschaftsrechtlicher Vorschriften v. 26.7.2011 (BGBl. I 1554). § 15a dient der Umsetzung von Art. 6 Abs. 9 VO (EG) Nr. 994/2010 (vgl. jetzt Art. 5 Abs. 8 VO (EU) 2017/1938). Danach hat die BNetzA die Aufgabe sicherzustellen, dass jede neue Fernleitungsinfrastruktur durch die Entwicklung eines gut angebundenen Netzes entsprechend der Marktnachfrage und den ermittelten Risiken zur Versorgungssicherheit beiträgt. Dies soll praktisch im Rahmen der gem. § 15a vorgesehenen Überprüfung des zehnjährigen nationalen Netzentwicklungsplans erfolgen. Dort sind gemäß den europarechtlichen Vorgaben ohnehin Versorgungssicherheitsaspekte zu berücksichtigen (BT-Drs. 17/6072, 48).

4a In § 15a ist durch Art. 1 Nr. 26 des Gesetzes zur Umsetzung unionsrechtlicher Vorgaben und zur Regelung reiner Wasserstoffnetze im Energiewirtschaftsrecht v. 16.7.2021 (BGBl. I 3026) Absatz 1 Satz 4 an die neue Begriffsbestimmung der Gasspeicheranlage (vgl. § 3 Nr. 19c) redaktionell angepasst worden. Als weiterer Belang, der bei der Erstellung des Szenariorahmens zu berücksichtigen ist, wurden die gesetzlich festgelegten klima- und energiepolitischen Ziele der Bundesregierung in Absatz 1 Satz 4 eingefügt (vgl. Art. 1 Nr. 13a des Gesetzes zur Änderung des Energiewirtschaftsrechts im Zusammenhang mit dem Klimaschutz-Sofortprogramm und zu Anpassungen im Recht der Endkundenbelieferung v. 19.7.2022, BGBl. I 1214).

C. Pflicht zur Erstellung eines gemeinsamen nationalen Netzentwicklungsplans (Abs. 1, 2)

5 Absatz 1 enthält die generelle Verpflichtung für Fernleitungsnetzbetreiber, einen gemeinsamen nationalen Netzentwicklungsplan zu erstellen.

I. Normadressaten

1. Fernleitungsnetzbetreiber

6 Normadressaten sind in erster Linie die in § 3 Nr. 5 legal definierten **Fernleitungsnetzbetreiber.** § 15a setzt Art. 22 Gas-Binnenmarkt-Richtlinie 2009/73/EG um. Auch wenn diese gemeinschaftsrechtliche Vorgabe Regelungsbestandteil des Kapitels IV zum Unabhängigen Fernleitungsnetzbetreiber ist, gilt die Pflicht des Satz 1 **unabhängig von der jeweils**

gewählten Entflechtungsoption (BT-Drs. 17/6072, 74). Der Gesetzgeber begründet dies mit der pluralistischen Netzbetreiberstruktur auf der Transportebene; nur so könne die Konsistenz mit den regionalen wie gemeinschaftsweiten Plänen nach der EU-Verordnung gewahrt werden (BT-Drs. 17/6072, 74). Der Gesetzgeber verweist weiterhin auf die enge Vermaschung der Fernleitungsnetze, infolge derer eine Investition in einem Fernleitungsnetz eine parallele Investition in einem benachbarten Fernleitungsnetz erforderlich oder unnötig machen kann (BT-Drs. 17/6072, 74). Daher sei wegen der engen Vermaschung der Fernleitungsnetze eine gemeinsame nationale Planung erforderlich, um im Interesse der Versorgungssicherheit und der Kosteneffizienz angemessene Investitionen in die jeweiligen Netze zu gewährleisten (BT-Drs. 17/6072, 74). Festzustellen ist, dass durch die Indienstnahme der Fernleitungsnetzbetreiber in deren Berufsausübungsfreiheit nach Art. 12 Abs. 1 GG eingegriffen wird. Dies stellt eine Vertiefung der bereits in §§ 11, 15 angelegten Aufgaben und Pflichten der Fernleitungsnetzbetreiber dar, ist aber aufgrund der für die Allgemeinwohlinteressen bedeutsamen Gesamtplanung des deutschen Leitungsnetzes verfassungsrechtlich gerechtfertigt (Kment EnWG/Posser § 15a Rn. 5).

2. Verteilernetzbetreiber

In den Adressatenkreis werden auch – wenn auch sehr begrenzt – die **Verteilernetzbetreiber** iSd § 3 Nr. 8 aufgenommen, die im Rahmen der Netzentwicklungsplanung die Fernleitungsnetzbetreiber lediglich unterstützen. Sie trifft bei der Erstellung des Netzentwicklungsplans eine Mitwirkungspflicht. 7

II. Regelungsinhalte

1. Allgemeines

Gemäß Absatz 1 Satz 1 haben die Fernleitungsnetzbetreiber in jedem geraden Kalenderjahr einen **gemeinsamen nationalen Netzentwicklungsplan** zu erstellen und der Regulierungsbehörde unverzüglich vorzulegen, erstmals zum 1.4.2016. 8

Der deutsche Gesetzgeber ist von dem in Art. 22 Abs. 1 S. 1 Gas-Binnenmarkt-Richtlinie 2009/73/EG vorgesehenen jährlichen auf einen **zweijährigen Turnus** umgestiegen. Zunächst galt bei Einfügung des § 15a durch Art. 1 Nr. 14 des Gesetzes zur Neuregelung energiewirtschaftsrechtlicher Vorschriften (v. 26.7.2011, BGBl. I 1554) auch der einjährige Turnus. Die Änderung des Satz 1 erfolgte sodann mit Wirkung zum 1.1.2016 durch Art. 2 Nr. 8 lit. a des Ersten Gesetzes zur Änderung des Energieverbrauchskennzeichnungsgesetzes und zur Änderung weiterer Bestimmungen des Energiewirtschaftsrechts (v. 10.12.2015, BGBl. I 2194). Wie auch bei der entsprechenden Änderung zum Netzentwicklungsplan Strom sollen durch den neuen Turnus parallele Planungsprozesse, die aufgrund der bisher jährlichen und damit zeitlich schnell aufeinanderfolgenden Planungsverfahren auftraten, vermieden werden. Die dadurch geschaffene transparentere Verfahrensstruktur soll die Akzeptanz des Netzausbaus steigern (BT-Drs. 17/6072, 45; dazu auch Kment EnWG/Posser § 15a Rn. 3a). Die Änderungen in § 15a beschränkten sich auf die Umstellung des Turnus; für darüber hinausgehende Änderungen sah der Gesetzgeber keinen Bedarf, da sich die bestehende Regelung in den vergangenen Jahren in der Praxis bewährt hatte (BT-Drs. 18/6383, 19). Die Pflicht zur Erstellung des Netzentwicklungsplans in den geraden Kalenderjahren ermöglicht es den Fernleitungsnetzbetreibern, bei der im Vorjahr durchzuführenden Ermittlung des Szenariorahmens die Ergebnisse des Zehn-Jahres-Netzentwicklungsplans von ENTSO-G zu berücksichtigen, die jeweils zu Beginn der ungeraden Kalenderjahre veröffentlicht werden (BT-Drs. 18/6383, 19). 9

2. Erste Stufe: Szenariorahmen

Wie im Strombereich stellt der Szenariorahmen die erste Stufe der Netzentwicklungsplanung dar. Wenn auch konzeptionell verunglückt, definiert Absatz 1 Satz 4 den Begriff des Szenariorahmens, in den der Netzentwicklungsplan einzubetten ist. Vorgaben hinsichtlich des Umfangs und der zeitlichen Abfolge des Szenariorahmens fehlen allerdings. 10

Sieberg

EnWG § 15a   Teil 3. Regulierung des Netzbetriebs

11   **a) Umfang und Inhalt.** Mangels klarer Vorgaben hinsichtlich des Umfangs des Szenariorahmens ist umstritten, ob sich aus dem Begriff Szenariorahmen ableiten lässt, dass **mehrere oder alle in Betracht kommenden Szenarien** abzubilden sind (so Kment EnWG/Posser § 15a Rn. 12b; Theobald/Kühling/Däuper § 15a Rn. 11) oder ob die Fernleitungsnetzbetreiber auch nur ein Szenario zugrunde legen dürfen (vgl. BNetzA, Bestätigung Szenariorahmen NEP Gas 2016–2026, 22 f., abrufbar unter: www.bundesnetzagentur.de). Der Gesetzeswortlaut beantwortet diese Frage nicht. Allein aus dem Wortlaut Szenariorahmen lässt sich nicht ableiten, ob es sich nur um ein Szenario oder um einen „umrahmten Szenarienbereich" (Kment EnWG/Posser § 15a Rn. 12b) handeln soll. Allein entscheidend ist, dass die zugrunde gelegten Annahmen angemessen sind. Dies lässt Raum für beides, je nachdem, wie aussagekräftig und belastbar ein Szenario ist und welchen zusätzlichen weiteren Erkenntnisgewinn die Betrachtung eines weiteren Szenarios oder mehrerer weiterer Szenarien verspricht. Insofern kann die Betrachtung weiterer Szenarien – je nach Einzelfall – zweckdienlich oder aber auch unverhältnismäßig sein.

12   Inhaltlich sind die Fernleitungsnetzbetreiber verpflichtet, **angemessene Annahmen** über die Entwicklung der Gewinnung, der Versorgung, des Verbrauchs von Gas und seinem Austausch mit anderen Ländern zugrunde zu legen und geplante Investitionsvorhaben in die regionale und gemeinschaftsweite Netzinfrastruktur sowie in Bezug auf Gasspeicheranlagen und LNG-Wiederverdampfungsanlagen einschließlich der Auswirkungen denkbarer Störungen der Versorgung (dazu Säcker EnergieR/Barbknecht § 15a Rn. 9 ff.) sowie der gesetzlich festgelegten klima- und energiepolitischen Ziele der Bundesregierung zu berücksichtigen. Dies entspricht zunächst der **Vorgabe in Art. 22 Abs. 3 Gas-Binnenmarkt-Richtlinie 2009/73/EG**, der dies dort als impliziten Schritt im Rahmen der Erarbeitung des Netzentwicklungsplans vorsieht. Dann hat der Gesetzgeber als weiteren zu berücksichtigenden Belang die gesetzlich festgelegten klima- und energiepolitischen Ziele der Bundesregierung eingefügt (vgl. Art. 1 Nr. 13a des Gesetzes zur Änderung des Energiewirtschaftsrechts im Zusammenhang mit dem Klimaschutz-Sofortprogramm und zu Anpassungen im Recht der Endkundenbelieferung v. 19.7.2022, BGBl. I 1214). Er begründet dies damit, dass zuvor eine ausdrückliche Inbezugnahme gesetzlicher Klima- und Energieziele der Bundesregierung fehlte. Er sieht diese aber angesichts der umfangreichen Veränderungen, die sich aus der Dekarbonisierung bei Gas und der Entwicklung des künftigen Wasserstoffmarktes ergeben, als erforderlich an (vgl. BT-Drs. 20/2402, 43). Die einzelnen Merkmale des Absatz 1 Satz 4 aF lassen sich über die allgemeinen Begriffsbestimmungen ausfüllen (dazu und insbesondere zu den einzelnen Merkmalen Britz/Hellermann/Hermes/Bourwieg, 3. Aufl., § 15a Rn. 13 ff.; Theobald/Kühling/Däuper § 15a Rn. 14 ff.).

13   Dieses „Pflichtenheft" gibt die **Struktur** des Szenariorahmens vor (vgl. Szenariorahmen 2020–2030, abrufbar unter www.fnb-gas.de). Wesentliche Inhalte des aktuellen Szenariorahmens 2020–2030 sind die Darstellungen zum Gasbedarf (Gasverbrauch) und Gasaufkommen (Erdgasförderung, Aufkommensentwicklung grüner Gase und Biomethaneinspeisung). Des Weiteren enthält der Szenariorahmen den Vorschlag der Modellierungsvarianten für den NEP Gas 2020–2030 und die dazu gehörigen Eingangsgrößen (Kapazitätsbedarfe) für die Modellierung. Neben der Basisvariante, die für die Jahre 2025 und 2030 vollständig berechnet werden soll, schlagen die Fernleitungsnetzbetreiber vor, dem kontinuierlich steigenden Kapazitätsbedarf in Baden-Württemberg durch die Betrachtung einer zusätzlichen Modellierungsvariante, der Auslegungsvariante Baden-Württemberg, im NEP Gas 2020–2030 Rechnung zu tragen (BNetzA, Bestätigung des Szenariorahmens für den Netzentwicklungsplan Gas 2020–2030, 5.12.2019, abrufbar unter: www.bundesnetzagentur.de).

14   Bei dem **Begriff der Angemessenheit** handelt es sich um einen unbestimmten Rechtsbegriff. Er bezieht sich auf die planerische Tätigkeit und Planungsentscheidung der Fernleitungsnetzbetreiber. Er räumt den Fernleitungsnetzbetreibern einen Prognosespielraum ein (so auch Theobald/Kühling/Däuper § 15a Rn. 12). Es obliegt also den Fernleitungsnetzbetreibern, geeignete Methoden zu wählen, Szenarien objektiv und sachlich zu prüfen und Bewertungen sachgerecht vorzunehmen, woraus sie dann entsprechende realistische Annahmen für ihre Planung ableiten (zum Begriff der Angemessenheit vgl. BNetzA, Bestätigung Szenariorahmen Gas 2015, 23).

15   Die Aufgabe der BNetzA beschränkt sich darauf, die einzelnen Prüfschritte der Fernleitungsnetzbetreiber nachzuvollziehen und zu prüfen, ob diese den Anforderungen in metho-

disch-inhaltlicher Hinsicht genügen. Dagegen hat die BNetzA hinsichtlich der Planungsentscheidung **kein eigenes Regulierungsermessen** und kann ihr Ermessen auch nicht an die Stelle der Entscheidung der Fernleitungsnetzbetreiber setzen (Kment EnWG/Posser § 15a Rn. 14).

b) Verfahren. Absatz 1 Sätze 6 und 7 enthalten verfahrensrechtliche Vorgaben zum Szenariorahmen. 16

Die Fernleitungsnetzbetreiber sind zunächst verpflichtet, den Szenariorahmen zu **veröffentlichen** und der Öffentlichkeit und den nachgelagerten Netzbetreibern **Gelegenheit zur Äußerung** zu geben. Die Veröffentlichung findet über die gemeinsame Internetplattform der deutschen Fernleitungsnetzbetreiber statt (abrufbar unter www.fnb-gas.de). Dort informieren die Fernleitungsnetzbetreiber u.a. über den aktuellen Stand des Szenariorahmens und daneben über den des Netzentwicklungsplans und des Umsetzungsberichts. 17

Zur Ausgestaltung der Öffentlichkeitsbeteiligung enthalten die Sätze 6 und 7 **keine weitergehenden Vorgaben** und werden derzeit auch nicht durch eine Festlegung der BNetzA gem. § 15 Abs. 5 iVm § 29 vorgegeben. Die Fernleitungsnetzbetreiber sind nicht verpflichtet, Stellungnahmen aus der Konsultation zu berücksichtigen. Dies ergibt sich aus einem Umkehrschluss mit § 15a Abs. 2 S. 4, der eine entsprechende Erklärung im Netzentwicklungsplan verlangt, wie die Ergebnisse der Öffentlichkeitsbeteiligung im Netzentwicklungsplan berücksichtigt wurden. Dies hindert die Fernleitungsbetreiber nicht, Stellungnahmen zu berücksichtigen. Im Gegenteil, dies entspricht dem Sinn und Zweck der Öffentlichkeitsbeteiligung im Verfahren der Entwicklungsplanung, die darauf gerichtet ist, möglichst frühzeitig Belange der Allgemeinheit in die Planungen einzubeziehen (Kment EnWG/Posser § 15a Rn. 16 mit Nachweisen für ein entsprechend von den Fernleitungsnetzbetreibern praktiziertes Vorgehen). 18

Die Fernleitungsnetzbetreiber sind ferner verpflichtet, den Entwurf des Szenariorahmens der Regulierungsbehörde **vorzulegen**. 19

Nach Satz 7 **bestätigt** die Regulierungsbehörde den Szenariorahmen unter Berücksichtigung der Ergebnisse der Öffentlichkeitsbeteiligung. Die Beteiligung der BNetzA dient dazu, dass die grundsätzlichen und zentralen Annahmen bereits zu Beginn des Verfahrens geklärt werden und nicht erst zu einem späteren Zeitpunkt beanstandet werden (BT-Drs. 17/6072, 74). Damit dienen Absätze 6 und 7 der effizienten Ausgestaltung des Verfahrens, indem Verzögerungen und Verfahrenswiederholungen vermieden werden. 20

Die Entscheidung der BNetzA ist **gerichtlich voll überprüfbar.** Der BNetzA wird bei der Prüfung und Bestätigung des Szenariorahmens kein eigenständiges Regulierungsermessen hinsichtlich der planerischen Entscheidung eingeräumt. Sie hat lediglich die planerische Entscheidung der Fernleitungsnetzbetreiber nachzuvollziehen (zur Parallelregelung im Strombereich Kment EnWG/Posser § 12a Rn. 29). 21

Die Bestätigung des Szenariorahmens ist ein **Verwaltungsakt** iSd § 35 S. 1 VwVfG (so auch Kment EnWG/Posser § 15a Rn. 22; OLG Düsseldorf BeckRS 2021, 14760 Rn. 41; im Ergebnis offenlassend Britz/Hellermann/Hermes/Bourwieg, 3. Aufl., § 15a Rn. 25 ff.). Die Bestätigung stellt eine eigenständige Regelung dar, mit der ein Verfahrensabschnitt mit Außenwirkung beendet wird. Zweifel daran könnten bestehen, weil im Gasbereich der Erstellung des Szenariorahmens scheinbar eine unselbstständige, implizite Stellung im Rahmen des Verfahrens zur Aufstellung des Netzentwicklungsplanung zukommt. Die Annahme einer unselbstständigen Verfahrenshandlung, die iSd § 44a VwGO nicht selbstständig anfechtbar wäre, ist nicht zwingend. Die konzeptionelle Ausgestaltung des Szenariorahmens ist auf die eher stiefmütterliche Behandlung des Netzentwicklungsplans Gas durch den Gesetzgeber zurückzuführen und nicht als eine konzeptionell abweichende Grundsatzentscheidung im Vergleich zum Strombereich zu identifizieren. Dafür gibt es keine Anhaltspunkte. 22

Die Bestätigung ist damit eine **Entscheidung** iSd § 73 Abs. 1 S. 1, gegen die die **Beschwerde** iSd § 75 Abs. 1 statthaft ist, die gem. § 76 Abs. 1 **keine aufschiebende Wirkung** hat. Auf Antrag kann jedoch die Aussetzung der Vollziehung gem. § 77 Abs. 3 beantragt werden. 23

Rechtsschutz für Dritte setzt voraus, dass diese sich zum regulierungsbehördlichen Verfahren nach allgemeinen Regeln (vgl. § 66 Abs. 2 Nr. 3) haben beiladen lassen oder hätten beigeladen werden müssen (s. zu den möglichen Fallgruppen Britz/Hellermann/Hermes/Bourwieg, 3. Aufl., § 15a Rn. 33 f.; Theobald/Kühling/Theobald § 15a Rn. 28). 24

3. Zweite Stufe: Netzentwicklungsplan

25 Absatz 2 enthält inhaltliche und verfahrensrechtliche Regelungen zur Ausgestaltung der Pflicht der Fernleitungsnetzbetreiber, in jedem geraden Kalenderjahr einen **Netzentwicklungsplan aufzustellen**. Ausgangspunkt für die Erstellung des Netzentwicklungsplanung auf der zweiten Stufe ist der Szenariorahmen, der auf der ersten Stufe entwickelt wurde. Folgende inhaltliche (vgl. **a) Modellierung** → Rn. 26 – **d) Stand der Umsetzung** → Rn. 35) und verfahrensrechtliche Anforderungen (vgl. **e) Beteiligung der Öffentlichkeit** → Rn. 36 ff. und **f) Vorlage bei der Regierungsbehörde** → Rn. 39 f.) gelten:

26 **a) Modellierung.** Betreiber von Fernleitungsnetzen nutzen bei der Erarbeitung des Netzentwicklungsplans nach Absatz 2 Satz 3 eine **geeignete und allgemein nachvollziehbare Modellierung der deutschen Fernleitungsnetze** (dazu Theobald/Kühling/Theobald § 15a Rn. 18 ff.). Im Netzentwicklungsplan Gas 2020–2030 beschreiben die Fernleitungsnetzbetreiber ihre Vorgehensweise bei den Netzmodellierung wie folgt (FNB, Netzentwicklungsplan Gas 2020–2030, 38):
- Ausgangspunkt ist die Ermittlung der relevanten Eingangsgrößen für die Netzmodellierung.
- Danach erfolgten im Rahmen der Analyse der L-Gas-Versorgung die Ermittlung der Umstellungsbereiche sowie die Erstellung der L-Gas-Leistungs- und -Mengenbilanz.
- Im nächsten Schritt wurde die H-Gas-Leistungsbilanz erstellt und als Ergebnis der zusätzliche H-Gas-Leistungsbedarf ermittelt.
- Anschließend wurde auf Basis der Ergebnisse der H-Gas-Quellenverteilung der benötigte H-Gas-Zusatzbedarf auf die Regionen und anhand von Kriterien auf die Grenzübergangspunkte mit dem entsprechenden Potenzial aufgeteilt.
- Auf Basis dieser Werte erfolgte anschließend die Netzmodellierung der Fernleitungsnetzbetreiber.
- Nach mehreren Interaktionsschritten wurden abschließende Ergebnisse erzielt, die dann zur Feststellung des Netzausbaubedarfs in den einzelnen Modellierungsvarianten führten.

27 Die BNetzA äußert sich in ihrem Änderungsverlangen zum Netzentwicklungsplan 2020–2030 nicht explizit zu der Frage, ob die Vorgehensweise der Fernleitungsnetzbetreiber geeignet und allgemein nachvollziehbar iSv § 15 Abs. 2 S. 3 ist. In ihrem Änderungsverlangen erwähnt sie diesen **Prüfungsmaßstab** im Zusammenhang mit drei Maßnahmen, die allerdings weder Ergebnis einer der im Rahmen des Netzentwicklungsplans durchgeführten Modellierungsberechnung noch Bestandteil des eingebrachten Netzausbauvorschlags im gemeinsamen Entwurf der Fernleitungsnetzbetreiber zum Netzentwicklungsplan Gas 2020–2030 waren. Insofern musste die BNetzA die Maßstäbe nicht explizit anwenden (BNetzA, Änderungsverlangen zum Netzentwicklungsplan 2020–2030, 58 f.).

28 Folgende **Eingangsgrößen** haben im Netzentwicklungsplan 2020 bspw. für Verteilernetzbetreiber und Industriekunden Berücksichtigung gefunden (FNB, Netzentwicklungsplan Gas 2020–2030, 39, 46; vgl. Theobald/Kühling/Däuper § 15a Rn. 18 ff.):
- Für die Modellierung des Kapazitätsbedarfs der Verteilernetzbetreiber wird der folgende Modellierungsansatz verwendet:
  o Startwert: Angefragte interne Bestellung der Verteilernetzbetreiber für das Jahr 2020.
  o Zeitraum 2021–2025: Plausibilisierte Langfristprognose der Verteilernetzbetreiber gem. § 16 Abs. 1 der Kooperationsvereinbarung zwischen den Betreibern von in Deutschland gelegenen Gasversorgungsnetzen.
  o Zeitraum 2026–2030: Konstante Fortschreibung der Werte der plausibilisierten Langfristprognose der Verteilernetzbetreiber ab dem Jahr 2026.
  o Abweichend dazu berücksichtigt die Auslegungsvariante für Baden-Württemberg auch im Zeitraum 2026–2030 die plausibilisierte Langfristprognose der Verteilernetzbetreiber in Baden-Württemberg sowie einen Ausgleich für wegfallende Speicherleistung.
- Die Fernleitungsnetzbetreiber unterscheiden auch hinsichtlich der Industriekunden zwischen den direkt an das Fernleitungsnetz angeschlossenen und den an das Verteilernetz angeschlossenen Kunden.

29 Für die direkt an das Fernleitungsnetz angeschlossenen Industriekunden wurden in der Regel die vorliegenden Vertragswerte für die Zukunft konstant fortgeschrieben. Darüber hinaus wurden zum Teil bereits bekannte Veränderungen sowie im Rahmen von Einzelfallprüfungen

angefragte Kapazitätserhöhungen berücksichtigt. An nachgelagerte Netze angeschlossene Industriekunden sind in den internen Bestellungen und Prognosen durch die Verteilernetzbetreiber zu berücksichtigen.

b) Auflistung der geplanten Netzausbaumaßnahmen. Absatz 1 Satz 2 stellt eine Verknüpfung zur Grundpflicht des § 11 Abs. 1 S. 1 her; denn der **Netzentwicklungsplan muss alle wirksamen Maßnahmen** zur bedarfsgerechten Optimierung, Verstärkung und zum bedarfsgerechten Ausbau des Netzes und zur Gewährleistung der Versorgungssicherheit **enthalten**, die in den nächsten zehn Jahren netztechnisch für einen sicheren und zuverlässigen Netzbetrieb erforderlich sind. Gemäß Art. 22 Abs. 2 Gas-Binnenmarkt-Richtlinie 2009/73/EG ist **Zweck des Netzentwicklungsplanes** insbesondere, 30

- den Marktteilnehmern Angaben darüber zu liefern, welche wichtigen Übertragungsinfrastrukturen in den nächsten zehn Jahren errichtet oder ausgebaut werden müssen,
- alle bereits beschlossenen Investitionen aufzulisten und die neuen Investitionen zu bestimmen, die in den nächsten zehn Jahren durchgeführt werden müssen, und
- einen Zeitplan für alle Investitionsprojekte vorzugeben.

Der Netzentwicklungsplan enthält daher eine **Aufstellung und Beschreibung aller relevanten Maßnahmen** sowie eine **Kurzbegründung ihrer Aufnahme** in den Netzentwicklungsplan. Dieser muss den Netzentwicklungsbedarf verbindlich vorgeben. Daher sind die Maßnahmen eindeutig und bedingungslos aufzulisten (Kment EnWG/Posser § 15a Rn. 32). 31

Schließlich ist nach Absatz 1 Satz 3 in den Netzentwicklungsplan aufzunehmen, welche Netzausbaumaßnahmen **in den nächsten drei Jahren** durchgeführt werden müssen, und ein Zeitplan für die Durchführung aller Netzausbaumaßnahmen. Diese Vorgabe ist sinnvoll, da der zehnjährige Netzentwicklungsplan nicht nur eine „Mittelfristplanung" erkennen lässt, sondern auch eine Aussage zur „Kurzfristplanung" enthält. Nach Absatz 1 Satz 5 berücksichtigt der Netzentwicklungsplan den **gemeinschaftsweiten Netzentwicklungsplan** nach Art. 8 Abs. 3b VO (EG) Nr. 715/2009. 32

c) Erklärung zur Öffentlichkeitsbeteiligung. Dem Netzentwicklungsplan ist nach Absatz 2 Satz 4 eine **zusammenfassende Erklärung beizufügen** über die Art und Weise, wie die Ergebnisse der Öffentlichkeitsbeteiligung in dem Netzentwicklungsplan berücksichtigt wurden und aus welchen Gründen der Netzentwicklungsplan nach Abwägung mit den geprüften, in Betracht kommenden anderweitigen Planungsmöglichkeiten gewählt wurde. 33

Diese Begründungspflicht dient zunächst dazu, dass die FNB sich auch tatsächlich mit möglichen Einwendungen aus dem Konsultationsverfahren auseinandersetzen und steigert damit den **Wert der Öffentlichkeitsbeteiligung** und deren zwei Ziele, zum einen die **Angemessenheit der Netzentwicklungsplanung** und zum anderen die **Akzeptanz in der Öffentlichkeit** sicherzustellen. Die Begründungspflicht macht deutlich, dass die FNB an Ergebnisse aus der Öffentlichkeitsbeteiligung nicht gebunden sind. Sie sind lediglich gehalten, den internen Abwägungsprozess für die gefundene Netzentwicklungsplanung darzulegen. Dabei haben sie sicherzustellen, dass eine solche Abwägung überhaupt stattfindet und dass in sie die richtigen Erwägungen und diese in der richtigen Gewichtung eingestellt werden. Die FNB haben insoweit allerdings eine **Einschätzungsprärogative**, da sie die Gesamtplanung und den Gesamtbedarf in den Blick nehmen müssen. Ihnen ist somit ein weites Ermessen hinsichtlich der Notwendigkeit konkreter Planungsinhalte einzuräumen. 34

d) Stand der Umsetzung. Sätze 5 und 6 sehen vor, dass der aktuelle Netzentwicklungsplan **den Stand der Umsetzung des vorhergehenden Netzentwicklungsplans** enthalten muss und die Gründe einer etwaigen Verzögerung vorgesehener Maßnahmen anzugeben sind. Diese Informationspflichten erfüllen einen **zweifachen Zweck** (BT-Drs. 17/6072, 74): Zum einen dienen sie einer kontinuierlichen Überwachung des Umsetzungsstands der Investitionen. Zum anderen ermöglichen sie der BNetzA, erforderlichenfalls Maßnahmen zur Durchsetzung des Netzentwicklungsplans zu ergreifen. Dabei ist sie aufgrund der Informationen auch in der Lage, die Verzögerungsgründe insbesondere daraufhin zu prüfen, ob sie vom FNB zu vertreten sind. Denn nur in solchen Fällen kann die BNetzA entweder den Netzbetreiber zur Durchführung der Investition auffordern oder ein Ausschreibungsverfahren einleiten, an dessen Ende dann Dritte die Investition durchführen. 35

e) Beteiligung der Öffentlichkeit. Das Verfahren ist zweistufig ausgestaltet. Zunächst haben die Fernleitungsnetzbetreiber in einem ersten Schritt der Öffentlichkeit und den nachgelagerten Netzbetreibern **Gelegenheit zur Äußerung** zu geben. Satz 1 zielt auf eine 36 möglichst breite Beteiligung der Öffentlichkeit ab, da alle einschlägigen Interessenträger konsultiert werden sollen (BT-Drs. 17/6072, 74). Diese Interessenträger umfassen neben den ausdrücklich genannten nachgelagerten Netzbetreibern grundsätzlich alle betroffenen Interessengruppen, wie zB vom Leitungsbau betroffene Bürger oder Initiativen für den Umweltschutz. Die Konsultation hat eine **zweifache Funktion**. Zum einen soll sichergestellt werden, dass der von den FNB angemeldete Bedarf auch tatsächlich angemessen ist und gegenläufige Interessen anderer Betroffener einbezogen werden. Daneben tritt zum anderen aber auch, die Akzeptanz der entsprechenden Vorhaben in der Bevölkerung zu erhöhen, indem der Planungs- und Konsultationsprozess transparent gestaltet wird (BT-Drs. 17/6072, 74).

37   Nach Satz 2 erfolgt die Beteiligung und Konsultation der Öffentlichkeit dadurch, dass die FNB die erforderlichen Informationen **auf ihrer Internetseite zur Verfügung stellen** (abrufbar unter www.fnb-gas.de). Der Begriff der Erforderlichkeit bezieht sich auf die Informationen, die die Öffentlichkeit und die nachgelagerten Netzbetreibern in die Lage versetzen, sachgerecht zum Entwurf des Netzentwicklungsplans Stellung nehmen zu können; denn „hierzu" (das sich auf „Gelegenheit zur Äußerung" bezieht) sind die Informationen zur Verfügung zu stellen.

38   Eine weitere Ausgestaltung der Öffentlichkeitsbeteiligung erfolgt weder in § 15a noch in einer Festlegung der BNetzA gem. §§ 15 Abs. 5, 29. Da insoweit ausdrückliche Regelungen fehlen, kann auch nicht ohne weiteres auf die Parallelregelungen im Strombereich, namentlich in § 12c verwiesen werden oder diese entsprechend zur Anwendung gebracht werden. Insofern hat die BNetzA auch für ausreichend angesehen, wenn kürzere Fristen zur Anwendung gelangen (im Einzelnen hierzu Kment EnWG/Posser § 15a Rn. 29).

39   **f) Vorlage bei der Regulierungsbehörde.** Nach der Beteiligung der Öffentlichkeit ist der Entwurf des Netzentwicklungsplans in einem zweiten Schritt **bei der Regulierungsbehörde unverzüglich vorzulegen**. Das Merkmal „unverzüglich" bezieht sich ausschließlich auf die Pflicht zur Vorlage des Netzentwicklungsplan und nicht auf dessen Erstellung iSd Absatz 1 Satz 1 Hs. 1. Aufgrund der Komplexität des Planungsverfahrens, das dem Netzentwicklungsplan Gas zugrunde liegt, würde es in der Praxis auch schwerfallen, den Fernleitungsnetzbetreibern ein schuldhaftes Zögern bei der Erstellung des Netzentwicklungsplans vorzuwerfen.

40   Aus der Terminierung für die erste Vorlage zum 1.4.2016 lässt sich nicht ableiten, dass die nachfolgenden Netzentwicklungspläne jeweils zum 1.4. der geraden Kalenderjahre vorzulegen sind. Dies wird daraus deutlich, dass grundsätzlich die Pflicht zur „unverzüglichen" Vorlage gilt, die neben einer terminlich fixierten Vorlage keinen Sinn machen würde. Ansonsten hätte es heißen müssen „unverzüglich vorzulegen, spätestens zum 1. April eines jeden geraden Kalenderjahres".

III. Durchsetzung der Pflichten der Normadressaten

41   Die in § 15 genannten Pflichten können über § 65 von der BNetzA im Rahmen eines **Aufsichtsverfahrens** durchgesetzt werden. Die Pflicht des § 15 treffen dabei jeden Fernleitungsnetzbetreiber bzw. Verteilernetzbetreiber individuell. Dies gilt ungeachtet des Umstands, dass die Netzentwicklungsplanung insgesamt eine Gemeinschaftsaufgabe darstellt, zu der jedoch jeder adressierte Netzbetreiber seinen individuellen Beitrag leistet. Insofern richten sich Aufsichtsmaßnahmen gegen den jeweiligen Normadressaten, die bei Nichtbefolgung vollstreckt (§ 94) oder als Ordnungswidrigkeit iSd § 95 Abs. 1 Nr. 3 lit. a Var. 4 geahndet werden können.

D. Prüfung des Netzentwicklungsplans (Abs. 3)

I. Konsultation zum Netzentwicklungsplan

42   Die Regulierungsbehörde **hört** gem. Absatz 3 Satz 1 zum Entwurf des Netzentwicklungsplans alle tatsächlichen und potenziellen Netznutzer **an** und veröffentlicht das Ergebnis. **Netznutzer** sind zunächst gem. § 3 Nr. 28 natürliche und juristische Personen, die Energie in ein Gasversorgungsnetz einspeisen oder daraus beziehen. Eine Beschränkung der Konsulta-

tionsteilnehmer auf die Ebene der unmittelbaren Nutzer des Fernleitungsnetzes findet nicht statt. Auch potentielle Netznutzer können anzuhören sein.

Nach Satz 2 müssen Personen und Unternehmen, die den **Status eines potentiellen** 43 **Netznutzers** beanspruchen, diesen Anspruch darlegen. Absatz 3 Satz 2 stellt sicher, dass einerseits auch solche Personen und Unternehmen angehört werden, die aktuell noch keine Netznutzer sind. Andererseits muss im Interesse eines zielgerichteten Verfahrens sichergestellt sein, dass Dritte sich nicht unter dem Vorwand einer potentiellen Netznutzereigenschaft beteiligen lassen können. Insofern muss sich die potentielle Netznutzereigenschaft schon so weit konkretisiert und materialisiert haben, dass bereits eine aktuelle Betroffenheit angenommen werden kann. Dies hat der potentielle Netznutzer zu begründen. Insoweit trifft ihn eine Mitwirkungsobliegenheit iSd § 26 Abs. 2 VwVfG. Bloße Überlegungen und Absichten, ein Gasversorgungsnetz nutzen zu wollen, genügen danach nicht. Ihnen muss die BNetzA im Rahmen ihrer Amtsermittlungspflicht nicht nachgehen. Gleiches gilt, falls der potentielle Netznutzer seiner Begründungspflicht nicht nachkommt.

Der Gesetzgeber hat in Satz 1 den Kreis der von der BNetzA anzuhörenden Personen 44 gegenüber der Pflicht der Fernleitungsnetzbetreiber zur Beteiligung der Öffentlichkeit eingeengt (vgl. auch Britz/Hellermann/Hermes/Bourwieg, 3. Aufl., § 15a Rn. 52 f.). Während die Fernleitungsnetzbetreiber noch die breite Öffentlichkeit zu konsultieren hatten, findet auf dieser zweiten Ebene der behördlichen Konsultation **nur eine Beteiligung der Netznutzer** statt. Während es auf der ersten Ebene noch um die grundsätzlichen Annahmen und Planungen ging, geht es hier um die konkrete Bedarfsgerechtigkeit des geplanten Netzausbaus iSd § 11 Abs. 1 S. 1 (vgl. BT-Drs. 17/6072, 74).

II. Prüfungskompetenz der BNetzA

Eine weitere konzeptionelle Besonderheit des § 15a ist, dass der Gesetzgeber wie selbstverständlich 45 von einer **Prüfkompetenz der BNetzA** ausgeht, sie allerdings **nicht ausdrücklich normiert,** sondern bloß implizit voraussetzt und, darauf aufsetzend, die verfahrensrechtliche Kompetenz regelt, bestimmte Daten zu verarbeiten.

1. Inhalt der Prüfungskompetenz

Nach Absatz 3 Satz 3 ist die Regulierungsbehörde befugt, von den Fernleitungsnetzbetreibern 46 **sämtliche Daten zu verarbeiten,** die zur Prüfung **erforderlich** sind, ob der Netzentwicklungsplan den Anforderungen nach Absatz 1 Sätzen 2 und 5 sowie nach Absatz 2 entspricht (Satz 3 wurde durch Art. 89 des Zweiten Datenschutz-Anpassungs- und Umsetzungsgesetz EU v. 20.11.2019 (BGBl. I 1626) an die datenschutzrechtliche Terminologie angepasst und dahingehend geändert, dass die Wörter „zu erheben, zu verarbeiten und zu nutzen" durch die Wörter „zu verarbeiten" ersetzt wurden). Die BNetzA wird durch Satz 3 in die Lage versetzt, die Netzentwicklungspläne auf ihre Angemessenheit zu überprüfen.

Das **Merkmal der Erforderlichkeit** grenzt die Daten, die verarbeitet werden dürfen, 47 eng auf den Prüfungszweck ein. In Bezug genommen sind Daten hinsichtlich der in den Netzentwicklungsplan aufzunehmenden Maßnahmen (Absatz 1 Satz 2), der Vereinbarkeit mit dem gemeinschaftsweiten Netzentwicklungsplan (Absatz 1 Satz 5) sowie der Öffentlichkeitsbeteiligung, der Modellierung und der Umsetzung des vorhergehenden Netzentwicklungsplans (Absatz 2). Die Regelung zum Szenariorahmen (Absatz 1 Satz 4) ist bspw. von diesem Verweis nicht erfasst. Eine weitere Einschränkung besteht insoweit, als Betriebs- und Geschäftsgeheimnisse betroffen sind.

Die BNetzA kann gem. Absatz 3 Satz 4 auch **ACER konsultieren,** wenn Zweifel bestehen, 48 ob der Netzentwicklungsplan mit dem gemeinschaftsweit geltenden Netzentwicklungsplan in Einklang steht. Eine Kohärenz zwischen nationalem und gemeinschaftsweitem Plan ist erforderlich, um das Ziel eines funktionierenden, integrierten Energiebinnenmarkts in der EU zu erreichen (vgl. BT-Drs. 17/6072, 74).

2. Änderungsverlangen

Absatz 3 Satz 5 ermächtigt die Regulierungsbehörde, innerhalb von drei Monaten nach 49 Veröffentlichung des Konsultationsergebnisses von den Fernleitungsnetzbetreibern **Ände-**

rungen des Netzentwicklungsplans zu verlangen. Auch wenn Satz 5 Hs. 1 dies nicht vorsieht, kann die BNetzA nur solche Änderungen verlangen, die eine Bedarfsgerechtigkeit des geplanten Netzausbaus herstellen. Satz 5 ist also **einschränkend im Lichte des Zwecks der Netzentwicklungsplanung auszulegen.** Änderungen, die die Planungsentscheidungen der Fernleitungsnetzbetreiber durch eine Planungsentscheidung der BNetzA ersetzen sollen, sind nicht zulässig. Genauso wenig sind Änderungen zulässig, die das Planungsermessen der Fernleitungsnetzbetreiber unzulässig einschränken. Das Änderungsverlangen darf also keine Vorgaben hinsichtlich möglicher alternativ in Betrachtung kommenden Maßnahmen machen und insoweit die Entscheidungsfreiheit der Fernleitungsnetzbetreiber einschränken. Anderenfalls würde die BNetzA planerisch tätig (Kment EnWG/Posser § 15a Rn. 44).

50   Das Änderungsverlangen stellt einen **Verwaltungsakt** nach § 35 S. 1 VwVfG dar. Auch wenn die Fernleitungsnetzbetreiber in ihrer Gesamtheit als Adressaten anzusehen sind, sind durch das Änderungsverlangen nur die Fernleitungsnetzbetreiber **beschwert**, auf deren Maßnahmen sich das Änderungsverlangen der BNetzA bezieht. Zum einen können dies die Fernleitungsnetzbetreiber sein, die die jeweilige Maßnahme durchführen, aber zum anderen auch diejenigen Fernleitungsnetzbetreiber, deren Netzbetrieb durch die jeweilige Maßnahme eines anderen Fernleitungsnetzbetreibers betroffen wird.

51   Die FNB sind dann verpflichtet, die Änderungen **innerhalb von drei Monaten umzusetzen.** § 15a regelt nicht, wann der Netzentwicklungsplan nach einem Änderungsverlangen verbindlich wird. Absatz 3 Satz 7 regelt nur, dass ein Netzentwicklungsplan dann **verbindlich** wird, wenn die Regulierungsbehörde **keine Änderung innerhalb der Frist** nach Absatz 3 Sätzen 3, 4 verlangt. Daraus lässt sich ableiten, dass die Verbindlichkeit des Netzentwicklungsplans unter dem Vorbehalt der behördlichen Bestätigung steht.

52   Aus dieser Regelungskonstruktion kann aber **nicht im Wege eines Umkehrschlusses geschlossen** werden, dass die BNetzA eine **eigenständige Kompetenz** hat, auch durch ihr Änderungsverlangen die **Verbindlichkeit herbeizuführen** (so aber BNetzA, Änderungsverlangen zum Netzentwicklungsplan Gas 2020–2030, 19.3.2021, 62). Der Netzentwicklungsplan ist ein planerisches Instrument, das in die Verantwortung der Fernleitungsnetzbetreiber gestellt ist und zwar als Ausdruck der Grundpflicht des § 11 Abs. 1 S. 1, ein Gasversorgungsnetz zu betreiben, zu warten und bedarfsgerecht zu optimieren, zu verstärken und auszubauen. Die BNetzA ist zweifelsohne berechtigt, die Erfüllung dieser Aufgabe zu überwachen und durchzusetzen. Es ist aber nicht ihre Aufgabe, selbst planerisch tätig zu werden und über die Verbindlichkeit des Netzentwicklungsplans (in der Gestalt ihres Änderungsverlangen) selbst entscheiden zu können (so auch Kment EnWG/Posser § 15a Rn. 46). Verbindlich wird der Netzentwicklungsplan erst dann, wenn er entsprechend dem Änderungsverlangen der BNetzA abgeändert, erneut der BNetzA vorgelegt und von dieser nicht beanstandet wurde. Dann ist Raum für eine Anwendung des Absatz 3 Satz 7.

3. Bestimmung der Verantwortlichkeit

53   Nach Satz 6 kann die Regulierungsbehörde bestimmen, welcher FNB für die Durchführung einer Maßnahme aus dem Netzentwicklungsplan **verantwortlich** ist. Bei dieser Bestimmung handelt es sich um einen eigenständigen anfechtbaren Verwaltungsakt, der als Entscheidung iSd § 73 Abs. 1 S. 1 mit der Beschwerde iSd § 75 Abs. 1 isoliert angefochten werden kann.

4. Verbindlichkeit durch Zeitablauf

54   Verlangt die Regulierungsbehörde keine Änderungen innerhalb der Frist nach Sätzen 3 und 4, ist der Netzentwicklungsplan gem. Absatz 3 Satz 7 für die Betreiber von Fernleitungsnetzen verbindlich. Die **Verbindlichkeit durch Zeitablauf** tritt demnach **kraft Gesetzes** ein. Die Nichtbeanstandung ist nicht als Verwaltungsakt anzusehen. Insoweit bedarf es hinsichtlich des Definitionsmerkmals „Maßnahme" einer Willenserklärung der Verwaltung, was im Falle eines bloßen Schweigens grundsätzlich nicht gegeben ist (BeckOK VwVfG/von Alemann/Scheffczyk VwVfG § 35 Rn. 119). Auch fehlt es hier an der gesetzlichen Fiktion eines Verwaltungsaktes, weil hier die für eine Genehmigungsfiktion iSd § 42a VwVfG typische Konstellation nicht gegeben ist. Im Rahmen des § 15a wird – anders als bei einer Genehmigung – nicht von einem präventiven oder repressiven Verbot freigestellt, woraus für

den Adressaten neue Rechte erwachsen. Die Fernleitungsnetzbetreiber stellen vielmehr gerade keinen Antrag auf Genehmigung des Netzentwicklungsplans, sondern stellen den Netzentwicklungsplan aufgrund einer gesetzlichen Verpflichtung in eigener Zuständigkeit auf. Die Aufgabe der BNetzA beschränkt sich im Innenverhältnis auf eine Kontrolle (vgl. im Ergebnis Kment EnWG/Posser § 15a Rn. 50; aA OLG Düsseldorf BeckRS 2021, 14760 Rn. 39; Britz/Hellermann/Hermes/Bourwieg, 3. Aufl., § 15a Rn. 58). Dieses Verständnis wird auch durch Art. 4 Nr. 6 Dienstleistungs-RL bestätigt, auf die § 42a VwVfG zurückgeht; denn danach ist eine Genehmigung eine Regelung, die „einen Dienstleistungserbringer oder -empfänger verpflichtet, bei einer zuständigen Behörde eine förmliche oder stillschweigende Entscheidung über die Aufnahme oder Ausübung einer Dienstleistungstätigkeit zu erwirken". Eine solche Konstellation ist bei Absatz 3 Satz 7 nicht gegeben.

Bei dem Verweis auf die Frist nach Sätzen 3 und 4 handelt es sich um ein Redaktionsversehen. Für den Fristbeginn ist auf die Veröffentlichung der Ergebnisse der Konsultation nach § 15a Abs. 3 S. 1 abzustellen (Kment EnWG/Posser § 15a Rn. 48). **55**

Eine weitere Folge der Verbindlichkeit kraft Gesetzes und des Fehlens eines Verwaltungsaktes der BNetzA ist die **fehlende Anfechtbarkeit des Verbindlichwerdens** durch Zeitablauf (so wohl auch Theobald/Kühling/Theobald § 15a Rn. 40). Denkbar wäre eine Verpflichtungsbeschwerde eines Fernleitungsnetzbetreibers zur Verpflichtung der BNetzA, ein entsprechendes Änderungsverlangen zu erlassen. Insofern sind die Fernleitungsnetzbetreiber (und nur die, deren Interessen der nicht zu ändernde Netzentwicklungsplan widerspricht) auch nicht schutzlos gestellt (so wohl OLG Düsseldorf BeckRS 2021, 14760 Rn. 39). Spiegelbildlich zu der persönlichen Beschwer des jeweiligen Fernleitungsnetzbetreibers (vgl. → Rn. 50) könnte ein Fernleitungsnetzbetreiber auch die Änderung des Netzentwicklungsplan hinsichtlich einer von ihm nicht mitgetragenen Maßnahme verlangen (Kment EnWG/Posser § 15a Rn. 51). Insoweit müsste er eine Verletzung seiner Rechte durch diese Maßnahme begründen können. **56**

In Abgrenzung zur Verbindlichkeit für die Netzbetreiber (vgl. Britz/Hellermann/Hermes/Bourwieg, 3. Aufl., § 15a Rn. 59) hat der Netzentwicklungsplan keine für die Planfeststellungsbehörde gesetzlich bindende Wirkung (OVG Lüneburg BeckRS 2022, 21418 Rn. 48; Kment EnWG/Posser § 15a Rn. 4); gleichwohl ist die Planfeststellungsbehörde gehalten, ihn im Rahmen der von ihr anzustellenden Prognose zu berücksichtigen (vgl. OVG Lüneburg BeckRS 2022, 21418 Rn. 48; OVG Berlin-Brandenburg 12.3.2020 – OVG 11 A 7.18; 23.7.2019 – OVG 11 S 80.18). **56a**

E. Einbeziehung der Gasverteilernetzbetreiber (Abs. 4)

Absatz 4 bezieht die **Gasverteilernetzbetreiber** in den Prozess der Aufstellung des Netzentwicklungsplans mit ein; denn sie werden hier verpflichtet, mit den FNB in dem Umfang **zusammenzuarbeiten,** der **erforderlich** ist, um eine sachgerechte Erstellung der Netzentwicklungspläne zu gewährleisten (BT-Drs. 17/6072, 74 f.); sie sind insbesondere verpflichtet, den FNB für die Erstellung des Netzentwicklungsplans erforderliche Informationen unverzüglich zur Verfügung zu stellen. **57**

Das **Merkmal der Erforderlichkeit** schränkt die Verpflichtung der Gasverteilernetzbetreiber zur Zusammenarbeit auf das Maß ein, das für die Ermittlung des Ausbaubedarfs, der auch durch die Gasverteilernetze mit beeinflusst wird, notwendig ist. **58**

F. Festlegungskompetenz der BNetzA (Abs. 5)

Absatz 5 enthält eine **Festlegungskompetenz** der BNetzA zu Inhalt und Verfahren des Netzentwicklungsplans sowie zur Ausgestaltung der von den Fernleitungsnetzbetreibern durchzuführenden Konsultationsverfahren. **59**

Mit dieser Festlegungsbefugnis soll gewährleistet werden, dass die Verfahrensabläufe zügig an die gemachten Erfahrungen angepasst werden können bzw. gänzlich neue Entwicklungen berücksichtigen können. Zudem wird durch die Festlegungsbefugnis gewährleistet, dass durch Standardisierung der Verfahrensabläufe bei der Erstellung des Netzentwicklungsplans und der Form des Netzentwicklungsplans das Verfahren effizient und effektiv ausgestaltet werden kann (BT-Drs. 17/6072, 75). **60**

Gegen die Festlegung ist die Beschwerde gem. § 75 Abs. 1 zulässig. **61**

G. Eingeschränkte Öffentlichkeitsbeteiligung (Abs. 6)

62 Absatz 6 dient der **Verfahrensvereinfachung** und der **Steigerung der Effizienz**; denn nach der erstmaligen Durchführung des Verfahrens zur Aufstellung eines Szenariorahmens und NEPs kann sich die Öffentlichkeitsbeteiligung auf Änderungen gegenüber dem zuletzt bestätigten Szenariorahmen oder dem zuletzt veröffentlichten Netzentwicklungsplan beschränken. So ist einerseits eine angemessene Beteiligung der Öffentlichkeit gewährleistet, andererseits werden aber auch die an der Erstellung des NEPs beteiligten Marktteilnehmer und die BNetzA entlastet (BT-Drs. 17/6072, 75).

63 S. 2, nach dem ein vollständiges Verfahren **mindestens alle vier Jahre** durchgeführt werden muss, stellt sicher, dass betroffene Dritte, die sich nicht kontinuierlich über den Ausgangs-NEP und die jeweiligen Änderungen informiert haben, noch in der Lage sind, eine für sie belastbare Aussage aus den veröffentlichten Änderungen ableiten zu können. Dies ist nur möglich, wenn in regelmäßigen Abständen ein **Gesamtüberblick über den Status Quo** veröffentlicht wird.

§ 15b Umsetzungsbericht der Fernleitungsnetzbetreiber

¹Betreiber von Fernleitungsnetzen legen der Regulierungsbehörde in jedem ungeraden Kalenderjahr, erstmals zum 1. April 2017, einen gemeinsamen Umsetzungsbericht vor, den diese prüft. ²Dieser Bericht muss Angaben zum Stand der Umsetzung des zuletzt veröffentlichten Netzentwicklungsplans und im Falle von Verzögerungen der Umsetzung die dafür maßgeblichen Gründe enthalten. ³Die Regulierungsbehörde veröffentlicht den Umsetzungsbericht und gibt allen tatsächlichen und potenziellen Netznutzern Gelegenheit zur Äußerung.

Überblick

§ 15b enthält Vorgaben zum Umsetzungsbericht, den die Fernleitungsnetzbetreiber der BNetzA zur Prüfung vorzulegen haben (Satz 1) (→ Rn. 4). Die inhaltlichen Anforderungen gibt Satz 2 vor (→ Rn. 7). Der Umsetzungsbericht wird nach Maßgabe des Satzes 3 veröffentlicht und konsultiert (→ Rn. 9).

A. Normzweck und Bedeutung

1 Mit dem Umsetzungsbericht soll im Wesentlichen die **Umsetzungsberichterstattung** aus den Netzentwicklungsplänen (§ 15a Abs. 2 S. 5, 6) fortgeschrieben werden (BT-Drs. 18/6383, 19). Zusammen mit dem Netzentwicklungsplan gibt der Umsetzungsbericht die Möglichkeit, jährlich den Umsetzungsstand der notwendigen Projekte im Gasbereich zu verfolgen und zu prüfen, welches die Ursachen für eine Verzögerung in der Umsetzung sind. Der Gesetzgeber begründet die Einfügung des § 15b damit, dass der Umsetzungsbericht der Umsetzung der europarechtlichen Anforderungen an die jährliche Feststellung des Marktverschlusses durch vertikal integrierte Transportnetzbetreiber gem. Art. 22 Gas-Binnenmarkt-Richtlinie 2009/73/EG dient (BT-Drs. 18/6383, 19).

2 Eine entsprechende Verpflichtung für die Erstellung eines Umsetzungsberichts lässt sich der **gemeinschaftsrechtlichen Vorgabe** jedoch nicht entnehmen, zumal es sich dabei um eine Regelung im Kapitel IV betreffend die unabhängigen Fernleitungsnetzbetreiber handelt, also – anders als § 15b – nicht die Fernleitungsnetzbetreiber insgesamt (in Deutschland vor allem die eigentumsrechtlich entflochtenen) adressiert (dazu Kment EnWG/Posser § 15b Rn. 3 unter Verweis auf Fest/Nebel NVwZ 2016, 177 (179)).

B. Entstehungsgeschichte

3 § 15b wurde durch Art. 2 Nr. 9 des Ersten Gesetzes zur Änderung des Energieverbrauchskennzeichnungsgesetzes und zur Änderung weiterer Bestimmungen des Energiewirtschaftsrechts v. 10.12.2015 (BGBl. I 2194) **mit Wirkung zum 1.1.2016** eingefügt.

C. Vorlage des Umsetzungsberichts (S. 1)

Betreiber von Fernleitungsnetzen sind nach Satz 1 verpflichtet, der Regulierungsbehörde in jedem ungeraden Kalenderjahr, erstmals zum 1.4.2017, einen **gemeinsamen Umsetzungsbericht vorzulegen**. Somit stellt Satz 1 eine weitere Ausprägung des Kooperationsgedankens dar und unterstreicht, dass das Gesamtsystem des Gasversorgungsnetzes eine gemeinschaftliche Aufgabe aller Netzbetreiber ist.

Ein fixes **Abgabedatum** sieht Satz 1 nur für die erstmalige Vorlage des Umsetzungsberichts vor, in Abgrenzung zur Regelung hinsichtlich des Umsetzungsberichts der Übertragungsnetzbetreiber im Strombereich (vgl. § 12d Abs. 1 S. 1 „bis zum 30. September eines jeden geraden Kalenderjahres") nicht jedoch für die Folgejahre. Insoweit gilt nur die Vorgabe, dass der Umsetzungsbericht in den ungeraden Kalenderjahren vorzulegen ist.

Die Regulierungsbehörde ist verpflichtet, den **Umsetzungsbericht zu prüfen**. Rechtsfolgen, die an ein bestimmtes Prüfergebnis anknüpfen könnten, regelt § 15b S. 1 nicht. Damit hat der Umsetzungsbericht vor allem eine Informationsfunktion und kann der Regulierungsbehörde als Grundlage für weitergehende Maßnahmen dienen. Zu denken ist insbesondere an Aufsichtsmaßnahmen nach § 65 Abs. 2a S. 1. Danach kann die Regulierungsbehörde einen Fernleitungsnetzbetreiber mit Fristsetzung zur Durchführung der im Netzentwicklungsplan Gas enthaltenen Maßnahmen und Investitionen auffordern. Zugleich ist denkbar, dass der Umsetzungsbericht Fehlentwicklungen in der Netzentwicklungsplanung aufdeckt, die bei einer zukünftigen Erstellung eines Netzentwicklungsplans berücksichtigt werden (BT-Drs. 18/6383, 19).

D. Inhalte des Umsetzungsberichts (S. 2)

Nach Satz 2 muss der Umsetzungsbericht Angaben zum **Stand der Umsetzung** des zuletzt veröffentlichten Netzentwicklungsplans und im Falle von Verzögerungen der Umsetzung die dafür maßgeblichen Gründe enthalten.

Nach dem Willen des Gesetzgebers sollen in dem Umsetzungsbericht vor allem solche Vorhaben aufgeführt werden, die für die **nächsten drei Jahre** ausgewiesen sind. Damit findet hier ebenso wie beim Netzentwicklungsplan Gas nach § 15a Abs. 1 S. 1 ein dreijähriger Betrachtungszeitraum Anwendung (Kment EnWG/Posser § 15b Rn. 5). Er stellt ausdrücklich klar, dass für den Umsetzungsbericht keine neuen Bedarfsberechnungen durchzuführen sind. Er beschränkt sich also auf eine rein beschreibende Darstellung des Status quo (BT-Drs. 18/6383, 19).

E. Veröffentlichung des Umsetzungsberichts (S. 3)

Nach Satz 3 veröffentlicht die Regulierungsbehörde den Umsetzungsbericht und gibt allen tatsächlichen und potenziellen Netznutzern **Gelegenheit zur Äußerung**.

Weitere Rechtsfolgen sind an die Vorlage, Prüfung und Veröffentlichung des Umsetzungsberichts nicht geknüpft. Ihm kommt nach der Gesetzesbegründung vorrangig eine **Informationsfunktion** zu – zum einen für die Marktteilnehmer und deren mittel- und langfristige Planung, um bei relevanten Investitionen Kenntnis von den Planungen zu erhalten, ggf. Hinweise geben und vorbereitende Handlungen treffen zu können (BT-Drs. 18/6383, 16 (19)), zum anderen für die Regulierungsbehörde hinsichtlich ihrer Aufsichtstätigkeit bezüglich der Netzentwicklungsplanung und des Investitionsverhaltens der Fernleitungsnetzbetreiber (BT-Drs. 18/6383, 16 (19); dazu auch Kment EnWG/Posser § 15b Rn. 8).

§ 16 Systemverantwortung der Betreiber von Fernleitungsnetzen

(1) Sofern die Sicherheit oder Zuverlässigkeit des Gasversorgungssystems in dem jeweiligen Netz gefährdet oder gestört ist, sind Betreiber von Fernleitungsnetzen berechtigt und verpflichtet, die Gefährdung oder Störung durch
1. **netzbezogene Maßnahmen und**
2. **marktbezogene Maßnahmen, wie insbesondere den Einsatz von Ausgleichsleistungen, vertragliche Regelungen über eine Abschaltung und den Einsatz von Speichern,**
zu beseitigen.

EnWG § 16   Teil 3. Regulierung des Netzbetriebs

(2) ¹Lässt sich eine Gefährdung oder Störung durch Maßnahmen nach Absatz 1 nicht oder nicht rechtzeitig beseitigen, so sind Betreiber von Fernleitungsnetzen im Rahmen der Zusammenarbeit nach § 15 Abs. 1 berechtigt und verpflichtet, sämtliche Gaseinspeisungen, Gastransporte und Gasausspeisungen in ihren Netzen den Erfordernissen eines sicheren und zuverlässigen Betriebs der Netze anzupassen oder diese Anpassung zu verlangen. ²Soweit die Vorbereitung und Durchführung von Anpassungsmaßnahmen nach Satz 1 die Mitwirkung der Betroffenen erfordert, sind diese verpflichtet, die notwendigen Handlungen vorzunehmen. ³Bei einer erforderlichen Anpassung von Gaseinspeisungen und Gasausspeisungen sind die betroffenen Betreiber von anderen Fernleitungs- und Gasverteilernetzen und Gashändler soweit möglich vorab zu informieren.

(2a) ¹Bei Maßnahmen nach den Absätzen 1 und 2 sind Auswirkungen auf die Sicherheit und Zuverlässigkeit des Elektrizitätsversorgungssystems auf Grundlage der von den Betreibern von Übertragungsnetzen nach § 15 Absatz 2 bereitzustellenden Informationen angemessen zu berücksichtigen. ²Der Gasbezug einer Anlage, die als systemrelevantes Gaskraftwerk nach § 13f ausgewiesen ist, darf durch eine Maßnahme nach Absatz 1 nicht eingeschränkt werden, soweit der Betreiber des betroffenen Übertragungsnetzes die weitere Gasversorgung der Anlage gegenüber dem Betreiber des Fernleitungsnetzes anweist. ³Der Gasbezug einer solchen Anlage darf durch eine Maßnahme nach Absatz 2 nur nachrangig eingeschränkt werden, soweit der Betreiber des betroffenen Übertragungsnetzes die weitere Gasversorgung der Anlage gegenüber dem Betreiber des Fernleitungsnetzes anweist. ⁴Eine Anweisung der nachrangigen Einschränkbarkeit systemrelevanter Gaskraftwerke nach Satz 3 ist nur zulässig, wenn der Betreiber des betroffenen Übertragungsnetzes zuvor alle verfügbaren netz- und marktbezogenen Maßnahmen nach § 13 Absatz 1 ausgeschöpft hat und eine Abwägung der Folgen weiterer Anpassungen von Stromeinspeisungen und Stromabnahmen im Rahmen von Maßnahmen nach § 13 Absatz 2 mit den Folgen weiterer Anpassungen von Gaseinspeisungen und Gasausspeisungen im Rahmen von Maßnahmen nach Absatz 2 eine entsprechende Anweisung angemessen erscheinen lassen.

(3) ¹Im Falle einer Anpassung nach Absatz 2 ruhen bis zur Beseitigung der Gefährdung oder Störung alle hiervon jeweils betroffenen Leistungspflichten. ²Satz 1 führt nicht zu einer Aussetzung der Abrechnung der Bilanzkreise durch den Marktgebietsverantwortlichen. ³Soweit bei Vorliegen der Voraussetzungen nach den Absätzen 2 und 2a Maßnahmen getroffen werden, ist insoweit die Haftung für Vermögensschäden ausgeschlossen. ⁴Im Übrigen bleibt § 11 Absatz 3 unberührt.

(4) ¹Über die Gründe von durchgeführten Anpassungen und Maßnahmen sind die hiervon unmittelbar Betroffenen und die Regulierungsbehörde unverzüglich zu informieren. ²Auf Verlangen sind die vorgetragenen Gründe zu belegen.

(4a) Reichen die Maßnahmen nach Absatz 2 nach Feststellung eines Betreibers von Fernleitungsnetzen nicht aus, um eine Versorgungsstörung für lebenswichtigen Bedarf im Sinne des § 1 des Energiesicherungsgesetzes abzuwenden, muss der Betreiber von Fernleitungsnetzen unverzüglich die Regulierungsbehörde unterrichten.

(5) weggefallen

Überblick

Die Norm legt in einem Stufensystem (BT-Drs. 15/3917, 58, 57 zu § 16 iVm § 13) in Abs. 1 die Verpflichtung des Netzbetreibers fest, Gefährdungen oder Störungen des Gasversorgungssystems zunächst durch netzbezogene Maßnahmen (zB Schaltmaßnahmen) oder durch marktbezogene Maßnahmen (zB vertraglich vereinbarte Ausgleichsmöglichkeiten) zu beseitigen (→ Rn. 7 bis → Rn. 33). Für den Fall, dass dies nicht durch die eben genannten Maßnahmen möglich oder erfolgversprechend ist, muss er nach Abs. 2 Notfallmaßnahmen in Form von Anpassungen, insbesondere Kürzungen von Gastransporten vornehmen. Die Stufenreihenfolge bezieht sich dabei auf die Abfolge von Maßnahmen nach Abs. 1 und

Abs. 2, nicht aber auf eine Reihenfolge innerhalb der nach diesen Absätzen möglichen Maßnahmen (→ Rn. 34 bis → Rn. 48). Wegen der Interdependenz der Gas- und der Elektrizitätsversorgung konkretisiert Abs. 2a das Vorgehen des Fernleitungsnetzbetreibers bei notwendigen Einkürzungen von Gastransporten zugunsten systemrelevanter Kraftwerke. Er gibt Informations-, Kommunikations- und Abwägungspflichten im Zusammenspiel der Fernleitungs- und Übertragungsnetzbetreiber hinsichtlich der Auswirkungen von Gasversorgungsengpässen auf die Sicherheit und Zuverlässigkeit des Elektrizitätsversorgungssystems vor (→ Rn. 49 bis → Rn. 62). Im Falle von Notfallmaßnahmen regelt Abs. 3 das Ruhen der Leistungspflichten und den Ausschluss von Vermögensschäden (→ Rn. 63 bis → Rn. 67), während Abs. 4 die diesbezüglichen Informations- und Darlegungspflichten festlegt (→ Rn. 68 bis → Rn. 72). Reichen die Notfallmaßnahmen zur Abwendung einer Störung des lebenswichtigen Bedarfs nicht aus, muss der Fernleitungsnetzbetreiber nach Abs. 4a unverzüglich die Regulierungsbehörde benachrichtigen (→ Rn. 74 ff).

Übersicht

	Rn.		Rn.
A. Zielsetzung	1	III. Notfallmaßnahmen und gesetzliche Priorisierung	40
B. Entstehungsgeschichte	2a	IV. Mobilisierung von Gasmengen aus Speichern und anderen Aufkommensquellen	47
C. Vertragliche und operative Ausgestaltung der Wahrnehmung der Systemverantwortung	4	F. Berücksichtigung von Auswirkungen auf das Elektrizitätsversorgungssystem (Abs. 2a)	49
D. Gefährdungs- und Störungsbeseitigung durch netz- oder marktbezogene Maßnahmen (Abs. 1)	7	I. Zielsetzung	49
I. Systemverantwortung	8	II. Berücksichtigung von Auswirkungen auf das Elektrizitätsversorgungssystem (Abs. 2a S. 1)	50
II. Gasversorgungssystem	14	III. Sonderregelungen für systemrelevante Kraftwerke (Abs. 2a, S. 2 und 3)	53
III. Gefährdung oder Störung der Sicherheit oder Zuverlässigkeit im jeweiligen Netz	15	IV. Abwägungspflichtungen und Anweisung des Übertragungsnetzbetreibers	58
IV. Effektive Störungsbeseitigung als Maßstab und Reihenfolge für die Auswahl von Maßnahmen nach Abs. 1 und 2	21	G. Ruhen der Leistungspflichten und Haftung (Abs. 3)	63
V. Beseitigung durch netz- und marktbezogene Maßnahmen	28	H. Informations- und Begründungspflicht (Abs. 4)	68
E. Anpassung von Gastransporten als Notfallmaßnahme (Abs. 2)	34	I. Schwachstellenanalyse (Abs. 5 – weggefallen)	73
I. Durchführung oder Anordnung von Notfallmaßnahmen	34	J. Unterrichtungspflicht des FNB an die BNetzA (Abs. 4a)	74
II. Vorabinformation bei der Umsetzung von Notfallmaßnahmen	37		

A. Zielsetzung

Innerhalb der in § 11 umschriebenen Pflichten der Netzbetreiber, ein sicheres, zuverlässiges und leistungsfähiges Energieversorgungsnetz diskriminierungsfrei zu betreiben, zu warten und bedarfsgerecht auszubauen, regelt der § 16 eine **Kernverpflichtung des Netzbetriebs**, nämlich die **Wahrnehmung der Systemverantwortung** als zentralen Bestandteil der Netzsteuerung. Diese ist nach §§ 16 und 16a eine gemeinsame Pflicht der Fernleitungs- und Verteilnetzbetreiber in ihrem jeweiligen Netz. 1

Angesichts der dramatischen Kriegsentwicklungen in der Ukraine seit dem 26.2.2022, der Unsicherheit über die Verfügbarkeit der für Deutschland und Europa notwendigen Gasmengen und der verstärkten europäischen Bemühungen zur Diversifizierung der Gasbezugsquellen bedurfte es einer Diskussion auch über die Regelungen der vorliegenden Norm, welche im Verlauf der Jahre 2022/2023 in Fachkreisen geführt wurde. Dabei wurde deutlich, dass der § 16 zwar für eine vorübergehende Gasmangelsituation bzw. Systemstörung, nicht aber für die aktuelle politische und versorgungstechnische Lage mit einer möglichen dauerhaften Gasmangelsituation vorgesehen war. Wesentliche gesetzgeberische Maßnahme infolge dieser Erkenntnis war das Gasspeichergesetz, mit dem die §§ 35 a–e ins EnWG eingefügt 2 wurden. Danach unterstützt die THE (Trading Hub Europe GmbH) als Marktgebietsverantwortlicher iSd § 3 Nr. 26a seit dem Geschäftsjahr 2022 nach vorheriger Zustimmung des Bundes durch den Einsatz von geeigneten Maßnahmen die Sicherstellung der Versorgungssicherheit mit Gas in Deutschland. In § 35b iVm der Gasspeicherfüllstandsverordnung werden Vorgaben für die Erreichung bestimmter Füllstände in Gasspeicheranlagen zu bestimmten Stichtagen vorgegeben. Gem. § 35c kann THE zur Gewährleistung der Versorgungssicherheit in einem marktbasierten, transparenten und diskriminierungsfreien öffentlichen Verfahren strategische Optionen zur Vorhaltung von Gas ausschreiben oder Gasmengen selbst beschaffen und einspeichern. Unabhängig von den Regelungen des Gasspeichergesetzes bedurften jedoch auch die Prozesse zur Systemverantwortung der Fernleitungsnetzbetreiber und deren Notfallmaßnahmen weiterer Ausgestaltung. Ebenso wurde ein zusätzlicher Handlungsstrang (im Verhältnis zu den Notfallmaßnahmen der Fernleitungsnetzbetreiber nach § 16) weiter konkretisiert, nämlich die Handlungen der BNetzA als Bundeslastverteiler nach § 1 GasSV insbesondere in der Notfallstufe. Dies alles wurde zwischen der BNetzA und den Marktakteuren und Verbänden im Laufe des Jahres 2022 und 2023 intensiv diskutiert und z.T. in Prozessen der BNetzA niedergelegt (www.bnetza.de) (s.a. → Rn. 74).

B. Entstehungsgeschichte

2a Die umfassende Neuregelung des Energiewirtschaftsrechts von 1998, welche das erste Binnenmarktpaket, genauer die RL 98/30/EG für den Gasmarkt (und in der RL 96/92/EG für den Strommarkt) umsetzte, enthielt keinerlei dem § 16 ähnliche Regelung. Mit dem EnWG 2003 wurde im § 4a aF eine allgemeine Verpflichtung eingeführt, welche allerdings ebenfalls nur eine Zielbestimmung des Gasnetzbetriebs und Vorgaben zur Interoperabilität und Anschlussbedingungen regelte. Erst mit der Umsetzung des zweiten Binnenmarktpakets, namentlich Art. 8 Gas-Binnenmarkt-Richtlinie 2003/55/EG, wurde die Verpflichtung zur Systemverantwortung in § 16 konkretisiert. Die Absätze 1, 3 und 4 sind bis heute wortgleich.

3 Der Abs. 2a wurde in der Konsequenz des im Februar 2012 aufgetretenen Gasversorgungsengpasses in Süddeutschland mit dem Dritten Gesetz zur Neuregelung energiewirtschaftlicher Vorschriften vom 20.12.2012 eingefügt (BGBl. 2012 I 2730). Damals waren aufgrund der außergewöhnlich hohen Auslastung der Gasversorgungsnetze in Baden-Württemberg und Bayern und der gleichzeitig stark reduzierten Gaseinspeisung nach Deutschland Auswirkungen auf die Versorgung der Gaskraftwerke und damit auf die Elektrizitätsversorgung zu besorgen. Im Zuge dessen wurde eine verstärkte Abstimmung zwischen Fernleitungs- und Übertragungsnetzbetreibern notwendig. Im Bericht der BNetzA zum Zustand der leitungsgebundenen Energieversorgung im Winter 2011/12 (www.bundesnetzagentur.de Abschnitte III 9 und 10.4 sowie insbesondere IV 12.4) wurde als legislative Maßnahme empfohlen, „die bisherige, in den §§ 13 und 16 EnWG angelegte, isolierte Behandlung der beiden Sachverhalte „Versorgungssicherheit in Elektrizitätsbereich" einerseits und „Versorgungssicherheit im Gasbereich" andererseits, aufzuheben", da deutlich geworden sei, „dass die Systemverantwortung für den sicheren und zuverlässigen Betrieb des Elektrizitätsversorgungsnetzes unter besonderen Umständen sowohl beim Betrieb des Elektrizitäts- als auch beim Betrieb des Gasversorgungsnetzes zu berücksichtigen" sei. Diese Empfehlung wurde mit dem Dritten Gesetz zur Änderung des Energiewirtschaftsgesetzes vom 20.12.2012 (BGBl. I 2730) umgesetzt.

3a Im Zuge des Ukraine-Krieges wurde mit dem Gesetz zur Änderung des Energiesicherungsgesetzes und anderer energierechtlicher Vorgaben vom 20.5.2022 (BGBl. I 730) im Sinne der Koordination der Notfallmaßnahmen der Fernleitungsnetzbetreiber und der BNetzA als Bundeslastverteiler eine Verpflichtung des Fernleitungsnetzbetreibers zur Unterrichtung der BNetzA eingefügt, wenn seine Maßnahmen nicht mehr zur Deckung des lebenswichtigen Bedarfs an Gas ausreichen. Grundsätzlich ist zu beachten, dass es sich bei den Maßnahmen der Fernleitungsnetzbetreiber nach § 16 um einen getrennten Prozess- und Handlungsstrang im Vergleich zu den Maßnahmen handelt, die die BNetzA als Bundeslastverteiler nach GasSV im Falle der **Notfallstufe** nach Art. 11 Abs. 1 c der SoSVO (VO (EU) 2017/1938) gemäß § 7 Abs. 2 GasSV ausruft (→ Rn. 3a). Während solcher Maßnahmen des Bundeslastverteilers kann es jedoch sein, dass der Netzbetreiber trotzdem in Form von Notfallmaßnahmen nach § 16 tätig werden kann.

C. Vertragliche und operative Ausgestaltung der Wahrnehmung der Systemverantwortung

Die abstrakte Regelungen des § 16 über die Netzbetreiber-Verpflichtungen im Falle einer 4 Störung oder Gefährdung des Gasversorgungssystems bedarf zu ihrer konkreten Organisation und als Voraussetzung für ihre operative Durchführung umfangreicher Vorüberlegungen, Abstimmungen und Organisationsmaßnahmen. Zur Ausgestaltung der Koordinierungsrolle der Fernleitungsnetzbetreiber und bezüglich der Verfahren und Kommunikationsprozesse zwischen den betroffenen Netzbetreibern und anderen Marktakteuren sowie der BNetzA als Regulierungsbehörde existieren daher zahlreiche Branchenprozesse und -abstimmungen.

Im Rahmen ihrer **Kooperationspflicht nach § 20 Abs. 1b** sind die Gasnetzbetreiber 5 nach § 8 Abs. 6 **GasNZV** verpflichtet, eine **Kooperationsvereinbarung** abzuschließen. Diese Kooperationsvereinbarung (KoV) wird jährlich überarbeitet, verhandelt, konsultiert und auf der Homepage des Bundesverbandes der Energie- und Wasserwirtschaft (www.bdew.de) veröffentlicht (aktuell KoV XIII.1 vom 12.8.2022, Inkrafttreten 1.10.2022). § 21 dieser Kooperationsvereinbarung verankert unter der Überschrift „Systemverantwortung" das Vorgehen zur Vorbereitung und zur operativen Durchführbarkeit wie zB Meldepflichten zu geschützten Kunden nach § 53a, systemrelevanten Kraftwerken und Abschaltvereinbarungen. Er regelt weiter organisatorische Voraussetzung (zB 24/7-Erreichbarkeit), Informations-, Abstimmungs- und Handlungspflichten im Falle einer Gefährdung oder Störung sowie weitere Vorgaben zum Prozedere bei der Einkürzung von Kapazitäten.

Auf einer weiteren Konkretisierungsebene bedarf es für den Fall einer Störung oder 6 Gefährdung zusätzlicher ganz konkreter Umsetzungshilfen, zB Formulare, konkrete Vorgaben zu Umfang und Ausgestaltung der auszutauschenden Information (etwa bei der Ermittlung des Einkürzungspotentials), sowie des Tests der Informationskanäle im Notfall. Diese Konkretisierungen werden seit 2014 im **Leitfaden Krisenvorsorge** (BDEW/VKU/GEODE-Leitfaden, Krisenvorsorge Gas, Stand 12.8.2022, www.bdew.de) beschrieben, der nach § 3 Nr. 1 lit. f KoV XVIII.1 als Anlage zur Kooperationsvereinbarung gilt und auf der Homepage des BDEW (www.bdew.de) veröffentlicht ist. Davon getrennt zu betrachten sind die Prozesse der BNetzA für die Maßnahmen des Bundeslastverteilers und der Sicherheitsplattform Gas.

D. Gefährdungs- und Störungsbeseitigung durch netz- oder marktbezogene Maßnahmen (Abs. 1)

Kern der Systemverantwortung der Fernleitungsnetzbetreiber ist die **Pflicht zur** 7 **Beseitigung von Gefährdungen oder Störungen** in ihrem jeweiligen Netz, welche die Sicherheit und Zuverlässigkeit des Gasversorgungssystems beeinträchtigen.

I. Systemverantwortung

Der **Begriff der Systemverantwortung** darf nicht mit dem der Versorgungssicherheit 8 verwechselt werden. Die **Versorgungssicherheit** ist nach Art. 2 Nr. 1 SoSVO (VO (EU) 2017/1938), welche auf Art. 2 Nr. 32 Gas-Binnenmarkt-Richtlinie 2009/73/EG aus dem dritten Binnenmarktpaket verweist, sowohl die „**Sicherheit der Versorgung mit Erdgas** als auch die **Betriebssicherheit**". Während die Betriebssicherheit in der Einflusssphäre des Netzbetreibers liegt, ist zur Sicherheit der Versorgung mit Erdgas das Handeln mehrerer Marktteilnehmer notwendig.

Die mit dem ersten Binnenmarktpaket in RL 98/30/EG für den Gasmarkt (und RL 96/ 9 92/EG für den Strommarkt) begonnene Liberalisierung des Energiemarktes, führte die **Aufteilung der Marktrollen** ein und gestaltete diese kontinuierlich mit dem 2. Binnenmarktpaket (Elektrizitäts-Binnenmarkt-Richtlinie 2003/54/EG, Gas-Binnenmarkt-Richtlinie 2003/55/EG für Gas) und 3. Binnenmarktpaket (Elektrizitäts-Binnenmarkt-Richtlinie 2009/72/EG, Gas-Binnenmarkt-Richtlinie 2009/73/EG) aus. Im Zuge dieser Entflechtung und klaren Trennung der Marktrollen in Gasförderung, -handel und -vertrieb, Speicherbetreiber, Verteil- und Fernleitungsnetzbetreiber und Gasverbraucher kann die **Verantwortung für die Versorgungssicherheit** in der Gasversorgung, wie in der Versorgung mit leitungsgebundener Energie

Hartung

allgemein, nicht durch das Handeln eines Marktakteurs allein gewährleistet werden, sondern ist **abhängig vom Zusammenspiel aller Marktrollen.**

10 Folgerichtig legt Art. 3 Abs. 1 SoSVO (VO (EU) 2017/1938) die gemeinsame Verantwortung für die sichere Erdgasversorgung (über die Begriffsbestimmungen in Art. 2 Nr. 9 mit Verweis auf Art. 2 Abs. 1 Nr. 1 Elektrizitäts-Binnenmarkt-Richtlinie 2009/72/EG) in die Hand der Erdgasunternehmen, dh Unternehmen in allen Wertschöpfungsstufen (Gewinnung, Fernleitung, Verteilung, Lieferung, Kauf oder Speicherung).

11 Aus dem § 16 folgt daher – ebenso wenig wie aus dem § 13 für die Übertragungsnetzbetreiber – eine „Pflicht zur Gewährleistung" der Funktionsfähigkeit des Gesamtsystems der Elektrizitätsversorgung". Diese verkürzende Formulierung (Säcker EnergieR/König § 13 Rn. 1) wird mit Verweis auf die Gesetzesbegründung (BT-Drs. 15/3917, 56 – iVm BT-Drs. 15/3917, 58 auf § 16 anwendbar) gebraucht. Dort wird aber explizit nur von der „Konkretisierung der Aufgaben- und Rechtsstellung der Betreiber von Übertragungsnetzen **im Hinblick** auf die Gewährleistung der Funktionsfähigkeit des Gesamtsystems der Elektrizitätsversorgung" gesprochen, da das Funktionieren des Gesamtsystems – bzw. nach Abs. 1 des Gasversorgungssystems – außerhalb der direkten Durchsetzungsmöglichkeit des Fernleitungsnetzbetreibers liegt. Dem Fernleitungsnetzbetreiber obliegen also innerhalb der Gewährleistung der Funktionsfähigkeit des Gesamtsystems verschiedene nach § 16 konkretisierte Aufgaben. Mit der Zuteilung der **Systemverantwortung** an den Fernleitungsnetzbetreibers **wird** daher vielmehr die **Rolle des Koordinierenden und Steuernden festgelegt.**

12 Nach Bewertung des Gesetzgebers „verfügen [erg.: die Fernleitungsnetzbetreiber] über den besten Überblick und die zentralen technischen Einwirkungsmöglichkeiten, um Störungen des Systems bereits im Vorfeld zu erkennen und zu unterbinden" (BT-Drs. 15/3917, 58, 56). Der Fernleitungsnetzbetreiber ist die **zentrale Verbindung zwischen allen Marktakteuren,** dh Produzenten bzw. Importeuren, Speicherbetreibern, Transportkunden, nachgelagerten Netzbetreibern und indirekten Verbrauchern (zB Haushalts- und Industriekunden in nach- und nach-nachgelagerten Netzen) oder direkt angeschlossenen Verbrauchern (zB Gaskraftwerke oder Industrieanschlussnehmer am Transportnetz). Er ist aufgrund seines Überblicks, seiner technischen Steuerungskompetenz und der – für die Netzsteuerung notwendigen und laufend durchgeführten – technischen Abstimmung mit anderen Fernleitungsnetzbetreibern und nachgelagerten Netzbetreibern hierfür prädestiniert.

13 Der § 16 legt die **Koordinierungs- und Steuerungsrolle** und die zur Wahrnehmung der Systemverantwortung notwendigen Rechte „**im jeweiligen Netz**" fest. Die Koordinierung auf europäischer Ebene unterliegt naturgemäß anderen Regularien. Mit Blick auf den russisch-ukrainischen Gasstreit, der 2005 durch Aufgabe der Preisvergünstigungen für die Ukraine und Anpassung an Weltmarktpreise ausgelöst wurde und angesichts seiner Auswirkung auf die europäische Versorgungssicherheit wurde die Zusammenarbeit zwischen den Staaten und den regionalen Akteuren im Sinne der Solidarität zwischen den Mitgliedstaaten durch die SoSVO (VO (EU) 2017/1938) organisiert und ausgeregelt. Eine Anpassung der Verordnung befand sich 2022 und 2023 im Verordnungsgebungsverfahren.

II. Gasversorgungssystem

14 Anwendungsfall des § 16 ist eine Gefährdung oder Störung des **Gasversorgungssystems** in dem jeweiligen Netz. Der Begriff des Gasversorgungssystems ist – ebenso wie der Begriff des Elektrizitätsversorgungssystems in § 13 nicht legaldefiniert. Man kann sich ihm dadurch annähern, dass der Gegenstand der Systemverantwortung zum einen aus der Verantwortung über die Leitungen und Anlagen besteht, die von der Definition der Gasversorgungsnetze nach § 3 Nr. 20 erfasst sind und diesen um die regelnde Tätigkeit des Netzbetreibers erweitern (Säcker EnergieR/Barbknecht § 16 Rn. 6). Um diese Näherung jedoch vollständig zu machen, ist der Begriff um die Betrachtung der am Gasversorgungssystem beteiligten **Marktakteure** zu ergänzen, die mit ihrem **Verhalten** die Gesamtheit des Gasversorgungssystems bilden und den Auslastungszustand des Netzes durch ihre Kapazitätsbuchung, Nominierung, dh Meldung der geplanten konkreten Kapazitätsnutzung, tatsächliche Einspeisung und Entnahme letztlich bestimmen. Diese Betrachtungsweise erklärt auch die Rechte, die dem Fernleitungsnetzbetreiber zur Wahrnehmung seiner Systemverantwortung in § 16 Abs. 2 und

Abs. 3 eingeräumt werden. Das Gasversorgungssystem ist somit die Gesamtheit der Leitungen und Anlagen des Gasnetzes in seinen betriebs- und steuerungstechnischen Restriktionen sowie die durch das Nutzungsverhalten von Einspeisern, Transport- und Anschlusskunden verursachten Lastflüsse sowie ggf. sonstige äußere Einflüsse.

III. Gefährdung oder Störung der Sicherheit oder Zuverlässigkeit im jeweiligen Netz

Tägliche und laufende Aufgabe der Steuerung des Fernleitungsnetzes in der Netzleitwarte 15
ist es, ständig das Gleichgewicht zwischen Einspeisung und Entnahme entsprechend den vorhandenen Kapazitäten und besonderen Gegebenheiten und Auslastungszuständen des Netzes herzustellen sowie dabei die technisch notwendigen und vertraglich geregelten Druckverhältnisse zu wahren. Hierzu gehört es auch, im Bedarfsfall bereits frühzeitig und vorbereitend die unten aufgeführten netz- und marktbezogenen Maßnahmen (→ Rn. 29 ff.) nach § 16 Abs. 1 zur Schaffung einer ausgeglichenen Bilanz zu ergreifen. Diese Ergreifung solcher netz- und marktbezogenen Maßnahmen fällt jedoch nicht per se unter § 16, sondern stellt zunächst eine Regeltätigkeit des Fernleitungsnetzbetreibers im Rahmen der Netzsteuerung dar.

Der **Anwendungsbereich des § 16 ist erst eröffnet, wenn** die **Sicherheit oder** 16
Zuverlässigkeit des Gasversorgungssystems in dem jeweiligen Netz **gefährdet oder gestört** ist (vgl. Kooperationsvereinbarung, BDEW/VKU/GEODE-Leitfaden, Krisenvorsorge Gas, S. 13 → Rn. 6). Erst dann greifen die weiteren in § 16 geregelten Rechtsfolgen und erst dann finden die in Kooperationsvereinbarung und Leitfaden Krisenvorsorge Gas vereinbarten Verfahrensregeln Anwendung.

Der Netzbetreiber trifft die Entscheidung über das Vorliegen einer **Gefährdung oder** 17
Störung der Sicherheit und Zuverlässigkeit des Gasversorgungssystems auf der Basis seiner bisherigen Erfahrungen in Zusammenhang mit der aktuellen Lastflusssituation. Anders als im Bereich der **Elektrizitäts**versorgung für die **Übertragungsnetzbetreiber** ist der Begriff der Gefährdung oder Störung der Sicherheit oder Zuverlässigkeit des Gasversorgungssystems in dem jeweiligen Netz nicht definiert. Da nach dem Willen des Gesetzgebers beide Vorschriften gleichlaufen sollen (BT-Drs. 15/3917, 58 zu § 16), kann die Definition in § 13 Abs. 4 herangezogen werden (BT-Drs. 15/3917, 57 zu § 13 Abs. 4).

Danach liegt die Gefährdung der Sicherheit oder Zuverlässigkeit des **Elektrizitäts**versor- 18
gungssystems in der jeweiligen Regelzone (legaldefiniert in § 3 Nr. 30) vor, wenn örtliche Ausfälle des Übertragungsnetzes oder kurzfristige Netzengpässe zu besorgen sind oder zu besorgen ist, dass die Haltung von Frequenz, Spannung oder Stabilität durch die Betreiber von Übertragungsnetzen nicht im erforderlichen Maße gewährleistet werden kann. Als Äquivalent im Gasnetz liegt eine Gefährdung oder Störung der Sicherheit oder Zuverlässigkeit des Gasnetzes vor, wenn eine Gefahr für oder Störung beim Aufrechterhalten des Gleichgewichts zwischen Einspeisung und Entnahme unter Wahrung des vertraglich vereinbarten bzw. technisch vorgegebenen Maximal- oder Minimaldrucks vorliegt oder eine Beeinträchtigung oder Störung der Betriebssicherheit zu besorgen oder eingetreten ist.

Als **Ursachen der Gefährdung oder Störung** kommen Beeinträchtigungen zB bei 19
Wartungsmaßnahmen, Ausfälle technischer Anlagen durch Fehlschaltung aber auch durch sonstige Fehler von Netzbetreibern oder durch höhere Gewalt in Betracht, ebenso wie Gefährdungen oder Störungen durch Netznutzerverhalten, Netzüberspeisungen, Gasmangellagen etc. Zu diesen Ursachen gehört es, wenn das regelnde Verhalten des Netzbetreibers -sowohl bei ordnungsgemäßem Verhalten der Netzsteuerung als auch bei Fehlschaltungen zu Beeinträchtigung des Gasversorgungssystems geführt hat, zumal die Aussteuerung eines komplexen Regelsystems, wie es das Gasnetz darstellt, das Erreichen eines Optimums durch Kompromisse darstellt (Säcker EnergieR/Barbknecht § 16 Rn. 7).

Eine **Gefährdung der Sicherheit des Gasversorgungssystems** oder ihre Störung (dh 20
nach den allgemeinen Grundsätzen die Verwirklichung einer Gefährdung), liegt vor, **wenn aufgrund** der oben genannten **Ursachen** (also technischer Rahmenbedingungen, Gasmangellage oder Überspeisung von Netzen oder des Marktgebiets, durch Überschreiten des Maximalaber auch Unterschreiten des Minimaldrucks) **ungewollte Auswirkungen** zu besorgen sind. Dies sind **Versorgungsausfälle, Netzengpässe oder Schäden an Personen oder**

technischen Anlagen. Zu den zu besorgenden Versorgungsausfällen gehören sowohl örtliche Ausfälle oder kurzfristige Netzengpässe, der Ausfall der Versorgung einzelner Netzkunden (nachgelagerte Netzbetreiber oder direkte Verbraucher) sowie die Beeinträchtigung des Funktionierens und der Stabilität des Gesamtsystems.

IV. Effektive Störungsbeseitigung als Maßstab und Reihenfolge für die Auswahl von Maßnahmen nach Abs. 1 und 2

21 Der § 16 sieht nur hinsichtlich der Priorisierungen der netz- und marktbezogenen Maßnahmen nach Abs. 1 vor den Notfallmaßnahmen des Abs. 2 ein Stufensystem vor (BT-Drs. 15/3917, 58, 57 zu § 16 iVm § 13). Dieses Stufensystem legt jedoch nur die Stufung zwischen Maßnahmen nach Abs. 1 einerseits und Abs. 2 andererseits fest (Elspas/Graßmann/Rasbach/Scholze EnWG § 16 Rn. 21; Elspas/Graßmann/Rasbach/Scholze § 16 Rn. 31). Die innerhalb der in den jeweiligen Absätzen in Frage kommenden Maßnahmen müssen wegen der Vielfalt der denkbaren Lastfluss- und Engpassszenarien, den aktuellen technischen Gegebenheiten der Anlagen, dem jeweiligen Nutzerverhalten und den daraus folgenden Auswirkungen auf die Netznutzer innerhalb des Gesamtsystems jeweils aktuell und laufend bewertet und situationsabhängig priorisiert werden. Eine vorab festgelegte Reihenfolge wäre daher nicht sachgerecht (BDEW/VKU/GEODE-Leitfaden, Krisenvorsorge Gas, S. 14 → Rn. 6). Der Fernleitungsnetzbetreiber ist bezüglich der Maßnahmen in seiner Auswahlentscheidung grundsätzlich frei (für die Parallelregelung des § 13 bezüglich der Übertragungsnetzbetreiber Weyer RdE2010, 233 (234)).

22 **Grundlage für die Auswahl** der Maßnahme durch den Fernleitungsnetzbetreiber ist eine **Prognose der Auswirkungen** auf Basis der ihm bekannten Tatsachen. Die Verpflichtung des Netzbetreibers richtet sich also darauf, eine Prognose anzustellen, die schlüssig ist und den für Prognosen allgemein geltenden rechtlichen Anforderungen entspricht (Britz/Hellermann/Hermes/Sötebier, 3. Aufl., § 13 Rn. 11). Dabei stellt sich die Frage nach dem vom Netzbetreiber anzuwendenden **Auswahlmaßstab**. Man könnte zunächst die Diskriminierungsfreiheit als Maßstab und Auswahlkriterium ansehen. Auf den ersten Blick könnte sich dies aus Art. 16 Abs. 3 EU-VO Erdgasfernleitungsnetzzugang (VO (EG) 715/2009) und Anhang 1 Nr. 2 EU-VO Erdgasfernleitungsnetzzugang (VO (EG) 715/2009) ergeben, der bei der Erstellung und Umsetzung von Engpassmanagementverfahren für die Fernleitungsnetzbetreiber nichtdiskriminierende und transparente Verfahren vorschreibt. Dies ist jedoch für Maßnahmen nach § 16 kein per se ausreichender und vor Allem nicht der prioritär anzuwendende Maßstab. Zwar dürfte der Netzbetreiber im Rahmen seiner allgemeinen Verpflichtung zum diskriminierungsfreien Netzbetrieb nach § 11 Abs. 1 S. 1 auch bei der Ausübung seiner Aufgaben zur Systemverantwortung nach § 16 der Diskriminierungsfreiheit verpflichtet sein. Im Gegensatz zu Art. 16 Abs. 3 EU-VO Erdgasfernleitungsnetzzugang (VO (EG) 715/2009), betrifft der § 16 nicht die Regeltätigkeit der Bewirtschaftung eines Engpasses, die zwar eine Mangel-, aber keine Gefahrensituation darstellt. In letzterer ist zu berücksichtigen, dass die Abschätzung der Auswirkungen unter komplexen und teilweise wechselnden Sachverhaltsbedingungen und vor allem unter erheblichem Zeitdruck getroffen werden muss. Der vom Netzbetreiber anzuwendende **Auswahlmaßstab für die zu ergreifende Maßnahme** muss sich also primär an der **Dringlichkeit der Aufgabe** und der **Beseitigung der Gefährdung oder Störung** der Sicherheit des Gasversorgungssystems orientieren.

23 **Notwendiges und erstes Auswahlkriterium** ist daher, dass die Maßnahme die Gefährdung oder **Störung rechtzeitig und effektiv beseitigt** (Britz/Hellermann/Hermes/Bourwieg, 3. Aufl., § 16 Rn. 5). Die Effektivität der Störungsbeseitigung steht dabei im Vordergrund (Säcker EnergieR/Barbknecht § 16 Rn. 11). Erst nachgelagert und begrenzt durch die Kritikalität der Gefährdungs- und Störungssituation kann sich das Auswahlkriterium darauf beziehen, ob evtl. ein in seiner Auswirkung **milderes Mittel im Sinne einer geringeren Eingriffstiefe** etwa bezüglich eines oder mehrerer betroffener Netzkunden zur Verfügung steht. Ebenfalls begrenzend kommt hinzu, dass diese Bewertung nicht anhand der Auswirkung auf einen Netzkunden oder eine Kundengruppe erfolgen kann, da wie oben (→ Rn. 13) dargestellt, aufgrund der komplexen physikalischen Situation ein milderes Mittel gravierendere Auswirkungen in anderen Netzbereichen oder gar auf das Gesamtsystem haben kann. Realiter werden sich in den seltensten Fällen zwei (nach anlagen- und lastflusstechnischen

Gegebenheiten in Effektivität und Eingriff) wirklich gleich gelagerte Maßnahmen ergeben. Der Netzbetreiber muss ex ante eine Gesamtabwägung anstellen, wenn und soweit dies im Rahmen der Dringlichkeit und Kritikalität der Situation möglich ist.

Aus diesem Grundsatz ergibt sich, dass selbst die Stufung zwischen Abs. 1 und Abs. 2 nicht bedeutet, dass in jedem Fall erst Maßnahmen nach Abs. 1 ergriffen werden müssen, wenn nach der anzustellenden Prognose des Fernleitungsnetzbetreibers die Maßnahmen nach Abs. 1 nicht zur rechtzeitigen und effektiven Beseitigung der Störung führen. Beim Vorliegen einer Gefährdungslage reicht es aus, wenn die sorgfältige Bewertung des Fernleitungsnetzbetreibers ex ante zu dem Ergebnis führt, dass der Eintritt der Störung nur durch Notfallmaßnahmen abzuwenden ist (Britz/Hellermann/Hermes/Bourwieg, 3. Aufl., § 16 Rn. 9a mit Verweis auf Britz/Hellermann/Hermes/Bourwieg, 3. Aufl., § 13 Rn. 20). 24

Während aufgrund der Vergleichbarkeit der Auswirkungen im Stromnetz zumindest für begrenzte Netzteile eine **Abschaltreihenfolge** für Netzabschnitte im Vorhinein festgelegt werden kann, um im Störungs- oder Gefährdungsfall bereits Maßnahmen definiert zu haben, ist dies als Besonderheit des Transports von Molekülen im Gegensatz zum Transport von Elektronen im Gasnetz nicht möglich, da sich die Maßnahmen je nach Netzauslastung, Gasflüssen, Kundenanlagen und -verhalten unterschiedlich auswirken können und anders als im Stromnetz nicht notwendigerweise zu den gleichen Wirkungen führen müssen. **Sobald die Notfallmaßnahmen nach** den obigen Kriterien der **Geeignetheit und effektiven Störungsbeseitigung** durch den Fernleitungsnetzbetreiber **ausgewählt** sind, müssen sie allerdings **bei Anwendung eine (dem Sachverhalt nach einheitliche) Netzkundengruppe, diskriminierungsfrei** angewendet werden. Gemäß seiner grundlegenden Verpflichtung nach § 11 ist der Netzbetreiber auch bei der Durchführung von Notfallmaßnahmen zum diskriminierungsfreien Betrieb, dh zur Gleichbehandlung gleicher Sachverhalte verpflichtet. 25

Teilweise wurde von Netzkunden im Industriebereich wegen „Systemrelevanz" eine bevorzugte Behandlung durch den Netzbetreiber geltend gemacht. Dabei wurde der Begriff der Systemrelevanz aus den Sachverhalten und Einordnungen rund um die Covid-Pandemie entlehnt. Dieser ist jedoch im Falle von Notfallmaßnahmen nach § 16 nicht einschlägig. Eine **unterschiedliche Behandlung** zB von Netzkunden oder Netzkundengruppen ist gemäß der Definition diskriminierungsfreien Handelns **nur dann zulässig, wenn sich Unterschiede im Sachverhalt zur konkreten Eigenschaft als Netzkunde** (und nicht etwa Unterschiede in der Eigenschaft als Produktionsbetrieb) ergeben. Nur dann kann es auch eine unterschiedliche (ggf. privilegierte) Vorgehensweise bei Netzkunden oder -kundengruppen geben. Teilweise wurde in der Frühphase der Diskussion zu Notfallmaßnahmen in 2022 rechtsirrig vertreten, dass Netzbetreiber zur Vorbereitung ihrer Krisenmanagement-Prozesse für Notfallmaßnahmen nach § 16 Abs. 2 neben Kontaktdaten, Abschaltpotentialen und -geschwindigkeiten auch potentielle Schadenshöhen etc. abfragen sollten. Abgesehen davon, dass dem Netzbetreiber die für eine solche (wirtschaftliche) Abwägung notwendigen Informationen bei allen betroffenen Netzkunden weder vollständig noch realistisch nachprüfbar zur Verfügung stehen, um darauf eine unterschiedliche Behandlung zu rechtfertigen, widerspricht sie der Pflicht zur diskriminierungsfreien Behandlung. Denn die wirtschaftlichen Umstände beziehen sich eben nicht auf die Eigenschaft als Netzkunde, sondern auf die Zugehörigkeit zu einer Branche. Genauso wenig dürfte ein Netzbetreiber etwa im Haushaltskundenbereich zB nach „wertvolleren/schadensgeneigten/kinderarmen etc." Haushalten unterscheiden. Die **Bewertung einer Branche als systemrelevant** (zB Lebensmittelindustrie) **und die Zugehörigkeit eines Unternehmens zu dieser Kundengruppe** (zB Lebkuchenbäckerei), die zu einer bevorzugten Behandlung bei Notfallmaßnahmen führt, **kann nur bei staatlichen Handlungen,** etwa bei Verfügungen des Bundeslastverteilers nach der GasSV **Berücksichtigung finden.** Für den Netzbetreiber werden die schützenswerten Kunden (→ Rn. 42) in § 53a definiert. In ihrem Papier vom 17.05.2022 „Lastverteilung Gas- Handlungsoptionen, Abwägungsentscheidung, situationsbedingtes Handeln" (siehe auch Thole/Almes IR 2022, 161 (163)) hatte die BNetzA selbst mangels ausreichender Information zunächst nur ein ratierliches Einkürzen über Allgemeinverfügungen ins Auge gefasst. Bei mittel- und langfristigem Handlungsbedarf „sollen auch die damit verbundenen ökonomischen, ökologischen und sozialen Folgen berücksichtigt werden". Um die dafür erforderlichen Daten zu erlangen und aktuell zu halten, wurde mit dem Gesetz zur Änderung 25a des Energiesicherungsgesetzes und anderer energierechtlicher Vorgaben vom 20.5.2022 (BGBl. I 730), namentlich § 1 Abs. 1 Nr. 4 EnSiG iVm § 1a GasSV, die Einführung der sogenannten Sicherheitsplattform Gas gesetzlich verankert. Es handelt sich um eine IT-gestützte Lösung, in der sich nach § 1a GasSV Anschlusskunden mit einer technischen Anschlusskapazität von mehr als 10 MWh/h eintragen können und die Kommunikationsplattform für Verfügungen der BNetzA als Lastverteiler sein kann. Die übrigen Netzkunden können mit Allgemeinverfügungen angesprochen werden.

26 Ebenfalls gibt es innerhalb der Notfallmaßnahmen nach Abs. 2 **kein prozedurales Vorgehen im Sinne eines** notwendig zu äußernden **Anpassungsverlangens vor einer Durchführung der Anpassung,** soweit sie dem Fernleitungsnetzbetreiber möglich ist. Es muss also nicht zunächst die Anpassung beim Netzkunden verlangt werden, bevor eine Anpassung zB durch Schaltmaßnahmen umgesetzt werden kann, da die Gesetzesmaterialien in einer Entweder-Oder-Verknüpfung gerade nicht von einer Reihenfolge ausgehen, sondern zusätzlich in umgekehrter Nennung sogar formulieren, dass die Netzbetreiber ermächtigt sind, „die zur Abwehr der konkreten Gefahr oder Störung notwendigen Anpassungen von Stromeinspeisungen, -transiten und -abnahmen **entweder selbst** vorzunehmen **oder** von den betroffenen Netznutzern zu verlangen" (BT-Drs. 15/3917, 58, 57 zu § 16 iVm § 13). Soweit eine solche prozedurale Folge vereinzelt vertreten wird (Theobald/Kühling/Theobald § 16 Rn. 8), geschieht dies mit Verweis auf die Begründung eines Änderungsantrags im Gesetzgebungsverfahren, der aber eben gerade keinen Eingang in die finale Gesetzesfassung gefunden hat (Stellungnahme des Bundesrates BT-Drs. 15/3917, 82). Es bleibt also dabei, dass sich keine Reihenfolge und damit Verpflichtung zu einem vorab durchzuführenden Anpassungsverlangen vor einer Anpassung innerhalb von Notfallmaßnahmen nach Abs. 2 ergibt. Unabhängig davon, dass für den Netzbetreiber im Bedarfsfall keine Verpflichtung zur vorherigen Ankündigung besteht, würden Einkürzungen in den ganz überwiegenden Fällen realiter nach dem Leitfaden Krisenvorsorge (→ Rn. 6) im dort vereinbarten Format und mit Aufforderungen zur Einschränkung des Verbrauchs nach vorgegebenem Austausch von Formularaufforderungen erfolgen.

27 Weitere Auswahlkriterien für Maßnahmen zur Störungs- oder Gefährdungsbeseitigung ergeben sich aus gesetzlichen Vorschriften, nämlich dem → § 53a Rn. 1 ff. zugunsten geschützter Kundengruppen und dem Abs. 2a (→ Rn. 50 ff.) hinsichtlich der Berücksichtigung auf die Sicherheit und Zuverlässigkeit des Elektrizitätsversorgungssystems und die Privilegierung Systemrelevanter Kraftwerke.

V. Beseitigung durch netz- und marktbezogene Maßnahmen

28 Liegt eine Gefährdung oder Störung des Gasversorgungssystems im jeweiligen Netz vor, so hat der Fernleitungsnetzbetreiber als **Kern der Systemverantwortung** die Verpflichtung, diese **Gefährdung oder Störung durch netz- und marktbezogene Maßnahmen zu beseitigen.** Er hat diesbezüglich keine Entscheidungsfreiheit mehr (Elspas/Graßmann/Rasbach/Scholze § 16 Rn. 9; Britz/Hellermann/Hermes/Bourwieg, 3. Aufl., § 16 Rn. 5). Die Berechtigungen beziehen sich auf seine Tätigkeiten und Einschätzungen bei der Wahrnehmung der Systemverantwortung. **Beide** in Abs. 1 genannten **Maßnahmenarten** stehen **gleichwertig** nebeneinander. Insbesondere die innerhalb des Abs. 1 in Frage kommenden Maßnahmen stehen in keiner Reihenfolge, weil sie für die diversen Engpassszenarien je nach den aktuellen Gegebenheiten der technischen Anlagen und des Lastflusses unterschiedlich geeignet sein und unterschiedliche Auswirkungen haben können. (Säcker EnergieR/Barbknecht § 16 Rn. 8; BDEW/VKU/GEODE-Leitfaden, Krisenvorsorge Gas, Stand 31.3.2021, 14; → Rn. 6; Elspas/Graßmann/Rasbach/Scholze § 16 Rn. 21). Erstes Auswahlkriterium ist die effektive Störungsbeseitigung (→ Rn. 23).

29 Zu den **netzbezogenen Maßnahmen** zählt zum einen die **Nutzung von Netzflexibilitäten als interne Regelenergie.** Diese ist nach § 27 Abs. 1 S. 2 GasNZV legaldefiniert als 1. Nutzung der Speicherfähigkeit des Netzes etwa durch Verdichtung (**Netzpuffer**), als 2. Einsatz des Teils von Anlagen zur Speicherung von Gas iSd § 3 Nr. 31 EnWG, der ausschließlich Betreibern von Leitungsnetzen bei der Wahrnehmung ihrer Aufgaben vorbehalten ist (**netzzugehöriger Speicher**) und der der Regulierungsbehörde vom Netzbetreiber angezeigt worden ist und als 3. Nutzung der **Speicherfähigkeit** der an das betroffene Netz

angrenzenden Netze sowie netzzugehöriger Speicher in anderen Netzen innerhalb und außerhalb des Marktgebiets.

Als weitere netzbezogene Maßnahme steht die Nutzung von **Netzschaltungen** oder die **Vornahme von Fahrwegsänderungen** zur Verfügung. Abhängig von technischen Möglichkeiten und der Lastflusssituation in seinem Netz kann der Fernleitungsnetzbetreiber unter Umständen dadurch Engpässe auflösen. 30

Als drittes Instrument der netzbezogenen Maßnahmen kommen **Mengenverlagerungen zwischen Netzbetreibern** (ggf. auch grenzüberschreitend über ausländische Netze) in Betracht. Diese müssen zwischen den Netzbetreibern situations- und bedarfsbezogen ausgehandelt und vereinbart werden und stehen nur nach Können und Vermögen zur Verfügung. 31

Als **marktbezogene Maßnahmen** nennt § 16 beispielhaft den Einsatz von **Ausgleichsleistungen, Abschaltvereinbarungen** oder den **Speichereinsatz** von nicht netzzugehörigen Speichern. Ausgleichsleistungen sind nach § 3 Nr. 1 Dienstleistungen zur Bereitstellung von Energie, die zur Deckung von Verlusten und für den Ausgleich von Differenzen zwischen Ein- und Ausspeisung benötigt wird, zu denen insbesondere auch Regelenergie gehört. Das beinhaltet 32
- den Austausch interner Regelenergie im Marktgebiet,
- die Nutzung externer Regelenergie,
- Ein-/Verkauf externer Regelenergie im ausländischen Marktgebiet,
- die Nutzung lokaler externer Regelenergie oder
- die Nutzung von Lastflusszusagen.

Als weitere marktbezogene Maßnahmen kommen zB die 33
- Unterbrechung unterbrechbarer Ein- und Ausspeiseverträge an Grenzübergangs- und Speicher-Anschlusspunkten in Betracht,
- die Unterbrechung vertraglich unterbrechbarer Letztverbraucher bzw. Netzanschlusspunkte mit Ausnahme angewiesener systemrelevanter Gaskraftwerke,
- die Nutzung marktbasierter Instrumente gemäß Festlegung BK7-19-037,
- die Nutzung des Kapazitätsrückkaufs gemäß Festlegung BK7-19-037 sowie
- die Unterbrechung unterbrechbarer interner Bestellleistungen nachgelagerter Netzbetreiber (als interne Bestellung bezeichnet man die Kapazitätsbuchung nachgelagerter (Verteil-)Netzbetreiber) in Betracht (BDEW/VKU/GEODE-Leitfaden, Krisenvorsorge Gas, Stand 31.3.2021, 14; → Rn. 6).

E. Anpassung von Gastransporten als Notfallmaßnahme (Abs. 2)

I. Durchführung oder Anordnung von Notfallmaßnahmen

Sind netz- oder marktbezogene Maßnahmen nach Abs. 1 nach der Prognose des Netzbetreibers nicht geeignet und unwirksam geblieben, um die Gefährdung oder Störung rechtzeitig zu beseitigen, kommen **Notfallmaßnahmen nach Abs. 2** in Betracht. Der Fernleitungsnetzbetreiber kann dann **sämtliche Gasein- und -ausspeisungen und Gastransporte** in seinem Netz an die Erfordernisse des sicheren und zuverlässigen Netzbetriebs **anpassen** bzw. die entsprechende **Anpassung verlangen**. 34

Wie dargelegt (→ Rn. 26) gibt es innerhalb der Notfallmaßnahmen nach Abs. 2 **kein prozedurales Vorgehen im Sinne eines Anpassungsverlangens vor Durchführung der Anpassung,** soweit sie dem Fernleitungsnetzbetreiber zB durch Schaltmaßnahmen direkt möglich ist. Ansonsten gelten für Auswahl und Reihenfolge von Einzelmaßnahmen nach Abs. 2 die oben ausgeführten Grundsätze (→ Rn. 21 ff.). 35

Die Fernleitungsnetzbetreiber sind nach Abs. 2 S. 1 „im Rahmen ihrer Zusammenarbeit nach § 15 Abs. 1 berechtigt und verpflichtet" die Anpassungen als Notfallmaßnahmen vorzunehmen oder zu verlangen. Dies bedeutet, dass die **Anpassungen unter Berücksichtigung der Verbindungen mit anderen Netzen** im nationalen und internationalen Verbund vorzunehmen sind. 36

II. Vorabinformation bei der Umsetzung von Notfallmaßnahmen

Der Fernleitungsnetzbetreiber muss bei einer erforderlichen Anpassung von Gaseinspeisungen und Gasausspeisungen die von der Maßnahme betroffenen Fernleitungs- oder 37

Verteilnetzbetreiber und Gashändler **soweit möglich vorab informieren**. Um dem auch im Gefährdungs- oder Störungsfall nachzukommen, haben die Fernleitungs- und Verteilnetzbetreiber nach § 21 („Systemverantwortung") und im Anhang nach § 3 lit. f („Leitfaden Krisenvorsorge Gas" → Rn. 6) der Kooperationsvereinbarung (→ Rn. 5) vorbereitende Abfragen, zB zum Abschaltpotential sowie den Prozess zur Meldung und Umsetzung von Maßnahmen, auch anhand von Standardformularen vereinbart (→ Rn. 4 ff.).

38 Zum Teil wird diskutiert, ob der Fernleitungsnetzbetreiber nicht nur die direkt, sondern auch die indirekt betroffenen Netzbetreiber informieren muss (Theobald/Kühling/Theobald § 16 Rn. 13) und in vereinfachender Weise davon ausgegangen, dass es sich nur um den Zusatzaufwand elektronischer Kommunikation und der vorab aktuell zu haltenden Kontaktdatenbank handele. Diese Ansicht verkennt den praktischen Umfang und Aufwand, der für die Information notwendigen Vorbereitung und Kommunikation hinsichtlich der Auswirkungen auf „nach-nachgelagerte" Netze und die Tatsache, dass nicht überall im Verteilnetz Leitwarten vorhanden sind und Notfallmaßnahmen 24/7 durch Rufbereitschaften abgewickelt werden. Darüber hinaus hat bereits der Gesetzgeber festgestellt, dass „eine Benachrichtigung indirekt Betroffener […] dem Netzbetreiber zumal bei Gefahr im Verzug nicht zuzumuten" sei (BT-Drs. 15/3917, 82). Auch wenn der dort diskutierte Antrag – aus anderen Gründen – keinen Eingang in die finale Gesetzesfassung gefunden hat, bleibt jedoch die Bewertung richtig und bestehen, da zu bedenken ist, dass es in der Praxis ein Mitarbeiter der Leitwarte (Dispatcher) ist, der eine Gefährdung oder Störung erkennen, bewerten und 24/7 über die notwendigen Maßnahmen zu entscheiden und diese abzustimmen hat. Die Tätigkeit des Dispatchers muss damit in erster Linie auf Sicherheit von Personen und auf die Beseitigung der Gefährdung oder Störung des Gasversorgungssystems gerichtet sein.

39 Die Netzbetreiber haben zur Information und Koordination aller Beteiligten wie oben erläutert (→ Rn. 4) im Leitfaden Krisenvorsorge als Teil der Kooperationsvereinbarung ein Verfahren entwickelt, in dem die notwendigen Informationen vorbereitend und im Falle von notwendigen Maßnahmen nach Abs. 1 und Abs. 2 im Wege einer Kaskade von Netzbetreiber zu Netzbetreiber weitergegeben werden (Leitfaden Krisenvorsorge, → Rn. 6). Dieses Vorgehen ist nicht nur effizienter, sondern mit Blick auf die effektive Störungsbeseitigung auch sicherer.

III. Notfallmaßnahmen und gesetzliche Priorisierung

40 Wie ausgeführt gibt es zwar allgemein keine Reihenfolge (→ Rn. 21 ff.), lediglich der Abs. 2a (→ Rn. 50 bis → Rn. 52) und der → § 53a Rn. 1 ff. legen gesetzliche Priorisierungen von Maßnahmen fest.

41 Nach § 53a ist zu beachten, dass **bei Kürzung von Letztverbrauchsmengen zunächst nicht geschützte Kunden zu kürzen** sind. Erst dann kommt die Kürzung von Mengen geschützter Kunden nach § 53a in Betracht. Die Definition wurde mit dem am 27.7.2021 in Kraft getretenen „Gesetz zur Umsetzung unionsrechtlicher Vorgaben und zur Regelung reiner Wasserstoffnetze im Energiewirtschaftsrecht" zur besseren Umsetzbarkeit konkretisiert (BGBl. 2021 I 3026). Umgesetzt wurden die Vorgaben aus der SoSVO (VO (EU) 2017/1938).

42 **Geschützte Kunden** sind danach legaldefiniert als „
1. Haushaltskunden sowie weitere Letztverbraucher im Erdgasverteilernetz, bei denen standardisierte Lastprofile anzuwenden sind, oder Letztverbraucher im Erdgasverteilernetz, die Haushaltskunden zum Zwecke der Wärmeversorgung beliefern und zwar zu dem Teil, der für die Wärmelieferung benötigt wird,
2. grundlegenden soziale Dienste im Sinne des Artikels 2 Nr. 4 der Verordnung (EU) 2017/1938 des Europäischen Parlaments und des Rates vom 25. Oktober 2017 im Erdgasverteilernetz und im Fernleitungsnetz,
3. Fernwärmeanlagen, soweit sie Wärme an Kunden im Sinne der Nr. 1 und 2 liefern, an ein Erdgasverteilernetz oder ein Fernleitungsnetz angeschlossen sind und keinen Brennstoffwechsel vornehmen können, und zwar zu dem Teil, der für die Wärmelieferung benötigt wird."

Mit der Überarbeitung vom 1.8.2022 wurde im Abschnitt 2.1 des Leitfaden Krisenvorsorge (→ Rn. 6) der Diskussionsstand der Auslegung des § 53a durch die BNetzA niedergelegt.

Darüber hinaus haben Gasversorgungsunternehmen im Falle einer teilweisen Unterbrechung der Versorgung mit Erdgas oder im Falle außergewöhnlich hoher Gasnachfrage Kunden iSd S. 1 Nr. 1–3 mit Erdgas zu versorgen, solange die Versorgung aus wirtschaftlichen Gründen zumutbar ist. Zur Gewährleistung einer sicheren Versorgung von Kunden iSd S. 1 Nr. 1 und 2 mit Erdgas kann insbesondere auf marktbasierte Maßnahmen zurückgegriffen werden. 43

Dies bedeutet, dass nunmehr neben Haushaltskunden sowie grundlegenden sozialen Diensten und Fernwärmeanlagen auch alle Letztverbraucher schützenswerte Kunden sind, deren Verbrauch über SLP gemessen wird, dh auch kleine und mittlere Unternehmen aus dem Sektor Gewerbe, Handel, Dienstleistungen, allerdings nur **soweit sie Wärme an Haushaltskunden liefern, an ein Erdgasverteilernetz oder ein Fernleitungsnetz angeschlossen sind und keinen Brennstoffwechsel vornehmen können.** 44

Zu den **nicht geschützten Kunden** zählen auch die **systemrelevanten Kraftwerke** nach § 13f EnWG. Auch die Mengen systemrelevanter Kraftwerke wären also vor den Mengen für geschützte Kunden zu kürzen. Dies gilt jedoch **nur, solange nicht** eine Abwägung und **Anweisung** nach Abs. 2a (→ Rn. 49 ff.) **durch den Übertragungsnetzbetreiber** gegenüber dem Fernleitungsnetzbetreiber stattgefunden hat. Erst diese Anweisung des Übertragungsnetzbetreibers gegenüber dem Fernleitungsnetzbetreiber kehrt die Reihenfolge um und setzt die systemrelevanten Kraftwerke vor die geschützten Kunden. (Kooperationsvereinbarung → Rn. 4 ff, BDEW/VKU/GEODE-Leitfaden, Krisenvorsorge Gas → Rn. 6, S 14). 45

Insgesamt kommen folgende Maßnahmen als **Notfallmaßnahmen nach Abs. 2** in Betracht: 46
- Die Kürzung fester interner Bestellleistungen oder Vorhalteleistungen,
- Anweisungen zu Gasein- oder -ausspeisungen an Anschlusspunkten zu Speichern oder Produktionsanlagen,
- die Kürzung fester Ein- und Ausspeisungen an Grenzübergangspunkten,
- die Anweisung zur Erhöhung der Ein- und Ausspeisungen an Grenzübergangspunkten
- die Kürzung von Letztverbrauchern, die nicht nach § 53a geschützt sind,
- die Kürzung von durch den Übertragungsnetzbetreiber angewiesenen systemrelevanten Gaskraftwerken,
- die Kürzung von Letztverbrauchern, die gemäß § 53a geschützt sind.

IV. Mobilisierung von Gasmengen aus Speichern und anderen Aufkommensquellen

Der Abs. 2 spricht explizit von der Anpassung von Gasein- und -ausspeisung sowie von Gastransporten, nicht nur von Einkürzung. Dies ergibt sich aus der Tatsache, dass sich die Engpass- bzw. Notfallsituation aus einer Über- oder Unterspeisung ergeben kann. Insofern kann sich die Anpassung oder das Anpassungsverlangen auch auf eine zusätzliche Einspeisungen richten. 47

Eine Rechtsunsicherheit dürfte hinsichtlich der Mobilisierung von Gasmengen aus Gasspeichern und anderen Aufkommensquellen bestehen, da unklar ist, inwieweit der Abs. 2 in entsprechenden Notfallsituationen eine ausreichende Rechtsgrundlage für Anweisungen an Speicherbetreiber darstellen und einen Rechtfertigungsgrund für einen Eingriff in fremdes Eigentum darstellen kann. Hier stellt sich die Frage nach dem richtigen Adressaten, da bei auf Speicheranlagen bezogenen Maßnahmen sowohl der Speicherbetreiber, der Speicherkunde oder der Transportkunde als derjenige in Frage kommen kann, dem gegenüber die Anweisung potentiell erfolgen könnte. Der Fernleitungsnetzbetreiber steht jedoch nur mit dem Speicherbetreiber in einem vertraglichen Verhältnis und hat auch keinerlei Übersicht über die Zuordnung der im Speicher vorhandenen Mengen. Da das Gas im Eigentum des Speicherkunden steht und der Speicherbetreiber keine Verfügungsberechtigung über fremdes Eigentum besitzt, kann somit die Anweisung an ihn nur dahingehend lauten, dass er die technischen Voraussetzungen für die Ausspeicherungen erfüllt. Dies würde jedoch als Notfallmaßnahme keine Wirkung entfalten, da es in diesem Fall auf die Mobilisierung von zusätzlichen Gasmengen ankäme. Lautet die Anweisung des Fernleitungsnetzbetreibers an den Speicherbetreiber Gas auszuspeichern, könnte dieser das Anpassungsverlangen zur Vermeidung zivil- und evtl. strafrechtlicher Folgen mit der Begründung ablehnen, dass er nicht Eigentümer des Gases sei. 48

EnWG § 16   Teil 3. Regulierung des Netzbetriebs

48a   Für die eben erläuterte Rechtsunsicherheit für eine netzbetreiberseitigen Mobilisierung von Gasmengen aus Gasspeichern, welche unbekannten Marktteilnehmern gehören, ergibt sich nun zumindest für die Notfallstufe (→ Rn. 3a) eine pragmatischere alternative Möglichkeit. Soweit im Auftrag des Bundes durch den Marktgebietsverantwortlichen eingespeicherte Mengen nach Gasspeichergesetz (→ Rn. 2) zur Verfügung stehen, könnten diese nach Freigabeentscheidung durch den Bund nach § 35d zur Auflösung einer Notfallsituation freigegeben werden.

F. Berücksichtigung von Auswirkungen auf das Elektrizitätsversorgungssystem (Abs. 2a)

I. Zielsetzung

49   Der im Zuge der Erfahrungen aus der angespannten Gas- und Stromversorgungssituation im Februar 2012 (BGBl. I 2730) eingeführte Abs. 2a (→ Rn. 3) setzt eine Legislativ-Empfehlung der BNetzA um, welche in ihrem Bericht feststellte, dass die Zusammenarbeit im Strom- und Gasbereich verbessert werden müsse, „um der gewachsenen Bedeutung der Gaskraftwerke und somit der Gasversorgung derselben für die Systemsicherheit im Stromnetz Rechnung zu tragen" (Bericht der BNetzA zum Zustand der leitungsgebundenen Energieversorgung im Winter 2011/12 (www.bundesnetzagentur.de Abschnitt I 8 und Abschnitte III 9 und 10.4 sowie insbesondere IV 12.4). Die zunächst befristet eingeführte Regelung wurde durch Aufhebung der Befristung durch Art. 11 des Strommarktgesetzes vom 26.7.2016 (BGBl. I 1786) dauerhaft.

II. Berücksichtigung von Auswirkungen auf das Elektrizitätsversorgungssystem (Abs. 2a S. 1)

50   Neben den oben ausgeführten Auswahlkriterien (→ Rn. 21 ff.) ist der Fernleitungsnetzbetreiber nach S. 1 nunmehr auch verpflichtet, bei der Auswahl der Maßnahmen nach Abs. 1 oder Abs. 2 die **Auswirkungen auf die Sicherheit und Zuverlässigkeit des Elektrizitätsversorgungssystems angemessen zu berücksichtigen.** Er tut dies auf der Grundlage der von den Übertragungsnetzbetreibern nach § 15 Abs. 2 bereitzustellenden Informationen.

51   Nach Einschätzung, ob die Maßnahme zur effektiven und rechtzeitigen Gefährdungs- oder Störungsbeseitigung im Gasversorgungssystem geeignet ist, muss der Fernleitungsnetzbetreiber also auf der Basis der ihm nach § 15 Abs. 2 zur Verfügung stehenden Informationen über das Übertragungsnetz die Auswirkungen auf das Elektrizitätsversorgungssystem einschätzen und bei mehreren gleich geeigneten Maßnahmen diejenige mit der geringsten Eingriffstiefe, dh mit den am wenigsten schädlichen Auswirkungen auswählen. Allerdings werden sich zum einen aufgrund der Besonderheit des Transports von Molekülen im Gegensatz zum Transport von Elektronen hinsichtlich Lastflusssituation, Kundenanlagen und -verhalten realiter oft nicht gleich geeignete Maßnahmen ergeben. Zum anderen ist bei der Bewertung, ob die richtige Maßnahme gewählt wurde, generell zu berücksichtigen, dass die Abwägung zur Maßnahmenauswahl in einer Notfall- und Drucksituation getroffen werden muss.

52   Der Fernleitungsnetzbetreiber muss diese Abwägung **angemessen** vornehmen. Dies umfasst nicht nur die Angemessenheit der Abwägung zwischen den Auswirkungen im Gasnetz gegenüber den Auswirkungen im Elektrizitätsversorgungsnetz, sondern auch die Angemessenheit von Umfang und Tiefe der Abwägung angesichts der Dringlichkeit und Kritikalität der Störungssituation.

III. Sonderregelungen für systemrelevante Kraftwerke (Abs. 2a, S. 2 und 3)

53   Abs. 2a Sätze 2 und 3 sehen für den Fall der Notwendigkeit von Maßnahmen nach Abs. 1 und 2 Privilegierungen der Gasversorgung für systemrelevante Kraftwerke vor. Für die Privilegierung müssen die Kraftwerke nach § 13f als systemrelevant ausgewiesen und in der konkreten Versorgungslage nach Abs. 2a S. 1 zur privilegierten Versorgung (bzw. andersherum gesagt zur nachrangigen Einschränkung) durch den Übertragungsnetzbetreiber angewiesen sein.

Systemrelevante Kraftwerke sind Gaskraftwerke, mit einer Nennleistung ab 50 Megawatt, 54
welche vom Übertragungsnetzbetreiber ganz oder teilweise als systemrelevant ausgewiesen,
dh als solche eingeordnet und benannt sind. Die Systemrelevanz ist nach der Legaldefinition
in § 13f Abs. 1 S. 1 dann gegeben, wenn und soweit eine Einschränkung der Gasversorgung
dieser Anlage mit hinreichender Wahrscheinlichkeit zu einer nicht unerheblichen Gefährdung oder Störung der Sicherheit oder Zuverlässigkeit des Elektrizitätsversorgungssystems
führt.

Die Ausweisung, dh die entsprechende Einordung und Benennung als systemrelevantes 55
Kraftwerk erfolgt nach in § 13f festgelegtem Verfahren und Grundsätzen auf Antrag des
Übertragungsnetzbetreibers und ist von der BNetzA zu genehmigen. Über diese Genehmigung werden die Betreiber der betroffenen Gasversorgungsnetze nach § 13f Abs. 1 S. 8 durch
den Übertragungsnetzbetreiber informiert.

Abs. 2a S. 2 privilegiert die Gasversorgung systemrelevanter Gaskraftwerke dahingehend, 56
dass Maßnahmen nach Abs. 1, also netz- und marktbezogene Maßnahmen zur Beseitigung
einer Gefährdung oder Störung des Gasversorgungssystems nicht zur Einschränkung der
Gasversorgung systemrelevanter Kraftwerke führen dürfen. Diese Privilegierung hat Auswirkungen auf die Reihenfolge der gesetzlich zur Auswahl stehenden Maßnahmen (→ Rn. 21).
Hat ein systemrelevantes Kraftwerk unterbrechbare Kapazitäten gebucht, ist aber durch den
Übertragungsnetzbetreiber als systemrelevantes Kraftwerk ausgewiesen, können damit de
facto auch diese unterbrechbaren Kapazitäten nicht durch den Fernleitungsnetzbetreiber
unterbrochen werden (Kment EnWG/Thünger § 16 Rn. 16). Einschränkungen dürfen erst
durch Notfallmaßnahmen nach Abs. 2 erfolgen. Diese Privilegierung gilt jedoch nur, wenn
der Übertragungsnetzbetreiber die weitere Gasversorgung gegenüber dem Fernleitungsnetzbetreiber konkret und auf die Störungs- oder Gefährdungssituation bezogen anweist (→
Rn. 60).

Nach Abs. 2a S. 3 darf der Fernleitungsnetzbetreiber die Versorgung systemrelevanter 57
Kraftwerke (→ Rn. 54, § 13f) auch bei Notfallmaßnahmen nach Abs. 2 nur nachrangig
einschränken. Nach Prüfung der Effektivität einer Notfallmaßnahme (→ Rn. 21 ff.) nach
Abs. 2 ist damit bei mehreren gleich geeigneten Maßnahmen, die die rechtzeitige und effektive Beseitigung der Gefährdung oder Störung betreffen, zunächst diejenige zu wählen,
welche sich nicht auf das systemrelevante Kraftwerk bezieht. Auch hier muss der Übertragungsnetzbetreiber die weitere Gasversorgung des systemrelevanten Kraftwerks dem Fernleitungsnetzbetreiber gegenüber konkret und auf die Störungs- oder Gefährdungssituation
bezogen anweisen (→ Rn. 60).

IV. Abwägungsverpflichtungen und Anweisung des Übertragungsnetzbetreibers

Wegen der weitreichenden Auswirkungen der Privilegierung des systemrelevanten Kraft- 58
werks dahingehend, dass mit der Auswahl einer anderen Notfallmaßnahme nach Abs. 2 eine
Versorgungseinschränkung oder -unterbrechung an anderer Stelle vorgenommen werden
muss, besteht seitens des Übertragungsnetzbetreibers die Verpflichtung, die Anweisung der
nachrangigen Einschränkbarkeit des systemrelevanten Kraftwerks nur dann auszusprechen,
wenn er zuvor alle verfügbaren netz- und marktbezogenen Maßnahmen zur Störungsbeseitigung im Übertragungsnetz ausgeschöpft hat. Zusätzlich obliegt es ihm – im Sinne einer
umfassenden Abwägung (Kment EnWG/Thünger § 16 Rn. 17) – die Folgen von Notfallmaßnahmen im Stromnetz nach § 13 Abs. 2 gegen die Folgen von Notfallmaßnahmen im
Gasnetz nach § 16 Abs. 2 abzuwägen und die weitere Versorgung des systemrelevanten Kraftwerks nur dann anzuweisen, wenn dies angemessen erscheint. Das heißt die Nachteile einer
Versorgungseinschränkung des Gaskraftwerks für die Stromversorgung müssen die Nachteile
der Versorgungseinschränkung im Gasnetz voraussichtlich aus der Prognose des Übertragungsnetzbetreibers heraus überwiegen. So ist zB zu bedenken, dass eine Abschaltung von
Haushaltskunden im Strom ohne größeren Aufwand wieder rückgängig gemacht werden
kann. Eine Abschaltung von Haushaltskunden bezüglich ihrer Gasheizungen bedarf eine
Entlüftung durch Monteure in jedem einzelnen Haushalt, bevor ein Gebiet wieder gefahrlos
an das Gasnetz geschaltet werden kann.

Eine solche Einschätzung kann nur bei Kenntnis der Gegebenheiten des Gasnetzes 59
erfolgen, weswegen Gasnetzbetreiber nach § 12 Abs. 4 Nr. 4 verpflichtet sind, den

Übertragungsnetzbetreibern auf deren Verlangen unverzüglich die Informationen einschließlich etwaiger Betriebs- und Geschäftsgeheimnisse bereitzustellen, die notwendig sind, damit die Elektrizitätsversorgungsnetze sicher und zuverlässig betrieben, gewartet und ausgebaut werden können.

60 Zur Privilegierung des systemrelevanten Kraftwerks im Rahmen von Maßnahmen nach Abs. 1 und Notfallmaßnahmen nach Abs. 2 sehen Abs. 2a S. 2 und S. 3 vor, dass neben der genannten Ausweisung und Genehmigung des Kraftwerks als systemrelevant (→ Rn. 54) der Übertragungsnetzbetreiber dem Fernleitungsnetzbetreiber die weitere Gasversorgung des Kraftwerks anweist. Hierfür haben die Fernleitungs- und Übertragungsnetzbetreiber für den Fall einer Störungs- oder Gefährdungssituation im Gas- oder Stromnetz einen Prozess über jeweils einen koordinierenden Netzbetreiber bestimmt.

61 Zum Teil wird die Frage nach der Rechtsnatur einer solchen Anweisung diskutiert, da Übertragungs- und Fernleitungsnetzbetreiber in der hier relevanten Hinsicht weder in einem vertraglichen, noch – in aller Regel – in einem gesellschaftsrechtlichen Verhältnis stehen. Weiter werden berechtigt Zweifel daran geäußert, dass die Regelungen unter Abs. 2a S. 2 und S. 3 eine verfassungsrechtlich wirksame Beleihung des Übertragungsnetzbetreibers darstellen können. (Säcker EnergieR/Barbknecht § 16 Rn. 12). Diese Fragestellung dürfte jedoch nur unter dem Aspekt der (behördlichen bzw. gerichtlichen) Durchsetzbarkeit einer Anweisung durch den Übertragungsnetzbetreiber von Belang sein und damit in der praktischen Anwendung keine Rolle spielen, da die Anweisung bzw. ihre Umsetzung für die Störungsbeseitigung nur im engen zeitlichen Zusammenhang relevant ist. Denn die Frage, ob die Anweisung bei Weigerung durchgesetzt werden kann, stellt sich angesichts der Dringlichkeit und Kritikalität von Störungs- oder Gefährdungssituationen nicht mehr. Sollte eine Weisung nicht umgesetzt werden, stellen sich im Nachgang allenfalls Haftungsfragen.

62 Im Falle der Anwendung von Maßnahmen im Rahmen der Wahrnehmung der Systemverantwortung geht es um die effektive Gefährdungs- oder Störungsbeseitigung in einer Not- und Drucksituation. Gleichzeitig muss der Fernleitungsnetzbetreiber bei der Anwendung der netz- und marktbezogenen bzw. der Notfall-Maßnahmen hierfür die notwendigen Abwägungen treffen (→ Rn. 21 ff.) und dabei seiner Verpflichtung genügen, nach Abs. 2a S. 1 die Auswirkungen auf das Elektrizitätsversorgungssystem angemessen zu berücksichtigen (→ Rn. 50). Schließlich muss er nach Abs. 2a S. 2 und S. 3 die gesetzlichen Privilegierungen bezüglich systemrelevanter Kraftwerke und geschützter Kunden nach § 53a (→ Rn. 41) ordnungsgemäß umsetzen und vor allem technisch die Gefährdungs- oder Störungssituation beseitigen. Zu berücksichtigen ist, dass diese Aufgaben in der Hand des jeweiligen im Dienst befindlichen Mitarbeiters der Leitwarte liegen. Damit dieser seine Arbeit richtig durchführen kann ist die Anweisung des Übertragungsnetzbetreibers daher zum einen organisatorisch notwendige Voraussetzung für den komplexen Abwägungsprozess zur Wahl der richtigen Maßnahme für die Störungsbeseitigung. Zum anderen dient die Vorgabe zur Anweisung auch dazu auf Seiten des Übertragungsnetzbetreibers sicherzustellen, dass die nach Abs. 2a S. 4 notwendigen Abwägungen seinerseits erfolgen.

G. Ruhen der Leistungspflichten und Haftung (Abs. 3)

63 Muss der Gastransport durch eine Notfallmaßnahme nach Abs. 2 angepasst werden, ruhen bis zur Beseitigung der Gefährdung oder Störung alle hiervon jeweils betroffenen Leistungspflichten. Angesichts der Art der Leistungen beim Gastransport, welche sich auf zu einem bestimmten Zeitpunkt gebuchte Transportkapazitäten richten, auf denen in einem Fahrplan die konkrete Kapazitätsnutzung nach Menge und Zeit nominiert wird, bedeutet **Ruhen**, dass alle Leistungen für die Dauer der Notfallmaßnahme unterbrochen sind (und nicht etwa nachgeholt werden können, so Säcker EnergieR/Barbknecht § 16 Rn. 14). Sie können erst nach Beseitigung der Gefährdung oder Störung wieder aufgenommen werden.

64 Die Leistungspflichten ruhen im Verhältnis zwischen Fernleitungsnetzbetreiber und Maßnahmenadressat, da Abs. 3 auf die Notfallmaßnahmen nach Abs. 2 und damit auf das dort genannte Parteienverhältnis verweist. Nach dem Gesetzeswortlaut („alle jeweils hiervon [dh von der Notfallmaßnahme] betroffenen Leistungspflichten") ruhen alle Leistungspflichten zwischen Netzbetreiber und Maßnahmenadressaten insoweit, als sie von der Notfallmaßnahme betroffen sind (Britz/Hellermann/Hermes/Bourwieg, 3. Aufl., § 16 Rn. 18 iVm § 13

Rn. 123 in Beschränkung auf die synallagmatischen Leistungspflichten). Vom Ruhen nicht betroffen ist nach Abs. 3 S. 2 die Bilanzkreisabrechnung, welche als Leistung des Marktgebietsverantwortlichen explizit ausgenommen ist. Dies bedeutet zB auch, dass die Verpflichtungen des Bilanzkreisverantwortlichen aus seinem Bilanzkreisvertrag weiter gelten, soweit er sie auch nach Ergreifung der Notfallmaßnahmen erfüllen kann, zB die Pflicht für einen ausgeglichenen Bilanzkreis zu sorgen oder zumindest alle zumutbaren Anstrengungen zu unternehmen, um prognostizierbare Abweichungen zu vermeiden. Das dürfte zB bei Ausfall von Gasmengen auf Seiten des Bilanzkreisverantwortlichen zumindest die Pflicht bedeuten, den betroffenen Transportkunden zu informieren.

Soweit die Notfallmaßnahmen nach Abs. 2 und 2a ergriffen wurden und zu reinen Vermögensschäden führen, ist die Haftung der Netzbetreiber für Vermögensschäden insoweit ausgeschlossen. Entsprechend der Gesetzesbegründung ergibt sich die Notwendigkeit für einen Haftungsausschluss daher, dass Notfallmaßnahmen in der Regel auf Basis einer komplexen und volatilen Situation und unter Zeitdruck ausgewählt und umgesetzt werden müssen. Die Gesetzesbegründung führt aus, dass ohne den Haftungsausschluss nicht auszuschließen wäre, „dass angesichts unübersehbarer Haftungsrisiken bei eingreifenden Maßnahmen nach § 13 Abs. 2 für den Netzbetreiber ein Anreiz zum Untätigbleiben in Notsituationen entstünde" (BT-Drs. 15/3917, 58, 57 zu § 16 iVm § 13 Abs. 4). Der Haftungsausschluss ist daher für den Fernleitungsnetzbetreiber weit auszulegen (Elspas/Graßmann/Rasbach/Scholze § 16 Rn. 37). 65

Die Norm formuliert keinen Haftungsausschluss für Personen- und Sachschäden. Die mit Blick auf das Handeln in einer Notfallsituation geforderte gesetzliche Klarstellung im Sinne eines Haftungsausschlusses für Personen- und Sachschäden (Elspas/Graßmann/Rasbach/Scholze § 16 Rn. 39) wäre im Sinne der Gesetzesbegründung zur Verhinderung eines Anreizes zum Untätigbleiben in Notsituationen wünschenswert. 66

Die Ergänzung der Haftungsregelung in Abs. 3 S. 3, welche zeitweise einen Verweisungsfehler enthielt, wurde mit dem am 27.7.2021 in Kraft getretenen „Gesetz zur Umsetzung unionsrechtlicher Vorgaben und zur Regelung reiner Wasserstoffnetze im Energiewirtschaftsrecht" (BGBl. 2021 I 3026 (3031)) korrigiert. Die in dieser Ermächtigungsgrundlage angelegte Haftungsbeschränkung wurde in der Niederdruckanschlussverordnung (NDAV) umgesetzt. Die in § 18 NDAV normierten Haftungsregelungen gelten gemäß § 5 GasNZV für die Haftung bei Störungen der Netznutzung entsprechend für alle Druckstufen der Netzbetreiber. 67

H. Informations- und Begründungspflicht (Abs. 4)

Der Netzbetreiber muss **über die Gründe** von durchgeführten Anpassungen und Maßnahmen die hiervon **unmittelbar Betroffenen und die Regulierungsbehörde unverzüglich informieren.** Unmittelbar Betroffene sind die „**unmittelbaren Adressaten** dieser Anpassungen und Maßnahmen" (BT-Drs. 15/3917, 58, 57 zu § 16 iVm § 13), dh die direkten Netzkunden des Fernleitungsnetzbetreibers, zB nachgelagerte Netzkunden, Transportkunden oder direkt angeschlossene Verbraucher (zB Industriekunden), bei denen Anpassungen vorgenommen oder verlangt werden. Die Ausgestaltung dieser Informations- und Begründungspflicht ist durch entsprechende Definition der Informationsschritte und Formulargestaltung im Leitfaden Krisenvorsorge (→ Rn. 6) umgesetzt. 68

Die Informations- und Begründungspflicht bezieht sich sachlogisch im Wesentlichen auf Anpassungen und Maßnahmen (Notfallmaßnahmen) nach Abs. 2. Dies ergibt sich zum einen aus der vorangestellten Nennung der „Anpassungen" und aus systematischen Erwägungen aus der Reihenfolge des Abs. 4 nach Abs. 3, welcher sich auf Maßnahmen nach Abs. 2 bezieht. Außerdem werden die netzbezogenen Maßnahmen nach Abs. 1 (→ Rn. 29 ff.) wie die Nutzung von Netzpuffern oder Schaltmaßnahmen keiner Information und Begründung bedürfen, weil sie eben vollständig in der Sphäre des Netzbetreibers vorgenommen werden können. Gerade die Problemlösung durch eine Maßnahme innerhalb der Sphäre des Netzbetreibers ohne versorgungsbeeinträchtigende Auswirkungen auf Dritte ist auch der Grund für das hier geregelte Stufenmodell. Die marktbezogenen Maßnahmen (→ Rn. 32) wiederum werden auf Basis vertraglicher Vereinbarung vorgenommen und bedürfen daher ebenfalls 69

EnWG § 16   Teil 3. Regulierung des Netzbetriebs

keiner über die Vereinbarung hinausgehenden gesonderten Begründung (Britz/Hellermann/Hermes/Bourwieg, 3. Aufl., § 16 Rn. 20).

70   Die Begründung gegenüber den unmittelbar betroffenen Adressaten von Notfallmaßnahmen und der BNetzA muss **unverzüglich,** dh ohne schuldhaftes Zögern erfolgen. Dies bedeutet mit Blick auf Sinn und Zweck der Vorschrift, die schwerwiegenden Auswirkungen von Gefährdungen oder Störungen und mit Blick auf die besondere Kritikalität und Dringlichkeit von Notfallmaßnahmen, dass vor der Begründung die Beseitigung der Gefährdungen oder Störungen des Gasversorgungssystems vorzunehmen ist.

71   Dies bedeutet, dass den Adressaten der Anpassungsmaßnahmen die erforderlichen Unterlagen zur Nachprüfung der vorgebrachten Gründe für das vom Netzbetreibern den Adressaten der Anpassungsmaßnahmen geäußerte Verlangen zur Nachprüfung der vorgebrachten Gründe die erforderlichen Unterlagen vorzulegen sind (BT-Drs. 15/3917, 58, 57 zu § 16 iVm § 13 Abs. 4). Hierfür kommen alle vom Netzbetreiber erstellten bzw. bei ihm vorhandenen Unterlagen in Betracht, soweit sie für das Belegen der Gründe erforderlich sind und soweit er damit keine Vertraulichkeitspflichten etwa nach der informatorischen Entflechtung nach → § 6a Rn. 15 verletzt. Die Auswahl obliegt dem Netzbetreiber.

72   Die Regelung stellt nur eine Informationszugangsregelung zugunsten des Netznutzers, aber **keine Beweislastregel** zu Lasten des Netzbetreibers dar (Säcker EnergieR/Barbknecht § 16 Rn. 15).

I. Schwachstellenanalyse (Abs. 5 – weggefallen)

73   Mit dem am 27.7.2021 in Kraft getretenen „Gesetz zur Umsetzung unionsrechtlicher Vorgaben und zur Regulierung reiner Wasserstoffnetze im Energiewirtschaftsrecht" (BGBl. 2021 I 3026) wurde der Abs. 5 aufgehoben, der die Verpflichtung zur Erstellung einer jährlichen Schwachstellenanalyse regelte. Dies erfolgte deshalb, weil die Erstellung einer Risikobewertung nach Art. 7 VO (EU) 2017/1938 zusammengefasst und nunmehr unionsweit durchgeführt wird. Die Risikoanalyse erfolgt über den (nach Art. 5 VO (EU) 715/2009 geregelten) Europäischen Verband der Fernleitungsnetzbetreiber für Gas (ENTSO-G; European Network of Transmission System Operators for Gas).

J. Unterrichtungspflicht des FNB an die BNetzA (Abs. 4a)

74   Der mit dem Gesetz zur Änderung des Energiesicherungsgesetzes und anderer energierechtlicher Vorgaben vom 20.5.2022 (BGBl. I 730) eingefügte Abs. 4a dient der besseren Koordination der Notfallmaßnahmen der Fernleitungsnetzbetreiber und den davon getrennt zu betrachtenden Maßnahmen der BNetzA als Bundeslastverteiler. Nach § 1 der (aufgrund § 1 EnSiG erlassenen) Verordnung zur Sicherung der Gasversorgung in einer Versorgungskrise (GasSV) ist der Bundeslastverteiler berechtigt, zur Deckung des **lebenswichtigen Bedarfs** an Gas Verfügungen zu erlassen, wenn gemäß § 7 Abs. 2 GasSV die Notfallstufe ausgerufen wurde. Um sicherzustellen, dass der Bundeslastverteiler rechtzeitig Maßnahmen ergreifen kann, **muss der Fernleitungsnetzbetreiber** diesen **unverzüglich unterrichten, wenn** die **Notfallmaßnahmen nach § 16 Abs. 2 nicht mehr ausreichen, um den lebenswichtige Bedarf an Gas zu decken.**

75   Bereits seit Einführung des Leitfadens Krisenvorsorge (→ Rn. 6) ist in den dortigen Prozessen vorgesehen ist, dass die BNetzA schon bei der Information der Netzkunden über eine Engpasssituation und in der Folge über die weiteren Maßnahmen mit informiert wird. Durch den Abs. 4a erfolgt daher nur die Normierung einer für alle Parteien gleichen Interessenlage. Auch die Fernleitungsnetzbetreiber haben im Sinne der effektiven Beseitigung einer übergreifenden Störung bzw. Gasmangellage ein Interesse, dass die BNetzA (und ggf. zuständige Landesbehörden) rechtzeitig eingebunden sind. Zusätzlich zur allseitigen Interessenlage an einer frühzeitigen Information der zuständigen Behörde geht es aber auch um die Information darüber, ob die Gefährdungs- oder Störungssituation durch die Fernleitungsnetzbetreiber bewältigt werden kann oder ob weitere hoheitliche Maßnahmen erforderlich sind.

76   Welcher Bedarf als lebenswichtig anzusehen ist, wird im EnSiG (Theobald/Kühling/Schulte-Beckhausen § 1 EnSiG RN 5) und auch in der GasSV (Thole/Almes IR 2022,161(163) nicht näher ausgeführt. Nach § 1 Abs. 1 S. 2 EnSiG gilt als lebenswichtig

auch der Bedarf zur Erfüllung öffentlicher Aufgaben sowie europäischer und internationaler Verpflichtungen. Die BNetzA hat zum Begriff des **lebenswichtigen Bedarfs** (und zum Begriff der geschützten Kunden) entsprechende Auslegungshinweise verfasst und diese unter dem Titel „Lebenswichtiger Bedarf bei geschützten und nicht geschützte Kunden in einer nationalen Gasmangellage" auf ihrer Homepage (www.bnetza.de) veröffentlicht. Danach können sowohl nicht geschützte als auch geschützte Kunden nach § 53a lebenswichtigen Bedarf an Gas haben. Zum nicht lebenswichtigen Bedarf der geschützten Kunden zählen Luxusbedarfe, zB für das Heizen privater Schwimmbäder oder einer Sauna. Zum lebenswichtigen Bedarf nicht geschützter Kunden können danach zB die Herstellung lebenserhaltender, nicht importierbarer Medikamente oder auch Gasbedarfe zur Gewährleistung von Sicherheits- und Umweltschutz-Maßnahmen (zB in Chemieanlagen) zählen. Diese Einordnung ist jedoch wie ausgeführt nicht Bewertungsgrundlage bei Maßnahmen des Fernleitungsnetzbetreibers. Die Einordnung der Gefährdung des lebenswichtigen Bedarfs führt vielmehr dazu, dass das Handeln der Netzbetreiber auf der Basis des § 16 durch hoheitliches Handeln abgelöst werden muss.

§ 16a Aufgaben der Betreiber von Gasverteilernetzen

¹Die §§ 15 und 16 Abs. 1 bis 4 gelten für Betreiber von Gasverteilernetzen im Rahmen ihrer Verteilungsaufgaben entsprechend, soweit sie für die Sicherheit und Zuverlässigkeit der Gasversorgung in ihrem Netz verantwortlich sind. ²§ 16 Abs. 5 ist mit der Maßgabe anzuwenden, dass die Betreiber von Gasverteilernetzen nur auf Anforderung der Regulierungsbehörde eine Schwachstellenanalyse zu erstellen und über das Ergebnis zu berichten haben.

Überblick

Nach § 16a finden die Vorschriften der §§ 15 und 16 Abs. 1–4 entsprechende Anwendung auf die Gasverteilernetzbetreiber (Satz 1) (→ Rn. 3), dagegen § 16 Abs. 5 nur eingeschränkt (Satz 2) (→ Rn. 7).

A. Normzweck und Bedeutung

§ 16a trägt nach dem Willen des Gesetzgebers dem Umstand Rechnung, dass die **Sicherheit und Zuverlässigkeit des Gesamtsystems** der Gasversorgungsnetze nicht nur auf der Ebene der Transportnetze, sondern auch – zunehmend – auf Ebene der Verteilernetze entschieden wird. Die Grundpflichten der §§ 15, 16 sollen daher auch auf Ebene der Gasteilernetze gelten. Dagegen sieht der Gesetzgeber die Instrumente des Netzentwicklungsplans und des Umsetzungsberichts dort nicht als erforderlich an (BT-Drs. 15/5736 (neu), 3). 1

B. Entstehungsgeschichte

§ 16a wurde erst **am Ende des Gesetzgebungsverfahrens zum EnWG 2005** durch die Beschlussempfehlung des Vermittlungsausschusses eingefügt (vgl. BT-Drs. 15/5736, 3). Im Gesetzentwurf waren die Aufgaben und Systemverantwortung der Betreiber von Fernleitungs- und Gasverteilernetzen zuvor noch gemeinsam in §§ 15, 16 geregelt (vgl. BR-Drs. 613/04, 104 f.). 2

C. Entsprechende Geltung für Gasverteilernetzbetreiber (S. 1)

Satz 1 richtet sich an die **Betreiber von Gasverteilernetzen** iSd § 3 Nr. 8 und betrifft die Verteilung von Gas iSd § 3 Nr. 37. 3

Satz 1 ordnet an, dass §§ 15 und 16 Abs. 1–4 für Betreiber von Gasverteilernetzen im Rahmen ihrer Verteilungsaufgaben entsprechend gelten. Ein **wichtiger Anwendungsfall** ist die entsprechende Geltung des § 15 Abs. 1 und der Verpflichtung, den Gastransport unter Berücksichtigung der Verbindungen mit anderen Netzen zu regeln und mit der Bereitstellung und dem Betrieb ihrer Gasverteilernetze vor allem im nationalen Ver- 4

EnWG § 16a   Teil 3. Regulierung des Netzbetriebs

bund zu einem sicheren und zuverlässigen Gasversorgungssystem in ihrem Netz und damit zu einer sicheren Energieversorgung beizutragen. Damit werden die **Kooperationspflichten** in Bezug genommen, wie sie durch § 20 Abs. 1b sowie die Regelungen der GasNZV und der Kooperationsvereinbarung ausgestaltet sind (vgl. Britz/Hellermann/Hermes/Bourwieg, 3. Aufl., § 16a Rn. 4).

5   Die entsprechende Anwendung der §§ 15, 16 Abs. 1–4 gilt **nur insoweit, als die Gasverteilernetzbetreiber** für die Sicherheit und Zuverlässigkeit der Gasversorgung in ihrem Netz **verantwortlich sind.** Diese Einschränkung hat folgenden Hintergrund: Die Fernleitungsnetzbetreiber sind zum Teil auch für die Sicherheit und Zuverlässigkeit der Gasversorgung in den Verteilernetzen verantwortlich. Dies liegt daran, dass die Fahrweise der den Gasverteilernetzen vorgelagerten Fernleitungsnetze unmittelbaren Einfluss auf den Verteilernetzbetrieb hat (Kment EnWG/Tüngler § 16a Rn. 7). Die Einschränkung in Satz 1 aE dient also dazu, Kompetenzüberlagerungen zu vermeiden und der Wahrnehmung der in diesen Vorschriften geregelten Aufgaben durch die Fernleitungsnetzbetreiber, die das Gesamtsystem maßgeblich steuern, Vorrang einzuräumen (Säcker EnergieR/Barbknecht § 16a Rn. 7). Diese Kompetenzabgrenzung dürfte in der durch den Ukrainekrieg ausgelösten **Gasversorgungskrise** dann bedeutsam werden, wenn die Sicherheit und Zuverlässigkeit der Gasversorgung aufgrund ausbleibender Importe, die regelmäßig auf der Fernleitungsnetzebene abgewickelt werden, gefährdet ist. In diesen Fällen dürften vorrangig die Fernleitungsnetzbetreiber zum Handeln verpflichtet sein, das auch in einer entsprechenden Anweisung der Verteilernetzbetreiber zB zur Repartierung bestehen kann (vgl. insoweit die Kooperationspflichten gem. § 21 der Kooperationsvereinbarung Gas XIII, dort insbesondere Ziffer 4 und 5).

6   Im Übrigen kann auf die Kommentierung der entsprechenden Vorschriften verwiesen werden. Dabei ist zu beachten, dass § 16a noch seinen ursprünglichen Wortlaut aus dem Jahr 2005 hat, während § 16 zwischenzeitlich um die Absätze 2a und 4a ergänzt wurde. Daher stellt sich die Frage, ob der Verweis beide Absätze miterfasst (§ 16 Abs. 2a) bzw. die unterbliebene Ergänzung des Verweises ein redaktionelles Versehen darstellt (§ 16 Abs. 4a). Hinsichtlich § 16 Abs. 2a wird man dies mit Blick auf Satz 1 verneinen müssen. Die dort in Bezug genommenen Informationen nach § 15 Abs. 2 sind von den Übertragungsnetzbetreibern nur den Fernleitungsnetzbetreibern bereitzustellen. Dagegen besteht ein Regelungsbedürfnis, dass auch Gasverteilernetzbetreiber die Vorgaben des § 16 Abs. 2a S. 2–4 hinsichtlich des Gasbezugs systemrelevanter Gaskraftwerke beachten, sofern diese über ihr Netz Gas beziehen sollten. Unklar bleibt, ob der Verweis § 16 Abs. 4a erfasst; die Gesetzesbegründung ist wenig aussagekräftig (BT-Drs. 20/1766, 20). Aufgrund der gestiegenen Verantwortung der Gasverteilernetzbetreiber für die Energieversorgungssicherheit wäre eine Klarstellung des Inhalts und der Reichweite des Verweises in Satz 1 wünschenswert. Dies müsste dann auch in der Kooperationsvereinbarung zwischen den Betreibern von in Deutschland gelegenen Gasversorgungsnetzen (ggf. im dortigen § 21) nachvollzogen werden.

D. Eingeschränkte Geltung (S. 2)

7   § 16 Abs. 5 findet nach Satz 2 grundsätzlich keine Anwendung bzw. **nur eingeschränkt Anwendung.** Mit dem am 27.7.2021 in Kraft getretenen „Gesetz zur Umsetzung unionsrechtlicher Vorgaben und zur Regelung reiner Wasserstoffnetze im Energiewirtschaftsrecht" (BGBl. 2021 I 3026) wurde § 16 Abs. 5 aufgehoben, der die Verpflichtung zur Erstellung einer jährlichen Schwachstellenanalyse regelte (vgl. → § 16 Rn. 73). Anders als Fernleitungsnetzbetreiber waren Gasverteilernetzbetreiber zunächst nicht verpflichtet, zur Vermeidung schwerwiegender Versorgungsstörungen jährlich eine Schwachstellenanalyse zu erarbeiten und auf dieser Grundlage notwendige Maßnahmen zu treffen. Sie mussten auch nicht über das Ergebnis der Schwachstellenanalyse und die Maßnahmen der Regulierungsbehörde auf Anforderung berichten. Allerdings sah § 16 Abs. 5 aF vor, dass die Betreiber von Gasverteilernetzen bei einer entsprechenden Anforderung der Regulierungsbehörde eine Schwachstellenanalyse zu erstellen und über das Ergebnis zu berichten haben.

Abschnitt 2. Netzanschluss

§ 17 Netzanschluss, Verordnungsermächtigung

(1) ¹Betreiber von Energieversorgungsnetzen haben Letztverbraucher, gleich- oder nachgelagerte Elektrizitäts- und Gasversorgungsnetze sowie -leitungen, Ladepunkte für Elektromobile, Erzeugungs- und Gasspeicheranlagen sowie Anlagen zur Speicherung elektrischer Energie zu technischen und wirtschaftlichen Bedingungen an ihr Netz anzuschließen, die angemessen, diskriminierungsfrei, transparent und nicht ungünstiger sind, als sie von den Betreibern der Energieversorgungsnetze in vergleichbaren Fällen für Leistungen innerhalb ihres Unternehmens oder gegenüber verbundenen oder assoziierten Unternehmen angewendet werden. ²Diese Pflicht besteht nicht für Betreiber eines L-Gasversorgungsnetzes hinsichtlich eines Anschlusses an das L-Gasversorgungsnetz, es sei denn, die beantragende Partei weist nach, dass ihr der Anschluss an ein H-Gasversorgungsnetz aus wirtschaftlichen oder technischen Gründen unmöglich oder unzumutbar ist. ³Hat die beantragende Partei diesen Nachweis erbracht, bleibt der Betreiber des L-Gasversorgungsnetzes berechtigt, den Anschluss an das L-Gasversorgungsnetz unter den Voraussetzungen des Absatz 2 zu verweigern. ⁴Die Sätze 2 und 3 sind nicht anzuwenden, wenn der Anschluss bis zum 21. Dezember 2018 beantragt wurde.

(2) ¹Betreiber von Energieversorgungsnetzen können einen Netzanschluss nach Absatz 1 Satz 1 verweigern, soweit sie nachweisen, dass ihnen die Gewährung des Netzanschlusses aus betriebsbedingten oder sonstigen wirtschaftlichen oder technischen Gründen unter Berücksichtigung des Zwecks des § 1 nicht möglich oder nicht zumutbar ist. ²Die Ablehnung ist in Textform zu begründen. ³Auf Verlangen der beantragenden Partei muss die Begründung im Falle eines Kapazitätsmangels auch aussagekräftige Informationen darüber enthalten, welche Maßnahmen und damit verbundene Kosten zum Ausbau des Netzes im Einzelnen erforderlich wären, um den Netzanschluss durchzuführen; die Begründung kann nachgefordert werden. ⁴Für die Begründung nach Satz 3 kann ein Entgelt, das die Hälfte der entstandenen Kosten nicht überschreiten darf, verlangt werden, sofern auf die Entstehung von Kosten zuvor hingewiesen worden ist.

(3) ¹Die Bundesregierung wird ermächtigt, durch Rechtsverordnung mit Zustimmung des Bundesrates
1. Vorschriften über die technischen und wirtschaftlichen Bedingungen für einen Netzanschluss nach Absatz 1 Satz 1 oder Methoden für die Bestimmung dieser Bedingungen zu erlassen und
2. zu regeln, in welchen Fällen und unter welchen Voraussetzungen die Regulierungsbehörde diese Bedingungen oder Methoden festlegen oder auf Antrag des Netzbetreibers genehmigen kann.

²Insbesondere können durch Rechtsverordnungen nach Satz 1 unter angemessener Berücksichtigung der Interessen der Betreiber von Energieversorgungsnetzen und der Anschlussnehmer
1. die Bestimmungen der Verträge einheitlich festgesetzt werden,
2. Regelungen über den Vertragsabschluss, den Gegenstand und die Beendigung der Verträge getroffen werden und
3. festgelegt sowie näher bestimmt werden, in welchem Umfang und zu welchen Bedingungen ein Netzanschluss nach Absatz 2 zumutbar ist; dabei kann auch das Interesse der Allgemeinheit an einer möglichst kostengünstigen Struktur der Energieversorgungsnetze berücksichtigt werden.

Überblick

Der Anspruch auf Netzanschluss stellt eine der zentralen Normen des deutschen Energierechts dar. Die Norm ist in drei thematisch verschiedene Absätze gegliedert. In Absatz 1

Marquering

wird die Anschlusspflicht des Netzbetreibers definiert und regelt neben dem Anspruchsinhalt (→ Rn. 17), wer Normadressat (→ Rn. 3) und wer Anspruchsinhaber (→ Rn. 7 ff.) ist. Mit Absatz 2 wird die sich aus dieser Pflicht ergebende Eigentumsbindung abgefedert, indem die Voraussetzungen einer Anschlussverweigerung durch den Netzbetreiber geregelt werden. Dem Netzbetreiber wird die Möglichkeit einräumt, den Netzanschluss zu verweigern, wenn ihm der Anschluss technisch oder wirtschaftlich unzumutbar ist (→ Rn. 35). Absatz 3 enthält die Ermächtigung der Bundesregierung, Rechtsverordnungen zu den Bedingungen und Voraussetzungen der Schaffung oder Ablehnung von Netzanschlüssen zu erlassen (→ Rn. 56). Die Pflicht der Netzbetreiber nach § 11 Abs. 1 S. 1, ein Energieversorgungsnetz diskriminierungsfrei zu betreiben, gewinnt für die Netznutzer erst mit dem Anschlussrecht nach § 17 und dem Recht auf Netznutzung nach §§ 20 ff. unmittelbare Bedeutung. Als Voraussetzung für den Netzzugang bzw. die Netznutzung ist der Netzanschluss diesen Rechten vorgelagert. Dabei greift das gesetzlich geregelte Anschlussrecht in die Belange der Netzbetreiber ein. Es soll sicherstellen, dass sie den als natürliches Monopol (in Erwägungsgrund 2 S. 1 VO (EU) 2017/459 „NC CAM" heißt es: „Eine Duplizierung der Erdgasfernleitungsnetze ist in den meisten Fällen weder wirtschaftlich noch effizient") einzustufenden Netzbetrieb diskriminierungsfrei ausüben. § 17 kann dabei als die **Grundnorm** (Bourwieg/Hellermann/Hermes/Bourwieg, 4. Aufl., § 17 Rn. 1) **der energiewirtschaftlichen Netzanschlussansprüche** bezeichnet werden.

Besondere Ausprägungen der Netzanschlusspflicht finden sich in §§ 17a ff. zu Anbindungsleitungen für Windenergieanlagen auf See, in § 18 für Verteilernetze und darauf aufbauend in der Niederspannungsanschlussverordnung (NAV) und Niederdruckanschlussverordnung (NDAV), in §§ 8 ff. EEG 2021 für den vorrangigen Anschluss von Anlagen zur Erzeugung von Strom aus erneuerbaren Energien und aus Grubengas, in § 3 KWKG für den vorrangigen Anschluss von hocheffizienten KWK-Anlagen, in der KraftNAV für den Netzanschluss von Anlagen zur Erzeugung von elektrischer Energie mit einer Nennleistung ab 100 Megawatt an Elektrizitätsversorgungsnetze mit einer Spannung von mindestens 110 Kilovolt und in § 33 GasNZV zum vorrangigen Anschluss von Anlagen auf Aufbereitung von Biogas auf Erdgasqualität.

Übersicht

	Rn.		Rn.
A. Entstehung	1	IV. Bedingungen für den Netzanschluss, Diskriminierungsverbot	30
B. Normzweck	2	1. Technische Bedingungen	31
C. Anschlusspflicht (Abs. 1)	3	2. Wirtschaftliche Bedingungen	32
I. Anspruchsinhaber	6	3. Angemessenheit	33
1. Letztverbraucher	7	4. Diskriminierungsverbot	39
2. Gleich- oder nachgelagerte Elektrizitäts- und Gasversorgungsnetze sowie -leitungen	8	5. Transparenz	40
3. Ladepunkte für Elektromobile	12	6. Keine Begünstigung von Konzernunternehmen	41
4. Erzeugungsanlagen	13	V. Besonderheiten für L-Gas-Netzanschlüsse	42
5. Gaspeicheranlagen, LNG-Anlagen	14	D. Ablehnungsmöglichkeit (Abs. 2)	44
6. Anlagen zur Speicherung elektrischer Energie	16	I. Unmöglichkeit	47
II. Anspruchsinhalt	17	II. Unzumutbarkeit	51
1. Netzanschlussverhältnis	22	E. Ermächtigungsgrundlagen für Rechtsverordnungen (Abs. 3)	56
2. Anschlussnutzung	25		
III. Anspruchsdurchsetzung	27		

A. Entstehung

1   § 17 wurde in Umsetzung der Elektrizitäts-Binnenmarkt-Richtlinie 2003/54/EG und der Gas-Binnenmarkt-Richtlinie 2003/55/EG in das EnWG eingefügt. Die Umsetzung der Elektrizitäts-Binnenmarkt-Richtlinie 2003/54/EG und der Gas-Binnenmarkt-Richtlinie 2003/55/EG erforderte erhebliche regulierende Vorgaben für den Netzbetrieb und Entflechtungsvorschriften für die Energieunternehmen, die sich in einer grundlegenden Novellierung des EnWG niederschlagen und insbesondere zu neuen Bestimmungen und Folgeänderungen

nicht nur in Teil 3, zu dem § 17 zählt, sondern auch in den Teilen 2, 4, 7 und 8 nebst ergänzenden Bestimmungen in den Teilen 1, 9 und 10 des EnWG führte.

B. Normzweck

Die Gesetzesbegründung (BT-Drs. 15/3917, 58) spricht davon, dass § 17 einen „grundsätzlichen Anspruch auf Netzanschluss" gewährt. Indem es weiter heißt: „Der Anschluss an ein Energieversorgungsnetz ist tatsächliche und rechtliche Voraussetzung für einen Netzzugang", wird in der Gesetzesbegründung äußerst knapp die eigentliche Bedeutung des § 17 umrissen. Mit der Liberalisierung des Netzzugangs wäre wenig gewonnen, wenn es Netznutzern nicht auch möglich wäre, sich an ein Netz anzuschließen. Gleiches gilt für Netzbetreiber untereinander. Die mit der Betriebspflicht in § 11 einhergehende Bindung des Eigentums des Netzbetreibers, die sich auch auf den Netzausbau erstreckt, erhält mit dem in § 17 normierten Anspruch eine weitere konkrete Ausprägung. §§ 17a–17j enthalten Bestimmungen zum beschleunigten Anschluss von Offshore-Windanlagen. § 18 regelt die Netzanschlusspflichten von Letztverbrauchern in Niederspannungs- oder Niederdrucknetzen. 2

C. Anschlusspflicht (Abs. 1)

Normadressat der in Satz 1 statuierten Anschlusspflicht sind Betreiber von Energieversorgungsnetzen. Der Begriff „Betreiber von Energieversorgungsnetzen" ist in § 3 Nr. 4 legaldefiniert. Danach umfasst er Betreiber von Elektrizitätsversorgungsnetzen (legaldefiniert in § 3 Nr. 2) und Betreiber von Gasversorgungsnetzen (legaldefiniert in § 3 Nr. 6). Energieversorgungsnetze sind in § 3 Nr. 16 legaldefiniert. Danach umfassen sie Elektrizitätsversorgungsnetze und Gasversorgungsnetze über eine oder mehrere Spannungsebenen oder Druckstufen mit Ausnahme von Kundenanlagen iSd § 3 Nr. 24a und Nr. 24b. 3

Betreiber von Kundenanlagen gehören nach dieser Definition nicht zu den Normadressaten. Sie trifft die Pflicht aus § 17 daher nicht. Der Netzbetreiber, an dessen Netz die Kundenanlage angeschlossen ist, hat lediglich die vom Betreiber der Kundenanlage zu betreibenden und zu verwaltenden Zählpunkte aus Effizienzgründen nach § 20 Abs. 1d EnWG zu stellen (OLG Düsseldorf EnWZ 2013, 132 unter 2.2.3.2.; BGH EnWZ 2014, 128, zweifelnd, ob im streitgegenständlichen Fall überhaupt eine Kundenanlage vorlag). 4

Hingegen findet sich keine Ausnahme von der Anwendung des § 17 für den Betrieb von geschlossenen Verteilernetzen in § 110 Abs. 1. Betreiber von geschlossenen Verteilernetzen sind daher Normadressat des § 17. 5

I. Anspruchsinhaber

§ 17 Abs. 1 nennt als Anspruchsinhaber und anzuschließende Anlagen Letztverbraucher, gleich- oder nachgelagerte Elektrizitäts- und Gasversorgungsnetze sowie -leitungen, Ladepunkte für Elektromobile, Erzeugungs- und Gasspeicheranlagen sowie Anlagen zur Speicherung elektrischer Energie. 6

1. Letztverbraucher

Letztverbraucher sind in § 3 Nr. 25 (→ § 3 Nr. 25 Rn. 1) legaldefiniert. Danach handelt es sich dabei um natürliche oder juristische Personen, die Energie für den eigenen Verbrauch kaufen. Gemäß § 3 Nr. 25 ist dem Letztverbrauch der Strombezug der Ladepunkte für Elektromobile gleichgestellt. Diese Gleichstellung wurde mit der EnWG-Novelle 2016 (→ Rn. 12) ergänzt. 7

2. Gleich- oder nachgelagerte Elektrizitäts- und Gasversorgungsnetze sowie -leitungen

Begünstigt sind nicht die Elektrizitäts- und Gasversorgungsnetze als solche, sondern deren Eigentümer und Betreiber (→ Rn. 11). Dies gilt für die weiteren in § 17 Abs. 1 S. 1 genannten Infrastruktureinrichtungen in gleicher Weise. **Gasversorgungsnetze** sind in § 3 Nr. 20 (→ § 3 Nr. 20 Rn. 1) legaldefiniert. Danach sind darunter alle Fernleitungsnetze, Gasverteilernetze, LNG-Anlagen oder Speicheranlagen zu verstehen, die für den Zugang zur Fernlei- 8

Marquering

EnWG § 17

tung, zur Verteilung und zu LNG-Anlagen erforderlich sind und die einem oder mehreren Energieversorgungsunternehmen gehören oder von ihm oder von ihnen betrieben werden, einschließlich Netzpufferung und seiner Anlagen, die zu Hilfsdiensten genutzt werden, und der Anlagen verbundener Unternehmen, ausgenommen sind solche Netzteile oder Teile von Einrichtungen, die für örtliche Produktionstätigkeiten verwendet werden.

9   Der Begriff **Elektrizitätsversorgungsnetze** wird im EnWG zwar häufig verwendet, nicht jedoch in § 3 legaldefiniert. Wie sich aus der Zusammenschau von § 3 Nr. 16 (Energieversorgungsnetze) und § 3 Nr. 20 (Gasversorgungsnetze) ergibt, stellt nach dem Aufbau der Begriffsdefinitionen des EnWG der Begriff „Elektrizitätsversorgungsnetz" den Oberbegriff für Netze der Versorgung mit und Übertragung von Elektrizität auf allen Spannungsebenen mit Ausnahme der Kundenanlagen nach § 3 Nr. 24a und 24b dar.

10 Dass neben den Versorgungsnetzen auch Elektrizitäts- und Gasversorgungs**leitungen** angesprochen werden, soll offenbar dazu dienen, den Anspruch möglichst umfassend auszugestalten und nicht davon abhängig zu machen, ob der Adressat seine Energieanlage als Netz oder nur als Leitung begreift. Grundsätzlich können Netze auch aus nur einer einzelnen Leitung bestehen. Weiter wird dadurch klargestellt, dass der Anschluss auch an einer noch nicht zum Netz gehörenden, aber im Eigentum des Netzbetreibers stehenden Anschlussleitung begehrt werden kann. Dies ist in § 9 Abs. 3 NAV und § 9 Abs. 3 NDAV vorausgesetzt, indem geregelt ist, dass, wenn innerhalb von zehn Jahren nach Herstellung des Netzanschlusses weitere Anschlüsse hinzukommen und der Netzanschluss dadurch teilweise zum Bestandteil des Verteilernetzes wird, der Netzbetreiber die Kosten neu aufzuteilen und dem Anschlussnehmer einen zu viel gezahlten Betrag zu erstatten hat. Vergleichbare Regelungen finden sich in § 33 Abs. 1 S. 6 GasNZV und § 39f Abs. 1 S. 3 GasNZV.

11 Anspruchsberechtigt sind Netzbetreiber untereinander, unabhängig davon, ob das Netz des Netzbetreibers, der den Anspruch geltend macht, dem Netz des Netzbetreibers, der Adressat des Anschlussbegehrens ist, gleich- oder nachgelagert ist. Der vorgelagerte Netzbetreiber kann sich hingegen nicht auf § 17 Abs. 1 stützen, sollte er einen Anschluss an ein nachgelagertes Netz begehren. Dieser Unterscheidung liegt das Verständnis von kaskadierenden Netzen zugrunde, wonach die Energie stets vom vorgelagerten Übertragungs- oder Fernleitungsnetz zum nachgelagerten Regional- oder Verteilernetz fließt, jedoch ebenso zur Überwindung von Entfernungen auf der gleichen Netzebene weitergereicht werden kann. Nach dieser Vorstellung ist das Interesse eines vorgelagerten Netzbetreibers am Anschluss an ein nachgelagertes Netz zumindest begrenzt. Ausgeschlossen ist er jedoch nicht. Verfügt beispielsweise die vorgelagerte Ebene nur über eine Stichleitung, an der sich Letztverbraucher, aber auch nachgelagerte Netze befinden, kann der vorgelagerte Netzbetreiber ein Interesse daran haben, einen Anschluss zum Verteilernetz herzustellen, um so die fehlende Vermaschung seines eigenen Netzes zu kompensieren und im Wartungsfall die Stichleitung über das Netz des nachgelagerten Netzbetreibers aufzuspeisen. Hierdurch wird er im Übrigen nicht zum nachgelagerten Netzbetreiber seines nachgelagerten Netzbetreibers. Wie in § 11 Ziff. 11 Kooperationsvereinbarung XII Gas geregelt ist, ändern sich die Marktrollen im Falle einer Rückspeisung nicht. Anstelle eines Anspruchs aus § 17 Abs. 1 kann sich der vorgelagerte Netzbetreiber bei seinem Anschlussbegehren auf die allgemeine Kooperationspflicht der Netzbetreiber untereinander berufen, die in § 20 Abs. 1b einen Niederschlag im EnWG gefunden hat.

3. Ladepunkte für Elektromobile

12 Durch das Gesetz zur Weiterentwicklung des Strommarktes (Strommarktgesetz) vom 26.7.2016 (BGBl. I 1786 ff.) wurde § 17 Abs. 1 S. 1 um die Ladepunkte für Elektromobile erweitert. Ladepunkte für Elektromobile haben keine eigenständige Definition in § 3. Da sie gem. § 3 Nr. 25 Letztverbrauchern gleichgestellt sind, hätte es eigentlich keiner gesonderten Aufnahme in § 17 Abs. 1 S. 1 bedurft, denn „Letztverbraucher" sind bereits in § 17 Abs. 1 S. 1 genannt. Ausweislich der Gesetzesbegründung (BT-Drs. 18/7317, 117) soll mit der Aufnahme klargestellt werden, dass auch für Ladepunkte für Elektromobile ein Anspruch auf Netzanschluss besteht und diese kein Teil des Energieversorgungsnetzes sind. Mit dieser Einordnung beabsichtigte der Gesetzgeber notwendige private Investitionen in den Aufbau

der Ladeinfrastruktur und die Weiterentwicklung von diesbezüglichen Geschäftsmodellen zu unterstützen.

4. Erzeugungsanlagen

Erzeugungsanlagen sind in § 3 Nr. 18c (→ § 3 Nr. 18c Rn. 1) knapp als Anlagen zur Erzeugung von elektrischer Energie legaldefiniert. Darunter fallen grundsätzlich auch Anlagen zur Erzeugung von erneuerbarer elektrischer Energie. Hierfür finden sich im EEG (§§ 8 ff. EEG 2021) und § 3 KWKG spezialgesetzliche Normen. Anlagen zur Gewinnung von Erdgas unterfallen diesem Begriff demnach nicht. Sie sind wie das vorgelagerte Rohrleitungsnetz nach § 3 Nr. 39 nicht nach § 17 anspruchsberechtigt. § 33 GasNZV regelt jedoch den privilegierten Netzanschluss von Biogasaufbereitungsanlagen. Darunter fallen auch Elektrolyseure, die der Einspeisung von regenerativ erzeugtem Wasserstoff dienen, da nach § 3 Nr. 10f per Wasserelektrolyse regenerativ erzeugter Wasserstoff als Biogas zählt. Gleiches gilt für Methanisierungsanlagen, die derartig produzierten Wasserstoff unter Verwendung regenerativer Energie erzeugen. Ferner regelt § 38 GasNZV den Anspruch von (Erdgas-)Produktionsanlagen auf Reservierung von Einspeisekapazität und § 39 GasNZV den Anspruch dieser Anlagen auf Kapazitätsausbau, wenn eine Kapazitätsreservierung nach § 38 GasNZV wegen fehlender Kapazität gescheitert ist. Hieraus kann ein Anschlussrecht abgeleitet werden.

13

5. Gaspeicheranlagen, LNG-Anlagen

Speicheranlagen sind in § 3 Nr. 19 (→ § 3 Nr. 31 Rn. 1) legaldefiniert. Danach ist eine Gaspeicheranlage eine einem Gasversorgungsunternehmen gehörende oder von ihm betriebene Anlage zur Speicherung von Gas, einschließlich des zu Speicherzwecken genutzten Teils von LNG-Anlagen, jedoch mit Ausnahme des Teils, der für eine Gewinnungstätigkeit genutzt wird. Nicht zu den Speicheranlagen zählen nach § 3 Nr. 19 auch Einrichtungen, die ausschließlich Betreibern von Leitungsnetzen bei der Wahrnehmung ihrer Aufgaben vorbehalten sind.

14

Das EnWG definiert in § 3 Nr. 26 LNG-Anlagen, nennt sie jedoch nicht in § 17 Abs. 1 als anspruchsberechtigt. LNG-Anlagen werden damit wie vorgelagerte Rohrleitungsnetze behandelt. Jedoch sind LNG-Anlagen, die der Anlandung und Regasifizierung von LNG dienen, nach §§ 39a ff. GasNZV anschlussberechtigt. Für LNG-Anlagen, die einen Netzanschluss dazu benötigen, um Gas zu entnehmen und zu verflüssigen, fehlt eine Nennung in § 17 oder eine Gleichstellung mit Letztverbrauchern wie im Falle der Ladepunkte für Elektromobile nach § 3 Nr. 25. Hier lässt sich eine Anspruchsberechtigung allenfalls über die Erwähnung in § 3 Nr. 19 und § 19 Abs. 2 herleiten.

15

6. Anlagen zur Speicherung elektrischer Energie

Mit der EnWG-Novelle 2011 (BGBl. 2011 I 1574) wurden die Anlagen zur Speicherung elektrischer Energie in § 17 aufgenommen. Diese Speicheranlagen, die mit dem Ausbau der erneuerbaren Energien als Anschlussnehmer an Bedeutung gewinnen, sind damit ebenfalls anspruchsberechtigt, auch wenn sie nicht dem Begriff „Speicheranlagen" in § 3 Nr. 31 unterfallen.

16

II. Anspruchsinhalt

Die Normadressaten „haben" die Anspruchsinhaber „an ihr Netz anzuschließen". Mit „Netzanschluss" wird gemeinhin die technische Anbindung an ein Netz, also die Abzweigstelle oder der Ausspeisepunkt, an dem Elektrizität oder Gas aus einem Netz eines Netzbetreibers entnommen wird, bezeichnet (OLG Düsseldorf EnWZ 2013, 132). Der Begriff „Netzanschluss" wird verordnungsspezifisch in § 5 NAV, in § 5 NDAV, in § 2 Nr. 2 KraftNAV und in § 32 Nr. 2 GasNZV für die jeweiligen Netzanschlussverhältnisse beschrieben. Auch wenn vertreten wird, § 17 gewähre einen unmittelbaren Rechtsanspruch auf Netzanschluss (Säcker EnergieR/Boesche § 17 Rn. 6), geht die herrschende Meinung davon aus, dass § 17 nicht ein gesetzliches Schuldverhältnis begründet, sondern das Recht gewährt, einen vertraglich geregelten Netzanschluss zu haben und zu nutzen (Bourwieg/Hellermann/Hermes/Bourwieg, 4. Aufl., § 17 Rn. 13 ff. mWN; Salje EnWG § 17 Rn. 11. Dafür spricht u.a. die

17

Marquering

Ermächtigung in § 17 Abs. 3 S. 2 Nr. 2, in der es heißt, die Bundesregierung könne durch Verordnung die Bestimmungen der Verträge einheitlich festsetzen (wovon im Übrigen bisher nicht Gebrauch gemacht worden ist). § 17 normiert also einen Kontrahierungsanspruch.

18 Vertragspartner sind der Netzbetreiber auf der einen Seite und der Anschlussnehmer und Anschlussnutzer auf der anderen Seite. Der Anspruch richtet sich auf einen annahmefähigen Netzanschlussvertrag. Dieser Grundsatz ist in der Regelung des Netzanschlussverfahrens für den vorrangigen Anschluss von Anlagen zur Biogasaufbereitung in § 33 Abs. 6 S. 3 GasNZV ausformuliert.

19 Auf Seiten der Berechtigten ist zwischen dem Recht auf Anschluss und dem Recht auf Anschlussnutzung zu unterscheiden. § 17 gewährt zum einen das Recht auf Herstellung eines Netzanschlusses. Davon zu unterscheiden ist das Recht auf Anschlussnutzung, das sich aus dem hergestellten Netzanschluss ableitet. In diesem Zusammenhang spricht man von Anschlussnutzer.

20 Mit dem sog. Agrarfrost-Beschluss hat der BGH entschieden, dass der Anspruch nach § 17 Abs. 1 grundsätzlich nicht auf die vom Netzbetreiber vorgegebene Spannungsebene beschränkt, sondern der Anspruch auf eine vom Anschlussnehmer begehrte Spannungsebene gerichtet ist (BGH BeckRS 2009, 22855). Der Anspruch umfasse auch die Möglichkeit, Energie über eine preisgünstigere Netz- oder Umspannebene zu beziehen (BGH BeckRS 2009, 22855 Rn. 15). § 17 Abs. 1 ermögliche grundsätzlich auch den Wechsel von einer einmal gewählten Ebene zu einer anderen. Diese Grundsätze gelten nicht allein für Stromanschlüsse, sondern sind auf die verschiedenen Druckstufen bei Gasnetzen übertragbar.

21 Im Falle der nachgelagerten Netzbetreiber umfasst der Anspruch auch die mehrfache Verknüpfung des nachgelagerten Netzes mit dem vorgelagerten Netz. Die so hergestellte Vermaschung dient der Versorgungssicherheit.

1. Netzanschlussverhältnis

22 Für die Herstellung des Netzanschlusses schließen der anschlusspflichtige Netzbetreiber und der Anschlussnehmer einen Netzanschlussvertrag (auch als Netzanbindungsvertrag bezeichnet). Dieser ist als Werkvertrag zu qualifizieren (OLG Dresden BeckRS 2018, 54605). Wesentlicher Vertragsinhalt sind die Modalitäten der Herstellung des Netzanschlusses und die Vergütung bzw. der Aufwandsersatz des Netzbetreibers einschließlich eines Baukostenzuschusses. Soweit Anschlussnehmer und Netzbetreiber betroffen sind, kann sich der Vertragsinhalt an den Vorgaben der NAV und NDAV orientieren, die im Niederspannungsnetz bzw. Niederdrucknetz gelten. Für Biogasnetzanschlüsse findet sich darüber hinaus ein Muster in Anlage 6 der Kooperationsvereinbarung Gas. Das in Anlage 6 enthaltene Muster enthält Regelungen sowohl zum Netzanschluss- als auch zum Netznutzungsverhältnis. Bei gleichgelagerten Netzbetreibern können die Kosten von dem Netzbetreiber, der das Interesse an der Netzkopplung hat, getragen werden oder es werden die Kosten geteilt.

23 Für die Herstellung des Anschlusses vereinnahmt der Netzbetreiber die Herstellungskosten (→ Rn. 32). Daneben kann er Baukostenzuschüsse für den Netzausbau der nicht unmittelbar am Anschlusspunkt, sondern an anderer Stelle im Netz des Betreibers notwendig ist, erheben. Im Verteilernetz erheben die Netzbetreiber pauschalierte Baukostenzuschüsse nach § 11 NDAV und § 11 NAV. Nach § 11 Abs. 1 S. 2 NDAV und § 11 Abs. 1 S. 2 NAV dürfen Baukostenzuschüsse höchstens 50 vom Hundert der bei wirtschaftlich effizienter Betriebsführung notwendigen Kosten für die Erstellung oder Verstärkung der örtlichen Verteileranlagen betragen. Bei Anschlüssen nach § 17 ist daher auf die Angemessenheit einschließlich der Begründbarkeit mit der Erstellung und Verstärkung des Netzausbaus besonders zu achten.

24 Dabei sind Baukostenzuschüsse **grundstücksbezogen** und damit „unverlierbar" (Rasbach/Baumgart Gaswirtschaft-HdB/Pfeifle 5.C Rn. 675) bei Änderungen in der Person des Anschlussnehmers. Voraussetzung bei Baukostenzuschüssen iRv § 17 ist der transparente Nachweis, dass der Anschluss einen Ausbau des vorgelagerten Netzes erfordert. Eine nach § 11 NDAV und § 11 NAV zulässige Pauschalierung dürfte im Regelfall bei Anschlüssen nach § 17 aufgrund der vergleichsweise geringen Zahl von gleichartigen Anschlüssen nicht in Betracht kommen.

2. Anschlussnutzung

Die Anschlussnutzung ist nicht zu verwechseln mit der in § 20 geregelten Netznutzung, 25
also dem Energietransport über das Energieversorgungsnetz, die mit Ein- oder Ausspeiseverträgen in verschiedenen Ausgestaltungen geregelt wird. Die Anschlussnutzung wird im Netzanschlussnutzungsvertrag (oft auch als Netzanschlusspunktvertrag bezeichnet) geregelt. Danach verpflichtet sich der Netzbetreiber gegenüber dem Anschlussnutzer, den Netzanschluss zur Nutzung zur Verfügung zu stellen. Der Netzanschluss steht im Eigentum des Netzbetreibers und wird dem Anschlussnutzer zum Zweck der Ausspeisung gemäß einem Anschlussnutzungsvertrag überlassen.

Während der Anschlussnutzer der Betreiber der angeschlossenen Energieanlage ist, handelt 26
es sich beim Anschlussnehmer meist um den Eigentümer der angeschlossenen Energieanlage. Beide können, müssen aber nicht, in einer Person zusammenfallen. Die Person, die das Anschlussbegehren stellt, wird als Anschlusspetent bezeichnet. Da häufig die anzuschließende Anlage noch gar nicht vorhanden ist, fehlt es in diesem Fall an einem Eigentümer. Dies kann jedoch nicht zur Ablehnung des Anschlussbegehrens führen. In § 2 Nr. 1 KraftNAV, §§ 32 Nr. 1 und 39a Nr. 1 GasNZV ist der Anschlussnehmer als „Projektentwicklungsträger, Errichter oder Betreiber" einer Anlage definiert. Der Begriff des Anschlussnehmers ist also zunächst weit zu fassen. Befindet sich die Anlage in Betrieb, ist jedoch zu unterscheiden zwischen dem Anschlussnehmer, der Eigentümer der angeschlossenen Anlage ist, und mit dem der Netzbetreiber Änderungen an der Anlage regelt, und dem Betreiber, der diese Anlage nutzt und mit dem der Netzbetreiber Fragen der Nutzung des Anschlusses regelt.

III. Anspruchsdurchsetzung

Der Anspruch auf Netzanschluss und Anschlussnutzung kann im ordentlichen Rechtsweg 27
mit der Leistungsklage durchgesetzt werden (so auch Bourwieg/Hellermann/Hermes/Bourwieg, 4. Aufl., § 17 Rn. 96; Säcker EnergieR/Boesche § 17 Rn. 96 ff.). § 17 Abs. 1 regelt einen Kontrahierungszwang (→ Rn. 17). Dieser Umstand würde dafür sprechen, dass zunächst auf Vertragsabschluss geklagt werden müsste. Der BGH hat in der Vergangenheit im Falle des Anschlusses von EEG-Anlagen nach (dem heutigen) § 8 EEG 2021 anders entschieden (BGH BeckRS 2003, 5485 S. 27). Diese Entscheidung fällt in die Zeit vor Einführung des § 7 Abs. 1 EEG 2021, der heute für die Ansprüche nach EEG 2021 ein gesetzliches Schuldverhältnis regelt. Danach könne bei der Durchsetzung des Anspruchs auf Netzanschluss unmittelbar auf Leistung geklagt werden, auch wenn (zur Zeit der Entscheidung) der im EEG 2021 geregelte Anspruch sich nur auf einen Kontrahierungszwang richte. Dies begründete der BGH mit Nützlichkeitserwägungen. Für die unmittelbare Klage auf Anschluss spräche ein praktisches Bedürfnis, dem keine durchgreifenden dogmatischen Bedenken entgegenstünden. Eine unmittelbare Klage auf Leistung oder Feststellung dessen, was aufgrund eines erst abzuschließenden Vertrages geschuldet wird, begegne jedenfalls dann keinen Bedenken, wenn die im Gegenseitigkeitsverhältnis stehenden Hauptleistungspflichten feststünden oder in der Verurteilung konkretisiert würden. Dann ergäbe sich nämlich daraus, dass die Verpflichtung zum Vertragsschluss vom Gericht nur als Vorfrage ohne Rechtskraftwirkung zugrunde gelegt würde, keine Unsicherheit für die Parteien. Dasselbe gelte, wenn man in der Leistungsverurteilung eine verdeckte richterliche Gestaltung des Vertragsschlusses sehen würde.

Diese Grundsätze lassen sich auf das Anschlussverhältnis nach § 17 Abs. 1 übertragen. 28
Auch hier steht fest, dass der Verpflichtete den Anschluss iRd § 17 zu gewähren und der Berechtigte die Kosten für den Anschluss und ggf. im Rahmen von Baukostenzuschüssen den Netzausbau zu tragen hat.

Weiter kommt das besondere Missbrauchsverfahren nach § 31 in Betracht, um den 29
Anspruch nach § 17 Abs. 1 durchzusetzen (→ § 31 Rn. 1). Dieses vor der Regulierungsbehörde durchzuführende Verfahren ist insbesondere in zeitlicher Hinsicht attraktiv. Gegen die Entscheidung der Regulierungsbehörde ist Beschwerde (§ 75) zulässig, über die das für die Regulierungsbehörde zuständige Oberlandesgericht entscheidet (§ 75 Abs. 4).

Marquering

IV. Bedingungen für den Netzanschluss, Diskriminierungsverbot

30 Netzbetreiber haben gem. Absatz 1 Satz 1 die Pflicht, den Anschluss zu Bedingungen umzusetzen, die angemessen, diskriminierungsfrei, transparent und nicht ungünstiger sind, als sie der Netzbetreiber in vergleichbaren Fällen für Leistungen innerhalb seines Unternehmens oder gegenüber verbundenen oder assoziierten Unternehmen anwendet. Damit ist geregelt, dass der anschließende Netzbetreiber die Bedingungen vorgeben kann und gleichzeitig wird ein gesetzlicher Rahmen für diese Bedingungen gezogen.

1. Technische Bedingungen

31 Die **technischen** Bedingungen werden durch § 19 für solche Anschlussnehmer, die keine Letztverbraucher sind, konkretisiert. Für Letztverbraucher ergibt sich die Konkretisierung aus den auf § 18 fußenden § 20 NAV und § 20 NDAV analog. Dass der Netzbetreiber diese Bedingungen vorgibt, ist nicht allein der Tatsache geschuldet, dass er das Netz nur einheitlich betreiben kann. Er unterliegt als Betreiber einer Energieanlage selbst zahlreichen technischen Vorschriften, die gem. § 49 einzuhalten sind. Im Fall von Netzkopplungen zwischen Netzbetreibern stimmen diese ihre Regelwerke aufeinander ab.

2. Wirtschaftliche Bedingungen

32 Unter den wirtschaftlichen Bedingungen ist zunächst die Entgeltforderung des Netzbetreibers für die Herstellung des Anschlusses und ggf. dessen Vorhaltung zu verstehen. Auch Baukostenzuschüsse fallen darunter.

3. Angemessenheit

33 Die technischen und wirtschaftlichen Bedingungen müssen angemessen sein. Die Anforderungen des Netzbetreibers an die technische Umsetzung des Netzanschlusses müssen die technische Sicherheit gewährleisten (§ 49) und insbesondere den allgemein anerkannten Regeln der Technik und dem Stand der Technik entsprechen. Nach der Vermutungsregelung des § 49 Abs. 2 werden die allgemein anerkannten Regeln der Technik eingehalten, wenn der Netzanschluss im Strombereich die technischen Regeln des Verbandes der Elektrotechnik Elektronik Informationstechnik e. V. oder im Gasbereich die technischen Regeln der Deutschen Vereinigung des Gas- und Wasserfaches e. V. einhält.

34 In wirtschaftlicher Hinsicht schreibt das Kriterium der Angemessenheit ein ausgewogenes Verhältnis von Leistung und Gegenleistung vor. Dies folgt schon aus dem Grundgedanken der Anschlusspflicht nach § 17. Denn diesem Grundgedanken widerspräche es, wenn Netzbetreiber die Möglichkeit hätten, über die Festlegung von überhöhten, unangemessenen Anschlusskosten das Anschlussrecht der Anschlusspetenten zu konterkarieren. Nach § 9 Abs. 1 NAV und § 9 Abs. 1 NDAV kann der Netzbetreiber die Erstattung der bei wirtschaftlich effizienter Betriebsführung notwendigen Kosten der Herstellung oder Änderung (wenn vom Anschlussnehmer veranlasst) des Netzanschlusses verlangen. Auch wenn die NDAV und NAV nicht direkt auf Netzanschlüsse nach § 17 anwendbar sind, liegt § 17 der gleiche Rechtsgedanke zugrunde, wie sich aus dem Gebot der Angemessenheit ergibt.

35 Von diesem Prinzip der vollständigen Kostenerstattung finden sich Ausnahmen beim Anschluss von Biogasaufbereitungs- und LNG-Anlagen. Beim Anschluss von Biogasaufbereitungsanlagen sind die Anschlusskosten nach § 33 Abs. 1 GasNZV für die Einspeiseanlage einschließlich des ersten Kilometers Anschlussleitung auf 250.000 EUR gedeckelt und sind vom Anschlussnehmer bis zum 10. Kilometer der Anschlussleitung nur zu 25 Prozent zu tragen. Erst ab dem 11. Kilometer kommt der Anschlussnehmer für die Netzanschlusskosten in Gänze auf. Bei LNG-Anlagen hat nach § 39f GasNZV der Anschlussnehmer nur 10 Prozent der Kosten der für die Errichtung der für den Netzanschluss erforderlichen Infrastruktur einschließlich der Kosten für die Planung des Netzanschlusses zu tragen.

36 Nach § 9 Abs. 3 NAV, § 9 Abs. 3 NDAV, § 33 Abs. 1 S. 6 GasNZV und § 39f Abs. 1 S. 3 GasNZV sind die erstatteten Herstellungskosten neu aufzuteilen, wenn innerhalb von zehn Jahren nach Herstellung des Netzanschlusses weitere Anschlüsse hinzukommen. Auch der hier zum Ausdruck kommende Grundsatz dürfte sich auf alle Anschlussfälle als allgemein

geltender, wenn auch nicht überall explizit geregelter Rechtsgrundsatz bei Netzanschlüssen übertragen lassen.

Der Netzbetreiber kann angemessene Vorauszahlungen verlangen. Dies ist nach § 9 Abs. 2 NDAV und § 9 Abs. 2 NAV für den Fall geregelt, dass nach den Umständen des Einzelfalles Grund zu der Annahme besteht, dass der Anschlussnehmer seinen Zahlungsverpflichtungen nicht oder nicht rechtzeitig nachkommt. Dies lässt sich gleichfalls auf Netzanschlüsse außerhalb des Geltungsbereichs der NAV und NDAV übertragen. Ob es zulässig ist, bei Biogasnetzanschlüssen nach § 33 GasNZV und dem Netzanschluss von LNG-Anlagen nach §§ 39a ff. GasNZV bei fehlender Bonität eine Sicherheitsleistung in Höhe der gesamten Kosten und nicht nur des Anschlussnehmeranteils zu fordern, ist, soweit ersichtlich, gerichtlich noch nicht entschieden. Wenn in so einem Fall eine Sicherheitsleistung nur bis zur Höhe des Anschlussnehmeranteils erhoben wird, hat dies zur Folge, dass bei Insolvenz eines Anschlussnehmers die Letztverbraucher über die Biogaskostenwälzung mit den Kosten belastet werden. Um den Netzbetreiber bzw. die Letztverbraucher vor Ausfällen zu schützen, wäre also eine Sicherheitsleistung in Höhe der gesamten Anschlusskosten konsequent. 37

Der Anschlussverpflichtete kann grundsätzlich angemessene Abschlagszahlungen verlangen. Für Anschlüsse, für die NAV oder die NDAV gilt, ist dies gem. § 9 Abs. 2 S. 2 NDAV und § 9 Abs. 2 S. 2 NAV der Fall, wenn mehrere Netzanschlüsse beauftragt werden, zB wenn ein ganzes Baugebiet durch den Bauträger einheitlich mit Netzanschlüssen versehen wird (Rasbach/Baumgart Gaswirtschaft-HdB/Pfeifle 5.C Rn. 673). Die Investitionen bei Anschlüssen nach § 17 dürften mit einem solchen Vorhaben in den meisten Fällen vergleichbar sein. Grundsätzlich ist die Zulässigkeit eine Frage des Einzelfalls, also der Realisierungsdauer und der Komplexität des Anschlussvorhabens. 38

4. Diskriminierungsverbot

Die technischen und wirtschaftlichen Bedingungen müssen „diskriminierungsfrei" sein. Die Verhinderung einer Ungleichbehandlung von Vertragspartnern durch einen Netzbetreiber ist ein Grundanliegen der Regulierung. Netzbetreiber dürfen ihre als natürliches Monopol empfundene Marktstellung nicht zulasten der übrigen Akteure im Energiemarkt ausnutzen. Auch die übrigen Gebote in § 17 wie angemessene Anschlussbedingungen, ein transparentes Vorgehen, die Begründungspflicht bei einer Ablehnung des Netzanschlusses, dienen letztlich diesem Anliegen. „Diskriminierungsfrei" bedeutet, dass für den Netzbetreiber das Gleichbehandlungsgebot bei der Gewährung von Netzanschlüssen gilt. Vergleichbare Sachverhalte sind grundsätzlich gleich zu behandeln. Für eine Ungleichbehandlung muss es einen sachlichen Grund geben, der dazu führt, dass die Sachverhalte gerade nicht vollkommen vergleichbar sind und deshalb keine willkürliche Ungleichbehandlung vorliegt. 39

5. Transparenz

Das Vorgehen des Netzbetreibers muss nachvollziehbar und die Anschlussbedingungen müssen vollständig und klar dem Anschlussnehmer bekannt gemacht und mit ihm geregelt werden. Nach § 19 sind in bestimmten Fällen technische Mindestanforderungen zu veröffentlichen, sodass sich der Anschlussnehmer ein Bild über die Voraussetzungen eines Netzanschlusses machen kann. Die Transparenzpflicht hat den Zweck, den Informationsvorsprung des Netzanschlussverpflichteten abzubauen (Säcker EnergieR/Boesche § 17 Rn. 40) und Klarheit über den Inhalt des Anschlussverhältnisses zwischen den Beteiligten herzustellen. 40

6. Keine Begünstigung von Konzernunternehmen

Das Gebot, dass die Anschlussbedingungen nicht ungünstiger sein dürfen, als sie der Netzbetreiber in vergleichbaren Fällen für Leistungen innerhalb seines Unternehmens oder gegenüber verbundenen oder assoziierten Unternehmen anwendet, ist eine Konkretisierung des Diskriminierungsverbots. Dieses Gebot flankiert die zahlreichen Entflechtungsvorschriften des 2. Teils des EnWG, die eine solche Ungleichbehandlung ausschließen. Es stellt klar, dass Anschlusspetenten nicht schlechter zu behandeln sind als Unternehmen des eigenen Konzerns. 41

Marquering

V. Besonderheiten für L-Gas-Netzanschlüsse

42 Durch Art. 3 Nr. 9 des Energiesammelgesetzes 2018 (Gesetz zur Änderung des Erneuerbare-Energien-Gesetzes, des Kraft-Wärme-Kopplungsgesetzes, des Energiewirtschaftsgesetzes und weiterer energierechtlicher Vorschriften) vom 17.12.2018 (BGBl. 2018 I 2549) wurden mit Wirkung vom 21.12.2018 dem Absatz 1 die Sätze 2–4 angefügt. Nach Satz 2 besteht die Anschlusspflicht nicht für Betreiber eines L-Gasversorgungsnetzes hinsichtlich eines Anschlusses an das L-Gasversorgungsnetz, wenn der Anschlusspetent auch an ein H-Gasversorgungsnetz angeschlossen werden kann. Aufgrund der Beweislastumkehr in Satz 2 Halbsatz 2 muss der Anschlusspetent nachweisen, dass ihm der Anschluss an ein H-Gasversorgungsnetzaus aus wirtschaftlichen oder technischen Gründen unmöglich oder unzumutbar ist, um das Anschlussrecht an das L-Gasversorgungsnetz herzustellen. Satz 3 stellt klar, dass auch in diesem Fall die Ablehnungsgründe des § 17 Abs. 2 gelten. Satz 4 enthält eine Übergangsregelung. Danach sind die in den Sätzen 2 und 3 geregelten Einschränkungen des Anschlussrechts an L-Gasversorgungsnetze nicht auf Anschlüsse anzuwenden, die bis zum 21.12.2018 „beantragt" wurden.

43 Mit der Aufnahme der L-Gassonderregeln reagierte der Gesetzgeber auf den Rückgang der L-Gasquellen. Es bestand offenbar die Besorgnis, dass signifikante Neuanschlüsse die Versorgung der bestehenden L-Gas-Kunden gefährden könnten. Der Gesetzgeber sah sich deshalb veranlasst, klarzustellen, „dass es keinen Anspruch auf Belieferung mit einer bestimmten Gasqualität gibt" (BT-Drs. 19/5523, 116). Der Netzbetreiber sollte in diesem Fall nicht länger auf den schwierigen Weg verwiesen werden, über § 17 Abs. 2 iVm § 1 dazulegen, dass der Anschluss an das L-Gasversorgungsnetz die Versorgungssicherheit gefährdet und deshalb unzumutbar ist, sondern von der neuen Beweiserleichterung profitieren. Insofern ist es konsequent, vorzusehen, dass aus Gründen der Verhältnismäßigkeit der Anschlusspetent das Recht hat, einen Anschluss zu erhalten, wenn kein Anschluss an das H-Gasversorgungsnetz in Betracht kommt, sei es, weil kein H-Gasnetz erreichbar ist (technische Unmöglichkeit) oder weil der Anschluss mit unverhältnismäßig hohen Kosten verbunden wäre (wirtschaftliche Unzumutbarkeit). Auch in diesem Fall kann sich der Netzbetreiber auf die Ablehnungsgründe nach Absatz 2 berufen. Da die BT-Drs. am 8.11.2018 veröffentlicht wurde, schließt die Übergangsregelung die echte Rückwirkung der Gesetzesänderung aus und stellt damit die Verfassungsmäßigkeit der Änderung sicher. Mit der dauerhaften Umstellung der bisherigen L-Gasversorgungsnetze auf H-Gas, der sog. Marktraumumstellung gem. § 19a, verlieren die Sätze 2–4 immer mehr an Bedeutung.

D. Ablehnungsmöglichkeit (Abs. 2)

44 Der mit der Anschlusspflicht einhergehende Eingriff in die Rechte des Anschlusspflichtigen wird durch die – engen – Ablehnungsgründe des Absatzes 2 relativiert. Die Anschlusspflicht greift in die Grundrechte der Netzbetreiber ein. Wie bei jedem anderen staatlichen Eingriff auch, ist auch der Eingriff in die Grundrechte durch die in § 17 Abs. 1 geregelte Anschlusspflicht nur dann gerechtfertigt, wenn er verhältnismäßig ist. Für die Prüfung der Verhältnismäßigkeit ist es erforderlich, die wirtschaftliche Belastung des Netzbetreibers zu beachten. Dem dient § 17 Abs. 2. Durch diese Regelung soll die verfassungsmäßige Verhältnismäßigkeit des Eingriffs nach Absatz 1 sichergestellt werden. Daraus ergibt sich, dass bei der Prüfung des § 17 Abs. 2 das Interesse des Netzbetreibers im Vordergrund steht. Die Ablehnungsgründe nach § 17 Abs. 2 sind ihrem Inhalt nach als Ausnahmefälle ausgestaltet; zudem muss der Anschlusspflichtige das Vorhandensein der Gründe nachweisen.

45 Gemäß § 17 Abs. 2 S. 1 können Netzbetreiber einen Netzanschluss nach § 17 Abs. 1 S. 1 verweigern, soweit sie nachweisen, dass ihnen die Gewährung des Netzanschlusses aus betriebsbedingten oder sonstigen wirtschaftlichen oder technischen Gründen unter Berücksichtigung des Zwecks des § 1 nicht möglich oder nicht zumutbar ist.

46 Mit der Formulierung „Netzanschluss nach § 17 Absatz 1 Satz 1" soll nicht der Netzanschluss näher beschrieben werden, sondern das Gesetz referenziert auf die dort geregelte Anschlusspflicht. Es geht dabei um den Netzanschluss, der dem Anschlussvorhaben des Anschlusspetenten entspricht. Dieser ist Maßstab für eine mögliche Ablehnung. In der Einräumung der alleinigen Möglichkeit, einen Netzanschluss zu anderen Bedingungen zu gewähren, zB eine andere Spannungsebene oder Druckstufe, wäre als Verweigerung iSv § 17

Abs. 2 zu werten und an den Kriterien dieses Absatzes zu messen (BGH BeckRS 2009, 22855 Ls. 1). Der Verweis auf Absatz 1 wurde um den Zusatz „Satz 1" durch Art. 3 Nr. 9 des Energiesammelgesetzes 2018 (Gesetz zur Änderung des Erneuerbare-Energien-Gesetzes, des Kraft-Wärme-Kopplungsgesetzes, des Energiewirtschaftsgesetzes und weiterer energierechtlicher Vorschriften) vom 17.12.2018 (BGBl. I 2549) mit Wirkung vom 21.12.2018 ergänzt, da gleichzeitig der Absatz 1 um weitere Sätze erweitert wurde (→ Rn. 42). Es handelt sich um eine Folgeänderung.

I. Unmöglichkeit

Den Anschluss verweigern kann ein Netzbetreiber, wenn er ihm aus betriebsbedingten Gründen nicht möglich ist. 47

Der Begriff „nicht möglich" verweist auf die Regelung der Unmöglichkeit in § 275 BGB. 48
Nach § 275 BGB umfasst die Unmöglichkeit sowohl die objektive als auch die subjektive Unmöglichkeit. Ist dem Netzbetreiber der Anschluss nur vorübergehend unmöglich, lebt der Anspruch auf, sobald die Unmöglichkeit wegfällt. Zuvor wäre eine Klage auf Anschluss unbegründet (MüKoBGB/Ernst BGB § 275 Rn. 141; Grüneberg/Grüneberg BGB § 275 Rn. 10). Unter engen Voraussetzungen ist aber gem. § 259 ZPO eine Verurteilung zur künftigen Leistung zulässig. Dies gilt unabhängig davon, ob der Netzbetreiber die Unmöglichkeit zu vertreten hat oder nicht.

Als „betriebsbedingte" oder „technische" Gründe kommen vor allem Kapazitätsprobleme 49
im Netz in Betracht. In solchen Fällen ist das Übertragungs- oder Fernleitungsnetz nach den Regeln der Netzentwicklungsplanung (§§ 12b ff., 15a) oder nach dem Verfahren für neu zu schaffende Kapazität (Art. 22 ff. VO (EU) 2017/459 vom 16.3.2017) zu erweitern. Ausnahmen stellen hier die Regeln zum Anschluss von Biogasaufbereitungsanlagen dar. Nach § 33 Abs. 8 S. 2 GasNZV und § 34 Abs. 2 S. 2 GasNZV kann sich der Netzbetreiber nicht auf Kapazitätsengpässe in seinem oder dem vorgelagerten Netz berufen, solange die technisch physikalische Aufnahmefähigkeit des Netzes gegeben ist. Damit korrespondiert, dass nach § 33 Abs. 5 S. 2 GasNZV – soweit erforderlich – andere Netzbetreiber zur Mitwirkung bei der Prüfung des Anschlussbegehrens verpflichtet sind. Nach § 34 Abs. 2 S. 4 GasNZV gehört zu den kapazitätserweiternden Maßnahmen auch die Sicherstellung der ausreichenden Fähigkeit zur Rückspeisung von Biogas in vorgelagerte Netze.

Eine wirtschaftliche Unmöglichkeit beim Anschlusspflichtigen dürfte angesichts der Erstattungsfähigkeit oder den Möglichkeiten, die Kosten in die Netzentgelte aufzunehmen, nur ausnahmsweise in Betracht kommen. Denkbar wäre dies in Fällen, in denen der Netzbetreiber durch eine Vielzahl von Anschlussvorhaben kurzfristig überfordert ist. Aus der Betriebspflicht nach § 11 Abs. 1 ist abzuleiten, dass der Netzbetreiber in so einem Fall aufgefordert wäre, Abhilfe zu schaffen. Die Übergänge zur technischen Unzumutbarkeit sind hier nicht klar abgrenzbar und fließend. Daneben kommt ein Verstoß gegen die Ziele des § 1 Abs. 1, insbesondere das Effizienzgebot oder das Ziel der preisgünstigen Energieversorgung in Betracht, insbesondere dann, wenn das Anschlussvorhaben sich so ungünstig auf die Netzentgelte auswirkt, dass Dritte von unverhältnismäßig hohen Entgelten betroffen wären (→ Rn. 51). 50

II. Unzumutbarkeit

Dem Netzbetreiber ist ein Anschluss unzumutbar, wenn der Anschluss den Netzbetreiber 51
unverhältnismäßig technisch oder wirtschaftlich belastet. Dies kann der Fall sein, wenn zu erwarten ist, dass er nur einen Teil des Aufwands refinanzieren kann, zB weil die aus dem Anschluss folgenden Instandhaltungskosten außer Verhältnis zu den Kapazitätsentgelten stehen. Dabei lässt sich nach der ständigen Rechtsprechung des BGH die Unzumutbarkeit nur anhand der konkreten Umstände des Einzelfalls beurteilen (BGH BeckRS 2009, 22855 Ls. 2 und Rn. 21; BGH BeckRS 2013, 3161 Rn. 9). Bei der Einzelfallprüfung sind nicht nur die Belange des Netzbetreibers in den Blick zu nehmen. Bei der Begründung der betriebsbedingten, technischen oder wirtschaftlichen Unzumutbarkeit ist abzuwägen zwischen dem Interesse des Netzbetreibers am effizienten Ausbau und Betrieb seines Netzes, dem Interesse des Anschlusspetenten am Netzanschluss und dem Interesse der Allgemeinheit an einer möglichst kostengünstigen Struktur der Energieversorgungsnetze.

Marquering

EnWG § 17   Teil 3. Regulierung des Netzbetriebs

52   Unter Berücksichtigung der Ziele des § 1 sind zunächst die gegenläufigen Interessen des Netzbetreibers und des Anschlussnehmers gegeneinander abzuwägen (BGH BeckRS 2009, 22855 Rn. 21; BGH BeckRS 2013, 3161 Rn. 9). Dabei sind auf Seiten des Netzbetreibers u.a. die Kosten für die Herstellung des Netzanschlusses, Kosten für einen Netzausbau, aber auch eine Erhöhung der Netzkosten durch zu geringe Kapazitätsnutzung zu berücksichtigen. Auf Seiten des Anschlussnehmers ist zu berücksichtigen, inwieweit er auf den begehrten Anschluss angewiesen ist, ob alternative Anschlussmöglichkeiten bestehen oder ob es ihm zB im Falle eines bloßen Wechsels der Spannungs- oder Druckebene nur um eine Kostenreduzierung geht (BGH BeckRS 2009, 22855).

53   Wie sich aus § 17 Abs. 3 S. 2 Nr. 3 letzter Teilsatz, der davon spricht, dass das Interesse der Allgemeinheit an einer möglichst kostengünstigen Struktur der Energieversorgungsnetze Berücksichtigung finden kann, ableiten lässt, können auch Allgemeinwohlinteressen einbezogen werden (Säcker EnergieR/Boesche § 17 Rn. 63). Das kann zB der Fall sein, wenn ein Anschluss zu einer unverhältnismäßigen Verteuerung der Energiekosten für Dritte führt.

54   Der Netzbetreiber hat nur dann das Recht, den Anschluss zu verweigern, wenn die Abwägung ergibt, dass den Interessen des Netzbetreibers und ggf. den Interessen anderer Anschlussnehmer und Letztverbraucher an günstigen Energiekosten Vorrang vor denen des Anschlussnehmers an der Gewährung des Anschlusses zukommt. Das Recht, den Netzanschluss zu verweigern, sieht die Rechtsprechung dann als gegeben an, wenn der Netzbetreiber den Anschluss unter Berücksichtigung jeder vernünftigerweise in Betracht kommenden Anschlussvariante dauerhaft nicht realisieren kann (BGH BeckRS 2013, 3161). Die tatsächlichen Voraussetzungen hat der Netzbetreiber nachzuweisen.

55   Schadensersatzansprüche sind durch § 17 Abs. 2 nicht generell ausgeschlossen. Dies gilt insbesondere im Fall der selbst verschuldeten Unmöglichkeit. Hierbei kommt es jedoch auf die Reichweite der Betriebspflicht nach § 11 Abs. 1 an. Im Falle der Unzumutbarkeit ist für Schadensersatz kein Raum.

E. Ermächtigungsgrundlagen für Rechtsverordnungen (Abs. 3)

56   Absatz 3 enthält eine Reihe von Ermächtigungsgrundlagen für Rechtsverordnungen der Bundesregierung mit Zustimmung des Bundesrats. Davon hat der Gesetzgeber nur in geringem Umfang Gebrauch gemacht. Die NAV und die NDAV stützen sich nicht auf § 17, sondern auf § 18 Abs. 3. Auf § 17 Abs. 3 stützen sich die Regeln zum Biogasnetzanschluss in §§ 31 ff. GasNZV und zum Netzanschluss von LNG-Anlagen in §§ 39a ff. GasNZV. Auch die KraftNAV stützt sich auf § 17 Abs. 3.

57   Gemäß dem Kabinettsentwurf zur EnWG-Novelle vom 23.05.2023 dürfte sich § 17 Abs. 3 ändern. Danach entfällt die Nummer 2 und in der bisherigen Nr. 1 entfallen die Worte „oder Methoden für die Bestimmung dieser Bedingungen". Zudem soll ein neuer **Absatz 4** angefügt werden, der lauten soll: „Die Bundesnetzagentur kann durch Festlegung nach § 29 Abs. 1 Vorgaben zu den technischen und wirtschaftlichen Bedingungen für einen Netzanschluss nach Absatz 1 Satz 1 oder zu den Methoden für die Bestimmung dieser Bedingungen machen. Dies umfasst insbesondere Vorgaben zu Anschlusskosten und Baukostenzuschüssen. Die Bundesnetzagentur kann dabei hinsichtlich Vorgaben nach Satz 2 von Verordnungen nach Absatz 3 abweichen oder ergänzende Regelungen treffen."

58   Die Einführung dieser neuen Festlegungskompetenz der BNetzA wird im Entwurf der Gesetzesbegründung mit der Transformation des Energiesystems begründet. Die BNetzA soll in die Lage versetzt werden, eine angemessene Lastenverteilung und verursachungsgerechte Beteiligung der Anschlussnehmer an Netzverstärkungs- und Netzausbaukosten zu regeln. Dabei bezieht sich die Begründung im Kabinettsentwurf sowohl auf das Stromsystem, als auch auf die derzeit in §§ 39a ff. GasNZV geregelten Anschluss von LNG-Anlagen. Die BNetzA soll Vorgaben für die Zahlung von Baukostenzuschüssen machen können und dabei zwischen „Letztverbrauchertypen" differenzieren können.

59   Die Begründung bezieht sich damit nicht auf das EuGH-Urteil vom 2.9.2021 (EuGH EnWZ 2021, 363). Diese Entscheidung kritisierte die Vorgaben des Gesetz- und Verordnungsgebers im Bereich Netzzugangs- und Netzentgeltregulierung, insbesondere die Verordnungsermächtigung nach § 24.

§ 17a Bundesfachplan Offshore des Bundesamtes für Seeschifffahrt und Hydrographie

(1) ¹Das Bundesamt für Seeschifffahrt und Hydrographie erstellt in jedem geraden Kalenderjahr, beginnend mit dem Jahr 2016, im Einvernehmen mit der Bundesnetzagentur und in Abstimmung mit dem Bundesamt für Naturschutz und den Küstenländern einen Offshore-Netzplan für die ausschließliche Wirtschaftszone der Bundesrepublik Deutschland (Bundesfachplan Offshore). ²Der Bundesfachplan Offshore enthält Festlegungen zu:
1. Windenergieanlagen auf See im Sinne des § 3 Nummer 49 des Erneuerbare-Energien-Gesetzes, die in räumlichem Zusammenhang stehen und für Sammelanbindungen geeignet sind,
2. Trassen oder Trassenkorridoren für Anbindungsleitungen für Windenergieanlagen auf See,
3. den Orten, an denen die Anbindungsleitungen die Grenze zwischen der ausschließlichen Wirtschaftszone und dem Küstenmeer überschreiten,
4. Standorten von Konverterplattformen oder Umspannanlagen,
5. Trassen oder Trassenkorridoren für grenzüberschreitende Stromleitungen,
6. Trassen oder Trassenkorridoren zu oder für mögliche Verbindungen der in den Nummern 1, 2, 4 und 5 genannten Anlagen und Trassen oder Trassenkorridore untereinander,
7. standardisierten Technikvorgaben und Planungsgrundsätzen.

³Das Bundesamt für Seeschifffahrt und Hydrographie prüft bei der Erstellung des Bundesfachplans Offshore, ob einer Festlegung nach Satz 2 überwiegende öffentliche oder private Belange entgegenstehen. ⁴Es prüft insbesondere
1. die Übereinstimmung mit den Erfordernissen der Raumordnung im Sinne von § 3 Absatz 1 Nummer 1 des Raumordnungsgesetzes vom 22. Dezember 2008 (BGBl. I S. 2986), das zuletzt durch Artikel 9 des Gesetzes vom 31. Juli 2009 (BGBl. I S. 2585) geändert worden ist,
2. die Abstimmung mit anderen raumbedeutsamen Planungen und Maßnahmen im Sinne von § 3 Absatz 1 Nummer 6 des Raumordnungsgesetzes und
3. etwaige ernsthaft in Betracht kommende Alternativen von Trassen, Trassenkorridoren oder Standorten.

(2) ¹Soweit nicht die Voraussetzungen für eine Ausnahme von der Verpflichtung zur Durchführung einer strategischen Umweltprüfung nach § 37 des Gesetzes über die Umweltverträglichkeitsprüfung vorliegen, führt das Bundesamt für Seeschifffahrt und Hydrographie unverzüglich nach Einleitung des Verfahrens nach Absatz 1 einen Anhörungstermin durch. ²In dem Anhörungstermin sollen Gegenstand und Umfang der in Absatz 1 Satz 2 genannten Festlegungen erörtert werden. ³Insbesondere soll erörtert werden, in welchem Umfang und Detaillierungsgrad Angaben in den Umweltbericht nach § 40 des Gesetzes über die Umweltverträglichkeitsprüfung aufzunehmen sind. ⁴Der Anhörungstermin ist zugleich die Besprechung im Sinne des § 39 Absatz 4 Satz 2 des Gesetzes über die Umweltverträglichkeitsprüfung. ⁵§ 7 Absatz 2 des Netzausbaubeschleunigungsgesetzes Übertragungsnetz gilt für den Anhörungstermin entsprechend mit der Maßgabe, dass der jeweiligen Ladung geeignete Vorbereitungsunterlagen beizufügen sind und Ladung sowie Übersendung dieser Vorbereitungsunterlagen auch elektronisch erfolgen können. ⁶Das Bundesamt für Seeschifffahrt und Hydrographie legt auf Grund der Ergebnisse des Anhörungstermins einen Untersuchungsrahmen für den Bundesfachplan Offshore nach pflichtgemäßem Ermessen fest.

(3) ¹Soweit nicht die Voraussetzungen für eine Ausnahme von der Verpflichtung zur Durchführung einer strategischen Umweltprüfung nach § 37 des Gesetzes über die Umweltverträglichkeitsprüfung vorliegen, erstellt das Bundesamt für Seeschifffahrt und Hydrographie frühzeitig während des Verfahrens zur Erstellung des Bundesfachplans Offshore einen Umweltbericht, der den Anforderungen des § 40 des Gesetzes über die Umweltverträglichkeitsprüfung entsprechen muss. ²Die Betreiber von Übertragungsnetzen und von Windenergieanlagen auf See stellen dem

Bundesamt für Seeschifffahrt und Hydrographie die hierzu erforderlichen Informationen zur Verfügung.

(4) ¹Das Bundesamt für Seeschifffahrt und Hydrographie beteiligt die Behörden, deren Aufgabenbereich berührt ist, und die Öffentlichkeit zu dem Entwurf des Bundesfachplans Offshore und des Umweltberichts nach den Bestimmungen des Gesetzes über die Umweltverträglichkeitsprüfung. ²Bei Fortschreibung kann sich die Beteiligung der Öffentlichkeit sowie der Träger öffentlicher Belange auf Änderungen des Bundesfachplans Offshore gegenüber dem zuletzt öffentlich bekannt gemachten Bundesfachplan Offshore beschränken; ein vollständiges Verfahren nach Satz 1 muss mindestens alle vier Jahre durchgeführt werden. ³Im Übrigen ist § 12c Absatz 3 entsprechend anzuwenden.

(5) ¹Der Bundesfachplan Offshore entfaltet keine Außenwirkungen und ist nicht selbständig durch Dritte anfechtbar. ²Er ist für die Planfeststellungs- und Genehmigungsverfahren nach den Bestimmungen der Seeanlagenverordnung vom 23. Januar 1997 (BGBl. I S. 57) in der jeweils geltenden Fassung verbindlich.

(6) Die Bundesnetzagentur kann nach Aufnahme einer Leitung in den Bundesnetzplan nach § 17 des Netzausbaubeschleunigungsgesetzes Übertragungsnetz den nach § 17d Absatz 1 anbindungsverpflichteten Übertragungsnetzbetreiber durch Bescheid auffordern, innerhalb einer zu bestimmenden angemessenen Frist den erforderlichen Antrag auf Planfeststellung oder Plangenehmigung der Leitung nach den Bestimmungen der Seeanlagenverordnung zu stellen.

(7) Ab dem 31. Dezember 2017 erstellt das Bundesamt für Seeschifffahrt und Hydrographie keinen Bundesfachplan Offshore mehr.

Überblick

§ 17a regelt den Inhalt (→ Rn. 10 ff.) und die Anforderungen (→ Rn. 21 ff., → Rn. 25 ff.) an die Aufstellung des Bundesfachplans Offshore (BFO) für die ausschließliche Wirtschaftszone (AWZ) in der Nordsee und der Ostsee. Der BFO wurde bis zum 31.12.2017 (→ Rn. 37 ff.) im Zwei-Jahres-Rhythmus durch das Bundesamt für Seeschifffahrt und Hydrographie (BSH) erstellt (→ Rn. 6 ff.) und ist eines der zentralen Fachplanungsinstrumente zur räumlichen Koordinierung von Offshore-Windparks und deren Anbindung an das Übertragungsnetz. Zur Erstellung des BFO identifiziert das BSH innerhalb der AWZ sog. Cluster (→ Rn. 11 ff.) zur räumlichen Anordnung von Windparks und legt Einzelheiten zu ihrer Anbindung fest, etwa zur Anordnung von Konverterplattformen (Nr. 4), zu Trassen für Anbindungsleitungen (Nr. 2) oder grenzüberschreitenden Stromleitungen (Nr. 5), zu Grenzkorridoren (Nr. 3), clusterinternen Verbindungsleitungen (Nr. 6) und zur technischen Ausgestaltung des Anbindungskonzepts (Nr. 7). Der BFO gibt sowohl für Planfeststellungs- und Genehmigungsverfahren nach dem WindSeeG (→ Rn. 34) als auch für den Offshore-Netzentwicklungsplan (O-NEP, vgl. → § 17b Rn. 5) einen verbindlichen Rahmen vor (BT-Drs. 17/10754, 23).

Übersicht

	Rn.		Rn.
A. Normzweck und Bedeutung	1	II. Trassen oder Trassenkorridore für Anbindungsleitungen (Abs. 1 S. 2 Nr. 2)	15
I. Sinn und Zweck des BFO	1		
II. Systematische Stellung	4	III. Orte der Grenzüberschreitung zwischen AWZ und Küstenmeer (Abs. 1 S. 2 Nr. 3)	16
B. Entstehungsgeschichte	5		
C. Zuständigkeit und Anwendungsbereich (Abs. 1 S. 1)	6	IV. Standorte von Konverterplattformen oder Umspannanlagen (Abs. 1 S. 2 Nr. 4)	17
I. Zuständigkeit	7	V. Grenzüberschreitende Stromleitungen (Abs. 1 S. 2 Nr. 5)	18
II. Anwendungsbereich	8		
D. Inhaltliche Festlegungen (Abs. 1 S. 2)	10	VI. Verbindungsleitungen (Abs. 1 S. 2 Nr. 6)	19
I. Räumliche Festlegung von geeigneten Clustern (Abs. 1 S. 2 Nr. 1)	11	VII. Technikvorgaben und Planungsgrundsätze (Abs. 1 S. 2 Nr. 7)	20

	Rn.		Rn.
E. Prüfungsmaßstab (Abs. 1 S. 3 und 4)	21	II. Umweltbericht (Abs. 3)	29
I. Erfordernisse der Raumordnung (Nr. 1)	22	III. Behörden- und Öffentlichkeitsbeteiligung (Abs. 4)	31
II. Andere raumbedeutsame Planungen und Maßnahmen (Nr. 2)	23	G. Rechtswirkungen des Bundesfachplans Offshore (Abs. 5)	33
III. Alternativenprüfung (Nr. 3)	24	H. Aufforderungsrecht der BNetzA (Abs. 6)	36
F. Aufstellungsverfahren (Abs. 2–4)	25		
I. Antragskonferenz und Festlegung des Untersuchungsrahmens (Abs. 2)	26	I. Systemwechsel und Ablösung des BFO durch den FEP (Abs. 7)	37

A. Normzweck und Bedeutung

I. Sinn und Zweck des BFO

Der BFO dient als **Grundlage zur räumlichen Koordinierung** von Offshore-Windparks und ihrer Netzanbindungsleitungen in der AWZ der Nord- und Ostsee. Mit ihm soll die bestehende Netztopologie und Netzinfrastruktur insbesondere im Hinblick auf die Netzanbindungen der Offshore-Windparks in der AWZ unter den gegebenen Rahmenbedingungen im Sinne einer vorausschauenden und aufeinander abgestimmten Gesamtplanung räumlich festgelegt werden (Spieth/Lutz-Bachmann/Böhme/Huerkamp § 17a Rn. 2; näher hierzu → Rn. 10 ff.). 1

Mit Einführung der §§ 17a ff. sollte der zuvor geltende projektakzessorische Anspruch auf Anbindung einer Windkraftanlage bei technischer Betriebsbereitschaft nach § 17 Abs. 2a S. 1 aF abgelöst und durch einen Anspruch auf Anbindung im Rahmen der geplanten Ausbaukapazität ersetzt werden, um die Effizienz der Anbindung von Offshore-Windkraftanlagen zu erhöhen und den Betreibern auch bei Verzögerungen von Anbindungsleitungen Rechtssicherheit zu gewähren (BT-Drs. 520/12, 1 ff.; Broemel ZUR 2013, 408). Dies wird durch ein **gestuftes Planungsverfahren** erreicht, welches mit der Erstellung des BFO durch das BSH eingeleitet wird. Die Übertragungsnetzbetreiber (ÜNB) müssen die Festlegungen des jeweils geltenden BFO bei der Erstellung der Offshore-Netzentwicklungspläne nach § 17b berücksichtigen (vgl. → § 17b Rn. 5). 2

Die **praktische Relevanz** des BFO als Planungsinstrument nimmt seit dem Inkrafttreten des Gesetzes vom 13.10.2016 (Gesetz zur Einführung von Ausschreibungen für Strom aus erneuerbaren Energien und zu weiteren Änderungen des Rechts der erneuerbaren Energien, BGBl. 2016 I 2258) am 1.1.2017 kontinuierlich ab. Für Festlegungen ab dem Jahr 2026 wird der BFO durch Regelungen im Flächenentwicklungsplan (FEP) nach § 5 WindSeeG **vollständig abgelöst** (§ 7 Nr. 1 WindSeeG; vgl. → Rn. 37 ff.). 3

II. Systematische Stellung

Bei der Erarbeitung des BFO durch das BSH ist der alle zwei Jahre zu erarbeitende **Szenariorahmen** nach § 12a als inhaltliche Grundlage zu berücksichtigen. Dieser gibt ein Leitszenario für die erforderliche Kapazität von Windenergieanlagen auf See vor, indem er die wahrscheinliche Entwicklung der zukünftigen Situation und eine hinreichend hohe Realisierungswahrscheinlichkeit in drei verschiedenen Entwicklungspfaden zugrunde legt (Kment EnWG/Schink § 17a Rn. 10 ff.). Nach § 17b Abs. 1 sind bei der Entwicklung des **Offshore-Netzentwicklungsplans (O-NEP)** die Festlegungen im Szenariorahmen zwingend heranzuziehen. Der BFO ist dem O-NEP **vorgelagert** und gem. § 17b Abs. 1 ebenfalls zwingend bei der Entwicklung des O-NEP zu beachten, wenn auch diesbezüglich eine Wechselbeziehung besteht. Denn auch die Festlegungen im BFO sind abhängig etwa von dem Bedarf an Standorten für Konverterplattformen und Umspannleitungen, wie er nach dem O-NEP verwirklicht werden soll. Insoweit erfolgt eine gegenseitige Beeinflussung (Kment EnWG/Schink § 17a Rn. 12). Aus diesen Wechselbeziehungen ergibt sich zwangsläufig das Erfordernis inhaltlicher Orientierung auch zwischen BFO und Szenariorahmen. 4

B. Entstehungsgeschichte

5 Der BFO wurde erstmals unter der Bezeichnung „Offshore-Netzplan" durch das Gesetz vom 28.7.2011 (BGBl. I 1690) in § 17 Abs. 2a S. 3, 4 aF eingeführt. Mit Gesetz vom 20.12.2012 (BGBl. I 2730) wurde der Offshore-Netzplan dann in den BFO umbenannt und in den neuen § 17a überführt; in diesem Zusammenhang wurden weitere Konkretisierungen betreffend Inhalt und Verfahren der Aufstellung getroffen. Weitere nennenswerte Modifikationen erfolgten etwa durch das Gesetz vom 10.12.2015 (BGBl. I 2194), durch das der zunächst vorgesehene Ein-Jahres-Rhythmus zur Erstellung des BFO in Anpassung an die entsprechende Regelung zum O-NEP in einen Zwei-Jahres-Rhythmus geändert wurde. Aufgrund der mit Gesetz vom 13.10.2016 (BGBl. I 2258) eingeleiteten systematischen Veränderung umfassenden Neuregelung des WindSeeG wurde Absatz 7 eingeführt, der eine Überführung in den Flächenentwicklungsplan für den Zeitraum ab 2026 ermöglichen soll (→ Rn. 37 ff.).

C. Zuständigkeit und Anwendungsbereich (Abs. 1 S. 1)

6 Absatz 1 Satz 1 regelt die Zuständigkeit für die Erstellung des BFO sowie seinen zeitlichen und räumlichen Anwendungsbereich.

I. Zuständigkeit

7 Zuständig für die Erstellung des BFO ist das **BSH**. Die Aufstellung erfolgt **im Einvernehmen mit der BNetzA**. Das erforderliche Einvernehmen der BNetzA ist ein Verwaltungsinternum und setzt eine Inhaltsprüfung des BFO im Hinblick auf seine Abgestimmtheit mit dem Netzentwicklungsplan (NEP) nach § 12b sowie den Bundesfachplänen nach §§ 4 ff. NABEG voraus (Kment EnWG/Schink § 17a Rn. 21). Ist die damit bezweckte **Koordinierung zwischen Onshore- und Offshore-Netzentwicklung** sichergestellt, ist das Einvernehmen zu erteilen, wobei kein Anspruch auf Erteilung besteht. Zum bestmöglichen Ausgleich entgegenstehender öffentlicher Interessen (etwa Naturschutz, Seeschifffahrt, Raumordnung in Küstenbereich) erfolgt darüber hinaus die Aufstellung des BFO in Abstimmung mit dem Bundesamt für Naturschutz und den Küstenländern Niedersachsen, Bremen, Hamburg, Schleswig-Holstein und Mecklenburg-Vorpommern; diese werden im Aufstellungsverfahren beteiligt und angehört (vgl. Spieth/Lutz-Bachmann/Böhme/Huerkamp § 17a Rn. 10). Die klageweise Durchsetzungsbefugnis der beteiligten Stellen beschränkt sich dabei auf das Abstimmungserfordernis an sich, nicht aber auf die inhaltliche Durchsetzung der gegenläufigen Interessen (Kment EnWG/Schink § 17a Rn. 22).

II. Anwendungsbereich

8 Nach dem Wortlaut des Absatzes 1 Satz 1 erfolgt die Aufstellung des BFO seit dem Jahr 2016 nicht mehr jährlich, sondern in Anpassung an die inhaltlich entsprechende Regelung für den O-NEP nach § 17b Abs. 1 **im Zwei-Jahres-Rhythmus.** Ausreichend ist eine Aktualisierung des BFO anhand der gegenwärtigen Entwicklungen des Bedarfs und der entsprechend durch die Netzentwicklungsplanung und Bundesfachplanung angepassten Anbindungserfordernisse. Die erneute Beteiligung der Öffentlichkeit und der Träger öffentlicher Belange im Aufstellungsverfahren ist auf die entsprechenden Änderungen beschränkt (Kment EnWG/Schink § 17a Rn. 24). Nach Absatz 7 erstellt das BSH ab dem **31.12.2017 keinen BFO mehr**, sodass die Regelung in der Praxis keine Bedeutung mehr hat (→ Rn. 37 ff.).

9 In **räumlicher Hinsicht** ist der Anwendungsbereich des BFO nach dem Wortlaut des Absatzes 1 Satz 1 auf die **AWZ** beschränkt. In Abgrenzung zur 12-Seemeilen-Zone (Küstenmeer), deren Zuständigkeit dem jeweiligen Bundesland unterfällt, beginnt die der Kompetenz des BSH unterfallende AWZ nach dem sog. Küstenmeer und erstreckt sich bis maximal 200 Seemeilen von der Küste weg (Säcker EnergieR/Uibeleisen § 17a Rn. 10). Das BSH kann eine Aufteilung des BFO in Teilflächen vorsehen, solange jedenfalls ein BFO für die gesamte AWZ entsteht (Kment EnWG/Schink § 17a Rn. 18). Das BSH hat dementsprechend zwei Bundesfachpläne erlassen, einen für die AWZ in der Nordsee und einen für die AWZ in der Ostsee.

D. Inhaltliche Festlegungen (Abs. 1 S. 2)

Absatz 1 Satz 2 Nummern 1–7 konkretisiert **abschließend** die inhaltlichen Festsetzungsmöglichkeiten im BFO. Abweichungen sind unzulässig. Der BFO muss aber nicht stets alle möglichen Festsetzungen enthalten, vielmehr sind nur solche Vorgaben verpflichtend, die zur Steuerung nachfolgender Planungsverfahren erforderlich sind. Dies trifft im Regelfall auf die Festsetzungen nach Nummern 1–3 zu (Kment EnWG/Schink § 17a Rn. 27).

I. Räumliche Festlegung von geeigneten Clustern (Abs. 1 S. 2 Nr. 1)

Nach Absatz 1 Satz 2 Nummer 1 legt der BFO die Standorte für Windenergieanlagen auf See iSd § 3 Nr. 49 EEG fest, die im **räumlichen Zusammenhang** stehen und **für Sammelanbindungen geeignet** sind.

Zur Definition des Begriffs „Windenergieanlage auf See" verweist § 3 Nr. 49 EEG auf **§ 3 Nr. 11 WindSeeG**. Eine **Windenergieanlage auf See** ist danach jede Anlage zur Erzeugung von Strom aus Windenergie, die auf See in einer Entfernung von mindestens drei Seemeilen gemessen von der Küstenlinie der Bundesrepublik Deutschland aus seewärts errichtet worden ist. Durch diese Definition wird klargestellt, dass nicht der gesamte Windpark, sondern nur das einzelne Windrad die Anlage darstellt und diese Anlage weder auf dem Festland noch auf Inseln errichtet werden kann (Spieth/Lutz-Bachmann/Böhme/Huerkamp § 17a Rn. 14).

Das BSH bestimmt auf Grundlage des im Szenariorahmen nach § 12a prognostizierten Bedarfs an Windenergienutzung, der angenommenen Leistung aus Offshore-Windenergie, den technischen Voraussetzungen sowie den bereits im betreffenden Raumordnungsplan festgelegten Vorranggebieten für Windenergie den gesamten Flächenbedarf zur Errichtung von Windenergieanlagen und deren Anbindung und identifiziert die dafür geeigneten Standorte in **sog. Clustern** (§ 3 Nr. 1 WindSeeG). Der BFO füllt den durch den betreffenden Raumordnungsplan bereits gesetzten Rahmen somit fachplanerisch aus, indem er dessen Vorgaben umsetzt und zusätzlich eigenständige Festsetzungen etwa zu standardisierten Technikvorgaben macht, um damit die Voraussetzungen für eine geordnete Weiterentwicklung der Netzanschlusssysteme zu gewährleisten (BFO Nordsee 2016/17, 2 f.).

Die Anbindungsleitungen für Windenergieanlagen auf See sind in der Regel (soweit technisch vorteilhaft) als Sammelanbindungen auszuführen (Säcker EnergieR/Uibeleisen § 17a Rn. 14 f.). Um eine solche Sammelanbindung planerisch vorzubereiten, sind im BFO die **Standorte** für solche Windenergieanlagen zu einem Cluster zusammenzufassen, die in einem **räumlichen Zusammenhang** stehen und **für Sammelanbindungen geeignet** sind. Die Geeignetheit hängt hierbei maßgeblich von den bestehenden Schifffahrtswegen, der Ausweisung im Raumordnungsplan als Vorranggebiet für die Windenergienutzung und dem Fehlen von Zulassungshindernissen ab, etwa aus umweltrechtlichen oder militärischen Gründen (Bourwieg/Hellermann/Hermes/Broemel § 17a Rn. 8). Bei der Bewertung, ob eine Windenergieanlage für eine Sammelanbindung geeignet ist, werden insbesondere auch bereits errichtete oder genehmigte Windparks berücksichtigt (BFO Nordsee 2016/17, 15). Dadurch wird faktisch eine **bedarfsabhängige Kontingentierung** der für Offshore-Windenergieanlagen zur Verfügung stehenden Flächen in der AWZ ermöglicht (Broemel ZUR 2013, 408 (410)). Dort, wo eine Sammelanbindung technisch nicht vorteilhaft ist, kann eine Festsetzung im BFO als Einzelanbindung nach Satz 2 Nummer 2 erfolgen (vgl. → Rn. 15). Insgesamt sind danach in den geltenden BFO für die Nordsee bisher insgesamt 13 Cluster (BFO Nordsee 2016/17, 18) und für die Ostsee insgesamt drei Cluster (BFO Ostsee 2016/17, 18) räumlich dargestellt.

Insgesamt gilt der **Grundsatz der clusterinternen Netzanbindung,** wonach jeder Windpark grundsätzlich an den Konverter im eigenen Cluster anzuschließen ist. Dadurch sollen etwa Kreuzungen mit Schifffahrtswegen vermieden und die Länge der Seekabel weitestgehend reduziert werden, um eine systematische und koordinierte Gesamtplanung bestmöglich zu gewährleisten (Spieth/Lutz-Bachmann/Böhme/Huerkamp § 17a Rn. 16; OLG Düsseldorf BeckRS 2016, 11309 Rn. 74 ff.). Mit Einführung des WindSeeG zum 1.1.2017 (BGBl. I 2258) und einem damit eingeleiteten **Systemwechsel** hin zu einem Ausschreibungsmodell (→ Rn. 37 ff.) wurde dieser Grundsatz – um einen hinreichenden Wettbewerb im Rahmen der Übergangsausschreibungen für Windenergieanlagen auf See nach §§ 26 ff.

WindSeeG sicherzustellen – insoweit durchbrochen, als dass seitdem eine **clusterübergreifende Netzanbindung** ausnahmsweise zulässig sein kann, sofern eine solche im BFO und im O-NEP ausdrücklich vorgesehen ist und dies für eine geordnete und effiziente Nutzung und Auslastung der Offshore-Anbindungsleitungen erforderlich ist (vgl. → § 17b Rn. 20; ähnlich bereits OLG Düsseldorf BeckRS 2016, 11309 Rn. 77). Nach § 17b Abs. 3 enthält der O-NEP Festlegungen, in welchem Umfang die Anbindung von bestehenden Projekten iSd § 26 Abs. 2 WindSeeG ausnahmsweise über einen anderen im BFO festgelegten Cluster gem. § 17d Abs. 3 erfolgen kann (vgl. auch → § 17d Rn. 29 ff.). Diese Vorgabe wurde durch die Festlegung von drei clusterübergreifenden Netzanbindungen im O-NEP 2025 umgesetzt (Säcker EnergieR/Uibeleisen § 17a Rn. 17).

II. Trassen oder Trassenkorridore für Anbindungsleitungen (Abs. 1 S. 2 Nr. 2)

15   Nach Absatz 1 Satz 2 Nummer 2 enthält der BFO ferner Festsetzungen zu **Trassen oder Trassenkorridoren für Anbindungsleitungen** für Windenergieanlagen auf See. Trassenkorridore sind Gebietsstreifen, in denen durch Planfeststellung die konkrete Trasse des Kabels noch festgelegt werden muss, etwa wenn die Anbindungsleitung noch beantragt werden muss (Spieth/Lutz-Bachmann/Böhme/Huerkamp § 17a Rn. 26). Die Ausweisung konkreter Trassen im BFO kann hingegen notwendig sein (anders als Bundesfachplanung nach § 12 Abs. 2 S. 1 Nr. 1 NABEG, die auf die Ausweisung von Trassenkorridoren beschränkt ist), wenn bestimmte Gebiete der AWZ bereits vollständig für andere Nutzungsarten verplant sind oder bestimmte Vorranggebiete für andere Aktivitäten (zB Schifffahrt) ausgewiesen wurden (BT-Drs. 17/10754, 23). In diesen Fällen enthält der BFO aufgrund seiner Verbindlichkeit für das Planfeststellungsverfahren nach der SeeAnlV (Absatz 5 Satz 2; vgl. → Rn. 34) bereits endgültige Ausweisungen (Kment EnWG/Schink § 17a Rn. 33).

III. Orte der Grenzüberschreitung zwischen AWZ und Küstenmeer (Abs. 1 S. 2 Nr. 3)

16   Der BFO enthält weiterhin Festlegungen zu den Orten, an denen die Anbindungsleitungen die **Grenze zwischen der AWZ und dem Küstenmeer** überschreiten. Dies soll zu einer Konsistenz zwischen der Netzausbauplanung in der AWZ sowie derjenigen im Küstenmeer beitragen, welche nicht vom räumlichen Anwendungsbereich des BFO umfasst ist (Kment EnWG/Schink § 17a Rn. 35). So soll vermieden werden, dass die Netzausbauplanungen Onshore und Offshore unabhängig voneinander vorangetrieben werden und so die Leitungen an unterschiedlichen Punkten auf die Grenze von AWZ und Küstenmeer stoßen (BT-Drs. 17/10754, 23). Die Festlegung erfolgt in der AWZ mittels Darstellung entsprechender **Grenzkorridore**.

IV. Standorte von Konverterplattformen oder Umspannanlagen (Abs. 1 S. 2 Nr. 4)

17   Der BFO legt außerdem (anders als die Bundesfachplanung nach dem NABEG) **Standorte** von Konverterplattformen oder Umspannanlagen fest. **Konverterplattformen** bündeln die in den Offshore-Windparks erzeugte Energie und richten sie in Gleichstrom um. Sie sind wichtiger Bestandteil der Systemsicherheit, sodass eine gute Erreichbarkeit der Plattformen mit Schiff oder Helikopter (zB zur Reparatur) durch Festlegung dazu erforderlicher Flächen im BFO gesichert werden muss (BFO Nordsee 2016/17, 35 f.). Das BSH legt grundsätzlich eine Konverterplattform für jedes Cluster fest, wobei durch Errichtung und Betrieb derselben die Sicherheit des Schiffahrtsverkehrs nicht beeinträchtigt werden darf (BFO Nordsee 2016/17, 37). In **Umspannanlagen** wird der im Windpark erzeugte Strom über die parkinterne Verkabelung zusammengeführt und auf die Übertragungsspannung zur Abführung in Richtung Land transformiert (Kment EnWG/Schink § 17a Rn. 36).

V. Grenzüberschreitende Stromleitungen (Abs. 1 S. 2 Nr. 5)

18   Nach Satz 2 Nummer 5 sind im BFO auch Trassen oder Trassenkorridore für **grenzüberschreitende Stromleitungen** (sog. Interkonnektoren) darzustellen. Unter grenzüberschreitenden Seekabelsystemen sind Gleichstrom-Seekabelsysteme zu verstehen, die durch mindestens zwei Nordsee- bzw. Ostseeanrainerstaaten verlaufen. Um für solche Stromleitungen ein

räumlich aufeinander abgestimmtes Gesamtsystem gerade im Hinblick auf die Netzanschlusssysteme für Offshore-Windparks zu gewährleisten, sollen hierzu Trassen oder Trassenkorridore im BFO festgelegt werden (BFO Nordsee 2016/17, 74; BFO Ostsee 2016/17, 63). Hierbei berücksichtigt das BSH den europaweiten Netzentwicklungsplan von ENTSO-E (Bourwieg/Hellermann/Hermes/Broemel § 17a Rn. 13).

VI. Verbindungsleitungen (Abs. 1 S. 2 Nr. 6)

Der BFO enthält Festlegungen zu Trassen oder Trassenkorridoren zu oder für **mögliche** 19 **Verbindungen** der in den Nummern 1, 2, 4 und 5 genannten Anlagen und Trassen oder Trassenkorridore untereinander (sog. Vermaschung). Durch eine solche Verbindungsleitung wird etwa die in den Offshore-Windenergieanlagen produzierte und in der Umspannplattform gebündelte Energie zu der Konverterplattform geführt, wobei die Umspannplattform und die Konverterplattform nicht im gleichen Cluster liegen müssen (BFO Nordsee 2016/17, 67). Dies führt zu einer Verbindung der Offshore-Windparks untereinander, um Kosten einzusparen (Anbindung an bereits bestehenden Konnektor) und technische Risiken zu verringern (Kment EnWG/Schink § 17a Rn. 38). Solche clusterübergreifenden Netzanbindungen sind nur ausnahmsweise zulässig (→ Rn. 14) und etwa dann nicht erforderlich, wenn die Netzanbindungen aller Offshore-Windparkvorhaben in einem Cluster effizient ausgelastet sind oder ein Cluster über ausreichend freie Kapazität eines bestehenden Netzanschlusses verfügt (BFO Nordsee 2016/17, 68). Da der Gesetzgeber mit der Ausgestaltung des Anbindungsnetzes in erster Linie dessen zügigen Ausbau erreichen wollte, hat das Kriterium der Vermaschung der Netzinfrastruktur keine hohe Priorität erhalten (Elspas/Graßmann/Rasbach/Rohrer § 17a Rn. 31). Der BFO enthält die raumplanerischen Voraussetzungen für diese Verbindungen und schafft damit die Grundlage für eine entsprechende Ausbauplanung im Netzentwicklungsplan (Spieth/Lutz-Bachmann/Böhme/Huerkamp § 17a Rn. 30).

VII. Technikvorgaben und Planungsgrundsätze (Abs. 1 S. 2 Nr. 7)

Im BFO können schließlich **standardisierte Technikvorgaben** und verbindliche **Pla-** 20 **nungsgrundsätze** festgelegt werden. Aufgrund der Bindungswirkung des BFO für die Planfeststellung von Anlagen und Anbindungsleitungen (→ Rn. 34) kann das BSH damit verbindliche Vorgaben für die Ausübung des planerischen Ermessens machen, um Planungssicherheit für Netz- und Windparkbetreiber zu gewährleisten sowie Planungsverfahren durch eine gewisse Vereinheitlichung bei der Anlagenplanung zu beschleunigen, wodurch deren Kosten gesenkt werden sollen (Spieth/Lutz-Bachmann/Böhme/Huerkamp § 17a Rn. 31). Von dieser Kompetenz hat das BSH in umfassender Weise Gebrauch gemacht (vgl. etwa BFO Nordsee 2016/17, 35 ff., 43 ff., 60 ff.).

E. Prüfungsmaßstab (Abs. 1 S. 3 und 4)

Das BSH hat bei der Erstellung und Fortschreibung des BFO entgegenstehende **öffentli-** 21 **che oder private Belange** zu berücksichtigen. Es prüft nach Absatz 1 Satz 3, ob einer Festlegung nach Satz 2 überwiegende öffentliche oder private Belange entgegenstehen. Dazu zählen nach Satz 4 insbesondere die Erfordernisse der Raumordnung gem. § 3 Abs. 1 Nr. 1 ROG (Nr. 1), andere raumbedeutsame Planungen gem. § 3 Abs. 1 Nr. 6 ROG (Nr. 2) oder ernsthaft in Betracht kommende Alternativen von Trassen, Trassenkorridoren oder Standorten (Nr. 3). Weitere wichtige Belange sind etwa der Naturschutz und die Schifffahrt (vgl. Elspas/Graßmann/Rasbach/Rohrer § 17a Rn. 36 f.). Im Rahmen der Prüfung muss eine **Abwägungsentscheidung** getroffen werden, in welcher die relevanten Belange ermittelt, bewertet und untereinander abgewogen werden (Kment EnWG/Schink § 17a Rn. 50 ff.).

I. Erfordernisse der Raumordnung (Nr. 1)

Die vom BSH bei der Erstellung und Fortschreibung des BFO zu prüfenden **Erforder-** 22 **nisse der Raumordnung** sind in § 3 Abs. 1 Nr. 1 ROG genannt. Es handelt sich hierbei um die Ziele der Raumordnung (§ 3 Abs. 1 Nr. 2 ROG), Grundsätze der Raumordnung (§ 3 Abs. 1 Nr. 3 ROG) sowie sonstige Erfordernisse der Raumordnung (§ 3 Abs. 1 Nr. 4

ROG). Für die AWZ der Nord- und Ostsee regeln die AWZ Nordsee ROV (BGBl. 2009 I 3107) und die AWZ Ostsee ROV (BGBl. 2009 I 3861) diejenigen Ziele und Grundsätze der Raumordnung, die gem. § 4 Abs. 1 Nr. 1 ROG bei raumbedeutsamen Planungen und Maßnahmen beachtet werden und im Hinblick auf die Grundsätze der Raumordnung Einfluss auf die Abwägungsentscheidung haben müssen (BFO Nordsee 2016/17, 2; Spieth/Lutz-Bachmann/Böhme/Huerkamp § 17a Rn. 34). Ob es sich bei einer Festlegung in den Raumordnungsplänen (vgl. jeweils in Anlage zu § 1 AWZ Nordsee/Ostsee ROV) um einen Grundsatz oder ein Ziel der Raumordnung handelt, ist jeweils anhand des materiellen Gehalts der Planungsaussage zu ermitteln (Kment EnWG/Schink § 17a Rn. 61).

II. Andere raumbedeutsame Planungen und Maßnahmen (Nr. 2)

23   Daneben ist der BFO gem. Absatz 1 Satz 4 Nummer 2 auch in Abstimmung mit **anderen raumbedeutsamen Planungen und Maßnahmen** zu erstellen und fortzuschreiben. Dazu gehören nach der Begriffsdefinition des § 3 Abs. 1 Nr. 6 ROG Planungen einschließlich der Raumordnungspläne, Vorhaben und sonstige Maßnahmen, durch die Raum in Anspruch genommen oder die räumliche Entwicklung oder Funktion eines Gebietes beeinflusst wird, einschließlich des Einsatzes der hierfür vorgesehenen öffentlichen Finanzmittel. Davon umfasst sind insbesondere raumbedeutsame Planungen und Maßnahmen anderer (Fach-)Planungsträger, zB zur Rohstoffgewinnung (Kment EnWG/Schink § 17a Rn. 64).

III. Alternativenprüfung (Nr. 3)

24   Nach Absatz 1 Satz 4 Nummer 3 prüft das BSH ferner etwaige **ernsthaft in Betracht kommende Alternativen** von Trassen, Trassenkorridoren oder Standorten. Technikalternativen sind dabei von vornherein nicht Gegenstand der Prüfung. Die genauen Anforderungen der Alternativprüfung können im Einzelfall sehr unterschiedlich sein (Spieth/Lutz-Bachmann/Böhme/Huerkamp § 17a Rn. 37). Es muss sich jedenfalls um solche Alternativen handeln, die sich auch tatsächlich verwirklichen lassen (Planzielkonformität) und sich nach Lage der Dinge aufdrängen. Auch kommen Alternativen in Betracht, die im Verfahren der Vorhabenträger oder im Rahmen der Behörden- und Öffentlichkeitsbeteiligung ausdrücklich vorgeschlagen wurden (Kment EnWG/Schink § 17a Rn. 65 f.). Ein Abwägungsfehler liegt insoweit nur dann vor, wenn sich die Alternative unter Berücksichtigung aller abwägungserheblichen Belange eindeutig als die bessere, weil öffentliche und private Belange insgesamt schonendere darstellen würde und sich diese Lösung daher hätte aufdrängen müssen (BVerwG NVwZ 2013, 1209 (1218)).

F. Aufstellungsverfahren (Abs. 2–4)

25   Absätze 2–4 regeln das **Verfahren zur Aufstellung und Fortschreibung** des BFO. Im Wesentlichen umfasst es die Durchführung eines Anhörungstermins (sog. Antragskonferenz) und die Festlegung eines Untersuchungsrahmens (Absatz 2), die Erstellung eines Umweltberichts (Absatz 3) sowie die Behörden- und Öffentlichkeitsbeteiligung (Absatz 4).

I. Antragskonferenz und Festlegung des Untersuchungsrahmens (Abs. 2)

26   Zunächst sieht das Aufstellungsverfahren die Durchführung eines Anhörungstermins (**sog. Antragskonferenz**) unverzüglich nach Einleitung des Verfahrens nach Absatz 1 vor, in welchem der Gegenstand und Umfang der in Absatz 1 Satz 2 genannten Festlegungen erörtert werden soll. Insbesondere soll erörtert werden, in welchem Umfang und Detaillierungsgrad Angaben in den Umweltbericht nach § 40 UVPG aufzunehmen sind. Dieser Verfahrensschritt dient zugleich der Integration des Verfahrens zur Durchführung einer strategischen Umweltprüfung (**SUP**) in das Aufstellungs- und Änderungsverfahren des BFO (Ausnahme bei Entfall der SUP-Pflicht nach § 37 UVPG). Die SUP verfolgt gem. § 3 UVPG das Ziel, erhebliche Auswirkungen des BFO auf die Umwelt frühzeitig und umfassend zu ermitteln, zu beschreiben sowie zu bewerten. Das SUP-Verfahren ist unselbstständiger Teil des Verfahrens zur Aufstellung des BFO (§ 33 UVPG); die Festlegung des Untersuchungsrahmens nach § 39 UVPG (**Scoping**) wird in das Aufstellungsverfahren des BFO integriert (Spieth/Lutz-Bachmann/Böhme/Huerkamp § 17a Rn. 39).

Der Anhörungstermin entspricht zugleich dem Besprechungstermin (**Scoping-Termin**) 27
nach § 39 Abs. 4 S. 2 UVPG (Abs. 2 S. 4), wobei der Kreis der zu beteiligenden Parteien –
abseits der betroffenen Träger öffentlicher Belange und Umweltvereinigungen nach § 3
UmwRG – auch zugunsten der Öffentlichkeit erweitert wird (Abs. 2 S. 5 iVm § 7 Abs. 2
S. 1 NABEG). Hierzu sind nach Absatz 2 Satz 5 im Rahmen der Einladung durch das BSH
die geeigneten Vorbereitungsunterlagen beizufügen, die eine substanzielle Beteiligung an der
Erörterung des Untersuchungsrahmens ermöglichen (vgl. Bourwieg/Hellermann/Hermes/
Broemel § 17a Rn. 21). Durch die Antragskonferenz soll eine ausreichende Transparenz
und frühzeitige Einbeziehung der Öffentlichkeit sichergestellt werden, um die notwendige
Akzeptanz für die Vorhaben im BFO zu gewährleisten (BT-Drs. 17/10754, 24).

Die Festlegung des **Untersuchungsrahmens**, die auf Grundlage der Ergebnisse aus der 28
Antragskonferenz nach pflichtgemäßem Ermessen erfolgt (Abs. 2 S. 6), entfaltet keine
Außenwirkung und steht unter dem Vorbehalt weiterer Erkenntnisse (vgl. Bourwieg/Hellermann/Hermes/Broemel § 17a Rn. 22).

II. Umweltbericht (Abs. 3)

Nach Absatz 3 hat das BSH frühzeitig während des Verfahrens zur Erstellung des BFO 29
einen **Umweltbericht** entsprechend den Anforderungen des § 40 UVPG zu erstellen. Die
Pflicht zur Erstellung eines Umweltberichts als wesentlicher Teil der SUP entfällt nur in den
Fällen des § 37 UVPG. Zentral werden darin die voraussichtlichen erheblichen Auswirkungen des Vorhabens auf die Umwelt sowie vernünftige Alternativen einer Umsetzung
beschrieben und bewertet (§ 40 Abs. 2 UVPG), um möglichst frühzeitig tatsächlichen Einfluss auf den Planungsprozess nehmen zu können. Die Prüfung von Alternativen nimmt bei
Erstellung des Umweltberichts für den BFO indes eine nur untergeordnete Bedeutung ein
und beschränkt sich weitestgehend auf alternative Trassen grenzüberschreitender Seekabelsysteme (Bourwieg/Hellermann/Hermes/Broemel § 17a Rn. 26).

Nach Absatz 3 Satz 2 stellen die ÜNB und die Betreiber der Windenergieanlagen auf 30
See dem BSH die für den Umweltbericht **erforderlichen Informationen** zur Verfügung.
Insoweit besteht eine Mitwirkungspflicht unter Wahrung der allgemeinen Regeln zum
Schutz von Betriebs- und Geschäftsgeheimnissen (Bourwieg/Hellermann/Hermes/Broemel
§ 17a Rn. 29).

III. Behörden- und Öffentlichkeitsbeteiligung (Abs. 4)

Nach Absatz 4 Satz 1 beteiligt das BSH die Behörden, deren Aufgabenbereich berührt 31
ist und die Öffentlichkeit zu dem Entwurf des BFO und des Umweltberichts nach den
Bestimmungen des UVPG; relevant sind insbesondere §§ 41, 42 und 60 f. UVPG. Durch
die Beteiligung soll die notwendige Akzeptanz und Transparenz gewährleistet werden (BT-Drs. 17/10754, 24).

In Satz 2 erfährt der Beteiligungsumfang insoweit eine **inhaltliche Einschränkung**, als 32
sich die Beteiligung bei den Fortschreibungen (→ Rn. 8) nur auf die Änderungen gegenüber
dem zuletzt öffentlich bekannt gemachten BFO beschränkt. Gleichwohl sieht Absatz 4 Satz 2
Halbsatz 2 ausdrücklich vor, dass **mindestens alle vier Jahre** ein vollständiges Verfahren
nach Absatz 4 Satz 1 erfolgen muss. Im Übrigen ist § 12c Abs. 3 entsprechend anzuwenden.

G. Rechtswirkungen des Bundesfachplans Offshore (Abs. 5)

Nach Absatz 5 Satz 1 entfaltet der BFO **keine Außenwirkungen** und ist in der Folge 33
auch **nicht selbstständig durch Dritte anfechtbar**. Allenfalls eine mittelbare Außenwirkung ist insoweit anzunehmen, als der BFO für die Erstellung des O-NEP nach § 17b Abs. 1
S. 2 zu berücksichtigen ist (vgl. → § 17b Rn. 5).

Eine mittelbare Außenwirkung des BFO ist auch mit Blick auf die Regelung des Absatzes 5 34
Satz 2 anzunehmen, wonach der BFO für die Planfeststellungs- und Genehmigungsverfahren
nach der SeeAnlV (die zum 1.1.2017 außer Kraft getreten ist; BGBl. 2016 I 2258) verbindlich
ist. Soweit die SeeAnlV nach der Übergangsregelung des § 102 WindSeeG weiterhin Anwendung findet, verbleibt dem BFO diese mittelbare Rechtswirkung.

35 Tatsächliche Rechtswirkungen gegenüber Dritten entstehen erst durch die konkrete Planfeststellungs- oder -genehmigungsentscheidung. Ein isoliertes Klagerecht gegen den BFO existiert folglich nicht. Der Rechtsschutz konzentriert sich damit auf die Kontrolle der einzelnen Entscheidung über die Anlagenzulassung, innerhalb derer eine **inzidente Überprüfung** des BFO möglich ist (Bourwieg/Hellermann/Hermes/Broemel § 17a Rn. 36).

H. Aufforderungsrecht der BNetzA (Abs. 6)

36 Absatz 6 räumt der BNetzA ein **Aufforderungsrecht** ein. Danach kann die BNetzA, sofern die Leitung in den Bundesnetzplan nach § 17 NABEG aufgenommen wurde, dem anbindungsverpflichteten ÜNB eine **angemessene Frist** zur Beantragung eines Planfeststellungs- oder Plangenehmigungsverfahrens nach SeeAnlV setzen. Die Regelung ist § 12 Abs. 2 S. 3 NABEG nachgebildet und soll einer etwaigen Verzögerung der Antragstellung vorbeugen (Säcker EnergieR/Uibeleisen § 17a Rn. 33). Die Aufforderung liegt im Ermessen der BNetzA und stellt einen anfechtbaren Verwaltungsakt dar (Spieth/Lutz-Bachmann/Böhme/Huerkamp § 17a Rn. 65).

I. Systemwechsel und Ablösung des BFO durch den FEP (Abs. 7)

37 Der BFO hat als Fachplanungsinstrument inzwischen **an praktischer Bedeutung verloren.** Mit Inkrafttreten des Gesetzes vom 13.10.2016 (BGBl. I 2258) am 1.1.2017 wurde ein grundlegender **Systemwechsel** für die Offshore-Windenergiegewinnung und deren Netzanbindung eingeleitet, welche den BFO als Planungsinstrument vollständig entbehrlich macht.

38 Der **Systemwechsel** besteht im Wesentlichen darin, dass die zuvor bereits durch die Einführung der §§ 17a ff. angewandte projektübergreifende Planung des Ausbaus von Anbindungskapazitäten in ein **zentrales Ausschreibungsmodell** nach dem Zuschlagsprinzip überführt wurde, im Rahmen dessen die Vergabe von Flächen zur Anbindung von Offshore-Windenergieanlagen zentral und kapazitätsabhängig durch die BNetzA erfolgt.

38.1 Zwischenzeitlich wurde das **Ausschreibungsdesign** durch die Novellierung des WindSeeG infolge des Zweiten Gesetzes zur Änderung des Windenergie-auf-See-Gesetzes und anderer Vorschriften vom 20.7.2022 (BGBl. I 1325) grundlegend geändert. Danach wird für zentral durch das BSH voruntersuchten Flächen seit dem 1.1.2023 keine EEG-Vergütung mehr gezahlt (vgl. §§ 55 Abs. 1, 57 WindSeeG); die Vergabe von Flächen erfolgt insoweit auf Basis der Bereitschaft der Bieter, für deren Ausbau ein Entgelt zu zahlen (Gebotswert i. S. v. § 53 Abs. 1 S. 1 Nr. 1 WindSeeG). Neben dem Gebotswerts fließen auch qualitative Kriterien in die Bewertung der Gebote ein (§ 53 Abs. 1 S. 1 Nr. 2–5 WindSeeG). Um die ehrgeizigen neuen Ausbauziele zu erreichen, erfolgen zudem zusätzliche Ausschreibungen für Flächen, die vom BSH nicht zentral voruntersucht werden; die bezuschlagten Bieter müssen die Voruntersuchungen insoweit selbst auf eigene Kosten durchführen. Diese erhalten bei Zuschlag einen Anspruch auf Zahlung der Marktprämie (§ 24 Abs. 1 Nr. 2 WindSeeG). Der FEP legt fest, zu welcher Kategorie die jeweiligen Flächen gehören (§ 14 Abs. 2 S. 2 WindSeeG).

38.2 Mit Erhalt des **Zuschlags** bekommt der Ausschreibungsgewinner das ausschließliche Antragsrecht auf Durchführung eines Planfeststellungsverfahrens (gem. § 24 Abs. 1 Nr. 1 WindSeeG für nicht zentral voruntersuchte und gem. § 55 Abs. 1 Nr. 1 WindSeeG für zentral voruntersuchte Flächen). Die entsprechenden Verfahrensvorschriften zur Errichtung und zum Betrieb von Windenergieanlagen auf See sind nunmehr in den §§ 65 ff. WindSeeG geregelt, die zuvor maßgebliche SeeAnlV ist zum 1.1.2017 – jedenfalls in Bezug auf die Vorhaben, die nach dem 31.12.2020 in Betrieb genommen werden (vgl. § 102 Abs. 1 Nr. 2 WindSeeG) – außer Kraft getreten (Spieth/Lutz-Bachmann/Böhme/Huerkamp § 17a Rn. 57 ff.).

38.3 Um den **Übergang** zwischen den Systemen zu entzerren und damit einhergehende Investitionsverluste bereits genehmigter Projekte zu verringern, erfolgten für Inbetriebnahmen von Offshore-Projekten zwischen dem 1.1.2021 und dem 31.12.2025 (sog. Übergangszeitraum) die Ausschreibungen im Jahr 2017 und 2018 ausschließlich für bestehende Projekte, also solche mit damals bereits fortgeschrittenem Genehmigungsstadium (vgl. §§ 26 ff. WindSeeG). Im Unterschied zu Ausschreibungen nach dem zentralen Modell, bei denen Gegenstand der Ausschreibung behördlich ausgewählte Flächen sind, erfolgten die Gebote im **Übergangsmodell** auf von den Bietern selbst entwickelten Flächen (vgl. Schulz/Appel ER 2016, 231 (237)).

Verfassungsrechtliche Bedenken waren insoweit anzumelden, als **bestehende Projekte,** die im Rahmen der Ausschreibungen nach § 26 Abs. 1 WindSeeG keinen Zuschlag erhielten, vollständig entwertet werden (Ausnahme lediglich bei Projekten mit Eintrittsrecht nach §§ 60 ff. WindSeeG aF, vgl. Dannecker/Ruttloff EnWZ 2016, 490 (492 ff.)). Dementsprechend hat das BVerfG mit Beschluss vom 30.6.2020 entschieden, dass das WindSeeG aF verfassungswidrig war, soweit es keinen Ausgleich für frustrierte Investitionen von Vorhabenträgern vorsieht, deren Projekte durch die Einführung des WindSeeG beendet wurden (BVerfG NVwZ-RR 2021, 177). In Reaktion auf die Entscheidung des BVerfG hat der Gesetzgeber mit dem Gesetz zur Änderung des Windenergie-auf-See-Gesetzes und anderer Vorschriften vom 3.12.2020 (BGBl. I 2682) zwar die Entschädigungsregelung des § 10a WindSeeG eingeführt (BT-Drs. 19/24039, 27). Die Regelung des § 10a WindSeeG bleibt jedoch in mehrfacher Hinsicht hinter den Anforderungen zurück, die das BVerfG in seinem Beschluss vom 30.6.2020 aufgestellt hat (vgl. dazu Lutz-Bachmann/Liedtke EnWZ 2022, 313 (318 f.).

38.4

Auch im Hinblick auf die **Netzausbauplanung** zeitigt der Systemwechsel signifikante Auswirkungen. So erfolgt zwar die Errichtung und der Betrieb von Offshore-Anbindungsleitungen für den Anschluss bestehender Projekte im **Übergangszeitraum** noch nach den Vorgaben des BFO und des O-NEP gem. §§ 17b f. (vgl. § 28 WindSeeG; BT-Drs. 18/8860, 271). Bis zum Ablauf des Jahres 2025 sind die Planungen daher noch im letzten BFO (2016) und im O-NEP 2025 enthalten (BT-Drs. 18/8860, 352). Für Festlegungen ab dem Jahr 2026 werden jedoch gem. § 7 Nr. 1 WindSeeG die bisher im BFO getroffenen Festlegungen durch die im neu eingeführten FEP getroffenen Festlegungen abgelöst. § 17a tritt dann (wie auch §§ 17b, 17c) **mit Ablauf des Jahres 2025 außer Kraft** (vgl. Art. 25 Abs. 3 des Gesetzes vom 13.10.2016; BGBl. I 2258).

39

Der **FEP** übernimmt also für die räumliche Koordinierung und den Netzausbau solcher Anlagen, die im Zeitraum ab 2026 in Betrieb genommen werden und damit Gegenstand von jährlichen Flächenausschreibungen ab dem 1.1.2021 sind, **vollständig die Rolle des BFO** (Schulz/Appel ER 2016, 231 (233 f.)). Weiterhin sollen ergänzend zum WindSeeG die allgemeinen Vorschriften zur Förderung von Erneuerbaren Energien im EEG sowie die Regelungen zu Netzanschluss und Entschädigung in §§ 17d ff. (vgl. hierzu → § 17d Rn. 6 ff.) gelten. Dementsprechend bestimmt Absatz 7, dass das BSH ab dem 31.12.2017 keinen BFO mehr erstellt.

40

Das BSH hat in den Jahren 2018 und 2019 erstmalig den FEP 2019 nach den Vorgaben des WindSeeG erstellt. Aufgrund des am 4.12.2020 in Kraft getretenen Änderungsgesetzes zum WindSeeG (BGBl. 2020 I 2682) und einer damit beschlossenen Erhöhung des Ausbaupfads von Windenergie auf See wurde eine Fortschreibung des FEP bis Ende 2020 erforderlich. Der FEP 2020 wurde am 18.12.2020 durch das BSH veröffentlicht. Mit Blick auf das WindSeeG 2023 wird der FEP gegenwärtig erneut fortgeschrieben.

40.1

§ 17b Offshore-Netzentwicklungsplan

(1) ¹Die Betreiber von Übertragungsnetzen legen der Regulierungsbehörde auf der Grundlage des Szenariorahmens nach § 12a einen gemeinsamen Offshore-Netzentwicklungsplan für die ausschließliche Wirtschaftszone der Bundesrepublik Deutschland und das Küstenmeer bis einschließlich der Netzanknüpfungspunkte an Land zusammen mit dem nationalen Netzentwicklungsplan nach § 12b zur Bestätigung vor. ²Der gemeinsame nationale Offshore-Netzentwicklungsplan muss unter Berücksichtigung der Festlegungen des jeweils aktuellen Bundesfachplans Offshore im Sinne des § 17a mit einer zeitlichen Staffelung alle wirksamen Maßnahmen zur bedarfsgerechten Optimierung, Verstärkung und zum Ausbau der Offshore-Anbindungsleitungen enthalten, die spätestens zum Ende des Betrachtungszeitraums im Sinne des § 12a Absatz 1 Satz 2 für einen schrittweisen, bedarfsgerechten und wirtschaftlichen Ausbau sowie einen sicheren und zuverlässigen Betrieb der Offshore-Anbindungsleitungen erforderlich sind. ³Dabei sind insbesondere die in § 4 Nummer 2 des Erneuerbare-Energien-Gesetzes sowie die in § 1 des Windenergie-auf-See-Gesetzes geregelten Ziele für einen stetigen und kosteneffizienten Ausbau der Windenergie auf See zugrunde zu legen und die Vertei-

EnWG § 17b Teil 3. Regulierung des Netzbetriebs

lung des Zubaus nach § 27 Absatz 4 des Windenergie-auf-See-Gesetzes zu berücksichtigen.

(2) ¹Der Offshore-Netzentwicklungsplan enthält für alle Maßnahmen nach Absatz 1 Satz 2 Angaben zum geplanten Zeitpunkt der Fertigstellung und sieht verbindliche Termine für den Beginn der Umsetzung vor. ²Dabei legen die Betreiber von Übertragungsnetzen die im Szenariorahmen nach § 12a von der Regulierungsbehörde genehmigten Erzeugungskapazitäten zugrunde und berücksichtigen die zu erwartenden Planungs-, Zulassungs- und Errichtungszeiten sowie die am Markt verfügbaren Errichtungskapazitäten. ³Kriterien für die zeitliche Abfolge der Umsetzung können insbesondere der Realisierungsfortschritt der anzubindenden Windenergieanlagen auf See, die effiziente Nutzung der zu errichtenden Anbindungskapazität, die räumliche Nähe zur Küste sowie die geplante Inbetriebnahme der Netzanknüpfungspunkte sein. ⁴Bei der Aufstellung des Offshore-Netzentwicklungsplans berücksichtigen die Betreiber von Übertragungsnetzen weitgehend technische Standardisierungen unter Beibehaltung des technischen Fortschritts. ⁵Dem Offshore-Netzentwicklungsplan sind Angaben zum Stand der Umsetzung des vorhergehenden Offshore-Netzentwicklungsplans und im Falle von Verzögerungen die dafür maßgeblichen Gründe der Verzögerung beizufügen. ⁶Der Entwurf des Offshore-Netzentwicklungsplans muss im Einklang stehen mit dem Entwurf des Netzentwicklungsplans nach § 12b und hat den gemeinschaftsweiten Netzentwicklungsplan nach Artikel 8 Absatz 3b der Verordnung (EG) Nr. 714/2009 zu berücksichtigen.

(3) Der Offshore-Netzentwicklungsplan enthält Festlegungen, in welchem Umfang die Anbindung von bestehenden Projekten im Sinn des § 26 Absatz 2 des Windenergie-auf-See-Gesetzes ausnahmsweise über einen anderen im Bundesfachplan Offshore nach § 17a festgelegten Cluster gemäß § 17d Absatz 3 erfolgen kann.

(4) § 12b Absatz 3 bis 5 ist entsprechend anzuwenden.

(5) Ab dem 1. Januar 2018 legen die Betreiber von Übertragungsnetzen keinen Offshore-Netzentwicklungsplan mehr vor.

Überblick

§ 17b regelt den Inhalt und die Anforderungen an den Offshore-Netzentwicklungsplan (O-NEP), welcher bis zum 31.12.2017 (→ Rn. 22 ff.) im Zwei-Jahres-Rhythmus (→ Rn. 7) von den Übertragungsnetzbetreibern (ÜNB; vgl. zu deren Zuständigkeit → Rn. 7) auf der Grundlage des Szenariorahmens und unter Berücksichtigung des Bundesfachplans Offshore (BFO; vgl. zur Systematik → Rn. 4 ff.) zu erstellen bzw. fortzuschreiben war. Der O-NEP soll den Netzausbaubedarf in der ausschließlichen Wirtschaftszone (AWZ) der Nord- und Ostsee sowie der 12-Seemeilen-Zone (Küstenmeer) bis an die Netzanknüpfungspunkte an Land feststellen (vgl. → Rn. 8 ff.) und insbesondere den zeitlichen Rahmen zum Ausbau des Offshore-Netzes durch verbindliche Festlegung von Beginn- und Fertigstellungszeitpunkten definieren, um eine bessere Abstimmung zwischen Anschlusspflichten und Anschlussmöglichkeiten zu erreichen (→ Rn. 12 ff.). Durch den O-NEP wurde außerdem die Verteilung des Zubaus der Offshore-Windenergie im Übergangszeitraum zentral gesteuert (vgl. § 27 Abs. 4 WindSeeG). Um einen hinreichenden Wettbewerb unter den bestehenden Projekten im Rahmen der Ausschreibung nach § 26 WindSeeG zu gewährleisten (vgl. § 118 Abs. 20), sind für die bestehenden Projekte nach § 26 Abs. 2 WindSeeG im Übergangszeitraum auch clusterübergreifende Anbindungen möglich (Absatz 3, vgl. → Rn. 20).

Übersicht

	Rn.		Rn.
A. Normzweck und Bedeutung	1	C. Zuständigkeit und Anwendungsbereich	7
I. Sinn und Zweck des O-NEP	1	D. Inhaltliche Festlegungen	9
II. Systematische Stellung	4	I. Wirksame Maßnahmen zum Netzausbau	
B. Entstehungsgeschichte	6	(Abs. 1 S. 2)	9

	Rn.		Rn.
II. Zeitliche Staffelung (Abs. 2)	12	F. Festlegungen von clusterübergreifenden Anbindungen (Abs. 3)	20
1. Fertigstellungs- und Umsetzungstermine (Abs. 2 S. 1 und 2)	13		
2. Priorisierungskriterien (Abs. 2 S. 3)	15	G. Aufstellungsverfahren (Abs. 4)	21
3. Technische Standardisierungen (Abs. 2 S. 4)	17		
E. Monitoring und Rechtfertigungspflicht (Abs. 2 S. 5)	18	H. Umstellung auf den FEP und Geltung des O-NEP (Abs. 5)	22

A. Normzweck und Bedeutung

I. Sinn und Zweck des O-NEP

Mit dem O-NEP, welcher parallel zum nationalen Netzentwicklungsplan (NEP) nach §§ 12b ff. zu erstellen war, wurde das Element der Bedarfsplanung in die Fachplanung der Offshore-Anbindungsleitungen eingeführt (BT-Drs. 17/10754, 24). Der O-NEP ist Teil eines gestuften Planungsverfahrens, welches die Anbindung einer Offshore-Windenergieanlage nicht mehr von dessen Betriebsbereitschaft, sondern nunmehr von den zur Verfügung stehenden Anbindungskapazitäten abhängig macht (vgl. → § 17a Rn. 1 f.). Damit wird eine **Synchronisierung der Planung** von Offshore-Anbindungsleitungen mit den Kapazitätszielen des Szenariorahmens, der räumlichen Planung durch den BFO sowie der übrigen Netzentwicklungsplanung hergestellt (vgl. → Rn. 4 f.) und damit ein wesentlicher Beitrag zur Effektivität des Ausbaus von Windenergie geleistet (Bourwieg/Hellermann/Hermes/Broemel § 17b Rn. 2). 1

Der inhaltliche Kern des O-NEP besteht neben der Festlegung wirksamer **Maßnahmen** zur bedarfsgerechten Optimierung, Verstärkung und zum Ausbau der Offshore-Anbindungsleitungen insbesondere auch in der **zeitlichen Staffelung** der erforderlichen Maßnahmen etwa durch eine zeitliche Priorisierung der Anbindung von Clustern, auch um Planungssicherheit und damit Investitionssicherheit für Anlagenbetreiber zu gewährleisten. Konkret ist insoweit ein verbindlicher Zeitplan für die Fertigstellung der Maßnahmen und deren Umsetzungsbeginn zu definieren, der als Grundlage für die Vergabe von Anbindungskapazitäten durch die BNetzA nach § 17d dient (Kment EnWG/Schink § 17b Rn. 1; vgl. → § 17d Rn. 17 ff.). Auch sollen damit Anknüpfungspunkte für die Haftungsregelung bei einer verspäteten Errichtung der Anbindungsleitungen geschaffen werden (BT-Drs. 17/10754, 1). 2

Die **praktische Relevanz** des O-NEP nimmt seit Inkrafttreten des WindSeeG am 1.1.2017 kontinuierlich ab (vgl. → Rn. 22 ff. sowie § 17a Rn. 37 ff.). Die Festlegungen des O-NEP werden ab 2026 gem. § 5 Nr. 2 WindSeeG in den Flächenentwicklungsplan (FEP; § 5 WindSeeG) und den NEP (§ 12b EnWG) überführt (vgl. → Rn. 22 ff.). Der im Jahr 2017 erstellte O-NEP 2030 ist damit der letzte O-NEP, der erstellt wird (Elspas/Graßmann/Rasbach/Rohrer § 17b Rn. 2). 3

II. Systematische Stellung

Um die Effektivität des Ausbaus von Windenergie insgesamt zu steigern, erfolgt die Erstellung und Vorlage des O-NEP in **Abstimmung** mit anderen Planungsinstrumenten. Dazu legen die ÜNB der BNetzA den O-NEP gem. Absatz 1 Satz 1 zusammen mit dem NEP nach § 12b auf der Grundlage des Szenariorahmens nach § 12a zur Bestätigung vor. Das Erfordernis einer gemeinsamen Vorlage des O-NEP mit dem NEP ergibt sich aus der bezweckten Angleichung beider Planungsinstrumente (vgl. § 1 Abs. 2 WindSeeG; Broemel ZUR 2013, 408 (411)). So enthält der NEP die Netzverknüpfungspunkte, an die die Offshore-Anbindungsleitungen angeschlossen werden müssen (Spieth/Lutz-Bachmann/Böhme/Huerkamp § 17b Rn. 6). Der erforderliche Einklang beider Planungsinstrumente On- und Offshore wird ausdrücklich in Absatz 2 Satz 6 erwähnt. Der **Szenariorahmen** macht durch Prognostizierung verschiedener Szenarien Angaben zur zukünftigen Erzeugungsleistung der Anlagen und zum wahrscheinlichen Verbrauch. Er ermöglicht damit eine Feststellung des zukünftigen Netzausbaubedarfs und war bereits bei Erstellung und Fortschreibung des BFO (vgl. dazu → § 17a Rn. 4) zugrunde zu legen (Säcker EnergieR/Uibeleisen § 17b Rn. 15). 4

5 Nach Absatz 1 Satz 2 ist der O-NEP unter Berücksichtigung der verbindlichen Festlegungen des aktuellen **BFO** (vgl. dazu → § 17a Rn. 10 ff.) zu erstellen und fortzuschreiben. Der BFO stellt dabei insbesondere im Hinblick auf die räumlichen und technischen Festlegungen die **Grundlage** für den O-NEP dar. Im O-NEP wird ferner die vom Szenariorahmen prognostizierte Erzeugungsleistung aus Offshore-Windenergie auf die im BFO festgelegten Cluster (vgl. → § 17a Rn. 11 ff.) aufgeteilt (Säcker EnergieR/Uibeleisen § 17b Rn. 20). Schließlich ist bei der Erstellung des O-NEP nach Absatz 2 Satz 6 der vom Europäischen Netz der ÜNB (ENTSO-E) ausgearbeitete zehnjährige Netzentwicklungsplan nach Art. 8 Abs. 3b VO (EG) Nr. 714/2009 zu berücksichtigen (Bourwieg/Hellermann/Hermes/Broemel § 17b Rn. 3).

B. Entstehungsgeschichte

6 § 17b ist grundlegend an § 12b orientiert und wurde mit Gesetz vom 20.12.2012 (BGBl. I 2730) eingeführt. Mit Gesetz vom 10.12.2015 (BGBl. I 2194) wurden geringe inhaltliche Änderungen vorgenommen, insbesondere wurde ein Gleichlauf des Betrachtungszeitraums im Szenariorahmen nach § 12a und dem O-NEP hergestellt. Zuletzt wurde § 17b durch das Gesetz vom 13.10.2016 (BGBl. I 2258) geändert. Dabei sind Absatz 1 Satz 3 sowie Absatz 3 und Absatz 5 neu eingeführt worden, um dem eingeläuteten Systemwechsel hin zu einem zeitlich gestaffelten Ausschreibungsmodell nach dem WindSeeG auch auf Ebene der Netzausbauplanung Rechnung zu tragen (BT-Drs. 18/8860, 334 f.).

C. Zuständigkeit und Anwendungsbereich

7 Bis zum Ablauf des Jahres 2017 waren für die Erstellung und Fortschreibung des O-NEP die **ÜNB** zuständig. Diese waren verpflichtet, den O-NEP im Zwei-Jahres-Turnus (BT-Drs. 18/6383, 12) zu erarbeiten und bei der BNetzA zur Bestätigung vorzulegen. Die tatsächliche Anbindungsverpflichtung richtet sich danach, in wessen Regelzone der anschlussberechtigte Windpark liegt. Aufgrund der Lage der Netzanknüpfungspunkte erfolgt die Anbindung der Windenergieanlagen in der Nordsee durch die TenneT TSO GmbH und in der Ostsee durch die 50 Hertz Transmission GmbH. Die Verpflichtung zur Vorlage des O-NEP ist mit Einführung des FEP iSd § 5 WindSeeG und dessen erstmaliger Veröffentlichung zum 28.6.2019 bereits seit 1.1.2018 entfallen (vgl. → Rn. 22 ff.).

8 In **räumlicher Hinsicht** erstreckt sich der Anwendungsbereich des O-NEP über die AWZ der Nord- und Ostsee hinaus auch auf das Gebiet des Küstenmeeres bis einschließlich der Netzanknüpfungspunkte an Land (Absatz 1 Satz 1). Er ist damit weiter als der Anwendungsbereich des BFO (vgl. dazu → § 17a Rn. 9). Dadurch wird eine Abstimmung der Netzanbindungsmaßnahmen mit dem NEP erreicht (Kment EnWG/Schink § 17b Rn. 6).

D. Inhaltliche Festlegungen

I. Wirksame Maßnahmen zum Netzausbau (Abs. 1 S. 2)

9 Nach Absatz 1 Satz 2 hat der O-NEP zunächst mit einer zeitlichen Staffelung (vgl. dazu → Rn. 12 ff.) alle **wirksamen Maßnahmen** zur bedarfsgerechten Optimierung, Verstärkung und zum Ausbau der Offshore-Anbindungsleitungen zu enthalten, die spätestens zum Ende des Betrachtungszeitraums iSd § 12a Abs. 1 S. 2 – also in den jeweils nächsten 10 bis 15 Jahren – für einen schrittweisen, bedarfsgerechten und wirtschaftlichen Ausbau sowie einen sicheren und zuverlässigen Betrieb der Offshore-Anbindungsleitungen erforderlich sind. Um eine möglichst effektive und rechtzeitige Synchronisierung der Anbindungsleitungen mit den Windenergieanlagen (§ 1 Abs. 2 S. 3 WindSeeG) zu erreichen, bedarf es einer **frühzeitigen Ausbauplanung anhand objektiver Kriterien** (vgl. hierzu → Rn. 15 f.). Dazu sind unter Berücksichtigung des Szenariorahmens, des NEP sowie der Erzeugungsleistung bereits installierter oder neu geplanter Offshore-Windenergieparks der Ausbau und die Betriebsdauer des Offshore-Netzes sowie die Anforderungen an die Verfügbarkeit der Übertragungsnetzkapazität zu ermitteln (Kment EnWG/Schink § 17b Rn. 10).

10 Nach Absatz 1 Satz 3 sind dabei insbesondere auch die in § 4 Nr. 2 EEG sowie die in § 1 WindSeeG geregelten Zielbestimmungen für einen stetigen und kosteneffizienten Ausbau

der Windenergie zugrunde zu legen. Diese mit Wirkung zum 1.1.2017 eingeführte **Zielverpflichtung** soll in Anpassung an das Ausschreibungsmodell nach dem WindSeeG gewährleisten, dass bereits durch den am 25.11.2016 durch die BNetzA bestätigten O-NEP 2025 **ausreichende Kapazitäten für Offshore-Anbindungsleitungen** – insbesondere für die Ausschreibungen in der Übergangszeit nach § 26 Abs. 1 WindSeeG – geschaffen werden (vgl. auch § 118 Abs. 20 sowie § 28 WindSeeG; ferner Spieth/Lutz-Bachmann/Böhme/Huerkamp § 17b Rn. 9). Um einen sog. Fadenriss, also einen Stillstand beim Ausbau der Windenergie auf See innerhalb der Übergangszeit zu verhindern, sollten abhängig von den Auftragsvolumen nach § 27 WindSeeG durch die Planung im O-NEP möglichst so viele Anbindungskapazitäten gesichert werden, dass alle bestehenden Projekte nach § 26 Abs. 2 WindSeeG sinnvoll bei den Übergangsausschreibungen teilnehmen konnten (Säcker EnergieR/Uibeleisen § 17b Rn. 22, 37; BT-Drs. 18/8860, 335; BT-Drs. 18/8832, 298 (337)). Um insoweit einen Wettbewerb zu gewährleisten, ermöglicht Absatz 3, ausnahmsweise auch clusterübergreifende Netzanbindungen von Offshore-Windparks im O-NEP vorzusehen (vgl. → Rn. 20 sowie Uibeleisen NVwZ 2017, 7 (9)).

Darüber hinaus hat der O-NEP nach Absatz 1 Satz 3 die **Verteilung des Zubaus** nach dem Mengengerüst gem. § 27 Abs. 4 WindSeeG zu berücksichtigen. Mit der Regelung soll sichergestellt werden, dass die Verteilung des Zubaus auf die Jahre 2021–2025 entsprechend dem Mengengerüst umgesetzt wird (Säcker EnergieR/Uibeleisen § 17b Rn. 22). 11

II. Zeitliche Staffelung (Abs. 2)

Um eine bestmögliche Koordinierung der Netzanschlussmöglichkeiten mit den Netzanschlusspflichten zu erreichen, definiert Absatz 2 in Anknüpfung an die erforderlichen Maßnahmen nach Absatz 1 Satz 2 genaue Anforderungen an eine im O-NEP vorzunehmende **zeitliche Staffelung** (BT-Drs. 17/10754, 24). 12

1. Fertigstellungs- und Umsetzungstermine (Abs. 2 S. 1 und 2)

Nach Absatz 2 Satz 1 enthält der O-NEP für alle Maßnahmen nach Absatz 1 Satz 2 Angaben zum geplanten **Zeitpunkt der Fertigstellung** und sieht **verbindliche Termine für den Beginn der Umsetzung** vor. Um Planungssicherheit für die Anlagenbetreiber zu schaffen und um Angebot und Nachfrage von Anbindungsleitungen optimal aufeinander abzustimmen, soll mit dem O-NEP ausdrücklich festgelegt werden, mit dem Bau welcher Leitungen (in der Regel als Sammelanbindung mit größtmöglicher Kapazität) zu welchem Zeitpunkt begonnen wird und bis zu welchem Zeitraum diese Anbindungsleitung voraussichtlich fertiggestellt wird (BT-Drs. 17/10754, 24). Allerdings unterliegen die zeitlichen Vorgaben insoweit einer gewissen Flexibilität, als dem O-NEP keine taggenauen Termine für Beginn und Fertigstellung der Maßnahmen zu entnehmen sind. Vielmehr erfolgen die Festlegungen für die einzelnen Maßnahmen nur **quartalsweise** und im Hinblick auf die Fertigstellungstermine nur für das **jeweilige Jahr,** in dem die Fertigstellung erfolgen soll. Damit soll den Beteiligten ein Handlungsspielraum bei der Umsetzung der Projekte bis zur Festlegung eines konkreten Fertigstellungstermins im Rahmen des Umsetzungsprozesses nach § 17d gewährt werden (vgl. Schulz, Handbuch Windenergie, 1. Aufl. 2015, 91; vgl. → § 17d Rn. 18 ff.). 13

Für die **Bedarfsermittlung** sind nicht etwa die Planungen der Anlagenbetreiber, sondern allein die im Szenariorahmen nach § 12a von der BNetzA genehmigten Erzeugungskapazitäten maßgeblich (vgl. → Rn. 4). Damit wird gewährleistet, dass im Zeitpunkt der Fertigstellung dieser Kapazitäten entsprechende Netzanbindungsleitungen zur Verfügung stehen (Kment EnWG/Schink § 17b Rn. 11). Nach Absatz 2 Satz 2 sind bei der zeitlichen Staffelung der Maßnahmen zudem die zu erwartenden Planungs-, Zulassungs- und Errichtungszeiten sowie die am Markt verfügbaren Errichtungskapazitäten zu berücksichtigen. 14

2. Priorisierungskriterien (Abs. 2 S. 3)

Die zeitliche Staffelung erfolgt anhand **objektiver Kriterien,** welche maßgeblichen Einfluss auf den verbindlichen Fertigstellungstermin nach § 17d Abs. 2 (vgl. dazu → § 17d Rn. 21 ff.) und damit den Beginn der tatsächlichen Nutzung der Anbindungsleitungen 15 haben. Absatz 2 Satz 3 nennt eine Reihe solcher Kriterien für die zeitliche Abfolge der Umsetzung, welche zwar nicht abschließend sind („insbesondere"), aber von den ÜNB bei der Aufstellung des O-NEP allesamt zu berücksichtigen waren (Spieth/Lutz-Bachmann/Böhme/Huerkamp § 17b Rn. 12). Konkret handelt es sich um den Realisierungsfortschritt der anzubindenden Windenergieanlage auf See, die effiziente Nutzung der zu errichtenden Anbindungskapazität, die räumliche Nähe zur Küste sowie die geplante Inbetriebnahme der Netzanknüpfungspunkte. Auf Grundlage dieser Kriterien, welche stets auf den **effizienten Ausbau** der Anbindungsinfrastruktur angesichts begrenzter Ausbaukapazitäten abzielen (Bourwieg/Hellermann/Hermes/Broemel § 17b Rn. 11), treffen die ÜNB eine eigene – von der Priorisierungsentscheidung der Anlagenbetreiber unabhängige – Abwägungsentscheidung über die terminliche Abfolge der Maßnahmen. Insbesondere soll mit der Terminierung eine Netzverknüpfung der errichteten Anlagenkapazität im Zeitpunkt ihrer Fertigstellung mit dem Onshore-Übertragungsnetz sichergestellt werden (Kment EnWG/Schink § 17b Rn. 12).

16   Die Wertungen der ÜNB unterliegen der Überprüfung durch die BNetzA (vgl. → § 17c Rn. 6; BT-Drs. 17/10754, 25). Der am 25.11.2016 durch die BNetzA bestätigte **O-NEP 2025** sieht etwa das Kriterium der Küstenentfernung als das für die Gesamtkosten der Netzanbindung maßgeblich bestimmende Kriterium an, weil mit zunehmender Küstenentfernung und der damit einhergehenden Wassertiefe der technologische und logistische Aufwand und damit die Kosten für den Netzausbau erheblich steigen. An zweiter Stelle haben die ÜNB das Kriterium des Erzeugungspotenzials priorisiert, während die anderen beiden Kriterien lediglich mit korrektivem Charakter eingesetzt wurden (vgl. BNetzA, Bestätigung des O-NEP 2025 v. 25.11.2016 – 613-8572/1/1 S. 27 f.; Bourwieg/Hellermann/Hermes/Broemel § 17b Rn. 12).

3. Technische Standardisierungen (Abs. 2 S. 4)

17   Nach Absatz 2 Satz 4 sind bei der Aufstellung des O-NEP ferner **technische Standardisierungen** unter Beibehaltung des technischen Fortschritts zu berücksichtigen. **Der BFO** legt bereits standardisierte Technikvorgaben und Planungsgrundsätze fest (vgl. → § 17a Rn. 20; etwa BFO Nordsee 2016/17, 35 ff., 43 ff., 60 ff.), die im O-NEP gem. Absatz 1 Satz 2 zu berücksichtigen sind. Eben dieses Ziel verfolgt die Festlegung der standardisierten Technikvorgaben im BFO, um durch eine weitgehende Vereinheitlichung des Planungsprozesses auch von Offshore-Anbindungsleitungen eine Steigerung der Planungsflexibilität und damit eine Beschleunigung und Kostenreduktion des Prozesses zu erreichen (Bourwieg/Hellermann/Hermes/Broemel § 17b Rn. 15). Gleichwohl verpflichtet der Gesetzgeber die ÜNB dabei ausdrücklich zur **Beibehaltung des technischen Fortschritts**, also zur Beachtung der am Markt verfügbaren Technik, um so auch die zukünftigen Entwicklungen der Offshore-Technologie mit zu berücksichtigen (Schulz, Handbuch Windenergie, 1. Aufl. 2015, 92).

E. Monitoring und Rechtfertigungspflicht (Abs. 2 S. 5)

18   Dem O-NEP sind nach Absatz 2 Satz 5 – in Übereinstimmung mit der Regelung zum NEP nach § 12b Abs. 1 S. 4 Nr. 4 – Angaben zum Stand der Umsetzung des vorhergehenden O-NEP beizufügen, wodurch die ÜNB zu einem **Monitoring der Umsetzung** des O-NEP angehalten sind, um eine ständige Kontrolle zu gewährleisten (Säcker EnergieR/Uibeleisen § 17b Rn. 30).

19   Darüber hinaus sind dem O-NEP im Falle von Verzögerungen die dafür maßgeblichen Gründe beizufügen, was im Kern eine **Rechtfertigungspflicht** der ÜNB gegenüber der BNetzA als nationale Regulierungsbehörde begründet. Damit soll die Umsetzung des O-NEP kontrollierbar und die vorgebrachten Gründe auch bei einer Fortschreibung des O-NEP oder einer Entscheidung über Durchsetzungsmaßnahmen berücksichtigt werden können (Kment EnWG/Schink § 17b Rn. 13).

F. Festlegungen von clusterübergreifenden Anbindungen (Abs. 3)

20   Anknüpfend an die Funktion des O-NEP als das zentrale Element zur Planung der im Übergangssystem nach §§ 26 ff. WindSeeG erforderlichen Offshore-Anbindungsleitungen

(BT-Drs. 18/8860, 335; vgl. → Rn. 10) wurde durch das Gesetz vom 13.10.2016 (BGBl. I 2258) und der damit einhergehenden schrittweisen Umstellung auf das Ausschreibungsmodell nach dem WindSeeG der heutige Absatz 3 eingeführt (BT-Drs. 18/8860, 128). Danach enthält der O-NEP Festlegungen, in welchem Umfang die Anbindung von bestehenden Projekten iSd § 26 Abs. 2 WindSeeG **ausnahmsweise** – und damit in Abweichung vom Grundsatz der clusterinternen Netzanbindung (vgl. → § 17a Rn. 14) – über einen anderen im BFO nach § 17a festgelegten Cluster gem. § 17d Abs. 3 (vgl. hierzu → § 17d Rn. 29 ff.) erfolgen kann. Auch § 17d Abs. 3 S. 2 sieht ausdrücklich vor, dass eine **clusterübergreifende Netzanbindung** nur dann möglich ist, wenn diese im BFO und O-NEP ausdrücklich vorgesehen ist und dies für eine geordnete und effiziente Nutzung und Auslastung der Offshore-Anbindungsleitungen erforderlich ist (vgl. → § 17d Rn. 30).

Um ausreichende Netzanbindungskapazitäten in der Übergangsphase und einen hinreichenden Wettbewerb zwischen den bestehenden Projekten bei den Übergangsausschreibungen gewährleisten zu können (vgl. → Rn. 10), hatte das BSH Ende 2016 den jeweils geltenden BFO für die Nord- und Ostsee in einem Teil 1 um Angaben dazu ergänzt, in welchen Fällen clusterübergreifende Netzanbindungen zulässig sind (vgl. BFO für die AWZ der Nord- und Ostsee 2016 und Umweltbericht Teil 1, jeweils vom 9.12.2016; Säcker EnergieR/Uibeleisen § 17a Rn. 17). Auf der Grundlage der fachplanerischen Vorgaben im BFO hat auch die BNetzA in der Bestätigung des O-NEP 2025 die Neuregelung umgesetzt und clusterübergreifende Netzanbindungen für die Nord- und Ostsee vorgesehen (vgl. Bestätigung des O-NEP 2025 v. 25.11.2016 – 613-8572/1/1 S. 35 ff.; Uibeleisen NVwZ 2017, 7 (9)). 20.1

G. Aufstellungsverfahren (Abs. 4)

Nach Absatz 4 sind die Bestimmungen des § 12b Abs. 3–5 entsprechend anzuwenden. Dadurch wird gewährleistet, dass die Verfahren zur Behörden- und Öffentlichkeitsbeteiligung und zu den Überprüfungsmöglichkeiten dem Verfahren hinsichtlich des NEP entsprechen (BT-Drs. 17/10754, 25). Die ÜNB veröffentlichten den Entwurf des O-NEP – bis zum Jahr 2018 (vgl. zur Umstellung auf den FEP → Rn. 22 ff.) – in entsprechender Anwendung des § 12b Abs. 3–5 auf ihren Internetseiten, gaben der Öffentlichkeit und anderen Beteiligten Gelegenheit zur Äußerung und legten der BNetzA den Entwurf einschließlich einer zusammenfassenden Erklärung über die Art und Weise der Berücksichtigung der Stellungnahmen unverzüglich vor. Zum Verfahren kann auf die Kommentierung der § 12b Abs. 3–5 verwiesen werden (vgl. → § 12b Rn. 4 ff.). 21

H. Umstellung auf den FEP und Geltung des O-NEP (Abs. 5)

Die mit Inkrafttreten des Gesetzes vom 13.10.2016 (BGBl. I 2258) einhergehende Einführung des WindSeeG zum 1.1.2017 und der damit eingeläutete **Systemwechsel** auf ein zentrales und kapazitätsabhängiges Ausschreibungsmodell (vgl. dazu → § 17a Rn. 37 ff.) hat maßgebliche Auswirkungen auf die Netzausbauplanung und damit auch auf den O-NEP als bisher wesentliches Planungsinstrument für Offshore-Anbindungsleitungen. Aufgrund der stufenweisen Einführung des Ausschreibungsmodells und der Unterteilung dieses Umstellungsprozesses in eine Übergangsphase (Inbetriebnahmen zwischen 2021 und 2025) sowie ein zentrales Modell (für Inbetriebnahmen ab 2026) erfolgt auch die **Ablösung des O-NEP** als Planungsinstrument stufenweise. Die Errichtung und der Betrieb von Offshore-Anbindungsleitungen für den Anschluss bestehender Projekte im Übergangszeitraum richtet sich noch nach den Vorgaben des O-NEP 2025 (vgl. § 28 WindSeeG; BT-Drs. 18/8860, 271). Der O-NEP ist folglich das zentrale Planungsinstrument der im Übergangszeitraum zu realisierenden Offshore-Anbindungsleitungen (vgl. → Rn. 10, → Rn. 20). 22

Der vom Bundesamt für Seeschifffahrt und Hydrographie (BSH) in Abstimmung mit den ÜNB und der BNetzA zu erstellende **FEP** nach §§ 4 ff. WindSeeG stellt hingegen für den Zeitraum **ab 2026** (vgl. § 5 Abs. 1 WindSeeG) – dh für Ausschreibungen im zentralen Modell – das grundlegende Planungsinstrument dar und führt ab diesem Zeitpunkt die Festlegungen des BFO und des O-NEP zusammen, womit eine optimale Abstimmung zwischen dem Ausbau der Windenergieanlagen auf See und der Offshore-Anbindungsleitungen erreicht werden soll (BT-Drs. 18/8860, 269). Für den Zeitraum ab 2026 werden nach § 7 Nr. 2 WindSeeG die bisher im O-NEP getroffenen Festlegungen teilweise durch die im 23

EnWG § 17c   Teil 3. Regulierung des Netzbetriebs

FEP und teilweise durch die im NEP getroffenen Festlegungen **abgelöst**. Unter Zugrundelegung der Festlegungen des FEP, insbesondere dazu, wo und in welcher zeitlichen Reihung Flächen voruntersucht und ausgeschrieben werden sollen und eine Offshore-Anbindungsleitung erforderlich ist, erfolgt die weitere Netzplanung für die AWZ im Rahmen des NEP (BT-Drs. 18/8860, 278). Für die fachplanerischen Festlegungen im FEP, die das Küstenmeer betreffen, ist zusätzlich eine Verwaltungsvereinbarung zwischen dem BSH und dem zuständigen Bundesland erforderlich (§ 4 Abs. 1 Nr. 2 WindSeeG).

24   Der letzte **O-NEP 2030** wurde am 2.5.2017 in einem zweiten Entwurf von den ÜNB veröffentlicht und am 22.12.2017 durch die BNetzA bestätigt (vgl. dazu → § 17c Rn. 18 f.). Nach Absatz 5 legen die ÜNB **ab dem 1.1.2018 keinen O-NEP** mehr vor. Der O-NEP 2030 weist unter Berücksichtigung des im Gesetz vom 13.10.2016 (BGBl. I 2258) zum 1.1.2017 festgelegten Ausbaupfads (BT-Drs. 18/8860, 188 zu § 4 EEG 2021; inzwischen erhöht nach § 4 Nr. 2 EEG 2023 iVm § 1 Abs. 2 WindSeeG) alle Maßnahmen aus, die bis 2030 bzw. bis 2035 für einen schrittweisen, bedarfsgerechten und wirtschaftlichen Ausbau der Offshore-Netzanbindungssysteme erforderlich sind. Der O-NEP 2030 bildet den Übergang zum zentralen Modell und stellt – jedenfalls für die geplanten Offshore-Netzanbindungssysteme mit einer Fertigstellung nach 2025 – den Ausgangspunkt für die Gestaltung des FEP bezüglich der Reihenfolge dar, in der die Flächen in der AWZ und im Küstenmeer zur Ausschreibung kommen sollen. Er ist damit die **Basis für die Erstellung des FEP** als zukünftige Grundlage des Offshore-Netzausbaus ab dem Jahr 2026.

24.1   Das BSH hat in den Jahren 2018 und 2019 erstmalig den **FEP 2019** erstellt und darin Festlegungen zu Windenergieanlagen auf See und Offshore-Netzanbindungen für den Zeitraum der Inbetriebnahme ab dem Jahr 2026 bis mindestens zum Jahr 2030 getroffen. Er wurde am 28.6.2019 veröffentlicht. Aufgrund des am 4.12.2020 in Kraft getretenen Änderungsgesetzes zum WindSeeG (BGBl. 2020 I 2682) und einer damit beschlossenen Erhöhung des Ausbaupfads von Windenergie auf See wurde eine Fortschreibung des FEP bis Ende 2020 erforderlich. Der **FEP 2020** wurde am 18.12.2020 durch das BSH veröffentlicht.

25   § 17b tritt (ebenso wie §§ 17a, 17c) aufgrund der systematischen Umstellung des Planungsregimes mit Ablauf des Jahres **2025 außer Kraft** (vgl. Art. 25 Abs. 3 des Gesetzes vom 13.10.2016, BGBl. I 2258).

§ 17c Prüfung und Bestätigung des Offshore-Netzentwicklungsplans durch die Regulierungsbehörde sowie Offshore-Umsetzungsbericht der Übertragungsnetzbetreiber

(1) ¹**Die Regulierungsbehörde prüft in Abstimmung mit dem Bundesamt für Seeschifffahrt und Hydrographie die Übereinstimmung des Offshore-Netzentwicklungsplans mit den Anforderungen nach § 17b.** ²**Im Übrigen ist § 12c entsprechend anzuwenden.** ³**Die Bestätigung des Offshore-Netzentwicklungsplans erfolgt für Maßnahmen nach § 17b Absatz 1 Satz 2, deren geplanter Zeitpunkt der Fertigstellung nach dem Jahr 2025 liegt, unter dem Vorbehalt der entsprechenden Festlegung der jeweiligen Offshore-Anbindungsleitung im Flächenentwicklungsplan nach § 5 des Windenergie-auf-See-Gesetzes.**

(2) **Die Regulierungsbehörde kann in Abstimmung mit dem Bundesamt für Seeschifffahrt und Hydrographie eine bereits erfolgte Bestätigung des Offshore-Netzentwicklungsplans nach Bekanntmachung der Zuschläge nach § 34 des Windenergie-auf-See-Gesetzes aus dem Gebotstermin vom 1. April 2018 ändern, soweit der anbindungsverpflichtete Übertragungsnetzbetreiber die betreffende Offshore-Anbindungsleitung noch nicht beauftragt hat und die Änderung für eine geordnete und effiziente Nutzung und Auslastung der Offshore-Anbindungsleitung erforderlich ist.**

(3) ¹**Die Betreiber von Übertragungsnetzen legen der Regulierungsbehörde jeweils spätestens bis zum 30. September eines jeden geraden Kalenderjahres, beginnend mit dem Jahr 2018, einen gemeinsamen Offshore-Umsetzungsbericht vor, den diese in Abstimmung mit dem Bundesamt für Seeschifffahrt und Hyd-**

rographie prüft. ²Dieser Bericht muss Angaben zum Stand der Umsetzung des zuletzt bestätigten Offshore-Netzentwicklungsplans und im Falle von Verzögerungen der Umsetzung die dafür maßgeblichen Gründe enthalten. ³Die Regulierungsbehörde veröffentlicht den Umsetzungsbericht und gibt allen tatsächlichen und potenziellen Netznutzern Gelegenheit zur Äußerung. ⁴Ab dem Jahr 2020 ist kein Offshore-Umsetzungsbericht mehr von den Übertragungsnetzbetreibern vorzulegen.

Überblick

§ 17c regelt in Anlehnung an § 12c die Aufgabe der BNetzA, als Regulierungsbehörde in Übereinstimmung mit dem Bundesamt für Seeschifffahrt und Hydrographie (BSH) den von den Übertragungsnetzbetreibern (ÜNB) erstellten Offshore-Netzentwicklungsplan (O-NEP) auf seine Vereinbarkeit mit den Anforderungen des § 17b zu prüfen und zu bestätigen (vgl. zum Verfahren → Rn. 6 ff.). § 17c Abs. 1 S. 3 sieht dabei eine Vorbehaltsbestätigung der BNetzA im Hinblick auf festgelegte Maßnahmen im O-NEP vor, deren geplante Fertigstellung den Zeitraum ab dem Jahr 2026 betreffen und die damit in den Anwendungsbereich des Flächenentwicklungsplans (FEP) nach § 5 Abs. 1 WindSeeG fallen (vgl. → Rn. 9 f.). Nach Absatz 2 hat die BNetzA unter bestimmten Voraussetzungen die Möglichkeit, eine bereits erfolgte Bestätigung des zum zweiten Gebotstermin vom 1.4.2018 geltenden O-NEP nach Bekanntmachung der Zuschläge und dem Abschluss der damit endenden Übergangsausschreibungen nachträglich zu ändern, soweit die anbindungsverpflichteten ÜNB die Anbindungsleitung noch nicht beauftragt haben (vgl. → Rn. 11 ff.). Schließlich regelt Absatz 3 die im Jahr 2018 erstmalig und einmalig bestehende Verpflichtung der ÜNB (vgl. zur Umstellung auf den FEP und den damit einhergehenden Bedeutungsverlust des § 17c → Rn. 18 f.), der Regulierungsbehörde einen Offshore-Umsetzungsbericht zur gemeinsamen Prüfung mit dem BSH vorzulegen (dazu → Rn. 14 ff.).

A. Sinn und Zweck der Vorschrift

Absatz 1 regelt die **Aufgabenverteilung** zwischen den ÜNB und der BNetzA als Regulierungsbehörde (Kment EnWG/Schink § 17c Rn. 1). Die BNetzA prüft in Abstimmung mit dem BSH den von den ÜNB erstellten O-NEP auf seine Übereinstimmung mit den Anforderungen nach § 17b (materielles Prüfprogramm), indem sie unter Bezugnahme und punktueller Modifikation der Verfahrensvorgaben zur Bestätigung des Netzentwicklungsplans (NEP) nach § 12c insbesondere einen Umweltbericht erstellt sowie eine Behörden- und Öffentlichkeitsbeteiligung durchführt (vgl. → Rn. 6 ff.). Für Maßnahmen, deren geplanter Fertigstellungszeitpunkt nach dem Jahr 2025 liegt, erfolgt die Bestätigung unter dem Vorbehalt der entsprechenden Festlegung der jeweiligen Offshore-Anbindungsleitung im FEP nach § 5 WindSeeG, um für den Zeitraum ab dem Jahr 2026 die dann maßgeblichen Festlegungen des FEP nicht durch abweichende und ggf. unumkehrbare Vorfestlegungen im O-NEP zu vereiteln (BT-Drs. 18/8860, 335 f.; vgl. dazu → Rn. 9 f.). 1

Absatz 2 gibt der BNetzA als Regulierungsbehörde die Möglichkeit, nachträglich auf die Ergebnisse aus den Übergangsausschreibungen netzseitig reagieren zu können und so insbesondere aus Effizienzgesichtspunkten eine optimale Auslastung der Offshore-Anbindungsleitungen im Übergangszeitraum zu gewährleisten (Spieth/Lutz-Bachmann/Böhme/Huerkamp § 17c Rn. 1; vgl. dazu → Rn. 11 ff.). 2

Die Verpflichtung der ÜNB nach Absatz 3, beginnend mit dem Jahr 2018 und befristet bis zum Jahr 2020 in jedem geraden Kalenderjahr einen – und damit einzigen – Offshore-Umsetzungsbericht zu erstellen, findet ihre Entsprechung im Hinblick auf den NEP in § 12d Abs. 1. Sie ermöglicht die Fortschreibung der Umsetzungsberichterstattung (§ 17b Abs. 2 S. 5; BT-Drs. 18/6383, 20) und wurde bereits mit Gesetz vom 10.12.2015 (BGBl. I 2194) und der Umstellung auf den Zwei-Jahres-Turnus zur Erstellung des O-NEP eingeführt (Spieth/Lutz-Bachmann/Böhme/Huerkamp § 17c Rn. 1; vgl. dazu → Rn. 14 ff.). 3

Die Bedeutung des § 17c nimmt ebenso wie die der §§ 17a, 17b seit Inkrafttreten des WindSeeG am 1.1.2017 (BGBl. 2016 I 2258) und dem damit eingeleiteten Systemwechsel 4 kontinuierlich ab (vgl. → § 17a Rn. 37 ff.). Zuletzt wurde der O-NEP 2030 am 22.12.2017 durch die BNetzA bestätigt. § 17c tritt mit Ablauf des Jahres 2025 außer Kraft.

B. Entstehungsgeschichte

5   § 17c wurde mit Gesetz vom 20.12.2012 (BGBl. I 2730) eingeführt. Der Gesetzgeber bezweckte dabei, das behördliche Verfahren in enger Anlehnung an die Vorschriften der §§ 12a ff. zum NEP zu regeln, um ein größtmögliches Maß an Parallelität zwischen der Netzentwicklungsplanung on- und offshore herzustellen (BT-Drs. 17/10754, 25). Die Verpflichtung der ÜNB zur Erstellung des Offshore-Umsetzungsberichts wurde ursprünglich durch Gesetz vom 10.12.2015 (BGBl. I 2194) in Absatz 2 eingeführt, später aber durch Gesetz vom 13.10.2016 (BGBl. I 2258) um den Satz 4 ergänzt und zu Absatz 3; außerdem wurde der jetzige Absatz 2 neu eingeführt und Absatz 1 um Satz 3 ergänzt.

C. Zuständigkeit und Verfahren (Abs. 1 S. 1 und 2)

6   Zuständig für die **Prüfung und Bestätigung** des O-NEP ist die **BNetzA** als Regulierungsbehörde (§ 54 Abs. 1). Sie prüft den O-NEP in Abstimmung mit dem BSH auf seine Übereinstimmung mit den Anforderungen des § 17b. Absatz 1 Satz 2 verweist im Übrigen auf die Parallelvorschrift des § 12c zum NEP. Absatz 1 ergänzt im Hinblick auf die Prüfung und Bestätigung des O-NEP insoweit die Vorschrift des § 12c, als dass zum einen das materielle Prüfprogramm geändert und zum anderen auch die behördliche Abstimmung verfahrensrechtlich modifiziert wird (Säcker EnergieR/Uibeleisen § 17c Rn. 2). Das materielle Prüfprogramm beschränkt sich nach Absatz 1 Satz 1 auf die Anforderungen nach § 17b, dh insbesondere auf den im Rahmen des Szenariorahmens nach § 12a prognostizierten Bedarf an Anbindungskapazitäten sowie auf die Festlegungen zur zeitlichen Staffelung der Ausbaumaßnahmen unter Berücksichtigung der im Konsultationsverfahren eingegangenen Stellungnahmen (Bourwieg/Hellermann/Hermes/Broemel § 17c Rn. 3).

7   Die behördliche Koordinierung wird durch die Regelung des Absatzes 1 Satz 1 modifiziert, nach der die Regulierungsbehörde „in Abstimmung" mit dem **BSH** prüft. Aus den gesetzlichen Grenzen der Aufgabenzuweisung folgt, dass Gegenstand der Abstimmung nur solche Fragen sein können, welche auch in den gesetzlichen Aufgabenbereich des BSH fallen, also vor allem die Berücksichtigung der räumlichen Festlegungen des Bundesfachplan Offshore (BFO) nach § 17b Abs. 1 S. 2 (Bourwieg/Hellermann/Hermes/Broemel § 17c Rn. 6). Im Übrigen verweist Absatz 1 Satz 2 auf die Verfahrensregelungen des § 12c, sodass die BNetzA vor ihrer Bestätigung des O-NEP insbesondere für die Erstellung eines Umweltberichts (Absatz 1 Satz 2 iVm § 12c Abs. 2) sowie für die Behörden- und Öffentlichkeitsbeteiligung (Absatz 1 Satz 2 iVm § 12c Abs. 3) zuständig ist. Sie kann von den ÜNB auch die Änderung des O-NEP-Entwurfs und dessen unverzügliche Vorlage (Absatz 1 Satz 2 iVm § 12c Abs. 1 S. 2, Abs. 5) sowie die Bereitstellung von zur Prüfung erforderlichen Informationen (Absatz 1 Satz 2 iVm § 12c Abs. 1 S. 3) verlangen. Diese sind auch dem BSH zur Verfügung zu stellen, wenn eine Abstimmung erforderlich ist (Spieth/Lutz-Bachmann/Böhme/Huerkamp § 17c Rn. 4). Hinsichtlich des Verfahrens wird im Übrigen auf die Kommentierung zu § 12c verwiesen (vgl. → § 12c Rn. 3 ff.).

8   Die Bestätigung des O-NEP durch die BNetzA ist nach Absatz 1 Satz 2 iVm § 12c Abs. 4 S. 2 nicht selbstständig durch Dritte anfechtbar. Im Verhältnis zu den ÜNB stellt sie aber einen Verwaltungsakt dar und ist insoweit einer Beschwerde durch die ÜNB nach §§ 75 ff. zugänglich (OLG Düsseldorf BeckRS 2016, 11309 Rn. 81; Spieth/Lutz-Bachmann/Böhme/Huerkamp § 17c Rn. 5).

D. Vorbehaltsbestätigung im Hinblick auf den FEP (Abs. 1 S. 3)

9   Nach Absatz 1 Satz 3 erfolgt die Bestätigung des O-NEP für Maßnahmen nach § 17b Abs. 1 S. 2, deren geplanter Fertigstellungszeitpunkt nach dem Jahr 2025 liegt, unter dem **Vorbehalt** der entsprechenden Festlegung der jeweiligen Offshore-Anbindungsleitung im **FEP** nach § 5 WindSeeG. Diese Regelung, die mit Gesetz vom 13.10.2016 (BGBl. I 2258) in § 17c Abs. 1 eingeführt wurde, soll dem Systemwechsel zum zentralen Ausschreibungsmodell und der Einführung des FEP als maßgebliches Planungsinstrument für Festlegungen ab

Prüf. u. Bestät. Offshore-Netzentwicklungspl. u. -Umsetzungsber. § 17c EnWG

dem Jahr 2026 Rechnung tragen. Die ÜNB erstellen ab dem 1.1.2018 keinen O-NEP mehr; die Festlegungen des O-NEP werden ab dem Jahr 2026 gem. § 7 Nr. 2 WindSeeG teils durch die Festlegungen im FEP und teils durch die Festlegungen im NEP nach § 12b abgelöst (vgl. dazu → § 17b Rn. 22 ff.).

Die Regelung des Absatzes 1 Satz 3 betrifft somit (nur) die Bestätigung des letzten O-NEP 2030 durch die BNetzA, die am 22.12.2017 erfolgte (vgl. dazu → § 17b Rn. 24). Der O-NEP 2030 legt – auf Grundlage der ebenfalls maßgeblichen räumlichen Festlegungen des BFO (vgl. dazu → § 17a Rn. 4) – die erforderlichen Maßnahmen für den Ausbau der Offshore-Netzanbindungssysteme bis zum Jahr 2030 (Ausblick bis 2035) fest, deren Planung jedenfalls für den Zeitraum ab 2026 nach dem neuen Planungsregime in den Regelungsbereich des FEP fällt (vgl. §§ 7 Nr. 2 und 5 Abs. 1 WindSeeG). Der O-NEP 2030 bildet somit – neben dem BFO – die Basis für den am 28.6.2019 erstmals vom BSH veröffentlichten FEP. Um die für den Zeitraum ab dem Jahr 2026 dann maßgeblichen Festlegungen des FEP nicht durch abweichende und ggf. unumkehrbare Vorfestlegungen des O-NEP zu vereiteln und dennoch eine Festlegung der Maßnahmen im O-NEP zu gewährleisten, wurde Satz 3 und damit eine Vorbehaltsbestätigung für entsprechende Maßnahmen in Absatz 1 eingefügt (BT-Drs. 18/8860, 335 f.; Kment EnWG/Schink § 17c Rn. 2a). So soll sichergestellt werden, dass es nunmehr ausschließlich dem FEP im Zusammenspiel mit dem NEP nach § 12b obliegt, die verbindlichen Festlegungen für die Zeit ab 2025 zu treffen (vgl. hierzu § 12b Abs. 1 S. 4 Nr. 7; BT-Drs. 18/8860, 278; Schulz/Appel ER 2016, 231 (234)). 10

E. Änderungsbefugnis der Regulierungsbehörde (Abs. 2)

Nach dem ebenfalls mit Gesetz vom 13.10.2016 (BGBl. I 2258) eingefügten Absatz 2 kann die Regulierungsbehörde (BNetzA) in Abstimmung mit dem BSH eine **bereits erfolgte Bestätigung** des O-NEP nach Bekanntmachung der Zuschläge nach § 34 WindSeeG aus dem Gebotstermin vom 1.4.2018 **ändern**, soweit der anbindungsverpflichtete ÜNB die betreffende Offshore-Anbindungsleitung noch nicht beauftragt hat und die Änderung für eine geordnete und effiziente Nutzung und Auslastung der Offshore-Anbindungsleitung erforderlich ist. 11

Der O-NEP nach § 17b stellt im Hinblick auf die Offshore-Anbindungsleitungen das für die Übergangsausschreibungen nach §§ 26 ff. WindSeeG maßgebliche Planungsinstrument dar (vgl. § 28 WindSeeG; vgl. hierzu → § 17b Rn. 10, → § 17b Rn. 20). Insbesondere der am 25.11.2016 durch die BNetzA bestätigte O-NEP 2025 sollte alle Maßnahmen vorsehen, die erforderlich sind, um einen hinreichenden Wettbewerb zwischen den bestehenden Projekten im Rahmen der Übergangsausschreibungen nach § 26 WindSeeG netzseitig zu gewährleisten (vgl. § 118 Abs. 20). Allerdings war angesichts der absehbaren Überzeichnung der Nachfrage nach Kapazität zu erwarten, dass auch solche Anlagen keinen Zuschlag in der Ausschreibung erhalten, für die eine Bestätigung im O-NEP vorlag (Kment EnWG/Schink § 17c Rn. 6). Um nach Abschluss der Übergangsausschreibungen – also nach Bekanntmachung der Zuschläge nach § 34 WindSeeG aus dem Gebotstermin vom 1.4.2018 (vgl. § 26 Abs. 1 WindSeeG) – eine optimale und möglichst effiziente Auslastung der Offshore-Anbindungsleitungen im Übergangszeitraum (Inbetriebnahmen ab 2021 bis 2025) zu gewährleisten, wurde Absatz 2 und damit die Änderungsbefugnis zugunsten der BNetzA eingeführt (Uibeleisen NVwZ 2017, 7 (9)). Damit wurde der BNetzA die Möglichkeit eröffnet, nachträglich bzw. nach Maßgabe des späteren O-NEP 2030 korrigierend einzugreifen und eine bereits erfolgte Bestätigung einer Anbindungsleitung zu ändern, falls die bisherige Bestätigung unter Berücksichtigung der Zuschläge absehbar zu Fehlentwicklungen der Netzinfrastruktur, etwa zu vermeidbaren Leerständen, führt (BT-Drs. 18/8860, 336; Spieth/Lutz-Bachmann/Böhme/Huerkamp § 17c Rn. 8). 12

Die Bestätigung des O-NEP 2030 durch die BNetzA sah hierzu vor, dass eine erneute Prüfung der bis zum Jahr 2025 bestätigten Anbindungssysteme erst im Rahmen des erweiterten NEP nach § 12b Abs. 1 S. 4 Nr. 7 (NEP 2019–2030) unter Zugrundelegung der Festlegungen des FEP stattfinden solle (vgl. BNetzA, Bestätigung des O-NEP 2030 v. 22.12.2017 – 613-8572/1/2 S. 17 f.). Voraussetzung für die Vorbehaltsbestätigung war, dass der anbindungsverpflichtete ÜNB die betreffende Offshore-Anbindungsleitung noch nicht beauftragt hat und die Änderung für eine geordnete und effiziente Nutzung und Auslastung der Off- 13 shore-Anbindungsleitung erforderlich ist. Damit sollen wirtschaftliche Nachteile für den ÜNB und den Hersteller des Netzanbindungssystems zugunsten des Investitionsschutzes vermieden werden (BT-Drs. 18/8860, 336; Kment EnWG/Schink § 17c Rn. 2b).

F. Umsetzungsbericht der ÜNB (Abs. 3)

14   Die ursprünglich mit Gesetz vom 10.12.2015 (BGBl. I 2194) in Absatz 2 eingeführte Verpflichtung der ÜNB, jeweils spätestens bis zum 30.9. eines jeden geraden Kalenderjahres, beginnend mit dem Jahr 2018, der Regulierungsbehörde einen gemeinsamen Offshore-Umsetzungsbericht vorzulegen, den diese in Abstimmung mit dem BSH prüft, sollte den im gleichen Gesetz eingeführten Zwei-Jahres-Turnus zur Erstellung des BFO sowie des O-NEP insoweit kompensieren, als in den „Zwischenjahren" jeweils ein solcher **Umsetzungsbericht durch die ÜNB** vorzulegen war (Säcker EnergieR/Uibeleisen § 17c Rn. 7, 13). Die nunmehr parallele und damit gemeinsame Erstellung eines Umsetzungsberichts on- und offshore sollte den ÜNB einen zeitlichen Gleichlauf zum BBPIG-Quartalsmonitoring ermöglichen (BT-Drs. 18/6383, 19 f.).

15   Der heutige Absatz 3 (Gesetz vom 13.10.2016, BGBl. I 2258) regelt – in Anlehnung an § 12d – die Anforderungen an den Offshore-Umsetzungsbericht. Nach Absatz 3 Satz 2 muss der Bericht Angaben zum Stand der Umsetzung des zuletzt bestätigten O-NEP und im Falle von Verzögerungen der Umsetzung die dafür maßgeblichen Gründe enthalten. Gegenstand des Berichts sind alle laufenden Umsetzungsvorhaben aus dem letzten O-NEP, insbesondere die Vorhaben, die für die nächsten drei Jahre nach dem Offshore-Umsetzungsbericht ausgewiesen sind, der tatsächliche Planungsstand sowie bei Verzögerungen die jeweiligen Gründe. Neue Bedarfsberechnungen sind hingegen nicht durchzuführen (BT-Drs. 18/6383, 20). Damit wird eine **Kontrolle des Umsetzungsstands** der Offshore-Vorhaben und eine Aufdeckung von Verzögerungsgründen möglich (Spieth/Lutz-Bachmann/Böhme/Huerkamp § 17c Rn. 10).

16   Nach Absatz 3 Satz 3 prüft und **veröffentlicht** die BNetzA den Umsetzungsbericht – gemeinsam mit dem Bericht nach § 12d – und gibt allen tatsächlichen und potenziellen Netznutzern Gelegenheit zur Äußerung. Sie muss dabei auch die Argumente des BSH in ihre Bewertung einbeziehen (Kment EnWG/Schink § 17c Rn. 9 f.). Das Ergebnis der **Öffentlichkeitsbeteiligung** kann in Vorgaben zum FEP (§ 6 WindSeeG) oder in andere Regulierungsverfahren einfließen (Spieth/Lutz-Bachmann/Böhme/Huerkamp § 17c Rn. 12; BT-Drs. 18/6383, 20).

17   Nach Absatz 3 Satz 4 haben die ÜNB ab 2020 keinen Offshore-Umsetzungsbericht mehr vorzulegen, sodass ein solcher nur **einmalig im Jahr 2018** zu erstellen war. Diese Regelung setzt den mit Inkrafttreten des Gesetzes vom 13.10.2016 (BGBl. I 2258) eingeläuteten **Systemwechsel** zum zentralen Ausschreibungsmodell um (vgl. dazu → Rn. 18 f.). Die Verpflichtung zur Vorlage eines Offshore-Umsetzungsberichts entfällt im sog. zentralen Modell nach dem WindSeeG (Säcker EnergieR/Uibeleisen § 17c Rn. 17). Die Inhalte des Offshore-Umsetzungsberichts werden ab dem Jahr 2020 in den Umsetzungsbericht nach § 12d überführt (BT-Drs. 18/8860, 336).

G. Außerkrafttreten und Übergang zum FEP

18   Der mit Gesetz vom 13.10.2016 (BGBl. I 2258) eingeleitete Systemwechsel hin zu einem zentralen Ausschreibungsmodell nach §§ 16 ff. und §§ 50 ff. WindSeeG hat auch beträchtliche Auswirkungen auf die Netzausbauplanung (vgl. dazu → § 17b Rn. 22 ff.). Für Festlegungen ab dem Jahr 2026 löst der FEP zusammen mit dem NEP die bisher im O-NEP getroffenen Festlegungen ab (§ 7 Nr. 2 WindSeeG), sodass der O-NEP neben dem BFO nur noch im Übergangszeitraum (Inbetriebnahmen ab 2021 bis 2025) die maßgebliche Planungsgrundlage für die Offshore-Anbindungsleitungen darstellt (§ 28 WindSeeG). Ab dem Jahr 2018 wird kein O-NEP mehr erstellt, vgl. § 17b Abs. 5. Dementsprechend hat auch § 17c als gesetzliche Grundlage für die Bestätigung des O-NEP durch die Regulierungsbehörde an praktischer Bedeutung verloren.

19   Die BNetzA hat am 22.12.2017 den O-NEP 2030 letztmalig nach den Vorgaben des § 17c bestätigt. Am 28.6.2019 wurde der auf Grundlage des BFO und des O-NEP 2030

erstellte FEP 2019 vom BSH veröffentlicht. Zusammen mit dem am 20.12.2019 durch die BNetzA bestätigten NEP 2030 wurde damit die Umstellung auf das neue Planungsregime für Festlegungen ab dem Jahr 2026 eingeleitet. Dementsprechend tritt § 17c – wie auch § 17a und § 17b – mit Ablauf des Jahres **2025 außer Kraft** (vgl. Art. 25 Abs. 3 des Gesetzes vom 13.10.2016, BGBl. I 2258).

§ 17d Umsetzung der Netzentwicklungspläne und des Flächenentwicklungsplans

(1) [1]Betreiber von Übertragungsnetzen, in deren Regelzone die Netzanbindung von Windenergieanlagen auf See erfolgen soll (anbindungsverpflichteter Übertragungsnetzbetreiber), haben die Offshore-Anbindungsleitungen entsprechend den Vorgaben des Offshore-Netzentwicklungsplans und ab dem 1. Januar 2019 entsprechend den Vorgaben des Netzentwicklungsplans und des Flächenentwicklungsplans gemäß § 5 des Windenergie-auf-See-Gesetzes zu errichten und zu betreiben. [2]Sie haben mit der Umsetzung der Netzanbindungen von Windenergieanlagen auf See entsprechend den Vorgaben des Offshore-Netzentwicklungsplans und ab dem 1. Januar 2019 entsprechend den Vorgaben des Netzentwicklungsplans und des Flächenentwicklungsplans gemäß § 5 des Windenergie-auf-See-Gesetzes zu beginnen und die Errichtung der Netzanbindungen von Windenergieanlagen auf See zügig voranzutreiben. [3]Eine Offshore-Anbindungsleitung nach Satz 1 ist ab dem Zeitpunkt der Fertigstellung ein Teil des Energieversorgungsnetzes.

(1a) [1]Es sind alle erforderlichen Maßnahmen zu ergreifen, damit die Offshore-Anbindungsleitungen, die im Flächenentwicklungsplan festgelegt sind, rechtzeitig zum festgelegten Jahr der Inbetriebnahme errichtet werden können. [2]Insbesondere können mehrere Offshore-Anbindungsleitungen in einem Trassenkorridor pro Jahr errichtet werden. [3]Für die Errichtung von Offshore-Anbindungsleitungen können alle technisch geeigneten Verfahren verwendet werden. [4]Im Küstenmeer soll in den Jahren 2024 bis 2030 die Errichtung auch im Zeitraum vom 1. April bis zum 31. Oktober erfolgen, wenn dies mit dem Küstenschutz vereinbar ist.

(1b) [1]Der Betrieb von Offshore-Anbindungsleitungen soll in der Regel nicht dazu führen, dass sich das Sediment im Abstand zur Meeresbodenoberfläche von 20 Zentimetern in der ausschließlichen Wirtschaftszone oder im Abstand von 30 Zentimetern im Küstenmeer um mehr als 2 Kelvin erwärmt. [2]Eine stärkere Erwärmung ist zulässig, wenn sie nicht mehr als zehn Tage pro Jahr andauert oder weniger als 1 Kilometer Länge der Offshore-Anbindungsleitung betrifft. [3]Die Sätze 1 und 2 sind sowohl auf bereits in Betrieb befindliche Offshore-Anbindungsleitungen als auch auf neu zu errichtende Offshore-Anbindungsleitungen anwendbar. [4]Auf die parkinternen Seekabel und grenzüberschreitende Kabelsysteme sind die Sätze 1 bis 3 entsprechend anwendbar.

(2) [1]Der anbindungsverpflichtete Übertragungsnetzbetreiber beauftragt die Offshore-Anbindungsleitung so rechtzeitig, dass die Fertigstellungstermine in den im Flächenentwicklungsplan und im Netzentwicklungsplan dafür festgelegten Kalenderjahren einschließlich des Quartals im jeweiligen Kalenderjahr liegen. [2]Der anbindungsverpflichtete Übertragungsnetzbetreiber beauftragt die Offshore-Anbindungsleitung, sobald die anzubindende Fläche im Flächenentwicklungsplan festgelegt ist. [3]Der anbindungsverpflichtete Übertragungsnetzbetreiber hat spätestens nach Auftragsvergabe die Daten der voraussichtlichen Fertigstellungstermine der Offshore-Anbindungsleitung der Regulierungsbehörde bekannt zu machen und auf seiner Internetseite zu veröffentlichen. [4]Nach Bekanntmachung der voraussichtlichen Fertigstellungstermine nach Satz 3 hat der anbindungsverpflichtete Übertragungsnetzbetreiber mit den Betreibern der Windenergieanlage auf See, die gemäß den §§ 20, 21, 34 oder 54 des Windenergie-auf-See-Gesetzes einen Zuschlag erhalten haben, einen Realisierungsfahrplan abzustimmen, der die zeitliche Abfolge für die einzelnen Schritte zur Errichtung der Windenergieanlage auf See und zur Herstellung des Netzanschlusses enthält. [5]Dabei sind die Fristen zur Realisierung der Windenergieanlage auf See gemäß § 81 des Windenergie-auf-See-

Rietzler

Gesetzes und die Vorgaben gemäß § 5 Absatz 1 Nummer 4 des Windenergie-auf-See-Gesetzes im Flächenentwicklungsplan zu berücksichtigen. [6]Der anbindungsverpflichtete Übertragungsnetzbetreiber und der Betreiber der Windenergieanlage auf See haben sich regelmäßig über den Fortschritt bei der Errichtung der Windenergieanlage auf See und der Herstellung des Netzanschlusses zu unterrichten; mögliche Verzögerungen oder Abweichungen vom Realisierungsfahrplan sind unverzüglich mitzuteilen. [7]Die bekannt gemachten voraussichtlichen Fertigstellungstermine können nur mit Zustimmung der Regulierungsbehörde im Benehmen mit dem Bundesamt für Seeschifffahrt und Hydrographie geändert werden; die Regulierungsbehörde trifft die Entscheidung nach pflichtgemäßem Ermessen und unter Berücksichtigung der Interessen der Beteiligten und der volkswirtschaftlichen Kosten. [8]36 Monate vor Eintritt der voraussichtlichen Fertigstellung werden die bekannt gemachten Fertigstellungstermine jeweils verbindlich. [9]Die Sätze 2 und 4 sind nicht auf Testfeld-Anbindungsleitungen anzuwenden.

(3) [1]Betreiber von Windenergieanlagen auf See mit einem Zuschlag nach den §§ 20, 21, 34 oder 54 des Windenergie-auf-See-Gesetzes erhalten ausschließlich eine Kapazität auf der Offshore-Anbindungsleitung, die zur Anbindung des entsprechenden Clusters im Bundesfachplan Offshore nach § 17a oder der entsprechenden Fläche im Flächenentwicklungsplan nach § 5 des Windenergie-auf-See-Gesetzes vorgesehen ist. [2]Ausnahmsweise kann eine Anbindung über einen anderen im Bundesfachplan Offshore nach § 17a festgelegten Cluster erfolgen, sofern dies im Bundesfachplan Offshore und im Offshore-Netzentwicklungsplan ausdrücklich vorgesehen ist und dies für eine geordnete und effiziente Nutzung und Auslastung der Offshore-Anbindungsleitungen erforderlich ist.

(4) [1]Die Regulierungsbehörde kann im Benehmen mit dem Bundesamt für Seeschifffahrt und Hydrographie dem Betreiber einer Windenergieanlage auf See, der über zugewiesene Netzanbindungskapazität verfügt, die Netzanbindungskapazität entziehen und ihm Netzanbindungskapazität auf einer anderen Offshore-Anbindungsleitung zuweisen (Kapazitätsverlagerung), soweit dies einer geordneten und effizienten Nutzung und Auslastung von Offshore-Anbindungsleitungen dient und soweit dem die Bestimmungen des Bundesfachplans Offshore und ab dem 1. Januar 2019 des Netzentwicklungsplans und des Flächenentwicklungsplans gemäß § 5 des Windenergie-auf-See-Gesetzes nicht entgegenstehen. [2]Vor der Entscheidung sind der betroffene Betreiber einer Windenergieanlage auf See und der betroffene anbindungsverpflichtete Übertragungsnetzbetreiber zu hören.

(5) [1]Die zugewiesene Netzanbindungskapazität besteht, soweit und solange ein Planfeststellungsbeschluss oder eine Plangenehmigung für die Windenergieanlagen auf See wirksam ist. [2]Wird ein Zuschlag nach den §§ 20, 21, 34 oder 54 des Windenergie-auf-See-Gesetzes unwirksam, entfällt die zugewiesene Netzanbindungskapazität auf der entsprechenden Offshore-Anbindungsleitung, die zur Anbindung der Fläche vorgesehen ist. [3]Die Regulierungsbehörde teilt dem anbindungsverpflichteten Übertragungsnetzbetreiber unverzüglich die Unwirksamkeit eines Zuschlags mit und ergreift im Benehmen mit dem Bundesamt für Seeschifffahrt und Hydrographie angemessene Maßnahmen für eine geordnete und effiziente Nutzung und Auslastung der betroffenen Offshore-Anbindungsleitung. [4]Vor der Entscheidung ist der betroffene anbindungsverpflichtete Übertragungsnetzbetreiber zu hören.

(6) [1]Anbindungsverpflichtete Übertragungsnetzbetreiber sind gegenüber dem Inhaber einer Genehmigung zum Bau von Windenergieanlagen auf See im Küstenmeer nach dem Bundes-Immissionsschutzgesetz verpflichtet, die Netzanbindung von dem Umspannwerk der Windenergieanlagen auf See bis zu dem technisch und wirtschaftlich günstigsten Verknüpfungspunkt des nächsten Übertragungsnetzes auf die technisch und wirtschaftlich günstigste Art und Weise zu errichten und zu betreiben. [2]Inhaber einer Genehmigung zum Bau von Windenergieanlagen auf See im Küstenmeer nach dem Bundes-Immissionsschutzgesetz haben einen Anspruch auf Anbindung nach Satz 1 nur dann, wenn der auf der Fläche im Küstenmeer

erzeugte Strom ausschließlich im Wege der sonstigen Direktvermarktung nach § 21a des Erneuerbare-Energien-Gesetzes veräußert wird und eine Sicherheit entsprechend § 21 des Windenergie-auf-See-Gesetzes bezogen auf die genehmigte Höhe der zu installierenden Leistung an die Bundesnetzagentur zur Sicherung von Ansprüchen des anbindungsverpflichteten Übertragungsnetzbetreibers nach Absatz 9 geleistet wurde. [3]§ 31 Absatz 3 bis 5 des Erneuerbare-Energien-Gesetzes ist entsprechend anzuwenden. [4]Absatz 2 Satz 3 ist entsprechend für Netzanbindungen nach Satz 1 anzuwenden. [5]Die Anbindungsverpflichtung entfällt, wenn Vorgaben des Flächenentwicklungsplans entgegenstehen oder der anbindungsverpflichtete Übertragungsnetzbetreiber gegenüber der Bundesnetzagentur eine Stellungnahme nach Satz 4 und Absatz 2 Satz 5 abgibt. [6]Eine Netzanbindung nach Satz 1 ist ab dem Zeitpunkt der Fertigstellung ein Teil des Energieversorgungsnetzes.

(7) [1]Nachdem die Bundesnetzagentur auf Antrag des Inhabers der Genehmigung bestätigt hat, dass der Nachweis über eine bestehende Finanzierung für die Errichtung von Windenergieanlagen auf See in dem Umfang der genehmigten Anlagen gegenüber der Bundesnetzagentur erbracht worden ist, beauftragt der anbindungsverpflichtete Übertragungsnetzbetreiber unverzüglich die Netzanbindung nach Absatz 6. [2]Der anbindungsverpflichtete Übertragungsnetzbetreiber hat spätestens nach Auftragsvergabe den voraussichtlichen Fertigstellungstermin der Netzanbindung der Bundesnetzagentur bekannt zu machen und auf seiner Internetseite zu veröffentlichen. [3]Der bekannt gemachte voraussichtliche Fertigstellungstermin kann nur mit Zustimmung der Regulierungsbehörde verschoben werden, dabei trifft die Regulierungsbehörde die Entscheidung nach pflichtgemäßem Ermessen und unter Berücksichtigung der Interessen der Beteiligten und der volkswirtschaftlichen Kosten. [4]30 Monate vor Eintritt der voraussichtlichen Fertigstellung wird der bekannt gemachte Fertigstellungstermin verbindlich.

(8) [1]Nach Bekanntmachung des voraussichtlichen Fertigstellungstermins nach Absatz 7 Satz 4 hat der anbindungsverpflichtete Übertragungsnetzbetreiber mit dem Inhaber der Genehmigung zum Bau von Windenergieanlagen auf See im Küstenmeer nach dem Bundes-Immissionsschutzgesetz einen Realisierungsfahrplan abzustimmen, der die zeitliche Abfolge für die einzelnen Schritte zur Errichtung der Windenergieanlage auf See und zur Herstellung des Netzanschlusses einschließlich eines Anschlusstermins enthält. [2]Der Inhaber der Genehmigung für die Errichtung der Windenergieanlagen auf See muss
1. spätestens sechs Monate vor dem verbindlichen Fertigstellungstermin gegenüber der Bundesnetzagentur den Nachweis erbringen, dass mit der Errichtung der Windenergieanlagen begonnen worden ist,
2. spätestens zum verbindlichen Fertigstellungstermin gegenüber der Bundesnetzagentur den Nachweis erbringen, dass die technische Betriebsbereitschaft mindestens einer Windenergieanlage auf See einschließlich der zugehörigen parkinternen Verkabelung hergestellt worden ist, und
3. innerhalb von sechs Monaten nach dem verbindlichen Fertigstellungstermin gegenüber der Bundesnetzagentur den Nachweis erbringen, dass die technische Betriebsbereitschaft der Windenergieanlagen auf See insgesamt hergestellt worden ist; diese Anforderung ist erfüllt, wenn die installierte Leistung der betriebsbereiten Anlagen mindestens zu 95 Prozent der genehmigten installierten Leistung entspricht.

[3]Der anbindungsverpflichtete Übertragungsnetzbetreiber und der Betreiber der Windenergieanlage auf See haben sich regelmäßig über den Fortschritt bei der Errichtung der Windenergieanlage auf See und der Herstellung des Netzanschlusses zu unterrichten, dabei sind mögliche Verzögerungen oder Abweichungen vom Realisierungsfahrplan unverzüglich auch der Bundesnetzagentur mitzuteilen.

(9) [1]Der Inhaber der Genehmigung zum Bau von Windenergieanlagen auf See im Küstenmeer nach dem Bundes-Immissionsschutzgesetz muss an den anbindungsverpflichteten Übertragungsnetzbetreiber eine Pönale leisten, wenn er gegen die Fristen nach Absatz 8 Satz 2 verstößt. [2]Die Höhe der Pönale entspricht

1. bei Verstößen gegen Absatz 8 Satz 2 Nummer 1 70 Prozent der nach Absatz 6 Satz 2 zu leistenden Sicherheit,
2. bei Verstößen gegen Absatz 8 Satz 2 Nummer 2 70 Prozent der verbleibenden Sicherheit und
3. bei Verstößen gegen Absatz 8 Satz 2 Nummer 3 dem Wert, der sich aus dem Betrag der verbleibenden Sicherheit multipliziert mit dem Quotienten aus der installierten Leistung der nicht betriebsbereiten Windenergieanlagen und der genehmigten zu installierenden Leistung ergibt.
³§ 88 des Windenergie-auf-See-Gesetzes ist entsprechend anzuwenden. ⁴Unbeschadet der Pönale nach Satz 1 entfällt der Anspruch nach Absatz 6 Satz 1 bei einem Verstoß gegen Absatz 8 Satz 2 Nummer 1. ⁵§ 81 Absatz 2a des Windenergie-auf-See-Gesetzes ist entsprechend anzuwenden.

(10) ¹Die Regulierungsbehörde kann durch Festlegung nach § 29 Absatz 1 nähere Bestimmungen treffen
1. zur Umsetzung des Netzentwicklungsplans und des Flächenentwicklungsplans gemäß § 5 des Windenergie-auf-See-Gesetzes, zu den erforderlichen Schritten, die die Betreiber von Übertragungsnetzen zur Erfüllung ihrer Pflichten nach Absatz 1 zu unternehmen haben, und zu deren zeitlicher Abfolge; dies schließt Festlegungen zur Ausschreibung und Vergabe von Anbindungsleitungen, zur Vereinbarung von Realisierungsfahrplänen nach Absatz 2 Satz 4, zur Information der Betreiber der anzubindenden Windenergieanlagen auf See und zu einem Umsetzungszeitplan ein, und
2. zum Verfahren zur Kapazitätsverlagerung nach Absatz 4 und im Fall der Unwirksamkeit des Zuschlags nach Absatz 5; dies schließt Festlegungen zur Art und Ausgestaltung der Verfahren sowie zu möglichen Sicherheitsleistungen oder Garantien ein.
²Festlegungen nach Nummer 2 erfolgen im Einvernehmen mit dem Bundesamt für Seeschifffahrt und Hydrographie.

(11) § 65 Absatz 2a ist entsprechend anzuwenden, wenn der anbindungsverpflichtete Übertragungsnetzbetreiber eine Leitung, die entsprechend den Vorgaben des Netzentwicklungsplans und des Flächenentwicklungsplans nach § 5 des Windenergie-auf-See-Gesetzes nach Absatz 1 errichtet werden muss, nicht entsprechend diesen Vorgaben errichtet.

Überblick

§ 17d konkretisiert – über die allgemeinen Regelungen für die Umsetzung des Netzentwicklungsplans nach §§ 12b f. (NEP) hinaus – die Verpflichtung der anbindungsverpflichteten Übertragungsnetzbetreiber (ÜNB), in deren Regelzone die Netzanbindung von Windenergieanlagen auf See erfolgen soll, die Offshore-Netzanbindungen entsprechend den Festlegungen des Offshore-Netzentwicklungsplans (O-NEP) sowie ab dem 1.1.2019 entsprechend den Festlegungen des Flächenentwicklungsplans (FEP) nach § 5 WindSeeG und des NEP umzusetzen (zur Durchsetzungsbefugnis der BNetzA → Rn. 64). Die anbindungsverpflichteten ÜNB trifft dabei die Pflicht zum Ausbau und Betrieb der Offshore-Anbindungsleitungen in deren Regelzone nach Maßgabe der genannten planerischen Vorgaben (→ Rn. 6 ff.), wobei insbesondere die im O-NEP (vgl. → § 17b Rn. 13) und – für den Zeitraum ab dem Jahr 2026 – im NEP nach § 12b Abs. 1 Nr. 7 festgelegten zeitlichen Vorgaben an den Baubeginn und die Fertigstellung der Anbindungsleitungen zu berücksichtigen sind (→ Rn. 17 ff.). Zur Koordinierung des Netzausbaus zwischen anbindungsverpflichteten ÜNB und Offshore-Anlagenbetreiber veröffentlicht der anbindungsverpflichtete ÜNB spätestens nach Beauftragung der jeweiligen Anbindungsleitung die voraussichtlichen Fertigstellungstermine (→ Rn. 21 ff.), auf deren Grundlage dieser in Zusammenarbeit mit denjenigen Anlagenbetreibern, die nach §§ 20, 21, 34 und 54 einen Zuschlag erhalten haben, einen konkreten Realisierungsfahrplan zur Errichtung und zum Anschluss der Windenergieanlage erstellt (→ Rn. 25 ff.). Die Zuweisung von Anbindungskapazitäten in der AWZ zugunsten der Anlagenbetreiber (zu den Rechtsfolgen bei Unwirksamkeit des Zuschlags vgl.

→ Rn. 35 ff.) erfolgt nach dem Grundsatz der clusterinternen Netzanbindung, soweit nicht ausdrücklich Ausnahmen im Bundesfachplan Offshore (BFO) und im O-NEP vorgesehen sind (→ Rn. 29 ff.). Nach Absatz 4 hat die Regulierungsbehörde (BNetzA) unter bestimmten Voraussetzungen die Möglichkeit, einem Anlagenbetreiber die zugewiesene Netzanbindungskapazität zu entziehen und auf eine andere Anbindungsleitung zu verlagern (→ Rn. 31 ff.). Die Absätze 6–9 regeln die Voraussetzungen und das Verfahren der Netzanbindung von Anlagen im Küstenmeer, die nicht den Regelungen des WindSeeG unterfallen und nach dem BImSchG genehmigt werden (→ Rn. 39 ff.); Absatz 6 statuiert die Voraussetzungen eines besonderen Netzanbindungsanspruchs für BImSchG-Anlagen im Küstenmeer (→ Rn. 41 ff.), während die Absätze 7 und 8 das Verfahren der Netzanbindung und Absatz 9 Pönalen bei Nichteinhaltung der Realisierungsfristen regeln (→ Rn. 46 ff., → Rn. 49 ff., → Rn. 56 ff.). Absatz 10 ermächtigt die BNetzA, nähere Festlegungen etwa zur Umsetzung des NEP und des FEP oder zur Kapazitätsverlagerung zu treffen (→ Rn. 61 ff.). Absatz 11 enthält eine Durchsetzungskompetenz der BNetzA für den Fall, dass der anbindungsverpflichtete ÜNB eine Leitung nicht den Vorgaben des NEP und des FEP entsprechend errichtet (→ Rn. 64).

Übersicht

	Rn.		Rn.
A. Sinn und Zweck der Vorschrift	1	I. Entfall der Netzanbindungskapazität bei Unwirksamkeit des Zuschlags (Abs. 5)	35
B. Entstehungsgeschichte	4		
C. Netzanbindungsverpflichtung der Übertragungsnetzbetreiber (Abs. 1)	6	J. Netzanbindung von Windenergieanlagen auf See im Küstenmeer (Abs. 6–9)	39
D. Rechtzeitigkeitsgebot (Abs. 1a)	11	I. Gesetzlicher Netzanbindungsanspruch (Abs. 6)	41
E. Vorsorgewerte für kabelinduzierte Sedimenterwärmung (Abs. 1b)	14	II. Festlegung und Einhaltung von Fertigstellungsterminen (Abs. 7)	46
F. Fertigstellungstermine und Realisierungsfahrplan (Abs. 2)	17	III. Realisierungsfahrplan und gegenseitige Unterrichtungspflicht (Abs. 8 S. 1 und 3)	49
I. Beauftragung der Offshore-Anbindungsleitung (Abs. 2 S. 1–2)	18	IV. Realisierungsfristen des Genehmigungsinhabers (Abs. 8 S. 2)	52
II. Festlegung und Einhaltung von Fertigstellungsterminen (Abs. 2 S. 3, 7–8)	21	V. Pönalen (Abs. 9)	56
III. Abstimmung eines Realisierungsfahrplans und gegenseitige Unterrichtung (Abs. 2 S. 4–6)	25	K. Festlegungskompetenz der Regulierungsbehörde (Abs. 10)	61
G. Grundsatz der clusterinternen Netzanbindung (Abs. 3)	29	L. Durchsetzungskompetenz der Regulierungsbehörde (Abs. 11)	64
H. Kapazitätsverlagerung (Abs. 4)	31		

A. Sinn und Zweck der Vorschrift

§ 17d statuiert die Verpflichtung der ÜNB, in deren Regelzone die Netzanbindung von Windenergieanlagen auf See erfolgen soll (anbindungsverpflichtete ÜNB), die **Offshore-Netzanbindungen** entsprechend den Festlegungen des O-NEP sowie ab dem 1.1.2019 entsprechend den Festlegungen des Flächenentwicklungsplans (FEP) nach § 5 WindSeeG und des NEP (vgl. dazu → § 17b Rn. 22 ff.) **zügig umzusetzen**. 1

Absatz 1 verpflichtet die anbindungsverpflichteten ÜNB, die Offshore-Netzanbindungen 2 entsprechend den Vorgaben des O-NEP bzw. ab dem 1.1.2019 entsprechend den Vorgaben des NEP und des FEP (vgl. zum Systemwechsel → § 17b Rn. 22 ff., → § 17a Rn. 39 f.) zu **errichten** und zu **betreiben**. Insbesondere aufgrund der Bestimmungen zu Fertigstellungsfristen sowie zur Erarbeitung eines Realisierungsfahrplans in Absatz 2, die eine **Koordinierung** der Planung und Errichtung von Offshore-Anbindungsleitungen auf der einen Seite und der Errichtung der jeweils nach den vorhandenen Anbindungskapazitäten bezuschlagten Windenergieanlage auf See (vgl. zum Ausschreibungsmodell → § 17a Rn. 37 ff.) sowie der Herstellung des entsprechenden Netzanschlusses auf der anderen Seite ermöglichen (BT-Drs. 18/8860, 336), kommt § 17d eine **erhebliche Bedeutung** für die Umsetzung der planerischen Vorgaben zum Offshore-Windenergieausbau zu. Der möglichst hohe Gleichlauf des Ausbaus der Offshore-Windenergie und des erforderlichen Anbindungsnetzes ist Voraussetzung für das Gelingen der Energiewende im Offshore-Bereich bis 2035 (BT-Drs. 20/1634, 2). Eine entsprechende Koordinierung erfolgt nach Absatz 7 und Absatz 8 auch hinsichtlich Windenergieanlagen auf See im Küstenmeer, die nach dem BImSchG genehmigt sind und deren Genehmigungsinhaber einen Anbindungsanspruch nach Absatz 6 hat (vgl. zu den Anspruchsvoraussetzungen → Rn. 41 ff.; zum Koordinierungsverfahren → Rn. 46 ff.).

3 Der ursprünglich in der Vorgängervorschrift des § 17 Abs. 2a S. 1 aF vorgesehene (bis zum Ende des Jahres 2012 geltende) projektakzessorische Anspruch auf Anbindung einer Windkraftanlage bei technischer Betriebsbereitschaft wurde abgelöst und durch einen Anspruch auf Anbindung im Rahmen der geplanten Ausbaukapazität ersetzt, um insbesondere die Anbindungseffizienz zu erhöhen (Gesetz vom 20.12.2012, BGBl. I 2730; vgl. → § 17a Rn. 2). Der anbindungsverpflichtete ÜNB veröffentlicht nunmehr einen voraussichtlichen Fertigstellungstermin der Anbindungsleitung, auf dessen Grundlage er gemeinsam mit dem Anlagenbetreiber einen **Realisierungsfahrplan** erstellt (vgl. → Rn. 21 ff., → Rn. 25 ff.; zu den entsprechenden Regelungen im Küstenmeer → Rn. 46 ff., → Rn. 49 ff.). Die Terminierung der voraussichtlichen Fertigstellung der Anschlussleitung und die Verbindlichkeit dieses Zeitpunkts ab 30 Monate vor Eintritt der Fertigstellung (Absatz 2 Satz 11; vgl. → Rn. 23) soll den Windparkbetreibern und -investoren die notwendige **Investitionssicherheit** geben. Ab dem verbindlichen Fertigstellungstermin besteht ein **Anbindungsanspruch** des Anlagenbetreibers (OLG Düsseldorf BeckRS 2016, 11309 Rn. 43). Auch die Rechtsfolgen der Entschädigungsregelung in § 17e Abs. 2 knüpfen an die verbindlichen Fertigstellungstermine an (BT-Drs. 17/10754, 25).

B. Entstehungsgeschichte

4 § 17d wurde in seiner ursprünglichen Fassung im Jahr 2012 durch Art. 1 des Dritten Gesetzes zur Neuregelung energiewirtschaftlicher Vorschriften vom 20.12.2012 (BGBl. I 2730) in das EnWG eingefügt und seitdem vielfach geändert.

4.1 Erste Änderungen hat die Norm im Zuge der EEG-Reform 2014 (Gesetz vom 21.7.2014, BGBl. I 1066) erfahren. Neben der redaktionellen Änderung des Begriffs „Offshore-Anlage" in „Windenergieanlage auf See" diente die Neufassung der Absätze 3–5 in erster Linie einer verbindlichen Mengensteuerung des Ausbaus der Windenergieanlagen auf See. Diese setzte – nach Absatz 3 aF – an die durch die BNetzA im Benehmen mit dem BSH in einem objektiven, transparenten und diskriminierungsfreien Verfahren erfolgte Zuweisung von Anbindungskapazität an. Nach Absatz 4 aF konnte im Falle einer die festgelegte Anschlusskapazität übersteigenden Nachfrage die Kapazitätszuweisung auch in einem Versteigerungsverfahren erfolgen (im Einzelnen BT-Drs. 18/1304, 188). In Absatz 5 aF wurde die Möglichkeit der Kapazitätsverlagerung durch die BNetzA normiert, welche seit 1.1.2017 (Gesetz v. 13.10.2016, BGBl. I 2258) in teils an das veränderte Planungsregime (vgl. hierzu → § 17a Rn. 37 ff.) angepasster Form nunmehr in Absatz 4 geregelt ist (vgl. → Rn. 31 ff.). Schließlich wurden in dem mittlerweile aufgehobenen Absatz 6 aF im Wesentlichen Folgeänderungen zu den Regelungen des Kapazitätszuweisungs- und Kapazitätsverlagerungsverfahrens sowie eine Erweiterung des bereits bestehenden „Use-it-or-lose-it-Prinzips" vorgenommen (BT-Drs. 18/1304, 189).

4.2 Nach weiteren redaktionellen Änderungen des Absatzes 7 Satz 1 aF durch Artikel 2 Absatz 3 des Gesetzes vom 21.12.2015 (BGBl. I 2498) wurde § 17d durch Artikel 6 Nummer 9 des Gesetzes vom 13.10.2016 (BGBl. I 2258) **zum 1.1.2017 grundlegend geändert** und an das mit diesem Gesetz eingeführte neue Ausschreibungssystem nach dem WindSeeG angepasst (vgl. dazu → § 17a Rn. 37 ff.). Die Anpassung des § 17d an die stufenweise geänderten planerischen Vorgaben verdeutlicht bereits die neue Überschrift, wonach § 17d nunmehr die Umsetzung der Netzentwicklungspläne und des FEP regelt. Im Übrigen handelte es sich um notwendige, teils ergänzende Änderungen, welche insbesondere aufgrund der Abkehr vom bisherigen, durch den BFO und den O-NEP geprägten Planungsregime für Festlegungen ab dem Jahr 2026 und der in § 7 Nr. 2 WindSeeG festgelegten Umstellung auf die Vorgaben des FEP sowie des NEP für Planungen des Offshore-Anbindungsnetzes erforderlich waren (BT-Drs. 18/8860, 336; Säcker EnergieR/Uibeleisen § 17d Rn. 7).

4.3 Eine weitere Ergänzung erhielt der heutige Absatz 5 durch einen neuen Satz 1, welcher durch Art. 3 des Gesetzes vom 22.12.2016 (BGBl. I 3106) eingefügt wurde. Durch Art. 1 des Gesetzes vom 17.7.2017 (BGBl. I 2503) wurde außerdem der bis dahin geltende Absatz 6 aF mit Wirkung zum 1.1.2019 vollständig gestrichen. Absatz 6 aF enthielt einen Wälzungsmechanismus, um die Kosten der anbindungsver-

Umsetzung der Netzentwicklungspläne und des Flächenentwicklungsplans § 17d EnWG

pflichteten ÜNB über eine finanzielle Verrechnung untereinander auszugleichen. Die Streichung erfolgte erst auf Beschlussempfehlung des Ausschusses für Wirtschaft und Energie (BT-Drs. 18/1299, 4 (18)) und war zuvor im Gesetzentwurf nicht enthalten (BT-Drs. 18/11528, 7).

Nachdem durch Art. 1 des Gesetzes vom 13.5.2019 (BGBl. I 706) weitere geringfügige Änderungen in Absatz 2 Satz 5 und Satz 10 aF (heute Satz 7 und Satz 12) vorgenommen wurden, wurde durch Art. 2 des Gesetzes vom 3.12.2020 (BGBl. I 2682) neben weiteren redaktionellen Folgeanpassungen ein neuer Satz 6 in Absatz 2 eingefügt. Die nach Absatz 2 Satz 6 aF bestehende Pflicht der anbindungsverpflichteten ÜNB, unter bestimmten Voraussetzungen eine Stellungnahme gegenüber der BNetzA bei Verzögerungen landseitiger Netzausbaumaßnahmen abzugeben, sollte einem kosteneffizienten und netzsynchronen Ausbau der erneuerbaren Energien dienen (BT-Drs. 19/20429, 58). **4.4**

Auf Beschlussempfehlung des Ausschusses für Wirtschaft und Energie vom 22.6.2021 (BT-Drs. 19/30899, 11 ff.) wurde § 17d durch Art. 1 des Gesetzes zur Umsetzung unionsrechtlicher Vorgaben und zur Regelung reiner Wasserstoffnetze im Energiewirtschaftsrecht vom 16.7.2021 (BGBl. I 3026) geändert. Neben der Ergänzung des Absatz 2 durch einen neuen Satz 4, der dem anbindungsverpflichteten ÜNB die Beauftragung der Offshore-Anbindungsleitung unter bestimmten Voraussetzungen bereits vor Eignungsfeststellung der anzubindenden Fläche ermögliche, wurden die Absätze 6–9 neu eingefügt. Diese regeln die Netzanbindung von Windenergieanlagen auf See im Küstenmeer, die nicht dem zulassungsrechtlichen Teil des WindSeeG unterfallen (BT-Drs. 19/31009, 15; vgl. → Rn. 39 ff.). **4.5**

Zuletzt wurde § 17d durch Art. 4 und Art. 5 des Zweiten Gesetzes zur Änderung des Windenergie-auf-See-Gesetzes und anderer Vorschriften vom 20.7.2022 (BGBl. I 1325) sowie durch Art. 3 des Gesetzes zur Änderung des Energiesicherungsgesetzes und anderer energiewirtschaftlicher Vorschriften vom 8.10.2022 (BGBl. I 1726) geändert. In Absatz 7 wurden mit Wirkung zum 29.7.2022 die Wörter „gemäß den Vorgaben des § 59 Abs. 2 S. 1 Nummer 2 des Windenergie-auf-See-Gesetzes" gestrichen; es handelt sich um eine redaktionelle Folgeanpassung aufgrund der Änderung des WindSeeG. Die mit Wirkung zum 13.10.2022 neu eingefügten Absätze 1a und 1b sollen für eine weitere Beschleunigung bei der Errichtung von Offshore-Anbindungsleitungen sorgen, um die Ausbauziele des WindSeeG zu erreichen und um eine möglichst effiziente Auslastung der Offshore-Anbindungsleitungen sicherzustellen. Mit der am 1.1.2023 in Kraft getretenen Änderung des Absatz 2 wurde der Zeitpunkt der Beauftragung der Anbindungsleitungen vorverlegt, um die Einhaltung der Fertigstellungstermine zu gewährleisten. Zum 1.1.2023 traten ferner weitere redaktionelle Folgeanpassungen in Kraft, die aufgrund der Änderung des Ausschreibungsdesigns im WindSeeG (→ § 17a Rn. 38.1) notwendig wurden. **5**

C. Netzanbindungsverpflichtung der Übertragungsnetzbetreiber (Abs. 1)

In Übereinstimmung mit der bisherigen Rechtslage (§ 17 Abs. 2a aF) sieht Absatz 1 Satz 1 für die anbindungsverpflichteten ÜNB eine **Errichtungs- und Betriebspflicht** hinsichtlich Offshore-Anbindungsleitungen entsprechend den Vorgaben des O-NEP bzw. ab dem 1.1.2019 (zum Systemwechsel vgl. → § 17b Rn. 22 ff., → § 17a Rn. 38 ff.) entsprechend den Vorgaben des NEP und des FEP vor. Diese Pflicht umfasst nicht nur den Neubau weiterer, sondern auch den Betrieb der bereits in den planerischen Vorgaben enthaltenen Anbindungsleitungen. Satz 2 bindet die Verpflichtung auch in zeitlicher Hinsicht an die planerischen Vorgaben und sieht insoweit vor, dass die anbindungsverpflichteten ÜNB mit der Umsetzung der Netzanbindungen entsprechend den Vorgaben zu beginnen und die Errichtung zügig voranzutreiben haben (vgl. → Rn. 18 ff.). Da sich der unbestimmte Rechtsbegriff des „zügigen Vorantreibens" einer genauen zeitlichen Bestimmung entzieht, dürfte die Regelung eine allgemeine Obliegenheit der anbindungsverpflichteten ÜNB darstellen, welche sich im Wesentlichen an den im O-NEP bzw. im NEP und FEP enthaltenen Zeitpunkten der Fertigstellung und den Einzelheiten des Realisierungsplans orientiert (Säcker EnergieR/Uibeleisen § 17d Rn. 20). **6**

Verpflichtete sind die ÜNB, in deren Regelzone iSd § 3 Nr. 30 die Netzanbindung von Windenergieanlagen auf See erfolgen soll. Da die Regelverantwortlichkeit in der deutschen ausschließlichen Wirtschaftszone (AWZ) derzeit die TenneT TSO GmbH für die Nordsee und die 50 Hertz Transmission GmbH für die Ostsee besitzt, handelt es sich bei diesen beiden Netzbetreibern um die sog. **anbindungsverpflichteten ÜNB** iSd Absatz 1 Satz 1. **7**

Die Verpflichtung ist bereits nach dem Wortlaut des Absatz 1 Sätze 1 und 2 („entsprechend den Vorgaben") als eine **unbedingte Verpflichtung** zu verstehen, die **keinerlei Abwei-** **8**

Rietzler

chungen von den zugrundeliegenden planerischen Vorgaben, insbesondere von dem verbindlichen Datum für den Errichtungsbeginn, erlaubt (vgl. OLG Düsseldorf BeckRS 2016, 11309 Rn. 42). Vielmehr haben die anbindungsverpflichteten ÜNB bei der Erstellung und Fortschreibung des O-NEP die Möglichkeit, auf den Inhalt der Anbindungsverpflichtung und die maßgeblichen zeitlichen Vorgaben Einfluss zu nehmen (vgl. → § 17b Rn. 7, → § 17b Rn. 9 ff.). Dies gilt entsprechend für Festlegungen im NEP nach § 12b sowie aufgrund der Möglichkeit zur Stellungnahme in § 6 Abs. 2 S. 2 und 3 WindSeeG auch für solche im FEP, auch wenn dieser durch das BSH erstellt wird (Kment EnWG/Schink § 17d Rn. 17 f.).

9   Mit Gesetz vom 13.10.2016 (BGBl. I 2258) wurde Absatz 1 zum 1.1.2017 grundlegend geändert und an das mit diesem Gesetz eingeführte neue Ausschreibungssystem nach dem WindSeeG angepasst (vgl. → § 17a Rn. 37 ff.). Demnach haben die anbindungsverpflichteten ÜNB die bis zum Jahr 2025 zu errichtenden Anbindungsleitungen entsprechend den Vorgaben des O-NEP, konkret des O-NEP 2025, welcher am 25.11.2016 durch die BNetzA bestätigt wurde (vgl. → § 17b Rn. 10), umzusetzen. Für Festlegungen ab dem Jahr 2026 gelten mit Beginn des Jahres 2019 der FEP sowie der NEP als die maßgeblichen Planungsinstrumente, der O-NEP wird insoweit abgelöst (§ 7 Nr. 2 WindSeeG; vgl. → § 17b Rn. 22 ff., → § 17a Rn. 39 f.).

10 Nach Satz 3 ist die Offshore-Anbindungsleitung – wie schon nach bisheriger Rechtslage (BT-Drs. 17/10754, 25) – ab dem Zeitpunkt der Fertigstellung ein Teil des **Energieversorgungsnetzes**. Die rechtliche **Fiktion** bewirkt eine Vorverlagerung des Einspeisepunktes und die Anwendbarkeit der Vorschriften der Netzregulierung in §§ 11 ff. auf den Netzanschluss (Säcker EnergieR/Uibeleisen § 17d Rn. 21).

D. Rechtzeitigkeitsgebot (Abs. 1a)

11 Die Errichtung von Offshore-Anbindungsleitungen liegt nach § 1 Abs. 3 WindSeeG 2023 im überragenden öffentlichen Interesse und dient der öffentlichen Sicherheit. Ohne die **rechtzeitige Errichtung** der Offshore-Anbindungsleitungen ist die Erreichung der Ausbauziele des WindSeeG nicht möglich. Sowohl für die Zielerreichung als auch für die Gewährleistung der Versorgungssicherheit ist es zwingend notwendig, dass die Errichtung von Offshore-Anbindungsleitungen möglichst rasch und rechtzeitig vor Errichtung der Windenergieanlagen auf See erfolgt (BT-Drs. 20/3497, 36). Nach Absatz 1a Satz 1 sind daher alle erforderlichen Maßnahmen zu ergreifen, damit die Offshore-Anbindungsleitungen, die im FEP festgelegt sind, rechtzeitig zum festgelegten Jahr der Inbetriebnahme errichtet werden können. Nach der Intention des Gesetzgebers schließt dies „Maßnahmen auf allen Ebenen und durch alle Akteure" ein (BT-Drs. 20/3497, 37). Insbesondere können nach Satz 2 mehrere Offshore-Anbindungsleitungen in einem Trassenkorridor pro Jahr errichtet werden. Aus dem Rechtzeitigkeitsgebot des Satz 1 folgt, dass eine solche **parallele Errichtung** vorzusehen ist, wenn dies zur rechtzeitigen Anbindung von Windenergieanlagen und der Erreichung der Ausbauziele des WindSeeG erforderlich ist. Da die anbindungsverpflichteten ÜNB bereits aufgrund ihrer verschuldensunabhängigen Haftung nach § 17e Abs. 2 gegenüber den Anlagenbetreibern für den Fall der verzögerten Fertigstellung der jeweils betreffenden Anbindungsleitung (→ § 17e Rn. 14 ff.) ein erhebliches Eigeninteresse an der Einhaltung der Fertigstellungstermine haben dürften, kommt den Regelungen der Sätze 1 und 2 insoweit eher ein Appellcharakter zu.

12 Satz 3 stellt klar, dass für die Errichtung von Offshore-Anbindungsleitungen alle technisch geeigneten Verfahren verwendet werden können. Durch die Klarstellung soll vermieden werden, dass die rechtzeitige Errichtung nicht an der Verfügbarkeit stark nachgefragter technischer Geräte wie bestimmter Spülschwerter, Bagger, Fräsen etc. scheitert. Das bedeutet, dass zur Verfügung stehende Verlegeverfahren nicht ausgeschlossen werden sollen, weil eine Präferenz für eine bestimmte andere Verlegemethode besteht, diese dann aber nicht zur Verfügung steht. Insbesondere, wenn die rechtzeitige Verlegung durch die Wahl verschiedener Verfahren erleichtert wird, sind verschiedene Verfahren zu wählen (BT-Drs. 20/3497, 37). Angesichts der mit Satz 3 explizit normierten **Technologieoffenheit der Bauausführung** und der Notwendigkeit eines hinreichenden Maßes an Flexibilität bei der Wahl verschiedener Verlegeverfahren dürfen die Fragen der Bauausführung in der Regel aus der **Planfeststellung** der Anbindungsleitung (§ 43 Abs. 1 Nr. 2) ausgeklammert werden. Das

aus dem Abwägungsgebot resultierende Gebot der Konfliktbewältigung verlangt zwar, sich Gewissheit davon zu verschaffen, dass eine durch das Vorhaben aufgeworfene tatsächliche Problematik bei der Ausführung des Planfeststellungsbeschlusses beherrschbar ist und dass das hierfür notwendige Instrumentarium bereitsteht. Hiervon kann in der Regel jedoch ausgegangen werden, soweit der Stand der Technik für die zu bewältigenden Probleme geeignete Lösungen zur Verfügung stellt und die Wahrung der entsprechenden Regelwerke sichergestellt ist (vgl. BVerwG NVwZ 2017, 627 (630); Rietzler, jurisPR-UmwR 2/2017 Anm. 1, C.II.). Ob die Ausführungsplanung des Vorhabenträgers tatsächlich den Anforderungen dieser Regelwerke genügt, braucht dann nicht im Planfeststellungsverfahren für die Anbindungsleitung geprüft und entschieden zu werden. Zu diesem Zweck genügt es vielmehr, dem Vorhabenträger aufzugeben, vor Baubeginn seine Ausführungsplanung zur Genehmigung vorzulegen (vgl. BVerwG NVwZ-RR 1998, 92).

Nach Satz 4 soll im **Küstenmeer** in den Jahren 2024 bis 2030 die Errichtung auch im **Zeitraum** vom 1. April bis zum 31. Oktober erfolgen, wenn dies mit dem Küstenschutz vereinbar ist. Die Errichtung von Offshore-Anbindungsleitungen kann dabei – wie bisher – auch außerhalb des Zeitraums vom 1. April bis zum 31. Oktober erfolgen (BT-Drs. 20/3497, 37).

E. Vorsorgewerte für kabelinduzierte Sedimenterwärmung (Abs. 1b)

Bei dem Betrieb von Offshore-Anbindungsleitungen könnten durch eine **kabelinduzierte Sedimenterwärmung** Auswirkungen auf die Meeresumwelt entstehen. Die Anbindungsleitungen werden nicht auf dem Meeresgrund verlegt, sondern im Meeresboden vergraben; die beim Stromtransport durch die Kabel entstehende Wärme kann folglich an das die Leitung umgebende Meeresbodensediment abgegeben werden (Elspas/Graßmann/Rasbach/Rohrer § 17d Rn. 16). Nach Absatz 1b Satz 1 soll der Betrieb von Offshore-Anbindungsleitungen daher in der Regel nicht dazu führen, dass sich das Sediment im Abstand zur Meeresbodenoberfläche von 20 Zentimetern in der AWZ oder im Abstand von 30 Zentimetern im Küstenmeer um mehr als 2 Kelvin erwärmt. Diese **Vorsorgewerte** sind naturschutzfachlich etabliert („**2K-Kriterium**"). Mit ihrer Positivierung kommt der Gesetzgeber seinem Auftrag aus Art. 20a GG nach, die natürlichen Lebensgrundlagen – soweit geboten auch durch **Risikovorsorge** – zu schützen (vgl. BVerfGE 128, 1 (37)).

Nach Satz 2 ist eine stärkere Erwärmung zulässig, wenn sie nicht mehr als zehn Tage pro Jahr andauert oder weniger als 1 Kilometer Länge der Offshore-Anbindungsleitung betrifft. Die **Abweichungsmöglichkeit** im Betrieb soll eine möglichst **effiziente Auslastung** der Offshore-Anbindungsleitung sicherstellen und dadurch zur Gewährleistung der **Energiesicherheit** für die Bundesrepublik Deutschland und die Europäische Union beitragen. Die Abweichungsmöglichkeit in zeitlicher Hinsicht wird damit begründet, dass abträgliche Auswirkungen auf die Meeresumwelt eher durch längerfristige Erwärmungen auftreten könnten. Die Abweichungsmöglichkeit in räumlicher Hinsicht, selbst wenn diese dauerhaft ist, wird damit begründet, dass dies ebenfalls keine abträglichen Auswirkungen verursacht und der Aufwand und die zu erwartende Reduzierung der zu transportierenden Strommengen anderenfalls nicht in einem angemessenen Verhältnis zu den möglichen Auswirkungen stehen (BT-Drs. 20/3497, 37). Die Abweichungsmöglichkeit begegnet mit Blick auf **20a GG** keinen verfassungsrechtlichen Bedenken. Zwar verpflichtet Art. 20a GG den Gesetzgeber, den in Art. 20a GG enthaltenen Auftrag bei der Rechtssetzung umzusetzen und geeignete Umweltschutzvorschriften zu erlassen. Dabei steht ihm jedoch ein **weiter Wertungs- und Gestaltungsspielraum** zu (vgl. BVerfGE 118, 79 (110); Landmann/Rohmer UmweltR/Gärditz GG Art. 20a Rn. 40 ff.), der durch die mit Satz 2 getroffene Abweichungsmöglichkeit nicht überschritten wird.

Gemäß Satz 3 sind die Sätze 1 und 2 sowohl auf bereits in Betrieb befindliche Offshore-Anbindungsleitungen als auch auf neu zu errichtende Offshore-Anbindungsleitungen anwendbar. Nach Satz 4 sind die Sätze 1 bis 3 auf die parkinternen Seekabel und grenzüberschreitende Kabelsysteme entsprechend anwendbar.

F. Fertigstellungstermine und Realisierungsfahrplan (Abs. 2)

17 Absatz 2 konkretisiert den **zeitlichen Rahmen** der nach Absatz 1 verpflichtenden Umsetzung der Vorgaben des O-NEP bzw. ab dem 1.1.2019 der Vorgaben des NEP und des FEP. Im Kern wird durch die (verbindliche) Einhaltung von **Fertigstellungsterminen** bei der Umsetzung der Offshore-Anbindungsleitungen und deren frühzeitigen Bekanntmachung durch die anbindungsverpflichteten ÜNB (→ Rn. 18 ff., → Rn. 21 ff.) sowie durch die entsprechende Erarbeitung eines **Realisierungsfahrplans** zusammen mit den berechtigten Anlagenbetreibern (→ Rn. 25 ff.) eine **Koordinierung** der Planung und Errichtung von Offshore-Anbindungsleitungen und Windenergieanlagen auf See ermöglicht.

I. Beauftragung der Offshore-Anbindungsleitung (Abs. 2 S. 1–2)

18 Nach Absatz 2 Satz 1 hat der anbindungsverpflichtete ÜNB (vgl. → Rn. 7) die Offshore-Anbindungsleitung so **rechtzeitig** zu beauftragen, dass die **Fertigstellungstermine** in den Kalenderjahren einschließlich des Quartals im jeweiligen Kalenderjahr liegen, die im O-NEP (vgl. hierzu → § 17b Rn. 13) bzw. für den Zeitraum ab dem Jahr 2026 im FEP und NEP für die jeweilige Anbindungsleitung festgelegt wurden. Die Formulierung wurde durch den Gesetzgeber bewusst **entwicklungsoffen** gewählt, um zukünftige Beschleunigungen beim Bau der Offshore-Anbindungsleitungen berücksichtigen zu können (BT-Drs. 18/8860, 336).

19 Die Dauer der Fertigstellung einer Offshore-Anbindungsleitung hängt maßgeblich auch von der jeweils eingesetzten **Technologie** ab und muss entsprechend bei der Vorplanung sowie der Beauftragung der Anbindungsleitung berücksichtigt werden, um die Einhaltung der Fertigstellungstermine (→ Rn. 21 ff.) zu gewährleisten. Die in der Nordsee gegenwärtig eingesetzte Gleichstrom-Technologie erfordert eine Beauftragung der Anbindungsleitung etwa fünf Jahre vor dem geplanten Termin, während in der Ostsee aufgrund der dort überwiegend eingesetzten Wechselstromanbindungen ein Vorlauf von durchschnittlich dreieinhalb Jahren ausreicht. In jedem Fall sind die Fertigstellungstermine im Wege einer Gesamtschau der durch den anbindungsverpflichteten ÜNB zu errichtenden Komponenten windparkspezifisch auszulegen (Spieth/Lutz-Bachmann/Böhme/Huerkamp § 17d Rn. 6; BT-Drs. 18/8860, 336).

20 Nach Absatz 2 Satz 2 beauftragt der anbindungsverpflichtete ÜNB die Offshore-Anbindungsleitung, sobald die **anzubindende Fläche** im FEP festgelegt ist. Damit wird der Zeitpunkt der Beauftragung im Vergleich zu Absatz 2 Satz 2 aF deutlich vorverlegt. Die Vorverlegung des Zeitpunkts der Beauftragung soll den langen Planungs- und Realisierungszeiträumen bei Offshore-Anbindungsleitungen Rechnung tragen und die Einhaltung der Fertigstellungstermine nach Satz 1 gewährleisten (BT-Drs. 20/1634, 112). Der Gesetzgeber erhofft sich hierdurch eine Beschleunigung der Auftragsvergabe um mehrere Jahre (BT-Drs. 20/1634, 5). Durch die Anpassung des Ausschreibungsdesigns in voruntersuchte und nicht voruntersuchte Flächen wird der Zeitpunkt der Beauftragung einheitlich festgelegt (BT-Drs. 20/1634, 112).

II. Festlegung und Einhaltung von Fertigstellungsterminen (Abs. 2 S. 3, 7–8)

21 Der anbindungsverpflichtete ÜNB hat nach Absatz 2 Satz 3 die Daten der voraussichtlichen Fertigstellungstermine der betreffenden Offshore-Anbindungsleitung (→ Rn. 25) gegenüber der BNetzA bekannt zu machen und auf seiner Internetseite zu veröffentlichen; dies muss spätestens nach der Vergabe des entsprechenden Auftrags zu erfolgen. Ausweislich des Wortlauts kann die Bekanntmachung auch früher erfolgen. Die Veröffentlichung der konkret einschätzbaren, voraussichtlichen Termine gibt den Windparkbetreibern und -investoren die notwendige Investitions- und Planungssicherheit, indem diese Termine jedenfalls eine relative Verbindlichkeit entfalten (Kment EnWG/Schink § 17d Rn. 24; BT-Drs. 17/10754, 25).

21.1 Nicht geregelt ist der Zeitpunkt der verpflichtenden Bekanntgabe von voraussichtlichen Fertigstellungsterminen bei der (in der Praxis nicht selten erfolgenden) Auftragsvergabe an mehrere Unternehmen. Die Bekanntgabepflicht besteht in diesem Fall, sobald der anbindungsverpflichtete ÜNB sichere Kenntnis über den voraussichtlichen Fertigstellungstermin hat (Kment EnWG/Schink § 17d Rn. 25);

dies ist der Fall, wenn alle für die Netzanbindung erforderlichen Aufträge vergeben und die notwendigen Genehmigungen erteilt wurden (Spieth/Lutz-Bachmann/Böhme/Huerkamp § 17d Rn. 8).

Im Falle des Auftretens von Schwierigkeiten bei der Fertigstellung der beauftragten Anbindungsleitung sieht Absatz 2 Satz 7 die Möglichkeit der **nachträglichen Änderung** des voraussichtlichen Fertigstellungstermins vor (BT-Drs. 17/10754, 25). Danach können die bekannt gemachten voraussichtlichen Fertigstellungstermine mit **Zustimmung** der BNetzA im Benehmen mit dem BSH geändert werden, wobei die BNetzA die Entscheidung nach pflichtgemäßem **Ermessen** und unter Berücksichtigung der Interessen der Beteiligten und der volkswirtschaftlichen Kosten trifft. Die Entscheidung der BNetzA über die Verschiebung des voraussichtlichen Fertigstellungstermins ist ein anfechtbarer **Verwaltungsakt**, vor dessen Erlass sowohl der anbindungsverpflichtete ÜNB als auch der Betreiber der Offshore-Anlage nach § 28 VwVfG anzuhören sind (Kment EnWG/Schink § 17d Rn. 36). 22

Nach Absatz 2 Satz 8 werden **36 Monate vor Eintritt** der voraussichtlichen Fertigstellung die bekannt gemachten Termine jeweils **verbindlich** und können nicht mehr geändert werden (BT-Drs. 17/10754, 25; 20/1634, 113). Wird der verbindliche Fertigstellungstermin vom anbindungsverpflichteten ÜNB nicht eingehalten, treten mit dessen Ablauf automatisch die Rechtsfolgen der Entschädigungsregelung des § 17e Abs. 2 ein, was der Investitionssicherheit der Anlagenbetreiber zugutekommt (BT-Drs. 17/10754, 25). Danach kann der Betreiber der Offshore-Anlage ab dem Zeitpunkt der Herstellung der Betriebsbereitschaft seiner Anlage, frühestens jedoch ab dem 91. Tag nach dem verbindlichen Fertigstellungstermin, eine Entschädigung verlangen. Ein durchsetzbarer Anspruch des Anlagenbetreibers gegen den anbindungsverpflichteten ÜNB auf fristgerechte Herstellung der Anbindungsleitung besteht jedoch nicht (Kment EnWG/Schink § 17d Rn. 38). Die Durchsetzung der fristgerechten Herstellung obliegt ausweislich § 17a Abs. 9 iVm § 65 Abs. 2 allein der BNetzA. Hiernach hat die BNetzA die Befugnis, den anbindungsverpflichteten ÜNB unter Fristsetzung zur Herstellung der Netzanbindung zu verpflichten und nach Ablauf der Frist ein Ausschreibungsverfahren zur Herstellung der Leitung durchzuführen (Absatz 11, vgl. → Rn. 64). 23

Der Ermessensentscheidung der BNetzA nach Absatz 2 Satz 7 über die Änderung des voraussichtlichen Fertigstellungstermins kommt damit **erhebliche Bedeutung** für die Anlagenbetreiber zu. Da der Anlagenbetreiber bei verspäteter Fertigstellung der Netzanbindung eine Entschädigung nur dann erhält, wenn seine Anlage zum verbindlichen Zeitpunkt der Fertigstellung fertiggestellt ist (§ 17e Abs. 2), hat die Verschiebung des verbindlichen Fertigstellungszeitpunkts für den Anlagenbetreiber, der seine Anlage zum ursprünglich vorgesehenen Zeitpunkt fertiggestellt hat, beträchtliche negative finanzielle Auswirkungen; eine Änderung des Fertigstellungstermins kann daher nicht nach Belieben des anbindungsverpflichteten ÜNB erfolgen (Kment EnWG/Schink § 17d Rn. 35). Bei der Entscheidung ist daher ebenfalls zu berücksichtigen, ob den anbindungsverpflichteten ÜNB ein **Verschulden** an der verzögerten Herstellung der Netzanbindung trifft (ggf. Zurechnung nach § 278 BGB) und ob es sich im Hinblick auf die Ursachen der Verzögerung um typische Wagnisse oder um unvorhersehbare außergewöhnliche bzw. atypische Ereignisse handelt (Spieth/Lutz-Bachmann/Böhme/Huerkamp § 17d Rn. 11). Dies hat nach Eintritt der Verbindlichkeit des Fertigstellungstermins auch Auswirkungen auf den ggf. zur Verfügung stehenden Belastungsausgleich der anbindungsverpflichteten ÜNB nach § 17f Abs. 2. 24

III. Abstimmung eines Realisierungsfahrplans und gegenseitige Unterrichtung (Abs. 2 S. 4–6)

Nach Absatz 2 Satz 4 hat der anbindungsverpflichtete ÜNB mit den Betreibern der Windenergieanlage auf See, die gem. der §§ 20, 21, 34 oder 54 WindSeeG einen Zuschlag erhalten haben, jeweils einen **Realisierungsfahrplan** abzustimmen, der die **zeitliche Abfolge** für die einzelnen Schritte zur Errichtung der Windenergieanlage auf See und zur Herstellung des Netzanschlusses enthält. Dieser ist im Anschluss an die Veröffentlichung des voraussichtlichen Fertigstellungstermins zu entwickeln und bezweckt insbesondere die gegenseitige Abstimmung des Anschlusszeitpunkts der Windenergieanlagen auf See an das Energieversorgungsnetz sowie insgesamt die Koordination der Herstellung der Windenergieanlage auf See mit 25 der entsprechenden Netzanbindung (BT-Drs. 18/8860, 336; Kment EnWG/Schink § 17d Rn. 26).

25.1 Es handelt sich um eine unverbindliche, der Transparenz und Koordinierung dienende Vereinbarung zwischen dem anbindungsverpflichteten ÜNB und dem bezuschlagten Anlagenbetreiber, die Verzögerungen und daraus entstehende Entschädigungsansprüche der Anlagenbetreiber vermeiden soll (BT-Drs. 17/11705, 54). Sie unterliegt keinem ausdrücklichen Formerfordernis, auch um eine zeitliche Flexibilität bei der Herstellung der Anlagen und Netzanbindungen zu gewährleisten. Gleichwohl ist eine schriftliche Abfassung zu empfehlen (Kment EnWG/Schink § 17d Rn. 29 f.).

26 Nach Absatz 2 Satz 5 sind bei der gegenseitigen Abstimmung des Realisierungsfahrplans auch die **Fristen zur Realisierung** der Windenergieanlage auf See gem. § 81 WindSeeG und die Vorgaben des § 5 Abs. 1 Nr. 4 WindSeeG im FEP zu berücksichtigen, um den Gleichlauf zwischen dem Ausbau der Windenergieanlagen auf See und der entsprechenden Offshore-Anbindungsleitung zu gewährleisten (BT-Drs. 18/8860, 336 f.). Dies gilt im Übrigen auch dann, wenn ein Windpark durch einen Zuschlag Anbindungskapazität auf einer teilweise bereits errichteten Anbindungsleitung erhält, wobei sich der Fertigstellungstermin in diesem Fall dann lediglich auf die noch nicht erfolgte Herstellung der Verbindung zwischen Sammelanbindung und Umspannwerk des Windparks bezieht (BT-Drs. 18/8860, 337).

27 Absatz 2 Satz 6 enthält eine **gegenseitige Unterrichtungspflicht** der anbindungsverpflichteten ÜNB und der Windenenergieanlagenbetreiber; sie ist gerichtlich durchsetzbar (Kment EnWG/Schink § 17d Rn. 33). Für eine bestmögliche Koordination der Herstellung der Netzanbindung und der Windenergieanlage auf See ist es entscheidend, dass der anbindungsverpflichtete ÜNB und der Anlagenbetreiber jeweils hinreichend transparent über den gegenseitigen Baufortschritt und die noch erforderlichen Maßnahmen informiert werden, um ggf. eigene Investitionen entsprechend anpassen und so die finanziellen Folgen etwa bei Verzögerungen der Komplementärinvestition abmildern zu können (Bourwieg/Hellermann/Hermes/Broemel § 17d Rn. 15). Absatz 2 Satz 9 sieht hierzu eine regelmäßige Unterrichtung über den Fortschritt bei der Errichtung der Windenergieanlage auf See und der Herstellung des Netzanschlusses vor, worunter der Gesetzgeber einen mindestens **halbjährigen Turnus** versteht (BT-Drs. 17/11705, 54).

28 Darüber hinaus bestimmt Absatz 2 Satz 6 ausdrücklich, dass mögliche **Verzögerungen oder Abweichungen** vom Realisierungsfahrplan unverzüglich mitzuteilen sind, um ggf. eine Anpassung des Realisierungsfahrplans herbeizuführen (BT-Drs. 17/11705, 54). Unverzüglich bedeutet ohne schuldhaftes Zögern (§ 121 Abs. 1 S. 1 BGB). Die Mitteilungspflicht entsteht nach dem Wortlaut („mögliche Verzögerungen") bereits bei konkreten Anhaltspunkten für ein Verzögerungsrisiko (Bourwieg/Hellermann/Hermes/Broemel § 17d Rn. 14).

28.1 Der Realisierungsfahrplan und die gegenseitige Unterrichtungspflicht dienen insoweit ebenfalls der BNetzA, als dass sie frühzeitig möglicherweise entstehende Verzögerungen und Verbesserungsmöglichkeiten absehen und diese etwa im Rahmen ihrer Ermessensentscheidung nach Absatz 2 Satz 7 (vgl. → Rn. 22 ff.) berücksichtigen kann (Säcker EnergieR/Uibeleisen § 17d Rn. 29).

G. Grundsatz der clusterinternen Netzanbindung (Abs. 3)

29 Absatz 3 regelt den sog. **Grundsatz der clusterinternen bzw. flächenunmittelbaren Netzanbindung.** Danach erhalten Betreiber von Windenergieanlagen auf See als Folge ihres Zuschlags nach den §§ 20, 21, 34 oder 54 WindSeeG ausschließlich eine Kapazität auf der Offshore-Anbindungsleitung, die zur Anbindung des entsprechenden Clusters im BFO nach § 17a oder der entsprechenden Fläche im FEP vorgesehen ist (vgl. OLG Düsseldorf BeckRS 2016, 11309 Rn. 74 ff. sowie → § 17a Rn. 14). Es bedarf hierfür keines gesonderten Zuweisungsverfahrens (BT-Drs. 18/8860, 337). Auf diese Weise wird eine koordinierte räumliche Gesamtplanung unter bestmöglicher Ausnutzung der Kapazitäten ermöglicht (vgl. Säcker EnergieR/Uibeleisen § 17d Rn. 33).

30 Nach Absatz 3 Satz 2 kann eine Anbindung **ausnahmsweise** über ein anderes im BFO festgelegtes Cluster (vgl. → § 17a Rn. 10 ff.) erfolgen (**clusterübergreifende Netzanbindung**), wenn dies im BFO und im O-NEP ausdrücklich vorgesehen ist und dies für eine geordnete und effiziente Nutzung und Auslastung der Offshore-Anbindungsleitungen erforderlich ist (OLG Düsseldorf BeckRS 2016, 11309 Rn. 77). Liegen diese Voraussetzungen vor, besteht ein **Anspruch** auf Anbindung über das andere, im BFO und O-NEP genannte Cluster (Kment EnWG/Schink § 17d Rn. 42).

Von dieser Ausnahme wurde im Rahmen der Übergangsausschreibungen nach §§ 26 ff. WindSeeG (vgl. → § 17a Rn. 38.2) Gebrauch gemacht, um einen hinreichenden Wettbewerb zwischen den bestehenden Projekten zu gewährleisten (vgl. dazu → § 17b Rn. 20). **30.1**

H. Kapazitätsverlagerung (Abs. 4)

Die Möglichkeit der BNetzA, im Benehmen mit dem BSH und unter den Voraussetzungen des Absatz 4 einem Anlagenbetreiber bereits zugewiesene Anbindungskapazität zu entziehen und diese zu verlagern, wurde durch Art. 6 des Gesetzes vom 21.7.2014 (BGBl. I 1066; damals Absatz 5) eingeführt und mit Art. 6 des Gesetzes vom 13.10.2016 (BGBl. I 2258) in Anpassung an das neu eingeführte Ausschreibungsverfahren (vgl. dazu → § 17a Rn. 37 f.) nur redaktionell geändert. **31**

Nach Absatz 4 Satz 1 kann die BNetzA im Benehmen mit dem BSH dem Betreiber einer Windenergieanlage auf See, der über zugewiesene Netzanbindungskapazität verfügt, diese **entziehen** und ihm Netzanbindungskapazität auf einer anderen Offshore-Anbindungsleitung **zuweisen (Kapazitätsverlagerung),** soweit dies einer geordneten und effizienten Nutzung und Auslastung von Offshore-Anbindungsleitungen dient und soweit dem die Bestimmungen des BFO und ab dem 1.1.2019 des NEP und des FEP nicht entgegenstehen. Davon umfasst sein können auch die Verlagerung eines Anschlusses von Windparks, die bereits fertiggestellt sind und/oder über einen physikalischen Netzanschluss verfügen (OLG Düsseldorf BeckRS 2017, 108486 Rn. 69 f.). **32**

Die Regelung dient der effektiven Nutzung und Auslastung von Netzanbindungskapazitäten, woran ein öffentliches Interesse besteht (BT-Drs. 18/1304, 188 f.). Zur Bewertung einer effektiven Nutzung können etwa Kriterien wie die Möglichkeit der Reduzierung von Anbindungsleitungen, der Zeitplan der Realisierung, die Vermeidung clusterübergreifender Netzanbindungen, die Vermeidung von Flächenverbrauch oder ein mögliches Kosteneinsparpotenzial für Netznutzer herangezogen werden (Säcker EnergieR/Uibeleisen § 17d Rn. 37). Ausdrücklich erwähnt die Gesetzesbegründung insoweit aber nur die Vermeidung von unnötigen Leerständen (BT-Drs. 18/8860, 337). **32.1**

Die BNetzA verfügt sowohl bei der Entscheidung über die effektive Nutzung und Auslastung der Netzanbindungskapazitäten als auch bei der darauf beruhenden Entscheidung zur Kapazitätsverlagerung über ein **Ermessen,** dessen gerichtliche Überprüfbarkeit insbesondere auf Ermessensfehler sowie auf die ausreichende Erfassung des Sachverhalts und die Einhaltung der Verfahrensbestimmungen beschränkt ist (OLG Düsseldorf BeckRS 2017, 108486 Rn. 73, 75). Die BNetzA hat dabei unter Beachtung der gesetzlichen Vorgaben zu den Ausbauzielen, der Raumplanung und der Fachplanung einerseits und den aktuell und für die Zukunft geplanten Investitionen andererseits den Ausbau der Netzanbindungssysteme so zu steuern, dass er den gesetzlichen Zielen der geordneten und effizienten Nutzung möglichst nahekommt. Die Behörde kann diese Aufgabe nur mit Hilfe einer weitreichenden Einschätzungsprärogative erfüllen (OLG Düsseldorf BeckRS 2017, 108486 Rn. 73). **33**

Nach Absatz 4 Satz 2 sind vor der Entscheidung der Kapazitätsverlagerung sowohl der betroffene Anlagenbetreiber als auch der betroffene anbindungsverpflichtete ÜNB **anzuhören.** Einen Anspruch auf Kapazitätsverlagerung haben Anlagenbetreiber nicht; es besteht lediglich ein Anspruch auf ermessensfehlerfreie Entscheidung (BT-Drs. 18/1304, 189; Säcker EnergieR/Uibeleisen § 17d Rn. 38). **34**

Die BNetzA kann aufgrund ihrer Festlegungskompetenz (Absatz 10 Nummer 2, vgl. dazu → Rn. 61 ff.) das Verfahren zur Kapazitätsverlagerung näher ausgestalten. Von dieser Kompetenz hat die BNetzA durch ihren Beschluss zur Bestimmung eines Verfahrens zur Zuweisung und zum Entzug von Offshore-Anbindungsleitungen vom 13.8.2014 (BK6-13-001) Gebrauch gemacht (Spieth/Lutz-Bachmann/Böhme/Huerkamp § 17d Rn. 13; vgl. dazu → Rn. 63.1). **34.1**

I. Entfall der Netzanbindungskapazität bei Unwirksamkeit des Zuschlags (Abs. 5)

35 Absatz 5 trifft Regelungen zur **Dauer** der einem Anlagenbetreiber zugewiesenen Netzanbindungskapazität. Nach Absatz 5 Satz 1 besteht die zugewiesene Netzanbindungskapazität, soweit und solange ein Planfeststellungsbeschluss oder eine Plangenehmigung für die Windenergieanlagen auf See wirksam ist.

35.1 Diese Regelung wurde nachträglich durch Art. 3 des Gesetzes vom 22.12.2016 (BGBl. I 3106) eingefügt und stellt eine Folgeänderung zur Verlängerung der Betriebsgenehmigung nach WindSeeG auf 25 Jahre (vgl. § 69 Abs. 7 S. 1 WindSeeG) dar. Sie stellt klar, dass die zugewiesene Netzanbindungskapazität für die Dauer der Betriebsgenehmigung besteht, auch wenn die Marktprämie nur für 20 Jahre gewährt wird (BT-Drs. 18/10668, 151).

36 Absatz 5 Satz 2 bestimmt die **Rechtsfolgen der Unwirksamkeit von Zuschlägen.** Danach entfällt zur Vermeidung von Leerkapazitäten die zugewiesene Netzanbindungskapazität auf der entsprechenden Offshore-Anbindungsleitung, wenn ein Zuschlag nach den §§ 20, 21, 34 oder 54 WindSeeG unwirksam wird, etwa bei dessen Widerruf nach § 20 Abs. 1 S. 2, § 34 Abs. 3 oder § 54 Abs. 1 S. 2 iVm § 82 Abs. 3 WindSeeG (vgl. Kment EnWG/Schink § 17d Rn. 45). Dabei erfolgt der Entfall **automatisch,** ohne dass es eines weiteren Vollzugsakts wie einer Kapazitätsentziehung bedarf (BT-Drs. 18/8860, 337). Absatz 5 Satz 2 konkretisiert insoweit die allgemeinen Rechtsfolgen unwirksamer Zuschläge nach § 87 WindSeeG für bereits zugewiesene Netzanbindungskapazitäten.

37 Nach Absatz 5 Satz 3 teilt die BNetzA dem anbindungsverpflichteten ÜNB **unverzüglich** die Unwirksamkeit eines Zuschlags mit. Diese Mitteilung ist erforderlich, da der anbindungsverpflichtete ÜNB in der Regel keine Kenntnis von einem im Einzelfall unwirksam gewordenen Zuschlag haben wird und die Realisierung der betroffenen Anbindungsleitung in Koordination mit der Errichtung der Windenergieanlagen zu erfolgen hat (vgl. → Rn. 2, → Rn. 17). Auch im Falle der Unwirksamkeit eines Planfeststellungsbeschlusses oder einer Plangenehmigung für die Windenergieanlagen auf See (vgl. Absatz 5 Satz 1) ist eine unverzügliche Mitteilung an den anbindungsverpflichteten ÜNB sinnvoll, auch wenn dies nicht ausdrücklich geregelt ist (Kment EnWG/Schink § 17d Rn. 47).

38 Im Übrigen ergreift nach Absatz 5 Satz 3 die BNetzA bei Unwirksamkeit eines Zuschlags im Benehmen mit dem BSH **angemessene Maßnahmen** für eine geordnete und effiziente Nutzung und Auslastung der betroffenen Offshore-Anbindungsleitung. Sie genießt dabei einen weiten Beurteilungsspielraum und kann – zur Vermeidung unnötiger Leerstände (BT-Drs. 18/8860, 337) – etwa die entfallene Kapazität neu ausschreiben oder insoweit auf eine Änderung des FEP hinwirken, dass eine Neuregelung der Nutzung der Anbindungsleitung erfolgt (§ 8 Abs. 1 WindSeeG). Darüber hinaus kann sie etwa auch auf die Ausübung eines Eintrittsrechts nach §§ 60 ff. WindSeeG hinwirken (Säcker EnergieR/Uibeleisen § 17d Rn. 44). In jedem Fall ist – wie Absatz 5 Satz 4 ausdrücklich bestimmt – der betroffene anbindungsverpflichtete ÜNB vor der Entscheidung **anzuhören.**

J. Netzanbindung von Windenergieanlagen auf See im Küstenmeer (Abs. 6–9)

39 Mit Art. 1 des Gesetzes zur Umsetzung unionsrechtlicher Vorgaben und zur Regelung reiner Wasserstoffnetze im Energiewirtschaftsrecht vom 16.7.2021 (BGBl. I 3026) wurden auf Beschlussempfehlung des Ausschusses für Wirtschaft und Energie vom 22.6.2021 (BT-Drs. 19/30899, 11 ff.) die Absätze 6–9 neu eingefügt. Sie regeln die Netzanbindung von Windenergieanlagen auf See **im Küstenmeer,** die nicht dem zulassungsrechtlichen Teil des WindSeeG unterfallen (BT-Drs. 19/31009, 15; Kirch IR 2021, 221 (222)).

40 Absatz 6 statuiert die Voraussetzungen eines gesetzlichen Netzanbindungsanspruchs berechtigter Genehmigungsinhaber (vgl. → Rn. 41 ff.), während die Absätze 7 und 8 das Verfahren der Netzanbindung ausgestalten (vgl. → Rn. 46 ff., → Rn. 49 ff.). Die Koordinierung des Anbindungsprozesses zwischen dem anbindungsverpflichteten ÜNB und dem Anlagenbetreiber ist weitestgehend an die in Absatz 2 geregelte Vorgehensweise bei der Netzanbindung von Windenergieanlagen auf See, die einen Zuschlag nach §§ 20, 21, 34 oder 54

WindSeeG erhalten haben (vgl. dazu → Rn. 17 ff.), angelehnt. Absatz 9 regelt die Pönalen in Anlehnung an die Vorgaben in § 82 WindSeeG (vgl. → Rn. 56 ff.).

I. Gesetzlicher Netzanbindungsanspruch (Abs. 6)

Nach Absatz 6 Satz 1 sind anbindungsverpflichtete ÜNB gegenüber dem Inhaber einer **BImSchG-Genehmigung** zum Bau von Windenenergieanlagen auf See im **Küstenmeer** verpflichtet, die Netzanbindung von dem Umspannwerk der Windenergieanlagen auf See bis zu dem technisch und wirtschaftlich günstigsten Verknüpfungspunkt des nächsten Übertragungsnetzes auf die technisch und wirtschaftlich günstigste Art und Weise zu errichten und zu betreiben. Damit regelt Absatz 6 Satz 1 einen **speziellen Netzanbindungsanspruch** für Anlagenbetreiber, die Inhaber einer Genehmigung nach § 4 BImSchG für die Errichtung einer Windenergieanlage auf See im Küstenmeer sind. Auf solche Anlagen sind gem. § 65 Abs. 1 WindSeeG die zulassungsrechtlichen Vorschriften des WindSeeG nicht anwendbar (BT-Drs. 19/31009, 15; Kirch IR 2021, 221 f.). 41

Absatz 6 Satz 2 sieht als Voraussetzung für den Netzanbindungsanspruch nach Satz 1 zunächst vor, dass der auf der Fläche im Küstenmeer erzeugte Strom ausschließlich im Wege der sonstigen **Direktvermarktung nach § 21a EEG 2023** veräußert wird. Der Anspruch besteht somit nur dann, wenn der erzeugte Strom nicht gefördert wird (BT-Drs. 19/31009, 15). 42

Als weitere Anspruchsvoraussetzung regelt Absatz 6 Satz 2, dass der Genehmigungsinhaber eine **Sicherheit** entsprechend § 18 WindSeeG an die BNetzA zur Sicherung von Ansprüchen des anbindungsverpflichteten ÜNB nach Absatz 9 geleistet hat (bei dem Verweis auf § 21 WindSeeG im Normtext handelt es sich um ein Redaktionsversehen; vgl. zu den Pönalen nach Absatz 9 → Rn. 56 ff.). Die Höhe der Sicherheit beträgt 100 EUR pro Kilowatt installierter Leistung (§ 18 Abs. 1 WindSeeG) und bemisst sich nach der genehmigten Höhe der zu installierenden Leistung. Absatz 6 Satz 3 erklärt diesbezüglich § 31 Abs. 3–5 EEG 2023 für entsprechend anwendbar, sodass als Sicherheit eine unwiderrufliche, unbedingte und unbefristete Bürgschaft auf erstes Anfordern nach § 31 Abs. 3 Nr. 1 EEG 2023 oder die Zahlung eines Geldbetrags auf ein Verwahrkonto der BNetzA nach § 31 Abs. 3 Nr. 2 EEG 2023 in Betracht kommt (Kirch IR 2021, 221 (222)). 43

Nach Absatz 6 Satz 5 **entfällt** die Anbindungsverpflichtung, wenn Vorgaben des FEP entgegenstehen oder der anbindungsverpflichtete ÜNB gegenüber der BNetzA eine Stellungnahme nach Absatz 6 Satz 4 und Absatz 2 Satz 5 abgibt. 44

Nach Absatz 6 Satz 6 ist die Netzanbindung nach Absatz 6 Satz 1 ab dem Zeitpunkt der Fertigstellung ein **Teil des Energieversorgungsnetzes;** gleichwohl wird sie nicht in den NEP aufgenommen (BT-Drs. 19/31009, 15). 45

II. Festlegung und Einhaltung von Fertigstellungsterminen (Abs. 7)

Absatz 7 regelt das **Verfahren der Netzanbindung** von anbindungsberechtigten Windenergieanlagen auf See im Küstenmeer (vgl. zum Netzanbindungsanspruch → Rn. 41 ff.) und ist in Teilen an das Verfahren zur Errichtung der Offshore-Anbindungsleitung nach Absatz 2 angelehnt. 46

Nach Absatz 7 Satz 1 **beauftragt** der anbindungsverpflichtete ÜNB die Netzanbindung nach Absatz 6 unverzüglich, nachdem die BNetzA auf Antrag des Genehmigungsinhabers bestätigt hat, dass der Nachweis über eine bestehende Finanzierung für die Errichtung von Windenergieanlagen auf See in dem Umfang der genehmigten Anlagen gegenüber der BNetzA erbracht worden ist. Der Nachweis hat die Vorgaben des § 81 Abs. 2 Satz 1 Nr. 2 WindSeeG zu erfüllen. Dementsprechend sind durch die Genehmigungsinhaber verbindliche Verträge über die Bestellung der Windenergieanlagen, der Fundamente (sofern für das gewählte Anbindungskonzept erforderlich), der für die Windenergieanlagen vorgesehenen Umspannanlage sowie der parkinternen Verkabelung vorzulegen. Damit wird sichergestellt, dass die Netzanbindung nur beauftragt wird, wenn die Realisierung der genehmigten Windenergieanlage hinreichend wahrscheinlich ist und die dazu erforderlichen erheblichen Kosten nicht durch eine mangelnde Realisierungswahrscheinlichkeit riskiert werden (BT-Drs. 19/31009, 15 f.). 47

48 In Übereinstimmung mit den Vorgaben bei der Errichtung von Offshore-Anbindungsleitungen nach Absatz 2 Satz 3 (vgl. → Rn. 21 ff.) hat der anbindungsverpflichtete ÜNB gem. Absatz 7 Satz 2 spätestens nach Auftragsvergabe den **voraussichtlichen Fertigstellungstermin** der Netzanbindung der BNetzA **bekannt zu machen** und auf seiner Internetseite zu veröffentlichen. Der bekannt gemachte voraussichtliche Fertigstellungstermin kann nach Absatz 7 Satz 3 nur mit Zustimmung der BNetzA verschoben werden, welche die Entscheidung über die Verschiebung nach pflichtgemäßem Ermessen und unter Berücksichtigung der Interessen der Beteiligten und der volkswirtschaftlichen Kosten trifft; die Regelung entspricht Absatz 2 Satz 7 (→ Rn. 22). Die in Absatz 7 Satz 4 normierte **Verbindlichkeitswirkung** des Fertigstellungstermins 30 Monate vor Eintritt der voraussichtlichen Fertigstellung entspricht seit dem 1.1.2023 nicht mehr Absatz 2 Satz 8, der nunmehr 36 Monate vorsieht (→ Rn. 23). An den verbindlichen Fertigstellungstermin knüpfen die Entschädigungsregelungen des § 17e Abs. 2 an.

III. Realisierungsfahrplan und gegenseitige Unterrichtungspflicht (Abs. 8 S. 1 und 3)

49 Absatz 8 regelt hinsichtlich der Netzanbindung und der Errichtung von Windenergieanlagen auf See im Küstenmeer weitere **Verfahrensvorgaben,** die den Bestimmungen über die Errichtung und Netzanbindung der Windenergieanlagen auf See in der AWZ nach Absatz 2 weitestgehend entsprechen.

50 Nach Absatz 8 Satz 1 hat der anbindungsverpflichtete ÜNB nach Bekanntmachung des voraussichtlichen Fertigstellungstermins nach Absatz 7 Satz 4 mit dem Inhaber der BImSchG-Genehmigung zum Bau von Windenergieanlagen auf See im Küstenmeer einen **Realisierungsfahrplan** abzustimmen, der die zeitliche Abfolge für die einzelnen Schritte zur Errichtung der Anlage und zur Herstellung des Netzanschlusses einschließlich eines Anschlusstermins enthält (vgl. zur entsprechenden Regelung in Absatz 2 Satz 4 → Rn. 25). Damit soll eine koordinierte Errichtung sichergestellt und vermieden werden, dass die Netzanbindung und die Windenergieanlagen zu unterschiedlichen Zeitpunkten fertig gestellt werden (BT-Drs. 19/31009, 16). Bei dem Verweis auf Absatz 7 Satz 4 handelt es sich um ein Redaktionsversehen; da Absatz 8 Satz 1 auf die Bekanntmachung des voraussichtlichen Fertigstellungstermins und nicht auf den Zeitpunkt des Eintritts der Verbindlichkeit des Termins abstellt, ist mit dem Verweis ersichtlich Absatz 7 Satz 2 gemeint.

51 Der koordinierten Errichtung von Anlagen und Netzanbindungen dient auch die in Absatz 8 Satz 3 geregelte **gegenseitige Unterrichtungspflicht** der anbindungsverpflichteten ÜNB und der Anlagenbetreiber (BT-Drs. 19/31009, 16). Diese haben sich regelmäßig über den Fortschritt bei der Errichtung der Windenergieanlage und der Herstellung des Netzanschlusses zu unterrichten. Dabei sind mögliche Verzögerungen oder Abweichungen vom Realisierungsfahrplan unverzüglich auch der BNetzA mitzuteilen (vgl. zum entsprechenden Absatz 2 Satz 6 → Rn. 27 f.). Eine gegenseitige Unterrichtung über abzusehende Verzögerungen hat möglichst frühzeitig zu erfolgen, um den Beteiligten rechtzeitig die Chance zu geben, Anpassungen ihres Projektteils vorzunehmen und damit Mehrkosten – etwa in Form von Entschädigungszahlungen nach § 17e – möglichst gering zu halten (BT-Drs. 19/31009, 16; Kirch IR 2021, 221 (223)).

IV. Realisierungsfristen des Genehmigungsinhabers (Abs. 8 S. 2)

52 Absatz 8 Satz 2 regelt bestimmte **Realisierungsfristen,** die von dem Inhaber der Genehmigung für die Errichtung einer Windenergieanlage auf See im Küstenmeer einzuhalten sind. Bei diesen Fristen handelt sich um **Meilensteine** für die Errichtung des Offshore-Windparks, die in Anlehnung an die für die Errichtung der Windenergieanlagen auf See in der AWZ geltenden Regelungen des § 81 WindSeeG normiert wurden (vgl. Kirch IR 2021, 221 (223); Steinbach/Franke/Bader § 17d Rn. 30). Die Realisierungsfristen sind Anknüpfungspunkt für die Pönalen nach Absatz 9 (vgl. → Rn. 56 ff.).

53 Nach Absatz 8 Satz 2 Nummer 1 hat der Genehmigungsinhaber spätestens sechs Monate vor dem verbindlichen Fertigstellungstermin (vgl. → Rn. 48) gegenüber der BNetzA den Nachweis zu erbringen, dass mit der Errichtung der Windenergieanlage **begonnen** worden ist. Der **Errichtungsbeginn** ist der Zeitpunkt, an dem per Baustellentagesbericht die Verschiffung des ersten Fundaments bzw. der ersten Gründungselemente für Offshore-Windenergieanlagen oder der Umspannplattform an den in der Genehmigung vorgesehenen Bauplatz stattgefunden hat (BT-Drs. 18/8860, 317).

Nach Absatz 8 Satz 2 Nummer 2 hat der Genehmigungsinhaber spätestens zum verbindlichen Fertigstellungstermin (vgl. → Rn. 48) gegenüber der BNetzA den Nachweis zu erbringen, dass die **technische Betriebsbereitschaft mindestens einer Windenergieanlage auf See** einschließlich der zugehörigen parkinternen Verkabelung hergestellt worden ist. Hierzu muss die Windenergieanlage vollständig errichtet, die Verkabelung zwischen Windenergieanlage und Umspannanlage vollständig abgeschlossen und die Umspannanlage für den Einzug des Exportkabels des anbindungsverpflichteten ÜNB bereit sein; die Einspeisung des von der Windenergieanlage erzeugten Stroms darf folglich nicht mehr von einer dem Herrschaftsbereich des Anlagenbetreibers zuzurechnenden Handlung abhängen (BT-Drs. 18/8860, 317). 54

Schließlich hat der Genehmigungsinhaber nach Absatz 8 Satz 2 Nummer 3 innerhalb von sechs Monaten nach dem verbindlichen Fertigstellungstermin (vgl. → Rn. 48) gegenüber der BNetzA den Nachweis erbringen, dass die **technische Betriebsbereitschaft** (vgl. → Rn. 54) der Windenergieanlagen auf See **insgesamt** hergestellt worden ist. Diese Anforderung ist erfüllt, wenn die installierte Leistung der betriebsbereiten Anlagen mindestens 95 Prozent der genehmigten installierten Leistung entspricht (Absatz 8 Satz 2 Nummer 3 Halbsatz 2). 55

V. Pönalen (Abs. 9)

Absatz 9 regelt in Anlehnung an § 82 WindSeeG die **Pönalen,** die ein Genehmigungsinhaber für den Bau von Windenergieanlagen auf See im Küstenmeer im Falle eines Verstoßes gegen die Realisierungsfristen nach Absatz 8 Satz 2 an den anbindungsverpflichteten ÜNB zu leisten hat (Absatz 9 Satz 1). Durch die Sanktionierung der Nichteinhaltung der Realisierungsfristen nach Absatz 9 Satz 2 (→ Rn. 52 ff.) soll das Risiko minimiert werden, dass zwar eine Netzanbindung errichtet wird, aber keine Windenergieanlage auf See (BT-Drs. 19/31009, 16). Die **Höhe der Pönale** hängt von der Art der nicht eingehaltenen Realisierungsfrist ab. 56

Nach Absatz 9 Satz 2 Nummer 1 entspricht die Höhe der Pönale bei Verstößen gegen Absatz 8 Satz 2 Nummer 1, dh bei Nichteinhaltung der Frist für den Errichtungsbeginn (→ Rn. 53), 70 Prozent der nach Absatz 6 Satz 2 zu leistenden Sicherheit (→ Rn. 43). Zusätzlich entfällt gem. Absatz 9 Satz 4 in diesem Fall der Anspruch des Genehmigungsinhabers auf Netzanbindung und damit auf Netzanschluss und Netzzugang nach Absatz 6 Satz 1 (BT-Drs. 19/31009, 16). 57

Bei Verstößen gegen Absatz 8 Satz 2 Nummer 2 (→ Rn. 54) entspricht die Höhe der Pönale gem. Absatz 9 Satz 2 Nummer 2 – abweichend von der in § 82 Abs. 2 Nr. 4 WindSeeG vorgesehenen zeitlichen Staffelung – 70 Prozent der verbleibenden Sicherheit. „Verbleibend" bezieht sich darauf, dass die ggf. nach der Nummer 1 zu leistenden Pönalen von der ursprünglich zu leistenden Sicherheit abgezogen werden, um die Höhe der ggf. weiteren Pönalen nach Nummer 2 und Nummer 3 zu berechnen (vgl. BT-Drs. 18/8860, 319). Bei einem Verstoß gegen die Realisierungsfrist des Absatz 8 Satz 2 Nummer 1, dh bei Nichteinhaltung der Frist für den Errichtungsbeginn (→ Rn. 53) hat der Genehmigungsinhaber bei Nichteinhaltung der darauffolgenden Realisierungsfrist des Absatz 8 Satz 2 Nummer 2 damit eine weitere Pönale in Höhe von 70 Prozent der verbleibenden Sicherheit zu leisten, obwohl der Netzanbindungsanspruch des Genehmigungsinhabers nach Absatz 9 Satz 4 bereits erloschen ist (krit. Steinbach/Franke/Bader § 17d Rn. 31). 58

Bei Verstößen gegen Absatz 8 Satz 2 Nummer 3 (→ Rn. 55) entspricht die Höhe der Pönale nach Absatz 9 Satz 2 Nummer 3 schließlich dem Wert, der sich aus dem Betrag der verbleibenden Sicherheit multipliziert mit dem Quotienten aus der installierten Leistung der nicht betriebsbereiten Windenergieanlagen und der genehmigten zu installierenden Leistung ergibt. 59

Nach Absatz 9 Satz 5 ist § 81 Abs. 2a WindSeeG entsprechend anzuwenden. Damit können die Realisierungsfristen nach Absatz 8 Satz 2 (→ Rn. 52 ff.) auf Antrag des Genehmigungsinhabers einmalig und um höchstens 18 Monate durch die BNetzA **verlängert** werden, 60 wenn über das Vermögen eines Herstellers von Windenergieanlagen auf See ein Insolvenzverfahren eröffnet worden ist und mit dem Hersteller verbindliche Verträge über die Lieferung von Windenergieanlagen auf See des Herstellers abgeschlossen wurden. Betreffend die **Erstattung** von nicht (mehr) benötigten Sicherheiten ist nach Absatz 9 Satz 3 die Vorschrift des § 88 WindSeeG entsprechend anzuwenden.

K. Festlegungskompetenz der Regulierungsbehörde (Abs. 10)

61 Absatz 10 ermächtigt die BNetzA, durch **Festlegungen** nach § 29 Abs. 1 nähere Bestimmungen zu treffen und ermöglicht damit notwendige Konkretisierungen im Hinblick auf einzelne Regelungsinhalte. Solche Festlegungen sind ihrer Rechtsnatur nach **Allgemeinverfügungen** und wirken bindend für die anbindungsverpflichteten ÜNB und die Anlagenbetreiber. Sie können mit der Beschwerde nach den §§ 75 ff. angegriffen werden (Kment EnWG/Schink § 17d Rn. 53).

62 Die Festlegungen der BNetzA können zunächst die **Umsetzung** des NEP und des FEP betreffen (Absatz 10 Satz 1 Nummer 1). In diesem Fall umfassen sie etwa Konkretisierungen zu den erforderlichen Schritten, die die anbindungsverpflichteten ÜNB zur Erfüllung ihrer Pflichten nach Absatz 1 zu unternehmen haben, etwa zur Ausschreibung und Vergabe von Anbindungsleitungen, zur Vereinbarung von Realisierungsfahrplänen, zur Information der Anlagenbetreiber oder zu einem Umsetzungszeitplan.

63 Des Weiteren können die Festlegungen der BNetzA das Verfahren zur Kapazitätsverlagerung nach Absatz 4 sowie Maßnahmen im Fall der Unwirksamkeit des Zuschlags nach Absatz 5 betreffen (Absatz 10 Satz 1 Nummer 2). In diesem Fall sind hiervon auch Bestimmungen zur Art und Ausgestaltung der Verfahren sowie zu möglichen Sicherheitsleistungen oder Garantien umfasst (vgl. BT-Drs. 17/10754, 25; BT-Drs. 18/8860, 337). Festlegungen nach Absatz 10 Satz 1 Nummer 2 erfolgen gem. Satz 2 im Einvernehmen mit dem BSH.

63.1 Was etwa die nähere Konkretisierung des Verfahrens zur Kapazitätsverlagerung nach Absatz 4 betrifft (vgl. → Rn. 31 ff.), hat die BNetzA durch den Beschluss zur Bestimmung eines Verfahrens zur Zuweisung und zum Entzug von Offshore-Anbindungsleitungen vom 13.8.2014 (BK6-13-001) von ihrer Festlegungskompetenz nach Absatz 10 Satz 1 Nummer 2 Gebrauch gemacht. In diesem Zusammenhang hat das OLG Düsseldorf festgestellt, dass die BNetzA bei der Inanspruchnahme ihrer Festlegungskompetenz nach Absatz 10 einen weitreichenden Beurteilungs- und Ermessensspielraum hat, sodass die Festlegung zur Ausgestaltung eines Kapazitätszuweisungsverfahrens nur einer eingeschränkten gerichtlichen Überprüfung zugänglich ist (OLG Düsseldorf BeckRS 2016, 11309 Rn. 70 f.).

L. Durchsetzungskompetenz der Regulierungsbehörde (Abs. 11)

64 Für den Fall, dass der anbindungsverpflichtete ÜNB eine Leitung, die entsprechend den Vorgaben des NEP und des FEP errichtet werden muss, nicht diesen Vorgaben entsprechend errichtet, enthält Absatz 11 eine **Durchsetzungskompetenz** für die BNetzA. Hat der anbindungsverpflichtete ÜNB aus anderen als zwingenden, von ihm nicht zu beeinflussenden Gründen die Leitung nicht den planerischen Vorgaben entsprechend umgesetzt, fordert die BNetzA ihn gem. § 65 Abs. 2a mit Fristsetzung zur Durchführung der Maßnahme auf, sofern diese unter Zugrundelegung der jüngsten planerischen Vorgaben noch relevant ist. Lässt der anbindungsverpflichtete ÜNB die Frist verstreichen, kann die BNetzA ein Ausschreibungsverfahren zur Herstellung der Anbindungsleitung durchführen, vgl. § 65 Abs. 2a (BT-Drs. 17/10754, 25 f.; Kment EnWG/Schink § 17d Rn. 54).

64.1 In Abgrenzung zu § 65 Abs. 2a verschärft Absatz 11 die allgemeinen Durchsetzungsbefugnisse der BNetzA dahingehend, dass die mangelnde Durchführung von Ausbaumaßnahmen nicht an einen Zeitrahmen geknüpft wird, sondern für **jegliche Abweichung** von den maßgeblichen planerischen Vorgaben greift, sofern sie nicht aus zwingenden, vom anbindungsverpflichteten ÜNB nicht zu beeinflussenden Gründen erfolgt. Dies sichert insbesondere die Einhaltung der verbindlichen Fertigstellungsfristen (Bourwieg/Hellermann/Hermes/Broemel § 17d Rn. 7; vgl. → Rn. 21 ff.).

§ 17e Entschädigung bei Störungen oder Verzögerung der Anbindung von Offshore-Anlagen

(1) ¹Ist die Einspeisung aus einer betriebsbereiten Windenergieanlage auf See länger als zehn aufeinander folgende Tage wegen einer Störung der Netzanbindung

nicht möglich, so kann der Betreiber der Windenergieanlage auf See von dem nach § 17d Absatz 1 und 6 anbindungsverpflichteten Übertragungsnetzbetreiber ab dem elften Tag der Störung unabhängig davon, ob der anbindungsverpflichtete Übertragungsnetzbetreiber die Störung zu vertreten hat, für entstandene Vermögensschäden eine Entschädigung in Höhe von 90 Prozent des nach § 19 des Erneuerbare-Energien-Gesetzes im Fall der Direktvermarktung bestehenden Zahlungsanspruchs abzüglich 0,4 Cent pro Kilowattstunde verlangen. ²Bei der Ermittlung der Höhe der Entschädigung nach Satz 1 ist für jeden Tag der Störung, für den der Betreiber der Windenergieanlage auf See eine Entschädigung erhält, die durchschnittliche Einspeisung einer vergleichbaren Anlage in dem entsprechenden Zeitraum der Störung zugrunde zu legen. ³Soweit Störungen der Netzanbindung an mehr als 18 Tagen im Kalenderjahr auftreten, besteht der Anspruch abweichend von Satz 1 unmittelbar ab dem 19. Tag im Kalenderjahr, an dem die Einspeisung auf Grund der Störung der Netzanbindung nicht möglich ist. ⁴Soweit der anbindungsverpflichtete Übertragungsnetzbetreiber eine Störung der Netzanbindung vorsätzlich herbeigeführt hat, kann der Betreiber der Windenergieanlage auf See von dem anbindungsverpflichteten Übertragungsnetzbetreiber abweichend von Satz 1 ab dem ersten Tag der Störung die Erfüllung des vollständigen, nach § 19 des Erneuerbare-Energien-Gesetzes im Fall der Direktvermarktung bestehenden Zahlungsanspruchs abzüglich 0,4 Cent pro Kilowattstunde verlangen. ⁵Darüber hinaus ist eine Inanspruchnahme des anbindungsverpflichteten Übertragungsnetzbetreibers für Vermögensschäden auf Grund einer gestörten Netzanbindung ausgeschlossen. ⁶Der Anspruch nach Satz 1 entfällt, soweit der Betreiber der Windenergieanlage auf See die Störung zu vertreten hat.

(2) ¹Ist die Einspeisung aus einer betriebsbereiten Windenergieanlage auf See nicht möglich, weil die Netzanbindung nicht zu dem verbindlichen Fertigstellungstermin nach § 17d Absatz 2 Satz 8 und Absatz 7 Satz 4 fertiggestellt ist, so kann der Betreiber der Windenergieanlage auf See ab dem Zeitpunkt der Herstellung der Betriebsbereitschaft der Windenergieanlage auf See, frühestens jedoch ab dem 91. Tag nach dem verbindlichen Fertigstellungstermin, eine Entschädigung entsprechend Absatz 1 Satz 1 und 2 verlangen. ²Soweit der anbindungsverpflichtete Übertragungsnetzbetreiber die nicht rechtzeitige Fertigstellung der Netzanbindung vorsätzlich herbeigeführt hat, kann der Betreiber der Windenergieanlage auf See von dem anbindungsverpflichteten Übertragungsnetzbetreiber abweichend von Satz 1 ab dem ersten Tag nach dem verbindlichen Fertigstellungstermin die Erfüllung des vollständigen, nach § 19 des Erneuerbare-Energien-Gesetzes im Fall der Direktvermarktung bestehenden Zahlungsanspruchs abzüglich 0,4 Cent pro Kilowattstunde verlangen. ³Darüber hinaus ist eine Inanspruchnahme des anbindungsverpflichteten Übertragungsnetzbetreibers für Vermögensschäden auf Grund einer nicht rechtzeitig fertiggestellten Netzanbindung ausgeschlossen. ⁴Für den Anspruch auf Entschädigung nach diesem Absatz ist von einer Betriebsbereitschaft der Windenergieanlage auf See im Sinne von Satz 1 auch auszugehen, wenn das Fundament der Windenergieanlage auf See und die für die Windenergieanlage auf See vorgesehene Umspannanlage zur Umwandlung der durch eine Windenergieanlage auf See erzeugten Elektrizität auf eine höhere Spannungsebene errichtet sind und von der Herstellung der tatsächlichen Betriebsbereitschaft zur Schadensminderung abgesehen wurde. ⁵Der Betreiber der Windenergieanlage auf See hat sämtliche Zahlungen nach Satz 1 zuzüglich Zinsen zurückzugewähren, soweit die Windenergieanlage auf See nicht innerhalb einer angemessenen, von der Regulierungsbehörde festzusetzenden Frist nach Fertigstellung der Netzanbindung die technische Betriebsbereitschaft tatsächlich hergestellt hat; die §§ 286, 288 und 289 Satz 1 des Bürgerlichen Gesetzbuchs sind entsprechend anwendbar. ⁶Dem verbindlichen Fertigstellungstermin nach § 17d Absatz 2 Satz 8 steht der Fertigstellungstermin aus der unbedingten Netzanbindungszusage gleich, wenn die unbedingte Netzanbindungszusage dem Betreiber der Windenergieanlage auf See bis zum 29. August 2012 erteilt wurde oder dem Betreiber der Windenergieanlage auf See zunächst eine bedingte Netzanbindungszusage erteilt wurde und er bis zum 1. September

2012 die Kriterien für eine unbedingte Netzanbindungszusage nachgewiesen hat. ⁷Erhält der Betreiber einer Windenergieanlage auf See erst ab einem Zeitpunkt nach dem verbindlichen Fertigstellungstermin einen Zuschlag nach § 23 oder § 34 des Windenergie-auf-See-Gesetzes, so ist dieser Absatz mit der Maßgabe anzuwenden, dass der Zeitpunkt, ab dem nach § 24 Absatz 1 Nummer 2 oder § 37 Absatz 1 Nummer 1 des Windenergie-auf-See-Gesetzes der Anspruch auf die Marktprämie nach § 19 des Erneuerbare-Energien-Gesetzes frühestens beginnt, dem verbindlichen Fertigstellungstermin gleichsteht. ⁸Auf Zuschläge nach § 34 des Windenergie-auf-See-Gesetzes ist Satz 1 in der am 9. Dezember 2020 geltenden Fassung anzuwenden.

(3) ¹Ist die Einspeisung aus einer betriebsbereiten Windenergieanlage auf See an mehr als zehn Tagen im Kalenderjahr wegen betriebsbedingten Wartungsarbeiten an der Netzanbindung nicht möglich, so kann der Betreiber der Windenergieanlage auf See ab dem elften Tag im Kalenderjahr, an dem die Netzanbindung auf Grund der betriebsbedingten Wartungsarbeiten nicht verfügbar ist, eine Entschädigung entsprechend Absatz 1 Satz 1 in Anspruch nehmen. ²Bei der Berechnung der Tage nach Satz 1 werden die vollen Stunden, in denen die Wartungsarbeiten vorgenommen werden, zusammengerechnet.

(3a) Die Absätze 1 bis 3 sind für Windenergieanlagen auf See, die in einer Ausschreibung nach Teil 3 des Windenergie-auf-See-Gesetzes bezuschlagt wurden, mit der Maßgabe anzuwenden, dass die Entschädigung 90 Prozent des nach dem Windenergie-auf-See-Gesetz jeweils einschlägigen anzulegenden Werts, mindestens aber 90 Prozent des Monatsmarktwerts im Sinne der Anlage 1 Nummer 2.2.3 des Erneuerbare-Energien-Gesetzes beträgt.

(4) Die Entschädigungszahlungen nach den Absätzen 1 bis 3a einschließlich der Kosten für eine Zwischenfinanzierung sind bei der Ermittlung der Kosten des Netzbetriebs zur Netzentgeltbestimmung nicht zu berücksichtigen.

(5) Auf Vermögensschäden auf Grund einer nicht rechtzeitig fertiggestellten oder gestörten Netzanbindung im Sinne des Absatzes 1 oder des Absatzes 2 ist § 32 Absatz 3 und 4 nicht anzuwenden.

(6) Der Betreiber der Windenergieanlage auf See hat dem anbindungsverpflichteten Übertragungsnetzbetreiber mit dem Tag, zu dem die Entschädigungspflicht des anbindungsverpflichteten Übertragungsnetzbetreibers nach Absatz 1 oder Absatz 2 dem Grunde nach beginnt, mitzuteilen, ob er die Entschädigung nach den Absätzen 1 bis 2 begehrt oder ob die Berücksichtigung der im Sinne des Absatzes 1 oder des Absatzes 2 verzögerten oder gestörten Einspeisung nach § 50 Absatz 4 Satz 1 des Erneuerbare-Energien-Gesetzes erfolgen soll.

Überblick

Um dem Betreiber einer Windenergieanlage auf See eine ausreichende wirtschaftliche Planungssicherheit zu geben und damit den Offshore-Windenergieausbau zu unterstützen, hat der Gesetzgeber in § 17e Abs. 1 eine **verschuldensunabhängige Haftung** des Übertragungsnetzbetreibers eingeführt. Diese greift, wenn die Netzanbindung(sleitung) für länger als zehn aufeinanderfolgende Tage (→ Rn. 5) oder an mehr als 18 Tagen im Kalenderjahr (→ Rn. 8) **gestört** ist und deshalb die Einspeisung einer betriebsbereiten Windenergieanlage nicht möglich ist. Mit dem Gesetz zur Umsetzung unionsrechtlicher Vorgaben und zur Regelung reiner Wasserstoffnetze im Energiewirtschaftsrecht (BGBl. 2021 I 3026) wurden die Regelungen auf Netzanbindungen im Küstenmeer erstreckt (→ Rn. 4 und → Rn. 14 f.). Die Entschädigungshöhe bemisst sich dabei abhängig von der ihm zustehenden EEG-Einspeisevergütung und ist auf 90 Prozent der entsprechenden Einspeisevergütung begrenzt (→ Rn. 6). Sofern der Übertragungsnetzbetreiber die Störung vorsätzlich verursacht hat, greift die Entschädigungsregelung bereits ab dem ersten Tag der Störung und in voller Höhe der EEG-Einspeisevergütung (→ Rn. 9). Dementsprechend entfällt der Anspruch, wenn der Betreiber der Windenergieanlage die Störung zu vertreten hat.

Entschäd. bei Stör. oder Verzög. der Offshore-Anl. Anbind. **§ 17e EnWG**

Für den Fall der **nicht rechtzeitigen Fertigstellung** der Netzanbindung hat der Gesetzgeber in Absatz 2 eine ähnliche Regelung eingeführt. Auch hier kann der Anlagenbetreiber ab dem Zeitpunkt der Betriebsbereitschaft der Anlage, frühestens jedoch ab dem 91. Tag nach dem verbindlichen Fertigstellungstermin der Netzanbindung, eine Entschädigung verlangen (→ Rn. 14). Abweichend von Absatz 1 kann der Betreiber der Windenergieanlage auch vor Herstellung der tatsächlichen Betriebsbereitschaft eine Entschädigung verlangen, sofern dies aus Gründen der Schadensminderung erfolgt ist und er die Anlage in einem angemessenen, von der Regulierungsbehörde bestimmten Zeitraum tatsächlich betriebsbereit macht (→ Rn. 18).

Absatz 3 regelt den **Entschädigungsanspruch im Fall von wartungsbedingten Unterbrechungen** der Netzanbindung. In diesem Fall muss für mehr als zehn Tage im Kalenderjahr eine Unterbrechung vorliegen, um ab dem 11. Tag eine Entschädigung geltend machen zu können (→ Rn. 25).

Absatz 3a regelt die Anwendung der Absätze 1–3 im Fall des Zuschlags im Rahmen einer Ausschreibung nach dem Windenergie-auf-See-Gesetz. In diesem Fall beträgt die Entschädigung 90 Prozent des jeweils einschlägigen anzulegenden Wertes (→ Rn. 27).

Die Absätze 4–6 konkretisieren die Ansprüche der Anlagenbetreiber und machen Vorgaben zur **entgeltseitigen Berücksichtigung** der Entschädigungszahlungen. Hervorzuheben ist hierbei das Wahlrecht der Anlagenbetreiber nach Absatz 6: Hiernach können die Anlagenbetreiber wählen, ob sie im Fall einer Störung oder nicht rechtzeitiger Herstellung der Anbindungsleitung die entsprechenden Entschädigungen nach den Absätzen 1–2 begehren oder ob die Berücksichtigung nach § 50 Abs. 4 S. 1 EEG erfolgen soll (→ Rn. 30).

Übersicht

	Rn.		Rn.
A. Sinn und Zweck	1	E. Anwendung auf Anlagen, die nach dem WindSeeG bezuschlagt wurden (Abs. 3a)	27
B. Entschädigungsanspruch im Fall einer Störung der Anbindungsleitung (Abs. 1)	3	F. Kein Teil der Netzkosten (Abs. 4)	28
I. Exkurs: Teilweise Störung der Anbindungsleitung	11	G. Keine Anwendung von § 32 Abs. 3, 4 (Abs. 5)	29
C. Entschädigungsanspruch im Fall der verzögerten Anbindung (Abs. 2)	14	H. Wahlrecht zwischen Entschädigungsanspruch und Verlängerung des Förderungszeitraums nach dem EEG (Abs. 6)	30
D. Entschädigung im Fall von Wartungen an der Netzanbindungsleitung (Abs. 3)	25		

A. Sinn und Zweck

§ 17e wurde durch Artikel 1 des Dritten Gesetzes zur Neuregelung energiewirtschaftlicher Vorschriften im Jahr 2012 eingeführt (BGBl. 2012 I 2730 (2738)). Die Regelung soll dabei den Windenergieausbau auf See unterstützen und den Betreibern von Windenergieanlagen eine **ausreichende Sicherheit für ihre Investitionen** geben. Nachdem zunächst der Windenergieanlagenbetreiber für die Errichtung der Netzanbindungsleitung verantwortlich war, wurde bereits im Jahr 2006 diese Verpflichtung dem Übertragungsnetzbetreiber auferlegt. Durch diese Verpflichtung ergaben sich aber **Haftungsfragen**, die bis zur Einführung von § 17e umstritten waren. Dies wurde durch die Herausforderungen beim Netzausbau im Meer verstärkt, sodass häufig die Anbindungsleitung nicht zum eigentlich anvisierten Termin fertig gestellt werden konnte. Um diese offenen Fragen zu klären und sowohl den Betreibern von Windenergieanlagen auf See als auch den zum Netzausbau verpflichteten Übertragungsnetzbetreibern Rechtssicherheit zu geben, wurde § 17e eingeführt.

Hierbei muss ein Ausgleich zwischen den wirtschaftlichen Interessen der Windenergieanlagenbetreiber und den Übertragungsnetzbetreibern und damit letztendlich den Netznutzern gefunden werden. Aus diesem Grund hat sich der Gesetzgeber dafür entschieden, eine **verschuldensunabhängige Haftung der Übertragungsnetzbetreiber** einzuführen. Hierdurch wird vor allem den Betreibern der Windenergieanlagen eine ausreichende Sicherheit für ihre Investitionen gegeben, da sie ab dem 11. Tag einer Störung oder ab dem Zeitpunkt der Betriebsbereitschaft der Windenergieanlage im Fall der nicht rechtzeitig fertig gestellten

EnWG § 17e

Netzanbindung einen Anspruch auf Entschädigung haben. Gleichzeitig hat der Gesetzgeber aber auch deutlich gemacht, dass der Übertragungsnetzbetreiber nicht den gesamten Schaden übernehmen muss, sondern der Windenergieanlagenbetreiber hieran mit einem **Selbstbehalt** iHv 10 Prozent zu beteiligen ist (BT-Drs. 17/10754, 27).

B. Entschädigungsanspruch im Fall einer Störung der Anbindungsleitung (Abs. 1)

3   Obwohl die Regelung des § 17e wohl vor allem durch die verzögerte Errichtung der Anbindungsleitungen veranlasst worden ist (BT-Drs. 17/10754, 26) und diese im zeitlichen Verlauf auch als erster Schritt stattfindet, regelt Absatz 1 zunächst die verschuldensunabhängige Haftung des Übertragungsnetzbetreibers bei **Störung der Netzanbindung**. Die Störung kann dabei an aufeinanderfolgenden Tagen vorliegen oder an einzelnen Tagen im Jahr. In beiden Fällen greift der Entschädigungsanspruch erst nach einer bestimmten Dauer (zehn bzw. 18 Tage), sodass von einem **zeitlichen Selbstbehalt** des Anlagenbetreibers gesprochen werden kann.

4   Satz 1 regelt, dass die Einspeisung einer betriebsbereiten Windenergieanlage auf See länger als zehn aufeinanderfolgende Tage nicht möglich sein muss, damit der Betreiber der Windenergieanlage ab dem 11. Tag der Störung von dem anbindungsverpflichteten Übertragungsnetzbetreiber eine Entschädigung verlangen kann. Wurde bis zum Jahr 2021 nur auf § 17d Abs. 1 verwiesen, wurde durch das Gesetz zur Umsetzung unionsrechtlicher Vorgaben und zur Regelung reiner Wasserstoffnetze im Energiewirtschaftsrecht (BGBl. 2021 I 3026 (3037)) der Verweis auf § 17d Abs. 6 erweitert. Somit handelt es sich um eine Folgeänderung, die die Verpflichtung zur Entschädigung bei einer Störung der Netzanbindung auf die Netzanbindung im Küstenmeer erstreckt (zur Begründung: BT-Drs. 19/31009, 16; die Änderung wurde durch den Wirtschaftsausschuss eingebracht – s. BT-Drs. 19/30899, 15). Was unter **Betriebsbereitschaft** zu verstehen ist, wird nicht geregelt. Der Leitfaden der BNetzA führt hierzu aus, dass der Entschädigungsanspruch nicht besteht, sofern die Einspeisung aus anderen als in § 17e genannten Gründen nicht möglich ist (BNetzA, Leitfaden zur Ermittlung einer umlagefähigen Entschädigung bei Störung, Verzögerung der Wartung der Netzanbindung von Offshore-Anlagen, Oktober 2013, 4, abrufbar unter www.bundesnetzagentur.de). Dies ist sachgerecht, da der Entschädigungsanspruch in solchen Fällen nicht greifen soll, die im Verantwortungsbereich des Betreibers der Windenergieanlagen liegen (zB bei einer Wartung der Windenergieanlage oder bei Starkwind) (vgl. Säcker EnergieR/Uibeleisen § 17e Rn. 21; BT-Drs. 17/10754, 26).

5   Die **Störung der Anbindung muss an zehn aufeinanderfolgenden Tagen vorliegen.** Somit muss die Störung ununterbrochen an diesen Tagen vorliegen. Sofern an den Tagen eine teilweise Einspeisung möglich ist, zählen diese Tage bei der Frist nach Satz 1 nicht mit (BT-Drs. 17/10754, 27; Kment EnWG/Schmink § 17e Rn. 5). Es muss sich somit um eine dauerhafte Störung über die gesamte Dauer handeln; einzelne Störungen genügen nicht. Die Störung beginnt mit dem Zeitpunkt, in dem der erzeugte Strom ganz oder teilweise nicht mehr über die Anbindungsleitung zum Netzverknüpfungspunkt an Land abgeführt werden kann (BNetzA, Leitfaden zur Ermittlung einer umlagefähigen Entschädigung bei Störung, Verzögerung der Wartung der Netzanbindung von Offshore-Anlagen, Oktober 2013, 5). Die Störung beginnt allerdings nur dann, **wenn die Windenergieanlage zu diesem Zeitpunkt auch zur Einspeisung bereit ist.** Dies folgt aus dem Tatbestand, dass der Entschädigungsanspruch nur für betriebsbereite Windenergieanlagen greift. Wenn also die Windenergieanlage selbst gestört ist und gleichzeitig eine Störung an der Anbindungsleitung auftritt, so beginnt die Frist noch nicht zu laufen. Die Frist beginnt in diesem Fall erst dann zu laufen, wenn die Windenergieanlage wieder betriebsbereit ist. Dementsprechend endet die Störung, wenn eine Übertragung von Strom wieder möglich ist. Die Frist endet also auch dann, wenn die Windenergieanlage noch nicht betriebsbereit ist (BNetzA, Leitfaden zur Ermittlung einer umlagefähigen Entschädigung bei Störung, Verzögerung der Wartung der Netzanbindung von Offshore-Anlagen, Oktober 2013, 6; Britz/Hellermann/Hermes/Broemel, 3. Aufl., § 17e Rn. 7; Säcker EnergieR/Uibeleisen § 17e Rn. 23).

6   Der Entschädigungsanspruch besteht **verschuldensunabhängig** und dient wie oben dargestellt dem Interessenausgleich zwischen Übertragungsnetzbetreiber und Betreiber der

Windenergieanlagen. Der Entschädigungsanspruch besteht in Höhe von 90 Prozent des nach § 19 EEG im Fall der Direktvermarktung bestehenden Zahlungsanspruchs abzüglich 0,4 Cent pro Kilowattstunde. Es handelt sich also um einen **pauschalierten Entschädigungsanspruch**, der sich an der Höhe der EEG-Vergütung orientiert. Im Fall der Direktvermarktung wird die pauschale Vergütung für Kosten der Direktvermarktung abgezogen, da in diesen Fällen keine Direktvermarktung erfolgt. Für später in Betrieb gehende Anlagen bemisst sich der Anspruch nach dem Zuschlagswert aus dem Windenergie-auf-See-Gesetz (→ Rn. 27).

Satz 2 regelt die Vorgaben zur **Höhe der Entschädigung**. So ist für die Höhe der Entschädigung, also die Frage, wie viel Strom in dem jeweiligen Zeitraum hätte erzeugt werden können, auf die **durchschnittliche Einspeisung** einer vergleichbaren Anlage abzustellen. Nach Satz 2 ist diese Ermittlung für jeden Tag des Störungszeitraums vorzunehmen, dh es ist eine tagesscharfe Ermittlung der Ausfallarbeit zu ermitteln. Der Leitfaden der BNetzA unterscheidet hier zwischen der **Ausfallarbeit im Fall der Störung** und **Wartung sowie der verspäteten Netzbindung** (BNetzA, Leitfaden zur Ermittlung einer umlagefähigen Entschädigung bei Störung, Verzögerung der Wartung der Netzanbindung von Offshore-Anlagen, Oktober 2013, 7 ff.). Im Rahmen der Konsultation des Leitfadens wurde sich mehrheitlich für die jeweils eigene Anlage als Vergleichsanlage ausgesprochen. Das heißt, dass für die Ermittlung der Ausfallarbeit der Windenergieanlage auf die historischen Werte der jeweiligen Anlage sowie die Windmessung im Viertelstundentakt der jeweiligen Windenergieanlage zurückgegriffen wird. Die BNetzA wendet im Rahmen der Ermittlung der Ausfallarbeit das Spitzabrechnungsverfahren an (für die weiteren Details wird auf den Leitfaden der BNetzA, 8 f. verwiesen). Durch die Vorgaben in Satz 2 kann es auch dazu kommen, dass bei Vorliegen aller Tatbestandsvoraussetzungen trotzdem kein Entschädigungsanspruch besteht, weil zB kein Wind in dem entsprechenden Zeitraum geweht hat (BT-Drs. 17/10754, 27). 7

In Satz 3 wird dem Anlagenbetreiber auch dann ein Entschädigungsanspruch eingeräumt, **wenn die Störung nicht ununterbrochen vorgelegen hat,** sondern nur an einzelnen Tagen im Kalenderjahr. Nach Satz 3 besteht der Entschädigungsanspruch unmittelbar ab dem 19. Tag im Kalenderjahr, soweit vorher Störungen der Netzanbindung an 18 Kalendertagen aufgetreten sind. Der Wortlaut der Regelung ist im Hinblick auf die Frage, ob die Störungen jeweils ganztägig oder auch nur in einzelnen Stunden vorgelegen haben können, nicht eindeutig. Aus der Gesetzesbegründung sowie dem Gesetzgebungsverfahren ist aber zu schließen, dass die Störungen auch im Fall des Satz 3 ganztägig (also von 0 bis 24 Uhr) des jeweiligen Tages vorgelegen haben müssen (vgl. BT-Drs. 17/10754, 27; BNetzA, Leitfaden zur Ermittlung einer umlagefähigen Entschädigung bei Störung, Verzögerung der Wartung der Netzanbindung von Offshore-Anlagen, Oktober 2013, 5 f.; Britz/Hellermann/Hermes/Broemel, 3. Aufl., § 17e Rn. 6; Säcker EnergieR/Uibeleisen § 17e Rn. 24). Somit soll der Anlagenbetreiber nicht von dem Risiko nur kleiner Störungen befreit werden, sondern **nur in Fällen größerer, langanhaltender und wirtschaftlich folgenreicher Störungen** einen Entschädigungsanspruch erhalten. 8

Hat der Übertragungsnetzbetreiber die Störung **vorsätzlich** herbeigeführt, steht dem Anlagenbetreiber nach Satz 4 bereits ab dem ersten Tag der Störung der Entschädigungsanspruch zu. Die Höhe der Entschädigung bestimmt sich auch in diesen Fällen nach den bereits dargelegten Kriterien. Hierbei ist aber zu berücksichtigen, dass dem Anlagenbetreiber der vollständige Entschädigungsanspruch zusteht. Somit entfallen im Fall der vorsätzlichen Schädigung sowohl der zeitliche als auch der anteilige Selbstbehalt des Anlagenbetreibers. 9

Der Satz 5 regelt, dass die Regelungen des Absatz 1 im **Hinblick auf Vermögensschäden** abschließend sind. Somit kann der Anlagenbetreiber keine weitergehenden Vermögensschäden geltend machen – wie zB zum Notbetrieb (BT-Drs. 17/10754, 27). Weitergehende Schadensersatzansprüche sind hiervon aber nicht erfasst (vgl. Britz/Hellermann/Hermes/Broemel, 3. Aufl., § 17e Rn. 21 ff.). Satz 6 sieht vor, dass der Entschädigungsanspruch entfällt, soweit der Anlagenbetreiber die Störung selbst zu vertreten hat. Bei fahrlässigem oder vorsätzlichem Handeln des Anlagenbetreibers, auch im Fall eines Mitverschuldens, entfällt der Entschädigungsanspruch also im Umfang des Handelns des Anlagenbetreibers (Säcker EnergieR/Uibeleisen § 17e Rn. 33; Britz/Hellermann/Hermes/Broemel, 3. Aufl., § 17e Rn. 25). 10

I. Exkurs: Teilweise Störung der Anbindungsleitung

11 Satz 1 stellt auf eine Windenergieanlage auf See und darauf ab, dass die Einspeisung nicht möglich ist. Der Wortlaut stellt somit auf die einzelne Windenergieanlage auf See sowie die Unmöglichkeit der Einspeisung ab. Demgegenüber handelt es sich in der Praxis um Windparks, die aus mehreren Windenergieanlagen bestehen. Da die Windparks meist über eine oder sogar zwei Anbindungsleitungen an das Übertragungsnetz angeschlossen sind, stellt sich die Frage, wie Satz 1 in Fällen anzuwenden ist, in denen nur eine Anbindungsleitung ausfällt oder ein Teil der Anbindungsleitung noch nutzbar ist und somit noch eine teilweise Einspeisung möglich ist. Dass dieser Fall von § 17e Abs. 1 umfasst ist, ist damit zu begründen, dass er von einer Störung der Netzanbindung und damit in der Folge von einer Nicht-Einspeisung einer einzelnen Windenergieanlage spricht. Dies könnte aber dazu führen, dass bei einer nur teilweisen Störung der Anbindungsleitung der Betreiber der Windenergieanlage gezwungen ist, einzelne Windenergieanlagen des Windparks vollständig von der Einspeisung auszunehmen (zB aus dem Wind drehen), um den Entschädigungsanspruch für diese Anlagen geltend machen zu können. Andererseits könnte er alle Windenergieanlagen anteilig reduzieren. Die anteilige Reduktion ist vom Wortlaut der Regelung jedoch nicht erfasst. Der Sinn und Zweck der Regelung spricht jedoch dafür, dass auch in solchen Fällen eine Entschädigung zu zahlen ist. Die Regelung dient dem Zweck, dem Betreiber der Windenergieanlage eine ausreichende Investitionssicherheit zu geben und seine Ansprüche auf Abnahme und Vergütung des eingespeisten Stroms abzusichern (vgl. BT-Drs. 17/10754, 26). Im Sinne dieses Zwecks erscheint es gerechtfertigt, dass der Betreiber auch bei einer teilweisen Störung einen Entschädigungsanspruch erhält. Gegen diese Auslegung nach Sinn und Zweck spricht jedoch, dass in Bezug auf den zeitlichen Selbstbehalt solche Tage nicht mitgezählt werden sollen, an denen eine teilweise Einspeisung möglich ist (BT-Drs. 17/10754, 27). Insofern würde bei einer teilweisen Einspeisung der Zeitraum des zeitlichen Selbstbehalts gar nicht zu laufen beginnen und insofern könnte auch keine Entschädigung geltend gemacht werden.

12 Demnach müsste man nach jetziger Rechtslage wohl davon ausgehen, dass der Anlagenbetreiber gezwungen wäre, einzelne Windenergieanlagen seines Windparks außer Betrieb zu nehmen, um bei einer nur teilweisen Störung der Anbindungsleitung einen Entschädigungsanspruch zu erhalten. Inwiefern der Anlagenbetreiber hierzu überhaupt berechtigt ist, ist fraglich, da den Anlagenbetreiber auch die allgemeine Schadensminderungsobliegenheit trifft. Das heißt der Anlagenbetreiber ist verpflichtet, den Schaden möglichst gering zu halten. Vor diesem Hintergrund könnte ihn die Pflicht treffen, die Anlagen auch weiter zu betreiben.

13 Zusammenfassend stellen sich erhebliche Zweifel an der Verhältnismäßigkeit einer solchen Auslegung, die den Ausschluss der Entschädigungszahlungen bei einer nur teilweisen Einspeisung der Windenergieanlage zur Folge hätte. Der Sinn und Zweck der Regelung spricht nicht dafür, dass der Anlagenbetreiber gezwungen werden sollte, einzelne Anlagen außer Betrieb zu nehmen, um seinen Entschädigungsanspruch geltend machen zu können. Der Sinn und Zweck der Regelung spricht vielmehr dafür, dass der Entschädigungsanspruch auch dann greift, wenn er alle seine Windenergieanlagen anteilig reduzieren muss, weil ein Teil der Anbindungsleitung ausgefallen ist. Hätte er diese Sicherheit nicht, müsste er das mögliche Risiko für eine Störung in seine Gebote einpreisen, was auf Dauer zu höheren Vergütungsansprüchen führen könnte. Es könnte deshalb auch für den Netznutzer vorteilhaft sein, eine solche Entschädigungszahlung nur dann leisten zu müssen, wenn der Entschädigungsfall auch eingetreten ist und nicht dauerhaft eine höhere Einspeisevergütung zu zahlen. Vor diesem Hintergrund erscheint es sinnvoll, dass der Gesetzgeber diese Frage regelt und dabei die unterschiedlichen Risiken sowie den volkswirtschaftlichen Nutzen bewertet.

C. Entschädigungsanspruch im Fall der verzögerten Anbindung (Abs. 2)

14 Absatz 2 regelt die ebenfalls verschuldensunabhängige Haftung des Übertragungsnetzbetreibers für den Fall der **verzögerten Fertigstellung der Anbindungsleitung**. Dieser Absatz begründet einen Entschädigungsanspruch, wenn die betriebsbereite Windenergieanlage aufgrund einer noch nicht fertig errichteten Anbindungsleitung nicht einspeisen kann. Mit dem Gesetz zur Umsetzung unionsrechtlicher Vorgaben und zur Regelung reiner Wasserstoffnetze im Energiewirtschaftsrecht (BGBl. 2021 I 3026 (3037)) wurde auch dieser Verweis auf die Netzanbindung im Küstenmeer erstreckt.

Entschäd. bei Stör. oder Verzög. der Offshore-Anl. Anbind. **§ 17e EnWG**

Satz 1 sieht vor, dass dem Anlagenbetreiber ein Entschädigungsanspruch zusteht, wenn 15 eine betriebsbereite Windenergieanlage nicht einspeisen kann, **weil die Netzanbindung nicht zum vereinbarten Fertigstellungstermin fertiggestellt ist.** Für den Fertigstellungstermin wird auf § 17d Abs. 2 S. 8 abgestellt (der geänderte Verweis auf Satz 8 statt auf Satz 9 gilt seit dem 1.1.2023; die Änderung erfolgte mit dem Zweiten Gesetz zur Änderung des Windenergie-auf-See-Gesetzes und anderer Vorschriften, BGBl. 2022 I 1325 (1350)), der regelt, dass die bekannt gemachten Fertigstellungstermine 30 Monate vor der voraussichtlichen Fertigstellung verbindlich werden. Durch die Ergänzung nach dem Gesetz zur Umsetzung unionsrechtlicher Vorgaben und zur Regelung reiner Wasserstoffnetze im Energiewirtschaftsrecht wird nunmehr auch auf § 17d Abs. 7 S. 4 verwiesen und somit auf den verbindlichen Fertigstellungstermin für die Netzanbindung im Küstenmeer (→ Rn. 14). Die Änderung wurde durch den Wirtschaftsausschuss des Bundestages eingebracht (BT-Drs. 19/30899, 15; zur Begründung: BT-Drs. 19/31009, 16). Der Entschädigungsanspruch beginnt ab dem **Zeitpunkt der Herstellung der Betriebsbereitschaft der Windenergieanlage, frühestens jedoch ab dem 91. Tag nach dem verbindlichen Fertigstellungstermin.** Sollte für den Fertigstellungstermin ein Monat vereinbart worden sein, ist für die Fristberechnung auf den letzten Tag des Monats abzustellen (BT-Drs. 17/10754, 27). Für den Verzögerungsbeginn ist noch Satz 6 zu berücksichtigen, der für Altanlagen eine separate Regelung schafft und dem verbindlichen Fertigstellungstermin nach § 17d den Fertigstellungstermin aus der unbedingten Netzanbindungszusage gleichstellt (→ Rn. 22). Die Höhe des Entschädigungsanspruchs richtet sich nach Absatz 1 Satz 1 und Satz 2, sodass im Wesentlichen auf diese Ausführungen verwiesen werden kann (→ Rn. 4 ff.). Hierbei ist jedoch zu berücksichtigen, dass die Ausfallarbeit im Fall der verzögerten Netzanbindung vollständig nach der oben dargestellten Methode durchgeführt werden kann. Dies ist im Wesentlichen darauf zurückzuführen, dass in diesem Fall keine historischen Daten zur Verfügung stehen und in vielen Fällen auch noch keine Messungen zur Windgeschwindigkeit an den eigentlichen Windenergieanlagen durchgeführt werden können. Es muss deshalb auf andere Daten zurückgegriffen werden. Hierfür besteht auch die Möglichkeit, dass der Betreiber Daten einer Vergleichsanlage zurückgreifen kann, sofern er die Daten für diese Anlage dem Übertragungsnetzbetreiber und der BNetzA übermitteln kann (zu den Details der Berechnung wird auf den Leitfaden der BNetzA verwiesen, 10 ff.). Sofern nur ein Teil der Kapazität zur Verfügung steht oder im Rahmen des Probebetriebs bzw. vor der Fertigstellung Anbindungsleitung im Sinne des Leitfadens der BNetzA bereits Strom eingespeist wird, besteht für diesen Teil kein Entschädigungsanspruch (BNetzA, Leitfaden zur Ermittlung einer umlagefähigen Entschädigung bei Störung, Verzögerung der Wartung der Netzanbindung von Offshore-Anlagen, Oktober 2013, 6 f.).

Für den Fall der **vorsätzlichen** Herbeiführung der Verzögerung besteht der Anspruch 16 nach Satz 2 bereits ab dem ersten Tag nach dem verbindlichen Fertigstellungstermin und ebenfalls wie bei Absatz 1 in Höhe der vollständigen Entschädigung.

Satz 3 regelt, dass die Regelungen des Absatz 2 im Hinblick auf Vermögensschäden 17 abschließend sind und insofern keine weitergehende Inanspruchnahme des Übertragungsnetzbetreibers erfolgen kann.

Satz 4 ist eine zentrale Regelung in Absatz 2, da hier die **Betriebsbereitschaft der Wind-** 18 **energieanlage abweichend geregelt wird.** So ist ebenfalls von der Betriebsbereitschaft der Windenergieanlage auszugehen, wenn das Fundament der Windenergieanlage und die für die Windenergieanlage vorgesehene Umspannanlage zur Umwandlung der durch eine Windenergieanlage erzeugten Elektrizität auf eine höhere Spannungsebene errichtet sind und von der Herstellung der tatsächlichen Betriebsbereitschaft zur **Schadensminderung** abgesehen wurde. Satz 4 fingiert hiermit die Betriebsbereitschaft der Anlage, wenn das Fundament und die vorgesehene Umspannanlage errichtet sind. Hinsichtlich der Umspannanlage führt der Leitfaden der BNetzA aus, dass die Umspannanlage erst dann als errichtet anzusehen ist, wenn sie für den Einzug des Exportkabels des Übertragungsnetzbetreibers bereit ist (BNetzA, Leitfaden zur Ermittlung einer umlagefähigen Entschädigung bei Störung, Verzögerung der Wartung der Netzanbindung von Offshore-Anlagen, Oktober 2013, 4).

Der Verzicht auf die vollständige Herstellung der betriebsbereiten Anlage ist sinnvoll, da 19 im Fall der Verzögerung der Netzanbindung hohe Kosten für die Instandhaltung und Wartung der Anlagen bzw. Schäden durch Umwelteinflüsse entstehen können (BT-Drs. 17/

Grüner

10754, 27). Aus diesem Grund ist eine weitere Tatbestandsvoraussetzung, dass der Anlagenbetreiber nur aus Gründen der Schadensminderung von der Herstellung der tatsächlichen Betriebsbereitschaft abgesehen hat. Dementsprechend muss der Anlagenbetreiber bereits alle Komponenten der Windenergieanlage erworben haben und sie müssen ihm auch zur Verfügung stehen (BT-Drs. 17/10754, 27 f.). Die tatsächliche Herstellung muss dem Anlagenbetreiber also sowohl rechtlich als auch technisch möglich sein. Dies muss der Anlagenbetreiber nachweisen können (Kment EnWG/Schink § 17e Rn. 24).

20 Um einem **Missbrauch der Regelung vorzubeugen,** sieht Satz 5 eine **Rückgewährpflicht** des Anlagenbetreibers vor, wenn er nicht innerhalb einer angemessenen Frist nach Fertigstellung der Netzanbindung die tatsächliche Betriebsbereitschaft der Windenergieanlage herstellt. Die Frist ist von der Regulierungsbehörde zu bestimmen; die BNetzA sieht hierfür eine Frist von **18 Monaten** für angemessen an (BNetzA, Leitfaden zur Ermittlung einer umlagefähigen Entschädigung bei Störung, Verzögerung der Wartung der Netzanbindung von Offshore-Anlagen, Oktober 2013, 13). Sollte der Anlagenbetreiber die tatsächliche Betriebsbereitschaft nicht innerhalb dieser Frist herstellen können, muss er sämtliche Zahlungen nach Satz 1 zzgl. Zinsen zurückgewähren. Es handelt sich hierbei ebenfalls um eine verschuldensunabhängige Rückgewährpflicht des Anlagenbetreibers, die kraft Gesetzes nach Verstreichen der Frist entsteht (Kment EnWG/Schink § 17e Rn. 27; Säcker EnergieR/Uibeleisen § 17e Rn. 45 f.). Es handelt sich hierbei um eine verschuldensunabhängige Regelung und der Anlagenbetreiber muss bereits im Zeitpunkt des verbindlichen Fertigstellungstermin bereit sein, die tatsächliche Betriebsbereitschaft herstellen zu können. Deshalb ist der Ansicht entgegenzutreten, dass eine teleologische Reduktion der Regelung in dem Sinne vorzunehmen ist, dass die Rückgewährpflicht entfällt, wenn der Anlagenbetreiber zu einem anderen Zeitpunkt in der Vergangenheit in der Lage gewesen wäre, die Betriebsbereitschaft herzustellen (aA Kment EnWG/Schink § 17e Rn. 27). Zur Rückgewähr der Zinsen verweist Satz 5 auf die §§ 286, 288, 289 S. 1 BGB.

21 Für das Ende der Verzögerung der Netzanbindung stellt der Leitfaden der BNetzA auf die **Fertigstellung des Netzanschlusses ab, der auch den Probebetrieb** umfasst (BNetzA, Leitfaden zur Ermittlung einer umlagefähigen Entschädigung bei Störung, Verzögerung der Wartung der Netzanbindung von Offshore-Anlagen, Oktober 2013, 6). Der Probetrieb wird somit grundsätzlich noch als Teil der Errichtungs- und Fertigstellungsphase gesehen. Gleichzeitig fingiert der Leitfaden die Fertigstellung der Netzanbindung, spätestens vier Monate, nachdem für die Windenergieanlage die physikalische Einspeisemöglichkeit gegeben ist (BNetzA, Leitfaden zur Ermittlung einer umlagefähigen Entschädigung bei Störung, Verzögerung der Wartung der Netzanbindung von Offshore-Anlagen, Oktober 2013, 6).

22 Satz 6 stellt, wie oben bereits angesprochen (→ Rn. 15), für Altanlagen dem verbindlichen Fertigstellungstermin nach § 17d Abs. 2 S. 8 (der geänderte Verweis auf Satz 8 statt Satz 9 gilt seit dem 1.1.2023; die Änderung erfolgte mit dem Zweiten Gesetz zur Änderung des Windenergie-auf-See-Gesetzes und anderer Vorschriften, BGBl. 2022 I 1325 (1350)) den Fertigstellungstermin aus der unbedingten Netzanbindungszusage gleich, sofern diese bis zum 29.8.2020 erteilt worden ist. Beziehungsweise im Fall der bedingten Netzanbindungszusage, wenn er die Kriterien für eine unbedingte Netzanbindungszusage bis zum 1.9.2012 nachgewiesen hat. Die Entschädigungsregelung soll somit auch Fälle erfassen, bei denen das schadensauslösende Ereignis vor Inkrafttreten der Regelung liegt und die Anlagenbetreiber einen gewissen Vertrauensschutz geltend machen können (BT-DRs. 17/10754, 28). Es ist umstritten, ob diese Regelung verfassungskonform ist. Die überzeugenderen Gründe sprechen aber für eine Verfassungskonformität der Regelung, da es sich um eine unechte Rückwirkung handelt, die auch verhältnismäßig ist (vgl. hierzu Säcker EnergieR/Uibeleisen § 17e Rn. 48 ff.; Kment EnWG/Schink § 17e Rn. 30 ff.; Britz/Hellermann/Hermes/Broemel, 3. Aufl., § 17e Rn. 43 f.).

23 Satz 7 ist erst im Jahr 2017 im Rahmen des neugefassten WindSeeG eingeführt worden. Hierdurch soll sichergestellt werden, dass im Fall von Zuschlägen nach dem WindSeeG, die erst nach den verbindlichen Fertigstellungsterminen der Anbindungsleitungen erfolgen, der Zeitpunkt, ab dem ein Anspruch auf die Marktprämie entsteht, mit dem verbindlichen Fertigstellungstermin gleichgestellt wird. Der praktische Anwendungsbereich der Regelung scheint aber sehr begrenzt zu sein, da die Zuschläge bereits erteilt worden sind.

24 Der Satz 8 wurde durch das Gesetz zur Änderung des Erneuerbaren-Energien-Gesetzes und weiterer energierechtlicher Vorschriften vom 21.12.2020 eingefügt (BGBl. 2020 I 3138).

Durch den statischen Verweis auf Satz 1, wie er am 9.12.2020 gegolten hat, wird die Grundlage für das Zuschlagsverfahren fixiert.

D. Entschädigung im Fall von Wartungen an der Netzanbindungsleitung (Abs. 3)

Absatz 3 regelt die **Entschädigung im Fall von Wartungsarbeiten** an der Anbindungsleitung. Nach Satz 1 besteht der Entschädigungsanspruch, wenn eine betriebsbereite Windenergieanlage an mehr als zehn Tagen im Kalenderjahr wegen **betriebsbedingten Wartungsarbeiten** an der Netzanbindung nicht einspeisen kann. Die Entschädigungshöhe richtet sich nach Absatz 1 Satz 1, sodass auf die dortigen Ausführungen verwiesen wird (→ Rn. 4 ff.). Bei der Berechnung der Frist ist aber Satz 2 zu berücksichtigen. Demnach wird bei der Berechnung der Ausfallzeiten nicht mehr auf volle Tage, sondern auf **volle Stunden** abgestellt, die addiert werden können. Dies ist eine Abweichung der Regelungen in Absatz 1 und Absatz 2 und stellt den Anlagenbetreiber insoweit besser, da der zeitliche Selbstbehalt schneller überschritten wird, als wenn für die Wartung nur volle Ausfalltage gezählt würden. 25

Hinsichtlich **des Beginns und des Endes der Wartung** ist auf den Leitfaden der BNetzA abzustellen. Demnach beginnt die Wartung, wenn der technische Verknüpfungspunkt zu Zwecken der Wartung der Netzanbindung ganz oder teilweise ausgeschaltet wird. Sachgerecht wird hierbei auf den tatsächlichen Beginn der Wartungsarbeiten und der Trennung der Offshore-Anlagen vom Netz abgestellt, da die Windenergieanlagen bis zu diesem Zeitpunkt noch einspeisen können. Die Wartung ist beendet, wenn die technische Betriebsbereitschaft der Netzanbindung wiederhergestellt worden ist. Hierbei kommt es wie bei Absatz 1 auf die **Möglichkeit zur Einspeisung** an, die in der Regel vorliegt, wenn die Netzanbindung wieder eingeschaltet ist (vgl. hierzu insgesamt BNetzA, Leitfaden zur Ermittlung einer umlagefähigen Entschädigung bei Störung, Verzögerung der Wartung der Netzanbindung von Offshore-Anlagen, Oktober 2013, 5 f.). 26

E. Anwendung auf Anlagen, die nach dem WindSeeG bezuschlagt wurden (Abs. 3a)

Absatz 3a wurde im Rahmen der Neufassung des WindSeeG eingeführt. Er regelt die Anwendbarkeit der Absätze 1–3 auf Anlagen, die im Rahmen der Ausschreibung nach dem Wind-auf-See-Gesetz bezuschlagt worden sind. In diesen Fällen beträgt die Entschädigung 90 Prozent des anzulegenden Wertes, mindestens aber 90 Prozent des Monatsmarktwertes im Sinne der Anlage 1 Nr. 2.2.3 EEG. 27

F. Kein Teil der Netzkosten (Abs. 4)

Absatz 4 stellt klar, dass die Entschädigungszahlungen sowie die Kosten für eine mögliche Zwischenfinanzierung nicht Teil der Netzkosten sind. Sie gehen somit nicht in die Bestimmung der Erlösobergrenzen nach der ARegV und StromNEV ein, sondern sind separat zu sehen. 28

G. Keine Anwendung von § 32 Abs. 3, 4 (Abs. 5)

Da Vermögensschäden und deren Voraussetzungen in § 17e abschließend geregelt sind, stellt Absatz 5 klar, dass § 32 Abs. 3 und 4 auf nicht rechtzeitig fertiggestellte oder gestörte Netzanbindungen keine Anwendung finden. Sachschäden sind hiervon nicht erfasst (BT-Drs. 17/10754, 29). Absatz 3 muss hier nicht in Bezug genommen werden, da in der Wartung kein Verstoß gegen eine der Vorschriften der Abschnitte 2 und 3 des EnWG zu sehen ist. 29

H. Wahlrecht zwischen Entschädigungsanspruch und Verlängerung des Förderungszeitraums nach dem EEG (Abs. 6)

Absatz 6 räumt dem Betreiber der Windenergieanlage auf See ein **Wahlrecht** ein, ob er den Entschädigungsanspruch nach den Absätzen 1 bis 2 begehrt oder ob die Berücksichtigung nach dem EEG erfolgen soll. Der Verweis auf das EEG ist insofern aber nicht mehr korrekt, 30 da auf § 50 Abs. 4 S. 1 EEG verwiesen wird, den es nicht mehr gibt. Es bedarf deshalb einer gesetzlichen Korrektur mit Blick auf den Verweis des EEG.

31 Absatz 6 sieht eine **Mitteilungspflicht** des Betreibers der Windenergieanlage vor. Dieser muss den anbindungsverpflichten Übertragungsnetzbetreiber darüber informieren, welche Regelung er in Anspruch nimmt. Die Mitteilung muss mit dem Tage, mit dem die Entschädigungspflicht nach den Absätzen 1 und 2 dem Grunde nach beginnt, dem Übertragungsnetzbetreiber zugehen (aA wohl Säcker EnergieR/Uibeleisen § 17e Rn. 63, der insofern nicht auf eine objektive, sondern subjektive Betrachtung abstellt). Dies dient zum einen der Rechtssicherheit, insbesondere für den Übertragungsnetzbetreiber, und vermeidet, dass der Anlagenbetreiber sich im Nachhinein zu seinen Gunsten zwischen verschiedenen Ansprüchen optimieren kann. Die Mitteilungspflicht ist dem Anlagenbetreiber auch zumutbar, da ihm die Störung der Anbindungsleitung und damit die Nicht-Einspeisung des erzeugten Stroms bekannt sein wird (zB auch aus Gründen der Bilanzkreisverantwortung bei der Direktvermarktung). Zu einem anderen Schluss kann man nur im Fall der vorsätzlichen Schädigung kommen, da nach Absatz 1 Satz 4 und Absatz 2 Satz 2 die Entschädigung in diesem Fall bereits ab dem ersten Tag verlangt werden kann. Hier kann es deshalb sein, dass der Anlagenbetreiber erst zu einem späteren Zeitpunkt als an dem Tag, mit dem die Entschädigungspflicht beginnt, von den Anspruch begründenden Umständen für die Entschädigungspflicht Kenntnis erlangt bzw. erlangen kann. In diesen Fällen ist deshalb auch eine subjektive Betrachtung in die Bewertung miteinzubeziehen (so auch Britz/Hellermann/Hermes/Broemel, 3. Aufl., § 17e Rn. 53).

32 Da der Verweis auf das EEG inzwischen fehl geht und die eigentliche Norm des EEG auch nicht mehr existiert, stellt sich die Frage des Wahlrechts heute nicht mehr. Der Verweis auf § 50 Abs. 4 EEG machte beim EEG 2014 noch Sinn: Damals sah die Vorschrift vor, dass der Zeitraum der finanziellen Förderung sich um den Zeitraum der Störung verlängert – insofern konnte der Anlagenbetreiber zwischen den beiden Ansprüchen wählen. Da es die Norm im EEG inzwischen nicht mehr gibt, sind die Vorschriften des § 17e insofern abschließend. Der Gesetzgeber sollte zur Behebung des fehlgehenden Verweises den Abs. 6 überarbeiten.

§ 17f Belastungsausgleich

(1) ¹Soweit sich aus den nachfolgenden Absätzen oder einer Rechtsverordnung nichts anderes ergibt, werden den Übertragungsnetzbetreibern nach den Vorgaben des Energiefinanzierungsgesetzes die Kosten erstattet
1. für Entschädigungszahlungen nach § 17e,
2. für Maßnahmen aus einem der Bundesnetzagentur vorgelegten Schadensminderungskonzept nach Absatz 3 Satz 2 und 3,
3. nach § 17d Absatz 1 und 6,
4. nach den §§ 17a und 17b,
5. nach § 12b Absatz 1 Satz 3 Nummer 7 und
6. für den Flächenentwicklungsplan nach § 5 des Windenergie-auf-See-Gesetzes.
²Zu den nach Satz 1 Nummer 1 erstattungsfähigen Kosten zählen auch die Kosten für eine Zwischenfinanzierung der Entschädigungszahlungen. ³Von den nach Satz 1 Nummer 1 erstattungsfähigen Kosten sind anlässlich des Schadensereignisses nach § 17e erhaltene Vertragsstrafen, Versicherungsleistungen oder sonstige Leistungen Dritter abzuziehen.

(2) ¹Soweit der anbindungsverpflichtete Übertragungsnetzbetreiber die Störung der Netzanbindung im Sinn von § 17e Absatz 1 oder die nicht rechtzeitige Fertigstellung der Anbindungsleistung im Sinn von § 17e Absatz 2 verursacht hat, werden die Kosten nach Absatz 1 Satz 1 nach den Vorgaben des Energiefinanzierungsgesetzes im Fall einer
1. vorsätzlichen Verursachung nicht erstattet,
2. fahrlässigen Verursachung nach Abzug eines Eigenanteils erstattet.
²Der Eigenanteil nach Satz 1 Nummer 2 darf bei der Ermittlung der Netzentgelte nicht berücksichtigt werden. ³Er beträgt pro Kalenderjahr

1. 20 Prozent für Kosten bis zu einer Höhe von 200 Millionen Euro,
2. 15 Prozent für Kosten, die 200 Millionen übersteigen, bis zu einer Höhe von 400 Millionen Euro,
3. 10 Prozent für Kosten, die 400 Millionen übersteigen, bis zu einer Höhe von 600 Millionen Euro,
4. 5 Prozent für Kosten, die 600 Millionen übersteigen, bis zu einer Höhe von 1000 Millionen Euro.

⁴Bei fahrlässig, jedoch nicht grob fahrlässig verursachten Schäden ist der Eigenanteil des anbindungsverpflichteten Übertragungsnetzbetreibers nach Satz 2 auf 17,5 Millionen Euro je Schadensereignis begrenzt. ⁵Soweit der Betreiber einer Windenergieanlage auf See einen Schaden auf Grund der nicht rechtzeitigen Herstellung oder der Störung der Netzanbindung erleidet, wird vermutet, dass zumindest grobe Fahrlässigkeit des anbindungsverpflichteten Übertragungsnetzbetreibers vorliegt.

(3) ¹Der anbindungsverpflichtete Übertragungsnetzbetreiber hat alle möglichen und zumutbaren Maßnahmen zu ergreifen, um einen Schadenseintritt zu verhindern, den eingetretenen Schaden unverzüglich zu beseitigen und weitere Schäden abzuwenden oder zu mindern. ²Der anbindungsverpflichtete Übertragungsnetzbetreiber hat bei Schadenseintritt unverzüglich der Bundesnetzagentur ein Konzept mit den geplanten Schadensminderungsmaßnahmen nach Satz 1 vorzulegen und dieses bis zur vollständigen Beseitigung des eingetretenen Schadens regelmäßig zu aktualisieren. ³Die Bundesnetzagentur kann bis zur vollständigen Beseitigung des eingetretenen Schadens Änderungen am Schadensminderungskonzept nach Satz 2 verlangen. ⁴Eine Erstattung der Kosten nach Absatz 1 findet nur statt, soweit der anbindungsverpflichtete Übertragungsnetzbetreiber nachweist, dass er alle möglichen zumutbaren Schadensminderungsmaßnahmen nach Satz 1 ergriffen hat. ⁵Der anbindungsverpflichtete Übertragungsnetzbetreiber hat den Schadenseintritt, das der Bundesnetzagentur vorgelegte Schadensminderungskonzept nach Satz 2 und die ergriffenen Schadensminderungsmaßnahmen zu dokumentieren und darüber auf seiner Internetseite zu informieren.

(4) ¹Der rechnerische Anteil an der zur Erstattung der Kosten nach Absatz 1 nach § 12 Absatz 1 des Energiefinanzierungsgesetzes erhobenen Umlage, der auf die Kosten nach Absatz 1 Satz 1 Nummer 1 entfällt, darf höchstens 0,25 Cent pro Kilowattstunde betragen. ²Entschädigungszahlungen nach § 17e, die wegen einer Überschreitung des zulässigen Höchstwerts nach Satz 1 in einem Kalenderjahr nicht erstattet werden können, werden einschließlich der Kosten des betroffenen anbindungsverpflichteten Übertragungsnetzbetreibers für eine Zwischenfinanzierung in den folgenden Kalenderjahren erstattet.

Überblick

§ 17f hat durch das Gesetz zu Sofortmaßnahmen für einen beschleunigten Ausbau der erneuerbaren Energien und weiteren Maßnahmen im Stromsektor (BGBl. 2022 I 1237 (1305)) einige Änderungen erfahren. Diese Änderungen ergeben sich insbesondere aus der Umstellung der EEG-Umlage auf das Energiefinanzierungsgesetz. Inhaltlich knüpfen die Regelungen des § 17f immer noch an § 17e sowie andere erstattungsfähige Kosten-Regelungen an und regeln, wie verschieden Kosten über den Mechanismus des Energiefinanzierungsgesetzes erstattet werden. Notwendig wurden diese Änderungen, weil die Kosten früher über eine Umlage auf die Netznutzer gewälzt worden sind, die sich nach dem Kraft-Wärme-Kopplungsgesetz gerichtet hat. Nunmehr werden die Kosten über den Mechanismus des Energiefinanzierungsgesetzes gewälzt.

Übersicht

	Rn.		Rn.
A. Die Kostenerstattung nach dem Energiefinanzierungsgesetz (Abs. 1)	1	3. Aktuelle Entwicklungen	21a
I. Die verordnungsrechtliche Ausgestaltung der Kosten für Anbindungsleitungen	9	B. Der Umfang der erstattungsfähigen Kosten (Abs. 2)	22
1. Die Ermittlung umlagefähiger Netzkosten von Offshore-Anbindungsleitungen	11	C. Das Schadensminderungskonzept (Abs. 3)	27
2. Die Übergangsregelungen in Bezug auf die Netzkosten für Offshore-Anbindungsleitungen	17	D. Die Begrenzung des Wälzungsbetrags (Abs. 4)	31

A. Die Kostenerstattung nach dem Energiefinanzierungsgesetz (Abs. 1)

1 Absatz 1 Satz 1 sieht nunmehr keinen horizontalen Belastungsausgleich zwischen den Übertragungsnetzbetreibern mehr vor, sondern räumt diesen das Recht ein, dass die Kosten nach den Nummern 1 bis 6 nach den Vorgaben des Energiefinanzierungsgesetzes erstattet werden. Das Energiefinanzierungsgesetz wiederum enthält einen horizontalen Belastungsausgleich. Das Recht zur Wälzung steht unter dem Vorbehalt, dass sich aus den übrigen Absätzen des § 17f oder einer Rechtsverordnung nichts anderes ergibt. Die grundsätzlich erstattungsfähigen Kosten sind in den Nummern 1 bis 6 aufgezählt.

2 Nach Nr. 1 sind die **Entschädigungszahlungen** nach § 17e erstattungsfähig sowie nach Satz 2 auch Kosten einer eventuellen Zwischenfinanzierung. Außerdem sind nach Satz 1 Nr. 2 die Kosten für Maßnahmen aus einem Schadensminderungskonzept nach Absatz 3 Satz 2 und 3 erstattungsfähig.

3 Kosten einer **Zwischenfinanzierung** können zB daraus entstehen, dass der Übertragungsnetzbetreiber Geld für die Finanzierung der Entschädigungszahlungen aufnehmen muss.

4 Dass die Kosten für Maßnahmen aus einem **Schadensminderungskonzept** in den Belastungsausgleich mit einbezogen werden dürfen, wurde erst im Jahr 2017 mit dem Gesetz zur Einführung von Ausschreibungen für Strom aus erneuerbaren Energien und zu weiteren Änderungen des Rechts der erneuerbaren Energien eingeführt (BGBl. 2016 I 2258). Als Begründung wurde ausgeführt, dass das Schadensminderungskonzept ja gerade dazu dienen soll, Schäden zu vermeiden bzw. diese zu begrenzen und damit zu einer Schonung der Offshore-Haftungsumlage beitragen soll. Der Gesetzgeber sah deshalb eine Wechselwirkung zwischen der Minderung der Entschädigungspflicht und den dafür erforderlichen Maßnahmen und sah deshalb die Finanzierung über die Offshore-Haftungsumlage als notwendig an (BT-Drs. 18/8860, 338).

5 Satz 1 Nr. 3 erfasst die **Kosten nach § 17d Abs. 1 und 6** und somit jene Kosten, die durch die Umsetzung des Netzentwicklungsplans und damit durch die Errichtung und den Betrieb der Offshore-Anbindungsleitungen entstehen. Dies wurde mit dem Netzentgeltmodernisierungsgesetz (NeMoG) eingefügt (BGBl. 2017 I 2503). Seitdem unterfallen auch die Kosten aus Investitionen für Anbindungen von Offshore-Windenergieanlagen dem Belastungsausgleich (BT-Drs. 18/12999, 4 und 18, die Regelung wurde erst durch die Beschlussempfehlung des Ausschusses für Wirtschaft und Energie in das Gesetzgebungsverfahren eingebracht). Hierbei handelt es sich um die Kosten für die Errichtung und den Betrieb der Offshore-Anbindungsleitungen, also sowohl Kapital- als auch Betriebskosten. Durch das Gesetz zur Umsetzung unionsrechtlicher Vorgaben und zur Regelung reiner Wasserstoffnetze im Energiewirtschaftsrecht (BGBl. 2021 I 3026 (3037)) wurde die Regelung um § 17d Abs. 6 erweitert und damit auf die Netzanbindung im Küstenmeer erstreckt (BT-Drs. 19/30899, 15; zur Begründung BT-Drs. 19/31009, 16).

6 Nr. 4 erfasst **die Kosten nach den §§ 17a und 17b** und somit die Kosten die aus der Bundesfachplanung und der Offshore-Netzentwicklungsplanung entstehen. Entsprechend diesem Gedanken sieht Nr. 5 auch die Kosten für erstattungsfähig an, die aus § 12b Abs. 1 S. 3 Nr. 7 entstehen und damit die Angaben aus dem Netzentwicklungsplan zur bedarfsgerechten Optimierung, Verstärkung und zum Ausbau der Offshore-Anbindungsleitungen. Die Nr. 6

Belastungsausgleich § 17f EnWG

fügt der Aufzählung noch die Kosten für den Flächenentwicklungsplan nach § 5 des Windenergie-auf-See-Gesetzes hinzu.

Satz 3 benennt die **Positionen, die mindernd auf den Erstattungsanspruch wirken** 7 und deshalb von den vorgenannten Kostenpositionen abzuziehen sind. Hierunter fallen erhaltene Vertragsstrafen, Versicherungsleistungen sowie sonstige Leistungen Dritter. Dies ist sachgerecht, da Letztverbraucher nicht mit Kosten belastet werden soll, die von anderer Seite getragen werden. Gleichzeitig wird hierdurch der Eigenanteil des Übertragungsnetzbetreibers minimiert, weshalb er einen Anreiz für vertragliche Vereinbarungen mit Herstellern der Anlagen sowie Zulieferern und zum Abschluss von Versicherungen erhält (Säcker EnergieR/ Uibeleisen § 17f Rn. 20).

Die damalige Aufnahme der genannten Kosten begegnete damals und auch aktuell keinen 8 verfassungsrechtlichen Bedenken. Durch die Einbeziehung werden die anbindungsverpflichteten Übertragungsnetzbetreiber und die Letztverbraucher in deren Regelzone entlastet und gleichzeitig wird gewährleistet, dass sie die entstehenden Kosten an die Letztverbraucher weitergeben können. Ebenso begegnet es auf Seiten der Letztverbraucher keinen Bedenken, da der Ausbau der Windenergie auf See für die gesamte Bundesrepublik und deren Energieversorgung wichtig ist. Insofern erscheint es nur sachgerecht, dass sich alle Letztverbraucher an der Finanzierung dieser Aufgabe beteiligen und nicht nur die Letztverbraucher in der jeweiligen Regelzone.

I. Die verordnungsrechtliche Ausgestaltung der Kosten für Anbindungsleitungen

Mit der alleinigen Einfügung von Satz 2 war der Rahmen für die Ermittlung der Kosten 9 noch nicht ausreichend abgesteckt. Aus diesem Grund wurden Ergänzungen in der Stromnetzentgeltverordnung und Anreizregulierungsverordnung notwendig. Hierfür wurde die Verordnung zur Berechnung der Offshore-Netzumlage und zu Anpassungen im Regulierungsrecht im Jahr 2019 erlassen (BGBl. 2019 I 333). Die dadurch veranlassten Änderungen lassen sich in Vorschriften zur Ermittlung der umlagefähigen Netzkosten von Offshore-Anbindungsleitungen und in Übergangsregelungen unterteilen.

Fraglich ist nunmehr das Verhältnis von EnWG, EnFG und StromNEV. Die Vorschriften 10 in der StromNEV wurden beibehalten, die Verweise auf das EnWG gehen aber teilweise fehl, da der § 17f nicht mehr so aufgebaut ist, wie bei Schaffung der Vorgaben der StromNEV. Gleichwohl spricht die Gesetzesbegründung zu den Änderungen von § 17f EnWG davon, dass inhaltliche Änderungen, abgesehen von der Überführung der Wälzung in das EnFG (in der ursprünglichen Fassung des Gesetzesentwurfes noch als Energie-Umlagen-Gesetz bezeichnet), damit nicht verbunden sind (BT-Drs. 162/22, 282). Insofern ist davon auszugehen, dass die Grundsätze der Kostenermittlung, wie sie in der StromNEV vorgesehen sind, erhalten bleiben sollen. Gleichzeitig gehen das EnWG und das EnFG als höherrangige und neuere Regelungen den Regelungen der StromNEV vor, sofern sie sich im Widerspruch befinden. Insgesamt muss gesagt werden, dass der Gesetzgeber dem Rechtsanwender mehr Rechtsklarheit und -sicherheit durch eine Klarstellung verschaffen hätte; gleichzeitig müssen die Auswirkungen des EuGH-Urteils vom 2.9.2021 zur Unabhängigkeit der BNetzA berücksichtigt werden, wonach die StromNEV europarechtswidrig ist. Insofern stand und steht der Gesetz- und Verordnungsgeber hier in einem Spannungsfeld. Diese Erwägungen sind bei den nachfolgenden Ausführungen zu berücksichtigen.

1. Die Ermittlung umlagefähiger Netzkosten von Offshore-Anbindungsleitungen

Für die **Ermittlung der umlagefähigen Netzkosten** von Offshore-Anbindungsleitun- 11 gen wurde ein neuer § 3a in die StromNEV eingefügt.

Dieser sieht vor, dass die Ermittlung der Netzkosten für die Errichtung und den Betrieb 12 von Offshore-Anbindungsleitungen grundsätzlich nach den §§ 4–10 StromNEV erfolgt. Hierbei sind jedoch die **Maßgaben des § 3a Abs. 2 StromNEV** zu berücksichtigen. Dieser sieht vor, dass die Kosten separat auszuweisen sind, soweit sie nicht oder nicht vollständig in einer separaten Gewinn- und Verlustrechnung erfasst sind. Dies hängt mit den unterschiedlichen gesellschaftsrechtlichen Konstruktionen im Bereich der Offshore-Anbindungsleitungen zusammen und soll dazu dienen, dass die BNetzA die Kosten nachprüfen kann. Ebenso wird klargestellt, dass bei der Ermittlung der Netzkosten der Eigenkapitalzinssatz zugrunde zu

Grüner

EnWG § 17f Teil 3. Regulierung des Netzbetriebs

legen ist, der für die jeweilige Regulierungsperiode für alle Netzbetreiber festgelegt worden ist.

13   Darüber hinaus macht § 3a Abs. 3 StromNEV Vorgaben für die Prognose der zu erwartenden Kosten. Dies hängt damit zusammen, dass nach § 17f Abs. 4 die Kosten auf **Planbasis** für das nächste Jahr in die Umlage eingestellt werden können. Die Übertragungsnetzbetreiber sind verpflichtet, diese Kosten unter Anwendung der Grundsätze des § 3a Abs. 1 StromNEV nachvollziehbar zu prognostizieren. Ein sachkundiger Dritte muss die Prognose also nachvollziehen können.

14   § 3a Abs. 4 StromNEV stellt klar, was unter dem **Begriff der Ausgaben** nach § 17f Abs. 4 zu verstehen ist. Hierunter fallen die ermittelten Netzkosten des jeweils vorangegangenen Jahres, also die Ist-Kosten des letzten Jahres.

15   Absatz 5 definiert dementsprechend die **Einnahmen** iSd § 17f Abs. 4, wobei es sich um keine abschließende Aufzählung handelt, was durch das Wort „insbesondere" deutlich wird. Hierunter fallen insbesondere die vereinnahmten Aufschläge aus der Umlage sowie die Einnahmen aus den Verrechnungen zwischen den Übertragungsnetzbetreibern.

16   Absatz 6 befasst sich dann mit dem **Plan-/Ist-Kosten-Abgleich.** Die Übertragungsnetzbetreiber müssen bis zum 30.6. eines jeden Jahres den Saldo zwischen den Einnahmen und Ausgaben ermitteln. Hierbei kann es dazu kommen, dass bestimmte Kosten in dem jeweils folgenden Jahr noch nicht vorliegen. Hierzu bestimmt Satz 2, dass der Abgleich dieser Kosten dann in dem Jahr erfolgt, in dem die entsprechenden Daten zur Verfügung stehen. Der Saldo zwischen den Plan- und Ist-Kosten, einschließlich der Kosten für eine Zwischenfinanzierung, wird dann im Folgejahr bzw. in einem der Folgejahre bei Fällen des Satzes 2 über den Belastungsausgleich ausgeglichen. Im Fall eines positiven Saldos bekommt der Letztverbraucher diese zu viel vereinnahmten Kosten also erstattet, im Fall eines negativen Saldos darf die Differenz zusätzlich vereinnahmt werden.

2. Die Übergangsregelungen in Bezug auf die Netzkosten für Offshore-Anbindungsleitungen

17   Bevor die Kosten in den Belastungsausgleich einbezogen worden sind, wurden die Kosten für die Offshore-Anbindungsleitungen im Rahmen der Investitionsmaßnahme mit dem späteren Übergang in das Budgetprinzip der Anreizregulierung erstattet. Hieraus resultierten sog. Sockeleffekte, die aus Sicht von Investoren in das wirtschaftliche Ergebnis ihrer Investitionsentscheidung einfließen. Aus regulierungsrechtlicher Sicht stehen diese Sockeleffekte nicht dem Unternehmen bzw. dem Investor zu, sondern dienen der Finanzierung von Ersatzinvestitionen bzw. zum Ausgleich negativer Sockeleffekte. Gleichwohl hat der Verordnungsgeber die Notwendigkeit gesehen, eine **Übergangsregelung** unter dem Aspekt des Vertrauensschutzes zu schaffen. Um hierbei einen Ausgleich zwischen den Interessen der Netznutzer und der Unternehmen herzustellen, ist ein relativ komplexes Konstrukt an Übergangsregelungen entstanden.

18   In § 34 Abs. 7a ARegV wird geregelt, dass das System der Investitionsmaßnahmen nach § 23 ARegV ab der dritten Regulierungsperiode (Beginn 2019) nicht mehr auf Offshore-Anbindungsleitungen anzuwenden ist und die Wirksamkeit von über die zweite Regulierungsperiode hinaus genehmigten Investitionsmaßnahmen mit Ablauf der zweiten Regulierungsperiode (Ende 2018) endet. Dies gilt jedoch nur, soweit sich aus § 34 Abs. 14 ARegV nicht etwas anderes ergibt.

19   Der Verordnungsgeber hat den Übertragungsnetzbetreibern in § 32b StromNEV ein **Wahlrecht** eingeräumt, sofern die Offshore-Anbindungsleitungen bis zum 31.12.2019 fertiggestellt und in Betrieb genommen worden sind und der Übertragungsnetzbetreiber bis zum 30.4.2019 sein Wahlrecht ausgeübt hat. In diesen Fällen werden die Kapitalkosten der Offshore-Anbindungsleitungen nicht nach § 3a Abs. 1 StromNEV ermittelt, sondern soweit § 34 Abs. 13 und 14 ARegV dies regeln, die Vorschriften der ARegV in der jeweils gültigen Fassung angewendet. Hierdurch wird also sichergestellt, dass bestimmte Offshore-Anbindungsleitungen, soweit sie die Voraussetzungen des § 32b StromNEV erfüllen, im Hinblick auf die Kapitalkosten einem Bestandsschutz unterliegen. Sie werden also nicht auf Basis eines jährlichen Plan-/Ist-Kosten-Abgleichs erstattet, sondern unterliegen weiterhin dem Budgetprinzip der Anreizregulierung. Wobei zu berücksichtigen ist, dass es sich um einen

dynamischen Verweis handelt („in der jeweils geltenden Fassung"), sodass diese Offshore-Anbindungsleitungen allen Änderungen der ARegV im Hinblick auf die Erstattung von Kapitalkosten mit unterliegen. Ebenfalls ist noch mal darauf hinzuweisen, dass die Bestandsschutzregelungen ausdrücklich nur für die Kapitalkosten gelten, also die Betriebskosten über einen jährlichen Plan-/Ist-Kosten-Abgleich erstattet werden.

In Ergänzung zu § 32b StromNEV regelt § 34 Abs. 14 ARegV, dass für die Kapitalkosten dieser Offshore-Anbindungsleitungen das System der Investitionsmaßnahmen bis zum 31.12.2023 fortgilt. Auch hier wird noch mal klargestellt, dass dies **nur für die Kapitalkosten** und nicht für die Betriebskosten gilt. Diese Übergangsregelung ist notwendig, da die in § 34 Abs. 14 ARegV genannten Anlagen, die in der Zeit vom 1.1.2017 bis zum 31.12.2019 fertiggestellt worden sind, noch nicht dem Budgetprinzip unterliegen und einen Anspruch auf eine weitere Regulierungsperiode Investitionsmaßnahmen haben. Diese Vorschrift dient also dazu, im Hinblick auf die Kapitalkosten den gleichen Zustand herzustellen, wie er gelten würde, wenn weiterhin das System der Investitionsmaßnahmen mit anschließendem Budgetprinzip greifen würde. 20

§ 34 Abs. 13 ARegV regelt dann die **Berechnungsweise für die Kapitalkosten** der Anlagen, für die das Wahlrecht ausgeübt worden ist. In diesen Fällen finden die Vorschriften der ARegV insoweit Anwendung, wie sie erforderlich sind, um ein Ermittlungsergebnis herbeizuführen, das sich ergeben hätte, wenn die Kapitalkosten in die allgemeine Netzkostenermittlung nach § 3 Abs. 1 StromNEV einbezogen worden wären. Es handelt sich also um eine Art virtuelle Berechnung: Die Kosten werden zwar über die Offshore-Umlage gewälzt, sie werden aber nicht auf Basis eines jährlichen Plan-/Ist-Kosten-Abgleichs berechnet, sondern, soweit erforderlich, auf Basis der jeweils geltenden Vorschriften der ARegV. Im Hinblick auf die Abschreibungen bedeutet dies zB, dass sich die Kapitalkosten nicht jährlich in Höhe der jeweiligen Abschreibung verringern, sondern wie im Budgetprinzip für fünf Jahre fortgeschrieben werden und erst danach verringern. Dies führt zu den sog. Sockeleffekten, die aus Sicht der Investoren als relevant erscheinen. 21

3. Aktuelle Entwicklungen

Aktuell befindet sich eine Novellierung des Energiewirtschaftsgesetzes im Gesetzgebungsprozess. Der Gesetzentwurf ist am 24.5.2023 im Kabinett beschlossen worden und befindet sich damit aktuell im parlamentarischen Verfahren. Demnach werden die Vorgaben zur Ermittlung der umlagefähigen Netzkosten von Offshore-Anbindungsleitungen in einer Neufassung des § 17i aufgenommen (der Gesetzentwurf der Bundesregierung ist abrufbar unter: https://www.bmwk.de/Redaktion/DE/Artikel/Service/Gesetzesvorhaben/entwurf-eines-gesetzes-zur-anpassung-des-energiewirtschaftsrechts-an-unionsrechtliche-vorgaben.html). Nach dem aktuellen Entwurf werden die bisherigen verordnungsrechtlichen Vorgaben in das EnWG hochgezogen und gleichzeitig der Regulierungsbehörde eine Abweichungskompetenz mittels Festlegung eingeräumt. 21a

B. Der Umfang der erstattungsfähigen Kosten (Abs. 2)

Absatz 2 regelt den Umfang der erstattungsfähigen Kosten und unterscheidet hierfür zwischen **vorsätzlich, fahrlässig und einfach fährlässig** verursachten **Schäden**. Darüber hinaus regelt er eine Vermutungsregelung zur Fahrlässigkeit. 22

Satz 1 regelt die Schäden, die durch eine **vorsätzliche Störung** der Netzanbindung nach § 17e Abs. 1 oder eine vorsätzlich verzögerte Fertigstellung der Anbindungsleitung nach § 17e Abs. 2 entstanden sind. In diesen Fällen darf der Übertragungsnetzbetreiber seine Entschädigungszahlungen, die in diesen Fällen die volle Einspeisevergütung ab dem ersten Tag umfassen, nicht in den Belastungsausgleich einstellen und damit auch nicht an die Letztverbraucher weiterwälzen. Somit muss der Übertragungsnetzbetreiber diese Kosten selbst tragen, was zu einer erheblichen wirtschaftlichen Belastung des Übertragungsnetzbetreibers führen kann (Säcker EnergieR/Uibeleisen § 17f Rn. 26; Kment EnWG/Schink § 17f Rn. 8). Der Gesetzgeber hat dies ausdrücklich erkannt und mit den hergebrachten **Grundsätzen des Haftungsrechts,** die vorsehen, dass die Folgen schuldhaften Fehlverhaltens vom Verursacher zu tragen sind, gerechtfertigt (BT-Drs. 17/10754, 30). Dieser Wertung ist zuzustimmen, da es nicht zu rechtfertigen wäre, wenn der Letztverbraucher vorsätzlich 23 verursachte Schäden zu tragen hätte. Darüber hinaus ist zu berücksichtigen, dass dem Übertragungsnetzbetreiber ein etwaiges vorsätzliches Handeln von Erfüllungsgehilfen nach den Grundsätzen des § 278 BGB zuzurechnen ist (Säcker EnergieR/Uibeleisen § 17f Rn. 27).

24 In Fällen von **fahrlässig verursachten Schäden** sieht Satz 1 iVm Satz 2 vor, dass der Übertragungsnetzbetreiber einen **Eigenanteil** zu tragen hat, der sich nach der Höhe der Entschädigungszahlungen in dem jeweiligen Jahr richtet. So liegt der zu tragende Eigenanteil zwischen 0 (übersteigen die Entschädigungszahlungen 1.000 Mio. EUR, ist auf den darüberhinausgehenden Anteil kein Eigenanteil mehr zu entrichten) und 20 Prozent der Summe der Entschädigungszahlungen. Zu beachten ist, dass die **Prozentsätze kumulativ** angewendet werden. Dies wird dadurch deutlich, dass in der Aufzählung immer eine Bandbreite genannt wird. So ist bspw. bei Entschädigungszahlungen in Höhe von 300 Mio. EUR ein Eigenanteil von 55 Mio. EUR zu tragen: Von den ersten 200 Mio. EUR trägt der Übertragungsnetzbetreiber 40 Mio. EUR (20 Prozent) und von nächsten 100 Mio. EUR trägt der Übertragungsnetzbetreiber 15 Mio. EUR (15 Prozent) (vgl. auch die Berechnung in BT-Drs. 17/10754, 30). Sofern in Satz 2 von der „Ermittlung der Netzentgelte" gesprochen wird, handelt es sich hierbei wohl um ein Redaktionsversehen, da es sich um eine Umlage und damit gerade nicht um Netzentgelte handelt.

25 Satz 4 grenzt den zu tragenden Eigenanteil weiter ein. So greift in Fällen der **einfachen Fahrlässigkeit** (BT-Drs. 17/11705, 27 und 54) eine Begrenzung des Eigenanteils auf 17,5 Mio. EUR je Schadensereignis. Im Gegensatz zu Satz 2 wird hierbei nicht auf das Kalenderjahr, sondern auf das jeweilige Schadensereignis abgestellt. Was genau unter einem Schadensereignis zu verstehen ist, regelt Satz 4 nicht näher. Der Begriff ist hierbei in einer Gesamtschau auszulegen: Zum einen werden durch die Regelung Anreize zum sorgfältigen Handeln des Übertragungsnetzbetreibers gesetzt und zum anderen werden die Risiken für ihn besser kalkulierbar (BT-Drs. 17/11705, 54 f.). Insofern ist wohl jede Störung der Anbindungsleitung als eigenes Schadensereignis zu werten, wobei es hier nicht auf die Dauer der Störung oder dessen Umfang ankommt. Bei einer verzögerten Fertigstellung ist eine differenzierte Betrachtung notwendig. Zwar führt die Gesetzesbegründung aus, dass mehrfache Verschiebungen des Fertigstellungstermins derselben Anbindungsleitung als eine Verzögerung und damit ein Schadensereignis iSv § 17e Abs. 2 zu betrachten sind (BT-Drs. 17/11705, 54). Dies kann jedoch bei näherer Betrachtung nicht vollständig überzeugen: So ist der Gesetzgeber in seiner Begründung sehr wahrscheinlich davon ausgegangen, dass die mehrfache Verschiebung auf ein und derselben kausalen Ursache beruht. In diesen Fällen ist die Wertung zu vertreten, dies als ein Schadensereignis zu sehen. Beruht die mehrfache Verschiebung jedoch auf unterschiedlichen kausalen Ursachen, so wäre nicht ersichtlich, warum dies als ein Schadensereignis zu werten sein sollte. Im Extremfall könnte die erste Verschiebung auf eine einfache fahrlässige Ursache zurückzuführen sein, und die erneute Verschiebung auf eine vorsätzliche Verursachung. In diesen Fällen wäre nicht ersichtlich, warum dies als ein Schadensereignis gelten sollte und der Übertragungsnetzbetreiber insofern noch profitieren würde. Insofern ist eine differenzierte Einzelfallbetrachtung notwendig (vgl. insgesamt zur einfachen Fahrlässigkeit Säcker EnergieR/Uibeleisen § 17f Rn. 32; Kment EnWG/Schink § 17f Rn. 11).

26 Satz 5 stellt eine **Beweislastumkehr** her, indem eine widerlegliche Vermutung aufgestellt wird, dass es sich bei einer Störung der Anbindungsleitung oder bei der verzögerten Fertigstellung der Anbindungsleitung zumindest um grobe Fahrlässigkeit des anbindungsverpflichteten Übertragungsnetzbetreibers handelt. Der Übertragungsnetzbetreiber muss also nachweisen, dass nur einfache Fahrlässigkeit vorliegt (Säcker EnergieR/Uibeleisen § 17f Rn. 33; Kment EnWG/Schink § 17f Rn. 12).

C. Das Schadensminderungskonzept (Abs. 3)

27 Absatz 3 Satz 1 verpflichtet den Übertragungsnetzbetreiber, alle möglichen und zumutbaren Maßnahmen zu ergreifen, um einen Schadenseintritt zu verhindern, den eingetretenen Schaden unverzüglich – also ohne schuldhaftes Verzögern – zu beseitigen und weitere Schäden abzuwenden oder zu mindern. Was hierbei unter möglichen und zumutbaren Maßnahmen zu verstehen ist, wird nicht ausgeführt. Hierunter fallen präventive und kurative Maßnahmen. Die Gesetzesbegründung nennt beispielsweise die Errichtung von Interimslösungen

zur Netzanbindung über eine benachbarte Anbindungsleitung oder die Bevorratung von Ersatzteilen (BT-Drs. 17/10754, 31). Letztendlich kann die Bewertung von möglichen und zumutbaren Maßnahmen nur im Einzelfall getroffen werden. Es sind bei der Zumutbarkeit aber auch wirtschaftliche Aspekte mit in den Fokus zu nehmen und eine Abwägung zwischen Kosten und Nutzen vorzunehmen. Ebenso ist die technische Umsetzbarkeit zu beachten (Säcker EnergieR/Uibeleisen § 17f Rn. 36 f.; Kment EnWG/Schink § 17f Rn. 14 f.).

Auch wenn Absatz 3 Satz 1 den Übertragungsnetzbetreiber zur Vorlage eines Schadensminderungskonzepts verpflichtet, entbindet dies den jeweiligen Anlagenbetreiber nicht von seiner allgemeinen gesetzlichen Pflicht zur Mitwirkung an der Schadensminderung. Dies folgt bereits aus § 254 Abs. 2 BGB, sodass der jeweilige Betreiber von Windenergieanlagen die Pflicht hat, im Rahmen des Schadensminderungskonzepts an der Verringerung des Schadens mitzuwirken. Sofern der Übertragungsnetzbetreiber dem Anlagenbetreiber also zum Beispiel andere Möglichkeiten zur Einspeisung (zB über eine Brückenverbindung) zur Verfügung stellen kann, ist der jeweilige Anlagenbetreiber verpflichtet an diesen Schadensminderungsmaßnahmen mitzuwirken bzw. diese in Anspruch zu nehmen. Andernfalls käme es dazu, dass der Schaden sogar vergrößert wird und im Rahmen des Energiefinanzierungsgesetzes auf den Letztverbraucher bzw. Umlagenzahler gewälzt würde. Dies ist nicht im Sinn des Gesetzes, da ja gerade das Schadensminderungskonzept die Auswirkungen möglichst geringhalten soll – sowohl für den Anlagenbetreiber als auch in der Folge für den Umlagenzahler. Insofern ist der Anlagenbetreiber verpflichtet, Maßnahmen zu ergreifen, die in seinem Zugriffsbereich liegen, sofern er hierdurch den Gesamtschaden minimieren kann. 27a

Die geplanten Maßnahmen muss der Übertragungsnetzbetreiber nach Satz 2 der BNetzA in einem Schadensminderungskonzept darlegen, das er bis zur Beseitigung der Schäden fortlaufend aktualisieren muss. Die BNetzA kann Änderungen an dem Schadensminderungskonzept verlangen (Satz 3). 28

Das Ergreifen aller möglichen und zumutbaren **Schadensminderungsmaßnahmen** ist Voraussetzung für die Durchführung des Belastungsausgleichs. Sofern er nicht nachweisen kann, dass er **alle möglichen und zumutbaren Maßnahmen** durchgeführt hat, darf er die Kosten nicht in den Belastungsausgleich einstellen. Insofern führen diese Regelungen insgesamt dazu, dass nur solche Kosten in den Belastungsausgleich eingestellt werden können, die nicht vermeidbar waren (Säcker EnergieR/Uibeleisen § 17f Rn. 41). 29

Satz 5 legt dem Übertragungsnetzbetreiber eine **Dokumentations- und Informationspflicht** bezüglich des Schadensereignisses auf. So muss der Übertragungsnetzbetreiber die entsprechenden Schritte und Maßnahmen dokumentieren und auf seiner Internetseite darüber informieren. 30

D. Die Begrenzung des Wälzungsbetrags (Abs. 4)

Absatz 4 Satz 1 sieht eine allgemeine Obergrenze von 0,25 Cent pro Kilowattstunde für die Umlage vor. Dies entspricht der Rechtslage, die bis zum Inkrafttreten des Netzentgeltmodernisierungsgesetzes im Jahr 2017 galt (BT-Drs. 19/31009, 16; zur Änderung: BT-Drs. 19/30899, 15). 31

Satz 2 regelt, dass Kosten nach § 17e, die aufgrund der Regelungen in Satz 1 in einem Jahr nicht an die Letztverbraucher weitergewälzt werden konnten, einschließlich der Kosten einer Zwischenfinanzierung in den nächsten Jahren im Belastungsausgleich berücksichtigt werden können. Sie können somit in jedem Fall, möglicherweise aber mit Zeitverzug, an den Letztverbraucher weitergegeben werden. 32

§ 17g Haftung für Sachschäden an Windenergieanlagen auf See

¹**Die Haftung des anbindungsverpflichteten Übertragungsnetzbetreibers gegenüber Betreibern von Windenergieanlagen auf See für nicht vorsätzlich verursachte Sachschäden ist je Schadensereignis insgesamt begrenzt auf 100 Millionen Euro.** ²**Übersteigt die Summe der Einzelschäden bei einem Schadensereignis die Höchstgrenze nach Satz 1, so wird der Schadensersatz in dem Verhältnis gekürzt, in dem die Summe aller Schadensersatzansprüche zur Höchstgrenze steht.**

EnWG § 17h

Überblick

Die Regelung wurde mit dem Dritten Gesetz zur Neuregelung energiewirtschaftlicher Vorschriften eingeführt und dient vor allem zur **Begrenzung des haftungsrechtlichen Risikos** des Übertragungsnetzbetreibers im Hinblick auf den Abschluss von Versicherungen. Die Regelung schafft damit einen Ausgleich zwischen den Interessen der Betreiber von Offshore-Anlagen und dem Interesse der Übertragungsnetzbetreiber und damit indirekt auch der Netznutzer nach angemessenen Versicherungsprämien. Hierzu sieht die Regelung zum einen eine Begrenzung des Haftungsumfangs des anbindungsverpflichteten Übertragungsnetzbetreibers vor (→ Rn. 1 f.) und zum anderen regelt sie, wie mit mehreren Einzelschäden umzugehen ist (→ Rn. 3). Abschließend wird auf das Verhältnis zu § 17e eingegangen (→ Rn. 4).

A. Die Regelung im Detail

1   Satz 1 **begrenzt die Haftung** des anbindungsverpflichteten Übertragungsnetzbetreibers gegenüber den Betreibern von Offshore-Windanlagen für nicht vorsätzlich verursachte Sachschäden je Schadensereignis **auf 100 Mio. EUR**. Die Regelung orientiert sich dabei an bestehenden Regelungen wie § 18 Abs. 2 NAV. Die Regelung in § 18 Abs. 2 NAV ist jedoch differenzierter und sieht geringere Haftungsgrenzen vor. Ein weiterer Unterschied ist darin zu sehen, dass die Haftungsbegrenzung in Satz 1 auch in Fällen grober Fahrlässigkeit greift; nur vorsätzliches Handeln unterfällt keiner Haftungsbegrenzung.

2   Satz 1 begrenzt die **deliktische Haftung** des Übertragungsnetzbetreibers. Die Haftung für Sachschäden richtet sich also erstmal nach den allgemeinen deliktischen Haftungsregeln der §§ 823 f. BGB bzw. der vertraglichen Regelungen. Lediglich die Höhe der Haftung wird begrenzt. Die Haftungsbegrenzung erfasst dabei nicht nur die direkten Sachschäden, sondern auch die Folgeschäden (BT-Drs. 17/10754, 32).

3   Satz 2 regelt, wie mit mehreren Einzelschäden umgegangen wird, die kausal mit einem Schadensereignis verbunden sind und insgesamt die Haftungshöchstgrenze übersteigen. In diesem Fall greift eine anteilige Kürzung der Schadensersatzansprüche in dem Verhältnis, wie die Summe aller Schadensersatzansprüche zur Höchstgrenze steht (vgl. auch insgesamt Kment EnWG/Schink § 17g Rn. 1 ff.; Säcker EnergieR/Uibeleisen § 17g Rn. 2 ff.; Spieth/Lutz-Bachmann/Boehme/Huerkamp § 17g Rn. 1 ff.).

B. Verhältnis zu § 17e

4   Während § 17e die Entschädigung von Vermögensschäden im Fall der verzögerten Anbindung, der Störung oder Wartung der Netzanbindung regelt, **bezieht sich § 17g auf Sachschäden**, die durch den Übertragungsnetzbetreiber verursacht werden können. Deliktrechtliche oder vertragsrechtliche Ansprüche im Hinblick auf Substanzschäden an den Offshore-Anlagen können deshalb auch neben der Entschädigungsregelung nach § 17e geltend gemacht werden. Der Gesetzgeber hat die Sachschäden bewusst nicht in die Regelung des § 17e aufgenommen, da Sachschäden und daraus resultierende Folgeschäden regelmäßig durch Versicherungen abgedeckt werden können (BT-Drs. 17/10754, 32; s. auch Säcker EnergieR/Uibeleisen § 17g Rn. 4; Kment EnWG/Schink § 17g Rn. 3).

§ 17h Abschluss von Versicherungen

[1]**Anbindungsverpflichtete Übertragungsnetzbetreiber sollen Versicherungen zur Deckung von Vermögens- und Sachschäden, die beim Betreiber von Offshore-Anlagen auf Grund einer nicht rechtzeitig fertiggestellten oder gestörten Anbindung der Offshore-Anlage an das Übertragungsnetz des anbindungsverpflichteten Übertragungsnetzbetreibers entstehen, abschließen.** [2]**Der Abschluss einer Versicherung nach Satz 1 ist der Regulierungsbehörde nachzuweisen.**

1   Der Gesetzgeber will mit der Regelung einen **Anreiz zum Abschluss von Versicherungen** für Vermögens- und Sachschäden setzen (→ Rn. 2 ff.). Da diese Schäden zumindest

teilweise nur schwer oder zu hohen Prämien versicherbar sind, ist die Regelung als **Soll-Regelung** ausgestaltet und somit für den Übertragungsnetzbetreiber freiwillig. Jedoch ist in diesem Fall der Abschluss der Versicherung der Regulierungsbehörde nachzuweisen (→ Rn. 5). Die Norm wurde durch das Dritte Gesetz zur Neuregelung energiewirtschaftlicher Vorschriften eingeführt und seitdem nicht geändert.

Satz 1 sieht vor, dass anbindungsverpflichtete Übertragungsnetzbetreiber Versicherungen zur Deckung von Vermögens- und Sachschäden, die beim Betreiber von Offshore-Anlagen aufgrund einer nicht rechtzeitig fertiggestellten oder gestörten Anbindung entstehen, abschließen sollen (zur Kritik an dem Begriff Offshore-Anlagen s. Säcker EnergieR/Uibeleisen § 17h Rn. 3). Die Regelung ist deshalb in engem Zusammenhang mit den §§ 17e und 17f zu lesen. Es stellt sich aber die Frage, warum der Gesetzgeber in den Wortlaut auch Sachschäden aufgenommen hat, da § 17e ausschließlich Vermögensschäden regelt. 2

Darüber hinaus ist auch nicht erkennbar, welchen Zweck der Gesetzgeber genau verfolgt. Denn die Regelung ist für den Übertragungsnetzbetreiber freiwillig und hat insofern **keine nachteiligen Konsequenzen** für ihn, wenn er die Versicherung nicht abschließt. Sofern von einer Anreizwirkung gesprochen wird, besteht diese auch ohne die Regelung in § 17h, da die Anreizwirkung aus § 17f folgt (so schon BT-Drs. 17/10754, 32). 3

§ 17f Abs. 2 S. 2 sieht vor, dass der Übertragungsnetzbetreiber in Fällen der Fahrlässigkeit einen Eigenanteil zu tragen hat (für Details → § 17f Rn. 27 ff.). Da die von der Versicherung erhaltenen Leistungen nach § 17f Abs. 1 S. 1 von den Entschädigungszahlungen, die in den Belastungsausgleich einzustellen sind, abgezogen werden, reduziert sich hierdurch auch der zu tragende Eigenanteil des Übertragungsnetzbetreibers. Der **Anreiz zum Abschluss einer Versicherung besteht also nicht durch § 17h, sondern durch § 17f und insoweit auch nur in der Höhe des zu tragenden Eigenanteils bei Fahrlässigkeit** (so auch Spieth/Lutz-Bachmann/Böhme/Huerkamp § 17h Rn. 1). 4

Gleichwohl macht die Regelung deutlich, dass eine Versicherung aus Sicht des Gesetzgebers gewünscht ist. Dies macht auch Satz 2 deutlich, da der Abschluss der Versicherung der Regulierungsbehörde nachzuweisen ist. Die Formulierung ist insofern etwas missverständlich, da wie gesagt **keine Pflicht zum Abschluss einer Versicherung** besteht (Spieth/Lutz-Bachmann/Böhme/Huerkamp § 17h Rn. 7). 5

Dass die Kosten für die Versicherung über die Netzentgelte gewälzt werden können, findet sich bereits in der Gesetzesbegründung wieder und wurde durch den BGH bestätigt (BeckRS 2016, 15077 Rn. 24; BT-Drs. 17/10754, 32). 6

§ 17i Evaluierung

¹**Das Bundesministerium für Wirtschaft und Energie überprüft im Einvernehmen mit dem Bundesministerium der Justiz und für Verbraucherschutz bis zum 31. Dezember 2015 die praktische Anwendung und die Angemessenheit der §§ 17e bis 17h.** ²**Die Evaluierung umfasst insbesondere die erfolgten Entschädigungszahlungen an Betreiber von Windenergieanlagen auf See, den Eigenanteil der anbindungsverpflichteten Übertragungsnetzbetreiber an Entschädigungszahlungen, die Maßnahmen und Anreize zur Minderung eventueller Schäden und zur Kostenkontrolle, das Verfahren zum Belastungsausgleich, die Höhe des Aufschlags auf die Netzentgelte für Letztverbraucher für Strombezüge aus dem Netz der allgemeinen Versorgung und den Abschluss von Versicherungen.**

Überblick

Die Regelung enthält eine Pflicht zur Evaluierung der §§ 17e–17h (→ Rn. 1). Das BMWi ist dieser Pflicht im Jahr 2015 nachgekommen (→ Rn. 2).

A. Die Regelung im Detail

Die Vorschrift enthält eine **Pflicht zur Evaluierung** für das Bundesministerium für Wirtschaft und Energie (seit Dezember 2021: Bundesministerium für Wirtschaft und Klima- 1 schutz – BMWK). Satz 2 enthält Vorgaben, welche Punkte insbesondere geprüft werden sollten. Die Evaluierung sollte demnach dazu dienen, aufgrund der dann vorliegenden praktischen Erfahrungen ggf. notwendige Änderungen an den Regelungen der §§ 17e–17h vorzunehmen (BT-Drs. 17/10754, 32).

B. Der Evaluierungsbericht

2   Das BMWi veröffentlichte den **Evaluierungsbericht im Jahr 2015** (Evaluierungsbericht gemäß § 17i, abrufbar unter https://www.bmwi.de/Redaktion/DE/Downloads/E/evaluierungsbericht-paragraph-17i-enwg.pdf?__blob=publicationFile&v=4, zuletzt abgerufen 16.5.2021). Der Bericht kommt zu dem Ergebnis, dass der Gesetzgeber mit den entsprechenden Regelungen ein ausgewogenes Haftungssystem geschaffen hat. So würde das wirtschaftliche Risiko, das mit der Nutzung von Windenergie auf See verbunden ist, angemessen zwischen Windparkbetreibern, Übertragungsnetzbetreibern und Netznutzern verteilt. Investitionshemmnisse hätten reduziert werden können. Auch in der praktischen Anwendung hätten sich die §§ 17e ff. weitestgehend bewährt.

3   In der Praxis hätten sich aber auch noch Fragen zur praktischen Handhabung der Regelungen ergeben. Hier verweist der Bericht u.a. auf die Begutachtung der technischen Betriebsbereitschaft von Windenergieanlagen auf See, geeignete Messmethoden zur Bestimmung der Höhe der Entschädigungszahlungen, Abschattungseffekte gegenüber anderen Windenergieanlagen und die Selbstbehalte der Windparkbetreiber, da Störungen oder Wartungen selten länger als einen ganzen Tag dauern würden.

4   Auch aus der heutigen Perspektive haben sich die Regelungen grundsätzlich bewährt. Es ist allerdings zu beobachten, dass gerade in den letzten Jahren wieder vermehrt Änderungen an den Regelungen vorgenommen worden sind. So wurde der Belastungsausgleich zur Offshore-Umlage erweitert und damit die Kosten für die Anbindungsleitungen aus den Netzentgelten herausgenommen. Da § 17f bei dieser Änderung aber nur geringfügig angepasst wurde, mussten Detailfragen in der StromNEV geregelt werden (→ § 17f Rn. 14 ff.).

C. Aufhebung der Regelung

5   Da der Bericht bereits im Jahr 2015 veröffentlicht wurde, wäre es zur Konsolidierung des EnWG sinnvoll, die Vorschrift im Rahmen der nächsten Novelle aufzuheben.

D. Aktuelle Entwicklungen

6   Aktuell wird eine Novellierung des Energiewirtschaftsgesetzes vorbereitet. In diesem Zusammenhang soll § 17i neu gefasst werden und durch Regelungen zur Ermittlung der umlagefähigen Netzkosten von Offshore-Anbindungsleitungen ersetzt werden (Referentenentwurf abrufbar unter: https://www.bmwk.de/Redaktion/DE/Downloads/Gesetz/entwurf-eines-gesetzes-zur-anpassung-des-energiewirtschaftsrechts-an-unionsrechtliche-vorgaben.pdf?__blob=publicationFile&v=4, S. 10 f.).

§ 17j Verordnungsermächtigung

¹Das Bundesministerium für Wirtschaft und Energie wird ermächtigt, im Einvernehmen mit dem Bundesministerium der Justiz und für Verbraucherschutz, durch Rechtsverordnung ohne Zustimmung des Bundesrates die nähere Ausgestaltung der Methode des Belastungsausgleichs nach § 17f sowie der Wälzung der dem Belastungsausgleich unterliegenden Kosten auf Letztverbraucher und ihre Durchführung sowie die Haftung des anbindungsverpflichteten Übertragungsnetzbetreibers und Vorgaben an Versicherungen nach § 17h zu regeln. ²Durch Rechtsverordnung nach Satz 1 können insbesondere Regelungen getroffen werden
1. zur Ermittlung der Höhe der Ausgleichsbeträge; dies schließt Regelungen ein
    a) zu Kriterien für eine Prognose der zu erwartenden Kosten für das folgende **Kalenderjahr,**
    b) zu dem Ausgleich des Saldos aus tatsächlichen und prognostizierten Kosten,

Verordnungsermächtigung § 17j EnWG

   c) zur Verwaltung der Ausgleichsbeträge durch die Übertragungsnetzbetreiber sowie
   d) zur Übermittlung der erforderlichen Daten;
2. zur Schaffung und Verwaltung einer Liquiditätsreserve durch die Übertragungsnetzbetreiber;
3. zur Wälzung der dem Belastungsausgleich nach § 17f unterliegenden Kosten der Übertragungsnetzbetreiber auf Letztverbraucher; dies schließt Regelungen zu Höchstgrenzen der für den Belastungsausgleich erforderlichen Aufschläge auf die Netzentgelte der Letztverbraucher ein;
4. zur Verteilung der Kostenbelastung zwischen Netzbetreibern; dies schließt insbesondere Regelungen zur Zwischenfinanzierung und zur Verteilung derjenigen Kosten ein, die im laufenden Kalenderjahr auf Grund einer Überschreitung der Prognose oder einer zulässigen Höchstgrenze nicht berücksichtigt werden können;
5. zu näheren Anforderungen an Schadensminderungsmaßnahmen einschließlich Regelungen zur Zumutbarkeit dieser Maßnahmen und zur Tragung der aus ihnen resultierenden Kosten;
6. zu Veröffentlichungspflichten der anbindungsverpflichteten Übertragungsnetzbetreiber hinsichtlich eingetretener Schäden nach § 17e Absatz 1 und 2, der durchgeführten Schadensminderungsmaßnahmen und der dem Belastungsausgleich unterliegenden Entschädigungszahlungen;
7. zu Anforderungen an die Versicherungen nach § 17h hinsichtlich Mindestversicherungssumme und Umfang des notwendigen Versicherungsschutzes.

§ 17j enthält eine Verordnungsermächtigung für das Bundesministerium für Wirtschaft und Energie (→ Rn. 2), um die Methoden des Belastungsausgleichs nach § 17f und Vorgaben für Versicherungen nach § 17h zu regeln. Die Regelung wurde mit dem Dritten Gesetz zur Neuregelung energiewirtschaftlicher Vorschriften eingeführt und mit Wirkung zum 1.8.2014 (BGBl. I 1066) lediglich im Hinblick auf Zuständigkeiten geändert. Satz 2 enthält eine insbesondere-Regelung, mit der mögliche Regelungsgebiete näher gefasst werden. Die Aufzählung ist aber nicht abschließend, sodass der Verordnungsgeber auch darüber hinaus gehen könnte. 1

Die Verordnungsermächtigung ist **rein ministerial** ausgestaltet; eine mögliche Verordnung ist deshalb nicht im Bundesrat zustimmungspflichtig. Lediglich ein **Einvernehmen** ist mit dem Bundesministerium für Justiz und Verbraucherschutz herzustellen. Über die Frage der Zustimmungsbedürftigkeit im Bundesrat gab es im Rahmen des Gesetzgebungsverfahrens Streit, da der Bundesrat eine erhebliche Auswirkung auf die Belange der Länder und unter Umständen erhebliche Aufschläge auf die Strompreise sah. Aus diesen Gründen war deshalb aus seiner Sicht eine Zustimmungsbedürftigkeit gegeben (BR-Drs. 520/1/12, 10 f.). Die Bundesregierung trat dem jedoch entgegen und blieb bei der rein ministerialen Ausgestaltung. Die Bundesregierung verwies u.a. darauf, dass die maximale Höhe der Aufschläge auf die Netzentgelte durch § 17f Abs. 5 begrenzt sei (BT-Drs. 17/11269, 35). Sofern sich seit Dezember 2021 die Bezeichnungen bzw. Zuschnitte der Bundesministerien geändert haben, berührt das den Erlass der Verordnungen nicht (vgl. § 1 Abs. 1, 2 Zuständigkeitsanpassungsgesetz). 2

Die Verordnungsermächtigung dient vor allem dem Zweck, den **Wälzungsmechanismus kosteneffizient auszugestalten** und Belastungen für den Letztverbraucher möglichst zu minimieren und zu glätten. Zudem soll gewährleistet werden, dass Entwicklungen des Versicherungsmarktes berücksichtigt werden können (BT-Drs. 17/10754, 32). Von der Verordnungsermächtigung wurde bisher noch nicht Gebrauch gemacht. 3

Aktuell befindet sich eine Novellierung des Energiewirtschaftsgesetzes im Gesetzgebungsprozess. Der Gesetzentwurf ist am 24.5.2023 im Kabinett beschlossen worden und befindet sich damit aktuell im parlamentarischen Verfahren. In diesem Zusammenhang soll § 17j neu gefasst werden, sodass die Verordnungsermächtigungen reduziert werden (der Gesetzentwurf der Bundesregierung ist abrufbar unter: https://www.bmwk.de/Redaktion/DE/Artikel/Service/Gesetzesvorhaben/entwurf-eines-gesetzes-zur-anpassung-des-energiewirtschaftsrechts-an-unionsrechtliche-vorgaben.html). 4

Grüner

§ 18 Allgemeine Anschlusspflicht

(1) ¹Abweichend von § 17 haben Betreiber von Energieversorgungsnetzen für Gemeindegebiete, in denen sie Energieversorgungsnetze der allgemeinen Versorgung von Letztverbrauchern betreiben, allgemeine Bedingungen für den Netzanschluss von Letztverbrauchern in Niederspannung oder Niederdruck und für die Anschlussnutzung durch Letztverbraucher zu veröffentlichen sowie zu diesen Bedingungen jedermann an ihr Energieversorgungsnetz anzuschließen und die Nutzung des Anschlusses zur Entnahme von Energie zu gestatten. ²Diese Pflichten bestehen nicht, wenn
1. der Anschluss oder die Anschlussnutzung für den Betreiber des Energieversorgungsnetzes aus wirtschaftlichen Gründen nicht zumutbar ist oder
2. ab dem 21. Dezember 2018 der Anschluss an ein L-Gasversorgungsnetz beantragt wird und der Betreiber des L-Gasversorgungsnetzes nachweist, dass der beantragenden Partei auch der Anschluss an ein H-Gasversorgungsnetz technisch möglich und wirtschaftlich zumutbar ist.

³In der Regel sind die Kosten für die Herstellung eines Anschlusses an ein H-Gasversorgungsnetz wirtschaftlich zumutbar im Sinne von Satz 2 Nummer 2, wenn sie die Kosten für die Herstellung eines Anschlusses an ein L-Gasversorgungsnetz nicht wesentlich übersteigen. ⁴Satz 2 Nummer 2 und Satz 3 sind nicht anzuwenden, wenn der technische Umstellungstermin gemäß § 19a Absatz 1 Satz 5 im Gebiet des beantragten Anschlusses bereits zu veröffentlichen ist und der Gesamtbedarf an L-Gas in dem betreffenden L-Gasversorgungsnetz durch den Anschluss nur unwesentlich erhöht wird.

(2) ¹Wer zur Deckung des Eigenbedarfs eine Anlage zur Erzeugung von Elektrizität auch in Verbindung mit einer Anlage zur Speicherung elektrischer Energie betreibt oder sich von einem Dritten an das Energieversorgungsnetz anschließen lässt, kann sich nicht auf die allgemeine Anschlusspflicht nach Absatz 1 Satz 1 berufen. ²Er kann aber einen Netzanschluss unter den Voraussetzungen des § 17 verlangen. ³Satz 1 gilt nicht für die Deckung des Eigenbedarfs von Letztverbrauchern aus Anlagen der Kraft-Wärme-Kopplung bis 150 Kilowatt elektrischer Leistung und aus erneuerbaren Energien.

(3) ¹Die Bundesregierung kann durch Rechtsverordnung mit Zustimmung des Bundesrates die Allgemeinen Bedingungen für den Netzanschluss und dessen Nutzung bei den an das Niederspannungs- oder Niederdrucknetz angeschlossenen Letztverbrauchern angemessen festsetzen und hierbei unter Berücksichtigung der Interessen der Betreiber von Energieversorgungsnetzen und der Anschlussnehmer
1. die Bestimmungen über die Herstellung und Vorhaltung des Netzanschlusses sowie die Voraussetzungen der Anschlussnutzung einheitlich festsetzen,
2. Regelungen über den Vertragsabschluss und die Begründung des Rechtsverhältnisses der Anschlussnutzung, den Übergang des Netzanschlussvertrages im Falle des Überganges des Eigentums an der angeschlossenen Kundenanlage, den Gegenstand und die Beendigung der Verträge oder der Rechtsverhältnisse der Anschlussnutzung treffen und
3. die Rechte und Pflichten der Beteiligten einheitlich festlegen.

²Das Interesse des Anschlussnehmers an kostengünstigen Lösungen ist dabei besonders zu berücksichtigen. ³Die Sätze 1 und 2 gelten entsprechend für Bedingungen öffentlich-rechtlich gestalteter Versorgungsverhältnisse mit Ausnahme der Regelung des Verwaltungsverfahrens.

Überblick

Absatz 1 verpflichtet Netzbetreiber (→ Rn. 8 ff.) nach Maßgabe der veröffentlichten Allgemeinen Bedingungen (→ Rn. 13 ff.) zum Netzanschluss von Letztverbrauchern (→ Rn. 5 ff.). Die allgemeine Anschlusspflicht wird in Absatz 1 Sätzen 2–4 eingeschränkt – insbesondere, wenn die Herstellung des Netzanschlusses für Netzbetreiber wirtschaftlich unzumutbar ist (→ Rn. 23 ff.). Absatz 2 regelt zudem den Ausschluss von Eigenerzeugern

Allgemeine Anschlusspflicht § 18 EnWG

(→ Rn. 33 ff.) und über dritte Netze angeschlossene Anschlusspetenten (→ Rn. 35 ff.). Absatz 3 enthält eine Verordnungsermächtigung zur Festlegung Allgemeiner Netzanschlussbedingungen durch die Bundesregierung (→ Rn. 40 ff.).

Übersicht

	Rn.		Rn.
A. Normzweck und Bedeutung	1	II. Entfallen Anschlusspflicht L-Gasnetz (Abs. 1 S. 2 Nr. 2, S. 3)	26
B. Anschlusszwang und Nutzungsgestattungsanspruch (Abs. 1)	5	III. Wiederaufleben Anschlusspflicht L-Gasnetz (Abs. 1 S. 4)	29
I. Berechtigtenkreis	5	E. Ausschluss bestimmter Letztverbraucher (Abs. 2)	33
II. Adressat der Anschlusspflicht	8	I. Keine Anschlusspflicht bei Eigenerzeugungsanlagen (Abs. 2 S. 1 Alt. 1)	33
III. Netzanschlussebene	11	II. Keine Anschlusspflicht bei Netzanschluss durch Dritte (Abs. 2 S. 1 Alt. 2)	35
IV. Anschluss und Nutzung nach Maßgabe der veröffentlichten Allgemeinen Bedingungen	13	III. Grundlegendes Verhältnis zu § 17 (Abs. 2 S. 2)	37
C. Rechtsfolge	20	IV. Rückausnahme für Eigenerzeugungsanlagen (Abs. 2 S. 3)	39
I. Netzanschluss	20	F. Verordnungsermächtigung (Abs. 3)	40
II. Anschlussnutzung	22	G. Durchsetzung Netzanschluss	43
D. Einschränkungen der Anschlusspflicht (Abs. 1 S. 2–4)	23		
I. Grundsatz wirtschaftlicher Unzumutbarkeit (Abs. 1 S. 2 Nr. 1)	23		

A. Normzweck und Bedeutung

Die Vorschrift ist relevant für den Netzanschluss und die Anschlussnutzung von **Haushaltskunden und „kleineren" Gewerbekunden** (BT-Drs. 15/3917, 58), wenngleich der Wortlaut „jedermann" in Absatz 1 Satz 1 den naheliegenden Rückschluss zulässt, dass jede Person grundsätzlich anspruchsberechtigt sein könne (→ Rn. 5). 1

Absatz 1 enthält dabei eine für Netzbetreiber geltende **allgemeine Anschlusspflicht** von Letztverbrauchern iSd § 3 Nr. 25 (→ § 3 Nr. 25 Rn. 1 ff.) für die unterste Spannungs- bzw. Druckebene der allgemeinen Energieversorgungsnetze (Niederspannungs- oder Niederdrucknetz). Die allgemeine Anschlusspflicht war bereits in § 10 EnWG 1998 enthalten, bezog sich vor Inkrafttreten des EnWG 2005 jedoch nur auf die im Weg der Grundversorgung belieferten Kunden (Säcker EnergieR/Bruhn § 18 Rn. 8). 2

Zudem vollzog die Vorschrift die durch die Entflechtungsbestimmungen des EnWG 2005 notwendig gewordene Trennung der Netzanschlusspflicht gegenüber der Versorgungspflicht (Kment EnWG/Gerstner § 18 Rn. 1). § 18 vermittelt dabei den berechtigten Letztverbrauchern einen Netzanschluss- und Nutzungsanspruch gegenüber den zuständigen Energieverteilernetzbetreibern, der vorrangig gegenüber § 17 ist. Zudem enthält die Bestimmung Transparenzanforderungen, die seitens des Energieverteilernetzbetreiber zu beachten sind. 3

Rechtstechnisch ist der Begriff des **Netzanschlusses** und dessen Nutzung („Anschlussnutzung") iSd § 18 von den Begriffen **Netzzugang** und Netznutzung iSd § 20 zu unterscheiden. Das Netzanschlussverhältnis regelt die rein physikalisch technische Anbindung der elektrischen Anlage bzw. Gasanlage des **Anschlussnehmers** an das vorgelagerte Netz und die Nutzung des Anschlusses durch die nachgelagerten Anschlussnutzer. Demgegenüber vermittelt das Netzzugangsverhältnis das Recht des **Netznutzers,** an einer einzelnen oder einer Vielzahl an Entnahmestellen Energie aus dem vorgelagerten Netz zu beziehen. 4

B. Anschlusszwang und Nutzungsgestattungsanspruch (Abs. 1)

I. Berechtigtenkreis

Gemäß Absatz 1 Satz 1 ist grundsätzlich „**jedermann**" berechtigt, den Netzanschluss und die Gestattung der Anschlussnutzung gegenüber dem Netzbetreiber einzufordern. Eine Begrenzung des Berechtigtenkreises folgt jedoch einerseits aus den weiteren tatbestandlichen 5

Schnurre 771

Voraussetzungen und andererseits systematisch aus dem Inhalt des Anschlussanspruchs (ausführlich Kment EnWG/Gerstner § 18 Rn. 19–23).

6   Anspruchsberechtigt sind ausschließlich **Letztverbraucher** iSd § 3 Nr. 25 mit einem eigenen unmittelbaren Energiebedarf (Britz/Hellermann/Hermes/Bourwieg, 3. Aufl., § 18 Rn. 14). Mit dem Strommarktgesetz vom 26.6.2016 (BGBl. I 1786) wurde der Letztverbraucherbegriff dahingehend erweitert, dass auch der Strombezug von Ladepunkten für Elektromobile umfasst wird. Somit gilt auch der Betreiber der Ladesäule iSd § 2 Nr. 11 LSV (sog. „Charging Point Operator") als Letztverbraucher und kann seinen Netzanschlussanspruch (zumindest im Bereich der Niederspannung) nach § 18 durchsetzen.

7   Personenidentität von Anschlussnehmer und Letztverbraucher ist für die Geltendmachung des Anschlussanspruches (zugunsten der anzuschließenden Letztverbraucher) nicht erforderlich (Britz/Hellermann/Hermes/Bourwieg, 3. Aufl., § 18 Rn. 15). Soweit eine Anschlussnutzung durch einen Letztverbraucher erfolgt, kann der Anschlussnehmer (zB Vermieter eines Gebäudes) den Netzanschluss unmittelbar vom Netzbetreiber verlangen, selbst wenn der Anschlussnehmer den Netzanschluss nicht zu Eigenbedarfszwecken nutzt.

II. Adressat der Anschlusspflicht

8   § 18 adressiert sowohl Betreiber von **Elektrizitäts-** als auch **Gasversorgungsnetzen** (§ 3 Nr. 2 und Nr. 6) in Niederspannung bzw. Niederdruck.

9   Die Anschlusspflicht ist jedoch beschränkt auf **Energieversorgungsnetze der allgemeinen Versorgung** iSd § 3 Nr. 17. Eine Anschlusspflicht nach § 18 besteht damit weder für **geschlossene Verteilernetze** iSd § 110, noch für **Direktleitungen** iSd § 3 Nr. 12 noch für **Kundenanlagen** iSd § 3 Nr. 24a oder § 3 Nr. 24b.

10 Die Anschlusspflicht gilt nur für den Teil des Gemeindegebiets, für das der Netzbetreiber einen **Konzessionsvertrag** geschlossen hat. Die Wirksamkeit des Konzessionsvertrags ist demgegenüber für das Verhältnis zwischen Netzbetreiber und Letztverbraucher ohne Relevanz (Britz/Hellermann/Hermes/Bourwieg, 3. Aufl., § 18 Rn. 8).

III. Netzanschlussebene

11 Die Bestimmung gilt ausschließlich für den Netzanschluss in Niederspannung und Niederdruck und ist gegenüber § 17 als speziellere Bestimmung vorrangig. § 17 umfasst dagegen den Netzanschluss in den vorgelagerten Netzebenen.

12 Umstritten ist, ob **Umspannkunden** von der Mittel- in die Niederspannung vom Anwendungsbereich des § 18 umfasst sind (so etwa Britz/Hellermann/Hermes/Bourwieg, 3. Aufl., § 18 Rn. 18). Richtigerweise ist dabei zwischen solchen Letztverbrauchern zu unterscheiden, die direkt an die niederspannungsseitig nachgelagerten Sammelschienen angeschlossen sind und solchen, die direkt an die unterspannungsseitigen Sammelschienen der Ortsnetzstation angeschlossen sind (ausführlich Weise/Bartsch/Hartmann IR 2015, 2). Da im letztgenannten Fall die unterspannungsseitige Sammelschiene der Umspannebene Mittel-/Niederspannung zuzuordnen ist, wäre eine Anwendung des § 18 aufgrund des klaren Wortlauts, der nur die Niederspannungsebene umfasst, eigentlich abzulehnen. Gegen diese Auslegung sprechen jedoch nachrangige Duldungspflichten wie etwa § 10 NAV, die in der Regel Umspannkunden treffen und bei einer engen Auslegung für diese Kundengruppe aufgrund des dann nicht eröffneten Anwendungsbereichs (§ 1 Abs. 1 NAV) leerlaufen würden. Vor diesem Hintergrund spricht vieles dafür, dass die Anschlusspflicht gem. § 18 auch Umspannkunden von der Mittel- in die Niederspannung umfasst.

IV. Anschluss und Nutzung nach Maßgabe der veröffentlichten Allgemeinen Bedingungen

13 Betreiber von Elektrizitäts- und Gasverteilernetzbetreiben sind gem. Absatz 1 Satz 1 verpflichtet, **Allgemeine Bedingungen für Netzanschluss und Anschlussnutzung** zu veröffentlichen. Eine Vorgabe, in welcher Weise die Veröffentlichung zu erfolgen hat, enthält § 18 nicht. Unter Allgemeine Bedingungen sind sowohl die nach Maßgabe von Absatz 3 festgesetzten Bestimmungen von NAV/NDAV (→ Rn. 40) wie auch die ergänzenden Bedingungen des Netzbetreibers zu fassen (aA wohl Eder/Sösemann IR 2010, 234).

Allgemeine Anschlusspflicht   § 18 EnWG

Die gesetzliche Bestimmung des § 18 enthält keine detaillierten Anforderungen bezüglich 14
der Veröffentlichungspflicht. Insoweit ist jedoch § 4 NAV/§ 4 NDAV zu beachten. § 4 Abs. 2
S. 2 NAV/§ 4 Abs. 2 S. 2 NDAV legt fest, dass die Verteilernetzbetreiber die Allgemeinen
Bedingungen auf ihrer Webseite zu veröffentlichen haben. Ergänzende netzspezifische Bedingungen
werden darüber hinaus erst mit öffentlicher Bekanntgabe zum Monatsbeginn wirksam.
Ergänzende technische Anschlussbedingungen sind zudem der zuständigen Regulierungsbehörde
mitzuteilen, vgl. § 4 Abs. 3 S. 1 NAV/§ 4 Abs. 3 S. 1 NDAV.

Die Allgemeinen (und ergänzenden) Bedingungen werden wirksamer Vertragsbestandteil, 15
wenn die Einbeziehungsvoraussetzungen des § 18 sowie der NAV/NDAV vorliegen. Diese
Bestimmungen gehen insoweit der Einbeziehungskontrolle des § 305 Abs. 2 BGB als lex
specialis vor.

Darüber hinaus ist die Festlegung ergänzender Bedingungen zulässig, die bei wirksamer 16
Einbeziehung und inhaltlicher Wirksamkeit die Bestimmungen der NAV bzw. NDAV ergänzen.
Bei ergänzenden Bedingungen ist zwischen ergänzenden Technischen Anschlussbedingungen
iSd § 20 NAV/§ 20 NDAV und ergänzenden vertraglichen Bedingungen zu differenzieren.

Im Fall der ersten Gruppe wird in der Praxis in der Regel auf technische Regelwerke 17
verwiesen. Die technischen Regelwerke enthalten unterschiedlichste Vorgaben, die insbesondere
die **technische Ausgestaltung von Netzanschlüssen** betreffen. Die Technischen
Anschlussbedingungen der Verteilernetzbetreiber verweisen bzw. orientieren sich dabei in der
Praxis zumeist an den Musteranschlussbedingungen der Fachverbände BDEW (Technische
Anschlussbedingungen TAB 2019 für den Anschluss an das Niederspannungsnetz) und
DVGW (Technische Regel – Arbeitsblatt DVGW G 2000 (A), Mindestanforderungen bezüglich
Interoperabilität und Anschluss an Gasversorgungsnetze; Mai 2017).

Demgegenüber enthalten die **ergänzenden vertraglichen Bedingungen** üblicherweise 18
die für das Netzgebiet einschlägigen Kostenregelungen. Neben den vom Anschlussnehmer
zu zahlenden Netzanschlusskosten bestehen teilweise ergänzende Regelungen zum Baukostenzuschuss,
wobei die in § 11 NAV/§ 11 NDAV enthaltenen Regelungen nur ergänzt,
jedoch nicht abgeändert werden dürfen.

Ergänzende Vertragsbedingungen unterliegen als Allgemeine Geschäftsbedingungen einer 19
Einbeziehungskontrolle iSd §§ 305 ff. BGB (vgl. LG Regensburg 16.6.2009 – 2 S 86/09;
LG Wuppertal BeckRS 2010, 14435). Eine Kontrolle findet allerdings nur insoweit statt,
wie keine von NAV/NDAV abweichenden Regelungsinhalte festgelegt wurden. Hinsichtlich
der ergänzenden Technischen Anschlussbedingungen ist überdies die Vermutungswirkung
der anerkannten technischen Regeln zu beachten, wonach regelmäßig bei unveränderter
Übernahme des Technischen Regelwerks durch den Verteilernetzbetreiber erhöhte Anforderungen
an den Anschlusspetenten bei der Darlegung der unangemessenen Benachteiligung
iSd § 307 Abs. 1 gestellt werden dürften.

C. Rechtsfolge

I. Netzanschluss

Der Anspruch auf Netzanschluss richtet sich auf die Herstellung einer physischen Verbindung 20
des vorgelagerten Verteilernetzes (→ Rn. 12) mit der Kundenanlage (§ 5 S. 1 NAV/
§ 5 S. 1 NDAV).

Die konkreten Schnittstellen der Verbindung und damit auch der Zuständigkeitsbereich des Netz- 20.1
betreibers wird durch die NAV und NDAV geregelt. Der Netzanschluss Strom umfasst den Bereich
zwischen Abzweigstelle vom Niederspannungsnetz bis zur Hausanschlusssicherung, vgl. § 5 S. 2 NAV.
Bei Gasanlagen besteht der Netzanschluss Gas aus der Netzanschlussleitung, einer ggf. vorhandenen
Absperreinrichtung außerhalb des Gebäudes, einem Isolierstück, der Hauptabsperreinrichtung und ggf.
einem Haus-Druckregelgerät, vgl. § 5 S. 2 NDAV. Messeinrichtung und Messsystem iSd § 2 Nr. 10 und
Nr. 13 MsbG sind nicht Teil des Netzanschlusses.

Der Netzanschlussvertrag zwischen Anschlussnehmer und Netzbetreiber begründet das 21
Netzanschlussverhältnis, vgl. § 2 Abs. 2 NAV/§ 2 Abs. 2 NDAV. § 18 beinhaltet einen **Kontrahierungszwang**
des Netzbetreibers, mit dem Anschlussnehmer einen Netzanschlussver-

Schnurre   773

trag zu den Allgemeinen Bedingungen (→ Rn. 13) abzuschließen. Aus dem Netzanschlussvertrag folgt die Pflicht des Netzbetreibers zur Herstellung des Netzanschlusses und Vorhaltung des Netzanschlusses über die Vertragslaufzeit.

II. Anschlussnutzung

22   Im Unterschied zum Netzanschlussverhältnis handelt es sich beim Anschlussnutzungsverhältnis um kein vertragliches, sondern um ein gesetzliches Schuldverhältnis (BT-Drs. 15/3917, 58). Anschlussnutzer ist dabei der zur Nutzung des Netzanschlusses berechtigte Letztverbraucher (zB Mieter). Das Anschlussnutzungsverhältnis kommt durch Strom- bzw. Gasentnahme des Anschlussnutzers zustande, vgl. § 3 Abs. 2 NAV/§ 3 Abs. 2 NDAV. Aus dem Anschlussnutzungsverhältnis ergibt sich ein selbstständiger **Gestattungsanspruch des Anschlussnutzers** gegenüber dem Netzbetreiber, den Anschluss zu den allgemeinen Bedingungen nutzen zu dürfen.

D. Einschränkungen der Anschlusspflicht (Abs. 1 S. 2–4)

I. Grundsatz wirtschaftlicher Unzumutbarkeit (Abs. 1 S. 2 Nr. 1)

23   Eine Pflicht zur Herstellung bzw. Vorhaltung des Netzanschlusses besteht nicht, wenn diese für den Verteilernetzbetreiber aus wirtschaftlichen Gründen **unzumutbar** ist. Das Kriterium richtet sich nach einer Bewertung der Umstände des Einzelfalls (BGH RdE 2009, 336; LG Neuruppin BeckRS 2018, 19499; Britz/Hellermann/Hermes/Bourwieg, 3. Aufl., § 18 Rn. 23). Die Hürde, den Anschluss eines Haushaltskunden als für den Netzbetreiber wirtschaftlich unzumutbar anzusehen, liegt sehr hoch (OLG Brandenburg BeckRS 2019, 37485; aA Säcker EnergieR/Bruhn § 18 Rn. 36). Eine wirtschaftliche Unzumutbarkeit ist regelmäßig zu bejahen, wenn ein **erhebliches Missverhältnis** zwischen den durch den Netzanschluss des Anschlussnehmers verursachten Kosten und den durchschnittlichen Kosten für den Netzanschluss (oder der Anschlussnutzung) in dem betreffenden Gemeindegebiet besteht (Kment EnWG/Gerstner § 18 Rn. 51).

23.1   Auf Seiten des Netzbetreibers sind u.a. die Kosten für die Herstellung des Netzanschlusses und Folgekosten wie etwa für einen Netzausbau, aber auch eine Erhöhung der Netzkosten durch schlechtere Kapazitätsnutzung zu berücksichtigen. Auf Seiten des Anschlussnehmers spielt insbesondere eine Rolle, in welchem Maße er für den Energiebezug auf den konkret gewünschten Anschluss angewiesen ist, ob alternative Anschlussmöglichkeiten bestehen oder ob es ihm nur um eine Kostenreduzierung geht (BGH RdE 2009, 336). Ein Verweigerungsrecht besteht nur dann, wenn den Interessen des Netzbetreibers Vorrang vor denen des Anschlussnehmers zukommt. Die tatsächlichen Voraussetzungen hat der Netzbetreiber nachzuweisen (BGH RdE 2009, 336). Dabei ist insbesondere der Schutz aller Letztverbraucher an einer preiswürdigen Energieversorgung als Kerngedanke des Energierechts zu berücksichtigen. Soweit durch einen einzelnen Kunden oder eine bestimmte Kundengruppe Kosten verursacht werden, die erheblich von den Kosten abweichen, die die übrigen Kunden verursachen, kommt es zu einer unbilligen Belastung. Dies ist beispielsweise dann anzunehmen, wenn ein Investitionsaufwand von 43.500 EUR für den Netzanschluss eines einzelnen Abnehmers erforderlich ist (LG Neuruppin BeckRS 2018, 19499).

24   Im Unterschied zu § 17 Abs. 2 führen technische oder betriebsbedingte Gründe nicht zum Ausschluss des Anspruchs (Kment EnWG/Gerstner § 18 Rn. 50; aA Säcker EnergieR/Bruhn § 18 Rn. 36). Die Berufung auf Kapazitätsmängel des Netzes zur Begründung der wirtschaftlichen Unzumutbarkeit ist ausgeschlossen (LG Neuruppin BeckRS 2018, 19499). Gerade bei der Vorhaltung von Anschlüssen an das Gasnetz ist jedoch zu beachten, dass die wirtschaftlichen Risiken auf technischen Risiken gründen können, die sich etwa aus der Vorhaltung eines separaten Gasanschlusses für nicht genutzte oder bewohnte Liegenschaften ergeben (Säcker EnergieR/Bruhn § 18 Rn. 36).

25   Die Darlegungs- und Beweislast für das Vorliegen der Umstände, aus denen sich die wirtschaftliche Unzumutbarkeit ergibt, liegt beim Netzbetreiber.

Allgemeine Anschlusspflicht   § 18 EnWG

II. Entfallen Anschlusspflicht L-Gasnetz (Abs. 1 S. 2 Nr. 2, S. 3)

Die Bestimmung in Absatz 1 Satz 2 Nummer 2 und Sätzen 3–4 wurde mit Wirkung zum **26** 1.1.2019 neu in das EnWG aufgenommen (Art. 3 Gesetz v. 17.12.2018, BGBl. I 2549). Der L-Gasnetzbetreiber ist gem. Absatz 1 Satz 2 Nummer 2 zur Verweigerung des Anschlussbegehrens für das L-Gasversorgungsnetz berechtigt, sofern der Anschluss an das H-Gasversorgungsnetz für den Anschlussnehmer bzw. Antragsteller nachweisbar **technisch möglich** und **wirtschaftlich zumutbar** ist. Die Nachweispflicht obliegt dem Versorgungsnetzbetreiber.

Die Begriffsdefinition des H- und L-Gasversorgungsnetzes erfolgte zeitgleich mit der Neuregelung **26.1** von Absatz 1 Satz 2 Nummer 2 und Sätzen 3–4 in § 3 Nr. 21a bzw. § 3 Nr. 24c. Hintergrund der Regelung ist die deutschlandweit einheitliche Umstellung von Gas mit einem niedrigen Heizwert („low calorific") auf Gas mit einem höheren Heizwert („high calorific"), der im Zuge der Marktraumumstellung insbesondere Letztverbraucher in Bremen, Niedersachsen, Nordrhein-Westfalen, Sachsen-Anhalt, Rheinland-Pfalz und Hessen betrifft. In den übrigen Bundesländern erfolgte bereits bisher flächendeckend die Versorgung mit H-Gas. Die Marktraumumstellung erfolgt schrittweise bis zum Jahr 2030.

Wirtschaftlich zumutbar ist der Netzanschluss an das H-Gasversorgungsnetz nach Satz 3 **27** regelmäßig dann, wenn die Kosten für die Herstellung des Anschlusses an ein H-Gasversorgungsnetz die Kosten für den Anschluss an ein L-Gasversorgungsnetz **nicht wesentlich** übersteigen (BT-Drs. 19/5523, 118). Eine feste Grenze, ab wann die Wesentlichkeitsschwelle erreicht ist, sieht die Vorschrift nicht vor. Der BGH geht (allerdings in gänzlich anderem Kontext) von einem Überschreiten einer Wesentlichkeitsschwelle ab einem Wert von 110 Prozent aus (BGH NJW-RR 2015, 761). Allerdings ist zu berücksichtigen, dass der Gesetzgeber in der Gesetzesbegründung festgestellt hat, dass jeder Einzelfall anhand seiner konkreten Umstände zu beurteilen ist (BT-Drs. 19/5523, 118), sodass sich die Annahme eines absoluten Schwellwertes verbieten dürfte.

Als weitere zusätzliche Voraussetzung sieht Absatz 1 Satz 2 Nummer 2 vor, dass die **technische Möglichkeit** der Anbindung des Anschlussnehmers an das H-Gasversorgungsnetz **28** besteht. Diese Regelung dient dem Schutz von Letztverbrauchern. Mit der Regelung soll sichergestellt werden, dass eine Ablehnung des Anschlussbegehrens nur erfolgt, wenn ein Anschluss an das H-Gasversorgungsnetz **zeitnah technisch umgesetzt werden kann,** wobei davon auszugehen ist, dass sich die Frage der zeitnahen Umsetzbarkeit an der üblichen Dauer der Herstellung eines L-Gasnetzanschlusses orientieren dürfte.

III. Wiederaufleben Anschlusspflicht L-Gasnetz (Abs. 1 S. 4)

Die Netzanschlusspflicht an das L-Gasversorgungsnetz (→ Rn. 26) **lebt ausnahmsweise** **29** **dann wieder auf,** wenn die in Absatz 1 Satz 4 genannten Voraussetzungen vorliegen.

Voraussetzung des Wiederauflebens des Netzanschlussanspruchs ist dabei, dass der techni- **30** sche Umstellungstermin des L-Gasversorgungsnetzes zu einem H-Gasversorgungsnetz gem. § 19a Abs. 1 S. 5 im jeweiligen Netzgebiet **veröffentlichungspflichtig** ist. Veröffentlichungspflichtig sind die **Umstellungstermine** gem. § 19a Abs. 1 S. 5 grundsätzlich zwei Jahre vor Umstellungsbeginn. Es ist unbeachtlich, ob der Netzbetreiber die Umstellung tatsächlich veröffentlicht hat (vgl. BT-Drs. 18/5523, 118).

Zudem darf der Gesamtbedarf an L-Gas durch den Netzanschluss des Petenten im jeweili- **31** gen Netzgebiet **nur unwesentlich erhöht** werden. Die Bestimmung lässt offen, wann von einer unwesentlichen Erhöhung auszugehen ist. Ob eine wesentliche Erhöhung vorliegt, ist auch hier anhand der Umstände des Einzelfalls zu ermitteln.

Liegen die Voraussetzungen von Absatz 1 Satz 4 vor, lebt die Pflicht des Netzbetreibers **32** nach Absatz 1 Satz 1 wieder auf. Der Netzanschluss kann in diesem Fall alleine bei Vorliegen der wirtschaftlichen Unzumutbarkeit iSd Absatzes 1 Satz 2 Nummer 1 (→ Rn. 23) verweigert werden. Hintergrund ist, dass der Netzbetreiber nach Abschluss der Umstellung der Gasqualität auf H-Gas in seinem Marktgebiet ohnehin dem Anschlusspetenten den Anschluss an sein Netz nach Maßgabe von Absatz 1 Satz 1 gestatten muss (BT-Drs. 18/5523, 118).

E. Ausschluss bestimmter Letztverbraucher (Abs. 2)

I. Keine Anschlusspflicht bei Eigenerzeugungsanlagen (Abs. 2 S. 1 Alt. 1)

33 Die allgemeine Anschlusspflicht entfällt gem. Absatz 2 Satz 1 Alternative 1 für **Eigenerzeugungsanlagen zur Deckung des Eigenbedarfs** – auch in Verbindung mit Anlagen zur Speicherung von elektrischer Energie. Die Ausnahme bezieht sich ausschließlich auf Anlagen zur Erzeugung von Elektrizität und umfasst weder Wärme- noch Kälteerzeugungsanlagen.

34 Es ist umstritten, unter welchen Voraussetzungen das Kriterium der Eigenbedarfsdeckung vorliegt (ausführlich Kment EnWG/Gerstner § 18 Rn. 55). Dabei stellt sich die Frage, ob die allgemeine Anschlusspflicht nach Absatz 1 Satz 1 bereits bei geringen selbst erzeugten und selbst genutzten Strommengen entfällt oder ob eine nicht im Wortlaut enthaltene Erheblichkeitsschwelle erreicht werden muss, die zB bei Balkon-Photovoltaik unterschritten sein könnte. Der überwiegende Teil des Schrifttums vertritt eine wortlauttreue restriktive Auffassung (Säcker EnergieR/Bruhn § 18 Rn. 43; Kment EnWG/Gerstner § 18 Rn. 55). Vor dem Hintergrund der Rückausnahme in Absatz 2 Satz 3 (→ Rn. 39), wonach die Anschlusspflicht bei EE- und KWK-Anlagen mit einer installierten Leistung bis 150 kW **nicht** entfällt, und der Beschränkung von § 18 auf die Niederspannungsebene ist der Meinungsstreit in der Praxis nur von geringer Relevanz.

II. Keine Anschlusspflicht bei Netzanschluss durch Dritte (Abs. 2 S. 1 Alt. 2)

35 Die allgemeine Anschlusspflicht entfällt gegenüber Anschlusspetenten, die **von Dritten an das Energieversorgungsnetz angeschlossen** werden sollen. Diese Ausnahme bezieht sich vom Wortlaut her sowohl auf den Netzanschluss im Elektrizitätsverteiler- wie auch im Gasverteilernetz. Die Ausnahme findet Anwendung, wenn der Petent bereits an ein zweites Energieversorgungsnetz angeschlossen ist, da in diesem Fall das dem Netzanschlusszwang zugrundeliegende Leitbild der Vollversorgung (Säcker EnergieR/Bruhn § 18 Rn. 42, 45) nicht beeinträchtigt wird. Der Ausschluss gilt weiter in den Fallkonstellationen, in denen keine gleichwertigen wirtschaftlichen Anschlussbedingungen aus Sicht des Petenten vorliegen, so etwa bei einem bereits bestehenden Anschluss an ein geschlossenes Verteilernetz nach § 110.

36 Die Einschränkung der Anschlusspflicht findet für **Letztverbraucher in Kundenanlagen** keine Anwendung (Säcker EnergieR/Bruhn § 18 Rn. 51). Zwar ist der Kundenanlagenbetreiber gegenüber dem Anschlussnutzer gem. § 3 Nr. 24a lit. d und § 3 Nr. 24b lit. d verpflichtet, dem Letztverbraucher bzw. dem von ihm gewählten Versorger die elektrische Anlage unentgeltlich und diskriminierungsfrei zur Verfügung zu stellen. Der Anschlusspetent ist damit regulatorisch gegenüber dem Kundenanlagenbetreiber geschützt. Jedoch ist vor dem Hintergrund der gesetzlichen Systematik, aus der sich gerade keine Gleichsetzung der Kundenanlage mit dem regulierten Energieversorgungsnetz ergibt, eine solche über den Wortlaut hinausgehende Einschränkung der Netzanschlusspflicht nicht überzeugend. Grundsätzlich ist der Anschlussnutzer damit berechtigt, einen eigenständigen Netzanschluss zu verlangen.

III. Grundlegendes Verhältnis zu § 17 (Abs. 2 S. 2)

37 § 18 geht gegenüber § 17 als **lex specialis** vor. Dabei ist zu beachten, dass der Netzanschlussanspruch nach § 17 bei Vorliegen der in Absatz 1 Satz 1 enthaltenen Tatbestandsvoraussetzungen gesperrt ist. Der Ausschluss von § 17 gilt auch dann, wenn der Netzanschlussanspruch aus Gründen der wirtschaftlichen Unzumutbarkeit iSd Absatzes 1 Satz 2 scheitert (BT-Drs. 15/3917, 59; LG Nürnberg-Fürth RdE 2007, 325).

38 Soweit die Voraussetzungen des Absatzes 1 Satz 1 nicht vorliegen, findet **§ 17 grundsätzlich Anwendung.** Dies ist insbesondere bei den in Absatz 2 genannten Letztverbrauchergruppen der Fall. Wie sich aus der Gesetzesbegründung ergibt (BT-Drs. 15/3917, 59), hat Absatz 2 keinen abschließenden Charakter. Ein Rückgriff auf § 17 bleibt auch ohne ausdrückliche Regelung für sonstige Anwendungsfälle möglich (so auch Britz/Hellermann/Hermes/Bourwieg, 3. Aufl., § 18 Rn. 31).

IV. Rückausnahme für Eigenerzeugungsanlagen (Abs. 2 S. 3)

Als Rückausnahme für Eigenerzeugungsanlagen bestimmt Absatz 2 Satz 3, dass bei KWK- 39
Anlagen mit einer installierten Leistung bis 150 kW und Anlagen, die Strom aus erneuerbaren Energien erzeugen (ohne Leistungsbegrenzung), die Anschlusspflicht des Elektrizitätsverteilernetzbetreibers nach Absatz 1 Satz 1 wieder auflebt. In der Regel greifen für den Netzanschluss der Eigenerzeugungsanlagen überdies die Privilegierungstatbestände nach § 3 KWKG (soweit es sich um hocheffiziente KWK-Anlagen handelt) und § 8 EEG 2021. Die spezialgesetzlichen Vorschriften zum Netzanschluss von Erzeugungsanlagen stehen in Anspruchskonkurrenz zur allgemeinen Anschlusspflicht nach Absatz 1 Satz 1, können also nebeneinander geltend gemacht werden (so auch Kment EnWG/Gerstner § 18 Rn. 56).

F. Verordnungsermächtigung (Abs. 3)

Absatz 3 enthält eine Verordnungsermächtigung, die die Bundesregierung mit Zustim- 40
mung des Bundesrats zur Festlegung von Allgemeinen Bedingungen für Netzanschluss und Anschlussnutzung in Niederspannung und Niederdruck ermächtigt. Auf Grundlage der Verordnungsermächtigung wurden die am 8.11.2006 in Kraft getretene **Niederspannungsanschlussverordnung** (NAV) (BGBl. 2006 I 2477 (Nr. 50) und **Niederdruckanschlussverordnung** (NDAV) (BGBl. 2006 I 2477 (2485) (Nr. 50)) erlassen.

Der Gesetzgeber hat in der Begründung zu Absatz 3 zudem klargestellt, dass die „Rechts- 41
verordnungen [...] im Interesse eines erhöhten Kundenschutzes und angesichts der Besonderheiten des Massenkundengeschäfts weitgehend abschließenden Charakter haben und die Geschäftsbedingungen des Netzanschlusses von Letztverbrauchern an das Niederspannungs- und Niederdrucknetz umfassend regeln" (vgl. BR-Drs. 613/04; hierauf verweist ebenfalls BGH 12.12.2012 – VIII ZR 341/11 juris Rn. 30 = BeckRS 2013, 1516). Daraus folgt, dass für ergänzende Bedingungen des Netzbetreibers kaum Raum verbleibt, soweit die ergänzenden Bedingungen **nicht im Widerspruch** zu Absatz 1 und der das Anschluss- und Nutzungsverhältnis konkretisierenden NAV und NDAV stehen.

Der Gesetzgeber wollte mit NAV und NDAV die Geschäftsbedingungen für den Netz- 42
schluss von Letztverbraucher möglichst abschließend regeln (Britz/Hellermann/Hermes/Bourwieg, 3. Aufl., § 18 Rn. 34). Daneben ist die Verwendung ergänzender Bedingungen durch den Netzbetreiber jedoch weiterhin zulässig (→ Rn. 16).

G. Durchsetzung Netzanschluss

Die Herstellung des Netzanschlusses und die Gestattung der Anschlussnutzung können 43
über den **ordentlichen Rechtsweg** vor den Zivilgerichten durchgesetzt werden. Zu beachten ist die ausschließliche Zuständigkeitsregelung in § 102. Zudem sieht § 32 Abs. 1 S. 1 einen zivilrechtlichen Beseitigungs- und Unterlassungsanspruch vor, der auch auf Verstöße gegen § 18 und die auf Grundlage von Absatz 3 erlassenen Verordnungen (→ Rn. 41) Anwendung findet (Säcker EnergieR/Bruhn § 18 Rn. 55).

Eine unmittelbar auf Erfüllung gerichtete **Leistungsklage** ist zulässig. Die Notwendigkeit 44
eines stufenweisen Vorgehens und einer isolierten Klage auf Abschluss eines Netzanschlussvertrags ist nicht erforderlich (so zum Netzanschlussanspruch nach § 17 auch Säcker EnergieR/Säcker/Boesche § 17 Rn. 99).

Aus der systematischen Stellung der Norm in Teil 3 des EnWG („Regulierung des Netzbe- 45
triebs") folgt, dass die allgemeine Anschlusspflicht nicht nur zivilrechtlich, sondern auch regulierungsbehördlich **durchgesetzt** werden kann.

Dabei tritt die **allgemeine Missbrauchsaufsicht** gem. §§ 30 ff. neben die zivilrechtlichen 46
Durchsetzungsmöglichkeiten bezüglich der sich aus § 18 ergebenden Ansprüche. Zuständig für Aufsichts- und Missbrauchsverfahren ist gem. § 54 Abs. 2 S. 3 die BNetzA. Die BNetzA kann die Netzbetreiber nach § 30 Abs. 2 verpflichten, ein missbräuchliches Verhalten abzustellen oder die Netzanschlussfrage im Rahmen eines besonderen Missbrauchsverfahrens nach § 31 auf Antrag eines dort genannten Berechtigten überprüfen.

§ 19 Technische Vorschriften

(1) Betreiber von Elektrizitätsversorgungsnetzen sind verpflichtet, unter Berücksichtigung der nach § 17 festgelegten Bedingungen und der allgemeinen technischen Mindestanforderungen nach Absatz 4 für den Netzanschluss von Erzeugungsanlagen, Anlagen zur Speicherung elektrischer Energie, Elektrizitätsverteilernetzen, Anlagen direkt angeschlossener Kunden, Verbindungsleitungen und Direktleitungen technische Mindestanforderungen an deren Auslegung und deren Betrieb festzulegen und im Internet zu veröffentlichen.

(2) [1]Betreiber von Gasversorgungsnetzen sind verpflichtet, unter Berücksichtigung der nach § 17 festgelegten Bedingungen für den Netzanschluss von LNG-Anlagen, dezentralen Erzeugungsanlagen und Gasspeicheranlagen, von anderen Fernleitungs- oder Gasverteilernetzen und von Direktleitungen technische Mindestanforderungen an die Auslegung und den Betrieb festzulegen und im Internet zu veröffentlichen. [2]Betreiber von Gasversorgungsnetzen, an deren Gasversorgungsnetz mehr als 100 000 Kunden unmittelbar oder mittelbar angeschlossen sind oder deren Netz über das Gebiet eines Landes hinausreicht, haben die technischen Mindestanforderungen rechtzeitig durch Veröffentlichung auf ihrer Internetseite öffentlich zu konsultieren.

(3) [1]Die technischen Mindestanforderungen nach den Absätzen 1 und 2 müssen die Interoperabilität der Netze sicherstellen sowie sachlich gerechtfertigt und nichtdiskriminierend sein. [2]Die Interoperabilität umfasst insbesondere die technischen Anschlussbedingungen und die Bedingungen für netzverträgliche Gasbeschaffenheiten unter Einschluss von Gas aus Biomasse oder anderen Gasarten, soweit sie technisch und ohne Beeinträchtigung der Sicherheit in das Gasversorgungsnetz eingespeist oder durch dieses Netz transportiert werden können. [3]Für die Gewährleistung der technischen Sicherheit gilt § 49 Absatz 2 bis 4.

(4) [1]Die Betreiber von Elektrizitätsversorgungsnetzen erstellen gemeinsam allgemeine technische Mindestanforderungen. [2]Der Verband der Elektrotechnik Elektronik Informationstechnik e.V. wird als beauftragte Stelle bestimmt, um die allgemeinen technischen Mindestanforderungen zu verabschieden
1. nach Artikel 7 Absatz 1 der Verordnung (EU) 2016/631 der Kommission vom 14. April 2016 zur Festlegung eines Netzkodex mit Netzanschlussbestimmungen für Stromerzeuger (ABl. L 112 vom 27.4.2016, S. 1),
2. nach Artikel 6 Absatz 1 der Verordnung (EU) 2016/1388 der Kommission vom 17. August 2016 zur Festlegung eines Netzkodex für den Lastanschluss (ABl. L 223 vom 18.8.2016, S. 10) und
3. nach Artikel 5 Absatz 1 der Verordnung (EU) 2016/1447 der Kommission vom 26. August 2016 zur Festlegung eines Netzkodex mit Netzanschlussbestimmungen für Hochspannungs-Gleichstrom-Übertragungssysteme und nichtsynchrone Stromerzeugungsanlagen mit Gleichstromanbindung (ABl. L 241 vom 8.9.2016, S. 1).

(5) [1]Die Mindestanforderungen nach Absatz 4 sind der Regulierungsbehörde und dem Bundesministerium für Wirtschaft und Energie vor deren Verabschiedung mitzuteilen. [2]Das Bundesministerium für Wirtschaft und Energie unterrichtet die Europäische Kommission nach Artikel 4 und Artikel 5 der Richtlinie (EU) 2015/1535 des Europäischen Parlaments und des Rates vom 9. September 2015 über ein Informationsverfahren auf dem Gebiet der technischen Vorschriften und der Vorschriften für die Dienste der Informationsgesellschaft (ABl. L 241 vom 17.9.2015, S. 1). [3]Die Verabschiedung der Mindestanforderungen darf nicht vor Ablauf der jeweils maßgeblichen Fristen nach Artikel 6 dieser Richtlinie erfolgen.

Überblick

Die Vorschrift bestimmt, welche Anforderungen Betreiber von Elektrizitätsversorgungsnetzen (→ Rn. 6) und Betreiber von Gasversorgungsnetzen (→ Rn. 18) zu beachten haben, wenn diese in ihren Netzgebieten technische Mindestanforderungen für ausdrücklich benannte Anlagentypen erlassen. Die in Absatz 3 genannten Anforderungen gelten darüber hinaus für Elektrizitäts- wie auch Gasversorgungsnetzbetreiber gemeinsam (→ Rn. 24). Absatz 4 legt für den Elektrizitätsbereich zudem fest, dass der VDE als beauftragte Stelle gemeinsame technische Mindestanforderungen für die Elektrizitätsversorgungsnetzbetreiber vorzugeben hat, wobei die in Absatz 4 aufgeführten europäische Netzkodizes im Rahmen der Erarbeitung der Mindestanforderungen berücksichtigt werden müssen (→ Rn. 32). Absatz 5 beinhaltet darüber hinaus Vorgaben, dass die allgemeinen technischen Mindestanforderungen nach Absatz 4 gegenüber BMWK, BNetzA und vom BMWK wiederum gegenüber der EU-Kommission mitzuteilen sind (→ Rn. 38).

Übersicht

	Rn.		Rn.
A. Normzweck und Bedeutung	1	I. Festlegungstatbestand (Abs. 2 S. 1)	18
B. Pflicht der Elektrizitätsversorgungsnetzbetreiber zur Festlegung technischer Mindestanforderungen (Abs. 1)	6	II. Konsultationspflicht (Abs. 2 S. 2)	22
		D. Wirksamkeit von Mindestanforderungen (Abs. 3)	24
I. Normadressat	6	I. Sachliche Rechtfertigung der Mindestanforderungen	24
II. Einbezogene Anschlussnehmer	7		
III. Pflichtenprogramm	11	II. Keine Diskriminierung durch Mindestanforderungen	26
IV. Rechtscharakter technischer Mindestanforderungen	13	III. Interoperabilität	27
V. Folgen von Pflichtverstößen	15	E. Festlegung allgemeiner technischer Mindestanforderungen Elektrizität (Abs. 4)	30
C. Pflicht der Gasversorgungsnetzbetreiber zur Festlegung von technischen Mindestanforderungen (Abs. 2)	18	F. Mitteilungspflichten (Abs. 5)	38

A. Normzweck und Bedeutung

§ 19 verpflichtet Betreiber von Energieversorgungsnetzen zur Festlegung und Veröffentlichung von **technischen Mindestanforderungen**. Aus der Bestimmung ergibt sich zudem, unter welchen Voraussetzungen derartige technische Vorschriften für den Netzanschluss erlassen werden können. 1

Die Vorschrift flankiert den Netzanschlussanspruch von Letztverbrauchern und Anlagen iSd § 17 in tatsächlicher Hinsicht (Säcker EnergieR/Säcker/Barbknecht § 19 Rn. 19). Durch die in § 19 enthaltenen Vorgaben und daraus resultierende Festlegungspflicht **einheitlicher technischer Mindestanforderungen** wird einer Ungleichbehandlung verschiedener Anschlusspetenten entgegengewirkt. 2

Von der Vorschrift **nicht umfasst** sind dagegen **technische Anschlussbedingungen**, die unter den Anwendungsbereich des § 18 fallen. Für diese gelten ausschließlich und vorrangig die auf Grundlage des § 18 Abs. 3 erlassene NAV/NDAV und insbesondere die insoweit einschlägigen für Niederspannungs- und Niederdruckebenen § 20 NAV/§ 20 NDAV („Technische Anschlussbedingungen") (zur Abgrenzung der Anwendungsbereiche von § 17 und § 18 vgl. → § 18 Rn. 37 ff.). 3

Die **materiellen Standards** für technische Regeln haben sich in den letzten Jahren gerade im Elektrizitätsbereich durch die fortschreitende Entwicklung einheitlicher europäischer technischer Vorgaben erheblich verändert. Vor allem die durch das sog. „Clean Energy Package" 2019 novellierte Elektrizitäts-Binnenmarkt-Verordnung VO (EU) 2019/943 und die novellierte Elektrizitäts-Binnenmarkt-Richtlinie (EU) 2019/944 haben weitreichende Veränderungen gegenüber den Vorgängerfassungen gebracht. 4

Die einheitlichen technischen Anforderungen des Binnenmarkts werden dabei in den sog. **Network Codes** oder Netzkodizes geregelt. Bei diesen handelt es sich um formelle EU-Verordnungen und damit in den Mitgliedstaaten **unmittelbar bindende rechtliche Vorgaben**. Ziel der Network Codes ist die Schaffung einheitlicher technischer Voraussetzungen für einen effizienten und offenen EU-Strombinnenmarkt. Grundlage für den Erlass der Network Codes waren bis zur Novellierung der Elektrizitäts-Binnenmarkt-VO im Jahr 2019 5 die Art. 6 ff. VO 714/2009/EG, die nunmehr durch die Art. 58 ff. VO (EU) 2019/943 und das darin geregelte Verfahren abgelöst wurden.

B. Pflicht der Elektrizitätsversorgungsnetzbetreiber zur Festlegung technischer Mindestanforderungen (Abs. 1)

I. Normadressat

6   Normadressat von Absatz 1 sind **Betreiber von Elektrizitätsversorgungsnetzen.** Nach der Legaldefinition in § 3 Nr. 2 umfasst dies sowohl die Betreiber von Elektrizitätsverteilernetzen als auch von Übertragungsnetzen (→ § 3 Nr. 2 Rn. 6). Die Pflicht gilt nicht für **Betreiber geschlossener Verteilernetze,** diese sind gem. § 110 Abs. 1 S. 1 von der Festlegung technischer Mindestanforderungen dispensiert.

II. Einbezogene Anschlussnehmer

7   Technische Mindestanforderungen sind festzulegen für den Netzanschluss, die Auslegung und den Betrieb von
- Erzeugungsanlagen gem. § 3 Nr. 18c,
- Anlagen zur Speicherung elektrischer Energie iSd § 118 Abs. 6,
- Elektrizitätsverteilernetzen gem. § 3 Nr. 3 iVm § 3 Nr. 37,
- Anlagen direkt angeschlossener Kunden,
- Verbindungsleitungen gem. § 3 Nr. 34 und
- Direktleitungen gem. § 3 Nr. 12.

8   Die Festlegungspflicht für die vorgenannten Anlagengruppen ist **abschließend** (Kment EnWG/Gerstner § 19 Rn. 13). Dies folgt insbesondere aus einer historischen Betrachtung der Norm, denn der Gesetzgeber hat in der Vergangenheit die in Absatz 1 (und Absatz 2) aufgeführten Anlagen, Netze und Leitungen immer wieder modifiziert (zuletzt durch die Einfügung der Anlagen zur Speicherung elektrischer Energie durch Art. 1 Gesetz v. 26.7.2011 (BGBl. I 1554) und dadurch die energietechnische Relevanz der jeweiligen Anlagengruppen bekräftigt.

9   Den benannten Anlagen bzw. Anschlussnehmern ist gemein, dass es sich um technische Komponenten handelt, die in ihrer jeweiligen Gesamtheit von **wesentlicher Bedeutung** für die Aufrechterhaltung eines funktionierenden **Energiesystems** sind.

10   Die technischen Mindestanforderungen erstrecken sich auf **Netzanschluss, Auslegung** und **Betrieb** der benannten Anlagengruppen. Netzanschluss stellt dabei auf die in §§ 17, 18 verwendete Begrifflichkeit ab. Auslegung bezeichnet die Gestaltung und Bauweise der Anlage und ihrer zugehörigen Komponenten und kann grundsätzlich alle Aspekte der Konstruktion, der Herstellung und des Betriebs und der Betriebsführung umfassen.

III. Pflichtenprogramm

11   Die von der Norm erfassten Versorgungsnetzbetreiber sind verpflichtet, technische Mindestanforderungen **festzulegen.** Festlegung meint dabei, dass der Versorgungsnetzbetreiber die technischen Mindestanforderungen **einseitig bestimmt.** Eine Konsultation anderer Marktteilnehmer bzw. von Verbänden ist damit nur insoweit erforderlich, wie sich dies aus der Vorschrift selbst oder aus den Netzkodizes ergibt, auf die Absatz 4 verweist.

12   Die technischen Mindestanforderungen sind vom jeweiligen Netzbetreiber im Internet zu **veröffentlichen.** Die Veröffentlichungspflicht dient dem Zweck, Anschlusspetenten frühzeitig die Möglichkeit zu geben, sich vorab über Anforderungen und Pflichtenprogramm zu informieren (Säcker EnergieR/Säcker/Barbknecht § 19 Rn. 96). Eine vollständige Veröffentlichung der technischen Mindestanforderungen ist zwingend. Die verbreitete Bezugnahme auf VDE-Anwendungsregeln, die käuflich beim VDE-Verlag erworben werden können, genügt bei fehlender inhaltlicher Wiedergabe nicht der gesetzlich normierten Veröffentlichungspflicht.

IV. Rechtscharakter technischer Mindestanforderungen

Bei den festzulegenden technischen Mindestanforderungen nach Absatz 1 handelt es sich **nicht** um allgemein anerkannte Regeln der Technik iSd § 49 Abs. 1 S. 2 (Kment EnWG/ Gerstner § 19 Rn. 16). Die Überschrift in § 19 („Technische Vorschriften") ist insoweit missverständlich, da es sich bei den technischen Mindestanforderungen gerade nicht um Vorschriften handelt. Technische Mindestanforderungen sind von ihrem Rechtscharakter vielmehr ähnlich zu vom Versorgungsnetzbetreiber gestellten **Allgemeinen Geschäftsbedingungen** iSd §§ 305 ff. BGB, entsprechen ihrem Charakter mithin insbesondere den Allgemeinen Bedingungen iSd § 18 (→ § 18 Rn. 13). Dabei erstrecken sich die technischen Mindestanforderungen jedoch nicht auf typische Vertragsinhalte, sondern definieren im Verhältnis zwischen Netzbetreiber und Anschlussnehmer den technischen Verknüpfungspunkt von Anlage und Versorgungsnetz sowie weitere mit Netzanschluss und Anschlussnutzung in Zusammenhang stehende Einzelfragen, die aus technischer Sicht als normierungsbedürftig erachtet werden. 13

Absatz 1 berechtigt Versorgungsnetzbetreiber nur zur Einführung **technischer Bedingungen**, nicht zur Einführung „echter" allgemeiner Geschäftsbedingungen oder sonstiger wirtschaftlicher Bedingungen – wie beispielsweise Vorgaben zu Kündigungsfristen oder Laufzeiten von Netzanschlussverhältnissen (OLG Düsseldorf BeckRS 2013, 3145; Säcker EnergieR/Säcker/Barbknecht § 19 Rn. 38). 14

V. Folgen von Pflichtverstößen

Im Fall von Pflichtverstößen gegen das in Absatz 1 enthaltene Pflichtenprogramm ist die Regulierungsbehörde insbesondere berechtigt, den Versorgungsnetzbetreiber zur Abstellung dieses Verhaltens nach § 65 Abs. 1 zu verpflichten. Des Weiteren kann die Regulierungsbehörde Maßnahmen zur Einhaltung der Verpflichtungen gem. § 65 Abs. 2 anordnen. 15

Ein Verstoß gegen die Bestimmung des § 19 ist missbräuchlich iSd § 30 Abs. 1 Nr. 1 (Kment EnWG/Wahlhäuser § 30 Rn. 20). Die Regulierungsbehörde kann selbst den Netzanschluss anordnen (§ 30 Abs. 2 Nr. 2). 16

Verstöße gegen die Anordnungen der Regulierungsbehörde sind zudem nach § 95 Abs. 1 Nr. 3 lit. a und b bußgeldbewehrt und können gem. § 94 mit Zwangsmitteln durchgesetzt werden. 17

C. Pflicht der Gasversorgungsnetzbetreiber zur Festlegung von technischen Mindestanforderungen (Abs. 2)

I. Festlegungstatbestand (Abs. 2 S. 1)

Normadressat von Absatz 2 sind **Betreiber von Gasversorgungsnetzen.** Nach der Legaldefinition in § 3 Nr. 6 sind dies natürliche oder juristische Personen oder rechtlich unselbstständige Organisationseinheiten eines Energieversorgungsunternehmens, die Gasversorgungsnetze betreiben. Der Begriff des Gasversorgungsnetzes ist wiederum in § 3 Nr. 20 legaldefiniert. Umstritten ist, ob Unternehmen, die lediglich eine einzelne Ferngasleitung, nicht aber ein Netz betreiben, von Absatz 2 adressiert werden (abl. Säcker EnergieR/Säcker/ Barbknecht § 19 Rn. 75). Zur Begriffsauslegung vgl. § 3 Nr. 20 (→ § 3 Nr. 20 Rn. 1). 18

Technische Mindestanforderungen im Gasbereich sind gem. Absatz 2 für den Netzanschluss 19
- von LNG-Anlagen (§ 3 Nr. 26)
- dezentralen Erzeugungsanlagen (§ 3 Nr. 11)
- Gasspeicheranlagen (§ 3 Nr. 19c)
- anderen Fernleitungs- oder Gasverteilernetze (§ 3 Nr. 7 iVm § 3 Nr. 37)
- sowie Direktleitungen (§ 3 Nr. 12)

festzulegen.

Der Begriff des **Fernleitungsnetzes** ist nicht definiert. Aus den Definitionen in § 3 Nr. 19 und § 3 Nr. 5 lässt sich jedoch ableiten, dass ein Fernleitungsnetz aus mehr als einer Fernleitung besteht, die miteinander verbunden sind und zudem Grenz- oder Marktübergangspunkte aufweisen (Kment EnWG/Gerstner § 19 Rn. 15). 20

21 Im Übrigen **entsprechen** die Vorgaben für die Festlegung technischer Mindestanforderungen für Betreiber von Gasversorgungsnetzen den Vorgaben für Elektrizitätsversorgungsnetzbetreiber (→ Rn. 8 ff.). Insbesondere müssen sich die Mindestanforderungen auf Netzanschluss, Auslegung und Betrieb der aufgeführten Anlagen bzw. Komponenten beziehen. Technische Mindestanforderungen dürfen zudem keine wirtschaftlichen Rahmenbedingungen beinhalten (vgl. → Rn. 14).

II. Konsultationspflicht (Abs. 2 S. 2)

22 Die Konsultationspflicht in Absatz 2 Satz 2 sah bis zur EnWG-Novelle 2021 (Art. 1 Gesetz v. 16.07.2021 (BGBl. I 3026)) vor, dass Betreiber von **länderübergreifenden Gasversorgungsnetzen** oder **Gasversorgungsnetzen mit über 100.000 Kunden** die Verbände der Netznutzer hinsichtlich der technischen Mindestanforderungen zu konsultieren haben. Die **Konsultationspflicht** beschränkt sich seit der Novellierung der Vorschrift nun nicht mehr auf die Verbände der Netznutzer, sondern gilt für die gesamte Öffentlichkeit.

23 Der Gesetzgeber verpflichtet die von der Bestimmung adressierten Netzbetreiber zur Veröffentlichung der Konsultation im Internet. Mit der Veröffentlichungspflicht soll insbesondere die Transparenz der Konsultationsverfahren verbessert werden (BT-Drs. 19/27543, 104). Das ehemalige Konsultationsverfahren mit den Netznutzerverbänden stand aufgrund bürokratischer Verfahren und geringer Nachvollziehbarkeit in der Kritik.

D. Wirksamkeit von Mindestanforderungen (Abs. 3)

I. Sachliche Rechtfertigung der Mindestanforderungen

24 Absatz 3 Satz 1 bestimmt, dass die technischen Mindestanforderungen des Netzbetreibers **sachlich gerechtfertigt** sein müssen. Maßstab für die Beurteilung der sachlichen Rechtfertigung technischer Mindestanforderungen ist dabei, ob aus technischen Gründen (der sicheren und störungsfreien Versorgung) die jeweilige Mindestanforderung **notwendig** ist (Britz/Hellermann/Hermes/Bourwieg, 3. Aufl., § 19 Rn. 6). Im Unterschied zu § 20 sind organisatorische Gründe damit kein sachlicher Rechtfertigungsgrund iSv Absatz 3.

25 Sachlich gerechtfertigt sind technische Mindestanforderungen darüber hinaus nur dann, wenn sie **Bedingungen zu technischen Aspekten** umfassen, für die eine gesetzliche Aufgabenzuweisung an den Energieversorgungsnetzbetreiber besteht. Bis zur Einführung des MsbG war dies regelmäßig auch für Vorgaben zu Zählerplätzen und messtechnischen Anforderungen in der Regel unkritisch, da die Energieversorgungsnetzbetreiber auch die Kompetenz und Aufgabenzuweisung bezüglich der an der Messstelle zu regelnden technischen Anforderungen innehatten. Durch die Aufgabenzuweisung in § 3 Abs. 2 MsbG besteht grundsätzlich eine vorrangige Zuständigkeit des jeweiligen Messstellenbetreibers.

II. Keine Diskriminierung durch Mindestanforderungen

26 Über die sachliche Rechtfertigung der Mindestanforderungen hinaus darf durch diese auch keine **diskriminierende Wirkung** herbeigeführt werden. Eine Ungleichbehandlung gleichartiger Anschlussnehmer bzw. anzuschließender Anlagen ohne sachlichen Grund ist unzulässig (Britz/Hellermann/Hermes/Bourwieg, 3. Aufl., § 19 Rn. 7). Durch die Vorgabe wird klargestellt, dass durch unbegründete und übersteigerte technische Mindestanforderungen nicht der allgemeine Netzzugangsanspruch aus § 20 unterlaufen werden darf.

III. Interoperabilität

27 Die technischen Mindestanforderungen nach Absatz 1 und Absatz 2 müssen die Interoperabilität der Netze sicherstellen. Die Begriffsbestimmung kann anhand eines Rückgriffs auf das harmonisierte Recht in Art. 171 Abs. 1 zweiter Gedankenstrich AEUV erfolgen. Interoperabilität der Netze im Sinne der europäischen Verträge wird dabei definiert als die Schaffung der technischen Voraussetzungen für das störungsfreie Ineinandergreifen der Energienetze, die im Wesentlichen durch eine **Harmonisierung technischer Normen** erreicht werden soll (Calliess/Ruffert/Calliess AEUV Art. 171 Rn. 11a). Zu beachten ist allerdings, dass der europäische Begriff auf eine staatenübergreifende Harmonisierung zielt, während Absatz 3 die bundesweite Harmonisierung (auf Grundlage europäischer Harmonisierungsvorgaben) im Blick hat. Vorbehaltlich dieses Anwendungsunterschieds sind die Begriffe deckungsgleich.

Der Begriff Interoperabilität erfährt darüber hinaus in Absatz 3 Satz 2 eine über den harmonisierten Interoperabilitätsbegriff hinausgehende Konkretisierung. Der Gesetzgeber stellt einerseits klar, dass auch die **technischen Anschlussbedingungen** begrifflich von § 19 umfasst werden. Technische Anschlussbedingungen iSv Absatz 3 Satz 2 sind dabei nicht nur mit den Anforderungen zum Netzanschluss zwischen Anschlussnehmer und Netzbetreiber gleichzusetzen (Säcker EnergieR/Barbknecht § 19 Rn. 40, 85), sondern beinhalten darüber hinaus auch die **Interoperabilität der technischen Schnittstellen** zwischen Netzen und den in Absatz 1 und Absatz 2 aufgelisteten Anlagen und Anschlussnehmern. Dies gilt, obwohl der Wortlaut von Absatz 3 Satz 2 nur auf die Interoperabilität der Netze (nicht aber der Anlagen mit den Netzen) selbst abstellt. Die Konkretisierung macht deutlich, dass trotz des engen Wortlauts über den europäischen Interoperabilitätsbegriff hinaus zudem die Interoperabilität hinsichtlich der Anschlusssituation sicherzustellen ist. Daraus folgt im Umkehrschluss, dass eine Mindestanforderung dann unwirksam sein dürfte, wenn durch diese das störungsfreie Ineinandergreifen zwischen Netz und anzuschließender Anlage beeinträchtigt wird. 28

Schließlich stellt Absatz 3 Satz 2 Halbsatz 2 klar, dass die technischen Mindestanforderungen im Gasbereich auch die **Interoperabilität der netzverträglichen Gasbeschaffenheit** umfassen sollen. Hintergrund dieser Interoperabilitätsanforderung ist, dass das in einem Netz eingespeiste und transportierte Gas die gleichen Beschaffenheitsmerkmale (hinsichtlich der chemischen Substanzen) aufweisen sollte wie in sonstigen Netzgebieten. Dieser technischen Mindestanforderung kommt vor dem Hintergrund der **Beimischung von Wasserstoff** zu herkömmlichem Gas eine zunehmende Bedeutung bei. 29

E. Festlegung allgemeiner technischer Mindestanforderungen Elektrizität (Abs. 4)

Betreiber von Elektrizitätsversorgungsnetzen sind gem. Absatz 4 Satz 1 zur Erstellung **gemeinsamer allgemeiner technischer Mindestanforderungen** verpflichtet. Die allgemeinen technischen Mindestanforderungen dienen dem Zweck, einen Flickenteppich an individualisierten technischen Mindestanforderungen zu vermeiden. Diese gemeinschaftlich in den Fachgremien entwickelten Mindestanforderungen sind Grundlage für die Technischen Mindestanforderungen der Versorgungsnetzbetreiber, werden in der Praxis jedoch nicht immer vollständig übernommen. 30

Gemäß Absatz 4 Satz 2 übernimmt der VDE (Verband der Elektrotechnik Elektronik Informationstechnik e.V.) bei der Erstellung der allgemeinen technischen Mindestanforderungen die Funktion der **beauftragten Stelle** für die aufgeführten europäischen Netzkodizes. Dies hat zum Hintergrund, dass die Netzkodizes jeweils eine Zuständigkeit der nationalen Regulierungsbehörde vorsehen, soweit keine abweichende Regelung getroffen wird. In Deutschland wird diese Aufgabe durch Absatz 4 Satz 2 dem VDE zugewiesen. 31

Die Netzkodizes sind als EU-Verordnungen **unmittelbar rechtsverbindlich** für alle EU-Mitgliedstaaten (Art. 288 Abs. 2 AEUV). Dennoch enthalten sie aufgrund ihres höheren Abstraktionsniveaus durchaus erheblichen Ausgestaltungsspielraum. Soweit Widersprüche zwischen allgemeinen technischen Mindestanforderungen (insbesondere den Anwendungsregeln des VDE) und den Netzkodizes bestehen, geht das EU-Primärrecht vor. Ausnahmeregelungen sind nur insoweit zulässig, wie der jeweilige Regelungsinhalt nicht aufgrund der unionsrechtlichen Vorgaben gesperrt ist (ausf. hierzu Frenz N&R 2018, 139). 32

Absatz 4 Satz 2 führt aktuell drei Netzkodizes ausdrücklich auf, für die der VDE als beauftragte Stelle fungiert. Dabei handelt es sich um folgende Kodizes: 33
- Netzkodex mit Netzanschlussbestimmungen für Stromerzeuger Verordnung 2016/631/EU (auch Requirements for Generators oder **RfG**)
- Netzkodex für den Lastanschluss Verordnung 2016/1388/EU (auch Demand Connection Code oder **DCC**)

- Netzkodex mit Netzanschlussbestimmungen für Hochspannungs-Gleichstrom-Übertragungssysteme und nicht synchrone Stromerzeugungsanlagen mit Gleichstromanbindung Verordnung 2016/1447/EU (auch High Voltage Direct Current Connections oder **HVDC**).

34 Nicht erfasst von Absatz 4 sind dagegen die Kodizes für den Systembetrieb (Network Code on Emergency and Restoration (**NC ER**) sowie die System Operation Guideline (**SO Guideline**) sowie die Kodizes für den Strommarkt (Operational Planning and Scheduling (**OPS**), Operational Security (**OS**) sowie Load Frequency Control and Reserve (**LFCR**)).

35 Die vom VDE als beauftragte Stelle implementierten allgemeinen technischen Mindestanforderungen bestehen in der Regel aus einer Vielzahl unterschiedlicher **Anwendungsregeln**. So erfolgte etwa die Ausgestaltung allgemeiner technischer Mindestanforderungen bezüglich der sich aus dem RfG-Code ergebenden Anforderungen durch die Konsultation nachfolgender Anwendungsregeln:
- VDE-AR-N 4100 „TAR Niederspannung" iVm VDE-AR-N 4105 „Erzeugungsanlagen am Niederspannungsnetz"
- VDE-AR-N 4110 „TAR Mittelspannung"
- VDE-AR-N 4120 „TAR Hochspannung"
- VDE-AR-N 4130 „TAR Höchstspannung" (Frenz N&R 2018 139).

36 Die Vorgängerregelung von Absatz 4 sah bis zum 1.1.2017 (Art. 6 Gesetz v. 13.10.2016, BGBl. I 2258) eine **Konsultationspflicht für allgemeine technische Mindestanforderungen** im Strom- wie im Gasbereich vor. Da die europäischen Netzkodizes im Strombereich jedoch keine Begrenzung auf Netzbetreiber mit mehr als 100.000 Kunden enthielten, sah sich der Gesetzgeber gezwungen, die nationale Begrenzung der Konsultationspflicht für Netzbetreiber oberhalb dieser Anschlussnutzerzahl ebenfalls aufzuheben (BT-Drs. 18/9096, 375). Da der Gesetzgeber mit dieser Änderung versehentlich auch die Konsultationspflicht im Gasbereich vollständig entfallen ließ, wurde dieser Fehler jedoch durch die Neueinführung von Absatz 2 Satz 2 rückgängig gemacht (BT-Drs. 19/5523, 119) (→ Rn. 22).

37 Nach aktueller Fassung gilt die **Konsultationspflicht individueller technischer Mindestanforderungen** damit ausschließlich für die Festlegung individueller technischer Mindestanforderungen im Gasbereich. Im Strombereich verbleibt es demgegenüber bei den Beteiligungsprozessen im Rahmen der Festlegung der allgemeinen technischer Mindestanforderungen.

F. Mitteilungspflichten (Abs. 5)

38 Absatz 5 Satz 1 verpflichtet Betreiber von Elektrizitätsversorgungsnetz zur **Mitteilung** der nach Maßgabe von Absatz 4 erstellten allgemeinen technischen Mindestanforderungen vor ihrer Verabschiedung. Mit der EnWG-Novelle 2021 wurde der Verweis auf Absatz 1 und Absatz 2 gestrichen. Damit wurde klargestellt, dass individuelle technische Mindestanforderungen, die unter Absatz 1 fallen, **nicht** gegenüber Regulierungsbehörde und BMWK mitzuteilen sind (BT-Drs. 19/27453, 105). Hintergrund ist, dass die auf Art. 5 Elektrizitäts-Binnenmarkt-Richtlinie 2009/72/EG basierende Mitteilungspflicht von technischen Vorschriften gegenüber der EU-Kommission mit der Elektrizität-Binnenmarkt-Richtlinie (EU) 2019/944 weggefallen ist.

39 Ob **allgemeine technische Mindestanforderungen im Gasbereich**, die nach dem in Absatz 2 beschriebenen Verfahren festgelegt werden, weiterhin gegenüber den Behörden mitzuteilen ist, ist nicht eindeutig. Einerseits wurde der Verweis auf Absatz 2 in Absatz 5 Satz 1 mit der EnWG-Novelle 2021 gestrichen, andererseits findet sich in der Gesetzesbegründung der klare Hinweis, dass es weiterhin bei der Verpflichtung bleiben soll, dass allgemeine technische Mindestanforderungen, die nach Absatz 2 erlassen werden, mitzuteilen sind (BT-Drs. 19/27453, 105). Da Allgemeine Technische Mindestanforderungen auch im Gasbereich weiterhin der Notifizierungspflicht nach der RL (EU) 2015/1535 unterliegen, ist im Ergebnis wohl davon auszugehen, dass sich die Streichung des Verweises auf Absatz 2 nur auf individuelle technische Vorschriften der jeweiligen Netzbetreiber bezieht.

40 Das BMWK hat sodann unter Beachtung des sich aus RL 2015/1535/EU ergebenden Verfahrens eine Mitteilung des Entwurfs der allgemeinen technischen Mindestanforderungen an die Europäische Kommission gem. Absatz 5 Satz 2 zu tätigen. Eine Verabschiedung der

allgemeinen technischen Mindestanforderungen ist vor Ablauf der **Dreimonatsfrist** in Art. 6 Abs. 1 RL 2015/1535/EU ausgeschlossen.

§ 19a Umstellung der Gasqualität; Verordnungsermächtigung

(1) [1]Stellt der Betreiber eines Gasversorgungsnetzes die in seinem Netz einzuhaltende Gasqualität auf Grund eines von einem oder mehreren Fernleitungsnetzbetreibern veranlassten und netztechnisch erforderlichen Umstellungsprozesses dauerhaft von L-Gas auf H-Gas um, hat er die notwendigen technischen Anpassungen der Netzanschlüsse, Kundenanlagen und Verbrauchsgeräte auf eigene Kosten vorzunehmen. [2]Diese Kosten werden bis einschließlich 31. Dezember 2016 auf alle Gasversorgungsnetze innerhalb des Marktgebiets umgelegt, in dem das Gasversorgungsnetz liegt. [3]Ab dem 1. Januar 2017 sind diese Kosten bundesweit auf alle Gasversorgungsnetze unabhängig vom Marktgebiet umzulegen. [4]Die näheren Modalitäten der Berechnung sind der Kooperationsvereinbarung nach § 20 Absatz 1b und § 8 Absatz 6 der Gasnetzzugangsverordnung vorbehalten. [5]Betreiber von Gasversorgungsnetzen haben den jeweiligen technischen Umstellungstermin zwei Jahre vorher auf ihrer Internetseite zu veröffentlichen und die betroffenen Anschlussnehmer entsprechend schriftlich zu informieren; hierbei ist jeweils auch auf den Kostenerstattungsanspruch nach Absatz 3 hinzuweisen.

(2) [1]Der Netzbetreiber teilt der zuständigen Regulierungsbehörde jährlich bis zum 31. August mit, welche notwendigen Kosten ihm im vorherigen Kalenderjahr durch die Umstellung entstanden sind und welche notwendigen Kosten ihm im folgenden Kalenderjahr planmäßig entstehen werden. [2]Die Regulierungsbehörde kann Entscheidungen durch Festlegung nach § 29 Absatz 1 darüber treffen, in welchem Umfang technische Anpassungen der Netzanschlüsse, Kundenanlagen und Verbrauchsgeräte notwendig im Sinne des Absatzes 1 Satz 1 sind. [3]Daneben ist die Regulierungsbehörde befugt, gegenüber einem Netzbetreiber festzustellen, dass bestimmte Kosten nicht notwendig waren. [4]Der Netzbetreiber hat den erforderlichen Nachweis über die Notwendigkeit zu führen. [5]Kosten, deren fehlende Notwendigkeit die Regulierungsbehörde festgestellt hat, dürfen nicht umgelegt werden.

(3) [1]Installiert der Eigentümer einer Kundenanlage oder eines Verbrauchsgeräts mit ordnungsgemäßem Verwendungsnachweis auf Grund des Umstellungsprozesses nach Absatz 1 ein Neugerät, welches im Rahmen der Umstellung nicht mehr angepasst werden muss, so hat der Eigentümer gegenüber dem Netzbetreiber, an dessen Netz die Kundenanlage oder das Verbrauchsgerät angeschlossen ist, einen Kostenerstattungsanspruch. [2]Dieser Erstattungsanspruch entsteht nur dann, wenn die Installation nach dem Zeitpunkt der Veröffentlichung gemäß Absatz 1 Satz 5 und vor der Anpassung des Verbrauchsgeräts auf die neue Gasqualität im jeweiligen Netzgebiet erfolgt. [3]Der Erstattungsanspruch beträgt 100 Euro für jedes Neugerät. [4]Der Eigentümer hat gegenüber dem Netzbetreiber die ordnungsgemäße Verwendung des Altgeräts und die Anschaffung des Neugeräts nachzuweisen. [5]Absatz 1 Satz 3 und Absatz 2 sind entsprechend anzuwenden. [6]Das Bundesministerium für Wirtschaft und Energie wird ermächtigt, im Einvernehmen mit dem Bundesministerium der Justiz und für Verbraucherschutz durch Rechtsverordnung das Nähere zu darüber hinausgehenden Kostenerstattungsansprüchen für technisch nicht anpassbare Kundenanlagen oder Verbrauchsgeräte zu regeln. [7]Das Bundesministerium für Wirtschaft und Energie kann die Ermächtigung nach Satz 6 durch Rechtsverordnung unter Sicherstellung der Einvernehmensregelung auf die Bundesnetzagentur übertragen. [8]Die Pflichten nach den §§ 72 und 73 des Gebäudeenergiegesetzes vom 8. August 2020 (BGBl. I S. 1728) bleiben unberührt.

(4) [1]Anschlussnehmer oder -nutzer haben dem Beauftragten oder Mitarbeiter des Netzbetreibers den Zutritt zu ihrem Grundstück und zu ihren Räumen zu gestatten, soweit dies für die nach Absatz 1 durchzuführenden Handlungen erforderlich ist. [2]Die Anschlussnehmer und -nutzer sind vom Netzbetreiber vorab zu

benachrichtigen. ³Die Benachrichtigung kann durch schriftliche Mitteilung an die jeweiligen Anschlussnehmer oder -nutzer oder durch Aushang am oder im jeweiligen Haus erfolgen. ⁴Sie muss mindestens drei Wochen vor dem Betretungstermin erfolgen; mindestens ein kostenfreier Ersatztermin ist anzubieten. ⁵Der Beauftragte oder Mitarbeiter des Netzbetreibers muss sich entsprechend ausweisen. ⁶Die Anschlussnehmer und -nutzer haben dafür Sorge zu tragen, dass die Netzanschlüsse, Kundenanlagen und Verbrauchsgeräte während der durchzuführenden Handlungen zugänglich sind. ⁷Soweit und solange Netzanschlüsse, Kundenanlagen oder Verbrauchsgeräte zum Zeitpunkt der Umstellung aus Gründen, die der Anschlussnehmer oder -nutzer zu vertreten hat, nicht angepasst werden können, ist der Betreiber des Gasversorgungsnetzes berechtigt, den Netzanschluss und die Anschlussnutzung zu verweigern. ⁸Hinsichtlich der Aufhebung der Unterbrechung des Anschlusses und der Anschlussnutzung ist § 24 Absatz 5 der Niederdruckanschlussverordnung entsprechend anzuwenden. ⁹Das Grundrecht der Unverletzlichkeit der Wohnung (Artikel 13 des Grundgesetzes) wird durch Satz 1 eingeschränkt.

Überblick

§ 19a regelt den Umgang mit Kosten einer durch Fernleitungsnetzbetreiber veranlassten (→ Rn. 6), dauerhaften Umstellung von Gasverbrauchsgeräten von L-Gas auf H-Gas. § 19a Abs. 1 S. 1 sieht dabei die Durchführung und Kostenübernahme durch den jeweils umstellenden Gasversorgungsnetzbetreiber vor (→ Rn. 9). § 19a Abs. 1 S. 2, 3 regeln sodann die Möglichkeit zur Umlage dieser Kosten durch die Netzbetreiber (→ Rn. 12). § 19a Abs. 2 verpflichtet die Netzbetreiber zu jährlichen Kostenmeldungen an die Regulierungsbehörde und enthält Festlegungsbefugnisse betreffend die Umlagefähigkeit von Kosten (→ Rn. 19). § 19a Abs. 3 enthält einen Anspruch zur anteiligen Erstattung für Eigentümer, die Neugeräte beschaffen, welche im Rahmen der Umstellung technisch nicht mehr angepasst werden müssen (→ Rn. 23). § 19a Abs. 4 regelt eigenständige Betretungsrechte der Netzbetreiber für die Durchführung des Umstellprozesses (→ Rn. 28).

Übersicht

	Rn.		Rn.
A. Normzweck und Entstehungsgeschichte	1	7. Informationspflichten der Netzbetreiber	18
B. Kommentierung	5	II. Mitteilungspflichten gegenüber der Regulierungsbehörde, Festlegungsbefugnisse (Abs. 2)	19
I. Umstellung auf Veranlassung der Fernleitungsnetzbetreiber, Kostenwälzung (Abs. 1)	5	1. Jährliche Kostenmeldungen	19
1. Gesetzliches Schuldverhältnis	5	2. Festlegungsbefugnisse	20
2. Veranlassung durch Fernleitungsnetzbetreiber	6	III. Erstattungsansprüche für Eigentümer von Kundenanlagen oder Verbrauchsgeräten (Abs. 3)	23
3. Dauerhaftigkeit, netztechnische Erforderlichkeit	8	1. Erstattungsanspruch für selbstadaptierende Geräte	23
4. Durchführung der Umstellung	9	2. Verordnungsermächtigung	26
5. Umfang der wälzbaren Kosten	12	3. Anspruchsausschluss	27
6. Kostenwälzungsprozess	17	IV. Betretungsrecht (Abs. 4)	28

A. Normzweck und Entstehungsgeschichte

1 Die Gasversorgung in Deutschland erfolgt aus **unterschiedlichen Aufkommensquellen**, dabei weist das Naturprodukt Erdgas je nach Herkunft unterschiedliche Beschaffenheiten auf. Während russische und norwegische Quellen sowie verflüssigtes Erdgas (LNG) **hochkalorisches H-Gas** liefern, stellen inländische und niederländische Produktionen **niederkalorisches L-Gas** bereit (vgl. zu den unterschiedlichen Gasbeschaffenheiten DVGW-Arbeitsblätter G260, 262).

2 Einzelne Erdgasverbrauchseinrichtungen können technisch ganz überwiegend entweder nur mit H-Gas oder mit L-Gas betrieben werden. Daher sind auch die entsprechenden Versorgungsnetze grundsätzlich hydraulisch voneinander getrennt. Die mit L-Gas versorgten

Gebiete liegen überwiegend in Nordwestdeutschland, reichen jedoch zum Teil bis in die Bundesländer Hessen, Rheinland-Pfalz und Sachsen-Anhalt.

Aktuell gehen die Fördermengen aus in- und ausländischen L-Gas-Quellen kontinuierlich zurück, und auch in den kommenden Jahren ist weiterhin eine **stetige Abnahme** zu beobachten (Netzentwicklungsplan Gas 2020–2030, Abschnitt 5.5). Angesichts dessen müssen zur dauerhaften **Aufrechterhaltung der Versorgungssicherheit** die bestehenden L-Gas-Netze und Verbrauchsgeräte sukzessive auf eine Versorgung mit H-Gas umgestellt werden. Der Prozess wird häufig als **Marktraumumstellung** bezeichnet, und beinhaltet einerseits technische Änderungen in den Gasversorgungsnetzen selbst, andererseits die notwendige Umstellung von Gasverbrauchsgeräten und Kundenanlagen im Eigentum von Letztverbrauchern. Letztere Kosten werden durch § 19a zu einem großen Teil auf die Netzentgelte in ganz Deutschland umgelegt und damit sozialisiert. Ohne eine ausdrückliche Regelung müssten die betroffenen Letztverbraucher diese Kosten selbst tragen (BGHZ 24, 148; LG Dresden RdE 1993, 203). 3

In ihrer zum 26.7.2011 in Kraft getretenen Ursprungsfassung sah die Vorschrift lediglich eine Vornahme der Umstellung durch den Netzbetreiber bei **hiervon betroffenen Haushaltskunden** vor (BGBl. 2011 I 1554). Mit Wirkung ab dem 20.12.2012 wurde diese Einschränkung gestrichen, sodass seitdem auch **gewerbliche Letztverbraucher** einen Anspruch auf Umstellung durch den Netzbetreiber haben (BGBl. 2012 I 2730). Seit dem 1.1.2017 gilt die aktuelle Fassung, die insbesondere durch die Hinzufügung der Absätze 2–4 erheblich erweitert wurde (BGBl. 2016 I 2874). 4

B. Kommentierung

I. Umstellung auf Veranlassung der Fernleitungsnetzbetreiber, Kostenwälzung (Abs. 1)

1. Gesetzliches Schuldverhältnis

§ 19a Abs. 1 S. 1 schafft ein **gesetzliches Schuldverhältnis,** durch das der Netzbetreiber zur Vornahme der Umstellung von Kundenanlagen und Verbrauchsgeräten gegenüber deren Eigentümern, sowie zur Kostenübernahme verpflichtet wird. Die Anschlussnehmer haben ihrerseits die Anpassung zu dulden, und sind im Hinblick auf Informationen und Zugangsgewährung mitwirkungspflichtig (Säcker EnergieR/Thole § 19a Rn. 7). 5

2. Veranlassung durch Fernleitungsnetzbetreiber

Erste Voraussetzung der Kostentragung ist gem. § 19a Abs. 1 S. 1, dass die Umstellung durch einen oder mehrere Fernleitungsnetzbetreiber veranlasst wird. Diese Zuweisung ist folgerichtig, da die Fernleitungsnetzbetreiber das Gas von ausländischen Fernleitungsnetzbetreibern oder inländischen Produzenten übernehmen und den Transport an nachgelagerte Verteilnetzbetreiber und Netzanschlussnehmer steuern. Ändern sich die zur Verfügung stehenden Gasbeschaffenheiten, so müssen sie Maßnahmen ergreifen, um die Versorgungssicherheit weiterhin zu gewährleisten. Die Umsetzung dieser Aufgabe ist derzeit ein wesentlicher Gegenstand der **Netzentwicklungsplanung Gas gem. § 15a.** Der derzeit aktuelle Netzentwicklungsplan 2020–2030 analysiert dazu in einem eigenen Abschnitt die in den nächsten Jahren zu erwartende Entwicklung der verfügbaren L-Gas-Mengen sowie die Ausspeisebedarfe. Auch die umzustellenden Netzgebiete werden im Netzentwicklungsplan festgelegt (vgl. Netzentwicklungsplan Gas 2020–2030, Abschnitt 5). 6

Aus dem Kriterium der Veranlassung durch den Fernleitungsnetzbetreiber ergibt sich zudem, dass die Kostentragung und -wälzung gem. § 19a nicht erfolgen kann, wenn ein Kundenanlagenbetreiber oder Verbrauchsgeräteeigentümer eine Umstellung ausschließlich aufgrund eigener Veranlassung durchführt. Dieser Fall ist denkbar, sofern ein Anschlussnehmer einen Zugang sowohl zu einem H-Gas- als auch einem L-Gas-System realisieren kann. 7

3. Dauerhaftigkeit, netztechnische Erforderlichkeit

Die gem. § 19a Abs. 1 S. 1 zudem erforderlichen Merkmale der Dauerhaftigkeit sowie der netztechnischen Erforderlichkeit liegen vor, wenn eine Umstellung von L- auf H-Gas 8 erforderlich ist, um ein **dauerhaftes Ungleichgewicht von Ein- und Ausspeisungen** zu vermeiden oder zu verringern (BT-Drs. 17/6072, 75). Die Marktraumumstellung erfüllt diese Voraussetzungen. Es ist zwar grundsätzlich denkbar, H-Gas in besonderen Anlagen unter Zugabe von Stickstoff auf L-Gas-Beschaffenheit zu konditionieren. Dies stellt jedoch im Rahmen der Marktraumumstellung nur in wenigen Netzgebieten für einen Übergangszeitraum eine wirtschaftliche Lösung dar (Netzentwicklungsplan Gas 2016–2026, Abschnitt 5.9).

4. Durchführung der Umstellung

9 Da der Netzentwicklungsplan einerseits die Umstellungsplanung nicht vollkommen verbindlich regelt und andererseits ohnehin nur die Fernleitungsnetzbetreiber hieran gebunden sind, müssen die betroffenen Fernleitungs- und Verteilnetzbetreiber ergänzende, vertragliche Regelungen treffen, um die erforderlichen Schritte im Rahmen der Marktraumumstellung näher zu konkretisieren. Entsprechende Vereinbarungen haben die Netzbetreiber in der **Kooperationsvereinbarung gem. § 20 Abs. 1b („KOV XII"** – derzeit gültige Fassung vom 31. März 2021) getroffen. So ist u.a. vorgesehen, dass die betroffenen Netzbetreiber gemeinsam Umstellgebiete definieren, und hierfür sog. **Umstellungsfahrpläne** abschließen (§ 8 Ziff. 3 KOV XII). An das Netz angeschlossene Sonderletztverbraucher sowie Speicherbetreiber können danach ebenfalls Partei von Umstellungsfahrplänen sein.

10 Die eigentliche Umstellung der Verbrauchsgeräte unterscheidet sich in der Praxis bei Haushalts- und Industriekunden insbesondere aufgrund der ganz unterschiedlichen Gegebenheiten der Verbrauchseinrichtungen. Haushaltskunden betreiben üblicherweise in Großserien gefertigte Gasthermen und Gasherde. Hier wird die Umstellung durchweg – wie vom Wortlaut der Norm vorgesehen – durch den anschließenden Netzbetreiber durchgeführt, regelmäßig unter Zuhilfenahme von beauftragten Dienstleistungsunternehmen. Diese führen zunächst eine Erhebung der in dem umzustellenden Netzgebiet vorhandenen Verbrauchsgeräte durch. Anschließend erfolgt die Anpassung der Verbrauchsgeräte, zB durch Austausch von Brennerdüsen. In einem dritten Schritt ist ggf. eine Qualitätskontrolle notwendig.

11 Bei gewerblichen Letztverbrauchern dienen Gasverbrauchseinrichtungen dagegen sehr unterschiedlichen Anwendungen innerhalb von Produktionsprozessen und sind entsprechend individueller beschaffen. Die Letztverbraucher bzw. die von ihnen für Wartungen beauftragten Dienstleister verfügen häufig über die beste Sachkunde bei der Anpassung der Geräte. In der Praxis ist es daher zum Teil üblich, die Durchführung der Umstellung vertraglich an den Letztverbraucher zu übertragen. Dieser führt die Umstellung dann entweder selbst oder durch von ihm beauftragte Dritte durch. Die Kosten werden in diesem Fall an den Netzbetreiber weiterbelastet, der sie dem Wälzungsprozess zuführt (→ Rn. 17).

5. Umfang der wälzbaren Kosten

12 Die im Rahmen der Marktraumumstellung denkbaren, kostenverursachenden Sachverhalte sind äußerst vielfältig. Angesichts dessen hat sich der Gesetzgeber bei deren Definition des **unbestimmten Rechtsbegriffs** der „notwendigen technischen Anpassungen" bedient (Gelmke ER 2017, 108 (111)). Zunächst werden die Netzbetreiber verpflichtet, diese Anpassungen auf eigene Kosten vorzunehmen. Dies bedeutet, dass die Netzbetreiber diese Kosten zunächst auslegen und vorfinanzieren müssen (Kment EnWG/Gerstner § 19a Rn. 17). In einem zweiten Schritt werden diese Kosten dann einer Weiterwälzung unterworfen (→ Rn. 17).

13 Unter **notwendige technische Anpassungen** fallen – etwas missverständlich – nicht nur unmittelbare technische Anpassungen von Kundenanlagen und Verbrauchsgeräten. Es sind vielmehr auch weitere Maßnahmen umfasst, die dem Netzbetreiber im Zusammenhang mit dem Umstellprozess entstehen können. Grundsätzlich sind alle aufwandsgleichen Kosten, die dem Netzbetreiber im Zusammenhang mit der Marktraumumstellung entstehen, umlagefähig (Säcker EnergieR/Thole § 19a Rn. 13; Gelmke ER 2017, 108 (111)) (→ Rn. 16).

14 Technisch notwendig sind Anpassungen, wenn sie **technisch unvermeidbar, und zudem für die Marktraumumstellung kausal** sind, sie dürfen für deren sicheren, zeitgerechten und kostengünstigen Erfolg also nicht hinweggedacht werden können (Säcker EnergieR/Thole § 19a Rn. 13; Gelmke ER 2017, 108 (111)). Die Verwendung des Begriffs

"Anpassung" spricht zudem dafür, dass Kosten einer Neuinstallation von **Verbrauchsgeräten, die technisch nicht angepasst werden können,** nicht von der Vorschrift erfasst sind (anders Säcker EnergieR/Thole § 19a Rn. 13). Systematisch gestützt wird diese Auffassung seit der Neufassung des § 19 Abs. 3 auch durch die Möglichkeit, Kompensationsansprüche für nicht anpassbare Gasgeräte durch gesonderte Rechtsverordnungen festzuschreiben.

Nicht von § 19a erfasst sind Kosten, die den Netzbetreibern im Rahmen der Marktraumumstellung für **aktivierungsfähige Anlagengüter** entstehen. Für derartige Maßnahmen ist Verteilnetzbetreibern auf Antrag ein **Kapitalkostenaufschlag gem. § 10a ARegV** durch die Regulierungsbehörde zu genehmigen (Gelmke ER 2017, 108 (112)). Fernleitungsnetzbetreiber können hierfür **Investitionsmaßnahmen gem. § 23 ARegV** beantragen. Beide Instrumente haben zur Folge, dass die so genehmigten Kosten der Erlösobergrenze des jeweiligen Netzbetreibers zugeordnet werden, und nicht der Umlage gem. § 19a. Für eine früher zum Teil praktizierte, übergangsweise Berücksichtigung von Kapitalkosten in der Kostenwälzung gem. § 19a besteht nach Einführung des § 10a ARegV kein Bedürfnis mehr, da hierdurch nunmehr auch Verteilnetzbetreibern eine Berücksichtigung in der Erlösobergrenze ohne Zeitverzug ermöglicht wird. 15

§ 9 KOV XII **enthält eine Auflistung von Kosten,** die aus Sicht der Netzbetreiber umlagefähig sind. Dazu zählen u.a. Projektkosten der Netzbetreiber, Kosten der Umstellung selbst sowie Kosten des Erstattungsanspruchs gem. § 19a Abs. 3. Allerdings kommt der KOV XII als zivilrechtlichem Vertrag keine die Regulierungsbehörde bindende Regelungswirkung zu. Dennoch kann die KOV XII als fachlich fundiertes Votum bei der Entscheidung über die Notwendigkeit von Bedeutung sein (wie hier Gelmke ER 2017, 108 (110)). Die BNetzA hat bis zu den umlagefähigen Kosten bis dato **keine förmliche Festlegung** getroffen, hat aber zu der insofern von ihr angewandten Verwaltungspraxis einen Leitfaden herausgegeben, der die Anerkennungsfähigkeit typischer, im Rahmen der Marktraumumstellung auftretender Kosten aus Sicht der Behörde behandelt („Leitfaden der Bundesnetzagentur zur Umlage von Kosten für die notwendigen technischen Anpassungen der Netzanschlüsse, Kundenanlagen und Verbrauchsgeräte im Rahmen der Umstellung von Netzgebieten von L-Gas auf H-Gas nach § 19a EnWG", derzeitiger Stand: November 2019) (→ Rn. 21). 16

6. Kostenwälzungsprozess

Gemäß § 19a Abs. 1 S. 1 Hs. 2 muss der Netzbetreiber die **Umstellung zunächst auf eigene Kosten** vornehmen. § 19a Abs. 1 S. 2 bestimmt jedoch, dass diese Kosten bis 2016 auf alle Gasversorgungsnetze innerhalb des jeweiligen Marktgebiets umzulegen sind, seit 2017 ist eine **bundesweit einheitliche Umlage** vorgeschrieben. § 19a Abs. 1 S. 4 verweist für die Berechnung der Umlage auf die KOV XII. Der Kostenwälzungsprozess ist in § 10 KOV XII detailliert geregelt. Zudem hat die BNetzA Aspekte der Kostenwälzung, soweit sie die Fernleitungsnetzbetreiber betreffen, in der Festlegung zur Referenzpreismethode (BK9-19-610 – „REGENT") festgelegt. Zusammengefasst melden nach den dort beschriebenen Verfahren nachgelagerte Netzbetreiber den ihnen jeweils vorgelagerten Netzbetreibern die im folgenden Kalenderjahr zu erwartenden Umstellkosten. Die Fernleitungsnetzbetreiber erstatten diese und errechnen aus den ihnen gemeldeten Kosten sowie ihren eigenen Umstellkosten eine bundesweit einheitliche Umlage, die dann auf die Ausspeiseentgelte der Fernleitungsnetzbetreiber aufgeschlagen wird. Die Verteilnetzbetreiber wälzen diese Kosten wiederum auf ihre Netzentgelte. Ausspeisungen an Kopplungspunkten zwischen Marktgebieten, Grenzübergangspunkten sowie an Speichern sind von der Umlage ausgenommen. 17

7. Informationspflichten der Netzbetreiber

§ 19a Abs. 1 S. 5 verpflichtet die Netzbetreiber, über den jeweiligen **technischen Umstellungstermin** zwei Jahre vorher im Internet sowie betroffene Anschlussnehmer schriftlich zu informieren. Zur Begründung erkennt der Gesetzgeber ein Bedürfnis von Letztverbrauchern, sich frühzeitig auf das Thema einzustellen, und verweist auf die in der KOV XII zwischen den Netzbetreibern bereits geregelten Vorankündigungsfristen (BT-Drs. 18/9950, 29). Die KOV XII macht hierzu verschiedene Vorgaben, die bereits drei Jahre und zwei Monate vor der Umstellung mit einer Vorankündigung des voraussichtlichen Umstellungsmonats beginnen. Der Umstellungsfahrplan ist zwei Jahre und acht Monate vor der 18

Umstellung abzuschließen, ein Jahr und einen Monat vor der Umstellung ist schließlich der tagesscharfe Umstellungstermin festzulegen (§ 22 Abs. 4 KOV XII).

II. Mitteilungspflichten gegenüber der Regulierungsbehörde, Festlegungsbefugnisse (Abs. 2)

1. Jährliche Kostenmeldungen

19 Gemäß § 19a Abs. 2 S. 1 müssen die Netzbetreiber jährlich bis zum 31.8. die im vorherigen Kalenderjahr tatsächlich entstandenen Umstellkosten mitteilen, sowie die planmäßig im folgenden Kalenderjahr entstehenden Kosten. Die BNetzA stellt den Netzbetreibern hierfür gesonderte Erhebungsbögen zur Verfügung.

2. Festlegungsbefugnisse

20 § 19a Abs. 2 enthält zwei Festlegungsbefugnisse zugunsten der zuständigen Regulierungsbehörden zur Überprüfung der Notwendigkeit von Anpassungshandlungen bzw. deren Kosten. Hiermit soll verhindert werden, dass Kosten, die keinen Bezug zur Marktraumumstellung haben oder das dafür notwendige Maß übersteigen, umgelegt werden. Eine Kontrolle im Rahmen der fünfjährigen Prüfungszyklen gem. ARegV sieht der Gesetzgeber nicht als ausreichend an (BT-Drs. 18/9950, 30).

21 Gemäß § 19a Abs. 2 S. 2 ist die Regulierungsbehörde befugt, ex ante zu entscheiden, in welchem Umfang technische Anpassungen iSd Absatzes 1 Satz 1 notwendig sind. Die BNetzA hat eine derartige, allgemeinverfügende Festlegung bis dato nicht erlassen.

22 Gemäß § 19a Abs. 2 S. 3 ist die Regulierungsbehörde darüber hinaus gegenüber einzelnen Netzbetreibern berechtigt, ex post festzustellen, dass bestimmte Kosten nicht notwendig waren. Die Befugnis ist allein auf die negative Feststellung nicht anerkennungsfähiger Kosten gerichtet. Der Netzbetreiber trägt gem. § 19a Abs. 2 S. 4 die Beweislast für die Notwendigkeit. In der **derzeitigen Verwaltungspraxis der BNetzA** führt diese jährliche Prüfungen der von den Netzbetreibern zur Umlage angemeldeten Kosten durch. Soweit im Einzelfall Kosten als nicht anerkennungsfähig beanstandet werden und sich der Netzbetreiber mit deren Ausgleich einverstanden erklärt, findet jedoch in der Regel kein förmliches Verwaltungsverfahren gem. Absatz 2 Satz 3 statt.

III. Erstattungsansprüche für Eigentümer von Kundenanlagen oder Verbrauchsgeräten (Abs. 3)

1. Erstattungsanspruch für selbstadaptierende Geräte

23 § 19a Abs. 3 regelt einen anteiligen Erstattungsanspruch der Eigentümer von Verbrauchsgeräten oder Kundenanlagen, sofern diese ein Neugerät installieren, welches im Rahmen der Umstellung nicht mehr angepasst werden muss (sog. „selbstadaptierendes Gerät"). Zentraler Gedanke der Regelung ist, dass in diesem Fall Umstellkosten teilweise eingespart werden, diese sollen als durchschnittlicher Betrag von 100 EUR an die entsprechenden Eigentümer weitergegeben werden (BT-Drs. 18/9950, 30).

24 Voraussetzungen sind gem. § 19a Abs. 3 S. 1 die Anschaffung eines Neugeräts sowie ein ordnungsgemäßer Verwendungsnachweis des Altgeräts. Für beides trägt der Eigentümer die Nachweispflicht, § 19a Abs. 3 S. 4. Eine ordnungsgemäße Verwendung liegt insbesondere dann nicht vor, wenn die Geräte keine Zulassung in Deutschland besitzen, manipuliert wurden oder aufgrund anderer Vorschriften ohnehin hätten ausgetauscht werden müssen (BT-Drs. 18/9950, 30). Schließlich ist Voraussetzung für die Erstattung, dass die Installation im Zeitraum zwischen der Ankündigung der Umstellung durch den Netzbetreiber und der Anpassung des Verbrauchsgeräts erfolgt (Satz 2).

25 Verbrauchsgeräte für andere Energieträger als Erdgas dürften von dem Erstattungsanspruch nicht erfasst sein. Hierfür spricht insbesondere, dass der Wortlaut der Vorschrift einen Gasnetzanschluss des Verbrauchsgeräts vorsieht, der bei anderen Energieträgern nicht gegeben ist (im Ergebnis ebenso Säcker EnergieR/Thole § 19a Rn. 25).

2. Verordnungsermächtigung

§ 19a Abs. 3 S. 6 enthält eine Ermächtigung zugunsten des Bundesministeriums für Wirtschaft und Energie (BMWI), die an die BNetzA übertragen werden kann, weitere Erstattungsansprüche durch Rechtsverordnung zu regeln. Auf dieser Grundlage ist durch das BMWI die **GasGKErstV** erlassen worden (BGBl. 2017 I 1935). Diese enthält weitere Erstattungsansprüche, die Geräteeigentümer beanspruchen können, deren Gasverbrauchsgeräte technisch nicht umgerüstet werden können. Die Verordnung verweist auf § 19a Abs. 3 S. 1, sodass die dortigen Erstattungsvoraussetzungen auch für den Anspruch gem. GasGKErstV zu erfüllen sind. Zudem muss es sich um ein technisch nicht anpassbares Gerät zur Beheizung von Räumen handeln. Die Ansprüche gem. GasGKErstV variieren je nach Alter des auszutauschenden Geräts zwischen 100 EUR für ältere und bis zu 500 EUR für jüngere Geräte. Die durch die Ansprüche gem. GasGKErstV entstehenden Kosten können wie die Kosten gem. § 19a Abs. 3 S. 1 durch den Netzbetreiber gewälzt werden.

26

3. Anspruchsausschluss

Durch § 19a Abs. 3 S. 8 wird klargestellt, dass die grundsätzliche **Pflicht zum Austausch alter Heizungsanlagen** gem. §§ 72, 73 GEG unberührt bleibt. Dies bedeutet, dass die Kostenerstattungsansprüche gem. Satz 1 und Satz 6 ausgeschlossen sind, wenn die Austauschpflichten gem. GEG im konkreten Fall bestehen (BT-Drs. 18/9950, 30).

27

IV. Betretungsrecht (Abs. 4)

Gemäß § 19a Abs. 4 haben Anschlussnehmer oder -nutzer unter den dort genannten Voraussetzungen die Pflicht, Beauftragten oder Mitarbeitern des Netzbetreibers **Zutritt zu ihren Grundstücken oder Räumen zu gestatten,** soweit dies für die durchzuführenden Handlungen im Rahmen des Umstellprozesses erforderlich ist (Sätze 1–5). Die Netzanschlüsse, Kundenanlagen und Verbrauchsgeräte müssen hierbei zugänglich sein (Satz 6). Können Netzanschlüsse oder Verbrauchsgeräte aus Gründen, die der Anschlussnehmer oder -nutzer zu vertreten hat, nicht angepasst werden, darf der Netzbetreiber den Netzanschluss und die Anschlussnutzung verweigern.

28

Betretungs- und Verweigerungsrechte existieren für den Niederdruckbereich in § 21 NDAV bereits, umfassen jedoch nicht den Umstellprozess. Zudem ist die NDAV auf höhere Druckebenen nicht anwendbar, sodass es einer gesonderten Regelung im Zusammenhang mit § 19a bedurfte (BT-Drs. 18/9950, 31).

29

Abschnitt 3. Netzzugang

§ 20 Zugang zu den Energieversorgungsnetzen

(1) ¹Betreiber von Energieversorgungsnetzen haben jedermann nach sachlich gerechtfertigten Kriterien diskriminierungsfrei Netzzugang zu gewähren sowie die Bedingungen, einschließlich möglichst bundesweit einheitlicher Musterverträge, Konzessionsabgaben und unmittelbar nach deren Ermittlung, aber spätestens zum 15. Oktober eines Jahres für das Folgejahr Entgelte für diesen Netzzugang im Internet zu veröffentlichen. ²Sind die Entgelte für den Netzzugang bis zum 15. Oktober eines Jahres nicht ermittelt, veröffentlichen die Betreiber von Energieversorgungsnetzen die Höhe der Entgelte, die sich voraussichtlich auf Basis der für das Folgejahr geltenden Erlösobergrenze ergeben wird. ³Sie haben in dem Umfang zusammenzuarbeiten, der erforderlich ist, um einen effizienten Netzzugang zu gewährleisten. ⁴Sie haben ferner den Netznutzern die für einen effizienten Netzzugang erforderlichen Informationen zur Verfügung zu stellen. ⁵Die Netzzugangsregelung soll massengeschäftstauglich sein.

(1a) ¹Zur Ausgestaltung des Rechts auf Zugang zu Elektrizitätsversorgungsnetzen nach Absatz 1 haben Letztverbraucher von Elektrizität oder Lieferanten Verträge mit denjenigen Energieversorgungsunternehmen abzuschließen, aus deren Netzen die Entnahme und in deren Netze die Einspeisung von Elektrizität erfolgen soll (Netznutzungsvertrag). ²Werden die Netznutzungsverträge von Lieferanten abgeschlossen, so brauchen sie sich nicht auf bestimmte Entnahmestellen zu beziehen (Lieferantenrahmenvertrag). ³Netznutzungsvertrag oder Lieferantenrahmenvertrag vermitteln den Zugang zum gesamten Elektrizitätsversorgungsnetz. ⁴Alle Betreiber von Elektrizitätsversorgungsnetzen sind verpflichtet, in dem Ausmaß zusammenzuarbeiten, das erforderlich ist, damit durch den Betreiber von Elektrizitätsversorgungsnetzen, der den Netznutzungs- oder Lieferantenrahmenvertrag abgeschlossen hat, der Zugang zum gesamten Elektrizitätsversorgungsnetz gewährleistet werden kann. ⁵Der Netzzugang durch die Letztverbraucher und Lieferanten setzt voraus, dass über einen Bilanzkreis, der in ein vertraglich begründetes Bilanzkreissystem nach Maßgabe einer Rechtsverordnung über den Zugang zu Elektrizitätsversorgungsnetzen einbezogen ist, ein Ausgleich zwischen Einspeisung und Entnahme stattfindet.

(1b) ¹Zur Ausgestaltung des Zugangs zu den Gasversorgungsnetzen müssen Betreiber von Gasversorgungsnetzen Einspeise- und Ausspeisekapazitäten anbieten, die den Netzzugang ohne Festlegung eines transaktionsabhängigen Transportpfades ermöglichen und unabhängig voneinander nutzbar und handelbar sind. ²Zur Abwicklung des Zugangs zu den Gasversorgungsnetzen ist ein Vertrag mit dem Netzbetreiber, in dessen Netz eine Einspeisung von Gas erfolgen soll, über Einspeisekapazitäten erforderlich (Einspeisevertrag). ³Zusätzlich muss ein Vertrag mit dem Netzbetreiber, aus dessen Netz die Entnahme von Gas erfolgen soll, über Ausspeisekapazitäten abgeschlossen werden (Ausspeisevertrag). ⁴Wird der Ausspeisevertrag von einem Lieferanten mit einem Betreiber eines Verteilernetzes abgeschlossen, braucht er sich nicht auf bestimmte Entnahmestellen zu beziehen. ⁵Alle Betreiber von Gasversorgungsnetzen sind verpflichtet, untereinander in dem Ausmaß verbindlich zusammenzuarbeiten, das erforderlich ist, damit der Transportkunde zur Abwicklung eines Transports auch über mehrere, durch Netzkopplungspunkte miteinander verbundene Netze nur einen Einspeise- und einen Ausspeisevertrag abschließen muss, es sei denn, diese Zusammenarbeit ist technisch nicht möglich oder wirtschaftlich nicht zumutbar. ⁶Sie sind zu dem in Satz 5 genannten Zweck verpflichtet, bei der Berechnung und dem Angebot von Kapazitäten, der Erbringung von Systemdienstleistungen und der Kosten- oder Entgeltwälzung eng zusammenzuarbeiten. ⁷Sie haben gemeinsame Vertragsstandards für den Netzzugang zu entwickeln und unter Berücksichtigung von technischen Einschränkungen und wirtschaftlicher Zumutbarkeit alle Kooperationsmöglichkeiten mit anderen Netzbetreibern auszuschöpfen, mit dem Ziel, die Zahl der Netze oder Teilnetze sowie der Bilanzzonen möglichst gering zu halten. ⁸Betreiber von über Netzkopplungspunkte verbundenen Netzen haben bei der Berechnung und Ausweisung von technischen Kapazitäten mit dem Ziel zusammenzuarbeiten, in möglichst hohem Umfang aufeinander abgestimmte Kapazitäten in den miteinander verbundenen Netzen ausweisen zu können. ⁹Bei einem Wechsel des Lieferanten kann der neue Lieferant vom bisherigen Lieferanten die Übertragung der für die Versorgung des Kunden erforderlichen, vom bisherigen Lieferanten gebuchten Ein- und Ausspeisekapazitäten verlangen, wenn ihm die Versorgung des Kunden entsprechend der von ihm eingegangenen Lieferverpflichtung ansonsten nicht möglich ist und er dies gegenüber dem bisherigen Lieferanten begründet. ¹⁰Betreiber von Fernleitungsnetzen sind verpflichtet, die Rechte an gebuchten Kapazitäten so auszugestalten, dass sie den Transportkunden berechtigen, Gas an jedem Einspeisepunkt für die Ausspeisung an jedem Ausspeisepunkt ihres Netzes oder, bei dauerhaften Engpässen, eines Teilnetzes bereitzustellen (entry-exit System). ¹¹Betreiber eines örtlichen Verteilernetzes haben den Netzzugang nach Maßgabe einer Rechtsverordnung nach § 24 über den Zugang zu Gasversorgungsnetzen durch Übernahme des Gases an Einspeisepunkten ihrer Netze für alle angeschlossenen Ausspeisepunkte zu gewähren.

(1c) ¹Verträge nach den Absätzen 1a und 1b dürfen das Recht zum Wechsel des Messstellenbetreibers nach den Vorschriften des Messstellenbetriebsgesetzes weder behindern noch erschweren. ²Verträge nach Absatz 1a müssen Verträge mit Aggregatoren nach den §§ 41d und 41e ermöglichen, sofern dem die technischen Anforderungen des Netzbetreibers nicht entgegenstehen.

(1d) ¹Der Betreiber des Energieversorgungsnetzes, an das eine Kundenanlage oder eine Kundenanlage zur betrieblichen Eigenversorgung angeschlossen ist, hat den Zählpunkt zur Erfassung der durch die Kundenanlage aus dem Netz der allgemeinen Versorgung entnommenen und in das Netz der allgemeinen Versorgung eingespeisten Strommenge (Summenzähler) sowie alle Zählpunkte bereitzustellen, die für die Gewährung des Netzzugangs für Unterzähler innerhalb der Kundenanlage im Wege der Durchleitung (bilanzierungsrelevante Unterzähler) erforderlich sind. ²Bei der Belieferung der Letztverbraucher durch Dritte findet im erforderlichen Umfang eine Verrechnung der Zählwerte über Unterzähler statt. ³Einem Summenzähler nach Satz 1 stehen durch einen virtuellen Summenzähler rechnerisch ermittelte Summenmesswerte eines Netzanschlusspunktes gleich, wenn alle Messeinrichtungen, deren Werte in die Saldierung eingehen, mit intelligenten Messsystemen nach § 2 Satz 1 Nummer 7 des Messstellenbetriebsgesetzes ausgestattet sind. ⁴Bei nicht an ein Smart-Meter-Gateway angebundenen Unterzählern ist eine Verrechnung von Leistungswerten, die durch standardisierte Lastprofile nach § 12 Absatz 1 der Stromnetzzugangsverordnung ermittelt werden, mit am Summenzähler erhobenen 15-minütigen Leistungswerten des Summenzählers aus einer registrierenden Lastgangmessung zulässig.

(2) ¹Betreiber von Energieversorgungsnetzen können den Zugang nach Absatz 1 verweigern, soweit sie nachweisen, dass ihnen die Gewährung des Netzzugangs aus betriebsbedingten oder sonstigen Gründen unter Berücksichtigung des Zwecks des § 1 nicht möglich oder nicht zumutbar ist. ²Die Ablehnung ist in Textform zu begründen und der Regulierungsbehörde unverzüglich mitzuteilen. ³Auf Verlangen der beantragenden Partei muss die Begründung im Falle eines Kapazitätsmangels auch aussagekräftige Informationen darüber enthalten, welche Maßnahmen und damit verbundene Kosten zum Ausbau des Netzes erforderlich wären, um den Netzzugang zu ermöglichen; die Begründung kann nachgefordert werden. ⁴Für die Begründung nach Satz 3 kann ein Entgelt, das die Hälfte der entstandenen Kosten nicht überschreiten darf, verlangt werden, sofern auf die Entstehung von Kosten zuvor hingewiesen worden ist.

Überblick

§ 20 regelt die wichtigsten Grundsätze für Zugang und Nutzung der Energieversorgungsnetze für Strom und Gas. Durch die Festlegung von Rechten der Netznutzer gegenüber dem natürlichen Monopol der Netzbetreiber gestaltet sie den Energiemarkt wesentlich und ermöglicht Wettbewerb, insbesondere von Lieferanten. Zentrale Gedanken sind insbesondere der diskriminierungsfreie (→ Rn. 5), effiziente, dh insbesondere transparente und massengeschäftstaugliche (→ Rn. 23) Netzzugang nach einheitlichen Bedingungen. Ein unabhängiger Messstellenbetrieb muss gewährleistet sein (→ Rn. 94). Diese allgemeinen Vorgaben werden für die Belieferung mit Strom (→ Rn. 25) und die Belieferung mit Gas (→ Rn. 69) festgehalten. Schließlich werden die Besonderheiten des Netzzugangs innerhalb einer Kundenanlage (→ Rn. 99) und ihre Abgrenzung zum Netz der allgemeinen Versorgung dargestellt, sowie die Verweigerung des Netzzugangs (→ Rn. 107), die im eng umrissenen Rahmen möglich ist.

EnWG § 20

Teil 3. Regulierung des Netzbetriebs

Übersicht

	Rn.
A. Diskriminierungsfreier Netzzugang (Abs. 1)	1
I. Verpflichtete	1
II. Berechtigte	2
III. Grundsätze des Netzzugangs	3
1. Inhalt des Anspruchs	3
2. Sachlich gerechtfertigte Kriterien, diskriminierungsfrei	5
3. Veröffentlichung der Bedingungen	11
4. Musterverträge	14
5. Konzessionsabgaben	15
6. Veröffentlichung der Netzentgelte	16
7. Zusammenarbeitspflicht (Abs. 1 S. 3)	19
8. Transparenz (Abs. 1 S. 4)	21
9. Massengeschäftstauglichkeit (Abs. 1 S. 5)	23
B. Spezielle Vorgaben für den Stromnetzzugang (Abs. 1a)	25
I. Adressaten	26
1. Netzbetreiber	26
2. Lieferanten	28
3. Betreiber von Erzeugungsanlagen	29
4. Letztverbraucher	35
5. Speicherbetreiber	37
II. Netznutzungsverträge	38
1. Abschlusspflicht/Obliegenheit	38
2. Netzanschlussverhältnis	40
3. Zugang zum gesamten Elektrizitätsversorgungsnetz (Abs. 1a S. 3)	41
4. Lieferantenrahmenvertrag	42
5. Netznutzungsvertrag für Einspeiser	47
6. Sonderfall Beistellung	49
III. Zusammenarbeitspflicht (Abs. 1a S. 4)	50
IV. Bilanzkreissystem (Abs. 1a S. 5)	51
1. Bilanzkreisabrechnung	51
2. Regel- und Ausgleichsenergie	62
3. Bilanzkreisvertrag	66
C. Spezielle Vorgaben für den Gasnetzzugang (Abs. 1b)	69
I. Adressaten	70
1. Betreiber von Gasversorgungsnetzen	70
2. Netznutzer	72

	Rn.
3. Betreiber von Wasserstoffnetzen	73
II. Grundsatz der transaktionsunabhängigen Ein- und Ausspeisekapazitäten (Abs. 1b S. 1)	79
III. Einspeisevertrag (Abs. 1b S. 2)	80
IV. Ausspeisevertrag (Abs. 1b S. 3, 4)	85
V. Zusammenarbeitspflicht (Abs. 1b S. 5–8)	88
VI. Übertragung von Einspeise- und Ausspeisekapazitäten (Abs. 1b S. 9)	92
VII. Entry-Exit-System (Abs. 1b S. 10)	93
D. Unabhängiger Messstellenbetrieb und Aggregierung (Abs. 1c)	94
I. Freie Wahl des Messstellenbetreibers	95
II. Berücksichtigung in den Musterverträgen	97
III. Ermöglichung der Aggregierung (Abs. 1c S. 2)	98a
E. Kundenanlage, Summen- und Unterzähler (Abs. 1d)	99
I. Adressaten	100
II. Recht auf erforderliche Zähler und Unterzähler	101
III. Recht auf virtuellen Summenzähler (Abs. 1d S. 3)	104a
IV. Verrechnung von Arbeits- und Leistungswerten (Abs. 1d S. 4)	105
F. Verweigerung des Netzzugangs (Abs. 2)	107
I. Unmöglichkeit und Unzumutbarkeit des Netzzugangs	108
1. Spezialgesetzliche Regelung	111
2. Betriebsbedingte Gründe	119
3. Sonstige Gründe	120
4. Verhältnismäßigkeit der Zugangsverweigerung	121
II. Durchführung der Zugangsverweigerung	123
III. Netzausbau	129

A. Diskriminierungsfreier Netzzugang (Abs. 1)

I. Verpflichtete

1 Schuldner des Netzzugangs sind „Betreiber von Energieversorgungsnetzen". Gemäß § 3 Nr. 4 ist dies jeder **Betreiber eines Elektrizitäts- oder Gasversorgungsnetzes**. Demnach trifft die Netzzugangsverpflichtung nicht nur Energieversorgungsnetze der allgemeinen Versorgung (§ 3 Nr. 17), sondern jeden Energieversorgungsnetzbetreiber.

1a **Keine Netze** sind insbesondere Kundenanlagen (§ 3 Nr. 24a), Kundenanlagen zur betrieblichen Eigenversorgung (§ 3 Nr. 24b) und Wasserstoffnetze, weil diese gem. § 3 Nr. 16 ausdrücklich keine Energieversorgungsnetze sind. Auch Speicher (§ 3 Nr. 6 und 15d), LNG-Anlagen (§ 3 Nr. 9) und Direktleitungen (§ 3 Nr. 12) sind keine Netze, wie sich aus § 3 Nr. 27 ergibt. Denn wenn Betreiber von Speichern, LNG-Anlagen und Direktleitungen keine Netzbetreiber sind, sind die betriebenen Objekte auch keine Netze.

II. Berechtigte

Zugangsberechtigt im Sinne der Norm ist „jedermann". Die Anzahl der möglichen Berechtigten ist somit nicht auf bestimmte Netznutzergruppen beschränkt. Die Berechtigten für Strom und Gas sind unterschiedlich und daher einzeln zu betrachten (Strom → Rn. 29 ff. und Gas → Rn. 72). 2

III. Grundsätze des Netzzugangs

1. Inhalt des Anspruchs

§ 20 gestaltet das Recht aus, vor Energieentnahme und nach Energieeinspeisung das Netz nutzen zu dürfen. Die Regelung ermöglicht es also, den **Transport von Energie über das Netz** sowie die dazugehörigen Transaktionen ungehindert und sachgerecht durchführen zu können. 3

Der Netzzugang nach § 20 ist abzugrenzen vom Netzanschluss gem. § 17. Die beiden Normen spiegeln in ihrer grundsätzlichen Systematik damit den Grundgedanken des EnWG wider, der die Physik (Netzanschluss gem. § 17, geregelt in Netzanschlussvertrag und Anschlussnutzungsvertrag) von der Stromlieferung/-bilanzierung (Netzzugang gem. § 20, geregelt im Netznutzungsvertrag) trennt. 4

2. Sachlich gerechtfertigte Kriterien, diskriminierungsfrei

Der Netzzugang muss gem. Absatz 1 Satz 1 nach „sachlich gerechtfertigten Kriterien, diskriminierungsfrei" gewährt werden. Diese Grundsätze werden in spezielleren Normen und Festlegungen präzisiert worden. Zu nennen sind insbesondere die Netznutzungsverträge (Strom → Rn. 41, Gas → Rn. 87) sowie die für alle Marktteilnehmer gleich geltende Marktkommunikation mit festen Fristen (Strom → Rn. 46, Gas → Rn. 87). 5

Die Netzbetreiber sind gezwungen, den Netzzugang nach sachlich gerechtfertigten Kriterien zu vergeben, weil sie vom Grundsatz her in einer Machtposition stehen, die der Regulierung bedarf. Der Gesetzgeber geht davon aus, dass der Netzbetrieb ein **natürliches Monopol** ist, dh, dass mangels Wettbewerbs zwischen den Netzen überwiegend ein Netzbetreiber darüber entscheiden kann, ob und wie der Netzzugangspetent am Energiemarkt teilnehmen kann. 6

Die Stellung als natürlicher Monopolist ist durch das Gesetz zwar nicht zwingend vorgegeben. Die **Konkurrenz zwischen Netzbetreibern** ist also erlaubt und ist in Zukunft mit fortschreitender Sektorenkopplung und der Möglichkeit, mit der Elektrolyse Strom in Gas und mit der Brennstoffzelle Gas in Strom umwandeln zu können, sogar sektorenübergreifend zwischen Strom- und Gasnetz denkbar. Dies ändert aber nichts an der grundsätzlich korrekten Beobachtung und Ableitung, dass für den Netzzugangspetenten im üblichen Fall keine preisgünstige Alternative zum vorhandenen Energienetz existiert. Der Leitgedanke des zu regulierenden natürlichen Monopols ist mit den damit verbundenen Einschränkungen des Netzbetreibers daher sachgerecht. Dies äußert sich zB in der Entgeltregulierung. Dieser Eingriff wäre nicht notwendig, wenn zwischen Energienetzbetreibern ein tatsächlicher Wettbewerb bestehen würde. 7

Das Recht auf Netzzugang bzw. das Gebot, nur nach sachlich gerechtfertigten Kriterien den Netzzugang auszugestalten, ist damit eine spezielle Regelung des in § 20 GWB festgehaltenen Grundsatzes, dass ein Unternehmen, das den Zugang zu einem Markt vermittelt, zu dem keine ausreichenden und zumutbaren Ausweichmöglichkeiten bestehen, diesen Marktzugang nicht unbillig behindern darf. 8

Die Vorgabe, dass der Netzzugang **diskriminierungsfrei** zu erfolgen habe, ist die Konkretisierung der „sachlich gerechtfertigten Kriterien". Denn „diskriminierungsfrei" bedeutet in Anlehnung an den Grundgedanken des Art. 2 GG, dass gleiche Sachverhalte gleich und wesentlich Ungleiches ungleich behandelt werden muss. 9

Die Diskriminierungsfreiheit ist im Zusammenhang mit dem Zugang zu den Energieversorgungsnetzen von besonderer Wichtigkeit, da Energieunternehmen häufig **vertikal integriert** sind, Netzbetrieb und Lieferant sind also zu einer juristischen Person zusammengefasst. Dieser Umstand führt dazu, dass der Netzbetreiber einen Anreiz hat, den zur gleichen 10 juristischen Person oder zumindest zur gleichen Unternehmensgruppe gehörenden Lieferanten gegenüber dritten Lieferanten zu bevorzugen. Wenn dies in ungerechtfertigter Weise erfolgt, liegt eine Diskriminierung iSd § 20 Abs. 1 vor.

3. Veröffentlichung der Bedingungen

11 Wesentliche „Kriterien" iSd Absatz 1 sind die Bedingungen für den Netzzugang, also die in Textform fixierten Vorgaben des Netzbetreibers für den Netzzugang.

12 Die Bedingungen des Netzzugangs sind gem. Absatz 1 Satz 1 im Internet zu veröffentlichen. Die Norm macht dabei keine Vorgabe, an welcher Stelle die Bedingungen im Internet zu veröffentlichen sind. Es liegt auf der Hand, dass die Bedingungen für den durchschnittlichen Internetnutzer einfach aufzufinden sein müssen.

13 Die Bedingungen umfassen die im folgenden genannten Musterverträge, Konzessionsabgaben und Netzentgelte, gehen aber darüber hinaus und umfassen sämtliche Vorgaben, die der Netzbetreiber für den Netzzugang stellt. Dies umfasst grundsätzlich auch die in § 19 genannten Bedingungen für den Netzzugang und Technischen Anschlussbedingungen (TAB). Deren Veröffentlichungspflicht regelt aber speziell § 19 Abs. 1.

4. Musterverträge

14 Die Vorgabe, bundesweit einheitliche Musterverträge zu veröffentlichen, ist weitgehend umgesetzt (zu den Netznutzungsverträgen Strom → Rn. 41, Gas → Rn. 88). Die Pflicht besteht allerdings nicht einschränkungslos, da die bundesweit einheitlichen Musterverträge „möglichst" vorzuhalten sind. Eine Abweichung einzelner Netzbetreiber kann also im Einzelfall gerechtfertigt sein. Sollte aber ein Mustervertrag noch nicht bundeseinheitlich geregelt sein, kann aus diesem ein Anspruch gegenüber dem Netzbetreibern abgeleitet werden, bundesweit einheitliche Regelungen zu erarbeiten. Dies ist beispielsweise über die energiewirtschaftlichen Verbände möglich.

5. Konzessionsabgaben

15 Die Netzbetreiber sind verpflichtet, auf ihrer Internetseite die Höhe der Konzessionsabgaben auszuweisen. Den Rahmen für den Umfang, in dem die Netzbetreiber diese festlegen müssen, gibt die Konzessionsabgabenverordnung.

6. Veröffentlichung der Netzentgelte

16 Die Netzbetreiber sind verpflichtet, die Höhe der Netzentgelte im Internet zu veröffentlichen. Dies wird üblicherweise die eigene Internetseite sein (→ Rn. 11). Zusätzlich zur Veröffentlichung auf der eigenen Internetseite wäre eine zentrale Internetseite denkbar, auf der sämtliche Netzbetreiber ihre Entgelte hinterlegen, idealerweise in maschinenlesbarer Form. Dies erleichtert die Preisgestaltung von überregional tätigen Lieferanten. Wenn ein solches Angebot einfach auffindbar wäre, bspw. durch Verlinkung von der Interseite jedes teilnehmenden Netzbetreibers, würde auch eine solche Veröffentlichung die Veröffentlichungspflicht erfüllen.

17 Die Veröffentlichung muss „unmittelbar nach deren Ermittlung" aber spätestens zum 15.10. eines Jahres für das Folgejahr erfolgen. Da in einem Netzentgelt jeweils das Netzentgelt der vorgelagerten Netzebene enthalten ist, stehen die Netzbetreiber vor dem praktischen Problem, dass am 15.10. nicht alle Netzebenen zeitgleich die Netzentgelte verbindlich veröffentlichen können.

18 Es ist daher im Sinne der Kooperationspflicht notwendig, dass alle Netzbetreiber **bereits vor dem 15.10. zusammenarbeiten,** um voneinander die Höhe des jeweiligen Netzgeltes zu erfahren. Die vorgelagerten Netzbetreiber müssen die Höhe des Netzentgeltes an die nachgelagerten Netzbetreiber so rechtzeitig vor dem 15.10. weitergegeben haben, dass die Netzentgelte auf Niederspannungsebene dann am 15.10. veröffentlicht werden können. Sollte ein Netzbetreiber nicht kooperieren oder aus anderen Gründen sich das Entgelt für den Netzzugang bis zum 15.10. eines Jahres für das Folgejahr nicht ermitteln lassen, greift Absatz 1 Satz 2, wonach die Betreiber die Höhe des Netzentgeltes auf der voraussichtlich für das Folgejahr geltenden Erlösobergrenze zu ermitteln haben.

7. Zusammenarbeitspflicht (Abs. 1 S. 3)

Die Netzbetreiber unterliegen gem. Absatz 1 Satz 3 einer Zusammenarbeitspflicht in dem Maße, als dass sie den Netznutzern einen effizienten Netzzugang gewährleisten müssen. „Effizient" bezieht sich insbesondere auf die Kosten des Netzzugangs, also auf die möglichst niedrigen **Transaktionskosten,** die ein Unternehmen hat, um den Netzzugang zu erlangen und aufrecht zu erhalten. 19

Für die Netznutzung sind daher insbesondere schlanke, elektronische Prozesse mit zeitgemäßen Protokollen und Schnittstellen vorzuhalten. Die derzeit genutzten E-Mail-gestützten Marktprozesse im Format EDIFACT sind daher zeitnah aus Gründen der besseren und sicheren und schnelleren Interoperabilität, zur Senkung der Fehleranfälligkeit und Erhöhung der Sicherheit durch zeitgemäße Kommunikation zu ersetzen. 20

8. Transparenz (Abs. 1 S. 4)

Die Netzbetreiber haben den Netznutzern gem. Absatz 1 Satz 4 die für einen effizienten Netzzugang erforderlichen Informationen zur Verfügung zu stellen. Dies umfasst insbesondere die in Absatz 1 Satz 1 aufgeführten Informationen, die im Internet zu veröffentlichen sind. Aber auch darüber hinaus sind die entsprechenden Informationen vorzuhalten, die für Herstellung und Aufrechterhaltung des Netzzugangs erforderlich sind. 21

Da der Netzbetreiber gem. Absatz 1 Satz 1 einheitliche Kriterien für den Netzzugang vorhalten muss, folgt daraus, dass er sämtliche für den Netzzugang erforderlichen Information auf der Internetseite bereit zu halten hat. Nur dort ist gewährleistet, dass die erforderlichen Informationen für alle Netzzugangspetenten gleich verfügbar sind. Sonst bestünde die Gefahr einer unzulässigen Diskriminierung. 22

9. Massengeschäftstauglichkeit (Abs. 1 S. 5)

Die Netzzugangsregelungen müssen gem. Absatz 1 Satz 5 massengeschäftstauglich sein. „Massengeschäft" bedeutet, dass eine Vielzahl gleichförmiger Geschäftsvorfälle abgearbeitet wird. Dies ist insbesondere im Bereich der Strombelieferung der Fall. Massengeschäftstauglichkeit ist dann gegeben, wenn die Geschäftsvorfälle mit einheitlichen Standards auf dem Stand der Technik automatisiert erfolgen können. Die Massengeschäftstauglichkeit wird heute durch Vorgaben der BNetzA gewährleistet, insbesondere durch Musterverträge und einheitliche Marktkommunikation. 23

Der Netzzugang des Lieferanten bezieht sich auf eine Vielzahl von Abnahmestellen, an denen der Lieferant Stromkunden beliefert, üblicherweise sogar mit einem identischen Vertragsinhalt. Die damit angebotenen austauschbaren Produkte („commodities") sind Produkte mit einer spezifisch sehr geringen Marge. Wenn die Geschäftsvorgänge um den Netzzugang nicht massentauglich wären, wären die Preise der Lieferanten spürbar höher. Eine Marktverzerrung zugunsten etablierter Anbieter wäre gegeben, mithin ein Verstoß gegen das Diskriminierungsverbot. 24

B. Spezielle Vorgaben für den Stromnetzzugang (Abs. 1a)

Absatz 1a gestaltet das Recht auf Netzzugang speziell für Elektrizitätsversorgungsnetze aus. Er nennt Art und Weise des Netzzugangs (grundsätzlich vertragliche Regelung) und dessen Voraussetzungen (zB Bilanzierung der Strommengen). 25

I. Adressaten

1. Netzbetreiber

Adressaten sind zum einen die Netzbetreiber. Das Gesetz benennt die Netzbetreiber abschließend in § 3, wobei sich die Definitionen teilweise überschneiden. Insbesondere sind zu nennen die Betreiber von Elektrizitätsversorgungsnetzen (§ 3 Nr. 2), von Netzen der allgemeinen Versorgung (§ 3 Nr. 17), von Elektrizitätsverteilernetzen (§ 3 Nr. 3), von Übertragungsnetzen (§ 3 Nr. 10), von örtlichen Verteilernetzen (§ 3 Nr. 29d), von Verbundnetzen (§ 3 Nr. 35) sowie von geschlossenen Verteilernetzen (§ 110). 26

27 Der Betrieb einer Kundenanlage oder einer Kundenanlage zur betrieblichen Eigenversorgung macht den Betreiber nicht zum Netzbetreiber. Dies ergibt sich im Umkehrschluss aus § 3 Nr. 16.

2. Lieferanten

28 Zugangsberechtigt sind Lieferanten. Gemeint sind hiermit Stromlieferanten iSd § 3 Nr. 31a, also natürliche und juristische Personen, deren Geschäftstätigkeit ganz oder teilweise auf den Vertrieb von Elektrizität zum Zwecke der Belieferung von Letztverbrauchern ausgerichtet ist. Im überwiegenden Fall wird der Netzzugang von einem Lieferanten wahrgenommen.

3. Betreiber von Erzeugungsanlagen

29 Zugangsberechtigt sind auch Betreiber von Erzeugungsanlagen iSd § 3 Nr. 18d („Erzeuger"). Diese werden zwar nicht ausdrücklich in Absatz 1a genannt, sondern nur Letztverbraucher und Lieferanten. Allerdings nimmt der zweite Teil des ersten Satzes Bezug auf die Entnahme und Einspeisung von Elektrizität in die Elektrizitätsversorgungsnetze. Es besteht somit eine Diskrepanz, weil im ersten Teil des Satzes die Erzeuger nicht ausdrücklich genannt werden, nach dem zweiten Teil aber bei Bezugnahme auf die Notwendigkeit des Abschlusses eines Netznutzungsvertrages für die Einspeisung offensichtlich Erzeuger mit umfasst werden sollen.

30 Auch aus sachlichen Gründen ist nicht ersichtlich, warum ein Erzeuger in Bezug auf den Netzzugang anders behandelt werden sollte als ein Letztverbraucher. Insbesondere kann auch nicht angeführt werden, dass der Erzeuger selbst keinen Netzzugang benötige.

31 Es ist daher davon auszugehen, dass der Gesetzgeber versehentlich die Erzeuger nicht ausdrücklich genannt hat. Dafür spricht auch die historische Entwicklung des Rechts auf Netzzugang. Rechtlich und politisch umkämpft war die Möglichkeit von Lieferanten, in den bestehenden Strukturen nach Liberalisierung der Energiewirtschaft ab 1998 Konkurrenz zu den bestehenden Lieferanten aufzubauen. Über die Verbändevereinbarungen bis zum EnWG 2005 wurden unterschiedliche Netzzugangsmodelle entwickelt, die es den Lieferanten immer einfacher gemacht haben, Zugang zum Netz zu erhalten.

32 Auf der Seite der Erzeuger war die Lage aber eine völlig andere. Zum einen war hier ein gewisser Wettbewerb schon immer normal, auch in Zeiten des verhandelten Netzzuganges. Diejenigen Kraftwerksbetreiber, die nicht zu den Gebietsmonopolisten gehörten, hatten selbst vor der Liberalisierung mit dem EnWG 1998 schon Erfahrung mit der Verhandlung des Netzzugangs. Die Erzeugungskapazitäten, die im großen Umfang dazu kamen und die etablierten Strukturen „störten", waren EEG-Anlagen. Diese brauchten jedoch keinen Netznutzungsvertrag. Denn das Recht auf Netzzugang ergibt sich unmittelbar aus dem EEG (§ 7 Abs. 1 EEG 2023; dieses gesetzliche Schuldverhältnis ist ein zentrales Recht des Anlagenbetreibers aus dem EEG). Damit war der Abschluss von Netznutzungsverträgen für den Zugang von Stromerzeugern politisch und rechtlich weniger umstritten, sodass das Versehen, die Energieerzeuger in § 20 Abs. 1a nicht aufzuführen, nachvollziehbar erscheint.

33 Für spezielle Arten von Erzeugern wird das allgemeine Recht auf Netzzugang nach § 20 für den jeweiligen Anlagentyp konkretisiert. Für Anlagen, die Strom aus erneuerbaren Energien produzieren, gilt auch für den Netzzugang das Gesetz für den Ausbau erneuerbarer Energien (Erneuerbaren-Energien-Gesetz, EEG). Für Kraft-Wärme-Kopplungs-Anlagen regelt das Kraft-Wärme-Kopplungs-Gesetz (KWKG) den Netzzugang speziell. Schließlich wird der Anspruch nach § 20 für Anlagen mit einer Nennleistung für über 100 MW in der Kraftwerks-Netzanschlussverordnung (KraftNAV) geregelt. Diese speziellen Gesetze und Verordnungen gestalten das Recht auf Netzzugang über die Regelung in § 20 hinaus aus. So ist insbesondere § 11 Abs. 1 EEG 2023 anzuführen, wonach Strom aus Erneuerbaren-Energien-Anlagen vorrangig gegenüber Strom aus anderen Erzeugungsformen abzunehmen ist. Diese Privilegierung von Strom aus erneuerbaren Energien führt im Umkehrschluss zu einer **Einschränkung des Rechts auf Netzzugang** für Strom aus anderen Quellen.

34 Diese Erzeuger nehmen das Recht auf Netzzugang meist nicht selbst wahr, sondern bedienen sich eines entsprechenden Vermarkters. Dieser organisiert die Einspeisung und Netznutzung auf bilanzieller Ebene (abzugrenzen von der physikalischen Einspeisung, die in §§ 17 ff. geregelt wird).

4. Letztverbraucher

Ausdrücklich nennt das Gesetz den Letztverbraucher als Adressat des Absatz 1a. Allerdings 35 kann der Netznutzungsvertrag alternativ von Letztverbraucher oder Lieferant abgeschlossen werden. Liegt bereits ein Netznutzungsvertrag des Lieferanten vor, der den Zugang ermöglicht, ist ein zusätzlicher Netznutzungsvertragsabschluss durch den Letztverbraucher nicht erforderlich.

Sollten Stromlieferant und Letztverbraucher jeweils einen Netznutzungsvertrag haben, ist 36 klarzustellen, aufgrund welchen Netznutzungsvertrags der Zugang erfolgt. Wesentlich dabei ist, ob Lieferant oder Letztverbraucher den Lieferbeginn angemeldet haben.

5. Speicherbetreiber

Die Betreiber von Energiespeicheranlagen iSd § 3 Nr. 15d (etwa Pumpspeicherkraftwerk 37 oder Batterie) werden vom Gesetzgeber nicht ausdrücklich als Adressat genannt. Dies ist im geltenden Rechtsrahmen aber auch nicht erforderlich, da der Speicherbetreiber bei der Abnahme des Stroms aus dem Netz als Letztverbraucher gilt, sowie bei der Einspeisung als Erzeuger (BGH BeckRS 2010, 4706 Rn. 9 ff. und 16). Damit müssen Betreiber von Energiespeicheranlagen oder deren Lieferant einen Netznutzungsvertrag für Lieferanten und einen Netznutzungsvertrag für Letztverbraucher abschließen.

II. Netznutzungsverträge

1. Abschlusspflicht/Obliegenheit

Voraussetzung für den Netzzugang sind der Abschluss eines Netznutzungsvertrags zwi- 38 schen den Netzzugangsberechtigten, ein Netzanschlussvertrag sowie die Einhaltung der Regelungen des Bilanzausgleichs. Absatz 1a regelt eindeutig, dass der Abschluss eines Netznutzungsvertrages Voraussetzung für den Netzzugang ist, ein vertragsloser Zustand berechtigt daher nicht zum Netzzugang. Der Abschluss des Netznutzungsvertrages ist damit eine Obliegenheit des Netzzugangspetenten (Theobald/Kühling/Hartmann/Wagner § 20 Rn. 34).

Grundlage des Netzzugangs ist damit ein zwischen Netzbetreiber und Netznutzer 39 geschlossener privatrechtlicher Netznutzungsvertrag und damit ein Zwei-Personen-Verhältnis (BGH NVwZ 2017, 1638). Dieses formell privatrechtlich geregelte Verhältnis ist allerdings in der üblicherweise vorkommenden Konstellation durch entsprechende Musterverträge der BNetzA normiert.

2. Netzanschlussverhältnis

Physikalische Grundlage und damit auch Voraussetzung der Netznutzung ist ein Netzan- 40 schluss. Das Zustandekommen eines Netzanschlussverhältnisses und der entsprechenden vertraglichen Grundlagen richten sich nach § 17 bzw. der StromNZV. Der Abschluss eines Anschlussnutzungsvertrages ist zwar üblich und auch sachgerecht. Dem Gesetz lässt sich allerdings nicht entnehmen, dass er Voraussetzung für den Netzzugang ist.

3. Zugang zum gesamten Elektrizitätsversorgungsnetz (Abs. 1a S. 3)

Ein Netznutzungsvertrag regelt den Zugang zum gesamten Elektrizitätsversorgungsnetz. 41 Damit wird der Grundgedanke der **„Kupferplatte"** normiert. Anders als im vor dem Inkrafttreten des EnWG 2005 geltenden System des verhandelten Netzzugangs, ist es für einen Netzzugangsberechtigten ausreichend, einen Netznutzungsvertrag abgeschlossen zu haben, um Strom entnehmen zu können. Der Strom wird (virtuell) im Bilanzkreis bereitgestellt (→ Rn. 54) und am Netzanschluss des Letztverbrauchers entnommen. Die physikalische Distanz oder die Frage, wie viele Netzbetreiber an der tatsächlichen Stromlieferung zwischen Erzeugung und Verbrauch beteiligt sind, ist unwesentlich. Ohnehin lässt sich aufgrund des mittlerweile üblichen Börsenhandels regelmäßig keine direkte Lieferbeziehung zwischen Erzeugung und Verbrauch nachvollziehen.

4. Lieferantenrahmenvertrag

42   Mit der Festlegung BK4-13-042 v. 16.4.2015 hat die BNetzA eine langjährige administrativ aufwändige Praxis zwischen Lieferanten und Netzbetreiber vereinfacht. War es bis dahin notwendig, dass der Lieferantenrahmenvertrag zwischen den beiden Akteuren verhandelt wird, wurde mit dem Beschluss verpflichtend festgelegt, dass ab dem 1.1.2016 ein **Mustervertrag der BNetzA** anzuwenden ist. Adressaten der Festlegung sind zwar nur die Netzbetreiber. Da die Festlegung aber in die Vertragsfreiheit zwischen Netzbetreiber und Stromlieferanten eingreift, sind die Stromlieferanten ebenfalls berechtigt und verpflichtet aus dem Beschluss und haben somit auch die Möglichkeit, gerichtlich dagegen vorzugehen (OLG Düsseldorf RdE 2019, 180 = BeckRS 2019, 1235).

43   Der Vertrag ist zwar grundsätzlich abschließend, erlaubt den Parteien aber, in beiderseitigem Einverständnis ergänzende oder auch abweichende Regelungen zu treffen. Folge ist allerdings, dass der Netzbetreiber diese Abweichungen und Ergänzungen im Internet kenntlich macht und somit anderen Netzzugangspetenten auch anbietet (§ 1 Nr. 2 des Muster-Netznutzungsvertrags (NNV), Anl. 1 zu BNetzA Beschl. v. 20.12.2017 – BK6-17-168). Dieses Recht wird in der Praxis vereinzelt genutzt.

44   Wesentlicher Vertragsgegenstand ist die Gewährung von diskriminierungsfreiem Netzzugang im Gegenzug zur Zahlung der Netzentgelte durch den Netznutzer (§ 2 NNV). Gemäß § 7 Nr. 3 NNV ist die Abrechnung der Belieferung mit Strom sowie der KWK-Umlage, die Vereinbarung individueller Netzentgelte nach § 19 StromNEV sowie die Vergütung von Systemdienstleistungen nicht Gegenstand des Netznutzungsvertrags. Damit kann der Vertrag und somit auch der Netzzugang nicht verweigert werden, wenn etwa die KWKG-Umlage vom Netznutzer nicht bezahlt werden. Die Sanktionen richten sich dann nach dem jeweiligen Spezialgesetz bzw. dem BGB.

45   Wesentliche Regelung für den Netzbetreiber ist die Möglichkeit, gem. § 11 NNV **Vorauszahlungen** zu erheben. Es kommt vor, dass Stromlieferanten ihre Netznutzungsentgelte nicht mehr regelmäßig oder in voller Höhe zahlen können. In den in § 11 Nr. 2 aufgeführten Fällen ist der Netzbetreiber dann insbesondere berechtigt, Vorauszahlungen zu erheben, um somit die Sicherheiten des Netzbetreibers zu erhöhen. Denn wenn die Vorauszahlung geleistet ist, sind die Forderungen des Netzbetreibers insoweit erfüllt. Er kann daher auf eine Geltendmachung im Rahmen des Insolvenzverfahrens verzichten. Allerdings schützt diese Klausel nicht vor der Möglichkeit der Insolvenzanfechtung. Diese muss im Einzelfall nach allgemeinem Insolvenzrecht betrachtet werden (s. zB BGH EnWZ 2017, 22).

46   In § 4 NNV werden die wesentlichen **Festlegungen der BNetzA zur Netznutzung** zwischen Netzbetreiber und Netznutzer verbindlich festgelegt. Dies sind insbesondere die „Festlegung einheitlicher Geschäftsprozesse und Datenformate zur Abwicklung der Belieferung von Kunden mit Elektrizität" – **GPKE** (GPKE, BNetzA Beschl. v. 21.12.2020 – BK6-20-160, mit dem der ursprüngliche Beschl. v. 11.7.2016 – BK6-06-099 geändert worden ist), die „Marktregeln für die Durchführung für die Bilanzkreisabrechnung Strom (**MaBiS**)" (BNetzA Beschl. 11.12.2019 – BK6-19-218) und die „Wechselprozesse im Messwesen (**WiM**)" (BNetzA Beschl. v. 11.12.2019 – BK6-19-218). Diese Festlegungen sind von großer Wichtigkeit für die effiziente Kommunikation zwischen Netzbetreiber und Netznutzer. Da einheitliche Datenformate, Zuständigkeiten und Fristen eindeutig festgelegt und stets weiterentwickelt werden, sind diese Festlegungen direkte Umsetzung der Vorgabe von § 20 Abs. 1 S. 5, wonach die Netzzugangsregelungen massengeschäftstauglich sein müssen.

5. Netznutzungsvertrag für Einspeiser

47   Im Rahmen der Erarbeitung und Konsultation des Muster-Netznutzungsvertrages für die Stromnahme hat die BNetzA auch erwogen, den identischen Vertrag für Einspeisestellen (also insbesondere Kraftwerke und EEG-Anlagen) vorzusehen. Dies wurde im laufenden Verfahren allerdings erheblich kritisiert, da anders als bei der Stromnahme der Abschluss eines Netznutzungsvertrags für die Einspeisung nicht marktüblich ist. Grund dafür ist insbe-

sondere, dass für die Einspeisung keine Netzentgelte erhoben werden (keine „**G-Komponente**"), BNetzA Beschl. v. 29.1.2015 – BK6-14-110, Anl. 1 S. 24.

Die Regelungen für die Netznutzung bei der Einspeisung sind speziell geregelt und üblicherweise kein Gegenstand von Streitigkeiten zwischen Netzbetreiber und Direktvermarkter/Anlagenbetreiber. Entsprechend hat die BNetzA die Regelungen für Einspeisestellen aus dem Muster-Netznutzungsvertrag entfernt, sich aber vorbehalten, eine mögliche Festlegung für Einspeisestellen zu einem späteren Zeitpunkt zu erlassen (BNetzA Beschl. v. 16.4.2015 – BK6-13-042). 48

6. Sonderfall Beistellung

Im Sonderfall der Beistellung ist es nicht notwendig, dass der Lieferant, also der Vertragspartner des Letztverbrauchers, einen Lieferantenrahmenvertrag abschließt. Die Konstellation ist dabei die folgende: die Marktrolle des Lieferanten wird von einem Unternehmen in der Marktrolle Lieferant gegenüber dem Netzbetreiber angezeigt. Dieser Lieferant benötigt für die Netznutzung einen Lieferantenrahmenvertrag bzw. einen Netznutzungsvertrag des Letztverbrauchers. Der juristischen Person in der Marktrolle Lieferant wird allerdings durch einen schuldrechtlichen Vertrag ein weiterer Lieferant an die Seite gestellt, der den Stromliefervertrag mit dem Letztverbraucher abschließt. Dieser gegenüber dem Letztverbraucher gebundene Lieferant ist der Schuldner im energierechtlichen Sinne, bspw. auch in Bezug auf die Pflicht Stromsteuer abzuführen. Das Netznutzungsverhältnis wird von diesem Lieferanten aber nicht gehalten. Er erhält die Stromlieferung in einer „juristischen Sekunde" direkt hinter dem Netzanschluss vom Lieferanten in der Marktrolle Lieferant und liefert sie weiter an den Letztverbraucher. 49

III. Zusammenarbeitspflicht (Abs. 1a S. 4)

Für den Anwendungsbereich des Zugangs zu Elektrizitätsversorgungsnetzen ist die Zusammenarbeitspflicht zwischen den Netzbetreibern weitgehend ohne praktischen Anwendungsbereich, da die möglichen Bereiche weitgehend durch Festlegungen der BNetzA ausgefüllt wurden. Dies betrifft bspw. die Marktprozesse und die Vorgabe von Muster-Netznutzungsverträgen. Dies ist eine wesentliche Weiterentwicklung des Zustands vor dem EnWG 2005, als nach dem Prinzip des verhandelten Netzzugangs aufgrund der Verbändevereinbarung „VV II plus" die Kooperation der Netzbetreiber zwingend erforderlich war, etwa um das Netzentgelt für den Lieferanten als Durchleitungsentgelt zu bestimmen. 50

IV. Bilanzkreissystem (Abs. 1a S. 5)

1. Bilanzkreisabrechnung

Voraussetzung für den Netzzugang ist weiterhin, dass sichergestellt ist, dass durch ein Bilanzkreissystem der Ausgleich zwischen Einspeisung und Entnahme stattfindet. Gemäß § 3 Nr. 10d dient ein Bilanzkreis mit Hilfe der Zusammenfassung von Einspeise- und Entnahmestellen innerhalb einer Regelzone dem Zweck, Abweichungen zwischen Einspeisungen und Entnahmen durch ihre Durchmischung zu minimieren und die Abwicklungen von Handelstransaktionen zu ermöglichen. 51

Die Regelung bezieht sich auf den **kaufmännischen Ausgleich** zwischen der Stromeinspeisung und der Stromentnahme aus dem Netz. Nicht angesprochen ist hier der physikalische Ausgleich, also die Gewährleistung, dass Einspeisung und Entnahme stets ausgeglichen sind – dies ist die Grundlage für die 50Hz-Netzfrequenz, mithin die Stabilität des gesamten Elektrizitätsversorgungsnetzes. Die Logik des Bilanzkreises sorgt allerdings dafür, dass es bereits einen kaufmännischen Anreiz gibt, das System physikalisch annähernd ausgeglichen zu betreiben. Allerdings sind die Systeme nicht deckungsgleich. Das physikalische System braucht den ständigen, zeitgleichen Ausgleich zur Frequenzhaltung, das kaufmännische Bilanzkreissystem arbeitet (derzeit) mit einer Schärfe von 15 Minuten. 52

Auch in diesem Zusammenhang werden in Absatz 1a die **Einspeiser** bzw. die **Direktvermarktungsunternehmen** nicht als Adressaten der Pflicht zur Teilnahme an einem Bilanzkreissystem genannt (→ Rn. 29). Satz 5 schränkt die Netzzugangsberechtigung ausdrücklich 53

EnWG § 20   Teil 3. Regulierung des Netzbetriebs

nur für Letztverbraucher und Lieferanten ein. Es wäre also rein nach dem Wortlaut denkbar, dass ein Einspeiser Netzzugang erhält, ohne an einem Bilanzkreissystem teilzunehmen. Energiewirtschaftlich ist das nicht denkbar. Da im Bilanzkreissystem Einspeisung und Entnahme im Gleichgewicht sein müssen, kann sich die entsprechende Rechtspflicht, am Bilanzkreissystem teilzunehmen, nicht lediglich auf die Entnahme beziehen.

54   Das Bilanzkreissystem wird in den §§ 4, 5 StromNZV geregelt. Bilanzkreise bilden damit die **Grundlage der Abrechnung** aller im gesamten deutschen Netz gehandelten und gelieferten Strommengen. Stromlieferungen außerhalb des Netzes (etwa eine Direktbelieferung zwischen einer Erzeugungsanlage zur benachbarten Entnahmestelle außerhalb des Netzes) werden nicht im Bilanzkreissystem berücksichtigt.

55   Jedem Bilanzkreis ist ein **Bilanzkreisverantwortlicher** zugeordnet (§ 4 Abs. 2 S. 1 StromNZV). Einspeisungen und Entnahmen sollen in jeder Viertelstunde **ausgeglichen** sein. Für Abweichungen übernimmt grundsätzlich der Bilanzkreisverantwortliche die wirtschaftliche Verantwortung (§ 4 Abs. 2 S. 2 StromNZV). Allerdings kann ein Bilanzkreisverantwortlicher Bilanzkreise für die Abrechnung auch einem dritten Bilanzkreisverantwortlichen zuordnen (§ 4 Abs. 1 S. 4 StromNZV).

56   Bilanzkreisverantwortliche sind üblicherweise Stromlieferanten, Direktvermarkter, Netzbetreiber (etwa für die Weitergabe von EEG-Strommengen und Netzverlusten) oder auch Dienstleister. Insbesondere kleinere Stromlieferanten und Direktvermarktungsunternehmer greifen auf Dienstleister als Bilanzkreisverantwortlichen zurück. Ist ein Dritter Bilanzkreisverantwortlicher, ist dem jeweiligen Netzbetreiber eine sog. **Zuordnungsermächtigung** des Bilanzkreisverantwortlichen vorzulegen, worin der Bilanzkreisverantwortliche den Netzbetreiber ermächtigt, die Strommengen des Lieferanten/Direktvermarktungsunternehmers dem Bilanzkreis des Bilanzkreisverantwortlichen zuzuordnen (weitergehende Informationen zur Zuordnungsermächtigung finden sich in BNetzA Beschl. v. 6.2.2013 – BK6-07-002 „MaBiS" Anl. 1 Ziff. 4.3 20 f.). Mittels der Zuordnungsermächtigung lassen sich auch die Zeitreihentypen beschränken, die dem betroffenen Bilanzkreis zugeordnet werden dürfen.

57   Bilanzkreise können entweder **physikalische** Einspeisungen und Entnahmen abbilden (§ 4 Abs. 1 S. 2 StromNZV) oder reine **Handelsbilanzkreise** sein, in denen Strommengen nur gehandelt werden (§ 4 Abs. 1 S. 2 StromNZV). Durch Steuerung von Einspeisung oder Verbrauch sowie durch die Handelsgeschäfte abbildende **Fahrplanlieferungen** zwischen Bilanzkreisen gewähren die Bilanzkreisverantwortlichen die Ausgeglichenheit des Bilanzkreises (zu Fahrplanlieferungen s. Schneider/Theobald EnergieWirtschaftsR-HdB/de Wyl/Thole/Bartsch Rn. 423 ff.).

58   Die Abweichungen aus Bilanzkreisen können in einem kaskadierenden System einander zugeordnet werden. Dabei werden Bilanzkreise als **Unterbilanzkreise** (§ 2 Nr. 11 StromNZV; früher Subbilanzkreis) übergeordneten Bilanzkreisen zugeordnet. Abweichungen im Unterbilanzkreis werden dann dem übergeordneten Bilanzkreis zugeordnet. Damit nutzt der Bilanzkreisverantwortliche einen Portfolioeffekt über alle kaskadierten Bilanzkreise, da eine aktive Bilanzkreisbewirtschaftung nur im übergeordneten Bilanzkreis notwendig ist.

59   Die Abrechnung der in den Bilanzkreisen bilanzierten Strommengen erfolgt gemäß der Festlegung der BNetzA zu den **Marktregeln für die Durchführung der Bilanzkreisabrechnung Strom** („**MaBiS**" BNetzA – BK6-07-002) (ausf. zur Strommengenbilanzierung durch die MaBiS Theobald/Kühling/Hartmann/Wagner EEG 2017 § 20 Rn. 110 ff.).

60   Die Bilanzkreise werden organisiert als Rechtsverhältnis zwischen den Übertragungsnetzbetreibern und den Bilanzkreisverantwortlichen. Dafür ist gem. § 26 Abs. 1 StromNZV ein **Bilanzkreisvertrag** abzuschließen.

61   Bilanzkreise erhalten eine eindeutige Kennung (**Energy Identification Code, EIC**), die in Deutschland vom Bundesverband der Energie- und Wasserwirtschaft e.V. (BDEW) vergeben werden. Je Regelzone kann jede EIC nur einmal vergeben werden. Bei bundesweiten Aktivitäten von Bilanzkreisverantwortlichen ist es üblich, gleichlautende EIC-Nummern in allen vier deutschen Regelzonen zu beantragen.

2. Regel- und Ausgleichsenergie

62   Die Notwendigkeit der Ausgeglichenheit des Bilanzkreises pro Viertelstunde folgt der Tatsache, dass das Elektrizitätsversorgungsnetz selbst keinen Strom speichert, aber sich Ein-

speisungen und Entnahmen jeweils entsprechen müssen, damit die Netzfrequenz von 50 Hz aufrechterhalten werden kann. Für diesen physikalischen Ausgleich nutzt der Übertragungsnetzbetreiber **Regelenergie** gem. § 13 Abs. 1 Nr. 2 EnWG und § 8 Abs. 1 StromNZV, dh Kraftwerke, die gegen Entgelt und auf Signal des Übertragungsnetzbetreibers hin ihre Einspeisung senken oder erhöhen (Schneider/Theobald EnergieWirtschaftsR-HdB/de Wyl/Thole/Bartsch Rn. 423 ff.).

Die Kosten, die aufgrund der Vorhaltung und des Einsatzes von Regelenergie entstehen, werden als **Ausgleichsenergiekosten** (§ 8 Abs. 2 StromNZV) auf die Bilanzkreisverantwortlichen umgelegt. Dabei werden den Bilanzkreisverantwortlichen diejenigen Energiemengen in Rechnung gestellt, um die die jeweiligen Bilanzkreise nicht ausgeglichen waren. Dies erfolgt unabhängig davon, ob die Systembilanz ausgeglichen war, also überhaupt Regelenergie in nennenswertem Umfang eingesetzt wurde (wegen des Durchmischungseffekts bezüglich der Abweichungen entspricht der Einsatz der Regelenergie lediglich dem Saldo der Bilanzkreisabweichungen). 63

Der Ausgleichsenergiepreis ist der sog. regelzonenübergreifende einheitliche **Bilanzausgleichsenergiepreis (reBAP)**, der entsprechend der „Lieferung" von positiver oder negativer Ausgleichsenergie in positiver oder negativer Arbeitspreis ist (BNetzA Beschl. v. 25.10.2012 – BK6-12-024). War ein Bilanzkreis in der Viertelstunde überspeist, so gilt die zu viel eingespeiste Menge als Übertragungsnetzbetreiber abgenommen und der reBAP ist vom Übertragungsnetzbetreiber zu entrichten. War der Bilanzkreis in der Viertelstunde unterspeist, so gilt die fehlende Energie als vom Übertragungsnetzbetreiber geliefert und ist mit dem reBAP vom Bilanzkreisverantwortlichen zu vergüten. 64

Um eine **Spekulation auf den Ausgleichsenergiepreis** zu verhindern, wenn der Intra-Day-Handelspreis höher ist als der antizipierte Preis für Ausgleichsenergie, hat die BNetzA angeordnet, dass der Ausgleichsenergiepreis stets höher sein muss als der Intraday-Spotmarktpreis an der EPEX Spot SE in der jeweiligen Viertelstunde (BNetzA Beschl. v. 25.10.2012 – BK6-12-024, Tenor zu 1). Außerdem wird eine Pönale aufgeschlagen, wenn erhebliche Bilanzkreisabweichungen die Systembilanz verschlechtert haben (BNetzA Beschl. v. 11.12.2019 – BK6-19-217). Die Bilanzkreisverantwortlichen haben somit nicht nur die rechtliche Pflicht, sondern auch einen **ökonomischen Anreiz**, die betroffenen Bilanzkreise ausgeglichen zu halten. 65

3. Bilanzkreisvertrag

Grundlage des Bilanzkreissystems ist der Abschluss eines Bilanzkreisvertrags zwischen Übertragungsnetzbetreiber und dem Bilanzkreisverantwortlichen. Um bundesweit (dh in allen vier deutschen Regelzonen) tätig sein zu können, muss ein Bilanzkreisverantwortlicher also vier Bilanzkreisverträge abschließen. Die BNetzA hat mit Beschl. v. 12.4.2019 – BK6-18-061 den Vorschlag von den Übertragungsnetzbetreibern genehmigt und einen entsprechenden **Standard-Bilanzkreisvertrag** vorgeschrieben. Dieser genehmigte Bilanzkreisvertrag ist zwingend zu verwenden. 66

Wenn der Stromlieferant selbst Bilanzkreisverantwortlicher ist, schließt er mit dem Netzbetreiber eine Netzzuordnungsvereinbarung. Diese ist als Musterdokument von der BNetzA mit der MaBis-Mitteilung Nr. 6 veröffentlicht worden (BNetzA Mitteilung v. 10.6.2011 – BK6-07002). Im Anwendungsbereich des Muster-Netznutzungsvertrags der BNetzA ergibt sich die Pflicht zum Abschluss einer Zuordnungsvereinbarung auch aus § 17 (BNetzA Beschl. v. 20.12.2017 – BK6-17-168 Anl. 1). In der Zuordnungsvereinbarung einigen sich die Parteien u.a. darauf, die Regelungen der MaBis einzuhalten. Somit ist gewährleistet, dass sämtliche bilanzierungsunwirksamen Strommengen Berücksichtigung finden und auch abgerechnet werden, bzw. fehlerhafte Energiemengenzuordnungen finanziell ausgeglichen werden können. 67

Ist der Lieferant kein Bilanzkreisverantwortlicher, muss er eine Zuordnungsermächtigung des jeweiligen Bilanzkreisverantwortlichen vorlegen. Diese zugunsten des Lieferanten ausgestellte Ermächtigung erlaubt es dem Netzbetreiber, die den Lieferanten betreffenden Strommengen dem Bilanzkreis des Bilanzkreisverantwortlichen zuzurechnen. Dieses Vorgehen ergibt sich aus Nummer 2 Muster-Zuordnungsvereinbarung (BNetzA Mitteilung v. 68

10.6.2011 – BK6-07-002) bzw. bei der Strombelieferung aus § 3 Nr. 3 NNV (BNetzA Beschl. v. 20.12.2017 – BK6-17-168 Anl. 1).

C. Spezielle Vorgaben für den Gasnetzzugang (Abs. 1b)

69   Absatz 1b gestaltet das Recht auf Netzzugang speziell für Gasversorgungsnetze aus. Er nennt Art und Weise des Netzzugangs (Einspeisevertrag- und Ausspeisevertrag) und nennt die Voraussetzungen (insbesondere die Buchung von Ein-/Ausspeisekapazitäten).

I. Adressaten

1. Betreiber von Gasversorgungsnetzen

70   Netzzugang gewähren müssen Betreiber von Gasversorgungsnetzen. Damit sind gem. § 3 Nr. 20 alle Betreiber von Fernleitungsnetzen, Gasverteilernetzen und LNG-Anlagen umfasst. Speicheranlagen sind insoweit adressiert, als sie für den Netzzugang erforderlich sind. Auch umfasst sind Netznebenanlagen, die für den Betrieb des Netzes notwendig sind, wie die Netzpufferung.

71   Ausgenommen sind Anlagen, die für örtliche Produktionstätigkeiten verwendet werden, also einzelnen Nutzern spezifisch zugeordnet werden können. Nicht umfasst sind darüber hinaus Kundenanlagen gem. § 3 Nr. 24a und 24b. Auch Gasverbindungsleitungen mit Drittstaaten (§ 3 Nr. 19d) sind kein Versorgungsnetz, wonach zu diesen eben auch kein Zugang gem. § 20 Abs. 1b gewährt werden muss.

2. Netznutzer

72   Netznutzer sind die sog. Transportkunden. Dies sind insbesondere Gaslieferanten (§ 3 Nr. 19b), Erzeuger und Speicherbetreiber, soweit der Speicher kein Teil des Gasversorgungsnetzes ist.

3. Betreiber von Wasserstoffnetzen

73   In Deutschland gibt es derzeit **keine vernetzten Wasserstoffleitungen**, sondern nur einzelne Stichleitungen bzw. Verbindungsleitungen, die reinen Wasserstoff führen. Die Einspeisung des Wasserstoffs in ein Erdgasnetz ist nach engen Voraussetzungen möglich; insbesondere muss gem. § 34 Abs. 1 GasNZV die Netzkompatibilität gewährleistet bleiben. Diese ergibt sich aus § 36 Abs. 1 S. 1 GasNZV in Verbindung mit den DVGW-Arbeitsblättern G260 und G262. Diese befinden sich derzeit in der Überarbeitung mit dem Ziel, steigende Anteile an Wasserstoff zuzulassen.

74   Ein Netzzugangsanspruch zu Wasserstoffnetzen kann sich aus den §§ 28j ff. ergeben. Danach können sich Betreiber von Wasserstoffnetzen einer fakultativen Regulierung unterwerfen. Im Übrigen besteht aus § 20 kein Netzzugangsanspruch Dritter zu Wasserstoffnetzen und ein solcher kann sich nur aus den **allgemeinen Vorgaben des Kartellrechts** aus § 19 Abs. 2 Nr. 4 GWB ergeben (BT-Drs. 19/27453, 118).

II. Grundsatz der transaktionsunabhängigen Ein- und Ausspeisekapazitäten (Abs. 1b S. 1)

79   Satz 1 regelt den zentralen Gedanken, dass bei Einspeisung oder Ausspeisung vom Netzzugangspetenten entsprechende Kapazitäten zu buchen sind. Diese richten sich nach der Leistungsspitze des Letztverbrauchers. Dabei muss ein einzelner Lieferant nicht gewährleisten, dass zwischen der Einspeisung und der Ausspeisung die entsprechenden Gasmengen durch die Netze transportiert werden. Diese Buchungen haben zwischen den Netzbetreibern zu erfolgen, ohne dass der Lieferant dies organisieren oder Einblick haben muss. Darüber hinaus hat der Lieferant auch die Möglichkeit, Gas bei einem Dritten zu kaufen.

III. Einspeisevertrag (Abs. 1b S. 2)

80   Der Einspeisevertrag ist notwendig, um Gas in das Netz einspeisen zu dürfen. Dies erfolgt in Bezug auf Erdgas mangels inländischer Erdgasförderung üblicherweise über Gasverbindungsleitungen über Drittstaaten (§ 3 Nr. 19d), die nicht Teil des Gasnetzes sind.

Gemäß § 12 Abs. 1 GasNZV gilt speziell für Fernleitungsnetzbetreiber, dass sie eine (oder 81
mehrere) **Kapazitätsbuchungsplattform** einrichten, worüber Ein- und Ausspeisekapazitäten versteigert werden. Dieses Verfahren hat (in Umsetzung von § 20 Abs. 1) transparent und diskriminierungsfrei zu erfolgen (§ 13 Abs. 1 S. 1 GasNZV). Derzeit wird diese Aufgabe von der PRISMA European Capacity Platform GmbH mit Sitz in Leipzig wahrgenommen.

Der Inhalt des Ein- und Ausspeisevertrags ist in Anlage 1 der Kooperationsvereinbarung 82
Gas festgehalten. Der Ein- und Ausspeisevertrag zwischen Verteilnetzbetreiber und Transportkunde findet sich in Anlage 2 der Kooperationsvereinbarung Gas.

Gegenstand des Einspeisevertrags ist es, dass der Netzbetreiber die gebuchte Kapazität an 83
den jeweiligen Einspeisepunkten seines Netzes vorhält. Der Transportkunde ist wiederum verpflichtet, die zu transportierende Gasmenge auch bereitzustellen.

Die gebuchte Kapazität wird durch die tatsächliche („technische") Kapazität des Netzes 84
beschränkt. Diese ist für Fernleitungsnetzbetreiber gem. § 9 GasNZV zu ermitteln. Insbesondere sind dabei Lastfluss, Simulationen nach Stand der Technik wie auch historische und prognostizierte Auslastungen zu berücksichtigen. Die Lastflüsse müssen saldiert werden, dh Gegenströmungen sind zu beachten (§ 9 Abs. 2 GasNZV).

IV. Ausspeisevertrag (Abs. 1b S. 3, 4)

Gegenstand des Ausspeisevertrags ist die gebuchte Kapazität an **Ausspeisepunkten.** Der 85
Netzbetreiber ist verpflichtet, die Kapazität vorzuhalten, der Transportkunde ist verpflichtet, die Gasmenge vom Ausspeisenetzbetreiber zu übernehmen.

Voraussetzung für Ein- oder Ausspeisung ist ein Bilanzkreisvertrag (§ 5 des Ein- und 86
Ausspeisevertrags Anlage 1 und 2 der Kooperationsvereinbarung Gas). Dem Bilanzkreis sind die Ein- und Ausspeisungspunkte zuzuordnen. Entsprechend werden die Mengen der Ein- und Ausspeisung zugeordnet (Allokation gem. § 16 der Geschäftsbedingungen für den Ein- und Ausspeisevertrag Anlage 1 und 2 der Kooperationsvereinbarung Gas).

Der Ausspeisevertrag mit einem **Verteilnetzbetreiber** kann als Lieferantenrahmenvertrag 87
abgeschlossen werden, muss sich also nicht auf bestimmte Entnahmestellen beziehen (Absatz 1b Satz 4). Auch dieser ist als Muster in der Kooperationsvereinbarung Gas vorgegeben (Anlage 3 der Kooperationsvereinbarung Gas). Die bilanzierungsrelevanten Daten der Ausspeisepunkte sind dabei nicht im Vertrag selbst festgehalten, sondern werden nach den Vorgaben der GeLi Gas (BNetzA Beschl. v. 20.8.2007 – BK7-06-067) ausgetauscht.

V. Zusammenarbeitspflicht (Abs. 1b S. 5–8)

Absatz 1b Sätze 5–8 verpflichten die Netzbetreiber, insoweit zusammenzuarbeiten, dass 88
die Kapazitäten des Gasnetzes so weit wie möglich ausgeschöpft werden können und dass diese größtmögliche Handlungsfreiheit für die Netznutzer zu möglichst geringen Kosten erfolgt. Entsprechend verpflichtet § 8 Abs. 6 GasNZV die Netzbetreiber, eine Kooperationsvereinbarung abzuschließen, um einen transparenten, diskriminierungsfreien, effizienten und massengeschäftstauglichen Netzzugang zu angemessenen Bedingungen zu gewähren. Anders als im Strombereich werden die wesentlichen operativen Vorgaben für den Netzzugang damit nicht von der BNetzA vorgegeben, sondern aus der Branche selbst gestellt. Gemäß Absatz 1b Satz 7 sind gemeinsame Vertragsstandards für den Netzzugang zu entwickeln. Diese standardisierten Geschäftsbedingungen finden sich in den Anlage der Kooperationsvereinbarung Gas. Dies sind insbesondere

- Ein- und Ausspeisevertrag zwischen Fernleitungsnetzbetreiber und Transportkunde (Anlage 1)
- Ein- und Ausspeisevertrag zwischen Verteilernetzbetreiber und Transportkunde (Anlage 2)
- Lieferantenrahmenvertrag zwischen Verteilnetzbetreiber/Betreiber geschlossener Verteilernetze und Lieferant (Anlage 3)
- Bilanzkreisvertrag Anlage zum Biogas-Bilanzkreisvertrag zwischen Marktgebietsverantwortlichen und Bilanzkreisverantwortlichen (Anlage 4)
- Vereinbarung über die Verbindung von Bilanzkreisen zwischen Marktgebietsverantwortlichen und Bilanzkreisverantwortlichen (Anlage 5)

- Netzanschluss- und Anschlussnutzungsvertrag Biogas zwischen Netzbetreiber und Anschlussnehmer/Anschlussnutzer (Anlage 6)
- Einspeisevertrag Biogas für die Verteilernetzebene zwischen Verteilernetzbetreiber und Transportkunde (Anlage 7)

89 Gemäß Absatz 1b Satz 6 sind die Netzbetreiber bei der Berechnung und dem Angebot von Kapazitäten verpflichtet, eng zusammenzuarbeiten. Satz 8 führt dies näher aus. Netzbetreiber von miteinander verbundenen Netzen haben mit dem Ziel zusammenzuarbeiten, **im möglichst hohen Umfang Kapazitäten ausweisen,** also bereitstellen zu können. Dies wird in § 9 Abs. 2 GasNZV konkretisiert. Insbesondere Fernleitungsnetzbetreiber haben dabei im möglichst großen Umfang sog. Kapazitätsprodukte anzubieten (§ 11 Abs. 1 GasNZV) und diese Kapazitäten nach dem strömungsmechanisch Möglichen zusammenzufassen (§ 11 Abs. 2 GasNZV).

90 In der Folge haben die Fernleitungsnetzbetreiber unterschiedliche Kapazitätsprodukte ausgearbeitet, die von Transportkunden in Anspruch genommen werden können. Diese reichen von **„Frei Zuordnenbarer Kapazität (FZK)"**, mit der ohne Einschränkungen von einem Ein- bzw. Ausspeisepunkt der virtuelle Handelspunkt erreicht werden kann, bis zu unterbrechbarer Kapazität, wonach der Zugang zum virtuellen Handelspunkt durch den Netzbetreiber eingeschränkt werden darf. Zwischen diesen Extremen finden sich diverse andere Spielarten, wie zB die **„Beschränkt Zuordenbare Kapazität (BZK)"**, wonach die Netznutzung von einem Einspeisepunkt bis zu einem konkreten Ausspeisepunkt genutzt werden kann, ohne dass der virtuelle Handelspunkt genutzt werden darf.

91 Mit dem **KASPAR**-Beschluss der BNetzA (Beschl. v. 10.10.2019 – BK7-18-052) hat die BNetzA einen Kanon an Kapazitätsprodukten vorgegeben, von dem nicht abgewichen werden darf. Die dahinterstehende Überlegung war, dass ohne Festlegung die Anzahl und Ausgestaltung der Kapazitätsprodukte immer zahlreicher werden würde. Dadurch wäre effizienter Netzzugang behindert (BNetzA Beschl. v. 10.10.2019 – BK7-18-052, S. 19).

VI. Übertragung von Einspeise- und Ausspeisekapazitäten (Abs. 1b S. 9)

92 Im Rahmen des Lieferantenwechsels ist die Übertragung der Einspeise- und Ausspeisekapazitäten vom Lieferanten alt auf den Lieferanten neu zulässig. Dieses sog. Rucksackprinzip (Bourwieg/Hellermann/Hermes/Merk § 20 Rn. 180) ist als Recht des Neulieferanten ausgestaltet. Voraussetzung ist allerdings, dass der Neulieferant die Übertragung der Kapazität benötigt. Dies kann etwa bei Kapazitätsengpässen im betroffenen Netzgebiet der Fall sein.

VII. Entry-Exit-System (Abs. 1b S. 10)

93 In Absatz 1b Satz 10 wird das Entry-Exit-System legaldefiniert, wonach der Transportkunde jedes an einem Einspeisepunkt eingespeiste Gas auch an jedem Ausspeisepunkt bereitstellen kann. Diese Systematik stellt eine Konkretisierung der transaktionsunabhängigen Transportpfades gem. Absatz 1b Satz 1 dar. Der Transportkunde kann somit seine **Gaskapazitäten den Ausspeisepunkten frei zuordnen.** Einschränkungen sind nur bei dauerhaften Engpässen erlaubt. In diesem Fall ist eine Teilnetzbildung zulässig. Die freie Zuordenbarkeit wird demnach auf die Teilnetze beschränkt, in denen keine dauerhaften Engpässe bestehen.

D. Unabhängiger Messstellenbetrieb und Aggregierung (Abs. 1c)

94 Absatz 1c ist Grundlage für den freien Messstellenbetrieb im Rahmen des Netzzugangs. Bei Einspeisung und Belieferung bzw. Einspeisung und Ausspeisung darf das Recht zum Wechsel des Messstellenbetreibers, und damit die freie Wahl des Messstellenbetreibers, nicht eingeschränkt werden. Voraussetzung ist, dass die Vorschriften des Messstellenbetriebsgesetzes eingehalten werden.

I. Freie Wahl des Messstellenbetreibers

95 Das Messstellenbetriebsgesetz (MsbG) gewährt die freie Wahl des Messstellenbetreibers und legt Mindestanforderungen in Bezug auf den Messstellenbetreiber fest. In § 14 Abs. 1 MsbG ist das Recht des **Anschlussnutzers** festgelegt, den Messstellenbetreiber wechseln zu

dürfen. Liegt kein Wechselwunsch des Anschlussnutzers vor, so führt der grundzuständige Messstellenbetreiber den Messstellenbetrieb durch (§ 3 Abs. 1 MsbG). Grundzuständiger Messstellenbetreiber ist der Netzbetreiber, solange diese Pflicht nicht auf ein anderes Unternehmen gem. § 43 MsbG übertragen hat.

Zur Umsetzung des Gebots der Massengeschäftstauglichkeit der Netzzugangsregelungen gem. § 20 Abs. 1 S. 5 hat die BNetzA auch für den Wechsel des Messstellenbetreibers Wechselprozesse vorgegeben (Wechselprozesse im Messwesen, WiM, BNetzA Beschl. v. 11.12.2019 – BK6-19-218). 96

II. Berücksichtigung in den Musterverträgen

Der Muster-Lieferantenrahmenvertrag der BNetzA (Beschl. v. 16.4.2015 – BK4-13-042) berücksichtigt das Recht auf freie Wahl des Messstellenbetreibers in § 4 Nr. 1c, in dem ausdrücklich die Geltung der Wechselprozesse im Messwesen (WiM, BNetzA Beschl. v. 11.12.2019 – BK6-19-218) einbezogen wird. Darüber hinaus gewährt § 6 Nr. 1 des Mustervertrags ausdrücklich die freie Wahl des Messstellenbetreibers. 97

Für den Gasnetzbetrieb wird in den Geschäftsbedingungen für den Ein- und Ausspeisevertrag (Entry-Exit-System) auf das Recht verwiesen, den Messstellenbetreiber frei zu wählen (für Fernleitungsnetzbetreiber in § 23 Nr. 3 Anl. 1 KoV und für Verteilnetzbetreiber in § 17 Nr. 3 Anl. 2 KoV). 98

III. Ermöglichung der Aggregierung (Abs. 1c S. 2)

Art. 13 Elektrizitäts-Binnenmarkt-Richtlinie (EU) 2019/944 sieht vor, dass die Mitgliedstaaten den Abschluss von Aggregierungsverträgen ermöglichen. Unter „Aggregierung" ist nach Art. 2 Nr. 18 Elektrizitäts-Binnenmarkt-Richtlinie (EU) 2019/944 die Bündelung von mehreren Kundenlasten oder erzeugter Elektrizität zur gemeinsamen Vermarktung auf dem Elektrizitätsmarkt zu verstehen. In diesem Rahmen müssen die Mitgliedstaaten nach Art. 17 Elektrizitäts-Binnenmarkt-Richtlinie (EU) 2019/944 auch eine Laststeuerung durch Aggregierung gewährleisten. 98a

Zur Umsetzung dieser europarechtlichen Vorgaben hat der Gesetzgeber durch Art. 1 des Gesetzes vom 16.7.2021 (BGBl. I 3026) den Absatz 1c Satz 2 eingefügt (BT-Drs. 19/27453, 105). Die Verweisung im Normtext auf die Aggregierungsvorschriften des EnWG war ursprünglich fehlerhaft. Durch Art. 1 des Gesetzes vom 19.7.2022 (BGBl. I 1214) wurde der Verweisungsfehler für die §§ 41d und 41e korrigiert (BT-Drs. 20/2402, 43). 98b

Nach dem Normtext müssen die Verträge für den Zugang zu Elektrizitätsversorgungsnetzen Verträge mit Aggregatoren nach den §§ 41d und 41e ermöglichen. Die Regelung ist daher als Annex der §§ 41d und 41e zu verstehen. Eine Einschränkung ist nur zulässig, sofern technische Anforderungen des Netzbetreibers entgegenstehen. 98c

E. Kundenanlage, Summen- und Unterzähler (Abs. 1d)

Absatz 1d ermöglicht den Netzzugang bzw. die freie Wahl des Lieferanten für Letztverbraucher, die nicht direkt am Netz der allgemeinen Versorgung angeschlossen sind, sondern innerhalb einer Kundenanlage bzw. Kundenanlage zur betrieblichen Eigenversorgung angeschlossen sind. Der Netzbetreiber ist verpflichtet, auch hier Marktlokationen zur Verfügung zu stellen, obwohl der Letztverbraucher nicht direkt am Netz des Netzbetreibers angeschlossen ist. 99

I. Adressaten

Der Adressat der Norm ist zum einen Betreiber von Energieversorgungsnetzen (§ 3 Nr. 16) in Bezug auf die Bereitstellung der notwendigen Zählpunkte. Die Betreiber von Kundenanlagen bzw. Kundenanlagen zur betrieblichen Eigenversorgung werden zwar nicht zu einer bestimmten Handlung oder Duldung verpflichtet. Es ergibt sich aber aus der Natur der Sache, dass die Betreiber der Kundenanlage dem Netzbetreiber als Messstellenbetreiber oder aber einem dritten Messstellenbetreiber Zutritt gewähren müssen, damit dieser die erforderlichen Messlokationen installieren kann. 100

II. Recht auf erforderliche Zähler und Unterzähler

101 Es besteht ein Recht auf Bereitstellung aller erforderlichen Zählpunkte. Die technische Aufgabe ist es, die vom jeweiligen Netzzugangspetenten bezogene oder eingespeiste Strommenge von derjenigen Stromenge zu differenzieren, die insgesamt in der Kundenanlage bezogen oder aus der Kundenanlange heraus eingespeist wird. Dafür ist grundsätzlich ein Summenzähler erforderlich, der die Summe aller entnommenen Strommengen der Kundenanlage misst. Sollte ein Fall der Einspeisung vorliegen, ist mittels eines Zweirichtungszählers auch die Einspeisemenge zu ermitteln.

102 Die Stromentnahme oder -einspeisung beim Netzzugangspetenten erfolgt dabei durch Messung oder rechnerische Abgrenzung. Damit kann der tatsächliche Verbrauch oder die tatsächliche Einspeisung berechnet werden. Zusammen mit den Messwerten des Summenzählers am Messanschluss kann dann die gesamte Entnahme bzw. Einspeisung der Kundenanlage ermittelt werden.

103 Gemäß Absatz 1d Satz 2 hat im erforderlichen Umfang eine **Verrechnung von Zählwerten über Unterzähler** zu erfolgen. Das bedeutet, dass Unterzähler soweit eingesetzt werden müssen, als dies erforderlich ist, um alle relevanten Messwerte zu ermitteln. Anstatt eine Messung zu nutzen, kann der jeweilige Messwert daher auch rechnerisch ermittelt werden. Netzbetreiber können in bestimmten Konstellationen auch verpflichtet sein – neben Unterzählern – auch **Unter-Unterzähler** als weitere Zählerebene bereitzustellen, wenn dies für das konkrete Messkonzept erforderlich ist (vgl. BNetzA Beschl. v. 23.9.2021 – BK6-21-086).

104 Der gemessene oder per Abgrenzung ermittelte Wert der Einspeisung und des Verbrauchs beim Netzzugangspetenten entspricht nicht zwingend dem später abzurechnenden Wert. **Netz- und ggf. Umspannverluste** auf dem Weg zum Netzanschluss sind zu berücksichtigen. Indem die entsprechenden Verluste pauschal oder als Messwert berücksichtigt werden, ist die Marktlokation des Netzzugangspetenten am Netzanschluss.

III. Recht auf virtuellen Summenzähler (Abs. 1d S. 3)

104a Absatz 1d Satz 3 sieht vor, dass die Summenmesswerte eines Netzanschlusspunktes anstelle eines physischen Summenzählers auch durch einen **virtuellen Summenzähler** rechnerisch ermittelt werden können. Voraussetzung ist hierfür, dass sämtliche Messeinrichtungen, welche saldiert werden sollen, hinter **demselben Netzanschlusspunkt** liegen, d.h. eine galvanische Verbindung aufweisen, und mit **intelligenten Messsystemen** iSd § 2 S. 1 Nr. 7 MsbG ausgestattet sind (BT-Drs. 20/6457, 72).

104b Die Regelung wurde durch Gesetz vom 22.5.2023 (BGBl. I Nr. 133) in das EnWG aufgenommen und bedeutet eine erhebliche **Erleichterung für die Praxis**. Denn bisher konnten Summenmesswerte nur mit physischen Summenzählern gebildet werden, was angesichts der hohen Kosten für Messeinrichtungen in vielen Fällen unwirtschaftlich war (BT-Drs. 20/6457, 72). Mit der Neuregelung sollen insbesondere **Mieterstrommodelle** in Mehrparteienliegenschaften mit eigener Solarerzeugung unterstützt werden, bei welchen nunmehr auch virtuelle Summenzähler ausreichend sind (BT-Drs. 20/6457, 72).

104c Absatz 1d Satz 3 ist im Zusammenhang mit § 34 Abs. 2 S. 2 Nr. 1 und § 60 Abs. 3 S. 1 Nr. 4 MsbG zu lesen. Nach § 34 Abs. 2 S. 2 Nr. 1 MsbG können Anschlussnehmer und Anlagenbetreiber ab 2025 die **vorzeitige Ausstattung** der für die Saldierung erforderlichen Zählpunkte **mit intelligenten Messsystemen** verlangen. Die Datenkommunikationsprozesse erfolgen auf Grundlage von § 60 Abs. 3 S. 1 Nr. 4 MsbG.

IV. Verrechnung von Arbeits- und Leistungswerten (Abs. 1d S. 4)

105 Absatz 1d Satz 4 regelt den Sachverhalt, dass die Messung am Netzanschluss eine Leistungsmessung ist, der Unterzähler dagegen eine Arbeitsmessung, wobei der Unterzähler wiederum nicht an ein Smart-Meter-Gateway angebunden ist. Hier stellt sich die Problematik, dass für den Summenzähler ein Leistungs- und ein Arbeitswert ermittelt und in der Folge auch abgerechnet wird. Da beim Unterzähler kein Leistungswert ermittelt werden kann, bedarf es für die **Weiterberechnung von Leistungswerten** einer Regelung. Bei an ein Smart-Meter-Gateway angebunden Zählern stellt sich die Problematik nicht, da in diesem Fall die

Nutzung der Zählerstandgangmessung möglich ist und somit ein Leistungswert näherungsweise bestimmt werden kann.

Absatz 1d Satz 4 erlaubt es, den **fiktiven Leistungswert** anzunehmen, der durch das Standardlastprofil für den betroffenen Letztverbraucher bzw. Einspeiser ermittelt werden kann. Es gilt das vom Anschlussnetzbetreiber vorgegebene Standardlastprofil für die jeweilige Kundengruppe. Inwieweit die ermittelte Leistung der Realität entspricht, ist für die Ermittlung des Messwerts nicht relevant. Auch Netz- oder Umspannverluste sind nicht zu berücksichtigen. Der Netzzugangspetent ist durch diese Fiktion auch nicht in seinen Rechten unzulässig eingeschränkt. Denn der Einbau einer Leistungsmessung ist jederzeit möglich. 106

Die frühere Formulierung des Absatz 1d Satz 4, wonach die Verrechnung nur zulässig war, „soweit energiewirtschaftliche oder mess- und eichrechtliche Belange nicht entgegenstehen" wurde durch Art. 1 des Gesetzes vom 16.7.2021 (BGBl. I 3026) gestrichen. Denn diese Einschränkung hatte keinen Anwendungsbereich, da eine Verrechnung stets möglich war und erzeugte daher Rechtsunsicherheit (BT-Drs. 19/27453, 105). 106a

F. Verweigerung des Netzzugangs (Abs. 2)

Absatz 2 regelt die **engen Grenzen,** in denen der Netzbetreiber das Recht auf Netzzugang beschränken darf. 107

I. Unmöglichkeit und Unzumutbarkeit des Netzzugangs

Voraussetzung für die Verweigerung des Netzzugangs ist nach Absatz 2 Satz 1, dass der Netzzugang unmöglich oder unzumutbar ist. 108

Für die Bestimmung der Unmöglichkeit und Unzumutbarkeit ist im Grundsatz auf die Definition der Unmöglichkeit in § 275 Abs. 1 BGB zurückzugreifen. Die Unzumutbarkeit lässt sich gem. § 275 Abs. 2 und 3 BGB bestimmen. Allerdings wird dabei nicht nur das Verhältnis zwischen Netzbetreiber und Netznutzer betrachtet. Denn der Netzbetreiber darf nicht nur bei eigener Betroffenheit den Netzzugang verweigern, sondern auch bei Betroffenheit eines Dritten (etwa bei einer Sperrung des Letztverbrauchers bei Aufforderung durch den Lieferanten). 109

Die Verweigerung des Rechts auf Netzzugang darf nur unter Berücksichtigung der Ziele des § 1 erfolgen. So führt etwa das Ziel der Umweltverträglichkeit bzw. des zunehmenden Anteils erneuerbarer Energien dazu, dass bei einem Netzengpass der Netzzugang von Anlagen, die Strom aus erneuerbaren Energien erzeugen, nachrangig eingeschränkt werden darf. Diese Vorgabe findet seine rechtliche Ausgestaltung in § 13 Abs. 1a, wonach dieser Strom vorrangberechtigt ist. 110

1. Spezialgesetzliche Regelung

Verschiedene Beschränkungen des Rechts auf Netzzugang sind spezialgesetzlich geregelt. Sollten die Voraussetzungen dieser speziellen Normen erfüllt sein, liegt entsprechend ein hinreichender Grund iSd Absatz 2 vor, weil dann eine rechtliche Unmöglichkeit bzw. Unzumutbarkeit besteht. 111

§ 17 normiert das Recht, sich überhaupt an das Elektrizitätsversorgungsnetz anschließen zu lassen. Erfolgt kein Netzanschluss nach § 17, ist dies sofort auch eine Verhinderung des Netzzugangs. Da die entsprechenden Vorgaben in § 17 Abs. 2 nicht hinter denen dieses Absatzes zurückbleiben, ist eine zusätzliche Beachtung dieses Absatzes bei der Verweigerung des Netzzugangs nicht erforderlich. 112

§ 17 gewährleistet allerdings keine Einspeisung mit einer **gleichbleibend hohen Netzanschlusskapazität** (BGH BeckRS 2020, 35771). So führt ein gem. § 17 hergestellter Anschluss nicht zu einem uneingeschränkten Recht auf Netzzugang gem. § 20. Eine Einschränkung des Rechts auf Netzanschluss ist also trotzdem möglich. 113

§ 13 enthält eine spezialgesetzliche Regelung für die Gefährdung der **Sicherheit und Zuverlässigkeit des Betriebs** von Übertragungsnetzen. Gemäß der gesetzlich vorgegebenen Staffelung bzw. Kaskade darf der Übertragungsnetzbetreiber gem. § 13 den Netzzugang beschränken. Dies bezieht sich allerdings nur auf physische Gefährdungen und Störungen des Netzes. Für Betreiber von Verteilernetzen gilt § 13 entsprechend (§ 14 Abs. 1). 114

115 Bei einer Gefährdung der Sicherheit oder Zuverlässigkeit des Gasversorgungsnetzes gilt ein entsprechend speziell gesetzliches Eingriffsrecht der Gasnetzbetreiber (§ 16 für Fernleitungsnetze und § 16a für Gasverteilernetze).

116 § 13a sieht eine spezialgesetzliche Regelung für **Erzeugungsanlagen** und Speicher vor, die aufgrund eines Kapazitätsengpasses nicht einspeisen können.

117 Des Weiteren konkretisiert § 15 StromNZV die allgemeinen Vorgaben des Absatz 2 für ein **Engpass-Management** in den Übertragungsnetzen und an den Kuppelstellen zu benachbarten Netzen (BGH BeckRS 2020, 35771).

118 Art. 50 Abs. 2 VO (EU) 2019/943 verpflichtet die Übertragungsnetzbetreiber, in regionalen Koordinierungszentren ein allgemeines Modell für die Berechnung der Gesamtübertragungskapazität und der Sicherheitsmarge zu veröffentlichen. In Einklang mit Erwägungsgrund 27 VO (EU) 2019/943 wird u.a. das für den Netzbetrieb zentrale **(n-1)-Kriterium** zur Maßgabe für die Sicherheitsmarge gemacht. Nach dem (n-1)-Kriterium darf auch der Ausfall eines Betriebsmittels nicht dazu führen, dass die Auslastungsgrenze der verbleibenden Betriebsmittel überschritten wird (BNetzA Beschl. v. 20.12.2006 – BK6–06–025, S. 5).

2. Betriebsbedingte Gründe

119 Einschränkungen aufgrund betriebsbedingter Gründe finden sich u.a. im Muster-Lieferantenrahmenvertrag der BNetzA (Beschl. v. 20.12.2017 – BK6-17-168). So erlaubt § 10 Nr. 2 des Lieferantenrahmenvertrags die Unterbrechung bei betriebsnotwendigen Arbeiten. Das dort auch aufgeführte Beispiel eines drohenden Netzzusammenbruchs, der die Unterbrechung der Netznutzung legitimiert, ist eine unnötige Doppelung zu § 13. § 10 Nr. 3b erlaubt die Beschränkung des Netzzugangs bzw. die Unterbrechung bei Stromdiebstahl. § 10 Nr. 3c erlaubt die Unterbrechung im Falle störender Rückwirkungen auf andere Anschlussnehmer oder Netzbetreiber. Erfolgt keine Zuordnung der ins Netz eingespeisten Strommengen zu einem Bilanzkreis gem. § 20 Abs. 1a S. 5, erlaubt der Lieferantenrahmenvertrag eine Unterbrechung gem. § 10 Nr. 3c.

3. Sonstige Gründe

120 Als sonstige Gründe erkennt der Muster-Lieferantenrahmenvertrag der BNetzA (Beschl. v. 20.12.2017 – BK6-17-168) an, dass Personen oder Sachen gefährdet werden (§ 10 Nr. 3a). Maßgeblich insbesondere im Bereich der Grundversorgung gem. § 36 ist die Unterbrechung des Netzzugangs durch den Lieferanten aufgrund vertraglicher Berechtigung gegenüber dem Letztverbraucher/Anschlussnutzer. Dies ist üblicherweise dann der Fall, wenn der Anschlussnutzer seine Stromrechnung gegenüber dem Lieferanten nicht beglichen hat. § 10 Nr. 6 des Lieferantenrahmenvertrags zeigt die engen Grenzen auf, in denen der Netzbetreiber auf Zuruf des Stromlieferanten den Netzzugang sperren darf. In § 11 Nr. 6 des Lieferantenrahmenvertrags Gas (Anlage 2 zur Kooperationsvereinbarung Gas) findet sich eine entsprechende Regelung für die Unterbrechung von Gaskunden.

4. Verhältnismäßigkeit der Zugangsverweigerung

121 Die Zugangsverweigerung muss verhältnismäßig sein. Dies ergibt sich bereits aus den speziellen Regelungen des Lieferantenrahmenvertrags, etwa dass bei planbaren Unterbrechungen die Interessen des Netznutzers berücksichtigt werden müssen (§ 10 Nr. 2 S. 3 Muster-Lieferantenrahmenvertrag Strom). Die Verweigerung des Netzzugangs darf in ihrem Umfang nur insoweit erfolgen, als dies von einem sachlichen Grund getragen wird. Dies betrifft zum einen die Verweigerung des gesamten Netzzugangs und zum anderen den Umfang der Zugangsverweigerung. Da die Zugangsverweigerung nur erfolgen darf, „soweit" sie durch die entsprechenden Gründe begrenzt ist, ist die Einschränkung inhaltlich und temporär so weit wie möglich zu begrenzen. Eine Abwägung mit den Rechten des Netznutzers sowie auch der allgemeinen Ziele des EnWG aus § 1 ist vorzunehmen.

122 Im Fall der Sperrung eines Letztverbrauchers sind die Abwägungsmöglichkeiten des Netzbetreibers durch den Lieferantenrahmenvertrag erheblich eingeschränkt. Der Netzbetreiber betrachtet die Verhältnismäßigkeit nicht unmittelbar, sondern kann sich vom Lieferanten lediglich glaubhaft versichern lassen, dass er zur Unterbrechung der Versorgung berechtigt

sei. Damit gilt zwar keine ausnahmslose Sperrpflicht (BGH EnWZ 2019, 179 Rn. 30). Die Abwägung wird vom Netzbetreiber aber auf den Lieferanten verlagert. Ggf. kann der Netzbetreiber also zu einer gem. § 20 Abs. 2 unverhältnismäßigen Beschränkung des Netzzugangs gezwungen werden. Dies ist zum einen dadurch gerechtfertigt, dass der Lieferant den Netzbetreiber von etwaigen Schadensersatzansprüchen freistellen muss und zum anderen gewährt dieses Vorgehen zügige Handlungsfähigkeit für den Lieferanten bei nicht zahlenden Kunden.

II. Durchführung der Zugangsverweigerung

Die Verweigerung des Netzzugangs ist zu begründen. Das Gesetz spricht hier zwar von 123 „Ablehnung" und legt damit nahe, dass zuvor ein Antrag auf umfänglichen Netzzugang gestellt worden ist. Die Notwendigkeit der Begründung ergibt sich aber auch in dem Fall, dass die Einschränkung des Netzzugangs vom Netzbetreiber ausgeht, wie etwa bei einer Sperrung.

Die Begründung muss in „Textform" erfolgen. Damit gilt § 126b BGB. Die Übersendung 124 der Begründung per E-Mail, die Bereitstellung der Information im Internet oder auch in einer App ist somit zulässig, soweit davon ausgegangen werden kann, dass der Netznutzer diese Art von Informationsbereitstellung für üblich halten darf und sie ihm auch üblicherweise zugänglich ist.

Die Zugangsverweigerung ist der Regulierungsbehörde gegenüber mitzuteilen. Die 125 BNetzA sieht für eine solche Meldung ein Musterformular auf ihrem Internetauftritt vor, wo die Netzbetreiber die Verweigerung des Netzzugangs unmittelbar mitteilen können.

Wurde der Netzzugang aufgrund eines **Kapazitätsmangels** verweigert, kann der Netzzu- 126 gangspetent Auskunft darüber verlangen, welche Maßnahmen und damit auch Kosten des Netzausbaus erforderlich wären, um den Netzzugang voll umfänglich zu ermöglichen. Dabei darf „Ausbau" nicht lediglich als Maßnahme der Leistungserhöhung durch Vergrößerung von Trafokapazitäten oder Leistungsquerschnitten verstanden werden. Vielmehr kann die Kapazität des Netzes auch durch Ausbaumaßnahmen im Bereich der Flexibilität erhöht werden. Hier bietet es sich zB an, dass Netzbetreiber Verträge gem. § 14a abschließen oder andere Möglichkeiten der Flexibilität nutzen. Dies kann etwa durch Laststeuerung, insbesondere beim Netzzugangspetenten, oder durch die Nutzung von Energiespeicheranlagen eines Dritten erfolgen (s. dazu auch Art. 32 Elektrizitäts-Binnenmarkt-Richtlinie (EU) 2019/944 v. 5.6.2019, ABl. L 158/125 v. 14.6.2019).

Die Begründung kann auch nachgefordert werden, dh zu einem späteren Zeitpunkt ange- 127 fragt werden. Eine Frist ist nicht ersichtlich.

Der Netzbetreiber darf gem. Absatz 2 Satz 4 die Kosten der zusätzlichen Begründung 128 nach Satz 3 in Rechnung stellen. Voraussetzung ist lediglich, dass der Netzbetreiber auf die Entstehung von Kosten zuvor hingewiesen hat. Es ist nicht erforderlich, dass der Netzbetreiber zuvor die Höhe des Entgelts genau bestimmt.

III. Netzausbau

Beteiligt sich der Netzzugangspetent bei einem physikalischen Engpass hinreichend an 129 den Kosten der Kapazitätserhöhung, ist der Netzbetreiber gem. § 11 Abs. 1 verpflichtet, das Netz entsprechend auszubauen. Denn eine Netzausbaupflicht besteht, sobald dies wirtschaftlich zumutbar ist.

§ 20a Lieferantenwechsel

(1) Bei einem Lieferantenwechsel hat der neue Lieferant dem Letztverbraucher unverzüglich in Textform zu bestätigen, ob und zu welchem Termin er eine vom Letztverbraucher gewünschte Belieferung aufnehmen kann.

(2) [1]Das Verfahren für den Wechsel des Lieferanten oder des Aggregators darf drei Wochen, gerechnet ab dem Zeitpunkt des Zugangs der Anmeldung zur Netznutzung durch den neuen Lieferanten bei dem Netzbetreiber, an dessen Netz die Entnahmestelle angeschlossen ist, nicht überschreiten. [2]Der Netzbetreiber ist ver-

pflichtet, den Zeitpunkt des Zugangs zu dokumentieren. [3]Eine von Satz 1 abweichende längere Verfahrensdauer ist nur zulässig, soweit die Anmeldung zur Netznutzung sich auf einen weiter in der Zukunft liegenden Liefertermin bezieht. [4]Ab dem 1. Januar 2026 muss der technische Vorgang des Stromlieferantenwechsels binnen 24 Stunden vollzogen und an jedem Werktag möglich sein.

(3) Der Lieferantenwechsel oder der Wechsel des Aggregators dürfen für den Letztverbraucher mit keinen zusätzlichen Kosten verbunden sein.

(4) [1]Erfolgt der Lieferantenwechsel nicht innerhalb der in Absatz 2 vorgesehenen Frist, so kann der Letztverbraucher von dem Lieferanten oder dem Netzbetreiber, der die Verzögerung zu vertreten hat, Schadensersatz nach den §§ 249 ff. des Bürgerlichen Gesetzbuchs verlangen. [2]Der Lieferant oder der Netzbetreiber trägt die Beweislast, dass er die Verzögerung nicht zu vertreten hat. [3]Nimmt der bisherige Lieferant die Abmeldung von der Belieferung nicht unverzüglich nach Vertragsbeendigung vor oder gibt er auf Nachfrage des Netzbetreibers die Entnahmestelle bei Vertragsbeendigung nicht frei, kann der Letztverbraucher vom Energielieferanten Schadensersatz nach Maßgabe des Satzes 1 verlangen.

Überblick

§ 20a macht einige wenige zentrale Vorgaben (insbesondere die Notwendigkeit einer Bestätigung (→ Rn. 1) in Textform (→ Rn. 5) binnen bestimmter Frist (→ Rn. 7)) für den Prozess des Wechsels des Strom- und Gaslieferanten. So wird der zügige Wechsel mit niedrigen Transaktionskosten gewährleistet, was eine zentrale Voraussetzung für funktionierenden Wettbewerb ist. Die Norm gewährleistet damit die „preisgünstige, verbraucherfreundliche, effiziente" Energieversorgung iSd § 1 Abs. 1 und dient damit unmittelbar der Zielsetzung des EnWG.

A. Entstehungsgeschichte

1   § 20a fand Einzug mit der Überarbeitung des EnWG im Jahr 2011, bedingt durch die Elektrizitäts-Binnenmarkt-RL (RL 2009/72/EG), welche generell eine weitreichende Novellierung des EnWG auslöste. Mit der Novelle aus dem Jahr 2021 wurde die neue Marktrolle des Aggregators in Absatz 2 und 3 eingefügt. In Absatz 4 wurde Satz 3 mit der Novelle im Jahr 2022 ergänzt.

1.1   § 20a trat mit dem Gesetz vom 26.7.2011 mit Wirkung zum 4.8.2011 in Kraft (BGBl. 2011 I 1554). Mit Gesetz vom 16.7.2021 (BGBl. I 3026) wurden § 65 Abs. 2 und 3 mit Wirkung zum 4.8.2011 geändert. Mit Gesetz vom 19.7.2022 wurde mit Wirkung zum 29.7.2022 in Absatz 4 Satz 3 angefügt (BGBl. I 1214).

B. Bestätigung (Abs. 1)

2   Absatz 1 verpflichtet den neuen Energielieferanten zur unverzüglichen Kommunikation mit dem Letztverbraucher hinsichtlich des gewünschten Lieferbeginns. Die Norm schützt somit den Letztverbraucher, in dem sie Transparenz hinsichtlich der tatsächlichen Möglichkeit des Lieferantenwechsels gibt. Der Letztverbraucher soll so ggfs. auch den Vertrag bei einem anderen Lieferanten schließen können, falls der vom Kunden gewünschte Liefertermin nicht realisierbar ist (BT-Drs. 17/6072, 76).

3   Ein **Lieferantenwechsel** liegt vor, wenn eine bestimmte Entnahmestelle einem anderen Lieferanten zugeordnet wird (KG BeckRS 2018, 47005 Rn. 15). Dies setzt voraus, dass der Vertrag mit dem bestehenden Lieferanten gekündigt oder auf den Zeitpunkt des beabsichtigten Lieferantenwechsels kündbar ist und der neue Lieferant mit dem Letztverbraucher einen Stromliefervertrag abgeschlossen hat. In diesem ist ein Lieferbeginn festgehalten. Dies kann zB ein konkretes Datum sein oder auch die Einigung auf eine „schnellstmögliche" Belieferung. Voraussetzung der gewünschten Bestätigung des vereinbarten Lieferbeginns ist die entsprechende Klärung der Möglichkeit der Belieferung durch den neuen Lieferanten mit dem Netzbetreiber und dem derzeitigen Lieferanten (auch Altlieferant oder „Lieferant alt").

Grundlage für diese Kommunikation sind für Stromlieferverträge die **Geschäftsprozesse** 4
zur Kundenbelieferung mit Elektrizität (GPKE, BNetzA Beschl. v. 21.12.2020 – BK6-20-160, mit dem der ursprüngliche Beschl. v. 11.7.2016 – BK6-06-099 geändert worden ist). Für die Gasbelieferung gilt die Festlegung **einheitlicher Geschäftsprozesse und Datenformate beim Wechsel des Lieferanten bei der Belieferung mit Gas (GeLi Gas,** BNetzA Beschl. v. 20.8.2007 – BK7-06-067). Unter der Überschrift „Lieferantenwechsel" bzw. bei der Beschreibung des „Use Case Lieferantenwechsel" werden für die beteiligten Akteure Lieferant alt, Lieferant neu und Netzbetreiber festgelegt, innerhalb welcher Fristen welche Angaben gemacht werden müssen. Auch das Datenformat wird vorgegeben, um eine automatisierte Abwicklung des Wechselprozesses zu ermöglichen.

Wenn der neue Lieferant die notwendigen Angaben zur Identifikation des Kunden und 5
zum gewünschten Lieferbeginn gemacht hat, hat er binnen der in der GPKE und GeLi Gas festgelegten Fristen ein Recht auf eine Reaktion des Altlieferanten, die ihm vom Netzbetreiber übersendet wird. Darin wird der gewünschte Lieferbeginn entweder abgelehnt oder bestätigt. Sobald dem neuen Lieferanten diese Information vorliegt, ist er in der Lage, dem Letztverbraucher die nach diesem Absatz vorgesehene Information zur Verfügung zu stellen. Dabei hat der Neulieferant zwei Informationen zu übermitteln. Es ist anzugeben, ob die Belieferung stattfinden kann. Wenn die Belieferung stattfinden kann, ist der gewünschte Lieferbeginn anzugeben.

Die Bestätigung hat in **Textform** zu erfolgen. Im zivilrechtlichen Verhältnis zwischen 6
Lieferant und Letztverbraucher gelten die Vorgaben des § 126b BGB zum Begriff der Textform.

Das den Wechselprozessen zugrunde liegende Datenformat ist das **EDIFACT-Format,** 7
das von der Branchen-Arbeitsgruppe „EDI@Energy" erarbeitet wird. Die E-Mail-Nachrichten (!) des Formats werden signiert und verschlüsselt. Das kann aber nicht darüber hinweghelfen, dass eine moderne Kommunikationsstruktur weniger fehleranfällig wäre, wenn auf das Versenden von E-Mail-Nachrichten verzichtet und zeitgemäße Formen der Verbindung genutzt würden.

C. Wechselfrist (Abs. 2 und 3)

I. Wechselprozess

Gemäß Absatz 2 darf der Wechselprozess von einem Alt-Lieferanten zu einem neuen 8
Energielieferanten drei Wochen nicht überschreiten. Der Lieferantenwechsel ist ein mehrstufiger Vorgang, der durch den neuen Lieferanten bei demjenigen Netzbetreiber angestoßen wird, in dessen Netz die fragliche Entnahmestelle angeschlossen ist.

Der Wechselprozess beginnt mit der **Identifikation** der Marktlokation. Marktlokationen 9
werden grundsätzlich mit der ID der Marktlokation (MaLo-ID) identifiziert. Dabei hat der neue Lieferant das Recht, im Rahmen des Lieferantenwechsels vorzugeben, dass die Identifikation allein über die MaLo-ID erfolgen soll. Abweichende Angaben zu den Stammdaten sind dann vom Netzbetreiber zwingend zu ignorieren. Dies gilt sogar für die Adresse, also den Ort der Marktlokation (BNetzA Beschl. v. 21.12.2020 – BK6-20-160, S. 14).

Hat der Netzbetreiber allerdings Zweifel an der hinreichenden **Bevollmächtigung** des 10
neuen Lieferanten, für die entsprechende Marktlokation einen Wechselprozess anzustoßen, hat der Netzbetreiber in begründeten Einzelfällen das Recht, sich eine Vollmacht – grundsätzlich auf dem elektronischen Weg – zusenden zu lassen (BNetzA Beschl. v. 21.12.2020 – BK6-20-160, S. 13). Wenn der Lieferant nicht vorgibt, dass die Identifikation allein über die MaLo-ID zu erfolgen hat, sieht die GPKE weitere Kriterien vor, die zur Identifikation ausreichen (insbesondere die Zählernummer).

Der Netzbetreiber ist verpflichtet, unter Wahrung der gebotenen Sorgfalt mit den vorhandenen Informationen die **Marktlokationen zu identifizieren.** Ist dies nicht möglich, hat 11
der Netzbetreiber das Recht, die Meldung abzulehnen. Dies muss bis zum 3. Werktag nach Eingang der Anmeldung erfolgen (BNetzA Beschl. v. 21.12.2020 – BK6-20-160, S. 14). Nach erfolgter Identifizierung der Marktlokation enthalten alle folgenden Meldungen die MaLo-ID der Marktlokation.

Adam

12 Nach erfolgreicher Identifizierung der Marktlokation folgen die von der GPKE vorgegebenen Prozessschritte zu Lieferende und Lieferbeginn. Insbesondere muss festgestellt werden, ob der laufende Energieliefervertrag an der Marktlokation zum gewünschten Datum gekündigt werden kann. Ist dies der Fall und hat der Neulieferant die entsprechende Vollmacht zur Kündigung des Energieliefervertrags mit dem Altlieferant, wird der Vertrag mit dem Altlieferanten gekündigt (Prozess Kündigung) und damit beendet (Prozess Lieferende) und mit dem neuen Lieferanten begonnen (Prozess Lieferbeginn). In dem Zusammenhang werden auch die bisher gemessenen Arbeits- und Leistungswerte übermittelt, um dem neuen Lieferanten die Abrechnung zu ermöglichen.

II. Wechselfrist

13 Die Wechselfrist beträgt drei Wochen. Ihre Dauer bestimmt sich gem. § 188 BGB. Diese Frist gilt für den Fall, dass der Lieferantenwechsel für den **nächstmöglichen Termin** oder für den Zeitpunkt drei Wochen nach Anmeldung des Lieferantenwechsels beabsichtigt ist. Eine längere Frist des Wechsels ist nach diesem Absatz 2 Satz 3 dann möglich, wenn der Lieferantenwechsel weiter in der Zukunft liegt als drei Wochen nach dem Zeitpunkt der Anmeldung. Allerdings gibt es in der GPKE keine unterschiedlichen Fristen für Wechselprozesse, die einen Zeitpunkt betreffen, der länger in der Zukunft liegt als drei Wochen. Die Abstimmung zu Lieferende des Altlieferanten und Lieferbeginn des neuen Lieferanten erfolgt also unabhängig vom tatsächlichen Zeitraum bis zum Lieferbeginn nach den in der GPKE vorgegebenen Fristen.

14 In Satz 4 hat die Vorgabe aus Art. 12 Abs. 1 S. 3 RL 2019/944/EU Eingang gefunden, wonach ab dem 1.1.2026 ein werktäglicher Lieferantenwechsel möglich sein muss. Die eher lange Vorlauffrist dürfte auf den erheblichen Anpassungsbedarf an den IT-Systemen zurückzuführen sein. So ist fraglich, ob das aktuelle, E-Mail-basierte Datenaustauschmodell „EDIFACT" in Deutschland (→ Rn. 7) technisch dazu in der Lage sein wird, werktägliche Lieferantenwechsel abzubilden. Während in den Niederlanden bereits ein werktäglicher Lieferantenwechsel mit bis zu 10 Lieferanten praktiziert wird, sind die Herausforderungen in Deutschland mit teilweise weit über 100 Lieferanten pro Netzgebiet deutlich größer.

III. Neue Marktrollen

15 In Absatz 2 und 3 ist die Rolle des Aggregators im Rahmen des Lieferantenwechsels dem Lieferanten gleichgestellt worden. Diese ausdrückliche Einfügung in die Regelungen zum Lieferantenwechsel ist notwendig, da Letztverbraucher Verträge mit Aggregatoren gemäß § 41d parallel zu dem herkömmlichen Liefervertrag abschließen können. Dem liegt die Regelung aus Art. 13 Abs. 1 RL 2019/944/EU zugrunde, wonach die Rollen des Lieferanten und des Aggregators auseinanderfallen können.

16 Mit dem Festlegungsverfahren zur Weiterentwicklung der Netzzugangsbedingungen Strom hat die BNetzA nunmehr auch die Grundlage für einen Lieferantenwechsel an der Ladesäule geschaffen, wenngleich die Anwendung der Netzzugangsregeln Elektromobilität derzeit nicht verpflichtend, sondern freiwillig für den Ladesäulenbetreiber ist (BNetzA Beschl. v. 21.12.2020 – BK6-20-160, S. 64 ff.). Die konkreten Umsetzungsfragen sind in einer Prozessbeschreibung des BDEW anhand der von der BNetzA veröffentlichten Eckpunkte für „Netzzugangsregeln zur Ermöglichung einer ladevorgangscharfen bilanziellen Energiemengenzuordnung für Elektromobilität (NZR-EMob)" erarbeitet worden. Eine Umsetzung im Markt ist zum 1.10.2023 geplant.

D. Kosten (Abs. 3)

17 Gemäß Absatz 3 dürfen dem Letztverbraucher im Zusammenhang mit dem Lieferantenwechsel keine Kosten in Rechnung gestellt werden, die auf den Wechselprozess entsprechend GeLi Gas oder GPKE zurückzuführen sind. Dies gilt insbesondere für eine etwaige Wechselgebühr durch den Netzbetreiber oder den Altlieferanten, die prohibitiv gegenüber dem Lieferantenwechsel wirken könnten.

18 Zulässig sind allerdings Kosten, die zwar im ursächlichen Zusammenhang mit dem Lieferantenwechsel stehen, allerdings nicht den Wechselprozess selbst betreffen. So könnte ein

Stromlieferant etwa dem Letztverbraucher für die Dauer der Strombelieferung einen Ladepunkt in Form einer Wallbox zur Verfügung stellen. Eine zuvor vertraglich vereinbarte Kostenbeteiligung bei der Zurücksendung der Wallbox nach Ablauf des Stromliefervertrags wäre zulässig. Diese Kosten sind nicht solche des Lieferantenwechsels und daher nicht von den Vorgaben des Absatz 3 erfasst.

E. Schadensersatz bei Verzögerung (Abs. 4)

Der Letztverbraucher hat einen **Anspruch auf Schadensersatz** gegenüber dem Alt- und dem Neulieferanten sowie dem Netzbetreiber, wenn der Lieferantenwechsel nicht fristgerecht erfolgt. Absatz 4 verweist entsprechend auf die §§ 249 ff. BGB. Ein Vertretenmüssen ist daher nach den üblichen zivilrechtlichen Maßstäben erforderlich. Insbesondere falls Neulieferant oder Letztverbraucher (und damit in der Folge der Neulieferant) die Identifikation der Marktlokation falsch vorgenommen haben, können Verzögerungen entstehen, die weder Altlieferant noch Netzbetreiber zu vertreten haben. Hinsichtlich des Vertretenmüssens sieht Absatz 4 Satz 2 eine **Beweislastumkehr** zulasten der Lieferanten und des Netzbetreibers vor. Diese tragen die Beweislast, dass sie die Verzögerung nicht zu vertreten haben. 19

§ 21 Bedingungen und Entgelte für den Netzzugang

(1) Die Bedingungen und Entgelte für den Netzzugang müssen angemessen, diskriminierungsfrei, transparent und dürfen nicht ungünstiger sein, als sie von den Betreibern der Energieversorgungsnetze in vergleichbaren Fällen für Leistungen innerhalb ihres Unternehmens oder gegenüber verbundenen oder assoziierten Unternehmen angewendet und tatsächlich oder kalkulatorisch in Rechnung gestellt werden.

(2) ¹Die Entgelte werden auf der Grundlage der Kosten einer Betriebsführung, die denen eines effizienten und strukturell vergleichbaren Netzbetreibers entsprechen müssen, unter Berücksichtigung von Anreizen für eine effiziente Leistungserbringung und einer angemessenen, wettbewerbsfähigen und risikoangepassten Verzinsung des eingesetzten Kapitals gebildet, soweit in einer Rechtsverordnung nach § 24 nicht eine Abweichung von der kostenorientierten Entgeltbildung bestimmt ist. ²Soweit die Entgelte kostenorientiert gebildet werden, dürfen Kosten und Kostenbestandteile, die sich ihrem Umfang nach im Wettbewerb nicht einstellen würden, nicht berücksichtigt werden. ³Die notwendigen Investitionen in die Netze müssen so vorgenommen werden können, dass die Lebensfähigkeit der Netze gewährleistet ist.

(3) ¹Betreiber von Energieversorgungsnetzen sind verpflichtet, die für ihr Netz geltenden Netzentgelte auf ihren Internetseiten zu veröffentlichen und auf Anfrage jedermann unverzüglich in Textform mitzuteilen. ²Die Veröffentlichung der geltenden Netzentgelte hat in einem Format zu erfolgen, das eine automatisierte Auslesung der veröffentlichten Daten ermöglicht.

Überblick

§ 21 regelt die Leitgedanken der Netzentgeltregulierung (→ Rn. 6), die anzusetzenden Kosten (→ Rn. 17) und den Rahmen für die Verzinsung des eingesetzten Kapitals (→ Rn. 21) bei der Höhe der Bestimmung der Netzentgelte. Die Details werden in den entsprechenden Netzentgeltverordnungen umgesetzt. In Absatz 3 sind Veröffentlichungspflichten zu den Netzentgelten bestimmt.

Übersicht

	Rn.		Rn.
A. Entstehungsgeschichte	1	I. Kostenorientierung	17
B. Allgemeine Kriterien für Bedingungen und Entgelte (Abs. 1)	1a	II. Verzinsung	21
I. Entgelte	1a	III. Korrekturfaktoren	25
1. Tatsächlich oder kalkulatorisch in Rechnung gestellte Entgelte	2	1. Effizienzkriterium	26
2. Angemessenheit	6	2. Vergleichskriterium	28
3. Vertikales Gleichbehandlungsgebot	7	3. Wettbewerbsanalogie	30
4. Horizontales Diskriminierungsverbot	9	4. Anreiz für effiziente Leistungserbringung	32
5. Transparenzgebot	12	5. Abweichung von der kostenorientierten Entgeltbildung	33
II. Bedingungen	15	D. Veröffentlichung von Netzentgelten (Abs. 3)	34
C. Kostenorientiertes Entgelt (Abs. 2)	17		

A. Entstehungsgeschichte

1 § 21 fand Einzug mit der Novellierung als EnWG 2005, welches am 13.7.2005 in Kraft trat und das EnWG 1998 ablöste. Mit der Änderung im Jahr 2021 wurden die Anforderungen des Art. 59 Abs. 7a) der Richtlinie (EU) 2019/944, die sich entsprechend auch in Art. 41 Abs. 6a) der Richtlinie 2009/73/EG finden, berücksichtigt. Weiterhin wurde die bisherige Rechtsgrundlage für das Vergleichsverfahren der Netzentgelte in Absatz 3 gelöscht, da entsprechende und weiterreichende Vorgaben mittlerweile in § 23d geregelt sind. Der neue Absatz 3 regelt die Veröffentlichung von Netzentgelten.

1.1 § 21 trat mit dem Gesetz vom 7.7.2005 mit Wirkung zum 13.7.2005 in Kraft (BGBl. 2005 I 1970, berichtigt BGBl. 2005 I 3621). Mit Gesetz vom 16.7.2021 wurde mit Wirkung zum 27.7.2021 § 21 Abs. 2 S. 3 angefügt, Absatz 3 neu gefasst sowie Absatz 4 aufgehoben (BGBl. 2021 I 3026).

B. Allgemeine Kriterien für Bedingungen und Entgelte (Abs. 1)

I. Entgelte

1a Der § 21 regelt das „Wie" der Netzentgeltbildung und stellt damit den Übergang zu regulierten Entgelten im Jahr 2005, weg vom bis dahin praktizierten, verhandelten Netzzugang nach den sogenannten „Verbändevereinbarungen II+", dar. Bis zur Netzentgeltregulierung durch die Regulierungsbehörden gemäß § 21 waren die Kriterien für angemessene Netzentgelte Gegenstand von hunderten Rechtsstreitigkeiten, von denen nicht wenige vom Bundesgerichtshof entschieden werden mussten (vgl. BGH BeckRS 2011, 29865 mwN). Die Regelung in § 21 stellt nunmehr klar, dass die in Rechnung gestellten Entgelte für den Netzzugang angemessen, diskriminierungsfrei und transparent sein müssen und nicht ungünstiger als für konzerneigene Netznutzer ausgestaltet sein dürfen.

1. Tatsächlich oder kalkulatorisch in Rechnung gestellte Entgelte

2 Gegenstand der Regelung sind die tatsächlich oder kalkulatorisch in Rechnung gestellten Entgelte. Der Wortlaut „in Rechnung gestellter Kosten" ist insofern für eine Abgrenzung gegenüber anderen Kostenbestandteilen in Bezug auf die Unangemessenheit wenig erhellend, als dass Gegenstand der Betrachtung immer nur in Rechnung gestellte Kosten sein dürften. Werden einem Netznutzer keine Kosten in Rechnung gestellt, fällt es schwer, anzunehmen, wie diese unangemessen sein könnten.

3 Dagegen ist es diskriminierend, keine Kosten in Rechnung zu stellen, wenn ein anderer, das Netz in gleicher Weise nutzender Netznutzer, Netzentgelte zahlen muss. Anknüpfungspunkt der Betrachtung müssten dann aber die „tatsächlichen Kosten" des zahlenden Netznutzers sein.

4 Der Begriff „tatsächliche Kosten" klärt sich in Zusammenschau mit dem weiteren zur Abgrenzung aufgeführten Begriff der „kalkulatorischen Kosten". Das Begriffspaar kann so verstanden werden, dass von tatsächlichen Kosten diejenigen Kosten umfasst sind, die **unmit-**

telbar dem Netznutzer zuzuordnen sind (zB Kosten einer Sperrung). Kalkulatorische Kosten sind dagegen solche, die im Rahmen des Netzbetriebs anfallen, sich aber nicht einem einzelnen Netznutzer ohne Weiteres zuordnen lassen und daher mittels eines Schlüssels auf die Netznutzer umgelegt werden.

In diesem Zusammenhang sei auf § 4 StromNEV und § 4 GasNEV verwiesen, wo die Grundsätze der Netzkostenermittlung differenziert aufgeführt werden. Dort wird der Verweis auf tatsächlich in Rechnung gestellte Kosten nicht wiederholt, allerdings zwischen bilanziellen und kalkulatorischen Kosten differenziert. Die kalkulatorischen Elemente werden in den Folgeparagrafen genau dargestellt und zeigen sich als nicht dem einzelnen Netznutzer zuordenbare Positionen wie Abschreibungen und Zinsen. 5

2. Angemessenheit

Absatz 1 bestimmt, dass Netzentgelte angemessen sein müssen. Grundsätzlich ist eine Maßnahme angemessen, wenn Leistung und Gegenleistung in einem ausgewogenen Verhältnis stehen (Säcker EnergieR/Weizenbach § 21 Rn. 49). In Bezug auf die Netzentgelte heißt das also, dass die Netzentgelte sachlich gerechtfertigt sein müssen. Dieser Gedanke ist bereits in § 20 Abs. 1 normiert. Die Angemessenheit ist hier als allgemeines Kriterium wegen ihrer Unbestimmtheit daher wenig greifbar (Theobald/Kühling/Mißling § 21 Rn. 24). Eine Konkretisierung in Bezug auf die Höhe der Netzentgelte erfährt das Tatbestandsmerkmal der Angemessenheit in § 21 Abs. 2. Der in Absatz 1 und 2 normierte Maßstab der Angemessenheit der Netzentgelte ist enger gefasst als die Angemessenheit der kartellrechtlichen Missbrauchsaufsicht, die eine gewisse Bandbreite und auch Erheblichkeitszuschläge nutzt (Bourwieg/Hellermann/Hermes/Groebel, § 21 Rn. 59). Mit Blick auf den Billigkeitsmaßstab des § 315 BGB entfaltet die Netzentgeltgenehmigung eine Indizwirkung zugunsten des Netzbetreibers, so dass der Billigkeitsmaßstab des § 315 BGB grundsätzlich enger ausfallen kann als das Kriterium der Angemessenheit gemäß § 21 Abs. 1 und 2 (BGH BeckRS 2012, 15554 Rn. 36). 6

3. Vertikales Gleichbehandlungsgebot

Ein zentraler Gleichbehandlungsgrundsatz ist die Vorgabe in § 21 Abs. 1, wonach die Netzentgelte nicht ungünstiger sein dürfen, als sie der Netzbetreiber von Netznutzern verlangt, die im Falle eines integrierten Energieversorgungsunternehmen der gleichen juristischen Person zuzuordnen sind wie der Netzbetreiber. Das gleiche gilt für verbundene oder assoziierte Unternehmen der gleichen Unternehmensgruppe des Netzbetreibers. 7

Insbesondere vor der Einführung einheitlicher Marktprozesse und Bilanzierungsregelungen hatten verbundene oder assoziierte Netznutzer häufig Vorteile gegenüber dritten Netznutzern. § 21 Abs. 1 weitet diesen Gleichbehandlungsgrundsatz speziell auf die Netzentgelte aus. Die Vorgabe ist aus Gründen der Gleichbehandlung notwendig, da bei einer streng an den tatsächlich entstehenden Kosten orientierten Netzentgeltsystematik der assoziierte Vertrieb möglicherweise tatsächlich niedrigere Kosten verursacht als ein Dritter. Diese Kostenersparnis darf sich in den Netzentgelten aufgrund des vertikalen Gleichbehandlungsvorsatz allerdings nicht niederschlagen. Vor dem Hintergrund der Regelung in § 7 Abs. 2, wonach Energieversorger mit weniger als 100.000 angeschlossenen Kunden von den strengen Entflechtungsvorschriften ausgenommen sind, kommt dem Gleichbehandlungsgrundsatz in Absatz 1 weiterhin eine große praktische Bedeutung zu. 8

Nach den Angaben des Monitoringberichts 2021 der BNetzA und des Bundeskartellamts gab es im Jahr 2021 873 Verteilernetzbetreiber Strom, von denen 791 Verteilernetzbetreiber weniger als 100.000 angeschlossene Kunden hatten. Die Ausnahme von den Entflechtungsvorschriften ist daher immer noch der Regelfall in Deutschland. 8.1

4. Horizontales Diskriminierungsverbot

Eng mit dem vertikalen Gleichbehandlungsgrundsatz verbunden ist die grundsätzliche Vorgabe, dass Netzentgelte diskriminierungsfrei sein müssen. Dies bedeutet, dass alle Netznutzer gleichbehandelt werden müssen, die das Netz ähnlich nutzen bzw. gleich be- oder entlasten. 9

Adam 817

10 Anknüpfungspunkt darf aber nur die Netznutzung an sich sein. Andere Aspekte dürfen nicht herangezogen werden. Das wäre zB der Fall, wenn Netznutzern **Mengenrabatte** eingeräumt werden, die an die Anzahl der belieferten Letztverbraucher anknüpfen. Dann hätte das Unternehmen mit der größten Marktmacht (häufig der assoziierte Vertrieb) einen strukturellen Vorteil gegenüber dritten Netznutzern aufgrund seiner räumlichen Nähe zum Letztverbraucher. Da solche Mengenrabatte nicht an der tatsächlichen Netznutzung anknüpfen, wirken sie diskriminierend.

11 Nichtdiskriminierend wirkt dagegen die Anknüpfung an tatsächliche Umstände der Netznutzung einzelner Letztverbraucher. So kann etwa eine Netzentgeltreduzierung gem. § 19 StromNEV gerechtfertigt sein, wenn damit ein tatsächlicher Beitrag zur Kostenentlastung im Netz geschaffen wird (OLG Düsseldorf EnWZ 2015, 465 Rn. 122). Hier liegt aufgrund der sachlichen Rechtfertigung keine Diskriminierung vor.

5. Transparenzgebot

12 Die Netzentgelte müssen transparent sein. Dieses Transparenzgebot hat zwei Ausprägungen. Zum einen hinsichtlich der Veröffentlichung und zum anderen hinsichtlich der Berechnung.

13 Wie sich bereits aus § 20 Abs. 1 ergibt, sind die Netzentgelte im Internet zu veröffentlichen (→ § 20 Rn. 12).

14 Die nachvollziehbare Berechnung der Netzentgelte wird durch die Regulierung der Netzentgelte durch die BNetzA überwacht. Inwieweit eine Überprüfbarkeit durch Dritte, also insbesondere Netznutzer, aber auch zB Wissenschaftler, gegeben sein muss, war und ist Gegenstand von zahlreichen gerichtlichen Auseinandersetzungen. Mit der Novelle im Jahr 2021 hat der Gesetzgeber in § 23b nunmehr eine detailliertere Regelung zur Transparenz der Netzentgeltbildung geschaffen.

II. Bedingungen

15 Überraschenderweise regelt § 21 gemäß Überschrift und Absatz 1 nicht nur die Kriterien für Netzentgelte, sondern erwähnt als ersten Regelungsgegenstand die Bedingungen für den Netzzugang, die dementsprechend auch angemessen, diskriminierungsfrei, transparent und nicht ungünstiger als für verbundene oder assoziierte Netznutzer sein dürfen.

16 Diese Bedingungen sind allerdings an anderer Stelle im EnWG bereits ausführlich behandelt. So macht § 17 detaillierte Vorgaben für die Bedingungen des Netzanschlusses und § 20 für den Netzzugang. Die Netzentgelte sind der wesentliche Aspekt des Netzzugangs. Somit ist das Abstellen auf die Bedingungen des Netzzugangs in § 21 Abs. 1 aus systematischen Gründen schon nicht notwendig, da § 20 Abs. 1 die allgemeinen Vorgaben für den Netzzugang umfassend regelt. Auch in tatsächlicher Hinsicht bleiben neben den Vorgaben in § 17 und § 20 keine Regelungslücken, die § 21 schließen müsste. Die Erwähnung der „Bedingungen für den Netzzugang" in § 21 Abs. 1 läuft dementsprechend leer.

C. Kostenorientiertes Entgelt (Abs. 2)

I. Kostenorientierung

17 Die Netzentgelte werden nach Maßgabe des Absatz 2 kostenorientiert gebildet. Dabei werden im ersten Schritt die Kosten des Netzbetriebs ermittelt, die dann im zweiten Schritt zahlreichen Korrekturfaktoren unterliegen, wobei das eingesetzte Eigenkapital durch die Netzentgelte verzinst werden darf.

18 Welche Kosten im Einzelnen angesetzt werden dürfen, gibt § 21 nicht vor. Dabei ist dies nicht nur von erheblicher ökonomischer Bedeutung, sondern hat auch faktische Auswirkungen auf Netzbetrieb und den Energiemarkt. Beispielsweise kann die Leistungserhöhung im Netz durch die Vergrößerung der Kapazität der Betriebsmittel erfolgen (zB Transformatoren mit höherer Leistung oder Leitungen mit größeren Querschnitten) oder durch die Flexibilisierung bestimmter Verbraucher. Im ersteren Fall wird in erster Linie Hardware installiert, im zweiten Fall vor allem Software und eine entsprechende Steuerungs- und Vermarktungslo-

gik. Im Idealfall nutzt der Netzbetreiber das volkswirtschaftliche Optimum dieser beiden Varianten.

Um die nicht staatlichen und nicht im Wettbewerb agierenden Netzbetreiber zu motivieren, das volkswirtschaftliche Optimum beim Netzausbau zu verfolgen, sollte die Anerkennung der Kosten entsprechend ausgestaltet sein. Das volkswirtschaftliche Optimum muss also die für den Netzbetreiber rentierliche Variante sein. Die Regulierung steht daher vor der schwierigen Aufgabe, im ersten Schritt das volkswirtschaftliche Optimum festzulegen und im zweiten Schritt die Kostenanerkennung entsprechend folgen zu lassen.

Die **Kostenermittlung** wird im Detail durch die Netzentgeltverordnungen vorgegeben. Die Grundlage dafür ist gem. § 4 Abs. 2 NEV die jeweilige Gewinn- und Verlustrechnung (GuV) des letzten abgeschlossenen Geschäftsjahres. Dabei sind die aufwandsgleichen Kostenpositionen (§ 5 NEV), die Zahlungen an Grundstückseigentümer und Nutzungsberechtigte (§ 5a NEV), die kalkulatorischen Abschreibungen (§ 6 NEV), die kalkulatorischen Eigenkapitalverzinsungen (§ 7 NEV), die kalkulatorischen Steuern (§ 8 NEV) und im Strombereich die Netzverluste (§ 10 StromNEV) anzusetzen. Von diesen Kosten sind die Erlöse und Erträge (§ 9 NEV) abzuziehen.

II. Verzinsung

Das eingesetzte Kapital unterliegt einer angemessenen, wettbewerbsfähigen und risikoangepassten Verzinsung. Dies bedeutet, dass das investierte Eigenkapital des Netzbetreibers unter Berücksichtigung des entsprechenden Zinses in den Netzentgelten angesetzt werden darf. Die Eigenkapitalverzinsung ist die Position, mit der der Netzbetreiber „Geld verdient". Sie ist damit zentraler Dreh- und Angelpunkt der Kapitalausstattung der Netzbetreiber.

Die Zinssatzhöhe beeinflusst maßgeblich die Rendite des Netzbetreibers und sichert so grundsätzlich den Netzbetrieb. Ein zu hoher Zinssatz schlägt allerdings auch unmittelbar auf die Höhe der Netzentgelte durch und führt dann zu Wohlfahrtsverlusten, sodass die Eigenkapitalverzinsung zwischen den beiden Aspekten einer angemessenen Rendite und der angemessenen Höhe der Netzentgelte klug ausgeglichen werden muss. Die Höhe der Eigenkapitalzinssätze wird daher in die Hand der Regulierungsbehörde gegeben. Gemäß § 7 Abs. 6 NEV entscheidet die Regulierungsbehörde durch Festlegung für die Dauer einer Regulierungsperiode über die Höhe eines Eigenkapitalzinssatzes. Wegen der großen ökonomischen Bedeutung sind solche Entscheidungen üblicherweise streitig (vgl. zB BGH EnWZ 2020, 222).

Bei der Festigung der Eigenkapitalverzinsung greift die BNetzA auf die Vorgaben von § 7 NEV zurück. Grundlage ist das **betriebsnotwendige Eigenkapital**, das gem. § 7 Abs. 1 NEV bestimmt wird und von dem das Abzugskapital (§ 7 Abs. 2 NEV) abzuziehen ist.

Die Verzinsung des Kapitals muss angemessen, wettbewerbsfähig und risikoangepasst sein. Diesen Vorgaben kommt die Konkretisierung in § 7 Abs. 5 NEV nach, wonach die Verhältnisse auf den nationalen und internationalen Kapitalmärkten zu berücksichtigen sind, die durchschnittliche Verzinsung des Eigenkapitals von Netzbetreibern im Ausland sowie die beobachteten und quantifizierbaren unternehmerischen Wagnisse. Diese Vielzahl und Komplexität der Gesichtspunkte führt dazu, dass nicht ein einziger „richtiger" Eigenkapitalzinssatz berechnet werden kann, sondern dass die Regulierungsbehörde eine **wertende Auswahlentscheidung** trifft (BGH BeckRS 2015, 3610). Unter Berücksichtigung dieser Vorgaben hat die BNetzA bspw. für die dritte Regulierungsperiode im Bereich Strom einen Eigenkapitalzinssatz in Höhe von 6,91 Prozent vor Steuern für Neuanlagen und für Altanlagen einen Eigenkapitalzinssatz in Höhe von 5,12 Prozent vor Steuern festgelegt (BNetzA Beschl. v. 5.10.2016 – BK4-16-160).

III. Korrekturfaktoren

Nachdem die Kosten des Netzbetriebs und die Höhe der Eigenkapitalverzinsung bestimmt sind, sind den Kosten des Netzbetriebs Korrekturfaktoren entgegenzustellen. Hiermit soll insbesondere der Wettbewerb zwischen Netzbetreibern simuliert werden.

1. Effizienzkriterium

26 Angesetzt werden dürfen nur diejenigen Kosten, die bei einem effizienten Netzbetreiber anfallen.

27 „Effiziente Betriebskosten" sind dabei weder die günstigsten noch die durchschnittlichen Kosten eines Netzbetreibers. Beim Effizienzbegriff muss auch immer der Wert bzw. Umfang der erbrachten Leistung im Blick behalten werden. Daher sind solche Kosten als effizient anzuerkennen, die für die Erbringung der definierten Leistung notwendig und insoweit unabdingbar sind (Kment EnWG/Schütte § 21 Rn. 77).

2. Vergleichskriterium

28 Die Kosten müssen denen eines strukturell vergleichbaren Netzbetreibers entsprechen. Diese Norm ermöglicht zum einen die Herstellung eines fiktiven Wettbewerbs, wie es in der Anreizregulierung detailliert umgesetzt wird. Zum anderen wird vermieden, dass die Kosten unterschiedlicher Netzbetreiber (bspw. Gasfernleitungs- und Gasverteilnetzbetreiber) oder unterschiedliche Netztopologien (bspw. Stadt mit vielen Netzanschlüssen pro km und Land mit wenigen Netzanschlüssen pro km) verglichen werden.

29 Die VVStrom II+ sowie die 2018 aufgehobenen § 24 StromNEV und § 23 GasNEV sahen die Einteilung der Netzbetreiber nach Strukturklassen vor. So wurden die Netzbetreiber zB nach der Absatzdichte eingeteilt, also dem Quotienten aus der Gesamtentnahme eines Jahres und der versorgten Fläche. Diese Strukturklassenbildung ist in der Untersuchung von Vergleichsparametern im Rahmen der Anreizregulierung gem. § 13 Abs. 3 ARegV aufgegangen. Demnach können Vergleichsparameter die Anzahl der Anschlusspunkte, die Fläche, die Leitungslänge, die Jahresarbeit, die zeitgleiche Jahreshöchstlast, die Anzahl der dezentralen Erzeugungsanlagen und die Häufigkeit und Aufwändigkeit des Einspeisemanagements sein (§ 13 Abs. 3 ARegV). Die Berücksichtigung dieser strukturellen Besonderheiten erhöht damit die Belastbarkeit des Effizienzvergleichs.

3. Wettbewerbsanalogie

30 Gemäß Absatz 2 Satz 2 dürfen nur solche Kosten und Kostenbestandteile berücksichtigt werden, die sich ihrem Umfang nach im Wettbewerb einstellen würden. Die Bedeutung der Vorschrift ist begrenzt, da das Effizienzkriterium bereits den wesentlichen Regulierungsansatz bietet, das gewünschte Ziel mit möglichst geringen Mitteln zu erreichen.

31 Wesentlicher in dieser Wettbewerbsanalogie dargelegter Gedanke ist daher, dass bei der Ermittlung der anzusetzenden Kosten nicht lediglich die Netzentgelte unterschiedlicher Netzbetreiber miteinander verglichen werden dürfen. Denn wenn ein natürlicher Monopolist mit dem anderen verglichen wird, führt dies nicht ohne Weiteres zur Ermittlung von Kosten und Leistung, wie sie sich im Wettbewerb ausgeprägt hätten (BGH BeckRS 2005, 9050). Die Hinzuziehung von Märkten mit funktionierendem Wettbewerb als Benchmark ist stets erforderlich (Kment EnWG/Schütte § 21 Rn. 85).

4. Anreiz für effiziente Leistungserbringung

32 Der Anreiz für eine effiziente Leistungserbringung wird durch die Voraussetzungen des gesamten Absatzes sichergestellt. Dies gilt insbesondere für die selektive Anerkennung von Kosten unter Berücksichtigung des Effizienzkriteriums und der entsprechenden Verzinsung des eingesetzten Eigenkapitals. Ansatzpunkte über darüber hinausgehende Anreize für eine effiziente Leistungserbringung sind nicht ersichtlich. Daher drückt dieses Tatbestandsmerkmal einen allgemeinen Rechtsgedanken aus, der mit § 21 und den Netzentgeltverordnungen umgesetzt wird. Sie kann auch als Hinleitung zur Anreizregulierung verstanden werden, also der Anreizregulierungsverordnung, die auf Grundlage in der Verordnungsermächtigung in § 21a Abs. 6 S. 1 Nr. 2 erlassen worden ist (Theobald/Kühling/Missling § 21 Rn. 71). Eine eigenständige Bedeutung hat das Tatbestandsmerkmal nicht (Kment EnWG/Schütte § 21 Rn. 95).

5. Abweichung von der kostenorientierten Entgeltbildung

33 Absatz 2 Satz 1 2. Halbsatz lässt die Abweichung von der kostenorientierten Entgeltbildung dann zu, wenn eine Rechtsverordnung nach § 24 dies anordnet. Eine solche Möglich-

keit wurde bis zu ihrem Außerkrafttreten durch § 24 Abs. 2 Nr. 5 ermöglicht. Umgesetzt wurde dies auch in § 3 Abs. 2 und 3 GasNEV mit einer besonderen Ausnahme für Fernleitungsnetze. Mangels Ermächtigungsgrundlage im EnWG haben § 3 Abs. 2 und 3 GasNEV keine Ermächtigungsgrundlage und sollten daher gestrichen werden. Angesichts des Außerkrafttretens von § 24 Abs. 2 Nr. 5 wäre auch zu überlegen, den Verweis in § 21 Abs. 2 S. 1 Hs. 2 zu streichen.

D. Veröffentlichung von Netzentgelten (Abs. 3)

Die Regelung in Absatz 3 Satz 1 ist aus § 27 Abs. 1 S. 1 StromNEV in der vor dem 27.7.2021 geltenden Fassung übernommen worden. Sowohl die Vorgabe in Satz 1 zur unverzüglichen Veröffentlichung und Übermittlung in Textform, als auch die Formatvorgabe in Satz 2 dient vor allem der Tarifkalkulation von Lieferanten, da die Netzentgelte typischerweise einen signifikanten Kostenbestandteil der Strom- und Gastarife ausmachen. Die Norm schützt den Wettbewerb, da eine verzögerte oder unterlassene Veröffentlichung der Netzentgelte einen erheblichen Wettbewerbsnachteil zu Lasten von Drittlieferanten im Vergleich zu integrierten Energieversorgern darstellen.

34

§ 21a Regulierungsvorgaben für Anreize für eine effiziente Leistungserbringung; Verordnungsermächtigung

(1) Soweit eine kostenorientierte Entgeltbildung im Sinne des § 21 Abs. 2 Satz 1 erfolgt, können nach Maßgabe einer Rechtsverordnung nach Absatz 6 Satz 1 Nr. 1 Netzzugangsentgelte der Betreiber von Energieversorgungsnetzen abweichend von der Entgeltbildung nach § 21 Abs. 2 bis 4 auch durch eine Methode bestimmt werden, die Anreize für eine effiziente Leistungserbringung setzt (Anreizregulierung).

(2) ¹Die Anreizregulierung beinhaltet die Vorgabe von Obergrenzen, die in der Regel für die Höhe der Netzzugangsentgelte oder die Gesamterlöse aus Netzzugangsentgelten gebildet werden, für eine Regulierungsperiode unter Berücksichtigung von Effizienzvorgaben. ²Die Obergrenzen und Effizienzvorgaben sind auf einzelne Netzbetreiber oder auf Gruppen von Netzbetreibern sowie entweder auf das gesamte Elektrizitäts- oder Gasversorgungsnetz, auf Teile des Netzes oder auf die einzelnen Netz- und Umspannebenen bezogen. ³Dabei sind Obergrenzen mindestens für den Beginn und das Ende der Regulierungsperiode vorzusehen. ⁴Vorgaben für Gruppen von Netzbetreibern setzen voraus, dass die Netzbetreiber objektiv strukturell vergleichbar sind.

(3) ¹Die Regulierungsperiode darf zwei Jahre nicht unterschreiten und fünf Jahre nicht überschreiten. ²Die Vorgaben können eine zeitliche Staffelung der Entwicklung der Obergrenzen innerhalb einer Regulierungsperiode vorsehen. ³Die Vorgaben bleiben für eine Regulierungsperiode unverändert, sofern nicht Änderungen staatlich veranlasster Mehrbelastungen auf Grund von Abgaben oder der Abnahme- und Vergütungspflichten nach dem Erneuerbare-Energien-Gesetz und dem Kraft-Wärme-Kopplungsgesetz oder anderer, nicht vom Netzbetreiber zu vertretender, Umstände eintreten. ⁴Falls Obergrenzen für Netzzugangsentgelte gesetzt werden, sind bei den Vorgaben die Auswirkungen jährlich schwankender Verbrauchsmengen auf die Gesamterlöse der Netzbetreiber (Mengeneffekte) zu berücksichtigen.

(4) ¹Bei der Ermittlung von Obergrenzen sind die durch den jeweiligen Netzbetreiber beeinflussbaren Kostenanteile und die von ihm nicht beeinflussbaren Kostenanteile zu unterscheiden. ²Der nicht beeinflussbare Kostenanteil an dem Gesamtentgelt wird nach § 21 Abs. 2 ermittelt; hierzu zählen insbesondere Kostenanteile, die auf nicht zurechenbaren strukturellen Unterschieden der Versorgungsgebiete, auf gesetzlichen Abnahme- und Vergütungspflichten, Konzessionsabgaben und Betriebssteuern beruhen. ³Ferner gelten Mehrkosten für die Errichtung, den Betrieb oder die Änderung eines Erdkabels, das nach § 43 Absatz 1 Satz 1 Nummer 2 und Absatz 2 Satz 1 Nummer 2 planfestgestellt worden ist, gegenüber einer

Freileitung bei der Ermittlung von Obergrenzen nach Satz 1 als nicht beeinflussbare Kostenanteile. ⁴Soweit sich Vorgaben auf Gruppen von Netzbetreibern beziehen, gelten die Netzbetreiber als strukturell vergleichbar, die unter Berücksichtigung struktureller Unterschiede einer Gruppe zugeordnet worden sind. ⁵Der beeinflussbare Kostenanteil wird nach § 21 Abs. 2 bis 4 zu Beginn einer Regulierungsperiode ermittelt. ⁶Effizienzvorgaben sind nur auf den beeinflussbaren Kostenanteil zu beziehen. ⁷Die Vorgaben für die Entwicklung oder Festlegung der Obergrenze innerhalb einer Regulierungsperiode müssen den Ausgleich der allgemeinen Geldentwertung unter Berücksichtigung eines generellen sektoralen Produktivitätsfaktors vorsehen.

(5) ¹Die Effizienzvorgaben für eine Regulierungsperiode werden durch Bestimmung unternehmensindividueller oder gruppenspezifischer Effizienzziele auf Grundlage eines Effizienzvergleichs unter Berücksichtigung insbesondere der bestehenden Effizienz des jeweiligen Netzbetriebs, objektiver struktureller Unterschiede, der inflationsbereinigten Produktivitätsentwicklung, der Versorgungsqualität und auf diese bezogener Qualitätsvorgaben sowie gesetzlicher Regelungen bestimmt. ²Qualitätsvorgaben werden auf der Grundlage einer Bewertung von Zuverlässigkeitskenngrößen oder Netzleistungsfähigkeitskenngrößen ermittelt, bei der auch Strukturunterschiede zu berücksichtigen sind. ³Bei einem Verstoß gegen Qualitätsvorgaben können auch die Obergrenzen zur Bestimmung der Netzzugangsentgelte für ein Energieversorgungsunternehmen gesenkt werden. ⁴Die Effizienzvorgaben müssen so gestaltet und über die Regulierungsperiode verteilt sein, dass der betroffene Netzbetreiber oder die betroffene Gruppe von Netzbetreibern die Vorgaben unter Nutzung der ihm oder ihnen möglichen und zumutbaren Maßnahmen erreichen und übertreffen kann. ⁵Die Methode zur Ermittlung von Effizienzvorgaben muss so gestaltet sein, dass eine geringfügige Änderung einzelner Parameter der zugrunde gelegten Methode nicht zu einer, insbesondere im Vergleich zur Bedeutung, überproportionalen Änderung der Vorgaben führt.

(5a) ¹Neben den Vorgaben nach Absatz 5 können auch Regelungen zur Verringerung von Kosten für das Engpassmanagement in den Übertragungsnetzen und hierauf bezogene Referenzwerte vorgesehen werden. ²Referenzwerte können auf der Grundlage von Kosten für das Engpassmanagement ermittelt werden. ³Bei Unter- oder Überschreitung der Referenzwerte können auch die Obergrenzen zur Bestimmung der Netzzugangsentgelte für ein Energieversorgungsunternehmen angepasst werden. ⁴Dabei können auch gemeinsame Anreize für alle Betreiber von Übertragungsnetzen mit Regelzonenverantwortung vorgesehen werden und Vorgaben für eine Aufteilung der Abweichungen von einem Referenzwert erfolgen. ⁵Eine Aufteilung nach Satz 4 kann nach den §§ 26, 28 und 30 des Kraft-Wärme-Kopplungsgesetzes in der am 31. Dezember 2022 geltenden Fassung erfolgen.

(6) ¹Die Bundesregierung wird ermächtigt, durch Rechtsverordnung mit Zustimmung des Bundesrates
1. zu bestimmen, ob und ab welchem Zeitpunkt Netzzugangsentgelte im Wege einer Anreizregulierung bestimmt werden,
2. die nähere Ausgestaltung der Methode einer Anreizregulierung nach den Absätzen 1 bis 5a und ihrer Durchführung zu regeln sowie
3. zu regeln, in welchen Fällen und unter welchen Voraussetzungen die Regulierungsbehörde im Rahmen der Durchführung der Methoden Festlegungen treffen und Maßnahmen des Netzbetreibers genehmigen kann.

²Insbesondere können durch Rechtsverordnung nach Satz 1
1. Regelungen zur Festlegung der für eine Gruppenbildung relevanten Strukturkriterien und über deren Bedeutung für die Ausgestaltung von Effizienzvorgaben getroffen werden,
2. Anforderungen an eine Gruppenbildung einschließlich der dabei zu berücksichtigenden objektiven strukturellen Umstände gestellt werden, wobei für Betreiber von Übertragungsnetzen gesonderte Vorgaben vorzusehen sind,
3. Mindest- und Höchstgrenzen für Effizienz- und Qualitätsvorgaben vorgesehen und Regelungen für den Fall einer Unter- oder Überschreitung sowie Regelun-

gen für die Ausgestaltung dieser Vorgaben einschließlich des Entwicklungspfades getroffen werden,
4. Regelungen getroffen werden, unter welchen Voraussetzungen die Obergrenze innerhalb einer Regulierungsperiode auf Antrag des betroffenen Netzbetreibers von der Regulierungsbehörde abweichend vom Entwicklungspfad angepasst werden kann,
5. Regelungen zum Verfahren bei der Berücksichtigung der Inflationsrate unter Einbeziehung der Besonderheiten der Einstandspreisentwicklung und des Produktivitätsfortschritts in der Netzwirtschaft getroffen werden,
6. nähere Anforderungen an die Zuverlässigkeit einer Methode zur Ermittlung von Effizienzvorgaben gestellt werden,
7. Regelungen getroffen werden, welche Kostenanteile dauerhaft oder vorübergehend als nicht beeinflussbare Kostenanteile gelten,
8. Regelungen getroffen werden, die eine Begünstigung von Investitionen vorsehen, die unter Berücksichtigung des Zwecks des § 1 zur Verbesserung der Versorgungssicherheit dienen,
9. Regelungen für die Bestimmung von Zuverlässigkeitskenngrößen für den Netzbetrieb unter Berücksichtigung der Informationen nach § 51 und deren Auswirkungen auf die Regulierungsvorgaben getroffen werden, wobei auch Senkungen der Obergrenzen zur Bestimmung der Netzzugangsentgelte vorgesehen werden können,
10. Regelungen zur Erhebung der für die Durchführung einer Anreizregulierung erforderlichen Daten durch die Regulierungsbehörde getroffen werden,
11. Regelungen zur angemessenen Berücksichtigung eines Zeitversatzes zwischen dem Anschluss von Anlagen nach dem Erneuerbare-Energien-Gesetz und dem Ausbau der Verteilernetze im Effizienzvergleich getroffen werden und
12. Regelungen zur Referenzwertermittlung bezogen auf die Verringerung von Kosten für Engpassmanagement sowie zur näheren Ausgestaltung der Kostenbeteiligung der Betreiber von Übertragungsnetzen mit Regelzonenverantwortung bei Über- und Unterschreitung dieser Referenzwerte einschließlich des Entwicklungspfades, wobei auch Anpassungen der Obergrenzen durch Erhöhungen oder Senkungen vorgesehen werden können, getroffen werden.

(7) In der Rechtsverordnung nach Absatz 6 Satz 1 sind nähere Regelungen für die Berechnung der Mehrkosten von Erdkabeln nach Absatz 4 Satz 3 zu treffen.

Überblick

§ 21a bildet die zentrale Norm für die Anreizregulierung. § 21a gibt dementsprechend den **Rahmen für die Anreizregulierungsverordnung** vor. Absatz 1 definiert die Anreizregulierung legal (→ Rn. 4 ff.). Absatz 2 regelt die Vorgabe von Obergrenzen im Zusammenhang mit Effizienzvorgaben, im Rahmen der Anreizregulierungsverordnung Erlösobergrenzen genannt (→ Rn. 8 ff.). Absatz 3 gibt den Rahmen für die Dauer der Regulierungsperioden sowie die Anpassung der Obergrenzen in dieser Zeit vor (→ Rn. 15 ff.). Absatz 4 regelt zum einen die kostenseitigen Bestandteile der Obergrenzen sowie das Zusammenwirken mit den Effizienzvorgaben (→ Rn. 28 ff.). Absatz 5 befasst sich mit der Ermittlung der Effizienzvorgaben (→ Rn. 61 ff.) sowie von Qualitätsvorgaben (→ Rn. 81 ff.). Absatz 5a adressiert die Engpassmanagementkosten in den Übertragungsnetzen und darauf anzuwenden Anreize zur Kostenreduzierung (→ Rn. 89a ff.). Die Absätze 6 und 7 enthalten schließlich die Verordnungsermächtigungen (→ Rn. 90 ff.).

§ 21a wird im Rahmen der anstehenden Novellierung des EnWG erhebliche Änderungen erfahren, da die normative Regulierung und die damit u.a. in § 21a enthalten Verordnungsermächtigungen nach einem Urteil des Gerichtshofs der Europäischen Union nicht mit dem Europarecht vereinbar sind; aus diesem Grund soll zukünftig im Rahmen von Festlegungskompetenzen der Regulierungsbehörden – im Wesentlichen der BNetzA – über den Regulierungsrahmen entschieden werden (→ Rn. 104).

Übersicht

	Rn.		Rn.
A. Sinn und Zweck	1	1. Das Verfahren zur Bestimmung des generellen Produktivitätsfaktors	55
B. Die Definition der Anreizregulierung (Abs. 1)	4	F. Die Effizienzvorgaben (Abs. 5)	61
		I. Der Effizienzvergleich	63
C. Die allgemeinen Vorgaben für Obergrenzen und Effizienzvorgaben (Abs. 2)	8	1. Bestehende Effizienz im jeweiligen Netzbetriebs	69
		2. Objektive strukturelle Unterschiede	70
D. Die Regelung der Regulierungsperioden (Abs. 3)	15	3. Inflationsbereinigte Produktivitätsentwicklung	71
I. Die zeitliche Staffelung von Vorgaben sowie die Möglichkeit der Anpassung (S. 2 und 3)	20	4. Versorgungsqualität und Qualitätsvorgaben	72
		5. Erreichbarkeit und Übertreffbarkeit	73
		6. Methodenrobustheit	78
II. Die Anpassung bei Mengeneffekten (S. 4)	25	II. Die Qualitätsregulierung	81
		1. Die Qualitätsvorgaben in der ARegV	83
E. Die speziellen Vorgaben zu Obergrenzen (Abs. 4)	28	2. Die Begriffe Netzzuverlässigkeit und Netzleistungsfähigkeit	86
		3. Das Bonus- und Malus-System	89
I. Die Ermittlung von Kosten	29	G. Vorgaben zur Verringerung der Engpassmanagementkosten (Abs. 5a)	89a
II. Die Unterscheidung von Kosten	32		
1. Die nicht beeinflussbaren Kosten	33	H. Exkurs: Änderungen ARegV	89i
2. Die beeinflussbaren Kosten	38	I. Die Verordnungsermächtigungen (Abs. 6 und 7)	90
III. Die Berücksichtigung der allgemeinen Geldentwertung sowie der sektoralen Produktivität	43	J. Aktuelle Entwicklungen	104

A. Sinn und Zweck

1 Die Anreizregulierung dient dem Zweck, im Bereich des natürlichen Monopols der Strom- und Gasnetzbetreiber **Wettbewerb zu simulieren und Anreize zur Kostensenkung** zu setzen. Das natürliche Monopol entsteht dadurch, dass es volkswirtschaftlich nicht sinnvoll wäre, wenn in einem bestimmten Gebiet Leitungen von unterschiedlichen Anbietern verlegt werden müssten, damit sie ihre jeweiligen Kunden versorgen können. Es ist deshalb volkswirtschaftlich sinnvoll, wenn nur ein Unternehmen in diesem Gebiet die Netze für bestimmte Kundengruppen betreibt – wobei kein Gleichlauf zwischen Strom- und Gasnetzen bestehen muss. Der Gesetzgeber adressiert diese Monopolstellung auf zwei Weisen: einmal mit dem **Wettbewerb um die Netze** und zum anderen mit dem **Wettbewerb zwischen den Netzen**. § 21a adressiert hierbei den Wettbewerb zwischen den Netzen. § 21a wurde über die Beschlussempfehlung des Ausschusses für Wirtschaft und Arbeit in das Gesetzgebungsverfahren zum EnWG 2005 eingebracht (BT-Drs. 15/5268, 32 ff.).

2 Ein wesentlicher Unterschied zur heutigen Form des Paragraphen war die Regelung in § 21a Abs. 6. Die Beschlussempfehlung des Ausschusses für Wirtschaft und Arbeit sah noch vor, dass die Regulierungsbehörde durch Festlegungen über die Anwendung und genaue Ausgestaltung der Anreizregulierung entscheiden sollte (BT-Drs. 15/5268, 34 f.). Die Regelung erfuhr im Vermittlungsausschuss in dieser Hinsicht jedoch eine Anpassung. Der VKU sprach sich für einen weitgehenden gesetzlichen bzw. verordnungsrechtlichen Rahmen aus (BT-Drs. 15/5268, 108), die damalige Regulierungsbehörde für Telekommunikation und Post – heute die BNetzA – begrüßte hingegen die Übertragung auf die Regulierungsbehörde (BT-Drs. 15/5268, 109). Die im Vermittlungsausschuss erarbeitete Regelung, die später von Bundestag und Bundesrat verabschiedet wurde, übertrug die Kompetenz, ob die Anreizregulierung Anwendung findet, allein dem Verordnungsgeber (§ 21a Abs. 6 in der Fassung des Ausschusses für Wirtschaft und Arbeit wurde dafür gestrichen und die Verordnungsermächtigung ausgeweitet – vgl. BT-Drs. 15/5736 (neu), 3 f. sowie BGBl. 2005 I 1970).

3 Anschließend veröffentlichte die BNetzA am 30.6.2006 den Bericht nach § 112a zur Einführung der Anreizregulierung nach § 21a (BNetzA, https://www.bundesnetzagentur.de/SharedDocs/Downloads/DE/Sachgebiete/Energie/Unternehmen_Institutionen/Netzentgelte/Anreizregulierung/BerichtEinfuehrgAnreizregulierung.pdf?__blob=

publicationFile&v=3). Hierauf aufbauend wurde die Anreizregulierungsverordnung durch den Verordnungsgeber geschaffen.

B. Die Definition der Anreizregulierung (Abs. 1)

In Absatz 1 wird der **Begriff der Anreizregulierung legal definiert** und gleichzeitig ein Zusammenhang mit der kostenorientierten Entgeltbildung nach § 21 Abs. 2 S. 1 hergestellt. Die Anreizregulierung baut somit auf der kostenorientierten Entgeltbildung auf und ergänzt diese um Anreize für eine effiziente Leistungserbringung. Dies ist notwendig, da die kostenorientierte Entgeltbildung lediglich auf den Ist-Kosten des jeweiligen Netzbetreibers basiert, zuzüglich einer angemessenen, wettbewerbsfähigen und risikoangepassten Verzinsung. Zwar sieht auch § 21 Abs. 2 S. 1 vor, dass die Kosten der Betriebsführung denen eines effizienten und strukturell vergleichbaren Netzbetreibers entsprechen müssen, gleichwohl handelt es sich hierbei um einen schwachen Effizienzmaßstab, der auch keine genauen Vorgaben zur Überprüfung macht. Denn hierbei stellt sich schon die Frage, anhand welcher Daten man diese Kosten überprüft und wie die effizienten Kosten ermittelt werden. Dies war auch ein Problem bei der sog. Cost-Plus-Regulierung, bei der die vom Netzbetreiber nachgewiesenen Kosten durch die Behörde anerkannt wurden. In der Anfangszeit konnten hier noch Kosten gesenkt werden, da zB Quervergleiche mit einer Beauftragung dritter Unternehmen gegenüber konzerneigenen Unternehmen gezogen werden und somit zu hohe Kosten durch eine konzerninterne Vergabe (zB durch hohe Verrechnungssätze) ermittelt werden konnten. Diese Form der Regulierung stößt aber irgendwann an ihre Grenzen, da sie eine Mikroregulierung voraussetzt und gleichzeitig setzt sie keine Anreize, Kosten zumindest zukünftig zu senken (vgl. hierzu insgesamt Kment EnWG/Albrecht/Herrmann § 21a Rn. 9 f.).

Die Anreizregulierung bedient sich zweier Bestandteile, um Anreize zu setzen und Ineffizienzen zu identifizieren: Zum einen dem **Budgetprinzip** und zum anderen dem **Effizienzvergleich**. Das Budgetprinzip, also die Festlegung von Erlösobergrenzen für den Zeitraum der Regulierungsperiode ausgehend von dem sog. Basisjahr, **entkoppelt** dabei temporär die **Erlöse von den Kosten** eines Unternehmens. Somit wird sichergestellt, dass Kosteneinsparungen während dieser Zeit bei dem Unternehmen verbleiben können und somit ein Anreiz zur Kostensenkung gesetzt wird. Gleichzeitig profitiert hiervon auch der Netznutzer, da die Kosten und damit das Ausgangsniveau in der nächsten Regulierungsperiode voraussichtlich niedriger sein werden, da der Netzbetreiber Kosten einsparen will, um von dem Zusatzgewinn zu profitieren. Insofern werden Kosteneinsparungen – mit einem gewissen Zeitverzug – an den Netznutzer weitergegeben (vgl. Kment EnWG/Albrecht/Herrmann § 21a Rn. 9 f.; Holznagel/Schütz/Schütz/Schreiber § 21a Rn. 80).

Der Effizienzvergleich dient hingegen dem **Aufdecken von vorhandenen Ineffizienzen** – also jenen Kostenanteilen, die über dem Niveau von anderen vergleichbaren Netzbetreibern liegen. Der Effizienzvergleich wird dabei als relativer Effizienzvergleich ausgestaltet. Er baut somit auf dem Vergleich der Netzbetreiber untereinander auf. Für jeden einzelnen Netzbetreiber werden dabei Kosten und Strukturparameter erhoben und – vereinfacht gesagt – ins Verhältnis gesetzt. Anschließend findet ein Vergleich zwischen den Netzbetreibern statt. Derjenige Netzbetreiber, der seine Versorgungsaufgabe (Output) zu den geringsten Kosten (Input) erbringt, setzt dabei den Effizienzmaßstab.

Absatz 1 gibt insofern vor, dass die Netzzugangsentgelte abweichend von der Entgeltbildung nach § 21 Abs. 2–4 über eine Methode mit Anreizen zur effizienten Leistungserbringung bestimmt werden können. § 21a enthält die Vorgaben, mit denen, aufbauend auf § 21, diese Anreize gesetzt werden sollen und verdrängt insoweit die kostenorientierte Netzentgeltbildung. Die beiden Methoden schließen sich daher aus, wenngleich die Anreizregulierung auf bestimmte Aspekte der kostenorientierten Netzentgeltbildung zurückgreift.

C. Die allgemeinen Vorgaben für Obergrenzen und Effizienzvorgaben (Abs. 2)

Absatz 2 Satz 1 beinhaltet die wesentlichen Elemente der Anreizregulierung: die Obergrenzen, die Regulierungsperioden sowie die Effizienzvorgaben. Diese einzelnen Elemente werden in den nachfolgenden Absätzen 3–5 noch weiter konkretisiert.

9 Satz 1 sieht zunächst die **Vorgabe von Obergrenzen** vor, die in der Regel für die Höhe der Netzzugangsentgelte oder die Gesamterlöse aus Netzzugangsentgelten gebildet werden. Durch die Formulierung „in der Regel" wird deutlich, dass es sich insofern zwar um die häufigsten Formen der Obergrenzenvorgabe handelt, dass diese Aufzählung aber nicht abschließend ist (s. auch Kment EnWG/Albrecht/Herrmann § 21a Rn. 22; Holznagel/Schütz/Schütz/Schreiber § 21a Rn. 125). Der Verordnungsgeber hat sich in der Anreizregulierungsverordnung für die Form der Erlösobergrenzen (**Revenue-Cap**) und gegen die Regulierung über die Höhe der Netzzugangsentgelte (Price-Cap) entschieden. Dies ist vor dem Hintergrund einer nicht zu detaillierten Regulierung richtig, da eine Preisobergrenzenregulierung ein sehr viel genaueres Wissen des Netzbetreibergeschäftes erfordert. Es führt aber auch dazu, dass die Netzbetreiber ein Interesse daran haben können, ihre Kosten im jeweiligen Basisjahr relativ hochzuhalten, da die zulässigen Erlöse auf Basis der unternehmensindividuellen Kosten des Basisjahres ermittelt werden. Gegen diesen Effekt wirkt lediglich der Effizienzvergleich, da sich höhere Kosten hier – abhängig von der Situation bei den anderen Netzbetreibern – nachteilig auswirken können, wenn andere Netzbetreiber mit geringeren Kosten ihrer Versorgungsaufgabe nachkommen. Zu beachten ist in diesem Zusammenhang jedoch, dass mit der Einführung des **Kapitalkostenabgleichs** auf Verteilernetzebene für die Kapitalkosten eine Abkehr vom Budgetprinzip erfolgt ist, indem diese Kosten nunmehr jährlich über einen Kapitalkostenaufschlag sowie einen Kapitalkostenabschlag angepasst werden können. Dies soll dazu beitragen, dass die Verteilernetzbetreiber die Investitionen, die durch die Energiewende verursacht werden können, einfacher tätigen können. Gleichzeitig geht hierdurch ein Teil der Anreizwirkung verloren, da die temporäre Entkoppelung der Erlöse von den Kosten vermindert wird.

10 Die BNetzA hat in ihrem **Bericht zur Einführung einer Anreizregulierung** deshalb auch nur für eine Übergangszeit und ab der dritten Regulierungsperiode einen Übergang zur Yardstick-Regulierung vorgeschlagen.

11 Die **Yardstick-Regulierung** entkoppelt in ihrer reinen Form die zulässigen Erlöse eines Unternehmens vollständig von den eigenen Kosten. Die zulässigen Erlösobergrenzen eines Netzbetreibers würden sich dann nur an den effizienten Kosten der anderen Netzbetreiber bestimmen. In ihrer reinen Form könnte eine Yardstick-Regulierung also mit größerer Wahrscheinlichkeit zu Insolvenzen von Netzbetreibern führen oder zumindest den wirtschaftlichen Druck für sinnvolle Kooperationen erhöhen. In ihrer Reinform gibt es die Yardstick-Regulierung eher selten. Norwegen hat eine Mischform und bestimmt zB einen Teil (40 Prozent) der zulässigen Erlöse über unternehmensindividuelle Kosten und einen Teil (60 Prozent) über die Kostensituation bei den anderen Netzbetreibern. In Deutschland gibt es einen Bereich der Yardstick-Regulierung, der relativ bekannt ist, aber so oft nicht benannt wird: Es handelt sich hierbei um den Krankenhaussektor. Die Fallpauschalen bei Krankenhäusern bauen auf der Kostensituation bei anderen Krankenhäusern auf und bilden somit eine Yardstick-Regulierung.

12 Nach Satz 2 müssen die Obergrenzen und Effizienzvorgaben auf einzelne Netzbetreiber oder für eine Gruppe oder auf Gruppen von Netzbetreibern sowie auf die Elektrizitäts- oder Gasversorgungsnetze, Teile dieser Netze oder einzelne Netz- und Umspannebenen bezogen sein. Das EnWG ermöglicht also sowohl die Vorgabe von unternehmensindividuellen als auch gruppenspezifischen Vorgaben. Der Verordnungsgeber hat sich in § 4 Abs. 1 ARegV dazu entschieden, **unternehmensindividuelle Vorgaben** zu machen und diese auch für jedes Jahr auszuweisen (s. auch Holznagel/Schütz/Schütte § 4 Rn. 66 ff.; Säcker EnergieR/Meinzenbach § 21a Rn. 51). Die Erlösobergrenzen werden auch gesamthaft für die jeweilige Sparte ausgewiesen – also je Netzbetreiber und dort entweder für den Elektrizitäts- oder Gasbereich.

13 Insofern ist Satz 3 nicht relevant, da er vorsieht, dass Obergrenzen mindestens für den Beginn und das Ende der Regulierungsperiode vorzusehen sind. Er stellt aber gleichwohl sicher, dass dem Netzbetreiber das Ausgangsniveau sowie das letzte Niveau bekannt sein müssen. Somit weiß der Netzbetreiber, welches Budget ihm im letzten Jahr der Regulierungsperiode zur Verfügung stehen wird. Um zusätzlichen Gewinn zu erwirtschaften, muss er dieses Niveau noch unterschreiten. In der Praxis wird das Zielniveau maßgeblich von dem Effizienzvergleich bestimmt, da die Effizienzvorgabe vorgibt, in welcher Höhe Kosten über den Zeitverlauf der Regulierungsperiode abgebaut werden müssen. Hierbei handelt es sich

Regulierungsvorgaben für Anreize für eine effiziente Leistungserbringung § 21a EnWG

um die individuelle Effizienzvorgabe jedes einzelnen Netzbetreibers, die auch in § 16 Abs. 1 ARegV geregelt ist (vgl. Kment EnWG/Albrecht/Herrmann § 21a Rn. 24; Holznagel/Schütz/Schütz/Schreiber § 21a Rn. 129).

Satz 4 bezieht sich nach dem Wortlaut auf die Effizienzvorgaben für Gruppen von Netzbetreibern und hat somit eigentlich keinen Anwendungsbereich, da nach der Anreizregulierungsverordnung unternehmensindividuelle Effizienzvorgaben gebildet werden. Das OLG Düsseldorf zieht den Maßstab jedoch trotzdem heran, um den Effizienzvergleich zu beurteilen (OLG Düsseldorf BeckRS 2016, 19432; Säcker EnergieR/Meinzenbach § 21a Rn. 52). 14

D. Die Regelung der Regulierungsperioden (Abs. 3)

Eng verbunden mit der Vorgabe von Erlösobergrenzen ist auch das **System der Regulierungsperioden,** das in Absatz 3 geregelt wird. Erlösobergrenzen können ihre Anreizwirkung nämlich erst dann entfalten, wenn für eine bestimmte Zeit Erlöse und Kosten des Unternehmens entkoppelt werden, sodass in dieser Zeit Kosteneinsparungen als zusätzliche Gewinne vereinnahmt werden können. 15

Dementsprechend regelt Satz 1, dass die Regulierungsperiode mindestens zwei und maximal fünf Jahre dauern darf. Die vorgegebene Zeitspanne erscheint dabei relativ groß, sie dient aber dazu, den Verordnungsgeber einen Ausgleich zwischen den unterschiedlichen Zielen der Anreizregulierung finden zu lassen. So führt eine **kurze Regulierungsperiode** dazu, dass die Netzbetreiber ihre Kosteneinsparungen, die sie vorgenommen haben, um zusätzliche Gewinne zu erwirtschaften, verhältnismäßig schnell an den Letztverbraucher weitergeben müssen. Dies hängt damit zusammen, dass die Erlösobergrenzen auf Basis der unternehmensindividuellen Kosten eines Netzbetreibers im Basisjahr ermittelt werden. Je schneller diese Basisjahre aufeinander folgen, desto schneller werden vorgenommene Kostensenkungen in der nächsten Regulierungsperiode in Form von geringeren Erlösobergrenzen an den Letztverbraucher weitergegeben. Demgegenüber entfalten **längere Regulierungsperioden** einen größeren Anreiz für Kosteneinsparungen, da der Netzbetreiber von diesen länger profitieren kann und die erzielten Einsparungen erst später an die Letztverbraucher weitergeben muss. Hierbei ist auch zu berücksichtigen, dass Maßnahmen zur Kosteneinsparung auch Zeit in Anspruch nehmen (zB durch Umstellung im Betriebsablauf oder die Suche von neuen Drittanbietern), sodass der Anreiz zur Kostensenkung bei längeren Regulierungsperioden größer ist (vgl. insgesamt Holznagel/Schütz/Schütz/Schreiber § 21a Rn. 137; Theobald/Kühling/Müller-Kirchenbauer § 21a Rn. 44; Kment EnWG/Albrecht/Herrmann § 21a Rn. 25). 16

Ebenfalls zu berücksichtigen ist, dass eine kürzere Regulierungsperiode auch zu einem **höheren Verwaltungs- und Bürokratieaufwand** führt, da die Netzbetreiber in kürzeren Zeitabständen ihre Kosten und Strukturdaten für das Basisjahr der Regulierungsbehörde vorlegen müssen (Holznagel/Schütz/Schütz/Schütte § 3 Rn. 9 zum Auseinanderfallen der Regulierungsperioden Strom und Gas). 17

Gleichzeitig wirkt sich die Dauer der Regulierungsperiode nicht nur auf das Kostenniveau und mögliche Einsparungen aus, sondern durch § 16 Abs. 1 ARegV auch auf den Abbau von Ineffizienzen und damit darauf aus, wie schnell Kosteneinsparungen an den Netznutzer weitergegeben werden. So sind ermittelte ineffiziente Kosten gleichmäßig über die Regulierungsperiode abzubauen. Je länger die Regulierungsperiode dauert, desto leichter kann der Netzbetreiber seine unternehmensindividuellen Prozesse so anpassen, dass er dem aus Letztverbrauchersicht notwendigen Abbau der Ineffizienzen folgen kann (s. zur Berechnung des Verteilungsfaktors und dessen Wirkung über die Regulierungsperiode Holznagel/Schütz/Petermann Vor §§ 12–16 Rn. 21 ff.). Dabei ist aber auch zu berücksichtigen, dass je länger die Regulierungsperioden dauern, desto kleiner sind auch die jährlichen Schritte der Effizienzsteigerung, was es leichter für den Netzbetreiber macht. 18

Der Verordnungsgeber hat sich mit § 3 Abs. 2 ARegV für die höchstmögliche Dauer von fünf Jahren entschieden und räumt somit den Netzbetreibern einen langen Zeitraum für Kosteneinsparungen sowie den Abbau von Ineffizienzen ein. Hierdurch profitiert zwar der Letztverbraucher erst später von möglichen Kostensenkungen, er hat aber gleichzeitig auch den Vorteil, dass ein Anreiz zur Kostensenkung besteht. Der Verordnungsgeber hat somit einen Ausgleich zwischen den Interessen der Netzbetreiber als auch der Letztverbraucher 19 gefunden. Gerade im Übertragungsnetzbereich greift dieser Ausgleich aber nicht mehr, da aufgrund der besonderen Kostensituation (sehr hoher Anteil dauerhaft nicht beeinflussbarer Kosten) nur geringe Anreize zur Kostensenkung während der Regulierungsperiode bestehen und gleichzeitig der Effizienzvergleich an seine Grenzen stößt. Hier sollte also über weitere Anreize nachgedacht werden.

I. Die zeitliche Staffelung von Vorgaben sowie die Möglichkeit der Anpassung (S. 2 und 3)

20   Satz 2 sieht vor, dass die Entwicklung der Erlösobergrenzen über die Dauer der Regulierungsperiode zeitlich gestaffelt erfolgen kann. Es handelt sich hierbei um eine nicht notwendige Konkretisierung von Absatz 2 Satz 3, der bereits vorsieht, dass die Obergrenzen mindestens für den Beginn und das Ende der Regulierungsperiode vorzugeben sind. Das Wort „mindestens" macht deutlich, dass es sich hierbei um eine Mindestanforderung handelt und der Verordnungsgeber das Recht gehabt hätte, hierüber hinauszugehen (ähnlich Säcker EnergieR/Meinzenbach § 21a Rn. 62; Theobald/Kühling/Müller-Kirchenbauer § 21a Rn. 45).

21   Der Verordnungsgeber hat mit § 4 Abs. 2 S. 1 ARegV hiervon Gebrauch gemacht und vorgegeben, dass die Erlösobergrenzen für jedes Jahr der Regulierungsperiode zu bestimmen sind. Als ein wesentlicher Teil dieser jährlichen Änderungen ist der bereits angesprochene Abbau der Ineffizienzen zu nennen. Durch den Verteilungsfaktor nach § 16 Abs. 1 ARegV erfolgt in vielen Fällen eine jährlich sinkende Erlösobergrenze. Diese Vorgabe folgt aber auch aus Absatz 5 Satz 4, sodass Satz 2 dem Verordnungsgeber einen grundsätzlichen Gestaltungsspielraum bei der Vorgabe von Obergrenzen einräumt. Diesen ist er auch mit den verschiedenen Kostenpositionen und den daraus resultierenden Anpassungsmöglichkeiten der Erlösobergrenze nachgekommen.

22   Satz 3 regelt zunächst, dass die Vorgaben für die Dauer der Regulierungsperiode unverändert bleiben. Hierdurch wird dem Netzbetreiber zunächst die Sicherheit gegeben, dass seine Erlösobergrenze während der Regulierungsperiode nicht nachträglich angepasst werden darf. Er erhält somit ausreichende Sicherheit für sein wirtschaftliches Handeln (vgl. Kment EnWG/Albrecht/Herrmann § 21a Rn. 45; Säcker EnergieR/Meinzenbach § 21a Rn. 66).

23   Gleichwohl sieht der Gesetzgeber im gleichen Satz auch Ausnahmen von diesem Prinzip vor. So sind in Fällen von staatlichen Mehrbelastungen nach dem EEG und KWKG Anpassungen möglich. Ebenso in anderen, vom Netzbetreiber nicht zu vertretenden Umständen. Diese anderen, vom Netzbetreiber nicht zu vertretenden Umstände sind in Satz 3 nicht näher dargestellt. Die Vorschrift ist als Ausnahmeregelung grundsätzlich eng auszulegen. Ein Hinweis auf solche Anpassungsmöglichkeiten kann der erste Halbsatz liefern, der auf staatliche Mehrbelastungen abstellt und der Einschub, dass die Umstände nicht vom Netzbetreiber zu vertreten sind. Die Einflussmöglichkeiten müssen also außerhalb der Netzbetreibersphäre liegen. Mit der Regelung wird dem Verhältnismäßigkeitsprinzip Rechnung getragen, da der Netzbetreiber durch die grundsätzliche Beibehaltung der Obergrenzen zwar zum einen Sicherheit erlangt, um wirtschaftlich handeln zu können, gleichzeitig aber auch den Risiken von Veränderungen ausgesetzt ist (vgl. Holznagel/Schütz/Schütz/Schreiber § 21a Rn. 142). Als wesentlicher Ausfluss dieser Ausnahmeregelung ist deshalb die Härtefallregelung in § 4 Abs. 4 S. 1 Nr. 2 ARegV zu sehen (vgl. Säcker EnergieR/Meinzenbach § 21a Rn. 71).

24   Hiermit eng verbunden sind auch die sog. **dauerhaft nicht beeinflussbaren Kostenbestandteile**, die auch in Absatz 4 angesprochen werden. Es ist hierbei aber zu beachten, dass ein wesentlicher Teil der nicht beeinflussbaren Kosten einer Wertung des Gesetzgebers unterliegt und gleichwohl zur Einflusssphäre des Netzbetreibers gezählt werden kann. Aber auch hier hat der Verordnungsgeber in § 4 Abs. 3 ARegV Anpassungsmöglichkeiten ohne Antrag des Netzbetreibers vorgesehen, um diesen (zum Teil) von außen auferlegten Kosten Rechnung zu tragen (Kment EnWG/Albrecht/Herrmann § 21a Rn. 48 ff.).

II. Die Anpassung bei Mengeneffekten (S. 4)

25   **Mengenschwankungen** können sowohl in einer Preis- als auch einer Obergrenzenregulierung zu Problemen führen. Gleichwohl bezieht sich Satz 4 nur auf die Obergrenzen bei Netzzugangsentgelten.

26 Dies ist damit zu erklären, dass der Netzbetreiber bei einer Regulierung über Netzzugangsentgelte einem höheren Risiko ausgesetzt ist, da er seine Preise nicht anpassen kann. Der Netzbetreiber liefe somit also Gefahr, dass er bei stark sinkenden Mengen seine Kosten nicht vollständig erstattet bekommt, da er hierauf nicht über eine Preisanpassung reagieren kann. Gleichzeitig wird aber auch der Netznutzer geschützt, da auch zu viele Einnahmen an den Netznutzer zurückgewährt werden müssen. Der Gesetzgeber sah deshalb im Fall einer solchen Regulierung vor, dass solche Effekte berücksichtigt werden müssen (vgl. Kment EnWG/Albrecht/Herrmann § 21a Rn. 53; Holznagel/Schütz/Schütz/Schreiber § 21a Rn. 147; aA Theobald/Kühling/Müller-Kirchenbauer § 21a Rn. 47, wo von einem nicht regelungsbedürftigen Sachverhalt gesprochen wird).

27 Hieraus ergibt sich auch, weshalb der Gesetzgeber keine Regelung für die Erlösobergrenzenregulierung vorgibt. Hier kann der Netzbetreiber auf sinkende oder steigende Absatzmengen reagieren, in dem er seine Preise entsprechend anpasst und die zulässigen Erlöse hierauf verteilt. Es ergibt sich aber natürlich auch hier das Problem, dass die Mengen niemals so eintreten wie prognostiziert und deshalb ebenfalls ein Ausgleich erfolgen muss, da der Netzbetreiber sonst zu viele oder zu geringe Erlöse über die Dauer der Regulierungsperiode vereinnahmen würde. Diesen Ausgleich schließt der Gesetzgeber auch nicht aus, sodass die Methode des Regulierungskontos in § 5 ARegV auch im Fall der Erlösobergrenzenregulierung eine Lösung gefunden wurde (vgl. Kment EnWG/Albrecht/Herrmann § 21a Rn. 54; Holznagel/Schütz/Schütz/Schreiber § 21a Rn. 148).

E. Die speziellen Vorgaben zu Obergrenzen (Abs. 4)

28 § 21a Abs. 4 konkretisiert den Rahmen zur Bildung von Obergrenzen. § 21a Abs. 4 S. 1 bestimmt hierzu, dass die Kosten eines Netzbetreibers in beeinflussbare und nicht beeinflussbare Kostenblöcke aufzuteilen sind. Hiermit wird eine der grundlegenden Unterscheidungen in der Anreizregulierung geschaffen, da diese unterschiedlichen Kostenblöcke für den Netzbetreiber erhebliche Auswirkungen haben.

I. Die Ermittlung von Kosten

29 Zunächst müssen die **Gesamtkosten** eines Netzbetreibers ermittelt werden. Hierfür baut die Anreizregulierung auf der kostenorientieren Entgeltbildung auf: § 21a Abs. 4 S. 2 und 5 verweisen auf § 21 Abs. 2 und § 21 Abs. 2–4. Demnach sind in der Anreizregulierung nur diejenigen Kosten zu berücksichtigen, die auch bei einer kostenorientierten Entgeltbildung zu berücksichtigen wären (vgl. Holznagel/Schütz/Schütz/Schreiber § 21a Rn. 150; Kment EnWG/Albrecht/Herrmann § 21a Rn. 57).

30 Auf verordnungsrechtlicher Seite wird diese Ermittlung durch die Stromnetzentgeltverordnung (StromNEV) sowie die Gasnetzentgeltverordnung (GasNEV) abgebildet. Sie regeln die Kostenarten-, Kostenstellen- und Kostenträgerrechnung und bilden damit eine maßgebliche Grundlage für die Ermittlung der Erlösobergrenzen. Die Netzkostenermittlung setzt nach § 4 Abs. 2 S. 1 StromNEV/§ 4 Abs. 2 S. 1 GasNEV auf den Gewinn- und Verlustrechnungen des Netzbetreibers auf, überführt diese dann aber in kalkulatorische Rechnung. Hieran schließen sich Vorgaben für die kalkulatorischen Abschreiben, die kalkulatorische Eigenkapitalverzinsung sowie den kalkulatorischen Steuern an.

31 Die Vorgaben der StromNEV/GasNEV enthalten noch keine Vorgaben zu ihrer zeitlichen Anwendbarkeit, sie könnten also auch jährlich angewendet werden. Erst durch die Anreizregulierung und die damit geschaffenen Regulierungsperioden ergibt sich, dass die Kostenprüfung nur alle fünf Jahre stattfindet (§ 3 Abs. 2 ARegV iVm § 6 Abs. 1 S. 3 ARegV). Das Jahr, auf dem die Kostenprüfung beruht, wird dabei als Basisjahr bezeichnet. In diesem Jahr werden die Gesamtkosten des Unternehmens ermittelt, die dann zum einen als Ausgangsniveau für die Festlegung der Erlösobergrenzen dienen und zum anderen in den Effizienzvergleich eingehen – zu den Ausnahmen → Rn. 33 ff. – und damit über die Ineffizienzen des Unternehmens mitentscheiden (vgl. Säcker EnergieR/Meinzenbach § 21a Rn. 83 f.).

II. Die Unterscheidung von Kosten

32 Die Anreizregulierung unterscheidet die so ermittelten Kosten dann weiter in **beeinflussbare** (mit weiteren Unterkategorien) und **nicht beeinflussbare Kosten**. Dies ist im Rah-

EnWG § 21a Teil 3. Regulierung des Netzbetriebs

men der Anreizregulierung wichtig, da beeinflussbare Kosten grundsätzlich als Budget abgebildet werden und auch nur auf diese Kosten die Effizienzvorgaben wirken. Der nicht beeinflussbare Kostenanteil, also der Anteil, auf den der Netzbetreiber nach Wertung des Gesetz- bzw. Verordnungsgeber keinen Einfluss hat, kann in der Regel jährlich angepasst werden und auf ihn werden auch keine Effizienzvorgaben angewendet (Holznagel/Schütz/Schütz/Schreiber § 21a Rn. 151).

1. Die nicht beeinflussbaren Kosten

33 Die **nicht beeinflussbaren Kosten** werden nach Satz 2 gem. § 21 Abs. 2 ermittelt. In Satz 2 Halbsatz 2 zählt der Gesetzgeber dann **Regelbeispiele** auf, die aber nicht abschließend sind und auch teilweise der Konkretisierung bedürfen. Der Begriff der nicht beeinflussbaren Kosten wird somit nicht legal definiert, sondern es obliegt dem Verordnungsgeber sowie der Rechtsprechung, diesen Begriff weiter auszufüllen. So auch schon die Entwurfsbegründung, die ausführt, dass „eine abschließende Umschreibung des nicht beeinflussbaren Kostenanteils angesichts der Vielzahl der Sachverhalte nicht möglich ist" (BT-Drs. 15/5268, 120). Die Entwurfsbegründung liefert aber auch einen Hinweis darauf, welche Kosten in jedem Fall als nicht beeinflussbar gelten müssen: Dies sind „solche Kosten der Netzbetreiber, auf deren Höhe sie nicht einwirkten können" (BT-Drs. 15/5268, 120). Solche Kosten, die also außerhalb der Einflusssphäre des Netzbetreibers liegen, müssen also als nicht beeinflussbare Kosten gelten (vgl. Holznagel/Schütz/Schütz/Schreiber § 21a Rn. 152). Hierfür sprechen auch die Regelbeispiele der nicht zurechenbaren strukturellen Unterschiede der Versorgungsgebiete, der gesetzlichen Abnahme- und Vergütungspflichten, Konzessionsabgaben und Steuern. Diese werden eindeutig dem Netzbetreiber von außen aufgegeben und unterliegen somit nicht seiner Einflusssphäre (→ Rn. 33.1).

33.1 Gleichzeitig ist aber auch zu berücksichtigen, dass dem Verordnungsgeber mit Absatz 6 Satz 2 Nummer 7 ein Ermessensspielraum im Hinblick auf die nicht beeinflussbaren Kostenanteile eingeräumt wird, da er bestimmen kann, welche Kosten dauerhaft oder vorübergehend als nicht beeinflussbare Kosten gelten (OLG Düsseldorf BeckRS 2012, 10115; offen gelassen von BGH BeckRS 2012, 11159; Holznagel/Schütz/Schütz/Schreiber § 21a Rn. 152; Kment EnWG/Albrecht/Herrmann § 21a Rn. 58).

34 Mit dieser **Einschätzungsprärogative** des Verordnungsgebers bzw. der Regulierungsbehörde sind auch Probleme verbunden. So hängt die Einstufung, ob Kosten als sog. dauerhaft nicht beeinflussbare Kosten nach § 11 Abs. 2 ARegV gelten, auch oft von der Höhe der Kosten, ihrem zeitlichen Auftreten sowie dem Betrachtungszeitraum ab (Kment EnWG/Albrecht/Herrmann § 21a Rn. 58). Ein Beispiel hierfür sind die Engpassmanagementkosten, wie zB Einspeisemanagement und Redispatch. Diese Kosten gelten über § 11 Abs. 2 S. 1 Nr. 17 bzw. als freiwillige Selbstverpflichtung nach § 11 Abs. 2 S. 2 ARegV als dauerhaft nicht beeinflussbare Kosten. Sie gehen damit nicht in den Effizienzvergleich ein und unterliegen nicht dem Budgetprinzip, sodass sie 1:1 an den Letztverbraucher weitergegeben werden können. Gleichzeitig sind diese Kosten durch Netzausbau, aber auch Netzoptimierung, beeinflussbar, da eine höhere Leitungskapazität zu weniger Engpässen und damit niedrigeren Engpassmanagementkosten führt. Der Leitungsausbau nimmt aber eine gewisse Zeit in Anspruch und die Kosten sind sehr hoch – zumindest im Übertragungsnetz – sodass sich der Verordnungsgeber bzw. die BNetzA zu einer Einstufung als dauerhaft nicht beeinflussbare Kosten entschieden haben. Da diese Kosten aber nicht als beeinflussbar aufgrund der Wertung des Verordnungsgebers bzw. der Regulierungsbehörde gelten, müssen die Netzbetreiber keine Abwägung mit anderen Maßnahmen treffen und können diese Kosten risikolos an den Letztverbraucher weiterreichen. Dies ist gerade im Übertragungsnetzbereich ein großes Problem, da die dauerhaft nicht beeinflussbaren Kosten dort teilweise bis zu 80 Prozent der Gesamtkosten eines Netzbetreibers ausmachen und somit ein wesentlicher Teil der Kosten dem Anreizsystem entzogen wird. Hieran wird das Spannungsfeld zwischen der Abgrenzung, wo Beeinflussbarkeit anfängt und aufhört, deutlich.

35 Nach § 11 Abs. 1 ARegV gibt es **zwei Kategorien von nicht beeinflussbaren Kosten:** Die dauerhaft nicht beeinflussbaren Kosten und die vorübergehend nicht beeinflussbaren Kosten.

36 Als **vorübergehend nicht beeinflussbar** gelten nach § 11 Abs. 3 ARegV die effizienten Kosten eines Netzbetreibers. Sie gelten für die Dauer der Regulierungsperiode als nicht

beeinflussbar und deshalb als vorübergehend nicht beeinflussbar – wenngleich natürlich diese Kosten auch weiter gesenkt werden können, um sich noch effizienter für die Zukunft aufzustellen. In der nächsten Regulierungsperiode kann sich dies ändern, wenn andere Netzbetreiber zB effizienter geworden sind und dadurch ehemals effiziente Kosten eines anderen Netzbetreibers nunmehr als ineffizient gelten.

Die **dauerhaft nicht beeinflussbaren Kosten** sind in § 11 Abs. 2 S. 1 ARegV aufgezählt 37 bzw. können sich aus einer freiwilligen Selbstverpflichtung der Netzbetreiber oder aufgrund von vollziehbaren Entscheidungen der Regulierungsbehörde ergeben, soweit die Regulierungsbehörde dies festgelegt hat (§ 11 Abs. 2 S. 2–4 ARegV).

2. Die beeinflussbaren Kosten

Satz 5 bestimmt, dass die beeinflussbaren Kosten, im Unterschied zu den nicht beeinfluss- 38 baren Kosten, nach § 21 Abs. 2–4 ermittelt werden. Die beeinflussbaren Kosten ergeben sich also in Abgrenzung zu den nicht beeinflussbaren Kosten und stellen damit die Restmenge dar. Es handelt sich entsprechend um Kosten, auf die der Netzbetreiber einen Einfluss hat und die demnach seiner Einflusssphäre unterliegen. (Holznagel/Schütz/Schütz/Schreiber § 21a Rn. 168; Kment EnWG/Albrecht/Herrmann § 21a Rn. 93).

Die differenzierte Verweisung auf § 21 ergibt sich daraus, dass die beeinflussbaren Kosten 39 auch einem Vergleichsverfahren unterzogen werden können, also mit der Preis-, Kostenoder Erlössituation bei anderen Netzbetreibern verglichen werden kann. Dies wäre für nicht beeinflussbare Kosten nicht sachgerecht, da ja davon ausgegangen wird, dass der jeweilige Netzbetreiber keinen Einfluss auf diese Kosten hat. Insofern wäre auch ein Quervergleich mit anderen Netzbetreibern nicht angebracht (vgl. Holznagel/Schütz/Schütz/Schreiber § 21a Rn. 169).

In Satz 6 wird vorgegeben, dass sich die Effizienzvorgaben nur auf den beeinflussbaren 40 Kostenanteil beziehen dürfen. Dies entspricht der Denklogik, dass der Netzbetreiber nur auf diesen Teil der Kosten einen Einfluss hat und insofern auch nur in diesem Kostenblock Ineffizienzen abbauen kann.

In § 11 Abs. 4 ARegV wird der beeinflussbare Kostenanteil dementsprechend in Abgren- 41 zung zu den dauerhaft nicht beeinflussbaren und den vorübergehend nicht beeinflussbaren Kostenanteilen bestimmt.

Als weitere Unterkategorie der beeinflussbaren Kosten kennt die ARegV noch die **volati-** 42 **len Kosten** gem. § 11 Abs. 5 ARegV. Die ARegV nennt explizit nur die Treibenergie als solche Kostenposition (§ 11 Abs. 5 S. 1 ARegV), räumt der Regulierungsbehörde aber die Möglichkeit ein, weitere beeinflussbare oder vorübergehend nicht beeinflussbare Kostenanteile per Festlegung zu volatilen Kosten zu erklären. Volatile Kosten zeichnen sich dadurch aus, dass sie als beeinflussbare Kosten zwar in den Effizienzvergleich eingehen, aber im Laufe der Regulierungsperiode gem. § 4 Abs. 3 S. 1 Nr. 3 ARegV im Rahmen der Erlösobergrenze auf Basis von Plankosten angepasst werden können. Sie unterliegen somit nicht dem Budgetprinzip, sondern werden nachgefahren und damit 1:1 an den Netznutzer weitergegeben. Dies führt dazu, dass Effizienzvorgaben zwar auf Basis der volatilen Kosten ermittelt werden, der Netzbetreiber aber keine Möglichkeit hat, die Effizienzvorgaben über die volatilen Kostenanteile umzusetzen, da diese an den Netznutzer weitergereicht werden. Dies ist auch sachgerecht, da der Netzbetreibern einen grundsätzlichen Einfluss auf die Kostenpositionen hat und nur aufgrund der starken Volatilität einen gewissen Schutz erfahren soll (OLG Düsseldorf BeckRS 2013, 20916).

III. Die Berücksichtigung der allgemeinen Geldentwertung sowie der sektoralen Produktivität

Satz 7 schreibt vor, dass im Rahmen der Obergrenzenfestlegung der Ausgleich der allge- 43 meinen Geldentwertung unter Berücksichtigung der **generellen sektoralen Produktivität** vorgesehen werden muss. Der Satz enthält also zwei Vorgaben: zum einen den Ausgleich der allgemeinen Geldentwertung – mit anderen Worten der Inflation – und zum anderen die Berücksichtigung des Produktivitätsfortschritts des Energiesektors.

Bis zu einem Urteil des BGH und darauf aufbauend einer Ergänzung des Satzes 7 war 44 umstritten, was genau unter dem Begriff der allgemeinen Geldentwertung zu verstehen war.

45 Unstreitig war, dass hierunter die Inflation zu verstehen ist, also der Ausgleich der allgemeinen Preissteigerung. Würde man eine solche Anpassung nicht vorsehen, würde dies durch die Entkoppelung von Kosten und Erlösen dazu führen, dass die Netzbetreiber über die Effizienzvorgabe hinaus Einsparungen vornehmen müssten, um die Inflation auszugleichen (Säcker EnergieR/Meinzenbach § 21a Rn. 130; Holznagel/Schütz/Schütz/Schreiber § 21a Rn. 172). Dementsprechend sieht § 8 ARegV die Berücksichtigung der allgemeinen Geldwertentwicklung auf Basis des Verbraucherpreisgesamtindex des Statistischen Bundesamtes vor.

46 Umstritten war jedoch, inwieweit dieser Begriff auch sie sektoralen Einstandspreise sowie die sektorale Produktivitätsentwicklung mit umfasst.

47 Hinsichtlich der sektoralen Einstandspreise hat der BGH entschieden, dass auch eine Orientierung an den sektoralen Entwicklungen möglich ist und nicht zwingend eine Orientierung am Verbraucherpreisgesamtindex vorgegeben wird (Holznagel/Schütz/Schütz/Schreiber § 21a Rn. 172 f.).

48 Bezüglich der sektoralen Produktivitätsentwicklung hat der BGH dies jedoch nicht bestätigt und dies insofern durch § 21a Abs. 4 S. 7 aF als nicht abgedeckt angesehen (BGH N&R 2011, 205 Rn. 33 f. – WEMAG Netz; BGH RdE 2011, 308 Rn. 39 f. – EnBW Regional; ferner (keine Ermächtigungsgrundlage für § 9) OLG Naumburg RdE 2010, 150 (154 ff.) – Technische Werke Naumburg; OLG Brandenburg ZNER 2010, 80 (82 f.); OLG Celle ZNER 2010, 392 ff.; für eine Ermächtigungsgrundlage u.a. OLG Düsseldorf BeckRS 2010, 17311; OLG Schleswig BeckRS 2010, 17292). Der BGH hat damit begründet, dass eine Berücksichtigung des netzwirtschaftlichen Produktivitätsfortschritts keine Regelung über den Ausgleich der allgemeinen Geldentwertung darstelle. Dieser Bewertung kann jedoch nicht vollständig gefolgt werden, da die Produktivitätsentwicklung ein Bestandteil der Verbraucherpreisentwicklung ist. So geben Unternehmen in Wettbewerbsmärkten ihre Produktivitätsfortschritte an die Endkunden weiter und zwar in Form von sinkenden Preisen. Gleichzeitig wirkt die allgemeine Geldwertentwicklung diesem Effekt entgegen, sodass die Verbraucherpreisentwicklung als Differenz zwischen der (steigenden) Entwicklung der Einstandspreise sowie dem Produktivitätswachstum gesehen werden kann (so auch Holznagel/Schütz/Schütz/Schreiber § 21a Rn. 174).

49 Würde nunmehr der sektorale Produktivitätsfortschritt des Energiebereichs nicht berücksichtigt, könnte sich eine Lücke bzw. eine Differenz zwischen gesamtwirtschaftlicher und sektoraler Produktivität ergeben. Durch die Berücksichtigung der sektoralen Produktivität sollen also die Unterschiede zwischen der Gesamtwirtschaft und des Energiebereichs berücksichtigt werden.

50 Das Gesetz enthält keine genaueren Vorgaben zur Bestimmung des generellen Produktivitätsfaktors. Die Vorschriften sind in § 9 ARegV geregelt. Hierbei hat der Verordnungsgeber für die ersten beiden Regulierungsperioden einen generellen sektoralen Produktivitätsfaktor vorgegeben (1. Regulierungsperiode: 1,25 Prozent; 2. Regulierungsperiode: 1,5 Prozent). Ab der dritten Regulierungsperiode hat die BNetzA den generellen sektoralen Produktivitätsfaktor festzulegen. Die BNetzA hat ihn für die **dritte Regulierungsperiode** im Gasbereich auf 0,49 Prozent und im Strombereich auf 0,9 Prozent festgelegt. Während das OLG Düsseldorf den Beschluss der BNetzA zum Produktivitätsfaktor noch aufgehoben hat (OLG Düsseldorf BeckRS 2019, 20860), hat der BGH die Festlegung der BNetzA bestätigt (BGH BeckRS 2021, 4019).

51 Mit Beschluss vom 21.2.2018 legte die BNetzA den generellen sektoralen Produktivitätsfaktor Gas auf 0,49 Prozent fest (Beschluss BK4-17-093 vom 21.2.2018, abrufbar unter https://www.bundesnetzagentur.de/DE/Beschlusskammern/1_GZ/BK4-GZ/2017/BK4-17-0093/BK4-17-0093_Beschluss_21.02.2018_dl.pdf?__blob=publicationFile&v=2). Die Beschlusskammer stellte dabei auf den Törnquist- sowie den Malmquist-Index ab. Sie erkannte beide Methoden als grundsätzlich gleichwertig an und ermittelte nach der Törnquist-Methode einen Produktivitätsfaktor von 0,49 Prozent und mit der Malmquist-Methode einen Produktivitätsfaktor von 0,92 Prozent. Da jedoch keine Methode als besonders vorzugswürdig identifiziert wurde, orientierte sich die Beschlusskammer bei ihrer Festlegung am unteren Rand der Bandbreite und legte den Wert auf 0,49 Prozent fest.

52 Mit Beschluss vom 28.11.2018 legte die BNetzA den Produktivitätsfaktor Strom auf 0,90 Prozent fest (Beschluss BK4-18-056 vom 28.11.2018, abrufbar unter https://www.bundes

netzagentur.de/DE/Beschlusskammern/1_GZ/BK4-GZ/2018/BK4-18-0056/BK4-18-00
56_Beschluss_download.pdf?__blob=publicationFile&v=3). Die BNetzA wendete dabei die
gleichen Methoden wie im Gas an – sie stellte also auf den Törnquist- und Malmquist-
Index ab (s. hierzu BNetzA, 2. Referenzbericht zur Anreizregulierung, 14 ff., abrufbar unter
https://www.bundesnetzagentur.de/SharedDocs/Downloads/DE/Sachgebiete/Energie/Un
ternehmen_Institutionen/Netzentgelte/Anreizregulierung/2_ReferenzberichtAnreizregu
lierung.pdf?__blob=publicationFile&v=1). Mittels des Malmquist-Indexes wurde ein Produktivitätsfaktor in Höhe von 1,35 Prozent und mittels der Törnquist-Methode in Höhe von
1,82 Prozent berechnet. Entsprechend der Entscheidung im Gasbereich hätte die BNetzA
den Wert also eigentlich auf 1,35 Prozent festlegen müssen. Da die Werte im Gas- und
Strombereich damit aber maßgeblich voneinander abgewichen wären und zur Vermeidung
von unbeabsichtigten Brüchen zwischen den Sektoren, entschied die Beschlusskammer,
einen Abschlag in Höhe von einem Drittel vorzunehmen. Sie legte den Produktivitätsfaktor
somit auf 0,90 Prozent fest.

Gegen beide Beschlüsse wurde Beschwerde von verschiedenen Netzbetreibern eingelegt. 53
Da die Verfahren im Gasbereich bereits vom BGH entschieden wurden, wird nachfolgend
auf dieses Verfahren abgestellt.

Das OLG Düsseldorf stufte die Bestimmung des Produktivitätsfaktors u.a. als rechtswidrig 54
ein, weil der Wert gegen Änderungen des Stützintervalls nicht robust sei (OLG Düsseldorf
BeckRS 2019, 20860). Da in dem Stützintervall auffällig starke Schwankungen aufgetreten
seien, hätte die BNetzA diese eingehend auf ihre Ursachen hin untersuchen müssen, was sie
nach Auffassung des OLG pflichtwidrig unterlassen habe. Darüber hinaus stufte das Oberlandesgericht das Vorgehen der BNetzA bei der Berechnung der Abschreibungen (OLG Düsseldorf BeckRS 2019, 20860) sowie die Verwendung eines jährlich aktualisierten Zinses für
das Fremdkapital (OLG Düsseldorf BeckRS 2019, 20860) als rechtswidrig ein. Abschließend
sah das OLG eine unterbliebene Bestabrechnung als ermessensfehlerhaftes Unterlassen der
BNetzA an (OLG Düsseldorf BeckRS 2019, 20860).

1. Das Verfahren zur Bestimmung des generellen Produktivitätsfaktors

Der generelle sektorale Produktivitätsfaktor (PF) ist ein wesentlicher Bestandteil der Regu- 55
lierungsformel, da er einerseits als Korrektur für den Verbraucherpreisgesamtindex (VPI)
dient und zum anderen Wettbewerb simuliert, indem er dafür sorgt, dass Produktivitätssteigerungen an die Netzkunden weitergegeben werden. Die Korrektur des VPI zeigt sich bereits
in der Regulierungsformel (Anlage 1 zu § 7 ARegV), da der PF und der VPI in einem
Klammerausdruck zusammengefasst sind.

Insofern trifft die Argumentation, dass der PF dem Abbau von Monopolrenditen aus der 56
Zeit vor Anreizregulierung diene und mittlerweile nicht mehr notwendig sei, weil diese
Monopolrenditen abgebaut seien, nicht zu. Der PF dient, wie nachfolgend genauer erläutert,
dazu, die **unterschiedliche Inflationierung der allgemeinen Preisentwicklung und
der sektorspezifischen Produktivität auszugleichen und damit das Entstehen neuer
Monopolrenditen zu verhindern.**

In einem funktionierenden Wettbewerbsumfeld würden die Marktteilnehmer ihre Preise 57
um die allgemeine Inflationsrate anpassen. Die Inflationsrate drückt in diesem Fall die Wachs-
tumsrate der Inputpreise abzüglich des Produktivitätsfortschritts aus. Die Unternehmen
geben in einem funktionierenden Wettbewerbsumfeld also die zu realisierenden Produktivitätsfortschritte (zB durch Nutzung von Synergien oder technischen Fortschritt) an ihre Endkunden weiter. Da es sich im Bereich der Netze aber um natürliche Monopole handelt,
muss dieser Wettbewerb durch ein Element wie den PF simuliert werden.

Hierbei steht hinter der Überlegung der Notwendigkeit des PF in der Erlösobergrenzen- 58
formel, dass **Inputpreisanstiege und Produktivitätssteigerungen in der Netz- und
Gesamtwirtschaft nicht zwingend parallel verlaufen** müssen. Diesen möglichen Unterschieden soll der PF Rechnung tragen. Und da Kosten im Rahmen der Erlösobergrenze
jährlich inflationiert werden, dient der PF zum einen als Korrektur für die allgemeine Geldwertentwicklung, da der VPI nur auf die gesamtwirtschaftlichen Größen abstellt, und simuliert gleichzeitig den Wettbewerb.

Grüner

EnWG § 21a   Teil 3. Regulierung des Netzbetriebs

59   Im Wesentlichen gibt es zwei Methoden, die zur Ermittlung des PF geeignet sind: Der **Törnquist-**Mengenindex und der **Malmquist-**Produktivitätsindex (vgl. Gutachten zur Bestimmung des sektoralen Produktivitätsfaktors, abrufbar unter https://www.bundesnetzagentur.de/SharedDocs/Downloads/DE/Sachgebiete/Energie/Unternehmen_Institutionen/Netzentgelte/Anreizregulierung/Produktivitaetsfaktor/WIK_Gutachten_Prodfaktor_2017.pdf;jsessionid=C088249D6C77FFEBCA4BE5A3B9173D52?__blob=publicationFile&v=3). Diese beiden Verfahren wurden auch bereits in der Gesetzesbegründung aufgenommen (BT-Drs. 17/7632, 5).

60   Beim Törnquist-Mengenindex werden für die Output- und Inputfaktoren jeweils Indizes auf Basis gewichteter geometrischer Durchschnitte von Mengenrelationen gebildet, welche dann ins Verhältnis zueinander gesetzt werden. Hierbei wird über die Ursachen der Produktivitätssteigerungen jedoch keine Aussage getroffen. Der Malmquist-Produktivitätsindex wird hingegen durch die Verschiebung der Effizienzgrenze von einer Periode zur nächsten ermittelt. Er erfordert das Vorliegen einer langen Reihe unternehmensspezifischer Daten. Er kann damit die Produktivitätssteigerungen in zwei Komponenten zerlegen: den technischen Fortschritt durch die Verschiebung der Effizienzgrenze (Frontier Shift) und die Veränderung der technischen Effizienz durch Aufholeffekte (Catch-up). Für die Ermittlung der netzwirtschaftlichen Bestandteile des PF ist allein der Frontier Shift relevant.

F. Die Effizienzvorgaben (Abs. 5)

61   Absatz 5 konkretisiert die Vorgaben aus Absatz 2 bezüglich des Effizienzvorgaben sowie der Qualitätsvorgaben. Er schafft damit den grundlegenden Rahmen des Effizienzvergleichs sowie der Qualitätsregulierung, die aber durch die ARegV weiter konkretisiert werden müssen.

62   Es ist jedoch zu berücksichtigen, dass diese Vorgaben für die Mehrheit der Netzbetreiber nicht gelten, da diese dem vereinfachten Verfahren nach § 24 ARegV unterliegen. Sie müssen sich keinem Effizienzvergleich unterwerfen, sondern können sich dafür entscheiden, dass sich ihr Effizienzwert aus dem gewichteten durchschnittlichen Wert aller in dem bundesweiten Effizienzvergleich ermittelten Effizienzwerte der vorangegangen Regulierungsperiode ergibt.

I. Der Effizienzvergleich

63   Satz 1 enthält die maßgeblichen Vorgaben für die **Bestimmung von Effizienzvorgaben.** Die Effizienzvorgaben werden für eine Regulierungsperiode bestimmt.

64   Außerdem sieht er vor, dass entweder unternehmensindividuelle oder gruppenspezifische Vorgaben gemacht werden können. Dies leitet sich auch bereits aus Absatz 2 Satz 2 ab, der vorsieht, dass Obergrenzen und Effizienzvorgaben entweder unternehmensindividuell oder gruppenspezifisch gebildet werden können. Wie bereits dargestellt, hat sich der Verordnungsgeber für unternehmensindividuelle Vorgaben entschieden.

65   Diese Vorgaben werden als Effizienzziele im Rahmen eines Effizienzvergleichs ermittelt. Der Gesetzgeber hat hierbei nur gewisse Vorgaben gemacht, die nicht abschließend sind. Dies erkennt man an dem Wort „insbesondere" vor der Aufzählung (Holznagel/Schütz/Schütz/Schreiber § 21a Rn. 185). Der Effizienzvergleich dient damit der Identifizierung von bestehenden ineffizienten Strukturen und damit einhergehenden höheren Kosten als bei anderen vergleichbaren Unternehmen. Diese Ineffizienzen soll das betroffene Unternehmen im Lauf der Regulierungsperiode abbauen und sich so dem effizienten Unternehmen annähern. Hierdurch soll den Zielen des § 1 Abs. 1 entsprochen werden.

66   Der Effizienzvergleich wird dabei als **relativer Effizienzvergleich** durchgeführt. Das heißt, dass für jedes Unternehmen eine Gegenüberstellung seiner Kosten mit den Strukturdaten des jeweiligen Netzgebietes erfolgt. Als effizientes Unternehmen wird dabei das Unternehmen identifiziert, das die gleichwertige Versorgungsaufgabe mit den geringsten Kosten erbringen kann (Kment EnWG/Albrecht/Herrmann § 21a Rn. 105).

67   Die ARegV stellt hierbei auf den Vergleich der Netzbetreiber untereinander ab und damit auf eine relative Effizienz. Es geht also nicht um einen absolut ermittelten Effizienzmaßstab, sondern um einen Vergleich zwischen bestehenden Netzbetreibern, wobei das Unternehmen mit dem besten Kosten/Nutzen-Verhältnis als effizient gilt (Kment EnWG/Albrecht/Herr-

mann § 21a Rn. 106). Dies ist sachgerecht, da somit alle Netzbetreiber einen Anreiz haben, effizienter zu werden. Entgegen der von Seiten der Netzbetreiber teilweise vertretenen Auffassung, auf die durchschnittliche Effizienz der Netzbetreiber abzustellen, ist der relative Effizienzvergleich der sachgerechtere Ansatz (zur Diskussion um die durchschnittliche Effizienz vgl. Säcker EnergieR/Meinzenbach § 21a Rn. 173 ff.). Das Abstellen auf die durchschnittliche Effizienz begegnet auch rechtlichen Bedenken: So stellt Absatz 1 darauf ab, dass die Anreizregulierung Anreize für eine effiziente Leistungserbringung setzen soll. Würde man nur auf die durchschnittliche Effizienz abstellen, hätten alle Netzbetreiber oberhalb dieser Grenze außer den Anreizen aus dem Budget keine Anreize mehr, effizienter zu werden, obwohl auch sie noch ineffiziente Kosten haben können (vgl. Säcker EnergieR/Meinzenbach § 21a Rn. 176; Holznagel/Schütz/Schütz/Schreiber § 21a Rn. 186).

Die Daten, die in den Effizienzvergleich eingehen, unterliegen meist als Betriebs- und Geschäftsgeheimnisse der Vertraulichkeit (sie sind über § 84 Abs. 2 geschützt). Dies führt zu der Kritik, dass der Effizienzvergleich eine „Black Box" darstellen würde und die Ergebnisse nur schwer überprüfbar seien. Der BGH sieht darin grundsätzlich keinen Verstoß gegen Art. 19 Abs. 4 GG (BGH RdE 2014, Rn. 276 ff.); zust. OLG Düsseldorf EnWZ 2017, 29). 68

1. Bestehende Effizienz des jeweiligen Netzbetriebs

Als erstes Kriterium nennt Satz 1 die bestehende Effizienz des jeweiligen Netzbetriebs. Somit muss das bereits erreichte Effizienzniveau des jeweiligen Netzbetreibers berücksichtigt werden. Dies findet auch bereits Berücksichtigung im Effizienzvergleich, da für jedes Unternehmen die Kosten, wie sie sich aus der Kostenprüfung ergeben, mit der Versorgungsaufgabe ins Verhältnis gesetzt und dann mit anderen Netzbetreibern verglichen werden. Die ermittelten Ineffizienzen beziehen also den jeweils erreichten Stand des jeweiligen Unternehmens mit ein (vgl. Holznagel/Schütz/Schütz/Schreiber § 21a Rn. 186). 69

2. Objektive strukturelle Unterschiede

Der Gesetzgeber gibt an verschiedenen Stellen in § 21a vor, dass objektiv strukturelle Unterschiede zwischen Netzbetreibern zu berücksichtigen sind (wie bereits dargestellt gilt das zB für die Gruppenbildung von Netzbetreibern oder der Bestimmung der nicht beeinflussbaren Kostenanteile). Es geht dem Gesetzgeber an all diesen Stellen darum, dass eine tatsächliche Vergleichbarkeit der Netzbetreiber hergestellt wird und nicht Netzbetreiber miteinander verglichen werden, die nicht miteinander verglichen werden können. Es kann sich dabei also auch nur um solche Faktoren handeln, die außerhalb der Einflusssphäre des Netzbetreibers liegen und die die Kosten des Netzbetreibers unabhängig von dessen Verhalten verändern (Holznagel/Schütz/Schütz/Schreiber § 21a Rn. 187). Im Rahmen des Effizienzvergleichs wird dies zB über die Ausreißeranalyse sichergestellt, die solche Unternehmen identifizieren soll, die besondere Merkmale aufweisen (Ausreißer) und deshalb nicht im Effizienzvergleich berücksichtigt werden dürfen. Bestehen objektive strukturelle Unterschiede und kann eine solche Vergleichbarkeit mit den Instrumenten des gemeinsamen Effizienzvergleichs nicht hergestellt werden, dann ist ein gesonderter Effizienzvergleich zwingend geboten (BGH NJOZ 2019, 475). 70

3. Inflationsbereinigte Produktivitätsentwicklung

Die erneute Erwähnung der inflationsbereinigten Produktivitätsentwicklung ist an dieser Stelle missverständlich, da sie bereits in Absatz 4 verortet ist. Sie ist deshalb nicht als Effizienzvorgabe zu sehen, wie dies der BGH nahelegt, sondern als Ausgleich im Rahmen der Erlösobergrenzenfestlegung (BGH N&R 2011, 205 Rn. 38 – WEMAG Netz; BGH RdE 2011, 308 Rn. 44 – EnBW Regional; vgl. Holznagel/Schütz/Schütz/Schreiber § 21a Rn. 188 ff.). Die Produktivitätsentwicklung dient zwar der Simulation von Wettbewerb, indem Produktivitätsfortschritte an den Netznutzer weitergegeben und nicht beim Unternehmen verbleiben sollen, es handelt sich dabei aber nicht um eine identifizierte Ineffizienz. Dieses Missverständnis hält sich auch schon lange in der Diskussion. So verweisen die Netzbetreiber immer wieder darauf, dass der generelle sektorale Produktivitätsfaktor der ersten und 71 zweiten Regulierungsperiode als eine allgemeine Effizienzvorgabe gesehen wird. Dies ist aber, wie an anderer Stelle dargestellt, gerade nicht der Fall (→ Rn. 56).

4. Versorgungsqualität und Qualitätsvorgaben

72 Die Berücksichtigung der **Versorgungsqualität** und darauf bezogener **Qualitätsvorgaben** im Effizienzvergleich soll dem Zweck dienen, dass durch die Effizienzvorgaben nicht Einsparungen an Stellen ausgelöst werden, die weiterhin auf einem hohen Niveau gewährleistet werden sollen. So stehen Effizienzanreize auch immer in einem Spannungsfeld: Auf der einen Seite soll es eine preiswerte Energieversorgung geben, auf der anderen Seite soll diese sicher, umweltverträglich und verbraucherfreundlich sein (s. § 1 Abs. 1). Anreize zur Kosteneinsparung können somit auch unerwünschte Nebeneffekte haben. Aus diesem Grund wurden auch Regelungen zur Qualitätsregulierung („Q-Element") geschaffen.

5. Erreichbarkeit und Übertreffbarkeit

73 Satz 4 enthält weitere Vorgaben für die Effizienzziele. So müssen diese so über die Regulierungsperiode verteilt sein, dass der betroffene Netzbetreiber oder die betroffene Gruppe von Netzbetreibern die Vorgaben unter Nutzung der ihm oder ihnen möglichen und zumutbaren Maßnahmen erreichen und übertreffen kann. Dies Vorgaben sind somit Ausdruck der Zumutbarkeit der Effizienzvorgaben (BT-Drs. 15/5268, 120).

74 Satz 4 stellt also auf die unternehmensindividuellen Maßnahmen ab und somit darauf, ob diese dem Netzbetreiber möglich sind. Dies wird dadurch deutlich, dass in Satz 4 auf das Wort „ihm" abgestellt wird. Es handelt sich also um eine unternehmensindividuelle Sichtweise; ein Abstellen auf Dritte wäre somit nicht zulässig (Holznagel/Schütz/Schütz/Schreiber § 21a Rn. 196).

75 Der Netzbetreiber muss diese Maßnahmen also ergreifen können und nicht aus rechtlichen oder tatsächlichen Gründen daran gehindert sein. Hierbei liegt das Identifizieren und Ergreifen von Maßnahmen jedoch im Verantwortungsbereich des Netzbetreibers und nicht der Regulierungsbehörde (Holznagel/Schütz/Schütz/Schreiber § 21a Rn. 197).

76 Die Zumutbarkeit der Maßnahmen grenzt die zu ergreifenden Maßnahmen weiter ein. Hierbei ist vor allem an **ökonomische Grenzen der Zumutbarkeit** zu denken. So kann es nicht gewollt sein, dass der Netzbetreiber Maßnahmen ergreifen muss, bei denen er trotz aller Rationalisierungsmöglichkeiten auf oder über den Selbstkosten liegende Erlöse nicht mehr erzielen kann. Weitere Einschränkungen können sich zB aus den Zielen des § 1 Abs. 1 ergeben, da zB keine negativen Auswirkungen auf die Versorgungssicherheit entstehen sollen. Es ist aber zu berücksichtigen, dass solche Ausnahmen von der grundsätzlichen Pflicht zur Maßnahmenergreifung sehr sorgfältig geprüft und im Einzelfall abgewogen werden müssen; ein solcher Einwand darf jedenfalls nicht zur generellen Verhinderung von Effizienzvorgaben führen (vgl. Holznagel/Schütz/Schütz/Schreiber § 21a Rn. 198).

77 Die **Erreichbarkeit und Übertreffbarkeit** macht deutlich, dass es dem Netzbetreiber potentiell möglich sein muss – das tatsächliche Erreichen oder Übertreffen ist nicht entscheidend – die Vorgaben zu erreichen und zu übertreffen. Dieses Prinzip ist der Anreizregulierung immanent, da sich Anstrengungen lohnen sollen und somit auch zu zusätzlichen Gewinnen führen sollen. Durch den relativen Effizienzvergleich sind diese Vorgaben meist schon eingehalten, da es Unternehmen gibt, die eine vergleichbare Versorgungsaufgabe zu geringeren Kosten erbringen und somit die Erreichbarkeit zumindest in den meisten Fällen bereits schon hierdurch gegeben ist. Dies gilt auch für die Übertreffbarkeit, da kein absoluter Effizienzmaßstab angelegt wird, sondern ebenfalls auf einen relativen Vergleich abgestellt wird. Diesem ist aber auch immanent, dass auch das in einer Regulierungsperiode als effizient identifizierte Unternehmen immer noch Steigerungsmöglichkeiten hat (vgl. Holznagel/Schütz/Schütz/Schreiber § 21a Rn. 199 f.).

6. Methodenrobustheit

78 In Bezug auf den Effizienzvergleich sieht Satz 5 vor, dass die Methode zur Ermittlung von Effizienzvorgaben so gestaltet sein muss, dass eine geringfügige Änderung einzelner Parameter der zugrunde gelegten Methode nicht zu einer, insbesondere im Vergleich zur

Bedeutung, überproportionalen Änderung der Vorgaben führt. Er formuliert damit den Anspruch an die Methodenrobustheit des Effizienzvergleichs, sodass die gefundenen Ergebnisse belastbar sein müssen. Hierbei ist zu berücksichtigen, dass es sich um eine statistische Methode handelt, eine **absolute Methodenrobustheit kann es also nicht geben**. Die Verfahren müssen aber dem Stand der Wissenschaft entsprechen und bestimmten Einflüssen widerstehen können, so dürfen sie zB nicht sensibel auf Ausreißer reagieren (OLG Schleswig BeckRS 2010, 17292; Holznagel/Schütz/Schütz/Schreiber § 21a Rn. 201).

Der Verordnungsgeber hat dieser Anforderung dadurch Rechnung getragen, dass zwei verschiedene statistische Verfahren zum Einsatz kommen: Die **Dateneinhüllungsanalyse** (DEA) und die **Stochastische Effizienzgrenzenanalyse** (SFA). Beide Methoden werden für jedes Unternehmen mit zwei verschiedenen Aufwandsparametern berechnet (dies ergibt sich aus § 14 Abs. 1 Nr. 3 ARegV) und nur der beste Effizienzwert aus diesen vier Analysen wird verwendet (best-of-four). 79

Insgesamt ist jedoch zu berücksichtigen, dass der Regulierungsbehörde bei der Durchführung des Effizienzvergleichs ein weiter Spielraum zukommt, der in Teilen einem Beurteilungsspielraum und in Teilen einem Regulierungsermessen entspricht (BGH EnWZ 2014, 378). 80

II. Die Qualitätsregulierung

Wie bereits erwähnt, stehen Anreize für eine effiziente Leistungserbringung in einem Spannungsverhältnis mit anderen Zielen des EnWG. Ziel der Vorgaben in den Sätzen 2 und 3 ist daher, dass trotz der Anreize für eine kosteneffiziente Leistungserbringung die Versorgungsqualität nicht leidet und auf einem hohen Niveau verbleibt. Die Qualitätsregulierung ist also ein weiterer Baustein, um die Ziele des EnWG umzusetzen und gleichzeitig Netzbetreiber mit einer hohen Netzqualität zu belohnen (vgl. Kment EnWG/Albrecht/Herrmann § 21a Rn. 110; Holznagel/Schütz/Schütz/Schreiber § 21a Rn. 191). 81

Satz 2 sieht dementsprechend vor, dass auf der Grundlage einer Bewertung von Zuverlässigkeitskenngrößen oder Netzleistungsfähigkeitskenngrößen Qualitätsvorgaben ermittelt werden. Hierbei sind ebenfalls Strukturunterschiede zu berücksichtigen. Satz 3 sieht vor, dass bei einem Verstoß gegen die Qualitätsvorgaben die Obergrenzen gesenkt werden können. In der ARegV sind diese Vorgaben in Teil 2 Abschnitt 4 (§§ 18 ff. ARegV) konkretisiert worden. 82

1. Die Qualitätsvorgaben in der ARegV

Gemäß § 18 S. 1 ARegV sollen die Qualitätsvorgaben der Sicherung eines langfristig angelegten, leistungsfähigen und zuverlässigen Betriebs von Energieversorgungsnetzen dienen. Gemäß der Definition in § 3 Nr. 16 beziehen sich die Qualitätsvorgaben also sowohl auf Elektrizitäts- als auch Gasversorgungsnetze und damit sowohl auf die Übertragungs- bzw. Fernleitungsnetzebene als auch die Verteilernetzebene. Insofern handelt es sich bei § 19 Abs. 1 S. 3 ARegV wohl nur um ein Redaktionsversehen, sofern dort nur von Verteilernetzen gesprochen wird (so auch Kment EnWG/Albrecht/Herrmann § 21a Rn. 112). 83

Gleichwohl gibt es Unterschiede zwischen dem Strom- und Gasbereich, welche insbesondere auf den unterschiedlichen Erschließungs- und Anschlussgrad (vgl. auch § 13 Abs. 3 S. 9 ARegV) zurückzuführen sind. So unterscheidet auch § 19 Abs. 1 S. 3 sowie § 19 Abs. 2 ARegV zwischen Strom- und Gasnetzen. 84

So sieht § 19 Abs. 2 S. 1 ARegV vor, dass bei Stromversorgungsnetzen spätestens zur zweiten Regulierungsperiode ein Qualitätselement Anwendung findet. Satz 3 sieht für Gasversorgungsnetze eine abweichende Regelung vor, in dem hier der Regulierungsbehörde ein größerer Ermessensspielraum über den Zeitpunkt der Einführung eines Qualitätselements eingeräumt wird. Da bis heute keine belastbaren Datenreihen im Gas vorliegen, gibt es das Qualitätselement deshalb bisher nur im Strom. 85

2. Die Begriffe Netzzuverlässigkeit und Netzleistungsfähigkeit

Bereits Satz 2 stellt auf Zuverlässigkeitskenngrößen oder **Netzleistungsfähigkeitskenngrößen** ab. Diese Begriffe werden in § 19 Abs. 1 S. 1 ARegV aufgegriffen, der insofern 86

EnWG § 21a   Teil 3. Regulierung des Netzbetriebs

von Netzzuverlässigkeit und Netzleistungsfähigkeit spricht. Durch die Formulierung „oder" sowohl in Satz 2 als auch in § 19 Abs. 1 S. 1 ARegV wird deutlich, dass die Qualitätsvorgaben nicht zwingend auf beiden Kenngrößen ermittelt werden müssen; sie können sich aber auf beide beziehen. Dies wird auch noch mal durch die § 20 Abs. 5 S. 1 und 2 ARegV deutlich, da der Verordnungsgeber hinsichtlich belastbarer Datenreihen zur Netzleistungsfähigkeit anscheinend skeptischer war (aA wohl Kment EnWG/Albrecht/Herrmann § 21a Rn. 114, die insofern davon sprechen, dass „eine Kennzahlenbildung auch für die Netzleistungsfähigkeit erforderlich ist").

87   Der Begriff der **Netzzuverlässigkeit** ist im Vergleich zur Netzleistungsfähigkeit einfacher zu bestimmen; u.a. auch, weil es hierfür bereits internationale Kennzahlen gibt (die Verordnungsbegründung zählt hierfür verschiedene auf – zB den SAIDI-Wert, vgl. BR-Drs. 417/07, 63 f.). § 19 Abs. 3 S. 1 ARegV definiert die Netzzuverlässigkeit als die Fähigkeit des Energieversorgungsnetzes, Energie möglichst unterbrechungsfrei und unter Einhaltung der Produktqualität zu transportieren. § 20 Abs. 1 S. 1 ARegV zählt dann Regelbeispiele auf, die aber nicht abschließend sind: die Dauer der Unterbrechung der Energieversorgung, die Häufigkeit der Unterbrechung der Energieversorgung, die Menge der nicht gelieferten Energie und die Höhe der nicht gedeckten Last. Gemäß § 20 Abs. 1 S. 2 ARegV können diese Kennzahlen auch kombiniert und gewichtet werden. Nach § 20 Abs. 2 S. 2 ARegV sind hierbei auch wieder gebietsstrukturelle Unterschiede zu berücksichtigen (vgl. insgesamt Kment EnWG/Albrecht/Herrmann § 21a Rn. 113).

88   Der Begriff der **Netzleistungsfähigkeit** ist demgegenüber schwerer einzuordnen, da er noch keine gebräuchliche Größe und schwerer zu konkretisieren ist. § 19 Abs. 3 S. 2 ARegV versteht unter Netzleistungsfähigkeit die Fähigkeit des Energieversorgungsnetzes, die Nachfrage nach Übertragung von Energie zu befriedigen. § 20 Abs. 5 S. 3 ARegV nennt hierfür ebenfalls Regelbeispiele, wie die Häufigkeit und Dauer von Maßnahmen zur Engpassbewirtschaftung und die Häufigkeit und Dauer des Einspeisemanagements nach dem EEG. Die Kennzahl stellt also gerade im Rahmen der Energiewende einen wichtigen Parameter dar, um die Aufnahme und den Transport des aus Erneuerbaren Energien erzeugten Stroms sicherzustellen. Gleichwohl sind diese Kennzahlen nur sehr schwierig zu ermitteln. Dies sah wohl auch der Verordnungsgeber so und hat der BNetzA eine Pflicht zur Evaluierung aufgegeben, um zu ermitteln, inwieweit Kennzahlen wie die genannten der Erfüllung der unter § 1 genannten Zwecke dient (§ 20 Abs. 5 S. 5 ARegV) (vgl. insgesamt Kment EnWG/Albrecht/Herrmann § 21a Rn. 11). Vor diesem Hintergrund scheint es sinnvoller, die Netzleistungsfähigkeit über andere Anreizinstrumente zu adressieren, die sich aber im Rahmen der Anreiz- und Qualitätsregulierung bewegen. So könnte man über Referenzwerte auf Basis von historischen Daten nachdenken, bei deren Unter- oder Überschreiten Boni und Mali gewährt werden.

3. Das Bonus- und Malus-System

89   § 19 Abs. 1 S. 2 ARegV sieht vor, dass die Kennzahlenvorgaben in **Zu- und Abschläge** umzusetzen sind, die dann im Rahmen der Regulierungsformel die Erlösobergrenze erhöhen oder vermindern. Dies erscheint sachgerecht, um eine gute Versorgungsqualität anzureizen. Kritik an der Verhängung von Mali gegenüber Netzbetreibern, die bereits eine schlechtere Versorgungsqualität haben, kann hingegen nicht überzeugen, da sonst falsche Anreize gesetzt würden. Würde man zB dem schlechteren Netzbetreiber Zuschläge zubilligen, damit er seine Netzzuverlässigkeit erhöht, würde dies zu Fehlanreizen führen, da zum einen kein Netzbetreiber Anreize hätte, in seine Netzzuverlässigkeit zu investieren und es möglicherweise sogar vorteilhafter sein könnte, die Netzzuverlässigkeit zunächst sinken zu lassen, um dann mit den erhaltenen Zuschlägen zu investieren (vgl. Kment EnWG/Albrecht/Herrmann § 21a Rn. 116).

G. Vorgaben zur Verringerung der Engpassmanagementkosten (Abs. 5a)

89a   Mit dem Gesetz zur Umsetzung unionsrechtlicher Vorgaben und zur Regelung reiner Wasserstoffnetze wurde § 21a dahingehend geändert, dass ein neuer Absatz 5a eingefügt wurde und die Verordnungsermächtigungen um zwei Nummern ergänzt wurden (BGBl. 2021 I 3026 (3038)); darüber hinaus wurde der Überschrift des Paragraphen das Wort „Verordnungsermächtigung" angefügt, was insofern aber eine redaktionelle Klarstellung darstellt, da § 21a bereits Verordnungsermächtigungen enthielt. Die Einfügung von Absatz 5a war im Wesentlichen schon im ursprünglichen Gesetzentwurf enthalten (BT-Drs. 19/27453, 21 f.), wurde durch den Wirtschaftsausschuss des Bundestages aber im Hinblick auf den Verteilungsschlüssel ergänzt (BT-Drs. 19/30899, 15 f. und zur Begründung BT-Drs. 19/31009, 16 f.).

Der neu eingefügte Absatz 5a kann als Ergänzung bzw. Erweiterung oder der Konkretisierung der Vorgaben nach Absatz 5 zum Qualitätselement und insbesondere dem Kriterium der Netzleistungsfähigkeit verstanden werden (→ Rn. 88). Zwar enthält Absatz 5 mit dem Begriff der Netzleistungsfähigkeit bereits einen Begriff, der die Leistungsfähigkeit und damit die Fähigkeit des Netzes zur Übertragung des nachgefragten Stroms adressiert. Gleichwohl gab es in diesem Bereich bisher noch keine explizite Anreizsetzung, da das besondere Problem der Engpassmanagementkosten bisher nicht explizit adressiert war. Vielmehr war es bisher sogar so, dass die Engpassmanagementkosten als sog. dauerhaft nicht beeinflussbare Kosten jeglicher Anreizsetzung entzogen waren, weil sie weder in den Effizienzvergleich eingingen noch dem Budgetsystem unterlagen. Sie sind gleichzeitig aber Ausdruck eines relevanten Problems in der leitungsgebundenen Versorgung: Engpassmanagementkosten entstehen immer dann, wenn das Netz Angebot und Nachfrage nicht ausgleichen kann, weil zB im Norden durch Erneuerbare Energien erzeugter Strom nicht in den Süden zu den Verbrauchszentren transportiert werden kann. In diesen Fällen regeln die Netzbetreiber EE-Anlagen im Norden ab und fahren dafür (meist konventionelle) Kraftwerke im Süden hoch. Sowohl für die Abregelung als auch das Hochfahren entstehen Kosten, die durch den Netzbetreiber zu erstatten sind. Darüber hinaus wird damit dem Klimaschutz geschadet, da umweltfreundlich erzeugte EE-Energie abgeregelt wird und klimaschädliche Kraftwerke hochgefahren werden müssen. Die Kosten für diese Maßnahmen sind in den letzten Jahren stetig gestiegen und liegen inzwischen bei über 1 Mrd. EUR pro Jahr.

89b

Bisher wurde – gerade auch durch die Branche – die Ansicht vertreten, dass diese Engpassmanagementkosten nicht beeinflussbar seien. Als Argumente wurden vorgetragen, dass der Netzausbau dem EE-Ausbau immer hinterherläuft, Wettereinflüsse eine Rolle spielen und exogene Faktoren wie zB die Grenzkuppelöffnungen auf europäischer Ebene relevant sind. Gleichzeitig darf aber nicht vergessen werden, dass Engpassmanagementkosten durch einen zügigen Netzausbau oder Betriebsoptimierungen (zB die Höherauslastung durch Freileitungsmonitoring) sehr wohl beeinflussbar sind. Vor diesem Hintergrund erscheint es auch nicht sachgerecht, diese Kosten vollständig der Anreizwirkung zu entziehen, da ansonsten weniger Anreize für einen schnellen und vorausschauenden Netzausbau oder für Innovationen zur Betriebsführung bestehen. Denn bisher war es so, dass von den Engpassmanagementkosten keine wirtschaftlichen Nachteile ausgingen – also vor die Auswählentscheidung gestellt, Investitionen in neue Anlagen oder innovative Technologien vorzunehmen oder stattdessen Engpassmanagement durchzuführen, wäre die Entscheidung zum Engpassmanagement immerhin ohne Risiko gewesen (wenngleich man dadurch auf regulatorische Erlösbestandteile wie die Eigenkapitalverzinsung verzichtet hätte). Abschließend ist darauf hinzuweisen, dass ein Ausbau des Netzes bis zur Aufnahme der letzten kWh auch nicht effizient wäre, da in diesem Fall der Netzausbau teurer wäre, als in bestimmten Zeiten Engpassmanagement durchzuführen. Insofern geht es immer um die Suche nach dem wirtschaftlich effizientesten Verhältnis zwischen Engpassmanagement(kosten) und Netzausbau sowie -optimierung (zukünftig wird dem Klimaschutz in diesem Bereich noch mehr Bedeutung zukommen, da die Abregelung von EE-Anlagen auch immer mit negativen Auswirkungen auf den Klimaschutz verbunden ist). Um einen wirtschaftlich effizienten Zustand zu erreichen, müssen die Engpassmanagementkosten überhaupt erst mal in die Auswahl-Entscheidung mit einbezogen werden, weshalb eine Anreizsetzung in diesem Bereich für sinnvoll und sachgerecht erachtet wird (zu den Argumenten in Bezug auf die Anreizsetzung s. auch Branchendialog des BMWK: https://www.bmwi.de/Redaktion/DE/Dossier/NetzeUndNetzausbau/branchendialog-zur-weiterentwicklung-der-anreizregulierung.html).

89c

Um diesen Zweck zu erreichen, wurden in Absatz 5a Vorgaben aufgenommen, wie Anreize auf die Engpassmanagementkosten gesetzt werden können. Satz 1 formuliert den Zweck der Regelung – nämlich die Verringerung von Kosten für das Engpassmanagement – und stellt daneben klar, dass diese Regelungen auch neben die Vorgaben nach Abs. 5 treten können. Auch hierin drückt sich das parallele Verhältnis von Effizienz- und Qualitätsvorga-

89d

ben sowie den Regelungen zur Verringerung der Kosten für das Engpassmanagement aus. Dies ist sinnvoll und sachgerecht, weil nicht alle Ziele zur Anreizsetzung über den Effizienzvergleich erzielt werden können. Gerade im Bereich der Engpassmanagementkosten bestand im Rahmen des Effizienzvergleichs das Problem, dass eine unternehmensindividuelle Zuordnung der Engpassmanagementkosten nicht oder nur mit Unsicherheit möglich ist (BNetzA, Gutachten zur Referenznetzanalyse für die Betreiber von Übertragungsnetzen im Auftrag der Bundesnetzagentur, 17.12.2018, 6 ff. und 17 ff., abrufbar unter: https://www.bundesnetzagentur.de/SharedDocs/Downloads/DE/Sachgebiete/Energie/Unternehmen_Institutionen/Netzentgelte/Strom/GutachtenReferenznetzanalyse.pdf;jsessionid=35929254DE8E8703E2A8D94A4D791381?__blob=publicationFile&v=1). Das Gutachten führt dabei zur Referenznetzanalyse aus, dass diese „[...] theoretisch und modellhaft zum kostengünstigsten Netz [führt], das den technisch sicheren Betrieb ermöglicht [...]. Nach allgemeinen Planungsgrundsätzen ist dies ein Netz, das im Auslegungszustand ausdrücklich nicht auf betriebliche Maßnahmen wie Engpassmanagement angewiesen ist." (BNetzA, Gutachten zur Referenznetzanalyse für die Betreiber von Übertragungsnetzen im Auftrag der Bundesnetzagentur, 17.12.2018, 18). Dadurch wird deutlich, dass Engpassmanagement – zumindest in erheblichem Umfang – nur vorübergehend sein sollte und das Netz grundsätzlich alle Marktergebnisse abbilden können sollte. Wie oben ausgeführt, ist dabei ein Ausbau bis zur letzten Kilowattstunde nicht sinnvoll und kosteneffizient, da ein solcher Netzausbau in letzter Konsequenz zu dauerhaft höheren Kosten führen würde, als dies der Fall wäre, wenn man in bestimmten, aber eng begrenzten Zeiträumen (zB bei Starkwindaufkommen) Engpassmanagement durchführt. Darüber hinaus machen die Gutachter deutlich, dass eine „eindeutige Zuordnung von Netzengpass zu Redispatchmaßnahme im vermaschten Netz nicht gegeben ist" (BNetzA, Gutachten zur Referenznetzanalyse für die Betreiber von Übertragungsnetzen im Auftrag der Bundesnetzagentur, 17.12.2018, 18). Dies wäre aber notwendig, um ein konkretes Unternehmen durch den Effizienzvergleich zu beanreizen, da das Unternehmen aufgrund der Engpassmanagementkosten einen schlechteren Effizienzwert erhalten könnte. Um dies rechtssicher zu gestalten, wäre aber ein eindeutiger Ursache-Wirkungs-Zusammenhang notwendig. Aus diesem Grund lassen sich die Engpassmanagementkosten – zumindest bisher – nicht sachgerecht über den Effizienzvergleich beanreizen und gleichzeitig stellen sie einen Zustand dar, den das Netz eigentlich nicht haben sollte. Insofern ist der Wunsch des Gesetzgebers und das Ziel, die Engpassmanagementkosten über ein anderes Instrument zu beanreizen, nachvollziehbar und sachgerecht (BT-Drs. 19/27453, 106, die insofern auch den Nutzen für den Netznutzer durch ein Sinken der Engpassmanagementkosten betont).

89e Satz 1 führt hierzu aus, dass Referenzwerte vorgesehen werden können, die sich auf die Kosten für das Engpassmanagement beziehen. Der Gesetzgeber sieht also die Möglichkeit vor, dass ein Referenzwert vorgegeben werden kann, an dem die tatsächlichen Engpassmanagementkosten gespiegelt werden. Satz 2 sagt, dass Grundlage für die Ermittlung auch die Engpassmanagementkosten selbst sein können. Es ist somit denkbar, den Referenzwert auf Basis von Vergangenheitswerten zu bestimmen und damit anhand der vergangenen Engpassmanagementkosten (BT-Drs. 19/27453, 106). Da Satz 2 als Kann-Vorschrift formuliert ist, können daneben auch andere Daten in die Bestimmung des Referenzwertes mit einbezogen werden. Diese können auch prognostiziert werden, wobei die Prognose nachvollziehbar sein muss (BT-Drs. 19/27453, 106).

89f Satz 3 sieht vor, dass aufgrund des Über- oder Unterschreitens der Referenzwerte, die Obergrenzen zur Bestimmung der Netzzugangsentgelte für ein Energieversorgungsunternehmen angepasst werden können. Der Begriff des Energieversorgungsunternehmens ist hier wohl nicht ganz richtig, da sich die Vorgaben in Absatz 5a im Übrigen allein auf Übertragungsnetzbetreiber beziehen. Insofern hätte man konkreter, wie in Satz 4, auch von Betreibern von Übertragungsnetzen sprechen können. Durch den systematischen Zusammenhang sowie durch die Gesetzesbegründung wird aber ausreichend deutlich, dass es sich in diesem Zusammenhang um die Obergrenzen zur Bestimmung der Netzzugangsentgelte (also die Erlösobergrenzen) der Übertragungsnetzbetreiber handelt. Durch den Satz 3 wird das Recht eingeräumt, die Erlösobergrenzen bei einer Unter- oder Überschreitung der Referenzwerte anzupassen und damit die Übertragungsnetzbetreiber an dieser Abweichung zu beteiligen. So führt die Gesetzesbegründung aus, dass im Fall einer Unterschreitung ein

Bonus gewährt werden kann, und im Fall des Überschreitens ein Malus (BT-Drs. 19/27453, 106). In beiden Fällen ist dies für den Netznutzer vorteilhaft, da im Fall eines Unterschreitens des Referenzwertes die Absenkung zwar geringer ausfällt, weil dem Übertragungsnetzbetreiber ein Anteil an der Einsparung eingeräumt wird, aber der Netznutzer hat in jedem Fall profitiert. Das Gleiche gilt im Fall der Überschreitung des Referenzwertes. Dies wird an einem Beispiel deutlich: Wenn für das Jahr X der Referenzwert 100 beträgt und der tatsächliche Wert nur 95, dann dürfte der Netzbetreiber zB seine Erlösobergrenze nur um 4 GE absenken und damit 1 GE behalten. Der Netznutzer würde aber trotzdem profitieren. Im umgekehrten Fall würde das Gleiche gelten, nur dass der Netzbetreiber nur um 4 GE erhöhen dürfte und damit 1 GE selbst tragen müsste – als Malus.

Satz 4 sieht vor, dass die Anreize auch gemeinsam für alle Betreiber von Übertragungsnetzen mit Regelzonenverantwortung und Vorgaben für eine Aufteilung der Abweichungen von dem Referenzwert vorgesehen werden können. Der erste Teil des Satzes adressiert damit das oben angesprochene Problem, dass die Engpassmanagementkosten aufgrund des vermaschten Netzes nicht in jedem Fall verursachungsgerecht den einzelnen Netzbetreibern zugeordnet werden können. Insofern kann neben individuellen Referenzwerten für einzelne Übertragungsnetzbetreiber auch ein gemeinsamer Referenzwert für alle Übertragungsnetzbetreiber vorgegeben werden. Mit dieser Möglichkeit hat der Verordnungsgeber die Möglichkeit, die Engpassmanagementkosten auch gesamthaft über ganz Deutschland zu betrachten. Korrespondierend muss dann aber eine Aufteilung der Abweichungen von den Referenzwerten – mit anderen Worten der Bonus oder Malus – auf die Übertragungsnetzbetreiber aufgeteilt werden, um die individuellen Erlösobergrenzen anzupassen (s. gesamthaft hierzu BT-Drs. 19/27453, 106). **89g**

Der Satz 5 konkretisiert die Möglichkeit zur Aufteilung der Boni oder Mali noch und räumt die Möglichkeit ein, diese auch nach der Schlüsselung des Kraft-Wärme-Kopplungsgesetzes vorzunehmen. Satz 5 wurde erst im Rahmen des Gesetzgebungsverfahrens durch den Wirtschaftsausschuss eingebracht (BT-Drs. 19/30899, 15; zur Begründung BT-Drs. 19/31009, 16). Damit wird die Möglichkeit einer pauschalen Aufteilung eingeräumt, die sich nicht an dem einzelnen Beitrag des jeweiligen Übertragungsnetzbetreibers messen lassen muss. Auch dies adressiert die Frage der Zurechenbarkeit des Engpassmanagementkosten bzw. der Abweichung zu den Referenzwerten auf den einzelnen Übertragungsnetzbetreiber. Da die Übertragungsnetzbetreiber die Netze am besten kennen und die Ursachen für Engpässe am besten zuordnen können, führt die Begründung aus, dass sich die Übertragungsnetzbetreiber bei einem kollektiven Anreiz grundsätzlich selbst auf einen Verteilungsschlüssel einigen können (BT-Drs. 19/31009, 16). Es kann aber auch auf den Verteilungsschlüssel des KWKG zurückgegriffen werden – gerade, wenn sich die Übertragungsnetzbetreiber nicht einigen können. Es würde somit eine analoge Verteilung der Boni oder Mali entsprechend der Verteilung der KWK-Umlage erfolgen. Mit dem Gesetz zu Sofortmaßnahmen für einen beschleunigten Ausbau der erneuerbaren Energien und weiteren Maßnahmen im Stromsektor (BGBl. 2022 I 1237) wurde der Verweis auf das KWKG in einen statischen Verweis überführt, da mit dem Energiefinanzierungsgesetz die entsprechenden Umlagenmechanismen in das EnFG überführt worden sind. Insofern ist der statistische Verweis notwendig, um die bisherigen Regelungen des KWKG weiterhin für anwendbar zu erklären. **89h**

H. Exkurs: Änderungen ARegV

Von den Änderungen in Absatz 5a sowie den neuen Verordnungsermächtigungen in den Nummern 11 und 12 (→ Rn. 102a) wurde durch die Verordnung zur Änderung der Anreizregulierungsverordnung und der Stromnetzentgeltverordnung Gebrauch gemacht. Die Verordnungsänderung betont nochmals, dass die Einordnung von Kosten als „dauerhaft nicht beeinflussbar" oftmals eine politische Wertung ist und die Kosten tatsächlich durchaus – zumindest teilweise – beeinflussbar sind (BR-Drs. 405/21, 1). Vor diesem Hintergrund sollte bei der mit über 1 Mrd. EUR doch großen Kostenposition der Engpassmanagementkosten ein Anreiz zur Senkung eingefügt werden (BR-Drs. 405/21, 1 f.). Nachfolgend werden die größeren Änderungen in der ARegV mit Blick auf die Engpassmanagementkosten vorgestellt (für kleinere Folgeänderungen bzw. Änderungen zu den Investitionsmaßnahmen/Kapitalkostenabgleich s. Verordnungsentwurf BR-Drs. 405/21, 1 f.). **89i**

EnWG § 21a   Teil 3. Regulierung des Netzbetriebs

89j   Das Anreizelement zur Verringerung von Engpassmanagementkosten der Übertragungsnetzbetreiber wurde in Abschnitt 3 und dort in § 17 eingefügt (BR-Drs. 405/21, 4 f.). Nach § 17 Abs. 1 berechnen die Übertragungsnetzbetreiber jährlich zum 31.8. einen Referenzwert auf Basis einer linearen Trendfunktion, in die die Engpassmanagementkosten der jeweils letzten fünf vorangegangenen Kalenderjahre eingehen. Die eingehenden Kosten ergeben sich aus Anlage 5 (BR-Drs. 405/21, 9 f.). Die Bestimmung des Referenzwertes ist in der Begründung sehr ausführlich dargestellt, sodass im Wesentlichen darauf verwiesen wird (BR-Drs. 405/21, 28). Zusammengefasst wird die lineare Trendfunktion anhand der sog. „Kleinste-Quadrate"-Methode bestimmt und mittels der Funktion ein Wert für die Zukunft aus den Vergangenheitswerten extrapoliert.

89k   Der Absatz 2 befasst sich mit der Ermittlung der tatsächlich entstandenen Engpassmanagementkosten und der Beteiligung der Übertragungsnetzbetreiber an der positiven oder negativen Differenz im Vergleich zum Referenzwert. Die Übertragungsnetzbetreiber werden zu 6 Prozent – maximal jedoch in Höhe von 30 Mio. EUR – an der Differenz beteiligt. Im Maximum kann dementsprechend in einem Jahr über alle vier Übertagungsnetzbetreiber ein Bonus oder Malus von 30 Mio. EUR entstehen. Die Aufteilung des kollektiven Anreizes soll dabei durch die Übertragungsnetzbetreiber selbst erfolgen, in dem sie einen Aufteilungsschlüssel bestimmen. Sofern kein Aufteilungsschlüssel bestimmt wird, richtet sich die Aufteilung nach dem KWKG und der Aufteilung der entsprechenden Umlage (vgl. gesamthaft zu Absatz 2 BR-Drs. 405/21, 28 f.).

89l   Absatz 3 regelt die Berücksichtigung der Zu- und Abschläge in der Regulierungsformel nach Anlage 1. Dafür wurde die Anlage 1 entsprechend abgeändert, sodass die Zu- und Abschläge der Übertragungsnetzbetreiber in Bezug auf das Anreizelement als Q_t berücksichtigt wird (BR-Drs. 405/21, 9). Der BNetzA kommt dabei eine Kontrollfunktion zu.

89m   Neben den Änderungen für die Übertragungsnetzbetreiber wurden auch Änderungen in Bezug auf die Verteilernetzbetreiber vorgenommen: So wurden die Kosten für das Engpassmanagement der Verteilernetzbetreiber in § 11 Abs. 5 S. 1 als volatile Kosten eingestuft (BR-Drs. 405/21, 4). Die Einbeziehung in den Effizienzvergleich erfolgt nach § 34 Abs. 8 jedoch frühestens ab 2026 und auch nur dann, wenn die BNetzA eine Festlegung nach § 32 Abs. 2 S. 2 getroffen hat (BR-Drs. 405/21, 6). Die Festlegung nach § 32 Abs. 2 S. 2 soll dabei eine angemessene Berücksichtigung des zeitlichen Versatzes zwischen der Errichtung von EE-Anlagen und dem notwendigen Ausbau der Verteilernetze im Effizienzvergleich beinhalten, soweit dieser zeitliche Versatz Engpassmanagementkosten hervorruft und auf Gründen außerhalb der Einflusssphäre der Verteilernetzbetreiber beruht (vgl. gesamthaft BR-Drs. 405/21, 31 f.).

I. Die Verordnungsermächtigungen (Abs. 6 und 7)

90   Absatz 6 Satz 1 enthält zunächst drei Nummern, mit denen dem Verordnungsgeber das Recht eingeräumt wird, zu regeln, ob und wann die Entgelte im Rahmen der Anreizregulierung ermittelt wird. Darüber hinaus darf er im Rahmen der Vorgaben der Absätze 1–5 die Ausgestaltung – also das Wie – der Anreizregulierung regeln. Abschließend kann der Verordnungsgeber regeln, in welchen Bereichen die Regulierungsbehörde Festlegungen treffen und Maßnahmen genehmigen darf. Die Verordnungen bzw. deren Änderungen bedürfen immer der Zustimmung des Bundesrates.

91   Der Verordnungsgeber hat damit einen weiten Gestaltungsspielraum zur Ausgestaltung der Anreizregulierung (vgl. OLG Düsseldorf NJOZ 2011, 364). Er kann nicht nur darüber entscheiden, ob und wann eine Anreizregulierung eingeführt wird, sondern er kann auch Vorgaben zur näheren Ausgestaltung der Methode machen. Hiermit bekommt der Verordnungsgeber einen „Ausgestaltungsauftrag" (Holznagel/Schütz/Schütz/Schreiber, § 21a Rn. 208) zur Ausgestaltung einer Anreizregulierung. Der Gesetzgeber hat dies bereits berücksichtigt und ein zweistufiges Vorgehen vorgesehen: Zunächst musste die BNetzA nach § 112a bis zum 1.7.2006 einen Bericht zur Einführung der Anreizregulierung vorlegen. Hierbei musste eine umfassende Einbindung der Länder, der Wissenschaft und der betroffenen Wirtschaftskreise erfolgen. Aufbauend auf diesem Bericht entwickelte dann der Verordnungsgeber die Anreizregulierungsverordnung.

Aus verfassungsrechtlicher Sicht begegnet der weite Gestaltungsspielraum keinen Bedenken (so auch Holznagel/Schütz/Schütz/Schreiber § 21a Rn. 210 ff.). Dies gilt gerade auch im Regulierungsrecht, das gerade einen weiten Gestaltungsspielraum benötigt, um den unterschiedlichen Erfordernissen und auch Unsicherheiten gerecht zu werden. Diesen Erfordernissen kann man nur mit einem weiten Gestaltungs- und Ermessensspielraum gerecht werden (vgl. im Detail Holznagel/Schütz/Schütz/Schreiber § 21a Rn. 210 ff.). 92

Der Gesetzgeber hat über Satz 1 hinaus in Satz 2 Regelbeispiele eingeführt, in denen der Verordnungsgeber tätig werden kann und im Rahmen seines oben genannten Ausgestaltungsauftrags auch muss. Durch das Wort „insbesondere" wird deutlich, dass es sich bei den Nummern 1–10 um keine abschließende Aufzählung handelt. 93

Nach Nummer 1 können Regelungen zur Festlegung der für eine Gruppenbildung relevanten Strukturkriterien und deren Bedeutung für die Ausgestaltung von Effizienzvorgaben getroffen werden. Wenngleich hier von Festlegung gesprochen wird, so steht es dem Verordnungsgeber jedoch frei, diese Vorgaben auch selbst zu treffen (s. auch Kment EnWG/Albrecht/Herrmann § 21a Rn. 126). Hierfür spricht der weite Gestaltungsspielraum des Verordnungsgebers sowie die Tatsache, dass Satz 2 den Satz 1 konkretisieren soll. Da nach Satz 1 Nummer 2 dem Verordnungsgeber schon das weitergehende Recht der Ausgestaltung einer Anreizregulierung obliegt, ist nicht ersichtlich, warum dies durch Satz 2 Nummer 1 wieder eingeschränkt werden sollte. Ebenso stellt Nummer 1 wieder auf die Gruppenbildung ab, die so in der Anreizregulierungsverordnung nicht vorgesehen ist (vgl. Kment EnWG/Albrecht/Herrmann § 21a Rn. 127 in Bezug auf Nummer 2; Säcker EnergieR/Meinzenbach § 21a Rn. 256). Gleichwohl hat die Konkretisierung von Strukturkriterien erhebliche Auswirkungen auf den Effizienzvergleich und dessen sachgerechte Ausgestaltung. Mit der Anreizregulierungsnovelle 2016 hat sich der Verordnungsgeber dazu entschieden, keine Pflichtparameter mehr vorzugeben, sondern alle Modellparameter im Rahmen des Effizienzvergleichs ermitteln zu lassen. Im Rahmen der Nummer 2 ist noch zu beachten, dass für die Übertragungsnetze gesonderte Vorgaben vorzusehen sind. Im Rahmen der Anreizregulierung wurde dies durch die Vorgaben zum internationalen Effizienzvergleich und die Referenznetzanalyse berücksichtigt (§ 22 Abs. 1 und 2 ARegV; für die Fernleitungsnetzbetreiber sind Abs. 3 und 4 zu berücksichtigen). 94

Nummer 3 sieht Mindest- und Höchstgrenzen für Effizienz- und Qualitätsvorgaben sowie Regelungen für den Fall einer Unter- oder Überschreitung vor. Außerdem sind Regelungen für die Ausgestaltung dieser Vorgaben einschließlich des Entwicklungspfades vorzusehen. Der Verordnungsgeber ist dem durch die §§ 18–21 ARegV bezüglich der Qualitätsvorgaben nachgekommen. Darüber hinaus hat er in § 12 Abs. 4 ARegV und in § 12a ARegV Vorgaben für die Unter- oder Überschreitung der Effizienzvorgaben vorgesehen. Der Entwicklungspfad wird insbesondere in § 16 ARegV adressiert, der einen Verteilungsfaktor der ermittelten Ineffizienzen vorsieht. 95

Nummer 4 sieht vor, dass Regelungen getroffen werden können, unter welchen Voraussetzungen die Obergrenze innerhalb der Regulierungsperiode angepasst werden kann. Nummer 4 spricht dabei von einem Antrag des Netzbetreibers. Der Verordnungsgeber hat sich jedoch zu einer gestuften Vorgehensweise in § 4 ARegV entschieden: So dürfen die Netzbetreiber nach § 4 Abs. 3 ARegV ihre Erlösobergrenze jeweils zum 1. Januar in den dort genannten Fällen anpassen, ohne dass hierfür ein Antrag oder eine erneute Festlegung der Erlösobergrenze notwendig wäre. Ein Antrag des Netzbetreibers ist nur in den Fällen des § 4 Abs. 4 ARegV notwendig. 96

Nummer 5 adressiert die Inflationsrate unter Einbeziehung der Besonderheiten der Einstandspreisentwicklung und des Produktivitätsfortschritts in der Netzwirtschaft und stellt damit auf den PF ab. Die Verordnungsermächtigung wurde aufgrund des Beschlusses des BGH angepasst, sodass heute klar geregelt ist, dass der PF von der Verordnungsermächtigung mit umfasst ist. Vorgaben hierzu enthalten die §§ 8 und 9 ARegV. 97

Mit der Nummer 6 wird nochmals die Robustheit des Effizienzvergleichs adressiert. 98

Die Nummer 7 stellt auf die Unterscheidung zwischen dauerhaft nicht beeinflussbaren und vorübergehend nicht beeinflussbaren Kostenanteilen ab. Die ARegV greift dies in § 11 ARegV auf. 99

Nummer 8 bildet die Grundlage für das System der Investitionsmaßnahmen in § 23 ARegV. Hiernach werden Erweiterungs- und Umstrukturierungsinvestitionen in die Über- 100

EnWG § 21a   Teil 3. Regulierung des Netzbetriebs

tragungs- und Fernleitungsnetze, soweit diese zur Stabilität des Gesamtsystems, für die Einbindung in das nationale oder internationale Verbundnetz oder für einen bedarfsgerechten Ausbau des Energieversorgungsnetzes nach § 11 notwendig sind, ohne Zeitverzug refinanziert.

101   Die Nummer 9 stellt auf die Netzzuverlässigkeit und damit eigentlich auf die Qualitätsregulierung ab. Insofern wird die Netzzuverlässigkeit auch im Rahmen der Qualitätsregulierung in § 19 ARegV adressiert.

102   Nummer 10 regelt die Erhebung von Daten, die zur Durchführung der Anreizregulierung erforderlich sind. Umstritten war insbesondere, ob diese Verordnungsermächtigung ausreichend ist, um Daten transparent zu veröffentlichen. Während die Fachgerichte dies als ausreichend ansahen, widersprach der BGH mit Beschluss vom 11.12.2018 dieser Auffassung und erklärte damit wesentliche Teile von § 31 ARegV als nicht anwendbar (BGH IR 2019, 109; Vorinstanz: OLG Düsseldorf BeckRS 2018, 36760). Die Bundesregierung hat auf diese Rechtsprechung reagiert und plant mit der aktuellen Novelle des EnWG, die Veröffentlichungspflichten im EnWG zusammenzufassen und damit eine Rechtsebene nach oben zu ziehen (Gesetzentwurf zur Umsetzung unionsrechtlicher Vorgaben und zur Regelung reiner Wasserstoffnetze im Energiewirtschaftsrecht, BR-Drs. 165/21, 18 ff.). Ungeachtet dieser Rechtsprechung ist Nummer 10 darüber hinaus Grundlage für § 27 ARegV, der insoweit verordnungsrechtlich abgesichert ist.

102a   Mit dem Gesetz zur Umsetzung unionsrechtlicher Vorgaben und zur Regelung reiner Wasserstoffnetze im Energiewirtschafsrecht wurden die Nummern 11 und 12 neu eingefügt (BT-Drs. 19/27453, 22). Sie wurde im Rahmen des Gesetzgebungsverfahrens noch angepasst und haben letztlich in der Fassung des Wirtschaftsausschusses Eingang in das Gesetz gefunden (BT-Drs. 19/30899, 15 f.; zur Begründung: BT-Drs. 19/31009, 16 f.). Die Nummer 11 adressiert einen Zeitverzug zwischen dem Anschluss von EE-Anlagen und dem Ausbau der Verteilernetze im Effizienzvergleich. Die Gesetzesbegründung spricht von einer Klarstellung in Bezug auf einer nach Absatz 6 Satz 1 bereits bestehenden, aber bisher noch nicht ausgeübten Ermächtigung zur Festlegung. Insofern bleiben an dieser Stelle die genauen Motive des Gesetzgebers etwas unklar. Er sieht aber wohl die Notwendigkeit, einen gewissen Zeitverzug zwischen dem Ausbau von EE-Anlagen und dem Netzausbau im Verteilernetz zu adressieren. Der Ausbau der Erneuerbaren Energien geht zwar in bestimmten Fällen schneller als der Netzausbau. Gleichwohl ist zu beachten, dass durch eine vorausschauende Netzplanung, Netzoptimierungen oder Betriebsoptimierungen für die Verteilernetzbetreiber durchaus Möglichkeiten verbleiben, dem EE-Ausbau zu begegnen. Hier können Verteilernetzbetreiber auch unterschiedlich effizient sein – zB mit Blick auf die Digitalisierung ihrer Netze, der Planungen ihres Netzausbaus, der Zusammenarbeit mit Behörden. Die Nummer 12 ist die Ergänzung der Verordnungsermächtigung bezüglich des neuen Absatz 5a. Dem Verordnungsgeber wird damit das Recht eingeräumt, Regelungen zur Referenzwertermittlung zu erlassen sowie nähere Vorgaben zur Kostenbeteiligung der Übertragungsnetzbetreiber vorzusehen. Von beiden Nummern wurde im Rahmen der Verordnung zur Änderung der Anreizregulierungsverordnung und der Stromnetzentgeltverordnung Gebrauch gemacht (BR-Drs. 405/21; → Rn. 89a ff.).

103   Absatz 7 adressiert die Mehrkosten von Erdkabel und gibt dem Verordnungsgeber insofern vor, hierzu nähere Regelungen zu treffen. Der Verordnungsgeber hat insofern kein Ermessen. Bei der inhaltlichen Ausgestaltung hat er aber sehr wohl einen Gestaltungsspielraum. Der Verordnungsgeber ist dem Absatz 7 vor allem mit § 11 Abs. 2 S. 1 Nr. 7 ARegV nachgekommen.

J. Aktuelle Entwicklungen

104   Aktuell befindet sich eine Novellierung des Energiewirtschaftsgesetzes im Gesetzgebungsprozess. Der Gesetzentwurf ist am 24.5.2023 im Kabinett beschlossen worden und befindet sich damit aktuell im parlamentarischen Verfahren. In diesem Zusammenhang soll § 21a vollständig neu gefasst werden. Die wesentliche Änderung ist die Umstellung der normativen Regulierung hin zu einer größeren Unabhängigkeit der nationalen Regulierungsbehörde. Diese Umstellung wird in dem Gesetzentwurf durch die Einführung von neuen Festlegungskompetenzen der Regulierungsbehörde erreicht, die damit die Verordnungsermächtigungen und letztlich die Verordnungen durch Festlegungen ersetzen; im Grunde ist dies eine Entwicklung hin zu den Anfängen der Regelung (→ Rn. 2) (der Gesetzentwurf der Bundesregierung ist abrufbar unter: https://www.bmwk.de/Redaktion/DE/Artikel/Service/Gesetzesvorhaben/entwurf-eines-gesetzes-zur-anpassung-des-energiewirtschaftsrechts-an-unionsrechtliche-vorgaben.html).

§ 21b Sondervorschriften für regulatorische Ansprüche und Verpflichtungen der Transportnetzbetreiber; Festlegungskompetenz

(1) ¹Bei Betreibern von Transportnetzen gilt im Rahmen des Anreizregulierungssystems der regulatorische Anspruch, der sich aus einer negativen Differenz auf dem Regulierungskonto zwischen den tatsächlich erzielbaren Erlösen und den geplanten Kosten eines Kalenderjahres einerseits sowie den zulässigen Erlösen und den tatsächlich entstandenen Kosten eines Kalenderjahres andererseits ergibt, als Vermögensgegenstand im Sinne von § 246 Absatz 1 Satz 1 des Handelsgesetzbuchs. ²Der Betrag eines regulatorischen Anspruchs nach Satz 1 ist bei Transportnetzbetreibern, die nicht die Einstufung als klein im Sinne von § 267 des Handelsgesetzbuchs erfüllen, in der Bilanz unter dem Posten „sonstige Vermögensgegenstände" gesondert auszuweisen und im Anhang des Jahresabschlusses zu erläutern. ³Bei Transportnetzbetreibern, die einen Konzernabschluss nach den Vorschriften des Dritten Buchs Zweiter Abschnitt Zweiter Unterabschnitt Zweiter bis Achter Titel des Handelsgesetzbuchs aufstellen, ist Satz 2 auf die Konzernbilanz und den Konzernanhang entsprechend anzuwenden.

(2) ¹Betreiber von Transportnetzen haben im Fall der dauerhaften Einstellung ihres Geschäftsbetriebs die regulatorischen Ansprüche und Verpflichtungen im Rahmen des Anreizregulierungssystems, die sich aus Differenzen zwischen den tatsächlich erzielbaren Erlösen und den geplanten Kosten eines Kalenderjahres einerseits sowie den zulässigen Erlösen und den tatsächlich entstandenen Kosten eines Kalenderjahres andererseits ergeben, über die Erlösobergrenze des Jahres der dauerhaften Einstellung des Geschäftsbetriebs an die Kunden dieses Jahres abzurechnen. ²Die Bundesnetzagentur trifft durch Festlegung nach § 29 Absatz 1 nähere Bestimmungen zur Abrechnung nach Satz 1.

Überblick

§ 21b regelt seit Einführung durch das Osterpaket (zur Entstehungsgeschichte → Rn. 3) erstmalig einen branchenbezogen Bilanzierungssachverhalt außerhalb des HGB und stellt damit ein Novum im Bilanzierungsrecht dar (zum Normzweck und Bedeutung → Rn. 1). § 21b Abs. 1 normiert die Erfassung von regulatorischen Ansprüchen von Transportnetzbetreibern, sprich den ÜNB und FNB, als Vermögensgegenstände im Sinne des § 246 Abs. 1 S. 1 HGB (→ Rn. 5) und die jeweiligen Anforderungen an die bilanzielle Ausweis- und Erläuterungspflicht (→ Rn. 9). § 21b Abs. 2 bestimmt, dass diese Ansprüche auch bei dauerhafter Einstellung des Geschäftsbetriebs des Transportnetzbetreibers über die Erlösobergrenze des Jahres der dauerhaften Einstellung an die Kunden dieses Jahres abzurechnen sind (→ Rn. 23). Über diese Abrechnung wird der BNetzA eine Festlegungskompetenz eingeräumt (→ Rn. 26).

Übersicht

	Rn.		Rn.
A. Normzweck und Bedeutung	1	II. Ermittlung regulatorischer Ansprüche als Vermögensgegenstand (Abs. 1 S. 1)	9
B. Entstehungsgeschichte	3	1. Berechnungsmethodik	10
C. Erfassung von regulatorischen Ansprüchen (Abs. 1)	5	2. Bilanzierungsrechtliche Aktivierung als Vermögensgegenstand	15
I. Sonderregelung für Transportnetzbetreiber	6	III. Gesonderte Ausweisung und Erläuterung im Anhang des Jahresabschlusses (Abs. 1 S. 2)	19

	Rn.		Rn.
IV. Konzernabschluss (Abs. 1 S. 3)	21	I. Folgen der dauerhaften Einstellung des Geschäftsbetriebs	24
D. Abrechnungspflicht bei dauerhafter Einstellung des Geschäftsbetriebs und Festlegungskompetenz BNetzA (Abs. 2)	23	II. Festlegungskompetenz der BNetzA	26

A. Normzweck und Bedeutung

1 § 21b dient nach der Intention des Gesetzgebers der genaueren Darstellung der Vermögens- und Ertragslage im Jahres- und Konzernabschluss der Transportnetzbetreiber iSd § 3 Nr. 31e (→ § 3 Nr. 31e Rn. 1). Regelungsbedarf folgt aus den bereits 2021 stark gestiegenen Kosten insbesondere für die Beschaffung von Systemdienstleistungen und Treibenergie (BT-Drs. 20/2402, 43).

2 Ziel der gesonderten Darstellung im Jahres- und Konzernabschluss ist die Sicherstellung der Finanzierungsfähigkeit der betroffenen Transportnetzbetreiber (BT-Drs. 20/2402, 43). Die Regelung soll jedoch nicht zu höheren Netzkosten führen, sondern lediglich etwaige Kostensteigerungen genauer bilanziell darstellen (BT-Drs. 20/2402, 43).

B. Entstehungsgeschichte

3 Die Norm wurde durch das Gesetz zur Änderung des Energiewirtschaftsrechts im Zusammenhang mit dem Klimaschutz-Sofortprogramm und zu Anpassungen im Recht der Endkundenbelieferung (EnWRKAnpG) und damit als Teil des sog. Osterpakets mit Wirkung zum **29.7.2022** in das EnWG eingeführt. Der Gesetzgeber schloss damit eine Lücke im Gesetzestext, die zuvor durch die Überführung der Regelungen zum Messstellenbetrieb in das MsbG im Zuge des Gesetzes zur Digitalisierung der Energiewende (BGBl. 2016 I 2034) geschaffen wurde.

4 Die Vorlage geht auf Beratungen zwischen den zuständigen Bundesministerien, der BNetzA, den Übertragungsnetzbetreiber sowie den Fachverbänden (u.a. Deutsches Rechnungslegungs Standards Committee e.V.) zurück (vgl. Mitteilung DRSC, abrufbar unter https://www.drsc.de/news/deutscher-bundestag-regulatorischer-ansprueche-und-verpflichtungen/).

4.1 Die in der Begründung zum Entwurf enthaltene Einschränkung (BT-Drs. 20/2402, 43), wonach der Befund der besonderen Betroffenheit (→ Rn. 1) dem „gegenwärtige[n] Kenntnisstand" entspricht, verdeutlicht, dass die Schaffung einer Sonderregelung nicht ohne Kritik erfolgte. Eine mögliche Ableitung dieses Begründungszusatzes wäre der Hinweis auf eine mögliche Neubewertung der Notwendigkeit dieser Sonderregelung. Belastbar lässt sich dies hingegen nur auf Grundlage der überschaubaren Begründung nicht feststellen und hängt wohl auch in der Sache maßgeblich von den Preisentwicklungen für Systemdienstleistungen und Treibenergie ab.

C. Erfassung von regulatorischen Ansprüchen (Abs. 1)

5 § 21b Abs. 1 S. 1 normiert die Erfassung von regulatorischen Ansprüchen der Transportnetzbetreiber als Vermögensgegenstände im Sinne des § 246 Abs. 1 S. 1 HGB. Gemeint sind damit Ansprüche die aus einer negativen Differenz des Regulierungskontos (§ 5 ARegV) folgen und einen Anspruch des Transportnetzbetreibers auf Erhöhung der Netzentgelte gegenüber der Gesamtheit seiner Netznutzer begründen. Positive Differenzen im Regulierungskonto, die zur Absenkung dieser Netzentgelte führen, finden sich bereits hinreichend als Passiva in den Handelsbilanzen (BT-Drs. 20/2402, 43 f.).

I. Sonderregelung für Transportnetzbetreiber

6 Die Norm enthält folglich eine bilanzierungsrechtliche Sonderregelung für Transportnetzbetreiber iSd § 3 Nr. 31e, sprich für die in Deutschland tätigen Übertragungsnetzbetreiber (**ÜNB**) für Strom (→ § 3 Nr. 10 Rn. 1 ff.) und die Fernleitungsnetzbetreiber (**FNB**) für Gas (→ § 3 Nr. 5 Rn. 1 ff.) und betrifft dadurch einen überschaubaren Adressatenkreis.

Primäres Ziel der Regelung ist der Versuch bilanziell die tatsächliche Lebensrealität genauer nachzubilden, die durch die gestiegene Volatilität auf den Energiemärkten auch auf Ebene der Transportnetzbetreiber zu Verwerfungen geführt hatte (vgl. BT-Drs. 20/2402, 43). Dabei betrifft die Regelung kein unbekanntes Phänomen: Prognoseunsicherheiten waren stets Teil des Systems, da – wie die Begrifflichkeit bereits bedingt – eine Prognose niemals exakt die tatsächlich eintretende Lebensrealität abbilden kann. Abweichungen entstehen dabei durch natürliche Mengenschwankungen, die insbesondere durch (im Kontext der erneuerbaren Energien besonders relevanten) Wetterbedingungen, Veränderungen des Verbrauchs (bspw. Einsparungen durch Produktionsrückgang) oder der Verbrauchsstruktur (bspw. Betriebsaufgaben einzelner Anschlussnehmer), aber auch durch historisch eher zu vernachlässigende Preisschwankungen (vgl. hierzu ausführlich Theobald/Kühling/Hummel ARegV § 5 Rn. 19 ff.). Letztere haben aber aufgrund der Preissteigerungen seit Ende 2021 dazu geführt, dass die zuvor über den Betrachtungszeitraum der Anreizregulierung sich ausgleichende Mengenschwankungen sich nicht mehr egalisierten und zu (teilweise) massiven Verwerfungen geführt haben. 7

Der Anstieg der Volatilität auf den Energiemärkten ist nicht nur hinsichtlich der in der Gesetzesbegründung explizit angesprochenen Kosten für notwendige Systemdienstleistungen oder der Beschaffung von Treibenergie (Gas) sowie wesentlichen Systemdienstleistungen zu einem relevanten Faktor geworden, sondern auch bei der Beschaffung von Verlustenergie (Strom) besonders aufgefallen. Dort betreffen die Auswirkungen der Volatilität überwiegend die Verteilernetzbetreiber, da diese (natürliche) Prognoseunsicherheiten gerade bei Strom aus erneuerbaren Energien im Rahmen des EEG-Ausgleichsmechanismus auch mengenmäßig auszugleichen haben (gelebte Praxis seit BDEW-Umsetzungshilfe zum EEG 2017, 158, abrufbar unter https://www.bdew.de/media/documents/Stn_20191217_Umsetzungshilfe-EEG-2017_dbK9yPt.pdf). 7.1

In diesem Kontext verwundert die Beschränkung des personellen Anwendungsbereichs auf die Gruppe der Transportnetzbetreiber. Ausgehend vom gesetzgeberischen Leitbild, wonach „zuletzt stark gestiegene Kosten" und das Streben „ein besser den tatsächlichen Verhältnissen entsprechendes Bild der Vermögens- und Ertragslage" zu vermitteln (BT-Drs. 20/2402, 43) Legitimation für die Schaffung dieser Sonderregelung sei, verfängt die Beschränkung auf die Gruppe der Transportnetzbetreiber nicht. Denn eine vergleichbare Interessenslage zur Gruppe der Verteilernetzbetreiber besteht zweifelsfrei. Ob man jedoch gleichermaßen von einer planwidrigen Regelungslücke ausgehen kann, die den Analogieschluss zuließe, lässt sich anhand der Gesetzesmaterialien nicht eindeutig beantworten. Zwar bezieht sich die Begründung explizit darauf, dass „Betreiber von Transportnetzen ... in besonderem Maße betroffen" sind (BT-Drs. 20/2402, 43), schließt aber dadurch nicht die besondere Betroffenheit weiterer Marktteilnehmer nicht aus (aA wohl Elspas/Graßmann/Rasbach/Zöckler § 21b Rn. 15, der hier eine klare Entscheidung des Gesetzgebers erkennt). 7.2

Zeitlich findet die Norm nach § 118 Abs. 45 „auf Jahresabschlüsse, Tätigkeitsabschlüsse und Konzernabschlüsse, die sich jeweils auf Geschäftsjahr mit einem nach dem 30. Dezember 2022 liegenden Abschlussstichtag beziehen", Anwendung (→ § 118 Rn. 137). 8

II. Ermittlung regulatorischer Ansprüche als Vermögensgegenstand (Abs. 1 S. 1)

Gewähltes Mittel ist die bilanzielle Erfassung regulatorischer Ansprüche auf Erhöhung der Netzentgelte gegenüber der Gesamtheit der Netznutzer des Transportnetzbetreibers, die bei einem negativen Ist-Abgleich auf dem Regulierungskonto entstehen (→ Rn. 10). Bilanziell aktiv wird dieser regulatorische Anspruch durch die Erfassung als Vermögensgegenstand im Sinne von § 246 Abs. 1 S. 1 HGB; unabhängig davon, ob der Anspruch tatsächlich auch einzeln verwertbar ist (BT-Drs. 20/2402, 44 mit Verweis auf BT-Drs. 16/10067, 50). 9

1. Berechnungsmethodik

Der Anspruch entsteht aus der „negativen Differenz auf dem Regulierungskonto zwischen den tatsächlich erzielbaren Erlösen und den geplanten Kosten eines Kalenderjahres einerseits sowie den zulässigen Erlösen und den tatsächlich entstandenen Kosten eines Kalenderjahres andererseits". Damit verweis das Gesetz eindeutig auf das in § 5 ARegV geregelte Regulierungskonto, weicht aber im Rahmen der Formel zur Ermittlung der Differenz nach § 21b Abs. 1 S. 1 von der des Regulierungskontos nach § 5 Abs. 1, Abs. 1a, Abs. 2 ARegV 10 ab (vgl. bspw. krit. zur Ausklammerung der Berücksichtigung des Messstellenbetriebs nach § 5 Abs. 1 S. 3 u. 4 ARegV Elspas/Graßmann/Rasbach/Zöckler § 21b Rn. 5). Zur Erfassung des Saldos des Regulierungskontos stellt die BNetzA Erhebungsbögen nach § 5 ARegV bereit (https://www.bundesnetzagentur.de/DE/Beschlusskammern/BK08/BK8_02_Form-ErhB/BK8_FormEhB.html) die bei der Ermittlung verwendet werden sollen. Dort findet sich bisher nur der Erhebungsbogen für das Regulierungskonto des Jahres 2021 (Stand: 1.6.2023). Erstmalig Anwendung findet § 21b im Folgejahr (→ § 118 Rn. 137). Es bleibt somit abzuwarten, inwieweit sich die unterschiedlichen Rechenwege dort widerspiegeln.

11   Die Begrifflichkeit der **tatsächlich erzielbaren Erlöse** verweist auf die nähere Beschreibung in § 5 Abs. 1 S. 1 ARegV. Gemeint sind damit die unter Berücksichtigung der tatsächlichen Mengenentwicklungen erzielbaren Erlöse des Netzbetreibers. Sie bilden den notwendigen korrigierenden Faktor im Rahmen der Anreizregulierung aufgrund von Mengen- und Preisschwankungen (→ Rn. 7; ausf. Theobald/Kühling/Hummel ARegV § 5 Rn. 19 ff.).

12   Die tatsächlich erzielbaren Erlöse sind um die **geplanten Kosten** eines Kalenderjahrs zu reduzieren. Die auch unter dem Begriff Plankosten in der Anreizregulierung beschriebenen Kosten, bilden die Kostenfaktoren ab, die bereits in die Erlösobergrenze (**EOG**) iSd § 4 ARegV (hierzu sogleich → Rn. 14) einfließen konnten. Teil der Plankosten sind die in § 4 Abs. 3 Nr. 2, Nr. 3 ARegV aufgeführten und mit Binnenverweis innerhalb der ARegV weiter untergliederten nicht-beeinflussbaren (Nr. 2) und volatilen (Nr. 3) Kostenanteile.

13   Das Spiegelbild dazu bilden die sog. Ist-Kosten, als die **tatsächlich entstandenen Kosten.** Berücksichtigungsfähig sind dabei dieselben Kostenanteile wie im Rahmen der geplanten Kosten. Der Vergleich beider Kosten bildet den auch im Regulierungskonto vorgesehen Plan-Ist-Kosten-Abgleich (vgl. hierzu ausführlich Theobald/Kühling/Hummel ARegV § 5 Rn. 29 ff., 40 ff.).

14   Die tatsächlich entstandenen Kosten wiederum reduzieren nach der Formel des § 21b die **zulässigen Erlöse.** Die Begrifflichkeit „zulässige Erlöse" findet sich ebenfalls in § 5 Abs. 1 S. 1 ARegV wieder, wo sie als die „nach § 4 [ARegV] zulässigen Erlöse" in die Bestimmung des Regulierungssaldos einbezogen werden. Die Anlehnung an die in § 4 ARegV geregelte Bestimmung der EOG, die in § 3 Nr. 18b als „Obergrenze[n] der zulässigen Gesamterlöse eines Netzbetreibers aus den Netzentgelten" definiert wird (→ § 3 Nr. 18b Rn. 1), veranschaulicht, dass auch für die Formel des § 21b Abs. 1 S. 1 sämtliche Erlöse aus den Netzentgelten hier erfasst werden (vgl. zur Bestimmung der EOG Theobald/Kühling/Hummel ARegV § 4 Rn. 18).

2. Bilanzierungsrechtliche Aktivierung als Vermögensgegenstand

15   Nach § 21b Abs. 1 S. 1 gilt der so gebildete regulatorische Anspruch „im Rahmen des Anreizregulierungssystems ... als Vermögensgegenstand im Sinne von § 246 Abs. 1 S 1 des Handelsgesetzbuchs". Durch die Qualifizierung als Vermögensgegenstand in diesem Sinne ist er nach dem Vollständigkeitsgebot des HGB ohne Ermessen in die Bilanz aufzunehmen (Elspas/Graßmann/Rasbach/Zöckler § 21b Rn. 9).

16   Ob die bilanzierungsrechtliche Aktivierung auch an die Genehmigung des Regulierungskontosaldos durch die BNetzA gekoppelt ist, ist zu bezweifeln. Gegen ein Abwarten des Genehmigungsprozesses des Regulierungskontosaldos durch die BNetzA spricht die vom Gesetzgeber vorgesehene Realisierung des gesetzgeberischen Ziels „mit einem geringen zeitlichen Nachlauf" (BT-Drs. 20/2402, 44). Zudem lässt der eindeutige Wortlaut „gilt [...] als Vermögensgegenstand" auch der BNetzA keinen Ermessensspielraum, sodass eine vorherige Genehmigung keinen regulatorischen Mehrwert liefern könnte.

17   Einzig verbleibende Voraussetzung für die Aktivierung ist folglich, dass der regulatorische Anspruch im Regulierungskontosaldo zum Abschlussstichtag nicht bereits aufgelöst worden ist.

18   Die Bewertung des regulatorischen Anspruchs richtet sich darüber hinaus nach den allgemeinen handelsbilanzrechtlichen Vorschriften (BT-Drs. 20/2402, 44).

III. Gesonderte Ausweisung und Erläuterung im Anhang des Jahresabschlusses (Abs. 1 S. 2)

19   Der regulatorische Anspruch ist bei Transportnetzbetreiber, die nicht als „klein im Sinne von § 267 HGB" gelten, in der Bilanz unter dem Posten „sonstige Vermögensgegenstände"

iSd § 266 Abs. 2 lit. b II 4 HGB auszuweisen und derart zu erläutern, dass der Posten „für den Bilanzleser transparent" wird (BT-Drs. 20/2402, 44).

Die Ausnahme für kleine Kapitalgesellschaften iSd § 267 HGB wird faktisch leerlaufen, da die aktuell **19.1** auf dem Markt agierenden Transportnetzbetreiber (wohl) alle die für diese Größenklasse aufgestellte Merkmale überschreiten. Die Erfassung selbständiger Betreiber von grenzüberschreitenden Elektrizitätsverbindungsleitungen iSv § 3 Nr. 20a (→ § 3 Nr. 20a Rn. 1), die gemäß § 3 Nr. 10 (→ § 3 Nr. 10 Rn. 1 ff.) auch als ÜNB und damit als Transportnetzbetreiber gelten, lässt einen verbleibenden Anwendungsbereich zu.

Ist der Transportnetzbetreiber ein Unternehmen iSd § 6b Abs. 1 (→ § 6b Rn. 12 ff.) ist der **20** regulatorische Anspruch auch in der sog. Tätigkeitsbilanz nach § 6b Abs. 3 S. 1, Nr. 1 (ÜNB), Nr. 3 (FNB) iVm Satz 6 entsprechend auszuweisen.

IV. Konzernabschluss (Abs. 1 S. 3)

Nach Abs. 1 S. 3 findet die Ausweis- und Erläuterungspflicht auf für den Konzernabschluss **21** Anwendung. Der regulatorische Anspruch ist dabei unter dem Posten „sonstige Vermögensgegenstände" iSd § 266 Abs. 2 lit. b II 4 HGB in die Konzernbilanz aufzunehmen und im Konzernanhang nach selbigem Maßstab zu erläutern.

Der Wortlaut des § 21b Abs. 1 S. 3 beschränkt den personellen Anwendungsbereich der **22** Norm auf „Transportnetzbetreiber[n], die einen Konzernabschluss nach den Vorschriften des Dritten Buchs Zweiter Abschnitt Zweiter Unterabschnitt Zweiter bis Achter Titel des Handelsgesetzbuchs aufstellen,". Nur dann sind die soeben beschriebene Ausweisung und Erläuterungspflichten (→ Rn. 19 ff.) entsprechend anzuwenden. Nach § 290 Abs. 1 S. 1 HGB haben nur die gesetzlichen Vertreter einer Kapitalgesellschaft (Mutterunternehmen) mit Sitz im Inland einen Konzernabschluss zu erstellen. Dies hat zur Folge, dass auch nur Transportnetzbetreiber, die im Konzern das Mutterunternehmen mit Sitz im Inland bilden, zum entsprechenden Ausweis und Erläuterung in der Konzernbilanz verpflichtet sind.

Die Sinnhaftigkeit einer derartigen Beschränkung und/oder ob der Gesetzgeber diese Einschränkung **22.1** bewusst machen wollte, lassen sich zumindest kritisch hinterfragen. Die amtliche Begründung geht jedenfalls ebenfalls davon aus, dass nur derjenige Transportnetzbetreiber verpflichtet wird, der „einen Konzernabschluss nach den handelsrechtlichen Vorschriften aufzustellen hat (BT-Drs. 20/2042, 44).

D. Abrechnungspflicht bei dauerhafter Einstellung des Geschäftsbetriebs und Festlegungskompetenz BNetzA (Abs. 2)

§ 21b Abs. 2 regelt die Folgen der dauerhaften Einstellung des Geschäftsbetriebs eines **23** Transportnetzbetreibers (→ Rn. 24 ff.) und schafft eine Kompetenznorm für weitere Festlegungen hierzu durch die BNetzA (→ Rn. 26 f.).

I. Folgen der dauerhaften Einstellung des Geschäftsbetriebs

Bei dauerhafter Einstellung des Geschäftsbetriebs haben Transportnetzbetreiber ihre regu- **24** latorischen Ansprüche und Verpflichtungen im Rahmen des Anreizregulierungssystems über die Erlösobergrenze des Jahres der dauerhaften Einstellung des Geschäftsbetriebs an die Kunden dieses Jahres abzurechnen, § 21b Abs. 2 S. 1.

Ziel dieser Norm ist es den „regulatorische[n] Anspruch auf Erhöhung der Netzentgelte **25** gegenüber der Gesamtheit seiner Netznutzer" selbst für den Fall abzusichern, dass der Transportnetzbetreiber im laufenden Geschäftsjahr dauerhaft seinen Geschäftsbetrieb einstellt (BT-Drs. 20/2402, 43). Dies verleiht diesem Anspruch sofortige Werthaltigkeit, auch wenn der Anspruch selbst erst zu einem späteren Zeitpunkt fällig wird (BT-Drs. 20/2402, 43 f.).

Die tatsächliche dauerhafte Einstellung des Geschäftsbetriebs ohne Rechtsnachfolge ist zumindest **25.1** bei den regelzonenverantwortlichen ÜNB und aktuell aktiven FNB jedoch schwer vorstellbar. Einen tatsächlichen Regelungsgehalt über die normative Absicherung wird § 21b Abs. 2 S. 1 daher nur in besonders gelagerten Einzelfällen haben.

II. Festlegungskompetenz der BNetzA

26 Zur näheren Ausgestaltung der bei dauerhafter Einstellung des Geschäftsbetriebs durchzuführenden Abrechnung hat der Gesetzgeber die BNetzA mit einer weiteren Festlegungskompetenz ausgestattet.

27 Eine Festlegung hat die BNetzA bisher nicht getroffen. Hinsichtlich des OB einer Festlegung hat der Gesetzgeber der BNetzA kein Entschließungsermessen eingeräumt („trifft ... nähere Bestimmungen"); zum WIE der Ausgestaltung wurden ihr kaum Vorgaben gemacht („nähere Bestimmungen zur Abrechnung") und damit ein weites (Maßnahmen-)Auswahlermessen eingeräumt.

§ 22 Beschaffung der Energie zur Erbringung von Ausgleichsleistungen

(1) ¹Betreiber von Energieversorgungsnetzen haben die Energie, die sie zur Deckung von Verlusten und für den Ausgleich von Differenzen zwischen Ein- und Ausspeisung benötigen, nach transparenten, auch in Bezug auf verbundene oder assoziierte Unternehmen nichtdiskriminierenden und marktorientierten Verfahren zu beschaffen. ²Dem Ziel einer möglichst preisgünstigen Energieversorgung ist bei der Ausgestaltung der Verfahren, zum Beispiel durch die Nutzung untertäglicher Beschaffung, besonderes Gewicht beizumessen, sofern hierdurch nicht die Verpflichtungen nach den §§ 13, 16 und 16a gefährdet werden.

(2) ¹Bei der Beschaffung von Regelenergie durch die Betreiber von Übertragungsnetzen ist ein diskriminierungsfreies und transparentes Ausschreibungsverfahren anzuwenden, bei dem die Anforderungen, die die Anbieter von Regelenergie für die Teilnahme erfüllen müssen, soweit dies technisch möglich ist, von den Betreibern von Übertragungsnetzen zu vereinheitlichen sind. ²Die Betreiber von Übertragungsnetzen haben für die Ausschreibung von Regelenergie eine gemeinsame Internetplattform einzurichten. ³Die Einrichtung der Plattform nach Satz 2 ist der Regulierungsbehörde anzuzeigen. ⁴Die Betreiber von Übertragungsnetzen sind unter Beachtung ihrer jeweiligen Systemverantwortung verpflichtet, zur Senkung des Aufwandes für Regelenergie unter Berücksichtigung der Netzbedingungen zusammenzuarbeiten. ⁵Die Regulierungsbehörde kann zur Verwirklichung einer effizienten Beschaffung und der in § 1 Absatz 1 genannten Zwecke durch Festlegung nach § 29 Absatz 1 abweichend von Satz 1 auch andere transparente, diskriminierungsfreie und marktorientierte Verfahren zur Beschaffung von Regelenergie vorsehen.

Überblick

§ 22 enthält (allgemeine) Vorgaben für die **Beschaffung von Ausgleichsleistungen**. Ausgleichsleistungen sind nach der gesetzlichen Definition in § 3 Nr. 1b (→ § 3 Nr. 1b Rn. 1) Dienstleistungen zur Bereitstellung von Energie, die zur Deckung von Verlusten und für den Ausgleich von Differenzen zwischen Ein- und Ausspeisung benötigt werden, zu denen insbesondere auch Regelenergie gehört.

§ 22 ist im Zusammenhang mit den in §§ 11 ff. (→ § 11 Rn. 1) geregelten Aufgaben der Betreiber von Energieversorgungsnetzen zu sehen. Zu diesen Aufgaben gehört insbesondere die Erbringung von Ausgleichsleistungen zur Gewährung eines sicheren, zuverlässigen und leistungsfähigen Energieversorgungsnetzes.

Absatz 1 bestimmt dabei, dass Betreiber von Energieversorgungsnetzen die Energie zur Erbringung von Ausgleichsleistungen nach transparenten, auch in Bezug auf verbundene oder assoziierte Unternehmen nichtdiskriminierenden und marktorientierten Verfahren zu beschaffen haben (→ Rn. 7 ff.).

Absatz 2 enthält demgegenüber Regelungen, nach denen Betreiber von Übertragungsnetzen zur privatrechtlichen Ausschreibung ihres Bedarfs an Regelenergie verpflichtet werden (→ Rn. 18 ff.).

Diese können im Rahmen der Rechtsverordnungen nach § 24 (→ § 24 Rn. 1) näher ausgestaltet werden.

Übersicht

	Rn.		Rn.
A. Normzweck	1	III. Anforderungen an die Beschaffung	12
B. Entstehungsgeschichte	3	D. Ausschreibungsverfahren bei der Beschaffung von Regelenergie (Abs. 2)	18
I. Unionsrechtliche Vorgaben	3	I. Adressat der Regelung – Übertragungsnetzbetreiber	18
II. Umsetzung in nationales Recht	4	II. Anwendungsbereich	19
III. Bisherige Anpassungen	6	III. Anforderungen an die Beschaffung	20
C. Beschaffung von Energie zur Erbringung von Ausgleichsleistungen (Abs. 1)	7	IV. Konkretisierung durch Festlegung der Regulierungsbehörde (Abs. 2 S. 5)	25
I. Adressat der Vorschrift	7		
II. Anwendungsbereich	10		

A. Normzweck

§ 22 enthält in Umsetzung europarechtlicher Bestimmungen bestimmte Vorgaben für das Verfahren zur **Beschaffung von Ausgleichsleistungen**. 1

Damit werden verschiedene **Ziele** verfolgt. Zum einen dient § 22 den in § 1 Abs. 1 niedergelegten Zielen, insbesondere einer **preisgünstigen und sicheren Energieversorgung**. Dabei kommt der Preisgünstigkeit nach Auffassung des Gesetzgebers eine überragende Bedeutung zu (vgl. BT-Drs. 15/3917, 60). Dies findet sich auch im Wortlaut der Vorschrift wieder. Gemäß § 22 Abs. 1 S. 2 ist dem Ziel einer möglichst preisgünstigen Energieversorgung bei der Ausgestaltung der Verfahren besonderes Gewicht beizumessen. Zum anderen dient die Regelung auch dem **Wettbewerb im Energiesektor** (vgl. Britz/Hellermann/Hermes/Britz/Herzmann, 3. Aufl., Vor §§ 22 f. Rn. 2). 2

B. Entstehungsgeschichte

I. Unionsrechtliche Vorgaben

§ 22 wurde – gemeinsam mit § 23 – zur Umsetzung von Art. 9 lit. c, 11 Abs. 6, 7 Elektrizitäts-Binnenmarkt-Richtlinie 2003/54/EG und Art. 14 Abs. 5, 6 Elektrizitäts-Binnenmarkt-Richtlinie 2003/54/EG sowie Art. 8 Abs. 2 und 12 Abs. 5 Gas-Binnenmarkt-Richtlinie 2003/55/EG in das EnWG eingefügt. In seiner gegenwärtig geltenden Fassung setzt § 22 zum einen die Vorgaben von Art. 15 Abs. 2, 6 sowie Art. 25 Abs. 5 Elektrizitäts-Binnenmarkt-Richtlinie 2009/72/EG um. Diese Vorgaben finden sich nach Aufhebung der Elektrizitäts-Binnenmarkt-Richtlinie 2009/72/EG mit Wirkung zum 1.1.2021 (s. Art. 75 Elektrizitäts-Binnenmarkt-Richtlinie (EU) 2019/944) nunmehr in Art. 31 ff. Elektrizitäts-Binnenmarkt-Richtlinie (EU) 2019/944. Zum anderen werden Vorgaben von Art. 13 Abs. 3, 5 und 25 Abs. 5 Gas-Binnenmarkt-Richtlinie 2009/73/EG umgesetzt (vgl. Britz/Hellermann/Hermes/Britz/Herzmann, 3. Aufl., Vor §§ 22 f. Rn. 4). 3

II. Umsetzung in nationales Recht

§ 22 wurde mit Wirkung ab dem 13.7.2005 in das EnWG eingefügt (EnWG 2005 vom 7.7.2005, BGBl. I 1970; Gesetzesbegr. BT-Drs. 15/3917, 60). 4

Dem Gesetzgebungsprozess zur Einfügung von §§ 22, 23 gingen kartellrechtliche Auseinandersetzungen zu der Frage voraus, wie die Energie zur Erbringung von Ausgleichsleistungen zu beschaffen ist und wie diese bei den Netzentgelten anzusetzen sind (vgl. Britz/Hellermann/Hermes/Britz/Herzmann, 3. Aufl., Vor §§ 22 f. Rn. 7). 5

III. Bisherige Anpassungen

§ 22 wurde bisher nur punktuell angepasst, und zwar mit Wirkung zum 1.11.2008 (Einfügung eines Verweises auf § 16a, BGBl. 2008 I 2101) und mit Wirkung zum 4.8.2011 (Ergänzung von Absatz 2 Satz 5, BGBl. 2011 I 1554). 6

C. Beschaffung von Energie zur Erbringung von Ausgleichsleistungen (Abs. 1)

I. Adressat der Vorschrift

7 § 22 Abs. 1 richtet sich an **Betreiber von Energieversorgungsnetzen,** sofern sie zum Ausgleich (Deckung von Verlusten und für den Ausgleich von Differenzen zwischen Ein- und Ausspeisung) verpflichtet sind.

8 Der **Begriff des Energieversorgungsnetzes** wird in § 3 Nr. 16 (→ § 3 Nr. 16 Rn. 1) gesetzlich definiert. Danach sind Energieversorgungsnetze Elektrizitätsversorgungsnetze und Gasversorgungsnetze über eine oder mehrere Spannungsebenen oder Druckstufen mit Ausnahme von Kundenanlagen iSv § 3 Nr. 24a, 24b sowie im Rahmen von Teil 5 dieses Gesetzes Wasserstoffnetze.

9 Anders als § 22 Abs. 2 betrifft § 22 Abs. 1 Betreiber von Energieversorgungsnetzen **aller Spannungsebenen bzw. Druckstufen.**

II. Anwendungsbereich

10 § 22 Abs. 1 betrifft zum einen die Beschaffung von Energie zur Deckung von physikalisch bedingten Netzverlusten bei dem Betrieb von Energieversorgungsnetzen (sog. **Verlustenergie,** vgl. die Definition in § 2 Nr. 12 StromNZV).

11 Zum anderen betrifft § 22 Abs. 1 den Ausgleich von Differenzen zwischen Einspeisungen und Entnahmen von Energie. Gemeint ist hiermit der finanzielle Ausgleich bei der Abrechnung solcher Differenzen (**Ausgleichsenergie**) und der für die Netzstabilität erforderliche physikalische Ausgleich (**Regelenergie**) (vgl. Britz/Hellermann/Hermes/Britz/Herzmann, 3. Aufl., § 22 Rn. 2).

III. Anforderungen an die Beschaffung

12 Gemäß § 22 Abs. 1 S. 1 haben die Betreiber von Energieversorgungsnetzen die Energie für Ausgleichsleistungen nach **transparenten,** auch in Bezug auf verbundene oder assoziierte Unternehmen **nichtdiskriminierenden und marktorientierten Verfahren** zu beschaffen. § 22 Abs. 1 S. 2 verlangt darüber hinaus inhaltlich, dass dem Ziel einer möglichst preisgünstigen Energieversorgung bei der Ausgestaltung der Verfahren, zB durch die Nutzung untertäglicher Beschaffung, besonderes Gewicht beizumessen ist, sofern hierdurch nicht die Verpflichtungen nach den §§ 13, 16 und 16a gefährdet werden.

13 Die Anforderungen in § 22 Abs. 1 S. 1 hat der Gesetzgeber wortlautgleich aus Art. 11 Abs. 3 Elektrizitäts-Binnenmarkt-Richtlinie 2003/54/EG (vgl. auch Art. 15 Abs. 6, 25 Abs. 5 Elektrizitäts-Binnenmarkt-Richtlinie 2009/72/EG bzw. Art. 8 Abs. 4 Gas-Binnenmarkt-Richtlinie 2003/55/EG (heute Art. 13 Abs. 5 Gas-Binnenmarkt-Richtlinie 2009/73/EG, zuletzt geändert durch Verordnung (EU) 2022/869; vgl. auch Erwägungsgrund 23 Gas-Binnenmarkt-Richtlinie 2009/73/EG)) übernommen.

14 Ein **transparentes Verfahren** zur Beschaffung der Energie von Ausgleichsleistungen setzt zunächst voraus, dass Marktteilnehmer vom Netzbetreiber vor und während des Beschaffungsvorgangs ausreichend **Informationen** zur Verfügung gestellt bekommen. Betreffende Marktteilnehmer müssen jedenfalls über einen entsprechenden Bedarf des Netzbetreibers informiert werden. Sie müssen zudem von den maßgeblichen und vor allem **entscheidungsrelevanten Kriterien und Bedingungen** Kenntnis erhalten. Zudem dient eine transparente Ausgestaltung des Verfahrens auch der **ex post-Kontrolle der Regulierungsbehörde,** insbesondere mit Blick auf die weiteren Anforderungen der Marktorientierung und Diskriminierungsfreiheit (vgl. Britz/Hellermann/Hermes/Britz/Herzmann, 3. Aufl., § 22 Rn. 6).

15 Das Erfordernis der **Diskriminierungsfreiheit** ist flankierend zur Marktorientierung zu sehen. Es bedeutet im Kern, dass alle Marktteilnehmer und ihre Angebote im Grundsatz gleich zu behandeln sind und – auch im Lichte der in § 22 Abs. 1 S. 2 ausdrücklich hervorgehobene Preisgünstigkeit – das **wirtschaftlich günstigste Angebot** grundsätzlich den Zuschlag erhalten soll. Wird nicht das wirtschaftlich günstigste Angebot gewählt, so bedarf dies eines **sachlichen Grundes** (vgl. Britz/Hellermann/Hermes/Britz/Herzmann, 3. Aufl., § 22 Rn. 6; Kment EnWG/Mielke § 22 Rn. 20).

Die **Marktorientierung** dient einer kostenorientierten Ausgestaltung der Beschaffung 16
von Energie für Ausgleichsleistungen. Sie dient damit dem Ziel der **Preisgünstigkeit,** welches in § 22 Abs. 1 S. 2 als materielles Kriterium für die Beschaffenheit ausdrücklich verankert ist (vgl. Kment EnWG/Mielke § 22 Rn. 18–20).

Die Anforderungen von § 22 Abs. 1 S. 1, 2 hat der Verordnungsgeber durch die 17
StromNZV und die **GasNZV** weiter konkretisiert (vgl. Britz/Hellermann/Hermes/Britz/Herzmann, 3. Aufl., § 22 Rn. 7 f.).

D. Ausschreibungsverfahren bei der Beschaffung von Regelenergie (Abs. 2)

I. Adressat der Regelung – Übertragungsnetzbetreiber

§ 22 Abs. 2 richtet sich an **Übertragungsnetzbetreiber.** Nach der gesetzlichen Definition in § 3 Nr. 10 (→ § 3 Nr. 10 Rn. 1) sind Übertragungsnetzbetreiber natürliche oder 18
juristische Personen oder rechtlich unselbständige Organisationseinheiten eines Energieversorgungsunternehmens, die die Aufgabe der Übertragung von Elektrizität wahrnehmen und die verantwortlich sind für den Betrieb, die Wartung sowie erforderlichenfalls den Ausbau des Übertragungsnetzes in einem bestimmten Gebiet und ggf. der Verbindungsleitungen zu anderen Netzen.

II. Anwendungsbereich

§ 22 Abs. 2 betrifft die **Beschaffung von Regelenergie** durch die Übertragungsnetzbe- 19
treiber. Die Vorschrift stellt also eine **spezielle Regelung** für den Bereich Strom dar. Nach der Definition in § 2 Nr. 9 StromNZV handelt es sich bei Regelenergie um diejenige Energie, die zum Ausgleich von Leistungsungleichgewichten in der jeweiligen Regelzone eingesetzt wird.

III. Anforderungen an die Beschaffung

Für die Beschaffung der Regelenergie durch Übertragungsnetzbetreiber knüpft § 22 20
Abs. 2 an die allgemeineren Vorgaben in § 22 Abs. 1 an, modifiziert und konkretisiert diese aber punktuell.

Ebenso wie iRv § 22 Abs. 1 hat die Beschaffung der Regelenergie gem. § 22 Abs. 2 S. 1 21
diskriminierungsfrei und transparent zu erfolgen. Dabei hat der Gesetzgeber aber die **zwingende Durchführung eines Ausschreibungsverfahrens** angeordnet. Insoweit gehen die Anforderungen über die Vorgaben der Europäischen Richtlinien hinaus, s. Art. 11 Abs. 6 Elektrizitäts-Binnenmarkt-Richtlinie 2003/54/EG bzw. Art. 15 Abs. 6 Elektrizitäts-Binnenmarkt-Richtlinie 2009/72/EG (vgl. Kment EnWG/Mielke § 22 Rn. 23). Der Gesetzgeber hat hierzu in der Gesetzesbegründung ausgeführt, dass mit dem Ausschreibungsverfahren ein Beschaffungsverfahren Anwendung findet, das die Übertragungsnetzbetreiber, insbesondere aufgrund von Vorgaben des BKartA, im Grundsatz bereits anwenden (BT-Drs. 15/3917, 60).

Gemäß § 22 Abs. 2 S. 2 haben die Übertragungsnetzbetreiber für die Ausschreibung von 22
Regelenergie ferner eine **gemeinsame Internetplattform** einzurichten und dies nach § 22 Abs. 2 S. 3 der Regulierungsbehörde anzuzeigen. Ausweislich der Gesetzesbegründung soll dies die Transparenz des Verfahrens erhöhen (BT-Drs. 15/3917, 60). Diese Internetplattform wurde von den Übertragungsnetzbetreibern unter www.regelleistung.net eingerichtet.

Gemäß § 22 Abs. 2 S. 4 sind die Übertragungsnetzbetreiber unter Beachtung ihrer jeweili- 23
gen Systemverantwortung verpflichtet, zur Senkung des Aufwandes für Regelenergie unter Berücksichtigung der Netzbedingungen **zusammenzuarbeiten.**

Weiter konkretisiert werden die Anforderungen nach § 22 Abs. 2 durch die Regelungen 24
in **§ 6 StromNZV** (vgl. Britz/Hellermann/Hermes/Britz/Herzmann, 3. Aufl., § 22 Rn. 14 f.).

IV. Konkretisierung durch Festlegung der Regulierungsbehörde (Abs. 2 S. 5)

Gemäß § 22 Abs. 2 S. 5 kann die Regulierungsbehörde zur Verwirklichung einer effizien- 25
ten Beschaffung und der in (§ 1 Abs. 1 → § 1 Rn. 1) genannten Zwecke **durch Festlegung**

von Richthofen

auch andere transparente, diskriminierungsfreie und marktorientierte Verfahren zur Beschaffung von Regelenergie vorsehen.

26 Die Regelung wurde mit Wirkung zum 4.8.2011 eingefügt (BGBl. 2011 I 1554). Ausweislich der Gesetzesbegründung dient die Regelung dazu, in Ergänzung zu der bisher allein vorgesehenen Methode der Ausschreibung auch andere Verfahren zur Beschaffung von Regelenergie nutzen zu können (BT-Drs. 17/6072, 80).

27 In Frage kommen insbesondere Verfahren, die eine kurzfristige und flexible Angebotsstellung ermöglichen und bei denen nur der tatsächliche Einsatz, nicht aber die Vorhaltung von Regelenergie vergütet wird. Derartige Verfahren sind bereits im Ausland etabliert. Zur Verwirklichung einer möglichst effizienten Beschaffung sollen diejenigen Verfahren genutzt werden können, die nach den praktischen Erfahrungen der zuständigen Regulierungsbehörde am besten geeignet erscheinen. Ein Abweichen von der bisher vorgesehenen Ausschreibung soll jedoch nur im vorgegebenen Rahmen konkret festgelegter Alternativverfahren möglich sein (BT-Drs. 17/6072, 80; vgl. Kment EnWG/Mielke § 22 Rn. 28).

§ 23 Erbringung von Ausgleichsleistungen

¹Sofern den Betreibern von Energieversorgungsnetzen der Ausgleich des Energieversorgungsnetzes obliegt, müssen die von ihnen zu diesem Zweck festgelegten Regelungen einschließlich der von den Netznutzern für Energieungleichgewichte zu zahlenden Entgelte sachlich gerechtfertigt, transparent, nichtdiskriminierend und dürfen nicht ungünstiger sein, als sie von den Betreibern der Energieversorgungsnetze in vergleichbaren Fällen für Leistungen innerhalb ihres Unternehmens oder gegenüber verbundenen oder assoziierten Unternehmen angewendet und tatsächlich oder kalkulatorisch in Rechnung gestellt werden. ²Die Entgelte sind auf der Grundlage einer Betriebsführung nach § 21 Abs. 2 kostenorientiert festzulegen und zusammen mit den übrigen Regelungen im Internet zu veröffentlichen.

Überblick

§ 23 regelt Bedingungen für die Erbringung von **Ausgleichsleistungen** durch Betreiber von Energieversorgungsnetzen. Die Vorschrift geht auf Vorgaben des Europarechts zurück. Satz 1 betrifft Anforderungen an Regelungen zum Ausgleich des Energieversorgungsnetzes (→ Rn. 7 ff.). Satz 2 betrifft die Festlegung der Entgelte und regelt zudem Pflichten zur Veröffentlichung der Bedingungen und Entgelte (→ Rn. 13 ff.).

A. Normzweck

1 § 23 regelt Bedingungen für die Erbringung von **Ausgleichsleistungen** durch Betreiber von Energieversorgungsnetzen. Die Vorschrift betrifft sowohl Strom- als auch Gasnetze aller Spannungsebenen und Druckstufen sowie positive und negative Ausgleichsleistungen (vgl. Britz/Hellermann/Hermes/Britz/Herzmann, 3. Aufl., § 23 Rn. 1).

2 § 23 steht in **systematischem Zusammenhang mit § 22** (→ § 22 Rn. 1), der die Beschaffung von Ausgleichsleistungen regelt. Auch wenn dies aus dem Wortlaut von § 23 nicht ganz deutlich wird, ist neben der Erbringung von Ausgleichsleistungen bei Abweichungen zwischen Ein- und Ausspeisemengen auch der **Verlustausgleich** erfasst (vgl. Britz/Hellermann/Hermes/Britz/Herzmann, 3. Aufl., § 23 Rn. 2; Kment EnWG/Mielke § 23 Rn. 5).

3 Die Bedingungen für die Erbringung von Ausgleichsleistungen sind in § 23 nur allgemein beschrieben. Sie können aber im Rahmen einer **Rechtsverordnungen nach § 24** (→ § 24 Rn. 1) näher ausgestaltet werden (vgl. BT-Drs. 15/3917, 60).

B. Entstehungsgeschichte

I. Unionsrechtliche Vorgaben

§ 23 wurde – gemeinsam mit § 22 (→ § 22 Rn. 1) – zur Umsetzung von Art. 11 und 14 Elektrizitäts-Binnenmarkt-Richtlinie 2003/54/EG und Art. 8 und 12 Gas-Binnenmarkt-Richtlinie 2003/55/EG in das EnWG eingefügt. In seiner gegenwärtig geltenden Fassung setzt § 23 zum einen die Vorgaben der Elektrizitäts-Binnenmarkt-Richtlinie (EU) 2019/944 um, die die Elektrizitäts-Binnenmarkt-Richtlinie 2009/72/EG zwar aufgehoben hat (vgl. Art. 72 Elektrizitäts-Binnenmarkt-Richtlinie (EU) 2019/944), deren Inhalt aber in weiten Teilen inkorporiert (vgl. die Entsprechungstabelle in Anhang IV Elektrizitäts-Binnenmarkt-Richtlinie (EU) 2019/944). Zum anderen setzt § 23 Vorgaben von Art. 13 Abs. 3, 5 und 25 Abs. 5 Gas-Binnenmarkt-Richtlinie 2009/73/EG um.   4

II. Umsetzung in nationales Recht

§ 23 wurde mit Wirkung vom 13.7.2005 in das EnWG eingefügt (EnWG 2005 vom 7.7.2005, BGBl. I 1970; Gesetzesbegr. BT-Drs. 15/3917, 60).   5

III. Bisherige Anpassungen

§ 23 wurde seit Inkrafttreten nicht angepasst.   6

C. Anforderungen an Regelungen zum Ausgleich des Energieversorgungsnetzes (S. 1)

Sofern Betreibern von Energieversorgungsnetzen der Ausgleich des Energieversorgungsnetzes obliegt, müssen die von ihnen zu diesem Zweck festgelegten Regelungen einschließlich der von den Netznutzern für Energieungleichgewichte zu zahlenden Entgelte **sachlich gerechtfertigt, transparent, nichtdiskriminierend** und dürfen nicht ungünstiger sein, als sie von den Betreibern der Energieversorgungsnetze in vergleichbaren Fällen für Leistungen innerhalb ihres Unternehmens oder gegenüber verbundenen oder assoziierten Unternehmen angewendet und tatsächlich oder kalkulatorisch in Rechnung gestellt werden, vgl. § 23 S. 1.   7

I. Adressat der Vorschrift

§ 23 S. 1 richtet sich an Betreiber von Energieversorgungsnetzen, sofern sie zum Ausgleich verpflichtet sind.   8

Der **Begriff des Energieversorgungsnetzes** wird in § 3 Nr. 16 (→ § 3 Nr. 16 Rn. 1) gesetzlich definiert. Danach sind Energieversorgungsnetze Elektrizitätsversorgungsnetze und Gasversorgungsnetze über eine oder mehrere Spannungsebenen oder Druckstufen mit Ausnahme von Kundenanlagen iSv § 3 Nr. 24a, 24b sowie im Rahmen von Teil 5 dieses Gesetzes Wasserstoffnetze.   9

II. Regelungsinhalt

§ 23 S. 1 regelt allgemeine Anforderungen an Regelungen für die Erbringung von Ausgleichsleistungen bei Abweichungen zwischen Ein- und Ausspeisemengen sowie auch für den Verlustausgleich. Letzteres, also die Anwendung der Vorschrift auch auf den Verlustausgleich, ergibt sich zwar nicht zwingend aus dem Wortlaut der Vorschrift, der von einem „Ausgleich des Versorgungsnetzes" spricht, aber aus systematischen Erwägungen und auch der Definition des Begriffs der Ausgleichsleistungen in § 3 Nr. 1b (→ § 3 Nr. 1b Rn. 1; vgl. Britz/Hellermann/Hermes/Britz/Herzmann, 3. Aufl., § 23 Rn. 2).   10

§ 23 S. 1 verlangt, dass die Bedingungen einschließlich der Entgelte für die Erbringung von Ausgleichsleistungen sachlich gerechtfertigt, transparent und nichtdiskriminierend sind.   11

Ferner dürfen sie nicht ungünstiger sein, als sie von den Netzbetreibern in vergleichbaren Fällen für Leistungen innerhalb des Unternehmens oder gegenüber verbundenen oder assoziierten Unternehmen angewendet und tatsächlich oder kalkulatorisch in Rechnung gestellt werden.   12

von Richthofen

D. Festlegung der Entgelte und Veröffentlichung (S. 2)

I. Festlegung der Entgelte (S. 2 Hs. 1)

13 Nach § 23 S. 2 Hs. 1 sind die Entgelte nach Satz 1, also die von Netznutzern für Energieungleichgewichte zu zahlenden Entgelte, auf der Grundlage einer Betriebsführung nach § 21 Abs. 2 **kostenorientiert** festzulegen.

14 § 21 Abs. 2 S. 1 regelt, dass Entgelte auf der Grundlage der Kosten einer Betriebsführung, die denen eines effizienten und strukturell vergleichbaren Netzbetreibers entsprechen müssen, unter Berücksichtigung von Anreizen für eine effiziente Leistungserbringung und einer angemessenen, wettbewerbsfähigen und risikoangepassten Verzinsung des eingesetzten Kapitals gebildet werden, soweit in einer Rechtsverordnung nach § 24 (→ § 24 Rn. 1) nicht eine Abweichung von der kostenorientierten Entgeltbildung bestimmt ist. Ferner dürfen nach § 21 Abs. 2 S. 2, soweit eine kostenorientierte Entgeltbildung erfolgt, Kosten und Kostenbestandteile, die sich ihrem Umfang nach im Wettbewerb nicht einstellen würden, nicht berücksichtigt werden.

15 Sowohl für Strom- als auch Gasnetze wurden die Vorgaben von § 23 S. 2 durch auf der Grundlage von § 24 (→ § 24 Rn. 1) erlassene Verordnungen untergesetzlich konkretisiert. Für den Bereich Strom finden sich solche Regelungen in **§§ 8 und 9 StromNZV**. Im Gasbereich finden sich Regelungen zur Erbringung von Ausgleichsleistungen insbesondere in **§§ 22 ff. GasNZV**.

II. Veröffentlichung von Regelungen und Entgelten (S. 2 Hs. 2)

16 Gemäß § 23 S. 2 Hs. 2 sind die Entgelte zusammen mit den übrigen Regelungen zur Erbringung von Ausgleichsleistungen im Internet zu veröffentlichen.

17 Die Veröffentlichungspflicht dient in erster Linie der **Transparenz.** Einzelheiten hierzu ergeben sich aus **§ 9 StromNZV** und aus **§ 40 GasNZV**.

§ 23a Genehmigung der Entgelte für den Netzzugang

(1) Soweit eine kostenorientierte Entgeltbildung im Sinne des § 21 Abs. 2 Satz 1 erfolgt, bedürfen Entgelte für den Netzzugang nach § 21 einer Genehmigung, es sei denn, dass in einer Rechtsverordnung nach § 21a Abs. 6 die Bestimmung der Entgelte für den Netzzugang im Wege einer Anreizregulierung durch Festlegung oder Genehmigung angeordnet worden ist.

(2) ¹Die Genehmigung ist zu erteilen, soweit die Entgelte den Anforderungen dieses Gesetzes und den auf Grund des § 24 erlassenen Rechtsverordnungen entsprechen. ²Die genehmigten Entgelte sind Höchstpreise und dürfen nur überschritten werden, soweit die Überschreitung ausschließlich auf Grund der Weitergabe nach Erteilung der Genehmigung erhöhter Kostenwälzungssätze einer vorgelagerten Netz- oder Umspannstufe erfolgt; eine Überschreitung ist der Regulierungsbehörde unverzüglich anzuzeigen.

(3) ¹Die Genehmigung ist mindestens sechs Monate vor dem Zeitpunkt schriftlich oder elektronisch zu beantragen, an dem die Entgelte wirksam werden sollen. ²Dem Antrag sind die für eine Prüfung erforderlichen Unterlagen beizufügen; auf Verlangen der Regulierungsbehörde haben die Antragsteller Unterlagen auch elektronisch zu übermitteln. ³Die Regulierungsbehörde kann ein Muster und ein einheitliches Format für die elektronische Übermittlung vorgeben. ⁴Die Unterlagen müssen folgende Angaben enthalten:
1. eine Gegenüberstellung der bisherigen Entgelte sowie der beantragten Entgelte und ihrer jeweiligen Kalkulation,
2. die Angaben, die nach Maßgabe der Vorschriften über die Strukturklassen und den Bericht über die Ermittlung der Netzentgelte nach einer Rechtsverordnung über die Entgelte für den Zugang zu den Energieversorgungsnetzen nach § 24 erforderlich sind, und

3. die Begründung für die Änderung der Entgelte unter Berücksichtigung der Regelungen nach § 21 und einer Rechtsverordnung über die Entgelte für den Zugang zu den Energieversorgungsnetzen nach § 24.

⁵Die Regulierungsbehörde hat dem Antragsteller den Eingang des Antrags zu bestätigen. ⁶Sie kann die Vorlage weiterer Angaben oder Unterlagen verlangen, soweit dies zur Prüfung der Voraussetzungen nach Absatz 2 erforderlich ist; Satz 5 gilt für nachgereichte Angaben und Unterlagen entsprechend. ⁷Das Bundesministerium für Wirtschaft und Energie wird ermächtigt, durch Rechtsverordnung mit Zustimmung des Bundesrates das Verfahren und die Anforderungen an die nach Satz 4 vorzulegenden Unterlagen näher auszugestalten.

(4) ¹Die Genehmigung ist zu befristen und mit einem Vorbehalt des Widerrufs zu versehen; sie kann unter Bedingungen erteilt und mit Auflagen verbunden werden. ²Trifft die Regulierungsbehörde innerhalb von sechs Monaten nach Vorliegen der vollständigen Unterlagen nach Absatz 3 keine Entscheidung, so gilt das beantragte Entgelt als unter dem Vorbehalt des Widerrufs für einen Zeitraum von einem Jahr genehmigt. ³Satz 2 gilt nicht, wenn
1. das beantragende Unternehmen einer Verlängerung der Frist nach Satz 2 zugestimmt hat oder
2. die Regulierungsbehörde wegen unrichtiger Angaben oder wegen einer nicht rechtzeitig erteilten Auskunft nicht entscheiden kann und dies dem Antragsteller vor Ablauf der Frist unter Angabe der Gründe mitgeteilt hat.

(5) ¹Ist vor Ablauf der Befristung oder vor dem Wirksamwerden eines Widerrufs nach Absatz 4 Satz 1 oder 2 eine neue Genehmigung beantragt worden, so können bis zur Entscheidung über den Antrag die bis dahin genehmigten Entgelte beibehalten werden. ²Ist eine neue Entscheidung nicht rechtzeitig beantragt, kann die Regulierungsbehörde unter Berücksichtigung der §§ 21 und 30 sowie der auf Grund des § 24 erlassenen Rechtsverordnungen ein Entgelt als Höchstpreis vorläufig festsetzen.

Überblick

§ 23a regelt die **Genehmigung von Netzzugangsentgelten** im Rahmen einer kostenorientierten Entgeltbildung und hat damit heute nur noch eine geringe Bedeutung, da sich Gesetz- und Verordnungsgeber für das System der Anreizregulierung entschieden haben und damit gegen eine kostenorientierte Entgeltbildung (→ Rn. 1). Gleichwohl kommt § 23a heute noch eine Bedeutung zu, insbesondere im Fall von neu errichteten oder eingerichteten Netzen, die innerhalb einer Regulierungsperiode entstehen und erst im Rahmen der nächsten Regulierungsperiode über die Anreizregulierung berücksichtigt werden können (→ Rn. 2). § 23a definiert Vorgaben hinsichtlich des Umfangs der Genehmigung (→ Rn. 8 ff.) sowie des Verfahrens zur Genehmigung (→ Rn. 13 ff.).

Übersicht

	Rn.		Rn.
A. Sinn und Zweck	1	E. Die Erteilung der Genehmigung (Abs. 4)	13
B. Erfordernis der Genehmigung (Abs. 1)	2		
C. Die Genehmigung (Abs. 2)	4	F. Die Interimsregelungen (Abs. 5)	18
D. Die Antragsanforderungen (Abs. 3)	8	G. Aktuelle Entwicklungen	21

A. Sinn und Zweck

Zu Beginn der Regulierung der Energiewirtschaft war § 23a das Instrument zur **Ablösung des bis dahin geltenden verhandelten Netzzugangs** und damit die Einführung einer Ex-ante-Kontrolle (Säcker EnergieR/Steffens § 23a Rn. 1). Hierfür regelt § 23a, dass die Entgelte für den Netzzugang – also sowohl die Erhebung als auch die Erhöhung – einer Genehmigung bedürfen. 1

B. Erfordernis der Genehmigung (Abs. 1)

2   Absatz 1 unterwirft Entgelte für den Netzzugang einem Genehmigungserfordernis, soweit sie einer kostenorientierten Entgeltbildung nach § 21 Abs. 2 S. 1 unterliegen und nicht im Wege der Anreizregulierung bestimmt werden. Absatz 1 beschränkt also den Anwendungsbereich deutlich, insbesondere da inzwischen die Anreizregulierung schon in der 3. Regulierungsperiode angewendet wird.

3   Somit kann § 23a **nur noch in Fällen Anwendung finden, für die die Anreizregulierung noch nicht gilt, aber die kostenorientierte Entgeltbildung.** Dies trifft vor allem auf die Fälle des § 1 Abs. 2 ARegV zu, der bestimmt, dass die ARegV bis zum Ende der laufenden Regulierungsperiode auf solche Netzbetreiber keine Anwendung findet, für die noch keine Erlösobergrenze bestimmt worden ist. Mit anderen Worten unterliegen also neue Netzbetreiber oder solche, die der Regulierungsbehörde erst im Laufe der Regulierungsperiode bekannt werden, dieser Regelung (Säcker EnergieR/Steffens § 23a Rn. 5). Die Fälle eines bestehenden Netzes, das bereits der Regulierung unterfällt, sind hiervon nicht umfasst, da für sie bereits eine Erlösobergrenze greift, die auch mit übergeht (Kment EnWG/Franke § 23a Rn. 4).

C. Die Genehmigung (Abs. 2)

4   Die Genehmigung ist nach Absatz 2 Satz 1 als **gebundene Entscheidung** ausgestaltet. Soweit die Entgelte den Anforderungen des EnWG und den entsprechenden Rechtsverordnungen nach § 24 – insbesondere der StromNEV oder GasNEV – entsprechen, ist die Genehmigung zu erteilen. Die Behörde hat damit kein Ermessen und nur in Ausnahmefällen einen Entscheidungsspielraum (Kment EnWG/Franke § 23a Rn. 8; Säcker EnergieR/Steffens § 23a Rn. 13).

5   In Bezug auf die Vorgaben des EnWG ist insbesondere auf § 21 abzustellen. Eine Eingrenzung auf bestimmte Teile des § 21, wie aus dem Verweis in § 23a Abs. 1 möglicherweise geschlossen werden könnte, ist nicht gegeben. Hierfür spricht zum einen, dass Absatz 2 Satz 1 das gesamte EnWG in Bezug nimmt. Zum anderen stellt § 21 Abs. 3 S. 2 selbst einen Bezug zur Entgeltgenehmigung her, da bei einer kostenorientierten Entgeltbildung und genehmigten Entgelten im Rahmen eines Vergleichsverfahrens nur die Kosten verglichen werden. Insofern ist auf den gesamten § 21 sowie andere Vorgaben des EnWG abzustellen (Säcker EnergieR/Steffens § 23a Rn. 14).

6   Satz 3 sieht vor, dass die genehmigten Entgelte ohne erneute Genehmigung nur überschritten werden dürfen, wenn sie auf einer Weiterwälzung erhöhter Entgelte einer vorgelagerten Netzstufe beruhen. Dies ist damit zu begründen, dass die Erhöhung auf der vorgelagerten Netzstufe der Genehmigung bedarf und insofern keine weitere Kontrolle auf den nachgelagerten Netzstufen mehr notwendig wird (Kment EnWG/Franke § 23a Rn. 5). In diesem Fall ist die Erhöhung aber trotzdem anzeigepflichtig.

7   Eine Unterschreitung ist in jedem Fall zulässig und auch nicht anzeige- oder genehmigungspflichtig, weil es sich um genehmigte Höchstpreise handelt und eine Unterschreitung für den Netznutzer vorteilhaft ist (Säcker EnergieR/Steffens § 23a Rn. 16; Kment EnWG/Franke § 23a Rn. 5).

D. Die Antragsanforderungen (Abs. 3)

8   Gemäß Satz 1 muss der Antrag mindestens sechs Monate vor dem Wirksamwerden der Entgelte gestellt werden. Der Antrag kann sowohl schriftlich als auch elektronisch erfolgen. Der Eingang des Antrags ist nach Satz 5 von der Regulierungsbehörde zu bestätigen. Hinzuweisen ist an dieser Stelle auf die Übergangsregelung in § 118 Abs. 46b, die mit dem Gesetz zur Änderung des Energiesicherungsgesetzes und anderer energiewirtschaftlicher Vorschriften eingefügt worden ist (BGBl. 2022 I 1726 (1733)). Demnach können die Entgelte für den Zugang zu im Jahr 2022 oder 2023 neu errichtete oder neu zu errichtende LNG-Anlagen auch weniger als sechs Monate vor dem Zeitpunkt, zu dem sie wirksam werden sollen, beantragt werden. Dies steht unter dem Vorbehalt, dass die Regulierungsbehörde das Verfahren voraussichtlich in weniger als sechs Monaten abschließen kann und sie den Betreiber darüber informiert. Diese Übergangsregelung ist vor dem Hintergrund der Ukraine-

Krise und der schnellen Errichtung von LNG-Anlagen – insb. sog. FSRU (Floating Storage and Regasification Units) – zu sehen. Diese (teils) schwimmenden LNG-Anlagen werden sehr kurzfristig im Jahr 2022 und 2023 errichtet, sodass teilweise der Zeitraum von sechs Monaten zwischen Beantragung und Wirksamwerden der Entgelte nicht einzuhalten gewesen wäre. Aus diesem Grund bedarf es dieser Übergangsregelung, die der Regulierungsbehörde die notwendige Flexibilität einräumt, um die Entgelte für LNG-Anlagen auch mit kürzer Frist zu genehmigen. In diesem Zusammenhang sei auf die LNGV hingewiesen, die die BNetzA als subdelegierte Verordnung erlassen hat. Diese Verordnung dient der Ausgestaltung der regulatorischen Rahmenbedingungen für ortsfeste und ortsungebundene LNG-Anlagen (https://www.bundesnetzagentur.de/DE/Fachthemen/ElektrizitaetundGas/NetzzugangMesswesen/NetzzugangGas_KOV/LNG/start.html).

Dem Antrag sind nach Satz 2 die für eine Prüfung **erforderlichen Unterlagen** beizufügen, wobei die Regulierungsbehörde auch eine elektronische Übersendung verlangen kann. Der Antrag muss somit einen sachkundigen Dritten in die Lage versetzen, ohne weitere Informationen die Ermittlung der Netzentgelte vollständig nachzuvollziehen (s. § 28 StromNEV/§ 28 GasNEV). Der Inhalt des Antrags ergibt sich somit aus einer nach Absatz 3 Satz 7 erlassenen Rechtsverordnung, den in § 28 StromNEV/§ 28 GasNEV normierten Vorgaben sowie den Festlegungen nach § 30 Abs. 1 Nr. 6 StromNEV und § 30 Abs. 1 Nr. 4 GasNEV (Kment EnWG/Franke § 23a Rn. 6). Hierdurch ergibt sich eine Rollenverteilung zwischen Netzbetreiber und Regulierungsbehörde: Der Netzbetreiber ist darlegungs- und beweispflichtig, was nicht zuletzt daraus resultiert, dass die notwendigen Informationen originär bei ihm vorliegen. Der Regulierungsbehörde kommt eine nachvollziehende Amtsermittlung zu (Kment EnWG/Franke § 23a Rn. 6; Säcker EnergieR/Steffens § 23a Rn. 31). 9

Nach Satz 3 kann die Regulierungsbehörde ein Muster sowie ein einheitliches Format für die elektronische Übermittlung vorgeben. 10

Der Satz 4 benennt in den Nummern 1–3 die **wesentlichen Inhalte** des Antrags. Dies umfasst nach Nummer 1 eine Gegenüberstellung der bisherigen sowie der beantragten Entgelte und ihre jeweilige Kalkulation. Nummer 2 benennt insbesondere den bereits angesprochenen Bericht nach der Strom- und GasNEV. Ihm kommen insbesondere mit der Darlegung der Kosten- und Erlöslage, der vollständigen Darstellung der Grundlagen und des Ablaufs der Ermittlung der Netzentgelte sowie dem vollständigen Prüfungsbericht des Wirtschaftsprüfers zum Jahresabschluss die wesentliche Bedeutung bei der Überprüfung der Angaben des Netzbetreibers zu (Kment EnWG/Franke § 23a Rn. 6). 11

Nach Satz 6 kann die Regulierungsbehörde weitere Angaben oder Unterlagen verlangen, soweit dies zur Prüfung der Voraussetzungen nach Absatz 2 erforderlich ist. Die Regulierungsbehörde kann (ihr wird also ein Ermessensspielraum eingeräumt) sich alle Angaben und Unterlagen vorlegen lassen, die zur Prüfung der Voraussetzungen aus der Strom- und GasNEV notwendig sind. Bei der Beurteilung der Frage der Erforderlichkeit der Angaben und Unterlagen verfügt die Regulierungsbehörde ebenfalls über einen Ermessens- und Beurteilungsspielraum, der in jedem Einzelfall geprüft werden muss (Säcker EnergieR/Steffens § 23a Rn. 30). 12

E. Die Erteilung der Genehmigung (Abs. 4)

Satz 1 sieht vor, dass die Genehmigung zu befristen und mit einem Widerrufsvorbehalt zu versehen ist. Sie kann darüber hinaus unter Bedingungen erlassen und mit Auflagen verbunden werden. Zum genauen Zeitraum der Befristung sagt Absatz 4 nichts. Sowohl die Befristung als auch der Widerrufsvorbehalt haben den Sinn, auf Änderungen in der Kosten- und Erlöslage des Netzbetreibers reagieren zu können und den Höchstpreis ggf. entsprechend anzupassen (s. hierzu ausf. Kment EnWG/Franke § 23a Rn. 13). Dementsprechend muss die Befristung so gewählt sein, dass eine periodische Überprüfung möglich ist, um den Netznutzer zu schützen. 13

Nach Satz 2 greift eine **Genehmigungsfiktion,** wenn die Regulierungsbehörde innerhalb von sechs Monaten nach Vorliegen der vollständigen Unterlagen nach Absatz 3 keine Entscheidung getroffen hat. In diesem Fall gelten die beantragten Entgelte unter dem Vorbehalt des Widerrufs für ein Jahr als genehmigt. 14

Grüner

15 Als wesentlichem Tatbestandsmerkmal kommt bei der Genehmigungsfiktion der Vollständigkeit der Unterlagen eine wichtige Bedeutung zu. Für den Zeitpunkt der Vollständigkeit kommt es auf die Sach- und Rechtslage bei der Antragstellung an (Kment EnWG/Franke § 23a Rn. 9; Säcker EnergieR/Steffens § 23a Rn. 29).

16 Satz 3 sieht zwei weitere Ausnahmetatbestände von der Genehmigungsfiktion vor: Zum einen kann der Netzbetreiber einer Fristverlängerung zustimmen. Zum Schutz des beantragenden Unternehmens muss diese Zustimmung wissentlich erfolgen und insofern trifft die Regulierungsbehörde eine Hinweis- und Warnfunktion (Säcker EnergieR/Steffens § 23a Rn. 40). Die Bearbeitungsfrist verlängert sich entsprechend der gewährten Fristverlängerung.

17 Zum anderen greift die Genehmigungsfiktion nicht, wenn die Regulierungsbehörde wegen unrichtiger Angaben oder wegen einer nicht rechtzeitig erteilten Auskunft nicht entscheiden kann. In diesem Fall muss die Regulierungsbehörde dies dem Antragsteller vor Ablauf der Frist und unter Angabe der Gründe mitgeteilt haben. Dies greift in den Fällen, in denen die unrichtigen oder nicht rechtzeitig erteilten Angaben für die Antragsbescheidung erforderlich bzw. relevant sind, wobei bei unrichtigen Angaben erst mal davon ausgegangen werden muss, dass diese für die Antragsbescheidung erforderlich sind, da ihre Auswirkungen auf die Genehmigung erst mal bewertet werden müssen (Säcker EnergieR/Steffens § 23a Rn. 42).

F. Die Interimsregelungen (Abs. 5)

18 Die genehmigten Entgelte werden zu einem in dem Genehmigungsbescheid benannten Zeitpunkt, frühestens jedoch mit Zustellung des Genehmigungsbescheides wirksam. Wird die Behörde gerichtlich zu einer erneuten Bescheidung verpflichtet, wirkt diese auf den ursprünglichen Zeitpunkt der Antragstellung zurück (Säcker EnergieR/Steffens § 23a Rn. 43).

19 Satz 1 regelt die Zeit zwischen zwei Entgeltgenehmigungen: Wenn die Altgenehmigung aufgrund der Befristung ausläuft oder aufgrund des Widerrufs nicht mehr rechtswirksam ist, der Netzbetreiber aber bereits einen neuen Antrag gestellt hat, dann gelten die ursprünglich genehmigten Entgelte fort. Dies gilt jedoch nicht für den teilweisen Widerruf, weil insofern keine Lücke entsteht (Kment EnWG/Franke § 23a Rn. 14). Wenn der Netzbetreiber noch keinen neuen Antrag gestellt hat, liegt ein Fall des Satzes 2 vor (Säcker EnergieR/Steffens § 23a Rn. 44, auch zu der Frage der Mehrerlöse zwischen Beantragung und Genehmigung).

20 Satz 2 befasst sich dementsprechend mit der Frage, was passiert, wenn der Antrag zu spät gestellt worden ist. In diesen Fällen kann die Regulierungsbehörde eine vorläufige Festsetzung vornehmen (Säcker EnergieR/Steffens § 23a Rn. 45).

G. Aktuelle Entwicklungen

21 Aktuell befindet sich eine Novellierung des Energiewirtschaftsgesetzes im Gesetzgebungsprozess. Der Gesetzentwurf ist am 24.5.2023 im Kabinett beschlossen worden und befindet sich damit aktuell im parlamentarischen Verfahren. In diesem Zusammenhang soll auch § 23a neu gefasst werden und unter anderem das neue Festlegungskonzept im Rahmen der Umsetzung der Unabhängigkeitsentschädigung des Gerichtshofs der Europäischen Union berücksichtigen (der Gesetzentwurf der Bundesregierung ist abrufbar unter: https://www.bmwk.de/Redaktion/DE/Artikel/Service/Gesetzesvorhaben/entwurf-eines-gesetzes-zur-anpassung-des-energiewirtschaftsrechts-an-unionsrechtliche-vorgaben.html).

§ 23b Veröffentlichungen der Regulierungsbehörde; Festlegungskompetenz

(1) [1]Die Regulierungsbehörde veröffentlicht auf ihrer Internetseite, einschließlich etwaiger darin enthaltener Betriebs- und Geschäftsgeheimnisse, unternehmensbezogen in nicht anonymisierter Form:
1. die gemäß § 21a Absatz 2 durch die Regulierungsbehörde für eine Regulierungsperiode vorgegebenen kalenderjährlichen Erlösobergrenzen und, sofern abweichend, die zur Entgeltbildung vom Netzbetreiber herangezogene angepasste kalenderjährliche Erlösobergrenze jeweils als Summenwert,

2. den jährlichen Aufschlag auf die Erlösobergrenze für Kapitalkosten, die aufgrund von nach dem Basisjahr getätigten Investitionen in den Bestand betriebsnotwendiger Anlagegüter entstehen, als Summenwert,
3. die nach § 21a Absatz 4 in der vorgegebenen kalenderjährlichen Erlösobergrenze enthaltenen dauerhaft nicht beeinflussbaren sowie volatilen Kostenanteile sowie jeweils deren jährliche Anpassung durch den Netzbetreiber als Summenwert,
4. die nach § 21a Absatz 4 zu berücksichtigenden jährlichen beeinflussbaren und vorübergehend nicht beeinflussbaren Kostenbestandteile als Summenwert,
5. die in der vorgegebenen kalenderjährlichen Erlösobergrenze enthaltenen Kosten aufgrund von Forschungs- und Entwicklungsvorhaben im Rahmen der staatlichen Energieforschungsförderung, welche durch eine zuständige Behörde eines Landes oder des Bundes, insbesondere des Bundesministeriums für Wirtschaft und Energie oder des Bundesministeriums für Bildung und Forschung bewilligt wurde und fachlich betreut werden, sowie deren jährliche Anpassung durch den Netzbetreiber als Summenwert,
6. die Werte der nach § 21a Absatz 3 Satz 4 zu berücksichtigenden Mengeneffekte,
7. die gemäß § 21a Absatz 5 ermittelten unternehmensindividuellen Effizienzwerte sowie die hierbei erhobenen, geprüften und verwendeten Parameter zur Abbildung struktureller Unterschiede und die Aufwandsparameter,
8. das in den Entscheidungen nach § 21a ermittelte Ausgangsniveau, die bei der Ermittlung der kalkulatorischen Eigenkapitalverzinsung eingeflossenen Bilanzpositionen sowie die bei der Ermittlung der kalkulatorischen Gewerbesteuer verwendete Messzahl sowie den Hebesatz, dabei ist gleiches anzuwenden für die in das Ausgangsniveau nach § 21a eingeflossenen Kosten oder Kostenbestandteile, die aufgrund einer Überlassung betriebsnotweniger Anlagegüter durch Dritte anfallen,
9. jährliche tatsächliche Kosten der genehmigten Investitionsmaßnahmen für die Erweiterung und Umstrukturierung in die Transportnetze jeweils als Summenwert,
10. die ermittelten Kennzahlen zur Versorgungsqualität sowie die ermittelten Kennzahlenvorgaben zur Netzzuverlässigkeit und Netzleistungsfähigkeit einschließlich der zur Bestimmung der Strukturparameter verwendeten Größen und der daraus abgeleiteten Strukturparameter selbst und die Abweichungen der Netzbetreiber von diesen Kennzahlenvorgaben wie auch die daraus resultierenden Zu- oder Abschläge auf die Erlösobergrenzen,
11. Summe der Kosten für das Engpassmanagement nach § 21a Absatz 5a, einschließlich der Summe der saldierten geleisteten und erhaltenen Zahlungen für den finanziellen Ausgleich nach § 13a Absatz 2 und 5 Satz 3 sowie für den finanziellen Ersatz nach § 14 Absatz 1c Satz 2,
12. die jährliche Entwicklung der Summe der Kosten für die folgenden Systemdienstleistungen der Übertragungsnetzbetreiber,
    a) für Kraftwerksreserven der Transportnetzbetreiber Strom nach den §§ 13b, 13d, 13e und 13g sowie
    b) für die gesicherte Versorgung von Kraftwerken mit Gas außerhalb der Netzreserve nach § 13f,
13. die Daten, die bei der Ermittlung des generellen sektoralen Produktivitätsfaktors Verwendung finden,
14. die in der Entscheidung nach § 23 der Anreizregulierungsverordnung genannten Daten, ausgenommen Betriebs- und Geschäftsgeheimnisse Dritter,
15. Kosten für die erforderliche Inanspruchnahme vorgelagerter Netzebenen als Summenwert und
16. Kosten für die an Betreiber einer dezentralen Erzeugungsanlage und an vorgelagerte Netzbetreiber aufgrund von dezentraler Einspeisung gezahlten vermiedenen Netzentgelte als Summenwert.
²Von einer Veröffentlichung der Daten nach Satz 1 Nummer 7, 8 und 12 ist abzusehen, wenn durch die Veröffentlichung Rückschlüsse auf Kosten oder Preise Dritter möglich sind.

EnWG § 23b Teil 3. Regulierung des Netzbetriebs

(2) Sonstige Befugnisse der Regulierungsbehörde, Informationen und Daten zu veröffentlichen sowie im Einzelfall oder durch Festlegung nach § 29 Absatz 1 die Veröffentlichung von Informationen und Daten anzuordnen, bleiben unberührt.

(3) Die Regulierungsbehörde kann die Betreiber von Energieversorgungsnetzen durch Festlegungen nach § 29 Absatz 1 verpflichten, die Daten nach Absatz 1 an sie zu übermitteln sowie Vorgaben zu Umfang, Zeitpunkt und Form der mitzuteilenden Daten, insbesondere zu den zulässigen Datenformaten, Datenträgern und Übertragungswegen treffen.

Überblick

§ 23b regelt Veröffentlichungspflichten der Regulierungsbehörden von verschiedenen netzbetreiberbezogenen Daten im Zusammenhang mit der Entgeltregulierung der Strom- und Gasnetzbetreiber. Eine Auflistung der einzelnen Daten erfolgt in Absatz 1 Satz Nummer 1–16. Absatz 1 Satz 2 enthält eine Ausnahmeregelung, wenn Rückschlüsse auf Kosten oder Preise Dritter möglich sind. Sonstige Veröffentlichungsbefugnisse der Regulierungsbehörde sind von Absatz 1 nicht erfasst (Absatz 2). Absatz 3 enthält eine Festlegungsbefugnis, mit welcher die Regulierungsbehörde die Netzbetreiber verpflichten kann die entsprechenden Daten in vorgegebener Form an sie zu übermitteln.

Übersicht

	Rn.		Rn.
A. Normzweck und Bedeutung	1	8. Ausgangsniveau, Bilanzpositionen, Messzahl und Hebesatz (Nr. 8)	28
B. Entstehungsgeschichte	4	9. Kosten für Investitionsmaßnahmen (Nr. 9)	32
C. Zuständigkeit, Inhalt und Form der Veröffentlichung	9	10. Daten zum Qualitätselement (Nr. 10)	34
		11. Daten zum Engpassmanagement (Nr. 11)	35
D. Zu veröffentlichende Daten (Abs. 1)	13	12. Kosten für Systemdienstleistungen (Nr. 12)	38
I. Regel: Umfassende Veröffentlichung (S. 1)	13	13. Daten des generellen sektoralen Produktivitätsfaktors (Nr. 13)	40
1. Kalenderjährliche Erlösobergrenze (Nr. 1)	14		
2. Aufschlag auf die Erlösobergrenze für Kapitalkosten (Nr. 2)	17	14. Die in den Entscheidungen nach § 23 der ARegV genannten Daten (Nr. 14)	42
3. Dauerhaft nicht beeinflussbare und volatile Kostenanteile (Nr. 3)	18	15. Inanspruchnahme vorgelagerter Netzebenen (Nr. 15)	44
4. Beeinflussbare und vorübergehend nicht beeinflussbare Kostenanteile (Nr. 4)	20	16. Kosten für vermiedene Netzentgelte (Nr. 16)	45
5. Kosten für Forschungs- und Entwicklungsvorhaben (Nr. 5)	21	II. Ausnahme: Kosten oder Preise Dritter	46
6. Werte zu berücksichtigender Mengeneffekte (Nr. 6)	23	E. Sonstige Befugnisse zur Veröffentlichung (Abs. 2)	47
7. Unternehmensindividuelle Effizienzwerte (Nr. 7)	25	F. Festlegungskompetenz (Abs. 3)	48

A. Normzweck und Bedeutung

1 § 23b dient dem Ziel, Verfahren und Ergebnisse der Netzentgeltregulierung der Strom- und Gasnetzbetreiber transparenter und nachvollziehbarer zu machen. Zu veröffentlichen sind folglich Daten, die für die Netzentgeltregulierung relevant sind. § 23b ermöglicht die Veröffentlichung dieser netzbetreiberbezogenen Daten in nicht anonymisierter Form. Netzbetreibern und Netznutzern werde durch die Veröffentlichung die Nachprüfbarkeit der Entscheidungen der Regulierungsbehörden erleichtert, so die Gesetzesbegründung. Überdies verbessere die Regelung im Ergebnis die Treffgenauigkeit des Effizienzvergleichs und diene damit objektiv auch den Interessen der Netzbetreiber. Netzbetreiber erhielten zugleich einen zusätzlichen Anreiz zur Steigerung ihrer Effizienz (BT-Drs. 19/27453, 107).

2 Der transparente Umgang mit den für die Regulierung der Netzentgelte relevanten Daten soll zudem die Akzeptanz der Regulierungsentscheidungen erhöhen und einen Beitrag zur Selbstregulierung leisten. Durch die nicht anonymisierte Form der Veröffentlichung sind die jeweiligen Informationen den einzelnen Netzbetreibern zuzuordnen (BT-Drs. 19/27453, 107).

Im Rahmen seiner verfassungsrechtlichen Güterabwägung kam der Gesetzgeber zu dem Ergebnis, dass die Gemeinwohlbelange das Geheimhaltungsinteresse der Netzbetreiber überwiege, weil die Veröffentlichungen nicht nur einzelne Netzbetreiber, sondern ausnahmslos alle Netzbetreiber betreffe und vor dem Hintergrund des natürlichen Monopols die Offenbarung der Daten in dem Verhältnis der Netzbetreiber untereinander nicht geeignet sei, die Stellung im Wettbewerb relevant zu verschlechtern oder zu verbessern. Zudem überwiege das besonders hohe Interesse der Allgemeinheit an einer effektiven Anreizregulierung, Kontrolle der Verwaltungsbehörden und Nachvollziehbarkeit ihrer Entscheidungen, insbesondere des Effizienzvergleichs (BT-Drs. 19/27453, 107). 3

B. Entstehungsgeschichte

§ 23b wurde mit dem „Gesetz zur Umsetzung unionsrechtlicher Vorgaben und zur Regelung reiner Wasserstoffnetze im Energiewirtschaftsrecht" vom 16. Juli 2021 (BGBl. I 3026 (3038))) neu in das EnWG eingefügt, das der Umsetzung der Elektrizitätsbinnenmarktrichtlinie vom 5. Juni 2019 (RL (EU) 2019/944, ABl. L 158, 125) und der Erneuerbaren-Energien-Richtlinie vom 11. Dezember 2018 (RL (EU) 2018/2001, ABl. L 328, 82), diente. Die nunmehr in § 23b enthaltenen Vorschriften zur Veröffentlichung netzbetreiberbezogener Daten durch die Regulierungsbehörden waren zuvor in § 31 ARegV geregelt, der mit Einfügung des § 23b in das EnWG aufgehoben wurde. Dabei wurde der Text des § 31 Abs. 1 ARegV nicht wörtlich übernommen, vielmehr wurde die Liste der Veröffentlichungen inhaltlich erweitert und zudem Formulierungen zum Teil angepasst. 4

Hintergrund für die Ersetzung des § 31 ARegV durch § 23b waren zwei Entscheidungen des BGH, der die Regelungen des § 31 ARegV teilweise für nichtig erklärte (BGH BeckRS 2018, 36759; BeckRS 2020, 5729). Der BGH hatte entschieden, dass die Veröffentlichung von solchen unternehmensbezogenen Daten eines Netzbetreibers, die Betriebs- und Geschäftsgeheimnisse sind, unzulässig sei, da die bisherige Regelung des § 31 ARegV nicht von einer ausreichenden gesetzlichen Grundlage gedeckt sei. Zwar sei die Verordnungsermächtigung des § 21a Abs. 6 S. 1 Nr. 2 grundsätzlich einschlägig, diese sei aber einschränkend dahingehend auszulegen, dass sie nur zur Veröffentlichung solcher Daten berechtige, die keine Betriebs- und Geschäftsgeheimnisse seien. Unzulässig waren nach der Entscheidung des BGH die Veröffentlichungen nach § 31 Abs. 1 Nr. 3, 4 (teilweise) und 6–11 ARegV. 5

Vor diesem Hintergrund entschied sich der Gesetzgeber, die Veröffentlichungen durch die Regulierungsbehörden auch auf Betriebs- und Geschäftsgeheimnisse der Netzbetreiber zu erstrecken, indem er die Veröffentlichungsbefugnisse nunmehr unmittelbar im EnWG anordnet. Laut Gesetzesbegründung werde mit § 23b nunmehr eine ausreichende gesetzliche Grundlage im EnWG selbst geschaffen, die eine Veröffentlichung von netzbetreiberbezogenen Daten in nicht anonymisierter Form ermögliche. Mit der neuen Regelung würden die Vorgaben des § 71 sowie des § 30 des Verwaltungsverfahrensgesetzes insbesondere mit dem Ziel eingeschränkt, die für die Anreizregulierung erforderliche Transparenz zu gewährleisten (BT-Drs. 19/27453, 107). 6

Nach einer Entscheidung des OLG Düsseldorf (EnWZ 2022, 371) ergibt sich aus § 23b gleichwohl kein allumfassendes Transparenzgebot. Daher besteht für Informationen, die über die gemäß § 23b zwingend zu veröffentlichenden Daten hinausgehen, weiterhin das Bedürfnis, diese zu schwärzen. Insoweit greift weiterhin der Anspruch der Beteiligten eines Verwaltungsverfahrens nach § 71 iVm § 30 VwVfG Bund, ihre Geheimnisse nicht unbefugt zu offenbaren. 7

Zu den allgemeinen Grundsätzen des Geheimnisschutzes und dem Verfahren bei Schwärzungen von Entscheidungen der BNetzA hat diese ein Hinweispapier auf ihrer Internetseite veröffentlicht (BNetzA, Hinweispapier zu Schwärzungen, Stand September 2022, abrufbar unter: www.bundesnetzagentur.de) Danach können im Einzelfall etwa Daten und Informationen Dritter, personenbezogene Daten oder Informationen mit Relevanz für die öffentliche Sicherheit schutzwürdig sein. 8

C. Zuständigkeit, Inhalt und Form der Veröffentlichung

Adressat der im Zuge der EnWG-Novelle 2021 neu geschaffenen Transparenzregelung des § 23b ist die jeweils zuständige Regulierungsbehörde. Ob dies die BNetzA oder eine 9

Landesregulierungsbehörde ist, richtet sich nach der Zuständigkeitsverteilung zwischen Bund und Ländern gemäß § 54.

10 § 23b verpflichtet die zuständige Regulierungsbehörde zur Veröffentlichung der in Absatz 1 Nummer 1–16 aufgeführten Daten auf ihrer Internetseite, einschließlich etwaiger darin enthaltener Betriebs- und Geschäftsgeheimnisse, unternehmensbezogen in nicht anonymisierter Form. § 23b enthält somit eine umfassende Veröffentlichungspflicht der in Absatz 1 numerisch aufgelisteten Daten der Netzbetreiber. Ausgenommen sind lediglich Daten gemäß Satz 1 Nummern 7, 8 und 12, wenn durch ihre Veröffentlichung Rückschlüsse auf Kosten oder Preise Dritter möglich sind (Absatz 1 Satz 2).

11 Die BNetzA veröffentlicht die Daten zu den Kosten der Strom- und Gasnetzbetreiber, die von ihr reguliert werden, auf ihrer Internetseite im Datenblatt der Strom- und Gasnetzbetreiber nach § 23b. Das Datenblatt enthält Erläuterungen zu den zu veröffentlichenden Daten sowie die unternehmensindividuellen Daten der einzelnen Netzbetreiber. Die Daten werden regelmäßig im ersten und vierten Quartal eines Jahres aktualisiert.

12 Einzelne Daten werden zudem nicht im Datenblatt der Strom- und Gasnetzbetreiber nach § 23b, sondern in den jeweiligen Verwaltungsverfahren veröffentlicht, die ebenfalls auf der Internetseite sowie im Amtsblatt der BNetzA veröffentlicht werden. Dies sind die ermittelten unternehmensindividuellen Effizienzwerte sowie die hierbei erhobenen und geprüften Parameter zur Abbildung struktureller Unterschiede (Absatz 1 Nummer 7), ermittelte Kennzahlen zur Versorgungsqualität (Absatz 1 Nummer 10), ermittelte Kennzahlenvorgaben zur Netzzuverlässigkeit und Netzleistungsfähigkeit einschließlich der zur Bestimmung der Strukturparameter verwendeten Größen und der daraus abgeleiteten Strukturparameter selbst und die Abweichungen der Netzbetreiber von diesen Kennzahlenvorgaben (Absatz 1 Nummer 10), alle Daten, die bei der Ermittlung des generellen sektoralen Produktivitätsfaktors Verwendung finden (Absatz 1 Nummer 13) und die in der Entscheidung zu Investitionsmaßnahmen nach § 23 ARegV genannten Daten (Absatz 1 Nummer 14).

12a Seit Dezember 2022 können die veröffentlichen Daten der Regulierungsbehörden von Bund und Ländern auf der Internetseite www.netzentgelttransparenz.de eingesehen werden.

D. Zu veröffentlichende Daten (Abs. 1)

I. Regel: Umfassende Veröffentlichung (S. 1)

13 Die zuständige Regulierungsbehörde ist zur Veröffentlichung der in Absatz 1, Nummern 1–16 aufgeführten Daten auf ihrer Internetseite, einschließlich etwaiger darin enthaltener Betriebs- und Geschäftsgeheimnisse, unternehmensbezogen in nicht anonymisierter Form verpflichtet.

1. Kalenderjährliche Erlösobergrenze (Nr. 1)

14 Die Regulierungsbehörde hat den von ihr gemäß § 4 Abs. 2 ARegV gegenüber dem Netzbetreiber festgelegten Wert der anzuwendenden kalenderjährlichen Erlösobergrenze zu veröffentlichen. Die Erlösobergrenze stellt den von einem Netzbetreiber pro Kalenderjahr zulässigerweise zu erzielenden Gesamterlös aus den Netzentgelten nach Maßgabe der §§ 5 bis 17, 19, 22 und 24 ARegV dar.

15 Die von der Regulierungsbehörde veröffentlichten Daten stammen aus den jeweiligen Festlegungen der Erlösobergrenze, die vor Beginn einer Regulierungsperiode gegenüber dem Netzbetreiber per Verwaltungsakt festgelegt wird. Sie entsprechen daher nicht der im jeweiligen Jahr tatsächlich angewandten Erlösobergrenze. Ausgangsbasis für die Festlegung der Erlösobergrenzen ist vielmehr eine Kostenprüfung der Netzkosten eines Netzbetreibers jeweils im vorletzten Kalenderjahr vor Beginn der nächsten Regulierungsperiode auf der Grundlage der handelsrechtlichen Jahresabschlüsse des letzten abgeschlossenen Geschäftsjahres (sog. „Basis"- oder „Fotojahr").

16 Zudem hat die Regulierungsbehörde die vom Netzbetreiber bzw. auf dessen Antrag während der laufenden Regulierungsperiode gemäß § 4 Abs. 3 und 4 ARegV angepasste Erlösobergrenze zu veröffentlichen.

2. Aufschlag auf die Erlösobergrenze für Kapitalkosten (Nr. 2)

Die Regulierungsbehörde hat den gemäß § 10a Abs. 1 ARegV für das jeweilige Kalenderjahr auf Antrag des Netzbetreibers genehmigten Kapitalkostenaufschlag zu veröffentlichen. Die Regulierungsbehörde genehmigt einen Kapitalkostenaufschlag auf die Erlösobergrenze für Kapitalkosten, die dem Netzbetreiber aufgrund von nach dem Basisjahr getätigten Investitionen in den Bestand betriebsnotwendiger Anlagegüter entstehen. 17

3. Dauerhaft nicht beeinflussbare und volatile Kostenanteile (Nr. 3)

Die Regulierungsbehörde hat die in der Erlösobergrenzen-Festlegung gemäß § 11 Abs. 2 ARegV beschlossenen sowie die gemäß § 4 Abs. 3 S. 1 Nr. 2 ARegV vom Netzbetreiber angepassten dauerhaft nicht beeinflussbaren Kosten zu veröffentlichen. Dauerhaft nicht beeinflussbaren Kosten sind Kostenanteile, die auf nicht zurechenbaren strukturellen Unterschieden der Versorgungsgebiete, auf gesetzlichen Abnahme- und Vergütungspflichten, Konzessionsabgaben und Betriebssteuern beruhen (§ 21a Abs. 4). Die zu veröffentlichenden Daten stammen aus dem Erhebungsbogen zur jährlichen Anpassung der Erlösobergrenze. 18

Die Regulierungsbehörde hat zudem die in der Erlösobergrenzen-Festlegung beschlossenen sowie die gemäß § 4 Abs. 3 S. 1 Nr. 3 ARegV vom Netzbetreiber angepassten volatilen Kostenanteile nach § 11 Abs. 5 ARegV zu veröffentlichen. Die volatilen Kosten finden, ebenso wie die beeinflussbaren und vorübergehend nicht beeinflussbaren Kostenanteile – und anders als die dauerhaft nicht beeinflussbaren Kostenanteilen – Berücksichtigung im Effizienzvergleich gemäß § 12 ARegV, durch den netzbetreiberindividuelle Effizienzwerte ermittelt und Ineffizienzen aufgedeckt werden sollen. 19

4. Beeinflussbare und vorübergehend nicht beeinflussbare Kostenanteile (Nr. 4)

Die Regulierungsbehörde hat die gemäß § 11 Abs. 4 ARegV in der Erlösobergrenze festgelegten kalenderjährlichen beeinflussbaren sowie die nach § 11 Abs. 3 ARegV vorübergehend nicht beeinflussbaren Kostenanteile zu veröffentlichen. § 11 ARegV enthält die Legaldefinition der beeinflussbaren und nicht beeinflussbaren Kostenanteile. Ebenso wie die volatilen Kostenanteile finden diese Berücksichtigung im Effizienzvergleich gemäß § 12 ARegV, durch den netzbetreiberindividuelle Effizienzwerte ermittelt und Ineffizienzen aufgedeckt werden sollen. Die zu veröffentlichenden Werte stammen aus den jeweiligen Erlösobergrenzen-Festlegungen, die gegenüber den einzelnen Netzbetreibern erlassen wurden. 20

5. Kosten für Forschungs- und Entwicklungsvorhaben (Nr. 5)

Gemäß Nummer 5 hat die Regulierungsbehörde die in der vorgegebenen kalenderjährlichen Erlösobergrenze enthaltenen Kosten aufgrund von Forschungs- und Entwicklungsvorhaben im Rahmen der staatlichen Energieforschungsförderung, welche durch eine zuständige Behörde eines Landes oder des Bundes bewilligt wurde, sowie deren jährliche Anpassung durch den Netzbetreiber zu veröffentlichen. Kostenbestandteile für Forschungs- und Entwicklungsvorhaben sind gemäß § 11 Abs. 2 Nr. 12a ARegV iVm § 25a ARegV als dauerhaft nicht beeinflussbare Kosten qualifiziert. 21

Die BNetzA veröffentlicht in ihrem Datenblatt der Strom- und Gasnetzbetreiber nach § 23b bezüglich der im Rahmen der Festlegung der Erlösobergrenze „beschlossenen" Kosten für Forschungs- und Entwicklungsvorhaben stets eine null, da aufgrund der Systematik die Höhe der dauerhaft nicht beeinflussbaren Kosten nach § 25a ARegV in der EOG-Festlegung immer null Euro betrage. Die Regulierungsbehörde veröffentlicht zudem die gemäß § 4 Abs. 3 S. 1 Nr. 2 ARegV iVm § 11 Abs. 2 Nr. 12a ARegV vom Netzbetreiber bei der Anpassung berücksichtigten Zuschlag für Forschungs- und Entwicklungskosten. 22

6. Werte zu berücksichtigender Mengeneffekte (Nr. 6)

Gemäß § 21a Abs. 3 S. 4 sind bei den Vorgaben für die Erlösobergrenzenregelung die Auswirkungen jährlich schwankender Verbrauchsmengen auf die Gesamterlöse der Netzbetreiber (Mengeneffekte) zu berücksichtigen. Der Netzbetreiber soll auf sinkende oder stei- 23

EnWG § 23b   Teil 3. Regulierung des Netzbetriebs

gende Absatzmengen reagieren können, indem er seine Preise entsprechend anpasst und die zulässigen Erlöse hierauf verteilt. Da jedoch die Mengen niemals so eintreten wie prognostiziert, muss ein Ausgleich erfolgen, da der Netzbetreiber sonst zu hohe oder zu geringe Erlöse über die Dauer der Regulierungsperiode vereinnahmen würde. Dieser Ausgleich erfolgt über das Regulierungskonto gemäß § 5 ARegV (vgl. BR-Drs. 165/21, 125 sowie Kment EnWG/Albrecht/Herrmann § 21a Rn. 54 und Holznagel/Schütz/Schütz/Schreiber § 21a Rn. 148).

24   Gemäß § 5 ARegV wird die Differenz zwischen den nach § 4 ARegV zulässigen Erlösen und den vom Netzbetreiber unter Berücksichtigung der tatsächlichen Mengenentwicklung erzielbaren Erlösen jährlich vom Netzbetreiber ermittelt und auf dem Regulierungskonto verbucht. Die Regulierungsbehörde hat folglich den gemäß § 5 Abs. 3 S. 1 ARegV durch die Regulierungsbehörde genehmigten Regulierungskontosaldo sowie die beschlossene Annuität (aufgeteilt nach dem jeweiligen Saldo der Kalenderjahre, aus der die Annuität resultiert) nach § 5 Abs. 3 S. 2 ARegV zu veröffentlichen.

7. Unternehmensindividuelle Effizienzwerte (Nr. 7)

25   Die Bestimmung der kalenderjährlichen Erlösobergrenzen setzt die Durchführung eines bundesweiten Effizienzvergleichs unter den Netzbetreibern durch die Regulierungsbehörde nach den §§ 12–16 iVm Anlage 3 ARegV voraus. Die Regulierungsbehörde ermittelt für jeden Netzbetreiber im Regelverfahren einen individuellen Effizienzwert (gem. § 12 ARegV). Durch diesen Effizienzvergleich soll die relative Kosteneffizienz des Netzbetreibers bestimmt werden. Auf diese Weise wird nicht ein auf theoretischer Basis gebildeter Netzbetreiber als „Benchmarker" für den bzw. die Netzbetreiber herangezogen, sondern real existierende Netzbetreiber. Das Verfahren dient dazu, netzbetreiberindividuelle Ineffizienzen aufzudecken.

26   Die BNetzA veröffentlicht gemäß Nummer 7 die zur Bestimmung der Ineffizienzen nach § 15 Abs. 3 ARegV herangezogenen, nach §§ 12 bis 14, 22 oder 24 ARegV ermittelten Effizienzwerte, die die vier im Rahmen des „Best-of-four" ermittelten Effizienzwerte sind. Zudem veröffentlicht sie einen etwaigen Supereffizienzwert gemäß § 12a iVm Anlage 3 ARegV. Der Effizienzbonus ist anders als in § 31 Abs. 1 Nr. 5 ARegV aF in § 23b EnWG nicht explizit genannt, wird aber von der Regulierungsbehörde gleichwohl veröffentlicht, da es sich laut BGH nicht um ein Betriebs- und Geschäftsgeheimnis handele. Im vereinfachten Verfahren wird der nach § 24 Abs. 2 ARegV ermittelte Effizienzwert angegeben.

27   Die Regulierungsbehörde veröffentlicht zudem die zur Ermittlung der Effizienzwerte nach den §§ 12–14 ARegV herangezogenen Strukturparameter sowie die standardisierten und die nicht standardisierten Aufwandsparameter gemäß § 14 Abs. 1 ARegV.

8. Ausgangsniveau, Bilanzpositionen, Messzahl und Hebesatz (Nr. 8)

28   Die Regulierungsbehörde hat Daten zum ermittelten Ausgangsniveau, den bei der Ermittlung der kalkulatorischen Eigenkapitalverzinsung eingeflossenen Bilanzpositionen sowie der bei der Ermittlung der kalkulatorischen Gewerbesteuer verwendeten Messzahl und den Hebesatz zu veröffentlichen. Neben den Daten der Netzbetreiber sind zudem auch diejenigen Daten zu veröffentlichen, die aufgrund einer Überlassung betriebsnotweniger Anlagegüter durch Dritte anfallen (Verpächter).

29   Die Regulierungsbehörde hat das gemäß § 6 Abs. 1 ARegV ermittelte Ausgangsniveau, das in die Erlösobergrenzen-Festlegung eingeflossen ist, zu veröffentlichen. Das Ausgangsniveau wird von der Regulierungsbehörde im Wege der Kostenprüfung nach den Vorschriften des Teils 2 Abschnitt 1 der Gasnetzentgeltverordnung und des Teils 2 Abschnitt 1 der Stromnetzentgeltverordnung zur Bestimmung der Erlösobergrenze bestimmt. Die Kostenprüfung der Netzkosten eines Netzbetreibers erfolgt jeweils im vorletzten Kalenderjahr vor Beginn der nächsten Regulierungsperiode auf der Grundlage der handelsrechtlichen Jahresabschlüsse des letzten abgeschlossenen Geschäftsjahres (sog. „Basis"- oder „Fotojahr"). Da das Ausgangsniveau die Basis zur Festlegung der Erlösobergrenze bildet, ist ein hohes Ausgangsniveau im Basisjahr für die Netzbetreiber Voraussetzung für eine hohe Erlösobergrenze.

30   Die Regulierungsbehörde hat zudem die im Rahmen der Ermittlung des Ausgangsniveaus zur Bestimmung der kalkulatorischen Eigenkapitalverzinsung gemäß § 7 StromNEV/Gas-

NEV herangezogenen Bilanzpositionen zu veröffentlichen. Veröffentlicht werden gemäß Datenblatt der Strom- und Gasnetzbetreiber nach § 23b kalkulatorische Restwerte der Altanlagen bewertet zu historischen Anschaffungs- und Herstellungskosten und zu Tagesneuwerten, kalkulatorische Restwerte der Neuanlagen, kalkulatorische Bilanzwerte der betriebsnotwendigen Finanzanlagen, kalkulatorische Bilanzwerte des betriebsnotwendigen Umlaufvermögens, der Steueranteil des Sonderpostens mit Rücklageanteil, die Summe des Abzugskapitals und das verzinsliche Fremdkapital. Veröffentlicht werden zudem die Summe des betriebsnotwendigen Vermögens und des betriebsnotwendigen Eigenkapitals.

Nach Nummer 8 veröffentlicht die Regulierungsbehörde zudem die bei der Ermittlung 31 des Ausgangsniveaus zur Bestimmung der kalkulatorischen Gewerbesteuer gemäß § 8 StromNEV/GasNEV herangezogene Messzahl sowie den bei der Ermittlung des Ausgangsniveaus zur Bestimmung der kalkulatorischen Gewerbesteuer ebenfalls gemäß § 8 StromNEV/GasNEV herangezogenen Hebesatz.

9. Kosten für Investitionsmaßnahmen (Nr. 9)

Die Regulierungsbehörde veröffentlicht den gemäß § 4 Abs. 3 S. 2 ARegV iVm 32 § 11 Abs. 2 Nr. 6 ARegV durch den Netzbetreiber angepassten Kostenanteil für Investitionsmaßnahmen. Kosten für Investitionsmaßnahmen gelten als dauerhaft nicht beeinflussbare Kosten. Diese genehmigt die BNetzA gemäß § 23 Abs. 1–5 ARegV für Erweiterungs- und Umstrukturierungsinvestitionen in die Übertragungs- und Fernleitungsnetze sowie gemäß § 23 Abs. 6 und 7 ARegV in die Verteilernetze.

Zu veröffentlichen sind die „jährlichen tatsächlichen Kosten". Dies sind folglich die Ist- 33 Kosten, die im nachträglichen Plan-Ist-Abgleich gemäß § 5 Abs. 1 S. 2 ARegV verwendet werden. Sie werden zunächst gemäß § 4 Abs. 3 S. 1 Nr. 2 Hs. 3 ARegV als Plankosten in der kalenderjährlichen Erlösobergrenze berücksichtigt und unterliegen dann dem Plan-Ist-Abgleich gemäß § 5 Abs. 1 S. 2 ARegV.

10. Daten zum Qualitätselement (Nr. 10)

Die Regulierungsbehörde veröffentlicht die Auf- und Abschläge auf die Erlösobergrenze 34 aus ihrem Beschluss zum Qualitätselement. Das Qualitätselement dient den Qualitätsvorgaben, die den langfristig angelegten, leistungsfähigen und zuverlässigen Betrieb des Versorgungsnetzes sichern sollen, § 18 ARegV. Nach § 19 Abs. 1 ARegV können daher Qualitätsvorgaben hinsichtlich der Netzzuverlässigkeit oder der -leistungsfähigkeit gemacht werden. Weicht ein Netzbetreiber hiervon ab, werden entsprechende Zu- bzw. Abschläge in der Erlösobergrenze berücksichtigt.

11. Daten zum Engpassmanagement (Nr. 11)

Die Regulierungsbehörde veröffentlicht die vom Übertragungsnetzbetreiber auf Grund- 35 lage der freiwilligen Selbstverpflichtung zu Redispatch-Maßnahmen jährlich gemäß § 4 Abs. 3 Nr. 2 ARegV iVm § 11 Abs. 2 S. 2 ARegV angepassten dauerhaft nicht beeinflussbaren Kosten für Redispatch-Maßnahmen nach § 13a.

§ 13a regelt die Anpassung von Einspeiseleistungen durch Anlagenbetreiber auf Anforde- 36 rung eines Übertragungsnetzbetreibers. Hierfür erhält der Anlagenbetreiber einen finanziellen Ausgleich gemäß § 13a Abs. 2. Veröffentlicht wird ein Summenwert, in dem die Auf- und Abschläge auf die Erlösobergrenze nach dem aufgrund von § 21a Abs. 5a in § 17 ARegV integrierten Anreizmechanismus für den Redispatch enthalten sind.

Zudem veröffentlicht die Regulierungsbehörde die vom Verteilnetzbetreiber gemäß 37 § 11 Abs. 5 S. 1 Nr. 2 ARegV angepassten dauerhaft nicht beeinflussbaren Kosten für Redispatch-Maßnahmen oder Erlöse der Vergütung nach §§ 13a, 14 Abs. 1 S. 1, Abs. 1c S. 2.

12. Kosten für Systemdienstleistungen (Nr. 12)

Die Regulierungsbehörde veröffentlicht die jährlich gemäß § 4 Abs. 3 Nr. 2 ARegV iVm 38 § 11 Abs. 2 S. 2 bzw. Abs. 2 Nr. 16 ARegV angepassten dauerhaft nicht beeinflussbaren Kosten der Übertragungsnetzbetreiber für Systemdienstleistungen gemäß § 13b, 13d, 13e, 13g und 13f.

39 Diese Regelungen zur Stilllegung von Anlagen (§ 13b), zur Netzreserve (§ 13d), zur Kapazitätsreserve (§ 13e), zur Stilllegung von Braunkohlekraftwerken (§ 13g) und zu den systemrelevanten Gaskraftwerken dienen der gesetzlichen Ermächtigung und Verpflichtung der Übertragungsnetzbetreiber, notwendige Maßnahmen zur Aufrechterhaltung der Sicherheit und Zuverlässigkeit des Elektrizitätsversorgungssystems zu ergreifen, vgl. den dreistufigen Maßnahmenkanon gemäß § 13.

13. Daten des generellen sektoralen Produktivitätsfaktors (Nr. 13)

40 Die Regulierungsbehörde veröffentlicht die Daten, die bei der Ermittlung des generellen sektoralen Produktivitätsfaktors gemäß § 9 ARegV Verwendung finden. Der generelle sektorale Produktivitätsfaktor ist, ebenso wie der Verbraucherpreisgesamtindex gemäß § 8 ARegV, Bestandteil der anzuwendenden Regulierungsformel gemäß § 7 ARegV iVm Anlage 1 ARegV. Beide gehen somit in die Erlösobergrenzen der Netzbetreiber nach § 4 Abs. 1 ARegV ein. Während durch § 8 ARegV die allgemeine Geldwertentwicklung für die Gesamtwirtschaft in den kalenderjährlichen Erlösobergrenzen der Netzbetreiber abgebildet wird, sollen die kalenderjährlichen Erlösobergrenzen durch den generellen sektoralen Produktivitätsfaktor iSd § 9 ARegV speziell den Produktivitätsfortschritt im Bereich der Netzwirtschaft widerspiegeln.

41 Seit der dritten Regulierungsperiode ermittelt die BNetzA den generellen sektoralen Produktivitätsfaktor jeweils vor Beginn der Regulierungsperiode für die gesamte Regulierungsperiode unter Einbeziehung der Daten von Netzbetreibern aus dem gesamten Bundesgebiet für einen Zeitraum von mindestens vier Jahren und veröffentlicht diesen in einem Beschluss.

14. Die in den Entscheidungen nach § 23 der ARegV genannten Daten (Nr. 14)

42 Die Regulierungsbehörde veröffentlicht die Entscheidungen zur Genehmigung von Investitionsmaßnahmen gemäß § 23 ARegV. Ausgenommen sind Betriebs- und Geschäftsgeheimnisse Dritter. Gemäß der Gesetzesbegründung umfasst die Veröffentlichung die Summe der Anschaffungs- und Herstellungskosten des Gesamtprojektes, eine Aufteilung auf ein genaues Mengengerüst oder auf einzelne Anlagengruppen erfolge hingegen nicht (BT-Drs. 19/27453, 111).

43 Anders als gemäß Nummer 9 handelt es sich bei den gemäß Nummer 14 zu veröffentlichenden Informationen um die planbasierten Angaben, die beispielsweise in Bezug auf die Anschaffungs- und Herstellungskosten in einem hohen Aggregationslevel veröffentlicht werden und eine sehr frühe Planungsphase darstellen (BT-Drs. 19/27453, 111).

15. Inanspruchnahme vorgelagerter Netzebenen (Nr. 15)

44 Die Regulierungsbehörde hat die gemäß § 4 Abs. 3 Nr. 2 ARegV iVm § 11 Abs. 2 Nr. 4 ARegV angepassten vorgelagerten Netzkosten der Netzbetreiber zu veröffentlichen. Dies umfasst die an vorgelagerte Netzbetreiber gezahlten Netzentgelte. Sie sind dauerhaft nicht beeinflussbare Kostenanteile.

16. Kosten für vermiedene Netzentgelte (Nr. 16)

45 Die Regulierungsbehörde hat die gemäß § 4 Abs. 3 Nr. 2 ARegV iVm § 11 Abs. 2 Nr. 8 ARegV, § 18 StromNEV angepassten vermiedenen Netzentgelte zu veröffentlichen. Hierbei handelt es sich um Zahlungen, die Netzbetreiber an dezentrale Erzeuger für die Vermeidung der Nutzung vorgelagerter Netzebenen zu leisten haben.

II. Ausnahme: Kosten oder Preise Dritter

46 Von einer Veröffentlichung der Daten nach Satz 1 Nummern 7, 8 und 12 muss die Regulierungsbehörde absehen, wenn hierdurch Rückschlüsse auf Kosten oder Preise Dritter möglich sind. Denn wenn Rückschlüsse auf die Kosten oder Preise Dritter (etwa einzelner Anbieter von Systemdienstleistungen im Sinne der Nummer 12) möglich sind, kann dies mit Nachteilen für die künftige Leistungserbringung verbunden sein. Dies ist insbesondere

dann der Fall, wenn nur ein oder zwei Anbieter/Verpflichtete in den Kosten des Netzbetreibers enthalten sind. Satz 2 regelt deshalb, dass die Regulierungsbehörde in diesem Fall auf die Veröffentlichung verzichten muss. In den übrigen Fällen sind Rückschlüsse auf wettbewerbliche Informationen Dritter nach Auffassung des Gesetzgebers ausgeschlossen (vgl. Begründung zu Nr. 12, BT-Drs. 19/27453, 110 f.).

E. Sonstige Befugnisse zur Veröffentlichung (Abs. 2)

Sonstige gesetzliche Befugnisse zur Veröffentlichung der Regulierungsbehörden zu handelsrechtlichen Zahlen bestehen etwa gemäß § 6b, nach Europarecht sowie im Rahmen der Markttransparenz. Diese Pflichten bleiben unberührt. 47

F. Festlegungskompetenz (Abs. 3)

Die Regulierungsbehörde kann die Betreiber von Energieversorgungsnetzen durch Festlegungen nach § 29 Abs. 1 verpflichten, die Daten nach Absatz 1 an sie zu übermitteln. Die Möglichkeit, die Netzbetreiber zur Datenübermittlung zu verpflichten, dient einer effizienten Datenerhebung und -veröffentlichung. Sie dient zudem der Veröffentlichung der in Absatz 1 genannten Daten, sofern Regulierungsbehörden nicht über eine Datenbank verfügen, in der die nach zu veröffentlichenden aktuellen Daten für die Unternehmen in ihrer jeweiligen Zuständigkeit zusammengefasst sind (vgl. BT-Drs. 19/27453, 112). 48

Die Regulierungsbehörde kann zudem Vorgaben zu Umfang, Zeitpunkt und Form der mitzuteilenden Daten, insbesondere zu den zulässigen Datenformaten, Datenträgern und Übertragungswegen machen. 49

§ 23c Veröffentlichungspflichten der Netzbetreiber

(1) Betreiber von Elektrizitätsversorgungsnetzen haben jeweils zum 1. April eines Jahres folgende Strukturmerkmale ihres Netzes und netzrelevanten Daten auf ihrer Internetseite zu veröffentlichen:
1. die Stromkreislänge jeweils der Kabel- und Freileitungen in der Niederspannungs-, Mittelspannungs-, Hoch- und Höchstspannungsebene zum 31. Dezember des Vorjahres,
2. die installierte Leistung der Umspannebenen zum 31. Dezember des Vorjahres,
3. die im Vorjahr entnommene Jahresarbeit in Kilowattstunden pro Netz- und Umspannebene,
4. die Anzahl der Entnahmestellen jeweils für alle Netz- und Umspannebenen,
5. die Einwohnerzahl im Netzgebiet von Betreibern von Elektrizitätsversorgungsnetzen der Niederspannungsebene zum 31. Dezember des Vorjahres,
6. die versorgte Fläche zum 31. Dezember des Vorjahres,
7. die geographische Fläche des Netzgebietes zum 31. Dezember des Vorjahres,
8. jeweils zum 31. Dezember des Vorjahres die Anzahl der Entnahmestellen mit einer viertelstündlichen registrierenden Leistungsmessung oder einer Zählerstandsgangmessung und die Anzahl der sonstigen Entnahmestellen,
9. den Namen des grundzuständigen Messstellenbetreibers sowie
10. Ansprechpartner im Unternehmen für Netzzugangsfragen.

(2) Betreiber von Übertragungsnetzen sind ferner verpflichtet, folgende netzrelevanten Daten unverzüglich und in geeigneter Weise, zumindest auf ihrer Internetseite, zu veröffentlichen und zwei Jahre verfügbar zu halten:
1. die Summe der Stromabgaben aus dem Übertragungsnetz über direkt angeschlossene Transformatoren und Leitungen an Elektrizitätsverteilernetze und Letztverbraucher (vertikale Netzlast) viertelstundenscharf in Megawatt pro Viertelstunde,
2. die Jahreshöchstlast pro Netz- und Umspannebene sowie den Lastverlauf als viertelstündige Leistungsmessung,
3. die Netzverluste,

4. den viertelstündigen Regelzonensaldo in Megawattstunden pro Viertelstunde sowie die tatsächlich abgerufene Minutenreserve,
5. die grenzüberschreitenden Lastflüsse zusammengefasst je Kuppelstelle inklusive einer Vorschau auf die Kapazitätsvergabe,
6. die marktrelevanten Ausfälle und Planungen für Revisionen der Übertragungsnetze,
7. die Mengen und die durchschnittlichen jährlichen Beschaffungspreise der Verlustenergie und
8. Daten zur prognostizierten Einspeisung von Windenergie und Solarenergie auf Grundlage der vortägigen Prognosen, die auch die Betreiber von Übertragungsnetzen verwenden, und zur tatsächlichen Einspeisung anhand der Daten, die die Betreiber von Übertragungsnetzen untereinander verrechnen in Megawatt pro Viertelstunde.

(3) Betreiber von Elektrizitätsverteilernetzen sind ferner verpflichtet, folgende netzrelevanten Daten unverzüglich in geeigneter Weise, zumindest auf ihrer Internetseite, zu veröffentlichen:
1. die Jahreshöchstlast pro Netz- und Umspannebene sowie den Lastverlauf als viertelstündige Leistungsmessung,
2. die Netzverluste,
3. die Summenlast der nicht leistungsgemessenen Kunden und die Summenlast der Netzverluste,
4. die Summenlast der Fahrplanprognosen für Lastprofilkunden und die Restlastkurve der Lastprofilkunden bei Anwendung des analytischen Verfahrens,
5. die Höchstentnahmelast und der Bezug aus der vorgelagerten Netzebene,
6. die Summe aller Einspeisungen pro Spannungsebene und im zeitlichen Verlauf und
7. die Mengen und Preise der Verlustenergie.

(4) Betreiber von Gasversorgungsnetzen haben jeweils zum 1. April eines Jahres folgende Strukturmerkmale ihres Netzes und netzrelevanten Daten auf ihrer Internetseite zu veröffentlichen:
1. die Länge des Gasleitungsnetzes jeweils getrennt für die Niederdruck-, Mitteldruck- und Hochdruckebene zum 31. Dezember des Vorjahres,
2. die Länge des Gasleitungsnetzes in der Hochdruckebene nach Leitungsdurchmesserklassen,
3. die im Vorjahr durch Weiterverteiler und Letztverbraucher entnommene Jahresarbeit in Kilowattstunden oder in Kubikmetern,
4. die Anzahl der Ausspeisepunkte jeweils für alle Druckstufen,
5. die zeitgleiche Jahreshöchstlast aller Entnahmen in Megawatt oder Kubikmetern pro Stunde und den Zeitpunkt des jeweiligen Auftretens,
6. die Zuordenbarkeit jeder Entnahmestelle zu einem oder mehreren Marktgebieten,
7. die Mindestanforderungen an allgemeine Geschäftsbedingungen für Ein- oder Ausspeiseverträge und an Bilanzkreisverträge sowie die Kooperationsvereinbarungen zum Netzzugang sowie
8. für den Netzanschluss von Biogas- und LNG-Anlagen neben den in § 19 Absatz 2 aufgeführten Angaben ferner, unter Wahrung von Betriebs- und Geschäftsgeheimnissen, die für die Prüfung des Netzanschlussbegehrens erforderlichen Angaben, die standardisierten Bedingungen für den Netzanschluss und eine laufend aktualisierte, übersichtliche Darstellung der Netzauslastung in ihrem gesamten Netz einschließlich der Kennzeichnung tatsächlicher oder zu erwartender Engpässe.

(5) ¹Betreiber von Fernleitungsnetzen sind ferner verpflichtet, folgende netzrelevanten Daten unverzüglich und in geeigneter Weise, zumindest auf ihrer Internetseite, zu veröffentlichen:
1. eine unter Betreibern angrenzender Netze abgestimmte einheitliche Bezeichnung für Netzkopplungspunkte oder Ein- oder Ausspeisezonen, unter denen dort Kapazität gebucht werden kann,

2. einmal jährlich Angaben über Termine von Kapazitätsversteigerungen auf der Kapazitätsbuchungsplattform, mindestens für die nächsten fünf Jahre im Voraus,
3. Angaben zu den Erlösen aus der Vermarktung von Kapazitäten mittels einer Auktionierung auf der Kapazitätsbuchungsplattform sowie
4. Angaben über die Ermittlung und Berechnung der Lastflusssimulation sowie mindestens einmal jährlich eine Dokumentation der durchgeführten kapazitätserhöhenden Maßnahmen und ihrer jeweiligen Kosten.
²Die Veröffentlichungspflichten der Fernleitungsnetzbetreiber nach Anhang I zur Verordnung (EG) Nr. 715/2009 bleiben unberührt.

(6) Betreiber von Gasverteilernetzen sind ferner verpflichtet, folgende netzrelevanten Daten unverzüglich und in geeigneter Weise, zumindest auf ihrer Internetseite, zu veröffentlichen:
1. die Gasbeschaffenheit bezüglich des Brennwerts „$H_{s,n}$" sowie am zehnten Werktag des Monats den Abrechnungsbrennwert des Vormonats an allen Ein- und Ausspeisepunkten,
2. Regeln für den Anschluss anderer Anlagen und Netze an das vom Netzbetreiber betriebene Netz sowie Regeln für den Zugang solcher Anlagen und Netze zu dem vom Netzbetreiber betriebenen Netz,
3. im örtlichen Verteilernetz die zur Anwendung kommenden Standardlastprofile sowie
4. im örtlichen Verteilernetz eine Karte, auf der schematisch erkennbar ist, welche Bereiche in einem Gemeindegebiet an das örtliche Gasverteilernetz angeschlossen sind.

(7) ¹Die Veröffentlichung der Angaben nach den Absätzen 1 bis 6 hat in einem gängigen Format zu erfolgen, für Angaben nach Absatz 5 ist zudem eine automatisierte Auslesung der veröffentlichten Daten von der Internetseite zu ermöglichen. ²Die Angaben nach den Absätzen 2, 3, Absatz 4 Nummer 7 und 8 sowie den Absätzen 5 und 6 sind bei Änderungen unverzüglich anzupassen, mindestens monatlich oder, falls es die Verfügbarkeit kurzfristiger Dienstleistungen erfordert, täglich. ³Fernleitungsnetzbetreiber haben die Angaben auf ihrer Internetseite zusätzlich in englischer Sprache zu veröffentlichen.

Überblick

Der in das EnWG neu eingeführte § 23c bündelt umfangreiche Veröffentlichungspflichten zu Netzstrukturmerkmalen und netzrelevanten Daten für die Betreiber von Strom- und Gasnetzen, welche zuvor in verschiedenen Rechtsverordnungen geregelt waren. Durch diese Bündelung sollen vor allem die Transparenz, Auffindbarkeit und Übersichtlichkeit bezüglich der Veröffentlichungspflichten weiter erhöht werden.

Die generelle Struktur der Norm zeigt, dass die Veröffentlichungspflichten nach den jeweiligen Marktrollen aufgeteilt sind. So finden sich in den Absätzen 1–3 die Veröffentlichungspflichten für Betreiber von Stromnetzen (→ Rn. 6 ff.) und in den Absätzen 4–6 ebensolche Pflichten für die Betreiber von Gasleitungen (→ Rn. 18 ff.). Absatz 7 enthält ergänzende Formanforderungen an die Veröffentlichungspflichten (→ Rn. 36 ff.).

Übersicht

	Rn.		Rn.
A. Normzweck und Bedeutung	1	F. Weitere Veröffentlichungspflichten für Gasversorgungsnetzbetreiber (Abs. 4)	18
B. Entstehungsgeschichte	4		
C. Veröffentlichungspflichten für Betreiber von Elektrizitätsversorgungsnetzen (Abs. 1)	6	G. Weitere Veröffentlichungspflichten für Fernleitungsnetzbetreiber (Abs. 5)	26
D. Weitere Veröffentlichungspflichten für Übertragungsnetzbetreiber (Abs. 2)	10	H. Weitere Veröffentlichungspflichten für Gasverteilernetzbetreiber (Abs. 6)	31
E. Weitere Veröffentlichungspflichten für Elektrizitätsverteilnetzbetreiber (Abs. 3)	15	I. Weitere Anforderungen an die Veröffentlichungen (Abs. 7)	36

EnWG § 23c

A. Normzweck und Bedeutung

1 § 23c dient dem Zweck, die Betreiber von Energieversorgungsnetzen betreffenden Veröffentlichungspflichten transparenter und übersichtlicher zu gestalten (BR-Drs. 165/21, 129). Die Transparenz zielt in dieser Vorschrift, wie auch schon in den einzelnen Vorgängervorschriften, hauptsächlich auf die wesentlichen Strukturmerkmale der Strom- und Gasnetze sowie einer Vielzahl und Vielfalt netzrelevanter Daten ab (BR-Drs. 245/05, 45). Mit § 23c wurde nun eine zentrale Vorschrift geschaffen, welche die bereits bestehenden Veröffentlichungspflichten zentral bündelt (BR-Drs. 165/21, 68). Die gemeinsame Verortung mit den Veröffentlichungspflichten der Regulierungsbehörden in § 23b soll ferner die Bedeutung von Datenveröffentlichungen hervorheben (BR-Drs. 165/21, 129).

2 Das Gesetz tritt an die Stelle verschiedenster Veröffentlichungspflichten in zentralen Verordnungen zum EnWG, wie insbesondere der StromNEV, StromNZV, GasNEV oder GasNZV. Die Veröffentlichungspflichten werden in § 23c dennoch nicht abschließend geregelt. Weitere Veröffentlichungspflichten der Netzbetreiber, beispielsweise nach § 24, bleiben unberührt (BR-Drs. 165/21, 130).

3 Innerhalb der Vorschrift ist zwischen den Absätzen 1–3 und 4–6 zu unterscheiden. So enthalten die Absätze 1–3 Veröffentlichungspflichten für die Betreiber von Elektrizitätsversorgungsnetzen und die Absätze 4–6 solche für die Betreiber von Gasversorgungsnetzen, sodass der Gesetzgeber innerhalb der Vorschrift für eine Zuordnung der Veröffentlichungspflichten innerhalb der Marktrollen gesorgt hat (BR-Drs. 165/21, 130).

B. Entstehungsgeschichte

4 Der Gesetzgeber hat § 23c mit dem Gesetz zur Umsetzung unionsrechtlicher Vorgaben und zur Regelung reiner Wasserstoffnetze im Energiewirtschaftsrecht (BGBl. 2021 I 3026 (3038)) vom 26. Juni 2021 neu in das EnWG eingeführt. Die Vorschrift führt Regelungen aus verschiedenen Gesetzen zusammen. So übernimmt § 23c im Wortlaut und inhaltlich unverändert die alten Fassungen der Reglungen des § 27 StromNEV, § 27 GasNEV, § 17 StromNZV und § 40 GasNZV. Ferner ersetzt § 23c die übernommenen Regelungen in den soeben genannten Verordnungen (BR-Drs. 165/21, 130).

5 Durch das Gesetz zur Änderung des Energiewirtschaftsrechts im Zusammenhang mit dem Klimaschutz-Sofortprogramm und zu Anpassungen im Recht der Endkundenbelieferung (BGBl. 2022 I 1214 (1222)) kam es zu redaktionellen Anpassungen in Absatz 6. Hierbei wurde das Wort „Verteilnetz" durch das Wort „Verteilernetz" ersetzt.

C. Veröffentlichungspflichten für Betreiber von Elektrizitätsversorgungsnetzen (Abs. 1)

6 Absatz 1 entspricht dem bisherigen § 27 Abs. 2 StromNEV, der schon dazu diente, die Transparenz über wesentliche Strukturmerkmale des Netzes zu erhöhen (BR-Drs. 245/05, 43).

7 Die Regelung des Absatz 1 verpflichtet Betreiber von Elektrizitätsversorgungsnetzen, jeweils zum 1. April des Jahres die in den Nummern 1–10 genannten Strukturmerkmale ihres Netzes und netzrelevante Daten auf ihrer Internetseite zu veröffentlichen.

8 Der Begriff des Betreibers von Elektrizitätsversorgungsnetzen, als Adressat des Absatz 1, ist in § 3 Nr. 2 legaldefiniert.

9 Zu den wesentlichen Strukturmerkmalen des Netzes und netzrelevanten Daten zählen die Stromkreislänge jeweils der Kabel- und Freileitungen in der Niederspannungs-, Mittelspannungs-, Hoch- und Höchstspannungsebene zum 31. Dezember des Vorjahres (Nummer 1), die installierte Leistung der Umspannebenen zum 31. Dezember des Vorjahres (Nummer 2), die im Vorjahr entnommene Jahresarbeit in Kilowattstunden pro Netz- und Umspannebene (Nummer 3), die Anzahl der Entnahmestellen jeweils für alle Netz- und Umspannebenen (Nummer 4), die Einwohneranzahl im Netzgebiet von Betreibern von Elektrizitätsversorgungsnetzen der Niederspannungsebene zum 31. Dezember des Vorjahres (Nummer 5), die versorgte Fläche zum 31. Dezember des Vorjahres (Nummer 6), die geographische Fläche des Netzbetreibers zum 31. Dezember des Vorjahres (Nummer 7), jeweils zum 31. Dezember des Vorjahres die Anzahl der Entnahmestellen mit einer viertelstündlichen registrierenden

D. Weitere Veröffentlichungspflichten für Übertragungsnetzbetreiber (Abs. 2)

Absatz 2 enthält weitere Veröffentlichungspflichten für Übertragungsnetzbetreiber, welche 10
in § 3 Nr. 10 legaldefiniert sind. Der Absatz ersetzt den bisherigen § 17 Abs. 1 StromNZV.
Hierbei enthält der neue § 23c Abs. 2 einige Konkretisierungen und Präzisierungen (BR-Drs. 165/21, 130).

So wurden folgende Anpassungen vorgenommen (BR-Drs. 165/21, 130): Nummer 1 11
wurde auf die mittlerweile in Deutschland geltende Marktzeiteinheit von 15 Minuten konkretisiert. Nummer 7 präzisiert die Veröffentlichungspflicht der Mengen und Preise der Verlustenergie gemäß der bereits bestehenden Veröffentlichungspraxis der Übertragungsnetzbetreiber. Unter dem Gesichtspunkt der bereits bestehenden Veröffentlichungspraxis erfolgte eine Präzisierung der Nummer 8 dahingehend, dass die Veröffentlichungspflicht auf die vortägigen Day-Ahead Prognosen für die Einspeisung von Wind- und Solarenergie entsprechend der geltenden Marktzeiteinheit angepasst wurde.

Übertragungsnetzbetreiber sind verpflichtet, die in den Nummern 1–8 genannten netzrelevanten Daten unverzüglich und in geeigneter Weise, zumindest auf ihrer Internetseite, zu 12 veröffentlichen und zwei Jahre verfügbar zu halten. An der Formulierung „zumindest" wird deutlich, dass es sich bei der Veröffentlichung auf der Internetseite um eine Mindestanforderung handelt. Die Frist von zwei Jahren ist notwendig, damit die Übertragungsnetzbetreiber als Regelzonenverantwortliche und Bilanzkreiskoordinatoren Differenzen bei der Abrechnung von Bilanzkreisen ausräumen können (Bartsch/Röhling/Salje/Scholz/Sieberg Kap. 50 Rn. 28).

Die Veröffentlichung hat „unverzüglich" zu erfolgen, dh gemäß § 121 Abs. 1 BGB „ohne schuldhaftes Zögern". Der Zusatz „in geeigneter Weise" ist hier so zu verstehen, dass die Veröffentlichungen derart erfolgen müssen, dass sie den Zweck der Vorschrift auch tatsächlich erfüllen können.

Am Wortlaut des Absatzes „ferner" wird deutlich, dass der Absatz 2 zusätzliche, über 13
Absatz 1 hinausgehende, Veröffentlichungspflichten speziell für Übertragungsnetzbetreiber beinhaltet.

Folgende netzrelevante Daten sind von Absatz 2 umfasst: Die Summe der Stromabgaben 14
aus dem Übertragungsnetz über direkt angeschlossene Transformatoren und Leitungen an Elektrizitätsverteilernetze und Letztverbraucher (vertikale Netzlast) viertelstundenscharf in Megawatt pro Viertelstunde (Nummer 1), die Jahreshöchstlast pro Netz- und Umspannebene sowie den Lastverlauf als viertelstündige Leistungsmessung (Nummer 2), die Netzverluste (Nummer 3), den viertelstündigen Regelzonensaldo in Megawattstunden pro Viertelstunde sowie die tatsächlich abgerufene Minutenreserve (Nummer 4), die grenzüberschreitenden Lastflüsse zusammengefasst je Kuppelstelle inklusive einer Vorschau auf die Kapazitätsvergabe (Nummer 5), die marktrelevanten Ausfälle und Planungen für Revisionen der Übertragungsnetze (Nummer 6), die Mengen und die durchschnittlichen jährlichen Beschaffungspreise der Verlustenergie (Nummer 7) und Daten zur prognostizierten Einspeisung von Windenergie und Solarenergie auf Grundlage der vortägigen Prognosen, die auch die Betreiber von Übertragungsnetzen verwenden, und zur tatsächlichen Einspeisung anhand der Daten, die die Betreiber von Übertragungsnetzen untereinander verrechnen in Megawatt pro Viertelstunde (Nummer 8).

E. Weitere Veröffentlichungspflichten für Elektrizitätsverteilernetzbetreiber (Abs. 3)

Der Absatz 3 enthält über Absatz 1 hinausgehende Veröffentlichungspflichten für Betreiber 15
von Elektrizitätsverteilernetzen. Diese sind in § 3 Nr. 3 legaldefiniert. Der Absatz entspricht dem bisherigen § 17 Abs. 2 StromNZV.

EnWG § 23c   Teil 3. Regulierung des Netzbetriebs

16   Bezüglich Zeit und Form der Veröffentlichung der Daten, dh unverzüglich, in geeigneter Weise und zumindest im Internet, wird auf die Kommentierung zu Absatz 2 verwiesen (→ Rn. 12f.)

17   Welche netzrelevanten Daten die Elektrizitätsverteilnetzbetreiber weiter veröffentlichen müssen, enthält der Katalog des Absatz 3 in Nummern 1–7. So müssen die Jahreshöchstlast pro Netz- und Umspannebene sowie der Lastverlauf als viertelstündige Leistungsmessung (Nummer 1), die Netzverluste (Nummer 2), die Summenlast der nicht leistungsgemessenen Kunden und die Summenlast der Netzverluste (Nummer 3), die Summenlast der Fahrplanprognosen für Lastprofilkunden und die Restlastkurve der Lastprofilkunden bei Anwendung des analytischen Verfahrens (Nummer 4), die Höchstentnahmelast und der Bezug aus der vorgelagerten Netzebene (Nummer 5), die Summe aller Einspeisungen pro Spannungsebene und im zeitlichen Verlauf (Nummer 6) und die Mengen und Preise der Verlustenergie (Nummer 7).

F. Weitere Veröffentlichungspflichten für Gasversorgungsnetzbetreiber (Abs. 4)

18   In Absatz 4 werden die generellen Veröffentlichungspflichten der Betreiber von Gasversorgungsnetzen geregelt. Hierbei ersetzen die Nummern 1–5 den bisherigen § 27 Abs. 2 GasNEV und die Nummern 6–7 den bisherigen § 40 Abs. 1 Nr. 10 und 11 GasNZV und Nummer 8 den bisherigen § 40 Abs. 1a GasNZV.

19   Der Begriff der Betreiber von Gasversorgungsnetzen ist in § 3 Nr. 7 legaldefiniert.

20   Absatz 4 legt die Pflicht für Betreiber von Gasversorgungsnetzen fest, jeweils zum 1. April eines Jahres die in Nummern 1–8 aufgezählten Strukturmerkmale und netzrelevanten Daten auf ihrer Internetseite zu veröffentlichen.

21   So müssen die Betreiber von Gasversorgungsnetzten die Länge der Gasleistungsnetze jeweils getrennt für die Niederdruck-, Mitteldruck- und Hochdruckebene zum 31. Dezember des Vorjahres (Nummer 1), die Länge des Gasleitungsnetzes in der Hochdruckebene nach Leistungsdruckmesserklassen (Nummer 2), die im Vorjahr durch Weiterverteiler und Letztverbraucher entnommene Jahresarbeit in Kilowattstunden oder in Kubikmetern (Nummer 3), die Anzahl der Ausspeisepunkte jeweils für alle Druckstufen (Nummer 4), die zeitgleiche Jahreshöchstlast aller Entnahmen in Megawatt oder Kubikmetern pro Stunde und den Zeitpunkten des jeweiligen Auftretens (Nummer 5), die Zuordenbarkeit jeder Entnahmestelle zu einem oder mehreren Marktgebieten (Nummer 6), die Mindestanforderungen an allgemeine Geschäftsbedingungen für Ein- oder Ausspeiseverträge und an Bilanzkreisverträge sowie Kooperationsvereinbarung zum Netzzugang (Nummer 7) sowie für den Netzanschluss von Biogas- und LNG-Anlagen neben den in § 19 Abs. 2 aufgeführten Angaben, ferner unter Wahrung von Betriebs- und Geschäftsgeheimnissen, die für die Prüfung des Netzanschlussbegehrens erforderlichen Angaben, die standardisierten Bedingungen für den Netzanschluss und eine laufende aktualisierte, übersichtliche Darstellung der Netzauslastung in ihrem gesamten Netz einschließlich der Kennzeichnung tatsächlicher oder zu erwartender Engpässe (Nummer 8).

22   Leistungsdurchmesserklassen nach Nummer 2 teilen die Gasrohrleitungen in Abhängigkeit von ihrem jeweiligen Innendurchmesser in Millimetern in verschiedene Gruppen ein. Der Innendurchmesser des Rohrs in Millimetern wird auch als Nennweite (DN) bezeichnet (Säcker EnergieR/Scholtka/Fabritius §§ 27–29 GasNEV Rn. 3).

23   Für die nach Nummer 6 verlangte Zuordenbarkeit jeder Entnahmestelle ist die Angabe der grundsätzlichen Zuordnung des Netzgebiets zu einem bzw. den Marktgebieten erforderlich, wobei eine Auflistung jeder Entnahmestelle nicht notwendig ist (Säcker EnergieR/Thole/Kirschnick § 40 GasNZV Rn. 3).

24   Die Veröffentlichung der Mindestanforderungen an allgemeine Geschäftsbedingungen nach Nummer 7 wird in der Praxis durch die Veröffentlichung des gesamten Vertrages erfüllt (Säcker EnergieR/Thole/Kirschnick § 40 GasNZV Rn. 3).

25   Unter Betriebs- und Geschäftsgeheimnissen gemäß Nummer 8 versteht man Tatsachen, Umstände und Vorgänge, die im Zusammenhang mit einem Geschäftsbetrieb stehen, nicht offenkundig, sondern nur einem begrenzten Personenkreis zugänglich sind und an deren

Einhaltung der Unternehmer ein schutzwürdiges wirtschaftliches Interesse hat (BVerfGE 115, 205 (220) = NVwZ 2006, 1041; BeckOK VwVfG/Herrmann § 30 Rn. 10).

G. Weitere Veröffentlichungspflichten für Fernleitungsnetzbetreiber (Abs. 5)

In Absatz 5 Satz 1 werden weitere Veröffentlichungspflichten für Betreiber von Fernleitungsnetzen geregelt. Hier ersetzen die Nummern 1 und 2 den bisherigen § 40 Abs. 1 Nr. 6 GasNZV. Satz 1 Nummer 3 entspricht dem bisherigen § 40 Abs. 1 Nr. 6 GasNZV, der bisherige Binnenverweis auf § 13 Abs. 1 GasNZV wurde gestrichen. Nummer 4 fasst die bisherigen Regelungen in § 40 Abs. 1 Nr. 4 und 5 GasNZV zusammen. Die Zusammenführung wurde durch die Verweise auf § 9 Abs. 2 und 3 GasNZV in den bisherigen Regelungen bedingt. Satz 2 entspricht dem bisherigen § 40 Abs. 2 S. 3 GasNZV (BR-Drs. 165/21, 130). 26

Der Begriff der Fernleitungsnetzbetreiber ist in § 3 Nr. 5 legaldefiniert. 27

So verpflichtet der Absatz 5 Satz 1 den Adressaten die in den Nummern 1–4 genannten netzrelevanten Daten unverzüglich und in geeigneter Weise, zumindest auf seiner Internetseite, zu veröffentlichen. Bezüglich der Zeit- und Formatvorgaben wird auf die Kommentierung zu Absatz 2 verwiesen (→ Rn. 12 f.). 28

Folgende Daten muss der Fernleitungsnetzbetreiber veröffentlichen: Eine unter den Betreibern angrenzender Netze abgestimmte einheitliche Bezeichnung für Netzkopplungspunkte oder Ein- oder Ausspeisezonen, unter denen dort Kapazität gebucht werden kann (Nummer 1), einmal jährlich Angaben über Termine von Kapazitätsversteigerungen auf der Kapazitätsbuchungsplattform, mindestens für die nächsten fünf Jahre im Voraus (Nummer 2), Angaben zu den Erlösen aus der Vermarktung von Kapazitäten mittels einer Auktionierung auf der Kapazitätsbuchungsplattform (Nummer 3) sowie Angaben über die Ermittlung und Berechnung der Lastflusssimulation sowie mindestens einmal jährlich eine Dokumentation der durchgeführten kapazitätserhöhenden Maßnahmen und ihrer jeweiligen Kosten (Nummer 4). 29

Absatz 5 Satz 2 legt fest, dass die Veröffentlichungspflichten der Fernleitungsnetzbetreiber nach Anhang I zur Verordnung (EG) Nr. 715/2009 unberührt bleiben. Im Allgemeinen regelt die genannte Verordnung die Bedingungen für den Zugang zu Erdgasfernleitungsnetzen. 30

H. Weitere Veröffentlichungspflichten für Gasverteilernetzbetreiber (Abs. 6)

In Absatz 6 sind weitere Veröffentlichungspflichten für Gasverteilnetzbetreiber geregelt. Die Nummern 1–3 übernehmen die Regelungen, welche bisher in § 40 Abs. 1 Nr. 6 bis 9 GasNZV geregelt waren. Nummer 4 entspricht dem bisherigen § 40 Abs. 2 S. 7 GasNZV. 31

Der Begriff der Betreiber von Gasverteilernetzen ist in § 3 Nr. 8 legaldefiniert. 32

Die Gasverteilnetzbetreiber sind nach Nr. 1–4 dazu verpflichtet, folgende netzrelevante Daten unverzüglich und in geeigneter Weise, zumindest auf ihrer Internetseite zu veröffentlichen (→ Rn. 12 f.): 33

Die Gasbeschaffenheit bezüglich des Brennwerts „$H_{s,n}$" sowie am zehnten Werktag des Monats den Abrechnungsbrennwert des Vormonats an allen Ein- Ausspeisepunkten (Nummer 1), Regeln für den Anschluss anderer Anlagen und Netze an das vom Netzbetreiber betriebene Netz sowie Regeln für den Zugang solcher Anlagen und Netze zu dem vom Netzbetreiber betriebenen Netz (Nummer 2), im örtlichen Verteilernetz dir zur Anwendung kommenden Standardlastprofile (Nummer 3) sowie im örtlichen Verteilernetz eine Karte auf der schematisch erkennbar ist, welche Bereiche in einem Gemeindegebiet an das örtliche Gasverteilernetz angeschlossen sind (Nummer 4). 34

Der Brennwert „$H_{s,n}$" gibt den Energiegehalt des Gases in kWh/m³ an. Hierbei werden die abrechnungsrelevanten Brennwerte gemäß des DVGW-Arbeitsblatt G 685 bestimmt. Die Veröffentlichung des Abrechnungsbrennwerts des Vormonats am zehnten Werktag eines Monats kann besonders bei Netzbetreiberkaskaden Schwierigkeiten in der Praxis auslösen, sofern der nachgelagerte Netzbetreiber auf Angaben des vorgelagerten Netzbetreibers angewiesen ist (Säcker EnergieR/Thole/Kirschnick § 40 GasNZV Rn. 6). Näheres zu den Fristen 35 und dem Vorgehen zwischen den einzelnen Netzbetreibern enthält § 52 der Kooperationsvereinbarung zwischen den Betreibern von in Deutschland gelegenen Gasversorgungsnetzen.

I. Weitere Anforderungen an die Veröffentlichungen (Abs. 7)

36 Absatz 7 präzisiert die bisher in § 40 Abs. 1 S. 2, 4–6 GasNZV geregelten Formanforderungen der Veröffentlichung und gilt für die Absätze 1–6. Durch diese Anforderungen sollen die Aussagekraft der Daten erhöht und die Transparenz gesteigert werden, weshalb die Pflichten sowohl auf Elektrizitäts- als auch auf Gasnetzbetreiber anzuwenden sind (BR-Drs. 165/21, 130).

37 Nach Absatz 7 Satz 1 hat die Veröffentlichung der Angaben in einem gängigen Format zu erfolgen, für Angaben nach Absatz 5 ist zudem eine automatisierte Fernauslesung der veröffentlichten Daten von der Internetseite zu ermöglichen. Die Formatanforderung lässt einerseits gewissen Spielraum, dient andererseits aber dazu, eine hohe Prozesseffizienz und Kompatibilität mit der Marktkommunikation zu erreichen. Die Möglichkeit einer automatisierten Auslegung wurde bislang nur von Fernleitungsnetzbetreibern nach § 40 Abs. 1 S. 2 GasNZV verlangt. Unabhängig von den praktischen Problemen bei der Umsetzung einer solchen Möglichkeit durch jeden einzelnen Netzbetreiber ist ferner nicht klar, was unter einer solchen automatisierten Auslesung von der Internetseite zu verstehen ist (so auch BDEW, Stellungnahme zum Entwurf eines Gesetzes zur Umsetzung unionsrechtlicher Vorgaben und zur Regelung reiner Wasserstoffnetze im Energiewirtschaftsrecht, 26).

38 Satz 2 gibt vor, dass Angaben nach den Absätzen 2 und 3, Absatz 4 Nummern 7 und 8 sowie den Absätzen 5 und 6 bei Änderungen unverzüglich anzupassen sind, mindestens monatlich, oder, falls es die Verfügbarkeit kurzfristiger Dienstleistungen erfordert, täglich. Unverzüglich meint auch hier ohne schuldhaftes Zögern gemäß § 121 Abs. 1 BGB.

39 Fernleitungsnetzbetreiber haben die Angaben auf ihrer Internetseite zusätzlich in englischer Sprache zu veröffentlichen, Satz 3. Durch diese zusätzliche Veröffentlichung in englischer Sprache wird der internationale Energietransport und Energiehandel vereinfacht (BR-Drs. 312/10, 100 zu § 40 GasNZV aF).

§ 23d Verordnungsermächtigung zur Transparenz der Kosten und Entgelte für den Zugang zu Energieversorgungsnetzen

Das Bundesministerium für Wirtschaft und Energie wird ermächtigt, durch Rechtsverordnung, die der Zustimmung des Bundesrates bedarf, Regelungen zur Veröffentlichung weiterer Daten zu den Kosten und Entgelten für den Zugang zu Gas- und Elektrizitätsversorgungsnetzen, einschließlich etwaiger Betriebs- und Geschäftsgeheimnisse, durch die Regulierungsbehörde, Unternehmen oder Vereinigungen von Unternehmen zu treffen, soweit die Veröffentlichung die Interessen der Betroffenen am Schutz ihrer Betriebs- und Geschäftsgeheimnisse nicht unangemessen beeinträchtigt und erforderlich ist für die Nachvollziehbarkeit der Regulierung, insbesondere des Effizienzvergleichs sowie der Kosten der Energiewende.

Überblick

Der § 23d enthält eine besondere **Verordnungsermächtigung** für ergänzende Transparenzregelungen in Rechtsverordnungen des Bundesministeriums für Wirtschaft und Klimaschutz (BMWK). Das Ministerium wird ermächtigt, eine über §§ 23b und 23c hinausgehende Veröffentlichung weiterer Daten anzuordnen. Die §§ 23b und 23c überführen vornehmlich Veröffentlichungsvorschriften der Regulierungsbehörden und Netzbetreiber aus Verordnungen zum EnWG (ARegV, StromNEV, StromNZV, GasNEV und GasNZV) in das EnWG und konkretisieren diese. Die Schaffung gänzlich neuer Veröffentlichungspflichten ist damit nicht verbunden (BR-Drs. 165/21, 68 f.).

A. Normzweck und Bedeutung

Durch § 23d erhält das BMWK eine Verordnungsermächtigung, um eine über §§ 23b und 23c hinausgehende Veröffentlichung von Daten anzuordnen, die auch eine Veröffentlichung von Betriebs- und Geschäftsgeheimnissen der betroffenen Unternehmen umfassen können, sofern dies für die Nachvollziehbarkeit der von der Veröffentlichung umfassten Regulierung erforderlich ist und die Interessen der Betroffenen nicht unangemessen beeinträchtigt. Als Regelbeispiel für solche Konstellationen bestimmt das Gesetz den Effizienzvergleich im Rahmen der Anreizregulierung oder die Kosten der Energiewende.

B. Entstehungsgeschichte

§ 23d wurde 2021 im Rahmen des Gesetzes zur Umsetzung unionsrechtlicher Vorgaben und zur Regelung reiner Wasserstoffnetze im Energiewirtschaftsrecht neu in das EnWG eingefügt (BGBl. 2021 I 3026 (3041)). Hintergrund war, dass der Bundesgerichtshof die bisherige allgemeine Verordnungsermächtigung in § 21a Abs. 6 S. 1 Nr. 2 in seinem Beschluss BGH NVwZ-RR 2020, 1117 als nicht ausreichend einstufte (BR-Drs. 165/21, 131). Der Bundesrat hingegen sah keine Notwendigkeit, den § 23d in das Gesetz einzuführen. Vielmehr war dieser der Ansicht, das EnWG enthalte schon in den neuen §§ 23b und 23c hinreichend umfangreiche Veröffentlichungspflichten für Regulierungsbehörden und Netzbetreiber, die über die bisherige Veröffentlichungspraxis hinausgingen. Zukünftige Bedürfnisse nach weiterer Datenveröffentlichung sollten im Rahmen einer Erweiterung der §§ 23b und 23c dem parlamentarischen Gesetzgeber vorbehalten bleiben (BR-Drs. 165/21, 16). Die Bundesregierung gab daraufhin an, den Vorschlag weiter zu prüfen. Die Verordnungsermächtigung des § 23d vereinfache und beschleunige eine mögliche Erweiterung des Veröffentlichungspflichten nach §§ 23b und 23c. Es sei jedoch zurzeit keine zwingende Notwendigkeit oder Eilbedürftigkeit möglicher Ergänzungen erkennbar (BT-Drs. 19/28407, 40). Letztlich erfolgte keine Änderung des § 23d und dieser wurde in seiner Form aus dem Regierungsentwurf in das Gesetz überführt.

Bislang sind noch keine Verordnungen auf Grundlage von § 23d erlassen worden.

C. Kommentierung

I. Ermächtigte

Die Verordnungsermächtigung richtet sich an das BMWK, unterwirft eine Verordnung gleichwohl dem Zustimmungsvorbehalts des Bundesrates. Dies führt dazu, dass dem Bundesrat nach Art. 80 Abs. 3 GG ein Vorschlagsrecht zusteht.

II. Verpflichtete

Mögliche Veröffentlichungspflichten aufgrund von Rechtsverordnungen richten sich an Regulierungsbehörden, Unternehmen oder Vereinigungen von Unternehmen.

Grundsätzlich sind die Veröffentlichungspflichten der Regulierungsbehörde bereits in § 23b Abs. 1 und 2 geregelt. Durch Rechtsverordnungen auf Grundlage des § 23d können diese Veröffentlichungspflichten nun erweitert werden.

Die bloße Erweiterung der Veröffentlichungspflichten spricht dafür, dass die Zuständigkeitsregelung für Regulierungsbehörden nach § 54 Abs. 2 S. 1 Nr. 11 entsprechend anzuwenden ist, auch wenn diese ausdrücklich nur den § 23b erfasst (Theobald/Kühling/Hummel § 23d Rn. 11).

Im Rahmen der Erweiterung der Veröffentlichungspflicht von Unternehmen und Vereinigungen von Unternehmen handelt es sich um eine Ausweitung des § 23c. Zwar richtet sich der § 23c nur an Netzbetreiber, § 23d ermöglicht es nun aber ebenfalls, Veröffentlichungspflichten anderer Unternehmen oder Vereinigungen von Unternehmen einzuführen.

Für die Bestimmung des Unternehmensbegriffs im EnWG kann auf die zum GWB entwickelten Grundsätze zurückgegriffen werden (Säcker EnergieR/Wende § 65 Rn. 21). Nach diesem funktionellen Unternehmensbegriff wird jede Tätigkeit im geschäftlichen Verkehr erfasst (BGHZ 36, 91 (102 f.) = NJW 1962, 196) und umfasst damit dem Wortlaut nach jegliche Unternehmen, für die Kosten und Entgelte für den Zugang zu Energieversorgungsnetzen relevant sind.

10 Unternehmensvereinigungen sind Verbände jeder Rechtsform, in denen Unternehmen als Mitglieder registriert sind. Hierbei müssen die Unternehmensvereinigungen nicht selbst Unternehmer sein, sondern es genügt, wenn die unternehmerischen Mitglieder durch die Tätigkeit der Vereinigung in ihrer eigenen wirtschaftlichen Betätigung betroffen sind (Säcker EnergieR/Wende § 65 Rn. 21).

III. Zu veröffentlichende Daten

11 Der Wortlaut des § 23d geht von der „Veröffentlichung weiterer Daten" aus. Diese Formulierung verdeutlicht, dass es sich um Daten handeln muss, deren Veröffentlichungen nicht bereits im Gesetz durch die §§ 23b, 23c angeordnet sind. Diese „weiteren Daten" müssen sich nach § 23d allerdings auf die Kosten und Entgelte für den Zugang zu Gas- und Elektrizitätsversorgungsnetzen beziehen. Diesen Daten können ausdrücklich auch Betriebs- und Geschäftsgeheimnisse umfassen, sofern dies für die Nachvollziehbarkeit der von der Veröffentlichung umfassten Regulierung erforderlich ist und die Interessen der Betroffenen nicht unangemessen beeinträchtigt, was bei Daten zum Effizienzvergleich oder den Kosten der Energiewende regelbeispielhaft der Fall sein kann.

IV. Keine unangemessene Beeinträchtigung

12 Die weitere Veröffentlichung darf die Interessen der Betroffenen am Schutz ihrer Betriebs- und Geschäftsgeheimnisse in der Abwägung mit dem Veröffentlichungsinteresse nicht unangemessen beeinträchtigen.

13 Die Veröffentlichung auf der Internetseite soll „etwaig darin enthaltener Betriebs- oder Geschäftsgeheimnisse" erfolgen. Unter Betriebs- und Geschäftsgeheimnissen versteht man Tatsachen, Umstände und Vorgänge, die im Zusammenhang mit einem Geschäftsbetrieb stehen, nicht offenkundig, sondern nur einem begrenzten Personenkreis zugänglich sind und an deren Einhaltung der Unternehmer ein schutzwürdiges wirtschaftliches Interesse hat (BVerfGE 115, 205 (220) = NVwZ 2006, 1041; BeckOK VwVfG/Herrmann § 30 Rn. 10).

14 Mit dieser Formulierung bringt der Gesetzgeber zum Ausdruck, dass der Verordnungsgeber, sofern Betriebs- und Geschäftsgeheimnisse betroffen sind, eine Interessenabwägung zwischen dem Veröffentlichungsinteresse an den Daten und der Beeinträchtigung der Interessen des Betroffenen durchführen muss. Insoweit gelten die verwaltungsrechtlichen Grundsätze für behördlicher Ermessensentscheidungen entsprechend.

15 Der Wortlaut der Vorschrift „soweit" deutet darauf hin, dass auch eine teilweise Veröffentlichung der Daten in Betracht kommt, soweit eine unangemessene Beeinträchtigung nicht vorliegt.

V. Erforderlichkeit

16 Die Veröffentlichung weiterer Daten auf Grundlage der erlassenen Rechtsverordnung muss für die Nachvollziehbarkeit der Regulierung, wie etwa des Effizienzvergleichs im Rahmen der Anreizregulierung sowie der Kosten der Energiewende, auch erforderlich sein. Dem allgemeinen Wortsinn nach ist etwas erforderlich, wenn es unbedingt notwendig, unerlässlich ist (https://www.duden.de/rechtschreibung/erforderlich). Zieht man verwaltungsrechtliche Grundsätze heran, beschreibt die Anforderung der Erforderlichkeit einer (behördlichen) Maßnahme, dass kein milderes Mittel zur Verfügung steht, das gleichermaßen (oder besser) geeignet ist, um das begehrte Ziel zu erreichen. Es genügt somit nicht, wenn das Bedürfnis nach weitergehender Veröffentlichung von Daten lediglich nützlich oder förderlich wäre (so auch Theobald/Kühling/Hummel § 23d Rn. 13).

§ 24 Regelungen zu den Netzzugangsbedingungen, Entgelten für den Netzzugang sowie zur Erbringung und Beschaffung von Ausgleichsleistungen; Verordnungsermächtigung

¹Die Bundesregierung wird ermächtigt, durch Rechtsverordnung mit Zustimmung des Bundesrates

1. die Bedingungen für den Netzzugang einschließlich der Beschaffung und Erbringung von Ausgleichsleistungen oder Methoden zur Bestimmung dieser Bedingungen sowie Methoden zur Bestimmung der Entgelte für den Netzzugang gemäß den §§ 20 bis 23 festzulegen, wobei die Entgelte für den Zugang zu Übertragungsnetzen teilweise oder vollständig auch bundesweit einheitlich festgelegt werden können,
2. zu regeln, in welchen Fällen und unter welchen Voraussetzungen die Regulierungsbehörde diese Bedingungen oder Methoden festlegen oder auf Antrag des Netzbetreibers genehmigen kann,
3. zu regeln, in welchen Sonderfällen der Netznutzung und unter welchen Voraussetzungen die Regulierungsbehörde im Einzelfall individuelle Entgelte für den Netzzugang genehmigen oder untersagen kann und wie Erstattungspflichten der Transportnetzbetreiber für entgangene Erlöse von Betreibern nachgelagerter Verteilernetze, die aus individuellen Netzentgelten für die Netznutzung folgen, ausgestaltet werden können und wie die daraus den Transportnetzbetreibern entstehenden Kosten als Aufschlag auf die Netzentgelte anteilig auf die Letztverbraucher umgelegt werden können, sowie
4. zu regeln, in welchen Fällen die Regulierungsbehörde von ihren Befugnissen nach § 65 Gebrauch zu machen hat.

²Insbesondere können durch Rechtsverordnungen nach Satz 1

1. die Betreiber von Energieversorgungsnetzen verpflichtet werden, zur Schaffung möglichst einheitlicher Bedingungen bei der Gewährung des Netzzugangs in näher zu bestimmender Weise, insbesondere unter gleichberechtigtem Einbezug der Netznutzer, zusammenzuarbeiten,
2. die Rechte und Pflichten der Beteiligten, insbesondere die Zusammenarbeit und Pflichten der Betreiber von Energieversorgungsnetzen, einschließlich des Austauschs der erforderlichen Daten und der für den Netzzugang erforderlichen Informationen, einheitlich festgelegt werden,
2a. die Rechte der Verbraucher bei der Abwicklung eines Anbieterwechsels festgelegt werden,
3. die Art sowie die Ausgestaltung des Netzzugangs und der Beschaffung und Erbringung von Ausgleichsleistungen einschließlich der hierfür erforderlichen Verträge und Rechtsverhältnisse und des Ausschreibungsverfahrens auch unter Abweichung von § 22 Absatz 2 Satz 2 festgelegt werden, die Bestimmungen der Verträge und die Ausgestaltung der Rechtsverhältnisse einheitlich festgelegt werden sowie Regelungen über das Zustandekommen, den Inhalt und die Beendigung der Verträge und Rechtsverhältnisse getroffen werden, wobei insbesondere auch Vorgaben für die Verträge und Rechtsverhältnisse zwischen Letztverbrauchern, Lieferanten und beteiligten Bilanzkreisverantwortlichen bei der Erbringung von Regelleistung gemacht werden können,
3a. im Rahmen der Ausgestaltung des Netzzugangs zu den Gasversorgungsnetzen für Anlagen zur Erzeugung von Biogas im Rahmen des Auswahlverfahrens bei drohenden Kapazitätsengpässen sowie beim Zugang zu örtlichen Verteilernetzen Vorrang gewährt werden,
3b. die Regulierungsbehörde befugt werden, die Zusammenfassung von Teilnetzen, soweit dies technisch möglich und wirtschaftlich zumutbar ist, anzuordnen,
4. Regelungen zur Ermittlung der Entgelte für den Netzzugang getroffen werden, wobei
   a) vorgesehen werden kann, dass insbesondere Kosten des Netzbetriebs, die zuordenbar durch die Integration von dezentralen Anlagen zur Erzeugung aus erneuerbaren Energiequellen verursacht werden, bundesweit umgelegt werden können,
   b) vorzusehen ist, dass die Grundlage für die Ermittlung der Entgelte für den Zugang zu den Übertragungsnetzen zwar getrennt für jeden Übertragungsnetzbetreiber kostenorientiert nach § 21a ermittelt wird, aber die Höhe der Entgelte für den Zugang zu den Übertragungsnetzen ab dem 1. Januar

2019 teilweise und ab dem 1. Januar 2023 vollständig bundesweit einheitlich festgelegt wird und Mehr- oder Mindererlöse, die den Übertragungsnetzbetreibern dadurch entstehen, durch eine finanzielle Verrechnung zwischen ihnen ausgeglichen oder bundesweit umgelegt werden sowie der bundeseinheitliche Mechanismus hierfür näher ausgestaltet wird,

    c) die Methode zur Bestimmung der Entgelte so zu gestalten ist, dass eine Betriebsführung nach § 21 Absatz 2 gesichert ist und die für die Betriebs- und Versorgungssicherheit sowie die Funktionsfähigkeit der Netze notwendigen Investitionen in die Netze gewährleistet sind und Anreize zu netzentlastender Energieeinspeisung und netzentlastendem Energieverbrauch gesetzt werden, und

    d) vorgesehen werden kann, inwieweit Kosten, die auf Grundlage einer Vereinbarung eines Betreibers von Übertragungsnetzen mit Dritten entstehen, bei der Bestimmung der Netzkosten zu berücksichtigen sind,

4a. Regelungen zur Steigerung der Kosteneffizienz von Maßnahmen für Netz- und Systemsicherheit nach § 13 vorgesehen werden,

5. bei einer Regelung nach Satz 1 Nummer 3 vorsehen, dass ein Belastungsausgleich entsprechend den §§ 26, 28 und 30 des Kraft-Wärme-Kopplungsgesetzes vom 21. Dezember 2015 (BGBl. I S. 2498), das durch Artikel 14 des Gesetzes vom 29. August 2016 (BGBl. I S. 2034) geändert worden ist, erfolgen kann, wobei dieser Belastungsausgleich mit der Maßgabe erfolgen kann, dass sich das Netzentgelt für selbstverbrauchte Strombezüge, die über 1 Gigawattstunde hinausgehen, an dieser Abnahmestelle höchstens um 0,05 Cent je Kilowattstunde und für Unternehmen des produzierenden Gewerbes, deren Stromkosten für selbstverbrauchten Strom im vorangegangenen Geschäftsjahr 4 Prozent des Umsatzes im Sinne von § 277 Absatz 1 des Handelsgesetzbuchs überstiegen, für die über 1 Gigawattstunde hinausgehenden selbstverbrauchten Strombezüge um höchstens 0,025 Cent je Kilowattstunde erhöhen,

6. Regelungen darüber getroffen werden, welche netzbezogenen und sonst für ihre Kalkulation erforderlichen Daten die Betreiber von Energieversorgungsnetzen erheben und über welchen Zeitraum sie diese aufbewahren müssen.

³Im Falle des Satzes 2 Nr. 1 und 2 ist das Interesse an der Ermöglichung eines effizienten und diskriminierungsfreien Netzzugangs im Rahmen eines möglichst transaktionsunabhängigen Modells unter Beachtung der jeweiligen Besonderheiten der Elektrizitäts- und Gaswirtschaft besonders zu berücksichtigen; die Zusammenarbeit soll dem Ziel des § 1 Abs. 2 dienen. ⁴Regelungen nach Satz 2 Nr. 3 können auch weitere Anforderungen an die Zusammenarbeit der Betreiber von Übertragungsnetzen bei der Beschaffung von Regelenergie und zur Verringerung des Aufwandes für Regelenergie sowie in Abweichung von § 22 Absatz 2 Satz 1 Bedingungen und Methoden für andere effiziente, transparente, diskriminierungsfreie und marktorientierte Verfahren zur Beschaffung von Regelenergie vorsehen. ⁵Regelungen nach Satz 2 Nr. 4 können nach Maßgabe des § 120 vorsehen, dass Entgelte nicht nur auf der Grundlage von Ausspeisungen, sondern ergänzend auch auf der Grundlage von Einspeisungen von Energie berechnet und in Rechnung gestellt werden, wobei bei Einspeisungen von Elektrizität aus dezentralen Erzeugungsanlagen auch eine Erstattung eingesparter Entgelte für den Netzzugang in den vorgelagerten Netzebenen vorgesehen werden kann.

Überblick

§ 24 enthält in seinem Satz 1 vier **Ermächtigungsgrundlagen für Rechtsverordnungen** (→ Rn. 10 ff.) zur Regelung des Netzzugangs zu den Elektrizitätsversorgungsnetzen und zu den Gasversorgungsnetzen einschließlich der erforderlichen Zusammenarbeit der Netzbetreiber sowie der Beschaffung und Erbringung von Ausgleichsleistungen.

Die Vorschrift dient (auch) der Umsetzung europarechtlicher Vorgaben. Dabei hat der EuGH BeckRS 2021, 24362 festgestellt, dass der derzeit geltende § 24 S. 1 hinter den Anforderungen der Elektrizitäts-Binnenmarkt-Richtlinie 2009/72/EG und der Gas-Binnenmarkt-

Richtlinie 2009/73/EG zurückbleibt und damit unionsrechtswidrig sei, weil der BNetzA als nationaler Regulierungsbehörde bei der Wahrnehmung ihrer Regulierungsaufgaben die notwendige Unabhängigkeit und Entscheidungszuständigkeit fehle (im Einzelnen → Rn. 12a ff.). Im Lichte dieser Entscheidung ist mit Anpassungen am bestehenden deutschen Regulierungsrahmen zu rechnen. Einen entsprechenden Gesetzentwurf zur Anpassung des Energiewirtschaftsrechts an unionsrechtliche Vorgaben, insbesondere durch Anpassung der Netzzugangs- und Netzentgeltregulierung hat die Bundesregierung am 26.5.2023 vorgelegt und dem Bundesrat zugeleitet (BR-Drs. 230/23). Der Gesetzentwurf sieht insbesondere vor, die in § 24 geregelten Verordnungsermächtigungen aufzuheben. Die nach § 24 bereits erlassenen Rechtsverordnungen sollen nach Ablauf einer Übergangszeit aufgehoben werden. Es bleibt abzuwarten, ob und mit welchem Inhalt die Änderungen verabschiedet werden.

Mögliche **Inhalte von Verordnungen** auf Grundlage von § 24 S. 1 werden in § 24 S. 2 (→ Rn. 13 ff.) weiter konkretisiert.

Weitere – teils verbindliche, teils fakultative – **Vorgaben bzw. Verordnungsinhalte** ergeben sich aus § 24 S. 3–5 (→ Rn. 21 ff.).

Übersicht

	Rn.		Rn.
A. Normzweck	1	I. Zur Entscheidung des EuGH vom 2.9.2021 – C-718/18	12a
B. Entstehungsgeschichte	3		
I. Unionsrechtliche Vorgaben	3	D. Konkretisierung der Verordnungsinhalte (S. 2)	13
II. Umsetzung in nationales Recht	5		
III. Bisherige Anpassungen	6		
C. Verordnungsermächtigungen (S. 1)	10	E. Weitere Vorgaben bzw. Verordnungsinhalte (S. 3 ff.)	21

A. Normzweck

§ 24 enthält die Ermächtigungsgrundlage für verschiedene Rechtsverordnungen zur Regelung des Netzzugangs zu den Elektrizitätsversorgungsnetzen und zu den Gasversorgungsnetzen einschließlich der erforderlichen Zusammenarbeit der Netzbetreiber sowie der Beschaffung und Erbringung von Ausgleichsleistungen.

Auf Grundlage von § 24 erlassene Verordnungen dienen – auch in Umsetzung europarechtlicher Vorgaben, s. Art. 37 Abs. 6 lit. a und b Elektrizitäts-Binnenmarkt-Richtlinie 2009/72/EG (zuvor Art. 23 Abs. 2 Elektrizitäts-Binnenmarkt-Richtlinie 2003/54/EG) und Art. 41 Abs. 6 lit. a und b Gas-Binnenmarkt-Richtlinie 2009/73/EG (zuvor Art. 25 Abs. 2 Gas-Binnenmarkt-Richtlinie 2003/55/EG) – dem Zweck, die Vorgaben der §§ 20–23 näher auszugestalten (vgl. auch den Wortlaut von § 24 S. 1 Nr. 1).

B. Entstehungsgeschichte

I. Unionsrechtliche Vorgaben

§ 24 dient der Umsetzung von Art. 59 Abs. 7 lit. a und b Elektrizitäts-Binnenmarkt-Richtlinie (EU) 2019/944 (zuvor: Art. 37 Abs. 6 lit. a und b Elektrizitäts-Binnenmarkt-Richtlinie 2009/72/EG bzw. Art. 23 Abs. 2 Elektrizitäts-Binnenmarkt-Richtlinie 2003/54/EG) und Art. 41 Abs. 6 lit. a und b Gas-Binnenmarkt-Richtlinie 2009/73/EG (zuvor Art. 25 Abs. 2 Gas-Binnenmarkt-Richtlinie 2003/55/EG) durch entsprechende Rechtsverordnungen.

Nach Art. 59 Abs. 7 Elektrizitäts-Binnenmarkt-Richtlinie (EU) 2019/944 sowie Art. 41 Abs. 6 lit. a und b Gas-Binnenmarkt-Richtlinie 2009/73/EG obliegt es den Regulierungsbehörden, zumindest die Methoden zur Berechnung oder Festlegung der Bedingungen zum Anschluss und Zugang zu Netzen (Strom und Gas) und LNG-Anlagen (Gas) sowie zur Erbringung von Ausgleichsleistungen mit ausreichendem Vorlauf vor deren Inkrafttreten festzulegen oder zu genehmigen.

II. Umsetzung in nationales Recht

5 § 24 wurde mit Wirkung vom 13.7.2005 in das EnWG eingefügt (EnWG 2005 vom 7.7. 2005, BGBl. I 1970; Gesetzesbegr. BT-Drs. 15/3917, 60 f.). Die Vorschrift ersetzt die Verordnungsermächtigungen in § 6 Abs. 2 EnWG 1998 bzw. § 6a Abs. 4, 8 EnWG 2003 (vgl. Theobald/Kühling/Missling § 24 Rn. 1).

III. Bisherige Anpassungen

6 § 24 wurde erstmalig mit Wirkung zum 4.8.2011 geändert durch das **Gesetz zur Neuregelung energiewirtschaftlicher Vorschriften** (BGBl. 2011 I 1554). Die Anpassungen in § 24 S. 2 Nr. 1, 4 aE, 5 und S. 3 sind dabei auf den ursprünglichen Gesetzentwurf vom 6.6.2011 zurückzuführen (BT-Drs. 17/6072, 31 (81)). Die Anpassung in § 24 S. 2 Nr. 4 am Anfang wurde auf Empfehlung des Ausschusses für Wirtschaft und Technologie eingefügt (BT-Drs. 17/6365, 33). Zu den Hintergründen der Gesetzesänderung wird auf die vorgenannte Gesetzesbegründung verwiesen.

7 Weitere inhaltliche Anpassungen von § 24 erfolgten mit Wirkung zum 30.7.2016 durch das Gesetz zur Weiterentwicklung des Strommarktes (**Strommarktgesetz**; BGBl. 2016 I 1786; zur Gesetzesbegründung s. die Beschlussempfehlung des Ausschusses für Wirtschaft und Energie vom 22.6.2016, BT-Drs. 18/8915, 38).

8 Im Anschluss wurde § 24 mit Wirkung zum 22.7.2017 durch das Gesetz zur Modernisierung der Netzentgelte (**Netzentgeltmodernisierungsgesetz**, BGBl. 2017 I 2503) angepasst. Zu den Hintergründen der Gesetzesänderung wird auf die Gesetzesbegründung verwiesen (BT-Drs. 18/11528, 16; BT-Drs. 18/12999, 18).

9 Weitere Änderungen von § 24 erfolgten mit Wirkung zum 17.5.2019 durch das Gesetz zur Beschleunigung des Energieleitungsausbaus geändert (**EnLABG**, BGBl. 2019 I 706). Zu den Hintergründen der Gesetzesänderung wird auf die Gesetzesbegründung verwiesen (BT-Drs. 19/7375, 59). Zuletzt wurde § 24 geändert mit Wirkung zum 27.7.2021 durch Gesetz zur Umsetzung unionsrechtlicher Vorgaben und zur Regelung reiner Wasserstoffnetze im Energiewirtschaftsrecht (BGBl. 2021 I 3026).

C. Verordnungsermächtigungen (S. 1)

10 Adressat der Verordnungsermächtigungen in § 24 S. 1 ist die **Bundesregierung**. Verordnungen auf der Grundlage von § 24 S. 1 bedürfen der **Zustimmung des Bundesrates**.

11 § 24 S. 1 enthält vier Verordnungsermächtigungen, und zwar zur **Methodenregulierung** (Satz 1 Nummer 1), zur **behördlichen Regulierung** (Satz 1 Nummer 2), zu **individuellen Netzentgelten** (Satz 1 Nummer 3) und zu der Frage, in welchen Fällen die Regulierungsbehörde von **Aufsichtsmaßnahmen nach § 65** Gebrauch machen kann (Satz 1 Nummer 4).

12 Die Bundesregierung hat von den Ermächtigungsgrundlagen in § 24 S. 1 Gebrauch gemacht beim Erlass der Stromnetzzugangsverordnung (**StromNZV**), der Stromnetzentgeltverordnung (**StromNEV**), der Gasnetzzugangsverordnung (**GasNZV**), der Gasnetzentgeltverordnung (**GasNEV**) und der Anreizregulierungsverordnung (**ARegV**).

I. Zur Entscheidung des EuGH vom 2.9.2021 – C-718/18

12a Der EuGH hat mit Urt. v. 2.9.2021 – Rs. C-718/18 (BeckRS 2021, 24362) – entschieden, dass der derzeit geltende § 24 S. 1 und die darin zum Ausdruck kommende „normative Vorstrukturierung der Zugangs- und Entgeltregulierung" (so Gundel EnWZ 2021, 339) hinter den Anforderungen der Elektrizitäts-Binnenmarkt-Richtlinie 2009/72/EG und der Gas-Binnenmarkt-Richtlinie 2009/73/EG zurückbleibt und damit **unionsrechtswidrig** sei, weil der BNetzA als nationaler Regulierungsbehörde bei der Wahrnehmung ihrer Regulierungsaufgaben **die notwendige Unabhängigkeit und Entscheidungszuständigkeit fehle**. Mit diesem Urteil hat der EuGH ein von der EU-Kommission im November 2018 eingeleitetes Vertragsverletzungsverfahren im Zusammenhang mit der Umsetzung des dritten Energie-Binnenmarktpakets durch Deutschland zum Abschluss gebracht.

12b Seine Entscheidung begründet der EuGH im Kern wie folgt: Zum einen könne nicht mit den Richtlinien in Einklang gebracht werden, dass bestimmte Zuständigkeiten, die ausschließlich der BNetzA als nationaler Regulierungsbehörde vorbehalten seien, gem. § 24

S. 1 auf die Bundesregierung übertragen worden sind (Rn. 115 des Urteils). Die Bundesregierung sei hiernach entgegen der Elektrizitäts-Binnenmarkt-Richtlinie 2009/72/EG und der Gas-Binnenmarkt-Richtlinie 2009/73/EG befugt, auch zu regeln, in welchen Fällen und unter welchen Voraussetzungen die BNetzA als nationale Regulierungsbehörde die Bedingungen oder Methoden für den Netzzugang einschließlich der Erbringung von Ausgleichsleistungen festlegen oder auf Antrag des Netzbetreibers genehmigen kann, und zu regeln, in welchen Sonderfällen der Netznutzung und unter welchen Voraussetzungen die BNetzA im Einzelfall individuelle Entgelte für den Netzzugang genehmigen oder untersagen kann (Rn. 114 des Urteils). Zum anderen verleihe § 24 S. 1 der Bundesregierung unter Verstoß gegen Art. 37 Abs. 1 lit. a und Abs. 6 lit. a und b Elektrizitäts-Binnenmarkt-Richtlinie 2009/72/EG sowie Art. 41 Abs. 1 lit. a und Abs. 6 lit. a und b Gas-Binnenmarkt-Richtlinie 2009/73/EG die Befugnis, die BNetzA als nationale Regulierungsbehörde zur Ausübung dieser Zuständigkeiten zu ermächtigen (Rn. 115 des Urteils).

Aus dem Urteil folgt die Pflicht der Bundesrepublik Deutschland als Mitgliedstaat, die **12c** erforderlichen Maßnahmen zu ergreifen, um die festgestellten Verstöße abzustellen, vgl. Art. 260 Abs. 1 AEUV. Dass mit der Entscheidung bereits unmittelbar die Anwendung von § 24 S. 1 als richtlinienwidriges deutsches Recht ausgeschlossen ist, erscheint demgegenüber fraglich (vgl. Gundel EnWZ 2021, 339 (340 f.)). Europäische Richtlinien sind nur in Ausnahmefällen unmittelbar im Verhältnis zugunsten einzelner Dritter direkt anwendbar (vgl. Grabitz/Hilf/Nettesheim/Nettesheim, 74. EL September 2021, AEUV Art. 288 Rn. 137). Die BNetzA hat noch am Tage der Entscheidung des EuGH eine unmittelbare Anwendung der betreffenden Richtlinien verneint und unter Bezugnahme auf einen Beschluss des BGH BeckRS 2019, 32327 erklärt, dass sie für die Übergangszeit das geltende deutsche Recht weiter anwenden werde (vgl. BNetzA, Pressemitteilung vom 2.9.2021).

Die Umsetzung der Entscheidung des EuGH in das deutsche Recht wirft anspruchsvolle **12d** Rechtsfragen auf, insbesondere aus verfassungsrechtlicher Sicht:

Bereits im Vorfeld der Entscheidung, insbesondere auch im Zusammenhang mit den Schlussanträgen **12d.1** des Generalanwalts wurde die Frage aufgeworfen, ob die geforderte „völlige Unabhängigkeit" der nationalen Regulierungsbehörde (Schlussanträge des Generalanwalts Giovanni Pitruzzella BeckRS 2021, 195 Rn. 112 – Kommission/Deutschland) mit den bestehenden verfassungsrechtlichen Anforderungen in Einklang gebracht werden kann, insbesondere im Hinblick auf die erforderliche demokratische Legitimation von Entscheidungen der Exekutive (s. nur Kreuter-Kirchhof NVwZ 2021, 589).

Der EuGH selbst hat derartigen Zweifeln in seinem Urteil indes eine Absage erteilt, und zwar unter **12d.2** Verweis darauf, dass die Arbeitsweise der Union selbst gem. Art. 10 Abs. 1 AEUV auf dem Grundsatz der repräsentativen Demokratie beruhe (Rn. 124 des Urteils). Ferner könnten sich beteiligte Parteien gegen Entscheidungen der nationalen Regulierungsbehörde vor den Gerichten wehren (Rn. 128 des Urteils).

Zu konkreten Wegen bei der Umsetzung der Unabhängigkeit der BNetzA als nationaler Regulie- **12d.3** rungsbehörde wurde bereits im Vorfeld der Entscheidung die Überlegung geäußert, bisherige Verordnungsinhalte, die auf Grundlage von § 24 S. 1 ergangen sind, in Gesetz zu überführen, etwa in das EnWG selbst (vgl. Schmidt-Preuß RdE 2021, 173 (178)). Ob dies indem vom EuGH dargelegten Anforderungen für die Unabhängigkeit der BNetzA als nationale Regulierungsbehörde genügen würde, ist noch unklar. So weist der EuGH in seiner Entscheidung auf die Unabhängigkeit der BNetzA gegenüber dem Gesetzgeber selbst hin (Rn. 130 des Urteils). Daher wird auch vertreten, dass größere Teile des Verordnungsrahmens wohl in die Verantwortung der BNetzA übergehen müssten (vgl. Gundel EnWZ 2021, 339 (343)).

Im Lichte dieser Entscheidung ist nun mit Anpassungen am bestehenden deutschen Regulierungs- **12d.4** rahmen zu rechnen. Einen entsprechenden Gesetzentwurf zur Anpassung des Energiewirtschaftsrechts an unionsrechtliche Vorgaben, insbesondere durch Anpassung der Netzzugangs- und Netzentgeltregulierung hat die Bundesregierung am 26.5.2023 vorgelegt und dem Bundesrat zugeleitet (BR-Drs. 230/23). Der Gesetzentwurf sieht insbesondere vor, die in § 24 geregelten Verordnungsermächtigungen aufzuheben. Die nach § 24 bereits erlassenen Rechtsverordnungen sollen nach Ablauf einer Übergangszeit aufgehoben werden. Es bleibt abzuwarten, ob und mit welchem Inhalt die Änderungen verabschiedet werden.

D. Konkretisierung der Verordnungsinhalte (S. 2)

13 § 24 S. 2 konkretisiert weitere mögliche Inhalte von Verordnungen auf Grundlage von § 24 S. 1.

14 Dabei ermöglichen § 24 S. 2 **Nr. 1 und 2** insbesondere Regelungen zur **Zusammenarbeit der Betreiber von Energieversorgungsunternehmen** im Rahmen der Gewährung des Netzzugangs. Ziel einer solchen Zusammenarbeit ist ausweislich der Gesetzesbegründung die Schaffung möglichst einheitlicher Bedingungen bei der Gewährung des Netzzugangs, um insbesondere den Wettbewerb auf den dem Netzbereich vor- und nachgelagerten Märkten im Bereich der leitungsgebundenen Energieversorgung zu fördern und den Energiehandel zu erleichtern (vgl. BT-Drs. 15/3917, 61).

15 § 24 S. 2 **Nr. 3** ermöglicht Regelungen zu Art und Ausgestaltung des Netzzugangs sowie zu Art und Weise der Beschaffung und Erbringung von Ausgleichsleistungen. Bei der Ausgestaltung der Verfahren zur Beschaffung der Energie zur Erbringung von Ausgleichsleistungen sind ausweislich der Gesetzesbegründung insbesondere auch Regelungen möglich, ob und in welcher Weise ein Betreiber von Energieversorgungsnetzen die Beschaffung im Wege einer Ausschreibung durchführen muss.

16 § 24 S. 2 **Nr. 4** betrifft Regelungen zur Ermittlung der Entgelte für den Netzzugang. Diese Verordnungsermächtigung ist **von zentraler Bedeutung.** Auf ihrer Grundlage hat der Verordnungsgeber detaillierte Regelungen für die Ermittlung der Entgelte erlassen (vgl. Theobald/Kühling/Missling § 24 Rn. 25).

17 Die mit dem Netzentgeltmodernisierungsgesetz (BGBl. 2017 I 2503) eingefügte Regelung in § 24 S. 2 **Nr. 4a** gibt dem Verordnungsgeber die Möglichkeit, Regelungen zur Steigerung der Kosteneffizienz von Maßnahmen für **Netz- und Systemsicherheit nach § 13** vorzusehen. Ausweislich der Gesetzesbegründung soll damit klargestellt werden, dass in einer Rechtsverordnung, die u.a. auf § 24 beruht, auch Regelungen vorgesehen werden können, die einer Steigerung der Kosteneffizienz von Systemdienstleistungen dienen (BT-Drs. 18/11528, 16).

18 § 24 S. 2 **Nr. 5** wurde durch das Strommarktgesetz vom 26.7.2016 (BGBl. I 1786) mit Wirkung vom 30.7.2016 eingefügt und konkretisiert die Verordnungsermächtigung nach § 24 S. 1 Nr. 3 (vgl. Kment EnWG/Franke § 24 Rn. 25b).

19 § 24 S. 2 **Nr. 6** gibt dem Verordnungsgeber die Möglichkeit, Regelungen darüber zu treffen, welche netzbezogenen und sonst für ihre Kalkulation erforderlichen Daten die Betreiber von Energieversorgungsnetzen erheben und über welchen Zeitraum sie diese aufbewahren müssen. Von dieser Ermächtigung hat der Verordnungsgeber mit § 28 StromNEV/§ 28 GasNEV Gebrauch gemacht.

20 § 24 S. 2 **Nr. 7** wurde aufgehoben mit Wirkung zum 27.7.2021 durch Gesetz vom 16.7.2021 (BGBl. I 3026).

E. Weitere Vorgaben bzw. Verordnungsinhalte (S. 3 ff.)

21 Gemäß § 24 **S. 3** ist das Interesse an der Ermöglichung eines effizienten und diskriminierungsfreien Netzzugangs im Rahmen eines möglichst transaktionsunabhängigen Modells unter Beachtung der jeweiligen Besonderheiten der Elektrizitäts- und Gaswirtschaft im Falle des § 24 S. 2 Nr. 1 und 2 besonders zu berücksichtigen. Dabei soll die Zusammenarbeit dem Ziel des § 1 Abs. 2 dienen.

22 § 24 S. 3 enthält demnach eine **Zielvorgabe.** Der BGH hat hierzu Folgendes ausgeführt: „Die Verordnungsermächtigung macht (…) deutlich, dass sich der Zweck der Regulierungsermächtigung nicht in der Sicherung eines effizienten Netzzugangs unter Ausklammerung der Zielsetzung des § 1 Abs. 2 EnWG erschöpft, einen wirksamen und unverfälschten Wettbewerb sicherzustellen. Vielmehr soll gerade der Wettbewerb eine preisgünstige und effiziente Stromversorgung sicherstellen. Ein solcher Wettbewerb setzt wiederum wegen der Leitungsgebundenheit der Energieversorgung vor allem einen diskriminierungsfreien Netzzugang voraus. Betreiber von Energieversorgungsnetzen haben deshalb nach § 20 Abs. 1 EnWG jedermann nach sachlich gerechtfertigten Kriterien diskriminierungsfrei Netzzugang zu gewähren; sie haben in dem Umfang zusammenzuarbeiten, der erforderlich ist, um einen effizienten Netzzugang zu gewährleisten, und haben den Netznutzern die für einen effizien-

ten Netzzugang erforderlichen Informationen zur Verfügung zu stellen." (BGH NVwZ 2009, 195 (198)).

Gemäß § 24 S. 4 können Regelungen nach § 24 S. 2 Nr. 3 auch weitere Anforderungen an die Zusammenarbeit der Betreiber von Übertragungsnetzen bei der Beschaffung von Regelenergie und zur Verringerung des Aufwandes für Regelenergie sowie in Abweichung von § 22 Abs. 2 S. 1 (→ § 22 Rn. 9 ff.) Bedingungen und Methoden für andere effiziente, transparente, diskriminierungsfreie und marktorientierte Verfahren zur Beschaffung von Regelenergie vorsehen. 23

§ 24 S. 4 erweitert demnach den Regelungsbereich von § 24 S. 2 Nr. 3. Die Regelung wurde im Rahmen der EnWG-Novelle 2011 um eine Abweichungsmöglichkeit von § 22 Abs. 2 S. 1 ergänzt. So können in Abweichung von § 22 Abs. 2 S. 1 Bedingungen und Methoden für andere effiziente, transparente, diskriminierungsfreie und marktorientierte Verfahren zur Beschaffung von Regelenergie vorgesehen werden. Ausweislich der Gesetzesbegründung ergänzt diese Verordnungsermächtigung die Festlegungsbefugnis nach § 22 Abs. 2 S. 5 (↔ § 22 Rn. 25) und ermöglicht die Vorgabe von Bedingungen oder Methoden, die bei der Festlegung und Anwendung alternativer Beschaffungsmethoden eingehalten werden müssen. In Frage kämen dabei insbesondere Verfahren, die eine kurzfristige und flexible Angebotsstellung ermöglichen und bei denen nur der tatsächliche Einsatz, nicht aber die Vorhaltung von Regelenergie vergütet wird (vgl. BT-Drs. 17/6072, 81). 24

Gemäß § 24 S. 5 können Regelungen nach § 24 S. 2 Nr. 4 nach Maßgabe des § 120 vorsehen, dass Entgelte nicht nur auf der Grundlage von Ausspeisungen, sondern ergänzend auch auf der Grundlage von Einspeisungen von Energie berechnet und in Rechnung gestellt werden, wobei bei Einspeisungen von Elektrizität aus dezentralen Erzeugungsanlagen auch eine Erstattung eingesparter Entgelte für den Netzzugang in den vorgelagerten Netzebenen vorgesehen werden kann. 25

§ 24 S. 5 ermöglicht also eine **ergänzende Erhebung von Entgelten für die Einspeisung** von Energie (vgl. Gesetzesbegr. BT-Drs. 15/3917, 61). Von dieser Möglichkeit hat der Verordnungsgeber bei der Einspeisung elektrischer Energie bisher keinen Gebrauch gemacht. Gemäß § 15 Abs. 1 S. 3 StromNEV sind für die Einspeisung elektrischer Energie grundsätzlich keine Netzentgelte zu entrichten. Anders ist dies bei den Gasnetzen. Hier sieht die GasNEV sowohl Einspeiseentgelte als auch Ausspeiseentgelte vor (§§ 13 Abs. 2, 15 Abs. 1 GasNEV; vgl. Britz/Hellermann/Hermes/Britz/Herzmann, 3. Aufl., § 24 Rn. 34). 26

§ 24a Schrittweise Angleichung der Übertragungsnetzentgelte, Bundeszuschüsse; Festlegungskompetenz

(1) Eine Rechtsverordnung nach § 24 Satz 2 Nummer 4 Buchstabe b zur schrittweisen bundesweit einheitlichen Festlegung der Netzentgelte der Übertragungsnetzbetreiber kann insbesondere
1. vorsehen, dass für einen schrittweise steigenden Anteil der Übertragungsnetzkosten ein bundeseinheitlicher Netzentgeltanteil bestimmt wird oder ein schrittweise größer werdender prozentualer Aufschlag oder Abschlag auf die Netzentgelte der Übertragungsnetzbetreiber erfolgt, bis ein bundeseinheitliches Übertragungsnetzentgelt erreicht ist,
2. Entlastungsregelungen für die stromkostenintensive Industrie vorsehen, sofern die Voraussetzung des § 118 Absatz 24 nicht eingetreten ist.

(2) ¹Die Übertragungsnetzbetreiber mit Regelzonenverantwortung haben bei der Ermittlung der bundeseinheitlichen Übertragungsnetzentgelte, die auf Grundlage der Rechtsverordnung nach § 24 Satz 2 Nummer 4 Buchstabe b erfolgt, für ein nachfolgendes Kalenderjahr rechnerisch einen Bundeszuschuss von dem Gesamtbetrag der in die Ermittlung der bundeseinheitlichen Übertragungsnetzentgelte einfließenden Erlösobergrenzen abzuziehen, sofern
1. das Haushaltsgesetz für das laufende Kalenderjahr eine Verpflichtungsermächtigung zum Zweck der Absenkung der Übertragungsnetzentgelte im nachfolgenden Kalenderjahr enthält oder

2. das Haushaltsgesetz für das nachfolgende Kalenderjahr Haushaltsansätze zur Absenkung der Übertragungsnetzentgelte enthält.

²Sofern im Haushaltsgesetz des Kalenderjahres, das dem Kalenderjahr vorangeht, in dem der Bundeszuschuss erfolgen soll, eine Verpflichtungsermächtigung zum Zweck der Absenkung der Übertragungsnetzentgelte veranschlagt wurde, richtet sich die Höhe des Zuschusses nach dem Betrag, der von der Bundesrepublik Deutschland in einem Bescheid an die Übertragungsnetzbetreiber mit Regelzonenverantwortung festgesetzt worden ist, wenn der Bescheid den Übertragungsnetzbetreibern mit Regelzonenverantwortung spätestens am 30. September des Kalenderjahres, das dem Kalenderjahr vorangeht, in dem der Zuschuss erfolgen soll, bekannt gegeben wird; dabei besteht keine Pflicht zum Erlass eines Bescheides. ³Die Aufteilung der Zahlungen zur Absenkung der Übertragungsnetzentgelte auf die Übertragungsnetzbetreiber mit Regelzonenverantwortung erfolgt entsprechend dem jeweiligen Anteil ihrer Erlösobergrenze an der Summe der Erlösobergrenzen aller Übertragungsnetzbetreiber mit Regelzonenverantwortung. ⁴Zwischen den Übertragungsnetzbetreibern mit Regelzonenverantwortung und der Bundesrepublik Deutschland, vertreten durch das Bundesministerium für Wirtschaft und Klimaschutz, wird vor der Bereitstellung eines Bundeszuschusses zum Zweck der Absenkung der Übertragungsnetzentgelte im Einvernehmen mit dem Bundesministerium der Finanzen ein öffentlich-rechtlicher Vertrag abgeschlossen. ⁵Die Bundesnetzagentur ist berechtigt, durch Festlegung nach § 29 Absatz 1 nähere Vorgaben zur Berücksichtigung des Bundeszuschusses bei der Ermittlung der bundeseinheitlichen Übertragungsnetzentgelte zu machen.

Überblick

Die Vorschrift konkretisiert die Verordnungsermächtigung nach § 24 S. 2 Nr. 4 lit. b und ist deshalb nicht als eigenständige Verordnungsermächtigung zu verstehen, sondern als **unselbstständige Verordnungsermächtigung** (→ Rn. 1). Sie konkretisiert die Verordnungsermächtigung dahingehend, dass die Rechtsverordnung vorsehen kann, wie die schrittweise Angleichung der Übertragungsnetzentgelte erreicht wird sowie dass Entlastungsregeln für die stromkostenintensive Industrie vorgesehen werden können (→ Rn. 5 f.). Außerdem wird die Umsetzung der Verordnungsermächtigung in der Stromnetzentgeltverordnung dargestellt (→ Rn. 7 ff.).

Absatz 2 hat durch das Gesetz zur Änderung des Energiewirtschaftsrechts im Zusammenhang mit dem Klimaschutz-Sofortprogramm und zu Anpassungen im Recht der Endkundenbelieferung (BGBl. 2022 I 1214 (1222)) erhebliche Änderungen erfahren. So wurde die ursprüngliche Verordnungsermächtigung in eine eigenständige Regelung im EnWG abgeändert und die Überschrift des Paragrafen wurde entsprechend einer neu eingeführten Festlegungskompetenz der BNetzA um das Wort „Festlegungskompetenz" ergänzt. Absatz 2 regelten nunmehr den möglichen Bundeszuschuss abschließend im Gesetz (→ Rn. 14 ff.).

Übersicht

	Rn.		Rn.
A. Sinn und Zweck	1	D. Der Bundeszuschuss nach Abs. 2	14
B. Die Angleichung von Übertragungsnetzentgelte nach Abs. 1	5	E. Aktuelle Entwicklungen	21
C. Die Umsetzung in der Stromnetzentgeltverordnung	7		

A. Sinn und Zweck

1 Die Vorschrift in Absatz 1 dient der Ergänzung der Verordnungsermächtigung nach § 24 S. 2 Nr. 4 lit. b und ist deshalb eine **unselbstständige Verordnungsermächtigung** (Säcker EnergieR/Bruhn § 24a Rn. 1). Die Regelungen zur Vereinheitlichung der bundeseinheitlichen Übertragungsnetzentgelte wurden mit dem Gesetz zur Modernisierung der Netzentgeltstruktur vom 17.7.2017 (BGBl. I 2503) eingeführt.

Die Regelungen zur **Vereinheitlichung der Übertragungsnetzentgelte** wurden aber erst durch den Ausschuss für Wirtschaft und Energie in das Verfahren eingebracht (BT-Drs. 18/12999, 5) und waren somit nicht in dem ursprünglichen Gesetzentwurf enthalten (BT-Drs. 18/11528). Begründet wurden die Regelungen damit, dass die Energiewende eine gesamtdeutsche Aufgabe sei, die nicht zulasten einzelner Regionen gehen darf, sodass eine faire bundesweite Verteilung der Lasten erforderlich sei (BT-Drs. 18/12999, 18). Zu beachten ist hierbei, dass hierzu schon ein großer Schritt durch die Herauslösung der Offshore-Anbindungskosten aus den Netzentgelten in eine Offshore-Umlage nach § 17f getan wurde (→ § 17f Rn. 8 ff.).

Mit der Regelung in § 24a hat der Gesetzgeber Beispiele für die Angleichung der Übertragungsnetzentgelte gegeben sowie zur Entlastung der stromkostenintensiven Industrie, wobei diese Regelung mit den Neuregelungen zur Offshore-Umlage in Zusammenhang steht (BT-Drs. 18/12999, 18 f.).

Absatz 2 wurde ursprünglich durch das Gesetz zur Reduzierung und zur Beendigung der Kohleverstromung und zur Änderung weiterer Gesetze eingefügt (BGBl. 2020 I 1818). Durch diese Regelung sollte erreicht werden, dass die Übertragungsnetzentgelte zu einer bestimmten Höhe durch Steuerzuschüsse gedeckt werden. Die genaue Ausgestaltung blieb einer bis zum 31.12.2022 zu schaffenden Verordnungsänderung vorbehalten. Durch das Gesetz zur Änderung des Energiewirtschaftsrechts im Zusammenhang mit dem Klimaschutz-Sofortprogramm und zu Anpassungen im Recht der Endkundenbelieferung (BGBl. 2022 I 1214 (1222)) wurde diese Verordnungsermächtigung nunmehr in einen gesetzlichen Rahmen für einen Bundeszuschuss zur Absenkung der Übertragungsnetzentgelte geändert. Hintergrund der Änderung ist das Urteil des EuGH BeckEuRS 2018, 602610 zur Unabhängigkeit der Nationalen Regulierungsbehörden vom 2.9.2021 (BT-Drs. 20/2402, 44). Durch das Urteil wurde die normative Regulierung durch Verordnungen und gesetzliche Vorgaben in weiten Teilen als nicht mit dem Europarecht vereinbar eingestuft. Insofern ist davon auszugehen, dass die entsprechenden Verordnungen aufgehoben werden müssen und der BNetzA ein weiter Entscheidungsspielraum eingeräumt werden. Da die BNetzA aber nicht über einen Haushaltszuschuss verfügen kann, wurde die Regelung zu dem Bundeszuschuss zu den Übertragungsnetzentgelten wohl abschließend im EnWG geregelt. Die Änderungen wurde dabei erst durch den Ausschuss für Klimaschutz und Energie in das Gesetzgebungsverfahren eingebracht (BT-Drs. 20/2402, 15 f.) und war nicht im ursprünglichen Gesetzentwurf enthalten (BT-Drs. 20/1599).

B. Die Angleichung von Übertragungsnetzentgelte nach Abs. 1

In Nummer 1 werden zwei Beispiele für die **Angleichung der Übertragungsnetzentgelte** genannt, die insgesamt über einen Zeitraum von fünf Jahren erfolgen soll. Als ein Beispiel wird genannt, dass für einen schrittweisen steigenden Anteil der Übertragungsnetzkosten ein bundeseinheitliches Netzentgelt bestimmt wird. Als weiteres Beispiel wird ein prozentualer Auf- oder Abschlag auf die individuellen Übertragungsnetzentgelte genannt, bis ein einheitliches Übertragungsnetzentgelt erreicht wird (Säcker EnergieR/Bruhn § 24a Rn. 3; BT-Drs. 18/12999, 18).

Die Nummer 2 steht nur in indirekter Verbindung mit der Schaffung bundeseinheitlicher Übertragungsnetzentgelte. Sie sieht vor, dass wenn die Entlastungsregeln in § 17f Abs. 5 aufgrund der beihilferechtlichen Genehmigung bei Erlass der Rechtsverordnung für die bundeseinheitlichen Übertragungsnetzentgelte noch nicht gegolten hätten, dass dann eine in Umfang und Wirkung gleiche Entlastungsregelung über die Vorschriften zur Vereinheitlichung der Übertragungsnetzentgelte erreicht werden sollte (vgl. BT-Drs. 18/12999, 18 f.; Säcker EnergieR/Bruhn § 24a Rn. 4). Hiervon musste jedoch nicht Gebrauch gemacht werden, da dieser Fall bei Erlass der Rechtsverordnung nicht eingetreten war.

C. Die Umsetzung in der Stromnetzentgeltverordnung

Die Regelung in § 24a Nr. 1 wurde mit der Verordnung zur schrittweisen Einführung bundeseinheitlicher Übertragungsnetzentgelte im Jahr 2018 umgesetzt (BR-Drs. 145/18; BGBl. 2018 I 865).

8 Sie hat die Stromnetzentgeltverordnung so ergänzt, dass über den **Zeitraum von fünf Jahren ein immer größer werdender Anteil der Erlösobergrenzen** der vier Übertragungsnetzbetreiber durch ein bundeseinheitliches Übertragungsnetzentgelt gedeckt wird. In der Verordnung wurde also von der ersten Variante in Nummer 1 Gebrauch gemacht, sodass zunächst im Jahr 2019 für 20 Prozent der individuell festgelegten Erlösobergrenzen ein bundeseinheitliches Übertragungsnetzentgelt ermittelt wird. Dieser Anteil steigert sich dann jährlich um 20 Prozent, bis im letzten Jahr nur noch ein bundeseiheinheitliches Netzentgelt besteht.

9 Für die Vorgaben zur Bildung bundeseinheitlicher Netzentgelte wurde in Teil 2 der StromNEV ein neuer Abschnitt 2a eingefügt, der die §§ 14a–14d StromNEV umfasst. Darüber hinaus waren Anpassungen bzw. Klarstellungen in verschiedenen Paragrafen zur Kostenträgerrechnung notwendig. Ebenso war eine Übergangsregelung für die Zeit bis zur vollständigen Vereinheitlichung notwendig, die in § 32a StromNEV verankert wurde.

10 Die Regelungen zur Vereinheitlichung der Übertragungsnetzentgelte folgen dabei dem **bekannten Schema zur Bildung von Netzentgelten** und bauen auf diesen auf. Ausgenommen von der Vereinheitlichung sind lediglich die Entgelte für den Messstellenbetrieb sowie für singulär genutzte Betriebsmittel (vgl. § 14a StromNEV). Diese Ausnahmen sind damit zu begründen, dass sie von den allgemeinen Netzentgelten zu unterscheiden sind und als gesonderte Aufgabe zu betrachten sind.

11 Gemäß den Vorgaben in der Verordnungsermächtigung werden auch weiterhin für jeden Übertragungsnetzbetreiber **individuelle Erlösobergrenzen** gebildet. Diese individuellen Erlösobergrenzen jedes Übertragungsnetzbetreibers werden dann über einen gemeinsamen Kostenträger zusammengeführt. Mittels einer bundeseinheitlichen Gleichzeitigkeitsfunktion werden dann die bundeseinheitlichen Übertragungsnetzentgelte gebildet (vgl. § 14b StromNEV).

12 Soweit die Übertragungsnetzbetreiber **Mehr- oder Mindereinnahmen** aufgrund des bundeseinheitlichen Übertragungsnetzentgeltes haben, müssen diese nach § 14c StromNEV untereinander ausgeglichen werden. Dies geschieht auf Basis der prognostizierten Erlöse; sofern sich Abweichungen durch die tatsächlich erzielbaren Erlöse ergeben, werden diese über das Regulierungskonto jeweils unternehmensindividuell ausgeglichen.

13 § 32a StromNEV enthält die notwendigen **Übergangsregelungen,** die sich aus der schrittweisen Angleichung der Übertragungsnetzentgelte ergeben. In der Übergangszeit gibt es also jeweils ein unternehmensindividuelles Übertragungsnetzentgeltanteil und ein bundeseinheitliches Übertragungsnetzentgeltanteil, die sich zu dem maßgeblichen Übertragungsnetzentgelt addieren. Im Zeitverlauf wird der Anteil des bundeseinheitlichen Übertragungsnetzentgeltes größer und der unternehmensindividuelle Anteil kleiner.

D. Der Bundeszuschuss nach Abs. 2

14 Absatz 2 Satz 1 sieht vor, dass die Übertragungsnetzbetreiber mit Regelzonenverantwortung bei der Ermittlung der bundeseinheitlichen Übertragungsnetzentgelte von den einfließenden Erlösobergrenzen einen Bundeszuschuss rechnerisch abzuziehen haben, sofern eine der Voraussetzungen nach Nummer 1 oder Nummer 2 erfüllt ist.

15 Nummer 1 regelt die Möglichkeit einer Verpflichtungsermächtigung zum Zweck der Absenkung der Übertragungsnetzentgelte im nachfolgenden Kalenderjahr. Die Verpflichtungsermächtigung ermächtigt die Verwaltung dazu, Verpflichtungen einzugehen, die zu Aufwendungen bzw. Auszahlungen im künftigen Haushaltsjahr führen. In diesem Zusammenhang steht auch Satz 2, der im Fall einer Verpflichtungsermächtigung vorsieht, dass sich die Höhe des Zuschusses nach dem Betrag richtet, der von der Bundesrepublik Deutschland in einem Bescheid festgesetzt worden ist, sofern dieser Bescheid bis spätestens am 30.09. des Kalenderjahres bekannt gegeben wird, das dem Kalenderjahr vorangeht, in dem der Zuschuss erfolgen soll (Bsp.: Für einen Zuschuss im Jahr 2023, müsste der Bescheid spätestens am 30.09.2022 den Übertragungsnetzbetreibern zugehen, damit sie den Zuschuss bei der Ermittlung der Übertragungsnetzentgelte berücksichtigen müssen).

16 Nummer 2 regelt den Fall, dass das Haushaltsgesetz selbst für das nachfolgende Kalenderjahr Haushaltsansätze zur Absenkung der Übertragungsnetzentgelte enthält. In diesem Fall ist kein Handeln der Verwaltung mehr notwendig wie im Fall der Verpflichtungsermächtigung, sondern der Betrag zur Absenkung der Übertragungsnetzentgelte ergibt sich bereits aus dem Haushaltsgesetz.

In der Praxis dürfte die Nummer 1 wohl relevanter werden, da die Betreiber von Energieversorgungsnetzen und damit auch die Übertragungsnetzbetreiber spätestens zum 15. Oktober eines Jahres für das Folgejahr die Entgelte für den Netzzugang im Internet zu veröffentlichen haben. In der Praxis wird versucht die Bekanntgabe der Übertragungsnetzentgelte noch etwas früher vorzunehmen, damit die nachgelagerten Netzbetreiber ihre jeweiligen Entgelte unter Berücksichtigung der vorgelagerten Netzebenen ermitteln können. Insofern werden die Haushaltsverhandlungen und damit das Haushaltsgesetz, das traditionell meist im September/Oktober/November eines Jahres verhandelt wird, regelmäßig zu spät kommen bzw. eine Anpassung der Entgelte nach der Veröffentlichung am 15. Oktober erfordern. 17

Satz 3 regelte die Aufteilung des Zuschusses unter den Übertragungsnetzbetreibern mit Regelzonenverantwortung und soll dazu dienen, zusätzliche Ausgleichszahlungen größeren Ausmaßes zwischen den Übertragungsnetzbetreibern zu verhindern (BT-Drs. 20/2402, 44). Demnach erfolgt die Aufteilung des Zuschusses entsprechend des jeweiligen Anteils ihrer Erlösobergrenze an der Summe der Erlösobergrenzen aller Übertragungsnetzbetreiber mit Regelzonenverantwortung. Hätte somit ÜNB A einen Erlösobergrenzen-Anteil von 20 Prozent an der Gesamtsumme der Erlösobergrenzen, dann würde auf ihn auch ein Anteil von 20 Prozent des Bundeszuschusses entfallen. 18

Nach Satz 4 wird zwischen der Bundesrepublik Deutschland, vertreten durch das BMWK, und den Übertragungsnetzbetreibern mit Regelzonenverantwortung im Einvernehmen mit dem BMF ein öffentlich-rechtlicher Vertrag abgeschlossen. Ausweislich der Gesetzesbegründung soll dieser Vertrag zur Vereinbarung von technischen Details zur Auszahlung des Bundeszuschusses dienen (BT-Drs. 20/2402, 44). 19

Satz 5 trägt wiederum dem oben genannten EuGH-Urteil Rechnung und räumt der BNetzA eine Festlegungskompetenz ein. Im Rahmen der Festlegungskompetenz nach § 29 Abs. 1 kann die BNetzA nähere Vorgaben zur Berücksichtigung des Bundeszuschusses bei der Ermittlung der bundeseinheitlichen Übertragungsnetzentgelte machen. Dies ist darauf zurückzuführen, dass der Gesetz- oder Verordnungsgeber nach dem EuGH-Urteil keine Vorgaben in diesem Bereich erlassen darf, sodass es allein der BNetzA obliegt, die Bestimmung der Entgelte zu regeln und damit auch die Berücksichtigung eines solchen Bundeszuschusses. Die übrigen Regelungen in Absatz 2 sind jedoch zulässig, da der Gesetzgeber damit nur die Seite des Bundeszuschusses regelt und wie er diesen gewährt. Solche Regelungen kann die BNetzA nicht erlassen, sodass in den Regelungen kein Verstoß gegen das EuGH-Urteil gesehen werden kann. 20

E. Aktuelle Entwicklungen

Aktuell befindet sich eine Novellierung des Energiewirtschaftsgesetzes im Gesetzgebungsprozess. Der Gesetzentwurf ist am 24.5.2023 im Kabinett beschlossen worden und befindet sich damit aktuell im parlamentarischen Verfahren. In diesem Zusammenhang soll § 24a neu gefasst werden und damit die Regelungen zur schrittweisen Angleichung der Übertragungsnetzentgelte als Verordnungsermächtigung gestrichen werden. Vielmehr sollen die Vorgaben zur Bildung von bundeseinheitlichen Übertragungsnetzentgelten durch eine Neufassung des § 24 in das EnWG überführt werden (der Gesetzentwurf der Bundesregierung ist abrufbar unter: https://www.bmwk.de/Redaktion/DE/Artikel/Service/Gesetzesvorhaben/entwurf-eines-gesetzes-zur-anpassung-des-energiewirtschaftsrechts-an-unionsrechtliche-vorgaben.html). 21

§ 24b Zuschuss zur anteiligen Finanzierung der Übertragungsnetzkosten; Zahlungsmodalitäten

(1) ¹Die Netzkosten des Kalenderjahres 2023 der Übertragungsnetzbetreiber mit Regelzonenverantwortung werden anteilig durch einen Zuschuss in Höhe von insgesamt 12,84 Milliarden Euro gedeckt. ²Der Zuschuss wird aus dem Bankkonto nach § 26 Absatz 1 Satz 1 des Strompreisbremsegesetzes finanziert. ³Zu diesem Zweck sind die Übertragungsnetzbetreiber mit Regelzonenverantwortung berech-

tigt, den nach Absatz 2 für sie berechneten Anteil an dem Zuschuss von dem Bankkonto nach § 26 Absatz 1 Satz 1 des Strompreisbremsegesetzes abzubuchen. ⁴Macht ein Übertragungsnetzbetreiber mit Regelzonenverantwortung von seiner Berechtigung zur Abbuchung nach Satz 3 Gebrauch, hat diese in Höhe seines Anteils nach Absatz 2 an dem Betrag von 1,07 Milliarden Euro zum 15. eines Kalendermonats zu erfolgen, wobei sich die Berechtigung auf den Zeitraum beginnend mit dem 15. Februar 2023 und endend mit dem 15. Januar 2024 beschränkt.

(2) ¹Die Aufteilung der monatlichen Zuschussbeträge auf die Übertragungsnetzbetreiber mit Regelzonenverantwortung erfolgt entsprechend dem jeweiligen Anteil des Anstiegs ihrer Erlösobergrenze des Kalenderjahres 2023 gegenüber ihrer Erlösobergrenze des Kalenderjahres 2022 an der Summe des Anstiegs der Erlösobergrenzen aller Übertragungsnetzbetreiber mit Regelzonenverantwortung. ²Die Abbuchung der monatlichen Zuschussbeträge zu den Übertragungsnetzkosten von dem Bankkonto nach § 26 Absatz 1 Satz 1 des Strompreisbremsegesetzes an die Übertragungsnetzbetreiber mit Regelzonenverantwortung erfolgt entsprechend diesem Verhältnis.

(3) ¹Die Übertragungsnetzbetreiber mit Regelzonenverantwortung haben den Zuschuss nach Absatz 1 Satz 1 bei der Ermittlung der bundeseinheitlichen Übertragungsnetzentgelte, die auf Grundlage der Rechtsverordnung nach § 24 Satz 2 Nummer 4 Buchstabe b erfolgt, für das Kalenderjahr 2023 rechnerisch von dem Gesamtbetrag der in die Ermittlung der bundeseinheitlichen Übertragungsnetzentgelte einfließenden Erlösobergrenzen abzuziehen und entsprechend die Netzentgelte mindernd einzusetzen. ²Die Bundesnetzagentur ist berechtigt, durch Festlegung nach § 29 Absatz 1 nähere Vorgaben zur Berücksichtigung des Zuschusses bei der Ermittlung der bundeseinheitlichen Übertragungsnetzentgelte zu machen.

(4) Soweit das Bankkonto nach § 26 Absatz 1 Satz 1 des Strompreisbremsegesetzes bis zum zehnten Tag eines Kalendermonats kein ausreichendes Guthaben aufweist, damit eine Auszahlung nach Absatz 1 Satz 3 getätigt werden kann, ist eine Buchung in entsprechender Höhe von dem separaten Bankkonto für die Aufgaben nach dem Erneuerbare-Energien-Gesetz nach § 47 Absatz 1 Satz 1 des Energiefinanzierungsgesetzes auf das Bankkonto nach § 26 Absatz 1 Satz 1 des Strompreisbremsegesetzes zulässig und vorzunehmen, soweit die Gesamtsumme dieser Buchungen den Betrag, den die Bundesrepublik Deutschland auf Grund des Bescheides vom 9. Oktober 2020 als Zuschuss zur Absenkung der EEG-Umlage geleistet hat, nicht übersteigt.

(5) ¹Wenn das Bankkonto nach § 26 Absatz 1 Satz 1 des Strompreisbremsegesetzes auch nach den Buchungen nach Absatz 4 zur Gewährung der monatlichen Rate nach Absatz 1 Satz 3 nicht ausreichend gedeckt ist oder eine Abbuchung nach Absatz 1 Satz 2 aus rechtlichen Gründen nicht möglich ist, sind die Übertragungsnetzbetreiber mit Regelzonenverantwortung abweichend von § 20 Absatz 1 berechtigt, ihre Netzentgelte im Kalenderjahr 2023 einmalig unterjährig zum ersten Tag eines Monats anzupassen. ²Die Entscheidung zur Neukalkulation der Übertragungsnetzentgelte nach Satz 1 ist von allen Übertragungsnetzbetreibern mit Regelzonenverantwortung gemeinsam zu treffen. ³Die beabsichtigte Anpassung ist sechs Wochen vor ihrem Wirksamwerden der Bundesnetzagentur mitzuteilen und auf der gemeinsamen Internetseite der Übertragungsnetzbetreiber mit Regelzonenverantwortung zu veröffentlichen. ⁴Sofern die Übertragungsnetzbetreiber mit Regelzonenverantwortung das Recht nach Satz 1 zur einmaligen unterjährigen Anpassung ihrer Netzentgelte nutzen, sind auch die Betreiber von Elektrizitätsverteilernetzen abweichend von § 20 Absatz 1 berechtigt, auf dieser Grundlage ihre Netzentgelte zu demselben Datum anzupassen.

Überblick

Absatz 1 beinhaltet die Befugnis der vier Übertragungsnetzbetreiber zur Auszahlung eines Zuschusses (→ Rn. 3 ff.). Der Verteilungsschlüssel zur Aufteilung des Zuschusses zwischen

Zuschuss zur anteiligen Finanzierung der Übertragungsnetzkosten § 24b EnWG

den Übertragungsnetzbetreibern ergibt sich aus Absatz 2 (→ Rn. 5). Absatz 3 statuiert eine Zweckbindung des Zuschusses nach Absatz 1 (→ Rn. 6). Absatz 4 beinhaltet die Möglichkeit einer Zwischenfinanzierung des Zuschusses über das EEG-Konto (→ Rn. 7 ff.). Absatz 5 berechtigt die regelverantwortlichen ÜNB, die Übertragungsnetzentgelte einmalig unterjährig im Kalenderjahr 2023 anzupassen, sofern auch die Zwischenfinanzierung über das EEG-Konto nicht möglich sein sollte (→ Rn. 10).

A. Hintergrund der Regelung

Die Regelung in § 24b ist ein Ergebnis des Koalitionsausschusses vom 3.9.2022. Ein Teil 1
der nach Teil III des StromPBG (voraussichtlich) einzunehmenden Überschusserlöse soll demnach im Kalenderjahr 2023 zur Stabilisierung der Übertragungsnetzentgelte genutzt werden. Hintergrund der Regelung ist ein von den Übertragungsnetzbetreibern prognostizierter Anstieg der Übertragungsnetzentgelte infolge einer deutlichen Zunahme der Redispatch-Kosten. Durch die Vermeidung eines Anstiegs der Netzentgelte kommt der Zuschuss, wenngleich vor anderem Hintergrund als die Entlastungen nach dem StromPBG, letztlich den Letztverbrauchern zugute.

Die Regelung in § 24b gilt ausschließlich für das Kalenderjahr 2023. Sofern die Einnah- 2
men aus der Überschusserlösabschöpfung höher als die nach dem StromPBG gewährten Entlastungen sind, müssen die Übertragungsnetzbetreiber diesen Differenzbetrag zur Senkung der Übertragungsnetzkosten verwenden (→ § 24 Abs. 1 S. 2 StromPBG). Da die Einnahmen aus der Überschusserlösabschöpfung nach Teil III StromPBG deutlich geringer ausfallen dürften als ursprünglich geplant, dürfte diese Regelung jedoch zu keiner Entlastung der Übertragungsnetzentgelte im Kalenderjahr 2024 beitragen.

B. Regelungsinhalt

I. Zuschuss (Abs. 1)

Absatz 1 regelt, dass die Übertragungsnetzbetreiber Einnahmen aus der Überschusserlösab- 3
schöpfung nach Teil III StromPBG in Höhe von 12,84 Mrd. EUR zur anteiligen Finanzierung der Übertragungsnetzkosten des Kalenderjahres 2023 nutzen dürfen (→ § 1 S. 2 Nr. 1 lit. b StromPBG). Eine diesbezügliche Pflicht trifft die Übertragungsnetzbetreiber jedoch nicht. Gegenüber anderen Verwendungen, d.h. gegenüber Entlastungen von Letztverbrauchern nach dem StromPBG, sind die Einnahmen aus der Überschusserlösabschöpfung nach Teil III StromPBG sogar vorrangig zur Finanzierung des Zuschusses nach Abs. 1 zu verwenden (→ § 27 Abs. 3 S. 2 StromPBG).

Die Umsetzung des Zuschusses soll durch zwölf monatliche Raten in Höhe von je 1,07 4
Mrd. EUR im Zeitraum von Februar 2023 bis Februar 2024 erfolgen. In Höhe des nach Absatz 2 zu bestimmenden Anteils an diesem Betrag (→ Rn. 5) darf ein Übertragungsnetzbetreiber seinen Zuschussanteil jeweils zum 15. eines Monats vom Bankkonto nach § 26 Abs. 1 S. 1 StromPBG abbuchen. Jedenfalls nach dem Wortlaut der Regelung ist es den Übertragungsnetzbetreibern nicht gestattet, in einem Monat keine oder eine hinter dem Anteil des jeweiligen Übertragungsnetzbetreibers zurückbleibende Abbuchung vorzunehmen und dies durch eine höhere Abbuchung in einem späteren Monat zu kompensieren.

II. Verteilungsschlüssel (Abs. 2)

Absatz 2 beinhaltet den Verteilungsschlüssel zur Aufteilung des monatlichen Zuschusses 5
nach Absatz 1 zwischen den vier Übertragungsnetzbetreibern. Maßgeblich ist der jeweilige Anteil des Anstiegs ihrer Erlösobergrenze des Kalenderjahres 2023 gegenüber ihren Erlösobergrenzen des Kalenderjahres 2022 an der Summe des Anstiegs der Erlösobergrenzen aller Übertragungsnetzbetreiber.

III. Zweckbindung, Festlegungskompetenz (Abs. 3)

Absatz 3 Satz 1 enthält eine Zweckbindung des Zuschusses nach Absatz 1. Die Regelung 6
schreibt den Übertragungsnetzbetreibern vor, den Zuschuss rechnerisch von dem Gesamtbe-

trag der in die Ermittlung der bundeseinheitlichen Übertragungsnetzentgelte einfließenden Erlösobergrenzen abziehen und damit zur Minderung der Netzentgelte einzusetzen. Satz 2 enthält eine Festlegungskompetenz für die BNetzA, mit der die Behörde nähere Vorgaben zur Berücksichtigung des Zuschusses bei der Ermittlung der bundeseinheitlichen Übertragungsnetzentgelte machen kann. Bislang hat die BNetzA von dieser Befugnis keinen Gebrauch gemacht.

IV. Zwischenfinanzierung über EEG-Konto (Abs. 4)

7   Absatz 4 ermöglicht die Zwischenfinanzierung des Zuschusses nach Absatz 1 aus Mitteln des ebenfalls von den Übertragungsnetzbetreibern geführten EEG-Kontos nach § 47 Abs. 1 S. 1 EnFG, soweit das Bankkonto nach § 26 Abs. 1 S. 1 StromPBG bis zum zehnten Tag eines Kalendermonats kein ausreichendes Guthaben aufweist. Die Regelung in Abs. 4 verschafft den Übertragungsnetzbetreibern **kurzfristige Flexibilität**. Anstatt einen Anspruch auf Zwischenfinanzierung gegenüber der Bundesrepublik Deutschland geltend machen zu müssen (→ Rn. 1; § 25 StromPBG), was bei kurzfristigen Engpässen schwierig sein dürfte, können sie die Zwischenfinanzierung kurzfristig selbst beschaffen. Mit Stand vom 31.7.2023 haben die Übertragungsnetzbetreiber von dieser Möglichkeit in Höhe von rund 1 Mrd. EUR im Monat Februar 2023 Gebrauch gemacht. Dies ergibt sich aus der auf www.netztransparenz.de veröffentlichen Einnahmen- und Ausgabenübersicht der Übertragungsnetzbetreiber nach Anlage 1 EnFG.

8   Die Zwischenfinanzierung über das EEG-Konto ist für das gesamte Kalenderjahr der Höhe nach begrenzt auf den Zuschuss, den die Bundesrepublik Deutschland im Kalenderjahr 2020 zur Stabilisierung der EEG-Umlage gewährt wurde. Dieser betrug seinerzeit rund 11 Mrd. EUR. Überdies ist eine Zwischenfinanzierung über das EEG-Konto nur möglich, soweit dieses ein Guthaben aufweist.

9   Aus dem Begriff „Zwischenfinanzierung" folgt, dass die Übertragungsnetzbetreiber dazu verpflichtet sind, den dem EEG-Konto entnommenen Betrag vollständig wieder in das EEG-Konto zurückzuführen. Regelung zur **Rückzahlung** enthält Absatz 4 allerdings nicht. Es erscheint vor diesem Hintergrund ungewiss, ob und zu welchem Zeitpunkt eine Rückzahlung erfolgen wird.

V. Anpassung der Übertragungsnetzentgelte (Abs. 5)

10   Absatz 5 adressiert den Fall, dass weder auf dem Bankkonto nach § 26 Abs. 1 S. 1 StromPBG noch auf dem EEG-Konto ausreichenden Mittel zur Verfügung stehen, um die monatliche Rate nach Absatz 1 Satz 3 abbuchen zu können, oder eine Abbuchung aus rechtlichen Gründen nicht oder nicht mehr möglich ist. In diesen Fällen sind die Übertragungsnetzbetreiber nach Satz 1 berechtigt, ihre Übertragungsnetzentgelte einmalig unterjährig zum ersten Tag eines Monats anzupassen. Sie können eine solche Entscheidung jedoch nur gemeinsam treffen und müssen diese entsprechend den Vorgaben in Satz 2 veröffentlichen. Satz 3 erlaubt in diesem Fall auch den nachgelagerten Verteilernetzbetreiber ihre Netzentgelte unterjährig entsprechend zu erhöhen, da höhere Übertragungsnetzentgelte auch zu höhere Netzkosten auf der Verteilnetzebene führen.

§ 25 Ausnahmen vom Zugang zu den Gasversorgungsnetzen im Zusammenhang mit unbedingten Zahlungsverpflichtungen

[1]Die Gewährung des Zugangs zu den Gasversorgungsnetzen ist im Sinne des § 20 Abs. 2 insbesondere dann nicht zumutbar, wenn einem Gasversorgungsunternehmen wegen seiner im Rahmen von Gaslieferverträgen eingegangenen unbedingten Zahlungsverpflichtungen ernsthafte wirtschaftliche und finanzielle Schwierigkeiten entstehen würden. [2]Auf Antrag des betroffenen Gasversorgungsunternehmens entscheidet die Regulierungsbehörde, ob die vom Antragsteller nachzuweisenden Voraussetzungen des Satzes 1 vorliegen. [3]Die Prüfung richtet sich nach Artikel 48 der Richtlinie 2009/73/EG (ABl. L 211 vom 14.8.2009, S. 94). [4]Das Bundesministerium für Wirtschaft und Energie wird ermächtigt, durch

Rechtsverordnung, die nicht der Zustimmung des Bundesrates bedarf, die bei der Prüfung nach Artikel 48 der Richtlinie 2009/73/EG anzuwendenden Verfahrensregeln festzulegen. ⁵In der Rechtsverordnung nach Satz 4 kann vorgesehen werden, dass eine Entscheidung der Regulierungsbehörde, auch abweichend von den Vorschriften dieses Gesetzes, ergehen kann, soweit dies in einer Entscheidung der Kommission der Europäischen Gemeinschaften vorgesehen ist.

Überblick

§ 25 regelt einen speziellen Fall der **Nichtzumutbarkeit des Zugangs** gem. § 20 Abs. 2. (→ § 20 Rn. 1) Der Zugang ist nach § 25 dann nicht zumutbar, wenn einem Gasversorgungsunternehmen wegen seiner im Rahmen von Gaslieferverträgen eingegangenen unbedingten Zahlungsverpflichtungen ernsthafte wirtschaftliche und finanzielle Schwierigkeiten entstehen würden.

§ 25 S. 1 regelt dabei die Voraussetzungen für die Unzumutbarkeit des Zugangs (→ Rn. 10 ff.). § 25 S. 2 und 3 regeln demgegenüber das Verfahren für die Beantragung und Prüfung der Unzumutbarkeit (→ Rn. 17 ff.). § 25 S. 4 und 5 enthalten Regelungen im Hinblick auf eine Konkretisierung des Verfahrens durch Rechtsverordnung (→ Rn. 21 ff.).

Übersicht

	Rn.		Rn.
A. Normzweck	1	E. Verfahren (S. 2–5)	17
B. Entstehungsgeschichte	4	I. Entscheidung auf Antrag (S. 2)	17
I. Unionsrechtliche Vorgaben	4	II. Prüfung gemäß Anforderungen von Art. 48 Gas-Binnenmarkt-Richtlinie 2009/73/EG (S. 3)	20
II. Umsetzung in nationales Recht	5		
III. Bisherige Anpassungen	6	III. Ausgestaltung der Verfahrensregeln durch Rechtsverordnung (S. 4 und 5)	21
C. Anwendungsbereich	7		
D. Unzumutbarkeit des Zugangs	10	F. Beteiligung der Europäischen Kommission	27
I. Voraussetzungen	10		
II. Rechtsfolge	16	G. Rechtsschutz	29

A. Normzweck

§ 25 regelt einen **speziellen Fall der Nichtzumutbarkeit** des Zugangs gem. § 20 Abs. 2. **1** Der Zugang ist nach § 25 dann nicht zumutbar, wenn einem Gasversorgungsunternehmen wegen seiner im Rahmen von Gaslieferverträgen eingegangenen unbedingten Zahlungsverpflichtungen ernsthafte wirtschaftliche und finanzielle Schwierigkeiten entstehen würden.

Die Vorschrift stellt sich demnach als **Schutzvorschrift** zugunsten von Gasversorgungs- **2** unternehmen dar. Hintergrund für die Regelung ist, dass die in der Gaswirtschaft oftmals längerfristig abgeschlossenen Lieferverträge im Falle der Zugangsgewährung bei uneingeschränkter Aufrechterhaltung der Zahlungsverpflichtungen ein erhöhtes Risiko wirtschaftlicher und finanzieller Schwierigkeiten begründen würden (vgl. Britz/Hellermann/Hermes/Arndt, 3. Aufl., § 25 Rn. 1; Kment EnWG/Siegel § 25 Rn. 1).

Seinen Ursprung findet die Vorschrift im Europäischen Recht, s. Art. 27 Gas-Binnen- **3** markt-Richtlinie 2003/55/EG bzw. Art. 48 Gas-Binnenmarkt-Richtlinie 2009/73/EG.

B. Entstehungsgeschichte

I. Unionsrechtliche Vorgaben

§ 25 wurde zur Umsetzung von Art. 27 Gas-Binnenmarkt-Richtlinie 2003/55/EG in das **4** EnWG eingefügt. In seiner gegenwärtig geltenden Fassung setzt § 25 die materiellen und verfahrensrechtlichen Vorgaben von Art. 48 Gas-Binnenmarkt-Richtlinie 2009/73/EG um.

von Richthofen

II. Umsetzung in nationales Recht

5 § 25 wurde mit Wirkung ab dem 13.7.2005 in das EnWG eingefügt (EnWG 2005 vom 7.7.2005, BGBl. I 1970; Gesetzesbegr. BT-Drs. 15/3917, 62). Die Vorschrift ist § 6 Abs. 3 EnWG 2003 nachgebildet. § 25 S. 5 geht auf eine Empfehlung des Ausschusses für Wirtschaft und Arbeit zurück (BT-Drs. 15/5268, 40).

III. Bisherige Anpassungen

6 § 25 wurde mit dem Gesetz zur Neuregelung energiewirtschaftlicher Vorschriften vom 26.6.2011 (BGBl. I 1554) vor dem Hintergrund der Gas-Binnenmarkt-Richtlinie 2009/73/EG redaktionell angepasst (vgl. BT-Drs. 17/6072, 81). Weitere Anpassungen vom 17.12.2006 (BGBl. I 2833) und vom 31.8.2015 (BGBl. I 1474) betreffen alleine die genaue Bezeichnung des Bundeswirtschaftsministeriums.

C. Anwendungsbereich

7 Gemäß § 25 S. 1 ist die Gewährung des Zugangs zu den Gasversorgungsnetzen iSd § 20 Abs. 2 nicht zumutbar, wenn einem Gasversorgungsunternehmen wegen seiner im Rahmen von Gaslieferverträgen eingegangenen unbedingten Zahlungsverpflichtungen **ernsthafte wirtschaftliche und finanzielle Schwierigkeiten** entstehen würden.

8 § 25 betrifft demnach den Zugang zu Gasversorgungsnetzen gem. § 20 (→ § 20 Rn. 1).

9 Der **Begriff Gasversorgungsnetze** wird in § 3 Nr. 20 (→ § 3 Nr. 20 Rn. 1) gesetzlich definiert. Danach sind Gasversorgungsnetze alle Fernleitungsnetze, Gasverteilernetze, LNG-Anlagen oder Speicheranlagen, die für den Zugang zur Fernleitung, zur Verteilung und zu LNG-Anlagen erforderlich sind und die einem oder mehreren Energieversorgungsunternehmen gehören oder von ihm oder ihnen betrieben werden, einschließlich Netzpufferung und seiner Anlagen, die zu Hilfsdiensten genutzt werden, und der Anlagen verbundener Unternehmen, ausgenommen sind solche Netzteile oder Teile von Einrichtungen, die für örtliche Produktionstätigkeiten verwendet werden.

D. Unzumutbarkeit des Zugangs

I. Voraussetzungen

10 § 25 S. 1 setzt voraus, dass aufgrund der im Rahmen von Gaslieferverträgen eingegangenen **unbedingten Zahlungsverpflichtungen** eines Gasversorgungsunternehmens im Falle der Gewährung eines Zugangs ernsthafte wirtschaftliche und finanzielle Schwierigkeiten entstünden.

11 Bei der Prüfung dieser Voraussetzungen kann wegen der zwischenzeitlich erfolgten Entflechtung vertikal integrierter Versorgungsunternehmen nicht auf den Netzbetreiber selbst abgestellt werden. Zwar ist dieser Adressat von § 25 und hat gem. § 25 S. 2 auch den Antrag auf Gewährung einer Ausnahme von der Pflicht zum Netzzugang zu stellen. Der Netzbetreiber ist jedoch keine Vertragspartei im Hinblick auf die zu prüfenden Gaslieferverträge. Dies ist vielmehr eine (ggf. verbundene) **Vertriebsgesellschaft** (vgl. Theobald/Kühling/Däuper § 25 Rn. 10).

12 Was unter unbedingten Zahlungsverpflichtungen zu verstehen ist, wird in der Regelung nicht näher definiert. Mit Blick auf die in der Gaswirtschaft bestehende Vertragspraxis dürften jedenfalls Verträge mit sog. **Take-or-Pay-Klauseln** erfasst sein. Solche Klauseln verpflichten den Abnehmer, den Preis für die vereinbarte Gasmenge oder eines gewissen Anteils davon (zB 70–80 Prozent) unabhängig von der tatsächlich bezogenen Menge zu entrichten. Insoweit liegt das Mengenabsatzrisiko beim Abnehmer und er ist einer unbedingten Zahlungsverpflichtung ausgesetzt (vgl. Theobald/Kühling/Däuper § 25 Rn. 8).

13 **Ernsthafte wirtschaftliche und finanzielle Schwierigkeiten** liegen jedenfalls dann vor, wenn diese für das betreffende Gasversorgungsunternehmen existenzgefährdend sind und im Falle eines ungehinderten Laufs der Dinge eine **Insolvenz** zu erwarten wäre (vgl. Büdenbender RdE 2001, 165 (170); Theobald/Kühling/Däuper § 25 Rn. 16).

14 Andererseits dürften zeitlich limitierte Probleme und Liquiditätsengpässe noch kein Recht zur Zugangsverweigerung begründen. Art. 48 Abs. 3 S. 3 Gas-Binnenmarkt-Richtlinie

Ausnahmen v. Gasnetz-Zugang wg. unbed. Zahlungsverpfl. **§ 25 EnWG**

2009/73/EG stellt in diesem Zusammenhang auch klar, dass „in jeden Fall (...) davon ausgegangen [wird], dass keine ernsthaften Schwierigkeiten vorliegen, wenn die Erdgasverkäufe nicht unter die in Gaslieferverträgen mit unbedingter Zahlungsverpflichtung vereinbarte garantierte Mindestabnahmemenge sinken oder sofern der betreffende Gasliefervertrag mit unbedingter Zahlungsverpflichtung angepasst werden oder das Erdgasunternehmen Absatzalternativen finden kann" (vgl. Büdenbender RdE 2001, 165 (171); Theobald/Kühling/Däuper § 25 Rn. 18).

Zwischen diesen beiden Polen besteht im Übrigen ein Interpretationsspielraum. Dabei 15 kommt es auf eine Bewertung des betreffenden Einzelfalls an. Allgemeine Aussagen zu der Frage, wann ernsthafte wirtschaftliche und finanzielle Schwierigkeiten vorliegen, sind daher nicht möglich.

II. Rechtsfolge

Gemäß § 25 S. 3 iVm Art. 48 Abs. 1 S. 6 Gas-Binnenmarkt-Richtlinie 2009/73/EG handelt 16 es sich bei der Entscheidung über die Anerkennung der Zugangsverweigerung um eine **Ermessensentscheidung**. Denn nach Art. 48 Abs. 1 S. 6 Gas-Binnenmarkt-Richtlinie 2009/73/EG kann der Mitgliedstaat oder die benannte zuständige Behörde eine Ausnahme gewähren, wenn nach vernünftigem Ermessen keine Alternativlösungen zur Verfügung stehen. Dabei hat der Mitgliedstaat bzw. die benannte zuständige Behörde die in Art. 48 Abs. 3 Gas-Binnenmarkt-Richtlinie 2009/73/EG genannten Anforderungen zu beachten (vgl. Britz/Hellermann/Hermes/Arndt, 3. Aufl., § 25 Rn. 12).

E. Verfahren (S. 2–5)

I. Entscheidung auf Antrag (S. 2)

Gemäß § 25 S. 2 entscheidet die Regulierungsbehörde auf Antrag des betroffenen Gasversorgungsunternehmens darüber, ob die Voraussetzungen einer Zugangsverweigerung nach 17 § 25 S. 1 (→ Rn. 10 ff.) vorliegen. Das Gasversorgungsunternehmen trifft nach dem klaren Wortlaut von § 25 S. 2 dabei die Pflicht, die Voraussetzungen für eine Ausnahme von der Pflicht zum Netzzugang nach § 20 nachzuweisen.

Zuständige Regulierungsbehörde ist gem. § 54 Abs. 1 die **BNetzA**. Gemäß § 58 Abs. 1 18 S. 1 haben Entscheidungen der BNetzA ferner im Einvernehmen mit dem **BKartA** zu ergehen (s. zu den Einzelheiten die Erläuterungen bei → § 58 Rn. 6 ff.).

Antragsteller ist das betroffene Gasversorgungsunternehmen. Gemeint ist damit jedenfalls 19 der betroffene **Netzbetreiber**. Darüber hinaus kann aber auch eine wirtschaftlich betroffene Vertriebsgesellschaft (Mit-)Antragsteller sein. Insoweit wird vertreten, dass der Netzbetreiber die Interessen der Vertriebsgesellschaft als Beigeladene wahrnehmen kann (vgl. Britz/Hellermann/Hermes/Arndt, 3. Aufl., § 25 Rn. 9; Kment EnWG/Siegel § 25 Rn. 7).

II. Prüfung gemäß Anforderungen von Art. 48 Gas-Binnenmarkt-Richtlinie 2009/73/EG (S. 3)

Gemäß § 25 S. 3 richtet sich die Prüfung eines Antrags auf Gewährung einer Ausnahme 20 nach § 25 S. 1 nach den Regelungen in Art. 48 Gas-Binnenmarkt-Richtlinie 2009/73/EG.

III. Ausgestaltung der Verfahrensregeln durch Rechtsverordnung (S. 4 und 5)

Gemäß § 25 S. 4 ist das Bundesministerium für Wirtschaft und Energie ermächtigt, durch 21 Rechtsverordnung, die nicht der Zustimmung des Bundesrates bedarf, die bei der Prüfung nach Art. 48 Gas-Binnenmarkt-Richtlinie 2009/73/EG anzuwendenden Verfahrensregeln festzulegen.

Von dieser Verordnungsermächtigung hat der Verordnungsgeber mit der Regelung in § 49 22 **GasNZV** Gebrauch gemacht.

§ 49 Abs. 1 S. 1 GasNZV regelt dabei, dass der Antrag (jeweils) bis zum 1.6. eines Jahres 23 bei der Regulierungsbehörde zu stellen ist. Dies bezweckt, dass über die Zugangsverweigerung jeweils vor Beginn des **Gaswirtschaftsjahres** (1.10., 6:00 Uhr, vgl. § 2 S. 1 Nr. 1 GasNEV) entschieden werden kann (vgl. Kment EnWG/Siegel § 25 Rn. 8).

von Richthofen

24 Eine Antragstellung nach dem 1.6 ist gem. § 49 Abs. 1 S. 2 GasNZV allerdings ausnahmsweise dann möglich, wenn der Grund für die Verweigerung des Zugangs erst nach diesem Zeitpunkt entstanden ist (vgl. Kment EnWG/Siegel § 25 Rn. 8).

25 Gemäß § 49 Abs. 1 S. 3 GasNZV sind dem Antrag alle für die Prüfung erforderlichen Angaben über die Art und den Umfang der Unzumutbarkeit und die von dem Gasversorgungsunternehmen zu deren Abwendung unternommenen Anstrengungen beizufügen.

26 Gemäß § 25 S. 5 kann in der Rechtsverordnung nach § 25 S. 4 vorgesehen werden, dass eine Entscheidung der Regulierungsbehörde, auch abweichend von den Vorschriften dieses Gesetzes, ergehen kann, soweit dies in einer Entscheidung der Kommission der Europäischen Gemeinschaften vorgesehen ist.

F. Beteiligung der Europäischen Kommission

27 Gemäß Art. 48 Abs. 2 Gas-Binnenmarkt-Richtlinie 2009/73/EG ist die BNetzA als zuständige nationale Behörde verpflichtet, ihre Entscheidung über die Gewährung einer Ausnahme zusammen mit allen einschlägigen Informationen zu der betreffenden Ausnahme **unverzüglich an die Europäische Kommission zu übermitteln**. Im Falle der Ablehnung eines Antrags nach § 25, also der Nichtgewährung einer Ausnahme von der Pflicht zur Gewährung des Netzzugangs, ist die Europäische Kommission dagegen nicht zu beteiligen (vgl. Kment EnWG/Siegel § 25 Rn. 10 ff.).

28 Die Einzelheiten der Beteiligung einschließlich des Verfahrens ergeben sich dabei aus Art. 48 Abs. 2 Gas-Binnenmarkt-Richtlinie 2009/73/EG iVm Art. 51 Abs. 2 Gas-Binnenmarkt-Richtlinie 2009/73/EG.

G. Rechtsschutz

29 Gegen die Entscheidung der BNetzA nach § 25 kann das antragstellende Gasversorgungsunternehmen gem. § 75 **Beschwerde** (→ § 75 Rn. 1) erheben.

§ 26 Zugang zu LNG-Anlagen, vorgelagerten Rohrleitungsnetzen und Gasspeicheranlagen im Bereich der leitungsgebundenen Versorgung mit Erdgas

(1) ¹Soweit es zur Berücksichtigung von Besonderheiten von LNG-Anlagen erforderlich ist, kann die Bundesnetzagentur durch Festlegung oder Genehmigung nach § 29 Absatz 1 Regelungen für den Zugang zu LNG-Anlagen treffen. ²Diese Regelungen können zum Gegenstand haben:
1. die Rechte und Pflichten eines Betreibers von LNG-Anlagen,
2. die Bedingungen, unter denen der Betreiber der LNG-Anlage Zugang zur LNG-Anlage gewähren muss,
3. die nähere Ausgestaltung der Ermittlung der Kosten und Entgelte des Anlagenbetriebs sowie
4. die Anwendbarkeit der Anreizregulierung nach § 21a.
³Die Regelungen und Entscheidungen können von Rechtsverordnungen nach § 24 abweichen oder diese ergänzen.

(2) Der Zugang zu den vorgelagerten Rohrleitungsnetzen und zu Gasspeicheranlagen erfolgt abweichend von den §§ 20 bis 24 auf vertraglicher Grundlage nach Maßgabe der §§ 27 und 28.

Überblick

Absatz 1 gibt der BNetzA die Möglichkeit, durch Festlegung oder Genehmigung nach § 29 Abs. 1 (→ § 29 Rn. 1) Regelungen für den Zugang zu LNG-Anlagen zu treffen, soweit dies unter Berücksichtigung der Besonderheiten von LNG-Anlagen erforderlich ist.

Absatz 2 regelt, dass der Zugang zu den vorgelagerten Rohrleitungsnetzen und zu Gasspeicheranlagen abweichend von den §§ 20–24 auf vertraglicher Grundlage nach Maßgabe der §§ 27 und 28 erfolgt.

Insoweit gilt also im Gegensatz zum sonst geltenden Regime des regulierten Netzzugangs der §§ 20–24 das **Modell des verhandelten Netzzugangs** auf Grundlage einer vertraglichen Vereinbarung.

Die Einzelheiten zum verhandelten Netzzugang ergeben sich aus § 27 (→ § 27 Rn. 1 ff.) und § 28 (→ § 28 Rn. 1 ff.).

A. Normzweck

Mit der Festlegungsbefugnis gem. § 26 Abs. 1 soll aus Sicht des Normgebers gewährleistet werden, dass für Versorgungssicherheit und Wettbewerb erforderliche Regelungen für den Zugang zu LNG-Anlagen (gesetzliche Definition in § 3 Nr. 26 (→ § 3 Nr. 26 Rn. 1 ff.)) zeitnah getroffen werden können. § 26 Abs. 2 regelt, dass der Zugang zu vorgelagerten Rohrleitungsnetzen (gesetzliche Definition in § 3 Nr. 39 (→ § 3 Nr. 39 Rn. 1 f.)) und Gasspeicheranlagen (gesetzliche Definition in § 3 Nr. 19c (→ § 3 Nr. 19c Rn. 1 ff.)) abweichend von den §§ 20–24 auf vertraglicher Grundlage nach Maßgabe der § 27 (→ § 27 Rn. 1 ff.) und § 28 (→ § 28 Rn. 1 ff.) erfolgt.

1

B. Entstehungsgeschichte

§ 26 Abs. 1 wurde mit dem Gesetz zur Änderung des Energiesicherungsgesetzes 1975 und anderer energiewirtschaftlicher Vorschriften (EnSIGuaÄndG, BGBl. 2022 I 730) vom 20.5.2022 und mit Geltung ab 22.5.2022 eingefügt. Die Regelung ist im Lichte des völkerrechtswidrigen Angriffskriegs Russlands auf die Ukraine zu sehen und dem damit einhergehenden Bestreben Deutschlands, die Versorgungssicherheit unter Nutzung anderer Bezugsmöglichkeiten für Energie, insbesondere Gas, weiter zu gewährleisten. In diesem Zusammenhang sollen LNG-Anlagen zukünftig eine entscheidende Rolle spielen (vgl. BT-Drs. 20/1501, 39).

2

Mit der Einfügung eines neuen § 26 Abs. 1 wurde der bisherige Wortlaut von § 26 in § 26 Abs. 2 überführt. Diese Regelung setzt europäisches Recht um, und zwar die Vorgaben von Art. 33, 34 Gas-Binnenmarkt-Richtlinie 2009/73/EG. Dabei hat der Gesetzgeber von der gem. Art. 33 Abs. 1 und Abs. 3, 34 Abs. 2 Gas-Binnenmarkt-Richtlinie 2009/73/EG eröffneten **Wahlmöglichkeit zwischen reguliertem und verhandeltem Netzzugang** zugunsten des verhandelten Netzzugangs Gebrauch gemacht. Entsprechende Wahlmöglichkeiten zwischen dem regulierten Netzzugang und dem verhandelten Netzzugang bestanden bereits nach Art. 19 und 20 Gas-Binnenmarkt-Richtlinie 2003/55/EG (vgl. Kment EnWG/Siegel § 26 Rn. 2).

3

§ 26 Abs. 2 beruht auf dem Gesetzesentwurf der Bundesregierung (BT-Drs. 15/3917, 62). Er ist in der vorgeschlagenen Fassung mit Wirkung ab dem 13.7.2005 Gesetz geworden (BGBl. 2005 I 1970).

4

§ 26 Abs. 2 setzt die bereits vor der Neufassung des EnWG gem. § 6a Abs. 1 und EnWG 2003 geltende Rechtslage eines verhandelten Netzzugangs zu vorgelagerten Rohrleitungsnetzen und Speicheranlagen weiter fort.

5

Durch das Gesetz zur Umsetzung unionsrechtlicher Vorgaben und zur Regelung reiner Wasserstoffnetze im Energiewirtschaftsrecht (BGBl. 2021 I 3026) wurden in § 26 Abs. 2 mit Wirkung vom 27.7.2021 redaktionelle Folgeänderungen umgesetzt (Änderung des bisher verwendeten Begriffs der „Speicheranlage" zu dem Begriff der „Gasspeicheranlage").

6

C. Anwendungsbereich

§ 26 Abs. 1 betrifft LNG-Anlagen. Nach der gesetzlichen Definition in § 3 Nr. 26 (→ § 3 Nr. 26 Rn. 1 ff.) ist eine LNG-Anlage eine Kopfstation zur Verflüssigung von Erdgas oder zur Einfuhr, Entladung und Wiederverdampfung von verflüssigtem Erdgas; darin eingeschlossen sind Hilfsdienste und die vorübergehende Speicherung, die für die Wiederverdampfung und die anschließende Einspeisung in das Fernleitungsnetz erforderlich sind, jedoch nicht die zu Speicherzwecken genutzten Teile von LNG-Kopfstationen.

7

Gemäß **§ 26 Abs. 2** erfolgt der Zugang zu den vorgelagerten Rohrleitungsnetzen und zu Gasspeicheranlagen abweichend von den §§ 20–24 auf **vertraglicher Grundlage** nach Maßgabe der § 27 (→ § 27 Rn. 1 ff.) und § 28 (→ § 28 Rn. 1 ff.).

8

9 § 26 Abs. 2 betrifft zum einen den **Zugang zu vorgelagerten Rohrleitungsnetzen.** Nach der gesetzlichen Definition in § 3 Nr. 39 (→ § 3 Nr. 39 Rn. 1 f.) sind vorgelagerte Rohrleitungsnetze Rohrleitungen oder ein Netz von Rohrleitungen, deren Betrieb oder Bau Teil eines Öl- oder Gasgewinnungsvorhabens ist oder die dazu verwendet werden, Erdgas von einer oder mehreren solcher Anlagen zu einer Aufbereitungsanlage, zu einem Terminal oder zu einem an der Küste gelegenen Endanlandeterminal zu leiten, mit Ausnahme solcher Netzteile oder Teile von Einrichtungen, die für örtliche Produktionstätigkeiten verwendet werden. Zum anderen betrifft § 26 Abs. 2 den **Zugang zu Gasspeicheranlagen.** Gasspeicheranlagen sind nach der mit Wirkung vom 27.7.2021 nunmehr in § 3 Nr. 19c geregelten Definition (→ § 3 Nr. 19c Rn. 1) einem Gasversorgungsunternehmen gehörende oder von ihm betriebene Anlagen zur Speicherung von Gas, einschließlich des zu Speicherzwecken genutzten Teils von LNG-Anlagen, jedoch mit Ausnahme des Teils, der für eine Gewinnungstätigkeit genutzt wird, ausgenommen sind auch Einrichtungen, die ausschließlich Betreibern von Leitungsnetzen bei der Wahrnehmung ihrer Aufgaben vorbehalten sind. Diese Definition entspricht der bis zum 26.7.2021 geltenden Definition der Speicheranlage in § 3 Nr. 31 aF. Die Überführung des Begriffs der „Speicheranlage" in den Begriff der „Gasspeicheranlage" dient der besseren Abgrenzung der Gasspeicheranlagen von den Energiespeicheranlagen iSv Art. 2 Nr. 60 Elektrizitäts-Binnenmarkt-Richtlinie (EU) 2019/944, bei der es allein um Speicheranlagen geht, die elektrische Energie aufnehmen (vgl. BT-Drs. 19/27453, 89).

D. Regelungsinhalt

I. Zugang zu LNG-Anlagen gem. Abs. 1

10 Mit der Festlegungsbefugnis gem. § 26 Abs. 1 soll aus Sicht des Normgebers gewährleistet werden, dass für Versorgungssicherheit und Wettbewerb erforderliche Regelungen für den Zugang zu LNG-Anlagen (gesetzliche Definition in § 3 Nr. 26) zeitnah getroffen werden können. Hierfür gibt § 26 Abs. 1 S. 1 der BNetzA das Recht, durch Festlegung oder Genehmigung nach § 29 Abs. 1 Regelungen für den Zugang zu LNG-Anlagen zu treffen, soweit es zur Berücksichtigung von Besonderheiten von LNG-Anlagen erforderlich ist. Gemäß **S. 2** ist die BNetzA dabei insbesondere berechtigt, Regelungen zu treffen zu (1) den Rechten und Pflichten eines Betreibers von LNG-Anlagen, (2) den Bedingungen, unter denen der Betreiber der LNG-Anlage Zugang zur LNG-Anlage gewähren muss, (3) der näheren Ausgestaltung der Ermittlung der Kosten und Entgelte des Anlagenbetriebs sowie (4) der Anwendbarkeit der Anreizregulierung nach § 21a. Mit der Wahl des Begriffs „insbesondere" ist in diesem Zusammenhang klargestellt, dass der vorgenannte Katalog an Regelungsgegenständen nicht abschließend ist. In diesem Zusammenhang wird in der Gesetzesbegründung Folgendes ausgeführt: „Die Bundesnetzagentur kann im Rahmen der Festlegungsbefugnis insbesondere Regeln und Mechanismen für das Kapazitätsmanagement und die Kapazitätsvergabe von LNG-Anlagen und zur vertraglichen Ausgestaltung sowie zur Abwicklung des Zugangs erlassen. Sie kann hinsichtlich der Kostenermittlung zudem Festlegungen treffen, etwa wie betriebsnotwendige Kosten ausgehend von den Tätigkeitsabschlüssen nach § 6b Absatz 3 bestimmt werden müssen und welche Kostenpositionen bei der Kostenkalkulation zu berücksichtigen sind. Daneben können unter anderem auch das maßgebliche Bezugsjahr für die Prüfung der Kosten sowie Dokumentations-, Mitteilungs- und Aufbewahrungspflichten festgelegt werden. Schließlich können die Vorgaben zur Bestimmung der Entgelte festgelegt werden. Sie kann auch festlegen, inwieweit und ab welchem Zeitpunkt die Anreizregulierung Anwendung finden soll." (BT-Drs. 20/1501, 39 f.). Gemäß § 26 Abs. 1 S. 3 können die Regelungen und Entscheidungen der BNetzA ferner von Rechtsverordnungen nach § 24 abweichen oder diese ergänzen. Damit soll etwaigen Besonderheiten bei dem Zugang zu LNG-Anlagen Rechnung getragen werden.

10a Die Beschlusskammer 7 der BNetzA hatte am 28.6.2022 ein entsprechendes Festlegungsverfahren auf der Grundlage von § 29 Abs. 1 iVm. § 26 Abs. 1 S. 1, S. 2 Nr. 1 und Nr. 2 für den Zugang zu LNG-Anlagen ("ZuLA") unter dem Aktenzeichen BK7-22-060 eingeleitet und zunächst eine Konsultation für Marktbeteiligte und andere Interessenten durchgeführt. Dieses Verfahren wurde aber am 28.11.2022 eingestellt. Grund dafür war die am

18.11.2022 in Kraft getretene Verordnung zu regulatorischen Rahmenbedingungen für LNG-Anlagen (LNG-Verordnung – LNGV). Die im Festlegungsverfahren zur Ausgestaltung des Zugangs zu LNG-Anlagen zur Regelung vorgesehenen Inhalte sind laut BNetzA mit Inkrafttreten der LNG-Verordnung nun von dieser umfasst.

II. Zugang zu vorgelagerten Rohrleitungsnetzen und Gasspeicheranlagen gem. Abs. 2

§ 26 Abs. 2 regelt, dass der Zugang zu vorgelagerten Rohrleitungsnetzen und Gasspeicheranlagen auf vertraglicher Grundlage gem. § 27 und 28 zu erfolgen hat. Das sonst allgemein geltende Regulierungsregime der §§ 20–24 findet keine Anwendung. Konkrete Vorgaben für die **Ausgestaltung des verhandelten Netzzugangs** finden sich in § 26 Abs. 2 nicht. Insoweit verweist § 26 Abs. 2 auf die Regelungen in § 27 (betreffend den Zugang zu vorgelagerten Rohrleitungsnetzen, → § 27 Rn. 1 ff.) und § 28 (betreffend den Zugang zu Speicheranlagen, → § 28 Rn. 1).   11

§ 27 Zugang zu den vorgelagerten Rohrleitungsnetzen

(1) ¹Betreiber von vorgelagerten Rohrleitungsnetzen haben anderen Unternehmen das vorgelagerte Rohrleitungsnetz für Durchleitungen zu Bedingungen zur Verfügung zu stellen, die angemessen und nicht ungünstiger sind, als sie von ihnen in vergleichbaren Fällen für Leistungen innerhalb ihres Unternehmens oder gegenüber verbundenen oder assoziierten Unternehmen tatsächlich oder kalkulatorisch in Rechnung gestellt werden. ²Dies gilt nicht, soweit der Betreiber nachweist, dass ihm die Durchleitung aus betriebsbedingten oder sonstigen Gründen unter Berücksichtigung des Zwecks des § 1 nicht möglich oder nicht zumutbar ist. ³Die Ablehnung ist in Textform zu begründen. ⁴Die Verweigerung des Netzzugangs nach Satz 2 ist nur zulässig, wenn einer der in Artikel 20 Abs. 2 Satz 3 Buchstabe a bis d der Richtlinie 2003/55/EG genannten Gründe vorliegt. ⁵Das Bundesministerium für Wirtschaft und Energie wird ermächtigt, durch Rechtsverordnung mit Zustimmung des Bundesrates die Bedingungen des Zugangs zu den vorgelagerten Rohrleitungsnetzen und die Methoden zur Berechnung der Entgelte für den Zugang zu den vorgelagerten Rohrleitungsnetzen unter Berücksichtigung des Zwecks des § 1 festzulegen.

(2) Bei grenzüberschreitenden Streitigkeiten über den Zugang zu vorgelagerten Rohrleitungsnetzen konsultiert die Regulierungsbehörde betroffene Mitgliedstaaten und Drittstaaten nach Maßgabe des Verfahrens nach Artikel 34 Absatz 4 der Richtlinie 2009/73/EG in der Fassung der Richtlinie (EU) 2019/692 des Europäischen Parlaments und des Rates vom 17. April 2019 zur Änderung der Richtlinie 2009/73/EG des Europäischen Parlaments und des Rates vom 13. Juli 2009 über gemeinsame Vorschriften für den Erdgasbinnenmarkt und zur Aufhebung der Richtlinie 2003/55/EG (ABl. L 211 vom 14.8.2009, S. 94), die zuletzt durch die Richtlinie (EU) 2019/692 (ABl. L 117 vom 3.5.2019, S. 1) geändert worden ist.

Überblick

§ 27 regelt den Zugang zu vorgelagerten Rohrleitungsnetzen. Die Vorschrift beruht im Wesentlichen auf **Vorgaben des Europäischen Rechts** (→ Rn. 4). Anders als bei § 20 hat sich der Gesetzgeber dabei – in Ausübung eines durch die Gas-Binnenmarkt-Richtlinie 2003/55/EG eingeräumten Wahlrechts – für das **Modell des verhandelten Zugangs** entschieden (→ Rn. 8 ff.). Zudem räumt § 27 nur Unternehmen den Zugang zu vorgelagerten Rohrleitungsnetzen ein und nicht „jedermann". Die Bedeutung von § 27 wird bisher als eher gering eingestuft. Da in Deutschland nur wenig Gas produziert bzw. gefördert wird, sind nur wenige vorgelagerte Rohrleitungsnetze vorhanden.

Übersicht

	Rn.		Rn.
A. Normzweck und -bedeutung	1	D. Verweigerung des Zugangs zu vorgelagerten Rohrleitungsnetzen (Abs. 1 S. 2 ff.)	18
B. Entstehungsgeschichte	4		
I. Unionsrechtliche Vorgaben	4	E. Verordnungsermächtigung (Abs. 1 S. 5)	20
II. Bisherige Anpassungen	6		
C. Anspruch auf Zugang zu vorgelagerten Rohrleitungsnetzen (Abs. 1 S. 1)	8	F. Konsultationspflicht bei grenzüberschreitenden Streitigkeiten (Abs. 2)	22

A. Normzweck und -bedeutung

1 § 27 betrifft den Zugang zu vorgelagerten Rohrleitungsnetzen.

2 Abweichend zu dem nach § 20 (→ § 20 Rn. 1 ff.) grundsätzlich geltenden Modell des regulierten Netzzugangs findet hier gem. § 26 (→ § 26 Rn. 1 ff.) das **Modell des verhandelten Netzzugangs** Anwendung.

3 In der Praxis kommt § 27 bisher keine große Bedeutung zu. Da in Deutschland nur wenig Gas produziert bzw. gefördert wird, sind nur wenige vorgelagerte Rohrleitungsnetze vorhanden (vgl. Theobald/Kühling/Däuper § 27 Rn. 1; Britz/Hellermann/Hermes/Arndt, 3. Aufl., § 27 Rn. 1).

B. Entstehungsgeschichte

I. Unionsrechtliche Vorgaben

4 § 27 geht auf unionsrechtliche Vorgaben zurück. Absatz 1 der Regelung entspricht § 6a Abs. 5 EnWG 2003 (vgl. die Gesetzesbegr., BT-Drs. 15/3917, 62), wobei der Gesetzgeber mit der Wahl des Modells des verhandelten Netzzugangs von seinem Wahlrecht in Art. 34 Abs. 2 S. 1 Gas-Binnenmarkt-Richtlinie 2009/73/EG bzw. Art. 20 Gas-Binnenmarkt-Richtlinie 2003/55/EG Gebrauch gemacht hat.

5 § 27 Abs. 1 S. 4 nimmt auf die Zugangsverweigerungsgründe in Art. 20 Abs. 2 S. 3 Gas-Binnenmarkt-Richtlinie 2003/55/EG Bezug.

II. Bisherige Anpassungen

6 § 27 Abs. 1 hat seit seinem Inkrafttreten allein redaktionelle Änderungen erfahren.

7 § 27 Abs. 2 wurde durch Gesetz vom 5.12.2019 (BGBl. I 2002) mit Wirkung zum 12.12.2019 angefügt.

C. Anspruch auf Zugang zu vorgelagerten Rohrleitungsnetzen (Abs. 1 S. 1)

8 Nach § 27 Abs. 1 S. 1 sind Betreiber von vorgelagerten Rohrleitungsnetzen verpflichtet, diese für Durchleitungen zu Bedingungen zur Verfügung zu stellen, die angemessen und nicht ungünstiger sind, als sie von ihnen in vergleichbaren Fällen für Leistungen innerhalb ihres Unternehmens oder gegenüber verbundenen oder assoziierten Unternehmen tatsächlich oder kalkulatorisch in Rechnung gestellt werden.

9 **Adressat der Regelung** sind Betreiber von vorgelagerten Rohrleistungsnetzen. Der Begriff des vorgelagerten Rohrleitungsnetzes wird in § 3 Nr. 39 (→ § 3 Nr. 39 Rn. 1 f.) definiert. Danach handelt es sich um Rohrleitungen oder ein Netz von Rohrleitungen, deren Betrieb oder Bau Teil eines Öl- oder Gasgewinnungsvorhabens ist oder die dazu verwendet werden, Erdgas von einer oder mehreren solcher Anlagen zu einer Aufbereitungsanlage, zu einem Terminal oder zu einem an der Küste gelegenen Endanlandterminal zu leiten, mit Ausnahme solcher Netzteile oder Teile von Einrichtungen, die für örtliche Produktionstätigkeiten verwendet werden.

10 § 27 Abs. 1 S. 1 verlangt, dass Zugangsbedingungen angemessen und diskriminierungsfrei ausgestaltet sind. Anders als bei § 21 differenziert die Regelung dabei nicht ganz trennscharf zwischen der Angemessenheit und Diskriminierungsfreiheit der Bedingungen für den

Zugang auf der einen Seite, und der Angemessenheit und Diskriminierungsfreiheit der Entgelte für den Zugang auf der anderen Seite (vgl. Säcker EnergieR/Barbknecht § 27 Rn. 14). Ungeachtet dessen dürfte mit dem Begriff der Bedingungen in § 27 Abs. 1 S. 1 wohl beides gemeint sein.

Vor diesem Hintergrund dürften Entgeltbedingungen ähnlich wie bei § 21 (→ § 21 Rn. 1 ff.) dann im Grundsatz als angemessen gelten, wenn diese in einem ausgewogenen Verhältnis zu der in Anspruch genommenen Leistung, also der Gewährung der Durchleitung, stehen. Bei der Prüfung der Angemessenheit anderer Bedingungen für den Zugang zu vorgelagerten Rohrleitungsnetzen, etwa technischer Art, dürfte jedenfalls auf die allgemeinen Maßstäbe nach § 307 BGB zurückgegriffen werden können. 11

Anders als im Anwendungsbereich von § 21 hat der Gesetz- bzw. Verordnungsgeber für den Anwendungsbereich von § 27 auch keine konkreteren Vorgaben gemacht, die als Maßstab für die Prüfung der Angemessenheit in Betracht kommen. Von der Verordnungsermächtigung in § 27 Abs. 1 S. 5 hat der Gesetzgeber bisher auch keinen Gebrauch gemacht. 12

Die speziellen Vorschriften der GasNZV bzw. der GasNEV dürften bei § 27 im Übrigen nicht einschlägig sein. Insbesondere die GasNZV regelt gem. § 1 S. 1 lediglich den Zugang nach § 20 Abs. 1, von dem § 27 gerade eine Ausnahme darstellt (vgl. Säcker EnergieR/Barbknecht § 27 Rn. 15; Kment EnWG/Siegel § 27 Rn. 4). 13

Maßstab für die Prüfung der Diskriminierungsfreit sind nach dem Wortlaut der Vorschrift mit dem Betreiber verbundene oder assoziierte Unternehmen. Unter Verweis auf § 30 Abs. 1 S. 1 Nr. 3 (→ § 30 Rn. 14 ff.) wird jedoch von verschiedenen Seiten vertreten, dass auch im Vergleich zu nicht assoziierten Unternehmen keine Diskriminierung erfolgen darf (vgl. Britz/Hellermann/Hermes/Arndt, 3. Aufl., § 27 Rn. 3; im Ergebnis wohl zust. Kment EnWG/Siegel § 27 Rn. 6; vgl. auch Theobald/Kühling/Däuper, 108. EL September 2020, § 27 Rn. 8). 14

Berechtigt sind gem. § 27 Abs. 1 S. 1 Unternehmen, und zwar nach dem Wortlaut der Vorschrift zur Nutzung vorgelagerter Rohrleitungsnetze zur Durchleitung. 15

Der Begriff des Unternehmens wird im EnWG nicht näher definiert. Er ist aber jedenfalls enger als der Begriff „jedermann" in § 20 Abs. 1 S. 1 (→ § 20 Rn. 2). 16

Die Berechtigung zur Durchleitung ist zudem missverständlich, weil § 27 bei richtlinienkonformer Betrachtung eben nicht nur die Durchleitung regelt, sondern den Zugang zu vorgelagerten Rohrleitungsnetzen, vgl. Art. 34 Gas-Binnenmarkt-Richtlinie 2009/73/EG. Es ist anzunehmen, dass der Begriff Durchleitung vom Gesetzgeber auch nur deshalb verwendet wurde, weil dies der Formulierung in § 6a Abs. 2 S. 1 EnWG 2003 entsprach (vgl. Säcker EnergieR/Barbknecht § 27 Rn. 7). 17

D. Verweigerung des Zugangs zu vorgelagerten Rohrleitungsnetzen (Abs. 1 S. 2 ff.)

§ 27 S. 2–4 enthalten Gründe, aus denen der Zugang zu vorgelagerten Rohrleitungsnetzen verweigert werden kann. § 27 S. 2 betrifft dabei die Unmöglichkeit oder die Unzumutbarkeit des Zugangs. Satz 4 regelt hierzu, dass der Zugang nur aus den in Art. 20 Abs. 2 S. 3 Gas-Binnenmarkt-Richtlinie 2003/55/EG genannten Gründen verweigert werden kann. Das Gesetz verweist an dieser Stelle also auf die mit Erlass der Gas-Binnenmarkt-Richtlinie 2009/73/EG aufgehobene Gas-Binnenmarkt-Richtlinie 2003/55/EG. 18

Gemäß § 27 S. 3 ist die Zugangsverweigerung zu begründen. 19

E. Verordnungsermächtigung (Abs. 1 S. 5)

§ 27 S. 5 ermächtigt das Bundesministerium für Wirtschaft und Technologie (BMWi), durch Rechtsverordnung mit Zustimmung des Bundesrates die Bedingungen für den Zugang zu den vorgelagerten Rohrleitungsnetzen und die Methoden der Entgeltberechnung für diesen Zugang zu regeln. Nach dem Wortlaut von § 27 S. 5 hat das BMWi bei einer solchen Festlegung die Ziele des § 1 zu beachten. 20

Die Verordnungsermächtigung gibt dem Verordnungsgeber die Möglichkeit, die Regelungen für den Zugang und für die Entgeltermittlung anzupassen und auch Elemente des regulierten Netzzugangs zu übernehmen. Nicht möglich wäre es allerdings, eine ex-ante- 21

Genehmigungspflicht für die Zugangsentgelte einzuführen (vgl. Britz/Hellermann/Hermes/Arndt, 3. Aufl., § 27 Rn. 7; Theobald/Kühling/Däuper § 27 Rn. 19).

F. Konsultationspflicht bei grenzüberschreitenden Streitigkeiten (Abs. 2)

22 § 27 Abs. 2 wurde mit Wirkung zum 12.12.2019 durch Gesetz vom 5.12.2019 angefügt. Nach der Gesetzesbegründung enthält die Regelung ein neugefasstes Verfahren zur Streitbeilegung über den Zugang zu vorgelagerten Rohrleitungsnetzen, wenn diese in Drittstaaten beginnen (BR-Drs. 401/19, 7).

23 Hintergrund für diese Regelung ist die Gas-Binnenmarkt-Richtlinie (EU) 2019/692 vom 17.4.2019 zur Änderung der Gas-Binnenmarkt-Richtlinie 2009/73/EG. Diese hat zum Ziel, die Anwendung der Marktregeln des sog. Dritten Binnenmarktpaketes im Gasbereich auf Verbindungsleitungen zwischen EU-Mitgliedstaaten und Drittstaaten auszuweiten.

§ 28 Zugang zu Gasspeicheranlagen; Verordnungsermächtigung

(1) ¹Betreiber von Gasspeicheranlagen haben anderen Unternehmen den Zugang zu ihren Gasspeicheranlagen und Hilfsdiensten zu angemessenen und diskriminierungsfreien technischen und wirtschaftlichen Bedingungen zu gewähren, sofern der Zugang für einen effizienten Netzzugang im Hinblick auf die Belieferung der Kunden technisch oder wirtschaftlich erforderlich ist. ²Der Zugang zu einer Gasspeicheranlage gilt als technisch oder wirtschaftlich erforderlich für einen effizienten Netzzugang im Hinblick auf die Belieferung von Kunden, wenn es sich bei der Gasspeicheranlage um einen Untergrundspeicher, mit Ausnahme von unterirdischen Röhrenspeichern, handelt. ³Der Zugang ist im Wege des verhandelten Zugangs zu gewähren.

(2) ¹Betreiber von Gasspeicheranlagen können den Zugang nach Absatz 1 verweigern, soweit sie nachweisen, dass ihnen der Zugang aus betriebsbedingten oder sonstigen Gründen unter Berücksichtigung des Zwecks des § 1 nicht möglich oder nicht zumutbar ist. ²Die Ablehnung ist in Textform zu begründen.

(3) ¹Betreiber von Gasspeicheranlagen sind verpflichtet, den Standort der Gasspeicheranlage, Informationen über verfügbare Kapazitäten, darüber, zu welchen Gasspeicheranlagen verhandelter Zugang zu gewähren ist, sowie ihre wesentlichen Geschäftsbedingungen für den Speicherzugang im Internet zu veröffentlichen. ²Dies betrifft insbesondere die verfahrensmäßige Behandlung von Speicherzugangsanfragen, die Beschaffenheit des zu speichernden Gases, die nominale Arbeitsgaskapazität, die Ein- und Ausspeicherungsperiode, soweit für ein Angebot der Betreiber von Gasspeicheranlagen erforderlich, sowie die technisch minimal erforderlichen Volumen für die Ein- und Ausspeicherung. ³Die Betreiber von Gasspeicheranlagen konsultieren bei der Ausarbeitung der wesentlichen Geschäftsbedingungen die Speichernutzer.

(4) Das Bundesministerium für Wirtschaft und Energie wird ermächtigt, durch Rechtsverordnung mit Zustimmung des Bundesrates die technischen und wirtschaftlichen Bedingungen sowie die inhaltliche Gestaltung der Verträge über den Zugang zu den Gasspeicheranlagen zu regeln.

Überblick

§ 28 regelt den Zugang zu Gasspeicheranlagen. Die Vorschrift beruht im Wesentlichen auf **Vorgaben des Europäischen Rechts** (→ Rn. 2 ff.). Anders als bei § 20 hat sich der Gesetzgeber dabei – in Ausübung eines durch die Gas-Binnenmarkt-Richtlinie 2003/55/EG eingeräumten Wahlrechts – für das Modell des **verhandelten Zugangs** entschieden (→ Rn. 8 ff.). Zudem räumt § 28 nur Unternehmen den Zugang zu vorgelagerten Rohrleitungsnetzen ein und nicht „jedermann". Zudem setzt der Zugang zu Gasspeicheranlagen voraus, dass dieser im Hinblick auf die Belieferung von Kunden technisch oder wirtschaftlich erforderlich ist.

§ 28 EnWG

Übersicht

	Rn.		Rn.
A. Normzweck	1	D. Verweigerung des Zugangs zu Gasspeicheranlagen (Abs. 2)	20
B. Entstehungsgeschichte	2		
I. Unionsrechtliche Vorgaben	2	E. Veröffentlichung von Informationen zu Gasspeicheranlagen (Abs. 3)	23
II. Umsetzung in nationales Recht	4		
III. Bisherige Anpassungen	6	F. Verordnungsermächtigung (Abs. 4)	26
C. Anspruch auf Zugang zu Gasspeicheranlagen (Abs. 1)	8	G. Rechtsschutz	28

A. Normzweck

§ 28 regelt den Zugang zu Gasspeicheranlagen. Der Begriff der Gasspeicheranlage wird in § 3 Nr. 19c (→ § 3 Nr. 19c Rn. 1 ff.) gesetzlich definiert. Abweichend zu dem nach § 20 (→ § 20 Rn. 1 ff.) grundsätzlich geltenden Modell des regulierten Netzzugangs findet hier das Modell des verhandelten Netzzugangs Anwendung. Der Gesetzgeber hat dies bereits in § 26 Abs. 2 (→ § 26 Rn. 4) allgemein festgelegt, zudem aber auch in § 28 Abs. 1 S. 3 ausdrücklich geregelt. 1

B. Entstehungsgeschichte

I. Unionsrechtliche Vorgaben

§ 28 geht auf unionsrechtliche Vorgaben zurück, wobei der Gesetzgeber mit der Wahl des **Modells des verhandelten Netzzugangs** von seinem Wahlrecht in Art. 33 Abs. 3 Gas-Binnenmarkt-Richtlinie 2009/73/EG bzw. Art. 19 Gas-Binnenmarkt-Richtlinie 2003/55/EG Gebrauch gemacht hat. 2

Die inhaltlichen Vorgaben in Art. 33 Gas-Binnenmarkt-Richtlinie 2009/73/EG bzw. Art. 19 Gas-Binnenmarkt-Richtlinie 2003/55/EG gelten weiterhin fort. Sie haben durch die jüngste Änderung der Gas-Binnenmarkt-Richtlinie 2009/73/EG durch die Gas-Binnenmarkt-Richtlinie (EU) 2019/692 keine Anpassung erfahren. 3

II. Umsetzung in nationales Recht

§ 28 wurde zur Umsetzung von Art. 19 Gas-Binnenmarkt-Richtlinie 2003/55/EG mit Wirkung ab dem 13.7.2005 in das EnWG eingefügt (EnWG 2005 vom 7.7.2005, BGBl. I 1970; Gesetzesbegr. BT-Drs. 15/3917, 62). 4

Ausweislich der Gesetzesbegründung folgt § 28 Abs. 1 dabei der Systematik des § 6a Abs. 1 S. 1 EnWG 2003. § 28 Abs. 2 entspricht § 6a Abs. 2 S. 2 und 3 EnWG 2003. § 28 Abs. 3 S. 1 entspricht § 6a Abs. 6 EnWG 2003. § 28 Abs. 4 enthält die Ermächtigung zum Erlass einer Rechtsverordnung zur Ausgestaltung der Zugangsbedingungen (BT-Drs. 15/3917, 62; vgl. Kment EnWG/Siegel § 28 Rn. 5). 5

III. Bisherige Anpassungen

Neben einzelnen redaktionellen Anpassungen wurden § 28 Abs. 1 S. 2 und 3 mit Wirkung ab dem 4.8.2011 ergänzt (BGBl. 2011 I 1554). Hintergrund dafür waren ausweislich der Gesetzesbegründung die Vorgaben von Art. 33 Abs. 2 Gas-Binnenmarkt-Richtlinie 2009/73/EG (BT-Drs. 17/6072, 81). Dabei hat der Gesetzgeber mit § 28 Abs. 1 S. 2 eine gesetzliche Fiktion im Hinblick auf Untergrundspeicher in das Gesetz aufgenommen und zudem die bereits in der Urfassung von § 28 getroffene Entscheidung für das Modell des verhandelten Netzzugangs noch einmal explizit in § 28 Abs. 1 S. 3 geregelt. Die Gründe für die Entscheidung für das Modell des verhandelten Netzzugangs hat der Gesetzgeber dabei in der Gesetzesbegründung umfassend dargelegt (BT-Drs. 17/6072, 81). 6

Ferner wurden mit Wirkung vom 4.8.2011 die bestehenden Veröffentlichungspflichten in § 28 Abs. 2 in Umsetzung von Art. 33 Abs. 1 UAbs. 2 Gas-Binnenmarkt-Richtlinie 2009/ 7

73/EG ergänzt. In Umsetzung von Art. 33 Abs. 3 UAbs. 3 Gas-Binnenmarkt-Richtlinie 2009/73/EG wurden schließlich in § 28 Abs. 3 die Betreiber von Speicheranlagen verpflichtet, bei der Ausarbeitung der wesentlichen Geschäftsbedingungen die Speichernutzer zu konsultieren. Zuletzt wurden durch das Gesetz zur Umsetzung unionsrechtlicher Vorgaben und zur Regelung reiner Wasserstoffnetze im Energiewirtschaftsrecht (BGBl. 2021 I 3026) in § 28 mit Wirkung vom 27.7.2021 redaktionelle Folgeänderungen umgesetzt (Änderung des bisher verwendeten Begriffs der „Speicheranlage" zu dem Begriff der „Gasspeicheranlage").

C. Anspruch auf Zugang zu Gasspeicheranlagen (Abs. 1)

8   Nach § 28 Abs. 1 S. 1 haben Betreiber von Gasspeicheranlagen anderen Unternehmen den Zugang zu ihren Speicheranlagen und Hilfsdiensten zu angemessenen und diskriminierungsfreien technischen und wirtschaftlichen Bedingungen zu gewähren, sofern der Zugang für einen effizienten Netzzugang im Hinblick auf die Belieferung der Kunden technisch oder wirtschaftlich erforderlich ist. Gemäß § 28 Abs. 1 S. 3 ist der Zugang im Wege des verhandelten Zugangs zu gewähren.

9   **Adressat** der Regelung sind Betreiber von Gasspeicheranlagen.

10 Der **Begriff der Gasspeicheranlage** wird in § 3 Nr. 19c (→ § 3 Nr. 19c Rn. 1 ff.) gesetzlich definiert. Danach ist eine Gasspeicheranlage die einem Gasversorgungsunternehmen gehörende oder von ihm betriebene Anlage zur Speicherung von Gas, einschließlich des zu Speicherzwecken genutzten Teils von LNG-Anlagen, jedoch mit Ausnahme des Teils, der für eine Gewinnungstätigkeit genutzt wird, ausgenommen sind auch Einrichtungen, die ausschließlich Betreibern von Leitungsnetzen bei der Wahrnehmung ihrer Aufgaben vorbehalten sind.

11 Von § 28 erfasst werden zudem sog. **Hilfsdienste.** Nach der gesetzlichen Definition in § 3 Nr. 23 sind Hilfsdienste sämtliche zum Betrieb eines Übertragungs- oder Elektrizitätsverteilernetzes erforderlichen Dienste oder sämtliche für den Zugang zu und den Betrieb von Fernleitungs- oder Gasverteilernetzen oder LNG-Anlagen oder Gasspeicheranlagen erforderlichen Dienste, einschließlich Lastausgleichs- und Mischungsanlagen, jedoch mit Ausnahme von Anlagen, die ausschließlich Betreibern von Fernleitungsnetzen für die Wahrnehmung ihrer Aufgaben vorbehalten sind.

12 Der Zugang zu Gasspeicheranlagen wird gem. § 28 Abs. 1 S. 1 nur dann gewährt, wenn dies im Hinblick auf die Belieferung von Kunden **technisch oder wirtschaftlich erforderlich** ist. In dieser Voraussetzung unterscheidet sich der Zugang zu Gasspeicheranlagen wesentlich von dem allgemeinen Netzzugangsanspruch für „jedermann" nach § 20 (→ § 20 Rn. 2) oder auch dem in § 27 geregelten Zugangsanspruch von Unternehmen im Hinblick auf das vorgelagerte Rohrleitungsnetz (→ § 27 Rn. 1 ff.; vgl. Kment EnWG/Siegel § 28 Rn. 8).

13 In diesem Zusammenhang regelt § 28 Abs. 1 S. 2 im Wege einer (unwiderlegbaren) **gesetzlichen Fiktion,** dass der Zugang zu einer Gasspeicheranlage als technisch oder wirtschaftlich erforderlich „gilt", wenn es sich bei der betreffenden Gasspeicheranlage um einen **Untergrundspeicher,** mit Ausnahme von unterirdischen Röhrenspeichern, handelt. Hintergrund für diese Fiktion ist die besondere Bedeutung von Untergrundspeichern für den Netzzugang (vgl. BT-Drs. 17/6072, 82).

14 Soweit es sich nicht um Untergrundspeicher handelt, für die die gesetzliche Fiktion nach § 28 Abs. 1 S. 2 Anwendung findet, ist dagegen im Einzelfall zu prüfen, ob der Zugang technisch oder wirtschaftlich erforderlich ist.

15 Als Maßstab für die **technische Erforderlichkeit** gem. § 28 Abs. 1 S. 1 wird vielfach auf den Zweck des Netzzugangs abgestellt, der unabhängig von saisonalen Schwankungen eine Belieferung von Kunden ermöglichen soll. Vor diesem Hintergrund wird eine technische Erforderlichkeit dann angenommen, wenn ohne eine Nutzung der Speicher keine durchgängige jährliche Versorgung gewährleistet werden könnte (vgl. Kment EnWG/Siegel § 28 Rn. 9; Theobald/Kühling/Däuper § 28 Rn. 31).

16 Auch bei der Beurteilung der **wirtschaftlichen Erforderlichkeit** wird darauf Bezug genommen, dass saisonale Schwankungen eine Gaslieferung wirtschaftlich unrentabel machen können. Dies kann etwa dann der Fall sein, wenn allein durch den Bezug eines sog.

Jahresbandes eine wirtschaftliche Versorgung von Kunden ermöglicht werden kann. Dies setzt dann allerdings voraus, dass bei einem volatilen Bezug der Kunden die Möglichkeit besteht, gleichwohl die gemäß dem Jahresband kontrahierten Mengen zu beziehen und zwischenzuspeichern (vgl. Kment EnWG/Siegel § 28 Rn. 10).

Betreiber von Gasspeicheranlagen und Hilfsdiensten sind verpflichtet, den Zugang zu **angemessenen und diskriminierungsfreien technischen und wirtschaftlichen Bedingungen** zu ermöglichen. 17

Bei der Auslegung dieser Kriterien werden insbesondere die **Guidelines for Good Practice for Storage System Operators** vom 23.3.2005 (GGPSSO) relevant. Die GGPSSO wurden im Rahmen des sog. „Madrid Forums" – eines Beratungsgremiums unter Teilnahme der Europäischen Kommission, Vertretern der europäischen Gaswirtschaft, Händlern und Regulatoren sowie anderer Energievertreter – vereinbart. Im Juli 2011 wurden die GGPSSO an die Entwicklung des Speichermarktes angepasst und ergänzt, vor allem im Hinblick auf Kapazitätsallokationen und Engpassmanagement. Die GGPSSO stellen zwar lediglich eine Richtlinie dar, deren Einhaltung durch die Speicherbetreiber grundsätzlich auf freiwilliger Basis erfolgt. Sie bieten aber zum einen eine wertvolle Orientierung bei der Auslegung der Bedingungen für den Zugang zu Gasspeichern (vgl. Britz/Hellermann/Hermes/Arndt, 3. Aufl., § 28 Rn. 3 unter Verweis auf Held/Ringwald IR 2005, 244 (246)). 18

Zum anderen wird vertreten, dass ihre Befolgung in der Praxis eine widerlegbare Vermutung für richtlinienkonformes Verhalten begründe bzw. – spiegelbildlich dazu – die Nichteinhaltung der Leitlinien ein Indiz für ein missbräuchliches Verhalten des Speicherbetreibers darstelle (vgl. Britz/Hellermann/Hermes/Arndt, 3. Aufl., § 28 Rn. 3). 19

D. Verweigerung des Zugangs zu Gasspeicheranlagen (Abs. 2)

Gemäß § 28 Abs. 2 können Betreiber von Gasspeicheranlagen den Zugang nach § 28 Abs. 1 S. 1 verweigern, soweit sie nachweisen, dass ihnen der Zugang aus betriebsbedingten oder sonstigen Gründen unter Berücksichtigung des Zwecks des § 1 nicht möglich oder nicht zumutbar ist. 20

Diese Formulierung entspricht nahezu wortlautgleich der Regelung zur Verweigerung des allgemeinen Netzzugangs, s. § 20 Abs. 2. Auf die dortige Kommentierung kann daher verwiesen werden (→ § 20 Rn. 1). 21

Rechtsdogmatisch dürfte es sich bei der Verweigerung des Zugangs nach § 28 Abs. 2 S. 1 um eine **Einrede** handeln, die vom Betreiber geltend zu machen ist. Die Verweigerung ist gem. § 28 Abs. 2 S. 2 in Textform (§ 126b BGB) zu begründen (vgl. Theobald/Kühling/Däuper § 28 Rn. 43 ff.). 22

E. Veröffentlichung von Informationen zu Gasspeicheranlagen (Abs. 3)

Gemäß § 28 Abs. 3 S. 1 sind Betreiber von Gasspeicheranlagen verpflichtet, den Standort der Gasspeicheranlage, Informationen über verfügbare Kapazitäten, darüber, zu welchen Gasspeicheranlagen verhandelter Zugang zu gewähren ist, sowie ihre wesentlichen Geschäftsbedingungen für den Speicherzugang **im Internet zu veröffentlichen.** 23

Diese Pflicht wird in § 28 Abs. 3 S. 2 weiter konkretisiert. § 28 Abs. 3 S. 3 regelt zudem, dass die Betreiber von Gasspeicheranlagen bei der Ausarbeitung der wesentlichen Geschäftsbedingungen die Speichernutzer zu konsultieren haben. 24

§ 28 Abs. 3 dient insgesamt der **Transparenz** beim Speicherzugang (vgl. Theobald/Kühling/Däuper § 28 Rn. 51, 52). 25

F. Verordnungsermächtigung (Abs. 4)

§ 28 Abs. 4 ermächtigt das Bundesministerium für Wirtschaft und Energie (nunmehr: Bundesministerium für Wirtschaft und Klimaschutz – BMWK) durch Rechtsverordnung mit Zustimmung des Bundesrates die technischen und wirtschaftlichen Bedingungen sowie die inhaltliche Gestaltung der Verträge über den Zugang zu den Gasspeicheranlagen zu regeln. 26

Der Verordnungsgeber hat von dieser Verordnungsermächtigung **bisher keinen Gebrauch gemacht.** 27

von Richthofen

EnWG § 28a

G. Rechtsschutz

28 Der Anspruch gem. § 28 Abs. 1 S. 1 zielt auf den Abschluss eines (zivilrechtlichen) **Speicherzugangsvertrags** ab. Rechtsstreitigkeiten im Zusammenhang mit dem Abschluss eines solchen Vertrages sind demnach den **Zivilgerichten** zugewiesen.

29 Netzzugangspetenten steht darüber hinaus auch die Möglichkeit offen, gegen den betreffenden Betreiber der Gasspeicheranlage einen Antrag auf **Durchführung eines Besonderes Missbrauchsverfahrens gem. § 31** (→ § 31 Rn. 1 ff.) bei der zuständigen Regulierungsbehörde zu stellen (vgl. Kment EnWG/Siegel § 28 Rn. 15; Theobald/Kühling/Däuper § 28 Rn. 58–60).

§ 28a Neue Infrastrukturen

(1) Verbindungsleitungen zwischen Deutschland und anderen Staaten oder LNG- und Gasspeicheranlagen können von der Anwendung der §§ 8 bis 10e sowie §§ 20 bis 28 befristet ausgenommen werden, wenn
1. durch die Investition der Wettbewerb bei der Gasversorgung und die Versorgungssicherheit verbessert werden,
2. es sich um größere neue Infrastrukturanlagen im Sinne des Artikel 36 Absatz 1 der Richtlinie 2009/73/EG handelt, bei denen insbesondere das mit der Investition verbundene Risiko so hoch ist, dass die Investition ohne eine Ausnahmegenehmigung nicht getätigt würde,
3. die Infrastruktur Eigentum einer natürlichen oder juristischen Person ist, die entsprechend der §§ 8 bis 10e von den Netzbetreibern getrennt ist, in deren Netzen die Infrastruktur geschaffen wird,
4. von den Nutzern dieser Infrastruktur Entgelte erhoben werden und
5. die Ausnahme sich nicht nachteilig auf den Wettbewerb auf den jeweiligen Märkten, die wahrscheinlich von der Investition betroffen sein werden, auf das effiziente Funktionieren des Erdgasbinnenmarktes, auf das effiziente Funktionieren der betroffenen regulierten Netze oder auf die Erdgasversorgungssicherheit der Europäischen Union auswirkt.

(2) Absatz 1 gilt auch für Kapazitätsaufstockungen bei vorhandenen Infrastrukturen, die insbesondere hinsichtlich ihres Investitionsvolumens und des zusätzlichen Kapazitätsvolumens bei objektiver Betrachtung wesentlich sind, und für Änderungen dieser Infrastrukturen, die die Erschließung neuer Gasversorgungsquellen ermöglichen.

(3) ¹Auf Antrag des betroffenen Gasversorgungsunternehmens entscheidet die Regulierungsbehörde, ob die vom Antragsteller nachzuweisenden Voraussetzungen nach Absatz 1 oder 2 vorliegen. ²Die Prüfung und das Verfahren richten sich nach Artikel 36 Absatz 3 bis 9 der Richtlinie 2009/73/EG. ³Die Regulierungsbehörde hat eine Entscheidung über einen Antrag nach Satz 1 nach Maßgabe einer endgültigen Entscheidung der Kommission nach Artikel 36 Absatz 9 der Richtlinie 2009/73/EG zu ändern oder aufzuheben; die §§ 48 und 49 des Verwaltungsverfahrensgesetzes bleiben unberührt.

(4) Die Entscheidungen werden von der Regulierungsbehörde auf ihrer Internetseite veröffentlicht.

Überblick

§ 28a regelt, unter welchen Voraussetzungen Verbindungsleitungen, LNG-Anlagen und Gasspeicheranlagen von den §§ 8–10e (Besondere Entflechtungsvorgaben für Transportnetzbetreiber und den §§ 20–28 (Netzzugang) ausgenommen werden können.

§ 28a wurde zur Umsetzung von Art. 22 Gas-Binnenmarkt-Richtlinie 2003/55/EG in das EnWG eingefügt. In seiner gegenwärtig geltenden Fassung setzt § 28a die Vorgaben von Art. 36 Gas-Binnenmarkt-Richtlinie 2009/73/EG um (→ Rn. 4 ff.).

Neue Infrastrukturen § 28a EnWG

Übersicht

	Rn.		Rn.
A. Normzweck	1	II. Voraussetzungen	16
B. Entstehungsgeschichte	4	III. Rechtsfolge	18
I. Unionsrechtliche Vorgaben	4	D. Ausnahme für vorhandene Infrastrukturen (Abs. 2)	21
II. Umsetzung in nationales Recht	6	E. Verfahren (Abs. 3)	23
III. Bisherige Anpassungen	9	F. Pflicht zur Veröffentlichung der Entscheidung (Abs. 4)	28
C. Ausnahme für neue Infrastrukturen (Abs. 1)	11	G. Rechtsschutz	30
I. Neue Infrastrukturen	12		

A. Normzweck

Ausweislich der Gesetzesbegründung dient § 28a zum einen dem Zweck, das **Regulierungsrisiko** für den Bau neuer Infrastrukturen durch die Möglichkeit von Ausnahmen zu senken und ein positives Investitionsklima herzustellen, das die deutsche Gaswirtschaft im Wettbewerb mit anderen europäischen Unternehmen um Infrastrukturinvestitionen unterstützt (BT-Drs. 15/3917, 87). 1

Die Notwendigkeit einer solchen Ausnahmeregelung begründet der Gesetzgeber unter Bezug auf Art. 22 Gas-Binnenmarkt-Richtlinie 2003/55/EG im Wesentlichen damit, dass 2
- absehbar sei, dass Deutschland zunehmend von importiertem Erdgas, das über weite Entfernungen in Erdgasfernleitungen transportiert wird, bzw. von Flüssiggas abhängig werden wird,
- der Bau notwendiger Gasinfrastrukturen für den Import von Erdgas nach Deutschland erhebliche Investitionen erfordere,
- das Finanzierungsrisiko für diese Investitionen aber durch eine dem stetigen Wandel unterliegende und steigende Regulierung steige, was zu einer sinkenden Investitionsbereitschaft von Investoren und Kreditgebern führen könnte (vgl. BT-Drs. 15/3917, 87).

Zum anderen dient die Regelung dem Zweck einer **Diversifizierung der Erdgasquellen** 3 infolge neuer Infrastrukturprojekte und einer damit einhergehenden Steigerung der Versorgungssicherheit. Die Regelung trage damit nach Auffassung des Gesetzgebers auch zur Erreichung der Ziele der RL 2004/67/EG über Maßnahmen zur Gewährleistung der sicheren Energieversorgung bei (BT-Drs. 15/3917, 88).

B. Entstehungsgeschichte

I. Unionsrechtliche Vorgaben

§ 28a wurde zur Umsetzung von Art. 22 Gas-Binnenmarkt-Richtlinie 2003/55/EG in 4 das EnWG eingefügt. In seiner gegenwärtig geltenden Fassung setzt § 28a die Vorgaben von Art. 36 Gas-Binnenmarkt-Richtlinie 2009/73/EG um (vgl. Elspas/Graßmann/Rasbach/Keltsch § 28a Rn. 3).

Art. 22 Gas-Binnenmarkt-Richtlinie 2003/55/EG bzw. Art. 36 Gas-Binnenmarkt-Richtlinie 2009/73/EG gewähren für neue größere Infrastruktureinrichtungen die Möglichkeit – 5 aber nicht die Pflicht – einer Ausnahme von den Vorgaben über den regulierten Netzzugang (vgl. BT-Drs. 15/3917, 87). Es handelt sich demnach um eine Ausnahmevorschrift, zu deren Umsetzung in nationales Recht die Mitgliedstaaten nicht verpflichtet waren oder sind (vgl. Britz/Hellermann/Hermes/Arndt, 3. Aufl., § 28a Rn. 2; Elspas/Graßmann/Rasbach/Keltsch § 28a Rn. 3).

II. Umsetzung in nationales Recht

§ 28a wurde auf Anregung des Bundesrates zur Umsetzung von Art. 22 Gas-Binnenmarkt- 6 Richtlinie 2003/55/EG mit Wirkung ab dem 13.7.2005 in das EnWG eingefügt (EnWG 2005 vom 7.7.2005, BGBl. I 1970; Gesetzesbegr. mit Stellungnahme des Bundesrates, BT-Drs. 15/3917, 87 f.).

von Richthofen

7   Hintergrund der Umsetzung von Art. 22 Gas-Binnenmarkt-Richtlinie 2003/55/EG in nationales Recht war insbesondere, dass eine Nichtumsetzung die deutsche Gaswirtschaft gegenüber der übrigen europäischen Gaswirtschaft nach Auffassung des Gesetzgebers erheblich benachteiligt hätte (BT-Drs. 15/3017, 87).

8   Die letztlich Gesetz gewordene Fassung von § 28a beruht dabei auf der Empfehlung des Ausschusses für Wirtschaft und Arbeit (BT-Drs. 15/5268, 41 f.). Gegenüber dem Vorschlag des Bundesrates wurden dabei die Regelungen in § 28a Abs. 2 und § 28 Abs. 3 weiter konkretisiert (BT-Drs. 15/5268, 41 f.; vgl. Britz/Hellermann/Hermes/Arndt, 3. Aufl., § 28a Rn. 4).

III. Bisherige Anpassungen

9   Mit dem Gesetz zur Neuregelung energiewirtschaftlicher Vorschriften vom 26.7.2011 (BGBl. I 1554) hat der Gesetzgeber vor dem Hintergrund der Gas-Binnenmarkt-Richtlinie 2009/73/EG die Ausnahmeregelung auf die besonderen Entflechtungsvorschriften für Transportnetzbetreiber (§§ 8–10e) erstreckt und die Vorschrift der weiteren europäischen Rechtsfortbildung angepasst (vgl. BT-Drs. 17/6072, 82).

10 Ferner wurde § 28a zur Umsetzung der Gas-Binnenmarkt-Richtlinie (EU) 2019/692 durch Art. 5 des Gesetzes vom 30.11.2019 (BGBl. I 1942) angepasst. Zuletzt wurden durch das Gesetz zur Umsetzung unionsrechtlicher Vorgaben und zur Regelung reiner Wasserstoffnetze im Energiewirtschaftsrecht (BGBl. 2021 I 3026) in § 28a mit Wirkung vom 27.7.2021 redaktionelle Folgeänderungen umgesetzt (Änderung des bisher verwendeten Begriffs der „Speicheranlage" in Abs. 1 zu dem Begriff der „Gasspeicheranlage").

C. Ausnahme für neue Infrastrukturen (Abs. 1)

11 Gemäß § 28a Abs. 1 können Verbindungsleitungen zwischen Deutschland und anderen Staaten oder LNG- und Gasspeicheranlagen von der Anwendung der §§ 8–10e sowie §§ 20–28 befristet ausgenommen werden.

I. Neue Infrastrukturen

12 Der Begriff **neue Infrastrukturen** wird durch den Wortlaut von § 28a Abs. 1 abschließend eingegrenzt auf Verbindungsleitungen zwischen Deutschland und anderen Staaten, LNG-Anlagen und Gasspeicheranlagen (vgl. Britz/Hellermann/Hermes/Arndt, 3. Aufl., § 28a Rn. 5; vgl. Theobald/Kühling/Däuper § 28a Rn. 6).

13 Der **Begriff der Verbindungsleitung** wird in § 3 Nr. 34 (→ § 3 Nr. 34 Rn. 1 ff.) gesetzlich definiert. Danach sind Verbindungsleitungen im Gasbereich Fernleitungen, die eine Grenze zwischen Mitgliedstaaten queren oder überspannen und einzig dem Zweck dienen, die nationalen Fernleitungsnetze dieser Mitgliedstaaten zu verbinden.

14 Der **Begriff der LNG-Anlage** wird in § 3 Nr. 26 (→ § 3 Nr. 26 Rn. 1 ff.) gesetzlich definiert. Danach sind LNG-Anlagen eine Kopfstation zur Verflüssigung von Erdgas oder zur Einfuhr, Entladung und Wiederverdampfung von verflüssigtem Erdgas; darin eingeschlossen sind Hilfsdienste und die vorübergehende Speicherung, die für die Wiederverdampfung und die anschließende Einspeisung in das Fernleitungsnetz erforderlich sind, jedoch nicht die zu Speicherzwecken genutzten Teile von LNG-Kopfstationen.

15 Der Begriff der Gas**speicheranlage** wird in § 3 Nr. 19c (→ § 3 Nr. 19c Rn. 1 ff.) gesetzlich definiert. Danach sind Gasspeicheranlagen eine einem Gasversorgungsunternehmen gehörende oder von ihm betriebene Anlage zur Speicherung von Gas, einschließlich des zu Speicherzwecken genutzten Teils von LNG-Anlagen, jedoch mit Ausnahme des Teils, der für eine Gewinnungstätigkeit genutzt wird, ausgenommen sind auch Einrichtungen, die ausschließlich Betreibern von Leitungsnetzen bei der Wahrnehmung ihrer Aufgaben vorbehalten sind.

II. Voraussetzungen

16 Die in § 28a Abs. 1 Nr. 1–5 genannten Voraussetzungen hat der Gesetzgeber im Wesentlichen aus Art. 22 Gas-Binnenmarkt-Richtlinie 2003/55/EG bzw. Art. 36 Gas-Binnenmarkt-Richtlinie 2009/73/EG übernommen. Verlangt wird Folgendes:

Neue Infrastrukturen § 28a EnWG

- Verbesserung des Wettbewerbs und der Versorgungssicherheit (Nummer 1)
- Größere neue Infrastrukturanlage (Nummer 2)
- Eigentumsrechtliche Trennung von bestehendem Netzbetrieb (Nummer 3)
- Erhebung von Entgelten für Nutzung der neuen Infrastruktur (Nummer 4)
- Keine nachteiligen Wettbewerbsauswirkungen auf den relevanten Märkten (Nummer 5)

Diese Voraussetzungen müssen **kumulativ** erfüllt sein. Sie sind zudem aufgrund des Ausnah- 17
mecharakters von § 28a und auch der europarechtlichen Vorgaben **restriktiv** auszulegen
(vgl. Britz/Hellermann/Hermes/Arndt, 3. Aufl., § 28a Rn. 5; Kment EnWG/Siegel § 28a
Rn. 16).

III. Rechtsfolge

Gemäß § 28a Abs. 1 können Verbindungsleitungen zwischen Deutschland und anderen 18
Staaten oder LNG- und Gasspeicheranlagen von der Anwendung der §§ 8–10e sowie
§§ 20–28 befristet ausgenommen werden.

Die Entscheidung steht damit zum einen im **pflichtgemäßen Ermessen** der zuständigen 19
Behörde. Dies entspricht auch den Vorgaben der Richtlinie, vgl. Art. 36 Abs. 1 Gas-Binnen-
markt-Richtlinie 2009/73/EG (vgl. Britz/Hellermann/Hermes/Arndt, 3. Aufl., § 28a
Rn. 5).

Zum anderen sind Ausnahmen nach § 28a zu **befristen**. Eine Obergrenze für die Befris- 20
tung dürften dabei jedenfalls die Abschreibungszeiträume für solche Anlagen bilden (vgl.
Britz/Hellermann/Hermes/Arndt, 3. Aufl., § 28a Rn. 11).

D. Ausnahme für vorhandene Infrastrukturen (Abs. 2)

Gemäß Art. 28 Abs. 2 gilt die Ausnahmeregelung für neue Infrastrukturen nach § 28a 21
Abs. 1 auch für Kapazitätsaufstockungen bei vorhandenen Infrastrukturen, die insbesondere
hinsichtlich ihres Investitionsvolumens und des zusätzlichen Kapazitätsvolumens bei objektiver Betrachtung wesentlich sind, und für Änderungen dieser Infrastrukturen, die die Erschließung neuer Gasversorgungsquellen ermöglichen.

Dies entspricht den europäischen Vorgaben, s. Art. 36 Abs. 2 Gas-Binnenmarkt-Richtlinie 22
2009/73/EG.

E. Verfahren (Abs. 3)

Das Verfahren für die Ausnahme neuer Infrastrukturen von den §§ 8–10e sowie §§ 20–28 23
ergibt sich aus § 28a Abs. 3.

Gemäß § 28a Abs. 3 S. 1 entscheidet die **BNetzA** als nationale deutsche Regulierungsbe- 24
hörde auf **Antrag** des betroffenen Gasversorgungsunternehmens, ob die vom Antragsteller
nachzuweisenden Voraussetzungen nach Absätzen 1 oder 2 vorliegen.

Den Antrag zu stellen hat das **betroffene Gasversorgungsunternehmen**. Dabei stellt 25
sich die Frage, ob sowohl der Netzbetreiber als auch der Eigentümer der neuen Infrastruktur
betroffenes Gasunternehmen sein kann. Hierzu hat sich die BNetzA klar positioniert: Allein
der künftige Netzbetreiber könne „betroffenes Gasversorgungsunternehmen" gem. § 28a
Abs. 3 S. 1 sein. Denn nur dieser sei durch die Freistellungsentscheidung nach § 28a in seinem
Rechtskreis betroffen. Eine bloße wirtschaftliche Betroffenheit – etwa von Eigentümern und
Investoren – reiche nicht aus (BNetzA Beschl. v. 27.8.2007 – BK7–07-013; vgl. Theobald/
Kühling/Däuper § 28a Rn. 15).

Für die **Prüfung** verweist § 28a Abs. 3 S. 2 dann auf das in Art. 36 Abs. 3–9 Gas-Binnen- 26
markt-Richtlinie 2009/73/EG geregelte Verfahren.

Gemäß § 28a Abs. 3 S. 3 hat die BNetzA eine Entscheidung nachträglich zu ändern oder 27
aufzuheben, um eine abweichende Bewertung der Kommission umzusetzen. Daneben bleiben die §§ 48, 49 VwVfG unberührt.

F. Pflicht zur Veröffentlichung der Entscheidung (Abs. 4)

In Abweichung von § 74 S. 1 (→ § 74 Rn. 1 ff.) sind Entscheidungen über eine Ausnahme 28
nach § 28a Abs. 1 gem. § 28a Abs. 4 von der Regulierungsbehörde nicht im Amtsblatt,
sondern auf ihrer **Internetseite** zu veröffentlichen.

von Richthofen

29 Die Veröffentlichungspflicht betrifft zum einen Entscheidungen der BNetzA als nationale Regulierungsbehörde. Darüber hinaus sind **auch Entscheidungen der Kommission** zu veröffentlichen, weil diese sonst nicht veröffentlichungspflichtig wären (vgl. Elspas/Graßmann/Rasbach/Keltsch § 28a Rn. 29; Theobald/Kühling/Däuper § 28a Rn. 28).

G. Rechtsschutz

30 Gegen eine ablehnende Entscheidung der BNetzA kann **Beschwerde gem. § 75** (→ § 75 Rn. 1 ff.) eingelegt werden.

31 Gegen eine Entscheidung der Kommission nach Art. 36 Abs. 9 UAbs. 1 S. 1 Gas-Binnenmarkt-Richtlinie 2009/73/EG kann die Erhebung einer **Nichtigkeitsklage gem. Art. 263 AEUV** in Betracht kommen (vgl. Kment EnWG/Siegel § 28a Rn. 20).

§ 28b Bestandsleitungen zwischen Deutschland und einem Drittstaat

(1) ¹Gasverbindungsleitungen mit einem Drittstaat im Sinne des Artikels 49a der Richtlinie 2009/73/EG, die vor dem 23. Mai 2019 fertiggestellt wurden, werden von der Regulierungsbehörde auf Antrag des Betreibers dieser Gasverbindungsleitung in Bezug auf die im Hoheitsgebiet Deutschlands befindlichen Leitungsabschnitte von der Anwendung der §§ 8 bis 10e sowie des §§ 20 bis 28 befristet freigestellt, wenn
1. der erste Kopplungspunkt der Leitung mit dem Netz eines Mitgliedstaates in Deutschland liegt,
2. objektive Gründe für eine Freistellung vorliegen, insbesondere
   a) die Ermöglichung der Amortisierung der getätigten Investitionen oder
   b) Gründe der Versorgungssicherheit, und
3. die Freistellung sich nicht nachteilig auf den Wettbewerb auf dem Erdgasbinnenmarkt in der Europäischen Union und dessen effektives Funktionieren auswirkt und die Versorgungssicherheit in der Europäischen Union nicht beeinträchtigt wird.
²Satz 1 ist nicht anzuwenden auf Fernleitungen mit Drittstaaten, die im Rahmen einer mit der Europäischen Union geschlossenen Vereinbarung zur Umsetzung der Richtlinie 2009/73/EG verpflichtet sind und diese Richtlinie wirksam umgesetzt haben.

(2) ¹Der Antragsteller hat dem Antrag alle zur Prüfung des Antrags erforderlichen Unterlagen beizufügen. ²Mit dem Antrag sind zum Nachweis der Voraussetzungen nach Absatz 1 Satz 1 Nummer 2 und 3 Gutachten einzureichen, die durch fachkundige und unabhängige Sachverständige erstellt worden sein müssen. ³Die Gutachten sollen insbesondere zu der Frage Stellung nehmen, ob Nebenbestimmungen nach Absatz 7 zur Einhaltung der Voraussetzungen nach Absatz 1 Satz 1 Nummer 2 und 3 beitragen können. ⁴Die Fachkunde und Unabhängigkeit der Sachverständigen sind im Rahmen der Antragstellung gesondert nachzuweisen. ⁵Der Antrag und die für die Entscheidung erforderlichen Nachweise müssen spätestens 30 Tage nach dem 12. Dezember 2019 bei der Regulierungsbehörde eingehen. ⁶Verspätet eingereichte oder unvollständige Antragsunterlagen können zur Ablehnung des Antrags führen. ⁷Die Antragsunterlagen sind der Regulierungsbehörde auf Anforderung auch elektronisch zur Verfügung zu stellen.

(3) Die Entscheidung über den Antrag auf Freistellung nach Absatz 1 Satz 1 ist bis zum 24. Mai 2020 zu treffen.

(4) ¹Die Dauer der Freistellung nach Absatz 1 Satz 1 bemisst sich nach den objektiven Gründen nach Absatz 1 Satz 1 Nummer 3. ²Sie darf 20 Jahre nicht überschreiten.

(5) ¹Die Freistellung nach Absatz 1 Satz 1 kann auf Antrag über die Dauer nach Absatz 4 hinaus verlängert werden, wenn dies nach Absatz 1 Satz 1 Nummer 2 und 3 gerechtfertigt ist. ²Absatz 2 Satz 1 bis 4, 6 und 7 ist entsprechend anzuwenden. ³Der Antrag auf Verlängerung und die für die Entscheidung erforderlichen Nach-

weise müssen spätestens ein Jahr vor Ablauf der Freistellungsregelung bei der Regulierungsbehörde eingegangen sein.

(6) Das Verfahren richtet sich im Übrigen nach Artikel 49a Absatz 2 der Richtlinie 2009/73/EG.

(7) ¹Entscheidungen über Anträge auf Freistellung nach Absatz 1 Satz 1 oder auf Verlängerung der Freistellung nach Absatz 5 Satz 1 können mit Nebenbestimmungen versehen werden, die zur Einhaltung der Voraussetzungen nach Absatz 1 Satz 1 Nummer 2 und 3 erforderlich sind. ²Die §§ 48 und 49 des Verwaltungsverfahrensgesetzes bleiben unberührt.

(8) Entscheidungen über Anträge auf Freistellung nach Absatz 1 Satz 1 oder auf Verlängerung der Freistellung nach Absatz 5 Satz 1 sind von der Regulierungsbehörde an die Kommission zu übermitteln und auf der Internetseite der Regulierungsbehörde zu veröffentlichen.

Überblick

Durch die Änderung der Gas-Binnenmarkt-Richtlinie 2009/73/EG wurden Gasverbindungsleitungen erstmals als Fernleitungen im Sinne des Unionsrechts definiert und in den Anwendungsbereich des unionsrechtlichen Energieregulierungsrechts aufgenommen (→ Rn. 1). Zugleich wurde für fertiggestellte Gasverbindungsleitungen die rechtliche Möglichkeit geschaffen, eine zeitlich befristete Freistellung von der Regulierung zu erhalten. § 28b setzt diese Freistellungsmöglichkeit in nationales Recht um und regelt neben den Voraussetzungen einer Freistellungsentscheidung (→ Rn. 7 ff.) auch deren Umfang (→ Rn. 27 ff.) und das Antragsverfahren (→ Rn. 35 ff.). Die BNetzA ist die für die Freistellungsentscheidung zuständige Behörde (→ Rn. 43) und hat in dem Zusammenhang zwei Entscheidungen getroffen (→ Rn. 3).

Übersicht

	Rn.		Rn.
A. Hintergrund	1	2. Räumlicher Umfang	29
		3. Sachlicher Umfang	30
B. Anwendungsbereich	4	4. Zeitlicher Umfang der Freistellungsentscheidung (Abs. 4) und Verlängerungsmöglichkeit (Abs. 5)	33
C. Freistellungsentscheidung (Abs. 1, 4, 5, 7)	7		
I. Voraussetzungen	7	D. Antragsverfahren (Abs. 2, 3, 6, 8)	35
1. Lage des ersten Kopplungspunktes (Nr. 1)	8	I. Antragserfordernis und Antragsbefugnis	35
2. Objektive Gründe für die Freistellung	10	II. Antragsfrist und elektronische Zurverfügungstellung	38
3. Keine nachteiligen Auswirkungen auf Wettbewerb und Versorgungssicherheit	20	III. Entscheidungsfrist (Abs. 3)	39
II. Umfang der Entscheidung	27	IV. Verweis auf unionsrechtliche Vorschriften	41
1. Nebenbestimmungen	28	V. Zuständige Behörde	43

A. Hintergrund

§ 28b wurde zur Umsetzung der geänderten Gas-Binnenmarkt-Richtlinie (RL 2009/73/ EG, geändert durch Gas-Binnenmarkt-Richtlinie (EU) 2019/692) neu eingefügt und ist zum 12.12.2019 in Kraft getreten (Gesetz zur Änderung des Energiewirtschaftsgesetzes v. 5.12.2019, BGBl. I 2002). Die Gas-Binnenmarkt-Richtlinie (EU) 2019/692 hat die ursprüngliche Gas-Binnenmarkt-Richtlinie 2009/73/EG maßgeblich verändert, indem sie ihren Anwendungsbereich auf „Verbindungsleitung[en]" mit Drittstaaten nach Art. 2 Nr. 17 Gas-Binnenmarkt-Richtlinie 2009/73/EG ausgeweitet hat (zum Inhalt der Änderungsrichtlinie Gundel/Lange/Raible, Energierecht nach dem Clean energy package, 2021, S. 146 ff.). Gasfernleitungen zwischen einem EU-Mitgliedstaat und einem Drittstaat werden dadurch den gleichen regulierungsrechtlichen Vorschriften unterworfen wie Gasfernleitungen zwischen EU-Mitgliedstaaten. Der deutsche Gesetzgeber hat diese Erweiterung in nationales Recht umgesetzt und durch die Aufnahme der Begriffsbestimmung „Gasverbindungsleitungen mit Drittstaaten" in § 3 Nr. 19d diese Gasleitungen auch dem nationalen Regulierungsregime unterworfen. In Deutschland betrifft die Neuregelung die Pipelines Nord Stream und Nord Stream II, die ihren ersten Kopplungspunkt innerhalb der Europäischen Union in Mecklenburg-Vorpommern haben. Im Schrifttum äußert sich Raible kritisch zu der Änderungsrichtlinie, da mit ihr lediglich eine Erschwerung der Inbetriebnahme von Nord Stream II auf regulatorischem Wege angestrebt werde und dies im Widerspruch zum Ziel der Versorgungssicherheit nach Art. 194 Abs. 1 lit. b AEUV (zum Begriff → Rn. 18) stehe (Gundel/Lange/Raible, Energierecht nach dem Clean energy package, 2021, S. 164 ff.).

2   Da Gasverbindungsleitungen bislang nicht von der Gas-Binnenmarkt-Richtlinie 2009/73/EG erfasst wurden, sieht die Gas-Binnenmarkt-Richtlinie (EU) 2019/692 für Bestandsleitungen eine Freistellungsmöglichkeit von den Entflechtungs- und Netzzugangsbestimmungen vor. Der deutsche Gesetzgeber hat diese Freistellungsmöglichkeit in § 28b ebenfalls umgesetzt und für die in Deutschland anlandenden Gasverbindungsleitungen die Möglichkeit geschaffen, eine Freistellung von der Regulierung bei der BNetzA als zuständige Regulierungsbehörde zu beantragen.

3   Im Zusammenhang mit § 28b hat die BNetzA zwei Entscheidungen getroffen. Sie hat die Freistellung für die seit dem Jahr 2011 zwischen Russland und Deutschland betriebene Pipeline Nord Stream gewährt (BNetzA Beschl. v. 20.5.2020 – BK7-19-108) und die Freistellung für die parallel verlaufene Pipeline Nord Stream II abgelehnt (BNetzA Beschl. v. 15.5.2020 – BK7-20-004).

B. Anwendungsbereich

4   § 28b ist auf **Gasverbindungsleitungen mit Drittstaaten** anwendbar. Gasverbindungsleitungen mit Drittstaaten sind im neu eingeführten § 3 Nr. 19d legal definiert als „Fernleitungen zwischen einem Mitgliedstaat der Europäischen Union und einem Drittstaat bis zur Grenze des Hoheitsgebietes der Mitgliedstaaten oder dem Küstenmeer dieses Mitgliedstaates". Jedenfalls ein Teilsegment der Gasleitung muss im Hoheitsgebiet (einschließlich des Küstenmeers) eines EU-Mitgliedstaates und ein weiteres Teilsegment in einem Drittstaat liegen. Nach der völkerrechtlichen Definition des Küstenmeers, wie sie auch in der Seerechtskonvention der Vereinten Nationen niedergelegt ist (weder das EnWG noch das EU-Regulierungsrecht enthalten dazu eine eigenständige Definition), erstreckt sich das Küstenmeer über einen Abschnitt von maximal 12 Seemeilen von der sog. „Basislinie" an der Küste aufs Meer hinaus.

5   Eine Freistellung von der Regulierung kann nur für Gasverbindungsleitungen gewährt werden, die **vor dem 23.5.2019 fertiggestellt** wurden. Das Datum knüpft an das Inkrafttreten der Gas-Binnenmarkt-Richtlinie (EU) 2019/692 an und gewährt allen Gasverbindungsleitungen, die bis zu diesem Tag fertiggestellt waren, die Möglichkeit auf eine Freistellung von der Regulierung. Die BNetzA vertritt in dem Zusammenhang eine baulich-technische Sichtweise und stellt darauf ab, ob die Gasverbindungsleitung zum relevanten Stichtag die zum Zwecke des Gastransports erforderliche Benutzbarkeit aufweist. Die BNetzA stellt hierzu auf den Wortlaut der Vorschrift, die Systematik des Gesetzes und den Sinn und Zweck der Vorschrift ab (BNetzA Beschl. v. 15.5.2020 – BK7-20-004, S. 18 ff.). Sie verwirft die wirtschaftlich-funktionale Sichtweise, wonach eine Fertigstellung gegeben sei, sobald finale Investitionsentscheidungen getroffen sind (BNetzA Beschl. v. 15.5.2020 – BK7-20-004, S. 16 ff.). Das OLG Düsseldorf hat den Auslegungsvorgang und das Auslegungsergebnis der BNetzA mit Beschluss vom 25.8.2021 bestätigt und ausgeführt, dass die BNetzA zu Recht von einem baulich-technischen Verständnis ausgeht (OLG Düsseldorf BeckRS 2021, 23618 Rn. 55 ff.). Das OLG Düsseldorf hat jedoch gegen seinen Beschluss Rechtsbeschwerde zum BGH zugelassen (OLG Düsseldorf BeckRS 2021, 23618 Rn. 134); es bleibt abzuwarten, ob der BGH dem EuGH im Wege der Vorabentscheidung die Frage vorlegt, wie der Fertigstellungsbegriff auszulegen ist oder ob er die Rechtslage als eindeutig (acte-claire) ansieht (Wissenschaftlicher Dienst Deutscher Bundestag 1.10.2021, Aktueller Begriff Europa, Nr. 07/21, S. 2; Rodi KlimR 2022, 52 (54); für eine Vorlagepflicht sogar Fölsing EWiR 2021, 766 (767)).

6   In einer Entscheidung vom 12.7.2022 hat der EuGH ein baulich-technisches Verständnis zugrunde gelegt: Im Rahmen des von der Nord Stream II AG gegen die Gas-Binnenmarkt-

Richtlinie (EU) 2019/692 angestrebten Nichtigkeitsklageverfahrens stellt der EuGH einerseits fest, dass bis zum 23.5.2019 bereits erhebliche Investitionen für den Bau der Pipeline Nord Stream II getätigt worden sind und verneint andererseits – mangels rechtzeitiger Fertigstellung der Pipeline – die Anwendung der in Art. 49a der Gas-Binnenmarkt-Richtlinie 2009/73/EG vorgesehenen Freistellungsmöglichkeit (EuGH BeckRS 2022, 16289 Rn. 80, 104 f.). Ginge der EuGH von einer wirtschaftlich-funktionalen Sichtweise aus, so hätte er in Anbetracht der bereits final getroffenen und sogar ausgeführten Investitionsentscheidungen eine Fertigstellung vor dem 23.5.2019 bejahen müssen.

Gemäß § 28b Abs. 1 S. 2 gilt § 28b Abs. 1 S. 1 nicht für solche Gasverbindungsleitungen mit Drittstaaten, die sich aufgrund einer mit der Europäischen Union geschlossenen **völkerrechtlichen Vereinbarung** zur Umsetzung der Gas-Binnenmarkt-Richtlinie 2009/73/EG verpflichtet haben und die Vorschriften der Gas-Binnenmarkt-Richtlinie wirksam umgesetzt haben. Für den nationalen Anwendungsbereich des § 28b besteht keine solche völkerrechtliche Vereinbarung; insbesondere besteht keine Vereinbarung der Europäischen Union mit Russland. 6a

C. Freistellungsentscheidung (Abs. 1, 4, 5, 7)

I. Voraussetzungen

Eine Freistellung nach § 28b Abs. 1 setzt voraus, dass der erste Kopplungspunkt der Gasverbindungsleitung mit dem Netz eines Mitgliedstaates in Deutschland liegt (→ Rn. 8), ein objektiver Grund für die Freistellung gegeben ist (→ Rn. 10) und keine nachteiligen Auswirkungen auf den Erdgasbinnenmarkt der Europäischen Union und dessen effektives Funktionieren sowie keine Beeinträchtigung der Versorgungssicherheit der Europäischen Union zu erwarten sind (→ Rn. 20). 7

1. Lage des ersten Kopplungspunktes (Nr. 1)

Eine Freistellung nach § 28b Abs. 1 S. 1 Nr. 1 kann nur gewährt werden, wenn der erste Kopplungspunkt der Gasverbindungsleitung mit dem Netz eines Mitgliedstaates in Deutschland liegt. 8

In Art. 3 Nr. 2 VO (EU) 2017/459, der zur Orientierung herangezogen werden kann, sind Kopplungspunkte definiert als physische oder virtuelle Punkte, die benachbarte Entry-/Exit-Systeme miteinander oder ein Entry-Exit-System mit einer Verbindungsleitung verbinden. Mit Kopplungspunkt ist damit die physische und technische Verbindung der Gasverbindungsleitung mit einem Energieversorgungsnetz in einem Mitgliedstaat gemeint (Zenke/Schäfer Energiehandel/Lokau/Däuper § 4 Rn. 80 (Fn. 25)). Die vorherige Durchquerung des Küstenmeers und/oder der ausschließlichen Wirtschaftszone anderer Mitgliedstaaten ist nach dem Wortlaut von § 28b Abs. 1 S. 1 unbeachtlich. 9

2. Objektive Gründe für die Freistellung

Eine Freistellung nach § 28b Abs. 1 S. 1 Nr. 2 kann darüber hinaus nur dann gewährt werden, wenn objektive Gründe für eine Freistellung vorliegen. 10

Als **objektive Gründe** werden durch die Regelung die Ermöglichung der Amortisation der getätigten Investitionen (lit. a) sowie die Versorgungssicherheit (lit. b) genannt. Diese beiden Gründe sind allerdings nur Beispiele. Der Wortlaut in Absatz 1 Satz 1 Nummer 2 macht deutlich, dass die Aufzählung nicht abschließend ist („**insbesondere**"). Eine Freistellung aus anderen objektiven Gründen ist daher ohne Weiteres möglich und § 28b Abs. 1 S. 1 Nr. 2 geht von einem offenen Katalog objektiver Gründe aus, die der Antragsteller vorbringen und nachweisen kann und auf die die Regulierungsbehörde eine Freistellung stützen kann. 11

Für die Freistellung reicht es aus, dass ein objektiver Grund gegeben ist (BNetzA Beschl. v. 20.5.2020 – BK7-19-108, S. 38 ff.). Zwar heißt es in Absatz 1 Satz 1 Nummer 2 zunächst in der Mehrzahl „objektive Gründe", die unmittelbar folgende Aufzählung ist aber durch ein „oder" unterbrochen und zeigt damit, dass auch der Gesetzgeber davon ausgeht, dass ein objektiver Grund für eine Freistellung ausreichend sein kann. Hinzu kommt ein systemati- 12

Kindler

sches Argument: Anders als bei § 28a Abs. 1 Nr. 1–5, der eine Regulierungsfreistellung für große Infrastrukturen ermöglicht und diese an das kumulative Vorliegen verschiedener Voraussetzungen knüpft, müssen die objektiven Gründe des § 28b Abs. 1 S. 2 lediglich alternativ gegeben sein. Gerade auch weil die Liste möglicher objektiver Gründe nicht abschließend ist, wäre eine kumulative Prüfung auch nicht praktikabel und zielführend.

13 § 28b Abs. 1 S. 1 Nr. 2 lit. a benennt den objektiven Grund der Ermöglichung der **Amortisierung** der getätigten Investition. Der Begriff der Amortisierung entstammt wesentlich den Wirtschaftswissenschaften und beschreibt den Vorgang des Rückflusses bzw. der Wiedergewinnung von in Investitionsobjekten gebundenen Werten (Kompakt-Lexikon Wirtschaft, 12. Aufl. 2014, S. 19). Die Amortisierung einer Investition ist gegeben, wenn die durch dieses Investitionsobjekt erwirtschafteten Erträge den ursprünglich getätigten Anschaffungsausgaben entsprechen (BNetzA Beschl. v. 20.5.2020 – BK7-19-108, S. 27). Legt man dies zugrunde, dann ergibt sich für die Auslegung des objektiven Grundes in § 28b Abs. 1 S. 1 Nr. 2 lit. a insbesondere, dass der Nachweis erbracht werden muss, dass durch die Aufnahme der Gasverbindungsleitungen in die Regulierung die Amortisierung der Investitionskosten in die Gasverbindungsleitung nicht mehr oder nur noch unter deutlich erschwerten Umständen möglich ist (BNetzA Beschl. v. 20.5.2020 – BK7-19-108, S. 27).

14 Bei der Auslegung dieses objektiven Grundes ist zu berücksichtigen, dass der Gesetzeswortlaut davon spricht, dass es zu einer „**Ermöglichung**" der Amortisierung kommt. Eine strenge Kausalität, wonach nachgewiesen wird, dass sich die Gasverbindungsleitung ohne eine Freistellungsentscheidung nicht mehr amortisiert, ist nicht erforderlich. Ebenso wenig ist ein Nachweis dafür erforderlich, dass die Gasverbindungsleitung ohne die Freistellungsentscheidung nicht mehr betrieben werden würde. Dafür spricht neben dem Wortlaut auch der Sinn und Zweck der Freistellung. Die Europäische Kommission hat im Zusammenhang mit dem der Regelung zugrundeliegenden Art. 49a Gas-Binnenmarkt-Richtlinie 2009/73/EG festgehalten, dass die Freistellung die notwendige Flexibilität schaffen soll, um die notwendigen Effekte der Anwendung des Regulierungsregimes auf Bestandsleitungen zu vermeiden (EU Kommission, Staff Working Document „Assessing the amendments to Directive 2009/73/EC setting out rules for gas pipelines connecting the European Union with third countries" v. 8.11.2017, SWD (2017) 368 final, S. 5). Bezieht man dies in die Auslegung dieses objektiven Grundes mit ein, so ist der Nachweis erforderlich, dass die nachträgliche Amortisation der Investitionen in die Gasverbindungsleitung durch die nachträgliche Einbeziehung in die Regulierung gefährdet wäre und dass dieses Investitionsrisiko durch eine Freistellung jedenfalls spürbar verringert werden kann.

15 Gemäß § 28b Abs. 1 S. 1 Nr. 2 lit. b sind Gründe der **Versorgungssicherheit** ein möglicher objektiver Grund für eine Freistellung. Der objektive Grund liegt vor, wenn die betreffende Gasverbindungsleitung einen positiven Beitrag zur Versorgungssicherheit leistet.

16 Dabei ist zunächst fraglich, welchen Bezugspunkt der Gesetzgeber gewählt hat, dh soll die freizustellende Gasverbindungsleitung oder die Freistellung zur Versorgungssicherheit beitragen. Wortlaut, Systematik und Zielsetzung der Vorschrift sind so zu verstehen, dass der Bezugspunkt der Prüfung die Gasverbindungsleitung ist. Nach dem Wortlaut sollen objektive Gründe „**für eine Freistellung**" vorliegen. In systematischer Hinsicht kann ein Vergleich zu der Regelung in § 28a Abs. 1 gezogen werden, die die Versorgungssicherheit in Nummer 1 explizit an die Investition knüpft und in Nummer 5 auf die Ausnahme von der Regulierung Bezug nimmt, die Gegenstand der Regelung in § 28a ist (Bourwieg/Hellermann/Hermes/Arndt, 3. Aufl. 2015, § 28a Rn. 6; Theobald/Kühling/Däuper § 28a Rn. 8).

17 Die Regelung in § 28b Abs. 1 S. 1 Nr. 2 lit. b verhält sich nicht ausdrücklich dazu, welchem räumlichen Bereich die Versorgungssicherheit gegeben sein soll. In der bisherigen Entscheidungspraxis zu § 28a Abs. 1 Nr. 1 stellte die BNetzA auf die Versorgungssicherheit in der Europäischen Gemeinschaft bzw. im europäischen Binnenmarkt insgesamt ab (BNetzA Beschl. v. 25.2.2009 – BK7-08-009, S. 54). Bezugnehmend auf die Gas-Binnenmarkt-Richtlinie 2009/73/EG, deren Art. 49a Gas-Binnenmarkt-Richtlinie 2009/73/EG mit der Regelung in § 28b umgesetzt wurde, stellt die BNetzA auch in diesem Regelungszusammenhang auf die Versorgungssicherheit innerhalb des europäischen Erdgasbinnenmarktes ab. Sie wies in der Entscheidung darauf hin, dass die Versorgungssicherheit der Europäischen Union die Versorgungssicherheit der einzelnen Mitgliedstaaten einschließe und erkannte an, dass bei einer Gasverbindungsleitung nach Deutschland die Bundesrepublik Deutschland als Mitgliedstaat in einem besonderen Fokus steht (BNetzA Beschl. v. 20.5.2020 – BK7-19-108, S. 27).

Für den Begriff der Versorgungssicherheit hat sich bislang keine einheitliche Definition 18 durchgesetzt. Das gilt sowohl auf nationaler als auch auf internationaler Ebene. Da § 28b die Gas-Binnenmarkt-Richtlinie 2009/73/EG umsetzt, ist der erste Definitionsansatz aus dem europäischen Recht zu beziehen. Die Gewährleistung der Versorgungssicherheit ist gem. Art. 194 Abs. 1 lit. b AEUV eines der vier Ziele der Energiepolitik der Europäischen Union und richtet sich auf eine ausreichende und zuverlässige Befriedigung der Energienachfrage (von der Groeben/Schwarze/Hatje AEUV Art. 194 Rn. 15; Calliess/Ruffert EUV/AEUV Art. 194 Rn. 13). Die BNetzA zieht zur Auslegung u.a. § 51 Abs. 2 heran und betrachtet auch das Verhältnis von Angebot und Nachfrage auf dem relevanten Markt, die erwartete Nachfrageentwicklung, die Situation bei Nachfragespitzen oder die Ausfälle von Versorgern.

Im Zusammenhang mit Gasverbindungsleitungen kommt es vor allem auf die Diversifizie- 19 rung von Versorgungswegen an. Das ist ein Aspekt der in Bezug genommenen Energiepolitik der Europäischen Union. Das nimmt auch die BNetzA in ihrer Entscheidungspraxis zu § 28b an. Sie referenziert hierfür sowohl auf den Entwurf eines Arbeitspapiers der Generaldirektion Energie und Verkehr der Europäischen Kommission (DG TREN), wonach bei jeder Diversifizierung der Versorgungsquellen, insbesondere der Erschließung neuer Quellen und neuer Wege durch relevante Märkte, eine Verbesserung der Versorgungssicherheit vorliegt (EU-Kommission, Staff Working Paper „New Infrastructure Exemptions" v. 6.5.2009, SEC (2009) 642 final, Rn. 25 ff.). Sie nimmt auch Bezug auf die Stellungnahme der Europäischen Kommission zur Nabucco-Entscheidung der österreichischen Regulierungsbehörde, in der die Kommission bestätigt, dass es die Versorgungssicherheit verbessert, wenn durch eine Investition eine neue Route zum relevanten Markt geschaffen wird oder neue vorgelagerte Gasquellen an den Markt angebunden werden (Stellungnahme EU-Kommission v. 8.2.2008, CAB D (2008)/142, Rn. 41 ff.). Dieses in der Entscheidung der BNetzA dargestellte Verständnis (BNetzA Beschl. v. 20.5.2020 – BK7-19-108, S. 17) entspricht der ständigen Entscheidungspraxis der Europäischen Kommission (EU-Kommission, Staff Working Paper „New Infrastructure Exemptions" v. 6.5.2009, SEC (2009) 642 final, Rn. 25 ff.). Dabei ist ebenfalls zu erkennen, dass die Europäische Kommission bei der Bemessung des Beitrags einer Gasleitung zur Versorgungssicherheit darauf abstellt, in welchem Umfang diese Leitung Versorgungsflexibilität schafft. Hierbei gilt die „Daumenregel": Je größer die Transportkapazität einer Gasleitung im Verhältnis zur Marktgröße ist, desto größer ist grundsätzlich ihr Beitrag zur Versorgungssicherheit (EU-Kommission, Staff Working Paper „New Infrastructure Exemptions" v. 6.5.2009, SEC (2009) 642 final, Rn. 27; EU-Kommission Beschl. v. 28.10.2016, C (2016) 6950 final, Rn. 48 ff., insbesondere 50).

3. Keine nachteiligen Auswirkungen auf Wettbewerb und Versorgungssicherheit

Damit durch die BNetzA eine Freistellung von der Regulierung gewährt werden kann, 20 dürfen keine der in § 28b Abs. 1 S. 1 Nr. 3 genannten negativen Effekte zu erwarten sein. Danach darf es durch die Freistellung weder zu einer Wettbewerbsbeeinträchtigung auf dem Erdgasbinnenmarkt der Europäischen Union und dessen effektiven Funktionierens kommen, noch darf die Freistellung die Versorgungssicherheit der Europäischen Union beeinträchtigen.

Die BNetzA stellt bei ihrer Prüfung auf einen Vergleich des Szenarios unter Anwendung 21 der Regulierung und des Szenarios mit der Freistellung von der Regulierung ab.

In einem ersten Schritt ist zunächst erforderlich, eine **sachliche und räumliche Abgren-** 22 **zung** des relevanten Marktes im wettbewerbsrechtlichen Sinne vorzunehmen.

Zur **sachlichen Abgrenzung** des relevanten Marktes hat die Europäische Kommission 23 eine Definition veröffentlicht. Danach gilt: „Der sachlich relevante Produktmarkt umfaßt sämtliche Erzeugnisse und/oder Dienstleistungen, die von den Verbrauchern hinsichtlich ihrer Eigenschaften, Preise und ihres vorgesehenen Verwendungszwecks als austauschbar oder substituierbar angesehen werden." (ABl. 1997 C 372, 6 Rn. 7). Im Zusammenhang mit Gasverbindungsleitungen bestimmt die BNetzA den Erdgasliefermarkt als den maßgeblichen Produktmarkt, dh den Markt zur Belieferung des Großhandels mit Erdgas über die Importstufe, der sowohl Pipelineimporte, LNG als auch die lokale Produktion umfasst (BNetzA Beschl. v. 20.5.2020 – BK7-19-108, S. 44). Auf dem Großhandelsmarkt stehen sich die Gasproduzenten und Gasgroßhändler gegenüber. Für die sachliche Marktabgrenzung des

Erdgasgroßhandelsmarktes fasst das BKartA die Belieferung überregionaler und regionaler Ferngasgesellschaften und deren Händler zu einem Markt zusammen (BKartA Beschl. v. 23.10.2014 – B8-69/14 Rn. 79 ff.). Die Belieferung der regionalen und lokalen Weiterverteiler erfolgt auf einer dem Großhandel nachgelagerten Marktstufe, die die BNetzA für die Gasverbindungsleitung als nicht relevant für die Marktabgrenzung ansah (BNetzA Beschl. v. 20.5.2020 – BK7-19-108, S. 44).

24 Zur **räumlichen Abgrenzung** des relevanten Marktes hat die Europäische Kommission ebenfalls eine Definition veröffentlicht. Danach wird dasjenige Gebiet als relevantes Marktgebiet definiert, „in dem die beteiligten Unternehmen die relevanten Produkte oder Dienstleistungen anbieten, in dem die Wettbewerbsbedingungen hinreichend homogen sind und das sich von benachbarten Gebieten durch spürbar unterschiedliche Wettbewerbsbedingungen unterscheidet." (ABl. 1997 C 372, 6 Rn. 8). Für die Freistellungsentscheidung nach § 28b Abs. 1 und den sachlich abgegrenzten Erdgasliefermarkt stellt die BNetzA auf das Bundesgebiet ab (BNetzA Beschl. v. 20.5.2020 – BK7-19-108, S. 44).

25 Die Freistellung darf keine negativen Auswirkungen auf die Wettbewerbssituation haben. In ihrer Entscheidungspraxis nimmt die BNetzA einen Vergleich des Wettbewerbsniveaus in einer Situation mit Freistellung von der Regulierung und einer Situation ohne Freistellung vor. In dem Szenario mit Freistellung kann sie auf die Situation abstellen, die sie zum Zeitpunkt der Antragstellung vorgefunden hat, weil die betreffenden Gasverbindungsleitungen bis dato unreguliert waren. Um das Wettbewerbsniveau ohne Freistellung festzustellen, können unterschiedliche Indikatoren, insbesondere Marktanteile und Marktkonzentrationsindizes herangezogen werden. Zu berücksichtigen ist aber auch die rechtliche und wettbewerbliche Situation auf der Seite der Gasverbindungsleitung, die außerhalb der Europäischen Union liegt. Denn wenn aus rechtlichen Gründen des Drittstaates die Gasverbindungsleitung nur durch einen Marktteilnehmer genutzt werden kann, kann durch die Regulierung der Gasverbindungsleitung innerhalb der Europäischen Union faktisch kein höherer Wettbewerb geschaffen werden. Das gilt insbesondere auch dann, wenn die Kapazitäten der Gasverbindungsleitung langfristig gebucht sind.

26 Zum Begriff der **Versorgungssicherheit** wird auf → Rn. 18 verwiesen. Im Antragsverfahren ist zu prüfen, ob die Versorgungssicherheit der Europäischen Union durch eine positive Freistellungsentscheidung negativ verändert würde. Da die Vorschrift ausdrücklich auf die Europäische Union abstellt, sind die Wirkungen der Freistellungsentscheidung auf die benachbarten Mitgliedstaaten Deutschlands zu berücksichtigen. Die BNetzA nimmt in diesem Zusammenhang auch Bezug auf den Grundsatz zur Wahrung der Energiesolidarität (BNetzA Beschl. v. 20.5.2020 – BK7-19-108, S. 40 f.).

II. Umfang der Entscheidung

27 Wenn die Voraussetzungen des § 28b Abs. 1 S. 1 erfüllt sind, dann hat der Antragsteller einen Anspruch auf die begehrte Freistellung. Bei der Entscheidung der Regulierungsbehörde handelt es sich mithin um eine gebundene Entscheidung.

1. Nebenbestimmungen

28 Nach Absatz 7 (iVm Art. 49a Abs. 1 S. 2 Gas-Binnenmarkt-Richtlinie 2009/73/EG) kann die Freistellungsentscheidung mit Nebenbestimmungen versehen werden. Absatz 7 schränkt die Möglichkeit zur Nebenbestimmung dahingehend ein, dass die Nebenbestimmungen zur Einhaltung der Voraussetzungen nach Absatz 1 Satz 1 Nummer 2 und 3 erforderlich sind. Zur konkreten Art der Nebenbestimmung verhält sich die Vorschrift allerdings nicht, sodass grundsätzlich Befristungen, Bedingungen, Auflagen und sonstige Nebenbestimmungen rechtlich möglich sind.

2. Räumlicher Umfang

29 Der Geltungsbereich des EnWG sowie der zugrundeliegenden Gas-Binnenmarkt-Richtlinie 2009/73/EG bezieht sich nur auf das deutsche bzw. europäische Hoheitsgewässer im Sinne des Seerechtsübereinkommens der Vereinten Nationen (Gesetz zu dem Seerechtsübereinkommen v. 2.9.1994, BGBl. II 1798). Dieses Verständnis zeigt auch der Gesetzgeber in

der Gesetzesbegründung: „Wesentliche Neuerung der Richtlinie ist die Anwendung des Binnenmarktregulierungsrechts auch auf Verbindungsleitungen mit Drittstaaten. Ihre Geltung soll sich auf jenen Teil der Leitung erstrecken, der auf dem Hoheitsgebiet der Mitgliedstaaten oder im Küstenmeer des Mitgliedstaates verläuft, in dem der erste Kopplungspunkt mit dem Netz der Mitgliedstaaten gelegen ist." (BT-Drs. 19/13443, 11). Die BNetzA hat dementsprechend ihre Entscheidung für den deutschen Hoheitsbereich inklusive das deutsche Küstenmeer im Sinne des Seerechtsübereinkommens der Vereinten Nationen getroffen.

3. Sachlicher Umfang

§ 28b Abs. 1 S. 1 erlaubt die Freistellung von den Regelungen der §§ 8–10e sowie der §§ 20–28.

Das betrifft zum einen die Regelungen über die besonderen Entflechtungsvorgaben für Transportnetzbetreiber in den §§ 8–10e und damit insbesondere die Regelungen zur Eigentumsentflechtung. Von diesen Vorschriften kann eine befristete Freistellung gewährt werden. Zwingende Konsequenz davon ist, dass eine Zertifizierung nach § 4a als formaler Akt der Entflechtung nicht erforderlich ist, wenn und soweit von den materiellen Vorschriften der Entflechtung entbunden wurde. Von anderen Vorschriften in diesem Bereich, insbesondere den Regelungen in §§ 6 ff. zur informationellen und buchhalterischen Entflechtung, kann keine Freistellung erfolgen.

Zum anderen kann eine Freistellung von den Regelungen zum Netzzugang und der Tarifierung des Netzzugangs erfolgen, die im Wesentlichen in den §§ 20–28 enthalten sind. Wenn eine Freistellung von diesen Regelungen gewährt wird, ist bspw. nicht erforderlich, einen diskriminierungsfreien Drittnetzzugang zu gewähren oder die gesetzten Entgelte durch die Regulierungsbehörde genehmigen zu lassen.

4. Zeitlicher Umfang der Freistellungsentscheidung (Abs. 4) und Verlängerungsmöglichkeit (Abs. 5)

Nach § 28b Abs. 4 bemisst sich die Dauer der Freistellung nach dem objektiven Grund, der die Freistellung rechtfertigt. Die Antragsteller müssen den Nachweis dafür erbringen, über welchen Zeitraum der objektive Grund eine Freistellung rechtfertigt und dass in dieser Zeit die Einschränkungen nach Absatz 1 Satz 1 Nummer 3 nicht zu befürchten sind. Gelingt dies dem Antragsteller, besteht kein Ermessen der BNetzA.

Der Gesetzgeber sieht aber bereits in Absatz 4 Satz 2 eine maximale Dauer der Freistellung vor, die 20 Jahre nicht überschreiten darf. Nach § 28b Abs. 5 besteht aber eine Verlängerungsmöglichkeit. Die Verlängerung der Freistellungsentscheidung bedarf eines Antrags, der spätestens ein Jahr vor Ablauf der Freistellungsregelung bei der Regulierungsbehörde eingegangen sein muss. Die Verlängerung ist nach ihrem Wortlaut als Ermessensentscheidung ausgestaltet („kann [...] verlängert werden"). Die Regelungen aus den Absätzen 2 (Satz 1–4), 6 und 7 gelten entsprechend; danach kann eine Verlängerung für die Dauer gewährt werden, in der ein objektiver Grund für die Freistellung von der Regulierung gegeben ist und keine Einschränkung des Wettbewerbs und der Versorgungssicherheit innerhalb der Europäischen Union zu befürchten ist.

D. Antragsverfahren (Abs. 2, 3, 6, 8)

I. Antragserfordernis und Antragsbefugnis

Nach § 28b Abs. 1 S. 1 setzt die Freistellungsentscheidung der zuständigen Regulierungsbehörde zwingend einen Antrag des Betreibers der Gasverbindungsleitung voraus.

Antragsbefugt ist der Betreiber der Gasverbindungsleitung in Bezug auf die im Hoheitsgebiet Deutschland befindlichen Leitungsabschnitte. Mangels Definition des Betreibers einer Gasverbindungsleitung kann auf § 3 Nr. 5 zurückgegriffen werden, wonach kein Betrieb im engeren Sinne erforderlich ist, sondern auch derjenige Betreiber sein kann, der für den Ausbau der Leitung verantwortlich ist.

Der Antragsteller hat alle für die Entscheidung erforderlichen Unterlagen einzureichen (Absatz 2 Satz 1). Zu den Antragsunterlagen gehören nach § 28b Abs. 2 S. 2 insbesondere

EnWG § 28c   Teil 3. Regulierung des Netzbetriebs

Gutachten von fachkundigen und unabhängigen Gutachtern, um die objektiven Gründe für die Freistellung nachzuweisen und darzulegen, dass sich die Freistellung nicht nachteilig auf den Wettbewerb und die Versorgungssicherheit auswirkt (Absatz 1 Satz 1 Nummer 2 und 3). In die Gutachten soll auch mit einbezogen werden, ob die Freistellungsentscheidung mit Nebenbestimmungen erlassen werden sollte (Absatz 7), um die Einhaltung der Voraussetzungen sicherzustellen. Die Fachkunde und Unabhängigkeit der Sachverständigen ist gem. § 28b Abs. 2 S. 4 im Rahmen der Antragstellung gesondert nachzuweisen.

II. Antragsfrist und elektronische Zurverfügungstellung

38   Die Frist für die Antragstellung und die Einreichung der entscheidungserheblichen Nachweise endete 30 Tage nach dem Tag des Inkrafttretens der Vorschrift am 12.12.2019 (Absatz 2 Satz 5). Es liegt nach § 28b Abs. 2 S. 6 im Ermessen der Regulierungsbehörde, ob verspätete oder unvollständig eingereichte Unterlagen zur Ablehnung des Antrags führen. Auf Antrag der Regulierungsbehörde sind die Antragsunterlagen auch elektronisch zur Verfügung zu stellen (Absatz 2 Satz 7).

III. Entscheidungsfrist (Abs. 3)

39   Nach Absatz 3 ist die Entscheidung der Regulierungsbehörde über den Antrag auf Freistellung nach Absatz 1 Satz 1 bis zum 24.5.2020 zu treffen gewesen. Diese Vorgabe stammt unmittelbar aus Art. 49a Abs. 3 der geänderten Gas-Binnenmarkt-Richtlinie 2009/73/EG.

40   Die Regulierungsbehörde hat bis zu diesem Tag zwei Entscheidungen getroffen. Sie hat die Freistellung für die Pipeline Nord Stream gewährt (BNetzA Beschl. v. 20.5.2020 – BK7-19-108) und die Freistellung für die Pipeline Nord Stream II abgelehnt (BNetzA Beschl. v. 15.5.2020 – BK7-20-004).

IV. Verweis auf unionsrechtliche Vorschriften

41   Nach § 28b Abs. 6 iVm Art. 49a Abs. 2 Gas-Binnenmarkt-Richtlinie 2009/73/EG ist eine Konsultation aller betroffenen Mitgliedstaaten vorgesehen, sofern sich die Gasverbindungsleitung im Hoheitsgebiet von mehr als einem Mitgliedstaat befindet. Die BNetzA hat in den von ihr durchgeführten Verfahren eine umfassende Konsultation vorgenommen und alle eingereichten Stellungnahmen in ihrer Entscheidung berücksichtigt, unabhängig davon, ob die Gasverbindungsleitung durch das Hoheitsgebiet des jeweiligen Mitgliedstaates verläuft. Dadurch hat die BNetzA die Frage ausdrücklich offen gelassen, ob die zu konsultierenden „betroffenen Mitgliedstaaten" iSv Art. 49a Abs. 2 Gas-Binnenmarkt-Richtlinie 2009/73/EG geografisch im Sinne eines Verlaufs der Leitung durch das Hoheitsgebiet eines Mitgliedstaates zu bestimmen sind oder die Betroffenheit weiter auszulegen ist.

42   Nach § 58 Abs. 1 S. 2 hat die BNetzA zudem dem BKartA sowie den Landesregulierungsbehörden, in deren Bundesland die betroffenen Netzbetreiber ihren Sitz haben, die Gelegenheit zur Stellungnahme zur Freistellungsentscheidung zu geben.

V. Zuständige Behörde

43   Die BNetzA ist gem. § 28b Abs. 1 S. 1, § 54 Abs. 1 für die Entscheidung über Freistellungen zuständig.

§ 28c Technische Vereinbarungen über den Betrieb von Gasverbindungsleitungen mit Drittstaaten

[1]Betreiber von Fernleitungsnetzen können technische Vereinbarungen über den Betrieb von Fernleitungen mit Fernleitungsnetzbetreibern in Drittstaaten abschließen, sofern diese deutschem oder europäischem Recht nicht widersprechen. [2]Bestehende und neu abgeschlossene Vereinbarungen sind der Regulierungsbehörde anzuzeigen.

Tech. Vereinb. über Betrieb von Gasverb.-Leit. mit Drittst. **§ 28c EnWG**

Überblick

Mit § 28c, der am 12.12.2019 in Kraft trat (→ Rn. 1), stellt der Gesetzgeber klar, dass Betreiber von Fernleitungsnetzen grundsätzlich technische Vereinbarungen über den Betrieb von Gasverbindungsleitungen mit Fernleitungsnetzbetreibern in Drittstaaten abschließen können (→ Rn. 2 ff.). Diese Vereinbarungen dürfen deutschem oder europäischem Recht nicht widersprechen und sind der Regulierungsbehörde anzuzeigen.

A. Hintergrund

§ 28c trat am 12.12.2019 mit dem Gesetz zur Änderung des Energiewirtschaftsgesetzes 1 zur Umsetzung der Richtlinie (EU) 2019/692 des Europäischen Parlamentes und des Rates über gemeinsame Vorschriften für den Erdgasbinnenmarkt in Kraft (BGBl. 2019 I 2002; BT-Drs. 19/13443; BR-Drs. 401/19).

B. Regelungsgehalt

§ 28c S. 1 enthält die **Klarstellung**, dass Fernleitungsnetzbetreiber (§ 3 Nr. 5) technische 2 Vereinbarungen über den Betrieb von Fernleitungsnetzen mit Fernleitungsnetzbetreibern aus Drittstaaten abschließen können.

Eine Definition für „technische Vereinbarung" enthält das EnWG nicht. Aus dem Sinn 3 und Zweck der Vorschrift sowie den adressierten Fernleitungsnetzbetreibern folgt, dass es sich bei **technischen Vereinbarungen** um vertragliche Regeln zu (bau-)technischen Fragen des Netzanschlusses und des Gastransports handeln muss. Das betrifft gegenseitige Regelungen zu bautechnischen Anschlussbedingungen der jeweiligen Fernleitungssysteme und auch die technischen Voraussetzungen für den Gastransport und die Gasübergabe am Übergangspunkt (bspw. eine Vereinbarung zu Gastemperatur, Gasdruck, Durchleitungsvolumen etc).

Die Vereinbarung darf **deutschem und europäischem Recht nicht widersprechen**. 4 Dadurch, dass der Gesetzgeber den weiten Begriff des „Rechts" gewählt hat, sind dabei insbesondere zu beachten: Die Vorschriften des EnWG, die auf der Grundlage des EnWG erlassenen Rechtsverordnungen, die Verordnung (EG) Nr. 715/2009 des Europäischen Parlaments und des Rates vom 13. Juli 2009 über die Bedingungen für den Zugang zu den Erdgasfernleitungsnetzen, die auf dieser Verordnung erlassenen Netzkodizes sowie die Vorgaben der Richtlinie 2009/73/EG des Europäischen Parlaments und des Rates vom 13. Juli 2009 über gemeinsame Vorschriften für den Erdgasbinnenmarkt. Vertragsregelungen, die im Widerspruch zu diesen Rechtsvorgaben stehen, sind unzulässig und verstoßen – jedenfalls nach deutschem Verständnis – gegen ein gesetzliches Verbot. Der Gesamtvertrag kann dadurch unzulässig werden, wenn nicht anzunehmen ist, dass der Gesamtvertrag auch ohne den unzulässigen Teil geschlossen worden wäre. Insgesamt erscheint die Reichweite dieses gesetzlichen Verbotes fraglich, denn weder Deutschland noch die EU besitzen Rechtssetzungsmacht für Verträge, die nicht nur in Drittstaaten geschlossen, sondern auch in diesen ausgeführt werden. Vielmehr bietet sich also eine differenzierende Betrachtungsweise an: Eine vertragliche Regelung verstößt nur gegen ein gesetzliches Verbot, soweit sie sich im Geltungsbereich der EU bewegt oder Auswirkungen in diesem entfaltet. Ein uferloses Verständnis der Vorschrift wäre ansonsten geeignet, in die Staatenautonomie einzugreifen, sobald ein Betreiber von Fernleitungsnetzen nicht mit einem privaten Akteur aus einem Drittstaat kontrahiert, sondern mit einem Akteur, der dem Drittstaat selbst zuzuordnen ist.

§ 28c S. 2 enthält eine **Anzeigepflicht**, wonach bestehende und neu abgeschlossene Ver- 5 einbarungen der zuständigen Regulierungsbehörde anzuzeigen sind. Die Anzeigepflicht soll die zuständige Regulierungsbehörde in die Lage versetzen, die abgeschlossene Vereinbarung auf ihre Vereinbarkeit mit deutschem und europäischem Recht zu überprüfen. Der Wortlaut („neu abgeschlossene") spricht dafür, dass es sich bei der Anzeigepflicht um eine Ordnungsvorschrift handelt, die keine konstitutive Auswirkung auf das Zustandekommen des Vertrages hat. Das wird vor allem dadurch deutlich, dass sich die Rechtsfolge unmittelbar aus § 28c S. 1 entfaltet. Dafür spricht zudem das vom Gesetzgeber gewählte Instrument der Anzeigepflicht, denn wenn der Gesetzgeber gewollt hätte, dass ein Zustandekommen des Vertrages von einer Prüfung der Regulierungsbehörde abhängt, dann hätte er einen Erlaubnisvorbehalt aufgenommen. Nichtsdestotrotz sollte der deutsche Fernleitungsnetzbetreiber in den vertrag-

Kindler

lichen Regelungen Vorkehrungen dafür treffen, dass die zuständige Regulierungsbehörde bei ihrer Prüfung ggf. zu dem Ergebnis kommt, dass der Gesamtvertrag oder einzelne Regelungen nicht mit dem deutschen oder europäischen Recht vereinbar sind. Zudem sollte bei den vertraglichen Regelungen mitbedacht werden, dass sich deutsches und europäisches Energieregulierungsrecht ändern und diese Änderung auch eine Anpassung der vertraglichen Vereinbarung auslösen kann.

6 Eine Form für die Anzeige ist ebenso wenig geregelt wie die Übermittlungsart. Der Fernleitungsnetzbetreiber ist daher in seiner Übermittlungsart weitgehend frei, sofern die BNetzA den Vertragsinhalt ohne größere Schwierigkeiten überprüfen kann. Eine unmittelbare zeitliche Vorgabe ergibt sich auch nicht aus dem Normtext.

7 **Zuständige Regulierungsbehörde** ist nach § 54 Abs. 1 die BNetzA.

8 Sollte die BNetzA der Ansicht sein, dass eine vertragliche Vereinbarung gegen europäisches respektive deutsches Recht verstößt, stellt sich die Frage nach dem **Rechtsschutz**. Zwar ist die Entscheidung der BNetzA grundsätzlich unbeachtlich, da es allein auf die normative Lage ankommt (→ Rn. 4 f.). Dennoch kann – schon wegen Belangen der Rechtssicherheit – ein Interesse an einer (gerichtlichen) Klärung der Rechtslage bestehen. Naheliegend ist in diesen Fällen die Erhebung einer Feststellungsklage iSv § 43 Abs. 1 VwGO mit dem Inhalt, festzustellen, dass der Vertrag mit der aktuellen Rechtslage übereinstimmt. Aufgrund der (unionsrechtlichen) Harmonisierung wird vielfach bei Ermangelung einer offenkundigen Rechtslage (Acte-claire-Doktrin, Calliess/Ruffert/Wegener AEUV Art. 267 Rn. 33) ein Vorabentscheidungsverfahren nach Art. 267 AEUV in Betracht kommen.

Abschnitt 3a. Sondervorschriften für selbstständige Betreiber von grenzüberschreitenden Elektrizitätsverbindungsleitungen

§ 28d Anwendungsbereich

Die Vorschriften dieses Abschnitts sind für grenzüberschreitende Elektrizitätsverbindungsleitungen eines selbstständigen Betreibers anzuwenden, die Bestandteil eines durch die Bundesnetzagentur nach § 12c Absatz 4 Satz 1, Absatz 1 Satz 1 in Verbindung mit § 12b Absatz 1, 2 und 4 bestätigten Netzentwicklungsplans sind.

Überblick

§ 28d legt den Anwendungsbereich der Erlösmechanismen für selbstständige Betreiber von grenzüberschreitenden Elektrizitätsverbindungsleitungen fest. Diese sind in den §§ 28e–28h (→ § 28e Rn. 1 ff., → § 28f Rn. 1 ff., → § 28g Rn. 1 ff., → § 28h Rn. 1 ff.) näher geregelt. § 28i (→ § 28i Rn. 1 ff.) enthält Verordnungsermächtigungen.

A. Normzweck

1 Die Vorschrift bestimmt den Anwendungsbereich der §§ 28e ff. (→ § 28e Rn. 1 ff., → § 28f Rn. 1 ff., → § 28g Rn. 1 ff., → § 28h Rn. 1 ff., → § 28i Rn. 1 ff.). Demnach finden die Vorschriften des in Teil 3 des EnWG mit Wirkung vom 27.7.2021 neu eingefügten Abschnitts entsprechend der vom Bundesgesetzgeber beschlossenen Überschrift Anwendung für selbstständige Betreiber von grenzüberschreitenden Elektrizitätsverbindungsleitungen (→ § 3 Nr. 31 Rn. 1 ff.). Die Vorschriften sind daher auf grenzüberschreitende Elektrizitätsverbindungsleitungen (→ § 3 Nr. 20a Rn. 1 f.) anzuwenden, deren energiewirtschaftliche Notwendigkeit durch Aufnahme in einen durch die Regulierungsbehörde nach § 12c Abs. 4 S. 1 (→ § 12c Rn. 16 ff.) sowie Absatz 1 Satz 1 iVm § 12b Abs. 1, 2 und 4 (→ § 12c Rn. 3 ff.) bestätigten Netzentwicklungsplan erwiesen ist.

2 Mit den Vorschriften dieses neu eingefügten Abschnitts, dessen Anwendungsbereich § 28d regelt, schafft der Bundesgesetzgeber einen Rechtsrahmen für selbstständige Betreiber von grenzüberschreitenden Elektrizitätsverbindungsleitungen. Ausweislich der Gesetzesbegründung

Anwendungsbereich § 28d EnWG

soll durch die Vorschriften der §§ 28e ff. bei Vorliegen der durch das Gesetz geforderten Voraussetzungen eine von der Höhe der anfallenden Engpasserlöse unabhängige Refinanzierung ermöglicht werden, um dem regulatorischen Ungleichgewicht bei der Finanzierung grenzüberschreitender Elektrizitätsverbindungsleitungen entgegenzuwirken (BT-Drs. 19/27543, 114; BR-Drs. 165/21, 132; BT-Drs. 19/30899, 2; BT-Drs. 19/31009, 2).

B. Entstehungsgeschichte

§ 28d wurde mit Wirkung vom 27.7.2021 in das EnWG eingefügt (BGBl. 2021 I 3026 (3041); BT-Drs. 19/27543, 27 und 115; BR-Drs. 165/21, 25 und 132; BT-Drs. 19/30899, 16; BT-Drs. 19/31009, 17). 3

Diese Vorschrift dient weder der Umsetzung unionsrechtlicher Vorgaben noch der Regelung reiner Wasserstoffnetze im Energiewirtschaftsgesetz. 4

Mit den in dem neu eingefügten Teil 3 Abschnitt 3a des EnWG normierten Sondervorschriften für selbstständige Betreiber von grenzüberschreitenden Elektrizitätsverbindungsleitungen soll dem regulatorischen Ungleichgewicht bei der Finanzierung dieser Leitungen entgegengewirkt werden. Dabei wird ausweislich der Gesetzesbegründung eine Gleichbehandlung zu regelzonenverantwortlichen Übertragungsnetzbetreibern hinsichtlich der Kostenerstattung und der Eigenkapitalverzinsung sichergestellt (BT-Drs. 19/27543, 115; BR-Drs. 165/21, 132). 5

Während die Betreiber von Übertragungsnetzen mit Regelzonenverantwortung (vgl. § 3 Nr. 10a, → § 3 Nr. 10a Rn. 1 ff.) die Netzkosten der von ihnen betriebenen Interkonnektoren, dh grenzüberschreitende Elektrizitätsverbindungsleitungen, über Netzentgelte finanzieren können, sieht der bestehende Regulierungsrahmen für Elektrizitätsverbindungsleitungen, die ohne Beteiligung eines regelzonenverantwortlichen Übertragungsnetzbetreibers betrieben werden, keine solche Möglichkeit vor. Die Betreiber solcher Anlagen können auch keine Netzentgelte vereinnahmen, da Netzkunden nicht unmittelbar angeschlossen sind und gem. Art. 18 Abs. 6 VO (EU) 2019/943 die Erhebung von Entgelten für gebotszonenübergreifende Transaktionen verboten ist. 6

Ebenso besteht die Möglichkeit einer Refinanzierung durch Vereinnahmung von Engpasserlösen nur dann, wenn Engpasserlöse in dafür ausreichender Höhe anfallen; vorausgesetzt, dies ist im Rahmen der unionsrechtlichen Vorgaben für die Engpasserlösverwendung zulässig. Unter Beachtung des Zieles eines zunehmend vermaschten Elektrizitätsbinnenmarktes und der Reduzierung von Netzengpässen nimmt der Bundesgesetzgeber überdies an, dass die Möglichkeiten einer Refinanzierung zukünftig eher ab als zunehmen wird – unabhängig davon, dass regelzonenverantwortliche Übertragungsnetzbetreibern grenzüberschreitende Elektrizitätsverbindungsleitungen allein über Engpasserlöse refinanzieren können (BT-Drs. 19/27543, 115; BR-Drs. 165/21, 132). 7

Die Vorschrift ist seit ihrem Inkrafttreten bisher unverändert geblieben. 8

C. Normadressaten

Gemäß § 28d sind die Vorschriften der §§ 28e ff. (→ § 28e Rn. 1 ff., → § 28f Rn. 1 ff., → § 28g Rn. 1 ff., → § 28h Rn. 1 ff., → § 28i Rn. 1 ff.) für grenzüberschreitende Elektrizitätsverbindungsleitungen eines selbstständigen Betreibers anzuwenden, die Bestandteil eines durch die BNetzA nach § 12c Abs. 4 S. 1, Abs. 1 S. 1 iVm § 12b Abs. 1, 2 und 4 (→ § 12c Rn. 3 ff., 16 ff.) bestätigten Netzentwicklungsplans sind. 9

I. Grenzüberschreitende Elektrizitätsverbindungsleitungen

Der Begriff der grenzüberschreitenden Elektrizitätsverbindungsleitungen wird in § 3 Nr. 20a (→ § 3 Nr. 20a Rn. 1 f.) definiert als Übertragungsleitungen zur Verbundschaltung von Übertragungsnetzen einschließlich aller Anlagengüter bis zum jeweiligen Netzverknüpfungspunkt, die eine Grenze zwischen Mitgliedstaaten oder zwischen einem Mitgliedstaat und einem Staat, der nicht der Europäischen Union angehört, queren oder überspannen und einzig dem Zweck dienen, die nationalen Übertragungsnetze dieser Staaten zu verbinden. 10

Jäger

II. Selbstständige Betreiber von grenzüberschreitenden Elektrizitätsverbindungsleitungen

11   Die selbstständigen Betreiber von grenzüberschreitenden Elektrizitätsverbindungsleitungen werden in § 3 Nr. 31 (→ § 3 Nr. 31 Rn. 1 ff.) definiert als Betreiber von Übertragungsnetzen, die eine oder mehrere grenzüberschreitende Elektrizitätsverbindungsleitungen betreiben, ohne Betreiber von Übertragungsnetzen mit Regelzonenverantwortung zu sein, oder mit einem Betreiber von Übertragungsnetzen mit Regelzonenverantwortung iSd Art. 3 Abs. 2 VO (EG) Nr. 139/2004 verbunden zu sein.

12   Maßgeblicher Anknüpfungspunkt sind die grenzüberschreitenden Elektrizitätsverbindungsleitungen (vgl. → Rn. 10 und § 3 Nr. 20a, → § 3 Nr. 20a Rn. 1 ff.). Bei den Betreibern dieser Leitungen handelt es sich um Übertragungsnetzbetreiber (vgl. § 3 Nr. 10, → § 3 Nr. 10 Rn. 1 ff.), allerdings um solche ohne Regelzonenverantwortung (anderenfalls vgl. § 3 Nr. 10a, → § 3 Nr. 10a Rn. 1 ff.).

III. Bestandteil eines bestätigten Netzentwicklungsplans

13   Die Bestätigung von Netzentwicklungsplänen wird in § 12c geregelt. Diese erfolgt gem. § 12c Abs. 4 durch die BNetzA unter Berücksichtigung des Ergebnisses der Behörden- und Öffentlichkeitsbeteiligung (vgl. § 12c Abs. 3 hinsichtlich der Beteiligung der betroffenen Behörden und Öffentlichkeit, → § 12c Rn. 8 ff.). Sie ist eine kostenpflichtige Amtshandlung im Sinne der EnWGKostV. Verbindlichkeit entfaltet sie ausschließlich für die Betreiber von Übertragungsnetzen im Hinblick auf deren Investitionsentscheidungen (→ § 12c Rn. 16).

§ 28e Grundsätze der Netzkostenermittlung

Für die Ermittlung der Netzkosten für die Errichtung und den Betrieb von grenzüberschreitenden Elektrizitätsverbindungsleitungen sind die Grundsätze des § 21 Absatz 2 anzuwenden.

Überblick

§ 28e regelt die Grundsätze der Netzkostenermittlung. Danach ist vorgesehen, dass für die Ermittlung der für die Errichtung und den Betrieb von grenzüberschreitenden Elektrizitätsverbindungsleitungen (→ § 3 Nr. 20a Rn. 1 f.) anfallenden Netzkosten die Grundsätze des § 21 Abs. 2 (→ § 21 Rn. 17 ff.) gelten.

A. Normzweck

1   Die Vorschrift bestimmt die Grundsätze der Netzkostenermittlung für selbstständige Betreiber von grenzüberschreitenden Elektrizitätsverbindungsleitungen (→ § 3 Nr. 31 Rn. 1 ff.), für die in dem neu eingefügten Teil 3 Abschnitt 3a des EnWG Sondervorschriften normiert sind.

2   Dabei verweist § 28e für die Ermittlung der für die Errichtung und den Betrieb von grenzüberschreitenden Elektrizitätsverbindungsleitungen (→ § 3 Nr. 20a Rn. 1 f.) anfallenden Netzkosten auf die Grundsätze des § 21 Abs. 2 (→ § 21 Rn. 17 ff.).

B. Entstehungsgeschichte

3   § 28e wurde mit Wirkung vom 27.7.2021 in das EnWG eingefügt (BGBl. 2021 I 3026 (3041); BT-Drs. 19/27543, 27 und 115; BR-Drs. 165/21, 25 und 132).

4   Diese Vorschrift dient weder der Umsetzung unionsrechtlicher Vorgaben noch der Regelung reiner Wasserstoffnetze im Energiewirtschaftsgesetz.

5   Die Vorschrift ist seit ihrem Inkrafttreten bisher unverändert geblieben.

C. Ermittlung der Netzkosten

§ 28e verweist für die Ermittlung der für die Errichtung und den Betrieb von grenzüberschreitenden Elektrizitätsverbindungsleitungen (→ § 3 Nr. 20a Rn. 1 f.) anfallenden Netzkosten auf die Grundsätze des § 21 Abs. 2 (→ § 21 Rn. 17 ff.). 6

Demnach müssen die Netzkosten für die Errichtung und den Betrieb von grenzüberschreitenden Elektrizitätsverbindungsleitungen der Betriebsführung eines effizienten (→ § 21 Rn. 26 f.) und strukturell vergleichbaren (→ § 21 Rn. 28 f.) Netzbetreibers entsprechen und eine angemessene, wettbewerbsfähige und risikoangepasste Verzinsung des eingesetzten Kapitals (→ § 21 Rn. 32) ermöglichen. Kosten und Kostenbestandteile, die sich ihrem Umfang nach im Wettbewerb nicht einstellen würden, haben bei der Netzkostenermittlung außer Betracht zu bleiben (→ § 21 Rn. 30 f.). Hierdurch wird auch eine Gleichbehandlung zu den regelzonenverantwortlichen Übertragungsnetzbetreibern (→ § 3 Nr. 10a Rn. 1 ff.) sichergestellt, für die dieselben Kostengrundsätze gelten. 7

§ 28f Feststellung der Netzkosten durch die Bundesnetzagentur

(1) ¹Die Bundesnetzagentur stellt auf Antrag die Höhe der Netzkosten des selbstständigen Betreibers von grenzüberschreitenden Elektrizitätsverbindungsleitungen für ein abgelaufenes Kalenderjahr fest. ²Die Feststellung erfolgt nach Maßgabe des § 28e und der in § 28i Absatz 1 Nummer 1 genannten Rechtsverordnung. ³Bei der Feststellung kann die Bundesnetzagentur nachweislich vorliegende wirtschaftliche, technische oder betriebliche Besonderheiten bei der Errichtung oder dem Betrieb von grenzüberschreitenden Elektrizitätsverbindungsleitungen berücksichtigen.

(2) ¹Der selbstständige Betreiber von grenzüberschreitenden Elektrizitätsverbindungsleitungen hat die Feststellung für ein abgelaufenes Kalenderjahr spätestens sechs Monate nach dem Ablauf des entsprechenden Kalenderjahres schriftlich oder elektronisch zu beantragen. ²Der Antrag muss alle für eine Prüfung erforderlichen Unterlagen einschließlich einer nachvollziehbaren Darlegung über die Höhe der Netzkosten enthalten. ³Zur Darlegung der Höhe der Netzkosten ist insbesondere für jede grenzüberschreitende Elektrizitätsverbindungsleitung ein separater Tätigkeitsabschluss vorzulegen. ⁴§ 6b Absatz 1 bis 3 und Absatz 5 bis 7 ist entsprechend anzuwenden. ⁵Auf Verlangen der Regulierungsbehörde hat der Antragsteller die Unterlagen elektronisch zu übermitteln. ⁶Die Regulierungsbehörde kann die Vorlage weiterer Angaben oder Unterlagen verlangen, soweit sie diese für ihre Prüfung benötigt.

(3) ¹Bei der Feststellung geht die Bundesnetzagentur von einer gleichmäßigen Tragung der Kosten für die Errichtung und den Betrieb grenzüberschreitender Elektrizitätsverbindungsleitungen zwischen den Ländern aus, die mittels einer grenzüberschreitenden Elektrizitätsverbindungsleitung verbunden sind, soweit nicht eine abweichende Vereinbarung zwischen diesen Ländern getroffen wurde. ²Eine von der Kostentragung zu gleichen Teilen abweichende Aufteilung der Kosten bedarf einer Vereinbarung zwischen der Bundesnetzagentur und den zuständigen Regulierungsbehörden der betroffenen Mitgliedstaaten oder Drittstaaten.

Überblick

§ 28f regelt die Feststellung der Netzkosten des selbstständigen Betreibers von grenzüberschreitenden Elektrizitätsverbindungsleitungen (→ § 3 Nr. 31 Rn. 1 ff.) durch die BNetzA einschließlich des damit verbundenen Antragsverfahrens.

A. Normzweck

Die Vorschrift beinhaltet Regelungen zur Feststellung der Netzkosten des selbstständigen Betreibers von grenzüberschreitenden Elektrizitätsverbindungsleitungen (→ § 3 Nr. 31 Rn. 1 ff.). 1

EnWG § 28f   Teil 3. Regulierung des Netzbetriebs

2   Die Feststellung der Netzkosten durch die BNetzA dient dem selbstständigen Betreiber von grenzüberschreitenden Elektrizitätsverbindungsleitungen (→ § 3 Nr. 31 Rn. 1 ff.) zur Geltendmachung seines Zahlungsanspruchs gem. § 28g (→ § 28g Rn. 7 ff., → § 28g Rn. 14 ff.) sowie zugunsten des nach § 28g Abs. 1 zahlungspflichtigen Betreibers von Übertragungsnetzen mit Regelzonenverantwortung (→ § 3 Nr. 10a Rn. 1 ff.) dem Herausgabeanspruch gegen den selbstständigen Betreiber von grenzüberschreitenden Elektrizitätsverbindungsleitungen gem. § 28h (→ § 28h Rn. 5 ff.).

B. Entstehungsgeschichte

3   § 28f wurde mit Wirkung vom 27.7.2021 in das EnWG eingefügt (BGBl. 2021 I 3026 (3042); BT-Drs. 19/27543, 27 und 115; BR-Drs. 165/21, 25 f. und 132 f.; BT-Drs. 19/30899, 16; BT-Drs. 19/31009, 17).

4   Diese Vorschrift dient weder der Umsetzung unionsrechtlicher Vorgaben noch der Regelung reiner Wasserstoffnetze im Energiewirtschaftsgesetz.

5   Im Rahmen des Gesetzgebungsverfahrens wurde lediglich in § 28f Abs. 3 S. 2 (→ Rn. 15) die Formulierung von „dem Drittstaat" zu „Drittstaaten" geändert, damit auch jene Fälle ausdrücklich erfasst werden, in denen mehrere Drittstaaten an die grenzüberschreitende Elektrizitätsverbindungsleitung angeschlossen sind (vgl. BT-Drs. 19/30899, 16; BT-Drs. 19/31009, 17).

6   Die Vorschrift ist seit ihrem Inkrafttreten bisher unverändert geblieben.

C. Feststellung der Netzkosten durch BNetzA (Abs. 1)

7   Gemäß § 28f Abs. 1 S. 1 stellt die BNetzA die auf Antrag des selbstständigen Betreibers von grenzüberschreitenden Elektrizitätsverbindungsleitungen nach § 28f Abs. 2 (→ Rn. 10) die Höhe der Netzkosten für diesen für ein abgelaufenes Kalenderjahr fest.

8   Gemäß § 28f Abs. 1 S. 2 erfolgt die Feststellung nach Maßgabe der in § 28e iVm § 21 Abs. 2 (→ § 28e Rn. 6 f., → § 21 Rn. 17 ff.) festgelegten Grundsätze der Netzkostenermittlung und der durch die in § 28i Abs. 1 Nr. 1 (→ § 28i Rn. 9 ff.) genannten Verordnung festgelegten Methode zur Berechnung der Netzkosten des selbstständigen Betreibers von grenzüberschreitenden Elektrizitätsverbindungsleitungen (→ § 3 Nr. 31 Rn. 1 ff.). Bei der in § 28i Abs. 1 Nr. 1 genannten Verordnung handelt es sich um die durch § 3b StromNEV geänderte Stromnetzentgeltverordnung (→ § 28i Rn. 11).

9   § 28f Abs. 1 S. 3 enthält eine Generalklausel, die der BNetzA bei ihrer Feststellung die Berücksichtigung nachweislich vorliegender wirtschaftlicher, technischer oder betrieblicher Besonderheiten ermöglicht, die mit der Errichtung oder dem Betrieb von grenzüberschreitenden Elektrizitätsverbindungsleitungen (→ § 3 Nr. 20a Rn. 1 f.) verbunden sind.

D. Antragsverfahren (Abs. 2)

10   Das Verfahren zur Beantragung der Netzkostenfeststellung regelt § 28f Abs. 2.

11   Der Antrag für die Netzkostenfeststellung muss gem. § 28f Abs. 2 S. 1 für ein abgelaufenes Kalenderjahr spätestens sechs Monate nach dem Ablauf des entsprechenden Kalenderjahres schriftlich oder elektronisch von dem selbstständigen Betreiber von grenzüberschreitenden Elektrizitätsverbindungsleitungen (→ § 3 Nr. 31 Rn. 1 ff.) gestellt werden.

12   Dabei muss der Antrag gem. § 28f Abs. 2 S. 2 alle für eine Prüfung erforderlichen Unterlagen einschließlich einer nachvollziehbaren Darlegung über die Höhe der Netzkosten enthalten. Für jede grenzüberschreitende Elektrizitätsverbindungsleitung ist dabei gem. § 28f Abs. 2 S. 3 eine separate Kostendokumentation (sog. Tätigkeitsabschluss) zur Darlegung der Höhe der Netzkosten vorzulegen. Die Bestimmungen des § 6b Abs. 1–3 und 5–7 zur Rechnungslegung und Buchführung (→ § 6b Rn. 12 ff., 19 ff., 24 ff., 33 ff., 54 ff., 59 ff., 62 ff.) finden nach § 28f Abs. 2 S. 4 entsprechende Anwendung.

13   Der Betreiber von grenzüberschreitenden Elektrizitätsverbindungsleitungen als Antragsteller hat die genannten Unterlagen (→ Rn. 12) gem. § 28f Abs. 2 S. 5 auf Verlangen der Regulierungsbehörde elektronisch zu übermitteln. Die Regulierungsbehörde kann überdies gem. § 28f Abs. 2 S. 6 die Vorlage weiterer Angaben oder Unterlagen verlangen, soweit sie diese für ihre Prüfung benötigt.

E. Grundsatz der gleichmäßigen Kostenteilung (Abs. 3)

Im Grundsatz geht die BNetzA gem. § 28f Abs. 3 S. 1 davon aus, dass die für die Errichtung **14**
und den Betrieb der grenzüberschreitenden Elektrizitätsverbindungsleitungen (→ § 3
Nr. 20a Rn. 1 f.) anfallenden Kosten zu gleichen Teilen von den durch sie verbundenen
Staaten getragen werden.

Abweichungen von diesem Grundsatz der gleichmäßigen Kostenteilung sind gem. § 28f **15**
Abs. 2 S. 1 Hs. 2 und S. 2 jedoch möglich, sofern die BNetzA mit der zuständigen Regulierungsbehörde des durch den Interkonnektor, also die grenzüberschreitende Elektrizitätsverbindungsleitung, verbundenen Mitgliedstaats oder Drittstaats eine entsprechende Vereinbarung trifft.

§ 28g Zahlungsanspruch zur Deckung der Netzkosten

(1) ¹Dem selbstständigen Betreiber von grenzüberschreitenden Elektrizitätsverbindungsleitungen steht jährlich ein Zahlungsanspruch gegen den Betreiber von Übertragungsnetzen mit Regelzonenverantwortung zu, an dessen Netz die grenzüberschreitenden Elektrizitätsverbindungsleitungen angeschlossen sind. ²Die Höhe des Zahlungsanspruchs richtet sich nach den zu erwartenden anerkennungsfähigen Netzkosten der grenzüberschreitenden Elektrizitätsverbindungsleitung für das folgende Kalenderjahr und dem Saldo nach Absatz 3. ³Mindestens sechs Monate vor Beginn des jeweiligen Kalenderjahres übermittelt der selbstständige Betreiber von grenzüberschreitenden Elektrizitätsverbindungsleitungen dem betroffenen Betreiber von Übertragungsnetzen mit Regelzonenverantwortung eine nachvollziehbare Prognose über die Höhe der Kosten nach Satz 2 sowie einen Nachweis über die festgestellten Kosten nach Absatz 3. ⁴Die Regelung des § 28f Absatz 3 ist auf die zu erwartenden Kosten nach Satz 2 entsprechend anzuwenden.

(2) ¹Der Zahlungsanspruch entsteht mit Beginn des Kalenderjahres. ²Er ist in zwölf monatlichen Raten zu erfüllen, die jeweils am 15. des Folgemonats fällig werden.

(3) ¹Der in Höhe des durchschnittlich gebundenen Kapitals verzinste Saldo der nach § 28f Absatz 1 festgestellten Netzkosten eines Kalenderjahres und der für dieses Kalenderjahr an den selbstständigen Betreiber einer grenzüberschreitenden Elektrizitätsverbindungsleitung nach Absatz 1 ausgezahlten Summe ist im auf die Feststellung folgenden oder im nächstmöglichen Kalenderjahr unter Verzinsung durch gleichmäßige Auf- oder Abschläge auf die Raten nach Absatz 2 Satz 2 zu verrechnen. ²Der durchschnittlich gebundene Betrag ergibt sich aus dem Mittelwert von Jahresanfangs- und Jahresendbestand. ³Die Verzinsung nach Satz 1 richtet sich nach dem auf die letzten zehn abgeschlossenen Kalenderjahre bezogenen Durchschnitt der von der Deutschen Bundesbank veröffentlichten Umlaufrendite festverzinslicher Wertpapiere inländischer Emittenten.

(4) Ist eine grenzüberschreitende Elektrizitätsverbindungsleitung eines selbstständigen Betreibers an die Netze mehrerer Betreiber von Übertragungsnetzen mit Regelzonenverantwortung angeschlossen, hat jeder einzelne von ihnen nur den Anteil der nach § 28f festgestellten Netzkosten auszuzahlen, der auf seine Regelzone entfällt.

(5) Der Betreiber von Übertragungsnetzen mit Regelzonenverantwortung bringt die Kosten, die ihm durch die Erfüllung des Zahlungsanspruchs nach Absatz 1 entstehen, nach Maßgabe der Rechtsverordnung nach § 28i Absatz 1 Nummer 2 Buchstabe a, als Teil seiner Erlösobergrenze in die Netzentgeltbildung ein.

Überblick

§ 28g regelt den Zahlungsanspruch des selbstständigen Betreibers von grenzüberschreitenden Elektrizitätsverbindungsleitungen (→ § 3 Nr. 31 Rn. 1 ff.) zur Deckung seiner Netzkosten.

EnWG § 28g Teil 3. Regulierung des Netzbetriebs

Übersicht

	Rn.		Rn.
A. Normzweck	1	E. Saldo zur Verrechnung festgestellter Netzkosten und der Netzkostendeckungszahlung (Abs. 3)	14
B. Entstehungsgeschichte	2		
C. Zahlungsanspruch des selbstständigen Betreibers von grenzüberschreitenden Elektrizitätsverbindungsleitungen (Abs. 1)	7	F. Sonderfall des Anschlusses einer grenzüberschreitenden Elektrizitätsverbindungsleitung an Netze mehrerer Betreiber von Übertragungsnetzen mit Regelzonenverantwortung (Abs. 4)	18
D. Entstehung und Fälligkeit des Zahlungsanspruchs (Abs. 2)	10	G. Einbringen der Kosten für die Netzkostendeckung in Erlösobergrenze (Abs. 5)	22

A. Normzweck

1 Der Zahlungsanspruch des selbstständigen Betreibers von grenzüberschreitenden Elektrizitätsverbindungsleitungen (→ § 3 Nr. 31 Rn. 1 ff.) sowie die mit diesem im Zusammenhang stehenden Besonderheiten für die zahlungsverpflichteten Betreiber von Übertragungsnetzen mit Regelzonenverantwortung (→ § 3 Nr. 10a Rn. 1 ff.) werden durch diese Vorschrift bestimmt. Dabei werden überdies der Sonderfall des Anschlusses einer grenzüberschreitenden Elektrizitätsverbindungsleitungen an Netze mehrerer Betreiber von Übertragungsnetzen mit Regelzonenverantwortung (§ 28g Abs. 4, → Rn. 18 ff.) sowie das Einbringen dieser Kosten nach § 28g Abs. 1 (→ Rn. 7 ff.) als Teil der jeweiligen Erlösobergrenze in die Netzentgeltbildung (§ 28g Abs. 5, → Rn. 22 f.) geregelt.

B. Entstehungsgeschichte

2 § 28g wurde mit Wirkung vom 27.7.2021 in das EnWG eingefügt (BGBl. 2021 I 3026 (3042); BT-Drs. 19/27543, 27 f. und 115 f.; BR-Drs. 165/21, 26 f. und 133 f.; BT-Drs. 19/30899, 16; BT-Drs. 19/31009, 17).

3 Diese Vorschrift dient weder der Umsetzung unionsrechtlicher Vorgaben noch der Regelung reiner Wasserstoffnetze im Energiewirtschaftsgesetz.

4 Im Rahmen des Gesetzgebungsverfahrens wurde der in dem Gesetzesentwurf der Bundesregierung (vgl. BT-Drs. 19/27543, 28 und 116; BR-Drs. 165/21, 27 und 134) noch vorgesehene § 28g Abs. 6 gestrichen (vgl. BT-Drs. 19/30899, 16; BT-Drs. 19/31009, 17).

5 § 28g Abs. 6 sollte die Erstattungsfähigkeit von vor erstmaliger Inbetriebnahme einer grenzüberschreitenden Elektrizitätsverbindungsleitung (→ § 3 Nr. 20a Rn. 1 f.) anfallenden Betriebs- und Kapitalkosten regeln. Durch die Streichung dieser Regelung wurde zum einen auf die Kritik reagiert, dass die Regelung zu unbestimmt sei. Überdies ist ein Einstellen der Kostenerstattung im Falle einer nicht pflichtgemäßen Umsetzung des Bauvorhabens über Aufsichtsmaßnahmen nach § 65 Abs. 2 möglich (→ § 65 Rn. 3 ff.; vgl. BT-Drs. 19/31009, 17).

6 Die Vorschrift ist seit ihrem Inkrafttreten bisher unverändert geblieben.

C. Zahlungsanspruch des selbstständigen Betreibers von grenzüberschreitenden Elektrizitätsverbindungsleitungen (Abs. 1)

7 § 28g Abs. 1 normiert einen Zahlungsanspruch des selbstständigen Betreibers von grenzüberschreitenden Elektrizitätsverbindungsleitungen (→ § 3 Nr. 31 Rn. 1 ff.) zur Deckung seiner Netzkosten gegen den Betreiber von Übertragungsnetzen mit Regelzonenverantwortung (→ § 3 Nr. 10a Rn. 1 ff.), an dessen Netz er angeschlossen ist (§ 28g Abs. 1 S. 1). Eine Verpflichtung des selbstständigen Betreibers von grenzüberschreitenden Elektrizitätsverbindungsleitungen (→ § 3 Nr. 31 Rn. 1 ff.) zur Abführung der durch die von ihm betriebene grenzüberschreitende Elektrizitätsverbindungsleitung (→ § 3 Nr. 20a Rn. 1 f.) eingenommen Engpasserlöse an den ihn anschließenden regelzonenverantwortlichen Übertragungsnetzbetreiber (→ § 3 Nr. 10a Rn. 1 ff.) sieht im Gegenzug hierzu § 28h (→ § 28h Rn. 5 ff.) vor. Diese Entkopplung von Engpasserlösen (§ 28h, vgl. → § 28h Rn. 5 ff.) und

Netzkostendeckung (§ 28g, → Rn. 7 ff.) des selbstständigen Betreibers der grenzüberschreitenden Elektrizitätsverbindungsleitung (→ § 3 Nr. 31 Rn. 1 ff.) stellt deren Finanzierung unabhängig von der möglicherweise schwer prognostizierbaren Entwicklung der Engpasserlöseinnahmen sicher.

Zur Berechnung des Zahlungsanspruchs, dessen Höhe sich gem. § 28g Abs. 1 S. 2 nach 8 den zu erwartenden anerkennungsfähigen Netzkosten der grenzüberschreitenden Elektrizitätsverbindungsleitung (→ § 3 Nr. 20a Rn. 1 f.) für das folgende Kalenderjahr und dem Saldo nach § 28g Abs. 3 (→ Rn. 14 ff.) bemisst, hat der selbstständige Betreiber einer grenzüberschreitenden Verbindungsleitung (→ § 3 Nr. 31 Rn. 1 ff.) nach § 28g Abs. 1 S. 3 mindestens sechs Monate vor Beginn des jeweiligen Kalenderjahrs eine nachvollziehbare Prognose über die Höhe der zu erwartenden anerkennungsfähigen Kosten nach § 28g Abs. 1 S. 2 und einen Nachweis über die festgestellten Kosten nach § 28g Abs. 3 (→ Rn. 14 ff.) an den regelzonenverantwortlichen Übertragungsnetzbetreiber (→ § 3 Nr. 10a Rn. 1 ff.), an dessen Netz die grenzüberschreitende Elektrizitätsverbindungsleitung angeschlossen ist, zu übermitteln.

Die Vorgaben des § 28f Abs. 3 (→ § 28f Rn. 14 f.) zur Aufteilung der Kosten zwischen 9 den durch die grenzüberschreitende Elektrizitätsverbindungsleitung (→ § 3 Nr. 20a Rn. 1 f.) verbundenen Staaten im Rahmen der Feststellung auf die zu erwartenden Kosten nach § 28g Abs. 1 S. 2 sind entsprechend anwendbar (§ 28g Abs. 1 S. 4).

D. Entstehung und Fälligkeit des Zahlungsanspruchs (Abs. 2)

Die Entstehung und Fälligkeit des Zahlungsanspruch nach § 28g Abs. 1 (→ Rn. 7 ff.) 10 regelt § 28g Abs. 2.

Gemäß § 28g Abs. 2 S. 1 entsteht der Zahlungsanspruch mit Beginn des Kalenderjahres. 11
Die Erfüllung des Zahlungsanspruchs ist in zwölf monatlichen Raten vorgesehen (§ 28g 12 Abs. 2 S. 2 Hs. 1).

Gemäß § 28g Abs. 2 S. 2 Hs. 2 sind die zwölf monatlichen Raten zur Erfüllung des 13 Zahlungsanspruchs jeweils am 15. des Folgemonats fällig.

E. Saldo zur Verrechnung festgestellter Netzkosten und der Netzkostendeckungszahlung (Abs. 3)

§ 28g Abs. 3 bestimmt einen Saldo, der der Verrechnung festgestellter Netzkosten nach 14 § 28f (→ § 28f Rn. 7 ff.) mit den nach § 28g Abs. 1 erfolgten Auszahlungen (→ Rn. 7 ff.) einschließlich zu berücksichtigender Verzinsungen dient.

Gemäß § 28g Abs. 3 S. 1 ist im auf die Feststellung nach § 28f folgenden Kalenderjahr 15 der Saldo von festgestellten Netzkosten und der für dieses Kalenderjahr nach § 28g Abs. 1 erfolgten Auszahlungen unter Verzinsung durch gleichmäßige Auf- oder Abschläge auf die Raten nach § 28g Abs. 2 S. 2 (→ Rn. 12 f.) zu verrechnen.

Dadurch soll eine Gleichbehandlung mit den regelzonenverantwortlichen Übertragungs- 16 netzbetreibern (→ § 3 Nr. 10a Rn. 1 ff.) hergestellt werden. Überdies dient diese Vorschrift dem Ziel, Fehlanreizen zur Beschaffung von Liquidität entgegenwirken.

§ 28g Abs. 3 S. 2 und 3 enthalten Vorgaben zur Berechnung des durchschnittlich gebundenen 17 Kapitals sowie zur Höhe der Verzinsung. So soll sich gem. § 28g Abs. 3 S. 2 der durchschnittlich gebundene Betrag aus dem Mittelwert von Jahresanfangs- und Jahresendbestand ergeben. Die Verzinsung nach § 28g Abs. 3 S. 1 (→ Rn. 15) richtet sich gem. § 28g Abs. 3 S. 3 nach dem auf die letzten zehn abgeschlossenen Kalenderjahre bezogenen Durchschnitt der von der Deutschen Bundesbank veröffentlichten Umlaufrendite festverzinslicher Wertpapiere inländischer Emittenten. Diese wird von der Deutschen Bundesbank auf deren Internetseite veröffentlicht und lässt sich darüber zum jeweiligen aktuellen Zeitpunkt abrufen.

F. Sonderfall des Anschlusses einer grenzüberschreitenden Elektrizitätsverbindungsleitung an Netze mehrerer Betreiber von Übertragungsnetzen mit Regelzonenverantwortung (Abs. 4)

In § 28g Abs. 4 wird ein Sonderfall für grenzüberschreitende Elektrizitätsverbindungs- 18 leitungen (→ § 3 Nr. 20a Rn. 1 f.) geregelt, die an Netze mehrerer Betreiber von

Übertragungsnetzen mit Regelzonenverantwortung (→ § 3 Nr. 10a Rn. 1 ff.) angeschlossen sind.

19 In diesem Fall hat jeder der anschließenden Übertragungsnetzbetreiber mit Regelzonenverantwortung nur den auf seine Regelzone entfallenden Anteil der festgestellten Netzkosten auszuzahlen.

20 Eine Ermächtigung die Bundesregierung, durch Rechtsverordnung mit Zustimmung des Bundesrates einen Verteilungsschlüssel für die auf die einzelnen regelzonenverantwortlichen Übertragungsnetzbetreiber entfallenden Anteile vorzusehen, ist in § 28i Abs. 1 Nr. 4 (→ § 28i Rn. 1 ff.) enthalten.

21 Diese Regelung korrespondiert mit der in § 28h Abs. 4 (→ § 28h Rn. 10) normierten Vorschrift für den Sonderfall des Herausgabeanspruchs mehrerer zahlungspflichtiger Betreiber von Übertragungsnetzen mit Regelzonenverantwortung.

G. Einbringen der Kosten für die Netzkostendeckung in Erlösobergrenze (Abs. 5)

22 Gemäß § 28g Abs. 5 kann der Übertragungsnetzbetreiber mit Regelzonenverantwortung (→ § 3 Nr. 10a Rn. 1 ff.) Kosten aus der Erfüllung des Zahlungsanspruchs nach § 28g Abs. 1 (→ Rn. 7 ff.) als Teil seiner Erlösobergrenze (→ § 3 Nr. 18b Rn. 1, → § 21a Rn. 8 ff.; § 23b) in die Netzentgeltbildung einbringen. Dabei sind jedoch die Maßgaben der auf der Grundlage von § 28i Abs. 1 Nr. 2 lit. a (→ § 28i Rn. 14 ff.) erlassenen Bestimmungen zu beachten.

23 § 11 Abs. 2 S. 1 Nr. 18 ARegV regelt dazu, dass diese Kosten für den Übertragungsnetzbetreiber mit Regelzonenverantwortung (→ § 3 Nr. 10a Rn. 1 ff.) als dauerhaft nicht beeinflussbare Kostenanteile gelten, soweit in dieser Vorschrift keine Verrechnung der Kosten aus der Erfüllung des Zahlungsanspruchs nach § 28g Abs. 1 (→ Rn. 7 ff.) mit den Erlösen aus der Erfüllung von Zahlungsansprüchen nach § 28h (→ § 28h Rn. 5 ff.) vorgesehen ist.

§ 28h Anspruch auf Herausgabe von Engpasserlösen

(1) ¹Der selbstständige Betreiber von grenzüberschreitenden Elektrizitätsverbindungsleitungen ist verpflichtet, die in einem Kalenderjahr eingenommenen Erlöse aus der Bewirtschaftung von Engpässen in Höhe der Quote nach § 28f Absatz 3 zur Verwendung im Sinne von Artikel 19 Absatz 2 und 3 der Verordnung (EU) 2019/943 an den nach § 28g Absatz 1 zahlungspflichtigen Betreiber von Übertragungsnetzen mit Regelzonenverantwortung herauszugeben. ²Durch den Erhalt oder die Verwendung der nach Satz 1 herausgegebenen Engpasserlöse darf den Betreibern von Übertragungsnetzen mit Regelzonenverantwortung weder ein wirtschaftlicher Vorteil noch ein wirtschaftlicher Nachteil erwachsen; insbesondere sind sie bei der Berechnung des zu verzinsenden eingesetzten Kapitals nach § 21 Absatz 2 so zu stellen, als hätten sie die Engpasserlöse nicht erhalten.

(2) Der sich aus der Pflicht nach Absatz 1 ergebende Anspruch des regelzonenverantwortlichen Übertragungsnetzbetreibers wird mit Beginn des Jahres fällig, welches auf das Jahr folgt, in dem der selbstständige Betreiber von grenzüberschreitenden Elektrizitätsverbindungsleitungen die Engpasserlöse erzielt hat.

(3) Der selbstständige Betreiber von grenzüberschreitenden Elektrizitätsverbindungsleitungen teilt der Bundesnetzagentur und dem Betreiber von Übertragungsnetzen mit Regelzonenverantwortung jährlich spätestens bis zum 30. September eines Jahres die voraussichtliche Höhe der im laufenden Kalenderjahr vereinnahmten Erlöse aus Engpässen mit.

(4) Sind mehrere Betreiber von Übertragungsnetzen mit Regelzonenverantwortung gegenüber dem selbstständigen Betreiber von grenzüberschreitenden Elektrizitätsverbindungsleitungen nach § 28g Absatz 4 zahlungspflichtig, hat jeder einzelne von ihnen nur Anspruch auf die Herausgabe des auf seine Regelzone entfallenden Anteils der Engpasserlöse.

Überblick

§ 28h regelt die Verpflichtung des selbstständigen Betreibers von grenzüberschreitenden Elektrizitätsverbindungsleitungen (→ § 3 Nr. 31 Rn. 1 ff.), eingenommene Engpasserlöse herauszugeben.

A. Normzweck

Der Herausgabeanspruch gegen den selbstständigen Betreiber von grenzüberschreitenden Elektrizitätsverbindungsleitungen (→ § 3 Nr. 31 Rn. 1 ff.) hinsichtlich seiner erzielten Engpasserlöse einschließlich dessen Fälligkeit und die Pflicht zur Mitteilung über die Höhe der voraussichtlich erzielten Engpasserlöse werden durch diese Vorschrift bestimmt. Dabei wird überdies – parallel zu dem in § 28g Abs. 4 (→ § 28g Rn. 18 ff.) normierten Sonderfall des Anschlusses einer grenzüberschreitenden Elektrizitätsverbindungsleitungen (→ § 3 Nr. 20a Rn. 1 f.) an Netze mehrerer Betreiber von Übertragungsnetzen mit Regelzonenverantwortung (→ § 3 Nr. 10a Rn. 1 ff.) – der für mehrere zahlungspflichtige Betreiber von Übertragungsnetzen mit Regelzonenverantwortung bestehende Sonderfall des Anspruchs auf Herausgabe der erzielten Engpasserlöse (§ 28h Abs. 4, → Rn. 10) geregelt. 1

B. Entstehungsgeschichte

§ 28h wurde mit Wirkung vom 27.7.2021 in das EnWG eingefügt (BGBl. 2021 I 3026 (3042); BT-Drs. 19/27543, 28 f. und 117; BR-Drs. 165/21, 27 und 134 f.; BT-Drs. 19/30899, 16; BT-Drs. 19/31009, 17). 2

Diese Vorschrift dient weder der Umsetzung unionsrechtlicher Vorgaben noch der Regelung reiner Wasserstoffnetze im Energiewirtschaftsgesetz. 3

Die Vorschrift ist seit ihrem Inkrafttreten bisher unverändert geblieben. 4

C. Verpflichtung zur Herausgabe eingenommener Engpasserlöse (Abs. 1)

Gemäß § 28h Abs. 1 S. 1 ist der selbstständige Betreiber von grenzüberschreitenden Elektrizitätsverbindungsleitungen (→ § 3 Nr. 31 Rn. 1 ff.) zur Herausgabe der durch die von ihm betriebene grenzüberschreitende Elektrizitätsverbindungsleitung (→ § 3 Nr. 20a Rn. 1 f.) eingenommenen Engpasserlöse an den ihn anschließenden regelzonenverantwortlichen Übertragungsnetzbetreiber (→ § 3 Nr. 10a Rn. 1 ff.) in Höhe der auf den deutschen Regulierungsrahmen entfallenden Kostentragungsquote (→ § 28f Rn. 14 f.) verpflichtet. 5

Aus § 28h Abs. 1 S. 1 folgt überdies im Sinne einer Klarstellung, dass aus der Herausgabe der Engpasserlöse der selbstständig betriebenen grenzüberschreitenden Elektrizitätsverbindungsleitungen für diese gleichzeitig auch die Verpflichtung entfällt, für die unionsrechtskonforme Mittelverwendung dieser Engpasserlöse zu sorgen. Diese geht auf den ihn anschließenden Übertragungsnetzbetreiber mit Regelzonenverantwortung über. Die in Bezug auf die grenzüberschreitende Elektrizitätsverbindungsleitung erzielten Engpasserlöse unterliegen den Verwendungsvorgaben des Art. 19 Abs. 2 und 3 VO (EU) 2019/943 auch dann, wenn sie an den anschließenden Übertragungsnetzbetreiber mit Regelzonenverantwortung herausgegeben werden. 6

§ 28h Abs. 1 S. 2 stellt ergänzend sicher, dass dem anschließenden Übertragungsnetzbetreiber mit Regelzonenverantwortung (→ § 3 Nr. 10a Rn. 1 ff.) durch den Erhalt oder die Verwendung der nach § 28h Abs. 1 S. 1 herausgegebenen Engpasserlöse weder ein wirtschaftlicher Vorteil noch ein wirtschaftlicher Nachteil erwachsen darf. Aus diesem Grund sind gem. § 28h Abs. 1 S. 2 Hs. 2 Übertragungsnetzbetreiber mit Regelzonenverantwortung insbesondere bei der Berechnung des zu verzinsenden eingesetzten Kapitals nach § 21 Abs. 2 (→ § 21 Rn. 17 ff.) so zu stellen, als hätten sie die Engpasserlöse nicht erhalten. 7

D. Fälligkeit des Herausgabeanspruchs (Abs. 2)

Der Anspruch auf Herausgabe von Engpasserlösen nach § 28h Abs. 1 (→ Rn. 5 ff.) wird mit Beginn des Jahres fällig, welches auf das Jahr folgt, in dem die Engpasserlöse erzielt wurden (§ 28h Abs. 2). 8

Jäger

E. Mitteilungspflicht über voraussichtliche Höhe erzielter Engpasserlöse (Abs. 3)

9 § 28h Abs. 3 regelt eine Mitteilungspflicht des selbstständigen Betreibers von grenzüberschreitenden Elektrizitätsverbindungsleitungen (→ § 3 Nr. 31 Rn. 1 ff.) gegenüber der BNetzA und dem anschließenden regelzonenverantwortlichen Übertragungsnetzbetreiber mit Regelzonenverantwortung (→ § 3 Nr. 10a Rn. 1 ff.) über die voraussichtliche Höhe der im laufenden Kalenderjahr erzielten Engpasserlöse. Diese Mitteilung muss spätestens bis zum 30.9. des laufenden Kalenderjahres erfolgen.

F. Sonderfall mehrerer zahlungspflichtiger Betreiber von Übertragungsnetzen mit Regelzonenverantwortung (Abs. 4)

10 § 28h Abs. 4 regelt, dass sich in den Fällen des § 28g Abs. 4 (→ § 28g Rn. 18 ff.) der Herausgabeanspruch jedes einzelnen Übertragungsnetzbetreibers mit Regelzonenverantwortung (→ § 3 Nr. 10a Rn. 1 ff.) auf den auf seine Regelzone entfallenden Anteil der Engpasserlöse beschränkt.

§ 28i Verordnungsermächtigung

(1) Die Bundesregierung wird ermächtigt, durch Rechtsverordnung mit Zustimmung des Bundesrates
1. die Methode zur Berechnung der Netzkosten des selbstständigen Betreibers von grenzüberschreitenden Elektrizitätsverbindungsleitungen den Grundsätzen des § 28e entsprechend festzulegen,
2. zu bestimmen, dass als dauerhaft nicht beeinflussbare Kostenanteile im Sinne von § 21a Absatz 4 anzusehen sind
   a) Kosten des Betreibers von Übertragungsnetzen mit Regelzonenverantwortung aus der Erfüllung des Zahlungsanspruchs nach § 28g sowie
   b) Erlöse des Betreibers von Übertragungsnetzen mit Regelzonenverantwortung aus der Erfüllung des Anspruchs auf Herausgabe von Engpasserlösen nach § 28h,
3. zu regeln, dass Kosten nach Nummer 2 Buchstabe a abweichend von § 24 Satz 2 Nummer 4 bereits ab dem 27. Juli 2021 vollständig in den bundeseinheitlich gebildeten Anteil der Übertragungsnetzentgelte einzubeziehen sind,
4. einen Verteilungsschlüssel vorzusehen, aus dem sich ergibt, zu welchem Anteil mehrere Betreiber von Übertragungsnetzen mit Regelzonenverantwortung nach § 28g Absatz 4 zahlungspflichtig und nach § 28h Absatz 4 herausgabeberechtigt sind.

(2) Das Bundesministerium für Wirtschaft und Energie wird ermächtigt, durch Rechtsverordnung mit Zustimmung des Bundesrates das Verfahren und die Anforderungen an die nach § 28f Absatz 2 Satz 2 vorzulegenden Unterlagen näher auszugestalten.

Überblick

§ 28i ermächtigt die Bundesregierung und im Besonderen das Bundesministerium für Wirtschaft und Klimaschutz, Einzelheiten im Rahmen einer Rechtsverordnung zu regeln.

A. Normzweck

1 Durch § 28i werden sowohl die Bundesregierung – ohne eine nähere Beschränkung auf ein bestimmtes Bundesministerium – (§ 28i Abs. 1, → Rn. 7 ff.) als auch das Bundesministerium für Wirtschaft und Klima (früher Bundesministerium für Wirtschaft und Energie) (§ 28i Abs. 2, → Rn. 18 f.) ermächtigt, mit Zustimmung des Bundesrates durch Rechtsverordnung Einzelheiten zu den § 21a Abs. 4 (→ § 21a Rn. 28 ff.), § 24 S. 2 Nr. 4 (→

§ 24 Rn. 16), § 28e (→ § 28e Rn. 1 ff.), § 28g (→ § 28g Rn. 7 ff. und → § 28g Rn. 18 ff.) und § 28h (→ § 28h Rn. 5 ff. und → § 28h Rn. 10) zu erlassen.

Durch die mit Wirkung vom 27.7.2021 geänderte StromNEV hat die Bundesregierung bereits von ihrer Verordnungsermächtigung nach § 28i Abs. 1 Nr. 1 und Nr. 3 Gebrauch gemacht, indem u.a. § 3b StromNEV zur Ermittlung der Netzkosten von grenzüberschreitenden Elektrizitätsverbindungsleitungen in die Stromnetzentgeltverordnung oder die Neuregelung zur vollständigen Einbeziehung von Kosten aus der Erfüllung des Zahlungsanspruchs nach § 28g in § 32a Abs. 2a StromNEV eingefügt wurde (→ Rn. 9 ff.). 2

Durch die mit Wirkung vom 27.7.2021 geänderte AregV hat die Bundesregierung bereits von ihrer Verordnungsermächtigung nach § 28i Abs. 1 Nr. 2 lit. a und b Gebrauch gemacht, indem u.a. § 11 Abs. 2 Nr. 18 AregV eingefügt wurde (→ Rn. 14 ff.). 3

B. Entstehungsgeschichte

§ 28i wurde mit Wirkung vom 27.7.2021 in das EnWG eingefügt (BGBl. 2021 I 3026 (3043); BT-Drs. 19/27543, 29 und 117; BR-Drs. 165/21, 28 und 135). 4

Diese Vorschrift dient weder der Umsetzung unionsrechtlicher Vorgaben noch der Regelung reiner Wasserstoffnetze im Energiewirtschaftsgesetz. 5

Die Vorschrift ist seit ihrem Inkrafttreten bisher unverändert geblieben. 6

C. Verordnungsermächtigung der Bundesregierung (Abs. 1)

§ 28i Abs. 1 enthält eine Verordnungsermächtigung zugunsten der Bundesregierung. 7

Die Bundesregierung hat bereits im Rahmen des Gesetzes zur Umsetzung unionsrechtlicher Vorgaben und zur Regelung reiner Wasserstoffe im Energiewirtschaftsgesetz von ihrer Verordnungsermächtigung Gebrauch gemacht. 8

I. Änderung der StromNEV (Abs. 1 Nr. 1 und Nr. 3)

Der Bundesgesetzgeber hat im Rahmen des Gesetzes zur Umsetzung unionsrechtlicher Vorgaben und zur Regelung reiner Wasserstoffe im Energiewirtschaftsgesetz durch Art. 5 Gesetz zur Umsetzung unionsrechtlicher Vorgaben und zur Regelung reiner Wasserstoffe im Energiewirtschaftsgesetz die Stromnetzentgeltverordnung geändert (BGBl. 2021 I 3026 (3057 f.); BT-Drs. 19/27543, 50 f. und 141 f.; BR-Drs. 165/21, 53 ff. und 164 ff.; BT-Drs. 19/30899, 23; BT-Drs. 19/31009, 20). 9

Danach wurde der Anwendungsbereich der Stromnetzentgeltverordnung durch § 1 S. 2 Nr. 2 StromNEV erweitert auf die Ermittlung der Netzkosten für die Errichtung und den Betrieb von grenzüberschreitenden Elektrizitätsverbindungsleitungen eines selbstständigen Betreibers, die nach Teil 3 Abschnitt 3a des Energiewirtschaftsgesetzes reguliert werden (→ § 28d Rn. 1 ff., → § 28e Rn. 1 ff., → § 28f Rn. 1 ff., → § 28g Rn. 1 ff., → § 28h Rn. 1 ff.). 10

Des Weiteren wurde nach § 3a StromNEV ein neuer § 3b StromNEV zur Ermittlung der Netzkosten von grenzüberschreitenden Elektrizitätsverbindungsleitungen eingefügt. Dieser regelt, dass die Ermittlung des Umfangs der Netzkosten, die nach § 28e (→ § 28e Rn. 1 ff.) anerkennungsfähig sind, für die Errichtung und den Betrieb von grenzüberschreitenden Elektrizitätsverbindungsleitungen nach den §§ 4–10 StromNEV erfolgt sowie bei der Ermittlung der Netzkosten im jeweiligen Kalenderjahr der Eigenkapitalzinssatz zugrunde zu legen ist, der nach § 7 Abs. 6 und 7 StromNEV für die jeweilige Regulierungsperiode für Betreiber von Elektrizitätsversorgungsnetzen festgelegt ist. Durch diese Neuregelung des § 3b StromNEV hat der Bundesgesetzgeber § 28i Abs. 1 Nr. 1 umgesetzt. 11

In § 30 Abs. 1 StromNEV wurden die Nummern 9 und 10 neu angefügt, wonach die BNetzA unter Beachtung der Anforderungen eines sicheren Netzbetriebs zur Verwirklichung eines effizienten Netzzugangs und der in § 1 Abs. 1 genannten Zwecke (→ § 1 Rn. 13 ff.) Entscheidungen durch Festlegung nach § 29 Abs. 1 (→ § 29 Rn. 5 ff.) treffen kann über separate oder einheitliche betriebsgewöhnliche Nutzungsdauern für grenzüberschreitende Elektrizitätsverbindungsleitungen, die nach Teil 3 Abschnitt 3a EnWG reguliert werden (vgl. § 30 Abs. 1 Nr. 9 StromNEV) und den Ansatz separater oder einheitlicher betriebsgewöhnlicher Nutzungsdauern bei Anlagegütern von Betreibern grenzüberschreitender Elektrizitäts- 12 verbindungsleitungen, die nach Teil 3 Abschnitt 3a EnWG reguliert werden (vgl. § 30 Abs. 1 Nr. 10 StromNEV).

13   In § 32a StromNEV wurde nach § 32 Abs. 2 StromNEV ein neuer § 32 Abs. 2a StromNEV eingefügt. Danach sind abweichend von § 32a Abs. 2 StromNEV Kosten aus der Erfüllung des Zahlungsanspruchs nach § 28g (→ § 28g Rn. 7 ff.) bereits ab dem 27.7.2021 vollständig in den bundeseinheitlich gebildeten Anteil der Übertragungsnetzentgelte einzubeziehen. Diese Änderung wurde auch in § 32a Abs. 4 StromNEV fortgeführt, wonach die Darstellung wie folgt zu erfolgen hat: Netzentgelt des Übertragungsnetzbetreibers ist gleich bundeseinheitlicher Anteil nach § 32a Abs. 2 S. 3 und Abs. 2a StromNEV zuzüglich unternehmensindividueller Anteil nach § 32a Abs. 3 S. 3 StromNEV. Durch die Neuregelung des § 32 Abs. 2a StromNEV hat der Bundesgesetzgeber § 28i Abs. 1 Nr. 3 umgesetzt.

II. Änderung der ARegV (Abs. 1 Nr. 2 lit. a und b)

14   Der Bundesgesetzgeber hat im Rahmen des Gesetzes zur Umsetzung unionsrechtlicher Vorgaben und zur Regelung reiner Wasserstoffe im Energiewirtschaftsgesetz durch Art. 7 Gesetz zur Umsetzung unionsrechtlicher Vorgaben und zur Regelung reiner Wasserstoffe im Energiewirtschaftsgesetz die Anreizregulierungsverordnung geändert (BGBl. 2021 I 3026 (3058 f.); BT-Drs. 19/27543, 52 und 143 f.; BR-Drs. 165/21, 55 f. und 166 ff.; BT-Drs. 19/30899, 23 f.; BT-Drs. 19/31009, 20).

15   Danach wurde der Anwendungsbereich der Anreizregulierungsverordnung durch § 1 Abs. 3 ARegV beschränkt. Diese Rechtsverordnung ist auf selbstständige Betreiber von grenzüberschreitenden Elektrizitätsverbindungsleitungen iSd § 3 Nr. 20a (→ § 3 Nr. 20a Rn. 1 f.) nicht anzuwenden.

16   In § 11 Abs. 2 ARegV wurde die Nummer 18 neu angefügt. Danach gelten Kosten oder Erlöse aus Kosten aus der Erfüllung des Zahlungsanspruchs nach § 28g (→ § 28g Rn. 7 ff.) als dauerhaft nicht beeinflussbare Kostenanteile, wobei Erlöse aus der Erfüllung von Zahlungsansprüchen nach § 28h (→ § 28h Rn. 5 ff.) mit den Kosten aus der Erfüllung von Zahlungsansprüchen nach § 28g zu verrechnen sind, soweit diese Kosten iSv Art. 19 Abs. 2 lit. a VO (EU) 2019/943 enthalten. Verrechnet werden somit nach § 11 Abs. 2 Nr. 18 ARegV die an den selbstständigen Betreiber von grenzüberschreitenden Elektrizitätsverbindungsleitungen (→ § 3 Nr. 31 Rn. 1 ff.) für das Engpassmanagement ausgezahlten Beträge mit den durch den regelzonenverantwortlichen Übertragungsnetzbetreiber (→ § 3 Nr. 10a Rn. 1 ff.) empfangenen Engpasserlösen. Der Grund hierfür ist, dass die durch den selbstständigen Betreiber der grenzüberschreitenden Elektrizitätsverbindungsleitung vereinnahmten Engpasserlöse auch nach der Herausgabe an den anschließenden Übertragungsnetzbetreiber mit Regelzonenverantwortung den Verwendungsvorgaben von Art. 19 Abs. 2 und 3 VO (EU) 2019/943 unterliegen. Soweit jedoch die Zahlungen des regelzonenverantwortlichen Übertragungsnetzbetreibers an den selbstständigen Betreiber der grenzüberschreitenden Elektrizitätsverbindungsleitung nach § 28g von letzterem im Sinne der unionsrechtlichen Vorgaben (für das Engpassmanagement in Bezug auf die Verbindungsleitung) genutzt werden, ist eine Verrechnung dieser Kosten des regelzonenverantwortlichen Übertragungsnetzbetreibers mit den ihm herausgegebenen Engpasserlösen möglich. Durch die Neuregelung des § 11 Abs. 2 Nr. 18 ARegV hat der Bundesgesetzgeber § 28i Abs. 1 Nr. 2 lit. a und b umgesetzt.

17   Die Neuregelung des § 11 Abs. 2 Nr. 18 ARegV führte zudem zu Folgeänderungen in den §§ 4 Abs. 3 Nr. 2 und 5 Abs. 1 S. 2 ARegV, indem dort ebenfalls auf § 11 Abs. 2 Nr. 18 ARegV als dauerhaft nicht beeinflussbarer Kostenanteil Bezug genommen wird.

D. Verordnungsermächtigung des Bundesministeriums für Wirtschaft und Klimaschutz (Abs. 2)

18   § 28i Abs. 2 enthält eine Verordnungsermächtigung zugunsten des Bundesministeriums für Wirtschaft und Klimaschutz.

19   Bislang hat das Bundesministerium für Wirtschaft und Klimaschutz von seiner Verordnungsermächtigung noch keinen Gebrauch gemacht.

Abschnitt 3b. Regulierung von Wasserstoffnetzen

§ 28j Anwendungsbereich der Regulierung von Wasserstoffnetzen

(1) ¹Auf Errichtung, Betrieb und Änderung von Wasserstoffnetzen sind die Teile 5, 7 und 8, die §§ 113a bis 113c sowie, sofern der Betreiber eine wirksame Erklärung nach Absatz 3 gegenüber der Bundesnetzagentur abgegeben hat, die §§ 28k bis 28q anzuwenden. ²Im Übrigen ist dieses Gesetz nur anzuwenden, sofern dies ausdrücklich bestimmt ist.

(2) ¹§ 28n ist für die Betreiber von Wasserstoffspeicheranlagen entsprechend anzuwenden, sofern der Betreiber eine Erklärung entsprechend Absatz 3 Satz 1 gegenüber der Bundesnetzagentur abgegeben hat. ²§ 28j Absatz 3 Satz 3 und 4 ist entsprechend anzuwenden.

(3) ¹Betreiber von Wasserstoffnetzen können gegenüber der Bundesnetzagentur schriftlich oder durch Übermittlung in elektronischer Form erklären, dass ihre Wasserstoffnetze der Regulierung nach diesem Teil unterfallen sollen. ²Die Erklärung wird wirksam, wenn erstmalig eine positive Prüfung der Bedarfsgerechtigkeit nach § 28p vorliegt. ³Die Erklärung ist unwiderruflich und gilt ab dem Zeitpunkt der Wirksamkeit unbefristet für alle Wasserstoffnetze des erklärenden Betreibers. ⁴Die Bundesnetzagentur veröffentlicht die Liste der regulierten Betreiber von Wasserstoffnetzen auf ihrer Internetseite.

(4) Betreiber von Wasserstoffnetzen sind verpflichtet, untereinander in dem Ausmaß zusammenzuarbeiten, das erforderlich ist, um eine betreiberübergreifende Leitungs- und Speicherinfrastruktur für Wasserstoff sowie deren Nutzung durch Dritte zu realisieren.

Überblick

Absatz 1 legt fest, welche Vorschriften des EnWG auf **reine Wasserstoffnetze** und ihre Betreiber anzuwenden sind. Nach der Konzeption des Gesetzgebers steht es den Betreibern von Wasserstoffnetzen im Grundsatz frei, ob sie sich der Regulierung unterwerfen möchten (**fakultative Regulierung** bzw. **Opt-In-Modell**) oder sie die Wasserstoffnetze weiterhin unreguliert betreiben (→ Rn. 3).

Die **Regulierungsunterwerfung** erfolgt nach Absatz 3 durch Opt-In-Erklärung gegenüber der BNetzA und ist unwiderruflich (→ Rn. 23). Der Regulierungsunterwerfung geht die Prüfung der Bedarfsgerechtigkeit nach § 28p voraus (→ Rn. 13).

Nach Absatz 2 gilt die fakultative Regulierung entsprechend auch für **Wasserstoffspeicher** und ihre Betreiber (→ Rn. 19).

Absatz 4 sieht eine allgemeine Kooperationspflicht zwischen Betreibern von Wasserstoffnetzen vor (→ Rn. 29).

Übersicht

	Rn.		Rn.
A. Entstehungsgeschichte und Normzweck	1	III. Aufgrund Regulierungsunterwerfung fakultativ anwendbare Vorschriften	12
B. Fakultative Regulierung von Wasserstoffnetzen (Abs. 1)	5	C. Fakultative Regulierung von Wasserstoffspeicheranlagen (Abs. 2)	19
I. Regelungsadressat	5	D. Verfahren zur Regulierungsunterwerfung (Abs. 3)	23
II. Ohne Regulierungsunterwerfung zwingend anzuwendende Vorschriften	8	E. Kooperationspflicht der Betreiber von Wasserstoffnetzen (Abs. 4)	29

A. Entstehungsgeschichte und Normzweck

1 § 28j wurde mit Wirkung zum 27.7.2021 durch Art. 1 des Gesetzes zur Umsetzung unionsrechtlicher Vorgaben und zur Regelung reiner Wasserstoffnetze im Energiewirtschaftsrecht (BGBl. 2021 I 3026) gemeinsam mit dem übrigen Teil 3 Abschnitt 3b in das EnWG aufgenommen. § 28j regelt als **Grundnorm** den Anwendungsbereich der Regulierung von Wasserstoffnetzen. Die Vorschrift hat bisher keine Änderungen erfahren.

2 Vor Einführung des Teil 3 Abschnitt 3b bestand keine (auch keine fakultative) Regulierung von Wasserstoffnetzen in Deutschland. Ein Netzzugang Dritter zu Wasserstoffleitungen oder -netzen konnte sich damit nur aus den **allgemeinen Vorgaben des Kartellrechts** aus § 19 Abs. 2 Nr. 4 GWB ergeben (BT-Drs. 19/27453, 118).

3 Vor diesem Hintergrund wollte der Gesetzgeber Wasserstoffnetze nicht einer zwingenden Regulierung unterwerfen, sondern stellt dies nach der Konzeption des § 28j den Betreibern frei (**fakultative Regulierung** bzw. **Opt-In-Modell**). Der Markthochlauf der Wasserstoffnetze soll durch die Regulierung nicht behindert werden (BT-Drs. 19/27453, 118). Vielmehr sollen die Betreiber selbst entscheiden dürfen, ob die Regulierung für sie vorteilhaft ist (BT-Drs. 19/27453, 118). § 28j dient damit dem **Ziel, einen zügigen und rechtssicheren Markthochlauf** der nationalen Wasserstoffnetzinfrastruktur zu ermöglichen.

4 Die Gesetzesbegründung sieht ausdrücklich vor, dass Teil 3 Abschnitt 3b in der aktuellen Fassung nur als **Übergangsregelung für die Einstiegsphase** zu verstehen ist (BT-Drs. 19/27453, 118). Zum einen kann eine Anpassung erforderlich werden, wenn zukünftig **europäische Vorgaben** für die Wasserstoffnetzinfrastruktur erlassen werden (BT-Drs. 19/27453, 118). Zum anderen soll mittelfristig ein Wechsel zur **zwingenden Regulierung** erfolgen, wenn der Markthochlauf ausreichend weit fortgeschritten ist. Denn mit zunehmender Größe des Wasserstoffnetzes steigt auch das Diskriminierungspotenzial (BT-Drs. 19/27453, 118). Bis zu diesem Zeitpunkt soll die aktuelle Fassung des Teil 3 Abschnitt 3b den Marktteilnehmern einen **vorhersehbaren und fairen Rechtsrahmen** für den Geschäftsverkehr im Zusammenhang mit neuen Wasserstoffnetzen schaffen und von Beginn an **wettbewerbliche Marktstrukturen fördern** (BT-Drs. 19/27453, 118).

B. Fakultative Regulierung von Wasserstoffnetzen (Abs. 1)

I. Regelungsadressat

5 Die Regulierung nach Teil 3 Abschnitt 3b betrifft nur Wasserstoffnetze und deren Betreiber. Der Begriff Wasserstoffnetz ist in § 3 Nr. 39a legaldefiniert. Umfasst sind von diesem Begriff alle Netze zur Versorgung einer unbestimmten Anzahl von Kunden ausschließlich mit Wasserstoff (→ EnWG § 3 Nr. 39a Rn. 1). § 28j gilt also allein für **reine Wasserstoffnetze**.

6 Gasversorgungsnetze, welche anteilig mit Wasserstoff und Erdgas betrieben werden, unterliegen daher nicht dem Teil 3 Abschnitt 3b, sondern der allgemeinen (zwingenden) Regulierung des EnWG. Eine Beimischung von Wasserstoff in Gasversorgungsnetze bleibt damit innerhalb des bestehenden Rechtsrahmens weiter möglich (BT-Drs. 19/27453, 118).

7 Für den Begriff des **Betreibers von Wasserstoffnetzen** wird auf die Definition in § 3 Nr. 10b verwiesen (→ EnWG § 3 Nr. 10b Rn. 1).

II. Ohne Regulierungsunterwerfung zwingend anzuwendende Vorschriften

8 Nach der Konzeption des Gesetzgebers ist die Regulierung von Wasserstoffnetzen freiwillig ausgestaltet (→ Rn. 3). § 28j Abs. 1 sieht daher nur wenige Vorschriften vor, die stets (also auch ohne Regulierungsunterwerfung) zwingend auf **Errichtung, Betrieb und Änderung von Wasserstoffnetzen** anzuwenden sind.

9 Dies umfasst zunächst den Teil 5 zur **Planfeststellung und Wegenutzung** (§§ 43–48). Hinzuweisen ist hierbei insbesondere auf die Regelungen des § 43l zum Auf- und Ausbau von Wasserstoffnetzen, wonach Wasserstoffleitungen der Planfeststellung unterliegen können (hierzu → § 43l Rn. 1).

10 Des Weiteren verweist § 28j Abs. 1 auf den Teil 7 zu den zuständigen Behörden (§§ 54–64a) und Teil 8 zum **Verfahren und Rechtsschutz** (§§ 65–108). Daraus folgt insbesondere, dass für Wasserstoffnetze ebenfalls die Regulierungsbehörden zuständig sind und das behördli-

che Verfahren sich nach den §§ 65 ff. richtet. Rechtsschutz erfolgt wie im übrigen Regulierungsrecht des EnWG durch Beschwerde nach §§ 75 ff. und Rechtsbeschwerde nach §§ 86 ff.

Zuletzt verweist § 28j Abs. 1 auf die Übergangsvorschriften der §§ 113a–113c, welche dazu dienen, die **Umrüstung bestehender Gasversorgungsleitungen** in Wasserstoffleitungen rechtlich zu begleiten (BT-Drs. 19/27453, 118). Im Einzelnen sind dies die Überleitung von Leitungs-, insbesondere Wegenutzungsrechten auf Wasserstoffleitungen nach § 113a (hierzu → § 113a Rn. 1), die Umstellung von Erdgasleitungen im Netzentwicklungsplan nach § 113b und die Übergangsregelungen zu Sicherheitsanforderungen sowie das Verfahren zu Umstellungsvorhaben nach § 113c (hierzu → § 113c Rn. 1). 11

III. Aufgrund Regulierungsunterwerfung fakultativ anwendbare Vorschriften

Die wesentlichen Vorschriften der Regulierung von Wasserstoffnetzen (§§ 28k–28q) sind nur anzuwenden, wenn der Betreiber dies wünscht (**fakultative Regulierung**). Hierzu muss der Betreiber eine wirksame Erklärung nach § 28j Abs. 3 bei der BNetzA abgeben (sog. **Opt-In-Modell**). 12

Die Regulierungsunterwerfung wird erst **rechtswirksam**, wenn erstmalig eine positive **Prüfung der Bedarfsgerechtigkeit** nach § 28p durch die BNetzA vorliegt (BNetzA Beschl. v. 1.2.2022 – BK7-21-106, 6). Dies soll vermeiden, dass ein Betreiber den Regelungen des Teil 3 Abschnitts 3b unterliegt, bevor er über eine Wasserstoffleitung verfügt und somit keinen Netzzugang oder Netzanschluss gewähren kann bzw. Netzentgelte bilden muss (BT-Drs. 19/27453, 118). Zudem soll dadurch sichergestellt werden, dass sich der Markthochlauf von Wasserstoffinfrastrukturen nach dem tatsächlichen Bedarf richtet. 13

Der Wortlaut des § 28j Abs. 1 S. 1 ist in dieser Hinsicht **missverständlich.** So kommt es weniger auf die Erklärung des Betreibers zur Bedarfsgerechtigkeit an als vielmehr die positive Feststellung der Bedarfsgerechtigkeit durch Verwaltungsakt der BNetzA nach § 28p Abs. 5. Es obliegt der BNetzA, die Bedarfsgerechtigkeit der jeweiligen Wasserstoffnetzinfrastruktur auf Grundlage der vom Betreiber vorgelegten Unterlagen zu prüfen (zur Prüfung der Bedarfsgerechtigkeit → § 28p Rn. 14). 14

Anders als für die Erklärung zur Regulierungsunterwerfung nach § 28j Abs. 1 S. 1 bedarf es für die Feststellung der Bedarfsgerechtigkeit eines **positiven Verwaltungsaktes der BNetzA** iSd § 28p Abs. 5 S. 1. Erst mit Wirksamkeit dieses Verwaltungsaktes (oder der gesetzlichen Fiktion der Bedarfsgerechtigkeit nach § 28p Abs. 5 S. 2, hierzu → § 28p Rn. 20) wird die Regulierungsunterwerfung unmittelbar wirksam. 15

Die **Vorteile aus einer Regulierungsunterwerfung** sind für den Betreiber gering und eher mittelbar. So verschafft die Regulierung den Betreibern keine zusätzlichen Einnahmen, sondern gewährt den Nutzern eine höhere rechtliche Absicherung und dies kann die Attraktivität des Wasserstoffnetzes des Betreibers erhöhen (BT-Drs. 19/27453, 118). Da der Aufwand für den Betreiber aus der Regulierung indes hoch ist, bleibt abzuwarten, wie viele Betreiber sich der fakultativen Regulierung unterwerfen. Dies gilt umso mehr, als die Unterwerfung unter die Regulierung unwiderruflich ist und unbefristet wirkt (→ Rn. 24). 16

Rechtsfolge der Regulierungsunterwerfung ist, dass die Vorschriften der §§ 28k–28q Anwendung finden. Dies ist insoweit nicht ganz korrekt formuliert, als die Prüfung der Bedarfsgerechtigkeit nach § 28p schon zuvor Anwendung findet, da sie ja gerade Voraussetzung für das Verfahren zur Regulierungsunterwerfung ist. Die Regulierungsunterwerfung wird gem. § 28j Abs. 3 S. 2 erst wirksam, wenn eine positive Bedarfsprüfung vorliegt. 17

§ 28j Abs. 3 S. 3 stellt klar, dass die Regulierungsunterwerfung für „**alle**" **Wasserstoffnetze** des jeweiligen Betreibers gilt. Hieraus folgt, dass jedes vom erklärenden Betreiber betriebene Wasserstoffinfrastruktur, die die tatbestandlichen Anforderungen von § 3 Nr. 39a erfüllt, der Regulierung unterstellt wird. Reine Wasserstoffleitungen, die nur auf die Versorgung bestimmter, schon feststehender oder bestimmbarer Kunden ausgelegt sind, unterfallen nicht dem Regulierungsregime. 18

C. Fakultative Regulierung von Wasserstoffspeicheranlagen (Abs. 2)

§ 28j Abs. 2 sieht vor, dass sich Betreiber von Wasserstoffspeicheranlagen ebenfalls einer fakultativen Regulierung unterwerfen können. In diesem Fall sind die **Anschluss- und Zugangsbedingungen des § 28n** für Betreiber von Wasserstoffspeicheranlagen entspre- 19

EnWG § 28j   Teil 3. Regulierung des Netzbetriebs

chend anzuwenden. Dritte können dann zu angemessenen und diskriminierungsfreien Bedingungen Anschluss und Zugang zur Wasserstoffspeicheranlage verlangen (hierzu → § 28n Rn. 12).

20   Für den Begriff des Betreibers von Wasserstoffspeicheranlagen wird auf die Definition in § 3 Nr. 10c verwiesen (hierzu → EnWG § 3 Nr. 10c Rn. 1) und für den Begriff der Wasserstoffspeicheranlagen auf § 3 Nr. 39b (hierzu → EnWG § 3 Nr. 39b Rn. 1).

21   Um sich der fakultativen Regulierung zu unterwerfen, muss der Betreiber der Wasserstoffspeicheranlage eine Erklärung entsprechend § 28j Abs. 3 S. 1 bei der BNetzA einreichen. Anders als für Wasserstoffnetze ist hier allerdings keine Prüfung der Bedarfsgerechtigkeit nach § 28p vorausgesetzt, die formgerechte Erklärung reicht vielmehr aus.

22   Wie bei Wasserstoffnetzen ist die Erklärung unwiderruflich, wirkt zeitlich unbefristet und erstreckt sich auf alle Wasserstoffspeicheranlagen des jeweiligen Betreibers (vgl. § 28j Abs. 2 S. 2 iVm § 28j Abs. 3 S. 3). Die BNetzA veröffentlicht die Liste der regulierten Betreiber von Wasserstoffspeicheranlagen auf ihrer Internetseite (vgl. § 28j Abs. 2 S. 2 iVm § 28j Abs. 3 S. 4).

D. Verfahren zur Regulierungsunterwerfung (Abs. 3)

23   § 28j Abs. 3 regelt, in welcher **Form** sich Betreiber von Wasserstoffnetzes nach Absatz 1 und Betreiber von Wasserstoffspeicheranlagen nach Absatz 2 der fakultativen Regulierung unterwerfen können.

24   Hierzu ist eine Erklärung in Schriftform (§ 126 BGB) oder in elektronischer Form (§ 126a BGB) gegenüber der BNetzA erforderlich (**Opt-In-Erklärung**). Das Schriftformerfordernis dient zum einen dem Nachweis des Zugangs der Erklärung und zum anderen der **Warnfunktion**, da der Netzbetreiber damit eine weitreichende Erklärung abgibt (BT-Drs. 19/27453, 118). Denn nach § 28j Abs. 3 S. 3 ist die Erklärung **unwiderruflich** und gilt ab dem Zeitpunkt der Wirksamkeit (→ Rn. 13) unbefristet für alle Wasserstoffnetze des erklärenden Betreibers.

25   Die Erklärung ist nur dann wirksam, wenn sie **ohne Bedingungen** oder Vorbehalte formuliert ist (BT-Drs. 19/27453, 118). Der Betreiber muss erklären, dass seine Wasserstoffnetze bzw. seine Wasserstoffspeicheranlagen der Regulierung nach Teil 3 Abschnitt 3b unterfallen sollen.

26   Als Rechtsfolge der Erklärung nach § 28j Abs. 3 unterliegt der Betreiber mit Wirkung für die Zukunft gesamthaft und **ohne zeitliche Beschränkung** der Regulierung (BT-Drs. 19/27453, 118). Aus Sicht des Gesetzgebers war diese Vorgabe erforderlich, da der Betreiber durch die Regulierung einen garantierten Rückfluss seiner Investitionen in einem gesicherten Regulierungsumfeld erhält und gleichzeitig der Netznutzer vor sich ständig ändernden Anschlussbedingungen geschützt werden muss (BT-Drs. 19/27453, 118).

27   Nach Ansicht der BNetzA folgt aus § 28j Abs. 3 auch die Befugnis, nach Eingang einer Opt-In-Erklärung festzustellen, dass bzw. unter welchen Voraussetzungen die Wasserstoffnetze des betreffenden Wasserstoffnetzbetreibers der Regulierung nach Teil 3 Abschnitt 3b unterfallen (BNetzA Beschl. v. 1.2.2022 – BK7-21-106, 4). Insbesondere kann die BNetzA damit feststellen, dass erst nach erstmaliger positiver Prüfung der Bedarfsgerechtigkeit gemäß § 28p die Regulierungsunterwerfung wirksam wird, womit lediglich die geltende Rechtslage wiederholt wird (BNetzA Beschl. v. 1.2.2022 – BK7-21-106).

28   Nach § 28j Abs. 3 S. 4 veröffentlicht die BNetzA eine Liste der regulierten Betreiber von Wasserstoffnetzen und Wasserstoffspeicheranlagen auf ihrer Internetseite. Hiermit soll dem Marktumfeld eine ausreichende Sicherheit und Information gegeben werden (BT-Drs. 19/27453, 118).

E. Kooperationspflicht der Betreiber von Wasserstoffnetzen (Abs. 4)

29   § 28j Abs. 4 verpflichtet die Betreiber von Wasserstoffnetzen zur gegenseitigen Kooperation. Die Betreiber haben untereinander in dem Ausmaß zusammenzuarbeiten, das erforderlich ist, um eine betreiberübergreifende Leitungs- und Speicherinfrastruktur für Wasserstoff sowie deren Nutzung durch Dritte zu realisieren.

30   Diese allgemeine Vorgabe des Gesetzgebers kann sehr unterschiedliche Pflichten der Betreiber im Einzelfall begründen. Dies ist vom Gesetzgeber bezweckt, da der Aufbau einer

Wasserstoffinfrastruktur in Deutschland nur durch eine enge Zusammenarbeit der Betreiber erreicht werden kann (BT-Drs. 19/27453, 119).

§ 28k Rechnungslegung und Buchführung

(1) ¹Betreiber von Wasserstoffnetzen haben, auch wenn sie nicht in der Rechtsform einer Kapitalgesellschaft oder Personenhandelsgesellschaft im Sinne des § 264a Absatz 1 des Handelsgesetzbuchs betrieben werden, einen Jahresabschluss und Lagebericht nach den für Kapitalgesellschaften geltenden Vorschriften des Ersten, Dritten und Vierten Unterabschnitts des Zweiten Abschnitts des Dritten Buchs des Handelsgesetzbuchs aufzustellen, prüfen zu lassen und offenzulegen. ²§ 264 Absatz 3 und § 264b des Handelsgesetzbuchs sind insoweit nicht anzuwenden. ³§ 6b Absatz 1 Satz 2, Absatz 2, 6 und 7 ist entsprechend anzuwenden.

(2) ¹Betreiber von Wasserstoffnetzen, die neben dem Betrieb von Wasserstoffnetzen weitere Tätigkeiten ausüben, haben zur Vermeidung von Diskriminierung und Quersubventionierung in ihrer internen Rechnungslegung ein eigenes Konto für die Tätigkeit des Betriebs von Wasserstoffnetzen so zu führen, wie dies erforderlich wäre, wenn diese Tätigkeit von rechtlich selbständigen Unternehmen ausgeführt würde. ²Tätigkeit im Sinne dieser Bestimmung ist auch die wirtschaftliche Nutzung eines Eigentumsrechts. ³Mit der Aufstellung des Jahresabschlusses ist für den Betrieb von Wasserstoffnetzen ein den in Absatz 1 Satz 1 genannten Vorschriften entsprechender Tätigkeitsabschluss aufzustellen und dem Abschlussprüfer des Jahresabschlusses zur Prüfung vorzulegen. ⁴§ 6b Absatz 3 bis 7 ist entsprechend anzuwenden.

Überblick

§ 28k trifft Regelungen zur buchhalterischen Entflechtung von nach §§ 28j ff. regulierten Betreibern von (reinen) Wasserstoffnetzen (definiert in § 3 Nr. 39), insbesondere jährliche Rechnungslegungs- und Buchführungspflichten (vgl. BT-Drs. 19/27453, 74).

Sie ist Bestandteil des in Teil 3 des EnWG mit Wirkung vom 27.7.2021 neu eingefügten Abschnitts mit Bestimmungen zur Regulierung von reinen Wasserstoffnetzen, die auf eine Markthochlaufphase ausgerichtet sind.

Die Vorschrift ist – ebenso wie die weiteren Vorschriften zur Regulierung von Wasserstoffnetzen in Teil 3 (§§ 28k ff.) – nur auf Betreiber anwendbar, die sich dazu entschieden haben, sich diesem neuen Regulierungsregime für Wasserstoffnetze zu unterwerfen und eine entsprechende (unwiderrufliche) Erklärung nach § 28j Abs. 3 gegenüber der BNetzA abgegeben haben.

A. Normzweck

§ 28k schafft ausweislich der Gesetzesbegründung eine „zentrale Grundlage für die Regulierung der Netzentgelte" für den Zugang zu Wasserstoffnetzen (BT-Drs. 19/27453, 119). 1

Zugleich dient die Pflicht zur Rechnungslegung und Buchführung dem Zweck, Quersubventionierungen zwischen verschiedenen Geschäftsbereichen eines Betreibers von Wasserstoffnetzen zu verhindern. In diesem Zusammenhang verweist die Gesetzesbegründung auch auf das bestehende Verbot solcher Quersubventionierungen bei Ferngasnetzentgelten in Art. 13 Abs. 1 S. 1 VO (EG) 715/2009 sowie Art. 7 S. 2 lit. c VO (EU) 2017/460 (BT-Drs. 19/27453, 119; der Verweis in der Gesetzesbegründung auf lit. b anstelle lit. c der Verordnung dürfte ein Redaktionsversehen sein). 2

B. Entstehungsgeschichte

§ 28k wurde mit Wirkung vom 27.7.2021 in das EnWG eingefügt (BGBl. 2021 I 3026; Gesetzesbegr. BT-Drs. 19/27453, 119). 3

Sie dient nicht der Umsetzung von Vorgaben des Europarechts. 4

Die Vorschrift ist seit ihrem Inkrafttreten bisher unverändert geblieben. 5

C. Pflicht zur Aufstellung von Jahresabschluss und Lagebericht (Abs. 1)

6 Absatz 1 Satz 1 regelt, dass die Betreiber von Wasserstoffnetzen, auch wenn sie nicht in der Rechtsform einer Kapitalgesellschaft oder haftungsbeschränkten Personenhandelsgesellschaft betrieben werden, einen Jahresabschluss und Lagebericht nach den für Kapitalgesellschaften geltenden Vorschriften des Handelsgesetzbuchs (HGB) aufzustellen, prüfen zu lassen und offenzulegen haben.

7 Gemäß Absatz 1 Satz 2 sind § 264 Abs. 3 HGB und § 264b HGB insoweit nicht anzuwenden.

8 Nach Absatz 1 Satz 3 gilt im Übrigen § 6b Abs. 1 S. 2, Abs. 2, 6 und 7 entsprechend.

D. Getrennte Buchführung (Abs. 2)

9 Absatz 2 Satz 1 regelt, dass die Betreiber von Wasserstoffnetzen, die neben dem Betrieb von Wasserstoffnetzen weitere Tätigkeiten ausüben, in ihrer internen Rechnungslegung ein eigenes Konto für die Tätigkeit des Betriebs von Wasserstoffnetzen zu führen haben. Dies dient der Vermeidung von Diskriminierung und Quersubventionierung zwischen dem Betrieb von Wasserstoffnetzen und den anderen Tätigkeiten.

10 Absatz 2 Satz 2 regelt, dass auch jede wirtschaftliche Nutzung eines Eigentumsrechts eine Tätigkeit im Sinne der Bestimmung ist.

11 Absatz 2 Satz 3 sieht vor, dass ein Tätigkeitsabschluss für den Betrieb von Wasserstoffnetzen aufzustellen ist und dem Abschlussprüfer des Jahresabschlusses vorzulegen ist.

12 Absatz 2 Satz 4 sieht die entsprechende Anwendung des § 6b Abs. 3–7 und damit auch die Pflicht zur Offenlegung des Tätigkeitsabschlusses im Bundesanzeiger vor.

§ 28l Ordnungsgeldvorschriften

(1) ¹Die Ordnungsgeldvorschriften der §§ 335 bis 335b des Handelsgesetzbuchs sind auf die Verletzung der Pflichten zur Offenlegung des Jahresabschlusses und Lageberichts nach § 28k Absatz 1 Satz 1 oder des Tätigkeitsabschlusses nach § 28k Absatz 2 Satz 4 in Verbindung mit § 6b Absatz 4 entsprechend anzuwenden. ²§ 6c Absatz 1 Satz 2 und 3 ist entsprechend anzuwenden.

(2) Die Bundesnetzagentur übermittelt der das Unternehmensregister führenden Stelle einmal pro Kalenderjahr Name und Anschrift der ihr bekanntwerdenden Unternehmen, die
1. nach § 28k Absatz 1 Satz 1 zur Offenlegung eines Jahresabschlusses und Lageberichts verpflichtet sind;
2. nach § 28k Absatz 2 Satz 4 in Verbindung mit § 6b Absatz 4 zur Offenlegung eines Tätigkeitsabschlusses verpflichtet sind.

Überblick

§ 28l trifft Regelungen zu Ordnungsgeldern bei einer Verletzung von Pflichten im Zusammenhang mit der buchhalterischen Entflechtung gem. § 28k von nach §§ 28j ff. regulierten Betreibern von (reinen) Wasserstoffnetzen (definiert in § 3 Nr. 39).

Die Regelung ist Bestandteil des in Teil 3 des EnWG mit Wirkung vom 27.7.2021 neu eingefügten Abschnitts mit Bestimmungen zur Regulierung von reinen Wasserstoffnetzen, die auf eine Markthochlaufphase ausgerichtet sind.

Die Vorschrift ist – ebenso wie die weiteren Vorschriften zur Regulierung von Wasserstoffnetzen in Teil 3 (§§ 28k ff.) – nur auf solche Betreiber anwendbar, die sich dazu entschieden haben, sich diesem neuen Regulierungsregime für Wasserstoffnetze zu unterwerfen und eine entsprechende (unwiderrufliche) Erklärung nach § 28j Abs. 3 gegenüber der BNetzA abgegeben haben.

A. Normzweck

§ 28l flankiert die Pflichten zur Offenlegung des Jahresabschlusses und Lageberichts nach § 28k Abs. 1 S. 1 oder des Tätigkeitsabschlusses nach § 28k Abs. 2 S. 4 iVm § 6b Abs. 4, soweit nicht bereits nach handelsrechtlichen Vorschriften ein Ordnungsgeldverfahren durchgeführt werden kann. 1

B. Entstehungsgeschichte

§ 28l wurde mit Wirkung vom 27.7.2021 in das EnWG eingefügt (BGBl. 2021 I 3026; Gesetzesbegr. BT-Drs. 19/27453, 119 f.). 2

Sie dient nicht der Umsetzung von Vorgaben des Europarechts. 3

Die Vorschrift wurde durch das Gesetz zur Umsetzung der Digitalisierungsrichtlinie (DiRUG) vom 5.7.2021 mit Wirkung vom 1.8.2022 geändert (BGBl. 2021 I 3338). Ausweislich der Gesetzesbegründung handelt es sich hier um Folgeänderungen zur Aufhebung von § 6c Abs. 1 S. 2 sowie zur Änderung von § 6b Abs. 4 und § 329 HGB (Gesetzesbegr. BT-Drs. 19/30523, 106). 4

C. Entsprechende Anwendung von Ordnungsgeldvorschriften (Abs. 1)

Abs. 1 S. 1 ermöglicht die Durchführung von Ordnungsgeldverfahren nach § 335 HGB durch das Bundesamt für Justiz bei Verstößen gegen die Pflichten zur Offenlegung des Jahresabschlusses und Lageberichts nach § 28k Abs. 1 S. 1 oder des Tätigkeitsabschlusses nach § 28k Abs. 2 S. 4 iVm § 6b Abs. 4, soweit nicht bereits nach handelsrechtlichen Vorschriften ein Ordnungsgeldverfahren durchgeführt werden kann (vgl. BT-Drs. 19/27453, 119). 5

Durch Verweis auf § 6c Abs. 1 S. 3 in Abs. 1 **S. 2** wird zugleich klargestellt, gegen wen ein Ordnungsgeldverfahren durchgeführt werden kann und dass die Prüfpflicht des Betreibers des Bundesanzeigers nach § 329 HGB den Jahresabschluss und Lagebericht sowie den Tätigkeitsabschluss umfasst, soweit dies nicht schon nach handelsrechtlichen Vorschriften vorgesehen ist (vgl. BT-Drs. 19/27453, 119). 6

D. Übermittlung an die das Unternehmensregister führende Stelle (Abs. 2)

Damit die das Unternehmensregister führende Stelle die Prüfung nach § 329 HGB wirksam vornehmen kann, sieht Abs. 2 vor, dass die BNetzA dieser Stelle einmal pro Kalenderjahr Name und Anschrift der ihr bekanntwerdenden Unternehmen übermittelt, die der Offenlegungspflicht nach § 28k Abs. 1 S. 1 oder nach § 28k Abs. 2 S. 4 iVm § 6b Abs. 4 unterliegen. 7

§ 28m Entflechtung

(1) ¹Betreiber von Wasserstoffnetzen sind zur Gewährleistung von Transparenz sowie diskriminierungsfreier Ausgestaltung und Abwicklung des Netzbetriebs verpflichtet. ²Um dieses Ziel zu erreichen, haben sie die Unabhängigkeit des Netzbetriebs von der Wasserstofferzeugung, der Wasserstoffspeicherung sowie vom Wasserstoffvertrieb sicherzustellen. ³Betreibern von Wasserstoffnetzen ist es nicht gestattet, Eigentum an Anlagen zur Wasserstofferzeugung, zur Wasserstoffspeicherung oder zum Wasserstoffvertrieb zu halten oder diese zu errichten oder zu betreiben.

(2) ¹Unbeschadet gesetzlicher Verpflichtungen zur Offenbarung von Informationen haben Betreiber von Wasserstoffnetzen sicherzustellen, dass die Vertraulichkeit wirtschaftlich sensibler Informationen gewahrt wird, von denen sie in Ausübung ihrer Geschäftstätigkeit Kenntnis erlangen. ²Legen Betreiber von Wasserstoffnetzen Informationen über die eigenen Tätigkeiten offen, haben sie zu gewährleisten, dass dies diskriminierungsfrei erfolgt. ³Sie haben insbesondere sicherzustellen, dass wirtschaftlich sensible Informationen gegenüber verbundenen Unternehmen vertraulich behandelt werden.

Überblick

Die Vorschrift regelt die vertikale (→ Rn. 21) und die informatorische Entflechtung (→ Rn. 28) von Betreibern von Wasserstoffnetzen (→ Rn. 12).

Absatz 1 Satz 1 verpflichtet die Betreiber von Wasserstoffnetzen zur Transparenz (→ Rn. 17) und zum diskriminierungsfreien Netzbetrieb (→ Rn. 19). Die Sätze 2 und 3 enthalten ein Tätigkeitsverbot (→ Rn. 24) für Betreiber von Wasserstoffnetzen, auf anderen Wertschöpfungsstufen der Wasserstoffversorgung aktiv zu werden.

Absatz 2 Satz 1 enthält ein striktes Vertraulichkeitsgebot für wirtschaftlich sensible Informationen (→ Rn. 29) und lässt deren Offenlegung aufgrund gesetzlicher Verpflichtungen (→ Rn. 39) zu. Satz 2 betrifft netzbetreiberbezogene Informationen (→ Rn. 41), die offengelegt werden dürfen, wenn dies diskriminierungsfrei (→ Rn. 42) erfolgt. Vor dem Hintergrund gesellschaftsrechtlicher Auskunfts- und Einsichtsrechte betont Satz 3 die vertrauliche Behandlung wirtschaftlich sensibler Informationen gegenüber verbundenen Unternehmen.

Übersicht

	Rn.		Rn.
A. Normzweck und Bedeutung	1	II. Tätigkeitsverbot	24
B. Entstehungsgeschichte	7	F. Informatorische Entflechtung (Abs. 2)	28
C. Normadressaten	12	I. Wirtschaftlich sensible Informationen (Abs. 2 S. 1, 3)	29
D. Transparenz und Diskriminierungsfreiheit (Abs. 1 S. 1)	15	1. Informationsgegenstand	30
I. Gewährleistung von Transparenz	17	2. Kenntniserlangung	34
II. Diskriminierungsfreier Netzbetrieb	19	3. Vertraulichkeitsanforderungen	35
		4. Ausnahmen	39
E. Vertikale Entflechtung (Abs. 1 S. 2, 3)	21	II. Diskriminierungsfreie Offenlegung (Abs. 2 S. 2)	41
I. Unabhängigkeit des Netzbetriebs	22	G. Folgen von Pflichtverletzungen	43

A. Normzweck und Bedeutung

1 Die Norm regelt die vertikale und informatorische Entflechtung von Betreibern von Wasserstoffnetzen, die sich freiwillig dem Regulierungsregime durch Abgabe der Opt-In-Erklärung gem. § 28j Abs. 1 S. 1, Abs. 3 gegenüber der BNetzA unterworfen haben. Sie **flankiert die Regelungen** zur buchhalterischen Entflechtung (§ 28k) und zum Netzanschluss und Netzzugang (§§ 28n, 28o) und kann mit diesen Vorschriften als „(zurückhaltendes) Entflechtungsregime" (Benrath EnWZ 2021, 195 (200)) bezeichnet werden.

2 Die Regelung fügt sich in die **Zielsetzung** des Gesetzgebers ein, dass es aufgrund der bisher nicht vorhandenen Monopolstrukturen im Wasserstoffmarkt neben dem Kartellrecht keiner umfassenden Regulierung bedarf und sich die Betreiber von Wasserstoffnetzen für das Regulierungsregime entscheiden können (BT-Drs. 19/27453, 118).

3 Entflechtungsregelungen sind in verschiedenen Sektoren in unterschiedlicher Ausprägung bekannt (zB Post, Telekommunikation, Eisenbahn, Strom- und Erdgasmarkt). Anlass für solche Regelungen waren bzw. sind monopolartige Strukturen in bestehenden Märkten, die Missbrauchspotenzial haben. Wenn schon der Bedarf an solchen Regelungen in bestehenden Märkten in Frage zu stellen ist (Möschel ZNER 2011, 101 (103)), stellt sich erst recht die **Frage der Notwendigkeit** für den im Aufbau befindlichen Wasserstoffmarkt. Auch das Verbot für Betreiber von Wasserstoffnetzen, auf anderen Wertschöpfungsstufen (insbes. im Erzeugungs- und Speicherbereich) tätig zu werden, kann hinderlich für den Aufbau eines Wasserstoffmarktes sein. Der Gesetzgeber hat diese Problematik gesehen, betrachtet aber die Regelungen, für deren Anwendung sich die Normadressaten freiwillig entscheiden, als einen Beitrag zur Förderung wettbewerblicher Marktstrukturen und für die Schaffung eines vorhersehbaren und fairen Rechtsrahmen für die Marktteilnehmer und den Geschäftsverkehr im Zusammenhang mit neuen Wasserstoffnetzen (BT-Drs. 19/27453, 118).

4 **Vorbild** für die Vorschrift waren §§ 6, 6a, jedoch unterscheidet sich § 28m von diesen Normen bzgl. des Normadressatenkreises (→ Rn. 12) und des Tätigkeitsverbots (→ Rn. 24). Auch die spezielle Anwendung steuerrechtlicher Vorschriften im Rahmen von gesellschaftsrechtlichen Umstrukturierungen (vgl. § 6 Abs. 2 und 3) wird durch § 28m nicht angeordnet. Umwandlungs- oder Umstrukturierungsvorgänge sind jedoch vorstellbar (zB Ausgründung eines Wasserstoffnetzbetreibers aus einem Erdgasnetzbetreiber durch (ggf. sukzessive) Übertragung des Eigentums an nicht mehr für den Erdgastransport benötigten Gasleitungen zwecks Umstellung für den Wasserstofftransport oder an einem Wasserstoffnetz bzw. an einzelnen Wasserstoffleitungen). Vor diesem Hintergrund ist die Einfügung entsprechender Regelungen wünschenswert. Eine analoge Anwendung kommt mangels planwidriger Regelungslücke nicht in Betracht. Darüber hinaus wäre die Rechtsfolge des § 6 Abs. 2 S. 4 wegen Zeitablaufs nicht mehr anwendbar.

Zweck der in § 28m Abs. 1 geregelten vertikalen Entflechtung ist die **Verhinderung von** 5
Quersubventionen zwischen dem Netzbetrieb und anderen Aktivitäten im Wasserstoffmarkt (zur vergleichbaren Regelung des § 6 → § 6 Rn. 4).

Die Regelungen in § 6a, die Vorbild für § 28m Abs. 2 waren, werden gemeinhin als 6 informatorische Entflechtung bezeichnet (Britz/Hellermann/Hermes/Hölscher, 3. Aufl., § 6a Rn. 1; Theobald/Theobald Grundzüge EnergiewirtschaftsR 325; aA Säcker EnergieR/Säcker/Schönborn § 6a Rn. 3; Schneider/Theobald EnergieWirtschaftsR-HdB/de Wyl/Finke § 4 Rn. 21: die Entflechtungsbestimmungen ergänzende bzw. flankierende Vorgaben). Richtigerweise beschreibt § 6a aber keine Pflicht zur Trennung bisher verflochtener Bereiche, sondern allgemein Pflichten zum Umgang mit wirtschaftlich sensiblen Informationen (Theobald/Kühling/Heinlein/Büsch § 6a Rn. 3). Zweck der Vorgaben zur Verwendung von bestimmten, wirtschaftlich relevanten Informationen ist die **Sicherstellung eines diskriminierungsfreien Wettbewerbs** (Theobald/Kühling/Heinlein/Büsch § 6a Rn. 2) bzw. die Verhinderung einer Verzerrung des Wettbewerbs (→ § 6a Rn. 2; → § 6a Rn. 12; Säcker EnergieR/Säcker/Schönborn § 6a Rn. 5; Kment EnWG/Knauff § 6a Rn. 1).

B. Entstehungsgeschichte

Am 13.7.2020 veröffentlichte die BNetzA eine **Bestandsaufnahme** und leitete eine 7 Marktkonsultation zur Regulierung von Wasserstoffnetzen ein. Dabei ging es u.a. um Fragen einer Zugangs- und Entgeltregulierung und das Erfordernis einer flankierenden Entflechtung. Die BNetzA wies darauf hin, dass der Umfang der Entflechtung vom möglichen, zukünftigen Infrastrukturszenario abhänge. Es sei zu prüfen, ob der Wasserstoffmarkt oder die Infrastrukturen in diesem Bereich ausreichend entwickelt sind; ansonsten könnten mögliche Entflechtungsvorgaben zu Ineffizienzen führen, die notwendige Investitionen verhindern (Regulierung von Wasserstoffnetzen, Eine Bestandsaufnahme der Bundesnetzagentur, Juli 2020, 69). Der Betrieb eines Wasserstoffnetzes durch einen Erdgasnetzbetreiber wurde als entflechtungsrechtlich möglich erachtet (Regulierung von Wasserstoffnetzen, Eine Bestandsaufnahme der Bundesnetzagentur, Juli 2020, 8). Sofern ein (Gas-)Netzbetreiber aber auch eine Wasserstofferzeugungsanlage betreiben möchte, sei zu prüfen, welche Anforderungen nach den Entflechtungsvorschriften des EnWG zu beachten sind (Regulierung von Wasserstoffnetzen, Eine Bestandsaufnahme der Bundesnetzagentur, Juli 2020, 27).

In der **Marktkonsultation** wurde u.a. auf die Notwendigkeit einer flankierenden Ent- 8 flechtung zur Zugangsregulierung hingewiesen; damit würde der Gefahr von Zugangsverweigerungen begegnet (Regulierung von Wasserstoffnetzen, Ergebnisse der Marktkonsultation der Bundesnetzagentur, November 2020, 11, 29). Eine Mehrheit sprach sich für ein Entflechtungsregime aus, das sich am bestehenden Rahmen für den Erdgasmarkt orientieren solle (Regulierung von Wasserstoffnetzen, Ergebnisse der Marktkonsultation der Bundesnetzagentur, November 2020, 33 f.). Dieser Regelungsbedarf wurde in einem **Eckpunktepapier** des Bundesministeriums für Wirtschaft und Energie vom 17.11.2020 aufgegriffen, in dem die vertikale Entflechtung und die buchhalterische Entflechtung zwischen Gas- und Wasserstoffnetzinfrastrukturen adressiert wurde.

In einem **Referentenentwurf** (RefE) des Bundesministeriums für Wirtschaft und Energie 9 vom 15.1.2021 (§ 28l Abs. 2 RefE, Energiewirtschaftsrechtsänderungsgesetz, 28, 95) war auch eine horizontale Entflechtung vorgesehen. Das hätte bedeutet, dass Erdgasnetzbetreiber keine Wasserstoffnetze betreiben dürfen. Das Gesetzgebungsverfahren wurde mit dem Gesetzentwurf der Bundesregierung am 12.2.2021 eingeleitet (BR-Drs. 165/21), in dem diese Überlegungen keinen Eingang fanden. Änderungen an der Vorschrift ergaben sich im Verlauf des Gesetzgebungsverfahrens nicht.

10 Die Vorschrift wurde schließlich durch das Gesetz zur Umsetzung unionsrechtlicher Vorgaben und zur Regelung reiner Wasserstoffnetze im Energiewirtschaftsrecht vom 16.7.2021 (BGBl. I 3026 (3051)) in das EnWG eingefügt.

11 Änderungsbedarf an § 28m wird sich ggf. durch die Umsetzung des **EU-Gaspakets** in deutsches Recht ergeben. Im Kontext mit dem „Green Deal", dessen Ziele u.a. mit einer Wasserstoffstrategie erreicht werden sollen (COM(2020) 301), leitete die Kommission im März 2021 einen Konsultationsprozess u.a. zur Änderung der Gas-Binnenmarkt-Richtlinie 2009/73/EG und der Fernleitungszugangsverordnung Nr. 715/2009 ein und unterbreitete am 15.12.2021 dem Europäischen Parlament und dem Rat Vorschläge zur Änderung dieser Richtlinie und dieser Verordnung. Erwägungsgrund 55 betont, dass das Entstehen vertikal integrierter Unternehmen im entstehenden Wasserstoffmarkt durch Festlegung klarer Vorabvorschriften vermieden werden solle. Dies sei kostspieligen nachträglichen Entflechtungsanforderungen vorzuziehen, deren Umsetzung Zeit in Anspruch nehmen würde. Art. 62 des Richtlinienentwurfs (RL-E) enthält Vorgaben zur vertikalen Entflechtung und sieht eine eigentumsrechtliche Entflechtung für Wasserstoffnetzbetreiber vor. Für einen Übergangszeitraum bis Ende 2030 sollen die Mitgliedstaaten davon abweichen können (Art. 62 Abs. 2, 3 RL-E). Art. 63 RL-E enthält Vorgaben zur horizontalen Entflechtung und Art. 64 RL-E zur buchhalterischen Trennung. Aktuell läuft das Gesetzgebungsverfahren noch (s. zum aktuellen Stand: Kisker/Freitag EWerK 2023, 107 (115); Weyer EnK-Aktuell 2022, 01021), bei dem sich ein Verzicht auf die befristete Regelung zur Abweichung von der eigentumsrechtlichen Entflechtung abzuzeichnen scheint. Damit könnte das ITO-Modell auch über das Jahr 2030 hinaus im Wasserstoffmarkt zur Anwendung kommen. Ggf. ist bis Ende 2023 mit dem Inkrafttreten einer geänderten bzw. neuen Gas-Binnenmarkt-Richtlinie zu rechnen, die dann in deutsches Recht umgesetzt werden muss.

C. Normadressaten

12 Die Vorschrift findet nur auf solche Betreiber eines Wasserstoffnetzes (§ 3 Nr. 10b) Anwendung, welche die **Opt-In-Erklärung nach § 28j Abs. 1 S. 1, Abs. 3** gegenüber der BNetzA abgegeben haben (s. zum ersten Verfahren BK7-21-106). Nur in diesem Fall hält der Gesetzgeber die beschränkte Regulierung von Wasserstoffnetzen für geboten. Die Norm erfordert zwar nicht ausdrücklich die Wirksamkeit der Erklärung nach § 28j Abs. 3 S. 2 im Rahmen der Bedarfsprüfung nach § 28p. Aufgrund der Folgen einer Entflechtung ist nach dem Sinn und Zweck der Vorschrift allerdings davon auszugehen, dass die Entflechtung des Betreibers eines Wasserstoffnetzes nicht schon mit dessen Erklärung eintreten soll (s. Tenor der Entscheidung BK7-21-106). Im Falle der Ablehnung der Bedarfsgerechtigkeit durch die Regulierungsbehörde müsste die Entflechtung sonst wieder rückgängig gemacht werden (ähnlich Elspas/Lindau/Ramsauer N&R 2021, 258 (261)).

13 Gegenüber den ähnlich gestalteten Vorschriften der § 6 Abs. 1 und § 6a fällt auf, dass Normadressaten von § 28m **ausschließlich Betreiber von Wasserstoffnetzen** sind und somit der Kreis der Verpflichteten enger ist. § 6 Abs. 1 richtet sich demgegenüber neben den Betreibern von Elektrizitäts- und Gasversorgungsnetzen auch an das vertikal integrierte Unternehmen und § 6a erfasst vertikal integrierte Unternehmen, Transportnetzeigentümer, Netzbetreiber, Gasspeicheranlagenbetreiber sowie Betreiber von LNG-Anlagen.

14 Aus dem Wortlaut von § 28m und der systematischen Stellung in Teil 3, Abschnitt 3b des EnWG (Regulierung von Wasserstoffnetzen) folgt, dass der **Kreis der Normadressaten als abschließend zu betrachten** ist. Dies erscheint für die informatorische Entflechtung als inkonsistent, da wirtschaftlich sensible Informationen von Betreibern von Wasserstoffspeicheranlagen für vor- und nachgelagerte Märkte ebenso vorteilhaft sein können wie solche Informationen von Betreibern von Wasserstoffnetzen. Allerdings ist vor dem Hintergrund der Entstehungsgeschichte der Norm (→ Rn. 7) nicht von einem Redaktionsversehen des Gesetzgebers, dem die Bedeutung der informatorischen Entflechtung und des in § 6a formulierten Leitbildes bei der Formulierung der Norm klar war, sondern von einer bewussten Entscheidung für den eingeschränkten Normadressatenkreis auszugehen.

D. Transparenz und Diskriminierungsfreiheit (Abs. 1 S. 1)

Aus Satz 1 ergeben sich dem Wortlaut nach Pflichten für Betreiber von Wasserstoffnetzen, 15
nämlich die Transparenz zu gewährleisten (→ Rn. 17) und den Netzbetrieb diskriminierungsfrei auszugestalten und abzuwickeln (→ Rn. 19). Aus dem Kontext zum nachfolgenden Satz 2 ist zu schließen, dass es sich dabei primär um **Zielvorgaben** handelt, die durch das Mittel einer vertikalen Entflechtung (→ Rn. 21) erreicht werden sollen. Auch wenn § 28m Abs. 1 S. 1 erkennbar der Vorschrift des § 6 Abs. 1 S. 1 nachgebildet ist, fehlen konkretere Anforderungen, wie dies bspw. durch die Verweisung in § 6 Abs. 1 auf die §§ 6a–10e erfolgt ist (Elspas/Lindau/Ramsauer N&R 2021, 258 (261)).

Soweit ersichtlich, werden aus der Regelung in § 6 Abs. 1 S. 1 **keine eigenständigen** 16
Anforderungen für Betreiber von Energieversorgungsnetzen abgeleitet, sodass die Übertragung dieses Ansatzes auf § 28m Abs. 1 S. 1 naheliegt. Transparentes und diskriminierungsfreies Verhalten von Betreibern von Energieversorgungsnetzen spielt vor allem beim Netzanschluss (§ 17) und Netzzugang (§§ 20, 21) eine wichtige Rolle. Auch für Betreiber von Wasserstoffnetzen misst der Gesetzgeber dem Bedeutung bei (§ 28n). Allerdings folgt aus der gesonderten Erwähnung in § 6 Abs. 1 S. 1 und § 28m Abs. 1 S. 1 in Bezug auf den Netzbetrieb, dass auch dabei ein transparentes und diskriminierungsfreies Verhalten der Normadressaten erwartet wird. Diese sind zur Gewährleistung von Transparenz sowie zur diskriminierungsfreien Ausgestaltung und Abwicklung des Netzbetriebs verpflichtet und haben deswegen die Unabhängigkeit des Netzbetriebs von der Wasserstofferzeugung, der Wasserstoffspeicherung sowie vom Wasserstoffvertrieb sicherzustellen.

I. Gewährleistung von Transparenz

Der **Gegenstand** der Transparenz ergibt sich nicht aus dem Wortlaut. Da der Begriff 17
auch in verschiedenen Regelungen des EnWG verwendet wird (zB § 1a Abs. 5, § 5b Abs. 1, § 7c Abs. 2, § 11a Abs. 1, § 12h, § 13e Abs. 2, § 17 Abs. 1, § 21 Abs. 1, § 22), kann er sich auf für den Wasserstoffmarkt relevante Informationen, Verfahrensweisen bzw. Geschäftsprozesse der Betreiber von Wasserstoffnetzen mit Netzkundenbezug oder die Bedingungen und Entgelte für die Erbringung ihrer Leistungen beziehen (so ausdrücklich § 28n Abs. 3).

Vor dem Hintergrund eines sich erst noch entwickelnden Wasserstoffmarktes wird der 18
Betreiber eines Wasserstoffnetzes schon im Eigeninteresse umfassende netzbezogene Informationen dem Markt bereitstellen und Verfahren bzw. Geschäftsprozesse anwenden, die sein Agieren gegenüber Netzkunden nachvollziehbar machen. Allerdings bedeutet Transparenz nicht die Verpflichtung zu einem „gläsernen Unternehmen", da sonst der Antrieb zu Unternehmertum und Innovation in Frage gestellt würde. Betriebs- und Geschäftsgeheimnisse der Betreiber von Wasserstoffnetzen müssen nicht transparent gemacht bzw. offengelegt werden, ausgenommen, dies ist aus gesetzlichen Gründen gefordert.

II. Diskriminierungsfreier Netzbetrieb

Ob dem Begriff des diskriminierungsfreien Netzbetriebs in § 6 Abs. 1 S. 1 und § 28m 19
Abs. 1 S. 1 neben dem diskriminierungsfreien Netzanschluss und Netzzugang (§ 28n) eine eigenständige Bedeutung zukommt, ist durch den Bezug zu den Begriffen „Ausgestaltung und Abwicklung" fraglich. Auch wenn die Begriffe Netzanschluss, Netzzugang und Netzbetrieb in vielen Regelungen des EnWG verwendet werden und dort eine unterschiedliche Bedeutung haben (s. auch §§ 28n, 28o), liegt hier die Bedeutung als **Oberbegriff für Netzanschluss und Netzzugang** nahe, da selbst bei einem Verständnis des Begriffs „Netzbetrieb" als technische Betriebsführung des Transportsystems und die Aufrechterhaltung seiner Funktionsfähigkeit dessen netzkundenbezogene Ausgestaltung und Abwicklung Netzanschluss- und Netzzugangsfragen berührt (zB Verfügbarkeit von Wasserstoffein- und -ausspeisepunkten, unterbrechungsfreie Wasserstoffversorgung).

Die **Ausgestaltung und Abwicklung** des Netzbetriebs ist diskriminierungsfrei, wenn 20
der Betreiber eines Wasserstoffnetzes allgemeine technische und kommerzielle Bedingungen veröffentlicht, allen Nutzern anbietet, von diesen nur im Einzelfall aus sachlichen Gründen abweicht und gleiche Sachverhalte von Nutzern gleich und ungleiche Sachverhalte differenziert behandelt.

E. Vertikale Entflechtung (Abs. 1 S. 2, 3)

21 Die Regelungen in Absatz 1 Sätze 2 und 3 adressieren ausschließlich die **Verpflichtung** zur vertikalen Entflechtung an die Betreiber von Wasserstoffnetzen (Möller-Klapperich NJ 2021, 390 (392); Senders/Wegner EnWZ 2021, 243 (251) wollen darin auch eine operationelle Entflechtung erblicken; unsicher dazu Stelter/Schieferdecker/Lange EnWZ 2021, 99 (101); richtig insoweit Sieberg/Cesarano RdE 2021, 297 (301), die auf fehlende Vorgaben zur operationellen Entflechtung verweisen). Dies wird mit einem Verbot der Tätigkeit auf den dem Netzbetrieb vor- und nachgelagerten Aktivitäten von Marktteilnehmern des Wasserstoffmarktes verbunden. Die Unabhängigkeit wird also dem Wortlaut nach mit einem Tätigkeitsverbot verknüpft.

I. Unabhängigkeit des Netzbetriebs

22 Die **Art und Weise** und der Umfang der Unabhängigkeit des Netzbetriebs von anderen Wertschöpfungsstufen des Wasserstoffmarktes wird durch die Norm nicht weiter konkretisiert. Vielmehr beschränkt sich die Norm auf diese allgemeine Vorgabe. Besonders deutlich wird dies aufgrund eines Vergleichs mit der parallel gestalteten Vorschrift des § 6 Abs. 1 S. 2. Darin wird ausdrücklich auf weitere Normen mit konkreteren Maßnahmen verwiesen, die nach Auffassung des Gesetzgebers zur Sicherstellung der Unabhängigkeit umzusetzen sind. Diese sind als abschließend zu betrachten (→ § 6 Rn. 36). Ein solcher Verweis fehlt in § 28m Abs. 1 S. 2. Dies führt zu Unklarheiten bei der Normanwendung, welche Form und welche Maßnahmen zur Entflechtung zu wählen sind (so auch Elspas/Lindau/Ramsauer N& R 2021, 258 (261); Stelter/Schieferdecker/Lange EnWZ 2021, 99 (101), die während des Gesetzgebungsverfahrens eine Klarstellung angeregt hatten).

23 In Ermangelung eines Verweises auf konkrete Maßnahmen, um die Unabhängigkeit sicherzustellen, erschöpfen sich die von einem Betreiber eines Wasserstoffnetzes sicherzustellenden Maßnahmen in einer eigenverantwortlichen Umsetzung des Tätigkeitsverbots (→ Rn. 24), die ggf. durch Aufsichtsmaßnahmen der BNetzA (→ Rn. 43) begleitet wird. Wie auch für § 6 kann bei § 28m Abs. 1 S. 2 ebenfalls von einer **abschließenden Regelung** ausgegangen werden. Eine entsprechende Anwendung der §§ 6a–10e verbietet sich somit.

II. Tätigkeitsverbot

24 Die Regelung des § 28m Abs. 1 S. 3 verbietet dem Betreiber eines Wasserstoffnetzes, Eigentum an Anlagen zur Wasserstofferzeugung, zur Wasserstoffspeicherung oder zum Wasserstoffvertrieb zu halten oder diese zu errichten oder zu betreiben. Der Wortlaut scheint bzgl. der Tätigkeitsverben („halten, errichten, betreiben") an § 7 Abs. 1 S. 2, § 8 Abs. 2 S. 4, § 10b Abs. 3 S. 3 angelehnt zu sein. Dem Wortlaut nach bedeutet dies somit ein **umfassendes Tätigkeitsverbot** für Betreiber eines Wasserstoffnetzes auf den genannten Wertschöpfungsstufen des Wasserstoffmarktes. Aus sachlichen Gründen dürften aber **Ausnahmen** zulässig sein.

25 Denkbar ist bspw. der Betrieb von Anlagen zur Wasserstoffspeicherung als Netzpuffer für den Betrieb eines Wasserstoffnetzes. Die **Netzdienlichkeit** von durch Netzbetreiber betriebene Gasspeicheranlagen ist zumindest im Erdgasnetzbetrieb anerkannt und von der BNetzA im Einzelfall als zulässig angesehen worden (zur vergleichbaren Thematik von Energiekopplungsanlagen iSv § 43 Abs. 2 S. 1 Nr. 7 → EnWG § 43 Rn. 74 und von Großspeicheranlagen iSv § 43 Abs. 2 S. 1 Nr. 8 → EnWG § 43 Rn. 76). Auch Erwägungsgrund 63 Elektrizitäts-Binnenmarkt-Richtlinie (EU) 2019/944 hebt für Energiespeicheranlagen hervor, bei denen es sich um vollständig integrierte Netzkomponenten handelt, dass nicht dieselben strengen Entflechtungsanforderungen gelten müssen (s. auch Art. 36 Abs. 2, 54 Abs. 2 Elektrizitäts-Binnenmarkt-Richtlinie (EU) 2019/944, die in § 3 Nr. 28b, § 11b in deutsches Recht umgesetzt sind).

26 Auch die Errichtung und der Betrieb von Anlagen zur Wasserstofferzeugung und zur Wasserstoffspeicherung zur **Deckung des Eigenbedarfs** des Wasserstoffnetzbetreibers an einem Betriebsstandort (zB Umwandlung eines Stromüberschusses, der mit einer Anlage zur Deckung des Eigenbedarfs erzeugt wird) wird zulässig sein. Dafür spricht, dass es sich um eine innerbetriebliche Angelegenheit des Wasserstoffnetzbetreibers handelt, welche den Was-

serstoffmarkt nicht tangiert. Auch die bisherige Verwaltungspraxis der BNetzA zur Errichtung und zum Betrieb von Stromerzeugungsanlagen, insbes. PV-Anlagen, durch Netzbetreiber zur Deckung ihres Eigenbedarfs an Betriebsstandorten lässt sich insoweit übertragen. Sicherzustellen ist jedoch, dass keine Einspeisung des Wasserstoffs durch den Wasserstoffnetzbetreiber erfolgt (also der Betrieb eines Inselnetzes erfolgt bzw. organisatorische und technische Vorkehrungen zur Verhinderung einer Einspeisung getroffen werden) und er keine Vertriebsaktivitäten entfaltet.

Das Verbot der Errichtung und des Betriebes von Anlagen zur Wasserstofferzeugung, zur 27 Wasserstoffspeicherung oder zum Wasserstoffvertrieb impliziert ein eigenes wirtschaftliches Interesse des Anlagenbetreibers an deren Nutzung. Für die (zulässige) **Erbringung von Dienstleistungen** von Betreibern von Wasserstoffnetzen im Zusammenhang mit der Planung und Herstellung sowie dem Betrieb solcher Anlagen für Dritte, welche Eigentümer werden und diese Anlagen im eigenen wirtschaftlichen Interesse nutzen werden, liegt daher eine **teleologische Reduktion** des Tätigkeitsverbots nahe. Normzweck des Tätigkeitsverbots ist die Flankierung der Netzzugangsregulierung gem. §§ 28n, 28o. Diese kann bei der Dienstleistungserbringung allenfalls mittelbar tangiert sein, wenn Ressourcen des Wasserstoffnetzbetreibers, welche ggf. Kostenbasis für Netzentgelte sind, bevorzugt dem vertikal integrierten Unternehmen zugutekommen. Aber dies lässt sich durch ein diskriminierungsfreies Angebot von Dienstleistungen vermeiden (s. § 10a Abs. 3 S. 2). Bei entsprechender vertraglicher Ausgestaltung und ggf. Abstimmung mit der BNetzA sollte dem Wasserstoffnetzbetreiber ein Dienstleistungsgeschäft in diesem Sektor daher möglich sein.

F. Informatorische Entflechtung (Abs. 2)

Die Regelung zur informatorischen Entflechtung für Betreiber von Wasserstoffnetzen 28 orientiert sich erkennbar am Wortlaut der Vorschrift des § 6a, jedoch unterscheiden sich die Vorschriften im Wortlaut. So ist der Normadressatenkreis von § 6a weitergehend als § 28m Abs. 2, der sich ausschließlich an die Betreiber von Wasserstoffnetzen richtet. Eine Verbindung mit einem vertikal integrierten Unternehmen wird nicht gefordert. Darüber hinaus fehlt der konkretisierende Zusatz in Satz 2, dass Informationen über die eigenen Tätigkeiten des Betreibers von Wasserstoffnetzen nur solche sind, die wirtschaftliche Vorteile bringen können. Zwar verweist die Gesetzesbegründung an keiner Stelle explizit auf § 6a, was so verstanden werden kann, dass es auch keine Gemeinsamkeiten in der Auslegung geben soll (vgl. BT-Drs. 19/27453, 120). Mit hoher Wahrscheinlichkeit handelt es sich aber um ein Redaktionsversehen, da in der Gesetzesbegründung zumindest ausdrücklich erwähnt wird, dass Satz 2 die Verpflichtung regele, „Informationen über eigene Tätigkeiten, die wirtschaftliche Vorteile bringen können, diskriminierungsfrei allen Marktakteuren zur Verfügung zu stellen" (BT-Drs. 19/27453, 120). Der Wille des Gesetzgebers einer gleichgerichteten Zielrichtung von §§ 6a, 28m Abs. 2 wird damit hinreichend zum Ausdruck gebracht. Dies erscheint auch vom Normzweck her als sinnvoll.

I. Wirtschaftlich sensible Informationen (Abs. 2 S. 1, 3)

Der Begriff der wirtschaftlich sensiblen Informationen wird, wie in § 6a, nicht erläutert. 29 In Anlehnung an die Gesetzesbegründung zur Vorgängerregelung von § 6a (BR-Drs. 613/04, 97; BT-Drs. 15/3917, 55) sind **Gegenstand** (→ Rn. 30) bestimmte Daten der Netzkunden im Zusammenhang mit der Ein- und Ausspeisung von Wasserstoff, auf die Wasserstoffnetzbetreiber zur Anbahnung und Durchführung einer Netznutzung angewiesen ist. Solche Daten selber oder Rückschlüsse daraus können Wettbewerbern der Netzkunden auf den vor- und nachgelagerten Märkten einen unberechtigten Marktvorteil verschaffen und sind daher vertraulich zu behandeln. Damit sind Daten auf der gleichen Marktstufe, also des Netzbetriebs, nicht gemeint (→ Rn. 33).

1. Informationsgegenstand

Die Regulierungsbehörden haben in ihrer Verwaltungspraxis zur Anwendung von § 6a 30 (§ 9 aF) die Begriffskategorien der **Netzkundeninformationen** und der **Netzinformationen** für wirtschaftlich sensible Informationen herausgearbeitet und diese durch beispielhafte

Aufzählung erläutert (Gemeinsame Auslegungsgrundsätze der Regulierungsbehörden des Bundes und der Länder zu den Entflechtungsbestimmungen in §§ 6–10 EnWG vom 1.3.2006, 25 f.; Gemeinsame Richtlinie der Regulierungsbehörden des Bundes und der Länder zur Umsetzung der informatorischen Entflechtung nach § 9 EnWG vom 13.6.2007, 7 und Anlage 1).

31　Übertragen auf den Wasserstoffmarkt und die Verfügbarkeit von Informationen für Betreiber von Wasserstoffnetzen sind als wirtschaftlich sensibel insbesondere folgende Daten zum Netzausbau, zum Netzanschluss, zum Netzbetrieb und zum Netzzugang zu bewerten:
- Kapazitätsbedarf für Ein- oder Ausspeisung (punktscharfe Ein-/Ausspeisemenge in MWh, Ein-/Ausspeiseleistung in MWh/h$_{th}$)
- Detailinformationen von Netzkunden zu ihrem Anschlussbedarf
- Technische Parameter zur Auslegung eines Netzanschlusses, geplante Inbetriebnahme
- Messdaten, die auf das Nutzungsverhalten von Netzkunden schließen lassen
- Geplante Versorgungsunterbrechungen infolge von Instandhaltungsmaßnahmen
- Informationen zum Inhalt von Netznutzungsverträgen
- Lastprofile und Lastprognosen von Netznutzern
- Buchungsverhalten an Netzkopplungspunkten sowie Ein- und Ausspeisepunkten
- Informationen zum Bedarf an Regelenergie
- Informationen zum Bilanzausgleich
- Laufzeit von Verträgen mit Netznutzern, Kündigungsmöglichkeiten
- Kapazitätsprognosen und Kalkulation von Netzentgelten

32　Informationen, die für vor- und nachgelagerte Märkte offensichtlich **ohne wirtschaftliche Bedeutung** sind oder wenn Netzkunden in die Offenlegung der sie betreffenden Daten einwilligen, sind nicht als wirtschaftlich sensibel zu betrachten (Gemeinsame Auslegungsgrundsätze der Regulierungsbehörden des Bundes und der Länder zu den Entflechtungsbestimmungen in §§ 6–10 EnWG vom 1.3.2006, 25).

33　Vor dem Hintergrund einer ggf. durch europäische Vorgaben zu erwartenden rechtlichen Trennung von Erdgasnetz- und Wasserstoffnetzbetreibern (→ Rn. 11) kann das Vertraulichkeitsgebot auch für Unternehmen Bedeutung erlangen, die auf der gleichen Marktstufe, dem Netzbetrieb, tätig sind. Gerade in der Phase des Markthochlaufs sind parallele Erdgas- und Wasserstoffinfrastrukturen möglich. So sind Konstellationen denkbar, bei denen sich Netzkunden sowohl an ein Erdgasnetz anschließen lassen könnten, wenn der Anschluss „H2-ready" ausgelegt wird (§ 43l Abs. 8) und das Erdgasnetz künftig für den Wasserstofftransport umgestellt wird oder gleich den Anschluss an neue Wasserstoffleitungen bzw. ein Wasserstoffnetz begehren, wenn diese bereits Quellen und Senken verbinden. Angesichts der Intention des Gesetzgebers (→ Rn. 2) und der gesetzlichen Kooperationspflichten zwischen Netzbetreibern, die einen Informationsaustausch voraussetzen (§§ 28j Abs. 4, 28q Abs. 1), ist § 28m Abs. 2 insoweit **teleologisch zu reduzieren**. Dies gilt insbesondere, wenn durch europäische Vorgaben eine horizontale Entflechtung von Erdgasnetzbetreibern erforderlich werden sollte. Zumindest für eine Übergangsphase wird es ggf. zulässig sein, dass Erdgas- und Wasserstoffnetzbetreiber zum selben vertikalen Unternehmen gehören und sich gegenseitig Dienstleistungen erbringen (→ Rn. 27). Dann ist ein Informationsaustauch zwischen ihnen notwendig, der nicht dem Vertraulichkeitsgebot des § 28m Abs. 2 unterliegt. Einer wettbewerblichen Relevanz netzkundenbezogener Informationen ist insoweit ausschließlich durch das Kartellrecht zu begegnen.

2. Kenntniserlangung

34　Die Kenntnis über wirtschaftlich sensible Informationen muss **in Ausübung der Tätigkeit** als Betreiber von Wasserstoffnetzen erlangt werden. Voraussetzung ist ein sachlicher, räumlicher und zeitlicher Zusammenhang mit der Betreibertätigkeit und sie muss auf einem Wissensvorsprung beruhen (Säcker EnergieR/Säcker/Schönborn § 6a Rn. 31). Nach herrschender Meinung wird dieses Tatbestandsmerkmal **weit ausgelegt** (→ § 6a Rn. 17; Theobald/Kühling/Heinlein/Büsch § 6a Rn. 11; Britz/Hellermann/Hermes/Hölscher, 3. Aufl., § 6a Rn. 10).

3. Vertraulichkeitsanforderungen

Der Umfang der Vertraulichkeitsanforderungen wird vom Gesetzgeber weder in § 6a noch in § 28m Abs. 2 festgelegt. Ausgehend vom Schutzzweck hat der Betreiber eines Wasserstoffnetzes organisatorische und technische Vorkehrungen zur Wahrung der Vertraulichkeit zu treffen (so zu § 6a Britz/Hellermann/Hermes/Hölscher, 3. Aufl., § 6a Rn. 14 ff.). Dabei ist der **Grundsatz der Verhältnismäßigkeit** zu beachten (→ § 6a Rn. 21; Säcker EnergieR/Säcker/Schönborn § 6a Rn. 36 f.). 35

Organisatorische Vorkehrungen umfassen innerbetriebliche Vorgaben (zB Richtlinie, Arbeitsanweisung), welche die Informationskategorien beschreiben, die Handlungspflichten der Beschäftigten festlegen, ein Verfahren zur ggf. aus sachlichen Gründen erforderlichen Offenlegung vorsehen und eine Dokumentation vorgeben. Die Beschäftigten sind regelmäßig in geeigneter Art und Weise (zB Präsenzschulung, eLearing) sowie adressatengerecht zu schulen. Schließlich sind arbeitsrechtliche Sanktionen bei schuldhafter Verletzung der innerbetrieblichen Vorgaben vorzusehen (so zu § 6a Säcker EnergieR/Säcker/Schönborn § 6a Rn. 39; Britz/Hellermann/Hermes/Hölscher, 3. Aufl., § 6a Rn. 34). 36

Technische Vorkehrungen umfassen Maßnahmen zur Gewährleistung von Verfügbarkeit, Vertraulichkeit und Integrität wirtschaftlich sensibler Informationen. Sofern der Betreiber eines Wasserstoffnetzes zu einem vertikal integrierten Unternehmen gehört, von dem Teile im Wasserstofferzeugungs-, Wasserstoffspeicherungs- oder Wasserstoffvertriebsbereich tätig sind, sind getrennte IT-Systeme der Geschäftsbereiche zum Wasserstoffnetzbetrieb zweckmäßig, zumindest empfehlen sich eine logische Trennung von Daten und Zugriffsberechtigungen auf in IT-Systemen gespeicherte Informationen (so zu § 6a → § 6a Rn. 22; Säcker EnergieR/Säcker/Schönborn § 6a Rn. 41 ff.; Britz/Hellermann/Hermes/Hölscher, 3. Aufl., § 6a Rn. 15; Theobald/Kühling/Heinlein/Büsch § 6a Rn. 37). 37

Sofern **Dritte** vom Betreiber eines Wasserstoffnetzes im Zusammenhang mit der Erfüllung ihm obliegender Pflichten, zB zum Netzanschluss und Netzbetrieb, beauftragt werden und dazu Zugang zu wirtschaftlich sensiblen Informationen erhalten, hat er durch vertragliche Regelungen sicherzustellen, dass diese Dritten die Vertraulichkeit wahren. Davon kann abgesehen werden, wenn es sich bei den Dritten um Personen handelt, die aus beruflichen Gründen der Verschwiegenheit unterliegen (zB Rechtsanwälte, Steuerberater, Wirtschaftsprüfer). 38

4. Ausnahmen

Das Vertraulichkeitsgebot gilt nicht generell, sondern nur „unbeschadet gesetzlicher Verpflichtungen zur Offenbarung von Informationen". Solche **gesetzlichen Verpflichtungen** können sich insbesondere aus handels- und gesellschaftsrechtlichen Vorschriften (§§ 325 ff. HGB, § 51a Abs. 1 GmbHG, §§ 90, 131 AktG) ergeben. Allerdings kann eine Berichterstattung des Betreibers eines Wasserstoffnetzes auf Grundlage dieser Vorschriften dem Gesellschafter einen Wettbewerbsvorteil bieten, wenn dieser auf den dem Wasserstoffnetzbetrieb vor- oder nachgelagerten Märkten tätig ist. Im Spannungsfall sollen daher das Handels- und Gesellschaftsrecht hinter dem Energierecht zurücktreten (so zu § 6a Hinweispapier der zu rechtlichen Vorgaben zur Informationsbereitstellung durch den Unabhängigen Transportnetzbetreiber an seine Gesellschafter vom 8.12.2021, 2; ähnlich → § 6a Rn. 28 f.; Säcker EnergieR/Säcker/Schönborn § 6a Rn. 52; Theobald/Kühling/Heinlein/Büsch § 6a Rn. 44). 39

Grundsätzlich empfiehlt es sich für den Betreiber eines Wasserstoffnetzes, einem Informationsbegehren seines Gesellschafters auf Grundlage der genannten Vorschriften nur mit aggregierten und historischen Informationen nachzukommen. Detailinformationen und zukünftige Daten (zB zur Netzplanung) sind als kritisch zu bewerten. Ggf. sollte vor der Informationsbereitstellung eine Abstimmung mit der BNetzA erfolgen. Die Bereitstellung von netzbetreiberbezogenen Informationen im Rahmen der Konzern-Jahresabschlussberichterstattung (zB GuV, Bilanz, Erläuterungen zu einzelnen Posten, Anhangsangaben für IFRS-Berichterstattung, CSR-Berichterstattung) oder einer steuerrechtlichen Organschaft ist hingegen zulässig. 40

II. Diskriminierungsfreie Offenlegung (Abs. 2 S. 2)

41 Zu den wirtschaftlich sensiblen Informationen gehört insbesondere die Kategorie der Netzinformationen (→ Rn. 30) bzw. der **netzbetreiberbezogenen Informationen** (zB Netzengpässe, geplante Transportunterbrechungen, Prognosen zur Netzauslastung, Kapazitätsberechnung, Kalkulation der Netzentgelte). Über diese hat der Betreiber eines Wasserstoffnetzes die Informationshoheit. Entscheidet er sich für die Offenlegung solcher Informationen, hat er dabei die Diskriminierungsfreiheit zu wahren. Allerdings kommt es dabei darauf an, dass die relevante Information objektiv einen **Wettbewerbsvorteil für Netzkunden** auf den vor- und nachgelagerten Märkten darstellt (so zu § 6a → § 6a Rn. 34; Britz/Hellermann/Hermes/Hölscher, 3. Aufl., § 6a Rn. 18). Im Rahmen der Rentabilitätskontrolle erforderliche Informationen an den Anteilseigner oder den Aufsichtsrat sind insoweit nicht von der diskriminierungsfreien Offenlegung erfasst (so zu § 6a Säcker EnergieR/Säcker/Schönborn § 6a Rn. 56).

42 Eine diskriminierungsfreie Offenlegung von eigenen Informationen des Betreibers eines Wasserstoffnetzes kann bspw. durch Veröffentlichungen auf seiner Homepage, Bereitstellung von Informationen in einem Webportal oder durch Presseinformationen erfolgen. Sollen Adressaten direkt informiert werden, sind bzgl. Inhalt und Zeitpunkt der Offenlegung besondere Anforderungen zu beachten (so zu § 6a → § 6a Rn. 37; Kment EnWG/Knauff § 6a Rn. 18).

G. Folgen von Pflichtverletzungen

43 Die **Kontrolle** der Erfüllung der sich aus § 28m ergebenden Pflichten obliegt der Regulierungsbehörde (zB durch Aufsichtsmaßnahmen gem. § 65). Dabei kommt ihr unter Beachtung des Grundsatzes der Verhältnismäßigkeit ein Beurteilungsspielraum bzgl. der unbestimmten Rechtsbegriffe in § 28m zu. Möglich sind bspw. die **Anordnung** von Maßnahmen zu Inhalt, Umfang und Frequenz von Transparenzpflichten oder die Abstellung von Verstößen gegen das Tätigkeitsverbot (zB Übertragung des Eigentums an oder Untersagung des Betriebs von Wasserstofferzeugungsanlagen). Kommt der Betreiber eines Wasserstoffnetzes einer Anordnung der Regulierungsbehörde nicht nach, kann diese ein **Zwangsgeld** zur Durchsetzung ihrer Anordnung gem. § 94 festsetzen.

§ 28n Anschluss und Zugang zu den Wasserstoffnetzen; Verordnungsermächtigung

(1) [1]Betreiber von Wasserstoffnetzen haben Dritten den Anschluss und den Zugang zu ihren Wasserstoffnetzen zu angemessenen und diskriminierungsfreien Bedingungen zu gewähren, sofern der Anschluss oder der Zugang für Dritte erforderlich sind. [2]Der Netzzugang, einschließlich der damit zusammenhängenden Aspekte des Netzanschlusses, ist im Wege des verhandelten Zugangs zu gewähren.

(2) [1]Betreiber von Wasserstoffnetzen können den Anschluss oder den Zugang verweigern, soweit sie nachweisen, dass ihnen der Anschluss oder der Zugang aus betriebsbedingten oder sonstigen wirtschaftlichen oder technischen Gründen nicht möglich oder nicht zumutbar ist. [2]Die Ablehnung ist in Textform zu begründen.

(3) [1]Die Betreiber von Wasserstoffnetzen sind verpflichtet, ihre geltenden Geschäftsbedingungen für den Netzzugang auf der Internetseite des jeweiligen Betreibers zu veröffentlichen. [2]Dies umfasst insbesondere
1. die Entgelte für den Netzzugang,
2. die verfahrensmäßige Behandlung von Netzzugangsanfragen.
[3]Auf Anfrage haben die Betreiber von Wasserstoffnetzen Angaben über die für die Dauer des begehrten Netzzugangs nutzbaren Kapazitäten und absehbaren Engpässe zu machen sowie ausreichende Informationen an den Zugangsbegehrenden zu übermitteln, damit der Transport, die Entnahme oder die Einspeisung von Wasserstoff unter Gewährleistung eines sicheren und leistungsfähigen Betriebs des Wasserstoffnetzes durchgeführt werden kann.

(4) Die Bundesregierung wird ermächtigt, durch Rechtsverordnung mit Zustimmung des Bundesrates

Anschluss und Zugang zu den Wasserstoffnetzen; Verordnungsermächtigung § 28n EnWG

1. Vorschriften über die technischen und wirtschaftlichen Bedingungen für den Anschluss und Zugang zu den Wasserstoffnetzen einschließlich der Regelungen zum Ausgleich des Wasserstoffnetzes zu erlassen und
2. zu regeln, in welchen Fällen und unter welchen Voraussetzungen die Regulierungsbehörde diese Bedingungen festlegen oder auf Antrag des Netzbetreibers genehmigen kann.

Überblick

§ 28n und § 28o regeln die eigentliche Regulierung von Wasserstoffnetzen, deren Betreiber vom „Opt-In" iSv § 28j Abs. 3 Gebrauch gemacht haben. Die beiden Vorschriften sind damit das **Herzstück des Abschnitts 3b in Teil 3**, der durch die Wasserstoffnovelle 2021 (BGBl. I 3026) eingeführt worden ist. § 28n regelt das „**Ob**" und „**Wie**" von Anschluss und Zugang zu Wasserstoffnetzen, während § 28o in erster Linie die Kosten („**Wie teuer**") für den Netzzugang betrifft.

Die Betreiber von Wasserstoffnetzen sind gem. Absatz 1 Satz 1 **verpflichtet,** Dritten Anschluss und Zugang zum Netz zu gewähren, sofern sie dies nicht gem. Absatz 2 verweigern können (→ Rn. 2 ff.). Die **Bedingungen** von Netzanschluss und Netzzugang richten sich gem. Absatz 1 Satz 2 nach dem Modell des sog. **verhandelten Netzzugangs** (→ Rn. 12 ff.). Zum Schutz möglicher Anschlusspetenten und Netznutzer regelt Absatz 2 **Veröffentlichungs- und Informationspflichten** für die Betreiber regulierter Wasserstoffnetze (→ Rn. 21 ff.). Weitere Details des Anschluss- und Zugangsanspruchs können gem. Absatz 4 durch Rechtsverordnung geregelt werden (→ Rn. 25 f.).

Diese in § 28n enthaltenen Vorgaben gelten gem. § 28j Abs. 2 auch für **Wasserstoffspeicheranlagen,** sofern deren Betreiber für das Regulierungsregime optiert haben (→ Rn. 27). **1**

Übersicht

	Rn.		Rn.
A. Anschluss und Zugang zu Wasserstoffnetzen	2	II. Angemessenheit	17
I. Anspruchsvoraussetzungen (Abs. 1 S. 1)	3	III. Diskriminierungsfreiheit	19
II. Verweigerungsgründe (Abs. 2)	6	C. Veröffentlichungs- und Informationspflichten von Wasserstoffnetzbetreibern (Abs. 3)	21
III. Begründung Ablehnung (Abs. 2 S. 2)	11		
B. Bedingungen des Anschluss- und Zugangsanspruch (Abs. 1 S. 2)	12	D. Verordnungsermächtigung (Abs. 4)	25
I. Verhandelter Netzzugang	13	E. Regulierung von Wasserstoffspeicheranlagen	27

A. Anschluss und Zugang zu Wasserstoffnetzen

Wasserstoffnetzbetreiber, die den „Opt-In" iSv § 28j Abs. 3 wirksam ausgeübt haben, sind **2** gem. Absatz 1 Satz 1 verpflichtet, Dritte an ihr Netz **anzuschließen** und ihnen **Zugang** zum Netz zu gewähren (→ Rn. 3). Unter den Voraussetzungen von Absatz 2 kann der Netzbetreiber Anschluss und Zugang verweigern (→ Rn. 6). Der Netzanschluss- und Netzzugangsanspruch entspricht strukturell dem § 17 und § 20, sodass die für deren Anwendung etablierten Grundsätze und die hierzu ergangene Rechtsprechung auch vorliegend herangezogen werden können, sofern § 28n keine vorrangigen Regelungen enthält.

I. Anspruchsvoraussetzungen (Abs. 1 S. 1)

Anders als gem. § 17 Abs. 1 und gem. § 20 Abs. 1 besteht bei Wasserstoffnetzen der **3** Anspruch auf Anschluss und Zugang gem. Absatz 1 Satz 1 nur, wenn Anschluss/Zugang für den Dritten „**erforderlich**" sind. Diese Voraussetzung ist durch den Anschlusspetent bzw. Zugangsbegehrenden darzulegen und ggf. zu beweisen. Ob Anschluss und Zugang erforderlich sind, ist ausschließlich aus der Perspektive des Dritten zu beurteilen (eine Abwägung mit Belangen des Netzbetreibers erfolgt erst im Rahmen der Unzumutbarkeit). Ein Anschluss ist beispielsweise dann nicht „erforderlich", wenn der Anschlusspetent den Anschluss nicht

Peiffer

konkret nutzen will, sondern ihn **nur „reservieren"** möchte für eine mögliche Nutzung in der Zukunft.

4   Erforderlich ist der Anschluss zum einen dann, wenn der Anschlusspetent einen gegenwärtigen oder hinreichend konkreten zukünftigen **Wasserstoffbedarf vor Ort** hat, der nicht oder nur zu ungünstigeren Bedingungen durch Belieferung in Trailer oder mittels Erzeugung vor Ort (sog. Wasserstoffcontracting) gedeckt werden könnte (**Entnahmekonstellationen**). Dabei sollten keine übermäßig hohen Anforderungen an die „Erforderlichkeit" gestellt werden. Denn nach dem gesetzgeberischen Zielmodell bezweckt das EnWG die Versorgung der Allgemeinheit auch mit Wasserstoff, vgl. § 1 Abs. 1. Letztlich dürfte der Anschluss an das Wasserstoffnetz bereits dann „erforderlich" sein, wenn der Bezug von Wasserstoff über das Netz einer vernünftigen unternehmerischen Entscheidung entspricht.

5   Zum anderen ist der Anschluss/Zugang zum Wasserstoffnetz erforderlich, wenn der Anschlusspetent Wasserstoff erzeugt oder hinreichend konkret erzeugen will und diesen in das Wasserstoffnetz einspeisen will. Auch in solchen **Einspeisekonstellationen** lässt sich aus Absatz 1 Satz 1 ein Anspruch auf Anschluss/Zugang begründen. Denn der Wortlaut der Regelung enthält keine Einschränkung auf Entnahmefälle. Zudem ergibt sich dies aus einem Umkehrschluss zu § 17 Abs. 1, der nur für bestimmte Verbrauchs- und Erzeugungsanlagen einen Anschlusszugang regelt. Da eine solche Beschränkung auf bestimmte Anlagen in § 28n Abs. 1 S. 1 fehlt, dürfte dieser einen allgemeinen Anspruch auch für Einspeisungen begründen. Dass § 28n sowohl auf Entnahmen als auch auf Einspeisefälle zugeschnitten ist, bestätigt zudem **Absatz 3 Satz 3**, wo „**Transport, Entnahme und Einspeisung**" gleichermaßen genannt werden.

5.1   Die gegenüber § 17 und § 20 zusätzliche tatbestandliche Voraussetzung der „Erforderlichkeit" dürfte im Ergebnis aber kaum dazu führen, dass für die Ansprüche aus § 28n Abs. 1 strengere Voraussetzungen gelten. Auch die Ansprüche aus § 17 und § 20 bestehen nur bei einem konkreten Anschluss- bzw. Nutzungsbedürfnis.

II. Verweigerungsgründe (Abs. 2)

6   Absatz 2 Satz 1 gestattet es dem Netzbetreiber, den Anschluss oder den Zugang zu verweigern, sofern der Anschluss aus **betriebsbedingten, wirtschaftlichen** oder **technischen** Gründen **unmöglich** oder **unzumutbar** ist. Dieser Verweigerungsgrund ist als Einrede des Netzbetreibers ausgestaltet. Die Voraussetzungen müssen daher von diesem dargelegt und im Zweifel bewiesen werden. Der Tatbestand entspricht § 17 Abs. 2 bzw. § 20 Abs. 2, kann daher – unter Berücksichtigung der technischen Besonderheiten des Wasserstofftransports – genauso ausgelegt werden wie dort (Elspas/Lindau/Ramsauer N&R 2021, 262).

7   **Unmöglich** kann der Netzanschluss vor allem aus **technischen Gründen** sein. Dies ist etwa dann denkbar, wenn das Wasserstoffnetz nicht über ausreichend Kapazität verfügt, um die begehrte Entnahmekapazität zu bedienen bzw. die begehrte Einspeisekapazität abzutransportieren, und eine Kapazitätserweiterung nicht durchführbar ist. Unmöglichkeit aus **betriebsbedingten Gründen** ist denkbar, wenn aufgrund des Netzanschlusses die technische Sicherheit des Netzes nicht mehr gewährleistet werden könnte (vgl. Säcker EnergieR/Bösche § 17 Rn. 55). Sofern der technische oder betriebliche **Hinderungsgrund überwindbar** ist, handelt es sich allerdings nicht um einen Fall von Unmöglichkeit, kommt vielmehr nur ein Fall von Unzumutbarkeit in Betracht.

8   **Unzumutbar** kann der Netzanschluss vor allem aus wirtschaftlichen Gründen sein. Das ist etwa denkbar, wenn zur Umsetzung des Netzanschlusses teure **Kapazitätserweiterungsmaßnahmen** erforderlich sind, die der Netzbetreiber nicht oder nur teilweise refinanzieren kann. Insoweit sind die Vorgaben von § 28o und der WasserstoffNEV zu berücksichtigen. Nach diesen müssen die Betreiber von Wasserstoffnetzen im Interesse der anderen Anschlussnehmer sicherstellen, dass die Kosten des Netzes den Kosten eines **effizienten und strukturell vergleichbaren Wasserstoffnetzes** entsprechen (→ § 28o Rn. 2). Wendet der Netzbetreiber Kosten jenseits dieses Niveaus auf, kann er diese nicht auf die angeschlossenen Netznutzer umlegen und müsste sie letztlich aus eigener Tasche zahlen. In einem solchen Fall dürfte der Netzanschluss in der Regel wirtschaftlich unzumutbar sein.

9   Dabei ist auch zu berücksichtigen, dass die Betreiber von Wasserstoffnetzen keiner Netzausbauverpflichtung unterliegen (anders als etwa gem. § 12 Abs. 1 EEG). Der Netzbetreiber

kann daher nicht **„beliebig"** Netzausbaumaßnahmen auf Kosten seiner Netznutzer durchführen. In analoger Anwendung von § 28o Abs. 1 S. 4 iVm § 28p können Netzausbaumaßnahmen nur bei Vorliegen einer **positiven Bedarfsprüfung durch die BNetzA** über die Netzentgelte finanziert werden (→ § 28o Rn. 8.1). Fehlt eine solche Bedarfsprüfung, ist die Netzausbaumaßnahme in der Regel unzumutbar und können Anschlüsse, die ohne die Netzausbaumaßnahme nicht realisierbar sind, verweigert werden.

Nachdem „Unzumutbarkeit" eine Abwägung gegenläufiger Interessen erfordert, ist im Rahmen dieses Verweigerungsgrundes stets eine **Einzelfallprüfung** unter angemessener Berücksichtigung der Interessen des Netzbetreibers und des Anschlusswilligen durchzuführen. Auf Seiten des Anschlusswilligen ist dabei zu berücksichtigen, inwieweit er auf den begehrten Netzanschluss angewiesen ist (→ § 17 Rn. 52).

III. Begründung Ablehnung (Abs. 2 S. 2)

Verweigert der Netzbetreiber den Anschluss an das Wasserstoffnetz, hat er dies **in Textform** gegenüber dem Anschlusspetenten zu begründen. Dieses **Begründungserfordernis** soll dem Anschlusspetent die Prüfung ermöglichen, ob der Netzanschluss zu Recht verweigert worden ist. Wie bei § 17 Abs. 2 S. 2 darf die Begründung nicht nur „formelhaft" sein, sondern muss aussagekräftige Informationen über den Grund der Ablehnung enthalten (vgl. Säcker EnergieR/Bösche § 17 Rn. 93).

B. Bedingungen des Anschluss- und Zugangsanspruch (Abs. 1 S. 2)

Gemäß Absatz 1 Satz 1 müssen Anschluss und Zugang zu angemessenen und diskriminierungsfreien Bedingungen gewährt werden. Hinsichtlich der Netzzugangsbedingungen enthält Absatz 1 Satz 2 die Grundsatzaussage, dass das Modell des sog. **„verhandelten Netzzugangs"** gilt.

I. Verhandelter Netzzugang

Gemäß Absatz 1 Satz 2 gilt das Modell des sog. verhandelten Netzzugangs. Dieser Regulierungsansatz ist dadurch gekennzeichnet, dass das Gesetz zwar einen Netzzugangsanspruch dem Grunde nach und in abstrakten Prinzipien regelt, es im Übrigen aber den Beteiligten (Netzbetreiber und Netzzugangsinteressent) überlässt, die Bedingungen des Netzzugangs **durch Verhandlungen und vertragliche Regelungen zu konkretisieren.** Dieses Modell galt ursprünglich auch für die Strom- und Gasnetze, wurde aber mit Inkrafttreten des EnWG 2005 am 13.7.2005 (BGBl. I 1970) auf den sog. **regulierten Netzzugang** umgestellt. Seitdem enthalten die GasNZV und die StromNZV detaillierte Vorgaben insbesondere zu den Bedingungen der Netznutzungsverträge und ermöglichen es der BNetzA, die Vertragsmuster detailliert zu regulieren.

Für die Wasserstoffnetze greift der Gesetzgeber wieder auf das „alte Modell" zurück, führt zunächst also nur eine **„Regulierung light"** ein. Auch die Verordnungsermächtigung in Absatz 4 gestattet es nicht, die Vertragsbedingungen im Einzelnen zu regeln (vgl. demgegenüber § 17 Abs. 3 S. 2). Hinsichtlich der **Entgelte** für den Zugang zu Wasserstoffnetzen regelt § 28o allerdings eine **strengere Regulierung**, die stärker an das Modell der Strom- und Gasnetzentgeltregulierung angelehnt ist. Insoweit handelt es sich eher um einen **regulierten Netzzugang.**

Wesentliches Element des verhandelten Netzzugangs ist der vertragliche Interessenausgleich auf Grundlage staatlicher Vorgaben (Büdenbender § 5 Rn. 37). Dabei ist die **Vertragsfreiheit aber eingeschränkt.** Der Wasserstoffnetzbetreiber darf also im Rahmen der Vertragsverhandlung nicht frei über das Ob und Wie des Netzzugangs entscheiden und darf seine marktbeherrschende Stellung nicht missbrauchen. Insbesondere muss er seine gesetzliche Pflicht zu angemessenen und diskriminierungsfreien Bedingungen einhalten.

Die Prinzipien des verhandelten Netzzugangs gelten gem. Absatz 1 Satz 2 auch für die mit dem Netzzugang **„zusammenhängenden Aspekte des Netzanschlusses".** Dies dürfte – über den Wortlaut hinaus – bedeuten, dass alle Bedingungen des Netzanschlusses in den Grenzen von § 28n Abs. 1 zwischen Netzbetreiber und Anschlusspetent zu verhandeln sind (**„verhandelter Netzanschluss"**).

II. Angemessenheit

17 Die Pflicht des Netzbetreibers, Anschluss/Zugang zu „angemessenen" Bedingungen zu gewährleisten, bezieht sich in erster Linie auf die **Kosten**. Da die **Netzzugangskosten** in § 28o speziell geregelt sind, ist das Angemessenheitsgebot nach Absatz 1 Satz 1 vor allem bei den **Kosten für den Netzanschluss** zu berücksichtigen. Insbesondere falls der Netzbetreiber den Anschluss von der Zahlung eines Baukostenzuschusses abhängig machen sollte, ist dessen Zulässigkeit und Höhe anhand des Angemessenheitsgebots zu prüfen.

18 Darüber hinaus müssen beispielsweise **Technische Anschlussbedingungen (TAB)**, die der Netzbetreiber aufgestellt hat, angemessen sein. Es wäre daher etwa sicherzustellen, dass die auf Seiten des Netzanschlusses einzuhaltenden technischen Sicherheitsanforderungen nicht unverhältnismäßig streng sind.

III. Diskriminierungsfreiheit

19 Gemäß Absatz 1 Satz 1 müssen Anschluss/Zugang zum Wasserstoffnetz zu diskriminierungsfreien Bedingungen gewährleistet werden. Das Diskriminierungsverbot schließt es zum einen aus, externe Anschlusspetenten gegenüber solchen zu benachteiligen, die mit dem Netzbetreiber gesellschaftsrechtlich verbunden sind (**vertikales Diskriminierungsverbot**). Zum anderen darf der Wasserstoffnetzbetreiber verschiedene gleichartige Netzanschlusspetenten innerhalb seines Netzes nicht unterschiedlich behandeln (**horizontales Diskriminierungsverbot**).

20 Das Diskriminierungsverbot verlangt insbesondere, dass der Netzbetreiber die **Entgelte** für Netzanschluss und -zugang von allen Anschlusspetenten in seinem Netz **in derselben Höhe** und nach denselben Bemessungsgrundlagen erhebt. Außerdem ist der Netzbetreiber verpflichtet, die **Technischen Anschlussbedingungen** für alle Anschlusspetenten einheitlich anzuwenden. Außerdem müssen verschiedene Netzanschlussbegehren in demselben Verfahren und im Falle begrenzter Netzkapazität nach einheitlichen Grundsätzen priorisiert werden (bspw. anhand der Reihenfolge des Eingangs). Schließlich muss der Netzbetreiber die Erforderlichkeit des Netzanschlusses nach einheitlichen Standards prüfen.

C. Veröffentlichungs- und Informationspflichten von Wasserstoffnetzbetreibern (Abs. 3)

21 Zusätzlich zu dem zuvor dargestellten Angemessenheitsgebot und dem Diskriminierungsverbot gilt zum Schutz der Anschlusspetenten das **Transparenzgebot** als weiteres Instrument für einen effektiven Netzanschluss. Dieses wird für die Wasserstoffnetze durch die in Absatz 3 geregelten Veröffentlichungspflichten gewährleistet.

22 Die hierdurch geschaffene Transparenz dient in erster Linie der effektiven **Durchsetzung des Diskriminierungsverbots**. Indem jedermann erkennen kann, nach welchen Bedingungen Netzanschluss und -zugang gewährt werden, ist es leichter möglich, Ungleichbehandlungen aufzudecken und gegen diese vorzugehen. Darüber hinaus erhöht die Transparenz Planbarkeit und Voraussehbarkeit bei der Herstellung von Netzanschlüssen. Anschlusspetenten können leichter erkennen, auf welche Konditionen sie sich einlassen, wenn sie einen Anschluss/Zugang planen, und in welchem Verfahren ihr Netzanschluss bearbeitet werden wird.

23 Hinsichtlich der in **Absatz 3 Satz 1 und Satz 2** genannten Informationen hat der Gesetzgeber ein besonders hohes Transparenzbedürfnis gesehen und daher eine **Veröffentlichung auf der Website des Netzbetreibers** verpflichtend vorgeschrieben. Hier sind im Einzelnen die folgenden Informationen zu veröffentlichen:

- Die geltenden **Geschäftsbedingungen für den Netzzugang** (Absatz 3 Satz 1). Nach dem klaren Wortlaut muss der Netzbetreiber ausschließlich die Bedingungen für die Nutzung seines Netzes (Netzzugang) veröffentlichen, also die AGB seines **Standard-Netznutzungsvertrages**. Für die Wasserstoffnetznutzungsverträge regelt das EnWG, abgesehen von Absatz 3 Satz 2, keine Mindestinhalte. Bedingungen für Netzanschlüsse sind demgegenüber nicht veröffentlichungspflichtig. Dennoch verlangt das Diskriminierungsverbot, dass der Netzbetreiber die Anschlüsse zu einheitlichen Bedingungen gewährt (auch wenn diese Bedingungen nicht zu veröffentlichen sind).

- Gemäß Absatz 3 Satz 2 Nummer 1 gehören zu den Netzzugangsbedingungen insbesondere die **Netznutzungsentgelte,** die gem. § 28o gebildet werden und ebenfalls zu veröffentlichen sind.
- Außerdem sind gem. Absatz 3 Satz 2 Nummer 2 die vom Netzbetreiber angewendeten **Verfahrensschritte zur Behandlung von Netzzugangsanfragen** Teil der zu veröffentlichenden Netzzugangsbedingungen.

Absatz 3 Satz 3 betrifft weitere Informationen, an denen Dritte, die das Netz nutzen möchten („Zugangsbegehrende"), ebenfalls ein berechtigtes Interesse haben, und die der Netzbetreiber nur „auf Anfrage" mitteilen müssen. Im Einzelnen hat der Zugangsbegehrende gegen den Netzbetreiber Anspruch auf Angaben zu folgenden Aspekten des Netzzugangs: 24

- **Nutzbare Kapazitäten** und **absehbare Engpässe** während der Dauer des begehrten Netzzugangs. Hierzu nennt der Zugangsbegehrende zunächst den Zeitraum, während dem er das Wasserstoffnetz nutzen möchte. Daraufhin ist der Netzbetreiber verpflichtet, mitzuteilen, welche Kapazität für diesen Zeitraum eingeräumt werden kann und inwiefern mit Netzengpässen zu rechnen ist. Durch diese Informationen erhält der Zugangsbegehrende die zentrale **Planungsgrundlage,** um sein Netznutzungsvorhaben bzw. sein hierauf aufbauendes Wasserstoff-Geschäftsmodell modellieren und kalkulieren zu können.
- „**ausreichende Informationen**" um Wasserstoff transportieren, entnehmen oder einspeisen zu können, ohne einen sicheren und leistungsfähigen Wasserstoffnetzbetrieb zu gefährden. Hierbei handelt es sich um eine Art Sammeltatbestand, unter den **alle technischen Aspekte** (Druck, Energiedichte, etc) gefasst werden, die der Zugangsbegehrende „wissen muss", um das Wasserstoffnetz nutzen zu können. Anders als gem. § 19 muss der Wasserstoffnetzbetreiber keine Technischen Anschlussbedingungen festlegen und veröffentlichen. Stattdessen muss er auf Anfrage die technischen Informationen übermitteln, die der Netznutzer für die Planung und Auslegung seiner Wasserstofferzeugungs- bzw. Wasserstoffverbrauchsanlagen benötigt.

D. Verordnungsermächtigung (Abs. 4)

Gemäß Absatz 4 kann die Bundesregierung mit Zustimmung des Bundesrates durch Rechtsverordnung Vorgaben für die **technischen und wirtschaftlichen Anschluss- und Zugangsbedingungen** regeln (Nummer 1) oder regeln, dass und in welchen Fällen die Regulierungsbehörde derartige Bedingungen regeln oder genehmigen kann (Nummer 2). Auf Grundlage von Absatz 4 Nummer 1 könnte also eine Netzanschlussverordnung oder eine Netzzugangsverordnung für Wasserstoffnetze erlassen werden. 25

Diese Verordnungsermächtigung entspricht im Strom- und Gasbereich strukturell dem § 17 Abs. 3 S. 1 (für den Anschluss) und § 24 Nr. 1 und Nr. 2 (für den Zugang). Auf Grundlage dieser Verordnungsermächtigungen wurden u.a. die KraftNachV oder die GasNZV und die StromNZV erlassen. 26

E. Regulierung von Wasserstoffspeicheranlagen

Über § 28j Abs. 2 findet der gesamte § 28n auch auf Betreiber von Wasserstoffspeicheranlagen (→ EnWG § 3 Nr. 39b Rn. 1) Anwendung, sofern der Betreiber den „Opt-In" iSv § 28j Abs. 3 ausgeübt hat. Dieser Schritt führt folglich dazu, dass Dritte zu angemessenen und diskriminierungsfreien Bedingungen **Anschluss und Zugang zum Wasserstoffspeicher** begehren können (§ 28n Abs. 1, 2). Außerdem treffen den Wasserstoffspeicherbetreiber die Veröffentlichungs- und Informationspflichten aus § 28n Abs. 3 und können weitere Aspekte des Anschlusses und des Zugangs durch Verordnung geregelt werden (§ 28n Abs. 4). 27

§ 28o Bedingungen und Entgelte für den Netzzugang; Verordnungsermächtigung

(1) ¹Für die Bedingungen und Entgelte für den Netzzugang zu Wasserstoffnetzen ist § 21 nach Maßgabe der Sätze 2 bis 5 entsprechend anzuwenden. ²Die Anreizregulierung nach § 21a sowie die Genehmigung von Entgelten nach § 23a ist auf Betreiber von Wasserstoffnetzen nicht anzuwenden. ³Ihre Kosten werden jährlich anhand der zu erwartenden Kosten für das folgende Kalenderjahr sowie der Differenz zwi-

EnWG § 28o   Teil 3. Regulierung des Netzbetriebs

schen den erzielten Erlösen und den tatsächlichen Kosten aus Vorjahren ermittelt und über Entgelte erlöst. ⁴Kosten dürfen nur insoweit geltend gemacht werden, als eine positive Bedarfsprüfung nach § 28p vorliegt. ⁵Die Kosten nach Satz 3 werden durch die Bundesnetzagentur nach § 29 Absatz 1 festgelegt oder genehmigt.

(2) Die Bundesregierung wird ermächtigt, durch Rechtsverordnung mit Zustimmung des Bundesrates
1. die Bedingungen und Methoden zur Ermittlung der Kosten und Entgelte nach Absatz 1 näher auszugestalten sowie
2. Regelungen darüber zu treffen, welche netzbezogenen und sonst für die Kalkulation der Kosten erforderlichen Daten die Betreiber von Wasserstoffnetzen erheben und für welchen Zeitraum sie diese aufbewahren müssen.

Überblick

§ 28o enthält Vorgaben für die Bildung der **Netznutzungsentgelte** von Wasserstoffnetzen, deren Betreiber den „Opt-In" iSv § 28j Abs. 3 ausgeübt hat. Nach dem Wortlaut von Absatz 1 Satz 1 gilt die Vorschrift auch für die „Bedingungen" des Netzzugangs. In diesem Punkt dürfte die Formulierung allerdings zu weit geraten sein, weil die allgemeinen Bedingungen des Netzzugangs bereits in § 28n geregelt sind. § 28o betrifft daher nur die Netznutzungsentgelte.

Gemäß Absatz 1 Satz 1 finden die **für Strom und Gas geltenden Anforderungen** an die Netzentgeltermittlung (niedergelegt in § 21) grundsätzlich auch auf Wasserstoffnetze Anwendung (→ Rn. 1 f.). Im Vergleich zu Strom und Gas ist allerdings nur eine **reduzierte behördliche Kontrolle** der Netzentgelthöhe bei Wasserstoffnetzen vorgesehen (→ Rn. 3 ff.). Absatz 2 enthält schließlich eine **Verordnungsermächtigung**, auf deren Grundlage bereits die **WasserstoffNEV** erlassen worden ist (→ Rn. 9).

A. Allgemeine Anforderungen an die Netzentgelterhebung (Abs. 1 S. 1)

1   Gemäß Absatz 1 Satz 1 iVm § 21 Abs. 1 müssen die Netznutzugsentgelte **angemessen, diskriminierungsfrei** sowie **transparent** sein und dürfen **nicht ungünstiger** sein, als sie vom Netzbetreiber in vergleichbaren Fällen für Leistungen innerhalb seines Unternehmens oder gegenüber verbundenen oder assoziierten Unternehmen angewendet und tatsächlich oder kalkulatorisch in Rechnung gestellt werden (**Verbot der vertikalen Diskriminierung**). Damit werden also die allgemeinen in § 28n Abs. 1 S. 1 verankerten Netzzugangsgrundsätze ausdrücklich auf die Netzentgeltgestaltung erstreckt.

2   Außerdem muss der Netzbetreiber die Netzentgelte für den Zugang zu Wasserstoffnetzen gem. Absatz 1 Satz 1 iVm § 21 Abs. 2 S. 1 **kostenorientiert** bilden. Ausgangspunkt der Netzentgeltkalkulation sind also die tatsächlichen Kosten, die dem Netzbetreiber durch den Betrieb des Wasserstoffnetzes entstehen. Hierbei gilt aber gem. Absatz 1 Satz 1 iVm § 21 Abs. 2 S. 1, dass die Kosten nur insoweit über die Netzentgelte finanziert werden können, wie sie auch von einem **effizienten und strukturell vergleichbaren Netzbetreiber** aufgewendet würden. Wie im Strom- und Gassektor können also **nur effiziente Kosten** in die Netzentgeltkalkulation eingesetzt werden. Absatz 1 Satz 1 iVm § 21 Abs. 2 S. 2 ergänzt, dass Kostenbestandteile, die sich in ihrer Höhe im Wettbewerb nicht stellen würden, nicht berücksichtigt werden können.

B. Eingeschränkte behördliche Kontrolle der Netzentgeltkalkulation (Abs. 1 S. 2–5)

3   Anders als im Strom- und Gasbereich gilt für die Wasserstoffnetzentgelte gem. **Absatz 1 Satz 2** weder eine Anreizregulierung noch ist eine behördliche Genehmigung der Erlösobergrenze vorgesehen. Der Gesetzgeber hielt die **Anreizregulierung für unvereinbar mit der Markthochlaufphase** der Wasserstoffnetze, hat sich aber ausdrücklich vorbehalten, zu einem späteren Zeitpunkt die Anreizregulierung auf Wasserstoffnetze zu erweitern (BT-Drs. 19/27453, 121).

Der Wasserstoffnetzbetreiber **kalkuliert die Erlösobergrenze daher selbst** auf Grund- 4
lage seiner **tatsächlichen Kosten** und bildet hieraus die Netzentgelte. Er ist hierbei nicht
verpflichtet, eine bestimmte Netzentgeltsystematik zu beachten (BT-Drs. 19/27453, 121).
Welche Kosten in die Kalkulation eingestellt werden können, richtet sich nach **Absatz 1
Satz 3**. Demnach sind zum einen die für das Folgejahr **prognostizierten Kosten** anzusetzen
und zum anderen die in den vergangenen Jahren **bereits entstandenen Kosten**, soweit
diese nicht durch eingenommene Entgelte finanziert werden konnten.

Die Netzentgeltkalkulation unterliegt allerdings in zwei Aspekten einer **behördlichen** 5
Kontrolle: zum einen hinsichtlich der Höhe der angesetzten Kosten (→ Rn. 6), zum ande-
ren hinsichtlich der Frage, welche Netzteile über die Netzentgelte finanziert werden können
(→ Rn. 7).

I. Kontrolle der Kostenhöhe (Abs. 1 S. 5)

Gemäß Absatz 1 Satz 5 müssen die bei der Entgeltkalkulation angesetzten Kosten durch 6
die BNetzA genehmigt werden. Alternativ kann die BNetzA die Kostenkontrolle durch
Festlegung bewirken. Die behördliche Kostenprüfung nach Absatz 1 Satz 5 wird vor allem
anhand der **WasserstoffNEV** durchgeführt, in der der Verordnungsgeber im Einzelnen
ausdifferenziert hat, unter welchen Voraussetzungen Kosten als „effizient" gelten iSv Absatz 1
Satz 1 iVm § 21 Abs. 2 S. 1 (vgl. hierzu Missling/Philipp EnWZ 2022, 346).

II. Kontrolle der Bedarfsgerechtigkeit (Abs. 1 S. 4)

Auch in der Frage, **welche Wasserstoffleitungen** über die Netzentgelte finanziert wer- 7
den können, ist eine **behördliche Kontrolle** vorgesehen: Gemäß Absatz 1 Satz 4 können
die Kosten nur geltend gemacht werden, soweit eine positive Bedarfsprüfung der BNetzA
iSv § 28p vorliegt. Das bedeutet, dass der Netzbetreiber nur diejenigen Leitungen oder
Netzabschnitte in die Kalkulation einstellen kann, deren Bedarfsgerechtigkeit gem. § 28p
behördlich festgestellt worden ist.

Der Gesetzgeber hat damit eine zusätzliche **behördliche Kontrolle der Kosteneffizienz** 8
eingeführt. Dies soll verhindern, dass Kosten für Leitungen geltend gemacht werden, für die
kein Bedarf besteht und die damit ineffizient sind (BT-Drs. 19/27453, 121). Diese ist notwendig, weil der „Opt-In" gem. § 28j Abs. 3 S. 3 dazu führt, dass „alle Wasserstoffnetze" des
Betreibers – also auch die Abschnitte ohne positive Bedarfsprüfung – der Regulierung unterfallen. Es würde über das Ziel hinausschießen, wenn dies im Bereich der Netzentgelte dazu
führte, dass die gesamte Netzstruktur in die Kalkulation Eingang findet. § 28o Abs. 1 S. 4
bewirkt insoweit eine Kostenbremse.

Der Netzbetreiber muss § 28o Abs. 1 S. 4 vor allem bei **späteren Netzerweiterungsmaßnahmen** 8.1
beachten. Sollen derartige Maßnahmen über die Netzentgelte finanzieren werden, muss im Vorfeld ein
Bedarfsprüfungsverfahren iSv § 28p durchgeführt werden (ggf. kann ein solches Verfahren auch nachgeholt werden). Das Bedarfsprüfungsverfahren dürfte, jedenfalls in analoger Anwendung von § 28p, auch
für **Maßnahmen der Kapazitätserweiterung** statthaft sein und empfiehlt sich für den Betreiber des
Wasserstoffnetzes, um die Finanzierbarkeit der Maßnahme über Netzentgelte abzusichern.

C. Verordnungsermächtigung (Abs. 2)

Gemäß Absatz 2 kann die Bundesregierung durch Rechtsverordnung mit Zustimmung 9
des Bundesrates insbesondere die Methoden zur Ermittlung der Kosten iSv Absatz 1 Satz 3
regeln (Nummer 1). Von dieser Möglichkeit hat der Verordnungsgeber Gebrauch gemacht
durch Erlass der **WasserstoffNEV** vom 23.11.2021 (BGBl. I 4955).

§ 28p Ad-hoc Prüfung der Bedarfsgerechtigkeit von Wasserstoffnetzinfrastrukturen

(1) [1]Die Betreiber von Wasserstoffnetzen haben der Bundesnetzagentur schriftlich oder durch Übermittlung in elektronischer Form die Unterlagen vorzulegen,
die für die Prüfung der Bedarfsgerechtigkeit von einzelnen Wasserstoffnetzinfra-

strukturen erforderlich sind. ²Die Bundesnetzagentur kann die Vorlage ergänzender Unterlagen anfordern.

(2) ¹Grundlage der Prüfung der Bedarfsgerechtigkeit der Wasserstoffnetzinfrastrukturen durch die Bundesnetzagentur ist insbesondere ein zwischen Netznutzer und Netzbetreiber abgestimmter Realisierungsfahrplan bezüglich der Wasserstoffinfrastruktur im Rahmen eines verhandelten Netzzugangs. ²Die Prüfung der Bedarfsgerechtigkeit nach Satz 1 umfasst auch die Feststellung der energiewirtschaftlichen Notwendigkeit der Wasserstoffnetzinfrastruktur.

(3) ¹Bei Wasserstoffnetzinfrastruktur, für die ein positiver Förderbescheid nach den Förderkriterien der nationalen Wasserstoffstrategie der Bundesregierung ergangen ist, liegt in der Regel eine Bedarfsgerechtigkeit vor. ²Gleiches ist anzuwenden bezüglich einer möglichen Wasserstoffnetzinfrastruktur, die im Zusammenhang mit der Festlegung von sonstigen Energiegewinnungsbereichen im Sinne des § 3 Nummer 8 des Windenergie-auf-See-Gesetzes entsteht.

(4) Im Fall der Umstellung einer Erdgasinfrastruktur im Fernleitungsnetz muss bezüglich der umzustellenden Wasserstoffnetzinfrastruktur nachgewiesen worden sein, dass die Erdgasinfrastruktur aus dem Fernleitungsnetz herausgenommen werden kann.

(5) ¹Die Bundesnetzagentur hat über die Bedarfsgerechtigkeit der Wasserstoffnetzinfrastruktur innerhalb von vier Monaten nach Eingang der in Absatz 1 genannten Informationen zu entscheiden. ²Ist nach Ablauf der Frist nach Satz 1 keine Entscheidung der Bundesnetzagentur erfolgt, ist die Bedarfsgerechtigkeit als gegeben anzusehen.

Überblick

§ 28p regelt die **Prüfung der Bedarfsgerechtigkeit** von Wasserstoffnetzinfrastrukturen durch die BNetzA. Die positive Bedarfsgerechtigkeit ist Voraussetzung dafür, dass ein Wasserstoffnetz der fakultativen Regulierung nach § 28j (Opt-In-Regulierung) unterstellt werden kann (→ Rn. 2).

Für die Prüfung hat der Betreiber des Wasserstoffnetzes der BNetzA nach Absatz 1 und 2 alle **erforderlichen Unterlagen** hinsichtlich der Bedarfsgerechtigkeit vorzulegen (→ Rn. 4).

Absatz 3 benennt das Gesetz zwei **Regelbeispiele,** bei denen von einer Bedarfsgerechtigkeit auszugehen ist. Dies betrifft zum einen Wasserstoffnetzinfrastrukturen, für die ein positiver Förderbescheid nach der nationalen Wasserstoffstrategie vorliegt und zum anderen Wasserstoffnetzinfrastrukturen, die in Energiegewinnungsbereichen iSd § 3 Nr. 8 WindSeeG errichtet werden (→ Rn. 11).

Für die Umstellung von bestehenden Erdgasfernleitungen muss nach Absatz 4 zusätzlich der Prozess der **Netzentwicklungsplanung** iSd § 113b nachgewiesen werden (→ Rn. 12).

Die Prüfung der Bedarfsgerechtigkeit ist eine **Prognoseentscheidung der BNetzA,** die sich auf den zukünftigen Bedarf für das jeweilige Wasserstoffnetz bezieht (→ Rn. 16). Der BNetzA steht diesbezüglich ein Beurteilungsspielraum zu. Für die Prüfung der Bedarfsgerechtigkeit durch die BNetzA schreibt Absatz 5 eine starre **viermonatige Frist** vor. Entscheidet die BNetzA nicht fristgemäß, wird die Bedarfsgerechtigkeit gesetzlich fingiert (→ Rn. 20).

Übersicht

	Rn.		Rn.
A. Entstehungsgeschichte und Normzweck	1	III. Spezielle Nachweisanforderung bei Umstellungen im Fernleitungsnetz (Abs. 4)	12
B. Prüfung der Bedarfsgerechtigkeit	4	IV. Entscheidung durch die BNetzA und Beurteilungsspielraum	14
I. Umfang der vorzulegenden Unterlagen (Abs. 1 und 2)	4		
II. Regelbeispiele für die Bedarfsgerechtigkeit (Abs. 3)	11	V. Entscheidungsfrist und Fiktion der Bedarfsgerechtigkeit (Abs. 5)	18

A. Entstehungsgeschichte und Normzweck

§ 28p wurde mit Wirkung zum 27.7.2021 durch Art. 1 des Gesetzes zur Umsetzung 1
unionsrechtlicher Vorgaben und zur Regelung reiner Wasserstoffnetze im Energiewirtschaftsrecht (BGBl. 2021 I 3026) gemeinsam mit dem übrigen Teil 3 Abschnitt 3b in das EnWG aufgenommen. Die Vorschrift hat bisher keine Änderungen erfahren.

Die Norm ist im **Zusammenhang mit § 28j** zu lesen und regelt die Bedarfsgerechtigkeit 2
eines Wasserstoffnetzes, die Voraussetzung dafür ist, dass dieses Wasserstoffnetz nach § 28j Abs. 1 der fakultativen Regulierung unterworfen werden kann (→ § 28j Rn. 12). Die Bedarfsgerechtigkeit ist ferner Voraussetzung dafür, dass die Kosten des jeweiligen Netzstrangs über die Netzentgelte finanziert werden können, vgl. § 28o Abs. 1 S. 4.

Sinn und Zweck des § 28p ist es sicherzustellen, dass die Wasserstoffnetzinfrastruktur in 3
Deutschland bedarfsgerecht ausgebaut wird. Insbesondere soll vermieden werden, dass eine Über- oder Unterdimensionierung von Wasserstoffnetzen erfolgt, da hierdurch Ineffizienzen entstünden, die im Rahmen der Regulierung von den Netznutzern zu tragen wären. § 28p hat daher eine **Steuerungsfunktion**.

B. Prüfung der Bedarfsgerechtigkeit

I. Umfang der vorzulegenden Unterlagen (Abs. 1 und 2)

Die Betreiber von Wasserstoffnetzen haben der BNetzA in Schriftform (§ 126 BGB) oder 4
in elektronischer Form (§ 126a BGB) die **erforderlichen Unterlagen** für die Prüfung der Bedarfsgerechtigkeit des jeweiligen Wasserstoffnetzes vorzulegen. Für den Begriff des **Betreibers von Wasserstoffnetzen** wird auf die Definition in § 3 Nr. 10b verwiesen (→ EnWG § 3 Nr. 10b Rn. 1) und für den Begriff Wasserstoffnetz auf § 3 Nr. 39a (→ EnWG § 3 Nr. 39a Rn. 1).

§ 28p Abs. 1 und Abs. 2 enthalten **keine abschließende Aufzählung** der erforderlichen 5
Unterlagen. Absatz 2 nennt als Mindestvorgabe den Realisierungsfahrplan mit einen Netznutzer, welcher „insbesondere" vorzulegen ist. Welche Unterlagen vorzulegen sind, richtet sich maßgeblich nach dem **Begriff der Bedarfsgerechtigkeit**. Der Begriff der Bedarfsgerechtigkeit ist im EnWG nicht definiert und muss als unbestimmter Rechtsbegriff ausgelegt werden.

Die BNetzA hat auf ihrer Internetseite ein Antragsformular zur Ad-hoc Prüfung der Bedarfsgerech- 5.1
tigkeit von Wasserstoffnetzinfrastrukturen bereitgestellt. Nach den Angaben auf der Internetseite der BNetzA und dem Formular sind dem Antrag insbesondere folgende Unterlagen beizufügen, soweit zutreffend:
- Eingereichte Opt-In-Erklärung
- Projektbeschreibung
- Realisierungsfahrplan
- Verträge im Rahmen des verhandelten Netzzugangs,
- Zahlung einer Planungspauschale,
- Abschluss eines Netzanschlussvertrages oder
- Nachweis einer verbindlichen Buchung
- Förderbescheid im Rahmen der nationalen Wasserstoffstrategie
- Nachweis iSd WindSeeG

Hierbei ist insbesondere der Sinn und Zweck der Vorschrift zu berücksichtigen. § 28p 6
soll sicherstellen, dass ein bedarfsgerechter Ausbau der Wasserstoffinfrastruktur erfolgt (→ Rn. 3). Es soll insbesondere vermieden werden, dass die Wasserstoffinfrastruktur über- oder unterdimensioniert wird. Für die Prüfung der Bedarfsgerechtigkeit ist daher zunächst eine **Prognose zum Bedarf** zu erstellen. Anhand der Prognose kann überprüft werden, ob das beabsichtigte Wasserstoffnetz hinsichtlich seiner Kapazität der Bedarfsprognose entspricht.

Im Wortlaut des § 28p Abs. 2 S. 1 kommt dies dadurch zum Ausdruck, dass der Betreiber 7
zum Nachweis des Bedarfs einen **abgestimmten Realisierungsfahrplan** bezüglich der Wasserstoffinfrastruktur mit zumindest einem Netznutzer vorlegen muss. Der Realisierungsfahrplan regelt die Umsetzung des Netzanschlusses iRd § 28n. Mit dem Realisierungsfahr-

plan weist der Betreiber damit einen konkreten Bedarf nach. Die Bedarfsprognose ist aber nicht zwingend auf den ersten Netznutzer begrenzt.

8 Das vorgehende Begriffsverständnis der Bedarfsgerechtigkeit wird dadurch bestätigt, dass der Gesetzgeber in § 28p Abs. 2 S. 1 vorsieht, dass im Rahmen der Prüfung auch die **energiewirtschaftliche Notwendigkeit** der jeweiligen Wasserstoffinfrastruktur festzustellen ist. Ein Bedarf kann für ein Wasserstoffnetz also nur bestehen, wenn das jeweilige Wasserstoffnetz für die leitungsgebundene Energieversorgung notwendig ist. Es soll damit verhindert werden, dass Wasserstoffnetze „ins Blaue" hinein, ohne konkreten Bedarf errichtet werden.

9 Die Bedarfsgerechtigkeit muss für jeden Teil des beantragten Wasserstoffnetzes nachgewiesen werden. Ergebnis der Prüfung durch die BNetzA kann daher auch sein, dass das Wasserstoffnetz nur in Bezug auf einen bestimmten Teil bedarfsgerecht ist. Die BNetzA kann die **Bedarfsgerechtigkeit** also a maiore ad minus auch **teilweise feststellen**.

10 Nach § 28p Abs. 1 S. 2 ist die BNetzA berechtigt Unterlagen für die Prüfung der Bedarfsgerechtigkeit nachzufordern. Das **Nachforderungsrecht** ist zeitlich und inhaltlich **unbeschränkt**, insbesondere kann die BNetzA auch mehrmals Unterlagen nachfordern, die für eine Beurteilung der Bedarfsgerechtigkeit erforderlich sind. Bei der Ausübung des Nachforderungsrechts ist allerdings zu berücksichtigen, dass der Gesetzgeber einen zügigen Markthochlauf der Wasserstoffinfrastruktur bezweckt (BT-Drs. 19/27453, 118) und das behördliche Verfahren daher nicht über Gebühr verzögert werden darf.

II. Regelbeispiele für die Bedarfsgerechtigkeit (Abs. 3)

11 § 28p Abs. 3 nennt zwei Regelbeispiele, für welche **widerleglich vermutet** wird, dass die Bedarfsgerechtigkeit positiv vorliegt (BT-Drs. 19/27453, 121). Dies betrifft nach § 28p Abs. 3 Satz 1 zum einen Wasserstoffnetzinfrastruktur, für die ein positiver Förderbescheid nach den Förderkriterien der nationalen Wasserstoffstrategie der Bundesregierung ergangen ist. Zum anderen wird dies nach § 28p Abs. 3 S. 2 ebenfalls bei Wasserstoffnetzinfrastruktur vermutet, die im Zusammenhang mit der Festlegung von sonstigen Energiegewinnungsbereichen iSd § 3 Nr. 8 WindSeeG errichtet wird.

III. Spezielle Nachweisanforderung bei Umstellungen im Fernleitungsnetz (Abs. 4)

12 § 28p Abs. 4 enthält eine spezielle Nachweisanforderung für die Umstellung einer Erdgasinfrastruktur im Fernleitungsnetz in ein Wasserstoffnetz, also die Umstellung einer bestehenden Erdgasleitung auf den reinen Betrieb mit Wasserstoff.

13 Hierfür muss nach § 113b im Prozess der Netzentwicklungsplanung nachgewiesen werden, dass die Erdgasinfrastruktur aus dem Fernleitungsnetz herausgenommen werden kann (BT-Drs. 19/27453, 121). Dies ist insbesondere der Fall, wenn die Umrüstung keine negativen Auswirkungen auf das Kapazitätsangebot und die Versorgungssicherheit im Erdgasnetz nach sich zieht (BT-Drs. 19/27453, 121).

IV. Entscheidung durch die BNetzA und Beurteilungsspielraum

14 § 28p räumt der BNetzA **kein Ermessen** für die Entscheidung über die Bedarfsgerechtigkeit ein. Sofern die Bedarfsgerechtigkeit vorliegt, ist diese daher im Rahmen einer **gebundenen Entscheidung** positiv festzustellen.

15 Gleichwohl handelt es sich bei der Bedarfsgerechtigkeit um einen **unbestimmten Rechtsbegriff**. Der BNetzA kommt bei der Auslegung ein **Beurteilungsspielraum** zu, der nicht vollumfänglich gerichtlich überprüft werden kann.

16 Dies ist darin begründet, dass es sich bei der Feststellung der Bedarfsgerechtigkeit um eine **Prognoseentscheidung** handelt. Die BNetzA muss beurteilen, ob das beantragte Wasserstoffnetz in seiner Dimensionierung voraussichtlich dem zukünftigen Bedarf entspricht. Das Gesetz nennt keine näheren Anforderungen, insbesondere für welchen Zeitraum und in welcher Genauigkeit die Bedarfsgerechtigkeit nachgewiesen werden muss. Vor dem Hintergrund, dass der Gesetzgeber einen zügigen Markthochlauf der Wasserstoffinfrastruktur intendiert (BT-Drs. 19/27453, 118), sind an den Nachweis der Bedarfsgerechtigkeit allerdings **keine überzogenen Anforderungen** zu stellen.

Die Entscheidung der BNetzA ergeht als **Verwaltungsakt** nach dem in Teil 8 Abschnitt 1 vorgesehenen behördlichen Verfahren und sowie ergänzend nach den Bestimmungen des VwVfG. Die Entscheidung der BNetzA kann durch eine Beschwerde zum OLG Düsseldorf nach §§ 75 ff. **gerichtlich überprüft** werden. 17

V. Entscheidungsfrist und Fiktion der Bedarfsgerechtigkeit (Abs. 5)

Für die Prüfung der Bedarfsgerechtigkeit räumt § 28p Abs. 5 S. 1 der BNetzA eine **starre Frist von vier Monaten** sein. Eine Verlängerung der Frist ist im Gesetz nicht vorgesehen. 18

Die **Frist beginnt** allerdings erst ab Vorlage aller Informationen zu laufen, die aus Sicht der BNetzA für eine Prüfung der Bedarfsgerechtigkeit erforderlich sind. Für den Fristbeginn genügt es also nicht, dass der Betreiber des Wasserstoffnetzes die aus seiner Sicht notwendigen Unterlagen vorlegt, sondern maßgeblich sind **alle objektiv erforderlichen Informationen** (BT-Drs. 19/27453, 121). Hierbei kommt der BNetzA ein Beurteilungsspielraum zu. Die BNetzA ist nach § 28p Abs. 1 S. 2 zur Nachforderung von Unterlagen berechtigt, sofern diese erforderlich sind zur Prüfung. Erst wenn alle erforderlichen und nachgeforderten Unterlagen vorliegen, beginnt die Frist zu laufen. 19

Entscheidet die BNetzA nicht innerhalb von vier Monaten, obwohl ihr alle erforderlichen Unterlagen vorliegen, sieht § 28p Abs. 5 S. 2 die strenge Rechtsfolge vor, dass die Bedarfsgerechtigkeit des jeweiligen Wasserstoffnetzes fingiert wird (**gesetzliche Fiktion**). Die Fiktion ist deswegen gerechtfertigt, weil mit dem Teil 3 Abschnitt 3b ein **zügiger Markthochlauf** der Wasserstoffinfrastruktur angestrebt ist (BT-Drs. 19/27453, 118). Der Markthochlauf soll nicht durch die behördliche Prüfung verzögert werden. 20

§ 28q Bericht zur erstmaligen Erstellung des Netzentwicklungsplans Wasserstoff

(1) ¹Die Betreiber von Wasserstoffnetzen, die eine Erklärung nach § 28j Absatz 3 abgegeben haben, und die Betreiber von Fernleitungsnetzen haben der Bundesnetzagentur in jedem geraden Kalenderjahr erstmals drei Monate nach Vorlage des Netzentwicklungsplans Gas im Jahr 2022, spätestens aber zum 1. September 2022, gemeinsam einen Bericht zum aktuellen Ausbaustand des Wasserstoffnetzes und zur Entwicklung einer zukünftigen Netzplanung Wasserstoff mit dem Zieljahr 2035 vorzulegen. ²Betreiber von Wasserstoffnetzen, die keine Erklärung nach § 28j Absatz 3 abgegeben haben, sind verpflichtet, mit den nach Satz 1 verpflichteten Betreibern von Wasserstoffnetzen in dem Umfang zusammenzuarbeiten, der erforderlich ist, um eine sachgerechte Erstellung dieses Berichts zu gewährleisten; sie sind insbesondere verpflichtet, den nach Satz 1 verpflichteten Betreibern von Wasserstoffnetzen die für die Erstellung des Berichts erforderlichen Informationen unverzüglich zur Verfügung zu stellen.

(2) ¹Der Bericht umfasst mögliche Kriterien zur Berücksichtigung von Wasserstoff-Projekten sowie Anforderungen zur Ermittlung von Ausbaumaßnahmen. ²Diese Kriterien enthalten insbesondere die Anforderungen einer zukünftigen Bestimmung von Standorten für Power-to-Gas-Anlagen sowie Aufkommensquellen und Abnahmeregionen für Wasserstoff, wobei auch Wasserstoffspeicheranlagen zu berücksichtigen sind. ³In dem Bericht wird auch auf etwaige Wechselwirkungen und Schnittstellen mit dem Netzentwicklungsplan Gas der Fernleitungsnetzbetreiber einschließlich der notwendigen Umrüstung von Erdgasleitungen sowie auf etwaige Wechselwirkungen und Schnittstellen mit dem Netzentwicklungsplan Strom der Übertragungsnetzbetreiber eingegangen.

(3) Die Bundesnetzagentur kann auf der Grundlage des Berichts Empfehlungen für die rechtliche Implementierung eines verbindlichen Netzentwicklungsplans Wasserstoff abgeben.

Überblick

§ 28q ist eine Übergangsvorschrift, die die gesetzliche Implementierung einer künftigen Wasserstoffnetzentwicklungsplanung vorbereiten soll. Absatz 1 verpflichtet die Fernleitungsnetzbetreiber (FNB) und diejenigen Betreiber von Wasserstoffnetzen, die sich nach § 28j Abs. 3 der Regulierung nach den §§ 28k–28q unterworfen haben, der BNetzA regelmäßig einen Bericht zum aktuellen Ausbaustand des Wasserstoffnetzes und zur Entwicklung einer zukünftigen Netzplanung Wasserstoff mit dem Zieljahr 2035 vorzulegen (vgl. → Rn. 3 ff.). Betreiber von Wasserstoffnetzen, die keine Erklärung nach § 28j Abs. 3 abgegeben haben, sind zur Mitwirkung bei der Erstellung des Berichts verpflichtet (vgl. → Rn. 5). Der Bericht umfasst nach Absatz 2 Anforderungen zur Ermittlung von Ausbaumaßnahmen und mögliche Kriterien zur Berücksichtigung von Wasserstoff-Projekten; ferner soll der Bericht Wechselwirkungen und Schnittstellen mit dem Netzentwicklungsplan Gas (NEP Gas) sowie dem Netzentwicklungsplan Strom (NEP) berücksichtigen (vgl. → Rn. 6 f.). Nach Absatz 3 kann die BNetzA auf der Grundlage der nach Absatz 1 vorgelegten Berichte Empfehlungen für die rechtliche Implementierung eines verbindlichen Netzentwicklungsplans Wasserstoff abgeben (vgl. → Rn. 8).

A. Sinn und Zweck der Vorschrift

1 Die Vorschriften der §§ 28j ff. enthalten keine Regelungen über eine Wasserstoffnetzentwicklungsplanung. Der Gesetzgeber hat es in Ansehung der zu erwartenden unionsrechtlichen Vorgaben (vgl. dazu Borning ER 2020, 108 (110 f.)) mit § 28q bei einer **Übergangsregelung** belassen, die die gesetzliche Implementierung einer künftigen Wasserstoffnetzentwicklungsplanung zunächst nur vorbereiten soll (BT-Drs. 19/28407, 29; BT-Drs. 19/27453, 121). Zu diesem Zweck verpflichtet die Norm die FNB (§ 3 Nr. 5) und die Betreiber von Wasserstoffnetzen (§ 3 Nr. 10b), die eine Opt-in-Erklärung nach § 28j Abs. 3 abgegeben haben, zu einer regelmäßigen gemeinsamen Berichterstattung an die BNetzA zum aktuellen Ausbaustand des Wasserstoffnetzes und zur Entwicklung einer zukünftigen Netzplanung Wasserstoff mit dem Zieljahr 2035 (vgl. → Rn. 3 ff.). Auf diese Weise soll eine **umfassende Informationsgrundlage** geschaffen werden, auf dessen Basis die BNetzA Empfehlungen für die rechtliche Implementierung eines eigenständigen verbindlichen Netzentwicklungsplans für Wasserstoff abgeben kann (BT-Drs. 19/27453, 122). § 28q dient damit der Vorbereitung eines künftigen NEP Wasserstoff. Bis zu dessen Einführung wird die Koordinierung des Aufbaus der Wasserstoffnetze im Wesentlichen über die Prüfung der Bedarfsgerechtigkeit nach § 28p (→ § 28p Rn. 4 ff.) erfolgen (Elspas/Graßmann/Rasbach/Lange § 28q Rn. 4).

B. Entstehungsgeschichte

2 § 28q wurde durch Art. 1 des Gesetzes zur Umsetzung unionsrechtlicher Vorgaben und zur Regelung reiner Wasserstoffnetze im Energiewirtschaftsrecht vom 16.7.2021 (BGBl. I 3026) eingeführt. Im ursprünglichen Gesetzentwurf war mit Absatz 4 eine Festlegungskompetenz der BNetzA nach § 29 Abs. 1 in Bezug auf den Inhalt und das Verfahren der Erstellung des Netzentwicklungsplans Wasserstoff vorgesehen (BT-Drs. 19/27453, 32, 122); dieser Absatz ist im Gesetzgebungsverfahren ersatzlos entfallen.

C. Berichtspflicht (Abs. 1)

3 Nach Absatz 1 Satz 1 haben die FNB und die Betreiber von Wasserstoffnetzen, die eine Erklärung nach § 28j Abs. 3 abgegeben haben, der BNetzA **in jedem geraden Kalenderjahr**, erstmals drei Monate nach Vorlage des NEP Gas im **Jahr 2022**, spätestens aber zum 1.9.2022, gemeinsam einen Bericht zum aktuellen Ausbaustand des Wasserstoffnetzes und zur Entwicklung einer zukünftigen Netzplanung Wasserstoff mit dem Zieljahr 2035 vorzulegen.

3.1 Da bis zum September 2022 voraussichtlich eine nur geringe Anzahl von Wasserstoffnetzbetreibern eine Opt-in-Erklärung abgegeben und die weitere Voraussetzung einer ad-hoc-Bedarfsprüfung (§ 28j Abs. 3 S. 2 iVm § 28p) erfüllt haben werden, wurde die Berichtspflicht im Gesetzgebungsverfahren auf Initiative des Bundesrats auf die FNB erweitert (BT-Drs. 19/28407, 10, 24). Die Erstreckung der Kooperationspflicht iRd § 28q auf die FNB erscheint auch mit Blick auf die Regelung des § 113b zweckmäßig, nach der die FNB im Rahmen des NEP Gas nunmehr Gasversorgungsleitungen kenntlich machen können, die perspektivisch auf eine Wasserstoffnutzung umgestellt werden könnten (vgl. dazu Stelter/Schieferdecker/Lange EnWZ 2021, 99 (102 f.); Schneller ER 2021, 135 (140)).

Der Gesetzeswortlaut legt nahe, dass **ein gemeinsamer Bericht** aller nach Satz 1 verpflichteten Netzbetreiber zu erstellen ist (Schneller ER 2021, 135 (139)); dies setzt eine entsprechende **Kooperationspflicht** der FNB und der Wasserstoffnetzbetreiber, die eine Opt-in-Erklärung nach § 28j Abs. 3 abgegeben haben, voraus. 4

Nach Absatz 1 Satz 2 haben die Betreiber von Wasserstoffnetzen, die keine Erklärung nach § 28j Abs. 3 abgegeben haben, mit den nach Satz 1 verpflichteten Wasserstoffnetzbetreibern in dem Umfang zusammenzuarbeiten, der erforderlich ist, um eine sachgerechte Erstellung dieses Berichts zu gewährleisten. Sie sind insbesondere verpflichtet, den nach Satz 1 verpflichteten Wasserstoffnetzbetreibern die für die Erstellung des Berichts erforderlichen Informationen unverzüglich zur Verfügung zu stellen. Hierbei kann es sich etwa um Angaben zu Leitungskilometern, der Zahl der angeschlossenen Verbraucher und Erzeuger sowie der infrastrukturellen Kapazitäten handeln (Bourwieg/Hellermann/Hermes/Grüner § 28q Rn. 7). Diese **Mitwirkungspflicht** der Betreiber nichtregulierter Wasserstoffnetze besteht nicht gegenüber den FNB; sie konkretisiert die allgemeine Kooperationspflicht des § 28j Abs. 4, wonach die Betreiber von Wasserstoffnetzen verpflichtet sind, untereinander in dem Ausmaß zusammenzuarbeiten, das erforderlich ist, um eine betreiberübergreifende Leitungs- und Speicherinfrastruktur für Wasserstoff sowie deren Nutzung durch Dritte zu realisieren (aA Elspas/Graßmann/Rasbach/Lange § 28q Rn. 10). Der **Umfang der Mitwirkungspflicht** wird maßgeblich durch den Grundsatz der Verhältnismäßigkeit beschränkt. Die Pflicht besteht daher nur insoweit, als die Mitwirkung für die sachgerechte Erstellung des Berichts erforderlich ist (Elspas/Graßmann/Rasbach/Lange § 28q Rn. 11). 5

Die Berichtspflicht macht deutlich, dass die Wasserstoffnetzentwicklungsplanung erst am Anfang steht und es daher zum gegenwärtigen Zeitpunkt wenig sinnvoll ist, bereits mit einer konkreten Netzplanung zu beginnen. Eine eigenständige Netzentwicklungsplanung für Wasserstoff ist erst dann zweckmäßig, wenn sich der Markt mit einer hinreichenden Liquidität und regionaler Abgrenzbarkeit von Angebot und Nachfrage herausgebildet hat (Bourwieg/Hellermann/Hermes/Grüner § 28q Rn. 4, 9). Erst dann können die für die Netzentwicklungsplanung erforderlichen unterschiedlichen Szenarien der künftigen Entwicklung des Marktes erstellt und deren Auswirkungen auf die Transportkapazität des Netzes untersucht werden. In der Phase des Markthochlaufs wäre eine derart umfangreiche Planung noch verfrüht (vgl. Bourwieg/Hellermann/Hermes/Grüner § 28q Rn. 4 f.). 5.1

D. Inhalt des gemeinsamen Berichts (Abs. 2)

Absatz 2 konkretisiert den **Inhalt** des nach Absatz 1 zu erstellenden gemeinsamen Berichts (BT-Drs. 19/27453, 122). Nach Satz 1 hat der Bericht Anforderungen zur Ermittlung von **Ausbaumaßnahmen** sowie mögliche Kriterien zur Berücksichtigung von **Wasserstoff-Projekten** zu umfassen. Diese Kriterien enthalten gem. Satz 2 insbes. die Anforderungen einer zukünftigen Bestimmung von Standorten für Power-to-Gas-Anlagen sowie Aufkommensquellen und Abnahmeregionen für Wasserstoff, wobei auch Wasserstoffspeicheranlagen zu berücksichtigen sind. Auf diese Weise kann die Netzentwicklungsplanung so ausgerichtet werden, dass Erzeugung (Quellen) und Abnahme (Senken) sinnvoll miteinander verbunden werden, so dass es zu keinen Fehlinvestitionen kommt (Bourwieg/Hellermann/Hermes/Grüner § 28q Rn. 9). Mit der Power-to-Gas-Technologie, mit der die Herstellung von Wasserstoff mittels Stroms durch Elektrolyse im industriellen Ausmaß gemeint ist, können die Wertschöpfungsketten im Elektrizitäts- und Gassektor miteinander verbunden werden und so etwa der mittels Wasser und Strom erzeugte Wasserstoff auch zur Erzeugung von Strom transportiert, gespeichert und schließlich verwendet werden (vgl. dazu Borning ER 2020, 108 (112)). 6

Gemäß Satz 3 ist in dem Bericht auch auf etwaige **Wechselwirkungen und Schnittstellen** mit dem NEP Gas der FNB einschließlich der notwendigen Umrüstung von Erdgasleitungen sowie auf etwaige Wechselwirkungen und Schnittstellen mit dem NEP der Übertragungsnetzbetreiber einzugehen; an dieser Stelle können auch Überlegungen im Rahmen der DENA-Netzstudie III einfließen (BT-Drs. 19/28407, 29). Durch die integrierte Betrachtung soll der Bericht „herausarbeiten", ob und ggf. wie eine **integrierte Netzentwicklungsplanung** sinnvoll geregelt werden kann, etwa durch eine zeitliche Synchronisierung der NEP-Prozesse oder durch die Erstellung eines gemeinsamen Szenariorahmens (BT-Drs. 19/28407, 29). 7

E. Künftiger Netzentwicklungsplan Wasserstoff (Abs. 3)

8 Nach Absatz 3 kann die BNetzA auf der Grundlage des Berichts nach Absatz 1 **Empfehlungen** für die rechtliche Implementierung eines verbindlichen Netzentwicklungsplans Wasserstoff abgeben. Die „Kann"-Vorschrift war im ursprünglichen Gesetzentwurf als Verpflichtung der BNetzA ausgestaltet, die im Gesetzgebungsverfahren abgeschwächt wurde. Für die BNetzA **verpflichtend** ist jedoch die Berichterstattung nach § 112b Abs. 2, wonach die BNetzA der Bundesregierung bis zum 30.6.2025 einen Bericht über die Erfahrungen und Ergebnisse mit der Regulierung von Wasserstoffnetzen sowie mit Vorschlägen zu deren weiteren Ausgestaltung vorzulegen hat (vgl. Elspas/Lindau/Ramsauer N&R 2021, 258 (263)).

Abschnitt 4. Befugnisse der Regulierungsbehörde, Sanktionen

§ 29 Verfahren zur Festlegung und Genehmigung

(1) Die Regulierungsbehörde trifft Entscheidungen in den in diesem Gesetz benannten Fällen und über die Bedingungen und Methoden für den Netzanschluss oder den Netzzugang nach den in § 17 Abs. 3, § 21a Abs. 6 und § 24 genannten Rechtsverordnungen durch Festlegung gegenüber einem Netzbetreiber, einer Gruppe von oder allen Netzbetreibern oder den sonstigen in der jeweiligen Vorschrift Verpflichteten oder durch Genehmigung gegenüber dem Antragsteller.

(2) ¹Die Regulierungsbehörde ist befugt, die nach Absatz 1 von ihr festgelegten oder genehmigten Bedingungen und Methoden nachträglich zu ändern, soweit dies erforderlich ist, um sicherzustellen, dass sie weiterhin den Voraussetzungen für eine Festlegung oder Genehmigung genügen. ²Die §§ 48 und 49 des Verwaltungsverfahrensgesetzes bleiben unberührt.

(3) ¹Die Bundesregierung kann das Verfahren zur Festlegung oder Genehmigung nach Absatz 1 sowie das Verfahren zur Änderung der Bedingungen und Methoden nach Absatz 2 durch Rechtsverordnung mit Zustimmung des Bundesrates näher ausgestalten. ²Dabei kann insbesondere vorgesehen werden, dass Entscheidungen der Regulierungsbehörde im Einvernehmen mit dem Bundeskartellamt ergehen.

Überblick

Neben der Ermächtigung, im Geltungsbereich des EnWG Entscheidungen in Form von Festlegungen und Genehmigungen zu treffen, ermöglicht Absatz 1 den zuständigen Behörden ebenso, in Form von Festlegungen und Genehmigungen sowohl über Bedingungen als auch Methoden für den Netzanschluss und Netzzugang, zu entscheiden (→ Rn. 10 ff.). Diese eigens von der Behörde festgelegten oder genehmigten Methoden und Bedingungen können nach Maßgabe des Absatzes 2 sodann nachträglich geändert werden (→ Rn. 31 ff.). Absatz 3 sieht die weitere Ausgestaltung dieses Verfahrens durch Rechtsverordnungen seitens der Bundesregierung vor, die der Zustimmung des Bundesrates bedürfen (→ Rn. 48 f.).

Übersicht

	Rn.		Rn.
A. Normzweck und Bedeutung	1	III. Regulierung der Netzanschluss- und Netzzugangsbedingungen	10
B. Entstehungsgeschichte und europarechtliche Vorgaben	3	IV. Regulierung der Methoden	11
		V. Regulierung durch Festlegung	12
C. Bedingungs- und Methodenregulierung durch Festlegung und Genehmigung (Abs. 1)	5	VI. Regulierung durch Genehmigung	23
		D. Nachträgliche Änderung von Regulierungsentscheidungen (Abs. 2)	31
I. Anwendungsbereich	5	I. Allgemeines: Inhalt, Zweck, Anwendungsbereich	31
II. Inhalt und Zweck	9		

	Rn.		Rn.
II. Änderungsbefugnis der Regulierungsbehörde (Abs. 2 S. 1)	33	2. Einvernehmen mit dem BKartA (Abs. 3 S. 2)	49
1. Tatbestandsvoraussetzungen	33		
2. Rechtsfolgen	40	E. Aktuelle Entwicklungen: Umsetzung der EuGH-Vorgaben	50
3. Zulässigkeit eines Abänderungsvorbehalts	45		
4. Parallele Anwendbarkeit der §§ 48, 49 VwVfG (Abs. 2 S. 2)	46	I. Urteil des EuGH v. 2.09.2021 (Rs. C-718/18)	50
III. Verfahrensregelungen (Abs. 3)	48		
1. Allgemeine Verordnungsermächtigung (Abs. 3 S. 1)	48	II. Gesetzentwurf der Bundesregierung vom 19.6.2023	52

A. Normzweck und Bedeutung

§ 29 Abs. 1 regelt das grundsätzliche Verhältnis von **Festlegungs- und Genehmigungsverfahren.** Neben der Erteilung von antragsabhängigen Genehmigungen ist die Regulierungsbehörde im Rahmen der Festlegung berechtigt, von Amts wegen zu handeln, um so zu vermeiden, dass mehrere unterschiedliche Methoden auf individuellem Wege genehmigt werden. Insbesondere die Einführung der Festlegung zielte auf eine gesteigerte **Rechtssicherheit** aus Sicht der regulierten Unternehmen ab, da die Festlegung u.a. Positionspapiere, Leitpapiere und andere Verlautbarungen von Behörden ersetzen sollte, die im Gegensatz zu Festlegungen unverbindlich sind (OLG Düsseldorf OLGR 2008, 459 (460) = BeckRS 2008, 7990). In der bisherigen Praxis haben sich Festlegungen oftmals als feinsteuernd und sehr detailliert erwiesen, was wiederum zu einem hohen Maß an Regelungsbreite und -tiefe geführt hat. 1

Nach § 29 Abs. 2 kann die Regulierungsbehörde die von ihr festgelegten oder genehmigten Bedingungen und Methoden nachträglich ändern, falls dies erforderlich ist, um die gesetzlichen Anforderungen an eine Festlegung oder Genehmigung weiterhin zu erfüllen. Die Regelung zielt damit darauf ab, der Regulierungsbehörde unabhängig von den allgemeinen verwaltungsverfahrensrechtlichen Handlungsoptionen die Möglichkeit zu geben, flexibel auf rechtliche oder tatsächliche Veränderungen zu reagieren. 2

B. Entstehungsgeschichte und europarechtliche Vorgaben

Mit § 29 setzte der deutsche Gesetzgeber die Vorgaben des Art. 41 Abs. 6 Gas-Binnenmarkt-Richtlinie 2009/73/EG, ehemals Art. 25 Abs. 2 Gas-Binnenmarkt-Richtlinie 2003/55/EG, und des Art. 37 Abs. 6 Elektrizitäts-Binnenmarkt-Richtlinie 2009/72/EG, ehemals Art. 23 Abs. 2 Elektrizitäts-Binnenmarkt-Richtlinie 2003/54/EG, in nationales Recht um. Beide Richtlinien sehen in den einschlägigen Artikeln eine **Ex-ante-Regulierung** vor, die mit § 29 auch Einzug in das deutsche Energiewirtschaftsrecht in Form eines Regulierungsrechts fanden (BT-Drs. 15/3917, 62). 3

Nachdem Festlegungen in § 29 zunächst nur auf der Grundlage von Rechtsverordnungen gegenüber einem Netzbetreiber, einer Gruppe von oder allen Netzbetreibern vorgesehen waren, wurde diese Befugnis im Zuge der Novelle 2011 in zweierlei Hinsicht erweitert. Zunächst wurde die Festlegungsbefugnis auf die **im Gesetz selbst benannten Fälle** erweitert (BT-Drs. 17/6072, 82). Darüber hinaus traten die „sonstigen (...) Verpflichteten" als zusätzliche Adressaten hinzu, sofern sie in der jeweiligen Vorschrift explizit als Adressaten benannt werden (Säcker EnergieR/Schmidt-Preuß § 29 Rn. 4). Hierdurch wurde es möglich, Festlegungen im Einzelfall auch unmittelbar an die Marktgegenseite der Netzbetreiber zu adressieren. 4

C. Bedingungs- und Methodenregulierung durch Festlegung und Genehmigung (Abs. 1)

I. Anwendungsbereich

§ 29 Abs. 1 beinhaltet die Berechtigung der Regulierungsbehörden, **Entscheidungen** in den gesetzlich genannten Fällen sowie über **Bedingungen** und **Methoden** für den **Netzanschluss** und **Netzzugang** nach §§ 17 Abs. 3, 21a Abs. 6 und 24 zu treffen. Der 5

Begriff der Entscheidung fungiert insoweit als Oberbegriff, als dass er sowohl die Festlegung als auch die Genehmigung umfasst (Kment EnWG/Wahlhäuser § 29 Rn. 22). In beiden Fällen handelt die Regulierungsbehörde **präventiv,** nicht repressiv (BNetzA Beschl. v. 14.9.2006 – BK6-06/036; Pielow DÖV 2005, 1017). Damit unterscheidet sich § 29 von den übrigen Ermächtigungsnormen (§§ 30, 31 und 65), die grundsätzlich repressiver Natur sind.

6   Festlegungen hinsichtlich der **Genehmigungsanträge nach § 23a Abs. 3** sind nach dem Wortlaut des § 29 Abs. 1 zwar nicht von den Befugnissen der BNetzA erfasst, da § 23a Abs. 3 im Rahmen der Aufzählung der Ermächtigungen in § 29 Abs. 1 nicht genannt wird. Hierbei handelt es sich jedoch um ein Redaktionsversehen. Da sich § 23a im Abschnitt 3, Teil 3 unter der Überschrift „Netzzugang" findet, ist dieser den Vorschriften über den **Netzzugang** zugeordnet. Der Begriff des Netzzugangs ist hier weit zu verstehen und auszulegen (Attendorn RdE 2009, 87) und die Nichterwähnung des § 23a Abs. 3 in § 29 Abs. 1 als Redaktionsversehen anzusehen, das auf den ursprünglichen Gesetzesentwurf zurückgehen dürfte, welcher gerade keine Ex-ante-Regulierung der Netznutzungsentgelte vorsah (Britz/Hellermann/Hermes/Britz/Herzmann, 3. Aufl., § 29 Rn. 3). Dadurch, dass diese schlussendlich dennoch mit den Vorschriften der §§ 21a, 23a eingefügt wurde, unterblieb jedoch eine daraufhin eigentlich erforderliche Gesetzeskonsolidierung des § 29 Abs. 1.

7   Zwar ist grundsätzlich in § 23a selbst bereits ein Genehmigungserfordernis normiert, weshalb es im Grunde daneben keiner zusätzlichen Befugnisnorm für die BNetzA bedarf, allerdings kann diese Frage für die Anwendbarkeit von § 29 Abs. 2 und 3 eine entscheidende Rolle einnehmen.

8   Zuständig für die Regulierung der Anschluss- und Netzzugangsbedingungen sowie für die Methodenregulierung ist gem. § 54 Abs. 1, 3 grundsätzlich die **BNetzA.** Insofern ist auch § 54 Abs. 3 S. 2 zu beachten, wonach die BNetzA als zuständige Behörde ermächtigt wird, bundeseinheitliche Festlegungen zu erlassen, sofern dies zur „**Wahrung gleichwertiger wirtschaftlicher Verhältnisse**" erforderlich ist (BT-Drs. 17/1672, 89). Damit soll dafür Sorge getragen werden, dass „regulierte Unternehmen im gesamten Bundesgebiet denselben regulatorischen Rahmen vorfinden" (BT-Drs. 17/1672, 89). Im Rahmen ihrer Zuständigkeiten und damit insbesondere außerhalb der Methodenregulierung können jedoch auch die Landesregulierungsbehörden Festlegungen erlassen.

II. Inhalt und Zweck

9   Die Regelung des § 29 Abs. 1 dient vor allem als allgemeine Rechtsgrundlage für die den Regulierungsbehörden zur Erfüllung ihrer Aufgaben zugewiesenen **Handlungsinstrumente.** Entscheidungen nach § 29 Abs. 1 sollen die Vorgaben der speziellen Handlungsermächtigungen in §§ 17, 20–23 und der nach § 17 Abs. 3 und § 24 S. 1 erlassenen Rechtsverordnungen ergänzen (BT-Drs. 15/3917, 61). Damit wird die zuständige Regulierungsbehörde nur dann tätig, wenn die Rechtsverordnungen keine abschließenden Regelungen zu Bedingungen oder Methoden normieren (BT-Drs. 15/3917, 62). Allerdings bedarf es, solange die betreffenden Vorschriften bereits eigene Genehmigungs- bzw. Festlegungsbefugnisse vorsehen, keiner weiteren formellen Grundlage. Dennoch kommt § 29 Abs. 1 insoweit Bedeutung zu, als dass diese Vorschrift dem Gesetzgeber an anderer Stelle im Gesetz Sammelverweisungen auf Genehmigungen und Festlegungen im Bereich des Netzzugangs und Netzanschlusses ermöglicht (Britz/Hellermann/Hermes/Britz/Herzmann, 3. Aufl., § 29 Rn. 1). Insoweit bildet § 29 Abs. 1 die Grundlage, auf der die Regulierungsentscheidungen formell erlassen werden (BT-Drs. 15/3917, 61).

III. Regulierung der Netzanschluss- und Netzzugangsbedingungen

10   Gemäß § 29 Abs. 1 kann die Regulierungsbehörde Entscheidungen über die Bedingungen für den **Netzanschluss** und den **Netzzugang** durch Festlegung und Genehmigung treffen. Der Begriff des „**Netzzugangs**" ist in diesem Zusammenhang weit zu verstehen (→ Rn. 6). Hinsichtlich der Netzanschluss- und Netzzugangsbedingungen ist die Regulierungsbehörde berechtigt, sowohl das Netzzugangsverhältnis zwischen Betreiber und Nutzer näher auszugestalten als auch allgemeine Verfahrens- und Formregelungen vorzugeben (OLG Düsseldorf OLGR 2008, 459 (460) = BeckRS 2008, 7990).

IV. Regulierung der Methoden

Neben der Regulierung der Netzanschluss- und Netzzugangsbedingungen können nach § 29 Abs. 1 auch die Methoden als solche reguliert werden (**Methodenregulierung**). Der Begriff der Methoden umfasst dabei all jene Werkzeuge, mit denen Entgelte und Bedingungen im Zusammenhang mit dem Netzzugang und -anschluss vorab bestimmt und ermittelt werden. Demnach können nicht nur die konkreten Netzzugangsbedingungen durch die Regulierungsbehörden vorgegeben werden, sondern auch die Methoden, die schlussendlich zu diesen Bedingungen führen. Insofern stellt die Methodenregulierung oftmals eine Vorstufe der Bedingungsregulierung dar. Die anzuwendenden Methoden sind indes regelmäßig in ihren Grundzügen vom Verordnungsgeber, gestützt auf § 24, selbst vorgegeben worden. So enthält bspw. § 7 StromNEV/§ 7 GasNEV konkrete Vorgaben dazu, wie die BNetzA bei der Festlegung der Eigenkapitalzinssätze vorzugehen hat. Darüber hinaus sieht § 24 Abs. 1 Nr. 2 jedoch vor, dass die Regulierungsbehörden durch Verordnungen ermächtigt werden können, die in den Verordnungen jeweils vorgegebene Methodenregulierung durch Festlegungen zu ergänzen. Soweit dies in den jeweiligen Festlegungsermächtigungen der Verordnungen zugelassen wird, darf die BNetzA dabei sogar Abweichungen von der in der Verordnung vorgesehenen Methodik vorgeben (Britz/Hellermann/Hermes/Britz/Herzmann, 3. Aufl., § 29 Rn. 6). Der Verordnungsgeber wollte hierdurch eine hohe Flexibilität der Regulierung ermöglichen und hat die BNetzA daher mit einer potentiell weitreichenden Kompetenz ausgestattet. Die Praxis der Vorgabe von Methoden durch den Verordnungsgeber im Rahmen von Verordnungen hat der EuGH in der Entscheidung C 718/18 vom 2.9.2021 als Verstoß gegen die Richtlinien 2009/72/EG und 2009/73/EG gewertet (→ Rn. 50 f.).

V. Regulierung durch Festlegung

Mit der Festlegung wurde durch das EnWG 2005 ein neues Handlungsinstrument für die zuständigen Regulierungsbehörden geschaffen. Hierbei handelte es sich nach damaliger Gesetzeslage um keine geläufige Handlungsform (Britz EuZW 2004, 462), dh die Festlegung war dem deutschen Verwaltungsrecht zuvor unbekannt. Mittlerweile findet sich diese Form des behördlichen Handelns jedoch auch im Postwesen (§ 3 PostG) und in der Telekommunikation (§ 10 Abs. 1 TKG). Im Energierecht finden sich Festlegungskompetenzen zudem zwischenzeitlich auch außerhalb des EnWG und der auf dieses gestützten Verordnungen, so zB in § 85 Abs. 2 EEG, § 62 Abs. 2 EnFG und § 75 MsbG, wobei stets auf § 29 Bezug genommen wird. Die Norm hat dadurch auch über das allgemeine Energiewirtschaftsrecht hinaus an Bedeutung gewonnen.

Die Festlegung hat die Funktion, eine Regelung **verbindlich** gegenüber einem durch allgemeine Merkmale bestimmten Personenkreis zu treffen (BGH BeckRS 2008, 14197 Rn. 11). Insofern unterscheidet sie sich von der Genehmigung (→ Rn. 25 ff.). Zudem steht eine etwaige Festlegung grundsätzlich im **Ermessen** der zuständigen Behörde. Dies ergibt sich zwar nicht ohne weiteres aus dem Wortlaut der Vorschrift; allerdings lässt sich dies aus den verordnungsrechtlichen Regelungen, die eine Festlegung zum Gegenstand haben, entnehmen (bspw.: § 30 Abs. 1 StromNEV).

Adressaten einer Festlegung können ein bestimmter Netzbetreiber, eine Gruppe von Netzbetreibern oder auch die Gesamtheit aller Netzbetreiber oder die sonstigen in der jeweiligen Vorschrift Verpflichteten sein. In der Regel ist die Marktgegenseite der Netzbetreiber, insbesondere die Netznutzer, in der jeweiligen Vorschrift nicht explizit als potentieller Adressat genannt, sodass eine unmittelbare Adressierung der Festlegung an diese nicht zulässig ist. In diesen Fällen behilft sich die BNetzA in der Regel damit, den Netzbetreibern die Verwendung bestimmter Regelungen in den jeweils relevanten Netzverträgen mit der Marktgegenseite vorzuschreiben. Der Netznutzungsvertrag Strom ist von der BNetzA sogar vollständig vorgegeben worden (zuletzt BK6-20-160). Die Netzbetreiber müssen diese Regelungen dann durch Änderungskündigungen oder Vertragsanpassungsrechte in ihren Verträgen implementieren und verpflichten so die Marktgegenseite **vertraglich** zur Einhaltung der regulierungsbehördlichen Vorgaben. Festlegungsverfahren sind daher auch für die Marktgegenseite von hoher Relevanz, weshalb diese die Möglichkeit zur Beiladung nach Maßgabe des § 66 haben. Die **Zustellung** der Festlegung erfolgt grundsätzlich durch **öffentliche Bekanntmachung** nach Maßgabe des § 73 Abs. 1a (OLG Düsseldorf BeckRS 2016, 122833 Rn. 57).

Dabei muss die jeweilige Festlegung u.a. im Volltext auf der Internetseite der BNetzA veröffentlicht werden, sodass alle potentiell Betroffenen die Möglichkeit der Kenntnisnahme erhalten.

15 Aufgrund der Besonderheit der Festlegung als Handlungsform ist die Einordnung in die bekannten Begrifflichkeiten des Verwaltungshandelns (Verwaltungsakt, Allgemeinverfügung, Verwaltungsvorschrift, Rechtsverordnung) nicht ohne weiteres möglich. In der Literatur besteht keine Einigkeit dahingehend, ob es sich bei der Festlegung um einen Verwaltungsakt iSd § 35 S. 1 VwVfG, um eine Allgemeinverfügung gem. § 35 S. 2 VwVfG, oder um eine Rechtsverordnung handelt bzw. ob die Festlegung gar keiner dieser Kategorien zuzuordnen ist und vielmehr als Verwaltungshandeln **sui generis** zu qualifizieren ist (im Überblick Kment EnWG/Wahlhäuser § 29 Rn. 26; Britz/Hellermann/Hermes/Britz/Herzmann, 3. Aufl., § 29 Rn. 16; Britz RdE 2006, 1).

16 Da eine Festlegung grundsätzlich gegenüber einer Vielzahl von Adressaten ergehen kann, gleicht sie insoweit einer **Allgemeinverfügung (als Form eines Verwaltungsaktes)**, die sich gem. § 35 S. 2 VwVfG an einen bestimmten oder bestimmbaren Personenkreis richtet. Eine Einordnung als Allgemeinverfügung entspricht auch erkennbar dem gesetzgeberischen Willen, der die Festlegungen nach § 29 Abs. 1 in § 60a Abs. 2 ausdrücklich als solche ansieht. Zudem hat sich der BGH dieser Wertung angeschlossen und die Festlegung bereits in seiner EDIFACT-Entscheidung als Allgemeinverfügung klassifiziert (BGH BeckRS 2008, 14197 Rn. 13 ff.). Für die Praxis dürfte der Streit über die Rechtsnatur der Festlegung daher weitgehend an Bedeutung verloren haben.

17 Dennoch lässt sich gegen eine Qualifikation als Allgemeinverfügung einwenden, dass diese regelmäßig auch abstrakt generelle Vorgaben enthalten oder auch abstrakt-generelle Sachverhalte erfassen kann. Eine abstrakte Wirkung ist einem Verwaltungsakt und damit auch einer Allgemeinverfügung jedoch gerade wesensfremd (Stelkens/Bonk/Sachs/Stelkens/Stelkens VwVfG § 35 Rn. 215). Die konkrete Regelung eines Einzelfalles ist vielmehr entscheidendes Abgrenzungskriterium zu einer **Rechtsverordnung,** die lediglich abstrakte Formulierungen treffen kann. Folglich wäre eine Einordnung der Festlegung als Allgemeinverfügung iSd § 35 S. 2 VwVfG abzulehnen, sobald durch Festlegung gerade nicht der Einzelfall (konkret-generell), sondern ein Sachverhalt abstrakt-generell geregelt werden soll. Ein solcher **abstrakt-genereller Charakter** kommt einer Festlegung aber insbesondere im Rahmen der **Methodenregulierung** oftmals zu (BGH RdE 2011, 59 (61) = BeckRS 2010, 28427). Dies ist insbesondere der Tatsache geschuldet, dass solche Festlegungen oftmals Methoden der Netzentgeltregulierung regeln und demnach auch eine Allgemeingültigkeit erfordern (ausführlich hierzu BGH RdE 2011, 59 (61) = BeckRS 2010, 28427). Eine solche Methodenfestlegung soll schließlich einheitliche Vorgaben in Bezug auf die Wahl der richtigen Methode zur Berechnung und Bestimmung einschlägiger Bedingungen schaffen. Dies kann nur im Rahmen einer abstrakt-generellen Regelung konsequent erreicht werden.

18 Gegen eine Einordnung als **Rechtsverordnung** spricht indes die fehlende entsprechende Ermächtigung zugunsten der Regulierungsbehörde (Britz RdE 2006, 1 (6)). Der Kategorisierung als **einfache Verwaltungsvorschrift** steht wiederum entgegen, dass Festlegungen der Regulierungsbehörde Bindungswirkung entfalten sollen – dies war gerade Sinn und Zweck der Einführung der Festlegung (→ Rn. 9) – eine solche Bindungswirkung aber einfachen Verwaltungsvorschriften gerade nicht immanent ist (BVerwG DVBl 1958, 173; DVBl 1964, 320; Schoch/Schneider/Eichberger/Buchheister VwGO § 137 Rn. 22).

19 Vor diesem Hintergrund liegt daher eine Einordnung als Allgemeinverfügung iSd § 35 S. 2 VwVfG nahe, zumal dies erkennbar dem Willen des Gesetzgebers und der Rechtsprechung des BGH entspricht (→ Rn. 16). Insoweit ist auch der **Eigenart des Regulierungsrechts** Rechnung zu tragen. Sinn und Zweck des Regulierungsrechts ist es, einen wirksamen und unverfälschten Wettbewerb bei der Versorgung mit Elektrizität und Gas sicherzustellen (§ 1 Abs. 2). Die entsprechenden Regelungen können schon ihrer Natur nach nicht immer konkret-generell formuliert sein. Vielmehr hat das Energierecht gänzlich andere Fälle zu lösen als bspw. das Gefahrenabwehrrecht, welches sich regelmäßig mit konkreten Einzelfällen beschäftigt.

20 Schließlich ist die Festlegung von den praxisrelevanten **Leit- und Positionspapieren** abzugrenzen, die von den Regulierungsbehörden – namentlich vor allem der BNetzA – regelmäßig veröffentlicht werden. Die Rechtsprechung geht insoweit davon aus, dass Leitfä-

den der BNetzA gerade nicht unter die Methodenregulierung iSd § 29 Abs. 1 fallen (OLG Düsseldorf RdE 2013, 42 (45) = BeckRS 2012, 18593). Vielmehr diene die Veröffentlichung solcher Papiere und Leitfäden lediglich der Darlegung transparenter und nachvollziehbarer Auslegungsgrundsätze und solle die Meinung der Regulierungsbehörde zu bestimmten Themenkomplexen dartun. Mithin entfaltet ein Leitfaden oder Positionspapier gerade keine rechtsverbindliche Wirkung (OLG Düsseldorf RdE 2013, 42 (45) = BeckRS 2012, 18593; Elspas/Graßmann/Rasbach/Schellberg § 29 Rn. 14). Zu Recht wird allerdings in vielen Fällen von einer **Selbstbindung der Behörden** im Sinne einer Verwaltungsvorschrift ausgegangen (Theobald/Kühling/Boos § 29 Rn. 28).

Zuständig für Festlegungen im Rahmen der Methodenregulierung ist gem. § 54 Abs. 3 21 S. 2 die BNetzA. Hierbei ist die Möglichkeit der bundeseinheitlichen Festlegung und damit einer bundeseinheitlichen Verbandskompetenz der BNetzA gem. § 54 Abs. 3 S. 2 an eine bestimmte Voraussetzung geknüpft. Danach ist die BNetzA nur dann zuständig, wenn eine bundesweite einheitliche Festlegung zur Wahrung gleichwertiger wirtschaftlicher Verhältnisse erforderlich ist. Um festzustellen, ob dies der Fall ist, stellt das OLG Düsseldorf zum einen darauf ab, ob ein Fall der Regelbeispiele in § 54 Ab. 3 S. 3 oder ein mit diesen vergleichbarer Fall gegeben ist (OLG Düsseldorf EnWZ 2014, 428 Rn. 41).

Zulässiger Rechtsbehelf gegen eine Festlegung ist sowohl in Verpflichtungs- als auch 22 Anfechtungskonstellationen die Beschwerde gem. § 75. Festlegungen sind grundsätzlich (teil)anfechtbar. Die Teilanfechtbarkeit steht jedoch unter der Bedingung der Trennbarkeit des sachlichen Zusammenhangs der entsprechenden Teile (OLG Düsseldorf BeckRS 2016, 115687 Rn. 21 f.; BGH BeckRS 2017, 139427 Rn. 7 f., 12 ff.). Die Anfechtung wirkt grundsätzlich nur inter partes, dh nur zwischen dem Beschwerdeführer und der Regulierungsbehörde. In Ausnahmefällen hat der BGH aber auch bereits eine Wirkung inter omnes anerkannt. Voraussetzung einer subjektiv beschränkten Aufhebung sei, dass der Verwaltungsakt in persönlicher Hinsicht teilbar ist. Soweit sich aus dem jeweiligen Fachrecht nichts Abweichendes ergebe, kommt es dabei darauf an, ob der Verwaltungsakt von allen Adressaten nur einheitlich befolgt werden kann oder nicht. Unteilbar seien grundsätzlich solche Allgemeinverfügungen, deren Regelungen und Regelungsbestandteile einen untrennbaren Zusammenhang bilden, sodass nicht einzelne Elemente von ihnen isoliert angefochten werden können (BGH RdE 2015, 183 Rn. 26 = BeckRS 2015, 1978 – Festlegung Tagesneuwerte II). Liege eine solche Unteilbarkeit vor, müsse die Aufhebung gegenüber allen Adressaten erfolgen (BGH RdE 2016, 293 Rn. 41 ff. = BeckRS 2016, 9760).

VI. Regulierung durch Genehmigung

Die Genehmigung iSd § 29 Abs. 1 Var. 2 stellt im Gegensatz zur Festlegung (→ Rn. 12 23 ff.) eine etablierte Handlungsform im Verwaltungsrecht dar, deren Adressat der jeweilige Antragsteller ist. Das **Antragsbedürfnis** der Genehmigung ist ein entscheidender Unterschied zur Festlegung und ist der individuellen Natur der Genehmigung geschuldet. Bei einer Genehmigung handelt es sich aufgrund der zwingenden Regelung eines Einzelfalls (konkret-individuell) unzweifelhaft um einen **Verwaltungsakt** gem. § 35 S. 1 VwVfG (Säcker EnergieR/Schmidt-Preuß § 29 Rn. 30). Dieser Verwaltungsakt entfaltet sowohl gegenüber dem Antragsteller als auch gegenüber der jeweilig befassten Behörde Bindungswirkung (Britz/Hellermann/Hermes/Britz/Herzmann, 3. Aufl., § 29 Rn. 12 f.). Die **Bekanntgabe** der Genehmigung erfolgt durch Zustellung gem. § 73 Abs. 1. Der zulässige Rechtsweg gegen eine solche Genehmigung ist die Beschwerde iSd § 75 Abs. 1.

Während im Rahmen der Methodenregulierung zumeist die BNetzA zuständige Behörde 24 ist (→ Rn. 21), verbleibt die Zuständigkeit im Hinblick auf etwaige Genehmigungen bei den jeweiligen Landesregulierungsbehörden, sofern § 54 Abs. 2 diesen die Zuständigkeit überträgt.

Sofern die Voraussetzungen des § 29 Abs. 1 Var. 2 erfüllt sind, besteht grundsätzlich ein 25 **Anspruch** des Antragstellers auf Erteilung der Genehmigung. Insofern handelt es sich bei § 29 Abs. 1 Var. 2 gerade nicht um eine Ermessensvorschrift, sondern die Genehmigung stellt eine **gebundene Entscheidung** dar (Säcker EnergieR/Schmidt-Preuß § 29 Rn. 60). Auch insofern unterscheidet sie sich von der Festlegung, die iRd § 29 Abs. 1 Var. 1 einen Ermessensspielraum eröffnet (→ Rn. 13). Da es sich jedoch bei § 29 Abs. 1 Var. 1 nicht um

EnWG § 29 Teil 3. Regulierung des Netzbetriebs

eine eigene Anspruchsgrundlage handelt, ist eine ergänzende Vorschrift im Energierecht erforderlich, die ein Genehmigungserfordernis vorsieht. Solche Vorschriften ergeben sich entweder unmittelbar aus dem Gesetz (insbesondere die Genehmigung der Netzentgelte nach § 23a Abs. 1) oder aus den ergänzenden Rechtsverordnungen (bspw. StromNEV).

26 Die Bedeutung des § 23a Abs. 1 hat sich im Zuge der Einführung der **Anreizregulierung** mit § 21a als zentraler gesetzlicher Vorgabe allerdings verändert, da § 23a nunmehr nur noch iRv § 1 Abs. 2 ARegV eine Rolle spielt. Dennoch ergehen im Rahmen der Anreizregulierung zahlreiche weitere Genehmigungen, die auf der Grundlage des § 29 Abs. 1 erlassen werden. Auch ergingen eine große Anzahl von Genehmigungen auf Grundlage des § 19 Abs. 2 StromNEV iVm § 29 Abs. 1. Diese Praxis wurde 2013 mit der Festlegung BK4-13-739 (BNetzA EnWZ 2014, 88) zu § 19 Abs. 2 S. 1 StromNEV geändert, da seitdem auch eine Anzeige genügt, wenngleich das Genehmigungsverfahren als Alternative weiterhin fortbesteht.

27 Genehmigungen als konkret-individuelle Maßnahmen entfalten sowohl gegenüber dem Antragsteller als auch gegenüber der Genehmigungsbehörde selbst Bindungswirkung (Kment EnWG/Wahlhäuser § 29 Rn. 23). Zwar unterstehen Gerichte dieser Bindungswirkung nicht, weswegen Genehmigungen auch grundsätzlich der Rechtmäßigkeitskontrolle zugänglich sind; dennoch entfaltet eine ergangene Genehmigung eine gewisse Indizwirkung (Elspas/Graßmann/Rasbach/Schellberg § 29 Rn. 34).

28 Bei Genehmigungen, die im Rahmen der Methodenregulierung erteilt werden, ist grundsätzlich die BNetzA zuständig. Ergeht eine Genehmigung jedoch gegenüber einem einzelnen Antragsteller, sind nach wie vor die Landesregulierungsbehörden zuständig, sofern § 54 Abs. 2 ihnen die Kompetenz zuweist.

29 Nach der jüngsten Rechtsprechung des BGH kann aus § 29 in Verbindung mit weiteren energierechtlichen Vorschriften zudem **ein Verbot folgen, einen öffentlich-rechtlichen Vertrag zu schließen,** anstatt eine Genehmigung zu erteilen. Nach § 54 S. 1 VwVfG kann auf dem Gebiet des öffentlichen Rechts ein Rechtsverhältnis auch durch Vertrag begründet, geändert oder aufgehoben werden. Die BNetzA kann daher, anstatt einen Verwaltungsakt zu erlassen, grundsätzlich auch einen öffentlich-rechtlichen Vertrag mit demjenigen schließen, an den sie sonst den Verwaltungsakt richten würde. Dies allerdings nur dann, wenn und soweit Rechtsvorschriften nicht entgegenstehen. Entgegenstehende Vorschriften iSv § 54 S. 1 VwVfG sind dabei nicht nur solche, die ein ausdrückliches Vertragsformverbot aussprechen, sondern auch solche, aus deren Sinn und Zweck sich ein entsprechendes Verbot ableiten lässt (BGH BeckRS 2022, 11887 Rn. 35). Eine solche Vorschrift stellt jedenfalls iVm § 28a iVm §§ 54, 59 Abs. 1 S. 1 und Abs. 2 sowie iVm Art. 36 Abs. 6–9 Gas-Binnenmarkt-Richtlinie (EU) 2019/692 auch § 29 dar. Nach Auffassung des BGH sollen diese Vorschriften sicherstellen, dass die Freistellungsvoraussetzungen des § 28a vollständig erfüllt sind und dies in einer begründeten Genehmigungsentscheidung niedergelegt wird. Dies sei bei Abschluss eines öffentlich-rechtlichen Vertrages nicht gewährleistet, weshalb der Abschluss eines solchen Vertrages verboten und ein dennoch abgeschlossener öffentlich-rechtlicher Vertrag nichtig sei (BGH BeckRS 2022, 11644 Rn. 11 ff. – OPAL-Gasfernleitung, zustimmend: OLG Düsseldorf, BeckRS 2022, 23117, Rn. 197).

30 Die Entscheidung des BGH betrifft zwar eine spezielle Konstellation, die der Entscheidung zugrunde liegenden Erwägungen sind aber grundsätzlich verallgemeinbar. Es ist jeweils zu prüfen, ob aus den Vorgaben des Energiewirtschaftsrechts iVm § 29 eine Notwendigkeit erfolgt, durch einen begründeten Verwaltungsakt zu entscheiden. Ist dies der Fall, darf kein öffentlich-rechtlicher Vertrag geschlossen werden. Die BNetzA hat in der Vergangenheit wiederholt zum Mittel des öffentlich-rechtlichen Vertrages gegriffen, insbesondere um langwierige Rechtsmittelverfahren zu vermeiden. Diese Praxis ist durch die aktuelle Rechtsprechung noch fragwürdiger geworden. Insbesondere besteht für die betroffenen Unternehmen im Einzelfall nunmehr die Möglichkeit, die Nichtigkeit des abgeschlossenen öffentlich-rechtlichen Vertrags geltend zu machen, da die BNetzA durch Verwaltungsakt hätte entscheiden müssen.

D. Nachträgliche Änderung von Regulierungsentscheidungen (Abs. 2)

I. Allgemeines: Inhalt, Zweck, Anwendungsbereich

Bei § 29 Abs. 2 handelt es sich um eine **Revisibilitätsregelung**, die es den Regulierungsbehörden ermöglicht, behördliche Entscheidungen nachträglich abzuändern, „um sicherzustellen, dass die Bedingungen und Methoden nach § 29 Abs. 1 **angemessen** sind und **nicht diskriminierend** angewandt werden" (BT-Drs. 15/3917, 62). Die Bestimmung enthält eine umfassende Änderungsbefugnis für sämtliche Entscheidungen, die der Regulierungsbehörde nach § 29 Abs. 1 eröffnet sind und die auf Grundlage dessen getroffen wurden. Damit sollen der zuständigen Behörde **flexible Regelungsinstrumente** zur Verfügung gestellt werden, um kurzfristige Anpassungen an veränderte tatsächliche und rechtliche Umstände vornehmen zu können, die die **Effektivität** der Regulierung sichern und wiederherstellen (OLG Düsseldorf NJOZ 2023, 198, Rn. 44).   31

§ 29 Abs. 2 S. 2 verweist auf die §§ 48, 49 VwVfG und damit auf die allgemeinen Vorschriften zur Aufhebung von Verwaltungsakten, die unberührt bleiben sollen. Der Anwendungsbereich des § 29 Abs. 2 S. 1 ist insofern weiter als der der §§ 48, 49 VwVfG, als dass die Anwendbarkeit des § 29 Abs. 2 S. 1 nicht auf Verwaltungsakte beschränkt ist, sondern auch Genehmigungen und Festlegungen erfasst. Dies spielt allerdings nur dann eine Rolle, sofern man mit Teilen der Literatur geht und die Festlegung als verwaltungsrechtliche Handlungsform sui generis qualifiziert (→ Rn. 15). Unabhängig davon unterscheidet § 29 Abs. 2 S. 1 – in Abgrenzung zu §§ 48, 49 VwVfG – nicht zwischen begünstigender und belastender Entscheidung, sodass in beiden Fällen die gleichen – geringen – Voraussetzungen Anwendung finden (Kment EnWG/Wahlhäuser § 29 Rn. 36; Britz/Hellermann/Hermes/Britz/Herzmann, 3. Aufl., § 29 Rn. 22). Vergleichbare spezialgesetzliche Änderungsmöglichkeiten finden sich auch in anderen Rechtsbereichen, so gehen etwa die speziellen Ermächtigungen in § 24 PostG und § 30 TKG über die allgemeinen Voraussetzungen der §§ 48, 49 VwVfG hinaus.   32

II. Änderungsbefugnis der Regulierungsbehörde (Abs. 2 S. 1)

1. Tatbestandsvoraussetzungen

a) Begriff der Änderung. § 29 Abs. 2 S. 1 ermächtigt die gem. § 54 Abs. 1 zuständige Regulierungsbehörde zur Änderung einer in der Form der Festlegung oder Genehmigung getroffenen Entscheidung. Der Begriff der Änderung ist dabei zentrales Tatbestandsmerkmal.   33

Erfasst von dem Begriff der Änderung sind dabei jedenfalls die **additive Änderung**, die **substitutive Änderung** und die (teilweise) **Aufhebung** (Säcker EnergieR/Schmidt-Preuß § 29 Rn. 70). Während bei Ersterer eine Änderung durch Hinzufügen herbeigeführt wird, findet bei der zweiten Variante ein Austausch von Regelungsbestandteilen statt. Die dritte Art der Änderung bezweckt die Beseitigung einer Regelung ohne Substitut. Dabei kann nach dem Sinn und Zweck der Vorschrift auch eine **ersatzlose Aufhebung** von § 29 Abs. 2 erfasst sein, da § 29 Abs. 2 S. 1 eine angemessene und nicht diskriminierende Anwendung festgelegter bzw. genehmigter Bedingungen gewährleisten soll (BGH BeckRS 2016, 14604 Rn. 18). Dies ist unter gewissen Umständen nur durch eine ersatzlose Aufhebung erreichbar. Letzteres wird jedoch im Rahmen einer richtlinienkonformen Auslegung teilweise kritisiert, da sich eine solche Tragweite nicht aus dem Wortlaut des § 29 Abs. 2 S. 1 ergeben soll, der begrifflich eine „Änderung" erfordert, sodass zu fordern sei, dass „ein Teilsubstrat der ursprünglichen Entscheidung bestehen bleibt" (Säcker EnergieR/Schmidt-Preuß § 29 Rn. 73).   34

Schließlich ist im Anwendungsbereich des § 29 Abs. 2 keine Differenzierung zwischen bestandskräftigen und nicht bestandskräftigen Entscheidungen vorzunehmen. Vielmehr ist in beiden Fällen eine Änderung nach § 29 Abs. 2 S. 1 möglich, da sich eine solche Beschränkung zum einen nicht aus dem Wortlaut ergibt und zum anderen ansonsten dem Normzweck widersprechend die Flexibilität der Handlungsmöglichkeiten der Behörde beschränkt würde (BGH BeckRS 2016, 14604; OLG Düsseldorf BeckRS 2015, 8133 Rn. 39).   35

b) Rechtswidrigkeit der Entscheidung. Die Änderung einer Entscheidung der Regulierungsbehörde nach § 29 Abs. 2 S. 1 ist nach dem Wortlaut der Norm nur dann möglich,   36 sofern dies auch erforderlich ist, damit die Bedingungen und Methoden weiterhin den Voraussetzungen für eine Festlegung oder Genehmigung entsprechen. Denkbar sind hierbei drei verschiedene Konstellationen. Zunächst können sich die **tatsächlichen Umstände** nach Erlass der Festlegung geändert haben und eine neue rechtliche Bewertung nach sich ziehen, ohne Tatsachenänderung aufgrund **neuer (wissenschaftlicher) Erkenntnisse** die Berücksichtigung neuer Risikofaktoren erforderlich werden, die zu einer anderen rechtlichen Bewertung zwingen oder aber die Regulierungsbehörde beabsichtigt, eine **generelle Gesamtneubewertung** vorzunehmen, ohne dass sich etwa die tatsächlichen Umstände geändert hätten (Säcker EnergieR/Schmidt-Preuß § 29 Rn. 69).

37   Ausgehend vom Wortlaut des § 29 Abs. 2 S. 1 können nur **anfänglich rechtmäßige Entscheidungen** der Behörde geändert werden, da sichergestellt werden muss, dass die Bedingungen oder Methoden „weiterhin" den gesetzlichen Voraussetzungen genügen. Dies lässt die Annahme zu, dass die Entscheidung der Regulierungsbehörde zumindest ursprünglich einmal rechtmäßig gewesen sein muss. Hierdurch würden allerdings von Anfang an rechtswidrige Entscheidungen iSd § 29 Abs. 1 privilegiert werden, indem diese nicht nach § 29 Abs. 2 verändert werden könnten. Für diejenigen Entscheidungen, die von Beginn an rechtswidrig waren, würde nur die Möglichkeit der Änderung nach § 48 VwVfG in Betracht kommen. Das wiederum würde bedeuten, dass für die Änderung einer anfänglich rechtswidrigen, begünstigenden Entscheidung gesetzlich verankerte Vertrauensschutzgesichtspunkte zu beachten wären. Insofern wären die rechtlichen Hürden für eine Änderung einer solchen Entscheidung höher als bei einer anfänglich rechtmäßigen Festlegung oder Genehmigung. Dies kann vom Gesetzgeber nicht gewollt gewesen sein und würde letztlich zu ungerechten Ergebnissen führen. Mithin ist § 29 Abs. 2 auch auf solche Entscheidungen der Regulierungsbehörde anzuwenden, die von Anfang an rechtswidrig waren (BGH BeckRS 2016, 14604 Rn. 38 f.; Britz/Hellermann/Hermes/Britz/Herzmann, 3. Aufl., § 29 Rn. 21; aA Säcker EnergieR/Schmidt-Preuß § 29 Rn. 77).

38   Die aktuelle Rechtsprechung des OLG Düsseldorf legt die aus § 29 folgende Änderungsbefugnis der Behörde zudem weit aus. Danach soll es zur Begründung der Änderungsbefugnis bereits genügen, dass die BNetzA den Änderungsbedarf auf die nachträglichen Erkenntnisse (im konkreten Fall hinsichtlich der Anerkennung von Fremdkapitalkosten) stützt und geltend macht, erst durch die Einsichten und Erfahrungen aus ihrer Regulierungspraxis der vergangenen Jahre die Gefahr möglicher Fehlanreize und das Bedürfnis für eine Korrektur ihrer früheren Einschätzung erkannt zu haben (OLG Düsseldorf BeckRS 2022, 7063 Rn. 45). Nach Ansicht des OLG Düsseldorf ist es hingegen unzulässig, auf Grundlage des § 29 Abs. 2 eine nachträgliche Anpassung einer Erlösobergrenze (im konkreten Fall eines Übertragungsnetzbetreibers) vorzunehmen, da § 4 Abs. 3–5 ARegV diese Fälle abschließend regeln (OLG Düsseldorf BeckRS 2022, 21515, Rn. 33, mit Verweis auf Säcker EnergieR/Meinzenbach, 4. Aufl., § 4 ARegV Rn. 15 mwN).

39   **c) Vertrauensschutz als Tatbestandsvoraussetzung.** Schon der Wortlaut des § 29 Abs. 2 S. 1 legt nahe, dass die Norm keinen **Vertrauensschutz** vermittelt. § 29 Abs. 2 S. 1 unterscheidet insoweit nicht danach, ob es sich um eine begünstigende oder belastende Entscheidung handelt. Darüber hinaus fehlt es ebenso an einer entsprechenden **Entschädigungsnormierung** vergleichbar derjenigen in §§ 48 Abs. 3, 49 Abs. 6 VwVfG. Damit sind die Hürden für Behörden bei einer auf § 28 Abs. 2 gestützten Vorgehensweise grundsätzlich niedriger als bei einer Rücknahme bzw. dem Widerruf eines Verwaltungsakt nach §§ 48, 49 VwVfG. Aus diesem Grund wird in der Literatur über eine **verfassungskonforme Auslegung** diskutiert, im Zuge derer § 49 Abs. 6 VwVfG als Entschädigungsregelung heranzuziehen sein könnte (Säcker EnergieR/Schmidt-Preuß § 29 Rn. 83). Der BGH hat diese Frage bislang offen gelassen (BGH BeckRS 2016, 14604 Rn. 34). Sie kann jedoch insbesondere dann eine Rolle spielen, wenn es sich um finanzielle Zuwendungen handelt, die durch die Behörde in Aussicht gestellt werden und deren Rückgängigmachung ggf. erhebliche finanzielle Risiken für den Adressaten mit sich brächten, da diese im Hinblick auf Erhalt dieser Zuwendungen bereits etwaige Investitionen getätigt haben. Der hierdurch entstandene Schaden könnte dann gem. § 49 Abs. 6 VwVfG in verfassungskonformer Auslegung ersatzfähig sein.

2. Rechtsfolgen

a) Grundlegendes. Da die Änderung gem. § 29 Abs. 2 S. 1 grundsätzlich nur **ex nunc** 40
wirkt (OLG Düsseldorf BeckRS 2016, 19233 Rn. 54; insofern nicht ausdrücklich, aber andeutend – „in der Regel" BGH BeckRS 2016, 14604 Rn. 30; ausdrücklich offengelassen allerdings in BGH BeckRS 2021, 18405 Rn. 19), bleibt sie in diesem Punkt hinter dem Regelungsgehalt des § 48 Abs. 1 S. 1 VwVfG zurück, der die Rücknahme eines Verwaltungsaktes auch für die Vergangenheit vorsieht. Nach der hier vertretenen Auffassung ist eine **rückwirkende Änderung** indes gem. § 29 Abs. 2 S. 1 nicht zulässig, da § 29 Abs. 2 S. 1 in Abgrenzung zu § 48 VwVfG jedenfalls nach dem Wortlaut keine Vertrauensschutzelemente beinhaltet (→ Rn. 36 f.) und eine Änderung mit einer ex tunc-Wirkung erhebliche Konsequenzen für den Adressaten der Behördenentscheidung nach § 29 Abs. 1 mit sich bringen kann. Eine rückwirkende Änderung würde daher gegen den verfassungsrechtlich geschützten Vertrauensgrundsatz verstoßen.

Gegen die Änderungs- oder Aufhebungsentscheidung nach § 29 Abs. 2 ist die Beschwerde 41
nach § 75 Abs. 1 statthaft.

b) Änderungsermessen. Die Änderung einer Festlegung oder Genehmigung nach § 29 42
Abs. 2 S. 1 steht im alleinigen Ermessen der Regulierungsbehörde, der sowohl ein **Entschließungs-** als auch ein **Auswahlermessen** zusteht. Grenzen der Ermessensausübung ergeben sich vor allem aus dem Verhältnismäßigkeitsgrundsatz und der Prozessökonomie. Vertrauensschutz als abwägungsrelevantes Interesse ist zwar nicht explizit normiert, dennoch kann eine gewisse Verlässlichkeit der Regulierungsentscheidung ein berechtigtes Schutzinteresse darstellen und bei der Ermessensentscheidung im Rahmen der Verhältnismäßigkeit eine Rolle spielen (Britz/Hellermann/Hermes/Britz/Herzmann, 3. Aufl., § 29 Rn. 23). Eine Ermessensreduzierung hin zu einer Änderung liegt jedenfalls dann vor, wenn die Aufrechterhaltung in der jetzigen Form schlichtweg unerträglich wäre, weil die Festlegung bereits bei ihrem Erlass offensichtlich rechtswidrig war (vgl. BGH BeckRS 2021, 18405). Die Tatsache, dass § 29 Abs. 2 S. 1 grundsätzlich Änderungen ermöglicht, erhöht die Anforderungen an ein berechtigtes und ermessensrelevantes Vertrauen. In diesem Zusammenhang wird auch die Gewährleistung von Übergangsfristen für den Änderungsadressaten relevant. Je länger die gewährten Fristen ausgestaltet sind, desto geringer ist die tatsächliche Belastung des Adressaten und desto zumutbarer auch die Änderung durch eine behördliche Entscheidung. Die Behörde muss in Abgrenzung zu § 49 Abs. 2 Nr. 3 und 4 VwVfG **kein besonderes öffentliches Interesse** an einer Änderung bzw. Aufhebung darlegen. Angesichts des der Behörde zukommenden Ermessens lässt das OLG Düsseldorf es in einem aktuellen Beschluss indes ausdrücklich offen, ob die BNetzA sich bei antragsabhängigen Verfahren, konkret bei einer Änderung einer Genehmigungsverlängerung, auf § 29 Abs. 2 S. 1 stützen kann, da für weitere potentiell anwendbare Normen dieselben sachlichen Aspekte gelten würden (BeckRS 2022, 37091, Rn. 93).

c) Änderungsumfang. Hinsichtlich des Änderungsumfangs geht § 29 Abs. 2 S. 1 grund- 43
sätzlich nicht über den Regelungsgehalt der §§ 48, 49 VwVfG hinaus. Umfasst ist neben einer substitutiven Änderung der Entscheidung auch eine **vollständige Aufhebung** einer nach § 29 Abs. 1 ergangenen Entscheidung (BGH BeckRS 2016, 14604 Rn. 18). Auch ist eine teilweise Änderung der Entscheidung aus § 29 Abs. 1 grundsätzlich möglich. Voraussetzung hierfür ist die **Teilbarkeit** dieser Entscheidung. Insofern gelten die allgemeinen Grundsätze zur Teilbarkeit eines Verwaltungsaktes (vgl. Schoch/Schneider/Bier/Pietzcker/Marsch VwGO § 42 Rn. 13).

Jedoch berechtigt § 29 Abs. 2 S. 1 nicht zum Erlass einer **neuen Entscheidung**. Hierfür 44
ist § 29 Abs. 2 S. 1 keine hinreichende materiell-rechtliche Grundlage. Zudem setzt die Tatbestandsvoraussetzung der Erforderlichkeit auch dem Änderungsumfang insoweit Grenzen, als dass eine Änderung immer nur in dem Ausmaß vorgenommen werden kann, der zur Wiederherstellung eines rechtmäßigen Zustands erforderlich ist (→ Rn. 36 f.).

3. Zulässigkeit eines Abänderungsvorbehalts

Weiterführend wird in der Literatur die Frage erörtert, ob die Ermächtigung zur nachträg- 45
lichen Änderung einer Entscheidung aus § 29 Abs. 1 auch die Ermächtigung der Regulierungsbehörde erfasst, sich bereits in der Ausgangsentscheidung eine etwaige Änderung vorzu-

behalten (Kment EnWG/Wahlhäuser § 29 Rn. 39; Elspas/Graßmann/Rasbach/Schellberg § 29 Rn. 44). Dies ist in § 29 Abs. 2 jedenfalls nicht explizit vorgesehen. Nach Auffassung des OLG Düsseldorf kommt einem solchen **Abänderungsvorbehalt** jedoch nur eine rein **deklaratorische Wirkung** zu, da § 29 Abs. 2 ohnehin eine Anpassung an veränderte sachliche oder rechtliche Umstände vorsieht (OLG Düsseldorf BeckRS 2013, 12794). Insofern stelle ein etwaiger Abänderungsvorbehalt lediglich einen Hinweis auf die ohnehin bestehende Rechtslage und damit auch auf die allgemeine Widerruflichkeit von Festlegungen und Genehmigungen iSd § 29 Abs. 1 dar. Der BGH hat diese Frage bisher offen gelassen, weist aber darauf hin, dass nur solche Änderungsvorbehalte zulässig sein könnten, die die Voraussetzungen für eine etwaige Änderung hinreichend konkret formulieren (BGH BeckRS 2015, 6121 Rn. 19).

4. Parallele Anwendbarkeit der §§ 48, 49 VwVfG (Abs. 2 S. 2)

46   Nach § 29 Abs. 2 S. 2 bleiben die §§ 48, 49 VwVfG neben § 29 Abs. 2 S. 1 anwendbar. Dabei statuiert § 29 Abs. 2 S. 2 keine neuen Voraussetzungen im Zusammenhang mit §§ 48, 49 VwVfG (OLG Düsseldorf BeckRS 2013, 20217; 2013, 12794; Säcker EnergieR/ Schmidt-Preuß § 29 Rn. 74; aA Salje EnWG § 29 Rn. 22), vielmehr erfüllt er lediglich den klarstellenden Zweck, dass die Spezialnorm den Grundtatbestand gerade nicht verdrängt und die §§ 48, 49 VwVfG insoweit unberührt bleiben. Hieraus ergibt sich gerade nicht die Schlussfolgerung, dass eine Änderung nach § 29 Abs. 2 S. 1 nur dann zulässig ist, wenn zugleich der Tatbestand von §§ 48 oder 49 VwVfG erfüllt ist (BGH BeckRS 2016, 14604 Rn. 24). Mithin wird auch keine Unterscheidung zwischen begünstigender und nicht begünstigender Entscheidung vorgenommen.

47   Auf § 51 VwVfG wird hingegen nicht verwiesen. Aus § 51 VwVfG ergibt sich ein ermessengebundener **Anspruch auf Wiederaufgreifen** eines etwaigen Verfahrens, indem die Behörde über die Aufhebung oder Änderung des Verwaltungsakts erneut entscheidet, nachdem dies von dem Antragsteller gem. § 51 VwVfG beantragt wurde. § 29 Abs. 2 S. 1 sollte es der zuständigen Behörde ermöglichen, Entscheidungen der Regulierungsbehörden iSd § 29 Abs. 1 **von Amts wegen** zu ändern. Dem Sinn und Zweck des § 29 Abs. 2 – die Flexibilität der Behörden in ihrer Entscheidungs- und Verwaltungspraxis sicherzustellen – läuft es nicht zuwider, wenn dies auch auf Antrag geschieht.

III. Verfahrensregelungen (Abs. 3)

1. Allgemeine Verordnungsermächtigung (Abs. 3 S. 1)

48   § 29 Abs. 3 S. 1 ermächtigt die Bundesregierung dazu, nähere Verfahrensvorschriften durch Rechtsverordnung zu normieren, die die Verfahren für Entscheidungen nach § 29 Abs. 1 und Abs. 2 näher ausgestalten sollen; im Übrigen gelten die Verfahrensvorschriften des 8. Teils jedoch fort (Begr. BT-Drs. 15/3917, 62). Insofern besteht lediglich eine Ermächtigung zur Ergänzung der Verfahrensregelungen in Form exekutiver Normsetzung, nicht aber zu einer Abweichung von den gesetzlichen Bestimmungen. Zudem ist die Zustimmung des Bundesrates erforderlich. Durch etwaige Zugangs- und Entgeltverordnungen hat der Gesetzgeber hiervon Gebrauch gemacht. Derartige Verfahrensregelungen finden sich vereinzelt in den Netzzugangs- und Netzentgeltverordnungen in Bezug auf konkrete Festlegungen, wie bspw. in § 29 StromNEV / § 29 GasNEV, § 28 StromNZV oder § 50 GasNZV. Eine allgemeingültige Verfahrensvorgabe ist bislang hingegen noch nicht erlassen worden.

2. Einvernehmen mit dem BKartA (Abs. 3 S. 2)

49   Nach § 29 Abs. 3 S. 2 kann eine Rechtsverordnung ausdrücklich vorsehen, dass Entscheidungen im Einvernehmen mit dem BKartA ergehen müssen. Einvernehmen setzt dabei eine positive Zustimmung voraus, wodurch zugunsten des BKartA ein Entscheidungsvorbehalt eingeräumt wird. Damit können die Regelungen aus § 58 durch den Verordnungsgeber ergänzt werden. Zudem wird eine Abstimmung zwischen den beiden Behörden ermöglicht (vgl. auch § 58 Abs. 3). Diese Abstimmung soll – insbesondere im Hinblick auf Netzent-

gelte – positiven Einfluss auf die Letztverbraucherpreise haben. Bislang hat der Verordnungsgeber von dieser Ermächtigung jedoch keinen Gebrauch gemacht.

E. Aktuelle Entwicklungen: Umsetzung der EuGH-Vorgaben

I. Urteil des EuGH v. 2.09.2021 (Rs. C-718/18)

Im Rahmen eines von der Europäischen Kommission eingeleiteten **Vertragsverletzungsverfahrens** (C-718/18) hat der EuGH am 2. September 2021 entschieden, dass der deutsche Gesetzgeber die Richtlinien 2009/72/EG und 2009/73/EG in vier der seitens der Kommission vorgebrachten Klagepunkten nicht ordnungsgemäß umgesetzt hat. Der vierte Klagepunkt behandelt die **Unabhängigkeit** der nationalen Regulierungsbehörden vom nationalen Gesetz- und Verordnungsgeber. § 24 ermächtigt die Bundesregierung mit Zustimmung des Bundesrates zum Erlass von **Rechtsverordnungen** zur Festlegung von Bedingungen und Methoden, mithin zu einer **Vorregulierung** im Bereich der Netzzugangs- und Netzentgeltregulierung. Die Richtlinien seien nicht in dem Sinne auszulegen, dass die Regierungen der Mitgliedstaaten die Methoden der nationalen Regulierungsbehörden zur Berechnung der Netzzugangstarife und der Ausgleichsleistungen festlegen oder genehmigen könnten. Diese Umverteilung der Kompetenz zu Lasten der nationalen Regulierungsbehörde stelle dem EuGH zufolge einen **Verstoß** gegen die von Art. 37 I und Art. 41 der Richtlinie 2009/72/EG beabsichtigte alleinige Zuständigkeit und unionsrechtlich garantierte Unabhängigkeit der nationalen Regulierungsbehörde dar und sei mithin unzulässig. (ECLI:EU:C:2021:662, Rn. 113 ff.).

50

Den Einwand, dass eine solche Unabhängigkeit der nationalen Regulierungsbehörden mit dem **Demokratieprinzip** nicht vereinbar sei, weist der EuGH zurück. Die Richtlinien 2009/72 und 2009/73 seien in einem Gesetzgebungsverfahren erlassen worden, das wie die gesamte Arbeitsweise der Union gem. Art. 10 Abs. 1 EUV auf dem Grundsatz der repräsentativen Demokratie beruhe und auch bei Auslegung der Richtlinien zu beachten sei. Die Existenz unabhängiger öffentlicher Stellen, die frei von politischer Einflussnahme Regulierungsfunktionen oder Aufgaben wahrnehmen sollen, widerspreche nicht dem Demokratieprinzip (Rn. 126, Verweis auf: ECLI:EU:C:2010:123, Rn. 42, 43, 46). Auch diese Stellen seien an das Gesetz gebunden und einer gerichtlichen Kontrolle zugänglich. Sofern die Behörden einer parlamentarischen Einflussmöglichkeit nicht gänzlich entzogen seien, so könne die unabhängige Stellung allein, keinen Verstoß gegen das Demokratieprinzip begründen (Rn. 126). Es sei durchaus mit den Richtlinien vereinbar, dass die Führungspersonen der nationalen Regulierungsbehörden vom Parlament oder der Regierung eines Mitgliedstaates ernannt werden (Rn. 127, Verweis auf EU:C:2020:462, Rn. 36–39). Zudem ermöglichen die Richtlinien auch eine Kontrolle der Behörden durch das Parlament nach dem nationalen Verfassungsrecht. Auch müssen die Mitgliedstaaten Betroffenen die Beschwerde gegen Entscheidungen der Behörde bei einer unabhängigen Stelle ermöglichen (Rn. 127 f.). Ein Verstoß gegen das Demokratieprinzip bestehe somit nicht. Die nationalen Regulierungsbehörden müssen zudem auch gewisse auf Unionsebene festgelegte Grundsätze und Regeln berücksichtigen, die ihre Wertungs- und Entscheidungsfreiheit doch einschränken (Rn. 132). In der Folge verstoßen wesentliche, auf das EnWG gestützte Rechtsverordnungen wie die Netzentgeltverordnungen, die Anreizregulierungsverordnung oder die Netzzugangsverordnungen gegen das Unionsrecht. Nach einem bereits vor der EuGH-Entscheidung ergangenen Urteils des BGH sollen sie dennoch weiterhin angewandt werden, bis sie vom Gesetzesoder Verordnungsgeber aufgehoben werden (BGH EnWZ 2020, 61 (64)). Auch die BNetzA hatte nach der Verkündung der EuGH-Entscheidung in einer Pressemitteilung vom 2.9.2021 darüber informiert, dass die Behörde für eine Übergangszeit das geltende deutsche Recht weiter anwenden und auf dieser Grundlage die Spruchpraxis der Beschlusskammern und der Abteilung in Energiesachen fortführen werde, bis die notwendigen energierechtlichen Anpassungen erfolgt sind.

51

II. Gesetzentwurf der Bundesregierung vom 19.6.2023

Mit einer solchen Anpassung hat sich der Gesetzgeber aber rund zwei Jahre Zeit gelassen. Nunmehr liegt jedoch ein **Gesetzentwurf** der Bundesregierung zur Umsetzung des EuGH-

52

Urteils vor („Entwurf eines Gesetzes zur Anpassung des Energiewirtschaftsrechts an unionsrechtliche Vorgaben und zur Änderung weiterer energierechtlicher Vorschriften, BT-Drs. 20/731). Nach diesem Entwurf sollen u.a. die Ermächtigungen für den Erlass von Rechtsverordnungen aus § 24 und § 21a Abs. 6 nach einer Übergangszeit **vollständig aufgehoben** werden (BT-Drs. 20/7310, 2, 19 f., 23 f.). Zudem sollen in § 29 Abs. 1 die Worte „und über die Bedingungen und Methoden für den Netzanschluss oder den Netzzugang nach den in § 17 Abs. 3, § 21 Abs. 6 und § 24 genannten Rechtsverordnungen" gestrichen werden. Ausweislich der Begründung des Gesetzentwurfs sei diese Streichung zur Umsetzung des EuGH-Urteils erforderlich (BT-Drs. 20/7310, 91). Die bislang in den einzelnen Rechtsverordnungen enthaltenen Festlegungskompetenzen der BNetzA, sollen grundsätzlich in die neue Fassung des EnWG übertragen und gegebenenfalls ergänzt werden. Es sollen insbesondere Festlegungskompetenzen für die BNetzA geschaffen werden, die diese in die Lage versetzen, den bisherigen Regulierungsrahmen im Wege der Festlegung weiterzuentwickeln und bedarfsgerecht neu zu gestalten. Diese Festlegungskompetenzen, die zukünftig in § 20 Abs. 3 und 4, § 21 Abs. 3 und 4 sowie einem neu gefassten § 21a enthalten sind, umfassen alle Inhalte, die bisher in den auf Basis des § 24 erlassenen Netzzugangs- und Netzentgeltverordnungen sowie der auf Grundlage des § 21a erlassenen Anreizregulierungsverordnung geregelt waren. So kann die Regulierungsbehörde weiterhin der bisherigen Regulierungspraxis folgen, sofern sie dies als sachgerecht erachtet (BT-Drs. 20/7310, 50). Dies ist insbesondere unter dem Gesichtspunkt relevant, als dass der EuGH sich in seiner Entscheidung nicht gegen den Inhalt der Rechtsverordnungen selbst, sondern allein gegen die Beeinträchtigung der Zuständigkeit der nationalen Regulierungsbehörden durch ebendiese Verordnungen gewandt hat. Um die für ausreichende Rechts-, Planungs- und Investitionssicherheit wichtige materielle Stabilität des Regulierungsrahmens zu gewährleisten, sieht Art. 15 des Gesetzentwurfs, der das Inkrafttreten regelt, vor, dass die Rechtsverordnungen für eine Übergangszeit (GasNEV bis zum 31.12.2027; StromNEV bis zum 31.12.2028; ARegV bis zum 31.12.2028, StromNZV bis zum 31.12.2025, GasNZV bis zum 31.12.2025) weithin in Kraft bleiben (BT-Drs. 20/7310, 2, 52).

53 § 29 wird somit in Verbindung mit den neuen Festlegungskompetenznormen zukünftig zur zentralen Norm für die Ausgestaltung des deutschen Regulierungsrechts. Die BNetzA hat nach Inkrafttreten des Gesetzesentwurfs für die nächsten Jahre die Aufgabe, die bisherigen Inhalte der Rechtsverordnungen in umfangreiche Festlegungen zu überführen und zugleich fortzuentwickeln.

§ 30 Missbräuchliches Verhalten eines Netzbetreibers

(1) ¹**Betreibern von Energieversorgungsnetzen ist ein Missbrauch ihrer Marktstellung verboten.** ²Ein Missbrauch liegt insbesondere vor, wenn ein Betreiber von Energieversorgungsnetzen
1. Bestimmungen der Abschnitte 2 und 3 oder der auf Grund dieser Bestimmungen erlassenen Rechtsverordnungen nicht einhält,
2. andere Unternehmen unmittelbar oder mittelbar unbillig behindert oder deren Wettbewerbsmöglichkeiten ohne sachlich gerechtfertigten Grund erheblich beeinträchtigt,
3. andere Unternehmen gegenüber gleichartigen Unternehmen ohne sachlich gerechtfertigten Grund unmittelbar oder mittelbar unterschiedlich behandelt,
4. sich selbst oder mit ihm nach § 3 Nr. 38 verbundenen Unternehmen den Zugang zu seinen intern genutzten oder am Markt angebotenen Waren und Leistungen zu günstigeren Bedingungen oder Entgelten ermöglicht, als er sie anderen Unternehmen bei der Nutzung der Waren und Leistungen oder mit diesen in Zusammenhang stehenden Waren oder gewerbliche Leistungen einräumt, sofern der Betreiber des Energieversorgungsnetzes nicht nachweist, dass die Einräumung ungünstigerer Bedingungen sachlich gerechtfertigt ist,
5. ohne sachlich gerechtfertigten Grund Entgelte oder sonstige Geschäftsbedingungen für den Netzzugang fordert, die von denjenigen abweichen, die sich bei wirksamem Wettbewerb mit hoher Wahrscheinlichkeit ergeben würden; hierbei

sind insbesondere die Verhaltensweisen von Unternehmen auf vergleichbaren Märkten und die Ergebnisse von Vergleichsverfahren nach § 21 zu berücksichtigen; Entgelte, die die Obergrenzen einer dem betroffenen Unternehmen erteilten Genehmigung nach § 23a nicht überschreiten, und im Falle der Durchführung einer Anreizregulierung nach § 21a Entgelte, die für das betroffene Unternehmen für eine Regulierungsperiode vorgegebene Obergrenzen nicht überschreiten, gelten als sachlich gerechtfertigt oder
6. ungünstigere Entgelte oder sonstige Geschäftsbedingungen fordert, als er sie selbst auf vergleichbaren Märkten von gleichartigen Abnehmern fordert, es sei denn, dass der Unterschied sachlich gerechtfertigt ist.
³Satz 2 Nr. 5 gilt auch für die Netze, in denen nach einer Rechtsverordnung nach § 24 Satz 2 Nr. 5 vom Grundsatz der Kostenorientierung abgewichen wird. ⁴Besondere Rechtsvorschriften über den Missbrauch der Marktstellung in solchen Netzen bleiben unberührt.

(2) ¹Die Regulierungsbehörde kann einen Betreiber von Energieversorgungsnetzen, der seine Stellung missbräuchlich ausnutzt, verpflichten, eine Zuwiderhandlung gegen Absatz 1 abzustellen. ²Sie kann den Unternehmen alle Maßnahmen aufgeben, die erforderlich sind, um die Zuwiderhandlung wirksam abzustellen. ³Sie kann insbesondere
1. Änderungen verlangen, soweit die gebildeten Entgelte oder deren Anwendung sowie die Anwendung der Bedingungen für den Anschluss an das Netz und die Gewährung des Netzzugangs von der genehmigten oder festgelegten Methode oder den hierfür bestehenden gesetzlichen Vorgaben abweichen, oder
2. in Fällen rechtswidrig verweigerten Netzanschlusses oder Netzzugangs den Netzanschluss oder Netzzugang anordnen.

(3) Soweit ein berechtigtes Interesse besteht, kann die Regulierungsbehörde auch eine Zuwiderhandlung feststellen, nachdem diese beendet ist.

Überblick

§ 30 verbietet Betreibern von Energieversorgungsnetzen den Missbrauch ihrer Marktstellung. Die Vorschrift konkretisiert das allgemeine kartellrechtliche Missbrauchsverbot in Bezug auf die leitungsgebundene Energieversorgung und dient dem regulierungsrechtlichen Ziel der Sicherstellung eines wirksamen und unverfälschten Wettbewerbs bei der Versorgung mit Elektrizität und Gas (→ Rn. 2 f.). Die Norm adressiert ausschließlich die Betreiber von Energieversorgungsnetzen (→ Rn. 12 f.). Den Tatbestand eines solchen Missbrauchs gestaltet die Vorschrift mithilfe von Regelbeispielen weiter aus (→ Rn. 20 ff.). Darüber hinaus eröffnet Absatz 2 der Vorschrift der Regulierungsbehörde die Möglichkeit, die Netzbetreiber zu verpflichten, ihr jeweils missbräuchliches Verhalten abzustellen (→ Rn. 42 ff.). Auf der Grundlage von Absatz 3 kann die Regulierungsbehörde auch in Bezug auf ein bereits beendetes Verhalten eine Zuwiderhandlung feststellen, soweit ein berechtigtes Interesse besteht (→ Rn. 47).

Übersicht

	Rn.		Rn.
A. Hintergrund und Zweck der Vorschrift	1	I. Verstoß gegen Teil 3 Abschnitte 2 und 3 bzw. gegen auf deren Grundlage erlassene Rechtsverordnungen (Nr. 1)	21
I. Allgemeines, Sinn und Zweck	1		
II. EU-Rechtlicher Hintergrund	5	II. Unbillige Behinderung und sachgrundlose Beeinträchtigung von Wettbewerbsmöglichkeiten (Nr. 2)	26
III. Verhältnis zu anderen Vorschriften	7		
1. Energiewirtschaftsrecht	7		
2. Kartellrecht (GWB und AEUV)	8	III. Ungleichbehandlung dritter Unternehmen (Nr. 3)	31
3. Bürgerliches Recht	10		
B. Missbrauchsverbot (Abs. 1 S. 1)	12	IV. Ungleichbehandlung gegenüber dem Netzbetreiber und verbundenen Unternehmen (Nr. 4)	35
I. Adressaten	12		
II. Missbrauchs- und Verbotsbegriff	14		
C. Regelbeispiele (Abs. 1 S. 2)	20	V. Sachgrundlose Behinderung des Netzzugangs (Nr. 5)	38

	Rn.		Rn.
VI. Sachgrundlose Ungleichbehandlung auf verschiedenen Märkten (Nr. 6)	40	I. Abstellungsanordnung und Aufgabe von Abstellungsmaßnahmen	42
D. Ermächtigung der Regulierungsbehörde (Abs. 2, 3)	42	II. Kosten und Geldbußen	48
		E. Rechtsschutz	50

A. Hintergrund und Zweck der Vorschrift

I. Allgemeines, Sinn und Zweck

1 Mit § 30 konkretisiert der Gesetzgeber das allgemeine kartellrechtliche Missbrauchsverbot für die leitungsgebundene Energieversorgung. Er schafft damit eine **bereichsspezifische Regelung,** die er in das die leitungsgebundene Versorgung mit Strom und Gas (und mittlerweile auch Wasserstoff) regelnde, spezialgesetzliche EnWG und gerade nicht zusammen mit den §§ 19, 20, 29 GWB in das Kartellgesetz einfügt. Die Vorschrift adressiert ausschließlich die Betreiber von Energieversorgungsnetzen. Mithilfe eines Katalogs von Regelbeispielen veranschaulicht die Vorschrift den allgemeinen Begriff des verbotenen Missbrauchs.

2 Die Vorschrift dient in erster Linie dem Ziel des Gesetzes der **Sicherstellung eines wirksamen und unverfälschten Wettbewerbs** bei der Versorgung mit Elektrizität und Gas (§ 1 Abs. 2 Var. 1). Darüber hinaus intendiert § 30, die einzelnen Marktteilnehmer vor einem **Behinderungs- und Ausbeutungsmissbrauch** schützen (Kment EnWG/Wahlhäuser § 30 Rn. 2; Säcker EnergieR/Weyer § 30 Rn. 5; → Rn. 17). Hinter dem Ziel des Wettbewerbsschutzes stehen traditionell der Schutz der unternehmerischen Freiheit und die Maximierung der Verbraucherwohlfahrt. Aufgrund des unionsrechtlichen Hintergrunds der Vorschrift (→ Rn. 5), tritt der Zweck hinzu, die mitgliedstaatlichen Märkte in einen europäischen Binnenmarkt zu integrieren. Im Lichte dieser Ziele verbietet § 30 zum einen in Absatz 1 den Betreibern von Energieversorgungsnetzen den Missbrauch ihrer Marktstellung. Zum anderen enthält die Vorschrift in Absatz 2 eine Ermächtigungsgrundlage für die Regulierungsbehörde, auf deren Grundlage sie die Betreiber verpflichten kann, den Missbrauch ihrer Marktstellung abzustellen; in Absatz 3 enthält sie eine Ermächtigungsgrundlage zur Feststellung von Zuwiderhandlungen, auch wenn diese bereits beendet sind. Die Vorschrift stellt damit eine energiewirtschaftsrechtliche Ausprägung des allgemeinen Missbrauchsverbots (vgl. §§ 19, 20, 29 GWB, Art. 102 AEUV) dar.

3 § 30 ist allerdings generell schärfer gegenüber dem allgemeinen Kartellrecht, denn neben den weiten Anwendungsbereich (formal keine Marktbeherrschung erforderlich: → Rn. 12) tritt, dass die Regulierungsbehörde nach § 30 Abs. 2 S. 2 und 3 ganz konkrete Veränderungen verlangen darf, während die Kartellbehörden auf den Erlass von Verbotsverfügungen verwiesen sind (Baur RdE 2004, 277). Ferner weicht die Vorschrift insbesondere mit dem Regelbeispiel des § 30 Abs. 1 S. 2 Nr. 1 von dem engeren **kartellrechtlichen Missbrauchsbegriff** ab (Säcker EnergieR/Weyer § 30 Rn. 30, 52). Insoweit prägt sie einen eigenen **regulatorischen Missbrauchsbegriff** (Säcker EnergieR/Weyer § 30 Rn. 38 ff.), mit dem nicht nur vor dem Missbrauch von Marktmacht geschützt, sondern eine generelle Verhaltenskontrolle eingeführt werden soll (RPMGB/Böhnel § 30 Rn. 10). Diese Erweiterung der Missbrauchskontrolle ist nur dadurch zu erklären, dass § 30 nicht nur den in → Rn. 2 genannten Zielen des Wettbewerbs, sondern auch der Sicherung einer möglichst sicheren, preisgünstigen, verbraucherfreundlichen, effizienten und umweltverträglichen leitungsgebundenen Versorgung der Allgemeinheit, die zunehmend auf erneuerbaren Energien beruht, iSd § 1 Abs. 1 zugutekommen soll (vgl. auch Säcker EnergieR/Weyer § 30 Rn. 38).

4 § 30 wurde **mit dem EnWG 2005 eingeführt.** Bis 2021 war die Vorschrift weder redaktionell noch inhaltlich verändert worden. Erst durch Art. 1 Nr. 41 des Gesetzes zur Umsetzung unionsrechtlicher Vorgaben und zur Regelung reiner Wasserstoffnetze im Energiewirtschaftsrecht v. 16.7.2021 (BGBl. I 3026 (3045)) erhielt die Vorschrift mWv 27.7.2021 einen neuen Absatz 3.

II. EU-Rechtlicher Hintergrund

5 Ausweislich der Gesetzesbegründung dient § 30 der **Umsetzung** von Art. 23 Abs. 8 Elektrizitäts-Binnenmarkt-Richtlinie 2003/54/EG und Art. 25 Abs. 8 Gas-Binnenmarkt-

Richtlinie 2003/55/EG (BT-Drs. 15/3917, 63). Die Vorschriften finden sich mittlerweile in Art. 60 Abs. 4 Elektrizitäts-Binnenmarkt-Richtlinie (EU) 2019/944 und in Art. 41 Abs. 13 Gas-Binnenmarkt-Richtlinie 2009/73/EG, zuletzt geändert durch Gas-Binnenmarkt-Richtlinie (EU) 2019/692.

In Bezug auf das EU-Primärrecht stellt § 30 letztlich eine **Ausprägung des allgemeinen** 6 **Marktmissbrauchsverbots** nach Art. 102 AEUV dar, vgl. Art. 60 Abs. 4 S. 2 Elektrizitäts-Binnenmarkt-Richtlinie (EU) 2019/944 und Art. 41 Abs. 13 S. 2 Gas-Binnenmarkt-Richtlinie 2009/73/EG, zuletzt geändert durch Gas-Binnenmarkt-Richtlinie (EU) 2019/692 (vgl. auch → § 111 Rn. 5).

III. Verhältnis zu anderen Vorschriften

1. Energiewirtschaftsrecht

§ 30 steht in engem Zusammenhang mit anderen Vorschriften des EnWG. Beispielsweise 7 entsprechen **§ 17 Abs. 1 (Netzanschluss)** und **§ 21 Abs. 1 (Netzzugang)** weitgehend § 30 Abs. 1 S. 2 Nr. 4 (vgl. Säcker EnergieR/Weyer § 30 Rn. 92). § 29 regelt die Konkretisierungsbefugnis der Regulierungsbehörde der dem Betreiber von Energieversorgungsnetzen durch das EnWG und der aufgrund des EnWG erlassenen Rechtsverordnungen auferlegten Verhaltenspflichten (→ § 29 Rn. 9; Säcker EnergieR/Weyer § 30 Rn. 170). Die Vorschrift ergänzt somit als ex-ante-Kontrolle die ex-post-Kontrolle des § 30. Aufgrund der engen Verknüpfung der beiden Normen stellt sich die rechtliche Frage, ob die Regulierungsbehörde nach § 30 Abs. 2 einschreiten darf, wenn sie bereits im Vorfeld nach § 29 tätig wurde (Kment EnWG/Wahlhäuser § 30 Rn. 1, 5 ff. mwN). Nach dem Rechtsgrundsatz des Verbots widersprüchlichen Verhaltens (venire contra factum proprium) muss dies jedenfalls in den Fällen ausgeschlossen sein, in denen die Vorabregulierung nach § 29 und das gerügte Verhalten nach § 30 Abs. 1 – mit Ausnahme eines gleichzeitigen Vorgehens nach § 29 Abs. 2 – denselben inhaltsgleichen Sachverhalt betreffen. § 30 steht neben dem in **§ 31** geregelten Antragsverfahren, bei dem eine Prüfpflicht der Behörde besteht. Zudem haben beide Vorschriften unterschiedliche Anwendungsbereiche (detailliert Säcker EnergieR/Weyer § 30 Rn. 167). Das Missbrauchsverfahren nach § 30 Abs. 2 ist spezieller als das **Aufsichtsverfahren nach § 65** (Theobald/Kühling/Theobald/Werk § 65 Rn. 37). In keinem Fall wird § 30 von § 65 in seinem Anwendungsbereich verdrängt. Das stellt bereits § 65 Abs. 4 klar. Ob allerdings umgekehrt § 30 Abs. 2 das allgemeine Aufsichtsverfahren in seinem Anwendungsbereich im Wege der Subsidiarität verdrängt, ist umstritten (vgl. nur → § 65 Rn. 18; Bourwieg/Hellermann/Hermes/Burmeister § 65 Rn. 28 f.; Theobald/Kühling/Theobald/Werk § 65 Rn. 38 mwN; aA Antweiler/Nieberding NJW 2005, 3673 (3674)). Das Schlichtungsverfahren nach den **§§ 111a–111c** berührt die Anwendbarkeit von § 30 Abs. 2 ebenfalls aufgrund der ausdrücklichen Regelung in § 111b Abs. 9 nicht. Allerdings regelt § 111c Abs. 1 S. 1 Var. 1 iVm § 111c Abs. 2 für den Fall, dass die Schlichtungsstelle von einem Verfahren nach § 30 Abs. 2 gegen den Betreiber eines Energieversorgungsnetzes im Zusammenhang mit dem Sachverhalt, der dem Antrag auf Durchführung eines Schlichtungsverfahrens nach § 111b zugrunde liegt, Kenntnis erlangt, das Schlichtungsverfahren bis zum Abschluss des Missbrauchsverfahrens auszusetzen ist (vertiefend Säcker EnergieR/Weyer § 30 Rn. 169). § 30 ist Vorbild für **§ 76 MsbG:** § 76 MsbG überträgt die aus § 30 Abs. 1 S. 2 Nr. 1–3 folgenden Pflichten auch auf die grundzuständigen Messstellenbetreiber (BR-Drs. 18/7555, 110; OLG Düsseldorf EnWZ 2020, 471 (472)). Ein weiteres spezielles Missbrauchsverbot enthalten die **Preisbremsengesetze**, siehe § 27 EWPBG und § 39 StromPBG (siehe dazu etwa Baumgart/Scholtka, EnK-Aktuell 2022, 01134). Diese Vorschriften adressieren Energielieferanten und stehen daher neben § 30.

2. Kartellrecht (GWB und AEUV)

Das Verhältnis von § 30 zu den **§§ 19, 20 und 29 GWB** ergibt sich aus § 111 (vertiefend 8 → § 111 Rn. 1 ff.). Soweit § 30 eine abschließende Regelung enthält, ist die Anwendung der §§ 19, 20 und 29 GWB gem. § 111 Abs. 1 S. 1 gesperrt (vgl. auch ausdrücklich BT-Drs. 15/3917, 63). Ausdrücklich abschließende Regelungen sind aufgrund der Regelung in § 111 Abs. 2 die Bestimmungen des Teiles 3 und die auf Grundlage dieser Bestimmungen erlassenen

Rechtsverordnungen. Hingegen bleiben nach § 111 Abs. 1 S. 2 die Aufgaben und Zuständigkeiten der Kartellbehörden unberührt.

9   Zum durchaus problematischen Verhältnis zwischen § 30 und **Art. 102 AEUV** → § 111 Rn. 5.

3. Bürgerliches Recht

10   § 315 BGB ist nach der Rechtsprechung des BGH neben § 30 anwendbar (BGH NJW 2012, 3092 Rn. 19 ff.; vertiefend Säcker EnergieR/Weyer § 30 Rn. 165). Dies ist allerdings nach der Entscheidung des EuGH in der Rs. CTL Logistics (EnWZ 2018, 73) umstritten: Es wird überlegt, ob das auf dem EU-Sekundärrecht basierende Regulierungsrecht, zu dem auch § 30 gehört, in seinem **Anwendungsbereich** zivilrechtliche Vorschriften gänzlich verdrängt (siehe nur Staebe EuZW 2018, 118 (122); Körber, Regulierte Eisenbahnentgelte und Kartellrecht, 2020, 105).

11   § 30 ist **Verbotsgesetz iSv § 134 BGB** (Kment EnWG/Wahlhäuser § 30 Rn. 80). Dies ergibt sich aus der ausdrücklichen Verwendung des Verbotsbegriffs durch den Gesetzgeber in Abs. 1 S. 1 (zu den Voraussetzungen einer Verbotsnorm iSv § 134 BGB BeckOK BGB/ Wendtland BGB § 134 Rn. 9 ff.). Ein gegen § 30 verstoßendes Rechtsgeschäft ist daher nach § 134 BGB nichtig. In der Folge können bereits erbrachte Leistungen nach Bereicherungsrecht rückabgewickelt werden (Kment EnWG/Wahlhäuser § 30 Rn. 80; BeckOGK/Vossler BGB § 134 Rn. 104). Die Vorschrift ist ferner auch **Schutzgesetz iSd § 823 Abs. 2 BGB**, denn sie dient jedenfalls auch dem Schutz einzelner Marktteilnehmer (→ Rn. 2; zur Definition des Schutzgesetzes BeckOK BGB/Förster BGB § 823 Rn. 268 ff.). Somit stehen Geschädigten neben Ansprüchen nach § 32 gegebenenfalls auch **Schadensersatzansprüche** nach BGB sowie **Beseitigungs- und Unterlassungsansprüche** analog §§ 823 Abs. 2, 1004 BGB zu (vgl. auch Kment EnWG/Wahlhäuser § 30 Rn. 80).

B. Missbrauchsverbot (Abs. 1 S. 1)

I. Adressaten

12   Das Missbrauchsverbot des § 30 Abs. 1 S. 1 ist der Generalklausel des § 19 Abs. 1 GWB nachgebildet (Kment EnWG/Wahlhäuser § 30 Rn. 14). Es richtet sich aber ausschließlich an **Betreiber von Energieversorgungsnetzen**. Formal richtet sich § 30 Abs. 1 im Gegensatz zum allgemeinen Missbrauchsverbot der §§ 19, 20, 29 GWB, Art. 102 AEUV damit nicht nur an marktbeherrschende Energieversorgungsnetzbetreiber, sondern – jedenfalls in der Theorie – auch an solche, die keine marktbeherrschende Stellung innehaben. Die Vorschrift hat folglich insoweit einen über das kartellrechtliche Missbrauchsverbot hinausgehenden Anwendungsbereich. Schließlich handelt es sich bei Energieversorgungsnetzbetreibern aber fast ausschließlich um (natürliche) Monopolisten, sodass der Unterschied zwischen § 30 Abs. 1 S. 1 und dem allgemeinen Missbrauchsverbot des GWB und AEUV wenig praktische Relevanz entfaltet (vgl. BT-Drs. 15/3917, 63; zu Sachverhalten, in denen die Vorschrift durchaus auch ohne Vorliegen einer Marktmacht greift siehe RPMGB/Böhnel § 30 Rn. 9).

13   Betreiber von Energieversorgungsnetzen sind nach **§ 3 Nr. 4** nur die Betreiber von Elektrizitätsversorgungsnetzen oder Gasversorgungsnetzen. Daran hat auch die Wasserstoffnovelle (→ Rn. 4) nichts geändert. Die Begriffe können mithilfe von § 3 Nr. 2, 3, 6, 10 und 20 weiter aufgeschlüsselt werden. Demnach sind **Betreiber von Elektrizitätsversorgungsnetzen** nach § 3 Nr. 2 natürliche oder juristische Personen oder rechtlich unselbständige Organisationseinheiten eines Energieversorgungsunternehmens, die Betreiber von Übertragungs- oder Elektrizitätsverteilernetzen sind. **Betreiber von Übertragungsnetzen** sind natürliche oder juristische Personen oder rechtlich unselbstständige Organisationseinheiten eines Energieversorgungsunternehmens, die die Aufgabe der Übertragung von Elektrizität wahrnehmen und die verantwortlich sind für den Betrieb, die Wartung sowie erforderlichenfalls den Ausbau des Übertragungsnetzes in einem bestimmten Gebiet und gegebenenfalls der Verbindungsleitungen zu anderen Netzen (§ 3 Nr. 10). **Betreiber von Elektrizitätsverteilernetzen** sind natürliche oder juristische Personen oder rechtlich unselbstständige Organisationseinheiten eines Energieversorgungsunternehmens, die die Aufgabe der Verteilung von Elektrizität wahrnehmen und verantwortlich sind für den Betrieb, die Wartung sowie erfor-

derlichenfalls den Ausbau des Verteilernetzes in einem bestimmten Gebiet und gegebenenfalls der Verbindungsleitungen zu anderen Netzen (§ 3 Nr. 3). **Betreiber von Gasversorgungsnetzen** sind nach § 3 Nr. 6 natürliche oder juristische Personen oder rechtlich unselbstständige Organisationseinheiten eines Energieversorgungsunternehmens, die Gasversorgungsnetze betreiben. **Gasversorgungsnetze** sind **alle Fernleitungsnetze, Gasverteilernetze, LNG-Anlagen oder Speicheranlagen,** die für den Zugang zur Fernleitung, zur Verteilung und zu LNG-Anlagen erforderlich sind und die einem oder mehreren Energieversorgungsunternehmen gehören oder von ihm oder von ihnen betrieben werden, einschließlich Netzpufferung und seiner Anlagen, die zu Hilfsdiensten genutzt werden, und der Anlagen verbundener Unternehmen, ausgenommen sind solche Netzteile oder Teile von Einrichtungen, die für örtliche Produktionstätigkeiten verwendet werden (§ 3 Nr. 20).

II. Missbrauchs- und Verbotsbegriff

§ 30 Abs. 1 S. 1 verbietet den Missbrauch der Marktstellung. Die Norm orientiert sich an dem **Missbrauchsbegriff** des Kartellrechts und modifiziert ihn hin zu einem dem Regulierungsrecht eigenen Missbrauchsbegriff (Säcker EnergieR/Weyer § 30 Rn. 33, 38; → Rn. 3). Bei S. 1 handelt es sich ebenso wie bei dem Vorbild des § 19 Abs. 1 GWB um eine Generalklausel. Die Vorschrift enthält keine allgemeine Definition, was unter einem Missbrauch der Marktstellung zu verstehen ist. Der Missbrauch der Marktstellung wird hingegen durch einen Katalog von insgesamt sechs Regelbeispielen konkretisiert. Dieser Katalog ist nicht abschließend. Dies stellt das Wort „insbesondere" in Abs. 1 S. 2 klar. Dadurch wird gewährleistet, dass auch andere Fallkonstellationen unter die Vorschrift subsumiert werden können (Kment EnWG/Wahlhäuser § 30 Rn. 3). 14

Für den Fall, dass keines der Regelbeispiele erfüllt ist, ist in einer **Gesamtschau der einzelnen Regelbeispiele** (systematische Auslegung) und mit Blick auf Sinn und Zweck von § 30 festzustellen, ob ein Missbrauch iSv § 30 Abs. 1 S. 1 anzunehmen ist. Ein Missbrauch wird entsprechend der kartellrechtlichen Grundkonzeption (→ Rn. 14) der Vorschrift im Kern durch eine Abwägung der wettbewerbsfördernden und wettbewerbsschädlichen Folgen eines Verhaltens bestimmt. Aufgrund einer Gesamtschau der Regelbeispiele kann ein einzelnes Verhalten des Betreibers von Energieversorgungsnetzen aufgrund einer wertenden Abwägung unter Berücksichtigung der Ziele des § 1 sachlich gerechtfertigt sein. Ist das Verhalten gerechtfertigt, stellt es keinen Missbrauch im Sinne der Vorschrift dar. Dies gilt nicht, wenn es sich um einen Verstoß gegen eine gesetzlich normierte Verhaltensweise oder eine Entscheidung der Regulierungsbehörde handelt (vgl. → Rn. 24 f.), da hierbei eine besondere Nähe zum Regelbeispiel des Abs. 1 S. 2 Nummer 1 besteht, bei dem eine Rechtfertigung durch einen sachlichen Grund nicht vorgesehen ist (→ Rn. 21). Zur Bestimmung, ob ein sachlicher Grund vorliegt, vgl. → Rn. 33. 15

Der Missbrauch kann in einem **Handeln, Dulden oder Unterlassen** bestehen und damit auch vertragliche Gestaltungen erfassen (Säcker EnergieR/Weyer § 30 Rn. 15). Dies ergibt sich aus der verwendeten Formulierung, dass der Missbrauch der Marktstellung „verboten" ist, denn der Begriff „verboten" erlaubt eine weite Auslegung aufgrund von Sinn und Zweck des § 30. Die Formulierung beschreibt einen zu erreichenden Zustand und verzichtet darauf darzulegen, mit welchen Mitteln dieses Ziel zu erreichen ist (vgl. die Erwägungen zum Verbotsbegriff bei Art. 34 AEUV bei Baumgart, Unionsprimärrechtliche Pflichten, 2020, 59 f.). 16

Seiner im Ausgangspunkt kartellrechtlichen Konzeption folgend will § 30 Abs. 1 insbesondere vor einem Behinderungsmissbrauch und einem Ausbeutungsmissbrauch schützen. **Behinderungsmissbrauch** ist eine Verhaltensweise, bei der ein Unternehmen die Wettbewerbsmöglichkeiten anderer Unternehmen, dh Wettbewerbern, einschränken will; **Ausbeutungsmissbrauch** ist ein Verhalten, bei dem ein Unternehmen von einem Vertragspartner eine Gegenleistung verlangt, die es nur aufgrund seiner Marktstellung fordern kann (vgl. Säcker EnergieR/Weyer § 30 Rn. 35 mwN). 17

Zwar spricht die Vorschrift von dem **Missbrauch der „Marktstellung",** das bedeutet aber nicht, dass die missbräuchliche Verhaltensweise auf demselben Markt vorgenommen werden muss, auf dem sie sich auswirkt. Vielmehr werden auch Verhaltensweisen unter die Vorschrift subsumiert, die sich nur mittelbar auf den Markt auswirken (Säcker EnergieR/ 18

Weyer § 30 Rn. 15). Ein Verhalten, welches gesetzlich geboten ist, bei dem also für den Netzbetreiber kein **Gestaltungsspielraum** besteht, kann schon begrifflich kein Missbrauch sein. Verhaltensweisen, bei denen der Netzbetreiber aufgrund des rechtlichen Rahmens, regulierungsrechtlicher Maßnahmen oder einer Genehmigung keinen Verhaltensspielraum mehr besitzt, stellen somit keinen Missbrauch iSd Norm da (iE so auch Säcker EnergieR/ Weyer § 30 Rn. 15).

19 **Außerwettbewerbliche Ziele** sind bei der Auslegung des Missbrauchstatbestands iRv § 30 Abs. 1 stärker zu berücksichtigen, als dies bei §§ 19, 20, 29 GWB, Art. 102 AEUV der Fall ist. Dies liegt daran, dass § 30 selbst nicht nur Wettbewerbszwecken, sondern auch einer möglichst sicheren, preisgünstigen, verbraucherfreundlichen, effizienten und umweltverträglichen leitungsgebundenen Versorgung der Allgemeinheit mit Elektrizität und Gas, die zunehmend auf erneuerbaren Energien beruht, dient (→ Rn. 3; Säcker EnergieR/Weyer § 30 Rn. 47 f.).

C. Regelbeispiele (Abs. 1 S. 2)

20 Abs. 1 S. 2 enthält sog. Regelbeispiele und damit Beispieltatbestände zur Bestimmung, ob ein Missbrauch iSv Abs. 1 S. 1 vorliegt. Die Regelbeispiele stehen aufgrund ihrer **unterschiedlichen Zweckrichtungen** nebeneinander (Britz/Hellermann/Hermes/Robert, 3. Aufl., § 30 Rn. 15; RPMGB/Böhnel § 30 Rn. 12).

I. Verstoß gegen Teil 3 Abschnitte 2 und 3 bzw. gegen auf deren Grundlage erlassene Rechtsverordnungen (Nr. 1)

21 Mit Abs. 1 S. 2 Nummer 1 ermöglicht der Gesetzgeber die **Durchsetzung** von im EnWG an anderer Stelle normierten Verhaltenspflichten im Wege von Verfügungen nach § 30 Abs. 2. Ein Verstoß gegen die Bestimmungen der Abschnitte 2 und 3 oder der auf Grund dieser Bestimmungen erlassenen Rechtsverordnungen stellt aufgrund des Verweises unmittelbar auch einen Missbrauch iSv § 30 Abs. 1 S. 1 dar. Die Vorschrift hat folglich einen sehr weiten Anwendungsbereich (Britz/Hellermann/Hermes/Robert, 3. Aufl., § 30 Rn. 16), was ihre Nennung an erster Stelle auch gesetzgebungstechnisch rechtfertigt. Ein einfacher Verstoß gegen die genannten Normen reicht aufgrund der verwendeten Regelbeispielstechnik aus, um einen Missbrauch iSv § 30 Abs. 1 S. 1 zu begründen. Ferner ist denkbar, dass der Verstoß gegen eine solche an anderer Stelle normierte Verhaltenspflicht nicht nur einen Missbrauch iSv § 30 Abs. 1 S. 2 Nr. 1 begründet, sondern gleichzeitig einen weiteren in § 30 Abs. 1 S. 2 Nr. 2 bis 6 benannten oder auch einen unbenannten Missbrauchsfall erfüllt (Säcker EnergieR/Weyer § 30 Rn. 16).

22 Nach der Gesetzesbegründung dient § 30 Abs. 1 S. 2 Nr. 1 nur der **Klarstellung**, „dass im Falle eines Verstoßes gegen die Bestimmungen der §§ 17–28 oder gegen auf deren Grundlage erlassene Rechtsverordnungen in jedem Fall ein Missbrauch der Marktstellung anzunehmen ist" (BT-Drs. 15/3917, 63). Die Regelung habe „nur klarstellenden Charakter, da die Vorschriften, wie sich auch aus § 32 Abs. 1 ergibt, Schutzgesetze sind, die ihrerseits auch unmittelbar gesetzliche Gebote und Verbote enthalten" (BT-Drs. 15/3917, 63). Dieser „Klarstellung" ist es allerdings zu verdanken, dass bei der durch sie eingeführten Verhaltenskontrolle des § 30 Abs. 1 S. 2 Nr. 1 von einem eigenen regulierungsrechtlichen Missbrauchsbegriff gesprochen werden muss, der sich von dem kartellrechtlichen Missbrauchsbegriff unterscheidet (→ Rn. 3). Generell stellt § 30 Abs. 1 S. 2 Nr. 1 unter den in der Norm enthaltenen Regelbeispielen einen Sonderling dar (vgl. nur RPMGB/Böhnel § 30 Rn. 13). Ferner knüpft ausweislich der Gesetzesbegründung die von § 30 Abs. 1 S. 2 Nr. 1 vorgenommene Klarstellung „an den auch im Kartellrecht anerkannten Grundsatz an, dass rechtswidriges Handeln in jedem Fall nicht gerechtfertigt sein kann" (BT-Drs. 15/3917, 63). Das zeigt, dass § 30 Abs. 1 – anders als es zB die Aufgabe des Strafrechts ist – in erster Linie keine persönlichen Verantwortlichkeiten sanktionieren will, sondern sich ganz dem Schutz des Wettbewerbs bzw. der Ziele des § 1 verschrieben hat.

23 Im Einzelnen liegt nach Absatz 1 Satz 2 Nummer 1 ein Missbrauch der Marktstellung eines Betreibers von Energieversorgungsnetzes vor, wenn dieser die Bestimmungen der Abschnitte 2 und 3 oder der auf Grund dieser Bestimmungen erlassenen Rechtsverordnungen nicht einhält. Dabei handelt es sich um die Vorschriften zum Netzanschluss (Teil 3

Abschnitt 2: §§ 17–19a) und zum Netzzugang (Teil 3 Abschnitt 3: §§ 20–28c) sowie die aufgrund dieser Vorschriften erlassenen Rechtsverordnungen. Bei Letzteren handelt es sich um die Stromnetzzugangsverordnung, die Gasnetzzugangsverordnung, die Stromnetzentgeltverordnung, die Gasnetzentgeltverordnung, die Netzanschlussverordnung, die Niederdruckanschlussverordnung, die Kraftwerks-Netzanschlussverordnung sowie die Anreizregulierungsverordnung (vgl. Säcker EnergieR/Weyer § 30 Rn. 54). Der **objektive Verstoß** des Netzbetreibers gegen die genannten Bestimmungen reicht aus, ein Verschulden ist nicht erforderlich (Bourwieg/Hellermann/Hermes/Hollmann § 30 Rn. 12 mwN; RPMGB/Böhnel § 30 Rn. 15).

24 Aufgrund des **offenen Missbrauchsbegriffs** des § 30 Abs. 1 S. 1 (→ Rn. 14) kann aber auch ein Verstoß gegen nicht ausdrücklich in § 30 Abs. 1 S. 2 Nr. 1 genannte, an anderer Stelle im EnWG oder in auf der Grundlage des EnWG erlassener Rechtsverordnungen geregelter Verhaltenspflichten einen Missbrauch iSd Norm begründen (iE so auch Becker/Templin ZNER 2013, 10 (11)). Dann ist zwar nicht das Regelbeispiel des § 30 Abs. 1 S. 2 Nr. 1, allerdings der Tatbestand der Generalklausel nach § 30 Abs. 1 S. 1 erfüllt. Die Gegenansicht will den Anwendungsbereich von § 30 Abs. 1 S. 1 mit vorwiegend systematischen Argumenten, insbesondere der Stellung von § 30 in Teil 3, nur auf die Verhaltenspflichten des dritten Teils des EnWG bzw. mit diesen Vorschriften in Zusammenhang stehende Verhaltenspflichten beschränken (RPMGB/Böhnel § 30 Rn. 4; Säcker EnergieR/Weyer § 30 Rn. 17 ff.).

25 Auch **Verstöße gegen EU-Recht oder Entscheidungen der Regulierungsbehörde** selbst sind zwar nicht von § 30 Abs. 1 S. 2 Nr. 1 erfasst, können allerdings unter die Generalklausel in § 30 Abs. 1 S. 1 subsumiert werden (vgl. auch Säcker EnergieR/Weyer § 30 Rn. 55 f.).

II. Unbillige Behinderung und sachgrundlose Beeinträchtigung von Wettbewerbsmöglichkeiten (Nr. 2)

26 Die Vorschrift entspricht weitgehend §§ 19 Abs. 2 Nr. 1, 20 Abs. 1 GWB und regelt das **Verbot des Behinderungsmissbrauchs** (vgl. → Rn. 17). Einerseits erfasst sie in Var. 1 die unmittelbare oder mittelbare und unbillige Behinderung eines anderen Unternehmens, andererseits in Var. 2 die erhebliche Beeinträchtigung der Wettbewerbsmöglichkeiten ohne sachlich gerechtfertigten Grund. Trotz unterschiedlicher Wortwahl sind die beiden Varianten im Grundsatz einheitlich auszulegen (Säcker EnergieR/Weyer § 30 Rn. 61). § 30 Abs. 1 S. 2 Nr. 2 soll die Behinderung des Wettbewerbs insbesondere auf den dem Elektrizitäts- bzw. Gasnetz vorgelagerten Märkten abwehren (RPMGB/Böhnel § 30 Rn. 18).

27 Eine **unbillige Behinderung** im Sinne der Vorschrift setzt sich aus einem wertneutralen und einem wertenden Teil zusammen (Britz/Hellermann/Hermes/Robert, 3. Aufl., § 30 Rn. 21). Das wertneutrale Tatbestandsmerkmal der Behinderung liegt vor, wenn die wettbewerbliche Betätigungsmöglichkeit des anderen Unternehmens beeinträchtigt (Britz/Hellermann/Hermes/Robert, 3. Aufl., § 30 Rn. 21 mwN), dh beschränkt wird. Bei dem Tatbestandsmerkmal der Unbilligkeit handelt es sich um den wertenden Teil der Betrachtung (Britz/Hellermann/Hermes/Robert, 3. Aufl., § 30 Rn. 21). Unbillig ist die Behinderung, wenn eine Einzelfallwertung unter Berücksichtigung der Maßgaben des § 1 ergibt, dass die Behinderung nicht gerechtfertigt ist (Britz/Hellermann/Hermes/Robert, 3. Aufl., § 30 Rn. 21 mwN; Säcker EnergieR/Weyer § 30 Rn. 72; Kment EnWG/Wahlhäuser § 30 Rn. 28 f. stellt zudem auch auf die Ziele des GWB ab). Die Abwägung ist auf der Grundlage der grundsätzlichen Gewährleistung der unternehmerischen Handlungsfreiheit vorzunehmen (Kment EnWG/Wahlhäuser § 30 Rn. 28 mwN). Ferner kann auch die Kausalität zwischen einer tatsächlich vorliegenden, marktmächtigen Stellung und der eingetretenen Behinderung Berücksichtigung finden (Kment EnWG/Wahlhäuser § 30 Rn. 28).

28 Eine **erhebliche Beeinträchtigung** der Wettbewerbsmöglichkeiten liegt vor, wenn die Handlungsfähigkeit eines anderen Unternehmens im Wettbewerb nicht nur geringfügig beschränkt ist (Kment EnWG/Wahlhäuser § 30 Rn. 30 f.). Sie erfolgt ohne sachlich gerechtfertigten Grund, wenn eine Einzelfallabwägung ergibt, dass der Betreiber von Energieversorgungsnetzen Maßnahmen getroffen hat, die im Wettbewerb nicht mehr als zulässig einzustu-

fen sind (Kment EnWG/Wahlhäuser § 30 Rn. 32). Es sind für die Einzelfallabwägung die gleichen Maßstäbe wie in → Rn. 27 anzulegen.

29 Letztlich erübrigt sich eine **Unterscheidung zwischen § 30 Abs. 1 S. 2 Nr. 2 Var. 1 und 2.** Beide Varianten setzen nach dem oben gesagten 1. die wertneutrale Feststellung der Einschränkung des wettbewerblichen Handlungsspielraums des anderen Unternehmens aufgrund eines Verhaltens des Betreibers von Energieversorgungsnetzen und 2. eine wertende Abwägung der Interessen der Beteiligten im Lichte des § 1 mit dem Ziel voraus, zu überprüfen, ob die getroffene Maßnahme im Wettbewerb nicht mehr als zulässig einzustufen ist.

30 Da § 30 dem unionsrechtlichen Missbrauchsverbot iSv Art. 102 AEUV Rechnung tragen soll (→ Rn. 6), ist auch der **Unternehmensbegriff** bei § 30 Abs. 1 S. 2 Nr. 2 im Sinne des Unionsprimärrechts zu verstehen. Demnach ist ein Unternehmen „jede eine wirtschaftliche Tätigkeit ausübende Einrichtung unabhängig von ihrer Rechtsform und der Art ihrer Finanzierung" (EuGH EuZW 2019, 374 (376) mwN). Somit wurde kein formeller Ansatz gewählt, der beispielsweise an eine natürliche oder juristische Person angeknüpft hätte, sondern ein ökonomischer. In der Praxis ist daher einer genau zu schauen, welche wirtschaftliche Einheit behindert oder in ihren Wettbewerbsmöglichkeiten beeinträchtigt wird (vgl. etwa die Ausführungen von Immenga/Mestmäcker/Zimmer AEUV Art. 101 Abs. 1 Rn. 28 f.).

III. Ungleichbehandlung dritter Unternehmen (Nr. 3)

31 Dieses Regelbeispiel entspricht dem in § 20 Abs. 1 Alt. 2 GWB aF bzw. jetzt in § 19 Abs. 2 Nr. 1 Var. 2 GWB geregelten **Diskriminierungsverbot** (vgl. BT-Drs. 15/3917, 63). Die Gesetzesbegründung spricht insoweit von „,externer' Diskriminierung" (BT-Drs. 15/3917, 63). Betreiber von Energieversorgungsnetzen haben die Vorschrift nach andere Unternehmen gegenüber gleichartigen Unternehmen gleich zu behandeln. Im Gegensatz zu § 30 Abs. 1 S. 2 Nr. 4 beschränkt sich das Gebot nicht nur auf eine Gleichbehandlung mit sich selbst oder mit dem Betreiber verbundenen Unternehmen.

32 Konkret verbietet die Vorschrift Verhaltensweisen, mit denen ein Netzbetreiber andere Unternehmen gegenüber gleichartigen Unternehmen ohne sachlich gerechtfertigten Grund unmittelbar oder mittelbar unterschiedlich behandelt. Es ist demnach ein **Vergleich** zwischen dem beanstandeten Verhalten des Netzbetreibers gegenüber einem Unternehmen und seinem Verhalten gegenüber mindestens einem anderen, gleichartigen Unternehmen zu ziehen. Das Verbot umfasst ausweislich des Wortlauts die unterschiedliche Behandlung gleichartiger Unternehmen, nicht aber den umgekehrten Fall der Gleichbehandlung ungleichartiger Unternehmen (Kment EnWG/Wahlhäuser § 30 Rn. 38).

33 Eine Ungleichbehandlung stellt nur dann einen Missbrauch dar, wenn kein **sachlicher Grund** für die ungleiche Behandlung gegeben ist. Ein sachlicher Grund, der die Diskriminierung rechtfertigt, kann sich einerseits aus gesetzlichen Regelungen ergeben, andererseits aus einer Einzelfallabwägung, bei der zu beurteilen ist, ob die Diskriminierung wettbewerblich zulässig ist (vgl. Kment EnWG/Wahlhäuser § 30 Rn. 41). In die Abwägung sind die verschiedenen Interessen der Beteiligten im Lichte der Ziele des EnWG einzustellen (Britz/Hellermann/Hermes/Robert, 3. Aufl., § 30 Rn. 28). Es gelten die gleichen Maßstäbe wie bei § 30 Abs. 1 S. 2 Nr. 2 (→ Rn. 27). Insbesondere ist ein Verhalten grundsätzlich gerechtfertigt, wenn dabei die Entgeltbildungsvorschriften beachtet werden (OLG Düsseldorf EnWZ 2021, 85 (90) mwN).

34 Genau wie bei § 30 Abs. 1 S. 2 Nr. 2 ist auch der **Unternehmensbegriff** bei § 30 Abs. 1 S. 2 Nr. 3 aufgrund des unionsrechtlichen Hintergrunds der Norm im Sinne des Unionsprimärrechts zu verstehen. Vgl. die Ausführungen dort: → Rn. 30.

IV. Ungleichbehandlung gegenüber dem Netzbetreiber und verbundenen Unternehmen (Nr. 4)

35 Ausweislich der Gesetzesbegründung soll § 30 Abs. 1 S. 2 Nr. 4 als „**Verbot ,interner' Diskriminierung**" (BT-Drs. 15/3917, 63) das vorangegangene Regelbeispiel des § 30 Abs. 1 S. 2 Nr. 3 ergänzen. Im Gegensatz zu § 30 Abs. 1 S. 2 Nr. 3 findet bei Nummer 4 ein Vergleich von begünstigenden oder benachteiligenden Verhaltensweisen in Bezug auf ein anderes Unternehmen und in Bezug auf das eigene oder mit ihm verbundenes Unternehmen statt. Betreiber von Energieversorgungsnetzen dürfen sich selbst oder mit ihnen verbundene

Unternehmen nur dann begünstigen, sofern sie nachweisen, dass die Einräumung ungünstigerer Bedingungen sachlich gerechtfertigt ist.

Genau wie bei § 30 Abs. 1 S. 2 Nr. 2 (→ Rn. 30) ist auch der **Unternehmensbegriff** 36
bei § 30 Abs. 1 S. 2 Nr. 4 aufgrund des unionsrechtlichen Hintergrunds der Norm iSd des Unionsprimärrechts zu verstehen. Demnach ist Unternehmen „jede eine wirtschaftliche Tätigkeit ausübende Einrichtung unabhängig von ihrer Rechtsform und der Art ihrer Finanzierung" (EuGH EuZW 2019, 374 (376 mwN)).

Auch bei Nummer 4 steht dem Netzbetreiber offen, einen **sachlichen Grund** für die 37
Diskriminierung darzulegen und zu beweisen (vgl. die Ausführungen bei → Rn. 32). Der Begriff der „Bedingungen" im Rahmen der Möglichkeit der **sachlichen Rechtfertigung** im zweiten Halbsatz des Regelbeispiels erfasst nach Sinn und Zweck der Regelung auch jede Art von Entgelten (Kment EnWG/Wahlhäuser § 30 Rn. 48). Die Vorschrift unterscheidet zu Anfang noch zwischen Bedingungen und Entgelten. Es ist allerdings nicht ersichtlich, warum der Gesetzgeber die sachliche Rechtfertigung von ungünstigeren Entgelten ausschließen will, sodass insoweit von einem Redaktionsversehen auszugehen ist. In Bezug auf die sachliche Rechtfertigung ist im Übrigen anzunehmen, dass die zu § 30 Abs. 1 S. 2 Nr. 2 angeführten Grundsätze (→ Rn. 27) auch hier gelten. Aus der Norm ergibt sich in prozessualer Hinsicht eine **Beweislastumkehr** (vgl. BT-Drs. 15/3917, 63; Kment EnWG/Wahlhäuser § 30 Rn. 49). Folglich muss bei § 30 Abs. 1 S. 2 Nr. 4 der Betreiber des Energieversorgungsnetzes selbst darlegen und beweisen, dass es für die Bevorzugung einen Sachgrund gibt. Eine weitere Darlegungs- und Beweislastumkehr findet sich bei dem Regelbeispiel des § 30 Abs. 1 S. 2 Nr. 6 (→ Rn. 41).

V. Sachgrundlose Behinderung des Netzzugangs (Nr. 5)

§ 30 Abs. 1 S. 2 Nr. 5 entspricht § 19 Abs. 2 Nr. 2 GWB. Das Regelbeispiel regelt den 38
Ausbeutungsmissbrauch. Das Regelbeispiel soll verhindern, dass ein Netzbetreiber für die Gewährung des Zugangs zu seinem Netz überhöhte Entgelte oder andere für den Vertragspartner nachteilige Bedingungen verlangt (OLG Düsseldorf EnWZ 2021, 85 (90)). Ob ein Entgelt oder eine sonstige Geschäftsbedingung als missbräuchlich anzusehen ist, wird nach dem sog. **Als-ob-Wettbewerbsprinzip** festgestellt (OLG Düsseldorf EnWZ 2021, 85 (90)). Danach sind bereits nach dem Wortlaut der Vorschrift die Entgelte oder sonstigen Geschäftsbedingungen an Entgelten oder sonstigen Geschäftsbedingungen zu messen, die sich bei wirksamem Wettbewerb mit hoher Wahrscheinlichkeit ergeben würden. Die Weigerung eines vorgelagerten Netzbetreibers, einem nachgelagerten Netzbetreiber Netzreservekapazität zu gewähren und abzurechnen, stellt keinen Preis- oder Konditionenmissbrauch im Sinne des Regelbeispiels dar, da auch bei wirksamem Wettbewerb keine allgemeine Praxis von vorgelagerten Netzbetreibern zum Anbieten von Netzreservekapazität zu beobachten ist (OLG Düsseldorf EnWZ 2021, 85). Handelt es sich um Entgelte oder sonstige Geschäftsbedingungen, die nicht ohnehin bereits nach § 30 Abs. 1 S. 2 Nr. 5 Hs. 3 ausdrücklich als sachlich gerechtfertigt gelten, kann auch in Bezug auf das Regelbeispiel der Nr. 5 ein **sachlicher Grund** zur Rechtfertigung angeführt werden (siehe zur Bestimmung, ob ein sachlicher Grund auch tatsächlich vorliegt → Rn. 32). Genau wie bei § 30 Abs. 1 S. 2 Nr. 2 (→ Rn. 30) ist auch der **Unternehmensbegriff** bei § 30 Abs. 1 S. 2 Nr. 5 aufgrund des unionsrechtlichen Hintergrunds der Norm iSd Unionsprimärrechts zu verstehen (→ Rn. 36).

§ 30 Abs. 1 S. 3 regelt die Anwendung des Regelbeispiels auch für **Netze, in denen vom** 39
Grundsatz der Kostenorientierung abgewichen wird. Allerdings eröffnet das EnWG nach der Aufhebung der Verordnungsermächtigung für Abweichungen von der kostenorientierten Entgeltbildung in § 24 S. 2 Nr. 5 aF durch das Gesetz zur Neuregelung energiewirtschaftsrechtlicher Vorschriften v. 26.7.2011 nicht mehr die Möglichkeit, solche Netze vorzuhalten (Theobald/Kühling/Boos § 30 Rn. 34). § 24 S. 2 Nr. 5 enthält mittlerweile eine Verordnungsermächtigung für einen Belastungsausgleich nach dem KWKG (vgl. Theobald/Kühling/Boos § 30 Rn. 34). Die Vorschriften des § 30 Abs. 1 S. 3 und 4 sind somit gegenstandslos; sie gehören gestrichen (so auch Theobald/Kühling/Boos § 30 Rn. 34).

VI. Sachgrundlose Ungleichbehandlung auf verschiedenen Märkten (Nr. 6)

Das Regelbeispiel des § 30 Abs. 1 S. 2 Nr. 6 entspricht § 19 Abs. 2 Nr. 3 GWB. Die 40
Vorschrift regelt den sog. **Strukturmissbrauch** als Unterfall des Ausbeutungsmissbrauchs

(RPMGB/Böhnel § 30 Rn. 56 mwN). Nach dem Regelbeispiel liegt auch dann ein Missbrauch vor, wenn der Betreiber von Energieversorgungsnetzen ungünstigere Entgelte oder sonstige Geschäftsbedingungen fordert, als er sie selbst auf vergleichbaren Märkten von gleichartigen Abnehmern fordert, es sei denn, dass der Unterschied sachlich gerechtfertigt ist. In Bezug auf die sachliche Rechtfertigung gelten die Ausführungen zu den vorgenannten Regelbeispielen (→ Rn. 27).

41 Die Vorschrift weist aufgrund des gewählten Wortlauts („es sei denn") ähnlich § 30 Abs. 1 S. 2 Nr. 4 (→ Rn. 35) dem Betreiber der Energieversorgungsnetze die **Darlegungs- und Beweislast** für die sachliche Rechtfertigung seines Verhaltens zu (Britz/Hellermann/Hermes/Robert, 3. Aufl., § 30 Rn. 42). Zur sachlichen Rechtfertigung → Rn. 32.

D. Ermächtigung der Regulierungsbehörde (Abs. 2, 3)

I. Abstellungsanordnung und Aufgabe von Abstellungsmaßnahmen

42 § 30 Abs. 2 enthält eine **Ermächtigungsgrundlage** für die Regulierungsbehörde, den Netzbetreiber zu verpflichten, das missbräuchliche Verhalten abzustellen, sowie die Befugnis, dem Netzbetreiber diesbezüglich konkrete Maßnahmen aufzugeben. § 30 Abs. 2 S. 3 enthält zwei Regelbeispiele für solche über die reine Abstellungsverpflichtung hinausgehende Maßnahmen. Die Regulierungsbehörde kann allerdings die Unternehmen nur verpflichten, also nicht unmittelbar selbst weitere Maßnahmen ergreifen (Kment EnWG/Wahlhäuser § 30 Rn. 70).

43 § 30 Abs. 2 stellt das formelle Gesetz dar, welches aufgrund des **Grundsatzes des Gesetzesvorbehalts** notwendig ist, um einen grundrechtsbeschränkenden Eingriff der Regulierungsbehörde zu ermöglichen (allgemein zum Grundsatz des Vorbehalts des Gesetzes Voßkuhle JuS 2007, 118). Das Verfahren nach § 30 Abs. 2 wird von Amts wegen eingeleitet (s. auch BT-Drs. 15/3917, 63; Kment EnWG/Wahlhäuser § 30 Rn. 77). Nach allgemeinen verwaltungsrechtlichen Grundsätzen kann bei einer **Ermessensreduktion auf Null** die Regulierungsbehörde zu einem Einschreiten verpflichtet werden (vgl. auch Kment EnWG/Wahlhäuser § 30 Rn. 77). Das bedeutet, dass ein Sachverhalt vorliegt, in dem die Behörde trotz des ihr eingeräumten Ermessens einschreiten muss, weil ein Nicht-Einschreiten rechtswidrig wäre (vgl. nur NK-VwGO/Heinrich Amadeus Wolff VwGO § 114 Rn. 136).

44 Das Tätigwerden der Regulierungsbehörde steht mit Ausnahme des Falls der Ermessensreduktion auf Null in ihrem **Ermessen**. Dies ergibt sich aus der Verwendung des Wortes „kann". Die Regulierungsbehörde hat sowohl ein Aufgreif- sowie Auswahlermessen. Insoweit gelten die allgemeinen verwaltungsrechtlichen Grundsätze (vertiefend RPMGB/Böhnel § 30 Rn. 63 ff.).

45 Bei der Anwendung der Ermächtigung hat die Regulierungsbehörde den allgemeinen verwaltungsrechtlichen **Bestimmtheitsgrundsatz** zu beachten (Kment EnWG/Wahlhäuser § 30 Rn. 69; RPMGB/Böhnel § 30 Rn. 67; vgl. allgemein die Nachw. bei HK-VerwR/ Schwarz VwVfG § 9 Rn. 35). Das bedeutet, dass zwei Voraussetzungen erfüllt sein müssen: Erstens muss der Adressat der Verfügung in der Lage sein, zu erkennen, was von ihm verlangt wird; zweitens muss die Verfügung selbst eine geeignete Grundlage für Maßnahmen zu ihrer zwangsweisen Durchsetzung sein können (BVerwG NVwZ 1990, 658 (659)).

46 Die **zuständige Behörde** ist nach § 54 zu ermitteln. Dies ist grundsätzlich die BNetzA (§ 54 Abs. 1). Die Landesregulierungsbehörden sind nach § 54 Abs. 2 S. 1 Nr. 8 zuständig, soweit Energieversorgungsunternehmen betroffen sind, an deren Elektrizitäts- oder Gasverteilernetz jeweils weniger als 100.000 Kunden unmittelbar oder mittelbar angeschlossen sind. Dies gilt nach § 54 Abs. 2 S. 2 jedoch nicht, wenn ein Elektrizitäts- oder Gasverteilernetz über das Gebiet eines Landes hinausreicht. Ferner ist auch dann die BNetzA ausschließlich zuständige Regulierungsbehörde, soweit die Erfüllung der Aufgaben mit dem Anschluss von Biogasanlagen im Zusammenhang steht (§ 54 Abs. 2 S. 3). Nach § 54 Abs. 2 S. 4 sind für die Feststellung der Zahl der angeschlossenen Kunden die Verhältnisse am 13.7.2005 für das Jahr 2005 und das Jahr 2006 und danach diejenigen am 31.12. eines Jahres jeweils für die Dauer des folgenden Jahres maßgeblich. Nach § 54 Abs. 2 S. 5 werden begonnene behördliche oder gerichtliche Verfahren – und damit auch ein Verfahren nach § 30 – von der Behörde beendet, die zu Beginn des behördlichen Verfahrens zuständig war. Fällt also beispielsweise

die Zahl der an das Elektrizitätsnetz des Netzbetreibers angeschlossenen Kunden während des Verfahrens auf unter 100.000, bleibt die BNetzA für das Verfahren bis zu dessen Beendigung zuständig (ausführlich → § 54 Rn. 154 ff.).

Der neu eingefügte Absatz 3 ist § 32 Abs. 3 GWB und § 65 Abs. 3 nachgebildet (BT-Drs. 19/27453, 122). Auf der Grundlage von Absatz 3 kann die Regulierungsbehörde auch dann eine Zuwiderhandlung feststellen, wenn neben ein bereits beendetes missbräuchliches Verhalten ein berechtigtes Interesse tritt. Die Vorschrift besagt nicht, wer dieses berechtigte Interesse an der Feststellung innehaben muss. Somit besteht erstens ein berechtigtes Interesse, entsprechend den Erwägungen bei § 32 Abs. 3 GWB und § 65 Abs. 3 (vgl. → § 65 Rn. 17 mwN), wenn eine **Wiederholungsgefahr** besteht. Eine Feststellungsverfügung dient in diesem Fall der Klärung der Rechtslage (Bechtold/Bosch GWB § 32 Rn. 23). Zweitens ist ein berechtigtes Interesse gegeben, wenn ein **öffentliches Interesse** an der Feststellung besteht (→ § 65 Rn. 17). Das ist dann beispielsweise der Fall, wenn zu erwarten ist, dass zwar nicht derselbe Netzbetreiber den Verstoß wieder begeht, aber ein anderer (→ § 65 Rn. 17 mwN). Auch in diesem Fall dient eine Feststellungsverfügung der Klärung der Rechtslage. Drittens besteht ein berechtigtes Interesse, wenn ein vom Verstoß Betroffener die Absicht erklärt, einen **zivilrechtlichen Schadensersatzanspruch** geltend zu machen (umstr.; s. die Nachweise bei → § 65 Rn. 17; zur gleichgelagerten Diskussion bei § 32 Abs. 3 GWB bereits Bechtold/Bosch GWB § 32 Rn. 24). Zusammenfassend kommt Absatz 3 zwei Funktionen zu: die **Klärung der Rechtslage** und der **Schutz privater Interessen** bei der Durchsetzung von privatrechtlichen Ansprüchen. 47

II. Kosten und Geldbußen

Nach § 91 Abs. 1 S. 1 Nr. 4, Abs. 6 S. 1 Nr. 2 werden bei einer Abstellungsverfügung iSv § 30 Abs. 2 Kosten erhoben. Die **Höhe der Kosten** richtet sich, soweit die BNetzA tätig wird, nach § 91 Abs. 8 EnWG iVm § 2 KostV iVm Nr. 6 Anlage zu § 2 EnWGKostV und liegt auf dieser Grundlage zwischen 2.500 und 180.000 EUR. Für Amtshandlungen der Landesregulierungsbehörden ist nach § 91 Abs. 8a das jeweilige Landesrecht einschlägig. 48

Nach § 95 Abs. 1 Nr. 3 lit. b, Nr. 4, Abs. 2 S. 1 können bei Verstößen gegen § 30 Abs. 1 bzw. bei Nicht-Verfolgung einer vollziehbaren Anordnung nach § 30 Abs. 2 **Geldbußen** auferlegt werden. Die Höhe der Geldbuße richtet sich nach § 95 Abs. 2 S. 1. Gemäß § 95 Abs. 1 handelt nur ordnungswidrig, wer vorsätzlich oder fahrlässig handelt. Die Norm setzt also ein **Verschulden** voraus. Für die hier möglichen Verstöße ist nach § 95 Abs. 2 S. 1 ein Bußgeld bis zu 1 Mio. EUR bzw. über diesen Betrag hinaus bis zur dreifachen Höhe des durch die Zuwiderhandlung erlangten Mehrerlöses möglich (vgl. Theobald/Kühling/Boos § 95 Rn. 43). Die Bußgeldbemessung im Einzelfall richtet sich nach der Bedeutung der Ordnungswidrigkeit und dem jeweiligen Tatvorwurf (vgl. § 17 Abs. 3 OWiG; → § 95 Rn. 44). Bei fahrlässigem Handeln kommt eine Geldbuße maximal in Höhe der Hälfte des von der Vorschrift angedrohten Höchstbetrages in Betracht (vgl. § 17 Abs. 2 OWiG; → § 95 Rn. 44). 49

E. Rechtsschutz

Gegen Missbrauchsverfügungen nach § 30 Abs. 2 EnWG kann der Adressat der Verfügung die **Anfechtungsbeschwerde** iSd §§ 75 ff. erheben (Theobald/Kühling/Boos § 30 Rn. 64). Dritte hingegen sind regelmäßig nicht beschwerdebefugt (Theobald/Kühling/Boos § 30 Rn. 64). Ausnahmsweise ist eine **Verpflichtungsbeschwerde** iSd § 75 Abs. 3 eines schadensersatzberechtigten Verfahrensbeteiligten bei Ablehnung einer Missbrauchsverfügung denkbar, wenn eine Ermessensreduktion auf Null gegeben ist (vgl. Theobald/Kühling/Boos § 30 Rn. 64). Sonderregelungen bei der **Erledigung** einer Entscheidung nach § 30 finden sich in § 83 Abs. 3 (ausführlich dazu → § 83 Rn. 47 ff.). 50

§ 31 Besondere Missbrauchsverfahren der Regulierungsbehörde

(1) ¹Personen und Personenvereinigungen, deren Interessen durch das Verhalten eines Betreibers von Energieversorgungsnetzen erheblich berührt werden, können

bei der Regulierungsbehörde einen Antrag auf Überprüfung dieses Verhaltens stellen. ²Diese hat zu prüfen, inwieweit das Verhalten des Betreibers von Energieversorgungsnetzen mit den Vorgaben in den Bestimmungen der Abschnitte 2 und 3 oder der auf dieser Grundlage erlassenen Rechtsverordnungen sowie den nach § 29 Abs. 1 festgelegten oder genehmigten Bedingungen und Methoden übereinstimmt. ³Soweit das Verhalten des Betreibers von Energieversorgungsnetzen nach § 23a genehmigt ist, hat die Regulierungsbehörde darüber hinaus zu prüfen, ob die Voraussetzungen für eine Aufhebung der Genehmigung vorliegen. ⁴Interessen der Verbraucherzentralen und anderer Verbraucherverbände, die mit öffentlichen Mitteln gefördert werden, werden im Sinne des Satzes 1 auch dann erheblich berührt, wenn sich die Entscheidung auf eine Vielzahl von Verbrauchern auswirkt und dadurch die Interessen der Verbraucher insgesamt erheblich berührt werden.

(2) ¹Ein Antrag nach Absatz 1 bedarf neben dem Namen, der Anschrift und der Unterschrift des Antragstellers folgender Angaben:
1. Firma und Sitz des betroffenen Netzbetreibers,
2. das Verhalten des betroffenen Netzbetreibers, das überprüft werden soll,
3. die im Einzelnen anzuführenden Gründe, weshalb ernsthafte Zweifel an der Rechtmäßigkeit des Verhaltens des Netzbetreibers bestehen und
4. die im Einzelnen anzuführenden Gründe, weshalb der Antragsteller durch das Verhalten des Netzbetreibers betroffen ist.

²Sofern ein Antrag nicht die Voraussetzungen des Satzes 1 erfüllt, weist die Regulierungsbehörde den Antrag als unzulässig ab.

(3) ¹Die Regulierungsbehörde entscheidet innerhalb einer Frist von zwei Monaten nach Eingang des vollständigen Antrags. ²Diese Frist kann um zwei Monate verlängert werden, wenn die Regulierungsbehörde zusätzliche Informationen anfordert. ³Mit Zustimmung des Antragstellers ist eine weitere Verlängerung dieser Frist möglich. ⁴Betrifft ein Antrag nach Satz 1 die Entgelte für den Anschluss größerer neuer Erzeugungsanlagen oder Anlagen zur Speicherung elektrischer Energie sowie Gasspeicheranlagen, so kann die Regulierungsbehörde die Fristen nach den Sätzen 1 und 2 verlängern.

(4) ¹Soweit ein Verfahren nicht mit einer den Beteiligten zugestellten Entscheidung nach § 73 Abs. 1 abgeschlossen wird, ist seine Beendigung den Beteiligten schriftlich oder elektronisch mitzuteilen. ²Die Regulierungsbehörde kann die Kosten einer Beweiserhebung den Beteiligten nach billigem Ermessen auferlegen.

Überblick

§ 31 enthält ein besonderes Streitbeilegungsverfahren, bei dem die Regulierungsbehörde auf Antrag einer Person oder einer Personenvereinigung (→ Rn. 9 ff.) prüfen muss, ob ein Betreiber von Energieversorgungsnetzen (→ Rn. 12) die Vorgaben des EnWG einhält (Absatz 1). Voraussetzung dafür ist insbesondere, dass das Interesse der Person oder der Personenvereinigung durch das Verhalten eines Betreibers von Energieversorgungsnetzen erheblich und gegenwärtig berührt wird (→ Rn. 10 ff.). Im Einzelnen regelt § 31 die Form des Antrags (Absatz 2, → Rn. 18 ff.), die Frist der Behördenentscheidung (Absatz 3, → Rn. 25 f.), die Beendigung des Verfahrens und die Auferlegung von Kosten einer Beweiserhebung (Absatz 4, → Rn. 28 ff.).

Übersicht

	Rn.		Rn.
A. Hintergrund und Zweck der Vorschrift	1	1. Allgemeines	9
I. Funktion der Vorschrift, Änderung durch die Wasserstoffnovelle	1	2. Interessenberührung durch das Verhalten eines Betreibers von Energieversorgungsnetzen	10
II. EU-Rechtlicher Hintergrund	3	3. Erheblichkeit	13
III. Verhältnis zu anderen Vorschriften	4	II. Gegenwärtigkeit des Verhaltens, der Rechtsverletzung und der Interessenberührung	15
B. Antragsvoraussetzungen	8	III. Formale Antragsvoraussetzungen, Zuständigkeit	18
I. Antragsberechtigung und Antragsbefugnis	9		

	Rn.		Rn.
C. Prüfungspflicht und Prüfungsumfang	21	E. Maßnahmen der Regulierungsbehörde	29
D. Verfahrensablauf	25	F. Rechtsschutz	30

A. Hintergrund und Zweck der Vorschrift

I. Funktion der Vorschrift, Änderung durch die Wasserstoffnovelle

§ 31 gibt Personen und Personenvereinigungen, deren Interessen durch das Verhalten eines Betreibers von Energieversorgungsnetzen erheblich berührt werden, die Möglichkeit, sich über das Verhalten eines Betreibers von Energieversorgungsnetzen bei der Regulierungsbehörde zu beschweren. Die Beschwerde steht am Anfang des besonderen Verwaltungsverfahrens, welches der schnellen Schlichtung der Streitigkeit dienen soll (BT-Drs. 15/3917, 63). Es handelt sich damit insgesamt um ein **Streitschlichtungsverfahren**. Die Regulierungsbehörde handelt in der Rolle einer Streitbeilegungsstelle (Britz/Hellermann/Hermes/Robert, 3. Aufl., § 31 Rn. 1). Dem entspricht, dass das Verfahren nur auf Antrag und nicht von Amts wegen eingeleitet wird (Britz/Hellermann/Hermes/Robert, 3. Aufl., § 31 Rn. 3). Darüber hinaus können Antragsteller mit einem Verfahren nach § 31 auch ihre Prozessrisiken im Rahmen eines zivilrechtlichen Streits reduzieren, da die Zivilgerichte nach § 32 Abs. 4 (→ § 32 Rn. 18) auch an eine Entscheidung der Regulierungsbehörde im Rahmen des Verfahrens nach § 31 gebunden sind (Weyer RdE 2022, 213 (213)). Beispielsweise kann ein Energieversorger mit einem Antrag im Rahmen des Verfahrens nach § 31 von der zuständigen Landesregulierungsbehörde überprüfen lassen, ob eine Anlage eines anderen Energieversorgers als reguliertes Stromnetz und nicht als Kundenanlage einzustufen ist (so etwa das BGH 25.1.2022 – EnVR 20/18 zugrunde liegende Verfahren).

Art. 1 Nr. 42 des Gesetzes zur Umsetzung unionsrechtlicher Vorgaben und zur Regelung reiner Wasserstoffnetze im Energiewirtschaftsrecht v. 16.7.2021 (BGBl. I 3026 (3045)) ersetzte in Absatz 3 Satz 4 das Wort „Speicheranlagen" durch das Wort „Gasspeicheranlagen". Dabei handelt es sich lediglich um eine redaktionelle Folgeänderung aufgrund der Anpassungen in § 3 (→ Rn. 23).

II. EU-Rechtlicher Hintergrund

Ausweislich der Gesetzesbegründung dient § 31 der **Umsetzung** von Art. 23 Abs. 5 Elektrizitäts-Binnenmarkt-Richtlinie 2003/54/EG und Art. 25 Abs. 5 Gas-Binnenmarkt-Richtlinie 2003/55/EG (BT-Drs. 15/3917, 63). Die Vorschriften finden sich mittlerweile mit geringfügigen begrifflichen Klarstellungen und geringfügigen inhaltlichen Änderungen in Art. 60 Abs. 2 Elektrizitäts-Binnenmarkt-Richtlinie (EU) 2019/944 und in Art. 41 Abs. 11 Gas-Binnenmarkt-Richtlinie 2009/73/EG (zuletzt geändert durch Gas-Binnenmarkt-Richtlinie (EU) 2019/692, vgl. auch Weyer RdE 2022, 213 (213)). Da es sich bei § 31 um eine Vorschrift zur Umsetzung des EU-Rechts handelt, ist die Norm auch unter Beachtung der ihr zugrunde liegenden Binnenmarktrichtlinien auszulegen (mit vielen kritischen Anmerkungen zur mangelhaften Umsetzung der § 31 zugrundeliegenden Vorschriften Weyer RdE 2022, 213 (216)).

III. Verhältnis zu anderen Vorschriften

Die Überschrift der Vorschrift („Besonderes Missbrauchsverfahren") lässt vermuten, dass es sich nach der Intention des Gesetzgebers bei § 31 um eine **Sonderregelung zu § 30** handelt (Britz/Hellermann/Hermes/Robert, 3. Aufl., § 31 Rn. 3). Allerdings kann damit nicht eine Sonderregelung im Sinne des lex specialis-Grundsatzes gemeint sein. Vielmehr steht § 31 neben dem in § 30 geregelten allgemeinen Missbrauchsverfahren, denn § 31 ist in Teilen enger (Handeln nur auf Antrag), in Teilen aber weiter gefasst. So ist der Prüfungsumfang bei § 31 weiter als bei § 30, weil zum einen § 31 Abs. 1 S. 2 den Missbrauchstatbestand des § 30 Abs. 1 S. 2 Nr. 1 bereits vollständig abdeckt und weil zum anderen nach § 31 Abs. 1 S. 3 im Falle einer Entgeltgenehmigung darüber hinaus geprüft wird, ob die Voraussetzungen für eine Aufhebung der Genehmigung vorliegen (Britz/Hellermann/Hermes/Robert,

3. Aufl., § 31 Rn. 3; detailliert Säcker EnergieR/Weyer § 30 Rn. 167). Auch iRv § 31 kann die Regulierungsbehörde zur effektiven und effizienten Abstellung des streitgegenständlichen Verhaltens auf § 30 Abs. 2 zurückgreifen (Britz/Hellermann/Hermes/Robert, 3. Aufl., § 31 Rn. 3 mwN).

5   Obwohl für das **Verhältnis von § 31 und § 65** eine den §§ 65 Abs. 4, 111b Abs. 9 vergleichbare Vorschrift fehlt, berühren sich das Aufsichtsverfahren nach § 65 und das besondere Missbrauchsverfahren nach § 31 aufgrund der unterschiedlichen Zielrichtungen der Verfahren nicht (vgl. BGH NJOZ 2015, 1301 (1303 f.)).

6   Für Verfahren nach § 31, die parallel zu Verfahren nach den §§ 30 Abs. 2 oder 65 eingeleitet werden, ergibt sich die **prozessuale Konsequenz,** dass der Antragsteller im Rahmen des besonderen Missbrauchsverfahrens nach § 31 Abs. 1 eine gerichtliche Nachprüfungsmöglichkeit bekommt, wenn sein Antrag abgelehnt wird; bei Verfahren nach §§ 30 Abs. 2 oder 65 beschränkt sich hingegen eine gerichtliche Überprüfung auf die behördliche Ermessensentscheidung (BGH NJOZ 2015, 1301 (1304 mwN)).

7   Demgegenüber regelt § 111c Abs. 1 S. 1 Var. 2, Abs. 2 die Aussetzung des **Schlichtungsverfahrens** bis zum Abschluss des Verfahrens nach § 31 für den Fall, dass die Schlichtungsstelle Kenntnis von der Einleitung eines besonderen Missbrauchsverfahrens gegen den Betreiber eines Energieversorgungsnetzes erlangt. Dies gilt nur, wenn das Verfahren nach § 31 im Zusammenhang mit dem Sachverhalt steht, der dem Antrag auf Durchführung des Schlichtungsverfahrens nach § 111b zugrunde liegt.

B. Antragsvoraussetzungen

8   § 31 Abs. 1 S. 1 eröffnet Personen und Personenvereinigungen, deren Interessen durch das Verhalten eines Betreibers von Energieversorgungsnetzen erheblich berührt werden, die Möglichkeit, einen **Antrag auf Überprüfung des Verhaltens eines Betreibers von Energieversorgungsnetzen** bei der Regulierungsbehörde zu stellen.

I. Antragsberechtigung und Antragsbefugnis

1. Allgemeines

9   Antragsberechtigt sind nicht nur natürliche oder juristische Personen. Ausweislich des Wortlauts der Vorschrift sind auch **Personenvereinigungen** antragsberechtigt. So erläutert die Gesetzesbegründung, dass das Beschwerderecht auch Personenvereinigungen eingeräumt wird, die gem. § 66 Abs. 2 an einem Verfahren vor der Regulierungsbehörde beteiligt sein können (BT-Drs. 15/3917, 63). Dabei handelt es sich insbesondere um nichtrechtsfähige Vereine iSv § 54 BGB, Gesellschaften bürgerlichen Rechts iSd §§ 705 ff. BGB, offene Handelsgesellschaften iSd §§ 105 ff. HGB und Kommanditgesellschaften iSd §§ 161 ff. HGB (Kment EnWG/Turiaux § 66 Rn. 9; allg. zum Begriff Weber, Rechtswörterbuch/Werner, 27. Ed. 2021, „Personenvereinigung").

2. Interessenberührung durch das Verhalten eines Betreibers von Energieversorgungsnetzen

10 Antragsberechtigt ist nach § 31 Abs. 1 S. 1 nur, wessen Interessen erheblich berührt werden. Bei diesem Tatbestandsmerkmal handelt es sich um eine **doppeltrelevante Tatsache,** sodass im Rahmen der Zulässigkeit die Möglichkeit der erheblichen Interessenberührung ausreicht (BNetzA Beschl. v. 2.3.2007 – BK6–06–071, S. 18; BNetzA Beschl. v. 10.7.2012 – BK6–11–145, S. 9; BNetzA Beschl. v. 19.3.2012 – BK6–11–113, S. 7; mit Hinweis auf den Gleichlauf mit § 42 Abs. 2 VwGO bereits Salje EnWG § 31 Rn. 4). Ob eine erhebliche Interessenberührung besteht, wird im Rahmen einer Einzelfallprüfung ermittelt (Britz/Hellermann/Hermes/Robert, 3. Aufl., § 31 Rn. 6). Der Wortlaut verlangt, dass es sich um Interessen der Antragsteller handelt („Personen und Personenvereinigungen, **deren** Interessen [...] erheblich berührt werden", Hervorhebung durch den Verfasser; vgl. Britz/Hellermann/Hermes/Robert, 3. Aufl., § 31 Rn. 6). Daraus folgt, dass die Interessen der Antragsteller in irgendeiner Weise erheblich berührt sein müssen (OLG Düsseldorf BeckRS 2023, 17289, Rn. 100). Auch eine mittelbare Berührung reicht zunächst für die generelle Berührung eines

Interesses im Sinne der Vorschrift aus (OLG Düsseldorf BeckRS 2023, 17289, Rn. 100; EnWZ 2013, 132 (133)). Ein erhebliches wirtschaftliches Interesse genügt (BGH EnWZ 2018, 412 Rn. 16; Bourwieg/Hellermann/Hermes/Hollmann § 31 Rn. 11).

Handelt es sich bei dem Antragsteller um eine Personenvereinigung, ist auf das Interesse des 11 gesamten Verbands oder eines Teils der Verbandsmitglieder abzustellen (Britz/Hellermann/Hermes/Robert, 3. Aufl., § 31 Rn. 7). Eine ergänzende Regelung für Verbraucherverbände, die mit öffentlichen Mitteln gefördert werden, enthält § 30 Abs. 1 S. 4. Die Vorschrift **bündelt die Interessen einzelner Verbraucher,** die als einzelne Personen im Regelfall nicht antragsberechtigt wären (Britz/Hellermann/Hermes/Robert, 3. Aufl., § 31 Rn. 11 f. mwN).

Ausweislich des Wortlauts muss das Interesse durch das Verhalten eines Betreibers von 12 Energieversorgungsnetzen berührt sein. Daraus folgt das Erfordernis einer **Kausalität** zwischen einem konkreten Verhalten eines Betreibers von Energieversorgungsnetzen und der Interessenberührung. Betreiber von Energieversorgungsnetzen sind nach § 3 Nr. 4 Betreiber von Elektrizitätsversorgungsnetzen oder Gasversorgungsnetzen. Die Begriffe sind in § 3 weiter aufgeschlüsselt.

3. Erheblichkeit

Zur **Eingrenzung des Kreises der potenziell Antragsberechtigten** (Britz/Hellermann/Hermes/Robert, 3. Aufl., § 31 Rn. 9) muss das Interesse „erheblich" berührt sein. Das ist der Fall, wenn es spürbar berührt ist, wobei die Spürbarkeit durch eine negative Abgrenzung bestimmt wird: „Spürbar" meint, dass das Interesse nicht „bloß entfernt oder nur geringfügig berührt" sein darf (OLG Düsseldorf EnZW 2013, 132 (133); Britz/Hellermann/Hermes/Robert, 3. Aufl., § 31 Rn. 10). Ein Ausschluss der Antragsberechtigung bei geringfügiger Interessenberührung wird zum Teil aus unionsrechtlichen Gründen kritisch gesehen, da es gegen die Vorgaben der Binnenmarktrichtlinien verstoße (Weyer RdE 2022, 213 (219 f. mwN)).

Ist ein eigenes Interesse nur **mittelbar** berührt, weil sich das gerügte Verhalten gegen 14 einen dritten, nicht am Antragsverfahren unmittelbar Beteiligten richtet, kann von einer „erheblichen" Berührung nur gesprochen werden, „wenn das gerügte Verhalten in einem konkreten und unmittelbaren Bezug zu Interessen der Antragsteller steht und sich auf diese auswirkt" (BNetzA Beschl. v. 2.3.2007 – BK6–06–071, S. 18; BNetzA Beschl. v. 10.7.2012 – BK6-11-145, S. 9 f.; BNetzA Beschl. v. 19.3.2012 – BK6-11-113, S. 7; Britz/Hellermann/Hermes/Robert, 3. Aufl., § 31 Rn. 6).

II. Gegenwärtigkeit des Verhaltens, der Rechtsverletzung und der Interessenberührung

Nach Auffassung der BNetzA dient das besondere Missbrauchsverfahren „ausschließlich 15 der Prüfung von Streitigkeiten, die sich aufgrund eines gegenwärtigen, konkreten Sachverhalts ergeben" (BNetzA Beschl. v. 23.8.2007 – BK6–07–013, Rn. 38). In diesem Zusammenhang stellt sich die Frage, ob § 31 die **Gegenwärtigkeit** des gerügten Verhaltens, die Gegenwärtigkeit der Rechtsverletzung oder jedenfalls die Gegenwärtigkeit der Interessenberührung voraussetzt. Die Frage wird relevant, sobald sich der Antragsteller mit einem Fortsetzungsfeststellungsantrag an die Regulierungsbehörde wendet (vgl. BNetzA Beschl. v. 15.1.2008 – BK 8-06/029, S. 7 f.; allg. zu dieser Antragsart im besonderen Missbrauchsverfahren Hartmann IR 2007, 26). Konkrete Vorgaben zu dieser Frage machen die Binnenmarktrichtlinien nicht (kritische Würdigung bei Weyer RdE 2022, 213 (220 ff.)).

Vereinzelt fordert die Praxis im Rahmen der Zulässigkeit, dass das **gerügte Verhalten** 16 **gegenwärtig** ist, dh noch andauert (vgl. BNetzA Beschl. v. 15.1.2008 – BK8-06/029, S. 7 f.). Ein Teil der Literatur verlangt demgegenüber eine **gegenwärtige Rechtsverletzung** (Säcker EnergieR/Weyer § 31 Rn. 10 f.). Regelmäßig wird jedenfalls die **Gegenwärtigkeit der Interessenberührung** verlangt (vgl. BNetzA Beschl. v. 14.7.2010 – BK7-10-028, S. 9 f.; BNetzA Beschl. v. 20.5.2008 – BK7–08–005, S. 8; BNetzA Beschl. v. 11.12.2007 – BK6–07–018, S. 7; OLG Düsseldorf EnZW 2017, 228 (232); Britz/Hellermann/Hermes/Robert, 3. Aufl., § 31 Rn. 8; Kment EnWG/Wahlhäuser § 31 Rn. 14; Säcker EnergieR/Weyer § 31 Rn. 10). Zumindest das Erfordernis der Gegenwärtigkeit des Verhaltens wird in der Literatur kritisch gesehen (Theobald/Kühling/Boos § 31 Rn. 20 ff.; Hartmann IR 2007, 26 (27 f.);

Hummel IR 2008, 115 (116)). Dass das Interesse noch gegenwärtig berührt sein muss, überzeugt mit Blick auf den Befund, dass die Vorschrift im Präsens formuliert ist („Personen […] deren Interessen […] berührt werden", OLG Düsseldorf BeckRS 2023, 17289, Rn. 77; BNetzA Beschl. v. 11.12.2007 – BK6-07-018, S. 7; Bourwieg/Hellermann/Hermes/Hollmann § 31 Rn. 15; Hartmann IR 2007, 26 (27)). Schließt man sich hingegen der Auffassung an, dass entweder auch das gerügte Verhalten selbst oder aber die Rechtsverletzung gegenwärtig vorliegen muss, folgt daraus, dass das besondere Missbrauchsverfahren nicht lediglich eine beendete Zuwiderhandlung zum Gegenstand haben kann (Säcker EnergieR/Weyer § 31 Rn. 11 mwN). In diesem Fall könnte die beendete Zuwiderhandlung nur noch nach § 30 Abs. 3 bzw. § 65 Abs. 3 festgestellt werden (Säcker EnergieR/Weyer § 31 Rn. 11 mwN). Dann ist der Antragsteller aber vom Aufgreifermessen der Regulierungsbehörde abhängig. Eine Ermessensreduktion auf Null wird nur in seltenen Fällen zu begründen sein (Kment EnWG/Turiaux § 65 Rn. 35). Auch vor dem Hintergrund, dass mittlerweile (→ § 30 Rn. 4) die eng mit dem besonderen Missbrauchsverfahren verknüpfte Vorschrift des § 30 die Möglichkeit der Feststellung einer bereits beendeten Zuwiderhandlung kennt, sprechen die besseren Gründe dafür, dass bei § 31 eine gegenwärtige Interessenberührung ausreicht. In Einzelfällen kann sich § 31 auch auf ein zukünftiges Verhalten eines Netzbetreibers beziehen, wenn dieses mit hoher Wahrscheinlichkeit zu erwarten ist und einem bereits beendeten Verhalten entspricht (Säcker EnergieR/Weyer § 31 Rn. 11 mwN).

17 Umstritten ist ferner, auf welchen **Zeitpunkt für die Beurteilung**, ob das Interesse des Antragstellers gegenwärtig berührt ist, abgestellt werden muss. Während die Praxis auf den Zeitpunkt der Behördenentscheidung abstellt (BNetzA Beschl. v. 23.9.2013 – BK6-13-008, S. 13 mwN), will ein Teil der Literatur auf den Zeitpunkt der Antragstellung Bezug nehmen: Anderenfalls könne der betroffene Netzbetreiber den Erfolg des Verfahrens verhindern, indem er sein Verhalten ggf. auch nur vorübergehend einstellt (Theobald/Kühling/Boos § 31 Rn. 21).

III. Formale Antragsvoraussetzungen, Zuständigkeit

18 Der Antrag muss den **Voraussetzungen des § 31 Abs. 2 S. 1** entsprechen. Damit soll sichergestellt werden, dass die Regulierungsbehörde den Antrag innerhalb der nach § 31 Abs. 3 vorgesehenen Fristen prüfen kann (BT-Drs. 15/3917, 63). Die aus § 31 Abs. 1 S. 2 folgende Verpflichtung der Regulierungsbehörde und die in § 31 Abs. 3 genannten Fristen greifen deshalb nur bei einem den Voraussetzungen entsprechenden Antrag (BT-Drs. 15/3917, 63). Anderenfalls weist die Regulierungsbehörde den nicht ordnungsgemäßen Antrag gem. § 31 Abs. 2 S. 2 als unzulässig ab. Aus den vorgenannten Gründen hat diese Abweisung als unzulässig gemäß der Gesetzesbegründung rein klarstellenden Charakter (BT-Drs. 15/3917, 63). Die Gesetzesbegründung weist zudem darauf hin, dass auch ein Antrag in elektronischer Form gem. § 3a VwVfG den Anforderungen des § 31 Abs. 2 S. 1 genügen kann (BT-Drs. 15/3917, 63).

19 Erforderlich sind gem. § 31 Abs. 2 S. 1 **Namen, Anschrift und Unterschrift des Antragstellers sowie Firma und Sitz** des Betreibers von Energieversorgungsnetzen, dessen Verhalten beanstandet wird (Nummer 1). Richtet sich der Antrag gegen mehrere Betreiber von Energieversorgungsnetzen, muss der Antrag Firma und Sitz aller Antraggegner enthalten (Theobald/Kühling/Boos § 31 Rn. 30). Darüber hinaus ist das Verhalten anzugeben, welches überprüft werden soll (Nummer 2) sowie die im Einzelnen anzuführenden Gründe, weshalb ernsthafte Zweifel an der Rechtmäßigkeit des Verhaltens des Netzbetreibers bestehen (Nummer 3) und weshalb der Antragsteller durch das Verhalten des Netzbetreibers betroffen ist (Nummer 4). Der Antragsteller kann auch mehrere Verhaltensweisen in den Antrag aufnehmen, muss dann aber hinsichtlich jeden Verhaltens ernsthafte Zweifel an der Rechtmäßigkeit und seine Betroffenheit durch das jeweilige Verhalten darlegen (Theobald/Kühling/Boos § 31 Rn. 32). Die im Gesetz enthaltene Aufzählung ist abschließend, weitere Anforderungen an die Zulässigkeit des Antrags darf die Regulierungsbehörde daher nicht stellen (Theobald/Kühling/Boos § 31 Rn. 25). In diesem Sinne ist davon auszugehen, dass das Erfordernis der Darlegung einer Betroffenheit des Antragstellers nach § 31 Abs. 2 Nr. 4 im Sinne der Darlegung der Interessenberührung zu verstehen ist (BNetzA Beschl. v. 11.12.2007 – BK6-07-018, S. 7; Salje EnWG § 31 Rn. 10).

Zuständig für die Prüfung des Antrags ist die nach § 54 zu bestimmende Regulierungsbehörde (vgl. → § 30 Rn. 46; ausführlich → § 54 Rn. 154 ff.). 20

C. Prüfungspflicht und Prüfungsumfang

Die Regulierungsbehörde ist bei Vorliegen eines den gesetzlichen Vorgaben entsprechenden Antrags nach § 31 Abs. 1 S. 1 **verpflichtet,** das streitgegenständliche Verfahren zu prüfen (Britz/Hellermann/Hermes/Robert, 3. Aufl., § 31 Rn. 13). Sie verfügt diesbezüglich nicht über ein Aufgreifermessen (Britz/Hellermann/Hermes/Robert, 3. Aufl., § 31 Rn. 13). Letzteres ergibt sich aus dem Wortlaut: „hat zu prüfen". Diese Überprüfungspflicht der Regulierungsbehörde entfällt auch durch eine eventuell **parallele Zuständigkeit der Zivilgerichte** nicht (OLG Düsseldorf EnWZ 2022, 276 (277)). 21

Der **materiell-rechtliche Prüfungsumfang** wird durch § 31 Abs. 1 S. 2 und 3 bestimmt. Die Regulierungsbehörde hat auf den Antrag eines von dem Verhalten des Netzbetreibers Betroffenen hin zu prüfen, inwieweit das Verhalten des im Antrag bezeichneten Betreibers von Energieversorgungsnetzen mit den Vorgaben in den Bestimmungen der Abschnitte 2 und 3 oder der auf dieser Grundlage erlassenen Rechtsverordnungen sowie nach § 29 Abs. 1 festgelegten oder genehmigten Bedingungen und Methoden übereinstimmt. Bei den Abschnitten 2 und 3 handelt es sich um die Vorschriften zum Netzanschluss (Teil 3 Abschnitt 2: §§ 17–19a) und zum Netzzugang (Teil 3 Abschnitt 3: §§ 20–28c) sowie die aufgrund dieser Vorschriften erlassenen Rechtsverordnungen. Bei Letzteren handelt es sich um die StromNZV, die GasNZV, die StromNEV, die GasNEV, die NAV, die NDAV, die KraftNAV sowie die ARegV (vgl. Säcker EnergieR/Weyer § 30 Rn. 54). Nach seinem Wortlaut nach ist der Verfahrensgegenstand mithin bis auf die nach § 29 Abs. 1 festgelegten oder genehmigten Bedingungen und Methoden mit dem Prüfungsumfang des § 30 Abs. 1 S. 2 Nr. 1 identisch. Die Prüfungspflicht wird durch § 31 Abs. 1 S. 3 in Bezug auf eine **mögliche Aufhebung von erteilten Genehmigungen** ergänzt. 22

Ob die Prüfung über den Wortlaut hinaus auch **Vorschriften des Unionsrechts** umfasst, ist umstritten (vgl. OLG Düsseldorf BeckRS 2019, 1359 Rn. 129 mwN). Der Prüfungsumfang ist jedenfalls im Wege der **unionsrechtskonformen Auslegung** um weitere nationale Vorschriften zu erweitern, da sich das Missbrauchsverfahren nach den Binnenmarktrichtlinien auf alle durch die Richtlinien normierten Verpflichtungen bezieht und diese durch den deutschen Gesetzgeber zum Teil außerhalb der Abschnitte 2 und 3 des dritten Teils umgesetzt wurden (Weyer RdE 2022, 213 (217 f.)). 23

Das Verfahren nach § 31 befasst sich im Kern mit regulierungsrechtlichen Fragen. Daher enthält es die „umfassende Überprüfung der Vertragskonformität" eines Netzbetreibers gerade nicht (OLG Düsseldorf EnWZ 2022, 472 (474)). Liegt also hinsichtlich des Verhaltens eines Netzbetreibers der Schwerpunkt des Streits auf **zivilrechtlich geprägten Vorfragen** und nicht auf einer spezifischen Vorschrift nach § 31 Abs. 1 S. 2, sind diese zivilrechtlichen Fragen von der Prüfungspflicht der Regulierungsbehörde nicht umfasst (OLG Düsseldorf EnWZ 2022, 472 (474)).

D. Verfahrensablauf

Nach § 31 Abs. 3 S. 1 entscheidet die Regulierungsbehörde über einen ordnungsgemäßen Antrag innerhalb einer Frist von zwei Monaten nach Eingang des vollständigen Antrags. Die **kurze Frist** dient dem Zweck des besonderen Missbrauchsverfahrens, den Streit schnell zu beenden (Kment EnWG/Wahlhäuser § 31 Rn. 20). Die Frist kann gem. § 31 Abs. 3 S. 2 um zwei Monate verlängert werden, wenn die Regulierungsbehörde zusätzliche Informationen anfordert. Die Vorschrift lässt ausdrücklich offen, bei wem die Regulierungsbehörde die von ihr benötigten, zusätzlichen Informationen anfordert (Theobald/Kühling/Boos § 31 Rn. 43). Es ist daher davon auszugehen, dass auch die Anforderung bei anderen Personen als bei dem Antragsteller die Möglichkeit einer Fristverlängerung auslösen kann. Informationen, die im Rahmen der Anhörung (→ Rn. 27) gewonnen werden, sind keine „zusätzlichen" Informationen iSd Vorschrift, da die Anhörung von Gesetzes wegen zu erfolgen hat und deshalb stets über diesen Weg weitere Informationen erlangt werden (Theobald/Kühling/Boos § 31 Rn. 43; aA Höch/Göge RdE 2006, 340 (344)). Schon dem Wortlaut nach 25 wären diese Informationen daher niemals „zusätzliche". Die Anforderung von Informationen in Bezug auf die Mindestinhalte nach § 31 Abs. 2 S. 1 stellt ebenfalls keine die Frist verlängernde zusätzliche Information dar (aA Theobald/Kühling/Boos § 31 Rn. 42), da die Frist gem. § 31 Abs. 3 S. 1 ohnehin erst mit dem Eingang des vollständigen Antrags beginnt. Ferner ist gem. § 31 Abs. 3 S. 3 mit Zustimmung des Antragstellers eine weitere Verlängerung dieser Frist möglich. Gemeint ist hier die vorherige Zustimmung, dh die Einwilligung, nicht aber die Genehmigung. Andernfalls wäre zu befürchten, dass die Regulierungsbehörde die kurze Frist in rechtswidriger Weise überschreitet. Vor dem Hintergrund des Zwecks der Vorschrift, möglichst effizient über den Sachverhalt zu entscheiden, ist die Zustimmung formlos, dh zB auch telefonisch, möglich.

26   Die Befugnis der Regulierungsbehörde nach § 31 Abs. 3 S. 4 zur **Fristverlängerung auch ohne weitere Zustimmung des Antragstellers** gründet sich auf Art. 25 Abs. 5 UAbs. 2 Gas-Binnenmarkt-Richtlinie 2003/55/EG. Die entsprechende Vorschrift wurde aber bereits mit Art. 37 Abs. 11 Elektrizitäts-Binnenmarkt-Richtlinie 2009/72/EG gestrichen. Auch Art. 60 Abs. 2 Elektrizitäts-Binnenmarkt-Richtlinie (EU) 2019/944 kennt eine solche Ausnahme für Entgelte für den Anschluss größerer neuer Erzeugungsanlagen oder Anlagen zur Speicherung elektrischer Energie sowie Gasspeicheranlagen nicht. Mithin ist die **EU-Rechts-Konformität** von § 31 Abs. 3 S. 4 **zweifelhaft.** Der Gesetzgeber hat das Problem bislang nicht gesehen und die Vorschrift durch Art. 1 Nr. 42 des Gesetzes zur Umsetzung unionsrechtlicher Vorgaben und zur Regelung reiner Wasserstoffnetze im Energiewirtschaftsrecht v. 16.7.2021 (BGBl. I 3026 (3045)) in Absatz 3 Satz 4 lediglich redaktionell, nicht jedoch inhaltlich geändert (BT-Drs. 19/27453, 122). So wurde nur das Wort „Speicheranlagen" durch das Wort „Gasspeicheranlagen" ersetzt, da der Gesetzgeber die Begriffsdefinitionen in § 3 geändert hat.

27   Der betroffene Netzbetreiber ist in jedem Fall **anzuhören** (Kment EnWG/Wahlhäuser § 31 Rn. 20 mwN). Soweit ein Verfahren nicht mit einer den Beteiligten zugestellten Entscheidung nach § 73 Abs. 1 abgeschlossen wird, ist gem. § 31 Abs. 4 S. 1 die Beendigung des Verfahrens den Beteiligten schriftlich oder elektronisch mitzuteilen. Es handelt sich dabei um besondere Verfahrensvorschriften (BT-Drs. 15/3917, 63), die die Regelung in § 73 Abs. 2 um die Möglichkeit der elektronischen Mitteilung ergänzt (Britz/Hellermann/Hermes/Robert, 3. Aufl., § 31 Rn. 22; umstritten: vgl. Theobald/Kühling/Boos § 31 Rn. 61 mwN).

28   Die **Kosten einer Beweiserhebung** kann die Regulierungsbehörde gem. § 31 Abs. 4 S. 2 den Beteiligten nach billigem Ermessen auferlegen. Das bedeutet, dass die Regulierungsbehörde im Rahmen ihres Ermessens entscheiden muss, welchem der Verfahrensbeteiligten die Kosten in welcher Höhe auferlegt werden (Theobald/Kühling/Boos § 31 Rn. 65). „Billig" ist die Ermessensausübung bei § 31 Abs. 4 S. 2 wie auch bei der gleichlautenden Regelung des § 73 Abs. 3, wenn sie sich an den allgemeinen Grundsätzen des Prozesskostenrechts orientiert (Britz/Hellermann/Hermes/Hanebeck, 3. Aufl., § 73 Rn. 17; RPMGB/Böhnel § 31 Rn. 54).

E. Maßnahmen der Regulierungsbehörde

29   Die Entscheidung der Regulierungsbehörde richtet sich entweder nach § 30 Abs. 2 oder § 31 Abs. 1 S. 3. **Nach Beendigung des Verfahrens** muss sich die Regulierungsbehörde nicht mit der Feststellung eines Verstoßes zufriedengeben. Vielmehr kommen im Fall von § 31 Abs. 1 S. 3 eine Aufhebung einer bereits erteilten Genehmigung sowie generell ein Rückgriff auf § 30 Abs. 2 in Betracht. Letzteres ergibt sich sowohl aus der Gesetzessystematik (§ 31 folgt § 32) sowie aus Sinn und Zweck der Vorschrift (effektive Streitbeilegung) (Britz/Hellermann/Hermes/Robert, 3. Aufl., § 31 Rn. 24 f. mwN). Ferner spricht auch die Ausgestaltung von § 31 als „besonderes" Missbrauchsverfahren sowie der insoweit identische Prüfungsumfang von § 31 Abs. 2 und § 30 Abs. 2 Nr. 1 für die Annahme, dass der Regulierungsbehörde ein Rückgriff auf § 30 Abs. 2 freisteht (Britz/Hellermann/Hermes/Robert, 3. Aufl., § 31 Rn. 25).

F. Rechtsschutz

30   Rechtsschutz gegen die Entscheidungen der Regulierungsbehörde kann auf der Grundlage der §§ 75 ff. erlangt werden. Der betroffene Netzbetreiber kann gegen eine stattgebende

Entscheidung der Regulierungsbehörde **Anfechtungsbeschwerde** erheben. Bei Zurückweisung des Antrags oder auch bei nicht rechtzeitiger Bescheidung steht dem Antragsteller die Möglichkeit offen, eine **Verpflichtungsbeschwerde** bzw. eine **Untätigkeitsbeschwerde** zu erheben (Theobald/Kühling/Boos § 31 Rn. 68). In dem Fall, dass der Antrag bei der Regulierungsbehörde nur teilweise Erfolg hat, sind sowohl der betroffene Netzbetreiber wie auch der Antragsteller insoweit beschwerdebefugt, wie die Entscheidung den jeweiligen Beteiligten belastet (Theobald/Kühling/Boos § 31 Rn. 68).

Die fehlende Antragsbefugnis des Antragstellers kann durch den betroffenen Netzbetreiber 31 im Rahmen der Beschwerde nicht gerügt werden, da die Regulierungsbehörde eine Missbrauchsverfügung auch ohne einen Antrag nach § 31 Abs. 1 S. 1 auf § 30 oder § 65 stützen könnte (Theobald/Kühling/Boos § 31 Rn. 69 mwN). Soweit die im Rahmen des Missbrauchsverfahrens getroffene Maßnahme auf Ermessensgesichtspunkten beruht, kann Ziel der dagegen gerichteten Beschwerde des betroffenen Netzbetreibers nur eine Neubescheidung unter Beachtung der Rechtsauffassung des Gerichts sein, soweit nicht ausnahmsweise ein Fall der Ermessensreduktion auf Null vorliegt (Theobald/Kühling/Boos § 31 Rn. 70 mwN).

§ 32 Unterlassungsanspruch, Schadensersatzpflicht

(1) ¹Wer gegen eine Vorschrift der Abschnitte 2 und 3, eine auf Grund der Vorschriften dieser Abschnitte erlassene Rechtsverordnung oder eine auf Grundlage dieser Vorschriften ergangene Entscheidung der Regulierungsbehörde verstößt, ist dem Betroffenen zur Beseitigung einer Beeinträchtigung und bei Wiederholungsgefahr zur Unterlassung verpflichtet. ²Der Anspruch besteht bereits dann, wenn eine Zuwiderhandlung droht. ³Die Vorschriften der Abschnitte 2 und 3 dienen auch dann dem Schutz anderer Marktbeteiligter, wenn sich der Verstoß nicht gezielt gegen diese richtet. ⁴Ein Anspruch ist nicht deswegen ausgeschlossen, weil der andere Marktbeteiligte an dem Verstoß mitgewirkt hat.

(2) Die Ansprüche aus Absatz 1 können auch von rechtsfähigen Verbänden zur Förderung gewerblicher oder selbständiger beruflicher Interessen geltend gemacht werden, soweit ihnen eine erhebliche Zahl von Unternehmen angehört, die Waren oder Dienstleistungen gleicher oder verwandter Art auf demselben Markt vertreiben, soweit sie insbesondere nach ihrer personellen, sachlichen und finanziellen Ausstattung imstande sind, ihre satzungsmäßigen Aufgaben der Verfolgung gewerblicher oder selbständiger beruflicher Interessen tatsächlich wahrzunehmen und soweit die Zuwiderhandlung die Interessen ihrer Mitglieder berührt.

(3) ¹Wer einen Verstoß nach Absatz 1 vorsätzlich oder fahrlässig begeht, ist zum Ersatz des daraus entstehenden Schadens verpflichtet. ²Geldschulden nach Satz 1 hat das Unternehmen ab Eintritt des Schadens zu verzinsen. ³Die §§ 288 und 289 Satz 1 des Bürgerlichen Gesetzbuchs finden entsprechende Anwendung.

(4) ¹Wird wegen eines Verstoßes gegen eine Vorschrift der Abschnitte 2 und 3 Schadensersatz begehrt, ist das Gericht insoweit an die Feststellung des Verstoßes gebunden, wie sie in einer bestandskräftigen Entscheidung der Regulierungsbehörde getroffen wurde. ²Das Gleiche gilt für entsprechende Feststellungen in rechtskräftigen Gerichtsentscheidungen, die infolge der Anfechtung von Entscheidungen nach Satz 1 ergangen sind.

(5) ¹Die Verjährung eines Schadensersatzanspruchs nach Absatz 3 wird gehemmt, wenn die Regulierungsbehörde wegen eines Verstoßes im Sinne des Absatzes 1 ein Verfahren einleitet. ²§ 204 Abs. 2 des Bürgerlichen Gesetzbuchs gilt entsprechend.

Überblick

§ 32 begründet Beseitigungs-, Unterlassungs- und Schadensersatzansprüche bei einem Verstoß eines Betreibers von Energieversorgungsnetzen gegen das EnWG. Die Vorschrift trifft dabei besondere Regelungen für die Aktiv- und Passivlegitimation (Absätze 1, 2, → Rn. 3 f.; → Rn. 14), Zinsen (Absatz 3, → Rn. 17), die Bindung des Gerichts an Entscheidungen der Regulierungsbehörde (sog. Follow-On-Klagen; Absatz 4, → Rn. 18) und die Hemmung der Verjährung eines Schadensersatzanspruchs (Absatz 5, → Rn. 21).

Übersicht

	Rn.		Rn.
A. Hintergrund und Zweck der Vorschrift	1	C. Schadensersatzanspruch (Abs. 3–5)	14
B. Beseitigungs- und Unterlassungsanspruch (Abs. 1, 2)	3	I. Aktiv- und Passivlegitimation	14
		II. Tatbestandsvoraussetzungen, Rechtsfolgen	15
I. Aktiv- und Passivlegitimation, auch von Verbänden (Abs. 1, 2)	3	III. Follow-On-Klage (Abs. 4), Darlegungs- und Beweislast	18
II. Tatbestandsvoraussetzungen, Rechtsfolgen	7	IV. Verjährung, Hemmung nach Abs. 5	21
III. Darlegungs- und Beweislast	11	D. Konformität mit dem EU-Recht, subsidiäre Anwendbarkeit von § 823 Abs. 2 BGB	23
IV. Verjährung	12		

A. Hintergrund und Zweck der Vorschrift

1 § 32 ist ausweislich der Gesetzesbegründung aus einer Übernahme des durch die 7. GWB-Novelle neu gefassten § 33 GWB entstanden (BT-Drs. 15/3917, 63). Entsprechend der Parallelvorschrift im GWB ermöglicht § 32 neben den §§ 30 und 31 einen unmittelbar vor den ordentlichen Gerichten einklagbaren **Beseitigungs- und Unterlassungsanspruch** sowie einen **Schadensersatzanspruch** (vgl. auch Theobald/Kühling/Boos § 32 Rn. 1 f.). Die Vorschrift ist Teil des bereits im GWB etablierten „private enforcement" von Rechtsverstößen und ergänzt das bis zur Einführung der Vorschrift im EnWG vorherrschende System öffentlich-rechtlicher Vollstreckung (OLG Düsseldorf BeckRS 2023, 3244, Rn. 61; Thole RdE 2013, 53 (56)).

2 Öffentlich-rechtliche und privatrechtliche Verhaltensdurchsetzung ergänzen sich, um die Konformität mit den Wettbewerbsregeln bestmöglich zu gewährleisten (Kamann/Ohlhoff/Völcker, Kartellverfahren und Kartellprozess/Kamann, 1. Aufl. 2017, § 3 Rn. 16 mwN, § 23 Rn. 7). Da die Behörden häufig nicht ausreichend Personal haben, um sämtliche Wettbewerbsverstöße zu erkennen und letztlich auch noch abschließend zu sanktionieren, ist die private Rechtsdurchsetzung ein wichtiger Aspekt der Gewährleistung der Konformität mit dem Wettbewerbsrecht (Basedow ZEuP 2021, 217 (222 f.)). Die private Rechtsdurchsetzung dient somit der Entlastung der staatlichen Regulierungsbehörden (Theobald/Kühling/Boos § 32 Rn. 2; Enaux/König N&R 2005, 2 (12)). Hinzu treten Kompensations- und Präventionsfunktion (Kamann/Ohlhoff/Völcker Kartellverfahren-HdB § 24 Rn. 19 ff.; Immenga/Mestmäcker/Franck GWB § 33a Rn. 3 ff.). Durch sog. „Follow-On-Klagen", im vorliegenden Rahmen gestützt auf Absatz 4 (→ Rn. 18), werden öffentliche und private Rechtsdurchsetzung miteinander verknüpft: dh der Gesetzgeber sieht vor, dass sich private Kläger auf behördliche Entscheidungen berufen können, auch, um mangelnde Ermittlungsmöglichkeiten, die nur die Behörden kraft hoheitlicher Befugnisse besitzen, zu kompensieren (vertiefend zB Klöppner/Preuße NZKart 2021, 269).

B. Beseitigungs- und Unterlassungsanspruch (Abs. 1, 2)

I. Aktiv- und Passivlegitimation, auch von Verbänden (Abs. 1, 2)

3 Bei Verstößen gegen eine Vorschrift von Teil 3 Abschnitte 2 und 3, eine aufgrund der Vorschriften dieser Abschnitte erlassene Rechtsverordnung oder eine auf Grundlage dieser Vorschriften ergangene Entscheidung der Regulierungsbehörde besteht nach § 32 Abs. 1 ein Beseitigungsanspruch. Aktivlegitimiert ist der Betroffene, der für den Fall der Wiederholungsgefahr zusätzlich einen Anspruch auf Unterlassung hat. Aus § 32 Abs. 1 S. 3 ergibt sich implizit, dass die **Betroffenen** grundsätzlich Marktbeteiligte sein müssen. Eine weitergehende Definition des Begriffs trifft das EnWG nicht. Da der Begriff aber auch in § 33 GWB genutzt wird, der § 32 zugrunde liegt (→ Rn. 1), kann für die Auslegung die Definition in

§ 33 Abs. 3 GWB herangezogen werden; entsprechend ist betroffen, wer als Mitbewerber oder sonstiger Marktbeteiligter durch den Verstoß beeinträchtigt ist (OLG Düsseldorf BeckRS 2023, 3244, Rn. 70; Kment EnWG/Wahlhäuser § 32 Rn. 5). Ausdrücklich wird angeordnet, dass die Vorschriften der Abschnitte 2 und 3 auch dann dem Schutz anderer Marktbeteiligter dienen, wenn sich der Verstoß nicht gezielt gegen diese richtet. Insoweit wird in der Literatur angeführt, dass der Gesetzgeber für das EnWG einen zu den Regelungen in GWB und TKG verschiedenen Ansatz gewählt habe (Britz/Hellermann/Hermes/Robert, 3. Aufl., § 32 Rn. 10). Dies überzeugt indes nicht, da sich der Gesetzgeber nach der Gesetzesbegründung ausdrücklich an § 33 GWB orientieren wollte (→ Rn. 1). § 33 GWB sollte nur unter „entsprechender" Anpassung übernommen werden (BT-Drs. 15/3917, 63). Auf das Erfordernis, dass es sich bei der verletzten Vorschrift um eine Schutznorm handelt, sollte somit verzichtet werden (mit anderer Begründung Säcker EnergieR/Weyer § 32 Rn. 12 mwN; vgl. zur Aufgabe des Schutznormerfordernisses bei der Parallelvorschrift des TKG stellvertretend Heun TelekommunikationsR.-HdB/Heun, 2. Aufl. 2007, H. Rn. 245; zum Schutznormerfordernis bei § 823 Abs. 2 BGB BeckOK BGB/Förster BGB § 823 Rn. 266 ff.). Hätte der Gesetzgeber für § 32 Abs. 1 S. 1 eine von § 33 Abs. 3 GWB abweichende Regelung treffen wollen, hätte er den Betroffenen-Begriff in § 32 eigens definieren müssen. § 32 Abs. 1 S. 3 kann allerdings relevant werden, wenn ein Betroffener seinen Anspruch auf den parallel anwendbaren (vgl. Theobald/Kühling/Boos § 32 Rn. 4) § 823 Abs. 2 BGB stützt. Da bei § 823 Abs. 2 BGB das Vorliegen einer Schutznorm Voraussetzung ist (vgl. BeckOK BGB/Förster BGB § 823 Rn. 266 ff.), muss aufgrund von § 32 Abs. 1 S. 3 die Schutznorm-Eigenschaft der Vorschriften von Teil 3 Abschnitte 2 und 3 nicht mehr gesondert festgestellt werden.

Die Gesetzesbegründung konkretisiert, dass **Marktbeteiligte** iSv § 32 Abs. 1 S. 3 auch Letztverbraucher sein können (BT-Drs. 15/3917, 63). So kann ein Letztverbraucher einen Anspruch auf der Grundlage von § 32 geltend machen, wenn der Netzbetreiber beispielsweise gegen § 20a Abs. 2 S. 1 verstößt. Gemäß § 32 Abs. 1 S. 4 ist der Anspruch nicht bereits deswegen ausgeschlossen, weil der andere Marktbeteiligte, dh der Betroffene selbst (Britz/Hellermann/Hermes/Robert, 3. Aufl., § 32 Rn. 20), an dem Verstoß mitgewirkt hat. Mit dieser Anordnung greift der Gesetzgeber die bislang gesetzestechnisch nicht umgesetzten, aber anerkannten Regelungen aus anderen Bereichen des Kartell- und Regulierungsrechts auf: § 33 Abs. 1 GWB, § 69 Abs. 1 TKG kennen eine solche Anordnung in Bezug auf die **Mitwirkung des Betroffenen** zwar dem Wortlaut nach nicht, nichtsdestotrotz wird auch dort ein Anspruch eröffnet, wo der Anspruchsinhaber an dem Verstoß mitgewirkt hat (vgl. nur BeckOK KartellR/Hempel GWB § 33 Rn. 19; aA Britz/Hellermann/Hermes/Robert, 3. Aufl., § 32 Rn. 20). Denn so eröffnet sich ein größerer Anwendungsbereich für die privatrechtliche Durchsetzung des Regulierungsrechts, der wiederum – in Anbetracht der Tatsache, dass Verstöße von den Beteiligten andernfalls geheim gehalten würden – der Durchsetzungsstärke der Wettbewerbsregeln dient (vgl. EuGH BeckRS 2001, 70425 – Courage Ltd gegen Bernard Crehan und Bernard Crehan gegen Courage Ltd und andere).

§ 32 Abs. 2 ergänzt den Kreis der Beseitigungs- und Unterlassungsanspruchsberechtigten um **Verbände,** die die in der Vorschrift weiter genannten Voraussetzungen erfüllen. Diese Verbände müssen also nicht „betroffen" iSv Absatz 1 Satz 1 sein. Für sie entfällt das Erfordernis der Beeinträchtigung. Vielmehr steht den Verbänden mit dem eingeräumten Verbandsklagerecht (vgl. Britz/Hellermann/Hermes/Robert, 3. Aufl., § 32 Rn. 12) ein rechtliches Instrument zu, um die Interessen ihrer Mitglieder zu schützen. Demnach muss es sich um einen rechtsfähigen Verband handeln, der sich der Förderung gewerblicher oder selbstständiger beruflicher Interessen verschrieben hat. Ferner muss dem Verband eine erhebliche Zahl von Unternehmen angehören, die Waren oder Dienstleistungen gleicher oder verwandter Art auf demselben Markt vertreiben. Zur Ermittlung der erheblichen Zahl von Unternehmen ist aufgrund des Sinns und Zwecks der Vorschrift kein quantitativer Maßstab, sondern vielmehr ein qualitativer Maßstab anzulegen, dh es ist maßgeblich, dass der Verband eine für einen Wettbewerbsbereich bedeutende Gruppe von Unternehmen vertritt (vgl. Britz/Hellermann/Hermes/Robert, 3. Aufl., § 32 Rn. 14). Dies ist im Einzelfall zu entscheiden. Ausschlaggebende Kriterien sind hierbei Anzahl, Größe, Marktbedeutung und wirtschaftliches Gewicht der Verbandsmitglieder in dem bzw. für den Wettbewerbsbereich (Britz/Hellermann/Hermes/Robert, 3. Aufl., § 32 Rn. 14 mwN). Darüber hinaus ist ausweislich des

Gesetzestexts Voraussetzung, dass der Verband insbesondere nach seiner personellen, sachlichen und finanziellen Ausstattung imstande ist, seine satzungsmäßigen Aufgaben der Verfolgung gewerblicher oder selbstständiger beruflicher Interessen tatsächlich wahrzunehmen. Letztlich muss die gerügte Zuwiderhandlung nach dem ausdrücklichen Wortlaut der Vorschrift noch die Interessen der Mitglieder des Verbands berühren.

6   Passivlegitimiert sind regelmäßig – aber nicht nur (Säcker EnergieR/Weyer § 32 Rn. 9 f.; Theobald/Kühling/Boos § 32 Rn. 12 ff.) – die **Betreiber von Energieversorgungsnetzen** iSv § 3 Nr. 4 (→ § 30 Rn. 13). § 32 Abs. 1 S. 1 ist hinsichtlich der Adressatenstellung weitergefasst als bspw. § 30 (Säcker EnergieR/Weyer § 32 Rn. 9; Theobald/Kühling/Boos § 32 Rn. 12). So ist Anspruchsverpflichteter iSv § 30 Abs. 1 S. 1, wer gegen eine Vorschrift von Teil 3 Abschnitte 2 und 3, eine aufgrund der Vorschriften dieser Abschnitte erlassene Rechtsverordnung oder eine auf Grundlage dieser Vorschriften ergangene Entscheidung der Regulierungsbehörde verstößt. Dabei handelt es sich in der Praxis aber meist um die Betreiber von Energieversorgungsnetzen, da sich die aufgezählten Regelungen vor allen Dingen an die Betreiber von Energieversorgungsnetzen richten (Theobald/Kühling/Boos § 32 Rn. 12).

II. Tatbestandsvoraussetzungen, Rechtsfolgen

7   Der Anspruchsberechtigte kann nach § 32 Abs. 1 S. 1 Var. 1 **Beseitigung** und nach Var. 2 **Unterlassung** verlangen. **Tatbestandsbegründende Handlung** ist ein Verstoß gegen eine Vorschrift aus Teil 3 Abschnitte 2 und 3 (vgl. bspw. LG Dortmund BeckRS 2022, 10165, Rn. 95), eine aufgrund der Vorschriften dieser Abschnitte erlassene Rechtsverordnung oder eine auf Grundlage dieser Vorschriften ergangene Entscheidung der Regulierungsbehörde. Der Verstoß kann in einem Tun oder Unterlassen liegen, je nachdem, ob die gerügte Vorschrift dem Anspruchsgegner ein Tun oder Unterlassen auferlegt (vgl. zur Parallelnorm im TKG Säcker TKG/Rugullis, 3. Aufl. 2013, TKG § 44 Rn. 18). Entgegen der Ansicht des LG Erfurt (GRUR-RS 2017, 107785) sind aufgrund der eindeutigen Verortung von § 32 ebenfalls in Teil 3 nur Verstöße gegen die Abschnitte 2 und 3 dieses Teils erfasst, nicht jedoch von Teil 2 Abschnitte 2 und 3 (vgl. in diesem Zusammenhang auch die Ausführungen der Berufungsinstanz: OLG Jena BeckRS 2017, 148114 Rn. 37).

8   Die bereits eingetretene oder zu befürchtende Beeinträchtigung muss **adäquat-kausal** auf den Verstoß zurückzuführen sein. Es gelten die allgemeinen, aus dem Zivilrecht bekannten Voraussetzungen (Britz/Hellermann/Hermes/Robert, 3. Aufl., § 32 Rn. 19 mwN). Somit gilt für die **Kausalität** in erster Linie auch hier die conditio sine qua non-Formel. Danach ist jede Ursache kausal, die nicht hinweggedacht werden kann, ohne dass der Erfolg in seiner konkreten Gestalt entfiele (BGH NJW 1951, 711 mwN; BeckOK BGB/Förster BGB § 823 Rn. 257). Liegt der Verstoß hingegen in einem Unterlassen, muss zur Bejahung der (Quasi-)Kausalität die unterlassene Handlung nicht hinzugedacht werden können, ohne dass der Erfolg in seiner konkreten Gestalt entfiele (BeckOK BGB/Förster BGB § 823 Rn. 257). Ein Verstoß erfüllt vor dem Hintergrund der **Adäquanztheorie** den Tatbestand, wenn mit seiner Folge nach allgemeiner Lebenserfahrung zu rechnen war und diese Folge nicht völlig außerhalb aller Wahrscheinlichkeit liegt (BeckOK BGB/Förster BGB § 823 Rn. 258 mwN). Aus systematischer Betrachtung mit § 32 Abs. 3 S. 1 ergibt sich, dass der Beseitigungs- und Unterlassungsanspruch **kein Verschulden** voraussetzt (OLG Düsseldorf BeckRS 2023, 3244, Rn. 138; Kment EnWG/Wahlhäuser § 32 Rn. 20). § 32 Abs. 3 S. 1 normiert für den Anspruch auf Schadensersatz das zusätzliche Erfordernis der vorsätzlichen oder fahrlässigen Begehung, welches in Abs. 1 S. 1 fehlt.

9   Der Unterlassungsanspruch nach § 32 Abs. 1 S. 1 Var. 2 setzt nach dem Wortlaut der Vorschrift noch zusätzlich Wiederholungsgefahr voraus. Hiermit übernimmt der Gesetzgeber die üblicherweise (krit. BeckOK BGB/Fritzsche BGB § 1004 Rn. 87 ff. mwN) Unterlassungsansprüchen zugrundeliegende Voraussetzung ausdrücklich in den Wortlaut der Norm. Allerdings besteht ausweislich § 32 Abs. 1 S. 2 der Anspruch auch bereits dann, wenn eine Zuwiderhandlung droht. Zusammengefasst ist demnach Begehungs- bzw. Beeinträchtigungsgefahr Voraussetzung für den Anspruch auf Unterlassung, dh Wiederholungsgefahr oder Erstbegehungsgefahr (vertiefend zu den Begriffen und deren Voraussetzungen OLG Düsseldorf BeckRS 2023, 3244, Rn. 70; BeckOK BGB/Fritzsche BGB § 1004 Rn. 87 ff. mwN). Ob Wiederholungsgefahr oder Erstbegehungsgefahr vorliegt, ist eine tatsächliche Frage, die

folglich durch die Revision nicht mehr angreifbar ist, außer die Urteilsbegründung ergibt, dass Rechtsfehler begangen wurden (BGH NJW 1995, 132 (134); 1954, 1682; BeckOK BGB/Fritzsche BGB § 1004 Rn. 87 mwN).

Wiederholungsgefahr ist gegeben, wenn auf der Grundlage von Tatsachen aus der Perspektive eines objektiven Dritten die ernste Besorgnis besteht, dass der Anspruchsgegner ein weiteres Mal gegen Energiewirtschaftsrecht verstoßen wird (vgl. die parallele Wertung für das TKG: Fetzer/Scherer/Graulich TKG/Scholz TKG § 44 Rn. 18 mwN). Die Wiederholungsgefahr wird vermutet, wenn der Anbieter zuvor gegen eine relevante Vorschrift verstoßen hat (vgl. die parallele Wertung für das TKG: Geppert/Schütz/Jochum TKG § 44 Rn. 29). Die Vermutung lässt sich im Regelfall nur durch die Abgabe einer strafbewehrten Unterlassungserklärung ausräumen, die unwiderruflich ist und eine angemessene Vertragsstrafe enthält (vgl. die parallele Wertung für das TKG: Geppert/Schütz/Jochum TKG § 44 Rn. 30 ff. mwN). Die Vermutung wirkt sich auf die Darlegungs- und Beweislast aus (→ Rn. 11). 10

III. Darlegungs- und Beweislast

Die Beweislast für den Nachweis eines Verstoßes richtet sich ausweislich der Gesetzesbegründung nach den allgemeinen Grundsätzen (BT-Drs. 15/3917, 63). Gemeint sind die allgemeinen zivilrechtlichen Grundsätze (Bourwieg/Hellermann/Hermes § 32 Rn. 23). Mithin trägt nach dem auf Rosenberg zurückzuführenden allgemeinen Günstigkeitsprinzip derjenige die **Darlegungs- und Beweislast**, der sich auf ein für ihn günstiges Tatbestandsmerkmal beruft (Rosenberg, Die Beweislast, 5. Aufl. 1952, S. 98 f.). Daher muss der Anspruchsteller den Verstoß gegen Energiewirtschaftsrecht, seine Beeinträchtigung und die Kausalität zwischen diesen beiden Tatbestandsmerkmalen darlegen und beweisen (vgl. nur die parallele Wertung im TKG: Geppert/Schütz/Jochum TKG § 44 Rn. 46). Insbesondere im Rahmen des Unterlassungsanspruchs liegt durch die Vermutung einer Wiederholungsgefahr bei bereits eingetretenem Verstoß die Darlegungs- und Beweislast nicht bei dem Anspruchsteller, sondern bei dem Anspruchsgegner (vgl. die parallele Wertung im TKG: Säcker TKG/Rugullis, 3. Aufl. 2013, TKG § 44 Rn. 30 mwN). Die Tatbestandsmerkmale müssen nach allgemeinen zivilprozessualen Grundsätzen im Zeitpunkt der letzten Tatsachenverhandlung vorliegen (vgl. die parallele Wertung im TKG: Geppert/Schütz/Jochum TKG § 44 Rn. 27). 11

IV. Verjährung

Mangels eigenständiger Regelung richtet sich die **Verjährung** der in § 32 geregelten Ansprüche nach den allgemeinen Regelungen des BGB, dh nach den §§ 194 ff. BGB. Somit ist entsprechend § 195 BGB von einer dreijährigen Verjährungsfrist auszugehen, wobei diese im Rahmen des Beseitigungsanspruchs entsprechend § 199 Abs. 1 BGB mit dem Schluss des Jahres, in dem der Anspruch entstanden ist und der Gläubiger von den anspruchsbegründenden Umständen und der Person des Schuldners Kenntnis erlangt oder ohne grobe Fahrlässigkeit erlangen müsste, beginnt. Für den Unterlassungsanspruch tritt entsprechend § 199 Abs. 5 BGB der Zeitpunkt der Zuwiderhandlung an die Stelle des Zeitpunkts der Entstehung des Anspruchs. Entsprechend § 199 Abs. 4 BGB beträgt die Verjährungshöchstfrist ohne Rücksicht auf die Kenntnis oder grob fahrlässige Unkenntnis zehn Jahre von ihrer Entstehung an. 12

Aus dem Umkehrschluss aus § 32 Abs. 5 findet für den Beseitigungs- und Unterlassungsanspruch nach § 32 Abs. 1 **keine Hemmung durch die Einleitung eines regulierungsbehördlichen Verfahrens** statt und somit auch die Vorschrift des § 204 Abs. 2 BGB keine entsprechende Anwendung. Eine Hemmung gilt nur für den Schadensersatzanspruch (→ Rn. 22). Der Gesetzgeber hat mithin für den Beseitigungs- und Unterlassungsanspruch generell keine Hemmung durch die Einleitung eines regulierungsbehördlichen Verfahrens, insbesondere nach § 30 (→ § 30 Rn. 1 ff.), vorgesehen. Für den Beseitigungs- und Unterlassungsanspruch droht daher auch bei der Einleitung eines Verfahrens durch die Regulierungsbehörde nach § 30 die Verjährung. Aufgrund der Schnelligkeit regulierungsbehördlicher Verfahren ist die Bedeutung der Verjährungshemmung aber wohl ohnehin gering (Theobald/Kühling/Boos § 32 Rn. 46). 13

C. Schadensersatzanspruch (Abs. 3–5)

I. Aktiv- und Passivlegitimation

14 § 32 Abs. 3 S. 1 sieht einen Schadensersatzanspruch vor. Die Vorschrift trifft nur eine eigene Regelung bezüglich der Passivlegitimation. Demnach ist derjenige, der einen Verstoß nach § 32 Abs. 1 begeht, zum Schadensersatz verpflichtet. Da die Norm allerdings als Ergänzung zu § 32 Abs. 1 und 2 zu verstehen ist, ist aus systematischen Gründen davon auszugehen, dass der Schaden dem Betroffenen zu ersetzen ist (ausführlich zur Frage, wer „Betroffener" ist, Britz/Hellermann/Hermes/Robert, 3. Aufl., § 32 Rn. 28 ff.).

II. Tatbestandsvoraussetzungen, Rechtsfolgen

15 Der Schadensersatzanspruch wird gem. § 31 Abs. 3 S. 1 durch einen vorsätzlichen oder fahrlässigen Verstoß gegen § 32 Abs. 1 begründet. Er ist damit im Gegensatz zu dem in § 32 Abs. 1 und 2 geregelten Beseitigungs- und Unterlassungsanspruch abhängig von einem Verschulden des Anspruchsgegners. Der Schadensersatzanspruch bedarf aufgrund des Wortlauts („daraus entstehenden Schadens") eines kausal auf den Verstoß zurückführenden Schadens (Britz/Hellermann/Hermes/Robert, 3. Aufl., § 32 Rn. 19).

16 Rechtsfolge ist die sich aus dem Wortlaut des § 32 Abs. 3 S. 1 ergebende **Verpflichtung zum Ersatz** des aus dem Verstoß gegen § 32 Abs. 1 entstehenden Schadens. Art und Umfang des Schadensersatzes richten sich aufgrund der zivilrechtlichen Natur des Anspruchs nach §§ 249 ff. BGB. Der Schaden errechnet sich anhand der Differenzhypothese (Herbold/Kirch EnWZ 2020, 392 (394 mwN)), kann allerdings auch nach § 287 ZPO geschätzt werden, worauf die Gesetzesbegründung hinweist (BT-Drs. 15/3917, 64).

17 § 32 Abs. 3 S. 2 und 3 ordnen zudem an, dass Geldschulden nach Satz 1 zu verzinsen sind und die §§ 288 und 289 S. 1 BGB entsprechende Anwendung finden. Die **Pflicht zur Verzinsung** gründet sich auf den Umstand, dass die Betroffenen häufig erst sehr spät einen Rechtsverstoß geltend machen können; nach den allgemeinen Regeln würde erst ab diesem Zeitpunkt eine Zinspflicht greifen (BT-Drs. 15/3917, 64). Die Gesetzesbegründung weist auf den Umstand hin, dass der Geschädigte in den meisten Fällen, soweit er den Verstoß gegen § 32 Abs. 1 nicht selbst aufklären kann, die Entscheidung der Regulierungsbehörde abwarten muss (BT-Drs. 15/3917, 64; vgl. Kment EnWG/Wahlhäuser § 32 Rn. 30). Diese hat in der Regel weitergehende Ermittlungsmöglichkeiten als der Geschädigte, sodass der Geschädigte von den Regelungen in § 32 Abs. 4 und 5 profitiert (BT-Drs. 15/3917, 64). Dennoch kann der Anspruch des Geschädigten regelmäßig durch die lange Dauer des Verfahrens zumindest teilweise entwertet werden; dies soll durch die Verzinsungspflicht bereits ab Schadenseintritt ausgeglichen werden (BT-Drs. 15/3917, 64; Britz/Hellermann/Hermes/Robert, 3. Aufl., § 32 Rn. 34; Kment EnWG/Wahlhäuser § 32 Rn. 30). Zugleich wird durch die Verzinsungspflicht sichergestellt, dass der verstoßende Schädiger durch die Länge des Verfahrens keinen Vorteil erzielt (BT-Drs. 15/3917, 64; Britz/Hellermann/Hermes/Robert, 3. Aufl., § 32 Rn. 34; Kment EnWG/Wahlhäuser § 32 Rn. 30). Weitergehende Zinsansprüche aus anderen Rechtsvorschriften bleiben nach dem Willen des Gesetzgebers unberührt (BT-Drs. 15/3917, 64; Britz/Hellermann/Hermes/Robert, 3. Aufl., § 32 Rn. 34; Kment EnWG/Wahlhäuser § 32 Rn. 30).

III. Follow-On-Klage (Abs. 4), Darlegungs- und Beweislast

18 § 32 Abs. 4 führt eine Tatbestandswirkung für bestandskräftige verwaltungs- und bußgeldrechtliche Entscheidungen der Regulierungsbehörde (Satz 1) und Feststellungen in rechtskräftigen Gerichtsentscheidungen ein, die infolge der Anfechtung von Entscheidungen nach Satz 1 ergangen sind (Satz 2). Diese Wirkung entfaltet sich auch für zurückliegende Zeiträume, dh wenn die Regulierungsbehörde feststellt, dass das streitgegenständliche Verhalten von einem bestimmten Zeitpunkt einen Verstoß gegen Rechtsvorschriften darstellte (BGH NJOZ 2019, 129 (131)). § 83 Abs. 3 enthält ferner die Möglichkeit, im Beschwerdeverfahren trotz Erledigung der Hauptsache auf Antrag die Rechtmäßigkeit der Hauptsache feststellen zu lassen, sodass Verfahrensbeteiligte auch im Falle der Erledigung eine rechtskräftige Ent-

scheidung erwirken können, die die Tatbestandswirkung nach § 32 Abs. 4 S. 2 auslöst (→ § 83 Rn. 47 ff.).

Die Gesetzesbegründung stellt klar, dass sich die Tatbestandswirkung allein auf die Feststellung eines Rechtsverstoßes bezieht, während alle weiteren Streitfragen der freien Beweiswürdigung durch das erkennende Gericht unterliegen (BT-Drs. 15/3917, 64). Auch entsteht die Bindungswirkung nur bei positiven Feststellungen, nicht aber in dem Fall, dass die Regulierungsbehörde bzw. das Gericht feststellt, dass kein Verstoß begangen wurde (Bourwieg/Hellermann/Hermes § 32 Rn. 33 mwN). In Bezug auf Straf- und Bußgeldverfahren entsteht hingegen keine Bindungswirkung; vielmehr bleibt es dort bei dem allgemeinen Untersuchungsgrundsatz und der allgemeinen Unschuldsvermutung (BT-Drs. 15/3917, 64). **19**

Darüber hinaus bleibt es auch bei dem Anspruch auf Schadensersatz nach § 32 Abs. 3 S. 1 bei den allgemeinen Grundsätzen der Darlegungs- und Beweislast (→ Rn. 11). Der Anspruchsteller trägt daher die Darlegungs- und Beweislast beim Schadensersatzanspruch für die in → Rn. 11 genannten Tatbestandsmerkmale und darüber hinaus für das Verschulden, die haftungsausfüllende Kausalität sowie den Schaden, soweit nicht aus anderen Gründen eine Beweislastumkehr anzunehmen ist (Herbold/Kirch EnWZ 2020, 392 (394), vgl. auch die parallele Wertung im TKG bei Geppert/Schütz/Jochum TKG § 44 Rn. 46). **20**

IV. Verjährung, Hemmung nach Abs. 5

Die **Verjährung des Schadensersatzanspruchs** richtet sich mangels eigenständiger Regelung wie in Bezug auf den Beseitigungs- und Unterlassungsanspruch (→ Rn. 12) nach den allgemeinen Regelungen des BGB, dh nach den §§ 194 ff. BGB. Mithin verjähren auch Schadensersatzansprüche nach § 32 Abs. 3 entsprechend § 195 BGB nach drei Jahren (mit vertiefenden Ausführungen zum Verjährungsbeginn Säcker EnergieR/Weyer § 32 Rn. 24). Zum Beseitigungs- und Unterlassungsanspruch **abweichende Verjährungshöchstfristen** sind einer entsprechenden Anwendung von § 199 Abs. 3 BGB zu entnehmen (Säcker EnergieR/Weyer § 32 Rn. 24). Eine Feststellung der Regulierungsbehörde, dass ein bestimmtes Verhalten seit einem in der Vergangenheit liegenden Zeitpunkt einen Verstoß gegen Rechtsvorschriften darstellt, hat keinen Einfluss auf die Verjährung (BGH NJOZ 2019, 129 (131)). Eine Hemmungswirkung kann nur durch die Einleitung eines behördlichen Verfahrens eintreten (→ Rn. 22). **21**

Nach § 32 Abs. 5 S. 1 wird die Verjährung eines Schadensersatzanspruchs nach Absatz 3 gehemmt, wenn die Regulierungsbehörde wegen eines Verstoßes iSd Absatzes 1 ein Verfahren einleitet. § 32 Abs. 5 S. 2 ordnet an, dass § 204 Abs. 2 BGB entsprechend gilt. Daraus folgt, dass die **Hemmung** nach § 32 Abs. 5 S. 1 sechs Monate nach der rechtskräftigen Entscheidung oder anderweitigen Beendigung des eingeleiteten Verfahrens der Regulierungsbehörde endet (vgl. Säcker EnergieR/Weyer § 32 Rn. 24; Theobald/Kühling/Boos § 32 Rn. 48). Da § 204 Abs. 2 S. 1 BGB auf eine rechtskräftige Entscheidung abstellt, ist § 32 Abs. 5 S. 2 so zu verstehen, dass sich die Verweisung nicht nur auf das regulierungsbehördliche Verfahren im engeren Sinne bezieht, sondern auch auf ein etwaiges sich anschließendes gerichtliches Verfahren, welches die regulierungsbehördliche Entscheidung in Frage stellt (Theobald/Kühling/Boos § 32 Rn. 48 mwN). § 32 Abs. 5 S. 2 nimmt vollständig auf § 204 Abs. 2 BGB und damit auch auf § 204 Abs. 2 S. 2, 3 und 4 BGB Bezug. Daraus folgt, dass die Hemmung auch sechs Monate nach der Rücknahme eines Antrags nach § 31 oder eines gerichtlichen Antrags, welcher die regulierungsbehördliche Entscheidung in Frage stellt, endet (vgl. Säcker EnergieR/Weyer § 32 Rn. 24). Gerät auch ein solches behördliches oder gerichtliches Verfahren dadurch in Stillstand, dass es die Beteiligten nicht betreiben, so tritt aufgrund der entsprechenden Anwendung der Vorschrift an die Stelle der Beendigung des Verfahrens die letzte Verfahrenshandlung der Beteiligten, des Gerichts oder der sonst mit dem Verfahren befassten Stelle (Theobald/Kühling/Boos § 32 Rn. 48). Die Hemmung beginnt erneut, wenn einer der Beteiligten das Verfahren weiter betreibt (Theobald/Kühling/Boos § 32 Rn. 48). **22**

EnWG § 33	Teil 3. Regulierung des Netzbetriebs

D. Konformität mit dem EU-Recht, subsidiäre Anwendbarkeit von § 823 Abs. 2 BGB

23 Da sich § 32 dem Wortlaut nach nur auf die Abschnitte 2 und 3 des dritten Teils des EnWG und damit auf die §§ 17–28c bezieht, scheidet eine private Rechtsdurchsetzung des energiewirtschaftsrechtlichen Missbrauchsverbots iSv § 30 Abs. 1 S. 2 Nr. 2–6, der im vierten Abschnitt des dritten Teils des EnWG steht, auf der Grundlage von § 32 aus. Die Missbrauchstatbestände des § 30 Abs. 1 S. 2 Nr. 2–6 können also nicht auf der Grundlage von § 32 durchgesetzt werden. Verhaltensweisen, die einen Missbrauch im Sinne dieser Regelbeispiele darstellen, können aber auch nicht durch §§ 33, 33a GWB adressiert werden, da sich diese Normen nur auf Verstöße gegen das GWB und den AEUV beziehen. Ein Verstoß gegen das GWB bei marktmachtmissbräuchlichem Verhalten von Energieversorgungsnetzbetreibern liegt wegen den § 111 Abs. 1 S. 1 EnWG, § 185 Abs. 3 GWB nicht vor, da § 30 Abs. 1 EnWG als Vorschrift des dritten Teils des EnWG nach § 111 Abs. 2 die Fälle marktmachtmissbräuchlichen Verhaltens von Energieversorgungsnetzbetreibern abschließend regelt (→ § 111 Rn. 2 ff.). Ob Art. 102 AEUV weiter Anwendung finden kann, ist umstritten (→ § 111 Rn. 5 ff.), und somit auch, ob §§ 33, 33a GWB zumindest in den Fällen, in denen die Voraussetzungen von Art. 102 AEUV bei einem marktmachtmissbräuchlichen Verhalten eines Netzbetreibers erfüllt sind, greift.

24 Diese Rechtsschutzlücke muss daher auch in den Fällen des Marktmachtmissbrauchs durch die Betreiber von Energieversorgungsnetzen durch eine **Anwendung von § 823 Abs. 2 BGB** gefüllt werden. Allerdings können sich Kläger dann nicht auf die Vorschriften der § 33b GWB (das GWB findet wegen der § 111 EnWG, § 185 Abs. 3 GWB keine Anwendung) und § 32 Abs. 4 (die Norm bezieht sich nur auf Verstöße gegen die Vorschriften der Abschnitte zwei und drei des dritten Teils des EnWG) stützen. Die private Rechtsdurchsetzung bei marktmachtmissbräuchlichem Verhalten wird somit in Bezug auf Energieversorgungsnetzbetreiber gegenüber anderen Wirtschaftsunternehmen erschwert.

25 Da auch § 33 GWB mit der 7. GWB-Novelle geändert wurde, um der Rechtsprechung des EuGH in der Rs. Courage Ltd gegen Bernard Crehan und Bernard Crehan gegen Courage Ltd und andere (EuGH BeckRS 2001, 70425) zu genügen (BT-Drs. 15/5049, 49), drängt sich auf, dass der Gesetzgeber den **Anwendungsbereich von § 32 auf § 30 zeitnah erweitern** sollte, um eine Gleichbehandlung mit anderen Wirtschaftsbereichen zu gewährleisten. Alternativ könnte der Gesetzgeber sich auch dafür entscheiden, § 111 Abs. 2 enger zu fassen und nur die Abschnitte 1–3b des dritten Teils zu abschließenden Regelungen erklären.

§ 33 Vorteilsabschöpfung durch die Regulierungsbehörde

(1) Hat ein Unternehmen vorsätzlich oder fahrlässig gegen eine Vorschrift der Abschnitte 2 und 3, eine auf Grund der Vorschriften dieser Abschnitte erlassene Rechtsverordnung oder eine auf Grundlage dieser Vorschriften ergangene Entscheidung der Regulierungsbehörde verstoßen und dadurch einen wirtschaftlichen Vorteil erlangt, kann die Regulierungsbehörde die Abschöpfung des wirtschaftlichen Vorteils anordnen und dem Unternehmen die Zahlung des entsprechenden Geldbetrags auferlegen.

(2) ¹Absatz 1 gilt nicht, sofern der wirtschaftliche Vorteil durch Schadensersatzleistungen oder durch die Verhängung der Geldbuße oder die Anordnung der Einziehung von Taterträgen abgeschöpft ist. ²Soweit das Unternehmen Leistungen nach Satz 1 erst nach der Vorteilsabschöpfung erbringt, ist der abgeführte Geldbetrag in Höhe der nachgewiesenen Zahlungen an das Unternehmen zurückzuerstatten.

(3) ¹Wäre die Durchführung der Vorteilsabschöpfung eine unbillige Härte, soll die Anordnung auf einen angemessenen Geldbetrag beschränkt werden oder ganz unterbleiben. ²Sie soll auch unterbleiben, wenn der wirtschaftliche Vorteil gering ist.

(4) ¹Die Höhe des wirtschaftlichen Vorteils kann geschätzt werden. ²Der abzuführende Geldbetrag ist zahlenmäßig zu bestimmen.

(5) Die Vorteilsabschöpfung kann nur innerhalb einer Frist von bis zu fünf Jahren seit Beendigung der Zuwiderhandlung und längstens für einen Zeitraum von fünf Jahren angeordnet werden.

(6) Die Absätze 1 bis 5 gelten entsprechend für Verstöße gegen die Artikel 3 und 5 der Verordnung (EU) Nr. 1227/2011 oder gegen eine auf Grundlage dieser Vorschriften ergangene Entscheidung der Bundesnetzagentur.

Überblick

§ 33 stellt die Ermächtigungsgrundlage für die Regulierungsbehörde zur Abschöpfung von wirtschaftlichen Vorteilen dar, die ein Unternehmen durch ein EnWG-widriges Verhalten erlangt. Für die Abschöpfung des wirtschaftlichen Vorteils müssen verschiedene Voraussetzungen erfüllt sein (→ Rn. 5 ff.). Die Behörde hat bei der Abschöpfung des Vorteils ein Ermessen, welches durch weitere gesetzgeberische Vorgaben eingeschränkt ist (→ Rn. 13 f.). Die Norm macht ebenfalls zeitliche Vorgaben, wie lange und für welchen Zeitraum der wirtschaftliche Vorteil abgeschöpft werden kann (→ Rn. 16). Für die Anordnung der Vorteilsabschöpfung entstehen Kosten (→ Rn. 17). Rechtsmittel sind möglich (→ Rn. 18).

A. Hintergrund und Zweck der Vorschrift

§ 33 **ermächtigt die Regulierungsbehörde** zur Abschöpfung eines erlangten wirtschaftlichen Vorteils aus einem schuldhaft begangenen Verstoß gegen eine Vorschrift der Abschnitte 2 und 3 des dritten Teils des EnWG (§§ 17–28c; nicht des zweiten Teils, vgl. → § 32 Rn. 4). Das Gleiche gilt für Verstöße gegen eine aufgrund der Vorschriften der Abschnitte 2 und 3 des dritten Teils erlassenen Rechtsverordnung, gegen eine auf Grundlage dieser Vorschriften ergangene Entscheidung der Regulierungsbehörde, gegen die Art. 3 und 5 VO (EU) 1227/2011 und gegen eine auf Grundlage dieser Vorschriften ergangene Entscheidung der BNetzA (§ 33 Abs. 1, 6). § 33 beabsichtigt sicherzustellen, dass sich die Schädiger nicht durch ihr Verhalten bereichern und ihnen daher keinerlei wirtschaftliche Vorteile verbleiben (BT-Drs. 15/3917, 64). Ein straf- oder bußgeldlicher Charakter kommt der Norm nicht zu (BT-Drs. 15/3917, 64). Folglich dient die Vorschrift der **Wiederherstellung des rechtmäßigen Zustands**, ein sozialethischer Tadel ist mit der Anwendung von § 33 aber gerade nicht verbunden.

§ 33 entstand **parallel zu § 34 GWB** (BT-Drs. 15/3917, 64). Die zunächst in der Gesetzesbegründung noch für § 34 vorgesehene, der Regelung von § 34a GWB entsprechende Vorteilsabschöpfung durch Verbraucherschutzverbände (BT-Drs. 15/3917, 64 f.) hat nie ihren Weg in das EnWG gefunden (vgl. BGBl. 2005 I 1970 (1989)). Insoweit besteht ein weiterer Unterschied zwischen EnWG und GWB. § 33 wurde mit Wirkung zum 12.12.2012 um Absatz 6 ergänzt (BGBl. 2012 I 2403 (2411)). Mit Wirkung zum 1.7.2017 wurden in Absatz 2 Satz 1 die Wörter „des Verfalls" durch „die Einziehung von Taterträgen" ersetzt (BGBl. 2017 I 872 (893)).

B. Adressat, Anwendungsbereich

Nach § 33 Abs. 1 aE kann die Regulierungsbehörde einem Unternehmen, welches einen Verstoß begangen und dadurch einen wirtschaftlichen Vorteil erlangt hat, die Zahlung des Geldbetrags aufgeben, der der Höhe des erlangten wirtschaftlichen Vorteils entspricht. **Adressat der Vorteilsabschöpfung** ist mithin das Unternehmen, das die verbotene Handlung begangen hat, soweit es einen wirtschaftlichen Vorteil durch den Verstoß erlangt hat. Bei einem solchen Unternehmen kann es sich aus systematischen Gründen nur um einen Betreiber von Energieversorgungsnetzen handeln: § 33 Abs. 1 nimmt Bezug auf die Abschnitte 2 und 3; die dortigen Normen, Rechtsverordnungen und die darauf beruhenden Entscheidungen der Regulierungsbehörde richten sich ausschließlich an Betreiber von Energieversorgungsnetzen (Britz/Hellermann/Hermes/Robert, 3. Aufl., § 33 Rn. 3; Kment EnWG/Waldhäuser § 33 Rn. 4). Eine mit § 30 Abs. 2a OWiG vergleichbare Regelung kennt die Vorteilsabschöpfung nach § 33 nicht. Dennoch geht die Rechtsprechung davon aus, dass die Vorteilsabschöpfung im Falle einer Rechtsnachfolge auch gegenüber dem Rechtsnachfolger angeordnet werden kann (OLG Düsseldorf BeckRS 2016, 19042 Rn. 16 ff.; vgl. darüber hinaus den Hinweis auf § 30 Abs. 2a OWiG bei Theobald/Kühling/Boos § 33 Rn. 14).

4   § 33 findet nach der Rechtsprechung grundsätzlich **auch im System der Anreizregulierung** Anwendung (OLG Düsseldorf BeckRS 2016, 19042 (amtl. Ls. 1)). Gemäß § 110 Abs. 1 greift die Vorschrift nicht bei geschlossenen Verteilernetzen. Grund dafür ist, dass die Betreiber von geschlossenen Verteilernetzen von übermäßigem regulatorischem Aufwand bewahrt werden sollen (vgl. → § 110 Rn. 1 ff.).

C. Tatbestandsvoraussetzungen

I. Verstoß (Abs. 1)

5   § 33 Abs. 1 stellt die Ermächtigungsgrundlage für die Vorteilsabschöpfung durch die Regulierungsbehörde dar. Eine Vorteilsabschöpfung kann in **mehreren Konstellationen** in Betracht kommen. In der ersten Variante kann die Regulierungsbehörde zur Abschöpfung eines aus einem schuldhaft begangenen Verstoß gegen eine Vorschrift der Abschnitte 2 und 3 des dritten Teils des EnWG (§§ 17–28c) tätig werden. In der zweiten Variante kommt eine Anwendung von § 33 Abs. 1 bei einem Verstoß gegen eine aufgrund der Vorschriften der Abschnitte 2 und 3 des dritten Teils des EnWG erlassene Rechtsverordnung in Betracht. In der dritten Variante gilt dies für einen Verstoß gegen eine aufgrund dieser EnWG-Vorschriften oder der Rechtsverordnungen ergangene Entscheidung der Regulierungsbehörde. Viertens kann das Instrument der Vorteilsabschöpfung nach § 33 Abs. 6 Var. 1 ebenfalls in Bezug auf das relevante **EU-Sekundärrecht,** nämlich bei einem Verstoß gegen die Art. 3 und 5 VO (EU) 1227/2011, Anwendung finden. Fünftens gilt dies nach § 33 Abs. 6 Var. 2 für einen Verstoß gegen eine auf Grundlage der EU-Vorschriften ergangene Entscheidung der BNetzA.

6   In allen Fällen bezieht sich das Tätigwerden der Regulierungsbehörde auf die **Abschöpfung des erlangten wirtschaftlichen Vorteils** (§ 33 Abs. 1, 6; → Rn. 8).

II. Subsidiarität (Abs. 2)

7   Nach § 33 Abs. 2 S. 1 gilt Absatz 1 nicht, sofern der wirtschaftliche Vorteil durch Schadensersatzleistungen oder durch die Verhängung der Geldbuße oder die Anordnung der Einziehung von Taterträgen abgeschöpft ist. Sinn und Zweck dieses Subsidiaritätsgrundsatzes ist die **Vermeidung einer Doppelbelastung** (OLG Celle BeckRS 2010, 19634 unter II. A. 3. b. aa.; OLG Frankfurt a. M. BeckRS 2010, 28983 unter II. 1. c.). Solche Anordnungen der Einziehung von Taterträgen sind in Fällen des Vorliegens der Voraussetzungen von § 29a OWiG und der §§ 73 ff. StGB denkbar. Die Einziehung von Taterträgen ist auf die Ermittlung des noch nach § 33 Abs. 1 abzuschöpfenden wirtschaftlichen Vorteils anzurechnen. Sind demnach Geldleistungen nachweislich zu viel erbracht worden, sind diese nach § 33 Abs. 2 S. 2 von der Regulierungsbehörde in der Höhe der Überzahlung an den Schädiger auf dessen Antrag (Theobald/Kühling/Boos § 33 Rn. 27) zurückzuerstatten.

III. Wirtschaftlicher Vorteil (Abs. 1, 4)

8   Nach der Gesetzesbegründung sollen für die Definition des Begriffs des wirtschaftlichen Vorteils die zu § 17 Abs. 4 OWiG entwickelten Rechtsgrundsätze herangezogen werden (BT-Drs. 15/3917, 64). Der wirtschaftliche Vorteil ist demnach nicht rein monetär zu bestimmen, sondern berücksichtigt etwa auch die Verbesserung der Position des Schädigers auf dem Markt; dabei ist nach dem sog. **Saldierungsgrundsatz** die Vermögenslage vor und nach dem Gesetzesverstoß zu betrachten (BT-Drs. 15/3917, 64; s. auch BeckOK OWiG/Sackreuther OWiG § 17 Rn. 120, 123 mwN). Legt man die Maßstäbe des § 17 Abs. 4 OWiG an, so werden lediglich rein persönliche, dh nicht messbare Vorteile, nicht mitberücksichtigt (vgl. BeckOK OWiG/Sackreuther OWiG § 17 Rn. 123 mwN).

9   Mit Blick auf die zu § 17 Abs. 4 OWiG entwickelten Grundsätze ist der für die Bemessung des wirtschaftlichen Vorteils **maßgebliche Zeitpunkt** derjenige, in dem die Regulierungs-

behörde die Entscheidung trifft (vgl. BeckOK OWiG/Sackreuther OWiG § 17 Rn. 128 mwN). Dabei ist zu beachten, dass vor der Entscheidung der Regulierungsbehörde weggefallene Vorteile zB in anderer Form, dh insbesondere in Form von Surrogaten, weiterexistieren können (vgl. BeckOK OWiG/Sackreuther OWiG § 17 Rn. 128 mwN). Auch können ersparte Aufwendungen, die bei pflichtgemäßem Verhalten zwingend erbracht worden wären, den abzuschöpfenden wirtschaftlichen Vorteil vergrößern (vgl. BeckOK OWiG/Sackreuther OWiG § 17 Rn. 123 mwN).

Die Höhe des wirtschaftlichen Vorteils kann gem. § 33 Abs. 4 S. 1 geschätzt werden. **10** Gemäß § 33 Abs. 4 S. 2 ist der vom Schädiger abzuführende Geldbetrag **zahlenmäßig zu bestimmen.** § 33 Abs. 4 entspricht § 34 Abs. 4 GWB. Entsprechend dem Sinn und Zweck der GWB-Vorschrift soll die Schätzungsbefugnis auch bei § 33 Abs. 4 S. 1 der Regulierungsbehörde die Bestimmung der Höhe des abzuschöpfenden wirtschaftlichen Vorteils erleichtern (vgl. zu § 33 Abs. 4 GWB BeckOK KartellR/Hempel GWB aF § 34 Rn. 11). Dafür muss die Regulierungsbehörde allerdings geeignete Tatsachen ermitteln, an die sie die Schätzung knüpfen kann (so zu § 33 Abs. 4 BeckOK KartellR/Hempel GWB aF § 34 Rn. 11).

IV. Kausalität, Verschulden (Abs. 1)

Damit die Vorteilsabschöpfung möglich ist, muss der Verstoß des Unternehmens **adäquat-** **11** **kausal** für den von ihm erlangten wirtschaftlichen Vorteil sein, was aus dem Wortlaut der Vorschrift („dadurch") folgt (Britz/Hellermann/Hermes/Robert, 3. Aufl., § 33 Rn. 9). Die **Kausalität** bestimmt sich auch iRv § 33 nach allgemeinen zivilrechtlichen Grundsätzen und somit nach der conditio sine qua non-Formel. Danach ist jede Ursache kausal, die nicht hinweggedacht werden kann, ohne dass der Erfolg in seiner konkreten Gestalt entfiele (BGH NJW 1951, 711 mwN; BeckOK BGB/Förster BGB § 823 Rn. 257). Folglich reicht es aus, wenn der wirtschaftliche Vorteil lediglich mittelbare Folge der Zuwiderhandlung ist (BNetzA Beschl. v. 16.3.2012 – BK9–11/701, S. 7). Liegt der Verstoß zugleich in einem Unterlassen, muss zur Bejahung der (Quasi-)Kausalität die unterlassene Handlung nicht hinzugedacht werden können, ohne dass der Erfolg in seiner konkreten Gestalt entfiele (BeckOK BGB/Förster BGB § 823 Rn. 257). Ein Verstoß erfüllt vor dem Hintergrund der **Adäquanztheorie** den Tatbestand, wenn mit seiner Folge nach allgemeiner Lebenserfahrung zu rechnen war und diese Folge nicht völlig außerhalb aller Wahrscheinlichkeit liegt (BeckOK BGB/Förster BGB § 823 Rn. 258 mwN). Eine **zeitliche Dimension** ist bei der Bestimmung eines adäquat-kausalen Verstoßes iRv § 33 Abs. 1 nicht zu berücksichtigen, da § 33 Abs. 5 insoweit bereits eine abschließende Regelung enthält (→ Rn. 16).

§ 33 Abs. 1 setzt ein **Verschulden** voraus, dh vor dem Hintergrund der in § 276 BGB **12** enthaltenden Regelung Vorsatz oder Fahrlässigkeit (Bourwieg/Hellermann/Hermes/Hollmann § 33 Rn. 3; § 32 Rn. 28). Ob Vorsatz oder Fahrlässigkeit vorliegt, richtet sich nach den allgemeinen zivilrechtlichen Grundsätzen (Kment EnWG/Waldhäuser § 33 Rn. 2). Das bedeutet, dass für Vorsatz ein Wissen und Wollen vorliegen muss (vgl. nur BeckOK/Looschelders BGB § 254 Rn. 97), für Fahrlässigkeit ein Außer-Acht-Lassen der im Verkehr erforderlichen Sorgfalt (§ 276 Abs. 2 BGB, vertiefend dazu BeckOGK/Looschelders BGB § 254 Rn. 98 mwN). Insbesondere ist auch die Zurechnung von Verstößen nach allgemeinen zivilrechtlichen Regeln, zB auf der Grundlage von § 31 BGB (vgl. etwa BeckOK BGB/Schöpflin BGB § 31 Rn. 1 ff.), möglich.

D. Rechtsfolge

I. Ermessen, unbillige Härte (Abs. 1, 3)

Bereits § 33 Abs. 1 eröffnet ein **Ermessen für die Regulierungsbehörde** (Wortlaut: **13** „kann") und räumt ihr somit gewisse Freiheiten bei der Anwendung der Vorschrift ein. Die Regulierungsbehörde entscheidet, ob sie einschreitet („**Entschließungsermessen**"). Hinsichtlich der Frage, mit welchen Mitteln sie einschreitet („**Auswahlermessen**"), ist sie hingegen dem Wortlaut nach auf die Anordnung der Abschöpfung des wirtschaftlichen Vorteils und die Zahlung des entsprechenden Geldbetrages beschränkt (Kment EnWG/ Wahlhäuser § 33 Rn. 9).

14 Aber auch das Entschließungsermessen der Behörde ist eingeschränkt. Die Vorschrift enthält in § 33 Abs. 3 S. 1 die Regelung, dass für den Fall, dass die Durchführung der Vorteilsabschöpfung eine **unbillige Härte** für den Schädiger wäre, die Anordnung auf einen angemessenen Geldbetrag beschränkt werden oder ganz unterbleiben soll. Satz 2 ordnet an, dass die Anordnung auch unterbleiben soll, wenn der **wirtschaftliche Vorteil gering** ist. Die Vorschrift eröffnet damit einerseits ein intendiertes Ermessen („soll"), andererseits handelt es sich bei den Begriffen der unbilligen Härte und der Geringfügigkeit des wirtschaftlichen Vorteils um vollgerichtlich überprüfbare unbestimmte Rechtsbegriffe. Die Vorschrift ist damit insgesamt Ausdruck des dem Rechtsstaatsprinzip immanenten allgemeinen **Verhältnismäßigkeitsgrundsatzes** (BT-Drs. 15/3917, 64).

II. Abschöpfung, Zahlung (Abs. 1)

15 § 33 enthält keine ausdrückliche Regelung, an wen der abzuschöpfende Geldbetrag ausgezahlt werden soll. Die Rechtsprechung geht regelmäßig davon aus, dass dieser in der **Staatskasse** verbleibt (BGH BeckRS 2011, 11541 Rn. 3; OLG Celle BeckRS 2010, 19634 unter II. A. 3. b aa; OLG Frankfurt a. M. BeckRS 2010, 28983 unter II. 1. c). Hierzu verweist sie auf das Ziel der Vorteilsabschöpfung und den Befund, dass die Vorteilsabschöpfung nach § 33 Abs. 2 gegenüber den individuellen Ausgleichsansprüchen subsidiär ist (OLG Celle BeckRS 2010, 19634 unter II. A. 3. b aa; OLG Frankfurt a. M. BeckRS 2010, 28983 unter II. 1. c). Ob das Geld in den Bundes- oder Landeshaushalt fließt, hängt davon ab, ob die BNetzA als Bundesregulierungsbehörde (dann Bundeshaushalt) oder die Landesregulierungsbehörde (dann der zugehörige Landeshaushalt) für die konkrete Vorteilsabschöpfung zuständig ist (Theobald/Kühling/Boos § 33 Rn. 15 mwN).

E. Zeitliche Vorgaben (Abs. 5)

16 § 33 Abs. 5 regelt, dass die Vorteilsabschöpfung nur innerhalb einer Frist von bis zu fünf Jahren seit Beendigung der Zuwiderhandlung und längstens für einen Zeitraum von fünf Jahren angeordnet werden kann. Die Regelung dient dem aus dem Rechtsstaatsprinzip folgenden Grundsatz des **Vertrauensschutzes**.

F. Kosten und Rechtsschutz

17 Für Amtshandlungen nach § 33 Abs. 1 erhebt die Regulierungsbehörde nach § 91 Abs. 1 S. 1 Nr. 3 Var. 1 **Kosten**, wobei die Gebühr nach Nr. 2 der Anlage zu § 2 EnWGKostV 2.500–75.000 EUR beträgt (→ § 91 Rn. 11). Die Gebühr bleibt bei der Bestimmung der Höhe des abzuschöpfenden Geldbetrags nach § 33 Abs. 2 unberücksichtigt (Theobald/Kühling/Boos § 33 Rn. 35 mwN).

18 Gegen die Anordnung einer Vorteilsabschöpfung nach § 30 Abs. 2 kann der Adressat der Verfügung die **Anfechtungsbeschwerde** iSd §§ 75 ff. erheben. Dritte hingegen sind regelmäßig nicht beschwerdebefugt (Theobald/Kühling/Boos § 33 Rn. 36).

§ 34 (aufgehoben)

§ 35 Monitoring und ergänzende Informationen

(1) Die Regulierungsbehörde führt zur Wahrnehmung ihrer Aufgaben nach diesem Gesetz, insbesondere zur Herstellung von Markttransparenz sowie zur Wahrnehmung ihrer Aufgaben nach dem Kohleverstromungsbeendigungsgesetz vom 8. August 2020 (BGBl. I S. 1818), ein Monitoring durch über
1. die Regeln für das Management und die Zuweisung von Verbindungskapazitäten; dies erfolgt in Abstimmung mit der Regulierungsbehörde oder den Regulierungsbehörden der Mitgliedstaaten, mit denen ein Verbund besteht;
2. die Mechanismen zur Behebung von Kapazitätsengpässen im nationalen Elektrizitäts- und Gasversorgungsnetz und bei den Verbindungsleitungen;

3. die Zeit, die von Betreibern von Übertragungs-, Fernleitungs- und Verteilernetzen für die Herstellung von Anschlüssen und Reparaturen benötigt wird;
4. die Veröffentlichung angemessener Informationen über Verbindungsleitungen, Netznutzung und Kapazitätszuweisung für interessierte Parteien durch die Betreiber von Übertragungs-, Fernleitungs- und Verteilernetzen unter Berücksichtigung der Notwendigkeit, nicht statistisch aufbereitete Einzeldaten als Geschäftsgeheimnisse zu behandeln;
5. die technische Zusammenarbeit zwischen Betreibern von Übertragungsnetzen innerhalb und außerhalb der Europäischen Gemeinschaft;
6. die Bedingungen und Tarife für den Anschluss neuer Elektrizitätserzeuger unter besonderer Berücksichtigung der Kosten und der Vorteile der verschiedenen Technologien zur Elektrizitätserzeugung aus erneuerbaren Energien, der dezentralen Erzeugung und der Kraft-Wärme-Kopplung;
7. die Bedingungen für den Zugang zu Gasspeicheranlagen nach den §§ 26 und 28, und insbesondere über Veränderungen der Situation auf dem Speichermarkt, mit dem Ziel, dem Bundesministerium für Wirtschaft und Energie eine Überprüfung der Regelungen im Hinblick auf den Zugang zu Gasspeicheranlagen zu ermöglichen, sowie die Netzzugangsbedingungen für Anlagen zur Erzeugung von Biogas und die Zahl der Biogas in das Erdgasnetz einspeisenden Anlagen, die eingespeiste Biogasmenge in Kilowattstunden und die nach § 20b der Gasnetzentgeltverordnung bundesweit umgelegten Kosten;
8. den Umfang, in dem die Betreiber von Übertragungs-, Fernleitungs- und Verteilernetzen ihren Aufgaben nach den §§ 11 bis 16a nachkommen;
9. die Erfüllung der Verpflichtungen nach § 42;
10. Preise für Haushaltskunden, einschließlich von Vorauszahlungssystemen, Marktangebot von und Preisvolatilität bei Verträgen mit dynamischen Stromtarifen, Lieferanten- und Produktwechsel, Unterbrechung der Versorgung gemäß § 19 der Stromgrundversorgungsverordnung oder der Gasgrundversorgungsverordnung, die Beziehungen zwischen Haushalts- und Großhandelspreisen, Beschwerden von Haushaltskunden, die Wirksamkeit und die Durchsetzung von Maßnahmen zum Verbraucherschutz im Bereich Elektrizität oder Gas, Wartungsdienste am Hausanschluss oder an Messeinrichtungen sowie die Dienstleistungsqualität der Netze;
11. den Bestand und die geplanten Stilllegungen von Erzeugungskapazitäten, die Möglichkeit und die vorhandenen Kapazitäten für einen Brennstoffwechsel zur Absicherung der Leistung der Erzeugungskapazitäten, die Investitionen in die Erzeugungskapazitäten mit Blick auf die Versorgungssicherheit sowie den Bestand, die bereitgestellte Leistung, die gelieferte Strommenge sowie den voraussichtlichen Zeitpunkt der Außerbetriebnahme von Speichern mit einer Nennleistung von mehr als 10 Megawatt;
12. den Grad der Transparenz, auch der Großhandelspreise, sowie den Grad und die Wirksamkeit der Marktöffnung und den Umfang des Wettbewerbs auf Großhandels- und Endkundenebene sowie an Elektrizitäts- und Erdgasbörsen, soweit diese Aufgabe nicht durch Gesetz einer anderen Stelle übertragen wurde,
13. die Entwicklung der Ausschreibungen abschaltbarer Lasten durch die Betreiber von Übertragungsnetzen nach § 13 Absatz 6 Satz 1, insbesondere soweit die Bundesregierung mit Zustimmung des Bundestages eine entsprechende Rechtsverordnung nach § 13i Absatz 1 und 2 erlassen hat.

(1a) Die Regulierungsbehörde kann für die Erstellung des Berichts nach § 63 Absatz 3a sowie zur Überwachung von Verpflichtungen nach § 13, insbesondere ob eine Abweichung nach § 13 Absatz 3 vorliegt, von den Betreibern von Erzeugungsanlagen und von Anlagen zur Speicherung elektrischer Energie ergänzende Informationen erheben, insbesondere
1. Betriebskenndaten der Anlagen sowie
2. Daten zur Bereitstellung von elektrischer Leistung auf Grund sonstiger Verdienstmöglichkeiten.

(2) Zur Durchführung des Monitoring und zur Erhebung der ergänzenden Informationen gelten die Befugnisse nach § 69 entsprechend.

Überblick

§ 35 Abs. 1 Nr. 1–13 listet verschiedene Aspekte des Marktgeschehens auf, die als beobachtungswürdig angesehen werden (→ Rn. 9 ff.). Die Regulierungsbehörde ist nach § 35 Abs. 1 zur Durchführung eines Monitorings über die aufgeführten Aspekte berechtigt und verpflichtet (→ Rn. 6). Dabei verfügt sie gem. § 35 Abs. 2 über die Befugnisse nach § 69 in entsprechender Anwendung (→ Rn. 28). Die Ergebnisse ihrer Marktbeobachtung veröffentlicht die Regulierungsbehörde gem. § 63 Abs. 3 jährlich in einem Bericht und trägt damit zur Herstellung von Markttransparenz in den Bereichen Elektrizität und Gas bei (→ Rn. 27). § 35 dient dabei der Umsetzung der europarechtlichen Vorgaben der Art. 23 Abs. 1 S. 3 Elektrizitäts-Binnenmarkt-Richtlinie 2003/54/EG (heute: Art. 59 Elektrizitäts-Binnenmarkt-Richtlinie (EU) 2019/944) und Art. 25 Abs. 1 S. 3 Gas-Binnenmarkt-Richtlinie 2003/55/EG (heute: Art. 41 Gas-Binnenmarkt-Richtlinie 2009/73/EG).

Übersicht

	Rn.		Rn.
A. Begriff des Monitorings	1	E. Ergänzende Informationen (Abs. 1a)	23
B. Normzweck	2	F. Monitoring-Prozess	24
C. Beteiligte	6		
D. Gegenstand des Monitorings	9	G. Ermittlungsbefugnisse nach § 69	28

A. Begriff des Monitorings

1   Der heute in vielen Rechtsgebieten bekannte Begriff des Monitorings geht auf unionsrechtliche Vorgaben zurück. Unter energiewirtschaftlichem Monitoring nach § 35 versteht man die „systematische, regelmäßige Beobachtung und Auswertung des Zustands und der Entwicklung bestimmter Regulierungsgegenstände anhand dazu erhobener Unternehmensdaten" (vgl. Britz/Hellermann/Hermes/Herzmann, 3. Aufl., § 35 Rn. 5).

B. Normzweck

2   Ziel des Monitorings ist es, eine Gesamtinformation über alle relevanten Aspekte der Marktentwicklung im Energiesektor, u.a. auch im Großhandels- und Erzeugungsbereich sowie insbesondere auch im Bereich der Entwicklung der erneuerbaren Energien zu erhalten (BT-Drs. 17/6072, 99) und mithin **Markttransparenz** zu schaffen.

3   Die angestrebte Transparenz soll zweierlei bewirken: Erstens sollen missbräuchliche Verhaltensweisen im Vorfeld konkreter Verfahren verhindert werden. Zweitens soll die Sammlung der Information im Einzelfall eine fundierte und zügige Entscheidung der Regulierungsbehörde ermöglichen.

4   Der auf Grundlage der Erkenntnisse des Monitorings zu erstellende Bericht gem. § 63 Abs. 3 soll dem Gesetzgeber darüber hinaus aufzeigen, ob und an welchen Stellen Änderungen vorzunehmen sind bzw. Korrekturbedarf besteht.

5   Hinzu kam mit Art. 4 Gesetz vom 8.8.2020 (BGBl. I 1818) die Wahrnehmung der Aufgaben nach dem **Kohleverstromungsbeendigungsgesetz (KVBG)** (BT-Drs. 19/17342, 61), insbesondere nach §§ 8, 14 und 29 KVBG, als neuer Inhalt des Monitorings. Mit diesem engen Monitoring soll insbesondere auch die Versorgungssicherheit während des Ausstiegs aus der Kohleenergie gewährleistet werden (vgl. BR-Plenarprotokoll 986, 58 vom 13.3.2020).

C. Beteiligte

6   Die Zuständigkeit für das Monitoring liegt gemäß den europarechtlichen Vorgaben des Art. 59 Abs. 1 Elektrizitäts-Binnenmarkt-Richtlinie (EU) 2019/944 und Art. 41 Abs. 1 Gas-

Binnenmarkt-Richtlinie 2009/73/EG – anders als beim Monitoring nach § 51 – bei der Regulierungsbehörde. Nach der Zuständigkeitsverteilung des § 54 wird das Monitoring ausschließlich von der **BNetzA** durchgeführt, nicht von den Landesregulierungsbehörden, da es nicht im Katalog des § 54 Abs. 2 S. 1 aufgeführt ist.

Das Monitoring über den Grad der Transparenz, auch der Großhandelspreise, sowie den 7 Grad und die Wirksamkeit der Marktöffnung und den Umfang des Wettbewerbs auf Großhandels- und Endkundenebene auf den Strom- und Gasmärkten sowie an Elektrizitäts- und Gasbörsen nach § 35 Abs. 1 Nr. 12 wurde gem. § 48 Abs. 3 GWB dem **BKartA** übertragen.

Adressaten der Datenabfrage (→ Rn. 25 ff.) und mithin zur Mitwirkung am Monitoring 8 verpflichtet sind **alle relevanten Marktteilnehmer,** also die in Deutschland tätigen Unternehmen, die in den Bereichen Erzeugung, Import, Netzbetrieb, Messstellenbetrieb und Messdienstleistungen, Handel, Vertrieb etc tätig sind. Betroffen sind damit insbesondere Erzeuger/Produzenten/Importeure, Großhändler/Lieferanten, Messstellenbetreiber/Messdienstleister, sowie im Bereich Strom ÜNB, VNB und im Gasbereich Fernleitungsnetzbetreiber bzw. Betreiber von Gasversorgungsnetzen, Betreiber von örtlichen Gasverteilernetzen und Speicherbetreiber. Bei Konzernen sind die jeweiligen Teilunternehmen und nicht die Obergesellschaft als Marktteilnehmer anzusehen. Fragebögen dürfen somit nicht zusammengefasst von der Obergesellschaft beantwortet werden.

D. Gegenstand des Monitorings

Die Aufzählung in § 35 Abs. 1 beruht im Wesentlichen auf den Vorgaben aus Art. 59 Abs. 1 9 Elektrizitäts-Binnenmarkt-Richtlinie (EU) 2019/944 und Art. 41 Abs. 1 Gas-Binnenmarkt-Richtlinie 2009/73/EG:

Gemäß **Nummer 1** sollen in Abstimmung mit den Regulierungsbehörden der Mitglied- 10 staaten, mit denen ein Verbund besteht, die Regeln für das Management und die Zuweisung von Verbindungskapazitäten einem Monitoring unterzogen werden (Monitoringbericht 2020, 218 ff.; vgl. Art. 59 Abs. 1 lit. f Elektrizitäts-Binnenmarkt-Richtlinie (EU) 2019/944).

Gemäß **Nummer 2** soll der Ist-Stand der Mechanismen zur Behebung von Kapazitätseng- 11 pässen in den nationalen Energieversorgungsnetzen und entsprechend der Vorgaben nach Art. 59 Abs. 10 Elektrizitäts-Binnenmarkt-Richtlinie (EU) 2019/944 und Art. 41 Abs. 9 Gas-Binnenmarkt-Richtlinie 2009/73/EG auch bei den Verbindungsleitungen ermittelt werden.

Gemäß **Nummer 3** wird die Zeit, die von Netzbetreibern für Anschluss und Reparaturen 12 benötigt wird, untersucht (Art. 59 Abs. 1 lit. q Elektrizitäts-Binnenmarkt-Richtlinie (EU) 2019/944, Art. 41 Abs. 1 lit. m Gas-Binnenmarkt-Richtlinie 2009/73/EG).

Gemäß **Nummer 4** werden die Veröffentlichungen angemessener Informationen durch 13 die Netzbetreiber bezüglich Verbindungsleitungen, Netznutzung und Kapazitätszuweisungen für interessierte Parteien untersucht (Monitoringbericht 2020, 48 f.).

Gemäß **Nummer 5** wird (nach Vorgabe des Art. 59 Abs. 1 lit. w Elektrizitäts-Binnen- 14 markt-Richtlinie (EU) 2019/944) die technische Zusammenarbeit zwischen Betreibern von Übertragungsnetzen innerhalb und außerhalb der Europäischen Union überwacht.

Gemäß **Nummer 6** sollen die Bedingungen und Tarife für den Anschluss neuer Strom- 15 erzeuger unter Berücksichtigung technologie- und netzebenenspezifischer Vorteile und Kosten beobachtet werden (s. Erwägungsgrund 20 Elektrizitäts-Binnenmarkt-Richtlinie (EU) 2019/944).

Gemäß **Nummer 7** werden die Bedingungen für den Zugang zu Speicheranlagen nach 16 den §§ 26 und 28 überwacht (vgl. Art. 41 Abs. 1 lit. n Gas-Binnenmarkt-Richtlinie 2009/73/EG), sowie die Netzzugangsbedingungen für Anlagen zur Erzeugung von Biogas und deren Anzahl. Das Monitoring zu Biogas wird inhaltlich noch durch § 35 Abs. 8 S. 2 GasNZV konkretisiert. Art. 1 Gesetz zur Umsetzung unionsrechtlicher Vorgaben und zur Regelung reiner Wasserstoffnetze im Energiewirtschaftsrecht (WaStNUG) v. 16.7.2021 (BGBl. I 3026 (Nr. 47)); Geltung ab 27.7.2021 präzisiert die Geltung der Ziffer auf Gasspeicheranlagen.

Gemäß **Nummer 8** soll die Erfüllung der Netzbetreiber-Pflichten nach Teil 3: Regulie- 17 rung des Netzbetriebs, Abschnitt 1, Aufgaben der Netzbetreiber (§§ 11–16a) untersucht werden.

18 Gemäß **Nummer 9** wird die Erfüllung der Verpflichtungen nach § 42 (Stromkennzeichnung, Transparenz der Stromrechnungen) überwacht (vgl. Anhang I Nr. 5 Elektrizitäts-Binnenmarkt-Richtlinie (EU) 2019/944).

19 Gemäß **Nummer 10** werden die Preise für Haushaltskunden, Unterbrechung der Versorgung, Beschwerden von Haushaltskunden, Wirksamkeit und Durchsetzung von Maßnahmen zum Verbraucherschutz, Wartungsdienste am Hausanschluss oder an Messeinrichtungen, Dienstleistungsqualität der Netze beobachtet (Art. 59 Abs. 1 lit. o Elektrizitäts-Binnenmarkt-Richtlinie (EU) 2019/944, Art. 41 Abs. 1 lit. j Gas-Binnenmarkt-Richtlinie 2009/73/EG). Art. 1 Gesetz zur Umsetzung unionsrechtlicher Vorgaben und zur Regelung reiner Wasserstoffnetze im Energiewirtschaftsrecht (WaStNUG) v. 16.7.2021 (BGBl. I 3026 (Nr. 47)); mit Geltung ab 27.7.2021 erweitert die Nummer um das Marktangebot von und die Preisvolatilität bei Verträgen mit dynamischen Stromtarifen. In Umsetzung des Art. 59 Abs. 1 Buchstabe o der Richtlinie (EU) 2019/94 wurde zur Klarstellung neu ergänzt die Beziehung zwischen den Haushalts- und Großhandelspreisen (BT-Drs. 20/1599, 58).

20 Gemäß **Nummer 11** wird der Bestand und die geplante Stilllegung von Erzeugungskapazitäten, sowie die Investitionen in die Erzeugungskapazitäten mit Blick auf die Versorgungssicherheit überwacht. Darüber hinaus wird der Bestand, die bereitgestellte Leistung, die gelieferte Strommenge und der voraussichtliche Zeitpunkt der Außerbetriebnahme von Speichern mit einer Nennleistung von mehr als 10 MW beobachtet. Damit wird nicht nur Art. 59 Abs. 1 lit. k und v Elektrizitäts-Binnenmarkt-Richtlinie (EU) 2019/944 sowie Art. 41 Abs. 1 lit. g Gas-Binnenmarkt-Richtlinie 2009/73/EG umgesetzt, es werden auch Daten erhoben, die auch für das Monitoring der Versorgungssicherheit nach § 51 nützlich sein können (Monitoringbericht 2020, 69 f.).

21 Gemäß **Nummer 12** wird der Grad der Transparenz, auch der Großhandelspreise, sowie der Grad und die Wirksamkeit der Marktöffnung und der Umfang des Wettbewerbs beobachtet. Die Zuweisung für Nummer 12 reicht allerdings nur soweit, wie die Monitoring-Aufgabe nicht durch Gesetz einer anderen Stelle übertragen wurde. Gemäß § 48 Abs. 3 S. 1 GWB obliegt das Monitoring in diesem Bereich dem BKartA (Art. 59 Abs. 1 lit. n Elektrizitäts-Binnenmarkt-Richtlinie (EU) 2019/944, Art. 41 Abs. 1 lit. i Gas-Binnenmarkt-Richtlinie 2009/73/EG).

22 Gemäß **Nummer 13** umfasst das Monitoring ferner die Entwicklung der Ausschreibungen abschaltbarer Lasten durch die Betreiber von Übertragungsnetzen nach § 13 Abs. 6 S. 1, insbesondere soweit die Bundesregierung eine entsprechende Rechtsverordnung nach § 13i Abs. 1 und 2 erlassen hat (bis 30.6.2022: AbLaV, gem. § 20 Abs. 2 S. 1 AbLaV am 1.7.2022 außer Kraft getreten).

E. Ergänzende Informationen (Abs. 1a)

23 Durch Art. 3 Gesetz vom 17.12.2018 (BGBl. I 2549) wurde Absatz 1a neu eingefügt und somit eine **neue Rechtsgrundlage** für die Regulierungsbehörde zur Anforderung von Informationen von Betreibern von Stromerzeugungsanlagen und Betreibern von Speichern für die Erstellung eines Berichts nach § 63 Abs. 3a geschaffen. Außerdem soll damit die Einhaltung der Pflichten der Netzbetreiber nach § 13 überwacht werden können. In Bezug auf den Bericht nach § 63 Abs. 3a ist die Abfrage der zusätzlichen Daten erforderlich, da die Regulierungsbehörde teilweise über § 12 Abs. 4 hinausgehende Informationen benötigt. Anhand der Informationen über den elektrischen Wirkungsgrad, Leistungsgradienten, Mindestbetriebs- sowie Stillstandzeiten, An- und Abfahrdauer und -kosten sowie der Vergütung von KWK-Strom, von Eigenverbrauch oder Wärmebereitstellung, lassen sich volkswirtschaftliche Ineffizienzen identifizieren und ggf. geeignete Maßnahmen zur Behebung bestehender Ineffizienzen einleiten. Die Daten werden zum Schutz der Betriebs- und Geschäftsgeheimnisse nicht anlagenscharf, sondern ausschließlich in aggregierter Form veröffentlicht (BT-Drs. 19/6155, 107).

F. Monitoring-Prozess

24 Es gibt keine gesetzlichen Regelungen bezüglich des Ablaufs der Datenerhebung. Der BNetzA bleibt folglich ein weiter Spielraum für die tatsächliche Ausgestaltung.

Allgemeines § 35a EnWG

Die für die Informationsgewinnung erforderliche **Datenerhebung** beruht auf Fragebögen 25
und ergänzenden Definitionen. Sowohl die Fragebögen als auch die Definitionsliste werden
vorab einem Konsultationsprozess mit den Betroffenen unterzogen, um die Belastungen für
die Unternehmen abzumildern und deren fachliche Kompetenz zu nutzen. Mithin handelt
es sich mehr um eine Kooperationsverfahren als eine einseitige Durchsetzung des Monitorings mit den Mitteln des § 69 (→ Rn. 28).

Die daraufhin finalisierten Unterlagen stellt die BNetzA zum Download auf ihre Internet- 26
seite. Innerhalb einer festgelegten Frist müssen die betroffenen Unternehmen anschließend
die für ihr jeweiliges Geschäftsfeld relevanten **Fragebögen** ausfüllen und hochladen. Damit
einher gehen zwangsläufig Eingriffe in die Freiheitsgrundrechte der Unternehmen (insbesondere Art. 12 und 14 GG). Daher hat der Gesetzgeber unter dem Gesichtspunkt des Vorbehalts
des Gesetzes in § 35 Abs. 1 und 1a abschließend normiert, was Gegenstand der Abfrage sein
kann (→ Rn. 10ff.). Bei vermeintlichen Verstößen gegen das Verhältnismäßigkeitsprinzip
können Unternehmen Beschwerde nach §§ 75ff. einlegen und innerhalb einer Frist eine
rechtsmittelfähige Auskunftsverfügung von der BNetzA verlangen.

Die Auswertung der ausgefüllten Fragebögen erfolgt automatisiert. Die Ergebnisse des 27
Monitorings veröffentlicht die BNetzA gem. § 63 Abs. 3 in ihrem jährlichen **Bericht** und
legt ihn zugleich der Europäischen Kommission und der Europäischen Agentur für die
Zusammenarbeit der Energieregulierungsbehörden (ACER) vor. Damit werden die europarechtlichen Anforderungen nach Art. 59 Abs. 1 lit. i Elektrizitäts-Binnenmarkt-Richtlinie
(EU) 2019/944 bzw. Art. 41 Abs. 1 lit e Gas-Binnenmarkt-Richtlinie 2009/73/EG umgesetzt. Soweit wettbewerbliche Aspekte betroffen sind, ist gem. § 63 Abs. 3 S. 1 dabei auch
das Einvernehmen mit dem BKartA herbeizuführen. In den Bericht ist außerdem auch der
Bericht des BKartA nach § 48 Abs. 3 S. 1 GWB über das Monitoring im Bereich nach § 35
Abs. 1 Nr. 12 aufzunehmen.

G. Ermittlungsbefugnisse nach § 69

Die BNetzA verfügt bei der Durchführung des Monitoring nach § 35 Abs. 2 über die 28
Befugnisse nach § 69. Die entsprechend geltenden **Auskunftsrechte** dienen dazu, die erforderlichen Informationen zu erlangen (BT-Drs. 17/6072, 37 f., 92). Unter Berücksichtigung
des verfassungsrechtlichen Verhältnismäßigkeitsgrundsatzes könnten darüberhinausgehend
auch Betretungsrechte bestehen und Durchsuchungen möglich sein. Lediglich § 69 Abs. 10
geht bei entsprechender Anwendung ins Leere, da sich das Ermittlungsrecht der Behörde
bereits aus § 35 ergibt.

§ 35a Allgemeines

(1) ¹**Der Marktgebietsverantwortliche wirkt im Rahmen der Gewährleistung der Versorgungssicherheit mit und kann in diesem Rahmen nach Maßgabe der §§ 35b bis 35d angemessene Maßnahmen ergreifen.** ²**Das Bundesministerium für Wirtschaft und Klimaschutz erteilt die Zustimmung im angemessenen Umfang.**

(2) ¹**Die Vorschriften dieses Teils sind nur für Gasspeicheranlagen anzuwenden, die mindestens einen Einspeisepunkt an das deutsche Fernleitungsnetz haben.** ²**Die zu Speicherzwecken genutzten Teile von LNG Anlagen sind von den Vorschriften dieses Teils ausgenommen.**

Überblick

Mit § 35a leitet der Gesetzgeber jene Regelungen ein, mit denen in Reaktion auf die mit
dem Ukraine-Krieg verbundenen Risiken für die deutsche Gasversorgung eine dem Interesse
der Versorgungssicherheit dienende Bewirtschaftung der an das deutsche Fernleitungsnetz
angeschlossenen Gasspeicher erreicht werden soll. Die Norm erschöpft sich darin, im ersten
Absatz den Marktgebietsverantwortlichen und das Bundesministerium für Wirtschaft und
Klimaschutz als zentrale Akteure für Maßnahmen nach den §§ 35b–35d zu benennen sowie

König/Richter 1009

A. Normzweck und Bedeutung

1 Mit dem Teil 3a des EnWG, bestehend aus den §§ 35a–35h, hat der Gesetzgeber früh auf eine etwaige Gasversorgungskrise reagiert, die sich spätestens mit Beginn des Ukraine-Kriegs im Februar 2022 und den damit verbundenen politischen Spannungen zwischen Russland und Deutschland/der EU als zunehmend reale Gefahr abzeichnete.

2 **Hauptregelungsgegenstand** der neuen Vorschriften ist die **Realisierung bestimmter Mindestfüllstände von Gasspeichern,** mit dem Ziel, für die Heizperioden möglichst große Gasreserven vorzuhalten. Dieses Ziel erklärt die gesetzgeberische Eile, mit der die Regelungen den Gesetzgebungsprozess durchliefen: Der Gesetzentwurf wurde von den Regierungsfraktionen am 15.3.2022 eingebracht (BT-Drs. 20/1024 [Gesetzentwurf]) und noch am 17.3.2022 nach der ersten Beratung durch den Bundestag an den Ausschuss überwiesen (BT-Prot. 20/21 vom 17.3.2022, S. 1652C). Eine am 23.3.2022 vom Ausschuss für Klimaschutz und Energie geänderte Fassung (BT-Drs. 20/1144) wurde sodann in zweiter und dritter Beratung am 25.3.2022 vom Bundestag angenommen (BT-Prot. 20/26 vom 25.3.2022, S. 2238C). Nachdem der Bundesrat auf die Einberufung des Vermittlungsausschusses verzichtet hatte (BR-Drs. 132/22(B)) wurde das Gesetz am 29.4.2022 verkündet (BGBl. 2022 I 674). Damit trat es gem. § 35g S. 1 am 30.4.2022 in Kraft.

3 Parallel wurden auch **unionsrechtliche Befüllungsziele für Gasspeicher** definiert (Art. 6a–6d der Gas-SoS-VO (VO (EU) 2017/1938). Hierbei wurden den Mitgliedstaaten aber große Freiräume gelassen, wie sie das Erreichen der Befüllungsziele sicherstellen. Die §§ 35a ff. beschreiben den von Deutschland insoweit eingeschlagenen Weg, der mit dem Ziel gewählt wurde, möglichst wenig in den Markt einzugreifen.

4 Die Gasspeicher in Deutschland verfügen über das europaweit größte Volumen mit einem Fassungsvermögen von etwa 24 Milliarden Kubikmetern (BT-Drs. 20/1024, 1, 14; BT-Drs. 20/1144, 11). Es gibt 46 Gasspeicher an 32 Standorten in Deutschland; das Gesamtvolumen deckt etwa ein Viertel des deutschlandweiten Jahresverbrauchs ab (Habeck, BT-Prot. 20/21 vom 17.3.2022, S. 1645B). Entsprechend groß ist die wirtschaftliche Bedeutung der Regelungen der §§ 35a ff. und der potentielle Beitrag der Anlagen zur Gewährleistung einer sicheren Gasversorgung.

5 Als erste Norm des Teils 3a ist § 35a so kurz geraten, dass sich die Bedeutung der Regelungen nicht auf den ersten Blick erschließt. Statt den Regelungszweck und -inhalt dieses Teils zu umreißen, widmet sich die Norm im ersten Absatz Zuständigkeitsfragen und im Absatz 2 der Frage, welche Gasspeicheranlagen vom Anwendungsbereich der Regelungen des Teils 3a erfasst sind.

B. Zuständigkeit des Marktgebietsverantwortlichen (Abs. 1)

6 Aufgrund der funktionalen Trennung zwischen Netzbetrieb, Gasspeicherbetrieb und der Nutzung dieser Infrastrukturen durch Gaslieferanten ist die normative Sicherstellung einer hinreichenden Befüllung von Gasspeichern nicht trivial. Der deutsche Gesetzgeber hat sich für eine Lösung entschieden, die zwar in einem ersten Schritt durch **Vorgaben für Speichernutzungsverträge zwischen Gasspeicherbetreibern und Speichernutzern** auf eine hinreichende Speicherbefüllung hinwirken will, hierbei jedoch weder dem einen noch dem anderen eine Verpflichtung auferlegt, in einem bestimmten Umfang für die jeweiligen Speicherkapazitäten für die Einspeicherung von Gas zu sorgen (vgl. → § 35b Rn. 2 ff.). Um dennoch die hinreichende Einspeicherung für das Erreichen der Füllstandsvorgaben sicherzustellen, wurden einem dritten Akteur, dem Marktgebietsverantwortlichen, verschiedene Möglichkeiten eröffnet, für zusätzliche Einspeicherungen zu sorgen. Damit ist der **Marktgebietsverantwortliche,** namentlich die Trading Hub Europe GmbH als seit dem 1.10.2021 einziger Marktgebietsverantwortlicher, ein **zentraler Akteur der Gasspeicherbewirtschaftung** geworden.

7 Absatz 1 Satz 1 enthält eine entsprechende Aufgabenzuweisung an den Marktgebietsverantwortlichen, mit der dessen Verantwortungsbereich erheblich dahin erweitert wird, dass er

Allgemeines § 35a EnWG

nach Maßgabe der Regelungen in §§ 35b–35d für ein Erreichen der gesetzlich vorgegebenen Gasspeichermindestfüllstände sorgen soll. Mit seiner tradierten Rolle, einen virtuellen Handelspunkt zu betreiben sowie Systemdienstleistungen (Bilanzierung, Regelenergiebeschaffung und -einsatz) gesamthaft für die Fernleitungsnetzbetreiber wahrzunehmen (vgl. § 20 GasNZV), hat die Verantwortung für die Erreichung von Gasspeicherfüllständen zur Abwendung oder -milderung der Folgen einer Gasmangellage nicht mehr viel gemein (kritisch daher auch Merk RdE 2022, 450). Wenn die ebenfalls neu aufgenommene Definitionsnorm des § 3 Nr. 26a den Marktgebietsverantwortlichen (weiterhin wie bereits in § 2 Nr. 11 GasNZV) definiert als „die von den Fernleitungsnetzbetreibern mit der Wahrnehmung von Aufgaben des Netzbetriebs beauftragte bestimmte natürliche oder juristische Person, die in einem Marktgebiet Leistungen erbringt, die zur Verwirklichung einer effizienten Abwicklung des Gasnetzzugangs durch eine Person zu erbringen sind", reflektiert dies diesen in § 35a angelegten neuen Aufgabenbereich nicht.

I. Aufgaben des Marktgebietsverantwortlichen

Die Aufgabe des Marktgebietsverantwortlichen wird – dem Zweck des Teils 3a des EnWG folgend – in der Mitwirkung bei der Gewährleistung der Versorgungssicherheit gesehen. In diesem Rahmen kann der Marktgebietsverantwortliche im Rahmen des §§ 35b–35d angemessene Maßnahmen ergreifen. Welche Maßnahmen das sein können, wird in den **§§ 35b–35d** geregelt, auf die Absatz 1 Satz 1 verweist. Im Wesentlichen handelt es sich um **verschiedene Handlungsoptionen,** mit denen der Marktgebietsverantwortliche auf **ungenutzte Gasspeicherkapazitäten** zugreifen, **Gaseinspeicherungen durch Dritte veranlassen oder selbst vornehmen** und schließlich diese **Gasmengen wieder ausspeichern** kann, wenn sie zur Krisenbewältigung benötigt werden oder zum Ende der Heizperiode die Gasvorräte wieder ratierlich abgebaut werden können.

Die nach dem Wortlaut des § 35a Abs. 1 S. 1 sog. Mitwirkung darf nicht als bloße Unterstützungsfunktion missverstanden werden. In der Sache ist der Marktgebietsverantwortliche der zentrale Akteur, der Maßnahmen zur Gasspeicherbefüllung trifft, wenn dies durch die Akteure auf dem Gasmarkt nicht in ausreichendem Maße erfolgt. Freilich steht dieses Handeln weitgehend unter den in den jeweiligen Folgeparagrafen geregelten **Zustimmungsvorbehalten.** Das Bundesministerium für Wirtschaft und Klimaschutz soll nach Absatz 1 Satz 2 seine Zustimmung „in angemessenem Umfang" erteilen.

In der Formulierung, dass der Marktgebietsverantwortliche angemessene Maßnahmen ergreifen „kann", deutet sich ein Entscheidungsspielraum des Marktgebietsverantwortlichen an. Die §§ 35c ff. enthalten indes **klare Handlungsaufträge,** die allenfalls bei der Art der Ausgestaltung der Maßnahmen einen gewissen Handlungsspielraum im Rahmen dessen belassen, was vom BMWK angeordnet wird. Jedenfalls ist der Marktgebietsverantwortliche nach den §§ 35a ff. in einer Verantwortung zur Mitwirkung bei der Gewährleistung der Versorgungssicherheit, der er sich nicht in freiem Ermessen entziehen kann.

Der Marktgebietsverantwortliche muss „**angemessene**" **Maßnahmen** ergreifen. Ähnlich wie auch bei anderen Systemverantwortungen (etwa Maßnahmen nach §§ 13 Abs. 2 und 16 Abs. 2) soll also das Ziel einer hinreichenden Gaseinspeicherung mit verhältnismäßigen Maßnahmen erreicht werden. Abzuwägen gilt es insbesondere das Interesse einer präventiven Bevorratung mit den damit verbundenen Grundrechtseingriffen und aktuellen Beeinträchtigungen des Marktes, insbesondere auch zulasten der Letztverbraucher, denn durch die Einspeicherung wird dem Markt regelmäßig Liquidität entzogen. Zwar mag es insoweit einen gewissen Handlungsspielraum des Marktgebietsverantwortlichen geben, doch **trägt (zu Recht) vor allem der Bund die Verantwortung für die Angemessenheit der Markteingriffe** und muss von seinen Zustimmungs- und Anordnungsrechten entsprechend Gebrauch machen (→ Rn. 13).

Die dem Marktgebietsverantwortlichen überantworteten Aufgaben stellen keine Übertragung hoheitlicher Befugnisse dar und sind somit **nicht als Beleihung** einzuordnen (Ludwigs NVwZ 2022, 1086 (1089)). Ähnlich wie den Übertragungs- und Fernleitungsnetzbetreibern bestimmte Aufgaben und Rechte zur Gewährleistung der Systemstabilität übertragen werden, handelt es sich lediglich um eine Indienstnahme Privater.

Richter

II. Zustimmungserfordernis (Abs. 1 S. 2)

13 Der erst im Verlauf des Gesetzgebungsverfahrens eingefügte Satz 2 erwähnt schon in § 35a das Zustimmungserfordernis des BMWK und die Pflicht, in „angemessenem Umfang" zuzustimmen. Diese Zustimmungsvorbehalte finden sich dann im Einzelnen in den jeweiligen Regelungen der einzelnen Maßnahmen in den § 35b ff. Es ging darum, schon in der Einleitungsnorm die Verantwortung des Bundes zu verdeutlichen (BT-Drs. 20/1144, 15) und klarzustellen, dass der Marktgebietsverantwortliche nicht umfänglich nach eigenem Ermessen entscheiden oder handeln kann.

14 Zustimmungen im angemessenen Umfang bedeutet vor allem, dass dafür gesorgt werden muss, dass mit Blick auf die jeweilige Gasmarktsituation **die nötigen, aber keine überschießenden Maßnahmen** getroffen werden. Hierbei wird **dem Bund ein erheblicher Beurteilungsspielraum bei der Krisenbewertung zuzugestehen** sein, da vor allem eine Prognose der künftigen Entwicklung der Gasversorgung darüber entscheidet, welche präventiven Eingriffe geboten und angemessen sind. Das Bundesministerium für Wirtschaft und Klimaschutz kann nach Lage der Dinge auch vor der Abwägung stehen, die Füllstandsvorgaben des § 35b vollständig zu erreichen oder in besonderen akuten Mangellagen niedrige Füllstände beizubehalten (BT-Drs. 20/1144, 13).

C. Sachlicher Anwendungsbereich (Abs. 2)

15 In Absatz 2 wird der sachliche Anwendungsbereich des Teils 3a definiert. Ziel war es, alle Gasspeicheranlagen zu erfassen, die für den deutschen Gasmarkt unmittelbare Bedeutung für die Versorgungssicherheit haben.

16 Deshalb wurde in Absatz 2 Satz 1 geregelt, dass die §§ 35a ff. nur auf Gasspeicheranlagen Anwendung finden, die mindestens über einen Einspeisepunkt an das deutsche Fernleitungsnetz verfügen. Mit der Verwendung des Begriffs der „Gasspeicheranlage" setzt der Gesetzgeber auf der Definition in § 3 Nr. 19c auf, so dass etwa Speicher, die ausschließlich Netzbetreibern vorbehalten sind, nicht erfasst sind. Die zusätzliche Anforderung eines Anschlusspunktes an das deutsche Fernleitungsnetz modifiziert den Kreis der erfassten Anlagen. Der **Einspeisepunkt an einem Fernleitungsnetz** indiziert eine hinreichende Bedeutung des Gasspeichers für die Versorgungssicherheit in Abgrenzung zu kleineren Speichern, die lediglich lokale Bedeutung haben.

17 Die Gasspeicheranlage muss, anders als in der ursprünglichen Fassung des Gesetzes nicht mehr in Deutschland liegen. Mit Gesetz vom 8.7.2022 hat der Gesetzgeber die Formulierung „in Deutschland gelegen […]" wieder aufgehoben (BGBl. 2022 I 1054). Dies sollte ermöglichen, dass die in Österreich gelegenen Gasspeicher Haidach und 7-Fields, die an das deutsche Gasnetz angeschlossen sind, in den Anwendungsbereich des EnWG einbezogen werden können (BT-Drs. 20/2664, 8). Dazu sah der Gesetzgeber eine Notwendigkeit, weil Österreich und Deutschland nach den Vorgaben der novellierten Gas-SoS-Verordnung (VO (EU) 2017/1938) gemäß Anhang 1b für diese beiden Speicher eine gemeinsame Verantwortung zur Einhaltung der unionsrechtlichen Befüllungsziele tragen.

18 Aus dem Anwendungsbereich ausdrücklich ausgenommen werden nach Absatz 2 Satz 2 auch die zu Speicherzwecken genutzten LNG-Anlagen, die nach der Legaldefinition in § 3 Nr. 19c ebenfalls „Gasspeicheranlagen" sind. Hintergrund ist, dass zur Gewährleistung der Versorgungssicherheit in Teil 3a lediglich auf die kapazitätsstarken Kavernen- und Porenspeicher zugegriffen werden soll (vgl. BT-Drs. 20/1024, 20). Die zu Speicherzwecken genutzten Teile von LNG-Anlagen können diese Funktion nicht erfüllen.

§ 35b Füllstandsvorgaben; Bereitstellung ungenutzter Speicherkapazitäten; Verordnungsermächtigung

(1) ¹Der Betreiber einer Gasspeicheranlage hat vertragliche Regelungen aufzunehmen, welche die jeweiligen Rahmenbedingungen zur Erreichung der nachfolgend dargestellten Füllstandsvorgaben definieren, wonach jeweils im Zeitraum vom 1. Oktober eines Kalenderjahres bis zum 1. Februar des Folgejahres die von ihm betriebenen Gasspeicheranlagen einen Füllstand nach Satz 2 aufweisen sollen.

Füllstandsvorgaben; Bereitstellung ungenutzter Speicherkapazitäten § 35b EnWG

²Hierbei sind in jeder Gasspeicheranlage die nachfolgend angegebenen Füllstände als prozentualer Anteil am Arbeitsgasvolumen der Gasspeicheranlage zu den genannten Stichtagen vorzuhalten (Füllstandsvorgaben):
1. am 1. Oktober: 80 Prozent.
2. am 1. November: 90 Prozent.
3. am 1. Februar: 40 Prozent.

(2) Um die Einhaltung der Füllstandsvorgaben nach Absatz 1 Satz 2 zu gewährleisten, hat der Betreiber einer Gasspeicheranlage bereits am 1. August eines Kalenderjahres einen Füllstand nachzuweisen, der die Erreichung der Füllstandsvorgaben nicht gefährdet.

(3) Das Bundesministerium für Wirtschaft und Klimaschutz kann durch Rechtsverordnung ohne Zustimmung des Bundesrates abweichende Regelungen zu den relevanten Stichtagen und Füllstandsvorgaben nach Absatz 1 Satz 2 und Absatz 2 festlegen, soweit die Sicherheit der Gasversorgung dabei angemessen berücksichtigt bleibt.

(4) ¹Der Betreiber einer Gasspeicheranlage hat den Nachweis über die Einhaltung der Vorgaben aus Absatz 1 Satz 2 und Absatz 2 sowie, soweit eine Rechtsverordnung nach Absatz 3 erlassen wurde, die Einhaltung der darin enthaltenen Vorgaben, gegenüber dem Bundesministerium für Wirtschaft und Klimaschutz, der Bundesnetzagentur und dem Marktgebietsverantwortlichen schriftlich oder elektronisch zu erbringen. ²Der Betreiber einer Gasspeicheranlage muss im Rahmen von Satz 1 nachweisen, ob Gas physisch in den Gasspeicheranlagen in entsprechender Menge eingelagert ist. ³Zusätzlich zum Nachweis nach Satz 1 hat der Betreiber einer Gasspeicheranlage der Bundesnetzagentur und dem Marktgebietsverantwortlichen insbesondere folgende Angaben zu übermitteln:
1. die prozentualen Füllstände sowie die Füllstände in Kilowattstunden,
2. den Nachweis darüber, dass der jeweilige Gasspeicher die Voraussetzungen nach § 35a Absatz 2 Satz 1 erfüllt sowie
3. sonstige im Zusammenhang mit der Erfüllung der Füllstandsvorgaben relevante Informationen.
⁴Die Mitteilungen nach Satz 3 müssen elektronisch in einem mit der Bundesnetzagentur und dem Marktgebietsverantwortlichen abgestimmten Datenformat einmal wöchentlich übermittelt werden, auf Verlagen der Bundesnetzagentur oder des Marktgebietsverantwortlichen in kürzeren Zeitabständen. ⁵Sofern die Angaben nach Satz 3 Nummer 1 zur Überprüfung und Sicherstellung der Füllstandsvorgaben nicht ausreichend sind, kann die Bundesnetzagentur die Angaben nach Satz 3 Nummer 1 je Nutzer der Gasspeicheranlage verlangen.

(5) Wenn erkennbar ist, dass die Füllstandsvorgaben nach Absatz 1 Satz 2, soweit eine Rechtsverordnung nach Absatz 3 erlassen wurde die darin enthaltenen Vorgaben, oder Absatz 3 technisch nicht erreicht werden können, weil der Nutzer einer Gasspeicheranlage die von ihm auf fester Basis gebuchten Arbeitsgasvolumina (Speicherkapazitäten) nicht nutzt, ist der Betreiber einer Gasspeicheranlage verpflichtet, dem Marktgebietsverantwortlichen die nicht genutzten Speicherkapazitäten der Nutzer der Gasspeicheranlage rechtzeitig anteilig nach dem Maß der Nichtnutzung des Nutzers in dem zur Erreichung der Füllstandsvorgaben erforderlichen Umfang bis zum Ablauf des Speicherjahres zur Verfügung zu stellen; hierzu gehört auch die Ein- und Ausspeicherleistung.

(6) ¹Der Betreiber einer Gasspeicheranlage hat in einem Vertrag über die Nutzung einer Gasspeicheranlage vertragliche Bestimmungen aufzunehmen, welche ihn berechtigen, von dem Nutzer nicht genutzte Speicherkapazitäten dem Marktgebietsverantwortlichen zur Verfügung zu stellen, soweit hinsichtlich des Nutzers die Voraussetzungen nach Absatz 5 vorliegen. ²Der Nutzer einer Gasspeicheranlage, dessen Speicherkapazitäten der Betreiber der Gasspeicheranlage dem Marktgebietsverantwortlichen zur Verfügung gestellt hat, bleibt zur Zahlung der Entgelte für die Speichernutzung verpflichtet mit Ausnahme der variablen Speicherentgelte für die Ein- und Ausspeisung. ³Eine von Satz 2 abweichende vertragliche Vereinba-

rung ist unwirksam. ⁴Auf Aufforderung der Bundesnetzagentur weist der Betreiber einer Gasspeicheranlage die Umsetzung der Verpflichtung nach Absatz 5 nach.

(7) ¹Das Bundesministerium für Wirtschaft und Klimaschutz kann ohne Zustimmung des Bundesrates durch Rechtsverordnung ein von Absatz 5 und 6 abweichendes Verfahren über die Zurverfügungstellung vom Nutzer einer Gasspeicheranlage ungenutzter Kapazitäten an den Marktgebietsverantwortlichen regeln, soweit dies zur Gewährleistung der Versorgungssicherheit erforderlich ist. ²Hierzu kann unter Berücksichtigung der technischen und wirtschaftlichen Rahmenbedingungen insbesondere geregelt werden, ob die vom Nutzer einer Gasspeicheranlage ungenutzten Speicherkapazitäten als unterbrechbare Kapazitäten durch den Marktgebietsverantwortlichen genutzt werden dürfen.

Überblick

Mit § 35b werden Füllstandsvorgaben für Gasspeicher definiert, die zu bestimmten Stichtagen erreicht werden sollen. Mit den Füllständen soll erreicht werden, dass eine Gasmangellage und die mit ihr einhergehenden tatsächlichen Risiken, aber auch Reaktionen des Marktes überstanden werden können. Die Norm regelt nur partiell, wie diese Füllstände realisiert werden sollen, nämlich im ersten Schritt durch entsprechende Informationspflichten der Gasspeicherbetreiber (Absätze 2 und 4) und deren Verpflichtung, über die Gestaltung der Gasspeicherverträge (Absatz 6) die Anwendung des Use-it-or-lose-it Prinzips zu ermöglichen, nach dem von Gasspeichernutzern ungenutzte Kapazitäten unter näher genannten Voraussetzungen dem Marktgebietsverantwortlichen zur Verfügung gestellt werden können (Absatz 5). Die Absätze 3 und 7 enthalten Verordnungsermächtigungen, die es insbesondere ermöglichen, andere Füllstandsvorgaben vorzugeben und das Verfahren zum Kapazitätsentzug abweichend zu regeln.

Übersicht

	Rn.		Rn.
A. Füllstandsvorgaben und Verpflichtung zur Aufnahme vertraglicher Regelungen zu deren Erreichung (Abs. 1)	1	C. Das „use-it-or-lose-it" Prinzip (Abs. 5-7)	17
I. Aufnahme vertraglicher Regelungen in Speichernutzungsverträgen (S. 1)	2	I. Voraussetzungen des Kapazitätsentzugs	18
		II. Umfang des Entzuges	22
II. Die Füllstandsvorgaben (S. 2, Abs. 3)	5	III. Umsetzung und Modalitäten der Kapazitätsübertragung	25
B. Nachweispflichten für Gasspeicherbetreiber (Abs. 2, Abs. 4)	9	IV. Verordnungsermächtigung (Abs. 7)	30

A. Füllstandsvorgaben und Verpflichtung zur Aufnahme vertraglicher Regelungen zu deren Erreichung (Abs. 1)

1 § 35b Abs. 1 definiert die Füllstandsvorgaben für Gasspeicher und bestimmt, dass der Gasspeicherbetreiber vertragliche Regelungen aufnehmen soll, die gegenüber den Speichernutzern festlegen, wie die Füllstandsvorgaben erreicht werden sollen.

I. Aufnahme vertraglicher Regelungen in Speichernutzungsverträgen (S. 1)

2 § 35b Abs. 1 S. 1 verpflichtet die Betreiber von Gasspeicheranlagen zur Aufnahme vertraglicher Regelungen, welche die „Rahmenbedingungen zur Erreichung" der in Satz 2 genannten Füllstandsvorgaben „definieren" sollen. Die Formulierung ist etwas nebulös geraten. Sie beschreibt weder mit wem noch was konkret vertraglich geregelt werden soll. Die Antwort ergibt sich erst aus dem Gesamtkontext der Norm.

3 Dem Gasspeicherbetreiber werden zwar in § 35b einzelne Pflichten auferlegt, er kann zum Erreichen der Füllstandsvorgaben – da er weder selbst Gas einspeichert noch auf bereits vermarktete Speicherkapazitäten ohne Weiteres zugreifen kann – nur beitragen, wenn er sich entsprechende Rechte in den von ihm geschlossenen Speichernutzungsverträgen einräumt. Nur im Zusammenwirken aller Speicherkunden und des Gasspeicherbetreibers kann

auf den Füllstand eines Speichers Einfluss genommen werden. Im ursprünglichen Gesetzentwurf war lediglich im Absatz 6 eine Vorgabe zur vertraglichen Ausgestaltung von Speichernutzungsverträgen, nämlich in Bezug auf das Recht zum Kapazitätsentzug bei Nichtnutzung, vorgesehen. Durch die spätere zusätzliche Aufnahme einer Pflicht zur Aufnahme vertraglicher Regelungen in Absatz 1 sollte bereits hier deutlich werden, was der Gasspeicherbetreiber gegenüber den Nutzern vorzunehmen hat, um die in Satz 2 genannten Vorgaben für Speicherfüllstände zu erreichen (BT-Drs. 20/1144, 15).

Was konkret über die Ausgestaltung des Rechts zum Entzug der Nutzungskapazitäten im Falle der Nichtnutzung nach Absatz 6 hinausgehend an Rahmenbedingungen definiert werden soll, ergibt sich weder aus dem Wortlaut der Norm noch aus der Gesetzesbegründung. Als Beispiel einer Regelung zum Kapazitätsentzug nach Absatz 6 nennt der Gesetzgeber die Möglichkeit der „Vereinbarung von Kennlinien" (BT-Drs. 20/1024, 22). Die Gasspeicherbetreiber müssen bestrebt sein, in ihren Speichernutzungsbedingungen sämtliche Regelungen des § 35b, die auf das Speichernutzungsverhältnis einwirken können, vertraglich abzubilden. Neben der Regelung zum Entzug der Kapazitäten zählt dazu insbesondere auch die Pflicht zur Fortzahlung der Speicherentgelte (vgl. Absatz 6 Satz 2). Es liegt nahe, in den Speichernutzungsbedingungen auch einen Anpassungsvorbehalt bei Änderungen der Vorgaben zur Speicherbewirtschaftung vorzusehen. Den Speicherbetreibern wird insoweit ein gewisser Ausgestaltungsspielraum zuzugestehen sein.

II. Die Füllstandsvorgaben (S. 2, Abs. 3)

§ 35b Abs. 1 S. 2 sieht auf die Stichtage 1. Oktober, 1. November und 1. Februar bezogene Mindestfüllstände für Gasspeicheranlagen vor. Sie müssen, jeweils bezogen auf das Arbeitsgasvolumen des Speichers, zu diesen Zeitpunkten mindestens 80 Prozent, 90 Prozent bzw. 40 Prozent betragen.

Die so legaldefinierten Füllstandsvorgaben wurden durch den Verordnungsgeber noch einmal ambitionierter gesetzt: Auf der Grundlage der Verordnungsermächtigung in Absatz 3 wurde in der Gasspeicherfüllstandsverordnung (BAnz AT 28.07.2022 V1 – GasSpFüllstV) eine Füllstandsvorgabe von 85 Prozent für den 1. Oktober und 95 Prozent für den 1. November festgelegt. Diese Vorgaben gelten bis zum 31.3.2025 (deren Nichtigkeit annehmend indes Merk RdE 2022, 450 (453), siehe auch → Rn. 7).

Die Verordnungsermächtigung in Absatz 3 erlaubt dem Bundesministerium für Wirtschaft und Klimaschutz ohne Zustimmung des Bundesrates sowohl abweichende Stichtage als auch abweichende Füllstandsvorgaben durch Rechtsverordnung festzulegen. Hierbei muss, wie die Ermächtigung ausdrücklich hervorhebt, „die Sicherheit der Gasversorgung dabei angemessen berücksichtigt" bleiben. Solange dies beachtet ist, können also auch wenige strenge Vorgaben gemacht werden. Die Verfassungsmäßigkeit dieser Verordnungsermächtigung wird unter Verweis auf ihre mangelnde Bestimmtheit und einen Verstoß gegen den Vorbehalt des Gesetzes in Frage gestellt (Merk RdE 2022, 450 (451 f.)).

§ 35b Abs. 1 S. 2 formuliert die Füllstandsvorgaben als objektive Zielvorgabe (von einer Füllstandsvorgabe ohne konkreten Adressaten spricht daher Merk RdE 2022, 450 (451)). Die Füllstände sind insbesondere nicht vom Betreiber des Gasspeichers als Infrastrukturbetreiber selbst vorzuhalten (vgl. BT-Drs. 20/1144, 15). Sie sind eine Zielgröße für alle beteiligten Akteure innerhalb ihres jeweiligen Verantwortungsbereichs.

B. Nachweispflichten für Gasspeicherbetreiber (Abs. 2, Abs. 4)

Der Gasspeicherbetreiber hat nach Absatz 2 und Absatz 4 des § 35b diverse Nachweispflichten, die dem Ziel dienen, dass das BMWK, die BNetzA sowie der Marktgebietsverantwortliche zeitnah und umfassend darüber informiert sind, ob und inwieweit der jeweilige Gasspeicher die Füllstandsvorgaben auch ohne weitergehende Interventionen erreichen wird.

Absatz 2 normiert, dass Gasspeicherbetreiber bereits am 1. August eines Jahres einen Füllstand ihres Gasspeichers nachweisen müssen, der die Erreichung der Füllstandsvorgaben nicht gefährdet. Den 1. August versteht der Gesetzgeber als „Etappenziel" zur Erreichung des angestrebten Füllvolumens (BT-Drs. 20/1144, 16). In § 1 Abs. 2 S. 1 Gasspeicherfüllstandsverordnung wurde zusätzlich mit dem 1. September ein zweites Etappenziel bestimmt, zu dem nachzuweisen ist, dass der Füllstand der Speicher die spätere Einhaltung der Vorgaben nach Absatz 1 Satz 2 nicht gefährdet.

11 Anders als ursprünglich vorgesehen, bestimmt Absatz 2 für den 1. August keine konkrete Füllstandsvorgabe (der Gesetzentwurf sah 65 Prozent vor). Stattdessen findet sich nun in § 1 Abs. 2 S. 2 Gasspeicherfüllstandsverordnung eine Vermutungsregelung, wonach ein Füllstand von 75 Prozent zum 1. September erwarten lässt, dass die Füllstandsvorgaben erreichbar sind. Ist der Füllstand geringer, obliegt es dem Gasspeicherbetreiber zu erläutern, ob die Vorgaben dennoch erreichbar sind. Dies hängt vor allem davon ab, in welchem Umfang die Kapazitäten gebucht wurden und in welcher Geschwindigkeit der Gasspeicher Einspeicherungen zulässt, also von der Einspeicherleistung des Speichers, die sich je nach Speicherart deutlich unterscheiden kann.

12 Wie oben gesagt, begründet die Regelung ungeachtet ihres Wortlauts keine Verpflichtung des Speicherbetreibers zur eigenen Einspeicherung von Gasmengen. Er wird jedoch über die Ausgestaltung der Speicherbedingungen dafür Sorge tragen müssen, dass die Speichernutzer angehalten sind, bereits bis zum 1. August und 1. September ihre Speicherkapazität so zu bewirtschaften, dass die Füllstandsvorgaben zum 1. Oktober erreicht werden können. Hauptsächlich ist die Nachweispflicht aber eine Informationspflicht, wie sich insbesondere aus Absatz 4 ergibt, der detailliert regelt, welche Daten zu welchen Zeitpunkten zu übermitteln sind.

13 Absatz 4 Satz 1 bestimmt, dass der Nachweis aus § 35b Abs. 1 S. 2, Abs. 2 gegenüber dem BMWK, der BNetzA und dem Marktgebietsverantwortlichen zu erbringen ist. Die Übermittlung des Nachweises kann elektronisch oder schriftlich erfolgen, § 35b Abs. 4 S. 1. Dagegen ist der erweiterte Nachweis nach § 35b Abs. 4 S. 3 lediglich gegenüber der BNetzA und dem Marktgebietsverantwortlichen zu erbringen und muss gem. § 35b Abs. 4 S. 4 zwingend elektronisch erfolgen.

14 In Absatz 4 Satz 2 konkretisiert der Gesetzgeber die Nachweispflicht dahingehend, dass der Nachweis sich auf die physisch im Gasspeicher eingelagerten Mengen bezieht.

15 Die detaillierten Nachweispflichtpflichten gegenüber der BNetzA und dem Marktgebietsverantwortlichen konkretisiert § 35b Abs. 4 S. 3. Danach müssen der prozentuale Füllstand und der in Kilowattstunden umgerechnete Füllstand (Nummer 1) übermittelt und der Nachweis erbracht werden, dass der Gasspeicher den Anwendungsvoraussetzungen aus § 35a Abs. 2 S. 1 unterfällt (Nummer 2). Zudem müssen „sonstige im Zusammenhang mit der Erfüllung der Füllstandsvorgaben relevante Informationen" (Nummer 3) mitgeteilt werden. Als „sonstige" relevante Informationen versteht der Gesetzgeber „die wesentlichen technischen Parameter, die Einfluss auf die Befüllung der Speicher haben, beispielsweise Kennlinien und prognostizierte Füllstandsentwicklungen" (BT-Drs. 20/1024, 22). Die Erreichung der Füllstandsvorgaben soll mit diesen Informationen verfolgt werden und soweit notwendig, frühzeitige regulatorische Eingriffe ermöglichen; insbesondere sollen Maßnahmen nach § 35b Abs. 5, § 35c Abs. 2 sowie § 35d Abs. 4 vorbereitet werden können (BT-Drs. 20/1024, 22).

16 Der Nachweis nach § 35b Abs. 4 S. 3 muss nach Satz 4 des Absatzes lediglich gegenüber der BNetzA und dem Marktgebietsverantwortlichen in einem abgestimmten elektronischen Datenformat erbracht werden. Sie müssen jeweils im Zeitabstand von einer Woche übermittelt werden, können auf Verlangen aber auch häufiger zu übermitteln sein. Eine solche Abfrage in verkürzten Zeitabständen ist insbesondere dann denkbar, wenn Füllstandsvorgaben anhand der Datenauswertung verletzt zu werden drohen (BT-Drs. 20/1024, 22). Neben der BNetzA ist der Marktgebietsverantwortliche im Hinblick auf die gesetzlich übertragene Mitverantwortung eigenständig berechtigt, eine Übermittlung in kürzeren Zeitabständen zu veranlassen.

C. Das „use-it-or-lose-it" Prinzip (Abs. 5-7)

17 § 35b Abs. 5 enthält eine zentrale Regelung des gesamten Systems der Gasspeicherbewirtschaftung nach den §§ 35a ff. Der Absatz regelt, dass und wie ungenutzte Speicherkapazitäten dem Marktgebietsverantwortlichen zugänglich gemacht werden können, wenn dieser für zusätzliche Gaseinspeicherungen sorgen muss, weil die Füllstandsvorgaben drohen, verfehlt zu werden. Nach dem „use-it-or-lose-it" Prinzip muss der Gasspeicherbetreiber den Speichernutzern gebuchte Kapazität temporär entziehen, wenn diese nicht genutzt wird und

erkennbar wird, dass die Füllstandsvorgaben nicht erreicht werden können. Ein gegenüber den gesetzlichen Regelungen für zwei Referenzzeitpunkte (1. Mai und 1. Juni) vorrangiges Verfahren regelt die Gasspeicherbefüllungsverordnung (BAnz AT 1.6.2022 – GasSpBefüllV), die auf Grundlage von § 35c Abs. 3 und 7 erlassen wurde.

I. Voraussetzungen des Kapazitätsentzugs

Die erste Voraussetzung für einen Kapazitätsentzug ist, dass auf fester Basis gebuchte Arbeitsgasvolumina nicht genutzt werden. Nichtnutzung bedeutet nicht, dass dauerhaft keine Speichernutzung erfolgt, sondern dass zum jeweiligen Betrachtungszeitpunkt weniger Arbeitsgasvolumen zur Einspeicherung genutzt ist als technisch erforderlich wäre, um die Füllstandsvorgaben des Speichers zu erreichen. Angesichts der nach dem Wortlaut der Regelung geforderten technischen Betrachtung kommen anders begründete Zweifel an einer Nutzung des Speichers nicht in Betracht. Der Gasspeicherbetreiber darf also nicht etwa aus dem sonstigen Marktverhalten darauf schließen, dass keine ausreichenden Einspeicherungen erfolgen werden. 18

Da sich die Füllstandsvorgaben nicht auf das jeweils gebuchte Arbeitsgasvolumen, sondern auf das gesamte Arbeitsgasvolumen des Speichers beziehen, fragt sich, ob eine zum Kapazitätsentzug berechtigende Nichtnutzung auch dann vorliegt, wenn der Nutzer bezogen auf seinen Kapazitätsanteil pro rata hinreichend zum Erreichen der Füllstandsvorgaben beiträgt, aber andere Teile des Gasspeichers zu wenig genutzt werden. § 2 S. 1 GasSpBefüllV sieht vor, dass unabhängig von der jeweiligen Speichernutzung die freien Kapazitäten jedenfalls dann als unterbrechbare Kapazitäten zur Verfügung gestellt werden müssen, wenn der Speicher zum 1. Mai eines Kalenderjahres einen Füllstand von unterhalb 5 Prozent oder zum 1. Juni eines Kalenderjahres von unterhalb 10 Prozent der Gesamtkapazität der Gasspeicheranlage aufweist. Ein solcher vom individuellen Nutzungsverhalten unabhängiger Entzug ist mit Blick auf den Verhältnismäßigkeitsgrundsatz und das Diskriminierungsverbot nicht unproblematisch. Mehr spricht dafür, nur auf jene anderen Speicherkapazitäten zuzugreifen, die nicht im notwendigen Umfang genutzt werden, um anteilig zum Erreichen der Speichervorgaben beizutragen. 19

Die zweite, zusätzliche Voraussetzung für einen Kapazitätsentzug ist jedoch, dass der Speicher insgesamt droht, die Füllstandsvorgaben zu verfehlen. Daran kann es fehlen, wenn ein Speicherkunde sein Arbeitsgasvolumen zwar nicht ausreichend nutzt, andere Speicherkunden aber dafür größere Mengen eingespeichert haben und der Speicher deshalb insgesamt die Füllstandsvorgaben erreichen kann. 20

Ob die geforderten Füllstände technisch erreichbar sind, ist anhand „allgemeiner Kennlinien und technischer Annahmen" (BT-Drs. 20/1024, 22) zu ermitteln. Diese Bezugnahme auf technische Kriterien dürfte sowohl für den Speicher insgesamt als auch für die Beurteilung einer hinreichenden Nutzung des vom jeweiligen Speicherkunden gebuchten Speichervolumens gelten. Diese technische Anknüpfung kann indes nicht darüber hinwegtäuschen, dass der Normzweck verfehlt würde, wenn geprüft würde, ob der Füllstand mit den gegebenen Speichereigenschaften technisch nicht mehr erreichbar ist. Wäre dies die Voraussetzung für den Kapazitätsentzug, käme die Nutzung durch den Marktgebietsverantwortlichen zu spät. Auf den rechtzeitigen Entzug der Kapazitäten weist auch der Gesetzentwurf (BT-Drs. 20/1024, 22) hin, ohne deutlich zu machen, was tatbestandlich daraus folgen soll. Es dürfte eine perspektivische Betrachtung geboten sein, die das bisherige Nutzungsverhalten der und des Speicherkunden fortschreibt und auf diese Weise eine Aussage über die Gefährdung der Erreichung der Füllstandsvorgaben zulässt. Dazu passt, dass der Gesetzgeber davon ausgeht, dass der Speicherkunde vor einem Entzug der Kapazitäten gewarnt werden solle, wenn dies nicht das Erreichen der Füllstandsvorgaben gefährde (BT-Drs. 20/1024, 22). Für die mithin erforderliche Prognose kann insoweit auf die als Indikatoren in § 1 Abs. 2 GasSpFüllstV genannten Füllstände zum 1. August und 1. September abgestellt werden. Vor dem 1. August sollte ein Kapazitätsentzug nach Auffassung des Gesetzgebers nicht in Betracht kommen (BT-Drs. 20/1024, 22). Davon abweichend ermöglicht § 2 GasSpBefüllV einen Entzug von Kapazitäten (bereits dann), wenn der Füllstand zum 1. Mai lediglich unterhalb von 5 Prozent bzw. zum 1. Juni unterhalb von 10 Prozent liegt. 21

II. Umfang des Entzuges

22 Auch der Umfang des Kapazitätsentzugs richtet sich nach dem oben beschriebenen pro-rata-Ansatz. Dabei werden lediglich die auf fester Basis gebuchten Arbeitsgasvolumina erfasst, wie sich aus der Legaldefinition in Absatz 5 Satz 1 ergibt. Diese Kapazitäten werden „anteilig nach dem Maß der Nichtnutzung des Nutzers in dem zur Erreichung der Füllstandsvorgaben erforderlichen Umfang" entzogen. Die Wendung greift beide auf Tatbestandsseite relevanten Kriterien auch rechtsfolgenseitig auf und begrenzt den Kapazitätsentzug doppelt: Erstens erfolgt ein Entzug nur in dem zur Erreichung der Füllstandsvorgaben erforderlichen Umfang – speicherbezogenes Kriterium – und zweitens nur „anteilig nach dem Maß der Nichtnutzung" – buchungsbezogenes Kriterium. Auf diese Weise werden insgesamt nur die nötigen Kapazitäten entzogen und die einzelnen Speichernutzer nach Maßgabe ihres individuellen Nutzungsverhaltens herangezogen. Wiederum abweichend regelt § 3 GasSpBefüllV für den Fall des § 2 GasSpBefüllV (weniger als 5 Prozent Füllstand zum 1. Mai oder weniger als 10 Prozent Füllstand zum 1. Juni), dass sämtliche ungenutzte Kapazitäten als unterbrechbare Kapazitäten zur Verfügung gestellt werden müssen.

23 Der Kapazitätsentzug ist zeitlich begrenzt, nämlich bis zum Ende des Speicherjahres, das nicht im Gesetz definiert, sondern lediglich im Gesetzentwurf beschrieben wird („regelmäßig" der 1. April eines Jahres (BT-Drs. 20/1024, 22)). Nicht geregelt ist, ob die Kapazitäten auch zu einem früheren Zeitpunkt zurückübertragen werden können und müssen, wenn der Gesetzeszweck es nicht mehr erfordert.

24 Ebenfalls nicht adressiert ist der Fall, dass zwar ein einzelner Speicher die Füllstandsvorgaben nicht erfüllt, bezogen auf die insgesamt der Regelungen der §§ 35a ff. unterfallenden Gasspeicher aber die erforderlichen Füllstände erreicht werden. Mangels anderweitiger Regelung dürfte auch in diesem Fall eine Pflicht zum Kapazitätsentzug bestehen, denn man wird nicht davon ausgehen können, dass bei Erreichen eines den Füllstandsvorgaben entsprechenden Gesamtniveaus der Speicherstände für weitere Einspeicherungen das Bedürfnis einer weiteren Bevorratung entfallen ist.

III. Umsetzung und Modalitäten der Kapazitätsübertragung

25 Aus § 35b Abs. 6 ergeben sich Modalitäten der Übertragung von Speicherkapazitäten. Danach werden dem Speicherkunden die nach Maßgabe von Absatz 5 ermittelten Kapazitäten vom Gasspeicherbetreiber entzogen und von diesem dem Marktgebietsverantwortlichen zur Verfügung gestellt, während der Speicherkunde zur Zahlung des Speicherentgeltes verpflichtet bleibt.

26 Die erste Rechtsfolge, die gesetzliche Pflicht zum Kapazitätsentzug, regelt bereits Absatz 5. Absatz 6 Satz 1 steuert die Verpflichtung des Gasspeicherbetreibers bei, sich ein entsprechendes Recht vertraglich einzuräumen, die nicht genutzten Speicherkapazitäten dem Marktgebietsverantwortlichen zur Verfügung zu stellen.

27 Nach § 118 Abs. 36 S. 1 gilt § 35b Abs. 6 auch für Altverträge, die vor dem 30.4.2022 ohne „use-it-or-lose-it"-Regelung geschlossen wurden. Danach mussten diese Verträge bis zum 14.7.2022 angepasst werden. Die Regelung soll sicherstellen, dass der in § 35b Abs. 6 vorgesehen Bereitstellungsmechanismus auch durchgesetzt wird (BT-Drs. 20/1024, 27). Aus § 118 Abs. 36 S. 2 folgt für den Betreiber ein Recht zur außerordentlichen Kündigung, wenn die Nutzer der Aufnahme einer solchen Regelung bis zum 1.7.2022 nicht zustimmen. Nicht geregelt ist, ob der Speicherbetreiber stattdessen auch die Vertragsanpassung durchsetzen kann, ob er also ein Vertragsanpassungsrecht hat. Ebenso wenig ist geregelt, ob die Speicherkunden im Gegenzug eine Anpassung der Speicherentgelte unter Hinweis darauf verlangen können, dass der Optionswert der Speicherkapazität durch die Vorgabe eines bestimmten Nutzungsprofils durch drohenden Kapazitätsentzug bei fortbestehender Zahlungspflicht reduziert ist.

28 Die zweite Rechtsfolge, das Fortbestehen der Pflicht zur Zahlung der Speicherentgelte mit Ausnahme der variablen Speicherentgelte für die Ein- und Ausspeisung, statuiert Absatz 6. Sätze 2–3 erklärt anderweitige vertragliche Regelungen für unwirksam. Auf diese Weise erzeugt der Gesetzgeber einen großen Anreiz, Speichervolumen im zur Erreichung der Füllstandsvorgaben erforderlichen Umfang zu nutzen, denn durch den Kapazitätsentzug wird ein Speichernutzer nicht von seinen vertraglichen Pflichten frei. Die zivilrechtliche

Einordnung diese Modifikation des Speichervertrags lässt der Gesetzgeber offen, namentlich ob die Speicherverträge kraft Gesetzes als Verträge zugunsten Dritter einzuordnen sind oder die entzogenen Kapazitäten dem Marktgebietsverantwortlichen auf der Grundlage eines eigenen gesetzlichen Schuldverhältnisses zur Verfügung gestellt werden. Jedenfalls findet kein Vertragsübergang statt, wie insbesondere die Fortzahlungspflicht der Speicherentgelte zeigt.

Absatz 6 Satz 4 enthält eine Pflicht des Gasspeicherbetreibers, auf Verlangen der BNetzA die Umsetzung der Verpflichtung nach Absatz 5 nachzuweisen. Die Platzierung dieser Nachweispflicht in Absatz 6 legt nahe, dass damit nicht nur der Nachweis eines Entzugs von Kapazitäten gemeint ist, sondern auch die Erfüllung der insoweit erforderlichen vertraglichen Voraussetzungen, also eine Vereinbarung entsprechender vertraglicher Rechte nach Absatz 6 Satz 1. 29

IV. Verordnungsermächtigung (Abs. 7)

§ 35b Abs. 7 enthält eine Ermächtigungsgrundlage für den Erlass von Rechtsverordnungen für die Festlegung abweichender Verfahren für die Zurverfügungstellung von ungenutzten Kapazitäten. Mit der Verordnungsermächtigung wird dem BMWK die Möglichkeit eröffnet, die Art und Weise der Nutzung der nutzerseitig gebuchten, aber ungenutzten Kapazitäten dem Marktgebietsverantwortlichen in einem technisch bzw. wirtschaftlich andersartigem Verfahren zur Verfügung zu stellen (BT-Drs. 20/1024, 23). Insbesondere kann gemäß Absatz 7 Satz 2 geregelt werden, ob die vom Nutzer einer Gasspeicheranlage ungenutzten Speicherkapazitäten als unterbrechbare Kapazitäten durch den Marktgebietsverantwortlichen genutzt werden dürfen. Eine entsprechende Regelung hat der Verordnungsgeber mit der GasSpBefüllV erlassen (zu den sich insoweit ergebenden Modifikationen der gesetzlichen Regelungen siehe oben → Rn. 17 ff.) 30

§ 35c Ausschreibung von strategischen Optionen zur Vorhaltung von Gas; ergänzende Maßnahmen zur Gewährleistung der Versorgungssicherheit

(1) Zur Gewährleistung der Versorgungssicherheit hat der Marktgebietsverantwortliche nach Zustimmung des Bundesministeriums für Wirtschaft und Klimaschutz im Einvernehmen mit der Bundesnetzagentur in marktbasierten, transparenten und nichtdiskriminierenden öffentlichen Ausschreibungsverfahren strategische Optionen zur Vorhaltung von Gas (Gas-Optionen) in angemessenem Umfang zur Gewährleistung der Erreichung der Füllstände nach § 35b zu beschaffen.

(2) ¹Sollten Maßnahmen nach Absatz 1 sowie Einspeicherungen der Nutzer einer Gasspeicheranlage zur Erreichung der Füllstände nach § 35b Absatz 1 sowie Absatz 3 nicht ausreichen, so ergreift der Marktgebietsverantwortliche nach Zustimmung des Bundesministeriums für Wirtschaft und Klimaschutz im Einvernehmen mit der Bundesnetzagentur in dem zur Erreichung der Füllstandsvorgaben erforderlichen Umfang zusätzliche Maßnahmen. ²Diese umfassen die zusätzliche, auch kurzfristige Ausschreibung von Gas-Optionen für die nach § 35b Absatz 5 zur Verfügung gestellten Kapazitäten in einem marktbasierten, transparenten und nichtdiskriminierenden öffentlichen Ausschreibungsverfahren sowie den Erwerb physischen Gases und dessen Einspeicherung. ³Sofern die nach § 35b Absatz 5 zur Verfügung gestellten Kapazitäten hierzu nicht ausreichen, kann der Marktgebietsverantwortliche die benötigten Speicherkapazitäten buchen, wobei als Speicherentgelt hierfür das durchschnittlich kostengünstigste Speicherentgelt der letzten drei Speicherjahre für die jeweilige Gasspeicheranlage zu Grunde gelegt wird.

Überblick

§ 35c benennt die dem Marktgebietsverantwortlichen zur Verfügung stehenden Maßnahmen zur Erreichung der Füllstandsvorgaben nach § 35b, die er nach Zustimmung des Bundesministeriums für Wirtschaft und Klimaschutz im Einvernehmen mit der BNetzA treffen kann. Die Regelung etabliert ein abgestuftes Maßnahmensystem (BT-Drs. 20/1024, 23). Auf erster Stufe soll die Befüllung marktbasiert durch die Speichernutzer erfolgen. Hierfür soll durch Ausschreibungen von strategischen Optionen seitens des Marktgebietsverantwortlichen ein weiterer Anreiz geschaffen werden. Die zweite Stufe sieht die Sonderausschreibung von strategischen Optionen vor, wenn sich eine Verfehlung der Füllstandsvorgaben abzeichnet; hierfür können insbesondere übertragene Kapazitäten im Sinne des § 35b Abs. 5 genutzt werden. Schließlich kann der Marktgebietsverantwortliche auf der dritten Stufe auch selbst physisches Gas erwerben und einspeichern.

A. Ausschreibung von strategischen Gas-Optionen (Abs. 1)

1   In § 35c Abs. 1 hat der Gesetzgeber auf einer ersten Stufe die Ausschreibung sog. **strategischer Gas-Optionen** vorgesehen (in der Gesetzesbegründung auch „Strategic Storage Based Options" (BT-Drs. 20/1024, 5) genannt. Sie sollen der Sicherstellung der Versorgungssicherheit mit Gas dienen und stellen ein „neues Instrument" für eine „zusätzliche Gasspeicherreserve" dar (BR-Drs. 132/1/22, 2; vgl. auch BT-Drs. 20/1024, 23). Konkret geht es um einen Vertrag, in dem sich der Anbieter der Option verpflichtet, eine **bestimmte Gasmenge in einem Gasspeicher zu bevorraten** und eine bestimmte Menge davon zum jederzeitigen Abruf durch den **Marktgebietsverantwortlichen zur Verfügung zu halten** (siehe auch Geschäftsbedingungen der Trading Hub Europe für die Kontrahierung und den Einsatz von „Strategic Storage-Based Options" der Stufe 1 unter https://www.tradinghub.eu/de-de).

2   Die Kontrahierung der Gas-Optionen muss nach einem „marktbasierten, transparenten und nichtdiskriminierenden öffentlichen Ausschreibungsverfahren" erfolgen. Mit der Entscheidung für dieses Marktmodell ist die Hoffnung verbunden, dass die Gas-Optionen in einem wettbewerblichen Verfahren möglichst effizient beschafft werden können. Es hat auch den Vorteil, von vornherein keine beihilferechtlichen Fragen aufzuwerfen.

3   Wie vom Gesetzgeber erwartet (BT-Drs. 20/1024, 5) wurden die ersten Gas-Optionen vom Marktgebietsverantwortlichen Trading Hub Europe mit einem Preismodell ausgeschrieben, das die Einspeicherung und Vorhaltung der Gasmengen mit einem fixen Preiselement vergütet (Service-Entgelt und Leistungspreis) sowie für den etwaigen Abruf von Gasmengen einen Arbeitspreis vorsieht, der sich nach dem Spotmarktpreis zuzüglich eines vom Anbieter gebotenen Zu- oder Abschlags bemisst (siehe Geschäftsbedingungen der Trading Hub Europe für die Kontrahierung und den Einsatz von „Strategic Storage-Based Options" der Stufe 1 unter https://www.tradinghub.eu/de-de). Für das Gasspeicherjahr 2022/2023 wurden in insgesamt zwei Ausschreibungen rund 84 TWh (ca. 35 Prozent des in Deutschland verfügbaren Speichervolumens) für insgesamt rund 852 Mio. EUR gebunden (Bundesministerium für Wirtschaft und Klimaschutz, Bericht an den Deutschen Bundestag nach § 35f Energiewirtschaftsgesetz über die Umsetzung der Vorschriften des Teils 3a des Energiewirtschaftsgesetzes vom 8.2.2023, S. 6).

4   Gegenüber dem ursprünglichen Gesetzesentwurf, nach dem der Marktgebietsverantwortliche strategische Gas-Optionen ausschreiben „kann", ist nunmehr durch die Formulierung, dass er die Gas-Optionen zu beschaffen „hat", klargestellt, dass dem Marktgebietsverantwortlichen **kein Ermessen** zustehen soll (BT-Drs. 20/1144, 16). Überhaupt bedarf er der „Zustimmung" des Bundesministeriums für Wirtschaft und Klimaschutz, die wiederum im Einvernehmen mit der BNetzA erfolgen soll. Damit liegt jedenfalls die Entscheidungsbefugnis, in welchem Umfang und mit welchem Grundmodell strategische Gas-Optionen beschafft werden sollen, beim Staat. Er trifft namentlich die Entscheidung darüber, was ein im Sinne der Vorschrift „angemessener Umfang" dieser Ausschreibungen ist, um „zur Gewährleistung der Erreichung der Füllstände nach § 35b" beizutragen.

B. Weitere Maßnahmen des Marktgebietsverantwortlichen (Abs. 2)

5   Absatz 2 eröffnet dem Marktgebietsverantwortlichen weitere Handlungsoptionen, wenn die Maßnahmen nach Absatz 1 sowie die von Speichernutzern darüber hinaus vorgenommenen Einspeicherungen zur Erreichung der Mindestfüllstände nach § 35b nicht ausreichen. Wiederum bedürfen diese zusätzlichen Maßnahmen der Zustimmung des BMWK.

6   Absatz 2 Satz 2 nennt zwei dieser zusätzlichen Maßnahmen: Erstens die auch **kurzfristige Ausschreibung von Gas-Optionen für die nach § 35b Abs. 5 zur Verfügung gestell-**

ten Kapazitäten. In dieser Ausschreibung können also von den Anbietern der Gas-Optionen die Speicherkapazitäten genutzt werden, die im Falle einer Nichtnutzung anderen Speichernutzern entzogen und dem Marktgebietsverantwortlichen nach § 35 Abs. 5 übertragen wurden. Auch diese Ausschreibungen müssen marktbasiert, transparent, nichtdiskriminierend und öffentlich sein. Zweitens wird der **Erwerb physischen Gases und dessen Einspeicherung** als Maßnahme genannt. Hier speichert der Marktgebietsverantwortliche also eigenes Gas ein – was der Gesetzgeber angesichts der strengen Zweckbindung (vgl. § 36d) zutreffend für entflechtungsrechtlich unbedenklich hält (BT-Drs. 20/1024, 24). Auch von dieser Option wurde für das Gasspeicherjahr 2022/2023 Gebrauch gemacht (Bundesministerium für Wirtschaft und Klimaschutz, Bericht an den Deutschen Bundestag nach § 35f Energiewirtschaftsgesetz über die Umsetzung der Vorschriften des Teils 3a des Energiewirtschaftsgesetzes vom 8.2.2023, S. 7).

Satz 3 des Absatz 2 stellt klar, dass der **Marktgebietsverantwortliche** hierfür auch selbst **Speicherkapazitäten buchen** kann, wenn die ihm nach § 35b Abs. 5 nach dem use-it-or-lose-it-Prinzip zur Verfügung gestellten Kapazitäten anderer Speicherkunden nicht ausreichen. Der Marktgebietsverantwortliche wird bei der Buchung dieser Speicherkapazitäten insoweit privilegiert, als „das durchschnittlich kostengünstigste Speicherentgelt der letzten drei Speicherjahre für die jeweilige Gasspeicheranlage" gezahlt werden muss. Die **Gasspeicherbetreiber** werden also einem **Kontrahierungszwang zu** aus der Historie abgeleiteten **Sonderkonditionen** unterworfen (was im Hinblick auf die Konditionen eine Abweichung von der Pflicht zur diskriminierungsfreien Speicherzugangsgewährung gem. § 28 Abs. 1 bedeutet, weil der Marktgebietsverantwortliche nicht zu denselben Konditionen bucht, die für andere Nutzer gelten). Das Durchschnittsentgelt soll ausweislich der Gesetzesbegründung aus dem Erlös aus der Vermarktung der Speicherkapazität bereinigt um die variablen Speicherentgelte der Ein- und Ausspeisung und dividiert durch das vermarktete Arbeitsgasvolumen errechnet werden (BT-Drs. 20/1144, 16).

Auch wenn die Maßnahmen nach Absatz 2 nach dem Wortlaut der Regelung nachrangig gegenüber denen nach Absatz 1 sind und die eigene Buchung von Speicherkapazitäten wiederum nachrangig zur Nutzung der dem Marktgebietsverantwortlichen nach § 35b Abs. 5 zur Verfügung gestellt ist, soll dieses gestufte System nicht als feste „Maßnahmenkaskade" verstanden werden. Vielmehr sollen sie zur Erzielung der angestrebten Versorgungssicherheit auch nebeneinander zur Anwendung kommen können (BT-Drs. 20/1024, 23). In der Tat ergibt das **in der Norm angelegte Stufensystem** unter dem Gesichtspunkt der **Verhältnismäßigkeit der Markteingriffe** und der über die Umlage nach § 35e letztlich die Letztverbraucher treffenden Kostenbelastung Sinn, ohne dass das gleichzeitige Ergreifen mehrerer Maßnahmen mit Blick auf die Versorgungssicherheit ausgeschlossen werden kann.

Ob es neben den in Satz 2 benannten Maßnahmen noch weitere, unbenannte „zusätzliche Maßnahmen" nach Satz 1 geben kann, ergibt sich aus dem Normwortlaut nicht. Nach der Vorstellung des Gesetzgebers sollen die Sonderausschreibung strategischer Optionen und der Erwerb eigenen Gases durch den Marktgebietsverantwortlichen nur „insbesondere" zu den zusätzlichen Maßnahmen zählen (BT-Drs. 20/1024, 24).

Laut Evaluierungsbericht der Bundesregierung vom 28.6.2023 hat der Marktgebietsverantwortliche in Umsetzung von § 35c bislang rund 50 TWh Gas erworben und eingelagert sowie in zwei Ausschreibungsrunden ein Gesamtvolumen von 84 TWh an strategischen Gas-Optionen bezuschlagt.

§ 35d Freigabeentscheidung

(1) ¹Das Bundesministerium für Wirtschaft und Klimaschutz kann im Einvernehmen mit der Bundesnetzagentur und nach Anhörung des Marktgebietsverantwortlichen anordnen, dass der Marktgebietsverantwortliche nach § 35c beschaffte Gas-Optionen ganz oder teilweise ausüben darf und dass er nach § 35c Absatz 2 erworbene Gasmengen ganz oder teilweise ausspeichern darf, insbesondere
1. zur Verhütung unmittelbar drohender oder zur Behebung eingetretener Störungen in der Energieversorgung

2. zum Ausgleich eines erheblichen und unerwarteten Rückgangs von Lieferungen von Gas oder
3. zur Behebung regionaler Engpasssituationen.
²Satz 1 gilt entsprechend für die Anordnung, dass vorübergehend und in Abweichung von § 35b Absatz 1 Satz 2 einschließlich einer Rechtsverordnung nach § 35b Absatz 3 geringere Füllstände vorgehalten werden dürfen.

(2) ¹Die Anordnungen nach Absatz 1 sind jeweils mit Wirkung für die Zukunft zu widerrufen, sobald die sie begründenden Umstände nicht mehr vorliegen. ²Das Bundesministerium für Wirtschaft und Klimaschutz kann im Einvernehmen mit der Bundesnetzagentur und nach Anhörung des Marktgebietsverantwortlichen bestimmen, ob und in welchem Umfang nach erfolgtem Widerruf einer Anordnung nach Absatz 1 eine Befüllung der Speicher zu erfolgen hat.

(3) Artikel 13 der Verordnung (EU) 2017/1938 des Europäischen Parlaments und des Rates vom 25. Oktober 2017 über Maßnahmen zur Gewährleistung der sicheren Gasversorgung und zur Aufhebung der Verordnung (EU) Nr. 994/2010 (ABl. L 280 vom 28.10.2017, S. 1), die §§ 16, 16a und 53a dieses Gesetzes, die Vorschriften des Energiesicherungsgesetzes 1975 vom 20. Dezember 1974 (BGBl. I S. 3681), das zuletzt durch Artikel 86 des Gesetzes vom 10. August 2021 (BGBl. I S. 3436) geändert worden ist, sowie die Vorschriften der Gassicherungsverordnung vom 26. April 1982 (BGBl. I S. 517), die zuletzt durch Artikel 3 Absatz 48 des Gesetzes vom 7. Juli 2005 (BGBl. I S. 1970) geändert worden ist, in der jeweils geltenden Fassung, bleiben hiervon unberührt.

(4) ¹Der Marktgebietsverantwortliche hat die nach § 35c Absatz 2 physisch erworbenen Gasmengen spätestens ab dem 1. Januar eines Jahres bis zum Ende des Speicherjahres gleichmäßig zu veräußern. ²Der Marktgebietsverantwortliche hat das Bundesministerium für Wirtschaft und Klimaschutz sowie die Bundesnetzagentur mindestens zwei Wochen vor dem Beginn der Veräußerungen nach Satz 1 schriftlich oder elektronisch zu informieren. ³Satz 1 gilt nicht, wenn zu erwarten ist, dass die Füllstandsvorgaben nach § 35b Absatz 1 oder nach der Rechtsverordnung nach § 35b Absatz 3 in der Folgeperiode nicht ohne Maßnahmen nach § 35c Absatz 2 gewährleistet werden können oder das Bundesministerium für Wirtschaft und Klimaschutz im Einvernehmen mit der Bundesnetzagentur der Veräußerung widersprochen hat. ⁴Absatz 1 bleibt unberührt.

Überblick

§ 35d bestimmt, wie die nach den §§ 35b und 35c vom Marktgebietsverantwortlichen angelegten Gasspeicherreserven im Falle einer Gasmangellage zu deren Bewältigung genutzt (Absätze 1 und 2) sowie bei Entfallen des Bevorratungsbedürfnisses wieder abgebaut werden (Absatz 4). Absatz 3 stellt klar, dass diese Regelung die Rechte und Pflichten, die sich aus anderen unionsrechtlichen und nationalen Vorgaben zur Sicherung der Gasversorgung und Systemstabilität ergeben, unberührt lässt.

A. Die Freigabe von eingespeichertem Gas zur Verhinderung oder Abmilderung einer Gasmangellage (Abs. 1 und 2)

1   § 35d Abs. 1 regelt, wie und für welche Zwecke vom Marktgebietsverantwortlichen kontrahierte **Gas-Optionen ausgeübt** und von ihm **eingespeicherte Gasmengen zur Verhinderung oder Abmilderung einer Gasmangellage genutzt** werden können – nur die Überschrift der Norm und die Gesetzesbegründung bezeichnen dies als „Freigabe" von Gasmengen, ohne sich damit auf eine konkrete Verwendungsart, etwa im Sinne einer Veräußerung auf dem Gasmarkt, festzulegen.

I. Anordnung der Freigabe von Gasmengen in (drohenden) Gasmangellagen

2   Verfahrensseitig bestimmt die Norm, dass ein solcher Rückgriff auf diese Gasreserven (nur) auf „**Anordnung**" des BMWK im Einvernehmen mit der BNetzA erfolgen darf und

der Marktgebietsverantwortliche zuvor anzuhören ist. Der Bund und nicht der Marktgebietsverantwortliche trägt also die Verantwortung für die weitreichende Entscheidung, wann und in welchem Umfang auf die eingespeicherten Gasmengen zugegriffen werden soll. Bislang wurde das nicht für nötig erachtet (Evaluierungsbericht nach § 35f vom 28.6.2023, S. 7).

Die Regelung bezieht sich allerdings nur auf die **in der Verfügungsmacht des Marktverantwortlichen stehenden Gasmengen.** Andere Gasmengen, die von den Speichernutzern eingespeichert wurden und zum Erreichen der Füllstandsvorgaben ebenfalls beigetragen haben, können von den jeweiligen Nutzern marktrational genutzt werden, solange die Einhaltung der Füllstandsvorgaben nach § 35b Abs. 1 bzw. Rechtsverordnung nach § 35b Abs. 3 nicht gefährdet wird. Insoweit besteht keine staatliche Anordnungsbefugnis. 3

In § 35d Abs. 1 S. 1 Nrn. 1–3 werden **drei Einsatzzwecke und -szenarien benannt,** für die und in denen eine Anordnung zur Freigabe von Gasmengen angezeigt sein kann (im Einzelnen zu diesen Regelbeispielen BT-Drs. 20/1024, 24 f.). In Nummer 1 ist die „Verhütung unmittelbar drohender oder zur Behebung eingetretener **Störungen in der Energieversorgung**" adressiert, was wegen des Begriffs „Energieversorgung" auch die Stromversorgung, also die ausreichende Versorgung von Gaskraftwerken, einschließt. Nummer 2 erfasst den Fall des Ausgleichs „eines **erheblichen und unerwarteten Rückgangs von Lieferungen von Gas**", worunter insbesondere die politisch motivierte Einstellung von Gasexporten zu subsumieren ist. Nummer 3 nennt die Behebung **regionaler Engpasssituationen** als ein weiteres Ziel des Rückgriffs auf eingespeicherte Gasreserven. 4

Die Abgrenzung der drei Fälle voneinander sowie die genaue Auslegung der jeweiligen Tatbestände hat kaum praktische Bedeutung, weil die Aufzählung, wie sich aus der Einleitung („insbesondere") ergibt, **nicht abschließend** ist. Das BMWK hat deshalb einen **erheblichen Ermessensspielraum** bei der Entscheidung, in welchen Situationen eine Anordnung nach Absatz 1 Satz 1 geboten ist. Nach dem Gesetzentwurf soll „eine Freigabe unter Berücksichtigung marktlicher Aspekte" ebenfalls möglich sein (BT-Drs. 20/1024, 24). Das ist wenig konkret und sollte zurückhaltend interpretiert werden, denn mit der Freigabe von Gasmengen wird unweigerlich in die **Preisbildung am Gasmarkt eingegriffen**. Ein solcher Eingriff ist nur gerechtfertigt, wenn die **Ausspeicherung in staatlicher Gewährleistungsverantwortung** für die Sicherheit der Versorgung erfolgt. Nicht zulässig dürfte hingegen eine Freigabeanordnung sein, wenn sie allein der Dämpfung des Gaspreises dienen soll, ohne dass dieser das Ergebnis einer (drohenden) regionalen oder nationalen Gasversorgungskrise ist. Aus den drei genannten Fallbeispielen sollte daher abgeleitet werden, dass eine Situation ähnlicher Kritikalität bestehen muss, damit Gasmengen nach Absatz 1 freigegeben werden können. Dass die Gaspreisbildung jenseits derartiger Krisenfälle möglichst nicht beeinflusst werden soll, ergibt sich auch aus den Vorgaben in Absatz 4 zum terminlich vorbestimmten und gleichmäßigen, d.h. möglichst wenig den Gasmarkt beeinflussenden Abbau der Reserven bei Entfallen des Bevorratungszwecks. 5

Nicht geregelt ist in § 35d, wie die Gasmengen verwendet werden sollen, die durch die Ausübung von Gas-Optionen oder die Ausspeicherung von vom Marktgebietsverantwortlichen eingespeicherten Gasmengen zur Verfügung stehen. Anders als in Absatz 4 ist nicht explizit die „Veräußerung" der Gasmengen vorgesehen. Neben einer solchen Veräußerung am Markt, mit der zusätzliche Liquidität ungerichtet zur Verfügung gestellt würde, wäre auch die zweckgebundene Verwendung der Mengen denkbar, etwa in Kombination mit Maßnahmen nach der GasSV. 6

II. Zulässigkeit der Unterschreitung von Füllstandsvorgaben

Aus § 35d Abs. 1 S. 2 ergibt sich, dass die Füllstandsvorgaben aus § 35b Abs. 1 S. 2 oder einer Verordnung nach § 35b Abs. 3 (dh gegenwärtig der GasSpFüllstV) durch die Freigabe von Gasmengen nach Absatz 1 Satz 1 unterschritten werden dürfen (BT-Drs. 20/1024, 24). Das Anordnungsrecht nach S. 1 gilt entsprechend, also unter denselben tatbestandlichen Voraussetzungen, auch für eine Dispensierung des Marktgebietsverantwortlichen, die Füllstände weiter oder wieder zu erhöhen, um die Mindestfüllstände zu erreichen. Das leuchtet unmittelbar ein, denn im Regelfall wird das eine – Rückgriff auf die Gasreserven – ohne das andere – Abschmelzen dieser Reserven – kaum zu haben sein. Die Regelung des Satz 2 erfasst auch den Fall, dass keine Anordnung nach Satz 1 ergeht, sondern der Marktgebietsver- 7 antwortliche lediglich verpflichtet wird, eigentlich zur Einspeicherung bezogene Gasmengen noch vor der Einspeicherung zur Abwendung einer Gasmangellage einzusetzen.

III. Widerruf der Freigabeentscheidung und Wiederbefüllung der Gasspeicher (Abs. 2)

8   § 35d Abs. 2 S. 1 regelt die Beendigung der Freigabe von Gasmengen. Sie erfolgt durch „Widerruf" einer Anordnung nach Abs. 1 und soll erfolgen, wenn die spezifische Mangellage im Sinne des Absatz 1 Satz 1 entfallen ist. So sei der übergeordnete Zweck der Versorgungssicherheit „auslösender", sowie limitierender Faktor der Freigabeentscheidung" (BT-Drs. 20/1024, 25). Als **actus contrarius** gelten dieselben Zuständigkeitsvorgaben wie für die Anordnung nach Absatz 1.

9   Ebenfalls durch das BMWK im Einvernehmen der BNetzA und nach Anhörung des Marktgebietsverantwortlichen kann bestimmt werden, ob und wie nach einem Widerruf eine erneute Befüllung der Gasspeicheranlagen erfolgen soll. Der Gesetzgeber geht davon aus, dass regelmäßig eine solche Wiederbefüllung nicht nötig sein werde (BT-Drs. 20/1024, 25).

B. Freigabeentscheidung im Kontext der Maßnahmen zur Abwehr von Versorgungskrisen (Abs. 3)

10   Nach § 35d Abs. 3 bleiben die dort aufgezählten Normen von der Regelung des § 35d unberührt. Die in Bezug genommenen Vorschriften regeln verschiedene Aspekte der Krisenbewältigung im Falle einer Gasmangellage (Art. 13 der Verordnung (EU) 2017/1938 und die Regelungen GasSV), die Abwehr von Störungen der Systemstabilität durch die Netzbetreiber (§§ 16, 16a) sowie die Verpflichtung zur Etablierung eines privilegierten Versorgungsniveaus von geschützten Kunden nach § 53a.

11   Der Gesetzgeber wollte mit Absatz 3 das „Verhältnis der Freigabeentscheidung im Kontext der Gewährleistung der Versorgungssicherheit zu Maßnahmen im Bereich der Krisenvorsorge bzw. im Fall einer eingetretenen Versorgungskrise" (BT-Drs. 20/1024, 25) klarstellen. Nach seiner Vorstellung soll die Freigabeentscheidung nach Absatz 1 einer solchen Krise vorbeugen und in ihrem Vorfeld ansetzen und sei von „Maßnahmen der Systemstabilität" zu trennen (BT-Drs. 20/1024, 25). Die Freigabe im Sinne des § 35d Abs. 1 erfolgt also „unabhängig von der Durchführung von Maßnahmen zur Sicherstellung der Systemstabilität sowie der Krisenvorsorge" (BT-Drs. 20/1024, 25). Die dort adressierten Rechte und Pflichten bestehen also fort.

12   Gleichwohl können die jeweiligen Verantwortungen von Bundeslastverteiler (GasSV), Netzbetreibern (§§ 16, 16a) und Gasversorgungsunternehmen (§ 53a) durch Anordnungen nach Abs. 1 in Art und Umfang beeinflusst werden, denn mit diesen wird auf die Gasversorgungssituation eingewirkt. Da auch die Pflichten nach §§ 16, 16a und § 53a keineswegs erst nach Ausrufung der Notfallstufe nach dem Notfallplan Gas bestehen, sondern durchaus auch im Vorfeld einer Krisenlage Handlungspflichten auslösen können, ist die Vorstellung, dass zunächst die Gasreserven genutzt werden und erst sodann die genannten Vorgaben zur Bewältigung einer fortbestehenden Gasmangellage relevant werden, zu vereinfachend.

C. Veräußerungspflicht für eingespeichertes Gas (Abs. 4)

13   § 35d Abs. 4 regelt, wie mit den vom oder für den Marktgebietsverantwortlichen eingespeicherten Gasmengen zu verfahren ist, wenn der Bevorratungszweck entfallen ist, wovon der Gesetzgeber im Regelfall zum Ende des Gaswirtschaftsjahres ausgeht. In dieser Situation ist der Marktgebietsverantwortliche nach Absatz 4 Satz 1 verpflichtet, das nach § 35c Abs. 2 selbst erworbene und eingespeicherte Gas spätestens ab dem 1. Januar jeden Jahres bis zum Ende des Speicherjahres „gleichmäßig" zu veräußern. Die Veräußerung muss nicht zwingend die Ausspeicherung bedeuten. Der Marktgebietsverantwortliche kann von ihm eingespeichertes Gas so veräußern, dass es im Bestand der betroffenen Gasspeicheranlage verbleibt (BT-Drs. 20/1144, 16).

14   Als Veräußerungsintervall ist der Zeitraum vom („spätestens") 1. Januar bis zum Ende des Speicherjahres (regelmäßig der 1. April) bestimmt. Die „gleichmäßige" Veräußerung meint

eine sukzessive Veräußerung, um die Lage am Gasmarkt möglichst wenig zu beeinflussen (BT-Drs. 20/1024, 26). Die Erlöse aus Veräußerungen werden in die Umlage nach § 35e einbezogen (BT-Drs. 20/1024, 26). Im Ergebnis sollen die Speicherkapazitäten im kommenden Speicherjahr möglichst wieder vollständig von marktlichen Nutzern verwendet und befüllt werden (BT-Drs. 20/1024, 26), es sei denn, die weitere Einspeicherung ist mit Blick auf die Füllstandsvorgaben und unter Berücksichtigung der jeweiligen Gasmarktsituation weiterhin erforderlich (Satz 3).

Anders als bei den Anordnungen nach Absatz 1 steht dieses Abschmelzen der Gasreserve 15 zum Ende des Gaswirtschaftsjahres nicht unter Zustimmungsvorbehalt. Stattdessen muss nach Satz 2 die Veräußerung der Gasmengen lediglich zwei Wochen im Voraus dem BMWK und der BNetzA angezeigt werden. Dieses kann gemäß Absatz 4 Satz 3 der Veräußerung widersprechen. Zum hierbei bestehenden Ermessensspielraum des Bundesministeriums für Wirtschaft und Klimaschutz gilt das oben (→ Rn. 5) Gesagte. Der Widerspruch kann sich auf die Art und Weise der beabsichtigten Veräußerung (Tranchen, Produktgestaltung, Veräußerungsbedingungen) beziehen oder aber bereits auf die Reduzierung der Gasreserven dem Grunde nach, namentlich weil eine Gasmangellage weiterhin droht (der Gesetzentwurf nennt als Indikatoren „Erfahrungswerte und Datenmengen aus vorhergehenden Speicherperioden", die Ergebnisse der „üblicherweise im März eines Jahres stattfindenden Speicherauktionen" sowie der „Preissituation an den Spot- und Forward-Märkten für Gas und daraus abgeleitet der Sommer-Winter-Spread", vgl. BT-Drs. 20/1024, 26).

In Abstimmung mit dem BMWK sowie der BNetzA hat der Marktgebietsverantwortliche 16 ein Gasvolumen von rund 37 TWh (ca. 14 Prozent des gesamtdeutschen Speichervolumens) nach Ablauf des Speicherjahres 2022/2023 in den Gasspeichern belassen, um für den Winter 2023/2024 vorzusorgen (Evaluierungsbericht nach § 35f vom 26.8.2023, S. 7). Soweit der Marktgebietsverantwortliche THE Gasmengen wieder veräußert, geschah dies bislang sowohl über Spotmarktgeschäfte als auch Terminmarktgeschäfte. Letzteres soll nach Aussage des BMWK den Terminhandel beleben und dem Markt signalisieren, dass die eingelagerten Mengen ausgelagert werden. Auch soll erreicht werden, dass ein Teil der beschafften Gasmengen dem Markt auf einer preislich abgesicherten Basis zur Verfügung gestellt wird und damit Preisänderungsrisiken eingedämmt und die Kosten der Gasspeicherumlage zum großen Teil fixiert werden können (Bericht an den Deutschen Bundestag nach § 35f Energiewirtschaftsgesetz über die Umsetzung der Vorschriften des Teils 3a des Energiewirtschaftsgesetzes vom 8.2.2023, S. 7 f.).

§ 35e Umlage der Kosten des Marktgebietsverantwortlichen; Finanzierung

¹Die dem Marktgebietsverantwortlichen im Zusammenhang mit seinen Aufgaben zur Sicherstellung der Versorgungssicherheit entstehenden Kosten werden diskriminierungsfrei und in einem transparenten Verfahren auf die Bilanzkreisverantwortlichen im Marktgebiet umgelegt. ²Hierzu hat der Marktgebietsverantwortliche die Kosten und Erlöse, die im Rahmen der ergriffenen Maßnahmen nach diesem Teil, insbesondere nach den §§ 35c und 35d, entstehen, transparent und für Dritte nachvollziehbar zu ermitteln. ³Die Kosten und Erlöse sind zu saldieren. ⁴Der Marktgebietsverantwortliche ist berechtigt, von den Bilanzkreisverantwortlichen Abschlagszahlungen zur Deckung der voraussichtlichen Kosten zu verlangen. ⁵Die Einzelheiten genehmigt die Bundesnetzagentur im Einvernehmen mit dem Bundesministerium für Wirtschaft und Klimaschutz und dem Bundesministerium der Finanzen nach § 29 Absatz 1; dem Marktgebietsverantwortlichen ist Gelegenheit zur Stellungnahme zu geben.

Überblick

Durch die Verpflichtung des Marktgebietsverantwortlichen zur Ergreifung von Maßnahmen nach §§ 35c, 35d entstehen diesem Kosten. § 35e sieht für diese eine Umlagefinanzierung vor. Im Ergebnis werden die Kosten der Gasspeicherbewirtschaftung nach den §§ 35a ff.

A. Ermittlung der Umlage (S. 1–3)

1   Satz 1 der Norm regelt die Grundzüge der Gasspeicherumlage, nämlich die Umlage der Kosten auf die Bilanzkreisverantwortlichen in einem transparenten und diskriminierungsfreien Verfahren (kritisch im Hinblick auf die fehlende Verursachungsgerechtigkeit: Merk RdE 2022, 450 (455 f.)). Ob die Bilanzkreisverantwortlichen die Umlage an ihre Kunden weiterreichen, regelt § 35e nicht, sondern richtet sich nach den jeweiligen vertraglichen Regelungen. Diskriminierungsfrei sei ein Verfahren, das alle Verbräuche gleichermaßen erfasst, da sämtliche Verbraucher von den Versorgungssicherheitsmaßnahmen profitieren und daher eine Differenzierung nach Kundengruppen ausscheide (BT-Drs. 20/1024, 26). Die Sätze 2 und 3 treffen (wenige) weitergehende Maßgaben für die Ermittlung der Umlage. Die Regelung eines detaillierten Verfahrens zur Ermittlung und Abrechnung der Umlage bleibt einem von der BNetzA nach Satz 5 zu genehmigenden Konzept des Marktgebietsverantwortlichen vorbehalten.

2   Satz 2 sieht vor, dass die Kosten und Erlöse, die im Rahmen der Gasspeicherbewirtschaftung nach den §§ 35a ff., insbesondere für Maßnahmen nach den §§ 35c und 35d, entstehen, transparent und für Dritte nachvollziehbar zu ermitteln sind. Der Marktgebietsverantwortliche muss also diese Kosten und Erlöse separat erfassen und von seinen sonstigen Tätigkeiten abgrenzen. Die wesentlichen Kosten ergeben sich aus Maßnahmen nach § 35c, nämlich den Beschaffungskosten für strategische Gas-Optionen, für selbst gebuchte Speicherkapazitäten und aus einem etwaigen eigenen Erwerb von Gasmengen. Hinzu kommen Personal-, Sach- und Finanzierungskosten, die im Rahmen der administrativen und gaswirtschaftlichen Erfüllung der Aufgaben nach den §§ 35a ff. entstehen.

3   Die nach Satz 3 im Wege der Saldierung ebenfalls einzustellenden Erlöse ergeben sich vor allem aus der Veräußerung von Gasmengen nach § 35d. Wie groß die Differenz zwischen Kosten und Erlösen ist, hängt maßgeblich von der Preisentwicklung ab. Auch eine negative Gasspeicherumlage, also eine Zahlung des Marktgebietsverantwortlichen an die Bilanzkreisverantwortlichen, ist denkbar, wenn Gasmengen und Optionen günstiger beschafft werden können, als sie später verwertet werden können.

B. Abrechnung und Abschlagszahlungen (S. 4)

4   Nach Satz 4 können vom Marktgebietsverantwortlichen Abschlagszahlungen zur Deckung der zu erwartenden Kosten erhoben werden. Damit wollte der Gesetzgeber eine vollständige Vorfinanzierung durch den Marktgebietsverantwortlichen vermeiden und ihn in geringerem Umfang dem Zahlungsausfallrisiko von Bilanzkreisverantwortlichen aussetzen (BT-Drs. 20/1024, 27). Die Frage, in welchen Intervallen eine endgültige Abrechnung der Umlage erfolgt, wird in § 35d nicht beantwortet. Auch dies ist Gegenstand der Genehmigung nach Satz 5.

C. Genehmigung des Verfahrens zur Ermittlung der Umlage durch die BNetzA

5   § 35e S. 5 sieht schließlich vor, dass die Einzelheiten zur Ermittlung der Gasspeicherumlage von der BNetzA im Einvernehmen mit dem Bundesministerium für Wirtschaft und Klimaschutz und dem Bundesministerium der Finanzen nach § 29 Abs. 1 genehmigt werden. Genehmigung bedeutet in Abgrenzung zur Festlegung, dass es einen Antragsteller gibt (vgl. § 29 Abs. 1). Satz 5 nennt zwar keinen Antragsteller, fordert aber, dem Marktgebietsverantwortlichen Gelegenheit zur Stellungnahme zu geben. Dieser ist auch der Antragsteller.

6   Trading Hub Europe hat als Marktgebietsverantwortlicher der BNetzA ein Konzept für die Methodik zur Ausgestaltung der Umlage vorgelegt, welches nach einer Marktkonsultation und einzelnen Änderungen mit Beschluss der BNetzA vom 29.7.2022 genehmigt wurde (BK7-22-052). Das Konzept für die Methodik zur Ermittlung und Abwicklung der Umlage nach § 35e EnWG ist dem Beschluss als Anlage beigefügt (abrufbar unter www.bundesnetzagentur.de). Die Gasspeicherumlage wurde zunächst mit 0,59 EUR/MWh festgesetzt, zum 1.7.2023 beträgt sie 1,45 EUR/MWh.

§ 35f Evaluierung

¹Das Bundesministerium für Wirtschaft und Klimaschutz bewertet bis zum 15. Dezember 2022 die Umsetzung der Vorschriften dieses Teils und evaluiert bis zum 1. April 2023 die Vorschriften dieses Teils und deren Auswirkungen. ²Die Berichte sind unverzüglich dem Deutschen Bundestag vorzulegen.

Überblick

Die Vorschrift sieht eine zeitnahe Evaluierung der neuen Regelungen zur Gasspeicherbewirtschaftung vor.

1 Der Normzweck des § 35f liegt darin, dem Bundestag eine Evaluierung zu ermöglichen, um sich „ein Bild von der Umsetzung machen" zu können (BT-Drs. 20/1144, 13). Evaluiert werden soll insbesondere die Notwendigkeit der neuen Regelungen auch mit Blick auf die voranschreitende „Dekarbonisierung" (BT-Drs. 20/1144, 16). Nach dieser Maßgabe soll festgestellt werden, ob eine Fortgeltung der Regelungen notwendig ist.

2 Die Regelung trägt dem Umstand Rechnung, dass das System zur Gasspeicherbewirtschaftung eine regulatorische Innovation darstellt, die zudem nicht nach sorgsamer Analyse, sondern in schneller Reaktion auf die sich durch den Ukraine-Krieg abzeichnende Reduktion russischer Gasimportmengen Eingang ins EnWG gefunden hat. Bemerkenswert ist, dass nicht (wie sonst häufig) die BNetzA, sondern das BMWK bewertet und evaluiert. Das deutet darauf hin, dass es in erster Linie um die Bewertung des Beitrags für die Versorgungssicherheit gehen soll und weniger um die Beurteilung der mit dem Regime der §§ 35a ff. verbundenen Marktwirkungen.

3 Das Bundesministerium für Wirtschaft und Klimaschutz hat am 8.2.2023, also knapp zwei Monate später als in § 35f S. 1 vorgesehen, einen „Bericht an den Deutschen Bundestag nach § 35f Energiewirtschaftsgesetz über die Umsetzung der Vorschriften des Teils 3a des Energiewirtschaftsgesetzes" (https://www.bmwk.de/Redaktion/DE/Downloads/Energiedaten/bericht-an-deutschen-bundestag-energiewirtschaftsgesetz.pdf?__blob=publicationFile&v=8) vorgelegt. Der Bericht gibt einen Überblick über die bisherigen Anpassungen der Regelungen der § 35a ff. und fasst u.a. zusammen, welche Speicherbewirtschaftungsmaßnahmen getroffen wurden, welche Kosten durch die beiden Ausschreibungen von Strategic Storage Based Options entstanden sind (852 Mio. EUR) und welche Höhe die Gasspeicherumlage zunächst hat (0,59 EUR/MWh). Die erreichten Speicherstände werden nur bis zum 13. November 2022 wiedergegeben, als die Speicher mit 100,14 Prozent vollständig gefüllt waren.

4 Der Evaluierungsbericht wurde am 28.6.2023 vom Bundeskabinett verabschiedet (https://www.bmwk.de/Redaktion/DE/Downloads/E/evaluierungsbericht-35-enwg.pdf?__blob=publicationFile&v=2). Er kommt zu dem Ergebnis, dass die Regelungen des Teil 3a des EnWG ihren Zweck zur Gewährleistung der Versorgungssicherheit erfüllt haben und für zwei weitere Jahre verlängert werden sollten.

§ 35g Inkrafttreten, Außerkrafttreten

¹Die gesetzlichen Regelungen zur Einführung von Füllstandsvorgaben für Gasspeicheranlagen treten am Tag nach der Verkündung in Kraft. ²Sie treten am 1. April 2025 außer Kraft.

Überblick

§ 35g legt eine rund dreijährige Geltung der gesetzlichen Regelungen zur Einführung von Füllstandsvorgaben fest.

1 Das Gesetz wurde am 29.4.2022 verkündet (BGBl. 2022 I 674). Damit trat es gem. § 35g S. 1 am 30. April in Kraft.

2 Aus der Befristung der Regelungen bis zum 1.4.2025 wird deutlich, dass der Gesetzgeber die §§ 35a ff. als ein Übergangsregime versteht, das einer besonderen Gasmarktsituation

Richter

geschuldet ist und nicht auf Dauer angelegt sein soll. Dem liegt die Erwartung zugrunde, dass die Gewährleistung einer sicheren Gasversorgung nach dem Erschließen neuer Gasbezugsquellen (v.a. LNG) und der Substitution russischen Erdgases wieder durch den Markt selbst und ohne die Eingriffsmechanismen der §§ 35b–35d gelingt. Mittlerweile ist nach einem Referentenentwurf vom 31.7.2023 beabsichtigt, die Regelungen bis zum April 2027 zu verlängern, was verbändeseitig mit Blick auf den noch andauernden Zubau von LNG-Kapazitäten begrüßt wird (siehe https://www.bdew.de/media/documents/Stn_20230811_BDEW-StN_Verlaengerung_GasspeicherG_final.pdf).

§ 35h Außerbetriebnahme und Stilllegung von Gasspeichern

(1) ¹Der Betreiber einer Gasspeicheranlage im Sinne des § 35a Absatz 2 ist verpflichtet, der Bundesnetzagentur eine vorläufige oder endgültige Außerbetriebnahme oder Stilllegung einer Gasspeicheranlage, von Teilen einer Gasspeicheranlage oder des betreffenden Netzanschlusses am Fernleitungsnetz mindestens zwölf Monate im Voraus anzuzeigen. ²Der Betreiber einer Gasspeicheranlage hat die Gründe hierfür anzugeben.

(2) ¹Die vorläufige oder endgültige Außerbetriebnahme oder Stilllegung einer Gasspeicheranlage, von Teilen einer Gasspeicheranlage oder des betreffenden Netzanschlusses am Fernleitungsnetz bedarf der vorherigen Genehmigung durch die Bundesnetzagentur. ²Der Betreiber einer Gasspeicheranlage hat im Rahmen seines Antrags nach Satz 1 anzugeben und nachzuweisen, ob und inwieweit die Stilllegung aus rechtlichen, technischen oder betriebswirtschaftlichen Gründen erfolgt. ³Im Rahmen des Genehmigungsverfahrens hat die Bundesnetzagentur den Fernleitungsnetzbetreiber, an dessen Netz die Gasspeicheranlage angeschlossen ist, anzuhören.

(3) ¹Die Genehmigung kann nur erteilt werden, wenn hiervon keine nachteiligen Auswirkungen auf die Versorgungssicherheit der Bundesrepublik Deutschland oder der Europäischen Union ausgehen oder wenn der Weiterbetrieb technisch nicht möglich ist. ²Nur unerhebliche nachteilige Auswirkungen auf die Versorgungssicherheit der Bundesrepublik Deutschland oder der Europäischen Union sind im Rahmen des Satzes 1 unbeachtlich. ³Der Betreiber einer Gasspeicheranlage hat im Rahmen der ihm zur Verfügung stehenden Möglichkeiten den Nachweis für das Vorliegen der Genehmigungsvoraussetzungen zu erbringen.

(4) ¹Wird die Genehmigung versagt, so bleibt der Betreiber einer Gasspeicheranlage zum Betrieb nach § 11 Absatz 1 Satz 1 verpflichtet. ²Der Betreiber einer Gasspeicheranlage kann die vorläufige oder endgültige Außerbetriebnahme oder Stilllegung frühestens wieder nach Ablauf von 24 Monaten beantragen. ³Überträgt der Betreiber einer Gasspeicheranlage den Betrieb einem Dritten, so ist er so lange zum Weiterbetrieb verpflichtet, bis der Dritte in der Lage ist, den Betrieb im Sinne des § 11 Absatz 1 Satz 1 ohne zeitliche Unterbrechung fortzuführen. ⁴Kann der Betreiber einer Gasspeicheranlage den Betrieb im Sinne des § 11 Absatz 1 Satz 1 selbst nicht mehr gewährleisten, so hat er unverzüglich durch geeignete Maßnahmen, wie etwa eine Betriebsübertragung auf Dritte oder die Erbringung der Betriebsführung als Dienstleistung für einen Dritten oder durch einen Dritten, den Weiterbetrieb zu gewährleisten. ⁵Bleiben Maßnahmen nach Satz 4 erfolglos, kann die Bundesnetzagentur im Einzelfall die zur Sicherstellung des Weiterbetriebs erforderlichen Maßnahmen gegenüber dem Betreiber einer Gasspeicheranlage treffen. ⁶Tragen Dritte zum sicheren Betrieb der Gasspeicheranlage bei und ist der Weiterbetrieb ohne sie nicht möglich, so gilt die Befugnis nach Satz 5 auch gegenüber diesen Dritten.

(5) ¹Soweit bei Vorhaben nach § 2 Absatz 2 Satz 1 Nummer 1 und 2 des Bundesberggesetzes vom 13. August 1980 (BGBl. I S. 1310), das zuletzt durch Artikel 1 des Gesetzes vom 14. Juni 2021 (BGBl. I S. 1760) geändert worden ist, zur Abwehr dringender Gefahren für Leib und Leben oder eines Umweltschadens im Sinne des

§ 2 Nummer 1 des Umweltschadensgesetzes in der Fassung der Bekanntmachung vom 5. März 2021 (BGBl. I S. 346) oder zur weiteren dauerhaften Aufrechterhaltung der Funktionsfähigkeit eine vorläufige oder endgültige Außerbetriebnahme oder Stilllegung aufgrund einer Anordnung der zuständigen Behörde nach § 142 des Bundesberggesetzes notwendig ist, kann die zuständige Behörde abweichend von den Absätzen 1 bis 3 eine entsprechende Anordnung treffen. ²Die zuständige Behörde konsultiert vor ihrer Anordnung die Bundesnetzagentur. ³Satz 2 gilt nicht, wenn aufgrund von Gefahr in Verzug eine sofortige Anordnung notwendig ist; in diesem Fall wird die Bundesnetzagentur unverzüglich von der zuständigen Behörde über die Anordnung in Kenntnis gesetzt. ⁴Die nach § 61 Absatz 1 Satz 2 Nummer 2 des Bundesberggesetzes resultierenden Pflichten des Unternehmers gelten unbeschadet der Regelungen der Absätze 1 bis 4. ⁵Der Betreiber einer Gasspeicheranlage ist verpflichtet, nach einer Anordnung nach Satz 1 den Speicher oder die Einrichtung unverzüglich wieder in einen betriebsbereiten Zustand zu versetzen, soweit dies technisch möglich ist.

(6) ¹Der Betreiber einer Gasspeicheranlage kann bei der Bundesnetzagentur eine Entschädigung für den Fall einer anderweitig nicht ausgleichbaren, unbilligen wirtschaftlichen Härte, die ihm infolge der Genehmigungsversagung nach Absatz 4 entstanden ist, beantragen. ²Im Rahmen des Antrags hat der Betreiber einer Gasspeicheranlage insbesondere Folgendes darzulegen:
1. die Gründe, aus denen sich für ihn eine unbillige wirtschaftliche Härte aus der Versagung der Genehmigung nach Absatz 4 ergibt,
2. Art und Umfang der voraussichtlichen Kosten für den Unterhalt und Weiterbetrieb der Gasspeicheranlage, für die eine Entschädigung verlangt wird, und
3. die Gründe dafür, dass die unter Nummer 2 genannten Positionen nicht anderweitig ausgeglichen werden können.

³Über den Antrag nach Satz 1 entscheidet die Bundesnetzagentur nach § 29 Absatz 1 im Einvernehmen mit dem Bundesministerium für Wirtschaft und Klimaschutz nach billigem Ermessen. ⁴Zur Leistung der Entschädigung ist der Bund verpflichtet. ⁵Die Entschädigung soll in Form von Wochen-, Monats- oder Jahresbeträgen für die Dauer des voraussichtlichen Weiterbetriebs der Anlage festgesetzt werden. ⁶Sie muss insgesamt zur Abwendung unbilliger wirtschaftlicher Härten erforderlich sein und darf die Summe der voraussichtlich notwendigen Kosten der Unterhaltung und des Weiterbetriebs der Anlage im relevanten Zeitraum abzüglich der voraussichtlich erzielbaren Einnahmen und sonstiger Ausgleichszahlungen nicht überschreiten. ⁷Der Betreiber ist verpflichtet, Nachweis über die Verwendung erhaltener Entschädigungszahlungen zu führen und diese mindestens einmal jährlich abzurechnen. ⁸Die Bundesnetzagentur kann Vorgaben zu Inhalt und Format der erforderlichen Nachweise machen. ⁹Überzahlungen, denen keine tatsächlich angefallenen notwendigen Kosten, die nicht anderweitig ausgeglichen werden konnten, gegenüberstehen, sind zurückzuerstatten. ¹⁰Eine Erhöhung der Entschädigung findet auf Antrag des Betreibers nur statt, wenn andernfalls eine unbillige wirtschaftliche Härte einträte.

(7) ¹Die Umstellung einer Gasspeicheranlage von L-Gas auf H-Gas, sofern diese Umstellung nicht nach § 19a durch den Betreiber eines Fernleitungsnetzes veranlasst worden ist, oder die Reduzierung von L-Gas-Speicherkapazitäten in einer Gasspeicheranlage bedarf der Genehmigung der Bundesnetzagentur im Einvernehmen mit dem Bundesministerium für Wirtschaft und Klimaschutz. ²Die Genehmigung nach Satz 1 darf nur versagt werden, wenn die Umstellung der Gasspeicheranlage oder die Reduzierung der L-Gas-Speicherkapazitäten zu einer Einschränkung der Versorgungssicherheit mit L-Gas führen würde. ³Im Rahmen der Prüfung sind die Fernleitungsnetzbetreiber, an deren Netz die Gasspeicheranlage angeschlossen ist, anzuhören. ⁴Die Versagung ist zu befristen. ⁵Nach Ablauf der Frist, spätestens jedoch nach 24 Monaten, kann der Betreiber einer Gasspeicheranlage einen erneuten Antrag stellen.

Überblick

Die in § 35h vorgesehenen Regelungen zur Anzeige- und Genehmigungspflicht für die Stilllegung und Außerbetriebnahme von Gasspeichern betreffen nicht die Bewirtschaftung von Speichern, sondern setzen vorher an, indem sie den Fortbetrieb von Speicheranlagen sicherstellen sollen, soweit dies zur Aufrechterhaltung der Versorgungssicherheit erforderlich ist. Die Regelung ist § 13b nachempfunden und sorgt dafür, dass Speicheranlagen nur nach vorheriger Anzeige und Genehmigung stillgelegt und außer Betrieb genommen werden dürfen (Absätze 1–3). Ohne eine solche Genehmigung besteht eine Pflicht zum Weiterbetrieb der Speicheranlagen (Absatz 4), die unter dem Vorbehalt bergrechtlicher Anordnungen steht (Absatz 5). Mit der nachträglichen Aufnahme einer Entschädigungsregelung ermöglicht der Gesetzgeber einen verfassungsrechtlich gebotenen Härtefallausgleich (Absatz 6). Nicht nur die Stilllegung, sondern auch die Umstellung eines Gasspeichers von L-Gas auf H-Gas wird einem Genehmigungsvorbehalt unterworfen (Absatz 7).

Übersicht

	Rn.		Rn.
A. Anzeigepflicht für Stilllegungen (Abs. 1)	1	C. Pflicht zur Weiterbetrieb bei Versagung der Genehmigung (Abs. 4)	13
B. Genehmigungspflicht für Stilllegungen (Abs. 2, Abs. 3)	4	D. Notfallmaßnahmen durch die nach dem Bundesberggesetz zuständige Behörde (Abs. 5)	17
I. Formelle Voraussetzungen des Genehmigungsverfahrens (Abs. 2)	5	E. Entschädigungsanspruch bei Härtefällen (Abs. 6)	19
II. Materielle Voraussetzungen einer Genehmigung (Abs. 3)	8	F. Genehmigungspflicht für Umstellung von L-Gas auf H-Gas (Abs. 7)	22

A. Anzeigepflicht für Stilllegungen (Abs. 1)

1   Absatz 1 sieht für die **vorläufige oder endgültige Außerbetriebnahme oder Stilllegung** einer Gasspeicheranlage im Sinne des § 35a Abs. 2, von Teilen einer solchen Anlage oder des Netzanschlusses an das Fernleitungsnetz (im Folgenden werden sämtliche dieser Maßnahmen als „Stilllegungen" bezeichnet) die Pflicht vor, dies der BNetzA zwölf Monate vorher „anzuzeigen". Richtigerweise handelt es sich nicht um eine bloße Anzeige, sondern um einen Antrag auf Genehmigung der Stilllegung oder Außerbetriebnahme (zutreffend spricht Absatz 2 Satz 2 von einem „Antrag").

2   Anzeige- und genehmigungspflichtige „vorläufige" Stilllegungen dürften erst dann vorliegen, wenn der **Zeitraum hinreichend lang** ist, um eine substantielle Beeinträchtigung der Versorgungssicherheit zu bewirken. Zudem sind sie **abzugrenzen gegenüber einer bloßen kurzfristigen wartungs- oder störungsbedingten Nichtverfügbarkeit** (vgl. analog § 13b Abs. 3 S. 1). Bei diesem Verständnis dürfte auch dem Bedenken des Bundesrates, dass eine Regelung zur genehmigungsfreien sicherheits- bzw. gefahrenabwehrbedingten Außerbetriebnahme fehle, Rechnung getragen sein (BR-Drs. 208/22(B), 4). Gleichwohl wurde über die zwischenzeitliche Ergänzung des Absatz 5 Satz 4 nochmals klargestellt, dass die Gasspeicherbetreiber ungeachtet des Stilllegungsverbots verpflichtet bleiben, Gefahrenabwehrmaßnahmen nach Maßgabe des § 61 Abs. 1 S. 2 Nr. 2 BBergG zu treffen.

3   Die gegenüber der BNetzA zu tätigende Anzeige muss gemäß Absatz 1 Satz 2 unter **Angabe der Gründe** für die Stilllegung erfolgen. Für die Praxis erscheint es sinnvoll, dass bei einer vorläufigen Stilllegung auch die geplante oder erwartete Dauer mitgeteilt wird, auch wenn dies gesetzlich nicht vorausgesetzt wurde. Weitere Nachweiserfordernisse ergeben sich aus Absatz 2.

B. Genehmigungspflicht für Stilllegungen (Abs. 2, Abs. 3)

4   In § 35h Abs. 2 wird über die bloße Anzeigepflicht hinaus ein **Genehmigungserfordernis** für Stilllegungen begründet. Die Genehmigungsvoraussetzungen benennt Absatz 3.

I. Formelle Voraussetzungen des Genehmigungsverfahrens (Abs. 2)

Absatz 2 enthält formelle Vorgaben für das Genehmigungsverfahren. Gemäß Sätze 1 und 2 ist der Antrag unter Angabe und **Nachweis**, ob und inwieweit die Stilllegung aus **rechtlichen, tatsächlichen oder betriebswirtschaftlichen Gründen** erfolgt, bei der zuständigen BNetzA zu stellen. Diese muss vor einer Entscheidung gem. Satz 3 den Fernleitungsnetzbetreiber anhören, an dessen Netz die Anlage angeschlossen ist. Diese Rolle des Netzbetreibers ist kleiner als jene bei der Untersagung der Stilllegung von Kraftwerken nach § 13b, was sich dadurch erklärt, dass es anders als dort im Genehmigungsverfahren nicht in erster Linie um die Bewertung der Systemrelevanz des Speichers für die Netzstabilität geht, sondern um die Bewertung der Bedeutung des Speichers für die Versorgungssicherheit im Hinblick auf ausreichende Speichergaskapazitäten zur Gasbevorratung. 5

Obwohl Satz 2 nur von „Stilllegung" spricht, wird durch den Verweis auf Satz 1 klargestellt, dass jede vorläufige oder dauerhafte Außerbetriebnahme oder Stilllegung einer Gasspeicheranlage, Teilen hiervon oder des Netzanschlusses gemeint ist. Auch die Umnutzung einer Gasspeicheranlage zur Einspeicherung von Wasserstoff dürfte genehmigungspflichtig sein, da und soweit die Speichervolumina nicht mehr dem (konventionellem) Gasmarkt zur Verfügung stehen (ein entsprechendes Antragsverfahren wird unter dem Az. BK7-23-016 bei der BNetzA geführt). 6

Mit dem Erfordernis der Angabe und des Nachweises des Stilllegungsgrunds wird die BNetzA in die Lage versetzt, das Stilllegungsinteresse des Speicherbetreibers zu bewerten. So können etwa technische Gründe für eine Außerbetriebnahme die Genehmigung nach Absatz 3 rechtfertigen, wenn der Weiterbetrieb des Speichers (perspektivisch) nicht möglich ist. Dass auch andere Stilllegungszwecke nicht nur anzugeben, sondern sogar nachzuweisen sind, ist insoweit bemerkenswert, als nach dem Wortlaut von Absatz 3 keine Abwägung zwischen Stilllegungsinteresse einerseits und Versorgungssicherheitsinteresse andererseits angestellt werden soll, sondern sich letzteres stets durchsetzt und zur Genehmigungsversagung führt (zum Gebot verfassungskonformer Auslegung siehe unten → Rn. 11). 7

II. Materielle Voraussetzungen einer Genehmigung (Abs. 3)

Die Erteilung der Genehmigung setzt nach § 35h Abs. 3 S. 1 und 2 grundsätzlich voraus, dass von der Stilllegung **keine oder nur unerhebliche nachteilige Auswirkungen** auf die Versorgungssicherheit der Bundesrepublik Deutschland oder der Europäischen Union ausgehen. Gibt es solche Auswirkungen, kann nach Satz 3 die Genehmigung nur erteilt werden, wenn der Weiterbetrieb technisch unmöglich ist. 8

Relevanter Beurteilungszeitpunkt ist der Zeitpunkt der Behördenentscheidung, wobei allerdings eine prognostische Bewertung anzustellen ist, welche Bedeutung der Speicher für die Versorgungssicherheit nicht nur aktuell, sondern auch perspektivisch hat. Für die Feststellung, ob Nachteile für die Versorgungssicherheit drohen, sind also die gegenwärtigen Gasimporte und die auf dem **Markt verfügbaren Gasmengen** ebenso heranzuziehen, wie sich abzeichnende zukünftige Entwicklungen, soweit sie sich abzeichnen (vgl. BT-Drs. 20/1501, 40). Die im Zeitpunkt der Genehmigung zu verzeichnenden Füllstände der deutschen Speicher dürften hingegen keine wichtige Rolle spielen. Sie können allenfalls bei einer relativ kurzzeitigen Außerbetriebnahme relevant sein, weil sich nur für diesen Zeitraum aus den aktuellen Füllständen eine Bewertung ableiten ließe, wie erforderlich die Verfügbarkeit der Kapazität des zur Stilllegung angezeigten Speichers für die Versorgungssicherheit ist. Wichtiger für die Beurteilung der nachteiligen Auswirkungen auf die Versorgungssicherheit dürfte neben der **Größe des Speichervolumens** auch die **Lage bzw. Anbindungssituation des Speichers** sein, die darüber entscheidet, ob und inwieweit ihre Funktion von anderen Speichern ebenfalls erfüllt werden kann. 9

Satz 2 stellt im Sinne einer **Rückausnahme** klar, dass lediglich unerhebliche Auswirkungen auf die Versorgungssicherheit unbeachtlich sein sollen. Eine solche Einschränkung dürfte schon deshalb erforderlich sein, weil jede zusätzliche Speicherkapazität die Versorgungssicherheit fördern und ihr Verlust sie daher negativ beeinflussen wird. Die Regelung liefe also auf ein vollständiges Stilllegungsverbot hinaus, wenn jedwede Herabsetzung des Versorgungssicherheitsniveaus ein hinreichender Versagungsgrund wäre. Auch der **Verhältnismäßigkeitsgrundsatz** fordert, dass die Versorgungssicherheit hinreichend spürbar beeinträchtigt wird, 10 um den mit einer Stilllegungsuntersagung verbundenen intensiven Grundrechtseingriff in die Berufsfreiheit und das Eigentum der Speicherbetreiber zu rechtfertigen.

11   Diese Erwägung wirft die Frage auf, ob der **Genehmigungstatbestand abwägungsoffen** interpretiert werden muss, ob es also für die Genehmigung relevant ist, in welchem Verhältnis das nach den gemäß Absatz 2 Satz 2 nachzuweisenden Gründen für die Stilllegung zu bewertende Stilllegungsinteresse zu dem jeweils gegebenen entgegenstehenden Versorgungssicherheitsinteresse steht. Wären die Gründe für die Stilllegung unerheblich, hätte die entsprechende Nachweispflicht nach Absatz 2 Satz 2 keine rechtlich relevante Bedeutung. Der Wortlaut in Absatz 3 („kann nur erteilt werden, wenn") deutet darauf hin, dass sich stets das Versorgungssicherheitsinteresse durchsetzt, wenn es nicht lediglich „unerheblich" im Sinne von Satz 2 beeinträchtigt wird. Eine verfassungskonforme Auslegung spricht dafür, dass die „Unerheblichkeit" der Auswirkungen auf die Versorgungssicherheit auch in Relation zu Art und Ausmaß des Stilllegungsinteresses bestimmt wird, ohne dass damit in Frage gestellt wird, dass die Versorgungssicherheit als überragendes Allgemeinwohlinteresse im Zweifelsfall auch die Pflicht zum unliebsamen Weiterbetrieb eines Speichers rechtfertigen kann. Dann aber stellt sich umso mehr auf der Sekundärebene, bei der Entschädigung der mit dem Weiterbetrieb verbundenen Nachteile, die Frage einer verfassungskonformen Ausgestaltung der Regelung (siehe unten → Rn. 20).

12   § 35h Abs. 3 S. 3 enthält eine missglückte **Beweislastregel.** Danach muss ein Gasspeicherbetreiber „im Rahmen der ihm zur Verfügung stehenden Möglichkeiten" das Vorliegen der Genehmigungsvoraussetzungen nachweisen. Damit wird dem Gasspeicherbetreiber auferlegt, nachzuweisen, dass sein Speicher für die Versorgungssicherheit keine oder nur unerhebliche Auswirkungen haben wird. Die Verantwortung für diese Bewertung hätte man eher beim Bund vermutet. Der Gasspeicherbetreiber wird hierzu jedenfalls über kein umfassendes Sonderwissen verfügen und die Einschränkung der Nachweispflicht auf die ihm zur Verfügung stehenden Möglichkeiten macht die Regelung nur vordergründig besser, gehen mit ihr doch erhebliche Rechtsunsicherheiten einher (kritisch ebenfalls der Bundesrat: BR-Drs. 208/22(B), 3). Vorzugswürdig wäre gewesen, dem Speicherbetreiber eine Nachweispflicht nur insoweit aufzubürden, wie es die Eigenschaften des Speichers und seine bisherige Nutzung betrifft.

C. Pflicht zur Weiterbetrieb bei Versagung der Genehmigung (Abs. 4)

13   Wird die Genehmigung der Stilllegung versagt, besteht eine **Pflicht zum Weiterbetrieb** des Speichers. Sie dient der „lückenlosen Sicherstellung des sicheren, zuverlässigen und leistungsfähigen Betriebs" der Gasspeicheranlagen (BT-Drs. 20/1501, 40). Der Verweis auf § 11 Abs. 1 S. 1 stellt klar, dass nicht irgendein, sondern ein bedarfsgerechter und diskriminierungsfreier Betrieb geschuldet ist. Soweit diese Pflichten nach § 11 Abs. 1 S. 1 unter dem Vorbehalt der wirtschaftlichen Zumutbarkeit stehen, wird sich der Gasspeicherbetreiber nicht auf jene Unzumutbarkeit berufen können, die er (erfolglos) als Stilllegungsgrund angeführt hat, denn damit verfehlte die Versagung der Stilllegungsgenehmigung letztlich ihren normativen Sinn. Wirtschaftliche Unzumutbarkeit des Speicheranlagenbetriebs führt also zur Entschädigung nach Absatz 6, nicht aber zur Beschränkung der Betriebspflicht.

14   Satz 2 legt fest, dass eine **neue Antragstellung erst nach 24 Monaten** wieder möglich ist. Nicht geregelt ist, wann diese Frist beginnt. Stellte man auf die erste Anzeige nach Absatz 1 Satz 1 ab, würde die Versagung der Genehmigung nach weniger als 24 Monaten wieder auf den Prüfstand gestellt werden können. Wenn stattdessen auf den Zeitpunkt der Versagung der Genehmigung abgestellt würde, ergäbe sich, da der Antrag nach Absatz 1 Satz 1 mindestens zwölf Monate vor dem beabsichtigten Stilllegungsdatum zu stellen ist, ein Zeitversatz von insgesamt drei Jahren, nach deren Ablauf frühestens eine Stilllegung genehmigt werden könnte. Beide Lösungen weichen im Ergebnis von jener in Absatz 7 Satz 5 und auch von der in § 13b Abs. 4 S. 2 ab, die jeweils Entscheidungsintervalle von 24 Monaten sicherstellen. Unabhängig davon, wie man die Fristenregelung anwendet, ist eine starre Regelung jedenfalls nicht unproblematisch, wenn sich in der Zwischenzeit neue Gründe für eine Stilllegung ergeben haben oder sich die Bedeutung des Speichers für die Versorgungssicherheit geändert hat.

Die Sätze 3 und 4 enthalten flankierende Regelungen, die den Weiterbetrieb des Speichers 15
auch dann sicherstellen soll, wenn der Speicher übertragen wird oder wenn der aktuelle
Betreiber ihn aus eigener Kraft nicht mehr betreiben kann. Deshalb bleibt der alte Betreiber
nach der Übertragung des Betriebs zum Fortbetrieb verpflichtet, solange der neue Betreiber
noch nicht dazu in der Lage ist (Satz 3). Satz 4 sieht das Ergreifen „geeigneter Maßnahmen"
seitens des Betreibers vor, etwa einen Betriebsübergang, um den Fortbetrieb zu gewährleisten, wenn er den Gasspeicherbetrieb selbst nicht mehr leisten kann.

Die Sätze 5 und 6 geben der BNetzA die Möglichkeit, gegenüber dem Gasspeicherbetreiber und Dritten **Anordnungen zur Sicherstellung des Weiterbetriebs** zu treffen; diese 16
Maßnahmen sind als *„ultima ratio"* vorgesehen (BT-Drs. 20/1501, 41).

D. Notfallmaßnahmen durch die nach dem Bundesberggesetz zuständige Behörde (Abs. 5)

Absatz 5 erlaubt der zuständigen Behörde die Anordnung einer Not-Stilllegung bzw. Not- 17
Außerbetriebnahme von Untergrundspeichern im Sinne von § 2 Abs. 2 S. 1 Nr. 1 und Nr. 2
BbergG ungeachtet des Stilllegungsverbots des § 35h. Mit der Norm soll die zuständige
Behörde in die Lage versetzt werden, **schweren Unfällen vorzubeugen** (BT-Drs. 20/1501,
41). Zuständig ist die nach § 142 BBergG zuständige **Landesbehörde** (Satz 1). Die BNetzA
ist vor dieser Anordnung zu konsultieren (Satz 2), es sei denn, es ist Gefahr im Verzug. In
diesem Fall ist die BNetzA „unverzüglich" im Nachgang zu informieren (Satz 3). Schutzgüter
der Regelung sind **Leib oder Leben, Umwelt** sowie die dauerhafte **Aufrechterhaltung
der Funktionsfähigkeit** der Gasspeicheranlage. Diese Alternative umfasst auch den Fall, dass
bei „Karvernenfeldern" die „Funktionsfähigkeit von Nachbarkavernen" eine entsprechende
dauerhafte oder vorläufige Stilllegung voraussetzt (BT-Drs. 20/1501, 41). Der mit Gesetz
vom 8.10.2022 (BGBl. I 1726) eingefügte Satz 4 stellt klar, dass die Gasspeicherbetreiber
nicht nur auf Anordnung der zuständigen Behörde, sondern auch zur Erfüllung ihrer Gefahrenabwendungspflicht als Betreiber nach § 61 Abs. 1 S. 2 Nr. 2 BbergG einen Speicher außer
Betrieb nehmen dürfen, ohne zuvor eine Genehmigung nach Absatz 3 Satz 1 erwirkt zu
haben.

Im Falle einer behördlichen Notfallanordnung sieht Satz 5 vor, dass die Gasspeicherbetrei- 18
ber die Speicher „unverzüglich" wieder in einen betriebsbereiten Zustand zu bringen haben,
sobald das technisch möglich ist. Dasselbe dürfte im Falle der eigenverantwortlichen Außerbetriebnahme nach Satz 4 gelten, auch wenn der Gesetzgeber nach dessen Einfügung eine
derartige Anpassung des Satz 5 unterlassen hat.

E. Entschädigungsanspruch bei Härtefällen (Abs. 6)

Eine **Entschädigungsregelung** zugunsten des zum Weiterbetrieb verpflichteten Spei- 19
cherbetreibers war ursprünglich nicht vorgesehen, sondern wurde **erst mit Gesetz vom
8.10.2022** (BGBl. I 1726) im neuen Absatz 6 verankert. Hintergrund war der anfänglichen
Zurückhaltung war die Annahme, dass die Gasspeicher weiter im Markt betrieben werden
und im Falle ihrer Bedeutung für die Gasversorgungssicherheit auch hinreichend genutzt
würden, um mit den Nutzungsentgelten die Kosten zu refinanzieren (BT-Drs. 20/1501, 41).
Dennoch war das Fehlen einer Entschädigungsregelung problematisch, weil Fälle denkbar
sind, in denen die Stilllegungsabsicht gerade daher rührt, dass der Speicher im Markt nicht
kostendeckend betrieben werden kann oder sich erforderliche Nachinvestitionen im jeweiligen Marktumfeld gerade nicht amortisieren lassen (kritisch daher auch der Bundesrat: BR-
Drs. 208/22(B), 3). Diesen Bedenken hat der Gesetzgeber Rechnung getragen, indem er in
diesen Fällen nunmehr einen Härtefallausgleich vorsieht.

Die Entschädigung soll „für den Fall einer anderweitig **nicht ausgleichbaren, unbilligen** 20
wirtschaftlichen Härte", die dem Speicherbetreiber infolge der Genehmigungsversagung
nach Absatz 4 entstanden ist, beantragt werden können. Entschädigungsverpflichtet ist der
Bund (Satz 4). Aus Satz 6 ergibt sich, dass die Entschädigung auf das **zur Abwendung der
unzumutbaren Härte Erforderliche** begrenzt ist und die **Deckungslücke,** die nach der
Vereinnahmung erzielbarer Einnahmen und sonstiger Ausgleichszahlungen verbleibt, nicht
überschreiten darf (Satz 6). Die Entscheidung über die Gewährung einer Entschädigung steht

im billigen Ermessen der BNetzA, die im Einvernehmen mit dem BMWK entscheidet (Satz 3). Diese **restriktive Ausgestaltung** führt dazu, dass nach dem Wortlaut der Norm offenbleibt, ob und wann ein Anspruch auf Entschädigung in (voller) Höhe der Kostenunterdeckung besteht. Im Regelfall wird man einen derartigen Anspruch aber bei verfassungskonformer Auslegung annehmen müssen, denn der Zwang zum Fortbetrieb einer unwirtschaftlichen Infrastruktur stellt einen **tiefgreifenden Eingriff in die Grundrechte der Betreiber** dar (Art. 12 und 14 GG). Namentlich lässt sich aus einer verstärkten Sozialbindung des Eigentums an der Energieversorgung der Allgemeinheit dienenden Anlagen kein „Selbstbehalt" ableiten, der gegen einen vollständigen Ausgleich der ungedeckten Kosten des erzwungenen Weiterbetriebs spräche. Auch erschöpft sich die Regelung nicht in einer bloßen Modalität der Berufsausübung, sondern sie verpflichtet zur Fortsetzung der Berufsausübung schlechthin. Die besondere Bedeutung von Speicheranlagen für die Energieversorgungssicherheit rechtfertigt deshalb zwar die Indienstnahme als solche – also das Stilllegungsverbot und die Weiterbetriebspflicht – nicht aber eine Einschränkung eines Ausgleichs der dadurch entstehenden Verluste.

21 Die **Ausgestaltung des Entschädigungsverfahrens** sowie die Abwicklung der Entschädigung sind im Übrigen in den Sätzen 2, 5 und 7–10 geregelt. Satz 2 regelt die Anforderungen an den Entschädigungsantrag, zu denen insbesondere die Darlegung der voraussichtlichen Kosten und die Begründung der nicht möglichen Kostendeckung zählt. Satz 5 bestimmt, dass die Entschädigung in Wochen-, Monats- oder Jahresbeträgen für die Dauer des voraussichtlichen Weiterbetriebs der Anlage festgesetzt werden „soll". Da diese Zahlungen auf Basis von Plan-Werten erfolgen, sehen die Sätze 7 und 9 einen nachfolgenden Abgleich vor: Nach Satz 7 muss der Betreiber den Nachweis über die Verwendung erhaltener Entschädigungszahlungen führen und diese mindestens einmal jährlich abrechnen; Einzelheiten dazu kann die BNetzA nach Satz 8 vorgeben. Ergeben sich auf Basis von Ist-Werten Überzahlungen, sieht Satz 9 eine **Rückerstattung** vor. Fiel die Erstattung hingegen zu niedrig aus, soll nach Satz 10 eine **Erhöhung auf Antrag des Speicherbetreibers** nur dann stattfinden, wenn andernfalls eine unbillige wirtschaftliche Härte einträte. Nach der hier vertretenen Auffassung liegt eine solche unbillige wirtschaftliche Härte regelmäßig dann vor, wenn eine verbliebene Unterdeckung für einen effizienten Speicherbetreiber nicht vermeidbar war.

F. Genehmigungspflicht für Umstellung von L-Gas auf H-Gas (Abs. 7)

22 Mit Gesetz vom 8.10.2022 (BGBl. I 1726) hat der Gesetzgeber mit dem neuen Absatz 7 auch die **Umstellung eines Gasspeichers von L-Gas auf H-Gas einem Genehmigungsvorbehalt** unterworfen. Hintergrund ist der Umstand, dass bis zur sukzessiven Umstellung der gesamten deutschen Gasversorgung auf H-Gas die Versorgungssicherheit von L-Gas-Kunden von hinreichenden Speicherkapazitäten für L-Gas abhängt. Analog zur Genehmigung von Speicherstilllegungen nach Absatz 3 ist also wiederum zu prüfen, ob die Umstellung zu einer Einschränkung der Versorgungssicherheit führt. Hierbei sind nach Ansicht des Gesetzgebers zB die L-Gas-Liefermengen, insbesondere deren Verfügbarkeit sowie die zukünftige Entwicklung und die Nachfrage nach L-Gas-Mengen zu berücksichtigen.

23 Die **Regelungen** des Absatz 7 sind **weniger detailliert** als jene für die Stilllegungsgenehmigung. Soweit die Regelungen des Absatz 7 konkretisierungsbedürftig sind, ist im Einzelfall zu prüfen, ob eine analoge Anwendung der Regelungen der Absätze 1–4 in Betracht kommt. So wird man etwa die Vorgabe in Absatz 3 Satz 2, dass eine lediglich unerhebliche nachteilige Auswirkung auf die Versorgungssicherheit eine Genehmigungsversagung nicht tragen, auch für die Genehmigungsentscheidung nach Absatz 7 heranziehen können, weil sie Ausfluss des Verhältnismäßigkeitsgebots ist. Demgegenüber wird man die Anzeigepflicht des Absatz 1 Satz 1 nicht anwenden können. Ein Antrag auf Genehmigung der Umstellung von L-Gas auf H-Gas muss also nicht mindestens zwölf Monate im Voraus gestellt werden. Allerdings bleibt die Umstellung so lange untersagt, wie über den Antrag nicht positiv entschieden ist.

24 Auch die Untersagung einer Umstellung von L-Gas auf H-Gas kann dazu führen, dass der Speicherbetreiber einen unwirtschaftlichen L-Gas Speicher anstelle eines wirtschaftlichen H-Gas-Speichers betreiben muss. Da die **Entschädigungsregelung** des Absatz 6 nach ihrem Wortlaut nicht auf den Fall der untersagten H-Gas-Umstellung erstreckt wurde, kommt eine

Entschädigung erst dann in Betracht, wenn der Speicherbetreiber nachfolgend die Stilllegung des Speichers nach Absatz 1 anzeigt und beantragt und dieser Antrag abgelehnt wird. Zudem besteht eine Aussicht auf eine Entschädigung erst dann, wenn der L-Gas Betrieb nicht kostendeckend ist und nicht bereits dann, wenn er weniger lukrativ als sein Einsatz in der H-Gas-Versorgung ist.

§ 36 Grundversorgungspflicht

(1) ¹Energieversorgungsunternehmen haben für Netzgebiete, in denen sie die Grundversorgung von Haushaltskunden durchführen, Allgemeine Bedingungen und Allgemeine Preise für die Versorgung in Niederspannung oder Niederdruck öffentlich bekannt zu geben und im Internet zu veröffentlichen und zu diesen Bedingungen und Preisen jeden Haushaltskunden zu versorgen. ²Energieversorgungsunternehmen dürfen bei den Allgemeinen Bedingungen und Allgemeinen Preisen nicht nach dem Zeitpunkt des Zustandekommens des Grundversorgungsvertrages unterscheiden. ³Die Veröffentlichungen im Internet müssen einfach auffindbar sein und unmissverständlich verdeutlichen, dass es sich um die Preise und Bedingungen der Belieferung in der Grundversorgung handelt. ⁴Die Pflicht zur Grundversorgung besteht nicht, wenn die Versorgung für das Energieversorgungsunternehmen aus wirtschaftlichen Gründen nicht zumutbar ist. ⁵Die Pflicht zur Grundversorgung besteht zudem nicht für die Dauer von drei Monaten seit dem Beginn einer Ersatzversorgung nach § 38 Absatz 1, sofern der Haushaltskunde bereits zuvor an der betroffenen Entnahmestelle beliefert wurde und die Entnahmestelle dem bisherigen Lieferanten aufgrund einer Kündigung des Netznutzungs- oder Bilanzkreisvertrages nicht mehr zugeordnet werden konnte. ⁶Ein konkludenter Vertragsschluss durch Entnahme von Energie ist für die betroffene Entnahmestelle für diesen Zeitraum ausgeschlossen.

(2) ¹Grundversorger nach Absatz 1 ist jeweils das Energieversorgungsunternehmen, das die meisten Haushaltskunden in einem Netzgebiet der allgemeinen Versorgung beliefert. ²Betreiber von Energieversorgungsnetzen der allgemeinen Versorgung nach § 18 Abs. 1 sind verpflichtet, alle drei Jahre jeweils zum 1. Juli, erstmals zum 1. Juli 2006, nach Maßgabe des Satzes 1 den Grundversorger für die nächsten drei Kalenderjahre festzustellen sowie dies bis zum 30. September des Jahres im Internet zu veröffentlichen und der nach Landesrecht zuständigen Behörde schriftlich mitzuteilen. ³Die nach Landesrecht zuständige Behörde kann die zur Sicherstellung einer ordnungsgemäßen Durchführung des Verfahrens nach den Sätzen 1 und 2 erforderlichen Maßnahmen treffen. ⁴Über Einwände gegen das Ergebnis der Feststellungen nach Satz 2, die bis zum 31. Oktober des jeweiligen Jahres bei der nach Landesrecht zuständigen Behörde einzulegen sind, entscheidet diese nach Maßgabe der Sätze 1 und 2. ⁵Stellt der Grundversorger nach Satz 1 seine Geschäftstätigkeit ein, so gelten die Sätze 2 und 3 entsprechend.

(3) Im Falle eines Wechsels des Grundversorgers infolge einer Feststellung nach Absatz 2 gelten die von Haushaltskunden mit dem bisherigen Grundversorger auf der Grundlage des Absatzes 1 geschlossenen Energielieferverträge zu den im Zeitpunkt des Wechsels geltenden Bedingungen und Preisen fort.

(4) Die Absätze 1 bis 3 gelten nicht für geschlossene Verteilernetze.

Überblick

§ 36 verpflichtet das kundenstärkste lokale Energieversorgungsunternehmen dazu, Letztverbraucher grundsätzlich mit Energie zu beliefern (sog. Grundversorgung), sofern die Belieferung nicht durch Dritte erfolgt. Die Grundversorgungspflicht sichert die Belieferung von Haushaltskunden iSv § 3 Nr. 22 mit Strom und Gas und dient dazu der Daseinsvorsorge (→ Rn. 1). Absatz 1 der Regelung sieht einen einseitigen Kontrahierungszwang des Grundversorgers vor (→ Rn. 15). Absatz 2 der Vorschrift bestimmt, dass jeweils das Energieversorgungsunternehmen Grundversorger ist, das die meisten Haushaltskunden im jeweiligen Netzgebiet beliefert; darüber hinaus wird das Verfahren zur Bestimmung des Grundversorgers geregelt (→ Rn. 35). Nach Absatz 3 gelten im Falle eines Wechsels des Grundversorgers infolge einer Feststellung nach Absatz 2 die von Haushaltskunden mit dem bisherigen Grund-

Teil 4. Energielieferung an Letztverbraucher

§ 36 Grundversorgungspflicht

(1) [1]Energieversorgungsunternehmen haben für Netzgebiete, in denen sie die Grundversorgung von Haushaltskunden durchführen, Allgemeine Bedingungen und Allgemeine Preise für die Versorgung in Niederspannung oder Niederdruck öffentlich bekannt zu geben und im Internet zu veröffentlichen und zu diesen Bedingungen und Preisen jeden Haushaltskunden zu versorgen. [2]Energieversorgungsunternehmen dürfen bei den Allgemeinen Bedingungen und Allgemeinen Preisen nicht nach dem Zeitpunkt des Zustandekommens des Grundversorgungsvertrages unterscheiden. [3]Die Veröffentlichungen im Internet müssen einfach auffindbar sein und unmissverständlich verdeutlichen, dass es sich um die Preise und Bedingungen der Belieferung in der Grundversorgung handelt. [4]Die Pflicht zur Grundversorgung besteht nicht, wenn die Versorgung für das Energieversorgungsunternehmen aus wirtschaftlichen Gründen nicht zumutbar ist. [5]Die Pflicht zur Grundversorgung besteht zudem nicht für die Dauer von drei Monaten seit dem Beginn einer Ersatzversorgung nach § 38 Absatz 1, sofern der Haushaltskunde bereits zuvor an der betroffenen Entnahmestelle beliefert wurde und die Entnahmestelle dem bisherigen Lieferanten aufgrund einer Kündigung des Netznutzungs- oder Bilanzkreisvertrages nicht mehr zugeordnet werden konnte. [6]Ein konkludenter Vertragsschluss durch Entnahme von Energie ist für die betroffene Entnahmestelle für diesen Zeitraum ausgeschlossen.

(2) [1]Grundversorger nach Absatz 1 ist jeweils das Energieversorgungsunternehmen, das die meisten Haushaltskunden in einem Netzgebiet der allgemeinen Versorgung beliefert. [2]Betreiber von Energieversorgungsnetzen der allgemeinen Versorgung nach § 18 Abs. 1 sind verpflichtet, alle drei Jahre jeweils zum 1. Juli, erstmals zum 1. Juli 2006, nach Maßgabe des Satzes 1 den Grundversorger für die nächsten drei Kalenderjahre festzustellen sowie dies bis zum 30. September des Jahres im Internet zu veröffentlichen und der nach Landesrecht zuständigen Behörde schriftlich mitzuteilen. [3]Die nach Landesrecht zuständige Behörde kann die zur Sicherstellung einer ordnungsgemäßen Durchführung des Verfahrens nach den Sätzen 1 und 2 erforderlichen Maßnahmen treffen. [4]Über Einwände gegen das Ergebnis der Feststellungen nach Satz 2, die bis zum 31. Oktober des jeweiligen Jahres bei der nach Landesrecht zuständigen Behörde einzulegen sind, entscheidet diese nach Maßgabe der Sätze 1 und 2. [5]Stellt der Grundversorger nach Satz 1 seine Geschäftstätigkeit ein, so gelten die Sätze 2 und 3 entsprechend.

(3) Im Falle eines Wechsels des Grundversorgers infolge einer Feststellung nach Absatz 2 gelten die von Haushaltskunden mit dem bisherigen Grundversorger auf der Grundlage des Absatzes 1 geschlossenen Energielieferverträge zu den im Zeitpunkt des Wechsels geltenden Bedingungen und Preisen fort.

(4) Die Absätze 1 bis 3 gelten nicht für geschlossene Verteilernetze.

Überblick

§ 36 verpflichtet das kundenstärkste lokale Energieversorgungsunternehmen dazu, Letztverbraucher grundsätzlich mit Energie zu beliefern (sog. Grundversorgung), soweit die Belieferung nicht durch Dritte erfolgt. Die Grundversorgungspflicht sichert die Belieferung von Haushaltskunden iSv § 3 Nr. 22 mit Strom und Gas und dient damit der Daseinsvorsorge (→ Rn. 1). Absatz 1 der Regelung sieht einen einseitigen Kontrahierungszwang des Grundversorgers vor (→ Rn. 15). Absatz 2 der Vorschrift bestimmt, dass jeweils das Energieversorgungsunternehmen Grundversorger ist, das die meisten Haushaltskunden im jeweiligen Netzgebiet beliefert; darüber hinaus wird das Verfahren zur Bestimmung des Grundversorgers geregelt (→ Rn. 43). Nach Absatz 3 gelten im Falle eines Wechsels des Grundversorgers infolge einer Feststellung nach Absatz 2 die von Haushaltskunden mit dem bisherigen Grundversorger auf der Grundlage des Absatz 1 geschlossenen Energielieferverträge zu den im Zeitpunkt des Wechsels geltenden Bedingungen und Preisen fort (→ Rn. 49). Absatz 4 enthält die Bestimmung, dass die vorstehenden Absätze in geschlossenen Verteilernetzen iSd § 110 nicht zur Anwendung kommen (→ Rn. 52).

Übersicht

	Rn.		Rn.
A. Normzweck, Bedeutung	1	IV. Ausschluss der Grundversorgungspflicht wegen wirtschaftlicher Unzumutbarkeit (Abs. 1 S. 4)	31
B. Entstehungsgeschichte	4	1. Personenbezogene Gründe	34
C. Ausgestaltung der Grundversorgung (Abs. 1)	8	2. Abnahmestellenspezifische Gründe	39
I. Normadressat und Begünstigte	8	V. Zeitlich beschränkter Ausschluss der Grundversorgungspflicht (Abs. 1 S. 5 und 6)	42
II. Vertragsverhältnis der Grundversorgung	14		
1. Grundlagen	14	D. Bestimmung des Grundversorgers (Abs. 2)	43
2. Abgrenzung zu Sonderkundenverträgen	17	I. Bestimmungskriterien	43
III. Vorgaben für die Ausgestaltung und Festlegung Allgemeiner Preise und Bedingungen	20	II. Feststellung des Grundversorgers	45
1. Öffentliche Bekanntgabe Allgemeiner Preise und Bedingungen	20	E. Vertragsfortgeltung bei Grundversorgerwechsel (Abs. 3)	49
2. Differenzierung von Grundversorgungstarifen, Tarifspaltungen (Abs. 1 S. 2)	25	F. Nicht-Geltung in geschlossenen Verteilernetzen (Abs. 4)	52

A. Normzweck, Bedeutung

Die Sicherstellung der Elektrizitäts- und Gasversorgung gehört zum Bereich der **Daseinsvorsorge**. Sie ist eine Leistung von Verfassungsrang, „deren der Bürger zur Sicherung einer menschenwürdigen Existenz unumgänglich bedarf" (BVerfG NJW 1984, 1872 (1873)). Der Gesetzgeber hat spätestens mit der Novelle des EnWG 2005, die maßgeblich von den europarechtlichen Vorgaben des zweiten Energiebinnenmarktpakets (Elektrizitäts-Binnenmarkt-Richtlinie 2003/54/EG sowie Gas-Binnenmarkt-Richtlinie 2003/55/EG) geprägt wurde, die Energieversorgung weitestgehend liberalisiert. 1

Die zuverlässige Energieversorgung der Bevölkerung soll auf zweierlei Weise gewährleistet werden. In erster Linie soll bereits der Wettbewerb einer Vielzahl an Strom- und Gasanbieter dazu führen, dass eine stabile, flächendeckende Energieversorgung zu angemessenen Bedingungen erfolgt. Aufgrund des übergeordneten Rangs überlässt der Gesetzgeber die Energieversorgung nicht (völlig) dem freien Spiel des Marktes. Vielmehr findet das Konzept der „**Versorgungssicherheit durch Wettbewerb**" (Kment EnWG/Rasbach § 36 Rn. 2) dann seine natürlichen Grenzen, wenn Energielieferanten im Rahmen ihrer **Vertragsfreiheit** den Vertragsabschluss mit Letztverbrauchern zB aufgrund der (fehlenden) Solvenz des Letztverbrauchers ablehnen. Eine wesentliche Funktion der heutigen Grundversorgung ist damit die Vorhaltung einer „Auffangenergieversorgung". 2

Es bleibt allerdings zu beachten, dass noch immer ca. 20 Prozent aller Haushaltskunden über die Grundversorgung mit Energie beliefert werden (26 Prozent im Elektrizitätssektor, 17 Prozent im Gassektor, vgl. Monitoringbericht 2020 BNetzA/BKartA v. 27.1.2021, 258, 420). Der Anteil der Grundversorgung sinkt zwar nur langsam, jedoch beständig (vgl. BT-Drs. 18/3221, 3). Ein Grund für den noch immer hohen Grundversorgungsanteil dürfte insbesondere in der Trägheit der grundversorgten Kunden liegen. 2.1

Das Schutzziel der Grundversorgungspflicht besteht vor diesem Hintergrund darin, **schutzwürdige Letztverbraucher** zu standardisierten Bedingungen zuverlässig mit Energie zu versorgen (OLG Koblenz ER 2020, 31). Die Grundversorgungspflicht ist in der Weise ausgestaltet, dass nicht alle Letztverbraucher in gleicher Weise als schutzbedürftig angesehen werden (vgl. dazu auch → § 37 Rn. 1). Darüber hinaus gilt die Grundversorgungspflicht generell nur für Haushaltskunden iSv § 3 Nr. 22 (→ § 3 Nr. 22 Rn. 1 ff.). Das Interesse der Letztverbraucher an einer Grundversorgung überragt als **Gemeinwohlwert** (ausführlich dazu Säcker EnergieR/Busche § 36 Rn. 2) widerstreitende individuelle Interessen von Ener- 3 gieversorgern oder sonstigen Dritten. Damit wird sichergestellt, dass auch für diejenigen Letztverbraucher, die im Wettbewerb gar nicht oder nur zu sehr ungünstigen Bedingungen ihre Energieversorgung sicherstellen könnten, nicht hinter die vom Gesetzgeber ausgeprägte Grundversorgung zurückfallen.

B. Entstehungsgeschichte

4　Die Grundversorgungspflicht des § 36 steht in der Tradition von § 10 EnWG 1998 und § 6 EnWG 1935. § 10 EnWG 1998 beinhaltete eine **Anschluss- und Versorgungspflicht des allgemeinen Versorgers** – der von der Gemeinde durch Konzessionsvertrag umfänglich mit der Energieversorgung vor Ort „beauftragt" wurde. Durch die Liberalisierung des Energievertriebs und deren Entflechtung vom Netzbetrieb verschwand auch die Grundlage für einen mit dem Netzbetrieb verknüpften allgemeinen Versorger (OLG Brandenburg BeckRS 2008, 20665; Britz/Hellermann/Hermes/Hellermann, 3. Aufl., § 36 Rn. 4–5).

5　§ 36 dient daneben der Umsetzung unionsrechtlicher Vorgaben. Insbesondere aus dem **zweiten Energiebinnenmarktpaket** (Art. 3 Abs. 3 S. 1 und 2 Elektrizitäts-Binnenmarkt-Richtlinie 2003/54/EG und Art. 3 Abs. 3 S. 1–3 Gas-Binnenmarkt-Richtlinie 2003/55/EG) resultierte eine das Gemeinwohlinteresse flankierende Pflicht, die Versorgung schutzbedürftiger Letztverbraucher sicherzustellen (vgl. Säcker EnergieR/Busche § 36 Rn. 2) – etwa durch die Benennung eines „Versorgers letzter Instanz".

6　Durch das **dritte Energiebinnenmarktpaket** (u.a. Elektrizitäts-Binnenmarkt-Richtlinie 2009/72/EG sowie Gas-Binnenmarkt-Richtlinie 2009/73/EG) wurden insbesondere die Energieverbraucherrechte aufgewertet. Auf die Organisation der „Vertriebsstruktur" von Grundversorger und sonstigen Lieferanten blieb das dritte Energiebinnenmarktpaket weitestgehend ohne Auswirkungen.

7　Durch das sog. **Winterpaket** („Clean Energy for all European") wurde das inhaltliche Pflichtenkorsett der unionsrechtlichen Bestimmungen zur Grundversorgungspflicht modifiziert. Während die Grundversorgung im Gasbereich weiterhin unverändert in Art. 3 Abs. 3 S. 1–5 Gas-Binnenmarkt-Richtlinie 2009/73/EG (geändert durch Gas-Binnenmarkt-Richtlinie (EU) 2019/692) verankert ist, wurden mit der aktuellen Elektrizitäts-Binnenmarkt-Richtlinie (EU) 2019/944 die unionsrechtlichen Vorgaben im Bereich der Stromgrundversorgung erweitert. Art. 27 Elektrizitäts-Binnenmarkt-Richtlinie (EU) 2019/944 regelt die Grundversorgungspflicht von Haushaltskunden und ggf. von Kleinunternehmen zu wettbewerbsfähigen, leichten und eindeutig vergleichbaren, transparenten und diskriminierungsfreien Preisen. Art. 28 Abs. 1 Elektrizitäts-Binnenmarkt-Richtlinie (EU) 2019/944 konstituiert eine Pflicht der Mitgliedstaaten, geeignete Maßnahmen zum Schutz von besonders schutzbedürftigen Kunden zu ergreifen. Art. 29 Elektrizitäts-Binnenmarkt-Richtlinie (EU) 2019/944 gibt den Mitgliedstaaten schließlich vor, Kriterien zum Begriff **„Energiearmut"** zu definieren und zu veröffentlichen.

7a　Mit der EnWG-Novelle 2022 (BGBl. I 1214) wurden Absatz 1 Satz 2 sowie Absatz 1 Satz 5 und Satz 6 neu aufgenommen. Mit der Regelung wurde klargestellt, dass eine **Aufspaltung von Grundversorgungstarifen** nach dem Zeitpunkt des Zustandekommens unzulässig ist. Die Neufassung trägt damit dem Umstand Rechnung, dass zahlreiche Grundversorger Ende 2021/Anfang 2022 aufgrund stark gestiegener Beschaffungspreise eine Aufspaltung ihrer Grundversorgungstarife in Bestands- und Neukundentarife vorgenommen hatten – zum Teil mit Abweichungen von über 300 Prozent.

C. Ausgestaltung der Grundversorgung (Abs. 1)

I. Normadressat und Begünstigte

8　Grundversorger sind diejenigen **Energieversorgungsunternehmen,** die im jeweiligen Netzgebiet die Grundversorgung von Haushaltskunden mit Elektrizität und Gas durchführen. Der Begriff des Energieversorgungsunternehmen ist in § 3 Nr. 18 (→ § 3 Nr. 18 Rn. 1) legaldefiniert. Aufgrund der Entflechtung des Netzbetriebs vom Energievertrieb sind jedoch nur Energieversorgungsunternehmen von der Grundversorgungspflicht erfasst, die „Energie an andere liefern" (→ § 3 Nr. 18 Rn. 5). Das ausschließlich netzbetreibende Energieversorgungsunternehmen ist nicht grundversorgungspflichtig (Britz/Hellermann/Hermes/Hellermann, 3. Aufl., § 36 Rn. 17).

Der Grundversorgungsanspruch steht nicht jedem Letztverbraucher zu. Begünstigte sind **Haushaltskunden** gem. § 3 Nr. 22. Dies sind Letztverbraucher, die Energie überwiegend für den Eigenverbrauch im Haushalt oder für den Eigenverbrauch für berufliche, landwirtschaftliche oder gewerbliche Zwecke kaufen, letzteres jedoch nur bis zu einem Jahresenergieverbrauch bis zu 10.000 kWh. **9**

Ein **überwiegender Eigenverbrauch** liegt nur vor, wenn mindestens 50 Prozent der gekauften Energie selbst genutzt werden (vgl. Säcker EnergieR/Boesche § 3 Rn. 108). Der Grundversorgungsanspruch bleibt damit erhalten, wenn der Letztverbraucher einen nicht überwiegenden Teil der von ihm gekauften Energie außerhalb seines Haushalts lebenden Personen zum Verbrauch überlässt (Britz/Hellermann/Hermes/Hellermann, 3. Aufl., § 36 Rn. 22). Im praktisch bedeutsamen Fall einer Untervermietung ist dieses Kriterium einzelfallbezogen zu prüfen. Allerdings ist zu berücksichtigen, dass der Untervermieter selbst regelmäßig einen eigenen Grundversorgungsanspruch haben dürfte (ausführlich hierzu mwN Säcker EnergieR/Busche § 36 Rn. 12). Demgegenüber sind Gäste von Ferienwohnungen, Kurzzeitmieter oder Hotelgäste nicht als Haushaltskunden iSd Absatz 1 Satz 1 anzusehen, da diese insoweit „nur" ein Versorgungsinteresse haben, das sich nicht auf den eigenen Haushalt bezieht, und damit von § 36 nicht geschützt wird (aA Säcker EnergieR/Busche § 36 Rn. 12). **10**

In **Zweifelsfällen** ist der jeweilige Vertragspartner des Grundversorgers unter Berücksichtigung der messtechnischen Gegebenheiten zu bestimmen. So richtet sich die in der Bereitstellung von Energie liegende Realofferte des Grundversorgers regelmäßig an den Mieter (und nicht den Gebäudeeigentümer), wenn die Wohnung des Mieters über einen eigenen Zähler verfügt (BGH NJW-RR 2020, 201). **11**

Maßgeblich zur Bestimmung der **Verbrauchsgrenze von 10 MWh** ist eine Prognose ex ante, die für den Elektrizitäts- und Gasbereich jeweils getrennt voneinander durchzuführen ist. Der Grundversorgungsanspruch besteht nicht nur bei natürlichen Personen, sondern gilt auch für juristische Personen wie BGB-Gesellschaften oder Wohnungseigentümergemeinschaften (Kment EnWG/Rasbach § 36 Rn. 11). **12**

Darüber hinaus muss derjenige, der einen Grundversorgungsanspruch geltend macht, über einen **Netzanschluss in Niederspannung oder Niederdruck** verfügen. Fehlt ein Netzanschluss, der das vorgelagerte Leitungsnetz mit der Kundenanlage verbindet, entfällt die Grundversorgungspflicht (so etwa für einen Wohnwagen, OLG Brandenburg BeckRS 2009, 45554). **13**

II. Vertragsverhältnis der Grundversorgung

1. Grundlagen

Im Unterschied zur Ersatzversorgung, bei der es sich um ein gesetzliches Schuldverhältnis handelt (→ § 38 Rn. 1), ist die Grundversorgung ein **Vertragsverhältnis**, das zwischen den Vertragsparteien zustande kommt. Der Haushaltskunde hat gegenüber dem Grundversorger keinen Anspruch auf Energielieferung außerhalb einer vertraglichen Beziehung (LG Saarbrücken 11.5.2009 – 5 T 236/09, NJW-Spezial 2009, 467). **14**

Der begünstigte Haushaltskunde hat gegenüber dem Grundversorger einen Anspruch auf Abschluss des Grundversorgungsvertrags zu den vom Grundversorger bekanntgegebenen Allgemeinen Bedingungen und Preisen. Der Grundversorger ist in diesem Fall zum Abschluss eines Vertrags und zur Energieversorgung des Haushaltskunden gezwungen (**Kontrahierungszwang**). **15**

Der Vertragsschluss ist nicht an eine bestimmte Form gebunden und kann auch **konkludent** erfolgen, etwa durch Entnahme der vom Grundversorger im jeweiligen Netzgebiet angebotenen Energie (vgl. § 2 Abs. 2 StromGVV und § 2 Abs. 2 GasGVV). **16**

2. Abgrenzung zu Sonderkundenverträgen

Die Bestimmung des Vertragstyps kann sich im Einzelfall als schwierig erweisen. Erschwert wird die Abgrenzung zum Teil dadurch, dass es dem Grundversorger freisteht, weitere Grundversorgungstarife und natürlich auch Sonderkundentarife auszuweisen (vgl. → § 41 **17**

Rn. 4). Entscheidend für die Frage, ob das öffentlich bekannt gemachte Vertragsmuster und der dazugehörige Preis als Allgemeiner Preis und damit als Grundversorgungstarif eingeordnet werden kann, ist, ob der veröffentlichte Tarif aus der **Sicht eines durchschnittlichen Abnehmers** im Rahmen einer Versorgungspflicht oder unabhängig davon im Rahmen der allgemeinen Vertragsfreiheit angeboten wird (BGH NJW 2011, 2736 (2738)).

18 Die Bestimmung des Vertragstyps ist durch Auslegung zu ermitteln. Dabei ist das **Primat der privatautonomen Vereinbarung** zu beachten (Bulla N&R 2012, 24 (29)). Das Primat gestattet Grundversorgern nicht nur, Sonderkundenverträge (neben der Grundversorgung) anzubieten, sondern führt gerade in Zweifelsfällen dazu, dass eher von einem Vorliegen eines Sonderkundenvertrages als von einem Grundversorgungsvertrag auszugehen ist (ausführlich hierzu Bulla N&R 2012, 24 (29)). Der Vorrang des Sonderkundenvertrages folgt aus dem zentralen Ziel des Energiewirtschaftsrechts, einen effektiven Wettbewerb auf dem regulierten Netz zu etablieren und deshalb eine größtmögliche Vielfalt an Angeboten und Tarifen zu schaffen bzw. zu befördern.

19 **Indiz** für das Vorliegen eines Sonderkundenvertrags kann darüber hinaus insbesondere die Bezugnahme auf die StromGVV oder GasGVV sein, da es einer solchen Einbeziehung bei Grundversorgungsverträgen gerade nicht bedarf (BGH NJW 2009, 2667 (2668)). Auch eine vom Grundtarif abweichende Tarifgestaltung spricht für das Vorliegen eines Sonderkundenvertrags.

III. Vorgaben für die Ausgestaltung und Festlegung Allgemeiner Preise und Bedingungen

1. Öffentliche Bekanntgabe Allgemeiner Preise und Bedingungen

20 Die Allgemeinen Preise und Allgemeinen Bedingungen sind gem. Absatz 1 Satz 1 **öffentlich bekanntzugeben** und im **Internet zu veröffentlichen**. Mit Allgemeinen Bedingungen sind nicht die von der Bundesregierung im Verordnungswege erlassenen StromGVV oder GasGVV gemeint, sondern die ergänzenden (spezifischen) Bedingungen des jeweiligen Grundversorgers (Säcker EnergieR/Busche § 36 Rn. 7).

21 An den Zeitpunkt der öffentlichen Bekanntgabe knüpfen verschiedene Fristen, wie etwa die Sechswochenfrist in § 5 Abs. 2 S. 1 StromGVV bzw. § 5 Abs. 2 S. 1 GasGVV an. Der Zeitpunkt der öffentlichen Bekanntgabe ist damit für die Wirksamkeit von Änderungen entscheidend und für Preisanpassungen relevant.

22 Eine **öffentliche Bekanntgabe** kann etwa durch Veröffentlichung in der regionalen Presse, dem Kommunalanzeiger bzw. dem Ortsblatt erfolgen (Theobald/Kühling/Henlein/Weitenberg § 36 Rn. 71; Kment EnWG/Rasbach § 36 Rn. 19). Diese muss **geeignet** sein, dass jeder grundversorgte Haushaltskunde von der Änderung Kenntnis erlangen könnte.

23 Die öffentliche Bekanntgabe der Allgemeinen Preise und ergänzenden (→ Rn. 21) Bedingungen bezieht sich auf die erstmalige Aufstellung sowie spätere Änderungen (vgl. § 5 Abs. 2 StromGVV bzw. § 5 Abs. 2 GasGVV).

24 Absatz 1 Satz 3 wurde mit der EnWG-Novelle 2021 (Art. 1 Gesetz v. 16.7.2021, BGBl. I 3026) neu eingefügt. Durch die Änderung wurden die Anforderungen für die **Internetveröffentlichung** dahingehend konkretisiert, dass die Internetveröffentlichung **einfach auffindbar sein muss** und unmissverständlich verdeutlichen muss, dass es sich um Preise und Bedingungen der Grundversorgung handelt. Der Gesetzgeber begründete die Gesetzesänderung mit Stichproben, die gezeigt hätten, dass die Grundversorgungstarife zum Teil nicht gut auffindbar seien und nicht immer klar sei, ob es sich um Grundversorgungs- oder Sonderkundentarife handele (BT-Drs. 19/27453, 122). Vor diesem Hintergrund hielt der Gesetzgeber die Klarstellung in Absatz 1 Satz 2 geboten, wobei der Klarstellung wohl kein eigener Regelungsgehalt beizumessen sein dürfte, da das **Transparenzgebot** für die Umsetzung von Grundversorgungspreisen und -bedingungen bereits unmittelbar aus dem Unionsrecht im Rahmen der europarechtskonformen Auslegung zu berücksichtigen ist (vgl. etwa Art. 27 Abs. 1 S. 1, Abs. 2 Elektrizitäts-Binnenmarkt-Richtlinie (EU) 2019/944).

2. Differenzierung von Grundversorgungstarifen, Tarifspaltungen (Abs. 1 S. 2)

Grundsätzlich gilt für Grundversorgungstarife für Haushaltskunden das **Gebot der** 25 **Gleichpreisigkeit** (BGH BeckRS 2017, 105624). Das Gebot der Gleichpreisigkeit kommt in der Grundversorgung zur Anwendung, da anders als bei der Versorgung von Sonderkunden das Wettbewerbsprinzip gerade nicht gilt. Ein Abweichen vom Gleichpreisigkeitsgebot hätte anderenfalls zur Folge, dass für gleiche Personengruppen unterschiedliche Preise zur Anwendung kommen könnten. Im Bereich der Monopolversorgung ist eine **Ungleichbehandlung ohne sachlichen Grund** aufgrund Art. 3 Abs. 1 GG nicht erlaubt.

Dennoch ist in einem bestimmten Umfang ein Abweichen vom Gleichpreisigkeitsgebot 26 nicht nur erlaubt, sondern kann sogar geboten sein. Ein Beispiel hierfür ist etwa die **Differenzierung von Tarifen für unterschiedliche Verbrauchsgruppen,** da hierin ein sachlicher Grund für eine Ungleichbehandlung grundsätzlich vorliegt (soweit die Preisunterschiede sachlich begründbar sind). Dabei werden unterschiedliche Tarife zB für Heizstrom und sonstigen Stromverbrauch oder für unterschiedliche Jahresverbrauchsgruppen festgelegt, die Einstufung erfolgt dann entsprechend dem Jahresenergieverbrauch nach Maßgabe einer Bestpreiseinstufung. Da beispielsweise für Heizstrom Preisnebenkosten geringer ausfallen können (vgl. zB § 14a EnWG oder § 2 Abs. 2 Nr. 1 lit. a Konzessionsabgabenverordnung), ist es sachlich gerechtfertigt, die Preisreduktion nur gegenüber den Kunden zur Anwendung kommen zu lassen, auf die sich der gesetzliche Reduktionstatbestand bezieht. Die Rechtsprechung hält die Differenzierungen von Grundversorgungstarifen für unterschiedliche Verbrauchsgruppen für zulässig, soweit sich die Differenzierung auf Merkmale bezieht, die verbrauchsbezogen sind (stRspr, BGH BeckRS 2021, 15924; 2013, 15533; NJW 2011, 2736; BeckRS 2010, 18944; OLG Düsseldorf BeckRS 2011, 23538).

Fraglich ist, ob durch die Neuregelung in Absatz 1 Satz 2 die Differenzierung von Grund- 27 versorgungstarifen generell eingeschränkt wird. Dies ergibt sich zwar nicht unmittelbar aus dem Wortlaut, jedoch wurde mit dem Verbot der Differenzierung von Bestands- und Neukundentarifen durch den Gesetzgeber klargestellt „eine Differenzierung aufgrund anderer Kriterien ist unzulässig" (BT-Drs. 20/1599, 58).

Für die Überprüfung, ob eine Differenzierung von Grundversorgungstarifen im Einzelfall 28 zulässig ist, dürften jedoch weiterhin mangels eindeutigem Wortlaut vor allem die unionsrechtlichen Bestimmungen heranzuziehen sein, die im Rahmen einer richtlinienkonformen Auslegung zu berücksichtigen sind. Grundversorgungstarife müssen **wettbewerbsfähig, leicht und eindeutig vergleichbar, transparent und diskriminierungsfrei** sein (Art. 27 Abs. 1 Elektrizitäts-Binnenmarkt-Richtlinie (EU) 2019/944).

Bis zur EnWG-Novelle 2022 (BGBl. I 1214) war umstritten, ob eine **Differenzierung** 29 **von Grundversorgungstarifen für gleiche Verbrauchsgruppen** zulässig ist (vgl. hierzu etwa Lange EnWZ 2022, 165). Hintergrund der Frage waren die aufgrund der Energiepreiskrise seit Mitte 2021 gestiegenen Großhandelspreise für Strom und Gas, die bereits vor dem russischen Angriffskrieg auf die Ukraine im Frühjahr 2022 erhebliche Auswirkungen auf die Höhe der Energietarife insgesamt hatten und u.a. aufgrund von Insolvenzen von wettbewerblichen Stromanbietern bei Grundversorgern zu einem kurzfristigen und teilweise erheblichen Ansteigen von grund- bzw. ersatzversorgten Kunden geführt haben.

Die Tendenz in der Rechtsprechung der Oberlandesgerichte vor Inkrafttreten der Neuregelung war, 29.1 dass Tarifspaltungen **zwar nicht generell unzulässig** waren (so etwa OLG Düsseldorf BeckRS 2022, 7551 und OLG Köln BeckRS 2022, 3513), eine Tarifspaltung jedoch sachlich und substantiiert zu begründen war (zu den Anforderungen an den sachlichen Grund ausführlich OLG Karlsruhe 10.8.2022 – 6 U 93/22 Kart). Die Beweis- und Darlegungslast für einen sachlichen Grund lag dabei beim Grundversorger.

Mit Inkrafttreten der Neuregelung in Absatz 1 Satz 2 (und Ablauf der Umsetzungsfrist in 30 § 118 Abs. 44 zum 1.11.2022) ist die Festlegung unterschiedlicher Tarife für Bestands- und Neukunden, die nach dem Zeitpunkt des Vertragsschlusses differenzieren, generell unzulässig. § 36 ist als **Marktverhaltensregelung** iSd § 3a UWG anzusehen (vgl. LG Mannheim NZKart 2022, 350; LG Stuttgart 25.4.2022 – 35 O 36/22 KfH; LG Frankfurt a. M. BeckRS 2022, 18839; aA LG Berlin 25.1.2022 – 92 O 1/22 Kart). Die Bestimmung ist dabei als **Regelung mit Doppelfunktion** (Marktzutritts- und Marktverhaltensregelung) zu begreifen, die sowohl Verbraucher- als auch Mitbewerberinteressen dient, da eine Überschreitung der materiellen Grenzen der Rechtsnorm sowohl die Interessen von Verbrauchern (hohe Kosten) als auch Mitbewerbern (Abschottung von Marktsegmenten vom Wettbewerb) im Einzelfall erheblich beeinträchtigen kann (vgl. OLG Köln MMR 2021, 169).

IV. Ausschluss der Grundversorgungspflicht wegen wirtschaftlicher Unzumutbarkeit (Abs. 1 S. 4)

31 Absatz 1 Satz 4 bestimmt, dass die Pflicht zur Grundversorgung im Fall der **wirtschaftlichen Unzumutbarkeit** entfällt. Die Bestimmung ergänzt die in § 37 aufgeführten Ausnahmen, die bei Vorliegen weiterer Voraussetzungen zur Anwendung kommen (vgl. → § 37 Rn. 2).

32 Demgegenüber erstreckt sich die Ausnahmeregelung der wirtschaftlichen Unzumutbarkeit in Absatz 1 Satz 4 grundsätzlich auf **alle Haushaltskunden.** Dennoch bleibt zu beachten, dass aufgrund der gewichtigen verfassungsrechtlichen Bedeutung der Grundversorgung an das Vorliegen der Unzumutbarkeitsgrenze strengste Anforderungen zu stellen sind (→ Rn. 1).

33 Ein Ausschluss der Grundversorgungspflicht kommt ausschließlich bei wirtschaftlicher Unzumutbarkeit in Betracht. Sonstige Gründe rechtfertigen keinen Ausschluss der Grundversorgung (Britz/Hellermann/Hermes/Hellermann, 3. Aufl., § 36 Rn. 31). Die zur wirtschaftlichen Unzumutbarkeit führenden wichtigen Gründe sind damit enger gefasst als die für die Kündigung von Dauerschuldverhältnissen grundsätzlich ausreichenden wichtigen Gründe iSd § 314 BGB und setzen sich im Wesentlichen aus zwei Fallgruppen zusammen: wirtschaftliche Gründe, die die **Person des Grundversorgungsberechtigten** betreffen (→ Rn. 34 ff.) und wirtschaftliche Gründe, die die **Abnahmestelle** bzw. Marktlokation des Grundversorgungsberechtigten betreffen (→ Rn. 39 ff.).

1. Personenbezogene Gründe

34 Wirtschaftliche Gründe, die die Person des Grundversorgungsberechtigten betreffen und einen Ausschluss der Grundversorgung grundsätzlich rechtfertigen können, sind insbesondere (ausführlich hierzu Säcker EnergieR/Busche § 36 Rn. 22):
- Zahlungsunfähigkeit
- Zahlungsverweigerung
- Zahlungsrückstände
- Energiediebstahl.

35 Ein Ausschluss aufgrund der vorgenannten Gründe kommt dabei nur in Betracht, wenn sich bei Betrachtung der **konkreten Lieferbeziehung** (Säcker EnergieR/Busche § 36 Rn. 20) die Fortführung der Versorgung als unzumutbare Härte für den Grundversorger darstellt.

36 Nach Auffassung von Teilen der Literatur und Rechtsprechung ist von einem Vorliegen einer wirtschaftlichen Unzumutbarkeit bereits dann auszugehen, wenn ein Kunde gegenüber dem Grundversorger **erheblich im Zahlungsrückstand** ist, selbst wenn die Zahlungsrückstände aus einem früheren Vertragsverhältnis resultieren (OLG Dresden RdE 2010, 186 = BeckRS 2010, 13927; Kment EnWG/Rasbach § 36 Rn. 20). Diese Ansicht überzeugt nicht. Vielmehr ist aufgrund des Versorgungsbedürfnisses der Allgemeinheit der Ausschluss der Grundversorgungspflicht als ultima ratio anzusehen (LG Frankenthal EWeRK 2017, 101 = BeckRS 2016, 128258). Von einer unzumutbaren Härte für den Grundversorger ist jedenfalls dann nicht auszugehen, wenn ein wesentliches Mitverschulden des Grundversorgers an dem Entstehen der Zahlungsrückstände festgestellt werden kann. Dies ist etwa der Fall, wenn der Grundversorger aufgrund grob fehlerhafter Verbrauchsschätzungen Nachzahlungen verlangt, die die monatlich zu zahlenden Abschlagszahlungen des grundversorgten Haushaltskunden um ein Vielfaches übersteigen. Eine unzumutbare Härte für den Grundversorger ist in derartigen Fällen erst dann anzunehmen, wenn hinzutretende Pflichtverletzungen des grundversorgten Haushaltskunden eine mögliche Pflichtverletzung des Grundversorgers deutlich überwiegen.

37 In der Vergangenheit liegende Gründe in der Person des Grundversorgungsberechtigten müssen **Zweifel an der künftigen wirtschaftlichen Leistungsfähigkeit** begründen (Säcker EnergieR/Busche § 36 Rn. 23; aA Kment EnWG/Rasbach § 36 Rn. 21). Dabei ist außerdem zu berücksichtigen, dass sich der Grundversorger für künftige Zahlungen über

das mildere Mittel der Vorauszahlungen gegen wirtschaftliche Risiken absichern kann (§ 14 StromGVV/§ 14 GasGVV).

Anteilige Zahlungsverweigerungen von Grundversorgungsberechtigten, die diese mit einer unzulässigen Preiserhöhung des Grundversorgers begründen, führen nicht zu einer unzumutbaren Härte und damit einer wirtschaftlichen Unzumutbarkeit, da der Grundversorger jederzeit die Möglichkeit hat, die ausbleibenden Rückstände gerichtlich geltend zu machen (BGH EnWZ 2015, 557; LG Frankenthal EWeRK 2017, 101 = BeckRS 2016, 128258). 38

2. Abnahmestellenspezifische Gründe

Abnahmestellenspezifische Gründe liegen insbesondere dann vor, wenn eine deutlich **atypische Abnahmesituation** des Grundversorgungsberechtigten vorliegt und die Grundversorgung Mehraufwendungen des Grundversorgers auslöst, die sich erheblich auf die Gruppenkalkulation der Grundversorgung auswirken (Britz/Hellermann/Hermes/Hellermann, 3. Aufl., § 36 Rn. 32). 39

Der praktische Anwendungsbereich abnahmestellenspezifischer Gründe ist gering, da in den meisten Fällen der Grundversorgungsanspruch bereits aus sonstigen Gründen ausgeschlossen sein dürfte (Höchstabnahmemenge von 10 MWh). 40

Ein Ausschluss der Grundversorgung aufgrund **geringen Energieverbrauchs** und einem daraus resultierenden unterdurchschnittlichen Deckungsbetrag ist nicht möglich, da das temporäre Versorgungsinteresse dem dauerhaften Versorgungsinteresse systematisch gleichgestellt ist, soweit die tatbestandlichen Voraussetzungen eines Haushaltskunden gegeben sind (Säcker EnergieR/Busche § 36 Rn. 25). Der Grundversorgungsberechtigte ist damit prinzipiell berechtigt, auch für Ferien- oder Zweitwohnung die Versorgung zu den Allgemeinen Preisen und Bedingungen zu verlangen. 41

V. Zeitlich beschränkter Ausschluss der Grundversorgungspflicht (Abs. 1 S. 5 und 6)

Der Grundversorger ist gem. Absatz 1 Satz 5 vorübergehend für **drei Monate** von der Grundversorgungspflicht befreit, sofern Haushaltskunden bereits zuvor von Dritten an der betroffenen Entnahmestelle beliefert wurden und der Lieferant den Kunden aufgrund einer **Kündigung des Netznutzungs- oder Bilanzkreisvertrages** nicht mehr weiter versorgen kann. Die Fallgruppe bezieht sich damit insbesondere auf Insolvenzen von Energieversorgern. Mit der Neuregelung im Rahmen der EnWG-Novelle 2022 sollen betroffene Kunden für den festgeschriebenen Übergangszeitraum über das Instrument der Ersatzversorgung gem. § 38 versorgt werden. Die Regelung ist eine eng umgrenzte Ausnahmeregelung und gilt nicht für Umzüge oder gekündigte Lieferverträge (BT-Drs. 20/1599, 58). Ein konkludenter Vertragsschluss ist im Übergangszeitraum ebenfalls ausgeschlossen. 42

D. Bestimmung des Grundversorgers (Abs. 2)

I. Bestimmungskriterien

Absatz 1 Satz 1 legt fest, welches Energieversorgungsunternehmen Grundversorger in dem jeweiligen Netzgebiet ist bzw. wird. Dabei wird derjenige zum Grundversorger, der den **zahlenmäßig größten Anteil** an Haushaltskunden zum nächsten Stichtag (nächstmalig zum 1.7.2024) im jeweiligen Netzgebiet der allgemeinen Versorgung mit Energie beliefert. 43

Der Aspekt, welche räumlichen Bereiche einem Netzgebiet der allgemeinen Versorgung zugeordnet werden können (und welche nicht), ist damit entscheidungserheblich für die Bestimmung des Grundversorgers. Vor diesem Hintergrund ist im Schrifttum umstritten und bisher nicht höchstrichterlich geklärt, ob nur das jeweilige Konzessionsgebiet der Gemeinde (Kment EnWG/Rasbach § 36 Rn. 27) oder die **räumliche Ausdehnung des Niederspannungs- bzw. Niederdrucknetzes über Gemeindegrenzen** hinweg (Säcker EnergieR/Busche § 36 Rn. 34) als Bestimmungskriterium für die konkrete räumliche Ausdehnung des Netzgebiets heranzuziehen ist. 44

44.1 Eine an das Konzessionsgebiet anknüpfende Auslegung erscheint aus systematischen und teleologischen Gründen überzeugend (VG Stuttgart BeckRS 2020, 37684). Hierfür spricht die Zuständigkeitsregelung in Absatz 2 Sätze 2–4, die im Fall einer länderübergreifenden räumlichen Ausdehnung eines Netzgebiets zu einer konkurrierenden Zuständigkeit mehrerer nach Landesrecht zuständiger Behörden führen würde und dem Wortlaut der Zuständigkeitsregelung entgegensteht. Des Weiteren ist auch zu berücksichtigen, dass anderenfalls der Netzbetreiber durch Änderungen des Netzzuschnitts auf die Bestimmung des Grundversorgers Einfluss nehmen könnte. Dieser Aspekt steht aus entflechtungs- und wettbewerbsrechtlichen Gründen einer konzessionsgebietsübergreifenden Auslegung entgegen (BayVGH BeckRS 2017, 108401).

II. Feststellung des Grundversorgers

45 Absatz 2 Satz 2 verpflichtet den Betreiber von Energieversorgungsnetzen der allgemeinen Versorgung iSv § 18 Abs. 1, den Grundversorger stichtagsgenau zu bestimmen. Als im **dreijährigen Turnus wiederkehrender** Stichtag ist dabei der 1.7. verbindlich für alle Netzbetreiber festgelegt. Das Ergebnis ist innerhalb von drei Monaten im Internet zu veröffentlichen und der nach Landesrecht zuständigen Behörde mitzuteilen.

46 Im Anschluss können diejenigen Energieversorger, die mit dem benannten Grundversorger in einem Konkurrenzverhältnis stehen, innerhalb von zwei Monaten (bis zum 31.10.) Einwände gegen die Feststellung des Grundversorgers bei der zuständigen Behörde vorbringen.

47 Soweit die Einwände durchgreifen sollten, wird der Versorgungsnetzbetreiber seitens der zuständigen Behörde gem. Absatz 2 Satz 4 dazu verpflichtet, eine **erneute Feststellung** des Grundversorgers nach Maßgabe von Absatz 2 Sätze 1–2 neu zu treffen und zu veröffentlichen. Gegen einen solchen Verwaltungsakt sind die Rechtsmittel der Anfechtungsklage nach § 42 Abs. 1 Alt. 1 VwGO und Feststellungsklage nach § 43 Abs. 1 VwGO statthaft.

48 Bei einer Geschäftsaufgabe des Grundversorgers und unabhängig von den zugrundeliegenden Erwägungen ordnet Absatz 2 Satz 5 eine entsprechende Anwendung des in Absatz 2 Sätze 2–3 angeordneten Mechanismus an. In diesem Fall hat der Netzbetreiber denjenigen als Grundversorger festzustellen, der zum letzten relevanten Stichtag die zweitmeisten Haushaltskunden mit Energie beliefert (Kment EnWG/Rasbach § 36 Rn. 36).

E. Vertragsfortgeltung bei Grundversorgerwechsel (Abs. 3)

49 Absatz 3 stipuliert für den Fall eines Grundversorgerwechsels die Fortgeltung der zwischen Haushaltskunden und bisherigem Grundversorger geschlossenen Verträge. Vertragliche Grundlage sind dabei die zum Zeitpunkt des Wechsels geltenden Allgemeinen Preise und Bedingungen.

50 Absatz 3 lässt offen, wie sich der **Grundversorgerwechsel** auf die Beurteilung des weiter geltenden Vertragsverhältnisses auswirkt. Da der alte Grundversorger nunmehr gehindert ist, neue Allgemeine Preise und Bedingung öffentlich bekanntzugeben und auszuweisen und die StromGVV bzw. GasGVV keine unmittelbare Anwendung für das Vertragsverhältnis finden kann (vgl. § 1 Abs. 3 StromGVV bzw. § 1 Abs. 3 GasGVV), spricht vieles dafür, dass sich der Grundversorgungsvertrag kraft gesetzlicher Regelung des Absatz 3 in ein Sonderkundenvertragsverhältnis umwandelt (aA Kment EnWG/Rasbach § 36 Rn. 38). Eine solche Auslegung würde allerdings im Ergebnis dazu führen können, dass Grundversorgungsberechtigte aufgrund der nunmehr für den alten Grundversorger deutlich **erleichterten Kündigungsmöglichkeiten** in ihrem schutzwürdigen Interesse beschnitten würden (ausführlich hierzu Presser EnWZ 2015, 296 (298)). Gerade vor dem Hintergrund der Ausnahmeregelung in → § 37 Rn. 11 würde der Grundversorgerwechsel ggf. auch dazu führen, dass eine Vertragsfortführung beim neuen Grundversorger nur unter erschwerten Bedingungen möglich wäre.

51 Überzeugend erscheint damit der Ansatz, die alten Grundversorgungsverträge als **unechten Sonderkundenvertrag** zu behandeln, für den qua Gesetz die Bedingungen der Grundversorgung weiterhin fortgelten (Presser EnWZ 2015, 296 (298) mwN).

F. Nicht-Geltung in geschlossenen Verteilernetzen (Abs. 4)

Der durch Gesetz vom 26.7.2011 (BGBl. I 1554) in die Bestimmung aufgenommene 52
Absatz 4 stellt klar, dass sich die Grundversorgungspflicht in Absatz 1 nicht auf **geschlossene Verteilernetze** iSd § 110 bezieht. In geschlossenen Verteilernetzen findet auch keine Bestimmung eines Grundversorgers nach Maßgabe des in Absatz 2 beschriebenen Verfahrens statt. Da § 110 Abs. 2 S. 2 als Voraussetzung eines geschlossenen Verteilernetzes stipuliert, dass Letztverbraucher, die Energie überwiegend für den Eigenverbrauch im Haushalt kaufen, nur ausnahmsweise über dieses Netz versorgt werden dürfen (falls sie mit dem Betreiber des geschlossenen Verteilernetzes in einem Beschäftigungsverhältnis oder einer vergleichbaren Beziehung stehen), ist die Einschränkung in der Praxis von geringer Relevanz und kommt meist nur für gewerbliche Kunden mit einem Jahresenergieverbrauch von weniger als 10 MWh zum Tragen.

§ 37 Ausnahmen von der Grundversorgungspflicht

(1) ¹Wer zur Deckung des Eigenbedarfs eine Anlage zur Erzeugung von Energie betreibt oder sich von einem Dritten versorgen lässt, hat keinen Anspruch auf eine Grundversorgung zu dem Allgemeinen Preis nach § 36 Absatz 1 Satz 1. ²Er kann aber eine Grundversorgung durch eine Zusatz- und Reserveversorgung in dem Umfang und zu den Bedingungen verlangen, die für den Grundversorger wirtschaftlich zumutbar sind. ³Satz 1 gilt nicht für Eigenanlagen, die ausschließlich der Sicherstellung des Energiebedarfs bei Aussetzen der öffentlichen Energieversorgung dienen, wenn sie außerhalb ihrer eigentlichen Bestimmung nicht mehr als 15 Stunden monatlich zur Erprobung betrieben werden.

(2) ¹Reserveversorgung ist für den Grundversorger im Sinne des Absatzes 1 Satz 2 nur zumutbar, wenn sie den laufend durch Eigenanlagen gedeckten Bedarf für den gesamten Haushalt umfasst und ein fester, von der jeweils gebrauchten Energiemenge unabhängiger angemessener Leistungspreis mindestens für die Dauer eines Jahres bezahlt wird. ²Hierbei ist von der Möglichkeit gleichzeitiger Inbetriebnahme sämtlicher an das Leitungsnetz im Grundversorgungsgebiet nach § 36 Absatz 1 Satz 1 angeschlossener Reserveanschlüsse auszugehen und der normale, im gesamten Niederspannungs- oder Niederdruckleitungsnetz des Grundversorgungsgebietes vorhandene Ausgleich der Einzelbelastungen zugrunde zu legen.

(3) ¹Das Bundesministerium für Wirtschaft und Energie kann durch Rechtsverordnung mit Zustimmung des Bundesrates regeln, in welchem Umfang und zu welchen Bedingungen eine Grundversorgung nach Absatz 1 Satz 2 wirtschaftlich zumutbar ist. ²Dabei sind die Interessen der Energieversorgungsunternehmen und der Haushaltskunden unter Beachtung des Zwecks des § 1 angemessen zu berücksichtigen.

Überblick

Absatz 1 Satz 1 stellt klar, dass Haushaltskunden, die eine Erzeugungsanlage zur Eigenbedarfsdeckung betreiben (→ Rn. 7) oder von Dritten versorgt werden (→ Rn. 11), ihren Grundversorgungsanspruch nach § 36 verlieren. Für Eigenanlagen, die Versorgungsengpässe absichern, gilt unter bestimmten Voraussetzungen gem. Absatz 1 Satz 3 eine Privilegierung und Rückausnahme (→ Rn. 20). Auch bei Verlust des Grundversorgungsanspruchs können betroffene Haushaltskunden gem. Absatz 1 Satz 2 jedoch eine Zusatz- oder Reserveversorgung verlangen, soweit eine solche wirtschaftlich zumutbar ist (→ Rn. 17). Die Voraussetzungen der wirtschaftlichen Zumutbarkeit für die Reserveversorgung werden in Absatz 2 benannt (→ Rn. 22). Absatz 3 enthält eine Verordnungsermächtigung für die Bundesregierung, den Umfang und die Bedingungen der wirtschaftlichen Zumutbarkeit für Zusatz- wie Reserveversorgung zu konkretisieren (→ Rn. 24).

EnWG § 37

Teil 4. Energielieferung an Letztverbraucher

Übersicht

	Rn.		Rn.
A. Normzweck und Bedeutung	1	C. Subsidiäre Versorgungsansprüche	17
B. Einschränkung des Grundversorgungsanspruchs (Abs. 1 S. 1)	7	I. Generalklausel (Abs. 1 S. 2)	17
I. Einschränkung bei Erzeugungsanlagen zur Deckung des Eigenbedarfs (Abs. 1 S. 1 Alt. 1)	7	II. Entfallen des Ersatzanspruchs wegen Rückausnahme (Abs. 1 S. 3)	20
II. Einschränkung für drittversorgte Kunden (Abs. 1 S. 1 Alt. 2)	11	III. Wirtschaftliche Zumutbarkeit der Reserveversorgung (Abs. 2)	22
III. Rechtsnatur des Ersatzanspruchs	13	D. Verordnungsermächtigung (Abs. 3)	24

A. Normzweck und Bedeutung

1 Die Bestimmung lässt für bestimmte Gruppen von Haushaltskunden den diesen grundsätzlich zustehenden Grundversorgungsanspruch **entfallen.** Die Vorschrift betrifft dabei Haushaltskunden mit Eigenversorgungsanlagen und Haushaltskunden, die von Dritten versorgt werden. In beiden Fällen ist ein vollumfänglicher Grundversorgungsanspruch mit Blick auf das dem Institut der Grundversorgung **unterliegende Leitbild des vollversorgten Haushaltskunden** aus Sicht des Gesetzgebers nicht erforderlich.

2 Der Grundversorgungsanspruch verwandelt sich dabei unter bestimmten Umständen in einen **Zusatzversorgungs- oder Reserveversorgungsanspruch** (vgl. BT-Drs. 18/7317, 118). Hintergrund ist das eingeschränkte Versorgungsbedürfnis der unter die Vorschrift fallenden Haushaltskunden und das gleichzeitig erhöhte wirtschaftliche Risiko des Grundversorgers. Denn dieses überwiegt bei den von der Vorschrift umfassten Kundengruppen das herkömmliche Risiko bei „gewöhnlichen" vollversorgungsbedürftigen Haushaltskunden.

3 Im Fall der **Zusatzversorgung** erstreckt sich das Versorgungsbedürfnis dabei auf eine ergänzende Versorgung, die jenen „Restenergiebedarf" abdeckt, der nicht von den eigenen Erzeugungsanlagen abgedeckt werden kann (Säcker EnergieR/Busche § 37 Rn. 2).

4 Die **Reserveversorgung** unterscheidet sich von der Zusatzversorgung dadurch, dass der Versorgungsbedarf nur zwischenzeitlich besteht bzw. bestehen könnte. Die Reserveversorgung ist damit ein Substitut, das zur Anwendung kommt, wenn die als solches ausreichenden Erzeugungs- bzw. Versorgungskapazitäten des Haushaltskunden ausfallen. Da das Reserveversorgungsverhältnis mithin die ständige Vorhaltung von Reservekapazitäten bedingt, diese jedoch nur im Notfall zum Einsatz kommen, stellt sich insbesondere die Reserveversorgung (wobei dies grundsätzlich auch für die Zusatzversorgung gilt) als kostenintensiv dar. Da mithin der Grundversorger lieferseitig zu jeder Zeit die maximale Leistung der Haushaltskunden vorzuhalten hat, steht diese Art der Versorgung unter dem **Vorbehalt der wirtschaftlichen Zumutbarkeit** (Kment EnWG/Rasbach § 37 Rn. 4).

5 Die Vorschrift des § 37 wurde mit dem EnWG 2005 ins heutige EnWG aufgenommen, geht jedoch im Kern auf die Vorgängerregelung des § 10 Abs. 2 EnWG 1998 zurück. Die Bestimmung im EnWG 2005 unterschied sich allerdings in einem wesentlichen Punkt von der heutigen Fassung. So beinhaltete § 37 Abs. 1 S. 3 EnWG 2005 auch eine **Privilegierung für Haushaltskunden (Elektrizität),** soweit diese zur Eigenbedarfsdeckung KWK-Anlagen mit installierter Leistung bis 50 kW oder Erneuerbare-Energie-Anlagen einsetzten. Auch diese Haushaltskunden konnten demnach einen Grundversorgungsanspruch für den Reststrombezug gegen den Elektrizitätsverteilernetzbetreiber nach Maßgabe des § 36 geltend machen. Der Gesetzgeber strich diese Privilegierung mit dem Strommarktgesetz von 26.7.2016 (BGBl. I 1786). Zur Begründung führte er aus, dass diese Privilegierung angesichts der Marktentwicklung seit 2005 nicht mehr sachgerecht sei, da der Allgemeine Preis nach Maßgabe von § 36 Abs. 1 S. 1 auf Grundlage der vollversorgten Kunden kalkuliert sei (BT-Drs. 18/7317, 118). Dahinter steht vermutlich die Befürchtung des Gesetzgebers, dass die Bilanzkreise der Grundversorger durch eine steigende Gesamtzahl an Haushaltskunden mit Photovoltaikanlagen über Gebühr belastet würden, wenn die Börsenstrompreise für Strom um die Mittagszeit deutlich günstiger als in den Abendstunden sind. Denn in diesem Fall würde der Grundversorger für diese Kundengruppe in der Theorie nahezu vollständig den

teureren Strom beschaffen müssen, was letztlich zu einer Verteuerung des Grundversorgungstarifs auch für die sonstigen Grundversorgungsberechtigten führen könnte.

Gerade vor dem Hintergrund der ansteigenden Zahl an sog. **Prosumern** (der Begriff Prosumer setzt sich aus den Vor- und Nachsilben von Producer und Consumer zusammen) ist die jüngste Novellierung des § 37 durchaus kritisch zu sehen. Schließlich stellt sich bei Betreibern von Klein-Photovoltaikanlagen die grundlegende Frage, ob bei diesen Kundengruppen ein formeller Verlust des Grundversorgungsanspruchs tatsächlich bezweckt werden soll. Da die Bestimmung keine Bagatellgrenze vorsieht, stellt sich diesbezüglich die Frage, ob bei solchen Kundengruppen eine **teleologische Reduktion** der Vorschrift geboten ist. Allerdings steht der Annahme einer Regelungslücke der klar hervortretende gesetzgeberische Wille entgegen (BT-Drs. 18/7317). Zudem lässt sich der Problematik auch durch eine weite Auslegung des Tatbestandsmerkmals „Deckung des Eigenbedarfs" begegnen (→ Rn. 9). Es bleibt abzuwarten, wie die Rechtsprechung – gerade auch vor dem Hintergrund der prosumerfreundlichen Bestimmungen der Elektrizitäts-Binnenmarkt-Richtlinie (EU) 2019/944 – künftig mit derartigen Konstellationen umgehen wird.

B. Einschränkung des Grundversorgungsanspruchs (Abs. 1 S. 1)

I. Einschränkung bei Erzeugungsanlagen zur Deckung des Eigenbedarfs (Abs. 1 S. 1 Alt. 1)

Der Grundversorgungsanspruch wird in zwei Fallkonstellationen eingeschränkt bzw. 7 modifiziert. Die erste Fallkonstellation betrifft Haushaltskunden, die **zur Deckung des Eigenbedarfs eine Anlage zur Erzeugung von Energie** betreiben. Das EnWG enthält keine begriffliche Definition, was unter einer Anlage zur Erzeugung von Energie oder einer Anlage zur Erzeugung von Energie zur Deckung des Eigenbedarfs zu verstehen ist. Der in § 3 Nr. 15 definierte Begriff der Energieanlage umfasst auch Anlagen zur Speicherung, Fortleitung oder Abgabe von Energie und ist dahingehend weiter. Der in § 3 Nr. 13 definierte Begriff der Eigenanlage ist wiederum beschränkt auf Anlagen zur Erzeugung von Elektrizität und dahingehend enger. Da der Energiebegriff gem. § 3 Nr. 14 nur Elektrizität und Gas umfasst, ist im Übrigen das Tatbestandsmerkmal für Anlagen, die ausschließlich zur Wärme- oder Kälteerzeugung eingesetzt werden, nicht einschlägig.

Der Tatbestand umfasst folglich sowohl **Elektrizitäts- als auch Gaserzeugungsanlagen** 8 (Britz/Hellermann/Hermes/Hellermann, 3. Aufl., § 37 Rn. 7; Kment EnWG/Rasbach § 37 Rn. 7). Von praktischer Relevanz dürften jedoch ausschließlich Elektrizitätserzeugungsanlagen sein.

Die Erzeugungsanlage muss darüber hinaus zur **Deckung des Eigenbedarfs** eingesetzt 9 werden. Dies ist dann der Fall, wenn die in der Anlage produzierte Energie vorrangig selbst durch den Haushaltskunden verbraucht wird. Erfasst sind damit insbesondere Eigenversorgungskonstellation iSd § 3 Nr. 19 EEG 2021. Die Einspeisung von Überschussstrom ins vorgelagerte Verteilernetz steht dem Zweck der Deckung des Eigenbedarfs nicht entgegen. Der Wortlaut der Bestimmung verlangt darüber hinaus nicht, dass die Anlage den Eigenbedarf des Haushaltskunden **vollständig oder überwiegend deckt.** Gleichwohl dürfte der Betrieb von Erzeugungsanlagen, die nur einen geringfügigen Beitrag zum Eigenbedarf leisten, einer Anwendbarkeit der Vorschrift entgegenstehen.

Schließlich setzt Absatz 1 Satz 1 eine Personenidentität zwischen Haushaltskunde und 10 Anlagenbetreiber voraus. Auf **Mieterstrom** iSd § 42a ist Absatz 1 Satz 1 Alternative 1 damit nicht anwendbar. Personenidentität ist zu vermuten, wenn der Haushaltskunde im bei der BNetzA geführten Marktstammdatenregister als Betreiber der Anlage angemeldet ist.

II. Einschränkung für drittversorgte Kunden (Abs. 1 S. 1 Alt. 2)

Die zweite Fallkonstellation, bei der der Grundversorgungsanspruch entfällt, betrifft Haus- 11 haltskunden, die sich **von einem Dritten versorgen** lassen.

Auch bei dieser Kundengruppe entfällt der Anspruch auf Grundversorgung. Betroffen 12 sind alle Haushaltskunden, die mit einem vom Grundversorger unabhängigen Dritten einen **Energieversorgungsvertrag iSd § 3 Nr. 18a** abgeschlossen haben. Dritte sind dabei Personen, die nicht mit dem Grundversorger im Konzernverbund stehen (Säcker EnergieR/Busche § 37 Rn. 12; aA Britz/Hellermann/Hermes/Hellermann, 3. Aufl., § 37 Rn. 9).

III. Rechtsnatur des Ersatzanspruchs

13   Liegen die Tatbestandsvoraussetzungen von Absatz 1 Satz 1 vor und greift die Rückausnahme von Absatz 1 Satz 3 nicht, entfällt der Grundversorgungsanspruch und wird von einem **subsidiären Versorgungsanspruch** abgelöst.

14   Soweit zwischen Grundversorger und Haushaltskunde auf Grundlage des subsidiären Versorgungsanspruchs ein Vertrag zustande kommt, ist dieser nicht etwa als Grundversorgungs-, sondern vielmehr als **Sonderkundenvertrag** einzustufen (Britz/Hellermann/Hermes/Hellermann, 3. Aufl., § 37 Rn. 11a; Büdenbender RdE 2011, 201 (205)).

15   Die subsidiäre Versorgung erfolgt gem. Absatz 1 Satz 2 entweder mittels **Zusatz- oder mittels Reserveversorgung.** Entfällt der Grundversorgungsanspruch aufgrund einer Drittversorgung (→ Rn. 10), kommt dabei als subsidiäre Versorgung **ausschließlich** eine Reserveversorgung in Betracht, da insoweit der gesamte Energieausfall kompensiert werden muss. Die Gegenmeinung, die eine Reserveversorgung nur als Ersatz beim Ausfall von Eigenanlagen zulassen will (Säcker EnergieR/Busche § 37 Rn. 20), übersieht, dass bei dieser Annahme für die Anwendung von Absatz 1 Satz 2 in der Konstellation der drittversorgten Kunden kein Raum bliebe, da die Zusatzversorgung beim Ausfall des Dritten nicht als Substitut geeignet ist.

16   Entfällt der Grundversorgungsanspruch wegen der Eigenbedarfsdeckung durch den Betrieb von Energieerzeugungsanlagen, kommt subsidiär sowohl ein Anspruch auf Zusatzversorgung als auch Reserveversorgung in Betracht.

C. Subsidiäre Versorgungsansprüche

I. Generalklausel (Abs. 1 S. 2)

17   Anstelle der Grundversorgung kann der Haushaltskunde eine Zusatz- oder Reserveversorgung in dem Umfang und zu den Bedingungen verlangen, die für den Grundversorger **wirtschaftlich zumutbar** sind.

18   Der Grundversorger ist **darlegungs- und beweispflichtig,** wenn er den Abschluss eines Zusatz- oder Reserveversorgungsvertrags mit dem Haushaltskunden ablehnt (Britz/Hellermann/Hermes/Hellermann, 3. Aufl., § 37 Rn. 16). Wann von einer wirtschaftlichen Unzumutbarkeit auszugehen ist, unterliegt einer Einzelfallbeurteilung unter Abwägung aller im Einzelfall relevanten Belange (Kment EnWG/Rasbach § 37 Rn. 13).

19   Die Generalklausel des Absatzes 1 Satz 2 begründet bei Vorliegen der wirtschaftlichen Zumutbarkeit einen Anspruch des Haushaltskunden gegenüber dem Grundversorger auf Abschluss eines Energieversorgungsvertrags. Für die Reserveversorgung gilt dieser Kontrahierungszwang nur, soweit zusätzlich die Voraussetzungen von Absatz 2 (→ Rn. 21 ff.) vorliegen.

II. Entfallen des Ersatzanspruchs wegen Rückausnahme (Abs. 1 S. 3)

20   Soweit die Tatbestandsvoraussetzungen von Absatz 1 Satz 1 vorliegen, entfällt der Grundversorgungsanspruch. In den Fällen des Absatzes 1 Satz 1 Alternative 1 (→ Rn. 7) greift jedoch für Eigenanlagen eine Rückausnahme, wenn diese ausschließlich der **Sicherstellung des Energiebedarfs** bei Aussetzung der öffentlichen Energieversorgung dienen und sofern diese **nicht mehr als 15 Stunden monatlich** zur Erprobung betrieben werden.

21   Typischer Anwendungsfall der Rückausnahme sind **Notstromaggregate** und sonstige **Netzersatzanlagen.** Da die Rückausnahme ausschließlich für die in § 3 Nr. 13 legaldefinierten Eigenanlagen greift, gilt die Rückausnahme nur für Elektrizitätserzeugungsanlagen – nicht jedoch für (die aus Praxis ohnehin vernachlässigbaren) Gaserzeugungsanlagen.

III. Wirtschaftliche Zumutbarkeit der Reserveversorgung (Abs. 2)

22   Die wirtschaftliche Zumutbarkeit für die Reserveversorgung wird in Absatz 2 gegenüber der Generalklausel in Absatz 1 Satz 2 konkretisiert. Da der Reserveversorgung eine Stand-

By-Funktion innewohnt (→ Rn. 4), legt Absatz 2 Satz 1 fest, dass eine Pflicht zur Reserveversorgung für den Grundversorger **nur dann zumutbar** ist, wenn die im Reserveversorgungsvertrag festgelegte Reserveleistung für den gesamten Haushaltsbedarf ausgelegt ist und durch einen festen von der gelieferten Arbeit unabhängigen **Leistungspreis** gesichert wird, der vom Haushaltskunden für das gesamte Jahr zu entrichten ist.

Absatz 2 Satz 2 enthält eine Konkretisierung der Berechnungsgrundlage des Leistungspreises. Die Preisbemessung orientiert sich dabei an einer **Gruppenkalkulation,** die den Reservebedarf aller Reservekunden des Grundversorgers berücksichtigt (Säcker EnergieR/Busche § 37 Rn. 23). Es ist von der Möglichkeit auszugehen, dass sämtliche an das Leitungsnetz im Grundversorgungsgebiet angeschlossene Reserveanschlüsse gleichzeitig in Betrieb genommen werden und mithin die volle Reservekapazität zeitgleich abgerufen wird. Diese Regelung ist dahingehend kritikwürdig, dass sie entgegen den Entflechtungsregelungen Vertrieb und Netzbetrieb systematisch vermengt, was u.a. auf die Vorgängerregelung in § 5 der 5. DVO von 1935 zurückzuführen sein dürfte. 23

D. Verordnungsermächtigung (Abs. 3)

Absatz 3 enthält eine Verordnungsermächtigung für das Bundesministerium für Wirtschaft und Energie zur näheren Ausgestaltung und Konkretisierung des Begriffes der wirtschaftlichen Zumutbarkeit. Von der Ermächtigung hat der Verordnungsgeber bisher **keinen Gebrauch gemacht.** Im Rahmen einer Verordnung sind gem. Absatz 3 Satz 2 die Interessen der Energieversorgungsunternehmen und der Haushaltskunden angemessen unter Beachtung der in § 1 genannten Zwecke des EnWG zu berücksichtigen. 24

§ 38 Ersatzversorgung mit Energie

(1) ¹Sofern Letztverbraucher über das Energieversorgungsnetz der allgemeinen Versorgung in Niederspannung oder Niederdruck Energie beziehen, ohne dass dieser Bezug einer Lieferung oder einem bestimmten Liefervertrag zugeordnet werden kann, gilt die Energie als von dem Unternehmen geliefert, das nach § 36 Abs. 1 berechtigt und verpflichtet ist. ²Die Bestimmungen dieses Teils gelten für dieses Rechtsverhältnis mit der Maßgabe, dass der Grundversorger berechtigt ist, für diese Energielieferung gesonderte Allgemeine Preise zu veröffentlichen und für die Energielieferung in Rechnung zu stellen. ³In den Fällen des § 36 Absatz 1 Satz 5 besteht ein Anspruch des Haushaltskunden auf Ersatzversorgung.

(2) ¹Sofern ein Grundversorger für Haushaltskunden höhere Allgemeine Preise der Ersatzversorgung ausweist, hat er bei deren Bemessung die Sätze 2 und 3 zu beachten. ² Wird von der Möglichkeit nach Satz 1 Gebrauch gemacht, hat der Grundversorger die bei der Ermittlung der Allgemeinen Preise der Ersatzversorgung für Haushaltskunden berücksichtigten Beschaffungskosten gesondert auszuweisen. ³ Die Beschaffungskosten der Ersatzversorgung dürfen kalkulatorisch nicht höher angesetzt werden als sie sich für den Grundversorger im Falle einer kurzfristigen Beschaffung der für die durch ihn durchgeführten Ersatzversorgung erforderlichen Energiemengen über Börsenprodukte ergeben würden.

(3) ¹Der Grundversorger ist unter Beachtung der gesetzlichen Bestimmungen berechtigt, die Allgemeinen Preise der Ersatzversorgung jeweils zum ersten und zum 15. Tag eines Kalendermonats neu zu ermitteln und ohne Einhaltung einer Frist anzupassen. ² Die Änderung wird nach Veröffentlichung auf der Internetseite des Grundversorgers wirksam. ³ Der Grundversorger ist verpflichtet, auf seiner Internetseite die Allgemeinen Preise der Ersatzversorgung der mindestens letzten sechs Monate vorzuhalten.

(4) ¹Das Rechtsverhältnis nach Absatz 1 endet, wenn die Energielieferung auf der Grundlage eines Energieliefervertrages des Kunden erfolgt, spätestens aber drei Monate nach Beginn der Ersatzenergieversorgung. ²Das Energieversorgungsunternehmen kann den Energieverbrauch, der auf die nach Absatz 1 bezogenen Energie-

mengen entfällt, auf Grund einer rechnerischen Abgrenzung schätzen und den ermittelten anteiligen Verbrauch in Rechnung stellen.

Überblick

Die Bestimmung regelt, wie mit vertragslosen Energielieferungen in Niederspannung oder Niederdruck umzugehen ist. Dabei kommt zwischen Grundversorger und Letztverbraucher gem. Absatz 1 Satz 1 ein sog. Ersatzversorgungsverhältnis zustande (→ Rn. 5), bei dem es sich als gesetzliches Schuldverhältnis im Unterschied zur Grundversorgung nicht um ein Vertragsverhältnis handelt. Der Ersatzversorger ist berechtigt, gegenüber ersatzversorgten Letztverbrauchern die veröffentlichen Preise zu berechnen, wobei bei von der Grundversorgung abweichenden Preisen strenge Vorgabe bezüglich der Kalkulation der Tarife bestehen (→ Rn. 17). Das Ersatzversorgungsverhältnis endet spätestens nach drei Monaten (→ Rn. 21).

Übersicht

	Rn.		Rn.
A. Normzweck und Bedeutung	1	C. Vorgaben zur Ausgestaltung der Ersatzversorgungstarife	16
B. Zustandekommen Ersatzversorgungsverhältnis (Abs. 1 S. 1, 3, Abs. 3)	5	I. Anwendbarkeit der Bestimmungen zur Grundversorgung (Abs. 1 S. 2)	16
I. Ersatzversorgungsberechtigte Letztverbraucher	5	II. Vorgaben zur Tarifgestaltung bei Abweichung von den Grundversorgungstarifen (Abs. 2)	17
II. Einbezogene Netzebenen	8	III. Verfahren zur Änderung der Ersatzversorgungstarife (Abs. 3)	19
III. Fehlende Zuordnung zu einem Liefervertrag	11	D. Beendigung des Ersatzversorgungsverhältnisses (Abs. 4)	21
IV. Rechtsfolge	14		

A. Normzweck und Bedeutung

1   Mit der Ersatzversorgung kommt zwischen dem Letztverbraucher und dem Grundversorger ein **gesetzliches Schuldverhältnis** zustande, wenn die Energieentnahme auf der untersten Spannungs- bzw. Druckebene ohne vertragliche Grundlage erfolgt (BT-Drs. 15/3917, 66).

2   Durch das Ersatzversorgungsverhältnis soll für einen Übergangszeitraum von maximal drei Monaten sichergestellt werden, dass die als schutzwürdig erachteten ersatzversorgungsberechtigten Letztverbraucher weiterhin mit Energie beliefert werden, obwohl ein Energielieferverhältnis noch nicht bzw. nicht mehr besteht (BGH NJW 2011, 3509). Ohne die Bestimmung des § 38 wäre anderenfalls bei Nichtzustandekommen eines Grundversorgungsverhältnisses oder sonstigen Lieferverhältnisses aufgrund der entstehenden wirtschaftlichen Risiken eine unmittelbare Sperrung des Netzanschlusses des betroffenen Letztverbrauchers erforderlich. Die Bestimmung stellt damit durch die dem Grundversorger zugeordnete Aufgabe der Ersatzversorgung einen Ausgleich zwischen dem **Interesse des Letztverbrauchers auf Aufrechterhaltung des Energiebezugs** und dem **Kompensationsinteresse des Versorgungsnetzbetreibers** her.

2.1   Auch wirtschaftliche Interessen der Letztverbraucher finden durch die Preisgrenze in Absatz 1 Satz 2 ihre Berücksichtigung. Mit Verweis auf die besondere Schutzwürdigkeit des „schwächsten Glieds in der Versorgungskette" – nämlich den Haushaltskunden – lehnte die Bundesregierung im Rahmen der Neufassung der Vorschrift einen Vorschlag des Bundesrates ab (BT-Drs. 15/4068, 7), der darauf zielte, das Verbot höherer Preise im Gesetzesentwurf zu streichen.

3   Die Bestimmung wurde mit dem EnWG 2005 in das Energiewirtschaftsrecht aufgenommen. Erst die **Liberalisierung der Energiemärkte** machte die Ausgestaltung des Instituts der Ersatzversorgung überhaupt erforderlich. Zuvor hatte der Letztverbraucher die Energieentnahme – vor dem Hintergrund der auf § 11 EnWG 1998 zurückgehenden Regelung des § 2 Abs. 2 AVBEltV bzw. § 2 Abs. 2 AVBGasV – dem Gebietsversorger bzw. allgemeinen

Versorger zu melden. Mit dem Gebietsversorger kam automatisch mit der Energieentnahme ein Vertragsverhältnis zustande. Durch den Markteintritt neuer Energielieferanten stellte sich das Problem, dass von einer Willenserklärung des Letztverbrauchers zum Abschluss eines Versorgungsvertrages mit dem Grundversorger im Moment der Beendigung des Energielieferverhältnisses mit dem Dritten nicht mehr ausgegangen werden konnte.

Im Zuge der **Energiepreiskrise** und des Ukraine-Kriegs wurde die Vorschrift mit der 4 EnWG-Novelle 2022 (BGBl. I 1214) umfassend modifiziert. Mit den gesetzlichen Änderungen wurde den Grundversorgern gestattet, bei der Festlegung der Ersatzversorgungstarife **von der Höhe der Grundversorgungstarife abzuweichen** – dies war bis zur Gesetzesänderung für Haushaltskunden ausdrücklich ausgeschlossen. Mit Abs. 2 und 3 wurden zudem neue formelle und materielle Anforderungen für Tarifänderungen geschaffen, um sicherzustellen, dass die Grundversorger die Bestimmung nicht einseitig zu Lasten der Verbraucher ausnutzen (BT-Drs. 20/1599, 59).

B. Zustandekommen Ersatzversorgungsverhältnis (Abs. 1 S. 1, 3, Abs. 3)

I. Ersatzversorgungsberechtigte Letztverbraucher

Während die Grundversorgung gem. § 36 Abs. 1 nur bei Haushaltskunden iSd § 3 Nr. 22 5 erfolgt, steht die Ersatzversorgung grundsätzlich **allen Letztverbrauchern** offen. Ein Ersatzversorgungsverhältnis entsteht auch bei Letztverbrauchern mit einem Jahresenergieverbrauch für gewerbliche, landwirtschaftliche oder berufliche Zwecke von über 10.000 Kilowattstunden. Die Bestimmung findet damit sowohl gegenüber Verbrauchern iSd § 13 BGB als auch Unternehmern iSd § 14 BGB Anwendung.

Mit der EnWG-Novelle 2022 (BGBl. I 1214) wurde Abs. 1 S. 3 gestrichen und klarge- 6 stellt, dass die Preise der Ersatzversorgung von den Preisen der Grundversorgung abweichen können, was nach alter Rechtslage nicht möglich war. Durch den neu eingefügten Satz 3 soll klargestellt werden, dass **Haushaltskunden,** die wegen § 36 Abs. 1 S. 5 für den begrenzten Zeitraum von drei Monaten keinen Anspruch auf Abschluss eines Grundversorgungsvertrages haben, in diesem Übergangszeitraum zumindest ersatzversorgungsberechtigt sind. Die Neuregelung betrifft insbesondere solche Haushaltskunden, deren Entnahmestelle aufgrund einer Kündigung des Netznutzungs- oder Bilanzkreisvertrages keinem Energielieferanten mehr zugeordnet werden kann, was zB beim insolvenzbedingten Versorgerausfall regelmäßig der Fall ist.

Durch die Vorschrift erfolgt keine **generelle** Beschränkung des Kreises der Ersatzversor- 7 gungsberechtigten auf Haushaltskunden. Der enge Charakter als Ausnahmevorschrift, um den „überraschenden Entwicklungen am Energiemarkt" (BT-Drs. 20/1599, 58) Rechnung zu tragen, spricht gegen eine weite Auslegung.

II. Einbezogene Netzebenen

Die Ersatzversorgung erfolgt nur bei Energiebezug aus einem **Energieversorgungsnetz** 8 **der allgemeinen Versorgung in Niederspannung bzw. Niederdruck.**

Abgrenzungsfragen stellen sich insbesondere, wenn Energie an Letztverbraucher innerhalb 9 von Kundenanlagen iSd § 3 Nr. 24a durchgeleitet wird und die jeweilige **Kundenanlage** an eine höhere Spannungs- oder Druckebene angeschlossen ist (als die Entnahmestelle des Letztverbrauchers). In diesen Fällen ist eine Ersatzversorgung ausgeschlossen. Dies ergibt sich sowohl aus dem Wortlaut von Abs. 1 S. 1 als auch aus der gesetzlichen Wertung, da zwischen Netzbetreiber und Letztverbraucher aufgrund des ohnehin vorrangigen Anschlussverhältnisses mit dem Kundenanlagenbetreiber keine Notwendigkeit für die Annahme eines eigenständigen gesetzlichen Schuldverhältnisses besteht.

Für die **vertragsfreie „Energieversorgung" außerhalb des Niederspannungs- bzw.** 10 **Niederdrucknetzes** ist die Bestimmung des § 38 grundsätzlich nicht **anwendbar.** Die Rechtsprechung behalf sich hierbei in der Vergangenheit mit einem Rückgriff auf das zivilrechtliche Institut der **Geschäftsführung ohne Auftrag** (BGH NJW-RR 2005, 639; Britz/Hellermann/Hermes/Hellermann, 3. Aufl., § 38 Rn. 8), wobei dieser Rechtsprechung größtenteils noch die alte Rechtslage des EnWG 1998 zugrunde lag. Die allgemeinen Tarife des Grund- bzw. Gebietsversorgers fanden insoweit bei der Ermittlung des Aufwendungsersatzanspruches Berücksichtigung. An dieser Rechtsprechung kann mit Blick auf die Regelung des § 38 insoweit nicht mehr festgehalten werden, als sich diese Rechtsprechung auf die Person des Grundversorgers bezieht. Denn ausweislich des Gesetzeswortlauts kann von einer Ausdehnung der Ersatzversorgungspflicht des Grundversorgers auf Mittel- bzw. Hochspannung- und Druckebene nicht mehr ausgegangen werden (ausführlich hierzu Ehring ER 2019, 223). Es ist zu beachten, dass damit nur dem Netzbetreiber (und nicht etwa dem Grundversorger) ein **Aufwendungsersatzanspruch gegen den Letztverbraucher für vertragslose Energieentnahmen** oberhalb der Niederspannungs- bzw. Niederdruckebene gem. §§ 677, 683 S. 1, 670 BGB zukommt (so auch Ehring ER 2019, 223 (228); Ehring ER 2020, 83; aA OLG Düsseldorf RdE 2020, 89). Für die Ermittlung der Anspruchshöhe des Aufwendungsersatzes ist der Ausgleichsenergiepreis zugrunde zu legen. In der Praxis ist dennoch zu beachten, dass zahlreiche Grundversorger abweichend von der Rechtslage in ihren Preisblättern auch Preise und Bedingungen der Ersatzbelieferung für Mittel- und/oder Hochspannung ausweisen.

III. Fehlende Zuordnung zu einem Liefervertrag

11 Ein Ersatzversorgungsverhältnis wird nur dann begründet, wenn die Energieversorgung ohne vertragliche Grundlage allein aufgrund der Entnahme durch den Letztverbraucher erfolgt. Das Vorliegen eines Vertragsverhältnisses sperrt die Ersatzversorgung. Das gilt auch für **Lieferantenkonkurrenzen**, falls unklar ist, welcher Energieversorger für die Belieferung des Letztverbrauchers verantwortlich ist (BGH NJW 2011, 3509). Ein Aufwendungsersatzanspruch des Ersatzversorgers nach den Grundsätzen der Geschäftsführung ohne Auftrag ist bei Bestehen eines Vertragsverhältnisses ebenfalls ausgeschlossen (LG Frankfurt/Oder VersW 2011, 128).

12 Die **Zuordnung eines Letztverbrauchers** zu einem Energieliefervertrag erfolgt auf Grundlage wertender, normativer Kriterien wie etwa Markt- und Messlokationsidentifikationsnummer (OLG Schleswig VersW 2016, 360).

13 Typische Anwendungsfälle der fehlenden vertraglichen Zuordnung sind
- **Insolvenzen** von Energieversorgern, die in der Folge zur fristlosen Kündigung von Lieferantenrahmen- und Bilanzkreisverträgen durch den jeweiligen Netzbetreiber und damit zum plötzlichen Entfallen der Zuordnung des Letztverbrauchers zu einem festen Energieversorger führen;
- **fehlgeschlagene oder verzögerte Lieferantenwechsel** oder
- **fehlende Lieferfähigkeit** des Energieversorgers (zB fehlender Netzzugang, nicht abgeschlossener Lieferantenrahmenvertrag, etc)
(Kment EnWG/Rasbach § 38 Rn. 4).

IV. Rechtsfolge

14 Die tatbestandlichen Voraussetzungen von Abs. 1 S. 1 begründen die Rechtsfolge eines **gesetzlichen Energielieferverhältnisses,** das zwischen dem Letztverbraucher und dem nach Maßgabe von § 36 Abs. 2 festgestellten Grundversorger (der damit zum Ersatzversorger wird) entsteht. Die **An- und Abmeldung** eines Letztverbrauchers zur Ersatzversorgung erfolgt **durch die Betreiber von Energieversorgungsnetzen** nach Maßgabe der von der BNetzA veröffentlichten Marktprozesse (vgl. BNetzA, BK6-19-218 bzw. ab 1.4.2022 BK6-20-160 (GPKE) und BNetzA, BK7-06-067 idF von BK7-16-142 (GeLi Gas)). Dieser übernimmt damit auf gesetzliche Anweisung die Zuordnung der betreffenden Energiemengen und weist diese dem entsprechenden Bilanzkreis zu (Kment EnWG/Rasbach § 38 Rn. 7).

15 Die Ersatzversorgung entsteht unabhängig von der Kenntnis des Letztverbrauchers und der gem. § 3 Abs. 2 StromGVV bzw. § 3 Abs. 2 GasGVV vom Grundversorger an den Letztverbraucher vorzunehmenden Mitteilung über den Beginn der Ersatzversorgung.

C. Vorgaben zur Ausgestaltung der Ersatzversorgungstarife

I. Anwendbarkeit der Bestimmungen zur Grundversorgung (Abs. 1 S. 2)

16 Absatz 1 Satz 2 legt fest, dass die **Bestimmungen von Teil 4 des EnWG (§§ 36–42a)** auch für die Ersatzversorgung entsprechende Anwendung finden. Die Regelungsinhalte von

Grund- und Ersatzversorgung unterliegen damit einem **gesetzlich festgelegten Gleichlauf**. Zudem ist zu beachten, dass weitere gesetzliche Bestimmungen nicht auf die Ersatzversorgung übertragen werden können. So erscheint eine Übertragbarkeit von § 37 bereits deshalb ausgeschlossen, da die tatbestandlichen Voraussetzungen der Ersatzversorgung in Absatz 1 Satz 1 gerade die Geltung der Bestimmung für das gesamte Niederspannungs- bzw. Niederdrucknetz anordnen und sich die Ersatzversorgung insoweit von der Grundversorgung strukturell unterscheidet (ausführlich hierzu mit weiteren Beispielen Britz/Hellermann/Hermes/Hellermann, 3. Aufl., § 38 Rn. 17).

§ 3 StromGVV bzw. § 3 GasGVV ordnen die Geltung der materiellen Regelungen großer Teile der Verordnungen auch für das gesetzliche Verhältnis der Ersatzversorgung an. Gemäß § 3 Abs. 1 Hs. 1 StromGVV bzw. § 3 Abs. 1 Hs. 1 GasGVV gelten die §§ 4–8, 10–19 StromGVV bzw. §§ 4–8, 10–19 GasGVV entsprechend. Für die Beendigung der Ersatzversorgung gilt § 20 Abs. 3 StromGVV bzw. § 20 Abs. 3 GasGVV entsprechend. § 11 Abs. 2 StromGVV bzw. § 11 Abs. 2 GasGVV gilt mit der Maßgabe, dass der Grund- bzw. Ersatzversorger den Energieverbrauch aufgrund einer rechnerischen Abgrenzung schätzen und den anteiligen Verbrauch in Rechnung stellen darf. 16.1

II. Vorgaben zur Tarifgestaltung bei Abweichung von den Grundversorgungstarifen (Abs. 2)

Abs. 2 S. 1 regelt, dass der Grundversorger, sofern er bei der Festlegung der Ersatzversorgungstarife preislich von den Grundversorgungstarifen abweichen möchte, die **Vorgaben in Abs. 2 S. 2 und 3 zu beachten** hat. Die Bestimmung trägt der Sorge des Gesetzgebers Rechnung, dass eine schrankenlose einseitige Festlegungsmöglichkeit von Ersatzversorgungstarifen in einzelnen Grundversorgungsgebieten zu deutlich überhöhten Tarifen führen könnte, die zu Lasten der ersatzversorgten Kunden gingen. Gerade vor dem Hintergrund, dass im Frühjahr 2022 einige Grundversorger um teils mehrere hundert Prozent erhöhte Tarife für Neukunden festlegten, zeigt, dass die Sorge des Gesetzgebers hier nicht gänzlich von der Hand zu weisen ist (vgl. etwa LG Frankfurt a.M. BeckRS 2022, 18839; LG Köln 18.3.2022 – 90 O 12/22; LG Stuttgart 25.4.2022 – 35 O 36/22 KfH; LG Hannover 3.3.2022 – 25 O 6/22; LG Mannheim 23.2.22 – 22 O 3/22). 17

Absatz 2 Satz 2 bestimmt, dass der Grundversorger bei abweichenden Ersatzversorgungstarifen die **Beschaffungskosten auszuweisen** hat. Die Beschaffungskosten sind damit Marktpreise, die allgemein verfügbar sind. Nach Absatz 2 Satz 3 sind die transparent auszuweisenden Beschaffungskosten Grundlage für die Kalkulation der Ersatzversorgungstarife. Dem Grundversorger ist es damit nicht gestattet, zusätzliche Risikoaufschläge oder sonstige Zuschläge hinzuzurechnen. Da sich die Kalkulation der Ersatzversorgungstarife zum Monatsbeginn ändern kann, sind solche Börsenprodukte als Maßstab heranzuziehen, die eine auf einen Monat bezogene Kalkulation ermöglichen (BT-Drs. 20/1599, 59). 18

III. Verfahren zur Änderung der Ersatzversorgungstarife (Abs. 3)

Grundversorger sind berechtigt, zweimal im Monat ihre Ersatzversorgungstarife neu zu ermitteln und anzupassen. Die Anpassung darf ausschließlich **zum ersten und zum 15. Tag** eines Kalendermonats erfolgen. Mit der Bestimmung wird der Intransparenz der Ersatzversorgungstarife entgegengewirkt und dafür Sorge getragen, dass die Ersatzversorgungstarife aller Grundversorger gut vergleichbar sind (BT-Drs. 20/1599, 59). 19

Absatz 3 Satz 2 regelt, dass die Ersatzversorgungstarife erst **nach Veröffentlichung** auf der Internetseite des Grundversorgers **wirksam** werden. Werden Ersatzversorgungstarife beispielsweise am 16. Tag eines Kalendermonats veröffentlicht, gelten diese erst zum nächsten Anpassungstermin (im Beispiel damit am ersten Tag des Folgemonats). Zudem sind Grundversorger verpflichtet, die Ersatzversorgungstarife der letzten sechs Monate auf der Internetseite vorzuhalten (Absatz 3 Satz 3). 20

D. Beendigung des Ersatzversorgungsverhältnisses (Abs. 4)

Das Ersatzversorgungsverhältnis ist als Übergangslösung ausgestaltet. Die Bestimmung bezweckt, dem vertragslosen Letztverbraucher in einem Übergangszeitraum die Möglichkeit zu verschaffen, sich um seine Vertragsangelegenheiten zu kümmern und diese zu ordnen. 21

Vor diesem Hintergrund begrenzt Absatz 4 Satz 1 die Dauer des Schuldverhältnisses auf **drei Monate**. Eine einmalige oder gar mehrmalige **Verlängerungsmöglichkeit** wäre systemwidrig und besteht damit nicht (Säcker EnergieR/Busche § 38 Rn. 15).

22 Soweit der Letztverbraucher Haushaltskunde ist, der nach Ablauf des Übergangszeitraums von drei Monaten keinen neuen Energieversorgungsvertrag abgeschlossen hat und weiterhin Energie entnimmt, ist in der Regel davon auszugehen, dass dieser die **Realofferte** des Grundversorgers auf Abschluss eines Grundversorgungsvertrags annimmt (BGH EnWZ 2021, 228). Diese ist allenfalls dann auszuschließen, wenn der Letztverbraucher (oder Ersatzversorger) eine hiervon abweichende Willenserklärung nach außen kundgibt oder die Voraussetzungen der Grundversorgung nicht greifen.

22.1 Meist wird bei Beendigung eines Sonderkundenvertrages jedoch bereits zu diesem Zeitpunkt das Vertragsverhältnis als Grundversorgungsverhältnis fortgeführt werden. Etwas anderes gilt insbesondere dann, wenn der Wille des Letztverbrauchers dem Abschluss eines Vertragsverhältnisses erkennbar entgegensteht oder beispielsweise bei Fortbestehen eines Vertrags mit einem Dritten, wenn das Netznutzungsverhältnis zwischen dem Dritten und dem Betreiber des Energieversorgungsnetzes gekündigt wurde (zB im Insolvenzfall).

§ 39 Allgemeine Preise und Versorgungsbedingungen

(1) ¹Das Bundesministerium für Wirtschaft und Energie kann im Einvernehmen mit dem Bundesministerium für Justiz und für Verbraucherschutz durch Rechtsverordnung mit Zustimmung des Bundesrates die Gestaltung der Allgemeinen Preise nach § 36 Abs. 1 und § 38 Abs. 1 des Grundversorgers unter Berücksichtigung des § 1 Abs. 1 regeln. ²Es kann dabei Bestimmungen über Inhalt und Aufbau der Allgemeinen Preise treffen sowie die tariflichen Rechte und Pflichten der Elektrizitätsversorgungsunternehmen und ihrer Kunden regeln.

(2) ¹Das Bundesministerium für Wirtschaft und Energie kann im Einvernehmen mit dem Bundesministerium für Justiz und für Verbraucherschutz durch Rechtsverordnung mit Zustimmung des Bundesrates die allgemeinen Bedingungen für die Belieferung von Haushaltskunden in Niederspannung oder Niederdruck mit Energie im Rahmen der Grund- oder Ersatzversorgung angemessen gestalten und dabei die Bestimmungen der Verträge einheitlich festsetzen und Regelungen über den Vertragsabschluss, den Gegenstand und die Beendigung der Verträge treffen sowie Rechte und Pflichten der Vertragspartner festlegen. ²Hierbei sind die beiderseitigen Interessen angemessen zu berücksichtigen. ³Die Sätze 1 und 2 gelten entsprechend für Bedingungen öffentlich-rechtlich gestalteter Versorgungsverhältnisse mit Ausnahme der Regelung des Verwaltungsverfahrens.

Überblick

§ 39 ermächtigt das Bundesministerium für Wirtschaft und Energie zum Erlass von Rechtsverordnungen. Absatz 1 enthält dabei eine Verordnungsermächtigung zur Regelung und Bestimmung der Allgemeinen Preise des Grundversorgers (→ Rn. 6). Absatz 2 enthält eine Verordnungsermächtigung zur Regelung der Lieferbedingungen von Haushaltskunden im Rahmen der Grund- oder Ersatzversorgung (→ Rn. 10).

A. Normzweck und Anwendungsbereich

1 § 39 enthält in Absatz 1 und Absatz 2 zwei Verordnungsermächtigungen mit unterschiedlichem Inhalt. Absatz 1 ermächtigt den Verordnungsgeber zur **Ausgestaltung der Allgemeinen Preise,** Absatz 2 beinhaltet eine Verordnungsermächtigung zur **Ausgestaltung der Allgemeinen Liefer- und Versorgungsbedingungen.** Beide Ermächtigungsgrundlagen beziehen sich dabei auf Grund- wie auch Ersatzversorgungsverhältnisse iSd § 36 und § 38.

2 Die Bestimmungen des EnWG enthalten für beide Schuldverhältnisse nur wenige konkrete Vorgaben und überlassen damit den Grund- bzw. Ersatzversorgern einen weitgefassten Gestaltungsspielraum (Säcker EnergieR/Busche § 39 Rn. 1). Aufgrund der verfassungsrecht-

lichen Relevanz einer funktionierenden Energieversorgung (→ § 36 Rn. 1) und dem daraus resultierenden Gewicht der Grund- als auch der Ersatzversorgung ist jedoch eine über die § 36 und § 38 hinausgehende Konkretisierung geboten. Ein Klarstellungsbedürfnis folgt überdies auch aus dem der Grundversorgung innewohnenden Kontrahierungszwang bzw. der Ausgestaltung der Ersatzversorgung als gesetzlichem Schuldverhältnis, das gänzlich ohne einen willensbasierten Vertragsschluss auskommt. Durch § 39 wird der Verordnungsgeber in die Lage versetzt, die notwendigen Festlegungen und Bestimmungen zu treffen und die Schuldverhältnisse umfassend zu reglementieren.

Beide Ermächtigungsgrundlagen sehen vor, dass das für den Erlass der Rechtsverordnung zuständige BMWi **Einvernehmen** mit dem BMJV herzustellen hat. Die Einvernehmensregelung erscheint mit Blick auf die verbraucherschutzrechtliche Bedeutung von Grund- und Ersatzversorgung nachvollziehbar. Darüber hinaus ist die Zustimmung des Bundesrates erforderlich. 3

Im Schrifttum ist umstritten, ob die Verordnungsermächtigung in Absatz 1 zur Gestaltung Allgemeiner Preise **ausschließlich** den Bereich Elektrizitäts- oder auch den Bereich der Gasversorgung umfasst (abl. Säcker EnergieR/Busche § 36 Rn. 2; aA Britz/Hellermann/Hermes/Hellermann, 3. Aufl., § 39 Rn. 24 ff.; Kment EnWG/Rasbach § 36 Rn. 2). Die weitergehendere Ansicht, die auch den Gasbereich einbezieht, ist vorzugswürdig. 4

Die restriktivere Ansicht stützt sich wesentlich auf ein Urteil des OLG Oldenburg (RdE 2009, 25 = BeckRS 2008, 20266). In dem Urteil wurde die in einem Sonderkundenvertrag angelegte Bezugnahme auf § 5 Abs. 2 GasGVV nicht als geeignet angesehen, um durch diese Bezugnahme ein eigenständiges Preisanpassungsrecht gegenüber dem Kunden zu begründen. Insbesondere lehnte das OLG die Eignung der GasGVV als taugliche Preisanpassungsregel ab, da der Verordnungsgeber die GasGVV beim Erlass ausschließlich auf die Ermächtigungsgrundlage des § 39 Abs. 2 gestützt habe (Art. 2 Verordnung v. 26.10.2006, BGBl. I 2391). Gleiches gilt jedoch auch für die StromGVV, die ebenfalls nur auf die Ermächtigungsgrundlage des § 39 Abs. 2 Bezug nimmt (Art. 1 Verordnung v. 26.10.2006, BGBl. I 2391). Das OLG Oldenburg trifft über die vorstehende Feststellung hinaus keine Aussage dahingehend, dass der Erlass einer Verordnung zur Gestaltung der Allgemeinen Preise im Gasbereich ausgeschlossen sei. Überdies steht der weitgehende Wortlaut in § 39 Abs. 1 S. 1 in klarem Widerspruch zu einer Einschränkung auf den Elektrizitätsbereich. Schließlich ist auch zu berücksichtigen, dass das Urteil des OLG Oldenburg letztinstanzlich keinen Bestand hatte (BGH NJW 2011, 50). 4.1

Die Verordnungsermächtigung in Absatz 2 bezieht sich tatbestandlich nur auf die allgemeinen Bedingungen für die Belieferung von **Haushaltskunden.** Dabei ist zu beachten, dass die Ersatzversorgung (anders als die Grundversorgung) grundsätzlich auch die Versorgung von Nicht-Haushaltskunden umfasst (→ § 38 Rn. 5). In der Folge sind die auf Grundlage von Absatz 2 erlassenen Rechtsverordnungen (StromGVV, GasGVV) bezüglich der zur Ersatzversorgung erlassenen Bestimmungen in der Weise auszulegen, dass diese (anders als § 38 selbst) nur für die Ersatzversorgung gegenüber Haushaltskunden zur Anwendung kommen (Säcker EnergieR/Busche § 39 Rn. 3; Britz/Hellermann/Hermes/Hellermann, 3. Aufl., § 38 Rn. 6). Für ersatzversorgte Letztverbraucher, die keine Haushaltskunden sind, bietet die Ermächtigungsgrundlage keine ausreichende Grundlage. Dies betrifft insbesondere die in § 1 Abs. 1 S. 3, Abs. 2 sowie § 3 StromGVV/§ 3 GasGVV enthaltenen Bestimmungen. 5

B. Ermächtigung zur Gestaltung Allgemeiner Preise (Abs. 1)

Die Gestaltung der Allgemeinen Preise durch den Verordnungsgeber muss gem. Absatz 1 Satz 1 unter Berücksichtigung der Ziele von § 1 Abs. 1 erfolgen. Die **Binnenverweisung** auf die von einer Zieltrias zu einer Zielheras (Säcker EnergieR/Säcker § 1 Rn. 2) angewachsenen energiewirtschaftsrechtlichen Zielvorgaben umfassen dabei die Ziele einer sicheren, preisgünstigen, verbraucherfreundlichen, effizienten, und umweltverträglichen Versorgung, die zunehmend aus erneuerbaren Energien besteht. 6

Die Verordnungsermächtigung in Absatz 1 Satz 1 und Absatz 1 Satz 2 Halbsatz 1 erstreckt sich auf den Strom- wie den Gasbereich (→ Rn. 4). Der Verordnungsgeber wird zur Bestimmung von Inhalt und Aufbau der Allgemeinen Preise ermächtigt. Vergleichbar mit der auf die Netzentgeltermittlung abzielende StromNEV können **Gegenstand einer Verordnung** Vorgaben zum Verhältnis von Grund-, Arbeits- und Leistungspreis oder sonstigen Preisbe- 7 standteilen sein. Auch Vorgaben zur Preiskalkulation oder Änderung von Preisen könnten grundsätzlich im Rahmen einer Verordnung Berücksichtigung finden.

8 Absatz 1 Satz 2 ist demgegenüber auf den **Strombereich beschränkt** und ermächtigt zur Ausgestaltung der tariflichen Rechte und Pflichten der Elektrizitätsversorgungsunternehmen und ihrer Kunden.

9 Der Verordnungsgeber hat von der Verordnungsermächtigung in Absatz 1 bisher keinen Gebrauch gemacht. Die zum 1.7.2007 außer Kraft getretene **Bundestarifordnung Elektrizität (BTOElt)** enthielt in § 12 BTOElt eine Preisgenehmigungspflicht unter Berücksichtigung der Kosten- und Erlöslage des Versorgers, die nach Inkrafttreten des EnWG 2005 noch für den Übergangszeitraum bis zum Außerkrafttreten der BTOElt fortgalt. Die in der Bundestarifordnung Gas (BTOGas) enthaltene Tarifgenehmigung trat zuvor bereits mit der EnWG-Novelle 1998 außer Kraft (Kment EnWG/Rasbach § 39 Rn. 3).

C. Ermächtigung zur Gestaltung Allgemeiner Bedingungen (Abs. 2)

10 Im Gegensatz zu Absatz 1 hat der Verordnungsgeber von der Ermächtigungsgrundlage des Absatzes 2 durch Erlass von **StromGVV** und **GasGVV** (Art. 1 und 2 Verordnung v. 26.10.2006, BGBl. I 2391) umfassend Gebrauch gemacht. Die Bedingungen, zu denen Grund- und Ersatzversorgung anzubieten sind, sind in StromGVV und GasGVV detailliert vorgegeben.

11 Absatz 2 Satz 1 ermächtigt den Verordnungsgeber insbesondere dazu
- Vertragsbestimmungen einheitlich festzusetzen,
- Regelungen über Vertragsabschluss, Vertragsgegenstand und Vertragsbeendigung zu treffen und
- Rechte und Pflichten der Vertragspartner festzulegen.

12 Da es sich bei der **Ersatzversorgung** um ein gesetzliches Schuldverhältnis und nicht um ein Vertragsverhältnis handelt, ist davon auszugehen, dass sich die konkreten vertraglichen Ausgestaltungsbereiche in Absatz 2 Satz 1 auf das Grundversorgungsverhältnis beziehen. Unabhängig davon ermächtigt Absatz 2 Satz 1 den Verordnungsgeber auch zur sonstigen angemessenen Gestaltung der Allgemeinen Bedingungen von Ersatzversorgungsverhältnissen.

13 § 1 Abs. 1 S. 2 StromGVV bzw. § 1 Abs. 1 S. 2 GasGVV setzen die in den Verordnungen enthaltenen **Vertragsbestimmungen** einheitlich zwischen Grundversorger und grundversorgtem Kunden fest. Die Verordnungen enthalten u.a. Regelungen zum Vertragsschluss (§ 2 StromGVV/§ 2 GasGVV), zur Vertragsbeendigung (§§ 20–21 StromGVV/§§ 20–21 GasGVV), zu Vertragsstrafen (§ 10 StromGVV/§ 10 GasGVV), zu Zahlungsmodalitäten (§§ 13–18 StromGVV/§§ 13–18 GasGVV) und zum Gerichtsstand (§ 22 StromGVV/§ 22 GasGVV).

14 Bezüglich der Bestimmungen zur **Kombination mit Messstellenverträgen** (§ 1 Abs. 1 S. 3 StromGVV), Messeinrichtungen (§ 8 StromGVV/§ 8 GasGVV) und Ablesung (§ 11 StromGVV/§ 11 GasGVV) ist zu beachten, dass die Vorgaben des MsbG (Art. 1 Gesetz v. 29.8.2016, BGBl. I 2034) aufgrund des **Gesetzesvorranges** vorgehen. Dies ist deshalb von Bedeutung, da die Bestimmungen des MsbG (anders als die Vorgaben des § 36 und § 38) teilweise sehr detaillierte Vorgaben zu Messverfahren (§§ 55 ff. MsbG), Datenübermittlung (§§ 60 ff. MsbG) und vertraglicher Abwicklung (§§ 9–10 MsbG) enthalten.

15 In der früheren Rechtsprechung des BGH kam Bestimmungen in StromGVV und GasGVV eine **Leitbildfunktion** auch für Sonderkundenverträge zu, auch wenn keine unmittelbare Geltung der Verordnungen bestand (BGH NJW 2011, 50 (52)). Dies war insbesondere bei der Klauselprüfung bezüglich der in § 307 Abs. 1 S. 1–2 BGB enthaltenen Benachteiligungsklausel von Bedeutung, wenn Klauseln in Sonderkundenverträgen wortgleich zu in StromGVV bzw. GasGVV enthaltenen Bestimmungen formuliert waren. Hintergrund der Leitbildrechtsprechung war der Gedanke, dass Sonderkunden keinen stärkeren Schutz benötigen als Tarifkunden, da ihnen die Möglichkeit offensteht, zu einem dritten Anbieter zu wechseln (mwN Kment EnWG/Rasbach § 39 Rn. 10). An dieser Rechtsprechung hat der BGH, dem EuGH (NJW 2013, 2253 (2255)) folgend, nicht weiter festgehalten (BGH NJW 2013, 3647 (3653)). Es ist demzufolge eine **vollständige Klauselkontrolle** in Sonderkundenverträgen – auch bei gleichlautenden Formulierungen zu StromGVV/GasGVV – durchzuführen (OLG Dresden EnWZ 2020, 12).

§ 40 Inhalt von Strom- und Gasrechnungen; Festlegungskompetenz

(1) ¹Rechnungen für Energielieferungen an Letztverbraucher müssen einfach und verständlich sein. ²Sie sind dem Letztverbraucher auf dessen Wunsch verständlich und unentgeltlich zu erläutern. ³Der Rechnungsbetrag und das Datum der Fälligkeit des Rechnungsbetrages müssen deutlich erkennbar und hervorgehoben sein.

(2) ¹Energielieferanten sind verpflichtet, in ihren Rechnungen für Energielieferungen an Letztverbraucher gesondert auszuweisen
1. ihren Namen, ihre ladungsfähige Anschrift und das zuständige Registergericht sowie Angaben, die eine unverzügliche telefonische und elektronische Kontaktaufnahme ermöglichen, einschließlich der Adresse der elektronischen Post und einer Telefonnummer der Kunden-Hotline,
2. die belieferte Verbrauchsstelle des Letztverbrauchers einschließlich der zur Bezeichnung der Entnahmestelle verwendeten Identifikationsnummer,
3. die Vertragsdauer und die geltenden Preise,
4. den nächstmöglichen Kündigungstermin und die Kündigungsfrist,
5. den zuständigen Messstellenbetreiber sowie die für die Belieferung maßgebliche Identifikationsnummer und die Codenummer des Netzbetreibers,
6. bei einer Verbrauchsabrechnung den Anfangszählerstand und den Endzählerstand des abgerechneten Zeitraums, den ermittelten Verbrauch im Abrechnungszeitraum sowie die Art, wie der Zählerstand ermittelt wurde,
7. den auch in grafischer Form dargestellten Vergleich des ermittelten Verbrauchs zu dem Verbrauch des vergleichbaren Vorjahreszeitraums,
8. den auch in grafischer Form dargestellten Vergleich des eigenen Jahresverbrauchs zu dem Jahresverbrauch von Vergleichskundengruppen,
9. die Rechte der Letztverbraucher im Hinblick auf Streitbeilegungsverfahren, die ihnen im Streitfall zur Verfügung stehen, einschließlich der für Verbraucherbeschwerden nach § 111b einzurichtenden Schlichtungsstelle und deren Anschrift,
10. die Kontaktdaten des Verbraucherservice der Bundesnetzagentur für den Bereich Elektrizität und Gas,
11. Informationen über Kontaktstellen, darunter Internetadressen, zur Beratung in Energieangelegenheiten,
12. Hinweise zu der Verfügbarkeit und den Möglichkeiten eines Lieferantenwechsels sowie Informationen über mit einem Vertrauenszeichen versehene Preisvergleichsinstrumente für Vertragsangebote der Stromlieferanten nach § 41c sowie
13. die einschlägige Tarif- oder Produktbezeichnung sowie den Hinweis, ob die Belieferung im Rahmen der Grundversorgung oder außerhalb der Grundversorgung erfolgt ist.

²Wenn der Energielieferant den Letztverbraucher im Vorjahreszeitraum nicht beliefert hat, ist der vormalige Energielieferant verpflichtet, dem neuen Energielieferanten den Verbrauch des vergleichbaren Vorjahreszeitraums mitzuteilen.

(3) Energielieferanten sind verpflichtet, in den Rechnungen folgende Belastungen gesondert auszuweisen, soweit sie Kalkulationsbestandteile der in die Rechnung einfließenden Preise sind:
1. die Stromsteuer nach § 3 des Stromsteuergesetzes vom 24. März 1999 (BGBl. I S. 378; 2000 I S. 147) oder die Energiesteuer nach § 2 des Energiesteuergesetzes vom 15. Juli 2006 (BGBl. I S. 1534; 2008 I S. 660, 1007) in der jeweils geltenden Fassung,
2. die Konzessionsabgabe nach Maßgabe des § 4 Absatz 1 und 2 der Konzessionsabgabenverordnung vom 9. Januar 1992 (BGBl. I S. 12, 407), die zuletzt durch Artikel 3 Absatz 4 der Verordnung vom 1. November 2006 (BGBl. I S. 2477) geändert worden ist,
3. jeweils gesondert die Umlagen und Aufschläge nach § 12 Absatz 1 des Energiefinanzierungsgesetzes, § 19 Absatz 2 der Stromnetzentgeltverordnung und § 18

der Verordnung zu abschaltbaren Lasten vom 28. Dezember 2012 (BGBl. I S. 2998) in der jeweils geltenden Fassung,

4. jeweils gesondert die Netzentgelte und, soweit sie Gegenstand des Liefervertrages sind, die Entgelte des Messstellenbetreibers oder des Betreibers von Energieversorgungsnetzen für den Messstellenbetrieb und die Messung,

5. bei Gasrechnungen bis zum 31. Dezember 2025 die Kosten in Cent pro Kilowattstunde für den Erwerb von Emissionszertifikaten nach dem Brennstoffemissionshandelsgesetz vom 12. Dezember 2019 (BGBl. I S. 2728) in der jeweils geltenden Fassung, die Umlegung saldierter Kosten nach § 35e sowie die saldierte Preisanpassung aufgrund einer Rechtsverordnung nach § 26 Absatz 1 des Energiesicherungsgesetzes.

(4) Energielieferanten haben für Letztverbraucher die für die Forderungen maßgeblichen Berechnungsfaktoren in Rechnungen vollständig und in allgemein verständlicher Form unter Verwendung standardisierter Begriffe und Definitionen auszuweisen.

(5) Die Bundesnetzagentur kann Entscheidungen über die Konkretisierung des Mindestinhalts von Rechnungen nach den Absätzen 1 bis 3 sowie Näheres zum standardisierten Format nach Absatz 4 durch Festlegung nach § 29 Absatz 1 gegenüber den Energielieferanten treffen.

Überblick

Die Bestimmung enthält in Absatz 1 allgemeine Transparenzvorgaben für Rechnungen von Energielieferungen (→ Rn. 6), die durch die Pflichtangaben in Absatz 2 (→ Rn. 8) ergänzt werden. Absatz 3 verpflichtet Energielieferanten zur konkreten Benennung von Preisbestandteilen, soweit diese Kalkulationsgrundlage sind (→ Rn. 16). Absatz 4 enthält darüber hinaus die Vorgabe, dass Berechnungsfaktoren unter Verwendung standardisierter Begriffe in Rechnungen angegeben werden müssen (→ Rn. 19). Absatz 5 enthält eine Festlegungsbefugnis der BNetzA (→ Rn. 20).

Übersicht

	Rn.		Rn.
A. Normzweck und Bedeutung	1	D. Ausweisung von Preisbestandteilen (Abs. 3)	16
B. Transparenzvorgaben für Rechnungen (Abs. 1)	6	E. Ausweisung von Berechnungsfaktoren (Abs. 4)	19
C. Pflichtangaben Rechnungstellung (Abs. 2)	8	F. Festlegungsbefugnis der BNetzA (Abs. 5)	20

A. Normzweck und Bedeutung

1 § 40 wurde mit Wirkung zum 9.9.2008 (BGBl. I 1790) in das EnWG aufgenommen, zum 4.8.2011 (BGBl. I 1554) vollständig neu gefasst und zum 16.7.2021 (BGBl. I 3026) nochmals weitreichend novelliert. Die Bestimmung beruht maßgeblich auf **unionsrechtlichen Vorgaben** der Binnenmarkt-Richtlinien (zuletzt Elektrizitäts-Binnenmarkt-Richtlinie (EU) 2019/944).

2 § 40 soll Übersichtlichkeit und Informationsgehalt von Rechnungen an Letztverbraucher erhöhen, um den Vergleich von Leistungen und Preisen sowie die Beobachtung des eigenen Verbrauchsverhaltens zu ermöglichen und den Lieferantenwechsel zu erleichtern (BT-Drs. 17/6072, 83). Ob **Transparenz** und **Wettbewerb** durch § 40 tatsächlich gestärkt werden, ist aufgrund der Fülle der Darstellungspflichten und daraus folgenden standardisierten Informationsüberladung der Rechnungen zumindest zweifelhaft (krit. dazu Kment EnWG/Rasbach § 40 Rn. 1).

3 § 40 ist verbraucherschützende Norm iSd § 2 UKlaG (LG Hamburg BeckRS 2014, 11401) und gleichzeitig Marktverhaltensregelung iSd § 3a UWG (OLG Köln MMR 2021, 169). Verstöße gegen die Norm sind folglich **abmahnfähig**.

4 § 40 hat einen weiten Anwendungsbereich. Die Vorschrift betrifft Energieversorgungsunternehmen im **Elektrizitäts- wie im Gasbereich**. Die Pflichten umfassen die Rechnungstellung von Grundversorgern iSv § 36 (→ § 36 Rn. 8) wie auch bei Sonderkundenverträgen. Ob § 40 neben Verträgen auch für das gesetzliche Schuldverhältnis der Ersatzversorgung gem. § 38 Anwendung findet, ist zweifelhaft (differenzierend Säcker EnergieR/Bruhn § 40 Rn. 18).

5 Trotz des verbraucherschutzrechtlichen Hintergrunds der Vorschrift (→ Rn. 2) findet § 40 auf Verträge mit Letztverbrauchern iSd § 3 Nr. 25 generell Anwendung und ist damit nicht ausschließlich auf Haushaltskunden iSd § 3 Nr. 22 begrenzt (wie etwa § 36 oder § 41). Die Vorgaben in § 40 sind auch bei Energielieferungen **innerhalb von Kundenanlagen** gem. § 3 Nr. 24a zu beachten.

B. Transparenzvorgaben für Rechnungen (Abs. 1)

6 Absatz 1 Satz 1 enthält die Pflicht, die Rechnungen für Energielieferungen **einfach und verständlich** auszugestalten. Nach Absatz 1 Satz 2 hat der Energielieferant die Rechnung dem Letztverbraucher auf dessen Verlangen hin verständlich und kostenfrei zu erläutern. Zudem sind nach Absatz 1 Satz 3 Rechnungsbetrag und Fälligkeit hervorzuheben. Absatz 1 Sätze 2–3 wurden mit der EnWG-Novelle 2021 neu eingeführt und setzen Art. 18 Abs. 1 Elektrizitäts-Binnenmarkt-Richtlinie (EU) 2019/944 um (vgl. BT-Drs. 19/27453, 122).

7 Für die Beurteilung der Allgemeinverständlichkeit ist auf einen durchschnittlichen Verbraucher abzustellen. Der Letztverbraucher hat einen Anspruch auf Erstellung einer **transparenten Rechnung**, aus der sich die berechtigte Forderung des Energieversorgers ergibt (AG Saarbrücken VuR 2017, 399 = BeckRS 2017, 127982).

C. Pflichtangaben Rechnungstellung (Abs. 2)

8 Gemäß Absatz 2 sind Energielieferanten zur **umfassenden Ausweisung von Pflichtangaben** in ihren Rechnungen verpflichtet. Adressaten sind Energielieferanten gem. § 3 Nr. 15c. Der Begriff umfasst Gas- wie Stromlieferanten, die in § 3 Nr. 19b bzw. § 3 Nr. 31a legaldefiniert sind.

9 Gemäß Absatz 2 Satz 1 Nummer 1 müssen Rechnungen den **Namen, die ladungsfähige Anschrift**, das **zuständige Registergericht** und eine **Mailadresse** des Energielieferanten enthalten. Zudem sind die Angaben zu machen, die eine schnelle elektronische Kontaktaufnahme ermöglichen. Hintergrund dieser Vorschrift ist die zügige Bearbeitung von Verbraucherbeschwerden gem. § 111a (BT-Drs. 17/6072, 83). Die ausweislich der Gesetzesbegründung bereits in Absatz 2 Satz 1 Nummer 1 ebenfalls mitumfasste Angabe der **Telefonnummer** (Säcker EnergieR/Bruhn § 40 Rn. 25; BT-Drs. 17/6072, 83) wurde mit der EnWG-Novelle 2021 nochmals verschärft. Energielieferanten müssen eine unverzügliche Erreichbarkeit sicherstellen. Technische Hindernisse wie verwirrende Menüführungen oder überlange Warteschleifen führen zu einem Verstoß gegen die Bestimmung (BT-Drs. 18/27453, 123).

10 Absatz 2 Satz 1 Nummer 2 verpflichtet Energielieferanten zur Benennung der eindeutig zuordenbaren Verbrauchs- und Entnahmestellen. Absatz 2 Satz 1 Nummer 3, Nummer 4 verpflichtet Lieferanten, **wesentliche vertragliche Bestimmungen** in den Rechnungen anzugeben. Hierzu gehören Vertragsdauer, die geltenden Preise und Angaben zur Kündigung (nächstmöglicher Kündigungstermin und Kündigungsfrist). Zudem ist anzugeben, ob die Kündigung kostenfrei erfolgt (BT-Drs. 17/6072, 83). Die Angaben haben individualisiert zu erfolgen (zB bezüglich des Kündigungstermins) und lösen für Energielieferanten nicht unerhebliche IT-Anforderungen aus.

11 Gemäß Absatz 2 Satz 1 Nummer 5 ist in der Rechnung der zuständige **Messstellenbetreiber**, die **Identifikationsnummer** sowie die **Codenummer des Netzbetreibers** ebenfalls anzugeben. Die Angaben in Absatz 2 Satz 1 Nummer 5 erachtet der Gesetzgeber zur Umsetzung des Lieferantenwechsels für erforderlich. Zählpunktbezeichnung umfasst damit jedenfalls die Identifikationsnummer der **Marktlokation** (vgl. Ziff. 3.2. GPKE, Anlage 1 zu BNetzA Beschl. v. 20.12.2018 – BK6-18-03) sowie der **Messlokations**-ID (BT-Drs. 19/27453, 123). Bei der Belieferung innerhalb von Kundenanlagen genügt die Angabe der Identifikationsnummer des für die Abrechnung maßgeblichen Zählers.

Schnurre 1059

12 Darüber hinaus hat der Energielieferant gegenüber Letztverbrauchern nach Absatz 2 Satz 1 Nummer 6 über den **Energieverbrauch im Abrechnungszeitraum** und den Verbrauch im **vergleichbaren Vorjahreszeitraum** zu informieren. Soweit der Lieferant den Letztverbraucher im Vorjahreszeitraum nicht beliefert hat, sieht Absatz 2 Satz 2 eine Pflicht des Vorlieferanten vor, dem Neulieferanten den Verbrauch im Vorjahreszeitraum mitzuteilen. Die Mitteilung des Vorjahresverbrauchs durch den Altlieferanten soll dabei automatisch über die standardisierten Marktprozesse bei Kündigung des bestehenden Liefervertrags erfolgen.

13 Es gilt darüber hinaus gem. Absatz 2 Satz 1 Nummer 6 die erweiterte Pflichtvorgabe, dass **Anfangs- und Endzählerstand** bezogen auf den Abrechnungszeitraum anzugeben sind. Diese Pflicht gilt damit selbst dann, wenn der Letztverbraucher über ein intelligentes Messsystem iSd § 2 Nr. 7 MsbG verfügt und er jederzeit Zugriff auf seine Verbrauchswerte haben sollte. Zudem muss der Lieferant in Rechnungen gegenüber den Haushaltskunden eine geeignete grafische Darstellung aufnehmen, anhand derer der Letztverbraucher einschätzen kann, ob er einen hohen, niedrigen oder durchschnittlichen Energieverbrauch im Verhältnis zu Vergleichskundengruppen aufweist. Der Gesetzgeber verspricht sich hiervon einen Anreiz zur Energieeinsparung (vgl. BT-Drs. 17/6072, 83).

13.1 Energielieferanten sind nicht an die Mustergrafik gebunden, die der Gesetzgeber der Gesetzesbegründung beigefügt hat (vgl. BT-Drs. 17/6072, 83). Die Mustergrafik sieht insgesamt vier Gruppen (1-, 2-, 3- und 4-Personenhaushalt) und die Bewertungskriterien „zu hoch", „hoch", „gut" und „fantastisch" vor.

14 Absatz 2 Satz 1 Nummer 9, Nummer 10 gebietet Energielieferanten, über ihnen zur Verfügung stehende Streitbeilegungsverfahren und den Verbraucherservice der BNetzA zu informieren. Neben der etwa bei der Europäischen Kommission eingerichteten Online-Streitbeilegungsplattform hat der Energielieferant den Letztverbraucher insbesondere über die nach Maßgabe von § 111b eingerichtete **Schlichtungsstelle Energie** zu informieren. Die Informationen müssen die Kontaktdaten der Verbraucherschlichtungsstelle, deren Internetadresse sowie die Verjährungshemmung bei Einreichung der Beschwerde gem. § 204 Abs. 1 Nr. 4 BGB enthalten (vgl. BT-Drs. 17/6072, 84).

15 Absatz 2 Satz 1 Nummer 11 führt die Informationspflicht über **Kontaktstellen zur Beratung in Energieangelegenheiten** ein und basiert auf Anhang I Elektrizitäts-Binnenmarkt-Richtlinie (EU) 2019/944. Auch die Regelung in Absatz 2 Satz 1 Nummer 12 gründet auf den unionsrechtlichen Vorgaben und verpflichtet Energielieferanten, auf die Möglichkeit eines Lieferantenwechsels hinzuweisen sowie **Informationen über Preisvergleichsinstrumente** nach § 41c mitzuteilen. Absatz 2 Satz 1 Nummer 13 enthält abschließend die Bestimmung, dass die **Tarif- oder Produktbezeichnung** angegeben werden muss und der Letztverbraucher darüber zu informieren ist, ob die Energiebelieferung **im Rahmen eines Grundversorgungstarifs nach § 36 oder eines wettbewerblichen Sonderkundenvertrags** erfolgt.

D. Ausweisung von Preisbestandteilen (Abs. 3)

16 Absatz 3 regelt detailliert die **Preisbestandteile,** die Energielieferanten in Rechnungen gesondert ausweisen müssen. Bis zur EnWG-Novelle 2021 (Gesetz v. 16.7.2021, BGBl. I 3026) waren in § 40 Abs. 2 S. 1 Nr. 7 aF nur die Belastungen aus Konzessionsabgaben und Netznutzungsentgelten sowie die Entgelte für Messstellenbetrieb und Messung aufgeführt. Erweitert wurde die Vorschrift um die Strom- und Energiesteuer (Absatz 3 Nummer 1), 19-II-Umlage und AbLaV-Umlage (Absatz 3 Nummer 3) den CO_2-Preis nach dem BEHG sowie die Kostenbelastungen, die von Bilanzkreisverantwortlichen an Gaslieferanten gem. § 35e oder einer Rechtsverordnung nach § 26 Energiesicherungsgesetz weitergegeben werden können (Absatz 3 Nummer 5). Mit Abschaffung der EEG-Umlage wurde der Verweis auf EEG-Umlage, KWKG-Umlage und Offshore-Netzumlage durch einen Verweis auf § 12 Abs. 1 EnUG ersetzt, da die Bestimmung mit Wirkung zum 1.1.2023 Rechtsgrundlage für die Erhebung der entsprechenden Umlagen wurde (sofern die EEG-Umlage jemals wieder erhoben werden sollte) (vgl. BT-Drs. 20/1630, 246).

17 Absatz 3 dient der Transparenz von Preisbestandteilen gegenüber Letztverbrauchern (Säcker EnergieR/Bruhn § 40 Rn. 37). Für jeden Letztverbraucher sind damit die spezifischen Preisbestandteile mitzuteilen, soweit sie Kalkulationsbestandteile der in die Rechnung einfließenden Preise sind.

Die Entgelte für Messstellenbetrieb und Messung sind gem. Absatz 3 Nummer 4 dann auszuweisen, wenn zwischen Energielieferant und Letztverbraucher ein **kombinierter Vertrag** gem. § 9 Abs. 2 MsbG abgeschlossen wurde oder die **Messentgelte über die Netznutzungsentgelte abgerechnet** werden. Letzteres ist nur dann der Fall, wenn beim Kunden weder intelligente Messsysteme noch moderne Messeinrichtungen betrieben werden und der Messstellenbetrieb durch den grundzuständigen Messstellenbetreiber erfolgt, vgl. § 7 Abs. 1 S. 1 MsbG. 18

E. Ausweisung von Berechnungsfaktoren (Abs. 4)

Gemäß Absatz 4 sind Lieferanten verpflichtet, in den Rechnungen die **maßgeblichen Berechnungsfaktoren** unter Verwendung standardisierter Begriffe auszuweisen. Hierunter fallen insbesondere Begriffe wie Grund-, Arbeits- oder Leistungspreis, EEG-Umlage, Blindleistung, Netzentgelte, Marktlokation, Messlokation, Konzessionsabgaben, Zustandszahl, Brennwert oder Verbrauch, die vom Lieferanten in der Rechnung oder in einem der Rechnung beigefügten Beiblatt zu erläutern sind. Die Berechnungsfaktoren sind insoweit zu nennen, wie diese für die Rechnung von Relevanz sind. Die Berechnungsfaktoren sind **vollständig** und in **allgemein verständlicher Form** auszuweisen. 19

F. Festlegungsbefugnis der BNetzA (Abs. 5)

Von der in Absatz 5 enthaltenen **Festlegungsbefugnis** hat die BNetzA bisher **keinen Gebrauch** gemacht. Die Festlegungsbefugnis ermächtigt die BNetzA dazu, den Mindestinhalt für Rechnungen nach den Absätzen 1–3 (noch) detaillierter auszugestalten. Die Festlegungsbefugnis enthält zudem die Ermächtigung, für die Ausweisung der Berechnungsfaktoren gem. Absatz 4 (→ Rn. 19) ein standardisiertes Muster oder Format vorzugeben. 20

§ 40a Verbrauchsermittlung für Strom- und Gasrechnungen

(1) ¹Der Energielieferant ist berechtigt, zur Ermittlung des Verbrauchs nach § 40 Absatz 2 Satz 1 Nummer 6 für die Zwecke der Abrechnung
1. die Ablesewerte oder rechtmäßig ermittelte Ersatzwerte zu verwenden, die er vom Messstellenbetreiber oder Netzbetreiber erhalten hat,
2. die Messeinrichtung selbst abzulesen oder
3. die Ablesung der Messeinrichtung vom Letztverbraucher mittels eines Systems der regelmäßigen Selbstablesung und Übermittlung der Ablesewerte durch den Letztverbraucher zu verlangen, sofern keine Fernübermittlung der Verbrauchsdaten erfolgt.

²Haushaltskunden können einer Selbstablesung im Einzelfall widersprechen, wenn sie ihnen nicht zumutbar ist. ³Der Energielieferant hat bei einem berechtigten Widerspruch nach Satz 2 eine eigene Ablesung der Messeinrichtung nach Satz 1 Nummer 2 vorzunehmen und darf hierfür kein gesondertes Entgelt verlangen. ⁴Bei einer Messung mit einem intelligenten Messsystem nach § 2 Satz 1 Nummer 7 des Messstellenbetriebsgesetzes und bei registrierender Lastgangmessung sind die Werte nach Satz 1 Nummer 1 vorrangig zu verwenden. ⁵Der Energielieferant hat in der Rechnung anzugeben, wie ein von ihm verwendeter Zählerstand ermittelt wurde.

(2) ¹Soweit ein Letztverbraucher für einen bestimmten Abrechnungszeitraum trotz entsprechender Verpflichtung keine Ablesedaten übermittelt hat oder der Energielieferant aus anderen Gründen, die er nicht zu vertreten hat, den tatsächlichen Verbrauch nicht ermitteln kann, dürfen die Abrechnung oder die Abrechnungsinformation auf einer Verbrauchsschätzung beruhen, die unter angemessener Berücksichtigung der tatsächlichen Verhältnisse zu erfolgen hat. ²In diesem Fall hat der Energielieferant den geschätzten Verbrauch unter ausdrücklichem und optisch besonders hervorgehobenem Hinweis auf die erfolgte Verbrauchsabschätzung und

EnWG § 40a   Teil 4. Energielieferung an Letztverbraucher

den einschlägigen Grund für deren Zulässigkeit sowie die der Schätzung zugrunde gelegten Faktoren in der Rechnung anzugeben und auf Wunsch des Letztverbrauchers in Textform und unentgeltlich zu erläutern.

Überblick

Absatz 1 Satz 1 berechtigt Energielieferanten dazu, abrechnungsrelevante Daten mittels der in Absatz 1 Satz 1 Nummer 1–3 genannten Ermittlungsmethoden zu erhalten (→ Rn. 3). Satz 2 schließt die Selbstablesung durch Haushaltskunden bei Unzumutbarkeit aus (→ Rn. 4). Satz 3 regelt die Kostenfolge für die zusätzliche Ablesung im Fall der Unzumutbarkeit (→ Rn. 5). Satz 4 enthält eine Sonderregelung, falls ein intelligentes Messsystem vor Ort installiert ist (→ Rn. 6). Satz 5 verpflichtet den Energielieferanten, in der Rechnung die verwendete Ermittlungsmethode anzugeben (→ Rn. 7). Absatz 2 trifft Sonderregelungen, unter welchen Umständen anstelle der Verwendung von abrechnungsrelevanten Daten die Abrechnung auf Grundlage von Verbrauchsschätzungen durchgeführt werden kann (→ Rn. 8).

A. Normzweck und Bedeutung

1   § 40a wurde durch das Gesetz zur Umsetzung unionsrechtlicher Vorgaben und zur Regelung reiner Wasserstoffnetze im Energiewirtschaftsrecht v. 16.7.2021 (BGBl. I 3026) im EnWG aufgenommen. Mit der Bestimmung werden die Regelungen zur **Ermittlung des Energieverbrauchs** zu Abrechnungszwecken zwischen Energielieferanten und Kunden konkretisiert und **vereinheitlicht** (BT-Drs. 19/27453, 124). Allerdings ist darauf hinzuweisen, dass die Berechtigung zur Verarbeitung abrechnungsrelevanter Daten durch den Energielieferanten weiterhin in § 69 MsbG und den Bestimmungen der DS-GVO geregelt wird.

2   Die Vorschrift ist Kehrseite der sich aus § 40 Abs. 2 Nr. 6 ergebenden **Verpflichtung des Energielieferanten,** in Rechnungen gegenüber Letztverbrauchern den ermittelten Verbrauch im Abrechnungszeitraum mit anzugeben. Lieferanten ist es nur möglich, den Energieverbrauch des Letztverbrauchers in Rechnungen anzugeben, wenn diesen die erforderlichen Datensätze vorliegen bzw. der Verbrauch vom Lieferanten ermittelt werden kann. § 40a stellt dies sicher. Da die Verantwortung für die Verbrauchsermittlung originär bei Messstellenbetreibern iSd § 2 Nr. 12 MsbG bzw. dem Letztverbraucher liegt, enthält § 40a folgerichtig verschiedene Mitwirkungspflichten von Letztverbrauchern. In den besonderen Ausnahmefällen des Absatzes 2 ist weiterhin eine Verbrauchsschätzung zulässig.

B. Vorgaben zur Verbrauchsermittlung (Abs. 1)

3   Satz 1 gibt vor, auf Grundlage welcher **Ermittlungsmethode** der Energielieferant abrechnungsrelevante Werte erhalten kann. Energielieferanten sind dabei gem. § 3 Nr. 15c Gas- oder Stromlieferanten. Satz 1 bestimmt drei Ermittlungsmethoden, die für die Rechnungstellung akzeptiert werden:

- Der Energielieferant kann gem. Satz 1 Nummer 1 die Werte für die Rechnungstellung verwenden, die ihm vom **Messstellen- oder Netzbetreiber** übermittelt werden. Es muss sich dabei entweder um die tatsächlichen Ablesewerte (wahre Werte) handeln oder um „rechtmäßig ermittelte Ersatzwerte". Ersatzwerte gelten in der Regel dann als rechtmäßig ermittelt, wenn der Messstellenbetreiber bei der **Ersatzwertbildung** die anerkannten Regeln der Technik beachtet. Die BNetzA sieht dies im Rahmen ihrer Standardfestlegungen zur Marktkommunikation dann als gegeben an, wenn die Ermittlung nach Maßgabe des Metering Codes (VDE-AR-N 4400) erfolgt (vgl. Ziff. 1.1. WiM (Wechselprozesse im Messwesen), Anlage 2 der Festlegung der BNetzA v. 21.12.2020 – BK6-20-160). Da bei vielen Letztverbraucher (insbesondere solche, die nach Standardlastprofilverfahren bilanziert werden) weiterhin nur eine jährliche Ablesung durch den Messstellen- oder Netzbetreiber zu erfolgen hat (vgl. § 60 Abs. 3 MsbG), genügen die über die allgemeinen Marktprozesse turnusmäßig übermittelten Ablesewerte in der Regel nicht für unterjährige Abrechnungen durch den Energielieferanten.

- Als weitere Möglichkeit sieht Satz 1 Nummer 2 vor, dass der **Energielieferant** die Messeinrichtung selbst ablesen darf. Der Letztverbraucher darf ihm den Zugang zur Messein-

richtung nicht verwehren. In der Praxis wird die Methode selten angewandt, da die Energielieferanten in der Regel keine Kapazitäten für regelmäßige Ablesungen bei ihren Kunden vorhalten.
- Sofern keine Fernübermittlung der Verbrauchsdaten (zB über ein intelligentes Messsystem) erfolgt, kann der Energielieferant vom **Letztverbraucher** schließlich die **Selbstablesung** der Messeinrichtung gem. Satz 1 Nummer 3 verlangen. Die Selbstablesung hat dabei mittels eines Systems der regelmäßigen Selbstablesung und Übermittlung der Ablesewerte zu erfolgen. Solche Systeme sind beispielsweise Onlineplattformen, bei denen der Letztverbraucher die Ablesewerte der Messeinrichtung angibt oder zB Handyfotos des Ablesewertes hochlädt.

Verlangt der Energielieferant von Haushaltskunden nach Satz 1 Nummer 3 die Selbstablesung, so steht Haushaltskunden ein **Widerspruchsrecht** gem. Satz 2 zu, wenn die Selbstablesung **unzumutbar** ist. Haushaltskunden sind dabei Letztverbraucher iSd § 3 Nr. 22, die Energie überwiegend für den Eigenverbrauch im Haushalt (→ § 3 Nr. 22 Rn. 1 ff.) oder unterhalb von 10.000 kWh (→ § 3 Nr. 22 Rn. 4 ff.) kaufen. Für Letztverbraucher, die nicht Haushaltskunden sind, ist die Selbstablesung immer zumutbar, weshalb diesen Letztverbrauchergruppen kein Widerspruchsrecht zustehen soll (ausdrücklich BT-Drs. 19/27453, 124). Die Selbstablesung ist für Haushaltskunden dann unzumutbar, wenn besondere persönliche oder gesundheitliche Einschränkungen bestehen. Beispielhaft nennt der Gesetzgeber Gebrechlichkeit (BT-Drs. 19/27453, 124), die dem Haushaltskunden die Ablesung im Keller eines Mehrfamilienhauses erschwert. Die Unzumutbarkeit ist vom Haushaltskunden darzulegen und ggf. nachzuweisen.

Im Fall eines berechtigten Widerspruchs nach Satz 2 ist der Energielieferant gem. Satz 3 verpflichtet, eine **eigene Ablesung** gem. Satz 1 Nummer 2 vorzunehmen (→ Rn. 3). Für die Ablesung darf der Energielieferant kein gesondertes Entgelt vom Letztverbraucher verlangen.

Satz 4 legt schließlich fest, dass das Verfahren nach Satz 1 Nummer 1 (Übermittlung durch Messstellen- oder Netzbetreiber) gegenüber dem Verfahren nach Satz 1 Nummer 2 (Ablesung durch Energielieferanten) vorrangig ist, wenn die Werte mittels eine intelligenten Messsystems gem. § 2 S. 1 Nr. 7 MsbG oder eines RLM-Zählers ermittelt wurden.

Der Energielieferant ist aus Transparenzgründen (BT-Drs. 19/27453, 124) gem. Satz 5 verpflichtet, in der **Rechnung** gegenüber dem Letztverbraucher **anzugeben,** unter Anwendung welches Ermittlungsverfahrens (→ Rn. 3) der abrechnungsrelevante Zählerstand der Messeinrichtung ermittelt wurde. Es ist sowohl anzugeben, ob der Wert nach Maßgabe von Absatz 1 abgelesen oder berechnet oder gem. Absatz 2 geschätzt wurde und durch welche Person dies erfolgt ist. Der Energielieferant muss diese Pflichtinformationen für jeden in der Rechnung genannten Wert separat angeben und zudem in einer angemessenen Schriftgröße ausweisen (BT-Drs. 19/27453, 124). Eine inhaltsgleiche Regelung enthält § 40 Abs. 2 S. 1 Nr. 6. Im Falle einer Schätzung gelten zudem die erweiterten Pflichten in Absatz 2 Satz 2 (→ Rn. 11).

C. Ausnahme: Schätzung von Verbrauchswerten (Abs. 2)

Absatz 2 enthält einen Ausnahmetatbestand, in welchen Fällen entgegen der in Absatz 1 enthaltenen Regelung die Schätzung der Verbrauchswerte zulässig ist.

Dabei bestimmt Satz 1, dass der Energielieferant zur Schätzung berechtigt ist, wenn
- der Energielieferant den Letztverbraucher rechtmäßig zur Selbstablesung gem. Absatz 1 Satz 1 Nummer 3 verpflichtet hat, aber dieser dennoch keine Ablesedaten übermittelt hat oder (Alternative 1)
- der Energielieferant aus Gründen, die er nicht zu vertreten hat, den tatsächlichen Verbrauch nicht ermitteln kann (Alternative 2).

Alternative 2 war bereits bisher in § 40 Abs. 2 S. 3 aF enthalten und wurde hinsichtlich Alternative 1 um die Fälle erweitert, in denen der Letztverbraucher zur Selbstablesung verpflichtet ist. Der Energielieferant trägt die Beweis- und Darlegungslast dafür, dass er die Gründe nicht zu vertreten hat, aufgrund deren die Verbrauchswerte nicht ermittelt werden können. Dies ist etwa dann der Fall, wenn die Messeinrichtungen fehlerhaft iSd § 71 Abs. 3

MsbG sind und der Energielieferant nicht auch gleichzeitig als Messstellenbetreiber für die Messung verantwortlich ist.

10 Dem Lieferanten wird zudem aufgegeben, die **tatsächlichen Verhältnisse** des Letztverbrauchers bei der Schätzung **angemessen zu berücksichtigen** und diese auf Wunsch des Letztverbrauchers zu erläutern (BT-Drs. 19/27453). Die Schätzung darf damit nicht nur die Vorjahresverbräuche berücksichtigen, sondern ist ggf. entsprechend der Angaben des Letztverbrauchers anzupassen. Zu berücksichtigen sind etwa die Wohnfläche, Anzahl der Haushaltsmitglieder oder relevante Änderungen in der Verbrauchsstruktur.

11 Sofern der Energielieferant im Rahmen der Rechnung Schätzwerte verwendet, muss dies gem. Satz 2 in der Rechnung **besonders hervorgehoben** werden. Dabei hat der Energielieferant ausdrücklich und optisch (farblich oder grafisch) darauf hinzuweisen, dass der abrechnungsrelevante Wert durch Schätzung ermittelt wurde. Darüber hinaus ist der Grund anzugeben, warum die Schätzung gem. Satz 1 zulässig war. Die der Schätzung zugrundeliegenden Faktoren (Vorjahresverbrauch, Haushaltsgröße etc) sind in der Rechnung anzugeben und auf Wunsch des Letztverbrauchers in Textform gem. § 126b BGB (also beispielsweise per E-Mail) zu konkretisieren.

§ 40b Rechnungs- und Informationszeiträume

(1) ¹Energielieferanten sind verpflichtet, den Energieverbrauch nach ihrer Wahl in Zeitabschnitten abzurechnen, die ein Jahr nicht überschreiten dürfen, ohne hierfür ein Entgelt in Rechnung zu stellen. ²Sie sind verpflichtet, allen Letztverbrauchern anzubieten
1. eine monatliche, vierteljährliche oder halbjährliche Abrechnung,
2. **die unentgeltliche elektronische Übermittlung der Abrechnungen und Abrechnungsinformationen sowie**
3. **mindestens einmal jährlich die unentgeltliche Übermittlung der Abrechnungen und Abrechnungsinformationen in Papierform.**

³Sofern der Letztverbraucher keinen Abrechnungszeitraum bestimmt, bleibt es bei der Wahl des Zeitraums durch den Energielieferanten. ⁴Im Falle einer Beendigung des Lieferverhältnisses sind Energielieferanten zur unentgeltlichen Erstellung einer Abschlussrechnung verpflichtet. ⁵Auf Wunsch des Letztverbrauchers sind Abrechnungen oder Abrechnungsinformationen elektronisch zu übermitteln.

(2) Energielieferanten haben Letztverbrauchern, bei denen keine Fernübermittlung der Verbrauchsdaten erfolgt und die sich für eine elektronische Übermittlung nach Absatz 1 Satz 2 Nummer 2 entschieden haben, Abrechnungsinformationen mindestens alle sechs Monate oder auf Verlangen einmal alle drei Monate unentgeltlich zur Verfügung zu stellen.

(3) Energielieferanten haben Letztverbrauchern, bei denen die Fernübermittlung der Verbrauchsdaten erfolgt, eine monatliche Abrechnungsinformation unentgeltlich zur Verfügung zu stellen, dabei kann dies über das Internet oder andere geeignete elektronische Medien erfolgen.

(4) Abrechnungsinformationen erfolgen auf Grundlage des nach § 40a ermittelten Verbrauchs.

(5) ¹Energielieferanten sind auf Verlangen eines von ihnen belieferten Letztverbrauchers verpflichtet, ergänzende Informationen zu dessen Verbrauchshistorie, soweit verfügbar, dem Letztverbraucher selbst und zusätzlich auch einem vom Letztverbraucher benannten Dritten zur Verfügung zu stellen. ²Die ergänzenden Informationen müssen kumulierte Daten mindestens für die vorangegangenen drei Jahre umfassen, längstens für den Zeitraum seit Beginn des Energieliefervertrages, und den Intervallen der Abrechnungsinformationen entsprechen.

Überblick

Absatz 1 enthält Vorgaben, in welchen Zeiträumen die Rechnungstellung von Energielieferanten gegenüber Letztverbrauchern zu erfolgen hat (→ Rn. 3). Absatz 2 bestimmt, in welchem Abstand Abrechnungsinformationen an Letztverbraucher übermittelt werden müssen, wenn diese ihre Verbrauchsdaten nicht im Wege der Fernübermittlung (zB Onlineplattform) erhalten (→ Rn. 12). Absatz 3 gibt für Letztverbraucher, die Verbrauchsdaten im Wege der Fernübermittlung erhalten, ein abweichendes Zeitfenster vor (→ Rn. 15). Absatz 4 stellt klar, dass Abrechnungsinformationen auf Grundlage des nach § 40a ermittelten Verbrauchs erfolgen müssen (→ Rn. 17). Absatz 5 regelt zusätzliche Pflichten der Energielieferanten zur Übermittlung historischer Verbrauchsdaten des jeweiligen Letztverbrauchers (→ Rn. 18).

Übersicht

	Rn.		Rn.
A. Normzweck und Bedeutung	1	C. Inhalt und Übermittlung von Abrechnungsinformationen (Abs. 2–4)	12
B. Zeiträume für die Rechnungstellung (Abs. 1)	3	D. Übermittlung ergänzender Informationen (Abs. 5)	18

A. Normzweck und Bedeutung

Die Vorschrift enthält im Wesentlichen die Regelungen des § 40 Abs. 3 aF und erweitert die dort bereits enthaltenen Pflichten für Energielieferanten um Vorgaben, die sich aus Art. 18 Elektrizitäts-Binnenmarkt-Richtlinie (EU) 2019/944 und Anhang I Elektrizitäts-Binnenmarkt-Richtlinie (EU) 2019/944 ergeben. § 40b bestimmt dabei **Rechnungs- und Informationszeiträume,** die Energielieferanten gegenüber Letztverbrauchern einzuhalten haben. 1

Mit der Bestimmung wird bezweckt, Letztverbrauchern einen Informationsanspruch zu vermitteln, um diesen zu ermöglichen, ihre Vertragssituation mit Angeboten anderer Energielieferanten zu vergleichen (Erwägungsgrund 48 Elektrizitäts-Binnenmarkt-Richtlinie (EU) 2019/944). Durch die Regelungen sollen Rechnungen **transparenter** werden, **verständlicher gestaltet** werden und **wesentliche Einzelangaben hervorgehoben** werden (Erwägungsgrund 48 Elektrizitäts-Binnenmarkt-Richtlinie (EU) 2019/944 sowie bereits BT-Drs. 17/6072, 83 zu § 40 Abs. 3 aF). § 40b ist folgerichtig als verbraucherschützende Norm iSd § 2 UKlaG zu qualifizieren. Verstöße gegen die Norm sind **abmahnfähig**. 2

B. Zeiträume für die Rechnungstellung (Abs. 1)

Absatz 1 Satz 1 verpflichtet Energielieferanten, den Energieverbrauch in zeitlichen Intervallen abzurechnen. Der Begriff des Energielieferanten in § 3 Nr. 15c wurde mit der Novellierung des EnWG 2021 (BGBl. I 3026) neu aufgenommen und umfasst sowohl Strom- als auch Gaslieferanten iSd § 3 Nr. 19b, Nr. 31a. 3

Die Abrechnung nach § 40 Abs. 3 ist Rechenvorgang iSv § 259 BGB und hat als bloße Wissenserklärung keinen rechtsgeschäftlichen Erklärungswert (vgl. OLG Düsseldorf BeckRS 2016, 21107 mit Verweis auf BGH NJW 2010, 1965). Irrtümlich falsche Rechnungen können daher – auch mehrmals – korrigiert werden (so zuletzt auch AG München 14.7.2017 – 264 C 3597/17). 3.1

Energielieferanten sind grundsätzlich frei in der Wahl der Abrechnungszeiträume – allerdings darf der **Abstand von einem Jahr** zwischen den Abrechnungen nicht überschritten werden. Die Rechtslage unterscheidet sich von der bisherigen (§ 40 Abs. 3 S. 1 aF) dahingehend, dass ein Zeitraum von einem Jahr nun keinesfalls mehr überschritten werden darf, während nach alter Rechtslage eine „wesentliche Überschreitung" des zulässigen Abrechnungszeitraums erst nach mehr als dreizehn Monaten – gerechnet vom Zeitpunkt der letzten Rechnungstellung oder Lieferbeginn – anzunehmen war (vgl. BR-Drs. 306/06, 33). Der Gesetzgeber verweist zur Begründung der kürzeren Frist auf den neu gefassten Anhang I Elektrizitäts-Binnenmarkt-Richtlinie (EU) 2019/944 (BT-Drs. 19/27453, 124). 4

Der Wortlaut in Ziff. 2 lit. a Anhang I Elektrizitäts-Binnenmarkt-Richtlinie (EU) 2019/944 deutet eigentlich nur darauf hin, dass einmal im Kalenderjahr eine Abrechnung des tatsächlichen Verbrauchs zu erfolgen hat. Eine europarechtskonforme Umsetzung würde wohl erlauben, dass im vorherigen 4.1

Kalenderjahr zB im November, im darauffolgenden aber erst im Dezember abgerechnet wird. Nach der Formulierung in Absatz 1 Satz 1 erscheint dies nun nicht mehr zulässig. Der Wortlaut spricht dafür, dass der Gesetzgeber über die europäischen Vorgaben hinausgehen wollte. Ob eine solche Regelung für Verbraucher einen Mehrwert gegenüber der Altregelung hat, erscheint mindestens zweifelhaft.

5   Neu aufgenommen wurde aufgrund von Art. 18 Abs. 2 Elektrizitäts-Binnenmarkt-Richtlinie (EU) 2019/944 zudem, dass der Energielieferant für die gestellten Abrechnungen **kein Entgelt** vom Letztverbraucher verlangen darf. Das Verbot bzgl. der Erhebung von Entgelten für die Rechnungstellung in Absatz 1 Satz 1 bezieht sich vom Wortlaut nur auf die Rechnungen, die im vom Energielieferanten gewählten Zeitabstand an die Letztverbraucher übermittelt werden.

6   Absatz 1 Satz 2 begrenzt das Bestimmungsrecht der Energielieferanten zur Festlegung der Abrechnungszeiträume weiter. Energielieferanten sind demnach verpflichtet, allen Letztverbrauchern eine **unterjährige Abrechnung** und dabei zumindest eine **monatliche, vierteljährliche oder halbjährliche** Abrechnung anzubieten. Der Lieferant hat die unterjährige Abrechnungsmöglichkeit von sich aus – nicht erst auf Nachfrage des Letztverbrauchers – anzubieten (Kment EnWG/Rasbach § 40 Rn. 9; BT-Drs. 17/6072, 84).

7   Der Mehraufwand für unterjährige Abrechnungen darf dem Letztverbraucher künftig nicht mehr in Rechnung gestellt werden, wenn die Abrechnungen und Abrechnungsinformationen dem Letztverbraucher gem. Absatz 1 Satz 2 Nummer 2 auf **elektronischem Weg** übermittelt werden. Der Letztverbraucher hat dabei einen Anspruch auf **unentgeltliche Übermittlung** elektronischer Abrechnungen und Abrechnungsinformationen. Im Umkehrschluss scheint die Erhebung von Kosten für Abrechnungen in Papierform weiterhin zulässig. Es stellt sich allerdings die Frage, ob die Bestimmung damit nicht gegen Art. 18 Abs. 2 Elektrizitäts-Binnenmarkt-Richtlinie (EU) 2019/944 verstößt, wonach durch die Mitgliedstaaten sichergestellt werden muss, dass Letztverbraucher alle ihre Abrechnungen und Abrechnungsinformationen kostenfrei erhalten.

8   Nach Absatz 1 Satz 2 Nummer 3 besteht zudem ein Anspruch des Letztverbrauchers auf **jährliche und unentgeltliche Übermittlung** von Abrechnungen und Abrechnungsinformation in **Papierform**.

9   Absatz 1 Satz 3 regelt, dass Energielieferanten den Abrechnungsturnus immer dann **bestimmen** können, wenn Letztverbraucher von ihrem Recht zur Wahl eines kürzeren Abrechnungszeitraums gem. Absatz 1 Satz 2 Nummer 2 keinen Gebrauch machen.

10 Endet der Liefervertrag zwischen Energielieferant und Letztverbraucher, hat der Energielieferant zudem gem. Absatz 1 Satz 4 eine **unentgeltliche Abschlussrechnung** zu erstellen. Die Abschlussrechnung muss dabei nicht in Papierform erfolgen. § 40c enthält noch darüber hinausgehende Konkretisierungen zur Abschlussrechnung.

11 Dem Letztverbraucher wird zudem gem. Absatz 1 Satz 5 ausdrücklich ein **Wahlrecht** eingeräumt, die Übermittlung elektronischer Abrechnungen oder Abrechnungsinformationen zu verlangen.

C. Inhalt und Übermittlung von Abrechnungsinformationen (Abs. 2–4)

12 Absatz 2 und Absatz 3 regeln die Pflicht des Energielieferanten zur Übermittlung von **Abrechnungsinformationen.** Abrechnungsinformationen sind gem. § 3 Nr. 1 sämtliche „Informationen, die üblicherweise in Rechnungen über die Energiebelieferung von Letztverbrauchern zur Ermittlung des Rechnungsbetrages enthalten sind, mit Ausnahme der Zahlungsaufforderung selbst". Umfasst sind damit insbesondere Informationen darüber, wie Stromverbrauch und Rechnungsbetrag ermittelt werden.

13 Je nachdem, ob eine **Fernübermittlung von Verbrauchsdaten** erfolgt, gilt für die Übermittlung von Abrechnungsinformationen Absatz 2 (keine Fernübermittlung) oder Absatz 3 (Fernübermittlung). Eine Fernübermittlung von Verbrauchsdaten liegt regelmäßig dann vor, wenn der Letztverbraucher über ein Messsystem iSd § 2 Nr. 13 MsbG, also „eine in ein Kommunikationsnetz eingebundene Messeinrichtung" verfügt (zB intelligentes Messsystem, registrierender Lastgangzähler etc).

14 Fehlt es an einer Fernübermittlung und hat sich der Letztverbraucher für eine elektronische Übermittlung der Abrechnungen nach Absatz 1 Satz 2 Nummer 2 entschieden (→ Rn. 7), so hat der Energielieferant Abrechnungsinformationen mindestens in einem **Turnus von**

sechs Monaten oder auf **Verlangen des Letztverbrauchers alle drei Monate** unentgeltlich zur Verfügung zu stellen. Da Absatz 2 (anders als Absatz 3, vgl. → Rn. 15) keine ausdrückliche Ausnahme für elektronische Übermittlungen enthält und die elektronische Übermittlung als Wahlrecht des Letztverbrauchers ausgestaltet ist (vgl. Absatz 1 Satz 2 Nummer 2), sind die Abrechnungsinformationen grundsätzlich in Papierform zu versenden. Nur wenn sich der Letztverbraucher aktiv für eine elektronische Übermittlung entscheidet, ist die Übermittlung per E-Mail zulässig. Diese Auslegung folgt auch aus Ziff. 2 lit. b Anhang I Elektrizitäts-Binnenmarkt-Richtlinie (EU) 2019/944.

Werden die Verbrauchsdaten dem Letztverbraucher per Fernübermittlung (zB über das Internet) zur Verfügung gestellt, greift gem. Absatz 3 eine Pflicht des Energielieferanten zur Übermittlung **unentgeltlicher monatlicher Abrechnungsinformationen.** Absatz 3 stellt dabei klar, dass die Übermittlung der Abrechnungsinformationen über das Internet oder andere geeignete elektronische Medien ausdrücklich zulässig ist, selbst wenn der Letztverbraucher nicht darin einwilligt oder dies wünscht. 15

Absatz 2 und Absatz 3 werden in der Praxis voraussichtlich aus verschiedenen Gründen **erhebliche Schwierigkeiten** bereiten. Zuvorderst ergibt sich die Problematik, dass Messstellenbetreiber und Energielieferant personenverschieden sind/sein können und der Energielieferant keinen unmittelbaren eigenen Anspruch gegenüber dem Messstellenbetreiber auf Übermittlung (oder gar unentgeltliche Übermittlung) von Verbrauchsdaten des Letztverbrauchers hat. Da die Abrechnungsinformationen aufgrund der unionsrechtlichen Vorgaben (Ziff. 1.2. Anhang I Elektrizitäts-Binnenmarkt-Richtlinie (EU) 2019/944) die spezifischen Verbrauchsinformationen des Letztverbrauchers enthalten müssen, wird die Umsetzung der Pflichten in der Praxis vermutlich oftmals daran scheitern, dass die meisten Energielieferanten (die sich an die Vorgaben der Norm halten) vom Letztverbraucher in kürzeren Abständen die Selbstablesung gem. § 40a Abs. 1 S. 3 verlangen müssten, eine solche regelmäßige Selbstablesung bei den meisten Letztverbrauchern jedoch wohl kaum auf Akzeptanz stoßen dürfte. Denkbar erscheint, dass Energielieferanten Kooperationen mit Messstellenbetreibern eingehen, Messstellenbetreiber selbst ausgründen oder alternative Messverfahren einsetzen (zB sog. Optokoppler), um den sich aus Absatz 2 bzw. Absatz 3 ergebenden Anforderungen gerecht zu werden. 16

Absatz 4 regelt, dass Abrechnungsinformationen auf dem **tatsächlichen Verbrauch beruhen** müssen, der nach § 40a ermittelt wird (BT-Drs. 19/27453, 125). Mit der Vorgabe soll insbes. verhindert werden, dass der Letztverbraucher nutzlose Informationen erhält, die ihn nicht betreffen und dadurch die Nachvollziehbarkeit der Abrechnungsinformationen bzw. Abrechnungen erschweren. 17

D. Übermittlung ergänzender Informationen (Abs. 5)

Absatz 5 Satz 1 verpflichtet Energielieferanten auf Verlangen der belieferten Letztverbraucher zur Übermittlung ergänzender Informationen bzgl. ihrer Verbrauchshistorie. Der Letztverbraucher ist berechtigt, die Übermittlung der historischen Daten an sich und einen weiteren Dritten (zB Energiedienstleister) zu verlangen. 18

Absatz 5 Satz 2 bestimmt den Umfang der zu übermittelnden Daten. Hierzu gehören insbes. **kumulierte Verbrauchsdaten** der vorangegangenen drei Jahre, wobei dies nur die Energieverbrauchsdaten umfasst, die seit Lieferbeginn durch den Energielieferanten erhoben wurden. Die Daten müssen dabei den Abrechnungsintervallen entsprechen, für die Zwischenabrechnungsinformationen nach Absatz 2 oder Absatz 3 erstellt wurden (vgl. Nr. 4 lit. a Anhang I Elektrizitäts-Binnenmarkt-Richtlinie (EU) 2019/944). Darüber hinausgehende Informationen zu detaillierten tages-, wochen- oder monatsbezogenen Nutzungsdaten, die nicht in den Zwischenabrechnungsinformationen enthalten sind, sind dagegen vom Messstellenbetreiber bei Vorliegen der Voraussetzungen des § 61 MsbG zu übermitteln. Der Gesetzgeber hat die sich aus Nr. 4 lit. b Anhang I Elektrizitäts-Binnenmarkt-Richtlinie (EU) 2019/944 ergebende Pflicht insoweit dem Messstellenbetreiber, nicht dem Energielieferanten, auferlegt. 19

§ 40c Zeitpunkt und Fälligkeit von Strom- und Gasrechnungen

(1) Rechnungsbeträge und Abschläge werden zu dem von dem Energielieferanten angegebenen Zeitpunkt, frühestens jedoch zwei Wochen nach Zugang der Zahlungsaufforderung fällig.

(2) ¹Energielieferanten sind verpflichtet, dem Letztverbraucher die Rechnung spätestens sechs Wochen nach Beendigung des abzurechnenden Zeitraums und eine Abschlussrechnung spätestens sechs Wochen nach Beendigung des Lieferverhältnisses zur Verfügung zu stellen. ²Erfolgt eine Stromabrechnung nach § 40b Absatz 1 monatlich, beträgt die Frist für diese Abrechnung drei Wochen.

(3) ¹Ergibt sich aus der Abrechnung ein Guthaben für den Letztverbraucher, ist dieses von dem Energielieferanten vollständig mit der nächsten Abschlagszahlung zu verrechnen oder binnen zwei Wochen auszuzahlen. ²Guthaben, die aus einer Abschlussrechnung folgen, sind binnen zwei Wochen auszuzahlen.

Überblick

Absatz 1 regelt die Fälligkeit von Abrechnungen von Energielieferanten (→ Rn. 3). Absatz 2 enthält eine Fristbestimmung, wann Abschluss- und Zwischenrechnungen zu stellen sind (→ Rn. 6). Absatz 3 bestimmt, zu welchem Zeitpunkt überschüssige Guthaben aus Abschlagszahlungen an die Letztverbraucher zu verrechnen bzw. auszuzahlen sind (→ Rn. 8).

A. Normzweck und Bedeutung

1 Die Norm wurde 2021 durch das **Gesetz zur Umsetzung unionsrechtlicher Vorgaben und zur Regelung reiner Wasserstoffnetze im Energiewirtschaftsrecht** v. 16.7.2021 (BGBl. I 3026) neu geschaffen. Die Absätze 1 und 3 wurden dabei im Rahmen der Novellierung neu in das EnWG eingefügt. Absatz 2 entspricht inhaltlich größtenteils § 40 Abs. 4 aF.

2 Die Bestimmung dient vorrangig der **Stärkung von Verbraucherschutzrechten** (vgl. BT-Drs. 19/27453, 125). Die Bestimmungen der Norm sind dabei teilweise aufgrund der europarechtlichen Vorgaben eingefügt wurden. So dient Absatz 1 der Umsetzung von Anhang I Elektrizitäts-Binnenmarkt-Richtlinie (EU) 2019/944 (BT-Drs. 19/27453, 125). Absatz 2 setzt Art. 10 Abs. 12 Elektrizitäts-Binnenmarkt-Richtlinie (EU) 2019/944 um. Absatz 3 wurde demgegenüber aufgenommen, da in der Praxis immer wieder Probleme mit Energiediscountern bestanden, die gegenüber Letztverbrauchern die Auszahlung von Guthaben verweigerten oder erschwerten.

B. Fälligkeit von Energierechnungen (Abs. 1)

3 Bis zur Novellierung des EnWG 2021 enthielt das EnWG keine **Fälligkeitsregelung**. § 40 Abs. 3 aF regelte nur den Abrechnungszeitpunkt, enthielt aber keine Fälligkeitsbestimmung (OLG Hamburg VersW 2018, 302 = BeckRS 2017, 153032). Mit der Neuregelung in Absatz 1 wollte der Gesetzgeber europarechtliche Vorgaben des Anhang I Elektrizitäts-Binnenmarkt-Richtlinie (EU) 2019/944 umsetzen (vgl. BT-Drs. 19/27453, 125). Allerdings enthält Anhang I Nr. 1.1 lit. b Elektrizitäts-Binnenmarkt-Richtlinie (EU) 2019/944 nur die Vorgabe, dass das Fälligkeitsdatum der vom Letztverbraucher zu leistenden Zahlung klar und eindeutig **auf der Rechnung erkennbar** zu sein hat. Insofern geht der Regelungsgehalt von Absatz 1 über die unionsrechtlichen Vorgaben hinaus. Die Bestimmung übernimmt dabei die bereits im Bereich der Grundversorgung geltende Fälligkeitsregelung der § 17 Abs. 1 S. 1 StromGVV bzw. § 17 Abs. 1 S. 1 GasGVV und ist damit beispielhaft für die seit Jahren festzustellende Angleichung der Rechtslage für die Belieferung von Grundversorgungs- und Sondervertragskunden, obwohl erhebliche systematische Unterschiede zwischen den Vertragsverhältnissen und Kundengruppen bestehen.

4 Absatz 1 regelt, dass Rechnungen und Abschlagszahlungen von Energielieferanten **frühestens zwei Wochen** nach Zugang der Zahlungsaufforderung beim Letztverbraucher fällig

werden. Der Fälligkeitszeitpunkt kann im Übrigen vom Energielieferanten **frei gewählt** werden. Energielieferanten sind dabei entsprechend der in § 3 Nr. 15c enthaltenen Legaldefinition Gas- oder Stromlieferanten. Letztverbraucher werden in § 3 Nr. 25 definiert. Absatz 1 ist damit nicht nur auf Haushaltskunden beschränkt, sondern **schützt alle Letztverbraucher** (also auch Unternehmen, die Energie beziehen). Eine von der Bestimmung abweichende Fälligkeitsregelung ist weder AGB- noch individualrechtlich zulässig.

Absatz 1 gilt ausdrücklich auch für **Abschlagszahlungen**. Die Fälligkeit tritt ebenfalls frühestens zwei Wochen nach Zugang der Zahlungsaufforderung beim Letztverbraucher ein. Ein ausschließlich in den AGB oder Vertragsbedingungen festgelegter Fälligkeitstermin führt damit nicht zur Fälligkeit der Forderung. Vielmehr ist der Zugang der Zahlungsaufforderung Fälligkeitsvoraussetzung. 5

C. Fristbestimmung für Rechnungstellung (Abs. 2)

Absatz 2 Satz 1 entspricht § 40 Abs. 4 aF. Die Bestimmung verpflichtet Energielieferanten, die Abrechnung dem Letztverbraucher **spätestens sechs Wochen nach Beendigung des gewählten Abrechnungszeitraums** zu übermitteln. Die Fristvorgabe von sechs Wochen gilt ebenfalls für die Abschlussrechnung nach Beendigung des Lieferverhältnisses. Eine Pflichtverletzung stellt eine geschäftliche Handlung iSd § 2 Abs. 1 Nr. 1 UWG dar und ist abmahnfähig (OLG Köln MMR 2021, 169). Verstößt ein Energielieferant gegen die Abrechnungspflicht, beginnt die Verjährungsfrist jedoch nicht nach sechs Wochen, sondern erst nach Zugang der Abrechnung (BGH EnWZ 2019, 349). 6

Neu eingefügt wurde durch die EnWG-Novelle 2021 die Bestimmung des Absatzes 2 Satz 2. Soweit der Energielieferant gegenüber dem Letztverbraucher gem. § 40b Abs. 1 **monatlich abrechnet** (→ § 40b Rn. 1 ff.), verkürzt sich der spätestmögliche Abrechnungszeitpunkt auf **drei Wochen**. 7

D. Auszahlung von Guthaben (Abs. 3)

Die Bestimmung in Absatz 3 wurde mit der EnWG-Novelle 2021 neu geschaffen. Die Vorschrift bezweckt die **Stärkung von Verbraucherrechten** (BT-Drs. 19/27453, 125) und basiert anders als die meisten Regelungen der §§ 40 ff. nicht auf unionsrechtlichen Vorgaben. Hintergrund der Regelung ist, dass die Auszahlung von Guthaben oder Boni in der Vergangenheit von unseriösen Anbietern mit Verweis auf abweichende AGB-Bestimmungen herausgezögert wurde oder unterblieb, sodass der Gesetzgeber durch die Befristung auf zwei Wochen die Notwendigkeit einer **abschließenden gesetzlichen Regelung** sah. 8

Absatz 3 Satz 1 stellt klar, dass Energielieferanten Guthaben der Letztverbraucher entweder vollständig mit der nächsten Abschlagszahlung verrechnen müssen oder **innerhalb von zwei Wochen auszuzahlen** haben. Guthaben sind dabei Geldforderungen der Letztverbraucher gegenüber den Energielieferanten, die sich zB aus überschüssigen Abschlagszahlungen im Abrechnungszeitraum oder Bonusvereinbarungen ergeben können. Sofern das Guthaben die folgende Abschlagszahlung übersteigt, ist der Restbetrag (nach Verrechnung mit der Abschlagszahlung) zwingend auszuzahlen (BT-Drs. 19/27453, 125). Absatz 3 Satz 2 regelt, dass Guthaben nach Stellung der Abschlussrechnung innerhalb von zwei Wochen ausgezahlt werden müssen. 9

§ 41 Energielieferverträge mit Letztverbrauchern

(1) ¹Verträge über die Belieferung von Letztverbrauchern mit Energie müssen einfach und verständlich sein. ²Die Verträge müssen insbesondere Angaben enthalten über
1. den Namen und die Anschrift des Energielieferanten,
2. die belieferte Verbrauchsstelle des Letztverbrauchers einschließlich der zur Bezeichnung der Entnahmestelle verwendeten Identifikationsnummer,
3. den Vertragsbeginn, die Vertragsdauer sowie die Bedingungen für eine Verlängerung und Beendigung des Vertrags,

4. zu erbringende Leistungen einschließlich damit gebündelter Produkte oder Leistungen sowie angebotener Wartungsdienste, wobei insbesondere anzugeben ist, ob der Messstellenbetrieb und hierfür anfallende Entgelte von den vertraglichen Leistungen umfasst sind,
5. die Preise, Preisanpassung, Kündigungstermine und Kündigungsfristen sowie das Rücktrittsrecht des Kunden,
6. die einschlägige Tarif- bzw. Produktbezeichnung sowie den Hinweis, ob die Belieferung im Rahmen der Grundversorgung oder außerhalb der Grundversorgung erfolgt ist,
7. den Zeitpunkt der Abrechnungen und die Zahlungsweise,
8. Haftungs- und Entschädigungsregelungen bei Nichteinhaltung vertraglich vereinbarter Leistungen, wozu auch ungenaue oder verspätete Abrechnungen zählen,
9. den unentgeltlichen und zügigen Lieferantenwechsel,
10. die Art und Weise, wie aktuelle Informationen über die geltenden Tarife, Wartungsentgelte und gebündelte Produkte oder Leistungen erhältlich sind,
11. Informationen über die Rechte der Letztverbraucher im Hinblick auf Verbraucherbeschwerden und Streitbeilegungsverfahren, die ihnen im Streitfall zur Verfügung stehen, einschließlich der für Verbraucherbeschwerden nach § 111b einzurichtenden Schlichtungsstelle mit deren Anschrift und Webseite, und Informationen über die Verpflichtung des Energielieferanten zur Teilnahme am Schlichtungsverfahren sowie
12. die Kontaktdaten des Verbraucherservice der Bundesnetzagentur für den Bereich Elektrizität und Gas.
[3]Die Informationspflichten nach den Artikeln 246 und 246a des Einführungsgesetzes zum Bürgerlichen Gesetzbuche bleiben unberührt.

(2) [1]Den Letztverbrauchern sind vor Vertragsschluss verschiedene Zahlungsmöglichkeiten anzubieten. [2]Unterschiede bei Zahlungsarten oder Vorauszahlungssystemen müssen objektiv, diskriminierungsfrei und verhältnismäßig sein. [3]Letztverbrauchern in Rechnung gestellte Kosten für die Nutzung der unterschiedlichen Zahlungsarten oder Vorauszahlungssysteme dürfen die unmittelbaren Kosten, die dem Zahlungsempfänger für die Nutzung der jeweiligen Zahlungsart oder eines Vorauszahlungssystems entstehen, nicht übersteigen.

(3) Energielieferanten sind verpflichtet, in an Letztverbraucher gerichtetem Werbematerial sowie auf ihrer Internetseite allgemeine Informationen zu den Bestimmungen nach Absatz 1 Satz 2 anzugeben.

(4) [1]Den Letztverbrauchern ist innerhalb einer angemessenen Frist nach dem Vertragsschluss eine knappe, leicht verständliche und klar gekennzeichnete Zusammenfassung der wichtigsten Vertragsbedingungen zur Verfügung zu stellen. [2]Die Zusammenfassung hat insbesondere zu enthalten
1. die Kontaktdaten des Energielieferanten,
2. die Verbrauchsstelle,
3. geltende Preise,
4. den voraussichtlichen Belieferungsbeginn,
5. die Kündigungsfrist sowie
6. etwaige Bonusvereinbarungen und Mindestvertragslaufzeiten.

(5) [1]Energielieferanten, die sich im Vertrag das Recht vorbehalten haben, die Vertragsbedingungen einseitig zu ändern, haben Letztverbraucher rechtzeitig, in jedem Fall vor Ablauf einer Abrechnungsperiode, auf einfache und verständliche Weise über die beabsichtigte Ausübung eines Rechts auf Änderung der Preise oder sonstiger Vertragsbedingungen und über die Rechte der Letztverbraucher zur Vertragsbeendigung zu unterrichten. [2]Über Preisänderungen ist spätestens zwei Wochen, bei Haushaltskunden spätestens einen Monat, vor Eintritt der beabsichtigten Änderung zu unterrichten. [3]Die Unterrichtung hat unmittelbar zu erfolgen sowie auf verständliche und einfache Weise unter Hinweis auf Anlass, Voraussetzungen und Umfang der Preisänderungen. [4]Übt der Energielieferant ein Recht zur

Änderung der Preise oder sonstigen Vertragsbedingungen aus, kann der Letztverbraucher den Vertrag ohne Einhaltung einer Frist zum Zeitpunkt des Wirksamwerdens der Änderungen kündigen, ohne dass vom Energielieferanten hierfür ein gesondertes Entgelt verlangt werden darf. ⁵Eine Änderung der Vertragsbedingungen liegt auch bei einer Anpassung der vertraglichen Leistungen vor.

(6) Bei unveränderter Weitergabe von umsatzsteuerlichen Mehr- oder Minderbelastungen, die sich aus einer gesetzlichen Änderung der geltenden Umsatzsteuersätze ergeben sowie bei unveränderter Weitergabe von Minderbelastungen aufgrund einer Absenkung des Saldos der Kalkulationsbestandteile nach § 40 Absatz 3 Nummer 3 oder Nummer 5, bedarf es keiner Unterrichtung nach Absatz 5 Satz 1 und 2; dabei entsteht kein außerordentliches Kündigungsrecht nach Absatz 5 Satz 4.

(7) ¹Stromlieferverträge dürfen keine vertraglichen Regelungen enthalten, die dem Letztverbraucher den Erwerb oder die Veräußerung von Stromdienstleistungen, die nicht Vertragsgegenstand sind, von einem anderen oder an ein anderes Elektrizitätsversorgungsunternehmen untersagen. ²Stromdienstleistungen nach Satz 1 umfassen auch vertragliche Vereinbarungen über eine Aggregierung. ³Letztverbraucher sind verpflichtet, ihren Stromlieferanten den Abschluss einer vertraglichen Vereinbarung mit einem Dritten über eine Aggregierung unverzüglich mitzuteilen.

Überblick

§ 41 normiert Mindestvorgaben für Energielieferverträge, die mit Haushaltskunden außerhalb der Grundversorgung (→ Rn. 4) geschlossen werden. Die Bestimmung enthält ein allgemeines Transparenzgebot (→ Rn. 8) und regelt ohne abschließenden Charakter verschiedene vertragliche Mindestinhalte (→ Rn. 9). Absatz 2 konstituiert die Pflicht des Energieversorgungsunternehmens, unterschiedliche Zahlungsweisen anzubieten (→ Rn. 12). Absatz 3 enthält besondere Informationspflichten für Werbematerial und Internetseite (→ Rn. 16). Absatz 4 verpflichtet Energielieferanten zudem zur Übermittlung einer Kurzzusammenfassung wesentlicher Vertragsinhalte (→ Rn. 17). Absatz 5 vermittelt Letztverbrauchern ein Kündigungsrecht bei Preis- und sonstigen Vertragsänderungen (→ Rn. 20). Für die Weitergabe der Umsatzsteuer enthält Absatz 6 eine Sonderregelung (→ Rn. 27). Schließlich enthält Absatz 7 eine Sonderregelung, die es Stromlieferanten verwehrt, Letztverbraucher am Vertragsabschluss mit Aggregatoren zu hindert (→ Rn. 29).

Übersicht

	Rn.		Rn.
A. Normzweck und Bedeutung		E. Informationspflichten bzgl. Werbematerial und Internetseite (Abs. 3)	16
I. Normzweck	1		
II. Anwendungsbereich der Vorschrift	4	II. Pflicht zur Übermittlung einer Zusammenfassung wesentlicher Vertragsinhalte nach Vertragsschluss (Abs. 4)	17
B. Materielle Vorgaben für Energielieferverträge (Abs. 1)	7	E. Vorgaben für Änderung von Vertragsinhalten und Preisen	20
I. Allgemeines Transparenzgebot (Abs. 1 S. 1)	7	I. Vertragsänderungen (Abs. 5)	20
II. Allgemeine Informationspflichten (Abs. 1 S. 2 und 3)	9	II. Weitergabe umsatzsteuerlicher Änderungen (Abs. 6)	27
C. Zahlungsmöglichkeiten (Abs. 2)	12	F. Recht zum Abschluss von Verträgen mit Aggregatoren (Abs. 7)	29
D. Besondere Informationspflichten	16		

A. Normzweck und Bedeutung

I. Normzweck

Durch die Vorschrift werden zusätzliche **Mindeststandards** für die Ausgestaltung von Energielieferverträgen vorgegeben und sichergestellt. Diese erweiterten Anforderungen an 1

EnWG § 41

Vertragsinhalte und Vertragsänderungen ergänzen insoweit das allgemeine zivilrechtliche Vertragsrecht (BGH NJW-RR 2017, 1208) und die Regelungen zu allgemeinen Geschäftsbedingungen gem. §§ 305 ff. BGB.

2 Die Bestimmung ist maßgeblich durch die **gemeinschaftsrechtlichen Transparenzvorgaben** der Elektrizitäts-Binnenmarkt-Richtlinie 2009/72/EG (neugefasst durch Elektrizitäts-Binnenmarkt-Richtlinie (EU) 2019/944) und Gas-Binnenmarkt-Richtlinie 2009/73/EG (geändert durch Gas-Binnenmarkt-Richtlinie (EU) 2019/692) geprägt.

3 Entsprechend der gemeinschaftsrechtlichen Zielstellung in Art. 1 Elektrizitäts-Binnenmarkt-Richtlinie (EU) 2019/944 dient die Vorschrift maßgeblich der Durchsetzung von verbraucherschützenden Interessen und Rechten unter Berücksichtigung der in § 1 Abs. 1 enthaltenen Zweckbestimmung, die die Anforderung einer verbraucherfreundlichen Energieversorgung umfasst (Kment EnWG/Rasbach § 41 Rn. 1; Britz/Hellermann/Hermes/Hellermann, 3. Aufl., § 41 Rn. 2). Durch die EnWG-Novelle 2021 wurden die Verbraucherrechte und der Verbraucherschutz nochmals gestärkt (BT-Drs. 19/27453, 125).

II. Anwendungsbereich der Vorschrift

4 Der Anwendungsbereich der Bestimmung ist seit der EnWG-Novelle 2021 erheblich erweitert (BT-Drs. 19/27453, 125). Die Norm ist nicht mehr beschränkt auf sog. **Sonderkundenverträge** (zur Abgrenzung von Grundversorgungs- und Sonderkundenverträgen → § 36 Rn. 17). Die Vorschrift gilt zudem für alle Energielieferverträge mit Letztverbrauchern iSd § 3 Nr. 25, nicht mehr ausschließlich für Haushaltskunden gem. § 3 Nr. 22.

5 Wie sich aus der Überschrift ergibt („Energielieferverträge"), ist § 41 nicht auf **Ersatzversorgungsverhältnisse** gem. § 38 anwendbar. Bei der Ersatzversorgung handelt es sich nicht um ein Vertragsverhältnis, sondern um ein gesetzliches Schuldverhältnis (→ § 38 Rn. 1).

6 § 41 ist nicht anwendbar auf Verträge, die **Nutzer von Elektrofahrzeugen** mit einem MSP (Mobility Service Provider) oder Ladesäulenbetreibern iSd § 2 Nr. 12 LSV abschließen, da diese Rechtsbeziehung nicht dem Regime der §§ 36 ff. unterliegt (Schlichtungsstelle Energie v. 28.2.2018 – 4918/17). Dies folgt daraus, dass die Legaldefinition in § 3 Nr. 25 Ladepunkte sonstigen Letztverbrauchern gleichstellt und ein erneuter nachgelagerter Letztverbrauch der Elektrizität damit begrifflich ausgeschlossen ist.

B. Materielle Vorgaben für Energielieferverträge (Abs. 1)

I. Allgemeines Transparenzgebot (Abs. 1 S. 1)

7 Absatz 1 Satz 1 bestimmt, dass die von der Vorschrift umfassten Energielieferverträge (→ Rn. 4 ff.) einfach und verständlich sein müssen. Die Formulierung entspricht § 40 Abs. 1 S. 1, wobei sich das dort enthaltene **Transparenzgebot** nur auf Rechnungen bezieht, während das Transparenzgebot in § 41 auch sonstige vertragliche Regelungen des Energieliefervertrags einbezieht. Der Gesetzgeber begründete die Erweiterung insbesondere mit der Diversifizierung von Leistungen, die es Letztverbrauchern aus gesetzgeberischer Sicht erschwert, den Regelungsinhalt der Vertragsverhältnisse nachzuvollziehen (BT-Drs. 17/6072, 85).

II. Allgemeine Informationspflichten (Abs. 1 S. 2 und 3)

9 Absatz 1 Satz 2 zählt verschiedene regelungsbedürftige Vertragsinhalte auf, die in Energielieferverträge **zwingend** einzubinden sind. Das Wort „insbesondere" macht deutlich, dass die Aufzählung in Absatz 1 Satz 2 Nummern 1–12 nicht von abschließendem Charakter ist. Die obligatorischen Regelungsinhalte umfassen dabei zum großen Teil standardmäßig in AGB üblicherweise ohnehin enthaltene Regelungen beispielsweise zur Vertragsdauer, Kündigung oder Haftung.

10 Energielieferverträge unterfallen im B2C-Bereich überdies auch regelmäßig den **Anforderungen für Verbraucher- und Fernabsatzverträge** nach § 312a Abs. 2 BGB und § 312d BGB. Vor diesem Hintergrund sind die in Art. 246 EGBGB und Art. 246a §§ 1–2 EGBGB genannten Informationspflichten weiterhin zu beachten. Absatz 1 Satz 3 stellt dies für Energielieferverträge klar, soweit es sich bei diesen auch um Fernabsatzverträge handelt.

Energielieferverträge müssen insbesondere folgende spezifischen Regelungsinhalte aufweisen: **11**
- Gemäß Nummer 1 sind **Angaben über den Energielieferanten** zu machen (Name und Adresse).
- Nummer 2 spezifiziert die Angaben bezüglich der zu beliefernden Verbrauchs- und Entnahmestelle einschließlich **Markt- und Messlokationsidentifikationsnummer**.
- Nach Nummer 3 sind die **zeitlichen Vereinbarungen** zum Vertrag (Beginn, Dauer, Verlängerung, Beendigung) anzugeben.
- Nummer 4 regelt, welche **Leistungsbestandteile** ausgewiesen werden müssen. Insbesondere ist die Angabe zwingend, ob der Energieliefervertrag Regelungen zum **Messstellenbetrieb** mit beinhaltet. Da Messstellenverträge grundsätzlich unabhängig von Energielieferverträgen geschlossen werden können (vgl. §§ 5, 9 MsbG) muss der Letztverbraucher darüber informiert werden, ob Messentgelte und Messleistungen inkludiert sind oder nicht.
- Nach Nummer 5 sind Angaben zu **Preisen, Preisanpassung, Kündigungstermin, Kündigungsfristen und Rücktrittsrecht** aufzunehmen. Es handelt sich dabei um allgemeine Pflichtangaben, die unter Beachtung der geltenden gesetzlichen Bestimmungen auszugestalten sind (vgl. BT-Drs. 17/6072, 85). Ein vertragliches Rücktrittsrecht wird durch die Bestimmung nicht begründet (Kment EnWG/Rasbach § 41 Rn. 5).
- Nummer 6 enthält die Vorgabe, dass die **konkrete Tarif- bzw. Produktbezeichnung** anzugeben ist. Insbesondere ist klarzustellen, ob es sich um einen Grundversorgungsvertrag iSd § 36 handelt, oder die Belieferung durch einen Sonderkundenvertrag erfolgt.
- Die **Zahlungsweise** ist gem. Nummer 7 ebenfalls anzugeben. Von praktischer Relevanz ist dabei regelmäßig, ob die nach Absatz 2 vorzuhaltenden alternativen Zahlungsmöglichkeiten vom Lieferanten zur Verfügung gestellt werden (→ Rn. 12 ff.). Darüber hinaus ist der Abrechnungszeitpunkt mitzuteilen.
- Nach Nummer 8 sind **Haftungs- und Entschädigungsregelungen** für den Fall der Verletzung vertraglicher Leistungspflichten anzugeben. Mit Ausnahme der schuldhaften Verzögerung des Lieferantenwechsels sind Haftungsfälle jedoch kaum denkbar (Kment EnWG/Rasbach § 41 Rn. 5), da für den praktisch bedeutsamsten Haftungsfall einer Störung oder Unterbrechung der Stromversorger nicht der Energielieferant, sondern der Netzbetreiber nach Maßgabe der § 18 NAV bzw. § 18 NDAV verantwortlich ist.
- Gemäß Nummer 9 ist anzugeben, dass der **Lieferantenwechsel** unentgeltlich und zügig zu erfolgen hat.
- Nummer 10 verpflichtet Lieferanten dazu, Haushaltskunden darüber zu informieren, in welcher Weise (zB über die Webseite) **aktuelle Informationen über geltende Tarife** und gebündelte Produkte oder Leistungen eingeholt werden können.
- Schließlich bestimmt Nummer 11, dass vertraglich auf die Rechte hinzuweisen ist, die Haushaltskunden im Streitfall zur Verfügung stehen. Dabei ist auf die nach § 111b eingerichtete **Schlichtungsstelle Energie** einschließlich Anschrift und Webseite zu verweisen. Zudem hat der Energielieferant darüber zu informieren, dass er zur Teilnahme am Schlichtungsverfahren verpflichtet ist.
- Schließlich sind auch die Kontaktdaten des **Verbraucherservice der BNetzA** gem. Nummer 12 mitzuteilen.

C. Zahlungsmöglichkeiten (Abs. 2)

Absatz 2 enthält verschiedene Vorgaben zur Bezahlung der Energiebelieferung. Dabei **12** regelt Absatz 2 Satz 1, dass dem Haushaltskunden vor Vertragsschluss **verschiedene Zahlungsmöglichkeiten** angeboten werden müssen. Das Lastschriftverfahren alleine genügt nicht den Anforderungen, vielmehr ist ein „breites Spektrum an Zahlungsmodalitäten" anzubieten (BGH EnWZ 2019, 262 (263)). Hintergrund der Regelung ist, dass durch das Angebot mehrerer Zahlungsmöglichkeiten schutzbedürftige Verbraucher (zB ohne sichergestellte Kontodeckung zum Abbuchungstermin) von vorneherein ausgeschlossen oder zumindest abgehalten werden. Ausreichend ist etwa, wenn dem Kunden mindestens drei verschiedene Zahlungswege zur Verfügung stehen (zB Kontoüberweisung, Überweisung nach Bareinzahlung, Lastschrift) (BGH EnWZ 2019, 262 (263)).

14 Für **Ladesäulenbetreiber** findet die in Absatz 2 Satz 1 enthaltene Vorgabe keine Anwendung. Dies folgt bereits daraus, dass § 41 nicht auf Verträge, die ausschließlich der Belieferung mit Mobilstrom dienen, anwendbar ist (→ Rn. 7). Hier sind jedoch für öffentlich zugängliche Ladepunkte die in § 4 S. 2 Nr. 2 LSV enthaltenen Anforderungen zu beachten.

15 Absatz 2 Satz 2 und Satz 3 wurden mit der EnWG-Novelle 2021 neu eingefügt. Die Bestimmungen setzen Art. 10 Abs. 6 und Abs. 7 Elektrizitäts-Binnenmarkt-Richtlinie (EU) 2019/944 um (BT-Drs. 19/27453, 125 (126)). Der Energielieferant darf dabei für die **Zahlungsmodalitäten** nur insoweit **unterschiedliche Vorgaben** festlegen, als die Unterschiede objektiv, diskriminierungsfrei und verhältnismäßig sind. Der Energielieferant ist hierfür beweis- und darlegungsbelastet. Insbesondere dürfen dem Letztverbraucher nach Absatz 2 Satz 3 keine Kosten für die Nutzung bestimmter Zahlungsmodalitäten auferlegt werden, die über die unmittelbaren Kosten für die Nutzung der jeweiligen Zahlungsmodalität hinausgehen. Damit soll insbesondere verhindert werden, dass Letztverbraucher sich aufgrund von Preisvorteilen für nachteilhafte oder riskante Zahlungsweisen, wie etwa Vorauszahlungen, entscheiden.

D. Besondere Informationspflichten

I. Informationspflichten bzgl. Werbematerial und Internetseite (Abs. 3)

16 Energielieferanten müssen gem. Absatz 3 Letztverbraucher in **Werbematerial** sowie auf der Internetseite über die **Pflichtangaben** nach Absatz 1 Satz 2 (→ Rn. 11) informieren. Der Begriff Werbematerial ist dabei wie in § 42 (→ § 42 Rn. 9) auszulegen. Die Vorgabe dient der Umsetzung von Art. 10 Abs. 5 Elektrizitäts-Binnenmarkt-Richtlinie (EU) 2019/944.

II. Pflicht zur Übermittlung einer Zusammenfassung wesentlicher Vertragsinhalte nach Vertragsschluss (Abs. 4)

17 Absatz 4 Satz 1 verpflichtet Energielieferanten, Letztverbrauchern eine **Zusammenfassung** der wichtigsten Vertragsbedingungen nach Vertragsschluss zur Verfügung zu stellen. Der Kunde soll damit die Möglichkeit bekommen, die wichtigsten Vertragsbedingungen nachvollziehen zu können (BT-Drs. 19/27453, 126). Die Bestimmung wurde mit der EnWG-Novelle 2021 neu eingefügt und dient der Umsetzung von Art. 10 Abs. 3 S. 4 Elektrizitäts-Binnenmarkt-Richtlinie (EU) 2019/944.

18 Die Zusammenfassung muss **knapp, leicht verständlich und klar gekennzeichnet** sein. Für Energielieferanten dürfte es absehbar herausfordernd sein, die große Zahl an Pflichtangaben mit geringer Zeichenanzahl verständlich und fehlerfrei zu formulieren. Die Zusammenfassung ist als eine Art Beipackzettel zu verstehen. Es ist unklar, inwiefern die Transparenzforderungen über gewöhnliche AGB-Anforderungen hinausgehen. Die Zusammenfassung muss innerhalb einer **angemessenen Frist nach Vertragsschluss** dem Letztverbraucher übermittelt werden. Es bleibt abzuwarten, welche Zeiträume von der Rechtsprechung als angemessen angesehen werden. Jedenfalls dürfte davon auszugehen sein, dass ein Abwarten von einem Monat oder mehr nicht angemessen sein dürfte.

19 Die Zusammenfassung muss insbesondere die in Absatz 4 Satz 2 genannten Informationen enthalten. Dies sind **Kontaktdaten, Verbrauchsstelle, Preise, Lieferbeginn, Kündigungsfrist, Bonusvereinbarungen und Mindestvertragslaufzeiten**. Der Gesetzgeber stellte klar, dass weitere Vertragsbedingungen ebenfalls in die Zusammenfassung aufzunehmen sind (BT-Drs. 19/27453, 126). Dies gelte insbesondere für Vertragsbedingungen, die **von branchenüblichen Standardbedingungen abweichen**. Entscheidend für die Einordnung dürfte dabei sein, welche Vertragsbedingungen in der Energiebranche vorherrschend sind. Beispiele für vom Standard abweichende Bedingungen sind etwa Prepaid-Regelungen oder Lieferverträge, die den Messstellenbetrieb nicht beinhalten.

E. Vorgaben für Änderung von Vertragsinhalten und Preisen

I. Vertragsänderungen (Abs. 5)

Absatz 5 Satz 1 verpflichtet Energielieferanten dazu, Letztverbrauchern **rechtzeitig**, in 20
jedem Fall vor Ablauf der normalen Abrechnungsperiode auf **einfache und verständliche Weise** über bevorstehende **Änderungen von Preisen oder Vertragsbedingungen** und über die Möglichkeiten der Vertragsbeendigung zu informieren. Aus Absatz 5 ergibt sich kein eigenständiges Recht des Energieversorgungsunternehmens zu einer einseitigen Vertragsanpassung (vgl. Säcker EnergieR/Bruhn § 41 Rn. 86; BT-Drs. 17/6082, 85). Absatz 5 entspricht im Kern der bis zur EnWG-Novelle 2021 in § 40 Abs. 3 aF enthaltenen Regelung (BT-Drs. 19/27453, 126). Vielmehr stellt Absatz 5 für den Fall, dass im Energieliefervertrag Vertragsanpassungsrechte zugunsten des Energielieferanten festgelegt sind, weitere formale Kriterien auf, die über eine etwaige AGB-Prüfung hinaus zu berücksichtigen sind.

Die **Unterrichtung des Kunden** hat gem. Absatz 5 Satz 1 rechtzeitig und jedenfalls vor 21
Ablauf der aktuellen Abrechnungsperiode zu erfolgen. Eine konkrete Zeitangabe enthält die Norm nicht (im Unterschied zu Preisänderung, vgl. → Rn. 22), sollte jedoch im Regelfall spätestens vier Wochen vor Ablauf des maßgeblichen Abrechnungszeitraums erfolgen.

Absatz 5 Satz 2 legt darüber hinaus fest, dass Preisänderungen spätestens zwei Wochen vor 22
Eintritt der der Änderung mitgeteilt werden müssen. Gegenüber Haushaltskunden iSd § 3 Nr. 22 gilt eine Frist von mindestens einem Monat. Energielieferanten müssen zudem gem. Absatz 5 Satz 3 unmittelbar und auf einfache und verständliche Weise über Preisänderungen informieren und auf Anlass, Voraussetzungen und Umfang der Preisänderungen hinweisen.

Das in Absatz 5 Satz 3 enthaltene **Transparenzgebot** beinhaltet die Berechtigung des 23
Kunden, ein vollständiges und wahres Bild über Preisänderungen zu erlangen. Der Kunde muss zur Beurteilung der Frage, ob er von seinem Sonderkündigungsrecht Gebrauch machen will (BGH NJW-RR 2008, 251), in die Lage versetzt werden, selbst einen Marktvergleich vornehmen zu können. Eine Mitteilung ist dann nicht transparent, wenn die Information über die Preiserhöhung in einem allgemeinen Schreiben versteckt ist und nicht deutlich hervortritt (OLG Düsseldorf GRUR-RR 2017, 111). Eine Mitteilung über eine das konkrete Vertragsverhältnis betreffende Preiserhöhung hat als solche sofort für den Kunden erkennbar zu sein. Ist sie das nicht, ist die notwendige Transparenz allenfalls dann gegeben, wenn die Preiserhöhung hervorgehoben wird. Es kommt dabei auf die Darstellung im Einzelfall an.

Ein sofortiges Kündigungsrecht des Kunden nach Absatz 5 Satz 4 besteht dann, wenn der 24
Lieferant die Vertragsbedingungen einseitig ändert oder Preise ändert. Dies ist der Fall, wenn dem Lieferanten im Liefervertrag ein **einseitiges Leistungsbestimmungsrecht** gem. § 315 BGB eingeräumt wird (BGH RdE 2017, 474 = BeckRS 2017, 119634). Mit der EnWG-Novelle 2021 wurde zudem klargestellt, dass Preisanpassungen, die anhand eines feststehenden Index (Spannungsklausel, § 1 Abs. 2 Nr. 2 PrKG) oder aufgrund feststehender rechnerischer Bezugsgrößen (im Sinne einer Kostenelementeklausel, § 1 Abs. 2 Nr. 3 PrKG) mittels einer Anpassungsautomatik vorgenommen werden, nicht als einseitige Änderungen anzusehen sind (BT-Drs. 19/27453, 126, für § 40 Abs. 3 aF noch offen gelassen von BGH RdE 2017, 474 = BeckRS 2017, 119634).

Die Kündigung des Letztverbrauchers nach Absatz 5 Satz 4 **gilt für den Zeitpunkt des** 25
Wirksamwerdens der Änderung. Ein zusätzliches Entgelt aufgrund eines ggf. vorzeitigen Vertragsendes darf der Energielieferant nicht verlangen.

Das Kündigungsrecht nach Absatz 5 Satz 4 gilt auch für Vertragsänderungen, die nicht 26
den Preis, sondern **sonstige Leistungen** betreffen. Der Gesetzgeber nennt hier als Beispiel den Wegfall des Messstellenbetriebs als Vertragsbestandteil (BT-Drs. 19/27453, 126). Entscheidend ist dabei, ob eine Änderung der Vertragsbedingungen auch eine Änderung des Leistungsumfangs beinhaltet. Da einseitige Änderungen des Leistungsprogramms ohnehin gegen die §§ 305 ff. BGB verstoßen dürften, dürfte Absatz 5 Satz 5 nur eine geringe Praxisrelevanz haben.

II. Weitergabe umsatzsteuerlicher Änderungen (Abs. 6)

27 Absatz 6 wurde (als § 40 Abs. 3a aF) im parlamentarischen Verfahren zum Kohleausstiegsgesetz (Gesetz v. 8.8.2020, BGBl. I 1818) als Änderungsantrag durch den Bundestagsausschuss für Wirtschaft und Energie eingebracht. Der Gesetzgeber bezweckte vor dem Hintergrund der **Corona-Pandemie**, dass die vom 1.7.2020 bis zum 31.12.2020 reduzierte Umsatzsteuer auf 16 Prozentpunkte in diesem Zeitraum auf unbürokratische Art und Weise an Letztverbraucher weitergegeben werden kann (BT-Drs. 19/20714, 172). Da der Beschluss über die Reduktion der Umsatzsteuer sehr kurzfristig erfolgte, befürchtete der Gesetzgeber, dass eine iSd Absatzes 5 Satz 1 rechtzeitige Mitteilung des Stromlieferanten nicht möglich sei und viele Stromanbieter bereits aus diesem Grund von einer Weitergabe der reduzierten Umsatzsteuer an Letztverbraucher absehen würden (BT-Drs. 19/20714, 172).

28 Absatz 6 Halbsatz 1 stellt klar, dass eine gesetzliche Änderung der geltenden Umsatzsteuersätze dem Letztverbraucher entgegen Absatz 5 Satz 1 Satz 2 nicht mitzuteilen ist, soweit die umsatzsteuerliche Mehr- oder Minderbelastung in gleicher Höhe weitergegeben wird. Ein Sonderkündigungsrecht der Letztverbraucher nach Absatz 5 Satz 4 besteht nicht. Es ist als ausreichend anzusehen, wenn Lieferanten die Umsatzsteuer in der Rechnung entsprechend § 14 Abs. 4 Nr. 8 UStG ausweisen (BT-Drs. 19/20714, 172).

28a Mitteilungspflicht und Sonderkündigungsrecht entfallen ebenfalls, wenn die in § 40 Abs. 3 Nr. 3 genannten Kalkulationsbestandteile (EEG-Umlage, Offshore-Netzumlage, KWKG-Umlage, Umlage nach § 19 StromNEV, Umlage nach § 18 AbLaV) abgesenkt werden und der Energielieferant die Minderbelastung unverändert an den Letztverbraucher weitergibt. Auch die sog. Gasumlage wird durch den Verweis auf § 40 Abs. 3 Nr. 5 einbezogen, wobei die BReg allerdings nur Tage vor dem geplanten Inkrafttreten im Oktober 2022 davon Abstand nahm, von diesem Instrument Gebrauch zu machen. Die Bestimmung wurde ursprünglich mit dem „Gesetz zur Absenkung der Kostenbelastungen durch die EEG-Umlage und zur Weitergabe dieser Absenkung an die Letztverbraucher" v. 23.5.2022 (BGBl. I 747) eingeführt. Damit sollte der für die zwischenzeitlich abgesenkte Umsatzsteuer eingeführte Mechanismus (→ Rn. 27) ebenfalls für die **unterjährige Senkung der EEG-Umlage** auf Null zum 1.7.2022 nutzbar gemacht werden (BT-Drs. 20/1025, 12), zu der Energielieferanten nach Maßgabe der § 118 Abs. 37–39 verpflichtet wurden.

28b Die Bestimmung ist für **teilweise Preissenkungen** nicht anwendbar. Eine Ausnahmebestimmung enthält § 118 Abs. 39 S. 2, wonach die Rechtsfolgen von Absatz 6 auch für die teilweise Weitergabe der auf Null abgesenkten EEG-Umlage Anwendung finden, soweit die Voraussetzungen von § 118 Abs. 39 S. 1 vorliegen.

F. Recht zum Abschluss von Verträgen mit Aggregatoren (Abs. 7)

29 Absatz 7 wurde mit der EnWG-Novelle 2021 neu geschaffen und dient der Umsetzung der Art. 13 Abs. 1, 2 und 4 Elektrizitäts-Binnenmarkt-Richtlinie (EU) 2019/944 sowie Art. 17 Abs. 3 lit. a Elektrizitäts-Binnenmarkt-Richtlinie (EU) 2019/944. Absatz 7 bezieht sich nur auf Stromliefer-, nicht auf Gaslieferverträge.

30 Die Bestimmung gilt dabei gem. Absatz 7 Satz 1 für die **Stromdienstleistungen,** die nicht Bestandteil des Stromliefervertrages sind. Soweit der Stromlieferant die Leistung selbst gegenüber dem Letztverbraucher schuldet, kommt die Bestimmung damit nicht zur Anwendung.

31 Absatz 7 Satz 2 stellt klar, dass insbesondere Vertragsabschlüsse zwischen Letztverbrauchern und **Aggregatoren** iSd § 3 Nr. 1a nicht durch vertragliche Ausschlussklauseln der Stromlieferanten einseitig verhindert werden können sollen. Dies ist insbesondere vor dem Hintergrund wichtig, da sich das Tätigwerden von Aggregatoren (gerade im industriellen Maßstab) durch Vermarktung von Flexibilitäten auf das Verbrauchsprofil der Letztverbraucher und damit auch auf die **Bilanzierung** auswirken kann. Die Vorschrift lässt offen, ob der Stromlieferant erhöhte Entgelte bei Tätigwerden von Aggregatoren erheben darf. Unzulässig dürften dabei allerdings Pönalen sein, die faktisch aufgrund ihrer Höhe mit einer Untersagung gleichzusetzen sind.

31.1 Die BNetzA hat für die bilanzielle Abwicklung am 14.9.2017 eine Festlegung getroffen (BK6-17-046), die im Wesentlichen auf dem Branchenleitfaden „Regelleistungserbringung durch Drittpartei-

Aggregatoren gem. § 26a StromNZV" v. 5.12.2016 beruht. Festlegung und Branchenleitfaden zeigen deutlich, dass zwischen Stromlieferanten und Aggregatoren ein Interessenkonflikt besteht, der dazu führen kann, dass Stromlieferanten das Tätigwerden von Aggregatoren verbieten oder sehr hohe Pönalen vorsehen.

Absatz 7 Satz 3 verpflichtet Letztverbraucher, den Vertragsabschluss mit Aggregatoren unverzüglich gegenüber Stromlieferanten anzuzeigen. Anderenfalls dürfte sich der Letztverbraucher für die Schäden schadensersatzpflichtig machen, die dem Stromlieferanten aus der Nichtanzeige entstehen (zB für daraus resultierende Bilanzungleichgewichte). 32

§ 41a Lastvariable, tageszeitabhängige oder dynamische und sonstige Stromtarife

(1) ¹Stromlieferanten haben, soweit technisch machbar und wirtschaftlich zumutbar, für Letztverbraucher von Elektrizität einen Tarif anzubieten, der einen Anreiz zu Energieeinsparung oder Steuerung des Energieverbrauchs setzt. ²Tarife im Sinne von Satz 1 sind insbesondere lastvariable oder tageszeitabhängige Tarife. ³Stromlieferanten haben daneben für Haushaltskunden mindestens einen Tarif anzubieten, für den die Datenaufzeichnung und -übermittlung auf die Mitteilung der innerhalb eines bestimmten Zeitraums verbrauchten Gesamtstrommenge begrenzt bleibt.

(2) ¹Stromlieferanten, die zum 31. Dezember eines Jahres mehr als 200 000 Letztverbraucher beliefern, sind im Folgejahr verpflichtet, den Abschluss eines Stromliefervertrages mit dynamischen Tarifen für Letztverbraucher anzubieten, die über ein intelligentes Messsystem im Sinne des Messstellenbetriebsgesetzes verfügen. ²Die Stromlieferanten haben die Letztverbraucher über die Kosten sowie die Vor- und Nachteile des Vertrags nach Satz 1 umfassend zu unterrichten sowie Informationen über den Einbau eines intelligenten Messsystems im Sinne des Messstellenbetriebsgesetzes anzubieten. ³Die Verpflichtung nach Satz 1 gilt ab dem 1. Januar 2022 für alle Stromlieferanten, die zum 31. Dezember eines Jahres mehr als 100 000 Letztverbraucher beliefern, und ab dem 1. Januar 2025 für alle Stromlieferanten.

Überblick

Absatz 1 verpflichtet Stromlieferanten zur Ausweisung variabler und aus Datenschutzsicht minimalinvasiver Tarife ($\rightarrow$ Rn. 3). Nach Absatz 2 werden von Zeitpunkt und Kundenzahl zudem bestimmte Stromlieferanten dazu verpflichtet, dynamische Tarife für Kunden mit intelligenten Messsystemen vorzuhalten ($\rightarrow$ Rn. 8).

A. Normzweck und Bedeutung

§ 41a fasst die materiellen Vorgaben, die Stromlieferanten bei der Ausgestaltung ihrer Stromtarife beachten müssen, in einer Vorschrift neu zusammen. Dabei basiert Absatz 1 auf der Bestimmung des § 40 Abs. 5 EnWG 2011. Die Vorgängervorschrift wurde dabei erstmals 2008 zur Umsetzung von Art. 13 RL 2006/32/EG (Endenergieeffizienz und EnergiedienstleistungsRL) im EnWG aufgenommen (vgl. BT-Drs. 16/9470, 4). § 41a Abs. 1 S. 1–2 entspricht im Wesentlichen der Fassung des **§ 40 Abs. 3 EnWG 2008**. Mit der Bestimmung sollte ursprünglich sichergestellt werden, dass die zunehmende Installation fernablesbarer Zähler mit einem ausreichenden Angebot von Tarifen einhergeht. Da sich der flächendeckende Rollout fernablesbarer Zähler in den Folgejahren massiv verzögerte (erst zum 24.2.2020 gab das Bundesamt für Sicherheit in der Informationstechnik eine erste Allgemeinverfügung (Az.: 610 01 04/2019_001) auf Grundlage von § 30 S. 1 MsbG bekannt), wurden die ursprünglich mit der Vorschrift erfolgten Ziele verfehlt. 2011 wurde die Bestimmung durch einen dritten Satz ergänzt, durch den Stromlieferanten neben Tarifen, die einen Anreiz zur Verbrauchsverschiebung oder Energieeinsparung setzen, immer auch einen Tarif anbieten müssen, bei dem besonders wenig personenbezogene Daten des Letztverbrauchers verarbeitet werden (BT-Drs. 17/6072, 84). 1

2 Mit der EnWG-Novelle 2021 wurde Absatz 2 neu geschaffen. Absatz 2 dient der Umsetzung von Art. 11 Elektrizitäts-Binnenmarkt-Richtlinie (EU) 2019/944. Art. 11 Abs. 1 Elektrizitäts-Binnenmarkt-Richtlinie (EU) 2019/944 verpflichtet Mitgliedstaaten, dafür zu sorgen, dass **Letztverbraucher mit intelligenten Messsystemen Zugang zu dynamischen Stromtarifen** haben müssen (Erwägungsgrund 23 Elektrizitäts-Binnenmarkt-Richtlinie (EU) 2019/944). Zur Erreichung dieses Zwecks werden Stromlieferanten mit mehr als 200.000 Stromkunden verpflichtet, dynamische Stromtarife anzubieten. Mit dem Gesetz zum Neustart der Digitalisierung der Energiewende vom 22.5.2023 (BGBl. I Nr. 133) wurde die Pflicht nochmals ausgeweitet, so dass spätestens ab 2025 alle Stromlieferanten von der Pflicht erfasst werden.

B. Allgemeine Tarifvorgaben für Stromlieferanten (Abs. 1)

3 Absatz 1 adressiert ausschließlich Stromlieferanten gem. § 3 Nr. 31a. Diese werden gem. Absatz 1 Satz 1 dazu verpflichtet, Letztverbrauchern einen Stromtarif anzubieten, der einen **Anreiz zur Energieeinsparung** oder **Steuerung des Energieverbrauchs** setzt. Der Stromlieferant kann sich zwischen beiden Alternativen frei entscheiden. Stromtarife, die Absatz 1 Satz 1 entsprechen, sind nicht deckungsgleich mit dynamischen Stromtarifen iSd § 3 Nr. 31b. Die Begründung des Gesetzgebers in BT-Drs. 19/27453, 126 ist insoweit missverständlich. Im Wortlaut des Absatzes 1 findet sich kein Hinweis darauf, dass gegenüber § 40 Abs. 5 aF strengere Anforderungen als bisher gelten sollen. Dynamische Stromtarife sind abweichend von Absatz 1 in § 3 Nr. 31b als Tarife definiert, die Preisschwankungen widerspiegeln. Daraus folgt, dass dynamische Stromtarife immer auch als Tarife iSd Absatz 1 anzusehen sind, jedoch Tarife iSd Absatz 1 nicht zwingend dynamische Stromtarife iSd § 3 Nr. 31b oder Absatz 2 sind.

4 Der Begriff „Anreiz" in Absatz 1 Satz 1 ist damit wie bisher weit auszulegen. Nach dem Wortlaut soll der Tarif den Letztverbraucher zu einem sparsamen Verhalten veranlassen oder dazu motivieren. Auch ein negativer Anreiz (zB Sanktionierung eines hohen Stromverbrauchs) genügt den Anforderungen (ausführlich hierzu Gutachten im Auftrag der BNetzA, Nabe et. al., „Einführung von lastvariablen und zeitvariablen Tarifen", Dezember 2009, 10 ff.).

5 Die Pflicht zum Angebot eines geeigneten Stromtarifs wird begrenzt durch die **technische Machbarkeit und wirtschaftliche Zumutbarkeit.** Die technische Machbarkeit der Tarifausgestaltung geeigneter Stromtarife ist vor dem Hintergrund der Vielzahl denkbarer Ausgestaltungsmöglichkeiten regelmäßig zu bejahen. Auch die Anforderung der wirtschaftlichen Zumutbarkeit dürfte meist gegeben sein. Wenn überhaupt, erscheint die Ausgestaltung eines entsprechenden Stromtarifs allenfalls bei Stromlieferanten mit nur sehr wenigen versorgten Kunden wirtschaftlich unzumutbar. Die fehlende Zumutbarkeit ist seitens des Stromlieferanten substantiiert darzulegen und zu beweisen.

6 Absatz 1 Satz 2 nennt beispielhaft **last- und tageszeitabhängige Tarife,** die den Anforderungen von Absatz 1 Satz 1 genügen. Umfasst sind davon insbesondere Schwachlasttarife mit Doppeltarifregister (HT-/NT-Tarife) iSv § 9 Abs. 1 der zum 30.6.2007 außer Kraft getretenen Bundestarifordnung Elektrizität (BTOElt), die insbesondere für Nachtspeicherheizungen und Wärmepumpen angeboten werden (vgl. hierzu BGH EnWZ 2019, 349).

7 Abschließend stellt Absatz 1 Satz 3 klar, dass Lieferanten überdies einen Tarif anbieten müssen, für den die **Datenaufzeichnung und -übermittlung** auf die Mitteilung der innerhalb des Abrechnungszeitraums verbrauchten Gesamtstrommenge begrenzt wird. Diese Pflicht ergibt sich mittelbar aus dem Recht von Letztverbrauchern zu einer datenschutzkonformen Konfiguration des Messsystems nach Maßgabe von § 60 Abs. 5 MsbG. Daraus resultiert zumindest für Letztverbraucher mit einem Jahresstromverbrauch unterhalb von 10.000 kWh das Recht, unabhängig von der eingesetzten Messtechnik die über den Abrechnungszeitraum hinausgehende Datenübermittlung an den Lieferanten und sonstige Dritte verweigern zu können. Regelungszweck von Absatz 1 Satz 3 ist damit, Lieferanten auch zur Vorhaltung eines für datenschutzbewusste Letztverbraucher geeigneten Tarifs zu verpflichten.

C. Kundenzahlabhängige Tarifvorgaben für Stromlieferanten (Abs. 2)

Absatz 2 setzt das **Recht der Letztverbraucher** auf Abschluss von Verträgen mit dynami- 8
sche Stromtarifen nach Art. 11 Elektrizitäts-Binnenmarkt-Richtlinie (EU) 2019/944 um.
Adressat der Regelung sind gem. Absatz 2 Sätze 1 und 3 Stromlieferanten iSd § 3 Nr. 31a, 9
die eine **Kundengruppe von mindestens 100.001 Letztverbraucher** iSd § 3 Nr. 25 beliefern. Bis Ende 2021 galt die Verpflichtung nur für Stromlieferanten mit mehr als 200.000 Kunden. Gemäß Absatz 2 Satz 3 gilt die Pflicht ab 1.1.2025 ausnahmslos für sämtliche Stromlieferanten. Der Gesetzgeber begründete die erst zum 27.05.2023 in Kraft getretene Neuregelung damit, dass nur auf diese Weise dynamische Stromtarife vom Nischenprodukt zum Standardprodukt werden können und bezweckt damit eine Beschleunigung digitaler Messinfrastruktur und von Mehrwertdiensten (vgl. BT-Drs. 20/5549, 40).

Die Ermittlung der Kundenzahl erfolgt zum **31. Dezember des Vorjahres.** Die Ver- 10
pflichtung greift damit unmittelbar mit Überschreitung der Kundenzahl zum Jahreswechsel. Fraglich ist, ob nach § 36 oder § 38 versorgte Grund- und Ersatzversorgungskunden ebenfalls mit in die Berechnung der Kundenzahl einzubeziehen sind. Da die Ersatzversorgung nach § 38 zeitlich begrenzt ist und überdies als gesetzliches Schuldverhältnis zu qualifizieren ist, ist die gesetzliche Regelung nicht eindeutig. Überzeugend erscheint es jedoch, die Erreichung des Schwellwerts allein danach zu beurteilen, wie viele Marktlokationen von der jeweiligen juristischen Person mit Elektrizität zum Stichtag beliefert werden und zwar unabhängig davon, ob die jeweiligen Letztverbraucher im Wege von Grund- oder Sonderkundenverträge oder im Wege der Ersatzversorgung beliefert werden.

Die Verpflichtung gilt nach Absatz 2 Satz 1 nur für Kunden, die über ein **intelligentes** 11
Messsystem gem. § 2 Nr. 7 MsbG verfügen. Da die bilanzielle Abbildung dynamischer Stromtarife voraussetzt, dass die Stromentnahme viertelstundenweise erfolgt, ist diese Einschränkung folgerichtig. Schließlich setzen derartige Tarife mindestens eine Zählerstandsgangmessung oder eine viertelstündige registrierenden Lastgangmessung voraus, vgl. § 55 Abs. 1 MsbG.

Dynamische Tarife bzw. Stromlieferverträge mit dynamischen Tarifen sind in § 3 Nr. 31b 12
definiert. Die Definition entspricht dabei der Regelung in Art. 2 Nr. 15 Elektrizitäts-Binnenmarkt-Richtlinie (EU) 2019/944 (BT-Drs. 19/27453, 90) und erfordert dabei einen Tarif, der **Preisschwankungen entsprechend der Kurzfristmärkte** (bis zu 48 Stunden vor Lieferung) in Intervallen widerspiegelt, die mindestens den Abrechnungsintervallen des jeweiligen Marktes entsprechen.

Die Verpflichtung nach Absatz 2 Satz 1 ist richtlinienkonform auszulegen. Die unions- 13
rechtlichen Vorgaben machen dabei deutlich, dass ein **Zugang der Letztverbraucher zu dynamischen Stromtarifen** sichergestellt werden muss. Dementsprechend müssen von der Regelung adressierten Stromlieferanten die entsprechenden Stromlieferverträge umfassend und aktiv anbieten. Die Vorhaltung von Tarifen auf Nachfrage genügt nicht.

Nach Absatz 2 Satz 2 müssen Stromlieferanten Letztverbraucher über die Kosten von 14
Stromlieferverträgen mit dynamischen Tarifen und Vor- und Nachteile **umfassend unterrichten.** Wenn der Stromlieferant – wie im Regelfall – eine Webseite vorhält, ist davon auszugehen, dass eine eingehende Beschreibung der Kosten als auch der potenziellen Vor- und Nachteile auch auf der Webseite vorgenommen werden muss. Angesichts der Ende 2021 festzustellenden Preissteigerungen auf den Strommärkten ist zwingend auf die Risiken bezüglich steigender Strompreise hinzuweisen.

Neben den vorstehenden Informationspflichten legt Absatz 2 Satz 2 zudem fest, dass die 15
Informationspflicht auch **Informationen über den Einbau eines intelligenten Messsystems** umfasst. Die Regelung überrascht vor dem Hintergrund, dass die Marktrollen Messstellenbetreiber und Stromlieferant auseinanderfallen. Da Stromlieferanten nicht zwingend auch den Einbau von Messtechnik selbst anbieten, erscheint eine restriktive Auslegung dieser Vorgabe angezeigt. So erscheint es überzeugend, die Informationspflicht als erfüllt anzusehen, wenn auf die grundlegende Möglichkeit der Kontaktaufnahme mit dem jeweils zuständigen grundzuständigen Messstellenbetreiber und wettbewerblichen Messstellenbetreiber hingewiesen wird und grundlegende Informationen über die Bedingungen und das Zustandekommen von Messstellenverträgen (insbesondere der §§ 5, 9, 10, 31 MsbG) mitgeteilt werden.

§ 41b Energielieferverträge mit Haushaltskunden außerhalb der Grundversorgung; Verordnungsermächtigung

(1) ¹Energielieferverträge mit Haushaltskunden außerhalb der Grundversorgung und deren Kündigung durch den Energielieferanten bedürfen der Textform. ²Der Energielieferant hat dem Haushaltskunden dessen Kündigung innerhalb einer Woche nach Zugang unter Angabe des Vertragsendes in Textform zu bestätigen.

(2) ¹Haushaltskunden sind vier Wochen vor einer geplanten Versorgungsunterbrechung wegen Nichtzahlung in geeigneter Weise über Möglichkeiten zur Vermeidung der Versorgungsunterbrechung zu informieren, die für den Haushaltskunden keine Mehrkosten verursachen. ²Dazu können gehören
1. Hilfsangebote zur Abwendung einer Versorgungsunterbrechung wegen Nichtzahlung,
2. Vorauszahlungssysteme,
3. Informationen zu Energieaudits,
4. Informationen zu Energieberatungsdiensten,
5. alternative Zahlungspläne verbunden mit einer Stundungsvereinbarung,
6. Hinweis auf staatliche Unterstützungsmöglichkeiten der sozialen Mindestsicherung oder
7. eine Schuldnerberatung.

³Die Informationen müssen deutlich und leicht verständlich die Maßnahme selbst sowie die Konsequenzen aufzeigen.

(3) ¹Wird eine Voraus- oder Abschlagszahlung vereinbart, muss sich diese nach dem Verbrauch des vorhergehenden Abrechnungszeitraums oder dem durchschnittlichen Verbrauch vergleichbarer Kunden richten. ²Macht der Haushaltskunde glaubhaft, dass sein Verbrauch erheblich geringer ist, so ist dies bei der Bemessung angemessen zu berücksichtigen. ³Eine bei Vertragsabschluss vereinbarte Voraus- oder Abschlagszahlung wird bei der Belieferung von Haushaltskunden nicht vor Beginn der Lieferung fällig.

(4) ¹Bei einer Unterrichtung nach § 41 Absatz 5 Satz 1 ist bei Stromlieferverträgen mit Haushaltskunden außerhalb der Grundversorgung darauf hinzuweisen, in welchem Umfang sich der Versorgeranteil geändert hat.

(5) ¹Haushaltskunden sind im Falle eines Wohnsitzwechsels zu einer außerordentlichen Kündigung ihres bisherigen Liefervertrages unter Einhaltung einer Kündigungsfrist von sechs Wochen berechtigt. ²Die Kündigung kann mit Wirkung zum Zeitpunkt des Auszugs oder mit Wirkung zu einem späteren Zeitpunkt erklärt werden. ³Die Sätze 1 und 2 sind nicht anzuwenden, wenn der bisherige Energielieferant dem Haushaltskunden binnen zwei Wochen nach Erhalt der Kündigung in Textform eine Fortsetzung des Liefervertrages an dessen neuem Wohnsitz zu den bisherigen Vertragsbedingungen anbietet und die Belieferung an der neuen Entnahmestelle möglich ist. ⁴Zu diesem Zwecke hat der Haushaltskunde in seiner außerordentlichen Kündigung seine zukünftige Anschrift oder eine zur Bezeichnung seiner zukünftigen Entnahmestelle verwendete Identifikationsnummer mitzuteilen.

(6) ¹Das Bundesministerium für Wirtschaft und Energie kann im Einvernehmen mit dem Bundesministerium der Justiz und für Verbraucherschutz durch Rechtsverordnung mit Zustimmung des Bundesrates
1. nähere Regelungen für die Belieferung von Haushaltskunden mit Energie außerhalb der Grundversorgung treffen,
2. die Bestimmungen der Verträge einheitlich festsetzen und insbesondere Regelungen über den Vertragsabschluss, den Gegenstand und die Beendigung der Verträge treffen sowie
3. Rechte und Pflichten der Vertragspartner festlegen.

²Hierbei sind die beiderseitigen Interessen angemessen zu berücksichtigen. ³Die jeweils in Anhang I der Richtlinie (EU) 2019/944 und der Richtlinie 2009/73/EG vorgesehenen Maßnahmen sind zu beachten.

(7) Die Bundesregierung wird ermächtigt, durch Rechtsverordnung mit Zustimmung des Bundesrates den Mindestbetrag des Anspruchs zu bestimmen, den ein Haushaltskunde gegenüber dem Energielieferanten auf Schadensersatz wegen einer vertragswidrigen Beendigung der Belieferung geltend machen kann.

Überblick

§ 41b normiert Mindestvorgaben für Energielieferverträge, die mit Haushaltskunden außerhalb der Grundversorgung geschlossen werden. Absatz 1 enthält dabei ein Textformerfordernis für Verträge und lieferantenseitige Kündigung und verpflichtet den Lieferanten zur Übermittlung einer Kündigungsbestätigung (→ Rn. 8). Absatz 2 regelt Informationspflichten des Energielieferanten zur Vermeidung von Versorgungsunterbrechungen wegen Zahlungsrückständen (→ Rn. 11). Absatz 3 enthält Bestimmungen für Voraus- und Abschlagszahlungen (→ Rn. 15). Durch Absatz 4 werden Stromlieferanten verpflichtet, bei Preisanpassungen über Änderungen des Versorgeranteils zu informieren (→ Rn. 19). Absatz 5 gewährt Haushaltskunden ein Sonderkündigungsrecht im Fall von Umzügen (→ Rn. 20). Absatz 6 enthält eine Verordnungsermächtigung zur Festlegung konkretisierender Bestimmungen (→ Rn. 23). Mit Absatz 7 wird die Bundesregierung zur Festlegung eines Mindestbetrages ermächtigt, den Energielieferanten im Fall einer vertragswidrigen Beendigung des Lieferverhältnisses an Haushaltskunden zu zahlen haben (→ Rn. 24).

Übersicht

	Rn.		Rn.
A. Normzweck und Bedeutung	1	E. Informationspflicht über geänderten Versorgeranteil (Abs. 4)	19
I. Normzweck	1		
II. Anwendungsbereich	4	F. Bestimmungen zur Kündigung von Energielieferverträgen (Abs. 5)	20
B. Anforderungen an Energielieferverträge und deren Kündigung außerhalb der Grundversorgung (Abs. 1)	8	G. Verordnungsermächtigung für Energiebelieferung von Sonderkunden (Abs. 6)	23
C. Informationspflicht des Energielieferanten vor Versorgungsunterbrechung (Abs. 2)	11	H. Verordnungsermächtigung für Schadensersatzmindestbetrag bei vertragswidriger Kündigung (Abs. 7)	24
D. Anforderungen für Voraus- und Abschlagszahlungen (Abs. 3)	15		

A. Normzweck und Bedeutung

I. Normzweck

Die Bestimmung enthält Vorgaben für Energielieferverträge mit Haushaltskunden **außerhalb der Grundversorgung** und ist systematisch damit von den Vorgaben abzugrenzen, die nur für Grundversorgungsverträge gelten (§§ 36 ff. und Bestimmungen der StromGVV bzw. GasGVV) oder sich auf sämtliche Energielieferverträge beziehen (§ 41). Die Vorschrift wurde mit der EnWG-Novelle 2021 (G v. 16.7.2021, BGBl. I 3026) neu geschaffen und dient zugleich der Harmonisierung der Vorgaben der Elektrizitäts-Binnenmarkt-Richtlinie (EU) 2019/944.   **1**

Die Absätze 4 und 7 wurden durch Gesetz vom 19.7.2022 (BGBl. I 1214) neu eingefügt und dienen ebenfalls dem Schutz der Verbraucher vor missbräuchlichem Verhalten von Energielieferanten, die im Rahmen der stark angestiegenen Marktpreise teils ungerechtfertigte Kündigungen oder übertriebene Preisanpassungen durchgeführt hatten.   **2**

Zweck der Vorschrift ist im Übrigen, die **Schutzbestimmungen für Haushaltskunden** außerhalb der Grundversorgung an die Vorgaben der Grundversorgung anzugleichen (BT-Drs. 19/27453, 126). Die Bestimmungen orientieren sich dabei deutlich an den Vorgaben der StromGVV bzw. GasGVV.   **3**

II. Anwendungsbereich

4 Der Anwendungsbereich der Bestimmung beschränkt sich auf sog. **Sonderkundenverträge** (zur Abgrenzung von Grundversorgungs- und Sonderkundenverträgen → EnWG § 36 Rn. 17). Das Tatbestandsmerkmal „außerhalb der Grundversorgung" in Absatz 1 Satz 1 gilt für die Bestimmung insgesamt und ist nicht auf Absatz 1 begrenzt. Der Gesetzgeber stellte klar, dass der Vertragsinhalt für Verträge über die Belieferung von Grundversorgungskunden mit Energie weiterhin ausschließlich nach den auf Grundlage der Verordnungsermächtigung in § 39 Abs. 2 erlassenen StromGVV bzw. GasGVV zu bestimmen ist (vgl. hierzu auch BT-Drs. 19/27453, 126).

5 Wie sich aus der Überschrift ergibt („Energielieferverträge"), ist § 41b zudem nicht auf **Ersatzversorgungsverhältnisse** gem. § 38 anwendbar. Bei der Ersatzversorgung handelt es sich nicht um ein Vertragsverhältnis, sondern um ein gesetzliches Schuldverhältnis (→ § 38 Rn. 1).

6 § 41b gilt ausschließlich für die Versorgung von **Haushaltskunden** gem. § 3 Nr. 22 (zum Begriff der Haushaltskunden → EnWG § 3 Nr. 22 Rn. 1), wie bereits aus der Überschrift der Bestimmung deutlich wird.

7 § 41b ist nicht anwendbar auf Verträge, die **Nutzer von Elektrofahrzeugen** mit einem MSP (Mobility Service Provider) oder Ladesäulenbetreibern iSd § 2 Nr. 8 LSV abschließen, da diese Rechtsbeziehung nicht dem Regime der §§ 36 ff. unterliegt (Schlichtungsstelle Energie v. 28.2.2018 – 4918/17). Dies folgt daraus, dass die Legaldefinition in § 3 Nr. 25 Ladepunkte sonstigen Letztverbrauchern gleichstellt und ein erneuter nachgelagerter Letztverbrauch der Elektrizität damit begrifflich ausgeschlossen ist.

B. Anforderungen an Energielieferverträge und deren Kündigung außerhalb der Grundversorgung (Abs. 1)

8 Absatz 1 Satz 1 führt für Energielieferverträge außerhalb der Grundversorgung das **Textformerfordernis** ein. Die Textform ist gewahrt, wenn der Vertrag den Anforderungen des § 126b BGB genügt. Der Gesetzgeber sah sich in der Gesetzesbegründung zur Klarstellung veranlasst, dass auch im Internet geschlossene Verträge weiterhin zulässig sein können (BT-Drs. 19/27453, 127). Nicht zulässig sind ausschließlich mündlich (zB über Telefon oder an der Haustür) abgeschlossene Energielieferverträge. Damit soll dem in der Praxis wiederholt aufgetretenen Problem von „untergeschobenen Energielieferverträgen" begegnet werden (BT-Drs. 19/27453, 126 f.).

9 Das Textformerfordernis in Absatz 1 Satz 1 gilt zudem für Kündigungen, die **vom Energielieferanten gegenüber dem Haushaltskunden** erklärt werden. Für die Grundversorgung bestand bereits bisher gem. § 20 Abs. 2 S. 1 StromGVV/§ 20 Abs. 2 S. 1 GasGVV ein Textformerfordernis für die Kündigung.

10 Mit Absatz 1 Satz 2 werden Energielieferanten zudem gegenüber Haushaltskunden verpflichtet, die Kündigung des Energieliefervertrags durch den Haushaltskunden innerhalb einer Woche in Textform zu bestätigen. Die **Kündigungsbestätigung** hat innerhalb einer Woche nach Zugang der Kündigungserklärung beim Energielieferanten zu erfolgen. Die Regelung wurde speziell für Energielieferverträge eingeführt, da der Gesetzgeber aufgrund der automatisierten Wechselprozesse der Energiemarktkommunikation ein Wissensdefizit beim Haushaltskunden dahingehend verortet, dass dieser nicht nachvollziehen kann, wer ihn mit Energie beliefert (BT-Drs. 19/27453, 127). Die Pflicht zur Übermittlung einer Kündigungsbestätigung gilt für außerordentliche wie ordentliche Kündigungen gleichermaßen (BT-Drs. 19/27453, 127).

C. Informationspflicht des Energielieferanten vor Versorgungsunterbrechung (Abs. 2)

11 Mit Absatz 2 wird Art. 10 Abs. 11 Elektrizitäts-Binnenmarkt-Richtlinie (EU) 2019/944 umgesetzt. Durch die **Einführung der Informationspflichten** soll die Zahl an Versorgungsunterbrechungen möglichst gesenkt werden (BT-Drs. 19/27453, 127).

12 Haushaltskunden sind vom Energielieferanten **vier Wochen** vor einer geplanten Versorgungsunterbrechung **wegen Nichtzahlung** über Möglichkeiten zur Vermeidung der Versor-

gungsunterbrechung zu informieren. Mit der Regelung werden die für Grundversorgung und sonstige Energielieferanten geltenden Regelungen angeglichen. In § 19 Abs. 2 StromGVV bzw. § 19 Abs. 2 GasGVV ist für die Grundversorgung ebenfalls ein Informationsvorlauf von vier Wochen vorgesehen. Die Sperrung erfolgt durch Anweisung des zuständigen Netzbetreibers gem. § 24 Abs. 3 NAV bzw. § 24 Abs. 3 NDAV.

Gegenstand der Informationspflicht sind die in Absatz 2 Satz 2 aufgezählten Möglichkeiten zur Vermeidung von Versorgungsunterbrechungen. Die nicht abschließend aufgeführten Beispiele sind den in § 19 Abs. 3, 5 StromGVV/§ 19 Abs. 3, 5 GasGVV genannten Informationspflichten nachgebildet. 13

Absatz 2 Satz 3 stellt klar, dass sich das **allgemeine Transparenzerfordernis** auf die materielle Überprüfung der Einhaltung der Informationspflicht erstreckt. Der Haushaltskunde muss über die bestehenden Möglichkeiten zur Vermeidung einer Versorgungsunterbrechung deutlich und leicht verständlich informiert werden. Die Konsequenzen einer Versorgungsunterbrechung sind aufzuzeigen. Hierzu gehört insbesondere der Hinweis, dass elektrisch betriebene Geräte dann generell nicht mehr funktionieren, Lebensmittel nicht mehr gekühlt werden können oder die Wärmeversorgung nicht mehr gewährleistet werden kann. 14

D. Anforderungen für Voraus- und Abschlagszahlungen (Abs. 3)

Absatz 3 Satz 1 und 2 enthalten Vorgaben für die **Berechnung von Vorauszahlungen und Abschlagszahlungen** und entsprechen inhaltlich den Regelungen für grundversorgte Kunden in § 14 Abs. 2 S. 1–2 StromGVV und § 14 Abs. 2 S. 1–2 GasGVV. Die Regelung war ursprünglich in § 41 Abs. 2 S. 2, 3 EnWG 2011 enthalten, wurde mit der EnWG-Novelle 2021 in § 41b integriert und vom Anwendungsbereich auf Abschlagszahlungen erweitert. 15

Werden Voraus- oder Abschlagszahlungen vereinbart, müssen sich diese nach dem **Verbrauch des vorhergehenden Abrechnungszeitraum** oder dem durchschnittlichen Verbrauch einer vergleichbaren Kundengruppe richten. 16

Haushaltskunden iSd § 3 Nr. 22 haben die Möglichkeit, einen **voraussichtlich geringeren Verbrauch** geltend zu machen. Der Energielieferant ist allerdings nur dann verpflichtet, dies zu berücksichtigen, wenn der niedrigere Verbrauch vom Haushaltskunden substantiiert dargelegt und glaubhaft gemacht wird. 17

Absatz 3 Satz 3 basiert auf der Regelung in § 41 Abs. 2 S. 4 EnWG 2011 und enthält die Bestimmung, dass Voraus- und Abschlagszahlungen nicht vor Beginn der Energielieferungen **fällig** werden dürfen. Gegenüber der Altfassung bestehen zwei Unterschiede: Zum einen erweitert Absatz 3 Satz 3 die Bestimmung auch auf Abschlagszahlungen, bezieht sich jedoch wie der gesamte § 41b ausschließlich auf Haushaltskunden, nicht wie die Vorgängervorschrift auf sonstige Kundengruppen, bei denen der Gesetzgeber ersichtlich nicht von einem vergleichbaren Schutzbedürfnis ausgeht. 18

E. Informationspflicht über geänderten Versorgeranteil (Abs. 4)

Absatz 4 stellt klar, dass Stromlieferanten bei einseitigen Preisanpassungen iSv § 41 Abs. 5 S. 1 (→ EnWG § 41 Rn. 20) Haushaltskunden auch darüber zu unterrichten haben, in welchem Umfang sich der **Versorgeranteil** geändert hat. Der Versorgeranteil ist als der auf die Stromlieferung entfallende Preisanteil, der sich nach Abzug der in § 40 Abs. 3 genannten Belastungen ergibt und setzt sich zusammen aus Beschaffungs- und Vertriebskosten sowie dem Gewinnanteil des Stromlieferanten. Eine Differenzierung zwischen Beschaffungskosten und Gewinnanteil ist nach dem klaren Wortlaut der Vorschrift nicht erforderlich. 19

F. Bestimmungen zur Kündigung von Energielieferverträgen (Abs. 5)

Mit Absatz 5 Satz 1 wurde für Haushaltskunden ein Sonderkündigungsrecht geschaffen, das Haushaltskunden zur **Kündigung von Energielieferverträgen bei Wohnsitzwechseln** berechtigt. Mit dem Kündigungsrecht soll insbesondere der teilweisen Praxis begegnet werden, dass bei vorzeitigen Vertragsbeendigungen Strafzahlungen verlangt werden. Die Regelung ist dabei an die Bestimmungen für Telekommunikationsdienste (§ 46 Abs. 8 TKG) 20 angelehnt (BT-Drs. 19/27453, 128). Im Fall einer wirksamen Kündigung gilt diese auch für **Bündelprodukte** wie etwa kombinierte Verträge gem. § 9 Abs. 2 MsbG (BT-Drs. 19/27453, 128).

21   Es gilt eine **Kündigungsfrist** von sechs Wochen. Unter Beachtung der sechswöchigen Kündigungsfrist nach Absatz 5 Satz 1 ist es Haushaltskunden gem. Absatz 5 Satz 2 gestattet, die Kündigung zum Zeitpunkt des Auszugs oder mit Wirkung zu einem späteren Zeitpunkt zu erklären. Die **Kündigungserklärung** des Haushaltskunden hat gem. Absatz 5 Satz 4 die neue Anschrift oder die Identifikationsnummer der künftigen Entnahmestelle (Markt- und Messlokationsidentifikationsnummer) zu enthalten. Ohne diese Angaben ist die Kündigung unwirksam, da diese Angabe Voraussetzung dafür ist, dass der Energielieferant entscheidet, ob er die Fortführung der Energielieferung am neuen Wohnsitz durchführen möchte und dies dem Haushaltskunden innerhalb der Zwei-Wochen-Frist (→ Rn. 22) mitteilt.

22   Das Sonderkündigungsrecht nach Absatz 5 Satz 1 entfällt, sofern der Energielieferant gem. Absatz 5 Satz 3 dem Haushaltskunden zwei Wochen nach Kündigungszugang eine **Fortführung des Liefervertrags** an dessen neuen Wohnort zu den gleichen Bedingungen, insbesondere Preisen anbietet. Die Fortführungserklärung des Energielieferanten ist dem Haushaltskunden in Textform gem. § 126b BGB zu übermitteln. Der Energielieferant kann die Fortführung des Energielieferverhältnisses nur verlangen, wenn die Belieferung an der neuen Entnahmestelle **möglich** ist. Eine Belieferung ist ausweislich der Gesetzesbegründung nicht möglich, wenn die Belieferung an der neuen Entnahmestelle bereits durch einen anderen Anbieter erfolgt oder der Haushaltskunde mit einer anderen Person zusammenzieht, die bereits über einen Liefervertrag verfügt (BT-Drs. 19/27453, 128).

G. Verordnungsermächtigung für Energiebelieferung von Sonderkunden (Abs. 6)

23   Absatz 6 beinhaltet eine **Verordnungsermächtigung,** die es dem Bundesministerium für Wirtschaft und Energie (aktuell BMWK) gestattet, im Einvernehmen mit dem Bundesministerium der Justiz und für Verbraucherschutz (die Zuständigkeit für Verbraucherschutz ist allerdings aktuell im Bundesministerium für Umwelt, Naturschutz, nukleare Sicherheit und Verbraucherschutz gebündelt, sodass auch das Einvernehmen dieses Ministeriums erforderlich ist) und mit Zustimmung des Bundesrates eine **Rechtsverordnung über die Energiebelieferung von Sonderkunden** zu erlassen. Regelungsgegenstand einer solchen Verordnung können insbesondere einheitliche Vertragsbestimmungen über das Zustandekommen und die Beendigung von Sonderkundenverträgen, zum Vertragsgegenstand und zu Rechten und Pflichten der Vertragspartner sein. Auf die Beachtung der in Anhang I der Binnenmarkt-Richtlinien Elektrizitäts-Binnenmarkt-Richtlinie (EU) 2019/944 und Gas-Binnenmarkt-Richtlinie 2009/73/EG genannten Maßnahmen wird in Absatz 6 Satz 3 bezüglich der Ausgestaltung gesondert hingewiesen. Die Bundesregierung hat von der Verordnungsermächtigung bisher keinen Gebrauch gemacht.

H. Verordnungsermächtigung für Schadensersatzmindestbetrag bei vertragswidriger Kündigung (Abs. 7)

24   Die durch den Bundestagsausschuss für Klimaschutz und Energie am 22.6.2022 als Absatz 7 aufgenommene Ergänzung (BT-Drs. 20/2402) ermächtigt die Bundesregierung zur Festlegung einer Untergrenze für Schadensersatzforderungen bei vertragswidriger vorzeitiger Beendigung von Energielieferverträgen. Die Vorschrift konstituiert dabei **keinen eigenständigen Schadensersatzanspruch,** sondern soll lediglich sicherstellen, dass der Energielieferant bei Vorliegen der zivilrechtlichen Anspruchsvoraussetzungen einen noch **festzulegenden Mindestbeitrag** zu zahlen ist (BT-Drs. 20/2402, 45). Die Geltendmachung eines höheren Schadensersatzanspruchs wird durch die Bestimmung und die noch zu erlassende Verordnung ausdrücklich nicht ausgeschlossen (BT-Drs. 20/2402, 45).

25   Die Verordnungsermächtigung wurde vor dem Hintergrund beschlossen, dass Energielieferanten Ende 2021 in größerem Umfang die Belieferung eingestellt hatten, um die am Terminmarkt eingekauften Mengen gewinnbringend kurzfristig an den Spotmärkten weiter

zu verkaufen. Durch die Festlegung eines Mindestbeitrags sollen Energielieferanten von solchen Verhaltensweisen künftig abgeschreckt werden.

§ 41c Vergleichsinstrumente bei Energielieferungen

(1) Die Bundesnetzagentur stellt nach den Absätzen 3 und 4 sicher, dass Haushaltskunden und Kleinstunternehmen, die einen voraussichtlichen Jahresverbrauch von weniger als 100 000 Kilowattstunden haben, unentgeltlich Zugang zu mindestens einem unabhängigen Vergleichsinstrument haben, mit dem sie verschiedene Stromlieferanten und deren Angebote, einschließlich der Angebote für Verträge mit dynamischen Stromtarifen, in Bezug auf die Preise und die Vertragsbedingungen vergleichen und beurteilen können.

(2) Das Vergleichsinstrument nach Absatz 1 muss
1. unabhängig von den Energielieferanten und -erzeugern betrieben werden und sicherstellen, dass die Energielieferanten bei den Suchergebnissen gleichbehandelt werden;
2. die Inhaber und Betreiber des Vergleichsinstruments sowie dessen Finanzierung und eventuelle Kontrolleure eindeutig offenlegen;
3. klare und objektive Kriterien enthalten, auf die sich der Vergleich stützt, und diese offenlegen;
4. eine leicht verständliche und eindeutige Sprache verwenden sowie barrierefrei zugänglich sein;
5. korrekte und aktuelle Informationen bereitstellen und den Zeitpunkt der letzten Aktualisierung angeben;
6. allen Energielieferanten offenstehen und eine breite Palette an Angeboten umfassen, die den Gesamtmarkt abdeckt; falls die angebotenen Informationen keine vollständige Marktübersicht darstellen, ist eine eindeutige diesbezügliche Erklärung auszugeben, bevor die Ergebnisse angezeigt werden;
7. ein wirksames Verfahren für die Meldung falscher Informationen zu veröffentlichten Angeboten und weiteren Angaben und deren zügiger Korrektur vorsehen;
8. unentgeltlich Preise, Tarife und Vertragsbedingungen von den verschiedenen Angeboten verschiedener Stromlieferanten vergleichen, die Kunden zur Verfügung stehen;
9. den Schutz personenbezogener Daten gewährleisten.

(3) ¹Vergleichsinstrumente, die den Anforderungen nach Absatz 2 entsprechen, erhalten auf Antrag des Anbieters des Vergleichsinstruments von der Bundesnetzagentur ein Vertrauenszeichen. ²Die Bundesnetzagentur überprüft die fortlaufende Erfüllung der Voraussetzungen und entzieht das Vertrauenszeichen bei gravierenden Verstößen, denen innerhalb einer angemessenen Frist nicht abgeholfen wird. ³Die Bundesnetzagentur kann die Vergabe des Vertrauenszeichens nach Satz 1 und die Überprüfung und die Entziehung nach Satz 2 an einen geeigneten Dritten übertragen; dabei ist die Bundesnetzagentur berechtigt, den beliehenen Dritten im Weisungswege zur rechtmäßigen Aufgabenerfüllung anzuhalten. ⁴Falls derartige Vergleichsinstrumente im Markt nicht angeboten werden oder ein Vertrauenszeichen hierfür nicht beantragt wurde, schreibt die Bundesnetzagentur die Leistung aus.

(4) Die Bundesnetzagentur kann Absatz 3 analog auch auf Vergleichsinstrumente anwenden, die den Vergleich von verschiedenen Energielieferanten und deren Angeboten in Bezug auf die Preise und die Vertragsbedingungen für die Lieferung von Erdgas an Haushaltskunden und Kleinstunternehmen betreffen, um sicherzustellen, dass Haushaltskunden und Kleinstunternehmen unentgeltlich Zugang zu mindestens einem solchen unabhängigen Vergleichsinstrument haben.

(5) ¹Dritte dürfen Informationen, die von Energielieferanten veröffentlicht werden, zur Bereitstellung unabhängiger Vergleichsinstrumente nutzen. ²Energieliefe-

ranten müssen eine kostenlose Nutzung unmittelbar angebotsrelevanter Informationen in offenen Datenformaten ermöglichen.

Überblick

Die Vorschrift regelt in Absatz 1 den Zugang von Haushaltskunden und Kleinstunternehmen zu einem vertrauenswürdigen Vergleichsinstrument zum Vergleich von Stromtarifen (→ Rn. 4). Absatz 2 enthält Mindestanforderungen für vertrauenswürdige Vergleichsinstrumente (→ Rn. 7). Nach Absatz 3 ist die BNetzA befugt, vertrauenswürdige Vergleichsinstrumente mit einem Gütesiegel zu versehen, dieses bei Verstößen ggf. wieder zu entziehen und im Fall fehlender Vergleichsinstrumente die Erstellung und den Betrieb eines Vergleichsinstruments auszuschreiben (→ Rn. 17). Absatz 4 regelt, dass die Vorgaben für Vergleichsinstrumente der Sparte Strom auch für die Sparte Erdgas angewendet werden können (→ Rn. 20). Absatz 5 berechtigt Anbieter vertrauenswürdiger Vergleichsinstrumente, die von Energielieferanten veröffentlichten Daten zu nutzen (→ Rn. 21).

Übersicht

	Rn.		Rn.
A. Normzweck und Bedeutung	1	D. Vergabe eines Vertrauenszeichens (Abs. 3, 4)	17
B. Zugangs zu einem vertrauenswürdigen Vergleichsinstrument Strom (Abs. 1)	4		
C. Mindestanforderungen für vertrauenswürdige Vergleichsinstrumente (Abs. 2)	7	E. Nutzung veröffentlichter Informationen (Abs. 5)	21

A. Normzweck und Bedeutung

1 Die Vorschrift basiert auf unionsrechtlichen Vorgaben. Mit Art. 14 Elektrizitäts-Binnenmarkt-Richtlinie (EU) 2019/944 soll sichergestellt werden, dass Haushaltskunden iSd § 3 Nr. 22 sowie Kleinstunternehmen **Zugang zu mindestens einem unabhängigen und unentgeltlichen Vergleichsinstrument** für Stromlieferungen haben. § 41c setzt die unionsrechtlichen Vorgaben in der Sparte Strom um und sieht über Absatz 4 eine (optionale) Erweiterung für die Sparte Erdgas vor.

2 Im Energiebereich dominieren aktuell die **Vergleichsportale** der Anbieter Check24 und Verivox, die zusammen einen Anteil von über 95 Prozent der Vermittlung von Energielieferverträgen erreichen (BKartA, Sektoruntersuchung Vergleichsportale, April 2019, 24). Die Vergleichsportale erhalten in der Regel fixe, zweistellige Eurobeträge je Vertragsvermittlung (BKartA, Sektoruntersuchung Vergleichsportale, April 2019, 25), aufgrund dessen insbesondere seitens der Verbraucherschutzzentralen die Transparenz der Vergleichsportale angezweifelt wurde.

3 Durch die mit der Vorschrift vorgesehenen Mindestanforderungen nach Absatz 2, die Voraussetzung für den Erhalt des Vertrauenszeichens durch die BNetzA sind, soll die **Transparenz und Unabhängigkeit der Vergleichsportale verbessert** werden. Ob dies gelingt, bleibt abzuwarten. Bisher hat die BNetzA noch keinem Anbieter bzw. Vergleichsportal ein Vertrauenszeichen erteilt.

B. Zugangs zu einem vertrauenswürdigen Vergleichsinstrument Strom (Abs. 1)

4 Die BNetzA ist nach Absatz 1 **zuständige Behörde** für Vergleichsinstrumente für Haushaltskunden und Kleinstunternehmen. Sie ist verpflichtet, für diese Kundengruppen den Zugang in der Sparte Strom zu mindestens einem unabhängigen und kostenfreien Vergleichsinstrument sicherzustellen. **Haushaltskunden** iSd § 3 Nr. 22 (→ EnWG § 3 Nr. 22 Rn. 1) sind dabei Kunden, die Energie für den Eigenverbrauch im Haushalt oder für einen Jahresverbrauch von 10.000 kWh nicht übersteigenden Eigenverbrauch für berufliche, landwirtschaftliche oder gewerbliche Zwecke kaufen. Eine Definition von **Kleinstunternehmen** findet sich im EnWG dagegen nicht. In richtlinienkonformer Auslegung ist dabei auf die Begriffs-

bestimmung in Art. 2 Nr. 6 Elektrizitäts-Binnenmarkt-Richtlinie (EU) 2019/944 zurückzugreifen, wonach Unternehmen mit weniger als zehn Beschäftigten umfasst werden, die einen Jahresumsatz von 2 Mio. EUR nicht übersteigen. Typischerweise handelt es sich damit um Kundengruppen, deren jährlicher Stromverbrauch 100 MWh nicht übersteigen dürfte.

Absatz 1 verpflichtet die BNetzA dazu, den Zugang zu Vergleichsinstrumenten in der **Sparte Strom** sicherzustellen. Zwar nimmt Absatz 1 auch auf Absatz 4 Bezug, der sich wiederum auf die Sparte Erdgas bezieht. Für diese Auslegung spricht vor dem Hintergrund der unionsrechtlichen Vorgaben, die nur für die Sparte Strom eine Umsetzungspflicht verankern, auch das in Absatz 4 eingeräumte Ermessen („kann") und der Wortlaut in Absatz 1, der sich nur auf Stromlieferanten bezieht. 5

Der Zugang zu mindestens einem Vergleichsinstrument hat **unentgeltlich** zu erfolgen. Die Unabhängigkeit ist nach dem Maßstab von Absatz 2 zu beurteilen. Als allgemeine Mindestanforderungen an das Vergleichsinstrument ist festgelegt, dass unterschiedliche Stromlieferanten und deren Tarife einschließlich der Angebote für Verträge mit **dynamischen Stromtarifen** iSv § 3 Nr. 31b (→ EnWG § 3 Nr. 31b Rn. 1) dargestellt werden. Die Darstellung muss in der Weise erfolgen, dass sowohl die Preise als auch die Vertragsbedingungen durch die Kunden verglichen und bewertet werden können. 6

C. Mindestanforderungen für vertrauenswürdige Vergleichsinstrumente (Abs. 2)

Absatz 2 enthält Mindestanforderungen für **vertrauenswürdige Vergleichsinstrumente**. 7

Nach Nummer 1 muss das Vergleichsinstrument **unabhängig** von Energielieferanten und -erzeugern betrieben werden. Ob gesellschaftsrechtliche Verflechtungen überhaupt zulässig sind, ist unklar, jedenfalls muss eine Einflussnahme auf die operativen Entscheidungen ausgeschlossen sein. Gleichzeitig ist sicherzustellen, dass alle Energielieferanten bei den Suchergebnissen gleichbehandelt werden. Hiermit ist insbesondere gemeint, dass **Provisionszahlungen** keinen Einfluss auf das Vergleichsergebnis haben dürfen (BT-Drs. 19/27453, 129). Auch **Werbung** muss deutlich als solche sichtbar sein und von den Vergleichsergebnissen erkennbar abgegrenzt werden (BT-Drs. 19/27453, 129). 8

Nach Nummer 2 sind **Inhaber und Betreiber des Vergleichsinstruments** sowie dessen **Finanzierung** durch Provision und Werbung offenzulegen. 9

Nummer 3 enthält eine **Offenlegungspflicht** hinsichtlich der **Kriterien,** auf denen der Vergleich basiert. Die Kriterien müssen klar und objektiv sein. Damit soll eine vollumfängliche Beurteilung der Lieferanten und Angebote ermöglicht werden. 10

Nummer 4 enthält weitergehende Anforderungen an die **Gestaltung des Vergleichsinstruments.** Zum einen ist durch eine leicht verständliche und eindeutige Sprache der Zugang für jedermann zu gewährleisten. Dies umfasst auch die Darstellung der Vertragsbedingungen und die Gestaltung des Vergleichs (BT-Drs. 19/27453, 129). Darüber hinaus ist der Zugang barrierefrei sicherzustellen. 11

Die **Bereitstellung korrekter und aktueller Informationen** (einschließlich der Nennung der letzten Aktualisierung) wird durch Nummer 5 geregelt. 12

Nummer 6 beinhaltet eine Regelung, dass der Vergleich eine möglichst vollständige Palette an Angeboten umfassen muss, die einen **wesentlichen Marktanteil abdeckt.** In Fällen, in denen keine vollständige Marktabdeckung gewährleistet werden kann, ist eine eindeutige Erklärung vor Anzeige der Vergleichsergebnisse im Vergleichsinstrument aufzunehmen, welche Teile des Marktes von dem Vergleich nicht erfasst werden. 13

Nummer 7 verpflichtet zur Implementierung eines wirksamen Verfahrens für die **Meldung fehlerhafter Informationen** zu veröffentlichten Angeboten und deren zügiger Korrektur. 14

Nummer 8 wiederholt die Vorgabe aus Absatz 1, dass Preise, Tarife und Vertragsbedingungen der Angebote verglichen werden können müssen, die dem jeweiligen Kunden zur Verfügung stehen. 15

Nummer 9 enthält die ohnehin sich aus der DS-GVO ergebende Vorgabe, dass der Schutz personenbezogener Daten zu gewährleisten ist. Hierbei ist insbesondere darauf zu achten, 16 dass kein **Datenverkauf** ohne explizite Zustimmung des Kunden erfolgt und zur Finanzierung des Vergleichsinstruments genutzt wird (BT-Drs. 19/27453, 129).

D. Vergabe eines Vertrauenszeichens (Abs. 3, 4)

17   Absatz 3 Satz 1 gibt Anbietern von Vergleichsinstrumenten, die den Vorgaben von Absatz 1 und Absatz 2 entsprechen, die Möglichkeit, ein **Vertrauenszeichen zu beantragen**. Die Vergabe erfolgt durch die BNetzA als zuständige Behörde. Im Rahmen der Vergabe ist seitens der BNetzA gem. Satz 2 die **fortlaufende Erfüllung der Vorgaben** zu überprüfen. In Satz 2 ist zudem geregelt, dass im Fall gravierender Verstöße das Vertrauenszeichen wieder **entzogen** werden kann. Ob ein gravierender Verstoß vorliegt, bestimmt sich insbesondere nach der Dauer des Verstoßes sowie der Auswirkung für Nutzer des Vergleichsinstruments (BT-Drs. 19/27453, 130). Der Entzug des Vertrauenszeichens setzt voraus, dass der Anbieter trotz Fristsetzung durch die BNetzA Verstößen nicht abhilft. Die BNetzA ist zudem zur Anordnung milderer Maßnahmen (zB zur Anordnung von Auflagen) berechtigt.

18   Die BNetzA ist nach Satz 3 dazu berechtigt, die Vergabe des Vertrauenszeichens nach Satz 1, die Überprüfung der Anforderungen nach Absatz 2 sowie den Entzug des Vertrauenszeichens an einen **beliehenen Dritten** zu übertragen.

19   Sofern **bis zum 1.7.2022** keine vertrauenswürdigen Vergleichsinstrumente im Markt angeboten werden oder kein Anbieter die Vergabe eines Vertrauenszeichens beantragt hat, ist durch die BNetzA gem. Satz 4 die Leistung **auszuschreiben**.

20   Absatz 4 sieht vor, dass Absatz 3 entsprechend auf **Vergleichsinstrumente im Erdgasbereich** angewendet werden kann. Es steht im Ermessen der BNetzA, ob die für den Strombereich verpflichtenden Regelungen auch im Erdgasbereich Anwendung finden, insbesondere auch, ob die Ausschreibung eines Vergleichsinstruments nach Absatz 3 Satz 4 auch den Tarifvergleich für Gaslieferverträge mit umfasst.

E. Nutzung veröffentlichter Informationen (Abs. 5)

21   Satz 1 gestattet Anbietern von Vergleichsinstrumenten, die veröffentlichten und veröffentlichungspflichtigen Informationen von Energielieferanten für die Bereitstellung unabhängiger Vergleichsinstrumente zu nutzen. Satz 2 enthält eine Pflicht von Energielieferanten, angebotsrelevante Informationen in **offenen, lizenzfreien Datenformaten** (zB CSV, OpenDocument, XML) zu veröffentlichen.

§ 41d Erbringung von Dienstleistungen außerhalb bestehender Liefer- oder Bezugsverträge; Festlegungskompetenz

(1) [1]Großhändler und Lieferanten von Elektrizität sowie betroffene Bilanzkreisverantwortliche haben es Betreibern einer Erzeugungsanlage und Letztverbrauchern, sofern deren Stromeinspeisung und Stromentnahme jeweils durch eine Zählerstandsgangmessung im Sinne des § 2 Satz 2 Nummer 27 des Messstellenbetriebsgesetzes oder durch eine viertelstündige registrierende Leistungsmessung gemessen wird, auf Verlangen gegen angemessenes Entgelt zu ermöglichen, Dienstleistungen hinsichtlich von Mehr- oder Mindererzeugung sowie von Mehr- oder Minderverbrauch elektrischer Arbeit unabhängig von einem bestehenden Liefer- oder Bezugsvertrag gegenüber Dritten und über einen anderen Bilanzkreis zu erbringen. [2]Ein Entgelt ist angemessen, wenn es den Großhändler und Lieferanten von Elektrizität und den Bilanzkreisverantwortlichen, dessen Bilanzkreis die Einspeise- oder Entnahmestelle des Betreibers einer Erzeugungsanlage oder des Letztverbrauchers zugeordnet ist, wirtschaftlich so stellt, wie sie ohne die Erbringung der Dienstleistungen durch Betreiber einer Erzeugungsanlage oder den Letztverbraucher stünden.

(2) [1]Ein vertraglicher Ausschluss der Rechte nach Absatz 1 Satz 1 ist unwirksam. [2]Wird von den Rechten nach Absatz 1 Satz 1 im Rahmen eines Vertragsverhältnisses erstmalig Gebrauch gemacht, ist ein Großhändler oder Lieferant von Elektrizität berechtigt, den Liefer- oder Bezugsvertrag außerordentlich mit einer Frist von

drei Kalendermonaten zum Monatsende zu kündigen. ³Das außerordentliche Kündigungsrecht nach Satz 2 ist ausgeschlossen, sofern eine Belieferung von Haushaltskunden erfolgt.

(3) Die Bundesnetzagentur ist berechtigt, durch Festlegung nach § 29 Absatz 1 die in den Absätzen 1 und 2 geregelten Rechte und Pflichten, auch in Bezug auf die Einbeziehung eines Aggregators, näher zu konkretisieren, insbesondere
1. zum Austausch erforderlicher Informationen,
2. zur Bilanzierung der Energiemengen, wobei sie insbesondere festlegen kann, dass durch Dienstleistungen im Sinne von Absatz 1 Satz 1 verursachte Bilanzkreisabweichungen bilanziell auszugleichen sind,
3. zu technischen und administrativen Anforderungen oder Verfahren und
4. zum angemessenen Entgelt nach Absatz 1 Satz 2, wobei sie insbesondere festlegen kann, dass ein Entgelt angemessen ist, wenn es auch einen administrativen Aufwand umfasst.

Überblick

Absatz 1 regelt den Anspruch von Anlagenbetreibern und Letztverbrauchern gegenüber Großhändlern, Lieferanten von Elektrizität und Bilanzkreisverantwortlichen, ihre Bilanzkreise für die Flexibilitätsvermarktung zu öffnen (→ Rn. 4). Als Gegenleistung für die Bilanzkreisöffnung darf der Stromlieferant ein angemessenes Entgelt verlangen. Absatz 1 Satz 2 regelt, wann das Entgelt als angemessen anzusehen ist (→ Rn. 9). Absatz 2 Satz 1 legt fest, dass die gesetzliche Verpflichtung zur Bilanzkreisöffnung nicht abdingbar ist (→ Rn. 10). Nach Absatz 2 Satz 2 ist es dem Lieferanten jedoch gestattet, beim erstmaligen Verlangen nach Bilanzkreisöffnung den Stromliefervertrag zu kündigen (→ Rn. 11). Absatz 3 ermächtigt die BNetzA, weitergehende Details und Konkretisierungen festzulegen (→ Rn. 12).

A. Normzweck und Bedeutung

Die Bestimmung dient der Umsetzung von Art. 17 Elektrizitäts-Binnenmarkt-Richtlinie 1 (EU) 2019/944. Die unionsrechtlichen Vorgaben geben dabei vor, dass der nationale Regelungsrahmen die Laststeuerung durch Aggregatoren iSd § 3 Nr. 1a ermöglicht. Insbesondere sollen Aggregatoren gem. Art. 17 Abs. 3 lit. a Elektrizitäts-Binnenmarkt-Richtlinie (EU) 2019/944 **Zugang zu Elektrizitätsmärkten** haben, der nicht von der Zustimmung Dritter abhängig sein darf. § 41d bestimmt den diskriminierungsfreien Marktzugang und regelt die **Rechte und Pflichten im Dreiecksverhältnis** zwischen Endkunden, Stromlieferanten bzw. Bilanzkreisverantwortlichen sowie Aggregatoren (BT-Drs. 19/27453, 130).

Eine gesetzliche Regelung dieses Dreieckverhältnisses wurde von einzelnen Aggregatoren 2 bereits Anfang der 2010er gefordert. 2015 fand die Forderung Aufnahme im damaligen Umsetzungskatalog des BMWi (Ein Strommarkt für die Energiewende, Ergebnispapier, Juli 2015, S. 72). Demnach sollten bereits in der damaligen Legislaturperiode (2013–2017) die Regeln für die Aggregation flexibler Stromverbraucher geklärt werden, wobei sich die Regeln erst einmal auf den Zugang von Aggregatoren zu Regelleistungsmärkten beschränkten, vgl. § 26a StromNZV. Die BNetzA leitete daraufhin einen Branchendialog zur Klärung strittiger Fragen ein. Unter Federführung des bne (Bundesverband Neue Energiewirtschaft) beschlossen die Branchenverbände (BDEW, BEE, bitkom, bne, GEODE, VKU) sowie die vier deutschen Übertragungsnetzbetreiber und die dena am 5.12.2016 einen entsprechenden **Branchenleitfaden**.

Hauptstreitpunkt zwischen Bilanzkreisverantwortlichen und Aggregatoren war zum damaligen Zeitpunkt, inwiefern durch die Regelleistungsvermarktung durch Aggregatoren wirtschaftliche Nachteile für die Bilanzkreisverantwortlichen ausgeschlossen werden können. Insbesondere war umstritten, ob und falls ja ein Ausgleich gegenüber dem Bilanzkreisverantwortlichen für die zusätzliche Vermarktung wegen bilanzieller Risiken zu zahlen sei, wie negative Effekte im Bilanzkreis (insbesondere Effekte aufgrund nachholenden Verbrauchsverhaltens des Endkunden) festgestellt werden können und wie die Marktkommunikation ausgestaltet werden könne, die dem Aggregator einerseits einen sicheren Umsetzungspfad ermöglicht, andererseits aber auch den Interessen von Stromlieferanten bzw. Bilanzkreisverantwortlichen genügt. 2.1

Schnurre 1089

3 Auf Grundlage des Branchenleitfadens legte die BNetzA mit **Festlegung vom 14.9.2017** (BK6-17-046) das Verfahren zur Flexibilitätsvermarktung fest. Branchenleitfaden und Festlegung waren dabei erst einmal auf die Regelleistungserbringung durch Aggregatoren beschränkt. Mit § 41d wurde nunmehr eine neue Anspruchsgrundlage geschaffen, die ohne Ansehung des konkreten Vermarktungszwecks Bilanzkreisverantwortliche zur Öffnung ihrer Bilanzkreise verpflichtet.

B. Anspruch auf Bilanzkreisöffnung und Vergütung (Abs. 1)

I. Anspruchsvoraussetzungen

4 Anspruchsberechtigt sind **Betreiber von Erzeugungsanlagen** und **Letztverbraucher**. Gemäß § 3 Nr. 18d sind Erzeugungsanlagen Anlagen zur Erzeugung von elektrischer Energie. Erfasst sind damit alle Stromerzeugungsanlagen unabhängig von Erzeugungstechnologie und eingesetztem Energieträger (→ EnWG § 3 Nr. 18d Rn. 1). Der Letztverbraucherbegriff in § 3 Nr. 25 umfasst all diejenigen, die Energie für ihren eigenen Verbrauch beziehen und schließt insbesondere den Letztverbrauch von Ladesäulen für Elektromobile mit ein.

5 Absatz 1 Satz 1 verpflichtet **Großhändler, Lieferanten von Elektrizität** und sonstige **Bilanzkreisverantwortliche**. Mit Lieferanten von Elektrizität dürften Stromlieferanten iSd § 3 Nr. 31a gemeint sein. Mit Bilanzkreisverantwortlichen sind die von den bilanzkreisbildenden Netznutzern benannten Personen gem. § 4 Abs. 2 S. 1 StromNZV gemeint, die für die Bilanzierung des jeweiligen Anlagenbetreibers bzw. Letztverbrauchers zuständig sind. Bilanzkreisverantwortlicher und Stromlieferant können, müssen aber nicht personenidentisch sein. Der Adressatenkreis ist weit auszulegen, damit durch Teilung von Verantwortlichkeiten und Marktrollen der Anspruch nicht vereitelt werden kann.

6 Messtechnische Voraussetzung ist das Vorhandensein einer Zählerstandsgangmessung gem. § 2 S. 2 Nr. 27 MsbG oder einer viertelstündigen registrierenden Leistungsmessung (Lastgangmessung), die insbesondere bei Letztverbrauchern ab einem Jahresstromverbrauch von über 100 MWh (aber nicht ausschließlich) zum Einsatz kommt. Mit der Regelung zielt der Gesetzgeber darauf ab, dass eine **viertelstundengenaue Bilanzierung** der vermarkteten Erzeugungs- bzw. Verbrauchsstellen zu erfolgen hat. SLP-bilanzierte Letztverbraucher sind damit vom Anwendungsbereich der Vorschrift ausgeschlossen. Die Abrechnungsmethode bezüglich der Netznutzung ist dagegen nicht entscheidend.

II. Anspruchsinhalt

7 Durch den Anspruch wird der Anspruchsgegner dazu verpflichtet, Dritten den **Zugang zu** seinem bzw. dem von ihm verwalteten **Bilanzkreis** zu gewähren. Gemeint sind dabei vor allem Konstellationen, in denen Aggregatoren iSv § 3 Nr. 1a Last- und Erzeugungspotenziale bei Anlagenbetreibern und Letztverbrauchern zeitlich verschieben. Mit einer zeitlichen Verschiebung von Verbrauch und Erzeugung können Preisvorteile an den Großhandelsmärkten realisiert werden. Aus gesetzgeberischer Sicht sind solche Modelle zudem unterstützenswert, da die Preissignale oftmals der volatilen Erzeugungssituation von Sonnen- und Windenergie geschuldet sind und damit der Mehr- und Minderverbrauch gleichzeitig auch systemdienlich sein kann.

8 Mit § 41d wird ermöglicht, dass die Mehr- oder Mindererzeugung bzw. der Mehr- oder Minderverbrauch bilanziell über die dem Letztverbraucher oder Anlagenbetreiber zugeordnete Markt- und Messlokation abgewickelt wird. Der Anspruchsberechtigte hat gegenüber seinem Lieferanten dabei nicht nur einen Duldungsanspruch, vielmehr bestehen **Leistungspflichten** des Anspruchsgegners. Der Gesetzgeber bringt das zum Ausdruck durch die Verwendung des Begriffs „Dienstleistungen". Unklar bleibt, in welchem Umfang vom Anspruchsgegner Leistungen geschuldet werden. Hier bleibt die Entwicklung der Rechtsprechung bzw. die Fortentwicklung durch Festlegungen der BNetzA nach Absatz 3 abzuwarten. Insbesondere bei von Dritten (zB Netzbetreiber) verantworteten Hindernissen stellt sich die Frage, inwiefern diese dem Anspruchsgegner zuzurechnen sind.

III. Vergütungsanspruch

Absatz 1 Satz 1 bestimmt, dass der Anspruch auf Bilanzkreisöffnung gegen ein **angemes-** 9
senes Entgelt zu gewähren ist. Angemessen ist ein Entgelt nach Absatz 1 Satz 2, wenn die zur Bilanzkreisöffnung Verpflichteten wirtschaftlich so gestellt werden, wie sie ohne Erbringung der Dienstleistungen stünden. Ausweislich der Gesetzesbegründung sind insbesondere solche Strommengen zu bezahlen, die der Letztverbraucher zwar nicht dem Elektrizitätsversorgungsnetz entnimmt, aber von ihm bzw. dem eingeschalteten Aggregator an Dritte weitergegeben werden (BT-Drs. 19/27453, 130). Die Regelung knüpft damit an die Festlegung der BNetzA vom 14.9.2017 – BK6-17-046, 29 an. Der Letztverbraucher muss nicht nur – so wie in der Regel im Liefervertrag vereinbart – tatsächlich entnommene Mengen bezahlen, sondern auch die per nachträglicher Fahrplanänderung aus dem Bilanzkreis des Lieferanten bzw. Bilanzkreisverantwortlichen herausgebuchten Mengen, allerdings ohne Berücksichtigung externer Preisbestandteile.

C. Abdingbarkeit und Sonderkündigungsrecht (Abs. 2)

Der Anspruch nach Absatz 1 Satz 1 ist gem. Absatz 2 Satz 1 **unabdingbar.** Auch eine 10
abweichende individuelle Vereinbarung ist unwirksam.

Absatz 2 Satz 2 bestimmt, dass betroffenen Stromlieferanten und Großhändlern ein **Son-** 11
derkündigungsrecht bezüglich des Liefer- oder Bezugsvertrages zusteht, sofern Letztverbraucher erstmalig die Bilanzkreisöffnung verlangen. Die Kündigungsfrist beträgt drei Monate ab Zugang des Öffnungsverlangens und gilt zum Monatsende. Mit der langen Kündigungsfrist soll den zur Bilanzkreisöffnung Verpflichteten ermöglicht werden, das sich durch die Bilanzkreisöffnung entstehende Risiko abzuschätzen (BT-Drs. 19/27453, 131). Lieferanten von Haushaltskunden gem. § 3 Nr. 22 (typischerweise Letztverbraucher mit einem Jahresstromverbrauch unterhalb von 10 MWh) steht aufgrund der vom Gesetzgeber als gering eingeschätzten Risiken nach Absatz 2 Satz 3 kein Sonderkündigungsrecht zu.

D. Festlegungsbefugnis BNetzA (Abs. 3)

Die BNetzA wird in Absatz 3 zur **Bestimmung von Bedingungen und Methoden** 12
nach Maßgabe von § 29 Absatz 1 ermächtigt. Insbesondere ist die BNetzA befugt, Konkretisierungen über den **Informationsaustausch** (Nummer 1), zur **Energiemengenbilanzierung** und Berücksichtigung von Bilanzkreisabweichungen (Nummer 2), zu technischen und administrativen Anforderungen oder Verfahren wie zB Vorgaben zur Bestimmung der Baseline (Nummer 3) und zum **angemessenen Entgelt** (Nummer 4) zu machen. Die BNetzA ist insbesondere befugt, einen administrativen Aufwand bei der Bestimmung des angemessenen Entgelts zu berücksichtigen. Letztgenannte Festlegungsbefugnis spricht dafür, dass bis zu einer entsprechenden Festlegung der BNetzA administrative Aufwände beim angemessenen Entgelt nach Absatz 1 Satz 2 vorerst nicht berücksichtigt werden können.

§ 41e Verträge zwischen Aggregatoren und Betreibern einer Erzeugungsanlage oder Letztverbrauchern

(1) ¹Verträge zwischen Aggregatoren und Betreibern einer Erzeugungsanlage oder Letztverbrauchern über Dienstleistungen hinsichtlich von Mehr- oder Mindererzeugung sowie von Mehr- oder Minderverbrauch elektrischer Arbeit nach § 41d Absatz 1 Satz 1 bedürfen der Textform. ²Der Aggregator hat den Betreiber der Erzeugungsanlage oder Letztverbraucher vor Vertragsschluss umfassend über die Bedingungen zu informieren, die sich aus einem Vertragsschluss nach § 41d Absatz 1 ergeben.

(2) Letztverbraucher haben das Recht, von dem Aggregator auf Verlangen mindestens einmal in jedem Abrechnungszeitrum unentgeltlich alle sie betreffenden Laststeuerungsdaten oder Daten über die gelieferte und verkaufte Energie zu erhalten.

EnWG § 42 Teil 4. Energielieferung an Letztverbraucher

Überblick

Absatz 1 Satz 1 legt für Verträge zwischen Aggregatoren und Kunden ein Textformerfordernis fest. Absatz 1 Satz 2 enthält eine Informationspflicht bzgl. der Auswirkungen von Aggregierungsverträgen (→ Rn. 2). Absatz 2 verpflichtet Aggregatoren gegenüber Letztverbrauchern zur Übermittlung der last- und energiebezogenen Daten (→ Rn. 3).

A. Normzweck und Hintergrund

1 § 41e dient der Umsetzung von Art. 13 Elektrizitäts-Binnenmarkt-Richtlinie (EU) 2019/944. Die Vorschrift ergänzt § 41d, der das Verhältnis zwischen Aggregatoren und Lieferanten bzw. sonstigen Bilanzkreisverantwortlichen betrifft. § 41e regelt wiederum das **Innenverhältnis zwischen Kunde und Aggregator**.

B. Textformerfordernis und vorvertragliche Informationspflicht bei Aggregierungsverträgen (Abs. 1)

2 Absatz 1 Satz 1 bestimmt, dass für Aggregierungsverträge zwischen Aggregatoren einerseits sowie Betreibern von Erzeugungsanlagen bzw. Letztverbrauchern iSd § 41d Abs. 1 S. 1 (→ § 41d Rn. 4) andererseits ein **Textformerfordernis** besteht. Durch das Textformerfordernis, dass die Einhaltung der in § 126b BGB genannten Voraussetzungen als erfüllt anzusehen ist, soll sichergestellt werden, dass der Aggregator die **vorvertragliche Informationspflicht** gem. Absatz 1 Satz 2 beachtet (BT-Drs. 19/27453, 131). Die Informationspflicht bezieht sich insbesondere auf mögliche Auswirkungen, die sich aus dem Aggregierungsvertrag ergeben können. Dies beinhaltet insbesondere – aber nicht ausschließlich – eine Aufklärungspflicht des Aggregators, auf mögliche Folgen (zB das Kündigungsrecht des Stromlieferanten nach § 41d Abs. 2 S. 2) des Aggregierungsvertrages hinzuweisen.

C. Informationsrechte von Letztverbrauchern (Abs. 2)

3 Absatz 2 gibt einen mindestens **jährlichen Informationsanspruch** der Letztverbraucher gegen die Aggregatoren und dient der Umsetzung des Art. 13 Abs. 3 Elektrizitäts-Binnenmarkt-Richtlinie (EU) 2019/944. Der Verbraucher soll dadurch Einblick bekommen, wie werthaltig die von ihm an den Aggregator vermarktete Flexibilität ist.

§ 42 Stromkennzeichnung, Transparenz der Stromrechnungen, Verordnungsermächtigung

(1) Stromlieferanten sind verpflichtet, in oder als Anlage zu ihren Rechnungen an Letztverbraucher und in an diese gerichtetem Werbematerial sowie auf ihrer Website für den Verkauf von Elektrizität anzugeben:
1. den Anteil der einzelnen Energieträger (Kernkraft, Kohle, Erdgas und sonstige fossile Energieträger, Mieterstrom, gefördert nach dem EEG, erneuerbare Energien mit Herkunftsnachweis, nicht gefördert nach dem EEG) an dem Gesamtenergieträgermix, den der Lieferant im Land des Liefervertrags im letzten oder vorletzten Jahr verwendet hat; spätestens ab 1. November eines Jahres sind jeweils die Werte des vorangegangenen Kalenderjahres anzugeben;
2. Informationen über die Umweltauswirkungen zumindest in Bezug auf Kohlendioxidemissionen (CO_2-Emissionen) und radioaktiven Abfall, die auf den in Nummer 1 genannten Gesamtenergieträgermix zur Stromerzeugung zurückzuführen sind;
3. hinsichtlich der erneuerbaren Energien mit Herkunftsnachweis, nicht gefördert nach dem EEG, die Information, in welchen Staaten die den entwerteten Herkunftsnachweisen zugrunde liegende Strommenge erzeugt worden ist und deren Anteil an der Liefermenge erneuerbarer Energien mit Herkunftsnachweis.

(2) Die Informationen zu Energieträgermix und Umweltauswirkungen sind mit den entsprechenden Durchschnittswerten der Stromerzeugung in Deutschland zu

ergänzen und verbraucherfreundlich und in angemessener Größe in grafisch visualisierter Form darzustellen.

(3) [1]Sofern ein Stromlieferant im Rahmen des Verkaufs an Letztverbraucher eine Produktdifferenzierung mit unterschiedlichem Energieträgermix vornimmt, gelten für diese Produkte sowie für den verbleibenden Energieträgermix die Absätze 1 und 2 entsprechend mit der Maßgabe, dass zusätzlich zu den Energieträgern nach Absatz 1 Nummer 1 der Anteil der erneuerbaren Energien, gefördert nach dem EEG als Energieträger anzugeben ist. [2]Stromlieferanten, die keine Produktdifferenzierung mit unterschiedlichen Energieträgermixen vornehmen, weisen den Gesamtenergieträgermix unter Einbeziehung des Anteils der „erneuerbaren Energien, gefördert nach dem EEG" als „Unternehmensverkaufsmix" aus. [3]Die Verpflichtungen nach den Absätzen 1 und 2 bleiben davon unberührt.

(3a) Die Anteile der nach Absatz 3 anzugebenden Energieträger mit Ausnahme des Anteils für Strom aus erneuerbaren Energien, gefördert nach dem EEG, sind entsprechend anteilig für den jeweiligen Letztverbraucher um den Anteil des Stroms aus erneuerbaren Energien, gefördert nach dem EEG, an der Stromerzeugung in Deutschland zu reduzieren.

(4) [1]Bei Strommengen, die nicht eindeutig erzeugungsseitig einem der in Absatz 1 Nummer 1 genannten Energieträger zugeordnet werden können, ist der ENTSO-E-Energieträgermix für Deutschland unter Abzug der nach Absatz 5 Nummer 1 und 2 auszuweisenden Anteile an Strom aus erneuerbaren Energien zu Grunde zu legen. [2]Soweit mit angemessenem Aufwand möglich, ist der ENTSO-E-Mix vor seiner Anwendung so weit zu bereinigen, dass auch sonstige Doppelzählungen von Strommengen vermieden werden. [3]Zudem ist die Zusammensetzung des nach Satz 1 und 2 berechneten Energieträgermixes aufgeschlüsselt nach den in Absatz 1 Nummer 1 genannten Kategorien zu benennen.

(5) [1]Eine Verwendung von Strom aus erneuerbaren Energien zum Zweck der Stromkennzeichnung nach Absatz 1 Nummer 1 und Absatz 3 liegt nur vor, wenn der Stromlieferant
1. Herkunftsnachweise für Strom aus erneuerbaren Energien verwendet, die durch die zuständige Behörde nach § 79 Absatz 4 des Erneuerbare-Energien-Gesetzes entwertet wurden,
2. Strom, der nach dem EEG gefördert wird, unter Beachtung der Vorschriften des Erneuerbare-Energien-Gesetzes ausweist oder
3. Strom aus erneuerbaren Energien als Anteil des nach Absatz 4 berechneten Energieträgermixes nach Maßgabe des Absatz 4 ausweist.

[2]Stromlieferanten sind berechtigt, für den Anteil von Strom aus erneuerbaren Energien, gefördert nach dem EEG, unter Beachtung der Vorschriften des Erneuerbare-Energien-Gesetzes in der Stromkennzeichnung auszuweisen, in welchem Umfang dieser Stromanteil in regionalem Zusammenhang zum Stromverbrauch erzeugt worden ist, wenn Regionalnachweise durch die zuständige Behörde nach § 79a Absatz 4 des Erneuerbare-Energien-Gesetzes entwertet wurden.

(6) Erzeuger und Vorlieferanten von Strom haben im Rahmen ihrer Lieferbeziehungen den nach Absatz 1 Verpflichteten auf Anforderung die Daten so zur Verfügung zu stellen, dass diese ihren Informationspflichten genügen können.

(7) [1]Stromlieferanten sind verpflichtet, einmal jährlich zur Überprüfung der Richtigkeit der Stromkennzeichnung die nach den Absätzen 1 bis 4 gegenüber den Letztverbrauchern anzugebenden Daten sowie die der Stromkennzeichnung zugrunde liegenden Strommengen der Bundesnetzagentur zu melden. [2]Die Bundesnetzagentur übermittelt die Daten zum Zwecke der Überprüfung des Anteils an erneuerbaren Energien einschließlich unternehmensbezogener Daten und Betriebs- und Geschäftsgeheimnissen an das Umweltbundesamt. [3]Das Umweltbundesamt ist befugt, die Richtigkeit der Stromkennzeichnung zu überprüfen, soweit diese die Ausweisung von Strom aus erneuerbaren Energien betrifft. [4]Im Fall einer Unrichtigkeit dieses Teils der Stromkennzeichnung kann das Umweltbundesamt gegenüber dem betreffenden Stromlieferanten die erforderlichen Maßnahmen zur

Sicherstellung der Richtigkeit der Stromkennzeichnung anordnen. ⁵Die Bundesnetzagentur kann Vorgaben zum Format, Umfang und Meldezeitpunkt machen. ⁶Stellt sie Formularvorlagen bereit, sind die Daten in dieser Form elektronisch zu übermitteln.

(8) ¹Das Bundesministerium für Wirtschaft und Klimaschutz wird ermächtigt, im Einvernehmen mit dem Bundesministerium für Umwelt, Naturschutz, nukleare Sicherheit und Verbraucherschutz durch Rechtsverordnung, die nicht der Zustimmung des Bundesrates bedarf, Vorgaben zur Darstellung der Informationen nach den Absätzen 1 bis 4, insbesondere für eine bundesweit vergleichbare Darstellung, und zur Bestimmung des Energieträgermixes für Strom, der nicht eindeutig erzeugungsseitig zugeordnet werden kann, abweichend von Absatz 4 sowie die Methoden zur Erhebung und Weitergabe von Daten zur Bereitstellung der Informationen nach den Absätzen 1 bis 4 festzulegen. ²Solange eine Rechtsverordnung nicht erlassen wurde, ist die Bundesnetzagentur berechtigt, die Vorgaben nach Satz 1 durch Festlegung nach § 29 Absatz 1 zu bestimmen.

Überblick

Absatz 1 verpflichtet Stromlieferanten zur Stromkennzeichnung (→ Rn. 10) und regelt zudem Umfang und betroffene Informationsmedien (→ Rn. 7). Absatz 2 enthält Vorgaben zur Darstellungsweise der Stromkennzeichnung (→ Rn. 14). Absatz 3 betrifft die produktspezifische Stromkennzeichnung (→ Rn. 16). Absatz 4 enthält eine Sonderregelung für Strom aus unbekannter Herkunft (→ Rn. 18). Absatz 5 regelt Kennzeichnungsvorgaben für Strom aus erneuerbaren Energien (→ Rn. 22). In Absatz 6 sind die Informationspflichten von Erzeugern und Vorlieferanten gegenüber kennzeichnungspflichtigen Elektrizitätsversorgungsunternehmen geregelt (→ Rn. 27). Absatz 7 begründet die Verpflichtung der Kennzeichnungspflichtigen zur jährlichen Meldung der anzugebenden Daten an die BNetzA (→ Rn. 29). Absatz 8 enthält neben der Verordnungsermächtigung für die Bundesregierung eine hilfsweise Festlegungskompetenz für die BNetzA zur Vereinheitlichung der Stromkennzeichnung (→ Rn. 30).

Übersicht

	Rn.		Rn.
A. Normzweck und Bedeutung	1	V. Sonderregelung bei Produktdifferenzierung (Abs. 3, 3a)	16
B. Stromkennzeichnung (Abs. 1–4)	5	VI. Zugrundelegung ENTSO-E-Mix für Stromkennzeichnung aus unbekannter Herkunft	19
I. Kennzeichnungspflichtige	5		
II. Betroffene Informationsmedien	7	C. Kennzeichnungsvorgaben für Strom aus erneuerbaren Energien (Abs. 5)	23
III. Angabe Gesamtunternehmensmix (Abs. 1 Nr. 1–3)	10	D. Melde- und Informationspflichten (Abs. 6–7)	28
IV. Angabe Durchschnittswerte Umweltauswirkungen (Abs. 2)	14	E. Verordnungsermächtigung (Abs. 8)	31

A. Normzweck und Bedeutung

1   Die Vorschrift verfolgt sowohl Zwecke des **Verbraucherschutzes** als auch die **Förderung der umweltverträglichen auf erneuerbaren Energien basierenden Elektrizitätsversorgung** und dient damit zwei der in § 1 Abs. 1 aufgeführten Ziele (Kment EnWG/Rasbach § 42 Rn. 1). Grundgedanke ist dabei, dass Letztverbraucher durch die Stromkennzeichnung in die Lage versetzt werden sollen, eine auf Produktmerkmalen basierte Kaufentscheidung anhand der „Stromqualität" zu treffen. Ob dieses Anliegen mit der Vorschrift tatsächlich erreicht wird, ist zweifelhaft, da die komplexen Kennzeichnungsvorgaben für den durchschnittlichen Verbraucher nur schwer nachvollziehbar sein dürften.

2   § 42 geht auf die gemeinschaftsrechtlichen Vorgaben des ersten Binnenmarkt-Pakets RL 96/92/EG zurück (ausführlich zur Historie Germer/Reh VersorgW 2012, 61), wobei die Vorschrift ihre heutige Ausprägung (von kleineren Änderungen abgesehen) weitestge-

hend mit der EnWG-Novelle vom 26.7.2011 (BGBl. I 1554) erhalten hat. Im Rahmen der EnWG-Novelle 2011 fanden insbesondere die Vorgaben der Elektrizitäts-Binnenmarkt-Richtlinie 2009/72/EG und RL 2009/28/EG Berücksichtigung. Mit den EnWG-Novellen 2021 (BGBl. I 3026) und 2022 (BGBl. I 1237) erfolgten weitere Anpassungen.

Im Unterschied zu den sonstigen Vorschriften des Vierten Teils des EnWG (und abgesehen von § 42a) adressiert die Bestimmung ausschließlich **Stromlieferanten** – nicht aber Versorgungsunternehmen der Gaswirtschaft. 3

In den europäischen Ländern sind vereinzelt Regeln über die Kennzeichnung von Gas anzutreffen, so etwa die österreichische Gaskennzeichnungsverordnung vom 11.9.2019. Wie bereits bei der Stromkennzeichnung kommt damit Österreich auch hier eine Vorreiterrolle zu (Säcker EnergieR/Tödtmann/Arens § 42 Rn. 9). Auch in den europäischen Richtlinien ist die Gaskennzeichnung im Grunde angelegt (vgl. etwa Art. 19 RL (EU) 2018/2001) und wird damit in den nächsten Jahren voraussichtlich die Stromkennzeichnung ergänzen. 3.1

Für die praktische Umsetzung der Stromkennzeichnung ist der regelmäßig aktualisierte **Leitfaden „Stromkennzeichnung" des BDEW** eine vielbeachtete Umsetzungshilfe (wenngleich dem Leitfaden keine Rechtsverbindlichkeit zukommt). Der Leitfaden wird dabei vor Anpassung mit den zuständigen Behörden (BMWi, BNetzA und UBA) abgestimmt. 4

B. Stromkennzeichnung (Abs. 1–4)

I. Kennzeichnungspflichtige

Stromkennzeichnungspflichtig sind Stromlieferanten sowie Mieterstromanbieter iSd § 42a Abs. 1. Stromkennzeichnungspflichtige sind verpflichtet, in Rechnungen, Werbematerial und auf ihrer Webseite die gesetzlich vorgesehenen Kennzeichnungsvorgaben anzugeben. 5

Der **Begriff des Stromlieferanten** wird im EnWG in § 3 Nr. 31a legaldefiniert → § 3 Nr. 31a Rn. 1. 6

II. Betroffene Informationsmedien

Absatz 1 bestimmt, auf welchen Informationsmedien die Kennzeichnungspflichten anzugeben sind. Die Regelung benennt als Informationsmedien ausdrücklich die **Rechnungen** an Letztverbraucher oder deren Anlagen bzw. Anhänge, das an Letztverbraucher gerichtete **Werbematerial** und die **Webseite** für den Verkauf von Elektrizität. 7

Rechnungen sind dabei alle monatlichen, jährlichen oder sonstigen Zwischenrechnungen. Mitteilungen über Abschlagszahlungen oder Korrekturrechnungen sind davon **nicht** umfasst. Die Kennzeichnung kann nach Wahl des Kennzeichnungspflichtigen unmittelbar in der Rechnung selbst erfolgen oder als separate Anlage oder Beiblatt der Rechnung beigelegt bzw. als weitere Datei dem Letztverbraucher zugänglich gemacht werden. 8

Kennzeichnungspflichtiges Werbematerial iSd Absatzes 1 ist ausschließlich das **Werbematerial,** das Letztverbrauchern übersandt bzw. ausgehändigt wird (OLG Frankfurt GRUR-RR 2010, 105). Hierunter fällt Zeitungswerbung nur, wenn es sich um Prospektbeilagen handelt (OLG Frankfurt GRUR-RR 2010, 105). Die begriffliche Einschränkung folgt dabei insbesondere vor dem Hintergrund einer historischen Auslegung, da keine Anhaltspunkte dafür bestehen, dass der nationale Gesetzgeber über Art. 3 Abs. 6 RL 2003/54/EG hinausgehende Anforderungen aufnehmen wollte. 9

III. Angabe Gesamtunternehmensmix (Abs. 1 Nr. 1–3)

Gemäß Absatz 1 Nummer 1 ist seitens des Kennzeichnungspflichtigen der spezifische **Anteil der Energieträger am Gesamtenergieträgermix** bzw. Gesamtunternehmensmix anzugeben. Dabei handelt es sich um die prozentualen Anteile der eingesetzten Energieträger hinsichtlich der an alle Letztverbraucher gelieferten Elektrizität. Auszuweisen sind dabei die Anteile von Kernkraft, Kohle, Erdgas, sonstiger fossiler Energieträger, nach dem EEG geförderter Mieterstrom sowie erneuerbaren Energien mit Herkunftsnachweisen, die nicht über nach dem EEG gefördert wurden. Seit der EnWG-Novelle 2021 (BGBl. I 3026) darf der über das EEG geförderte Strom aus erneuerbaren Energien nicht mehr über den Gesamt- 10

11 Die Aufzählung ist abschließend und zwingend (Säcker EnergieR/Tödtmann/Arens § 42 Rn. 28). Eine detailliertere Aufschlüsselung der Energieträger (zB Wasserkraft, Photovoltaik, Onshore- oder Offshore-Wind) ist dennoch seitens des Kennzeichnungspflichtigen möglich, findet allerdings ihre Grenzen, falls dies zur Unübersichtlichkeit oder Intransparenz der Kennzeichnung führen sollte. Aufgrund des wettbewerblichen Hintergrunds der Vorschrift und daraus resultierenden **Abmahnfähigkeit** iSd UWG ist von zu kleinteiligen Differenzierungen eher abzuraten.

energieträgermix ausgewiesen werden. Hintergrund dieser Änderung war, dass die Ausweisung dieses Anteils das Beschaffungsverhalten nicht widerspiegelt, da der durch das EEG geförderte Strom nicht am Strommarkt beschafft wird (BT-Drs. 19/27453, 131). Durch die Änderung soll eine bessere Verständlichkeit der Stromkennzeichnung erreicht werden.

12 Der Kennzeichnungspflichtige ist gem. Absatz 1 Nummer 1 zur **jährlichen Aktualisierung** zum 1. November verpflichtet. Bezugsjahr ist dabei jeweils das vorangegangene Kalenderjahr. Spätestens zu diesem Zeitpunkt sind die Informationsmedien (→ Rn. 7) und insbesondere die Webseite zu aktualisieren. Es ist zudem empfehlenswert, den Gesamtunternehmensmix der vergangenen Jahre auf der Webseite weiter vorzuhalten (BDEW-Leitfaden „Stromkennzeichnung", Juli 2020, 19).

13 Gemäß Absatz 1 Nummer 2 sind **Angaben zu Kohlendioxidemissionen und zu radioaktivem Abfall** anzugeben. Die Angaben sollen einen Rückschluss auf die Umweltauswirkungen des Gesamtunternehmensmix je kWh ermöglichen. Die Darstellung der Kohlendioxidemissionen erfolgt dabei in g/kWh und wird auf das jeweilige Unternehmensportfolio gewichtet (BDEW-Leitfaden „Stromkennzeichnung", Juli 2020, 38). Die Angaben beziehen sich hierfür auf den Kohlendioxid-Ausstoß bei der Stromproduktion. Die Darstellung von radioaktivem Abfall erfolgt für Elektrizität, die dem Energieträger Kernkraft zuzuordnen ist und wird ebenfalls in g/kWh (gewichtet auf das Unternehmensportfolio) angegeben. Dabei wird als zu verrechnender Standardwert für jede in Kernkraftwerken erzeugte kWh Strom 0,0027 g/kWh (netto) festgelegt (BDEW-Leitfaden „Stromkennzeichnung", Juli 2020, 37).

13a Absatz 1 Nummer 3 wurde durch Gesetz v. 20.7.2022 (BGBl. I 1237) mWz 1.1.2023 neu eingeführt. In der Stromkennzeichnung ist zukünftig anzugeben, in welchem Staat der erneuerbare Strom mit Herkunftsnachweisen erzeugt worden ist. Zudem sind die **jeweiligen Anteile der Herkunftsstaaten** an der gelieferten Menge Strom aus erneuerbaren Energien mit Herkunftsnachweis zu benennen. Durch die Angabe der Herkunftsstaaten sollen Letztverbraucher besser nachvollziehen können, ob die beworbenen Herkunftsnachweise entwertet wurden (BT-Drs. 20/1630, 246).

IV. Angabe Durchschnittswerte Umweltauswirkungen (Abs. 2)

14 Gemäß Absatz 2 sind die Angaben zu Gesamtunternehmensmix (→ Rn. 10) und Umweltauswirkungen (→ Rn. 13) um die entsprechenden **Durchschnittswerte der Stromerzeugung in Deutschland nebst durchschnittlicher Umweltauswirkungen** im entsprechenden Kalenderjahr zu ergänzen. Die Durchschnittswerte der Nettostromerzeugung werden vom BDEW auf Grundlage der amtlichen Statistiken ebenfalls jährlich veröffentlicht und sind über die Webseite des BDEW abrufbar.

15 Die Angabe der Durchschnittswerte hat **verbraucherfreundlich und in angemessener Größe in grafisch visualisierter Form** zu erfolgen. Diese Vorgabe resultiert aus Art. 3 Abs. 9 Elektrizitäts-Binnenmarkt-Richtlinie 2009/72/EG und soll dem Verbraucher einen Vergleich der Umweltauswirkungen des Gesamtunternehmensmixes mit den national durchschnittlichen Umweltauswirkungen ermöglichen. Das in der Gesetzesbegründung enthaltene grafische Muster (BT-Drs. 17/6072, 86) ist kein Bestandteil der Bestimmung, sodass die grafische Ausgestaltung den Kennzeichnungspflichtigen obliegt. Häufig werden Kreisdiagramme verwendet, was jedoch die Darstellung in Form von Balken- oder Säulendiagrammen oder sonstige Grafiken nicht ausschließt (Säcker EnergieR/Tödtmann/Arens § 42 Rn. 36).

V. Sonderregelung bei Produktdifferenzierung (Abs. 3, 3a)

16 Sofern ein Kennzeichnungspflichtiger im Rahmen seines Stromverkaufs **Produktdifferenzierungen** (zB verschiedene Ökostromtarife) vornimmt, ist er über die sich aus Absätzen

1 und 2 ergebenden Pflichten hinaus dazu verpflichtet, seine Stromkennzeichnung um weitere Angaben zu ergänzen. Absatz 3 Satz 1 stellt dabei klar, dass die nach Absätzen 1 und 2 erforderlichen Pflichtangaben sowohl um die entsprechenden Angaben für die jeweiligen Produkte als auch um die Angaben bezüglich des verbleibenden Energieträgermix (Residualmix) zu ergänzen sind. Darüber hinaus ist im Produktmix auch der Anteil des EEG-geförderten Stroms auszuweisen, der im Gesamtunternehmensmix nach Absatz 1 keine Berücksichtigung findet (→ Rn. 10). Auch die Benennung der Herkunftstaaten gem. Absatz 1 Nummer 3 ist im Produktmix vorzunehmen (BT-Drs. 20/1630, 246). Die aufgrund der Produktdifferenzierung notwendigen Differenzierungen des Residualmix können je nach Zahl der Tarife zu einer Vielzahl an unterschiedlichen kennzeichnungspflichtigen Angaben führen. Der BDEW-Leitfaden enthält umfangreiche Erläuterungen zu Pflichtangaben und Darstellungsmöglichkeiten (BDEW-Leitfaden „Stromkennzeichnung" 1. August 2022, 22–26).

Soweit ein Stromlieferant **keine Produktdifferenzierung** mit unterschiedlichen Energieträgermixen vornimmt, hat dieses den. Absatz 3 Satz 2 den Gesamtenergieträgermix einschließlich des EEG-geförderten Anteils erneuerbarer Energien als **Unternehmensverkaufsmix** anzugeben. 17

Unabhängig von der für Produktdifferenzierungen geltenden Sonderregelung bleiben gem. Absatz 3 Satz 3 weiterhin die Kennzeichnungspflichten gem. Absätzen 1 und 2 (→ Rn. 10 ff.) bezüglich des Gesamtunternehmensmixes bestehen. 18

Durch den mWv 1.1.2023 neu eingefügten Absatz 3a wird der Beendigung der EEG-Förderung über den Strompreis Rechnung getragen. Bisher knüpfte die Ausweisung des EEG-Anteils an die individuelle EEG-Umlagenzahlung des Letztverbrauchers an. Da die Finanzierung nunmehr durch das Sondervermögen des Energie- und Klimafonds und mithin durch den Steuerzahler erfolgt, wurde die Kennzeichnungspflicht entsprechend angepasst. Der EEG-Anteil ist **auf Grundlage des bundesdeutschen Strommixes** und nicht mehr auf individueller Basis zu berechnen. Damit soll für Stromlieferanten eine **Vereinfachung** der Kennzeichnung erreicht werden. Im Fall der Ausweisung eines spezifischen Produktmixes ist der bundesdeutsche Strommix im individuellen Produktmix des Letztverbrauchers und im Fall einer fehlenden Produktdifferenzierung im Unternehmensverkaufsmix zu berücksichtigen (BT-Drs. 20/1630, 247). 18a

VI. Zugrundelegung ENTSO-E-Mix für Stromkennzeichnung aus unbekannter Herkunft

Gemäß Absatz 4 Satz 1 sind Strommengen, die erzeugungsseitig nicht eindeutig einem der in Absatz 1 Nummer 1 genannten Energieträger zugeordnet werden können, den Energieträgern nach Maßgabe des **ENTSO-E-Energieträgermixes** für Deutschland zuzuordnen. Der ENTSO-E-Energieträgermix wird dabei ausschließlich als Hilfsgröße für die Ermittlung des Gesamtunternehmensmixes eingesetzt (BDEW-Leitfaden „Stromkennzeichnung", Juli 2020, 28). ENTSO-E ist der europäische Verband aller Übertragungsnetzbetreiber (European Network of Transmission System Operators for Electricity). Die Bestimmung soll dafür Sorge tragen, dass keine Strommengen des Unternehmensportfolios ungekennzeichnet bleiben und betrifft insbesondere **Strom aus unbekannter Herkunft**, wie etwa Börsenstrom (BT-Drs. 17/6072, 87). 19

Da die nach dem EEG-geförderten Mengen bereits separat erfasst werden, würde die erneute Berücksichtigung dieser Mengen zu einer Doppelzählung führen. Da diese jedoch im ENTSO-E-Energieträgermix enthalten sind, ist dieser insoweit gem. Absatz 4 Satz 1 um die durch das EEG geförderten Mengen und EE-Herkunftsnachweise nach Absatz 5 Satz 1 Nummern 1 und 2 zu **bereinigen**. Seit 2018 sind auch die durch das EEG geförderten Mieterstrommengen in Abzug zu bringen. Der BDEW veröffentlicht jährlich im August den bereinigten ENTSO-E-Energieträgermix. 20

Absatz 4 Satz 2 bestimmt darüber hinaus, dass auch sonstige **Doppelzählungen zu vermeiden** sind, soweit eine solche Bereinigung mit angemessenem Aufwand möglich ist. 21

Absatz 4 Satz 3 legt schließlich fest, dass die Zusammensetzung des zur Anwendung kommenden **bereinigten Energieträgermixes** iSv Sätzen 1 und 2 ebenfalls unter Berücksichtigung der Anteile der einzelnen Energieträger aufzuschlüsseln ist. Der Gesetzgeber bezweckte 22

C. Kennzeichnungsvorgaben für Strom aus erneuerbaren Energien (Abs. 5)

23 Absatz 5 Satz 1 bestimmt, dass Kennzeichnungspflichtige im Gesamtunternehmensmix iSd Absatzes 1 Nummer 1 und bei Produktdifferenzierungen nach Absatz 3 Strom aus erneuerbaren Energien nur unter Einhaltung der in Absatz 5 genannten Anforderungen ausweisen dürfen. Erneuerbare Energien sind dabei in § 3 Nr. 18b definiert, der wiederum auf die entsprechende Definition in § 3 Nr. 21 EEG 2021 verweist.

24 Die Stromkennzeichnung für Strom aus erneuerbaren Energien iSd Absatzes 5 Satz 1 Nummer 1 setzt dabei voraus, dass **Herkunftsnachweise** verwendet wurden, die im Herkunftsnachweisregister des UBA gem. § 79 Abs. 4 EEG 2021 entwertet wurden. Herkunftsnachweise werden dabei ausschließlich für den Strom ausgestellt, für den keine Zahlung nach § 19 EEG 2021 (zB Marktprämie oder Einspeisevergütung) oder § 50 EEG 2021 in Anspruch genommen wurde. Mit der Beschränkung des Anwendungsbereichs soll eine **Doppelausweisung** des Stroms vermieden werden (BeckOK EEG/Büllesfeld/Koch EEG § 79 Rn. 33).

25 Demgegenüber ist der durch das **EEG- geförderte Strom** gem. Absatz 5 Satz 1 Nummer 2 separat auszuweisen. Stromlieferanten sind berechtigt, die entsprechenden Strommengen als erneuerbare Energien, gefördert nach dem EEG unter Beachtung der Vorschriften des Erneuerbare-Energien-Gesetzes zu kennzeichnen. Die Regelung ist umstritten, da aufgrund des großen Anteils von EEG-Umlage finanziertem Strom Energielieferanten selbst dann einen erheblichen Ökostromanteil ausweisen können, wenn kein oder nur ein geringer Anteil der beschafften Strommengen aus erneuerbaren Energien stammt (vgl. hierzu etwa https://www.lichtblick.de/presse/lichtblick-aktuell-klare-stromkennzeichnung-statt-greenwashing, letzter Abruf vom 31.8.2021).

26 Der bereinigte ENTSO-E-Mix nach Maßgabe von Absatz 4 kann zudem **weitere als erneuerbare Energien gekennzeichnete Strommengen** umfassen (→ Rn. 20). Dies gilt insbesondere für die von Absatz 5 Satz 1 Nummer 3 umfassten Strommengen aus erneuerbaren Energien. Der insoweit gekennzeichnete Strom findet über den bereinigten ENTSO-E-Mix innerhalb des Gesamtunternehmensmixes Berücksichtigung. Dabei handelt es sich um Strommengen, die im jeweiligen Lieferjahr im Herkunftsnachweisregister zwangsentwertet wurden, da keine Entwertung durch ein Elektrizitätsversorgungsunternehmen stattgefunden hat. Für diese Strommengen ist eine separate Nachweisführung entbehrlich.

27 Mit Inkrafttreten zum 1.1.2017 wurde Absatz 5 um Satz 2 ergänzt (BGBl. 2016 I 2258). Mit der Einfügung dieses Satzes wollte der Gesetzgeber der Einführung der **regionalen Grünstromkennzeichnung** gem. § 79a EEG 2021 und den konkretisierenden untergesetzlichen Regelungen der HkRNDV Rechnung tragen (BT-Drs. 18/8860, 338). Durch die Regelung wird die Ausweisung der Stromerzeugung in regionalem Zusammenhang in einem 50 Kilometer-Umkreis um den Letztverbraucher ermöglicht. Die Kennzeichnung ist nur möglich, wenn die entsprechenden Regionalnachweise im seit 1.1.2019 bestehenden und beim UBA geführten Regionalnachweisregister gem. § 79a Abs. 4 EEG 2021 entwertet werden. Der regionale Grünstrom muss dabei dem Stromanteil der EEG-umlagefinanzierten erneuerbaren Energien zugeordnet werden. Dabei soll eindeutig erkennbar sein, wie groß der Anteil regional erzeugten Stroms am gesamten Stromprodukt ist (vgl. UBA, Empfehlungen zur regionalen Grünstromkennzeichnung, 3.9.2020).

D. Melde- und Informationspflichten (Abs. 6–7)

28 Absatz 6 adressiert Erzeuger und Vorlieferanten des kennzeichnungspflichtigen Unternehmens. Da die Handels- und Bilanzierungsprozesse keine durchgehende Erfassung der Stromherkunft gewährleisten, werden Erzeuger und Vorlieferanten verpflichtet, die zur Kennzeichnung des Stroms erforderlichen **Daten zur Verfügung zu stellen.** Informationspflichtig sind Unternehmen, die dritte Stromlieferanten mit Strom beliefern. Die Kennzeichnungspflicht ist EU-weit festgelegt – gilt jedoch weder für anonymisierten Börsenstrom noch für Importstrom, der von einem Unternehmen außerhalb der Europäischen Union bezogen

wird (Säcker EnergieR/Tödtmann/Arens § 42 Rn. 50). Dieser ist nach Maßgabe von Absatz 4 Satz 1 auf Grundlage des ENTSO-E-Mix auszuweisen (→ Rn. 19).

Die nach Absatz 6 informationspflichtigen Unternehmen sind dazu verpflichtet, die Daten auf Anforderung so zur Verfügung zu stellen, dass die kennzeichnungspflichtigen Unternehmen ihrer Kennzeichnungspflicht genügen. In der Praxis müssen die informationspflichtigen Unternehmen für die Erhebung und Aufbereitung der Daten einen zeitlichen Vorlauf einkalkulieren. 29

Erzeuger und Vorlieferanten mit Jahresstrommengen von über 10 TWh veröffentlichen den Energieträgermix dabei in der Regel bis zum 15.8. des laufenden Jahres, Unternehmen mit Eigenerzeugung oder unmittelbarer Beschaffung bis zum 31.8. des laufenden Jahres und alle sonstigen informationspflichtigen bis spätestens zum 15.9. (vgl. BDEW-Leitfaden „Stromkennzeichnung", 30). Die Veröffentlichung erfolgt durch das Unternehmen selbst. Zudem erfolgt der Informationsfluss über die Datenplattform des BDEW und durch Meldung an den BDEW. Dies resultiert nicht aus einer gesetzlichen Vorgabe, erleichtert den betroffenen Unternehmen jedoch die Abwicklung über eine zentrale Stelle. 29.1

Absatz 7 enthält eine jährliche Meldepflicht der Kennzeichnungspflichtigen gegenüber der BNetzA. Dabei sind die der Stromkennzeichnung zugrundeliegenden Daten vollumfänglich anzugeben. Da das UBA die Angaben der Stromkennzeichnung hinsichtlich des Anteils an erneuerbaren Energien auf Richtigkeit kontrolliert, werden diese Daten von der BNetzA direkt an das UBA weitergeleitet. Die BNetzA kann Vorgaben zu Format, Umfang und Meldezeitpunkt machen. Aktuell erfolgen die Meldungen über die **Plattform MonEDa** (MonitoringEnergieDaten). Mit der EnWG-Novelle 2021 (BGBl. I 3026) wurde die Übermittlungspflicht zum Zweck der effektiven Überprüfung der Stromkennzeichnung (BT-Drs. 19/27453, 132) dahingehend erweitert, dass Gesamtliefermengen gemeldet werden müssen, selbst wenn dies die Übermittlung von unternehmensbezogenen Daten einschließlich Betriebs- und Geschäftsgeheimnissen bedingt. 30

Durch die EnWG-Novelle 2022 wurde zudem die Sätze 3 und 4 neu eingefügt. Durch die Änderung wird klargestellt, dass das Umweltbundesamt zur Überprüfung der korrekten Ausweisung des erneuerbare-Energien-Anteils berechtigt ist. Im Fall von Fehlern ist das **Umweltbundesamt** zur Durchführung der erforderlichen Maßnahmen gegenüber Stromlieferanten berechtigt. Der Gesetzgeber nennt als mögliche Maßnahmen insbesondere die Aufforderung zur Korrektur der Stromkennzeichnung oder die Nachentwertung von Herkunftsnachweise (BT-Drs. 20/1630, 247). Es stellt sich die Frage, in welchem Verhältnis die Befugnis des Umweltbundesamtes gegenüber den Aufsichtsmaßnahmen der BNetzA nach §§ 65 ff. steht. Es spricht vieles dafür, dass der Gesetzgeber mit der Änderung eine eigene Ermächtigungsgrundlage für hoheitliche Maßnahmen des Umweltbundesamtes treffen wollte, für die der gewöhnliche Verwaltungsrechtsweg eröffnet sein dürfte. 30a

E. Verordnungsermächtigung (Abs. 8)

Absatz 8 ermächtigt das Bundesministerium für Wirtschaft und Klimaschutz im Einvernehmen mit dem Bundesministerium der Umwelt, Naturschutz, nukleare Sicherheit und Verbraucherschutz dazu, Vorgaben zur Stromkennzeichnung nach den Absätzen 1–4 in einer **Rechtsverordnung** weiter zu konkretisieren und insbesondere eine bundesweit vergleichbare Darstellung herbeizuführen. Die Verordnungsermächtigung sieht zudem vor, eine vom ENTSO-E-Energieträgermix und Absatz 4 abweichende sonstige Erhebungsmethode für nicht eindeutig zuzuordnenden Strom festzulegen. Schließlich können durch Rechtsverordnung überdies Methoden zur Erhebung und Weitergabe der Daten zum Zweck der Informationsbereitstellung nach den Absätzen 1–4 festgelegt werden. Die Rechtsverordnung bedarf nicht der Zustimmung des Bundesrates. Die Bundesregierung hat von der Verordnungsermächtigung bisher **keinen Gebrauch** gemacht. 31

Gemäß Absatz 8 Satz 2 ist die BNetzA berechtigt, soweit noch keine Rechtsverordnung nach Absatz 8 Satz 1 besteht, die in Absatz 8 Satz 1 genannten Regelungsinhalte durch Festlegung nach § 29 Abs. 1 zu bestimmen. Von der Festlegungsbefugnis hat die BNetzA bisher keinen Gebrauch gemacht. 32

§ 42a Mieterstromverträge

(1) Für die Belieferung von Letztverbrauchern mit Mieterstrom im Sinn von § 21 Absatz 3 des Erneuerbare-Energien-Gesetzes sind vorbehaltlich der Absätze 2 bis 4 die Vorschriften dieses Gesetzes anzuwenden.

(2) [1]Ein Vertrag über die Belieferung von Letztverbrauchern mit Mieterstrom (Mieterstromvertrag) darf nicht Bestandteil eines Vertrags über die Miete von Wohnräumen sein. [2]Bei einem Verstoß gegen dieses Verbot ist der Mieterstromvertrag nichtig. [3]Die §§ 814 und 817 Satz 2 des Bürgerlichen Gesetzbuchs sind nicht anzuwenden. [4]Sofern der Mieter dem Vermieter Wertersatz für den gelieferten Strom zu leisten hat, beträgt der Wert höchstens 75 Prozent des in dem jeweiligen Netzgebiet geltenden Grundversorgungstarifs, auf Basis des Grund- und Arbeitspreises, und nicht mehr als der im Mieterstromvertrag vereinbarte Preis. [5]Satz 1 gilt nicht
1. für Mietverhältnisse nach § 549 Absatz 2 Nummer 1 und 2 des Bürgerlichen Gesetzbuchs in der am 1. Juni 2015 gültigen Fassung,
2. für Mietverhältnisse, auf die die Ausnahmen des § 11 Absatz 1 Nummer 2 der Heizkostenverordnung in der Fassung der Bekanntmachung vom 5. Oktober 2009 (BGBl. I S. 3250) Anwendung finden.

[6]Der Mieterstromvertrag muss die umfassende Versorgung des Letztverbrauchers mit Strom auch für die Zeiten vorsehen, in denen kein Mieterstrom geliefert werden kann. [7]Bei einer Beendigung des Vertrags über die Miete von Wohnräumen endet der Mieterstromvertrag, ohne dass es einer ausdrücklichen Kündigung bedarf, mit der Rückgabe der Wohnung.

(3) [1]Bei einem Mieterstromvertrag ist eine die andere Vertragspartei länger als ein Jahr bindende Laufzeit des Vertrags unwirksam. [2]Die stillschweigende Verlängerung des Vertragsverhältnisses um mehr als ein Jahr oder eine längere Kündigungsfrist als drei Monate vor Ablauf der zunächst vorgesehenen oder stillschweigend verlängerten Vertragsdauer sind unwirksam. [3]Eine Bestimmung, durch die das Kündigungsrecht während der Dauer des Mietverhältnisses ausgeschlossen oder beschränkt wird, ist unwirksam.

(4) [1]Der für den Mieterstrom und den zusätzlichen Strombezug nach Absatz 2 Satz 6 zu zahlende Preis darf 90 Prozent des in dem jeweiligen Netzgebiet geltenden Grundversorgungstarifs, auf Basis des Grund- und Arbeitspreises, nicht übersteigen. [2]Wird der Höchstpreis nach Satz 1 überschritten, erfolgt eine Herabsetzung auf den Preis, der diesem Höchstpreis entspricht.

(5) [1]Im Fall der Belieferung von Letztverbrauchern mit Mieterstrom nach § 21 Absatz 3 des Erneuerbare-Energien-Gesetzes ist § 42 Absatz 3a nur für den Teil des gelieferten Stroms anzuwenden, der nicht über den Mieterstromzuschlag nach § 21 Absatz 3 des Erneuerbare-Energien-Gesetzes gefördert wird. [2]Der in einem Kalenderjahr gelieferte und mit dem Mieterstromzuschlag nach § 21 Absatz 3 des Erneuerbare-Energien-Gesetzes geförderte Strom ist zu Zwecken der Stromkennzeichnung auf die jeweiligen Letztverbraucher nach dem Verhältnis ihrer Jahresstromverbräuche zu verteilen und den Letztverbrauchern entsprechend auszuweisen. [3]Der Strom nach Satz 2 ist als Mieterstrom, gefördert nach dem EEG, zu kennzeichnen.

Überblick

Die Vorschrift enthält Vorgaben für sog. Mieterstromverträge. Der Anwendungsbereich der Bestimmung ist in Absatz 1 begrenzt auf die Belieferung von Mieterstrom aus Photovoltaikanlagen iSd § 21 Abs. 3 EEG 2023 (→ Rn. 4). Absatz 2 regelt in den Sätzen 1–5 das Verhältnis des Mieterstromvertrags zu Wohnraummietverträgen und enthält in Satz 1 ein striktes Kopplungsverbot (→ Rn. 11). Absatz 2 Sätze 6–7 und Absatz 3 beinhalten materielle Anforderungen u.a. zum Vertragsende (→ Rn. 27), zur zulässigen Vertragslaufzeit (→ Rn. 28) und zu Kündigungsfristen (→ Rn. 30). Absatz 4 verbietet die Überschreitung eines am jeweiligen Grundversorgungstarif ausgerichteten Höchstpreises (→ Rn. 33). Absatz 5

Übersicht

	Rn.		Rn.
A. Normzweck und Bedeutung	1	2. Grundsatz der bereicherungsrechtlichen Rückabwicklung	15
B. Anwendungsbereich und Adressaten (Abs. 1)	4	3. Begrenzung des Wertersatzanspruches	16
		4. Rückausnahme für besondere Mietverhältnisse (Abs. 2 S. 5)	19
I. Anwendbarkeit der Abs. 2–4	4	D. Inhaltliche Anforderungen an Mieterstromverträge (Abs. 2 S. 5–7, Abs. 3)	26
II. Mieterstrom	5		
III. Verpflichtete und Begünstigte	8	I. Umfassende Stromversorgung (Abs. 2 S. 6)	26
C. Verhältnis Energieliefer- zu Wohnraummietverhältnis (Abs. 2 S. 1–5)	11	II. Vertragsende (Abs. 2 S. 7)	27
I. Kopplungsverbot mit Mietverträgen (Abs. 2 S. 1)	11	III. Laufzeitbegrenzung (Abs. 3 S. 1–2)	28
		IV. Kündigungsfristen (Abs. 3 S. 2–3)	30
		E. Preisvorgaben (Abs. 4)	33
II. Rückabwicklung (Abs. 2 S. 2–4)	14	F. Stromkennzeichnung von Mieterstrom (Abs. 5)	40
1. Rechtsfolge Verstoß gegen Kopplungsverbot	14		

A. Normzweck und Bedeutung

Die Bestimmung des § 42a wurde mit dem sog. „**Mieterstromgesetz**" (BGBl. 2017 I 2532) neu in das EnWG aufgenommen. Die Vorschrift dient – wie auch die vorstehenden Bestimmungen der §§ 40–42 – dem **Verbraucher- bzw. Mieterschutz** (BT-Drs. 18/12355, 25). **1**

Die Vorschrift ist Gegenstück zu der sich aus § 21 Abs. 3 EEG 2021 ergebenden staatlichen Förderung von Mieterstrom. Der Gesetzgeber verknüpft in § 42a die Mieterstromförderung mit der Einhaltung mieterschützender Anforderungen. Die Vorgaben sollen insbesondere sicherstellen, dass Mieter und Mietinteressenten nicht aus sachfremden Gründen in für sie nachteilhafte Mieterstromverträge „gedrängt" werden (BT-Drs. 18/12355, 25). Die besondere **Schutzbedürftigkeit der Mieter** folgt dabei daraus, dass neben der Energieversorgung ein Miet- oder Pachtverhältnis des Mieters mit dem Vermieter besteht oder eingegangen werden könnte, aus dem sich eine von einfachen Energielieferverträgen abweichende **Abhängigkeit** des Mieters ergibt oder ergeben könnte. **2**

Vor Einführung der Neuregelungen durch das Mieterstromgesetz (BGBl. 2017 I 2532) war für dezentrale Versorgungsmodelle (im PV-Bereich) eine Förderung in der Praxis kaum umsetzbar, da aufgrund des strikten **Merkmals der Personenidentität** der Eigenversorgung iSv § 3 Nr. 19 EEG 2021 die für Eigenversorger geltenden Vorteile für selbst erzeugten Strom (vgl. §§ 61 ff. EEG 2021) bei Mietern regelmäßig nicht zur Anwendung kommen konnten. Mit dem Fördertatbestand des § 21 Abs. 3 EEG 2021 bzw. § 19 Abs. 1 Nr. 3 EEG 2021 hat der Gesetzgeber eine eigene Anspruchsgrundlage für Mieterstrom im PV-Bereich geschaffen. Vor diesem Hintergrund ergab sich aus Sicht des Gesetzgebers die Notwendigkeit, **erweiterte vertragliche Anforderungen** in einer eigenständigen Bestimmung im für Energielieferverträge maßgeblichen EnWG zu regeln. **3**

B. Anwendungsbereich und Adressaten (Abs. 1)

I. Anwendbarkeit der Abs. 2–4

Absatz 1 regelt, dass für die Belieferung von Letztverbrauchern mit Mieterstrom iSv § 21 Abs. 3 EEG 2021 vorbehaltlich der abweichenden Regelungen in den Absätzen 2–4 die Vorschriften des EnWG zur Anwendung kommen sollen. Dabei ist zu beachten, dass der Gesetzgeber mit der missverständlich formulierten Bestimmung **nicht** zum Ausdruck bringen wollte, dass bei der Belieferung von Letztverbrauchern mit sonstigem Mieterstrom die Regelungen des EnWG nicht zur Geltung kommen sollen. Vielmehr sollen die Regelungen der Absätze 2–4 **ergänzend** zu den sonstigen Regelungen des EnWG **anwendbar** sein (so auch Kment EnWG/Rasbach § 42a Rn. 8). Dies gilt aber ausschließlich für die dem **4**

Schnurre

Anwendungsbereich der Vorschrift unterliegenden Mieterstromlieferungen – für sonstige Mieterstromlieferungen gelten die übrigen Regelungen des EnWG unverändert fort, ohne dass § 42a zur Anwendung kommt.

II. Mieterstrom

5   Der Mieterstrombegriff in Absatz 1 verweist ausdrücklich auf § 21 Abs. 3 EEG 2021. Weder in den Bestimmungen des EnWG noch in den Bestimmungen des EEG 2021 findet sich demgegenüber eine weitergehende **Definition von Mieterstrom**. Die in § 21 Abs. 3 EEG 2021 enthaltenen Voraussetzungen schränken den Anwendungsbereich der Mieterstromförderung ein. Soweit die Belieferung mit Mieterstrom den in § 21 Abs. 3 EEG 2021 niedergelegten Voraussetzungen nicht genügt, unterliegt die entsprechende Belieferung von vorneherein nicht dem Anwendungsbereich von § 42a (Kment EnWG/Rasbach § 42a Rn. 7).

6   Damit ist § 42a nur für den in **Photovoltaikanlagen** erzeugten Strom anzuwenden – für Mieterstrom aus KWK-Anlagen gelten die Absätze 2–4 dagegen nicht (soweit nicht auch Strom aus PV-Anlagen geliefert wird). Die Förderung von KWK-Anlagen richtet sich dabei nach § 6 Abs. 3 S. 1 Nr. 1 KWKG. Sonstige Erzeugungsarten sind ebenso wenig von der Regelung umfasst, spielen in der Praxis aber ohnehin für die Elektrizitätserzeugung im Mieterstromsegment keine Rolle.

7   Der Mieterstromzuschlag nach § 21 Abs. 3 EEG 2021 erfolgt ausschließlich bei Vorliegen der nachfolgenden Voraussetzungen (ausführlich zu den Voraussetzungen Clearingstelle EEG/KWKG, Hinweis v. 20.4.2018 – 2017/46):

- Umfasst sind gem. § 21 Abs. 3 S. 1 EEG 2021 nur Photovoltaikanlagen, die je Gebäude eine **installierte Leistung von maximal 100 kW** (und im Quartier maximal 750 kW (vgl. § 48a EEG 2021)) **aufweisen.**
- Ausgeschlossen vom Anwendungsbereich sind Freiflächen-Photovoltaikanlagen, da sich diese nicht **in, an oder auf einem Wohngebäude** iSd § 3 Nr. 50 EEG 2021 befinden (BGH RdE 2009, 149). Eine teilweise gewerbliche Nutzung des Wohngebäudes ist gem. § 21 Abs. 3 S. 2 EEG 2021 zulässig, soweit mindestens 40 Prozent der Fläche dem Wohnen dienen.
- Durch die Novellierung des EEG zum 1.1.2021 (BGBl. 2020 I 3138) wurde die ehemals enge räumliche Voraussetzung zwischen Standort der Erzeugungsanlage und Wohngebäude in § 21 Abs. 3 S. 1 Nr. 1 EEG 2021 aufgehoben. Nunmehr ist es nur noch Voraussetzung, dass **Erzeugungsanlage und versorgtes Wohngebäude im selben Quartier** liegen. Der Quartiersbegriff wurde mit dem EEG 2021 neu eingeführt. Der Begriff wurde vom Gesetzgeber nicht definiert. Unter Quartier ist jedoch ausweislich der gesetzlichen Begründung ein zusammenhängender Gebäudekomplex zu verstehen, der den Eindruck eines einheitlichen Ensembles erweckt, jedoch grundsätzlich durch Straßen getrennt sein kann (BT-Drs. 19/25326, 12).
- Als weitere Voraussetzung gilt gem. § 21 Abs. 3 S. 1 Nr. 2 EEG 2021 zudem, dass der Strom **nicht durch ein Versorgungsnetz durchgeleitet** wird. Die Belieferung muss damit innerhalb derselben Kundenanlage iSd § 3 Nr. 24a erfolgen. Hieraus ergibt sich mittelbar eine räumliche Begrenzung (vgl. → § 3 Nr. 24a Rn. 13 ff.).
- Der Mieterstromzuschlag setzt zudem gem. § 100 Abs. 7 S. 1 EEG 2017 voraus, dass die Solaranlage nach dem Stichtag des 25.7.2017 in Betrieb genommen wurde.

III. Verpflichtete und Begünstigte

8   Unter den Schutzbereich von Absatz 1 fallen, anders als der Begriffsteil „**Mieter**" vermuten lässt, nicht nur Letztverbraucher, die Miet- oder Pachtverträge iSd §§ 535 ff. BGB abgeschlossen haben, sondern auch Stromlieferverträge, bei denen nicht der Mieter, sondern der selbst nutzende **Wohnungseigentümer** einer WEG beliefert wird oder die Strombelieferung über vergleichbare Mehrpersonenkonstellationen erfolgt (vgl. BNetzA, Hinweis zum Mieterstromzuschlag als eine Sonderform der EEG-Förderung, 2017/3, 10; Kment EnWG/Rasbach § 42a Rn. 6; Säcker EnergieR/Meitz § 42a Rn. 5).

9   Anwendbar ist die Regelung in Absatz 1 nur für die **Belieferung von Letztverbrauchern.** Dabei ist auf den Letztverbraucherbegriff des § 3 Nr. 33 EEG 2021 – nicht auf den

Letztverbraucherbegriff in § 3 Nr. 25 abzustellen (so auch Ehring EnWZ 2018, 213 (214); aA Säcker EnergieR/Meitz § 42a Rn. 5). Dies ist insbesondere für die Belieferung von Ladestationen von Relevanz, da Letztverbraucher iSd § 3 Nr. 33 EEG 2021 regelmäßig der Fahrzeugnutzer, Letztverbraucher iSd § 3 Nr. 25 dagegen der Ladesäulenbetreiber (bzw. CPO) sein dürfte. Hintergrund des Abstellens auf den Letztverbraucherbegriff des EEG 2021 ist dabei, dass auch die Fördervoraussetzungen gem. § 21 Abs. 3 EEG 2021 die Lieferung an den Letztverbraucher und den Elektrizitätsverbrauch durch den Letztverbraucher vorsehen. Da § 42a ausschließlich auf die Mieterstromkonstellation iSd § 21 Abs. 3 EEG 2021 Anwendung findet, ist somit auch der begriffliche Anwendungsbereich an der Mieterstromförderkulisse auszurichten. In der Folge bleibt kein Spielraum für eine abweichende Begriffsdefinition.

Adressaten der Regelung sind **Mieterstromanbieter.** Mieterstromanbieter sind nicht zwingend gleichzusetzen mit Energieversorgungsunternehmen iSd § 3 Nr. 18. Mieterstromanbieter ist dabei derjenige, der Strom liefert und gleichzeitig die Stellung als Anlagenbetreiber der Photovoltaikanlage gem. § 3 Nr. 2 EEG 2021 innehat. Es kann sich dabei um den Vermieter, den Flächenpächter oder einen sonstigen Contractor (Anlagenpächter) handeln. Der Mieterstromanbieter gilt automatisch als Lieferant iSd § 40. 10

C. Verhältnis Energieliefer- zu Wohnraummietverhältnis (Abs. 2 S. 1–5)

I. Kopplungsverbot mit Mietverträgen (Abs. 2 S. 1)

Gemäß Absatz 2 Satz 1 darf ein Mieterstromvertrag nicht Bestandteil eines Wohnraummietvertrags sein. Der Mieterstromvertrag wird legaldefiniert als Vertrag über die Belieferung von Letztverbrauchern mit Mieterstrom (→ Rn. 5). 11

Aus der Bestimmung ergibt sich zuvorderst ein physisches Trennungsgebot. Dem Mieter darf kein einheitliches oder in irgendeiner Weise verknüpftes Vertragswerk (zB mit dem Mieterstromvertrag als Vertragsanhang) vorgelegt werden. 12

Gleichzeitig ist jede **Kopplung der beiden Vertragstypen unzulässig** (Kopplungsverbot). Jegliche vertragliche Vereinbarung, durch die sich bei Abschluss eines Mieterstromvertrages zusätzliche Rechte oder Vorteile des Mieters (bezogen auf den Wohnraummietvertrag) ergeben, sind ausgeschlossen (beispielhaft nennt Ehring EnWZ 2018, 214 (215) unterschiedliche Mietzinsen je Quadratmeter oder abweichende Instandhaltungsvereinbarungen). 13

II. Rückabwicklung (Abs. 2 S. 2–4)

1. Rechtsfolge Verstoß gegen Kopplungsverbot

Im Fall eines Verstoßes gegen das Kopplungsverbot in Absatz 2 Satz 1 ordnet Satz 2 die **Nichtigkeit des Mieterstromverhältnisses** an. Der Verstoß ist nicht heilbar – Primäransprüche des Lieferanten auf Zahlung der vereinbarten Vergütung sind ausgeschlossen. Die Anordnung der Nichtigkeit erfolgt durch die Regelung selbst, sodass bereits aus diesem Grund keine Verbotsnorm iSd § 134 BGB vorliegt (BeckOK BGB/Wendtland BGB § 134 Rn. 17). Auswirkungen auf den Mietvertrag bestehen nicht. 14

2. Grundsatz der bereicherungsrechtlichen Rückabwicklung

Die **Rückabwicklung** erfolgt nach Maßgabe der bereicherungsrechtlichen Vorschriften der §§ 812 ff. BGB. Da der Leistungsaustausch von Mieterstromverträgen über lange Zeit andauern kann, bis sich der Mieter auf die Nichtigkeit des Vertrags beruft, stellt sich die Frage, in welcher Höhe der Letztverbraucher dem Mieterstromanbieter in diesem Fall Wertersatz schuldet. Absatz 2 Satz 3 bestimmt dabei, dass die **§§ 814 und 817 S. 2 BGB nicht zur Anwendung** kommen. Da der Mieterstromanbieter regelmäßig Kenntnis von der Nichtigkeit des Mieterstromvertrages haben wird und auch ein Gesetzesverstoß iSd § 817 S. 2 BGB vorliegen dürfte, würde anderenfalls die Nichtigkeit gem. Absatz 2 Satz 2 dazu führen, dass dem Mieterstromanbieter keinerlei Zahlungsansprüche gegen den Letztverbraucher zustehen würden, obwohl dieser den Mieter mit Strom beliefert hat. Den völligen Ausschluss von Erstattungsansprüchen für den vom Mieter verbrauchten Strom wollte der Gesetzgeber jedoch vermeiden, da dies vor allem bei nicht gewerblichen Mieterstromanbietern nicht als 15 sachgerecht erachtet wurde und zu erhebliche wirtschaftlichen Risiken führen würde (BT-Drs. 18/12988, 38).

3. Begrenzung des Wertersatzanspruches

16 Absatz 2 Satz 4 begrenzt den **bereicherungsrechtlichen Wertersatz** gem. § 818 Abs. 2 BGB jedoch auf **75 Prozent** des im jeweiligen Netzgebietes geltenden Grundversorgungstarifs. Damit liegt der vom Mieter im Fall der Nichtigkeit geschuldete mindestens 15 Prozentpunkte unterhalb des für Mieterstromverträge gem. Absatz 4 Satz 1 geltenden vertraglichen Höchstpreises iHv 90 Prozent des jeweils zu berücksichtigenden Grundversorgungstarifs.

17 Die prozentuale Deckelung gem. Absatz 2 Satz 4 wird auf Basis der dem Grundversorgungstarif zugrundeliegenden Grund- und Arbeitspreise ermittelt. Hieraus ergeben sich Schwierigkeiten bei der **Ermittlung des Vergleichstarifs**. Zum einen stellt sich die im Einzelfall problematische Frage der räumlichen Zuordnung zu einem Netzgebiet und Grundversorger (ausführlich Säcker EnergieR/Meitz § 42a Rn. 33 ff.). Die Bestimmung des Grundversorgers erfolgt dabei nach Maßgabe der sich aus § 36 ergebende Bestimmungskriterien.

18 Darüber hinaus besteht die Schwierigkeit, dass im jeweiligen Netzgebiet **mehrere Grundversorgungstarife** bestehen können (zB abweichende Grundversorgungstarife für Zweitarifzähler, → § 36 Rn. 17). Hierbei stellt sich die bisher durch die Rechtsprechung nicht entschiedene Frage, wie der jeweilige Vergleichstarif zu ermitteln ist. Da Absatz 2 Satz 4 nicht nur den Mieterstromanbieter sanktioniert, sondern gleichzeitig dem Letztverbraucher eine Schutzfunktion vermittelt (→ Rn. 2), ist als **Vergleichsgrundlage** derjenige Grundversorgungstarif anzusehen, den der Letztverbraucher im jeweiligen Zeitraum unter Berücksichtigung seiner tatsächlichen Umstände hätte wählen können. Soweit der Grundversorgungstarif den Einbau einer bestimmten Messtechnik voraussetzt, erscheint es überzeugend, zu unterstellen, dass ein tatsächlicher Einbau der erforderlichen Messtechnik durch den Letztverbraucher bzw. Anschlussnutzer tatsächlich erfolgt wäre.

4. Rückausnahme für besondere Mietverhältnisse (Abs. 2 S. 5)

19 Für bestimmte Wohnraummietverhältnisse sieht Absatz 2 Satz 5 Ausnahmen vom Kopplungsverbot gem. Absatz 2 Satz 1 (→ Rn. 11) vor.

20 Die Ausnahme umfasst gem. Absatz 2 Satz 5 Nummer 1 Mietverhältnisse nach § 549 Abs. 2 Nr. 1 und 2 BGB idF v. 1.6.2015. § 549 Abs. 2 Nr. 1 BGB gilt für Wohnraum, der nur zum vorübergehenden Gebrauch vermietet ist. **Vorübergehender Gebrauch** ist anzunehmen, wenn die vertragliche Vereinbarung nur auf einen kurzen und nicht dauerhaft angelegten Zeitraum zur Deckung eines Sonderbedarfs ausgelegt ist (Säcker EnergieR/Meitz § 42a Rn. 27). Erfasst sind daher Hotelzimmer, Ferienunterkünfte, Pensionszimmer (OLG Hamburg MDR 1993, 43) oder Unterkünfte während Montagearbeiten oder Geschäftsaufenthalten (BeckOK BGB/Wiederhold BGB § 549 Rn. 13).

21 In Abgrenzung zum befristeten Mietverhältnis kommt es darüber hinaus entscheidend darauf an, dass das Mietobjekt nicht zum **dauernden Lebensmittelpunkt des Mieters** wird (BeckOK BGB/Wiederhold BGB § 549 Rn. 13). Für Studierende ist ein dauernder Lebensmittelpunkt noch nicht anzunehmen, wenn die Studentenunterkunft für nur eine beschränkte Dauer von einem Semester vermietet wird und daneben noch ein weiterer Hauptwohnsitz besteht (OLG Hamm NJW 1981, 290).

22 Ausgenommen vom Kopplungsverbot ist zudem **möblierter Einliegerwohnraum** iSd § 549 Abs. 2 Nr. 2 BGB. Möblierter Einliegerwohnraum setzt voraus, dass der Wohnraum Teil der vom Vermieter selbst bewohnten Wohnung sein muss. Dies setzt einen engen räumlichen sowie wirtschaftlich-funktionalen Zusammenhang zur Wohnung des Vermieters voraus (BeckOK BGB/Wiederhold BGB § 549 Rn. 15). Die Wohnbereiche von Vermieter und Mieter müssen sich überschneiden. Haben die Räume des Mieters einen separaten Eingang, so ist zumindest die gemeinsame Nutzung einiger Räume zwingend – die bloß gemeinsame Benutzung von Treppenhaus und Hauswirtschaftsraum ist nicht ausreichend (AG Königswinter WuM 1994, 689).

23 **Möblierter Einliegerwohnraum** setzt zudem voraus, dass die Wohnung überwiegend mit Einrichtungsgegenständen des Vermieters ausgestattet sein muss und der Vermieter ver-

traglich zu der Stellung der Einrichtungsgegenstände verpflichtet ist. Entscheidend ist hierbei die vertragliche Pflicht, nicht der tatsächliche Zustand der Wohnung (MüKoBGB/Bieber BGB § 549 Rn. 21).

Da bei Vorliegen von möbliertem Einliegerwohnraum nur in seltenen Fällen überhaupt Mieterstrommodelle denkbar erscheinen, hat die Ausnahme fernab der messtechnisch ohnehin einen Unterzähler voraussetzenden technischen Ausgestaltung (hierzu ausführlich Säcker EnergieR/Meitz § 42a Rn. 28) **kaum eine praktische Relevanz**. 24

Die Ausnahme des Kopplungsverbots umfasst gem. Absatz 2 Satz 5 Nummer 2 schließlich auch Mietverhältnisse, auf die die Regelung in § 11 Abs. 1 Nr. 2 HeizkostenV idF v. 5.10.2009 Anwendung findet. Die Ausnahme gilt damit für Alters- und Pflegeheime und Studenten- und Lehrlingsheime sowie vergleichbare **Gebäude oder Gebäudeteile,** deren Nutzung Personengruppen vorbehalten ist, mit denen wegen ihrer besonderen persönlichen Verhältnisse **regelmäßig keine üblichen Mietverträge** abgeschlossen werden. Vergleichbare Gebäude können insbesondere Schwesternheime, Internate, Ferienwohnanlagen, Behelfsunterkünfte, Schulungsunterkünfte oder vergleichbare Unterkünfte sein. Entscheidend ist hierbei der wechselnde Charakter der Nutzungsverhältnisse (MüKoBGB/Zehelein HeizkostenV § 11 Rn. 11). 25

D. Inhaltliche Anforderungen an Mieterstromverträge (Abs. 2 S. 5–7, Abs. 3)

I. Umfassende Stromversorgung (Abs. 2 S. 6)

Der Mieterstromanbieter muss gegenüber dem Mieter gem. Absatz 2 Satz 6 eine umfassende Stromversorgung sicherstellen. Der Mieterstromvertrag ist damit als **Vollversorgungsvertrag** zu qualifizieren. Da Mieterstrom durch PV-Anlagen in der Regel nicht zu jeder Tages- und Jahreszeit im benötigten Umfang zur Verfügung steht, ergibt sich daraus das Erfordernis des Mieterstromanbieters, auch die Reststromversorgung zu übernehmen. Die Reststromversorgung erfolgt in den meisten Fällen über einen Summenzähler, der dem Kundenanlagenbetreiber zugeordnet ist. Der Mieterstromanbieter soll den Kunden nicht auf den Abschluss eines ergänzenden Liefervertrages mit einem Drittanbieter verweisen dürfen (Ehring EnWZ 2018, 214). 26

II. Vertragsende (Abs. 2 S. 7)

Absatz 2 Satz 7 enthält eine besondere Bestimmung für die Beendigung von Mieterstromverträgen, sofern ein bestehender Mietvertrag über Wohnraum endet. In diesem Fall bedarf es keiner ausdrücklichen Kündigung durch den Mieter. Der Mieterstromvertrag endet automatisch mit **Rückgabe der Wohnung.** Durch diese Regelung werden Versorgungslücken oder eine teurere Ersatzversorgung des Kunden durch den Ersatzversorger gem. § 38 vermieden, wenn Streitigkeiten über die Beendigung des Mietverhältnisses bestehen (Ehring EnWZ 2018, 214 (215)). Vor dem Hintergrund dieses Schutzzwecks (BT-Drs. 18/12355, 26) ist zudem davon auszugehen, dass eine abweichende Regelung in Vertragsbestimmungen eine **unangemessene Benachteiligung** iSd § 307 Abs. 2 Nr. 1 BGB darstellt und damit unwirksam sein dürfte (so auch Ehring EnWZ 2018, 214 (215)). 27

III. Laufzeitbegrenzung (Abs. 3 S. 1–2)

Die **Laufzeit** von Mieterstromverträgen ist gem. Absatz 3 Satz 1 auf **ein Jahr begrenzt.** Abweichende Regelungen – wie etwa der Abschluss eines Mieterstromvertrags auf unbestimmte Zeit – sind unwirksam. Auch Vereinbarungen von stillschweigenden Vertragsverlängerungen von mehr als einem Jahr sind gem. Absatz 3 Satz 2 Halbsatz 1 unwirksam. Auch eine **Abdingbarkeit durch Individualabrede** ist ausgeschlossen (Kment EnWG/Rasbach § 42a Rn. 13). Wenn der Mieterstromvertrag nach Ablauf der Laufzeit ohne Kündigung fortgesetzt wird, ist in der Regel von einer Verlängerung um ein Jahr durch schlüssiges Verhalten auszugehen, wenn keine Anzeichen dafür bestehen, dass der Mieterstromvertrag nicht für eine kürzere Frist weitergeführt werden soll. 28

29 Die Vorgaben zur Vertragslaufzeit beziehen sich auf sämtliche Mieterstromkonstellationen iSd § 21 Abs. 3 EEG 2021 – sind also (anders als die in Absatz 2 genannten Regelungen) unabhängig von der Frage anzuwenden, ob es sich um Wohnraummietverhältnisse handelt (Säcker EnergieR/Meitz § 42a Rn. 43).

IV. Kündigungsfristen (Abs. 3 S. 2–3)

30 Die **Kündigungsfrist** der Mieterstromverträge ist gem. Absatz 3 Satz 2 Halbsatz 2 auf den Zeitraum von **maximal drei Monaten** vor Ablauf des jeweiligen Vertragszeitraums begrenzt. Abweichende Regelungen sind unwirksam. Auch abweichende Individualabreden sind ausgeschlossen.

31 Eine Beschränkung oder ein Ausschluss von Kündigungsrechten während der Vertragsdauer ist gem. Absatz 3 Satz 3 ebenfalls **nicht zulässig**.

32 Die Vorgaben zur Kündigung beziehen sich auf sämtliche Mieterstromkonstellationen iSd § 21 Abs. 3 EEG 2021 – sind also (anders als die in Absatz 2 genannten Regelungen) unabhängig von der Frage anzuwenden, ob es sich um Wohnraummietverhältnisse handelt (Säcker EnergieR/Meitz § 42a Rn. 44).

E. Preisvorgaben (Abs. 4)

33 Absatz 4 Satz 1 enthält ein gesetzliches Verbot, das dem Mieterstromanbieter untersagt, in dem Mieterstromtarif einen Preis von mehr als **90 Prozent** im **Vergleich zum im jeweiligen Netzgebiet geltenden Grundversorgungstarif** festzulegen. Das Verbot gilt sowohl für den vor Ort produzierten Mieterstrom als auch für den darüber hinaus zu liefernden Netzstrom, vgl. Absatz 2 Satz 7 (→ Rn. 26).

34 Der Höchstpreis gilt – wie auch die Vorgaben in Absatz 3 (→ Rn. 29) – nicht nur für Wohnraummietverträge, sondern auch für sonstige Mieterstromverhältnisse, soweit diese unter den Anwendungsbereich von Absatz 1 fallen.

35 Die **Bestimmung des Höchstpreises** bereitet in der Praxis gegenüber der ohnehin bereits komplexen Ermittlung des Wertersatzes gem. Absatz 2 Satz 4 (→ Rn. 16) weitere Schwierigkeiten. Dies ist vor allem der Tatsache geschuldet, dass zum Zeitpunkt der Preisfestlegung des Mieterstromtarifs ex ante durch den Mieterstromanbieter noch unbekannt ist, welche Verbrauchsdaten der späteren Stromabrechnung zugrunde liegen (während bei der Wertersatzermittlung ex post zumindest die Verbrauchsdaten vorliegen).

36 Gemäß Absatz 4 Satz 1 sind für die Ermittlung des Vergleichstarifs die Grundversorgungstarife auf Grundlage des geltenden Grund- und Arbeitspreises heranzuziehen. Dabei wird die Höhe des im Grundversorgungstarif festgelegten Grundpreises mit dem im Mieterstromtarif festgelegten Grundpreis in der Regel nicht übereinstimmen. Daraus folgt, dass der tatsächliche Stromverbrauch des Mieters Einfluss darauf hat, ob der Grenzpreis unter- oder überschritten wird. So ist es denkbar, dass der gleiche Mieterstromtarif für zwei Mieter in der identischen Kundenanlage in einem Fall den zulässigen Höchstpreis überschreitet und im anderen Fall nicht. In der Praxis lassen sich **atypische Verbrauchskonstellationen** durch die Aufnahme entsprechender vertraglicher Ausgleichsklauseln interessengerecht lösen.

37 Darüber hinaus stellt sich für die Vergleichsrechnung die Frage, inwiefern **Änderungen von Grund- und Arbeitspreisen** (bezüglich des Grundversorgungstarifs) Berücksichtigung finden. Dies gilt insbesondere vor dem Hintergrund, dass sich der Grundversorgungstarif im dem Mieterstromtarif zugrundeliegenden Abrechnungszeitraum verändern kann. Im Schrifttum ist umstritten, ob bei zwischenzeitlicher Änderung des Grundversorgungstarifs eine Zwischenabrechnung (und -ablesung) durchzuführen ist (Solf AnwZert MietR 7/2018), oder ob der Höchstpreis einheitlich über den gesamten Abrechnungsturnus des Mieterstromvertrages (oftmals Zeitraum von einem Jahr) zu ermitteln ist (Säcker EnergieR/Meitz § 42a Rn. 51). Da der Gesetzgeber in § 69 MsbG keine Berechtigung des Energielieferanten bzw. Mieterstromanbieters vorgesehen hat, den zusätzlichen Messwert zu verarbeiten, überzeugt die letztgenannte Auffassung, sodass zu Beginn des gem. § 40 Abs. 3 maximal jährlichen Abrechnungsturnus der zu Beginn des Turnus bestehende Grundversorgungstarif der Vergleichsrechnung zugrunde zu legen ist.

Ein Nachweis über die Einhaltung des vorgegebenen Grenzpreises durch den Mieterstromanbieter ist – anders als im Gesetzesentwurf noch vorgesehen (BT-Drs. 18/12355, 26) – nicht mehr erforderlich. **38**

Gemäß Absatz 4 Satz 2 führt eine Überschreitung des zulässigen Höchstpreises im Mieterstromtarif zur **Unwirksamkeit der Preisvereinbarung** im jeweiligen Abrechnungszeitraum und wird kraft gesetzlicher Fiktion durch eine Preisvereinbarung ersetzt, die dem geltenden Höchstpreis entspricht. Von einer generellen Nichtigkeit der Preisvereinbarung ist anders als teilweise angenommen (so etwa Säcker EnergieR/Meitz § 42a Rn. 53) nicht auszugehen, da der festgelegte Preis in einer anderen Abrechnungsperiode bei einem abweichenden Verbrauchsverhalten (vgl. → Rn. 37) unterhalb des zulässigen Höchstpreises liegen könnte. Die Berechnung des Höchstpreises im Fall einer Überschreitung erfolgt durch eine Vergleichsrechnung, der jeweils ein Betrag in Höhe von 90 Prozent des Grund- und Arbeitspreises des maßgeblichen Grundversorgungstarifs zugrunde gelegt wird. Nur in dieser Höhe besteht ein Zahlungsanspruch des Mieterstromanbieters gegenüber dem jeweiligen Letztverbraucher. **39**

F. Stromkennzeichnung von Mieterstrom (Abs. 5)

Absatz 5 wurde mit der Beendigung der EEG-Umlage in das EnWG neu eingefügt. Die Regelung befand sich vormals in § 78 Abs. 7 EEG 2021, der mit der Systemumstellung jedoch zusammen mit der gesamten Vorschrift ersatzlos gestrichen wurden. Die Kennzeichnung von Mieterstrom wurde systematisch zutreffend an § 42a angeflanscht – **inhaltliche Änderungen** gegenüber der Fassung in § 78 Abs. 7 EEG 2021 sind **nicht beabsichtigt** gewesen (BT-Drs. 20/1630, 248). Allerdings ist zu berücksichtigen, dass aufgrund der Neueinführung des § 42 Abs. 3a ebenfalls eine Systemumkehr bei der Kennzeichnung des Unternehmens- bzw. Produktmix zu berücksichtigen war (eingehend hierzu → § 42 Rn. 18a), da im Rahmen der Kennzeichnung nicht mehr auf den individuellen Strommix, sondern den bundesdeutschen Strommix abzustellen ist. **40**

Werden Letztverbraucher mit Mieterstrom iSv § 21 Abs. 3 EEG 2023 beliefert, ist nach Satz 1 der bundesdeutsche Strommix nur für den Teil des gelieferten Stroms heranzuziehen, der nicht über den Mieterstromzuschlag gefördert wird. Die Verteilung des Mieterstroms (im Rahmen der Kennzeichnung) erfolgt weiterhin gem. Satz 2 **anteilig nach dem Verhältnis der Jahresverbräuche** der Mieterstromkunden nach Maßgabe der Verbräuche im Kalenderjahr. Die Mieterstromquote ist gegenüber dem jeweiligen Mieterstromkunden gesondert in seiner Kennzeichnung auszuweisen (BT-Drs. 18/12988, 37). Mieterstrom ist dabei als Mieterstrom, gefördert nach dem EEG, zu kennzeichnen (Satz 3). **41**

Teil 5. Planfeststellung, Wegenutzung

§ 43 Erfordernis der Planfeststellung

(1) ¹Die Errichtung und der Betrieb sowie die Änderung von folgenden Anlagen bedürfen der Planfeststellung durch die nach Landesrecht zuständige Behörde:
1. Hochspannungsfreileitungen, ausgenommen Bahnstromfernleitungen, mit einer Nennspannung von 110 Kilovolt oder mehr,
2. Hochspannungsleitungen, die zur Netzanbindung von Windenergieanlagen auf See im Sinne des § 3 Nummer 49 des Erneuerbare-Energien-Gesetzes im Küstenmeer als Seekabel und landeinwärts als Freileitung oder Erdkabel bis zu dem technisch und wirtschaftlich günstigsten Verknüpfungspunkt des nächsten Übertragungs- oder Verteilernetzes verlegt werden sollen, mit Ausnahme von Nebeneinrichtungen zu Offshore-Anbindungsleitungen,
3. grenzüberschreitende Gleichstrom-Hochspannungsleitungen, die nicht unter Nummer 2 fallen und die im Küstenmeer als Seekabel verlegt werden sollen, sowie deren Fortführung landeinwärts als Freileitung oder Erdkabel bis zu dem technisch und wirtschaftlich günstigsten Verknüpfungspunkt des nächsten Übertragungs- oder Verteilernetzes,
4. Hochspannungsleitungen nach § 2 Absatz 5 und 6 des Bundesbedarfsplangesetzes,
5. Gasversorgungsleitungen mit einem Durchmesser von mehr als 300 Millimetern und
6. Anbindungsleitungen von LNG-Anlagen an das Fernleitungsnetz mit einem Durchmesser von mehr als 300 Millimetern.

²Leitungen nach § 2 Absatz 1 des Netzausbaubeschleunigungsgesetzes Übertragungsnetz bleiben unberührt.

(2) ¹Auf Antrag des Trägers des Vorhabens können durch Planfeststellung durch die nach Landesrecht zuständige Behörde zugelassen werden:
1. die für den Betrieb von Energieleitungen notwendigen Anlagen, insbesondere Konverterstationen, Phasenschieber, Verdichterstationen, Umspannanlagen und Netzverknüpfungspunkte, die auch in das Planfeststellungsverfahren für die Energieleitung integriert werden können, einschließlich Nebeneinrichtungen zu Offshore-Anbindungsleitungen; dabei ist eine nachträgliche Integration in die Entscheidung zur Planfeststellung durch Planergänzungsverfahren möglich, solange die Entscheidung zur Planfeststellung gilt,
2. die Errichtung und der Betrieb sowie die Änderung eines Erdkabels für Hochspannungsleitungen mit einer Nennspannung von 110 Kilovolt im Küstenbereich von Nord- und Ostsee, die in einem 20 Kilometer breiten Korridor, der längs der Küstenlinie landeinwärts verläuft, verlegt werden sollen; Küstenlinie ist die in der Seegrenzkarte Nummer 2920 „Deutsche Nordseeküste und angrenzende Gewässer", Ausgabe 1994, XII, und in der Seegrenzkarte Nummer 2921 „Deutsche Ostseeküste und angrenzende Gewässer", Ausgabe 1994, XII, des Bundesamtes für Seeschifffahrt und Hydrographie jeweils im Maßstab 1 : 375 000 dargestellte Küstenlinie,¹
3. die Errichtung und der Betrieb sowie die Änderung eines Erdkabels mit einer Nennspannung von 110 Kilovolt oder mehr zur Anbindung von Kraftwerken oder Pumpspeicherkraftwerken an das Elektrizitätsversorgungsnetz,
4. die Errichtung und der Betrieb sowie die Änderung eines sonstigen Erdkabels für Hochspannungsleitungen mit einer Nennspannung von 110 Kilovolt oder weniger, ausgenommen Bahnstromfernleitungen,
5. die Errichtung und der Betrieb sowie die Änderung einer Freileitung mit einer Nennspannung von unter 110 Kilovolt oder einer Bahnstromfernleitung, sofern

---

¹ Amtlicher Hinweis: Zu beziehen beim Bundesamt für Seeschifffahrt und Hydrographie, Bernhard-Nocht-Straße 78, 20359 Hamburg und in der Deutschen Nationalbibliothek archivmäßig gesichert niedergelegt.

Erfordernis der Planfeststellung § 43 EnWG

diese Leitungen mit einer Leitung nach Absatz 1 Satz 1 Nummer 1, 2 oder 3 auf einem Mehrfachgestänge geführt werden und in das Planfeststellungsverfahren für diese Leitung integriert werden; Gleiches gilt für Erdkabel mit einer Nennspannung von unter 110 Kilovolt, sofern diese im räumlichen und zeitlichen Zusammenhang mit der Baumaßnahme eines Erdkabels nach Absatz 1 Satz 1 Nummer 2 bis 4 oder nach den Nummern 2 bis 4 mit verlegt werden,
6. Leerrohre, die im räumlichen und zeitlichen Zusammenhang mit der Baumaßnahme eines Erdkabels nach Absatz 1 Satz 1 Nummer 2 bis 4 oder nach den Nummern 2 bis 4 mit verlegt werden,
7. die Errichtung und der Betrieb sowie die Änderung von Energiekopplungsanlagen,
8. die Errichtung und der Betrieb sowie die Änderung von Großspeicheranlagen mit einer Nennleistung ab 50 Megawatt, soweit sie nicht § 126 des Bundesberggesetzes unterfallen und
9. die Errichtung und der Betrieb von Anlagen nach § 2 Absatz 1 Nummer 1 des LNG-Beschleunigungsgesetzes einschließlich erforderlicher Nebenanlagen und technischer und baulicher Nebeneinrichtungen, dabei kann auch eine Verbindung mit einem nach Absatz 1 Satz 1 Nummer 6 durchzuführenden Planfeststellungsverfahren erfolgen.
²Satz 1 ist für Erdkabel auch bei Abschnittsbildung anzuwenden, wenn die Erdverkabelung in unmittelbarem Zusammenhang mit dem beantragten Abschnitt einer Freileitung steht.

(3) Bei der Planfeststellung sind die von dem Vorhaben berührten öffentlichen und privaten Belange im Rahmen der Abwägung zu berücksichtigen.

(4) Für das Planfeststellungsverfahren sind die §§ 72 bis 78 des Verwaltungsverfahrensgesetzes nach Maßgabe dieses Gesetzes anzuwenden.

(5) Die Maßgaben sind entsprechend anzuwenden, soweit das Verfahren landesrechtlich durch ein Verwaltungsverfahrensgesetz geregelt ist.

Überblick

§ 43 Abs. 1 S. 1 beschreibt den Vorhabenbegriff als die Errichtung (→ Rn. 12), den Betrieb (→ Rn. 16) und die Änderung (→ Rn. 24) von Anlagen und enthält einen abschließenden Katalog von Energieleitungsvorhaben, die zwingend der Planfeststellung bedürfen (→ Rn. 30). Für die Durchführung eines obligatorischen Planfeststellungsverfahrens sind nach Landesrecht zuständige Behörden verantwortlich (→ Rn. 118). Satz 2 weist auf die besonderen Regelungen für bundesländerübergreifende und grenzüberschreitende Vorhaben nach dem NABEG hin, die vorrangig gelten.

§ 43 Abs. 2 S. 1 trägt dem Bedürfnis nach Erweiterung des Anwendungsbereichs der Planfeststellung für Vorhaben Rechnung, die nicht von § 43 Abs. 1 S. 1 erfasst sind. Die im abschließenden Katalog planfeststellungsfähiger Vorhaben genannten Gegenstände sind different und reichen von Leitungen ausschließlich zur Übertragung elektrischer Energie, über für den Betrieb von Strom- oder Gasleitungen notwendigen Nebenanlagen, über Leerrohre bis hin zu Energieanlagen außerhalb des Fortleitungsbereichs (→ Rn. 55). Für die Zulassung aller genannten Vorhaben ist ein Antrag des Vorhabenträgers erforderlich (→ Rn. 121). Die Planfeststellungsbehörde hat ermessensfehlerfrei zu prüfen, ob die Durchführung eines Planfeststellungsverfahrens in Betracht kommt. § 43 Abs. 2 S. 2 erweitert die generell mögliche Abschnittsbildung für Erdkabel, wenn die Erdverkabelung in unmittelbarem Zusammenhang mit dem beantragten Abschnitt einer Freileitung steht (→ Rn. 79).

§ 43 Abs. 3 enthält den Auftrag an die Planfeststellungsbehörde, die durch das Vorhaben ausgelösten Konflikte mit öffentlichen und privaten Belangen im Wege einer gerechten Abwägung einem Ausgleich zuzuführen (→ Rn. 103).

§ 43 Abs. 4 und 5 verdeutlichen, dass grundsätzlich die Vorschriften des Verwaltungsverfahrensgesetzes des Bundes (→ Rn. 120) und der Länder (→ Rn. 126) für das Planfeststellungsverfahren gelten, soweit das EnWG keine gesonderte Regelung trifft.

EnWG § 43

Teil 5. Planfeststellung, Wegenutzung

Übersicht

	Rn.		Rn.
A. Normzweck und Bedeutung	1	4. Sonstige Erdkabel (Abs. 2 S. 1 Nr. 4)	68
B. Entstehungsgeschichte	4	5. Stromleitungen mit einer Nennspannung < 110 kV (Abs. 2 S. 1 Nr. 5)	69
C. Räumlicher Anwendungsbereich	9	6. Leerrohre (Abs. 2 S. 1 Nr. 6)	71
D. Planfeststellungspflichtige Vorhaben (Abs. 1)	10	7. Energiekopplungsanlagen (Abs. 2 S. 1 Nr. 7)	74
I. Vorhabenbegriff	11	8. Großspeicheranlagen (Abs. 2 S. 1 Nr. 8)	76
1. Errichtung	12	9. Anlagen nach § 2 Abs. Nr. 1 LNGG (Abs. 2 S. 1 Nr. 9)	78a
2. Betrieb	16	10. Abschnittsbildung (Abs. 2 S. 2)	79
3. Änderung	24	F. Materielle Anforderungen	80
II. Vorhabengegenstand	30	I. Planrechtfertigung	81
1. Hochspannungsfreileitungen mit einer Nennspannung ≥ 110 kV (Nr. 1)	32	1. Zielkonformität	84
2. Hochspannungsleitungen zur Anbindung von Windanlagen auf See (Nr. 2)	37	2. Energiewirtschaftliche Notwendigkeit	85
		II. Zwingende Vorschriften	91
3. Grenzüberschreitende Gleichstrom-Hochspannungsleitungen (Nr. 3)	40	1. Raumordnung, Abstandsflächen, Mindestabstände	92
4. Hochspannungsleitungen nach BBPlG (Nr. 4)	44	2. Immissionsschutz	95
		3. Natur- und Artenschutz	97
5. Gasversorgungsleitungen (Nr. 5)	45	4. Wasserrecht	100
6. Anbindungsleitungen von LNG-Anlagen (Nr. 6)	50	5. Technische Sicherheit	102
		III. Abwägungsgebot (Abs. 1)	103
E. Planfeststellungsfähige Vorhaben (Abs. 2)	52	1. Abschnittsbildung	104
		2. Alternativenprüfung	106
I. Wahlrecht des Vorhabenträgers	53	3. Private Belange	111
II. Vorhabengegenstand	55	4. Gemeindliche Belange	115
1. Nebenanlagen (Abs. 2 S. 1 Nr. 1)	57	5. Öffentliche Belange	116
2. Erdkabel im 20-km-Küstenstreifen (Abs. 2 S. 1 Nr. 2)	61	6. Erheblichkeit von Abwägungsmängeln	117
3. Erdkabel zur Anbindung von (Pumpspeicher-)Kraftwerken (Abs. 2 S. 1 Nr. 3)	66	G. Verfahrensfragen	118
		I. Zuständigkeit	118
		II. Ablauf des Planfeststellungsverfahrens	120

A. Normzweck und Bedeutung

1 Die Planfeststellung von Energieleitungen ist ein noch sehr junger Zweig des Fachplanungsrechts, hat sich aber zu einem **Vorreiter des Fachplanungsrechts** entwickelt (Rubel UPR 2018, 422; Rubel DVBl 2017, 585). Das zeigen die gesetzgeberischen Aktivitäten seit der 14. Legislaturperiode und auch die Rechtsprechung hat zwischenzeitlich grundlegende Klärungen zum energierechtlichen Zulassungsregime nach §§ 43 ff. herbeigeführt (Kment NVwZ 2018, 1329 (1330); Ruge/Schirmer ZUR 2018, 399 ff.; Rubel UPR 2018, 422; Rubel DVBl 2017, 585). Gleichwohl wird die Unübersichtlichkeit des Netzplanungsrechts bemängelt (Posser/Faßbender PraxHdB Netzplanung/Netzausbau/Faßbender/Leidinger Kap. 1 Rn. 14; Posser/Faßbender PraxHdB Netzplanung/Netzausbau/Faßbender/Becker Kap. 2 Rn. 3). Denn die Planfeststellung von Energieleitungen ist nur ein Teil des Netzplanungsrechts und steht im Zusammenhang mit der fachlichen – auf das Übertragungsnetz fokussierten – Bedarfsplanung und der gesamträumlichen Planung zur Trassenfindung. Weitere Regelungen des Netzplanungsrechts finden sich im EnLAG, im BBPlG, im NABEG, im ROG und in §§ 12a ff., §§ 15a ff. Auch sind einige Energieleitungsvorhaben und viele Energieanlagen (insbesondere Energieerzeugungsanlagen) nicht planfeststellungsfähig nach § 43, sodass es kein einheitliches Zulassungsverfahren für alle Energieanlagen gibt (→ Rn. 3).

2 Die Vorschrift des § 43 ordnet die Planfeststellungspflicht bzw. -fähigkeit für bestimmte energiewirtschaftliche Vorhaben an und regelt damit die Tatbestandsvoraussetzungen für die **Zulassung** von bestimmten Energieleitungen und einigen anderen Energieanlagen (→ Rn. 3), wobei sich weitere Rechtmäßigkeitsanforderungen an einen Planfeststellungsbeschluss aus allgemeinen Grundsätzen des Planungsrechts ergeben (Planrechtfertigung, Beachtung zwingender Rechtsvorschriften, Abwägungsgebot). Das energiewirtschaftsrechtliche

Erfordernis der Planfeststellung **§ 43 EnWG**

Zulassungsverfahren bestimmt sich grundsätzlich nach den §§ 72–78 VwVfG, wobei die §§ 43a ff. vorrangige Spezialregelungen enthalten.

Der ursprüngliche **Anwendungsbereich** der Vorschrift wurde seit Einführung der Plan- 3 feststellungsbedürftigkeit von Energieleitungsvorhaben im Jahr 2001 stetig erweitert und umfasst nun auch die Möglichkeit der Planfeststellung für einige standortbezogene Energieanlagen (Energiekopplungsanlagen → Rn. 74 und Großspeicheranlagen → Rn. 76). Allerdings werden gerade Stromleitungen im Mittelspannungsbereich (20 kV) nur unter den Voraussetzungen des Absatzes 2 Nummer 5 erfasst und Gasleitungen mit einem Durchmesser von ≤ 300 Millimetern, die auch räumlich bedeutsam sein können, nicht erfasst. Dies erscheint vor dem Hintergrund der Vorschrift des § 43l, die mit der EnWG-Novelle vom 16.7.2021 (BGBl. I 3026 (3051)) eingefügt wurde, nicht konsistent. Nach § 43l Abs. 3 sind bspw. Vorhaben zur Errichtung, zum Betrieb und zur Änderung von Wasserstoffleitungen mit einem Durchmesser von ≤ 300 Millimetern planfeststellungsfähig. Für nicht von § 43 erfasste Vorhaben bleibt es bei dem Erfordernis von Einzelgenehmigungen, zB nach naturschutz- und wasserrechtlichen Vorgaben (Rosin/Pohlmann/Gentzsch/Metzenthin/Böwing/Engel §§ 43–43h Rn. 40, 42; Hennig/Lühmann UPR 2012, 81 (83)).

Normadressaten sind neben den nach Landesrecht für energierechtliche Planfeststel- 3a lungsverfahren zuständigen Behörden die Träger der in Absatz 1 und 2 genannten Vorhaben. Das Energiewirtschaftsgesetz stellt keine betreiberspezifischen Anforderungen an die Eigenschaft als Vorhabenträger, weshalb neben Netzbetreibern auch Eigentümer von Energieleitungen, deren Rolle im Verteilernetzbereich auseinanderfallen kann, in Betracht kommen (SächsOVG BeckRS 2022, 17613 Rn. 38). Für Energiekopplungsanlagen und Großspeicheranlagen gelten entflechtungsrechtliche Einschränkungen für Netzbetreiber als Vorhabenträger (→ Rn. 75 und → Rn. 78).

B. Entstehungsgeschichte

Nach dem bis zum 28.4.1998 geltenden EnWG 1935 (Art. 5 Abs. 2 Gesetz zur Neurege- 4 lung des Energiewirtschaftsrechts, BGBl. 1998 I 730 (736)) war die Errichtung und der Betrieb von Energieleitungen nicht planfeststellungsbedürftig und nicht planfeststellungsfähig. Die Raumbedeutsamkeit von Vorhaben zur Errichtung von Energieleitungen wurde in Raumordnungsverfahren geprüft. In der Regel waren **Einzelgenehmigungen** (zB wasserrechtliche Erlaubnis, naturschutzrechtliche Genehmigung, straßenrechtliche Sondernutzung) erforderlich. Eine Rechtmäßigkeitsprüfung und umfassende planerische Abwägung der für und gegen das Vorhaben sprechenden öffentlichen und privaten Belange erfolgte nur im Rahmen von Enteignungsverfahren (s. Durner DVBl 2011, 853 (854); Büdenbender DVBl 2005, 1161 (1169)). Trotz berechtigter Einwände gegen diesen verfahrensrechtlichen Rahmen sah die Rechtsprechung die verfassungsrechtlichen Anforderungen als gewahrt an (BVerwG NJW 2003, 230 (232)).

Im Rahmen des Gesetzgebungsverfahrens zur Neuregelung des Energiewirtschaftsrechts 5 im Jahre 1997 wurde erstmals die **Planfeststellungsbedürftigkeit** der Errichtung oder Änderung von Hochspannungsfreileitungen (> 110 kV) vor dem Hintergrund erwogen, dass für den Bau von Hochspannungsfreileitungen bisher kein einheitliches Zulassungsverfahren existierte und sich die Vielzahl der erforderlichen Verfahren nach bundes- und landesrechtlichen Vorschriften als hinderlich erwiesen hatte. Es wurde ein Leitungsneubau prognostiziert, für den die Verfahren beschleunigt und vereinfacht werden sollten (BT-Drs. 13/7274, 18). Die beabsichtigte Vorschrift hätte jedoch durch die Berücksichtigung kommunaler Interessen und ökologischer Zielsetzungen eine Zustimmungspflicht des Bundesrats ausgelöst, welche die Regierungskoalition vermeiden wollte. Daher wurde die Einführung der Vorschrift fallen gelassen (Kühne/Scholtka NJW 1998, 1902 (1904)). Somit war auch nach dem EnWG 1998 für die Errichtung und den Betrieb von Energieleitungen kein Planfeststellungsverfahren durchzuführen.

Erst durch das Gesetz zur Umsetzung der UVP-Änderungsrichtlinie, der IVU-Richtlinie 6 und weiterer EG-Richtlinien zum Umweltschutz vom 27.7.2001 (BGBl. I 1950 (2018)) wurde mit der Vorschrift des § 11a EnWG 2001 ein bundeseinheitliches Zulassungsverfahren mit umfassender Konzentrationswirkung eingefügt. Danach war für die Errichtung, die Änderung und den Betrieb von **Hochspannungsfreileitungen** mit einer Nennspannung von 110 kV oder mehr und von **Gasversorgungsleitungen** mit einem Durchmesser von mehr als 300 mm grundsätzlich ein Planfeststellungs- oder Plangenehmigungsverfahren durchzuführen. Maßgebliche Intention des Gesetzgebers war dabei, dass bei einem solchen Vorhaben die Umwelt möglichst wenig belastet und die unter Beachtung der Versorgungssicherheit und Wirtschaftlichkeit am wenigsten umweltbelastende Trassenführung gewählt werden sollte (BR-Drs. 674/00, 149).

7 Im Zuge des Zweiten Gesetzes zur Neuregelung des Energiewirtschaftsrechts vom 7.7.2005 (BGBl. I 1970) wurde § 11a EnWG 2001 nahezu unverändert in § 43 EnWG 2005 übernommen. Seitdem wurde die Vorschrift in jeder weiteren Legislaturperiode angepasst. Hervorzuheben sind die Änderungen durch das Infrastrukturplanungsbeschleunigungsgesetz vom 9.12.2006 (BGBl. I 2833 (2847)) – Ausdehnung des Anwendungsbereichs auf bestimmte planfeststellungsfähige **Offshore-Vorhaben** –, das Gesetz zur Beschleunigung des Ausbaus der Höchstspannungsnetze vom 21.8.2009 (BGBl. I 2870) – Planfeststellungspflicht für bestimmte Offshore-Vorhaben und **Gleichstrom-Hochspannungsleitungen** – und das Gesetz über Maßnahmen zur Beschleunigung des Netzausbaus Elektrizitätsnetze vom 28.7.2011 (BGBl. I 1690 (1698)) – **Integration von Nebenanlagen** in das Planfeststellungsverfahren.

8 Durch das Gesetz zur Beschleunigung des Energieleitungsausbaus vom 13.5.2019 (BGBl. I 706) wurde die Vorschrift neu gefasst. Im Jahr 2022 erfolgten Änderungen in § 43 Abs. 1 Nr. 2 und in § 43 Abs. 2 S. 1 Nr. 1. Grundlage waren das Gesetz zur Änderung des Energiesicherungsgesetzes und anderer energiewirtschaftlicher Vorschriften vom 8. Oktober 2022 (BGBl. I 1726 (1730)) und das Zweite Gesetz zur Änderung des Windenergie-auf-See-Gesetzes und anderer Vorschriften vom 20. Juli 2022 (BGBl. I, 1325 (1350)). Danach können nun auch für den Betrieb von Energieleitungen notwendige Anlagen in bestimmten Fällen eigenständig durch Planfeststellung auch außerhalb eines Planfeststellungsverfahrens für die Energieleitung zugelassen werden (sog. **isolierte Planfeststellung** → Rn. 59, s. BT-Drs. 20/3497, 38).

8a Durch Gesetz zur Änderung des LNG-Beschleunigungsgesetzes und zur Änderung des Energiewirtschaftsgesetzes und zur Änderung des Baugesetzbuchs vom 12. Juli 2023 (BGBl. I Nr. 184) wurde in Absatz 2 eine neue Nummer 9 eingefügt. Damit wird die Möglichkeit eröffnet, stationäre schwimmende LNG-Anlandeterminals (sog. **Floating Storage and Regasification Units** (FSRU)) sowie Nebenanlagen und Nebeneinrichtungen in einem fakultativen Planfeststellungsverfahren zu genehmigen und mit einem Planfeststellungsverfahren nach Absatz 1 Nummer 6 zu verbinden. Der Gesetzgeber beabsichtigt vor dem Hintergrund der Gewährleistung der Gasversorgungssicherheit, insbesondere für den Winter 2023/24, eine Beschleunigung und Konzentration von Verfahren unterschiedlicher Vorhabenträger (BT-Drs. 20/7279, 19).

C. Räumlicher Anwendungsbereich

9 In räumlicher Hinsicht findet § 43 nicht nur auf Vorhaben auf dem deutschen **Festland** Anwendung. Sofern Energieleitungen im **Küstenmeer** verlegt werden sollen, fällt deren Zulassung in den Anwendungsbereich von § 43, wenn die **12-Seemeilen-Zone** vor der deutschen Küste betroffen ist. Für auf außerhalb dieser Zone auf dem deutschen Festlandsockel und in der Ausschließlichen Wirtschaftszone zu verlegende Energieleitungen findet Seevölkerrecht und auf Grundlage von Art. 76 ff. UN-Seerechtsübereinkommen Bergrecht Anwendung (Kaltenborn LKRZ 2010, 321 (322)).

D. Planfeststellungspflichtige Vorhaben (Abs. 1)

10 Die Vorschrift enthält einen **enumerativen Katalog** von planfeststellungspflichtigen Vorhaben. Von der Formulierung her ist die Vorschrift eher an § 4 BImSchG und § 35 KrWG als an die Regelungen der § 17 FStrG, § 18 AEG, § 7 LuftVG angelehnt. Der Regelungsgehalt der immissionsschutzrechtlichen Begriffe lässt sich daher auf § 43 übertragen (OVG Bln-Bbg BeckRS 2020, 3525 Rn. 49; 2019, 16994 Rn. 16).

I. Vorhabenbegriff

Ein Vorhaben iSd Vorschrift kann die Errichtung (→ Rn. 12), der Betrieb (→ Rn. 16) **11** und die Änderung (→ Rn. 24) einer in den Absätzen 1 und 2 erwähnten Energieanlage (in der Regel eine Energieleitung) sein.

1. Errichtung

Die Errichtung ist ein **erfolgsbezogener Begriff.** Ergebnis eines Errichtungsvorhabens **12** ist eine fertiggestellte Energieanlage zum Zwecke ihrer Nutzung. Damit ist insbesondere der Neubau einer bisher nicht vorhandenen Energieanlage gemeint. In Anlehnung an die durch Gesetz zur Beschleunigung des Energieleitungsausbaus vom 13.5.2019 (BGBl. I 706) eingeführte Legaldefinition in § 3 Nr. 3 NABEG ist unter dem Begriff der Errichtung aber auch der Ersatzneubau (→ Rn. 12.1) einer Energieleitung in oder unmittelbar neben der Bestandsstrasse zu verstehen.

Ersatzneubau meint den teilweisen oder vollständigen Rückbau der Bestandsleitung und die Herstellung einer neuen Energieleitung im bisherigen Trassenverlauf. **12.1**

Die Herstellung von Baumaterialien für eine Energieleitung gehört nicht zu deren Errichtung und unterfällt damit auch nicht dem Vorhabenbegriff. Dies folgt zum einen aus der **13** Systematik der energierechtlichen Regelungen, die zwischen zulassungsfreien (vorbereitenden) und planfeststellungspflichtigen und -fähigen Maßnahmen differenzieren, als auch aus einer vergleichenden Betrachtung zu den Regelungen des UVPG. Der Errichtungsbegriff ist **standortbezogen,** sodass die Herstellung von Baumaterialien an einem anderen Produktionsstandort nicht für das leitungsbezogene Vorhaben relevant ist (OVG Bln-Bbg BeckRS 2020, 3525 Rn. 44 ff.; 2019, 16994 Rn. 16).

Vorbereitende Baumaßnahmen, wie zB archäologische Voruntersuchungen und **14** Kampfmitteluntersuchungen, können nach § 44 durchgeführt werden und gehören nicht zum Errichten (OVG Bln-Bbg BeckRS 2020, 3525 Rn. 50; 2019, 16994 Rn. 16).

Die Errichtung der Energieleitung endet mit ihrer **Inbetriebnahme,** die zugleich den **15** Beginn ihres Betriebs markiert.

2. Betrieb

Ob dem Betrieb neben der Errichtung und der Änderung einer Energieanlage eine **eigen- 16 ständige Bedeutung** für die Begründung der Planfeststellungsbedürftigkeit oder -fähigkeit zukommt, wird in Frage gestellt (Schneider/Theobald EnergieWirtschaftsR-HdB/Bartsch § 7 Rn. 120). Die Errichtung und der Betrieb stehen jedenfalls in einem engen Zusammenhang, da eine Anlage regelmäßig nur errichtet wird, um betrieben zu werden (Landmann/Rohmer UmweltR/Dietlein BImSchG § 4 Rn. 69). In der Praxis ist Gegenstand des Tenors eines Planfeststellungsbeschlusses in der Regel die Errichtung und der Betrieb einer Energieleitung. Auch wenn die Ausführungen in den Planunterlagen zur Errichtung einer Energieleitung in der Bauphase oft überwiegenden Raum beanspruchen, sollte vor dem Hintergrund der möglichen Mitzulassung von betrieblichen Maßnahmen (zB zur Instandhaltung nach Maßgabe der allgemein anerkannten Regeln der Technik) für die gesamte (ggf. jahrzehntelange) Betriebsphase auch Ausführungen zum Betrieb Beachtung geschenkt werden (dazu → Rn. 20).

Unter Betrieb wird gemeinhin die **Nutzung der Energieanlage** gemäß ihrem beabsich- **17** tigten Zweck verstanden (Büdenbender § 11a Rn. 39; Britz/Hellermann/Hermes/Hermes/Kupfer, 3. Aufl., § 43 Rn. 14; Rosin/Pohlmann/Gentzsch/Metzenthin/Böwing/Engel §§ 43–43h Rn. 87), also bei Energieleitungen die Übertragung von Elektrizität oder der Transport von Gas.

Zum Betrieb einer Energieanlage gehört aber auch die **Erhaltung ihrer Funktionsfä- 18 higkeit** (ähnlich Büdenbender § 11a Rn. 39; Salje EnWG § 43 Rn. 17; Rosin/Pohlmann/Gentzsch/Metzenthin/Böwing/Engel §§ 43–43h Rn. 87; Britz/Hellermann/Hermes/Hermes/Kupfer, 3. Aufl., § 43 Rn. 14; Säcker EnergieR/Pielow § 43 Rn. 5; Theobald/Kühling/Missling § 43 Rn. 20). Dies wird durch die Instandhaltung gewährleistet. Bei einem in der Praxis häufig anzutreffenden technischen Begriffsverständnis der Instandhaltung (→ Rn. 19) kann die Abgrenzung zur Änderung einer Energieanlage (→ Rn. 24) schwierig sein.

19 Das technische Begriffsverständnis der Instandhaltung ist sehr weitgehend und umfasst alle technischen und administrativen Maßnahmen während des Lebenszyklus eines Objekts, die dem Erhalt oder der Wiederherstellung des funktionsfähigen Zustands dienen (DIN 31051: Grundlagen der Instandhaltung). **Die Inspektion** (u.a. Prüfungen, Messungen, Beobachtungen zur Beurteilung des Istzustandes eines Objekts) und die **Wartung** (insbesondere Maßnahmen zur Verzögerung von Abnutzung und Verschleiß zur Erhaltung des Istzustandes eines Objekts) lassen sich auch rechtlich als Betrieb einer Energieanlage einordnen. Abgrenzungsschwierigkeiten zum Änderungsbegriff (→ Rn. 24) können sich aber bei der Instandsetzung oder Verbesserung der Funktionssicherheit einer Energieanlage ergeben, die auch Maßnahmen der Instandhaltung sind. Die **Instandsetzung** ist bei einer Abweichung des Istzustandes eines Objekts vom Sollzustand notwendig, ist also durch physische Maßnahmen zur Wiederherstellung der Funktionsfähigkeit gekennzeichnet. Die **Verbesserung** der Funktionssicherheit dient der Steigerung der Zuverlässigkeit, der Instandhaltbarkeit und/oder der Sicherheit eines Objekts, ohne seine ursprüngliche Funktion zu ändern.

20 Die Rechtsprechung differenziert nicht in dieser Hinsicht und sieht in **Instandhaltungsmaßnahmen** „Maßnahmen, die der Beseitigung des gewöhnlichen Verschleißes der Anlagen dienen, sowie die Reparaturen, derer es bedarf, um abgenutzte oder schadhafte Anlagenteile auszuwechseln" (BVerwG NVwZ-RR 2004, 84 (85) zum FStrG; ähnlich OVG RhPf BeckRS 2013, 53285 zu § 18 AEG). Sie werden vom Betrieb der Energieanlage umfasst, wenn sie Gegenstand der ursprünglichen Zulassungsentscheidung sind (Deutsch DVBl 2019, 1437 (1441)). Allerdings ist die Reichweite früherer Zulassungsentscheidungen unter Umständen schwer feststellbar (→ Rn. 20.1). Von einer Änderung der Energieanlage ist demgegenüber auszugehen, wenn das Vorhaben vom Regelungsgehalt einer bestandskräftigen früheren Zulassungsentscheidung abweicht (→ Rn. 25). Bei Maßnahmen zur Gewährleistung der Anlagensicherheit (§ 49 Abs. 1, 2), handelt es sich nicht um eine Änderung, wenn damit keine kapazitätserhöhenden oder -erweiternden Auswirkungen verbunden sind und der ursprünglich genehmigte Zustand der Energieanlage nicht verändert wird (Schlacke/Römling DVBl 2019, 1431 (1433)). Auch die Anpassung einer Anlage an einen fortgeschrittenen Stand der Technik ohne Änderung ihrer Zweckbestimmung stellt eine Instandhaltungsmaßnahme dar (BVerwG BeckRS 2000, 30107120; NVwZ 1995, 586 zu § 18 AEG; Beck AEG/Vallendar § 18 Rn. 77).

20.1 Soweit Gegenstand von Instandhaltungsmaßnahmen oder einer Änderung Bestandsanlagen sind, ist zu beachten, dass die Planfeststellungspflicht erst mit dem Gesetz zur Umsetzung der UVP-Änderungsrichtlinie, der IVU-Richtlinie und weiterer EG-Richtlinien zum Umweltschutz vom 27.7.2001 eingeführt wurde. Für vor diesem Zeitpunkt errichtete Anlagen existiert daher ggf. kein Planfeststellungsbeschluss (zumindest nicht nach § 11a aF), der ggf. betriebliche Instandhaltungsmaßnahmen mit genehmigt hat. Für nach diesem Zeitpunkt errichtete Anlagen kommt es auf den durch Beschluss festgestellten Plan und die Antragsunterlagen des Vorhabenträgers an, ob diese ggf. betriebliche Instandhaltungsmaßnahmen – ggf. unter Verweis auf das technische Anlagenrecht oder das einschlägige technische Regelwerk – umfassen und mit genehmigt sind.

21 Zur Durchführung von Instandhaltungsmaßnahmen kann die Außerbetriebsetzung der Energieleitung erforderlich sein, die mit ihrer Wiederinbetriebsetzung korrespondiert. **Vorübergehende Betriebsunterbrechungen** durch Instandhaltungsmaßnahmen stellen rechtlich einen durchgehenden Betrieb dar und begründen kein erneutes Erfordernis einer Genehmigung (Büdenbender § 11a Rn. 39; Kment EnWG/Kment § 43 Rn. 29). Davon zu unterscheiden sind die temporäre (ggf. mehrjährige) Außerbetriebnahme und die endgültige Stilllegung der Energieanlage. Letzteres ist mit der Aufhebung der Funktionsfähigkeit der Energieanlage verbunden. Diese Maßnahmen können Anzeigepflichten auslösen (zB § 7 Abs. 2 GasHDrLtgV).

22 Die **Wiederinbetriebnahme** einer funktionsuntüchtigen Energieleitung kann als Änderung (→ Rn. 24) anzusehen sein. Dies gilt jedenfalls dann, wenn über die schutzmindernde Vorbelastung der betroffenen Grundstücke hinausgehende Einwirkungen zu erwarten sind, die Eigentums- oder Gesundheitsbeeinträchtigungen darstellen können, und dies substantiiert geltend gemacht wird oder sich der Planfeststellungsbehörde angesichts der konkreten Situation aufdrängen muss (BVerwG BeckRS 2000, 30107120 zu § 18 AEG; aA Schneider/

Theobald EnergieWirtschaftsR-HdB/Bartsch § 7 Rn. 120: Nutzungsänderung von Anlagen und Wiederertüchtigung von Altanlagen soll dem Betriebsbegriff unterfallen).

Beispiele für betriebliche Instandhaltungsmaßnahmen sind die schadenbedingte Auswechslung oder Reparatur von Leiter- und Erdseilen, Isolatoren, Masten und Leitungsrohren, die Erneuerung von Mastfundamenten sowie zustandsorientierte Maßnahmen zur Verlängerung der Lebensdauer einer Energieleitung einschließlich des Einbaus neuer Teile zur Wahrung der Sicherheitsanforderungen. 23

3. Änderung

Eine Änderung setzt Maßnahmen an einer bestehenden Energieanlage voraus. Da dies auch auf die Instandhaltung und insbesondere die Instandsetzung zutrifft, empfiehlt sich eine Zwei-Schritt-Prüfung zur **Abgrenzung zum Betriebsbegriff** (→ Rn. 18). Kriterium ist zunächst, ob es sich um einen substanz- oder zustandsverändernden Eingriff in eine Energieanlage handelt (→ Rn. 24.1). 24

Eine **Stromleitung** besteht insbesondere aus Masten und Leiterseilen (→ Rn. 32). Aus § 43f Abs. 2 S. 1 Nr. 2 und 3 folgt, dass Umbeseilungen und Zubeseilungen bei Stromleitungen den Änderungsbegriff erfüllen und nicht den Errichtungsbegriff. Um eine Änderung bei Stromleitungen handelt es sich auch bei Mastverschiebungen, Fundamentvergrößerungen oder Masterhöhungen sowie bei Erweiterung oder Verkürzung der Leitung (Rosin/Pohlmann/Gentzsch/Metzenthin/Böwing/Engel §§ 43–43h Rn. 93). Das Auflegen eines neuen Lichtwellenleiterkabels auf vorhandene Masten ist daher eine (ggf. unwesentliche) Änderung des bestehenden Zustands der Stromleitung. Demgegenüber erfüllt die Verlegung eines Lichtwellenleiterkabels im Schutzstreifen einer **Gasleitung,** also ggf. in einem Abstand von mehreren Metern zur Rohrleitung, nicht den Änderungsbegriff. Die Verlegung eines aus mehreren Fasern bestehenden Lichtwellenleiterkabels, das neben Zwecken der Messdatenübertragung und Steuerung von Armaturen für den Gastransport auch für Telekommunikationszwecke genutzt werden kann, wirkt nicht auf die Rohrleitung ein und kann daher schon begrifflich mangels Substanzveränderung der Rohrleitung keine Änderung sein. Diese Auslegung wird auch durch die untergesetzliche Gashochdruckleitungsverordnung gestützt. Vor dem Hintergrund des Schutzzwecks (Gewährleistung der technischen Sicherheit von unter Gasdruck stehenden Anlagen) gehören zu einer Gashochdruckleitung auch alle dem Leitungsbetrieb dienenden Einrichtungen, wie Verdichter-, Entspannungs-, Regel- und Messanlagen sowie Leitungen oder Leitungssysteme zur Optimierung des Gasbezugs und der Gasdarbietung. Steuerkabel werden dabei nicht erwähnt, da eine Bedienung von Armaturen nicht zwingend automatisiert, sondern auch händisch erfolgen kann. Im Übrigen wäre dann auch nicht recht nachvollziehbar, warum die Verlegung von Lichtwellenleiterkabeln außerhalb des Schutzstreifens einer Gasleitung nach § 43 genehmigungsfrei ist, die nachträgliche Verlegung innerhalb des Schutzstreifens aber als Änderung einer Gasleitung iSv § 43 behandelt werden soll. Bei Gasleitungen liegt eine Änderung insbesondere bei Abweichungen vom bestehenden vertikalen oder horizontalen Lagebereich (Tieferlegung, Verschwenkung), bei einer Auswechslung von Rohren mit einer anderen Dimensionierung, welche Anpassungen des Schutzstreifens zur Folge haben und bei der Beseitigung, dem Einbau oder der Verlagerung von Armaturen vor. 24.1

Wenn eine substanz- oder zustandsverändernde Maßnahme an einer Energieanlage zu bejahen ist, ist als weiteres Kriterium auf den Inhalt der vorhandenen **Zulassungsentscheidung** abzustellen (so für nach LuftVG planfeststellungspflichtige Vorhaben: BVerwG NVwZ 2007, 576 (579); Langstädtler ZUR 2021, 203 (209); Maus NVwZ 2012, 1277 (1278); Keilich LKV 2004, 97 (101); Steinberg/Müller NJW 2001, 3293). Eine (Anlagen-)Änderung im Sinne der jeweiligen Bestimmungen des Fachrechts liegt danach vor, wenn vom Inhalt der vorhandenen Zulassungsentscheidung (Planfeststellung oder Plangenehmigung) für eine bestimmte Anlage abgewichen werden soll. Bei einer allein substanzbezogenen Betrachtungsweise wäre sonst jeder Austausch von Verschleißteilen durch bauart- und funktionsgleiche Teile als grundsätzlich zulassungspflichtige Änderung anzusehen. Nur wenn die bestehende Anlage so modifiziert wird, dass der geänderte Zustand von der bisherigen Zulassungsentscheidung nicht mehr gedeckt wäre, liegt eine Änderung im Rechtssinne vor. Soweit die Zulassungsentscheidung jedoch reicht, gibt es kein Bedürfnis, hiervon umfasste Maßnahmen (erneut) einer Zulassungspflicht zu unterstellen (Steinberg/Müller NJW 2001, 3293 f.; Keilich LKV 2004, 97 (101); so auch Britz/Hellermann/Hermes/Hermes/Kupfer, 3. Aufl., § 43 Rn. 13; Theobald/Kühling/Missling § 43 Rn. 21). 25

26 Die **überwiegende Meinung** legt den Begriff der Änderung hingegen sehr weit aus. Danach sollen jegliche Modifikationen bzw. Abweichungen vom status quo den Änderungsbegriff erfüllen (Salje EnWG § 43 Rn. 18; Säcker EnergieR/Pielow § 43 Rn. 7; Kment EnWG/Kment § 43 Rn. 30; Rosin/Pohlmann/Gentzsch/Metzenthin/Böwing/Engel §§ 43–43h Rn. 91). Somit unterliegen auch ganz geringfügige Änderungsmaßnahmen grundsätzlich der Planfeststellungspflicht, es sei denn, die Voraussetzungen für ein Anzeigeverfahren nach § 43f sind gegeben (Rosin/Pohlmann/Gentzsch/Metzenthin/Böwing/Engel §§ 43–43h Rn. 87). Für betriebliche Instandhaltungsmaßnahmen erscheint dies für die technische Praxis hinderlich (Bala RdE 2016, 493 (498)).

27 Die **Erweiterung** stellt einen Unterfall der Änderung dar, nämlich die vergrößernde Änderung einer bestehenden Energieanlage (Theobald/Kühling/Missling § 43f Rn. 10; Britz/Hellermann/Hermes/Hermes/Kupfer, 3. Aufl., § 43f Rn. 4; Steinberg/Müller NJW 2001, 3293 in Fn. 3; aA Bala RdE 2016, 492 (496), der den Erweiterungsbegriff für systemfremd hält und ihm eine allenfalls klarstellende Bedeutung beimisst).

28 Auch die **Änderung des Betriebskonzepts** stellt eine Änderung dar (so explizit die frühere Regelung in § 43f Abs. 2 S. 1 Nr. 1 → § 43f Rn. 14). Einer großen Bedeutung wird die Umstellung von bisher für den Erdgastransport genutzten Gasleitungen für den Wasserstofftransport zukommen, wobei hier auf die Spezialregelung des § 43l Abs. 4 hinzuweisen ist. Der bloße Austausch des Fördermediums (Wasserstoff statt Erdgas) wird zwar nicht den Änderungsbegriff erfüllen. Dies folgt aus Wortlaut, Systematik und Zweck von § 43l Abs. 4 (Riege EnWZ 2021, 387 (391)). Allerdings wird der Austausch des Fördermediums in der Regel mit technischen Umbaumaßnahmen an der Gasversorgungsleitung einhergehen, sodass die Kriterien des Änderungsbegriffs (→ Rn. 24) erfüllt sein werden.

29 Der **isolierte Rückbau** einer Energieleitung erfüllt nicht den Änderungsbegriff und ist daher nicht planfeststellungspflichtig. Denn eine Änderung verlangt, dass eine geänderte Leitung übrigbleibt. Das ist bei der vollständigen Entfernung der Energieleitung aber nicht der Fall (Bala RdE 2016, 493 (495); Maus NVwZ 2012, 1277 (1278): „Zum Begriff der Änderung gehört nicht nur ein erneuerndes, sondern auch ein bewahrendes Element."). Für den Rückbau sind ggf. Einzelgenehmigungen (zB nach Naturschutz-, Wasserrecht) erforderlich, wenn der Vorhabenträger eine solche Maßnahme beabsichtigt. Eine gesetzliche Rückbauverpflichtung nach dem Nutzungsende besteht mit Ausnahme von Seekabeln (s. § 80 Abs. 1 WindSeeG) nicht. Somit können § 43 Abs. 1 und 2 iVm § 74 Abs. 2 S. 2 VwVfG oder § 36 Abs. 2 Nr. 4 VwVfG keine Ermächtigungsgrundlage für die Anordnung eines Rückbaus nach Nutzungsende durch die Planfeststellungsbehörde sein (s. dazu ausf. Kohls ZUR 2018, 330 ff.). Demzufolge besteht auch kein Anspruch auf die Regelung einer Rückbauverpflichtung im Planfeststellungsbeschluss (BVerwG BeckRS 2021, 8675 Rn. 42 f.).

II. Vorhabengegenstand

30 Gegenstand der Errichtung (→ Rn. 12), des Betriebes (→ Rn. 16) oder der Änderung (→ Rn. 24) sind die in § 43 Abs. 1 S. 1 enumerativ aufgezählten Energieleitungsvorhaben. Diese dienen der Übertragung elektrischer Energie oder dem Transport von Gas. Dabei wird bei Leitungen zur Übertragung elektrischer Energie an die Art der Ausführung (oberirdisch als Freileitung oder unterirdisch als Erd- oder Seekabel), die Nennspannung (in der Regel mehr als 110 Kilovolt (kV)), die Stromart (Wechselstrom oder Gleichstrom), den Zweck (zB Netzanbindung von Windenergieanlagen auf See) und den vordringlichen Bedarf und bei Gasleitungen an den Durchmesser und an den Zweck (zB Anbindung von LNG-Anlagen) angeknüpft.

31 Für in den Anwendungsbereich von § 43 Abs. 1 S. 1 Nr. 1–3 fallende Vorhaben iSv § 2 Abs. 1 NABEG sind die Vorschriften der §§ 18 ff. NABEG vorrangig zu beachten.

1. Hochspannungsfreileitungen mit einer Nennspannung 110 kV (Nr. 1)

32 Der Tatbestand erfasst nur **Freileitungen** (→ Rn. 32.1), also oberirdisch verlegte Energieleitungen. Es handelt sich um Leitungen, die an Masten befestigte Leiterseile durch die Luft führen. Kabel, die entlang einer Lärmschutzwand eingehaust verlaufen, sind keine Freileitungen (BVerwG BeckRS 2021, 29914 Rn. 53).

Erfordernis der Planfeststellung § 43 EnWG

Eine Freileitung besteht im Wesentlichen aus Masten, Leiter- und Erdseilen und Isolatoren. Die 32.1
Maste, bestehend aus Mastschaft, Erdseilstütze, Querträgern (Traversen) und Fundament, dienen dabei als Stützpunkte für die Befestigung von Leiter- und Erdseilen. Die Bauform, -art und Dimensionierung der Maste werden durch die Anzahl der aufliegenden Stromkreise, deren Spannungsebene, die möglichen Mastabstände und einzuhaltende Begrenzungen hinsichtlich der Schutzbereichsbreite oder Masthöhe bestimmt. Mit den Leiterseilen wird die elektrische Energie übertragen. Erdseile sollen verhindern, dass Blitzeinschläge in die stromführenden Leiterseile erfolgen und dadurch eine automatische Abschaltung des betroffenen Stromkreises bewirken. Isolatoren dienen der Vermeidung von elektrischen Überschlägen von den spannungsführenden Leiterseilen zu den geerdeten Mastbauteilen.

Die Freileitung muss elektrische Energie mit einer **Nennspannung** von 110 kV oder 33
mehr übertragen. Damit werden nicht alle Hochspannungsleitungen vom Tatbestand erfasst, denn der Hochspannungsbereich beginnt bei einer Nennspannung von mehr als 60 kV (BT-Drs. 17/6073, 18). Ab einer Spannungsebene von 380 kV wird auch von Höchstspannung gesprochen (§ 1 EnLAG).

Die Vorschrift enthält keine Festlegung auf eine bestimmte Übertragungstechnik, es muss 34
sich lediglich um Freileitungen für **Hochspannung** handeln. Sie erfassen begrifflich also nicht nur Wechselstromleitungen, sondern auch sog. Hochspannungs-Gleichstrom-Übertragungs- (HGÜ)-Leitungen. Aus dem speziellen Tatbestand des § 43 Abs. 1 S. 1 Nr. 3 folgt kein Ausschluss der Zulassung von HGÜ-Freileitungen nach § 43 Abs. 1 S. 1 Nr. 1 (Spieler NVwZ 2012, 1139 (1141); Säcker EnergieR/Pielow § 43 Rn. 16).

Auf den **Zweck** der Hochspannungsfreileitung kommt es dabei nicht an. Dieser kann 35
daher in der Übertragung (§ 3 Nr. 32), der Verteilung (§ 3 Nr. 37) der Nutzung von elektrischer Energie im Rahmen geschlossener Verteilernetze (§ 110) oder der Anbindung von Kraftwerken bestehen (Säcker EnergieR/Pielow § 43 Rn. 9).

Bahnfernstromleitungen sind jedoch ausdrücklich ausgenommen, deren Bau und 36
Änderung nach § 18 Abs. 1 S. 1 AEG planfeststellungspflichtig ist. Dabei handelt es sich um Nebeneinrichtungen des Schienenweges (Beck AEG/Vallendar AEG § 18 Rn. 60).

2. Hochspannungsleitungen zur Anbindung von Windanlagen auf See (Nr. 2)

Bei den in § 43 Abs. 1 S. 1 Nr. 2 genannten Hochspannungsleitungen geht es um 37
bestimmte, zweckgebundene Vorhaben, und zwar dienen diese der **Netzanbindung** von Windenergieanlagen auf See iSd § 3 Nr. 49 EEG 2023 (→ Rn. 37.1). Nebeneinrichtungen zu Offshore-Anbindungsleitungen sind vom Tatbestand ausgenommen. Für diese kann ein fakultatives Planfeststellungsverfahren nach § 43 Abs. 2 Nr. 1 durchgeführt werden (→ Rn. 57).

Eine Windenergieanlage auf See ist nach § 3 Nr. 49 EEG 2023 jede Anlage iSv § 3 Nr. 11 WindSeeG 37.1
und zwar jede Anlage zur Erzeugung von Strom aus Windenergie, die auf See in einer Entfernung von mindestens drei Seemeilen gemessen von der Küstenlinie der Bundesrepublik Deutschland aus seewärts errichtet worden ist. Der Begriff der Küstenlinie ist inhaltsgleich mit demjenigen in § 43 Abs. 2 Nr. 2.

Die **Nennspannung** der mit der Hochspannungsleitung übertragenen elektrischen Ener- 38
gie ist nicht erwähnt, sie kann daher auch weniger als 110 kV betragen, mindestens aber mehr als 60 kV (BT-Drs. 17/6073, 18 zum Hochspannungsbereich).

Die **Ausführung** der Hochspannungsleitung muss im Küstenmeer als Seekabel erfolgen, 39
hingegen steht die landseitige Ausführung als Freileitung oder als Erdkabel im Ermessen des Vorhabenträgers (BT-Drs. 16/10491, 18). Dabei hat er die Ziele gem. § 1 Abs. 1 zu berücksichtigen. Bei der Abwägung der Planfeststellungsbehörde (→ Rn. 103) können dabei auch Mehrkosten einer Verlegung als Erdkabel gegenüber einer Verlegung als Freileitung ausschlaggebend für die Ausführung der Hochspannungsleitung als Freileitung sein (SchlHOVG BeckRS 2012, 48970 Rn. 50: Kostenverhältnis von 1 : 2 zulasten des Erdkabels).

3. Grenzüberschreitende Gleichstrom-Hochspannungsleitungen (Nr. 3)

Die Regelung knüpft hinsichtlich der Art der Ausführung der Leitung und der Nichter- 40
wähnung einer Nennspannung an den Tatbestand von § 43 Abs. 1 S. 1 Nr. 2 an. Es muss sich nur um eine Hochspannungsleitung handeln, also zB mit einer Nennspannung von mehr als 60 kV. Im Küstenmeer wird die Energieleitung als Seekabel verlegt und landseitig

Riege 1117

EnWG § 43 Teil 5. Planfeststellung, Wegenutzung

kann dieses als Freileitung oder als Erdkabel fortgeführt werden. Jedoch liegt der Fokus dabei nicht in der Anbindung von Offshore-Windenergieanlagen (Kaltenborn LKRZ 2010, 321 (322)), sondern der **Zweck** besteht in der grenzüberschreitenden Übertragung von elektrischer Energie. Diese Leitungen dienen daher dem Stromhandel (BT-Drs. 16/12898, 19).

41 Hinsichtlich der Stromart ist die Leitung auf die Übertragung von **Gleichstrom** beschränkt. Ein wesentlicher Vorteil der sog. Hochspannungs-Gleichstrom-Übertragung (HGÜ) ist, dass die Übertragungsverluste über lange Distanzen sehr gering sind. Die Unwirtschaftlichkeit des Vorhabens kann damit vermieden werden. Dies gilt gerade auch für Erd- und Seekabel, die ab einer Länge von etwa 80 km nur noch als Gleichstromleitungen betrieben werden (Spieler NVwZ 2012, 1139 (1140)).

42 Bestandteil der HGÜ-Leitung sind nicht die **Konverterstationen**. Die für den Betrieb einer HGÜ-Leitung notwendigen Konverterstationen können nach § 43 Abs. 2 Nr. 1 in das Planfeststellungsverfahren einer Energieleitung integriert oder isoliert planfestgestellt werden (→ Rn. 57).

43 Grenzüberschreitend ist ein Vorhaben, wenn es das deutsche Verbundnetz mit einem ausländischen Verbundnetz verbindet (BT-Drs. 17/6073, 33).

4. Hochspannungsleitungen nach BBPlG (Nr. 4)

44 Bei diesen Hochspannungsleitungen handelt es sich um die in Anlage 1 BBPlG mit „E" gekennzeichneten Höchstspannungs-Gleichstrom-Übertragungs-Projekte und um die in Anlage 1 BBPlG mit „F" gekennzeichneten Höchstspannungs-Drehstrom-Pilotprojekte. Nach der Art ihrer Ausführung sind es Erdkabel (→ Rn. 63), mit denen elektrische Energie mit einer Nennspannung von mindestens 380 kV übertragen werden soll. Aus Anlage 1 BBPlG ergeben sich die Anfangs- und Endpunkte dieser Leitungen. Wesentlich für diese Projekte ist, dass durch § 1 Abs. 1 BBPlG die energiewirtschaftliche Notwendigkeit und der vordringliche Bedarf bereits gesetzlich festgestellt ist.

5. Gasversorgungsleitungen (Nr. 5)

45 Der Begriff der Gasversorgungsleitung ist im EnWG nicht definiert. Überwiegend wird zur Auslegung der Begriff des Gasversorgungsnetzes (§ 3 Nr. 20) herangezogen (Säcker EnergieR/Pielow § 43 Rn. 10; Kment EnWG/Kment § 43 Rn. 18; Theobald/Kühling/Missling § 43 Rn. 9). Eine planungsrechtliche Abgrenzung des Anwendungsbereichs von § 43 ist damit jedoch – auch wegen der uneinheitlichen Terminologie in § 3 Nr. 19, 19a und 20 – nicht möglich (Bala RdE 2016, 493 (494)). Sachgerechter erscheint es, auf die Funktion der Energieanlage und das transportierte Medium abzustellen. Eine Gasversorgungsleitung ist somit eine **Rohrleitung**, die in der Regel unterirdisch verlegt ist und Gas iSv § 3 Nr. 19a EnWG fortleitet.

46 Planfeststellungspflichtig sind nur Gasversorgungsleitungen mit einem **Durchmesser** von mehr als 300 Millimetern. Diese scheinbar eindeutige Formulierung führt in der Praxis zu Anwendungsproblemen (s. dazu ausführlich Bala RdE 2016, 493 f.; → Rn. 46.1).

46.1 Nach den anerkannten Regeln der Technik wird eine Rohrleitung mit der Bezeichnung DN (frz. Diamètre Nominal) gekennzeichnet, wobei der Nennaußendurchmesser gemeint ist (Ziff. 4.4.2 DIN EN ISO 3183). Ein für eine Gasleitung übliches Stahlrohr mit der Bezeichnung „DN 300" hat dabei einen Außendurchmesser von bspw. 323,9 Millimeter. In Abhängigkeit der Wanddicke des Stahlrohres (zB 6,3 mm) ist der Innendurchmesser (323,9 mm – 6,3 mm = 317,6 mm) also größer als 300 Millimeter. Der Gesetzgeber hat offensichtlich den Innendurchmesser im Blick gehabt (BT-Drs. 15/4068, 8). Damit unterliegen Gasversorgungsleitungen mit der Bezeichnung „DN 300" der Planfeststellungspflicht.

47 Gasversorgungsleitungen in einer Gasspeicheranlage (§ 3 Nr. 19c), bei der es sich um einen Untergrundspeicher iSv § 4 Abs. 9 BBergG handelt, unterliegen der Betriebsplanpflicht nach § 126 Abs. 1 iVm §§ 51 ff. BBergG, da für dessen Errichtung und Betrieb einschließlich zugehöriger Rohrleitungen das BBergG nach § 2 Abs. 2 S. 1 Nr. 2 BBergG vorrangig gilt. Dies betrifft das Piping der Obertageanlage, aber auch die Feldleitungen zu Kavernen oder zu Bohrungen von Aquiferspeichern.

48 Auch für Transit-Rohrleitungen iSv § 4 Abs. 10 BBergG, welche Gas fortleiten, gilt das Rechtsregime des BBergG (→ Rn. 9), sodass für die Errichtung und den Betrieb einer

solchen Leitung eine Genehmigung der zuständigen Bergbehörde nach § 133 Abs. 1 BBergG erforderlich ist.

Gasversorgungsleitungen in einer LNG-Anlage (§ 3 Nr. 26) gehören funktional zu dieser 49 Anlage und werden im Rahmen des immissionsschutzrechtlichen Verfahrens zur Errichtung und zum Betrieb der LNG-Anlage mit genehmigt.

6. Anbindungsleitungen von LNG-Anlagen (Nr. 6)

Der Tatbestand ist erfüllt, wenn eine LNG-Anlage iSv § 3 Nr. 26 an ein Fernleitungsnetz 50 iSv § 3 Nr. 5, 19 angeschlossen werden soll. **Zweck** des Anschlusses ist es, über die Anbindungsleitung entweder Gas zur LNG-(Verflüssigungs-)Anlage oder von einer LNG-(Entlade- und Wiederverdampfungs-)Anlage zu transportieren. Die Anbindungsleitung ist nur planfeststellungspflichtig, wenn sie einen Durchmesser von mehr als 300 Millimeter hat (→ Rn. 46). Der Tatbestand hat durch das Gesetz zur Beschleunigung des Einsatzes von verflüssigtem Erdgas (LNG-Beschleunigungsgesetz – LNGG) vom 24.5.2022 (BGBl. I 802) an Relevanz für die Praxis gewonnen.

Im Prinzip handelt es sich um eine **Gasversorgungsleitung** iSv Absatz 1 Nummer 5. 51 Der Gesetzgeber hielt die Ergänzung von § 43 Abs. 1 aus Klarstellungsgründen für erforderlich (BT-Drs. 19/9027, 13). Der Tatbestand stand ursprünglich im Zusammenhang mit der Verordnung zur Verbesserung der Rahmenbedingungen für den Aufbau der LNG-Infrastruktur in Deutschland vom 13.6.2019 (BGBl. I 786), mit welcher neue Vorschriften in die GasNZV eingefügt (§§ 39a–39g) und geändert (§§ 40, 49, 50) sowie § 23 Abs. 1 S. 2 ARegV ergänzt wurden.

E. Planfeststellungsfähige Vorhaben (Abs. 2)

Die Vorschrift stellt ein **Novum im Fachplanungsrecht** dar. Vom Grundsatz der Plan- 52 feststellungspflicht für raumbedeutsame sowie öffentliche und private Belange tangierende Vorhaben wird abgewichen (zB § 17 FStrG, § 18 AEG, §§ 8 ff. LuftVG, § 52 Abs. 2a BBergG iVm § 57a BBergG, § 14 WaStrG, § 1 MBPlG, § 28 PBefG, § 35 KrWG) und dem Vorhabenträger wird ein Wahlrecht eingeräumt, ob er für sein Vorhaben einen energierechtlichen Planfeststellungsbeschluss bzw. eine Plangenehmigung erwirkt oder zur Realisierung seines Vorhabens Einzelgenehmigungen auf Grundlage von einschlägigen Fachgesetzen (zB BImSchG, Landesbauordnungen, Wasserrecht, Naturschutzrecht) beantragt.

I. Wahlrecht des Vorhabenträgers

Für bestimmte energiewirtschaftliche Vorhaben liegt die Einleitung eines Planfeststellungs- 53 verfahrens ausschließlich in der Hand des Vorhabenträgers, der für die in Absatz 2 Nummern 1–9 genannten Vorhaben einen Antrag auf Planfeststellung stellen kann, aber nicht muss (aA Kment EnWG/Kment § 43 Rn. 23; Schirmer/Seiferth ZUR 2013, 515 (524), die zumindest für den früheren § 43 S. 5 ein Ermessen zur Durchführung eines Planfeststellungsverfahrens bzw. ein Initiativrecht bei der Planfeststellungsbehörde sahen). Es handelt sich um ein **Wahlrecht des Vorhabenträgers;** eine Pflicht zur Antragstellung auf Planfeststellung für ein planfeststellungsfähiges Vorhaben lässt sich der Vorschrift nicht entnehmen (BVerwG NVwZ-RR 2019, 944 Rn. 56 zu § 43 S. 8 aF).

Aus Sicht des Vorhabenträgers bietet dies die größtmögliche **Flexibilität** bei Erlangung der 54 erforderlichen Genehmigungen und kann vor dem Hintergrund der enteignungsrechtlichen Vorwirkung eines Planfeststellungsbeschlusses motivierend sein (Rosin/Pohlmann/ Gentzsch/Metzenthin/Böwing/Engel §§ 43–43h Rn. 66; Kment EnWG/Kment § 43 Rn. 25 weisen aber zu Recht darauf hin, dass Einzelgenehmigungen schneller zu erlangen sind und sich Änderungen eines einmal festgestellten Plans schwieriger gestalten). Allerdings findet ein umfassender Abwägungsprozess bei Verzicht auf einen Antrag auf Planfeststellung unter Umständen nicht statt und erscheint damit zumindest vor dem Hintergrund der Berührung öffentlicher Belange als bedenklich. Da der Vorhabenträger insbesondere bei erwartetem Widerspruch der Betroffenen gegen den geplanten Standort bzw. die Energieleitungstrasse wegen der enteignungsrechtlichen Vorwirkung des Planfeststellungsbeschlusses in der Regel

Riege

ein Interesse an der Durchführung eines Planfeststellungsverfahrens haben wird, wird dies insoweit aber verfassungsrechtlichen Anforderungen gerecht.

II. Vorhabengegenstand

55 **Zulassungsobjekt** der in Absatz 2 Satz 1 enumerativ aufgezählten energiewirtschaftlichen Vorhaben sind überwiegend Energieanlagen, welche der Übertragung von elektrischer Energie dienen (Nummern 2–6). Da der frühere Tatbestand zur Integration von für den Betrieb von Energieleitungen notwendigen Anlagen (§ 43 S. 3 aF) in ein laufendes Planfeststellungsverfahren zahlreiche Praxisfragen bei den Planfeststellungsbehörden aufwarf (u.a. Notwendigkeit der Anlage, möglicher Zeitpunkt zur Integration), wurde Nummer 1 (→ Rn. 57) zunächst klarstellend ergänzt (BT-Drs. 19/7914, 3) und dann geändert (BT-Drs. 20/3497, 10, 38). Mit den Tatbeständen zur Planfeststellungsfähigkeit von punktbezogenen Energieinfrastrukturmaßnahmen – Nummer 7 (Energiekopplungsanlagen, → Rn. 74) und Nummer 8 (Großspeicheranlagen, → Rn. 76) – trägt der Gesetzgeber dem Bedürfnis nach einem energiewirtschaftlichen Zulassungsverfahren Rechnung (BT-Drs. 19/7914, 4; BT-Drs. 19/9027, 13). Darüber hinaus war zuvor unklar, ob diese Anlagen als Nebenanlagen zu einer Stromleitung oder Gasfernleitung unter § 43 S. 3 aF fallen und welcher der beiden Infrastrukturen sie zuzuordnen wären (BT-Drs. 19/7914, 4).

56 Gegenstand eines Planfeststellungsverfahrens nach Absatz 2 Satz 1 sind die Errichtung (→ Rn. 12), der Betrieb (→ Rn. 16) oder die Änderung (→ Rn. 24) der nachfolgend genannten Energieanlagen.

1. Nebenanlagen (Abs. 2 S. 1 Nr. 1)

57 Die Anwendung des früheren § 43 S. 3 aF hatte in der Praxis zu Schwierigkeiten geführt (→ Rn. 55). Daher wurde aus Gründen der Klarstellung, aber auch der Zweckmäßigkeit die bisherige beispielhafte Aufzählung von für den Betrieb von Energieleitungen notwendigen Anlagen (Umspannanlagen, → Rn. 57.1 und Netzverknüpfungspunkte, → Rn. 57.2) um Konverterstationen (→ Rn. 57.3), Phasenschieber (→ Rn. 57.4), Verdichterstationen (→ Rn. 57.5) und Nebeneinrichtungen zu Offshore-Anbindungsleitungen (→ Rn. 57.6) ergänzt (BT-Drs. 20/1634, 114; 19/7914, 3).

57.1 **Umspannanlagen** bestehen in der Regel aus Leistungstransformatoren, Schaltanlagen und Einrichtungen zur Mess- und Regeltechnik. Sie dienen der Verbindung unterschiedlicher Spannungsebenen und sind Teil eines Übertragungs- oder Verteilernetzes.

57.2 Der Begriff des **Netzverknüpfungspunktes** wird in § 1 Abs. 2 BBPlG und § 2 Abs. 1 NABEG erwähnt. Damit ist die Verbindung zwischen zwei Übertragungsnetzen gemeint. Der Begriff des Verknüpfungspunktes (§ 8 EEG 2017) spielt im Netzanschlussverhältnis eine Rolle und bezeichnet den Verbindungspunkt einer Energieanlage (zB Erzeugungsanlage) mit einem Transport- oder Verteilernetz. Der Begriff in Nummer 1 dürfte insoweit aber beide Fallgestaltungen erfassen.

57.3 Eine **Konverterstation** ähnelt einer Umspannanlage und besteht im Wesentlichen aus vier Funktionsblöcken: Wechselstromanschluss, Umrichter, Transformatoren, Gleichstromanschluss. In der Konverterstation wird der Gleichstrom in Wechselstrom (und umgekehrt) umgerichtet. Die Umrichtung ist erforderlich, um den Strom in das als Wechselstromnetz betriebene Verteiler- oder Übertragungsnetz einspeisen bzw. aus ihm entnehmen zu können. Die Konverterstation ist technisch äußerst aufwändig und erfordert hohe Investitionskosten (Spieler NVwZ 2012, 1139 (1140)). Die besondere planungsrechtliche Relevanz von Konverterstationen beruht auf ihrer Dimensionierung (Flächenumfang von über 35 ha und Hallen mit ca. 20 m Höhe, s. dazu Buschbaum/Reidt UPR 2013, 421 (422)).

57.4 **Phasenschieber**(-transformatoren) bestehen im Wesentlichen aus einem Serientransformator und einem Erregertransformator. Sie werden von Netzbetreibern in Hoch- und Höchstspannungsnetzen eingesetzt, um den Wirkleistungsfluss zu regeln. Phasenschieber mindern oder erhöhen also Lasten und dienen somit der Stabilität und Flexibilität des Netzes.

57.5 **Verdichterstationen** spielen vor allem eine wichtige Rolle im europäischen Gasverbundsystem. Von der Förderquelle (zB aus Norwegen) wird Erdgas über Gasfernleitungen mehrere Hundert oder gar Tausende Kilometer nach Deutschland transportiert. Trotz eines hohen Einspeisedrucks reduziert sich der Druck durch Strömungsverluste während des Transports in den Pipelines. Verdichterstationen dienen daher der Kompression des Erdgases zur Aufrechterhaltung des Drucks und letztlich der Gewährleistung das Gastransports. Sie bestehen insbesondere aus Antriebsmaschinen (elektrischer Motor, Gasmotor oder Gasturbine), Arbeitsmaschinen (der eigentliche Gasverdichter), Steuerungs- und Regel- und Messeinrichtungen sowie weiteren Hilfseinrichtungen.

Mit **Nebeneinrichtungen zu einer Offshore-Anbindungsleitung** sind die land- und seeseitig 57.6 erforderlichen technischen und baulichen Anlagen gemeint, die unmittelbar und ausschließlich der Errichtung und dem Betrieb der Offshore-Anbindungsleitung dienen, s. § 3 Nr. 5 WindSeeG. Bei einem Umspannwerk an Land handelt es sich bis auf die der Offshore-Anbindung dienenden Nebeneinrichtungen nicht um Betriebsmittel der Offshore-Anbindungsleitung. Dies gilt auch dann, wenn ein Umspannwerk oder eine Erweiterung eines solchen möglicherweise lediglich für den Anschluss eines Offshore-Anbindungssystems hergestellt wird. Das Umspannwerk ist Teil des Netzverknüpfungspunktes des landseitigen Übertragungsnetzes (BT-Drs. 20/1634, 71 f.).

Zu den für den Betrieb von Energieleitungen **notwendigen Anlagen** gehören alle tech- 58 nischen Anlagen und Einrichtungen, welche der Übertragung von Elektrizität (zB Kabelübergabestationen (BT-Drs. 19/7914, 3), Kompensationsanlagen, Muffenbauwerke, Kreuzungsbauwerke) bzw. dem Transport von Gas (zB Gasdruckregel- und Messanlagen, BT-Drs. 19/9027, 13) dienen. Leerrohre (→ Rn. 71) gehören nicht zu den Nebenanlagen. Sie stellen vielmehr eine Hauptanlage dar und sind nach Absatz 2 Nummer 6 zulassungsfähig (BT-Drs. 19/7914, 4).

Der Tatbestand ermöglicht ein **isoliertes Planfeststellungsverfahren** für die genannten 59 Nebenanlagen. Dies kann aus Sicht des Vorhabenträgers wegen der enteignungsrechtlichen Vorwirkung eines Planfeststellungsbeschlusses zweckmäßig sein, wenn bspw. nur die von einem zur Stromleitung gehörenden Umspannwerk betroffenen Eigentümer nicht zur freihändigen Veräußerung ihrer Grundstücksflächen bereit sind. Der Planfeststellungsbeschluss für die Hochspannungsleitung könnte in Rechtskraft erwachsen, während sich eine gerichtliche Klärung auf den für das Umspannwerk isolierten Planfeststellungsbeschluss beschränkt (Kapfelsberger IR 2023, 26 (28)). Diese enteignungsrechtliche Wirkung der Planfeststellung für Nebenanlagen hat die Behörde bei ihrer Ermessensentscheidung zur Verfahrensdurchführung zu berücksichtigen (BT-Drs. 20/3497, 38). Unabhängig davon ist die Integration von Nebenanlagen in das Planfeststellungsverfahren einer Energieleitung weiterhin möglich. Trotz des insoweit abweichenden Gesetzeswortlauts in § 1 Abs. 4 EnLAG, § 1 Abs. 2 BBPlG („Zu den Vorhaben gehören") gilt dies auch für diese Vorhaben (Elspaß NVwZ 2014, 489 (492)).

Der Gesetzgeber hat klargestellt, dass eine **nachträgliche Integration** von sog. Punkt- 60 maßnahmen (Nebenanlagen zu einer Energieleitung) in Planfeststellungsbeschlüsse durch Planergänzungsverfahren möglich ist (BT-Drs. 19/7914, 4, s. dazu auch OVG NRW BeckRS 2021, 42256 Rn. 16, 20). Dies kann bspw. der Fall sein, wenn die Notwendigkeit einer Verdichterstation erst zu einem Zeitpunkt entstanden ist, als das Planfeststellungsverfahren für eine Erdgasfernleitung bereits weit fortgeschritten war (OVG NRW BeckRS 2021, 42256 Rn. 22).

2. Erdkabel im 20-km-Küstenstreifen (Abs. 2 S. 1 Nr. 2)

Der **Anwendungsbereich** der Vorschrift ist auf Vorhaben beschränkt, die ausschließlich 61 als Erdkabel ausgeführt werden, der Übertragung elektrischer Energie mit einer Nennspannung von genau 110 kV dienen und landseitig im Küstenbereich von Nord- und Ostsee verlaufen. Der Küstenbereich ist dabei willkürlich auf einen 20 Kilometer-Korridor längs der Küstenlinie begrenzt (BR-Drs. 559/1/08, 4). Die Küstenlinie ist legal definiert.

Motivation für diese Regelung waren Gründe des Küstenschutzes und des Tourismus, 62 da das Landschaftsbild von den Beeinträchtigungen durch Freileitungen entlastet werden sollte (Wustlich ZUR 2007, 122 (126)). In der Praxis handelt es sich in erster Linie um Vorhaben zur Ableitung des Stroms aus Offshore-Windparks, die nicht bereits unter § 43 Abs. 1 S. 1 Nr. 2 fallen. Erfasst sind aber auch sonstige Vorhaben, welche die oben genannten Voraussetzungen erfüllen. Nach der Intention des Gesetzgebers gilt die Vorschrift für den gesamten Netzausbau in dem 20 km landeinwärts der Küstenlinie verlaufenden Korridor, und zwar unabhängig davon, ob das Erdkabel dem Anschluss einer Offshore-Anlage oder sonstiger Erzeugungsanlagen an das Netz dient, oder ob es sich um Netzverstärkungsmaßnahmen handelt (BT-Drs. 16/10491, 18).

63 Der Begriff „Erdkabel" ist im EnWG nicht definiert und wird als Gegensatz zu dem in § 43 S. 1 Nr. 1 verwendeten Begriff „Freileitung" angesehen (Wustlich ZUR 2007, 122 (125)). Darunter ist somit ein **unterirdisch verlegtes Energieübertragungssystem** zu verstehen (BT-Drs. 16/3781, 5). Nach § 2 Abs. 1 S. 2 EnLAG und § 3 Abs. 5 S. 1 BBPlG gelten als Erdkabel auch Kabeltunnel und gasisolierte Rohrleitungen (GIL). Ein in einem aufgeschütteten Erdwall, mit dem die bisherige Geländeoberfläche geändert wird, zu verlegendes Kabel, erfüllt jedoch nicht den Begriff des Erdkabels (BVerwG BeckRS 2021, 8675 Rn. 29 f.). Auch die Einhausung einer oberirdisch geführten Leitung ist kein Erdkabel (BVerwG BeckRS 2021, 29914 Rn. 52).

64 Die Vorschrift erhöht u.a. die **Flexibilität** für den Vorhabenträger eines mit Erdkabeln an das Netz anbindenden Offshore-Windparks. Der Vorhabenträger kann, muss aber kein Planfeststellungs- oder Plangenehmigungsverfahren durchführen. Ein solches Verfahren kann für den Vorhabenträger dann sinnvoll sein, wenn ihm eine landesrechtliche Genehmigung nicht ausreichend erscheint, weil deren Rechtswirkungen hinter den Wirkungen einer Plangenehmigung zurückbleiben, zB bei der enteignungsrechtlichen Vorwirkung oder beim Rechtsschutz (Wustlich ZUR 2007, 122 (125)).

65 Auch wirtschaftliche Aspekte können zur Durchführung eines solchen Verfahrens motivieren. Nach § 21a Abs. 4 S. 3 gelten die Mehrkosten eines im 20-km-Küstenstreifen verlegten Erdkabels als dauerhaft nicht beeinflussbare Kostenbestandteile gem. § 11 Abs. 2 S. 1 Nr. 7 ARegV, welche über die Netzentgelte erlöst werden können. Wenn sich der Vorhabenträger jedoch aus wirtschaftlichen Erwägungen für eine (kostengünstigere) Freileitung statt eines Erdkabels im 20-km-Küstenstreifen entscheidet, spielt die Möglichkeit der Kostenwälzung von Mehrkosten keine Rolle bei der Abwägung im Planfeststellungsverfahren. Die **Wahl** zwischen Freileitung und Erdkabel ist vielmehr in das freie Ermessen des Vorhabenträgers gestellt, wobei die allgemeinen Vorgaben des § 1 Abs. 1 – sichere, preisgünstige, verbraucherfreundliche, effiziente und umweltverträgliche leitungsgebundene Versorgung der Allgemeinheit mit Elektrizität – zu berücksichtigen sind (SchlHOVG BeckRS 2012, 48970 Rn. 49). Die Erdkabelverlegung kann also nicht mit diesem Argument erzwungen werden.

3. Erdkabel zur Anbindung von (Pumpspeicher-)Kraftwerken (Abs. 2 S. 1 Nr. 3)

66 Auch dieser Tatbestand hat einen eingeschränkten Anwendungsbereich für bestimmte Erdkabel-Vorhaben, da er auf den **Zweck** des Vorhabens – die Anbindung von Kraftwerken (→ Rn. 66.1) und Pumpspeicherkraftwerken (→ Rn. 66.2) an das Elektrizitätsversorgungsnetz – fokussiert ist. Voraussetzung ist jedoch die Übertragung von elektrischer Energie mit einer Nennspannung von 110 kV oder mehr. Zum Begriff des Erdkabels wird auf die Erläuterungen zu Absatz 2 Nummer 2 verwiesen (→ Rn. 63).

66.1 Der Begriff des **Kraftwerks** ist nicht legal definiert. Er wird vielfach in Gesetzen und Verordnungen verwendet (zB §§ 13b, 13f, 13g, 16, 50 EnWG, § 4 Abs. 4 Nr. 10, Abs. 5 KraftNAV, § 5 Abs. 1 S. 2 Nr. 1 lit. a KraftNAV) und vorausgesetzt. Gemeint ist eine Anlage zur Erzeugung von elektrischer Energie (§ 1 Abs. 1 KraftNAV), physikalisch genauer zur Umwandlung von kinetischer oder thermischer Energie in elektrische Energie. Der Energieträger (Abfall, (Gicht-, Gruben-, Erd-)Gas, Wasserstoff, (Mineral-)Öl, Biomasse, Kernenergie, (Braun-, Stein-)Kohle, solare Strahlungsenergie, Wasser, Windenergie) spielt dabei keine Rolle.

66.2 Die besondere Erwähnung des **Pumpspeicherkraftwerkes,** zu dem es auch keine Legaldefinition gibt, liegt darin, dass der Zweck hier vordergründig in der Speicherung von Energie und nicht in der dauerhaften Erzeugung elektrischer Energie liegt (zum Begriff → Rn. 76.1).

67 Die Vorschrift wurde mit dem Gesetz zur Änderung von Bestimmungen des Rechts des Energieleitungsausbaus vom 21.12.2015 (BGBl. I 2490) eingefügt und durch das Gesetz zur Beschleunigung des Energieleitungsausbaus vom 13.5.2019 (BGBl. I 706) inhaltsgleich übernommen. Anlass war auch hier die **Erhöhung der Flexibilität** für den Vorhabenträger, die erforderlichen Genehmigungen entweder als fachrechtliche Einzelgenehmigungen oder als Planfeststellungsbeschluss bzw. Plangenehmigung mit der Wirkung gem. § 43c iVm § 75 VwVfG zu erwirken. Landesrechtliche Regelungen sind im Rahmen der konkurrierenden Gesetzgebung möglich und ggf. zu beachten (BT-Drs. 19/9027, 13).

4. Sonstige Erdkabel (Abs. 2 S. 1 Nr. 4)

Die Vorschrift steht im **Zusammenhang mit § 43h** und erweitert den Anwendungsbereich der Planfeststellung auf Erdkabel-Vorhaben mit einer Nennspannung von 110 kV oder weniger, mindestens aber mit einer Nennspannung von mehr als 60 kV (BT-Drs. 17/6073, 18 zum Hochspannungsbereich). Zum Begriff des Erdkabels wird auf die Erläuterungen zu Absatz 2 Nummer 2 verwiesen (→ Rn. 63). Der Begriff „sonstiges Erdkabel" weist darauf hin, dass der Zweck des Vorhabens unerheblich ist. In Betracht kommen daher Anschlussleitungen für Erzeugungsanlagen und Letztverbraucher sowie Erdkabel für Verteilernetze. Ausgenommen sind aber auch hier – wie in Absatz 1 Satz 1 Nummer 1 – Bahnstromfernleitungen. 68

5. Stromleitungen mit einer Nennspannung < 110 kV (Abs. 2 S. 1 Nr. 5)

Die Regelung ermöglicht die Zulassung einer Freileitung oder eines Erdkabels mit einer Nennspannung von unter 110 kV (ohne Begrenzung auf den Hochspannungsbereich) oder einer Bahnfernstromleitung durch **Integration** in ein planfeststellungspflichtiges oder -fähiges Vorhaben. Dadurch soll eine Bündelung mehrerer Verfahren, insbesondere auf der Verteilernetzebene, in einem Planfeststellungsverfahren ermöglicht werden (BT-Drs. 19/9027, 13). 69

Wenn es sich dabei um eine Freileitung handelt, muss diese auf einem **Mehrfachgestänge** mit einer Energieleitung nach Absatz 1 Satz 1 Nummern 1–3 geführt werden. Handelt es sich um ein Erdkabel, muss dieses in einem räumlichen und zeitlichen Zusammenhang mit der Baumaßnahme eines Erdkabels nach Absatz 1 Satz 1 Nummern 2–4 oder nach Absatz 2 Satz 1 Nummern 2–4 mit verlegt werden. 70

6. Leerrohre (Abs. 2 S. 1 Nr. 6)

Der Tatbestand steht im **Zusammenhang mit § 43j**. Danach können in ein Planfeststellungsverfahren nach Absatz 1 Satz 1 Nummern 2–4 oder Absatz 2 Satz 1 Nummern 2–4 Leerrohre (→ Rn. 71.1) für einen späteren Bedarf unter bestimmten Voraussetzungen einbezogen werden. 71

Leerrohre dienen der Aufnahme von Erdkabeln zum Schutz vor Feuchtigkeit und mechanischer Beanspruchung. 71.1

Intention des Gesetzgebers war es, mit diesem Tatbestand weitere Genehmigungen entbehrlich zu machen (BT-Drs. 19/7914, 4) und eine vorausschauende Planung für die Verteilnetzebene (BT-Drs. 19/9027, 13) und den Bau von Offshore-Anbindungsleitungen (BT-Drs. 19/7375, 62) zu ermöglichen. Eine Vorratsplanung, die unzulässig wäre (→ Rn. 83), wird wegen der in § 43j normierten Anforderungen nicht gestattet (Franke/Karrenstein EnWZ 2019, 195 (198)). 72

Die Länge der mitzuverlegenden Leerrohre muss dabei nicht mit dem Erdkabelvorhaben nach Absatz 1 Satz 1 Nummern 2–4 oder Absatz 2 Satz 1 Nummern 2–4 korrespondieren. Der Gesetzgeber hielt insoweit eine Klarstellung in § 43j S. 4 für erforderlich (BT-Drs. 19/7914, 6). 73

7. Energiekopplungsanlagen (Abs. 2 S. 1 Nr. 7)

Der Begriff der Energiekopplungsanlagen ist im EnWG nicht legal definiert. Der Gesetzgeber versteht darunter sog. **„Power-to-X"-Anlagen**. Damit sind Anlagen zur Umwandlung von Strom in einen anderen Energieträger wie Wärme, Kälte, Produkt, Kraft- oder Rohstoff, insbesondere Elektrolyseanlagen gemeint (BT-Drs. 19/9027, 13). Das Vorhaben ist nicht leitungs-, sondern anlagen- bzw. punktbezogen. 74

Ob Träger eines solchen Vorhabens auch Netzbetreiber iSv § 3 Nr. 27 sein können, wird unter dem derzeitigen Rechtsrahmen (Entflechtungsvorschriften) unterschiedlich beurteilt (zust. Sieberg/Cesarano RdE 2020, 230 (238 f.); Ahnis/Bollmann IR 2019, 173 (175); Schäfer-Stradkowsky/Boldt ZUR 2015, 451 ff., sofern es sich um eine netzdienliche Einrichtung handelt; abl. Fischer/Schulze EnWZ 2019, 449 ff.). Jedenfalls kommen Dritte als **Vorhabenträger** in Betracht, sodass der Adressatenkreis der Regelung über Netzbetreiber hinausgeht. 75

8. Großspeicheranlagen (Abs. 2 S. 1 Nr. 8)

76 Auch der Begriff der Großspeicheranlagen ist im EnWG nicht legal definiert, sondern lediglich die Begriffe Gasspeicheranlage (§ 3 Nr. 19c) und Energiespeicheranlage (§ 3 Nr. 15d). Die Negativabgrenzung in Nummer 8 ("soweit sie nicht unter § 126 BBergG fallen") lässt darauf schließen, dass Untergrundgasspeicher nicht mit dem Begriff der Großspeicheranlage gemeint sind. Vor dem Hintergrund der Legaldefinitionen in Art. 2 Nr. 59 Elektrizitäts-Binnenmarkt-Richtlinie (EU) 2019/944 (Energiespeicherung) und Art. 2 Nr. 60 Elektrizitäts-Binnenmarkt-Richtlinie (EU) 2019/944 (Energiespeicheranlage) kommt es bei einer Großspeicheranlage auf den **Zweck** der Verschiebung der endgültigen Nutzung elektrischer Energie auf einen späteren Zeitpunkt als den ihrer Erzeugung oder die Umwandlung elektrischer Energie in eine speicherbare Energieform an. Gemeint sind somit insbesondere Pumpspeicherkraftwerke (BT-Drs. 19/7914, 4; zum Begriff → Rn. 76.1) und Batteriespeicher (→ Rn. 76.2). Aber auch Druckluftspeicherkraftwerke (→ Rn. 76.3) und Schwungmassenspeicher (→ Rn. 76.4) können unter diesen Begriff subsumiert werden (Lehnert/Vollprecht ZNER 2012, 356 (357 ff.)).

76.1 Bei **konventionellen Pumpspeicherkraftwerken** wird ein vorhandenes geologisches Gefälle genutzt. Ein Oberbecken befindet sich auf einer erhöht liegenden Bergkuppe oder Hochebene. Für das Unterbecken wird gewöhnlich ein tiefer liegender Flusslauf aufgestaut. Mit überschüssiger elektrischer Energie wird Wasser aus dem Unterbecken in das Oberbecken gepumpt. In Schwachlastzeiten wird das Wasser aus dem Oberbecken durch oberirdische Druckleitungen oder unterirdische Druckstollen in das Unterbecken geleitet und treibt dabei einen Stromgenerator an (Reuter ZUR 2013, 458; Schütte/Preuß NVwZ 2012, 535 (536); Lehnert/Vollprecht ZNER 2012, 356 (357); Wiese ZUR 2011, 240 (241)). Darüber hinaus hat sich mit dem Auslaufen der Steinkohleförderung in Deutschland die Nachnutzungsmöglichkeit von Schächten und Strecken als **unterirdisches Pumpspeicherkraftwerk** ergeben, die als geschlossenes oder als offenes System konzipiert werden können (Pielow/Weiß/Groneberg GewArch 2014, 270 f.).

76.2 Ein **Batteriespeicher** ist ein wiederaufladbarer Speicher für Strom auf elektrochemischer Basis (s. Legaldefinition in § 2 Nr. 9 StromStG), der aus Akkumulatoren, Verkabelung, Wechselrichtern und einem Transformator besteht (OLG Frankfurt a. M. NZBau 2019, 178). Kernstück dieser Speicher sind zwei Elektroden, die aus unterschiedlichen Metallen oder Metalloxiden bestehen und in einer Elektrolytlösung liegen (Lehnert/Vollprecht ZNER 2012, 356 (358)).

76.3 In **Druckluftspeicherkraftwerken** wird Luft mit Kompressoren verdichtet und bei Bedarf wieder entspannt. Elektrische Energie wird also zunächst in potenzielle Energie des unter Druck stehenden Gases umgewandelt. Zur Rückverstromung durchströmt die Druckluft eine Turbine, die in Verbindung mit einem Generator Strom erzeugt. Als Druckluftspeicher kommen Kavernen im Salzstock und Bergwerksschächte in Betracht (Lehnert/Vollprecht ZNER 2012, 356 (357); Hausdorf/Konietzky/Fliss/Dengel Erdöl Erdgas Kohle 2009, 144 ff.).

76.4 Bei einem **Schwungmassenspeicher** beschleunigt ein Elektromotor einen Rotor, wodurch Strom in kinetische Energie umgewandelt wird. Die Rückgewinnung von Strom nutzt das Trägheitsmoment der Schwungmasse des Rotors, der den Elektromotor als Generator antreibt. Da für kurze Zeit (nur wenige Sekunden) eine sehr hohe Leistung auf- und abgegeben werden kann, handelt es sich dabei um einen sog. Leistungsspeicher, der zur Vermeidung von kurzfristigen Stromausfällen sowie zur Kompensation von Spannungsschwankungen eingesetzt wird (Lehnert/Vollprecht ZNER 2012, 356 (358 f.)).

77 Die Durchführung eines energiewirtschaftlichen Zulassungsverfahrens von solchen Anlagen setzt voraus, dass der **Schwellenwert von 50 MW** überschritten wird. Der Gesetzgeber sieht für Großspeicheranlagen eine Systemrelevanz iSv § 13 (BT-Drs. 19/7914, 4), da sie einen wichtigen Beitrag zur Netz- bzw. Systemstabilität leisten und für die Erbringung von Systemdienstleistungen (zB Bereitstellung von Regelenergie oder Blindleistung) einsetzbar sind (Schwintowski EWeRK 2015, 81 (82, 85); Pielow/Weiß/Groneberg GewArch 2014, 270 (273); Weyer/Lietz ZNER 2014, 241 (243)). Die Zulassung von Großspeicheranlagen unterhalb dieses Schwellenwertes bestimmt sich nach anderen Regelungen und zwar für Pumpspeicherkraftwerke nach dem Wasserrecht und dem UVPG (Pielow/Weiß/Groneberg GewArch 2014, 270 (272); Reuter ZUR 2013, 458 (459); Schütte/Preuß NVwZ 2012, 535 (539)).

78 Träger eines solchen Vorhabens können aus entflechtungsrechtlichen Gründen grundsätzlich nicht Netzbetreiber iSv § 3 Nr. 27 sein. Denn Großspeicheranlagen nehmen eine Zwitterstellung zwischen Erzeugungsanlage und Letztverbraucher ein und sind daher in der Regel nicht dem Netzbetrieb zuzuordnen (Haußner/Ismer EnWZ 2018, 51 (53); Pielow/Weiß/ Groneberg GewArch 2014, 270 (275)). Art. 36 Abs. 1 und 54 Abs. 1 Elektrizitäts-Binnenmarkt-Richtlinie (EU) 2019/944 stellen nunmehr auch den Grundsatz auf, dass Netzbetreiber nicht Eigentümer von Energiespeicheranlagen sein dürfen. Denkbar ist ein von Netzbetreibern beantragtes Zulassungsverfahren nur, wenn es sich bei der Energiespeicheranlage um vollständig integrierte Netzkomponenten handelt und eine Genehmigung der zuständigen Regulierungsbehörde vorliegt, Art. 36 Abs. 2, 54 Abs. 2 Elektrizitäts-Binnenmarkt-Richtlinie (EU) 2019/944 (s. dazu auch Halbig EnWZ 2020, 3 (6); Haußner/Ismer EnWZ 2018, 51 (53); Schwintowski EWeRK 2015, 81 (86, 90 ff.); Riewe/Sauer EWeRK 2014, 79 (83, 90, 94); Weyer/Lietz ZNER 2014, 241 (243 f.)). Da neben Netzbetreibern auch Dritte als **Vorhabenträger** in Betracht kommen, wird der Adressatenkreis für solche Vorhaben wie bei Absatz 2 Satz 1 Nummer 7 erweitert.

9. Anlagen nach § 2 Abs. Nr. 1 LNGG (Abs. 2 S. 1 Nr. 9)

Der Tatbestand bezieht sich auf stationäre schwimmende Anlagen zur Einfuhr, Entladung, Lagerung und Wiederverdampfung verflüssigten Erdgases (sog. **FSRU**) an den Standorten Brunsbüttel, Wilhelmshaven, Stade/Bützfleh, Mukran/Hafen und Lubmin gem. § 2 Abs. 1 Nr. 1 LNGG iVm der Anlage zum LNGG sowie auf Nebenanlagen und technische und bauliche Nebeneinrichtungen. Damit sind insbesondere Anleger und Plattformen auf See gemeint (BT-Drs. 20/7279, 20). Diese Anlagen sind grundsätzlich nach § 4 BImSchG und §§ 8, 9, 68 WHG genehmigungs- bzw. erlaubnispflichtig. Der Träger eines solchen Vorhabens kann nunmehr auch ein energierechtliches Planfeststellungsverfahren einleiten. Dies ist wegen des energiewirtschaftlichen Zwecks der FSRU (Gewährleistung der Gasversorgungssicherheit) sinnvoll, zumal die zuständige Behörde wegen des sachlichen, zeitlichen und räumlichen Zusammenhangs mit einem nach Absatz 1 Satz 1 Nummer 6 planfeststellungspflichtigen Vorhaben (LNG-Anbindungsleitung) die Möglichkeit der Verbindung beider Verfahren hat. Die Verbindung ist zeitlich nur bis zum Abschluss des Planfeststellungsverfahrens über die LNG-Anbindungsleitung möglich. Eine nachträgliche Integration des FSRU-Vorhabens als Planergänzung zum zugelassenen Leitungsbauvorhaben ist nicht möglich. Einer diesbezüglich vom Bundesrat vorgeschlagenen klarstellenden Regelung (BR-Drs. 219/23 (B), 2) hat die Bundesregierung in ihrer Gegenäußerung eine Absage erteilt. Eine solche Klarstellung widerspräche der Systematik der Planergänzung. Die FSRU ist insoweit keine unwesentliche Nebenanlage der LNG-Anbindungsleitung, sondern eine wesentliche eigenständige Anlage (BT-Drs. 20/7365, 3).

78a

10. Abschnittsbildung (Abs. 2 S. 2)

Die Regelung geht auf den früheren § 43 S. 8 Hs. 2 zurück, der die fakultative Planfeststellung für eine Abschnittsbildung ermöglichte, wenn eine Erdverkabelung im **unmittelbaren Zusammenhang** mit dem beantragten Abschnitt einer Freileitung steht. Sie trägt dem Umstand Rechnung, dass in der Praxis oftmals Teilstücke eines planfeststellungspflichtigen Gesamtvorhabens als Erdkabel verlegt werden (Theobald/Kühling/Missling § 43 Rn. 17b).

79

F. Materielle Anforderungen

Die materiell-rechtlichen Anforderungen an den Planfeststellungsbeschluss in **Absatz 3** beschränken sich auf die Beachtung des Abwägungsgebots (→ Rn. 103). Das ist zwar ein wesentlicher Aspekt, aber nicht der einzige. Weitere Anforderungen, die dem Abwägungsprozess vorgelagert sind, ergeben sich aus dem Grundsatz der Planrechtfertigung (→ Rn. 81) und der Beachtung zwingender Rechtsvorschriften (→ Rn. 91). Eine Planfeststellung darf für ein Vorhaben somit nicht erteilt werden, wenn die Planrechtfertigung fehlt, zwingende Versagungsgründe vorliegen oder sich die vom Vorhaben berührten öffentlichen und privaten Belange nicht im Rahmen des Abwägungsprozesses überwinden lassen.

80

EnWG § 43 Teil 5. Planfeststellung, Wegenutzung

I. Planrechtfertigung

81 Das Erfordernis der Planrechtfertigung wird aus dem **Grundsatz der Verhältnismäßigkeit** staatlichen Handelns hergeleitet (VGH BW BeckRS 2022, 38156 Rn. 44; NdsOVG BeckRS 2022, 21418 Rn. 45; OVG Bln-Bbg BeckRS 2020, 3525 Rn. 100; Kment EnWG/Kment § 43 Rn. 36; Rosin/Pohlmann/Gentzsch/Metzenthin/Böwing/Engel §§ 43–43h Rn. 193; Schiller UPR 2009, 245). Ein energiewirtschaftliches Vorhaben ist danach gerechtfertigt, wenn es konform mit den energierechtlichen Zielen des § 1 Abs. 1 ist (→ Rn. 84) und eine energiewirtschaftliche Notwendigkeit (→ Rn. 85) besteht (Arjomand N&R 2019, 14 (15)). Nach der Formel der Rechtsprechung ist die Planrechtfertigung gegeben, „wenn für das Vorhaben gemessen an den Zielsetzungen des jeweiligen Fachplanungsgesetzes tatsächlich ein Bedarf besteht, die geplante Maßnahme unter diesem Blickwinkel also erforderlich ist. Das ist nicht erst bei Unausweichlichkeit des Vorhabens der Fall, sondern wenn es vernünftigerweise geboten ist" (BVerwG BeckRS 2017, 144434 Rn. 33 mwN; OVG Bln-Bbg BeckRS 2020, 3525 Rn. 100; OVG NRW BeckRS 2019, 42418 Rn. 10; SächsOVG BeckRS 2019, 29021 Rn. 20; OVG LSA NVwZ-RR 2019, 451 (453 f.)).

82 Obwohl sich die Planrechtfertigung in der Praxis als konfliktbeladen erweist (Holznagel ZUR 2020, 515 (516)), scheitern daran die wenigsten Planfeststellungsbeschlüsse (Greinacher ZUR 2011, 305 (308)), insbesondere wenn der energiewirtschaftliche Bedarf durch Gesetz (zB EnLAG, BBPlG, LNGG) festgestellt ist (Rubel UPR 2018, 422 (423); Rubel DVBl 2017, 585 (586)). Die gerichtliche Überprüfung beschränkt sich insoweit auf die Evidenzkontrolle, ob die verfassungsrechtlichen Anforderungen gewahrt sind (BVerwG BeckRS 2021, 29914 Rn. 29; Rubel UPR 2018, 422 (423); Rubel DVBl 2017, 585 (586) mit Verweis auf BVerfG NVwZ 1998, 1060). Das BVerwG hat in mehrfachen Entscheidungen zum EnLAG festgestellt, dass gegen die Verfassungsmäßigkeit des EnLAG keine Bedenken bestehen (zuletzt BVerwG NVwZ 2021, 1615 Rn. 33) und dass keine Anhaltspunkte dafür bestehen, der Gesetzgeber habe mit der Bedarfsfeststellung für die jeweils zur Prüfung stehenden Leitungsvorhaben die Grenzen seines weiten Gestaltungs- und Prognosespielraums überschritten (BVerwG BeckRS 2020, 22736 Rn. 35 ff.; NVwZ 2016, 844 Rn. 52; 2014, 669 Rn. 45; BeckRS 2013, 57358 Rn. 10; ZUR 2011, 533 Rn. 21 f.) und dies auch für das LNGG bestätigt (BVerwG BeckRS 2023, 19712 Rn. 25).

83 Das Erfordernis der Planrechtfertigung stellt eine praktisch nur bei groben und einigermaßen offensichtlichen Missgriffen wirksame Schranke der Planungshoheit dar (SächsOVG BeckRS 2022, 11208 Rn. 57 unter Verweis auf BVerwG NVwZ 2015, 79 Rn. 4 zu § 17 FStrG) und kann neben der Unvereinbarkeit mit den Zielen des einschlägigen Fachplanungsrechts fehlen, wenn der Vorhabenträger nicht die Absicht zur Realisierung des Vorhabens hat oder objektive Hindernisse der Realisierung des Vorhabens entgegenstehen (BVerwG NVwZ 1990, 860 (861) zum FStrG; Ziekow ÖffWirtschaftsR VwVfG § 74 Rn. 16; Posser/Faßbender PraxHdB Netzplanung/Netzausbau/Faßbender/Gläß Kap. 10 Rn. 12). Die Realisierungsabsicht liegt vor, wenn im Zeitpunkt der Planfeststellung nicht ausgeschlossen ist, dass das Vorhaben während der Geltungsdauer des Planfeststellungsbeschlusses verwirklicht wird; andernfalls handelt es sich um eine **unzulässige Vorratsplanung** (OVG NRW BeckRS 2017, 128614 Rn. 79; BayVGH BeckRS 2016, 49780 Rn. 43). Bei der Zulassung der Mitverlegung von Leerrohren (Absatz 2 Nummer 6) für den künftigen Einzug von Erdkabeln ist der Bedarfsprognose und den sie stützenden öffentlichen Belangen besonderes Augenmerk zu widmen (Schlacke/Römling DVBl 2019, 1429 (1430 f.)).

1. Zielkonformität

84 Das energiewirtschaftliche Vorhaben muss den Erfordernissen einer möglichst sicheren, preisgünstigen, verbraucherfreundlichen, effizienten und umweltverträglichen Elektrizitäts- bzw. Gasversorgung genügen, § 1 Abs. 1 (→ Rn. 84.1). Dabei kann im Einzelfall einer Zielsetzung besondere Bedeutung zukommen, jedoch überwiegen einige Zielsetzungen grundsätzlich nicht (Arjomand N&R 2019, 14 (15 f.); aA Büdenbender DVBl 2005, 1161 (1164), der den Aspekten der sicheren und preisgünstigen Energieversorgung eine Dominanz zuspricht). Um die Zielkonformität zutreffend beurteilen zu können, ist neben dem Bedarf im Inbetriebnahmezeitpunkt auch eine vorausschauende Planung für die benötigte Leitungs-

kapazität zu berücksichtigen (so für die frühere Rechtslage bis zum EnWG 2005 BT-Drs. 14/4599, 161).

Bis zum 17.12.2006 enthielt § 43 eine ausdrückliche Regelung diesbezüglich (§ 11a Abs. 1 S. 6 aF bzw. § 43 Abs. 1 S. 5 aF „Das Vorhaben muss insbesondere den Zielen des § 1 entsprechen."). Die Streichung dieses Satzes erfolgte im Rahmen des Infrastrukturplanungsbeschleunigungsgesetzes vom 9.12.2006, welches eine Angleichung der Vorschriften in anderen Fachplanungsgesetzen (§ 18 AEG, § 17 FStrG, § 14 WaStrG, § 1 MBPlG) zur Folge hatte. Auch in diesen Vorschriften fehlt ein ausdrücklicher Bezug der planfeststellungspflichtigen Vorhaben zur Zielkonformität. Der Grundsatz ist jedoch dem Fachplanungsrecht immanent, sodass die Planrechtfertigung für energiewirtschaftliche Vorhaben auch weiterhin an den Zielen des § 1 Abs. 1 zu messen ist (Säcker EnergieR/Pielow § 43 Rn. 41; Britz/Hellermann/Hermes/Hermes/Kupfer, 3. Aufl., § 43 Rn. 17e; Theobald/Kühling/Missling § 43 Rn. 23; Schneider/Theobald EnergieWirtschaftsR-HdB/Bartsch § 7 Rn. 91). **84.1**

2. Energiewirtschaftliche Notwendigkeit

Für Vorhaben gem. § 1 Abs. 2 EnLAG iVm der Anlage und § 12e Abs. 4 iVm BBPlG iVm der Anlage einschließlich der dort gekennzeichneten NABEG-Projekte sowie für die in § 3 LNGG iVm der Anlage bezeichneten Vorhaben ist die energiewirtschaftliche Notwendigkeit gesetzlich festgestellt (→ Rn. 82) und die Planrechtfertigung somit normativ vorgegeben, von der Behörde also nicht mehr gesondert zu prüfen (Baur/Salje/Schmidt-Preuß Energiewirtschaft/Appel Kap. 103 Rn. 35). Dies gilt auch für Vorhaben, die gem. Art. 3 Abs. 4 TEN-E-VO als Vorhaben von gemeinsamem Interesse in der sog. Unionsliste aufgenommen sind. Nach Art. 7 Abs. 1 TEN-E-VO begründet dies für nationale Genehmigungsverfahren die Erforderlichkeit des Vorhabens in energiepolitischer Hinsicht (BVerwG NVwZ 2018, 336 Rn. 20). **85**

Soweit sich der **energiewirtschaftliche Bedarf** für ein Vorhaben nicht aus einem Gesetz ergibt, muss die Behörde eine Planrechtfertigungsprüfung durchführen. Dies stellte eine Besonderheit des Energiefachplanungsrecht zum sonstigen Fachplanungsrecht dar und ist auf den Umstand zurückzuführen, dass eine allgemeine fachliche Bedarfsplanung auf höherer Ebene fehlt und Vorhabenträger in der Regel private Unternehmen und nicht die öffentliche Hand sind (Schneider/Theobald EnergieWirtschaftsR-HdB/Bartsch § 7 Rn. 91). Relevanz hat dies bspw. für ein planfeststellungsbedürftiges Vorhaben zur Errichtung und zum Betrieb oder zur Änderung einer Gasversorgungsleitung iSv Absatz 1 Nummer 5 oder einer Anbindungsleitung iSv Absatz 1 Nummer 6 (Posser/Faßbender PraxHdB Netzplanung/Netzausbau/Faßbender/Gläß Kap. 10 Rn. 26). **86**

Die Planfeststellungsbehörde hat also eine eigenständige Prüfung der energiewirtschaftlichen Notwendigkeit vorzunehmen (Posser/Faßbender PraxHdB Netzplanung/Netzausbau Kap. 10 Rn. 27) und dabei den erforderlichen Bedarf prognostisch zu bestimmen (OVG NRW BeckRS 2017, 128614 Rn. 77). Die **Einschätzungsprärogative** der Behörde ist dabei nur eingeschränkt daraufhin gerichtlich überprüfbar, ob der Sachverhalt zutreffend ermittelt wurde sowie ob die Prognoseentscheidung auf der Grundlage einer geeigneten fachspezifischen Methode getroffen wurde und einleuchtend begründet worden ist. Ferner ist zu fragen, ob die mit jeder Prognose verbundene Ungewissheit künftiger Entwicklungen in einem angemessenen Verhältnis zu den Eingriffen steht, die mit ihr gerechtfertigt werden sollen (BVerwG NVwZ 2018, 1804 Rn. 13; OVG Bln-Bbg BeckRS 2020, 3525 Rn. 101; OVG NRW BeckRS 2017, 128614 Rn. 77). **87**

Nach der Rechtsprechung (BVerwG NJW 2003, 230 (233)) liegt die energiewirtschaftliche Erforderlichkeit eines Leitungsvorhabens insbesondere dann vor, wenn es eine vorhandene **Versorgungslücke** schließt oder wenn es der Versorgungssicherheit dient. Eine Versorgungslücke besteht, wenn der Energiebedarf in einem Versorgungsraum gegenwärtig oder in absehbarer Zeit nicht ausreichend gedeckt werden kann. Bei bestehendem Energiebedarf kommt es darauf an, ob technische Alternativen der Bedarfsdeckung bestehen, die das Leitungsvorhaben erübrigen (→ Rn. 88.1). Bei der Bedarfsprüfung ist daher die Möglichkeit der Inanspruchnahme vorhandener Infrastruktur im Wege der Durchleitung als alternative Möglichkeit der Bedarfsdeckung in Abgrenzung zum Neubau zusätzlicher Leitungen zu untersuchen. Kann ein Energiebedarf im Wege der Durchleitung gedeckt werden, besteht kein Bedarf für den Neubau einer Energieleitung. Der Aspekt der sog. **Null-Variante** spielt **88**

EnWG § 43 Teil 5. Planfeststellung, Wegenutzung

somit bereits bei der Bedarfsprüfung und Planrechtfertigung eine Rolle (Posser/Faßbender PraxHdB Netzplanung/Netzausbau/Faßbender/Gläß Kap. 10 Rn. 39; aA Säcker EnergieR/ Pielow § 43 Rn. 48, 72), die räumliche Trassenführung und technische Ausführungsmöglichkeiten werden hingegen im Rahmen der Abwägung bewältigt. Ein Leitungsbedarf kann sich schließlich auch unter wettbewerblichen Gesichtspunkten ergeben, wenn und weil durch die Errichtung zusätzlicher Leitungskapazität der Wettbewerb gestärkt wird (BT-Drs. 14/ 4599, 161).

88.1 Technische Alternativen müssen den Zweck des Vorhabens erfüllen. Eine Umrüstung oder eine Zubeseilung sind daher nicht mit dem Neubau einer Energieleitung vergleichbar. Zwar kann durch ein **Freileitungs- bzw. Leiterseiltemperaturmonitoring** oder eine Netzverstärkung mittels Hochtemperaturleiterseilen die Übertragungsleistung erhöht werden. Wenn allerdings mit dem Neubau einer Energieleitung die Vervielfachung von Transportkapazität beabsichtigt ist, ist die Ertüchtigung mittels der genannten Maßnahmen keine technische Alternative für den Neubau (BVerwG NVwZ 2013, 1605 Rn. 39). Unabhängig davon entsprechen das Freileitungsmonitoring und der Einsatz von Hochtemperaturleiterseilen noch nicht den allgemein anerkannten Regeln der Technik und kommen auch diesem Grund nicht als technische Alternative in Betracht (BVerwG NVwZ 2013, 1605 Rn. 40).

89 Für die Beurteilung des energiewirtschaftlichen Bedarfs sind neben § 1 Abs. 1 auch die **Netzbetriebs- und Netzausbaupflicht** nach § 11 Abs. 1 und die **Netzanschlusspflichten** gem. § 17 EnWG und §§ 33, 39, 39b GasNZV, § 8 EEG 2021, § 3 KWKG von Bedeutung (Posser/Faßbender PraxHdB Netzplanung/Netzausbau/Faßbender/Gläß Kap. 10 Rn. 32).

90 Zum Nachweis der energiewirtschaftlichen Notwendigkeit hat der Vorhabenträger eine **Bedarfsprognose** vorzulegen, welche die Planfeststellungsbehörde zu prüfen hat. Dabei kann sie sowohl auf einen von den Übertragungsnetzbetreibern oder Fernleitungsnetzbetreibern nach §§ 12a, 15a erstellten Szenariorahmen, der auch die europaweite Nachfrageprognose nach dem transportierten Energieträger und dafür notwendige Transportkapazitäten berücksichtigt (OVG Bln-Bbg BeckRS 2020, 3525 Rn. 104 ff.), als auch auf einen Netzentwicklungsplan, der im Gasbereich trotz fehlender gesetzlich bindender Wirkung für Netzbetreiber als energiewirtschaftlicher Bedarfsplan verbindlich ist (NdsOVG BeckRS 2022, 21418 Rn. 46), zurückgreifen. Bei der prognostischen Bestimmung des erforderlichen Bedarfs steht der Planfeststellungsbehörde ein energiewirtschaftlicher Einschätzungs- und Beurteilungsspielraum zu, der nur eingeschränkt gerichtlich überprüfbar ist (NdsOVG BeckRS 2022, 21418 Rn. 46). Wenn ein Vorhaben Bestandteil eines Netzentwicklungsplans ist und die Aufnahme in diesen auf einen Kapazitätsausbauanspruch eines Anschlussnehmers zurückgeht, ist das dem Vorhaben anhaftende Maß an Ungewissheit für die Bedarfsprognose im Zeitpunkt der Planfeststellung als gering einzustufen (NdsOVG BeckRS 2022, 21418 Rn. 48).

II. Zwingende Vorschriften

91 Neben der Planrechtfertigung muss das energiewirtschaftliche Vorhaben mit zwingenden Vorgaben des materiellen Rechts im Einklang stehen. Dies folgt aus dem Grundsatz der Gesetzmäßigkeit der Verwaltung (Art. 20 Abs. 3 GG), welcher der Planfeststellungsbehörde die Beachtung der für die Zulassung des Vorhabens einschlägigen materiell-rechtlichen Anforderungen auferlegt (Baur/Salje/Schmidt-Preuß Energiewirtschaft/Appel Kap. 103 Rn. 36). Verstößt der Planfeststellungsbeschluss gegen zwingende Vorschriften, ist er rechtswidrig. Ge- und Verbotsnormen ergeben sich bspw. aus dem Raumordnungsrecht (→ Rn. 92), dem Baurecht (→ Rn. 93), dem Immissionsschutzrecht (elektromagnetische Felder → Rn. 95, Lärm → Rn. 96), dem Natur- und Artenschutzrecht (→ Rn. 97), dem Wasserrecht (→ Rn. 100) und dem Anlagensicherheitsrecht (→ Rn. 102).

1. Raumordnung, Abstandsflächen, Mindestabstände

92 Zwingend zu beachtende Vorgaben können sich u.a. aus den **Zielen der Raumordnung** (§ 4 Abs. 1 S. 1 Nr. 3 ROG) ergeben (→ Rn. 92.1). Der Träger der Raumordnung kann standortbezogene Entscheidungen für ein energiewirtschaftliches Vorhaben treffen, welche die Spielräume der Planfeststellungsbehörde zur Standort- oder Trassenfestlegung ausschließen oder einschränken. An zielförmige Standortfestlegungen der Raumordnung ist die nachfolgende Infrastrukturplanfeststellung so weit gebunden, wie die raumordnerische Abwägung abschließend war. Sind Vorranggebiete in der Raumordnung festgelegt worden, kommt es für die Befugnis der Fachplanung zur Standortentscheidung darauf an, ob die Festlegung in der Raumordnung Ausschlusswirkung hat oder nicht (Deutsch ZUR 2021, 67 (71)). Besteht ein Flächennutzungsplan, entfällt dessen Bindungswirkung für die zeitlich nachfolgende Planfeststellung, wenn die energiewirtschaftlichen Belange die Belange der Flächennutzungsplanung überwiegen (Deutsch ZUR 2021, 67 (72) mwN).

Ziele der Raumordnung sind bei Entscheidungen öffentlicher Stellen über die Zulassung raumbedeutsamer Planungen und Maßnahmen von Personen des Privatrechts, die der Planfeststellung bedürfen, zu beachten (zB raumbedeutsame Neuzerschneidungen – BVerwG BeckRS 2020, 22736 Rn. 59). Es kann sich bspw. ein Konflikt einer geplanten Energieleitung mit einem Windvorranggebiet ergeben, sofern dieses Zielqualität hat. Jedoch sind nur signifikante Einschränkungen der Windenergienutzung und ein substanzieller Flächenentzug relevant (SächsOVG BeckRS 2019, 43829 Rn. 33 f.). Wenn in einem Landesraumordnungsprogramm ein Vorranggebiet für eine Leitungstrasse ausgewiesen ist, stellt es hingegen keinen Verstoß dar, wenn eine Höchstspannungsfreileitung außerhalb des Vorranggebiets geplant wird. Denn eine Ausschlusswirkung außerhalb des Vorranggebiets ist mit seiner Festlegung nicht verbunden (BVerwG BeckRS 2017, 113853 Rn. 49). 92.1

Aus den Landesbauordnungen können sich ggf. Anforderungen an zu beachtende **Abstandsflächen** ergeben. Zwar unterfallen Energieleitungen, die der öffentlichen Versorgung mit Gas und Elektrizität dienen, nicht dem Anwendungsbereich der Landesbauordnungen (§ 1 Abs. 2 Nr. 3 MBO). Nach Auffassung einzelner Gerichte gilt das – in Abhängigkeit von Höhe und Mächtigkeit – aber nicht für Maste von Hochspannungsleitungen (OVG RhPf BeckRS 2002, 20728 Rn. 29; offengelassen von BVerwG NVwZ 2017, 709 Rn. 19), sodass Abstandsflächen ggf. beachtet werden müssen. 93

§ 2 Abs. 1 S. 1 EnLAG ermöglicht eine Erdverkabelung statt einer Freileitung, wenn bestimmte Mindestabstände zu Wohngebäuden unterschritten werden. Ein Rechtsanspruch auf Einhaltung von **Mindestabständen** gegenüber Wohngebäuden folgt daraus jedoch nicht (BVerwG BeckRS 2017, 127645 Rn. 27). Zwingend einzuhaltende Mindestabstände folgen auch nicht aus in Landesentwicklungs- oder -raumprogrammen bzw. -plänen formulierten Grundsätzen der Raumordnung zu Abständen zwischen neu zu errichtenden Höchstspannungsfreileitungen und Wohngebäuden; diese haben nur den Rang eines Abwägungsbelangs (BVerwG BeckRS 2017, 127645 Rn. 28). 94

2. Immissionsschutz

Als **sonstige ortsfeste Einrichtung** unterfallen Hochspannungsfreileitungen nach § 3 Abs. 5 Nr. 1 BImSchG dem Immissionsschutzrecht (BVerwG BeckRS 2020, 22736 Rn. 41; NVwZ 2018, 1322 Rn. 42; NVwZ 2018, 336 Rn. 27; EnWZ 2014, 183 (184 f.); Rubel DVBl 2017, 585 (586)). Mangels immissionsschutzrechtlicher Genehmigung sind sie als genehmigungsfreie Anlagen nach § 22 Abs. 1 S. 1 Nr. 1 und 2 BImSchG so zu betreiben, dass schädliche Umwelteinwirkungen verhindert werden, die nach dem Stand der Technik vermeidbar sind bzw. sind nach dem Stand der Technik unvermeidbare schädliche Umwelteinwirkungen auf ein Mindestmaß zu beschränken. Hinsichtlich **elektromagnetischer Felder** konkretisiert die 26. BImSchV insoweit die Anforderungen zum Schutz der Allgemeinheit und der Nachbarschaft vor schädlichen Umwelteinwirkungen. Für die Rechtmäßigkeit der Planfeststellung sind insbesondere das Minimierungsgebot gem. § 4 Abs. 2 S. 1 26. BImSchV (→ Rn. 95.1) und das Überspannungsverbot von zum dauerhaften Aufenthalt von Menschen bestimmten Gebäuden oder Gebäudeteilen gem. § 4 Abs. 3 S. 1 26. BImSchV (→ Rn. 95.2) zu beachten. 95

Geeignete Minimierungsmaßnahmen sind bspw. die Anordnung der Felder der 380-kV-Stromkreise auf den oberen Traversen zur Erhöhung des Bodenabstands, die Minimierung der Seilabstände unter Beachtung der technischen notwendigen Mindestisolierstrecken und die Bündelung einer Energieleitung mit weiteren, auf niedrigeren Traversen geführten Niederfrequenzanlagen (BVerwG BeckRS 2018, 13261 Rn. 51 f.). 95.1

Das Tatbestandsmerkmal „Gebäude oder Gebäudeteile, die zum dauerhaften Aufenthalt von Menschen bestimmt sind" unterscheidet sich von dem in den Bauordnungen der Länder üblichen Begriff „Räume, die zum nicht nur vorübergehenden Aufenthalt von Menschen bestimmt oder geeignet sind" (§ 2 Abs. 10 MBO), obwohl die Zielrichtung (Risikovorsorge und Gefahrenabwehr) ähnlich ist. In 95.2

erster Linie sind Wohngebäude gemeint (Landmann/Rohmer UmweltR/Röckinghausen 26. BImSchV § 4). Gartenlauben dienen demgegenüber nur dem vorübergehenden und nicht dem dauerhaften Aufenthalt von Menschen (offengelassen BVerwG BeckRS 2020, 22736 Rn. 56). Nach § 8 Abs. 2 26. BImSchV sind im Übrigen Ausnahmen vom Überspannungsverbot möglich (zB für temporäre Überspannung eines Wohngebäudes durch eine provisorische Leitung in der Bauphase für eine neue Energieleitung, BVerwG BeckRS 2023, 8897 Rn. 19 ff.).

96 Auch der **TA Lärm** kommt als konkretisierende Regelung zu § 22 Abs. 1 S. 1 Nr. 1 und 2 BImSchG eine Bindungswirkung zu (BVerwG NVwZ 2018, 1322 Rn. 60). In der Betriebsphase können insbesondere Höchstspannungsfreileitungen Lärmimmissionen verursachen, sog. Koronageräusche (s. dazu umfassend Hagmann/Thal NVwZ 2016, 1524 ff.).

3. Natur- und Artenschutz

97 Sofern ein energiewirtschaftliches Vorhaben geeignet ist, ein **Natura 2000-Gebiet** erheblich zu beeinträchtigen, ist nach § 34 Abs. 1 BNatSchG eine Verträglichkeitsprüfung durchzuführen. Ergibt die Prüfung der Verträglichkeit, dass das Vorhaben zu erheblichen Beeinträchtigungen von Erhaltungszielen oder für den Schutzzweck maßgeblichen Bestandteilen führen kann, ist es gem. § 34 Abs. 2 BNatSchG – vorbehaltlich einer Abweichungsentscheidung nach § 34 Abs. 3, 4 BNatSchG – unzulässig (BVerwG NVwZ 2018, 1322 Rn. 69 ff.; NVwZ-RR 2017, 768 Rn. 22 ff.; NVwZ 2016, 844 Rn. 61 ff.). Dies gilt auch für Vogelschutzgebiete, die nach § 34 Abs. 2 BNatSchG zu geschützten Teilen von Natur und Landschaft iSv § 20 Abs. 2 BNatSchG erklärt worden sind (BVerwG NVwZ 2020, 788 Rn. 119; NVwZ 2016, 844 Rn. 62).

98 Daneben ist das **artenschutzrechtliche Tötungsverbot** des § 42 Abs. 2 Nr. 1 BNatSchG zu beachten. Der Tatbestand ist nur erfüllt, wenn sich das Kollisionsrisiko für die betroffenen Tierarten durch das Vorhaben in signifikanter Weise erhöht. Dabei sind Maßnahmen, mittels derer solche Kollisionen vermieden oder dieses Risiko zumindest minimiert werden soll, wie Überflughilfen, Leitstrukturen uä in die Betrachtung einzubeziehen. Wird mit den im Planfeststellungsbeschluss vorgesehenen Vermeidungsmaßnahmen kein signifikant erhöhtes Risiko kollisionsbedingter Verluste von Einzelexemplaren verursacht, liegt kein Verstoß gegen das Verbot vor. Das Risiko ist dann mit dem stets gegebenen Risiko, dass einzelne Exemplare einer Art im Rahmen des allgemeinen Naturgeschehens Opfer einer anderen Art werden, vergleichbar (OVG NRW BeckRS 2013, 53049 mwN; SchlHOVG BeckRS 2012, 48970 Rn. 28).

99 Auch die **Eingriffsregelung** (§§ 13 ff. BNatSchG) ist als zwingendes Recht zu beachten. Bei der Bewertung der Eingriffswirkungen eines Vorhabens sowie der Bewertung der Kompensationswirkung von Ausgleichs- und Ersatzmaßnahmen steht der Planfeststellungsbehörde aber eine naturschutzfachliche Einschätzungsprärogative zu, die nur eingeschränkt gerichtlich überprüfbar ist (BVerwG NVwZ 2016, 844 Rn. 146). Relevante Fehler können sich aus der angewandten Bewertungsmethode, der Begründung des Bewertungsergebnisses oder der Festlegung von Kompensationsmaßnahmen ergeben.

4. Wasserrecht

100 Bei der Errichtung von baulichen Anlagen (zB Maste) in **Überschwemmungsgebieten** sind Ge- und Verbote zu beachten (u.a. das Gebot zur Erhaltung von Überschwemmungsgebieten als Rückhalteflächen gem. § 77 Abs. 1 WHG und das Verbot zur Errichtung von baulichen Anlagen in Überschwemmungsgebieten gem. § 78 Abs. 4 WHG). Ausnahmen sind nur möglich, wenn der **Küsten- oder Hochwasserschutz** nicht oder nur unwesentlich beeinträchtigt ist und Ausgleichsmaßnahmen möglich sind (s. § 77 Abs. 1 S. 2 und 3, § 78 Abs. 5 WHG). Ist der Verlauf einer Freileitung in einem Überschwemmungsgebiet unvermeidbar, müssen die Fundamente der Masten hochwasserangepasst ausgeführt werden. Unterirdisch zu verlegende Gasleitungen müssen gegen Auftrieb gesichert sein. Ein Planfeststellungsbeschluss genügt den Anforderungen, wenn der Retentionsraumverlust durch die Errichtung von Mastfundamenten und deren Auswirkung auf eine Hochwasserabfluss gutachterlich ermittelt wurde und keine Anhaltspunkte für eine unzutreffende Berechnung oder Bewertung vorliegen (BVerwG NVwZ-RR 2019, 944 Rn. 45 f.).

Ein Planfeststellungsbeschluss muss auch mit den Anforderungen des **wasserrechtlichen** **Verschlechterungsverbots** nach § 27 Abs. 1 Nr. 1, Abs. 2 Nr. 1 WHG und § 47 Abs. 1 Nr. 1 WHG und Art. 4 Abs. 1 WRRL im Einklang stehen. In diesem Zusammenhang trifft die Planfeststellungsbehörde eine sorgfältige Ermittlung des Ist-Zustandes des Wasserkörpers und die Bewertung der Auswirkungen des Vorhabens auf Qualitätskomponenten gem. Anhang V WRRL (BVerwG NVwZ 2020, 788 Rn. 159 f.). 101

5. Technische Sicherheit

Ein energiewirtschaftliches Vorhaben muss den sich aus zwingenden Rechtsvorschriften ergebenden Sicherheitsanforderungen, insbesondere gem. § 49 Abs. 1 und 2, genügen. Nach § 49 Abs. 1 S. 1 sind Energieanlagen so zu errichten und zu betreiben, dass die technische Sicherheit gewährleistet ist. Vorbehaltlich sonstiger Rechtsvorschriften sind dabei die allgemein anerkannten Regeln der Technik zu beachten, § 49 Abs. 1 S. 2. Deren Einhaltung wird vermutet, wenn bei Anlagen zur Erzeugung, Fortleitung und Abgabe von Elektrizität oder Strom bestimmte technische Regelwerke eingehalten werden (→ § 49 Rn. 22). Diese Vermutung ist widerleglich (zu den Anforderungen s. BVerwG BeckRS 2021, 11353 Rn. 13). 102

Gegenstand von Gerichtsentscheidungen waren in diesem Zusammenhang u.a. von Betroffenen geforderte **Sicherheitsabstände** von Gasversorgungsleitungen zu bebauten Gebieten und zu Windkraftanlagen. Dabei haben die Gerichte herausgearbeitet, dass das Regelwerk solche Mindestabstände nicht vorsieht (zu bebauten Gebieten s. OVG NRW BeckRS 2022, 27453 Rn. 65; BeckRS 2019, 42418 Rn. 20 ff.; 2017, 128614 Rn. 91 ff.) bzw. diese im konkreten Fall eingehalten wurden (zu Windkraftanlagen BVerwG BeckRS 2023, 8712 Rn. 24; SächsOVG BeckRS 2022, 11208 Rn. 64 ff.; 2019, 43829 Rn. 30 ff.; 2019, 29021 Rn. 21 ff.). Auch genügt es, wenn der Planfeststellungsbeschluss unter Bezugnahme auf die Antragsunterlagen feststellt, dass die konkrete Leitung den sich aus der GasHdrLtgV und dem DVGW-Regelwerk ergebenden Anforderungen entspricht; ein abstraktes Sicherheitskonzept muss der Planfeststellungsbeschluss nicht festlegen (OVG NRW BeckRS 2022, 27453 Rn. 57). 102a

III. Abwägungsgebot (Abs. 3)

Das Abwägungsgebot als „Herzstück der Fachplanung" (Säcker EnergieR/Pielow § 43 Rn. 66) hat der Gesetzgeber ausdrücklich in Absatz 3 erwähnt. Die Norm richtet sich an die Planfeststellungsbehörde. Sie hat alle vom Vorhaben berührten öffentlichen und privaten Belange gegeneinander und untereinander gerecht abzuwägen (Baur/Salje/Schmidt-Preuß Energiewirtschaft/Appel Kap. 103 Rn. 38). „Das Abwägungsgebot verlangt, dass – erstens – eine Abwägung überhaupt stattfindet, dass – zweitens – in die Abwägung an Belangen eingestellt wird, was nach Lage der Dinge in sie eingestellt werden muss, und dass – drittens – weder die Bedeutung der öffentlichen und privaten Belange verkannt noch der Ausgleich zwischen ihnen in einer Weise vorgenommen wird, die zur objektiven Gewichtigkeit einzelner Belange außer Verhältnis steht. Innerhalb des so gezogenen Rahmens wird das Abwägungsgebot nicht verletzt, wenn sich die Planfeststellungsbehörde in der Kollision zwischen verschiedenen Belangen für die Bevorzugung des einen und damit notwendig für die Zurückstellung eines anderen entscheidet" (BVerwG BeckRS 2022, 28136 Rn. 17; NVwZ 2021, 1615 Rn. 55; BeckRS 2021, 29914 Rn. 43; 2020, 22736 Rn. 66; NVwZ 2018, 1322 Rn. 73; OVG Bln-Bbg BeckRS 2020, 31526 Rn. 24; OVG NRW BeckRS 2019, 42418 Rn. 31). 103

1. Abschnittsbildung

Zum Rechtmäßigkeitsmaßstab des Abwägungsgebots gehört die Frage, ob ein Vorhaben in Abschnitten (zB bei länderübergreifenden EnLAG-Vorhaben bundeslandscharf) festgestellt werden darf (Rubel UPR 2018, 422 (425)). Allerdings darf dies den effektiven Rechtsschutz Drittbetroffener nicht faktisch unmöglich machen oder einer umfassenden Problembewältigung des Gesamtvorhabens nicht gerecht werden. Der gebildete Abschnitt bedarf vor dem Hintergrund der Gesamtplanung einer eigenen sachlichen Rechtfertigung und der Verwirkli- 104 chung des Gesamtvorhabens dürfen nach summarischer Prüfung keine unüberwindbaren Hindernisse entgegenstehen (Rubel UPR 2018, 422 (425)).

105 Die **Zulässigkeit** einer planungsrechtlichen Abschnittsbildung bei Energieleitungstrassen ist in der Rechtsprechung grundsätzlich anerkannt (BVerwG NVwZ 2021, 1615 Rn. 57; 2018, 264 Rn. 31; 2017, 708 Rn. 26). Danach haben Dritte regelmäßig keinen Anspruch darauf, dass über die Zulassung eines Vorhabens insgesamt, vollständig und abschließend in einem einzigen Bescheid entschieden wird. Eine Abschnittsbildung kann Dritte jedoch in ihren Rechten verletzen, wenn ihnen damit Rechtsschutzmöglichkeiten genommen werden oder dies dazu führt, dass die abschnittsweise Planfeststellung dem Grundsatz umfassender Problembewältigung nicht gerecht werden kann. Dies gilt auch, wenn dem gebildeten Abschnitt vor dem Hintergrund der Gesamtplanung die eigene sachliche Rechtfertigung fehlt. Zudem dürfen nach einer summarischen Prüfung der Verwirklichung des Gesamtvorhabens keine unüberwindlichen Hindernisse entgegenstehen (BVerwG NVwZ 2021, 1615 Rn. 57; 2018, 264 Rn. 31).

2. Alternativenprüfung

106 Einer großen Bedeutung kommt bei der Abwägung die Prüfung von mehreren räumlich in Betracht kommenden Trassenvarianten (→ Rn. 107) und die Prüfung von alternativen Ausführungslösungen (zB Freileitung oder Erdkabel, → Rn. 110) zu.

107 Bei der räumlichen Trassenwahl werden Kriterien u.a. wie die Geradlinigkeit der Linienführung, der **Bündelung** (BVerwG BeckRS 2023, 19712 Rn. 32; BeckRS 2021, 29914 Rn. 60; NVwZ 2021, 723 Rn. 70; BeckRS 2020, 7484 Rn. 39; NVwZ 2017, 708 Rn. 35; VGH BW BeckRS 2022, 38156 Rn. 77), das Gebot der Nutzung bestehender Trassen (BVerwG NVwZ 2021, 723 Rn. 70; BeckRS 2020, 22736 Rn. 70) und der Meidung schutzbedürftiger Gebiete (BVerwG NVwZ 2018, 266 Rn. 37) zur Beurteilung herangezogen. Es gibt zwar keinen zwingenden Planungsleitsatz, bestehende Leitungstrassen für ein neues Vorhaben zu nutzen. Unter dem Aspekt des Netzausbaus kommt der Nutzung vorhandener Trassenräume aber grundsätzlich Vorrang vor dem Neubau auf neuen Trassen zu (BVerwG BeckRS 2021, 29914 Rn. 60 mwN). Darüber hinaus werden auch Kostenüberlegungen berücksichtigt, wobei die Grundlagen und Schlussfolgerungen von Kostenschätzungen des Vorhabenträgers nachvollziehbar sein müssen (BVerwG NVwZ-RR 2019, 944 Rn. 77 f.; 2018, 332 Rn. 29; VGH BW BeckRS 2022, 38156 Rn. 79).

108 Bei der Trassenwahl hat die Planfeststellungsbehörde ferner rechtliche und tatsächliche **Vorbelastungen** des betroffenen Gebiets (zB durch eine dinglich gesicherte Energieleitung, BVerwG ZUR 2010, 533 (536); VGH BW BeckRS 2022, 38156 Rn. 71 ff.) in den Blick zu nehmen und zu bewerten. Denn durch eine Vorbelastung wird die Schutzwürdigkeit und Schutzbedürftigkeit der betroffenen Schutzgüter und deren Gewicht in der Abwägung grundsätzlich reduziert (BVerwG NVwZ 2023, 678 Rn. 29; BeckRS 2020, 7484 Rn. 45; VGH BW BeckRS 2022, 38156 Rn. 71; VG Schleswig BeckRS 2011, 46714). Allerdings muss sich die Planfeststellungsbehörde nicht zwingend für eine vorbelastete Trasse entscheiden (BVerwG BeckRS 2020, 7484 Rn. 45). Bei einem planfestgestellten Rückbau einer Bestandsleitung entfällt zwar die rechtliche Vorbelastung und kann insoweit im Rahmen der Abwägung nicht mehr den Belangen Betroffener entgegengehalten werden. Allerdings schließt dies die Berücksichtigung einer tatsächlichen Vorbelastung durch eine Bestandstrasse nicht aus. „Denn Bau- und Nutzungsverhalten der betroffenen Grundstückseigentümer haben sich ebenso wie die Verkehrsanschauung und der Verkehrswert auf das Vorhandensein der Bestandstrasse eingestellt. Die dadurch bewirkte tatsächliche Gebietsprägung entfällt nicht durch die Veränderung der rechtlichen Situation." (BVerwG NVwZ 2023, 678 Rn. 29; NVwZ 2017, 708 Rn. 35).

109 Bei der Auswahl zwischen verschiedenen **Trassenvarianten** ist die Grenze der planerischen Gestaltungsfreiheit erst überschritten, wenn eine andere als die gewählte Linienführung sich unter Berücksichtigung aller abwägungserheblichen Belange eindeutig als die bessere, weil öffentliche und private Belange insgesamt schonendere darstellen würde, sich also hätte aufdrängen müssen (BVerwG NVwZ 2021, 1615 Rn. 63; 2021, 723 Rn. 67; BeckRS 2021, 29914 Rn. 57; 2021, 8675 Rn. 19; NVwZ-RR 2019, 944 Rn. 61; NVwZ 2018, 1322 Rn. 82; 2017, 708 Rn. 32; 2016, 844 Rn. 169; BayVGH BeckRS 2017, 105425 Rn. 19).

Die Prüfungsintensität von Trassenvarianten nimmt mit fortschreitendem Verfahren zwar zu, jedoch darf die Planfeststellungsbehörde in einem frühen Verfahrensstadium auf Grundlage einer Grobanalyse weniger geeignete Trassenvarianten aussortieren (stRspr, s. BVerwG BeckRS 2022, 28136 Rn. 20; BeckRS 2017, 113853 Rn. 63; NVwZ 2016, 844 Rn. 172 jeweils mwN). Ernsthaft in Betracht kommende Trassenalternativen müssen allerdings untersucht und im Verhältnis zueinander gewichtet werden (BVerwG NVwZ 2017, 708 Rn. 32).

Bei der **technischen Ausführung** einer Energieleitung sind ggf. bindende Vorgaben des 110 Gesetzgebers (zB aus dem EnLAG) zu beachten, welche die Alternativenwahl einschränken können (BVerwG BeckRS 2013, 48426 Rn. 27). Aus den gesetzlichen Regelungen ergibt sich jedoch ein Regel-Ausnahme-Verhältnis, sodass außerhalb des Anwendungsbereichs des § 2 Abs. 1 EnLAG und des § 4 Abs. 1 BBPlG eine Erdverkabelung generell nicht in Betracht kommt. Daher ist die Planfeststellungsbehörde außerhalb dieser Fälle nicht befugt, dem Vorhabenträger gegen seinen Willen die Errichtung und den Betrieb eines Erdkabels aufzugeben. Ein solches Verlangen kann nicht auf das Abwägungsgebot gestützt werden (BVerwG BeckRS 2021, 29914 Rn. 45; NVwZ 2021, 1615 Rn. 36 f.; 2021, 723 Rn. 101 f.). Gleichwohl kann es sich im Einzelfall empfehlen, diese Ausführungsvariante bei der Alternativenprüfung einer Freileitung zu berücksichtigen (Ruge/Schirmer ZUR 2018, 399 (403); Kment NVwZ 2018, 1329 (1331)). Fragen der Bauausführung dürfen in der Regel aus der Planfeststellung ausgeklammert werden, sofern nach dem Stand der Technik zur Problembewältigung geeignete Lösungen zur Verfügung stehen und die Wahrung der entsprechenden Regelwerke sichergestellt ist (BVerwG NVwZ 2021, 1615 Rn. 68; NVwZ-RR 1998, 92).

3. Private Belange

Zu den im Rahmen der Abwägung zu berücksichtigenden privaten Belangen gehört vor 111 allem das **Grundeigentum,** unabhängig davon, ob es natürlichen oder juristischen Personen (zB einer Gemeinde) zugeordnet ist. Von einer Vorhabenplanung betroffen ist das Grundeigentum, wenn das Vorhaben auf dem Grundstück verwirklicht werden soll (zB durch Verlegung von Erdkabeln oder Gasleitungen, Errichtung von Masten, Überspannung mit einer Stromleitung) oder wenn das Vorhaben nachteilige Wirkungen auf Nachbargrundstücke hat (zB durch elektromagnetische Immissionen, Lärm). Die Einbeziehung des Grundeigentums in die planerische Abwägung setzt aber voraus, dass die Betroffenheit objektiv nicht nur geringfügig ist und eine Schutzwürdigkeit besteht (BVerwG NVwZ 2017, 708 Rn. 63). Bei der Gewichtung der Betroffenheit von Grundeigentum kommt es u.a. auf die Nutzungsbeeinträchtigung landwirtschaftlich genutzter Flächen an, die bei einer Überspannung geringer als bei der Errichtung von Masten ist (BVerwG NVwZ 2018, 1322 Rn. 84), oder auf eine erdrückende Wirkung einer Freileitung auf eine Wohnbebauung, insbesondere der Masten, die aber nur in Extremfällen vorliegen wird (BVerwG BeckRS 2021, 29914 Rn. 73 ff.; NVwZ 2021, 1615 Rn. 71; BeckRS 2018, 13273 Rn. 89). Bei unterirdisch verlegten Energieleitungen, bei denen nach dem Regelwerk eine Regelverlegetiefe bzw. Mindestüberdeckung einzuhalten ist, ist die landwirtschaftliche Nutzung nach der Bauphase uneingeschränkt möglich.

Auch **Nutzungsrechte** an Grundstücken genießen den Schutz von Art. 14 Abs. 1 S. 1 112 GG und sind als private Belange zu berücksichtigen. Inwieweit ein Schutzstreifen für eine Energieleitung vom Vorhabenträger Besitzrechte von obligatorisch Nutzungsberechtigten aber verkürzt (zB durch Duldungs- und Unterlassungsansprüche des Vorhabenträgers), ist eine Frage des Einzelfalls (BVerwG BeckRS 2018, 13261 Rn. 24).

Die flächenmäßige Inanspruchnahme von Grundeigentum kann mittelbar den durch 113 Art. 14 GG geschützten **eingerichteten und ausgeübten Gewerbebetrieb** tangieren. Im Rahmen der Abwägung ist daher eine eventuelle Existenzgefährdung landwirtschaftlicher Betriebe zu prüfen; in der Regel sind Abtretungsverluste bis ca. 5 Prozent aber nicht geeignet, einen gesunden landwirtschaftlichen Vollerwerbsbetrieb in seiner Existenz zu gefährden (BVerwG BeckRS 2017, 113853 Rn. 72).

Bei der Planfeststellung einer Höchstspannungsfreileitung gehört zu den privaten Belangen 114 unter dem Aspekt des **Gesundheitsschutzes** auch das Interesse an der Verschonung vor elektromagnetischen Feldern, auch wenn diese die Grenzwerte unterschreiten. Dieser Belang ist umso gewichtiger, je näher die Belastung an die Grenzwerte heranreicht, sein Gewicht ist umso geringer, je weiter sie hinter dieser Schwelle zurückbleibt (BVerwG BeckRS 2018, 13273 Rn. 52).

4. Gemeindliche Belange

115 Die gemeindliche Planungshoheit vermittelt nach ständiger Rechtsprechung eine wehrfähige, in die Abwägung einzubeziehende Rechtsposition, wenn das Vorhaben (1) eine bestimmte **Planung der Gemeinde** stört, (2) wegen seiner Großräumigkeit wesentliche Teile des Gemeindegebiets einer durchsetzbaren gemeindlichen Planung entzieht oder (3) gemeindliche Einrichtungen in ihrer Funktionsfähigkeit erheblich beeinträchtigt (BVerwG EnWZ 2020, 43; NVwZ 2019, 1213 Rn. 26; 2017, 708 Rn. 58; BeckRS 2013, 48426 Rn. 23; OVG NRW BeckRS 2022, 27453 Rn. 41; OVG MV BeckRS 2020, 24170 Rn. 34). Allerdings muss die Planfeststellungsbehörde nur auf verfestigte, konkrete Planungsabsichten einer Gemeinde abwägend Rücksicht nehmen (BVerwG BeckRS 2021, 29914 Rn. 85; 2013, 48426 Rn. 23). Auch ist eine Gemeinde nicht befugt, als Sachwalterin von Rechten Dritter bzw. des Gemeinwohls Belange ihrer Bürger oder allgemeine Auswirkungen einer Fachplanung auf ihre Wirtschaftsstruktur – etwa durch die Beeinträchtigung der wirtschaftlichen Betätigung dort ansässiger Unternehmen und Tourismusbetriebe – geltend zu machen (BVerwG NVwZ 2019, 1213 Rn. 12; 2017, 708 Rn. 13; OVG MV BeckRS 2020, 24170 Rn. 38). Die Planungshoheit einer Gemeinde ist auch betroffen, wenn ein Vorhaben die Umsetzung bestehender Bebauungspläne faktisch erschwert oder die in ihnen zum Ausdruck kommende städtebauliche Ordnung nachhaltig stört (OVG MV BeckRS 2020, 24170 Rn. 34).

5. Öffentliche Belange

116 Sofern öffentliche Belange nicht bereits als zwingende Ge- oder Verbote zu beachten sind, sind sie bei der Abwägung zu berücksichtigen. Zu nennen sind hier u.a. Belange des Klimaschutzes (BVerwG BeckRS 2023, 19712 Rn. 35 ff.), die Grundsätze und sonstigen Erfordernisse der Raumordnung (§ 4 Abs. 1 S. 1 ROG), Vorgaben aus einem Bebauungsplan (Deutsch ZUR 2021, 67 (73)), Umweltbelange, elektromagnetische Felder unterhalb gesetzlicher Grenzwerte (BVerwG BeckRS 2013, 48426 Rn. 20 f.), die Gewährleistung der technischen Sicherheit gem. § 49 Abs. 1 (zB Sicherheitsabstand zwischen Boden und Freileitungsseil zur möglichen Unterfahrung mit landwirtschaftlichen Maschinen, BVerwG BeckRS 2017, 113853 Rn. 65; Standsicherheit von Masten, BVerwG NVwZ 2018, 264 Rn. 56; 2014, 669 Rn. 60).

6. Erheblichkeit von Abwägungsmängeln

117 Nach Absatz 4 iVm § 75 Abs. 1a S. 1 VwVfG (des Bundes) bzw. Absatz 5 in Verbindung mit vergleichbaren landesrechtlichen Regelungen sind Mängel bei der Abwägung der von dem Vorhaben berührten öffentlichen und privaten Belange nur erheblich, wenn sie offensichtlich und auf das Abwägungsergebnis von Einfluss gewesen sind. Die beiden Voraussetzungen müssen kumulativ vorliegen (Stelkens/Bonk/Sachs/Neumann/Külpmann VwVfG § 75 Rn. 39). Offensichtlich ist ein Mangel, wenn konkrete Umstände positiv und klar darauf hindeuten (Stelkens/Bonk/Sachs/Neumann/Külpmann VwVfG § 75 Rn. 40). Von Einfluss auf das Abwägungsergebnis ist ein Abwägungsfehler, wenn nicht nur die abstrakte, sondern die konkrete Möglichkeit besteht, dass die Planungsentscheidung ohne diesen Fehler anders ausgefallen wäre. Insoweit ist der Abwägungsvorgang in allen seinen Phasen in den Blick zu nehmen. Die Rechtsprechung prüft dabei gestuft, ob eine **Kausalität** zwischen dem Abwägungsmangel und der Planungsentscheidung besteht. Besteht der Abwägungsmangel in der fehlerhaften Berücksichtigung eines abwägungserheblichen Belangs und ergeben sich keine konkreten Anhaltspunkte, dass die Planfeststellungsbehörde ohne diesen Mangel zu einem anderen Abwägungsergebnis gelangt wäre, ist zusätzlich zu prüfen, ob die auf der nachfolgenden Stufe gebotene **Abwägung im engeren Sinne** – das Ins-Verhältnis-Setzen der gegenläufigen Belange – das Abwägungsergebnis auch dann rechtfertigen würde, wenn der auf der vorhergehenden Stufe unterlaufene Mangel unterblieben wäre (OVG NRW BeckRS 2017, 128614 Rn. 104).

G. Verfahrensfragen

I. Zuständigkeit

Die in den Absätzen 1 oder 2 genannten Vorhaben werden grundsätzlich von der nach dem jeweiligen Landesrecht **zuständigen Behörde** zugelassen. Der Wortlaut scheint auf das Ergebnis des Planfeststellungsverfahrens und somit auf die Sachentscheidungskompetenz hinzudeuten. Die Regelungen in §§ 72–78 VwVfG trennen jedoch grundsätzlich zwischen der Anhörungs- und der Planfeststellungsbehörde, wobei eine Identität nicht ausgeschlossen ist (Posser/Faßbender PraxHdB Netzplanung/Netzausbau/Bala Kap. 9 Rn. 87). Die funktionale und örtliche Zuständigkeit der Behörde ergibt sich im Übrigen aus den jeweiligen landesrechtlichen Zuständigkeitsverordnungen. **118**

Für Vorhaben nach Absatz 1 Nummer 4 und nach Absatz 1 Satz 2 iVm § 2 Abs. 1 NABEG einschließlich der Integration von Nebenanlagen gem. Absatz 2 Nummer 1 ist die **BNetzA** zuständig (§§ 18 ff. NABEG iVm § 31 Abs. 1, 2 NABEG, § 1 PflZV, § 2 BBPlG). Aus § 31 Abs. 1 iVm §§ 22, 24 NABEG ergibt sich dabei die Identität der BNetzA als Anhörungs- und Planfeststellungsbehörde. **119**

II. Ablauf des Planfeststellungsverfahrens

Die Vorschrift des **Absatzes 4** enthält eine dynamische Verweisung auf die §§ 72–78 VwVfG (Britz/Hellermann/Hermes/Hermes/Kupfer, 3. Aufl., § 43 Rn. 29), die allerdings unter dem Vorbehalt der Beachtung spezialgesetzlicher Regelungen nach dem EnWG steht. Zu beachten sind daher insbesondere die Vorschriften der §§ 43a–43d, die Abweichungen zu den Vorschriften der §§ 73–76 VwVfG enthalten. **120**

Das Planfeststellungsverfahren wird durch einen **Antrag** des Vorhabenträgers, und zwar durch die Einreichung eines Plans eingeleitet (Absatz 4 iVm § 73 Abs. 1 S. 1 VwVfG). Inhalt und Umfang der Antragsunterlagen (Absatz 4 iVm § 73 Abs. 1 S. 2 VwVfG) bestimmen sich dabei nach dem Empfängerhorizont der Anhörungsbehörde, die eine fundierte Entscheidungsgrundlage benötigt, und der interessierten Öffentlichkeit, die eine mögliche Berührung in eigenen Belangen prüfen und abschätzen können muss, wobei an die Detailtiefe der Antragsunterlagen in diesem Stadium keine strengen Anforderungen zu stellen sind (Baur/Salje/Schmidt-Preuß Energiewirtschaft/Appel Kap. 103 Rn. 19). Dem gehen in der Regel planungsvorbereitende Verfahrensschritte (zB Scoping-Verfahren nach § 15 UVPG, frühe Öffentlichkeitsbeteiligung nach § 25 Abs. 3 VwVfG) voraus (Posser/Faßbender PraxHdB Netzplanung/Netzausbau/Bala Kap. 9 Rn. 138 ff.). **121**

Nach einer **Vollständigkeitsprüfung** und ggf. von der Anhörungsbehörde angeregten Überarbeitung der Antragsunterlagen leitet die zuständige Behörde das Anhörungsverfahren (Posser/Faßbender PraxHdB Netzplanung/Netzausbau/Bala Kap. 9 Rn. 153 ff.) mit der **Auslegung des Plans** in den Gemeinden ein, in denen sich das Vorhaben voraussichtlich auswirken kann. Ferner werden die Träger öffentlicher Belange durch Übermittlung der Antragsunterlagen beteiligt. Betroffene, Kommunen und Vereinigungen haben dann die Möglichkeit, **Einwendungen** zu erheben. Am Ende des Anhörungsverfahrens findet in der Regel ein **Erörterungstermin** statt, der entsprechend vorzubereiten und bekanntzumachen ist. **122**

Nach dem Erörterungstermin entscheidet die Planfeststellungsbehörde im Beschlussverfahren, ob und mit welchem Inhalt, Ergänzungsvorbehalten und Schutzauflagen der Plan festgestellt wird (Posser/Faßbender PraxHdB Netzplanung/Netzausbau/Bala Kap. 9 Rn. 320 ff.). **123**

Während der COVID-19-Pandemie konnte die Auslegung von Unterlagen durch eine **Veröffentlichung im Internet** ersetzt werden (§ 3 Abs. 1 PlanSiG) und statt eines Erörterungstermins eine **Online-Konsultation** (→ Rn. 124.1) gem. § 5 Abs. 2–4 PlanSiG von der Behörde durchgeführt werden. Sofern alle zur Teilnahme am Erörterungstermin Berechtigten einverstanden sind, kann nach § 5 Abs. 5 PlanSiG auch eine **Telefon- oder Videokonferenz** statt einer Online-Konsultation durchgeführt werden. Die zeitlich befristeten Regelungen, die ursprünglich zur Bewältigung einer Krisensituation geschaffen wurden, mittlerweile aber keine konkrete Pandemiesituation mehr voraussetzen (BT-Drs. 20/3714, 7), wurden mehrfach verlängert und gelten aktuell bis zum 31.12.2023. Der Gesetzgeber **124** wird im Rahmen der Evaluierung ggf. über eine weitere Fortgeltung entscheiden, da sich Vereinfachungseffekte durch die stärkere Nutzung elektronischer Verfahren abzeichnen (BT-Drs. 20/3714, 7).

124.1 Bei einer Online-Konsultation handelt es sich um ein indirektes Verfahren und nicht um eine Kommunikation über das Internet mit Programmen für Online-Meetings. Der mündliche Austausch durch wechselseitige Äußerungen wird durch die Bereitstellung der zu erörternden Informationen und der dazu eingehenden wechselseitigen Stellungnahmen der Verfahrensbeteiligten auf einer Website oder elektronischen Plattform ersetzt. Jedem Verfahrensbeteiligten ist zu jeder Stellungnahme (ggf. wiederholt) eine Äußerungsmöglichkeit einzuräumen (Wysk NVwZ 2020, 905 (909)).

125 Wegen der weiteren Einzelheiten und den Besonderheiten eines energierechtlichen Planfeststellungsverfahren, zu den Wirkungen der Planfeststellung und zu Rechtsschutzfragen wird im Übrigen auf die folgenden **Kommentierungen zu §§ 43a ff.** verwiesen.

126 Die Vorschrift des **Absatzes 5** geht auf einen Hinweis des Bundesrates zum Entwurf des Infrastrukturplanungsbeschleunigungsgesetzes zurück (BT-Drs. 16/54, 42). Dieser hielt den ausschließlichen Verweis in § 43 auf die Anwendung des VwVfG (des Bundes) für einen Verstoß gegen das in § 1 Abs. 3 VwVfG geregelte Subsidiaritätsprinzip und sah die Gefahr einer unterschiedlichen Ausgestaltung der Genehmigungsverfahren für Vorhaben nach Bundes- und nach Landesrecht. Denn teilweise werden in den Verwaltungsverfahrensgesetzen abweichende Regelungen, zB andere Fristen und Auslegungsvorgaben, getroffen. Allerdings sind dabei auch die vorrangigen Vorschriften der §§ 43a ff. zu beachten. Enthalten diese jedoch keine Abweichungen, bleibt es bei den landesrechtlichen Vorschriften (OVG MV BeckRS 2010, 46967 zur Planauslegung).

§ 43a Anhörungsverfahren

Für das Anhörungsverfahren gilt § 73 des Verwaltungsverfahrensgesetzes mit folgenden Maßgaben:
1. Der Plan ist gemäß § 73 Absatz 2 des Verwaltungsverfahrensgesetzes innerhalb von zwei Wochen nach Zugang auszulegen.
2. Die Einwendungen und Stellungnahmen sind dem Vorhabenträger und den von ihm Beauftragten zur Verfügung zu stellen, um eine Erwiderung zu ermöglichen; datenschutzrechtliche Bestimmungen sind zu beachten; auf Verlangen des Einwenders sollen dessen Name und Anschrift unkenntlich gemacht werden, wenn diese zur ordnungsgemäßen Durchführung des Verfahrens nicht erforderlich sind; auf diese Möglichkeit ist in der öffentlichen Bekanntmachung hinzuweisen.
3. ¹Die Anhörungsbehörde kann auf eine Erörterung im Sinne des § 73 Absatz 6 des Verwaltungsverfahrensgesetzes und des § 18 Absatz 1 Satz 4 des Gesetzes über die Umweltverträglichkeitsprüfung verzichten. ²Ein Erörterungstermin findet nicht statt, wenn
    a) Einwendungen gegen das Vorhaben nicht oder nicht rechtzeitig erhoben worden sind,
    b) die rechtzeitig erhobenen Einwendungen zurückgenommen worden sind,
    c) ausschließlich Einwendungen erhoben worden sind, die auf privatrechtlichen Titeln beruhen, oder
    d) alle Einwender auf einen Erörterungstermin verzichten.
    ³Findet keine Erörterung statt, so hat die Anhörungsbehörde ihre Stellungnahme innerhalb von sechs Wochen nach Ablauf der Einwendungsfrist abzugeben und sie der Planfeststellungsbehörde zusammen mit den sonstigen in § 73 Absatz 9 des Verwaltungsverfahrensgesetzes aufgeführten Unterlagen zuzuleiten.
4. Soll ein ausgelegter Plan geändert werden, so kann im Regelfall von der Erörterung im Sinne des § 73 Absatz 6 des Verwaltungsverfahrensgesetzes und des § 18 Absatz 1 Satz 4 des Gesetzes über die Umweltverträglichkeitsprüfung abgesehen werden.

§ 43a EnWG

Überblick

§ 43a enthält Sonderregelungen für das Anhörungsverfahren nach § 73 VwVfG im Rahmen des energiewirtschaftlichen Planfeststellungsverfahrens (→ § 43 Rn. 2). Dabei wurden enumerativ aufgeführte Sonderreglungen des Anhörungsverfahrens (Nummern 1–4) eingeführt, die aber in keinem inhaltlichen Abhängigkeitsverhältnis zueinanderstehen. **Nummer 1** enthält eine Fristanpassung gegenüber § 73 Abs. 2 VwVfG (→ Rn. 6), **Nummer 2** wurde erst 2019 (durch das Gesetz zur Beschleunigung des Energieleitungsausbaus vom 13.5.2019, BGBl. I 706 (712)) eingeführt und soll sicherstellen, dass auch der Vorhabenträger die eingegangenen Einwendungen und Stellungnahmen zur Verfügung gestellt bekommt (→ Rn. 8). **Nummer 3** enthält wiederum mehrere (lit. a–d) mögliche Gründe für einen Ausschluss des Erörterungstermins (→ Rn. 9 ff.). **Nummer 4** letztlich sieht für die Planänderung einen Regelfall des Verzichts der Erörterung vor (→ Rn. 14).

Übersicht

	Rn.		Rn.
A. Historie, Regelungsgehalt und Systematik	1	II. Nr. 2	8
		III. Nr. 3	9
I. Historie und Regelungsgehalt	1	1. Präkludierte oder unterbliebene Einwendungen (Nr. 3 S. 1 lit. a)	10
II. Systematik – insbesondere Verhältnis zu § 73 VwVfG	3	2. Zurückgenommene Einwendungen (Nr. 3 S. 1 lit. b)	12
B. Ablauf des Anhörungsverfahren iSd § 43a	5	3. Privatrechtliche Einwendungen (Nr. 3 S. 1 lit. c)	13
I. Nr. 1	6	4. Erörterungsverzicht (Nr. 3 S. 1 lit. d)	14
		IV. Planänderung nach Nr. 4	16

A. Historie, Regelungsgehalt und Systematik

I. Historie und Regelungsgehalt

Obwohl § 43a erst 2006 durch das Gesetz zur Beschleunigung von Planungsverfahren für Infrastrukturvorhaben eingeführt wurde, hat es bereits 2015 und 2017 wesentliche Änderungen erfahren. Nachdem § 43a aF zunächst detaillierte Regelungen zum Anhörungsverfahren enthielt, wurden in der Folge durch das Planvereinheitlichungsgesetz (PlVereinhG) die Verfahrensregelungen im VwVfG des Bundes vereinheitlicht und die Fachgesetze mit Verweisen darauf verschlankt (ausf. Säcker EnergieR/Pielow § 43a Rn. 5 f.). Zuletzt wurde durch das Gesetz zur Beschleunigung des Energieleitungsausbaus vom 13.5.2019 der § 43a Nr. 2 eingeführt. Diese Wechselhaftigkeit der Änderungen ist auf den gesetzgeberischen Wankelmut hinsichtlich der Balance von Öffentlichkeitsbeteiligung und Beschleunigung zurückzuführen, der sich naturgemäß in den fachplanerischen Verfahrensvorschriften widerspiegelt (ausf zum Ganzen Theobald/Kühling/Missling/Lippert/Dix § 43a Rn. 5 f.).

§ 43a ordnet sich in seiner Struktur grundsätzlich in das gesetzliche Planungsregime ein, bei dem die Besonderheiten der jeweiligen Fachplanung durch Sonderregelungen zu den allgemeinen Vorschriften aus §§ 72 ff. VwVfG Berücksichtigung finden sollen. Ähnlichkeiten dieser Grundstruktur des § 43a sind insbesondere mit dem Fernstraßenplanungsrecht und dem Allgemeinen Eisenbahngesetz erkennbar (Säcker EnergieR/Pielow § 43a Rn. 3). § 43a S. 1 stellt dabei ausdrücklich klar, dass § 73 VwVfG Geltung findet unter Maßgabe der enumerativen Vorgaben aus § 43a Nr. 1–4.

Mit dem Gesetz zur Sicherstellung ordnungsgemäßer Planungs- und Genehmigungsverfahren während der COVID-19 Pandemie (Planungssicherstellungsgesetz – PlanSiG) vom 20.5.2020 wurden befristete Sonderregelungen im Bereich der Öffentlichkeitsbeteiligungsverfahren einiger Fachgesetze (§ 1 PlanSiG) erlassen, die auf die Herausforderungen der COVID-19 Pandemie reagieren (BGBl. 2020 I 1041 ff., s. auch Wormit DÖV 2020, 1026 ff.; Brucker/Baumbach EnWZ 2020, 195; Dammert/Brückner DVBl 2021, 91 ff.; Röcker VBlBW 2021, 89 ff.). Diese Sonderregelungen galten zunächst zeitlich befristet bis zum 31.3.2021 (§ 7 Abs. 2 S. 1 PlanSiG aF), sind aber nochmals verlängert worden. Nach § 7 Abs. 2 PlanSiG gelten die §§ 1–5 nun bis zum 31.12.2022, das Gesetz im Übrigen bis zum 30.9.2027. Gerade die umfangreich angeordneten Ausgangs- und Kontaktbeschränkungen im Zuge der Pandemie erfordern Anpassungen der Beteiligungsverfahren, da diese in ihrer bisherigen Form an die physische Präsenz in den Dienstgebäuden geknüpft sind und so in Konflikt zu den Beschränkungen stehen. Verfahrenserfordernisse wie die Auslegung mit einer physischen Einsichtnahme oder eben auch Erörterungstermine wären demnach nur eingeschränkt möglich. Da nach § 1 Nr. 9 PlanSiG auch das EnWG in dessen Anwendungsbereich fällt, greifen die Sondervorschriften auch auf § 43a durch. Grundsätzlich sieht der Gesetzgeber die Lösung in der Digitalisierung der Verfahren, wobei an den betreffenden Voraussetzungen eine detaillierte Darstellung erfolgt (zur Übersicht auch Degen NJW 2020, 364).

II. Systematik – insbesondere Verhältnis zu § 73 VwVfG

3   Das Anhörungsverfahren bildet das zentrale Element des planungsrechtlichen Beteiligungsverfahrens und erhält damit zugleich eine wesentliche Bedeutung für das Planfeststellungsverfahren (Theobald/Kühling/Missling § 43a Rn. 1; Steinbach/Franke/Nebel/Riese § 43a Rn. 6). Die Anhörung hat dabei mehrere wichtige verwaltungsrechtliche Funktionen: So sichert sie den grundgesetzlich verankerten Grundsatz auf rechtliches Gehör (BeckOK VwVfG/Kämper VwVfG § 73 Rn. 1), unterstützt den Untersuchungsgrundsatz (s. § 24 VwVfG) durch die Ermittlung abwägungsrelevanter Belange und soll zudem die Akzeptanz der Betroffenen steigern (BeckOK VwVfG/Kämper VwVfG § 73 Rn. 1 mwN). Gerade die Akzeptanz der (betroffenen) Öffentlichkeit erlangt beim Ausbau der Energieinfrastruktur eine Wichtigkeit, die ihren bisherigen verwaltungsrechtlichen Stellenwert übertragt (Zeccola DÖV 2019, 100 ff.; Baumann/Gabler/Günther/Domke/Marty EEG § 79a Rn. 8), da für eine Energietransformation in dieser Dimension die Zustimmung der Bevölkerung unabdingbar ist.

4   Das Anhörungsverfahren nach § 43a ist auf die betroffene Öffentlichkeit ausgerichtet, enthält also keine allgemeine Öffentlichkeitsbeteiligung, was wiederum der Verweis auf § 73 VwVfG verdeutlicht. Ergibt sich jedoch bei dem Vorhaben eine Pflicht zur Durchführung einer Umweltverträglichkeitsprüfung, ist die Öffentlichkeit nach § 18 Abs. 1 S. 1 UVPG zu beteiligen.

B. Ablauf des Anhörungsverfahren iSd § 43a

5   Der Ablauf des Anhörungsverfahrens eines Planfeststellungsverfahrens nach § 43 (→ § 43 Rn. 1 ff.) bestimmt sich grundsätzlich nach § 73 VwVfG in Verbindung mit den abweichenden Sonderregelungen aus § 43a (zu den momentanen zusätzlichen Besonderheiten des Erörterungstermins im Rahmen der COVID-19 Pandemie und dem dafür erlassenen § 5 PlanSiG → Rn. 2.1, → Rn. 7.1 f., → Rn. 12.1 und ausf. Röcker VBlBW 2021, 89 (95 ff.)).

I. Nr. 1

6   Im Gegensatz zu § 73 Abs. 2 VwVfG sieht § 43a Nr. 1 vor, dass der Plan innerhalb von zwei Wochen nach Zugang ausgelegt werden muss. Durch diese Formulierung und die unterschiedlichen Fristen in § 73 Abs. 2 und 3 VwVfG hat der Gesetzgeber zu einer gewissen Verwirrung beigetragen. Zur Veranschaulichung dient dabei eine kurze Darstellung der in Frage stehenden Fristen: So muss die Anhörungsbehörde nach § 73 Abs. 2 VwVfG innerhalb eines Monats nach Planzugang die (voraussichtlich) betroffenen Gemeinden zur Stellungnahme und dortigen Planauslegung auffordern. Geht diesen betroffenen Gemeinden der Plan zu, so haben sie diesen innerhalb von drei Wochen auszulegen. Die Auslegung zur Einsicht muss dann einen Monat andauern (§ 73 Abs. 3 S. 1 VwVfG).

7   Nach einer Auffassung schließt der Verweis in § 43a Nr. 1 auf § 73 Abs. 2 VwVfG auch Absatz 3 ein, sodass der betroffenen Gemeinde nur zwei statt drei Wochen zur Planauslegung (ab Zugang des Plans) verbleiben (Säcker EnergieR/Pielow § 43a Rn. 13). Auch wenn der Wortlaut tatsächlich nicht eindeutig ist, spricht doch der eindeutige Gesetzesverweis und auch der Telos der Vorschrift für eine Verkürzung der Monatsfrist aus § 73 Abs. 2 VwVfG (so auch Kment EnWG/Kment § 43a Rn. 3). § 43a Nr. 1 verweist nämlich ausdrücklich auf § 73 Abs. 2 VwVfG, der eben nur eine Frist enthält: die Monatsfrist, die der Anhörungsbehörde zur Aufforderung verbleibt. Auch in der Sache wäre eine Verkürzung der Drei-Wochen-Frist aus § 73 Abs. 3 S. 1 VwVfG nicht angemessen. Denn der Zweck der Fristverkürzung ist die Straffung des Verfahrens, die aber unter Berücksichtigung der Beteiligungs-

rechte der Betroffenen nicht zu einer Akzeptanzminderung führen darf, was letztlich deutlich länger dauernde öffentliche Widerstände zur Folge haben könnte. Gerade der Planauslegung kommt im Rahmen der Beteiligung eine Anstoßfunktion zu, die es überhaupt erst ermöglicht, die betroffenen Belange fundiert zu prüfen (BVerfG NJW 1996, 381 (387); BVerwG NVwZ 2005, 591; Säcker EnergieR/Pielow § 43a Rn. 15). Unnötigerweise bereits auf dieser ersten Stufe in Beteiligungsrechte einzugreifen, erscheint im Hinblick auf die minimale Zeitersparnis wenig einleuchten. Aus diesem Grund ist es nur folgerichtig, die zeitliche Straffung der Anhörungsbehörde und eben nicht den planbetroffenen Gemeinden aufzuerlegen (Theobald/Kühling/Missling/Lippert/Dix § 43a Rn. 21). Untermauert wird dies zudem durch die eindeutige Formulierung der Gesetzesbegründung („innerhalb derer die Anhörungsbehörde die Planauslegung zu veranlassen hat", BT-Drs. 17/9666, 21). § 43a Nr. 1 verkürzt demnach die Monatsfrist des § 73 Abs. 2 VwVfG auf zwei Wochen (so auch OVG LSA NVwZ-RR 2019, 451 (453)).

Als Reaktion auf die COVID-19 Pandemie wurden Teile des Beteiligungsverfahrens in mehreren **7.1** Planungsgesetzen einheitlich durch das PlanSiG angepasst. Durch die Notwendigkeit persönlicher Kontakte in den Öffentlichkeitsbeteiligungsverfahren waren gesetzliche Änderungen notwendig, um Verfahren nicht komplett aussetzen zu müssen. Maßgeblich besteht diese gesetzliche Reaktion in der stärkeren Nutzung elektronischer Kommunikation und Mittel. Nach § 1 Nr. 9 PlanSiG gilt dies auch für das EnWG. Für § 43a Nr. 1 kommen dabei nach dem Wortlaut nach §§ 2 und 3 PlanSiG in Betracht, wobei die Abgrenzung Fragen aufwirft. Es ist aber zu vermuten, dass sich § 2 auf Bekanntmachungen iSd § 73 VwVfG bezieht, die vor der Zulassungsentscheidung selbst liegen, während sich § 3 auf die anschließenden Bekanntmachungen (iSd § 74 VwVfG) bezieht (so auch Röcker VBlBW 2021, 89 (92)). Für § 43a wäre demnach § 2 PlanSiG maßgeblich, der die Möglichkeit einräumt, die Auslegung der Planunterlagen durch Internetveröffentlichung zu ersetzen. Die genauen Voraussetzungen ergeben sich dabei aus § 2 PlanSiG iVm § 27a VwVfG. So darf zunächst die Planauslegungsfrist spätestens mit Ablauf des 31.3.2021 enden. Zudem sieht § 2 Abs. 1 S. 1 PlanSiG iVm § 27a Abs. 1 S. 2 VwVfG vor, dass „eine Veröffentlichung des Inhalts der Bekanntmachung im Internet ersetzt werden" kann. Parallel dazu hat die Bekanntmachung in einem „amtlichen Veröffentlichungsblatt oder einer örtlichen Tageszeitung zu erfolgen", wobei beide Bekanntmachungen dabei identisch sein müssen. Diese Kombination sichert somit die amtlich garantierte Zugangsmöglichkeit für alle Beteiligten. § 2 Abs. 2 PlanSiG enthält einen Verweis auf § 27a Abs. 1 S. 1 und Abs. 2 VwVfG, der damit Form und Inhalt der Bekanntmachung konkretisiert. So muss es sich um eine Internetseite der Behörde handeln (auch Röcker VBlBW 2021, 89 (92)), womit bspw. ein Projektmanager nach § 43g im Rahmen seiner operativen Vorbereitungshandlungen keine behördenexterne Internetseite dafür verwenden könnte. In der Bekanntmachung nach § 2 Abs. 1 S. 2 PlanSiG ist dann zusätzlich auf die Internetveröffentlichung und deren Auffindbarkeit hinzuweisen.

Mit dieser Form der Auslegung hat der Gesetzgeber im PlanSiG einen juristischen Konflikt pragmatisch zu lösen versucht. Denn eine reine Internetveröffentlichung schließt immer noch Menschen **7.2** vom Informationszugang aus. Zudem ist die Art der Informationsaufnahme unterschiedlich, da die bisherigen Formen der Auslegung sich „aufdrängen", hingegen Internetinhalte „angesteuert" werden müssen (BeckOK VwVfG/Prell VwVfG § 27a Rn. 10, 12 mwN). Deshalb ist diese Form der Auslegung nach § 27a VwVfG bisher auch nur als Zusatzangebot anerkannt (VG Freiburg BeckRS 2019, 2003). Zwar greift § 2 PlanSiG diesen Konflikt auf, indem auch zusätzlich die reguläre öffentliche und ortsübliche Bekanntmachung erfolgen soll. Inwiefern diese Regelung aber nun mit dem in § 27a VwVfG angelegten Prinzip vereinbart ist, bleibt kritisch. Letztlich blieb dem Gesetzgeber aus pragmatischen Erwägungen keine andere Möglichkeit, denn die Alternative bestünde nur in einem (zeitlich ungewissen) Aussetzen der Verfahren. Im Hinblick auf den Effizienzgrundsatz des Verwaltungsverfahrens ist § 2 PlanSiG sicher gerechtfertigt (ähnlich Röcker VBlBW 2021, 89 (97); Wormit DÖV 2020 1026 (1030 f.)).

II. Nr. 2

Mit dem Gesetz zum Energieleitungsausbau vom 16.5.2019 (BGBl. I 706 (712)) wurde **8** § 43a Nr. 2 eingefügt, die in Satz 1 dem Vorhabenträger (und dessen Beauftragten) direkten Zugriff auf Einwendungen und Stellungnahmen des Anhörungsverfahrens zusichert. Satz 2 statuiert in Konformität zum Datenschutz eine Anonymisierung des Einwenders, indem die Unkenntlichmachung von Namen und Anschrift garantiert wird, worauf bereits in der Bekanntmachung hinzuweisen ist. Diese Vorschrift könnte als weiterer Versuch verstanden werden, im Detail eine Beschleunigung des Verfahrens zu erzielen, ohne die Akzeptanz der Öffentlichkeit zu gefährden. Doch nach der Gesetzesbegründung soll dies vordergründig der informierten und ausgewogenen Entscheidungsfindung der Behörde dienen (BT-Drs. 19/9027, 14). Dies verwundert insoweit, als der Eindruck entsteht, dass die Behörde bei der Entscheidungsfindung auf externe Hilfe angewiesen ist. Der Vorhabenträger soll demnach entscheidungserhebliche Tatsachen auswerten und zwar sogar mithilfe seiner Beauftragten, die nach der Gesetzesbegründung als „Umweltgutachter, Rechtsanwaltskanzleien, technische Dienstleister usw." verstanden werden (BT-Drs. 19/9027, 14). Dass der Vorhabenträger von Einwendungen und Stellungnahmen erfährt, ist sicher nicht zu bemängeln, da ein kooperatives Verfahren die Informiertheit aller Verfahrensbeteiligten voraussetzt. Die Begründung der Behördenhilfe hingegen wirkt deplatziert, da sie als Signal verstanden werden kann, dass die Behörde nicht fähig ist, eine unabhängige und neutrale Entscheidung zu treffen, sondern dafür auf die Hilfe des Vorhabenträgers angewiesen ist. Der Anschein der „Auslagerung" dieser verwaltungsrechtlichen Kernkompetenz auf eine Beteiligtenseite ist in dem sensiblen Verhältnis der Verfahrensbeteiligten wenig ratsam (anders Theobald/Kühling/Missling/Lippert/Dix § 43a Rn. 26).

III. Nr. 3

9 § 43a Nr. 3 S. 1 wurde im Oktober 2022 geändert (BGBl. 2022 I 1726). Der Erörterungstermin wird nunmehr auch in das Ermessen der Behörde gestellt (BT-Drs. 20/3497, 28). Damit hat der Gesetzgeber § 43a an vergleichbare Fachplanungsvorschriften angepasst (wortgleiche Regelungen finden sich in: § 18a AEG, §§ 17a Nr. 1, 17d S. 1 FStrG, § 10 Abs. 2 Nr. 2 LuftVG). Denn bisher wurde die Erörterung nicht in das Ermessen der Anhörungsbehörde gestellt, sondern entfiel zwingend in den enumerativ in § 43a Nr. 3 S. 1 aufgezählten Ausnahmefällen. Durch die Gesetzesänderung soll eine weitere Beschleunigung des Planungsverfahrens herbeigeführt werden (BT-Drs. 20/3497, 28). Damit erweitert der Gesetzgeber den behördlichen Entscheidungsspielraum, indem er zusätzlich zu den zwingenden Verzichtsgründen auch ein Ermessen über den Verzicht des Erörterungstermins gewährt. Dogmatisch bedeutet diese gesetzgeberische Entwicklung eine weitere Schwächung des Erörterungstermins, der sich als ineffektiv und zeitintensiv herausgestellt hat. Ob der Erörterungstermin deshalb weiterhin als „Herzstück der Öffentlichkeitsbeteiligung" bezeichnet werden kann, darf deshalb (berechtigterweise) bezweifelt werden (so bereits Zeccola/Augsten DÖV 2022, 442).

Beibehalten wurden die vier Gründe, bei denen der Erörterungstermin nicht stattfindet. Sie zielen in lit. a–c direkt auf fehlende, fehlerhafte oder unrechtmäßige Einwendungen, lit. d enthält eine Regelung zum einvernehmlichen Verzicht auf die Erörterung. Diese Gründe können dabei zwar kumulieren, für den Entfall der Erörterung genügt hingegen das Vorliegen einer der Gründe (Kment EnWG/Kment § 43a Rn. 4). Damit regelt § 43a Nr. 3 S. 1 lit. a–d rechtssystematisch einen verpflichtenden Ausfall der Erörterung (soweit sich die Erörterungspflicht nicht aus der UVP-Pflichtigkeit des Vorhabens ergibt), was zunächst der fakultativ ausgestalteten Vorschrift aus § 73 VwVfG zu widersprechen scheint. Erklären lässt sich dies maßgeblich historisch, da das EnWG im Sinne des InfPBG ausgestaltet wurde, das die Bedeutung des Erörterungstermins abschwächen wollte. Gleiches sah das PlVereinhG auch für den § 73 VwVfG vor, doch kollidierten diese Pläne zeitlich mit dem Widerstand ab 2010 gegen Stuttgart 21. In dieser Folge rückte die Stärkung der Beteiligung im Verwaltungsverfahren und die gesellschaftliche Akzeptanz wieder in den Fokus des Gesetzgebers, sodass von Änderungen des § 73 VwVfG diesbezüglich abgesehen wurde (zum Ganzen auch Mann/Sennekamp/Uechtritz/Lieber VwVfG § 73 Rn. 278 f.). § 43a hingegen wurde beibehalten – weiterhin soll ein zwingender Ausschluss des Erörterungstermins möglich sein, um die Verfahren so zu beschleunigen. Da bereits vor diesen Einflüssen und Änderungsversuchen die Verzichtbarkeit des Erörterungstermins in bestimmten Konstellationen anerkannt war (Säcker EnergieR/Pielow § 43a Rn. 24), steht die Vorschrift letztlich in keinem rechtssystematischen Spannungsverhältnis zu § 73 VwVfG (krit. Schneider/Theobald/Hermes § 8 Rn. 127).

1. Präkludierte oder unterbliebene Einwendungen (Nr. 3 S. 1 lit. a)

10 Für die Anwendbarkeit der Ausnahmen aus § 43a Nr. 3 S. 1 lit. a–d muss man sich nochmals den Zweck des Erörterungstermin vor Augen führen. Dieser liegt im Ausgleich privater und öffentlicher Belange und soll zur Konfliktvermeidung bereits vor der Sachentscheidung

beitragen. Er ist zentraler Bestandteil der partizipativen Öffentlichkeitsbeteiligung und grundsätzlich obligatorisch ausgestaltet (ähnlich BeckOK VwVfG/Kämper VwVfG § 73 Rn. 65; Rosin/Pohlmann/Gentzsch/Metzenthin/Böwing/Engel Rn. 156; von Befriedungsfunktion sprechen BVerwG NVwZ 1987, 578 (580); Kment EnWG/Kment § 43a Rn. 5; ausführlich auch Säcker EnergieR/Pielow § 43a Rn. 21 mwN). Einschränkungen hierbei können sich auf die gesellschaftliche Akzeptanz des Vorhabens auswirken und sind deshalb nur ausnahmsweise möglich, insbesondere wenn andere verfahrensrechtliche Grundsätze, wie bspw. der Beschleunigungsgrundsatz, überwiegen (zur grundsätzlichen Kritik am Erörterungstermin Zeccola/Augsten DÖV 2022, 442 ff.).

So ist nach lit. a das präkludierte oder gänzlich unterbliebene Vorbringen von Einwendungen gegen das Vorhaben im Hinblick auf den Beschleunigungsgrundsatz nicht schutzwürdig und kann den Erörterungstermin entfallen lassen (solange keine anderweitigen Einwendungen vorliegen). § 43a Nr. 3 S. 1 lit. a vermag jedoch nicht die Präklusionsfestigkeit von UVP-pflichtigen Vorhaben oder Vorhaben, die der Industrieemissions-Richtlinie unterliegen, zu beseitigen. **11**

2. Zurückgenommene Einwendungen (Nr. 3 S. 1 lit. b)

Lit. b regelt, dass bei zurückgenommenen Einwendungen kein Erörterungstermin stattfindet, da diese sich mit der Rücknahme erledigt haben. Rechtssystematisch hätte lit. b sicher mit lit. a verbunden werden können, da der Regelungsgegenstand letztlich zusammenhängt. Liegen Einwendungen nicht vor – unabhängig davon, ob diese verfristet sind, zurückgenommen oder schon nicht erhoben wurden – findet ein Erörterungstermin nicht statt. Einen Konflikt zwischen der betroffenen Beteiligung und Beschleunigung muss lit. b im Übrigen nicht auflösen, da zurückgenommene Einwendungen ein Ausdruck der Konfliktlosigkeit sind. Die Form der Rücknahme kann nicht lediglich mündlich erfolgen, sondern muss der Form der Einwendungen entsprechen (Theobald/Kühling/Missling/Lippert/Dix § 43a Rn. 32). Gemäß § 73 Abs. 4 S. 1 VwVfG ist dies nur schriftlich oder zur Niederschrift bei der Anhörungsbehörde oder bei der planauslegenden Gemeinde möglich. **12**

Nach § 4 Abs. 1 PlanSiG kann momentan auch die Möglichkeit zur Niederschrift bei der Behörde ausgeschlossen werden. Das dabei eingeräumte Ermessen muss sich dabei am Pandemiegeschehen orientieren, wobei auch Schutzmaßnahmen und/oder ein unverhältnismäßiger Personalaufwand berücksichtigt werden können (Röcker VBlBW 2021, 89 (94)). Damit verbleibt für die Erhebung und auch die Rücknahme von Einwendungen zunächst nur die schriftliche Erklärung gegenüber der Anhörungsbehörde oder der planauslegenden Gemeinde. Als Ausgleich verpflichtet § 4 Abs. 2 S. 1 PlanSiG die zuständige Behörde – in diesem Fall die Anhörungsbehörde –, einen Zugang zur Abgabe von elektronischen Erklärungen zu eröffnen, was nach der Gesetzesbegründung ausdrücklich auch durch eine einfache E-Mail geschehen kann (BT-Drs. 19/18965, 13). **12.1**

3. Privatrechtliche Einwendungen (Nr. 3 S. 1 lit. c)

Beruhen die Einwendungen lediglich auf privatrechtlichen Titeln, so entfällt nach lit. c der Erörterungstermin. Diese Formulierung entspricht § 73 Abs. 4 S. 3 VwVfG und stellt klar, dass nur Einwendungen vorgebracht werden können, auf die die Behörde im Rahmen der Planfeststellungsentscheidungen auch tatsächlich Einfluss hat – sich also die Genehmigungswirkung erstreckt (Kment EnWG/Kment § 43a Rn. 6). Unter privatrechtlichen Titeln sind nach allgemeiner Auffassung zivilrechtliche Abwehransprüche aus Eigentum (bzw. sonstige dingliche Rechte) oder vertragliche Ansprüche zu verstehen (Kment EnWG/Kment § 43a Rn. 6). **13**

4. Erörterungsverzicht (Nr. 3 S. 1 lit. d)

Letztlich regelt lit. d das Ausbleiben des Erörterungstermins ausdrücklich für den Fall, dass alle Einwender den Verzicht erklärt haben. Die Vorschrift ist angelehnt an § 73 Abs. 6 S. 6 VwVfG iVm § 67 Abs. 2 Nr. 1 und Nr. 4 VwVfG, bei dem die Verzichtserklärung der Beteiligten den Erörterungstermin entfallen lassen kann. Im Gegensatz dazu ist lit. d wiederum fakultativ ausgestaltet, das fehlende Ermessen der Anhörungsbehörde manifestiert sich auch hier ausdrücklich (→ Rn. 9). Die Form der Verzichtserklärung muss – ebenso wie **14** lit. b – schriftlich oder zur Niederschrift (mit den aktuellen Besonderheiten des § 4 PlanSiG) erfolgen (→ Rn. 12 und → Rn. 12.1).

15 Abschließend formuliert § 43a Nr. 3 S. 2 noch ausdrücklich die Pflichten der Anhörungsbehörde im Falle eines ausgebliebenen Erörterungstermins. So muss sie ihre Stellungnahme zusammen mit den in § 73 Abs. 9 VwVfG genannten Unterlagen an die Planfeststellungsbehörde weiterleiten. Dafür ist eine Sechs-Wochen-Frist nach Ablauf der Einwendungsfrist vorgesehen. Zu den inhaltlichen Voraussetzungen der Stellungnahme kann auf § 73 Abs. 9 VwVfG verwiesen werden (BeckOK VwVfG/Kämper VwVfG § 73 Rn. 82).

IV. Planänderung nach Nr. 4

16 § 43a Nr. 4 enthält Regelungen für die Auswirkungen einer Planänderung auf die Erörterung, was im Hinblick auf den Gesetzeszweck ein durchaus großes Beschleunigungspotential entfalten kann. Im Sinne der Beschleunigung kann bei unwesentlicher Planänderung auf die Erörterung verzichtet werden. Im Gegensatz zu der fakultativ gestalteten Nummer 3 wird der Anhörungsbehörde durch den Regelfall der Nummer 4 allerdings ein gewisser Spielraum eingeräumt. Fragen ergeben sich diesbezüglich an mehreren Stellen.

17 So ist zunächst der Begriff der Planänderung zu klären: Eine Planänderung ist dann anzunehmen, wenn es sich um Modifikationen handelt, die im Verhältnis zur Gesamtplanung unerheblich sind. Bleiben „Umfang, Zweck und Auswirkungen des Vorhabens im Wesentlichen gleich", kann nicht von einer Planänderung ausgegangen werden (BVerwG NvWZ 2010, 584 (585); VGH BW DÖV 2014, 47). Ob sich diese Änderung allerdings auf den festgestellten Plan oder den Plan zum Ende des Anhörungsverfahrens bezieht, wird unterschiedlich beantwortet (Säcker EnergieR/Pielow § 43a Rn. 26; Kment EnWG/Kment § 43a Rn. 9). Da sich § 43a lediglich auf das Anhörungsverfahren bezieht und § 43d die Planänderung nochmals ausdrücklich für den festgestellten Plan vorsieht, ist letzteres anzunehmen (so auch Säcker EnergieR/Pielow § 43a Rn. 26; anders Kment EnWG/Kment § 43a Rn. 9; Theobald/Kühling/Missling/Lippert/Dix § 43a Rn. 37). Auch die Systematik des § 45b stützt diese Ansicht, da in der Parallelführung nunmehr ein vorläufiger Planfeststellungsbeschluss (der auf dem Anhörungsbericht beruht) für den Enteignungsbeschluss ausreicht (→ § 45b Rn. 3). Der Beschleunigungseffekt dieser Vorschrift wäre obsolet, wenn sich die Änderungen nur auf den festgestellten Plan beziehen würden.

18 Durch den Regelfall der Nummer 3 unterstreicht der Gesetzgeber die Intention der Beschleunigung und entzieht der Anhörungsbehörde das Ermessen insoweit. Am Ende des Anhörungsverfahrens ist von einer gesicherten Abwägungsgrundlage auszugehen, die durch die Planänderung nicht tangiert wird. Abweichen kann die Behörde in diesem Fall nur, wenn gewichtige Gründe vorliegen, die bspw. in einer vorherigen unterbliebenen Erörterung oder in einer unzureichenden Informationsvermittlung liegen können (ähnlich Kment EnWG/Kment § 43a Rn. 9).

19 Unberührt bleibt in diesem Zusammenhang § 73 Abs. 8 VwVfG, der Dritten erweiterte Rechte (Mitteilungspflicht und Stellungnahme- bzw. Einwendungsmöglichkeit) zugesteht, denen durch die Planänderung hervorgerufene erstmalige oder stärkere Belastungen entstehen.

§ 43b Planfeststellungsbeschluss, Plangenehmigung

(1) Für Planfeststellungsbeschluss und Plangenehmigung gelten die §§ 73 und 74 des Verwaltungsverfahrensgesetzes mit folgenden Maßgaben:
1. Bei Planfeststellungen für Vorhaben im Sinne des § 43 Absatz 1 Satz 1 wird
    a) für ein bis zum 31. Dezember 2010 beantragtes Vorhaben für die Errichtung und den Betrieb sowie die Änderung von Hochspannungsfreileitungen oder Gasversorgungsleitungen, das der im Hinblick auf die Gewährleistung der Versorgungssicherheit dringlichen Verhinderung oder Beseitigung längerfristiger Übertragungs-, Transport- oder Verteilungsengpässe dient,
    b) für ein Vorhaben, das in der Anlage zum Energieleitungsausbaugesetz vom 21. August 2009 (BGBl. I S. 2870) in der jeweils geltenden Fassung aufgeführt ist,

die Öffentlichkeit einschließlich der Vereinigungen im Sinne von § 73 Absatz 4 Satz 5 des Verwaltungsverfahrensgesetzes ausschließlich entsprechend § 18 Absatz 2 des Gesetzes über die Umweltverträglichkeitsprüfung mit der Maßgabe einbezogen, dass die Gelegenheit zur Äußerung einschließlich Einwendungen und Stellungnahmen innerhalb eines Monats nach der Einreichung des vollständigen Plans für eine Frist von sechs Wochen zu gewähren ist.
2. Verfahren zur Planfeststellung oder Plangenehmigung bei Vorhaben, deren Auswirkungen über das Gebiet eines Landes hinausgehen, sind zwischen den zuständigen Behörden der beteiligten Länder abzustimmen.

(2) ¹Die nach Landesrecht zuständige Behörde soll einen Planfeststellungsbeschluss in den Fällen des § 43 Absatz 1 Satz 1 Nummer 2 und 4 für Offshore-Anbindungsleitungen nach Eingang der Unterlagen innerhalb von zwölf Monaten fassen. ²Die nach Landesrecht zuständige Behörde kann die Frist um drei Monate verlängern, wenn dies wegen der Schwierigkeit der Prüfung oder aus Gründen, die dem Antragsteller zuzurechnen sind, erforderlich ist. ³Die Fristverlängerung soll gegenüber dem Antragsteller begründet werden.

Überblick

In Abweichung von §§ 73 und 74 VwVfG enthält § 43b Sonderregelungen für den Planfeststellungsbeschluss bzw. die Plangenehmigung in Bezug auf die Öffentlichkeitsbeteiligung bei **Vorhaben nach lit. a und b**. § 43b ist nunmehr in zwei Unterpunkte aufgeteilt: Nummer 1 enthält spezielle Anpassungen für das energiewirtschaftliche Öffentlichkeitsbeteiligungsverfahren bei Vorhaben nach lit. a und b (mitsamt (umweltschutz-)vereinigungsrechtlichen Besonderheiten), die sich ausschließlich nach § 18 Abs. 2 UVPG richten sollen und der Anhörungsbehörde Ermessen bezüglich des Erörterungstermins einräumen (→ Rn. 6), den Verzicht auf die individuelle Bekanntmachung ermöglichen (→ Rn. 7) und die Verfahrensfristen verkürzen (→ Rn. 8). In Nummer 2 wurde zudem eine (bundes-)länderübergreifende Abstimmungspflicht für die zuständigen Landesbehörden ausformuliert (→ Rn. 10).

A. Entstehungsgeschichte, Systematik und Regelungszweck

Ursprünglich wurde § 43b durch das Gesetz zur Beschleunigung von Planungsverfahren für Infrastrukturvorhaben (InPlBeschlG) vom 9.12.2006 eingeführt (BGBl. 2006 I 2833); seitdem hat die Vorschrift verschiedene Anpassungen erfahren: Durch das Planvereinheitlichungsgesetz (PlVereinhG) vom 31.5.2013, das am 1.6.2015 in Kraft getreten ist, wurde die Norm deutlich verschlankt, da fachplanerische Vereinheitlichungen direkt in das VwVfG übernommen wurden. Durch das Gesetz zur Modernisierung des Rechts der Umweltverträglichkeitsprüfung vom 20.7.2017 wurde eine geringfügige Anpassung notwendig (eine detaillierte Übersicht über die Genese bei Säcker EnergieR/Pielow § 43b Rn. 1 oder Theobald/Kühling/Missling/Lippert/Dix § 43b Rn. 2 ff.). Zuletzt erfolgte 2019 (BGBl. I 706) eine lediglich redaktionelle Anpassung, die durch die Änderung des § 43 notwendig wurde (es wurde „Absatz 1" beigefügt). 1

Für die Vorhaben nach lit. a und b sieht § 43b Nr. 1 Anpassungen bezüglich der Öffentlichkeitsbeteiligung vor, die sich zum einen auf die Bekanntmachung des Plans und die Erörterung ausschließlich nach § 18 Abs. 2 UVPG (iVm § 18 Abs. 1 UVPG iVm § 73 Abs. 3 S. 1 und Abs. 5 VwVfG) beziehen und zum anderen die Verkürzung der Einwendungsfrist betreffen (zum Verhältnis des § 43b Nr. 1 zum UVPG: BVerwG BeckRS 2020, 22736). Der Gesetzgeber hat auch in diesem Fall die Balance zwischen Beschleunigung und Beteiligung spezifisch für die in lit. a und b genannten Vorhaben zugunsten der Beschleunigung ausgestaltet, was mit der „höchsten Priorität" dieser Vorhaben für die Energieversorgung begründet wird (BT-Drs. 16/54, 26; Säcker EnergieR/Pielow § 43b Rn. 11; Kment EnWG/Kment § 43b Rn. 3). Erwartungsgemäß stoßen gesetzliche Einschränkungsmöglichkeiten der Öffentlichkeitsbeteiligung in der Literatur auf Kritik (Bourwieg/Hellermann/Hermes/Kupfer § 43b Rn. 1 ff.; Schneider/Theobald/Hermes § 8 Rn. 127). Auch wenn diese Kritik verständlich erscheint, verlangt die Bewertung eine gesonderte Betrachtung der einzelnen Einschränkungen. So entscheidet sich der Gesetzgeber mit dem Verweis auf § 18 Abs. 2 2

UVPG zunächst für ein zulässiges Beteiligungsregime, das die Anhörung über Stellungnahmen und nicht zwangsläufig über eine Erörterung gewährleistet und die individuelle Bekanntmachung nach § 18 Abs. 2 S. 2 UVPG iVm § 75 Abs. 5 S. 3 VwVfG entfallen lässt. Auch die Verkürzung von Verfahrensfristen mit Bezug auf Einwendungen und Stellungnahmen ist eine spezialgesetzliche Abweichung von § 73 Abs. 4 VwVfG, die erst dann eine unzulässige Schwelle überschreitet, wenn diese Rechte faktisch unmöglich gemacht werden. Diese Schwelle ist durch § 43b Nr. 1 allerdings nicht gefährdet.

B. Anwendungsbereich

3   Die Sonderregelungen in Bezug auf die Öffentlichkeitsbeteiligung sind nur für die in § 43b Nr. 1 lit. a und b genannten Vorhaben vorgesehen und unterstreichen damit ihre prioritäre Bedeutung für die Versorgungssicherheit (Säcker EnergieR/Pielow § 43b Rn. 9).

I. Vorrangvorhaben nach Nr. 1 lit. a und b

4   § 43b Nr. 1 lit. a umfasst Vorhaben, die bis zum 31.12.2010 beantragt wurden und auf die Errichtung und den Betrieb sowie die Änderung von Hochspannungsfreileitungen oder Gasversorgungsleitungen gerichtet sind, welche im Hinblick auf die Gewährleistung der Versorgungssicherheit dringlichen Verhinderung oder Beseitigung längerfristiger Übertragungs-, Transport- oder Verteilungsengpässe dienen. Anders als in lit. b sind Erdkabel (Hochspannungsfreileitungen) nicht umfasst. Das Merkmal der Dringlichkeit ist dabei einigermaßen unbestimmt, muss aber im Kontext der Versorgungssicherheit verstanden werden. Ein restriktives Verständnis würde die Regelung konterkarieren, sodass der hierfür zuständigen Anhörungsbehörde nur eine Plausibilitätsprüfung der vom Vorhabenträger dargelegten Dringlichkeit zusteht (so auch Kment EnWG/Kment § 43b Rn. 3; Säcker EnergieR/Pielow § 43b Rn. 9; Lecheler DVBl 2007, 713 (717); ähnlich Theobald/Kühling/Missling/Lippert/Dix § 43b Rn. 10 mit Verweis auf die „dena-Netzstudie I") anders Bourwieg/Hellermann/Hermes/Kupfer § 43b Rn. 21 ff.). Sowohl aufgrund der zeitlichen Beschränkung (31.12.2010) als auch der Zuordnung vieler dieser Leitungen zum Regelungsbereich des NABEG dürfte der Anwendungsbereich des § 43b Abs. 1 lit. a nur noch gering sein (Säcker EnergieR/Pielow § 43b Rn. 9).

5   § 43b Nr. 1 lit. b verweist auf die in der Anlage zum EnLAG aufgeführten privilegierten Vorhaben (insgesamt 22), die – anders als lit. a – auch Erdverkabelungen umfassen („Höchstspannungsleitungen").

II. Sonderregelungen der Öffentlichkeitsbeteiligung im Einzelnen und Verkürzung der Verfahrensfristen

1. Verzicht der Erörterung

6   Der Gesetzgeber überlässt zunächst der Anhörungsbehörde das Ermessen über den Verzicht auf die Erörterung, was weder im Hinblick auf die Befriedungsfunktion der Erörterung noch wegen Verstößen gegen Unionsrecht zu beanstanden ist. Gerade die befriedende Funktion der Erörterung – mit einer damit erhofften Akzeptanz der Öffentlichkeit – ist eher verwaltungsrechtliches Narrativ als empirisch belegt. Der Gesetzgeber weicht dieses Narrativ zugleich auf, indem Verzichtsregelungen bezüglich der Erörterung normiert werden (s. § 43a, → Rn. 1 ff.). Erörterungstermine bei Infrastrukturvorhaben bieten bedingt durch Größe und Format keinen Raum für konstruktiven Austausch, vielmehr werden verhärtete Fronten zementiert – die Befriedungsfunktion wird konterkariert (ausf. Zeccola/Augsten DÖV 2022, 442 ff.). Einer effektiven Einbindung der Öffentlichkeit im Sinne von neuen Formen der Partizipation, bspw. der dialogischen Bürgerbeteiligung (die mittlerweile sogar in Baden-Württemberg durch das Gesetz über die dialogische Bürgerbeteiligung vom 3.2.2021 (LT-Drs. 16/9719) ausformuliert wurde) steht die Erörterung mit ihrem starren Format zum Teil sogar im Weg und auch die Akzeptanz kann sie nicht fördern. Die Erkenntnis der Abdingbarkeit der Erörterung liegt auch dem Unionsrecht zugrunde, dass in Art. 6 Abs. 5 UVP-RL die Öffentlichkeitsbeteiligung nicht zwangsläufig mit der Erörterung verknüpft (Bourwieg/

Hellermann/Hermes/Kupfer § 43b Rn. 24 ff.; krit. Schneider/Theobald/Hermes § 8 Rn. 126).

Die Funktionen der Erörterung des vorgelagerten Rechtsschutzes und der Informationsfindung im Rahmen der behördlichen Abwägungsentscheidung (Säcker EnergieR/Pielow § 43a Rn. 21; Theobald/Kühling/Missling/Lippert/Dix § 43b Rn. 14) werden durch die Einwendungs- und Stellungnahmemöglichkeiten gewahrt und sind nicht zwangsläufig an Präsenzveranstaltungen geknüpft. Zwar hat der Gesetzgeber erkannt, dass die Akzeptanz der Öffentlichkeit effektiv nur gefördert werden kann, wenn eine frühzeitige Einbindung der Öffentlichkeit in den Planungsprozess erfolgt, doch mit Blick auf der unverbindlichen Wirkung des § 25 Abs. 3 VwVfG (Hinwirkungspflicht der Behörde auf den Vorhabenträger, eine frühzeitige Öffentlichkeitsbeteiligung durchzuführen) konnten dabei kaum Fortschritte erzielt werden (zur Akzeptanz ausf. Zeccola DÖV 2019, 100 ff.).

2. Verzicht der individuellen Bekanntmachung

Mit dem Verweis auf § 18 Abs. 2 UVPG iVm § 73 Abs. 5 S. 3 VwVfG wird ein Verzicht auf die individuelle Bekanntmachung der Planauslegung nicht ortsansässiger Betroffener eingeführt, was sich maßgeblich auf die Umweltschutzvereinigungen nach § 3 UmwRG auswirken wird (Kment EnWG/Kment § 43b Rn. 5). Solange die öffentliche Auslegung gewährleistet bleibt, ist grundsätzlich von einer rechtmäßigen Öffentlichkeitsbeteiligung auszugehen. Gerade die betreffenden Vorhaben erlangen auf regionaler Ebene eine hohe Bekanntheit, womit man sich schwerlich auf Unkenntnis berufen kann (Theobald/Kühling/Missling/Lippert/Dix § 43b Rn. 15). Einen Konflikt zu Verfahrensgrundsätzen kann diese Beschränkung jedenfalls nicht begründen. Denn gemessen am Gesetzeszweck der Beschleunigung ist das entgegenstehende Transparenzinteresse einer individuellen Bekanntmachung letztlich als gering einzuschätzen.

3. Verkürzte Verfahrensfristen

Zum Zwecke der Verfahrensbeschleunigung sieht § 43b Abs. 1 eine Verkürzung der Verfahrensfristen vor, indem die Planauslegung innerhalb eines Monats nach Planeinreichung von der Anhörungsbehörde zu erfolgen hat (zu der Verpflichtung, auch Trassenvarianten auszulegen, BVerwG NVwZ 2016, 844 (845)). Einwendungen und Stellungnahmen sind sodann sechs Wochen nach Einsichtnahmemöglichkeit zu gewährleisten (Bourwieg/Hellermann/Hermes/Kupfer § 43b Rn. 25). Bei verspätet eingegangenen Einwendungen und Stellungnahmen tritt nach § 73 Abs. 4 VwVfG formelle und materielle Präklusion ein (Säcker EnergieR/Pielow § 43b Rn. 12; Kment EnWG/Kment § 43b Rn. 6), worauf nach § 73 Abs. 4 S. 4 VwVfG in der Bekanntmachung hinzuweisen ist.

Dass sich der Gesetzgeber im Hinblick auf die Versorgungssicherheit für die Verfahrensbeschleunigung entschieden hat, ist sowohl pragmatisch als auch dogmatisch vertretbar. Ein verfassungsrechtlicher Konflikt oder ein Verstoß gegen Verfahrensgrundsätze wie die Konfliktvermeidung (durch die Befriedungsfunktion der Erörterung) entsteht damit nicht. Weder der Verzicht auf eine individuelle Bekanntmachung noch der Verzicht auf eine Erörterung oder die Verkürzung von Verfahrensfristen übersteigen hierbei eine kritische Schwelle, da die Öffentlichkeitsbeteiligung nicht grundsätzlich in Frage gestellt wird, sondern vielmehr eine gerechtfertigte Modifizierung für Vorhaben enthält, denen im Rahmen der Versorgungssicherheit eine besondere Bedeutung zukommt (krit. Theobald/Kühling/Missling/Lippert/Dix § 43b Rn. 19).

C. Länderübergreifende Abstimmungspflicht (Nr. 2)

Planfeststellungsverfahren (bzw. Plangenehmigungsverfahren) nach EnWG betreffen in der Regel Infrastrukturvorhaben die über (Bundes-)Ländergrenzen hinausgehen. Deshalb statuiert § 43b Nr. 2 eine länderübergreifende Abstimmung, die ebenfalls der Beschleunigung und Vereinheitlichung dienen soll (Säcker EnergieR/Pielow § 43b Rn. 13). Wirkt sich also das Vorhaben auf das Gebiet eines anderen Landes aus, so ist es mit den Behörden der beteiligten Länder abzustimmen. Die Voraussetzungen dieser Abstimmungspflicht sind hingegen nicht eindeutig geregelt, aber unter Berücksichtigung des kompetenzrechtlichen Rahmens zu verstehen, weshalb die Norm nur eine rein deklaratorische Wirkung entfalten kann. Daraus leitet sich eine informelle Abstimmungspflicht ab, die sich in Absprachen und Informationsaustausch manifestiert (Kment EnWG/Kment § 43b Rn. 8; Säcker EnergieR/Pielow § 43b Rn. 13; Steinbach/Franke/Nebel/Riese § 43b Rn. 26; Theobald/Kühling/Missling/Lippert/Dix § 43b Rn. 20; Greinacher ZUR 2011, 305 (307)). Die verpflichtende Beteiligung iSd § 73 Abs. 2 VwVfG betroffener Behörden bleibt davon unberührt.

D. Verfahrensdauer für Offshore-Anbindungsleitungen (Abs. 2)

11   Durch das Gesetz zur Änderung des Energiesicherungsgesetzes und anderer energiewirtschaftlicher Vorschriften vom 8.10.2022 (BGBl. I 1726) wurde Absatz 2 eingefügt. In Absatz 2 Satz 1 wird eine Verfahrensdauer von zwölf Monaten für die Erteilung des Planfeststellungsbeschlusses (für die Fälle des § 43 Abs. 1 S. 1 Nr. 2–4, → § 43 Rn. 32) für die Errichtung von Offshore-Anbindungsleitungen festgelegt. Eine einmalige Verlängerung um weitere drei Monate ist nach Maßgabe des Satz 2 möglich. Satz 3 enthält eine Begründungspflicht für die Fristverlängerung.

Die durch den Angriffskrieg Russlands auf die Ukraine verursachte Energiekrise zwingt den Gesetzgeber zu weiteren Beschleunigungsmaßnahmen bei der Energietransformation. § 43b Abs. 2 soll daher die Planfeststellung zur Errichtung der Anbindungsleitungen der Offshore-Windparks in der Nord- und Ostsee durch konkrete Fristen beschleunigen und für mehr Planungssicherheit sorgen (BT-Drs. 20/3497 39). Die Anbindung der Offshore-Windenergie trägt maßgeblich auch zur Einhaltung der Ausbauziele aus dem WindSeeG bei. § 43b Abs. 2 flankiert letztlich formell den § 17b Abs. 1a, der die Errichtung von Offshore-Anbindungsleitungen materiell beschleunigen soll. Sobald die (Antrags-)Unterlagen des Projektträgers bei der zuständigen Behörde eingegangen sind, ist innerhalb von zwölf Monaten der Planfeststellungsbeschluss zu fassen. Gesetzliche Fristen sind sicher ein messbares und effektives Mittel, (Verwaltungs-)Verfahren zu beschleunigen, zumal diese Beschleunigung die Disziplinierung der behördlichen Entscheidungsträger bezweckt. Es gilt allerdings zu beachten, dass Verzögerungen in der Planung nicht lediglich vorverlagert werden. So kann der Zeitpunkt des Fristbeginns (in diesem Fall der Eingang der Unterlagen) durch langwierige Abstimmungen im Vorfeld die Fristbestimmung aushöhlen. Zudem wird eingewandt, dass Offshore-Anbindungsleitung weit ins Binnenland hinreichen und für die dort anschließenden notwendigen Planungen weniger effektive Beschleunigungsinstrumente zur Verfügung stehen (BR-Drs. 479/1/22, 5). Dieses Argument ist jedoch fragwürdig, da ein Mangel an Beschleunigungsinstrumenten an einer Stelle des Verfahrens nicht als Begründung angeführt werden kann, an anderer Stelle neue Beschleunigungen zu verhindern.

12   Die Zwölf-Monats-Frist beginnt mit Eingang der Unterlagen. Darunter ist die Einreichung vollständiger Unterlagen zu verstehen, was in der Rechtsanwendung zu Konflikten führen dürfte. Insbesondere besteht die Gefahr, dass die zuständige Behörde unter Verweis auf die Unvollständigkeit den Fristbeginn verzögern kann. Grundsätzlich kommt es auf die objektive Vollständigkeit an, bei der die Behörde in die Lage versetzt wird, das jeweilige gesetzliche Prüfprogramm abzuarbeiten (Mann/Sennekamp/Uechtritz/Uechtritz VwVfG § 42a Rn. 58 ff.). Um Unklarheiten vorzubeugen und die Beschleunigung effektiv zu flankieren, empfiehlt sich eine normative Konkretisierung bezüglich der einzureichenden Unterlagen (Mann/Sennekamp/Uechtritz/Uechtritz VwVfG § 42a Rn. 59). Absatz 2 Satz 2 sieht eine Fristverlängerung von bis zu drei Monaten vor, wenn die Schwierigkeit der Prüfung es erfordert oder Verzögerungen dem Antragsteller zuzurechnen sind. Der Begriff der „Schwierigkeit der Prüfung" enthält eine weitere Unbestimmtheit, die wiederum den Beschleunigungszweck konterkarieren könnte, indem die Prüfungen von Planungsverfahren generell als schwer eingestuft werden. Der Begriff der rechtlichen oder tatsächlichen Schwierigkeit ist aus dem Prozessrecht bekannt (§ 124 VwGO), die Erkenntnisse aus der Auslegung dieser Begriffe sind auf das Verfahren der Planfeststellung übertragbar. Danach muss das (Planfeststellungs-)Verfahren in tatsächlicher oder rechtlicher Hinsicht von normalen (Planfeststellungs-)Verfahren deutlich abgehoben sein (BeckOK Poser/Wolff/Roth VwGO § 124 Rn. 43). Ein weiter Maßstab bei der Bestimmung der Schwierigkeit würde dem Telos der Vorschrift zuwiderlaufen, sodass die Fristverlängerung nur ausnahmsweise zulässig sein kann. Dass dem Antragsteller sein eigenes Verhalten zuzurechnen ist, kann maßgeblich nur klarstel-

lenden Charakter haben. Wenn der Antragssteller das Verfahren verzögert, so kann er sich nicht auf die kürzere Frist berufen.

Letztlich enthält Absatz 2 Satz 3 noch ein Begründungserfordernis für die Fristverlänge- 13
rung um drei Monate. Danach soll die Behörde die Verzögerung gegenüber dem Antragssteller begründen. Es handelt sich um ein intendiertes Ermessen, das ebenfalls der effektiven
Beschleunigung dient. Denn indem die Behörde die Fristverlängerung begründen muss,
entsteht zusätzlicher Aufwand. Die Hürde die Frist zu verlängern, wird durch das faktische
Begründungserfordernis erhöht.

§ 43c Rechtswirkungen der Planfeststellung und Plangenehmigung

Für die Rechtswirkungen der Planfeststellung und Plangenehmigung gilt § 75 des Verwaltungsverfahrensgesetzes mit folgenden Maßgaben:
1. Wird mit der Durchführung des Plans nicht innerhalb von zehn Jahren nach Eintritt der Unanfechtbarkeit begonnen, so tritt er außer Kraft, es sei denn, er wird vorher auf Antrag des Trägers des Vorhabens von der Planfeststellungsbehörde um höchstens fünf Jahre verlängert.
2. Vor der Entscheidung nach Nummer 1 ist eine auf den Antrag begrenzte Anhörung nach den für die Planfeststellung oder für die Plangenehmigung vorgeschriebenen Verfahren durchzuführen.
3. Für die Zustellung und Auslegung sowie die Anfechtung der Entscheidung über die Verlängerung sind die Bestimmungen über den Planfeststellungsbeschluss entsprechend anzuwenden.

Überblick

Die in § 43c geregelten Sonderregelungen betreffen die Rechtswirkungen der Planfeststellung bzw. Plangenehmigung nach § 75 VwVfG. Im Zentrum steht dabei die Verlängerung der Geltungsdauer der behördlichen Planungsentscheidung nach § 75 Abs. 4 S. 1 VwVfG, § 43c Nr. 1 (→ Rn. 3). Im Rahmen eines Verlängerungsverfahrens kann diese Frist nach § 43c Nr. 2 und 3 zusätzlich um weitere fünf Jahre verlängert werden (→ Rn. 6). Damit eröffnet die Vorschrift dem Vorhabenträger einen überaus großzügigen Zeitraum, das Vorhaben nach der behördlichen Planungsentscheidung tatsächlich zu beginnen.

A. Historie, Systematik und Regelungszweck

Auch § 43c wurde durch das Gesetz zur Beschleunigung von Planungsverfahren für Infra- 1
strukturvorhaben (InPlBeschlG) vom 9.12.2006 (BGBl. I 2833) eingeführt und zuletzt durch
das Planvereinheitlichungsgesetz (PlVereinhG) vom 31.5.2013, das am 1.6.2015 in Kraft
getreten ist, angepasst, wobei der Kerninhalt der Vorschrift unangetastet blieb. Paradoxerweise
ist die dabei erfolgte Verdopplung der Geltungsdauer der behördlichen Planungsentscheidung
nur schwer als Beschleunigung zu erklären (so auch Bourwieg/Hellermann/Hermes/Kupfer
§ 43c Rn. 18). Vielmehr wirkt diese Verlängerung einseitig zugunsten der Vorhabenträger,
denen dadurch eine Ausnahme vom Beschleunigungsgebot gewährt wird. Diese Ausnahme
wurde 2006 mit einem abbaubaren Investitionsstau der Vorhabenträger begründet (BT-Drs.
16/3158, 39 für die inhaltsgleiche Regelung des AEG), der sich aber auf den Bundesfernstra-
ßenbereich bezog und nur kurzfristig angedacht war (Theobald/Kühling/MisslingLippert/
Dix § 43c Rn. 9). Spätestens mit der letzten Änderung 2015 hätte das wiederum geändert
werden müssen.

Insbesondere im Hinblick auf die Rechtswirkungen von Planfeststellung und -genehmi- 2
gung ist diese Verlängerung kritisch zu betrachten. Deren Rechtswirkungen richten sich
nach § 75 VwVfG und bestehen aus Genehmigungs-, Konzentrations-, Gestaltungs-, Dul-
dungs- bzw. Ausschluss- und enteignungsrechtlicher Vorwirkung (s. ausführlich hierzu die
Kommentierungen zu § 75 VwVfG, bspw. BeckOK VwVfG/Kämper VwVfG § 75 Rn. 2 ff.;
Mann/Sennekamp/Uechtritz/Deutsch VwVfG § 75 Rn. 21 ff.; Huck/Müller/Huck
VwVfG § 75 Rn. 10; für das EnWG auch Säcker EnergieR/Pielow § 43c Rn. 3, 12). Sowohl

die Duldungswirkung, wonach die Planfeststellung (bzw. Plangenehmigung) einen Ausschluss wichtiger privatrechtlicher Ansprüche zur Folge hat, als auch die enteignungsrechtliche Vorwirkung führen zu empfindlichen Rechtsbeeinträchtigungen für Betroffene (Bourwieg/Hellermann/Hermes/Kupfer § 43c Rn. 14 mwN; Säcker EnergieR/Pielow § 43c Rn. 12). Gerechtfertigt sind diese beeinträchtigenden Wirkungen nur im Hinblick auf das übergeordnete öffentliche Interesse, wobei sich sämtliche fachplanerischen Sondervorschriften hieran messen lassen müssen. Eine einseitige Verlängerung iSd § 43c zugunsten der Vorhabenträger befördert dieses öffentliche Interesse nur sehr mittelbar. Die Vorschrift ist insbesondere diskussionswürdig, da der Gesetzgeber im Übrigen die Beschleunigung des Energieinfrastrukturausbaus unter Verweis auf die Versorgungssicherheit forciert. Ambivalent erscheint dann, dass Anstrengungen des Vorhabenträgers ausgenommen zu sein scheinen (Theobald/Kühling/Missling/Lippert/Dix § 43c Rn. 12).

B. Anwendungsbereich und Verlängerungsverfahren

I. Geltungsdauer der Planungsentscheidung (Nr. 1)

3   In Abweichung zu § 75 Abs. 4 VwVfG, welcher eine Geltungsdauer von fünf Jahren vorsieht, ermöglicht § 43c Nr. 1, die Geltungsdauer der Planungsentscheidung ab Unanfechtbarkeit auf zehn Jahre zu verlängern. Eine Verlängerung um weitere fünf Jahre ist unter den Voraussetzungen des Verfahrens nach § 43c Nr. 2, 3 (→ Rn. 6 ff.) möglich. Der Vorhabenträger kann demnach innerhalb dieser Frist mit der Durchführung des Plans beginnen. Der Zeitpunkt des Fristbeginns ist an die Unanfechtbarkeit der Planungsentscheidung geknüpft (zur Problematik der fehlenden Zustellungsfunktion bei der Plangenehmigung (die in § 74 Abs. 4 S. 3 VwVfG nicht vorgesehen ist) und der damit einhergehenden Rechtsunsicherheit Bourwieg/Hellermann/Hermes/Kupfer § 43c Rn. 21; Säcker EnergieR/Pielow § 43c Rn. 8), es darf also kein Rechtsbehelf anhängig sein und auch nicht mehr erhoben werden können (Theobald/Kühling/Missling/Lippert/Dix § 43c Rn. 13).

4   Der Durchführungsbeginn richtet sich mittlerweile direkt nach § 75 Abs. 4 S. 2 VwVfG und meint „jede erstmals nach außen erkennbare Tätigkeit von mehr als nur geringfügiger Bedeutung zur plangemäßen Verwirklichung des Vorhabens". Berechtigterweise wird auf die Grundsätze des FStrG verwiesen, wonach auch vorgelagerte Tätigkeiten hierunter zu fassen sind (Säcker EnergieR/Pielow § 43c Rn. 9). Ob im Zeitpunkt der Entscheidung über die Planfeststellung gesetzliche und marktwirtschaftliche Rahmenbedingungen hingegen die Realisierung unmöglich machen, ist unerheblich, solange während der Geltungsdauer des Planfeststellungsbeschlusses von 10 Jahren mit der Realisierung zu rechnen ist (BayVGH BeckRS 2016, 49780 Rn. 44).

5   Auch ist eine Unterbrechung nach Beginn der Durchführung nach dem klaren Wortlaut des § 75 Abs. 4 VwVfG für die Verlängerung nach § 43c unerheblich (Säcker EnergieR/Pielow § 43c Rn. 10; Kment EnWG/Kment § 43c Rn. 4; Theobald/Kühling/Missling/Lippert/Dix § 43c Rn. 15). Die Verlängerungsfrist (10 bzw. 15 Jahre) ist als Ausschlussfrist ausgestaltet – der Plan tritt nach Ablauf der Frist ipso iure außer Kraft (Kment EnWG/Kment § 43c Rn. 4).

II. Verlängerungsverfahren nach Nr. 2 und 3

6   In einem nach § 43c Nr. 2 und 3 vorgesehenen Verlängerungsverfahren kann die 10-Jahres-Frist aus Nummer 1 um weitere fünf Jahre verlängert werden. Dafür muss der Vorhabenträger einen Antrag auf Verlängerung bei der Planfeststellungsbehörde einreichen, die die Planfeststellungsentscheidung erlassen hat. Zur Fristwahrung genügt dabei nicht nur die fristgerechte Antragseinreichung, sondern auch die vorherige Genehmigung des Verlängerungsantrags, was sich aus dem Wortlaut der Norm ergibt („vorher... verlängert"). Dem Vorhabenträger obliegt demnach die rechtzeitige Antragstellung unter Berücksichtigung der Entscheidungsdauer (so ganz hM, Bourwieg/Hellermann/Hermes/Kupfer § 43c Rn. 27; Säcker EnergieR/Pielow § 43c Rn. 11; Kment EnWG/Kment § 43c Rn. 5; Theobald/Kühling/Missling/Lippert/Dix § 43c Rn. 16; aA Herrmanns DÖV 2003, 714 (719)).

7   § 43c Nr. 2 verlangt im Verlängerungsverfahren eine Anhörung, die sich in ihrer Ausgestaltung nach dem Verfahren der ursprünglichen Planentscheidung richtet. Der Inhalt dieser

Anhörung beschränkt sich auf die Verlängerung – die ursprüngliche Planentscheidung steht hier nicht zu Disposition. Das konkrete Verfahren der Anhörung bestimmt sich nach dem „für die Planfeststellung oder für die Plangenehmigung vorgeschriebenen Verfahren" (§ 43c Nr. 2), §§ 43a, 43b iVm § 18 UVPG können demnach zu berücksichtigen sein (Kment EnWG/Kment § 43c Rn. 6; Theobald/Kühling/Missling/Lippert/Dix § 43c Rn. 18), insbesondere kann unter Umständen ein Erörterungstermin durchzuführen sein. § 43c Nr. 3 verweist für die Zustellung, die Auslegung sowie die Anfechtung im Rahmen des Verlängerungsbescheides ebenfalls auf die „Bestimmungen über den Planfeststellungsbeschluss", womit § 74 VwVfG sowie die dazu einschlägigen Spezialvorschriften aus §§ 43a und 43b gemeint sind.

Die Verlängerungsentscheidung – mitsamt des Verlängerungszeitraumes („höchstens") – steht im Ermessen der Planfeststellungsbehörde und stellt einen Verwaltungsakt dar. Kriterien dieser Entscheidung hat die Rechtsprechung für die Straßenplanung entwickelt, die aber auf das EnWG übertragbar sind (OVG RhPf 2.10.1984 – 7 A 22/84). So darf das Vorhaben nicht aufgegeben worden sein, es dürfen keine Änderungen in der Sach- und Rechtslage eingetreten sein, die Verlängerung der Geltungsdauer zur Durchführung des Plans muss notwendig sein und das Vorhaben muss innerhalb der Verlängerung verwirklicht werden können (Kment EnWG/Kment § 43c Rn. 5; Theobald/Kühling/Missling/Lippert/Dix § 43c Rn. 16). Bei der Entscheidung sind aber wiederum die Belastungen von Betroffenen, die durch die Verlängerung entstehen, zu berücksichtigen. 8

§ 43d Planänderung vor Fertigstellung des Vorhabens

¹Für die Planergänzung und das ergänzende Verfahren im Sinne des § 75 Abs. 1a Satz 2 des Verwaltungsverfahrensgesetzes und für die Planänderung vor Fertigstellung des Vorhabens gilt § 76 des Verwaltungsverfahrensgesetzes mit der Maßgabe, dass im Falle des § 76 Abs. 1 des Verwaltungsverfahrensgesetzes von einer Erörterung im Sinne des § 73 Abs. 6 des Verwaltungsverfahrensgesetzes und des § 18 Absatz 1 Satz 4 des Gesetzes über die Umweltverträglichkeitsprüfung abgesehen werden kann. ²Im Übrigen gelten für das neue Verfahren die Vorschriften dieses Gesetzes.

Überblick

Im Sinne der Verfahrensbeschleunigung (→ Rn. 1) ordnet § 43d S. 1 sowohl für die Fälle der Fehlerheilung (→ Rn. 3) durch Planergänzung (→ Rn. 4) und ergänzendes Verfahren (→ Rn. 5) als auch für die Planänderung (→ Rn. 6 f.) die Geltung des § 76 VwVfG mit der Maßgabe an, dass auch im Fall des § 76 Abs. 1 VwVfG nach pflichtgemäßem Ermessen von der Durchführung eines Erörterungstermins abgesehen werden kann (→ Rn. 8 f.). Für das nach § 76 Abs. 1 VwVfG durchzuführende neue Verfahren stellt § 43d S. 2 klar, dass insoweit die Vorschriften des EnWG gelten (→ Rn. 8). Die Sonderregeln bzw. speziellen Rechtsfolgen in § 43d lassen die § 76 Abs. 2 und 3 VwVfG im Übrigen unberührt (→ Rn. 10).

A. Normzweck und Entstehungsgeschichte

§ 43d ist durch das Gesetz zur Beschleunigung von Planungsverfahren für Infrastrukturvorhaben vom 9.12.2006 (BGBl. I 2833) in das EnWG eingefügt worden. Die Norm trifft einige **Sonderregelungen** im Verhältnis zu § 76 Abs. 1 VwVfG, die der **Verfahrensbeschleunigung** dienen (BR-Drs. 363/05, 41). Satz 1 wurde durch Art. 13 des Gesetzes zur Anpassung des Umwelt-Rechtsbehelfsgesetzes und anderer Vorschriften an europa- und völkerrechtliche Vorgaben vom 29.5.2017 (BGBl. I 1298) und Art. 2 des Gesetzes zur Modernisierung des Rechts der Umweltverträglichkeitsprüfung vom 20.7.2017 (BGBl. I 2808) aufgrund von Veränderungen des UVPG angepasst. 1

B. Anwendungsfälle

2 § 43d gilt für alle Energieleitungsvorhaben, deren Zulassungsverfahren sich nach den §§ 43 ff. richten, und regelt – entgegen der missverständlichen Normüberschrift – **drei Anwendungsfälle:** die materiell-rechtliche Planergänzung (→ Rn. 4), das formell-rechtliche ergänzende Verfahren (→ Rn. 5) sowie die Planänderung vor Fertigstellung des Vorhabens (→ Rn. 6). § 43d erfasst somit nur Planmodifikationen **nach** bereits erfolgter Planfeststellung bzw. Plangenehmigung und **vor Fertigstellung** des Vorhabens. Planänderungen nach Fertigstellung des Vorhabens fallen demgegenüber in den Regelungsbereich von § 43f, für Planänderungen vor der Planfeststellung greift § 43a Nr. 3 (Säcker EnergieR/Pielow § 43d Rn. 1).

I. Planergänzung und ergänzendes Verfahren

3 Die Planergänzung und das ergänzende Verfahren beziehen sich auf die Fehlerfolgenregelung des § 75 Abs. 1a S. 2 Hs. 1 VwVfG. Danach führen erhebliche Mängel in der Abwägung oder eine Verletzung von Verfahrens- oder Formvorschriften nur dann zur Aufhebung des Planfeststellungsbeschlusses oder der Plangenehmigung, wenn sie nicht durch Anwendung dieser Instrumente behoben werden können. Beide Instrumente bezwecken die **Behebung von Abwägungsfehlern,** wobei der Unterschied zwischen beiden Verfahren in den Verfahrensgegenständen und der Wirkung auf den Planfeststellungsbeschluss besteht (Säcker EnergieR/Pielow § 43d Rn. 4).

4 Das Instrument der **Planergänzung** behebt Mängel im Abwägungsergebnis, indem der Planfeststellungsbeschluss inhaltlich um eine Regelung ergänzt wird, die für ein fehlerfreies Abwägungsergebnis erforderlich ist; der Abwägungsmangel muss durch eine abgrenzbare, inhaltlich feststehende Ergänzung des Plans behoben werden können (Säcker EnergieR/Pielow § 43d Rn. 5). Die Planergänzung findet damit vornehmlich beim Fehlen erforderlicher **Schutz- und Kompensationsmaßnahmen** Anwendung. Eine Planergänzung darf jedoch nicht zu einer Veränderung der Gesamtkonzeption des Vorhabens in einem wesentlichen Punkt führen; ansonsten handelt es sich um eine erneute Planaufstellung (BVerwG NVwZ 2006, 331 (332)). Die Planergänzung erfolgt durch Verwaltungsakt; der ursprüngliche Planfeststellungsbeschluss wird jedoch als solcher bestandskräftig (vgl. BVerwG NVwZ 1993, 362 (363 f.)).

5 Das **ergänzende Verfahren** findet demgegenüber Anwendung, wenn die Planfeststellungsbehörde einzelne abwägungserhebliche Belange nicht berücksichtigt, nicht vollständig bzw. nicht zutreffend ermittelt oder fehlerhaft gewichtet hat und die Möglichkeit besteht, diesen Fehler durch ein ergänzendes Verfahren zu beheben (BVerwG ZfBR 2004, 382). Mit dem ergänzenden Verfahren lassen sich erhebliche **Abwägungsfehler** in einem Planfeststellungsbeschluss durch Nachermittlung und Nachbewertung abwägungserheblicher Belange beseitigen, ohne dass damit zwangsläufig eine Änderung der Planungsentscheidung – wie bei der Planergänzung – einhergeht (BeckOK VwVfG/Kämper VwVfG § 75 Rn. 31). Das Planungsverfahren wird an der Stelle wieder aufgenommen, an der der Planfeststellungsbehörde der Abwägungsfehler unterlaufen ist (BVerwG NVwZ 1996, 1016 (1017)); auch eine erforderliche Umweltverträglichkeitsprüfung kann in einem ergänzenden Verfahren nachgeholt werden (BVerwG NVwZ 2018, 1647). Das ergänzende Verfahren „überschreibt" gleichsam das ursprüngliche Verfahren ab dem zu heilenden Fehler (Kment EnWG/Kment § 43d Rn. 6). Der Anwendungsbereich des ergänzenden Verfahrens ist allerdings überschritten, wenn die Fehlerbehebung nur durch ein gänzlich anders geartetes Planungskonzept erfolgen kann, durch das die Planung auf eine vollkommen veränderte Grundlage gestellt würde; erforderlich ist dann keine bloße Ergänzung, sondern eine neue Planungsentscheidung (Ziekow FachplanungsR-HdB § 3 Rn. 224). Das ergänzende Verfahren hemmt die Bestandskraft des ursprünglichen Planfeststellungsbeschlusses; dieser wird grundsätzlich erst nach Abschluss des Verfahrens, durch Erlass des Ergänzungsbeschlusses, wirksam (Säcker EnergieR/Pielow § 43d Rn. 6). Das ergänzende Verfahren muss nicht zwingend zu einer Änderung des Plans führen; der Vorhabenträger darf vielmehr in einem ergänzenden Verfahren das Ziel verfolgen, an einer als vorzugswürdig erkannten Gestaltung eines Vorhabens festzuhalten (BVerwG BeckRS 2020, 7484 Rn. 15). Das Ergebnis des Verfahrens kann daher entweder eine Bestäti-

gung der bisherigen Planungsentscheidung oder ein aufgrund der nun fehlerfrei erfolgten Abwägung anderslautender Ergänzungsbeschluss sein (Kment EnWG/Kment § 43d Rn. 6).

II. Planänderung vor Fertigstellung

Für Planänderungen nach erfolgter Planfeststellung bzw. -genehmigung und vor Fertigstellung des Vorhabens ist nach § 76 Abs. 1 VwVfG grundsätzlich die Durchführung eines neuen Planfeststellungsverfahrens vorgesehen (Kment EnWG/Kment § 43d Rn. 3). Eine **Planänderung** liegt vor, wenn das Vorhaben vom Regelungsgehalt der früheren Zulassungsentscheidung nicht mehr gedeckt ist (BVerwG NVwZ 2007, 576 (579)). Die Identität des Vorhabens muss nach Gegenstand, Art und Betriebsweise jedoch erhalten bleiben; weder die Gesamtkonzeption des Vorhabens noch wesentliche Teile des Plans dürfen in Frage gestellt werden (BVerwGE 75, 214 (219)). Ansonsten handelt es sich um eine erneute Planaufstellung (OVG NRW BeckRS 2021, 42256 Rn. 18; Kment EnWG/Kment § 43d Rn. 3). Ein Vorhaben ist grundsätzlich dann **fertiggestellt**, wenn alle planfestgestellten Anlagen fertiggestellt sind und das Vorhaben in den regulären Betrieb genommen wird; die Aufnahme eines Probebetriebs genügt nicht (OVG NRW BeckRS 2021, 42256 Rn. 24).

6

Bei **Planänderungen von unwesentlicher Bedeutung** kann die Behörde nach § 76 Abs. 2 VwVfG von der Durchführung eines neuen Planfeststellungsverfahrens absehen, wenn die Belange Anderer nicht berührt werden oder wenn die Betroffenen der Änderung zugestimmt haben. **Unwesentlich** ist eine Änderung, wenn sie die mit der Planung verfolgte Zielsetzung und die bereits getroffene Abwägung in ihrer Struktur unberührt lässt; es muss sichergestellt sein, dass durch die Änderung die Frage der sachgerechten Zielsetzung und Abwägung des Gesamtvorhabens nicht aufs Neue aufgeworfen wird (Ziekow FachplanungsR.-HdB § 3 Rn. 282). Davon ist auszugehen, wenn Zweck, Umfang und Auswirkungen des Vorhabens im Wesentlichen gleich bleiben und nur bestimmte sachlich und räumlich abgrenzbare Teile geändert werden (Stelkens/Bonk/Sachs/Neumann VwVfG/Neumann/Külpmann § 76 Rn. 18). Steht der Behörde die Verfahrensoption des § 76 Abs. 2 VwVfG nicht offen, weil – trotz Planänderung von unwesentlicher Bedeutung – die Belange anderer berührt werden und die Betroffenen der Änderung nicht zugestimmt haben, greifen die **Verfahrenserleichterungen** des § 76 Abs. 3 VwVfG, dh die Behörde kann von einem Anhörungsverfahren und einer öffentlichen Bekanntgabe des geänderten Planfeststellungsbeschlusses absehen (Bourwieg/Hellermann/Hermes/Kupfer § 43d Rn. 18).

7

C. Rechtsfolgen

§ 43d S. 1 ordnet sowohl für die Fälle der Fehlerheilung durch Planergänzung und ergänzendes Verfahren als auch für die Planänderung die Geltung des § 76 VwVfG mit der Maßgabe an, dass **auch im Fall des § 76 Abs. 1 VwVfG** von einer Erörterung nach § 73 Abs. 6 VwVfG und nach § 18 Abs. 1 S. 4 UVPG abgesehen werden kann (vgl. BVerwG BeckRS 2020, 7484 Rn. 14, 17). Bei der Durchführung eines ergänzenden Verfahrens, bei einer Planergänzung von wesentlichem Gewicht (vgl. Kment EnWG/Kment § 43d Rn. 5) sowie bei Planänderungen von wesentlicher Bedeutung liegt die Durchführung des **Erörterungstermins** somit im pflichtgemäßen **Ermessen** der Behörde. Im Übrigen gelten nach § 43d S. 2 für das nach § 76 Abs. 1 VwVfG durchzuführende **neue Verfahren** die Vorschriften des EnWG, was sich jedoch bereits aus § 43 Abs. 4 EnWG ergibt; Satz 2 hat daher nur klarstellenden Charakter. So sind etwa die nach § 43a modifizierten Vorschriften über die Öffentlichkeits- und Behördenbeteiligung anwendbar (Kment EnWG/Kment § 43d Rn. 7).

8

Der Verzicht auf die Durchführung des Erörterungstermins begegnet keinen unionsrechtlichen Bedenken, da eine Erörterung unionsrechtlich nicht zwingend erforderlich ist. Im Rahmen der **Ermessensentscheidung** über das Absehen von der Erörterung ist jedoch zu beachten, dass sich durch eine wesentliche Planänderung regelmäßig auch die Abwägungsproblematik neu stellt; verzichtet die Planfeststellungsbehörde vorschnell auf den Erörterungstermin als Erkenntnisquelle, erhöht dies das Risiko von Abwägungsfehlern (Bourwieg/Hellermann/Hermes/Kupfer § 43d Rn. 19). Entsprechendes gilt für die Fälle der Fehlerheilung; im Falle der Planergänzung und des ergänzenden Verfahrens, die der Heilung von Abwägungsfehlern dienen, ist zu vergegenwärtigen, dass dem Erörterungstermin eine

9

wesentliche Funktion für die Erfüllung der Anforderungen des Abwägungsgebots zukommt (vgl. Bourwieg/Hellermann/Hermes/Kupfer § 43d Rn. 20).

10 § 43d lässt die Bestimmungen der § 76 Abs. 2 und 3 VwVfG im Übrigen unberührt (Säcker EnergieR/Pielow § 43d Rn. 8).

§ 43e Rechtsbehelfe

(1) ¹Die Anfechtungsklage gegen einen Planfeststellungsbeschluss oder eine Plangenehmigung hat keine aufschiebende Wirkung. ²Der Antrag auf Anordnung der aufschiebenden Wirkung der Anfechtungsklage gegen einen Planfeststellungsbeschluss oder eine Plangenehmigung nach § 80 Abs. 5 Satz 1 der Verwaltungsgerichtsordnung kann nur innerhalb eines Monats nach der Zustellung des Planfeststellungsbeschlusses oder der Plangenehmigung gestellt und begründet werden. ³Darauf ist in der Rechtsbehelfsbelehrung hinzuweisen. ⁴§ 58 der Verwaltungsgerichtsordnung gilt entsprechend.

(2) ¹Treten später Tatsachen ein, die die Anordnung der aufschiebenden Wirkung rechtfertigen, so kann der durch den Planfeststellungsbeschluss oder die Plangenehmigung Beschwerte einen hierauf gestützten Antrag nach § 80 Abs. 5 Satz 1 der Verwaltungsgerichtsordnung innerhalb einer Frist von einem Monat stellen und begründen. ²Die Frist beginnt mit dem Zeitpunkt, in dem der Beschwerte von den Tatsachen Kenntnis erlangt.

(3) ¹Der Kläger hat innerhalb einer Frist von zehn Wochen ab Klageerhebung die zur Begründung seiner Klage dienenden Tatsachen und Beweismittel anzugeben. ²Erklärungen und Beweismittel, die erst nach Ablauf dieser Frist vorgebracht werden, sind nur zuzulassen, wenn der Kläger die Verspätung genügend entschuldigt. ³Der Entschuldigungsgrund ist auf Verlangen des Gerichts glaubhaft zu machen. ⁴Satz 2 gilt nicht, wenn es mit geringem Aufwand möglich ist, den Sachverhalt auch ohne Mitwirkung des Klägers zu ermitteln. ⁵Die Frist nach Satz 1 kann durch den Vorsitzenden oder den Berichterstatter auf Antrag verlängert werden, wenn der Kläger in dem Verfahren, in dem die angefochtene Entscheidung ergangen ist, keine Möglichkeit der Beteiligung hatte.

(4) ¹Für Energieleitungen, die nach § 43 Absatz 1 Satz 1 Nummer 2 planfestgestellt werden, sowie für Anlagen, die für den Betrieb dieser Energieleitungen notwendig sind und die nach § 43 Absatz 2 Satz 1 Nummer 1 planfestgestellt werden, ist § 50 Absatz 1 Nummer 6 der Verwaltungsgerichtsordnung anzuwenden. ²§ 50 Absatz 1 Nummer 6 der Verwaltungsgerichtsordnung ist auch anzuwenden für auf diese Energieleitungen und auf für deren Betrieb notwendige Anlagen bezogene Zulassungen des vorzeitigen Baubeginns und Anzeigeverfahren sowie für Genehmigungen nach dem Bundes-Immissionsschutzgesetz für Anlagen, die für den Betrieb dieser Energieleitungen notwendig sind.

Überblick

§ 43e enthält Modifizierungen für die Zulässigkeit und Begründetheit des verwaltungsgerichtlichen Rechtsschutzes nach VwVfG und VwGO. Dabei wird in Absatz 1 der Entfall der aufschiebenden Wirkung der Anfechtungsklage gegen die Planentscheidung (Planfeststellungsbeschluss/Plangenehmigung) normiert (→ Rn. 2), wobei ein möglicher Antrag nach § 80 Abs. 5 VwGO zusätzlich mit einer Monatsfrist versehen ist (→ Rn. 6). Absatz 2 eröffnet sodann – nach Ablauf der Frist des Absatzes 1 – eine weitere Monatsfrist ab Kenntniserlangung von späteren Tatsachen, um den Antrag zu begründen (→ Rn. 6). Im Hauptsacheverfahren müssen nach Absatz 3 innerhalb von zehn Wochen Tatsachen und Beweismittel zur Klagebegründung vorgelegt werden (→ Rn. 8). Letztlich normiert Absatz 4 die erstinstanzliche Zuständigkeit des BVerwG für Offshore-Anbindungsleitungen nach dem EnWG (§ 43 Abs. 1 S. 1 Nr. 2) (→ Rn. 9).

§ 43e EnWG

A. Historie, Systematik und Regelungszweck

Auch § 43e wurde am 9.12.2006 durch das Gesetz zur Beschleunigung von Planungsverfahren für Infrastrukturvorhaben (InfPBG) eingeführt und soll die Beschleunigung der Verfahren (BGBl. 2006 I 2833) konkret im Rechtsbehelfsverfahren ermöglichen. Nachdem der ursprüngliche Absatz 4 durch das PlVereinhG vom 1.6.2015 (BR-Drs. 171/12, 40) obsolet geworden war (diese Regelung wurde unmittelbar in § 75 Abs. 1a VwVfG übernommen), wurde Absatz 4 mit neuem Inhalt durch das Gesetz zur Änderung des Windenergie-auf-See-Gesetzes und anderer Vorschriften am 3.12.2020 eingeführt (BGBl. 2020 I 2682 (2698)). Zuletzt wurde Abs. 3 neu gefasst durch Art. 3 des Gesetzes zur Beschleunigung von verwaltungsgerichtlichen Verfahren im Infrastrukturbereich v. 14.3.2023 (BGBl. I Nr. 71). Die Vorschrift legt den verwaltungsgerichtlichen Rechtsschutz aus VwGO und VwVfG zugrunde und modifiziert diesen wiederum punktuell. Sämtliche Sonderregelungen des § 43e ermöglichen ganz konkret – durch Entfall der aufschiebenden Wirkung, Fristverkürzungen und instanzielle Anpassungen – die Beschleunigung des Rechtsbehelfsverfahrens.

B. Sonderregelungen im Einzelnen

I. Sonderregelung nach Abs. 1 – Entfall der aufschiebenden Wirkung

Weder bei einem Planfeststellungsbeschluss noch bei der Plangenehmigung ist eine Nachprüfung im Rahmen eines Vorverfahrens vorgesehen, § 68 Abs. 1 S. 2 Hs. 1 VwGO iVm § 74 Abs. 1 S. 2 VwVfG, § 70 VwVfG. Schutz vor dem Vollzug des Verwaltungsaktes besteht für den Betroffenen in diesem Fall nur in der aufschiebenden Wirkung der Anfechtungsklage (§ 80 Abs. 1 S. 1 VwGO). Absatz 1 lässt diese aufschiebende Wirkung entfallen und erlegt dem Betroffenen die Pflicht auf, einen Antrag auf Anordnung (Verwaltungsakt mit Drittwirkung) der aufschiebenden Wirkung nach § 80 Abs. 5 S. 1 VwGO, § 80a Abs. 3 S. 2 VwGO einzureichen (Säcker EnergieR/Pielow § 43e Rn. 16). Dem Gesetzeszweck der Beschleunigung folgend privilegiert Absatz 1 damit das Vollzugsinteresse der Behörde gegenüber dem Suspensivinteresse des planbetroffenen Dritten (Säcker EnergieR/Pielow § 43e Rn. 2; Theobald/Kühling/Missling § 43e Rn. 9). Begründet wird diese Einschränkung für die Betroffenen mit dem besonderen Allgemeininteresse an der Versorgungssicherheit, wobei sie natürlich gleichzeitig dem Vorhabenträger zugutekommt. Da sich Einbußen im Rechtsschutz zum Nachteil einer Partei immer auf die Waffengleichheit der Beteiligten auswirken, ist § 43e eine Vorschrift mit Konfliktpotential – verfassungsmäßig ist sie jedoch (Säcker EnergieR/ Pielow § 43e Rn. 13; Theobald/Kühling/Missling § 43e Rn. 10) (zum Kreis der Berechtigten ausf. Säcker EnergieR/Pielow § 43e Rn. 5 ff.).

Eine wesentliche und effektive Beschleunigungsmaßnahme ist die Frist aus § 43e Abs. 1 S. 2, nach der der Antrag nach § 80 Abs. 5 S. 1 VwGO innerhalb eines Monats nach Zustellung der Planentscheidung (Planfeststellungsbeschluss bzw. Plangenehmigung) gestellt und begründet werden muss (Kment EnWG/Kment § 43e Rn. 3; Bourwieg/Hellermann/Hermes/Hermes § 43e Rn. 9). Es handelt sich dabei nicht lediglich um eine Antragsfrist, sondern gleichzeitig um eine Begründungsfrist. Die VwGO kennt in § 80 VwGO beide Fristen nicht, schließt aber eine spezialgesetzliche Regelung diesbezüglich nicht aus (Schoch/Schneider/ Schoch VwGO § 80 Rn. 473 ff.). Im Fachplanungsrecht sind diese Fristen mittlerweile aufgrund ihres Beschleunigungspotentials häufig (bspw. § 18e Abs. 4 AEG, § 17e Abs. 4 FStrG, § 14e Abs. 4 WaStrG etc), wobei sie nicht gegen den Anspruch auf rechtliches Gehör verstoßen (BVerwG NVwZ 1997, 993 (994); Gramlich LKV 2008, 530 (534)).

Voraussetzung für die Begründungspflicht bleibt aber nach § 43e Abs. 1 S. 3 eine wirksame Rechtsbehelfsbelehrung. Unterbleibt diese oder ist sie fehlerhaft, ist die Jahresfrist nach § 43e Abs. 1 S. 4 iVm § 58 Abs. 2 VwGO maßgeblich. Verfristete Anträge sind als unzulässig abzuweisen (BVerwG NVwZ 1997, 993 (994); Kment EnWG/Kment § 43e Rn. 3).

Der Antragsteller muss begründet darlegen, warum sein Interesse an der Anordnung der aufschiebenden Wirkung das öffentliche Interesse an der sofortigen Vollziehung überwiegt (hierzu grundlegend BeckOK VwGO/Gersdorf VwGO § 80 Rn. 187 ff.). Dabei reichen Verweise auf bereits vorgebrachte Einwendungen in Bezug auf das Planfeststellungsverfahren nicht aus (Kment EnWG/Kment § 43e Rn. 3; Theobald/Kühling/Missling § 43e Rn. 10).

Es bedarf vielmehr einer Auseinandersetzung mit dem angegriffenen Planfeststellungsbeschluss (BVerwG BeckRS 2021, 29914 Rn. 99). Im Rahmen einer Interessenabwägung, bei der die Erfolgsaussichten der Hauptsache berücksichtigt werden müssen, dürfte es im Hinblick auf die Versorgungssicherheit mitsamt eines prioritären Leitungsausbaus schwer sein, höherrangige private Interessen geltend zu machen (Säcker EnergieR/Pielow § 43e Rn. 17).

II. Sonderregelung nach Abs. 2 – spätere Tatsachen

6 Um den effektiven Rechtsschutz aus Art. 19 Abs. 4 GG in komplexen und langen Planfeststellungsverfahren nicht über Gebühr zu strapazieren (ähnlich Bourwieg/Hellermann/Hermes/Hermes Rn. 10), enthält § 43e Abs. 2 die Möglichkeit, den Antrag abweichend von der Frist aus Absatz 1 auch dann noch einzureichen, wenn nachträglich eingetretene Tatsachen dies begründen können. In diesem Fall hat der Antragsteller ab Kenntnisnahme dieser Tatsachen innerhalb eines Monats den Antrag nach Absatz 1 einzureichen und zu begründen (Säcker EnergieR/Pielow § 43e Rn. 18; Theobald/Kühling/Missling § 43e Rn. 13). Bei der Bestimmung der nachträglichen Tatsachen ist der Beschleunigungszweck als Kriterium maßgeblich, sodass Modifikationen des ursprünglichen Planfeststellungsbeschlusses, die „die Rechte des Betroffenen nicht erstmalig oder weitergehend berühren", nicht hierunter zu fassen sind (OVG NRW NVwZ-RR 2010, 953 (954)).

III. Sonderregelung nach Abs. 3 – Vorbringungsfrist

7 Für das Hauptsacheverfahren enthält § 43e Abs. 3 eine weitere Frist, die aktuell auf zehn Wochen erhöht wurde (BGBl. 2023 I Nr. 71) und somit an vergleichbare Vorschriften angepasst wurde (bspw. § 6 UmwRG oder § 18 Abs. 5 AEG). Innerhalb dieser Frist muss der Kläger Tatsachen und Beweismitteln vorbringen, die zur Begründung der Klage dienen. Diese untypische Mitwirkungspflicht des Klägers wird gerechtfertigt durch das dringliche Allgemeininteresse der Versorgungssicherheit, wobei sich daran auch die Begründung der Klage zu orientieren hat. Deshalb muss sich die Begründung substantiiert mit dem angefochtenen Planfeststellungsbeschluss auseinandersetzen (Säcker EnergieR/Pielow § 43e Rn. 19) und kann nicht auf pauschale Verweise und Bezugnahmen auf die bereits im Planfeststellungsverfahren vorgebrachten Einwendungen gestützt werden (BVerwG DVBl 2017, 1039; Kment EnWG/Kment § 43e Rn. 4; Steinbach/Franke/Riese/Fest § 43e Rn. 20; krit. zu dieser strengen Begründungsverpflichtung Gramlich LKV 2008, 530 (534)).

8 Abs. 3 verschärft nun nochmals die Folgen eines verspäteten Klägervortrages (BT-Drs. 20/5165, 20). Zudem wurden die speziellen Regelungen zur Klagebegründungspflicht ausdrücklich in Abs. 3 aufgenommen und der bisherige Verweis auf § 87b VwGO gestrichen (Bier/Bick NVwZ 2023 S. 457 (461)). § 43e Abs. 3 wurde somit vergleichbaren Regelungen anderer Fachplanungsgesetze angepasst (§ 18e Abs. 5 AEG, § 17e Abs. 5 FStrG, § 14e Abs. 5 WaStrG) und formuliert die bisherigen Voraussetzungen des § 87b VwGO selbst aus. Der Entschuldigungsgrund für verspätet eingegangene Beweismittel oder Tatsachen ist glaubhaft zu machen (S. 3), wobei ausnahmsweise bei geringem Aufwand ohne Mitwirkung des Klägers der Sachverhalt ermittelt werden kann (S. 4). Hatte der Kläger keine Möglichkeit zur Beteiligung im Verfahren, so kann die 10-Wochen-Frist aus S. 1 durch den Vorsitzenden oder Berichterstatter auf Antrag verlängert werden (S. 5). Dem Gericht wird zudem ein Ermessen eingeräumt den Antrag als präkludiert zurückzuweisen (SächsOVG BeckRS 2010, 52975 = ZUR 2011, 88 (89)) oder trotz Verfristung zu berücksichtigen (BayVGH BeckRS 2017, 105425 Rn. 18; Theobald/Kühling/Missling § 43e Rn. 15).

IV. Sonderregelung nach Abs. 4 – Erstinstanzliche Zuständigkeit des BVerwG

9 Die letzte Änderung des § 43e enthält der neue Absatz 4, der durch das Gesetz zur Änderung des Windenergie-auf-See-Gesetzes und anderer Vorschriften am 3.12.2020 eingeführt worden ist (BGBl. 2020 I 2682 (2698)). Bei Klagen gegen die Planfeststellung von Energieleitungen nach § 43 Abs. 1 S. 1 Nr. 2 und Anlagen, die für den Betrieb dieser Energieleitungen notwendig sind (und einer Planfeststellung nach § 43 Abs. 2 S. 1 Nr. 1 bedürfen), ist nun das BVerwG erstinstanzlich zuständig. Der Gesetzgeber erhofft sich davon eine zusätzliche Beschleunigung der Offshore-Anbindungsleitungen nach dem EnWG (bzw. BImSchG),

die – auch im Hinblick auf die Sektorenkopplung (Elektrolyseuren zur Wasserstofferzeugung) – eine entscheidende Rolle einnehmen sollen (BT-Drs. 19/24039, 22 (33)).

§ 43f Änderungen im Anzeigeverfahren

(1) [1]Unwesentliche Änderungen oder Erweiterungen können anstelle des Planfeststellungsverfahrens durch ein Anzeigeverfahren zugelassen werden. [2]Eine Änderung oder Erweiterung ist nur dann unwesentlich, wenn
1. nach dem Gesetz über die Umweltverträglichkeitsprüfung oder nach Absatz 2 hierfür keine Umweltverträglichkeitsprüfung durchzuführen ist,
2. andere öffentliche Belange nicht berührt sind oder die erforderlichen behördlichen Entscheidungen vorliegen und sie dem Plan nicht entgegenstehen und
3. Rechte anderer nicht beeinträchtigt werden oder mit den vom Plan Betroffenen entsprechende Vereinbarungen getroffen werden.

(2) [1]Abweichend von den Vorschriften des Gesetzes über die Umweltverträglichkeitsprüfung ist eine Umweltverträglichkeitsprüfung für die Änderung oder Erweiterung nicht durchzuführen bei
1. Änderungen oder Erweiterungen von Gasversorgungsleitungen zur Ermöglichung des Transports von Wasserstoff nach § 43l Absatz 4,
2. Umbeseilungen,
3. Zubeseilungen oder
4. standortnahen Maständerungen.

[2]Satz 1 Nummer 2 und 3 ist nur anzuwenden, wenn die nach Landesrecht zuständige Behörde feststellt, dass die Vorgaben der §§ 3, 3a und 4 der Verordnung über elektromagnetische Felder und die Vorgaben der Technischen Anleitung zum Schutz gegen Lärm vom 26. August 1998 (GMBl S. 503) in der jeweils geltenden Fassung eingehalten sind. [3]Einer Feststellung, dass die Vorgaben der Technischen Anleitung zum Schutz gegen Lärm vom 26. August 1998 (GMBl S. 503) in der jeweils geltenden Fassung eingehalten sind, bedarf es nicht bei Änderungen, welche nicht zu Änderungen der Beurteilungspegel im Sinne der Technischen Anleitung zum Schutz gegen Lärm in der jeweils geltenden Fassung führen. [4]Satz 1 Nummer 2 bis 4 ist ferner jeweils nur anzuwenden, sofern einzeln oder im Zusammenwirken mit anderen Vorhaben eine erhebliche Beeinträchtigung eines Natura 2000-Gebiets oder eines bedeutenden Brut- oder Rastgebiets geschützter Vogelarten nicht zu erwarten ist. [5]Satz 1 Nummer 2 bis 4 ist bei Höchstspannungsfreileitungen mit einer Nennspannung von 220 Kilovolt oder mehr ferner nur anzuwenden, wenn die Zubeseilung eine Länge von höchstens 15 Kilometern hat, oder die standortnahen Maständerungen oder die bei einer Umbeseilung erforderlichen Masterhöhungen räumlich zusammenhängend auf einer Länge von höchstens 15 Kilometern erfolgen.

(3) [1]Abweichend von Absatz 1 Satz 2 Nummer 2 kann eine Änderung oder Erweiterung auch dann im Anzeigeverfahren zugelassen werden, wenn die nach Landesrecht zuständige Behörde im Einvernehmen mit der zuständigen Immissionsschutzbehörde feststellt, dass die Vorgaben nach den §§ 3, 3a und 4 der Verordnung über elektromagnetische Felder und die Vorgaben der Technischen Anleitung zum Schutz gegen Lärm vom 26. August 1998 (GMBl S. 503) in der jeweils geltenden Fassung eingehalten sind, und wenn weitere öffentliche Belange nicht berührt sind oder die hierfür erforderlichen behördlichen Entscheidungen vorliegen und sie dem Plan nicht entgegenstehen. [2]Absatz 2 Satz 3 ist entsprechend anzuwenden.

(4) [1]Der Vorhabenträger zeigt gegenüber der nach Landesrecht zuständigen Behörde die von ihm geplante Maßnahme an. [2]Der Anzeige sind in ausreichender Weise Erläuterungen beizufügen, aus denen sich ergibt, dass die geplante Änderung oder Erweiterung den Voraussetzungen der Absätze 1 bis 3 genügt. [3]Insbesondere bedarf es einer Darstellung zu den zu erwartenden Umweltauswirkungen. [4]Die nach Landesrecht zuständige Behörde entscheidet innerhalb eines Monats, ob anstelle des Anzeigeverfahrens ein Plangenehmigungs- oder Planfeststellungsver-

fahren durchzuführen ist oder die Maßnahme von einem förmlichen Verfahren freigestellt ist. ⁵Prüfgegenstand ist nur die jeweils angezeigte Änderung oder Erweiterung; im Falle des Absatzes 2 Satz 1 Nummer 1 bedarf es keiner Prüfung der dinglichen Rechte anderer; im Fall der standortnahen Maständerung bleibt es unabhängig von den Vorgaben der §§ 3, 3a und 4 der Verordnung über elektromagnetische Felder und den Vorgaben der Technischen Anleitung zum Schutz gegen Lärm vom 26. August 1998 (GMBl S. 503) in der jeweils geltenden Fassung beim Anzeigeverfahren. ⁶Die Entscheidung ist dem Vorhabenträger bekannt zu machen.

(5) Für die Zwecke des § 43 und dieses Paragrafen sind die Begriffsbestimmungen des § 3 Nummer 1 des Netzausbaubeschleunigungsgesetzes Übertragungsnetz entsprechend anzuwenden.

(6) § 43e ist entsprechend anzuwenden.

Überblick

§ 43f regelt das Anzeigeverfahren für grundsätzlich nach § 43 planfeststellungspflichtige Vorhaben und ist im Zuge einer Gesetzesnovelle aus dem Jahr 2019 erstmals grundlegend überarbeitet und inhaltlich wesentlich ergänzt worden (→ Rn. 2). § 43f ermöglicht anstelle der Durchführung eines Planfeststellungs- oder Plangenehmigungsverfahrens die Zulassung von unwesentlichen Änderungen über ein Anzeigeverfahren. Der Begriff der Änderung ist jedoch nicht klar definiert und wirft etliche Abgrenzungsfragen zu der nicht genehmigungsrelevanten Instandhaltung auf (→ Rn. 7). Die Voraussetzungen für die Bestimmung der Unwesentlichkeit der Änderung regelt Absatz 1 Satz 2 Nummer 1–3 (→ Rn. 27). Die Voraussetzung, dass eine Pflicht zur Umweltverträglichkeitsprüfung nicht bestehen darf (Absatz 1 Satz 2 Nummer 1), wird dabei durch Absatz 2 konkretisiert. Unklar bleibt jedoch der konkrete Regelungsbereich des Absatz 2 und insbesondere, ob es sich um eine lex specialis nur für das Anzeigeverfahren handelt (→Rn. 31). Die materiellen Tatbestandsvoraussetzungen (Absatz 1 Satz 2 Nummer 2) werden zudem durch Absatz 3 modifiziert, soweit es Immissionen in Form von elektromagnetischen Feldern oder Lärm betrifft (→ Rn. 37). Die Formellen Voraussetzungen und das Verfahren regelt Absatz 4 (→ Rn. 41). Nicht unumstritten ist der Regelungsgehalt der Entscheidung (→ Rn. 52). Zudem bestehen unterschiedliche Szenarien, welche den Rechtsschutz betreffen (→ Rn. 53).

Übersicht

	Rn.		Rn.
A. Allgemeines	1	2. Öffentliche Belange nicht berührt (Abs. 1 S. 2 Nr. 2)	32
I. Entwicklung des Paragraphen	2	3. Private Rechte nicht beeinträchtigt (Abs. 1 S. 2 Nr. 3)	34
II. Verhältnis zu § 74 Abs. 7 VwVfG	3		
III. Anwendungsbereich	4	III. Sonderausnahme von der UVP-Pflicht (Abs. 2)	36
B. Fall unwesentlicher Änderung	5	IV. Sonderregelung für Immissionen durch elektromagnetische Felder und Lärm (Abs. 3 und Abs. 4 S. 2 Hs.)	37
I. Änderung oder Erweiterung (Abs. 1 S. 1)	6		
1. Begriff der Änderung	7	C. Formelle Vorgaben (Abs. 4)	41
2. Sonderfälle der Änderung (Abs. 2)	13	D. Verweis auf die Begriffsbestimmungen des NABEG (Abs. 5)	48
II. Unwesentlichkeit der Änderung (Abs. 1 S. 2)	27	E. Zulassung im Anzeigeverfahren	49
1. Keine Umweltverträglichkeitsprüfung nach dem UVPG oder nach Abs. 2 (Abs. 1 S. 2 Nr. 1)	28	I. Rechtsnatur der Entscheidung	50
		II. Rechtsschutz	53

A. Allgemeines

1 § 43f in seiner jetzigen Form ist seit dem Jahr 2019 mehrfach durch den steigenden Druck auf den Netzausbau und dessen notwendiger Beschleunigung geprägt worden. Dies determiniert auch das Verhältnis zu § 74 Abs. 7 VwVfG sowie den Anwendungsbereich der Vorschrift.

I. Entwicklung des Paragraphen

§ 43f ist als Teil des Gesetzes über Maßnahmen zur Beschleunigung des Netzausbaus Elektrizitätsnetze vom 28.7.2011 (BT-Drs. 342/11, 56) in das EnWG aufgenommen worden und im Rahmen des Gesetzes zur Beschleunigung des Energieleitungsausbaus vom 17.5.2019 (BT-Drs. 19/7375, 60) erstmals weitreichend novelliert worden. Für die Optimierung, Ertüchtigung und den Ausbau des Höchst- und Hochspannungsnetzes in Deutschland besteht angesichts des raschen Ausbaus der erneuerbaren Energien ein hoher Zeitdruck. Ziel beider Gesetze ist eine Beschleunigung des Ausbaus der Stromnetze der Höchstspannungsebene und der Hochspannungsebene (BT-Drs. 342/11, 1; BT-Drs. 19/7375, 1; Grigoleit/Klanten EnWZ 2020, 435). § 43f ermöglicht es der nach Landesrecht zuständigen Planfeststellungsbehörde, unwesentliche Änderungen oder Erweiterungen anstelle des Planfeststellungsverfahrens durch ein Anzeigeverfahren zuzulassen. Durch die Gesetzesnovelle vom 17.5.2019 wurde § 43f klargestellt und erweitert, um die Anwendung durch die Behörden zu erleichtern. Eine weitere Änderung hat § 43f durch das am 4.3.2021 in Kraft getretene Gesetz zur Änderung des Bundesbedarfsplangesetzes und anderer Vorschriften erfahren (BT-Drs. 19/23491). Des Weiteren wurde § 43f durch Artikel 1 des Gesetzes zur Änderung des Energiewirtschaftsrechts im Zusammenhang mit dem Klimaschutz-Sofortprogramm und zu Anpassungen im Recht der Endkundenbelieferung vom 19.7.2022 (BGBl. I 1214) geändert. Inhalt dieser Änderung waren zwei neu eingefügte Sätze (Satz 3 in Absatz 2 und Satz 2 in Absatz 3), welche insbesondere Sonderregelungen zur Geräuschbeurteilung einführten. Zuletzt wurde die Vorschrift durch Artikel 3 des Gesetzes zur Änderung des Energiesicherungsgesetzes und anderer energiewirtschaftlicher Vorschriften vom 8.10.2022 (BGBl. I 1726) geändert. Im Zuge dieser derzeit jüngsten Gesetzesänderung kommt es zu weitreichenden Änderungen. Die Änderungen des § 43f Abs. 2 S. 1 gehen einher mit Änderungen der Begriffsbestimmungen in § 3 Nr. 1 NABEG. In § 3 Nr. 1 NABEG wurde die Definition der Änderung des Betriebskonzeptes dahingehend angepasst, dass Änderungen des Betriebskonzepts nunmehr keine Änderung oder Erweiterung einer Leitung im Sinne des Netzausbaugesetzes Übertragungsnetz sowie (unter Anwendung des zugleich geänderten Absatz 5) im Sinne dieser Vorschrift und im Sinne des § 43 mehr darstellen (vgl. BT. Drs. 20/3497, 39). Dementsprechend konnten Änderungen des Betriebskonzeptes in § 43f Abs. 2 Nr. 1 folgerichtig aus der Vorschrift gestrichen werden. Die dadurch entstehende „Nummerierungslücke" wurde genutzt, um „Änderungen oder Erweiterungen von Gasversorgungsleitungen zur Ermöglichung des Transports von Wasserstoff nach § 43l Abs. 4" in den Anwendungsbereich des Anzeigeverfahrens aufzunehmen. Zudem wurden in einem neuen § 43f Abs. 2 S. 1 Nr. 4 die „sog. standortnahen Maständerungen" erstmals aufgenommen und dadurch der Anwendungsbereich des Absatz 2 auf diesen neuen Anwendungsfall erweitert.

II. Verhältnis zu § 74 Abs. 7 VwVfG

§ 43f greift die Regelung des § 74 Abs. 7 VwVfG auf und modifiziert diese. Als lex specialis verdrängt § 43f die allgemeine Regelung des § 74 Abs. 7 VwVfG und schließt deren Anwendung aus (Theobald/Kühling/Missling/Winkler § 43f Rn. 9; Steinbach/Nebel/Riese § 43f Rn. 14 f.). Abweichend von § 74 Abs. 7 VwVfG, welcher lediglich das Entfallen von Planfeststellung und Plangenehmigung in Fällen von unwesentlicher Bedeutung anordnet, ordnet § 43f die Durchführung eines Anzeigeverfahrens bei unwesentlichen Änderungen an (BT-Drs. 342/11, 56). Das für den Vorhabenträger verpflichtende Anzeigeverfahren ermöglicht es der nach Landesrecht zuständigen Planfeststellungsbehörde, abweichend von § 74 Abs. 7 VwVfG eine Entscheidung, ob ein Vorhaben einer Planfeststellung oder einer Plangenehmigung bedarf, zu treffen, bevor die Maßnahme umgesetzt wird. Es obliegt daher der rechtlichen Bewertung der zuständigen Behörde, ob das Vorhaben von dem Erfordernis einer Planfeststellung oder einer Plangenehmigung freigestellt ist und die Maßnahme im Anzeigeverfahren zugelassen wird. Hinsichtlich der rechtlichen Qualität der Entscheidung siehe → Rn. 52..

III. Anwendungsbereich

Der Anwendungsbereich des § 43f erfasst solche Vorhaben, deren Errichtung, Betrieb oder Änderung nach § 43 Abs. 1 planfeststellungspflichtig sind. Dies ergibt sich aus dem

Wortlaut („anstelle des Planfeststellungsverfahrens"). Vorhaben, die nach § 43 Abs. 2 zwar planfeststellungsfähig, nicht jedoch planfeststellungspflichtig sind, erfasst der Anwendungsbereich des § 43f nicht (Säcker EnergieR/Pielow § 43f Rn. 2; Kment EnWG/Turiaux § 43f Rn. 4). Maßgeblich ist die generelle Planfeststellungspflichtigkeit. Ob das zu ändernde Vorhaben bereits ursprünglich planfestgestellt wurde, ist irrelevant (aA insbes. Säcker EnergieR/ Pielow § 43f Rn. 2, wonach aus dem Erfordernis der Widerspruchsfreiheit zum eigentlichen Plan in Satz 2 Nummer 2 und 3 deutlich werde, dass § 43f nur Änderungen an solchen Vorhaben erfasse, die bereits planfestgestellt oder genehmigt und errichtet wurden bzw. nicht (mehr) Gegenstand eines noch laufenden Planfeststellungs- oder Plangenehmigungsverfahrens sind. Zum Begriff „Plan" und was iRv § 43f damit gemeint ist, → Rn. 11). Entscheidend für die Frage des sachlichen Anwendungsbereichs ist damit, ob das Vorhaben in dem derzeitigen Zustand vor geplanter Änderung nach § 43 planfeststellungspflichtig wäre (→ § 43 Rn. 30), wenn es noch nicht existieren würde und nunmehr in diesem Zustand neu errichtet werden sollte. Ist dies schon nicht der Fall, können auch Änderungen an dem bestehenden Vorhaben nicht planfeststellungspflichtig sein. Ist das Vorhaben planfeststellungspflichtig, bedarf nach der Systematik des § 43 auch die Änderung des Vorhabens grundsätzlich der Planfeststellung. Nur in diesem Fall kann unter den Voraussetzungen des § 43f das Anzeigeverfahren an die Stelle des Planfeststellungsverfahrens treten (zu der Frage, wann es sich noch um eine Änderung an einem bestehenden Vorhaben handelt und wann um ein neues Vorhaben, das hinsichtlich der Planfeststellungspflichtigkeit gesondert zu beurteilen ist, näher → Rn. 10).

B. Fall unwesentlicher Änderung

5   Die Voraussetzungen, unter denen ein Fall von unwesentlichen Änderungen oder Erweiterungen durch ein Anzeigeverfahren zugelassen werden kann, sind in § 43f Abs. 1 S. 2 Nr. 1– 3 normiert. Diese setzt tatbestandlich zunächst voraus, dass überhaupt eine Änderung des Vorhabens vorliegt (dazu → Rn. 6). Liegt eine Änderung vor, kann eine Zulassung abweichend von der Zulassung über ein Planfeststellungs- oder Plangenehmigungsverfahren dann im Anzeigeverfahren erfolgen, wenn diese Änderung nach den normierten Voraussetzungen als unwesentlich einzustufen ist. Den grundlegenden Rahmen für die Bewertung der Wesentlichkeit enthält § 43f Abs. 1 S. 2. Diese Voraussetzungen müssen dem Wortlaut nach („und") kumulativ vorliegen. Dieser Anforderungskatalog wird durch die Regelungsgehalte der Absätze 2 und 3 sowie Absatz 4 Satz 6 jedoch teilweise modifiziert.

I. Änderung oder Erweiterung (Abs. 1 S. 1)

6   § 43f befreit bei unwesentlichen Änderungen oder Erweiterungen von der Pflicht nach § 43, ein Planfeststellungs- oder Plangenehmigungsverfahren durchzuführen (→ Rn. 53). Aus dieser Systematik ergibt sich, dass der Begriff der Änderung in § 43f damit grundsätzlich identisch ist zum Begriff der Änderung in § 43 (→ § 43 Rn. 24). Der Begriff der Änderung ist damit von zentraler Bedeutung (BT-Drs. 19/7375, 67) (→ Rn. 7). Stellt eine Maßnahme keine Änderung dar, besitzt diese auch keine Genehmigungsrelevanz und kann damit jedenfalls nach dem EnWG genehmigungsfrei umgesetzt werden (die Genehmigungspflicht der Maßnahme nach anderen Fachgesetzen bleibt davon unberührt, soweit solche anderweitigen Genehmigungspflichten, etwa nach BNatSchG, bestehen). § 43f Abs. 2 und § 43f Abs. 5 iVm § 3 Nr. 1 NABEG benennen zudem besondere Fälle der Änderung, welche hinsichtlich der Beurteilung der Wesentlichkeit der Maßnahme nach Absatz 2 jedoch eine Privilegierung erfahren (→ Rn. 28).

1. Begriff der Änderung

7   § 43f erfasst neben Änderungen auch Erweiterungen. Begrifflich ist § 43f damit weiter gefasst als § 43, der die Grundnorm der Genehmigungspflicht darstellt, von der § 43f gerade befreit. Diese kennt nur den Begriff der Änderung, nicht aber den Begriff der Erweiterung. Systematisch lässt sich daraus jedoch ableiten, dass die Erweiterung nur eine besondere Ausprägung einer Änderung darstellt und somit im Begriff der Änderung bereits mit umfasst ist. Der Begriff der Erweiterung besitzt damit keine eigenständige Bedeutung (Bourwieg/

Hellermann/Hermes/Kupfer § 43f Rn. 4). Er bringt jedoch klarstellend zum Ausdruck, dass auch Erweiterungen eines Vorhabens lediglich eine Änderung darstellen können und nicht in jedem Fall eine nach § 43 genehmigungspflichtige Errichtung darstellen.

Änderungen und Erweiterungen (nachfolgend wird zur sprachlichen Vereinfachung nur noch auf den Begriff der Änderung abgestellt) sind damit abzugrenzen von der Errichtung einerseits und von der bloßen Instandsetzung bzw. Reparatur einer Leitung (BVerwG NVwZ 2007, 576 (579) mwN; BeckOK VwVfG/Kämper VwVfG § 74 Rn. 144) andererseits. Während für die nach § 43 planfeststellungspflichtige Errichtung eine Befreiung nach § 43f nicht in Betracht kommt, besitzt die Instandhaltung schon keine Genehmigungsrelevanz und ist damit nicht grundsätzlich planfeststellungspflichtig. Folglich bedarf es auch keiner Befreiung hiervon nach § 43f (näher dazu → Rn. 10). **8**

Aus der Legaldefinition des § 3 Nr. 1 NABEG (welche nach Absatz 5 für die Zwecke dieser Regelung entsprechend anzuwenden ist) folgt, dass die Begriffe der „Änderung oder Erweiterung einer Leitung" die Änderung oder den Ausbau einer Leitung in einer Bestandsstrasse meinen, wobei die bestehende Leitung grundsätzlich fortbestehen soll. Bezugspunkt dieser Begriffe ist dabei stets der Bestand. Hierdurch ist zugleich eine hinreichende Abgrenzbarkeit zur Errichtung gegeben. Ist kein Bestand vorhanden, handelt es sich um einen Neubau und damit um die Errichtung einer Leitung. Dies gilt auch dann, wenn der vorhandene Bestand vollständig durch etwas Neues ersetzt wird, also keinerlei Identität mehr zwischen alter und neuer Leitung besteht. In diesem Fall handelt es sich in der Praxis um einen Ersatzneubau (zur Legaldefinition des Ersatzneubaus und den diesbezüglichen begrifflichen Einschränkungen des Ersatzneubaus im Rechtssinne siehe § 3 Abs. 1 Nr. 4 NABEG). **9**

Das Anknüpfen an den vorhandenen Leitungsbestand führt allein jedoch noch nicht zum Vorliegen einer Änderung. An das Vorliegen einer Änderung ist die Rechtsfolge der Genehmigungspflicht geknüpft. Dies ist nur dann gerechtfertigt und geboten, wenn die Maßnahme selbst eine Genehmigungsrelevanz aufweist. Bei einer Maßnahme handelt es sich grundsätzlich erst dann um eine genehmigungsrelevante Änderung, wenn die Maßnahme zu einer Veränderung der Lage, der Beschaffenheit und des Betriebs des Energieleitungsvorhabens führt und nicht mehr von der ursprünglichen und wirksamen Zulassungsentscheidung gedeckt ist (→ § 43 Rn. 25) (Theobald/Kühling/Missling/Winkler § 43f Rn. 10a). Hinsichtlich des Betriebes der Leitung ist jedoch darauf hinzuweisen, dass die Änderung des Betriebskonzeptes als Fall der Änderung durch Artikel 4 des Gesetzes zur Änderung des Energiesicherungsgesetzes und anderer energiewirtschaftlicher Vorschriften vom 8.10.2022 (BGBl. I 1726) mittlerweile keinen Fall der Änderung mehr darstellt → Rn. 15. Die Änderung einer Leitung iSv § 43 Abs. 1 S. 1 ergibt sich daher grundsätzlich daraus, dass eine Leitung vom bisherigen Gestattungszustand abweichend verändert (oder betrieben) wird (BVerwG NVwZ 2007, 576 (579) mwN; Maus NVwZ 2012, 1277 (1278)). Instandsetzungsarbeiten sowie Unterhaltungsmaßnahmen sind keine derartigen Änderungen und unterfallen daher nicht dem Anwendungsbereich der Norm (→ § 43 Rn. 24) (BeckOK VwVfG/Kämper VwVfG § 74 Rn. 144). Derartige Instandsetzung oder Reparatur umfassen etwa Maßnahmen an einer bestehenden Leitung mit bauähnlichen Bauteilen und Seilen, die dem aktuellen technischen Stand entsprechen (BT-Drs. 19/7375, 67). Diese besitzen keine Genehmigungsrelevanz und sind daher ohne vorherige Anzeige durchführbar. **10**

Grundsätzlich maßgeblich ist also die Abweichung vom bisherigen Gestattungszustand (→ § 43 Rn. 25). Dies wirkt sich zentral auf den Umgang mit Bestandsleitungen aus, welche nicht in jüngster Zeit genehmigt und errichtet worden sind. Vor Inkrafttreten des EnWG 1998 ist der Bau, die Erneuerung, die Erweiterung und die Stilllegung von Freileitungen gem. § 4 Abs. 1 EnWG 1935 (RGBl. I 1451) der Energieaufsichtsbehörde anzuzeigen gewesen. Anlagen, die aufgrund einer solchen Nichtbeanstandungsentscheidung errichtet und betrieben wurden, genießen Bestandsschutz (Pape FS Sellner, 2010, 425). Die Entscheidung nach § 4 Abs. 2 EnWG 1935 hat allerdings nicht die rechtliche Qualität einer fachplanerischen Genehmigung (BVerwG NVwZ 1996, 400 f.; RdE 1994, 232 (233); Weidemann RdE 1995, 181 (182); aA Hermes, Staatliche Infrastrukturverantwortung, 1998, 423 (427 f.), wonach die Investitionsanzeige als planerische Entscheidung angesehen wird, und zwar als solche, die offen für die Berücksichtigung aller relevanten öffentlichen Belange sei, auch solcher nicht spezifisch energiewirtschaftliche Natur (zB Raumwiderstände, Belange des Natur- und Umweltschutzes etc). Folglich würde der Investitionsanzeige ein „materieller **11**

Fachplanungscharakter" zukommen). In einer solchen Situation ist auf andere Art festzustellen, ob es sich um eine Änderung oder Instandhaltung handelt. Richtigerweise handelt es sich für derartige Bestandsleitungen dann um eine Änderung, wenn eine Abweichung von den tatsächlichen, bestandsgeschützten Verhältnissen vorliegt (zum artverwandten Problem iRd § 15 BImSchG: BeckOK UmweltR/Büge/Ziegler BImSchG § 15 Rn. 17; Jarass BImSchG § 15 Rn. 13). Bei Altanlagen ist daher der Bestand maßgeblicher Bezugspunkt für eine Änderung (ähnlich Grigoleit/Klanten EnWZ 2020, 435 (439), mit dem Hinweis darauf, dass bestehende Anlagen zumindest irgendeine behördliche Zulassungsentscheidung erfahren haben und diese Änderungen dann über § 43f zugelassen werden können). Insofern nimmt der Begriff „Plan" in Absatz 1 Satz 2 Nummer 2 und Absatz 3 nicht auf einen bestehenden Planfeststellungsbeschluss Bezug, sondern meint das konkrete Änderungsvorhaben selbst (Grigoleit/Klanten EnWZ 2020, 435 (437)).

12 Ist der ursprünglich genehmigte Zustand nicht ausgeschöpft worden und soll dies nunmehr erfolgen, so handelt es sich bereits begrifflich nicht um eine Änderung, sofern die bestehende Leitung planfestgestellt oder plangenehmigt ist. Ist die Leitung lediglich nach § 4 EnWG 1935 angezeigt worden, so ist diese zwar formell in ihrem Bestand geschützt, aber nicht materiell genehmigt. Soll im Fall einer Anzeige nach § 4 EnWG 1935 nunmehr der ursprünglich angezeigte Umfang ausgeschöpft werden, handelt es sich somit um eine genehmigungsrelevante Änderung, da insoweit eine Änderung des hier allein maßgeblichen geschützten Bestandes erfolgen soll.

2. Sonderfälle der Änderung (Abs. 2)

13 § 43f Abs. 2 benennt Sonderfälle der Änderung, die unter den weiteren Voraussetzungen für eine Unwesentlichkeit der Änderung in den Anwendungsbereich des Anzeigeverfahrens fallen. Absatz 2 Satz 1 Nummer 1 bezieht sich auf die neu aufgenommenen Änderungen oder Erweiterungen von Gasversorgungsleitungen zur Ermöglichung des Transports von Wasserstoff nach § 43l Abs. 4 S. 2 Nr. 2–4 iVm Abs. 5. Die Nummern 2–4 nehmen hingegen auf § 3 Nr. 1 NABEG Bezug und benennen Umbeseilungen, Zubeseilungen und standortnahe Maständerungen als Sonderfälle der Änderung oder Erweiterung einer Leitung. Der Wortlaut des § 3 Nr. 1 NABEG „hierzu zählen auch" stellt klar, dass diese Maßnahmen unter den Begriff der Änderung bzw. Erweiterung fallen. Folglich besitzen diese Maßnahmen Genehmigungsrelevanz und können nicht als Unterhaltungs- und Instandsetzungsmaßnahmen bewertet werden. Ob etwa ein Seiltausch eine solche genehmigungsrelevante Umbeseilung oder dennoch eine genehmigungsfreie Instandhaltung darstellt, hängt von den Umständen des Einzelfalls und der inhaltlichen Bestimmung des Regelungsumfangs der in § 3 Nr. 1 NABEG normierten Begriffe ab (zur Frage dieser Abgrenzung vgl. → Rn. 17). Nach der Begriffsdefinition des § 3 Nr. 1 NABEG nicht mehr von dem Begriff der Änderung erfasst sind hingegen Änderungen des Betriebskonzeptes, denen somit keine Genehmigungsrelevanz nach §§ 43 und 43f mehr zukommt → Rn. 15.

14 **a) Änderungen des Betriebskonzeptes.** Gemäß § 3 Nr. 1 lit. c NABEG aF handelte es sich bei einer Änderung des Betriebskonzeptes um Maßnahmen, die unter Beibehaltung der Masten lediglich die Auslastung der Leitung anpassen und keine oder allenfalls geringfügige und punktuelle bauliche Änderungen erfordern. Unter Änderungen des Betriebskonzepts fiel insbesondere der Einsatz des witterungsabhängigen Freileitungsbetriebs bei Hoch- und Höchstspannungsleitungen. Auch andere Anwendungsbereiche für die Änderung des Betriebskonzepts waren möglich. Denkbar sind beispielsweise Maßnahmen, die auf dem Einsatz intelligenter Mess- und Schaltstellen und sonstigen Betriebsmitteln beruhen (BT-Drs. 19/7375, 67). Ebenso stellte die reine Spannungsumstellung auf eine höhere Spannungsebene (zB von 220 kV auf 380 kV) eine Änderung des Betriebskonzeptes dar (setzt die Spannungserhöhung technisch zunächst eine Änderung der Leiterseile voraus, die für sich betrachtet eine Umbeseilung darstellt, ist diese Maßnahme genehmigungsrechtlich als Umbeseilung im Hinblick auf die Anforderungen nach § 43f hin zu bewerten). Des Weiteren ist auch die Umstellung der Betriebsart von Wechselstrom in Gleichstrom und umgekehrt eine Änderung des Betriebskonzeptes im Rechtssinn. Technisch kommt ein solcher Wechsel zwischen Wechselstrom und Gleichstrom allerdings nur bei Freileitungen in Betracht.

§ 3 Nr. 1 NABEG wurde durch Artikel 4 des Gesetzes zur Änderung des Energiesicherungsgesetzes und anderer energiewirtschaftlicher Vorschriften vom 8.10.2022 (BGBl. I 1726) geändert. Demnach gilt hinsichtlich Änderungen des Betriebskonzeptes nunmehr, dass Maßnahmen, die die Auslastung der Leitungen betrieblich anpassen einschließlich der für diese Anpassung erforderlichen geringfügigen und punktuellen baulichen Änderungen an den Masten (Änderung des Betriebskonzepts), keine Änderung oder Erweiterung einer Leitung darstellen. Indem der Gesetzgeber klargestellt hat, dass derartige Änderungen des Betriebskonzeptes keine Änderung im Sinne des § 3 Nr. 1 NABEG darstellen, stellt er Änderungen des Betriebskonzeptes somit vom Erfordernis eine energiewirtschaftsrechtlichen Zulassungsverfahrens frei. In Bezug auf die Zulassung sind sie somit Instandhaltungs- bzw. Reparaturmaßnahmen gleich zu behandeln. Zweck der Gesetzesänderung ist die Beschleunigung der Höherauslastung der bestehenden Stromleitungen sowie die Entlastung sowohl der energierechtlichen Genehmigungsbehörden in Bund und Ländern als auch der für die Höherauslastung verantwortlichen Übertragungsnetzbetreiber. Zur Erfüllung dieser Zwecke soll für Änderungen des Betriebskonzepts weder ein Bundesfachplanungs- bzw. Raumordnungs- noch ein Planfeststellungs-, Plangenehmigungs- oder energierechtliches Anzeigeverfahren erforderlich sein. Das betrifft insbesondere die Umsetzung des sog. witterungsabhängigen Freileitungsbetriebs (WAFB). Gleichzeitig lässt die Vorschrift auch Erhöhungen der maximalen betrieblichen Anlagenauslastung ohne energierechtliches behördliches Verfahren zu (vgl. BT Drs. 20/3497, 39 und 45). Den Begründungsmaterialen lässt sich allerdings entnehmen, dass es sich in diesem Fall aber regelmäßig um eine immissionsschutzrechtlich wesentliche Änderung handeln soll, so dass eine Anzeige nach § 7 Abs. 2 26. BImSchV bei der zuständigen Immissionsschutzbehörde erforderlich ist. Mittels einer solchen Anzeige wird die mit der Erhöhung der maximalen betrieblichen Anlagenauslastung der bestehenden Stromleitungen einhergehenden zu prüfenden Aspekte hinsichtlich elektrischer und magnetischer Felder adressiert, so dass dieser materielle Prüfaspekt im Ergebnis nicht wegfällt.

b) Änderungen oder Erweiterungen von Gasversorgungsleitungen zur Ermöglichung des Transports von Wasserstoff nach § 43l Abs. 4 (Abs. 2 S. 1 Nr. 1). Anstelle von Änderungen des Betriebskonzept sind nunmehr Änderungen oder Erweiterungen von Gasversorgungsleitungen zur Ermöglichung des Transports von Wasserstoff ausdrücklich in den Anwendungsbereich des § 43f aufgenommen worden (vgl. BT Drs. 20/3497, 40). Durch die Aufnahme in den Anwendungsbereich des Anzeigeverfahrens hat der Gesetzgeber zunächst klargestellt, dass es sich hierbei um eine genehmigungsrelevante Änderung handelt, die eines Zulassungsverfahrens bedarf. Überlegungen, in entsprechender Anwendung der Maßstäbe für die Änderung des Betriebskonzeptes bei Höchstspannungsleitungen nach § 3 Nr. 1 NABEG in einer solchen Umstellung keine genehmigungsrelevante Änderung zu sehen, sind somit ausgeschlossen. Zugleich hat er ausdrücklich den Anwendungsbereich des Anzeigeverfahrens eröffnet und durch die Aufnahme in den Katalog des Absatz 2 gesetzlich bestimmt, dass es sich hierbei um eine Maßnahme handelt, die das Erfordernis einer Umweltverträglichkeitsprüfung nicht auslöst (dazu unter → Rn. 29). Auf diese Art und Weise sollen entsprechende Umstellungen möglichst beschleunigt werden.

c) Umbeseilung (Abs. 2 S. 1 Nr. 2). Gemäß § 3 Nr. 1 lit. b NABEG handelt es sich bei einer Umbeseilung um die Ersetzung eines bereits bestehenden Seilsystems durch ein neues leistungsstärkeres Seilsystem einschließlich einer gegebenenfalls hierfür erforderlichen Erhöhung von Masten um bis zu 20 Prozent nebst den hierfür erforderlichen Änderungen des Fundaments (Umbeseilung).

Die Umbeseilung erfasst insbesondere Maßnahmen, in denen ein altes Seilsystem durch ein neues, leistungsstärkeres Seilsystem zur Verbesserung der Übertragungsleistung ersetzt wird (BT-Drs. 19/7375, 67). Allerdings besteht hier, anders als bei der Änderung des Betriebskonzeptes und der Zubeseilung, eine größere Schwierigkeit in der Abgrenzung zur Instandhaltung. Diese Schwierigkeit wird in der Praxis noch dadurch verstärkt, dass es sich bei dem Begriff des „leistungsstärkeren Seilsystems" um einen unbestimmten Rechtsbegriff handelt, dessen Sinngehalt zunächst im Wege der Auslegung zu ermitteln ist.

Ob es sich im Einzelfall um ein leistungsstärkeres Seilsystem und damit um eine genehmigungsrelevante Umbeseilung handelt, ist zum einen durch objektive Kriterien zu bestimmen. Zum anderen bedarf es auch der Prüfung, ob eine Leistungssteigerung intendiert ist. Dies folgt aus dem Willen des Gesetzgebers, da der Gesetzgeber die Zweckrichtung „zur Verbesserung der Übertragungsleistung" bewusst in der Gesetzesbegründung hervorgehoben hat (BT-Drs. 19/7375, 67). Die Auflage eines leistungsstärkeren Seilsystems und damit eine genehmigungsrelevante Umbeseilung liegt somit dann vor, wenn es sich um ein leistungsstärkeres, also ein von der Übertragungsfähigkeit bezogen auf den Bestand über eine Anpassung an den aktuellen Stand der Technik hinausgehendes, Seilsystem handelt und dieses zum Zweck der Erhöhung der Übertragungsleistung aufgelegt wird.

20 Objektiv erfasst und damit eine Änderung, die über eine Anpassung an den aktuellen Stand der Technik hinausgeht, ist insbesondere die Auflage eines Seilsystems, welches für die Umstellung auf eine andere Spannungsebene erforderlich ist. Ebenso erfasst ist die Auflage von Hochtemperaturleiterseilen (BT-Drs. 19/7375, 67). Die Benennung von Hochtemperaturleiterseilen in der Gesetzesbegründung (BT-Drs. 19/7375, 67) zeigt, dass es sich nicht nur dann um ein leistungsstärkeres Seilsystem handelt, wenn dieses eine Änderung der Spannungsebene ermöglicht, sondern dass auch eine wesentliche Erhöhung der Stromflussstärke (Ampere) (aA Schlacke/Römling DVBl 2019, 1429 (1433)) in gleicher Spannungsebene erfasst ist.

21 Wann eine Erhöhung der Stromflussstärke wesentlich ist und somit über eine Anpassung an den Stand der Technik hinausgeht, hängt von den im Einzelfall konkret aufliegenden Leiterseilen ab. In der Praxis sind aufgrund der Lebensdauer der Leiterseile von bis zu 40 Jahren häufig die aufliegenden Leiterseile nicht mehr identisch verfügbar. Allerdings gibt es dem heutigen Stand der Technik entsprechende Leiterseile, die hinsichtlich ihrer Übertragungseigenschaften das heutige technische Äquivalent zum bisher aufliegenden Leiterseil darstellen. Eine derartige technische Äquivalenz kann auch zu einer verhältnismäßig geringen Erhöhung der Stromflussstärke führen. So sind derartige geringe Erhöhungen von ca. 10–15 Prozent der Regelfall, während die vom Gesetzgeber besonders benannten HTLS-Leiterseile eine Erhöhung der Stromflussstärke gegenüber typischen Standartseiltypen von ca. 50 Prozent aufweisen, welche folglich nicht mehr als eine reine Anpassung an den Stand der Technik bezeichnet werden können. Bei einem technischen Äquivalent handelt es sich folglich nicht um ein leistungsstärkeres Seilsystem, da es sich um Instandsetzungs- oder Reparaturmaßnahmen mit bauähnlichen Bauteilen handelt, die dem aktuellen Stand der Technik, bezogen auf den Bestand, entsprechen (BT-Drs. 19/7375, 67). Zudem ist die Zielrichtung der Maßnahme der Ersatz des alten Leiterseils mit seinem heutigen technischen Äquivalent und gerade nicht die Höherauslastung. Würde mit dem Seiltausch die Auflage eines leistungsstärkeren Seilsystems zur Verbesserung der Übertragungsleistung bezweckt, würde ein entsprechend deutlich leistungsstärkeres Seilsystem Verwendung finden. Wird daher ein technisch äquivalentes Leiterseil aufgelegt, handelt es sich nicht um eine genehmigungsrelevante Umbeseilung, sondern um eine Instandhaltungsmaßnahme (Schlacke/Römling DVBl 2019, 1429 (1433)), auch wenn die technischen Eigenschaften des neuen Leiterseils nicht vollends übereinstimmen.

22 Nach dem Wortlaut der Regelung ist neben der objektiven Komponente auch die Intention „zur Verbesserung der Übertragungsleistung" tatbestandliche Voraussetzung (→ Rn. 19), um eine genehmigungspflichtige Umbeseilung zu begründen. Die Relevanz und zugleich Sinnhaftigkeit dieser subjektiven Komponente zeigt sich anhand von Fallkonstellationen in der Praxis, in denen die Auflage eines leistungsstärkeren Seilsystems aus anderen Gründen erfolgt als zur Erhöhung der Übertragungsleistung (→ Rn. 22.1 f.).

22.1 Erfolgt ein Seiltausch bspw. zur Vermeidung von Minderabständen oder zur Verminderung von Geräuschimmissionen in einzelnen Spannfeldern (insbesondere im Hinblick auf geänderte technische Regelwerke), so wird nicht der Zweck der Erhöhung der Übertragungskapazität verfolgt. Auch objektiv ist in diesem Fall eine Erhöhung der Übertragungskapazität nicht gegeben, da das leistungsstärkere Seilsystem hierfür auf der gesamten Stromkreislänge zum Einsatz kommen müsste. Es handelt sich dann also selbst bei Verwendung eines objektiv leistungsstärkeren Seilsystems (insbesondere Hochtemperaturleiterseilen) um eine Instandhaltungsmaßnahme, sofern es sich nicht im Einzelfall um eine gezielte Umgehung eines Genehmigungsverfahrens handelt. Eine solche Umgehung könnte etwa in einem gezielten Vorgehen „Spannfeld für Spannfeld" erblickt werden, wenn zwar das Vorliegen einer Umbeseilung bezogen auf das einzelne Spannfeld bei isolierter Betrachtung zu verneinen wäre, aber bereits das Ziel einer späteren Höherauslastung, auf dem gesamten Stromkreis, von vornherein gegeben ist und der Seiltausch notwendig ist, um diese Höherauslastung zu ermöglichen. Dies dürfte allenfalls dann in Frage kommen, wenn entweder das neue Leiterseil eine deutliche Höherauslastung bezogen auf die

Änderungen im Anzeigeverfahren § 43f EnWG

Ampere ermöglicht (also etwa bei Verwendung von HTLS-Leiterseilen) oder wenn das neue Leiterseil erstmalig die Umstellung auf eine andere Spannungsebene technisch ermöglicht (Verwendung von 380-kV fähigen Leiterseilen statt 220 kV-fähigen Leiterseilen). Dies bedeutet allerdings nicht pauschal, dass nicht auch ein bedeutender Anteil einer Leitung mit etwa Hochtemperaturleiterseilen bestückt werden kann, solange dies aus den oben beschriebenen Gründen erforderlich ist.

Ähnlich zu bewerten sein wie ein gezieltes Vorgehen „Spannfeld für Spannfeld" (→ Rn. 22.1) 22.2 dürfte auch der Fall, in dem ein vollständiger Austausch mit einem über den aktuellen Stand der Technik hinausgehenden Leiterseil erfolgt, zunächst jedoch eine objektiv eingeschränkte Nutzbarkeit vorliegt. Eine derartige Beschränkung kann etwa aus einer nicht angepassten Sekundärtechnik folgen. Fehlt es dann an einer nachvollziehbaren sachlichen Begründung (wie etwa das Vorliegen von Minderabständen oder der die Verminderung von Geräuschimmissionen in einer Häufigkeit und einer Verteilung über die gesamte Leitungslänge, die bei effizienter Vorgehensweise zu einer vollständigen Auflage eines einheitlichen Seilsystems führen), wird man die Intention der Höherauslastung schon aufgrund der damit verbundenen erhöhten Kosten unterstellen müssen. In einem derartigen Fall dürfte der Verdacht naheliegen, dass es sich um den ersten bewussten Schritt zur zukünftigen Höherauslastung handelt. Andernfalls könnte der Vorhabenträger durch entsprechende Gestaltung den materiellen Prüfungsmaßstab im Ergebnis absenken, indem die spätere Leistungssteigerung als eine Änderung des Betriebskonzeptes von der Privilegierung des Absatz 4 Satz 5 profitieren würde (→ Rn. 35). Daher ist es für den Netzbetreiber ratsam, im Rahmen einer Instandhaltungsmaßnahme die (besonderen) Gründe für den (vollständigen) Seiltausch und die Notwendigkeit der Verwendung eines objektiv leistungsfähigeren Seilsystems festzuhalten, um sich nicht dem Vorwurf einer Umgehung auszusetzen.

Die Umbeseilung schließt auch die Erhöhungen von Masten um bis zu 20 Prozent nebst 23 den hierfür erforderlichen Änderungen des Fundaments ein. Die Schwellen von 20 Prozent bei Erhöhungen von Masten ist als Konkretisierung des Maßstabs der Unwesentlichkeit von Masterhöhungen grundsätzlich nachvollziehbar, wenn auch scheinbar pauschal gegriffen. So dürfte bei größeren Masterhöhungen bereits aus diesen Mastverstärkungen selbst eine wesentliche Änderung, aufgrund von erheblichen Auswirkungen auf öffentliche (insbesondere die Schutzgüter nach § 2 Nr. 1 UVPG) und private Belange, folgen, die gegen eine Zulassung im Anzeigeverfahren sprechen. Tatbestandlich erfasst sind nunmehr auch wesentliche Fundamentänderungen. Je mehr Masten für eine Umbeseilung in Höhe und Fundament geändert werden müssen, umso stärker sind jedoch die damit einhergehenden Betroffenheiten für öffentliche und private Belange. Die Einhaltung der Anforderungen nach Absatz 1 wird somit in der Praxis schwerer. Masterhöhungen sind dazu geeignet, sich nachteilig auf das Landschaftsbild und ggf. den Arten- und Gebietsschutz auszuwirken, während Fundamentverstärkungen etwa das Schutzgut Boden betreffen. Wie sich etwa umfangreiche Änderung eines Fundamentes auswirken, ist somit weiterhin im Lichte des Absatzes 1 zu bewerten und von den in Einzelfall betroffenen Belangen abhängig. Eine Grenze ist dort gezogen, wo aufgrund räumlich zusammenhängender Maständerungen auf einer Strecke von 15 km die Schwelle zum Erfordernis einer Umweltverträglichkeitsprüfung überschritten wird (dazu → Rn. 29).

Von Masterhöhungen abzugrenzen sind Mastertüchtigungen. Bei der Auflage neuer Seile 24 auf ein bestehendes Gestänge sind mitunter Mastertüchtigungen zur Einhaltung der entsprechenden technischen Regelwerke erforderlich, damit diese die veränderten Zugkräfte aufnehmen können. Soweit diese Mastertüchtigungen nicht zugleich eine wesentliche Änderung des Fundamentes bedingen, handelt es sich daher grundsätzlich hierbei um einen Annex zur eigentlichen Seiltauschmaßnahme.

d) Zubeseilung (Abs. 2 S. 1 Nr. 3). Gemäß § 3 Nr. 1 lit. a NABEG handelt es sich bei 25 einer Zubeseilung um die Mitführung von zusätzlichen Seilsystemen auf einer bestehenden Maststruktur einschließlich einer gegebenenfalls hierfür erforderlichen Erhöhung von Masten um bis zu 20 Prozent nebst den hierfür erforderlichen Änderungen des Fundaments (Zubeseilung). Das zusätzliche Seilsystem kann zur Verwendung der bisherigen oder einer anderen Spannungsebene dienen. Die Maststruktur bleibt bei einer Zubeseilung dann bestehen, wenn Standort und Breite der Masten erhalten bleiben. Nach den ursprünglichen Gesetzgebungsmaterialien war auch die Beibehaltung der Höhe mit maßgeblich. Hiervon wird man nunmehr nicht mehr ausgehen können, da ausweislich der geänderten Begriffsdefinition in § 3 Nr. 1 NABEG Zubeseilungen auch die Erhöhung der Masten generell und nicht mehr nur beschränkt für einzelne Masten um bis zu 20 Prozent erfasst (zur Begründung siehe BT Drs.

20/3497, 45). Der Austausch einzelner Masten aus technischen Gründen ist, ausweislich der Gesetzesbegründung, unter Einhaltung dieser Voraussetzungen möglich (BT-Drs. 19/7375, 67). In der Sache soll damit im Einzelfall auch die vollständige Neuerrichtung eines technisch angepassten Mastes möglich sein, wenn dies zB aus Gründen der Statik erforderlich wird. Dass eine solche technische Anpassung des Mastes gemeint ist, ergibt sich schon daraus, dass eine 1:1-Ersetzung des Mastes durch einen identischen neuen Mast als Instandhaltungsmaßnahme vollständig genehmigungsfrei wäre (dazu → Rn. 11). Abzugrenzen bleibt dieser Fall von einer standortnahen Maständerung (dazu → Rn. 26). In der Praxis werden daher häufig Zubeseilungen auch mit standortnahen Maständerungen kombiniert auftreten. Nach der Aufnahme der standortnahen Maständerungen in den Anwendungsbereich ist dadurch die Durchführung eines Anzeigeverfahrens nun nicht mehr ausgeschlossen.

25.1 Hat ein bestehender Mast noch Reserven, sodass die Montage einer weiteren Traverse technisch möglich ist, so ist diese Anpassung eines Mastes dann möglich, wenn sich die Breite des Mastes nicht ändert und die Erhöhung 20 Prozent des Mastes nicht übersteigt. Zwar spricht der Wortlaut „bestehenden Maststruktur" zunächst gegen eine solche Modifikation eines Mastes. Aus der ursprünglichen Gesetzesbegründung folgt jedoch, dass die Maststruktur durch die Merkmale Standort, Höhe und Breite zu bestimmen ist. Sofern die zusätzliche Traverse daher insbesondere an der Breite eines Mastes nichts ändert und somit nicht zu einer Erweiterung des Schutzstreifens und daher nicht zu verstärkten privatrechtlichen Betroffenheiten führt, ist von einer bestehenden Maststruktur auszugehen. Die ggf. erforderliche Erhöhung von Masten um bis zu 20 Prozent ist nach Halbsatz 2 nunmehr generell zulässig. Auch dieser systematische Zusammenhang belegt, dass bei der Auslegung des Begriffes der bestehenden Maststruktur die zuvor benannten Kriterien anzuwenden sind und es darüber hinaus nicht pauschal auf das bestehende Mastbild als solches ankommt. Für dieses weite Verständnis spricht auch die Aussage, dass ein Austausch einzelner Masten gegen technisch adaptierte Masten bei Berücksichtigung der benannten Kriterien zulässig sein soll. Zudem sind insbesondere die öffentlichen Belange des Arten- und Gebietsschutzes hinreichend über § 43f Abs. 2 S. 3 abgesichert (→ Rn. 29). Selbst wenn aber weitergehende Änderungen am Mast erforderlich werden, können diese als standortnahe Maständerungen noch vom Anwendungsbereich des Anzeigeverfahrens erfasst sein und dann entsprechend in einem einheitlichen Anzeigeverfahren integriert werden.

25.2 Die Auflage zusätzlicher Leiterseile kann insbesondere dann erfolgen, wenn ein Gestängeplatz bisher frei geblieben ist. Die ursprünglich errichtete Maststruktur sah die Aufnahme weiterer Leiterseile also bereits vor. Ob es sich hierbei im Rechtssinne um eine genehmigungsrelevante Änderung in Form einer Zubeseilung handelt (→ Rn. 11), hängt vom Genehmigungsstatus ab. Ist die nunmehr angedachte Beseilung des Gestängeplatzes bereits ursprünglich planfestgestellt oder plangenehmigt worden, so führt die Maßnahme nicht zu einer Veränderung der Beschaffenheit und des Betriebs des Energieleitungsvorhabens, welche von der ursprünglichen und wirksamen Zulassungsentscheidung abweicht. Die Maßnahme ist mithin von der ursprünglichen Zulassungsentscheidung gedeckt, sodass es sich bereits nicht um eine genehmigungsrelevante Änderung handelt (→ Rn. 11). Der Rahmen der Genehmigung wird lediglich ausgeschöpft. Anders ist der Fall jedoch zu beurteilen, wenn es sich um eine Bestandsleitung handelt, die weder planfestgestellt oder plangenehmigt ist, sondern lediglich nach § 4 EnWG 1935 angezeigt worden ist. Da dort auf den tatsächlichen und somit bestandsgeschützten Bestand abzustellen ist, handelt es sich in dieser Situation um eine genehmigungsrelevante Zubeseilung (→ Rn. 11).

25.3 Der Begriff der Zubeseilung erfasst nicht die Auflage von Lichtwellenleiterkabel, welche zur Systemsteuerung verwendet werden, sondern nur die elektrischen Leiterseile. Zwar spricht der Gesetzestext lediglich von „zusätzlichen Seilsystemen", sodass der Wortlaut die Mitberücksichtigung von Lichtwellenleiterkabeln nicht absolut zwingend ausschließt. Dennoch spricht insbesondere die Gesetzesbegründung und mithin der Wille des Gesetzgebers gegen deren Mitberücksichtigung, da dort das zusätzliche Seilsystem mit den Eigenschaften „der bisherigen oder einer anderen Spannungsebene" verknüpft worden ist (BT-Drs. 19/7375, 67). Daraus folgt der klare Wille, das Seilsystem auf die elektrischen Leiterseile bezogen verstanden zu haben.

26 **e) Standortnahe Maständerungen. (Abs. 2 S. 1 Nr. 4).** Neu vom Anwendungsbereich des Anzeigeverfahrens ausdrücklich erfasst sind standortnahe Maständerungen. Gemäß § 3 Nr. 1 lit. c NABEG handelt es dabei um die standortnahe Änderung von Masten einschließlich einer Erhöhung der Masten um bis zu 20 Prozent nebst den hierfür erforderlichen Änderungen des Fundaments. Soweit entsprechende Maständerungen in Bezug auf die Höhe oder das Fundament im Zusammenhang mit einer Zu- oder Umbeseilung stehen, sind diese bereits von diesen Maßnahmen mit umfasst. Die Aufnahme der standortnahen Maständerungen als Maßnahmen steht insoweit im Zusammenhang mit der gleichzeitigen Genehmigungsfreistellungen von Änderungen des Betriebskonzeptes. Werden in Einzelfällen diesbezüglich technische Veränderungen am Mast notwendig, die über geringfügige und punktuelle bauliche Änderungen hinausgehen, kann hierfür ein Anzeigeverfahren durchgeführt werden. Die neue Definition soll dementsprechend ausweislich der Gesetzesbegründung die Änderung und den Austausch von bestehenden Masten nebst Erhöhung und Änderungen am Fundament ermöglichen (vgl. BT-Drs. 20/3497, 45). Mastsanierungen einschließlich einer Ersetzung durch einen identischen neuen Mast sind als genehmigungsfreie Instandsetzungsarbeiten nicht erfasst. Bei einem Austausch des Mastes stellt der Begriff „standortnah" zunächst klar, dass der Standort nicht identisch sein muss. Ein Punkt-zu-Punkt-Neubau ist somit nicht erforderlich. Erforderlich ist aber nach der Gesetzesbegründung, dass der Austausch zu keiner wesentlichen Ortsveränderung des Mastes führt. Davon sei auszugehen, wenn der neue Mast sich mit dem Mastfundament vollständig in der Bestandstrasse befindet und innerhalb einer so klein wie technisch sinnvoll gehaltenen, zusammenhängenden Baustelleneinrichtungsfläche für den Abbau des alten und den Aufbau des neuen Mastes liegt. Das Erfordernis, dass der neue Maststandort in der Bestandstrasse liegen soll, also der Mastfuß innerhalb des Schutzstreifens liegen muss, soll Verschwenkungen ausschließen, die einer intensiveren Prüfung und Bewertung der damit verbundenen Auswirkungen für betroffene Schutzgüter erfordern würde. Gleichsam stellt die räumliche Einschränkung einer sinnvoll gehaltenen, räumlich zusammenhängenden Baustelleneinrichtungsfläche eine räumliche Begrenzung dar, die Umwelteinwirkungen der Baumaßnahme reduzieren soll. Was im Einzelnen eine sinnvoll gehaltene zusammenhängende Baustelleneinrichtungsfläche ist wird man dabei nur nach den örtlichen Gegebenheiten des Einzelfalls beurteilen müssen. Gerade bei schwierigen Zuwegungen oder topographischen Herausforderungen wird man die räumlichen Anforderungen nicht zu eng ziehen können. Auch übliche Arbeitsradien von Baumaschinen müssen Berücksichtigung finden. In der Praxis werden solche standortnahen Maständerungen sehr wahrscheinlich eine hohe Bedeutung haben, ermöglichen sie doch gegenüber dem Punkt-zu-Punkt-Neubau eine Umsetzung der Maßnahme mit deutlich kürzeren Abschaltungen der Leitung. Denn Fundament und Mastelement können vor Abschaltung der Leitung vorbereitet werden und auch der Rückbau des alten Mastes kann nach Wiedereinschaltung abgeschlossen werden.

II. Unwesentlichkeit der Änderung (Abs. 1 S. 2)

Liegt eine Änderung vor, so ist eine Zulassung im Anzeigeverfahren nach § 43f nur möglich, wenn die Änderung auch unwesentlich ist. Eine Änderung ist dann unwesentlich, wenn die Voraussetzungen des Absatz 1 Satz 2 kumulativ vorliegen. Nach der Legaldefinition des § 43f Abs. 1 S. 2 (BT-Drs. 342/11, 56) ist eine Änderung unwesentlich, wenn (i) nach dem Gesetz über die Umweltverträglichkeitsprüfung oder nach Absatz 2 hierfür keine Umweltverträglichkeitsprüfung durchzuführen ist (→ Rn. 28), (ii) andere öffentliche Belange nicht berührt sind oder die erforderlichen behördlichen Entscheidungen vorliegen und sie dem Plan nicht entgegenstehen (→ Rn. 32) und (iii) Rechte anderer nicht beeinträchtigt werden oder mit den vom Plan Betroffenen entsprechende Vereinbarungen getroffen werden (→ Rn. 34).

1. Keine Umweltverträglichkeitsprüfung nach dem UVPG oder nach Abs. 2 (Abs. 1 S. 2 Nr. 1)

Erste Voraussetzung für eine unwesentliche Änderung ist, dass nach dem Gesetz über die Umweltverträglichkeitsprüfung oder nach Absatz 2 hierfür keine Umweltverträglichkeitsprüfung durchzuführen ist. Besteht eine Verpflichtung zur Durchführung einer Umweltverträglichkeitsprüfung nach den §§ 4 ff. UVPG, so steht dies einer Unwesentlichkeit entgegen, da in dieser Situation nicht vorab ausgeschlossen werden kann, dass das Vorhaben erhebliche nachteilige Umweltauswirkungen haben kann. Wenn eine UVP-Pflicht besteht, bedarf es zudem nach § 18 UVPG insbesondere einer Beteiligung der Öffentlichkeit. Das Anzeigeverfahren sieht jedoch keine derartige Beteiligung vor, sodass es sich gerade nicht um ein geeignetes Trägerverfahren handelt. Die Tatbestandsvoraussetzung der Nummer 1 sichert diese Beteiligung der Öffentlichkeit ab.

EnWG § 43f   Teil 5. Planfeststellung, Wegenutzung

29   Neben der Möglichkeit, die mangelnde UVP-Pflicht nach dem UVPG festzustellen, hat der Gesetzgeber mit dem Gesetz zur Beschleunigung des Energieleitungsausbaus vom 17.5.2019 mit § 43f Abs. 2 eine eigenständige Vorschrift in das EnWG eingebracht, nach welcher abweichend von den Vorschriften des UVPG für Änderungen oder Erweiterungen in Form von Änderungen oder Erweiterungen von Gasversorgungsleitungen zur Ermöglichung des Transports von Wasserstoff nach § 43l Abs. 4 (Absatz 2 Satz 1 Nummer 1, → Rn. 16), Umbeseilungen (Absatz 2 Satz 1 Nummer 2, → Rn. 17), Zubeseilungen (Absatz 2 Satz 1 Nummer 3, → Rn. 25) und standortnahen Maständerungen (Absatz 2 Satz 1 Nummer 4 → Rn. 26) eine Umweltverträglichkeitsprüfung nicht durchzuführen ist, wenn die Voraussetzungen des Absatz 2 Sätze 2–5 vorliegen (BT-Drs. 19/7375, 60). Dies ist der Fall, wenn die nach Landesrecht zuständige Behörde feststellt, dass die Vorgaben der §§ 3, 3a und 4 der Verordnung über elektromagnetische Felder und der TA-Lärm in der jeweils geltenden Fassung eingehalten sind. Die ausdrückliche Inbezugnahme der TA-Lärm wurde nachträglich durch das Gesetz zur Änderung des Bundesbedarfsplangesetzes und anderer Vorschriften vom 4.3.2021 ergänzt. In der Sache handelt es sich hierbei nicht um eine inhaltliche Änderung. Die Vereinbarkeit mit den Anforderungen der TA-Lärm war auch zuvor als öffentlicher Belang iSv § 43f Abs. 1 S. 2 Nr. 2 bereits vom Anforderungskanon mit umfasst. Der Gesetzgeber hat durch die Ergänzung in § 43f Abs. 2 insoweit lediglich klarstellen wollen, dass die Nichterforderlichkeit der Umweltverträglichkeitsprüfung hieran nichts ändert. Insoweit sind auch Absatz 2 Satz 2 und Absatz 3 nebeneinander anwendbar und stehen nicht in einem Exklusivitätsverhältnis (Grigoleit/Klanten EnWZ 2020, 435 (436)). Um das Anzeigeverfahren dennoch so einfach wie möglich zu halten wurde durch Artikel 1 des Gesetzes zur Änderung des Energiewirtschaftsrechts im Zusammenhang mit dem Klimaschutz-Sofortprogramm und zu Anpassungen im Recht der Endkundenbelieferung vom 19.7.2022 (BGBl. I 1214) ein neuer Satz 3 eingefügt. Inhalt dessen war in seiner ursprünglichen Fassung die Klarstellung, dass es einer Feststellung, dass die Vorgaben der Technischen Anleitung zum Schutz gegen Lärm vom 26. August 1998 (GMBl S. 503) in der jeweils geltenden Fassung eingehalten sind, nicht bedarf, bei der Einführung eines witterungsabhängigen Freileitungsbetriebs oder sonstigen Änderungen, welche nicht zu Änderungen der Beurteilungspegel im Sinne der Technischen Anleitung zum Schutz gegen Lärm in der jeweils geltenden Fassung führen. Durch den Wegfall des Genehmigungserfordernisses von Änderungen des Betriebskonzeptes wurde Satz 3 dahingehend angepasst, dass nunmehr generell auf Änderungen abgestellt wird, welche nicht zu Änderungen der Beurteilungspegel iSd TA-Lärm führen. Hintergrund der Sonderregelung ist der Umstand, dass in solchen technischen Sachverhalten bereits physikalisch ausgeschlossen ist, dass es zu einer Veränderung der Geräuschimmissionen kommen kann. Dies ist insbesondere immer dann der Fall, wenn sich nur der Betriebsstrom, also die Amperezahl, ändert, die Betriebsspannung (Kilovolt-Ebene) hingegen unverändert bleibt. Ein Beispiel hierfür ist neben dem inzwischen genehmigungsfreien witterungsabhängigen Freileitungsbetrieb auch die Umbeseilung zur Höherauslastung unter Beibehaltung der Spannungsebene. Durch einen erhöhten maximal zulässigen Betriebsstrom tritt keine Änderung der Geräuschemission an Freileitungen auf, da die Geräuschentwicklung alleinig von der Koronaaktivität und deren nachfolgenden Wechselwirkungen abhängt. Diesen liegt nur das von der Betriebsspannung abhängige elektrische Feld zugrunde, während das durch die Stromstärke beeinflusste magnetische Feld hierauf keinen Einfluss hat. Bei Umbeseilungen, Zubeseilungen und standortnahen Maständerungen muss die zuständige Behörde zudem feststellen, dass diese, einzeln oder im Zusammenwirken mit anderen Vorhaben eine erhebliche Beeinträchtigung eines Natura 2000-Gebiets oder eines bedeutenden Brut- oder Rastgebiets geschützter Vogelarten nicht zu erwarten ist. Im Rahmen einer fachgutachterlichen Artenschutzprüfung (Relevanzprüfung) ist festzustellen, ob eine Beeinträchtigung vorliegt oder nicht, wobei die Prüfung auf planungsrelevante Arten beschränkt werden kann (BT-Drs. 19/7375, 61; Grigoleit/Klanten EnWZ 2020, 435 (436)). Bei Höchstspannungsfreileitungen mit einer Nennspannung von 220 Kilovolt oder mehr gilt nach Satz 5 ferner, dass die Befreiung von der UVP-Pflicht nur anzuwenden ist, wenn bei Zubeseilungen diese eine Länge von höchstens 15 Kilometern hat, oder bei standortnahen Maständerungen oder die bei einer Umbeseilung erforderlichen Masterhöhungen räumlich zusammenhängend auf einer Länge von höchstens 15 Kilometern erfolgen. Dies sichert die in Anlage 1 des UVPG („Liste ‚UVP-pflichtige Vorhaben'") unter 19.1.1 benannten Größen-/Leistungswerte und mithin die unbedingte UVP-Pflicht nach § 6 UVPG ab. Bei Masständerungen im Zuge von Umbeseilungen oder standortnahen Masständerungen kommt es somit darauf an, dass diese räumlich zusammenhängend auf einer Länge von mehr als 15 Kilometern notwendig werden. Nur dann haben die Änderungen hinsichtlich ihrer Auswirkungen und Beeinträchtigungen ein Gewicht, die einem Neubau vergleichbar sind und damit nach der Wertung des UVPG in Anlage 1 Ziffer 19.1.1 eine UVP erforderlich machen. Werden Masständerungen auf einer Länge von mehr als 15 Kilometern erforderlich führt dies somit nicht zur UVP-Pflicht, wenn diese nicht in einem räumlichen Zusammenhang zueinanderstehen. Das gilt auch dann, wenn jeweils nicht nur einzelne Masten geändert werden, sondern z. B. im Bereich von Siedlungsannäherungen die Masten über mehrere Spannfelder geändert werden, wobei dieser Bereich räumlich zusammenhängend weniger als 15 Kilometern ausmacht und es im Hinblick auf den nächsten Leitungsabschnitt mit entsprechend erforderlich werdenden Masständerungen an einem räumlichen Zusammenhang fehlt. Für diesen weiteren Abschnitt wäre es ebenfalls erforderlich, dass dieser keine räumlich zusammenhängenden Masständerungen von mehr als 15 Kilometer beinhaltet. Nach der Gesetzesbegründung soll offensichtlich eine wertende Gesamtbetrachtung erfolgen, in die nach der Konzeption des Gesetzgebers die Gesamtstrecke der Maßnahme, die Anzahl der getauschten Masten sowie die Abstände zwischen den getauschten Masten einzubeziehen sind (vgl. BT Drs. 20/3497, 39 f.). Die pauschale Länge des Stromkreises ist somit hier nicht maßgeblich. Bei der Umbeseilung ohne Masterhöhungen ist weiterhin unabhängig von der Länge bei Vorliegen der übrigen Voraussetzungen keine UVP erforderlich (vgl. BT Drs. 20/3497, 39 f.).

Bei den in § 43f Abs. 2 S. 2–5 eingefügten Voraussetzungen handelt es sich um „Schwellenwerte bzw. Kriterien" iSd Art. 4 Abs. 2 S. 2 lit. b RL 2011/92/EU über die Umweltverträglichkeitsprüfung bei bestimmten öffentlichen und privaten Projekten in der Fassung der RL 2014/52/EU des Europäischen Parlaments und des Rates vom 16. April 2014 (UVP-RL) (BT-Drs. 19/7375, 60). Dabei handelt es sich um eine nach Art. 4 Abs. 2 S. 2 UVP-RL zulässige Alternative zur, mit dem UVPG umgesetzten, Einzelfallprüfung. Für die in § 43f Abs. 2 S. 1 Nr. 1–4 benannten Maßnahmen hat der Gesetzgeber aufgrund einer generalisierenden Bewertung ihrer Umweltauswirkungen über die Erforderlichkeit einer UVP entschieden (Franke/Karrenstein EnWZ 2019, 195 (197)). Die Umweltauswirkungen, welche nicht generalisierbar bewertet werden können, bilden die nach § 43f Abs. 2 S. 2–5 zu prüfenden Voraussetzungen ab, welche somit einer Einzelfallprüfung bedürfen (Franke/Karrenstein EnWZ 2019, 195 (197)). Die Norm steht mit der UVP-RL im Einklang und ist daher europarechtskonform (Schlacke/Römling DVBl 2019, 1429 (1434); Grigoleit/Klanten EnWZ 2020, 435 (436)). Die Bedenken des Bundesrates greifen folglich nicht durch (BR-Drs. 11/19, 7).

Dass abweichend von den Vorschriften des UVPG eine Umweltverträglichkeitsprüfung für Änderungen oder Erweiterungen in Form von Umbeseilungen, Zubeseilungen und standortnahen Masständerungen nicht durchzuführen ist, gibt keinen Aufschluss darüber, ob es sich um eine Sondervorschrift für das Anzeigeverfahren handelt, oder ob diese Ausnahme auch auf derartige Änderungen und Erweiterungen anzuwenden ist, wenn diese im Rahmen eines Planfeststellungs- oder Plangenehmigungsverfahrens zugelassen werden. Die besseren Gründe sprechen insgesamt dafür, dass es sich um eine auch auf Planfeststellungs- und Plangenehmigungsverfahren anwendbare allgemeine Ausnahme handelt. Hierfür spricht zentral, dass die maßgeblichen Auswirkungen auf die Schutzgüter des § 2 Abs. 1 UVPG sich nicht unterscheiden, wenn etwa aus dem Grund, dass nicht alle privatrechtlichen Sicherungen vorliegen, ein förmliches Verfahren gewählt werden muss. Der Gesetzgeber hat aufgrund einer generalisierenden Bewertung der Umweltauswirkungen über die Erforderlichkeit einer UVP entschieden (Franke/Karrenstein EnWZ 2019, 195 (197)). Der Zweck der Gesetzesnovelle, den Ausbau der Stromnetze der Höchstspannungsebene und der Hochspannungsebene zu beschleunigen, bestätigt diese Auslegung (BT-Drs. 19/7375, 1; Grigoleit/Klanten EnWZ 2020, 435). Die materielle Erforderlichkeit einer UVP lediglich infolge der aus anderen Gründen gewählten abweichenden Verfahrensart anders zu bewerten, wäre in Bezug auf die identische Maßnahme grob widersprüchlich.

2. Öffentliche Belange nicht berührt (Abs. 1 S. 2 Nr. 2)

32 Zweite Voraussetzung für eine unwesentliche Änderung ist, dass andere öffentliche Belange nicht berührt sind oder die erforderlichen behördlichen Entscheidungen vorliegen und sie dem Plan nicht entgegenstehen. Derartige Belange sind alle rechtlichen, wirtschaftlichen, ökologischen, sozialen, kulturellen, ideellen oder sonstige schützenswerten (Allgemein-)Interessen (Stelkens/Bonk/Sachs/Neumann/Külpmann VwVfG § 73 Rn. 71; HessVGH NVwZ 1986, 680 (682)). Es handelt sich dabei um „andere" öffentliche Belange, wenn der öffentliche Belang nicht bereits im Rahmen des sonstigen Pflichtenkataloges des § 43f betroffen gewesen ist (Säcker EnergieR/Pielow § 43f Rn. 10). Ein öffentlicher Belang ist berührt, wenn die geplante Maßnahme sich negativ auf die betroffenen Belange auswirkt (HK-VerwR/Martin/Wickel VwVfG § 74 Rn. 210).

33 Selbst wenn eine Berührung von anderen öffentlichen Belangen vorliegt, handelt es sich dennoch um eine unwesentliche Änderung, wenn die erforderlichen behördlichen Entscheidungen vorliegen und sie dem Plan nicht entgegenstehen. In Betracht kommen etwa Ausnahmen und Befreiungen nach dem BNatSchG (insbes. § 67 BNatSchG) (Säcker EnergieR/Pielow § 43f Rn. 10). Die Ausgestaltung ist zweistufig. Zunächst müssen überhaupt alle im Einzelfall in Bezug auf berührte öffentliche Belange erforderlichen Entscheidungen eingeholt worden sein, die mangels Konzentrationswirkung des Anzeigeverfahrens nach entsprechendem Fachrecht erforderlich sind. Auf der zweiten Stufe dürfen diese Entscheidung dem Plan zudem nicht entgegenstehen. Dies ist dann der Fall, wenn die in dem Plan getroffenen Festlegungen durch die eingeholte Entscheidung verhindert werden. Typische öffentliche Belange, die von Änderungen an bestehenden Leitungen berührt sein können, sind neben Eingriffen in Natur und Landschaft insbesondere Immissionen durch elektromagnetische Felder und durch Lärm (dazu jeweils näher bei Absatz 3 unter → Rn. 37).

3. Private Rechte nicht beeinträchtigt (Abs. 1 S. 2 Nr. 3)

34 Dritte und letzte Voraussetzung für eine unwesentliche Änderung ist, dass Rechte Anderer nicht beeinträchtigt werden dürfen, oder dass mit den vom Plan Betroffenen entsprechende Vereinbarungen getroffen werden. Der Begriff der Rechte ist umfassend in dem Sinne zu verstehen, dass er alle subjektiven öffentlichen Rechte, die gegen das Vorhaben eingewendet werden können, umfasst (Theobald/Kühling/Missling/Winkler § 43f Rn. 20). Private Rechte sind dann beeinträchtigt, wenn die fachplanerische Zumutbarkeitsschwelle überschritten ist (BeckOK VwVfG/Kämper VwVfG § 74 Rn. 145; Säcker EnergieR/Pielow § 43f Rn. 20). In Abgrenzung zur bloßen Berührung öffentlicher Belange nach Nummer 2 bedarf es für eine Beeinträchtigung privater Rechte nach Nummer 3 damit einer erheblich stärkeren Betroffenheit. Denn während es für die Berührung öffentlicher Belange ausreicht, dass negative Auswirkungen auftreten (→ Rn. 32), bedarf es für die Beeinträchtigung privater Rechte des Überschreitens der fachplanerischen Zumutbarkeitsschwelle. Somit genügt nicht jede abwägungsrelevante Beeinflussung der Rechte anderer (Grigoleit/Klanten EnWZ 2020, 435 (439)). Selbst wenn eine Beeinträchtigung der Rechte Anderer vorliegt, handelt es sich dennoch um eine unwesentliche Änderung, wenn mit den vom Plan Betroffenen entsprechende Vereinbarungen getroffen werden.

35 Nach dem neu in die Vorschrift eingefügten Absatz 4 Satz 5 Halbsatz 2 gilt für Änderungen iSd Absatz 2 Satz 1 Nummer 1 (vgl. → Rn. 16), dass es keiner Prüfung der dinglichen Rechte anderer bedarf und reduziert mithin das materielle Prüfprogramm des Absatz 1 Satz 2 Nummer 3. Ursprünglich war diese Regelung auf die unter Absatz 2 Satz 1 Nummer 1 gefasst Änderungen des Betriebskonzeptes bezogen. Diese sachgerechte Reduktion folgte aus dem Umstand, dass es bei Änderungen des Betriebskonzeptes typischerweise nicht zu Veränderungen des dinglich zu sichernden Schutzstreifens kommt, sodass neue bzw. verstärkte Auswirkungen auf das Eigentumsrecht der Betroffenen für diesen Fall bereits vorab ausgeschlossen werden können. Dieser Umstand gilt gleichermaßen für die nunmehr von Absatz 2 Satz 1 Nummer 1 erfasst Umstellung von Erdgasleitungen von Wasserstoff, so dass die Beibehaltung der Regelung folgerichtig ist.

III. Sonderausnahme von der UVP-Pflicht (Abs. 2)

Bei dem neu in das Gesetz eingefügten § 43f Abs. 2 handelt es sich um eine Sonderregelung für Änderungen oder Erweiterungen, sofern es sich bei der Maßnahme um Änderungen oder Erweiterungen von Gasversorgungsleitungen zur Ermöglichung des Transports von Wasserstoff nach § 43l Abs. 4 (→ Rn. 16), Umbeseilungen (→ Rn. 17), Zubeseilungen (→ Rn. 25) oder standortnahe Maständerungen (→ Rn. 26) handelt (vgl. bezüglich dieser Begrifflichkeiten als Sonderfälle des Begriffs der Änderungen → Rn. 13). Die Regelung ermöglicht es bei diesen Maßnahmen, die Feststellung der Nichterforderlichkeit einer Umweltverträglichkeitsprüfung zu treffen, wenn die Voraussetzungen dieses Absatzes erfüllt sind (vgl. hierzu ausführlich → Rn. 29).

IV. Sonderregelung für Immissionen durch elektromagnetische Felder und Lärm (Abs. 3 und Abs. 4 S. 5 2. Hs.)

Gemäß § 43f Abs. 3 kann abweichend von Absatz 1 Satz 2 Nummer 2 eine Änderung oder Erweiterung auch dann im Anzeigeverfahren zugelassen werden, wenn die nach Landesrecht zuständige Behörde im Einvernehmen mit der zuständigen Immissionsschutzbehörde feststellt, dass die Vorgaben nach den §§ 3, 3a und 4 der Verordnung über elektromagnetische Felder und die Vorgaben der Technischen Anleitung zum Schutz gegen Lärm vom 26. August 1998 (GMBl. 503) in der jeweils geltenden Fassung eingehalten sind und weitere öffentliche Belange nicht berührt sind oder die hierfür erforderlichen behördlichen Entscheidungen vorliegen und sie dem Plan nicht entgegenstehen.

Absatz 3 findet Anwendung, sofern als öffentlicher Belang der mit der 26.BImSchV geschützte Belang der elektrischen und magnetischen Felder berührt ist und stellt diesbezüglich eine verfahrensmäßige Erleichterung dar (Franke/Karrenstein EnWZ 2019, 195 (198)). Diesbezüglich konkretisiert Absatz 3 die Anwendung bzw. Durchführung des Anzeigeverfahrens, wenn dieser öffentliche Belang iSd Absatz 1 Satz 2 Nummer 2 berührt ist. Ein eigenständiger, über diese Konkretisierung hinausgehender Regelungsgehalt ist Absatz 3 gegenüber Absatz 1 Satz 2 Nummer 2 nicht zu entnehmen. Entsprechend der Gesetzesbegründung ist dieser Belang berührt, wenn sich die Felder erheblich erhöhen können, weshalb der Anwendungsbereich des Absatz 3 in der Regel in den Fällen des Absatz 2 berührt sein dürfte, wenn die Maßnahme eine Erhöhung der höchsten betrieblichen Anlagenauslastung bezweckt (BT-Drs. 19/7375, 61). Nach Absatz 3 kann ein Anzeigeverfahren trotz einer Erhöhung der Werte für das elektrische oder magnetische Feld und somit eine Berührung dieses öffentlichen Belanges durchgeführt werden, wenn die Vorgaben der §§ 3, 3a und 4 26. BImSchV eingehalten sind. Aus § 4 Abs. 2 26. BImSchV folgt insbesondere die Pflicht, auch bei wesentlicher Änderung von Niederfrequenzanlagen sowie Gleichstromanlagen die Möglichkeiten auszuschöpfen, die von der jeweiligen Anlage ausgehenden elektrischen, magnetischen und elektromagnetischen Felder nach dem Stand der Technik unter Berücksichtigung von Gegebenheiten im Einwirkungsbereich zu minimieren. Ausweislich der Gesetzesbegründung ist insbesondere die Durchführung einer Minimierungsprüfung gegenüber der zuständigen Behörde nachzuweisen (BT-Drs. 19/7375, 61). Bei der Feststellung der zuständigen Behörde handelt es sich um eine „sonstige behördliche Entscheidung" iSv § 7 Abs. 2 Nr. 2 26. BImSchV (BT-Drs. 19/7375, 61). In der Sache gemeint sein dürfte mit dem Hinweis in der Gesetzesbegründung die sich bereits aus § 22 Abs. 1 BImSchG ergebende Verpflichtung des Betreibers, bei der Planung und Ausgestaltung auch der unwesentlichen Änderung diejenigen Minimierungspotentiale zu nutzen, die im Zuge der geplanten Maßnahme realisierbar sind. Entsprechende Ausführungen sind daher in die Anzeige aufzunehmen. Das Minimierungsgebot nach § 4 Abs. 2 26. BImSchV kommt hingegen nur dann zum Tragen, wenn es sich auch nach den Maßstäben der 26. BImSchV um eine wesentliche Änderung handelt.

Eine weitere Änderung hat § 43f durch das am 4.3.2021 in Kraft getretene Gesetz zur Änderung des Bundesbedarfsplangesetzes und anderer Vorschriften erfahren (BT-Drs. 19/23491). Mit diesem Gesetz wurden die Absätze 2 und 3 dahingehend ergänzt, dass neben den Anforderungen der 26. BImSchV nunmehr ausdrücklich auch auf die Einhaltung der Vorgaben der Technischen Anleitung zum Schutz gegen Lärm vom 26.8.1998 in der jeweils geltenden Fassung zu achten ist. Aus der Gesetzesbegründung folgt, dass diese Änderung lediglich klarstellenden Charakter hat (BT-Drs. 19/23491, 35). Eine Berührung von Lärmschutzbelangen iSv § 43f Abs. 1 S. 2 Nr. 2 ist unerheblich, wenn die Planfeststellungsbehörde im Einvernehmen mit der nach Landesrecht zuständigen Immissionsschutzbehörde die Einhaltung der Vorgaben der TA Lärm feststellt. Aufgrund der generellen Verweises auf die Vorgaben der TA-Lärm ist insofern nicht alleinig auf die Einhaltung der Richtwerte nach 6.1 TA-Lärm (auch beispielsweise unter Berücksichtigung etwaiger Gemengelagen nach 6.7 TA-Lärm) abzustellen, sondern es verbleibt auch bei einer Richtwertüberschreitung die Möglichkeit des Nachweises, dass die Betreiberpflicht nach 4.1 lit. b TA-Lärm erfüllt ist, wenn es sich um nach dem Stand der Technik zur Lärmminderung unvermeidbare schädliche Umwelteinwirkungen durch Geräusche handelt und diese auf ein Mindestmaß beschränkt werden. Zudem wurde diesbezüglich wurde durch Artikel 1 des Gesetzes zur Änderung des Energiewirtschaftsrechts im Zusammenhang mit dem Klimaschutz-Sofortprogramm und zu Anpassungen im Recht der Endkundenbelieferung vom 19.7.2022 (BGBl. I 1214) ein neuer Satz 2 eingefügt, welcher auf die Inhalte des ebenfalls neu eingefügten Absatzes 2 Satz 3 (verweist → Rn. 29). Durch die Einführung des § 49 Abs. 2b im Zuge des Artikel 3 des Gesetzes zur Änderung des Energiesicherungsgesetzes und anderer energiewirtschaftlicher Vorschriften vom 8.10.2022 (BGBl. I 1726) werden die einzuhaltenden Vorgaben der TA-Lärm bei witterungsbedingten Anlagengeräuschen von Höchstspannungsnetzen modifiziert (→ § 49 Rn. 30a), sodass an dieser Stelle bei der Bewertung der Einhaltung der Vorgaben der TA-Lärm nicht mehr allein auf die TA-Lärm abzustellen ist.

40 Aus § 43f Abs. 4 S. 5 2. Hs. folgt, dass es im Fall der standortnahen Maständerung unabhängig von den Vorgaben der §§ 3, 3a und 4 der Verordnung über elektromagnetische Felder und den Vorgaben der Technischen Anleitung zum Schutz gegen Lärm vom 26. August 1998 (GMBl S. 503) in der jeweils geltenden Fassung beim Anzeigeverfahren bleibt. Die Regelung stellt eine Privilegierung der standortnahen Maständerungen dar. Die in der 26. BImSchV sowie der TA-Lärm enthaltenen Regelungen betreffen jeweils öffentliche Belange iSv Absatz 1 Satz 2 Nummer 2. Eine negative Veränderung im Bereich der elektromagnetischen Felder oder der von der Leitung ausgehenden Geräusche könnte danach nur dann im Anzeigeverfahren erfolgen, wenn die Prüfung nach Absatz 3 zuvor vorgenommen und zu dem entsprechenden Ergebnis geführt hat. Bei standortnahen Maständerungen bedarf es nach Absatz 4 Satz 5 2. Halbsatz Dieser Prüfung hingegen nicht. Die Einhaltung der Vorgaben der §§ 3, 3a und 4 der Verordnung über elektromagnetische Felder und den Vorgaben der Technischen Anleitung zum Schutz gegen Lärm vom 26. August 1998 (GMBl S. 503) in der jeweils geltenden Fassung werden damit zwar nicht materiell suspendiert, sie werden jedoch vom Prüfprogramm des Anzeigeverfahrens aus Gründen der Beschleunigung ausgeklammert..

C. Formelle Vorgaben (Abs. 4)

41 Die formellen Anforderungen an das Anzeigeverfahren sind in § 43f Abs. 4 geregelt. Die Sätze 1–4 des Absatz 4 entsprechen im Wesentlichen dem § 43f S. 3–6 in der Fassung vor dem 17.5.2019. Nach Absatz 4 Satz 1 leitet der Vorhabenträger das Anzeigeverfahren ein, indem er die von ihm geplante Maßnahme gegenüber der nach Landesrecht zuständigen Behörde anzeigt.

42 Aus Satz 2 folgt, dass der Anzeige in ausreichender Weise Erläuterungen beizufügen sind. Neu ist der sachgerechte Verweis auf die Absätze 1–3. Zweck dieser Erläuterungen ist es, der zuständigen Behörde nachzuweisen, dass die Änderung oder Erweiterung die Voraussetzungen der Absätze 1–3 erfüllt, also unwesentlich in deren Sinne ist.

43 Satz 3 betont nochmals explizit, dass es einer Darstellung zu den zu erwartenden Umweltauswirkungen bedarf und hebt somit deren Bedeutung für die Entscheidung hervor. Dies überrascht nicht, da im Rahmen der behördlichen Ermessensausübung auch zu erwägen ist, ob trotz der Unwesentlichkeit der Änderung ein förmliches Verfahren geboten ist (vgl. zur Bestimmung, ob eine unwesentliche Änderung vorliegt, → Rn. 5). In den Anwendungsfällen des Absatz 2 wird der Umfang dieser Darstellungen durch den materiellen Maßstab des Absatz 2 modifiziert und in dessen Sinne reduziert. Zu diesen Erläuterungen und Darstellungen zählen typischerweise ein Erläuterungsbericht, welcher die geplanten Maßnahmen eingehend beschreibt, sowie Übersichtskarten und Lagepläne, aus denen sich beispielsweise Baustelleneinrichtungsflächen sowie die erforderlichen Zuwegungen ergeben (de Witt/Scheuten

NABEG/Scheuten NABEG § 25 Rn. 39). Grundsätzlich lässt sich festhalten, dass all das darzulegen ist, was für die Beurteilung der materiellen Tatbestandsvoraussetzungen des Absatz 1 Satz 2 sowie der Absätze 2 und 3 erforderlich ist. Dazu können im Einzelfall weitere Nachweise notwendig sein, wie etwa der Nachweis der Durchführung der Minimierungsprüfung iSd Absatz 3 (vgl. → Rn. 38).

Nach Satz 4 entscheidet die nach Landesrecht zuständige Behörde innerhalb eines Monats, 44
ob anstelle des Anzeigeverfahrens ein Plangenehmigungs- oder Planfeststellungsverfahren durchzuführen ist oder die Maßnahme von einem förmlichen Verfahren freigestellt ist. Zur Rechtsnatur dieser Entscheidung → Rn. 52.

Zur Reduzierung des materiellen Prüfungsmaßstabs nach Absatz 4 Satz 5 Halbsatz 2 45
→ Rn. 35.

Eine weitere auf einen besonderen Prüfaspekt bezogene Verfahrensregelung enthält Des 46
Weiteren gilt im Fall der standortnahen Maständerung gem. § 43f Abs. 4 S. 5 Hs. 3 ebenfalls ein reduzierter materieller Prüfungsmaßstab, da es ausweislich des Gesetzes im Fall der standortnahen Maständerung unabhängig von den Vorgaben der §§ 3, 3a und 4 der Verordnung über elektromagnetische Felder und den Vorgaben der Technischen Anleitung zum Schutz gegen Lärm vom 26. August 1998 (GMBl S. 503) in der jeweils geltenden Fassung beim Anzeigeverfahren bleibt. Die insofern schweigende Gesetzesbegründung trägt zu einer Klärung dieser Unbestimmtheit jedoch nicht bei (vgl. BT Drs. 20/3497, 39 f.).

Aus Satz 6 folgt, dass die Entscheidung dem Vorhabenträger bekannt zu machen ist. Inso- 47
fern erwächst für diesen ein Anspruch auf Bescheidung seines Antrages in dem nach Satz 4 vorgegebenen Zeitraum.

D. Verweis auf die Begriffsbestimmungen des NABEG (Abs. 5)

Nach § 43f Abs. 5 sind für die Zwecke des § 43 und des § 43f die Begriffsbestimmungen 48
des § 3 Nummer 1 NABEG entsprechend anzuwenden. Dadurch wird für Änderungen des Betriebskonzeptes insbesondere sichergestellt, dass diese entsprechend dem Willen des Gesetzgebers keines energiewirtschaftsrechtlichen Zulassungsverfahrens mehr bedürfen (BT-Drs. 20/3497, 45).

E. Zulassung im Anzeigeverfahren

Liegen die Voraussetzungen des § 43f Abs. 1 vor, so kann die unwesentliche Änderung 49
oder Erweiterung anstelle des Planfeststellungsverfahrens durch ein Anzeigeverfahren zugelassen werden. Anders als § 43f S. 6 aF spricht § 43f Abs. 4 S. 4 nun von dem „Anzeigeverfahren" statt bloß von „der Anzeige". Die nach Landesrecht zuständige Behörde entscheidet innerhalb eines Monats, ob anstelle des Anzeigeverfahrens ein Plangenehmigungs- oder Planfeststellungsverfahren durchzuführen ist oder die Maßnahme von einem förmlichen Verfahren freigestellt ist und macht die Entscheidung dem Vorhabenträger bekannt (hierzu → Rn. 44 und → Rn. 47). Dies weicht von § 74 Abs. 7 VwVfG ab, nach welchem die Feststellung eines Falles von unwesentlicher Bedeutung dem Vorhabenträger obliegt. Im Anwendungsbereich des § 74 Abs. 7 VwVfG entfällt die Planfeststellungs- bzw. Plangenehmigungspflichtigkeit von Gesetzes wegen, wenn ein Fall unwesentlicher Bedeutung vorliegt (zum Verhältnis der Vorschriften → Rn. 3).

I. Rechtsnatur der Entscheidung

Bei der Entscheidung der nach Landesrecht zuständigen Behörde, ob die Maßnahme von 50
einem förmlichen Verfahren freigestellt ist und im Anzeigeverfahren zugelassen wird, handelt es sich um einen Verwaltungsakt iSd § 35 S. 1 VwVfG (Säcker EnergieR/Pielow § 43f Rn. 15; Steinbach/Franke/Nebel/Riese § 43f Rn. 54; de Witt/Scheuten NABEG/Scheuten NABEG § 25 Rn. 57).

Die Entscheidung der zuständigen Behörde steht in deren Ermessen, sodass selbst bei 51
Vorliegen der Voraussetzungen des § 43f Abs. 1 S. 2 grundsätzlich kein Anspruch des Vorhabenträgers auf Zulassung im Anzeigeverfahren besteht. Im Rahmen der Ausübung des Ermessens hat die zuständige Behörde alle Umstände des Einzelfalls zu berücksichtigen, welche für die Entscheidung über die Freistellung von einem förmlichen Verfahren und die Zulassung

im Anzeigeverfahren von Relevanz sein können. Vor allem dürfte hier die Frage von Bedeutung sein, ob ansonsten eine gebotene fachplanerische Abwägung unterlaufen werden würde (Bourwieg/Hellermann/Hermes/Kupfer § 43f Rn. 8). Unter dem Gesichtspunkt der vom Gesetzgeber intendierten Verfahrensbeschleunigung dürfte die Durchführung eines Planfeststellungsverfahrens bei Vorliegen der tatbestandlichen Voraussetzungen für eine unwesentliche Änderung danach allerdings nur dann in Betracht kommen, wenn die Umstände des Einzelfalles eine einheitliche fachplanerische Abwägung und Gesamtzulassung unter Einkonzentration der im Übrigen nach Fachrecht erforderlichen Einzelgenehmigungen unbedingt erforderlich ist. Dies ist nur dann der Fall, wenn andernfalls durch die Änderung konkrete ungelöste Konflikte auftreten würden, die nur durch eine Planfeststellung oder eine Plangenehmigung umfassend bewältigt werden können. Bei Vorliegen der tatbestandlichen Voraussetzungen der Norm für eine unwesentliche Änderung wird dies in der Praxis nur äußerst selten in Betracht kommen und dürfte auf atypische Fälle begrenzt sein. Stattdessen ist zu erwarten, dass bei entsprechend konfliktreichen Änderungen bereits die tatbestandlichen Voraussetzungen einer unwesentlichen Änderung nicht erfüllt sind. Ferner dürfte auch die Frage, ob etwaige offene Aspekte durch nach § 36 Abs. 2 Nr. 2 VwVfG mögliche Nebenbestimmungen hinreichend geregelt werden können oder nicht (Bourwieg/Hellermann/Hermes/Kupfer § 43f Rn. 8; Kment EnWG/Turiaux § 43f Rn. 16), bei der Ermessensausübung zu berücksichtigen sein.

52 Der Regelungsgehalt der Entscheidung geht dabei über den Verzicht auf Planfeststellung bzw. Plangenehmigung hinaus und beinhaltet auch die Entscheidung darüber, die Maßnahme nach EnWG zuzulassen (ebenso HessVGH BeckRS 2016, 110641 Rn. 19; Bourwieg/Hellermann/Hermes/Kupfer § 43f Rn. 3; Säcker EnergieR/Pielow § 43f Rn. 15; BeckOK VwVfG/Kämper VwVfG § 74 Rn. 149; Grigoleit/Klanten EnWZ 2020, 435 (440); aA Theobald/Kühling/Missling/Winkler § 43f Rn. 29). Diese Ansicht findet auch ihre Bestätigung in dem neuen Absatz 3. Aus der Gesetzesbegründung folgt, dass es sich bei der Feststellung der zuständigen Behörde um eine „sonstige behördliche Entscheidung" iSv § 7 Abs. 2 Nr. 2 26. BImSchV handelt, welche dieser seinem Wortlaut nach mit einer Genehmigung oder Planfeststellung gleichsetzt (BT-Drs. 19/7375, 61). Zudem wird neben Absatz 1 in Absatz 3 erneut wiederholt, dass die Änderung im Anzeigeverfahren „zugelassen" werde. Dies bestätigt auch ein Vergleich mit anderen Rechtsgebieten. Die bauliche oder betriebliche Änderung oder Erweiterung eines Flugplatzes ist gem. § 41 Abs. 1 LuftVZO anzuzeigen. In Fällen von unwesentlicher Bedeutung konnte die zuständige Behörde gem. § 8 Abs. 3 S. 1 LuftVG aF unter Ausübung ihres Ermessens von der Planfeststellung oder Plangenehmigung absehen (BeckOK VwVfG/Kämper VwVfG § 74 Rn. 148.1). Auch in dieser Situation, die mit der neu in das EnWG eingefügten Situation vergleichbar ist, enthielt die behördliche Entscheidung gleichzeitig eine Zulassungsentscheidung für das Vorhaben (BVerwG NJW 1982, 1546 (1547)). Anders als bei der Zulassung im Verfahren der Planfeststellung oder Plangenehmigung besitzt die Zulassung im Anzeigeverfahren jedoch keine Konzentrationswirkung. Die Zulassung der Änderung erfolgt ausschließlich im Sinne des Zulassungsregimes nach dem EnWG. Daneben erforderliche fachrechtliche Einzelgenehmigungen sind gesondert einzuholen (und deren Vorliegen ggf. selbst wiederum tatbestandliche Voraussetzung für eine unwesentliche Änderung iSv § 43f Abs. 1, dazu → Rn. 33).

II. Rechtsschutz

53 Lehnt die Behörde es ab, die Maßnahme von einem Planfeststellungsverfahren oder von einem Plangenehmigungsverfahren freizustellen und diese im Anzeigeverfahren zuzulassen, so steht dem Vorhabenträger die Verpflichtungsklage offen (Bourwieg/Hellermann/Hermes/Kupfer § 43f Rn. 9; Kment EnWG/Turiaux § 43f Rn. 17). Wird die Maßnahme im Anzeigeverfahren zugelassen, so können Dritte aufgrund des drittschützenden Charakters der Norm (BVerwG NVwZ-RR 2017, 967) grundsätzlich im Wege der Anfechtungsklage gegen die Zulassungsentscheidung vorgehen (Bourwieg/Hellermann/Hermes/Kupfer § 43f Rn. 9; Kment EnWG/Turiaux § 43f Rn. 17; Säcker EnergieR/Pielow § 43f Rn. 16). Da die Entscheidung nach Absatz 4 Satz 6 nur dem Vorhabenträger bekannt zu machen ist, dürften Dritte die Zulassungsentscheidung nach Kenntnisnahme mit einer Frist von einem Jahr angreifen können (Bourwieg/Hellermann/Hermes/Kupfer § 43f Rn. 9). Um die Drittbe-

troffenen in Kenntnis zu setzen und diese Frist auszulösen, ist es aus Sicht eines Vorhabenträgers ratsam, die Zustellung der Entscheidung an diese Dritten in Erwägung zu ziehen.

Soweit Gegenstand des Anzeigeverfahrens ein Vorhaben ist, welches in den Bedarfsplan 54 nach dem EnLAG oder dem BBPlG aufgenommen wurde, richtet sich der Rechtsweg entsprechend des Verweises in § 1 Abs. 3 EnLAG bzw § 6 S. 2 Nr. 1 BBPlG nach § 50 Abs. 1 Nr. 6 VwGO. Erst- und letztinstanzlich zuständig ist in diesem Fall das BVerwG. Gemäß § 43e Abs. 4 S. 2 entscheidet das BVerwG im ersten und letzten Rechtszug auch über sämtliche Streitigkeiten, die Anzeigeverfahren für Offshore-Anbindungsleitungen nach dem EnWG bzw. dem BImSchG betreffen. Dies betrifft Abschnitte von Offshore-Anbindungsleitungen, die nicht in der ausschließlichen Wirtschaftszone, sondern im Küstenmeer und an Land bis zum Netzverknüpfungspunkt liegen und welche nach dem EnWG bzw. BImSchG genehmigt werden (BT-Drs. 19/24039, 33) (hierzu auch → § 43e Rn. 9).

§ 43g Projektmanager

(1) Die nach Landesrecht zuständige Behörde kann einen Dritten, der als Verwaltungshelfer beschäftigt werden kann, auf Vorschlag oder mit Zustimmung des Trägers des Vorhabens und auf dessen Kosten mit der Vorbereitung und Durchführung von Verfahrensschritten beauftragen wie
1. **der Erstellung von Verfahrensleitplänen unter Bestimmung von Verfahrensabschnitten und Zwischenterminen,**
2. **der Fristenkontrolle,**
3. **der Koordinierung von erforderlichen Sachverständigengutachten,**
4. **dem Qualitätsmanagement der Anträge und Unterlagen der Vorhabenträger,**
5. **der Koordinierung der Enteignungs- und Entschädigungsverfahren nach den §§ 45 und 45a,**
6. **dem Entwurf eines Anhörungsberichtes,**
7. **der ersten Auswertung der eingereichten Stellungnahmen,**
8. **der organisatorischen Vorbereitung eines Erörterungstermins,**
9. **der Leitung des Erörterungstermins und**
10. **dem Entwurf von Entscheidungen.**

(2) ¹Die nach Landesrecht zuständige Behörde soll im Falle einer Beauftragung des Projektmanagers mit diesem vereinbaren, dass die Zahlungspflicht unmittelbar zwischen Vorhabenträger und Projektmanager entsteht und eine Abrechnung zwischen diesen erfolgt; Voraussetzung ist, dass der Vorhabenträger einer solchen zugestimmt hat. ²Der Projektmanager ist verpflichtet, die Abrechnungsunterlagen ebenfalls der zuständigen Behörde zu übermitteln. ³Die zuständige Behörde prüft, ob die vom Projektmanager abgerechneten Leistungen dem jeweiligen Auftrag entsprechen, und teilt dem Vorhabenträger das Ergebnis dieser Prüfung unverzüglich mit.

(3) Die Entscheidung über den Planfeststellungsantrag liegt allein bei der zuständigen Behörde.

Überblick

§ 43g eröffnet die Möglichkeit, Projektmanager in energiewirtschaftliche Planfeststellungs- und Plangenehmigungsverfahren zu integrieren. Den maßgeblichen Zweck des Projektmanagers sieht der Gesetzgeber in der Verfahrensbeschleunigung, indem die zuständige Behörde entlastet wird, was insbesondere im Hinblick auf die hohe Komplexität der Verfahren durch Zugabe von privatem Planungsmanagement erreicht werden soll (→ Rn. 2). Der Projektmanager ist dabei Verwaltungshelfer; die Letztentscheidung muss bei der zuständigen Landesplanungsbehörde verbleiben (→ Rn. 4). § 43g enthält enumerative Regelbeispiele von Verfahrensschritten (→ Rn. 15), die dem Projektmanager übertragen werden können (→ Rn. 16). Sie sind nicht abschließend zu verstehen („wie") (→ Rn. 14). Eine Übertragung des kompletten Verfahrens ist hingegen nicht möglich. Beauftragt wird der Projektmanager durch die zuständige Behörde (→ Rn. 8), wobei die Kostenlast den Vorhabenträger trifft

(→ Rn. 9), wenn die Behörde auf Vorschlag oder mit Zustimmung des Vorhabenträgers die Beauftragung durchführt (→ Rn. 10). Die Zahlungspflicht wurde nunmehr konkretisiert (→ Rn. 11).

A. Historie, Systematik und Regelungszweck

1   Eingeführt wurde § 43g durch das Gesetz über Maßnahmen zur Beschleunigung des Netzausbaus Elektrizitätsnetze (NABEG) vom 28.7.2011 (BGBl. I 1690), wobei § 29 NABEG eine nahezu identische Vorschrift enthält. Der Projektmanager war kein neues Instrument, sondern ist angelehnt an die bereits vorhandenen Regelungen des § 4b BauGB und § 2 Abs. 2 S. 2 Nr. 5 9. BImSchV (BR-Drs. 342/11, 56 f.; BT-Drs. 17/6073, 31). Durch das „Gesetz zur Änderung des Energiewirtschaftsrechts im Zusammenhang mit dem Klimaschutz-Sofortprogramm und zu Anpassungen im Recht der Endkundenbelieferung" vom 19.7.2022 (BGBl. I 1214) wurden die Kompetenzen des Projektmanagers nochmals erweitert (→ Rn. 11) und Konkretisierungen bzgl. der Zahlungsmodalitäten eingeführt (Abs. 2). Ein externes Projektmanagement wird heute mehrheitlich als erfolgreiches Beschleunigungsinstrument aufgefasst (s. hierzu beispielhaft die Empfehlung des Innovationsforums Planungsbeschleunigung, 2017https://www.bvmb.de/images/Aktuelles/2017/Innovationsforum_Planungsbeschleunigung_-_Abschlussbericht.pdf; zum Überblick aktuell Mehde DVBl 2020, 1312 (1315 f.)), das zur Straffung und Professionalisierung der Verfahren beitragen kann (Steinbach/Franke/Nebel/Riese § 43g Rn. 4). Der Gesetzgeber hat deshalb auch, maßgeblich in Rückgriff auf § 43g, weitere Vorschriften in Planungsverfahren eingeführt (§ 17a AEG, § 14f WStrG, § 17h FStrG), die nahezu identische Regelungen bezüglich des Projektmanagers enthalten (auf den Begriff des Verwaltungshelfers wurde allerdings nun verzichtet). Auch wenn die angestrebten Ziele durch ein professionelles Projektmanagement sicher gefördert werden können, lassen sich doch bestehende Bedenken nicht einfach ignorieren. Es bleibt bspw. unklar, inwieweit tatsächlich eine Beschleunigung erfolgen soll, wenn durch die Auftragsvergabe nun zusätzlich ein zeitintensives Vergabeverfahren in Gang gesetzt wird (was der Gesetzgeber erstaunlicherweise selbst feststellt: BR-Drs. 342/11, 56; auch → Rn. 8 ff.). Zudem signalisiert der Gesetzgeber durch die Einbindung externer Dritter, dass die eigene Verwaltung in diesem Bereich mit der Komplexität der Verfahren und einem verwaltungsinternen Projektmanagement überfordert zu sein scheint (hierzu → Rn. 10). Statt grundlegende Verfahrensvereinfachungen zu erarbeiten, verfällt der Gesetzgeber in die klassischen Mechanismen der Auslagerung (hier in Form der funktionalen Privatisierung), was zwar kurzfristig wirken kann, aber selten nachhaltige Wirkung zeigt und nicht selten Folgeprobleme verursacht (hierzu auch → Rn. 14).

2   Einen wichtigen Zweck kann der Projektmanager indes fördern, indem er zur Akzeptanzsteigerung innerhalb des Verfahrens beiträgt (zur Verfahrensakzeptanz s. Zeccola DÖV 2019, 100 ff.; Peters DVBl 2015, 812 ff.). Auch wenn der Gesetzgeber diesen Zweck nicht ausdrücklich formuliert, legitimiert er den Projektmanager damit nachhaltiger, da er das Vertrauen der Öffentlichkeit in die komplexen Verfahren gewährleisten kann. Denn Dritte werden als objektive Instanz zwischen Vorhabenträger und Planungs- (bzw. Anhörung-)behörde wahrgenommen, die das Gefühl der Ausgeglichenheit stärken (ähnlich Theobald/Kühling/Missling/Winkler § 43g Rn. 3). Dieser Aspekt entspricht letztlich einem geänderten Rollenverständnis von Verwaltung und Öffentlichkeit im Sinne eines „kooperativen Staates". Die reine Auslagerung exekutiver Aufgaben aufgrund unzureichender Ressourcen vermag jedoch diese Zielsetzung nicht zu erfüllen (anders Säcker EnergieR/Pielow § 43g Rn. 1, der bereits in der Integration Dritter den kooperativen Staat erkennt). Mittelbar kann sich eine hohe Verfahrensakzeptanz positiv auf die Verfahrensdauer (im Sinne einer Beschleunigung) auswirken, da Konflikte und Widerstände vermieden werden können. Durch die aktuellen Gesetzesänderungen hat der Gesetzgeber diese Intention nochmals verstärkt und ausdrücklich hinterlegt (BT-Drs. 20/2402, 31). In der Praxis scheint sich der Projektmanager weiterhin nicht durchzusetzen (Riege EnWZ 2022, 170 ff.).

B. Anwendungsbereich und Voraussetzungen

I. Beauftragungsverfahren

Auf Vorschlag oder mit Zustimmung des Vorhabenträgers kann die zuständige Landesbehörde einen Projektmanager beauftragen. Handelnde Behörde ist die nach Landesrecht zuständige Planfeststellungsbehörde oder – wenn sich die Beauftragung nur auf das Anhörungsverfahren bezieht – die Anhörungsbehörde (Säcker EnergieR/Pielow § 43g Rn. 25). 3

In § 43g hat der Gesetzgeber den Projektmanager als Verwaltungshelfer ausgestaltet, was eine rein deklaratorische Wirkung hat, da Verwaltungshelfer (im Gegensatz zu Beliehenen) keiner gesetzlichen Ermächtigung bedürfen (Stelkens/Bonk/Sachs/Schmitz VwVfG § 1 Rn. 251; Säcker EnergieR/Pielow § 43g Rn. 9; Appel/Eding EnWZ 2017, 392 (393) jeweils mwN). Diese Erkenntnis dürfte auch der Grund gewesen sein, weshalb bei der Einführung der § 17a AEG, § 14f WStrG, § 17h FStrG wiederum auf die ausdrückliche Nennung verzichtet wurde. Der Verwaltungshelfer übt keine eigene Hoheitsgewalt aus, sondern leistet Dienste für die Behörde und wird auf deren Weisung tätig (BeckOK VwVfG/Ronellenfitsch VwVfG § 1 Rn. 74; Stelkens/Bonk/Sachs/Schmitz VwVfG § 1 Rn. 251). 4

§ 43g räumt der zuständigen Landesbehörde ein Ermessen („kann") hinsichtlich der Entscheidung ein, welches sowohl das „Ob" als auch das „Wie" umfasst (hierzu auch → Rn. 6 und → Rn. 12). Die Behörde kann demnach einen Vorschlag des Vorhabenträgers zur Beauftragung ablehnen, da das Erschließungsermessen hierbei nicht eingeschränkt ist. Hinsichtlich des Auswahlermessens kann die Behörde über den Umfang und die konkreten Verfahrensschritte entscheiden (Säcker EnergieR/Pielow § 43g Rn. 40). Für die Ermessensentscheidung ist – der Gesetzesintention folgend – maßgeblich, ob die Herbeiziehung eines Projektmanagers zur Beschleunigung und Verfahrenseffektivität beiträgt (Appel/Eding EnWZ 2017, 392 (394); Säcker EnergieR/Pielow § 43g Rn. 26; Kment EnWG/Turiaux § 43g Rn. 5; Theobald/Kühling/Missling/Winkler § 43g Rn. 11). 5

1. Beauftragung

Die Beauftragung nach § 43g Abs. 1 steht grundsätzlich unter einem Vorschlags- bzw. Zustimmungsvorbehalt des Vorhabenträgers. Die begriffliche Unterscheidung von Vorschlag und Zustimmung resultiert aus der Initiative, die entweder auf den Vorhabenträger (Vorschlag) oder auf die Behörde (Zustimmung) zurückzuführen ist (Appel/Eding EnWZ 2017, 392 (393); Säcker EnergieR/Pielow § 43g Rn. 11). Ob ein Projektmanager auch gegen den Willen des Vorhabenträgers beauftragt werden kann, ergibt sich weiterhin nicht eindeutig aus der Vorschrift bzw. der Gesetzesbegründung (abl. Rosin/Pohlmann/Gentzsch/Metzenthin/Böwing/Engel § 43g Rn. 116; differenzierend Säcker EnergieR/Pielow § 43g Rn. 27 mwN). In diesem Fall konnten dem Vorhabenträger bereits nach bisher hM nicht die Kosten auferlegt werden (Appel/Eding EnWZ 2017, 392 (393); Steinbach/Franke/Nebel/Riese § 43g Rn. 36; Kment EnWG/Turiaux § 43g Rn. 6 jeweils mwN), was der Gesetzgeber nun in Abs. 2 S. 1 2. HS bestätigt hat (hierzu → Rn. 11). Der Wortlaut des Abs. 1 („auf Vorschlag oder mit Zustimmung ... und auf dessen Kosten") spricht allerdings ebenso wie die Regelung in Abs. 2 S. 1 2. HS im Umkehrschluss nunmehr eher dafür, dass die zuständige Behörde auch ohne Einbindung des Vorhabenträgers (dann jedoch für diesen kostenneutral) über die Heranziehung eines Projektmanagers entscheiden kann. Jedoch ist bei der Ermessensausübung zu beachten, dass ohne Konsens schon keine Beschleunigung des Verfahrens zu erwarten ist, welche Zielsetzung der Entscheidung sein sollte (BT-Drs. 20/2402, 45). Als letzte Option muss es der Behörde allerdings möglich sein, die Effektivität durch ein externes Projektmanagement zu erhöhen, wenn zu erwarten ist, dass ein externes Projektmanagement dies auch unabhängig vom Vorhabenträger gewährleisten kann. 6

Sowohl die Behörde als auch der Vorhabenträger, der die Kosten trägt, können die Beauftragung des Projektmanagers jederzeit beenden, wenn sachliche Gründe dies rechtfertigen (Kment EnWG/Turiaux § 43g Rn. 6; Appel/Eding EnWZ 2017, 392 (394)). 7

Die Beauftragung kann durch privatrechtlichen Dienstvertrag (bei einem Werkvertrag nach § 631 BGB dürfte sowohl die Herbeiführung des Erfolges regelmäßig zu unbestimmt als auch die Tätigkeit in eigener Verantwortung fragwürdig sein) oder öffentlich-rechtlichen Vertrag erfolgen. Beauftragende Vertragspartei ist die zuständige Behörde, was aufgrund der 8

Einordnung des Projektmanagers als Verwaltungshelfer mit einhergehender Weisungsgebundenheit zwingend ist und auch nicht durch die Kostenübertragung auf den Vorhabenträger tangiert wird. Vertrauens- und datenschutzrechtliche Pflichten des Projektmanagers sind vertraglich auszugestalten (BR-Drs. 342/11, 56). Da die Behörde den Auftrag erteilt, müssen vergaberechtliche Vorschriften beachten werden; bei der Überschreitung der (einschlägigen) Schwellenwerte ist sogar ein europaweites Vergabeverfahren durchzuführen (hierzu ausführlich Appel/Eding EnWZ 2017, 392 (394 ff.)). Bei aufwendigen Planfeststellungsverfahren wird die Schwelle für ein Vergabeverfahren nach §§ 14 ff. VgV regelmäßig überschritten werden, mit der Konsequenz, dass die intendierte Beschleunigung konterkariert wird. Praktisch wird sich deshalb eine Beschleunigung vermutlich nur in der Plangenehmigung niederschlagen, wobei hier das Bedürfnis nach einem Projektmanagement ungleich niedriger ist.

2. Kosten

9 Da die Kostenlast der Beauftragung nach § 43g dem Vorhabenträger auferlegt wird, ist die Rechtsstellung des Projektmanagers in zweierlei Hinsicht als kritisch zu bewerten. So nimmt die Behörde die Aufgaben weiterhin nach außen wahr, faktisch wird sie im Inneren vom Projektmanager ausgeführt (Stelkens/Bonk/Sachs/Schmitz VwVfG § 1 Rn. 134 ff.). Diese Form der Auslagerung wird unter die funktionale Privatisierung subsumiert, die nur zulässig ist, wenn die Letztentscheidungsverantwortung bei der Behörde verbleibt (Bourwieg/Hellermann/Hermes/Gegenwart § 43g Rn. 3; Stelkens/Bonk/Sachs/Schmitz VwVfG § 1 Rn. 134 ff. mwN). Diese Letztentscheidungsverantwortung darf hierbei nicht faktisch ausgehöhlt werden, was vor allem bei präjudizierenden Vorbereitungshandlungen durchaus kritisch sein kann (Stelkens/Bonk/Sachs/Schmitz VwVfG § 1 Rn. 134). Auch wenn die Letztentscheidung in Form der Abwägung bei der Beauftragung eines Projektmanagers ausdrücklich bei der Behörde verbleiben muss, sind die faktischen Aushöhlungsgefahren gerade im Hinblick auf die aufgezählten Regelbeispiele (insbesondere Nummer 7 – die Auswertung der Stellungnahmen und 10 – Entwurf von Entscheidungen) durchaus real.

10 Weiterhin bleibt es kritisch, wenn die Verwaltung die Kosten auf den Vorhabenträger auslagert, da es sich – durch die Konstruktion des Verwaltungshelfers – letztlich um die Auslagerung von Verwaltungsaufgaben handelt, was nicht nur im Spannungsverhältnis zur Erhebung von Verwaltungsgebühren steht (hierzu ausführlich Theobald/Kühling/Missling/Winkler § 43g Rn. 16; Säcker EnergieR/Pielow § 43g Rn. 33). Die Reduzierung der Verwaltungsgebühren für das Planfeststellungsverfahren wäre hierbei nur folgerichtig (Kment EnWG/Turiaux § 43g Rn. 7a). Auch wenn bereits ähnliche Konstruktionen (bspw. § 4b BauGB und § 2 Abs. 2 S. 2 Nr. 5 9. BImSchV) geläufig sind und das „Outsourcing" von Verwaltungsaufgaben in Mode ist, sind Aufgaben wie der Netzausbau, die im Allgemeininteresse stehen und behördliche Kernaufgaben betreffen, durchaus problematisch und differenzierend einzuschätzen.

10a Der Gesetzgeber hat bzgl. der Kosten Nachbesserungsbedarf der bisherigen Regelung identifiziert und mit § 43g Abs. 2 klarstellend eingegriffen (BT-Drs. 20/2402, 45). Es wurde nun in Abs. 2 S. 1 2. HS ausdrücklich klargestellt, dass die Zustimmung des Vorhabenträgers Voraussetzung für die Kostentragung sein muss (BT-Drs. 20/2402, 45). Darüber hinaus soll in diesem vertraglichen Dreiecksverhältnis einem Vertrag zulasten Dritter vorgebeugt werden (BT-Drs. 20/2402, 45). Danach „soll" die Behörde (indentiertes Ermessen) bereits bei der Beauftragung des Projektmanagers vereinbaren, dass die Zahlungspflicht nur zwischen Projektmanager und Vorhabenträger und auch die Abrechnung nur in diesem Verhältnis besteht. Zudem wurde eingefügt, dass keine Dreieckszahlung entsteht, was wiederum den Verwaltungsaufwand minimieren soll (BT-Drs. 20/2402, 45). Dieses vertragliche Vorgehen war bereits vor der Gesetzesänderung möglich, sodass es tatsächlich als Klarstellung eingeordnet werden kann. Gänzlich neu hingegen ist die Pflicht des Projektträgers die Abrechnung an die zuständige Behörde zu übermitteln (Abs. 2 S. 2). Die Behörde muss sodann ein Prüfungsrecht wahrnehmen, das die abgerechneten Leistungen mit dem jeweiligen Auftrag abgleichen muss (Abs. 2 S. 3). Der Zweck ergab sich aus der Vertragskonstellation, bei der die Behörde als Auftraggeberin in unmittelbarer Sachnähe die Leistungen des Projektträgers überprüfen kann, der Vorhabenträger als Zahlungsverpflichteter hingegen nur mittelbar (BT-Drs. 20/

2402, 45). Das Ergebnis dieser Abrechnung muss die Behörde in der Folge dem Vorhabenträger „unverzüglich" mitteilen (Abs. 2 S. 3).

3. Projektmanager

Die Person des Projektmanagers muss zwingend „Dritter" sein, wobei dem keine klare Definition zugrunde liegt. Im Hinblick auf den Gesetzeszweck der Akzeptanzsteigerung drückt sich in dem Begriff des „Dritten" jedoch eine Unabhängigkeit aus, die der Projektmanager verkörpern soll. Damit kann der Projektmanager weder Beteiligter des Planungsverfahrens noch Mitarbeiter der zuständigen Behörde oder des Vorhabenträgers (Säcker EnergieR/Pielow § 43g Rn. 2). Zu den Qualifikationsanforderungen an die Person des Projektmanagers sind keine ausdrücklichen Vorgaben formuliert worden, was sicherlich auch mit dem diversen Aufgabenspektrum zusammenhängt (zu den möglichen Berufsgruppen Säcker EnergieR/Pielow § 43g Rn. 4). 11

Unklar ist der Umfang des Mitwirkungsrechtes des Vorhabenträgers bei der Auswahl der Person, da der Gesetzgeber einen klaren Hinweis unterlassen hat. So wird vertreten, dass sich in Bezug auf die kostenrelevanten Inhalte, zu denen auch die Personenauswahl zu zählen ist, eine Abstimmungspflicht der Behörde gegenüber dem Vorhabenträger ergibt (Appel/Eding EnWZ 2017, 392 (393)). Im Hinblick auf die Möglichkeit der Zustimmungsverweigerung oder -rücknahme, mit Entfall der Kostentragungspflicht, scheint das durchaus vertretbar (Appel/Eding EnWZ 2017, 392 (393)). Andererseits ist der Projektmanager als Verwaltungshelfer der Behörde gegenüber verpflichtet, sodass eine Pflicht zur Abstimmung – die in letzter Konsequenz einem Vetorecht gleichkommt – deutlich in das Ermessen der zuständigen Behörde eingreifen würde. Gegen die Abstimmung spricht zudem die Regelung des § 43b Abs. 2, die eine ausdrückliche Abstimmungspflicht für Behörden bei länderübergreifenden Vorhaben vorsieht (→ § 43b Rn. 10). Entschließt sich der Gesetzgeber, diese Abstimmungspflicht zwischen Behörden zu regeln, so müsste das erst recht im Verhältnis zum Vorhabenträger gelten. Da allerdings ermessensleitender Maßstab auch in dieser Frage die Beschleunigung ist, ergibt sich zumindest eine Konsensverpflichtung, bei der die Auswahlentscheidung in Absprache mit dem Vorhabenträger erfolgen sollte (→ Rn. 6) – das Ermessen wäre insoweit zumindest reduziert. 12

II. Verfahrensschritte – Regelbeispiele

Der Umfang der Beauftragung ergibt sich aus den Grenzen und den Umständen des Einzelfalles, wobei § 43g enumerative Regelbeispiele (Nummern 1–9) enthält, die nicht abschließend zu verstehen sind („wie"). Vorsorglich wurde nun in § 43g Abs. 3 ausformuliert, dass die Letztentscheidung selbst bei der zuständigen Behörde verbleiben muss. Abs. 3 wurde zwar durch die aktuelle Gesetzesänderung (→ Rn. 1) eingefügt und in der Gesetzesbegründung nochmals die Wichtigkeit der behördlichen Letztentscheidung betont (BT-Drs. 20/2402, 45), enthält aber wortgleich den bisher geltenden § 43 S. 2 a. F. 13

Grundsätzlich kann der Projektmanager nur mit der Durchführung bestimmter Verfahrensschritte beauftragt werden, da er als Verwaltungshelfer keinesfalls selbst hoheitliche Aufgaben wahrnehmen darf. Die Durchführung des gesamten Verfahrens ist folglich ausgeschlossen (Kment EnWG/Turiaux § 43g Rn. 3 mwN). Somit muss sichergestellt sein, dass die zuständige Behörde weiterhin die Letztentscheidungsbefugnis (Planfeststellungsentscheidung bzw. Plangenehmigungsentscheidung) ausübt, worunter maßgeblich der Abwägungsvorgang – mitsamt den hierfür relevanten Belangen – fällt (Kment EnWG/Turiaux § 43g Rn. 3; Säcker EnergieR/Pielow § 43g Rn. 13 f.). Da jegliche präjudizierenden Vorbereitungshandlungen ausgeschlossen werden müssen, verbleiben im Kern lediglich operative Tätigkeiten. Denn gerade bei Abwägungsentscheidungen können auch vorbereitende Verfahrensschritte durchaus Einfluss auf die Entscheidung selbst entfalten. Die kritische Beachtung dieser strikten Grenze ist dabei unabdingbar und kann das Potential des Projektmanagers in Bezug auf eine tatsächliche Beschleunigung praktisch deutlich einschränken (ähnlich auch Säcker EnergieR/Pielow § 43g Rn. 14). 14

Die möglichen Verfahrensschritte aus den Regelbeispielen (Nummern 1–10) betreffen klassische Ausformulierungen von Managementaufgaben, die auf Organisation, Koordinierung und Strukturierung des Verfahrens ausgerichtet sind (zur Übersicht der einzelnen Ver- 15 fahrensschritte Säcker EnergieR/Pielow § 43g Rn. 17 ff.). Insbesondere die Nummer 3 (Koordinierung der Sachverständigengutachten), Nummer 5 (Koordinierung der Enteignungs- und Entschädigungsverfahren nach den §§ 45 und 45a), Nummer 6 (Entwurf eines Anhörungsberichtes), Nummer 7 (ersten Auswertung der eingereichten Stellungnahmen) und Nummer 10 (Entwurf von Entscheidungen) sind im Hinblick auf einen Einfluss auf die hoheitliche Abwägungsentscheidung durchaus kritisch zu werten (Bourwieg/Hellermann/Hermes/Gegenwart § 43g Rn. 5). Nummer 10, bei dem der „Entwurf von Entscheidungen" neu aufgenommen wurde, greift der Abwägungsentscheidung nun ausdrücklich vor und wirkt faktisch präjudizierend. Denn unter den Entwürfen versteht der Gesetzgeber bspw. Entscheidungen zu Plangenehmigungen, Freistellungsentscheidungen im Rahmen von Anzeigeverfahren, Duldungsanordnungen (§ 44) oder Zulassungen des vorzeitigen Baubeginns (§ 44c) (BT-Drs. 20/2402, 45). Zwar rechtfertigt der Gesetzgeber diese neue Kompetenzerweiterung mit dem hohen Beschleunigungs- und behördlichen Entlastungspotential (BT-Drs. 20/2402, 45), doch setzt der Entwurf der Entscheidung genaue juristische Kenntnisse voraus, die die hoheitliche Abwägungsentscheidung umfassen und bereits ausgewertet haben. Der Projektmanager ist aber nicht zwangsläufig juristisch ausgebildet (→ Rn. 12), sodass bereits die Kompetenz zur Erstellung eines Entwurfes angezweifelt werden muss, das Entlastungspotential demnach ohnehin nicht zur Entfaltung kommen würde. Zudem bleibt diese Einschätzung jedes Mal gesetzeskonform zu hinterfragen – ein zusätzlicher Unsicherheitsfaktor, der die Straffung des Verfahrens torpediert. Denn es kann sicher nicht davon ausgegangen werden, dass sich sämtliche Projektmanager über diesen sensiblen Bereich bewusst sind, zumal einheitliche rechtswissenschaftliche Abgrenzungskategorien fehlen.

§ 43h Ausbau des Hochspannungsnetzes

[1]Hochspannungsleitungen auf neuen Trassen mit einer Nennspannung von 110 Kilovolt oder weniger sind als Erdkabel auszuführen, soweit die Gesamtkosten für Errichtung und Betrieb des Erdkabels die Gesamtkosten der technisch vergleichbaren Freileitung den Faktor 2,75 nicht überschreiten und naturschutzfachliche Belange nicht entgegenstehen; die für die Zulassung des Vorhabens zuständige Behörde kann auf Antrag des Vorhabenträgers die Errichtung als Freileitung zulassen, wenn öffentliche Interessen nicht entgegenstehen. [2]Soll der Neubau einer Hochspannungsleitung weit überwiegend in oder unmittelbar neben einer Bestandstrasse durchgeführt werden, handelt es sich nicht um eine neue Trasse im Sinne des Satzes 1.

Überblick

Der zur Steigerung des Umweltschutzes, der Herstellung von Akzeptanz und der Beschleunigung von Netzausbauverfahren auf der Hochspannungsebene (→ Rn. 1 ff.) 2011 eingeführte und 2019 um einen Satz 2 ergänzte § 43h (→ Rn. 4 f.) macht eine technologisch-inhaltliche Vorgabe für die variantenspezifische Ausführung von Leitungsneubauvorhaben (Erdkabel oder Freileitung), ohne dabei selbst die Vorhabenzulassung zu regeln (→ Rn. 6 f.). Der Anwendungsbereich des § 43h ist daher an ein gem. § 43 Abs. 2 beantragtes Planfeststellungsverfahren gekoppelt (→ Rn. 8). Um entsprechende Investitionsanreize für die teure Erdverkabelung durch die VNB zu schaffen und den Erdkabelvorrang des Satzes 1 Halbsatz 1 wirtschaftlich zu erleichtern, ist korrespondierend zu § 43h auch die Anreizregulierung angepasst worden (→ Rn. 3, → Rn. 24).

Nach Satz 1 Halbsatz 1 sind Hochspannungsleitungen auf neuen Trassen (→ Rn. 11 ff.) mit einer Nennspannung von 110 kV oder weniger (→ Rn. 9) als Erdkabel (→ Rn. 10) auszuführen, soweit die Gesamtkosten für Errichtung und Betrieb des Erdkabels die Gesamtkosten der technisch vergleichbaren Freileitung den Faktor 2,75 nicht überschreiten (→ Rn. 20 ff.) und naturschutzfachliche Belange nicht entgegenstehen (→ Rn. 25 ff.); die für die Zulassung des Vorhabens zuständige Behörde kann gem. Satz 1 Halbsatz 2 auf Antrag (→ Rn. 32) des Vorhabenträgers die Errichtung als Freileitung zulassen, wenn öffentliche Interessen nicht entgegenstehen (→ Rn. 28 ff.). Soll der Neubau einer Hochspannungslei-

Übersicht

	Rn.		Rn.
A. Allgemeines: Regelungszweck, Historie und Systematik	1	C. Regel: Grundsätzlicher Erdkabelvorrang bei Neubauten (S. 1 Hs. 1)	19
I. Bedeutung und Regelungszweck	1	I. Kostenkalkulation: 2,75-Faktor	20
II. Systematischer Zusammenhang	2	II. Schranke: Naturschutzfachliche Belange	25
III. Entstehungsgeschichte	4	1. Naturschutzfachliche Belange	25
B. Anwendungsbereich und Begrifflichkeiten	6	2. Nicht entgegenstehen	26
I. Kopplung an die Planfeststellung	7	D. Ausnahme: Errichtung als Freileitung	28
II. Hochspannungsleitungen bis 110 kV	9	I. Nach pflichtgemäßem Ermessen (S. 1 Hs. 2)	28
III. Neubauvorhaben nach dem 5.8.2011	11	1. Schranke: Öffentliche Interessen	28
1. Defizitäre Positivdefinition der „neuen Trasse" in S. 1 Hs. 1	11	2. Antragserfordernis	32
2. Ergänzende Negativabgrenzung der „neuen Trasse" in S. 2	13	II. Bei Ersatz- oder Parallelneubauten (S. 2)	33
3. Neufälle ab dem 5.8.2011	18		

A. Allgemeines: Regelungszweck, Historie und Systematik

I. Bedeutung und Regelungszweck

Maßgeblicher Grund der Verzögerungen beim so dringend geforderten Stromnetzausbau sind die langwierigen Genehmigungsverfahren, die sich ursächlich primär auf **naturschutzfachliche Raumkonflikte** oder **Widerstand vor Ort** zurückführen lassen. Sowohl die umwelt- und naturschutzfachlichen Konflikte als auch die gesellschaftliche Ablehnung der Trassen in den betroffenen Kommunen kulminieren regelmäßig in zeitintensiven **gerichtlichen Verfahren** gegen die Vorhaben (ausf. Kelly/Schmidt AöR 144 (2019), 579 (616 ff.); Schmidt/Kelly VerwArch 2021, 98 ff. mwN). Zur Steigerung des **Umweltschutzes,** der Herstellung von **Akzeptanz** und der **Beschleunigung** von Verfahren soll u.a. der **Erdkabelvorrang** für Neubauvorhaben auf der Hochspannungsebene bis 110kV Nennspannung gem. § 43h beitragen (BT-Drs. 17/6249, 16). Durch die Vorschrift wird der Neubau von Hochspannungsleitungen mit der Erdkabeltechnologie zum „Regelfall" und die bisherig auf dieser Netzebene dominante Freileitungstechnologie zur Ausnahme erklärt (BR-Drs. 342/11, 57; BT-Drs. 17/6249, 2). Mit dieser Privilegierung des Erdkabels wird zwar keine eigenständige planungsrechtliche Vorschrift mit Genehmigungswirkung, jedoch aber eine Abwägungsdirektive für die Variantenprüfung (Erdkabel oder Freileitung) bei 60–110 kV-Neubauvorhaben geschaffen (Säcker EnergieR/Pielow § 43h Rn. 1 mwN; aA Bourwieg/Hellermann/Hermes/Kloidt § 43h Rn. 1: zwingende Rechtsvorschrift). Ein vergleichbarer Erdkabelvorrang besteht u.a. auch für in § 2 EnLAG bzw. dem BBPlG entsprechend gekennzeichnete Neubauvorhaben auf der Höchstspannungsebene (ausf. zu sonstigen Sonderregelungen für Erdkabel, → § 43 Rn. 60 ff., → § 43 Rn. 67; Säcker EnergieR/Pielow § 43 Rn. 19 ff.). § 43h kommt dabei Pilotcharakter für die weiteren Erdkabelregelungen (zB bei HGÜ-Leitungsvorhaben auf der Höchstspannungsebene) zu (Ruge RdE 2016, 105).

Die im Rahmen der „Energiewende" forcierte Verschiebung der Energieversorgung auf fluktuierende regenerative Energiequellen mit einer höheren räumlichen Dezentralität der Erzeugungsstandorte und einer größeren Pluralität an Marktakteuren führt insgesamt eine volatilere Netzsituation mit zusätzlichem Ausbaubedarf der Transport- und Verteilernetze herbei (grundlegend zum Netzausbaubedarf bereits dena-Netzstudie I, 2005, 64 ff.; dena-Netzstudie II, 2010, 22 ff.; krit. dagegen Jarass ZNER 2013, 572 (578 f.)). Um den veränderten Last- und Erzeugungsstrukturen gerecht zu werden und dabei die Versorgungssicherheit nicht zu gefährden, ist also die zentrale Herausforderung einer erfolgreichen Energiewende die bessere Synchronisierung des Ausbaus erneuerbarer Energiequellen (Erzeugerseite) mit den Netzkapazitäten (Netzbetreiberseite) (ausf. u.a. Kelly, Das intelligente Energiesystem der

Zukunft, 2020, 11 ff. mwN). Nach dem (noch) aktuellen Koalitionsvertrag sollen dazu Maßnahmen zum **Ausbau** und zur **Modernisierung** des **Energienetzes,** dh sowohl die Optimierung der Bestandsnetze als auch ein verstärkter schnellerer Ausbau der Übertragungs- und Verteilernetze umgesetzt werden (CDU, CSU und SPD, Koalitionsvertrag v. 12.3.2018, 71 f.). Aufgrund des prominenten Stellenwertes der Stromnetzdebatten erklärte das BMWi den Netzausbau auch zum „Herz-Kreislauf-System der Stromversorgung" und zur „Chefsache" (#NetzeJetzt-Kampagne des BMWi, unter: www.bmwi.de).

II. Systematischer Zusammenhang

2   Die Regelungen zum Erdkabelvorrang folgen einer ambivalenten Zielrichtung. Zwar gehen mit der Erdkabeltechnologie nach hM **geringere Umweltbeeinträchtigungen,** eine **höhere Akzeptanz** und damit inzident eine **Beschleunigungswirkung** einher, allerdings auch **höhere Kosten** (Bourwieg/Hellermann/Hermes/Kloidt § 43h Rn. 2; Kment EnWG/Turiaux § 43h Rn. 2; Säcker EnergieR/Pielow § 43h Rn. 2 mwN). Aus rein privatwirtschaftlich-wettbewerblicher Perspektive besteht daher wenig Anreiz der Netzbetreiber, in die teurere Erdkabeltechnologie zu investieren. In diesem Zusammenhang kommt der Anreizregulierung eine wichtige Rolle zur Realisierung der Erdkabeltechnologie zu. Deshalb wurde mit Einführung des § 43h die Erdverkabelung für Netzbetreiber dadurch „wirtschaftlich erleichtert", dass der genehmigungsfähige Kostenfaktor für **Investitionsmaßnahmen** der VNB in § 23 Abs. 1 S. 1, 2 iVm Abs. 6 S. 1 ARegV kongruent zur Kostengrenze in § 43h S. 1 Hs. 1 von 1,6 auf 2,75 hochgesetzt wurde (vgl. BT-Drs. 17/6072, 16, 35; Holznagel/Schütz/Lüdtke-Handjery/Paust/Weyer ARegV § 23 Rn. 186 mwN). Jedoch sind nicht nur die Netzbetreiber, sondern auch die netzentgeltpflichtigen Verbraucher bei einer Abwälzung der Erdkabel(mehr-)kosten über die Netzentgelte zusätzlich belastet. Vor diesem Hintergrund ist die Begrenzung der Mehrkosten auf das 2,75-fache primär unter dem Gesetzeszweck der Preisgünstigkeit aus § 1 Abs. 1 und dem Erfordernis der Kosteneffizienz beim Netzausbau aus § 1a Abs. 4 einzuordnen (Kment EnWG/Turiaux § 43h Rn. 8; Kment EnWG/Kment § 1a Rn. 10 mwN). Folglich nutzt der Gesetzgeber in § 43h und § 23 Abs. 1 S. 1, 2 Nr. 6 iVm Abs. 6 S. 1 ARegV seine Einschätzungsprärogative zum angemessenen Ausgleich der unterschiedlichen Dimensionen des energiepolitischen Zieldreiecks iSv § 1 Abs. 1 aus Wirtschaftlichkeit, Umweltverträglichkeit und Versorgungssicherheit. An der akzeptanzfördernden Funktion des § 43h manifestiert sich die – in der fachplanerischen Praxis ohnehin nicht mehr weg zu denkende – bereits seit längerem geforderte strukturelle Erweiterung dieses Zieldreiecks um eine zusätzliche vierte Dimension der gesellschaftlichen Akzeptanz (vgl. nur Kelly EurUP 2018, 449 (450 f.) mwN; Winkler/Baumgart/Ackermann Europäisches EnergieR Kap. 1 Rn. 10; ausf. zur Aufwertung der Akzeptanz im Verwaltungsverfahren Zeccola DÖV 2019, 100 ff.; Schoch/Schneider/Schoch VwVfG Einl. Rn. 150 ff. mwN).

2.1   Der Gesetzgeber trifft mit der Regelung des Erdkabelvorrangs in § 43h eine Grundsatzentscheidung zur **Aufwertung der Akzeptanz** im Hochspannungsnetzausbau. Dabei hat er durch seine legislative Abwägung der Belange der Akzeptanzförderung, Preisgünstigkeit, Kosteneffizienz und Naturverträglichkeit von seiner Einschätzungsprärogative abschließend Gebrauch gemacht. Akzeptanzbelange sind ferner nach hM nicht abwägungserheblich (vgl. nur BVerwG BeckRS 2013, 57358 Rn. 46 mwN; aA Zeccola DÖV 2019, 100 (101 f.)), da die Planfeststellungsbehörde auch in einem „auf Förderung von Akzeptanz gerichteten Verfahren weiter gehalten (ist), die für eine sachgerechte Ausübung planerischer Gestaltung notwendige Distanz und Neutralität zu wahren" (BVerwG BeckRS 2013, 57358 Rn. 46). Daraus ergibt sich, dass Neubauvorhaben mit einer Nennspannung bis 110 kV gem. § 43h S. 1 Hs. 1 als Erdkabel zu realisieren sind, soweit die 2,75-Faktor-Kostengrenze eingehalten wird und naturschutzfachliche Belange nicht entgegenstehen. Bei der konkreten fachplanerischen Abwägung im Rahmen der Kostenprüfung einzelner Ausführungsvarianten (Erdkabel versus Freileitung) können immaterielle „Akzeptanz-" bzw. damit verbundene „Verzögerungskosten", dh monetarisierte Kosten mangelnder Akzeptanz durch u.a. befürchtete Verzögerungen durch Proteste, gerichtliche Rechtsschutzverfahren oder zivilen Ungehorsam, also nicht mehr zusätzlich zugunsten der Erdkabelvariante berücksichtigt werden; entscheidend sind nur die technologie- bzw. **variantenspezifischen Kostenunterschiede** (BT-Drs. 17/6073, 35; Säcker EnergieR/Pielow § 43h Rn. 14; Theobald/Kühling/Missling § 43h Rn. 18 mwN). Für eine gesamtwirtschaftliche Betrachtung bei der Kalkulation der **investitionsfähigen Mehrkosten** nach § 23 Abs. 1 S. 2 Nr. 6 mit Berücksichtigung auch der Kosten, die aus einer verzögerten Inbetriebnahme einer Freileitung gegenüber einem Erdkabel – insbesondere aufgrund wachsender Akzeptanzprobleme – entstehen, plädierte der Bundesrat bereits im Gesetzgebungsprozess (BT-Drs. 17/

6249, 16). Obwohl zu dem Zeitpunkt bereits gutachterlich belegt sei, dass schon ein Jahr Beschleunigung die Mehrkosten des Erdkabels gegenüber einer Freileitung kompensieren würde, weist die Bunderegierung den Änderungsvorschlag entschlossen zurück, da sowohl die Mehrkosten eventueller Verzögerungen schwer feststellbar als auch die Verzögerungsdauer nicht konkret abschätzbar seien (BT-Drs. 17/6249, 16 (19)).

Angesichts der mit der Einführung des § 43h korrespondierenden Änderung der **Anreiz-** **regulierung** können sowohl die Zielrichtung als auch die Erwägungen der BNetzA zu den Voraussetzungen des § 23 Abs. 1 S. 2 Nr. 6 iVm Abs. 6 S. 1 ARegV analog für die Auslegung des § 43h berücksichtigt werden (vgl. BT-Drs. 17/6073, 35), soweit sie sich auf den identischen Wortlaut, dh primär den Mehrkostenfaktor von 2,75 beziehen (Bourwieg/Hellermann/Hermes/Kloidt § 43h Rn. 14; Theobald/Kühling/Missling § 43h Rn. 17). Mithin ist beim Kostenvergleich nach Satz 1 Halbsatz 1 auch der „Leitfaden zu Investitionsmaßnahmen nach § 23 ARegV" der Beschlusskammer 4 der BNetzA in der jeweils aktuellen Fassung heranzuziehen (→ Rn. 24; Schiller RdE 2012, 423 (424 f.); BT-Drs. 17/4131, 2 f.). 3

III. Entstehungsgeschichte

Die Vorschrift wurde parallel zum Netzausbaubeschleunigungsgesetz Übertragungsnetz (NABEG) durch Art. 2 des Gesetzes über Maßnahmen zur Beschleunigung des Netzausbaus Elektrizitätsnetze vom 28.7.2011 (BGBl. I 1690 (1699)) mit Inkrafttreten am 5.8.2011 in das EnWG eingefügt (vgl. auch § 118 Abs. 11). Weder im ursprünglichen Gesetzentwurf der Bundesregierung (BR-Drs. 342/11, 21) noch im Entwurf der Fraktionen der CDU/CSU und FDP (BT-Drs. 17/6073, 15) war die Grenze des Entgegenstehens naturschutzfachlicher Belange in Satz 1 Halbsatz 1 enthalten. Die Voraussetzung wurde erst aufgrund der Beschlussempfehlung des Ausschusses für Wirtschaft und Technologie (9. Ausschuss) vom 29.6.2011 aufgenommen (BT-Drs. 17/6366, 19). Ebenfalls im Rahmen der Beschleunigungsnovelle wurde neben § 43h u.a. auch die Möglichkeit der Zulassung im Anzeigeverfahren gem. § 43f und der Projektmanager gem. § 43g in das EnWG eingeführt. Ferner wurde zeitgleich mit der Einführung des § 43h auch der Kostenvergleichsfaktor für Investitionen in die Erdkabeltechnologie auf der 110 kV-Ebene in § 23 Abs. 1 S. 2 Nr. 6 ARegV von 1,6 auf 2,75 hochgesetzt (Art. 5 Nr. 2 des Gesetzes in BGBl. 2011 I 1690 (1700)), um die Erdverkabelung in der Hochspannung wirtschaftlich – gem. § 23 Abs. 6 S. 1 ARegV auch für VNB – zu erleichtern (BR-Drs. 342/11, 59; BT-Drs. 17/6073, 35). 4

Im Kontext der „NABEG 2.0"-Novelle (ausf. und krit. zur Novelle bereits Kelly/Schmidt AöR 144 (2019), 577 (585 ff.) mwN) wurde § 43h durch Art. 1 des Gesetzes zur Beschleunigung des Energieleitungsausbaus (EnLABG) vom 13.5.2019 (BGBl. I 706 (713)) um einen Satz 2 erweitert. Die Hinzufügung des Satzes 2 war noch nicht im ursprünglichen Entwurf der Bundesregierung enthalten. BT-Drs. 19/7375, 8), sondern wurde wie 2011 die „naturschutzfachlichen Belange" in Satz 1 Halbsatz 1 erst durch die Beschlussempfehlung des Ausschusses für Wirtschaft und Energie (9. Ausschuss) aufgenommen (BT-Drs. 19/8913, 27). Der neue Satz 2 soll der besseren praktischen Handhabbarkeit der Vorschrift dienen und damit zu mehr Klarheit in der Rechtsanwendung führen (BT-Drs. 19/9027, 15), indem er klarstellt, dass Freileitungen bei Neubauvorhaben mit **weit überwiegendem Verlauf in** oder **unmittelbar neben** einer **Bestandstrasse** (sog. Ersatz- und Parallelneubau) möglich sind. 5

B. Anwendungsbereich und Begrifflichkeiten

Die Vorschrift macht nur eine von der Genehmigungsform grundsätzlich **unabhängige** **inhaltlich-technologische Vorgabe** für die Vorhabenrealisierung (→ Rn. 7 f.) (vgl. Bourwieg/Hellermann/Hermes/Koidt § 43h Rn. 1) und bestimmt mithin weder das anzuwendende Verfahren noch die näheren Zulassungsanforderungen (Kment EnWG/Turiaux § 43h Rn. 3; Elspas/Schwoon NVwZ 2012, 1066 (1068); de Witt/Kause RdE 2012, 328 (332)). Die inhaltliche Vorgabe des § 43h betrifft dabei nur Hochspannungsleitungen mit einer Nennspannung von **110 kV oder weniger** (→ Rn. 9 f.) auf **neuen Trassen,** die nicht bereits vor dem 5.8.2011 beantragt wurden (→ Rn. 11 ff.). 6

I. Kopplung an die Planfeststellung

7 Vor dem Inkrafttreten des Art. 1 des Gesetzes zur Beschleunigung des Energieleitungsausbaus (EnLABG) vom 13.5.2019 (BGBl. I 706) konnten nach § 43 S. 8 2015 nur die Erdkabelvorhaben mit einer Nennspannung von 110 kV (und nicht weniger!) im Wege der Planfeststellung zugelassen werden. Die Regelung des § 43 S. 8 wurde durch das EnLABG in § 43 Abs. 2 S. 1 Nr. 4 auf sonstige **Erdkabelneubauvorhaben** mit einer Nennspannung von **110 kV oder weniger** erweitert, sodass nun auch 60 kV-Erdkabel planfeststellungsfähig sind. Allerdings gibt es keine allgemeine Planfeststellungspflicht für Erdkabelvorhaben auf der Hochspannungsebene; dies wurde bereits im Gesetzgebungsprozess zum InPlBeschlG 2006 vorgeschlagen, jedoch nicht umgesetzt (vgl. dazu nur Schütte RdE 2007, 300; Säcker EnergieR/Pielow § 43h Rn. 3). Wenn Hochspannungsleitungen nicht unter § 43 Abs. 1 fallen und der Vorhabenträger keinen Antrag nach § 43 Abs. 2 auf Planfeststellung stellt, können diese auch nach den einschlägigen Fachgesetzen (zB BImSchG, Landesbauordnungen, Wasserrecht, Naturschutzrecht) durch Einzelgenehmigung zugelassen werden (→ § 43 Rn. 51 ff.). § 43h regelt selbst also weder die Planfeststellungspflichtigkeit (§ 43 Abs. 1) noch Planfeststellungsfähigkeit (§ 43 Abs. 2) bestimmter energiewirtschaftlicher Vorhaben und entfaltet mithin selbst auch keine Genehmigungswirkung, sondern macht nur eine von der Genehmigungsform grundsätzlich unabhängige inhaltlich-technologische Vorgabe für die Vorhabenrealisierung (vgl. Bourwieg/Hellermann/Hermes/Koidt § 43h Rn. 1). Die Vorschrift steht also insbesondere in Verbindung mit der neuen Vorschrift zur (fakultativen) Planfeststellungsfähigkeit von Erdkabel-Vorhaben mit einer Nennspannung von 110 kV oder weniger in § 43 Abs. 2 S. 1 Nr. 4 (→ § 43 Rn. 67).

7.1 Die ehemals als § 43 S. 7 zeitgleich mit § 43h im EnWG 2011 eingeführte und später in § 43 S. 8 EnWG 2015 modifizierte Regelung ermöglichte bis zur Novelle durch Art. 1 des Gesetzes zur Beschleunigung des Energieleitungsausbaus (EnLABG) vom 13.5.2019 (BGBl. I 706) eine fakultative Planfeststellungsfähigkeit für Errichtung, Betrieb oder Änderung eines Erdkabels mit einer Nennspannung „von 110 kV". Damit konnte es zu der Situation kommen, dass ein konfliktträchtiges Neubauvorhaben auf einer Trasse mit einer Nennspannung von 60 KV – der Hochspannungsbereich bewegt sich zwischen 60 kV oder 110 kV (vgl. BT-Drs. 17/6073, 18) – zwar nach Satz 1 Halbsatz 1 als Erdkabel zu realisieren („110 kV oder weniger") wäre, im Interesse einer zügigeren Umsetzung aber nicht die korrespondierende Möglichkeit einer optionalen Planfeststellung einer solchen Hochspannungserdverkabelung gegeben wäre (krit. Theobald/Kühling/Missling § 43h Rn. 5 mwN). Nicht nur, dass durch diese Divergenz der Beschleunigungszweck von § 43 S. 7 EnWG 2011 sowie § 43h gefährdet war (BR-Drs. 342/11, 55, 57; dazu auch Theobald/Kühling/Missling § 43h Rn. 5), auch lief die Regelung des § 43h bei Vorhaben mit einer Nennspannung von „weniger als 110kV" ins Leere, da der Anwendungsbereich des § 43h an die Planfeststellung- bzw. -genehmigung gem. §§ 43 ff. gekoppelt ist (Steinbach/Franke/Nebel/Riese § 43h Rn. 13; aA Theobald/Kühling/Missling § 43h Rn. 6). Soweit der Vorhabenträger nämlich keinen Antrag auf Planfeststellung stellt, ist er auch nicht an die Vorgaben der §§ 43 ff., also auch nicht an die vorrangige Erdverkabelung gem. § 43h, gebunden (Steinbach/Franke/Nebel/Riese § 43h Rn. 13 mwN; aA Theobald/Kühling/Missling § 43h Rn. 6). Die Vorschrift in § 43 S. 7 EnWG wurde vor Novellierung 2019 deshalb auch als u.a. „inhaltlich und systematisch missglückt" (Elspas/Schwoon NVwZ 2012, 1066 (1068)) kritisiert. Die Regelung zur Planfeststellungsfähigkeit von Erdkabelvorhaben mit einer Nennspannung von 110 kV in § 43 S. 8 EnWG 2015 ist durch das EnLABG im neuen § 43 Abs. 2 S. 1 Nr. 4 aufgegangen. Dieser ermöglicht nun auch die Planfeststellung für sonstige Erdkabelneubauvorhaben mit einer Nennspannung von 110 kV „oder weniger". Folglich ist der systematische Missstand zwischen der Planfeststellungsfähigkeit gem. § 43 S. 7 EnWG 2011 bzw. § 43 S. 8 EnWG 2015 und dem Erdkabelvorrang gem. § 43h mit dem neuen § 43 Abs. 2 S. 1 Nr. 4 behoben.

8 Bisher strittig war, ob der Anwendungsbereich der Verkabelungspflicht des § 43h erst eröffnet ist, wenn der Vorhabenträger einen Antrag auf Planfeststellung bzw. -genehmigung nach § 43 S. 7 EnWG 2011 bzw. § 43 S. 8 EnWG 2015 gestellt hat (Steinbach/Franke/Nebel/Riese § 43h Rn. 13; Säcker EnergieR/Pielow § 43h Rn. 8; de Witt/König DVBl 2013, 955) oder ob auch Einzelzulassungsverfahren, dh die gesamte Hochspannungsebene bis 110 kV (Theobald/Kühling/Missling § 43h Rn. 5 ff.; Kment EnWG/Turiaux § 43h Rn. 3) von § 43h erfasst sind (auch → § 43 Rn. 67). Als Argument für einen – entgegen seiner systematischen Stellung – über die Planfeststellung- bzw. -genehmigung gem. §§ 43 ff.

hinausgehenden Anwendungsbereich des § 43h wurde maßgeblich auf die Differenz der beiden Regelungen in § 43 S. 8 EnWG 2015 („110 kV") und § 43h („110 kV oder weniger") abgestellt. Daraus wurde eine gesetzgeberische Intention abgeleitet, mit § 43h ausdrücklich auch Einzelzulassungsverfahren unter der 110 kV-Ebene erfassen zu wollen, da der § 43h sonst entgegen dem Wortlaut („oder weniger") zu einem erheblichen Teil leerlaufe (so Theobald/Kühling/Missling § 43h Rn. 6 mwN). Mit der Modifikation des § 43 S. 8 EnWG 2015 in § 43 Abs. 2 S. 1 Nr. 4 („110 kV oder weniger") ist diese weite Auslegung des § 43h nicht mehr haltbar (→ Rn. 7.1). Mit einem engeren Anwendungsbereich des Erdkabelvorrangs gem. § 43h nur auf planfestzustellende Vorhaben geht die Gefahr einher, dass sich Vorhabenträger durch das Absehen eines Antrags auf Planfeststellung nach § 43 Abs. 2 S. 1 Nr. 4 nicht nur von einer erforderlichen umfangreichen Abwägung widerstreitender Belange (→ § 43 Rn. 52), sondern auch von der Bindung an die vorrangige Erdverkabelung nach § 43h lösen könnten. Dieses Wahlrecht des Vorhabenträgers dürfte praktisch aber wohl kaum zu verfassungsrechtlichen Bedenken führen, da in konfliktträchtigen Verfahren, in denen öffentliche Belange berührt werden und insoweit mit Widerspruch Betroffener (auch: Umweltverbänden) zu rechnen ist, ohnehin die Vorteile der Planfeststellung (insbesondere enteignungsrechtliche Vorwirkung, Parallelführung von Enteignungs- und Planfeststellungsverfahren, vorzeitige Besitzeinweisung, vorgelagerte Rechtsschutzfunktion der Öffentlichkeitsbeteiligung) die Zeitersparnisse im einfachen Genehmigungsverfahren in der Regel überwiegen dürften (→ § 43 Rn. 53). In einfach gelagerten Fällen, in denen öffentliche Interessen der ausnahmsweisen Realisierung als Freikabel nicht entgegenstehen, wäre auf Antrag des Vorhabenträgers ohnehin eine Ausnahme vom Erdkabelvorrang nach Satz 1 Halbsatz 2 möglich (→ Rn. 28 ff.); insofern wird der Regelungsgehalt des Erdkabelvorrangs (als „Regelfall", BR-Drs. 342/11, 5) durch die Kopplung der Verkabelungspflicht an die Planfeststellung auch nicht ausgehöhlt.

§ 43h entfaltet keine unmittelbare Vorwirkung auf das Raumordnungsverfahren. Nach 8a § 15 Abs. 1 S. 1 ROG ist im Raumordnungsverfahren die Raumverträglichkeit raumbedeutsamer Planungen und Maßnahmen i.S.v. § 1 ROV zu prüfen. § 1 S. 3 Nr. 14 ROV erfasst ausdrücklich nur die Errichtung von Hochspannungsfreileitungen mit einer Nennspannung von 110 kV oder mehr. Erdkabel sind nach dem eindeutigen Verordnungswortlaut nicht erfasst (OVG Bautzen BeckRS 2022, 17423 Rn. 24). Sie gewinnen jedoch mittelbar Bedeutung, soweit durch die Wahl eines Erdkabels eine Trassenalternative eröffnet wird (vgl. § 15 Abs. 1 S. 3 ROG).

II. Hochspannungsleitungen bis 110 kV

Zudem sind nur Hochspannungsleitungsvorhaben mit einer Nennspannung bis maximal 9 110 kV von der Vorschrift erfasst. Die Nennspannung auf der Hochspannungsebene beträgt zwischen mindestens 60 und maximal 110 kV (BT-Drs. 17/6073, 18). Im Regelfall kommen 110 kV-Hochspannungsleitungen in den Verteilernetzen iSv § 3 Nr. 29c, 37 auf Längen von 50–100 km im ruralen und 10–20 km im urbanen Raum zum Einsatz (Säcker EnergieR/ Pielow § 43h Rn. 5 mwN). Als einzige über Einzelfälle hinaus eingesetzte Alternative zur 110 kV-Leitung kommen im Hochspannungsbereich nur Leitungen mit einer Nennspannung von 60 kV in Frage; diese sind jedoch regelmäßig bereits als Erdverkabelung realisiert (Säcker EnergieR/Pielow § 43h Rn. 7). Primär soll die Regelung des § 43h demnach die Erdverkabelung bei Leitungsneubauvorhaben mit 110 kV-Nennspannung zum Regelfall machen (BR-Drs. 342/11, 57); vorgelagerte Höchstspannungsleitungen der Übertragungsnetze mit einer Nennspannung ab 220 kV sind ebenso ausgeschlossen wie die nachgelagerten Mittel- und Niederspannungsebenen.

Erdkabel sind in Abgrenzung zur oberirdisch verlegten Freileitung wiederum alle techni- 10 schen Stromübertragungssysteme, die unterirdisch verlegt sind bzw. den technischen Anforderungen an eine unterirdische Verlegung entsprechen (Wustlich ZUR 2017, 122 (125); BT-Drs. 16/3781, 5; Rosin/Pohlmann/Gentzsch/Metzenthin/Böwing/Engel §§ 43–43h Rn. 61).

III. Neubauvorhaben nach dem 5.8.2011

1. Defizitäre Positivdefinition der „neuen Trasse" in S. 1 Hs. 1

11 Ferner sind nur Leitungen auf „neuen Trassen", dh insgesamt „neu zu errichtenden Leitungen" (BT-Drs. 17/6073, 35) auf gleichfalls neuen Trassen erfasst (vgl. Säcker EnergieR/Pielow § 43h Rn. 7 mwN; Steinbach/Franke/Nebel/Riese § 43h Rn. 24). Trasse meint dabei den konkreten, parzellenscharfen Verlauf der Stromleitung einschließlich der Maststandorte und der sonstigen Nebeneinrichtungen (Steinbach/Franke/Nebel/Riese § 43h Rn. 20 ff., 23; Theobald/Kühling/Missling § 43h Rn. 10; Kment EnWG/Turiaux § 43h Rn. 3; Schiller RdE 2012, 423 (424)). Ob es sich um eine neue Leitung oder ein Bestandsleitung handelt, ist nach dem Wortlaut des Satzes 1 unerheblich (Schiller RdE 2012, 423 (424); aA Steinbach/Franke/Nebel/Riese § 43h Rn. 24), daher fallen Ersatzbauten oder Mastverschiebungen auf vorhandenen Trassen nicht unter den Begriff der neuen Trasse (OVG NRW EnWZ 2013, 523; Theobald/Kühling/Missling § 43h Rn. 11; Kment EnWG/Turiaux § 43h Rn. 3 mwN; Rosin/Pohlmann/Gentzsch/Metzenthin/Böwing/Engel §§ 43–43h Rn. 71; Sellner/Fellenberg NVwZ 2011 1025 (1032)). Das gilt nach aktueller Rechtsprechung jedoch nur für vorhandene Trassen im Hochspannungsbereich (vgl. SächsOVG BeckRS 2020, 31668 Rn. 111; → Rn. 12 ff.). Nicht endgültig geklärt werden konnte bisher die Frage, ob neue Leitungen, die parallel und zusätzlich zu vorhandenen Trassen oder abschnittsbezogen von der Bestandstrasse abweichend errichtet werden sollen, von § 43h erfasst sind und inwieweit dabei erheblich ist, ob es sich nur um eine geringfügige Abweichung handelt (Theobald/Kühling/Missling § 43h Rn. 11; Steinbach/Franke/Nebel/Riese § 43h Rn. 24 ff.; Rosin/Pohlmann/Gentzsch/Metzenthin/Böwing/Engel §§ 43–43h Rn. 71 mwN). Mit dem neuen Satz 2 hat der Gesetzgeber insoweit für mehr Rechtsklarheit gesorgt (→ Rn. 13 ff.).

12 Neben der Diskussion darüber, ob und nach welchen Schwellenwerten auch Ersatz- und Parallelneubauvorhaben unter den Erdverkabelungsvorrang fallen (→ Rn. 11), lässt sich Satz 1 auch nicht ohne Weiteres entnehmen, ob eine „neue Trasse" auch dann vorliegt, wenn eine neue Hochspannungsleitung auf einer bereits genehmigten Mittel- oder Niederspannungsbestandstrasse geplant wird. Der Wortlaut lässt also sowohl die Auslegung zu, dass eine Hochspannungsleitung nur dann auf einer „neuen" Trasse verläuft, wenn bisher noch gar keine Trasse vorhanden war, als auch die Auslegung, dass es sich bereits um eine „neue" Trasse handelt, wenn zwar eine Trasse vorhanden ist, diese aber bislang nicht für eine Hochspannungsleitung genutzt worden ist (SächsOVG BeckRS 2020, 31668 Rn. 108).

2. Ergänzende Negativabgrenzung der „neuen Trasse" in S. 2

13 Mit dem 2019 durch das EnLABG neu eingefügten Satz 2 hat der Gesetzgeber den Begriff der neuen Trasse in Satz 1 Halbsatz 1 im Interesse einer besseren praktischen Handhabbarkeit und mehr Rechtsklarheit weiter konkretisiert (→ Rn. 5). Nach Satz 2 handelt es sich nicht um eine neue Trasse iSv Satz 1, wenn der Neubau einer Hochspannungsleitung **weit überwiegend in** oder **unmittelbar neben** einer **Bestandstrasse** durchgeführt werden soll (ausf. SächsOVG BeckRS 2020, 31668 Rn. 106 ff.).

14 Aus der Gesetzesbegründung für den ergänzten Satz 2 (BT-Drs. 19/9027, 15) lässt sich zwar ableiten, dass Gegenstand der Vorschrift die „Bestandsleitungen" und „Bestandstrassen" sind. Ob es sich bei diesen „Bestandsleitungen" um Hochspannungsleitungen und bei den „**Bestandstrassen**" um bestehende Trassen von Hochspannungsleitungen (60–110 kV) handelt, bleibt unbeantwortet, liegt vor dem Hintergrund des gesetzlichen Regelungsgegenstands („Ausbau des Hochspannungsnetzes") und der systematischen Kopplung von § 43h an § 43 aber doch nahe (SächsOVG BeckRS 2020, 31668 Rn. 109 f.). Es handelt sich mithin dann nicht um einen reinen Ersatzneubau, bei dem keine „neue Trasse" iSd Satzes 1 anzunehmen ist, wenn erstmals eine Hochspannungsleitung (60–110 kV) in einer bereits planfestgestellten bestehenden Mittelspannungstrasse (30 kV) errichtet wird (SächsOVG BeckRS 2020, 31668 Rn. 108 f. mwN). Eine „Bestandstrasse" für eine Hochspannungsleitung iSd Satzes 2 ist daher regelmäßig eine bereits planfestgestellte Trasse für eine Hochspannungsleitung; nicht jedoch eine Mittelspannungsleitung, da der Satz 2 nur geringfügige Abweichungen von einer nennspannungsgleichen Bestandstrasse zum Gegenstand hat (SächsOVG BeckRS 2020, 31668

Rn. 110, 112). Insgesamt ist der Begriff der „Bestandtrasse" des Satzes 2 als Negativabgrenzung zum Begriff der „neuen Trasse" des Satzes 1 Halbsatz 1 mithin eng und gekoppelt an den Nennspannungsbereich der Leitungsvorhaben zwischen 60 und 110 kV auszulegen.

Um keine neue Trasse iSd Satzes 1 handelt es sich nach Satz 2 jedoch nicht nur bei dem Neubau einer Hochspannungsleitung „in", sondern auch „**weit überwiegend in**" oder „**unmittelbar neben**" einer Bestandtrasse. Freileitungen sollen also nach dem gesetzgeberischen Interesse einer optimierte Leitungsführung und einer Konfliktlösung vor Ort auch in den Fällen ermöglicht werden, in denen ein Ersatz- oder Parallelneubau stattfindet und auf kurzen Abschnitten zur Trassenoptimierung von der Bestandstrasse abgewichen werden soll (BT-Drs. 19/9027, 15 (17)). Voraussetzung dafür ist ein weit überwiegender Verlauf in oder unmittelbar neben einer Bestandstrasse. In oder unmittelbar neben einer Bestandstrasse liegen nach der Gesetzesbegründung solche Hochspannungsleitungen, die in weit überwiegenden Bereichen der neu zu errichtenden Hochspannungsleitung **optisch als Einheit mit der Bestandsleitung** sowie **ohne trennende Merkmale** wie größere Abstandsflächen, trennende Gehölze, Wasserflächen oder Siedlungsflächen wahrgenommen werden (BT-Drs. 19/9027, 15). 15

Zur weiterführenden Konkretisierung der Merkmale des Satzes 2 verweist die Gesetzesbegründung auf den parallel zu Satz 2 im EnLABG eingeführten § 5a NABEG, der den Verzicht auf die Bundesfachplanung regelt (ausf. und krit. dazu Kelly/Schmidt AöR 144 (2019), 577 (586 ff., 616 ff.) mwN). Nach § 5a Abs. 2 S. 1 NABEG kann analog zu der Regelung in Satz 2 auf die Durchführung der Bundesfachplanung bei einem „Ersatz- oder Parallelneubau", der „weit überwiegend in" oder „unmittelbar neben einer Bestandstrasse" erfolgt, verzichtet werden (vgl. BT-Drs. 19/8913, 38 iVm BT-Drs. 19/9027, 17). Auch für die begriffliche Bestimmung des Ersatz- und Parallelneubaus ist mithin auf die Vorbildregelung im NABEG abzustellen; das EnWG enthält dazu keine Definition. Nach der Legaldefinition in § 3 Nr. 4 NABEG erfasst der „**Ersatzneubau**" die Errichtung einer neuen Leitung in oder unmittelbar neben einer Bestandstrasse, wobei die bestehende Leitung innerhalb von drei Jahren ersetzt wird; die Errichtung erfolgt „in der Bestandstrasse", wenn sich bei Freileitungen die Mastfundamente und bei Erdkabeln die Kabel in der Bestandstrasse befinden. Um einen „**Parallelneubau**" handelt es sich nach § 3 Nr. 5 NABEG wiederum, wenn die Errichtung einer neuen Leitung unmittelbar neben einer Bestandstrasse erfolgt, wobei die bestehende Leitung fortbestehen soll. Sowohl bei Ersatz- als auch beim Parallelneubau iSv § 3 Nr. 4 f. NABEG erfolgt die Errichtung „**unmittelbar neben der Bestandstrasse**", wenn ein Abstand von 200 Metern zwischen den Trassenachsen nicht überschritten wird. Für das Merkmal „**weit überwiegend in**" kann keine vergleichbar konturenscharfe Definition herangezogen werden. Nach der Gesetzesbegründung ist dabei vielmehr auf den Gesamteindruck des Einzelfalls abzustellen. Als „Daumenregel" kann von der weit überwiegenden Nutzung ausgegangen werden, wenn über 80 Prozent der zu realisierenden Leitungsmeter innerhalb der vorhandenen Trasse realisiert werden sollen ((BT-Drs. 19/7375, 71). Die übrigen 20 Prozent müssen nicht unmittelbar neben der bestehenden Trasse realisiert werden, sondern können auch weiter von der bestehenden Trasse abweichen (sog. Verschwenkungen), um insbesondere die Umgehung von Wohnbebauung oder Naturschutzgebieten zu ermöglichen (BT-Drs. 19/7375, 71). Analog zum Antrag auf einen Bundesfachplanungsverzicht nach § 5a Abs. 1–3 NABEG hat der Vorhabenträger bei einem Antrag auf eine ausnahmsweise Errichtung als Freileitung iSd Satzes 1 Halbsatz 2 mithin insbesondere Engstellen und sonstige räumliche oder Umwelthindernisse wie Naturschutzgebiete, Flüsse, Berge und Siedlungen näher zu betrachten, umweltrechtliche Aspekte zu berücksichtigen sowie die Möglichkeiten der Trassenführung zu untersuchen (BT-Drs. 19/7375, 71). 16

Zusammenfassend ist es folglich sachgerecht, bei der Klärung der Frage, ob es sich um eine neue Trasse iSd Satzes 1 handelt, auf den **Umfang der Abweichungen** der neu zu errichtenden Hochspannungsleitung von der bereits genehmigten Trasse abzustellen (iE so auch Steinbach/Franke/Nebel/Riese § 43h Rn. 26; Rosin/Pohlmann/Gentzsch/Metzenthin/Böwing/Engel §§ 43–43h Rn. 71 mwN). Weder der Um- oder Ausbau bereits bestehender Leitungen noch der Leitungsneubau ganz überwiegend auf einer vorhandenen Trasse (sog. Bestandstrasse) mit nur unwesentlichen Abweichungen von der alten Trasse sind vom Begriff der „neuen Trasse" des Satzes 1 erfasst (NdsOVG NVwZ-RR 2014, 219 (222); Kment EnWG/Turiaux § 43h Rn. 10 mwN; aA Theobald/Kühling/Missling § 43h Rn. 11). 17

Dies gilt jedoch nur, sofern der eng auszulegende Begriff der „Bestandstrasse" iSv Satz 2 erfüllt ist, dh eine Trasse besteht, auf der bereits eine Hochspannungsleitung (60–110 kV) geführt wird und sich bei Freileitungen die Mastfundamente und bei Erdkabeln die Kabel in der Bestandstrasse befinden (SächsOVG BeckRS 2020, 31668 Ls. 3, Rn. 106 ff.). Ergänzend handelt es sich auch dann nicht um eine „neue Trasse" iSd Satzes 1 Halbsatz 1, wenn der Neubau einer Hochspannungsleitung „weit überwiegend in" – dh, wenn über 80 Prozent der zu realisierenden Leitungsmeter innerhalb der vorhandenen Trasse realisiert werden sollen – oder „unmittelbar neben" einer Bestandstrasse – dh, wenn ein Abstand von 200 Metern zwischen den Trassenachsen nicht überschritten wird – durchgeführt werden soll (→ Rn. 16).

3. Neufälle ab dem 5.8.2011

18   Ferner werden nach der Übergangsvorschrift in § 118 Abs. 11 vor dem 5.8.2011 beantragte Planfeststellungsverfahren oder Plangenehmigungsverfahren für Hochspannungsleitungen mit einer Nennspannung von 110 kV weiter nach den bisher geltenden Vorschriften zu Ende geführt, sofern der Träger des Vorhabens nicht ausdrücklich ein Verfahren nach neuem Recht beantragt. Damit wird sichergestellt, dass nicht bereits beantragte Verfahren unter die neue Regelung des § 43h fallen, wodurch eine vollständige, kostenintensive und verzögernde Neuplanung von bereits seit Jahren laufenden Projekten notwendig sein könnte (BT-Drs. 17/6266, 19; Wahlhäuser NUR 2013, 557 ff.). Bei bereits vor dem 5.8.2011 begonnenen Verfahren ist demnach nicht zu prüfen, ob diese gem. § 43h als Erdkabel auszuführen wären; auch eine analoge Anwendung des § 43h ist durch § 118 Abs. 11 ausgeschlossen (OVG NRW BeckRS 2013, 56105; BayVGH ZUR 2013, 497 (501)).

C. Regel: Grundsätzlicher Erdkabelvorrang bei Neubauten (S. 1 Hs. 1)

19   Der grundsätzliche Erdkabelvorrang bei neu zu errichtenden Hochspannungsleitungen auf neuen Trassen mit einer Nennspannung von 110 kV oder weniger (→ Rn. 6 ff.) besteht gem. Satz 1 Halbsatz 1 nur, soweit die Gesamtkosten für Errichtung und Betrieb des Erdkabels die Gesamtkosten der technisch vergleichbaren Freileitung den **Faktor 2,75** nicht überschreiten (→ Rn. 20 ff.) und **naturschutzfachliche Belange** nicht entgegenstehen (→ Rn. 25 ff.).

I. Kostenkalkulation: 2,75-Faktor

20   Zunächst sind Erdkabel nach Satz 1 Halbsatz 1 nur dann vorrangig zu verlegen, wenn die gesamten **Mehrkosten für Errichtung und Betrieb** der unterirdischen Verkabelungsvariante maximal **275 Prozent der Gesamtkosten** der technisch gleichwertigen und im Einzelfall realisierbaren oberirdischen Freileitungsvariante betragen (vgl. BT-Drs. 17/6073, 35; Schiller RdE 2012, 423; Kment EnWG/Turiaux § 43h Rn. 7 mwN, der die sprachliche Ungenauigkeit der Kostenregelung: 275 Prozent oder 375 Prozent kritisiert, iE aber nachvollziehbar darlegt, dass die Mehrkostengrenze 275 Prozent beträgt). Dem Wirtschaftlichkeitskriterium kann bei deutlich höherem Kostenfaktor bei der technischen Variantenwahl hohes Gewicht beigemessen werden (BayVGH BeckRS 2016, 49780 Rn. 55). Der starre Schwellenwert von 2,75 lässt sich angesichts des Prinzips der Preisgünstigkeit gem. § 1 Abs. 1 dadurch rechtfertigen, dass die Mehrkosten der Erdverkabelung im Vergleich zur Freileitung in der Regel im Verhältnis von mindestens 2:1 (vgl. ausf. nur SchlHOVG BeckRS 2012, 48970 Rn. 51, 53 mwN) liegen und trotzdem weder netznutzungsentgeltpflichtige Verbraucher noch Vorhabenträger unverhältnismäßig belastet werden sollen (Säcker EnergieR/Pielow § 43h Rn. 10, 12). Nichtsdestotrotz kommt durch die Regelung zum Ausdruck, dass der Gesetzgeber bereit ist – im Interesse eines beschleunigten Netzausbaus und höherer Akzeptanz der Betroffenen vor Ort – Mehrkosten bis zu 275 Prozent in Kauf zu nehmen (BR-Drs. 342, 11; Säcker EnergieR/Pielow § 43h Rn. 10).

21   Soweit die Mehrkostengrenze von 2,75 nicht überschritten wird und naturschutzfachliche Belange nicht entgegenstehen, ist das Vorhaben als Erdkabelvariante auszuführen (nach hM wird Satz 1 eine diesbezügliche „Pflicht" entnommen; aA wohl Säcker EnergieR/Pielow § 43h Rn. 8 ff., der im Hinblick auf Art. 12 GG einen Zwang zur Erdverkabelung für unzu-

lässig hält und insoweit auch nicht von einer „Pflicht", sondern nur „Vorrang"-Regel spricht). Beantragt der Vorhabenträger dennoch die Ausführung als Freileitungsvariante, läuft er Gefahr, dass die Planfeststellungsbehörde das Vorhaben auf Grundlage ihrer anzustellenden **Kostenprüfung innerhalb der fachplanerischen Abwägung** (unter Direktwirkung von § 43h) nicht zulässt (vgl. Schiller RdE 2012, 423 (424)); bei bereits begonnenen Freileitungsvorhaben können auch keine „Investitionsmaßnahmen" der VNB mehr genehmigt werden, vgl. § 23 Abs. 1 S. 2 Nr. 6 iVm Abs. 6 S. 1 ARegV (Säcker EnergieR/Pielow § 43h Rn. 8 mwN). Andererseits schließt eine Überschreitung der Mehrkostengrenze die Erdverkabelung nicht automatisch aus, da im Rahmen der Abwägung nach allgemeinen fachplanerischen Grundsätzen dennoch das Erdkabel im Einzelfall überwiegen kann (Kment EnWG/Turiaux § 43h Rn. 6; aA de Witt/König DVBl 2013, 955 (962 ff.)).

Für die Berechnung der Kostengrenze sind ausdrücklich nicht nur die einmalig erforderlichen Investitionen in die **Errichtung**, sondern auch die Kosten für den zukünftigen **Betrieb**, dh die prognostizierten Gesamtkosten über den gesamten Lebenszyklus der jeweiligen Leitungsvariante, zu berücksichtigen (ausf. SchlHOVG BeckRS 2012, 48970 Rn. 51; Kment EnWG/Turiaux § 43h Rn. 8; Säcker EnergieR/Pielow § 43h Rn. 12; Theobald/Kühling/Missling § 43h Rn. 12, 16 f.; Rosin/Pohlmann/Gentzsch/Metzenthin/Böwing/Engel §§ 43–43h Rn. 74 ff.). Dabei muss die Berechnung nicht nur zum Antrags-, sondern auch noch zum Genehmigungszeitpunkt korrekt sein; bei langwierigen Verfahren kann deshalb eine kontinuierliche Kostenprüfung angezeigt sein (Rosin/Pohlmann/Gentzsch/Metzenthin/Böwing/Engel §§ 43–43h Rn. 76; Theobald/Kühling/Missling § 43h Rn. 15). Die Notwendigkeit dieser Lebenszyklus-Berechnung erscheint sachgerecht, da sich die technologiespezifischen Kostenanteile der Ausführungsvarianten (Erdkabel vs. Freileitung) hinsichtlich der einmaligen Kapital- und der laufenden Betriebskosten deutlich unterscheiden (Säcker EnergieR/Pielow § 43h Rn. 12; Schiller RdE 2012, 423 (424)). Regelmäßig ist die Errichtung eines Erdkabels teurer als der Bau einer technisch gleichwertigen Freileitung, allerdings kompensieren Erdkabel einen Teil der Mehrkosten durch geringere Unterhaltungs- bzw. Wartungskosten und geringere Stromverluste im Betrieb (ausf. nur Kment EnWG/Turiaux § 43h Rn. 8; Rosin/Pohlmann/Gentzsch/Metzenthin/Böwing/Engel §§ 43–43h Rn. 73 ff. mwN). **Errichtungskosten** sind dabei alle **variantenspezifischen** Kosten, die sich aus dem Leitungsbau (Arbeits-, Bau- und Materialkosten), den Entwurfs- und Planungskosten (dh auch für naturschutzfachliche Gutachten, Umweltprüfungen bzw. Beteiligungsveranstaltungen bspw. durch einen Projektmanager gem. § 43g) oder der Projektfinanzierung und -abrechnung ergeben (Säcker EnergieR/Pielow § 43h Rn. 12; Kment EnWG/Turiaux § 43h Rn. 8). Unter die zu berücksichtigenden **Betriebskosten** fallen wiederum alle variantenspezifischen Kosten, die nach Inbetriebnahme der Leitung entstehen, dh insbesondere Unterhaltungs- und Reparaturkosten, Verlustkosten bei Betriebsstörungen sowie Verlustenergiekosten und Kostenpunkte in Verbindung mit der Lebensdauer einer Leitung (Steinbach/Franke/Nebel/Riese § 43h Rn. 34; Säcker EnergieR/Pielow § 43h Rn. 12 mwN). Der Kostenvergleich muss weiter nicht auf identischen Trassenverläufen beruhen; wenn bspw. durch ein Erdkabel problematische Grundstücke oder durch eine Freileitung bestimmte vulnerable Bodenbereiche umgangen werden können, ist das zu berücksichtigen (Rosin/Pohlmann/Gentzsch/Metzenthin/Böwing/Engel §§ 43–43h Rn. 72; offen OVG Bautzen BeckRS 2022, 17423 Rn. 49; 2022, 17613 Rn. 35).

Zum **Detaillierungsgrad** der anzustellenden Kostenprüfung trifft der Gesetzestext keine Aussage. Umstritten (dargestellt bei u.a. Kment EnWG/Turiaux § 43h Rn. 9; Säcker EnergieR/Pielow § 43h Rn. 11 mwN) ist, ob der Vorhabenträger eine komplette Parallelplanung und -kalkulation beider Varianten durchzuführen hat (Steinbach/Franke/Nebel/Riese § 43h Rn. 28, 33; Theobald/Kühling/Missling § 43h Rn. 14) oder ein pauschaler Vergleich anhand von Standardkostensätzen und Schätzwerten ausreicht (de Witt/König DVBl 2013 955 (962); Schiller RdE 2012, 423 (425); Rosin/Pohlmann/Gentzsch/Metzenthin/Böwing/Engel §§ 43–43h Rn. 75). Jedenfalls erforderlich ist eine individuelle Kostenbetrachtung des konkreten Trassenverlaufs (NdsOVG NVwZ-RR 2014, 219 (222)). Bei einer abschnittsweisen Erdverkabelung gem. § 43 Abs. 2 S. 2 sind die Kosten abschnittsbezogen zu ermitteln; auch zu berücksichtigen sind dabei die Kosten der erforderlichen Nebenanlagen für den Übergang zwischen Freileitung und Erdkabel (bspw. Muffenbau- oder Umspannwerke) (Steinbach/Franke/Nebel/Riese § 43h Rn. 36 ff.; Kment EnWG/Turiaux § 43h Rn. 10; Theobald/

Kühling/Missling § 43h Rn. 18 mwN). Aufgrund der hohen Rechtsunsicherheit der einzelnen Kostenmerkmale ist für die Praxis auf jeden Fall ein betriebswirtschaftliches Gutachten eines gerichtlich bestellten und vereidigten Sachverständigen zu empfehlen (Rosin/Pohlmann/Gentzsch/Metzenthin/Böwing/Engel §§ 43–43h Rn. 75).

23.1 Ein Gutachten zur Kalkulation 2,75-Kostengrenze ist als Kostenschätzung mit prognostischem Charakter von den Gerichten eingeschränkt daraufhin überprüfbar, ob die Prognose mit den zu ihrer Zeit verfügbaren Erkenntnismitteln unter Beachtung der für sie erheblichen Umstände sachgerecht erarbeitet worden ist, dh die aus der Prognose gezogenen Schlüssel plausibel und nachvollziehbar sind (vgl. BVerwG BeckRS 2011, 51933 Rn. 90; BeckRS 9998, 169664 = NVwZ 1987, 578 (583); stRspr).

24 Für weitere Details zur Berechnung des Gesamtkostenvergleichs der Errichtungs- und Betriebskosten zwischen Erdkabel- und Freileitungsvariante gem. Satz 1 Halbsatz 1 kann weiter auf die Erwägungen der BNetzA zu den Voraussetzungen genehmigungsfähiger VNB-Investitionsmaßnahmen nach § 23 Abs. 1 S. 2 Nr. 6 iVm Abs. 6 S. 1 ARegV im „Leitfaden zu Investitionsmaßnahmen nach § 23 ARegV" (→ Rn. 3) verwiesen werden (unter www.bundesnetzagentur.de; ausf. dazu bereits Schiller RdE 2012, 423 ff.; Rosin/Pohlmann/Gentzsch/Metzenthin/Böwing/Engel §§ 43–43h Rn. 73; Theobald/Kühling/Missling § 43h Rn. 17 f. mwN).

II. Schranke: Naturschutzfachliche Belange

1. Naturschutzfachliche Belange

25 Des Weiteren dürfen der Ausführung der Hochspannungsleitung gem. Satz 1 Halbsatz 1 keine **naturschutzfachlichen Belange** entgegenstehen. Der staatliche Schutz der natürlichen Lebensgrundlagen und Tiere auch in Verantwortung für künftige Generationen ist als Staatsziele (Umwelt- und Tierschutz) in Art. 20a GG verfassungsrechtlich verankert und im allgemein anerkannten Grundsatz des Schutzes von Natur und Landschaft in § 1 BNatSchG kodifiziert. Obwohl die Staatszielbestimmung im Kern eine anthropozentrische Tendenz aufweist, sind alle Grundlagen des menschlichen, tierischen und pflanzlichen Lebens, also Luft, Wasser, Boden einschließlich der Bodenschätze, sowie lebende Organismen (Pflanzen, Tiere und Mikroorganismen) sowie die Erhaltung der biologischen Vielfalt und die Sicherung eines artgerechten Lebens bedrohter Tier- und Pflanzenarten (BVerfG NVwZ 2011, 94 Rn. 137) erfasst (ausf. BeckOK GG/Huster/Rux GG Art. 20a Rn. 12 ff.; BeckOK UmweltR/Brinktrine BNatSchG § 1 Rn. 57 ff.). Besondere Bedeutung bei der Erdverkabelung von Hochspannungsleitungen kommt dem Landschafts-, Wald-, Boden- und Gewässerschutz zu und da die Vorschrift nicht ausschließlich auf das BNatSchG verweist, sind auch die spezifischen Belange des BWaldG, BBodenSchG, WHG und der FFH-RL (die Vogelschutz-RL spielt wiederum bei Erdkabeln keine wirkliche Rolle) zu beachten (vgl. Theobald/Kühling/Missling § 43h Rn. 13). Im Weiteren kommt den Behörden eine naturschutzfachliche Einschätzungsprärogative zu, wenn keine gesicherten wissenschaftlichen Kenntnisse zu (schädlichen) naturschutzfachlichen Wirkungen von Planungsentscheidungen vorliegen (BVerwG BeckRS 2016, 55910 Rn. 35; 2013, 54737 Rn. 14 ff.; best. BVerfG BeckRS 2018, 29840). Für die naturschutzfachliche Abwägung bei der Erdkabel-Variantenprüfung nach Satz 1 Halbsatz 1 sind primär die unteren Bodenschichten mit der dort angesiedelten Flora und Fauna sowie die chemischen und physikalischen Prozesse (bspw. Wärmeabgabe, elektromagnetische Felder) von Relevanz. Die Begrenzung auf naturschutzfachliche Belange im Gesetzestext schließt eine Berücksichtigung anderer Gemeinwohlbelange wie zB volkswirtschaftliche Interessen aus (Säcker EnergieR/Pielow § 43h Rn. 13).

25.1 Nach Auffassung des Gesetzgebers sind Erdkabel unter naturschutzfachlichen Gesichtspunkten die eingriffsmildere Baumethode im Vergleich zu den Freileitungen. Allerdings können auch Erdkabel Natur und Landschaft in Abhängigkeit der im Einzelfall betroffenen Flächen erheblich beeinträchtigen. Durch den durchgängigen Bodeneingriff, den Erdkabel erfordern, muss die Trasse von tiefwurzelnden Pflanzen (also auch jedweder Baumart) befreit und im späteren Betrieb für Instandhaltungs- und Wartungsarbeiten sowie zum Schutz der Kabel freigehalten werden. Damit geht eine massive Nutzungseinschränkung einher, die nur eine flachwurzelnde Bepflanzung zB im Rahmen einer landwirtschaftlichen Nutzung erlaubt. Besonders problematisch sind demnach Erdkabelvorhaben, die über eine bewaldete Fläche verlaufen sollen; dies gilt allerdings auch für Freileitungsvorhaben, da hier ebenfalls ein Schutzstreifen von hochwachsenden Bäumen freigehalten werden muss. Erhebliche Nachteile der Erdkabel auf Naturschutzbelange sollten in der Regel durch bauliche Maßnahmen oder Ausgleichsmaßnahmen verhindert bzw. kompensiert werden können. Wenn jedoch ein FFH-Gebiet überspannt werden soll, eine Bodenflächennutzung nicht eingeschränkt werden soll oder ein Wasserschutzgebiet in der Planungstrasse liegt, kann die Freileitung die naturschutzfachlich vorzugswürdigere Variante sein (Kment EnWG/Turiaux § 43h Rn. 12; Säcker EnergieR/Pielow § 43h Rn. 13; BayVGH BeckRS 2012, 54587 Rn. 24, 36). Dabei ist zu beachten, dass die naturschutzfachliche Abwägung des Erdkabelvorrangs nach Satz 1 Halbsatz 1 nicht im luftleeren Raum einer „Null-Variante", sondern der Freileitungsvariante gegenüberzustellen ist.

2. Nicht entgegenstehen

Naturschutzfachliche Belange dürfen der Realisierung des Leitungsvorhabens als Erdkabel nach Satz 1 Halbsatz 1 nicht **„entgegenstehen"**. Bei der einzelfallgerechten Prüfung dieser Voraussetzung ist der allgemeine verwaltungsrechtliche Sprachgebrauch des „Entgegenstehens" heranzuziehen (§ 35 Abs. 1 BauGB). Nach analoger Anwendung des von der Rechtsprechung entwickelten Maßstabs zu § 35 Abs. 1 führt – anders als nach § 35 Abs. 2 – nicht bereits jede nachteilige „Beeinträchtigung" naturschutzfachlicher Belange zur Aufhebung des Erdkabelvorrangs oder zur Unzulässigkeit von Erdkabelvorhaben (BeckOK BauGB/Söfker BauGB § 35 Rn. 47 ff., 60 mwN; Kment EnWG/Turiaux § 43h Rn. 11). Vielmehr ist eine „Abwägung" zwischen dem Zweck des Vorhabens und dem naturschutzfachlichen Belang erforderlich, wobei das Gewicht, das der Gesetzgeber der Privilegierung der Erdkabelvariante beimisst, besonders zu berücksichtigen ist (vgl. nur BVerwGE 28, 148 = NJW 1968, 1105; BeckRS 2016, 55910 Rn. 7, 41; BeckOK BauGB/Söfker BauGB § 35 Rn. 47 ff., 60 mwN; aA Steinbach/Franke/Nebel/Riese § 43h Rn. 44, der im „Entgegenstehen" einen unbestimmten Rechtsbegriff ohne Beurteilungsspielraum sieht). Nur wenn dem betroffenen Naturschutzbelang bei der **fachplanerischen Abwägung** nach den konkreten Umständen des Einzelfalls ausreichend Gewicht beizumessen ist, um die vorrangige Erdverkabelung im Einzelnen zu **überwiegen,** steht dieser der Pflicht des Satzes 1 Halbsatz 1 entgegen. Dabei ist die gesetzgeberische Entscheidung für die – auch naturschutzfachlich in der Regel vorzugswürdigere (→ Rn. 25.1) – Erdkabeltechnologie als „Regelfall" des Hochspannungsleitungsneubaus angemessen zu berücksichtigen (BR-Drs. 342/11, 57; BT-Drs. 17/6249, 2).

Im Rahmen von Abwägungsentscheidungen zu liniengebundenen Infrastrukturen – so auch der fachplanerischen Abwägung nach § 43 Abs. 3 iVm § 43h bezüglich der technischen Ausführungsvarianten – ist anerkannt, dass ein wichtiger Abwägungsgesichtspunkt die Möglichkeit der Nutzung von Räumen darstellt, die bereits durch andere Vorhaben vorbelastet sind (sog. **Bündelungsgebot**) (BVerwG NVwZ 2010, 1486 (1488); 2017, 708 (712)). Besondere naturschutzfachliche Relevanz kommt bei der Abwägungsentscheidung für oder wider Erdkabel bzw. Freileitung – bei Vorliegen der jeweiligen weiteren Voraussetzungen – folglich auch § 1 Abs. 5 S. 3 BNatSchG zu; nach dem Verkehrswege, Energieleitungen und ähnliche Vorhaben gebündelt werden sollen, um weitere Landschaftszerschneidungen zu vermeiden. Die Bündelung von Infrastrukturvorhaben ist folglich ein und wirkt direktiv auf die Fachplanungsentscheidung nach § 43 Abs. 3 iVm § 43h ein (vgl. BeckOK UmweltR/Brinktrine BNatSchG § 1 Rn. 104).

D. Ausnahme: Errichtung als Freileitung
I. Nach pflichtgemäßem Ermessen (S. 1 Hs. 2)

1. Schranke: Öffentliche Interessen

Nach Satz 1 Halbsatz 2 kann die Behörde auf Antrag des Vorhabenträgers die Ausführung als Freileitung (ausnahmsweise) zulassen, wenn zwar alle Voraussetzungen des Satzes 1 Halbsatz 1 zum Erdkabelvorrang erfüllt sind, aber öffentliche Interessen der Realisierung als Freileitung im Einzelfall nicht entgegenstehen. Diese Ausnahmeregelung des Satzes 1 Halbsatz 2 dürfte mithin in der Praxis nur in unproblematischen, wenig konfliktträchtigen Vorhabenkonstellationen in Frage kommen. Denn bei Vorliegen der Voraussetzungen des Satzes 1

Halbsatz 1 hat der Vorhabenträger keine freie Wahl zwischen den Ausführungsvarianten, sondern hat im Regelfall die vorrangige Erdverkabelung zu beantragen (→ Rn. 8).

29 Satz 1 Halbsatz 2 normiert positiv keine materiellen Voraussetzungen für eine zulässige Freileitungsplanung, sondern verlagert die Entscheidung der Zulässigkeit in das pflichtgemäße Ermessen der Behörde. Diese offene Ausgestaltung der „Ausnahmeregelung" in Halbsatz 2 steht demzufolge in einem teleologischen Widerspruch zur Regelung des Erdkabelvorrangs als Regelfall in Halbsatz 1 und ist deswegen auch breiter Kritik ausgesetzt (Kment EnWG/Turiaux § 43h Rn. 14 mwN). Wenn das Erdkabel nach gesetzgeberischem Willen zum Regelfall für neue Hochspannungsbauvorhaben werden soll, ist fraglich, warum die materiell nicht näher gesetzlich bestimmte Ausnahmeregelung in Halbsatz 2 die Entscheidung für oder wider in das Ermessen der Behörde verlagert, sofern öffentliche Belange nicht entgegenstehen. Diese Divergenz lässt sich auflösen, indem man den Halbsatz 2 über seinen Wortlaut hinaus sehr restriktiv auslegt, sodass sich die Freileitungsvariante in der Einzelfallabwägung geradezu aufdrängen muss, um den Regelfall der Erdverkabelung zu überwinden (Kment EnWG/Turiaux § 43h Rn. 14; Rosin/Pohlmann/Gentzsch/Metzenthin/Böwing/Engel §§ 43–43h Rn. 79). Aufdrängen könnte sich die Freileitungsvariante – unter Berücksichtigung der gesetzgeberischen Entscheidung für den Regelfall des Erdkabels in Halbsatz 1 – insbesondere angesichts des Bündelungsgebots für liniengeführte Infrastrukturplanungen (→ Rn. 27) oder vergleichbare Sondersituationen, in denen besonderen Einzelfallumstände für die Freileitung sprechen (vgl. Schiller RdE 2012, 423 (424)).

30 Die öffentlichen Interessen iSd Halbsatzes 2 sind begrifflich zur Abgrenzung von privaten Partikularinteressen (bspw. Eigentumsbeeinträchtigungen) mit den öffentlichen Interessen iSd § 43 Abs. 3 gleichzusetzen (Theobald/Kühling/Missling § 43h Rn. 23; Steinbach/Franke/Nebel/Riese § 43h Rn. 46; Schiller RdE 2012, 423 (426); aA Säcker EnergieR/Pielow § 43h Rn. 14). Dazu zählen neben den naturschutzfachlichen Belangen (→ Rn. 25) etwa auch die sichere, preisgünstige, verbraucherfreundliche, effiziente und umweltverträgliche Energieversorgung iSd § 1, städtebauliche oder raumplanerische Belange (Schiller RdE 2012, 423 (427)). Die Akzeptanz vor Ort und damit zusammenhängende erwartete Verzögerungs- bzw. Beschleunigungseffekte sowie Kostenargumente können nicht mehr zusätzlich als Abwägungsbelange berücksichtigt werden, da diese bereits in der Regelung des Halbsatzes 1 abschließend abgewogen sind (→ Rn. 2.1; Säcker EnergieR/Pielow § 43h Rn. 14).

31 Analog zum Halbsatz 1 ist in Halbsatz 2 die tatbestandliche Grenze der behördlichen Ermessensentscheidung auf eine Ausnahme vom Erdkabelvorrang ebenfalls nicht bereits die „Beeinträchtigung" (iSd § 35 Abs. 2 BauGB), sondern erst das „Entgegenstehen" (iSd § 35 Abs. 1 BauGB) öffentlicher Interessen (dazu → Rn. 26).

2. Antragserfordernis

32 Die ausnahmsweise Zulassung als Freileitungstrasse untersteht einem Antragserfordernis. Der Vorhabenträger kann in einem isolierten Antrag nach Satz 1 Halbsatz 2 jedoch nicht die eigentliche Vorhabenzulassung beantragen, sondern nur die technische Durchführungsvariante (Freileitung) als Bestandteil eines vollständigen Antrags auf Planfeststellung (bzw. -genehmigung) nach § 43 Abs. 2 S. 1 Nr. 3 (bei 110 kV-Erdkabel zur Anbindung von (Pumpspeicher-)Kraftwerken, → § 43 Rn. 65 ff.) oder § 43 Abs. 2 S. 1 Nr. 4 (bei sonstigen Erdkabelvorhaben mit 60–110 kV; → § 43 Rn. 67). Eine separate Behandlung und Bescheidung eines Antrags nach Halbsatz 2 ist demzufolge unzulässig (Steinbach/Franke/Nebel/Riese § 43h Rn. 57); erforderlich ist mithin immer auch ein Antrag nach § 43 Abs. 2 S. 1 (Leidinger DVBl 2013 949 (955); Säcker EnergieR/Pielow § 43h Rn. 15). In diesem Sinne hat die behördliche Prüfung nach Halbsatz 2 eine vergleichbare Stellung zur UVP, die gem. § 4 UVPG unselbstständiger Teil verwaltungsbehördlicher Zulassungsverfahren (dh primär Planfeststellung bzw. -genehmigung) ist.

II. Bei Ersatz- oder Parallelneubauten (S. 2)

33 Soll der Neubau einer Hochspannungsleitung (dh mit einer Nennspannung 60–110 kV) weit überwiegend in oder unmittelbar neben einer Bestandstrasse durchgeführt werden, handelt es sich gem. Satz 2 schon nicht um eine neue Trasse iSd Satzes 1 (ausf. → Rn. 13 ff.). Folglich liegen entsprechende Ersatz- und Parallelneubauvorhaben nicht im Anwendungsbe-

reich des Erdkabelvorrangs gem. Satz 1 Halbsatz 1. In logischer Konsequenz muss zwar kein, kann spiegelbildlich aber auch kein Antrag nach Halbsatz 2 gestellt werden.

§ 43i Überwachung

(1) ¹Die für die Zulassung des Vorhabens zuständige Behörde hat durch geeignete Überwachungsmaßnahmen sicherzustellen, dass das Vorhaben im Einklang mit den umweltbezogenen Bestimmungen des Planfeststellungsbeschlusses oder der Plangenehmigung durchgeführt wird; dies gilt insbesondere für Bestimmungen zu umweltbezogenen Merkmalen des Vorhabens, dem Standort des Vorhabens, für Maßnahmen, mit denen erhebliche nachteilige Umweltauswirkungen ausgeschlossen, vermindert oder ausgeglichen werden sollen, für bodenschonende Maßnahmen sowie für Ersatzmaßnahmen bei Eingriffen in Natur und Landschaft. ²Die Überwachung nach diesem Absatz kann dem Vorhabenträger aufgegeben werden. ³Bereits bestehende Überwachungsmechanismen, Daten und Informationsquellen können für die Überwachungsmaßnahmen genutzt werden.

(2) Die für die Zulassung des Vorhabens zuständige Behörde kann die erforderlichen Maßnahmen treffen, um sicherzustellen, dass das Vorhaben im Einklang mit den umweltbezogenen Bestimmungen des Planfeststellungsbeschlusses oder der Plangenehmigung durchgeführt wird.

(3) § 28 des Gesetzes über die Umweltverträglichkeitsprüfung ist nicht anzuwenden.

Überblick

§ 43i dient der Umsetzung des Art. 8a Abs. 4 UVP-Änderungs-RL (RL 2014/52/EU, ABl. 2014 L 124, 1). Mit der Vorschrift soll sichergestellt werden, dass das Vorhaben im Einklang mit den umweltbezogenen Bestimmungen steht (BT-Drs. 18/11499, 119). Soweit sich der Anwendungsbereich des § 43i auch auf – nicht UVP-pflichtige – Plangenehmigungen erstreckt, hat der Gesetzgeber die unionsrechtlichen Vorgaben überschießend umgesetzt (→ Rn. 2). Absatz 1 Satz 1 regelt die allgemeine Pflicht der Zulassungsbehörde, durch geeignete Überwachungsmaßnahmen sicherzustellen, dass das Vorhaben im Einklang mit den umweltbezogenen Bestimmungen des Planfeststellungsbeschlusses oder der Plangenehmigung durchgeführt wird; die Überwachung kann nach Absatz 1 Satz 2 auch auf den Vorhabenträger übertragen werden (vgl. → Rn. 8). Nach Absatz 1 Satz 3 können bereits bestehende Überwachungsmechanismen, Daten und Informationsquellen für die Überwachungsmaßnahmen genutzt werden; die Vorschrift ist dahingehend zu verstehen, dass im Fall schon existierender und gesetzlich zwingender Überwachungsmechanismen vorrangig diese zur Anwendung gelangen und Absatz 1 nur subsidiären Charakter hat (vgl. → Rn. 6, → Rn. 9). Absatz 2 gibt der Behörde die Befugnis, nach pflichtgemäßem Ermessen die erforderlichen Maßnahmen zu treffen, um die ordnungsgemäße Umsetzung der umweltbezogenen Bestimmungen im Planfeststellungsbeschluss oder in der Plangenehmigung durchzusetzen (vgl. → Rn. 10). Absatz 3 stellt klar, dass § 28 UVPG nicht zur Anwendung gelangt (vgl. → Rn. 3).

A. Sinn und Zweck der Norm

§ 43i wurde durch Art. 2 Abs. 6 Nr. 7 des Gesetzes vom 20.7.2017 (BGBl. I 2808) zur Modernisierung des Rechts der Umweltverträglichkeitsprüfung mit Wirkung zum 29.7.2017 eingeführt und dient der Umsetzung des Art. 8a Abs. 4 UVP-Änderungs-RL (vgl. dazu Sangenstedt ZUR 2014, 526 (534)). Danach haben die Mitgliedstaaten sicherzustellen, dass der Projektträger die im Genehmigungsbescheid festgelegten Anforderungen über die Vermeidung, die Verringerung und den Ausgleich erheblicher nachteiliger Umweltfolgen auch tatsächlich umsetzt. Demgemäß statuiert § 43i Abs. 1 eine allgemeine Pflicht der Zulassungsbehörde, geeignete Überwachungsmaßnahmen zu ergreifen, um sicherzustellen, dass das Vorhaben im Einklang mit den umweltbezogenen Bestimmungen des Planfeststellungsbe-

1

schlusses oder der Plangenehmigung steht (**Umsetzungskontrolle**). Mit einem solchen **Monitoring** lassen sich bei der Ex-ante-Prüfung möglicherweise nicht vorhergesehene Umweltfolgen des Projekts feststellen (Bunge NVwZ 2014, 1257 (1262)) und etwaige Mängel oder Fehleinschätzungen bei der Prognose von Umweltauswirkungen und bei der Umsetzung des Vorhabens beseitigen. Die Überwachung dient damit dem Ziel, geeignete Maßnahmen zu ergreifen, um das Eintreten von erheblichen nachteiligen Umweltauswirkungen von vornherein zu verhindern (HK-UVPG/Peters/Balla/Hesselbarth UVPG § 28 Rn. 3). Anhand der Ergebnisse der Überwachung können ggf. entsprechende angemessene **Abhilfemaßnahmen** ergriffen werden (BT-Drs. 18/11499, 119). Absatz 2 enthält eine entsprechende Eingriffsermächtigung, um die ordnungsgemäße Umsetzung der umweltbezogenen Bestimmungen im Planfeststellungsbeschluss oder in der Plangenehmigung durchzusetzen. Letztlich soll mit § 43i sichergestellt werden, dass die festgelegten Vermeidungs-, Verminderungs- oder Ausgleichsmaßnahmen nicht nur im Zulassungsbescheid stehen, sondern tatsächlich umgesetzt werden und wirksam sind (Kment EnWG/Turiaux § 43i Rn. 2).

B. Anwendungsbereich

2   § 43i ermöglicht nicht nur die behördliche Überwachung umweltbezogener Bestimmungen von **Planfeststellungsbeschlüssen**, sondern explizit auch solcher von **Plangenehmigungen.** Dies ist angesichts der Intention des Gesetzgebers, mit § 43i die Vorgaben des ausschließlich UVP-pflichtige Vorhaben betreffenden Art. 8a Abs. 4 UVP-Änderungs-RL umzusetzen, insoweit bemerkenswert, als UVP-pflichtige Vorhaben nicht durch Plangenehmigung zugelassen werden können. Eine Plangenehmigung kommt grundsätzlich nur dann in Betracht, wenn nicht andere Rechtsvorschriften (etwa § 18 UVPG) eine Öffentlichkeitsbeteiligung vorschreiben, vgl. § 74 Abs. 6 S. 1 Nr. 3 VwVfG. Es können daher von vornherein nur solche Leitungsvorhaben durch Plangenehmigung zugelassen werden, für die keine Pflicht zur Umweltverträglichkeitsprüfung besteht (vgl. auch § 65 Abs. 2 S. 1 UVPG). Ob der Gesetzgeber mit der Erstreckung der Überwachung von umweltbezogenen Bestimmungen von Plangenehmigungen die Vorgaben des Art. 8a Abs. 4 UVP-Änderungs-RL bewusst **überschießend umgesetzt** hat oder ob es sich hierbei um ein redaktionelles Versehen handelt, ist unklar (vgl. Säcker EnergieR/Pielow § 43i Rn. 4). Aus regelungssystematischer Sicht spricht vieles für ein Redaktionsversehen, zumal von nicht UVP-pflichtigen, im Wege der Plangenehmigung zugelassenen Leitungsvorhaben keine erheblichen nachteiligen Umweltauswirkungen ausgehen.

3   § 43i geht als **lex specialis** – wie Absatz 3 klarstellt – der allgemeinen Bestimmung des § 28 UVPG vor (Säcker EnergieR/Pielow § 43i Rn. 1). Die Norm ist auch auf die nach dem NABEG planfestgestellten und plangenehmigten Vorhaben anwendbar (vgl. § 18 Abs. 5 NABEG).

C. Überwachung (Abs. 1)

I. Überwachungsmaßnahmen (S. 1)

4   Nach Absatz 1 Satz 1 Halbsatz 1 hat die für die Zulassung des Vorhabens zuständige Behörde durch geeignete **Überwachungsmaßnahmen** sicherzustellen, dass das Vorhaben im Einklang mit den umweltbezogenen Bestimmungen des Planfeststellungsbeschlusses oder der Plangenehmigung durchgeführt wird. Diese Maßnahmen sind spätestens mit der Zulassung des Vorhabens festzulegen und nach § 26 Abs. 1 Nr. 2 UVPG bereits im Planfeststellungsbeschluss oder in der Plangenehmigung zu benennen und zu begründen.

5   Die Überwachung ist auf eine Umsetzungskontrolle der im jeweiligen Planfeststellungsbeschluss bzw. in der jeweiligen Plangenehmigung enthaltenen umweltbezogenen Bestimmungen beschränkt (vgl. → Rn. 1). Anknüpfungspunkt für den Überwachungsgegenstand ist dementsprechend der verfügende Teil des **Zulassungsbescheids,** in dem Festlegungen zum Vorhaben sowie zu flankierenden Maßnahmen, die eine Verminderung, Vermeidung und Kompensation von Umweltauswirkungen bezwecken, enthalten sind (vgl. HK-UVPG/Peters/Balla/Hesselbarth UVPG § 28 Rn. 4). Die umweltbezogenen Bestimmungen betreffen damit insbesondere **umweltrechtliche Nebenbestimmungen** (BT-Drs. 18/11499,

119). Beispielhaft und in nicht abschließender Weise nennt Absatz 1 Satz 1 Halbsatz 2 Bestimmungen zu umweltbezogenen Merkmalen des Vorhabens (zB Auflagen zum Lärmschutz sowie zum Schutz von Fauna und Flora, insbesondere in Schutzgebieten), dem Standort des Vorhabens (etwa Präzisierungen zur Linienführung und/oder Abstandsregelungen), für Maßnahmen, mit denen erhebliche nachteilige Umweltauswirkungen ausgeschlossen, vermindert oder ausgeglichen werden sollen (etwa artenschutzrechtliche CEF- und FCS-Maßnahmen), sowie für Ersatzmaßnahmen bei Eingriffen in Natur und Landschaft (Kompensationsmaßnahmen iSd § 15 Abs. 2 BNatSchG).

Art und Umfang der in Betracht kommenden Überwachungsmaßnahmen sind in § 43i 6 nicht geregelt. Aus Absatz 1 Satz 3 und Art. 8a Abs. 4 S. 3 UVP-Änderungs-RL, nach denen bereits bestehende Überwachungsmechanismen für die Überwachungsmaßnahmen genutzt werden können, ergibt sich, dass sich Art und Umfang der Überwachungsmaßnahmen vorrangig aus den fachrechtlichen Bestimmungen ergeben, vgl. etwa §§ 26 ff. BImSchG, § 13 Abs. 2 Nr. 2 lit. c WHG oder § 17 Abs. 7 S. 3 BNatSchG (Säcker EnergieR/Pielow § 43i Rn. 3). Soweit das Fachrecht hierzu keine konkreten Festlegungen trifft, ergeben sich die zu erwägenden Maßnahmen zur Kontrolle der Einhaltung umweltbezogener Bestimmungen des Zulassungsbescheids aus der Natur der Sache (Schink/Reidt/Mitschang/Reidt/Augustin UVPG § 28 Rn. 7). Zu überwachen ist auch die **Wirksamkeit** bestimmter Eigenschaften des Vorhabens und des Standorts sowie solcher Maßnahmen, mit denen erhebliche nachteilige Umweltauswirkungen ausgeschlossen, vermindert oder ausgeglichen werden sollen (vgl. BT-Drs. 18/11499, 96).

In **zeitlicher Hinsicht** knüpfen die Überwachungsmaßnahmen an die **Durchführung** 7 **des Vorhabens** an. Als Beginn der Durchführung markiert § 75 Abs. 4 S. 2 VwVfG jede erstmals nach außen erkennbare Tätigkeit von mehr als nur geringfügiger Bedeutung zur plangemäßen Verwirklichung des Vorhabens. Damit erstrecken sich die Überwachungsmaßnahmen bereits auf die **Bauphase** und können etwa die Einhaltung bestimmter Bauzeiten, die Art der eingesetzten Baumaschinen oder die Art des Umgangs mit Böden oder Gewässern im Bauablauf betreffen; in der Regel ist eine baubegleitende Überwachung in Gestalt einer ökologischen Baubegleitung geboten. Die Überwachung **endet** grundsätzlich mit der **fertigen Ausführung** des Vorhabens und der Maßnahmen zur Verminderung, Vermeidung oder Kompensation von Umweltauswirkungen. Je nach Art und Umfang der festgelegten Maßnahmen kann deren Fertigstellung dabei längere Zeit als die eigentliche Anlagenerrichtung in Anspruch nehmen, sodass die Überwachung nach Absatz 1 hinsichtlich der Errichtung der Anlage als solche und der ergriffenen Maßnahmen jeweils zu unterschiedlichen Zeitpunkten enden kann. Die Überwachung landschaftspflegerischer Maßnahmen erstreckt sich etwa grundsätzlich über die gesamte Dauer der Entwicklungszeit und der erforderlichen Entwicklungs- und Unterhaltungspflege; dies kann im Einzelfall mehrere Jahre in Anspruch nehmen (HK-UVPG/Peters/Balla/Hesselbarth UVPG § 28 Rn. 7). Die Überwachung der Maßnahmen endet in jedem Fall mit dem Nachweis über deren Wirksamkeit; eine Überwachung darüber hinaus wäre nicht „angemessen" iSd Art. 8a Abs. 4 S. 2 UVP-Änderungs-RL. **Nach der Durchführung** des Vorhabens richtet sich die Überwachung allein nach den jeweiligen Bestimmungen des Fachrechts.

II. Übertragung auf den Vorhabenträger (S. 2)

Nach Absatz 1 Satz 2 kann die Überwachung iSd Absatzes 1 (→ Rn. 4 ff.) dem Vorhaben- 8 träger aufgegeben werden (**Eigenüberwachung**). Eine allgemeine Umweltüberwachung kann nicht auf Absatz 1 Satz 2 gestützt werden. Art. 8a Abs. 4 UVP-Änderungs-RL sieht die Übertragung der Überwachung auf den Vorhabenträger zwar nicht ausdrücklich vor, verbietet sie aber auch nicht (vgl. Bunge NVwZ 2014, 1257 (1262)). Maßgeblich ist, dass das Monitoring wirksam ist; hierfür dürfte eine regelmäßige Berichterstattung des Vorhabenträgers zu den Ergebnissen der Eigenüberwachung genügen, auf deren Grundlage die Behörde in die Lage versetzt wird, Maßnahmen iSd Absatzes 2 zu ergreifen (Kment EnWG/Turiaux § 43i Rn. 3).

Mit Blick auf den entstehenden zusätzlichen Kostenaufwand der Eigenüberwachung für den Vorha- 8.1 benträger (jedenfalls für über bereits bestehende umweltrechtliche Überwachungsmaßnahmen hinausgehende Indienstnahmen der Vorhabenträger) drängen sich Zweifel auf, ob die pauschal gefasste Ermächtigung in Absatz 1 Satz 2 dem grundrechtlichen Gesetzesvorbehalt genügt (vgl. dazu Säcker EnergieR/ Pielow § 43i Rn. 7; aA Bourwieg/Hellermann/Hermes/Gegenwart § 43i Rn. 9).

III. Nutzung bestehender Überwachungsmechanismen (S. 3)

9 Für die Überwachung iSd Absatzes 1 können nach Satz 3 bereits bestehende Überwachungsmechanismen, Daten und Informationsquellen (sowohl von den zuständigen Behörden als auch vom Vorhabenträger) genutzt werden, um einen Mehrfachaufwand zu vermeiden (vgl. Art. 8a Abs. 4 S. 3 UVP-Änderungs-RL). Ausweislich der Gesetzesbegründung hat Satz 3 klarstellenden Charakter (BT-Drs. 18/11499, 119), wobei allerdings nicht hinreichend klar zum Ausdruck kommt, dass im Fall schon existierender und gesetzlich zwingender Überwachungsmechanismen vorrangig diese zur Anwendung gelangen und Absatz 1 nur **subsidiären Charakter** hat (vgl. Säcker EnergieR/Pielow § 43i Rn. 3, 8). Bereits bestehende **Überwachungsmechanismen** sind etwa Überwachungsmaßnahmen nach den §§ 26 ff. BImSchG (vgl. dazu Rietzler in Appel/Ohms/Saurer, BImSchG, § 26 Rn. 1 ff.), nach § 13 Abs. 2 Nr. 2c und 2d WHG oder nach § 17 Abs. 7 NBatSchG. Bereits bestehende **Daten und Informationsquellen** sind solche, die in anderen Verfahren erlangt bzw. zugänglich gemacht wurden, z. B. Emissions- oder Geodaten (Bourwieg/Hellermann/Hermes/Gegenwart § 43i Rn. 10).

D. Durchsetzungsbefugnis (Abs. 2)

10 Nach Absatz 2 kann die Zulassungsbehörde die erforderlichen Maßnahmen treffen, um sicherzustellen, dass das Vorhaben im Einklang mit den umweltbezogenen Bestimmungen des Planfeststellungsbeschlusses oder der Plangenehmigung durchgeführt wird. Die Eingriffsermächtigung gibt der zuständigen Behörde die Befugnis zur **Anordnung von Maßnahmen,** die erforderlich sind, um die ordnungsgemäße Umsetzung der umweltbezogenen Regelungen des Zulassungsbescheids (→ Rn. 5) **durchzusetzen.** Mit der Anordnungsbefugnis ist sichergestellt, dass im Rahmen des Monitorings erkannte Defizite auch behoben werden (Kment EnWG/Turiaux § 43i Rn. 5). Der Behörde steht dabei ein **Auswahl- und Entschließungsermessen** zu (BT-Drs. 18/11499, 119), wobei insbesondere der Grundsatz der Verhältnismäßigkeit zu wahren ist. Da die Ermächtigung des Absatzes 2 auf die Durchsetzung der umweltbezogenen Regelungen des Zulassungsakts gerichtet ist, können weitergehende Anordnungen nur auf der Grundlage des einschlägigen Fachrechts ergehen.

E. Rechtsschutz

11 Überwachungsmaßnahmen nach Absatz 1 Satz 1, die Übertragung der Überwachung auf den Vorhabenträger nach Absatz 1 Satz 2 und die Anordnung zur Durchsetzung der umweltbezogenen Regelungen des Zulassungsbescheids nach Absatz 2 sind **Verwaltungsakte,** gegen die sich der Vorhabenträger mit den üblichen Rechtsbehelfen (Widerspruch, Anfechtungsklage) zur Wehr setzen kann. Bei einer Übertragung der Überwachung nach Absatz 1 Satz 2 gilt dies insbesondere dann, wenn eine vorrangige Regelung zu Überwachungsmaßnahmen besteht (vgl. → Rn. 9), die Anordnung nicht durch Absatz 1 gedeckt (etwa weil eine allgemeine Umweltüberwachung verlangt wird, vgl. → Rn. 8) oder unverhältnismäßig ist (vgl. → Rn. 10).

12 **Dritte** (insbesondere Nachbarn) können von der Behörde keine Überwachungsmaßnahmen nach **Absatz 1** verlangen, da Absatz 1 keine drittschützende Wirkung entfaltet; Überwachungsmaßnahmen nach Absatz 1 ergehen allein im öffentlichen Interesse. Soweit umweltbezogene Regelungen gezielt zugunsten Dritter (insbesondere Nachbarn) im Zulassungsbescheid verfügt wurden (etwa Auflagen zum Schutz von Anwohnern vor unzumutbaren Erschütterungen oder Lärm während der Bauphase), haben Dritte bei nachweislich drohenden oder festgestellten Verstößen einen Anspruch auf ermessensfehlerfreie Entscheidung über ein behördliches Einschreiten nach **Absatz 2,** das im Einzelfall auf Null reduziert sein kann.

13 Überwachungsmaßnahmen nach Absatz 1 sind gem. § 1 Abs. 1 S. 1 Nr. 6 Var. 2 UmwRG iVm § 2 UmwRG und Durchsetzungsanordnungen nach Absatz 2 gem. § 1 Abs. 1 S. 1 Nr. 6 Var. 1 UmwRG iVm § 2 UmwRG **umweltrechtsbehelfsfähig.** Dies gilt grundsätzlich

auch, soweit sich § 43i auf Plangenehmigungen erstreckt, da insoweit jedenfalls die Möglichkeit einer UVP-Pflicht besteht (vgl. § 1 Abs. 1 S. 1 Nr. 6 iVm Nr. 1 UmwRG).

§ 43j Leerrohre für Hochspannungsleitungen

¹Bei Vorhaben im Sinne von § 43 Absatz 1 Satz 1 Nummer 2 bis 4 oder Absatz 2 Satz 1 Nummer 2 bis 4 können Leerrohre nach § 43 Absatz 2 Satz 1 Nummer 6 in ein Planfeststellungsverfahren einbezogen werden, wenn
1. die Leerrohre im räumlichen und zeitlichen Zusammenhang mit der Baumaßnahme eines Erdkabels verlegt werden und
2. die zuständige Behörde anhand der Umstände des Einzelfalls davon ausgehen kann, dass die Leerrohre innerhalb von 15 Jahren nach der Planfeststellung zur Durchführung einer Stromleitung im Sinne von § 43 Absatz 1 Satz 1 Nummer 2 bis 4 oder Absatz 2 Satz 1 Nummer 2 bis 4 genutzt werden.

²Gegenstand des Planfeststellungsverfahrens und des Planfeststellungsbeschlusses sind die Verlegung der Leerrohre, die spätere Durchführung der Stromleitung und deren anschließender Betrieb. ³Für die Nutzung der Leerrohre zur Durchführung einer Stromleitung und zu deren anschließendem Betrieb bedarf es keines weiteren Genehmigungsverfahrens, wenn mit der Durchführung der Stromleitung innerhalb der Frist des § 43c Nummer 1 begonnen wird und sich die im Planfeststellungsverfahren zugrunde gelegten Merkmale des Vorhabens nicht geändert haben. ⁴Die Einbeziehung von Leerrohren nach Satz 1 kann auf einzelne Abschnitte des betroffenen Vorhabens beschränkt werden.

Überblick

§ 43j ermöglicht die Einbeziehung von Leerrohren in das Planfeststellungsverfahren für ein anderes Erdkabelvorhaben iSd § 43 Abs. 1 S. 1 Nr. 2–4 oder § 43 Abs. 2 S. 1 Nr. 2–4 (→ Rn. 3). Die Regelung zielt insbesondere auf Anbindungsleitungen für Offshore-Anlagen und birgt ein erhebliches Beschleunigungspotenzial (vgl. → Rn. 1 f.). Nach Satz 1 können auf Antrag des Vorhabenträgers (→ Rn. 4) Leerrohre in das Planfeststellungsverfahren für ein anderes Erdkabelvorhaben (→ Rn. 3) einbezogen werden, wenn (Nummer 1) die Leerrohre im räumlichen und zeitlichen Zusammenhang mit der Baumaßnahme eines Erdkabels verlegt werden (vgl. → Rn. 5) und (Nummer 2) die zuständige Behörde anhand der Umstände des Einzelfalls davon ausgehen kann, dass die Leerrohre innerhalb von 15 Jahren nach der Planfeststellung zur Durchführung einer Stromleitung iSv § 43 Abs. 1 S. 1 Nr. 2–4 oder § 43 Abs. 2 S. 1 Nr. 2–4 genutzt werden (vgl. → Rn. 6 ff.). Gegenstand des Planfeststellungsverfahrens und des -beschlusses sind nach Satz 2 die Verlegung der Leerrohre, die spätere Durchführung der Stromleitung und deren anschließender Betrieb (vgl. → Rn. 9 f.). Satz 4 stellt klar, dass die Einbeziehung von Leerrohren auch abschnittsweise erfolgen kann (→ Rn. 11). Da die Nutzung der Leerrohre für Stromleitungen und deren anschließender Betrieb bereits im Planfeststellungsverfahren geprüft und zugelassen wurde, bedarf es nach Satz 3 keines weiteren Genehmigungsverfahrens, wenn mit der Durchführung der Stromleitung innerhalb der Frist des § 43c Nr. 1 begonnen wird und sich die im Planfeststellungsverfahren zugrunde gelegten Merkmale des Vorhabens nicht geändert haben (→ Rn. 12 f.).

A. Sinn und Zweck der Norm

Mit der Einfügung des § 43j durch das Gesetz zur Beschleunigung des Energieleitungsausbaus vom 13.5.2019 (BGBl. I 706) wird die Möglichkeit geschaffen, für den künftigen weiteren Bedarf des Hochspannungsnetzes **Leerrohre** zu verlegen. Die Regelung zielt insbesondere auf Anbindungsleitungen für Offshore-Anlagen und soll die Anzahl an Genehmigungsverfahren verringern (Leidinger NVwZ 2020, 1377 (1379)). Um bei einem künftigen Bedarf für eine weitere **Offshore-Anbindungsleitung** nicht jedes Mal den Leitungsgraben, in dem das Erdkabel verläuft, aufgraben zu müssen, ermöglicht § 43j die Mitverlegung von Leerrohren, durch die Kabel im Nachhinein ohne größere Eingriffe hindurchgezogen wer-

1

den können. Dies betrifft vor allem den landseitigen Teil der Anbindungsleitungen. Die Regelung ermöglicht damit eine vorausschauende Planung für den Bau von Offshore-Anbindungsleitungen (BT-Drs. 19/7375, 62).

2 Das beträchtliche **Beschleunigungspotenzial** des § 43j liegt darin, dass bereits absehbare künftige Maßnahmen im Zusammenhang mit anderen Vorhaben vorbereitet und zugelassen werden können, ohne dass zu einem späteren Zeitpunkt laufende Verfahren wiederholt oder Änderungsverfahren für bereits realisierte Vorhaben durchgeführt werden müssen (Ruge EnWZ 2019, 1 (2)); ein zweifacher Planungsaufwand wird dadurch vermieden (BT-Drs. 19/9027, 2). Diese frühzeitige Berücksichtigung dient damit auch der Kostenminimierung, da die Mehrkosten durch Mitverlegung von Leerrohren nur einen Bruchteil der Projektkosten ausmachen, die bei einer Wiederholung der Tiefbauarbeiten anfallen würden. Die Regelung minimiert im Übrigen auch die – bei Erdkabelprojekten unvermeidlich in erheblichem Umfang entstehenden – ökologischen Belastungen im Vergleich zu zweimaligen Tiefbauarbeiten (vgl. BT-Drs. 19/7375, 85; Holznagel ZUR 2020, 515 (519f.)).

B. Anwendungsbereich

3 Die Einbeziehung von Leerrohren in das Planfeststellungsverfahren für ein anderes Vorhaben ist nach Satz 1 iVm § 43 Abs. 2 S. 1 Nr. 6 möglich, wenn es sich bei dem anderen Vorhaben um ein **Erdkabelvorhaben** iSd § 43 Abs. 1 S. 1 Nr. 2–4 oder § 43 Abs. 2 S. 1 Nr. 2–4 handelt. Eine Einbeziehung von Leerrohren in Planfeststellungsverfahren für Freileitungsvorhaben ist nicht vorgesehen (Ruge ER 2019, 135 (137)).

C. Voraussetzungen für die Einbeziehung von Leerrohren (S. 1)

4 Leerrohre für zukünftige Stromleitungen können **auf Antrag** des Vorhabenträgers (vgl. § 43 Abs. 2 S. 1 Nr. 6 EnWG, § 18 Abs. 3 S. 1 NABEG) in das Planfeststellungsverfahren für ein anderes Erdkabelvorhaben (→ Rn. 3) einbezogen werden, wenn die Voraussetzungen des Satzes 1 Nummer 1 und Nummer 2 vorliegen. Diese hat der Vorhabenträger in seinem Antrag darzulegen (vgl. auch § 19 S. 4 Nr. 5 NABEG).

I. Räumlicher und zeitlicher Zusammenhang (Nr. 1)

5 Nach Satz 1 Nummer 1 sind die Leerrohre **im räumlichen und zeitlichen Zusammenhang** mit der Baumaßnahme eines Erdkabels zu verlegen. Für die Bestimmung des notwendigen räumlichen Zusammenhangs dürfte auf die **Kriterien des § 3 Nr. 4–6 NABEG** zurückgegriffen werden können (Theobald/Kühling/Keienburg NABEG § 18 Rn. 23). Wird ein Leerrohr in der Trasse eines Leitungsvorhabens und damit in der von einem Leitungsvorhaben in Anspruch genommenen oder in ihrer sonstigen Nutzbarkeit beschränkten Fläche (vgl. § 3 Nr. 6 NABEG) – dh **innerhalb des Schutzstreifens** eines Erdkabels – verlegt, ist ein räumlicher Zusammenhang ohne Weiteres zu bejahen. Mit Blick auf § 3 Nr. 4 und 5 NABEG ist ein räumlicher Zusammenhang in jedem Fall auch bei einem **Achsabstand bis 200 m** und damit bei einer Verlegung von Leerrohren unmittelbar neben der Trasse gegeben (Theobald/Kühling/Keienburg NABEG § 18 Rn. 23). Je nach den Umständen des Einzelfalls dürfte angesichts des Normzwecks der Abstand zwischen den Achsen streckenweise auch mehr als 200 Meter betragen können, etwa bei besonderen topografischen Verhältnissen.

II. Bedarf (Nr. 2)

6 Die Einbeziehung von Leerrohren in das Verfahren erfolgt nach Satz 1 Nummer 2 zudem nur, wenn die zuständige Behörde anhand der Umstände des Einzelfalls davon ausgehen kann, dass die Leerrohre **innerhalb von 15 Jahren** nach der Planfeststellung zur Durchführung einer Stromleitung iSv § 43 Abs. 1 S. 1 Nr. 2–4 oder § 43 Abs. 2 S. 1 Nr. 2–4 genutzt werden. Mit dieser **Spezialregelung der Planrechtfertigung** bezweckt der Gesetzgeber eine Vermeidung rechtswidriger Vorratsplanungen (BT-Drs. 19/7375, 62). Ob es mit Blick auf das Erfordernis der Planrechtfertigung einer ausdrücklichen Regelung tatsächlich bedurft hätte, ist mit Blick auf die Rechtsprechung des BVerwG zumindest fragwürdig. Das BVerwG

hat bereits hervorgehoben, dass Kapazitätsreserven und Erweiterungsmöglichkeiten einbezogen werden können, um „einer Bedarfslage gerecht zu werden, die zwar noch nicht eingetreten, aber bei vorausschauender Betrachtung in absehbarer Zukunft mit hinreichender Sicherheit erwartet werden kann" (BVerwG NVwZ 2008, 563; vgl. auch OVG NRW BeckRS 2017, 128614 Rn. 79 f.). Gleichwohl bestanden für die NABEG-Vorhaben Zweifel an der behördlichen Zuständigkeit für die nicht ausdrücklich im BBPlG bezeichneten Vorhaben sowie Unsicherheiten hinsichtlich des zur Bedarfsermittlung erforderlichen Prognosehorizonts (Ruge EnWZ 2019, 1 (2)). Vor diesem Hintergrund ist die Regelung, die anknüpfend an die Rechtsprechung des BVerwG die Darlegung eines hinreichenden Bedarfs bezogen auf einen bestimmten Prognosehorizont ausdrücklich verlangt, zu begrüßen (vgl. auch Schlacke/Römling DVBl 2019, 1429 (1430 f.) zur Zulässigkeit der Regelung).

Der Vorhabenträger hat in seinem Antrag nach § 43 Abs. 2 S. 1 Nr. 6 (vgl. → Rn. 4) **7** die Umstände nachvollziehbar darzulegen, die eine Nutzung der Leerrohre 15 Jahre nach Planfeststellung wahrscheinlich erscheinen lassen; erforderlich ist die Darlegung eines **voraussichtlichen Bedarfs** der Nutzung von Leerrohren zur Durchführung einer Stromleitung innerhalb von 15 Jahren nach Planfeststellung. Die 15-Jahres-Frist entspricht der zeitlichen Perspektive der Netzentwicklungspläne (§ 12a Abs. 1 S. 2, § 12b Abs. 1 S. 2), die als entscheidender Anhaltspunkt zu berücksichtigen ist (BT-Drs. 19/7375, 62). Anhaltspunkte können auch die Prognosen in den Netzausbauberichten nach § 14 Abs. 1a oder die konkreten Investitionsentscheidungen iSd § 14 Abs. 1b S. 3 sein (BT-Drs. 9027, 15). Wenn Anhaltspunkte die **Prognose** der zuständigen Behörde erlauben, dass die antragsgegenständlichen Rohre in einem Zeitraum von 15 Jahren für Kabel genutzt werden, stellt sie den Bedarf im Rahmen des Planfeststellungsverfahrens auch insoweit fest. Maßgeblich für die Prognose ist die **ex ante-**Sicht.

Bei **Vorhaben iSd § 2 Abs. 8 BBPlG**, die im Bundesbedarfsplan mit „H" gekennzeichnet sind, stehen die energiewirtschaftliche Notwendigkeit und der vordringliche Bedarf für **8** Leerrohre gem. § 18 Abs. 3 S. 2 NABEG fest. Diese **gesetzliche Bedarfsfeststellung** entfaltet ebenso wie sonstige gesetzliche Bedarfsfeststellungen Bindungswirkung für die behördliche Entscheidung. In diesen Fällen bedarf es aufgrund des gesetzlich festgestellten Bedarfs gem. § 18 Abs. 3 S. 2 NABEG im Antrag des Vorhabenträgers keiner zusätzlichen Angaben zur voraussichtlichen Nutzung von Leerrohren binnen 15 Jahren. Mit Blick auf § 18 Abs. 3 S. 3 NABEG genügt die Darlegung, dass sich die Trassenbreite im Vergleich zu den Annahmen im Bundesfachplanverfahren nicht wesentlich vergrößert (Theobald/Kühling/Keienburg NABEG § 19 Rn. 20).

D. Gegenstand der Planfeststellung (S. 2, 4)

Gegenstand des Planfeststellungsverfahrens und des Planfeststellungsbeschlusses sind nach **9** Satz 2 die **Verlegung der Leerrohre,** die spätere **Durchführung der Stromleitung** und deren anschließender **Betrieb**. Obwohl in der Umsetzung zunächst nur die Verlegung von Leerrohren erfolgt, sind daher auch Angaben zu der Errichtung und dem Betrieb des künftigen Stromkabels sowie entsprechende Prüfungen im Planfeststellungsverfahren notwendig (Theobald/Kühling/Keienburg NABEG § 18 Rn. 25). Sämtliche Auswirkungen, insbesondere Umweltauswirkungen, des zusätzlich verlegten Rohrs und des künftigen Kabelbetriebs sind in die Prüfung des Vorhabens mit einzubeziehen (Leidinger NVwZ 2020, 1377 (1379)). Der Darlegungs- und Prüfungsumfang ist gegenüber dem Prüfkatalog der Erdverkabelung nicht reduziert. Da die zeitliche Perspektive einer reinen Bedarfsplanung damit auf die Stufe der konkreten Vorhabenplanung übertragen wird, die gerade bei Fragen der Verrohrung durch einen sehr hohen Detailgrad für Bau und Betrieb gekennzeichnet ist, bleibt abzuwarten, in welchem Maße sich das Erfordernis eines Änderungsverfahrens wegen veränderter technischer Parameter oder sonstiger zulassungsrelevanter Merkmale des Vorhabens (vgl. → Rn. 13) auswirken wird (Franke/Karrenstein EnWZ 2019, 195 (198)).

Hinsichtlich der Verlegung der Leerrohre können im Planfeststellungsbeschluss auch **10** Kabeltunnel und technische Lösungen für zB Flussquerungen vorgesehen werden, um auf der gesamten Strecke die anschließende Durchführung einer Stromleitung zu ermöglichen; insoweit gelten auch § 3 Abs. 5 S. 1 und § 4 Abs. 3 S. 1 BBPlG entsprechend. Hinsichtlich der späteren Durchführung der Stromleitung und deren Betrieb sind im Entscheidungstenor des Planfeststellungsbeschlusses insoweit basierend auf dem Antrag des Vorhabenträgers bestimmte angenommene technische Parameter (zB Spannungsebene) für die künftige Stromleitung festzulegen (BT-Drs. 19/7375, 63).

11   Satz 4 stellt klar, dass die Einbeziehung von Leerrohren auch **abschnittsweise** erfolgen kann (ebenso § 18 Abs. 3 S. 7 NABEG). Soweit bei dem Vorhaben Freileitungsabschnitte vorgesehen sind, sind für diese Abschnitte die Voraussetzungen für Leerrohre nicht darzulegen; stattdessen ist für diese Abschnitte darzulegen, wie eine künftige Kapazitätserweiterung realisiert werden könnte (BT-Drs. 19/9027, 19).

E. Nutzung der Leerrohre (S. 3)

12   Da die Nutzung der Leerrohre für Stromleitungen und deren anschließender Betrieb bereits im Planfeststellungsverfahren geprüft und zugelassen wurde, bedarf es nach Satz 3 **keines weiteren Genehmigungsverfahrens,** wenn mit der Durchführung der Stromleitung innerhalb der Frist des § 43c Nr. 1 begonnen wird und sich die im Planfeststellungsverfahren zugrunde gelegten Merkmale des Vorhabens nicht geändert haben.

13   Sofern sich die der Prüfung zugrunde gelegten **technischen Parameter** oder sonstigen zulassungsrelevanten Merkmale der Durchführung oder des Betriebs der Stromleitung in planungsrelevanter Weise **ändern,** kann in diesem Fall ein **Änderungsverfahren** durchgeführt werden; ein vollständig neues Planfeststellungsverfahren ist nicht erforderlich. Die Notwendigkeit einer Umweltverträglichkeitsprüfung im Änderungsverfahren bemisst sich nach § 9 UVPG (BT-Drs. 19/7375, 63). Ist danach keine Umweltverträglichkeitsprüfung durchzuführen, kann das Änderungsverfahren unter den weiteren Voraussetzungen des § 43f Abs. 1 bzw. des § 25 Abs. 1 NABEG als **Anzeigeverfahren** geführt werden.

14   Sofern einbezogene Leerrohre zwar verlegt, aber nicht innerhalb der Frist des § 43c Nr. 1 zur Aufnahme von Stromleitungen genutzt werden, stehen sie als passive Infrastruktur grundsätzlich auch für andere Zwecke zur Verfügung (BT-Drs. 19/9027, 2). Der **Fristablauf** des § 43c Nr. 1 führt nicht dazu, dass der Planfeststellungsbeschluss hinsichtlich der einbezogenen Leerrohre nach § 43c Nr. 1 iVm § 75 Abs. 4 S. 1 VwVfG unwirksam würde und eine neue Planfeststellung erforderlich wäre; der Fristablauf führt nur zu dem Erfordernis eines **Änderungsverfahrens bezüglich der Nutzung** der Leerrohre, etwa für den Fall, dass die Durchführung einer Stromleitung erst zu einem späteren Zeitpunkt durchgeführt werden soll. Unter den Voraussetzungen des § 43f Abs. 1 EnWG bzw. des § 25 Abs. 1 NABEG kann das Änderungsverfahren als Anzeigeverfahren geführt werden (vgl. Theobald/Kühling/Keienburg NABEG § 18 Rn. 26).

§ 43k Zurverfügungstellung von Geodaten

[1]Soweit für die Planfeststellung, die Plangenehmigung oder das Anzeigeverfahren Geodaten, die bei einer Behörde oder einem Dritten zur Erfüllung öffentlicher Aufgaben vorhanden sind, benötigt werden, sind diese Daten auf Verlangen dem Vorhabenträger, den von ihm Beauftragten oder den zuständigen Planfeststellungsbehörden der Länder für die Zwecke der Planfeststellung, der Plangenehmigung oder des Anzeigeverfahrens zur Verfügung zu stellen. [2]Der Betreiber von Einheiten Kritischer Infrastrukturen im Sinne von § 2 Absatz 5 der Verordnung zur Bestimmung Kritischer Infrastrukturen nach dem BSI-Gesetz kann die Herausgabe von Geodaten verweigern, wenn diese Daten besonders schutzbedürftig sind. [3]Der Betreiber kann in diesem Fall die Geodaten über ein geeignetes Verfahren zur Verfügung stellen, wenn ihm die Datenhoheit über seine Geodaten garantiert wird. [4]Die §§ 8 und 9 des Umweltinformationsgesetzes und entsprechende Regelungen des Landesrechts bleiben unberührt.

Überblick

Die Vorschrift wurde 2019 – komplementär zu § 31 Abs. 4 NABEG und § 12d Abs. 2 (→ Rn. 2) – neu in das EnWG aufgenommen (→ Rn. 6 ff.). § 43k steht dabei im systematischen

Zusammenhang mit den allgemeinen Regelungen zur Geodateninfrastruktur und zu Umweltinformationen in der INSPIRE-RL und dem GeoZG sowie dem UIG bzw. den entsprechenden Landesregelungen (→ Rn. 3 ff.), weshalb bei Anwendung des § 43k im Interesse der Einheit und Widerspruchsfreiheit der Rechtsordnung teilweise auf die bereits entwickelten Maßstäbe zur umweltbezogenen Geodatennutzung zurückzugreifen ist (→ Rn. 5). Satz 1 verpflichtet Behörden und Dritte (→ Rn. 10 ff.), bei denen Geodaten (→ Rn. 15) zur Erfüllung öffentlicher Aufgaben vorhanden sind (→ Rn. 16 f.), diese Daten auf Verlangen (→ Rn. 19) den Berechtigten (dh Vorhabenträger, den von ihm Beauftragten oder den zuständigen Planfeststellungsbehörden der Länder, → Rn. 14) für die Zwecke der Planfeststellung, der Plangenehmigung oder des Anzeigeverfahrens zur Verfügung zu stellen, soweit diese dazu benötigt werden (→ Rn. 18).

Nach Satz 2 können KRITIS-Betreiber iSv § 2 Abs. 10 BSIG iVm § 2 Abs. 5 BSI-KritisV (→ Rn. 21 f.) die Herausgabe schutzbedürftiger Geodaten (→ Rn. 23) verweigern oder gem. Satz 3 in einem geeigneten Verfahren, in dem ihnen die Datenhoheit garantiert bleibt, zur Verfügung stellen (→ Rn. 24 f.). Da die §§ 8 und 9 UIG und die entsprechenden Regelungen des Landesrechts gem. Satz 4 unberührt bleiben, können auch im Einzelfall schützenswerte öffentliche Belange oder grundrechtlich geschützte Belange Dritter einer Herausgabe von umweltbezogenen Geodaten entgegenstehen (→ Rn. 26 f.).

Strittig ist bis dato der Personenbezug von Geodaten und damit deren datenschutzrechtliche Relevanz (→ Rn. 28 ff.).

Übersicht

	Rn.		Rn.
A. Allgemeines: Regelungszweck, Historie und Systematik	1	IV. Begrenzter Datenumfang und konkrete Zweckbindung: Planungsrelevanz	18
I. Bedeutung und Regelungszweck	1	V. Antragserfordernis: „auf Verlangen"	19
II. Systematischer Zusammenhang mit der Geodateninfrastruktur	3	**C. Ausnahme: Verweigerungsoption bei besonders schutzbedürftigen Daten (S. 2, 3)**	20
III. Entstehungsgeschichte	6	I. Adressaten: KRITIS-Betreiber	21
B. Regel: Pflicht zur Zurverfügungstellung von planungsrelevanten Geodaten (S. 1)	8	II. Gegenstand: besonders schutzbedürftige Geodaten	23
I. Allgemein	8	III. Geeignetes Verfahren für schutzbedürftige Daten (S. 3)	24
II. Verpflichtete bzw. Berechtigte	10	**D. UIG und Landesrecht bleibt unberührt (S. 4)**	26
1. Verpflichtete	10		
2. Berechtigte	14	**E. Datenschutzrechtliche Relevanz von Geodaten**	28
III. Herauszugebende Informationen	15		
1. Geodaten	15		
2. Zur Erfüllung öffentlicher Aufgaben vorhanden	16		

A. Allgemeines: Regelungszweck, Historie und Systematik

I. Bedeutung und Regelungszweck

Die Vorschrift soll sicherstellen, dass die bei den zuständigen Behörden vorhandenen 1 Geodaten dem Vorhabenträger und dem von ihm Beauftragten (zB einem beauftragten Planungsbüro) sowie der BNetzA und den zuständigen Planfeststellungsbehörden der Länder für die **Zwecke der Planfeststellung bzw. -genehmigung** nach §§ 43 ff. oder des **Anzeigeverfahrens** nach § 43f auf Verlangen zur Verfügung gestellt und übermittelt werden (vgl. auch die parallel eingeführte Regelung in § 31 Abs. 4 NABEG für die Bundesfachplanung gem. §§ 4 ff. NABEG und Planfeststellung gem. §§ 18 ff. NABEG; → Rn. 6 f.); darunter fallen zB Daten zu Kreuzungen mit anderen Infrastrukturen wie Gas- und Wasserversorgung, Telekommunikationsleitungen (vgl. dazu den Infrastrukturatlas nach §§ 77a ff. TKG), Produktleitungen und Ähnlichem (BT-Drs. 19/9027, 15 iVm BT-Drs. 19/7375, 82). Auch Dritte, bei denen **Geodaten zur Erfüllung öffentlicher Aufgaben vorhanden** sind, werden von der Vorschrift erfasst. Die Pflicht zur Zurverfügungstellung von Geodaten besteht jedoch nur, soweit Behörden bzw. Dritte berechtigt sind, die entsprechenden Geodaten weiterzugeben; daran mangelt es u.a., wenn die Daten selbst nur zur Verwendung für bestimmte, eigene Zwecke zur Verfügung gestellt wurden (sog. Zweckbindungsgrundsatz, vgl. auch Art. 5 Abs. 1 lit. b DS-GVO bzw. § 47 Nr. 2 BDSG) und die Weitergabe untersagt oder nur nach Zustimmung des Berechtigten erlaubt wurde (BT-Drs. 19/7375, 82). Zudem können Gefährdungen von Betreibern Kritischer Infrastrukturen gem. BSI-KritisV (Sätze 2, 3) und im Einzelfall schützenswerte öffentliche Belange oder grundrechtlich geschützte Belange Dritter einer Herausgabe von Geodaten entgegenstehen (Satz 4) (BT-Drs. 19/9027, 15).

2 Parallel zu § 43k (bzw. § 31 Abs. 4 NABEG) wurde in § 12d Abs. 2 S. 1 auch eine fortlaufende Monitoringpflicht der BNetzA (vgl. § 54 Abs. 1) über die Planung und den Stand der Umsetzung der Maßnahmen zur Optimierung, zur Verstärkung und zum Ausbau des Übertragungsnetzes aufgenommen (BGBl. 2019 I 706 (707 f.)). Dazu legen die ÜNB der BNetzA die hierfür notwendigen Informationen zu dem jeweiligen Netzgebiet in geeigneter Form vor (§ 12d Abs. 2 S. 2). Hierbei stellen die ÜNB der Regulierungsbehörde insbesondere auch **Geodaten zu bestehenden Höchstspannungsleitungen** sowie zu beantragten und festgelegten **Trassenkorridoren** und **Trassen**, die sie zur Verwendung in den Planungs- und Genehmigungsverfahren nach dem EnLAG und dem BBPlG erstellen, für die Erstellung von Karten zur Verfügung; auch Behörden, die von den Planungs- und Genehmigungsverfahren betroffen sind, legen der Regulierungsbehörde auf Anfrage Informationen zu den jeweiligen Planungs- und Genehmigungsverfahren vor (BT-Drs. 19/7375, 51).

2.1 § 12d Abs. 2 verbindet somit die planungsbezogene Geodatenübermittlung gem. § 43k und § 31 Abs. 4 NABEG (Bundesfachplanung, Planfeststellung, -genehmigung und Anzeigeverfahren) teleologisch mit der übergeordneten Bedarfsplanungsebene (Netzausbauplanung gem. §§ 12a ff.). Daraus lässt sich die gesetzgeberische Intention ableiten, eine breite Geodatenbereitstellung auf den unterschiedlichen Planungsstufen des novellierten energiewirtschaftlichen Netzausbauregimes – dh (1.) Bedarfsplanung, (2.) Bundesfachplanung bzw. Raumordnung und (3.) Planfeststellung, vgl. dazu nur Kelly/Schmidt AöR 144 (2019), 579 (587) – sowohl auf Hoch- als auch Höchstspannungsebene zu fördern.

II. Systematischer Zusammenhang mit der Geodateninfrastruktur

3 Laut der Gesetzesbegründung entsteht den zuständigen Behörden durch die Pflicht der Zurverfügungstellung von Geodaten nach § 43k (bzw. § 31 Abs. 4 NABEG) kein neuer Erfüllungsaufwand, da diese Anforderungen bereits heute auf Grundlage der europäischen **INSPIRE-RL** („Infrastructure for Spatial Information in Europe"-RL 2007/2/EG des Europäischen Parlaments und des Rates vom 14.3.2007 zur Schaffung einer Geodateninfrastruktur in der Europäischen Gemeinschaft, ABl. 2007 L 108, 1), welche auf Bundesebene durch das **Gesetz über den Zugang zu digitalen Geodaten** (Geodatenzugangsgesetz (**GeoZG**) v. 10.2.2009, BGBl. I 278) bzw. entsprechende Landesgesetze (bspw. BWLGeoZG oder GeoZG NRW) umgesetzt wurde, bestehen (BT-Drs. 19/7375, 47). Demzufolge steht die Vorschrift im systematischen Zusammenhang mit dem besonderen Verwaltungsrecht zum Aufbau einer europäischen bzw. nationalen **Geodateninfrastruktur** („GDI-EU" bzw. „-DE") nach GeoZG bzw. den Geodatenzugangsgesetzen der Länder (vgl. BT-Drs. 19/24230, 1 f. (20); zum Ganzen nur Polenz NVwZ 2010, 485; Landmann/Rohmer UmweltR/Ludwig BBodSchG § 19 Rn. 25 f.; Landmann/Rohmer UmweltR/Ludwig § 21 Rn. 74; zur organisatorischen Umsetzung s. auch www.gdi-de.org und www.geoportal.de). Gemäß der Legaldefinition in Art. 3 Nr. 1 INSPIRE-RL bzw. § 3 Abs. 5 GeoZG ist die Geodateninfrastruktur („GDI") eine Infrastruktur bestehend aus Geodaten, Metadaten und Geodatendiensten, Netzdiensten und -technologien, Vereinbarungen über gemeinsame Nutzung, über Zugang und Verwendung sowie Koordinierungs- und Überwachungsmechanismen, -prozesse und -verfahren mit dem Ziel, Geodaten verschiedener Herkunft interoperabel (öffentlich) verfügbar zu machen. Die gem. § 43k zu übermittelnden „Geodaten" sind demnach, aufgrund ihres Wortlautbezugs zu einem bestimmten geografischen Gebiet und des ausdrücklichen Verweises auf die INSPIRE-RL in der Gesetzesbegründung, auch bereichsspezifischer **Teil der europaweit angelegten Geodateninfrastrukturstrategie.**

3.1 Wie bereits die Kostenbegründung des Gesetzgebers klarstellt (BT-Drs. 19/7375, 47), ist die grundlegende Zielrichtung der Einrichtung einer europaweiten Geodateninfrastruktur mit der Regelung in § 43k vergleichbar: Zur Festlegung und Durchführung umweltbezogener (hier: Planungs-)Politik sind

Informationen über die Gegebenheiten in den verschiedenen Regionen der Gemeinschaft erforderlich, um ein hohes umweltpolitisches Schutzniveau sicherzustellen (vgl. Erwägungsgrund 1 INSPIRE-RL, § 1 GeoZG). Nicht zuletzt aufgrund des weiten Begriffs der „Geodaten", die nach Art. 3 Nr. 2 INSPIRE-RL bzw. § 3 Abs. 1 GeoZG „alle Daten mit direktem oder indirektem Bezug zu einem bestimmten Standort oder geografischen Gebiet" darstellen, fallen auch Daten im Zusammenhang mit den Planungsverfahren zur Energieversorgungsinfrastruktur unter die im Rahmen der GDI-EU bzw. -DE bereitzustellenden Geodaten (vgl. u. a. Anhang III Nr. 6: „Energieversorgung", Nr. 7: „Umweltüberwachung", Nr. 18: „Lebensräume und Biotope", Nr. 19: „Verteilung der Arten" und Nr. 20: „Energiequellen" der INSPIRE-RL bzw. § 4 Nr. 4 lit. s, t, z5, z6 und z7 GeoZG); näher → Rn. 15.

Zudem erfasst die INSPIRE-RL grundsätzlich Geodaten, die bei Behörden vorhanden **4** sind oder für diese bereitgehalten werden, und Geodaten, die von Behörden in Wahrnehmung ihres öffentlichen Auftrags genutzt werden, sowie (unter bestimmten Voraussetzungen) Geodaten, die bei natürlichen oder juristischen Personen, die keine Behörden sind, vorhanden sind, vorausgesetzt, dass diese natürlichen oder juristischen Personen einen entsprechenden Antrag stellen (vgl. Erwägungsgrund 12 INSPIRE-RL). Anders als bei der Regelung des § 43k werden in den Aufbau der GDI-DE deshalb nur geodatenhaltende Stellen des Bundes und der bundesunmittelbaren juristischen Personen des öffentlichen Rechts (§ 2 Abs. 1 GeoZG) bzw. geodatenhaltende Stellen des Landes, der Gemeinden und Gemeindeverbände, der Landkreise und der unter ihrer Aufsicht stehenden juristischen Personen des öffentlichen Rechts (zB § 2 Abs. 2 BWLGeoZG) obligatorisch eingebunden. Nach § 2 Abs. 2 GeoZG bzw. den entsprechenden Landesregelungen (zB § 2 Abs. 2 BWLGeoZG) können natürliche und juristische Personen des Privatrechts jedoch auch Geodaten über die GDI-DE (§ 9 Abs. 2 GeoZG; www.geoportal.de) freiwillig in einem geeigneten technischen Format bereitstellen (→ Rn. 15.1). § 43k sieht zwar ebenfalls Schranken der Datenbereitstellung durch **private Dritte** vor, allerdings **keinen grundsätzlichen Freiwilligkeitsvorbehalt.** Mithin bestand nach der INSPIRE-RL bzw. § 2 GeoZG eine in ihrem Umfang vergleichbare Pflicht zur Geodatenübermittlung bisher nur gegenüber öffentlichen Stellen, nicht jedoch privaten Dritten (zB ÜNB, VNB, Planungsbüros oder sonstige Dienstleister), weshalb den öffentlichen Haushalt mit Aufnahme der Regelung in das EnWG bzw. NABEG auch keine zusätzlichen Kosten erwarten (BT-Drs. 19/7375, 47).

Resümierend ist der bereichsspezifische § 43k gegenüber den bereichsübergreifenden **5** Regelungen zur GDI-DE bei den von Satz 1 erfassten Planungsverfahren gem. §§ 43 ff. als **lex specialis** vorrangig anwendbar. Aufgrund der systematischen Verflechtung ist es für die Auslegung der einzelnen Voraussetzungen jedoch sachgerecht, auf die INSPIRE-RL und das GeoZG (bzw. das entsprechende Landesrecht) zurückzugreifen. Da das EnWG keine näheren Bestimmungskriterien zu(r) Geodaten(-übermittlung) enthält, lässt sich ein solcher Rückgriff auf die bereichsübergreifenden Regelungen für umwelt- bzw. planungsbezogene Geodatenübermittlungen – die Anhänge I–III INSPIRE-RL bzw. § 4 GeoZG definieren 34 verschiedene Geodaten-Bereiche – im Hinblick auf den aus dem Rechtsstaatsprinzip in Art. 20 GG abgeleiteten Grundsatz der Einheit und Widerspruchsfreiheit der Rechtsordnung (vgl. nur BVerfGE 98, 83 (97); 98, 106 (118 f.); 98, 265 (301)) auch verfassungsrechtlich rechtfertigen.

III. Entstehungsgeschichte

Die Vorschrift wurde durch Art. 1 des Gesetzes zur Beschleunigung des Energieleitungs- **6** ausbaus (EnLABG) vom 13.5.2019 (BGBl. I 706 (713)) neu in das EnWG eingefügt. Im ursprünglichen Gesetzentwurf der Bundesregierung (BT-Drs. 19/7375, 15; BR-Drs. 11/19, 10) war die neue Regelung zur Zurverfügungstellung von Geodaten noch nicht enthalten. § 43k wurde erst aufgrund der Beschlussempfehlung des Ausschusses für Wirtschaft und Technologie (9. Ausschuss) vom 2.4.2019 aufgenommen (BT-Drs. 19/8913, 28 f.; BT-Drs. 19/9027, 15).

Neben dem neuen § 43k wurden im Zusammenhang mit der ebenfalls grundlegend novellierten **6.1** Planfeststellung gem. § 43 zeitgleich u. a. das Anzeigeverfahren gem. § 43f und der Aufgabenumfang der Projektmanager gem. § 43g bedenklich ausgeweitet, die Möglichkeit geschaffen, gem. § 43j Leerrohre für Hochspannungsleitungen vorausschauend in Planfeststellungsverfahren einzubeziehen sowie die (zum Teil irreversible) Zulassung des vorzeitigen Baubeginns nach § 44c etabliert (BT-Drs. 19/7375,

EnWG § 43k Teil 5. Planfeststellung, Wegenutzung

13 ff.; BT-Drs. 19/8913, 22 ff.). Die Einführung der Vorschrift steht also im Kontext eines großangelegten verfahrensrechtlichen Optimierungspakets zum Planungsverfahren nach §§ 43 ff. bzw. §§ 4 ff., 18 ff. des durch Art. 2 EnLABG umfangreich novellierten „NABEG 2.0" (ausf. und krit. dazu bereits Kelly/Schmidt AöR 144 (2019), 579 (585 ff.); Schmidt/Kelly VerwArch 2021, 98 (117 ff.) mwN).

7   Im EnLABG-Gesetzentwurf der Bundesregierung (BT-Drs. 19/7375, 25 (82)) war schon die zu Satz 1 analoge Regelung in § 31 Abs. 4 S. 1 NABEG zur Geodatenbereitstellung im Rahmen der Bundesfachplanung gem. §§ 4 ff. NABEG bzw. Planfeststellung gem. §§ 18 ff. NABEG von Vorhaben im Anwendungsbereich von § 2 Abs. 1, 3 NABEG enthalten (BGBl. 2019 I 706 (721)); daher weist die Begründung des Satzes 1 auch auf § 31 Abs. 4 S. 1 NABEG im ursprünglichen Entwurf (BT-Drs. 19/9027, 15; BT-Drs. 19/7375, 82). Doch auch § 31 Abs. 4 NABEG wurde in seiner jetzigen Fassung mit den ergänzenden Sätzen 2–4 (analog zu § 43k) erst durch die Beschlussempfehlung des Ausschusses für Wirtschaft und Technologie vollständig formuliert (BT-Drs. 19/8913, 52); weshalb wiederum die Begründung zu den ergänzten § 31 Abs. 4 S. 2–4 NABEG auf die Begründung zu § 43k S. 2–4 verweist (BT-Drs. 19/9027, 15 (19); BT-Drs. 19/7375, 82). Insbesondere die Ergänzung der Sätze 2–4 war aus Sicht der Bundesregierung erforderlich geworden, um sicherzustellen, dass im Einzelfall schützenswerte öffentliche Belange oder grundrechtlich geschützte Belange Dritter einer Herausgabe von Geodaten nicht entgegenstehen (BT-Drs. 19/7914, 7 (23)). Die Vorschriften in § 43k und § 31 Abs. 4 NABEG stehen also im komplementären Zusammenhang zueinander und erfassen damit sowohl im Anwendungsbereich des EnWG als auch des NABEG liegende Planungsverfahren auf der Hochspannungs- bzw. Höchstspannungsebene (so auch BT-Drs. 19/9027, 15; → Rn. 2.1).

B. Regel: Pflicht zur Zurverfügungstellung von planungsrelevanten Geodaten (S. 1)

I. Allgemein

8   Satz 1 regelt (ähnlich § 12f, → § 12f Rn. 12) einen **konditionierten Anspruch** der an der planerischen Durchführung des Zulassungsverfahrens nach §§ 43 ff. (namentlich Planfeststellung, -genehmigung oder Anzeigeverfahren) maßgeblich beteiligten Stellen (dh die Vorhabenträger in der Regel also der für das jeweilige Netzgebiet zuständige VNB, von diesen Beauftragte oder die zuständigen Planfeststellungsbehörden der Länder) **auf die Zurverfügungstellung von erfassten Geodaten,** soweit diese für die erwähnten Zulassungsverfahren benötigt werden und zur Erfüllung öffentlicher Aufgaben bei einer Behörde oder einem Dritten vorhanden sind.

9   Da die Vorschrift systematisch mit den Vorgaben zur GDI in Verbindung steht und sich dabei zum Teil auch die Regelungsbereiche überschneiden (BT-Drs. 19/7375, 47; → Rn. 3 ff.), ist es sachgerecht, für die nähere Auslegung der Vorrausetzungen des Satzes 1 auf die INSPIRE-RL bzw. das GeoZG und die entsprechenden Landesgesetze abzustellen, soweit diese im Einzelfall mit der Zielrichtung und dem Regelungsgehalt von § 43k übereinstimmen. Durch den konditionierten Anspruch auf die Bereitstellung der Geodaten gem. Satz 1 werden die erfassten Behörden und Dritten verpflichtet, entsprechende Informationen auf Verlangen zur Verfügung stehen zu haben und auf Verlangen zu übermitteln (BT-Drs. 19/7375, 82). Demzufolge geht mit der Pflicht der Zurverfügungstellung planungsrelevanter Geodaten auch ein spiegelbildlicher Auftrag an die betroffenen geodatenhaltenden Stellen einher, ihre Geodaten systematisch zu erfassen und zu führen (vgl. § 5 Abs. 3 iVm Abs. 1 GeoZG). Eine unzureichende Geodatenerfassung würde die Pflicht nach Satz 1 ins Leere laufen lassen bzw. sogar ad absurdum führen; eine zu § 5 Abs. 3 GeoZG auch iVm § 12d Abs. 2 sinngemäße verbindliche „Geodaten-Monitoringpflicht" gegenüber Dritten hätte der Gesetzgeber sicherlich im Interesse der Rechtssicherheit in § 43k aufnehmen können. Öffentliche geodatenhaltende Stellen des Bundes, der Länder und Kommunen sind bereits ohnehin nach § 2 Abs. 1 GeoZG iVm §§ 5 und 11 GeoZG bzw. den entsprechenden Landesregelungen verpflichtet, Geodaten iSv § 3 Abs. 1 GeoZG iVm § 4 Abs. 1 GeoZG mit den zugehörigen Metadaten (vgl. § 7 GeoZG) systematisch zu erfassen, zu führen und der Öffentlichkeit zur Verfügung zu stellen (vgl. § 11 GeoZG).

Sogar die unentgeltliche kommerzielle Nutzung dieser Geodaten ist gem. § 11 Abs. 2 grundsätzlich **9.1**
vorgesehen (das unentgeltliche Anbieten und Verbreiten einer WarnWetter-App durch den DWD ist
jedoch beispielsweise keine Bereitstellung von Geodaten und Geodatendiensten iSd § 3 Abs. 1, 3
GeoZG, so BGH MMR 2020, 847 Rn. 69 ff.).

II. Verpflichtete bzw. Berechtigte

1. Verpflichtete

Verpflichtete sind gem. Satz 1 **Behörden** und **Dritte,** bei denen **Geodaten zur Erfül-** **10**
lung öffentlicher Aufgaben vorhanden sind. Die Gesetzesbegründung zu § 31 Abs. 4
NABEG – auf welche die Begründung zu § 43k verweist – stellt ebenfalls klar, dass neben den
zuständigen Behörden auch Dritte, bei denen Geodaten zur Erfüllung öffentlicher Aufgaben
vorhanden sind, unter bestimmten Voraussetzungen (→ Rn. 16 ff.) von der Regelung erfasst
sein können (BT-Drs. 19/7375, 82).

Da bereits der Gesetzgeber darauf hinweist, dass die Regelung nach § 43k für Behörden **11**
keinen Mehraufwand zu den bisherigen Pflichten nach der INSPIRE-RL (dh mittels GeoZG
und Landesgesetze) auslöst (→ Rn. 3), ist es sachgerecht, auch beim **Behördenbegriff** iSv
Satz 1 auf die entsprechenden Geodatengesetze abzustellen. Nach entsprechender Anwendung von § 2 Abs. 1 GeoZG bzw. den entsprechenden Landesgesetzen (vgl. nur § 2 Abs. 1
BWLGeoZG) fallen unter den Behördenkreis iSv Satz 1 demnach insbesondere alle **geoda-**
tenhaltenden Stellen des Bundes und der bundesunmittelbaren juristischen Personen des
öffentlichen Rechts sowie alle geodatenhaltenden Stellen des Landes, der Gemeinden und
Gemeindeverbände, der Landkreise und der unter ihrer Aufsicht stehenden juristischen Personen des öffentlichen Rechts. Diese **geodatenhaltende Stellen iSd GeoZG** sind gem.
§ 3 Abs. 8 GeoZG die **informationspflichtigen Stellen iSv § 2 Abs. 1 UIG** bzw. der
entsprechenden Landesgesetze (vgl. nur § 23 Abs. 1 BWUVwG), dh alle Stellen der öffentlichen Verwaltung, sofern sie Verwaltungsaufgaben im materiellen Sinne wahrnehmen und
auch Personen des Privatrechts, sofern diese öffentliche Aufgaben oder Dienstleistungen im
Zusammenhang mit der Umwelt (dh insbesondere umweltbezogene Daseinsvorsorgeleistungen) erbringen und der Bundes-, Landes- oder Kommunalaufsicht unterliegen (BT-Drs. 19/
24230, 12; Landmann/Rohmer UmweltR/Reidt/Schiller UIG § 2 Rn. 4 ff., 19 ff. mwN).
Ausnahmen bestehen nach § 2 Abs. 1 Nr. 1 UIG für legislative Tätigkeiten oberster Bundes-
und Landesbehörden und judikative Tätigkeiten der Gerichte (Landmann/Rohmer
UmweltR/Reidt/Schiller UIG § 2 Rn. 8 ff.).

Als eine der regelmäßig Empfangsberechtigten für etwaige Geodaten nennt die Begründung des **11.1**
Gesetzgebers zu § 31 Abs. 4 NABEG ausdrücklich auch die BNetzA (BT-Drs. 19/7375, 82); dies ist
nicht ohne Weiteres auf § 43k übertragbar. Sinn und Zweck der Zurverfügungstellung von Geodaten
ist die optimierte Durchführung der Zulassungsverfahren nach § 43k ff. Daraus folgt, dass die von § 43k
begünstigten Anspruchsberechtigten neben den Vorhabenträgern und den von diesen Beauftragten
insbesondere auch die zuständigen Planfeststellungsbehörden (in der Regel der Länder) sind. Die
BNetzA ist nach der gem. § 2 Abs. 2 NABEG iVm § 31 Abs. 2 NABEG erlassenen Planfeststellungszuweisungsverordnung (PlfZV) vom 23.7.2013 (BGBl. I 2582) zwar die zuständige Planfeststellungsbehörde
für die in der Anlage zum BBPlG mit „A1" gekennzeichneten länderübergreifenden Höchstspannungsleitungen (§ 1 Nr. 1 PlfZV) sowie für die in der Anlage zum BBPlG mit „A2" gekennzeichneten
grenzüberschreitenden Höchstspannungsleitungen, soweit diese nicht in den Anwendungsbereich der
SeeAnlV fallen (§ 1 Nr. 2 PlfZV). Die im Anwendungsbereich der Planfeststellungsverfahren nach § 43
Abs. 1 oder 2 (sowie § 43f) liegenden Vorhaben werden jedoch in aller Regel von den nach den
jeweiligen landesrechtlichen Zuständigkeitsverordnungen zuständigen Planfeststellungsbehörden der
Länder zugelassen (→ § 43 Rn. 117). Nur für Vorhaben nach § 43 Abs. 1 Nr. 4 und nach § 43 Abs. 1
S. 2 iVm § 2 Abs. 1 NABEG einschließlich der Integration von Nebenanlagen gem. § 43 Abs. 2 Nr. 1
ist die BNetzA ausnahmsweise zuständig (§§ 18 ff. NABEG iVm § 31 Abs. 1, 2 NABEG, § 1 PlfZV,
§ 2 BBPlG) (→ § 43 Rn. 118). Bei den von § 43k erfassten Verfahren nach §§ 43 ff. ist die BNetzA –
anders als es die Begründung zu § 31 Abs. 4 vermuten lässt – also im Regelfall nicht als nach Satz 1
anspruchsberechtigte Zulassungsbehörde beteiligt, sondern als geodatenhaltende Stelle iSv § 2 Abs. 1
GeoZG zur Zurverfügungstellung von Geodaten gegenüber den Vorhabenträgern und den Landesbehörden gem. Satz 1 verpflichtet.

EnWG § 43k   Teil 5. Planfeststellung, Wegenutzung

12   Neu ist die Pflicht der Geodatenzurverfügungstellung nach Satz 1 gegenüber Dritten, die – ähnlich dem § 2 Abs. 2 GeoZG und der entsprechenden Landesgesetze – als geodatenhaltende Stelle über Geoinformationen, die zur Erfüllung öffentlicher Aufgaben erlangt worden sind (→ Rn. 16), verfügen. In Ermangelung einer Einschränkung in Satz 1 ist der **Personenkreis der Dritten** – wie auch der Behördenbegriff – grundsätzlich weit und ergebnisorientiert an der **materiellen Verfügungsgewalt über zur Erfüllung öffentlicher Aufgaben vorhandene Geodaten** auszulegen. Mithin können grundsätzlich nicht nur natürliche, sondern auch juristische Personen auch des Privatrechts nach Satz 1 verpflichtet (aber auch berechtigt) sein, sofern die weiteren Anforderungen erfüllt sind.

12.1   Zum Kreis nach Satz 1 verpflichteter Dritter gehören also insbesondere die ÜNB bzw. auch die VNB, falls diese nicht eine Personenidentität zum nach Satz 1 anspruchsberechtigten Vorhabenträger aufweisen. Gerade die ÜNB verfügen über vielfältige (Geo-)Daten zur Erfüllung öffentlicher Aufgaben (zB die nach § 12d Abs. 2 an die BNetzA zu übermittelnden Geodaten im Zusammenhang mit dem Übertragungsnetzausbau (→ Rn. 2; BT-Drs. 19/7375, 51)). Auch Dritte und Behörden außerhalb der energiewirtschaftlichen Regelungssphäre kommen dabei als Verpflichtete in Betracht, sofern sie über entsprechende planungsrelevante Geodaten verfügen (zB Naturschutz-, Umwelt-, Verkehrsbehörden, Planungsunternehmen und Projektierer, Umweltgutachter und -verbände, Telekommunikationsanbieter (vgl. §§ 77a ff. TKG) und Versorgungsunternehmen) (vgl. BT-Drs. 19/7375, 82).

13   Verpflichtete Behörden und Dritte iSv Satz 1 sind mithin grundsätzlich – im materiellen Sinne des § 1 Abs. 4 VwVfG – alle geodatenhaltenden Stellen des Bundes, der Länder, der Kommunen und natürliche bzw. oder privatrechtliche Personen iSv §§ 2, 3 GeoZG iVm § 2 UIG (und der entsprechenden Landesgesetze: zB §§ 2, 3 BWLGeoZG iVm § 23 BWUVwG), sofern bei diesen planungsrelevante Geodaten zur Erfüllung öffentlicher Aufgaben vorhanden sind.

2. Berechtigte

14   Einen **Anspruch auf Zurverfügungstellung der** für die Planung **benötigten Geodaten** haben nach Satz 1 der **Vorhabenträger,** die von ihm **Beauftragten** oder die zuständigen **Planfeststellungsbehörden der Länder.** Erfasst werden dabei maßgeblich die Planungsverfahren zur Errichtung, zum Betrieb oder zur Änderung der in § 43 Abs. 1 aufgezählten planfeststellungspflichtigen Energieleitungsvorhaben, die der Übertragung elektrischer Energie oder dem Transport von Gas dienen (→ § 43 Rn. 29 ff.) sowie die in § 43 Abs. 2 enumerativ aufgezählten planfeststellungsfähigen energiewirtschaftlichen Vorhaben, dh überwiegend Energieanlagen, welche der Übertragung von elektrischer Energie dienen (→ § 43 Rn. 54 ff.). Vorhabenträger iSd Satzes 1 sind demzufolge – je nach konkretem Vorhabengegenstand – in der Regel die Betreiber von Elektrizitätsversorgungsnetzen iSv § 3 Nr. 2 oder die Betreiber von Gasversorgungsnetzen iSv § 3 Nr. 6, da diese gem. § 11 Abs. 1 iVm §§ 12–16a verpflichtet sind, ein sicheres, zuverlässiges und leistungsfähiges Energieversorgungsnetz diskriminierungsfrei zu betreiben, zu warten und bedarfsgerecht zu optimieren, zu verstärken und auszubauen, soweit es wirtschaftlich zumutbar ist. Auch von den Vorhabenträgern zur Durchführung der Planungsverfahren beauftragte Dritte (zB Dienstleister, Planungs- und Beratungsbüros oder Umweltprüfungsanstalten) sind nach Satz 1 berechtigt, benötigte Geodaten zweckgebunden zu verlangen. Ferner sind die funktional und örtlich zuständigen Planfeststellungsbehörden der Länder nach Satz 1 anspruchsberechtigt; die konkreten Zuständigkeiten für die unterschiedlichen Zulassungsverfahren gem. § 43 Abs. 1 und 2 bzw. § 43f ergeben sich im Weiteren aus den jeweiligen landesrechtlichen Zuständigkeitsverordnungen.

III. Herauszugebende Informationen

1. Geodaten

15   Nach der Legaldefinition in Art. 3 Nr. 2 INSPIRE-RL bzw. § 3 Abs. 1 GeoZG sind Geodaten „**alle Daten mit direktem oder indirektem Bezug zu einem bestimmten Standort oder geografischen Gebiet**". Unter die zur umweltpolitisch motivierten Etablierung einer allgemeinen Geodateninfrastruktur („GDI") iSv Art. 3 Nr. 1 INSPIRE-RL bzw. § 3 Abs. 5 GeoZG bereitzustellenden Geodaten fallen insbesondere auch Daten im Zusammenhang mit den von Satz 1 erfassten Planungs- bzw. Zulassungsverfahren zur Energieversorgungsinfrastruktur. Planungsrelevante Bereiche betreffen dabei u.a. Geodaten zu gem. Anhang II Nr. 7 INSPIRE-RL: „Verkehrsnetzen", Anhang II Nr. 8 INSPIRE-RL: „Gewässernetzen", Anhang II Nr. 9 INSPIRE-RL: „Schutzgebieten" sowie gem. Anhang III Nr. 6 INSPIRE-RL: „Energieversorgung", Anhang III Nr. 7 INSPIRE-RL: „Umweltüberwachung", Anhang III Nr. 18 INSPIRE-RL: „Lebensräumen und Biotopen", Anhang III Nr. 19 INSPIRE-RL: „Verteilung der Arten" und Anhang III Nr. 20 INSPIRE-RL: „Energiequellen" (wortgleich umgesetzt in: § 4 Nr. 4 lit. g, h, i, s, t, z5, z6 und z7 GeoZG). Auch die Gesetzesbegründung deutet diesen Überlappungsbereich zwischen INSPIRE-RL bzw. GeoZG und § 43k bei der Abgrenzung planungsrelevanter Geodaten dadurch an, dass von der Pflicht nach Satz 1 insbesondere „Daten zu Kreuzungen mit anderen Infrastrukturen wie Gas- und Wasserversorgung, Telekommunikationsleitungen (vgl. dazu auch §§ 77a ff. TKG), Produktleitungen und Ähnlichem" erfasst sein sollen (BT-Drs. 19/7375, 82); diese Daten sind wie gezeigt eben auch schon Teil der GDI-EU bzw. -DE. Ausdrücklich sind wohl auch gem. § 12d Abs. 2 die von den ÜNB im Rahmen der Übertragungsnetzplanung erstellten „Geodaten" erfasst (BT-Drs. 19/7375, 51). Der **weit auszulegende Begriff der Geodaten** iSv Satz 1 erfährt erst durch die weiteren Voraussetzungen, insbesondere die Aufgabenbindung, Zweckbestimmung und Datenumfangsbegrenzung wesentliche Einschränkungen (→ Rn. 16 ff.).

In Anlehnung an Art. 4 Abs. 1 INSPIRE-RL bzw. § 4 Abs. 1 GeoZG kann ferner davon ausgegangen werden, dass die von Satz 1 entsprechend erfassten planungsrelevanten Geodaten sich auf das Hoheitsgebiet der Bundesrepublik bzw. die ausschließliche Wirtschaftszone beziehen müssen, in elektronischer Form vorzuliegen haben und sowohl verbunden mit zugehörigen Metadaten (gem. § 7 Abs. 1 f. GeoZG iVm § 3 Abs. 2 GeoZG) als auch interoperabel (§§ 8, 3 Abs. 4, 15 GeoZG iVm der GeoNutzV v. 19.3.2013, BGBl. I 547) bereitzustellen sind (→ Rn. 4). Aktuelle Beispiele für verwandte öffentliche Verwendungen von Geodaten sind die Notfall-Kartierung forstlicher Rettungspunkte (BT-Drs. 19/26135, 97), die Ausweisung von Teilgebieten für die sichere Endlagerung hochradioaktiver Abfälle auf Basis von dreidimensionalen Geodaten (BT-Drs. 19/22252, 206), die Geodatennutzung für die Optimierung von Landwirtschaft und Pflanzengesundheit (BT-Drs. 19/26128, 1) oder die Geo-Referenzierung von Wissenschaftsstandorten (BT-Drs. 19/26520, 9). 15.1

2. Zur Erfüllung öffentlicher Aufgaben vorhanden

Die Gesetzesbegründung stellt klar, dass insbesondere Dritte Geodaten gem. Satz 1 nur dann zur Verfügung zu stellen haben, sofern diese zur Erfüllung öffentlicher Aufgaben erhoben oder erlangt worden sind (BT-Drs. 19/7375, 82). Folglich besteht eine Verpflichtung zur Weitergabe von Geodaten nur, soweit Behörden bzw. Dritte berechtigt sind, die entsprechenden Geodaten weiterzugeben (BT-Drs. 19/7375, 82). Die Berechtigung kann beispielsweise fehlen, wenn Behörden bzw. Dritten die Daten selbst nur zur Verwendung für bestimmte, eigene Zwecke zur Verfügung gestellt wurden und die Weitergabe untersagt (sog. Zweckbindungsgrundsatz, vgl. auch Art. 5 Abs. 1 lit. b DS-GVO iVm Art. 6 Abs. 1 S. 2 DS-GVO) oder nur nach Zustimmung des Berechtigten erlaubt wurde (sog. Einwilligungsvorbehalt, vgl. auch Art. 6 Abs. 1 lit. a DS-GVO iVm Art. 7 DS-GVO) (BT-Drs. 19/7375, 82). Da eine Einwilligung zur Datenverarbeitung (also auch -übermittlung) grundsätzlich jederzeit widerrufen werden kann, wäre eine dauerhafte Zurverfügungstellung solcher lediglich auf Grundlage einer zweckgebundenen Einwilligung erlangter Geodaten über § 43k weder rechtssicher noch zielführend realisierbar. Anders als bspw. § 3 BDSG iVm §§ 22 ff. BDSG ist die Geodaten-Übermittlungspflicht nicht an die formelle Zuständigkeit einer öffentlichen (Verwaltungs-)Stelle, sondern ähnlich dem Art. 6 Abs. 1 lit. e DS-GVO vielmehr **materiell an die Erfüllung öffentlicher Aufgaben bzw. Aufgaben im öffentlichen Interesse gekoppelt;** dabei wird der handelnde Akteur (öffentlich oder nicht-öffentlich) offengelassen (vgl. BeckOK DatenschutzR/Wolff BDSG § 3 Rn. 16; BeckOK DatenschutzR/Albers/Veit DS-GVO Art. 6 Rn. 40 mwN). 16

Insoweit kann – in Ermangelung näherer bereichsspezifischer Definitionskriterien – zur Konkretisierung der von der Pflicht nach Satz 1 Betroffenen öffentlichen und nicht-öffentlichen geodatenhaltenden Stellen auf den allgemeinen verwaltungsrechtlichen materiellen Behördenbegriff iSv § 1 Abs. 4 VwVfG (dazu → Rn. 13) zurückgegriffen werden (vgl. nur 17

BeckOK VwVfG/Ronellenfitsch VwVfG § 1 Rn. 65 ff.). Auch § 56 VwVfG beinhaltet im Anschluss an den materiellen Behördenbegriff iSv § 1 Abs. 4 VwVfG für die nähere Regelung des öffentlich-rechtlichen Austauschvertrages das begrenzende Tatbestandsmerkmal der „Erfüllung öffentlicher Aufgaben". Der Begriff der **öffentlichen Aufgaben** iSv Satz 1 ist dabei eng angelehnt an die vergleichbare Formulierung in § 1 Abs. 4 VwVfG iVm § 56 Abs. 1 S. 1 VwVfG weit zu verstehen und umfasst **alle Aufgaben, an deren Erfüllung ein öffentliches Interesse besteht;** dh er ist nicht auf die öffentlich-rechtliche Verwaltungstätigkeit beschränkt und erfordert mithin nicht, dass die Aufgaben auch mit hoheitlichen Mitteln erfüllt oder in Formen des öffentlichen Rechts wahrgenommen werden, sondern geht darüber hinaus (Schoch/Schneider/Rozek VwVfG § 56 Rn. 35 mwN). Erfasst sind mithin auch Aufgaben im Bereich des Verwaltungsprivatrechts, insbesondere der (auch: energiewirtschaftlichen) Daseinsvorsorge (Ziekow/Siegel VerwArch 95 (2004), 133 (147)). Insbesondere die bereits ohnehin nach §§ 4, 5 GeoZG (und der Geodatenzugangsgesetze der Länder) von den erfassten Behörden öffentlich zu machenden Geodaten sind als zur Erfüllung öffentlicher Aufgaben erlangte Daten nach Satz 1 den Berechtigten zur Verfügung zu stellen (→ Rn. 15); dies gilt nun anders als nach den generellen Regelungen des GeoZG gem. § 43k für die bereichsspezifischen Geodaten im Zusammenhang mit den genannten Planungsverfahren gem. §§ 43 ff. auch für Dritte.

IV. Begrenzter Datenumfang und konkrete Zweckbindung: Planungsrelevanz

18   Nach allgemeinem Verständnis fungiert bereits die Bindung an eine bestimmte Aufgabenerfüllung als datenschutzrechtlicher Zweck iSv Art. 5 Abs. 1 lit. b DS-GVO bzw. § 47 Nr. 2 BDSG, dem die Verarbeitung zu dienen hat, sofern keine speziale Zweckbestimmung vorliegt (s. dazu Art. 6 Abs. 3 S. 2 Hs. 2 DS-GVO, so zu § 3 BDSG BeckOK DatenschutzR/ Wolff BDSG § 3 Rn. 17 mwN). Neben der Bindung der Geodatenbereitstellung an das Vorhandensein etwaiger Daten zur Erfüllung öffentlicher Aufgaben kodifiziert Satz 1 allerdings auch noch eine speziellere doppelte Verarbeitungsschranke. Demnach sind nach Satz 1 Geodaten (1.) nur, soweit sie für die Planfeststellung, -genehmigung oder das Anzeigeverfahren benötigt werden, und (2.) auch nur für die Zwecke der Planfeststellung, der Plangenehmigung oder des Anzeigeverfahrens zur Verfügung zu stellen. Folglich beschränkt Satz 1 sowohl den **zulässigen Datenumfang** im Sinne des allgemeinen datenschutzrechtlichen Prinzips der Datenminimierung (vgl. Art. 5 Abs. 1 lit. c DS-GVO) als auch den **zulässigen Verarbeitungs- bzw. Übermittlungszweck** im Sinne des allgemeinen Zweckbindungsgrundsatzes (Art. 5 Abs. 1 lit. b DS-GVO). Aufgrund dieser Voraussetzungen ist regelmäßig auch ausgeschlossen, dass es sich bei den von der Übermittlungspflicht nach Satz 1 erfassten **planungsrelevanten Geodaten** auch um personenbezogene Daten handelt, deren rechtmäßige Verarbeitung an den konkreten datenschutzrechtlichen Bestimmungen der vorrangig anzuwendenden DS-GVO zu bemessen wäre; auch, wenn nicht generell ausgeschlossen ist, dass es sich bei Geodaten um (unter Umständen sogar besonders sensible) personenbezogene Daten handeln kann (dazu → Rn. 28 ff.). Wie auch nach dem datenschutzrechtlichen Erforderlichkeits- bzw. Zweckbestimmungsgrundsatz ist nach Satz 1 eine „Datenverarbeitung auf Vorrat", dh von Daten, die zur Wahrnehmung der konkreten öffentlichen Aufgaben im Zusammenhang mit der Zulassungsverfahren iSv §§ 43 ff. nicht benötigt werden, aber eventuell später verwendet werden sollen, unzulässig.

V. Antragserfordernis: „auf Verlangen"

19   Die Geodaten sind nach Satz 1 jedoch nicht bereits über einen gesetzlichen Automatismus kontinuierlich an die berechtigten Stellen zu übermitteln, sondern nur „auf Verlangen" derselbigen. Demzufolge handelt es sich bei dem konditionierten Anspruch auf die Geodatenherausgabe in Satz 1 nicht um eine antragslose Übermittlungspflicht der verpflichteten Behörden und Dritten (wie zB § 12f Abs. 1). Auf der anderen Seite normiert Satz 1 auch kein ausdrückliches Antragserfordernis (wie zB § 12f Abs. 2: „auf Antrag", erfasste Geodaten sind nach Satz 1 „auf Verlangen" zur Verfügung zu stellen). Die in ihrem Umfang gerichtlich überprüfbare Darlegungslast für das Vorliegen der erforderlichen Voraussetzungen (insbesondere → Rn. 18) trifft mithin den Antragsteller. Dieser hat also etwaigen Behörden und Dritten sein Verlangen formlos mitzuteilen und dabei mithin hinreichend glaubhaft darzule-

gen, dass die verlangten Geodaten ihrem Umfang nach für die Durchführung des Zulassungsverfahrens erforderlich sind und auch nur zu diesem Zwecke eingesetzt werden. Der Begründungsaufwand dazu dürfte aber aufgrund der unbestimmten Formulierung durch den Gesetzgeber „auf Verlangen" im Vergleich zu einem förmlichen Antragserfordernis (wie zB in § 12f Abs. 2) gering zu halten sein.

C. Ausnahme: Verweigerungsoption bei besonders schutzbedürftigen Daten (S. 2, 3)

Nach Satz 2 können Betreiber von Einheiten Kritischer Infrastrukturen iSv § 2 Abs. 5 der **20** Verordnung zur Bestimmung Kritischer Infrastrukturen v. 22.4.2016 (BSI-KritisV; BGBl. 2016 I 958) nach dem BSIG die Herausgabe von Geodaten verweigern, wenn diese Daten besonders schutzbedürftig sind. Durch die Verweigerungsoption in Sätzen 2 und 3 soll also der Schutz der Betreiber Kritischer Infrastrukturen garantiert werden (BT-Drs. 19/9027, 15).

I. Adressaten: KRITIS-Betreiber

§ 2 Abs. 10 S. 1 BSIG enthält eine Legaldefinition für Kritische Infrastrukturen (KRITIS), **21** die grundsätzlich zwei Voraussetzungen normiert: **KRITIS- Betreiber** betreiben demnach (1.) Einrichtungen, Anlagen oder Teile davon, die einem der **Sektoren Energie,** Informationstechnik/Telekommunikation, Transport/Verkehr, Gesundheit, Wasser, Ernährung oder Finanz-/Versicherungswesen angehören (die Sektoren sollen durch das IT-Sicherheitsgesetz 2.0 noch erweitert werden, BT-Drs. 19/26106, 7 ff.) und (2.) **von hoher Bedeutung für das Funktionieren des Gemeinwesens** sind, weil durch ihren Ausfall oder ihre Beeinträchtigung erhebliche Versorgungsengpässe oder Gefährdungen für die öffentliche Sicherheit eintreten würden (Gehrmann/Klett K&R 2017, 372 (373)). Die KRITIS werden sektorspezifisch in der auf Grundlage des § 2 Abs. 10 S. 2 BSIG iVm § 10 Abs. 1 BSIG erlassenen BSI-KritisV näher konkretisiert (zum dreistufigen Verfahren zur Bestimmung von KRITIS-Betreibern vgl. nur Leupold/Wiebe/Glossner IT-R/v.d. Bussche/Schelinski Teil 7.1 Rn. 20 ff.).

Nach § 2 Abs. 5 BSI-KritisV sind im Sektor Energie Kritische Infrastrukturen solche **22** Anlagen oder Teile davon, die in der Strom- und Gasversorgung in den Bereichen der Erzeugung, Übertragung und Verteilung von Strom sowie Förderung, Transport und Verteilung von Gas (§ 2 Abs. 2 BSI-KritisV), in der Kraftstoff- und Heizölversorgung in den Bereichen der Rohölförderung und Produktherstellung, Öltransport sowie Kraftstoff- und Heizölverteilung (§ 2 Abs. 3 BSI-KritisV) und in der Fernwärmeversorgung, in den Bereichen der Erzeugung und Verteilung von Fernwärme (§ 2 Abs. 4 BSI-KritisV) eingesetzt werden, sofern die jeweiligen technologiespezifischen Schwellenwerte in Anhang 1 Teil 3 Spalte D zur BSI-KritisV erreicht oder überschritten werden (zur konkreten Berechnung auf Basis des Regelschwellenwertes von mindestens 500.000 zu versorgenden Personen → Rn. 22.1). Betreiber dieser Anlagen(-teile) können nach Satz 2 die Herausgabe von besonders schutzwürdigen Geodaten verweigern.

Für die Identifikation der einzelnen von Satz 2 erfassten KRITIS-Betreiber im Sektor Energie iSv **22.1** § 2 Abs. 5 BSI-KritisV ist im letzten Schritt also zu prüfen, ob die betriebenen fraglichen Anlagen(-teile) von hoher Bedeutung für das Funktionieren des Gemeinwesens sind, weil durch ihren Ausfall oder ihre Beeinträchtigung erhebliche Versorgungsengpässe oder Gefährdungen für die öffentliche Sicherheit drohen (§§ 2 Abs. 10, 10 Abs. 1 BSIG iVm § 2 BSI-KritisV). Dies ist in der Regel dann der Fall, wenn mindestens 500.000 zu versorgende Personen von einer Störung der Infrastruktur betroffen wären. Je nach Anlagekategorie (zB Erzeugung, Förderung oder Verteilung) der unterschiedlichen energiewirtschaftlichen Versorgungsbereiche (Strom-, Gas-, Kraftstoff- und Heizöl- oder Fernwärmeversorgung) sind hierzu anlagenspezifische Schwellenwerte in Anhang 1 Teil 2 und 3 der BSI-KritisV vorgegeben. Bspw. sind bei Erzeugungsanlagen zur Stromversorgung unter Annahme eines jährlichen Durchschnittsverbrauchs von 7 375 kWh pro Person dann mindestens 500.000 Personen von einer Störung oder einem Ausfall der Anlage betroffen, wenn deren installierte Netto-Nennleistung (elektrisch) mindestens 420 MW beträgt (Anhang I Teil 2 Nr. 8 iVm Teil 3 Nr. 1.1.1 zur BSI-KritisV). Die 420 MW-Grenze erfüllen primär die größeren (noch nicht endgültig stillgelegten) fossilen Kernkraft-, Kohle- und Gas-

EnWG § 43k   Teil 5. Planfeststellung, Wegenutzung

kraftwerke und keine einzelnen EEG-Anlagen (vgl. dazu die Daten aus dem Marktstammdatenregister und der aktuellen Kraftwerksliste der BNetzA, als xlsx.-Dateien abrufbar unter: www.marktdatenstammregister.de, www.smard.de bzw. www.bundesnetzagentur.de).

II. Gegenstand: besonders schutzbedürftige Geodaten

23   Die Herausgabe besonders schutzbedürftiger Geodaten der KRITIS-Betreiber gem. Satz 2 kann in Anlehnung an den systematisch vergleichbaren § 12 GeoZG insbesondere verweigert werden, wenn dadurch nachteilige Auswirkungen auf die **internationalen Beziehungen, bedeutsame Schutzgüter der öffentlichen Sicherheit** oder die **Verteidigung** zu befürchten sind (vgl. auch Satz 4 iVm §§ 8, 9 UIG, → Rn. 26 f.). Darunter fallen jedenfalls auch geheimhaltungsbedürftige Geodaten, die im Verfahren zur Bestimmung kritischer europäischer Anlagen im Interesse der Versorgungssicherheit und zum Schutz vor terroristischen Anschlägen nach § 12g iVm § 4 SÜG bzw. § 2 VSA erlangt werden (→ § 12g Rn. 28). Sowohl die BNetzA als auch die ÜNB können nach Satz 1 also die Herausgabe der entsprechend schutzbedürftigen Informationen iSv § 12g an die Vorhabenträger bzw. Planfeststellungsbehörden der Länder verweigern. Angesichts der großen Bedeutung einer zuverlässigen Energieversorgung für das alltägliche öffentliche bzw. private Leben dürfte die große Vielzahl der geografischen Informationen im Zusammenhang zu Schwachstellen und Vulnerabilitäten in der Energieinfrastruktur regelmäßig die öffentliche Sicherheit, lebenswichtige Interessen oder sogar die Sicherheit der Bundesrepublik berühren und mithin gem. § 4 Abs. 2 SÜG iVm § 2 Abs. 2 SÜG als Verschlusssache einzustufen sein (→ § 12g Rn. 28.1). Die Schutzbedürftigkeit der Daten iSv Satz 2 bemisst sich – ähnlich der Verschlusssacheneinstufung nach Geheimhaltungsgraden gem. § 4 Abs. 2 SÜG bzw. § 2 Abs. 2 VSA – nach den nachteiligen Wirkungen einer Kenntnisnahme durch Unbefugte. Je größer also der Kreis der potenziell nachteilig Betroffenen (iSv § 2 BSI-KritisV; → Rn. 22) im Falle eines schädlichen Geodatenmissbrauchs bzw. einer -kenntnisnahme durch Unbefugte ist, desto niedriger ist der Begründungsaufwand bei Verweigerung einer gem. Satz 1 verlangten Herausgabe schutzbedürftiger Geodaten. Insbesondere ÜNB-Betreiber, Fernleitungsbetreiber und größere Anlagenbetreiber (vor allem AKW-Betreiber) können mithin regelmäßig im Interesse der Versorgungssicherheit und öffentlichen Sicherheit und zur Abwehr terroristischer Angriffe von der Verweigerungsoption nach Satz 2 Gebrauch machen. Dabei ist allerdings das öffentliche Interesse an der Bekanntgabe mit den öffentlichen und sonstigen Schutzbelangen abzuwägen (vgl. § 12 GeoZG iVm §§ 8, 9 UIG).

III. Geeignetes Verfahren für schutzbedürftige Daten (S. 3)

24   Ein geeignetes Verfahren, um besonders schutzbedürftige Geodaten zu Kritischer Infrastruktur nach Satz 3 zur Verfügung zu stellen, ohne dabei die eigene Datenhoheit zu gefährden (zum Begriff der Datenhoheit Martini/Kolain/Neumann/Rehorst/Wagner, MMR-Beil. 2021, 3, 6 f.), kann darin bestehen, dass **keinerlei Rohdaten** vom Betreiber übermittelt werden (BT-Drs. 19/9027, 15). Dazu stellen die Betreiber ihre Daten mit einem entsprechenden Rechtekonzept in einem Onlineportal **ohne Möglichkeit zu Export oder Speicherung** zur Einsicht zur Verfügung (BT-Drs. 19/9027, 15). Mit dem Zugriff auf das **zugangsbeschränkte Portal** akzeptieren die Geodatennutzungsberechtigten ausdrücklich die **Nichtveröffentlichung der Daten** ohne explizite Zustimmung des Betreibers (BT-Drs. 19/9027, 15). Folglich können nach § 43k – anders als nach dem GeoZG – grundsätzlich auch sicherheitskritische Verschlusssachen an berechtigte Personen herausgegeben werden, soweit angemessene Schutzmaßnahmen eingehalten und nach Satz 3 eine nicht-öffentliche zugangsbeschränkte Übermittlungsform ohne Einsicht in Rohdaten oder Exportierungs- oder Speicherungsmöglichkeiten gewählt wird. Allerdings dürfen öffentliche und sonstige Belange nach Satz 4 iVm §§ 8, 9 UIG einer solchen Herausgabe besonders schutzwürdiger Geodaten nicht entgegenstehen; wie bei der Verweigerungsentscheidung ist jedoch auch dies mit dem öffentlichen Interesse an der Bekanntgabe abzuwägen (→ Rn. 27).

25   Die – gegenüber den am Planungsverfahren gem. §§ 43 ff. beteiligten Personen restriktiv wirkende – Verweigerung der Herausgabe schutzbedürftiger planungsrelevanter Geodaten gem. Satz 2 ist an strengere Anforderungen geknüpft als die Beschränkung des öffentlichen Zugangs zu entsprechenden Daten im Rahmen der allgemeinen Geodateninfrastruktur gem.

§ 12 GeoZG. Anders als nach § 5 GeoZG iVm § 11 GeoZG werden die erfassten planungsrelevanten Geodaten nach Satz 1 nicht über ein öffentlich zugängliches Geoportal zur Verfügung gestellt (vgl. § 9 GeoZG in Verbindung mit www.geoportal.de), sondern nur den konkret am Planungsverfahren beteiligten Stellen übermittelt. Diese sind, falls es sich bspw. um Verschlusssachen iSv § 4 SÜG handeln sollte, ebenfalls Geheimhaltungsvorgaben unterworfen. Von einer Verschlusssache dürfen bspw. Personen nur in dem Umfang Kenntnis erhalten, in dem dies aus Gründen der Aufgabenerfüllung (hier: Durchführung des Zulassungsverfahrens) notwendig ist (§ 4 Abs. 1a SÜG). Anders als bei öffentlichen Geodaten nach § 11 GeoZG sind Vorhabenträger oder Planfeststellungsbehörden bei der Kenntnisnahme von unter Verschluss stehenden Geodaten nach Satz 1 u.a. zur Verschwiegenheit über die erlangten Informationen verpflichtet und haben durch die Einhaltung erlassener Schutzmaßnahmen dafür Sorge zu tragen, dass keine unbefugte Person Kenntnis von der Verschlusssache erlangt (§ 4 Abs. 3).

D. UIG und Landesrecht bleibt unberührt (S. 4)

Nach Satz 4 bleiben die §§ 8 und 9 UIG und entsprechende Regelungen des Landesrechts 26 (zB §§ 28, 29 BWUVwG) unberührt. Zusätzlich zur Möglichkeit der Verweigerung nach Sätzen 2, 3 stellt die Ergänzung in Satz 4 damit klar, dass im Einzelfall schützenswerte öffentliche Belange oder grundrechtlich geschützte Belange Dritter einer Herausgabe von Geodaten auch entgegenstehen können (BT-Drs. 19/7914, 23; BT-Drs. 19/9027, 15). Auch bei der Formulierung der **Unberührtheitsklausel** in Satz 4 orientiert sich der Gesetzgeber am GeoZG, namentlich an der Verweisregel des § 12 Abs. 2 GeoZG. Allerdings gelten die auskunftsbeschränkenden Vorgaben von §§ 8, 9 UIG für die Herausgabe von Geodaten nach Satz 1 nicht – wie gem. § 12 Abs. 2 GeoZG – „entsprechend", sondern bleiben bloß „unberührt". Anders als beim öffentlichen Zugang zur Geodateninfrastruktur nach §§ 11, 12 GeoZG können also nach Satz 4 schutzwürdige öffentliche oder sonstige Belange gem. §§ 8, 9 UIG der Geodatenherausgabe nach Satz 1 nur entgegenstehen, wenn es sich bei den Geodaten um Umweltinformationen iSv § 2 Abs. 3 UIG (bzw. der landesrechtlichen Regelungen, zB § 23 Abs. 3 BWUVwG) in der Hand von informationspflichtigen Stellen des Bundes und der Länder bzw. Private unter deren Kontrolle iSv § 2 Abs. 1 UIG (bzw. zB § 23 Abs. 1 BWUVwG) handelt (vgl. § 1 UIG und zB § 22 BWUVwG). Da die geodatenhaltenden Stellen iSd § 43k bzw. des § 3 Abs. 8 GeoZG und die informationspflichtigen Stellen iSv § 2 Abs. 1 UIG bzw. den entsprechenden Landesregelungen ohnehin personenidentisch sind (→ Rn. 11), entsteht eine faktische Einschränkung der restriktiven Wirkung von §§ 8 und 9 UIG nur über den **obligatorischen Umweltbezug der Geoinformation** iSv § 2 Abs. 3 UIG; Geodaten ohne Umweltbezug liegen dagegen nicht im Anwendungsbereich von Satz 4 iVm §§ 8, 9 UIG.

Dieser Widerspruch zwischen der dahingehend strengeren Verweisregel in § 12 Abs. 2 27 GeoZG, die alle Geodaten dem Vorbehalt der §§ 8, 9 UIG unterstellt, und der Unberührtheitsklausel in Satz 4, die nur umweltbezogene Geodaten im Anwendungsbereich des UIG erfasst, scheint etwas willkürlich. In der Praxis lässt sich diese – handwerklich fragwürdige – Divergenz jedoch dadurch entschärfen, dass wohl der Großteil aller planungsrelevanten Geodaten im Kontext des Energieinfrastrukturausbaus, die zur Erfüllung öffentlicher Aufgaben erlangt worden sind, ohnehin Umweltinformationen iSv § 2 Abs. 3 UIG darstellen dürften, womit § 12 Abs. 2 GeoZG und Satz 4 im Rahmen der Abwägung zwischen dem öffentlichen Interesse an der Veröffentlichung von geographischen Umweltinformationen und den schutzwürdigen öffentlichen bzw. privaten Interessen bei der Anwendung der Ausnahmen gem. §§ 8 und 9 faktisch eine vergleichbare Rechtswirkung entfalten dürften (vgl. zur Anwendung von §§ 8, 9 UIG auch BT-Drs. 15/3406, 14). Neben den in § 8 Abs. 1 UIG genannten öffentlichen Belangen, dh insbesondere nachteiligen Wirkungen auf die öffentliche Sicherheit, die internationalen Beziehungen oder Umweltgüter (vgl. dazu → Rn. 23 f.), können der Geodatenherausgabe auch die in § 9 UIG genannten sonstigen Belange, wie zB die Offenbarung personenbezogener Daten, die Verletzung der Rechte am geistigen Eigentum oder der Zugang zu Betriebs- und Geschäftsgeheimnissen, entgegenstehen, es sei denn, die Betroffenen haben einer solchen Verwendung zugestimmt oder das öffentliche Interesse an der Bekanntgabe überwiegt (§ 8 S. 1 UIG, § 9 S. 1 UIG; an den unbestimmten Begriff des

EnWG § 43k Teil 5. Planfeststellung, Wegenutzung

„öffentlichen Interesses" sind dabei iSd INSPIRE-RL und der verwandten Zielrichtung des § 43k keine hohen Anforderungen zu stellen, vgl. Martini NVwZ-Extra 2016, 1 (2)).

E. Datenschutzrechtliche Relevanz von Geodaten

28   Planungsrelevante Geodaten mit Umweltbezug können nach Satz 4 iVm § 9 Abs. 1 S. 1 Nr. 1 UIG nur herausgegeben werden, wenn durch das Bekanntgeben der Informationen personenbezogene Daten nicht offenbart und dadurch Interessen der Betroffenen erheblich beeinträchtigt werden, es sei denn, die Betroffenen haben zugestimmt oder das öffentliche Interesse an der Bekanntgabe überwiegt (→ Rn. 27; zum strukturgleichen § 12 Abs. 2 GeoZG s. Martini NVwZ-Extra 2016, 1 (2)). Dabei stellt sich aber generell die bisher umstrittene Frage nach der datenschutzrechtlichen Relevanz von Geodaten, dh hier konkret, ob die planungsrelevanten Geodaten iSv Satz 1 als personenbezogene Daten iSv Art. 4 Nr. 1 DS-GVO zu qualifizieren sind und somit dem Datenschutzrecht unterstehen. Personenbezogene Daten sind nach Art. 4 Nr. 1 DS-GVO erstmal ganz allgemein alle Informationen, die sich auf eine identifizierte oder identifizierbare natürliche Person beziehen. Entscheidend für die Einordnung als personenbezogenes Datum ist also dessen Qualifikation als „Information": bei **Geodaten ist Gegenstand der Information eine Aussage über ein lokal bestimmbares Objekt** und keine Aussage über (mindestens) eine identifizierbare natürliche Person (Krügel ZD 2017, 455 (456, 459)). Beschreiben die Daten dagegen eine Sache, zu der (zufällig) auch natürliche Personen in Beziehung stehen, zu denen die Verarbeitung der Sachdaten aber in keinerlei Zusammenhang steht, handelt es sich um Sachdaten (Krügel ZD 2017, 455 (457)). Grundsätzlich sind Geodaten also als **Sachdaten** einzustufen, doch auch diese können in bestimmten Sondersituationen einen Personenbezug aufweisen (vgl. u.a. BeckOK DatenschutzR/Schild DS-GVO Art. 4 Rn. 22 f.). Gerade der **Doppelbezug** von bestimmten Geodaten, dh der Umstand, dass ein geographisches Datum sowohl auf eine Sache als auch auf eine Person referiert, kann zu Abgrenzungsproblemen führen (Gola DS-GVO/BDSG, 2. Aufl. 2018, DS-GVO Art. 2 Rn. 15; Krügel ZD 2017, 455 (457 ff.) mwN).

29   Der Doppelbezug von Geodaten führt jedoch nicht dazu, dass diese zwingend eine Information iSd DS-GVO darstellen. Ganz im Gegenteil sind Geodaten in der Regel, soweit sie eben nicht kennnummernähnlich sind und unabhängig von einem **personenbezogenen Verarbeitungszusammenhang** verwendet werden, reine Sachdaten. Ausnahmen sind Sondersituationen, in denen Geodaten ein personenbezogener Verarbeitungszusammenhang innewohnt, über den sich der **Bezug zu einer identifizierten oder identifizierbaren Person herstellen lässt** bzw. hierzu von der datenverantwortenden Stelle bestimmt sind (Martini NVwZ-Extra 2016, 1 (3); Krügel ZD 2017, 455 (459)). Bspw. dienen Geodaten zu Flurstücken u.a. gerade auch der Identifikation des Eigentümers mittels Adresszuweisung, deshalb weisen sie einen inhärenten personenbezogenen Verarbeitungszusammenhang auf und werden dadurch zu einer Information iSd DS-GVO (BeckOK DatenschutzR/Schild DS-GVO Art. 4 Rn. 23; Krügel ZD 2017, 455 (457); Polenz NVwZ 2010, 485 (487) mwN). Als Anhaltspunkt für die Abgrenzung von sach- und personenbezogenen Geodaten können auch die Unterscheidung zwischen den sensibleren Punktdaten (zB einzelne Grundstücke/Immobilien) und höher aggregierten Flächendaten sowie die Eingriffsintensität der Daten in die private Lebenssphäre Betroffener dienen (Martini NVwZ-Extra 2016, 1 (4 f.); Kilian/Heussen/Polenz ComputerR-HdB, 32. Aufl. 2013, Kap. 131 Rn. 16; Weichert DuD 2009, 347 (350)). Ein universales Kriterium zur Abgrenzung von sach- und personenbezogenen Geodaten hat sich bis dato jedoch weder in Rechtsprechung noch Literatur herausgebildet (Rechtssicherheit soll daher der „Behördenleitfaden zum Datenschutz bei Geodaten und -diensten" des Interministeriellen Ausschusses für Geoinformationswesen (IMAGI) schaffen, abrufbar unter www.imagi.de).

30   Da die von Satz 1 erfassten, zur Erfüllung öffentlicher Aufgaben erlangten planungsrelevanten Geodaten regelmäßig im Außenbereich (iSv § 35 BauGB) als höhere **aggregierte Flächendaten** ohne mittelbaren Doppelbezug zu identifizierbaren natürlichen Personen anfallen dürften, sind diese **datenschutzrechtlich weniger problematisch** als bspw. höheraufgelöste Geodatendienste im urbanen Kontext wie Google Street View (hier wäre ohne Verpixelung u.a. eine Gesichts-, KFZ-Kennzeichen- und Grundstückserkennung möglich). Lediglich Geodaten zu privaten Flurstücken – insbesondere bei Koppelung dieser

Informationen mit Adressdatenbanken bzw. dem Liegenschaftskataster – könnten sich bei Anwendung der Vorschrift als datenschutzrechtlich problematisch erweisen (vgl. VG Wiesbaden BeckRS 2019, 33849). Dies betrifft in der Regel jedoch eher den beplanten Innenbereich, da nur FNP bzw. Bauleitpläne die notwendige Parzellenschärfe zur Identifikation einzelner Grundstücke aufweisen (zum Ganzen ausf. Neumann, Zugang zu Geodaten – Neue Impulse für das Informationsverwaltungsrecht durch die Inspire-Richtlinie, 2014, 371 ff.).

§ 43l Regelungen zum Auf- und Ausbau von Wasserstoffnetzen

(1) ¹Der Begriff der Gasversorgungsleitung in Teil 5 dieses Gesetzes umfasst auch Wasserstoffnetze. ²Die Errichtung von Wasserstoffleitungen liegt bis zum 31. Dezember 2025 im überragenden öffentlichen Interesse.

(2) ¹Die Errichtung und der Betrieb sowie die Änderung von Wasserstoffleitungen einschließlich der Anbindungsleitungen von Anlandungsterminals für Wasserstoff mit einem Durchmesser von mehr als 300 Millimetern bedürfen der Planfeststellung durch die nach Landesrecht für Verfahren nach § 43 Absatz 1 Satz 1 Nummer 5 zuständige Behörde. ²Anlage 1 Nummer 19.2 des Gesetzes über die Umweltverträglichkeitsprüfung ist auf Wasserstoffnetze entsprechend anzuwenden.

(3) ¹Auf Antrag des Trägers des Vorhabens kann die nach Landesrecht für Verfahren nach § 43 Absatz 1 Satz 1 Nummer 5 zuständige Behörde die Errichtung und den Betrieb sowie die Änderung von Wasserstoffleitungen einschließlich der Anbindungsleitungen von Anlandungsterminals für Wasserstoff mit einem Durchmesser von 300 Millimeter oder weniger durch Planfeststellung zulassen. ²§ 43 Absatz 2 Satz 1 Nummer 1 bleibt unberührt.

(4) ¹Behördliche Zulassungen für die Errichtung, die Änderung und den Betrieb einer Gasversorgungsleitung für Erdgas einschließlich der für den Betrieb notwendigen Anlagen, soweit sie in ein Planfeststellungsverfahren integriert wurden und keine nach dem Bundes-Immissionsschutzgesetz genehmigungsbedürftigen Anlagen sind, gelten auch als Zulassung für den Transport von Wasserstoff. ²Das Gleiche ist für Gasversorgungsleitungen für Erdgas anzuwenden, für die zum Zeitpunkt der Errichtung ein Anzeigenvorbehalt bestand. ³Die §§ 49 und 113c bleiben unberührt. ⁴Für erforderliche Änderungen oder Erweiterungen von Gasversorgungsleitungen zur Ermöglichung des Transports von Wasserstoff bleibt § 43f unberührt.

(5) Absatz 4 ist entsprechend anzuwenden auf behördliche Zulassungen und Anzeigenvorbehalte für Gas-, Wasserstoff- und Produktleitungen auf Grundlage eines anderen Gesetzes.

(6) Die anlagenbezogenen Regelungen des Bundes-Immissionsschutzgesetzes bleiben unberührt.

(7) Der in § 35 Absatz 1 Nummer 3 des Baugesetzbuches verwendete Begriff des Gases sowie der in § 1 Nummer 14 der Raumordnungsverordnung genannte Begriff der Gasleitungen umfassen auch Wasserstoffnetze.

(8) Die Absätze 1 bis 7 sind entsprechend anzuwenden für Maßnahmen bei Errichtung und Betrieb sowie bei Änderungen und Erweiterungen von Gasversorgungsleitungen einschließlich der Anbindungsleitungen von LNG-Terminals sowie Nebenanlagen, die der Vorbereitung auf einen Transport von Wasserstoff dienen.

Überblick

Absatz 1 Satz 1 enthält eine Auslegungsregel (→ Rn. 13) für den Begriff der Gasversorgungsleitung und erweitert damit den Anwendungsbereich von Teil 5 des EnWG auf Wasserstoffnetze. Satz 2 enthält die befristete Feststellung des überragenden öffentlichen Interesses für Vorhaben zur Errichtung von Wasserstoffleitungen (→ Rn. 14a), was insbesondere für die Abwägung relevant ist (→ Rn. 34).

Absatz 2 Satz 1 regelt die obligatorische Planfeststellung (→ Rn. 18) für Errichtung, Betrieb und Änderung von Wasserstoffleitungen (→ Rn. 23) mit einem Durchmesser von mehr als 300 mm. Satz 2 stellt klar, dass der Tatbestand der Nr. 19.2 von Anlage 1 zum UVPG entsprechende Anwendung findet (→ Rn. 37).

Die Regelung in Absatz 3 Satz 1 regelt die fakultative Planfeststellung (→ Rn. 20) für Errichtung, Betrieb und Änderung von Wasserstoffleitungen (→ Rn. 23) mit einem Durchmesser von 300 mm oder weniger. Satz 2 verweist auf die Regelung in § 43 Abs. 2 S. 1 Nr. 1 und ermöglicht die Integration von für den Betrieb von Wasserstoffleitungen notwendigen Anlagen (→ Rn. 21).

Absatz 4 ermöglicht die Umstellung von bestehenden Erdgasleitungen für den Wasserstofftransport im Wege von Anzeigeverfahren (→ Rn. 39). Die Sätze 1 und 2 enthalten den Grundsatz der Fortgeltung von behördlichen Zulassungen (→ Rn. 41) bzw. Anzeigenvorbehalten (→ Rn. 45) für Gasversorgungsleitungen. Dabei ist die technische Anlagensicherheit (→ Rn. 49) zu gewährleisten, was Satz 3 hervorhebt. Satz 4 stellt klar, dass über die bloße Änderung des Transportmediums hinausgehende Anpassungsmaßnahmen im Wege des Anzeigeverfahrens nach § 43f zulassungsfähig sind (→ Rn. 64). Durch den Verweis in Satz 5 auf § 43f Abs. 2 Nr. 1 entfällt in diesem Zusammenhang eine Umweltverträglichkeitsprüfung und die Prüfung der dinglichen Rechte (→ Rn. 68).

Absatz 5 bezieht sich auf die Umstellung anderer Leitungen für den Wasserstofftransport (→ Rn. 74) und verweist auf die Regelungen in Absatz 4.

Absatz 6 verweist auf das Bundes-Immissionsschutzgesetz und ermöglicht die Umstellung von insbesondere Gasverdichterstationen (→ Rn. 76) für den Wasserstofftransport.

Absatz 7 stellt klar, dass die in § 35 Abs. 1 Nr. 3 BauGB und in § 1 Nr. 14 RoV verwendeten Begriffe auch Wasserstoffnetze umfassen und steht damit im Kontext zu Zulassungsverfahren, bei denen öffentliche Belange der Raumordnung und Bauplanung (Bauen im Außenbereich) zu berücksichtigen sind (→ Rn. 79).

Absatz 8 betrifft Vorhaben, die im Zeitpunkt der Antragstellung nach § 43 zulassungsfähig sind, aber in der Zukunft für den Wasserstofftransport vorgesehen sind (→ Rn. 82).

Übersicht

	Rn.
A. Normzweck und Bedeutung	1
B. Entstehungsgeschichte	7
C. Begriff und öffentliches Interesse (Abs. 1)	13
D. Planfeststellung	15
I. Obligatorische Planfeststellung (Abs. 2)	18
II. Fakultative Planfeststellung (Abs. 3)	20
III. Vorhabenbegriff	22
IV. Materielle Anforderungen	26
1. Planrechtfertigung	27
2. Zwingende Vorschriften	33
3. Abwägung	34
V. Verfahrensfragen	35
VI. Umweltverträglichkeitsprüfung (Abs. 2 S. 2)	37
E. Umstellung von Erdgasleitungen für den Wasserstofftransport (Abs. 4)	39
I. Fortgeltung bestehender Zulassungen (Abs. 4 S. 1 und 2)	41

	Rn.
1. Planfeststellungsbeschlüsse	43
2. Nichtbeanstandungsbescheide	45
3. Genehmigungen im Beitrittsgebiet	47
II. Gewährleistung der technischen Sicherheit (Abs. 4 S. 3)	49
1. Eigenverantwortung des Betreibers	51
2. Sicherheitstechnisches Anzeigeverfahren nach § 113c Abs. 3	53
III. Änderungsvorhaben (Abs. 4 S. 4)	60
1. Änderungsbegriff	62
2. Energierechtliches Anzeigeverfahren nach § 43f	64
F. Umstellung von sonstigen Leitungen für den Wasserstofftransport (Abs. 5)	74
G. BImSchG-Anlagen (Abs. 6)	76
H. Raumordnungs- und Bauplanungsrecht (Abs. 7)	79
I. Umstellungsvorbereitende Maßnahmen (Abs. 8)	82

A. Normzweck und Bedeutung

1 **Vor Inkrafttreten** der Vorschrift war unklar, ob die Zulassung der Errichtung und des Betriebes neuer Wasserstoffleitungen sowie die Änderung von Erdgasleitungen (ungenau oft als Umwidmung oder Umrüstung bezeichnet, technisch ist die Umstellung gemeint, → Rn. 39) für den Wasserstofftransport auf Grundlage des EnWG möglich ist. Zwar fokussierte sich die Diskussion zur Anwendung des EnWG auf die Regulierung reiner Wasserstoffnetze. Überwiegend wurde die Anwendung des EnWG auf reine Wasserstoffnetze verneint und

eine Änderung des Rechtsrahmens – und somit auch das Zulassungsregime betreffend – für erforderlich gehalten (Regulierung von Wasserstoffnetzen, Eine Bestandsaufnahme der Bundesnetzagentur, Juli 2020, 8, 25 f.; Grösch/Horstmann/Müller RdE 2020, 174 (176); Rosin/Spiekermann/Bourazeri/Beck-Broichsitter ET 2020, 54 (56 f.); Baumgart/Schulte/Berger/Lencz/Mansius/Schlund RdE 2021, 135 (136 f., 140); aA Sieberg/Cesarano RdE 2020, 230 (237); Benrath RdE 2020, 453 (456)).

Mit der Vorschrift des § 43l wurde daher eine **umfassende Regelung** für die Zulassung 2 von Vorhaben zum Auf- und Ausbau einer Wasserstoffinfrastruktur geschaffen (BR-Drs. 165/1/21, 3; Elspas/Lindau/Ramsauer N&R 2021, 258 (263)), die sowohl die Umstellung von bestehenden Erdgasleitungen und -anlagen (zB Verdichterstationen → EnWG § 43 Rn. 57.5) für den Wasserstofftransport als auch den Neubau von Wasserstoffleitungen und -anlagen ermöglicht. Der Norm kommt somit eine **große Bedeutung** für die Praxis zu (Steinbach/Franke/Fest § 43l Rn. 1, 9).

Die Vorschrift orientiert sich an der Systematik von Teil 5 und der Reihenfolge und 3 Struktur der darin bereits enthaltenen Normen, dh obligatorische Planfeststellung vor fakultativer Planfeststellung, Leitungen vor Nebenanlagen, Planfeststellung vor Anzeige und zählt verschiedene Verfahrenstatbestände auf (BR-Drs. 165/1/21, 3). Auch wenn Inhalt und Struktur der Vorschrift als unübersichtlich und kompliziert angesehen werden, wird die damit bezweckte Schaffung von Klarheit für das Zulassungsregime für Wasserstoffleitungen anerkannt (Benrath EnWZ 2021, 195 (196)).

Hervorzuheben sind die Regelungen in § 43l Abs. 4 und 5, welche die **Umstellung** von 4 Bestandsinfrastruktur unter Fortgeltung von Genehmigungen und den Verzicht auf umfangreiche Planungs- und Genehmigungsverfahren ermöglichen, die damit vermutlich die durch das EU Gaspaket (→ Rn. 12) auf europäischer Ebene zu erwartenden Regelungen vorwegnehmen. Diese gesetzgeberische Entscheidung weist eine nicht zu unterschätzende **Beschleunigungswirkung** auf (Steinbach/Franke/Fest § 43l Rn. 10). Letztlich bedeutet dies eine volkswirtschaftlich sinnvolle Weiternutzung der von den Gasnetzbetreibern betriebenen Infrastruktur, welche nach dem Willen der Bundesregierung spätestens 2045 kein fossiles Erdgas mehr transportieren soll (Koalitionsvertrag 2021–2025 zwischen SPD, Bündnis 90/Die Grünen und FDP, 65) und daher bereits jetzt Möglichkeiten zur Nachnutzung dieser Infrastruktur (zB für den Wasserstofftransport) geprüft und vorbereitet werden. Mit hoher Wahrscheinlichkeit wird sich eine Wasserstoffinfrastruktur überwiegend aus der bestehenden Erdgasinfrastruktur entwickeln.

Für die Zulassung von Anlagen auf den verschiedenen Wertschöpfungsstufen des Wasser- 5 stoffmarktes (Erzeugung, Speicherung, Transport, Verbrauch von Wasserstoff) gibt es **kein einheitliches Zulassungsregime,** sondern es sind Genehmigungsverfahren nach verschiedenen Fachgesetzen durchzuführen. Die Zulassung einer Elektrolyseanlage zur Wasserstofferzeugung kann im Wege eines energierechtlichen Planfeststellungsverfahrens nach § 43 Abs. 2 S. 1 Nr. 7 (→ EnWG § 43 Rn. 74; Langstädtler ZUR 2021, 203 (204)) oder eines immissionsschutzrechtlichen Verfahrens erfolgen (Langstädtler ZUR 2021, 203 (205 f.); Schäfer/Wilms ZNER 2021, 131 ff. weisen aber auf Unsicherheiten dabei hin). Ein immissionsschutzrechtliches Verfahren kommt auch für oberirdische Wasserstoffspeicheranlagen in Betracht (Langstädtler ZUR 2021, 203 (210)). Für die unterirdische Speicherung (zB in Kavernen) ist hingegen das Bergrecht einschlägig (Langstädtler ZUR 2021, 203 (211)).

Normadressaten sind neben den für Zulassungsverfahren nach Landesrecht zuständige 6 Behörden insbesondere Träger von Vorhaben iSv § 43l Abs. 2–4, unabhängig davon, ob sie die Opt-In-Erklärung nach § 28j Abs. 1 S. 1, Abs. 3 abgegeben haben (so auch Möller-Klapperich NJ 2021, 390 (391)).

B. Entstehungsgeschichte

Am 13.7.2020 veröffentlichte die BNetzA eine **Bestandsaufnahme** und leitete eine 7 Marktkonsultation zur Regulierung von Wasserstoffnetzen ein. Dabei ging es in erster Linie um Fragen einer Zugangs- und Entgeltregulierung. Der Rechtsrahmen für den Bau und Betrieb von reinen Wasserstoffnetzen wurde dabei nicht untersucht. Nur am Rande wurde im Zusammenhang mit dem am 1.7.2020 von den Fernleitungsnetzbetreibern eingereichten Entwurf des Netzentwicklungsplanes erwähnt, dass die von diesen vorgeschlagene Ausdeh-

EnWG § 43l Teil 5. Planfeststellung, Wegenutzung

nung des Rechtsrahmens für den Bau und Betrieb von Gasversorgungsnetzen auf Wasserstoffnetze und die Genehmigungserfordernisse bei der Umstellung von Erdgasleitungen zu Wasserstoffleitungen zu prüfen seien (Regulierung von Wasserstoffnetzen, Eine Bestandsaufnahme der Bundesnetzagentur, Juli 2020, 44).

8   In der **Marktkonsultation** wurde auf die Notwendigkeit des Erhalts vorhandener energierechtlicher Betriebsgenehmigungen und der Sicherung der zivilrechtlichen Grundstücksnutzung bei der Umwidmung von Erdgasleitungen zu Wasserstoffleitungen hingewiesen (Regulierung von Wasserstoffnetzen, Ergebnisse der Marktkonsultation, November 2020, 11, 29, 30), sodass dieser Regelungsbedarf in einem **Eckpunktepapier** des Bundesministeriums für Wirtschaft und Energie vom 17.11.2020 aufgegriffen wurde. Daneben wurde erkannt, dass es auch für den Neubau von Wasserstoffleitungen eines Rechtsrahmens bedarf, der dem Rechtsrahmen für Gasleitungen entspricht (BMWi-Eckpunktepapier, 1 f.).

9   Am 12.2.2021 veröffentlichte die Bundesregierung den **Entwurf eines Gesetzes** zur Umsetzung unionsrechtlicher Vorgaben und zur Regelung reiner Wasserstoffnetze im Energiewirtschaftsrecht (BR-Drs. 165/21). Trotz des im Eckpunktepapier erkannten Regelungsbedarfs für den Neubau von Wasserstoffleitungen fokussierte sich der Anwendungsbereich der Vorschrift auf die Umrüstung bzw. Umstellung von Erdgasanlagen, insbesondere von Leitungen für die Wasserstoffnutzung (BR-Drs. 165/1, 43, 93, 153; BT-Drs. 19/27453, 41, 83, 132).

10 Im Verlaufe des **Gesetzgebungsverfahrens** wurden Struktur und Inhalt der Vorschrift erheblich geändert. Die im Wesentlichen dann Gesetz gewordene Fassung von § 43l ist das Ergebnis der Prüfzusage in der Gegenäußerung der Bundesregierung zur Stellungnahme des Bundesrates zum Gesetzentwurf (BT-Drs. 19/31009, 18). Der Anwendungsbereich wurde insbesondere um einen Genehmigungstatbestand für den Auf- und Ausbau neuer Wasserstoffinfrastruktur erweitert (BR-Drs. 165/1/21, 4).

11 Durch die EnWG-Novelle vom 16.7.2021 (BGBl. I 3026 (3051)) wurde die Vorschrift schließlich in das EnWG eingefügt. Sie flankiert die ebenfalls mit diesem Gesetz neu eingefügten regulierungsrechtlichen Grundlagen für eine Wasserstoffnetzinfrastruktur, um die notwendige **Planungs- und Investitionssicherheit** für den Neubau von Wasserstoffleitungen und die Umstellung von Gasleitungen für den Wasserstofftransport zu ermöglichen (BR-Drs. 165/1, 2; BT-Drs. 19/27453, 2).

12 Änderungsbedarf an § 43l wird sich ggf. durch die Umsetzung des **EU-Gaspakets** in deutsches Recht ergeben. Im Kontext mit dem „Green Deal", dessen Ziele u.a. mit einer Wasserstoffstrategie erreicht werden sollen (COM(2020) 301), leitete die Kommission im März 2021 einen Konsultationsprozess zur Änderung der Gas-Binnenmarkt-Richtlinie 2009/73/EG und der Fernleitungszugangsverordnung Nr. 715/2009 ein und unterbreitete am 15.12.2021 dem Europäischen Parlament und dem Rat Vorschläge zur Änderung dieser Richtlinie und dieser Verordnung. Derzeit wird das Gesetzgebungsverfahren im Trilog durchgeführt, sodass voraussichtlich bis Ende 2023 eine geänderte bzw. neue Gas-Binnenmarkt-Richtlinie in Kraft treten wird, die in deutsches Recht umgesetzt werden muss. Art. 7 des Richtlinienentwurfs (RL-E), der Art. 4 Gas-Binnenmarkt-Richtlinie 2009/73/EG wesentlich erweitert, enthält u.a. Vorgaben für Genehmigungsverfahren für den Bau und Betrieb von Wasserstoffnetzinfrastrukturen. Das Augenmerk liegt dabei neben dem Aspekt der Beschleunigung von Genehmigungsverfahren (Art. 7 Abs. 3 RL-E: Verfahrensdauer aller relevanter Verfahren soll idR zwei Jahre nicht überschreiten) auf der Fortgeltung von Genehmigungen, die für den Bau und Betrieb von Erdgasleitungen erteilt wurden, für den Wasserstofftransport (Art. 7 Abs. 7 RL-E).

12a Durch die EnWG-Novelle vom 19.7.2022 (BGBl. I 1214 (1223)) wurde Absatz 1 ergänzt und für Vorhaben zur Errichtung von Wasserstoffleitungen das **überragende öffentliche Interesse** festgestellt. Die Regelung ist bis zum 31.12.2025 befristet. Hintergrund der Regelung ist die beabsichtigte Beschleunigung des Aufbaus eines Wasserstoffgrundnetzes im Zusammenhang mit der Energiewende (BT-Drs. 20/2402, 37).

12b Durch das Gesetz zur Änderung des Energiesicherungsgesetzes und anderer energiewirtschaftlicher Vorschriften vom 8. Oktober 2022 (BGBl. I 1726 (1730)) wurde Absatz 4 Satz 5 zwar gestrichen. Der Regelungsgehalt wurde jedoch in § 43f Abs. 2 Nr. 1 übernommen (BT-Drs. 20/3497, 40).

C. Begriff und öffentliches Interesse (Abs. 1)

Regelungsgehalt von Satz 1 ist eine Wortlauterweiterung des im EnWG nicht definierten Begriffs der Gasversorgungsleitung (→ EnWG § 43 Rn. 45). Dieser umfasst danach auch Wasserstoffnetze iSv § 3 Nr. 39a. Obwohl der Begriff der Gasversorgungsleitung im Teil 5 des EnWG nur in §§ 43b, 44b und in § 43l selbst verwendet wird, ist damit klargestellt, dass **alle Vorschriften zur Planfeststellung und Wegenutzung (§§ 43–48)** gemeint sind und auf Wasserstoffnetze Anwendung finden (so auch Elspas/Lindau/Ramsauer N&R 2021, 258 (263)); Stelter/Schieferdecker/Lange EnWZ 2021, 99 (103); Steinbach/Franke/Fest § 43l Rn. 1, 22). Dies ergibt sich aus Sinn und Zweck sowie der Intention des Gesetzgebers. Ohne Anwendbarkeit der Vorschriften mit Beschleunigungscharakter (zB §§ 43a, 43g, 43e, 44, 44b, 44c, 45b) und der Vorschriften zur Enteignung (§§ 45, 45a) sowie zur Wegenutzung (§§ 46 ff.) würde das Ziel eines schnellen Auf- und Ausbaus von Wasserstoffnetzen verfehlt. 13

Im Übrigen erklärt § 28j Abs. 1 den Teil 5 ausdrücklich auf Errichtung, Betrieb und Änderung von Wasserstoffnetzen für anwendbar. Die **redundante Regelung** in § 43l Abs. 1 ist das Ergebnis der Prüfzusage der Bundesregierung zur Stellungnahme des Bundesrates (BT-Drs. 19/31009, 18), wobei darin kein weitergehender Gehalt gegenüber § 28j Abs. 1 S. 1 zu sehen ist (Kment/Wenzel RdE 2022, 153 (156)). Sie dient der Übersichtlichkeit und Nachvollziehbarkeit des Zulassungsregimes für die Anwender (Steinbach/Franke/Fest § 43l Rn. 1). 14

Die in Satz 2 geregelte Feststellung des überragenden öffentlichen Interesses für Vorhaben zur Errichtung von Wasserstoffleitungen ist angelehnt an Formulierungen im EnLAG, BBPlG und LNGG und bringt zum Ausdruck, dass bei Abwägungsentscheidungen, insbesondere im Rahmen von Planfeststellungsverfahren zur Errichtung von Wasserstoffleitungen, aber auch im Rahmen von Verfahren zur Zulassung des vorzeitigen Baubeginns oder Duldungsverfügungen für Vorarbeiten, das öffentliche Interesse mit hohem Gewicht zu berücksichtigen ist (→ Rn. 34). Der Wortlaut („Errichtung von Wasserstoffleitungen") umfasst zumindest auch den Betrieb, da ein Vorhaben zur Errichtung zum Zwecke des Betriebs erfolgt (→ EnWG § 43 Rn. 16). Für Vorhaben zur Änderung von Wasserstoffleitungen scheint hingegen das überragende öffentliche Interesse nach dem Wortlaut nicht zu bestehen. Soweit ein solches Vorhaben in der Praxis bis zum 31. Dezember 2025 überhaupt relevant wird (zB Verbindung bestehender Wasserstoffcluster), liegt nach Sinn und Zweck der Vorschrift aber die Ausdehnung auf einen solchen Sachverhalt nahe. 14a

D. Planfeststellung

Die Zulassung der **Errichtung** und des Betriebs von Wasserstoffleitungen durch das Institut der Planfeststellung erscheint wegen der Raumbedeutsamkeit, der Betroffenheit einer Vielzahl von öffentlichen und privaten Belangen und deren Behandlung in einem behördlichen Verfahren als zweckmäßig und fügt sich in das für andere Infrastrukturprojekte (zB Fernstraßen, Eisenbahnen, Straßenbahnen, Magnetschwebebahnen, Flughäfen, Energieleitungen) bekannte Fachplanungsrecht ein. Aus Sicht des Vorhabenträgers sind die **Konzentrationswirkung** und die **enteignungsrechtliche Vorwirkung** von Planfeststellungsbeschlüssen hervorzuheben. Dem stehen der erhebliche Vorbereitungsaufwand und die Verfahrensdauer entgegen. Der Gesetzgeber hat darauf mit Regelungen reagiert, die beschleunigende Wirkung haben sollen. Allerdings scheint sich vor allem der Aufbau der notwendigen personellen und technischen Kapazitäten bei den zuständigen Behörden zu empfehlen (s. Koalitionsvertrag 2021–2025 zwischen SPD, Bündnis 90/Die Grünen und FDP, 12). 15

Die Planfeststellungspflichtigkeit der **Änderung** von Wasserstoffleitungen (zB Änderung des Leitungsverlaufs oder der Dimensionierung, technische Erweiterung zur Kapazitätserhöhung) gem. Absatz 2 ist vor dem Hintergrund der Umweltrelevanz von Leitungen mit einem Durchmesser von mehr als 300 mm (s. Ziff. 19.2 Anlage 1 zum UVPG) nachvollziehbar. Für die Änderung von Wasserstoffleitungen mit einem geringeren Durchmesser erscheint die Regelung zur Planfeststellungsfähigkeit einer Änderung nach Absatz 3 als entbehrlich, da der Vorhabenträger in diesem Fall wohl von seinem Wahlrecht Gebrauch machen und Einzelgenehmigungen beantragen wird. 16

EnWG § 43l

17 Obwohl sich der Regelungsgehalt von Absatz 2 Satz 1 in der Planfeststellungsbedürftigkeit bzw. von Absatz 3 Satz 1 in der Planfeststellungsfähigkeit erschöpfen und Verweise auf das Abwägungsgebot und die Verfahrensvorschriften des Verwaltungsverfahrensgesetzes fehlen (s. die ausdrücklichen Regelungen in § 43 Abs. 3 und 4, § 17 Abs. 1 S. 3 und 4 FStrG, § 17 Abs. 1 S. 2 und 3 AEG), ist durch die Aufnahme von § 43l im Teil 5 des EnWG, der mit der Grundnorm in § 43 beginnt, und die Verweisnorm des § 28j Abs. 1 klargestellt, dass die sonstigen **materiellen Anforderungen** (→ Rn. 26) für planfeststellungsbedürftige bzw. -fähige, leitungsbezogene Wasserstoffvorhaben und die **Verfahrensvorschriften** (→ Rn. 35) gelten.

I. Obligatorische Planfeststellung (Abs. 2)

18 Die Regelung in Absatz 2 Satz 1 entspricht nahezu wörtlich der Regelung in § 43 Abs. 1 S. 1 Nr. 5 und 6. Vor diesem Hintergrund hätte eine Ergänzung von § 43 Abs. 1 S. 1 durch Einfügung von Tatbeständen für Wasserstoffleitungen (→ Rn. 23) und Anbindungsleitungen für Wasserstoff-Anlandungsterminals (→ Rn. 24) nahegelegen. Aus regelungssystematischen Gründen wurde jedoch die Planfeststellungsbedürftigkeit von bestimmten leitungsbezogenen Wasserstoffvorhaben in der neuen Vorschrift des § 43l mit aufgenommen.

19 Bedeutsam ist die klarstellende **Zuständigkeitsregelung** in Absatz 2 Satz 1. Dies erscheint wegen der Sachnähe der Zulassung von Wasserstoffleitungen zur Zulassung von Gasversorgungsleitungen für Zwecke der Energieversorgung als zweckmäßig, da wegen der landesrechtlichen Kompetenzen zur Festlegung der sachlichen, räumlichen und funktionalen Behördenzuständigkeit sonst eine Anpassung des jeweiligen Landesrechts erforderlich geworden wäre. Die Regelung vermeidet somit Verzögerungen, hat Beschleunigungscharakter und trägt zur Rechtssicherheit bei (BR-Drs. 165/1/21, 4; Steinbach/Franke/Fest § 43l Rn. 24).

II. Fakultative Planfeststellung (Abs. 3)

20 Mit dieser Vorschrift scheint sich das Instrument einer fakultativen Planfeststellung nach **Wahl des Vorhabenträgers** (→ EnWG § 43 Rn. 52) im Zulassungsrecht für Energieanlagen zu verfestigen. Die Wahlmöglichkeit zur Einleitung eines Planfeststellungsverfahrens bietet dem Vorhabenträger eine **größtmögliche Flexibilität.** Die Erlangung von notwendigen Einzelgenehmigungen (insbes. nach dem Naturschutzrecht und Wasserrecht) ist ggf. schneller möglich als die Durchführung eines zeitintensiven Planfeststellungsverfahrens. Allerdings setzt eine Vorgehensweise zur Vorhabenzulassung durch Einzelgenehmigungen voraus, dass der Vorhabenträger über die erforderlichen Leitungs- und Wegerechte verfügt. Andernfalls stehen der Vorhabenrealisierung zivilrechtliche Hindernisse entgegen. Zeichnet sich ab, dass Grundstückseigentümer und Nutzungsberechtigte dem Vorhaben kritisch gegenüberstehen und nicht zur freihändigen Einräumung von Leitungs- und Wegerechten an betroffenen Grundstücken gegen angemessene Entschädigung bereit sind, wird sich für den Vorhabenträger die Einleitung eines Planfeststellungsverfahrens wegen der enteignungsrechtlichen Vorwirkung des Planfeststellungsbeschlusses empfehlen (→ EnWG § 43 Rn. 54).

21 Durch die Klarstellung, dass die bisherige Regelung über die fakultative Planfeststellung in § 43 Abs. 2 S. 1 Nr. 1 unberührt bleibt, war eine weitere Regelung für Anlagen, die zum Betrieb von Wasserstoffleitungen erforderlich sind, nicht notwendig. Für **Nebenanlagen** zu Wasserstoffnetzen (zB Gasdruckregel- und Messanlagen, Einspeiseanlagen) kann somit ein isoliertes Planfeststellungsverfahren durchgeführt (→ EnWG § 43 Rn. 59) oder deren Zulassung kann im Wege der Planergänzung in ein laufendes Planfeststellungsverfahren für eine Wasserstoffleitung integriert werden (Elspas/Lindau/Ramsauer N&R 2021, 258 (264)).

III. Vorhabenbegriff

22 Ein Vorhaben iSv Absatz 2 und 3 kann die **Errichtung** (→ EnWG § 43 Rn. 12) und der **Betrieb** (→ EnWG § 43 Rn. 16) sowie die **Änderung** (→ EnWG § 43 Rn. 24) einer Wasserstoffleitung einschließlich der Anbindungsleitungen von Anlandungsterminals für Wasserstoff sein.

23 Der Begriff der **Wasserstoffleitung** ist, wie der Begriff der Gasversorgungsleitung (→ EnWG § 43 Rn. 45), nicht im EnWG definiert. Die Legaldefinition des Wasserstoffnetzes

in § 3 Nr. 39a greift ebenfalls auf den Begriff der Wasserstoffleitung zurück und erscheint daher als Auslegungshilfe, auch wegen des weitergehenden systembezogenen Verständnisses zur Versorgung einer unbestimmten Kundenanzahl, als ungeeignet. Unter einer Wasserstoffleitung ist eine Rohrleitung zu verstehen, die in der Regel unterirdisch verlegt ist und in der Wasserstoff transportiert wird.

Der Begriff der **Anbindungsleitung** für ein Anlandungsterminal ist an § 43 Abs. 1 S. 1 Nr. 6 angelehnt. Wohl vor dem Hintergrund der Vorstellung, dass Deutschland ein Importland für Wasserstoff werden wird, scheint die Errichtung von Verflüssigungsterminals für den Export oder von Verflüssigungsanlagen zB zur Abgabe von Wasserstoff für den Mobilitätssektor und der mögliche Bedarf von Anbindungsleitungen für solche Wasserstoffanlagen vom Gesetzgeber nicht in Betracht gezogen worden zu sein. Im Prinzip handelt es sich bei einer Anbindungsleitung um eine Wasserstoffleitung, sodass die ausdrückliche Erwähnung entbehrlich gewesen wäre (ähnlich → EnWG § 43 Rn. 51). 24

Planfeststellungspflichtig nach Absatz 1 sind nur Wasserstoffleitungen und Anbindungsleitungen für Anlandungsterminals mit einem Durchmesser von mehr als 300 mm. Die Planfeststellungsfähigkeit von Leitungsvorhaben mit einem Durchmesser von 300 mm oder weniger ergibt sich aus Absatz 2. Beim **Durchmesser** kommt es nach Ansicht des Gesetzgebers (entgegen der vorherrschenden technischen Meinung, s. dazu Bala RdE 2016, 493 f.) auf den Innendurchmesser der Leitung an (BT-Drs. 15/4068, 8). Stahlrohre mit der Nennweite DN 300 haben einen Außendurchmesser von mehr als 300 mm (zB 323,9 mm), sodass in Abhängigkeit von der Wandstärke der Stahlrohre (zB 6,3 mm) und somit des Innendurchmessers (zB 323,9 mm − 6,3 mm = 317,6 mm) ein auf eine solche Wasserstoffleitung bezogenes Vorhaben planfeststellungspflichtig ist (→ EnWG § 43 Rn. 46.1). 25

IV. Materielle Anforderungen

Zu den materiellen Anforderungen an die Rechtmäßigkeit eines Planfeststellungsbeschlusses nach Absatz 2 oder 3 kann weitgehend auf die Kommentierung zu § 43 verwiesen werden (→ EnWG § 43 Rn. 80). Nachfolgend wird daher nur auf die Besonderheiten für Vorhaben zur Errichtung, zum Betrieb und zur Änderung von Wasserstoffleitungen bzw. Anbindungsleitungen für Anlandungsterminals für Wasserstoff eingegangen. 26

1. Planrechtfertigung

Die Planrechtfertigung eines Vorhabens nach § 43l Abs. 2 oder 3 erfordert die Konformität mit dem in § 1 genannten Zweck einer möglichst sicheren, preisgünstigen, verbraucherfreundlichen, effizienten und umweltverträglichen leitungsgebundenen Versorgung der Allgemeinheit mit Wasserstoff (zur **Zielkonformität** → EnWG § 43 Rn. 84) und eine energiewirtschaftliche Notwendigkeit. Letzteres setzt einen **energiewirtschaftlichen Bedarf** voraus (→ EnWG § 43 Rn. 86). 27

Für Vorhaben von regulierten Betreibern von Wasserstoffnetzen wird der Verweis auf die erfolgte **Prüfung der Bedarfsgerechtigkeit** (s. allg. dazu Senders/Wegner EnWZ 2021, 243 (245)) ihrer beabsichtigten Wasserstoffinfrastruktur durch die BNetzA genügen. Nach § 28p Abs. 2 S. 2 stellt diese die energiewirtschaftliche Notwendigkeit der Wasserstoffinfrastruktur fest (aA Stelter/Schieferdecker/Lange EnWZ 2021, 99 (103), die in Frage stellen, ob damit eine planungsrechtliche Relevanz verbunden ist). Diese Feststellung wird die BNetzA auf der Grundlage von wertenden Einschätzungen und Prognosen treffen (zB Bedarfsanalysen des Wasserstoffnetzbetreibers, verbindliche (langfristige) Kapazitätsbuchungen von Netzkunden bzw. abgeschlossene Netznutzungsverträge). Die Planfeststellungsbehörde hat lediglich die Plausibilität nachzuvollziehen und kann sich die Feststellung der BNetzA zu eigen machen. Die **gerichtliche Kontrolle** beschränkt sich insoweit darauf, ob die Bedarfsgerechtigkeit unter Beachtung der für sie erheblichen Umstände methodisch fachgerecht erarbeitet, der zugrundegelegte Sachverhalt zutreffend ermittelt, das Ergebnis einleuchtend begründet wurde sowie die mit jeder Prognose verbundene Ungewissheit künftiger Entwicklungen in einem angemessenen Verhältnis zu den Eingriffen steht, die mit ihr gerechtfertigt werden sollen. Der Planfeststellungsbehörde ist dabei eine Einschätzungsprärogative zuzubilligen (so für ein Vorhaben nach § 43 Abs. 1 S. 1 Nr. 5 OVG Bln-Bbg BeckRS 2020, 3525 Rn. 101). 28

29 Vor dem Hintergrund des nach § 28q Abs. 1 von den Fernleitungsnetzbetreibern erstmals zum 1.9.2022 abgegebenen **Berichts zum aktuellen Ausbaustand** des Wasserstoffnetzes und zur Entwicklung einer zukünftigen Netzplanung Wasserstoff mit dem Zieljahr 2035 wird die BNetzA nach § 28q Abs. 3 ggf. Empfehlungen für die rechtliche Implementierung eines verbindlichen Netzentwicklungsplans Wasserstoff abgeben. Die Fernleitungsnetzbetreiber haben in ihrem Wasserstoffbericht die Einführung eines verbindlichen und integrierten Netzentwicklungsplanungsprozesses für Gas (Wasserstoff und Methan) vorgeschlagen, der das bisherige System der Bedarfsgerechtigkeitsprüfung durch die BNetzA ersetzen könnte (Wasserstoffbericht, 9, 21 ff.). Sollte der Gesetzgeber den §§ 15a ff. entsprechende Regelungen erlassen, kann die Planfeststellungsbehörde auf einen Szenariorahmen oder einen Netzentwicklungsplan Wasserstoff zurückgreifen (so für ein Vorhaben nach § 43 Abs. 1 S. 1 Nr. 5 OVG Bln-Bbg BeckRS 2020, 3525 Rn. 106 ff.).

30 Bis zu einer Entscheidung der BNetzA nach § 28p Abs. 5 S. 1 bzw. nach Fiktion der Feststellung der Bedarfsgerechtigkeit gem. § 28p Abs. 5 S. 2 sowie bis zum Erlass möglicher Regelungen für einen Szenariorahmen oder einen Netzentwicklungsplan Wasserstoff wird es für den Vorhabenträger und die Planfeststellungsbehörde herausfordernd sein, die energiewirtschaftliche Notwendigkeit eines Vorhabens darzulegen bzw. zu prüfen (sehr skeptisch Steinbach/Franke/Fest § 43l Rn. 17).

31 In der Übergangsphase wird der Nachweis der Bedarfsgerechtigkeit vor allem für Vorhaben gelingen, für die ein **positiver Förderbescheid** für Wasserstoffinfrastruktur nach den Förderkriterien der nationalen Wasserstoffstrategie der Bundesregierung vorliegt. Diesem kommt nach § 28p Abs. 3 S. 1 eine **Indizwirkung** für die Bedarfsgerechtigkeit zu. Die darüber hinausgehenden Rahmenbedingungen für eine Förderung sind derzeit jedoch noch unklar. Das Bundesministerium für Wirtschaft und Energie hat gemeinsam mit dem Bundesministerium für Verkehr und digitale Infrastruktur auf der Grundlage der Zulässigkeit von staatlichen Beihilfen für „Important Projects of Common European Interest in the Hydrogen Sector" am 11.1.2021 ein Interessenbekundungsverfahren gestartet und zur Projekteinreichung aufgerufen. Daraufhin wurden 62 Großprojekte u.a. zur Umstellung von Erdgasinfrastruktur für den Wasserstofftransport und zum Lückenschluss durch neue Wasserstoffleitungen ausgewählt. Im Jahr 2023 ist ggf. mit Förderbescheiden zu rechnen, sodass auf dieser Grundlage Anträge auf Planfeststellung eingereicht werden können.

32 Ein energiewirtschaftlicher Bedarf für ein Vorhaben kann sich schließlich auch aus der **Netzanschlusspflicht** gem. § 28n Abs. 1 S. 1 ergeben.

2. Zwingende Vorschriften

33 Neben der Planrechtfertigung muss das Vorhaben mit zwingenden Vorgaben des materiellen Rechts im Einklang stehen. **Ge- und Verbotsnormen** ergeben sich bspw. aus dem Raumordnungsrecht (→ EnWG § 43 Rn. 92), dem Baurecht (→ EnWG § 43 Rn. 93), dem Natur- und Artenschutzrecht (→ EnWG § 43 Rn. 97), dem Wasserrecht (→ EnWG § 43 Rn. 100) und dem Anlagensicherheitsrecht (→ EnWG § 43 Rn. 102).

3. Abwägung

34 Zentrale Bedeutung hat die Abwägung der vom Vorhaben berührten öffentlichen und privaten Belange gem. § 43 Abs. 3. Wegen der dabei zu beachtenden Anforderungen wird auf die Kommentierung zu § 43 verwiesen (→ EnWG § 43 Rn. 103). Hinzuweisen ist jedoch auf das gesetzlich festgestellte überragende öffentliche Interesse bei Vorhaben zur Errichtung von Wasserstoffleitungen, Absatz 1 Satz 2. Damit kommt diesen Vorhaben für die Entwicklung einer Wasserstoffinfrastruktur, ähnlich wie bei Vorhaben nach dem BBPlG, EnLAG und NABEG, bei der Abwägung mit anderen Belangen ein besonderes Gewicht zu (BT-Drs. 20/2402, 45). Ob mit dieser gesetzgeberischen Grundentscheidung ein absoluter Vorrang verbunden ist, oder im Einzelfall eine umfassende Abwägung mit den jeweils betroffenen Interessen zu erfolgen hat, wird (im Kontext zum BBPlG, EnLAG und NABEG) in Frage gestellt (Versteyl/Marschhäuser KlimR 2022, 74 (77)). Der Gesetzgeber hat jedoch deutlich gemacht, dass andere Belange das überragende öffentliche Interesse am Auf- und Ausbau einer Wasserstoffinfrastruktur nur im Ausnahmefall überwinden können. Von Relevanz wird das überragende öffentliche Interesse u.a. für Befreiungs- und Ausnahmetatbestände im Naturschutzrecht haben (→ Rn. 34.1).

So sieht § 67 Abs. 1 Nr. BNatSchG die Möglichkeit einer Befreiung von naturschutzrechtlichen **34.1** Ge- und Verboten vor, wenn dies im überragenden öffentlichen Interesse, einschließlich sozialer und wirtschaftlicher Art, notwendig ist. Ferner kann von den Verboten des § 44 BNatSchG im Einzelfall eine Ausnahme zugelassen werden, wenn insbesondere zwingende Gründe des überwiegenden öffentlichen Interesse einschließlich solcher sozialer und wirtschaftlicher Art vorliegen, § 45 Abs. 7 S. 1 Nr. 5 BNatSchG. Ob damit vor dem Hintergrund europäischer Vorgaben zum Natur- und Artenschutz das Vorliegen eines Ausnahmegrundes generell bejaht werden kann oder das Überwiegen des öffentlichen Interesses zumindest einer hinreichenden Begründung bedarf, wird in der Literatur zur ähnlichen Formulierung in § 2 S. 1 EEG unterschiedlich beurteilt (für Ausnahmegrund Bader/Deißler/Weinke ZNER 2022, 337 (344); für hinreichende Begründung Versteyl/Marschhäuser KlimR 2022, 74 (78 f.)).

V. Verfahrensfragen

Über § 43 Abs. 4 und 5 finden die allgemeinen Regelungen des Planfeststellungsrechts in **35** den §§ 72 ff. VwVfG sowie die landesrechtlichen Vorschriften auf Verfahren zur Zulassung von der Errichtung und des Betriebs sowie zur Änderung von Wasserstoffleitungen Anwendung. Zum Ablauf des Planfeststellungsverfahrens wird auf die Kommentierung zu § 43 verwiesen (→ EnWG § 43 Rn. 120).

Die in den Absätzen 2 und 3 genannten Vorhaben werden von den nach Landesrecht für **36** Verfahren nach § 43 Abs. 1 S. 1 Nr. 5 (Gasversorgungsleitungen mit einem Durchmesser von mehr als 300 mm) zuständigen Behörden zugelassen.

VI. Umweltverträglichkeitsprüfung (Abs. 2 S. 2)

Die Anwendung von Nr. 19.2 der Anlage 1 zum UVPG ist konsequent, jedoch wirft dies **37** für Wasserstoffnetze Fragen auf. Die Tatbestände in Nr. 19.2 der Anlage 2 zum UVPG sind leitungsbezogen (Errichtung und Betrieb einer Hochspannungs- bzw. Gasversorgungsleitung oder einer Rohrleitungsanlage). Der Begriff des Wasserstoffnetzes in § 3 Nr. 39a legt hingegen nahe, dass es sich bei einem UVP-relevanten Vorhaben um mehrere miteinander verbundene Wasserstoffleitungen handeln muss. Dies erscheint angesichts des Schutzzwecks des UVPG als nicht vertretbar, sodass eine UVP-Pflichtigkeit für ein Vorhaben bereits bei einer Wasserstoffleitung in Abhängigkeit von deren Länge und **Durchmesser** (jedoch mehr als 300 mm) zu prüfen ist. Beim Durchmesser kommt es auf den Innendurchmesser der Leitung an (→ Rn. 25). Stahlrohre mit der Nennweite DN 300 haben einen Außendurchmesser von mehr als 300 mm, sodass in Abhängigkeit von der Wandstärke der Stahlrohre und somit des Innendurchmessers eine Umweltverträglichkeitsprüfung in Betracht kommt.

Für die Errichtung und den Betrieb von Wasserstoffleitungen mit einem Durchmesser von **38** 300 mm oder weniger ist keine Umweltverträglichkeitsprüfung durchzuführen (aA Elspas/Lindau/Ramsauer N&R 2021, 258 (264), die meinen, dass für die Errichtung einer Wasserstoffleitung mit einem Durchmesser von 300 mm oder weniger die Tatbestände der Nr. 19.3–19.9 der Anlage 1 zum UVPG einschlägig seien und bei Entbehrlichkeit einer UVP die Durchführung eines Plangenehmigungsverfahrens nach § 65 Abs. 2 UVNG für zweckmäßig halten. Dabei wird scheinbar übersehen, dass ein energierechtliches Plangenehmigungsverfahren nach § 43b iVm § 74 Abs. 6 möglich ist).

E. Umstellung von Erdgasleitungen für den Wasserstofftransport (Abs. 4)

Die mit Abstand **wichtigste planungsrechtliche Regelung** zur Beschleunigung des **39** Auf- und Ausbaus von Wasserstoffnetzen enthält Absatz 4 (Elspas/Lindau/Ramsauer N&R 2021, 258 (264)). Nach Satz 1 und 2 gelten behördliche Zulassungen oder Anzeigenvorbehalte für Gasversorgungsleitungen für den Wasserstofftransport fort (→ Rn. 41). Umfangreiche Zulassungsverfahren, zB ein Planfeststellungsverfahren, sind somit nicht erforderlich (Stelter/Schieferdecker/Lange EnWZ 2021, 99 (102); Riege EnWZ 2021, 387 (389); Elspas/Lindau/Ramsauer N&R 2021, 258 (264)). Satz 3 verweist auf die Regelungen zur technischen Anlagensicherheit und löst durch Verweis auf § 113c Abs. 3 ein **sicherheitstechnisches Anzeigeverfahren** (→ Rn. 53) aus.

40 Satz 4 stellt klar, dass bei erforderlichen Änderungen oder Erweiterungen der Gasversorgungsleitung zur Ermöglichung des Wasserstofftransports die Vorschrift des § 43f unberührt bleibt. Damit wird in Abhängigkeit der Planfeststellungspflichtigkeit des Vorhabens, die an den Durchmesser der Leitung von mehr als 300 mm anknüpft, ggf. ein **energierechtliches Anzeigeverfahren** (→ Rn. 64) ausgelöst.

I. Fortgeltung bestehender Zulassungen (Abs. 4 S. 1 und 2)

41 § 43l Abs. 4 S. 1 und 2 enthalten die **gesetzliche Fiktion**, dass behördliche Entscheidungen für die Errichtung, die Änderung und den Betrieb einer Gasversorgungsleitung für Erdgas auch als Zulassung für den Transport von Wasserstoff gelten (BR-Drs. 165/1/21, 4). Ob diese Konstruktion zu Folgeproblemen bspw. zur Rechtskraft der behördlichen Entscheidungen führen wird (so die Befürchtung von Benrath EnWZ 2021, 195 (198)), bleibt abzuwarten.

42 Angesichts des jahrzehntelangen Betriebs von Gasversorgungsleitungen sind **vielfältige behördliche Entscheidungen** denkbar. Auf die wesentlichen wird nachfolgend näher eingegangen.

1. Planfeststellungsbeschlüsse

43 **Energierechtliche Planfeststellungsbeschlüsse** für Gasversorgungsleitungen mit einem Durchmesser von mehr als 300 mm gibt es erst seit dem 28.7.2001. Die Planfeststellungspflicht für Gasversorgungsleitungen mit einem Durchmesser von mehr als 300 mm wurde erst durch das Gesetz zur Umsetzung der UVP-Änderungsrichtlinie, der IVU-Richtlinie und weiterer EG-Richtlinien zum Umweltschutz vom 27.7.2001 (BGBl. I 1950 (2018)) in das EnWG eingefügt. Somit liegen für vor diesem Zeitpunkt errichtete und für eine Umstellung in Betracht kommende Gasversorgungsleitungen keine energierechtlichen Planfeststellungsbeschlüsse (→ Rn. 43.1) vor.

43.1 Gegenstand des Tenors von energierechtlichen Planfeststellungsbeschlüssen für Gasversorgungsleitungen ist in der Regel, dass der Plan (bestehend aus den vom Vorhabenträger eingereichten Planunterlagen) mit den sich aus dem Beschluss ergebenden Änderungen, Ergänzungen, Anordnungen und Vorbehalten festgestellt wird. Zu den festgestellten Planunterlagen gehören insbesondere Übersichtspläne zum Trassenverlauf im Maßstab 1 : 25.000, grundstücksbezogene Baupläne (Grundrisse, Längsschnitte) im Maßstab 1 : 1.000 und Sonderbaupläne im Maßstab 1 : 100, 1 : 250 oder 1 : 500, Angaben zur Bauausführung und Unterlagen für die nach § 5 GasHdrLtgV erforderliche Anzeige. Das Förder- bzw. Transportmedium ist in der Regel genau bezeichnet (zB „Erdgas Gruppe H nach G 260 der 2. Gasfamilie"). Aus den Bauplänen ergeben sich der Verlauf und der Durchmesser der Gasversorgungsleitung sowie Lage und Durchmesser von Schiebergruppen, Armaturen und Molchschleusen. Gegenstand der Unterlagen für die in das Planfeststellungsverfahren integrierte Anzeige nach § 5 GasHdrLtgV sind auch Festigkeitsberechnungen für Rohre und eingebaute Rohrleitungsteile (zB Bögen, T-Stücke, Isolierstücke).

44 In Betracht kommen auch auf Grundlage von § 11 EnWG 1935, § 12 Abs. 1 Nr. 2 EnWG 1998 bzw. § 45 Abs. 1 Nr. 2 EnWG iVm Landeseignungsgesetzen (zB § 23 EEG NW, § 27 NEG, § 14 HEEG, § 24 LEntG BW, Art. 40 BayEG) für die Errichtung und den Betrieb einer Gasversorgungsleitung (insbesondere mit einem Durchmesser von 300 mm oder weniger) eingeholte **enteignungsrechtliche Planfeststellungsbeschlüsse**.

2. Nichtbeanstandungsbescheide

45 Vor dem Inkrafttreten des EnWG 1998 ergaben sich **Anzeigenvorbehalte** der Energieaufsichtsbehörden aus § 4 Abs. 2 EnWG 1935 und § 5 Abs. 2 GasHdrLtgV. Die Vorhabenträger hatten vor der Errichtung einer Gasversorgungsleitung Unterlagen zur energiewirtschaftlichen Notwendigkeit des Vorhabens und zur Anlagensicherheit vorzulegen. Diese umfassten in der Regel technische Daten der Gasversorgungsleitung (zB Länge, Durchmesser, Maximaldruck, Isolierung, Korrosionsschutz) sowie durchgeführte Stresstests und Festigkeitsberechnungen. Nach Prüfung dieser Unterlagen erließen die Energieaufsichtsbehörden sog. Nichtbeanstandungsbescheide gem. § 4 Abs. 2 EnWG 1935 und § 5 Abs. 2 GasHdrLtgV, in denen auf die eingereichten bau- und betriebsbezogenen Unterlagen Bezug genommen wurde.

Daneben war vom Vorhabenträger eine Vielzahl von **Einzelgenehmigungen,** insbesondere auf Grundlage naturschutz- und wasserrechtlicher Vorschriften einzuholen, die jedoch in der Regel keine Baupläne und Angaben zur Ausführung der Gasversorgungsleitung sowie betriebsbezogene Nebenbestimmungen enthalten. In erster Linie beziehen sich diese nur auf die Bauphase und gestatten bspw. den Eingriff in Natur und Landschaft oder das Entnehmen und Einleiten von Wasser bzw. Zutage fördern und Ableiten von Grundwasser. 46

3. Genehmigungen im Beitrittsgebiet

Für Gasversorgungsleitungen, die im Beitrittsgebiet vor dem 3.10.1990 errichtet wurden, liegen in der Regel sog. **Standortbestätigungen und Standortgenehmigungen** damals zuständiger staatlicher Organe (staatliche Plankommissionen der Kreise, der Bezirke oder des Staates) vor. Die Standortfestlegung (nach heutigem Verständnis wohl die Raumordnung und Planfeststellung) erfolgte in zwei Phasen (→ Rn. 47.1). 47

In der **ersten Phase** wurde der volkswirtschaftlich günstigste Standort (Makrostandort) ermittelt und die Einordnung der Investition in eine Stadt oder Gemeinde durch den Rat des Bezirkes bzw. des Kreises unter Beachtung der städtebaulichen Belange mit Standortbestätigung vorgenommen. Im Rahmen dieser Standortuntersuchung wurden Gutachten, Zustimmungen oder Stellungnahmen insbesondere zu Belangen des Verkehrswesens, der Post und des Fernmeldewesens, der Energie- und Wasserwirtschaft durch die Räte des Bezirkes bzw. der Kreise eingeholt. In der **zweiten Phase** erfolgte die weitere Präzisierung des Standortes der Investition (Mikrostandort), die städtebauliche Einordnung auf der Grundlage des Generalbebauungsplanes der Stadt und die territoriale Sicherung der Investition durch den Rat der Stadt bzw. der Gemeinde mit der Standortgenehmigung. Sie enthielt die Trassenführung, die städtebauliche Bestätigung und Auflagen der involvierten staatlichen und wirtschaftsleitenden Organe, Betriebe, Kombinate, Genossenschaften und Einrichtungen. 47.1

Gemäß Art. 19 S. 1 Einigungsvertrag bleiben vor dem Wirksamwerden des Beitritts ergangene Verwaltungsakte von Behörden der DDR wirksam. 48

II. Gewährleistung der technischen Sicherheit (Abs. 4 S. 3)

Die Umstellung von Gasversorgungsleitungen, die zT jahrzehntelang für den Erdgastransport genutzt wurden, ist grundsätzlich technisch möglich. Vor dem Hintergrund möglicher Versprödungen von Bestandswerkstoffen und der Permeabilität von Wasserstoff sind jedoch besondere Anforderungen an die technische Sicherheit einer umzustellenden Leitung zu beachten. Diese betreffen zum einen die **Integrität** der Leitung und zum anderen den **Betrieb** einer umgestellten Leitung (Riege EnWZ 2021, 387 (388)). 49

Durch die Klarstellung, dass § 49 unberührt bleibt, wird deutlich gemacht, dass Wasserstoffleitungen und -netze so zu errichten und zu betreiben sind, dass die technische Sicherheit gewährleistet ist (§ 49 Abs. 1 S. 1). Der Betreiber wird daher zur Haftungsvermeidung die allgemein anerkannten Regeln der Technik (DVGW-Regelwerk) beachten. Dies löst die **Vermutungswirkung** nach § 49 Abs. 2 aus. Der DVGW hat bereits viele Merk- und Arbeitsblätter für die Errichtung und den Betrieb von Wasserstoffleitungen erarbeitet bzw. Regelungen dazu in den für Gasleitungen geltenden Merk- und Arbeitsblättern aufgenommen (Riege EnWZ 2021, 387 (388 f.)). 50

1. Eigenverantwortung des Betreibers

Die Eigenverantwortung der Betreiber von Energieanlagen prägt das technische Sicherheitsrecht (→ EnWG § 49 Rn. 6; Theobald/Kühling/van Rienen/Wasser § 49 Rn. 93) und gilt auch für Betreiber von Wasserstoffleitungen und -netzen. Dies umfasst **organisatorische und technische Maßnahmen** in Umsetzung des DVGW-Regelwerks. Abweichungen von den dort gesetzten Standards sind im Einzelfall aus sachlichen Gründen möglich, haben aber die Beweislast für den Betreiber im Ereignisfall zur Folge, dass er mit seinen abweichenden Maßnahmen die Anlagensicherheit in gleichartiger Weise gewährleistet hat. 51

Die Eigenverantwortung der Betreiber von Wasserstoffleitungen und -netzen korrespondiert mit **Auskunfts- und Anzeigepflichten** gegenüber der zuständigen Behörde (zB § 49 Abs. 6, § 113c Abs. 1 iVm §§ 5, 7 Abs. 2, 9 GasHdrLtgV). Darüber hinaus kann die zustän- 52

EnWG § 431   Teil 5. Planfeststellung, Wegenutzung

dige Behörde die erforderlichen Maßnahmen zur Gewährleistung der technischen Sicherheit anordnen (zB § 49 Abs. 5, § 113c Abs. 1 iVm § 10 GasHdrLtgV).

2. Sicherheitstechnisches Anzeigeverfahren nach § 113c Abs. 3

53   Vor der Umstellung einer Gasversorgungsleitung für den Wasserstofftransport ist **unabhängig von deren Durchmesser** immer ein sicherheitstechnisches Anzeigeverfahren durchzuführen. Dessen Zweck ist die Beurteilung der Anlagensicherheit durch die zuständige Behörde. § 113c Abs. 3 ist zwar der Vorschrift des § 5 Abs. 1–3 GasHdrLtgV nachgebildet, weicht aber vom sonst üblichen dreistufigen Prüfungsverfahren bei Errichtung und wesentlicher Änderung einer Gashochdruckleitung ab (→ Rn. 53.1).

53.1   Gemäß § 5 Abs. 1 Nr. 2 GasHdrLtgV muss im Planungsstadium für ein Vorhaben zur Errichtung oder wesentlichen Änderung einer Gashochdruckleitung die gutachterliche Äußerung eines Sachverständigen zur Bewertung der für die Beurteilung der Sicherheit erforderlichen Unterlagen eingeholt werden. Nach technischer Fertigstellung der Gashochdruckleitung und vor ihrer Inbetriebnahme muss ein Sachverständiger die Dichtheit und Festigkeit der Gashochdruckleitung sowie das Vorhandensein der notwendigen Sicherheitseinrichtungen und die Wechselwirkung mit anderen Leitungen prüfen. Ist dies der Fall, erteilt er die Vorabbescheinigung (§ 6 Abs. 1 GasHdrLtgV). Diese Vorabbescheinigung ist der Energieaufsichtsbehörde vorzulegen. Nach Inbetriebnahme der Gashochdruckleitung, aber innerhalb angemessener Frist (max. 12 Monate nach Erteilung der Vorabbescheinigung), ist eine nochmalige Prüfung des Sachverständigen aller Unterlagen zur Beurteilung der Konformität der Gashochdruckleitung mit den Anforderungen an Errichtung und Betrieb nach §§ 2, 3 GasHdrLtgV erforderlich. Ist dies der Fall, erteilt er die Schlussbescheinigung (§ 6 Abs. 2 GasHdrLtgV).

54   Demgegenüber regelt § 113c Abs. 3 zwar das Anzeigeverfahren hinsichtlich der dafür erforderlichen Unterlagen und den Verfahrensablauf ähnlich wie in § 5 Abs. 1–3 GasHdrLtgV, legt dem Vorhabenträger aber nur die Beibringung der gutachterlichen Äußerung des Sachverständigen auf. Die Vorab- und Schlussbescheinigung eines Sachverständigen dürften damit entbehrlich sein. Aus Wortlaut und Zweck der Vorschrift folgt, dass die Umstellung einer Gasversorgungsleitung für den Wasserstofftransport aus sicherheitstechnischer Sicht eine allenfalls nur unwesentliche Änderung darstellt. Allerdings scheinen die technischen Fachleute das bewährte dreistufige Prüfungsverfahren auch für die Umstellung einer Gasversorgungsleitung für den Wasserstofftransport für sinnvoll zu halten (Ziff. 4.6 und 4.8 DVGW-Merkblatt G 409).

55   In Anlehnung an die vom Bund-Länder-Ausschuss zur GasHdrLtgV 1974 veröffentlichten Vordrucke für die **Anzeige** gem. § 5 GasHdrLtgV sind neben einer Beschreibung des Umstellungsvorhabens und Vorlage von Planunterlagen zum Verlauf der Leitungstrasse mit Kennzeichnung von Hauptabsperrarmaturen einschließlich Angaben zum Schutzstreifen insbesondere Unterlagen für die Beurteilung der Sicherheit erforderlich und vom Vorhabenträger einzureichen. Der Anzeige ist die gutachterliche Äußerung eines Sachverständigen beizufügen, aus der hervorgehen muss, dass die angegebene Beschaffenheit der Gashochdruckleitung für den Zweck des Wasserstofftransports den Anforderungen des § 49 Abs. 1 entspricht (Riege EnWZ 2021, 387 (391 f.)).

56   **Zuständig** für das Anzeigeverfahren ist die nach Landesrecht zuständige Behörde, in der Regel die Energieaufsichtsbehörde. Ab Vorliegen der vollständigen Unterlagen und der gutachterlichen Äußerung des Sachverständigen hat die Behörde diese innerhalb von acht Wochen zu prüfen (§ 113c Abs. 3 S. 3).

57   Die Behörde hat die eingereichten Unterlagen daraufhin zu prüfen, ob damit der Nachweis erbracht ist, dass die angegebene Beschaffenheit der für den Wasserstofftransport zu nutzenden Leitung den Anforderungen des § 49 Abs. 1 entspricht. Daraus ergibt sich das **Prüfprogramm** für die Behörde. Bedeutung wird dabei insbesondere die gutachterliche Äußerung des Sachverständigen erlangen (§ 113c Abs. 3 S. 2). Die Behörde hat nur zu prüfen, ob die Gasversorgungsleitung nach der Umstellung für den Wasserstofftransport die technischen Sicherheitsanforderungen erfüllt. Die Beibringung anderer behördlicher Genehmigungen (zB aus dem Baurecht, der Gewerbeaufsicht, dem Natur- und Landschaftsschutz, dem Wasserrecht) kann die Behörde nicht vom Vorhabenträger verlangen.

58   Nach § 113 Abs. 3 S. 3 kann die Behörde die geplante Umstellung beanstanden, wenn die angegebene Beschaffenheit der für den Wasserstofftransport vorgesehenen Leitung nicht den Anforderungen des § 49 Abs. 1 entspricht. Das kann der Fall sein, wenn die vom Vorhabenträger eingereichten Unterlagen und/oder die gutachterliche Äußerung des Sachverständigen nicht den Nachweis der Integrität der Leitung erbringen. Andernfalls bestätigt sie die **Nichtbeanstandung** des Vorhabens. Es handelt sich dabei um eine Ermessensentscheidung, dh der Vorhabenträger hat keinen Anspruch auf die Nichtbeanstandung seines Umstellungsvorhabens, sondern nur auf ermessensfehlerfreie Entscheidung.

Wenn der Vorhabenträger die Unterlagen vollständig bei der Behörde eingereicht hat, 59 beginnt die **Frist** von acht Wochen zu laufen (§ 113 Abs. 3 S. 1 und 3). Beanstanden kann die Behörde nur innerhalb der Acht-Wochen-Frist. Zwar enthält § 113 Abs. 3 nicht den klarstellenden Satz wie § 5 Abs. 4 S. 1 GasHdrLtgV, dass mit dem Umstellungsvorhaben erst nach Ablauf der Acht-Wochen-Frist oder nach Eingang der Mitteilung, dass keine Beanstandung erfolgt, begonnen werden darf. Jedoch ergibt sich aus dem Wortlaut und dem Beschleunigungszweck der Vorschrift sowie dem systematischen Unterschied zum Anzeigeverfahren nach § 43f, dass nach Ablauf von acht Wochen das geplante Umstellungsvorhaben als nicht beanstandet gilt (**Nichtbeanstandungsfiktion;** Riege EnWZ 2021, 388 (392)).

III. Änderungsvorhaben (Abs. 4 S. 4)

Theoretisch denkbar ist, dass bei einem Umstellungsvorhaben nur das Transportmedium 60 (Wasserstoff statt Erdgas oder eines anderen Gases) ausgetauscht wird. Dies wäre genehmigungsfrei (Elspas/Lindau/Ramsauer N&R 2021, 258 (265)) und folgt aus dem Wortlaut, der Systematik und dem Zweck der Vorschrift. So ergibt sich aus § 43l Abs. 4 S. 1, 2 die gesetzliche Fiktion, dass behördliche Zulassungen für eine Gasversorgungsleitung nunmehr auch den Wasserstofftransport umfassen. Aus § 43l Abs. 4 S. 3 iVm § 113c Abs. 3 folgt, dass lediglich ein sicherheitstechnisches Anzeigeverfahren durch die Energieaufsichtsbehörde durchzuführen ist. Zweck der Vorschrift ist die Beschleunigung des Auf- und Ausbaus einer Wasserstoffinfrastruktur. Demzufolge ist kein energierechtliches Anzeigeverfahren durch die Planfeststellungsbehörde nach § 43f durchzuführen, wenn der Änderungsbegriff nicht erfüllt ist (Riege EnWZ 2021, 387 (391)).

Allerdings wird der Austausch des Transportmediums in der Regel mit technischen 61 Umbaumaßnahmen an der Gasversorgungsleitung (zB Erneuerung von Molchschleusen und Armaturen, Auswechselung von Rohren und Einbauteilen) einhergehen, welche die Substanz der Gasversorgungsleitung betreffen. In diesem Fall kommt es darauf an, ob der Änderungsbegriff (→ Rn. 62) erfüllt ist und zusätzlich zum sicherheitstechnischen Anzeigeverfahren (→ Rn. 53) ein energierechtliches Anzeigeverfahren (→ Rn. 64) durchzuführen ist.

1. Änderungsbegriff

Ob ein Umstellungsvorhaben den Änderungsbegriff erfüllt, ist neben einer substanzbezo- 62 genen Betrachtungsweise vor allem auf Grundlage der **bisherigen Zulassungsentscheidung** zu beurteilen (→ EnWG § 43 Rn. 24). Wird die Gasversorgungsleitung so modifiziert, dass der geänderte Zustand von der bisherigen Zulassungsentscheidung nicht mehr gedeckt ist, liegt eine Änderung im Rechtssinne vor. Soweit die Zulassungsentscheidung jedoch reicht, gibt es kein Bedürfnis, hiervon umfasste Maßnahmen erneut einer Zulassungspflicht zu unterstellen (→ EnWG § 43 Rn. 25).

Je konkreter und detaillierter die Genehmigungsunterlagen die Gasversorgungsleitung mit 63 ihren Einbauteilen beschreiben, umso eher werden die Umbaumaßnahmen eine **Abweichung vom Status quo** darstellen und den Änderungsbegriff erfüllen. Bei einer sehr allgemeinen Beschreibung der Gasversorgungsleitung und ihren Einbauteilen in den Genehmigungsunterlagen erscheint es jedoch vertretbar, eine Änderung abzulehnen und auf das energierechtliche Anzeigeverfahren gem. § 43f zu verzichten (Riege EnWZ 2021, 387 (391)). Trotz der Eigenverantwortung des Betreibers (→ Rn. 51) empfiehlt sich aus Gründen der Rechtssicherheit aber eine Abstimmung mit der zuständigen Behörde zur evtl. Entbehrlichkeit eines energierechtlichen Anzeigeverfahrens (→ Rn. 64).

2. Energierechtliches Anzeigeverfahren nach § 43f

Erfüllt ein Umstellungsvorhaben den Änderungsbegriff der §§ 43, 43f, kommt bei erfor- 64 derlichen Änderungen oder Erweiterungen von Gasversorgungsleitungen zur Ermöglichung des Transports von Wasserstoff die Durchführung des Anzeigeverfahrens nach § 43l Abs. 4 S. 4 iVm § 43f in Betracht. **Zweck** dieses Anzeigeverfahrens ist die Beurteilung der Relevanz des Umstellungsvorhabens für öffentliche und private Belange. Der Vorhabenträger hat die Tatbestandsvoraussetzungen des § 43f Abs. 1 S. 2 nachzuweisen.

65 **Zuständig** für das energierechtliche Anzeigeverfahren ist die Planfeststellungsbehörde, die auf Grundlage der Anzeigeunterlagen des Vorhabenträgers eine Ermessensentscheidung über die Freistellung von einem förmlichen Verfahren trifft. Liegen die Voraussetzungen nach § 43f Abs. 1 S. 2 nicht vor, ist ein Planfeststellungsverfahren nach § 43l Abs. 1 iVm § 43 durchzuführen.

66 Der Vorhabenträger hat der **Anzeige** seines Umstellungsvorhabens in ausreichender Weise Erläuterungen beizufügen, aus denen sich ergibt, dass die geplante Änderung oder Erweiterung einer Gasversorgungsleitung den Voraussetzungen von § 43f Abs. 1 S. 2 genügt. Grundsätzlich sind dies, dass eine Umweltverträglichkeitsprüfung nicht durchzuführen ist, dass andere öffentliche Belange nicht berührt sind oder der Vorhabenträger die erforderlichen behördlichen Genehmigungen (zB nach dem Naturschutz- oder Wasserrecht) eingeholt hat und sie dem Plan nicht entgegenstehen und, dass Rechte anderer nicht beeinträchtigt sind bzw. mit den Betroffenen entsprechende Vereinbarungen getroffen wurden. Die Entbehrlichkeit der Umweltverträglichkeitsprüfung folgt nun (→ Rn. 12b) ausdrücklich aus § 43f Abs. 2 S. 1 Nr. 1. Daraus ergibt sich, dass auch das **Prüfprogramm** der Behörde reduziert ist (→ Rn. 68). Mit dem reduzierten Prüfprogramm korrespondiert ein geringerer Umfang der Anzeigeunterlagen für den Vorhabenträger (s. dazu Riege EnWZ 2021, 387 (393)).

67 Im Hinblick auf die der Behörde in § 43f Abs. 4 S. 4 eingeräumte Frist von lediglich einem Monat kommt dem Vorhabenträger eine **Mitwirkungspflicht** in dem Sinne zu, dass er mit seiner Anzeige der Behörde die für die Entscheidung erforderliche Tatsachengrundlage umfassend zur Verfügung stellt. Da die Monatsfrist erst mit Eingang der vollständigen Unterlagen beginnt, empfiehlt sich für den Vorhabenträger eine Vollständigkeitsbestätigung der Planfeststellungsbehörde.

68 Das Prüfprogramm der Behörde beschränkt sich auf die Beurteilung, ob durch das Umstellungsvorhaben öffentliche Belange (→ Rn. 69) berührt sind. Die **Entbehrlichkeit einer Umweltverträglichkeitsprüfung** ist nicht zu prüfen (so schon zur früheren Regelung Steinbach/Franke/Fest § 43l Rn. 31; Grigoleit/Klanten RdE 2022, 222 (225); krit. dazu Benrath EnWZ 2021, 195 (198)). Das Entfallen dieser sonst für Anzeigeverfahren nach § 43f erforderlichen Voraussetzung stellt eine wesentliche Verfahrenserleichterung für den Vorhabenträger dar (Elspas/Lindau/Ramsauer N&R 2021, 258 (265)). Auch die Nichtbeeinträchtigung von Rechten Dritter (§ 43l Abs. 4 S. 4 iVm § 43f Abs. 1 S. 2 Nr. 3) ist nicht zu prüfen bzw. ist diese Prüfung wesentlich reduziert (→ Rn. 70). Dies folgt aus § 43l Abs. 4 S. 4 iVm § 43f Abs. 4 S. 5 Hs. 2, nach dem bei Änderungen des Betriebskonzepts die **Prüfung der dinglichen Rechte** entbehrlich ist (→ EnWG § 43f Rn. 32; aA Elspas/Lindau/Ramsauer N&R 2021, 258 (265); Steinbach/Franke/Fest § 43l Rn. 32, welche die Voraussetzung als prüfrelevant ansehen). Gleichwohl muss der Vorhabenträger über dingliche Rechte verfügen, da er sich sonst zivilrechtlichen Abwehransprüchen betroffener Grundstückseigentümer und Nutzungsberechtigter aussetzt.

69 **Öffentliche Belange** sind alle rechtlichen, wirtschaftlichen, ökologischen, sozialen, kulturellen, ideellen oder sonstige schützenswerte (Allgemein-)Interessen (Grigoleit/Klanten RdE 2022, 222 (226 mwN). Eine Berührung liegt vor, wenn sich das Umstellungsvorhaben spürbar negativ auf sie auswirken kann (Säcker EnergieR/Pielow § 43f Rn. 10; Grigoleit/Klanten EnWZ 2020, 435 (436)). Die Behörde hat vor diesem Hintergrund einzuschätzen, welche für das Umstellungsvorhaben erforderlichen Genehmigungen notwendig sind und ob diese vorliegen und dem Umstellungsvorhaben nicht entgegenstehen.

70 Darüber hinaus sind vom Vorhabenträger lediglich Angaben zum Vorhandensein von **Grundstücksbenutzungsrechten** bereitzustellen. Da diese für eine in Betrieb befindliche Leitung vorliegen sollten und ggf. für einen anderen Zweck eingeräumte Rechte wegen § 113a Abs. 1 fortgelten, sollte der Prüfaufwand gering sein (ähnlich Steinbach/Franke/Fest § 43l Rn. 33).

71 Zwar sieht § 43f Abs. 4 S. 4 eine **Frist** für die Behörde zur Entscheidung innerhalb von einem Monat vor, ob anstelle des Anzeigeverfahrens ein Plangenehmigungs- oder Planfeststellungsverfahren durchzuführen oder das Umstellungsvorhaben von einem förmlichen Ver-

fahren freigestellt ist. Sofern diese Frist nicht eingehalten wird, darf der Vorhabenträger mangels Genehmigungsfiktion nach Fristablauf aber nicht mit dem Umstellungsvorhaben beginnen.

Bei der Entscheidung, ob das Umstellungsvorhaben von einem förmlichen Verfahren freigestellt ist und im Anzeigeverfahren zugelassen wird, handelt es sich um einen **Verwaltungsakt** iSv § 35 S. 1 VwVfG mit Doppelwirkung. Neben dem Verzicht auf ein förmliches Verfahren beinhaltet die Entscheidung auch die Zulassung des Umstellungsvorhabens (HessVGH BeckRS 2016, 110641 Rn. 19; Säcker EnergieR/Pielow § 43f Rn. 15; Britz/Hellermann/Hermes/Kupfer, 3. Aufl., § 43f Rn. 3; Grigoleit/Klanten EnWZ 2020, 435 (440)). 72

Auch dies ist, wie bei dem Nichtbeanstandungsbescheid nach § 113c Abs. 3 S. 3, eine **Ermessensentscheidung,** dh der Vorhabenträger hat keinen Anspruch auf die Zulassung seines Umstellungsvorhabens, sondern nur auf ermessensfehlerfreie Entscheidung. Die Behörde hat das Interesse des Vorhabenträgers an einer zügigen Entscheidung sowie das öffentliche Interesse an dem mit der Umstellung der Gasversorgungsleitung für den Wasserstofftransport verfolgten, versorgungswirtschaftlichen Zweck zu berücksichtigen. Dabei wird der planungsrechtlichen Abwägung der im konkreten Fall möglicherweise betroffenen gegenläufigen Belange besonderes Gewicht zukommen (Britz/Hellermann/Hermes/Kupfer, 3. Aufl., § 43f Rn. 8). Die Zulassungsentscheidung kann mit Nebenbestimmungen versehen werden (Kment EnWG/Turiaux § 43f Rn. 16). 73

F. Umstellung von sonstigen Leitungen für den Wasserstofftransport (Abs. 5)

Die Tragweite der Regelung kann angesichts der aktuellen Positionierung von Betreibern von Gas-, Wasserstoff- und Produktenleitungen zu einem Engagement im entstehenden Wasserstoffmarkt noch nicht eingeschätzt werden. Sie erscheint aber vor dem Hintergrund einer möglichst einfachen und umfassenden Einbeziehung anderer Infrastrukturen in das energierechtliche Zulassungsregime zum Auf- und Ausbau von Wasserstoffnetzen als **zweckmäßig** (Steinbach/Franke/Fest § 43l Rn. 35 f.). 74

Behördliche Zulassungen und Anzeigenvorbehalte für bisher zu einem anderen Zweck genutzte Leitungen ergeben sich bspw. aus § 65 UVPG oder § 4a RohrFLtgV. Deren durch Absatz 5 iVm Absatz 4 Satz 1 und 2 angeordnete Fortgeltung ermöglicht die Umstellung von industriell bzw. stofflich genutzten Leitungen auf den Wasserstofftransport nach den energierechtlichen Vorschriften. Mangels mit § 43f vergleichbarer Regelungen im UVPG bedeutet dies eine **verfahrensrechtliche Erleichterung.** 75

G. BImSchG-Anlagen (Abs. 6)

Gemäß dieser Vorschrift bleiben die anlagenbezogenen Regelungen des BImSchG unberührt (→ Rn. 76.1). Diese Regelung wird **Relevanz** insbesondere für Elektrolyseure und Verdichteranlagen mit einer Feuerungswärmeleistung von mehr als 1 MW haben, die nach dem BImSchG iVm Ziff. 4.1.12, Ziff. 1.4.1.1 und Ziff. 1.4.1.2 der Anlage 1 der 4. BImSchV genehmigungsbedürftig sind. Damit wird klargestellt, dass die Errichtung und der Betrieb von Elektrolyse- und Verdichteranlagen genehmigungsbedürftig ist (Langstädtler ZUR 2021, 203 (205 f.); Schäfer/Wilms ZNER 2021, 131 ff. weisen auf Unsicherheiten zur immissionsschutzrechtlichen Genehmigungspflicht von Elektrolyseuren hin). 76

Durch die Formulierung ist klargestellt, dass neben dem BImSchG auch die auf dessen Grundlage erlassenen Rechtsverordnungen und Verwaltungsvorschriften gemeint sind (Steinbach/Franke/Fest § 43l Rn. 38). 76.1

Die Umstellung einer **immissionsschutzrechtlich zugelassenen Erdgas-Verdichteranlage** für den Wasserstofftransport wird idR den Änderungsbegriff erfüllen und unter den Voraussetzungen von § 16 BImSchG genehmigungspflichtig sein, zumindest aber eine rechtzeitige Anzeige nach § 15 BImSchG vor Beginn des Umstellungsvorhabens erfordern (Elspas/Lindau/Ramsauer N&R 2021, 258 (265)). 77

78 Die Umstellung einer **energierechtlich zugelassenen Erdgas-Verdichteranlage** (als Nebenanlage zu einer Gasversorgungsleitung gem. § 43 Abs. 2 S. 1) ist nach Absatz 4 möglich (Steinbach/Franke/Fest § 43l Rn. 39).

H. Raumordnungs- und Bauplanungsrecht (Abs. 7)

79 Nach dieser Regelung umfasst der in § 35 Abs. 1 Nr. 3 BauGB verwendete Begriff des Gases auch Wasserstoffnetze. Soweit die baurechtliche **Privilegierung im Außenbereich** nicht auch schon Wasserstoffvorhaben umfasste, handelt es sich um eine sinnvolle Klarstellung (Elspas/Lindau/Ramsauer N&R 2021, 258 (265)). Damit ist bspw. die Errichtung von baulichen Anlagen für Wasserstoffnetze (zB Gasdruckregel- und Messstationen, Wasserstoffeinspeiseanlagen) im Außenbereich möglich.

80 Auf den ersten Blick erscheint auch die weitere, mit der Regelung bezweckte Erweiterung des in § 1 Nr. 14 RoV genannten Begriffs der Gasleitung hinsichtlich Wasserstoffnetzen als zweckmäßig. Danach erfolgt die **Durchführung eines Raumordnungsverfahrens** für ein Wasserstoffnetz mit einem Durchmesser von mehr als 300 mm, wenn das Vorhaben im Einzelfall raumbedeutsam ist und eine überörtliche Bedeutung hat. Zwar ist anerkannt, dass neben einem System aus mehreren vermaschten Leitungen auch eine einzelne Stichleitung oder ein Verbund mehrerer Stichleitungen den Netzbegriff erfüllt (→ § 3 Nr. 16 Rn. 9). Insofern enthält der Begriff „Wasserstoffnetz" als Minus auch den Begriff der Wasserstoffleitung, sodass sich keine Unterschiede zur bisherigen Rechtslage für Gasleitungen ergeben.

81 Allerdings kann sich bei einem Verbund mehrerer Wasserstoffleitungen mit unterschiedlicher Nennweite die Frage stellen (zB bei einem Wasserstoffverteilernetz im regionalen Bereich), ob bereits ein Leitungsabschnitt mit einem Durchmesser von mehr als 300 mm für die Tatbestandserfüllung genügt oder es auf den überwiegenden Anteil solcher Leitungen in einem Netz ankommt. Die Durchführung von für Gasversorgungsnetze bisher nicht notwendiger Raumordnungsverfahren sollte vor dem Hintergrund der Intention des Gesetzgebers, einen Rahmen für einen beschleunigten Auf- und Ausbau von Wasserstoffnetzen zu schaffen, auch für Wasserstoffnetze vermieden werden.

I. Umstellungsvorbereitende Maßnahmen (Abs. 8)

82 Die Vorschrift betrifft Vorhaben, die nur für einen vorübergehenden Zeitraum Aufgaben zur Erdgasversorgung übernehmen sollen, aber „**H2-ready**" geplant und ausgeführt werden, um zukünftig die Wasserstoffversorgung zu ermöglichen (BR-Drs. 165/1/21, 6). So werden aktuell bereits Gaskraftwerke geplant, die mangels Verfügbarkeit von Wasserstoffinfrastruktur und Aufkommensquellen vorerst an die Erdgasinfrastruktur angebunden werden, aber langfristig mit Wasserstoff betrieben werden sollen. In einem solchen Fall wären die Regelungen in § 43l Abs. 2 und 3 für die Zulassung der dafür notwendigen, neu zu errichtenden Leitungen mangels ausschließlichen Betriebs von Wasserstoffleitungen ggf. noch nicht einschlägig. Ferner könnte ggf. der Einwand der unzulässigen Vorratsplanung (Benrath RdE 2020, 453 (456)) erhoben werden, wenn der Zeitpunkt zur Umstellung auf die Wasserstoffnutzung in sehr weiter Ferne liegt. Solche Leitungen sind im Genehmigungszeitpunkt entweder planfeststellungsbedürftig gem. § 43 Abs. 1 S. 1 Nr. 5 oder bedürfen verschiedener Einzelgenehmigungen (zB gemäß Naturschutzrecht, Wasserrecht) und der Anzeige nach § 5 GasHdrLtgV. In diesen behördlichen Verfahren könnten sich ggf. Fragen zur Planrechtfertigung oder bei der Abwägung öffentlicher und privater Belange stellen. Vor diesem Hintergrund dient die Regelung der **Rechtssicherheit,** um bereits bekannte und geplante Änderungen während der Betriebsphase in einem behördlichen Verfahren zu berücksichtigen (Elspas/Lindau/Ramsauer N&R 2021, 258 (264)).

§ 43m Anwendbarkeit von Artikel 6 der Verordnung (EU) 2022/2577

(1) ¹Bei Vorhaben, für die die Bundesfachplanung nach § 12 des Netzausbaubeschleunigungsgesetzes Übertragungsnetz abgeschlossen wurde oder für die ein Präferenzraum nach § 12c Absatz 2a ermittelt wurde und für sonstige Vorhaben im Sinne des § 43 Absatz 1 Satz 1 Nummer 1 bis 4 und des § 1 des Bundesbedarfsplan-

gesetzes und des § 1 des Energieleitungsausbaugesetzes, die in einem für sie vorgesehenen Gebiet liegen, für das eine Strategische Umweltprüfung durchgeführt wurde, ist von der Durchführung einer Umweltverträglichkeitsprüfung und einer Prüfung des Artenschutzes nach den Vorschriften des § 44 Absatz 1 des Bundesnaturschutzgesetzes abzusehen. ²§ 18 Absatz 4 Satz 1 des Netzausbaubeschleunigungsgesetzes Übertragungsnetz und § 43 Absatz 3 sind mit der Maßgabe anzuwenden, dass Belange, die nach Satz 1 nicht zu ermitteln, zu beschreiben und zu bewerten sind, nur insoweit im Rahmen der Abwägung zu berücksichtigen sind, als diese Belange im Rahmen der zuvor durchgeführten Strategischen Umweltprüfung ermittelt, beschrieben und bewertet wurden.

(2) ¹Die zuständige Behörde stellt sicher, dass auf Grundlage der vorhandenen Daten geeignete und verhältnismäßige Minderungsmaßnahmen ergriffen werden, um die Einhaltung der Vorschriften des § 44 Absatz 1 des Bundesnaturschutzgesetzes zu gewährleisten, soweit solche Maßnahmen verfügbar und geeignete Daten vorhanden sind. ²Der Betreiber hat ungeachtet des Satzes 1 einen finanziellen Ausgleich für nationale Artenhilfsprogramme nach § 45d Absatz 1 des Bundesnaturschutzgesetzes zu zahlen, mit denen der Erhaltungszustand der betroffenen Arten gesichert oder verbessert wird. ³Die Zahlung ist von der zuständigen Behörde zusammen mit der Zulassungsentscheidung als einmalig zu leistender Betrag festzusetzen. ⁴Die Höhe der Zahlung beträgt 25 000 Euro je angefangenem Kilometer Trassenlänge. ⁵Sie ist von dem Betreiber als zweckgebundene Abgabe an den Bund zu leisten. ⁶Die Mittel werden vom Bundesministerium für Umwelt, Naturschutz, nukleare Sicherheit und Verbraucherschutz bewirtschaftet. ⁷Sie sind für Maßnahmen nach § 45d Absatz 1 des Bundesnaturschutzgesetzes zu verwenden, für die nicht bereits nach anderen Vorschriften eine rechtliche Verpflichtung besteht. ⁸Eine Ausnahme nach § 45 Absatz 7 des Bundesnaturschutzgesetzes ist nicht erforderlich.

(3) ¹Die Bestimmungen der Absätze 1 und 2 sind auf alle Planfeststellungs- und Plangenehmigungsverfahren anzuwenden, bei denen der Antragsteller den Antrag bis zum Ablauf des 30. Juni 2024 stellt. ²Sie sind ebenfalls auf bereits laufende Planfeststellungs- und Plangenehmigungsverfahren anzuwenden, bei denen der Antragsteller den Antrag vor dem 29. März 2023 gestellt hat und noch keine endgültige Entscheidung ergangen ist, wenn der Antragsteller dies gegenüber der zuständigen Behörde verlangt. ³Die Sätze 1 und 2 sind für das gesamte Planfeststellungs- und Plangenehmigungsverfahren anzuwenden, ungeachtet dessen, ob es bis zum Ablauf des 30. Juni 2024 abgeschlossen wird.

(4) ¹Bei Vorhaben nach Absatz 1 Satz 1 ist auch im Sinne von § 25 Absatz 1 Satz 2 Nummer 1 des Netzausbaubeschleunigungsgesetzes Übertragungsnetz und § 43f Absatz 1 Satz 2 Nummer 1 keine Prüfung durchzuführen, ob eine Umweltverträglichkeitsprüfung erforderlich ist. ²Absatz 3 ist entsprechend anzuwenden.

Überblick

Nach § 43m kann unter den dort genannten Voraussetzungen auf die Durchführung einer UVP und einer speziellen artenschutzrechtlichen Prüfung verzichtet werden.

Die Regelung dient der Umsetzung von Art. 6 der EU-Notfall-VO (VO (EU) 2022/2577). Die Verordnung ermöglicht es den Mitgliedstaaten zur Beschleunigung von Zulassungsverfahren für Anlagen zur Erzeugung und zum Transport Erneuerbarer Energien Regelungen zu erlassen mit denen auf eine UVP und eine spezielle artenschutzrechtliche Prüfung verzichtet wird (→ Rn. 1). Die Beschleunigungsregelung wurde, ebenso wie die nicht unumstrittene EU-Notfall-VO (VO (EU) 2022/2057 → Rn. 5), erlassen, um den Ausbau der Erneuerbaren Energien voranzubringen (→ Rn. 6).

Im Absatz 1 wird der sachliche Anwendungsbereich bestimmt. In den Anwendungsbereich fallen Vorhaben, für die eine Bundesfachplanung nach § 12 NABEG abgeschlossen (→ Rn. 10) oder für die ein Präferenzraum gem. § 22 Abs. 2a festgelegt wurde (→ Rn. 11). Des Weiteren sind sonstige Vorhaben im Sinne des § 43 Abs. 1 S. 1 Nr. 1–4 und des § 1 des BBPlG und des § 1 EnLAG erfasst, die in einem für sie vorgesehenen Gebiet liegen, für das eine Strategische Umweltprüfung durchgeführt wurde. Dies fasst der Gesetzgeber weit auf. Erfasst sind alle Vorhaben, die in der Anlage zu § 1 Abs. 1 BBPlG aufgeführt sind und für die folglich Gegenstand der SUP für den Bundesbedarfsplan waren. Daneben sollen noch eine Reihe weiter Fallgestaltungen umfasst sein (→ Rn. 12 ff.). Ist der sachliche Anwendungsbereich eröffnet, entfallen UVP und spezielle artenschutzrechtliche Prüfung. Zugleich ist die Abwägung nach § 43 Abs. 3 nur noch eingeschränkt möglich und zulässig (→ Rn. 15 f.).

Nach Absatz 2 stellt die zuständige Behörde sicher, dass auf Grundlage der vorhandenen Daten geeignete und verhältnismäßige Minderungsmaßnahmen ergriffen werden, um die Einhaltung der Vorschriften des § 44 Abs. 1 BNatSchG zu gewährleisten, soweit solche Maßnahmen verfügbar und geeignete Daten vorhanden sind (→ Rn. 19 ff.). Der Betreiber hat ungeachtet des Satzes 1 einen finanziellen Ausgleich für nationale Artenhilfsprogramme nach § 45d Abs. 1 BNatSchG zu zahlen, mit denen der Erhaltungszustand der betroffenen Arten gesichert oder verbessert wird. Die Zahlung ist von der zuständigen Behörde zusammen mit der Zulassungsentscheidung als einmalig zu leistender Betrag festzusetzen. Die Höhe der Zahlung beträgt 25.000 Euro je angefangenem Kilometer Trassenlänge. Sie ist von dem Betreiber als zweckgebundene Abgabe an den Bund zu leisten (→ Rn. 24). Eine Ausnahme nach § 45 Abs. 7 BNatSchG ist nicht mehr erforderlich.

Die Regelung gilt für alle Planfeststellungs- und Plangenehmigungsverfahren, bei denen der Antragsteller den Antrag bis zum Ablauf des 30.6.2024 stellt. Sie gilt ebenfalls laufenden Planfeststellungs- und Plangenehmigungsverfahren, bei denen der Antragsteller den Antrag vor dem 29.3.2023 gestellt hat und noch keine endgültige Entscheidung ergangen ist, wenn der Antragsteller dies gegenüber der zuständigen Behörde verlangt. Die Sätze 1 und 2 sind für das gesamte Planfeststellungs- und Plangenehmigungsverfahren anzuwenden, ungeachtet dessen, ob es bis zum Ablauf des 30.6.2024 abgeschlossen wird (→ Rn. 26 ff.). Der Absatz 4 stellt klar, dass sich die Regelung auch auf Anzeigeverfahren nach § 43f EnWG und § 25 NABEG bezieht (→ Rn. 31).

Übersicht

	Rn.		Rn.
A. Normzweck und Bedeutung	1	5. Weitere Anwendungsfälle	13
B. Entstehungsgeschichte	6	II. Rechtsfolge	15
C. Absatz 1 (Entfallen der UVP und der speziellen artenschutzrechtlichen Prüfung)	7	**D. Minderungsmaßnahmen (Abs. 2)**	19
		I. Vorhandene Daten	20
I. Sachlicher Anwendungsbereich	8	II. Geeignete und verhältnismäßige Minderungsmaßnahmen	21
1. Allgemeines	9	III. Finanzieller Ausgleich	24
2. Vorhaben mit abgeschlossener Bundesfachplanung	10	**E. Anwendungsdauer; Opt-In (Abs. 3)**	26
3. Vorhaben, für die ein Präferenzraum ermittelt wurde	11	**F. Erstreckung auf Anzeigeverfahren (Abs. 4)**	30
4. Sonstige Vorhaben	12		

A. Normzweck und Bedeutung

1 § 43m dient der Umsetzung von Art. 6 der VO (EU) 2022/2577. Mit der EU-Notfall-Verordnung verfolgt der EU-Gesetzgeber den Zweck Genehmigungsverfahren für Anlagen zur Erzeugung und zum Transport Erneuerbarer Energien zu beschleunigen. Umfasst sind auch die damit verbundenen Netzinfrastruktur, die für die Integration erneuerbarer Energien in das System erforderlich ist. Außerdem soll die Verordnung die Zeitspanne bis zum Inkrafttreten der RED III (Renewable-Energy-Directive) Richtlinie überbrücken.

2 Der Art. 6 der EU-Notfall-VO sieht vor, dass die Mitgliedstaaten Ausnahmen für Projekte im Bereich der erneuerbaren Energien sowie für Projekte im Bereich Energiespeicherung und Stromnetze können, die für die Integration erneuerbarer Energie in das Elektrizitätssystem erforderlich sind, von der Umweltverträglichkeitsprüfung gemäß Art. 2 Abs. 1 der Richtlinie 2011/92/EU und von den Bewertungen des Artenschutzes gemäß Art. 12 Abs. 1 der Richtlinie 92/43/EWG und gemäß Art. 5 der Richtlinie 2009/147/EG vorsehen, sofern

das Projekt in einem für erneuerbare Energien oder Stromnetze vorgesehenen Gebiet für damit verbundene Netzinfrastruktur, die für die Integration erneuerbarer Energie in das Elektrizitätssystem erforderlich ist, durchgeführt wird, falls die Mitgliedstaaten ein solches Gebiet ausgewiesen haben, und dieses Gebiet einer strategischen Umweltprüfung gemäß der Richtlinie 2001/42/EG des Europäischen Parlaments und des Rates unterzogen worden ist. Die zuständige Behörde stellt sicher, dass auf der Grundlage der vorhandenen Daten geeignete und verhältnismäßige Minderungsmaßnahmen ergriffen werden, um die Einhaltung von Art. 12 Abs. 1 der Richtlinie 92/43/EWG und Art. 5 der Richtlinie 2009/147/EG zu gewährleisten. Falls solche Maßnahmen nicht verfügbar sind, stellt die zuständige Behörde sicher, dass der Betreiber einen finanziellen Ausgleich für Artenschutzprogramme zahlt, damit der Erhaltungszustand der betroffenen Arten gesichert oder verbessert wird.

Erwägungsgrund 9 lässt erkennen, dass der EU-Gesetzgeber davon ausgeht, dass der Ausbau der Erneuerbaren Energien und der dafür erforderlichen Infrastrukturen in Bezug auf den Artenschutz diese Priorität nur erhalten sollte, wenn und soweit geeignete Artenschutzmaßnahmen, die zur Erhaltung oder Wiederherstellung eines günstigen Erhaltungszustands der Populationen der Art beitragen, ergriffen werden und für diesen Zweck ausreichende Finanzmittel und Flächen bereitgestellt werden. Das zeigt, dass die Umsetzung von Art. 6 der VO (EU) 2022/2577 ein Konzept voraussetzt, dass es in dem einführenden Mitgliedsstaat einen flächendeckenden strukturierten Prozess von Artenhilfsprogrammen gibt.

Art. 6 VO (EU) 2022/2577 überlässt es den Mitgliedsstaaten Erleichterungen einzuführen. Eine Umsetzungsfrist dazu gibt es nicht.

Die VO (EU) 2022/2577 ist nicht unumstritten. So gibt es Anträge von dritter Seite auf Durchführung interner Reviews, in denen die formelle und materielle Unionsrechtswidrigkeit der Verordnung thematisiert werden. In Bezug auf Art. 6 EU-Notfall-VO wird vorgetragen, dass der Rückgriff auf die SUP nicht geeignet ist eine UVP zu substituieren. Diese erfasse die Auswirkungen des maßgeblich zuzulassenden Vorhabens nicht in hinreichender Tiefe. Die Regelung laufe den Zielen und verhindere die Effektivität von Habitat- und Vogelschutzrichtlinie (Richtlinie 92/43/EWG und Richtlinie 2009/147/EG vgl. EUR-Lex - 32022R2577 - EN - EUR-Lex (europa.eu)). Zudem sehe die UVP-Richtlinie (Richtlinie 2011/92/EU) mit Art. 1 Abs. 3 eine Regelung zur Ausnahme von der UPV auf Grundlage einer Fall-zu-Fall-Entscheidung vor, die damit konterkariert werde. Bislang wurde dies jedoch nicht aufgegriffen.

B. Entstehungsgeschichte

Der Ukraine-Krieg bedingte aus Sicht der EU-Gesetzgebers eine Beschleunigung Ausbaus erneuerbarer Energien. Dazu soll die VO (EU) 2022/2577 beitragen und die Zeitspanne bis zum Inkrafttreten der RED III überbrücken (vgl. Erwägungsgrund 1 und 2 der EU-Notfall-VO). Der deutsche Gesetzgeber hat von der Umsetzungsermächtigung Gebrauch gemacht und im Rahmen des Raumordnungsänderungsgesetzes den § 43m in das Gesetz implementiert (BGBl. 2023 I Nr. 88). Die Regelung wurde jedoch erst sehr spät in den Prozess eingebracht (BT-Drs. 20/5820) und die Möglichkeit sich mit der Regelung zu befassen war sehr kurz.

C. Absatz 1 (Entfallen der UVP und der speziellen artenschutzrechtlichen Prüfung)

§ 43m Abs. 1 S. 1 bestimmt den sachlichen Anwendungsbereich der Regelung. In der Folge Entfallen die UVP und die spezielle artenschutzrechtliche Prüfung (Sätze 2 und 3).

I. Sachlicher Anwendungsbereich

§ 43m Abs. 1 S. 1 legt den sachlichen Anwendungsbereich fest. Umfasst sind eine Reihe von Fallgestaltungen.

1. Allgemeines

Der Anwendungsbereich der Regelung bezieht sich auf Vorhaben, für die die Bundesfachplanung nach § 12 NABEG abgeschlossen wurde oder für die ein Präferenzraum nach § 12c

Abs. 2a ermittelt wurde und auf sonstige Vorhaben iSd § 43 Abs. 1 S. 1 Nr. 1–4 und des § 1 BBPlG und des § 1 EnLAG, die in einem für sie vorgesehenen Gebiet liegen, für das eine Strategische Umweltprüfung durchgeführt wurde.

2. Vorhaben mit abgeschlossener Bundesfachplanung

10   Regelung bezieht sich zunächst auf Vorhaben, für die eine Bundefachplanung nach § 12 NABEG abgeschlossen wurde. Diese Vorhaben liegen in einem für sie vorgesehen Gebiet, dass mit Abschluss der Bundesfachplanung nach § 12 Abs. 1 NABEG bestimmt wird (BT-Drs. 20/5830, 47; vgl. mit näherer Begründung Ruge NVwZ 2023, 870).

3. Vorhaben, für die ein Präferenzraum ermittelt wurde

11   Weiter gilt die Regelung direkt für Vorhaben, für die ein Präferenzraum nach § 12c Abs. 2a (→ § 12c Rn. 29a) ermittelt wurde. Nach § 5a Abs. 4a NABEG ein Präferenzraum zum Entfall der Bundesfachplanung, da im Rahmen der Ermittlung des Präferenzraumes ein Korridor von 1.000m Breite ermittelt wurde und somit für die Bundesfachplanung kein Bedarf mehr besteht (vgl. § 5a Abs. 4a NABEG).

4. Sonstige Vorhaben

12   Weiter bezieht sich § 43m Abs. 1 S. 1 auf sonstige Vorhaben im Sinne des § 43 Abs. 1 S. 1 Nr. 1–4 und des § 1 BBPlG und des § 1 EnLAG, die in einem für sie vorgesehenen Gebiet liegen, für das eine Strategische Umweltprüfung gemäß der Richtlinie 2001/42/EG durchgeführt wurde (zur Strategische Umweltprüfung zum Bundesbedarfsplan → § 12c Rn. 23a). Nach dem Wortlaut ist somit entscheidungserheblich, ob sich das Vorhaben in einem Gebiet befindet, für das eine Strategischen Umweltprüfung durchgeführt wurde und dass dieses Gebiet für das Vorhaben bestimmt ist.

12a Worüber die Regelung des Absatz 1 keine Auskunft gibt, ist, ob nur die vorhabenspezifische Strategische Umweltprüfung ausreichend ist, oder aber, ob bereits jede Strategische Umweltprüfung, die in dem Gebiet durchgeführt wurde den Anwendungsbereich der Norm eröffnet. Der Wortlaut ist insoweit offen.

12b Nach der Gesetzesbegründung sollen nicht nur die Strategischen Umweltprüfungen zum Bundesbedarfsplan dieses Kriterium erfüllen. Auch die bei alle anderen Vorhaben nach § 43 Abs. 1 S. 1 Nr. 1–4 (→ § 43 Rn. 1) und nach § 1 EnLAG können auf vorgelagerter Planebene durchgeführte Strategische Umweltprüfungen ausreichend sein, um ein für das Vorhaben bestimmtes Gebiet anzunehmen (BT-Drs. 20/5830, 47). Aus Art. 6 S. 1 der EU-Notfallverordnung ergibt sich, dass es um Stromnetze geht, die in einem für sie vorgesehenen Gebiet liegen, falls die Mitgliedstaaten ein solches Gebiet ausgewiesen haben. Ob die Formulierung der „Ausweisung" eines Gebiets gewissen formellen Anforderungen genügen muss, wie etwa bei Ausweisung von FFH-Gebieten über nationale Schutzgebiets-Verordnungen, ist in der VO (EU) 2022/2577 nicht näher geregelt. Die Formulierung der Ausweisung durch den Mitgliedstaat lässt jedenfalls hinreichend Spielraum hinsichtlich der Art des Verfahrens der Ausweisung.

12c Es lässt sich daher annehmen, dass die nach § 13 Abs. 5 S. 1 Nr. 3b ROG grundsätzlich in Raumordnungsplänen darzustellenden Energieleitungen jedenfalls dann in den Anwendungsbereich der Regelung fallen, wenn sie in Form eines Ziels der Raumordnung dargestellt sind (vgl. so auch Ruge NVwZ 2023, 870 (874)). Ein solches Ziel kann zum Beispiel eine zeichnerische Festlegung verbunden mit einer Vorranggebietsausweisung nach § 7 Abs. 3 S. 1 Nr. 1 ROG sein. Für Raumordnungpläne ist eine Strategische Umweltprüfung nach Ziff. 1.5 Anlage 5 iVm § 13 ROG durchzuführen.

5. Weitere Anwendungsfälle

13   Ob nur das Ausgangsplanfeststellungsverfahren oder aber daneben auch die Änderung des Plans vor Fertigstellung nach § 43d EnWG, § 76 VwVfG (→ § 43d Rn. 1) umfasst ist, ergibt sich aus dem Wortlaut nicht. Dieser bezieht sich lediglich auf bestimmte Vorhaben unabhängig von der jeweilig gewählten/maßgeblichen Verfahrensart. Auch Art. 6 EU-Notfall-VO enthält insoweit keinerlei Klarstellung. Angesichts des Sinn und Zwecks der Rege-

lung, liegt es nahe, dass auch alle Zulassungsverfahren für die in § 43m Abs. 1 S. 1 genannten Vorhaben umfasst sind. Andernfalls wären im Ergebnis Planfeststellungsverfahren für ein Vorhaben erfasst, nicht aber Planänderungsverfahren vor Fertigstellung für dieses Vorhaben, bei denen sich die bereits planfestgestellten Vorhaben bereits im Bau befinden und für die eine Beschleunigung jenseits des § 18 Abs. 4a NABEG, daher von großer Bedeutung für den Baufortschritt ist (für diese Annahme auch Ruge NVwZ 2023, 1033 (1036)). Für die Änderungsverfahren ist wegen § 9 Abs. 1 UVPG eine Vorprüfung des Einzelfalls (UVP-Vorprüfung) entsprechend § 7 UVPG für die jeweils beantragte Änderung vorzunehmen, wenn für das zu ändernde Vorhaben eine UVP durchzuführen war. Die Erstellung von Unterlagen ist zum Teil mit erheblichem Aufwand verbunden.

Nach Auffassung des Gesetzgebers auch in den Fällen des § 2 Abs. 7 S. 2 und 3 BBPlG **13a** („G"-Kennzeichnung; Entfall der Bundesfachplanung für Vorhaben mit anderen Vorhaben Höchstspannungs-Gleichstrom-Vorhaben einen Netzverknüpfungspunkt teilen oder räumlich weitüberwiegend mit diesem in einer Trasse verlaufen) ein Gebiet für das Vorhaben vorgesehen. Denn in diesen Fällen sei gesetzlich eine Bündelung vorgesehen mit einem weiteren Vorhaben im Sinne von § 2 Abs. 5 BBPlG vorgesehen (BT-Drs. 20/5830, 47).

Auch in den Fällen des § 5a Abs. 3 NABEG (Verzicht auf die Durchführung einer Bundes- **14** fachplanung) ist nach der gesetzgeberischen Auffassung ein Gebiet für das Vorhaben vorgesehen. Denn hier werde nach behördlicher Prüfung und Entscheidung der vom Vorhabenträger angegebene Verlauf der Bestandstrasse oder des ausgewiesenen Trassenkorridors dem weiteren Verfahren zugrunde gelegt (BT-Drs. 20/5830, 47). Voraussetzung sei in diesem Fall jedoch, dass eine ökologische Begleitung erfolgt, um nachteilige Umweltauswirkungen während der Bauphase und der Betriebsphase zu vermeiden oder zu minimieren (BT-Drs. 20/5830, 47). Diese vom Gesetzgeber an die Eröffnung des Anwendungsbereichs geknüpfte Bedingung erschließt sich nicht. Es ist unklar, warum die Frage, ob für das Vorhaben bestimmtes Gebiet gegeben ist, für das eine strategische Umweltprüfung durchgeführt wurde, davon abhängig sein, ob eine ökologische Baubegleitung durchgeführt wird. Die ökologische Baubegleitung ändert nichts an dem tatsächlichen Umstand, ob das Gebiet einer SUP unterzogen wurde oder nicht. Ohne SUP würde es jedoch an der notwendigen strategischen Umweltprüfung fehlen, die Voraussetzung für die Anwendbarkeit der Regelung des § 43m Abs. 1 ist.

II. Rechtsfolge

Nach dem Gesetzeswortlaut ist in den vorgenannten Fällen von der Durchführung einer **15** UVP und einer Prüfung des Artenschutzes nach den Vorschriften des § 44 Abs. 1 des BNatSchG abzusehen. Nach dem klaren Wortlaut führt die Eröffnung des Anwendungsbereiches dazu, dass der Planfeststellungsbehörde folglich keinerlei Ermessen zusteht hinsichtlich der Frage, ob sie eine UVP oder spezielle artenschutzrechtliche Prüfung durchführt oder nicht. Sie darf diese Prüfungen nicht durchführen.

Nach § 43m Abs. 1 S. 3 sind § 18 Abs. 4 S. 1 NABEG und § 43 Abs. 3 (→ § 43 Rn. 103) **16** mit der Maßgabe anzuwenden, dass Belange, die nach Satz 1 nicht zu ermitteln, zu beschreiben und zu bewerten sind, nur insoweit im Rahmen der Abwägung zu berücksichtigen sind, als diese Belange im Rahmen der zuvor durchgeführten Strategischen Umweltprüfung ermittelt, beschrieben und bewertet wurden. Damit wird durch Gesetz die planerische Abwägungsentscheidung eingeschränkt. Dies ist konsequent. Denn wenn die Belange nicht hatten ermittelt und bewertet werden können, dann können sie auch keine Rolle in der Abwägungsentscheidung spielen, ohne dass diese stets von einer Abwägungsdisproportionalität geprägt wäre. Problematisch kann dies dann sein, wenn für die Bauphase relevante Belange oder sich bereits abzeichnende umweltbezogene Konflikte ausgeblendet werden müssen, weil sie nach § 43m Abs. 1 S. 3 nicht mehr zu prüfen sind. Dies erscheint vor allem dann möglich, wenn sich die Tatsachenlage seit der Durchführung der strategischen Umweltprüfung verändert hat oder bei den Behörden nur sehr alte Kartierdaten vorhanden sind. Dies wird angesichts des klaren Wortlauts nicht zur Rechtswidrigkeit eines Planfeststellungsbeschlusses führen. Denn zu berücksichtigen waren diese Belange nicht, wie sich aus § 43m Abs. 1 S. 4 ergibt. Jedoch können daraus im Rahmen der Bauausführung für den Vorhabenträger daraus eine Reihe von Problemen erwachsen, die dann gegebenenfalls die gewonnene Beschleunigung nachträglich durch Baustopps wieder rückgängig machen.

17 So kann das Vorhandensein streng oder besonders geschützte Arten in der Bauphase zum Erlass von Anordnungen nach § 3 Abs. 2 BNatSchG durch die Planfeststellungsbehörde führen; zugleich kann es zur Begehung von Ordnungswidrigkeiten (§ 69 BNatSchG) oder Straftaten (§§ 71 Abs. 1, 71a BNatSchG) in der Ausführungsphase kommen. Dabei sind auch die Fälle der Fahrlässigkeit (§ 71 Abs. 4 StGB) und der Leichtfertigkeit (§§ 71 Abs. 5, 71a Abs. 4 StGB) unter Strafe gestellt.

18 Ferner stellt sich die praktische Frage, wo nun die Inhalte zu prüfen sind, die bislang Eingang in die UVP fanden und weiterhin zu prüfen sind. Der Gesetzgeber hat hier keine Vorgabe gemacht, so dass hier ein Spielraum besteht. Es kommen eine eigenständige Unterlage, die Aufnahme in den Erläuterungsbericht oder den Landschaftspflegerischen Begleitplan in Betracht.

D. Minderungsmaßnahmen (Abs. 2)

19 Nach § 43m Abs. 2 stellt die zuständige Behörde sicher, dass auf Grundlage der vorhandenen Daten geeignete und verhältnismäßige Minderungsmaßnahmen ergriffen werden, um die Einhaltung der Vorschriften des § 44 Abs. 1 BNatSchG zu gewährleisten, soweit solche Maßnahmen verfügbar und geeignete Daten vorhanden sind. Die geeigneten und verhältnismäßigen Minderungsmaßnahmen sind aufgrund der vorhandenen Daten zu treffen. Angesichts des klaren Wortlauts („sind") steht der Planfeststellungsbehörde hier kein Ermessen hinsichtlich der heranzuziehenden Daten zu. Das bedeutet, dass auch in den Fällen, in denen keine Daten zur Verfügung stehen, keine Kartierung erforderlich ist (BT-Drs. 20/5830, 48); es kommt dann nur ein finanzieller Ausgleich in Betracht. Den finanziellen Ausgleich hat der Betreiber unabhängig davon zu leisten, ob Minderungsmaßnahmen erfolgen. Es wird eine pauschalierte einmalige Zahlung vorgesehen, die sich an der Länge des Vorhabens orientiert. Durch die Zahlung in Artenschutzprogramme soll der Erhaltungszustand der betroffenen Arten gesichert oder verbessert werden (BT-Drs. 20/5830, 48).

I. Vorhandene Daten

20 Was mit „vorhandenen Daten" gemeint ist, wird im Gesetz nicht näher definiert. Aus der Gesetzesbegründung ergibt sich, dass Daten aus behördlichen Katastern und behördlichen Datenbanken gemeint sind (BT-Drs. 20/5830, 48). Was damit gemeint ist, wird seitens des Gesetzgebers nicht näher beschrieben. Es ist aufgrund des offenen Wortlauts und der wenig ergiebigen Gesetzesbegründung aufgrund von Sinn und Zweck nahe liegend, dass bei der Planfeststellungsbehörde bereits vorhandene, weil aus anderen Planfeststellungsverfahren bekannte Daten, umfasst sind. Denn es erscheint wenig sinnvoll in einem Verfahren bereits herangezogene Daten nicht als „vorhandene Daten" anzuwenden. Dies würde gegebenenfalls bei im gleichen Raum befindlichen Vorhaben zu unterschiedlichen Abwägungsergebnissen führen, mit Konsequenzen für Trassenverläufe etc. und damit gerade nicht zur gewollten Beschleunigung und Vereinfachung beitragen. Nicht umfasst sind demgegenüber Daten, die dem Vorhabenträger, aber nicht der Behörde vorliegen oder Daten von Dritter Seite, etwa von Umweltverbänden im Laufe des Verfahrens bereitgestellt werden (vgl. ähnlich zu Drittdaten Ruge NVwZ 2023, 1033 (1039)).

II. Geeignete und verhältnismäßige Minderungsmaßnahmen

21 Die Planfeststellungsbehörde hat auf Grundlage der vorhandenen Daten geeignete und verhältnismäßige Minderungsmaßnahmen festzulegen. Der Begriff der „Minderungsmaßnahmen" ist dem deutschen Artenschutzrecht fremd. Dieses sieht Vermeidungsmaßnahmen vor; gem. § 44 Abs. 5 S. 3 Nr. 1 HS. 2 und Nr. 3 BNatSchG.

22 Nach Erwägungsgrund 6 VO (EU) 2022/2577 sollen es verhältnismäßige Minderungsmaßnahmen oder – falls diese nicht verfügbar sind – Ausgleichsmaßnahmen ergriffen werden, um den Artenschutz sicherzustellen. Diese Formulierung legt nahe, dass eine der Eingriffsregelung vergleichbare Kaskade gilt (Vermeidung/Minderung; Ausgleich(-szahlung)). Minderungsmaßnahmen sind daher solche, die das Eintreten der Verbotstatbestände verhindern oder die Intensität der Verbotsverletzung abmildern (Eintritt des Verbotstatbestands wird so gering, wie möglich gehalten).

Geeignet ist eine Minderungsmaßnahme, wenn sie dem vorgenannten Zweck (Vermei- 23
dung/Minderung) dient. Als verhältnismäßig ist die Maßnahme anzusehen, wenn sie erforderlich und angemessen ist; wenn es also keine gleichgeeignete und für den Vorhabenträger mildere Maßnahme gibt und die Maßnahme im Übrigen verhältnismäßig ist. Als insoweit grundsätzlich immer geeignet, erforderlich und angemessen sind dementsprechend Maßnahmen, die bereits jetzt standartmäßig in allen Vorhaben angewandt werden und den allgemein anerkannten fachlichen Regeln entsprechen.

III. Finanzieller Ausgleich

Der Betreiber hat ungeachtet des Satzes 1 einen finanziellen Ausgleich für nationale Arten- 24
hilfsprogramme nach § 45d Abs. 1 BNatSchG zu zahlen, mit denen der Erhaltungszustand der betroffenen Arten gesichert oder verbessert wird. Die Zahlung ist von der zuständigen Behörde zusammen mit der Zulassungsentscheidung als einmalig zu leistender Betrag festzusetzen. Die Höhe der Zahlung beträgt 25 000 Euro je angefangenem Kilometer Trassenlänge. Sie ist von dem Betreiber als zweckgebundene Abgabe an den Bund zu leisten. Die Mittel werden vom Bundesministerium für Umwelt, Naturschutz, nukleare Sicherheit und Verbraucherschutz bewirtschaftet. Sie sind für Maßnahmen nach § 45d Abs. 1 BNatSchG zu verwenden, für die nicht bereits nach anderen Vorschriften eine rechtliche Verpflichtung besteht. Eine Ausnahme nach § 45 Abs. 7 BNatSchG ist nicht erforderlich.

Diese Ausgleichszahlung steht neben den Minderungsmaßnahmen. Aus Erwägungsgrund 25
9 VO (EU) 2022/2577 folgt, dass die Zahlungen, zur Erhaltung oder Wiederherstellung eines günstigen Erhaltungszustands der Populationen der Art beitragen müssen und für diesen Zweck ausreichende Finanzmittel und Flächen bereitgestellt werden.

E. Anwendungsdauer; Opt-In (Abs. 3)

§ 43m Abs. 3 S. 1 bestimmt den zeitlichen Anwendungsbereich. Die Regelungen sind auf 26
alle Planfeststellungs- und Plangenehmigungsverfahren anzuwenden, bei denen der Antragsteller den Antrag nach Inkrafttreten der Regelung und innerhalb des Geltungszeitraums der VO (EU) 2022/2577, also bis zum Ablauf des 30.6.2024 stellt.

Darüber hinaus sind sie nach Satz 2 auf bereits laufende Planfeststellungs- und Plangeneh- 27
migungsverfahren anzuwenden, bei denen noch keine Plangenehmigung oder kein Planfeststellungsbeschluss ergangen ist, wenn der Antragsteller dies gegenüber der zuständigen Behörde verlangt. Voraussetzung ist dabei, dass der Antrag vor dem 29.3.2023 wurde und noch keine endgültige Entscheidung ergangen ist.

Hierdurch soll gewährleistet werden, dass § 43m in fortgeschrittenen Verfahren nur dann 28
zur Anwendung kommt, wenn dies die Verfahren tatsächlich beschleunigt. Das Verlangen im Fall des S. 2 entfaltet seine Rechtswirkung mit Eingang bei der zuständigen Behörde. Es ist keine Entscheidung der zuständigen Behörde durch Verwaltungsakt über das Verlangen des Antragstellers erforderlich. Die Voraussetzung des Art. 1 Abs. 3 VO (EU) 2022/2577, wonach die Mitgliedstaaten die Bestimmungen der Verordnung nur dann auf laufende Verfahren zur Genehmigungserteilung anwenden können, wenn „bereits bestehende Rechte Dritter gewahrt werden", wurde nicht in den Regelungstext aufgenommen. Nach Art. 1 Abs. 3 VO (EU) 2022/2577 können die Mitgliedssaaten diese Verordnung auch auf laufende Verfahren zur Genehmigungserteilung anwenden, bei denen vor dem 30.12.2022 noch keine endgültige Entscheidung ergangen ist, sofern das Verfahren zur Genehmigungserteilung damit verkürzt wird und bereits bestehende Rechte Dritter gewahrt werden. Ausweislich Erwägungsgrund 7 VO (EU) 2022/2577 geht es bei der Wahrung bereits bestehender Rechte Dritter um deren durch ein begonnenes Verwaltungsverfahren hervorgerufene berechtigte Erwartungen, also um Vertrauensschutz. Konstellationen könnten etwa Wegerechte Dritter o.ä. sein, die im laufenden Verwaltungsverfahren eingeräumt wurden. Durch das Entfallen der Umwelt- und Artenschutzprüfung und der damit einhergehenden Verpflichtungen zu Minderungsmaßnahmen und/oder Ausgleichszahlungen werden solche Rechte Dritter nach Auffassung des Gesetzgebers (BT-Drs. 20/5830, 48) nicht berührt. Auf den Entfall der Beteiligungsrechte Dritter im Rahmen der Umweltverträglichkeitsprüfung verweist der Vorbehalt nach Auffassung des Gesetzgebers nicht, da diese gleichermaßen in neuen und in laufenden Verfahren entfallen (BT-Drs. 20/5830, 48). Der Gesetzgeber geht davon aus, dass der allge-

meine Vorbehalt sich auf andere Artikel der Verordnung (EU) 2022/2577 bezieht (BT-Drs. 20/5830, 48).

29 Damit der Zweck der Verfahrensbeschleunigung erreicht wird, finden die Bestimmungen des § 43m jeweils auf das gesamte Planfeststellungs- und Plangenehmigungsverfahren Anwendung ungeachtet dessen, ob es während des Geltungszeitraums der Verordnung (EU) 2022/2577 abgeschlossen wird.

F. Erstreckung auf Anzeigeverfahren (Abs. 4)

30 Bei Vorhaben nach § 43m Abs. 1 S. 1 ist auch im Sinne von § 25 Abs. 1 S. 2 Nr. 1 NABEG und § 43f Abs. 1 S. 2 Nr. 1 keine Prüfung durchzuführen, ob eine Umweltverträglichkeitsprüfung erforderlich ist. Absatz 3 ist entsprechend anzuwenden.

31 Absatz 4 stellt klar, dass bei Vorhaben im Sinne von Absatz 1 Satz 1 bei der Beurteilung der Voraussetzungen für ein Anzeigeverfahren eine Vorprüfung nach § 25 Abs. 1 S. 2 Nr. 1 NABEG und § 43f Abs. 1 S. 2 Nr. 1 nicht erforderlich ist (BT-Drs. 20/5830, 48).

§ 44 Vorarbeiten

(1) Eigentümer und sonstige Nutzungsberechtigte haben zur Vorbereitung der Planung und der Baudurchführung eines Vorhabens oder von Unterhaltungsmaßnahmen notwendige Vermessungen, Boden- und Grundwasseruntersuchungen einschließlich der vorübergehenden Anbringung von Markierungszeichen, bauvorbereitende Maßnahmen zur bodenschonenden Bauausführung, Kampfmitteluntersuchungen und archäologische Voruntersuchungen einschließlich erforderlicher Bergungsmaßnahmen sowie sonstige Vorarbeiten durch den Träger des Vorhabens oder von ihm Beauftragte zu dulden.

(2) [1]Die Absicht, solche Arbeiten auszuführen, ist dem Eigentümer oder sonstigen Nutzungsberechtigten mindestens zwei Wochen vor dem vorgesehenen Zeitpunkt unmittelbar oder durch ortsübliche Bekanntmachung in den Gemeinden, in denen die Vorarbeiten durchzuführen sind, durch den Träger des Vorhabens bekannt zu geben. [2]Auf Antrag des Trägers des Vorhabens soll die Planfeststellungsbehörde die Duldung der Vorarbeiten anordnen. [3]Eine durch Allgemeinverfügung erlassene Duldungsanordnung ist öffentlich bekannt zu geben.

(3) [1]Entstehen durch eine Maßnahme nach Absatz 1 einem Eigentümer oder sonstigen Nutzungsberechtigten unmittelbare Vermögensnachteile, so hat der Träger des Vorhabens eine angemessene Entschädigung in Geld zu leisten. [2]Kommt eine Einigung über die Geldentschädigung nicht zustande, so setzt die nach Landesrecht zuständige Behörde auf Antrag des Trägers des Vorhabens oder des Berechtigten die Entschädigung fest. [3]Vor der Entscheidung sind die Beteiligten zu hören.

(4) [1]Ein Rechtsbehelf gegen eine Duldungsanordnung nach Absatz 2 Satz 2 einschließlich damit verbundener Vollstreckungsmaßnahmen nach dem Verwaltungsvollstreckungsgesetz hat keine aufschiebende Wirkung. [2]Der Antrag auf Anordnung der aufschiebenden Wirkung des Rechtsbehelfs nach § 80 Absatz 5 Satz 1 der Verwaltungsgerichtsordnung gegen eine Duldungsanordnung kann nur innerhalb eines Monats nach der Zustellung oder Bekanntgabe der Duldungsanordnung gestellt und begründet werden. [3]Darauf ist in der Rechtsbehelfsbelehrung hinzuweisen. [4]§ 58 der Verwaltungsgerichtsordnung ist entsprechend anzuwenden.

Überblick

Absatz 1 beschreibt den Anlass und den Zweck von Vorarbeiten (→ Rn. 12), benennt die Normadressaten (→ Rn. 16) und statuiert eine Duldungspflicht von Eigentümern und Nutzungsberechtigten für grundstücksbezogene Vorarbeiten (→ Rn. 21), die beispielhaft erwähnt werden (→ Rn. 25). Die Duldungspflicht ist auf notwendige Maßnahmen begrenzt (→ Rn. 39).

Nach Absatz 2 Satz 1 trifft den Vorhabenträger eine Informationspflicht (→ Rn. 42) vor Beginn der Vorarbeiten, deren Inhalt und Umfang aus Adressatensicht zu bestimmen ist. Die Vorschrift enthält eine Zwei-Wochen-Frist (→ Rn. 43) und räumt dem Vorhabenträger die Wahl zwischen zwei Bekanntgabearten (→ Rn. 44) ein. Satz 2 enthält eine Ermächtigungsgrundlage (→ Rn. 56) für die Planfeststellungsbehörde (→ Rn. 52), auf Antrag des Vorhabenträgers (→ Rn. 50) Untersuchungsmaßnahmen gegenüber den zur Duldung Verpflichteten im Falle ihrer Weigerung anzuordnen. Neben der Handlungsform des Verwaltungsaktes kann dabei gem. Satz 3 auch eine Allgemeinverfügung (→ Rn. 60) zweckmäßig sein.

Absatz 3 Satz 1 regelt die Entschädigungspflicht des Vorhabenträgers gegenüber den von den Vorarbeiten Betroffenen für unmittelbare Vermögensnachteile (→ Rn. 64). Dabei wird eine Einigung über die Höhe der Geldentschädigung vorausgesetzt. Ist eine Einigung zwischen Vorhabenträger und Betroffenem nicht möglich, setzt die zuständige Behörde gem. Satz 2 auf Antrag die Entschädigung fest (→ Rn. 67). Satz 3 enthält den zentralen Verfahrensgrundsatz, die Beteiligten vor Erlass des Beschlusses über die Entschädigungsfestsetzung anzuhören.

Durch Absatz 4 Satz 1 wird die sofortige Vollziehbarkeit einer Duldungsanordnung einschließlich damit verbundener Vollstreckungsmaßnahmen angeordnet (→ Rn. 70). Ferner enthält Satz 2 eine Modifizierung des verwaltungsgerichtlichen Rechtsschutzes. Nach Satz 3 und 4 setzt dies eine wirksame Rechtsbehelfsbelehrung voraus.

Übersicht

	Rn.		Rn.
A. Normzweck und Bedeutung	1	7. Sonstige Vorarbeiten	38
B. Entstehungsgeschichte	5	V. Notwendigkeit der Vorarbeiten	39
C. Duldung von Vorarbeiten (Abs. 1 S. 1)	9	D. Informationspflicht des Vorhabenträgers (Abs. 2 S. 1)	42
I. Anlass und Zweck von Vorarbeiten	12	E. Durchsetzung der Duldung (Abs. 2 S. 2 und 3)	47
II. Berechtigte und Verpflichtete	16	I. Verfahren	49
III. Vorhaben	19	1. Antrag	50
IV. Gegenstand von Vorarbeiten	21	2. Zuständige Behörde	52
1. Vermessungen	26	3. Anhörung	53
2. Boden- und Grundwasseruntersuchungen	27	II. Duldungsanordnung	56
3. Anbringung von Markierungszeichen	31	1. Bestimmtheit	58
4. Bauvorbereitende Maßnahmen zur bodenschonenden Bauausführung	32	2. Nebenbestimmungen	59
		3. Handlungsform	60
5. Kampfmitteluntersuchungen	35	F. Entschädigung (Abs. 3)	61
6. Archäologische Voruntersuchungen	36	G. Rechtsschutz (Abs. 4)	65

A. Normzweck und Bedeutung

Der Planung von Vorhaben ist immanent, dass der Standort (bei Energieleitungsvorhaben die Trasse) auf seine Geeignetheit sowie dessen Umfeld auf mögliche Auswirkungen untersucht werden müssen. Dazu müssen die betroffenen Grundstücke betreten und erforderliche **Erkundungsmaßnahmen** durchgeführt werden. Soweit der Vorhabenträger – wie im Regelfall bei Energieleitungsvorhaben – nicht Grundstückseigentümer ist, bedarf er für diese vorbereitenden Aktivitäten der Zustimmung der betroffenen Eigentümer und Nutzungsberechtigten. Würde diese nicht erteilt oder verweigert werden, könnte die Planung des Vorhabens behindert werden. Daher ermöglicht § 44 wie andere Fachplanungsgesetze (§ 16a FStrG, § 17 AEG, § 7 LuftVG, § 34 KrWG, § 16 WaStrG, § 32 PBefG, § 3 MBPlG, § 209 BauGB) die Inanspruchnahme von Grundstücken, ggf. auch gegen den Willen der Betroffenen (Ruge/Hennig EnWZ 2014, 555). Der **sachliche (vorhabenbezogene) Anwendungsbereich** der Vorschrift ist, wie § 45, weitergehend als von § 44b, der auf Energieleitungsvorhaben beschränkt ist. Erfasst sind alle nach § 43 Abs. 1 und Abs. 2 planfeststellungspflichtigen und planfeststellungsfähigen Vorhaben (zu nicht planfeststellungsfähigen Vorhaben → Rn. 19), also bspw. auch standortbezogene Projekte wie die Errichtung von Energiekopplungsanlagen und Großspeicheranlagen. Über § 28j Abs. 1 und § 43l Abs. 1 findet § 44 auch auf Vorhaben zum Auf- und Ausbau von Wasserstoffnetzen Anwendung.

2   Zweck der Untersuchungen ist es insbesondere, etwaige Trassenalternativen zu finden oder die Auswirkungen des Vorhabens beurteilen zu können. § 44 dient daher vor allem der Vorbereitung eines nach § 43 erforderlichen bzw. beantragten Planfeststellungsverfahrens und einer umfassenden **Informationsgewinnung,** um die Planfeststellungsbehörde in die Lage zu versetzen, den Plan für das beantragte Vorhaben festzusetzen und dabei das „bestmöglich erarbeitete Abwägungsergebnis" (BVerwG NVwZ-RR 2003, 66 (67) zu § 16a FStrG) zu erzielen.

3   § 44 steht im engen Zusammenhang mit § 43, allerdings betrifft die Vorschrift nicht die Zulassungsebene eines Vorhabens, sondern die privatrechtliche Ebene und ist somit dem Enteignungsrecht im förmlichen Sinne zuzuordnen (Kümper UPR 2020, 468).

4   Die Vorschrift stellt eine verfassungsrechtlich unbedenkliche Inhaltsbestimmung des Eigentums iSv Art. 14 Abs. 1 S. 2 GG dar (BVerwG BeckRS 2020, 37198 Rn. 29 unter Verweis auf BeckRS 1999, 30434438 zu § 16a FStrG), da sie nicht zum Entzug konkreter Eigentumspositionen führt und keinen Güterbeschaffungsvorgang legitimiert, sondern lediglich die Nutzungsbefugnis am Grundstück einschränkt (s. zur Abgrenzung von Inhaltsbestimmung und Enteignung BVerfG NJW 2017, 217 Rn. 243). § 44 Abs. 2 S. 2 und 3 sind die **Ermächtigungsgrundlage** für die zuständige Behörde, eine Duldung von grundstücksbezogenen Untersuchungsmaßnahmen gegenüber den Betroffenen anzuordnen. Auch wenn damit ggf. faktisch ein temporärer Entzug einer Nutzungsbefugnis verbunden ist, handelt es sich insoweit nur um die generelle und abstrakte Regelung der Eigentümerbefugnisse, die im Übrigen nach § 903 S. 1 BGB Einschränkungen unterliegen. Soweit damit unmittelbare Vermögensnachteile für die Betroffenen verbunden sind, enthält § 44 Abs. 3 eine Kompensationsmöglichkeit.

B. Entstehungsgeschichte

5   Die Vorschrift wurde ursprünglich durch das Gesetz zur Umsetzung der UVP-Änderungsrichtlinie, der IVU-Richtlinie und weiterer EG-Richtlinien zum Umweltschutz vom 27.7.2001 (BGBl. I 1950 (2018)) in das EnWG 1998 als § 11b eingefügt und lehnte sich dabei u.a. an ähnliche Vorschriften im Fernstraßen- und Eisenbahnrecht an (§ 16a FStrG, § 17 AEG). Wesentlich für die Einführung der Vorschrift war aus Sicht des Gesetzgebers die Notwendigkeit von Vorarbeiten zur Trassenfindung und die mit der Regelung verbundene Entbehrlichkeit von Verfahren nach dem Landesenteignungsrecht, das bis dahin zur Ermöglichung von Vorarbeiten für Leitungsbauvorhaben genutzt werden musste (BT-Drs. 14/5750, 139). Der Anwendungsbereich war zunächst ausdrücklich auf die Duldung von Vorarbeiten zur **Vorbereitung der Planung** beschränkt.

6   Im Zuge des Zweiten Gesetzes zur Neuregelung des Energiewirtschaftsrechts vom 7.7.2005 (BGBl. I 1970) wurde § 11b EnWG 1998 nahezu unverändert in § 44 EnWG 2005 übernommen. Wesentlich war die Einfügung von § 44 Abs. 1 S. 2 auf Anregung des Bundesrates (BT-Drs. 15/3917, 91). Es wurde ein Durchsetzungsdefizit bei der Duldung von Vorarbeiten erkannt. Im Gegensatz zu Vorhaben nach dem Fernstraßen- und Eisenbahnrecht werden energierechtliche Vorhaben durch private Vorhabenträger ohne hoheitliche Befugnisse realisiert. Sie haben daher nicht die Möglichkeit wie eine Behörde, eine Duldungsanordnung zu erlassen. Im Ergebnis musste das Betretungsrecht bis zur Gesetzesänderung daher rein zivilrechtlich durchgesetzt werden, wohingegen der gleiche Anspruch bei Leitungen, die nicht dem Planfeststellungs- oder -genehmigungsverfahren unterliegen, aufgrund der landesrechtlichen Regelung des Enteignungsverfahrens durch behördliche Duldungsanordnung durchsetzbar war. Diese ungleiche Regelung war sachlich nicht begründet. Aus Gründen der Rechtsvereinheitlichung wurde daher die Möglichkeit einer behördlichen **Duldungsanordnung** aufgenommen (BT-Drs. 15/3917, 91).

7   Durch das Infrastrukturvorhabenbeschleunigungsgesetz vom 9.12.2006 (BGBl. I 833) wurde der Anwendungsbereich von § 44 wie auch von § 16a FStrG und § 17 AEG dahingehend erweitert, dass Vorarbeiten nicht nur zur Vorbereitung der Planung, sondern auch zur **Vorbereitung der Baudurchführung** zulässig sind. Anlass war ein Beschluss des BVerwG vom 7.8.2002, nach dem ein Rückgriff auf die Vorschriften zu Vorarbeiten nach Erlass des

Planfeststellungsbeschlusses nicht mehr möglich sei (BVerwG NVwZ 2003, 66 (67)). Der Gesetzgeber sah daher mögliche Probleme für Vorarbeiten im Zusammenhang mit der Ausführungsplanung bei nicht vollziehbaren Planfeststellungsbeschlüssen (BT-Drs. 16/54, 30).

Durch das Gesetz zur Beschleunigung des Energieleitungsausbaus vom 13.5.2019 (BGBl. I 706) wurde in Absatz 1 ergänzend aufgenommen, dass bauvorbereitende Maßnahmen zur bodenschonenden Bauausführung, Kampfmitteluntersuchungen und archäologische Voruntersuchungen als Vorarbeiten erfasst sind. Diese Maßnahmen und Untersuchungen sind insbesondere bei der Verlegung von Erdkabeln und Gasleitungen relevant. Die Gesetzesbegründung scheint auf eine **Ausdehnung des sachlichen (tätigkeitsbezogenen) Anwendungsbereichs** der Vorschrift von bauvorbereitenden zu bestimmten bauausführenden Maßnahmen hinzudeuten. So wird darauf verwiesen, dass in der Praxis ein Planfeststellungsbeschluss oftmals in Zeiten ergeht, in denen bestimmte Maßnahmen rechtlich unzulässig sind oder zumindest eine bodenschonende Ausführung nicht gewährleistet werden kann. Mit der „klarstellenden" Regelung solle daher sichergestellt werden, dass entsprechende Arbeiten bereits durchgeführt werden können, bevor der Planfeststellungsbeschluss ergeht (BT-Drs. 19/9027, 16). Die schon bisher nicht einfache Abgrenzung zwischen Bauvorbereitung und Bauausführung wird damit nicht einfacher (→ Rn. 24). Im Übrigen wurde für notwendige Maßnahmen zur Bauausführung vor Erlass des Planfeststellungsbeschlusses die Vorschrift des § 44c geschaffen. Nach Erlass des Planfeststellungsbeschlusses kann die Inanspruchnahme von Grundstücken für bauausführende Maßnahmen auf Grundlage von § 44b erfolgen. Ein Besitzeinweisungsverfahren kann dabei auch schon vor Erlass des Planfeststellungsbeschlusses eingeleitet werden, § 44b Abs. 1a. 8

Nachdem bereits durch das Gesetz zur Beschleunigung des Einsatzes verflüssigten Erdgases (LNG-Beschleunigungsgesetz – LNGG) vom 24.5.2022 (BGBl. I 802) der Anwendungsbereich der Vorschrift auf Vorarbeiten ausgedehnt wurde, die über einen reinen Untersuchungscharakter hinausgehen (Kampfmittelräumungen, archäologische Bergungen) wird dies durch das Gesetz zur Änderung des Energiewirtschaftsrechts im Zusammenhang mit dem Klimaschutz-Sofortprogramm und zu Anpassungen im Recht der Endkundenbelieferung vom 19.7.2022 (BGBl. I 1214 (1223)) nunmehr auch im Normtext verankert. Danach schließen Kampfmitteluntersuchungen und archäologische Voruntersuchungen auch erforderliche Bergungsmaßnahmen ein. Nach Ansicht des Gesetzgebers habe sich gezeigt, dass die fehlende Kooperationsbereitschaft von Eigentümern und sonstigen Nutzungsberechtigten zur Duldung von notwendigen Vorarbeiten zu einem erheblichen Aufwand bei den Behörden im Zusammenhang mit Duldungsverfügungen zur Durchsetzung von Maßnahmen geführt habe und letztlich die zügige Umsetzung von Vorhaben verzögern könne (BR-Drs. 164/22, 63; BT-Drs. 20/1599, 61). 8a

C. Duldung von Vorarbeiten (Abs. 1 S. 1)

Anlass für Vorarbeiten sind die Vorbereitung der Planung (→ Rn. 12) und der Bauausführung (→ Rn. 14) eines Vorhabens iSv § 43 Abs. 1, 2 und 43l Abs. 2, 3 oder von Unterhaltungsmaßnahmen (→ Rn. 15). Die Vorschrift des Absatzes 1 Satz 1 gewährt einen gesetzlichen zivilrechtlichen **Duldungsanspruch des Vorhabenträgers** gegen Grundstückseigentümer und Nutzungsberechtigte (Säcker EnergieR/Pielow § 44 Rn. 11; Rosin/Pohlmann/Gentzsch/Metzenthin/Böwing/Engel § 44 Rn. 26; Buschbaum/Reidt UPR 2020, 292 (293)). Davon unberührt bleibt die Verpflichtung des Vorhabenträgers, eventuell erforderliche Genehmigungen zur Durchführung der Vorarbeiten einzuholen (zB nach dem Wasserrecht → Rn. 30 oder Denkmalrecht → Rn. 37). Allerdings ist deren Vorliegen nicht Voraussetzung für den Erlass einer Duldungsanordnung (BVerwG BeckRS 2020, 37198 Rn. 29). 9

Die Vorbereitung der Planung und der Bauausführung ist dabei von der Ausführung des Vorhabens abzugrenzen. Denn Maßnahmen, die bereits Teil der Ausführung des Vorhabens sind, sind keine Vorarbeiten iSd Vorschrift (BVerwG EnWZ 2012, 91). Der **zeitliche Anwendungsbereich** der Vorschrift erstreckt sich auf den Zeitraum vom Beginn der Vorhabenplanung vor Antragstellung (BVerwG BeckRS 2021, 39913 Rn. 17; EnWZ 2020, 181 Rn. 15) über das Planfeststellungs- bzw. Plangenehmigungsverfahren bis nach dem Erlass der Zulassungsentscheidung, sofern Vollzugshindernisse bestehen (Britz/Hellermann/Hermes/ 10

Hermes, 3. Aufl., § 44 Rn. 10 ff.; Kment EnWG/Turiaux § 44 Rn. 12; Theobald/Kühling/Missling § 44 Rn. 14 f.).

11 Vorarbeiten auf Grundlage der Vorschrift sind daher im Rahmen der Grundlagenermittlung, Vorplanung, Entwurfsplanung, Genehmigungsplanung, Ausführungsplanung bis zur Vorbereitung der Vergabe von Bauleistungen möglich. Die beispielhafte Aufzählung von typischen Vorarbeiten ist nicht abschließend (Kment EnWG/Turiaux § 44 Rn. 10; Theobald/Kühling/Missling § 44 Rn. 8). Diese sind durch **vorübergehende Eingriffe mit geringer Intensität** geprägt (BT-Drs. 16/54, 27; BVerwG EnWZ 2020, 181 Rn. 17; NVwZ 2018, 268 Rn. 14; Buschbaum/Reidt UPR 2020, 292). Der Zweck von Vorarbeiten liegt in erster Linie in der **Beseitigung eines Informationsdefizits** des Vorhabenträgers für seine Planung oder Bauausführung bzw. in der Beschaffung des erforderlichen Abwägungsmaterials für die behördliche Entscheidung (BVerwG NVwZ-RR 2003, 66 (67)). Wenn dieser Zweck nicht überwiegt und die Eingriffsintensität die Geringfügigkeit überschreitet (zB bei umfangreichen Bohrungen und Bohrpfählen, die dauerhaft im Erdreich verbleiben sollen), sind die Vorarbeiten von § 44 nicht gedeckt (BVerwG NVwZ 2018, 268 Rn. 15 zu § 16a FStrG).

I. Anlass und Zweck von Vorarbeiten

12 Bevor Planunterlagen erstellt werden können, sind die Planungsrandbedingungen zu ermitteln. Zentral ist dabei die Standort- bzw. Trassenfindung. Neben der Geeignetheit der Grundstücke bspw. für die Errichtung und den Betrieb einer Energieanlage sind die Auswirkungen des Vorhabens auf Schutzgüter der Allgemeinheit und betroffener Dritter zu untersuchen. Vorarbeiten zur **Vorbereitung der Planung** dienen daher der Erstellung der Genehmigungsunterlagen.

13 Nach Einreichung der Genehmigungsunterlagen können sich durch die Stellungnahmen der Träger öffentlicher Belange oder betroffener Personen Anhaltspunkte für Sachverhaltsermittlungen ergeben, die weitere Vorarbeiten notwendig machen können. Auch diese sind vom Begriff der Planungsvorbereitung umfasst (BVerwG NVwZ-RR 2003, 66 (67); NVwZ 1994, 483).

14 Nach der Fassung, die § 44 durch das Infrastrukturbeschleunigungsgesetz erhalten hat, sind schließlich auch Vorarbeiten zur **Vorbereitung der Baudurchführung** möglich. Diese dienen der Ausführungsplanung oder der Erstellung der Ausschreibungsunterlagen (BVerwG BeckRS 2014, 57557 Rn. 5). Bestandteil der Vertragsunterlagen zwischen Vorhabenträger und seinen Auftragnehmern sind in der Regel Angaben zu den Baugrundverhältnissen, welche diese bei der Kalkulation ihrer Angebote berücksichtigen. Aus Gründen der Beschleunigung erfolgt die Ausführungsplanung und die Vorbereitung der Vergabe in der Regel bereits während des Genehmigungsverfahrens. Daher kann sich hierfür die Notwendigkeit zu Vorarbeiten ergeben. Umfasst sind auch Vorarbeiten nach Erlass des Planfeststellungsbeschlusses, wenn diesem Vollzugshindernisse entgegenstehen (BVerwG NVwZ 2012, 571 Rn. 11; Ruge/Hennig EnWZ 2014, 555).

15 Anlass und Zweck von Vorarbeiten kann auch die Vorbereitung von (künftigen) **Unterhaltungsmaßnahmen** sein, wobei der Anwendungsbereich in der Praxis – zumindest für Energieleitungsvorhaben – gering sein dürfte (so auch Säcker EnergieR/Pielow § 44 Rn. 4; Britz/Hellermann/Hermes/Hermes, 3. Aufl., § 44 Rn. 35). Unterhaltungsmaßnahmen zielen auf den Betrieb einer Energieanlage ab. Nach ihrer Errichtung ermöglichen Leitungs- und Wegerechte die Durchführung von Unterhaltungsmaßnahmen und schließen somit auch deren Vorbereitung ein. Keinesfalls können Unterhaltungsmaßnahmen auf Grundlage von § 44 durchgeführt werden, wenn Leitungs- und Wegerechte fehlen (Rosin/Pohlmann/Gentzsch/Metzenthin/Böwing/Engel § 44 Rn. 18; aA wohl Büdenbender § 11b Rn. 12), es sei denn, sie sollen in einem Planfeststellungs- bzw. Plangenehmigungsverfahren mitgenehmigt werden. Als Anwendungsbeispiel wird die Planung von Hilfseinrichtungen (zB Werkzeug- oder Materiallager, Revisionsschächte) für die spätere Unterhaltung der Energieanlage genannt (Kment EnWG/Turiaux § 44 Rn. 11; Theobald/Kühling/Missling § 44 Rn. 11; Rosin/Pohlmann/Gentzsch/Metzenthin/Böwing/Engel § 44 Rn. 18).

II. Berechtigte und Verpflichtete

Die Duldungspflicht berechtigt den **Vorhabenträger** und von ihm **Beauftragte** (zB Vermesser, Gutachter, Ingenieurbüros, Bohrunternehmen) zur Durchführung von Vorarbeiten. 16

Zur Duldung verpflichtet sind **Eigentümer** von Grundstücken, unabhängig von deren Rechtsträgerschaft, dh auch die öffentliche Hand ist duldungspflichtig (Ruge/Hennig EnWZ 2014, 555 (556)). Dabei wird es sich in erster Linie um von geplanten Trassenvarianten betroffene Eigentümer handeln. Aber auch auf benachbarten Grundstücken können Vorarbeiten durchgeführt werden, wenn sie notwendig sind (→ Rn. 23, → Rn. 39). 17

Der Duldungspflicht unterliegen auch sonstige **Nutzungsberechtigte,** und zwar Inhaber von dinglichen Rechten (wie zB Erbbauberechtigte, Dienstbarkeitsberechtigte, Nießbraucher), aber auch Inhaber von schuldrechtlichen Nutzungsrechten (wie zB Mieter, Pächter). 18

III. Vorhaben

Wegen der systematischen Stellung von § 44 in Teil 5 des EnWG wird überwiegend davon ausgegangen, dass die Vorschrift nur auf die in § 43 Abs. 1 und 2 erwähnten planfeststellungspflichtigen und -fähigen Vorhaben Anwendung findet (Säcker EnergieR/Pielow § 44 Rn. 3; Rosin/Pohlmann/Gentzsch/Metzenthin/Böwing/Engel § 44 Rn. 10; Kment EnWG/Turiaux § 44 Rn. 4; Theobald/Kühling/Missling § 44 Rn. 6). Dies hätte zur Konsequenz, dass Vorarbeiten für nicht planfeststellungspflichtige oder -fähige Vorhaben (zB Kraftwerksanschlussleitungen, Biogasnetzanschlüsse, welche die Kriterien von § 43 Abs. 1 oder 2 nicht erfüllen) nicht auf Grundlage von § 44 durchgeführt werden können. Da nicht in allen Bundesländern ein Rückgriff auf Regelungen zur Duldung von Vorarbeiten in den Landesenteignungsgesetzen möglich ist, wird mit guten Argumenten dafür plädiert, den Anwendungsbereich von § 44 auch auf **nicht-planfeststellungsfähige Energieleitungsvorhaben** auszudehnen (Ruge/Hennig EnWZ 2014, 556 (558 f.)). 19

Wenn die Vorarbeiten einem dem NABEG unterfallenden Vorhaben dienen, ist § 44 gem. § 18 Abs. 5 NABEG anwendbar (BVerwG EnWZ 2020, 181 Rn. 13 ff.; Buschbaum/Reidt UPR 2020, 292 (293)). 20

IV. Gegenstand von Vorarbeiten

Die Vorschrift beschränkt Vorarbeiten nicht explizit auf **Grundstücke,** jedoch entspricht es der allgemeinen Meinung, dass aus verfassungsrechtlichen Gründen (Art. 13 Abs. 1 und 7 GG) der Zugang zu einer Wohnung – auch wenn nur darüber die Grundstücksbenutzung möglich ist – nicht von § 44 umfasst ist (Kment EnWG/Turiaux § 44 Rn. 6; Rosin/Pohlmann/Gentzsch/Metzenthin/Böwing/Engel § 44 Rn. 9). Allerdings soll dies nicht für Betriebsstätten und Geschäftsräume gelten, da diese nicht dem Wohnungsbegriff des Art. 13 GG unterfallen (Ruge/Hennig EnWZ 2014, 555 (556) mwN; aA Säcker EnergieR/Pielow § 44 Rn. 10 mwN). 21

Kennzeichnend für Vorarbeiten ist, dass Grundstücke **betreten** und untersucht werden müssen. Die dadurch verursachten Beeinträchtigungen sind nur vorübergehend und in der Regel mit geringfügigen Bodeneingriffen (→ Rn. 22.1) verbunden. Dies schließt das damit verbundene **Befahren** der Grundstücke mit Kraftfahrzeugen und die kurzfristige **Lagerung** von Geräten und Arbeitsmaterial auf Grundstücken mit ein (Kment EnWG/Turiaux § 44 Rn. 10). 22

Beispiele für geringfügige Bodeneingriffe sind: Vermessungen und Bodenuntersuchungen an max. fünf Tagen bei einer Arbeitsfläche von 4 m² (BVerwG BeckRS 2002, 23905); Niederbringen einer Kernbohrung von mind. 300 mm Durchmesser bis zu einer Tiefe von ca. 25 m zwecks Einrichtung einer Grundwassermessstelle (BVerwG BeckRS 2020, 37198 Rn. 3); Niederbringen einer Bohrung mit einem Durchmesser von 18 cm und einer Tiefe von max. 10 m, wobei dies max. eineinhalb Tage in Anspruch nimmt (BVerwG BeckRS 2007, 22753); Bodensondierung mit einem Bohrgerät zur Bestimmung der Lagerungsdichtigkeit des Bodens, um Größe und Art von Mastfundamenten zu bestimmen, wobei die Maßnahme weniger als einen Tag dauert (BVerwG BeckRS 2012, 58385); Bodensondierung zum Aufspüren etwaiger unterirdischer Leitungen und Fremdkörper sowie Baugrunduntersuchungen zur Erkundung der Lagerungsdichte des Bodens, um Größe und Art von Mastfundamenten zu bestim- 22.1

men (BVerwG BeckRS 2014, 50428); 14 Bohrungen mittels einer Drucksondierung und Anlage einer Grundwassermessstelle auf dem Grundstück, wobei die Maßnahmen ca. zehn Arbeitstage dauern (BVerwG BeckRS 2014, 57557); Einrichtung von Probeflächen und Anbringung von Fangzäunen zur Erfassung von Tier- und Pflanzenarten (NdsOVG NVwZ-RR 2010, 793); Einrichtung von Grundwassermessstellen für ein Jahr (VGH BW NVwZ-RR 1994, 625). Eine geringe Eingriffsintensität liegt hingegen **nicht** mehr vor, wenn Bohrpfähle mit einer Länge von 45 m und einem Durchmesser von bis zu 1,50 m in Betonbauweise hergestellt werden und die Pfähle dauerhaft im Erdboden verbleiben sollen (BVerwG NVwZ 2018, 269 (270)).

23   Zur Erkundung der Auswirkungen auf das Gebiet, in dem die Trasse verlaufen soll, dürfen Vorarbeiten auch auf unmittelbar und mittelbar benachbarten Grundstücken durchgeführt werden und bei denen sich später ggf. herausstellt, dass sie für das Vorhaben nicht gebraucht werden (Kromer in Müller/Schulz, Bundesfernstraßengesetz, 2. Aufl. 2013, FStrG § 16a Rn. 7). Voraussetzung ist aber, dass die Untersuchung notwendig ist. Das ist der Fall, wenn ein Informationsdefizit beseitigt werden soll (→ Rn. 24).

24   Die Abgrenzung von nach § 44 zulässigen Vorarbeiten von Maßnahmen des vorzeitigen Baubeginns nach § 44c ist nach den jüngsten gesetzlichen Änderungen der Vorschrift (→ Rn. 8, → Rn. 8a) herausfordernder geworden. Nach § 8 Abs. 1 Nr. 2 LNGG und der Tatbestandserweiterung von § 44 Abs. 1 schließen nunmehr Kampfmitteluntersuchungen und archäologische Voruntersuchungen auch erforderliche Bergungsmaßnahmen ein. Wortlaut („einschließlich") und Normzweck der Vorschrift (Ermöglichung der Informationsgewinnung für die Planung und die Ausführung des Vorhabens → Rn. 2) legen jedoch nahe, dass es auch weiterhin maßgeblich auf den **Untersuchungscharakter** der Maßnahmen ankommt. So muss bspw. zwischen Untersuchung des Bodens auf Kampfmittel und deren Bergung grundsätzlich ein sachlicher oder zeitlicher Zusammenhang bestehen. Fehlt der Untersuchungscharakter oder liegt der Schwerpunkt der Maßnahmen auf dem Beginn der Bauausführung (zB Einrichten der Baustelle und Lagern von Baugerät und Baumaterial, Rodungen, Grundwasserabsenkungen, Ausheben von Baugruben oder Rohrgräben), handelt es nicht mehr um Vorarbeiten iSv § 44 EnWG (Füßer/Gresse UPR 2021, 290 (294); Kümper UPR 2020, 468; Ruge/Hennig EnWZ 2014, 555 (556f.)).

25   Die Vorschrift enthält Regelbeispiele für zulässige Vorarbeiten und einen Auffangtatbestand (Kümper UPR 2020, 468; Kment EnWG/Turiaux § 44 Rn. 10), die nachfolgend erläutert werden.

1. Vermessungen

26   Vermessungen dienen dazu, das amtliche Festpunktfeld durch eigene, trassennahe Festpunkte zu verdichten. Dabei werden auch die **Topografie** der erkundeten Trassenführung nach Lage und Höhe sowie davon betroffene Objekte (zB unter- und oberirdische Bauwerke, Infrastruktureinrichtungen, Fremdleitungen, Gewässer, Bewuchs, Böschungen) aufgenommen, wobei die Erfassung über den Arbeitsstreifen hinausgeht (s. bspw. Ziff. 5.1 DVGW-Merkblatt GW 121 „Leistungsbilder für Vermessungsarbeiten"). Für Vermessungen müssen Grundstücke betreten und befahren sowie ggf. Gerätschaften aufgestellt werden. Die Vermessung ist letztlich erforderlich, um die betroffenen Grundstücke und den Kreis betroffener Eigentümer oder sonst Berechtigte zu ermitteln (BT-Drs. 14/5750, 139).

2. Boden- und Grundwasseruntersuchungen

27   Boden- und Grundwasseruntersuchungen dienen in erster Linie der Erkundung und **Beurteilung der Baugrundverhältnisse** im Trassenbereich und dem Nachweis der Geeignetheit des Baugrundes zur Verlegung von Erdkabeln und unterirdischen Leitungen bzw. zur Errichtung von Bauwerken (zB Tragfähigkeit des Bodens für Mastfundamente, BVerwG BeckRS 2021, 39913 Rn. 19, 22). Die Kenntnis über geologisch instabile Verhältnisse (Verwerfungen, Risse, Senkungsgefährdung), weiche und wassergesättigte Böden, Überschwemmungsgebiete, aggressive Böden, felsige und harte Böden, Bergbaugebiete, eventuelle Kontaminationen ist wesentlich für die Trassenplanung, aber auch für Art und Umfang der Baumaßnahmen. Sind Umgehungen identifizierter problematischer Gebiete nicht möglich, sind ggf. besondere Werkstoffe für die Energieleitung oder Schutzmaßnahmen (zB Auftriebs-

sicherung) erforderlich und es ergeben sich weitere Anforderungen für deren späteren Betrieb.

Baugrunduntersuchungen erfolgen bspw. durch Drucksondierung (BVerwG BeckRS 2021, 39913 Rn. 19), Bohrlochrammsondierung, Rammsondierung, Flügelscherversuch oder Bohrlochaufweitungsversuch (s. DIN 4094 „Baugrund – Felduntersuchungen"). 28

Zur Durchführung von Boden- und Grundwasseruntersuchungen müssen betroffene Grundstücke betreten und Geräte aufgestellt werden, mit denen – in Durchmesser und Tiefe – geringfügige Bodeneingriffe erfolgen (zB Bohrung, Probeentnahme, Einbau von Grundwassermessstellen). 29

Die Durchführung von Boden- und Grundwasseruntersuchungen kann ggf. **erlaubnispflichtig** sein (Britz/Hellermann/Hermes/Hermes, 3. Aufl., § 44 Rn. 8; Ziekow FachplanungsR-HdB § 12 Rn. 17). 30

3. Anbringung von Markierungszeichen

Die Anbringung von Markierungszeichen zur **Absteckung der Trasse,** von Maststandorten und Stationen ist in der Regel Bestandteil der Vermessung (s. bspw. Ziff. 5.3 DVGW-Merkblatt GW 121 „Leistungsbilder für Vermessungsarbeiten") und klarstellend wohl deshalb ausdrücklich erwähnt, weil die Markierungszeichen über einen längeren Zeitraum auf den betroffenen Grundstücken stehen und von den Betroffenen als störend oder behindernd wahrgenommen werden. 31

4. Bauvorbereitende Maßnahmen zur bodenschonenden Bauausführung

Bauvorbereitende Maßnahmen zur bodenschonenden Bauausführung sind **schutzgutbezogen.** Sie gehören zur sog. ökologischen Baubegleitung, die mit der Erstellung des Bodenschutzkonzepts (→ Rn. 32.1) in der Genehmigungsplanung beginnt. 32

Das Bodenschutzkonzept dient der Beurteilung der vom Vorhaben betroffenen Empfindlichkeit und Qualität des Bodens. Auf dieser Grundlage erfolgt die Festlegung von vorhabenspezifischen Schutzmaßnahmen. 32.1

In der Regel genügen Bodenkarten zur Erfassung und Bewertung von Böden und zur Ableitung von geeigneten Schutzmaßnahmen. Für diese Bodenkartierung kann das Betreten der Grundstücke und ggf. Schürfungen oder Bohrungen zur Erhebung von Bodeneigenschaften erforderlich sein. 33

Die Zielrichtung dieser Vorarbeiten unterscheidet sich von den Baugrunduntersuchungen, deren Zweck in der Ermittlung der Geeignetheit des Baugrundes für das Vorhaben liegt. In Abgrenzung zur Baudurchführung sind die Anlegung von temporären Baustraßen, Drainagemaßnahmen und landwirtschaftliche Maßnahmen zur Verbesserung der Tragfähigkeit des Bodens keine bauvorbereitenden Maßnahmen mehr. Diese können ggf. auf Grundlage von § 44c durchgeführt werden. 34

5. Kampfmitteluntersuchungen

Die Untersuchung der für das Vorhaben in Betracht kommenden Grundstücke auf Kampfmittel (→ Rn. 35.1) dient der Vorbereitung der Baudurchführung. Den Vorhabenträger trifft insoweit eine Mitwirkungs- bzw. Aufklärungspflicht gegenüber seinen Auftragnehmern, da ein Baubeginn aus arbeitsschutzrechtlichen Gründen erst nach Bestätigung der Kampfmittelfreiheit erfolgen darf (s. Ziff. 0.1.18 ATV DIN 18299). Gemäß den „Baufachlichen Richtlinien Kampfmittelräumung" des Bundesministeriums für Umwelt, Naturschutz, Bau und Reaktorsicherheit, die für Liegenschaften des Bundes gelten, umfasst die Kampfmitteluntersuchung die **historisch-genetische Erkundung** (u.a. Recherche in Archiven, Luftbildauswertung, Geländebegehung, ggf. Zeitzeugenbefragung) und die **technische Erkundung** (zB durch geophysikalische Verfahren) der möglichen bzw. festgestellten Kampfmittelbelastung einschließlich Gefährdungsabschätzung. Auch diese Vorarbeiten sind somit durch das Betreten der Grundstücke und allenfalls geringfügige Bodeneingriffe gekennzeichnet. Davon zu unterscheiden ist die eigentliche Kampfmittelräumung bzw. -beseitigung, die auf der Grundlage des jeweiligen Landesgefahrenabwehrrechts behördlich veranlasst wird. Nachdem 35 bereits durch das befristet bis zum 30.6.2025 geltende Gesetz zur Beschleunigung des Einsatzes verflüssigten Erdgases (LNG-Beschleunigungsgesetz – LNGG) vom 24.5.2022 (BGBl. I 802) der Anwendungsbereich von § 44 für die in § 3 LNGG iVm der Anlage genannten Vorhaben auf **Kampfmittelräumungen** ausgedehnt wurde, können nach der Erweiterung des Tatbestandes von Absatz 1 (→ Rn. 8a) nunmehr auch erforderliche Bergungen im Ergebnis von Kampfmitteluntersuchungen mit durchgeführt werden. Daneben können diese auch als vorbereitende Maßnahmen des Vorhabenträgers auf Grundlage von § 44c durchgeführt werden (Kümper UPR 2020, 468; Rappen/Triebels UPR 2020, 6 (7); Schlacke/Römling DVBl 2019, 1429 (1432)).

35.1 **Kampfmittel** sind gewahrsamslos gewordene Gegenstände militärischer Herkunft und Teile solcher Gegenstände, die explosionsgefährliche Stoffe oder Rückstände solcher Stoffe sowie Kampf-, Nebel-, Brand- und Reizstoffe bzw. Rückstände oder Zerfallsprodukte dieser Stoffe enthalten oder daraus bestehen (s. die Legaldefinitionen in den einschlägigen Landeskampfmittelverordnungen). Diese können eine Gefahr während der Bauausführung darstellen. Daher sind Kampfmitteluntersuchungen bereits im Zuge der Genehmigungsplanung des Vorhabenträgers sinnvoll, jedenfalls aber bei der Ausführungsplanung notwendig (s. Merkblatt „Kampfmittelfrei Bauen", www.kampfmittelportal.de).

6. Archäologische Voruntersuchungen

36 Archäologische Voruntersuchungen sind dadurch gekennzeichnet, dass keine oder nur sehr geringfügige Bodeneingriffe erfolgen. Darunter sind bspw. **Feldbegehungen zur Dokumentation** obertägig sichtbarer Strukturen und Funde, Metalldetektor-Untersuchungen, Sondagegrabungen sowie Luftbild- und geophysikalische Prospektionen zu verstehen.

37 Auch archäologische Voruntersuchungen können bereits nach den einschlägigen Landesdenkmalschutzgesetzen **erlaubnispflichtig** sein. Sie sind zu unterscheiden von archäologischen Grabungen, die mit erheblichen Bodeneingriffen und zeitlicher Dauer verbunden sein können (zu den Einzelheiten wird auf die Richtlinien der Landesämter für Denkmalpflege verwiesen), und daher keine Vorarbeiten iSv § 44 mehr sind. Diese können ggf. auf Grundlage von § 44c durchgeführt werden (Kümper UPR 2020, 468; Rappen/Triebels UPR 2020, 6 (7); Schlacke/Römling DVBl 2019, 1429 (1432)). Nachdem bereits durch das befristet bis zum 30.6.2025 geltende Gesetz zur Beschleunigung des Einsatzes verflüssigten Erdgases (LNG-Beschleunigungsgesetz – LNGG) vom 24.5.2022 (BGBl. I 802) der Anwendungsbereich von § 44 für die in § 3 LNGG iVm der Anlage genannten Vorhaben auf archäologische Untersuchungen und **Bergungen** ausgedehnt wurde, können nach der Erweiterung des Tatbestandes von Absatz 1 (→ Rn. 8a) nunmehr auch erforderliche Bergungen im Ergebnis von archäologischen Voruntersuchungen mit durchgeführt werden.

7. Sonstige Vorarbeiten

38 Der **unbestimmte Rechtsbegriff** „sonstige Vorarbeiten" bringt zum Ausdruck, dass neben den Regelbeispielen, die typische Maßnahmen der Grundlagenermittlung, Vorplanung, Genehmigungs- und Ausführungsplanung sind, auch alle weiteren Maßnahmen für die Ermittlung des Abwägungsergebnisses erfasst sind. Dazu gehören insbesondere Maßnahmen zur Beurteilung der Umweltrelevanz (zB Erfassung von Tier- und Pflanzenarten sowie Biotopkartierungen (NdsOVG NVwZ-RR 2010, 793)).

V. Notwendigkeit der Vorarbeiten

39 Begrenzt wird die Duldungspflicht durch das Kriterium der Notwendigkeit (Kümper UPR 2020, 468). Notwendig (→ Rn. 39.1) sind Maßnahmen, wenn Informationen zum Planungsgebiet gewonnen oder verifiziert werden sollen. Dabei ist der **Grundsatz der Verhältnismäßigkeit** zu beachten (BVerwG BeckRS 2021, 39913 Rn. 20 ff.; BeckRS 2020, 37198 Rn. 22 ff.; Füßer/Gresse UPR 2021, 290 ff.), der allerdings nicht so weit reicht, dass inzident die Bundesfachplanungsentscheidung oder die energiewirtschaftliche Erforderlichkeit des Vorhabens, deren Prüfung im Planfeststellungsverfahren erfolgt, zu überprüfen wäre (BVerwG BeckRS 2020, 37198 Rn. 26 f.). Einwendungen gegen die Planung sind für die Rechtmäßigkeit der Vorarbeiten unerheblich (Füßer/Gresse UPR 2021, 290 (291)), andern-

Vorarbeiten § 44 EnWG

falls liefe dies auf eine unzulässige, vorbeugende Unterlassungsklage hinaus (BVerwG BeckRS BeckRS 2021, 39913 Rn. 24; 2020, 37198 Rn. 26).

Maßgeblich für die Notwendigkeit der Vorarbeiten ist der Zeitpunkt, zu dem das Grundstück 39.1 beansprucht wird. Je stärker die Maßnahmen in das Eigentum oder ein anderes Recht eingreifen, umso höher sind die Anforderungen an die Darlegung der Gründe (BVerwG BeckRS 2021, 39913 Rn. 21; NJW-RR 2003, 66 (67)).

Wird das Grundstück später nicht in Anspruch genommen, weil eine andere Trasse gewählt 40 wird, macht dies die Vorarbeiten nicht nachträglich rechtswidrig bzw. kann die Notwendigkeit nicht deshalb verneint werden, weil das Vorhaben – aufgrund der Vorarbeiten oder anderer Umstände – später nicht durchgeführt wird (BayVGH BeckRS 2019, 17777 Rn. 15).

Von notwendigen Vorarbeiten kann dann nicht mehr gesprochen werden, wenn die Geeig- 41 netheit oder Ungeeignetheit des betreffenden Geländes bereits aufgrund der vorhandenen Unterlagen und Erkenntnisse zuverlässig beurteilt werden kann (VGH BW NVwZ-RR 1994, 625 (626)).

D. Informationspflicht des Vorhabenträgers (Abs. 2 S. 1)

Vor Durchführung der Vorarbeiten muss der Vorhabenträger die Betroffenen informieren, 42 damit diese sich auf die Vorarbeiten einstellen und ggf. auf verträgliche Belastungen hinwirken können. Die Erfüllung der Informationspflicht ist **Tatbestandsvoraussetzung** für die Duldungspflicht der Betroffenen (Buschbaum/Reidt UPR 2020, 292 (293); Ruge/Hennig EnWZ 2014, 555 (557) mwN). Die Information muss dem **Bestimmtheitsgebot** genügen, dh die Duldungspflichtigen müssen mit den enthaltenen Angaben zu Ort, Zeit und Gegenstand der Vorarbeiten in die Lage versetzt werden, ihre Betroffenheit und deren Intensität zu erkennen, um sich hierauf, etwa durch Schadenvorkehrungen oder Beweissicherungen, einstellen zu können. Das setzt u.a. die konkrete Benennung der betroffenen Grundstücke (in der Regel Grundbuch- bzw. Katasterbezeichnungen) voraus. Sofern eine Übersichtskarte beigefügt ist, muss der Maßstab eine grundstücksgenaue Lagebestimmung einer linienförmig eingezeichneten Trasse zulassen (BVerwG 6.5.2008 – 9 A 6/08 Rn. 4, 5). Orientierung für Form, Inhalt und Umfang der Information des Vorhabenträgers können die Muster der Straßenbauverwaltungen zu § 16a FStrG geben (s. Planfeststellungsrichtlinien 2019 des BMVI, zuletzt veröffentlicht in VkBl 2020, 211 – Muster 4a, 4b, 5).

Die **Frist** für die Information beträgt mindestens zwei Wochen, dh zwischen der Bekannt- 43 gabe und dem Beginn der Arbeiten muss ein Zeitraum von wenigstens zwei Wochen liegen (BVerwG BeckRS 2011, 45832 Rn. 2). Fristbeginn und Fristende bestimmen sich nach §§ 187 Abs. 1, 188 Abs. 2 BGB.

Das Gesetz sieht zwei **Bekanntmachungsformen** vor: die unmittelbare und die ortsübli- 44 che Bekanntmachung. Wie die Information **unmittelbar** gegenüber den Betroffenen zu erklären bzw. zu übermitteln ist (schriftlich, in Textform oder mündlich), ist nicht geregelt. Dem Vorhabenträger stehen insoweit alle Möglichkeiten offen, allerdings empfiehlt sich aus Dokumentationsgründen die schriftliche Bekanntgabe oder die Textform (also zB per E-Mail). Die **ortsübliche Bekanntmachung** bestimmt sich nach dem maßgeblichen Ortsrecht. Ein Aushang ist daher nicht ortsüblich, wenn das Ortsrecht einen Aushang nur für „übrige", also nicht „gesetzlich erforderliche" Bekanntmachungen zulässt (BVerwG 6.5.2008 – 9 A 6/08 Rn. 2).

Wird das Grundstück ohne vorherige Information der zur Duldung Verpflichteten in 45 Anspruch genommen oder erfolgte die Information nicht rechtzeitig, so stehen den Betroffenen Abwehrrechte zu (§§ 1004, 862 BGB). Bei schuldhafter Verletzung der Informationspflicht besteht hinsichtlich eines dadurch entstandenen Schadens (zB Unterlassen des Aberntens) ein Schadensersatzanspruch des Betroffenen (Friesecke/Heinz WaStrG § 16 Rn. 12).

Wird nach erfolgter Information durch die zur Duldung Verpflichteten ein Betretungsver- 46 bot ausgesprochen, muss dieses befolgt werden (Buschbaum/Reidt UPR 2020, 292 (293)). In diesem Fall muss der Vorhabenträger staatliche Hilfe zur Durchsetzung seines Duldungsanspruch in Anspruch nehmen (→ Rn. 47).

Riege 1243

E. Durchsetzung der Duldung (Abs. 2 S. 2 und 3)

47 Für den Fall, dass die zur Duldung Verpflichteten die angekündigten Vorarbeiten verweigern oder ein **Betretungsverbot** aussprechen, muss der Vorhabenträger seinen Duldungsanspruch mit staatlicher Hilfe durchsetzen. Denn § 44 Abs. 1 verschafft dem Vorhabenträger kein Besitzrecht am Grundstück, das er bei Entziehung im Wege der Selbsthilfe nach § 859 BGB eigenmächtig durchsetzen könnte (Füßer/Gresse UPR 2021, 290; Buschbaum/Reidt UPR 2020, 292 (294)). Vielmehr würde er seinerseits bei einem Betreten des Grundstücks und Durchführung von Vorarbeiten gegen den erklärten Willen des Eigentümers oder Nutzungsberechtigten verbotene Eigenmacht iSv § 858 BGB begehen. In Betracht kommen daher grundsätzlich eine Duldungsklage oder – bei Vorliegen der Voraussetzungen – eine einstweilige Verfügung nach §§ 935, 940 ZPO. Allerdings hat der Gesetzgeber mit dem Gesetz zur Neuregelung des Energiewirtschaftsrechts vom 7.7.2005 (BGBl. I 1970) die Möglichkeit einer Durchsetzung des Duldungsanspruchs im Wege einer **behördlichen Anordnung** in § 44 Abs. 2 S. 2 aufgenommen. Diese kann auf Antrag des Vorhabenträgers (→ Rn. 50) erlassen werden.

48 Ungünstig kann es für den Vorhabenträger sein, wenn die zur Duldung Verpflichteten ein Betretungsverbot erst unmittelbar vor Beginn der beabsichtigten Vorarbeiten aussprechen. Dies kann im Einzelfall rechtsmissbräuchlich sein und Schadensersatzansprüche auslösen, rechtfertigt aber nicht, sich eigenmächtig Zutritt zum betreffenden Grundstück zu verschaffen. Allerdings kann ein solches Verhalten der zur Duldung Verpflichteten eine Rolle für die behördliche Entscheidung spielen, und zwar, ob und wie schnell eine Duldungsanordnung erlassen und mit Zwangsmitteln durchgesetzt wird (Buschbaum/Reidt UPR 2020, 292 (293)).

I. Verfahren

49 Das Verfahren zur Anordnung der Duldung von Vorarbeiten nach § 44 Abs. 2 S. 2 ist ein förmliches Verwaltungsverfahren, für das die allgemeinen verwaltungsverfahrensrechtlichen Grundsätze gelten.

1. Antrag

50 Das Verfahren wird mit einem Antrag des Vorhabenträgers eingeleitet. Die Norm enthält keine Anforderungen an Form, Inhalt und Umfang des Antrags des Vorhabenträgers. Der Antrag kann damit schriftlich oder zur Niederschrift bei der Behörde gestellt werden (§ 64 VwVfG). Vor dem Hintergrund des **Bestimmtheitsgrundsatzes** (§ 37 Abs. 1 VwVfG) sind die betroffenen Grundstücke, die betroffenen Grundstückseigentümer und/oder Nutzungsberechtigten anzugeben, die beabsichtigten Vorarbeiten in zeitlicher und räumlicher Hinsicht zu beschreiben und die Notwendigkeit der Vorarbeiten zu begründen (BR-Drs. 164/22, 64; BT-Drs. 20/1599, 61). Ferner ist der Nachweis der fristgemäßen Vorankündigung gem. § 44 Abs. 2 S. 1 vom Vorhabenträger zu führen (Rosin/Pohlmann/Gentzsch/Metzenthin/Böwing/Engel § 44 Rn. 30) und es sind die Bemühungen um die Zustimmung der Betroffenen und deren Weigerung zur Duldung darzulegen und ggf. deren Gründe zu benennen (Buschbaum/Reidt UPR 2020, 292 (295)).

51 Der Antrag auf Erlass einer Duldungsanordnung gegenüber Betroffenen kann über den Kreis derjenigen, die ein Betretungsverbot ausgesprochen haben, hinausgehen. Dies ist dann empfehlenswert, wenn es sich um ein einheitliches Untersuchungsgebiet handelt, sonstige Nutzungsberechtigte unbekannt sind und für den Vorhabenträger unklar ist, ob weitere Grundstückseigentümer oder Nutzungsberechtigte der Durchführung der Vorarbeiten widersprechen werden (Buschbaum/Reidt UPR 2020, 292 (295)). Indizien für zu erwartende Weigerungen können allgemeine Aufrufe zum Widerstand gegen die Vorarbeiten oder das Vorhaben sein.

2. Zuständige Behörde

52 Zuständig ist die nach Landesrecht zuständige Behörde, in der Regel diejenige, die auch das Planfeststellungsverfahren leitet. Da nach §§ 18 ff. NABEG iVm § 31 Abs. 1, 2 NABEG, § 1 PlfZV, § 2 BBPlG aber die BNetzA für die Planfeststellung der in der Anlage zum BBPlG

Vorarbeiten   § 44 EnWG

mit „A1" und „A2" gekennzeichneten Vorhaben zuständig ist, ist diese folglich für Verfahren zur Anordnung der Duldung von Vorarbeiten nach § 18 Abs. 5 iVm § 44 zuständig (BVerwG EnWZ 2020, 181 (182)).

3. Anhörung

Wegen der für den Betroffenen belastenden Wirkung der Duldungsanordnung, ist dieser 53 vor ihrem Erlass gem. § 28 VwVfG grundsätzlich anzuhören (BVerwG NVwZ 2018, 268 Rn. 9 zu § 16a FStrG; Buschbaum/Reidt UPR 2020, 292 (295)). Dabei empfiehlt es sich, dem Betroffenen den **Entwurf der beabsichtigten Duldungsanordnung** zur Kenntnis zu geben, damit dieser erkennen kann, weshalb und wozu er sich äußern kann und mit welcher Entscheidung er zu rechnen hat (Stelkens/Bonk/Sachs/Kallerhoff/Mayen VwVfG § 28 Rn. 35 mwN).

Die **Heilung eines Anhörungsmangels** nach § 45 Abs. 1 Nr. 3, Abs. 2 VwVfG setzt 54 voraus, dass die Anhörung nachträglich ordnungsgemäß durchgeführt und ihre Funktion für den Entscheidungsprozess der Behörde uneingeschränkt erreicht wird. Äußerungen und Stellungnahme von Beteiligten im gerichtlichen Verfahren erfüllen diese Voraussetzungen grundsätzlich nicht (BVerwG NVwZ 2018, 268 Rn. 10).

Eine unterbliebene Anhörung ist unerheblich, wenn sie die Entscheidung in der Sache 55 nicht beeinflusst (BVerwG NVwZ 2013, 78 Rn. 9 mit Verweis auf § 46 VwVfG).

II. Duldungsanordnung

Die Anordnung der Duldung von Vorarbeiten kann durch Verwaltungsakt oder durch 56 Allgemeinverfügung (→ Rn. 60) ergehen. Dabei sind die Anforderungen an die formelle und materielle Rechtmäßigkeit zu beachten. Der Erlass steht im Ermessen der Behörde, dh der Vorhabenträger hat nur einen Anspruch auf ermessensfehlerfreie Entscheidung (Rosin/Pohlmann/Gentzsch/Metzenthin/Böwing/Engel § 44 Rn. 32).

Adressaten der Duldungsanordnung sind die betroffenen Grundstückseigentümer und 57 Nutzungsberechtigten. Soweit sich die Duldungsanordnung nicht auch gegen weitere betroffene Dritte richtet, berührt dies die Rechtmäßigkeit der Verfügung nicht, sondern bildet nur ein Vollstreckungshindernis, das nachträglich durch eine gegen den Dritten gerichtete Verfügung ausgeräumt werden kann (BVerwG BeckRS 2014, 57557 Rn. 9).

1. Bestimmtheit

Die nach § 37 VwVfG inhaltlich hinreichende Bestimmtheit setzt voraus, dass für den 58 Adressaten der Duldungsanordnung die getroffene Regelung so vollständig, klar und unzweideutig ist, dass er sein Verhalten danach richten kann (BVerwG NVwZ 2018, 268 Rn. 11 zu § 16a FStrG; NVwZ 2013, 78 Rn. 10). Es reicht aus, wenn sich die Regelung aus dem gesamten Inhalt des Bescheides, insbesondere seiner Begründung, sowie den ihm bekannten oder ohne Weiteres erkennbaren Umständen ergibt. Dabei muss das **Informationsinteresse des Betroffenen** befriedigt werden (BVerwG NVwZ 2013, 78 Rn. 11). Erforderlich sind die genaue Bezeichnung der betroffenen Grundstücke, die Angabe des voraussichtlichen Beginns und der voraussichtlichen Dauer der Vorarbeiten sowie mindestens überschlägige Angaben zu deren Art und Umfang (BVerwG BeckRS 2020, 37198 Rn. 19). Eine metergenaue Angabe etwa der einzelnen Bohrpunkte oder der konkreten Fahrstrecke ist nicht erforderlich, weil die Tauglichkeit von Bohrpunkten und Fahrstrecken u.a. von den örtlichen Gegebenheiten und den wetterbedingten Bodenverhältnissen abhängt. Auf einen der Duldungsanordnung beigefügten Lageplan, in dem bspw. Bohr- und Aufstellflächen sowie Zuwegungen gekennzeichnet sind, kann verwiesen werden (BVerwG NVwZ 2013, 78 Rn. 12).

2. Nebenbestimmungen

Die Duldungsanordnung kann wie jeder andere Verwaltungsakt mit weiteren Nebenbe- 59 stimmungen, insbesondere Bedingungen, Auflagen oder Befristungen versehen werden (§ 36 VwVfG). Im Regelfall wird eine **Befristung** ergehen. Dabei ist darauf zu achten, dass sich die Duldungsanordnung (zB wegen entsprechender Antragstellung des Vorhabenträgers) nicht auf einen Zeitraum vor ihrem Erlass bezieht (BVerwG EnWZ 2020, 181 Rn. 8).

Riege

Gegenstand von Auflagen und Bedingungen kann der Umfang von Vorarbeiten oder die Zustandsfeststellung durch einen Sachverständigen vor Maßnahmenbeginn sein (BayVGH BeckRS 2019, 17777 Rn. 16; 2019, 27440 Rn. 3). Auch kann die Duldungsanordnung von der Leistung einer Sicherheit abhängig gemacht werden (BayVGH BeckRS 2019, 17777 Rn. 12). Ggf. empfiehlt sich die Androhung von Zwangsmitteln bei Zuwiderhandlung gegen die Duldungsanordnung (zB ein Zwangsgeld, BVerwG BeckRS 2021, 39913 Rn. 32; BayVGH BeckRS 2019, 27521 Rn. 2; 2019, 27440 Rn. 3). Dabei ist das Bestimmtheitsgebot zu beachten. Für jede durch eine Duldungsanordnung getroffene Maßnahme ist eine Zwangsgeldandrohung notwendig; ein einheitliches Zwangsgeld für mehrere Maßnahmen ist rechtswidrig (BVerwG BeckRS 2022, 6771 Rn. 6). Auch die Androhung eines Zwangsgelds „pro Tag" begegnet insoweit Bedenken (BVerwG BeckRS 2022, 6771 Rn. 6).

3. Handlungsform

60 Als Handlungsform kommt eine **Bescheidung im Einzelfall** oder eine **Allgemeinverfügung** in Betracht, § 35 VwVfG. Eine **Allgemeinverfügung** kann aus Effizienzgründen zweckmäßig sein, wenn eine Vielzahl von Duldungspflichtigen ein Betretungsverbot erteilt hat oder mit Verweigerungen weiterer Betroffener zu rechnen ist (Buschbaum/Reidt UPR 2020, 292 (296)). Eine Anhörung ist in diesem Fall nach § 28 Abs. 2 Nr. 4 VwVfG entbehrlich. Die Bekanntgabe ist gem. § 41 Abs. 3 VwVfG durch öffentliche Bekanntmachung möglich, es sei denn, es sollen Zwangsmittel angedroht werden. Dies bedarf gem. § 13 Nr. 7 VwVfG der Zustellung an den Adressaten.

F. Entschädigung (Abs. 3)

61 In erster Linie ist der Vorhabenträger zur **Wiederherstellung des ursprünglichen Zustandes** verpflichtet (Britz/Hellermann/Hermes/Hermes, 3. Aufl., § 44 Rn. 31; Kment EnWG/Turiaux § 44 Rn. 21; Theobald/Kühling/Missling § 44 Rn. 28). Ist dies nicht möglich, gewährt die Vorschrift wie vergleichbare Regelungen in anderen Fachplanungsgesetzen (§ 16a Abs. 3 FStrG, § 17 Abs. 3 AEG, § 16 Abs. 3 WaStrG, § 3 Abs. 3 MBPlG) und Landesenteignungsgesetzen einen Anspruch des Betroffenen gegen den Vorhabenträger auf Entschädigung für durch die Vorarbeiten entstehende unmittelbare Vermögensnachteile. Allerdings ergeben sich solche Vermögensnachteile nicht schon dann, wenn ein Grundstück lediglich betreten wird, sondern erst dann, wenn der ursprüngliche Zustand nicht mehr wiederhergestellt werden kann (Aust/Jacobs/Pasternak/Friedrich Enteignungsentschädigung Rn. 911). Ersatz für Folgeschäden oder entgangenen Gewinn muss nicht geleistet werden (Säcker EnergieR/Pielow § 44 Rn. 25; Britz/Hellermann/Hermes/Hermes, 3. Aufl., § 44 Rn. 32; Theobald/Kühling/Missling § 44 Rn. 29; Kment EnWG/Turiaux § 44 Rn. 21).

62 **Anspruchsberechtigt** sind der Eigentümer des betroffenen Grundstücks und der Nutzungsberechtigte. Handelt es sich dabei um verschiedene Personen, kommt es für die (ggf. aufzuteilende) Entschädigung darauf an, in wessen Rechtsstellung durch die Vorarbeiten eingegriffen wurde und wer einen Vermögensnachteil erlitten hat (Aust/Jacobs/Pasternak/Friedrich Enteignungsentschädigung Rn. 913).

63 **Entschädigungspflichtig** ist allein der Vorhabenträger, auch wenn Beauftragte die Vorarbeiten durchgeführt haben und darauf unmittelbare Vermögensnachteile des Betroffenen zurückzuführen sind.

64 Der Vorhabenträger wird dem Betroffenen in der Regel ein Entschädigungsangebot unterbreiten. Kommt keine Einigung zustande, setzt die zuständige Behörde (→ Rn. 52) auf Antrag des Vorhabenträgers oder der Anspruchsberechtigten die Art und Höhe der Entschädigung in einem Beschluss nach erfolgter Anhörung fest.

G. Rechtsschutz (Abs. 4)

65 Bei der Duldungsanordnung handelt es sich um einen Verwaltungsakt mit Doppelwirkung, da er den Vorhabenträger begünstigt und die Betroffenen benachteiligt. Somit ist der Verwaltungsrechtsweg eröffnet.

66 Für den Fall, dass der Antrag des Vorhabenträgers auf Erlass einer Duldungsanordnung ermessensfehlerhaft abgelehnt wird oder die Duldungsanordnung mit belastenden Nebenbe-

stimmungen (zB Art und Höhe einer Sicherheitsleistung) ergeht, hat er Rechtsschutzmöglichkeiten.

Der von einer Duldungsanordnung Betroffene kann vorbehaltlich landesrechtlicher Sonderregelung **Widerspruch** einlegen, der jedoch nach Absatz 4 Satz 1 keine aufschiebende Wirkung hat. Er muss daher, ähnlich wie bei § 44b Abs. 7 und § 44c Abs. 4, einen Antrag innerhalb eines Monats ab Zustellung oder Bekanntgabe der Duldungsanordnung – nicht dessen Wirksamkeit – auf **Anordnung der aufschiebenden Wirkung** nach § 80 Abs. 5 S. 1 VwGO stellen, wobei der Antrag auch innerhalb der Frist zu begründen ist. Dem Vollzugsinteresse kommt nach der gesetzlichen Anordnung der sofortigen Vollziehbarkeit erhebliches Gewicht zu, weshalb vom Betroffenen gewichtige Gründe darzulegen sind, dass sein Aussetzungsinteresse das Vollzugsinteresse überwiegt (zB beachtliche Gründe für die Annahme der Rechtswidrigkeit der Duldungsanordnung; bloße Zweifel an der Rechtmäßigkeit genügen hingegen nicht). Umweltverbände, die sich gegen Vorarbeiten auf fremden und von ihnen nicht genutzten Grundstücken wenden, sind nicht antragsbefugt. Es handelt sich bei Vorarbeiten iSv § 44 nicht um Entscheidungen über die Zulässigkeit von Vorhaben iSv § 1 Abs. 1 S. 1 UmwRG (BVerwG NVwZ 2012, 571 Rn. 12). 67

Aus § 48 Abs. 1 Nr. 4 VwGO und § 50 Abs. 1 Nr. 6 VwGO folgen Zuständigkeiten der Oberverwaltungsgerichte und des BVerwG für Streitigkeiten, die energierechtliche Planfeststellungsverfahren zum Gegenstand haben. Nach ständiger Rechtsprechung des BVerwG betrifft eine Streitigkeit das Planfeststellungsverfahren, wenn sie Teil der genehmigungsrechtlichen Bewältigung des Vorhabens ist. Wegen des planvorbereitenden Charakters der Vorarbeiten werden die genannten Zuständigkeitsvorschriften auf Streitigkeiten nach § 44 erstreckt (BVerwG EnWZ 2020, 181; 2012, 91). 68

Der **gerichtliche Kontrollumfang** ist in der Regel auf das formelle Erfordernis der Begründung und materiell auf die Rechtmäßigkeit sowie bei Anordnung des Sofortvollzugs auf die Eilbedürftigkeit fokussiert. In dem Verfahren gegen die Duldungsanordnung können keine Argumente vorgebracht werden, die sich gegen die Zulässigkeit des Vorhabens selbst richten. Es sind nur Einwendungen gegen die Notwendigkeit der angekündigten Vorarbeiten und deren Art und Umfang möglich (BVerwG NVwZ 2013, 78 (80); BeckRS 2004, 21320). 69

§ 44a Veränderungssperre, Vorkaufsrecht

(1) ¹Vom Beginn der Auslegung der Pläne im Planfeststellungsverfahren oder von dem Zeitpunkt an, zu dem den Betroffenen Gelegenheit gegeben wird, den Plan einzusehen, dürfen auf den vom Plan betroffenen Flächen bis zu ihrer Inanspruchnahme wesentlich wertsteigernde oder die geplante Baumaßnahmen erheblich erschwerende Veränderungen nicht vorgenommen werden (Veränderungssperre). ²Veränderungen, die in rechtlich zulässiger Weise vorher begonnen worden sind, Unterhaltungsarbeiten und die Fortführung einer bisher ausgeübten Nutzung werden davon nicht berührt. ³Unzulässige Veränderungen bleiben bei Anordnungen nach § 74 Abs. 2 Satz 2 des Verwaltungsverfahrensgesetzes und im Entschädigungsverfahren unberücksichtigt.

(2) ¹Dauert die Veränderungssperre über vier Jahre, im Falle von Hochspannungsleitungen über fünf Jahre, können die Eigentümer für die dadurch entstandenen Vermögensnachteile Entschädigung verlangen. ²Sie können ferner die Vereinbarung einer beschränkt persönlichen Dienstbarkeit für die vom Plan betroffenen Flächen verlangen, wenn es ihnen mit Rücksicht auf die Veränderungssperre wirtschaftlich nicht zuzumuten ist, die Grundstücke in der bisherigen oder einer anderen zulässigen Art zu benutzen. ³Kommt keine Vereinbarung nach Satz 2 zustande, so können die Eigentümer die entsprechende Beschränkung des Eigentums an den Flächen verlangen. ⁴Im Übrigen gilt § 45.

(3) In den Fällen des Absatzes 1 Satz 1 steht dem Träger des Vorhabens an den betroffenen Flächen ein Vorkaufsrecht zu.

Überblick

§ 44a regelt das – bereits aus der Bauleitplanung und anderen Bereichen der Fachplanung bekannte (vgl. → Rn. 5) – Instrument der Veränderungssperre im Zusammenhang mit der

EnWG § 44a Teil 5. Planfeststellung, Wegenutzung

Planfeststellung von Energieleitungsvorhaben (Absätze 1 und 2). Um zu verhindern, dass während der behördlichen Zulassungsphase von Energieleitungsvorhaben nach § 43 Verzögerungen in der Projektrealisierung durch Veränderungen auf den vom Plan betroffenen Flächen entstehen (vgl. → Rn. 1 ff.), regelt Absatz 1 die Voraussetzungen und den Gegenstand der Veränderungssperre für die Dauer des Planfeststellungsverfahrens (vgl. → Rn. 7 ff.). Absatz 2 statuiert die Rechtsfolgen der Veränderungssperre, insbesondere das Recht der betroffenen Grundstückseigentümer, unter den Voraussetzungen des Absatzes 2 Satz 1 eine Entschädigung (→ Rn. 26 ff.) sowie die Beschränkung des Eigentums – etwa die Vereinbarung einer beschränkt persönlichen Dienstbarkeit – zu verlangen (vgl. → Rn. 31 ff.). Im Fall einer Veränderungssperre steht dem Vorhabenträger nach Absatz 3 ein gesetzliches Vorkaufsrecht hinsichtlich der betroffenen Flächen zu (→ Rn. 34 ff.).

Übersicht

	Rn.		Rn.
A. Sinn und Zweck der Vorschrift	1	IV. Wirkungen (S. 3)	21
B. Entstehungsgeschichte und Systematik	4	V. Rechtsschutz	24
C. Veränderungssperre (Abs. 1)	7	D. Entschädigung, Eigentumsbeschränkung (Abs. 2)	25
I. Dauer der Veränderungssperre (S. 1)	8		
II. Gegenstand der Veränderungssperre (S. 1 und 2)	11	I. Entschädigung (S. 1)	26
1. Verbot (S. 1)	11	II. Anspruch auf Eigentumsbeschränkung (S. 2–4)	31
2. Ausnahmen (S. 2)	14		
III. Räumlicher Geltungsbereich (S. 1)	19	E. Vorkaufsrecht (Abs. 3)	34

A. Sinn und Zweck der Vorschrift

1 § 44a dient – ebenso wie die §§ 43a ff. insgesamt – der **beschleunigten Zulassung** und **zügigen Realisierung** von Energieleitungsvorhaben (BT-Drs. 16/54, 40). Um dieses Ziel nicht durch grundstücksbezogene Veränderungen baulicher oder sonst wertsteigernder Art und damit einhergehenden zeitlichen Verzögerungen oder finanziellen Mehrbelastungen während der Planungsphase zu gefährden oder gar zu vereiteln, statuiert § 44a ab einem bestimmten Zeitpunkt des Planfeststellungsverfahrens eine sog. **akzessorische Veränderungssperre,** die kraft Gesetzes eine Sperrwirkung hinsichtlich wesentlicher und erheblicher baulicher Veränderungen an den für die Ausführung des Vorhabens notwendigen Grundstücken entfaltet, soweit solche nicht nach Absatz 1 Satz 2 zulässig sind (Theobald/Kühling/Missling § 44a Rn. 3 ff.; vgl. im Einzelnen → Rn. 7 ff.). Die Veränderungssperre dient damit der **Sicherung der planerischen Ziele** im Planbereich (Säcker EnergieR/Pielow § 44a Rn. 2).

2 Die in Absatz 2 angeordneten Rechtsfolgen, insbesondere das Recht der von der Veränderungssperre betroffenen Grundstückseigentümer, nach einer bestimmten Dauer eine **Entschädigung** zu verlangen, dient dem **Ausgleich unverhältnismäßiger Belastungen** im Rahmen der zulässigen Inhalts- und Schrankenbestimmung nach Art. 14 Abs. 1 S. 2 GG (Theobald/Kühling/Missling § 44a Rn. 4; vgl. dazu → Rn. 6, → Rn. 25 ff.). Bei der Beurteilung der – die Rechtsfolgen des Absatzes 2 auslösenden – Dauer der Veränderungssperre sind das mit dem Ausbau der Hochspannungsnetze und damit auch mit der Sperre verfolgte **erhebliche Gemeinwohlinteresse** und die absehbare Dauer der zu sichernden Verwaltungsverfahren zu berücksichtigen. Je höher das Gemeinwohlinteresse und je komplexer das Verwaltungsverfahren, desto länger ist die Veränderungssperre von den betroffenen Grundstückseigentümern hinzunehmen, ohne dass die Rechtsfolgen des Absatzes 2 eintreten (BT-Drs. 19/23491, 35).

3 Auch das in Absatz 3 normierte **Vorkaufsrecht** des Vorhabenträgers dient der erleichterten Realisierung des Vorhabens, da mit dessen Ausübung verhindert werden kann, dass der Eigentümer die Planverwirklichung durch die Übertragung des Grundstücks oder eines Grundstücksteils behindert (Säcker EnergieR/Pielow § 44a Rn. 4; vgl. dazu → Rn. 34).

B. Entstehungsgeschichte und Systematik

§ 44a wurde durch Art. 7 des Gesetzes zur Beschleunigung von Planungsverfahren für 4 Infrastrukturvorhaben vom 9.12.2006 (BGBl. I 2833) in das EnWG eingefügt und stellt eine **Kernvorschrift** aus dem gemeinsamen Bestand des Verkehrswegeplanungsrechts dar, die im Interesse der Vereinfachung des Baus, der Änderung und des Betriebs der Hochspannungsfreileitungen in das EnWG übernommen wurde (BT-Drs. 16/54, 40). Der Begriff der „Hochspannungsfreileitungen" in Absatz 2 Satz 1 aF wurde durch Art. 2 des Gesetzes vom 25.2.2021 (BGBl. I 298) zu „Hochspannungsleitungen" geändert. Damit wurden die Bestimmungen zur Dauer, ab der die Veränderungssperre die Rechtsfolgen des Absatzes 2 auslöst, für alle Hochspannungsleitungen vereinheitlicht, unabhängig davon, ob sie als Freileitung oder als Erdkabel ausgeführt werden (vgl. dazu → Rn. 26).

Neben § 44a existieren zahlreiche ähnliche bzw. teils identische Vorschriften im Bauleitplanungs- (§§ 14, 51 BauGB) und Fachplanungsrecht (zB § 19 AEG, § 15 WaStrG, § 4 MBPlG, § 8a LuftVG, § 86 WHG, § 9g AtG). Als Vorbild für § 44a diente etwa die Regelung des § 9a FStrG (Säcker EnergieR/Pielow § 44a Rn. 1). Unabhängig von § 44a sieht auch § 16 NABEG für die Ebene der Bundesfachplanung eine Veränderungssperre vor, welche jedoch keine akzessorische, sondern eine selbstständige Veränderungssperre darstellt, die nicht kraft Gesetzes eintritt, sondern einen in das Ermessen der BNetzA gestellten gesonderten Rechtsakt erfordert; § 16 NABEG ist neben § 44a anwendbar (Säcker EnergieR/Pielow § 44a Rn. 5; Appel UPR 2013, 207 (209)).

Die Regelungen der Veränderungssperre (Absatz 1) und des Vorkaufsrechts (Absatz 3) sind 6 **Inhalts- und Schrankenbestimmungen** des Eigentums iSd Art. 14 Abs. 1 S. 2 GG, die grundsätzlich entschädigungslos von den betroffenen Grundstückseigentümern hinzunehmen sind (Säcker EnergieR/Pielow § 44a Rn. 3; vgl. hierzu → Rn. 25). Absatz 2 gewährt Eigentümern einen Entschädigungsanspruch, wenn die Veränderungssperre mehr als vier Jahre, bei Hochspannungsleitungen mehr als fünf Jahre dauert. Die Entschädigung nach Absatz 2 ist keine Enteignungsentschädigung (Bourwieg/Hellermann/Hermes/Hermes § 44a Rn. 14). Bei der Regelung handelt es sich um einen Fall der **ausgleichspflichtigen Inhalts- und Schrankenbestimmung.** Darunter sind an sich unverhältnismäßige Beschränkungen des Eigentums zu verstehen, die in Ausnahmefällen durch einfach-rechtliche Ausgleichsregelungen derart kompensiert werden, dass das Verhältnismäßigkeitsprinzip gewahrt wird (vgl. dazu Falter/Rietzler DÖV 2012, 308 (308 f.)). Absatz 2 wertet das Erdulden einer Veränderungssperre über fünf Jahre bei Hochspannungsleitungen und über vier Jahre bei sonstigen Anlagen iSd § 43 als eine an sich unverhältnismäßige Inhalts- und Schrankenbestimmung des Eigentums, die zur Wahrung des Verhältnismäßigkeitsprinzips auch einen finanziellen Ausgleich erfordert (Säcker EnergieR/Pielow § 44a Rn. 18).

C. Veränderungssperre (Abs. 1)

Absatz 1 regelt die Dauer (→ Rn. 8 ff.), den Gegenstand (→ Rn. 11 ff.) und den räumli- 7 chen Geltungsbereich (→ Rn. 19 f.) der Veränderungssperre. Nach Maßgabe des Absatzes 1 wird die Veränderungssperre **kraft Gesetzes** und damit ohne einen gesonderten Rechtsakt wirksam (**akzessorische Veränderungssperre**). Ausweislich des Wortlauts des Absatzes 1 Satz 1 gilt sie zwar nur für Planfeststellungsverfahren (nicht für Plangenehmigungen; aA Theobald/Kühling/Missling § 44a Rn. 7), wirkt jedoch unabhängig von der Wirksamkeit oder Vollziehbarkeit des Planfeststellungsbeschlusses, um die noch andauernde Planung nicht zu gefährden (Säcker EnergieR/Pielow § 44a Rn. 8).

I. Dauer der Veränderungssperre (S. 1)

Nach Absatz 1 Satz 1 tritt die Veränderungssperre vom **Beginn der Auslegung** der Pläne 8 im Planfeststellungsverfahren (§ 43a Nr. 1 iVm § 73 Abs. 2 und 3 S. 1 VwVfG) oder – wenn der Plan nicht öffentlich ausgelegt wird – von dem Zeitpunkt an in Kraft, zu dem den Betroffenen Gelegenheit gegeben wird, den Plan einzusehen (§ 43a Nr. 1 iVm § 73 Abs. 3 S. 2, Abs. 4 S. 2 VwVfG). In letzterem Fall tritt die Wirkung personen- bzw. grundstücksbezogen individuell in dem Zeitpunkt ein, in dem den Betroffenen die Pläne zugehen oder ihnen durch die Anhörungsbehörde mitgeteilt wird, dass und wo die Pläne eingesehen werden können (Bourwieg/Hellermann/Hermes/Hermes § 44a Rn. 2). Ob der Betroffene von seinem Einsichtsrecht Gebrauch macht, ist für das Inkrafttreten der Veränderungssperre unerheblich (Kment EnWG/Turiaux § 44a Rn. 8).

9   Die Veränderungssperre **endet** erst dann, wenn die betroffenen Flächen vom Vorhabenträger in Anspruch genommen werden. Für die **Inanspruchnahme** in diesem Sinn reicht die tatsächliche Besitzerlangung durch den Vorhabenträger oder der Ausführungsbeginn des Vorhabens nicht aus; vielmehr muss der Vorhabenträger eine solche Rechtsposition erlangt haben, die es ihm gestattet, die bisher aufgrund der Veränderungssperre verbotenen Veränderungen **kraft eigenen Rechts auszuschließen** (Säcker EnergieR/Pielow § 44a Rn. 7). In Betracht kommt insoweit neben dem rechtsgeschäftlichen Eigentumserwerb des Grundstücks etwa ein vertragliches oder nach § 44b zugewiesenes Besitzrecht, eine Enteignung nach § 45 oder auch die (zwangsweise) Bestellung einer für den erforderlichen Rechtsausschluss geeigneten Grunddienstbarkeit, wenn diese zur Realisierung des Vorhabens ausreichend ist (Theobald/Kühling/Missling § 44a Rn. 8). Im Falle einer lediglich dinglichen Belastung des Grundstücks gilt die Inanspruchnahme mit Eintragung ins Grundbuch als erfolgt (Bourwieg/Hellermann/Hermes/Hermes § 44a Rn. 3).

10 Darüber hinaus endet die Veränderungssperre aufgrund ihrer Akzessorietät (vgl. → Rn. 7) auch in solchen Fällen, in denen ihr Sicherungszweck etwa dadurch nachträglich entfällt, dass der Vorhabenträger das Vorhaben **nicht mehr (ernsthaft) betreibt** oder es endgültig **unmöglich geworden** ist (Säcker EnergieR/Pielow § 44a Rn. 7). Entsprechendes gilt auch, wenn der Vorhabenträger den Antrag auf Planfeststellung zurücknimmt und die entsprechende Erklärung bei der Behörde zugegangen ist oder wenn die Behörde den Erlass des Planfeststellungsbeschlusses ablehnt und der Ablehnungsbescheid bestandskräftig geworden ist (Kment EnWG/Turiaux § 44a Rn. 10).

II. Gegenstand der Veränderungssperre (S. 1 und 2)

1. Verbot (S. 1)

11 In **sachlicher Hinsicht** beinhaltet die Veränderungssperre ein **gesetzliches Verbot,** auf den vom Plan betroffenen Flächen (vgl. zur räumlichen Wirkung → Rn. 19 f.) solche **Veränderungen** vorzunehmen, die den Wert wesentlich steigern oder die geplanten Baumaßnahmen erheblich erschweren, Absatz 1 Satz 1. Umfasst sind lediglich tatsächliche Änderungen des Grundstücks, nicht solche rechtlicher Natur (OLG Naumburg BeckRS 2010, 23746; vgl. Kment EnWG/Turiaux § 44a Rn. 11). Mit der Beschränkung der Veränderungssperre auf wesentliche und erhebliche Maßnahmen wird der Verhältnismäßigkeitsgrundsatz gewahrt (Theobald/Kühling/Missling § 44a Rn. 4). Ob eine derartige, den Tatbestand ausfüllende Veränderung vorliegt, muss im Einzelfall bewertet werden und unterliegt der uneingeschränkten gerichtlichen Kontrolle (Theobald/Kühling/Missling § 44a Rn. 12, 14).

12 Als **wesentlich wertsteigernd** werden solche Veränderungen angesehen, die den **Verkehrswert** des von der Veränderungssperre erfassten Grundstücks nicht nur unwesentlich erhöhen und damit die Kosten des Grundstücks zulasten des Vorhabenträgers im Falle einer Übernahme spürbar erhöhen (Säcker EnergieR/Pielow § 44a Rn. 11). In Betracht kommen etwa die Intensivierung der land- und forstwirtschaftlichen Nutzung des Grundstücks oder die Errichtung/Erweiterung baulicher Anlagen (zB auch Wind-/Solarenergieanlagen, vgl. dazu etwa OVG Lüneburg, BeckRS 2016, 48632 Rn. 83). Letztere werden im Regelfall auch zu einer erheblichen Erschwerung geplanter Baumaßnahmen führen (Bourwieg/Hellermann/Hermes/Hermes § 44a Rn. 4 f.). Darüber hinaus kommen etwa auch die Trockenlegung oder Urbarmachung bzw. Aufforstung des Grundstücks in Betracht (Säcker EnergieR/Pielow § 44a Rn. 11).

13 Die Baumaßnahmen **erheblich erschwerende Veränderungen** sind neben Ablagerungen, Aufschüttungen oder Abgrabungen, die zur Errichtung des Vorhabens wieder beseitigt werden müssen, etwa auch die Verlegung von Leitungen. Maßgeblich ist, dass die entsprechenden Veränderungen zusätzliche, vom Plan nicht erfasste technische, baubetriebliche oder sonstige Maßnahmen und damit auch einen erhöhten finanziellen Aufwand erfordern, um diese zu überwinden (Säcker EnergieR/Pielow § 44a Rn. 12).

2. Ausnahmen (S. 2)

Absatz 1 Satz 2 nennt **drei Ausnahmen** von der Veränderungssperre, welche dem 14
Bestandsschutz Rechnung tragen. Danach sind Veränderungen, die in rechtlich zulässiger Weise vorher begonnen worden sind, Unterhaltungsarbeiten sowie die Fortführung einer bisher ausgeübten Nutzung von der Veränderungssperre nicht berührt. Weitere Ausnahmen sind in § 44a nicht vorgesehen; die Möglichkeit der Beantragung einer Ausnahme bei der Behörde besteht grundsätzlich nicht (Kment EnWG/Turiaux § 44a Rn. 13, 17).

In rechtlich **zulässiger Weise begonnen** wurde eine Veränderung dann, wenn sie vor 15
Geltung der Veränderungssperre (vgl. → Rn. 8) **in formeller und materieller Hinsicht legal** begonnen wurde. Insoweit muss der Berechtigte – um vom Bestandsschutz zu profitieren – bereits vor Auslegung der Pläne von seiner Baugenehmigung Gebrauch gemacht haben, andernfalls kann die Bauaufsichtsbehörde die Einstellung der (nachträglich begonnenen) Arbeiten anordnen (Säcker EnergieR/Pielow § 44a Rn. 14 f.; BGH NVwZ-RR 2006, 634 (635)). Ferner ist es nicht ausreichend, dass ein genehmigungspflichtiges Vorhaben ohne Genehmigung ausgeführt wird, auch wenn ein Anspruch auf Genehmigungserteilung besteht (Bourwieg/Hellermann/Hermes/Hermes § 44a Rn. 7).

Daneben sind auch **Unterhaltungsarbeiten** von der Veränderungssperre ausgenommen. 16
Darunter fallen solche Maßnahmen, die dem **Erhalt des vorhandenen Bestands** dienen, wobei der Begriff eng auszulegen ist (Bourwieg/Hellermann/Hermes/Hermes § 44a Rn. 8). Es handelt sich insbesondere um Maßnahmen, die der Reparatur und Instandhaltung solcher Anlagen dienen, die zur Sicherung der Funktion und bisherigen Nutzung des Grundstücks erforderlich sind, mithin also auch bei Inkrafttreten der Veränderungssperre bereits **funktionstüchtig waren** (Theobald/Kühling/Missling § 44a Rn. 17). In Betracht kommen etwa Reparatur- und Ausbesserungsmaßnahmen, die einem Verfall entgegenwirken (zB Türen, Fenster, Dächer, Ersatz einer Heizung), nicht aber ein Wiederaufbau zerstörter oder abgebrochener Gebäude(-teile) oder Modernisierungsmaßnahmen, die den Wert des Grundstücks steigern (Säcker EnergieR/Pielow § 44a Rn. 16).

Schließlich ist auch die Fortführung einer **bisher ausgeübten Nutzung** von der Verände- 17
rungssperre ausgenommen. Voraussetzung ist insoweit, dass die entsprechende Nutzung des Grundstücks rechtmäßig ist und bereits bei Inkrafttreten der Veränderungssperre ausgeübt wurde, sodass etwa eine Intensivierung der landwirtschaftlichen Nutzung nicht erfasst ist (BGH NVwZ-RR 2006, 634 (635); Theobald/Kühling/Missling § 44a Rn. 18). Grundsätzlich fallen die Erweiterung oder Umstellung einer bisherigen Nutzung nicht unter den Bestandsschutz und sind daher von der Veränderungssperre erfasst, soweit sie nicht Teil der üblichen und fachgerechten Nutzung sind (Säcker EnergieR/Pielow § 44a Rn. 17).

Unabhängig von der abschließenden Aufzählung der Ausnahmen in Absatz 1 Satz 2 kann 18
eine Veränderung aus Gründen der **Verhältnismäßigkeit** ausnahmsweise auch dann zugelassen werden, wenn sie **befristet** ist und zum Zeitpunkt der Umsetzung des Vorhabens wieder rückgängig gemacht wurde. Dies erfordert eine Gestattung durch die für die Zulassung der Veränderung zuständige Behörde im Einvernehmen mit der Planfeststellungsbehörde und eine entsprechende Nebenbestimmung im Zulassungsbescheid, dass die Veränderung die Realisierung des Energieleitungsvorhabens nicht behindert, verzögert oder unmöglich macht (Kment EnWG/Turiaux § 44a Rn. 17).

III. Räumlicher Geltungsbereich (S. 1)

In **räumlicher Hinsicht** bezieht sich die Veränderungssperre nach dem Wortlaut des 19
Absatzes 1 Satz 1 auf **die vom Plan betroffenen Flächen**. Dabei handelt es sich um solche Flächen, die für das Vorhaben unmittelbar, endgültig oder vorübergehend in Anspruch genommen werden, wobei es nicht darauf ankommt, ob die Flächen für das Vorhaben selbst, für notwendige Folgemaßnahmen an Drittanlagen (§ 75 Abs. 1 VwVfG) oder für landschaftspflegerische Begleitplanungen (§ 17 Abs. 4 BNatSchG) benötigt werden (Bourwieg/Hellermann/Hermes/Hermes § 44a Rn. 13). Maßgeblich ist insoweit, dass die Flächen durch das Vorhaben **unmittelbar** betroffen sind (mittelbare Auswirkungen, zB Lärmimmissionen, sind nicht ausreichend); diese Flächen ergeben sich aus den ausgelegten bzw. zur Einsichtnahme gebrachten Planunterlagen (zB Grunderwerbsplan/Grunderwerbsverzeichnis; Säcker EnergieR/Pielow § 44a Rn. 9).

20 Bei einer **Änderung des Flächenumfangs** eines Vorhabens während des Planfeststellungsverfahrens (zB Trassenänderung) gilt die Veränderungssperre im Hinblick auf die neu hinzugekommenen Flächen entsprechend erst nach Auslegung der geänderten Planunterlagen oder Einsichtnahmemöglichkeit derselben; gleiches gilt umgekehrt für nicht mehr in Anspruch genommene Flächen (Kment EnWG/Turiaux § 44a Rn. 10).

IV. Wirkungen (S. 3)

21 Die wesentliche rechtliche Wirkung der Veränderungssperre besteht in einem **gesetzlichen Verbot,** wesentlich wertsteigernde oder die geplanten Baumaßnahmen erheblich erschwerende Veränderungen durchzuführen (vgl. → Rn. 11 ff.). Das Verbot gilt für **jedermann,** dh nicht nur für die Eigentümer der betroffenen Grundstücke, sondern auch für alle sonstigen schuldrechtlich oder dinglich Berechtigten sowie für Behörden. Veränderungen, die entgegen dem Verbot vorgenommen wurden, sind rechtswidrig (Kment EnWG/Turiaux § 44a Rn. 19).

22 **Betroffene** können aus diesen Restriktionen grundsätzlich keine Rechte gegenüber dem Vorhabenträger oder gegenüber der Planfeststellungsbehörde herleiten (vgl. zum Anspruch auf Entschädigung und Eigentumsbeschränkung → Rn. 25 ff.). Nach Absatz 1 Satz 3 bleiben **Veränderungen, die unter Verstoß** gegen die Veränderungssperre entstanden sind, bei Anordnungen nach § 74 Abs. 2 S. 2 VwVfG sowie im Entschädigungsverfahren **unberücksichtigt.** Das bedeutet, dass etwa zum Schutz von unzulässigerweise errichteten Anlagen des Betroffenen dem Vorhabenträger keine Schutzvorkehrungen oder Geldentschädigungsleistungen nach § 74 Abs. 2 S. 2 VwVfG auferlegt werden dürfen; außerdem ist bei der Entschädigung für den Entzug eines Grundstücks nach § 45 nur derjenige Grundstückswert anzusetzen, der sich ergäbe, wenn die Veränderung unterblieben wäre (Theobald/Kühling/Missling § 44a Rn. 23). Rechtswidrige Veränderungen müssen auch nicht als Belang in der planerischen Abwägung berücksichtigt werden (Säcker EnergieR/Pielow § 44a Rn. 10). Verletzt der Betroffene die Pflicht, bestimmte Veränderungen zu unterlassen, und muss der Vorhabenträger den durch die Pflichtverletzung geschaffenen Zustand beseitigen, steht dem Vorhabenträger ferner ein **Anspruch gegen den Betroffenen** auf Ersatz der Aufwendungen zu; der Anspruch ist vor den Verwaltungsgerichten geltend zu machen, weil das Rechtsverhältnis zwischen den Beteiligten öffentlich-rechtlicher Natur ist (Theobald/Kühling/Missling § 44a Rn. 20; BGH NJW 1975, 47 (49)).

23 Die zuständigen **Behörden** können gegen rechtswidrige Veränderungen mit den Mitteln der **Eingriffsverwaltung** vorgehen und Verstöße gegen die Veränderungssperre insbesondere durch Untersagungsverfügungen verhindern (Theobald/Kühling/Missling § 44a Rn. 21). Darauf hat der Vorhabenträger auch einen **Anspruch** aus § 44a, weil es sich bei dieser Vorschrift um eine Schutznorm zu seinen Gunsten handelt (Bourwieg/Hellermann/Hermes/Hermes § 44a Rn. 10). Im Übrigen dürfen Veränderungen, die gegen die Veränderungssperre verstoßen, nicht behördlich genehmigt werden. Gegen **(Bau-)Genehmigungen,** die solche Vorhaben legalisieren, kann der Vorhabenträger mit Widerspruch und Anfechtungsklage vorgehen (Kment EnWG/Turiaux § 44a Rn. 20); diesem steht auch insoweit ein subjektives Recht aus § 44a zu (Theobald/Kühling/Missling § 44a Rn. 21). **Kommunale Bauleitpläne,** die erlassen werden und Nutzungen im Widerspruch zum Vorhaben vorsehen, sind wegen der Veränderungssperre nicht erforderlich iSd § 1 Abs. 3 S. 1 BauGB und daher nichtig (Säcker EnergieR/Pielow § 44a Rn. 10; vgl. BVerwG NVwZ 1993, 884 (885) zum Flächennutzungsplan).

V. Rechtsschutz

24 Der Eigentümer kann den Umfang der Veränderungssperre und das Vorliegen einer Ausnahme nach Absatz 1 Satz 2 im Wege der **Feststellungsklage** nach § 43 VwGO gerichtlich klären lassen. Für das besondere Feststellungsbedürfnis im Sinne der Sachurteilsvoraussetzung ist erforderlich, dass eine möglicherweise verbotene Veränderung am Grundstück beabsichtigt ist oder (bei Veräußerungsabsicht) die auf der Veränderungssperre beruhende Wertminderung beseitigt werden soll (Bourwieg/Hellermann/Hermes/Hermes § 44a Rn. 21). Im Falle einer Genehmigungsbedürftigkeit der vermeintlich verbotenen Veränderung kann der Eigentümer gegen die Versagung der begehrten Genehmigung mit Widerspruch und Verpflichtungsklage

vorgehen; über den Umfang und die Reichweite der Veränderungssperre wird dann inzident entschieden.

D. Entschädigung, Eigentumsbeschränkung (Abs. 2)

Absatz 2 regelt die Rechtsfolgen der Veränderungssperre nach Absatz 1 zugunsten der 25 betroffenen Grundstückseigentümer. Dazu gehört insbesondere der **Entschädigungsanspruch** nach Absatz 2 Satz 1 bei einer Dauer der Veränderungssperre von mehr als vier Jahren, bei Hochspannungsleitungen von mehr als fünf Jahren (vgl. → Rn. 26 ff.). Hierbei handelt es sich nicht um eine Enteignungsentschädigung; die Entschädigung stellt vielmehr einen Ausgleich für ansonsten unverhältnismäßige Belastungen des Eigentümers dar, welche durch Überschreitung der nach Absatz 2 Satz 1 vorgegebenen Dauer der Veränderungssperre entstanden sind (vgl. → Rn. 6). Absatz 2 Satz 2 und Satz 3 statuieren darüber hinaus das Recht der Grundstückseigentümer, eine **beschränkt persönliche Dienstbarkeit** des Eigentums an den betroffenen Flächen zu verlangen, wenn es ihnen mit Rücksicht auf die Veränderungssperre wirtschaftlich nicht zuzumuten ist, die Grundstücke in der bisherigen oder einer anderen zulässigen Art zu benutzen (vgl. → Rn. 31 ff.). Nach Absatz 2 Satz 4 finden für die Beschränkung des Eigentums und für die Entschädigung die Verfahrensvorschriften und die Vorschriften über die Entschädigung der jeweiligen Enteignungsgesetze der Länder Anwendung.

I. Entschädigung (S. 1)

Nach Absatz 2 Satz 1 kann der Eigentümer Entschädigung verlangen, wenn die Veränderungssperre länger als **vier Jahre** und bei Hochspannungsleitungen länger als **fünf Jahre** dauert. Die Fünfjahresfrist galt ursprünglich nur für Hochspannungsfreileitungen und wurde durch das Gesetz vom 25.2.2021 (BGBl. I 298) mit Wirkung zum 4.3.2021 für alle Hochspannungsleitungen, unabhängig von ihrer technischen Ausführung, vereinheitlicht (vgl. → Rn. 4); zu den Vorhaben gehören nach § 1 Abs. 2 S. 1 BBPlG auch die für den Betrieb von Energieleitungen notwendigen Anlagen einschließlich der notwendigen Änderungen an den Netzverknüpfungspunkten (BT-Drs. 19/23491, 36). Der **unterschiedliche Fristenlauf** ist angesichts der besonderen Bedeutung von Hochspannungsleitungen für das Gemeinwohl und der Komplexität der Planfeststellungsverfahren sowohl bei Freileitungen als auch bei Erdkabeln, die sich über erhebliche Distanzen erstrecken, gerechtfertigt; je höher das verfolgte Gemeinwohlinteresse zu bewerten und je komplexer und zeitaufwändiger die zu sichernden Verwaltungsverfahren voraussichtlich sind, desto länger ist eine Veränderungssperre entschädigungslos hinzunehmen (vgl. BT-Drs. 19/23491, 35 f.).

Die Fristen **beginnen** mit dem Wirksamwerden der Veränderungssperre (vgl. dazu → 27 Rn. 8). Der Anspruch entfällt, wenn der Vorhabenträger vor ihrem Ablauf das Grundstück in Anspruch genommen hat (vgl. dazu → Rn. 9). Ausreichend ist aber auch die Besitzerlangung im Rahmen der vorzeitigen Besitzeinweisung nach § 44b, denn die Beschränkung des Eigentums ist von diesem Zeitpunkt an aufgrund der vorzeitigen Besitzeinweisung nach den hierfür geltenden Maßstäben zu entschädigen (Bourwieg/Hellermann/Hermes/Hermes § 44a Rn. 15). Sog. **faktische Veränderungssperren,** die etwa durch eine Zurückstellung eines bereits vor Inkrafttreten der Veränderungssperre bei der zuständigen Behörde eingereichten Bauantrags entstehen, sind auf die Fristen des Absatzes 2 Satz 1 **anzurechnen,** wenn der betroffene Grundstückseigentümer im Sinne der Schadensminderung von den hiergegen eröffneten Rechtsschutzmöglichkeiten Gebrauch gemacht hat (BGH NJW 1981, 458 (460); Säcker EnergieR/Pielow § 44a Rn. 19). Entsprechendes gilt für **vorangegangene Veränderungssperren** nach § 16 NABEG (Kment EnWG/Turiaux § 44a Rn. 30).

Entschädigungsberechtigt ist nach Absatz 2 Satz 1 der Grundstückseigentümer; die 28 Vorschrift ist in verfassungskonformer Auslegung auch auf diejenigen zu erstrecken, die aufgrund eines dinglichen oder persönlichen Rechts zur Nutzung eines Grundstücks berechtigt sind (zB Mieter, Pächter), wobei eine doppelte Entschädigungszahlung zu vermeiden ist; soweit zB der Mieter seinen Schaden durch Mietminderung beim Eigentümer geltend gemacht hat, ist der Mieter mangels Schaden nicht mehr berechtigt, Entschädigung zu verlangen (Kment EnWG/Turiaux § 44a Rn. 31). **Entschädigungsverpflichtet** ist der Vorhabenträger.

29 Der **Umfang der Entschädigung** ist auf die Vermögensnachteile beschränkt, die „durch" die andauernde Veränderungssperre entstanden sind; soweit sich die Veränderungssperre auf die betreffende Nutzung nicht auswirkt, besteht daher auch nach Fristablauf kein Anspruch auf Entschädigung (Säcker EnergieR/Pielow § 44a Rn. 21). Entschädigungsfähig ist grundsätzlich nur der **Minderwert des Grundstücks,** der dadurch eintritt, dass das Grundstück nicht wie bislang rechtlich zulässig und tatsächlich möglich, sondern nur eingeschränkt genutzt werden kann (Säcker EnergieR/Pielow § 44a Rn. 22). In Fällen beabsichtigter **Nutzungsänderung** des Grundstücks setzt der Anspruch voraus, dass der Eigentümer ernsthaft gewillt und tatsächlich in der Lage war, eine über die bisherige Nutzung hinausgehende Nutzung vorzunehmen und diese Nutzung nach den für sie maßgeblichen Vorschriften, etwa des Bauplanungs-, Bauordnungs- oder Naturschutzrechts, rechtlich zulässig war (Bourwieg/Hellermann/Hermes/Hermes § 44a Rn. 17; BGH NJW 1981, 458; NVwZ 1983, 500). Entgangener Gewinn kann nicht verlangt werden (Bourwieg/Hellermann/Hermes/Hermes § 44a Rn. 17).

30 Die **Höhe der Entschädigung** bemisst sich nach der **Bodenrente** (BGH NVwZ 1992, 1119 (1121)), dh danach, was ein Bauwilliger gezahlt hätte, wenn ihm die Durchführung der verbotenen Nutzung auf dem Grundstück gestattet worden wäre (Miet-, Pacht- oder Erbbauzins). Hiervon ist der Wert der Nutzungen, die durch die Veränderungssperre nicht eingeschränkt wurden, abzuziehen (Bourwieg/Hellermann/Hermes/Hermes § 44a Rn. 18; BGH BauR 1975, 328). Die Entschädigungszahlung ist grundsätzlich ab dem Zeitpunkt des Ablaufs der Vier- bzw. Fünfjahresfrist zu verzinsen. Ferner ist sie mit einer etwaig erfolgten Entschädigung nach Absatz 2 Satz 2 (vgl. dazu → Rn. 33) und ggf. mit einer Enteignungsentschädigung nach § 45 Abs. 2 und 3 zu verrechnen (Säcker EnergieR/Pielow § 44a Rn. 22). Die Höhe der Entschädigung wird im Streitfall von der nach Landesrecht zuständigen (Enteignungs-)Behörde festgesetzt (Kment EnWG/Turiaux § 44a Rn. 32).

II. Anspruch auf Eigentumsbeschränkung (S. 2–4)

31 Bei einer länger als vier bzw. fünf (bei Hochspannungsleitungen) Jahre andauernden Veränderungssperre können die Grundstückseigentümer nach Absatz 2 Satz 2 neben der Entschädigung nach Absatz 2 Satz 1 (vgl. → Rn. 26 ff.) auch die **Vereinbarung einer beschränkt persönlichen Dienstbarkeit** (§ 1090 Abs. 1 BGB) für die vom Plan betroffenen Flächen verlangen, wenn es ihnen mit Rücksicht auf die Veränderungssperre wirtschaftlich nicht zuzumuten ist, die Grundstücke in der bisherigen oder einer anderen zulässigen Art zu benutzen. Insoweit besteht ein **Kontrahierungszwang.** Eine solche Dienstbarkeit kann zugunsten des Vorhabenträgers bestimmte Nutzungsrechte an dem Grundstück oder an Teilflächen desselben begründen sowie den Ausschluss solcher Rechte bewirken, die sich aus dem Eigentum an dem belasteten Grundstück ergeben (Theobald/Kühling/Missling § 44a Rn. 32 mwN). Mit Bestellung und Eintragung der beschränkt persönlichen Dienstbarkeit zugunsten des Eigentümers enden die Wirkungen der Veränderungssperre im Umfang der Dienstbarkeit, da der Vorhabenträger ab diesem Zeitpunkt alle Nutzungen aus eigenem Recht untersagen kann, die der Dienstbarkeit zuwiderlaufen (Säcker EnergieR/Pielow § 44a Rn. 23). Einen Anspruch auf Übernahme des Grundstücks, wie etwa in § 9a FStrG vorgesehen, gewährt Absatz 2 Satz 2 dagegen nicht (vgl. zum Übernahmeanspruch im Fachplanungsrecht Falter/Rietzler DÖV 2012, 308 ff.).

32 Voraussetzung für das Verlangen des Grundstückseigentümers nach Absatz 2 Satz 2 ist, dass es ihm mit Rücksicht auf die Veränderungssperre wirtschaftlich nicht zuzumuten ist, die Grundstücke in der bisherigen oder einer anderen zulässigen Art zu benutzen. Die Frage nach der **wirtschaftlichen Unzumutbarkeit** ist abhängig von den wirtschaftlichen Verhältnissen des jeweiligen Eigentümers und den Gegebenheiten des Einzelfalls zu beantworten (Theobald/Kühling/Missling § 44a Rn. 31). In der Regel wird die Nutzung für den Eigentümer wirtschaftlich unzumutbar sein, wenn ihr Ertrag in keinem angemessenen Verhältnis zum Aufwand steht (Säcker EnergieR/Pielow § 44a Rn. 23; BGH NJW 1985, 1781 f.).

33 Kommt die Einigung über die Bestellung einer beschränkt persönlichen Dienstbarkeit zwischen Vorhabenträger und Grundstückseigentümer nicht zustande, kann der Eigentümer nach Absatz 2 Satz 3 eine **entsprechende Beschränkung des Eigentums** – dh die Belas-

tung seines Grundstücks mit einer beschränkt persönlichen Dienstbarkeit – von der Enteignungsbehörde verlangen; das Verfahren richtet sich gem. § 45 Abs. 3, auf den Absatz 2 Satz 4 verweist, nach dem jeweils maßgeblichen Landesenteignungsrecht (Kment EnWG/Turiaux § 44a Rn. 34).

E. Vorkaufsrecht (Abs. 3)

Nach Absatz 3 steht dem Vorhabenträger in den Fällen des Absatzes 1 Satz 1 ein **gesetzliches Vorkaufsrecht** an den betroffenen Flächen zu. Dies eröffnet dem Vorhabenträger die Möglichkeit, ohne vorherige Durchführung eines Enteignungsverfahrens das Eigentum an denjenigen Grundstücken zu erlangen, die für die Vorhabenrealisierung benötigt werden (Theobald/Kühling/Missling § 44a Rn. 35). Durch die Geltendmachung des Vorkaufsrechts kann außerdem verhindert werden, dass die von dem Plan betroffene Fläche als „Sperrgrundstück" veräußert wird, um damit dem Erwerber die Möglichkeit zu verschaffen, die Planungsentscheidung als Enteignungsbetroffener grundsätzlich vollumfänglich von den Verwaltungsgerichten überprüfen zu lassen. Trotz einer Verschärfung der Missbrauchskontrolle für Sperrgrundstücksklagen (BVerwG NVwZ 2001, 427 (428)) und der behutsamen Einschränkung des sog. gerichtlichen Vollüberprüfungsanspruchs Enteignungsbetroffener (BVerwG BeckRS 2020, 47446 Rn. 27 ff.) ist eine solche Regelung nach wie vor sinnvoll (Theobald/Kühling/Missling § 44a Rn. 35), auch wenn die Relevanz der Sperrgrundstücksklagen aufgrund der Verbandsklagerechte nach § 64 BNatSchG und § 2 UmwRG abgenommen hat (Säcker EnergieR/Pielow § 44a Rn. 26). 34

Das Vorkaufsrecht **entsteht** mit Wirksamwerden der Veränderungssperre nach Absatz 1 Satz 1 (vgl. → Rn. 8) und damit unabhängig von den Fristen des Absatzes 2 Satz 1 (Kment EnWG/Turiaux § 44a Rn. 37). Es erstreckt sich grundsätzlich auf alle Flächen, die von der Veränderungssperre erfasst (vgl. dazu → Rn. 19 f.) und für das Vorhaben nicht nur vorübergehend (zB zur Lagerung von Baumaterialien) benötigt werden. Das Vorkaufsrecht entsteht aus Gründen der Verhältnismäßigkeit nicht an solchen Grundstücken, die nach dem ausgelegten Plan nicht erworben, sondern nur mit einem dinglichen Nutzungsrecht (Dienstbarkeit) belastet werden sollen (Bourwieg/Hellermann/Hermes/Hermes § 44a Rn. 23); dies ist bei Energieleitungsvorhaben der Regelfall (Kment EnWG/Turiaux § 44a Rn. 38). 35

Das Vorkaufsrecht nach Absatz 3 richtet sich als gesetzliches Vorkaufsrecht nach den **§§ 463–474 BGB** (Säcker EnergieR/Pielow § 44a Rn. 29; BVerwG NVwZ-RR 1998, 284 (285)). Es setzt damit einen **wirksamen Kaufvertrag** zwischen dem Grundstückseigentümer und einem Dritten voraus (§ 463 BGB), in der der Vorhabenträger – übt er sein Vorkaufsrecht durch eine einseitige empfangsbedürftige Willenserklärung gegenüber dem verpflichteten Eigentümer aus – **eintritt** (§ 464 BGB). Nach § 464 Abs. 2 BGB kommt ein neuer selbstständiger Kaufvertrag zwischen dem Vorhabenträger und dem Eigentümer unter den Bedingungen zustande, die ursprünglich mit dem Dritten vereinbart wurden (Theobald/Kühling/Missling § 44a Rn. 37). Das Vorkaufsrecht besteht unabhängig davon, ob es dem Eigentümer oder dem Dritten bekannt ist; ein gutgläubiger lastenfreier Erwerb ist nicht möglich (Kment EnWG/Turiaux § 44a Rn. 39). 36

Die Ausübung des Vorkaufsrechts ist kein Verwaltungsakt; dem Eigentümer, der sich gegen das Vorkaufsrecht oder dessen Ausübung zur Wehr setzen will, steht der **Zivilrechtsweg** offen (Bourwieg/Hellermann/Hermes/Hermes § 44a Rn. 25). 37

§ 44b Vorzeitige Besitzeinweisung

(1) ¹Ist der sofortige Beginn von Bauarbeiten geboten und weigert sich der Eigentümer oder Besitzer, den Besitz eines für den Bau, die Änderung oder Betriebsänderung von Hochspannungsfreileitungen, Erdkabeln oder Gasversorgungsleitungen im Sinne des § 43 benötigten Grundstücks durch Vereinbarung unter Vorbehalt aller Entschädigungsansprüche zu überlassen, so hat die Enteignungsbehörde den Träger des Vorhabens auf Antrag nach Feststellung des Plans oder Erteilung der Plangenehmigung in den Besitz einzuweisen. ²Der Planfeststel-

lungsbeschluss oder die Plangenehmigung müssen vollziehbar sein. ³Weiterer Voraussetzungen bedarf es nicht.

(1a) ¹Der Träger des Vorhabens kann verlangen, dass nach Abschluss des Anhörungsverfahrens gemäß § 43a eine vorzeitige Besitzeinweisung durchgeführt wird. ²In diesem Fall ist der nach dem Verfahrensstand zu erwartende Planfeststellungsbeschluss dem vorzeitigen Besitzeinweisungsverfahren zugrunde zu legen. ³Der Besitzeinweisungsbeschluss ist mit der aufschiebenden Bedingung zu erlassen, dass sein Ergebnis durch den Planfeststellungsbeschluss bestätigt wird. ⁴Anderenfalls ist das vorzeitige Besitzeinweisungsverfahren auf der Grundlage des ergangenen Planfeststellungsbeschlusses zu ergänzen.

(2) ¹Die Enteignungsbehörde hat spätestens sechs Wochen nach Eingang des Antrags auf Besitzeinweisung mit den Beteiligten mündlich zu verhandeln. ²Hierzu sind der Antragsteller und die Betroffenen zu laden. ³Dabei ist den Betroffenen der Antrag auf Besitzeinweisung mitzuteilen. ⁴Die Ladungsfrist beträgt drei Wochen. ⁵Mit der Ladung sind die Betroffenen aufzufordern, etwaige Einwendungen gegen den Antrag vor der mündlichen Verhandlung bei der Enteignungsbehörde einzureichen. ⁶Die Betroffenen sind außerdem darauf hinzuweisen, dass auch bei Nichterscheinen über den Antrag auf Besitzeinweisung und andere im Verfahren zu erledigende Anträge entschieden werden kann.

(3) ¹Soweit der Zustand des Grundstücks von Bedeutung ist, hat die Enteignungsbehörde diesen bis zum Beginn der mündlichen Verhandlung in einer Niederschrift festzustellen oder durch einen Sachverständigen ermitteln zu lassen. ²Den Beteiligten ist eine Abschrift der Niederschrift oder des Ermittlungsergebnisses zu übersenden.

(4) ¹Der Beschluss über die Besitzeinweisung ist dem Antragsteller und den Betroffenen spätestens zwei Wochen nach der mündlichen Verhandlung zuzustellen. ²Die Besitzeinweisung wird in dem von der Enteignungsbehörde bezeichneten Zeitpunkt wirksam. ³Dieser Zeitpunkt soll auf höchstens zwei Wochen nach Zustellung der Anordnung über die vorzeitige Besitzeinweisung an den unmittelbaren Besitzer festgesetzt werden. ⁴Durch die Besitzeinweisung wird dem Besitzer der Besitz entzogen und der Träger des Vorhabens Besitzer. ⁵Der Träger des Vorhabens darf auf dem Grundstück das im Antrag auf Besitzeinweisung bezeichnete Bauvorhaben durchführen und die dafür erforderlichen Maßnahmen treffen.

(5) ¹Der Träger des Vorhabens hat für die durch die vorzeitige Besitzeinweisung entstehenden Vermögensnachteile Entschädigung zu leisten, soweit die Nachteile nicht durch die Verzinsung der Geldentschädigung für die Entziehung oder Beschränkung des Eigentums oder eines anderen Rechts ausgeglichen werden. ²Art und Höhe der Entschädigung sind von der Enteignungsbehörde in einem Beschluss festzusetzen.

(6) ¹Wird der festgestellte Plan oder die Plangenehmigung aufgehoben, so sind auch die vorzeitige Besitzeinweisung aufzuheben und der vorherige Besitzer wieder in den Besitz einzuweisen. ²Der Träger des Vorhabens hat für alle durch die Besitzeinweisung entstandenen besonderen Nachteile Entschädigung zu leisten.

(7) ¹Ein Rechtsbehelf gegen eine vorzeitige Besitzeinweisung hat keine aufschiebende Wirkung. ²Der Antrag auf Anordnung der aufschiebenden Wirkung nach § 80 Abs. 5 Satz 1 der Verwaltungsgerichtsordnung kann nur innerhalb eines Monats nach der Zustellung des Besitzeinweisungsbeschlusses gestellt und begründet werden.

Überblick

Absatz 1 regelt die materiellen Voraussetzungen der Besitzeinweisung (→ Rn. 6). Auf Antrag des Vorhabenträgers (→ Rn. 34) hat die Enteignungsbehörde diesen unter drei Voraussetzungen in den Besitz des benötigten Grundstücks einzuweisen. Es muss erstens eine vollziehbare Zulassungsentscheidung (→ Rn. 8) vorliegen. Zweitens muss sich der Betroffene geweigert haben, dem Vorhabenträger den Besitz an einem benötigten Grundstück zu überlassen (→ Rn. 10) und drittens muss der sofortige Baubeginn geboten sein (→ Rn. 15).

Nach Absatz 1a kann ein Besitzeinweisungsverfahrens bereits vor Erlass des Planfeststellungsbeschlusses eingeleitet werden (→ Rn. 20). Voraussetzung ist der Abschluss des Anhörungsverfahrens. Die Enteignungsbehörde legt dabei eine Prognose des zu erwartenden Planfeststellungsbeschlusses zugrunde (→ Rn. 24) und erlässt den Besitzeinweisungsbeschluss mit der aufschiebenden Bedingung der Bestätigung durch den Planfeststellungsbeschluss (→ Rn. 26).

Absätze 2–4 regeln den Ablauf des Besitzeinweisungsverfahrens (→ Rn. 28).

Absatz 5 enthält eine Entschädigungspflicht des Vorhabenträgers gegenüber den von der Besitzeinweisung Betroffenen, soweit ihnen Vermögensnachteile entstehen (→ Rn. 64).

Absatz 6 verdeutlicht die Abhängigkeit des Besitzeinweisungsbeschlusses von der Zulassungsentscheidung (→ Rn. 70). Wird diese aufgehoben, ist auch der Besitzeinweisungsbeschluss aufzuheben und die Besitzübertragung rückgängig zu machen, wobei für entstandene Nachteile vom Vorhabenträger eine Entschädigung zu leisten ist (→ Rn. 73).

Absatz 7 modifiziert den verwaltungsgerichtlichen Rechtsschutz des von einer Besitzeinweisung Betroffenen (→ Rn. 76).

Übersicht

	Rn.		Rn.
A. Normzweck und Bedeutung	1	4. Begründung	38
B. Entstehungsgeschichte	4	IV. Vollständigkeitsprüfung	40
C. Materielle Voraussetzungen der Besitzeinweisung (Abs. 1)	6	V. Sechs-Wochen-Frist (Abs. 2 S. 1)	41
		VI. Zustandsfeststellung (Abs. 3)	42
I. Vollziehbare Zulassungsentscheidung	8	VII. Ladung zur mündlichen Verhandlung (Abs. 2 S. 2–6)	45
II. Weigerung des Betroffenen	10	VIII. Mündliche Verhandlung (Abs. 2 S. 1)	50
III. Sofortiger Baubeginn	15	IX. Besitzeinweisungsbeschluss (Abs. 4)	55
D. Vor-vorzeitiges Besitzeinweisungsverfahren (Abs. 1a)	20	1. Gebundene Entscheidung	55
		2. Zustellung	57
E. Besitzeinweisungsverfahren (Abs. 2–4)	28	3. Wirksamkeitszeitpunkt	58
		4. Rechtswirkung	60
I. Zuständige Behörde (Abs. 1 S. 1)	29	5. Nebenbestimmungen	61
II. Beteiligte (Abs. 1 S. 1)	30	6. Vollziehbarkeit	62
III. Antrag des Vorhabenträgers (Abs. 1 S. 1)	34	7. Durchsetzung	63
1. Form, Inhalt und Umfang des Antrags	34	F. Entschädigung (Abs. 5)	64
2. Bestimmtheit	35	G. Folgen bei Aufhebung der Zulassungsentscheidung (Abs. 6)	70
3. Adressaten	36	H. Rechtsschutz (Abs. 7)	74

A. Normzweck und Bedeutung

Das Rechtsinstitut der vorzeitigen Besitzeinweisung steht in engem Zusammenhang 1 sowohl zum Planfeststellungs- als auch zum Enteignungsverfahren (Theobald/Kühling/Missling § 44b Rn. 3). Es knüpft an das Vorhabenzulassungsverfahren nach §§ 43 ff. an und ist wie die förmliche Enteignung nach § 45 ein Realisierungs- bzw. Vollzugsinstrument (Thon Leitungsvorhaben, S. 97). Mit der Feststellung des Planes bzw. der Plangenehmigung ist der Vorhabenträger noch nicht berechtigt, die von seinem Vorhaben betroffenen Grundstücke Dritter in Anspruch zu nehmen, wenn diese ihre Zustimmung verweigern. In diesem Fall muss der Vorhabenträger ein Enteignungsverfahren beantragen, das insbesondere bei Ausnutzung von Rechtsschutzmöglichkeiten seitens der Betroffenen längere Zeit dauern kann. Aus diesem Grund ermöglicht die vorzeitige Besitzeinweisung den beschleunigten Zugriff auf für die Vorhabenrealisierung notwendige Grundstücke. Mit der vorzeitigen Besitzeinweisung wird eine **Änderung der zivilrechtlichen Besitzverhältnisse** bewirkt, dh dem Eigentümer wird der Besitz an seinem Grundstück bzw. vom Vorhaben betroffener Teilflächen entzogen und der Vorhabenträger erlangt die tatsächliche Sachherrschaft. Da somit ein Teilaspekt des Eigentums betroffen ist, wird die vorzeitige Besitzeinweisung als Enteignung iSd

Art. 14 GG bewertet (BT-Drs. 17/6249, 15; BayVGH NVwZ 1985, 106 (107); 1999, 1015; Kümper DÖV 2021, 110 (121)).

2 Die Vorschrift bildet mit §§ 44, 44c den Kernbestand der durch das Infrastrukturplanungsbeschleunigungsgesetz vom 9.12.2006 (BGBl. I 2833 (2847)) und das Gesetz zur **Beschleunigung** des Energieleitungsausbaus vom 13.5.2019 (BGBl. I 706) eingefügten Beschleunigungsregelungen.

3 Der **Anwendungsbereich** der Vorschrift beschränkt sich auf Energieleitungsvorhaben und deckt sich nicht mit den in § 43 Abs. 1 und Abs. 2 genannten planfeststellungspflichtigen und planfeststellungsfähigen Vorhaben. Gegenstand muss der Bau, die Änderung oder die Betriebsänderung von Hochspannungsfreileitungen, Erdkabeln und Gasversorgungsleitungen sein. Damit kann für Vorhaben gem. § 43 Abs. 2 Nr. 7 (Energiekopplungsanlagen) und § 43 Abs. 2 Nr. 8 (Großspeicheranlagen) kein Besitzeinweisungsverfahren nach § 44b durchgeführt werden. Für eine Anbindungsleitung von LNG-Anlagen (§ 43 Abs. 1 Nr. 6) kann hingegen ein Besitzeinweisungsverfahren nach § 44b durchgeführt werden, da es sich um eine Gasversorgungsleitung handelt (→ § 43 Rn. 41). Letzteres wird nunmehr durch § 8 Abs. 1 Nr. 4 Gesetz zur Beschleunigung des Einsatzes verflüssigten Erdgases (LNG-Beschleunigungsgesetz – LNGG) vom 24.5.2022 (BGBl. I 802) bestätigt. Durch die Integration von Nebenanlagen (§ 43 Abs. 2 Nr. 1) und von Leerrohren (§ 43j iVm § 43 Abs. 2 Nr. 6) in ein Planfeststellungsverfahren für eine Energieleitung ist insoweit auch ein Besitzeinweisungsverfahren nach § 44b möglich. § 28j Abs. 1, § 43l Abs. 1 iVm § 44b ermöglicht die Besitzeinweisung auch für Vorhaben zur Errichtung, zum Betrieb und zur Änderung von Wasserstoffnetzen iSv § 3 Nr. 39a bzw. von Wasserstoffleitungen. Soweit der Anwendungsbereich von § 44b nicht eröffnet ist, kommt ein Besitzeinweisungsverfahren nach den Landesenteignungsgesetzen in Verbindung mit § 45 Abs. 3 in Betracht.

B. Entstehungsgeschichte

4 Die Absätze 1–7 – ausgenommen Absatz 1a – wurden durch das Artikelgesetz zur Beschleunigung von Planungsverfahren für Infrastrukturvorhaben vom 9.12.2006 (BGBl. I 2833 (2850)) in das Energiewirtschaftsgesetz vom 7.7.2005 (BGBl. I 1970) eingefügt und sind nahezu identisch mit Vorschriften im (Wasser-)Straßenrecht (§ 18f FStrG, § 20 WaStrG), im Eisenbahnrecht (§ 36e Bundesbahngesetz, jetzt § 21 AEG), im Luftverkehrsrecht (§ 27e LuftVG aF, jetzt § 27g LuftVG), im Personenbeförderungsrecht (§ 29a PBefG) und im Magnetschwebebahnrecht (§ 6 MBPlG), die in die genannten Gesetze durch das **Planungsvereinfachungsgesetz** vom 17.12.1993 (BGBl. I 2123) eingefügt wurden. **Vorbild** für diese Vorschriften war § 7 Verkehrswegeplanungsbeschleunigungsgesetz vom 16.12.1991 (BGBl. I 2174), der auf die frühere Fassung des § 18f FStrG zurückgeht.

5 Eine mit **Absatz 1a** vergleichbare Regelung existiert bisher nicht in anderen Fachplanungsvorschriften. Der Absatz wurde durch das Artikelgesetz über Maßnahmen zur Beschleunigung des Netzausbaus Elektrizitätsnetze vom 28.7.2011 (BGBl. I 1690 (1699)) eingefügt. Durch das bis zum 30.6.2025 geltende Gesetz zur Beschleunigung des Einsatzes verflüssigten Erdgases (LNG-Beschleunigungsgesetz – LNGG) vom 24.5.2022 (BGBl. I 802) wird der Anwendungsbereich von Absatz 1a ausgedehnt. Nach § 8 Abs. 1 Nr. 3 LNGG kann der Vorhabenträger bereits nach Ablauf der Einwendungsfrist statt dem Abschluss des Anhörungsverfahrens verlangen, dass eine vorzeitige Besitzeinweisung durchgeführt wird.

C. Materielle Voraussetzungen der Besitzeinweisung (Abs. 1)

6 Die Vorschrift sieht nur drei materielle Voraussetzungen vor:
- es muss eine vollziehbare Zulassungsentscheidung vorliegen (→ Rn. 8),
- der Betroffene weigert sich, dem Vorhabenträger den Besitz an einem benötigten Grundstück zu überlassen (→ Rn. 10) und
- der sofortige Beginn von Bauarbeiten ist geboten (→ Rn. 15).

7 Liegen diese Voraussetzungen vor, muss die Enteignungsbehörde die vorzeitige Besitzeinweisung verfügen (sog. **Muss-Besitzeinweisung** im Gegensatz zur Kann-Besitzeinweisung nach § 116 BauGB, vgl. dazu Aust/Jacobs/Pasternak/Friedrich Enteignungsentschädigung Rn. 114; → Rn. 55). Somit dürfen an eine vorzeitige Besitzeinweisung keine weiteren

Anforderungen gestellt werden. Andere befürchtete Nachteile Betroffener können nicht hier, sondern müssen in den gesetzlich vorgesehenen Verfahren (Planfeststellungsverfahren, Enteignungsverfahren) berücksichtigt werden (BVerwG Beck RS 2023, 4021 Rn. 26; OVG NRW BeckRS 2019, 57849 Rn. 20; BayVGH EnWZ 2013, 478 (480); VG Weimar EnWZ 2014, 189 (192)).

I. Vollziehbare Zulassungsentscheidung

Grundvoraussetzung ist eine vollziehbare Zulassungsentscheidung. Sie bedarf keiner 8 Bestandskraft, jedoch darf die Vollziehbarkeit nicht gehemmt sein (BayVGH EnWZ 2013, 478 (479)). Nach § 43e Abs. 1 S. 1 hat eine Anfechtungsklage gegen den Planfeststellungsbeschluss oder die Plangenehmigung keine aufschiebende Wirkung; somit sind diese vollziehbar. Die Vollziehbarkeit liegt dann nicht mehr vor, wenn infolge eines Antrags nach § 80 Abs. 5 VwGO die aufschiebende Wirkung der Anfechtungsklage angeordnet wird.

Der Zulassungsentscheidung müssen sich dabei die benötigten Grundstücke entnehmen 9 lassen. Eine Besitzeinweisung kann daher nur für Grundstücke beantragt werden, die Gegenstand des Planfeststellungs- bzw. Plangenehmigungsverfahrens sind, also insbesondere im **Grunderwerbsverzeichnis** benannt sind (Rosin/Pohlmann/Gentzsch/Metzenthin/ Böwing/Engel § 44b Rn. 31). Irrelevant ist dabei, ob auf den Grundstücken die Energieleitung verlegt werden soll oder ob auf den Grundstücken andere vorhabenbedingte Maßnahmen (zB Anlegung eines Arbeitsstreifens, Vornahme von Ausgleichs- und Ersatzmaßnahmen, vorübergehende Nutzung als Zufahrt oder Lagerplatz) durchgeführt werden müssen (Theobald/Kühling/Missling § 44b Rn. 8; Rosin/Pohlmann/Gentzsch/Metzenthin/Böwing/ Engel § 44b Rn. 32).

II. Weigerung des Betroffenen

Weitere Voraussetzung ist, dass sich der Eigentümer oder Besitzer (Mieter, Pächter, ding- 10 lich Berechtigter) eines für die planfestgestellte bzw. plangenehmigte Baumaßnahme benötigten Grundstücks weigert, dessen Besitz durch Vereinbarung unter Vorbehalt aller Entschädigungsansprüche zu überlassen (VGH BW BeckRS 2017, 106572; NVwZ-RR 1999, 487). Eines Angebotes des Vorhabenträgers über die Höhe der Entschädigung bedarf es dabei nicht (VGH BW NVwZ-RR 1999, 487; VG Gera BeckRS 2008, 40424; aA BayVGH BeckRS 2013, 49689 Rn. 19 zu § 18f FStrG „ein (rechtzeitiges) ernsthaftes Bemühen zum freihändigen Erwerb des Grundstücks bzw. der Besitzüberlassung zu angemessenen Bedingungen" ist erforderlich). Jedoch gebietet es der Grundsatz der Verhältnismäßigkeit, dass der Vorhabenträger eine gütliche Regelung zur Besitzüberlassung angestrebt hat (Scheidler EnWZ 2015, 396 (400); Scheidler DÖV 2012, 274 (279)). Empfehlenswert sind dabei neben einer schriftlichen Information auch persönliche Gespräche mit den Betroffenen. Das bedeutet, dass der Vorhabenträger den Betroffenen um Erteilung einer **Bauerlaubnis** oder um Abschluss einer Besitzüberlassungsvereinbarung (s. Muster in Posser/Faßbender PraxHdB Netzplanung/ Netzausbau/Rappen/Schiffer Kap. 12 Rn. 72) gebeten hat. Notwendiger Regelungsgegenstand ist dabei nur die Herbeiführung des Besitzübergangs unter Vorbehalt sämtlicher Entschädigungsansprüche (Entschädigungsbetrag, Verzinsung des Entschädigungsbetrages). Vom Betroffenen gewünschte Regelungen zu Schutzvorkehrungen uÄ sind entbehrlich (BayVGH NVwZ-RR 1994, 131).

Von einer Weigerung des Betroffenen ist auszugehen, wenn deutlich zum Ausdruck 11 kommt, dass er die Bauerlaubnis ablehnt bzw. ein Angebot zur Überlassung des Besitzes an den Vorhabenträger unter Vorbehalt sämtlicher Entschädigungsansprüche nicht annimmt (BVerwG 2023, 21159 Rn. 21; EnWZ 2023, 223 Rn. 22). Die Ablehnung kann dabei sowohl durch schriftliche oder mündliche Erklärung als auch durch **Untätigkeit bzw. Schweigen** zum Ausdruck gebracht werden. Auch wenn Schweigen im Rechtsverkehr grundsätzlich keinen Erklärungswert hat, wird dies insbesondere bei vorausgegangenen Verhandlungen und ggf. deutlichem Hinweis in der Korrespondenz des Vorhabenträgers auf sein Verständnis bei unterlassener Rückäußerung des Betroffenen als Zustimmungsverweigerung zu werten sein (Feurstein RdE 2014, 326 f.).

Im Fall der Erneuerung einer Energieleitung, deren Bau, Unterhaltung und Betrieb bereits 12 schuldrechtlich oder dinglich zugunsten des Vorhabenträgers gesichert ist, kann im **Ausspre-**

chen eines **Bauverbots** bzw. der Untersagung der beabsichtigten Erneuerungsarbeiten oder der Geltendmachung unangemessener Forderungen (auf Entschädigung oder bezüglich Anforderungen an die Bauausführung, die über das Gebot zur schonenden Ausübung von Leitungsrechten nach § 1020 BGB hinausgehen) eine Weigerung des Betroffenen zu sehen sein. Denn die Durchführung von Bauarbeiten entgegen dem Willen des Betroffenen würde eine verbotene Eigenmacht des Vorhabenträgers iSv § 858 Abs. 1 BGB darstellen, der er sich nach § 859 Abs. 3 BGB nur sofort erwehren könnte (also bspw. durch Beginn von vorbereitenden Baumaßnahmen, die aber unter Umständen ihrerseits einer Zulassungsentscheidung nach § 44c oder eines Planfeststellungsbeschlusses nach § 43 bedürften). Einer zivilrechtlichen Duldungsklage des Vorhabenträgers auf Grundlage seiner schuldrechtlichen oder dinglichen Rechte steht der erforderliche Zeitbedarf bis zu einer rechtskräftigen Entscheidung und einem einstweiligen Verfügungsverfahren nach §§ 935, 940 ZPO ggf. die Vorwegnahme der Hauptsache entgegen. Vor diesem Hintergrund ist auch in diesem Fall die Durchführung eines Besitzeinweisungsverfahrens möglich.

13 Eine einmal vom Betroffenen erteilte Bauerlaubnis wird bei einer **Rechtsnachfolge** (zB im Erbfall) nicht unwirksam. Ob es nach erteilter Bauerlaubnis zu einer Rechtsnachfolge im Eigentum und im mittelbaren Besitz kommt, ist unerheblich. Vielmehr muss der Rechtsnachfolger die einmal erteilte Bauerlaubnis gegen sich gelten lassen (BayVGH NVwZ-RR 2014, 257 Rn. 10).

14 Ein Formzwang besteht für die Erteilung der Bauerlaubnis nicht. Gleichwohl empfiehlt sich für den Vorhabenträger aus Beweisgründen eine **schriftliche Erklärung** des Betroffenen oder eine Vereinbarung mit dem Betroffenen. Wird eine Bauerlaubnis in der mündlichen Verhandlung des Besitzeinweisungsverfahrens erklärt, genügt die Dokumentation in der Niederschrift des behördlichen Verhandlungsleiters (BayVGH NVwZ-RR 2014, 257 Rn. 18).

III. Sofortiger Baubeginn

15 Schließlich ist Voraussetzung, dass der sofortige Beginn von Bauarbeiten geboten ist. Die Rechtsprechung insbesondere zu § 18f FStrG (OVG LSA BeckRS 2019, 5035 Rn. 26, 30; OVG NRW BeckRS 2010, 53207; BayVGH NVwZ-RR 2003, 256; ThürOVG NVwZ-RR 1999, 488 (490)) geht dabei nach folgender Prüfungsreihenfolge vor.

16 Die notwendigen Bauarbeiten auf dem betroffenen Grundstück, wobei bereits notwendige Vorarbeiten wie Bodenuntersuchungen, Probebohrungen, Herstellung von Zuwegungen und Baustelleneinrichtungen genügen (SchlHOVG Beck RS 2021, 28795 Rn. 35 mwN), müssen nach dem Bauablaufplan **unmittelbar bevorstehen.**

17 Der Vorhabenrealisierung dürfen **keine erheblichen Hindernisse** entgegenstehen (zB fehlende finanzielle Mittel, nicht erfolgte Vergabe von Bauleistungen (wobei es bereits als unkalkulierbares Risiko für den Vorhabenträger angesehen wird, wenn er vor Vergabe und Abschluss von Verträgen noch nicht über den unmittelbaren Besitz an den betreffenden Grundstücksflächen verfügt; BayVGH BeckRS 2020, 1176 Rn. 13; NVwZ-RR 2003, 256)).

18 Das Interesse der Allgemeinheit am sofortigen Beginn der Ausführung des Vorhabens muss das Interesse des Betroffenen im Rahmen einer Abwägung nachweisbar überwiegen (so auch Scheidler EnWZ 2015, 396 (400); Scheidler DÖV 2012, 274 (278)). Ein solches überwiegendes Interesse am sofortigen Beginn der Ausführung des Vorhabens ist **regelmäßig indiziert,** wenn es sich um ein Vorhaben handelt, für das vom Gesetzgeber ein vordringlicher Bedarf festgestellt ist (OVG LSA BeckRS 2019, 5035 Rn. 30; OVG NRW BeckRS 2010, 53207). Dies ist der Fall, wenn es sich um ein Vorhaben nach dem Energieleitungsausbaugesetz oder dem Bundesbedarfsplangesetz handelt (Theobald/Kühling/Missling § 44b Rn. 6; Feurstein RdE 2014, 326 (327)). Darüber hinaus ist die Vordringlichkeit zu bejahen, wenn das Vorhaben der Beseitigung bestehender Netzengpässe oder der Anbindung von Offshore-Windkraftanlagen dient (Rosin/Pohlmann/Gentzsch/Metzenthin/Böwing/Engel § 44b Rn. 7; Riedel RdE 2008, 81 (84)).

19 Liegt kein vordringlicher Bedarf vor, kommt es darauf an, dass das öffentliche Interesse an der Ausführung des Vorhabens ein solches Gewicht besitzt, dass für den Fall des Abwartens eines Enteignungsverfahrens wesentliche Nachteile drohen. Es muss ein **besonderes öffentliches Interesse** vorliegen, das über den Erlass des Planfeststellungsbeschlusses und seine sofortige Vollziehbarkeit wie auch dasjenige hinausgeht, das allgemein an der Realisierung

eines dem Wohl der Allgemeinheit dienenden Vorhabens besteht (VGH BW BeckRS 2016, 11648 Rn. 20 zu § 21 AEG). Dabei kommt es auf den Zweck des Vorhabens bzw. der Enteignung unter Berücksichtigung der Besonderheiten des Einzelfalls an (→ Rn. 19.1).

Die Rechtsprechung berücksichtigt dabei zeitliche, technisch-konstruktive, betriebliche, finanzielle und gesellschaftliche Aspekte. 19.1
- Einhaltung des Rahmenterminplans, Vermeidung eines Hineinziehens der Baustelle in den Winter (BayVGH BeckRS 2013, 49689 Rn. 23)
- pünktliche Fertigstellung (KG NJW 1998, 3064 (3065))
- nur einheitlich mögliche Planung und Ausführung von Gewerken (VGH BW NVwZ-RR 2011, 143; KG NJW 1998, 3064)
- Lückenschluss bei Linienvorhaben (OVG NRW BeckRS 2008, 34805)
- innerhalb eines Gesamtkonzepts aufeinander abgestimmte Ausführung von Bauarbeiten, bei denen ein Bauverzug einer Maßnahme den Gesamtterminplan gefährdet und dies zu Mehrkosten führt (BVerwG BeckRS 2023, 21159 Rn. 19; VGH BW BeckRS 2016, 11648 Rn. 21)
- langfristig abgestimmte und nicht verschiebbare Ausschaltzeiten von Energieleitungen, wobei Bauverzögerungen zu erheblichen Betriebskomplikationen führen können (VG Weimar EnWZ 2014, 189 (191 f.) = ZNER 2014, 217 (219))
- Gefahr erheblicher Mehrkosten (VG Weimar EnWZ 2014, 189 (191 f.) = ZNER 2014, 217 (219); KG NJW 1998, 3064 (3065))
- Erhaltung vorhandener und Schaffung neuer Arbeitsplätze (VGH BW NVwZ-RR 2011, 143 (149))
- Linienbaustelle mit erforderlicher intensiver zeitlicher Abstimmung der einzelnen Bauabschnitte, Notwendigkeit von Drucktests in Abhängigkeit von einer jahreszeitlichen Mindesttemperatur, Bedeutung der Fertigstellung des Vorhabens für die Sicherung der Gasversorgung (BVerwG BeckRS 2023, 4021 Rn. 20; OVG Bln-Bbg BeckRS 2020, 31525 Rn. 34)

D. Vor-vorzeitiges Besitzeinweisungsverfahren (Abs. 1a)

Die Vorschrift stellt mit § 27 Abs. 1 NABEG ein **Novum im Fachplanungsrecht** dar (Berger Besitzeinweisung, S. 51). Vom Grundsatz, ein Besitzeinweisungsverfahren erst nach Vorliegen einer vollziehbaren Zulassungsentscheidung einleiten zu können, wird abgewichen. Darin liegt ein erhebliches Beschleunigungspotential für die Vorhabenrealisierung, weshalb der Vorschrift eine Signalwirkung für das gesamte Infrastrukturrecht zugesprochen wird (Kment NVwZ 2012, 1134 (1139)). Allerdings wurde dies bereits im Gesetzgebungsverfahren in Frage gestellt (s. Stellungnahme des Bundesrates, BT-Drs. 17/6249, 15) und hat in der Literatur zu verfassungsrechtlichen Diskussionen geführt (Rosin/Pohlmann/Gentzsch/Metzenthin/Böwing/Engel § 44b Rn. 22 „verfassungsrechtlich höchst problematisch"). Wegen der nach § 44b Abs. 1a S. 3 erforderlichen aufschiebenden Bedingung wird jedoch überwiegend von der Verfassungsmäßigkeit der Regelung ausgegangen (Weghake NVwZ 2016, 496 (498); Berger Besitzeinweisung, S. 50, s. auch umfassend zur vergleichbaren Regelung in § 27 Abs. 1 NABEG de Witt/Scheuten NABEG § 27 Rn. 11 ff.), zumal der Enteignungsbehörde die verfassungsrechtlich geforderte enteignungsspezifische Verhältnismäßigkeitsprüfung und eine auf das konkrete Vorhaben bezogene Abwägung von Gemeinwohl- und Eigentümerbelangen (Gebotenheit des sofortigen Baubeginns) obliegt (Kümper DÖV 2021, 110 (121)). 20

Die Vorschrift **modifiziert** die materiellen Voraussetzungen einer Besitzeinweisung (→ Rn. 22), den Zeitpunkt der Antragstellung (→ Rn. 23), das Prüfprogramm der Enteignungsbehörde (→ Rn. 24) und die Anforderungen an den Besitzeinweisungsbeschluss bzw. dessen Wirkung (→ Rn. 26). 21

Zum **Zeitpunkt** der Einleitung eines Verfahrens nach § 44b Abs. 1a ist das Zulassungsverfahren nach § 43 noch nicht abgeschlossen. Das vor-vorzeitige Besitzeinweisungsverfahren knüpft daher nicht an eine vollziehbare Zulassungsentscheidung (→ Rn. 8) an. Nach dem Wortlaut von § 44b Abs. 1a S. 2 muss es sich um ein Planfeststellungsverfahren handeln. Ob auch ein Plangenehmigungsverfahren genügt, ist zweifelhaft, da bei einem Plangenehmigungsverfahren kein Anhörungsverfahren stattfindet (§ 74 Abs. 6 S. 2 Hs. 2 VwVfG; Säcker EnergieR/Pielow § 44b Rn. 11; Rosin/Pohlmann/Gentzsch/Metzenthin/Böwing/Engel § 44b Rn. 27). Unter Hinweis auf die von einer Plangenehmigung ausgehenden enteignungsrechtlichen Vorwirkung wird die Anwendung von § 44b Abs. 1a in diesem Fall für möglich gehalten (Steinbach/Franke § 44b Rn. 30). Angesichts des eindeutigen Wortlauts 22 und systematischer Erwägungen sowie mangels einer planwidrigen Regelungslücke ist für die Anwendung von § 44b Abs. 1a im Rahmen eines Plangenehmigungsverfahrens jedoch kein Raum (Kment EnWG/Kment § 44b Rn. 10; Berger Besitzeinweisung, S. 51; Thon Leitungsvorhaben, S. 161 ff.).

23 Die **Antragstellung** (zu den Anforderungen → Rn. 34) kann während des Planfeststellungsverfahrens erfolgen und erscheint angesichts des Wortlauts von § 44b Abs. 1a S. 1 („vorzeitige Besitzeinweisung" statt „Besitzeinweisungsverfahren") bereits vor dem Abschluss des Anhörungsverfahrens möglich (Säcker EnergieR/Pielow § 44b Rn. 13; aA Steinbach/Franke § 44b Rn. 28; Britz/Hellermann/Hermes/Hermes, 3. Aufl., § 44b Rn. 5a; Theobald/Kühling/Missling § 44b Rn. 10b). Wegen des überragenden öffentlichen Interesses an einer sicheren Gasversorgung, die bei einer Unterbrechung von russischen Gaslieferungen infolge des Ukraine-Krieges gefährdet ist, hat der Gesetzgeber den Anwendungsbereich von § 44b Abs. 1a befristet ausgedehnt (→ Rn. 5). Nach § 8 Abs. 1 Nr. 3 LNGG kann ein Vorhabenträger für ein in § 3 LNGG iVm der Anlage bezeichnetes Vorhaben bereits nach Ablauf der Einwendungsfrist verlangen, dass das Verfahren der vorzeitigen Besitzeinweisung durchgeführt wird und somit also den Antrag stellen. Nach Ansicht des Gesetzgebers (BT-Drs. 20/1742, 23) soll die Behörde bereits vor Abschluss des Anhörungsverfahrens ausreichende Kenntnisse über das Vorhaben haben, um eine Prognoseentscheidung (→ Rn. 24) treffen zu können.

24 Mangels Vorliegens eines Planfeststellungsbeschlusses, der im Besitzeinweisungsverfahren Vorwirkungen zur Rechtmäßigkeit des Vorhabens und Betroffenheit des Grundstücks entfaltet, muss die Behörde den nach dem Verfahrensstand im Zulassungsverfahren zu erwartenden Planfeststellungsbeschluss zugrunde legen (§ 44b Abs. 1a S. 2). Die Anforderungen an die **Prognoseentscheidung** (→ Rn. 24.1) scheinen damit geringer als nach § 44c Abs. 1 Nr. 1 zu sein („unter Berücksichtigung der Stellungnahmen der Träger öffentlicher Belange einschließlich der Gebietskörperschaften ist mit einer Entscheidung im Planfeststellungsverfahren zugunsten des Vorhabenträgers zu rechnen").

24.1 Nach den allgemeinen Grundsätzen für Verwaltungsentscheidungen auf Prognosebasis ist jedoch eine möglichst umfängliche und zutreffende Sachverhaltsermittlung und eine sachgerechte, der Prognoseentscheidung zugrunde liegende Methodik zu verlangen (Thon Leitungsvorhaben, S. 134). Die Enteignungsbehörde hat dazu von der Anhörungsbehörde zunächst eine Stellungnahme zum Ergebnis des Anhörungsverfahrens abzufordern. Eigenständige und von den Ermittlungen der Planfeststellungsbehörde unabhängige Untersuchungen sind nicht durchführen (Thon Leitungsvorhaben, S. 136, 139). Auf dieser Grundlage muss die Enteignungsbehörde die Entscheidung der Planfeststellungsbehörde gleichsam voraussehen und somit das gleiche Prüfprogramm absolvieren wie die Planfeststellungsbehörde. Dabei hat sie insbesondere die Rechtmäßigkeitsvoraussetzungen für die Zulassung des Vorhabens und das konkret betroffene Grundstück in den Blick zu nehmen (Thon Leitungsvorhaben, S. 140 f.).

25 Zweifelhaft ist, ob die Enteignungsbehörde lediglich eine summarische Prüfung (Säcker EnergieR/Pielow § 44b Rn. 14) bzw. eine Abschätzung (Steinbach/Franke § 44b Rn. 38) des Ausgangs des Planungsverfahrens vornehmen darf oder eine hohe Prüfungsintensität bei Würdigung des Sachverhalts und der sich stellenden Rechtsfragen an den Tag legen muss (so Thon Leitungsvorhaben, S. 142 ff.). Zwar ist zuzugeben, dass Abweichungen der Ergebnisse von Planfeststellungs- und Besitzeinweisungsverfahren möglichst vermieden werden sollen. Allerdings sieht § 44b Abs. 1a S. 4 bei einer solchen Abweichung die Ergänzung des Besitzeinweisungsverfahrens vor.

26 Der Besitzeinweisungsbeschluss muss gem. § 44b Abs. 1a S. 3 zwingend mit der **aufschiebenden Bedingung** (§ 36 Abs. 2 Nr. 2 VwVfG) erlassen werden, dass der Besitzeinweisungsbeschluss durch den Planfeststellungsbeschluss bestätigt wird. Fehlt diese Bedingung, ist der Besitzeinweisungsbeschluss nichtig. Die Nebenbestimmung ist nur dann entbehrlich, wenn die dem Vorhaben zugrundeliegende Planungsentscheidung noch vor Erlass des Besitzeinweisungsbeschlusses ergeht (Thon Leitungsvorhaben, S. 147). Inhaltlich ist im Interesse einer möglichst hohen Rechtsklarheit und Bestimmtheit von der Enteignungsbehörde zu fordern, dass sie die gesetzliche Regelung des § 44b Abs. 1a S. 3 nicht lediglich wiederholt, sondern eindeutig ausdrückt, welcher Umstand genau zum Bedingungseintritt führt (Thon Leitungsvorhaben, S. 149 f. mit einer Musterformulierung; s. auch Rosin/Pohlmann/Gentzsch/Metzenthin/Böwing/Engel § 44b Rn. 26 „gänzlich verunglückte Formulierung", da ein Planfeststellungsbeschluss niemals das Ergebnis eines Besitzeinweisungsbeschlusses bestätigt, sondern letzterer das Ergebnis des Planfeststellungsbeschlusses vollzieht).

Die Regelung in § 44b Abs. 1a S. 4 wird als missglückt bezeichnet (Kment EnWG/ Kment § 44b Rn. 13). Mit dieser terminologischen Anlehnung an die planungsrechtlichen Erhaltungsvorschriften kann nur gemeint sein, dass der vorzeitige Besitzeinweisungsbeschluss modifiziert wird, nicht aber das Besitzeinweisungsverfahren (Kment NVwZ 2012, 1134 (1137)). Ob eine Ergänzung überhaupt möglich ist oder ein neuer Beschluss erlassen werden muss, hängt dabei maßgeblich von der Qualität bzw. dem Grad der Abweichung ab (Kment EnWG/Kment § 44b Rn. 13; Kment NVwZ 2012, 1134 (1137)). 27

E. Besitzeinweisungsverfahren (Abs. 2–4)

Das Besitzeinweisungsverfahren ist ein **förmliches Verwaltungsverfahren** iSv §§ 9, 63 ff. VwVfG. In der Praxis halten die Behörden Merk- und Hinweisblätter zum Verfahrensablauf und den Anforderungen an die Antragstellung bereit. Das Verfahren wird nur auf einen Antrag des Vorhabenträgers in Gang gesetzt. Er hat bei Vorliegen der Tatbestandsvoraussetzungen einen Anspruch auf Besitzeinweisung. Der Behörde steht kein Ermessensspielraum zu. Vielmehr handelt es sich um eine gebundene Entscheidung, wie der Gesetzeswortlaut („hat einzuweisen") zeigt (BayVGH EnWZ 2013, 478 (479); VG Weimar EnWZ 2014, 189 (192)). 28

I. Zuständige Behörde (Abs. 1 S. 1)

Das Besitzeinweisungsverfahren wird grundsätzlich von der nach dem jeweiligen Landesrecht zuständigen Enteignungsbehörde geführt. Für Vorhaben nach dem NABEG kommt ggf. die Zuständigkeit der BNetzA gem. § 31 Abs. 1, 2 NABEG, § 1 PlfZV, § 2 Abs. 1 BBPlG in Betracht. 29

II. Beteiligte (Abs. 1 S. 1)

Am Besitzeinweisungsverfahren sind nach § 13 Abs. 1 Nr. 1 VwVfG der **Vorhabenträger** als Antragsteller sowie der oder die sich einer Besitzüberlassung verweigernde(n) **Grundstückseigentümer** und insbesondere die schuldrechtlichen **Nutzungsberechtigten** (zB Mieter, Pächter) als Antragsgegner beteiligt. Daneben können nach § 13 Abs. 1 Nr. 2 oder Nr. 4 VwVfG iVm § 13 Abs. 2 VwVfG im Grundbuch in Abteilung II eingetragene **dingliche Berechtigte** (Nießbraucher, Erbbauberechtigte, Auflassungsvormerkungsberechtigte, Energie- und Wasserversorgungsunternehmen als Dienstbarkeitsberechtigte) verfahrensbeteiligt sein, soweit deren rechtliche Interessen vom Vorhaben betroffen sind und diese keine Bauerlaubnis erteilt haben. 30

In der Praxis hat es sich bewährt, dass der Vorhabenträger zur Beschränkung des Besitzeinweisungsverfahrens auf das Wesentliche, Zustimmungserklärungen der dinglichen Berechtigten einholt. Entweder sind diese vom Vorhaben nicht tangiert oder deren Hinweise (zB bei Kreuzungen oder Parallelverlegung) wird der Vorhabenträger schon im Planfeststellungs- oder Plangenehmigungsverfahren berücksichtigen. Diese werden bei vorliegender Zustimmungserklärung dann nicht mehr am Verfahren beteiligt. 31

Eine Beteiligung der im Grundbuch in **Abteilung III** eingetragenen Berechtigten (zB Vorkaufsberechtigte, Grundschuld- und Hypothekeninhaber) ist entbehrlich, da sie kein Recht zum Besitz haben (Scheidler EnWZ 2015, 396 (398); Scheidler DÖV 2012, 274 (276)). Da die Grundpfandgläubiger aber im Enteignungsverfahren in jedem Fall zu beteiligen sind, erscheint deren Beteiligung im Besitzeinweisungsverfahren als vertretbar (Feurstein RdE 2014, 326 (330)) und ist insbesondere bei einem kombinierten Besitzeinweisungs- und Enteignungsantrag notwendig. 32

Begünstigt können neben dem Vorhabenträger auch Dritte sein, die Folgemaßnahmen im Zusammenhang mit dem Vorhaben realisieren müssen (OLG Jena NVwZ-RR 2006, 681 = BeckRS 2005, 30365736 Rn. 16 ff.). Eine Vollmacht des Dritten für den Vorhabenträger ist insoweit entbehrlich. Handelt es sich dagegen nicht um im Rahmen des Vorhabens planfestgestellte Folgemaßnahmen iSv § 75 Abs. 1 VwVfG, muss der Träger dieser Maß- 33 nahme selbst einen Antrag auf vorzeitige Besitzeinweisung stellen (BayVGH NVwZ-RR 1994, 131).

III. Antrag des Vorhabenträgers (Abs. 1 S. 1)

1. Form, Inhalt und Umfang des Antrags

34 Die Norm enthält keine Anforderungen an Form, Inhalt und Umfang des Antrags des Vorhabenträgers. Der Antrag kann damit schriftlich oder zur Niederschrift bei der Behörde gestellt werden (§ 64 VwVfG). Nach den **Merk- und Hinweisblättern** der Enteignungsbehörden soll die Antragsschrift allgemeinverständlich und schlüssig formuliert sein.

2. Bestimmtheit

35 Vor dem Hintergrund des Bestimmtheitsgrundsatzes (§ 37 Abs. 1 VwVfG) muss die Besitzeinweisung in ein **konkretes Grundstück** (Gemarkung, Flur, Flurstücksnummer, Größe, Grundbuchblatt) beantragt werden. Bei zwischenzeitlichen Änderungen der Flurstücksbezeichnung (zB durch Flurbereinigungsverfahren oÄ) muss die Flurstücksfortführung unter Verweis auf entsprechende Nachweise (Katasterunterlagen, Grundbuchauszüge) dargelegt werden (Feurstein RdE 2014, 326). Im Antrag sind die vom Vorhaben dauerhaft bzw. für die Bauarbeiten temporär in Anspruch zu nehmenden (Teil-)Flächen des Grundstücks mit Größenangaben und unter Verweis auf beigefügte Lagepläne zu benennen. Ferner muss der Antrag einen genauen **Zeitpunkt** (Tag und Uhrzeit, hilfsweise zum nächstmöglichen Termin) der Besitzeinweisung enthalten. Bei einer vorübergehenden Inspruchnahme ist deren Dauer anzugeben. Lässt sich die Dauer der Inanspruchnahme nicht terminlich benennen, genügt die Angabe, bis zu welchem Baufortschritt (zB Wiederherstellung der Oberfläche, voraussichtlich bis Monat/Jahr) die vorübergehende Inanspruchnahme erforderlich ist.

3. Adressaten

36 Der Antrag richtet sich gegen die Betroffenen, die keine Bauerlaubnis für das Vorhaben erteilt haben. In der Praxis werden von den Enteignungsbehörden aus Zweckmäßigkeits- und Beschleunigungserwägungen flurstücksbezogene (auch bei mehreren Betroffenen → Rn. 36.1) und personenbezogene (bei mehreren betroffenen Flurstücken → Rn. 36.2) Anträge akzeptiert.

36.1 All diejenigen Personen, die bezüglich eines Flurstücks keine Bauerlaubnis erteilt haben, können in einem Antrag zusammengefasst werden.

36.2 Gibt es mehrere Flurstücke, für welche die gleichen Personen keine Bauerlaubnis erteilt haben, kann für diese ein gemeinsamer Antrag gestellt werden.

37 Schwierigkeiten kann die Adressermittlung aller Betroffenen bereiten (zB Unrichtigkeit des Grundbuchs bei Tod des Eigentümers, Gesamthandsgemeinschaft). Die Enteignungsbehörde erwartet in diesem Fall vom Vorhabenträger zumutbare Aktivitäten (zB Einwohnermeldeamtsanfrage, Erbenermittlung). Ist der Betroffene oder ein Vertreter nicht zu ermitteln, besteht die Möglichkeit, einen Vertreter nach § 16 VwVfG zu bestellen.

4. Begründung

38 Der Vorhabenträger hat seinen Antrag zu begründen. Dabei hat er den Sachverhalt im Hinblick auf die Tatbestandsvoraussetzungen gem. Absatz 1 **nachvollziehbar und plausibel** darzulegen (VG Weimar EnWZ 2014, 189 (191)) und insbesondere die Dringlichkeit der Vorhabenrealisierung zu erläutern (BVerwG Beck RS 2023, 4021 Rn. 20; OVG Bln-Bbg BeckRS 2020, 31525 Rn. 33). Der Antragsschrift sind Lagepläne, Grundbuchauszüge, Zustimmungserklärungen dinglich und schuldrechtlich Berechtigter, Nachweise zum Versuch des freihändigen Besitzerwerbs und Informationen zum Zustand des benötigten Grundstücks (zB Fotodokumentation, sachverständige Stellungnahme) beizufügen.

39 Nach den Merk- und Hinweisblättern der Enteignungsbehörden soll dem Antrag (zumindest auszugsweise bezüglich Tenor, Vorhabenbeschreibung, Planrechtfertigung, Behandlung von Einwendungen der Betroffenen) auch der Planfeststellungsbeschluss bzw. die Plangeneh-

migung beigefügt werden. Zugang zum Planfeststellungsbeschluss bzw. zur Plangenehmigung wird die Enteignungsbehörde jedoch ggf. im eigenen Hause haben, sodass der Verweis auf das Aktenzeichen genügen sollte. Zwar soll der Vorhabenträger dem Besitzeinweisungsantrag alle für die Bearbeitung des Enteignungsantrags erforderlichen Unterlagen beifügen. Jedoch ist er dabei nicht gehindert, sich auf Unterlagen zu beziehen, die der Enteignungsbehörde bereits vorliegen. Alles andere wäre ein Formalismus, der im Gesetz keinerlei Stütze findet (BayVGH NVwZ-RR 2019, 299 Rn. 12).

IV. Vollständigkeitsprüfung

In der Praxis prüft die Enteignungsbehörde nach Antragseingang, ob alle erforderlichen Unterlagen beigefügt sind. Ein vollständiger Antrag ist **Voraussetzung** für den Beginn der Sechs-Wochen-Frist (→ Rn. 41). Verzögerungen lassen sich für den Vorhabenträger daher vermeiden, wenn er bei der Antragsvorbereitung die von der Enteignungsbehörde bereitgestellten Merk- und Hinweisblätter sorgfältig beachtet und ggf. Vorabstimmungen zum Antragsumfang führt (Feurstein RdE 2014, 326 (328)). 40

V. Sechs-Wochen-Frist (Abs. 2 S. 1)

Die Enteignungsbehörde hat spätestens sechs Wochen nach Antragseingang mit den Beteiligten zu verhandeln. Diese Frist dient der **Verfahrensbeschleunigung** und damit ausschließlich den Interessen des Vorhabenträgers (Scheidler EnWZ 2015, 396 (397); Scheidler DÖV 2012, 274 (276)). Wird diese Frist nicht eingehalten, stellt dies zwar einen Verfahrensfehler dar, der aber mangels drittschützender Wirkung unbeachtlich ist. In der Rechtsprechung ist geklärt, dass in Besitzeinweisungs- und Enteignungsverfahren nicht jeder Verfahrensfehler zur Aufhebung der Entscheidung führt (BayVGH NVwZ-RR 2019, 299 Rn. 14; VGH BW NVwZ-RR 1999, 487). Allenfalls dem Vorhabenträger können Amtshaftungsansprüche bei Nichtbeachtung der Frist und ihm wegen einer Verfahrensverzögerung daraus entstehendem Schaden zustehen (Scheidler EnWZ 2015, 396 (397); Scheidler DÖV 2012, 274 (276)). 41

VI. Zustandsfeststellung (Abs. 3)

Eine Zustandsfeststellung ist **keine Rechtmäßigkeitsvoraussetzung** (OVG Bln-Bbg BeckRS 2020, 31525 Rn. 38; OVG LSA BeckRS 2019, 5035 Rn. 41) und nur erforderlich, soweit der Zustand des Grundstücks von Bedeutung ist, zB für die nach Absatz 5 vom Vorhabenträger zu gewährende Entschädigung (VGH BW BeckRS 2017, 106572 Rn. 31). Darüber hinaus wird die Enteignungsbehörde eine Zustandsfeststellung ggf. veranlassen, soweit sich der Zustand nicht bereits nachvollziehbar aus den Antragsunterlagen des Vorhabenträgers ergibt oder Meinungsverschiedenheiten der Beteiligten zum Zustand des betroffenen Grundstücks (zB angebaute Frucht, Bodenbeschaffenheit, Drainageleitungen) bestehen (OVG Bln-Bbg BeckRS 2018, 32099 Rn. 11). 42

Eine Zustandsfeststellung bis zum Beginn der mündlichen Verhandlung ist wünschenswert, kann jedoch in der Praxis aus rein zeitlichen Gründen nicht realisierbar sein (Rosin/Pohlmann/Gentzsch/Metzenthin/Böwing/Engel § 44b Rn. 46). Da sie der Beweissicherung und als Grundlage für die Berechnung der Entschädigung im späteren Enteignungsverfahren dient (Feurstein RdE 2014, 326 (328)), erscheint es als vertretbar, dass zwar der Sachverständige das Grundstück vor der mündlichen Verhandlung in Augenschein genommen hat, sein Gutachten jedoch auch nach der mündlichen Verhandlung vorlegen kann. Das Gesetz sieht nicht vor, dass die Ergebnisse der Zustandsfeststellung vor der mündlichen Verhandlung oder der Beschlussfassung bekannt sein müssen (Rosin/Pohlmann/Gentzsch/Metzenthin/Böwing/Engel § 44b Rn. 46). 43

Zur Zustandsfeststellung kann sich die Enteignungsbehörde der in § 26 Abs. 1 VwVfG benannten Beweismittel bedienen, in der Regel wird dies jedoch durch Augenscheinnahme oder durch einen öffentlich bestellten und vereidigten Sachverständigen erfolgen. Den Beteiligten wird dazu von der Enteignungsbehörde das Recht zur Teilnahme am Ortstermin eingeräumt, um Einwendungen und Anmerkungen vorzubringen. Das Ergebnis der Zustandsfeststellung ist zu dokumentieren (üblicherweise in einem Gutachten, sofern ein 44

Sachverständiger involviert ist), welches den Beteiligten rechtzeitig vor dem Termin der mündlichen Verhandlung zuzusenden ist. Die Kosten der Zustandsfeststellung trägt der Vorhabenträger (Feurstein RdE 2014, 326 (330)).

VII. Ladung zur mündlichen Verhandlung (Abs. 2 S. 2–6)

45 Die formellen Anforderungen an Adressat, Inhalt, Form und Frist der Ladung zur mündlichen Verhandlung ergeben sich im Einzelnen aus Absatz 2 Sätzen 2–6 sowie aus § 67 Abs. 1 VwVfG. Die Ladung hat **schriftlich** zu erfolgen. Zu laden sind der Antragsteller und die Betroffenen.

46 Den Betroffenen ist der Antrag auf Besitzeinweisung mitzuteilen. Dies erfordert nicht eine Übersendung des (vollständigen) Antrags, sondern lediglich eine Mitteilung im Sinne einer Information über dessen **wesentlichen Inhalt** (BayVGH BeckRS 2020, 4569 Rn. 18 zu § 71a Abs. 1 WHG; VGH BW BeckRS 2017, 106572 Rn. 28 zu § 21 Abs. 2 AEG). Die Enteignungsbehörde kann im Hinblick auf die Gewährleistung rechtlichen Gehörs und effektiven Rechtsschutzes den Betroffenen oder ihren Bevollmächtigten daher auch auf das Recht auf Akteneinsicht iSd § 29 Abs. 1 VwVfG verweisen, von dem bei Einhaltung der vorgesehenen Ladungsfrist in zumutbarer Weise Gebrauch gemacht werden kann. In der Praxis stellen die Enteignungsbehörden den Betroffenen mit der Ladung die Antragsschrift mit den wesentlichen Unterlagen, sowie Besitzeinweisungsplan, Grunderwerbsverzeichnis und Grunderwerbsplan zur Verfügung.

47 Die Ladung muss die Aufforderung an die Betroffenen enthalten, etwaige Einwendungen gegen den Antrag vor der mündlichen Verhandlung bei der Enteignungsbehörde einzureichen, sowie die Belehrung zu den Rechtsfolgen bei Nichterscheinen.

48 Sofern die Enteignungsbehörde während der **COVID-19-Pandemie** von der Möglichkeit des Verzichts auf eine Präsenzverhandlung nach § 5 Abs. 2 PlanSiG Gebrauch machen will (→ Rn. 54), kommen die Online-Konsultation nach § 5 Abs. 4 PlanSiG oder eine Telefon- oder Videokonferenz nach § 5 Abs. 5 PlanSiG in Betracht. Für den Inhalt der Ladung sind insofern § 5 Abs. 4 S. 2 PlanSiG (Bereitstellung der sonst in der mündlichen Verhandlung zu behandelnden Informationen, Hinweis auf die Möglichkeit zur elektronischen Äußerung) bzw. § 5 Abs. 5 PlanSiG (Einverständnis der Verfahrensbeteiligten zu einer Telefon- oder Videokonferenz) zu beachten.

49 Die **Ladungsfrist** beträgt drei Wochen. Anders als die Sechs-Wochen-Frist (→ Rn. 41) dient sie auch den Rechtsschutzinteressen der Betroffenen, die sich auf das Verfahren und den damit verbundenen Eingriff in Besitzrecht einstellen müssen (Scheidler EnWZ 2015, 396 (397); Scheidler DÖV 2012, 274 (276); aA Feurstein RdE 2014, 326 (329)). Wird die Ladungsfrist nicht eingehalten, ist eine **Heilung durch Nachholung** einer ordnungsgemäßen Ladung in Anlehnung an § 45 Abs. 1 Nr. 3 VwVfG möglich. Auch durch konkludenten Verzicht (zB Erscheinen der Betroffenen zum Termin der mündlichen Verhandlung und rügeloses Einlassen) ist eine Heilung möglich (Scheidler EnWZ 2015, 396 (397); Scheidler DÖV 2012, 274 (276)).

VIII. Mündliche Verhandlung (Abs. 2 S. 1)

50 Die mündliche Verhandlung ist das **Kernstück des Besitzeinweisungsverfahrens** (Scheidler EnWZ 2015, 396 (398); Scheidler DÖV 2012, 274 (276)), deren Zweck die umfassende Erörterung der Sachlage mit den Beteiligten und das Hinwirken auf eine gütliche Einigung ist (Scheidler EnWZ 2015, 396 (397); Scheidler DÖV 2012, 274 (276)).

51 Sie wird durch den Verhandlungsleiter der Enteignungsbehörde geleitet, der in den Sachstand einführt und den Beteiligten Gelegenheit zur Äußerung gibt. Er hat dabei darauf hinzuwirken, dass unklare Anträge erläutert, sachdienliche Anträge gestellt, ungenügende Angaben ergänzt, sowie alle für die Feststellung des Sachverhalts wesentlichen Erklärungen abgegeben werden (§ 68 Abs. 2 VwVfG). Über das Ergebnis der mündlichen Verhandlung ist eine **Sitzungsniederschrift** zu fertigen, welche die üblichen Angaben zu Ort, Tag, Beteiligte der mündlichen Verhandlung sowie den Verfahrensgegenstand, die gestellten Anträge und erhobener Beweise enthält (§ 68 Abs. 4 VwVfG exemplarisch für vergleichbare landesrechtliche Vorschriften).

52 Gelingt eine gütliche Einigung, wird dies in der Sitzungsniederschrift protokolliert und es ergeht ein Erledigungsbeschluss. Dabei wird dokumentiert, dass der Betroffene eine Bauerlaubnis erteilt und die Besitzüberlassung unter Vorbehalt sämtlicher Entschädigungsansprüche gestattet. Im Erledigungsbeschluss ist nur noch über die Kosten zu entscheiden (Feurstein RdE 2014, 326 (330)).

53 Die mündliche Verhandlung ist **nicht öffentlich** (§ 68 Abs. 1 S. 1 VwVfG). Je nach Bedeutung des Vorhabens und Initiative der Betroffenen für eine mediale Aufmerksamkeit ist das Erscheinen von Journalisten möglich. Bei Einverständnis aller Beteiligten kann diesen die Teilnahme an der mündlichen Verhandlung gestattet werden (§ 68 Abs. 1 S. 3 VwVfG). Dies kann für den Vorhabenträger insofern vorteilhaft sein, als damit die Gewähr für eine objektive und sachliche Berichterstattung besteht – ohne nachträgliche Information der Journalisten durch die Betroffenen (Feurstein RdE 2014, 326 (330)).

54 Durch das bis zum 31.12.2023 befristete Planungssicherstellungsgesetz vom 20.5.2020, geändert durch Gesetz zur Änderung des Planungssicherstellungsgesetzes vom 8.12.2022 (BGBl. I 2234), wurde – ursprünglich für die Dauer der COVID-19-Pandemie – die Möglichkeit geschaffen, die mündliche Verhandlung in Form einer **Online-Konsultation** (→ Rn. 54.1) oder, bei Einverständnis aller zur Teilnahme Berechtigten, als **Telefon- oder Videokonferenz** durchzuführen, § 5 Abs. 2, 4, 5 PlanSiG. Nach § 5 Abs. 4 S. 3 PlanSiG hat die Enteignungsbehörde dabei zur Wahrung des Nichtöffentlichkeitsgrundsatzes einer mündlichen Verhandlung (→ Rn. 53) geeignete Vorkehrungen zu treffen. Die zeitlich befristeten Regelungen wurden mehrfach verlängert. Die Regelungen wurden zur Bewältigung einer Krisensituation geschaffen, setzen aber mittlerweile keine konkrete Pandemiesituation mehr voraus (BT-Drs. 20/3714, 7). Der Gesetzgeber wird im Rahmen der Evaluierung ggf. über eine weitere Fortgeltung entscheiden, da sich Vereinfachungseffekte durch die stärkere Nutzung elektronischer Verfahren abzeichnen (BT-Drs. 20/3714, 7).

54.1 Bei einer Online-Konsultation handelt es sich um ein indirektes Verfahren und nicht um eine Kommunikation über das Internet mit Programmen für Online-Meetings. Der mündliche Austausch durch wechselseitige Äußerungen wird durch die Bereitstellung der zu erörternden Informationen und der dazu eingehenden wechselseitigen Stellungnahmen der Verfahrensbeteiligten auf einer Website oder elektronischen Plattform ersetzt. Jedem Verfahrensbeteiligten ist zu jeder Stellungnahme (ggf. wiederholt) eine Äußerungsmöglichkeit einzuräumen (Wysk NVwZ 2020, 905 (909)). Daran wird deutlich, dass die Online-Konsultation mit dem Beschleunigungscharakter des Besitzeinweisungsverfahrens kollidiert, sodass die Enteignungsbehörde eine Telefon- und Videokonferenz bevorzugen wird, um die gesetzlichen Fristen einzuhalten.

IX. Besitzeinweisungsbeschluss (Abs. 4)

1. Gebundene Entscheidung

55 Nach der mündlichen Verhandlung hat die Enteignungsbehörde unter Würdigung des Gesamtergebnisses des Besitzeinweisungsverfahrens (§ 69 Abs. 1 VwVfG) eine Entscheidung zu treffen. Da es sich um eine gebundene Entscheidung handelt, muss die Enteignungsbehörde bei Vorliegen der Tatbestandsvoraussetzungen den Besitzeinweisungsbeschluss erlassen.

56 Entscheidungsspielraum hat die Enteignungsbehörde also nicht beim „Ob" der Besitzeinweisung, sondern allenfalls beim „Wie" der Besitzeinweisung und kann insofern zweckmäßige **Nebenbestimmungen** (→ Rn. 61) zur Umsetzung der Grundstücksinanspruchnahme erlassen. Der Besitzeinweisungsbeschluss hat den Anforderungen gem. § 69 Abs. 2 S. 1 Hs. 1 VwVfG, § 37 Abs. 1, 3 und 6 VwVfG, § 39 Abs. 1 VwVfG zu genügen. Im Tenor wird die Besitzeinweisung angeordnet.

2. Zustellung

57 Der Besitzeinweisungsbeschluss ist den Beteiligten spätestens zwei Wochen nach der mündlichen Verhandlung zuzustellen. Auch bei § 44b Abs. 4 S. 1 handelt es sich nicht um eine drittschützende Norm, sodass die Nichteinhaltung der Zustellungsfrist nicht zu einem Verfahrensfehler führt. Diese **Frist** dient allein dem öffentlichen Interesse an einer beschleunigten Realisierung von Energieleitungsvorhaben und nicht der Sicherung von Rechten von

Betroffenen, denen der Besitz entzogen werden soll (OVG LSA BeckRS 2019, 5035 Rn. 40; VGH BW NVwZ-RR 1999, 487 zu § 18f FStrG).

3. Wirksamkeitszeitpunkt

58 Der Besitzeinweisungsbeschluss wird nach seinem Erlass und der Zustellung an die Betroffenen erst zu dem im Beschluss konkret bezeichneten Zeitpunkt (Tag und Uhrzeit) wirksam. In der Praxis wird im Tenor die **Uhrzeit** in der Regel auf 0:00 Uhr eines bestimmten Tages festgesetzt (Scheidler EnWZ 2015, 396 (398); Feurstein RdE 2013, 326 (331)). Ein Besitzeinweisungsbeschluss, der entgegen § 44b Abs. 4 S. 2 den Zeitpunkt, in dem die Besitzeinweisung wirksam wird, nicht angibt, ist nichtig (Scheidler EnWZ 2015, 396 (398)).

59 Nach § 44b Abs. 4 S. 3 soll der Zeitpunkt auf höchstens zwei Wochen nach Zustellung der Anordnung über die vorzeitige Besitzeinweisung an den unmittelbaren Besitzer festgesetzt werden. Hierbei handelt es sich um keine starre Frist. Im Einzelfall kann eine kürzere Frist geboten sein, jedoch darf diese nicht so kurz bemessen sein, dass ein wirksamer Rechtsschutz für die Betroffenen ausgeschlossen ist und diese sich nicht hinreichend auf die Situation einstellen können (Scheidler EnWZ 2015, 396 (398); Feurstein RdE 2013, 326 (331)).

4. Rechtswirkung

60 Gemäß § 44b Abs. 4 S. 4 wird dem Besitzer der Besitz an den betroffenen Grundstücksflächen oder dem gesamten Grundstück durch die Besitzeinweisung entzogen und der Vorhabenträger wird Besitzer. Der Besitzübergang ist vergleichbar mit der Regelung des Erbenbesitzes in § 857 BGB (Kümper DÖV 2021, 110 (113); Kümper UPR 2020, 468; Theobald/Kühling/Missling § 44b Rn. 23). Neben der **Änderung der Besitzlage** an einem Grundstück enthält der Besitzeinweisungsbeschluss zugleich die an den Betroffenen gerichtete Regelung, die Besitzausübung durch den von der Besitzeinweisung begünstigten Vorhabenträger in dem ggf. näher geregelten Umfang zu dulden (OVG NRW NVwZ-RR 1996, 182). Der Vorhabenträger darf daher auf dem Grundstück bzw. den betroffenen Grundstücksflächen sein Vorhaben durchführen und die dafür erforderlichen Maßnahmen treffen (§ 44b Abs. 4 S. 5). Erforderliche Maßnahmen sind diejenigen, die zur ordnungsgemäßen Durchführung der Baumaßnahme geboten sind (zB Beseitigung von Bewuchs, Rodung von Wald, Aushebung von Gräben, Errichtung von Mastfundamenten). Eingriffen in sein durch Beschluss erhaltenes Besitzrecht kann sich der Vorhabenträger erwehren (→ Rn. 63).

5. Nebenbestimmungen

61 Der Besitzeinweisungsbeschluss kann wie jeder andere Verwaltungsakt mit weiteren Nebenbestimmungen, insbesondere Bedingungen, Auflagen oder Befristungen versehen werden (§ 36 VwVfG). Als Bedingung kann zB die Gestattung der Aberntung eines landwirtschaftlich genutzten Grundstücks festgesetzt werden (Scheidler EnWZ 2015, 396 (398); Scheidler DÖV 2012, 274 (278)).

6. Vollziehbarkeit

62 Der Besitzeinweisungsbeschluss ist sofort vollziehbar. Dies ergibt sich aus Absatz 7 Satz 1, wonach ein Rechtsbehelf gegen die vorzeitige Besitzeinweisung keine aufschiebende Wirkung hat.

7. Durchsetzung

63 Wenn die Betroffenen die Bauarbeiten des Vorhabenträgers behindern und dem Besitzeinweisungsbeschluss nicht Folge leisten, kann dieser mit den Mitteln des **Verwaltungszwangs** (→ Rn. 63.1) durchgesetzt werden. Der Zivilrechtsweg ist ausgeschlossen, weil das Besitzrechtsverhältnis durch die öffentlich-rechtliche Besitzeinweisung überlagert wird (BGH NVwZ-RR 2020, 380 Rn. 11; Aust/Jacobs/Pasternak/Friedrich Enteignungsentschädigung Rn. 120).

63.1 Vollstreckungsmaßnahmen sind Zwangsgeld, Ersatzvornahme, Ersatzzwangshaft und unmittelbarer Zwang. Bei der Auswahl unterliegt die Enteignungsbehörde dem Gebot der Verhältnismäßigkeit (Aust/

Jacobs/Pasternak/Friedrich Enteignungsentschädigung/Friedrich Rn. 584). Die Festsetzung eines Zwangsgeldes als idR weniger einschneidende Vollzugsmaßnahme dürfte jedoch von vornherein ein untaugliches Mittel sein, wenn der Betroffene das Betreten seines Grundstücks kategorisch ablehnt und zugangsbehindernde Maßnahmen ergriffen hat (Rosin/Pohlmann/Gentzsch/Metzenthin/Böwing/Engel § 44b Rn. 53).

F. Entschädigung (Abs. 5)

Die Vorschrift zielt wie vergleichbare Regelungen in anderen Fachplanungsgesetzen (§ 18f Abs. 5 FStrG, § 21 Abs. 5 AEG, § 20 Abs. 5 WaStrG, § 27g Abs. 5 LuftVG, § 29a Abs. 5 PBefG, § 6 Abs. 5 MBPlG) und Landesenteignungsgesetzen darauf ab, dass der Vorhabenträger den Betroffenen für durch die Besitzeinweisung entstehende Vermögensnachteile entschädigt. Dabei handelt es sich nicht um Schadensersatz, sondern um den Ausgleich für entzogene Nutzungen, ohne dass im Gegenzug ein Gegenwert zur Verfügung gestellt wird (Aust/Jacobs/Pasternak/Friedrich Enteignungsentschädigung Rn. 124). Irrelevant ist dabei, ob es sich um einen dauerhaften oder temporären Entzug handelt. 64

Im Regelfall (§ 44b Abs. 5 S. 1 „soweit nicht") erfolgt der **Ausgleich** für den Entzug von Gebrauchsvorteilen und Erträgen durch Verzinsung der zu zahlenden Enteignungsentschädigung. Berechnungsgrundlage ist bei einer Eigentumsentziehung der Verkehrswert des Grundstücks, wobei der Zeitpunkt maßgebend ist, in dem die Enteignungsbehörde über den Enteignungsantrag entscheidet. Wegen der in der Regel langen Dauer von Enteignungsverfahren ist bei der Grundstücksqualität aber nach ständiger Rechtsprechung des BGH auf den Zeitpunkt abzustellen, ab dem eine konjunkturelle Weiterentwicklung des Grundstücks ausgeschlossen wurde (BGH NJW-RR 2002, 1240 (1241); NVwZ 1986, 1053 (1054); NJW 1975, 1778; 1966, 497; 1963, 1492 f.; 1959, 148). Eine Eigentumsentziehung wird bei Energieleitungsvorhaben der Ausnahmefall sein (ggf. für oberirdische Nebenanlagen). In der Regel genügt eine Zwangsbelastung des Grundstücks mit dinglichen Leitungsrechten. **Berechnungsgrundlage** der Enteignungsentschädigung ist in diesem Fall die Differenz des Verkehrswerts des Grundstücks mit und ohne dingliche Belastung (BGH NJW 1993, 47 (458)). Die Höhe der Entschädigung für die Besitzeinweisung ergibt sich dann aus dem Produkt der Enteignungsentschädigung mit dem Zinssatz (in der Regel 2 Prozent über dem Basiszinssatz, s. die einschlägigen Landeseignungsgesetze). 65

Bei einer nur vorübergehenden Inanspruchnahme eines Grundstücks (zB als Arbeitsstreifen) kommt eine **Verzinsung der Enteignungsentschädigung** hingegen nicht in Betracht; denn in diesem Fall erhält der Eigentümer keine Enteignungsentschädigung. Der Ausgleich bemisst sich dann nach der ortsüblichen Miete oder Pacht oder durch Erstattung des wirklichen Nutzungsausfalls, wobei alle wirtschaftlich vernünftigen und rechtlich zulässigen Nutzungsmöglichkeiten zu berücksichtigen sind (Aust/Jacobs/Pasternak/Friedrich Enteignungsentschädigung Rn. 123). Einen solchen konkret nachweisbaren Nutzungsschaden kann der Ernteausfall darstellen, wenn das Grundstück nach der Saatausbringung, aber noch vor der Ernte in Anspruch genommen wird (Scheidler EnWZ 2015, 396 (400); Scheidler DÖV 2012; 274 (279)). In der Regel wird der Vorhabenträger diesen Flurschaden nach den Richtsätzen der Bauernverbände entschädigen. Dabei handelt es sich um Schadensersatz, der aber zur Vermeidung einer Doppelentschädigung auf die Verzinsungsentschädigung angerechnet wird (Rosin/Pohlmann/Gentzsch/Metzenthin/Böwing/Engel § 44b Rn. 56). Führt die notwendige Inbesitznahme des Grundstücks hingegen nicht zu einer Nutzungsbeeinträchtigung (zB reine Überspannung ohne Betreten des Grundstücks), ist auch keine Entschädigung für die Besitzeinweisung zu zahlen (Rosin/Pohlmann/Gentzsch/Metzenthin/Böwing/Engel § 44b Rn. 57). 66

Anspruchsberechtigt sind der Eigentümer des betroffenen Grundstücks und der Nutzungsberechtigte. Letzterer ist in der Regel stärker betroffen als der Grundstückseigentümer, da er den unmittelbaren Besitz verliert (Aust/Jacobs/Pasternak/Friedrich Enteignungsentschädigung Rn. 125). Erhält der Grundstückseigentümer vom Nutzungsberechtigten den vereinbarten Miet- oder Pachtzins, ist kein Raum für eine Besitzeinweisungsentschädigung mangels Vermögensnachteil. Etwas anderes kann nur dann gelten, wenn der Nutzungsberechtigte den mit dem Grundstückseigentümer vereinbarten Miet- oder Pachtzins aufgrund der Nutzungsbeeinträchtigung kürzt. 67

68 Die Entschädigung ist für den **Zeitraum** ab Wirksamwerden der Besitzeinweisung bis zur gütlichen Einigung der Beteiligten über die Entschädigungshöhe bzw. bis zur Festsetzung der Enteignungsentschädigung zu zahlen (Säcker EnergieR/Pielow § 44b Rn. 25; Theobald/Kühling/Missling § 44b Rn. 34; Britz/Hellermann/Hermes/Hermes, 3. Aufl., § 44b Rn. 14).

69 Art und Höhe der Besitzeinweisungsentschädigung sind in einem Beschluss festzusetzen, § 44b Abs. 5 S. 2. Dies sollte aus Effizienzgründen im Besitzeinweisungsbeschluss erfolgen. Allerdings kann die Festsetzung der Entschädigung auch nachfolgend ergehen, insbesondere wenn die Ermittlung besonders aufwändig ist (Rosin/Pohlmann/Gentzsch/Metzenthin/Böwing/Engel § 44b Rn. 60).

G. Folgen bei Aufhebung der Zulassungsentscheidung (Abs. 6)

70 Absatz 6 Satz 1 macht die **Akzessorität** des Besitzeinweisungsbeschlusses von der Zulassungsentscheidung deutlich (Kment EnWG/Kment § 44b Rn. 21; Säcker EnergieR/Pielow § 44b Rn. 28) und folgt letztlich aus den Regelungen der Absätze 1 und 1a, nach denen zum Erlass des Besitzeinweisungsbeschlusses bzw. zu dessen Wirksamkeit eine vollziehbare Zulassungsentscheidung vorliegen muss. Ist der Plan aufgehoben, wenn auch nicht rechtskräftig, sind die Erlassvoraussetzungen nachträglich weggefallen (Berger Besitzeinweisung, S. 91) und die Enteignungsbehörde muss den Besitzeinweisungsbeschluss aufheben. Ein Ermessen steht ihr insoweit nicht zu (Kment EnWG/Kment § 44b Rn. 21; Säcker EnergieR/Pielow § 44b Rn. 28). Einen weiteren Aufhebungsgrund stellt die Außerkraftsetzung des Plans nach § 43c Nr. 1 EnWG dar (Berger Besitzeinweisung, S. 91). Ferner ist eine entsprechende Anwendung von § 44b Abs. 6 geboten, wenn das Grundstück (zB infolge einer Planänderung nach § 43d EnWG) nicht mehr benötigt wird (Säcker EnergieR/Pielow § 44b Rn. 28; Theobald/Kühling/Missling § 44b Rn. 39; Rosin/Pohlmann/Gentzsch/Metzenthin/Böwing/Engel § 44b Rn. 62).

71 Der **Aufhebungsbeschluss** ergeht von Amts wegen (Theobald/Kühling/Missling § 44b Rn. 39) und hat den Anforderungen gem. § 69 Abs. 2 S. 1 Hs. 1 VwVfG, § 37 Abs. 1, 3 und 6 VwVfG, § 39 Abs. 1 VwVfG zu genügen. Ausreichend dürfte im Tenor die Annullierung des Besitzeinweisungsbeschlusses sein, da damit das frühere Besitzrecht des Betroffenen wiederauflebt (so wohl Säcker EnergieR/Pielow § 44b Rn. 28; aA Berger Besitzeinweisung, S. 94; Rosin/Pohlmann/Gentzsch/Metzenthin/Böwing/Engel § 44b Rn. 63; Theobald/Kühling/Missling § 44b Rn. 39), die eine ausdrückliche Wiedereinweisung des früheren Besitzers für erforderlich halten). Der Aufhebungsbeschluss wird mit Bekanntgabe gegenüber den Beteiligten nach § 41 VwVfG wirksam.

72 Mit Wirksamwerden des Aufhebungsbeschlusses verliert der Vorhabenträger sein Besitzrecht und muss das Grundstück in dem Zustand, wie es vor der Besitzeinweisung bestand, zurückgeben; errichtete Anlagen sind also zu beseitigen (BayVGH EnWZ 2013, 478 Rn. 18; Rosin/Pohlmann/Gentzsch/Metzenthin/Böwing/Engel § 44b Rn. 63).

73 Darüber hinaus hat der Vorhabenträger nach § 44b Abs. 6 S. 2 gegenüber dem Betroffenen für alle durch die Besitzeinweisung entstandenen besonderen Nachteile **Entschädigung** zu leisten. Die Formulierung dient lediglich der Abgrenzung zu § 44b Abs. 5 und beinhaltet keine Einschränkung (Säcker EnergieR/Pielow § 44b Rn. 29), dh der Betroffene ist so zu stellen, wie er ohne Besitzeinweisung stünde (Britz/Hellermann/Hermes/Hermes, 3. Aufl., § 44b Rn. 17; Kment EnWG/Kment § 44b Rn. 22; Theobald/Kühling/Missling § 44b Rn. 40). Insofern wird zur Entschädigungsermittlung auf → Rn. 66 verwiesen. Die Entschädigung wird durch die Enteignungsbehörde durch Beschluss festgesetzt (Britz/Hellermann/Hermes/Hermes, 3. Aufl., § 44b Rn. 17; Theobald/Kühling/Missling § 44b Rn. 40).

H. Rechtsschutz (Abs. 7)

74 Bei dem Besitzeinweisungsbeschluss handelt es sich um einen Verwaltungsakt mit **Doppelwirkung,** da er den Vorhabenträger begünstigt und die Betroffenen benachteiligt (Theobald/Kühling/Missling § 44b Rn. 26).

75 Für den Fall, dass der Antrag des Vorhabenträgers auf Besitzeinweisung trotz Vorliegen der materiellen Voraussetzungen abgelehnt wird oder der Besitzeinweisungsbeschluss mit belastenden Nebenbestimmungen (zB Art und Höhe einer Sicherheitsleistung) ergeht, hat er Rechtsschutzmöglichkeiten.

Der von der Besitzeinweisung Betroffene kann vorbehaltlich landesrechtlicher Sonderregelung **Widerspruch** einlegen, der jedoch nach § 44b Abs. 7 S. 1 keine aufschiebende Wirkung hat. Er muss daher gem. § 44b Abs. 7 S. 2 einen Antrag auf **Anordnung der aufschiebenden Wirkung** nach § 80 Abs. 5 S. 1 VwGO innerhalb eines Monats ab Zustellung des Besitzeinweisungsbeschlusses – nicht dessen Wirksamkeit – stellen, wobei der Antrag auch innerhalb der Frist zu begründen ist (zur Verfassungskonformität der Monatsfrist BVerwG BeckRS 2023, 4021 Rn. 15). Dem Vollzugsinteresse kommt nach der gesetzlichen Anordnung der sofortigen Vollziehbarkeit erhebliches Gewicht zu, weshalb vom Betroffenen gewichtige Gründe darzulegen sind, dass sein Aussetzungsinteresse das Vollzugsinteresse überwiegt (zB beachtliche Gründe für die Annahme der Rechtswidrigkeit des Besitzeinweisungsbeschlusses; bloße Zweifel an der Rechtmäßigkeit genügen hingegen nicht). 76

Zuständig ist in der Regel das Verwaltungsgericht, es sei denn, eine landesrechtliche Regelung schreibt die Zuständigkeit des Oberverwaltungsgerichts nach § 48 Abs. 1 S. 1 Nr. 4 und S. 3 VwGO vor (BayVGH EnWZ 2013, 478 (479)). Die erstinstanzliche Zuständigkeit des BVerwG gem. § 6 BBPlG iVm § 50 Abs. 1 Nr. 6 VwGO und § 12 S. 2 Nr. 1 LNGG bezieht sich nach dem Wortlaut zwar nur auf das Planfeststellungsverfahren, allerdings ist vor dem Hintergrund des Normzwecks (einheitliche Befassung und Entscheidungsgeschwindigkeit) dieser Vorschriften eine weite Auslegung geboten (BVerwG BeckRS 2023, 21159 Rn. 9 f.; NVwZ 2023, 1176 Rn. 12). Das BVerwG ist daher auch für Streitigkeiten über vorzeitige Besitzeinweisungen zuständig, die Vorhaben nach den genannten Gesetzen zum Gegenstand haben. 76a

Der **gerichtliche Kontrollumfang** ist auf die materiellen und formellen Voraussetzungen der Besitzeinweisung beschränkt. Andere befürchtete Nachteile Betroffener können nicht hier, sondern müssen in dem gesetzlich vorgesehenen Verfahren (zB bei Einwendungen gegen die Rechtmäßigkeit des Planfeststellungsbeschlusses) berücksichtigt werden (BayVGH EnWZ 2013, 478 (480)). 77

Für Rechtsstreitigkeiten über die Höhe der Entschädigung nach § 44b Abs. 5 S. 2 oder Abs. 6 S. 2 sind die Zivilgerichte (Baulandkammern) zuständig. 78

§ 44c Zulassung des vorzeitigen Baubeginns

(1) ¹In einem Planfeststellungs- oder Plangenehmigungsverfahren soll die für die Feststellung des Plans oder für die Erteilung der Plangenehmigung zuständige Behörde vorläufig zulassen, dass bereits vor Feststellung des Plans oder der Erteilung der Plangenehmigung in Teilen mit der Errichtung oder Änderung eines Vorhabens im Sinne des § 43 Absatz 1 Satz 1 Nummer 1 bis 6 und Absatz 2 einschließlich der Vorarbeiten begonnen wird, wenn
1. unter Berücksichtigung der Stellungnahmen der Träger öffentlicher Belange einschließlich der Gebietskörperschaften bei einer summarischen Prüfung mit einer Entscheidung im Planfeststellungs- oder Plangenehmigungsverfahren zugunsten des Vorhabenträgers gerechnet werden kann,
2. der Vorhabenträger ein berechtigtes oder ein öffentliches Interesse an der Zulassung des vorzeitigen Baubeginns darlegt,
3. der Vorhabenträger nur Maßnahmen durchführt, die reversibel sind und
4. der Vorhabenträger sich verpflichtet,
   a) alle Schäden zu ersetzen, die bis zur Entscheidung im Planfeststellungs- oder Plangenehmigungsverfahren durch die Maßnahmen verursacht worden sind, und
   b) sofern kein Planfeststellungsbeschluss oder keine Plangenehmigung erfolgt, einen im Wesentlichen gleichartigen Zustand herzustellen.

²Bei Infrastrukturvorhaben im Sinne des Artikel 3 Absatz 1 der Verordnung (EU) 2022/2577 des Rates vom 22. Dezember 2022 zur Festlegung eines Rahmens für einen beschleunigten Ausbau der Nutzung erneuerbarer Energien sowie bei Vorhaben im Sinne des § 1 Absatz 1 des Bundesbedarfsplangesetzes, des § 1 Absatz 2 des

EnWG § 44c Teil 5. Planfeststellung, Wegenutzung

Energieleitungsausbaugesetzes und des § 1 des Netzausbaubeschleunigungsgesetzes Übertragungsnetz ist es für die Berücksichtigung der Stellungnahmen der Träger öffentlicher Belange einschließlich der Gebietskörperschaften nach Satz 1 Nummer 1 ausreichend, wenn die Stellungnahmen derjenigen Träger öffentlicher Belange und Gebietskörperschaften berücksichtigt werden, deren Belange am Ort der konkreten Maßnahme, die durch den vorzeitigen Baubeginn zugelassen wird, berührt sind. [3]Maßnahmen sind reversibel gemäß Satz 1 Nummer 3, wenn ein im Wesentlichen gleichartiger Zustand hergestellt werden kann und die hierfür notwendigen Maßnahmen in einem angemessenen Zeitraum umgesetzt werden können. [4]Ausnahmsweise können irreversible Maßnahmen zugelassen werden, wenn sie nur wirtschaftliche Schäden verursachen und für diese Schäden eine Entschädigung in Geld geleistet wird. [5]Die Zulassung des vorzeitigen Baubeginns erfolgt auf Antrag des Vorhabenträgers und unter dem Vorbehalt des Widerrufs. [6]§ 44 bleibt unberührt.

(2) [1]Die für die Feststellung des Plans oder für die Erteilung der Plangenehmigung zuständige Behörde kann die Leistung einer Sicherheit verlangen, soweit dies erforderlich ist, um die Erfüllung der Verpflichtungen des Vorhabenträgers nach Absatz 1 Satz 1 Nummer 4 sowie Absatz 1 Satz 2 zu sichern. [2]Soweit die zugelassenen Maßnahmen durch die Planfeststellung oder Plangenehmigung für unzulässig erklärt sind, ordnet die Behörde gegenüber dem Träger des Vorhabens an, einen im Wesentlichen gleichartigen Zustand herzustellen. [3]Dies gilt auch, wenn der Antrag auf Planfeststellung oder Plangenehmigung zurückgenommen wurde.

(3) Die Entscheidung über die Zulassung des vorzeitigen Baubeginns ist den anliegenden Gemeinden und den Beteiligten zuzustellen.

(4) [1]Ein Rechtsbehelf gegen die Zulassung des vorzeitigen Baubeginns einschließlich damit verbundener Vollstreckungsmaßnahmen nach dem Verwaltungsvollstreckungsgesetz hat keine aufschiebende Wirkung. [2]Der Antrag auf Anordnung der aufschiebenden Wirkung des Rechtsbehelfs nach § 80 Absatz 5 Satz 1 der Verwaltungsgerichtsordnung gegen die Zulassung des vorzeitigen Baubeginns kann nur innerhalb eines Monats nach der Zustellung oder Bekanntgabe der Zulassung des vorzeitigen Baubeginns gestellt und begründet werden. [3]Darauf ist in der Rechtsbehelfsbelehrung hinzuweisen. [4]§ 58 der Verwaltungsgerichtsordnung ist entsprechend anzuwenden. [5]Im Übrigen ist § 43e Absatz 3 entsprechend anzuwenden.

Überblick

§ 44c eröffnet die Möglichkeit, schon vor Erlass des Planfeststellungsbeschlusses oder Erteilung der Plangenehmigung unter bestimmten Voraussetzungen (→ Rn. 11 ff.) mit Teilen der Errichtung bzw. Änderung eines Vorhabens (→ Rn. 9 f.) iSd § 43 Abs. 1 S. 1 Nr. 1–6 und Abs. 2 (→ Rn. 8) bzw. mit den dazugehörigen Vorarbeiten iSd § 44c (→ Rn. 9) zu beginnen.

Übersicht

	Rn.		Rn.
A. Normzweck und Entstehungsgeschichte	1	4. Schadensersatz und Herstellung eines im Wesentlichen gleichartigen Zustands (Abs. 1 S. 1 Nr. 4)	36
B. Anwendungsbereich und Voraussetzungen (Abs. 1)	7	5. Anmerkung zum Vorliegen der privaten Rechte	37
I. Anwendungsbereich	8	C. Sicherheitsleistung (Abs. 2)	38
II. Zulassungsvoraussetzungen	11	D. Verfahren	39
1. Positive Prognose (Abs. 1 S. 1 Nr. 1)	12	E. Rechtsfolgen	49
2. Berechtigtes oder öffentliches Interesse (Abs. 1 S. 1 Nr. 2)	25	F. Wirkung der Entscheidung	51
3. Reversibilität (Abs. 1 S. 1 Nr. 3, Abs. 1 S. 2)	28	G. Rechtsschutz	53

A. Normzweck und Entstehungsgeschichte

Die Norm wurde durch Artikel 1 des Gesetzes zur Beschleunigung des Energieleitungsausbaus vom 13.5.2019 eingeführt. Das Gesetz wurde am 16.5.2019 verkündet und ist am 17.5.2019 in Kraft getreten. Sie schafft eine Regelung für den vorzeitigen Baubeginn im Bereich von Hochspannungs- und Gasversorgungsleitungen und greift damit bereits in anderen Spezialgesetzen bestehende Regeln auf. Ähnliche Vorschriften finden sich zB in § 17 Abs. 2 FStrG, § 14 Abs. 2 WaStrG, § 8a BImSchG, § 17 WHG und § 37 KrWG. Die Möglichkeit des vorzeitigen Baubeginns soll zur Beschleunigung des Energieleitungsausbaus beitragen, indem insbesondere bei engen Bauzeitenfenstern oder komplexen Bauabschnitten Druck aus dem Verfahren genommen werden kann. 1

§ 44c wurde zunächst durch Artikel 2 des Gesetzes zur Änderung des Bundesbedarfsplangesetzes und anderer Vorschriften vom 25.2.2021 (BGBl. I 298) geändert. Die Änderung betraf eine redaktionelle Änderung im Sinne einer Anpassung an die aktuelle Version des § 43, sowie eine Erweiterung des Anwendungsbereiches auf alle in § 43 Abs. 1 S. 1 Nr. 1–6 und Abs. 2 genannten Anlagen (BR-Drs. 570/20, 36; BT-Drs. 19/26241, 13). 2

Mit Artikel 1 des Gesetzes zur Änderung des Energiewirtschaftsrechts im Zusammenhang mit dem Klimaschutz-Sofortprogramm und zu Anpassungen im Recht der Endkundenbelieferung vom 19.7.2022 (BGBl. I 1214) wurde die Norm auch inhaltlich angepasst, was der Verfahrensbeschleunigung dienen soll. Hierbei sind insbesondere der Wechsel von einer Ermessensvorschrift zu einer Vorschrift mit intendiertem Ermessen (→ Rn. 49), der Verzicht auf den Nachweis des Vorliegens privater Rechte (→ Rn. 37) und die Erweiterung der fehlenden aufschiebenden Wirkung von Rechtsbehelfen auch auf die Vollstreckungsmaßnahmen (→ Rn. 52) zu nennen. 3

Weitere Anpassungen erfuhr die Norm durch Artikel 3 des Gesetzes zur Änderung des Energiesicherungsgesetzes und anderer energiewirtschaftlicher Vorschriften vom 8.10.2022 (BGBl. I 1726). Die Änderungen sind am 13.10.2022 in Kraft getreten. Die Änderungen betreffen im Wesentlichen Klarstellungen. Zum einen hinsichtlich der Detailtiefe der Prognoseprüfung (→ Rn. 13) und zum anderen hinsichtlich des Verständnisses von Reversibilität (→ Rn. 31 ff.). 4

Eine Verschärfung in Hinblick auf gegen die Zulassung des vorzeitigen Baubeginns eingelegte Rechtsmittel erfuhr die Norm mit dem durch Artikel 3 des Gesetzes zur Beschleunigung von verwaltungsgerichtlichen Verfahren im Infrastrukturbereich vom 14.3.2023 (BGBl. I Nr. 71) eingeführten Verweis auf den ebenfalls durch dieses Gesetz geänderten und ergänzten Absatz 3 des § 43e. Dieser ändert zum einen die Klagebegründungsfrist und zum anderen verschärft er die Folgen eines verspäteten Klägervortrags (→ Rn. 57). Die Änderung gilt seit dem 21.3.2023. 5

Für bestimmte Vorhaben, deren Umsetzung in einem besonderen öffentlichen Interesse steht, ermöglicht der durch Artikel 9 des Gesetzes zur Änderung des Erdgas-Wärme-Preisbremsengesetzes, zur Änderung des Strompreisbremsengesetzes sowie zur Änderung weiterer energiewirtschaftlicher, umweltrechtlicher und sozialrechtlicher Gesetze vom 26.7.2023 (BGBl. I Nr. 202) mit Wirkung vom 3.8.2023 eingeführte neue Absatz 1 Satz 2 unter bestimmten Umständen eine nochmals frühere Zulassung des vorzeitigen Baubeginns (→ Rn. 17 ff.). 6

B. Anwendungsbereich und Voraussetzungen (Abs. 1)

Im Folgenden werden der Anwendungsbereich (→ Rn. 8 ff.) und die Voraussetzungen (→ Rn. 11 ff.) des vorzeitigen Baubeginns dargestellt. 7

I. Anwendungsbereich

Der Anwendungsbereich umfasst Planfeststellungs- sowie Plangenehmigungsverfahren, die die Errichtung oder Änderung eines Vorhabens iSd § 43 Abs. 1 S. 1 Nr. 1–6 und Abs. 2 zum Gegenstand haben. Ausweislich des Wortlauts von Absatz 1 Satz 1 handelt es sich um einen Antrag, der nur in einem solchen Verfahren gestellt werden und somit ohne ein solches bereits eingeleitetes Genehmigungsverfahren nicht selbstständig gestellt werden kann. In 8

Ermangelung von Übergangsregelungen kann ein Antrag nach § 44c auch in Verfahren gestellt werden, die vor dem 17.5.2019 begonnen haben.

9 Unabhängig von den nachfolgend erläuterten Voraussetzungen (→ Rn. 11 ff.) kann durch einen Beschluss nach § 44c die Errichtung oder Änderung nur in Teilen zugelassen werden. Diese Teilmaßnahmen dürfen in ihrer Gesamtheit nicht das vollständige Vorhaben ergeben (BT-Drs. 19/7375, 63). Des Weiteren können Vorarbeiten zugelassen werden. Die gesetzgeberische Wortwahl ist hier insofern misslungen, als dass sie missverständlich in Hinblick auf die in § 44 geregelten Vorarbeiten sind. Der Versuch der Rettung wurde mit der Einfügung des Satzes 6 in Absatz 1 unternommen, in dem die Klarstellung erfolgt, dass § 44 unberührt bleibt. Vorarbeiten iSd § 44 sind solche, die der Vorbereitung von Planung, Bauausführung oder Unterhaltungsmaßnahmen dienen. Sie sind überwiegend der Planungs- und Genehmigungsphase zuzuordnen. Vorarbeiten im Sinne des gegenständlichen § 44c sind in Abgrenzung dazu hingegen solche, die grundsätzlich der Umsetzung des Vorhabens, also der Ausführungsphase, zuzurechnen sind. Hierbei handelt es sich insbesondere um bauvorbereitende Maßnahmen (zB Baufeldfreimachung, Einrichtung von Zuwegungen etc). Des Weiteren können hierunter auch naturschutzrechtliche Maßnahmen fallen (zB Maßnahmen zur Schadensbegrenzung, vorgezogene Ausgleichsmaßnahmen nach § 44 Abs. 5 BNatSchG, Maßnahmen zur Kohärenzsicherung nach § 34 Abs. 5 BNatSchG) (BT-Drs. 19/7375, 63).

10 Die Notwendigkeit der beantragten Arbeiten muss sich aus den Antragsunterlagen des Hauptverfahrens ergeben (vgl. OVG Bln-Bbg BeckRS 2020, 35970 Rn. 18 f.).

II. Zulassungsvoraussetzungen

11 Die Voraussetzungen der Zulassung des vorzeitigen Baubeginns werden in Absatz 1 Satz 1 Nummer 1–4 normiert. Die Voraussetzungen müssen ausweislich des Wortlauts kumulativ vorliegen, sind zugleich jedoch abschließend normiert. Liegen die tatbestandlichen Voraussetzungen vor, führt dies auf der Rechtsfolgenseite (→ Rn. 49 f.) dazu, dass der vorzeitige Baubeginn in der Regel zu genehmigen ist. Konnte der vorzeitige Baubeginn in der ursprünglichen Fassung genehmigt werden, „soll" er mit Gesetzesänderung vom 19.7.2022 nun genehmigt werden, so dass es sich um einen Fall des intendierten Ermessens handelt. Liegen die tatbestandlichen Voraussetzungen vor, kann die Genehmigung nur aufgrund außerordentlicher Umstände versagt werden (→ Rn. 49).

1. Positive Prognose (Abs. 1 S. 1 Nr. 1)

12 Die zuständige Planfeststellungsbehörde muss eine positive Prognose dahingehend treffen, dass mit einer Entscheidung zugunsten des Vorhabenträgers gerechnet werden kann. Absatz 1 Satz 1 Nummer 1 entfaltet keine drittschützende Wirkung und die Prognoseentscheidung wird gerichtlich nicht auf ihre Richtigkeit überprüft (→ Rn. 58), da sie keinen Regelungscharakter hat und keine Bindungswirkung für das nachfolgende Verfahren entfaltet (→ Rn. 51). Sachliche Einwendungen gegen die Genehmigungsfähigkeit des Vorhabens können daher auch im gerichtlichen Verfahren gegen die Zulassung des vorzeitigen Baubeginns nicht vorgebracht werden. Die Anforderungen an die Prognoseentscheidung sind vor diesem Hintergrund nicht allzu hoch anzusetzen. In diesem Zusammenhang wird zunächst dargestellt, welchen Maßstab die zuständige Behörde bei der Prognose anzulegen hat (→ Rn. 13 f.) und auf welcher Grundlage ihre Bewertung erfolgt (→ Rn. 15 ff.).

13 **a) Bewertungsmaßstab.** Grundlage für die Prognose sind dabei alle netztechnischen Voraussetzungen, dh die technische Umsetzbarkeit des Vorhabens muss gewährleistet werden, sowie – wegen der Konzentrationswirkung von Plangenehmigung und Planfeststellung – auch die Vereinbarkeit mit allen sonstigen maßgeblichen öffentlich-rechtlichen Vorschriften. Es muss eine überwiegende Wahrscheinlichkeit für eine stattgebende Entscheidung sprechen (BT-Drs. 19/7375, 63; vgl. auch Jarass BImSchG § 8a Rn. 10 mwN; BeckOK UmweltR/ Enders BImSchG § 8a Rn. 15 mwN). Es ist auf den Erkenntnisstand zum Zeitpunkt der Prognose (ex ante) abzustellen, sodass nachträglich eintretende negativ abweichende Erkenntnisse die Rechtmäßigkeit der Entscheidung unberührt lassen (Landmann/Rohmer UmweltR/Mann BImSchG § 8a Rn. 47 mwN). Gewissheit ist insofern nicht gefordert, da es sich bei der Prognose nur um die Vorhersage einer künftigen Entwicklung auf Grundlage der zum Zeitpunkt der Entscheidung vorliegenden Erkenntnisse handelt. Die Prognoseunsi-

cherheit ist hierbei geringer, je weiter das Verfahren fortgeschritten ist, Restunsicherheiten können jedoch verbleiben und hindern nicht die Zulässigkeit des vorzeitigen Baubeginns. Eine reine Evidenzprüfung ist dabei nicht ausreichend, in der Praxis sind jedoch auch keine allzu hohen Anforderungen an die positive Prognose zu stellen (vgl. BeckOK UmweltR/ Enders BImSchG § 8a Rn. 15). Mit der Gesetzesänderung vom 8.10.2022 wurde dies auch dahingehend klargestellt, dass die Behörde nur eine summarische Prüfung durchzuführen hat. Dabei hat sich der Gesetzgeber eines Rechtsbegriffs bedient, der insbesondere aus der Rechtsprechung zur Prüfungsdichte in Eilrechtsschutzverfahren bekannt ist (siehe dazu Kritik und Überblick bei Schoch/Schneider/Schoch VwGO § 80 Rn. 399 f.; sowie Finkelnburg/ Dombert/Külpmann, Vorläufiger Rechtsschutz im Verwaltungsstreitverfahren, § 45 Rn. 958 ff.). Gemeinhin beschreibt der Begriff in diesem Zusammenhang, dass im Vergleich zur späteren verfahrensabschließenden Entscheidung zum Zeitpunkt der vorläufigen Entscheidung grundsätzlich keine umfassende und vertiefte Untersuchung der Sach- und Rechtslage stattfindet. Gemeint ist damit, dass der Vorläufigkeit der Entscheidung bei der Entscheidungsfindung Rechnung getragen wird. Während sich stellende Rechtsfragen dabei in der Regel beantwortet werden können und müssen, kann und soll der Sachverhalt nach dem Entscheidungscharakter nicht in allen Einzelheiten aufgeklärt und geprüft werden. Unklarheiten im Sachverhalt stehen einer Entscheidung nicht entgegen, sie sind vielmehr kennzeichnend für die vorläufige Entscheidung. Indem der Gesetzgeber für den vorzeitigen Baubeginn auf diesen Prüfungsmaßstab abstellt, bringt er somit auch hier zum Ausdruck, dass verbleibende Unsicherheiten im Sachverhalt in Bezug auf die Genehmigungsfähigkeit der Zulassung des vorzeitigen Baubeginns nicht entgegenstehen, solange diese Unsicherheiten lösbar erscheinen und der Vorausschau nach mit überwiegender Wahrscheinlichkeit zur Genehmigung des Plans führen werden. Dies gilt insbesondere auch vor dem Hintergrund, dass die Zulassung des vorzeitigen Baubeginns nur vorläufig erfolgt und unter einem gesetzlichen Widerrufsvorbehalt steht (→ Rn. 51). Es bestehen somit rechtliche Möglichkeiten der Zulassungsbehörde, kurzfristig einen Baustopp zu erzwingen. Darüber hinaus ist der Vorhabenträger zur Herstellung eines im Wesentlichen gleichartigen Zustands verpflichtet, wenn keine Plangenehmigung oder Planfeststellung erfolgen sollte. Zugleich werden grundsätzlich nur reversible Maßnahmen zugelassen. Mit der Klarstellung, dass nur eine summarische Prüfung zu erfolgen hat, trägt der Gesetzgeber zugleich der bisher fehlenden praktischen Bedeutung der Regelung Rechnung. Denn in der Praxis wurde insbesondere von Seiten der zuständigen Genehmigungsbehörden eingewandt, dass die erforderliche Prognose der Genehmigungsfähigkeit der Prüfung und Abfassung eines vorgezogenen Planfeststellungsbeschlusses gleichkäme. Dies soll nun ausdrücklich nicht der Fall sein. Stattdessen reicht eine summarische, also in der Prüfungstiefe gegenüber der abschließenden Entscheidung im Planfeststellungsverfahren deutlich reduzierte, Prüfung aus. Dies kann und sollte sich auch in der Abfassung der Entscheidungsbegründung widerspiegeln.

Anknüpfungspunkt für die Genehmigungsprognose ist dabei grundsätzlich die Genehmigungsfähigkeit des Gesamtvorhabens. Der Genehmigung des Vorhabens insgesamt dürfen keine unüberwindbaren Hindernisse entgegenstehen. Zusätzlich muss daneben positiv prognostiziert werden, dass die vorzuziehende Maßnahme auch in der konkret beantragten Form genehmigt werden wird. Hinsichtlich der Detailtiefe, der diesbezüglich erforderlichen Prüfung, ergeben sich dabei für die Praxis relevante Abstufungen. In Bezug auf das Gesamtvorhaben kommt es allein auf die positive Gesamtprognose an. Hinsichtlich der Detailausgestaltung können insoweit noch Fragen offen sein, soweit sie nur insgesamt lösungsfähig erscheinen und damit der Genehmigungsfähigkeit nicht entgegenstehen (vgl. auch OVG Bln-Bbg BeckRS 2020, 35970 Rn. 32). Eine Detailprüfung der offenen Fragen würde hingegen die an dieser Stelle nicht zu verlangende abschließende Entscheidung vorwegnehmen und aufgrund des damit verbundenen Zeit- und Prüfaufwands dem Sinn des Instruments zuwiderlaufen. Anders stellt es sich hinsichtlich der konkret zur vorzeitigen Umsetzung beantragten Maßnahme dar. Insoweit bedarf es einer detaillierteren Prüfung dahingehend, dass mit überwiegender Wahrscheinlichkeit das Vorhaben in den entsprechenden Teilbereichen auch konkret so genehmigt werden wird, wie es in Teilen vorzeitig ausgeführt werden soll. **14**

b) Bewertungsgrundlage. Für die Prognoseentscheidung müssen ausreichende Informationen vorliegen. Dazu gehören neben den vollständigen Antragsunterlagen jedenfalls auch die Stellungnahmen der Träger öffentlicher Belange. Die Gesetzesbegründung spricht, über **15**

die normierte Berücksichtigung der Stellungnahmen der Träger öffentlicher Belange hinaus, auch von der notwendigen Vorlage der Ergebnisse der Öffentlichkeitsbeteiligung. Dies begründet der Gesetzgeber damit, dass nur dann die Behörde beurteilen kann, ob berechtigte Einwendungen gegen das Vorhaben erhoben werden (BT-Drs. 19/7375, 63).

16 Ähnliches findet sich schon in der Rechtsprechung des BVerwG zu den Regelungen über den vorzeitigen Baubeginn nach KrWG (früher AbfG). Demnach kann die Behörde in der Regel erst aufgrund der Ergebnisse der Öffentlichkeitsbeteiligung entscheiden, ob eine Entscheidung zugunsten des Vorhabenträgers wahrscheinlich ist (BVerwG NVwZ 1991, 994 (995); BeckOK UmweltR/Klages KrWG § 37 Rn. 4).

17 Die Bewertungsgrundlage für die Prognoseentscheidung wurde mit Gesetzesänderung vom 26.7.2023 durch Einführung eines neuen Absatz 1 Satz 2 für Vorhaben, die in einem besonderen öffentlichen Interesse stehen, nunmehr jedoch dahingehend eingeschränkt, dass nicht mehr alle Stellungnahmen der Träger öffentlicher Belange berücksichtigt werden müssen, sondern nur noch die derjenigen Träger öffentlicher Belange (einschließlich der Gebietskörperschaften), deren Belange am Ort der konkreten Maßnahme, die durch den vorzeitigen Baubeginn zugelassen wird, berührt sind. Aus dieser Einschränkung ergibt sich zugleich, dass jedenfalls im Anwendungsbereich der Privilegierung des Absatz 1 Satz 2 ein Abwarten der weiteren Ergebnisse der Öffentlichkeitsbeteiligung nicht erforderlich ist. Denn dies steht der mit der Privilegierung verfolgten Beschleunigungsabsicht des Gesetzgebers entgegen und hätte insoweit jedenfalls einer Regelung mit einem vergleichbaren Maßstab bedurft, wessen Einwendungen in Bezug auf die vorzeitig zuzulassende Maßnahme abzuwarten sind.

18 Zu den insofern privilegierten Vorhaben gehören Vorhaben im Sinne des Artikels 3 Absatz 1 der Verordnung (EU) 2022/2577 des Rates vom 22. Dezember 2022 zur Festlegung eines Rahmens für einen beschleunigten Ausbau der Nutzung erneuerbarer Energien sowie Vorhaben im Sinne des § 1 Absatz 1 des Bundesbedarfsplangesetzes, des § 1 Absatz 2 des Energieleitungsausbaugesetzes und des § 1 des Netzausbaubeschleunigungsgesetzes Übertragungsnetz. Für jedes dieser so in Bezug genommenen Vorhaben wird durch die entsprechende Regelung das überwiegende bzw. überragende öffentliche Interesse an der Realisierung des Vorhabens festgestellt. Insbesondere durch die Aufnahme von Artikel 3 Absatz 1 der Verordnung (EU) 2022/2577 (sog. EU-Notfallverordnung), der unter anderem den Netzanschluss von Anlagen zur Erzeugung von Energie aus erneuerbaren Quellen sowie das betreffende Netz selbst in Bezug nimmt, werden die meisten in den sachlichen Anwendungsbereich des Absatz 1 fallenden Vorhaben in den Genuss dieser Privilegierung kommen. Denn Voraussetzung ist insofern lediglich, dass das Vorhaben dem Ausbau der Netzinfrastruktur dient, welche Energie aus erneuerbaren Quellen befördert. Die Anwendung der EU-Verordnung ist zwar zeitlich und inhaltlich begrenzt (sie gilt aktuell bis zum 30.6.2024), laut Gesetzesbegründung zieht der Absatz 1 Satz 2 im Sinne einer statischen Verweisung allerdings nur die Definition der Verordnung heran, ist aber nicht auf den limitierten zeitlichen und inhaltlichen Anwendungsbereich der Verordnung begrenzt (BT-Drs. 20/7395, 85).

19 Dieser reduzierte Berücksichtigungsumfang lässt sich damit erklären, dass sich bei den unter den Anwendungsbereich des Absatz 1 Satz 2 fallenden linienförmigen Infrastrukturvorhaben, deren Realisierung in einem besonderen öffentlichen Interesse steht, denkbare Zulassungshindernisse, die räumlich weit entfernt von der Stelle liegen, an der vorzeitig begonnen werden soll, nicht in derselben Weise auswirken, wie bei Vorhaben, die an einem Standort realisiert werden sollen. Zulassungshindernisse, die an einem weiter entfernten Streckenabschnitt liegen, können regelmäßig planerisch an dieser Stelle bewältigt werden, ohne, dass dadurch das Gesamtvorhaben insgesamt in Frage gestellt würde und führen damit nicht dazu, dass der betroffene Streckenabschnitt gar nicht verwirklicht wird. Insbesondere ist das besondere öffentliche Interesse auch bei der Planrechtfertigung mit zu berücksichtigen, sofern nicht ohnehin eine gesetzliche Bedarfsplanung und -feststellung vorliegt, sodass das „Ob" der Realisierung des Vorhabens regelmäßig nicht in Frage steht. Dieser Umstand findet in der räumlich eingeschränkten Prognosegrundlage seinen Ausdruck. Dies bestätigt sich auch vor dem Hintergrund der Dringlichkeit dieser Vorhaben im Interesse des Klimaschutzes und der Unabhängigkeit der Energieversorgung, die eine Aufgabe des Vorhabens insgesamt als unwahrscheinlich erscheinen lässt. (BT-Drs. 20/7395, 85)

20 Aus der Gesetzesbegründung lässt sich des Weiteren entnehmen, dass der Kreis der Träger öffentlicher Belange, deren Stellungnahmen Berücksichtigung finden sollen, aus Gründen

der Verfahrensbeschleunigung sehr eng zu ziehen ist. Es wird dabei insbesondere darauf hingewiesen, dass nur die Stellungnahmen der unmittelbar berührten, örtlich zuständigen Fachbehörden zu berücksichtigen sind, nicht hingegen solche von potentiell in ihrem Aufgabenbereich berührten Bundes- und Landesbehörden sowie -ministerien. Insofern wird in der Gesetzesbegründung auch nochmal klargestellt, dass die Berührung eines Belanges nur vorliegt, wenn sich die geplante Maßnahme negativ auf die betroffenen Belange auswirkt. (BT-Drs. 20/7395, 85f) Insoweit gilt derselbe Maßstab wie im Rahmen des § 43f Abs. 1 Nr. 2 (→ § 43f Rn. 32).

Die notwendigen Stellungnahmen können dabei auch außerhalb der formellen Anhörung 21 eingebracht werden. Der Vorhabenträger hat insofern die Möglichkeit auch im Vorhinein auf die entsprechenden Behörden zuzugehen und eine Stellungnahme zu der konkret vorzeitig zuzulassenden Maßnahme zu erbeten. Eine solche vorzeitig ergangene Stellungnahme muss dann allerdings soweit sie auch im Rahmen des Hauptverfahrens Berücksichtigung finden soll im Rahmen des eigentlichen Anhörungsverfahrens nochmals eingebracht werden. (BT-Drs. 20/7395, 86)

Falls eine UVP durchzuführen ist, müssen die von den Teilen des Vorhabens oder der 22 Vorarbeiten ausgehenden Umweltauswirkungen auf Grundlage des UVP-Berichts für das Gesamtvorhaben, der vorliegenden Einwendungen und der behördlichen Stellungnahmen bewertet werden. Des Weiteren muss auch die nach § 4 Abs. 2 26. BImSchV vorgeschriebene Minimierungsprüfung abgeschlossen sein, da vorher die Details der Ausführung der Anlagen nicht feststehen können (BT-Drs. 19/7375, 63). Allerdings sind sowohl der UVP-Bericht (wenn erforderlich) als auch die Minimierungsprüfung grundsätzlich bereits Bestandteil der Antragsunterlagen.

Weder der Norm selbst noch der Gesetzesbegründung lässt sich entnehmen, dass ein 23 ggf. notwendiger Erörterungstermin abzuwarten ist. Ein solcher sollte jedenfalls dann nicht abzuwarten sein, wenn die erhobenen Einwendungen unzulässig oder offensichtlich unbegründet sind. Ausnahmsweise sollte der Erörterungstermin abgewartet werden, wenn sein Ergebnis für die Prognose von voraussehbar ausschlaggebender Bedeutung sein kann (vgl. Landmann/Rohmer UmweltR/Mann BImSchG § 8a Rn. 53). Soweit das Vorhaben in den Genuss der Privilegierung nach Absatz 1 Satz 2 kommt ergibt sich der Umstand, dass der Erörterungstermin nicht abzuwarten ist, systematisch bereits daraus, dass andernfalls die mit der Privilegierung gewünschte Beschleunigung nicht erreicht werden kann.

Insgesamt ist eine summarische Prüfung ausreichend. Die Anforderungen an Unterlagen, 24 Behörden- und Öffentlichkeitsbeteiligung sind dem Umfang der vorzeitig zuzulassenden Maßnahmen anzupassen. Das heißt, je größer der Eingriff durch die vorzunehmenden Maßnahmen, desto höher die Anforderungen an die positive Prognose, desto geringer der Eingriff, desto reduzierter die Anforderungen. (vgl. auch Jarass BImSchG § 8a Rn. 11). Dies schlägt sich auch in der erforderlichen Begründungstiefe der Zulassungsentscheidung nieder. Insgesamt sind insbesondere bei einem besonderen öffentlichen Interesse an der beschleunigten Umsetzung des Vorhabens die inhaltlichen Anforderungen an die Prognoseentscheidung nicht zu hoch anzusetzen. Dies spiegelt sich auch in der nur eingeschränkten gerichtlichen Kontrolle wider (→ Rn. 51 → Rn. 58).

2. Berechtigtes oder öffentliches Interesse (Abs. 1 S. 1 Nr. 2)

Das berechtigte oder öffentliche Interesse muss sich auf die Vorzeitigkeit des Beginns der 25 Umsetzung des Vorhabens beziehen. Beides ist jedenfalls dann ausgeschlossen, wenn Zweifel an der Rechtmäßigkeit der Teilmaßnahmen oder der Vorarbeiten, mit denen vorzeitig begonnen werden soll, bestehen. Ansonsten genügt für das berechtigte Interesse jedes verständige, durch die besondere Sachlage gerechtfertigte Interesse. Dafür reicht regelmäßig das Interesse des Antragstellers an einer zeitlichen Beschleunigung aus, um zB den im NEP anvisierten Fertigstellungstermin einzuhalten (BT-Drs. 19/7375, 64). Ein berechtigtes Interesse kann sich auch aufgrund der Einhaltung eines Zeitfensters für abgesprochene und geplante Leitungsfreischaltungen, der zeitliche beschränkten Verfügbarkeit von seltenen Baugeräten, aus der Abhängigkeit in der Bauausführung von Dritten und externen Umständen (zB temporäre Stilllegung eines Produktionsstandortes wegen Abschaltung; zeitlich begrenzte Sperrmöglichkeit von Autobahnen oder Schienenwegen) oder ähnlichem ergeben.

26   Alternativ zum berechtigten Interesse kommt ein öffentliches Interesse in Frage. Selbst wenn ein berechtigtes Interesse verneint wird, kann an dessen Stelle ein öffentliches Interesse treten. Dies muss gerade im vorzeitigen Beginn und dem damit verbundenen Zeitgewinn bestehen. Es besteht zB regelmäßig dann, wenn durch die vorzunehmenden Maßnahmen der Umweltschutz verbessert wird. Dies ist zB der Fall, wenn es sich um naturschutzrechtliche Maßnahmen, insbesondere des europäischen Arten- und Gebietsschutzes (Maßnahmen zur Schadensbegrenzung, vorgezogene Ausgleichsmaßnahmen nach § 44 Abs. 5 BNatSchG sowie Maßnahmen zur Kohärenzsicherung nach § 34 Abs. 5 BNatSchG) handelt (vgl. BT-Drs. 19/7375, 63 f.).

27   Auch bei im EnLAG oder BBPlG festgeschriebenen Vorhaben wird regelmäßig das öffentliche Interesse zu bejahen sein. Sowohl der Wortlaut des § 1 Abs. 1 EnLAG als auch der des § 1 Abs. 1 BBPlG spricht vom „vordringlichen Bedarf" der jeweils aufgeführten Vorhaben und dem „überragenden öffentlichen Interesse" an deren Umsetzung. Insbesondere der Begriff „vordringlich", welcher ein Synonym für eilig, dringlich und unaufschiebbar ist, bringt das besondere Interesse an einer zügigen Umsetzung dieser Vorhaben zum Ausdruck. So verweist auch die Gesetzesbegründung zu § 1 Abs. 1 EnLAG darauf, dass die enthaltenen Vorhaben in besonderer Weise der Realisierung der Energiewende dienen (BR-Drs. 342/11, 36). Ein öffentliches Interesse am vorzeitigen Beginn der Umsetzung solcher Vorhaben ist mithin immer gegeben, wenn die rechtzeitige Realisierung ansonsten gefährdet wäre.

3. Reversibilität (Abs. 1 S. 1 Nr. 3, Abs. 1 S. 2)

28   Die Reversibilität ist nicht in allen verwandten Vorschriften zum vorzeitigen Baubeginn ausdrücklich festgeschrieben. Allerdings ist sie in den entsprechenden Vorschriften im BImSchG, im WHG und im KrWG bereits durch die dort verankerten Wiederherstellungspflichten impliziert und wird auch von der Rechtsprechung vorausgesetzt. (OVG Bln-Bbg BeckRS 2020, 1968 Rn. 15; VGH BW BeckRS 2009, 41728; VG Schleswig ZUR 2008, 211; BVerwG NVwZ 2011, 242). Die Regelung über die vorläufige Anordnung gem. § 17 Abs. 2 FStrG hingegen enthält bereits die Reversibilität im Wortlaut.

29   Vom Grundsatz her können iRd § 44c nur reversible Maßnahmen zugelassen werden, wobei der Begriff der Reversibilität hierbei jeweils in zeitlicher sowie räumlicher Hinsicht zu bestimmen ist (→ Rn. 30 ff.). Allerdings lässt § 44c hiervon auch Ausnahmen zu (→ Rn. 34 f.).

30   **a) Grundsatz: nur reversible Maßnahmen (Abs. 1 S. 1 Nr. 3).** Gemäß Absatz 1 Satz 1 Nummer 3 muss die vorzeitig zuzulassende Maßnahme reversibel sein. Nach der Gesetzesbegründung (BT-Drs. 19/7375, 64) ist eine Maßnahme reversibel, wenn die durch sie hervorgerufenen Beeinträchtigungen sowohl in zeitlicher als auch räumlicher Hinsicht eingriffsnah rückgängig zu machen bzw. umkehrbar sind. Hierzu zählen solche Beeinträchtigungen von Natur und Landschaft, die so behoben werden können, dass der ursprüngliche Zustand ohne bleibende Auswirkungen wiederhergestellt ist. Dies ist der Fall, wenn insbesondere die geschädigten natürlichen Ressourcen und/oder beeinträchtigten Funktionen der natürlichen Ressourcen und/oder des Naturhaushaltes in den Ausgangszustand zurückversetzt werden können.

31   Ein derart enges Begriffsverständnis gilt nach dem nun durch Absatz 1 Satz 2 definierten Maßstab für die Beurteilung der Reversibilität nicht mehr. Danach sind Maßnahmen reversibel, wenn ein im Wesentlichen gleichartiger Zustand hergestellt werden kann und die hierfür notwendigen Maßnahmen in einem angemessenen Zeitrahmen umgesetzt werden können. Der Einfügung dieses gesetzlich definierten Maßstabs ging eine „Odyssee unklarer Anforderungen an die Reversibilität" voraus. So blieb nach der Gesetzesbegründung zur ersten Fassung der Norm unklar, wie genau der zeitliche und räumliche Zusammenhang abzugrenzen ist. Die Gesetzesbegründung fasste die für die Umsetzung einer vorzeitig zu beginnenden Maßnahme notwendige Abholzung von Wald grundsätzlich als irreversible Maßnahme auf, weil das Nachwachsen des Baumbestandes Jahrzehnte in Anspruch nehmen kann (vgl. BT-Drs. 19/7375, 64). Hier sollte nach der Gesetzesbegründung der zeitliche Zusammenhang aufgrund der großen Zeitspanne mithin nicht mehr gegeben sein. Mit der Gesetzesänderung vom 19.7.2022 hat der Gesetzgeber auch in Anlehnung an die zwischenzeitlich ergangene Rechtsprechung im Zusammenhang mit dem Tesla-Werk in Brandenburg (OVG Bln-Bbg

ZNER 2020, 119; eher krit. Mutert ZUR 2020, 373 (374); im Ergebnis zustimmend Steiger/Kramp ZUR 2020, 358 (360)) ausgeführt, dass die Abholzung von Forst aufgrund der Möglichkeit der Wiederaufforstung einer gerodeten Waldfläche als reversibel anzusehen sei (BT-Drs. 20/2402, 46). Anstatt den Maßstab der Reversibilität im Gesetz selbst klarstellend zu regeln hatte der Gesetzgeber sich insoweit nur darauf beschränkt auszuführen, dass er seine ursprüngliche Auffassung nun selbst nicht mehr teilt. Für die mit der Normanwendung befassten Behörden sowie die Rechtsprechung verblieb damit weiterhin die Aufgabe, den Maßstab der Reversibilität selbst zu bestimmen. Sinnvoller Ansatzpunkt, der sich auch in den ausnahmsweise zulässigen irreversiblen Maßnahmen (→ Rn. 34 f.) widerspiegelt, war hier auch schon vor Einfügung des Absatzes 1 Satz 2 darauf abzustellen, ob der ursprüngliche Zustand selbst darauf zurückgeht, dass die betroffene Natur und Landschaft vorher lange Zeit frei von sonstigen Eingriffen gewesen sind. Intensiv bewirtschaftete oder gepflegte Flächen sind hinsichtlich der vorzeitigen Zulassung von Maßnahmen danach weniger schutzwürdig als vollständig naturbelassener Wald, bei dem aufgrund der langen Dauer, die es benötigt, um nach Umsetzunge der Herstellungsmaßnahmen den Zielzustand zu erreichen, eine Zulassung ausgeschlossen ist (so im Ergebnis auch OVG Bln-Bbg BeckRS 2020, 1968 Rn. 15).

32 Diesen Gedanken hat der Gesetzgeber mit der Gesetzesänderung vom 8.10.2022 aufgegriffen und mit Absatz 1 Satz 3 legal definiert, dass Maßnahmen reversibel sind, wenn ein im Wesentlichen gleichartiger Zustand hergestellt werden kann und die hierfür notwendigen Maßnahmen in einem angemessenen Zeitraum umgesetzt werden können. In der Gesetzesbegründung (BT-Drs. 20/3497, 40) findet sich hierzu im Wesentlichen die angeführte Argumentation, dass der Anwendungsbereich des § 44c andernfalls zu sehr eingeengt wäre, da die Wiederherstellung des ursprünglichen Zustandes regelmäßig nicht möglich ist. Es ist somit keine Zurückversetzung in den Ausgangszustand erforderlich, sondern die Herstellung eines im Wesentlichen gleichartigen Zustands. Gegenüber der ursprünglich geforderten Zurückversetzung in den Ausgangszustand bringt dieser gesetzliche Maßstab gleich in zweierlei Hinsicht verminderte Anforderungen zum Ausdruck. Dies kommt zunächst durch die Aufnahme der Einschränkung „im Wesentlichen" zum Ausdruck. Die Einschränkung dürfte zunächst zum Ausdruck bringen, dass insbesondere hinsichtlich der Umsetzung und Entwicklung der zur Herstellung des Zielzustandes erforderlichen Maßnahmen Unsicherheiten nicht ausgeschlossen werden können. Zugleich lässt er unwesentliche Abweichungen in der Art und Ausgestaltung der Herstellungsmaßnahmen gegenüber dem Ausgangszustand zu, die insbesondere auch räumlicher Art sein können. Dies wird noch deutlicher dadurch, dass nunmehr – und insofern gegenüber den ursprünglichen Anforderungen ebenfalls deutlich reduziert – nur noch ein gleichartiger Zustand hergestellt werden können muss. Ein im Wesentlichen gleichartiger Zustand besteht dann, wenn die bisherigen Funktionen im Wesentlichen gleichartig wieder erfüllt werden. Damit rückt die Wiederherstellung der Funktionen bei der Ausgestaltung der Herstellungsmaßnahmen in den Vordergrund. Erforderlich ist, dass diese Herstellungsmaßnahmen in einem angemessenen Zeitraum umgesetzt werden können. Hinsichtlich des zeitlichen Zusammenhangs führt der Gesetzgeber aus, dass bei Vorhaben, deren Realisierung aus Gründen eines überragenden öffentlichen Interesses und im Interesse der öffentlichen Sicherheit erforderlich ist, auch längere Aufwuchs- und Entwicklungszeiten grundsätzlich als angemessen anzusehen sein; dies könne jedoch bei besonders wertvollen, sehr langsam wachsenden Bäumen (zum Beispiel Buchen) nicht der Fall sein. Dasselbe gelte bei Offshore-Anbindungsleitungen, auch wenn sie nicht formell in das Bundesbedarfsplangesetz aufgenommen wurden. Letztlich kommt auch hier damit der Gedanke der Schutzwürdigkeit des ursprünglichen Zustandes zum Ausdruck. Die Funktionen eines vollständig naturbelassenen Waldes, der über viele Jahrzehnte diesen besonders schutzwürdigen Zustand entwickelt hat, sind bei massiven großflächigen Eingriffen nicht ohne sehr lange Entwicklungszeiten gleichartig wiederherzustellen. Bei land- und forstwirtschaftlich bewirtschafteten Flächen sind entsprechende Aufwuchs- und Entwicklungszeiten hingegen in der Regel zeitlich planbar.

33 Auch in der Rechtsprechung zeichnet sich ein großzügiger Maßstab in der Bewertung dieser Frage ab. So hat das Bundesverwaltungsgericht Anfang 2023 im Rahmen eines Eilrechtsschutzverfahrens gegen die Zulassung des vorzeitigen Baubeginns im Zusammenhang mit der Einbringung von Bohrpfählen entschieden, dass keine Bedenken in Hinblick auf die

Reversibilität der Maßnahmen bestünden, auch wenn diese bei einer geänderten endgültigen Planung nur bis zu einer Tiefe von 2m unter Erdoberkante wieder entfernt würden (BVerwG BeckRS 2023, 3887 Rn. 23).

34 **b) Ausnahmsweise zulässige irreversible Maßnahmen (Abs. 1 S. 4).** Nach Absatz 1 Satz 4 können abweichend vom Grundsatz der Reversibilität auch irreversible Maßnahmen durchgeführt werden, wenn sie nur wirtschaftliche Schäden verursachen und für diese Schäden eine Entschädigung in Geld geleistet wird. Im Hinblick auf den nunmehr gesetzlich definierten Maßstab der Reversibilität in Absatz 1 Satz 3 wird man zur Vermeidung von Wertungswidersprüchen auch das Begriffsverständnis irreversibler Maßnahmen entsprechend justieren müssen. Absatz 1 Satz 4 stellte nach der ursprünglichen Gesetzesbegründung darauf ab, dass irreversible Maßnahmen dann zugelassen werden können, wenn lediglich ein wirtschaftlicher Schaden eintrete und keine ökologische Beeinträchtigung droht. Als Beispiel wurde in der Gesetzesbegründung (BT-Drs. 19/7375, 64) das Beseitigen von Bäumen innerhalb eines wirtschaftlich genutzten Waldes benannt. Die Ausnahmeregelung sollte insbesondere im Bereich des Holzeinschlags dem Umstand Rechnung tragen, dass die Begrenzung des Holzeinschlages auf die Monate Oktober bis Februar ggf. die Bauausführung maßgeblich verzögern kann und zugleich aufgrund der Dauer der Wiederaufforstung regelmäßig Unsicherheiten auftreten dürften, ob auch bei stark bewirtschafteten Wäldern eine Rodung irreversibel oder reversibel ist (so auch OVG Bln-Bbg BeckRS 2020, 1968 Rn. 15). Diese Maßnahme wird man aufgrund der Einfügung von Absatz 1 Satz 3 nunmehr ohne Weiteres als reversible Maßnahme einstufen können.

35 Dies führt zu der Frage, ob die Ausnahmeregelung in Absatz 1 Satz 4 nunmehr gegenstandslos ist. Schon bisher stellte sich insoweit die Frage, was entsprechend der ursprünglichen Konzeption des Gesetzebers irreversible Maßnahmen sein sollten, die lediglich wirtschaftliche Schäden verursachen ohne ökologische Beeinträchtigungen mit sich zu bringen. Tatsächlich kann die Ausnahme jedoch gerade im Zusammenhang mit dem neu eingefügten Maßstab der Reversibilität in Absatz 1 Satz 3 nun einen sinnvollen Anwendungsbereich erlangen. Denn die Reversibilität ist dann gegeben, wenn ein im Wesentlichen gleichartiger Zustand hergestellt werden kann. Dies zielt wie dargestellt nicht auf die Wiederherstellung des Ausgangszustandes ab, sondern erlaubt auch einen anderen, hinsichtlich der Funktionen im Wesentlichen gleichwertigen Zustand. Im Hinblick auf diese Delta-Betrachtung des Vorher-/Nachher-Zustandes können sich Abweichungen ergeben, die wirtschaftliche Schäden mit sich bringen. Denkbar ist zB eine zukünftig verminderte Bewirtschaftung in Folge der Ausgestaltung der Herstellungsmaßnahmen. Bei einem solchen Verständnis würde die Regelung in Absatz 1 Satz 4 den Maßstab der Reversibilität in Absatz 1 Satz 3 sinnvoll ergänzen, indem hierdurch klargestellt wird, dass trotz eines im Wesentlichen vergleichbaren Zustands aufgrund der vordringlich funktionalen Betrachtungsweise verbleibende Abweichungen zwischen dem Zielzustand und dem Ausgangszustand der Zulassung des vorzeitigen Baubeginns nicht entgegenstehen. Führen diese Abweichungen zu wirtschaftlichen Schäden, sind diese nach Absatz 1 Satz 4 entsprechend zu entschädigen.

4. Schadensersatz und Herstellung eines im Wesentlichen gleichartigen Zustands (Abs. 1 S. 1 Nr. 4)

36 Gemäß § 44c Abs. 1 S. 1 Nr. 4 muss sich der Vorhabenträger verpflichten, alle bis zur Entscheidung im Planfeststellungs- oder Plangenehmigungsverfahren durch die Maßnahme verursachten Schäden zu ersetzen und, falls das Vorhaben nicht planfestgestellt oder genehmigt wird, einen im Wesentlichen gleichartigen Zustand herzustellen. Die Verpflichtung umfasst somit zwei Erklärungen zur Risikoübernahme durch den Vorhabenträger: die Verpflichtung zum Schadensersatz und die Verpflichtung zur Herstellung des im Wesentlichen gleichartigen Zustands. Sie kann durch einseitige Erklärung gegenüber der Behörde abgegeben werden. Umfasst sind alle Schäden, die durch die vorzeitige Ausführung adäquat kausal verursacht worden sind. Hierzu gehört auch der entgangene Gewinn für das Ziehen von Früchten auf dem Grundstück. Die Verpflichtung ist in Bezug auf beide Erklärungen verschuldensunabhängig (BT-Drs. 19/7375, 64). Sie besitzt kraft Gesetzes Schutzwirkung zugunsten Dritter und vermittelt diesen einen entsprechenden verschuldensunabhängigen Anspruch (BeckOK UmweltR/Enders BImSchG § 8a Rn. 14 mwN). Da die Verpflichtungs-

erklärung Voraussetzung für die vorläufige Zulassung ist, steht Drittbetroffenen für den Fall des Erlasses ohne die notwendige Erklärung ggf. ein Amtshaftungsanspruch gegen die Behörde zu (vgl. auch Jarass BImSchG § 8a Rn. 9).

5. Anmerkung zum Vorliegen der privaten Rechte

Mit Gesetzesänderung vom 19.7.2022 hat der Gesetzgeber die Voraussetzung, dass für die Zulassung des vorzeitigen Baubeginns die privaten Rechte für die betroffenen Grundstücke vorliegen müssen, gestrichen. Auch dies dient der Beschleunigung ohne, dass sich hieraus ein tatsächlicher Nachteil der betroffenen Grundstückseigentümer ergibt. Dies liegt darin begründet, dass dem Bescheid über die Zulassung des vorzeitigen Baubeginns keine enteignungsrechtliche Wirkung zukommt. Die tatsächliche Umsetzung des vorzeitigen Baubeginns auf dem jeweils betroffenen Grundstück ist also weiterhin davon abhängig, dass sich Vorhabenträger und Eigentümer über die Nutzung des Grundstücks geeinigt haben. Eine Beschleunigung erzielt der Wegfall der Voraussetzung insofern lediglich dadurch, dass sich der Vorhabenträger parallel um den Bescheid und die Erlangung der privaten Rechte bemühen kann und das Antragsverfahren um diesen insoweit rein formellen Prüfungsaspekt entschlackt wurde. (BT-Drs. 20/2402, 46) 37

C. Sicherheitsleistung (Abs. 2)

Die Zulassungsbehörde kann vom Antragsteller eine Sicherheit verlangen, wenn ansonsten zu befürchten ist, dass er seiner Pflicht zur Herstellung des im Wesentlichen gleichartigen Zustands nach Absatz 1 Satz 1 Nummer 4 oder zur Leistung von Schadensersatz nach Absatz 1 Satz 2 nicht nachkommt. Sie stellt insofern einen speziell geregelten Fall einer Auflage iSd § 36 Abs. 2 Nr. 4 VwVfG dar. Die Möglichkeit, eine Sicherheitsleistung zu verlangen, ist nicht auf den Zeitpunkt der Erteilung der Zulassung beschränkt. Bei einer Änderung der Sachlage kann die Behörde die Sicherheitsleistung auch im Nachhinein noch erhöhen oder erstmalig verlangen (Landmann/Rohmer UmweltR/Mann BImSchG § 8a Rn. 106). Die Forderung einer Sicherheitsleistung steht im Ermessen der Behörde. Die Sicherheit kann in Form einer Bürgschaft geleistet werden. Die Höhe richtet sich nach den im Einzelfall zu erwartenden Aufwendungen, die erforderlich sind, um ggf. entstandene Schäden zu ersetzen bzw. den im Wesentlichen gleichwertigen Zustand herzustellen. 38

D. Verfahren

Das Verfahren über die Zulassung des vorzeitigen Baubeginns wird ausschließlich durch Antrag des Vorhabenträgers eingeleitet (vgl. § 44c Abs. 1 S. 5). 39

Der Antrag sollte die vorzeitig umzusetzenden Maßnahmen klar erkennen lassen und Ausführungen zu den Antragsvoraussetzungen sowie die Verpflichtungserklärung zum Schadensersatz und zur Herstellung des im Wesentlichen gleichartigen Zustands, für den Fall des Nichterlassens des Planfeststellungsbeschlusses oder der Plangenehmigung, enthalten. 40

Für die Entscheidung nach § 44c ist die Behörde zuständig, die auch das Planfeststellungs- bzw. Plangenehmigungsverfahren in der Hauptsache leitet. 41

Da § 44c selbst keine Formvorschriften enthält, gilt der Grundsatz der Formfreiheit gem. § 10 S. 1 VwVfG. Für den Antrag ist damit eine bestimmte Form nicht vorgeschrieben. Er kann grundsätzlich schriftlich, mündlich oder konkludent gestellt werden. Wichtig ist, dass die Antragstellung es der Behörde ermöglicht, die Identität des Antragstellers festzustellen. (Stelkens/Bonk/Sachs/Schmitz VwVfG § 22 Rn. 30) Da der Antrag jedoch Ausführungen zu den Antragsvoraussetzungen sowie die Verpflichtungserklärungen enthalten muss (→ Rn. 36), wird eine schriftliche Antragstellung die Regel sein. Um insofern Unsicherheiten hinsichtlich der teilweise noch strengen Anforderungen der Rechtsprechung zu bestimmten Schriftsätzen und Anträgen zu vermeiden, empfiehlt es sich, den Antrag zu unterschreiben (Riege EnWZ 2020, 305 (307); ausf. Stelkens/Bonk/Sachs/Schmitz VwVfG § 22 Rn. 31 ff.). Dies gilt insbesondere auch vor dem Hintergrund der enthaltenen Verpflichtungserklärungen. 42

Die Zulassung des vorzeitigen Baubeginns kann grundsätzlich während eines laufenden Planfeststellungs- bzw. Plangenehmigungsverfahrens gestellt werden. In Hinblick auf die 43

Voraussetzung des § 44c Abs. 1 S. 1 Nr. 1, nämlich, dass die Prognoseentscheidung unter Berücksichtigung der Stellungnahmen der Träger öffentlicher Belange einschließlich der Gebietskörperschaften erfolgen muss, wird aber jedenfalls der frühestmögliche Zeitpunkt für eine Entscheidung der Behörde nach Auslage der Antragsunterlagen und Ablauf der Stellungnahmefristen liegen. Im Anwendungsbereich von Absatz 1 Satz 2 kann der Antrag entsprechend deutlich früher – sobald die notwendigen Stellungnahmen vorliegen – gestellt werden (→ Rn. 17 ff.).

44 Allerdings wird in der Praxis wohl sowieso regelmäßig ein fortgeschrittener Verfahrensstand abgewartet werden. Dies liegt darin begründet, dass ein Antrag regelmäßig erst dann Sinn macht, wenn erkennbar wird, dass ein Planfeststellungsbeschluss mit hoher Wahrscheinlichkeit nicht rechtzeitig vor dem geplanten Baubeginn erfolgen wird. Ein Erörterungstermin wird regelmäßig nicht abzuwarten sein (→ Rn. 23). Eine Entscheidung kann nur bis zum Erlass des Planfeststellungsbeschlusses bzw. der Plangenehmigung erfolgen. Nach Bekanntgabe der Entscheidung im Hauptsacheverfahren ist eine Zulassung des vorzeitigen Beginns ausgeschlossen, aber auch obsolet (vgl. hierzu auch Riege EnWZ 2020, 305 (306)).

45 § 44c enthält keine eigene Regelung über eine ggf. erforderliche Beteiligung potentiell betroffener Dritter, sodass die Vorschriften des allgemeinen VwVfG Anwendung finden. Unter Umständen ist insofern eine Anhörung nach § 28 VwVfG der betroffenen Grundstückseigentümer erforderlich. Allerdings ist hier zu unterscheiden, zu welchem Zeitpunkt der vorzeitige Baubeginn zugelassen werden soll. Mit dem vorzeitigen Baubeginn sollen Maßnahmen begonnen werden, die Bestandteil des Planfeststellungsverfahrens sind. Ist die Öffentlichkeitsbeteiligung im Hauptverfahren erfolgt, so wurde die Gelegenheit zur Äußerung eingeräumt. Eine zusätzliche Anhörung wäre vor diesem Hintergrund nur dann notwendig, wenn allein durch die Zulassung des vorzeitigen Beginns an sich eine eigene zusätzliche Beschwer entstünde. Hier käme allein der Umstand in Frage, dass die Entscheidung eine vorläufige ist und es theoretisch möglich ist, dass die Planfeststellungsentscheidung nicht wie beantragt ergeht. Allerdings trägt diesem Umstand schon die Schadensersatz- und Herstellungsverpflichtung ausreichend Rechnung. Zu beachten ist in diesem Zusammenhang auch, dass zum Zeitpunkt der Baumsetzung die Rechte zur Nutzung der unmittelbar betroffenen Grundstücke vorliegen müssen, sodass die Eigentümer der Nutzung ihrer Grundstücke zugestimmt haben müssen. Diese Zustimmung ist dabei grundsätzlich vom Zeitpunkt der Bauausführung unabhängig (→ Rn. 37; zur Nichtnotwendigkeit der Anhörung privater Dritter auch Riege EnWZ 2020, 305 (310)).

46 Ähnliches gilt für die Beteiligung von Behörden. Auch diejenigen Behörden, deren Zuständigkeit durch die Zulassung des Vorhabens berührt wird, wurden bereits im Hauptverfahren bzw. im Rahmen einer vorherigen Einholung notwendiger Stellungnahmen beteiligt. Eine besondere Beschwer allein durch die Vorzeitigkeit ist hier ebenfalls grundsätzlich nicht erkennbar. Die Planfeststellungsbehörde hat die Möglichkeit, in ihrer Zulassung durch entsprechende Regelungen und Nebenbestimmungen den im Beteiligungsverfahren seitens der Fachbehörden ggf. vorgebrachten Einwendungen Rechnung zu tragen. Wird in der Literatur teilweise eine erneute Beteiligung der Behörden unter Verweis auf die Kommentierung zu § 8a BImSchG für zweckmäßig gehalten (vgl. Riege EnWZ 2020, 305 (310)), so liegt hierin unter Umständen ein Missverständnis. Zwar findet sich dort der Hinweis, dass die Behörden zu beteiligen sind. Allerdings wird dabei gleichzeitig auf die Ausführungen zu den Grundlagen der positiven Prognoseentscheidung verwiesen und darauf, dass insofern die Stellungnahme der Behörden bereits vorliegen müssen (Landmann/Rohmer UmweltR/Mann BImSchG § 8a Rn. 35). Warum ein praktisches Bedürfnis für eine doppelte Beteiligung zum identischen inhaltlichen Gegenstand der Beteiligung bestehen sollte, erschließt sich nicht. Etwas Anderes kann sich nur ergeben, wenn gerade durch den vorzeitigen Beginn eine andere oder zusätzliche Betroffenheit entsteht.

47 Insgesamt ist anzumerken, dass das Unterbleiben einer erneuten Beteiligung im Verfahren zur Zulassung des vorzeitigen Baubeginns die Beteiligungs- und Klagerechte im Wesentlichen unberührt lässt. Die Beteiligungs- bzw. Stellungnahme- bzw. Einwendungsrechte im Hauptverfahren bleiben unberührt und sind zumindest teilweise abzuwarten, bevor die Behörde eine Prognose gem. § 44c Abs. 1 S. 1 Nr. 1 trifft. Ein praktisches Bedürfnis für eine doppelte Beteiligung ist auch insoweit nur schwer vorstellbar. Des Weiteren ist die Zulassung des vorzeitigen Beginns beschränkt auf reversible Maßnahmen, sodass die Entscheidung regelmäßig nicht zur Schaffung vollendeter Tatsachen führt. Eine abschließende Kontrolle dieser Maßnahmen ist also noch im Hauptverfahren möglich (vgl. dazu auch Landmann/Rohmer UmweltR/Mann BImSchG § 8a Rn. 35).

Die Bekanntmachung der Entscheidung erfolgt über Zustellung an anliegende Gemeinden und Beteiligte (§ 44c Abs. 3). 48

E. Rechtsfolgen

Die Entscheidung liegt grundsätzlich im Ermessen der Behörde. Es besteht auch bei Vorliegen der tatbestandlichen Voraussetzungen kein Rechtsanspruch auf Vorabzulassung, sondern lediglich ein Anspruch auf ermessensfehlerfreie Entscheidung. Allerdings handelt es sich vorliegend um ein intendiertes Ermessen, sodass die Genehmigung im Regelfall zu erteilen ist. Bei Vorliegen der tatbestandlichen Voraussetzungen ist eine positive Genehmigungsentscheidung nur rechtsfehlerhaft, wenn der Behörde außerordentliche Gründe bekannt oder erkennbar waren und sie diese bei ihrer Zulassungsentscheidung nicht oder nicht zutreffend berücksichtigt hat. Andersherum muss die Behörde bei einer Abweichung vom Regelfall, also einer Nichterteilung der Genehmigung trotz Vorliegen der tatbestandlichen Voraussetzungen, die Ablehnung des Antrags besonders begründen (BeckOK VwVfG(Aschke VwVfG § 40 Rn. 40 mwN). 49

Auch liegt ein Gestaltungsermessen dahingehend vor, dass die Behörde die Zulassung des vorzeitigen Baubeginns auf einzelne Teilbereiche beschränkt, soweit der Vorhabenträger seinen Antrag nicht selbst entsprechend begrenzt. Dies gilt insbesondere dann, wenn die Feststellung des Plans oder der Erlass der Plangenehmigung insgesamt noch einige Zeit in Anspruch nehmen wird, da die Prüfung und Entscheidung konkreter Sachverhalte und Fragestellungen noch andauert, ohne dass hiervon Unsicherheiten für übrige, weitgehend feststehende Ergebnisse des Verfahrens ausgehen und auch die Gesamtrealisierung nicht in Frage steht. Ein Beispiel hierfür ist die Prüfung einer lokal begrenzten räumlichen Alternative. Dauert die Prüfung dieser Alternative noch an, ist die Planung im Übrigen aber weitgehend entscheidungsreif, spricht nichts dagegen, in den Bereichen der weit fortgeschrittenen Planung auch entsprechend weitgehende Maßnahmen im Bereich der vorzeitigen Bauausführung zuzulassen. 50

F. Wirkung der Entscheidung

Die Entscheidung der Behörde ist gem. Absatz 1 Satz 1 vorläufig und gem. Absatz 1 Satz 5 unter dem Vorbehalt des Widerrufs. Dadurch, dass der Widerrufsvorbehalt gesetzlich festgeschrieben ist, muss dieser nicht durch eine Nebenbestimmung in den Zulassungsbescheid aufgenommen werden. Eine etwaige Bestimmung im Bescheid hätte insofern nur deklaratorische Bedeutung (vgl. BeckOK VwVfG/Tiedemann VwVfG § 36 Rn. 52) Durch diese Einschränkung wird der (im Vergleich zum Beschluss im Hauptsachverfahren) geringeren behördlichen Prüftiefe (positive Prognose, → Rn. 12 ff.) bei der Zulassung des vorzeitigen Beginns Rechnung getragen. Die Behörde kann ihre Entscheidung jederzeit revidieren, wenn sich neue Erkenntnisse in Hinblick auf den Erlass des im Hauptsacheverfahren beantragten Beschlusses bzw. der Genehmigung ergeben (vgl. auch BeckOK UmweltR/Guckelberger WHG § 17 Rn. 12). Die Zulassung des vorzeitigen Baubeginns nimmt die endgültige Entscheidung nicht vorweg, sondern dient nur Beschleunigungszwecken. Dabei hat die nach Absatz 1 Satz 1 Nummer 1 geforderte Prognose, dass mit einer Entscheidung zugunsten des Vorhabenträgers gerechnet werden kann, keinen Regelungscharakter und entfaltet keine Bindungswirkung für das nachfolgende Verfahren über die endgültige Zulassung des Vorhabens. Sie stellt insofern lediglich eine tatbestandliche Voraussetzung für die Zulassung des vorzeitigen Baubeginns dar (BVerwG BeckRS 2023, 3887 Rn. 13). 51

Nicht nur die Zulassung des vorzeitigen Baubeginns sondern auch etwaige damit verbundene Vollstreckungsmaßnahmen nach dem Verwaltungsvollstreckungsgesetz sind sofort vollziehbar gem. § 44c Abs. 4 S. 1. Ein Antrag auf Anordnung der aufschiebenden Wirkung des Rechtsbehelfs nach § 80 Abs. 5 S. 1 VwGO gegen die Zulassung kann nur innerhalb eines Monats nach der Zustellung oder Bekanntgabe der Zulassung des vorzeitigen Baubeginns gestellt und begründet werden. Hierauf ist entsprechend in der Rechtsbehelfsbelehrung hin- 52 zuweisen. Insoweit gilt § 58 VwGO, dh bei unterbliebener oder unrichtiger Belehrung verändert sich die Frist entsprechend § 58 Abs. 2 VwGO.

G. Rechtsschutz

53   Für Klagen gegen die Zulassungsentscheidung sind grundsätzlich die Verwaltungsgerichte zuständig. Für einige Vorhaben gibt es jedoch eine Sonderzuweisung an das BVerwG. Gemäß § 50 Abs. 1 Nr. 6 VwGO entscheidet das BVerwG im ersten und letzten Rechtszug u.a. über sämtliche Streitigkeiten, die Planfeststellungsverfahren und Plangenehmigungsverfahren für Vorhaben betreffen, die im EnLAG, im BBPlG und im § 43e Abs. 4 bezeichnet sind. Darunter fallen nach Einführung des § 44c nun auch Klagen gegen die Zulassung des vorzeitigen Baubeginns (ausdrücklich auch in § 43e Abs. 4 S. 2 geregelt).

54   Etwas anderes ergibt sich auch nicht aus der Entscheidung des BVerwG BeckRS 2020, 32045 Rn. 13, mit der dieses seine Unzuständigkeit in Bezug auf Streitigkeiten im Zusammenhang mit der Bauausführung erklärt hat. Bei der Zulassung des vorzeitigen Baubeginns geht es sachlich um das „Ob" der Umsetzung und nicht das „Wie".

55   Die erstinstanzliche Zulässigkeit des BVerwG stellt eine Ausnahme dar. Sie soll eine einheitliche Befassung und Entscheidungsgeschwindigkeit für Entscheidungen gewährleisten, die Vorhaben aus dem BBPlG oder EnLAG betreffen. Insbesondere soll auch nicht das Ziel der Regelung, nämlich die Beschleunigung des Netzausbaus untergraben werden, indem die Zulassung des vorzeitigen Beginns den normalen Instanzenzug durchlaufen muss. Darüber hinaus gewährleistet die abschließende Entscheidungsbefugnis des BVerwG über die Auslegung und Anwendung des BBPlG und des EnLAG die einheitliche Rechtsauslegung, was ebenfalls letztlich der Verfahrensbeschleunigung dient.

56   Dritte können gegen die Zulassungsentscheidung mit einer Anfechtungsklage vorgehen. Ein vorangehendes Vorverfahren ist nur erforderlich, wenn dies nicht durch ein Bundes- oder Landesgesetz ausgeschlossen ist. Die Anfechtungsklage hat keine aufschiebende Wirkung. Die Anordnung der aufschiebenden Wirkung kann im Eilrechtsschutz gem. § 80 Abs. 5 S. 1 Var. 1 VwGO beantragt werden.

57   Der mit Wirkung vom 21.3.2023 eingeführte Verweis in Absatz 3 Satz 5 auf die Regelungen des angepassten und umfassenderen § 43e Abs. 3 schließt eine bislang bestehende Regelungslücke in Hinblick auf die Klagebegründungsfrist und Folgenregelungen bei verspätetem Klägervortrag (BT-Drs. 20/5165, 21). Die neuen Sätze 2–5 des § 43e Abs. 3 regeln dabei die Präklusion verspätet vorgebrachter Erklärungen und Beweismittel. Diese sind nur noch unter strengeren Voraussetzungen zuzulassen. Ausgleichend wird der Satz 1 des § 43e Abs. 3 dahingehend angepasst, dass die Klagebegründungsfrist vereinheitlichend mit dem UmwRG von bisher sechs auf zehn Wochen erhöht wird (→ § 43e Rn. 7 f.).

58   In Hinblick auf die Antragsbefugnis ist folgendes festzuhalten: Bei einem gerichtlichen Verfahren gegen die Zulassung des vorzeitigen Baubeginns kann ein Kläger sich nicht auf Fehler in Hinblick auf die Prognoseentscheidung der Behörde berufen, denn Absatz 1 Satz 1 Nummer 1 entfaltet keine drittschützende Wirkung und die Prognoseentscheidung wird insofern nicht gerichtlich überprüft (BVerwG BeckRS 2023, 3887 Rn. 20) (→ Rn. 51). Einwände gegen die Zulässigkeit des Vorhabens können nur im Rahmen eines Rechtsmittels gegen die Entscheidung über die endgültige Zulassung erhoben werden. Auch Absatz 1 Satz 1 Nummer 2 (berechtigtes oder öffentliches Interesse des Vorhabenträgers an der Zulassung des vorzeitigen Beginns (→ Rn. 25 ff.) entfaltet keine drittschützende Wirkung (BVerwG BeckRS 2023, 3887 Rn. 21). Ob Absatz 1 Satz 1 Nummer 3 (Reversibilität → Rn. 28 ff.) eine drittschützende Wirkung entfaltet ist in der Rechtsprechung noch nicht abschließend geklärt. Dafür spricht aber, dass die Regelung die Schaffung vollendeter Tatsachen auch im Interesse Drittbetroffener verhindern soll. Andernfalls könnte die Effektivität des Rechtsschutzes Dritter faktisch an Effektivität einbüßen (BVerwG BeckRS 2023, 3887 Rn. 22). Letztlich führt die Zulassung des vorzeitigen Baubeginns nicht zu einer Betroffenheit des Eigentums, denn die tatsächliche Durchführung der vorzeitig zugelassenen Maßnahmen ist zivilrechtlich von der Zustimmung des jeweiligen Grundstückeigentümers abhängig (→ Rn. 37) (BVerwG BeckRS2023, 3887 Rn. 17). Es spricht damit viel dafür, dass ein Rechtsschutz gegen die Zulassung des vorzeitigen Baubeginns für Eigentümer zumindest in Bezug auf eine unmittelbare Eigentumsbetroffenheit weitestgehend ausgeschlossen sein

dürfte, da der Eigentümer es immer selbst in der Hand hat, die vorzeitige Umsetzung der Maßnahme durch Verweigerung der Zustimmung zur Nutzung seiner Grundstücke zu verhindern.

Der Vorhabenträger kann ggf. Verpflichtungsklage erheben, allerdings nur auf ermessensfehlerfreie Entscheidung. 59

§ 45 Enteignung

(1) Die Entziehung oder die Beschränkung von Grundeigentum oder von Rechten am Grundeigentum im Wege der Enteignung ist zulässig, soweit sie zur Durchführung
1. eines Vorhabens nach § 43 oder § 43b Nr. 1, für das der Plan festgestellt oder genehmigt ist, oder
2. eines sonstigen Vorhabens zum Zwecke der Energieversorgung erforderlich ist.

(2) ¹Einer weiteren Feststellung der Zulässigkeit der Enteignung bedarf es in den Fällen des Absatzes 1 Nummer 1 nicht; der festgestellte oder genehmigte Plan ist dem Enteignungsverfahren zugrunde zu legen und für die Enteignungsbehörde bindend. ²Hat sich ein Beteiligter mit der Übertragung oder Beschränkung des Eigentums oder eines anderen Rechtes schriftlich einverstanden erklärt, kann das Entschädigungsverfahren unmittelbar durchgeführt werden. ³Die Zulässigkeit der Enteignung in den Fällen des Absatzes 1 Nr. 2 stellt die nach Landesrecht zuständige Behörde fest.

(3) Das Enteignungsverfahren wird durch Landesrecht geregelt.

Überblick

Nach § 45 Abs. 1 ist eine Enteignung zulässig, wenn eine Zulassungsentscheidung für ein Vorhaben vorliegt (→ Rn. 25) oder es sich um ein sonstiges Vorhaben zum Zwecke der Energieversorgung handelt (→ Rn. 26) und der Eigentumseingriff zur Durchführung des energiewirtschaftlichen Vorhabens erforderlich ist (→ Rn. 30). Rechtsfolge ist die Entziehung (→ Rn. 23) oder Beschränkung (→ Rn. 24) von Grundeigentum (→ Rn. 18) oder von Rechten am Grundeigentum (→ Rn. 20).

§ 45 Abs. 2 S. 1 hebt hervor, dass das Enteignungsverfahren grundsätzlich zweistufig erfolgt (→ Rn. 43). Es bedarf zunächst der Feststellung der Zulässigkeit der Enteignung (→ Rn. 48) und anschließend wird das eigentliche Enteignungsverfahren (→ Rn. 54) durchgeführt. Wegen der enteignungsrechtlichen Vorwirkung der Zulassungsentscheidung nach §§ 43, 43b Nr. 1 (→ Rn. 44) entfällt jedoch in diesen Fällen die Zulässigkeitsfeststellung. Nach § 45 Abs. 2 S. 2 entfällt ein Enteignungsverfahren bei Einverständnis des Betroffenen mit der Eigentumsentziehung oder -beschränkung. In diesem Fall wird direkt in das Entschädigungsverfahren übergeleitet (→ Rn. 46). § 45 Abs. 2 S. 3 weist die Zuständigkeit für das Zulässigkeitsfeststellungsverfahren der verantwortlichen Landesbehörde zu (→ Rn. 49).

§ 45 Abs. 3 ist Folge der verfassungsrechtlichen Kompetenzverteilung für die Regelung des Enteignungsrechts, welches den Ländern zugewiesen ist. In den Landesenteignungsgesetzen sind die weiteren materiellen und insbesondere formellen Voraussetzungen für das Enteignungsverfahren (→ Rn. 54), dessen Ablauf (→ Rn. 55), die Anforderungen an den Enteignungsbeschluss (→ Rn. 70), die Entschädigungsgrundsätze (→ Rn. 76) und die Rechtsschutzmöglichkeiten geregelt (→ Rn. 81).

Übersicht

	Rn.		Rn.
A. Normzweck und Bedeutung	1	D. Zulässigkeit der Enteignung (Abs. 1)	15
B. Entstehungsgeschichte	5	I. Enteignungsobjekt	17
C. Verfassungsrechtliche Anforderungen	10	1. Grundeigentum	18
		2. Rechte am Grundeigentum	20

	Rn.		Rn.
II. Umfang der Enteignung	22	F. Enteignungsverfahren (Abs. 3)	54
1. Entziehung	23	I. Zuständige Behörde	57
2. Beschränkung	24	II. Beteiligte	58
III. Enteignungsbegünstigte Vorhaben	25	III. Antrag des Vorhabenträgers	59
1. Planfeststellungspflichtiges oder -fähiges Vorhaben (Nr. 1)	25	IV. Vollständigkeitsprüfung	62
2. Sonstiges Vorhaben zum Zwecke der Energieversorgung (Nr. 2)	26	V. Vorbereitung der mündlichen Verhandlung	64
IV. Erforderlichkeit der Enteignung	30	VI. Ladung zur mündlichen Verhandlung	65
1. Energiewirtschaftliche Notwendigkeit	31		
2. Geeignetheit	34	VII. Mündliche Verhandlung	66
3. Kein milderes Mittel	35	VIII. Enteignungsbeschluss	70
4. Angemessenheit	42	IX. Ausführungsanordnung	72
E. Zweistufiges Enteignungsverfahren (Abs. 2)	43	X. Entschädigung	73
		1. Entschädigungsgrundsätze	74
I. Enteignungsrechtliche Vorwirkung des festgestellten oder genehmigten Plans (Abs. 2 S. 1)	44	2. Entschädigungshöhe	77
		G. Rechtsschutz	81
II. Entschädigungsverfahren (Abs. 2 S. 2)	46	I. Rechtsbehelfe gegen die Zulässigkeitsfeststellung	82
III. Zulässigkeitsfeststellungsverfahren (Abs. 2 S. 3)	48	II. Rechtsschutz im Enteignungsverfahren	84

A. Normzweck und Bedeutung

1 Standortbezogenen Energieanlagen zur Erzeugung, Gewinnung, Übertragung bzw. zum Transport, zur Verteilung und zur Speicherung von Energie ist immanent, dass sie auf Grundstücken errichtet und betrieben werden. Wenn der Vorhabenträger bzw. Bauherr nicht Eigentümer der notwendigen Grundstücke ist und ihm keine Ansprüche auf Duldung oder Mitnutzung zustehen, bedarf es grundsätzlich einer Einigung mit den betroffenen Grundstückseigentümern und Nutzungsberechtigten vor Baubeginn. Verweigern diese jedoch die Inanspruchnahme der Grundstücke, könnten die Vorhabenträger von standortbezogenen Energieanlagen ihrem gesetzlichen Auftrag nicht nachkommen (BT-Drs. 14/4599, 161; BR-Drs. 674/00, 149: „Ohne die Inanspruchnahme fremden Grundeigentums (insbesondere bei Leitungen) ist die Versorgung mit Elektrizität und Gas nicht durchführbar."). Aus diesem Grund sieht das Energiewirtschaftsgesetz wie andere Fachplanungsgesetze (§ 19 FStrG, § 22 AEG, § 44 WaStrG, § 28 LuftVG, § 30 PBefG, § 7 MBPlG, §§ 4 Abs. 5, 15 KSpG), die Möglichkeit eines **zwangsweisen Zugriffs** auf fremde Grundstücke vor.

2 Trotz genereller Akzeptanzvorbehalte gegen die im Rahmen der Energiewende notwendigen Netzausbauprojekte gelingt den Netzbetreibern überwiegend die einvernehmliche Klärung mit den Eigentümern zur Inanspruchnahme ihrer Grundstücke und der freihändige Erwerb erforderlicher Leitungs- und Anlagenrechte. Laut Studie von frontier economics und White & Case im Auftrag des Bundesministeriums für Wirtschaft und Energie zur Entschädigung von Grundstückseigentümern und Nutzern beim Stromnetzausbau vom Oktober 2016 kann in über 95 Prozent der Fälle eine freihändige Vereinbarung zur Inanspruchnahme fremder Grundstücke erzielt werden (S. 3, www.bmwi.de). Aber letztlich könnten die wenigen Verweigerer einer Grundstücksinanspruchnahme die Realisierung von energiewirtschaftlichen Vorhaben gefährden. Daher kommt der Vorschrift in der Praxis, insbesondere bei Energieleitungsvorhaben, eine **große Bedeutung** zu.

3 Der **Anwendungsbereich** der Norm ist jedoch nicht auf Vorhaben von Netzbetreibern beschränkt. Aus dem Verweis in Absatz 1 Nummer 1 auf § 43 (hier insbesondere Absatz 2 Nummern 7 und 8) folgt, dass die Enteignung auch für Energiekopplungsanlagen (→ § 43 Rn. 74) und Großspeicheranlagen (→ § 43 Rn. 76) möglich ist. Gemäß Absatz 1 Nummer 2 ist die Enteignung im Übrigen für alle sonstigen Vorhaben zum Zwecke der Energieversorgung möglich (dazu näher → Rn. 26), also beispielsweise für die Errichtung und den Betrieb von Erzeugungsanlagen iSv § 3 Nr. 18d (zB Kraftwerke, Windenergieanlagen, Photovoltaikanlagen; zur verfassungsrechtlichen Problematik → Rn. 13) und von Energie- und Gasspeicheranlagen iSv § 3 Nr. 15d und Nr. 19c. Aus § 28j Abs. 1 und § 43l Abs. 1 iVm § 45 folgt die Enteignungsmöglichkeit für Vorhaben zur Errichtung, zum Betrieb und zur Änderung

von Wasserstoffnetzen iSv § 3 Nr. 39a; für Wasserstoffspeicheranlagen iSv § 3 Nr. 39b gilt § 45 Abs. 1 Nr. 2.

Die Vorschrift hat einen wichtigen, aber letztlich nur **rudimentären Regelungsgehalt**, 4 da sich die Absätze 1 und 2 auf die Zulässigkeit der Enteignung beschränken und sich die weiteren materiellen und insbesondere formellen Voraussetzungen für das Enteignungsverfahren, dessen Ablauf, die Anforderungen an den Enteignungsbeschluss, die Entschädigungsgrundsätze und die Rechtsschutzmöglichkeiten aus dem jeweils für das Vorhaben einschlägigen Landesenteignungsgesetz ergeben. Bei Absatz 3 handelt es sich – wie bei anderen Fachplanungsgesetzen (§ 19 Abs. 5 FStrG, § 22 Abs. 4 AEG, § 44 Abs. 3 WaStrG, § 28 Abs. 3 LuftVG, § 30 Abs. 2 PBefG, § 7 Abs. 4 MBPlG, § 4 Abs. 5 S. 5 KSpG, § 15 Abs. 3 S. 3 KSpG) – um eine Verweisungsnorm (hM Säcker EnergieR/Pielow § 45 Rn. 38; Britz/Hellermann/Hermes/Hermes, 3. Aufl., § 45 Rn. 1, 2; Kment EnWG/Kment § 45 Rn. 4; Theobald/Kühling/Theobald § 45 Rn. 50; Rosin/Pohlmann/Gentzsch/Metzenthin/Böwing/Engel § 45 Rn. 27; Büdenbender § 12 Rn. 25, 28, 97 f.; aA Jaeckel SächsVwBl 2000, 205 (207 f.): Vorbehaltsregelung).

B. Entstehungsgeschichte

Die Vorschrift geht auf **§ 11 EnWG 1935** zurück, welche die erste spezialgesetzliche 5 Rechtsgrundlage zur Vornahme von Enteignungen „für Zwecke der öffentlichen Energieversorgung" darstellte (Thon Leitungsvorhaben, S. 39). Nach § 11 Abs. 1 EnWG 1935 bedurfte es der Feststellung der Zulässigkeit der Enteignung durch den Reichswirtschaftsminister. Für das Enteignungsverfahren verwies § 11 Abs. 2 EnWG 1935 auf die Landesgesetze. Mit wenigen Änderungen, und zwar durch das Zuständigkeitslockerungsgesetz vom 10.3.1975 (BGBl. I 685 (688)) und das Gesetz zur Änderung energierechtlicher Vorschriften vom 19.12.1977 (BGBl. I 2750 (2753)), galt das EnWG 1935 in der Bundesrepublik Deutschland jahrzehntelang fort.

Das die **Liberalisierung** und Entflechtung einleitende Gesetz zur Neuregelung des Ener- 6 giewirtschaftsrechts vom 24.4.1998 (BGBl. I 730) hob das EnWG 1935 zwar auf, regelte aber in § 12 EnWG 1998 die Enteignung. Inhaltlich knüpfte der Tatbestand an die Vorschrift des § 11 EnWG 1935 an, wobei es für die Zulässigkeit der Enteignung genügte, dass ein Vorhaben zum „Zwecke der Energieversorgung" erforderlich war. Der Gesetzgeber betonte ausdrücklich, dass ein solcher Zweck auch für wettbewerblich motivierte Direktleitungen zur Belieferung einzelner Kunden anzunehmen sei (BT-Drs. 13/7274, 20).

Im Zusammenhang mit der durch Gesetz zur Umsetzung der **UVP-Änderungsrichtli-** 7 **nie**, der IVU-Richtlinie und weiterer EG-Richtlinien zum Umweltschutz vom 27.7.2001 (BGBl. I 1950 (2018)) eingefügten Planfeststellungspflicht für bestimmte Hochspannungsfreileitungen und Gasversorgungsleitungen (§ 11a EnWG 1998) wurde § 12 EnWG 1998 angepasst. Der Tatbestand von § 12 Abs. 1 EnWG 2001 wurde ausdrücklich auf planfestgestellte und plangenehmigte Vorhaben bezogen (Nr. 1). In § 12 Abs. 2 S. 1 EnWG 2001 wurde die enteignungsrechtliche Vorwirkung (s. umfassend zum Begriff Falter, Die enteignungsrechtliche Vorwirkung – insbesondere von Planfeststellungsbeschlüssen, 1. Aufl. 2016, 37 ff., 57 ff.) eines im Wege der Planfeststellung oder Plangenehmigung zugelassenen Plans dokumentiert (BR-Drs. 674/00, 149).

Mit dem Zweiten Gesetz zur Neuregelung des Energiewirtschaftsrechts vom 7.7.2005 8 (BGBl. I 1970) wurde § 12 EnWG 2001 unverändert als § 45 EnWG fortgeführt. Durch das **Infrastrukturbeschleunigungsgesetz** vom 9.12.2006 (BGBl. I 2833 (2847)) wurde in Absatz 1 Nummer 1 durch Verweis auf § 43b Nr. 1 und Nr. 2 und in Absatz 2 Satz 2 die Möglichkeit zur unmittelbaren Durchführung eines Entschädigungsverfahrens für den Fall aufgenommen, dass sich der Betroffene mit der Enteignung dem Grunde nach einverstanden erklärt.

Ihre jetzige Fassung hat die Vorschrift durch das Planungsvereinheitlichungsgesetz vom 9 31.5.2013 (BGBl. I 1388 (1391)) erhalten. Der Verweis in Absatz 1 Nummer 1 auf § 43b Nr. 2 entfiel.

C. Verfassungsrechtliche Anforderungen

10 Die Vorschrift wird „den Grundkoordinaten der Enteignung" (Depenheuer/Shirvani Enteignung S. 49) gerecht. Sie bildet die gesetzliche Grundlage für eine Enteignung, enthält den Enteignungsgegenstand, benennt das die Enteignung rechtfertigende öffentliche Interesse und verweist für das Enteignungsverfahren und die Entschädigung auf das Landesrecht.

11 Sie stellt die Ermächtigungsgrundlage für eine **Administrativenteignung** (Art. 14 Abs. 3 S. 2 GG: Enteignung „auf Grund eines Gesetzes") dar. Nach Art. 14 Abs. 3 S. 1 GG setzt dies voraus, dass die Enteignung zum Wohl der Allgemeinheit erforderlich ist. Die verfassungsrechtliche Diskussion entzündete sich vor dem Hintergrund, dass schon seit vorkonstitutioneller Zeit unter einer Enteignung nur der Zugriff der öffentlichen Hand auf das Gut oder den Grund eines Bürgers verstanden wurde (Depenheuer/Shirvani Enteignung S. 5) und die Energieversorgung seit dem EnWG 1935 aber privaten Unternehmen übertragen und zu ihren Gunsten eine Enteignung möglich war.

12 Eine **Enteignung zugunsten Privater** wurde vom BVerfG dann für zulässig erachtet, wenn einem privatrechtlich organisierten Unternehmen durch oder aufgrund eines Gesetzes die Erfüllung einer dem Gemeinwohl dienenden Aufgabe zugewiesen und zudem sichergestellt ist, dass es zum Nutzen der Allgemeinheit geführt wird (BVerfG NJW 1984, 1872). Der Person des Begünstigten soll demgegenüber keine ausschlaggebende Bedeutung bei der Beurteilung der Verfassungsmäßigkeit der Enteignung zukommen (BVerfG NJW 1987, 1251 (1252)). Gleichwohl ist zu berücksichtigen, dass Private in der Regel eigene Interessen verfolgen und eine Enteignung zu ihren Gunsten gewährleisten muss, dass der im Allgemeininteresse liegende Zweck erreicht und dauerhaft gesichert wird (BVerfG NJW 1987, 1251 (1253): „Ist bereits der Geschäftsgegenstand des privaten Unternehmens dem allgemeinen Bereich der Daseinsvorsorge zuzuordnen, wie dies bei Verkehrs- und Versorgungsbetrieben der Fall sein kann, genügt es, wenn hinreichende Vorkehrungen dafür getroffen sind, dass die selbstgestellte „öffentliche" Aufgabe ordnungsgemäß erfüllt wird.").

13 Im Zuge der die Liberalisierung der Energiewirtschaft einleitenden Energierechtsreformen im Jahre 1998 und 2005 wurde die **Verfassungsmäßigkeit** der Vorschrift vor dem Hintergrund einer nun fehlenden allgemeinen Gemeinwohlbindung der Energieversorgungsunternehmen in Zweifel gezogen (Schneider/Theobald EnergieWirtschaftsR-HdB/Hermes § 11 Rn. 28 f.; Britz/Hellermann/Hermes/Hermes, 3. Aufl., § 45 Rn. 17 f.). So sei die Allgemeinwohldienlichkeit der Tätigkeit von Erzeugungsanlagenbetreibern fraglich (Hermes in Shirvani, Eigentum im Recht der Energiewirtschaft, 1. Aufl. 2018, 53 (75 f.)). Sowohl in der Rechtsprechung (BVerfG BeckRS 2008, 40032; BGH NVwZ 2015, 915 (917); BVerwG NJW 2003, 230 (231); OLG Celle N&R 2008, 215 (216); BayVGH NVwZ 2003, 1534) als auch in der Literatur (Wesche/Schirmer ER 2018, 18 (21); Holznagel DÖV 2010, 847 (849 f.); Wichert NVwZ 2009, 876 (879); Lecheler RdE 2005, 125 (128 f.)) dürfte jedoch geklärt sein, dass sich durch diese Reformen an den dem Bereich der Daseinsvorsorge zuzuordnenden Aufgaben der Energieversorgungsunternehmen nichts geändert hat und insbesondere das vorhandene Aufsichtsinstrumentarium die Erfüllung der aus dem EnWG folgenden Pflichten sicherstellt. So treffen bspw. Netzbetreiber die Pflicht zum Betrieb, zur Verstärkung und zum Ausbau sicherer, zuverlässiger und leistungsfähiger Netze gem. § 11 Abs. 1, die Netzanschlusspflicht gem. § 17 Abs. 1 und die Pflicht gem. § 20 Abs. 1, diskriminierungsfrei Netzzugang zu gewähren. Aus §§ 13 ff. und §§ 15, 16, 16a ergibt sich die Systemverantwortung der Netzbetreiber u.a. im Zusammenwirken mit Betreibern von Erzeugungsanlagen und mit Betreibern von Gas- und Energiespeicheranlagen. Die Erfüllung dieser Pflichten können die zuständigen Behörden gem. §§ 65, 68, 30 ff. erzwingen. Eine Einschränkung des Enteignungstatbestandes von § 45 Abs. 1 Nr. 2 auf Netzvorhaben (so Hermes in Shirvani, Eigentum im Recht der Energiewirtschaft, 1. Aufl. 2018, 53 (76 f.): verfassungsrechtlich gebotene Auslegung erlaubt die Enteignung nur für Netzvorhaben) würde dem Normzweck – die Gewährleistung der Energieversorgung durch Erzeugungs- und Speicheranlagen sowie Energienetze – nicht gerecht.

14 Nach der Junktimklausel des Art. 14 Abs. 3 S. 2 GG muss ein die Enteignung regelndes Gesetz auch Art und Ausmaß der Entschädigung regeln. Der Wortlaut legt nahe, dass die Enteignung und die Entschädigung im gleichen Gesetz geregelt sein müssen. Die Vorschrift des § 45 beschränkt sich hingegen auf die Zulässigkeitsanforderungen einer Enteignung für

Enteignung § 45 EnWG

ein energiewirtschaftliches Vorhaben und verweist zum Enteignungsverfahren auf das Landesrecht. Die Landesenteignungsgesetze enthalten **Regelungen zur Entschädigung** bzw. verweisen auf die einschlägigen Vorschriften des BauGB. Nach der Rechtsprechung (BVerfG NJW 1984, 1872 (1873)) und hM (Depenheuer/Shirvani Enteignung S. 258 mwN; Falter, Die enteignungsrechtliche Vorwirkung – insbesondere von Planfeststellungsbeschlüssen, 1. Aufl. 2016, 102 f. mwN; Büdenbender § 12 Rn. 21) genügt jedoch die Regelung von Enteignung und Entschädigung in unterschiedlichen Gesetzen, da diese als materiellrechtliche Einheit anzusehen sind (aA Gramlich LKV 2007, 247 (252); Rausch, Die Funktionen des Entschädigungsjunktims im Enteignungsrecht, 1964, 70: Warnfunktion der Junktimklausel ist damit nicht gewahrt).

D. Zulässigkeit der Enteignung (Abs. 1)

Die Vorschrift verdeutlicht im Gegensatz zu anderen Fachplanungsgesetzen (§ 19 FStrG, 15 § 22 AEG, § 44 WaStrG, § 28 LuftVG, § 30 PBefG, § 7 MBPlG, §§ 4 Abs. 5, 15 KSpG) den **klassischen Enteignungsbegriff** (→ Rn. 16), der sich gegenständlich auf das Grundeigentum (→ Rn. 18) und Rechte am Grundeigentum (→ Rn. 20) beschränkt, hinsichtlich der Zugriffsart und Verwendung auf die Entziehung (→ Rn. 23) oder Beschränkung (→ Rn. 24) zum Zwecke der Energieversorgung (→ Rn. 26) fokussiert und die Vollzugsform durch Verwaltungsakt aufgrund eines Gesetzes enthält (s. zu diesen Anforderungen Depenheuer/Shirvani Enteignung S. 145).

Die Dogmatik des heutigen Enteignungsbegriffs geht auf den Nassauskiesungsbeschluss 16 des BVerfG vom 15.7.1981 (NJW 1982, 745) zurück (Depenheuer/Shirvani Enteignung S. 111), in dessen Fortentwicklung das BVerfG die Enteignung als vollständige oder teilweise Entziehung konkreter subjektiver, durch Art. 14 Abs. 1 GG gewährleisteter Rechtspositionen zur Erfüllung bestimmter öffentlicher Aufgaben definiert (BVerfG NJW 2017, 217 Rn. 245) und nunmehr die **Güterbeschaffung** als konstitutives Merkmal der Enteignung ansieht (BVerfG NJW 2017, 217 Rn. 248 ff.). Prägend für den Begriff der Enteignung ist das Zwangselement (Depenheuer/Shirvani Enteignung S. 30).

I. Enteignungsobjekt

Objekt der Enteignung können unabhängig von der Rechtsträgerschaft (→ Rn. 17.1) 17 das Grundeigentum (→ Rn. 18), und Rechte am Grundeigentum (→ Rn. 20) sein.

Auch fiskalisch genutzte Grundstücke der öffentlichen Hand (BVerwG NVwZ 1984, 649; OLG 17.1 Braunschweig NVwZ 1984, 605; BayVGH NJW 1976, 127; Säcker EnergieR/Pielow § 45 Rn. 24; Büdenbender § 12 Rn. 51, 110) sowie im Eigentum der Kirche stehende Grundstücke sind enteignungsfähig. Der Verweis auf eine wegen der über Generationen bestehenden Kontinuität kirchlicher Institutionen und der Unwahrscheinlichkeit von Grundstücksveräußerungen genügende schuldrechtliche Gestattung (→ Rn. 35) steht einer Enteignung nicht entgegen.

1. Grundeigentum

Unter dem Begriff „Grundeigentum" wird das **Grundstück** im grundbuchlichen Sinne 18 verstanden (Rosin/Pohlmann/Gentzsch/Metzenthin/Böwing/Engel § 45 Rn. 73). Dabei handelt es sich um einen räumlich abgegrenzten Teil der Erdoberfläche, der im Grundbuch unter einer besonderen amtlichen Bezeichnung vorgetragen ist (BeckOK GBO/Holzer GBO § 2 Rn. 17 mwN). Zum Grundstück gehören die wesentlichen Bestandteile und das Zubehör (§§ 94, 97 BGB). Das Grundeigentum umfasst nicht das Grundwasser (§ 4 Abs. 3 iVm §§ 2 Abs. 1 Nr. 3, 3 Nr. 3 WHG) und bergfreie Bodenschätze (§ 3 Abs. 2 S. 2 BBergG). Zum Grundeigentum gehören hingegen das Jagdrecht und das Fischereirecht (BeckOK GG/Axer GG Art. 14 Rn. 44 mwN).

Grundstücksgleiche Rechte sind das Erbbaurecht (§ 11 Abs. 1 S. 1 iVm § 1 ErbbauRG), 19 das Wohnungseigentum (§ 1 Abs. 2 WEG) und das Bergwerkseigentum (§ 9 Abs. 1 BBergG).

2. Rechte am Grundeigentum

Rechte am Grundeigentum sind die in Abteilung 2 und 3 des Grundbuchs eintragungsfähigen **dinglichen Rechte** (Grunddienstbarkeit, Nießbrauch, beschränkte persönliche 20

Riege 1289

Dienstbarkeit, Reallast, Vorkaufsrecht) und **Grundpfandrechte** (Hypothek, Grundschuld, Rentenschuld). Von Grundpfandrechten kann bei Zwangsversteigerungen die Gefahr eines Erlöschens von nachrangig im Grundbuch eingetragenen Leitungs- und Anlagenrechten ausgehen. Daher sind die Rangstellen von Grundpfandrechten im Rahmen von Enteignungsverfahren ggf. zu ändern (Rosin/Pohlmann/Gentzsch/Metzenthin/Böwing/Engel § 45 Rn. 88). Dingliche Rechte am Grundstück sind in das Enteignungsverfahren nur einzubeziehen, wenn der Schutzstreifen oder der Zugang zur Energieleitung davon betroffen ist (zB dinglich gesicherte Leitungen, die gekreuzt oder bei denen der nach den anerkannten Regeln der Technik erforderliche Mindestabstand unterschritten werden soll).

21 Daneben kommen auch **obligatorische Nutzungsrechte** wie Miete oder Pacht in Betracht (Säcker EnergieR/Pielow § 45 Rn. 24; Theobald/Kühling/Theobald § 45 Rn. 23). Zwar vermitteln obligatorische Nutzungsrechte nur relative, schuldrechtliche Positionen gegenüber dem Vertragspartner (Grundstückseigentümer), jedoch könnten Nutzungsberechtigte wegen des nach §§ 566, 567, 581 Abs. 2 BGB geltenden Prioritätsgrundsatzes die Verwirklichung eines energiewirtschaftlichen Vorhabens behindern (Büdenbender § 12 Rn. 46; Rosin/Pohlmann/Gentzsch/Metzenthin/Böwing/Engel § 45 Rn. 89). Daher muss ein Entzug obligatorischer Nutzungsrechte zur Realisierung energiewirtschaftlicher Vorhaben möglich sein. Die Enteignungsfähigkeit obligatorischer Nutzungsrechte bestätigen im Übrigen die Landesenteignungsgesetze (s. bspw. § 3 SächsEntEG iVm § 86 Abs. 1 Nr. 3 BauGB, § 4 Abs. 1 Nr. 3 MVEntG, § 3 Abs. 1 Nr. 3 EnteigG LSA, § 4 Abs. 1 Nr. 3 ThürEG, § 3 Abs. 1 Nr. 3 NEG, § 3 Abs. 1 Nr. 3 EEG NRW; s. auch BVerwG BeckRS 2021, 22574 Rn. 16). Danach können Rechte entzogen werden, die zum Besitz oder zur Nutzung von Grundstücken berechtigen. Aus dem Zusammenspiel von § 45 mit den Landesenteignungsgesetzen folgt, dass diese Rechtspositionen auch für Zwecke der Energieversorgung entzogen werden können (so auch Büdenbender § 12 Rn. 47).

II. Umfang der Enteignung

22 Kennzeichnend für die Enteignung ist die vollständige oder teilweise Entziehung bzw. Beschränkung insbesondere von Grundeigentum und Rechten am Grundeigentum (Maunz/Dürig/Papier/Shirvani GG Art. 14 Rn. 642).

1. Entziehung

23 Der vollständige Entzug des Grundeigentums wird nur bei **oberirdischen Energieanlagen** (zB Kraftwerke, Konverterstationen, Umspannanlagen, Energiekopplungsanlagen, Großspeicheranlagen, Verdichterstationen, Gasdruckregel- und Messanlagen) erforderlich sein (Rosin/Pohlmann/Gentzsch/Metzenthin/Böwing/Engel § 45 Rn. 74). Wegen der betrieblichen Erfordernisse (Anlagensicherheit, Arbeits- und Gesundheitsschutz) und des Flächenverbrauchs verbleibt in diesem Fall beim Eigentümer oder Nutzungsberechtigten keine Nutzungsmöglichkeit mehr. Im Einzelfall kann bei oberirdischen Energieanlagen eine Beschränkung durch Bestellung eines Erbbaurechts genügen (aA Rosin/Pohlmann/Gentzsch/Metzenthin/Böwing/Engel § 45 Rn. 73). Allerdings wird diese Möglichkeit eher bei freihändigen Verhandlungen zur Inanspruchnahme von Grundstücken in Betracht kommen, da sich ein Erbbaurechtsvertrag mit umfassenden Regelungen zum Inhalt gem. § 2 ErbbauRG und eine einseitige Anordnung durch Verwaltungsakt der Enteignungsbehörde ausschließen.

2. Beschränkung

24 Für ober- und unterirdische **Energieleitungen** reicht in der Regel eine teilweise Entziehung bzw. Beschränkung des Grundeigentums aus (Theobald/Kühling/Theobald § 45 Rn. 20; Rosin/Pohlmann/Gentzsch/Metzenthin/Böwing/Engel § 45 Rn. 75; Büdenbender § 12 Rn. 61). Für Mastfundamente, die Überspannung von Grundstücken mit Stromleitungen, Erdkabel und Gasleitungen genügen Dienstbarkeiten – entweder Grunddienstbarkeiten iSv § 1018 BGB oder beschränkte persönliche Dienstbarkeiten iSv § 1090 BGB, wobei die Zwangsbelastung als Teilenteignung qualitativer Art anzusehen ist (BGH NJW 1982, 2179). Für die Errichtung und den Betrieb von Energieleitungen sind Benutzungs- und Unterlas-

sungsdienstbarkeiten (→ Rn. 24.1) essenziell. Der Inhalt der Dienstbarkeiten muss dabei nicht in jedem Detail ausdrücklich geregelt werden und kann sich auch durch Auslegung ergeben (BayVGH NVwZ 2003, 1534 (1537)). Damit soll u.a. dem technischen Fortschritt Rechnung getragen werden, sodass sich der Inhalt von Dienstbarkeiten wandeln kann (BGH NJW-RR 1995, 15 (16)).

Typischer **Inhalt von Leitungs- und Anlagenrechten** ist, dass der Berechtigte in einem Schutzstreifen eine Energieleitung verlegen, betreiben, erneuern und instand halten sowie das gesamte Grundstück zum Zwecke des Baus, des Betriebes und der Unterhaltung der Energieleitung betreten, befahren und benutzen darf. Auf dem Schutzstreifen des in Anspruch genommenen Grundstücks dürfen für die Dauer des Bestehens der Energieleitung keine Gebäude errichtet oder sonstige Einwirkungen vorgenommen werden, die den Bestand oder Betrieb der Energieleitung beeinträchtigen oder gefährden können (s. zu Mustern für Dienstbarkeitstexte für Hochspannungsfreileitungen Rosin/Pohlmann/Gentzsch/Metzenthin/Böwing/Engel § 45 Rn. 79; Posser/Faßbender PraxHdB Netzplanung/Netzausbau/Rappen/Schiffer Kap. 12 Rn. 55). Die Aufnahme einer Regelung zur **Ausübungsüberlassung** an Dritte (§ 1092 Abs. 1 S. 2 BGB) ist empfehlenswert. Dies dient der Erleichterung der Übertragbarkeit der Dienstbarkeit, die nach § 1092 Abs. 3 BGB möglich ist. Denn dies nimmt eine gewisse Zeit in Anspruch und stellt in der Übergangszeit den Betreiberwechsel sicher (VG Minden BeckRS 2003, 151966 Rn. 30). Darüber hinaus sind in der Praxis Bruchteilsgemeinschaften an Energieleitungen nicht unüblich, die auch nachträglich begründet werden oder deren Zusammensetzung sich ändern kann. Die Übertragung von Bruchteilen an Energieleitungen ist formfrei möglich. Eine Berichtigung von bestehenden Dienstbarkeiten, die der Zustimmung der Grundstückseigentümer bedürfte, ist entbehrlich. Durch die mit Enteignungsakt ermöglichte Ausübungsüberlassung an einen Bruchteilseigentümer lässt sich die anteilige Kapazitätsnutzung an der Energieleitung durch neu hinzukommende Bruchteilseigentümer außerhalb des Grundbuchs absichern. Dies gilt auch im Fall der bloßen Nutzungsüberlassung von Energieleitungen (zB durch Verpachtung). Für die Instandhaltung von Energieleitungen durch Dienstleister ist die Ausübungsüberlassung hingegen entbehrlich (MüKoBGB/Mohr BGB § 1092 Rn. 8).

III. Enteignungsbegünstigte Vorhaben

1. Planfeststellungspflichtiges oder -fähiges Vorhaben (Nr. 1)

Durch die Erweiterung der Kataloge planfeststellungspflichtiger (§ 43 Abs. 1) und planfeststellungsfähiger (§ 43 Abs. 2) Vorhaben ist der **Anwendungsbereich** der Vorschrift nicht mehr nur auf Energieleitungsvorhaben beschränkt. Eine Enteignung ist somit auch für punktbezogene Energieinfrastrukturmaßnahmen, und zwar die Errichtung, den Betrieb und die Änderung von Energiekopplungsanlagen (§ 43 Abs. 2 Nr. 7) und Großspeicheranlagen (§ 43 Abs. 2 Nr. 8) sowie die Verlegung von Leerrohren (§ 43 Abs. 2 Nr. 6) möglich, wenn auf Antrag des Vorhabenträgers ein Planfeststellungs- oder -genehmigungsverfahren durchgeführt wird. § 28j Abs. 1, § 43l Abs. 1 iVm § 45 Abs. 1 Nr. 1 ermöglicht die Enteignung für Vorhaben zur Errichtung, zum Betrieb und zur Änderung von Wasserstoffnetzen bzw. -leitungen unabhängig von deren Durchmesser (s. § 43l Abs. 2 und 3).

2. Sonstiges Vorhaben zum Zwecke der Energieversorgung (Nr. 2)

Als sonstiges enteignungsfähiges Vorhaben kommt die Errichtung, der Betrieb oder die Änderung von Energieanlagen in Betracht, die nicht nach § 43 planfeststellungspflichtig oder -fähig sind. Dies sind in erster Linie **Energieleitungen,** die nicht in den Hochspannungsbereich fallen oder eine geringere Dimensionierung haben (zB Gasleitungen mit einem Durchmesser ≤ 300 Millimeter). Aber auch für die Errichtung und den Betrieb erforderliche **Wegerechte** (LG Meiningen BeckRS 2015, 6799; LG Oldenburg BeckRS 2005, 158179 Rn. 1, 29; Wichert NVwZ 2014, 1471; aA OLG Jena BeckRS 2014, 16258 Rn. 36, 46 ff.) und für einen Flächenbedarf für notwendige **Ausgleichs- und Ersatzmaßnahmen** (Rosin/Pohlmann/Gentzsch/Metzenthin/Böwing/Engel § 45 Rn. 75) können hierunter fallen. Die energiewirtschaftliche Notwendigkeit (→ Rn. 31) muss in diesen Fällen allerdings vorliegen.

Die Anwendung der Vorschrift für **Energieerzeugungsanlagen** (zB Kraftwerke, Windenergieanlagen, Photovoltaikanlagen) wird seit der die Liberalisierung der Energiewirtschaft einleitenden Energierechtsreform im Jahre 1998 in Frage gestellt (Schneider/Theobald EnergieWirtschaftsR-HdB/Hermes § 11 Rn. 39; insbesondere zu Windenergieanlagen: OLG Jena BeckRS 2014, 16258 Rn. 51 ff.; Wichert NVwZ 2014, 1471; aA LG Meiningen BeckRS 2015, 6799; de Witt ER 2015, 239 (240); widersprüchlich Rosin/Pohlmann/Gentzsch/Metzenthin/Böwing/Engel § 45 Rn. 33, 65). Die Betreiber von Energieerzeugungsanlagen seien dem Allgemeinwohl nicht verpflichtet; sie könnten ihre Tätigkeit jederzeit einstellen.

28 Vom Wortlaut der Norm her sind hingegen sämtliche Vorhaben von Energieversorgungsunternehmen iSv § 3 Nr. 18 erfasst, also auch Unternehmen, die an andere Energie liefern. Diese trifft gem. § 2 Abs. 1 iVm § 1 Abs. 1 die Pflicht zur Versorgung der Allgemeinheit mit Elektrizität und Gas. Damit sind lediglich Energieerzeugungsanlagen zur Eigenversorgung nicht erfasst (Theobald/Kühling/Theobald § 45 Rn. 31; Kment EnWG/Kment § 45 Rn. 14; Rosin/Pohlmann/Gentzsch/Metzenthin/Böwing/Engel § 45 Rn. 34). Es genügt jedoch die Belieferung nur eines Kunden mit Energie (Salje EnWG § 45 Rn. 36). Die Rechtsprechung (BGH NVwZ 2015, 915 Rn. 22) und die hM (Säcker EnergieR/Pielow § 45 Rn. 19 f.; Theobald/Kühling/Theobald § 45 Rn. 1, 26; Kment EnWG/Kment § 45 Rn. 15; Salje EnWG § 45 Rn. 36; Rosin/Pohlmann/Gentzsch/Metzenthin/Böwing/Engel § 45 Rn. 33) stellen richtigerweise auf einen **systembezogenen Ansatz** ab. Leitungsnetze wären ohne Energieerzeugungsanlagen nicht funktionsfähig (Säcker EnergieR/Pielow § 45 Rn. 19). Allerdings muss in diesem Fall insbesondere die Erforderlichkeit der Enteignung geprüft werden, bei der die energiewirtschaftliche Notwendigkeit eine große Rolle spielt (→ Rn. 31) und ggf. wegen alternativer Bedarfsdeckung fehlen kann.

29 Durch oft außerhalb der Einflusssphäre eines Energieversorgungsunternehmens liegende Gründe (zB Erlöschen von Dienstbarkeiten in Zwangsversteigerungsverfahren, Katasterverschiebungen, Nichtübertragung von Dienstbarkeiten bei Flurstücksteilungen) kann es vorkommen, dass dingliche Rechte für eine Energieanlage nicht (mehr) bestehen. Dies wird in der Regel anlassbezogen (zB bei Erneuerungs- oder Unterhaltungsmaßnahmen) festgestellt. Das Energieversorgungsunternehmen ist gut beraten, vor der Durchführung von notwendigen Maßnahmen die erforderlichen Leitungs- und Anlagenrechte einzuholen, da sonst Abwehransprüche der Eigentümer und Nutzungsberechtigten bestehen (§§ 1004, 861 BGB). Gelingt der freihändige Erwerb nicht, muss ein Enteignungsverfahren zur Begründung der erforderlichen Dienstbarkeiten eingeleitet werden. In der Rechtsprechung (VGH BW DÖV 2000, 384; BayVGH gwf-Beilage R+S 1999, 46; BeckRS 1997, 21705; VG Schleswig BeckRS 2011, 46714; VG Minden BeckRS 2003, 151966; VG Bayreuth gwf-Beil. R+S 1999, 44) und Literatur (Bartsch/Ahnis IR 2014, 98 (99); Rosin/Pohlmann/Gentzsch/Metzenthin/Böwing/Engel § 45 Rn. 43) ist anerkannt, dass in diesem Fall eine **nachträgliche Zwangsbelastung** des betroffenen Grundstücks für eine bestehende Energieleitung in Betracht kommt.

IV. Erforderlichkeit der Enteignung

30 Die Enteignung ist „Ultima Ratio" (BGH NVwZ 2015, 915 Rn. 37). Daher kommt sie nur in Betracht, wenn sie zur Erfüllung der öffentlichen Aufgabe (**Zweck der Energieversorgung**) unumgänglich ist. Dabei ist zwischen dem eigentlichen energiewirtschaftlichen Vorhaben als Allgemeinwohlziel und dem konkreten Enteignungsvorhaben zu unterscheiden (Greinacher ER 2015, 235 (238)). Die energiewirtschaftliche Notwendigkeit des Vorhabens wird entweder im Rahmen der Zulassungsentscheidung durch die Planfeststellungsbehörde (→ § 43 Rn. 84) oder im Zulässigkeitsfeststellungsverfahren durch die zuständige Behörde (in der Regel Energieaufsichtsbehörde) festgestellt (→ Rn. 48) und ist von der Enteignungsbehörde zugrunde zu legen. Sie hat die aufsichtsbehördliche Entscheidung zur energiewirtschaftlichen Notwendigkeit des Vorhabens nur summarisch zu überprüfen und ggf. auf die Behebung von Mängeln hinzuwirken. In eigener Zuständigkeit verbleibt der Enteignungsbehörde nur die Prüfung, ob das konkretisierte Gemeinwohl den Zugriff gerade auf das einzelne betroffene Grundstück rechtfertigt (BVerwG NVwZ 2003, 230 (232 f.) mwN; OLG Celle N&R 2008, 215 (216); BayVGH NVwZ 2003, 1534 (1535)). Diese Prüfung unterliegt der gerichtlichen Kontrolle. Maßgeblich für die gerichtliche Beurteilung der Erforderlichkeit ist die Sach- und Rechtslage zum Zeitpunkt des Erlasses des Enteignungsbeschlusses (BayVGH NVwZ 2003, 1534 (1535)).

Enteignung § 45 EnWG

1. Energiewirtschaftliche Notwendigkeit

Bei **planfeststellungspflichtigen** und -fähigen Energieanlagen wird die energiewirtschaftliche Notwendigkeit im Zulassungsverfahren beurteilt und festgestellt (→ § 43 Rn. 84). 31

Bei **nicht planfeststellungspflichtigen** und -fähigen Energieleitungen wird sich die energiewirtschaftliche Notwendigkeit vor allem aus Netzbetriebs- und Netzausbaupflichten nach § 11 Abs. 1 und Netzanschlusspflichten der Netzbetreiber nach § 17 Abs. 1 EnWG, § 4 Abs. 1 KraftNAV, § 8 Abs. 1 EEG 2021, § 3 Abs. 1 KWKG, § 33 Abs. 1 GasNZV ergeben (ähnlich Greinacher ER 2015, 235 (238)). Eine rein objekt- (zB auf die Energieleitung) bezogene Betrachtungsweise (so OLG Jena BeckRS 2014, 16258 Rn. 48 bestätigt durch BGH NVwZ 2015, 915 für Zuwegungsdienstbarkeit für eine Windenergieanlage) ist dabei verfehlt und wird dem vorhabenbezogenen Begriff von § 45 nicht gerecht. Die Errichtung und Unterhaltung von Energieanlagen ist ohne Wegerechte nicht möglich, da der Zugang zu Energieanlagen oft nicht direkt, sondern nur über weitere Grundstücke möglich ist (LG Oldenburg BeckRS 2005, 158179 Rn. 29). Die Begründung der energiewirtschaftlichen Notwendigkeit von sonstigen Energieleitungsvorhaben kann sich an der Planrechtfertigungsprüfung für planfeststellungspflichtige Vorhaben orientieren (→ § 43 Rn. 85). 32

Für Energieerzeugungsanlagen und im Eigentum der Betreiber von Erzeugungsanlagen stehende Fortleitungsanlagen verlangt die Rechtsprechung (BGH NVwZ 2015, 915 Rn. 38) eine **umfassende Erforderlichkeitsprüfung** unter Berücksichtigung der gesamten Versorgungssituation. Dabei seien sämtliche Versorgungsalternativen in die Prüfung einzubeziehen. Aus verfassungsrechtlichen Gründen ist dieser Ausgangspunkt grundsätzlich richtig, jedoch darf dabei die sich entwickelnde, neue Struktur der Energiewirtschaft nicht aus dem Blickfeld geraten, die durch Dezentralität von Energieerzeugungsanlagen unter Nutzung erneuerbarer Energien geprägt sein wird (so auch Säcker EnergieR/Pielow § 45 Rn. 20; Greinacher ER 2015, 235 (238)). So folgt aus § 1 Abs. 1 EEG 2021 der § 1 Abs. 1 konkretisierende Allgemeinwohlzweck, eine nachhaltige Entwicklung der Energieversorgung bei gleichzeitiger Schonung fossiler Energieressourcen zu ermöglichen (Greinacher ER 2015, 235 (238)). Der Erreichung dieses Ziels dienen u.a. Windenergie- und Photovoltaikanlagen. Die Anschlussleitung für einen Windpark, die diesen mit dem Übertragungs- oder Verteilernetz verbindet, ist im Übrigen alternativlos, weshalb ein solches Vorhaben energiewirtschaftlich erforderlich ist (de Witt ER 2015, 239 (240)). 33

2. Geeignetheit

Die Enteignung ist nicht erforderlich, wenn der vom Vorhabenträger erstrebte Zweck einer Inanspruchnahme von fremden Grundstücken auf andere geeignete Weise erreicht werden kann. In diesem Zusammenhang ist auf die **Duldungspflichten** von Eigentümern gem. § 12 NAV/§ 12 NDAV hinzuweisen. Diese Regelungen verpflichten Anschlussnehmer, die Grundstückseigentümer sind, für Zwecke der örtlichen Versorgung unter bestimmten weiteren Voraussetzungen das Anbringen und Verlegen von sowie Schutzmaßnahmen für Energieleitungen im Verteilernetzbereich unentgeltlich zuzulassen. Liegen die Voraussetzungen dieser Normen vor, ist eine Enteignung nicht erforderlich. 34

3. Kein milderes Mittel

Der Erforderlichkeit einer Zwangsbelastung von Grundstücken mit Dienstbarkeiten zugunsten von Energieversorgungsunternehmen wird vor dem Hintergrund einer schuldrechtlichen Gestattung als mögliches milderes Mittel in Frage gestellt (Theobald/Kühling/Theobald § 45 Rn. 32; Kment EnWG/Kment § 45 Rn. 18; Salje EnWG § 45 Rn. 26). Danach soll die Miete oder Pacht eines Grundstücksteils oder auch die Verpflichtung zur Bewilligung einer Dienstbarkeit im Falle der Grundstücksveräußerung die Eintragung eines dinglichen Rechts (ggf. unter bestimmten Umständen) entbehrlich machen. 35

Dies ist mit der Pflicht der Energieversorgungsunternehmen zur dauerhaften Gewährleistung einer sicheren Energieversorgung (§ 2 Abs. 1 iVm § 1 Abs. 1) jedoch nicht vereinbar. Eine nur schuldrechtliche Verpflichtung birgt zum einen die Gefahr des Vergessenwerdens mangels Eintragung im Grundbuch (BayVGH NJW 1976, 127) und gewährt zum anderen auch nur einen begrenzten Schutz (→ Rn. 36.1). Ein zeitlich unbegrenztes Benutzungsrecht 36

Riege 1293

wird nur durch ein dingliches Recht begründet, denn **schuldrechtliche Nutzungsrechte** sind nach 30 Jahren kündbar. Ferner steht die Sonderrechtsfähigkeit von Energieanlagen gem. § 95 Abs. 1 BGB bei einer schuldrechtlichen Sicherung in Frage (BayVGH NJW 1976, 127 (128)). Nur schuldrechtliche Vereinbarungen zur Inanspruchnahme von Grundstücken für ein energiewirtschaftliches Vorhaben sind den Energieversorgungsunternehmen daher nicht zumutbar und beseitigen somit nicht die Erforderlichkeit der Enteignung (BayVGH NJW 1976, 127 (128); VG Minden BeckRS 2003, 151966 Rn. 28; Engel, Das Recht der Dienstbarkeiten im Rahmen leitungsgebundener Energieversorgung, 11. Aufl. 2020, 16; Rosin/Pohlmann/Gentzsch/Metzenthin/Böwing/Engel § 45 Rn. 146 ff.; Büdenbender § 12 Rn. 48, 109).

36.1 Dies wird instruktiv im Falle des Zugriffs eines Straßenbaulastträgers auf ein für den Neubau einer Bundesstraße benötigtes Grundstück deutlich, was eine Umverlegung nur schuldrechtlich gesicherter Energieleitungen erforderlich machte. Der BGH wies darauf hin, dass ein obligatorisches Nutzungsrecht zwar den Schutz von Art. 14 GG genießt, aber die Rechtsstellung des Energieversorgungsunternehmens durch die Kündigungsmöglichkeit des Vertrages begrenzt ist. Der Wegfall einer Erwartung auf Nichtbeendigung des Vertragsverhältnisses begründet keinen Anspruch auf Entschädigung (BGH NJW-RR 1992, 780 (781) mwN). Schließlich wirken schuldrechtliche Nutzungsrechte nur inter partes und vermitteln wegen dieser nur relativen Wirkung keine dinglichen Abwehrrechte gegen Jedermann bei Störungen (Bartsch/Ahnis IR 2014, 122).

37 Für bestimmte Infrastruktureinrichtungen (**Wasserstraßen, Bundes- und Landesstraßen**) hat sich vor dem Hintergrund der Rechtsprechung (BVerwG NVwZ 1984, 649 (650); DVBl 1968, 312 (313); DÖV 1962, 183) jedoch eine jahrzehntelange Praxis zu deren Mitbenutzung durch Energieleitungen auf nur schuldrechtlicher Grundlage etabliert. Hintergrund ist, dass diese Infrastruktureinrichtungen öffentlich gewidmet sind und eine Enteignung (auch nur eine Zwangsbelastung mit dinglichen Leitungs- und Anlagenrechten) mit der besonderen Zweckbestimmung dieser Infrastruktureinrichtungen kollidiere (Büdenbender § 12 Rn. 53, 112). Nach der Rechtsprechung soll in den Regelungen des § 8 Abs. 10 FStrG zum Ausdruck kommen, „dass eine Enteignung so lange unzulässig ist, als die Einräumung der Nutzungsrechte im Wege freier Vereinbarung zu angemessenen Bedingungen möglich ist" (BVerwG DVBl 1968, 312 (313)).

38 Als angemessen werden derzeit die Regelungen in den **Nutzungsrichtlinien** des Bundesministeriums für Verkehr und digitale Infrastruktur (zuletzt bekanntgemacht mit ARS Nr. 7/2020 v. 14.3.2020, www.bmvi.de) und die dort bereitgestellten Vertragsmuster betrachtet. Diese sehen u.a. eine unentgeltliche Mitbenutzung der Infrastruktureinrichtungen, eine Folgepflicht der Unternehmen beim Ausbau der Infrastruktureinrichtungen und eine von § 1023 Abs. 1 S. 1 BGB abweichende Kostenregelung vor. Unangemessen sind demgegenüber zeitliche Beschränkungen der Mitnutzung (wobei wegen der dauerhaften Sicherung der Energieversorgung von einem Mindestzeitraum von 20 Jahren mit Verlängerungsmöglichkeit über mindestens weitere 10 Jahre auszugehen ist), ein Kündigungsrecht vor Zeitablauf und eine von den gesetzlichen Regelungen abweichende Haftungsregelung zulasten der Unternehmen (BVerwG NVwZ 1984, 649; Rosin/Pohlmann/Gentzsch/Metzenthin/Böwing/Engel § 45 Rn. 157; Kodal StraßenR-HdB Kap. 27 Rn. 23).

39 Bei **unzumutbaren Vertragsangeboten**, „dh wenn etwa der angebotene Gestattungsvertrag für die Errichtung und den Betrieb der Leitung zu unvertretbaren Schwierigkeiten führen kann" (BVerwG NVwZ 1984, 649), ist die Enteignung jedoch zulässig (aA Schneider/Theobald EnergieWirtschaftsR-HdB/Hermes § 11 Rn. 45: eine Enteignung öffentlich gewidmeter Grundstücke zugunsten von Energieversorgungsunternehmen ist ausgeschlossen). Solche unzumutbaren Vertragsangebote für die Mitnutzung von Infrastruktureinrichtungen durch Energieleitungen sind anzunehmen, wenn vom Grundsatz der unentgeltlichen Mitbenutzung bspw. durch Einräumung von Dienstbarkeiten gegen Entschädigung abgewichen wird, wobei die gesetzliche Kostenregelung des § 1023 Abs. 1 S. 1 BGB zulasten des Unternehmens geändert wird (LG Oldenburg BeckRS 1998, 154473 Rn. 22). Auch ein genereller Zustimmungsvorbehalt zu sämtlichen betriebsbezogenen Maßnahmen an Energieanlagen oder ein Verweigerungsrecht für Unterhaltungsmaßnahmen an den Energieanlagen, wenn andere Belange als die Sicherheit und Leichtigkeit des Verkehrs betroffen sind (zB Umweltbelange), ist unzumutbar. Dies ist mit der Eigenverantwortung der Betreiber von

Energieanlagen (§ 49) nicht vereinbar und würde die Ausübung ihrer Betreiberpflichten, insbesondere Sicherungsmaßnahmen (zB Erstmaßnahmen im Ereignisfall) zur Haftungsvermeidung oder -minimierung, erschweren oder gar unmöglich machen.

Die Praxis zur Inanspruchnahme von **Kreis- und Gemeindestraßen** – außerhalb des **40** Anwendungsbereichs von § 46 (Säcker EnergieR/Pielow § 45 Rn. 6; Rosin/Pohlmann/Gentzsch/Metzenthin/Böwing/Engel § 45 Rn. 24) – durch Energieleitungen ist vielfältig und reicht von Gestattungsverträgen in Anlehnung an die Nutzungsrichtlinien (→ Rn. 38) bis zur dinglichen Sicherung von Energieleitungen. Feststellbar sind jedoch in jüngerer Zeit Vertragsangebote, die von den für Bundes- und Landesstraßen etablierten Musterverträgen zulasten der Versorgungswirtschaft abweichen. Angesichts der mit Bundes- und Landesstraßen nicht vergleichbaren Verkehrsbedeutung und der Kreuzung von Kreis- und Gemeindestraßen durch „Stromautobahnen" (zB 380-kV-Erdkabeln) und Gasleitungen > DN 1000 liegt die Unzumutbarkeit von Vertragsangeboten der Straßenbaulastträger in solchen Fällen nahe, sodass eine Enteignung in Betracht kommt.

Die Mitnutzung von **Eisenbahninfrastruktur** durch Energieanlagen erfolgt ebenfalls seit **41** Jahrzehnten überwiegend auf schuldrechtlicher Grundlage (Stromkreuzungsrichtlinien, Gas- und Wasserkreuzungsrichtlinien DB/BDEW, NE-Kreuzungsrichtlinien). Diese enthalten in Anlehnung an die Regelungen zur Mitbenutzung von öffentlichen Straßen ebenfalls Folgepflichten für die Unternehmen beim Ausbau von Eisenbahninfrastruktur und von § 1023 Abs. 1 S. 1 BGB abweichende Kostenregelungen. Da es sich bei den Vertragspartnern um private Unternehmen bzw. Verbände handelt, ist fraglich, ob die Grundsätze der Rechtsprechung zur Unzulässigkeit der Enteignung bei angemessenen Vertragsangeboten zur Mitnutzung von öffentlichen Straßen insoweit übertragbar sind und nicht schon jetzt die Enteignung für energiewirtschaftliche Vorhaben zulässig ist. Jedenfalls werden einseitige Verschiebungen der derzeitigen austarierten Regelungen zulasten der Versorgungswirtschaft die Enteignungsmöglichkeit eröffnen.

4. Angemessenheit

Schließlich ist Voraussetzung, dass das konkretisierte Gemeinwohl gerade den Zugriff auf **42** das einzelne Grundstück des Enteignungsbetroffenen erfordert (BVerwG NVwZ 2003, 230 (233)). Dabei sind **Trassenalternativen** und Möglichkeiten einer anderen **Ausführungsart** in den Blick zu nehmen. Allerdings entspricht es einem allgemeinen enteignungsrechtlichen Grundsatz, dass der Vorhabenträger auf Alternativen nur dann verwiesen werden kann, wenn sie ihm zumutbar sind (BayVGH NVwZ 2003, 1534 (1536)). Bei der Abwägung sind die bewährten Trassierungsgrundsätze (u.a. Geradlinigkeit der Linienführung, Bündelungsgebot, Nutzung vorbelasteter Gebiete, Meidung schutzbedürftiger Gebiete) zu berücksichtigen. Auch finanzielle Aspekte, wie Mehrkosten durch eine andere Art der Ausführung (zB Erdkabel statt Freileitung), können zur Unzumutbarkeit für den Vorhabenträger führen (OLG Celle N&R 2008, 215 (217); BayVGH NVwZ 2003, 1534 (1536f.)). Bei der Trassenwahl steht dem Vorhabenträger ein Ermessensspielraum zu. Er hat bei seiner Entscheidung Interessen der betroffenen Grundstückseigentümer und öffentliche Interessen, wie Belange des Naturschutzes, der Raumordnung und der Sicherheit einzustellen (VG Bayreuth gwf-Beil. R+S 1999, 44 (45)). Grundstücke der öffentlichen Hand sind dabei nur dann vorrangig in Anspruch zu nehmen, wenn das Vorhaben auf ihnen ebenso gut verwirklicht werden könnte (BGH NJW 2010, 2802 (2804); BVerfG NVwZ 2009, 1283 (1286)).

E. Zweistufiges Enteignungsverfahren (Abs. 2)

Das energierechtliche Enteignungsverfahren läuft – wie nach anderen Fachplanungsgeset- **43** zen (§ 19 FStrG, § 22 AEG, § 44 WaStrG, § 28 LuftVG, § 30 PBefG, § 7 MBPlG, §§ 4 Abs. 5, 15 KSpG) – in zwei Stufen ab. Auf der ersten Stufe wird über die Zulässigkeit der Enteignung entschieden. Dies erfolgt entweder im Rahmen eines Planfeststellungs-/Plangenehmigungsverfahrens (→ Rn. 44) oder im Rahmen eines Zulässigkeitsfeststellungsverfahrens (→ Rn. 48). Auf der zweiten Stufe wird nach Maßgabe der landesrechtlichen Vorschriften über Art und Umfang der Enteignung und die Entschädigung entschieden (→ Rn. 54).

EnWG § 45

I. Enteignungsrechtliche Vorwirkung des festgestellten oder genehmigten Plans (Abs. 2 S. 1)

44 Die Vorschrift bestimmt, dass im Falle eines festgestellten oder genehmigten Plans dieser dem Enteignungsverfahren zugrunde zu legen und für die Enteignungsbehörde bindend ist. Im verfügenden Teil eines Planfeststellungsbeschlusses oder einer Plangenehmigung wird in der Regel die Zulässigkeit der Enteignung festgestellt. Der Tenor kann etwa wie folgt lauten: „Die Entziehung oder Beschränkung von Grundeigentum oder von Rechten an Grundeigentum im Wege der Enteignung ist nach Maßgabe des Planfeststellungsbeschlusses nach § 45 Abs. 1 Nr. 1 zulässig, soweit sie zur Durchführung dieses Vorhabens erforderlich ist." Allerdings muss die Zulassungsentscheidung diese Feststellung nicht enthalten. Es genügt die Feststellung des Plans, dessen Bestandteil das **Grunderwerbsverzeichnis** ist, welches die vom Vorhaben betroffenen Grundstücke (Kment EnWG/Kment § 45 Rn. 20) einschließlich derjenigen für erforderliche Wegerechte sowie Ausgleichs- und Ersatzmaßnahmen (Rosin/Pohlmann/Gentzsch/Metzenthin/Böwing/Engel § 45 Rn. 75) bezeichnet. Die enteignungsrechtliche Vorwirkung der Zulassungsentscheidung ergibt sich insoweit aus dem Gesetz (BT-Drs. 14/4599, 161; Säcker EnergieR/Pielow § 45 Rn. 27; Rosin/Pohlmann/Gentzsch/Metzenthin/Böwing/Engel § 45 Rn. 110).

45 Die enteignungsrechtliche Vorwirkung der **Plangenehmigung** ist auf Kritik gestoßen (Britz/Hellermann/Hermes/Hermes, 3. Aufl., § 45 Rn. 24 ff.; de Witt RdE 2006, 141 (144); Hermes/Pöcker RdE 2002, 85 (89 f.)). Sie sei systemfremd und verfassungsrechtlich bedenklich. Die Rechtsprechung verweist hingegen auf das auch im Plangenehmigungsverfahren geltende Abwägungsgebot und die bestehenden Rechtsschutzmöglichkeiten Betroffener (OVG NRW BeckRS 2013, 56105). Im Übrigen wird eine Plangenehmigung nur dann in Frage kommen, wenn Rechte anderer zwar beeinträchtigt werden, es sich aber nur um eine unwesentliche Beeinträchtigung handelt. Dies kann der Fall sein, wenn ein Grundstück in sehr geringem Maße oder nur vorübergehend in Anspruch genommen werden soll (BT-Drs. 17/9666, 20).

II. Entschädigungsverfahren (Abs. 2 S. 2)

46 Für den Fall, dass sich ein Beteiligter mit der Übertragung oder Beschränkung des Eigentums oder eines anderen Rechts einverstanden erklärt, kann unmittelbar ein Entschädigungsverfahren durchgeführt werden. Die Regelung ist sinnvoll, da von einem Vorhaben Betroffene nicht immer aus grundsätzlichen Erwägungen gegen das Vorhaben sind oder sich generell gegen die Belastung ihres Grundstücks mit einer Dienstbarkeit für eine Energieleitung wenden. Wenn nur ein Dissens über die Höhe der angemessenen Entschädigung besteht, kann dieser in einem isolierten Entschädigungsverfahren aufgelöst werden.

47 Voraussetzung ist eine **schriftliche Einverständniserklärung** der Betroffenen zur Übertragung oder Beschränkung des Grundeigentums oder eines Rechts am Grundeigentum. Da die behördliche Entschädigungsfestsetzung die Erklärungen zur Rechtsübertragung oder -beschränkung in grundbuchmäßiger Form nicht ersetzt, bedarf es im Falle der Übertragung des Eigentums einer Beurkundung bzw. bei der Belastung des Eigentums der Abgabe einer Eintragungsbewilligung in öffentlich beglaubigter Form.

III. Zulässigkeitsfeststellungsverfahren (Abs. 2 S. 3)

48 Die **Rechtsnatur** der Zulässigkeitsfeststellung ist umstritten. Die Rechtsprechung (BVerwG NJW 2003, 230 (233); VGH BW DÖV 2000, 384; VG Osnabrück Beck RS 2009, 141411 Rn. 13) und ein Teil der Literatur (Theobald/Kühling/Theobald § 45 Rn. 46; Büdenbender § 12 Rn. 91 ff.; Bartsch/Ahnis IR 2014, 98 (100)) spricht der positiven Entscheidung über die Zulässigkeit der Enteignung die Verwaltungsaktqualität mangels unmittelbarer Außenwirkung ab. Es handele sich dabei nur um die Feststellung des energiewirtschaftlichen Bedarfs, der keine enteignungsrechtliche Vorwirkung zulasten betroffener Grundstückseigentümer zukomme. Gleichwohl sei jedoch ein für den Vorhabenträger negativer Bescheid ein Verwaltungsakt. Nach im Vordringen befindlicher Meinung (Säcker EnergieR/Pielow § 45 Rn. 37; Britz/Hellermann/Hermes/Hermes, 3. Aufl., § 45 Rn. 35; Kment EnWG/Kment § 45 Rn. 21; Rosin/Pohlmann/Gentzsch/Metzenthin/Böwing/

Engel § 45 Rn. 105, 114) handelt es sich hingegen um einen **Verwaltungsakt** – unabhängig ob dieser positiv oder negativ ist. Der maßgebliche Unterschied liegt nicht im Rechtscharakter der Zulässigkeitsfeststellung, sondern in den Rechtsschutzmöglichkeiten für Vorhabenträger und Enteignungsbetroffene (→ Rn. 81).

Zuständig sind in der Regel die Energieaufsichtsbehörden, die bei den Landeswirtschaftsministerien (zB § 2 BWEnWGZuVO) bzw. den insoweit ressortverantwortlichen Landesministerien (zB Ministerium für Umwelt, Landwirtschaft und Energie des Landes Sachsen-Anhalt, Beschluss der Landesregierung über den Aufbau der Landesregierung Sachsen-Anhalt und die Abgrenzung der Geschäftsbereiche v. 24.5.2016, MBl. LSA 2016, 369) angesiedelt sind (Ausnahme: § 1 SächsVO über energierechtliche Zuständigkeiten: Landesdirektion). 49

Der Vorhabenträger muss einen **Antrag** stellen, der Angaben zu seinem Status als Energieversorgungsunternehmen enthält, das Vorhaben sachlich, räumlich und zeitlich beschreibt, Ausführungen zur energiewirtschaftlichen Notwendigkeit umfasst, die vom Vorhaben betroffenen Grundstücke und die Enteignungsbetroffenen benennt und die bisherigen Bemühungen zum einvernehmlichen Erwerb der erforderlichen Leitungs- und Anlagenrechte darstellt (iE Rosin/Pohlmann/Gentzsch/Metzenthin/Böwing/Engel § 45 Rn. 95 ff.; aA Büdenbender § 12 Rn. 59: Angaben nur in Abhängigkeit der Anzahl der Betroffenen und der Konkretheit des Standorts bzw. Trassenverlaufs, dh je mehr Betroffene und offener der Trassenverlauf ist, umso weniger sind detaillierte Angaben möglich). 50

Es liegt im Ermessen der Energieaufsichtsbehörde, ob sie die Enteignungsbehörde vom Verfahren informiert und ggf. um Stellungnahme bittet (Büdenbender § 12 Rn. 30). Die **Beteiligung** der potenziell Enteignungsbetroffenen, der Träger öffentlicher Belange, wird zum Teil aus verfassungsrechtlichen Gründen (Britz/Hellermann/Hermes/Hermes, 3. Aufl., § 45 Rn. 36) für geboten gehalten. Bei einem sich wegen der Vielzahl von Betroffenen anschließenden enteignungsrechtlichen Planfeststellungsverfahren kann dies ggf. zweckmäßig sein. Zur Verwirklichung des energiewirtschaftlichen Vorhabens erforderliche Einzelgenehmigungen (zB gemäß Naturschutzrecht, Wasserrecht) müssen noch nicht vorliegen (Rosin/Pohlmann/Gentzsch/Metzenthin/Böwing/Engel § 45 Rn. 102). 51

Da Absatz 2 keine Formvorschriften enthält, ist die Energieaufsichtsbehörde frei darin, in welcher Art und Weise sie ihre Entscheidung trifft (Büdenbender § 12 Rn. 27, 79). Die Energieaufsichtsbehörde prüft, ob das Wohl der Allgemeinheit den Entzug oder die Beschränkung von Grundeigentum für die Realisierung des energiewirtschaftlichen Vorhabens generell rechtfertigt (BVerwG NVwZ 2003, 230 (232)), oder ob Hinderungsgründe bestehen, weil bei – summarischer – Prüfung die sachgerechte Verwirklichung des Vorhabens auch ohne Enteignung möglich wäre. Liegen die Voraussetzungen hingegen vor, stellt sie die Zulässigkeit der Enteignung fest. Es handelt sich insoweit um eine **gebundene Entscheidung** (Rosin/Pohlmann/Gentzsch/Metzenthin/Böwing/Engel § 45 Rn. 103; Kment EnWG/Kment § 45 Rn. 23; Büdenbender § 12 Rn. 32). Teilweise befristen die Energieaufsichtsbehörden die Geltungsdauer der Zulässigkeitsfeststellung. 52

Unerheblich ist die **zeitliche Reihenfolge** von Enteignungsantrag und Zulässigkeitserklärung (VG Minden BeckRS 2003, 151966 Rn. 24), dh der Antrag auf Feststellung der Zulässigkeit kann parallel oder zeitlich nach dem Enteignungsantrag gestellt werden. In der Regel wird er dem Enteignungsantrag allerdings vorausgehen. 53

F. Enteignungsverfahren (Abs. 3)

Absatz 3 verweist – wie andere Fachplanungsgesetze (§ 19 Abs. 5 FStrG, § 22 Abs. 4 AEG, § 44 Abs. 3 WaStrG, § 28 Abs. 3 LuftVG, § 30 Abs. 2 PBefG, § 7 Abs. 4 MBPlG, § 4 Abs. 5 S. 5 KSpG, § 15 Abs. 3 S. 3 KSpG) – auf die Enteignungsgesetze der Länder. Die Grundstruktur der landesrechtlich geregelten Enteignungsverfahren ist ähnlich (Kümper RdE 2020, 522 (523)). 54

Das Enteignungsverfahren wird auf Antrag des Vorhabenträgers (→ Rn. 59) in Gang gesetzt. Die Enteignungsbehörde erforscht den Sachverhalt, bereitet die mündliche Verhandlung vor (→ Rn. 64), lädt die Beteiligten (→ Rn. 65), erörtert mit ihnen die Sach- und Rechtslage im Termin der mündlichen Verhandlung (→ Rn. 66) und wirkt dabei auf eine gütliche Einigung hin. Sie entscheidet im Falle des Scheiterns einer gütlichen Einigung und bei Vorliegen der Voraussetzungen über die Enteignung durch Beschluss (→ Rn. 70). Der 55

Enteignungsbeschluss bewirkt noch keine Rechtsänderung. Nach Unanfechtbarkeit des Enteignungsbeschlusses ordnet die Enteignungsbehörde auf Antrag eines Beteiligten (in der Regel des Vorhabenträgers) die Ausführung an (→ Rn. 72). Den Enteignungsbeschluss und die Ausführungsanordnung übersendet die Enteignungsbehörde an das Grundbuchamt und ersucht dieses um Berichtigung des Grundbuchs (in der Regel um Eintragung einer Dienstbarkeit für eine Energieleitung).

56 Das Enteignungsverfahren ist ein **förmliches Verwaltungsverfahren** iSv §§ 9, 63 ff. VwVfG (so ausdrücklich zB § 18 Abs. 2 EntGBbg, § 21 ThürEG, Art. 23 BayEG, § 18 Abs. 2 EEG NRW). Zum Verfahrensablauf und zu den Anforderungen an die Antragstellung halten die Enteignungsbehörden in der Regel Merk- und Hinweisblätter bereit.

I. Zuständige Behörde

57 Die Landesenteignungsgesetze weisen die Zuständigkeit für die Durchführung des Enteignungsverfahrens einem Landesministerium (zB Ministerium des Innern, § 18 Abs. 1 S. 1 EntGBbg, § 9 Abs. 1 MVEntG, § 19 NEG), einer Landesober- oder -mittelbehörde (zB Landesverwaltungsamt, § 16 EnteigG LSA, § 17 ThürEG; Regierungspräsidium, § 11 Abs. 1 HEEG, § 17 Abs. 1 BWEntG, § 18 Abs. 1 S. 1 EEG NRW; Landesdirektion, § 5 Abs. 1 S. 1 SächsEntEG) oder der Kreisverwaltungsbehörde (zB Art. 19 Abs. 1 BayEG) zu.

II. Beteiligte

58 Am Enteignungsverfahren sind insbesondere der **Vorhabenträger** als Antragsteller sowie der betroffene **Eigentümer** und die **dinglichen Berechtigten** des betroffenen Grundstücks beteiligt. Neben den im Grundbuch in Abteilung 2 Eingetragenen (wie Nießbraucher, Erbbauberechtigte, Auflassungsvormerkungsberechtigte, Energie- und Wasserversorgungsunternehmen als Dienstbarkeitsberechtigte) sind das auch die im Grundbuch in Abteilung 3 eingetragenen Berechtigten (zB Vorkaufsberechtigte, Grundschuld- und Hypothekeninhaber). Daneben sind Beteiligte die Inhaber von im Wasserbuch eingetragenen Rechten und die schuldrechtlichen Nutzungsberechtigten (Mieter, Pächter, Bewirtschafter). Nach einigen Landesenteignungsgesetzen sind auch die Gemeinden zu beteiligen (so zB § 21 Abs. 1 Nr. 6 EEG NRW, § 24 Abs. 1 Nr. 7 NEG, § 21 Abs. 1 Nr. 6 EntGBbg, § 20 Abs. 1 Nr. 6 EnteigG LSA).

III. Antrag des Vorhabenträgers

59 Die landesrechtlichen Vorschriften enthalten in der Regel die Vorgabe, dass die für die Beurteilung des Vorhabens und die Bearbeitung des Enteignungsantrags **erforderlichen Unterlagen** einzureichen sind. Teilweise wird auch die Bezeichnung des Enteignungsgegenstands und die Vorlage von Grundbuch- und Katasterauszügen und Lageplänen gefordert (zB § 19 S. 3 EEG NRW, § 10 Abs. 1 S. 2 MVEntG, § 19 S. 3 EntGBbg, § 18 Abs. 2 S. 2 ThürEG, Art. 20 Abs. 2 S. 2 BayEG). Weitere Anforderungen an den Inhalt und Umfang des Antrags des Vorhabenträgers lassen sich den von den Enteignungsbehörden bereitgestellten Merk- und Hinweisblättern entnehmen.

60 Der Antrag hat das **betroffene Grundstück** und die konkret begehrte Fläche (zB für den Schutzstreifen einer Energieleitung) unter Beifügung von Lageplänen zu bezeichnen. Der Inhalt der begehrten Grundstücksentziehung oder der **Zwangsbelastung** ist anzugeben (in der Regel Benutzungs- und Unterlassungsdienstbarkeiten für Energieleitungen, → Rn. 24.1). Auch sind die **Beteiligten** mit Namen und Anschrift zu benennen. Die Antragsschrift soll allgemeinverständlich und schlüssig formuliert sein. Adressat der Antragsschrift ist die Enteignungsbehörde. Der Vorhabenträger hat seinen Antrag zu begründen. Dabei hat er den Sachverhalt im Hinblick auf die Tatbestandsvoraussetzungen nach § 45 Abs. 1 und die landesrechtlichen Vorschriften nachvollziehbar und plausibel darzulegen. Insofern kommt den Ausführungen zur Erforderlichkeit der Enteignung (→ Rn. 30) und zum ernsthaften Bemühen zum freihändigen Erwerb zu angemessenen Bedingungen (zB § 4 Abs. 2 EEG NRW, § 4 Abs. 2 BWEntG, § 4 Abs. 2 EntGBbg, § 4 Abs. 2 Nr. 1 ThürEG, Art. 3 Abs. 2 Nr. 1 BayEG, § 20 Abs. 2 NEG, § 17 Abs. 2 EnteigG LSA) besondere Bedeutung zu.

Grundsätzlich können Anträge in Verwaltungsverfahren schriftlich oder zur Niederschrift 61
bei der Behörde gestellt (§ 64 VwVfG) und elektronisch übermittelt werden (§ 3a Abs. 1
VwVfG). Die **Schriftform** kann durch ein Dokument mit qualifizierter elektronischer Signatur ersetzt werden (§ 3a Abs. 2 VwVfG). Wenige Landesenteignungsgesetze schließen die
Anwendung von § 3a LVwVfG aus (zB § 21 S. 2 ThürEG, Art. 23 S. 2 BayEG).

IV. Vollständigkeitsprüfung

In der Praxis prüft die Enteignungsbehörde nach Antragseingang, ob alle erforderlichen 62
Unterlagen beigefügt sind. Ein unvollständiger, mangelhafter oder offensichtlich unzulässiger
Enteignungsantrag kann zurückgewiesen werden, wenn der Antragsteller nicht innerhalb
einer ihm gesetzten Frist den mitgeteilten Mangel behebt (so ausdrücklich § 20 EntGBbg,
§ 20 EEG NRW).

Darüber hinaus kann die Enteignungsbehörde jederzeit die Durchführung des Verfahrens 63
von bestimmten Nachweisen abhängig machen (zB zu den Mitteln für die Verwirklichung
des Vorhabens, Sicherheitsleistung in Höhe der zu erwartenden Entschädigungsleistung, Beibringung erforderlicher fachrechtlicher Einzelgenehmigungen zur Vorhabenrealisierung,
Art. 21 Abs. 1 BayEG, § 19 Abs. 1 ThürEG).

V. Vorbereitung der mündlichen Verhandlung

Ziel der mündlichen Verhandlung ist es, in einem Termin die Sachlage mit den Beteiligten 64
zu erörtern und einer einvernehmlichen Klärung zuzuführen oder die Grundlage für die
Entscheidung über die Enteignung zu schaffen. Das setzt voraus, dass die Enteignungsbehörde
bereits vor dem Termin der mündlichen Verhandlung den **Sachverhalt** umfassend ermittelt
hat (so ausdrücklich § 21 BWEntG, Art. 24 BayEG, § 22 ThürEG, § 22 EnteigG LSA). Dazu
gibt sie den Beteiligten **Gelegenheit zur Stellungnahme.** Sie kann Anordnungen treffen,
Tatsachen feststellen (zB zum Zustand des betroffenen Grundstücks, Art. 24 Abs. 2 BayEG,
§ 22 Abs. 2 ThürEG) sowie Stellungnahmen (zB der Gemeinden, § 22 Abs. 1 NEG) und
Gutachten (zB zur Entschädigung, § 24 Abs. 1 S. 4 EEG NRW) einholen. Ferner klärt die
Enteignungsbehörde, ob dem energiewirtschaftlichen Vorhaben ggf. öffentlich-rechtliche
Vorschriften oder öffentliche Belange, insbesondere die Ziele der Raumordnung und Landesplanung oder die städtebauliche Entwicklung der Gemeinde entgegenstehen (beispielhaft
§ 22 Abs. 1 S. 2 NEG).

VI. Ladung zur mündlichen Verhandlung

Die **formellen Anforderungen** an Adressaten, Inhalt, Form und Frist der Ladung zur 65
mündlichen Verhandlung ergeben sich im Einzelnen aus den jeweiligen Landesenteignungsgesetzen. Die Ladung muss insbesondere die Bezeichnung des Antragstellers und des betroffenen Grundstücks, den wesentlichen Inhalt des Enteignungsantrags, den Hinweis auf die
Möglichkeit zur Akteneinsicht, die Aufforderung, etwaige Einwendungen möglichst vor der
mündlichen Verhandlung mitzuteilen und den Hinweis enthalten, dass bei Nichterscheinen
auch ohne Anwesenheit über den Enteignungsantrag entschieden werden kann (zB § 25
Abs. 2 EEG NRW, § 29 Abs. 3 NEG, Art. 26 Abs. 5 BayEG, § 24 Abs. 3 EnteigG LSA, § 25
Abs. 2 EntGBbg). Sie hat schriftlich zu erfolgen und ist den Beteiligten zuzustellen. Zu laden
sind der Antragsteller, der Eigentümer des betroffenen Grundstücks und die sonstigen aus
dem Grundbuch oder Wasserbuch ersichtlichen Berechtigten. Die Ladungsfrist beträgt in
der Regel einen Monat (Ausnahme: zwei Wochen, zB Art. 26 Abs. 3 S. 4 BayEG, § 24
Abs. 3 S. 4 ThürEG) und kann mit Einverständnis der Beteiligten verkürzt werden.

VII. Mündliche Verhandlung

Die mündliche Verhandlung ist das **Kernstück des Enteignungsverfahrens,** deren 66
Zweck die umfassende Erörterung der Sachlage mit den Beteiligten und das Hinwirken auf
eine gütliche Einigung ist. Sie wird durch den Verhandlungsleiter der Enteignungsbehörde
geleitet, der in den Sachstand einführt und den Beteiligten Gelegenheit zur Äußerung gibt. Er
hat dabei darauf hinzuwirken, dass unklare Anträge erläutert, sachdienliche Anträge gestellt,

ungenügende Angaben ergänzt sowie alle für die Feststellung des Sachverhalts wesentlichen Erklärungen abgegeben werden.

67 Über das Ergebnis der mündlichen Verhandlung ist eine **Sitzungsniederschrift** zu fertigen, welche die üblichen Angaben zu Ort, Tag, Beteiligte der mündlichen Verhandlung sowie den Verfahrensgegenstand, die gestellten Anträge und erhobener Beweise enthält. Gelingt eine gütliche (Teil-)Einigung, wird dies in der Sitzungsniederschrift protokolliert und es ergeht ein Erledigungsbeschluss. Im Erledigungsbeschluss ist nur noch über die Kosten zu entscheiden.

68 Die mündliche Verhandlung ist grundsätzlich **nicht öffentlich**. Wenn kein Beteiligter widerspricht, kann davon im Einzelfall abgewichen werden (zB § 24 Abs. 1 S. 2 EnteigG LSA, § 23 Abs. 1 BWEntG iVm § 68 Abs. 1 S. LVwVfG BW).

69 Durch das bis zum 31.12.2023 befristete Planungssicherstellungsgesetz vom 20.5.2020, geändert durch Gesetz zur Änderung des Planungssicherstellungsgesetzes vom 8.12.2022 (BGBl. I 2234), wurde – ursprünglich für die Dauer der COVID-19-Pandemie – die Möglichkeit geschaffen, die mündliche Verhandlung in Form einer **Online-Konsultation** (→ Rn. 69.1) oder, bei Einverständnis aller zur Teilnahme Berechtigten, als **Telefon- oder Videokonferenz** durchzuführen (§ 5 Abs. 2, 4, 5 PlanSiG). Nach § 5 Abs. 4 S. 3 PlanSiG hat die Enteignungsbehörde dabei zur Wahrung des Nichtöffentlichkeitsgrundsatzes einer mündlichen Verhandlung (→ Rn. 69.1) geeignete Vorkehrungen zu treffen. Die zeitlich befristeten Regelungen wurden mehrfach verlängert. Die Regelungen wurden zur Bewältigung einer Krisensituation geschaffen, setzen aber mittlerweile keine konkrete Pandemiesituation mehr voraus (BT-Drs. 20/3714, 7). Der Gesetzgeber wird im Rahmen der Evaluierung ggf. über eine weitere Fortgeltung entscheiden, da sich Vereinfachungseffekte durch die stärkere Nutzung elektronischer Verfahren abzeichnen (BT-Drs. 20/3714, 7).

69.1 Bei einer Online-Konsultation handelt es sich um ein indirektes Verfahren und um eine Kommunikation über das Internet mit Programmen für Online-Meetings. Der mündliche Austausch durch wechselseitige Äußerungen wird durch die Bereitstellung der zu erörternden Informationen und der dazu eingehenden wechselseitigen Stellungnahmen der Verfahrensbeteiligten auf einer Website oder elektronischen Plattform ersetzt. Jedem Verfahrensbeteiligten ist zu jeder Stellungnahme (ggf. wiederholt) eine Äußerungsmöglichkeit einzuräumen (Wysk NVwZ 2020, 905 (909)).

VIII. Enteignungsbeschluss

70 Sofern im Termin der mündlichen Verhandlung keine Einigung gelingt, entscheidet die Enteignungsbehörde unter Würdigung des Gesamtergebnisses des Enteignungsverfahrens. Gibt die Enteignungsbehörde dem Enteignungsantrag statt, erlässt sie einen Beschluss. Der Enteignungsbeschluss muss bestimmten formalen Anforderungen an den Inhalt genügen (zB § 30 Abs. 1 EEG NRW, § 32 Abs. 2 NEG, § 29 Abs. 1 BWEntG, Art. 31 Abs. 1 BayEG, § 30 Abs. 2 HEEG, § 29 Abs. 1 ThürEG, § 28 Abs. 2 EnteigG LSA, § 30 Abs. 1 EntGBbg). Der Enteignungsbeschluss hat einen Tenor, eine Begründung und eine Rechtsmittelbelehrung zu enthalten und ist den Beteiligten zuzustellen.

71 Der Enteignungsbeschluss kann wie jeder andere Verwaltungsakt mit weiteren **Nebenbestimmungen** (zB Auflagen) versehen werden, wenn diese sicherstellen sollen, dass die gesetzlichen Voraussetzungen der Enteignung erfüllt werden (VG Minden BeckRS 2003, 151966 Rn. 32). Von Enteignungsbetroffenen erstrebte Verpflichtungen, die nicht den Inhalt der Dienstbarkeit als dingliches Recht, sondern das daneben bestehende Schuldverhältnis zwischen dem Eigentümer und dem Berechtigten betreffen, können hingegen nicht Gegenstand einer Nebenbestimmung sein (BayVGH NVwZ 2003, 1534 (1538); VG Minden BeckRS 2003, 151966 Rn. 32; iE → Rn. 71.1).

71.1 Die Rechtsprechung hat bspw. folgende von Enteignungsbetroffenen gewünschte Verpflichtungen für **unzulässig** gehalten:
- Fixierung von technischen Daten der Bauausführung (Bauart, äußere Maße von Masten einschließlich der Fundamente (BayVGH NVwZ 2003, 1534 (1537))
- Befristung der Dienstbarkeit (VG Minden BeckRS 2003, 151966 Rn. 30)
- Stellung einer Bankbürgschaft als Rückbausicherheit (VG Minden BeckRS 2003, 151966 Rn. 29)
- Verlangen auf Ausspflockung der Energieleitung (VG Minden BeckRS 2003, 151966 Rn. 41)

- Verlangen auf Ausparzellierung der von der Energieleitung in Anspruch genommenen Grundstücksteile (BVerwG NVwZ 1984, 649; so auch Rosin/Pohlmann/Gentzsch/Metzenthin/Böwing/Engel Rn. 172; Büdenbender § 12 Rn. 118)
- Beseitigungspflicht der Energieanlagen nach Stilllegung (BayVGH NVwZ 2003, 1534 (1537 f.); aA de Witt ER 2015, 239 (240))
- von § 1023 Abs. 1 S. 1 BGB abweichende Folgekostenregelung (LG Oldenburg BeckRS 1998, 154473 Rn. 22; so auch Büdenbender § 12 Rn. 110)

IX. Ausführungsanordnung

Ist der Enteignungsbeschluss **nicht mehr anfechtbar,** ordnet die Enteignungsbehörde auf Antrag eines Beteiligten (in der Regel des Vorhabenträgers) seine Ausführung an. Voraussetzung ist, dass der Enteignungsbegünstigte und Entschädigungsverpflichtete die Entschädigung gezahlt oder zulässigerweise unter Verzicht auf das Recht der Rücknahme hinterlegt hat (zB § 33 Abs. 1 EEG NRW, § 36 Abs. 1 S. 1 NEG, § 35 Abs. 1 HEEG, Art. 34 Abs. 1 BayEG, § 32 Abs. 1 ThürEG, § 32 Abs. 1 S. 1 EnteigG LSA, § 33 Abs. 1 S. 1 EntGBbg). Die Ausführungsordnung ist den Beteiligten zuzustellen. 72

X. Entschädigung

Die Entschädigung stellt die **Kompensation** für die Enteignung dar (Art. 14 Abs. 3 S. 2 GG). Ihrer Rechtsnatur nach handelt es sich dabei nicht um Schadensersatz, sondern um einen Wertausgleich. Der Betroffene soll in die Lage versetzt werden, sich einen gleichen Gegenstand beschaffen zu können (Maunz/Dürig/Papier/Shirvani GG Art. 14 Rn. 701 f., 722; Depenheuer/Shirvani Enteignung S. 257; Aust/Jacobs/Pasternak/Friedrich Enteignungsentschädigung Rn. 210). 73

1. Entschädigungsgrundsätze

Nach Art. 14 Abs. 3 S. 3 GG ist die Entschädigung unter gerechter **Abwägung der Interessen** der Allgemeinheit und der Beteiligten zu bestimmen. Die Entschädigung kann dabei unterhalb des Verkehrswerts liegen (BVerfG NVwZ 2010, 512 Rn. 43; NJW-RR 2005, 741 (742)). Die Enteignungsgesetze (zB § 4 Abs. 1 SächsEntEG iVm § 95 Abs. 1 BauGB, § 10 Abs. 1 EEG NRW, § 13 Abs. 1 NEG, § 9 Abs. 1 BWEntG, Art. 10 Abs. 1 BayEG, § 40 Abs. 1 HEEG, § 10 Abs. 1 EntGBbg, § 9 Abs. 1 EnteigG LSA, § 10 Abs. 1 ThürEG) bestimmen aber regelmäßig, dass die Entschädigung nach dem Verkehrswert zu bemessen ist. 74

Grundsätzlich wird die Entschädigung in Geld als **einmalige Zahlung** geleistet (zB § 4 Abs. 1 SächsEntEG iVm § 99 Abs. 1 S. 1 BauGB, § 15 Abs. 1 S. 1 EEG NRW, § 17 Abs. 1 S. 1 NEG, § 13 Abs. 1 S. 1 BWEntG, Art. 13 Abs. 1 BayEG, § 44 Abs. 1 S. 1 HEEG, § 15 Abs. 1 S. 1 EntGBbg, § 14 Abs. 1 S. 1 EnteigG LSA, § 13 Abs. 1 ThürEG). Demgegenüber sind in jüngerer Zeit **wiederkehrende Vergütungen** für die Gestattung der Inanspruchnahme (insbesondere von landwirtschaftlichen) Grundstücken gefordert worden (Beschluss des CSU-Parteivorstandes am 17.7.2017, Bayernplan 2017, 27; Pressemitteilung der Bayrischen Staatskanzlei Nr. 100 v. 4.4.2017; so wohl auch Holznagel DÖV 2010, 847 (852)), wobei diese zusätzlich zu der bereits geleisteten Entschädigung für die Bewilligung von dinglichen Leitungs- und Anlagenrechten für die Dauer des Betriebs der Energieleitungen gezahlt werden sollen. Gegen solche wiederkehrenden Vergütungen bestehen hingegen erhebliche verfassungsrechtliche Bedenken (Wesche/Schirmer ER 2018, 18 (20), → Rn. 75.1). 75

Mit der Entschädigung für die Zwangsbelastung eines Grundstücks mit einer Dienstbarkeit für eine Energieleitung soll der durch die Enteignung entstandene Rechtsverlust ersetzt werden. Diese wird mit der Differenzmethode ermittelt. Die Höhe der entschädigungsfähigen Wertminderung bemisst sich danach, welchen Wert der gesunde Grundstücksverkehr dem betroffenen Grundstück mit der Dienstbarkeit im Vergleich zu demselben Grundstück ohne diese Belastung beimisst (BGH NJW 1993, 457 (458); Aust/Jacobs/Pasternak/Friedrich Enteignungsentschädigung Rn. 168). Zusätzliche wiederkehrende Vergütungen würden jedoch über diesen Wertausgleich hinausgehen und damit gegen das **Verbot der Überkompensation** bzw. Doppelentschädigung verstoßen (Wesche/Schirmer ER 2018, 18 (21)). 75.1

Hinzukommt, dass der Gesetzgeber durch die Entschädigungsregelungen in den Landesenteignungsgesetzen dem Abwägungsgebot nach Art. 14 Abs. 3 S. 3 GG gerecht geworden ist. Die Einführung wiederkehrender Vergütungen würde jedoch die Interessen der Enteignungsbetroffenen einseitig bevorzugen und den Interessen der Allgemeinheit an einer kostengünstigen Energieversorgung nicht gerecht werden (Wesche/Schirmer ER 2018, 18 (19, 22), die auf jährliche Mehrkosten nur für die im BBPlG und EnLAG enthaltenen Projekte von etwa 175 Mio. EUR hinweisen, die sich auf die durchschnittliche Abschreibungsdauer von Netzinvestitionen auf rund 7 Mrd. EUR summieren würden). Schließlich ist zu bedenken, dass die Einführung wiederkehrender Vergütungen nur für Vorhaben im Zusammenhang mit dem Netzausbau im Übertragungsnetzbereich auch eine Ungleichbehandlung mit anderen Leitungen (zB im Verteilernetzbereich und für die Gas-, Wasser- und Fernwärmeversorgung) darstellen würde (Wesche/Schirmer ER 2018, 18 (23)).

76 Unabhängig von der Frage, ob Art. 14 Abs. 3 S. 3 GG den Gesetzgeber verfassungsrechtlich zur Kompensation von **Folgeschäden** verpflichtet, sehen die Regelungen in den Enteignungsgesetzen teilweise auch die Entschädigung für Folgeschäden vor (zB § 4 Abs. 1 SächsEntEG iVm § 96 Abs. 1 S. 2 Nr. 1 BauGB) und gehen damit über das nach Art. 14 Abs. 3 S. 3 GG zwingende Maß der Entschädigung hinaus. Hintergrund dürften vor allem Erwägungen zur Akzeptanzsteigerung der Enteignung sein (Depenheuer/Shirvani Enteignung S. 261). In der Praxis spielen vor allem vom Enteignungsbetroffenen veranlasste Rechtsberatungs- und Gutachterkosten eine Rolle (→ Rn. 76.1). Die Enteignungsgesetze sehen hier eine Kostenerstattungspflicht des Enteignungsbegünstigten für die zur zweckentsprechenden Rechtsverfolgung oder Rechtsverteidigung notwendigen Aufwendungen der Beteiligten vor (zB § 5 Abs. 3 SächsEntEG iVm § 121 Abs. 2 S. 1 BauGB). Voraussetzung ist, dass die Enteignungsbehörde die Zuziehung eines Bevollmächtigten als notwendig feststellt (zB § 5 Abs. 3 SächsEntEG iVm § 121 Abs. 2 S. 2 BauGB).

76.1 Nach den Landesenteignungsgesetzen hat der Antragsteller neben den Verfahrenskosten auch die Kosten der Beteiligten zur zweckentsprechenden Rechtsverfolgung oder Rechtsverteidigung zu tragen. Für den Fall einer gütlichen Einigung zwischen enteignungsbegünstigtem Vorhabenträger und Enteignungsbetroffenem vor oder außerhalb des Enteignungsverfahrens hat der BGH eine analoge Anwendung dieser Erstattungspflicht abgelehnt (BGH ZfBR 2017, 250 (251 ff.) mwN zum Meinungsstand). In der Praxis erscheint es gleichwohl zweckmäßig zu sein, sich in einem solchen Fall einer Kostenerstattung nicht zu verweigern (Engel, Das Recht der Dienstbarkeiten im Rahmen leitungsgebundener Energieversorgung, 11. Aufl. 2020, 250 f.; Aust/Jacobs/Pasternak/Friedrich Enteignungsentschädigung Rn. 874 ff. empfehlen eine analoge Anwendung von § 96 BauGB).

2. Entschädigungshöhe

77 Bei einer Vollenteignung wird der **Verkehrswert** des betroffenen Grundstücks nach der ImmoWertV ermittelt. Dabei sind die allgemeinen Wertverhältnisse auf dem Grundstücksmarkt am Wertermittlungsstichtag (§ 3 ImmoWertV) und der Grundstückszustand am Qualitätsstichtag (§ 4 ImmoWertV) zugrunde zu legen. Künftige Entwicklungen sind zu berücksichtigen, wenn sie mit hinreichender Sicherheit aufgrund konkreter Tatsachen zu erwarten sind (§ 2 S. 2 ImmoWertV). Der Verkehrswert des betroffenen Grundstücks kann mittels Vergleichswertverfahren (§ 15 ImmoWertV), Ertragswertverfahren (§§ 17–20 ImmoWertV) oder Sachwertverfahren (§§ 21–23 ImmoWertV) ermittelt werden.

78 Bei einer Teilenteignung durch Zwangsbelastung eines von einem energiewirtschaftlichen Vorhaben betroffenen Grundstücks, insbesondere durch eine Dienstbarkeit, ist das Ertragswertverfahren in der Regel ungeeignet und auch das Vergleichswertverfahren lässt vielfach eine genaue Berechnung nicht zu (Fischer, Entschädigungsanspruch aus Enteignung und enteignungsgleichem Eingriff, 4. Aufl. 2017, Rn. 649). Daher wird die Entschädigung für eine Dienstbarkeit mit der Differenzmethode ermittelt. Die **Höhe der Wertminderung** bestimmt sich danach, welchen Wert der gesunde Grundstücksverkehr dem betroffenen Grundstück mit der Dienstbarkeit im Vergleich zu demselben Grundstück ohne diese Belastung beimisst (BGH NJW 1993, 457 (458); Aust/Jacobs/Pasternak/Friedrich Enteignungsentschädigung Rn. 168).

79 Maßgeblich für die Ermittlung der Entschädigungshöhe sind bei einer Energieleitung insbesondere der **Verkehrswert** des betroffenen Grundstücks, die **Schutzstreifenfläche** und die **tatsächliche Nutzungsbeeinträchtigung** bzw. die Beeinträchtigung der möglichen

Enteignung   § 45 EnWG

Nutzungsart durch die Leitungsführung. Gemäß § 49 Abs. 1, 2 in Verbindung mit anerkannten Regeln der Technik werden unterirdische Energieleitungen in einer die landwirtschaftliche Nutzung ermöglichenden Tiefe verlegt (zB beträgt die Regelüberdeckung für Gasleitungen mind. 1,00 m). Auch die Überspannung von Grundstücken mit Stromleitungen erfolgt in der Regel in einer solchen Höhe, dass die Befahrung von Grundstücken mit Baufahrzeugen und landwirtschaftlichen Maschinen gefahrlos möglich ist und sich keine Erschwernisse für die Bewirtschaftung ergeben.

Vor diesem Hintergrund geht die Rechtsprechung seit Jahrzehnten von einem Prozentsatz zwischen **10–20 Prozent des Verkehrswerts der betroffenen Flächen** aus (BGH NJW 1982, 2179 (2180); OLG Schleswig gwf-Beil. R+S 2021, 3 (5); OLG Hamburg BeckRS 1999, 17044 Rn. 21; iE → Rn. 80.1). Die Entschädigungspraxis bei Leitungsvorhaben auf der Höchstspannungs- und Hochspannungsebene bei Inanspruchnahme von land- und forstwirtschaftlich genutzten Grundstücken ist in der Studie von frontier economics und White & Case im Auftrag des Bundesministeriums für Wirtschaft und Energie zur Entschädigung von Grundstückseigentümern und Nutzern beim Stromnetzausbau vom Oktober 2016 dargestellt (www.bmwi.de). Zur Erhöhung der Akzeptanz des notwendigen Netzausbaus und damit zur Beschleunigung der Verfahren wurde mit dem Gesetz zur Beschleunigung des Energieleitungsausbaus v. 13.5.2019 (BGBl. I 706 (725)) die Vorschrift des § 5a StromNEV eingeführt. Diese Regelung ermöglicht Betreibern von Übertragungsnetzen für Vorhaben nach dem BBPlG und dem EnLAG die Zahlung von höheren Entschädigungen an Grundstückseigentümern bei Kostenanerkennung durch die BNetzA. Zur Vermeidung einer Signalwirkung für andere Infrastrukturen hat der Gesetzgeber ausdrücklich darauf hingewiesen, dass diese Regelung auf Entschädigungszahlungen im Zusammenhang mit dem Leitungsbau im Bereich der Übertragungsnetze beschränkt ist und nicht auf andere Netzbereiche übertragbar ist (BR-Drs. 11/19, 103 f.; BT-Drs. 19/7375, 90).   80

Urteile zur Entschädigung bei Überspannung von Grundstücken oder unterirdisch verlegten Gasleitungen: 80.1
- Verlegung einer zweiten Gasleitung im Schutzstreifen einer bereits vorhandenen Gasleitung: 10 Prozent (BGH NJW 1970, 815 (816))
- Überspannungsentschädigung für Hochspannungsfreileitung auf forstwirtschaftlich genutztem Grundstück: 13 Prozent (OLG Celle 1.9.1978 – 4 U 58/76)
- Überspannungsentschädigung für Hochspannungsfreileitung auf landwirtschaftlich genutztem Grundstück: 10 Prozent (OLG Hamm RdE 1984, 56; NVwZ 1982, 394)
- auf einem als Hofstelle genutztem Grundstück verlegte Gasleitung: 10 Prozent (OLG Celle 30.4.1985 – 4 U (Baul) 189/84)
- auf fiskalischen Grundstücken einer Kommune (Straßen, Wege, Gräben, Bachläufe) verlegte Gasleitung: 13 Prozent (LG Oldenburg BeckRS 1998, 154473 Rn. 30 f.)
- in einer Tiefe von 1,00 m verlegte Gasleitung auf landwirtschaftlich genutztem Grundstück: 20 Prozent (VG Minden BeckRS 2003, 151966 Rn. 3, 10, 29)
- Verlegung einer 380-kV-Freileitung (Schutzstreifenfläche; 69 m²) auf gewerblich genutztem Grundstück: 20 Prozent (OLG Schleswig gwf-Beil. R+S 2021, 3 (6))

G. Rechtsschutz

Rechtsschutzfragen stellen sich auf der Ebene der Zulässigkeitsfeststellung der Enteignung und auf der Ebene des Enteignungsbeschlusses.   81

I. Rechtsbehelfe gegen die Zulässigkeitsfeststellung

Über die Zulässigkeit der Enteignung wird entweder im Planfeststellungs- bzw. Plangenehmigungsverfahren (Absatz 1 Nummer 1 iVm Absatz 2 Satz 1 Halbsatz 1) oder im Zulässigkeitsfeststellungsverfahren gem. Absatz 1 Nummer 2 iVm Absatz 2 Satz 3 entschieden (→ Rn. 48). Gegen die dem Planfeststellungsbeschluss bzw. der Plangenehmigung immanente Zulässigkeitsfeststellung der Enteignung stehen den Betroffenen Rechtsbehelfe gegen die Zulassungsentscheidung zu. Die Rechtsschutzmöglichkeiten des Enteignungsbetroffenen gegen eine für den Vorhabenträger positive Entscheidung nach Absatz 1 Nummer 2 iVm Absatz 2 Satz 3 werden hingegen unterschiedlich beurteilt (→ Rn. 82.1).   82

EnWG § 45a   Teil 5. Planfeststellung, Wegenutzung

82.1   Da die Entscheidung der Energieaufsichtsbehörde über die Zulässigkeit der Enteignung nur die Enteignungsbehörde binde, **fehle** einem vom Vorhaben Betroffenen die **Klagebefugnis.** Darin liege keine Rechtsschutzverkürzung. Denn der Betroffene könne im nachfolgenden Enteignungsverfahren seine Rechte geltend machen, zumal erst dort endgültig über die Enteignung entschieden werde. Die Verweisung auf die gerichtliche Kontrolle der abschließenden Sachentscheidung des mehrstufigen Verwaltungsverfahrens entspreche dem Rechtsgedanken des § 44a VwGO und damit der Prozessökonomie (VG Osnabrück BeckRS 2009, 141411 Rn. 14; Büdenbender § 12 Rn. 92 ff.; Kment EnWG/Kment § 45 Rn. 29; Rosin/Pohlmann/Gentzsch/Metzenthin/Böwing/Engel § 45 Rn. 116; Falter, Die enteignungsrechtliche Vorwirkung – insbesondere von Planfeststellungsbeschlüssen, 1. Aufl. 2016, 76 f.).

82.2   Demgegenüber wird auf die **Regelungswirkung** einer Zulässigkeitsfeststellung für die Enteignungsbetroffenen verwiesen, sodass eine Anfechtungsklage zulässig sei (Säcker EnergieR/Pielow § 45 Rn. 37; Britz/Hellermann/Hermes/Hermes, 3. Aufl., § 45 Rn. 40).

83   Im Fall einer Ablehnung der Zulässigkeitsfeststellung durch die Energieaufsichtsbehörde kann der Vorhabenträger – nach ggf. erforderlichem Widerspruchsverfahren – Verpflichtungsklage erheben (Säcker EnergieR/Pielow § 45 Rn. 37; Theobald/Kühling/Theobald § 45 Rn. 46; Büdenbender § 12 Rn. 89; diff. Britz/Hellermann/Hermes/Hermes, 3. Aufl., § 45 Rn. 38; Kment EnWG/Kment § 45 Rn. 30: Bescheidungsklage, da nur ein Anspruch des Vorhabenträgers auf fehlerfreie Abwägung der betroffenen öffentlichen und privaten Belange bestehe).

II. Rechtsschutz im Enteignungsverfahren

84   Die möglichen Rechtsbehelfe gegen die Entscheidungen der Enteignungsbehörde ergeben sich aus den Landesenteignungsgesetzen, wobei der Rechtsweg entweder nur den Zivilgerichten (Baulandkammern, zB § 43 Abs. 1 NEG, § 12 Abs. 1 MVEntG, § 50 Abs. 1 EntGBbg iVm §§ 217 ff. BauGB, § 39 Abs. 1 EnteigG LSA, § 5 Abs. 3 SächsEntEG, § 44 Abs. 1 ThürEG) oder den Verwaltungsgerichten bezüglich der Enteignung dem Grunde nach und den Zivilgerichten (Baulandkammern) bezüglich der Entschädigungshöhe zugewiesen ist (zB § 50 Abs. 1 EEG NRW, Art. 44 BayEG, § 41 BWEntG, § 50 Abs. 1 HEEG).

85   Soweit die Verwaltungsgerichte zuständig sind, können Entscheidungen der Enteignungsbehörde – nach ggf. erforderlichem Vorverfahren – mit der Anfechtungs- oder Verpflichtungsklage angegriffen werden (Säcker EnergieR/Pielow § 45 Rn. 46). Sind die Zivilgerichte (Baulandkammern) zuständig, kann Antrag auf gerichtliche Entscheidung gestellt werden.

§ 45a Entschädigungsverfahren

Soweit der Vorhabenträger auf Grund eines Planfeststellungsbeschlusses oder einer Plangenehmigung verpflichtet ist, eine Entschädigung in Geld zu leisten, und über die Höhe der Entschädigung keine Einigung zwischen dem Betroffenen und dem Träger des Vorhabens zustande kommt, entscheidet auf Antrag eines der Beteiligten die nach Landesrecht zuständige Behörde; für das Verfahren und den Rechtsweg gelten die Enteignungsgesetze der Länder entsprechend.

Überblick

Der 2006 im Interesse der Planungsbeschleunigung nach Vorbild des § 19a FStrG in das EnWG übernommene § 45a koppelt Fragen über streitige Entschädigungssummen vom Planungsverfahren ab und verlagert diese in ein nachgeordnetes Verfahren (→ Rn. 1 f.). Die aufgrund ihrer systematischen Stellung als „irreführend" kritisierte (→ Rn. 4) Vorschrift trifft in Verbindung mit den Enteignungsgesetzen der Länder bei Streitigkeiten über Entschädigungsansprüche aus § 74 Abs. 2 S. 3 VwVfG – nicht bei Enteignungen – die Verfahrensregeln für die Entschädigungsfestsetzung (→ Rn. 3).

Der verfahrensrechtliche Verweis gem. § 45a gilt nur für Streitfälle, in denen der Entschädigungsanspruch bereits dem Grunde nach in der energiewirtschaftlichen Planungsentscheidung iSv § 43b iVm § 74 VwVfG festgesetzt ist (→ Rn. 5 ff., → Rn. 8). § 45a kann keinen

Entschädigungsanspruch begründen, er verweist für Verfahrensfragen lediglich auf das Enteignungsrecht der Länder, wenn keine Einigung über die Entschädigungshöhe zwischen dem Vorhabenträger (Entschädigungsverpflichteter) und dem Betroffenen (Entschädigungsberechtigter) zustande kommt (→ Rn. 9 f.). Die näheren Entschädigungsmodalitäten – zu Schadensberechnung, Verfahren, Zuständigkeit und Rechtsschutz) richten sich nach den Enteignungsgesetzen der Länder (→ Rn. 11 f.).

A. Allgemein: Regelungszweck, Historie und Systematik

I. Regelungszweck und Entstehungsgeschichte

§ 45a verweist für **Verfahrensfragen** im Zusammenhang mit **Streitigkeiten über die Höhe einer Entschädigung,** zu deren Leistung ein energiewirtschaftlicher Planfeststellungsbeschluss oder eine Plangenehmigungsentscheidung verpflichtet (vgl. § 43b iVm § 74 Abs. 2 S. 3 VwVfG), auf die **einschlägigen Enteignungsgesetze der Länder.** Die Regelung wurde nach dem Vorbild der „bewährten" (BT-Drs. 16/54, 39) verkehrswegerechtlichen Regelung in § 19a FStrG mit Art. 7 des Gesetzes zur Beschleunigung von Planungsverfahren für Infrastrukturvorhaben (InfPBG) vom 9.12.2006 (BGBl. I 2833 (2847)) wortlautgetreu in das EnWG eingeführt. 1

Die Vorschrift des § 19a FStrG zur **Entkopplung von Planungs- und Entschädigungsverfahren** wurde sukzessive – zum Teil auch parallel durch das InfPBG von 2006 – in weitere Fachplanungsgesetze übernommen (§ 22a AEG, § 7a MBPlG, § 28a LuftVG; vgl. auch §§ 36 ff. WaStrG). Nach der Gesetzesbegründung soll so in **Streitfällen über die Entschädigungshöhe** der Entscheidungsprozess im **Infrastrukturplanungsverfahren** (sektorenübergreifend) **beschleunigt** und **konzentriert** werden (vgl. BT-Drs. 16/54, 31 zum parallel eingeführten § 22a AEG; BT-Drs. 11/4310, 101 f. zur Vorgängervorschrift in § 19a FStrG). Ferner soll die Übernahme der weiteren Kernvorschriften aus dem gemeinsamen Bestand des Verkehrswegeplanungsrechts – dh zu Anfechtung, Vorarbeiten/Vorkaufsrecht, Veränderungssperre, vorzeitige Besitzeinweisung, Enteignung/Entschädigung – in §§ 43 ff. den Bau, die Änderung und den Betrieb von **Energieleitungsvorhaben beschleunigen** (zur aktuellen Beschleunigungsgesetzgebung im Energieleitungs- und Verkehrswegerecht ausf. Kelly/Schmidt AöR 144 (2019), 577 ff.; Schmidt/Kelly VerwArch 2021, 97 ff.); so sollen u.a. **Versorgungssicherheit** und **nachhaltige Entwicklung** der Energiewirtschaft gefördert werden (BT-Drs. 16/54, 40 f. iVm BT-Drs. 16/3158, 15; im ersten Gesetzentwurf noch unter §§ 11a–12b, in der Beschlussfassung dann aber unter den §§ 43–45a geführt). 2

Für die Errichtung und den Betrieb ihrer Energieleitungen sind Netzbetreiber auf die Nutzung fremder Grundstücke angewiesen. Die Nutzung öffentlicher Verkehrswege zum Zwecke des Leitungsausbaus (mittels Wegenutzungs- und Konzessionsverträgen) gem. §§ 46–48 ist dabei prioritär, vor der unter Umständen erforderlichen Nutzung privater Grundstücke gem. §§ 43–45a, in Erwägung zu ziehen (zum Ganzen u.a. Kühling/Rasbach/Busch EnergieR Kap. 8 Rn. 1 ff.; Pritzsche/Vacha EnergieR § 4 338 ff.). Allerdings kann regelmäßig auch die **Nutzung privater Grundstücke** zur Realisierung gem. §§ 43, 43b iVm §§ 73 ff. VwVfG planfestgestellter bzw. -genehmigter Hochspannungs- und Gasversorgungsleitungsvorhaben erforderlich sein. Für Streitigkeiten mit privaten Grundstückseigentümern sieht § 45 als ultima ratio die Möglichkeit der entschädigungspflichtigen Enteignung (vgl. Art. 14 Abs. 3 GG iVm § 45) privater Grundstückseigentümer für den Vollzug planfestgestellter bzw. -genehmigter Leitungsvorhaben vor. Doch auch **unterhalb der Enteignungsschwelle** können im Rahmen einer Planungsentscheidung gem. §§ 43, 43b iVm § 74 VwVfG bereits Entschädigungsansprüche durch eigentumsbeeinträchtigende Maßnahmen auf Grundlage von § 74 Abs. 2 S. 2, 3 VwVfG als verfassungskonforme gesetzliche Inhalts- und Schrankenbestimmung iSd Art. 14 Abs. 1 S. 2 GG entstehen (Jarass DÖV 2004, 633 (639 f.)). Wird das Eigentum für ein Vorhaben nicht vollständig oder teilweise entzogen, dh nur mittelbar beeinträchtigt, handelt es sich nicht um eine Enteignung iSd Art. 14 Abs. 3 S. 1 GG (BVerfGE 100, 226 (240); BVerwG BeckRS 2007, 20398 Rn. 21; Säcker EnergieR/Pielow § 45a Rn. 2). Der in § 74 Abs. 2 S. 3 VwVfG begründete Entschädigungsanspruch ist also verfassungsrechtlich nicht der Enteignungsentschädigung in Art. 14 Abs. 3 GG, sondern Art. 14 Abs. 1 S. 2 GG zugeordnet (vgl. nur BVerwG NVwZ-RR 1991, 601 (620); BeckOK 3

EnWG § 45a

VwVfG/Kämper VwVfG § 74 Rn. 111). Hier knüpft die Regelung in § 45a verfahrensrechtlich an, denn sie trifft in Verbindung mit den Enteignungsgesetzen der Länder bei Streitigkeiten über ebensolche Entschädigungsansprüche aus § 74 Abs. 2 S. 3 VwVfG die **Verfahrensregeln für die Entschädigungsfestsetzung.**

II. Systematische Verortung

4   § 45a regelt demnach nicht – wie die Stellung im Gesetz vermuten lässt – die bereits über § 45 Abs. 3 an die landesrechtlichen Enteignungsgesetze verwiesene Enteignungsentschädigung, sondern das Entschädigungsverfahren für nachteilige Beeinträchtigungen von Rechtspositionen, die gerade keine enteignungsgleiche Wirkung entfalten (vgl. BVerwG NVwZ-RR 1991, 601 (620 f.); NVwZ 1997, 197 (198); Theobald/Kühling/Missling § 45a Rn. 3; Kment EnWG/Kment § 45a Rn. 2). Deshalb wird die Stellung der Vorschrift im „Annex" der Enteignungsregelung des § 45 von der hM als **„systematisch deplatziert"** und die Stellung im Gesetzestext als eher **„irreführend"** charakterisiert (Bourwieg/Hellermann/Hermes/Hermes § 45a Rn. 1; zust. Kment EnWG/Kment § 45a Rn. 2; etwas entschärfend Säcker EnergieR/Pielow § 45a Rn. 1 der von einer nur „etwas verwirrenden" Stellung spricht).

4.1   Die Positionierungsentscheidung des Gesetzgebers könnte man gegen die hM damit zu verteidigen versuchen, dass die Regelung zwar formal nicht unmittelbar an die Enteignung, sondern im Kern an § 74 Abs. 2 S. 2, 3 VwVfG anknüpft, dabei jedoch den Verweis auf die landesrechtlichen Enteignungsgesetze – vgl. § 44 Abs. 3 und § 44a Abs. 2 S. 4 iVm § 45 Abs. 3 – substantiell übernimmt und verfahrensrechtlich auf Entschädigungsansprüche, die sich aus einer Planungsentscheidung iSv § 43b iVm § 74 VwVfG ergeben, ausweitet. Allerdings wird in diesen dem § 45a vorausgehenden Entschädigungskonstellationen die Entschädigung im Streitfall nicht durch die Planfeststellungsbehörde, sondern durch die nach Landesrecht zuständige (Enteignungs-)Behörde festgesetzt (vgl. nur Kment EnWG/Turiaux § 44a Rn. 32 mwN). § 45a sieht hingegen vor, dass die Entschädigung dem Grunde nach durch die Planfeststellungsbehörde festzusetzen ist, sofern sich die Entschädigungspflicht aus der Planungsentscheidung ergibt (etwas verwirrend Theobald/Kühling/Missling § 45a Rn. 4, der hier auch Anspruchstatbestände aus §§ 44 Abs. 3, 44a Abs. 2 S. 1, § 44b Abs. 5, 6 und § 45 nennt; diese fallen aber gerade nicht in den Anwendungsbereich des § 45a). Ferner knüpft § 45a nicht ausschließlich an Entschädigungsverfahren iSv § 74 Abs. 2 an, sondern grundsätzlich auch an weitere im Planfeststellungsbeschluss festgesetzte geldwerte Entschädigungsansprüche (die Gesetzesbegründung zum parallel und wortgleich eingeführten § 28a LuftVG (BT-Drs. 16/54, 39) nennt Schutzvorkehrungen iSd § 74 Abs. 2 explizit nur exemplarisch für weitere planungsrechtliche Fragestellungen, die im Planfeststellungsverfahren aufgeworfen werden können). Der Regelungsgehalt von § 45a (so auch § 19a FStrG, § 22a AEG, § 28a LuftVG, § 7 MBPlG) erschöpft sich in einer rein formell wirkenden Ausweitung des Anwendungsbereiches der vorhergehenden Regelung zur Enteignungsentschädigung, vgl. § 45 (so auch § 19 FStrG, § 22 AEG, § 28 LuftVG, § 7 MBPlG). Die Kritisierung der Norm als „systematisch deplatziert" und „irreführend" scheint daher etwas weit gegriffen. Noch verwirrender wäre es sicherlich, dezidiert im EnWG von dieser etablierten fachplanungsrechtlichen Systematik abzuweichen. Insgesamt scheint **systematisch begründbar,** warum der Abschnitt zur Regelung der privaten Grundstücksnutzung (§§ 43–45a), im Anschluss an die vorhergehenden Verweise auf das Enteignungsrecht der Länder bei Streitigkeiten über Entschädigungsfragen, mit § 45a als „Annex" zu § 45 schließt.

B. Anwendungsbereich: Entschädigungsanspruch mit strittiger Entschädigungshöhe

I. Entschädigungsanspruch

5   Die Verweisregelung des § 45a kommt nur dann zur Anwendung, wenn in der energiewirtschaftlichen Planungsentscheidung – Planfeststellungsbeschluss oder Plangenehmigung gem. §§ 43, 43b iVm § 74 VwVfG – ein Entschädigungsanspruch festgesetzt ist, dh sich insofern eine Entschädigungspflicht dem Grunde nach aus der Entscheidung der Planfeststellungsbehörde ergibt. Das **Vorliegen eines solchen Entschädigungsanspruches ist konstitutiv für ein Entschädigungsverfahren** gem. § 45 in Verbindung mit den Enteignungsgesetzen der Länder (Bourwieg/Hellermann/Hermes/Hermes § 45a Rn. 1; Theobald/Kühling/Missling § 45a Rn. 4).

Dem fachplanerischen **Grundsatz der Konfliktbewältigung** folgend sind bei einer Planungsentscheidung widerstreitende öffentliche und private Belange untereinander abzuwägen und in einen gerechten Ausgleich zu bringen (BVerwG NVwZ 2004, 1237 (1239); Bourwieg/Hellermann/Hermes/Hermes § 45a Rn. 2). Grundsätzlich sind deshalb auch alle durch das Vorhaben ausgelösten Konflikte in der Planungsentscheidung selbst zu regeln, allerdings kann eine Problemlösung außerhalb des Planfeststellungsverfahrens verlagert werden, wenn hierfür ein verbindliches, spezielles Verfahren – wie hier § 45a für das Entschädigungsverfahren – existiert (vgl. BeckOK VwVfG/Kämper VwVfG § 74 Rn. 91 ff.). Die Planfeststellungsbehörde hat dem Vorhabenträger gem. § 74 Abs. 2 S. 2 VwVfG **Vorkehrungen** oder die Errichtung und Unterhaltung von Anlagen aufzuerlegen, die zum **Wohl der Allgemeinheit** oder zur **Vermeidung nachteiliger Wirkungen** auf Rechte anderer erforderlich sind (ausf. Stelkens/Bonk/Sachs/Neumann/Külpmann VwVfG § 74 Rn. 164 ff.). **Erforderlich** sind diese, wenn die **schädlichen Umwelteinwirkungen** des Vorhabens die **fachplanerische Zumutbarkeitsgrenze überschreiten** (BVerwGE 107, 313 (332) = NVwZ 1999, 644 (648); BVerwGE 123, 37 (47) = NVwZ 2005, 803 (807)); dh es werden nur solche unzumutbaren Vorhabenfolgen mit einem Anspruch auf Schutzvorkehrungen ausgeglichen, die nicht bereits abwägungsfehlerfrei im Rahmen der Problembewältigung durch eigene planerische Gestaltung erfasst sind (BVerwG NVwZ-RR 1991, 601 (602 ff.); näher BeckOK VwVfG/Kämper VwVfG § 74 Rn. 98 f.). Die fachplanerische Zumutbarkeitsschwelle stellt damit die äußerste Grenze der Abwägung dar (BVerwGE 125, 116 = BeckRS 2006, 23694 Rn. 268); ist diese Grenze überschritten, hat die Behörde kein Entschließungs-, sondern allenfalls noch ein begrenztes Auswahlermessen (vgl. Ziekow ÖffWirtschaftsR VwVfG § 74 Rn. 51; Stelkens/Bonk/Sachs/Neumann/Külpmann VwVfG § 74 Rn. 176 f.). 6

Demnach haben von einer Planungsentscheidung iSd § 74 Abs. 1 VwVfG Betroffene einen **(Billigkeits-)Anspruch auf eine angemessene Entschädigung in Geld** (§ 74 Abs. 2 S. 3 VwVfG; s. auch Kment EnWG/Kment § 45a Rn. 4), falls von der Planfeststellungsbehörde anzuordnende **Schutzvorkehrungen** zum Wohl der Allgemeinheit oder zur Vermeidung nachteiliger Wirkungen auf Rechte anderer zwar **erforderlich**, aber **untunlich** oder **mit dem Vorhaben unvereinbar** sind, § 74 Abs. 2 S. 2 VwVfG (näher BeckOK VwVfG/Kämper VwVfG § 74 Rn. 111 ff.; Stelkens/Bonk/Sachs/Neumann/Külpmann VwVfG § 74 Rn. 188 ff.). Liegen diese Voraussetzungen für erforderliche, aber nicht-realisierbare Schutzvorkehrungen vor, ist der Entschädigungsanspruch „dem Grunde nach" als „**finanzielles Surrogat**" für „technisch-reale" Maßnahmen in der Planungsentscheidung festzusetzen (BVerwG NVwZ-RR 1991, 601 (602, 620); NVwZ 1997, 197 (198); BeckOK VwVfG/Kämper VwVfG § 74 Rn. 111 ff.). 7

Da es nicht Aufgabe der Planfeststellungsbehörde ist, im Planfeststellungsbeschluss Regelungen zum Ablauf des nachfolgenden Entschädigungsverfahrens oder zur methodischen Ermittlung der Entschädigungshöhe zu treffen, ist neben dem grundsätzlichen Entschädigungsanspruch nur eine Bemessungsgrundlage für die streitige Höhe, dh die **maßgeblichen Berechnungsfaktoren**, festzusetzen (BVerwG BeckRS 2012, 56296 Ls. 5, Rn. 70 mwN). Die Entschädigungsleistung in Geld ist „**finanzielles Surrogat**" für die unterbleibende Anordnung baulicher (Schutz-)Maßnahmen und **kein „Äquivalent"** zu diesen (BVerwG BeckRS 2008, 36532 Rn. 18, 27, 30; bestätigt durch BVerfG NVwZ 2009, 1494 (1497)). **Untunlich** sind Schutzvorkehrungen dann, wenn sie keine wirksame Abhilfe erwarten lassen oder wenn sie für den Vorhabenträger unzumutbar wären, insbesondere, weil sie wirtschaftlich nicht vertretbar sind oder der Aufwand außer Verhältnis zum angestrebten Schutzzweck steht (BVerwG NJW 1986, 80 (82); BeckRS 2008, 36532 Rn. 18, 21, 25). **Unvereinbar mit dem Vorhaben** sind nur jene Schutzmaßnahmen, die dem Zweck des Vorhabens (offensichtlich) zuwiderlaufen (Kopp/Ramsauer/Wysk VwVfG § 74 Rn. 121; Stelkens/Bonk/Sachs/Neumann/Külpmann VwVfG § 74 Rn. 194). 7.1

II. Streit über Entschädigungshöhe

Ferner gilt die Vorschrift nur für Konstellationen, in denen die **Höhe der Geldentschädigung strittig** ist, dh keine Einigung über die Entschädigungshöhe zwischen **Vorhabenträger (Entschädigungsverpflichteter)** und **Betroffenen (Entschädigungsberechtigter)** zustande kommt. Die Entschädigungspflicht trifft nicht die Behörde, sondern den Vorhabenträger (Rosin/Pohlmann/Gentzsch/Metzenthin/Böwing/Engel § 45a Rn. 10; Kment 8

EnWG § 45b Teil 5. Planfeststellung, Wegenutzung

EnWG/Kment § 45a Rn. 6). Bei bereits erzielter Einigung zwischen dem Betroffenen und dem Vorhabenträger bedarf es offenkundig keines separaten Entschädigungsverfahrens nach § 45a.

C. Entschädigungsverfahren nach Enteignungsrecht der Länder

9 An den von der Planfeststellungsbehörde festzusetzenden Entschädigungsanspruch („Ob"-Frage) knüpft § 45a verfahrensrechtlich an. Mit der spezialgesetzlichen Regelung wird die Klärung streitiger Entschädigungsmodalitäten („Wie"-Frage), dh insbesondere bezüglich der **angemessenen Entschädigungshöhe,** von dem eigentlichen Planverfahren abgekoppelt und in ein nachgelagertes, landesrechtlich näher bestimmtes **Entschädigungsverfahren** verschoben (auch das Enteignungsverfahren ist nach dieser zweistufigen Systematik aufgebaut, vgl. Kühling/Rasbach/Busch EnergieR Kap. 8 Rn. 29; Kment EnWG/Kment § 45 Rn. 26 f.). Folglich kann § 45a jedoch **keinen eigenständigen Entschädigungsanspruch** begründen, er verweist lediglich auf die spezifischen Verfahrensbestimmungen nach dem Enteignungsrecht der Länder, wenn keine Einigung über die Entschädigungshöhe zwischen Vorhabenträger und Betroffenen zustande kommt.

I. Entschädigungshöhe

10 Die angemessene Entschädigungshöhe ist im Einzelfall nach der **„Differenzmethode"** zu ermitteln (ausf. Betz JA 2006, 60 ff.; Rosin/Pohlmann/Gentzsch/Metzenthin/Böwing/Engel § 45a Rn. 9; Säcker EnergieR/Pielow § 45a Rn. 3; Kment EnWG/Kment § 45a Rn. 5). Dabei ist der Betroffene grundsätzlich so zu stellen, wie er ohne Zugriff auf sein Grundeigentum stünde, ohne dass entgangener Gewinn dabei ersatzfähig ist (Steinbach/Franke/Nebel/Riese § 45a Rn. 21; Bourwieg/Hellermann/Hermes/Hermes § 45a Rn. 3).

II. Verfahren, Zuständigkeit und Rechtsschutz

11 Das **Verfahren** gem. § 45a wird durch den **Antrag eines der Beteiligten,** dh dem Vorhabenträger oder dem Betroffenen, bei der landesrechtlich zuständigen (Enteignungs-)Behörde eingeleitet. Auch wenn die Länder die zuständige Behörde selbst festlegen können, ergibt sich aus dem Verweis in § 45a Hs. 2 die **Regelzuständigkeit der Landesenteignungsbehörden** (Theobald/Kühling/Missling § 45a Rn. 6 mwN). Im Antrag ist der (erfolglose) Versuch einer **gescheiterten Einigung** zwischen den Beteiligten schlüssig darzulegen (Steinbach/Franke/Nebel/Riese § 45a Rn. 20; Theobald/Kühling/Missling § 45a Rn. 7; Säcker EnergieR/Pielow § 45a Rn. 2, 4; Kment EnWG/Kment § 45a Rn. 6 mwN). Die inhaltliche Nähe zur Entschädigungsregelung für zu duldende Vorarbeiten gem. § 44 Abs. 3 spricht dafür, dass der Vorhabenträger – wie bei § 44 Abs. 3 – die Initiative ergreifen muss und auf eine Einigung mit dem Betroffenen hinzuwirken hat (Bourwieg/Hellermann/Hermes/Hermes § 45a Rn. 4; Säcker EnergieR/Pielow § 45a Rn. 4).

12 Die näheren Verfahrensmodalitäten richten sich nach den Enteignungsgesetzen der Länder (Aufstellung der Enteignungsgesetze der Länder bei Theobald/Kühling/Missling § 45a Rn. 10). Dies gilt gem. § 45a Hs. 2 auch für den **Rechtsschutz** gegen die festgelegte Entschädigungshöhe; der Rechtsweg führt über die ordentliche Gerichtsbarkeit, in aller Regel sind die Zivilgerichte (Kammern für Baulandsachen) zuständig (Bourwieg/Hellermann/Hermes/Hermes § 45a Rn. 6; Theobald/Kühling/Missling § 45a Rn. 9; Säcker EnergieR/Pielow § 45a Rn. 4). Zur näheren Ausgestaltung des einschlägigen Enteignungsverfahrens (→ § 45 Rn. 54 ff.).

§ 45b Parallelführung von Planfeststellungs- und Enteignungsverfahren

¹**Der Träger des Vorhabens kann verlangen, dass nach Abschluss der Anhörung ein vorzeitiges Enteignungsverfahren durchgeführt wird.** ²**Dabei ist der nach dem Verfahrensstand zu erwartende Planfeststellungsbeschluss dem Enteignungsverfahren zugrunde zu legen.** ³**Der Enteignungsbeschluss ist mit der aufschiebenden Bedingung zu erlassen, dass sein Ergebnis durch den Planfeststellungsbeschluss**

bestätigt wird. ⁴Anderenfalls ist das Enteignungsverfahren auf der Grundlage des ergangenen Planfeststellungsbeschlusses zu ergänzen.

Überblick

Realisierungen von Energieleitungsvorhaben sind zwangsläufig mit Rechtsbeeinträchtigungen Dritter verbunden, indem Grundstücke (privatrechtlich) beansprucht werden müssen. § 45b soll den damit zusammenhängenden Unwägbarkeiten durch die parallele Durchführung von Zulassungs- und Enteignungsverfahren begegnen. Dafür etabliert § 45b S. 1 einen Anspruch des Vorhabenträgers auf Durchführung eines vorzeitigen Enteignungsverfahrens, wobei der „zu erwartende Planfeststellungsbeschluss" als Grundlage dient (Satz 2, → Rn. 3). Ein dabei zu erlassender Enteignungsbeschluss wird nach Satz 3 unter der aufschiebenden Bedingung eines bestätigenden Planfeststellungsbeschlusses erlassen (→ Rn. 5). Satz 4 erhält letztlich noch die Möglichkeit, den Enteignungsbeschluss auf der Grundlage des Planfeststellungsbeschlusses nachträglich zu ergänzen (→ Rn. 5).

A. Historie, Systematik und Regelungszweck

Eingeführt wurde § 45b (ebenso wie die Parallelvorschrift des § 27 Abs. 2 NABEG) durch das Gesetz über Maßnahmen zur Beschleunigung des Netzausbaus Elektrizitätsnetze (NABEG) vom 28.7.2011 (BGBl. I 1690). Als Vorbild diente dabei § 33 BauGB (und zum Teil § 9 BImSchG), der die Parallelführung von Bebauungsplanverfahren und Baugenehmigungsverfahren bereits vorsah (BT-Drs. 17/6073), wobei außer einer Parallelführung wenig Ähnlichkeiten bestehen (krit. zur Vergleichbarkeit der Vorschriften daher Kment EnWG/Kment § 45b Rn. 1). Zweck der Vorschrift ist wiederum die Beschleunigung des Planfeststellungsverfahrens durch Straffung des gesamten Verfahrens, indem eine „frühzeitige und möglichst parallele Durchführung von Zulassungs- und Enteignungsverfahren" (BT-Drs. 17/6073, 31) erreicht werden soll. Ob das damit zu erreichende Beschleunigungspotential hingegen verhältnismäßig in Bezug auf den Grundrechtseingriff des Art. 14 GG ist, wird im Hinblick auf das mildere Mittel der Besitzeinweisung aus § 44b diskutiert (ausführlich → Rn. 7), weshalb die Vorschrift seit Inkrafttreten in der Kritik steht. 1

Unabhängig davon wurde dem Vorhabenträger aber durch den Anspruch auf Durchführung eines vorzeitigen Enteignungsverfahrens nach § 45b (neben der vorzeitigen Besitzeinweisung aus § 44b) unbestritten ein Instrument eröffnet, auch gegenüber Dritten das Verfahren effektiv zu beschleunigen. 2

B. Anwendungsbereich

I. Vorzeitiges Enteignungsverfahren (S. 1)

Zunächst gilt § 45b dem Wortlaut nach nur für Planfeststellungsverfahren und nicht für die Plangenehmigung. Im Hinblick sowohl auf das Spannungsverhältnis zu Art. 14 GG als auch auf das geringe Beschleunigungspotential der Plangenehmigung ist das auch in der Sache richtig (Bourwieg/Hellermann/Hermes/Hermes § 45b Rn. 4; Theobald/Kühling/Missling § 45b Rn. 17 ff.; aA Steinbach/Franke/Nebel/Riese § 45b Rn. 22). Formell setzt § 45b einen Antrag des Vorhabenträgers voraus, der die betreffenden Grundstücke, die Inhalt des Enteignungsbeschlusses sein sollen, konkret benennen muss (Kment EnWG/Kment § 45b Rn. 3; Steinbach/Franke/Nebel/Riese § 45b Rn. 14). Um der Vorzeitigkeit zu genügen und bereits frühzeitig das Beschleunigungspotential des § 45b auszuschöpfen, hat der Gesetzgeber den Antrag nach Abschluss des Anhörungsverfahrens ermöglicht. Hierunter ist der Abschluss der Anhörung durch den Anhörungsbericht (→ § 43a Rn. 1 ff.) zu verstehen, da erst zu diesem Zeitpunkt der Trassenverlauf mitsamt den enteignungsrechtlichen Auswirkungen fundiert in ein vorzeitiges Enteignungsverfahren überführt werden kann (Theobald/Kühling/Missling § 45b Rn. 7 mwN). Dies formuliert letztlich auch Satz 2 der Vorschrift, da der zu erwartende Planfeststellungsbeschluss – der maßgeblich auf dem Anhörungsbericht basiert – die Grundlage des Enteignungsverfahrens darstellt. 3

Die materiellen Voraussetzungen der Enteignung richten sich nach § 45 (→ § 45 Rn. 15 ff.), wobei sich das Enteignungsverfahren nach dem jeweiligen Landesrecht bestimmt. 4

§ 45b enthält hierbei keine zusätzlichen materiellen Anforderungen (Säcker EnergieR/Pielow § 45b Rn. 5; Kment EnWG/Kment § 45b Rn. 5).

5   Wird sodann ein Enteignungsbeschluss erlassen, so ist dieser nach § 45b S. 3 zwingend mit der aufschiebenden Bedingung zu versehen, dass sein Ergebnis durch den Planfeststellungsbeschluss bestätigt wird (Theobald/Kühling/Missling § 45b Rn. 12). Diese aufschiebende Bedingung ist als Nebenstimmung nach § 36 Abs. 1 VwVfG zu qualifizieren (Kment EnWG/Kment § 45b Rn. 4). Das Risiko dieser Bedingung trägt damit maßgeblich der Vorhabenträger, denn Änderungen des endgültigen Planfeststellungsbeschlusses müssen nach Satz 4 durch ein Ergänzungsverfahren des Enteignungsbeschlusses ausgeglichen werden (Theobald/Kühling/Missling § 45b Rn. 12 mwN). Weicht der Planfeststellungsbeschluss dabei wesentlich vom ursprünglichen Enteignungsbeschluss ab, so kann Satz 4 nicht mehr greifen. Würde man sämtliche Änderungen durch ein Ergänzungsverfahren nach Satz 4 ermöglichen, so wäre eine faktische Überhöhung des § 45b die Folge. Ein reguläres Enteignungsverfahren würde damit ausgehöhlt, was gerade im Hinblick auf die Implikationen des Art. 14 GG widersinnig wäre. Deshalb muss bei wesentlichen Änderungen ein neues Enteignungsverfahren durchgeführt werden (Theobald/Kühling/Missling § 45b Rn. 13; Säcker EnergieR/Pielow § 45b Rn. 5; aA Bourwieg/Hellermann/Hermes/Hermes § 45b Rn. 8).

II. Rechtsschutz

6   Der Enteignungsbeschluss begünstigt den Vorhabenträger und benachteiligt Dritte, sodass er als Verwaltungsakt mit Doppelwirkung zu qualifizieren ist (Theobald/Kühling/Missling § 45b Rn. 14 mwN). Zu beachten ist diesbezüglich, dass Rechtsbehelfe an die äußere Wirksamkeit gekoppelt und von der aufschiebenden Bedingung, welche die innere Wirksamkeit regelt, unabhängig sind (ausf. Kment EnWG/Kment § 45b Rn. 8 f.). Für Rechtsbehelfe ist demnach die Bekanntgabe des Enteignungsbeschlusses maßgeblich (ausf. Theobald/Kühling/Missling § 45b Rn. 15 f. und Kment EnWG/Kment § 45b Rn. 8 f. jeweils mwN).

III. Verfassungsrechtliches Spannungsverhältnis des § 45b

7   Grundlegende Kritik am § 45b bezieht sich auf seine Verfassungsmäßigkeit, da er unverhältnismäßig in die Rechte aus Art. 14 GG eingreife. Bereits im Gesetzgebungsprozess wurde diese Kritik im Bundesrat geäußert (BR-Drs. 342/11 (B), 12) und nach Inkrafttreten der Vorschrift aufgegriffen (so Moench/Ruttloff NVwZ 2011, 1040 (1045 f.); Moench/Ruttloff NVwZ 2013, 463 (465 ff.); Bourwieg/Hellermann/Hermes/Hermes § 45b Rn. 3). Sie stützt sich dabei zum einen auf die geringe Geeignetheit zur Erreichung des Beschleunigungszwecks, welche einen Eingriff in das Eigentum aus Gemeinwohlperspektive nicht rechtfertige. Zum anderen fehle es auch an der Erforderlichkeit, da es mit § 44b – der vorzeitigen Besitzeinweisung – eine Maßnahme gebe, die als milderes Mittel gleich wirksam sei (ausf. Moench/Ruttloff NVwZ 2013, 463 (464 ff.)). Dem wird entgegengehalten, dass dem Gesetzgeber hinsichtlich des Gemeinwohlinteresses eine Einschätzungsprärogative zusteht, deren Rahmen aber nicht in unzulässiger Weise überschritten werde (Kment EnWG/Kment § 45b Rn. 7). Bezüglich der Erforderlichkeit wird die Vergleichbarkeit der Maßnahmen bestritten, da zumindest die Besitzeinweisung nicht gleich effektiv den schnellen Netzausbau mitsamt der damit zusammenhängenden Versorgungssicherheit bewirken kann (Säcker EnergieR/Pielow § 45b Rn. 4; Kment EnWG/Kment § 45b Rn. 7; Weghake NVwZ 2016, 496 (499)). Auch wenn die Kritik berechtigt ist und sich § 45b an der Grenze der Verfassungsmäßigkeit bewegt, ist die Vorschrift aber letztlich wohl mit Art. 14 GG vereinbar. Das Enteignungsverfahren wird mit § 45b nicht einseitig zulasten Dritter entkernt, sondern vorverlagert, wobei die Rechtsschutzmöglichkeiten gegen den Enteignungsbeschluss gewahrt bleiben. Dass diese Parallelität letztlich auch zu einer Beschleunigung führt, ist zwar anzunehmen, aber nicht das entscheidende Kriterium zur Bestimmung des Gemeinwohlerfordernisses iRd Art. 14 GG. Denn dem Gesetzgeber obliegt hier nicht die Pflicht, die Erfüllung des Gesetzeszweckes zweifelsfrei empirisch nachzuweisen, sondern das Allgemeinwohlinteresse zu konkretisieren (BVerfGE 134, 242; v. Münch/Kunig/Bryde/Wallrabenstein GG Art. 14 Rn. 133 ff.). Durch den Verweis auf die prioritäre Versorgungssicherheit und den dadurch notwendigen Netzausbau unter hohem zeitlichem Druck kommt der Gesetzgeber dieser

Pflicht nach. Auch ist die Besitzeinweisung nach § 44b kein milderes Mittel mit gleicher Wirksamkeit, denn hierbei wäre ein anschließendes Enteignungsverfahren weiterhin notwendig, was den Beschleunigungszweck konterkarieren würde.

§ 46 Wegenutzungsverträge

(1) ¹Gemeinden haben ihre öffentlichen Verkehrswege für die Verlegung und den Betrieb von Leitungen, einschließlich Fernwirkleitungen zur Netzsteuerung und Zubehör, zur unmittelbaren Versorgung von Letztverbrauchern im Gemeindegebiet diskriminierungsfrei durch Vertrag zur Verfügung zu stellen. ²Unbeschadet ihrer Verpflichtungen nach Satz 1 können die Gemeinden den Abschluss von Verträgen ablehnen, solange das Energieversorgungsunternehmen die Zahlung von Konzessionsabgaben in Höhe der Höchstsätze nach § 48 Absatz 2 verweigert und eine Einigung über die Höhe der Konzessionsabgaben noch nicht erzielt ist.

(2) ¹Verträge von Energieversorgungsunternehmen mit Gemeinden über die Nutzung öffentlicher Verkehrswege für die Verlegung und den Betrieb von Leitungen, die zu einem Energieversorgungsnetz der allgemeinen Versorgung im Gemeindegebiet gehören, dürfen höchstens für eine Laufzeit von 20 Jahren abgeschlossen werden. ²Werden solche Verträge nach ihrem Ablauf nicht verlängert, so ist der bisher Nutzungsberechtigte verpflichtet, seine für den Betrieb der Netze der allgemeinen Versorgung im Gemeindegebiet notwendigen Verteilungsanlagen dem neuen Energieversorgungsunternehmen gegen Zahlung einer wirtschaftlich angemessenen Vergütung zu übereignen. ³Das neue Energieversorgungsunternehmen kann statt der Übereignung verlangen, dass ihm der Besitz hieran eingeräumt wird. ⁴Für die wirtschaftlich angemessene Vergütung ist der sich nach den zu erzielenden Erlösen bemessende objektivierte Ertragswert des Energieversorgungsnetzes maßgeblich. ⁵Die Möglichkeit zur Einigung auf eine anderweitig basierte Vergütung bleibt unberührt.

(3) ¹Die Gemeinden machen spätestens zwei Jahre vor Ablauf von Verträgen nach Absatz 2 das Vertragsende und einen ausdrücklichen Hinweis auf die nach § 46a von der Gemeinde in geeigneter Form zu veröffentlichenden Daten sowie den Ort der Veröffentlichung durch Veröffentlichung im Bundesanzeiger bekannt. ²Wenn im Gemeindegebiet mehr als 100 000 Kunden unmittelbar oder mittelbar an das Versorgungsnetz angeschlossen sind, hat die Bekanntmachung zusätzlich im Amtsblatt der Europäischen Union zu erfolgen. ³Beabsichtigen Gemeinden eine Verlängerung von Verträgen nach Absatz 2 vor Ablauf der Vertragslaufzeit, so sind die bestehenden Verträge zu beenden und die vorzeitige Beendigung sowie das Vertragsende nach Maßgabe der Sätze 1 und 2 öffentlich bekannt zu geben.

(4) ¹Die Gemeinde ist bei der Auswahl des Unternehmens den Zielen des § 1 Absatz 1 verpflichtet. ²Unter Wahrung netzwirtschaftlicher Anforderungen, insbesondere der Versorgungssicherheit und der Kosteneffizienz, können auch Angelegenheiten der örtlichen Gemeinschaft berücksichtigt werden. ³Bei der Gewichtung der einzelnen Auswahlkriterien ist die Gemeinde berechtigt, den Anforderungen des jeweiligen Netzgebietes Rechnung zu tragen. ⁴Die Gemeinde hat jedem Unternehmen, das innerhalb einer von der Gemeinde in der Bekanntmachung nach Absatz 3 Satz 1 oder 3 gesetzten Frist von mindestens drei Kalendermonaten ein Interesse an der Nutzung der öffentlichen Verkehrswege bekundet, die Auswahlkriterien und deren Gewichtung in Textform mitzuteilen.

(5) ¹Die Gemeinde hat die Unternehmen, deren Angebote nicht angenommen werden sollen, über die Gründe der vorgesehenen Ablehnung ihres Angebots und über den frühesten Zeitpunkt des beabsichtigten Vertragsschlusses in Textform zu informieren. ²Die Gemeinde macht bei Neuabschluss oder Verlängerung von Verträgen nach Absatz 2 ihre Entscheidung unter Angabe der maßgeblichen Gründe öffentlich bekannt.

(6) Die Absätze 2 bis 5 finden für Eigenbetriebe der Gemeinden entsprechende Anwendung.

(7) Die Aufgaben und Zuständigkeiten der Kartellbehörden nach dem Gesetz gegen Wettbewerbsbeschränkungen bleiben unberührt.

Überblick

§ 46 regelt die Voraussetzungen, unter denen Betreiber von Gas-, Strom- und Wasserstoffleitungen das Recht erhalten können, auf **öffentlichen Verkehrswegen** (→ Rn. 5 ff.) Leitungen zu errichten und zu betreiben. Nach Maßgabe der Norm sind Gemeinden berechtigt und verpflichtet, derartige **Wegenutzungsverträge** (→ Rn. 2 ff.) abzuschließen, durch die Leitungs- bzw. Netzbetreiber **vertragliche Leitungsrechte** erlangen. Die Vorschrift wurde zuletzt 2017 umfassend reformiert (→ Rn. 23 ff.) und soll in erster Linie für Wettbewerb um die Energieversorgungsnetze sorgen (→ Rn. 8 ff.).

Absatz 1 regelt die sog. **einfachen Wegenutzungsverträge,** die nur zur Errichtung und zum Betrieb von „**Leitungen**" berechtigen, die nicht die Qualität eines Energieversorgungsnetzes der allgemeinen Versorgung (§ 3 Nr. 17) erreichen. Damit sind Anlagen gemeint, die nach ihrer Dimensionierung nicht auf die Versorgung einer unbestimmten Anzahl von Letztverbrauchern innerhalb eines bestimmten Gebietes zugeschnitten sind (→ Rn. 32 ff.).

Demgegenüber betreffen die Absätze 2–6 die sog. **qualifizierte Wegenutzungsverträge,** die zur Errichtung und zum Betrieb von Energieversorgungsnetzen der allgemeinen Versorgung (§ 3 Nr. 17) berechtigen (→ Rn. 46 ff.). Diese Verträge dürfen maximal auf 20 Jahre abgeschlossen werden (→ Rn. 47 f.). Vor Abschluss muss ein diskriminierungsfreies und transparentes wettbewerbliches Verfahren durchgeführt werden (→ Rn. 49 ff.). Hierfür regeln Absatz 3 Sätze 1–3 die **Kriterien,** nach denen die Gemeinden zwischen mehreren Interessenten an einem qualifizierten Wegenutzungsvertrag auswählen müssen (→ Rn. 56 ff.). Absatz 3, Absatz 4 Satz 4 und Absatz 5 machen Vorgaben zum **Verfahren,** das die Gemeinden bei der Vergabe von qualifizierten Wegenutzungsverträgen beachten müssen (→ Rn. 89 ff.). Fehler im Auswahlverfahren gefährden die Wirksamkeit des Wegenutzungsvertrages (→ Rn. 112 ff.). Absatz 2 Sätze 2–5 regeln schließlich für den Fall, dass ein qualifiziertes Wegenutzungsrecht auf einen neuen Inhaber übergeht, die **Übertragung der Netzanlagen** auf den neuen Rechtsinhaber (→ Rn. 121 ff.). Absatz 6 stellt klar, dass die Gemeinden keine **Inhouse-Vergaben** durchführen können (→ Rn. 137 ff.).

Absatz 7 bewahrt die Zuständigkeit der **Kartellbehörden** (→ Rn. 157 ff.).

Übersicht

	Rn.
A. Anwendungsbereich von § 46	1
I. „Wegenutzungsverträge"	2
II. „Öffentliche Verkehrswege"	5
III. „Gemeinden"	7a
B. Zwecke von § 46	8
C. Gesetzgebungsgeschichte	12
I. § 13 EnWG 1998	14
II. § 46 EnWG 2005	18
III. § 46 EnWG 2011	20
IV. Reform 2017	23
1. Konkretisierung Auskunftsanspruch der Gemeinde (§ 46a)	26
2. Einführung Rügeobliegenheiten (§ 47)	28
3. Fortzahlung Konzessionsabgabe (§ 48 Abs. 4)	29
4. Konkretisierung Netzkaufpreis (Abs. 2 S. 4)	30
5. Konkretisierung der Auswahlkriterien (Abs. 4 S. 2)	31
V. Wasserstoffnovelle 2021: Erweiterung auf Wasserstoffnetze und -leitungen	31a
D. Einfache Wegenutzungsverträge (Abs. 1)	32

	Rn.
I. Anwendungsbereich	32
II. Unbeschränkte Laufzeit	36
III. Kontrahierungszwang der Gemeinde	37
1. Grenzen des Kontrahierungszwangs	38
2. Verweigerungsrecht wegen Konzessionsabgaben (Abs. 1 S. 2)	42
3. Diskriminierungsfrei	44
E. Qualifizierte Wegenutzungsverträge (Abs. 2–6)	46
I. Laufzeitbegrenzung (Abs. 2 S. 1)	47
II. Pflicht zu wettbewerblichem Verfahren vor Abschluss qualifizierter Wegenutzungsverträge	49
III. Eignungsprüfung	53
IV. Auswahl zwischen Bewerbern (Abs. 4 S. 1–3)	56
1. Allgemeine inhaltliche Anforderungen an die Auswahlkriterien	59
2. Allgemeine formelle Anforderungen an Auswahlkriterien	63
3. Kriterium Nr. 1: „Versorgungssicherheit"	66
4. Kriterium Nr. 2: „Preisgünstigkeit"	68
5. Kriterium Nr. 3: „Verbraucherfreundlichkeit"	71

	Rn.		Rn.
6. Kriterium Nr. 4: „Effizienz"	74	6. Rechtsfolgen bei Fehlern im Konzessionsverfahren	115
7. Kriterium Nr. 5: „Umweltverträglichkeit"	77	VI. Netzübertragung bei Wechsel Konzessionsnehmer (Abs. 2 S. 2–5)	121
8. Kriterium Nr. 6: „Angelegenheiten der örtlichen Gemeinschaft"	79	1. Anspruch auf Übereignung (Abs. 2 S. 2) oder Besitzverschaffung (Abs. 2 S. 3)	122
9. Rechtsfolge fehlerhafter Kriterien und Rechtsschutz	86	2. „Notwendige Verteilungsanlagen"	125
V. Verfahren für die Vergabe qualifizierter Wegenutzungsverträge (Abs. 3, Abs. 4 S. 4, Abs. 5)	89	3. „Objektiver Ertragswert" (Abs. 2 S. 4)	130
		4. Informationsanspruch Neu-Konzessionär gegen Alt-Konzessionär	136
1. Bekanntmachung (Abs. 3)	90	VII. Anwendung auf Eigenbetriebe (Abs. 6)	137
2. Interessensbekundung und Verfahrensbrief (Abs. 4 S. 4)	101	1. „Bewerbung bei sich selbst"	139
3. Auswertung Angebote und Bietergespräche	105	2. Trennung von Vergabestelle und Bewerber	141
4. Information an unterlegene Bieter (Abs. 5 S. 1)	109	3. Anforderungen des Trennungsprinzips im Einzelnen	146
5. Abschluss neuer Konzessionsvertrag und Ex-Post-Bekanntmachung (Abs. 5 S. 2)	112	F. Zuständigkeit der Kartellbehörden (Abs. 7)	157

A. Anwendungsbereich von § 46

§ 46 gilt nur für Wegenutzungsverträge (→ Rn. 2 ff.), die sich auf öffentliche Verkehrswege (→ Rn. 5 ff.) beziehen. Die Regelung findet nicht nur auf Wegerechte für Strom- und Gasleitungen oder Strom- und Gasversorgungsnetze Anwendung. Sie erfasst vielmehr auch Wegerechte für **Wasserstoffleitungen und -netze**. Dies ergibt sich für die Wasserstoffnetze aus § 3 Nr. 16 aE und für die Wasserstoffleitungen aus dem Energiebegriff von § 3 Nr. 14, der Wasserstoff umfasst. Insoweit sind allerdings zusätzlich die besonderen **Vorgaben von § 113a** zu beachten. 1

I. „Wegenutzungsverträge"

Anders als im Bereich der Telekommunikation (§§ 68 ff. TKG) gibt es im EnWG **keine gesetzlichen Rechte** zur Nutzung öffentlicher Straßen für die Errichtung und den Betrieb von Leitungen. Im Strom-, Gas- und Wasserstoffsektor können Leitungsrechte nur auf Grundlage **privatrechtlicher Verträge** erlangt werden, die zwischen Gemeinden und Leitungsbetreibern abgeschlossen werden (sog. Wegenutzungsverträge). Um gleichwohl sicherzustellen, dass auf öffentlichen Verkehrswegen Netze errichtet werden können und Gemeinden den Leitungsbau nicht behindern, regelt § 46 Voraussetzungen, unter denen Gemeinden verpflichtet sind, Wegenutzungsverträge abzuschließen (**Kontrahierungszwang**). 2

Entsprechend der strengen Entflechtung des Netzbetriebs von den Tätigkeiten Energieerzeugung/-versorgung (§§ 6 ff.) haben Verträge iSv § 46 allein das Recht zum Gegenstand, Energieversorgungsnetze auf öffentlichen Verkehrswegen zu errichten und zu betreiben. Darüber hinausgehende Tätigkeiten in den Bereichen Energieerzeugung und Energievertrieb sind nicht zulässiger Gegenstand von Verträgen iSv § 46. Die Norm spricht daher zutreffend von „**Wegenutzungsverträgen**". 3

Dennoch werden Verträge iSv § 46 auch heute noch meist als „**Konzessionsverträge**" bezeichnet. Dieser Begriff erscheint auf den ersten Blick nicht ganz stimmig, weil er suggeriert, die Verträge würden auch eine Versorgerstellung verschaffen im Sinne einer Versorgerkonzession. Dies ist heute allerdings nicht mehr der Fall. Dennoch ist der Begriff weiterhin passend, weil mit dem Wegenutzungsrecht nach § 46 Abs. 2 auch das Recht (und die Pflicht) des Netzbetreibers verbunden ist, die **Dienstleistungen des Netzbetriebs** zu erbringen gegen Erhebung von Zahlungen von den Netznutzern. Es handelt sich also jedenfalls auch um eine **Dienstleistungskonzession**. 4

II. „Öffentliche Verkehrswege"

§ 46 gilt nur für Leitungsrechte auf **öffentlichen Verkehrswegen**. Das sind Flächen (Straßen), die im Eigentum der Gemeinde stehen, und **für den öffentlichen Verkehr** 5 eröffnet worden sind. Erfasst sind damit insbesondere Wege, die nach dem Straßen- und Wegegesetz des jeweiligen Landes durch **öffentlich-rechtliche Widmung** die Eigenschaft einer öffentlichen Straße erhalten haben.

6   Darüber hinaus sind aber auch gemeindliche Grundstücke **ohne Widmung** „öffentliche Verkehrswege" iSv § 46, wenn die Gemeinde auf diesen Grundstücken faktisch den öffentlichen Verkehr eröffnet hat („**Privatweg für den öffentlichen Verkehr**") (BGH BeckRS 2009, 10970 Rn. 11 – Neue Trift). Das ist bei allen Wegegrundstücken der Fall, die so angelegt sind, dass sie durch die Allgemeinheit für den Verkehr genutzt werden können (Indizien hierfür sind u.a.: Befestigte Oberfläche; Vorhandensein von Straßenbeleuchtung; Anbindungsfunktion für anliegende Grundstücke).

7   § 46 gilt demgegenüber nicht für Grundstücke, die zwar im Eigentum der Gemeinde stehen, aber nicht für den öffentlichen Verkehr eröffnet worden sind (sog. **fiskalische Grundstücke**). Außerdem findet § 46 keine Anwendung auf Grundstücke **in privater Hand**. Private Grundstückseigentümer können daher frei entscheiden, ob und wem sie Leitungsrechte einräumen. Private und öffentliche Grundstückseigentümer können aber gem. **§ 12 NAV/§ 12 NDAV** verpflichtet sein, auf ihrem Grundstück die Errichtung und den Betrieb von Leitungen zum Anschluss ihrer Grundstücke zu gestatten.

III. „Gemeinden"

7a   § 46 gilt nur für die Verkehrswege der Gemeinden, also der **kommunalen Gebietskörperschaften auf der untersten Ebene** (einschließlich der Märkte und Städte sowie im Einzelfall Verbandsgemeinden oder Zweckverbände). **Kreis-, Landes- oder Bundesfernstraßen** unterfallen nicht dem § 46. Leitungsrechte auf diesen Straßen werden durch privatrechtliche Vereinbarungen mit dem jeweiligen Straßenbaulastträger begründet. Ein Anspruch des Leitungsbetreibers auf Abschluss eines solchen Vertrages kann sich hier allenfalls aus Kartellrecht ergeben (→ Rn. 35).

7a.1   Soweit die **Straßenbaulast** für Kreis-, Landes- oder Bundesfernstraßen **bei der jeweiligen Gemeinde** liegt, kann sie auch auf diesen Straßen Leitungsrechte durch privatrechtlichen Vertrag einräumen. Insoweit dürfte § 46 allerdings nicht gelten, weil dieser nur Verkehrswege im Eigentum der Gemeinden erfasst. Hier kommt ein **kartellrechtlicher Anspruch** auf Einräumung des Wegenutzungsrechts in Betracht (→ Rn. 35).

B. Zwecke von § 46

8   § 46 verfolgt zwei gleichwertige Zwecke. Zum einen dient die Regelung der **Versorgungssicherheit**. Denn sie stellt sicher, dass Gemeinden ihre Wege zur Leitungsverlegung zur Verfügung stellen, und schafft damit die Voraussetzung für eine effiziente Energieversorgung von Letztverbrauchern im Gemeindegebiet (BT-Drs. 13/7274, 20). Zu diesem Zweck regelt § 46 Ansprüche auf Abschluss von Wegenutzungsverträgen.

9   Zum anderen soll § 46 den **Wettbewerb** im Bereich des Netzbetriebs **erhöhen**. Zentrales Instrument hierfür ist die Begrenzung der Laufzeit von Wegenutzungsverträgen auf 20 Jahre (Absatz 2 Satz 1). Die Laufzeitbegrenzung stellt sicher, dass es spätestens alle 20 Jahre zu einem „**Wettbewerb um das Netz**" kommt. Sie ist damit ein **zentrales Element zur Schaffung von Wettbewerb** (BT-Drs. 18/8184, 8) und soll einen teilweisen Ausgleich schaffen zu dem natürlichen Monopol, das der Netzbetreiber vor Ort hat.

10   Zusätzlich regelt § 46 die Anforderungen an ein **diskriminierungsfreies und transparentes Verfahren** zur Neuvergabe von Wegenutzungsverträgen. Dabei handelt es sich um ein „**vergabeähnliches Verfahren**". Nur wenn das Verfahren diskriminierungsfrei ausgestaltet ist, kann es sicherstellen, dass dasjenige Unternehmen zum Zug kommt, das die Aufgabe des Netzbetriebs zum Wohle der Allgemeinheit am besten wahrnehmen kann (BT-Drs. 18/8184, 8).

11   Der Wettbewerb um das Netz erfolgt nicht im freien Markt, sondern wird durch die jeweilige Gemeinde administriert. Der Wettbewerb ist kein Selbstzweck, er dient vielmehr dazu, die **in § 1 Abs. 1 normierten Ziele**, die im Interesse des Allgemeinwohls liegen, zu erreichen (BT-Drs. 18/8184, 8).

C. Gesetzgebungsgeschichte

Bis zur EnWG-Reform 1998 war die Energieversorgung in **Gebietsmonopole** aufgeteilt. 12
Diese wurden durch den Abschluss von Demarkations- und Konzessionsverträgen geschaffen,
die Energieversorgern ein bestimmtes Gebiet sicherten, in dem sie konkurrenzlos versorgen
konnten (Aumüller, Regulierung und Wettbewerb, 2006, 65).

Durch Abschluss von **Demarkationsverträgen** haben sich Energieversorgungsunterneh- 13
men früher dazu verpflichtet, in einem bestimmten Gebiet die öffentliche leitungsgebundene
Versorgung mit Gas und Strom zu unterlassen (vgl. § 103 Abs. 1 Nr. 1 GWB idF vom
24.9.1980). Durch **Konzessionsverträge** räumten öffentliche Gebietskörperschaften einem
bestimmten Versorgungsunternehmen das Recht ein, die erforderlichen Leitungen zu errichten. Diese Versorgungsmonopole waren kartellrechtlich unangreifbar, weil Demarkationsverträge und Konzessionsverträge gem. § 103 Abs. 2 Nr. 1 und Nr. 2 GWB iVm § 103a Abs. 1
GWB idF vom 24.9.1980 **vom Kartellrecht freigestellt** waren, sofern sie eine Laufzeit
von nicht mehr als 20 Jahre hatten.

I. § 13 EnWG 1998

1998 wurde im Zuge der **Liberalisierung des Elektrizitätsmarkts** die kartellrechtliche 14
Freistellung der Demarkations- und Konzessionsverträge durch die 6. Novelle des GWB
aufgehoben (BGBl. 1998 I 2521). Im EnWG wurde die Liberalisierung dadurch umgesetzt,
dass dritte Stromanbieter einen **diskriminierungsfreien Netzzugang** erhielten (§§ 6 und
7 EnWG 1998). Gleichzeitig wurde § 13 EnWG 1998, der Vorläufer des heutigen § 46,
eingeführt, um zusätzlichen Wettbewerb im Bereich des Netzbetriebs zu schaffen (BT-Drs.
13/7274, 20).

Mit der Einführung von § 13 EnWG 1998 wollte der Gesetzgeber außerdem gewährleis- 15
ten, dass Gemeinden ihre Wege zur Leitungsverlegung zur Verfügung stellen (BT-Drs. 13/
7274, 20). Die aus dem GWB bekannte Höchstlaufzeit von 20 Jahren wurde in das EnWG
übernommen, um eine **wettbewerbliche Auflockerung** herzustellen und einer Erstarrung
der Versorgungsstrukturen entgegenzuwirken (BT-Drs. 13/7274, 20).

Im EnWG 1998 lag die **Grundversorgungspflicht** (damals noch bezeichnet als „allge- 16
meine Versorgung" in § 10 Abs. 1 EnWG 1998) noch beim örtlichen Netzbetreiber. Die
Konzessionsverträge wurden daher in § 13 Abs. 2 S. 1 EnWG 1998 bezeichnet als „Verträge ... über die Nutzung öffentlicher Verkehrswege für die Verlegung und den Betrieb
von Leitungen zur Durchführung der allgemeinen Versorgung".

In § 13 Abs. 3 EnWG 1998 wurde erstmalig geregelt, dass eine Neuvergabe von Wegenut- 17
zungsrechten nur möglich ist, wenn das Auslaufen des alten Wegenutzungsvertrags zwei Jahre
zuvor **öffentlich bekannt gemacht** worden ist. Diese Bekanntmachung sollte Wettbewerb
um das Netz ermöglichen (BT-Drs. 13/7274, 21), Kriterien, anhand derer die Gemeinde
zwischen mehreren Bewerbern auswählen soll, enthielt die Vorschrift damals nicht. Stattdessen verlangte § 13 Abs. 3 S. 2 EnWG 1998, dass die Gemeinde ihre Auswahlentscheidung
„unter Angabe der maßgeblichen Gründe" öffentlich bekannt machen musste. Nach Vorstellung des Gesetzgebers sollte diese Transparenzpflicht dazu beitragen, dass die Gemeinde
nach „rationale[n] Kriterien" entscheiden werde (BT-Drs. 13/7274, 21). Die **öffentliche
Wahrnehmbarkeit** der Entscheidung sollte gewissermaßen vor willkürlicher Entscheidung
schützen.

II. § 46 EnWG 2005

2005 wurde § 13 EnWG 1998 in § 46 EnWG 2005 überführt. Inhaltlich wurde die 18
Vorschrift aber nicht verändert. Der Gesetzgeber hat lediglich die Veröffentlichungspflicht
der Gemeinden dahingehend konkretisiert, dass das Auslaufen von Wegenutzungsverträgen
im Bundesanzeiger (§ 46 Abs. 3 S. 1) und – bei Netzen mit mehr als 100.000 Anschlussnehmern – zusätzlich im Amtsblatt der Europäischen Union (§ 46 Abs. 3 S. 2) veröffentlicht
werden muss.

Gleichzeitig wurde § 36 EnWG 2005 eingeführt, durch den die **Netzbetreiber von** 19
der Grundversorgungspflicht entbunden worden sind. Seitdem ist Grundversorger der

EVU, der im Netzgebiet die meisten Haushaltskunden beliefert (vgl. heute in § 36 Abs. 2). Seitdem beziehen sich die Konzessionsverträge ausschließlich auf den Netzbetrieb.

III. § 46 EnWG 2011

20 Mit der Reform 2011 wurde in erster Linie in § 46 Abs. 2 S. 4 und 5 EnWG 2011 die Pflicht des bisherigen Konzessionsnehmers eingeführt, der Gemeinde Informationen zur technischen und wirtschaftlichen Situation des Netzes zur Verfügung zu stellen. Es handelt sich hierbei um einen **gesetzlichen Informationsanspruch** der Gemeinde gegen den Alt-Konzessionär. Schon vor der Einführung von § 46 Abs. 2 S. 4 und 5 EnWG 2011 war der Informationsanspruch der Gemeinde gegen den Alt-Konzessionär anerkannt. Dieser war aber nur als **vertragliche Nebenpflicht** aus dem Wegenutzungsvertrag begründbar (sofern nicht ohnehin ausdrücklich im Vertrag geregelt). Offen waren aber meist Reichweite und Fälligkeit des Anspruchs. Um hier streitige Auseinandersetzungen zu vermeiden, wurde § 46 Abs. 2 S. 4 und S. 5 EnWG 2011 eingeführt (heute ist der Anspruch in § 46a geregelt). Zusätzlich wurde in § 46 Abs. 3 S. 1 EnWG 2011 ergänzt, dass die Gemeinde öffentlich bekannt geben muss, wie Bewerber Zugang zu den Netzstrukturdaten erhalten können.

21 Darüber hinaus wurde 2011 die Überlassung der Netzanlagen im Falle eines Konzessionsnehmerwechsels neu geregelt. Seitdem kann der neue Konzessionsnehmer nach seiner Wahl vom Alt-Konzessionär die **Übereignung** des Netzes (§ 46 Abs. 2 S. 2) oder die Verschaffung des **Besitzes** am Netz (§ 46 Abs. 2 S. 3) verlangen. Die Option der Besitzüberlassung ermöglicht es dem neuen Konzessionär, mit dem Alt-Konzessionär bspw. einen Netz-Pachtvertrag zu schließen (BT-Drs. 17/6072, 88).

22 Schließlich hat der Gesetzgeber 2011 in § 46 Abs. 3 S. 5 EnWG 2011 erstmals die **Kriterien für die Auswahlentscheidung** zwischen den Bewerbern geregelt. Seitdem sind die Gemeinden im Rahmen ihrer Auswahlentscheidung an die Ziele des § 1 Abs. 1 gebunden, eine preisgünstige, verbraucherfreundliche, effiziente und umweltverträgliche Versorgung des Verbrauchers sicherzustellen.

IV. Reform 2017

23 Die grundlegendste Veränderung hat § 46 durch das „Gesetz zur Änderung der Vorschriften zur Vergabe von Wegenutzungsrechten zur leitungsgebundenen Energieversorgung" vom 27.1.2017 (BGBl. I 130) erfahren. Im Zuge dieser Reform wurden gleichzeitig die §§ 46a und 47 neu eingeführt. Die Neuregelungen sind am 3.2.2017 in Kraft getreten.

24 Anlass für die Reform war das **erhebliche Konfliktpotential** im Zusammenhang mit der Neuvergabe von Wegenutzungsrechten, das zu zahlreichen Rechtsstreitigkeiten geführt hat. Die gerichtlichen Auseinandersetzungen hatten in der Regel die Vergabeentscheidung und die Überlassung des Netzes vom Alt- an den Neu-Konzessionär zum Gegenstand. Sie stellten zum einen eine **erhebliche (vor allem finanzielle) Belastung für die Gemeinden** dar, die ihre Auswahlentscheidung gerichtlich verteidigen und schlimmstenfalls das Konzessionsverfahren wiederholen müssen. Zum anderen erschweren sie sog. **Kommunalisierungs-** und **Rekommunalisierungsvorhaben,** durch die sich die Kommunen selbst an den Netzen beteiligen wollen. Durch die Reform 2017 sollte die **Rechtssicherheit von Konzessionsverfahren** gestärkt werden (BT-Drs. 18/8184, 8).

25 Die **Rechtssicherheit** sollte im Einzelnen durch folgende Neuregelungen erhöht werden:

1. Konkretisierung Auskunftsanspruch der Gemeinde (§ 46a)

26 Durch den neu eingeführten § 46a wurde der Umfang des Auskunftsanspruchs der Gemeinde gegenüber dem aktuellen Inhaber des Wegenutzungsrechts hinsichtlich der **wirtschaftlichen Informationen** zum Netz konkretisiert. Der Auskunftsanspruch ist bereits 2011 eingeführt worden (§ 46 Abs. 2 S. 4 und 5 EnWG 2011), umfasste damals allerdings nur allgemein die „Informationen über die technische und wirtschaftliche Situation des Netzes, die für die Bewertung im Rahmen der Bewerbung um die Konzession erforderlich sind", ohne diesen Begriff weiter zu spezifizieren.

27 Nun konkretisiert § 46a S. 2 den Begriff der wirtschaftlichen Informationen. Die bisherigen § 46 Abs. 2 S. 4 und 5 EnWG 2011 sind nun in § 46a S. 1 und 3 verschoben worden.

Die Zurverfügungstellung dieser Informationen erhöht die Chancengerechtigkeit und kann den Wettbewerb erhöhen. Letzteres wird dadurch erreicht, dass die Informationen eine **Entscheidungsgrundlage für potentielle Netzbewerber** schaffen: Sie können nur auf Grundlage möglichst ausführlicher und belastbarer Informationen über das Netz entscheiden, ob sie sich auf das Netz bewerben wollen.

2. Einführung Rügeobliegenheiten (§ 47)

Außerdem wurde § 47 neu eingeführt, der zeitlich gestaffelt Rügeobliegenheiten für die am Konzessionsverfahren beteiligten Unternehmen sowie Präklusionswirkungen in Falle nicht obligationsgemäßer Rügen regelt. Durch diese Rügeobliegenheiten sollen die Konzessionsverfahren rechtssicherer werden, weil **Fehler ggf. gleich korrigiert** werden können. Die sich daran anschließende Präklusionswirkung vermeidet zudem, dass Verfahrensfehler **erst nach Abschluss** des neuen Konzessionsvertrages erstmals geltend gemacht werden und sich der neue Wegenutzungsinhaber und die Gemeinde deshalb in einem fortdauernden Schwebezustand der Rechtsunsicherheit befinden. 28

3. Fortzahlung Konzessionsabgabe (§ 48 Abs. 4)

Darüber hinaus ist § 48 Abs. 4 dahingehend angepasst worden, dass Alt-Konzessionsnehmer **während des Schwebezustands** bis zur endgültigen Entscheidung über den Netzübergang zeitlich unbefristet weiterhin Konzessionsabgaben an die Gemeinde zahlen müssen. Hierdurch wird vermieden, dass die Gemeinde aufgrund von Streitigkeiten über den Netzübergang vorübergehende Einnahmeverluste erleidet. 29

4. Konkretisierung Netzkaufpreis (Abs. 2 S. 4)

In § 46 Abs. 2 S. 4 wurde eine Konkretisierung für die Bestimmung der „wirtschaftlich angemessenen Vergütung" iSv § 46 Abs. 2 S. 2 aufgenommen, die der Neu-Konzessionär für die Netzanlagen an den Alt-Konzessionär zahlt. Demnach ist im Regelfall der **objektivierte Ertragswert** maßgeblich. Diese Konkretisierung soll verhindern, dass der Alt-Konzessionär einen prohibitiv hohen Kaufpreis verlangt und damit versucht, einen Wechsel des Wegenutzungsrechtsinhabers zu verhindern. Die nun in § 46 Abs. 2 S. 4 aufgenommene Klarstellung soll in Fällen helfen, in denen sich Alt-Konzessionär und Neu-Konzessionär nicht auf einen Kaufpreis für die zu übereignenden Anlagen einigen können. 30

5. Konkretisierung der Auswahlkriterien (Abs. 4 S. 2)

In § 46 Abs. 4 S. 2 hat der Gesetzgeber die Anforderungen an die Auswahlkriterien weiter konkretisiert. Demnach kommen der **„Versorgungssicherheit"** und der **„Kosteneffizienz" besondere Bedeutung** zu. Außerdem hat der Gesetzgeber klargestellt, dass die Gemeinden bei der Auswahl zwischen den Bewerbern auch die Belange der örtlichen Gemeinschaft berücksichtigen können (sog. „Angelegenheiten der örtlichen Gemeinschaft" iSv Art. 28 Abs. 2 GG). Hierdurch wird die **Selbstverwaltungshoheit** der Gemeinden auch im Bereich der Konzessionsvergabe gestärkt. 31

V. Wasserstoffnovelle 2021: Erweiterung auf Wasserstoffnetze und -leitungen

Mit der Wasserstoffnovelle zum 27.7.2021 (BGBl. I 3026) wurde Wasserstoff als dritte Energieform in das EnWG aufgenommen (§ 3 Nr. 14) und wurde in § 3 Nr. 16 aE geregelt, dass Wasserstoffnetze (§ 3 Nr. 3 Nr. 39a) auch iRv § 46 („Teil 5") als Energieversorgungsnetze gelten. Der Anwendungsbereich von § 46 ist damit **auf Wasserstoffnetze und Wasserstoffleitungen erweitert** worden. 31a

Gleichzeitig hat der Gesetzgeber in § 113a Abs. 2 geregelt, dass die am 27.7.2021 bestehenden Gaskonzessionen und Gasleitungs-Wegerechte (**„Bestands-Wegerechte"**) auch zur Errichtung und zum Betrieb von Wasserstoffnetzen bzw. -leitungen berechtigen. Alle Inhaber von Gaskonzessionen haben damit automatisch die Berechtigung erworben, auf den öffentlichen Verkehrswegen auch Wasserstoffnetze zu errichten und zu betreiben (→ EnWG § 113a Rn. 16 ff.). Sobald die Bestands-Wegerechte auslaufen, müssen die Gemeinden gem. § 46 31b einfache und qualifizierte Wegenutzungsverträge für Wasserstoffinfrastruktur neu vergeben, vgl. § 113a Abs. 3 (→ EnWG § 113a Rn. 25).

D. Einfache Wegenutzungsverträge (Abs. 1)

I. Anwendungsbereich

32 Absatz 1 gilt für sog. **einfache Wegenutzungsverträge**. Das sind Verträge, durch die die Errichtung und der Betrieb von Energie-„Leitungen" gestattet wird, die nicht die Qualität eines Energieversorgungsnetzes der allgemeinen Versorgung (§ 3 Nr. 17) erreichen. Das sind all diejenigen Verteilanlagen, die nach ihrer Dimensionierung von vornherein nur auf die Versorgung **bestimmter Letztverbraucher** ausgelegt sind (→ § 3 Nr. 17 Rn. 5). Absatz 1 gilt also für „einfache" **Energieversorgungsnetze** (§ 3 Nr. 16), **Kundenanlagen** (§ 3 Nr. 24a, 24b) und **Direktleitungen** (§ 3 Nr. 12).

33 Zusätzliche Anwendungsvoraussetzung von Absatz 1 ist aber, dass die Leitung „zur **unmittelbaren Versorgung** von Letztverbrauchern im Gemeindegebiet" dient.
- Absatz 1 gilt daher nicht für Leitungen, durch die Stromerzeugungsanlagen zum Zwecke der Stromeinspeisung an das nächste Energieversorgungsnetz angebunden werden (BGH BeckRS 2009, 10970 Rn. 14 – Neue Trift). Solche **Einspeiseleitungen** dienen nicht der Versorgung von Letztverbrauchern im Gemeindegebiet.
- Anders wäre zu entscheiden, soweit über die Leitung Strom **aus der Erzeugungsanlage direkt an Letztverbraucher** innerhalb des Gemeindegebietes transportiert wird. Insoweit ist Absatz 1 anwendbar.
- Absatz 1 gilt wiederum nicht für Leitungen, die **nur der Eigenversorgung** dienen (Säcker EnergieR/Wegner § 46 Rn. 34). In einem solchen Fall ist der Betreiber der Leitung schon nicht Energieversorgungsunternehmen.

34 Darüber hinaus nennt Absatz 1 Satz 1 **Fernwirkleitungen zur Netzsteuerung** und **Zubehör**. Zum Zubehör gehören alle anderen Komponenten als die eigentliche Leitung, die aber zur unmittelbaren Versorgung von Letztverbrauchern im Gemeindegebiet benötigt werden (Säcker EnergieR/Wegner § 46 Rn. 38). Erfasst sind damit u.a. Netz-, Transformator- und Schaltstationen sowie oberirdische Verteilerkästen. Absatz 1 gilt auch für **gemischtgenutzte** (oder „doppelfunktionale") **Leitungen,** die sowohl der örtlichen Versorgung von Letztverbrauchern als auch dem Transport über das Gemeindegebiet hinaus dienen (→ § 3 Nr. 37 Rn. 3) (Theobald/Kühling/Theobald § 46 Rn. 23; Säcker EnergieR/Wegner § 46 Rn. 39).

35 Ist § 46 Abs. 1 nicht anwendbar, kann die Gemeinde **aber aus Kartellrecht** verpflichtet sein, dem Anlagenbetreiber oder Energieversorger ein Leitungsrecht einzuräumen. Denn die Weigerung der Gemeinde, ein Leitungsrecht auf ihren Grundstücken einzuräumen, kann einen Verstoß gegen das GWB, insbesondere einen **Missbrauch einer marktbeherrschenden Stellung nach § 19 Abs. 2 Nr. 4 GWB** bzw. eine unbillige Behinderung bzw. Diskriminierung nach § 20 Abs. 1 GWB darstellen (vgl. BGH NVwZ-RR 2009, 596). Ob ein Missbrauch in diesem Sinne vorliegt, ist anhand der Einzelfallumstände zu prüfen und hängt u.a. davon ab, ob die Gemeinde eine sachliche Rechtfertigung für die Verweigerung hat.

II. Unbeschränkte Laufzeit

36 Für einfache Wegenutzungsverträge gilt die in Absatz 2 Satz 1 vorgesehene Laufzeitbeschränkung auf 20 Jahre nicht. Dies erklärt sich aus dem Zweck der Laufzeitbeschränkung, durch die ein Ausgleich zum faktischen Monopol des Netzbetreibers geschaffen werden soll (→ Rn. 9). Einfache Wegerechte haben demgegenüber keine wettbewerbliche Relevanz und brauchen daher **nicht regelmäßig neu ausgeschrieben** werden (BT-Drs. 13/7274, 20).

III. Kontrahierungszwang der Gemeinde

37 Gemäß Absatz 1 Satz 1 sind Gemeinden verpflichtet, einfache Wegenutzungsrechte „durch Vertrag" **diskriminierungsfrei** zur Verfügung zu stellen. Dieser Kontrahierungszwang soll verhindern, dass die Gemeinde den Bau zusätzlicher Leitungen blockiert (BT-

Drs. 13/7274, 21). Die in Absätzen 2–5 geregelten strengen Anforderungen an das Ausschreibungsverfahren und die Auswahl des Konzessionsnehmers finden auf einfache Wegenutzungsrechte keine Anwendung. Der Interessent muss den Kontrahierungszwang vielmehr selbst und ohne besondere Verfahrensvorgaben gegenüber der Gemeinde durchsetzen, insbesondere auf dem Rechtsweg der **ordentlichen Gerichtsbarkeit**.

1. Grenzen des Kontrahierungszwangs

Aus dem Wort „diskriminierungsfrei" ergibt sich allerdings keine Beschränkung des Kontrahierungszwangs in dem Sinn, dass die Gemeinde nur nach gleichen Maßstäben über die (Nicht-)Einräumung von Wegerechten entscheiden müsste. Vielmehr kann die Gemeinde die Einräumung eines Wegerechts nur aus **sachlich gerechtfertigten Gründen verweigern** (BT-Drs. 13/7274, 21). So könnte das Wegerecht etwa deshalb verweigert werden, weil der **Straßenkörper** zusätzliche Leitungen nicht mehr aufnehmen kann (BT-Drs. 13/7274, 21). Außerdem könnte sich ein Verweigerungsrecht daraus ergeben, dass die Sicherheit und Leichtigkeit des **Verkehrs** gefährdet wird (Säcker EnergieR/Wegner § 46 Rn. 41). 38

Darüber hinaus kann die Gemeinde Wegenutzungsrechte beispielsweise deshalb verweigern, weil sie **hinreichend konkrete Pläne** zur Neugestaltung des öffentlichen Straßenraums verfolgt und befürchtet, dass die Errichtung der in Rede stehenden Leitungen mit der Umsetzung der Umgestaltungspläne kollidieren wird. Mit reinen „Verhinderungsplanungen" oder nicht hinreichend konkretisierten abstrakten Pläne kann sich die Gemeinde dem Kontrahierungszwang allerdings nicht entziehen. 39

Demgegenüber berechtigt das **Gewinninteresse der Gemeinde** bzw. eines gemeindeeigenen Versorgers nicht zur Verweigerung eines einfachen Wegerechts (BT-Drs. 13/7274, 21). Die Gemeinde würde ihre Pflicht aus § 46 Abs. 1 also verletzen, wenn sie ein Wegerecht verweigert mit dem Ziel, ihr eigenes Gemeinde- oder Stadtwerk vor Konkurrenz zu schützen. 40

Die Gemeinde ist schließlich auch nicht berechtigt, aus ihren **eigenen energiepolitischen Ansichten** heraus oder unter Berufung auf die Ziele aus § 1 Abs. 1 die Einräumung einfacher Wegenutzungsrechte zu verweigern (weitergehend demgegenüber Theobald/Kühling/Theobald § 46 Rn. 27 f.). Eine derart weitgehende Gestaltungsfreiheit ist in Absatz 1 gerade nicht vorgesehen. Sie lässt sich auch nicht mit der Selbstverwaltungsgarantie der Gemeinde (Art. 28 Abs. 2 GG) begründen, weil sich diese nicht auf allgemeine Energiepolitik bezieht, sondern nur auf die Angelegenheiten der örtlichen Gemeinschaft. 41

2. Verweigerungsrecht wegen Konzessionsabgaben (Abs. 1 S. 2)

Das einzige ausdrücklich geregelte Verweigerungsrecht im Hinblick auf den Abschluss eines einfachen Wegenutzungsvertrages enthält Absatz 1 Satz 2. Demnach kann die Gemeinde den Vertragsabschluss ablehnen, solange der Interessent am Wegenutzungsrecht nicht bereit ist, an die Gemeinde Konzessionsabgaben in der **maximal zulässigen Höhe** zu zahlen. Entsprechend dem Verweis auf **§ 48 Abs. 2** richtet sich nach der **KAV**, bis zu welcher Höhe die Gemeinde vom Inhaber des einfachen Wegenutzungsrechts Zahlungen verlangen kann. 42

Die Einräumung eines Wegenutzungsrechts kann demnach davon abhängig gemacht werden, dass der Berechtigte die in § 2 Abs. 2 KAV geregelten **Höchstsätze** an die Gemeinde zahlt (→ § 48 Rn. 13). Darüber hinaus kann die Gemeinde – bis zur Grenze des Nebenleistungsverbotes in § 3 Abs. 2 KAV – die in § 3 Abs. 1 KAV geregelten **Nebenleistungen** verlangen (→ § 48 Rn. 17). 43

3. Diskriminierungsfrei

Sofern die Gemeinde den Abschluss eines Wegenutzungsvertrages aus einem der vorstehend dargestellten sachlich gerechtfertigten Gründen verweigern darf, muss sie das Diskriminierungsverbot aus Absatz 1 Satz 1 beachten. Das bedeutet, dass sie gegenüber allen Interessenten nach **einheitlichen Sachgründen** die Wegenutzungsrechte verweigern muss. Der Gemeinde steht es daher beispielsweise nicht frei, gegenüber einem Interessenten den Abschluss des Wegenutzungsvertrages von der Zahlung von Konzessionsabgaben abhängig zu 44 machen, während sie gleichzeitig anderen Interessenten den Wegenutzungsvertrag kostenfrei einräumt.

45 Eine unzulässige Diskriminierung liegt allerdings nicht vor, wenn die **unterschiedliche Behandlung** von Interessenten durch **sachliche Gründe** in der Person des Interessenten oder aus dem konkret begehrten Wegenutzungsrecht gerechtfertigt ist. Insoweit gilt der zum **Allgemeinen Gleichbehandlungsgrundsatz** (Art. 3 GG) entwickelte Grundsatz, dass „wesentlich Gleiches gleich und wesentlich Ungleiches seiner Eigenheit entsprechend ungleich zu behandeln ist" (stRspr, BVerfG BeckRS 2006, 24376). Ungleichbehandlungen von Interessenten an Wegenutzungsrechten müssen durch objektive, sachlich und nachvollziehbare Gründe gerechtfertigt sein (sog. **Willkürverbot**).

E. Qualifizierte Wegenutzungsverträge (Abs. 2–6)

46 Hauptregelungsgegenstand von § 46 sind die sog. qualifizierten Wegenutzungsverträge. Gemäß Absatz 2 Satz 1 sind Wegenutzungsverträge dann qualifiziert in diesem Sinne, wenn sie zur Verlegung und zum Betrieb eines **Energieversorgungsnetzes der allgemeinen Versorgung** iSv § 3 Nr. 17 berechtigen. Ein solches liegt dann vor, wenn das Energieversorgungsnetz nach seiner Dimensionierung nicht von vornherein nur auf die Versorgung bestimmter Letztverbraucher ausgelegt ist, sondern allen Letztverbrauchern innerhalb des Gebietes offensteht (→ § 3 Nr. 17 Rn. 1). Tatbestandlich sind also alle Wegenutzungsverträge, die sich auf ein **bestimmtes Versorgungsgebiet** beziehen.

I. Laufzeitbegrenzung (Abs. 2 S. 1)

47 Gemäß Absatz 2 Satz 1 dürfen qualifizierte Wegenutzungsverträge für eine **Höchstlaufzeit von 20 Jahren** abgeschlossen werden. Diese Laufzeitbegrenzung soll sicherstellen, dass Wegenutzungsverträge regelmäßig (spätestens alle 20 Jahre) neu ausgeschrieben werden und es damit im Ausschreibungsverfahren zu einem **Wettbewerb um das Netz** kommt.

48 Im Übrigen sind die Gemeinden bei der Gestaltung der Laufzeit weitgehend frei. Sie können mit den Konzessionsnehmern **vorzeitige Kündigungsmöglichkeiten** vereinbaren oder die Verträge von vornherein auf weniger als 20 Jahre abschließen.

48.1 Bei der Neuvergabe qualifizierter Wegenutzungsrechte darf die Laufzeit allerdings **nicht zu kurz** bemessen sein, weil eine zu kurze Laufzeit die Chancengerechtigkeit zwischen Alt-Konzessionär und anderen Bewerbern gefährden könnte. Schließlich ist die Übernahme einer Konzession für den Neu-Konzessionär mit hohen Anfangskosten verbunden, die sich nur bei einer ausreichend langen Laufzeit der Konzession rentieren. Eine zu kurze Laufzeit könnte daher von der Bewerbung um die Konzession abhalten. Aus diesem Grunde dürften Laufzeiten von weniger als 10 Jahren problematisch sein.

II. Pflicht zu wettbewerblichem Verfahren vor Abschluss qualifizierter Wegenutzungsverträge

49 Bevor eine Gemeinde einen qualifizierten Wegenutzungsvertrag mit einem Netzbetreiber abschließen kann, muss sie ein wettbewerbliches Verfahren durchführen, an dem sich alle Interessenten am Abschluss des Wegenutzungsvertrags beteiligen können, und in dem die Gemeinde anhand **transparenter** und **diskriminierungsfreier Kriterien** unter Beachtung der Gleichbehandlung zwischen den geeigneten Bewerbern auswählen muss.

50 Dass die Gemeinden ein wettbewerbliches Verfahren durchführen müssen, regelt § 46 bemerkenswerterweise nicht ausdrücklich (wird darin allenfalls vorausgesetzt; ausdrücklich aber geregelt für **Wasserstoffnetzkonzessionen** gem. § 113a Abs. 3, → EnWG § 113a Rn. 25). Die **Pflicht zur Durchführung eines Wettbewerbs** ergibt sich vielmehr aus **§ 19 Abs. 2 Nr. 1 GWB** (BGH BeckRS 2014, 15806 – Stromnetz Homberg; BGH EnWZ 2014, 274 Rn. 122 – Stromnetz Berkenthin; OLG Stuttgart EnWZ 2016, 89 Rn. 58; OLG Celle BeckRS 2016, 12413). § 19 Abs. 1 GWB verbietet es Unternehmen, ihre marktbeherrschende Stellung missbräuchlich auszunutzen. Dies schließt es aus, dass Marktteilnehmer ohne sachlich gerechtfertigten Grund ungleich behandelt werden, indem ihnen der Marktzugang verwehrt wird (§ 19 Abs. 2 Nr. 1 GWB).

51 Nach gefestigter Rechtsprechung können auch Kommunen Normadressat des **Behinderungs- und Diskriminierungsverbotes aus § 19 GWB** sein, soweit sie Privatunternehmen privatrechtliche Rechtspositionen einräumen, die dem Unternehmen eine **marktbeherrschende Stellung iSv § 18 GWB** vermitteln. Insoweit handeln die Kommunen als Unternehmen im Sinne des Kartellrechts und haben dabei selbst eine (gewissermaßen abgeleitete) marktbeherrschende Stellung.

Dies ist insbesondere in den sog. **Schilderprägerfällen** anerkannt, in denen die öffentliche Hand Gewerbeflächen in der Kfz-Zulassungsstelle vermietet, die dem Mieter (Schilderpräger) eine marktbeherrschende Stellung iSv § 18 GWB vermittelt (vgl. etwa BGH NJW 1998, 3778; NJW-RR 2008, 634). Auch der Abschluss qualifizierter Wegenutzungsverträge verschafft im Konzessionsgebiet eine **marktbeherrschende Stellung iSv § 19 GWB**. Mit dem Kartellrecht ist dies nur vereinbar, wenn zuvor ein Ausschreibungsverfahren durchgeführt worden ist, das den Erfordernissen der Transparenz und Gleichbehandlung entsprochen hat. Eine **freihändige Vergabe** durch die Kommune wäre **kartellrechtswidrig**. 51.1

Die Durchführung eines wettbewerblichen Verfahrens ist zum einen dann verpflichtend, wenn ein bestehender qualifizierter Wegenutzungsvertrag **ausläuft und neu abgeschlossen** werden soll. Zum anderen ist auch die **Verlängerung** bestehender qualifizierter Wegenutzungsverträge vor deren Ablauf nicht ohne Durchführung eines wettbewerblichen Verfahrens möglich. Dies lässt sich **Absatz 3 Satz 3** entnehmen, wonach bestehende Wegenutzungsverträge vor Ende der Vertragslaufzeit nur dann verlängert werden können, wenn sie vorzeitig beendet werden und daraufhin ein wettbewerbliches Verfahren durchgeführt wird. 52

Das **Vergaberecht** (§§ 97 ff. GWB) findet auf die Wegenutzungsrechte keine Anwendung, weil diese **keinen öffentlichen Auftrag** beinhalten. Die aus dem Vergaberecht bekannten Grundsätze der Transparenz und der Bietergleichbehandlung können aber zur Auslegung bei Zweifelsfragen iRd § 46 Abs. 2–5 herangezogen werden. Das Konzessionsverfahren ist ein **„vergabeähnliches Verfahren"**. 52.1

III. Eignungsprüfung

Im Konzessionsverfahren kann die Gemeinde nur zwischen geeigneten Bietern auswählen, muss daher vor der Durchführung der Auswahlentscheidung die Eignung jedes einzelnen Bieters prüfen. Diese **Eignungsprüfung** ist in Absatz 4 nicht geregelt, stellt aber eine denklogische Voraussetzung für die Durchführung der Auswahlentscheidung dar. 53

Die Eignungsprüfung ist anhand des Maßstabs von § 4 Abs. 2 S. 1 durchzuführen. Demnach ist ein Bieter dann für den Abschluss des Konzessionsvertrages geeignet, wenn der die **personelle, technische und wirtschaftliche Leistungsfähigkeit** und **Zuverlässigkeit** besitzt, um den Netzbetrieb entsprechend den Vorschriften des EnWG auf Dauer zu gewährleisten. 54

Dieser Nachweis kann beispielsweise dadurch erbracht werden, dass der Bieter eine gültige, auf ihn lautende **Netzbetriebsgenehmigung iSv § 4 Abs. 1** vorlegt, die sich auf ein Netz bezieht, das mit dem ausgeschriebenen Netz vergleichbar ist. Darüber hinaus kann der Bieter darlegen, welche anderen Netze er mit welchem Erfolg betreibt (**Referenzen**). Betreibt der Bieter noch kein Netz und kann daher weder Netzbetriebsgenehmigung noch Referenzen vorlegen, spricht dies allerdings nicht gegen seine Eignung. Eine Neugründung bzw. der Ersteinstieg in das Geschäftsfeld Netzbetrieb darf per se kein Wettbewerbsnachteil sein (BT-Drs. 18/8184, 13). Newcomern muss daher gestattet werden, **andere Nachweise ihrer Leistungsfähigkeit** vorzulegen (etwa eine Unternehmensbeschreibung, eine Darstellung des für den zukünftigen Netzbetrieb eingesetzten Personals und dessen Erfahrungen, etc). 55

IV. Auswahl zwischen Bewerbern (Abs. 4 S. 1–3)

In Absatz 4 Sätze 1–3 ist geregelt, dass und wie die Gemeinde zwischen mehreren Bewerbern auswählen muss. **Ziel der Auswahlentscheidung** ist es, innerhalb des Bieter-Kreises den **geeignetsten Kandidaten** zu ermitteln. Hierzu ist derjenige Bieter zu bestimmen, der aufgrund einer **prognostischen Beurteilung** voraussichtlich die beste Eignung dafür hat, das Netz im Konzessionsgebiet im Einklang mit den in § 1 Abs. 1 und in Absatz 4 Sätzen 1–3 genannten Zielen zu betreiben. 56

Die Auswahlentscheidung bzw. die hierbei angewandten Kriterien sind das „Herzstück" des Konzessionsverfahrens und müssen **strengen Anforderungen** genügen. Diese sind **in Absatz 4 Sätze 1–3 nur teilweise geregelt**. Aus dem Verweis auf § 1 Abs. 1 sowie aus 57

Absatz 4 Satz 2 selbst ergeben sich insgesamt **sechs Auswahlkriterien** („Versorgungssicherheit", „Preisgünstigkeit", „Verbraucherfreundlichkeit", „Effizienz", „Umweltverträglichkeit", „Angelegenheiten der örtlichen Gemeinschaft"). Abgesehen vom Kriterium „Angelegenheiten der örtlichen Gemeinschaft" (vgl. Absatz 4 Satz 2: „können") müssen die Gemeinden bei der Auswahlentscheidung stets **mindestens alle fünf anderen Kriterien** berücksichtigen (OLG Düsseldorf BeckRS 2016, 6396; BGH BeckRS 2014, 5313 Rn. 15, 49– Stromnetz Heiligenhafen; BGHZ 199, 289 Rn. 16 = EnWZ 2014, 274 – Stromnetz Berkenthin). Wurde eines dieser fünf zwingenden Kriterien nicht berücksichtigt, verstößt die Auswahlentscheidung gegen § 46.

58   Hinsichtlich der **Gewichtung** der Kriterien und deren konkreter **Ausgestaltung** ist die Gemeinde allerdings weitgehend frei. Sie hat dabei aber die Pflicht zur Transparenz und das Diskriminierungsverbot zu beachten. Aus diesen Vorgaben ergeben sich **inhaltliche** (→ Rn. 59) und **formelle** (→ Rn. 63) **Grenzen** der gemeindlichen Gestaltungsfreiheit.

1. Allgemeine inhaltliche Anforderungen an die Auswahlkriterien

59   In erster Linie muss die Gemeinde sicherstellen, dass die Auswahlkriterien **diskriminierungsfrei** gestaltet sind. Jedes Kriterium muss daher so formuliert sein, dass alle Bieter dieselbe Chance haben, das Kriterium voll zu erfüllen. Unzulässig diskriminierend ist ein Kriterium demgegenüber, wenn es so gestaltet ist, dass bestimmte Bieter aufgrund von **sachfremden**, dh für die Eignung irrelevanten **Umständen** das Kriterium von vornherein gar nicht oder nicht bestmöglich erfüllen können.

60   Darüber hinaus müssen die Kriterien **sachbezogen** sein, dh sie müssen einen inhaltlichen Bezug zum Netzbetrieb im ausgeschriebenen Konzessionsgebiet haben. Das ist dann erfüllt, wenn die Kriterien aus den **in § 1 Abs. 1 verankerten Zielen** gebildet werden. Sachfremd wäre es demgegenüber, wenn Aspekte bewertet würden, aus denen Vorliegen kein Rückschluss darauf gezogen werden kann, dass der Bewerber das Netz im Einklang mit den Zielvorgaben von § 1 Abs. 1 betreiben wird. Hierzu lässt sich Absatz 4 Satz 2 entnehmen, dass es auf die „**netzwirtschaftlichen Anforderungen**" ankommt. Die auf Erzeugung und Vertrieb bezogenen Zielvorgaben aus § 1 Abs. 1 haben keine Bedeutung bei der Ausgestaltung der Kriterien; nur **Aspekte des Netzbetriebs** sind zu berücksichtigen (BT-Drs. 18/8184, 13).

61   Schließlich muss die **Gewichtung** der einzelnen Kriterien in der Relation zueinander **sachgerecht** sein und den Vorgaben aus Absatz 4 Sätzen 1–3 entsprechen. Das bedeutet, dass jedes Kriterium entsprechend seiner **Bedeutung für den Netzbetrieb** gewichtet werden muss. Die Wertungen des EnWG dürfen nicht dadurch verletzt werden, dass einzelne Kriterien **willkürlich unter- bzw. übergewichtet** werden. Hierzu lässt sich dem Absatz 4 Satz 2 entnehmen, dass insbesondere die „**Versorgungssicherheit**" und die „**Kosteneffizienz**" ausreichend gewichtet werden müssen.

61.1 Dies schließt es beispielsweise aus, den Aspekt der Versorgungssicherheit trotz seiner überragenden Bedeutung für den Netzbetrieb nur mit rund 6 Prozent in die Wertung einfließen zu lassen (BGHZ 199, 289 Rn. 83 f. = EnWZ 2014, 274 – Stromnetz Berkenthin) (→ Rn. 66 f.).

62   Aus dem EnWG ergeben sich aber **keine starren Vorgaben,** wie einzelne Kriterien gewichtet werden müssen. Insoweit hat die Gemeinde vielmehr gem. **Absatz 4 Satz 3** Ermessensspielraum und kann – entsprechend der örtlichen Netzbetriebsverhältnisse – manche Aspekte stärker gewichten als andere (BT-Drs. 18/8184, 15).

62.1 Sofern die Gemeinde die „**Angelegenheiten der örtlichen Gemeinschaft**" als Kriterium heranzieht, kann dieses in der Regel **nicht mit mehr als 25–30 Prozent** gewichtet werden (→ Rn. 80). Die restlichen 70–75 Prozent der Wertung müssten auf die aus § 1 Abs. 1 abgeleiteten Kriterien verteilt werden, wobei diese Auswahlkriterien sachgerecht zueinander gewichtet werden müssen anhand deren jeweiliger Bedeutung.

2. Allgemeine formelle Anforderungen an Auswahlkriterien

63   In formeller Hinsicht hat die Gemeinde insbesondere zu beachten, dass die Auswahlkriterien und deren Gewichtung gem. **Absatz 4 Satz 4** frühzeitig, also vor Durchführung der

Auswahlentscheidung den interessierten Bietern textförmig mitgeteilt werden müssen. Daher können die Kriterien im Laufe des Verfahrens grundsätzlich **nicht mehr verändert** werden.

Ausgestaltung und Formulierung der Kriterien müssen dem **Transparenzgebot** genügen. Jedes Kriterium muss daher so beschrieben sein, dass der Bieter im Vorfeld erkennen kann, worauf es der Gemeinde ankommt, und was er erfüllen muss, um im jeweiligen Kriterium die maximale Bewertung zu erzielen (BGH BeckRS 2014, 5313 – Stromnetz Heiligenhafen). Die Gemeinde muss also ihre Erwartungen an die Bieter unter einem Kriterium verständlich mitteilen. Das Transparenzgebot verlangt zudem, dass die **Gewichtung** der Kriterien **offengelegt wird**, damit Bewerber erkennen können, wie die einzelnen Kriterien die Gesamtentscheidung beeinflussen (BGH BeckRS 2014, 5313 Rn. 48– Stromnetz Heiligenhafen). 64

Sofern die Gemeinde **Unterkriterien** zu den Auswahlkriterien gebildet hat, müssen diese ebenfalls gewichtet und muss deren Gewichtung transparent gemacht werden (OLG Düsseldorf BeckRS 2014, 11402 Rn. 128). 64.1

Das Transparenzgebot schließt es aber nicht aus, dass Kriterien im Hinblick auf das von der Gemeinde angestrebte Ziel **offen/funktional beschrieben** werden (OLG Düsseldorf BeckRS 2014, 11402 Rn. 131). Dies gibt den Bietern Gestaltungsfreiheit bei der Erstellung ihrer Angebote und ermöglicht so einen **Ideenwettbewerb** zwischen den Bietern. Für die Gemeinde hat die funktionale Beschreibung eines Kriteriums den Vorteil, dass sie das auf der Bewerber-Seite vorhandene Know-how nutzen kann und sich nicht im Voraus auf eine bestimmte Leistungsbeschreibung festlegen muss. Soweit Kriterien offen/funktional beschrieben werden, muss die **Zielstellung** aber möglichst **genau beschrieben** und offengelegt werden, nach welchen Maßstäben die vom Bieter vorgelegten Konzepte bewertet werden (OLG Düsseldorf BeckRS 2014, 11402 Rn. 132). Auch in diesem Fall muss der Bieter verstehen, worauf es der Konzessionsgeberin ankommt. 65

3. Kriterium Nr. 1: „Versorgungssicherheit"

Dass die Versorgungssicherheit ein zulässiges Auswahlkriterium ist, folgt aus § 1 Abs. 1 (iVm § 46 Abs. 4 S. 1), der eine „möglichst sichere" Versorgung als eines der Zwecke des EnWG festlegt. Zusätzlich stellt § 46 Abs. 4 S. 2 klar, dass bei der Bieterauswahl insbesondere die Versorgungssicherheit „gewahrt" werden muss und stellt damit die **besondere Bedeutung** dieses Aspekts heraus (BT-Drs. 18/8184, 13). Wegen der überragenden Bedeutung für den Netzbetrieb darf das Kriterium der Versorgungssicherheit nicht zu gering bewertet werden (BGHZ 199, 289 Rn. 83 f. = EnWZ 2014, 274 – Stromnetz Berkenthin). Sachgerecht dürfte eine **Gewichtung von mindestens 25 Prozent** sein (vgl. BGHZ 199, 289 Rn. 84 = EnWZ 2014, 274 – Stromnetz Berkenthin). 66

Unter diesem Kriterium prüft die Gemeinde die personelle und technische Leistungsfähigkeit des Bewerbers zur Gewährleistung eines **zuverlässigen und sicheren Netzbetriebs**. Hierzu können etwa Anzahl und Qualifikation des für den Netzbetrieb vorgesehenen **Personals**, die **technische Ausstattung** des Bewerbers für den Netzbetrieb, das Störungsbeseitigungskonzept oder das unternehmenseigene **Qualitätsmanagement** abgefragt werden. 67

4. Kriterium Nr. 2: „Preisgünstigkeit"

Aus dem Verweis von Absatz 4 Satz 1 auf § 1 Abs. 1 ergibt sich die „Preisgünstigkeit" als weiteres zulässiges Auswahlkriterium. Dieser Aspekt dürfte auch mit der in Absatz 4 Satz 2 angesprochenen „Kosteneffizienz" gemeint sein. 68

Unter diesem Gesichtspunkt sind insbesondere die (voraussichtliche) **Höhe der nicht rabattierten Netznutzungsentgelte** abzufragen (BT-Drs. 18/8184, 14; so auch zuvor OLG Düsseldorf BeckRS 2016, 6396 Rn. 19, wonach die Höhe der Netznutzungsentgelte zwingend von den Bietern abzufragen ist). Darüber hinaus können auch die Höhe der **Netzanschlusskosten** und der **Baukostenzuschüsse** verglichen werden. 69

Bei den Netznutzungsentgelten ist allerdings zu berücksichtigen, dass sich deren Höhe ohnehin aus der jeweils genehmigten Erlösobergrenze ableitet. Deren Höhe wiederum kann der Netzbetreiber kaum beeinflussen, weil nur die sog. **effizienten Kosten** in die Erlösobergrenze eingehen (Baukostenzuschüsse und Netzanschlusskosten reduzieren sie). Aus diesem 70

Grunde sollte der Gesichtspunkt der Preisgünstigkeit nicht überbewertet werden. So dürfte etwa eine **Gewichtung mit 10 Prozent** in der Regel angemessen sein.

5. Kriterium Nr. 3: „Verbraucherfreundlichkeit"

71 Dass die Verbraucherfreundlichkeit als Auswahlkriterium herangezogen werden kann, ergibt sich aus dem in Absatz 4 Satz 1 in Bezug genommenen § 1 Abs. 1, in dem eine „verbraucherfreundliche" Energieversorgung als Ziel genannt ist.

72 Unter dem Gesichtspunkt der Verbraucherfreundlichkeit kann insbesondere bewertet werden, wie und wie schnell der Netzbetreiber für die Bürger vor Ort erreichbar ist (etwa für Anfragen zu Netzanschlüssen, Netzstörungen oder Zählerabmessungen) (**Erreichbarkeit vor Ort**). Unzulässig ist hierbei aber, allein an den örtlichen Betriebssitz des Bewerbers anzuknüpfen. Denn dies würde **ortsfremde Konzessionsbewerber** von vornherein ohne Sachgrund benachteiligen (BGH BeckRS 2014, 15806 Rn. 55 – Stromnetz Homberg). Das Kriterium der Erreichbarkeit für Bürger vor Ort muss daher so gestaltet werden, dass etwa auch der Einsatz von Außendienstmitarbeitern oder die Nutzung von Fernkommunikationsmitteln grundsätzlich tauglich sind zur Erfüllung des Kriteriums.

73 Unter dem Gesichtspunkt der Verbraucherfreundlichkeit kann auch bewertet werden, inwieweit sich der Bewerber zum Einbau **moderner Messsysteme** (§ 2 Nr. 7 MsbG) verpflichtet, oder ein funktionierendes Online-Angebot zur Selbstablesung durch die Anschlussnehmer anbietet (BT-Drs. 18/8184, 14). Darüber hinaus kann die Bereitschaft des Bieters, **sonstige netzbezogene Angebote** für Verbraucher bereitzuhalten, bewertet werden.

6. Kriterium Nr. 4: „Effizienz"

74 § 1 Abs. 1 nennt als weiteren auswahlrelevanten Aspekt die „Effizienz". Hiermit ist das Anliegen eines möglichst **effizienten Energie- und Ressourceneinsatzes** im Netzbetrieb gemeint. Unter diesem Aspekt können beispielsweise technische Maßnahmen zur Minimierung von Verlustenergie bzw. Gasschwund im Netzbetrieb positiv bewertet werden.

75 Der **Effizienzwert im Sinne der Anreizregulierung** (§§ 12–14 ARegV) ist demgegenüber in aller Regel kein tauglicher Gesichtspunkt für die Auswahlentscheidung. Denn Newcomer, die bislang noch kein Netz betreiben, können keinen behördlich festgestellten Effizienzwert vorweisen. Außerdem entscheiden sich die meisten Netzbetreiber für das sog. Vereinfachte Verfahren iSv § 24 ARegV, bei dem kein individueller Effizienzwert festgestellt wird. Abweichend hiervon hat das OLG Düsseldorf entschieden, dass der Effizienzwert ein taugliches Kriterium sei (OLG Düsseldorf BeckRS 2016, 6396 Rn. 25): Kleinen Netzbetreibern stehe es frei, nicht am Vereinfachten Verfahren nach § 24 ARegV teilzunehmen und dadurch einen höheren Effizienzwert zu erreichen.

76 Eine **absolute Gewichtung** des Kriteriums der Effizienz mit nur 1,7 Prozent ist zu niedrig (OLG Düsseldorf BeckRS 2016, 6396 Rn. 24).

7. Kriterium Nr. 5: „Umweltverträglichkeit"

77 § 1 Abs. 1 nennt die „Umweltverträglichkeit" des Netzbetriebs als weiteres Anliegen, das im Rahmen der Auswahlentscheidung zu berücksichtigen ist. Hierunter können Maßnahmen abgefragt werden, durch die der Netzbetreiber **negative Auswirkungen auf Natur und Umwelt** durch den Netzbetrieb minimieren oder kompensieren will. So kann sich der Netzbetreiber beispielsweise dazu verpflichten, den Energiebedarf der Netzkomponenten und der für den Netzbetrieb eingesetzten Geräte aus erneuerbaren Quellen zu beziehen. Ferner kann abgefragt werden, wie der Netzbetreiber bei baulichen Maßnahmen zur Netzerweiterung oder -instandhaltung sicherstellen will, dass **Grünflächen und Baumbestand** möglichst gering beeinträchtigt werden. Ein Mittel hierfür kann etwa die Bereitschaft zur Erdverkabelung sein.

78 In diesem Zusammenhang kann auch das ebenfalls in § 1 Abs. 1 genannte Anliegen einer „**zunehmend auf erneuerbaren Energien beruhenden**" Energieversorgung berücksichtigt werden. Dies bezieht sich angesichts der Netzneutralität gegenüber den Erzeugungsarten allerdings nicht auf die Herkunft der im Netz transportierten Energie. Vielmehr kann der Netzbetreiber beispielsweise – jedenfalls im Strombereich – Maßnahmen anbieten, durch

die volatile Stromerzeugungsanlagen auf Grundlage von Erneuerbaren Energien besser in das Netz integriert werden können (BT-Drs. 18/8184, 14).

8. Kriterium Nr. 6: „Angelegenheiten der örtlichen Gemeinschaft"

Absatz 4 Satz 2 gestattet es ausdrücklich, bei der Auswahl **auch** Angelegenheiten der örtlichen Gemeinschaft zu berücksichtigen. Dieses Kriterium wurde 2017 neu eingeführt und soll die kommunale Selbstverwaltung der Gemeinden (Art. 28 Abs. 2 GG) stärken. Beim Wettbewerb um das Netz sollen die kommunalen Belange nicht ins Hintertreffen geraten (BT-Drs. 18/8184, 15). 79

Allerdings stellt **Absatz 4 Satz 2** klar, dass weiterhin die „netzwirtschaftlichen Anforderungen" zu wahren sind. Die Gemeinde muss also die Belange der örtlichen Gemeinschaft (sofern sie diese als Auswahlaspekt heranzieht) in einen sachlich **angemessenen Ausgleich** bringen zu den aus § 1 Abs. 1 abgeleiteten originär netzbezogenen Aspekten durch sachgerechte Gewichtung der Kriterien. Eine **Gewichtung** des Kriteriums „Angelegenheiten der örtlichen Gemeinschaft" **mit bis zu 25 Prozent** dürfte in der Regel rechtmäßig sein. 80

Nach Auffassung des BKartA und der BNetzA sollten die **aus § 1 Abs. 1 abgeleiteten fünf Kriterien** zusammen ein Gewicht von **mindestens 70 Prozent** haben (BKartA/BNetzA, Gemeinsamer Leitfaden zur Vergabe von Strom- und Gaskonzessionen, 2. Aufl. 2015, Rn. 32). Damit verbleiben bis zu 30 Prozent, mit denen die gemeindlichen Interessen gewichtet werden können. 80.1

Ein typisches Anliegen der Gemeinde ist die Vereinbarung mit dem Netzbetreiber zur sog. **Folgepflicht** und den damit verbundenen **Folgekosten.** Gemeinden kann daran gelegen sein, dass sich Bieter möglichst umfassend bereit erklären, ihre auf öffentlichen Verkehrswegen vorhandenen Netzanlagen umzuverlegen, sofern die Gemeinde dies zur Umsetzung ihrer kommunalen Gestaltungsfreiheit wünscht. Bei der Ausgestaltung der Folgekosten-Regelung sind allerdings die **Grenzen aus dem Nebenleistungsverbot** gem. § 3 Abs. 2 KAV zu beachten (→ § 48 Rn. 17). 81

Unter dem Gesichtspunkt „Angelegenheiten der örtlichen Gemeinschaft" kann außerdem der Modus der Zusammenarbeit zwischen Bieter und Gemeinde bei **baulichen Maßnahmen** für den Ausbau und die Instandhaltung des Netzes bewertet werden. Aus Sicht der Gemeinde kann es beispielsweise wünschenswert sein, möglichst früh über Baumaßnahmen informiert und in die Planung der Maßnahmen eingebunden zu werden. Darüber hinaus kann die Gemeinde darauf Wert legen, sich ggf. selbst an Baumaßnahmen zu beteiligen, sofern sie beispielsweise im konkret betroffenen Straßenabschnitt selbst ebenfalls Leitungen verlegen will. 82

Des Weiteren können Maßnahmen zur Minimierung von **Beeinträchtigungen des Straßenverkehrs** bei Baumaßnahmen als „Angelegenheiten der örtlichen Gemeinschaft" bewertet werden oder die Art und Weise, wie der Bewerber nach Abschluss von Baumaßnahmen die **Oberflächen** wieder herstellt. Ferner kann die Gemeinde bewerten, zu welchen Bedingungen der Bieter bereit ist, **stillgelegte Netzanlagen** zurückzubauen. 83

In engen Grenzen können schließlich auch **fiskalische Interessen der Gemeinde** berücksichtigt werden. Der insoweit zulässige Rahmen ergibt sich aus der KAV, in der geregelt ist, wie hoch die an die Gemeinde zu zahlende **Konzessionsabgabe** maximal sein darf. Hier kann sich der Konzessionsnehmer dazu verpflichten, die maximale Höhe voll auszuschöpfen. Auch bei der Fälligkeit der Konzessionsabgabe und den Möglichkeiten der Gemeinde zur Überprüfung der Berechnungsgrundlagen kann die Gemeinde ihre eigenen Vorstellungen abfragen. Außerdem kann der Konzessionsnehmer einen sog. **Kommunalrabatt** gem. § 3 Abs. 1 Nr. 1 KAV für den Eigenverbrauch der Gemeinde anbieten. 84

Im Übrigen ist das sog. **Nebenleistungsverbot** gem. § 3 Abs. 2 KAV zu beachten. Dieses verbietet es, dass sich die Gemeinde vom Konzessionsnehmer die dort genannten Leistungen versprechen lässt. Regelt der Konzessionsvertrag Leistungen des Konzessionsnehmers an die Gemeinde, die durch § 3 Abs. 2 KAV ausgeschlossen sind, ist der Konzessionsvertrag insoweit nichtig gem. § 134 BGB (BGH BeckRS 2014, 23133 Rn. 44 – Stromnetz Olching). Im vorgelagerten Konzessionsverfahren sind alle Kriterien, mit denen die Gemeinde über den nach § 3 KAV zulässigen Rahmen hinaus Finanz- oder Sachleistungen abfragt, unzulässig (BGH BeckRS 2014, 15806 Rn. 55 – Stromnetz Homberg). 85

85.1 Unzulässig ist auch das Kriterium „**Schaffung neuer Arbeitsplätze vor Ort**" (BGH BeckRS 2014, 23133 Rn. 58 – Stromnetz Olching). Hierbei handelt es sich weder um eine nach der KAV zulässige Nebenleistung, noch steht dieser Gesichtspunkt im Zusammenhang mit dem Netzbetrieb.

85.2 Unzulässig ist ferner das Kriterium „**Kommunaler Einfluss**" oder „**Einflussmöglichkeiten der Kommune**" (BGHZ 199, 289 Rn. 53 = EnWZ 2014, 274 – Stromnetz Berkenthin). Denn dieses Kriterium führt dazu, dass kommunale Bewerber mit gesellschaftsrechtlich vermitteltem Einfluss systematisch besser abschneiden als nicht-kommunale Bewerber – obwohl dieser Gesichtspunkt keinen sachlichen Bezug zum Netzbetrieb hat.

9. Rechtsfolge fehlerhafter Kriterien und Rechtsschutz

86 Die Verwendung unzulässiger Auswahlkriterien oder eine unsachgerechte Gewichtung der Auswahlkriterien führt gem. § 134 BGB iVm § 46 Abs. 4 EnWG grundsätzlich zur **Nichtigkeit des Konzessionsvertrages**, der auf Grundlage der fehlerhaften Entscheidung abgeschlossen worden ist (BGH BeckRS 2014, 15806 Rn. 49 ff. – Stromnetz Homberg).

87 Abweichend hiervon führen Fehler im Auswahlverfahren allerdings **nicht zur Nichtigkeit** des Konzessionsvertrages, wenn zweifelsfrei feststeht, dass sich die Fehlerhaftigkeit des Auswahlverfahrens nicht auf dessen Ergebnis ausgewirkt haben kann, weil derselbe Bewerber den Wegenutzungsvertrag auch ohne den Verfahrensfehler erhalten hätte (BGHZ 199, 289 Rn. 99 = EnWZ 2014, 274 – Stromnetz Berkenthin). Das kommt etwa dann in Betracht, wenn einzelne Kriterien geringfügig fehlgewichtet worden sind und die Bewerber bei richtiger Gewichtung gleich gereiht worden wären.

88 Darüber hinaus ist zu berücksichtigen, dass der Einwand fehlerhafter oder falsch gewichteter Kriterien **gem. § 47 Abs. 1 S. 1 präkludiert** ist, wenn der Bieter bereits aus der Mitteilung gem. Absatz 4 Satz 4 die Fehlerhaftigkeit erkennen konnte und er den Fehler nicht gem. § 47 Abs. 2 S. 2 gerügt hat.

V. Verfahren für die Vergabe qualifizierter Wegenutzungsverträge (Abs. 3, Abs. 4 S. 4, Abs. 5)

89 Absatz 3, Absatz 4 Satz 4 und Absatz 5 regeln die **Mindestelemente** und **Mindestfristen** des Konzessionsverfahrens. Solange diese Vorgaben eingehalten sind, kann die Gemeinde das Verfahren **im Übrigen frei gestalten**.

1. Bekanntmachung (Abs. 3)

90 Die in Absatz 3 geregelte Bekanntmachung ist der **formelle Beginn des Konzessionsverfahrens**. Die Bekanntmachung dient vor allem dazu, das Bewerberfeld abzustecken. Das Konzessionsverfahren wird nur mit denjenigen Interessenten fortgesetzt, die innerhalb der Interessensbekundungsfrist von Absatz 4 Satz 4 ihr Interesse an der Konzession bekundet haben. Der Lauf der Interessensbekundungsfrist wird durch die Bekanntmachung ausgelöst. Gleichzeitig dient die Bekanntmachung dazu, **Transparenz** bei der Neuvergabe von Konzessionen zu schaffen und möglichst viele potentielle Interessenten aufmerksam zu machen.

91 a) **Frist für die Bekanntmachung.** Gemäß Absatz 3 Satz 1 muss die Bekanntmachung spätestens **zwei Jahre vor Ablauf** des Alt-Konzessionsvertrages veröffentlicht werden. Der Gemeinde steht es frei, die Bekanntmachung mit einem **größeren zeitlichen Vorlauf** zu veröffentlichen. Die Bekanntmachung darf allerdings nicht soweit im Vorfeld erfolgen, dass mögliche Interessenten sich allein deshalb nicht bewerben, weil die neue Konzession erst zu einem Zeitpunkt beginnen würde, der zeitlich außerhalb der durchschnittlichen strategischen Unternehmensplanung liegt.

92 Bezugspunkt für die Zwei-Jahres-Frist ist allein das **tatsächliche Ende** des bestehenden Konzessionsvertrages, auch wenn dieser auf weniger als 20 Jahre abgeschlossen ist. Wird der bestehende Konzessionsvertrag aufgrund eines vertraglichen Kündigungsrechts **vorzeitig gekündigt**, richtet sich der Bekanntmachungszeitpunkt nach dem vorzeitigen Vertragsende.

92.1 Ist der bestehende Konzessionsvertrag von Anfang an auf eine Grundlaufzeit mit **Verlängerungsoption** abgeschlossen worden (max. 20 Jahre) und wird von der Option Gebrauch gemacht, löst erst das finale Ende des Vertrages (und nicht schon das Auslaufen der Grundlaufzeit) die Bekanntmachungsfrist aus.

Dasselbe gilt, wenn der bestehende Vertrag von Anfang an eine **Kündigungsoption** enthält, nach 92.2
der er sich automatisch verlängert (max. 20 Jahre), sofern er nicht gekündigt wird (Säcker EnergieR/
Wegner § 46 Rn. 92).

Enthielt der Konzessionsvertrag demgegenüber **zunächst keine Verlängerungsoption** und wird 92.3
diese erst im Nachhinein aufgenommen, gilt **Absatz 3 Satz 3** (→ Rn. 96). Das folgt auch aus einem
Umkehrschluss zu § 113. Die Gemeinde kann daher nicht mit dem Konzessionär im Nachhinein eine
Verlängerungsoption vereinbaren, sondern muss die Konzession erneut ausschreiben.

b) Inhalt der Bekanntmachung. Absatz 3 Satz 1 verlangt in erster Linie nur, dass die 93
Gemeinde in der Bekanntmachung über das **Ende des Alt-Konzessionsvertrages** informiert. Im Hinblick auf die in Absatz 4 Satz 4 geregelte Interessensbekundungsfrist muss die
Bekanntmachung zusätzlich aber auch darüber informieren, dass die Gemeinde beabsichtigt,
das Wegenutzungsrecht neu zu vergeben, und einen Hinweis auf **Form und Frist für
mögliche Interessensbekundungen** durch Interessenten enthalten. Konkret sollte die
Bekanntmachung klarstellen, innerhalb welcher Frist (mind. drei Monate nach Veröffentlichung) und in welcher Form (in der Regel schriftlich oder textförmig; Kontaktstelle; etc)
mögliche Bieter ihr Interesse bekunden sollen.

Die Bekanntmachung muss ferner einen „ausdrücklichen Hinweis" auf die **netzbezoge-** 94
nen Informationen iSv § 46a enthalten. Dies erfordert nicht, dass die Daten selbst gegenüber der Allgemeinheit veröffentlicht werden. Vielmehr muss die Gemeinde in der Bekanntmachung nur darüber informieren, dass, wie („**in geeigneter Form**") und wo („**Ort
der Veröffentlichung**") Interessenten die netzbezogenen Informationen erhalten können.
Üblicherweise stellt die Gemeinde den Interessenten die netzbezogenen Informationen nur
nach Abschluss einer **Geheimhaltungsvereinbarung** zur Verfügung, die nach Eingang
der Interessensbekundungen mit den Interessenten abgeschlossen wird. Die netzbezogenen
Informationen werden beispielsweise durch Einsichtnahme im Rathaus oder elektronische
Übersendung zur Verfügung gestellt.

c) Form der Bekanntmachung. In jedem Fall muss die Bekanntmachung gem. Absatz 3 95
Satz 1 im Bundesanzeiger veröffentlicht werden. Bei größeren Netzen mit mehr als 100.000
Anschlussnehmern muss die Bekanntmachung gem. Absatz 3 Satz 2 zusätzlich im Amtsblatt
der Europäischen Union veröffentlicht werden.

d) Vorzeitige Verlängerung bestehender Konzessionsvertrag. Absatz 3 Satz 3 stellt klar, dass auch 96
eine Verlängerung von bestehenden Konzessionsverträgen nicht ohne vorherige Durchführung eines neuen Konzessionsverfahrens möglich ist. Die Regelung soll sicherstellen, dass
Gemeinden die 20-jährige Maximallaufzeit nicht durch „heimliche" Verlängerungen umgehen.

Absatz 3 Satz 3 greift aber auch dann, wenn Konzessionsverträge von Anfang an nur auf weniger als 96.1
20 Jahre abgeschlossen worden sind. Solche Verträge **können nicht nachträglich verlängert werden**,
ohne dass zuvor ein Konzessionsverfahren durchgeführt wird. Denn ein Vertrag mit längerer Laufzeit
war gerade nicht Gegenstand des ursprünglichen Konzessionsverfahrens. Eine nachträgliche Verlängerung des Vertrages würde damit diejenigen Bieter benachteiligen, die sich von Anfang an auf einen
längeren Vertrag beworben hätten. In solchen Fällen verhindert Absatz 3 Satz 3 außerdem, dass durch
Verlängerung bestehender Konzessionsverträge die Anwendung der neuen strengeren Vorgaben von
§ 46 umgangen wird. Das bestätigt auch § 113, wonach nur „laufende" Konzessionsverträge in ihrer
Wirksamkeit gegenüber zwischenzeitlichen Rechtsänderungen geschützt sind.

Bei **Verlängerungsoptionen**, die von Anfang an vereinbart waren, gilt Absatz 3 Satz 3 demgegen- 96.2
über nicht (→ Rn. 92.1).

Will die Gemeinde einen bestehenden Konzessionsvertrag verlängern, hat sie ihn gem. 97
Absatz 3 Satz 3 zunächst zu beenden, um den Weg frei zu machen für die Durchführung
eines wettbewerblichen Verfahrens. Aus der Norm ergibt sich allerdings **kein gesetzliches
Vertragsbeendigungsrecht.** Die Vorgaben von Absatz 3 Satz 3 können demnach nur bei
einvernehmlicher **Vertragsaufhebung** eingehalten werden (Säcker EnergieR/Wegner § 46
Rn. 95).

e) Rechtsfolgen von Bekanntmachungsfehlern. Ist die Bekanntmachung ganz **unter-** 98
lieben, ist der Konzessionsvertrag stets nichtig gem. § 134 BGB (OLG Brandenburg BeckRS
2018, 5067 Rn. 41 ff.). Dieser Einwand kann nicht gem. § 47 Abs. 1 S. 1 präkludiert sein.
Der Konzessionsvertrag ist auch dann nichtig, wenn die Bekanntmachung zwar vorliegt, sie

aber **nicht ordnungsgemäß** nach Absatz 3 Sätzen 1, 2 **veröffentlicht** worden ist (BGH BeckRS 2014, 23464 Rn. 19 ff. – Stromnetz Schierke). Auch dieser Einwand kann nicht präkludiert sein.

99 Ist die Bekanntmachung **nicht rechtzeitig,** also weniger als zwei Jahre vor Ende des laufenden Konzessionsvertrages (vgl. Absatz 2 Satz 1) durchgeführt worden, berührt dies allein die Wirksamkeit des Konzessionsvertrages nicht, sofern das Konzessionsverfahren zeitlich so strukturiert wird, dass alle Beteiligten ausreichend Zeit haben zur Abgabe ihrer Angebote. Denn eine Diskriminierung der Bieter ist hier nicht zu befürchten.

100 Ist der **Bekanntmachungstext fehlerhaft,** etwa weil eine zu kurze Interessensbekundungsfrist genannt ist oder der Hinweis auf die Veröffentlichung der Netzdaten iSv § 46a fehlt, kann dies im Grundsatz zur Nichtigkeit des Konzessionsvertrages führen, sofern der unterlegene Bieter durch den Fehler im Bekanntmachungstext benachteiligt wurde und sich diese Benachteiligung auf das Ergebnis des Konzessionsverfahrens ausgewirkt hat. Allerdings sind Fehler in der Bekanntmachung gem. **§ 47 Abs. 2 S. 1** innerhalb der Interessensbekundungsfrist zu **rügen** (→ § 47 Rn. 6 ff.). Fehlt es an einer ordnungsgemäßen Rüge, sind Bekanntmachungsfehler präkludiert gem. § 47 Abs. 1 S. 1.

2. Interessensbekundung und Verfahrensbrief (Abs. 4 S. 4)

101 Absatz 4 Satz 4 lässt sich entnehmen, dass Interessenten auf die Bekanntmachung hin ihr Interesse am Wegenutzungsrecht gegenüber der Gemeinde bekunden müssen (**Interessensbekundung**). Die hierfür einzuhaltende Frist muss in der Bekanntmachung genannt werden und beträgt **mindestens drei Monate.** Die Gemeinde kann in der Bekanntmachung eine längere Interessensbekundungsfrist festlegen.

102 Nach Ablauf der Interessensbekundungsfrist teilt die Gemeinde gem. Absatz 4 Satz 4 allen Interessenten, die fristgerecht ihr Interesse bekundet haben, in Textform die **Auswahlkriterien** und deren **Gewichtung** mit. Dies erfolgt im sog. **Verfahrensbrief,** in dem im Einzelnen auch über den vorgesehenen **Ablauf des Verfahrens** (insbesondere Fristen für den Eingang der Angebote, Bietergespräche, etc) informiert wird. Ferner wird im Verfahrensbrief darüber informiert, wie die Bieter ihre **Eignung** für den Netzbetrieb nachweisen sollen und welche sonstigen Erwartungen die Gemeinde an die **Gestaltung der Angebote** hat.

103 Zusammen mit dem Verfahrensbrief erhalten die Bieter auch – ggf. erst nach Abschluss einer Vertraulichkeitsvereinbarung – **Zugang zu den Netzinformationen** iSv § 46a.

104 Fehler im Verfahrensbrief können gem. § 47 Abs. 2 S. 2 nur innerhalb von 15 Kalendertagen ab Zugang des Verfahrensbriefs **gerügt** werden. Interessenten sollten daher insbesondere die Ausgestaltung der Auswahlkriterien und deren Gewichtung unmittelbar auf mögliche Mängel prüfen und ggf. fristgerecht rügen.

3. Auswertung Angebote und Bietergespräche

105 Auf Grundlage der im Verfahrensbrief enthaltenen Informationen (insbesondere zu den Kriterien und deren Gewichtung) und den vorliegenden Netzinformationen iSv § 46a erstellen die Bieter ihre **Angebote.** Diese werden von der Gemeinde ausgewertet und sind die Grundlage für die Auswahlentscheidung.

105.1 Aus den Prinzipien des wettbewerblichen Auswahlverfahrens ergibt sich, dass die Gemeinde die erhaltenen **Angebote vertraulich behandeln muss** und insbesondere nicht den Mitbewerbern zur Kenntnis bringen darf (BKartA/BNetzA, Gemeinsamer Leitfaden zur Vergabe von Strom- und Gaskonzessionen, 2. Aufl. 2015, Rn. 24). Bei Kenntnis der Angebotsinhalte der Mitbewerber könnten Bieter verleitet sein, nur das potentiell bessere Angebot zu überbieten und nicht mehr das für die Gemeinde beste Angebot abzugeben.

106 Nicht zwingend, aber empfehlenswert ist die Durchführung von persönlichen **Bietergesprächen,** in denen die Bewerber ihre Angebote erläutern, die Gemeinde Fragen stellen und mögliche Unklarheiten im Angebot geklärt werden können. Will die Gemeinde Bietergespräche durchführen, ist dies bereits im Verfahrensbrief entsprechend anzukündigen. Angebote sind in diesem Fall zunächst nur **indikativ.** Nach den Bietergesprächen legen die Bieter dann ihre **finalen Angebote** vor. Nach Abschluss aller Bietergespräche und vor Vorlage der finalen Angebote empfiehlt es sich, allen Bietern einen **zweiten Verfahrensbrief** zukom-

men zu lassen, in dem die Gemeinde auf Grundlage der Bietergespräche ihre Erwartungen an die finalen Angebote kommuniziert. Ein solcher zweiter Verfahrensbrief schafft Informationsgleichstand für alle Bewerber und baut damit Ungleichbehandlungen zwischen den Bewerbern vor.

Nach Auswertung der finalen Angebote führt die Gemeinde eine **Auswahlentscheidung** 107 durch. Die Auswahlentscheidung wird durch die Verwaltung vorbereitet und im Gemeinderat getroffen.

Sofern sich die Gemeinde selbst (bzw. ein von ihr betriebenes Gemeindewerk) auf das 108 Wegenutzungsrecht bewirbt, darf sie den kommunalen Bewerber nicht durch einen Informationsfluss bevorzugen. Um hier einen diskriminierungsfreien Wettbewerb zu wahren, muss es eine **organisatorische und personelle Trennung** zwischen der Gemeinde als verfahrensleitender Stelle und der Gemeinde als Bieter geben (→ Rn. 140 f.).

4. Information an unterlegene Bieter (Abs. 5 S. 1)

Nachdem die Auswahlentscheidung getroffen worden ist, informiert die Gemeinde (wie 109 auch im Vergaberecht) gem. Absatz 5 Satz 1 zunächst die Bieter, deren Angebot nicht angenommen werden soll. Die Information muss **textförmig** erfolgen und über die **Gründe der Ablehnung** des Angebots sowie über den **Zeitpunkt** informieren, an dem der neue Konzessionsvertrag frühestens abgeschlossen werden soll (zum frühesten Zeitpunkt des Vertragsabschlusses → Rn. 112).

Der Zugang der Information iSv Absatz 5 Satz 1 löst die **Rügefrist** iSv § 47 Abs. 2 S. 3 110 aus: Unterlegene Bieter sollten daher die Auswahlentscheidung umgehend prüfen und ggf. **innerhalb von 30 Tagen** ab Zugang der Information Fehler in der Auswahlentscheidung rügen. Zur Vorbereitung der Rüge kann der unterlegene Bieter **innerhalb einer Woche** nach Zugang der Mitteilung gem. § 47 Abs. 3 Akteneinsicht bei der Gemeinde beantragen (→ § 47 Rn. 11 ff.).

Sollte die Bieterinformation iSv Absatz 5 Satz 1 unterblieben sein, ist ein dennoch abge- 111 schlossener Konzessionsvertrag zwangsläufig **nichtig**. Das ergibt sich aus dem Rechtsgedanken von § 135 GWB.

5. Abschluss neuer Konzessionsvertrag und Ex-Post-Bekanntmachung (Abs. 5 S. 2)

Nach der Beschlussfassung im kommunalrechtlich zuständigen Gremium (in der Regel 112 der Gemeinderat) wird der neue Konzessionsvertrag abgeschlossen. Zuvor muss die Gemeinde aber gem. **§ 47 Abs. 6** die dort genannten Fristen **abwarten**. In jedem Fall müssen ab Zugang der Mitteilung an die unterlegenen Bieter **30 Tage** vergehen, ehe der Konzessionsvertrag abgeschlossen werden kann (vgl. § 47 Abs. 2 S. 3). Sofern innerhalb dieser Frist Rügen von unterlegenen Bietern eingehen, muss sich die Gemeinde zunächst mit diesen befassen. Hilft sie den Rügen nicht ab, muss sie **weitere 15 Tage**, nachdem sie dies dem Bieter mitgeteilt hat, abwarten (vgl. § 47 Abs. 5 S. 1). Erst wenn bis dahin kein unterlegener Bieter die Auswahlentscheidung gerichtlich angefochten hat, kann der Konzessionsvertrag abgeschlossen werden.

Sollte der Konzessionsvertrag unter Verstoß gegen die Wartefrist aus § 47 Abs. 6 abge- 113 schlossen werden, ist er zwangsläufig **nichtig** (Kment EnWG/Huber § 47 Rn. 31).

Nach erfolgtem Abschuss des Konzessionsvertrages hat die Gemeinde gem. Absatz 5 Satz 2 114 die sog. **Ex-Post-Bekanntmachung** durchzuführen, in der über den Abschluss des Vertrages sowie die maßgeblichen Gründe hierfür informiert wird. Die Ex-Post-Bekanntmachung hat in derselben Form zu erfolgen wie die Bekanntmachung iSv Absatz 3, also im Bundesanzeiger und ggf. zusätzlich im Amtsblatt der Europäischen Union.

6. Rechtsfolgen bei Fehlern im Konzessionsverfahren

§ 46 regelt nicht die Rechtsfolgen, falls es im Konzessionsverfahren zu Fehlern gekommen 115 ist. Solche Fehler können entweder **formeller Natur** sein, etwa weil Fristen nicht eingehalten worden sind, oder **materieller Natur**, weil die Auswahlentscheidung anhand unzulässiger oder falsch gewichteter Kriterien getroffen worden ist oder die Kriterien nicht zutreffend angewendet worden sind, weil das Angebot eines Bieters in Relation zu Konkurrenzangeboten nicht zutreffend bewertet worden ist. Insoweit ist zu unterscheiden:

116 **a) Fehlerhafte Auswahl.** Wurde der Konzessionsvertrag auf Grundlage einer fehlerhaften Auswahl zwischen den Bietern oder unter Verletzung des Transparenz- und des Gleichbehandlungsprinzips abgeschlossen und hat sich dieser Fehler auf das Ergebnis der Auswahl ausgewirkt, ist der Konzessionsvertrag im Grundsatz nichtig (→ Rn. 86 ff.). Etwas anderes gilt nur, wenn der Fehler gem. § 47 Abs. 1 S. 1 präkludiert ist, weil er bereits im Verfahren erkennbar war und der benachteiligte Bieter ihn nicht ordnungsgemäß gerügt hat.

117 **b) Fehler in der Bekanntmachung iSv Absatz 3 machen den Konzessionsvertrag im Ergebnis nicht zwangsläufig angreifbar** (→ Rn. 98 ff.). Falls ein Bekanntmachungsfehler vorliegt, der sich auf die Wirksamkeit des Konzessionsvertrages auswirken könnte, kann dieser gem. § 47 Abs. 1 präkludiert sein. Fehlt die Bekanntmachung vollständig oder wurde sie nicht ordnungsgemäß veröffentlicht, ist der Konzessionsvertrag stets nichtig; dieser Einwand kann nicht präkludiert sein.

118 **c) Fehlende Bieterinformation iSv Absatz 5 Satz 1 führt stets zur Nichtigkeit des Konzessionsvertrages** (→ Rn. 111). Dieser Nichtigkeitseinwand kann auch nicht präkludiert sein, weil ohne Bieterinformation keine Präklusion gem. § 47 Abs. 1 ausgelöst werden kann.

119 **d) Verstoß gegen die Wartefrist iSv § 47 Abs. 6 führt ebenfalls stets zur Nichtigkeit des Konzessionsvertrages** (→ Rn. 113). Auch dieser Einwand kann nicht gem. § 47 Abs. 1 präkludiert sein.

120 **e) Verstöße gegen das Nebenleistungsverbot gem. § 3 Abs. 2 KAV.** Sofern der Konzessionsvertrag Vereinbarungen enthält, die gegen das Nebenleistungsverbot verstoßen, sind diese Vereinbarungen gem. § 134 BGB nichtig (→ § 48 Rn. 17). Eine Gesamtnichtigkeit des Konzessionsvertrages löst dies allerdings nur dann aus, wenn das Versprechen unzulässiger Leistungen entscheidend war für die Auswahl des Konzessionsnehmers (BGH BeckRS 2014, 23133 Rn. 38 – Stromnetz Olching).

VI. Netzübertragung bei Wechsel Konzessionsnehmer (Abs. 2 S. 2–5)

121 Absatz 2 Satz 2 gewährt bei Nichtverlängerung eines Wegenutzungsvertrags dem neuen Konzessionsnehmer einen **gesetzlichen Anspruch** gegen den bisherigen Konzessionsnehmer auf Überlassung der „**notwendigen Verteilungsanlagen**" gegen Zahlung einer **wirtschaftlich angemessenen Vergütung.** Dadurch soll ausgeschlossen werden, dass wegen des Netzeigentums des bisherigen Netzbetreibers ein Wechsel des Konzessionsnehmers praktisch verhindert wird und es zu wirtschaftlich unsinnigen Doppelinvestitionen kommt (BT-Drs. 13/7274, 21). Die Beschränkung auf eine „wirtschaftlich angemessene Vergütung" soll sicherstellen, dass ein Konzessionsnehmer-Wechsel nicht an prohibitiv hohen Kaufpreisen für das Netz scheitert.

121.1 In **zeitlicher Hinsicht** ist der Überlassungsanspruch aus Absatz 2 Sätzen 2–5 anwendbar, sofern der neue Konzessionsvertrag nach Inkrafttreten der Regelung (am 3.2.2017) abgeschlossen worden ist (BGH BeckRS 2014, 23133 Rn. 15 – Stromnetz Olching). Unerheblich ist, zu welchem Zeitpunkt das Konzessionsverfahren eingeleitet worden ist. Wurde der Konzessionsvertrag vor dem 3.2.2017 abgeschlossen, findet die Vorläuferregelung Anwendung.

1. Anspruch auf Übereignung (Abs. 2 S. 2) oder Besitzverschaffung (Abs. 2 S. 3)

122 Absatz 2 Satz 2 stellt mittlerweile ausdrücklich klar, dass der neue Konzessionsnehmer gegen den Alt-Konzessionär einen **Anspruch auf Übereignung** der Netzanlagen hat.

122.1 Bis zu seiner Neufassung im Jahr 2011 regelte Absatz 2 Satz 2 nur, dass der Alt-Konzessionär die „Überlassung" des Netzes verlangen konnte. Angesichts dieser Formulierung war umstritten, ob der neue Konzessionsinhaber nach Absatz 2 Satz 2 aF nur die Besitzverschaffung oder auch die Übereignung verlangen konnte. Der BGH hat zu Absatz 2 Satz 2 aF entschieden, dass dieser auch einen Anspruch auf Übereignung gewährt (BGH BeckRS 2014, 15806 Rn. 23 ff. – Stromnetz Homberg).

123 Alternativ steht es dem Neu-Konzessionär gem. Absatz 2 Satz 3 frei, nur eine **Besitzverschaffung** an den Netzanlagen zu verlangen. Hiervon kann der Neu-Konzessionär dann

Wegenutzungsverträge §46 EnWG

Gebrauch machen, wenn er die Netzanlagen vom Alt-Konzessionär **pachten** und auf dieser Grundlage betreiben will.

Tatbestandlich setzt der gesetzliche Übereignungs- bzw. Besitzverschaffungsanspruch aus 124 Absatz 2 Sätzen 2 bzw. 3 voraus, dass der neue Konzessionsinhaber einen **wirksamen Konzessionsvertrag** mit der Gemeinde abgeschlossen hat. Der gesetzliche Anspruch aus § 46 Abs. 2 S. 2 bzw. 3 entsteht also **in dem Moment,** in dem der **neue Wegenutzungsvertrag abgeschlossen** wird. Sofern der Konzessionsvertrag zwar abgeschlossen worden ist, aber gem. § 134 BGB nichtig ist, weil das vorangegangene Konzessionsverfahren nicht den Anforderungen aus § 19 Abs. 2 Nr. 1 GWB und § 46 EnWG entsprochen hat, ergibt sich auch aus Absatz 2 Sätzen 2 bzw. 3 kein Anspruch auf das Netz (BGHZ 199, 289 Rn. 63 ff. = EnWZ 2014, 274 – Stromnetz Berkenthin; BGH BeckRS 2014, 15806 Rn. 50 ff. – Stromnetz Homberg). Nur durch einen wirksamen Konzessionsvertrag wird der neue Konzessionsnehmer zum „neuen Energieversorgungsunternehmen" iSv Absatz 2 Satz 2.

2. „Notwendige Verteilungsanlagen"

Der Anspruch aus Absatz 2 Sätzen 2 und 3 bezieht sich nur auf die für den Netzbetrieb 125 **im Gemeindegebiet** „notwendigen Verteilungsanlagen". Entsprechend der Legaldefinition der **Verteilung** (§ 3 Nr. 37) sind grundsätzlich nur diejenigen Komponenten Verteilungsanlagen, die der Versorgung innerhalb des jeweiligen Gemeindegebietes dienen; hierbei ist eine **funktionale Betrachtung** der jeweiligen Anlagen durchzuführen (→ § 3 Nr. 37 Rn. 3). Danach sind alle Anlagen „notwendig", die nicht hinweg gedacht werden können, ohne dass der neue Konzessionsnehmer seine Versorgungsaufgabe nicht mehr wie der Alt-Konzessionär erfüllen könnte (BGH BeckRS 2014, 15806 Rn. 31 – Stromnetz Homberg).

Unter Anwendung dieser Kriterien ist das **örtliche Verteilernetz** im Konzessionsgebiet 126 vom Anspruch aus Absatz 2 Sätzen 2 bzw. 3 umfasst. Insoweit kann man sich an der Begriffsbestimmung in § 3 Nr. 29c orientieren, die unmittelbar nur für den Gasbereich gilt, aber ihrer Wertung nach auch im Strombereich herangezogen werden kann. Demgegenüber gehören **Durchgangsleitungen,** die sich zwar räumlich im Konzessionsgebiet befinden, aber nicht die Versorgung dieses Gebietes bezwecken, nicht zu den notwendigen Verteilanlagen iSv Absatz 2 Sätze 2 bzw. 3.

Zu den notwendigen Verteilungsanlagen zählen auch sog. **gemischt-genutzte Leitun-** 127 **gen** (BGH BeckRS 2014, 15806 Rn. 30 ff. – Stromnetz Homberg; → § 3 Nr. 37 Rn. 3). Das sind Leitungen, die sich zwar innerhalb des Konzessionsgebietes befinden, aber aufgrund ihrer Dimensionierung und der Netztopologie nicht nur der Versorgung des Konzessionsgebietes selbst dienen, sondern auch angrenzende Gemeindegebiete versorgen. Auch wenn diese Leitungen nicht „ausschließlich" der Versorgung im Konzessionsgebiet dienen, sind sie hierfür „notwendig" iSv Absatz 2 Satz 2. Hierfür spricht auch die **in § 3 Nr. 29c enthaltene Wertung,** dass Netze, die „überwiegend" der Letztverbraucherbelieferung dienen, örtliches Verteilernetz sind.

Da allein anhand einer funktionalen Betrachtung zu beurteilen ist, ob Netzanlagen zu 128 den „notwendigen Verteilungsanlagen" gehören, spielt deren **Spannungsebene** oder **Druckstufe** keine Rolle für die Einordnung. Auch Mittelspannungsleitungen können notwendige Verteilungsanlage iSv Absatz 2 Satz 2 sein.

In jedem Fall ist der Anspruch aus Absatz 2 Sätzen 2 bzw. 3 beschränkt auf Anlagen, die 129 sich **„im Gemeindegebiet"** befinden. Auch wenn der Wortlaut insoweit nicht eindeutig ist, sind Anlagen, die zwar zur Versorgung des Gemeindegebietes notwendig sind, sich aber außerhalb dieses Gebietes befinden, keine „notwendigen Verteilungsanlagen" iSv Absatz 2 Satz 2 (BGH BeckRS 2014, 15806 Rn. 32 – Stromnetz Homberg). Dies ergibt sich daraus, dass Absatz 2 Satz 1 allein für die öffentlichen Verkehrswege „im Gemeindegebiet" gilt.

3. „Objektiver Ertragswert" (Abs. 2 S. 4)

Der 2017 eingeführte Absatz 2 Satz 4 konkretisiert, nach welchem Maßstab die „wirt- 130 schaftlich angemessene Vergütung" zu bemessen ist, die der Neu-Konzessionär für das Netz an den Alt-Konzessionär zu zahlen hat. Demnach ist der „objektivierte Ertragswert" maßgeblich, der aus den **zu erzielenden Erlösen** abzuleiten ist. Ausgangspunkt der Bewertung sind

Peiffer 1331

die Einnahmen, die beim Betrieb des jeweiligen Netzes in Form von Netznutzungsentgelten erzielbar sind.

131 **a) Ertragswert anstelle Sachzeitwert.** Die Anwendung des **Ertragswertverfahrens** entspricht der Rechtsprechung des BGH, der schon lange vor Einführung von Absatz 2 Satz 4 zu einer vertraglichen Endschaftsbestimmung entschieden hat, dass der für die Übertragung eines Energieversorgungsnetzes zu zahlende Kaufpreis den Ertragswert des Netzes nicht erheblich übersteigen darf (BGH NJW 2000, 577). Der Ertragswert ist maßgeblich, weil ein nach den Maßstäben wirtschaftlicher Vernunft handelnder anderer Versorger **allein anhand der erzielbaren Erträge** kalkulieren würde, was er für den Netz zu zahlen bereit ist (BGH NJW 2000, 577 (583)). Der Ertragswert gibt damit den **wettbewerbsanalogen Preis** des Netzes wieder.

132 Würde man demgegenüber auf den **Sachzeitwert** abstellen, der auf Grundlage der historischen Anschaffungskosten unter Berücksichtigung der Abschreibdauern zu errechnen wäre, könnte dies zu einem überhöhten Kaufpreis führen, den im freien Markt kein Interessent zu zahlen bereit wäre. Ein solcher den Ertragswert übersteigender Kaufpreis würde prohibitiv wirken und damit die Netzübernahme erschweren.

133 **b) Ertragswert nach Erlösobergrenze zu ermitteln.** Die maximal erzielbaren Einnahmen aus Netzentgelten leiten sich aus der **Erlösobergrenze** ab, die gem. §§ 4 ff. ARegV durch die zuständige Regulierungsbehörde für jedes Netz festgelegt wird. Sie ist daher im Grundsatz leicht feststellbar. Bei Netzbetreibern, die Netzkonzessionen in mehr als einem Gemeindegebiet haben, wird die Erlösobergrenze nur einheitlich für das gesamte Netzgebiet festgelegt. Daher muss in sollen Fällen der gem. **§ 26 Abs. 2 ARegV** auf das jeweils zu überlassende Netzgebiet entfallende **Anteil der Erlösobergrenze** herangezogen werden.

134 **c) „Anderweitig basierte Vergütung" (Abs. 2 S. 5).** Gemäß Absatz 2 Satz 5 steht es den beteiligten Netzbetreibern frei, sich nach einem anderen Modus auf einen Netzkaufpreis zu einigen. Diese Regelung ist sinnvoll, weil die Anwendung des Ertragswertverfahrens sehr zeit- und kotenaufwändig und streitanfällig sein kann (Boos ZNER 2017, 102 (103)). Den Kaufpreis anhand eines anderen Modells zu ermitteln, setzt aber eine entsprechende **Einigung zwischen Alt- und Neu-Konzessionär** voraus.

135 Absatz 2 Satz 5 ermöglicht es den Beteiligten beispielsweise, den Nachkaufpreis aus den **kalkulatorischen Restwerten** der Anlagegüter abzuleiten, wie sie von der zuständigen Regulierungsbehörde anerkannt sind. Eine Orientierung an den kalkulatorischen Restwerten entspricht der allgemeinen Erfahrung, dass die ermittelten Ertragswerte regelmäßig nur 10–20 Prozent nach oben oder unten vom kalkulatorischen Restwert abweicht (Boos ZNER 2017, 102 (103)).

4. Informationsanspruch Neu-Konzessionär gegen Alt-Konzessionär

136 Als Teil des gesetzlichen Schuldverhältnisses aus § 46 Abs. 2 S. 2 hat der Neu-Konzessionär einen Informationsanspruch gegen den Alt-Konzessionär (BKartA/BNetzA, Gemeinsamer Leitfaden zur Vergabe von Strom- und Gaskonzessionen, 2. Aufl. 2015, Rn. 46). Dieser begründet sich aus dem Sinn und Zweck von § 46 Abs. 2, der den effektiven Wechsel des Nutzungsberechtigten erreichen soll. Ein solcher Netzbetreiberwechsel setzt – neben der Überlassung der Netzanlagen – die Verschaffung des **zum Netzbetrieb notwendigen „Know-How"**, also alle Daten und Informationen, die für den Netzbetrieb erforderlich sind. Hierzu gehören jedenfalls auch diejenigen Informationen, die der Alt-Konzessionär gem. § 46a an die Gemeinde herausgeben muss.

VII. Anwendung auf Eigenbetriebe (Abs. 6)

137 Gemäß Absatz 6 finden die Vorgaben der Absätze 2–5 für Eigenbetriebe der Gemeinde entsprechende Anwendung. Diese Regelung schließt es aus, dass die Gemeinde unter Umgehung der Anforderungen aus den Absätzen 2–5 im Wege einer sog. **Inhouse-Vergabe** die Wegenutzungsrechte an gemeindeeigene Betriebe vergibt. Außerdem ist die Regelung auf Fälle zugeschnitten, in denen es gar keinen Vertrag über Wegenutzungsrechte gibt, sondern die Gemeinde beispielsweise auf Grundlage einer Satzung das Netz im Gemeindegebiet selbst betreibt. Hier stellt Absatz 6 sicher, dass auch solche Wegenutzungsrechte spätestens nach 20

Jahren neu vergeben werden müssen, und **keine Ewigkeitsrechte zugunsten der Gemeinde** entstehen (BT-Drs. 13/8284, 21).

Über den Wortlaut hinaus gilt Absatz 6 nicht nur für kommunale Eigenbetriebe, sondern 138 auch für alle **anderen Organisationsformen,** die sich in öffentlicher Hand befinden (bspw. rechtsfähige Personengesellschaften oder juristische Personen des Privatrechts, an denen die Gemeinde beteiligt ist).

1. „Bewerbung bei sich selbst"

Absatz 6 schließt es nicht aus, dass sich Eigenbetriebe oder Unternehmen, an denen die 139 Gemeinde beteiligt ist, auf die von der Gemeinde ausgeschriebene Konzession bewerben. In diesem Fall beteiligt sich die Gemeinde (mittelbar) auf beiden Seiten am Verfahren – einerseits als ausschreibende Stelle, andererseits als Bewerber. Im Falle einer solchen **„Bewerbung bei sich selbst"** gelten die Prinzipien der Transparenz und Gleichbehandlung gleichermaßen. Dies schließt es aus, dass die Gemeinde ihren eigenen „Kandidaten" bei der Bewertung bevorzugt oder mit mehr Informationen versorgt als die Mitbewerber. Die Gemeinde muss diskriminierungsfrei und neutral über den Netzbetreiber entscheiden (BGH BeckRS 2014, 5313 Rn. 40 ff. – Stromnetz Heiligenhafen; BGH BeckRS 2016, 114505 Rn. 37– Landesbetrieb Berlin Energie).

Damit die Prinzipien der Transparenz und Gleichbehandlung effektiv eingehalten werden 140 können und potentielle Interessenskonflikte vermieden werden, muss die Gemeinde eine strenge **organisatorische und personelle Trennung** von Vergabestelle und Bewerber beachten. Ohne eine solche Trennung lässt sich die gebotene diskriminierungsfreie Vergabeentscheidung von vornherein nicht gewährleisten (BGH BeckRS 2016, 114505 Rn. 40– Landesbetrieb Berlin Energie).

2. Trennung von Vergabestelle und Bewerber

Aus dem Diskriminierungsverbot folgt das Gebot der **organisatorischen** und **personel-** 141 **len** Trennung von verfahrensleitender Stelle und Bewerber, wenn sich auf die Konzession ein Unternehmen bewirbt, das wirtschaftlich der Gemeinde zuzuordnen ist. Diese Trennung soll sicherstellen, dass die Gemeinde gegenüber allen Bewerbern die gebotene Neutralität wahrt und eine diskriminierungsfreie Vergabeentscheidung gewährleistet ist (BGH 27.1.2021 – 6 U 95/20 Kart Rn. 85 – Gasnetz Leipzig; BGH 12.10.2021 – EnZR 43/20 Rn. 34 – Stadt Bergteheide; OLG Stuttgart 25.5.2023 – 2 U 201/22 Rn. 86).

Das **Trennungsgebots** soll dabei zweierlei sicherstellen: 142
- Zum einen soll ausgeschlossen werden, dass die Eigengesellschaft der Gemeinde im Konzessionsverfahren einen **Informationsvorsprung** hat gegenüber anderen externen Bewerbern.
- Zum anderen soll gewährleistet werden, dass die Vergabestelle die Entscheidung zwischen den eingegangenen Angeboten **frei von Interessen- und Loyalitätskonflikten** treffen kann.

Die Anforderungen and die personelle Trennung von Vergabestelle und Bewerber können 143 insbesondere unter Heranziehung von § 16 Abs. 1 VgV aF bzw. § 6 Abs. 3 VgV nF ermittelt werden (BGH BeckRS 2020, 9287 Rn. 34 ff. – Gasnetz Leipzig).

Neben den ausdrücklich in § 16 Abs. 1 VgV aF bzw. § 6 Abs. 3 VgV nF ausgeschlossenen 144 Konstellationen, kann sich auch aus der Generalklausel in § 6 Abs. 2 VgV ein unzulässiger Interessenkonflikt ergeben (OLG Brandenburg BeckRS 2021, 9340 Rn. 70). Demnach ist es generell ausgeschlossen, dass Personen, die ein direktes oder indirektes finanzielles, wirtschaftliches oder persönliches Interesse am Ausgang des Verfahrens haben, auf Seiten der Vergabestelle tätig sind.

Das Trennungsgebot verlangt daher eine Organisationsstruktur, durch die es ausgeschlossen 145 ist, dass die Mitarbeiter in Loyalitäts- und Interessenkonflikte geraten und zum „Diener zweier Herren" werden (BGH 12.10.2021 – EnZR 43/20 Rn. 35).

3. Anforderungen des Trennungsprinzips im Einzelnen

Das Trennungsprinzip ist v.a. dann relevant, wenn ein Bewerber um die Konzession wirt- 146 schaftlich mit der Gemeinde verbunden ist (→ Rn. 147). Das Prinzip verlangt jedenfalls eine **personelle** und **informatorische** (→ Rn. 148 ff.), ggf. ergänzend eine **hierarchische** (→ Rn. 152) **Trennung**. Diese Trennung muss rechtzeitig implementiert sein (→ Rn. 154). Ist die Trennung ungenügend, liegt ein Verfahrensverstoß vor, unabhängig davon, ob sich die ungenügende Trennung auf das Verfahrensergebnis ausgewirkt hat (→ Rn. 155).

147 **a) Anwendbarkeit des Trennungsgebotes.** Das Trennungsgebot ist zum einen dann zu beachten, wenn sich ein **Eigenbetrieb** oder eine **Eigengesellschaft** der Gemeinde auf die Konzession bewirbt. Gleiches gilt, wenn die Gemeinde eine **Mehrheitsbeteiligung** (bspw. 50,1 Prozent der Geschäftsanteile) an einem Bewerber hält. Das Trennungsgebot ist aber auch dann zu berücksichtigen, wenn die Gemeinde nur zu einer **Minderheitsbeteiligung mit 25,1 Prozent** Gesellschafterin an dem Bewerber ist (OLG Stuttgart 25.5.2023 – 2 U 201/22 Rn. 89). Allenfalls bei einer praktisch zu **vernachlässigenden Beteiligung** im Bereich weniger Promille dürfte das Trennungsgebot abgeschwächt sein (OLG Stuttgart 25.5.2023 – 2 U 201/22 Rn. 90).

148 **b) Personelle und informatorische Trennung.** Das Trennungsgebot verlangt eine Organisationsstruktur, die einen Informationsaustausch zwischen den für die Vergabestelle und die für den Bewerber handelnden Personen außerhalb des Konzessionsverfahrens sicher ausschließt.

149 In erster Linie erfordert das, dass das Vergabeverfahren von Personen betreut werden, die im Unternehmen des Bewerbers keine Funktion haben (**personelle Trennung**). Die Gemeinde muss also das Konzessionsverfahren einer personell und organisatorisch vollständig vom Bewerber getrennten Einheit der Gemeindeverwaltung zuweisen (BGH 18.10.2016 – KZB 46/15 Rn. 43 – Gasnetz Leipzig; BGH BeckRS 2020, 9287 Rn. 34 ff. – Gasnetz Leipzig; OLG Stuttgart 25.5.2023 – 2 U 201/22 Rn. 87).

150 Dies allein reicht aber nicht aus. Zusätzlich müssen auch organisatorische Maßnahmen getroffen werden, die einen Informationsaustausch zwischen Vergabestelle und Bewerber ausschließen (**informatorische Trennung**). Die Gemeinde genügt dem Trennungsgebot daher nicht schon dadurch, dass sie eine externe Rechtsanwaltskanzlei mit der Durchführung des Verfahrens beauftragt. Denn dies allein schließt einen schädlichen Informationsaustausch noch nicht aus (BGH 12.10.2021 – EnZR 43/20 Rn. 44 – Stadt Bargteheide).

151 Derartige organisatorische Maßnahmen kann der Bürgermeister durch **Verwaltungsanweisung** implementieren.

152 **c) Hierarchische Trennung bei Doppelstellung Bürgermeister.** Eine Doppelstellung des Bürgermeisters als oberste Aufsichtsperson des Eigenbetriebs und als Leiter der Verwaltung ist nicht grundsätzlich problematisch. Das zeigt § 46 Abs. 4. In diesem Fall sind aber besondere **organisatorische Maßnahmen** zu ergreifen, indem **Vertraulichkeitspflichten** vereinbart und **Weisungsrechte ausgeschlossen werden.** Deshalb ist es zulässig, dass die Oberbürgermeisterin der Gemeinde zugleich Mitglied des Aufsichtsrats der Bewerberin ist, sofern sichergestellt ist, dass das Vergabeverfahren nicht von dieser sondern von anderen Mitarbeitern der Gemeindeverwaltung durchgeführt wird, denen gegenüber die Oberbürgermeisterin **kein Weisungsrecht** hat, und die andersherum zur **Vertraulichkeit gegenüber der Oberbürgermeisterin** verpflichtet sind (OLG Stuttgart 25.5.2023 – 2 U 201/22 Rn. 95 ff.).

153 Ein ergänzendes Instrument für die Trennung bei derartigen Doppelstellungen kann darin bestehen, dass der Bürgermeister während der Dauer des Konzessionsverfahrens seine **Funktion als Vorsitzender** des Aufsichtsrates, bzw. des Werksausschusses oder des Verwaltungsrates beim Bewerber **ruhen lässt** bzw. nicht wahrnimmt. Allein die fehlende Sitzungsteilnahme der Gemeindevertretung ist aber nicht ausreichend, um das Trennungsgebot zu erfüllen (BGH 9.3.2021 – KZR 55/19 – Gasnetz Berlin).

154 **d) „Rechtzeitige" Trennung.** Die erforderliche Trennung von Vergabestelle und Bewerber muss nicht schon bei Durchführung der Bekanntmachung iSv Absatz 3 umgesetzt sein, weil es sich hierbei um reinen formalen Akt handelt (vgl. auch OLG Stuttgart 25.5.2023 – 2 U 201/22 Rn. 104). Aber bei Durchführung der weiteren in § 46 geregelten Verfahrensschritte muss das Trennungsgebot eingehalten werden. Insbesondere müssen für das Konzessionsverfahren entscheidenden Kriterien (**„Kriterienkatalog"**) bereits auf Grundlage einer hinreichenden Trennung ausgearbeitet worden sein (LG München 11.3.2022 – 37 O 14213/21 Rn. 103). Denn schon bei der Bestimmung und Ausgestaltung der Vergabekriterien besteht die Möglichkeit, dass die Bewerbung des Eigenbetriebs durch

die Vergabestelle bevorzugt wird. Daher müssen schon in dieser Phase mögliche Loyalitäts- oder Interessenskonflikte ausgeschlossen werden.

e) **Vermeiden des „bösen Scheins" fehlender Objektivität der Vergabestelle.** Die Anforderungen aus dem Trennungsgebot müssen schon **nach dem äußeren Erscheinungsbild** gewahrt sein, damit der „böse Schein" mangelnder Objektivität der Vergabestellte vermieden wird (OLG Stuttgart 25.5.2023 – 2 U 201/22 Rn. 87). Daher stellt bereits die ungenügende Trennung eine Benachteiligung der übrigen Bewerber dar. Der benachteiligte Bewerber muss nicht eine konkrete Doppelbefassung von Mitarbeitern des Bewerbers und der Vergabestelle nachweisen (einen solchen Beweis zu führen, wäre ohnehin kaum möglich). Er muss auch nicht nachweisen, dass die Auswahlentscheidung tatsächlich durch unsachgemäße Erwägungen beeinflusst worden ist (LG München 11.3.2022 – 37 O 14213/21 Rn. 101).

Ein Verstoß gegen das Diskriminierungsverbot liegt schon dann vor, wenn eine Konstellation gegeben ist, die geeignet ist, das Fehlen der notwendigen Unparteilichkeit der Vergabestelle zu begründen (LG München 11.3.2022 – 37 O 14213/21 Rn. 101). Das ist dann der Fall, wenn **nicht zweifelsfrei ausgeschlossen** werden kann, dass sich die Konstellation auf das Vergabeverfahren und die sich daraus ergebende Rangfolge der Bieter ausgewirkt hat, wenn also nicht feststeht, dass sich auch ohne den Verfahrensfehler dieselbe Rangfolge ergeben hätte (BGH 12.10.2021 – EnZR 43/20 Rn. 36).

F. Zuständigkeit der Kartellbehörden (Abs. 7)

Absatz 7 stellt klar, dass die Kartellbehörden weiterhin berechtigt sind, nach den Regeln des GWB gegenüber den Gemeinden einzuschreiten. Eine Zuständigkeit der Kartellbehörden ist insbesondere deshalb sachgerecht, weil im Rahmen der Konzessionsverfahren neben § 46 auch die §§ 18, 19 GWB anwendbar sind (→ Rn. 50 ff.). Die Kartellbehörden können daher insbesondere **gegen Fälle von Diskriminierung** einschreiten (BT-Drs. 13/7274, 21).

Sofern auch eine **Zuständigkeit der BNetzA** eröffnet ist, bleibt diese unberührt (Theobald/Kühling/Theobald § 46 Rn. 183). Die allgemeine Befugnis, Aufsichtsmaßnahmen zu erlassen, um ein Verhalten im Widerspruch zu § 46 EnWG abzustellen, ergibt sich aus § 65. Es ist allerdings zweifelhaft, ob die **Gemeinden zulässiger Adressat** für Maßnahmen nach § 65 wären (hier sind nur Unternehmen oder Vereinigungen von Unternehmen als Adressanten genannt). Falls es eine Kompetenz aus § 65 gibt, wäre gem. § 54 Abs. 2 S. 1 die BNetzA für deren Ausübung zuständig.

Im Übrigen können die benachteiligten Bieter Verstöße gegen § 46 und gegen das Diskriminierungsverbot und das Transparenzgebot im **ordentlichen Rechtsweg** geltend machen.

§ 46a Auskunftsanspruch der Gemeinde

¹Der bisherige Nutzungsberechtigte ist verpflichtet, der Gemeinde spätestens ein Jahr vor Bekanntmachung der Gemeinde nach § 46 Absatz 3 diejenigen Informationen über die technische und wirtschaftliche Situation des Netzes zur Verfügung zu stellen, die für eine Bewertung des Netzes im Rahmen einer Bewerbung um den Abschluss eines Vertrages nach § 46 Absatz 2 Satz 1 erforderlich sind. ²Zu den Informationen über die wirtschaftliche Situation des Netzes gehören insbesondere
1. die im Zeitpunkt der Errichtung der Verteilungsanlagen jeweils erstmalig aktivierten Anschaffungs- und Herstellungskosten gemäß § 255 des Handelsgesetzbuchs,
2. das Jahr der Aktivierung der Verteilungsanlagen,
3. die jeweils in Anwendung gebrachten betriebsgewöhnlichen Nutzungsdauern und
4. die jeweiligen kalkulatorischen Restwerte und Nutzungsdauern laut den betreffenden Bescheiden der jeweiligen Regulierungsbehörde.

EnWG § 46a   Teil 5. Planfeststellung, Wegenutzung

³Die Bundesnetzagentur kann im Einvernehmen mit dem Bundeskartellamt Entscheidungen über den Umfang und das Format der zur Verfügung zu stellenden Daten durch Festlegung gegenüber den Energieversorgungsunternehmen treffen.

Überblick

§ 46a regelt einen **Auskunftsanspruch der Gemeinde** gegenüber dem bisherigen Konzessionsnehmer. Dieser Auskunftsanspruch ist erforderlich, damit die Gemeinde ein den Anforderungen von § 46 genügendes Konzessionierungsverfahren vorbereiten und durchführen kann (→ Rn. 1 ff.). Der Anspruch ist spätestens **ein Jahr vor Bekanntmachung** iSv § 46 Abs. 3 fällig (→ Rn. 3 ff.) und bezieht sich auf alle Informationen, die für die Bewertung des Netzes relevant sind (→ Rn. 9 ff.). Die BNetzA kann den Anspruch durch Festlegung konkretisieren (→ Rn. 23). Hinsichtlich der Gesetzgebungsgeschichte wird auf die Kommentierung zu § 46 verwiesen (→ § 46 Rn. 26 f.).

Übersicht

	Rn.		Rn.
A. Sinn und Zweck des Auskunftsanspruchs	1	III. Wirtschaftliche Informationen (S. 2)	14
		1. Anschaffungs- und Herstellungskosten (S. 2 Nr. 1)	15
B. Voraussetzungen und Fälligkeit des Auskunftsanspruchs (S. 1)	3	2. Jahr der Aktivierung (S. 2 Nr. 2)	16
C. Umfang des Auskunftsanspruchs (S. 1 und 2)	9	3. Betriebsgewöhnliche Nutzungsdauern (S. 2 Nr. 3)	17
I. Für die Bewertung des Netzes „erforderlich"	10	4. Kalkulatorische Restwerte und Nutzungsdauern (S. 2 Nr. 4)	18
		5. Weitere wirtschaftliche Informationen	20
II. Technische Informationen	12	D. Festlegungskompetenz der BNetzA (S. 3)	23

A. Sinn und Zweck des Auskunftsanspruchs

1   Der Auskunftsanspruch aus § 46a **sichert die Gemeinde ab**, die dafür verantwortlich ist, das Konzessionierungsverfahren im Einklang mit § 46 durchzuführen. Dies verlangt gem. § 46 Abs. 3 S. 1 auch, dass die Gemeinde im Rahmen der Bekanntmachung darüber informiert, dass und wie Bewerber die netzbezogenen Informationen einsehen können (→ § 46 Rn. 94). Es gehört damit zu den zwingenden Mindestanforderungen, dass die Gemeinde netzbezogene Informationen im Konzessionierungsverfahren bereitstellt. Insoweit ist sie auf die **Zuarbeit des bisherigen Konzessionärs** angewiesen, die dieser nach Maßgabe von § 46a schuldet.

2   Die Bereitstellung der Informationen, die Gegenstand des Auskunftsanspruchs sind, schafft zwischen den (möglichen) Bewerbern auf die Konzession einen **Informationsgleichstand** im Hinblick auf die bewerbungsrelevanten Informationen zum Netz. Dieser ist Voraussetzung eines **diskriminierungsfreien Wettbewerbs** um das Netz. Würden die in § 46a genannten Informationen nicht gegenüber allen Konzessionsbewerbern mitgeteilt, käme es zwangsläufig zu einem Informationsvorsprung des Alt-Konzessionärs und damit zu einem Wettbewerbsvorteil für diesen. Darüber hinaus schaffen die Informationen iSv § 46a die notwendige **Entscheidungsgrundlage**, damit Bewerber sachgerecht beurteilen können, ob sie sich am Wettbewerb um die Konzession beteiligen wollen.

B. Voraussetzungen und Fälligkeit des Auskunftsanspruchs (S. 1)

3   Der Anspruch aus § 46a wird gem. Satz 1 spätestens **ein Jahr vor der Bekanntmachung** iSv § 46 Abs. 3 S. 1 fällig. Die Bekanntmachung wiederum muss spätestens zwei Jahre vor Ende des laufenden Konzessionsvertrages erfolgen (§ 46 Abs. 3 S. 1). Es wäre aber auch zulässig, die Bekanntmachung noch früher durchzuführen. Will die Gemeinde von dieser Möglichkeit Gebrauch machen, wird auch der Auskunftsanspruch aus § 46a entsprechend früher fällig. Mit Fälligkeit des Anspruchs hat der bestehende Konzessionär sämtliche in Satz 2 genannten Informationen vorzulegen. Die **einheitliche Fälligkeit** des gesamten Anspruchs

schließt es aus, dass der Alt-Konzessionär einen Teil der Informationen erst zu einem späteren Verfahrensstadium vorlegt (BGH ZNER 2015, 340 Rn. 11 ff. = BeckRS 2015, 10242 – Gasnetz Springe).

Da es sich bei § 46a um einen gesetzlichen Anspruch handelt, ist seine **zeitliche Anwend-** 4
barkeit nicht davon abhängig, wann der auslaufende Konzessionsvertrag abgeschlossen worden ist. § 46a gilt damit auch, wenn ein Konzessionsvertrag ausläuft, der vor Inkrafttreten von § 46a abgeschlossen worden ist (BGH ZNER 2015, 340 Rn. 10 = BeckRS 2015, 10242 – Gasnetz Springe).

Der aktuelle Konzessionsnehmer kann die Herausgabe der Informationen iSv § 46a nicht 5
unter Berufung auf den **Schutz seiner Geschäftsgeheimnisse** verweigern. Dieser Einwand ist nicht geregelt und auch nicht aus verfassungsrechtlichen Gründen erforderlich, weil das Informationsinteresse der Gemeinde das Geheimhaltungsinteresse des Konzessionsnehmers überwiegt (BGH ZNER 2015, 340 Rn. 22 ff. = BeckRS 2015, 10242 – Gasnetz Springe). Das Informationsinteresse der Gemeinde ist deshalb vorrangig, weil die Informationen erst die Durchführung eines im Allgemeininteresse liegenden diskriminierungsfreien Wettbewerbs ermöglichen.

Allerdings kann der Konzessionär die Herausgabe der Informationen vom Abschluss einer 6
Vertraulichkeitsvereinbarung mit der Gemeinde abhängig machen, sofern die Bedingungen der Vereinbarung angemessen sind. In der Vertraulichkeitsvereinbarung kann sich die Gemeinde verpflichten, die netzbezogenen Informationen nur dann an die Interessenten weiterzugeben, wenn sich diese zuvor ebenfalls gegenüber der Gemeinde zur vertraulichen Behandlung verpflichtet haben. Schließlich verlangt § 46 Abs. 3 S. 2 nicht, dass die netzbezogenen Informationen der gesamten Öffentlichkeit zur Verfügung gestellt werden (→ § 46 Rn. 94).

Ggf. kann zusätzlich noch ein **vertraglicher Informationsanspruch** der Gemeinde 7
gegen den Alt-Konzessionär bestehen, sofern ein solcher im Konzessionsvertrag vereinbart worden ist. Derartige vertragliche Informationsansprüche können in Umfang und Fälligkeit über den gesetzlichen Informationsanspruch aus § 46a hinausgehen.

Gläubiger des Informationsanspruchs aus § 46a ist die Gemeinde. Ein direkter Anspruch 8
der Interessenten gegen den Alt-Konzessionär besteht in dieser Phase des Verfahrens noch nicht. Sollte das Konzessionierungsverfahren mit einem Wechsel des Konzessionsnehmers abgeschlossen werden, ergibt sich aus § 46 Abs. 2 S. 2 ein eigenständiger gesetzlicher **Informationsanspruch des Neu-Konzessionärs** gegen den Alt-Konzessionär (→ § 46 Rn. 136). Dieser Informationsanspruch besteht auch nach Abschluss des Vertrages über die Überlassung bzw. den Kauf der Netzanlagen fort (BKartA/BNetzA, Gemeinsamer Leitfaden zur Vergabe von Strom- und Gaskonzessionen, 2. Aufl. 2015, Rn. 48).

C. Umfang des Auskunftsanspruchs (S. 1 und 2)

Gemäß Satz 1 umfasst der Auskunftsanspruch alle **technischen** und **wirtschaftlichen** 9
Informationen, die für eine Bewertung des Netzes im Rahmen einer Bewerbung auf die Konzession **erforderlich** sind.

I. Für die Bewertung des Netzes „erforderlich"

„Erforderlich" sind alle Informationen, die ein möglicher Bieter benötigt, um nach wirt- 10
schaftlichen Gesichtspunkten entscheiden zu können, ob er sich auf die Konzession bewerben will. Der Umfang des Auskunftsanspruchs richtet sich damit nach dem legitimen **Informationsbedürfnis** eines möglichen Bieters.

Herauszugeben sind in erster Linie alle Daten, die sich auf die Höhe der im Netzbetrieb 11
erzielbaren Einnahmen und auf die Bestimmung des **Netzkaufpreises** auswirken. Über den Wortlaut hinaus sind aber auch Informationen zu allen Umständen geschuldet, die sich auf die Höhe der möglichen **Kosten der Netzübernahme** auswirken. Denn auch diese anfänglichen Kosten wirken sich auf die erzielbare Rendite aus.

II. Technische Informationen

Der Begriff der technischen Informationen ist – anders als der Begriff der wirtschaftlichen 12
Informationen – gesetzlich nicht konkretisiert. Hierzu gehören u.a. die **Angaben zur Netz-**

EnWG § 46a Teil 5. Planfeststellung, Wegenutzung

struktur (BKartA/BNetzA, Gemeinsamer Leitfaden zur Vergabe von Strom- und Gaskonzessionen, 2. Aufl. 2015, Rn. 40), insbesondere zu Art, Umfang und Alter der Netzkomponenten; zu Besonderheiten des Elektrizitäts- bzw. Rohrleitungsnetzes (zB verbaute Materialien); und **Netzstrukturdaten iSv § 27 Abs. 2 StromNEV/§ 27 Abs. 2 GasNEV**. Darüber hinaus sind Angaben zu den **Netzabsatzmengen** im Konzessionsgebiet (bei Stromnetzen einschließlich **Einspeiserdaten**); möglicherweise vorliegende Schadensberichte und einen **Netzplan** vorzulegen, in dem Netzverknüpfungspunkte, Trafo- und Ortsnetz- bzw. Gasdruckregelstationen und Spannungsebenen bzw. Druckstufen eingetragen sind, sowie die Leitungen, die nicht gem. § 46 Abs. 2 S. 2 dem Neu-Konzessionär zu überlassen wären (→ § 46 Rn. 125).

13   Darüber hinaus hat der Alt-Konzessionär ggf. ein sog. **Netztrennungskonzept** vorzulegen, aus dem sich ergibt, durch welche technischen Maßnahmen das Netz im jeweiligen Konzessionsgebiet vom umliegenden Netz abgetrennt werden müsste. Ein solches Netztrennungskonzept ist allerdings nur dann erforderlich, wenn das Netz innerhalb des konkret ausgeschriebenen Konzessionsgebiet Teil eines größeren über das ausgeschriebene Konzessionsgebiet hinausreichenden Netzes ist und von diesem **noch nicht technisch getrennt** worden ist. Kommt es in einer solchen Konstellation zu einem Konzessionswechsel, müsste der Neu-Konzessionär die Netztrennung auf eigene Kosten durchführen. Für den Bewerber ist es daher erforderlich, die zur Netztrennung **notwendigen Maßnahmen** im Vorfeld zu kennen. Daher muss das Netztrennungskonzept auch Angaben zu den voraussichtlichen **Kosten der Netztrennung** enthalten.

III. Wirtschaftliche Informationen (S. 2)

14   Welche Daten zu den erforderlichen wirtschaftlichen Informationen gehören, hat der Gesetzgeber 2017 in § 46a S. 2 konkretisiert. Dabei hat der Gesetzgeber die hierzu bereits ergangene **Rechtsprechung des BGH** (BGH ZNER 2015, 340 = BeckRS 2015, 10242 – Gasnetz Springe) übernommen. Im Einzelnen hat der Alt-Konzessionär folgende Informationen vorzulegen:

1. Anschaffungs- und Herstellungskosten (S. 2 Nr. 1)

15   Gemäß Satz 2 Nummer 1 sind die historischen Anschaffungs- und Herstellungskosten der ggf. zu überlassenden Netzanlagen mitzuteilen. Diese Informationen werden in der Regel gebündelt übermittelt in Form einer Tabelle, der sich entnehmen lässt, für welche Art von Anlagegut (Anlagengruppe) in welchem Jahr welche Kosten aktiviert worden sind. Die Aufstellung wird üblicherweise nach den Anlagengruppen in Anlage 1 zur StromNEV/GasNEV strukturiert.

2. Jahr der Aktivierung (S. 2 Nr. 2)

16   Gemäß Satz 2 Nummer 2 ist anzugeben, in welchem Jahr die Kosten iSv Satz 2 Nummer 1 aktiviert worden sind.

3. Betriebsgewöhnliche Nutzungsdauern (S. 2 Nr. 3)

17   Gemäß Satz 2 Nummer 3 ist anzugeben, mit welcher Nutzungsdauer die einzelnen Anlagengruppen abgeschrieben werden. Der bei der Ermittlung der Erlösobergrenze zulässige Rahmen der betriebsgewöhnlichen Nutzungsdauern ergibt sich aus **Anlage 1 zur StromNEV/GasNEV**. Innerhalb dieses Spielraums kann der Netzbetreiber die betriebsgewöhnlichen Nutzungsdauern ansetzen. Der Alt-Konzessionär hat mitzuteilen, welche Nutzungsdauern er angesetzt hat.

4. Kalkulatorische Restwerte und Nutzungsdauern (S. 2 Nr. 4)

18   Gemäß Satz 2 Nummer 4 sind Angaben zu den durch die Regulierungsbehörde angesetzten kalkulatorischen Restwerten und kalkulatorischen Nutzungsdauern der zum Netz gehörenden Anlagengüter vorzulegen. Durch diese Informationen sollen die Bewerber den wirtschaftlichen Wert des Energienetzes bestimmen können. Denn im Falle des Zuschlags würde

der Bieter die genehmigten (kalkulatorischen) Restwerte der Anlagen vom Alt-Konzessionär übernehmen. Diese Restwerte gehen weiterhin in die Errechnung der Erlösobergrenze ein und wirken sich daher auf die Höhe des mit dem Netz erzielbaren Ertrags aus.

Anders als Nummern 1–3 bezieht sich Satz 2 Nummer 4 auf die Nutzungsdauern und Restwerte, wie sie von der Regulierungsbehörde anerkannt worden sind. In aller Regel dürften sich die von Nummer 4 erfassten Informationen mit den in Nummern 1–3 genannten Informationen decken. 19

5. Weitere wirtschaftliche Informationen

Da die Aufzählung in Satz 2 nicht abschließend ist („insbesondere"), können auch noch weitere wirtschaftliche Informationen geschuldet sein, sofern sie für die Bewertung des Netzes aus Sicht möglicher Bewerber erforderlich sind. 20

Zu den weiteren nicht ausdrücklich aufgezählten Informationen gehört die Höhe der erhaltenen und noch nicht aufgelösten **Netzanschlussbeiträge** und **Baukostenzuschüsse.** Diese Einnahmen werden gem. § 9 StromNEV/§ 9 GasNEV über 20 Jahre aufgelöst und kostenmindernd angerechnet. Sie reduzieren daher die Erlösobergrenze. 21

Angaben zur Höhe der **Einnahmen aus der Konzessionsabgabe** muss der Alt-Konzessionär nicht vorlegen (aA BKartA/BNetzA, Gemeinsamer Leitfaden zur Vergabe von Strom- und Gaskonzessionen, 2. Aufl. 2015, Rn. 40). Zum einen sind diese Informationen der Gemeinde selbst bekannt. Zum anderen handelt es sich bei den Einnahmen aus der Konzessionsabgabe für den Konzessionsnehmer um einen „durchlaufenden Posten". Dessen Höhe kann sich daher nicht auf die Entscheidung über die Bewerbung um das Netz auswirken. Der Bewerber hat daher insoweit kein Informationsinteresse. 22

D. Festlegungskompetenz der BNetzA (S. 3)

Die BNetzA kann gem. Satz 3 im Einvernehmen mit dem BKartA durch Festlegung iSv § 29 weitere Vorgaben an das Format machen, in dem die Informationen zur Verfügung zu stellen sind. Von dieser Möglichkeit hat die BNetzA bisher nicht Gebrauch gemacht. 23

§ 47 Rügeobliegenheit, Präklusion

(1) ¹Jedes beteiligte Unternehmen kann eine Rechtsverletzung durch Nichtbeachtung der Grundsätze eines transparenten und diskriminierungsfreien Verfahrens nach § 46 Absatz 1 bis 4 nur geltend machen, soweit es diese nach Maßgabe von Absatz 2 gerügt hat. ²Die Rüge ist in Textform gegenüber der Gemeinde zu erklären und zu begründen.

(2) ¹Rechtsverletzungen, die aufgrund einer Bekanntmachung nach § 46 Absatz 3 erkennbar sind, sind innerhalb der Frist aus § 46 Absatz 4 Satz 4 zu rügen. ²Rechtsverletzungen, die aus der Mitteilung nach § 46 Absatz 4 Satz 4 erkennbar sind, sind innerhalb von 15 Kalendertagen ab deren Zugang zu rügen. ³Rechtsverletzungen im Rahmen der Auswahlentscheidung, die aus der Information nach § 46 Absatz 5 Satz 1 erkennbar sind, sind innerhalb von 30 Kalendertagen ab deren Zugang zu rügen. ⁴Erfolgt eine Akteneinsicht nach Absatz 3, beginnt die Frist nach Satz 3 für den Antragsteller erneut ab dem ersten Tag, an dem die Gemeinde die Akten zur Einsichtnahme bereitgestellt hat.

(3) ¹Zur Vorbereitung einer Rüge nach Absatz 2 Satz 3 hat die Gemeinde jedem beteiligten Unternehmen auf Antrag Einsicht in die Akten zu gewähren und auf dessen Kosten Ausfertigungen, Auszüge oder Abschriften zu erteilen. ²Der Antrag auf Akteneinsicht ist in Textform innerhalb einer Woche ab Zugang der Information nach § 46 Absatz 5 Satz 1 zu stellen. ³Die Gemeinde hat die Einsicht in die Unterlagen zu versagen, soweit dies zur Wahrung von Betriebs- oder Geschäftsgeheimnissen geboten ist.

(4) Hilft die Gemeinde der Rüge nicht ab, so hat sie das rügende Unternehmen hierüber in Textform zu informieren und ihre Entscheidung zu begründen.

Peiffer

(5) ¹Beteiligte Unternehmen können gerügte Rechtsverletzungen, denen die Gemeinde nicht abhilft, nur innerhalb von 15 Kalendertagen ab Zugang der Information nach Absatz 4 vor den ordentlichen Gerichten geltend machen. ²Es gelten die Vorschriften der Zivilprozessordnung über das Verfahren auf Erlass einer einstweiligen Verfügung. ³Ein Verfügungsgrund braucht nicht glaubhaft gemacht zu werden.

(6) Ein Vertrag nach § 46 Absatz 2 darf erst nach Ablauf der Fristen aus Absatz 2 Satz 3 und Absatz 5 Satz 1 geschlossen werden.

Überblick

§ 47 regelt für **drei Schritte** des Konzessionierungsverfahrens eine Obliegenheit der beteiligten Bieter, diese erkennbaren Rechtsverletzungen bereits im Verfahren zu rügen (→ Rn. 5 ff.). Für die drei Rügeobliegenheiten gelten jeweils **unterschiedliche Fristen,** innerhalb derer die Rüge erhoben werden muss. Das **Rügeverfahren** läuft stets in zwei Stufen ab: Zunächst muss die Rüge textförmig bei der Gemeinde erhoben werden (**gemeindliches Rügeverfahren,** → Rn. 24 ff.). Hilft die Gemeinde der Rüge nicht ab, ist sie im Wege des einstweiligen Rechtsschutzes weiterzuverfolgen (**gerichtliches Rügeverfahren,** → Rn. 30 ff.).

Rügt der Bieter erkennbare Rechtsverstöße nicht innerhalb der dafür vorgesehenen Fristen, droht er gem. Absatz 1, in nachfolgenden gerichtlichen Auseinandersetzungen mit seinen Einwendungen **präkludiert** zu sein (→ Rn. 45 ff.). Die in § 47 geregelten Rügeobliegenheiten und Präklusionswirkungen sollen die Rechtssicherheit von Konzessionierungsverfahren erhöhen (→ Rn. 1).

Übersicht

	Rn.		Rn.
A. Sinn und Zweck und Normgeschichte	1	I. Gemeindliches Rügeverfahren	24
		1. Inhalt, Form und Übermittlung der Rüge	24
B. Die drei zeitlich gestuften Rügeobliegenheiten (Abs. 2)	5	2. Prüfung der Rüge durch die Gemeinde	27
I. Rügeobliegenheit anlässlich der verfahrenseröffnenden Bekanntmachung (Abs. 2 S. 1)	6	3. Abhilfe durch die Gemeinde	28
		4. Keine Abhilfe durch die Gemeinde	29
II. Rügeobliegenheit anlässlich der Mitteilung der Auswahlkriterien und deren Gewichtung (Abs. 2 S. 2)	8	II. Gerichtliches Rügeverfahren	30
		1. Ziel des einstweiligen Rechtsschutzes	31
		2. Begründetheit des einstweiligen Rechtsschutzes	33
III. Rügeobliegenheit anlässlich der Information an unterlegene Bieter (Abs. 2 S. 3)	11	3. Zulässigkeitsfragen	41
		III. Fortsetzung Konzessionierungsverfahren nach Abschluss Rügeverfahren	43
1. Vorbereitende Akteneinsicht (Abs. 3)	13		
2. Rügefrist	19	D. Rechtsfolge nicht obligationsgemäßer Rügen (Abs. 1)	45
C. Erhebung der Rüge (Abs. 1 S. 1, Abs. 4, 5)	22	E. Vertragssperre (Abs. 6)	49

A. Sinn und Zweck und Normgeschichte

1 Das in § 47 geregelte Rüge- und Präklusionssystem soll die **Rechtssicherheit** des gesamten Konzessionierungsverfahrens **erhöhen.** Dies erschien dem Gesetzgeber erforderlich, weil Fehler im Verfahren die Gesamtnichtigkeit des neu abgeschlossenen Wegenutzungsrechtsvertrages sowie das Erfordernis einer Verfahrenswiederholung zur Folge haben können (BT-Drs. 18/8184, 16). Durch das Instrument der Rüge wird die Gemeinde in die Lage versetzt, **Fehler** noch im Konzessionierungsverfahren **zu korrigieren.**

2 Gleichzeitig kann sich die Gemeinde darauf verlassen, dass die Konzessionierungsentscheidung nicht im Nachhinein wegen Einwänden beanstandet wird, die bereits während des Verfahrens hätten geltend gemacht werden können. Damit sind viele — wenn auch nicht alle (→ Rn. 46) — **Einwendungen** gegen die Konzessionierungsentscheidung und gegen die

Wirksamkeit des Konzessionsvertrages **abgeschnitten.** Ohne eine solche Präklusionswirkung ist die Gefahr deutlich größer, dass sich erst nach **jahrelangem Rechtsstreit** herausstellt, dass gar kein wirksamer Konzessionsvertrag besteht. Ein derartig **langer Schwebezustand** bedeutet sowohl für die Gemeinde als auch für den neuen Wegenutzungsberechtigten erhebliche **Planungsunsicherheit** und macht möglicherweise erforderliche Netzausbaumaßnahmen über Jahre hinweg unmöglich.

Das Rüge- und Präklusionssystem in § 47 wurde erst 2017 eingeführt (→ § 46 Rn. 28 **3** zur Gesetzgebungsgeschichte). Bereits zuvor hatte der BGH entschieden, dass Bewerbern eine rechtswidrige Auswahlentscheidung zuzumuten sei, sofern sie bereits im Verfahren ausreichend Gelegenheit hatten, ihre Rechte zu wahren, von dieser Möglichkeit aber keinen Gebrauch gemacht haben. Nach Auffassung des BGH komme dies – in Anlehnung an den **Rechtsgedanken von § 101a GWB aF** – insbesondere dann in Betracht, wenn die Gemeinde den Bewerbern die beabsichtigte Auswahlentscheidung mitteilt und den Konzessionsvertrag 15 Kalendertage nach Absendung der Information abschließt (BGH 17.12.2013 – KZR 66/12, EnWZ 2014, 274 Rn. 108 f. – Stromnetz Berkenthin). Diese Rechtsprechung des BGH hat der Gesetzgeber in § 47 übernommen.

Gleichzeitig hat der Gesetzgeber mit der Einführung von § 47 **konkretisiert,** in welcher **4** Form Bewerber ihre Einwendungen geltend machen müssen, um nicht präkludiert zu sein. Dies hatte der BGH offengelassen, sodass insoweit Rechtsunsicherheit herrschte. Nach dem Rüge- und Präklusionssystem von § 47 müssen Bieter erkennbare Verfahrensverstöße bereits **im jeweiligen Verfahrensstadium** gegenüber der Gemeinde geltend machen und ggf. auch durch einstweiligen Rechtsschutz vor den ordentlichen Gerichten.

B. Die drei zeitlich gestuften Rügeobliegenheiten (Abs. 2)

Gemäß Absatz 2 greifen an folgenden **drei Stufen** des Konzessionierungsverfahrens **5** Rügeobliegenheiten: Nach der verfahrenseröffnenden **Bekanntmachung** gem. § 46 Abs. 3 (→ Rn. 6), nach der **Mitteilung** der Auswahlkriterien und ihrer Gewichtung gem. § 46 Abs. 4 S. 4 (→ Rn. 8) und nach der **Information** an die unterlegenen Bieter über die Auswahlentscheidung gem. § 46 Abs. 5 S. 1 (→ Rn. 11).

Die **zeitliche Anwendbarkeit** von § 47 auf **„Alt-Verfahren"** ist in § 118 Abs. 23 geregelt. Dem- **5.1** nach findet das Rüge- und Präklusionssystem auch auf Konzessionierungsverfahren Anwendung, die bereits vor dem Inkrafttreten von § 47 am 3.2.2017 begonnen worden sind und bis heute noch nicht rechtswirksam abgeschlossen sind (weil sie bspw. noch Gegenstand gerichtlicher Verfahren sind). Im Hinblick auf den Vertrauensschutz der Bieter beginnen die Rügefristen bei solchen „Alt-Verfahren" aber erst dann zu laufen, wenn den Bietern ein ausdrückliche „Aufforderung zur Rüge" zugegangen ist.

I. Rügeobliegenheit anlässlich der verfahrenseröffnenden Bekanntmachung (Abs. 2 S. 1)

Die erste Rügeobliegenheit im Konzessionierungsverfahren greift gem. Absatz 2 Satz 1 **6** gleich mit der in § 46 Abs. 3 geregelten Bekanntmachung, mit der das Konzessionierungsverfahren formell gestartet wird. Diese Rügeobliegenheit betrifft also den Zeitraum bis zur Interessensbekundung. Rechtsverletzungen, die aufgrund der Bekanntmachung erkennbar sind, sind innerhalb der **Interessensbekundungsfrist** zu rügen. Die maßgebliche Interessensbekundungs- und damit Rügefrist ist in der Bekanntmachung selbst angegeben, muss aber **mindestens drei Monate** betragen (vgl. § 46 Abs. 4 S. 3).

Allerdings kann der Bieter nur solche Fehler rügen, die ihn in seinen subjektiven Rechten **7** verletzen können („**Rechtsverletzungen**"). Der Bieter kann keine allgemeine Rechtmäßigkeitskontrolle erreichen. Rügefähig wäre es beispielsweise, wenn die Gemeinde für die Abgabe der Interessensbekundungen eine zu kurze Frist setzt oder den Hinweis auf den Zugang zu den Informationen iSv § 46a fehlt. Denn diese Fehler würden den Bieter in seinen Teilnahmerechten im Wettbewerb beeinträchtigen.

II. Rügeobliegenheit anlässlich der Mitteilung der Auswahlkriterien und deren Gewichtung (Abs. 2 S. 2)

8   Die zweite Rügeobliegenheit wird durch die in § 46 Abs. 4 S. 4 geregelte Mitteilung der Gemeinde an die interessierten Bieter ausgelöst. Bei dieser Mitteilung handelt es sich um den sog. **(ersten) Verfahrensbrief,** in dem die Gemeinde insbesondere die Auswahlkriterien und deren Gewichtung zueinander mitteilt. Auch diese Rügeobliegenheit fällt in den Zeitraum vor Abgabe des Angebots.

9   Durch die Rügeobliegenheit werden Bieter dazu angehalten, unmittelbar nach Erhalt der Mitteilung über die anwendbaren Kriterien und deren Gewichtung zu prüfen, ob die Kriterien rechtmäßig formuliert und angemessen gewichtet sind (→ § 46 Rn. 56 ff. zu den Anforderungen an die Kriterien). Weist der Kriterienkatalog insoweit Fehler auf, sind diese innerhalb einer **Frist von 15 Kalendertagen** zu rügen. Allerdings können nur solche Fehler gerügt werden, die den Bieter in seinen subjektiven Rechten verletzen können; eine allgemeine Rechtmäßigkeitskontrolle kann der Bieter nicht erzwingen. Der Bieter kann demnach nur solche Fehler rügen, durch die seine **Chancen im Wettbewerb** um die Konzession beeinträchtigt werden können. Diskriminierend oder intransparent gestaltete Auswahlkriterien sind daher stets rügefähig. Neben der Nennung der Kriterien und deren Gewichtung können auch alle anderen im Verfahrensbrief enthaltenen Inhalte die Rügeobliegenheit auslösen (Kment EnWG/Huber § 47 Rn. 15). Dabei ist allerdings im Einzelfall zu prüfen, ob der Fehler zu einer subjektiven Rechtsverletzung führen kann.

10 Sofern die Gemeinde im Verfahren **weitere Verfahrensbriefe** an die Bieter schickt, können auch diese jedenfalls dann die Rügeobliegenheit auslösen, wenn sie Informationen zu den anwendbaren Kriterien und deren Gewichtung enthalten.

III. Rügeobliegenheit anlässlich der Information an unterlegene Bieter (Abs. 2 S. 3)

11 Die dritte und letzte Rügeobliegenheit besteht gem. Absatz 2 Satz 3 bei Erhalt des **Absageschreibens** iSv § 46 Abs. 5 S. 1, durch das die Gemeinde die unterlegenen Bieter darüber informiert, dass und warum der neue Konzessionsvertrag nicht mit ihnen abgeschlossen werden soll. In zeitlicher Hinsicht greift diese Rügeobliegenheit also **nach der Auswahlentscheidung.**

12 Rügefähig sind beispielsweise eine ungenügende Begründung der Ablehnung des Angebots, falsche Fristberechnungen, eine fehlerhafte Wertung der Angebote oder eine unzureichende Dokumentation der Wertung (Kment EnWG/Huber § 47 Rn. 16).

1. Vorbereitende Akteneinsicht (Abs. 3)

13 Um eine Rüge nach Absatz 2 Satz 3 sachgerecht vorbereiten zu können, kann der Bieter gem. Absatz 3 Einsicht in die Akten des Konzessionierungsverfahrens nehmen. Der Antrag auf Akteneinsicht muss gem. Absatz 3 Satz 2 innerhalb **einer Woche ab Zugang des Absageschreibens** in Textform gestellt werden. Akteneinsicht kann jeder Bieter beantragen, dem ein Absageschreiben iSv § 46 Abs. 5 S. 1 zugegangen ist. Der Antrag muss nicht begründet werden.

14 **a) Umfang Anspruch auf Akteneinsicht.** Der Anspruch auf Akteneinsicht bezieht sich auf diejenigen Akten, die zur Vorbereitung der Rüge gem. Absatz 2 Satz 3 erforderlich sind, umfasst also alle Dokumente, die die Auswahlentscheidung betreffen (Auswertungsvermerk, Konkurrenzangebote, Besprechungsprotokolle, Protokolle Bietergespräche, etc) bzw. Hinweise darauf geben können, welche Aspekte in die Auswahlentscheidung eingeflossen sind. Der Anspruch auf Akteneinsicht setzt nicht voraus, dass der Bieter bereits eine konkrete Rechtsverletzung darlegt (OLG Düsseldorf 4.11.2020 – I-27 U 3/20 Rn. 41, BeckRS 2020, 32415). Denn die Akteneinsicht dient ja der Vorbereitung einer möglichen Rüge, deren Inhalt im Vorfeld noch nicht feststehen kann.

15 Allerdings bezieht sich der Anspruch nur auf diejenigen Bestandteile der Akte, die **erforderlich** sind oder sein können zur **Durchsetzung der subjektiven Rechte** des betroffenen Bieters (Kment EnWG/Huber § 47 Rn. 22). Die Gemeinde kann daher die Einsicht in solche Dokumente verweigern, die zur Begründung von Rechtsverstößen bei der Auswahlentscheidung keine Relevanz haben können.

b) Verweigerungsrecht der Gemeinde. Die Gemeinde hat grundsätzlich keinen Entscheidungsspielraum und kann die Gewährung der Akteneinsicht nicht verweigern. Die einzige Ausnahme regelt Absatz 3 Satz 3. Demnach kann die Akteneinsicht **insoweit** versagt werden, wie dies zur Wahrung von **Betriebs- und Geschäftsgeheimnissen** anderer Bewerber geboten ist. Diese Ausnahme ist **eng auszulegen** („soweit") und ermöglicht es der Gemeinde nur, Passagen mit sensiblen Informationen zu schwärzen. Eine weitergehende Verweigerung der Akteneinsicht ist nicht möglich. **16**

Die Gemeinde muss im Rahmen der Behandlung des Gesuchs auf Akteneinsicht **prüfen**, ob Betriebs- und Geschäftsgeheimnisse anderer Bieter entgegenstehen. Bei Zweifeln hat sie ggf. den anderen möglicherweise schutzwürdigen Bietern **rechtliches Gehör** zu gewähren. Diese können dann ihre Wünsche im Hinblick auf die durchzuführenden Schwärzungen mitteilen. Die Gemeinde muss sodann ggf. selbst durch **Abwägung** entscheiden, inwieweit ein anerkennenswertes Geheimhaltungsinteresse anderer Bieter besteht und wie es ggf. in einen angemessenen Ausgleich gebracht werden kann zum Rügerecht des unterlegenen Bieters (OLG Düsseldorf 4.11.2020 – I-27 U 3/20 Rn. 48, BeckRS 2020, 32415). Würde die Gemeinde demgegenüber allein deshalb die Akteneinsicht ganz oder teilweise verweigern, weil das Konkurrenzunternehmen dies wünscht, und keine eigene Abwägungsentscheidung treffen, handelt sie rechtswidrig. **17**

Verweigert die Gemeinde die Akteneinsicht rechtswidrig, kann der Bieter dies im Rahmen des gemeindlichen und gerichtlichen **Rügeverfahrens** geltend machen (→ Rn. 36). Der Bieter muss also seinen Anspruch auf Akteneinsicht nicht isoliert gerichtlich durchsetzen, sondern kann die aus der rechtswidrig verweigerten Akteneinsicht resultierende Rechtsverletzung durch Rüge gegenüber der Gemeinde und sodann gerichtlich gem. Absatz 5 Satz 1 geltend machen. **17.1**

Die Rüge ist in diesem Fall schon dann begründet, wenn die **Akteneinsicht zu Unrecht verweigert** worden ist und der Bieter dadurch in seinen Rechten verletzt worden ist, weil er die Rüge nicht ordnungsgemäß begründen konnte. Das Gericht wird dann durch einstweilige Verfügung der Gemeinde aufgeben, Akteneinsicht zu gewähren. Sobald die Gemeinde in Erfüllung der gerichtlichen Verfügung Akteneinsicht gewährt hat, beginnt die Rügefrist gem. Absatz 2 Satz 4 erneut zu laufen und der Bieter kann ggf. erneut Rüge gegen die Bieterinformation erheben. **17.2**

c) Form der Akteneinsicht. Den Anspruch erfüllt die Gemeinde dadurch, dass sie dem Antragsteller Einsicht in die Akten gewährt. Hierzu können die Akten beispielsweise im Rathaus oder in einem sog. elektronischen Datenraum bereitgestellt werden. Auf Wunsch und Kosten des Bewerbers ist die Gemeinde ferner verpflichtet, Ausfertigungen, Auszüge oder Abschriften der Akten zu erteilen. **18**

d) Beanstandung der gewährten Akteneinsicht. Hat die Gemeinde die Akteneinsicht nur unzureichend bzw. unvollständig gewährt, muss der Bewerber dies im Wege der Rüge gegenüber der Gemeinde beanstanden (→ Rn. 24 ff.). Die **Rügeobliegenheit aus § 47 Abs. 2 Satz 3** greift auch insoweit, weil die Auswahlentscheidung aufgrund unvollständiger Akteneinsicht intransparent ist. Es handelt sich also um eine „Rechtsverletzung im Rahmen der Auswahlentscheidung" i.S.v. § 47 Abs. 2 S. 3. Soweit die Rüge allein gegen die Akteneinsicht gerichtet ist, läuft die 30-Tage-Frist iSv § 47 Abs. 2 Satz 3 ab dem Zeitpunkt, in dem die Gemeinde die (beanstandete) Akteneisicht gewährt hat. **18a**

In seinem Anspruch auf ein diskriminierungsfreies und transparentes Verfahren ist der Bewerber dann verletzt, wenn die Wertungsentscheidung in einem Auswahlkriterium aufgrund **ungerechtfertigter Schwärzungen** der Akte für den Bewerber intransparent ist (OLG Dresden 7.10.2020 – U 1/20 Kart Rn. 26 ff.; OLG Celle 5.8.2022 – 13 U 81/21 Rn. 11). Die unzureichend gewährte Akteneinsicht ist **isoliert und unabhängig von Sachrügen** rügefähig (im gemeindlichen und anschließend im gerichtlichen Rügeverfahren). Die Rüge ist allein wegen der unvollständigen Akteneinsicht begründet, unabhängig davon, ob der Bewerber auch durch die Auswahlentscheidung selbst in seinen Rechten verletzt ist (LG München 11.3.2022 – 37 O 14213/21 Rn. 46 ff.). **18a.1**

2. Rügefrist

Die Rüge anlässlich der Bieterinformation iSv § 46 Abs. 5 S. 1 muss gem. Absatz 1 Satz 2 textförmig gegenüber der Gemeinde erhoben werden. Die Frist hierfür beträgt **30 Kalendertage** und beginnt mit Zugang des Absageschreibens beim Bieter zu laufen (vgl. Absatz 2 **19**

Satz 3). Der Tag des Zugangs wird gem. § 187 Abs. 1 BGB nicht mitgerechnet; die Frist endet gem. § 188 Abs. 1 BGB mit Ablauf des 30. Tages.

20 Sofern der betroffene Bieter rechtzeitig (innerhalb einer Woche nach Zugang des Absageschreibens) **Akteneinsicht** beantragt hat, **beginnt die 30-Tage-Frist gem. Absatz 2 Satz 4 erneut zu laufen,** sobald die Gemeinde dem Bieter Akteneinsicht gewährt hat. Dies gilt auch dann, wenn die Akteneinsicht erst gewährt wird, nachdem die 30-Tage-Frist bereits abgelaufen ist (vgl. LG München 11.3.2022 – 37 O 14213/21 Rn. 49) (der Antrag auf Akteneinsicht muss allerdings fristgerecht gestellt werden). Der Bieter kann dann die gesamte Frist erneut ausschöpfen; fristauslösendes Ereignis ist der Zugang der Akte bzw. die anderweitige Gewährung der Akteneinsicht.

20.1 Hat die Gemeinde die Akte **per Post und vorab per E-Mail** an den Bieter übersandt, ist erst der postalische Erhalt der Akte das fristauslösende Ereignis, weil Unklarheiten beim Fristbeginn nicht zulasten des Bieters gehen dürfen (OLG Dresden 27.1.2021 – U 6/20 Kart Rn. 18).

20.2 Hat die Gemeinde Akteneinsicht – in mehreren Teilen zu unterschiedlichen Zeitpunkten gewährt (Bsp.: dem Bewerber wird zunächst nur in die unvollständige Akte Einsicht gewährt, später legt die Gemeinde weitere Teile nach; Bsp.: die Akte enthält zunächst Schwärzungen, die die Gemeinde später entfernt), soll bereits eine **Teilakteneinsicht den Lauf der Rügefrist auslösen** für Rechtsverletzungen, die aus dem bereits einsehbaren Teil der Akte erkennbar waren (OLG Stuttgart 25.5.2023 – 2 U 201/22 Rn. 118 ff.). Diese Rechtsprechung dürfte allerdings die Rügeobliegenheit für den Bewerber in unzumutbarer Weise überspannen. Denn solange die Akteneinsicht nicht vollständig und abschließend gewährt worden ist, kann vom Bewerber sinnvollerweise nicht verlangt werden, bereits eine Rüge zu erheben. Der Bewerber weiß dann ja noch gar nicht, ob sich aus der Akte weitere Anhaltspunkte für die gerügte Rechtsverletzung ergeben können.

21 Hat der Bieter verfristet, also erst **nach Ablauf der Wochenfrist** von Absatz 3 Satz 2 Akteneinsicht beantragt, und die Gemeinde dennoch Akteneinsicht gewährt (ohne hierzu gem. Absatz 3 Satz 1 verpflichtet zu sein), handelt es sich nicht um eine Akteneinsicht nach Absatz 3 und führt diese damit auch nicht zu einem Neubeginn der Frist gem. Absatz 2 Satz 4 (OLG Dresden 27.1.2021 – U 6/20 Kart Rn. 12; 11.5.2022 – U 30/21 Kart Rn. 43 ff.).

C. Erhebung der Rüge (Abs. 1 S. 1, Abs. 4, 5)

22 In allen drei Rügeobliegenheiten ist das Verfahren zur Erhebung der Rüge gleich: Im ersten Schritt ist die Rüge form- und fristgerecht **bei der Gemeinde** zu erheben (→ Rn. 24 ff.). Sofern die Gemeinde der Rüge nicht abhilft, hat der Bieter das **gerichtliche** Rügeverfahren durchzuführen (→ Rn. 30 ff.). Erst nach Abschluss des gemeindlichen und ggf. gerichtlichen Rügeverfahrens kann das Konzessionierungsverfahren fortgesetzt werden (→ Rn. 43 ff.).

23 Die Rügeobliegenheit bezieht sich ausdrücklich nur auf **erkennbare Rechtsverstöße.** Erkennbar sind nur solche Rechtsverstöße, die ein **durchschnittlich fachkundiger Bieter** bei Anwendung durchschnittlicher Sorgfalt bemerken kann. Dabei ist dem Bieter auch zuzumuten, sich fachkundig beraten zu lassen, sofern die erforderliche Expertise in seinem Unternehmen nicht vorhanden ist (OLG Karlsruhe 27.3.2019 – 6 U 113/18 Kart Rn. 78, BeckRS 2019, 26308).

23.1 Der Maßstab ist also deutlich **strenger als bei § 160 GWB.** Dort ist ein Verstoß nur dann erkennbar, wenn er so offensichtlich ist, dass er einem verständigen Bieter bei der Vorbereitung seines Angebots bzw. seiner Bewertung auffallen muss (OLG Karlsruhe 5.11.2014 – 15 Verg 6/14 Rn. 39, BeckRS 2015, 4323).

I. Gemeindliches Rügeverfahren

1. Inhalt, Form und Übermittlung der Rüge

24 Der Bieter muss die Rüge im ersten Schritt fristgerecht gem. Absatz 1 Satz 2 **in Textform** gegenüber der Gemeinde erklären und **begründen.** Die Rüge muss nicht als solche bezeichnet sein; sie muss aber zum Ausdruck bringen, dass die Maßnahme der Gemeinde beanstandet wird. Nicht ausreichend ist es, wenn nur allgemein Bedenken zum Ausdruck gebracht oder Nachfragen gestellt werden (KG 25.10.2018 – 2 U 18/18 Rn. 53, BeckRS 2018, 26808).

Die Anforderungen an die **Begründung** sind nicht besonders hoch: der Bieter muss lediglich den beanstandeten **Fehler konkret bezeichnen,** sodass die Gemeinde in die Lage versetzt wird, den Fehler zu erkennen und ggf. zu korrigieren.

Nicht ausreichend ist es, wenn der Bieter lediglich pauschal die Fehlerhaftigkeit des Konzessionierungsverfahrens angreift, nur die abstrakte Möglichkeit einer Rechtsverletzung in den Raum stellt oder „ins Blaue hinein" Behauptungen aufstellt (OLG Stuttgart 6.6.2019 – 2 U 218/18 Rn. 74, BeckRS 2019, 14361). Eine solche **Pauschalbeanstandung** ermöglicht es der Gemeinde nicht, den Fehler zu korrigieren, und kann daher ihren Zweck nicht erfüllen. Sie ist daher auch nicht geeignet, die Rügeobliegenheit des Bieters zu erfüllen und schützt den Bieter daher nicht vor einer Präklusion hinsichtlich aller Rechtsverletzungen, die bereits erkennbar waren. Andererseits dürfen **keine überspannten Anforderungen** an die Detaillierung der Rüge gestellt werden: Vom Bewerber kann nur verlangt werden, die Rüge auf Basis des Kenntnisstands zu spezifizieren, den er hatte oder hätte haben müssen (OLG Stuttgart 25.5.2023 – 2 U 201/22 Rn. 83). 25

Die für die Rügeerhebung jeweils einzuhaltende **Frist** ist unterschiedlich: Für die Rüge gem. Absatz 2 Satz 1 ist die Bekanntmachungsfrist einzuhalten, für die Rüge gem. Absatz 2 Satz 2 beträgt die Frist 15 Kalendertage und für die Rüge gem. Absatz 2 Satz 3 30 Kalendertage. Die Fristberechnung wird nach den §§ 187 Abs. 1, 188 Abs. 1 BGB durchgeführt (OLG Dresden 27.1.2021 – U 6/20 Kart Rn. 11). 26

Nach Auffassung des OLG Dresden soll die Rügefrist nur dann gewahrt sein, wenn die Rügeerklärung gem. **§ 130 BGB** vor Ablauf der Frist bei der Gemeinde eingegangen ist (OLG Dresden 27.1.2021 – U 6/20 Kart Rn. 14 ff.; 11.5.2022 – U 30/21 Kart Rn. 32 ff.). Das hat vor allem dann Bedeutung, wenn die Rüge am letzten Tag der Frist zu einem Zeitpunkt bei der Gemeinde eingeht, zu dem im normalen Geschäftslauf nicht mehr mit Kenntnisnahme am selben Tag zu rechnen ist. Gemäß § 130 BGB wäre die Rüge dann erst am nächsten Tag und damit verfristet zugegangen. Zur Begründung verweist das OLG Dresden insbesondere auf die entsprechende **Rechtslage bei § 160 GWB,** dem der § 47 Abs. 5 EnWG nachempfunden sei (OLG Dresden 27.1.2021 – U 6/20 Kart Rn. 15). 26.1

2. Prüfung der Rüge durch die Gemeinde

In Absatz 4 wird vorausgesetzt, dass die Gemeinde die Rüge prüfen muss. Die Gemeinde hat sich daher mit allen gerügten Rechtsverstößen zu befassen und zu prüfen, ob und inwieweit sie der Rüge abhelfen will oder nicht. Eine Höchstfrist für die Prüfung der Rüge ist nicht vorgesehen. 27

3. Abhilfe durch die Gemeinde

Kommt die Gemeinde aufgrund ihrer Prüfung zu dem Ergebnis, dass die Rüge berechtigt ist, hat sie der Rüge abzuhelfen, indem sie den beanstandeten Verfahrensfehler korrigiert. Je nach Verfahrenskonstellation kann die Abhilfe dadurch erfolgen, dass die Bekanntmachung iSv § 46 Abs. 3 ordnungsgemäß wiederholt, der Kriterienkatalog durch einen rechtmäßigen Katalog ersetzt, die Auswahlentscheidung korrigiert oder – wenn sich die auf eine gewährte Akteneinsicht bezieht – die Akteneinsicht nachgebessert wird. 28

4. Keine Abhilfe durch die Gemeinde

Hilft die Gemeinde der Rüge nicht ab, muss sie gem. Absatz 4 das rügende Unternehmen hierüber **in Textform** informieren und die **Nicht-Abhilfe-Entscheidung begründen.** In der Begründung der Nicht-Abhilfe-Entscheidung muss sich die Gemeinde mit jedem der gerügten Rechtsverstöße auseinandersetzen (BT-Drs. 18/8184, 17). Dies soll helfen, strittige Fragen bereits in einem frühen Stadium des Verfahrens zu klären (BT-Drs. 18/8184, 17). 29

II. Gerichtliches Rügeverfahren

Sofern die Gemeinde der Rüge nicht abhilft, kann das rügende Unternehmen gem. Absatz 5 Satz 1 innerhalb von 15 Kalendertagen die gerügte Rechtsverletzung im ordentlichen Rechtsweg geltend machen durch Antrag auf Erlass einer einstweiligen Verfügung. 30

Hilft die Gemeinde der Rüge **nur teilweise ab,** greift die Obliegenheit zur Erhebung der gerichtlichen Rüge, soweit nicht abgeholfen wird.

1. Ziel des einstweiligen Rechtsschutzes

31 Je nach Verfahrensstatus ist die einstweilige Verfügung darauf gerichtet, die **Fortsetzung des Auswahlverfahrens** oder einen bereits drohenden **Konzessionsvertragsabschluss zu unterlassen,** solange der begründeten Rüge nicht Abhilfe geschaffen wird (BT-Drs. 18/8184, 17; OLG Brandenburg 6.4.2021 – 17 U 3/19 Kart Rn. 51, BeckRS 2021, 9340). Der Antrag ist daher in aller Regel auf Erlass einer **Untersagungsverfügung** gem. §§ 935 ff. ZPO gerichtet.

32 Das Gericht kann die Untersagungsverfügung auch **unter Einschränkungen** erlassen und der Gemeinde beispielsweise die Fortsetzung des Konzessionierungsverfahrens unter Verwendung des unzulässigen Kriterienkatalogs untersagen, oder die Fortsetzung so lange untersagen, bis den im Tenor im einzelnen aufgeführten Rügen in der Sache abgeholfen ist. Stellt das Gericht einen Verfahrensverstoß in einem Aspekt fest, in dem die Gemeinde **Gestaltungsfreiheit** hat, gibt das Gericht der Gemeinde auf, das Verfahren erst fortzusetzen, wenn die Gemeinde **unter Beachtung der Rechtsauffassung des Gerichts** über den beanstandeten Gesichtspunkt neu entschieden hat (vgl. etwa OLG Karlsruhe 27.1.2021 – 6 U 95/20 Kart, BeckRS 2021, 2386). Das Gericht kann die Gestaltungsfreiheit der Gemeinde nicht beschränken und darf in den der Gemeinde überlassenen Spielräumen keine eigenen Wertungen anstellen.

2. Begründetheit des einstweiligen Rechtsschutzes

33 a) **Verfügungsanspruch.** Der Antrag ist gem. § 47 Abs. 5 S. 2 EnWG iVm §§ 936, 916 Abs. 1 ZPO begründet, wenn der Antragsteller das Vorliegen eines **Verfügungsanspruchs** glaubhaft machen kann. Sofern der Antragsteller die Gemeinde auf Unterlassung in Anspruch nimmt, kann sich der geltend gemachte **Unterlassungsanspruch** insbesondere aus **§ 33 Abs. 1 GWB** ergeben (OLG Brandenburg 6.4.2021 – 17 U 3/19 Kart Rn. 52, BeckRS 2021, 9340). Denn ein Verstoß gegen die Vorgaben des § 46 oder die Prinzipien eines transparenten und diskriminierungsfreien Verfahrens bedeutet stets auch einen Verstoß gegen § 19 Abs. 1 GWB (→ § 46 Rn. 50 f.).

34 Gemäß **§ 33 Abs. 2 GWB** besteht bei einem **drohenden Verstoß** gegen die im Konzessionierungsverfahren zu beachtenden Vorgaben auch ein **vorbeugender Unterlassungsanspruch.** Diese Anspruchsgrundlage ist insbesondere dann einschlägig, wenn die Gemeinde angekündigt hat, den Konzessionsvertrag auf Grundlage einer rechtswidrigen Auswahlentscheidung abschließen zu wollen.

35 b) **Glaubhaftmachung Rechtsverstoß.** Demnach muss der Antragsteller gem. § 294 ZPO darlegen, dass mit überwiegender Wahrscheinlichkeit ein **Fehler im Konzessionierungsverfahren** vorliegt und der Antragsteller durch diesen Fehler in ergebnisrelevanter Form benachteiligt wird (§ 33 Abs. 1 GWB) oder droht, benachteiligt zu werden (§ 33 Abs. 2 GWB). **Unbedeutende Verfahrensfehler,** die sich nicht zum Nachteil des Antragstellers auf das Ergebnis des Konzessionierungsverfahrens auswirken können, reichen nicht aus zur Begründung des Antrags auf einstweilige Verfügung.

36 Der Rechtsverstoß kann sich insbesondere daraus ergeben, dass die Gemeinde die **Vorgaben zu § 46** oder die Grundsätze der **Transparenz** und der **Gleichbehandlung** verletzt hat. Sofern der einstweilige Rechtsschutzantrag gegen die Information iSv § 46 Abs. 5 S. 1 gerichtet ist, kann sich der Rechtsverstoß auch daraus ergeben, dass die Gemeinde unter Verstoß gegen § 47 Abs. 3 dem Antragsteller die **Akteneinsicht verwehrt hat** und dieser daher seine Rüge nicht ordnungsgemäß vorbereiten konnte (OLG Düsseldorf 4.11.2020 – I-27 U 3/20 Rn. 39, BeckRS 2020, 32415). Den Antragsteller trifft keine Obliegenheit, vor Rügeerhebung den Anspruch auf Akteneinsicht gesondert in einem eigenständigen einstweiligen Verfügungsverfahren durchzusetzen (OLG Koblenz 12.9.2019 – U 678/19 Kart Rn. 24 ff., BeckRS 2019, 29906).

37 c) **Der gerichtliche Prüfungsumfang.** Im Rahmen des einstweiligen Rechtsschutzes prüft das Gericht das Konzessionierungsverfahren nicht umfassend im Hinblick auf alle denkbaren Rechtsverletzungen durch die Gemeinde (OLG Karlsruhe 27.1.2021 – 6 U 95/20

Kart Rn. 92, BeckRS 2021, 2386). Vielmehr ist der **Prüfungsumfang zweifach beschränkt:** Zum einen werden nur mögliche Rechtsverletzungen durch die **konkrete Verfahrenshandlung** der Gemeinde geprüft, auf die die vorangegangene Rüge bezogen ist (dh Rechtsverletzungen durch die Bekanntmachung iSv § 46 Abs. 3, die Mitteilung iSv § 46 Abs. 4 S. 4 oder die Information iSv § 46 Abs. 5 S. 1).

Zum anderen ist der Antragsteller mit der Geltendmachung von Rechtsverletzungen **präkludiert,** die er nicht bereits rechtzeitig gegenüber der Gemeinde gerügt hat, obwohl er sie hätte erkennen können (OLG Brandenburg 6.4.2021 – 17 U 3/19 Kart Rn. 62, BeckRS 2021, 9340). Verfahrensverstöße, die für den Antragsteller nicht erkennbar waren, können nicht präkludiert sein (→ Rn. 23). Demnach können Rügen betreffend erkennbare Rechtsverletzungen aus der Bekanntmachung (§ 46 Abs. 3) oder der Mitteilung (§ 46 Abs. 4 S. 4) nicht mehr in der Rüge der Information (§ 46 Abs. 5 S. 1) geltend gemacht werden (KG 24.9.2020 – 2 U 93/19 EnWG, EnWZ 2021, 20 Rn. 29). 38

d) Subjektive Rechtsverletzung. Darüber hinaus ist das Verfahren gem. § 47 Abs. 5 nicht auf eine objektive Rechtmäßigkeitskontrolle gerichtet. Vielmehr können nur solche Rechtsverstöße geltend gemacht werden, die geeignet sind, den **Antragsteller in seinen subjektiven Rechten als Bewerber auf die Konzession zu beeinträchtigen** (OLG Karlsruhe 27.1.2021 – 6 U 95/20 Kart Rn. 93, BeckRS 2021, 2386). Diese Beschränkung ergibt sich bereits daraus, dass die Norm von „Rechtsverletzungen" zum Nachteil des Antragstellers spricht. Das Gericht hat daher zu prüfen, ob ein festgestellter objektiver Rechtsverstoß geeignet ist, den Antragsteller zu benachteiligen, also seine **Chancen auf die Konzession beeinträchtigen** können (OLG Karlsruhe 27.1.2021 – 6 U 95/20 Kart Rn. 96, BeckRS 2021, 2386). 39

e) Verfügungsgrund. Einen Verfügungsgrund muss der Antragsteller gem. Absatz 5 Satz 3 nicht glaubhaft machen, dieser ergibt sich bereits aus der drohenden Präklusion (BT-Drs. 18/8184, 17). Bei den Anträgen nach § 47 Abs. 5 S. 2 handelt es sich aufgrund der gesetzgeberischen Konzeption dieser Anträge nie um eine **unzulässige Vorwegnahme der Hauptsache.** Dieser Punkt muss daher im Verfügungsverfahren nicht geprüft werden. 40

3. Zulässigkeitsfragen

Für Anträge gem. § 47 Abs. 5 sind gem. § 102 Abs. 1 streitwertunabhängig ausschließlich die **Landgerichte** sachlich zuständig. Die örtliche Zuständigkeit richtet sich nach den allgemeinen Regeln des Zivilprozesses (vgl. Absatz 5 Satz 2). 41

Zusammen mit § 47 wurde § 53 Abs. 1 Nr. 3 GKG eingeführt, der den Streitwert für einstweilige Verfügungsverfahren iSv § 47 Abs. 5 auf 100.000 EUR begrenzt. Hierdurch soll das Prozesskostenrisiko für Beteiligte des Konzessionierungsverfahrens begrenzt werden, zumal im Hinblick auf die Präklusionsregel aus Absatz 1 derartige Rechtsbehelfe ggf. nur vorsorglich ergriffen werden (Boos ZNER 2017, 102 (104)). 41.1

Der einstweilige Rechtsschutz nach Absatz 5 ist nur möglich, wenn zuvor fristgerecht die Rüge erhoben worden ist und die Gemeinde eine Nicht-Abhilfe-Entscheidung erlassen hat. Die vorprozessuale Rüge ist damit eine **zwingende Sachentscheidungsvoraussetzung** für den Erlass einer einstweiligen Anordnung (Kment EnWG/Huber § 47 Rn. 4). 42

III. Fortsetzung Konzessionierungsverfahren nach Abschluss Rügeverfahren

Sofern die einstweilige Verfügung antragsgemäß erlassen worden ist, kann die Gemeinde das Konzessionierungsverfahren erst fortsetzen, nachdem sie den beanstandeten **Rechtsverstoß korrigiert** bzw. den beanstandeten Punkt unter Berücksichtigung der Rechtsauffassung des Gerichts erneut behandelt hat. 43

Hat das Gericht den Antrag auf Erlass der **einstweiligen Verfügung abgelehnt,** kann die Gemeinde das Konzessionsverfahren zwar fortsetzen, der Bieter ist aber nicht präkludiert mit den Einwendungen, die Gegenstand des einstweiligen Rechtsschutzverfahrens waren. Ihm steht es damit frei, später ein **Hauptsacheverfahren** anhängig zu machen und darin beispielsweise geltend zu machen, dass der Konzessionsvertrag wegen Rechtsverstößen nichtig ist, die er bereits – erfolglos – im einstweiligen Rechtsschutzverfahren geltend gemacht hat. 44

D. Rechtsfolge nicht obligationsgemäßer Rügen (Abs. 1)

45 Hat der Bieter eine der in Absatz 3 geregelten Rügen nicht form- und fristgerecht erhoben, ist er mit der Geltendmachung aller Rechtsverletzungen, die bereits beim rügeauslösenden Ereignis erkennbar waren, gem. Absatz 1 präkludiert. Der Bieter ist also nicht verpflichtet, Rügen zu erheben. Macht er von dieser Möglichkeit aber keinen Gebrauch, erleidet er den prozessualen Nachteil, dass er Beanstandungen später nicht mehr vorbringen kann. Die Präklusionsregel in Absatz 1 macht die Rügen zu einer **Obliegenheit** des benachteiligten Bewerbers.

46 Die Präklusionswirkung führt dazu, dass die rechtswidrige Vorgehensweise gegenüber dem Bewerber, der seine Rügeobliegenheit nicht erfüllt hat, als rechtskonform gilt; die Rechtmäßigkeit wird also fingiert (Kment EnWG/Huber § 47 Rn. 4). Dabei umfasst die Präklusion aber nur diejenigen Rechtsverstöße, die im Konzessionierungsverfahren **erkennbar waren** und daher **hätten gerügt werden können**. Der Umfang der Präklusion richtet sich damit nach der **Erkennbarkeit** der Rechtsverstöße. Insoweit gilt ein strenger Maßstab (→ Rn. 46). Nur Verstöße, die nicht erkennbar waren, sind nicht präkludiert.

46.1 Rügt der Bewerber mehrere Rechtsverletzungen, ist die **Präklusionsregelung für jede einzelne Beanstandung** gesondert anzuwenden und jeweils zu prüfen, zu welchem Zeitpunkt des Verfahrens – Bekanntmachung (§ 46 Abs. 3), Mitteilung Auswahlkriterien (§ 46 Abs. 4), Mitteilung Auswahlentscheidung (§ 46 Abs. 5) – die Rechtsverletzung erkennbar war und ob sie von diesem Zeitpunkt aus rechtzeitig gerügt worden ist (OLG Stuttgart 25.5.2023 – 2 U 201/22 Rn. 82).

47 Im gerichtlichen Hauptsacheverfahren muss daher **für jede erhobene Beanstandung** einzeln geprüft werden, ob für sie eine Rügeobliegenheit bestanden hat und ob sie erfüllt worden ist. Die Präklusion ist **von Amts wegen** zu prüfen und muss nicht von einem Prozessbeteiligten eingewendet werden (Kment EnWG/Huber § 47 Rn. 4).

48 Über den Wortlaut von Absatz 1 hinaus kann der Bieter den Eintritt der Präklusionswirkung nur dann vermeiden, wenn er das gemeindliche Rügeverfahren gem. Absatz 1 Satz 2 und anschließend – sofern die Gemeinde der Rüge nicht abhilft – das gerichtliche Rügeverfahren gem. Absatz 5 bis **zur letzten Instanz** im ordentlichen Rechtsweg betreibt.

48.1 Hat das Gericht den Antrag auf einstweilige Verfügung **durch Beschluss** zurückgewiesen, kann der Bieter sofortige Beschwerde gem. § 567 Abs. 1 Nr. 2 ZPO einlegen. Hat das Gericht den Antrag **durch Urteil** abgelehnt, ist hiergegen die Berufung möglich gem. § 511 Abs. 1 ZPO.

48.2 Sofern das Gericht die einstweilige Verfügung gegen die Gemeinde erlassen hat, kann die **Gemeinde** die gerichtliche Entscheidung wie folgt anfechten: Wurde die einstweilige Verfügung durch Beschluss ohne mündliche Verhandlung erlassen hat, findet der **Widerspruch** gem. § 924 Abs. 1 ZPO statt. Wurde die einstweilige Verfügung durch Urteil aufgrund mündlicher Verhandlung erlassen, ist gem. § 511 Abs. 1 ZPO die **Berufung** statthaft.

E. Vertragssperre (Abs. 6)

49 Um zu verhindern, dass der neue Konzessionsvertrag abgeschlossen wird, noch bevor der betroffene Bewerber seine Rüge vorbereiten und begründen kann, ist die Gemeinde gem. Absatz 6 verpflichtet, vor Vertragsschluss die 30-Tage-Frist im Anschluss an die Absageschreiben (Absatz 2 Satz 3) sowie – falls eine Rüge erhoben wurde und die Gemeinde ihr nicht abgeholfen hat – die 15-Tage-Frist im Anschluss an die Nicht-Abhilfe-Entscheidung (Absatz 5 Satz 1) abzuwarten.

§ 48 Konzessionsabgaben

(1) ¹Konzessionsabgaben sind Entgelte, die Energieversorgungsunternehmen für die Einräumung des Rechts zur Benutzung öffentlicher Verkehrswege für die Verlegung und den Betrieb von Leitungen, die der unmittelbaren Versorgung von Letztverbrauchern im Gemeindegebiet mit Energie dienen, entrichten. ²Eine Versorgung von Letztverbrauchern im Sinne dieser Vorschrift liegt auch vor, wenn ein Weiterverteiler über öffentliche Verkehrswege mit Elektrizität oder Gas beliefert

wird, der diese Energien ohne Benutzung solcher Verkehrswege an Letztverbraucher weiterleitet.

(2) ¹Die Bundesregierung kann durch Rechtsverordnung mit Zustimmung des Bundesrates die Zulässigkeit und Bemessung der Konzessionsabgaben regeln. ²Es kann dabei jeweils für Elektrizität oder Gas, für verschiedene Kundengruppen und Verwendungszwecke und gestaffelt nach der Einwohnerzahl der Gemeinden unterschiedliche Höchstsätze in Cent je gelieferter Kilowattstunde festsetzen.

(3) Konzessionsabgaben sind in der vertraglich vereinbarten Höhe von dem Energieversorgungsunternehmen zu zahlen, dem das Wegerecht nach § 46 Abs. 1 eingeräumt wurde.

(4) ¹Die Pflicht zur Zahlung der vertraglich vereinbarten Konzessionsabgaben besteht auch nach Ablauf des Wegenutzungsvertrages bis zur Übertragung der Verteilungsanlagen auf einen neuen Vertragspartner nach § 46 Absatz 2 fort. ²Satz 1 gilt nicht, wenn die Gemeinde es unterlassen hat, ein Verfahren nach § 46 Absatz 3 bis 5 durchzuführen.

Überblick

§ 48 regelt die Konzessionsabgaben. Hierbei handelt es sich um Entgelte, die die Betreiber von Energieversorgungsnetzen oder von Energieleitungen für die Nutzung von **öffentlichen Wegenutzungsrechten** an die jeweilige Gemeinde zahlen. Die Regelung ist allerdings nur rudimentär: Absatz 1 enthält eine Definition des Begriffs der Konzessionsabgabe (→ Rn. 6ff.). Absatz 2 enthält die Rechtsverordnungsermächtigung zum Erlass der Konzessionsabgabenverordnung (KAV) (→ Rn. 12ff.). Absatz 3 regelt die Höhe und den Schuldner des Zahlungsanspruchs auf Konzessionsabgaben (→ Rn. 16ff.) und Absatz 4 stellt sicher, dass die Gemeinde auch im Fall eines Wechsels des Konzessionsnehmers ununterbrochen Konzessionsabgaben bezahlt bekommt (→ Rn. 20ff.).

Übersicht

	Rn.		Rn.
A. Zweck und Normgeschichte	1	D. Höhe und Schuldner der Konzessionsabgabe (Abs. 3)	16
B. Begriff der Konzessionsabgabe (Abs. 1)	6		
C. Die Konzessionsabgabenverordnung (Abs. 2)	12	E. Wechsel des Konzessionsnehmers (Abs. 4)	20

A. Zweck und Normgeschichte

Konzessionsabgaben dienen in erster Linie der **Finanzierung der Gemeinden**, auf deren 1 öffentlichen Verkehrswegen Leitungen zur Versorgung von Letztverbrauchern mit Energie errichtet und betrieben werden. Diesem **fiskalischen Interesse** trägt § 48 Rechnung, der den Kommunen Einnahmen aus den Konzessionsabgaben absichern soll (Säcker EnergieR/Kermel § 48 Rn. 1). Zugunsten der Gemeinden wirkt die Vorschrift allerdings nur zusammen mit § 46 Abs. 1 S. 2, der es ihnen ermöglicht, den Abschluss von Wegenutzungsverträgen davon abhängig zu machen, dass der Konzessionsnehmer zur Zahlung der Konzessionsabgabe in der gem. § 48 maximal zulässigen Höhe bereit ist. Andererseits schafft § 48 Abs. 2 die Möglichkeit, Höchstsätze für die Konzessionsabgabe zu regeln. Dies trägt dem gegenläufigen Interesse der Letztverbraucher an einer möglichst **günstigen Energieversorgung** Rechnung.

Bereits im Jahr **1941** hat der „Reichskommissar für die Preisbildung" die „Anordnung über 2 die Zulässigkeit von Konzessionsabgaben der Unternehmen und Betriebe zur Versorgung mit Elektrizität, Gas und Wasser an Gemeinden und Gemeindeverbände" (**KAEAnO**) erlassen. Im Interesse einer möglichst günstigen Energieversorgung regelte die KAEAnO – zusammen mit der dazugehörigen „Ausführungsanordnung zur Konzessionsabgabenordnung" (**A/KAE**) – eine Begrenzung der Konzessionsabgaben und untersagte die Einführung neuer Konzessionsabgaben mit dem langfristigen Ziel, Konzessionsabgaben nach und nach vollständig abzuschaffen. Dieses Ziel ließ sich angesichts der finanziellen Interessen der Gemeinden aber nicht durchsetzen (Theobald/Kühling/Theobald/Schneider § 48 Rn. 7).

3 **1992** hat das Bundeswirtschaftsministerium die bis heute gültige Konzessionsabgabenverordnung (**KAV**) erlassen (BGBl. 1992 I 12, 407). Durch die KAV wurden gleichzeitig die KAEAnO und die A/KAE für die Bereiche Strom und Gas aufgehoben (vgl. § 9 KAV idF vom 9.1.1992). Grundlage der KAV war **§ 12 EnWG 1978,** der die Ermächtigung enthielt, die „Zulässigkeit und Bemessung" von Konzessionsabgaben durch Rechtsverordnung zu regeln. Weitergehende Regelungen zur Konzessionsabgabe enthielt das EnWG bis 1998 allerdings nicht.

4 Durch **§ 14 EnWG 1998** wurden die Konzessionsabgaben erstmalig umfassend im EnWG selbst geregelt. Dies schaffte vor allem im Interesse der Gemeinden eine stabile rechtliche Grundlage für die Erhebung von Konzessionsabgaben. Gleichzeitig wurde in § 13 Abs. 1 S. 3 EnWG 1998 festgeschrieben, dass Gemeinden den Abschluss von Wegenutzungsverträgen verweigern dürfen, sofern der Konzessionsnehmer nicht zur Zahlung von Konzessionsabgaben im gesetzlichen Höchstsatz bereit ist (vgl. BR-Drs. 806/96, 47). Die Regelung der Konzessionsabgabe im EnWG 1998 steht im Zusammenhang mit dem ebenfalls 1998 eingeführten Wettbewerb um die Netzkonzessionen (zur Gesetzgebungsgeschichte → § 46 Rn. 14 f.). Nunmehr konnten Gemeinden nicht mehr ausschließliche Wegerechte und Versorgungskonzessionen vergeben oder selbst bedienen. Infolgedessen befürchteten die Gemeinden finanzielle Nachteile. Diesen Befürchtungen ist der Gesetzgeber durch die gesetzliche Verankerung der Konzessionsabgaben im EnWG begegnet (Säcker EnergieR/ Kermel § 48 Rn. 4).

5 Seit der Einführung im EnWG 1998 (damals noch als § 14) hat sich die Vorschrift nicht wesentlich verändert. **2005** wurde die Vorschrift auf die neuen rechtlichen Rahmenbedingungen angepasst, die sich aus der **Entflechtung vertikal integrierter Versorgungsunternehmen** ergeben haben (BR-Drs. 613/04, 129). Während die Konzessionsabgaben ursprünglich „für die Einräumung des Rechts zur unmittelbaren Versorgung" erhoben wurden, fallen sie seit 2005 „für die Einräumung des Rechts zur Benutzung öffentlicher Verkehrswege …" an. Im Zuge der Konzessionsrechts-Reform im Jahr **2017** (→ § 46 Rn. 23 ff.) wurde **§ 48 Abs. 4** angepasst, der im Falle eines **Konzessionsnehmerwechsels** gilt. Nach der Neufassung ist der Alt-Konzessionsnehmer im Grundsatz bis zur gerichtlichen Entscheidung über den Netzübergang zeitlich unbefristet verpflichtet, die Konzessionsabgabe weiter zu zahlen.

B. Begriff der Konzessionsabgabe (Abs. 1)

6 Absatz 1 enthält eine Legaldefinition der Konzessionsabgabe, die systematisch besser in § 3 verortet wäre. Gemäß Absatz 1 Satz 1 handelt es sich um Entgelte, die EVUs für die Einräumung von **Wegenutzungsrechten** für die Errichtung und den Betrieb von Leitungen auf öffentlichen Verkehrswegen entrichten. Derartige Wegenutzungsrechte räumen Gemeinden entweder durch einfache Wegenutzungsverträge iSv § 46 Abs. 1 oder durch **qualifizierte Wegenutzungsverträge** iSv § 46 Abs. 2 ein. Um Konzessionsabgaben handelt es sich nur, wenn es um die Nutzung öffentlicher Verkehrswege (→ § 46 Rn. 5 ff.) geht. Dass auch für **einfache Wegenutzungsrechte** Konzessionsabgaben vereinbart werden können, folgt insbesondere aus § 46 Abs. 1 S. 2.

7 Zahlungen, die Leitungsbetreiber für die Zurverfügungstellung von **fiskalischen Grundstücken** (also gemeindlichen Grundstücken, die keine öffentlichen Verkehrswege sind) oder von Grundstücken **von Privaten** entrichten, sind keine Konzessionsabgaben und unterliegen daher weder dem § 48 noch den Regeln der Konzessionsabgabenverordnung (KAV). Derartige Entgelte können **frei vereinbart** werden.

8 Der Begriffsbestimmung lässt sich nicht entnehmen, dass die Konzessionsabgaben **an die Gemeinden** zu zahlen sind, die das jeweilige Wegenutzungsrecht eingeräumt haben. Dies ergibt sich letztlich nur daraus, dass Wegenutzungsrechte auf öffentlichen Verkehrswegen naturgemäß nur durch die jeweilige Gemeinde eingeräumt werden können.

9 Absatz 1 Satz 2 wurde 2005 eingefügt und stellt klar, dass eine „**unmittelbare Versorgung**" im Sinne der Konzessionsabgaben-Definition auch dann vorliegt, wenn über die öffentlichen Verkehrswege Energieversorgungsunternehmen beliefert werden, die die Ener-

Konzessionsabgaben § 48 EnWG

gie **an Letztverbraucher weiterverteilen,** ohne öffentliche Verkehrswege zu benutzen. Damit sind Konstellationen erfasst, in denen die Energie innerhalb von Kunden- oder Hausanlagen weiterverteilt werden. Die Klarstellung in Absatz 1 Satz 2 gewährleistet zum einen, dass den Gemeinden in derartigen Konstellationen keine Konzessionsabgaben entgehen. Auch bei **Weiterverteilern** ist der Wegerechtsinhaber Schuldner der Konzessionsabgabe.

Größere praktische Relevanz hat die Erscheinung des Weiterverteilers iRv **§ 2 Abs. 8 KAV.** Nach dieser Vorschrift sind bei Einschaltung eines Weiterverteilers in demselben Umfang Konzessionsabgaben zu zahlen, wie sie ohne Weiterverteiler zu zahlen wären. 9.1

Diese Klarstellung erklärt sich durch **§ 2 Abs. 7 KAV,** wonach Stromlieferungen aus dem Niederspannungsnetz an Kunden mit **weniger als 30.000 kWh Jahresverbrauch** grundsätzlich als **Lieferung an Tarifkunden** behandelt und mit der hohen Konzessionsabgabe abgerechnet werden. Hieran ändert sich nichts, wenn die Kunden durch einen Weiterverteiler gebündelt beliefert werden. Denn § 2 Abs. 8 KAV stellt klar, dass die Jahresabnahmemengen der einzelnen Letztverbraucher nicht zusammengerechnet werden. Der Weiterverteiler zahlt die hohe Konzessionsabgabe also auch dann, wenn er in Summe mehr als 30.000 kWh Strom jährlich bezieht. 9.2

Demgegenüber sind keine Konzessionsabgaben zu zahlen, wenn der Wegerechtsinhaber die Energie nur durch das Konzessionsgebiet **durchleitet.** Das ergibt sich daraus, dass Absatz 1 Satz 1 auf die „unmittelbare Versorgung von Letztverbrauchern im Gemeindegebiet" abstellt. 10

Genauso wenig sind Konzessionsabgaben zu zahlen, wenn der **in einer Kundenanlage** erzeugte Strom nur innerhalb der Kundenanlage verbraucht und nicht über Gemeindegebiet geliefert wird. 11

C. Die Konzessionsabgabenverordnung (Abs. 2)

Absatz 2 ermächtigt die Bundesregierung, mit Zustimmung des Bundesrates Zulässigkeit und Bemessung der Konzessionsabgaben durch **Rechtsverordnung** zu regeln. Die Konzessionsabgabenverordnung (KAV) ist bereits 1992 durch das Bundeswirtschaftsministerium auf Grundlage von **§ 12 EnWG 1978** erlassen worden. Auf Grundlage der neuen Verordnungsermächtigung in Absatz 2 kann die KAV angepasst werden. 12

Grundanliegen der KAV ist es, **Höchstsätze** für die Konzessionsabgaben festzulegen, um eine **preisgünstige Energieversorgung** sicherzustellen (BT-Drs. 13/7274, 21). Ohne eine solche Begrenzung könnten Energieversorgungsunternehmen im Wettbewerb um die Konzessionen versucht sein, den Gemeinden unverhältnismäßig hohe Konzessionszahlungen anzubieten, die von den Gemeinden voraussichtlich dankbar angenommen würden und im Ergebnis letztlich von den Letztverbrauchern zu tragen wären. 13

Absatz 2 Satz 2 lassen sich Vorgaben an die Ausgestaltung der Konzessionsabgaben entnehmen. Demnach sind die Konzessionsabgaben als **Festbeträge in Cent je kWh** zu vereinbaren. Die soll sicherstellen, dass die Höhe der Konzessionsabgaben **unabhängig** ist von der Entwicklung der **Strom- und Gaspreise** (BT-Drs. 13/7274, 21). Insbesondere soll die Konzessionsabgabe nicht prozentual nach dem Energiepreis bemessen sein und zusammen mit diesem ggf. ansteigen. 14

Der Verordnungsgeber darf bei der Festsetzung der Höchstsätze zwischen Strom und Gas, den verschiedenen Kundengruppen und nach der Einwohnerzahl der jeweiligen Gemeinde unterscheiden. Mit der **Staffelung nach Strom und Gas** und **Kundengruppen** kann der Verordnungsgeber die unterschiedliche Erlössituation bei Strom und Gas sowie die Unterschiede bei der Inanspruchnahme der öffentlichen Verkehrswege berücksichtigen (BT-Drs. 13/7274, 22). 15

D. Höhe und Schuldner der Konzessionsabgabe (Abs. 3)

Absatz 3 regelt zwei Aspekte des Anspruchs auf Zahlung von Konzessionsabgabe: 16

Zum einen stellt die Vorschrift klar, dass Konzessionsabgaben nur in der **vertraglich vereinbarten Höhe** zu zahlen sind. Hieraus kann entnommen werden, dass die Gemeinde nur dann Anspruch auf Zahlung von Konzessionsabgaben hat, wenn dies im Konzessionsvertrag **vereinbart** worden ist. Einen gesetzlichen Anspruch auf Konzessionsabgabe gibt es nicht. Auch die **Zahlungshöhe** richtet sich nach der Vereinbarung im Konzessionsvertrag, 17

Peiffer

dabei sind aber die Obergrenzen nach § 2 KAV sowie das **Nebenleistungsverbot** von § 3 Abs. 2 KAV zu beachten. Soweit über diese Grenzen hinaus Zahlungen an die Gemeinde vereinbart sind, sind die vertraglichen Regelungen gem. § 134 BGB unwirksam (→ § 46 Rn. 120).

17.1 Ändern sich die gesetzlichen Vorgaben für die Vereinbarung von Konzessionsabgaben (etwa durch Reform der KAV), haben die unter altem Recht wirksam zustande gekommenen Konzessionsabreden **Bestandsschutz gem. § 113.**

18 Zum anderen lässt sich Absatz 3 entnehmen, dass das jeweilige EVU **Schuldner** der Konzessionsabgabe ist. Damit ist es ausgeschlossen, dass die Gemeinden die Konzessionsabgabe direkt von den Letztverbrauchern im Gemeindegebiet erheben. Der Begriff EVU ist insoweit etwas unpräzise, weil die Konzessionsabgaben **nur durch den Netzbetreiber** bezahlt werden. Die Netzbetreiber wiederum sind verpflichtet, die Höhe der an die Gemeinde gezahlten Konzessionsabgaben offenzulegen (vgl. § 20 Abs. 1). Die Netzbetreiber berechnen die Konzessionsabgaben gegenüber den Transportkunden bzw. Netznutzern weiter. Soweit Strom- und Gaslieferanten an den Netzbetreiber Konzessionsabgaben gezahlt haben, müssen sie diese in den Strom- und Gasrechnungen ausweisen (§ 40 Abs. 2 Nr. 7).

19 Alle **anderen Aspekte** des Anspruchs auf Zahlung von Konzessionsabgaben (wie etwa dessen Fälligkeit oder unterjährige Abschlagszahlungen) richten sich nach der vertraglichen Vereinbarung in Konzessionsvertrag sowie dem BGB. Dabei ist allerdings zu beachten, dass Abschlagszahlungen, Verzinsungen und Vorauszahlungen nur nach Maßgabe von **§ 5 KAV** vereinbart werden können.

E. Wechsel des Konzessionsnehmers (Abs. 4)

20 Absatz 4 regelt einen nachvertraglichen Anspruch auf Zahlung von Konzessionsabgaben, der sicherstellen soll, dass der Gemeinde im Falle eines Konzessionsnehmerwechsels keine Konzessionsabgaben entgehen. Zu einem Zahlungsausfall kann es kommen, wenn nach dem Auslaufen des alten Konzessionsvertrages **Netz und Konzessionsinhaberschaft auseinanderfallen.** Dazu kommt es, wenn der Alt-Konzessionär das Netz nicht herausgibt, weil er den neuen Konzessionsvertrag für rechtswidrig und damit unwirksam hält. Das Netz befindet sich dann beim Alt-Konzessionär, der keinen Konzessionsvertrag mehr hat.

21 In einer solchen Situation hätte die Gemeinde ohne die Regelung von Absatz 4 **keinen Anspruch gegen den Alt-Konzessionär** auf Zahlung von Konzessionsabgaben, weil ein solcher Anspruch nur bei Vorliegen einer wirksamen Konzessionsabgaben-Vereinbarung besteht (→ Rn. 17). Gleichzeitig könnte die Gemeinde auch **vom neuen Konzessionär keine Konzessionsabgabe** verlangen. Mit diesem besteht zwar (möglicherweise) ein Konzessionsvertrag, er hat aber kein Netz, für das er Konzessionsabgaben zahlen könnte. Dieses Dilemma löst Absatz 4, indem er den Alt-Konzessionär **auch nachvertraglich** zur Zahlung von Konzessionsabgaben verpflichtet.

22 Die Regelung wurde 2017 zugunsten der Gemeinden ausgebaut (→ § 46 Rn. 29). Während in der ursprünglichen Fassung von 2005 der nachvertragliche Zahlungsanspruch auf einen Zeitraum von einem Jahr nach Ablauf des Konzessionsvertrages befristet war, gilt nun in Absatz 4 Satz 1 eine **zeitlich unbefristete Fortzahlung.** Demnach hat die Gemeinde weiterhin den Zahlungsanspruch gegen den Alt-Konzessionär, bis die Netzanlagen auf den neuen Konzessionär übergegangen sind. Dies trägt der Erfahrung Rechnung, dass es zwischen Alt- und Neukonzessionär teilweise zu jahrelangen gerichtlichen Auseinandersetzungen zur Überlassung des Netzes kommen kann. In dieser Phase bleibt der Alt-Konzessionär weiterhin verpflichtet, die **„vertraglich vereinbarte" Konzessionsabgabe** an die Gemeinde zu zahlen.

23 Gemäß **Absatz 4 Satz 2** hat die Gemeinde allerdings keinen nachvertraglichen Anspruch auf Konzessionsabgabe gegen den Alt-Konzessionär, wenn sie „es unterlassen hat, ein Verfahren nach § 46 Abs. 3 bis 5 durchzuführen". Entgegen dem insoweit strengen Wortlaut hängt die Fortzahlung von Konzessionsabgabe nicht davon ab, dass die Gemeinde ein in jeder Hinsicht rechtskonformes Konzessionierungsverfahren durchgeführt hat (Boos ZNER 2017, 102 (104); Kment EnWG/Huber § 48 Rn. 19). Vielmehr verlangt Absatz 4 Satz 2 nur, dass die Gemeinde **das Konzessionierungsverfahren initiiert und zügig vorangetrieben** hat (BT-Drs. 18/8184, 17).

Zusätzlich zum vertraglichen Anspruch auf Zahlung von Konzessionsabgabe, der gem. 24
Absatz 4 über das Vertragsende hinaus verlängert sein kann, steht der Gemeinde in der Regel
gem. §§ 812 ff. BGB gegen den Alt-Konzessionär ein **Anspruch aus ungerechtfertigter
Bereicherung** zu (OLG Düsseldorf RdE 2017, 145 Rn. 29 ff. = BeckRS 2016, 21068).
Der Anspruch ist gem. § 818 Abs. 2 BGB gerichtet auf **Wertersatz für die Weiternutzung
der öffentlichen Verkehrswege** zum Betrieb eines Energieversorgungsnetzes. Die Höhe
des Wertersatzes orientiert sich an der durchschnittlichen Konzessionsabgabe, die für eine
Interims-Konzession zu zahlen wäre (OLG Düsseldorf RdE 2017, 145 Rn. 50 ff. = BeckRS
2016, 21068). Der bereicherungsrechtliche Anspruch ist neben Absatz 4 weiterhin anwendbar (Boos ZNER 2017, 102 (104)).

Teil 6. Sicherheit und Zuverlässigkeit der Energieversorgung

§ 49 Anforderungen an Energieanlagen

(1) ¹Energieanlagen sind so zu errichten und zu betreiben, dass die technische Sicherheit gewährleistet ist. ²Dabei sind vorbehaltlich sonstiger Rechtsvorschriften die allgemein anerkannten Regeln der Technik zu beachten.

(2) ¹Die Einhaltung der allgemein anerkannten Regeln der Technik wird vermutet, wenn bei Anlagen zur Erzeugung, Fortleitung und Abgabe von
1. Elektrizität die technischen Regeln des Verbandes der Elektrotechnik Elektronik Informationstechnik e.V.,
2. Gas und Wasserstoff die technischen Regeln des Deutschen Vereins des Gas- und Wasserfaches e.V.

eingehalten worden sind. ²Die Bundesnetzagentur kann zu Grundsätzen und Verfahren der Einführung technischer Sicherheitsregeln, insbesondere zum zeitlichen Ablauf, im Verfahren nach § 29 Absatz 1 nähere Bestimmungen treffen, soweit die technischen Sicherheitsregeln den Betrieb von Energieversorgungsnetzen betreffen. ³Dabei hat die Bundesnetzagentur die Grundsätze des DIN Deutsches Institut für Normung e.V. zu berücksichtigen.

(2a) Unbeschadet sonstiger Anforderungen nach Absatz 1 müssen bei der Errichtung oder Erneuerung von Anlagen zur landseitigen Stromversorgung für den Seeverkehr die technischen Spezifikationen der Norm IEC/ISO/IEEE 80005-1, Edition 1.0, Juli 2012,[1] eingehalten werden, soweit sie auf die landseitige Stromversorgung anwendbar sind.

(2b) ¹Witterungsbedingte Anlagengeräusche von Höchstspannungsnetzen gelten unabhängig von der Häufigkeit und Zeitdauer der sie verursachenden Wetter- und insbesondere Niederschlagsgeschehen bei der Beurteilung des Vorliegens schädlicher Umwelteinwirkungen im Sinne von § 3 Absatz 1 und § 22 des Bundes-Immissionsschutzgesetzes als seltene Ereignisse im Sinne der Sechsten Allgemeinen Verwaltungsvorschrift zum Bundes-Immissionsschutzgesetz (Technische Anleitung zum Schutz gegen Lärm). ²Bei diesen seltenen Ereignissen kann der Nachbarschaft eine höhere als die nach Nummer 6.1 der Technischen Anleitung zum Schutz gegen Lärm zulässige Belastung zugemutet werden. ³Die in Nummer 6.3 der Technischen Anleitung zum Schutz gegen Lärm genannten Werte dürfen nicht überschritten werden. ⁴Nummer 7.2 Absatz 2 Satz 3 der Technischen Anleitung zum Schutz gegen Lärm ist nicht anzuwenden.

(3) ¹Bei Anlagen oder Bestandteilen von Anlagen, die nach den in einem anderen Mitgliedstaat der Europäischen Union oder in einem anderen Vertragsstaat des Abkommens über den Europäischen Wirtschaftsraum geltenden Regelungen oder Anforderungen rechtmäßig hergestellt und in den Verkehr gebracht wurden und die gleiche Sicherheit gewährleisten, ist davon auszugehen, dass die Anforderungen nach Absatz 1 an die Beschaffenheit der Anlagen erfüllt sind. ²In begründeten Einzelfällen ist auf Verlangen der nach Landesrecht zuständigen Behörde nachzuweisen, dass die Anforderungen nach Satz 1 erfüllt sind.

(4) ¹Das Bundesministerium für Wirtschaft und Energie wird ermächtigt, zur Gewährleistung der technischen Sicherheit, der technischen und betrieblichen Flexibilität von Energieanlagen sowie der Interoperabilität von Ladepunkten für Elektromobile durch Rechtsverordnung mit Zustimmung des Bundesrates
1. Anforderungen an die technische Sicherheit dieser Anlagen, ihre Errichtung und ihren Betrieb festzulegen;
2. das Verwaltungsverfahren zur Sicherstellung der Anforderungen nach Nummer 1 zu regeln, insbesondere zu bestimmen,

---

[1] Amtlicher Hinweis: Die Norm ist bei der Beuth Verlag GmbH, Berlin, zu beziehen.

a) dass und wo die Errichtung solcher Anlagen, ihre Inbetriebnahme, die Vornahme von Änderungen oder Erweiterungen und sonstige die Anlagen betreffenden Umstände angezeigt werden müssen,
b) dass der Anzeige nach Buchstabe a bestimmte Nachweise beigefügt werden müssen und
c) dass mit der Errichtung und dem Betrieb der Anlagen erst nach Ablauf bestimmter Prüffristen begonnen werden darf;
3. Prüfungen vor Errichtung und Inbetriebnahme und Überprüfungen der Anlagen vorzusehen und festzulegen, dass diese Prüfungen und Überprüfungen durch behördlich anerkannte Sachverständige zu erfolgen haben;
4. behördliche Anordnungsbefugnisse festzulegen, insbesondere die Befugnis, den Bau und den Betrieb von Energieanlagen zu untersagen, wenn das Vorhaben nicht den in der Rechtsverordnung geregelten Anforderungen entspricht;
5. zu bestimmen, welche Auskünfte die zuständige Behörde vom Betreiber der Energieanlage gemäß Absatz 6 Satz 1 verlangen kann;
6. die Einzelheiten des Verfahrens zur Anerkennung von Sachverständigen, die bei der Prüfung der Energieanlagen tätig werden, sowie der Anzeige der vorübergehenden Tätigkeit von Sachverständigen aus anderen Mitgliedstaaten der Europäischen Union oder eines Vertragsstaates des Abkommens über den Europäischen Wirtschaftsraum zu bestimmen;
7. Anforderungen sowie Meldepflichten festzulegen, die Sachverständige nach Nummer 6 und die Stellen, denen sie angehören, erfüllen müssen, insbesondere zur Gewährleistung ihrer fachlichen Qualifikation, Unabhängigkeit und Zuverlässigkeit;
8. Anforderungen an die technische und betriebliche Flexibilität neuer Anlagen zur Erzeugung von Energie zu treffen;
9. Rechte und Pflichten der Betreiber von Elektrizitätsversorgungsnetzen und der Betreiber von Energieanlagen für den Fall festzulegen, dass an das jeweilige Elektrizitätsversorgungsnetz angeschlossene Energieanlagen nicht den Anforderungen einer nach Nummer 3 erlassenen Rechtsverordnung entsprechen, und dabei insbesondere vorzusehen, dass diese Energieanlagen vom Elektrizitätsversorgungsnetz zu trennen sind, und festzulegen, unter welchen Bedingungen sie wieder in Betrieb genommen werden können, sowie Regelungen zur Erstattung der dem Betreiber von Elektrizitätsversorgungsnetzen durch die Netztrennung und die etwaige Wiederherstellung des Anschlusses entstandenen Kosten durch den Betreiber der Energieanlage zu treffen.

²Die Regelungen des Erneuerbare-Energien-Gesetzes und des Kraft-Wärme-Kopplungsgesetzes bleiben davon unberührt. ³In einer nach Satz 1 Nummer 3 und 9 bis einschließlich 30. Juni 2023 erlassenen Rechtsverordnung kann vorgesehen werden, dass die Regelungen bereits frühestens mit Wirkung vom 29. Juli 2022 in Kraft treten.

(4a) ¹Das Bundesministerium für Wirtschaft und Energie wird ermächtigt, durch Rechtsverordnung mit Zustimmung des Bundesrates einen Ausschuss zur Beratung in Fragen der technischen Sicherheit von Gasversorgungsnetzen und Gas-Direktleitungen einschließlich der dem Leitungsbetrieb dienenden Anlagen einzusetzen. ²Diesem Ausschuss kann insbesondere die Aufgabe übertragen werden, vorzuschlagen, welches Anforderungsprofil Sachverständige, die die technische Sicherheit dieser Energieanlagen prüfen, erfüllen müssen, um den in einer Verordnung nach Absatz 4 festgelegten Anforderungen zu genügen. ³Das Bundesministerium für Wirtschaft und Energie kann das Anforderungsprofil im Bundesanzeiger veröffentlichen. ⁴In den Ausschuss sind sachverständige Personen zu berufen, insbesondere aus dem Kreis
1. der Sachverständigen, die bei der Prüfung der Energieanlagen tätig werden,
2. der Stellen, denen Sachverständige nach Nummer 1 angehören,
3. der zuständigen Behörden und
4. der Betreiber von Energieanlagen.

(5) Die nach Landesrecht zuständige Behörde kann im Einzelfall die zur Sicherstellung der Anforderungen an die technische Sicherheit von Energieanlagen erforderlichen Maßnahmen treffen.

(6) ¹Die Betreiber von Energieanlagen haben auf Verlangen der nach Landesrecht zuständigen Behörde Auskünfte über technische und wirtschaftliche Verhältnisse zu geben, die zur Wahrnehmung der Aufgaben nach Absatz 5 erforderlich sind. ²Der Auskunftspflichtige kann die Auskunft auf solche Fragen verweigern, deren Beantwortung ihn selbst oder einen der in § 383 Abs. 1 Nr. 1 bis 3 der Zivilprozessordnung bezeichneten Angehörigen der Gefahr strafrechtlicher Verfolgung oder eines Verfahrens nach dem Gesetz über Ordnungswidrigkeiten aussetzen würde.

(7) Die von der nach Landesrecht zuständigen Behörde mit der Aufsicht beauftragten Personen sind berechtigt, Betriebsgrundstücke, Geschäftsräume und Einrichtungen der Betreiber von Energieanlagen zu betreten, dort Prüfungen vorzunehmen sowie die geschäftlichen und betrieblichen Unterlagen der Betreiber von Energieanlagen einzusehen, soweit dies zur Wahrnehmung der Aufgaben nach Absatz 5 erforderlich ist.

Überblick

§ 49 lässt sich mit „**technische Energieaufsicht**" zusammenfassen und dem **besonderen Sicherheitsrecht** zuordnen. Absatz 1 Satz 1 beinhaltet mit der Gewährleistung der technischen Sicherheit die zentrale Anforderung an sämtliche Energieanlagen (→ Rn. 10 ff.). Dieser Grundtatbestand wird in den Absätzen 2–4a insbesondere durch Vermutungen und Verordnungsermächtigungen flankiert. In den Absätzen 5–7 findet sich die korrespondierende behördliche Aufsicht mit Rechtsgrundlagen für Eingriffsmaßnahmen (→ Rn. 44 ff.).

Übersicht

	Rn.		Rn.
A. Normzweck und Entstehungsgeschichte	1	sche von Höchstspannungsnetzen (Abs. 2b)	30
B. Gewährleistung der technischen Sicherheit und allgemein anerkannte Regeln der Technik	8	D. Europäische Anlagen (Abs. 3)	31
		E. Verordnungsermächtigungen (Abs. 4 und Abs. 4a)	37
I. Gewährleistung der technischen Sicherheit (Abs. 1 S. 1)	9	F. Energieaufsichtliche Maßnahmen (Abs. 5)	44
II. Beachtung der allgemein anerkannten Regeln der Technik (Abs. 1 Satz 2)	14	G. Energieaufsichtliche Annexbefugnisse (Abs. 6 und Abs. 7)	51
III. Vermutung bei Einhaltung der Verbandsregelwerke (Abs. 2)	22	I. Auskunftsverlangen (Abs. 6)	52
C. Landstromanlagen (Abs. 2a) und witterungsbedingte Anlagengeräu-		II. Betretung, Prüfung und Einsichtnahme: die Befugnisse des Abs. 7	60

A. Normzweck und Entstehungsgeschichte

1 § 49 eröffnet den mit „Sicherheit und Zuverlässigkeit der Energieversorgung" betitelten Teil 6 des EnWG. Energieanlagen ist die Gefahr von beispielsweise Stromschlägen oder Schäden durch Brände immanent. Speziell im Gasbereich drohen etwa Verpuffungen bzw. Explosionen. § 49 sieht daher besondere Sicherheitsanforderungen vor.

1.1 Als Praxisbeispiel zur Veranschaulichung des Normzwecks dienen Steckersolargeräte (auch „Balkon-PV" oder „Plug-in-PV-Anlagen"), die in den letzten Jahren insbesondere auf Balkons vermehrt verwendet werden und mit denen Energieaufsichtsbehörden häufiger zu tun hatten, teils auf Initiative von Netzbetreibern. Deren Besonderheit liegt darin, dass in den Endstromkreis der Wohnung eingespeist wird. Bei Einstecken in eine normale Schutzkontaktsteckdose kann die Gefahr eines Brandes oder eines Stromschlags bestehen. Diesen Entwicklungen folgte eine Überarbeitung der technischen Regelwerke: Nunmehr ist insoweit die DIN VDE V 0100-551-1 aus dem Jahr 2018 von zentraler Bedeutung, in dieser findet sich insbesondere das Erfordernis einer speziellen Energiesteckdose. Näher zur Thematik:

BDEW, Anwendungshilfe Aktuelle Rechtsfragen rund um Steckersolargeräte, 3. Aufl. 2023. Mit dem sog. Solarpaket (BR-Drs. 383/23) wurden spezielle Regelungen für Steckersolargeräte im EEG auf den Weg gebracht, u. a. den Netzanschluss betreffend.

§ 49 ist **keine abschließende Vorgabe** hinsichtlich der Gewährleistung der technischen 2
Sicherheit, sondern weist diverse Bezüge zu Vorgaben und Regelungskomplexen innerhalb und außerhalb des EnWG auf. Diese Bezüge finden etwa im Vorbehalt zugunsten sonstiger Rechtsvorschriften in Absatz 1 Satz 2 (hierzu → Rn. 14) einen Niederschlag im Wortlaut der Norm.

Als Beispiel für **enge sachliche Bezüge innerhalb des EnWG** sei auf § 11 Abs. 1 3
S. 1 hingewiesen, wonach Betreiber von Energieversorgungsnetzen u.a. zu einem sicheren Netzbetrieb verpflichtet sind. Dies dürfte in begrenzten Fällen zu einer Parallelzuständigkeit von Energieaufsicht (hinsichtlich § 49) und Regulierungsbehörde (hinsichtlich § 11 Abs. 1 S. 1) führen. Generell wird in Überschneidungskonstellationen die Zuständigkeit der Energieaufsicht iRv § 49 durch das Kriterium der technischen Sicherheit von Energieanlagen positiv begründet.

Wenn etwa sowohl § 11 Abs. 1 S. 1 unter dem Gesichtspunkt der Sicherheit als auch § 49 verletzt 3.1
sind, dürften sowohl Aufsichtsmaßnahmen nach § 65 Abs. 1, Abs. 2 (durch die BNetzA, § 54 Abs. 1) als auch energieaufsichtliche Maßnahmen möglich sein. Eine Kollisionsregel greift nicht. Eine gewisse Verbindung der beiden Regelungskomplexe stellt § 65 Abs. 5 her; diese Vorgabe bezieht sich aber nur auf die Rechtsfolgenseite und greift wegen des Vorbehalts am Ende von § 65 Abs. 5 für energieaufsichtliche Maßnahmen nicht (vgl. Kment EnWG/Görisch § 49 Rn. 13).

Auch **außerhalb des EnWG** sind diverse Regelungskomplexe im Kontext des Schutzes 4
vor Gefahren von Energieanlagen relevant: Erwähnt sei insbesondere die Anlagenzulassung (→ Rn. 11). Auf die Möglichkeit zivilrechtlicher Schadensersatzansprüche sei hingewiesen (zB aus Vertrag, Delikt, § 1 Abs. 1 ProdHaftG oder § 2 HaftPflG; näher Bartsch/vom Wege EnWZ 2014, 152). Im Verhältnis zum ProdSG dürften sich dagegen keine Überschneidungen ergeben.

§ 2 Nr. 30 S. 2 Hs. 2 ProdSG sieht vor, dass Energieanlagen im Sinne des EnWG nicht unter die 4.1
überwachungsbedürftigen Anlagen (konkret nach lit. b, c und d) fallen. Da die weiteren Tatbestände der überwachungsbedürftigen Anlagen (§ 2 Nr. 30 S. 1 ProdSG) nicht greifen dürften, bleibt es für Energieanlagen bei § 49. Hinsichtlich der auch für nicht überwachungsbedürftige Anlagen geltenden Anforderungen dürfte sich konkret für neue elektrische Betriebsmittel gemäß der 1. ProdSV keine Überschneidung ergeben, da es sich in der Regel um Verbrauchsgeräte handeln dürfte. Bei Verbrauchsgeräten handelt es sich nicht um Energieanlagen (BT-Drs. 13/7274, 14) – einer zentralen Voraussetzung für die Anwendbarkeit der technischen Energieaufsicht.

Schließlich sei darauf hingewiesen, dass mehrere Normen ausdrücklich auf § 49 bzw. 5
dessen Standard verweisen, beispielsweise § 19 Abs. 3 S. 3 EnWG, § 10 Abs. 2 EEG 2021, § 23 Abs. 1 S. 2 Nr. 7 ARegV und § 13 Abs. 2 NAV.

§ 49 und die Praxis sind geprägt durch ein **Zusammenspiel von Eigenverantwortlich- 6
keit der Branche und hoheitlicher Kontrolle** (vgl. auch Theobald/Kühling/van Rienen/ Wasser § 49 Rn. 93 ff.): So haben die technischen Regeln von VDE und DVGW als „Selbstregulierung" eine herausragende Bedeutung in der Praxis (hierzu → Rn. 8). Jedoch greift auch ein Vorbehalt zugunsten anderer (hoheitlicher) Rechtsvorschriften (hierzu → Rn. 14). Die Errichtung und die Betriebsaufnahme von Energieanlagen sind teils genehmigungspflichtig. Anschließend erfolgt aber kein fortlaufendes, engmaschiges, hoheitliches Monitoring der Gewährleistung der technischen Sicherheit und Eingriffsmaßnahmen der Energieaufsicht nach Absatz 5 sind nur bei Anhaltspunkten möglich (vgl. Bourwieg/Hellermann/ Hermes/Bourwieg § 49 Rn. 62; näher zu den Anhaltspunkten → Rn. 46). Die Annexbefugnisse der Energieaufsichtsbehörde nach den Absätzen 6 und 7 sind wiederum proaktiv ausgerichtet, dh sie können ohne konkrete Anhaltspunkte oder Verdachtsmomente ergriffen werden (hierzu → Rn. 55 bzw. → Rn. 67). Den Umstand, dass im praktischen Alltag die Eigenverantwortlichkeit der Branche prägend ist und dieser Ansatz grundsätzlich funktioniert, unterstreicht folgender Befund: Gemessen an der äußerst hohen Anzahl an Energieanlagen sehen sich die Energieaufsichtsbehörden verhältnismäßig wenigen Problemfällen ausge-

EnWG § 49   Teil 6. Sicherheit und Zuverlässigkeit der Energieversorgung

setzt. Hintergrund ist auch der, dass Energieanlagenbetreiber regelmäßig ein ökonomisches Eigeninteresse an einem sicheren Betrieb haben.

7   Abschließend soll auf die **Entstehungsgeschichte** der Norm eingegangen werden. § 49 geht zurück auf das EnWG 1998, wobei sich die Inhalte seinerzeit auf zwei Normen verteilten: Die Anforderungen an Energieanlagen fanden sich in § 16, der Aufsichtsteil in § 18. § 18 EnWG 1998 war allerdings weiter geschnitten als § 49 und Aufsichtsnorm für das gesamte EnWG bzw. entsprechende Verpflichtungen. Mit dem EnWG 2005 wurde die Anforderungsnorm mit einem an § 18 EnWG 1998 orientierten eigenen Aufsichtsteil in § 49 gebündelt. Abgesehen hiervon ist es trotz verschiedener Änderungen seit dem EnWG 1998 nicht zu grundlegenden Änderungen gekommen, was den inhaltlichen Kern der Norm angeht.

7.1   Die Historie geht noch weiter zurück: So fanden sich technische Anforderungen für Anlagen zur Erzeugung, Fortleitung und Abgabe von Elektrizität und Gas in der Zweiten Verordnung zur Durchführung des EnWG (s. Bekanntmachung der Neufassung vom 14.1.1987, BGBl. I 146), deren Ermächtigungsgrundlage sich in § 13 Abs. 2 EnWG 1935 fand.

B. Gewährleistung der technischen Sicherheit und allgemein anerkannte Regeln der Technik

8   Zunächst soll ein **Überblick über die Systematik von Absatz 1 Satz 1 und Satz 2 sowie Absatz 2** gegeben werden: Mit der Gewährleistung der technischen Sicherheit enthält Absatz 1 Satz 1 die materielle Grundanforderung an Energieanlagen (→ Rn. 9 ff.). Gemäß Satz 2 sind „dabei [...] die allgemein anerkannten Regeln der Technik zu beachten" (→ Rn. 14 ff.). Dieser Formulierung nach kommt den anerkannten Technikregeln in der Theorie eine untergeordnete Funktion zu, sie prägen aber die Praxis ganz entscheidend (Elspas/Graßmann/Rasbach/Höhne, 1. Aufl. 2018, § 49 Rn. 10, 13) und konkretisieren regelmäßig den allgemeinen Standard (vgl. Büdenbender § 16 Rn. 2). Absatz 1 Satz 2 wiederum ist eng mit der Vermutung der Einhaltung der allgemein anerkannten Regeln der Technik in Absatz 2 Satz 1 verbunden (→ Rn. 22 ff.).

8.1   Die durch die viel konkreteren technischen Regelwerke geprägte Herangehensweise in der Praxis wird exemplarisch veranschaulicht durch ein Urteil des OVG NRW (BeckRS 2017, 128614 Rn. 82 ff.): Im Kontext der Sicherheitsanforderungen werden primär das gasbranchenspezifische Regelungswerk des DVGW und andere technische Regelwerke dahingehend untersucht, ob die klägerische Forderung nach Mindestabständen einer Erdgasleitung zur Wohnbebauung (über einen Schutzstreifen hinaus) darin eine Grundlage findet.

I. Gewährleistung der technischen Sicherheit (Abs. 1 S. 1)

9   Bezugspunkt der materiellen Anforderungen sind **Energieanlagen**. Die Begrifflichkeit der Energieanlage ergibt sich aus § 3 Nr. 15. In die Pflicht genommen werden die jeweiligen Errichter und Betreiber der Energieanlage.

10   Schlüsselbegrifflichkeit der Norm ist die **Gewährleistung der technischen Sicherheit.** Die Gesetzesbegründung zum EnWG 1998 (= BT-Drs. 13/7274, 14) versteht hierunter die „Ungefährlichkeit [der] Anlagen für Menschen und Sachen". Auf die Gefahren von Elektrizität und Gas wurde bereits eingegangen (→ Rn. 1). Unter die Menschen in dem Sinne fallen sowohl Mitarbeiter des Energieanlagenbetreibers als auch unbeteiligte Dritte (Bourwieg/Hellermann/Hermes/Bourwieg § 49 Rn. 57). Im Einzelnen wird keine völlige Risikolosigkeit verlangt, sondern eine im Hinblick etwa auf den potentiellen Schadensumfang und den Risikominimierungsaufwand hinreichende Gefahrminimierung (s. OVG NRW BeckRS 2017, 128614 Rn. 99 mwN).

10.1   Das OVG NRW hat in diesem Urteil (BeckRS 2017, 128614 Rn. 99) auch die gefahrenabwehrrechtliche Je-desto-Formel angewendet: Je größer die drohende Schaden, desto niedriger die Anforderungen an die Wahrscheinlichkeit des Gefahreintritts. Aufgrund der hohen Gefährlichkeit von Elektrizität und Gas dürfte in Anwendung der Formel regelmäßig ein eher niedriger Maßstab für die Wahrscheinlichkeit des Gefahreintritts genügen.

Anforderungen an Energieanlagen § 49 EnWG

Die technische Sicherheit ist **bei Errichtung und Betrieb** zu gewährleisten. Diese 11
Begrifflichkeiten bedeuten eine **Schnittmenge** zur teils notwendigen **Anlagenzulassung.**
So sind bei gewissen Netzausbauvorhaben Errichtung und Betrieb planfeststellungspflichtig
(s. § 43 Abs. 1 S. 1 EnWG, § 18 Abs. 1 NABEG). Im Planfeststellungsverfahren werden
die technischen Sicherheitsanforderungen unter den zwingenden Rechtsvorschriften geprüft
bzw. adressiert (s. OVG NRW BeckRS 2017, 128614 Rn. 82; NdsOVG Lüneburg
29.6.2011 – 7 MS 73/11 Rn. 58). Auch im Genehmigungsverfahren nach BImSchG, welches
etwa gewisse Kraftwerke zu durchlaufen haben, ist die Gewährleistung der technischen
Sicherheit Genehmigungsvoraussetzung (über § 6 Abs. 1 Nr. 2 BImSchG: „andere öffentlich-
rechtliche Vorschriften"; vgl. VG Minden BeckRS 2013, 47511; Kment EnWG/Görisch
§ 49 Rn. 2). Entsprechende Prüfungen vor der Inbetriebnahme mit ihrer Bescheinigung der
Gewährleistung der technischen Sicherheit entlasten die technische Energieaufsicht.

Von der **Errichtung** ist der Wortlautbedeutung nach insbesondere der Bau bzw. Aufbau 12
erfasst. Zeitlich vorgelagerte Aspekte wie die Entwicklung und die Konstruktion sind dage-
gen nicht unmittelbar erfasst (vgl. Elspas/Graßmann/Rasbach/Höhne, 1. Aufl. 2018, § 49
Rn. 5; dagegen weiter Salje EnWG § 49 Rn. 24), allerdings entfalten die Anforderungen für
Errichtung und Betrieb entsprechende Vorwirkungen (vgl. Kment EnWG/Görisch § 49
Rn. 5). Der **Betrieb** ist umfassend zu verstehen und reicht bis zur endgültigen Silllegung
(Salje EnWG § 49 Rn. 25).

Im Gegensatz zur Errichtung ist die Pflicht zur Gewährleistung der technischen Sicherheit 13
beim Betrieb **anhaltend bzw. dynamisch:** Sie umfasst etwa eine entsprechende Instandhaltung der Energieanlagen sowie eine grundsätzliche Pflicht zur Anpassung an überarbeitete
Technikregeln (vgl. Elspas/Graßmann/Rasbach/Höhne, 1. Aufl. 2018, § 49 Rn. 17 ff.).

Die Kommentarliteratur sieht einen Bestands- oder Vertrauensschutz zugunsten von Anlagenbetrei- 13.1
bern teils sehr kritisch, was auf eine eher weitreichende Anpassungspflicht hinausläuft (s. etwa Elspas/
Graßmann/Rasbach/Höhne, 1. Aufl. 2018, § 49 Rn. 17 ff.). Teils wird die Anpassungspflicht etwas
eingeschränkter gesehen (Bourwieg/Hellermann/Hermes/Bourwieg § 49 Rn. 34: Anpassungspflicht
muss sich aus der technischen Regel selbst ergeben). Einen an der Regelung des § 20 GasHDrLtgV
orientierten Ansatz verfolgen Theobald/Kühling/van Rienen/Wasser § 49 Rn. 15. Im praktischen
Ergebnis dürften die unterschiedlichen Ansätze in aller Regel zum gleichen Ergebnis führen, da im Fall
einer Überarbeitung der Technikregeln wegen neuer Erkenntnisse zur (Nicht-)Gewährleistung der
technischen Sicherheit kein Bestandsschutz durch eine zeitlich unbegrenzte Übergangsbestimmung
festgeschrieben werden dürfte.

II. Beachtung der allgemein anerkannten Regeln der Technik (Abs. 1 Satz 2)

Nach Absatz 1 Satz 2 sind vorbehaltlich sonstiger Rechtsvorschriften die allgemein aner- 14
kannten Regeln der Technik zu beachten. Der **Vorbehalt sonstiger Rechtsvorschriften**
hat einen „Geltungsvorrang" (BT-Drs. 13/7274, 22) zur Folge, sodass die Technikregeln nur
subsidiären Charakter haben bzw. einen Mindeststandard setzen (Kment EnWG/Görisch
§ 49 Rn. 7). Beispiele für sonstige Rechtsvorschriften sind Standards für die Anlagenzulassung etwa nach BImSchG sowie technische Anforderungen bzw. Vorgaben aus dem EEG
(Säcker EnergieR/Säcker/König § 49 Rn. 22, 4 ff.). Ein neues Beispiel ist § 3 Abs. 5 S. 3
BBPlG, der ausdrücklich normiert, dass kunststoffisolierte 525 kV-Erdkabel, die bei den
großen HGÜ-Vorhaben zum Einsatz kommen sollen, die Anforderungen an die technische
Sicherheit erfüllen (vgl. BR-Drs. 570/20, 20). Weitere Beispiele für sonstige Rechtsvorschriften sind Netzkodizes bzw. entsprechende Leitlinien nach der Elektrizitätsbinnenmarkt-
Verordnung (VO (EU) 2019/943) sowie Rechtsverordnungen nach § 49 Abs. 4 (Britz/Hel-
lermann/Hermes/Bourwieg, 3. Aufl., § 49 Rn. 7a, 12). Jedoch sind nur sicherheitsbezogene
Inhalte solcher Rechtsvorschriften für die technische Energieaufsicht relevant, nicht relevant
sind dagegen beispielsweise Inhalte organisatorischer Natur oder Vorgaben, die im Hinblick
auf die Nichtdiskriminierung zu sehen sind.

Die **Beachtung** der Technikregeln geht der Wortlautbedeutung nach über eine bloße 15
Berücksichtigung hinaus, eine Pflicht zur Einhaltung ist in Absatz 1 Satz 2 hingegen nicht
ausdrücklich normiert (dagegen wird in Absatz 2 Satz 1 die Begrifflichkeit „eingehalten"
verwendet). Die genaue Rechtsqualität der Beachtung ist unklar. Hierbei handelt es sich

aber im Wesentlichen um ein theoretisches Problem, da die Technikregeln u.a. schon aufgrund ihrer größeren Konkretheit für die Praxis von zentraler Bedeutung sind (→ Rn. 8).

15.1 Die Kommentarliteratur spricht sich teils gegen eine Pflicht zur Einhaltung aus (Elspas/Graßmann/Rasbach/Höhne, 1. Aufl. 2018, § 49 Rn. 10 ff.; Theobald/Kühling/van Rienen/Wasser § 49 Rn. 33), teils wird eine solche Pflicht befürwortet (Kment EnWG/Görisch § 49 Rn. 7, dies offenbar aufgrund einer Übertragung des Verständnisses der Beachtung nach ROG (vgl. § 4 Abs. 1 S. 1 ROG); iE ebenfalls für eine Pflicht zur Einhaltung Büdenbender § 16 Rn. 13). Eine gänzliche Übertragung des Verständnisses der Beachtung der Ziele der Raumordnung dürfte abzulehnen sein, da u.a. Ausnahmen von Zielen formuliert werden können und Abweichungen möglich sind (s. § 6 ROG). § 49 weist einen eigenen Regelungskontext auf. Letztlich dürfte eine Abweichung von Technikregeln denkbar sein, sofern die technische Sicherheit gewährleistet ist – dies entspricht der Normierung in § 1 Abs. 1 S. 1 und S. 2 sowie § 2 Abs. 1 der Zweiten Verordnung zur Durchführung des EnWG (BGBl. 1987 I 146 noch zum EnWG 1935; ebenso Elspas/Graßmann/Rasbach/Höhne, 1. Aufl. 2018, § 49 Rn. 10, 13). Hierfür spricht einerseits die untergeordnete Rolle von Satz 2 gegenüber Satz 1 (→ Rn. 8). Andererseits finden sich in Absatz 1 Satz 2 („beachten") und Absatz 2 Satz 1 („Einhaltung") offenbar bewusst unterschiedliche Begrifflichkeiten.

16 Voraussetzung der Einordnung einer technischen Regel als **allgemein anerkannte Regel der Technik** ist energierechtsübergreifend einerseits die Richtigkeitsüberzeugung der Mehrheit der technischen Fachleute sowie andererseits die Erprobung und Bewährung in der Praxis (eingehend Seibel NJW 2013, 3000 (3001); vgl. auch BVerwG BeckRS 2013, 57308 Rn. 40 (zu § 49)).

17 Die allgemein anerkannten Regeln der Technik sind von anderen Technikstandards abzugrenzen: dem „Stand der Technik" sowie dem „Stand von Wissenschaft und Technik". Der Stand der Technik ist beispielsweise in § 3 Abs. 6 BImSchG legaldefiniert, auf den Stand von Wissenschaft und Technik wird insbesondere in § 7 Abs. 2 Nr. 3 AtG Bezug genommen.

17.1 Näher zur von BVerfG NJW 1979, 359 (362) geprägten Abgrenzung der Standards Seibel NJW 2013, 3000 (3003).

18 Positiv**beispiel** für eine allgemein anerkannte Regel der Technik ist das n-1-Kriterium in vermaschten Elektrizitätsversorgungsnetzen (Säcker EnergieR/Säcker/König § 49 Rn. 21; OLG Düsseldorf BeckRS 2018, 5994 Rn. 39; vgl. insoweit auch den normativen Aufgriff des Kriteriums in VO (EU) 2017/1485, insbes. Art. 3 Abs. 2 Nr. 14 VO (EU) 2017/1485). Negativbeispiele waren der Einsatz von Freileitungsmonitoring und Hochtemperaturleiterseilen auf Höchstspannungsebene (BVerwG BeckRS 2013, 57308 Rn. 40 f.). Diese mit einer Relativierung („noch nicht") versehene Aussage aus dem Jahr 2013 ist inzwischen überholt (s. für Hochtemperaturleiterseile die Ausführungen in BR-Drs. 230/23, 143 f.; im Hinblick auf das Freileitungsmonitoring sind spätestens seit der 2019 erfolgten Überarbeitung der VDE-AR-N-4210-5 die Weichen entsprechend gestellt). Dies veranschaulicht, dass sich gerade bei **technologischen Fortschritten** die Frage nach der Beachtung bzw. Erfüllung der allgemein anerkannten Technikregeln sowie der Gewährleistung der technischen Sicherheit stellen kann. Von den drei Techniksstandards sind die allgemein anerkannten Technikregeln mit den Erfordernissen der allgemeinen Anerkennung und der praktischen Bewährung am wenigsten dynamisch (Seibel NJW 2013, 3000 (3003)). Bezüglich des Stromnetzes sind teils Pilotprojekte gesetzlich vorgesehen (vgl. etwa §§ 2 Abs. 6, 4 BBPlG betreffend die Erdverkabelung im Wechselstrom-Übertragungsnetz oder die Pilotprojekte in § 12b Abs. 1 S. 4 Nr. 3), die einen Beitrag zur Erprobung leisten.

18.1 In der Literatur wird das Erfordernis der praktischen Erprobung im Hinblick auf Innovationen teilweise infrage gestellt (Säcker EnergieR/Säcker/König § 49 Rn. 20; aA insbesondere Bourwieg/Hellermann/Hermes/Bourwieg § 49 Rn. 30: selbst wenn Änderung bereits in technisches Regelwerk aufgenommen wurde). Nach dem aufgeführten Verständnis ist eine Erprobung und Bewährung Voraussetzung dafür, dass eine Erfüllung der allgemein anerkannten Regeln der Technik bejaht werden kann. Dies in Abweichung zum „Stand der Technik", wo eine praktische Eignung (vgl. § 3 Abs. 6 S. 1 BImSchG) erforderlich ist, aber keine strikte Erprobung verlangt wird (vgl. Jarass BImSchG § 3 Rn. 124). Letztlich bleiben innovative Lösungen möglich, sofern die technische Sicherheit (Absatz 1 Satz 1) gewährleistet ist (entsprechend auch Elspas/Graßmann/Rasbach/Höhne, 1. Aufl. 2018, § 49 Rn. 13).

Eine Erleichterung für die Handhabung in der Praxis bewirkt die Vermutung des Absatzes 2 Satz 1: die mitunter komplexe Frage, ob eine allgemein anerkannte Regel der Technik vorliegt, muss nicht geklärt werden, sofern die technischen Regeln der genannten Organisationen eingehalten sind und die Vermutung greift (vgl. Rosin/Pohlmann/Gentzsch/Metzenthin/Böwing/Schopppen § 49 Rn. 15). 19

Der **Sinn und Zweck** des Verweises in Absatz 1 Satz 2 auf die allgemein anerkannten Technikregeln liegt darin, dass einerseits theoretisches wie praktisches Expertenwissen fruchtbar gemacht wird und andererseits der Gesetzgeber auf umfangreiche (Detail-)Normierungen und Aktualisierungen verzichten kann (vgl. Büdenbender § 16 Rn. 11 f.). 20

Hinsichtlich der Wahrung der allgemein anerkannten Regeln der Technik besteht eine Schnittstelle bzw. ein gewisser Gleichlauf zur zivilrechtlichen Haftung, diese ist dann regelmäßig ausgeschlossen (über das allgemeine Erfordernis des Verschuldens bzw. § 2 Abs. 1 S. 3 HaftPflG; näher hierzu Bartsch/vom Wege EnWZ 2014, 152 (153 f.); vgl. auch LG Essen NJW 2007, 3787). 21

III. Vermutung bei Einhaltung der Verbandsregelwerke (Abs. 2)

Gemäß Absatz 2 Satz 1 wird die Einhaltung der allgemein anerkannten Regeln der Technik vermutet, wenn technische Regeln zweier Organisationen eingehalten worden sind. Konkret werden bezüglich des Elektrizitätsbereichs die technischen Regeln des **VDE** aufgeführt, bezüglich des Gas- und Wasserstoffbereichs die des **DVGW**. Die Referenz auf den Wasserstoff wurde mit der Wasserstoffnovelle (BGBl. 2021 I 3026) eingefügt. Seither gilt bezüglich **Wasserstoff** Folgendes: Wasserstoffanlagen sind Energieanlagen (vgl. § 3 Nr. 14 iVm Nr. 15) und unterfallen § 49 (vgl. BR-Drs. 165/21, 161). Im Hinblick auf den Sicherheitsstandard gilt grundsätzlich § 49, insbesondere der Verweis auf die technischen Regeln des DVGW; bis bestehende technische Regeln für Gas überarbeitet sind und den Anforderungen des Wasserstoffs umfassend genügen oder spezielle neue Regeln geschaffen sind, greift die Sonderregel des § 113c Abs. 2 (vgl. BR-Drs. 165/21, 161 f., 154). Schließlich wird in den Vorgaben zur Umrüstung von Gasleitungen auf Wasserstoff auf § 49 verwiesen (s. § 43l Abs. 4 S. 3, § 113c Abs. 3). 22

Innerhalb des VDE von Relevanz sind insbesondere das Forum Netztechnik/Netzbetrieb im VDE (FNN), welches insbesondere die VDE-Anwendungsregeln erarbeitet. Ferner die Deutsche Kommission Elektrotechnik Elektronik Informationstechnik in DIN und VDE (DKE), welche insbesondere DIN VDE-Normen erlässt und verabschiedet. 22.1

Maßgeblich ist dabei **der jeweils aktuelle Stand** der technischen Regeln (s. BT-Drs. 13/7274, 22). 23

Die **Vermutung** des Absatzes 2 Satz 1 bezieht sich dem Wortlaut nach ausdrücklich nur auf die Einhaltung der allgemein anerkannten Regeln der Technik (Absatz 1 Satz 2) – und nicht auf die Gewährleistung der technischen Sicherheit (Absatz 1 Satz 1). Aufgrund des engen Zusammenhangs von Absatz 1 Satz 1 und Satz 2 (→ Rn. 8 bzw. → Rn. 15) ist im Fall der Einhaltung der technischen Regeln von VDE und DVGW aber in der Sache zumindest eine starke „Brücke" zur Gewährleistung der technischen Sicherheit geschlagen (vgl. Elspas/Graßmann/Rasbach/Höhne, 1. Aufl. 2018, § 49 Rn. 26 f.). 24

Die Vermutung des Absatzes 2 Satz 1 ist nach allgemeinen Regeln **widerlegbar**. Eine solche Widerlegung kommt insbesondere in Betracht, sofern die einschlägige technische Regel veraltet oder überholt ist (Seibel NJW 2013, 3000 (3001 f.)). Konkret greifbare Anhaltspunkte hierfür sind Regelentwürfe und Änderungsvorhaben (Kment EnWG/Görisch § 49 Rn. 9). 25

Eine Vermutung bzw. entsprechende Privilegierung kommt über den Wortlaut hinaus auch bei einschlägigen technischen Regeln von DIN und VDI in Betracht (vgl. Seibel NJW 2013, 3001 (3001); ferner Kment EnWG/Görisch § 49 Rn. 8 unter Verweis auch auf die „Selbsterklärung" in Ziff. 8.1 Abs. 2 DIN 820-1). 26

Bezugspunkt der Vermutung sind gem. Absatz 2 Satz 1 „Anlagen zur Erzeugung, Fortleitung und Abgabe" von Elektrizität bzw. Gas und Wasserstoff. Damit wird im Unterschied zu u.a. Absatz 1 Satz 1 und Absatz 5 nicht die Begrifflichkeit der „Energieanlage" verwendet. Folge der engeren Begrifflichkeit in Absatz 2 Satz 1 ist (lediglich) die, dass sich die Vermutung nicht direkt auf Speicheranlagen iSv § 3 Nr. 15 bezieht. 27

27.1 Insoweit ist die Annahme eines Regelungsversehens naheliegend, da im EnWG 1998 noch ein Gleichklang von § 11 Abs. 2 (entspricht § 49 Abs. 2 S. 1 in aktueller Fassung) und der Begriffsbestimmung der Energieanlage (§ 2 Abs. 2 EnWG 1998) bestand, die Komponente der Speicherung wurde dann nur in die Begriffsbestimmung der Energieanlage aufgenommen (s. Elspas/Graßmann/Rasbach/Höhne, 1. Aufl. 2018, § 49 Rn. 23). Für die Speicher wäre eine Vermutung aber wohl über allgemeine Regeln und unabhängig von § 49 Abs. 2 S. 1 konstruierbar (vgl. Seibel NJW 2013, 3000 (3001) (ohne Bezug zu § 49 Abs. 2)).

28 Die weiteren Sätze von Absatz 2 stehen in keinem engeren sachlichen Zusammenhang zur Vermutung des Absatzes 2 Satz 1. Absatz 2 Satz 2 beinhaltet eine **Festlegungsbefugnis der BNetzA**: diese kann nähere Bestimmungen treffen zu Grundsätzen und Verfahren der Einführung technischer Sicherheitsregeln, die den Betrieb von Energieversorgungsnetzen betreffen. Den Grundsätzen kommt keine materielle Komponente hinsichtlich der Sicherheitsregeln als schlussendlichem Resultat zu, sondern sie müssen sich auf die formelle Einführung bzw. Normung durch Fachverbände beziehen: Die Gesetzesbegründung (BT-Drs. 17/6072, 89) macht deutlich, dass es sich nicht um eine inhaltliche Kompetenz der BNetzA handelt, sondern es um mögliche Pflichten der betroffenen Verbände etwa zur Konsultation von Marktakteuren und hinsichtlich der Transparenz geht. Im Wortlaut von Absatz 2 Satz 2 ausdrücklich Niederschlag findet der Aspekt des zeitlichen Ablaufs. Satz 2 wurde zusammen mit Satz 3 im Jahr 2011 gesetzlich eingefügt (durch Art. 1 Gesetz v. 26.7.2011, BGBl. I 1554). Eine Nutzung der Festlegungsbefugnis bzw. entsprechende Festlegungen der BNetzA erfolgten bisher nicht. Offenbar bestand aus Sicht der BNetzA kein Bedarf für eine solche Festlegung.

29 Gemäß Absatz 2 Satz 3 sind durch die BNetzA bei etwaigen Festlegungen die Grundsätze des DIN zu berücksichtigen. In der Sache ist insbesondere die DIN 820 betroffen.

C. Landstromanlagen (Abs. 2a) und witterungsbedingte Anlagengeräusche von Höchstspannungsnetzen (Abs. 2b)

30 Absatz 2a bezieht sich auf Landstromanlagen und hat damit einen speziellen Anwendungsbereich. Er wurde im Jahr 2019 in § 49 aufgenommen (durch Art. 1 Gesetz v. 13.5.2019, BGBl. I 706). Bei der Errichtung und Erneuerung von Anlagen zur landseitigen Stromversorgung (s. insoweit die Begriffsbestimmung in § 3 Nr. 24d) für den Seeverkehr sind die technischen Spezifikationen der genannten IEC/ISO/IEEE-Norm einzuhalten. Der Absatz hat einen europarechtlichen Hintergrund (s. BT-Drs. 19/9027, 16 iVm BT-Drs. 19/8913, 31). Im Vergleich zu § 49 insgesamt fällt auf, dass nur an dieser Stelle eine konkrete technische Norm genannt wird, deren Einhaltung zudem verbindlich vorgegeben wird („müssen"; im Unterschied zu Absatz 1 Satz 2 „zu beachten").

30a Mit der EnWG-Novelle 2022 (BGBl. 2022 I 1214) wurde Absatz 2b geschaffen, der eine materiell-rechtliche Erleichterung für Höchstspannungsfreileitungen im Hinblick auf die sog. Koronageräusche enthält. Mit der Fiktion von witterungsbedingten Anlagengeräuschen von Höchstspannungsleitungen als seltene Ereignisse im Sinne der TA Lärm werden zum einen entsprechende behördliche Verfahren für vor allem neue oder zu ändernde Leitungen von der Prüfung der Voraussetzungen der seltenen Ereignisse entlastet. Zum anderen können auch im Fall der Überschreitung der Schwelle der Seltenheit (vgl. Nummer 7.2 Absatz 1 Satz 1 TA Lärm) die höheren Grenzwerte für seltene Ereignisse Anwendung finden.

30a.1 Fragen wirft der Regelungsstandort Absatz 2b auf, denn es handelt sich um eine Anknüpfung an die TA Lärm und es besteht kein enger Sachzusammenhang zur technischen Sicherheit als Kerninhalt von § 49. Näher gelegen hätte eine Normierung im EnWG in den §§ 43 ff. Auch dort werden aber kaum materiell-rechtliche Anforderungen normiert, diese ergeben sich primär aus dem einschlägigen materiellen Recht.

D. Europäische Anlagen (Abs. 3)

31 Absatz 3 hat die **grundsätzliche Anerkennung** technischer Regeln anderer EU-Mitgliedstaaten oder Staaten des Europäischen Wirtschaftsraums (EWR) zur Folge. Absatz 3 ist vor dem Hintergrund der Warenverkehrsfreiheit nach Art. 28 ff. AEUV und insbesondere dem Verbot Maßnahmen gleicher Wirkung iSv Art. 34 AEUV zu sehen (vgl. BT-Drs. 13/

7274, 22; näher zum Hintergrund Kment EnWG/Görisch § 49 Rn. 11). Im Fall einer europäischen oder internationalen Standardisierung oder Harmonisierung stellt sich die Frage nach einer Anerkennung in der Regel nicht (vgl. Salje EnWG § 49 Rn. 71). Für nicht erfasste und insbesondere außereuropäische Anlagen gibt es keine vergleichbare Privilegierung.

Bezugspunkt von Absatz 3 Satz 1 sind Anlagen oder Anlagenbestandteile, wobei es sich aufgrund des systematischen Kontexts um Energieanlagen oder deren Bestandteile handeln muss (vgl. Salje EnWG § 49 Rn. 72). **32**

Voraussetzung gem. **Absatz 3 Satz 1** ist zunächst, dass Energieanlagen nach den dort (= EU-Mitgliedstaat oder EWR-Vertragsstaat) geltenden Regelungen oder Anforderungen rechtmäßig hergestellt und in den Verkehr gebracht worden sind. Weitere Voraussetzung ist die Gewährleistung der „gleiche[n] Sicherheit". Die Gleichheit wird aufgrund des Zwecks von Absatz 3 bzw. um die Warenverkehrsfreiheit nicht übermäßig zu beschränken, nicht allzu eng verstanden (vgl. beispielsweise Säcker EnergieR/Säcker/König § 49 Rn. 36: „insgesamt ein vergleichbares Sicherheitsniveau"). **33**

Rechtsfolge ist die, dass davon auszugehen ist, dass die Anforderungen nach Absatz 1 an die Beschaffenheit der Anlagen erfüllt sind – also die technische Sicherheit gewährleistet ist. Insoweit fällt die zu Absatz 2 Satz 1 abweichende Begrifflichkeit auf (dort: „wird vermutet"). Die praktische Wirkung des „Davon-Ausgehens" ergibt sich dabei im Zusammenspiel mit Satz 2. **34**

In der Kommentarliteratur werden aus dieser Formulierung unterschiedliche Schlüsse gezogen: Teils wird unter Verweis auf den Begriffsunterschied zu Absatz 2 Satz 1 eine unwiderlegliche Vermutung angenommen (Kment EnWG/Görisch § 49 Rn. 11), teils ist die Rede von einer „tatsächlichen Vermutung" (Bourwieg/Hellermann/Hermes/Bourwieg § 49 Rn. 44, ohne Aussage zur Widerleglichkeit); weiterhin wird ein „Anschein" angenommen (so Elspas/Graßmann/Rasbach/Höhne, 1. Aufl. 2018, § 49 Rn. 33). Unabhängig hiervon ergibt sich die praktische Wirkung über Absatz 3 Satz 2: Die begründeten Einzelfälle setzen eine substantiierte Vorbringen von Sicherheitsbedenken durch die Energieaufsichtsbehörde voraus, dann besteht eine Nachweispflicht des Anlagenbetreibers (iE damit Zustimmung zu Elspas/Graßmann/Rasbach/Höhne, 1. Aufl. 2018, § 49 Rn. 33; ähnlich wie vorliegend wohl Salje EnWG § 49 Rn. 75). **34.1**

Gemäß Absatz 3 Satz 2 besteht eine **Nachweispflicht auf Verlangen der Energieaufsichtsbehörde.** Dieses Verlangen ist dem Gesetzeswortlaut nach „in begründeten Einzelfällen" möglich. Diese Formulierung schließt stichprobenartige Nachweisverlangen aus (Bourwieg/Hellermann/Hermes/Bourwieg § 49 Rn. 45). Der begründete Einzelfall bedeutet, dass Anhaltspunkte oder ein Anlass erforderlich sind, beispielsweise ein Störfall bei einer vergleichbaren Energieanlage (vgl. Kment EnWG/Görisch § 49 Rn. 11). **35**

Sofern ein Nachweisverlangen ergeht, ist in der Sache etwa mittels eines Gutachtens nachzuweisen, „dass die Anforderungen nach Satz 1 erfüllt sind". Von diesem Verweis auf Satz 1 ist insbesondere die Gewährleistung der gleichen Sicherheit erfasst (hierzu → Rn. 33). Nicht geregelt ist, wer den Nachweis erbringt. In der Regel wird der Anlagenbetreiber ein Interesse an der Nachweiserbringung haben und insoweit ggf. Hersteller oder Importeur mit einbeziehen (vgl. Salje EnWG § 49 Rn. 75 f.). Denn wenn der Nachweis nicht gelingt, sind energieaufsichtliche Maßnahmen nach Absatz 5 denkbar – bis hin zu einer Betriebsuntersagung. **36**

E. Verordnungsermächtigungen (Abs. 4 und Abs. 4a)

Absatz 4 und Absatz 4a ermächtigen das BMWi/BMWK zum Erlass von Rechtsverordnungen. Entsprechende Rechtsverordnungen bedürfen dem Wortlaut von § 49 nach der Zustimmung des Bundesrats, was in Art. 80 Abs. 2 GG aE wurzelt (vgl. Kment EnWG/Görisch § 49 Rn. 12). **37**

Im Jahr 2011 wurde Absatz 4 neugefasst und Absatz 4a wurde neu eingefügt (BGBl. 2011 I 338; zu den Hintergründen BT-Drs. 17/4559, 6). Seither kam es zu weiteren Anpassungen in Absatz 4. **38**

In Absatz 4 Satz 1 sind drei **Zielsetzungen** („zur") möglicher Rechtsverordnungen vorangestellt: zum einen die Gewährleistung der technischen Sicherheit als Kerninhalt von § 49. Zum anderen sind die betriebliche Flexibilität von Energieanlagen sowie die Interoperabilität **39** von Ladepunkten für Elektromobile aufgeführt – bei diesen beiden Aspekten handelt es sich um eine gewisse Erweiterung über den Kernbereich des § 49 hinaus (in diese Richtung auch Elspas/Graßmann/Rasbach/Höhne, 1. Aufl. 2018, § 49 Rn. 35). Die erstgenannte Erweiterung wurzelt in den durch die fluktuierende Einspeisung aus Erneuerbare-Energien-Anlagen begründeten Herausforderungen (s. BT-Drs. 17/6072, 89) und steht in engem Zusammenhang zur Ermächtigung in Nummer 8. Die zweitgenannte Erweiterung steht im Zusammenhang mit der Umsetzung entsprechender EU-Richtlinien (s. BR-Drs. 542/15, 138; BT-Drs. 18/1891, 226).

40 **Potentielle Inhalte** von Rechtsverordnungen sind nicht nur **materielle Anforderungen**, sondern auch **formelle Aspekte** wie etwa Anzeigepflichten oder Prüfpflichten vor Inbetriebnahme (vgl. BT-Drs. 17/4559, 6). Bei einer **Systematisierung** der einzelnen Ermächtigungsgrundlagen kann neben zwei hieran anknüpfenden Kategorien eine dritte Kategorie ausgemacht werden, die **Konkretisierung energieaufsichtlicher Befugnisse**. Aus dem Katalog des Absatzes 4 Satz 1 fallen in die erste Kategorie (materielle Anforderungen) Nummer 1 und Nummer 8, in die zweite Kategorie (formelle Aspekte) Nummer 2, Nummer 3, Nummer 6 und Nummer 7 sowie in die dritte Kategorie (Konkretisierung energieaufsichtlicher Befugnisse) Nummer 5 und wohl auch Nummer 4.

41 Gemäß **Absatz 4 Satz 2** bleiben die Regelungen des EEG und des KWKG davon unberührt. „Davon" nimmt auf die Ermächtigungsgrundlagen nach Absatz 4 Satz 1 Bezug. Vor dem Hintergrund der Einfügung dieses Satzes zusammen mit der flexibilitätsbezogenen Ermächtigung in Nummer 8 ist die Unberührtheit etwa im Hinblick auf Verpflichtungen aus § 9 EEG zu technischen Vorgaben relevant (vgl. Säcker EnWG/Säcker/König § 49 Rn. 57).

42 **Bisher** wurden **vier Verordnungen** auf Grundlage von Absatz 4 erlassen. In der zeitlichen Reihenfolge ihres Erlasses sind dies die
- Gashochdruckleitungsverordnung (GasHDrLtgV)
- Systemstabilitätsverordnung (SysStabV)
- Ladesäulenverordnung (LSV)
- Verordnung zum Nachweis von elektrotechnischen Eigenschaften von Energieanlagen (NELEV)

42.1 Die GasHDrLtgV wurde auf § 49 Abs. 4 insgesamt gestützt, die LSV auf Nummern 1–4 und die NELEV auf Nummer 3. Die SysStabV ist abweichend zu den anderen Verordnungen auf eine weitere Grundlage gestützt: Im Bundesgesetzblatt (s. BGBl. 2012 I 1635 sowie BGBl. 2015 I 279) wird neben § 49 Abs. 4 Nr. 1 auch § 12 Abs. 3a als Grundlage genannt.

42a Mit der **EnWG-Novelle 2022** (BGBl. I 1214) wurden Absatz 4 Satz 1 Nummer 9 sowie Satz 3 eingefügt. Hierdurch werden Änderungen in der NELEV flankiert, die als Artikel 5a ebenfalls Teil dieses Artikelgesetzes waren (s. zu den Hintergründen BT-Drs. 20/2402, 47). Gewisse Erzeugungsanlagen (Typ B, bis zu 950 kW) sollen mittels einer nunmehr möglichen vorläufigen Inbetriebnahme bei Nachweis gewisser Anforderungen durch ein Anlagenzertifikat unter Auflagen schneller ans Netz kommen (s. § 2 Abs. 2b NELEV). Nummer 9 betrifft Konstellationen, in denen die vollständigen Nachweise nicht binnen der Frist von 18 Monaten ab Inbetriebsetzung erbracht werden können. Konkret wird die in der NELEV vorgesehene Trennung vom Netz durch den Netzbetreiber als zentrale Folge einer Nichterfüllung (näher § 4 NELEV) gesetzlich ermöglicht. Satz 3 ermöglicht eine rückwirkende Inkraftsetzung.

43 **Absatz 4a** ermächtigt das BMWi/BMWK zur Einsetzung eines Ausschusses zur Beratung in Fragen der technischen Sicherheit von Gasversorgungsnetzen und Gas-Direktleitungen durch Rechtsverordnung. Diesem Ausschuss kann gem. Satz 2 insbesondere die Erarbeitung eines Anforderungsprofils für Sachverständige, die die technische Sicherheit dieser Energieanlagen prüfen, übertragen werden. Die Formulierung „um den in einer Verordnung nach Absatz 4 festgelegten Anforderungen zu genügen" läuft auf eine Konkretisierung der bereits in Absatz 4 Satz 1 Nummer 7 enthaltenen Anforderungen (fachliche Qualifikation, Unabhängigkeit und Zuverlässigkeit) hinaus. Das Anforderungsprofil wird durch den Ausschuss vorgeschlagen (s. Satz 2) und durch das BMWi/BMWK veröffentlicht (vgl. Satz 3: „kann [...] veröffentlichen"), was eine hoheitliche Prüfung impliziert. In Satz 4 finden sich schließlich Vorgaben zu den Kreisen, aus denen die Mitglieder des Ausschusses zu stammen haben. Nach Kenntnis des Verfassers wurde ein solcher Ausschuss noch nicht eingesetzt.

Anforderungen an Energieanlagen   § 49 EnWG

Wenngleich dies in der einschlägigen Gesetzesbegründung (BT-Drs. 17/4559, 6) nicht erwähnt **43.1**
wird, dürfte der auf Grundlage von § 9 Rohrfernleitungsverordnung eingesetzte Ausschuss für Rohrfernleitungen Vorbild für Absatz 4a gewesen sein. Die Ermächtigungsgrundlage der Rohrfernleitungsverordnung findet sich im UVPG.

F. Energieaufsichtliche Maßnahmen (Abs. 5)

Gemäß Absatz 5 kann die nach Landesrecht zuständige Behörde im Einzelfall die zur **44**
Sicherstellung der Anforderungen an die technische Sicherheit von Energieanlagen erforderlichen Maßnahmen treffen.

Wie im Wortlaut ausdrücklich vorgesehen, ergibt sich die **Zuständigkeit** für die techni- **45**
sche Energieaufsicht **aus dem Landesrecht**: In Bayern beispielsweise liegt die Zuständigkeit beim Bayerischen Staatsministerium für Wirtschaft, Landesentwicklung und Energie (s. Art. 10 des Gesetzes über die Zuständigkeiten zum Vollzug wirtschaftsrechtlicher Vorschriften). In Nordrhein-Westfalen ist die Bezirksregierung Arnsberg zuständig (§ 1 Abs. 3 der Verordnung zur Regelung von Zuständigkeiten auf dem Gebiet des Energiewirtschaftsrechts).

Zentrales Kriterium iRv Absatz 5 ist die **Erforderlichkeit** zur Sicherstellung der Anforde- **46**
rungen an die technische Sicherheit. Insoweit ist auf Tatbestandsebene zu verlangen, dass **konkrete Erkenntnisse zu Sicherheitsmängeln** vorliegen; ohne entsprechende Anhaltspunkte für eine Gefährdung der Sicherheit hat zunächst eine Sachverhaltsklärung durch die Energieaufsichtsbehörde zu erfolgen, ggf. unter Nutzung der Annexbefugnisse wie dem Auskunftsverlangen nach Absatz 6 (s. VG Ansbach BeckRS 2010, 34678).

Absatz 5 ist **Rechtsgrundlage für die erforderlichen Maßnahmen.** Von dieser Gene- **47**
ralklausel sind sowohl Realakte als auch Verwaltungsakte erfasst (vgl. etwa Bourwieg/Hellermann/Hermes/Bourwieg § 49 Rn. 55). Denkbar sind insbesondere Gebote oder die Untersagung des weiteren Betriebs gegenüber den Betreibern der betroffenen Energieanlagen (Salje EnWG § 49 Rn. 81). In der Regel dürften auf die Gewährleistung der technischen Sicherheit abzielende Handlungspflichten per Verwaltungsakt auferlegt werden. Im Einzelnen ist eine Vielzahl an Maßnahmen denkbar (vgl. die beispielhafte Auflistung bei Theobald/Kühling/van Rienen/Wasser § 49 Rn. 89). Absatz 5 ist auf Rechtsfolgenseite zielgerichtet und offenbar bewusst offen formuliert, um die technische Energieaufsicht nicht unnötig einzuengen.

So ist beispielsweise die Auferlegung gewisser Ersatz- oder Instandhaltungsinvestitionen denkbar. **47.1**
Zur Flankierung sind Abarbeitungspläne und Berichte denkbar. Hierdurch werden neben einem Erfüllungsmonitoring durch die Energieaufsicht auch eine Selbstreflexion und Selbstkontrolle der Anlagenbetreiber ermöglicht bzw. angestrebt, wodurch die eigentlichen Maßnahmen effektiviert werden. § 49 Abs. 5 ist auch nicht auf „Sofortmaßnahmen" beschränkt. Vielmehr sind auch Maßnahmen mit längerfristiger Perspektive nicht ausgeschlossen – sofern eben erforderlich. Auch der Zusatz im Wortlaut von § 49 Abs. 5 „im Einzelfall" hat keine Einschränkungen der Rechtsfolgenseite zur Folge. Dieser Zusatz ist in Abgrenzung zu einzelfallübergreifenden Anforderungen in Rechtsverordnungen (etwa nach Absatz 4 Satz 1 Nr. 1) zu verstehen (vgl. Theobald/Kühling/van Rienen/Wasser § 49 Rn. 79).

Der Erlass von Maßnahmen liegt im **Ermessen** der Energieaufsichtsbehörde („kann"). **48**
Bezüglich der Ermessensausübung gelten die allgemeinen verwaltungsrechtlichen Regeln. Dies hat u.a. zur Folge, dass der Verhältnismäßigkeitsgrundsatz als Ermessensgrenze (iSv § 40 VwVfG) zu wahren ist – sofern entsprechende Erwägungen nicht ohnehin bereits unter der Erforderlichkeit nach Absatz 5 Berücksichtigung finden (sogar für ein Entsprechen von Erforderlichkeit und allgemeinem Verhältnismäßigkeitsgrundsatz Kment EnWG/Görisch § 49 Rn. 14). Eine Komponente der Erforderlichkeit ist wie allgemein die Verpflichtung auf mildere, gleich wirksame Mittel. Im Rahmen des Ermessens findet der Kontext der Gefahrenabwehr Berücksichtigung (vgl. § 40 VwVfG: entsprechend dem Zweck der Ermächtigung). Folglich ist im Fall einer Nicht-Gewährleistung der technischen Sicherheit auf Rechtsfolgenseite das Tätigwerden der Energieaufsichtsbehörde als solches (Entschließungsermessen) regelmäßig nicht näher rechtfertigungsbedürftig, entsprechende energieaufsichtliche Erwägungen beziehen sich primär auf die Frage nach dem „Wie" (vgl. Bourwieg/Hellermann/Hermes/Bourwieg § 49 Rn. 57). Im Hinblick auf energieaufsichtliche Maßnahmen finden auch die **sonstigen Anforderungen an Verwaltungsakte nach allgemeinem Verwaltungsrecht** Anwendung, etwa das Bestimmtheitsgebot.

Strobel

48.1 In der Praxis stellt das verwaltungsverfahrensrechtliche Bestimmtheitsgebot (vgl. § 37 Abs. 1 VwVfG) die Energieaufsichtsbehörden bei der Auferlegung von Maßnahmen vor Herausforderungen, da naturgemäß ein Wissensgefälle im Verhältnis Energieaufsichtsbehörde – Anlagenbetreiber besteht. Allerdings erscheint es denkbar, die Rechtsprechung zu übertragen, wonach zielorientierte Anordnungen nicht per se zu unbestimmt sind, und es vielmehr dem Grundsatz der Verhältnismäßigkeit entsprechen kann, dem Betroffenen die Auswahl unter verschiedenen in Betracht kommenden Mitteln zu überlassen (vgl. BayVGH BeckRS 2012, 57939 Rn. 7; BeckOK VwVfG/Tiedemann VwVfG § 37 Rn. 23). Entsprechend sind vor allem zielgerichtete und im Hinblick auf einzelne Maßnahmen zur Zielerreichung weniger konkrete Maßnahmen denkbar.

49 Im Fall der Nichtbefolgung einer energieaufsichtlichen Anordnung sind auf der **Durchsetzungsebene** Maßnahmen nach Landesverwaltungsvollstreckungsrecht möglich, insbesondere ein Zwangsgeld oder eine Ersatzvornahme. Um eine mit einem Bußgeld sanktionierte Ordnungswidrigkeit handelt es sich bei einer Nichtbefolgung dagegen nicht (s. die Nichterfassung in den Katalogen des § 95).

50 Im Kontext energieaufsichtlicher Maßnahmen richtet sich auch der **Rechtsschutz** nach allgemeinen Regeln. Insbesondere sind Anfechtungsklagen der Energieanlagenbetreiber als Adressaten energieaufsichtlicher Maßnahmen vor Verwaltungsgerichten denkbar.

50.1 Insbesondere im Hinblick auf theoretisch denkbare Verpflichtungsklagen Dritter gegen Energieaufsichtsbehörden mit dem Ziel eines energieaufsichtlichen Einschreitens wird die bisher ungeklärte Frage relevant, ob § 49 drittschützende Wirkung zukommt (vgl. hierzu Rosin/Pohlmann/Gentzsch/Metzenthin/Böwing/Schoppen § 49 Rn. 35).

50.2 Generell fällt auf, dass energieaufsichtliche Anordnungen in der Praxis der Verwaltungsgerichte offenbar keine große Rolle spielen – zumindest sind wenige Entscheidungen veröffentlicht. Einzige dem Verfasser bekannte Entscheidung ist ein Beschluss des VG Ansbach (BeckRS 2010, 34678). Dies ist ein Indiz dafür, dass der weitgehend auf die Eigenverantwortlichkeit der Branche setzende Ansatz funktioniert (vgl. → Rn. 6).

G. Energieaufsichtliche Annexbefugnisse (Abs. 6 und Abs. 7)

51 Die Betreiber von Energieanlagen haben auf Verlangen der Energieaufsichtsbehörde Auskünfte zu erteilen (zu diesem Auskunftsverlangen → Rn. 52 ff.). Ferner bestehen zugunsten der Energieaufsichtsbehörde Zutritts- und Prüfungsrechte (→ Rn. 60 ff.). Diese **Annexbefugnisse flankieren** die **Energieaufsicht** nach Absatz 5 („zur Wahrnehmung der Aufgaben nach Absatz 5 erforderlich"; Wendung in Absatz 7 enthalten). Es geht darum, dass „die Aufsicht [...] wirksam durchgeführt werden kann" (BT-Drs. 13/7274, 22 bezüglich des Auskunftsverlangens). Bei der Sachverhaltsermittlung durch die Energieaufsichtsbehörde bzw. der Bewertung der Frage, ob die technische Sicherheit gewährleistet ist, sind Informationen vonseiten des Anlagenbetreibers oder Prüfungen vor Ort regelmäßig unerlässlich. Die Nutzung der Annexbefugnisse geht dann der Entscheidung voraus, ob energieaufsichtliche Maßnahmen nach Absatz 5 erforderlich sind oder nicht. Die erlangten Informationen helfen ferner bei der Ausgestaltung der energieaufsichtlichen Maßnahmen.

I. Auskunftsverlangen (Abs. 6)

52 Die **Auskünfte** werden gesetzlich nicht näher präzisiert. Es besteht die Möglichkeit, in einer Rechtsverordnung zu bestimmen, welche Auskünfte verlangt werden können (Absatz 4 Satz 1 Nummer 5). Dies ist bisher allerdings nicht erfolgt. Gemäß der Gesetzesbegründung (BT-Drs. 13/7274, 23) geht es zielgerichtet um „alle Auskünfte, die zur Durchführung der Aufsicht benötigt werden". Denkbar sind, was die Darstellungsform angeht, beispielsweise textliche, tabellarische oder grafische Auskünfte, letzteres etwa bei Schaltplänen.

53 **Bezugspunkt** der Auskünfte müssen **technische und wirtschaftliche Verhältnisse** sein. Unter die technischen Verhältnisse fallen etwa der Typ, das Alter, die Kapazität und der technische Zustand der Energieanlage, unter die wirtschaftlichen Verhältnisse fällt die wirtschaftliche Situation oder Lage des Energieanlagenbetreibers (Bourwieg/Hellermann/Hermes/Bourwieg § 49 Rn. 60).

54 Eine Einschränkung beinhaltet die Wendung im Wortlaut von Absatz 6 Satz 1, wonach die Auskünfte „zur Wahrnehmung der Aufgaben nach Absatz 5 erforderlich" sein müssen.

Anforderungen an Energieanlagen § 49 EnWG

Dieses spezielle Erforderlichkeitskriterium wirkt sich u.a. dergestalt aus, dass die wirtschaftlichen Verhältnisse nur dann energieaufsichtlich relevant sind, wenn die finanziellen Mittel fehlen, um die technische Sicherheit zu gewährleisten – etwa im Hinblick auf notwendige Instandhaltungs- und Ersatzinvestitionen (Bourwieg/Hellermann/Hermes/Bourwieg § 49 Rn. 61).

Ein **konkreter Anlass** im Sinne eines Verdachts der Nicht-Gewährleistung der technischen Sicherheit ist **nicht erforderlich,** da es gerade Sinn und Zweck des Auskunftsverlangens ist, die Energieaufsichtsbehörde in die Lage zu versetzen, darüber zu befinden, ob eine Nicht-Gewährleistung der technischen Sicherheit vorliegt und folglich energieaufsichtliche Maßnahmen erforderlich sind (vgl. BVerwG BeckRS 2012, 45872 Rn. 31 ff. zu § 5a Abs. 5 S. 1 Nr. 1 AEG; ferner Kment EnWG/Görisch § 49 Rn. 16, der letztlich einschränkend und unter Bezugnahme auf Büdenbender § 18 Rn. 40 ein „schlüssiges behördliches Prüfkonzept" verlangt; dagegen wohl restriktiver Bourwieg/Hellermann/Hermes/Bourwieg § 49 Rn. 62: „begründeter Verdacht"). 55

Hinsichtlich der Auskünfte, die abverlangt werden können, ist eine **Grenzziehung** erforderlich: Dem Adressaten kann die Generierung nicht ohne Weiteres abgreifbarer Daten oder Auskünfte abverlangt werden, sofern dies verhältnismäßig und zumutbar ist (Kment EnWG/Görisch § 49 Rn. 17; vgl. auch OLG Düsseldorf BeckRS 2006, 6948 unter B.II.1.2.2; offenbar aA VG Ansbach BeckRS 2010, 34678: Auskünfte wohl nur über dem Betreiber vorliegende Umstände bzw. Verhältnisse). Bei der Auferlegung der Erstellung eines aufwändigen und teuren Sachverständigengutachtens dürfte es sich dagegen regelmäßig nicht mehr um abverlangbare Auskünfte handeln (vgl. VG Ansbach BeckRS 2010, 34678). Generell ist zur Herausgabe von Unterlagen abzugrenzen: Abweichend zu anderen Auskunftspflichten (vgl. etwa § 69 Abs. 1 S. 1 Nr. 1 EnWG oder § 52 Abs. 2 S. 1 BImSchG, § 59 Abs. 1 S. 1 GWB als Beispiele außerhalb des EnWG) ist in Absatz 6 keine Verpflichtung zur Herausgabe von Unterlagen normiert. Dieses systematische Argument schränkt das gegenständliche Auskunftsverlangen ein. 56

Bei Erlass bzw. Formulierung eines Auskunftsverlangens sollte sich die Energieaufsichtsbehörde an § 69 Abs. 7 S. 2 orientieren und insbesondere aus Verhältnismäßigkeitsgründen eine angemessene Frist zur Erteilung der Auskunft setzen (Kment EnWG/Görisch § 49 Rn. 17). 57

Ein Auskunftsverlangen der Energieaufsichtsbehörde stellt in der Regel einen Verwaltungsakt dar. In der Praxis dürfte die Energieaufsichtsbehörde häufig versuchen, an die Auskünfte auf informellem und auf die Kooperation des Anlagenbetreibers setzendem Wege zu gelangen (vgl. Bourwieg/Hellermann/Hermes/Bourwieg § 49 Rn. 59). Im Falle einer (unberechtigten) Auskunftsverweigerung sind Maßnahmen der Verwaltungsvollstreckung möglich. 58

Absatz 6 Satz 2 sieht ein **Auskunftsverweigerungsrecht** für den Fall einer drohenden Gefahr strafrechtlicher Verfolgung oder eines Verfahrens nach dem OWiG vor. Dieses Auskunftsverweigerungsrecht dürfte in der Praxis eine geringe Relevanz haben. 59

Die Gefahr eines „Verfahrens nach dem [OWiG]" dürfte nicht eng zu verstehen sein und Ordnungswidrigkeiten nach § 95 EnWG umfassen. Eine Ordnungswidrigkeit droht im Kontext der Energieaufsicht insbesondere bei Verstößen gegen einschlägige Vorgaben der GasHDrLtgV (s. § 95 Abs. 1 Nr. 5 lit. c EnWG iVm § 19 GasHDrLtgV); ansonsten ist ein Verstoß gegen § 49 nicht von § 95 umfasst und entsprechend nicht ordnungswidrig, was den Anwendungsbereich des Auskunftsverweigerungsrechts einschränkt (vgl. Elspas/Graßmann/Rasbach/Höhne, 1. Aufl. 2018, § 49 Rn. 47). Eine Strafverfolgung dürfte ebenfalls regelmäßig nicht drohen, da eine Einschlägigkeit von Straftatbeständen (beispielsweise fahrlässige Körperverletzung, § 229 StGB) eher unwahrscheinlich ist. 59.1

II. Betretung, Prüfung und Einsichtnahme: die Befugnisse des Abs. 7

Absatz 7 beinhaltet mit dem Betreten, der Prüfung und der Einsichtnahme weitere Befugnisse zur Ermittlung bzw. Aufklärung energieaufsichtlich relevanter Sachverhalte. Im Gegensatz zum Auskunftsverlangen nach Absatz 6 nimmt insoweit die Energieaufsichtsbehörde den aktiven Part bei der Sachverhaltsaufklärung ein (vgl. Büdenbender § 18 Rn. 54). 60

Aus Gründen der Verhältnismäßigkeit sowie aus Praktikabilitätserwägungen der Energieaufsichtsbehörde dürften Maßnahmen nach Absatz 7 gegenüber einem Auskunftsverlangen 61

Strobel 1367

regelmäßig subsidiär sein. Maßnahmen nach Absatz 7 kommen insbesondere in Betracht, wenn Auskünfte nicht, nicht rechtzeitig oder nicht im erforderlichen Umfang zur Verfügung gestellt werden (BT-Drs. 13/7274, 23). Auch eine Überprüfung von Auskünften kann Ziel einer Maßnahme nach Absatz 7 sein (Säcker EnergieR/Säcker/König § 49 Rn. 71).

62 **In personeller Hinsicht** sind dem Wortlaut nach „von der [Energieaufsichtsbehörde] mit der Aufsicht beauftragte [...] Personen" befugt. Hiernach sind im Einzelfall speziell beauftragte Externe umfasst, etwa fachkundige Gutachter (elektrotechnische Sachverständige, Wirtschaftsprüfer etc); aber auch eigenes Personal der Energieaufsichtsbehörde ist erfasst und in dem Sinne beauftragt (vgl. Kment EnWG/Görisch § 49 Rn. 18; Büdenbender § 18 Rn. 58; die Gesetzesbegründung (= BT-Drs. 13/7274, 23) scheint die Selbstvornahme zu unterstellen).

63 **In örtlicher Hinsicht** beziehen sich die drei Rechte des Absatzes 7 auf Betriebsgrundstücke, Geschäftsräume und Einrichtungen der Betreiber von Energieanlagen. Vom weiten Begriff der Einrichtungen sind insbesondere die Energieanlagen selbst oder funktionales Zubehör umfasst, beispielsweise Trafostationen (Büdenbender § 18 Rn. 47).

64 Das **Betretungsrecht** beinhaltet auch ein korrespondierendes Aufenthaltsrecht (Büdenbender § 18 Rn. 55). In zeitlicher Hinsicht sollten Besuche der Energieaufsicht in Entsprechung zu § 69 Abs. 3 S. 1 regelmäßig auf die üblichen Geschäftszeiten beschränkt werden (näher Kment EnWG/Görisch § 49 Rn. 18).

65 Das **Prüfungsrecht** umfasst beispielsweise Kontrollmessungen oder Sicherheitstests an Energieanlagen (Kment EnWG/Görisch § 49 Rn. 18). In Ermangelung von Relativierungen im Wortlaut sind grundsätzlich auch recht weitreichende Prüfungen möglich (vgl. Bourwieg/Hellermann/Hermes/Bourwieg § 49 Rn. 68: Einschränkungen des Anlagenbetriebs, insbesondere Abschaltung; aA Säcker EnergieR/Säcker/König § 49 Rn. 73: einfach anwendbare Untersuchungen wie Sichtprüfungen, Klopftest, Ultraschallprüfung). Im Hinblick auf die Überprüfung der Gewährleistung der technischen Sicherheit kommt dieser Befugnis eine hervorgehobene Bedeutung zu.

66 Hinsichtlich des Rechts zur **Einsichtnahme in geschäftliche und betriebliche Unterlagen** soll neben der Lektüre und Auswertung der Unterlagen vor Ort auch das Erstellen von Notizen umfasst sein (so etwa Büdenbender § 18 Rn. 57). Zwischen der Einsichtnahme und dem Auskunftsverlangen nach Absatz 6 besteht ein enger Zusammenhang: An Informationen, die nicht erlangt werden können, weil die Wortlautgrenze einer Einsichtnahme überschritten ist, kann die Energieaufsichtsbehörde häufig über ein Auskunftsverlangen gelangen (→ Rn. 66.1).

66.1 Die jüngere Kommentarliteratur spricht sich aus grundrechtlichen Erwägungen gegen eine Berechtigung zu einer – abweichend von § 69 Abs. 4 – in § 49 Abs. 7 nicht ausdrücklich erwähnten Durchsuchung aus (s. insbesondere Bourwieg/Hellermann/Hermes/Bourwieg § 49 Rn. 67). In der Folge ist eine randscharfe Abgrenzung schwierig, es kann aber wohl nur in solche Unterlagen Einsicht genommen werden, die nicht im Wege einer Durchsuchung gefunden werden müssen – die Unterlagen müssen damit gleichsam offen bereitliegen. Sofern sich der Betreiber weigert, mitzuwirken, besteht die Möglichkeit eines ggf. vollstreckbaren Auskunftsverlangens (vgl. Bourwieg/Hellermann/Hermes/Bourwieg § 49 Rn. 67). Ein weiteres Beispiel veranschaulicht die engen Bezüge von Absatz 6 und Absatz 7: Die Erstellung von Kopien dürfte nicht mehr vom Wortlaut der Einsichtnahme erfasst sein (Kment EnWG/Görisch § 49 Rn. 18; aA Büdenbender § 18 Rn. 57). Die Energieaufsichtsbehörde dürfte aber regelmäßig über das Auskunftsverlangen an entsprechende Informationen kommen können.

66.2 Am Rande sei darauf hingewiesen, dass auch Beschlagnahmen iRv § 49 Abs. 7 nicht zulässig sind, was die Fortschaffung gegen den Willen des Anlagenbetreibers ausschließt (s. etwa Säcker EnergieR/Säcker/König § 49 Rn. 74, im Gegensatz zu § 69 Abs. 5).

67 Am Ende von Absatz 7 findet sich eine zu Absatz 6 weitgehend identisch formulierte Einschränkung („soweit dies zur Wahrnehmung der Aufgaben nach Absatz 5 erforderlich ist"): Diese beinhaltet die Voraussetzung eines funktionalen Bezugs zur Energieaufsicht und begrenzt Maßnahmen nach Absatz 7 auf das Erforderliche. Ein konkreter Anlass bzw. Verdacht ist – wie iRv Absatz 6 (→ Rn. 55) – nicht erforderlich für das Nutzen der energieaufsichtlichen Befugnisse.

§ 49a Elektromagnetische Beeinflussung

(1) ¹Besteht die Gefahr, dass der Ausbau oder die Ertüchtigung, Umbeseilungen oder Zubeseilungen oder Änderungen des Betriebskonzepts eines Übertragungsnetzes technische Infrastrukturen elektromagnetisch beeinflussen können, so hat der Betreiber technischer Infrastrukturen
1. dem verantwortlichen Übertragungsnetzbetreiber auf dessen Anfrage unverzüglich Auskunft zu erteilen über
   a) den Standort der technischen Infrastrukturen,
   b) die technischen Eigenschaften der technischen Infrastrukturen und
   c) getroffene technische Vorkehrungen zur Vermeidung einer elektromagnetischen Beeinflussung und
2. Messungen des verantwortlichen Übertragungsnetzbetreibers zu dulden.

²Zur Ermittlung der potenziell von der elektromagnetischen Beeinflussung betroffenen Betreiber technischer Infrastrukturen genügt eine Anfrage und die Nachweisführung durch den Übertragungsnetzbetreiber unter Verwendung von Informationssystemen zur Leitungsrecherche, die allen Betreibern technischer Infrastrukturen für die Eintragung eigener Infrastrukturen und für die Auskunft über fremde Infrastrukturen diskriminierungsfrei zugänglich sind. ³Zusätzlich hat der Übertragungsnetzbetreiber Maßnahmen nach Satz 1 im Bundesanzeiger zu veröffentlichen und die betroffenen Gemeinden zu informieren. ⁴Betroffene Gemeinden sind solche, auf deren Gebiet eine elektromagnetische Beeinflussung oder Maßnahmen nach Satz 1 wirksam werden können. ⁵Den Betreibern technischer Infrastrukturen ist die Gelegenheit zu geben, sich innerhalb von zwei Wochen ab Veröffentlichung im Bundesanzeiger oder nach Information an die Gemeinde als betroffener Betreiber technischer Infrastrukturen bei dem Übertragungsnetzbetreiber zu melden. ⁶Der Übertragungsnetzbetreiber hat die so ermittelten Betreiber technischer Infrastrukturen über den Ausbau oder die Ertüchtigung, über Umbeseilungen oder Zubeseilungen sowie über Änderungen des Betriebskonzepts eines Übertragungsnetzes zu informieren.

(2) Der verantwortliche Übertragungsnetzbetreiber hat dem betroffenen Betreiber technischer Infrastrukturen auf dessen Nachfrage unverzüglich Auskunft zu erteilen über alle für die Beurteilung der elektromagnetischen Beeinflussung nötigen technischen, betrieblichen und organisatorischen Parameter.

(3) ¹Werden durch den Ausbau oder die Ertüchtigung, durch Umbeseilungen oder Zubeseilungen oder durch Änderungen des Betriebskonzepts eines Übertragungsnetzes technische Infrastrukturen erstmals oder stärker elektromagnetisch beeinflusst, so haben der Übertragungsnetzbetreiber und der betroffene Betreiber technischer Infrastrukturen
1. Maßnahmen zur Reduzierung und Sicherung der auftretenden Beeinflussung zu prüfen,
2. die technisch und wirtschaftlich vorzugswürdige Lösung gemeinsam zu bestimmen und
3. die gemeinsam bestimmte Lösung in ihrem jeweiligen Verantwortungsbereich unverzüglich umzusetzen.

²Wenn neue oder weitergehende technische Schutzmaßnahmen an den beeinflussten technischen Infrastrukturen erforderlich sind oder die Maßnahmen an den beeinflussten technischen Infrastrukturen den Maßnahmen am Übertragungsnetz wegen der Dauer der Umsetzung oder wegen der Wirtschaftlichkeit vorzuziehen sind, hat der Übertragungsnetzbetreiber dem Betreiber technischer Infrastrukturen die notwendigen Kosten für die betrieblichen, organisatorischen und technischen Schutzmaßnahmen einschließlich der notwendigen Kosten für Unterhaltung und Betrieb für eine Dauer, die der zu erwartenden Nutzungsdauer der technischen Schutzmaßnahme entspricht, im Wege einer einmaligen Ersatzzahlung zu erstatten. ³Auf die zu erstattenden Kosten ist ein Aufschlag in Höhe von 5 Prozent zu gewähren, wenn der Betreiber technischer Infrastrukturen binnen sechs Monaten nach Anfrage durch den Übertragungsnetzbetreiber in Textform gegenüber diesem

die unbedingte Freigabe zur Inbetriebnahme der Maßnahmen nach Satz 1 erklärt. ⁴Ein weitergehender Ersatzanspruch gegen den Übertragungsnetzbetreiber ist ausgeschlossen. ⁵Wird erst nach der Durchführung einer Maßnahme zum Ausbau oder zur Ertüchtigung, zu Umbeseilungen oder Zubeseilungen oder zur Änderung des Betriebskonzepts eines Übertragungsnetzes bekannt, dass durch die Maßnahme die technischen Infrastrukturen elektromagnetisch beeinflusst werden, bleiben die Rechte und Pflichten des Betreibers technischer Infrastrukturen unberührt.

(4) ¹Besteht Uneinigkeit zwischen dem Übertragungsnetzbetreiber und dem betroffenen Betreiber technischer Infrastrukturen über das Ausmaß der elektromagnetischen Beeinflussung oder über die technisch und wirtschaftlich vorzugswürdige Lösung der zu ergreifenden Schutzmaßnahmen nach Absatz 3 Satz 1 oder über die für die Schutzmaßnahmen und für deren Unterhaltung und Betrieb notwendigen Kosten, so ist über die offenen Streitfragen spätestens sechs Monate nach Beginn der Uneinigkeit ein Gutachten eines unabhängigen technischen Sachverständigen auf Kosten des Übertragungsnetzbetreibers einzuholen. ²Der unabhängige technische Sachverständige soll im Einvernehmen von dem Übertragungsnetzbetreiber und dem Betreiber technischer Infrastrukturen bestimmt werden. ³Kann kein Einvernehmen erzielt werden, schlägt der Übertragungsnetzbetreiber drei unabhängige technische Sachverständige vor und der Betreiber technischer Infrastrukturen benennt binnen zwei Wochen ab Übermittlung des Vorschlags in Textform einen dieser Sachverständigen für die Klärung.

(5) ¹Haben sich der Übertragungsnetzbetreiber und der Betreiber technischer Infrastrukturen darüber geeinigt, ob und welche Schutzmaßnahmen die technisch und wirtschaftlich vorzugswürdige Lösung darstellen, so haben sie unverzüglich die Durchführung der erforderlichen technischen Schutzmaßnahmen sicherzustellen, auch durch vorübergehende Schutzmaßnahmen betrieblicher oder organisatorischer Art. ²Besteht zwischen dem Übertragungsnetzbetreiber und dem Betreiber technischer Infrastrukturen kein Einvernehmen, so erstreckt sich das Gutachten des technischen Sachverständigen auch auf die Frage, ob und welche Schutzmaßnahmen technisch und wirtschaftlich vorzugswürdig sind und welche Kosten bei der Bemessung des Ersatzanspruches nach Absatz 3 Satz 2 als notwendig zu berücksichtigen sind. ³In diesem Fall haben der Übertragungsnetzbetreiber und der Betreiber technischer Infrastrukturen unverzüglich nach dem Vorliegen des Sachverständigengutachtens die Umsetzung der erforderlichen Schutzmaßnahmen sicherzustellen, auch durch vorübergehende Schutzmaßnahmen betrieblicher oder organisatorischer Art.

(6) Für die Zwecke dieses Paragrafen sind die Begriffsbestimmungen des § 3 Nummer 1 des Netzausbaubeschleunigungsgesetzes Übertragungsnetz entsprechend anzuwenden.

Überblick

§ 49a regelt den Umgang mit elektromagnetischen Beeinflussungen durch Maßnahmen im Übertragungsnetz an anderen technischen Infrastrukturen, indem ein umfassendes System zur gemeinsamen Konfliktbewältigung in das Gesetz aufgenommen worden ist. Die Vorschrift ist als Teil des Gesetzes zur Änderung des Energiesicherungsgesetzes und anderer energiewirtschaftlicher Vorschriften vom 20.9.2022 (BT-Drs. 20/3497, 40 ff.) in das EnWG aufgenommen worden. Absatz 1 Satz 1 regelt die Grundpflichten, welche zur Ermittlung der Tatsachen notwendig sind, durch welche bewertet werden kann, ob relevante Beeinflussungen vorliegen (→ Rn. 5). Absatz 1 Satz 2–6 regelt in diesem Zusammenhang Informations- und Meldepflichten, um den Kreis der Betroffenen zu ermitteln (→ Rn. 8). Neben der Bestimmung der Schutzmaßnahmen (→ Rn. 16) regelt die Vorschrift zudem zentral Art und Umfang des Kostenerstattungsanspruchs der Betreiber technischer Infrastrukturen (→ Rn. 18) und schließt weiterreichende Ansprüche aus (→ Rn. 22). Zudem werden umfangreiche Mechanismen zur Konfliktlösungen vorgesehen (→ Rn. 24).

Übersicht

	Rn.		Rn.
A. Allgemeines	1	II. Umfang der Kostentragungspflicht (Abs. 3 S. 2 bis 4)	18
B. Sachlicher Anwendungsbereich	2	1. Anspruchsgrundlage (Abs. 3 S. 2)	18
C. Grundpflichten zur Ermittlung von Beeinflussungen	5	2. Aufschlag zur beschleunigten Einigung (Abs. 3 S. 3)	21
I. Grundpflichten der Betreiber technischer Infrastrukturen (Abs. 1 S. 1)	6	3. Begrenzung Ersatzanspruch (Abs. 3 S. 4)	22
II. Informations- und Meldepflichten (Abs. 1 S. 2–6)	8	4. Nachträgliches Bekanntwerden (Abs. 3 S. 5)	23
D. Weitere Auskunftspflichten (Abs. 2)	13	F. Konfliktlösung (Abs. 4)	24
E. Umsetzung von Schutzmaßnahmen (Abs. 3)	15	G. Umsetzung der Schutzmaßnahmen (Abs. 5)	25
I. Bestimmung der Schutzmaßnahmen (Abs. 3 S. 1)	16	H. Begriffsbestimmungen nach NABEG (Abs. 6)	29

A. Allgemeines

§ 49a regelt den Umgang mit elektromagnetischen Beeinflussungen durch Maßnahmen im Übertragungsnetz an anderen technischen Infrastrukturen, indem ein umfassendes System zur gemeinsamen Konfliktbewältigung in das Gesetz aufgenommen worden ist. Anlagen der Höchst- und Hochspannungsebene liegen häufig räumlich eng mit anderer technischer Infrastruktur (insbesondere Rohrleitungen für Gas, Öl und andere Stoffe und Produkte) beieinander. Die sich aus dieser räumlichen Nähe ergebende elektromagnetische Beeinflussung dieser technischen Infrastruktur, die durch die Anlagen der Höchst- und Hochspannungsebene hervorgerufen werden, ist unvermeidbar. Die elektromagnetische Beeinflussung der technischen Infrastrukturen entsteht in deren leitfähigen Bestandteilen induktiv. Dadurch entsteht eine Berührungsspannung. Auch kann daraus eine beschleunigte Korrosion an metallischen Strukturen folgen. Ebenfalls auftreten können Beeinträchtigungen an technischen Systemen sowie Störungen von elektrischen Geräten sowie Funk- und Telekommunikationssystemen. In der Folge sind entsprechende Schutzmaßnahmen zu ergreifen, die die Beeinflussung der benachbarten Infrastrukturen durch das Übertragungsnetz auf das erforderliche Maß reduzieren. Die Neuregelung legt fest, wie im Falle von Veränderungen im Übertragungsnetz und davon ausgehenden erstmaligen oder zusätzlich hinzutretenden elektromagnetischen Beeinflussung der Interessenausgleich zwischen Übertragungsnetzbetreiber und dem Betreiber der technischen Infrastruktur erfolgen soll. Dies umfasst, wie potentiell beeinträchtigte Betreiber technischer Infrastrukturen durch den Übertragungsbetreiber zu ermitteln sind, wenn die Gefahr besteht, dass durch eine der zuvor genannten Maßnahmen technische Infrastrukturen elektromagnetisch beeinflusst werden könnten und wie der Übertragungsnetzbetreiber und der Betreiber technischer Infrastrukturen im Falle einer Betroffenheit über die Durchführung und Entschädigung technischer Gegenmaßnahmen zu einer Einigung gelangen müssen. Hierdurch soll der Einigungsprozess zwischen dem Übertragungsnetzbetreiber und dem Betreiber technischer Infrastrukturen beschleunigt werden. Durch die Neuregelung erfolgt keine Festlegung zu Grenzwerten und Art und Umfang etwaiger technischer Schutzmaßnahmen (BT-Drs. 20/3497, 40), welche entsprechenden technischen Regelwerken vorbehalten bleiben.

B. Sachlicher Anwendungsbereich

Der sachliche Anwendungsbereich der Regelung bezieht sich auf die Beeinflussung, die vom Übertragungsnetz ausgeht und auf technische Infrastrukturen einwirkt. Dementsprechend sind aufgrund des Wortlauts des § 49a Verteilnetze bzw. Verteilnetzbetreiber nicht mit von der Regelung umfasst. Dies ist auch insoweit sachlich zutreffend, als dass auch von Hochspannungsleitungen des Verteilnetzes keine, oder jedenfalls eine weit geringere Beeinflussung ausgeht.

3   Der Begriff der technischen Infrastruktur ergibt sich indirekt aus der zeitgleich mit dem § 49a in das EnWG eingefügten Definition des Betreibers technischer Infrastrukturen gemäß § 3 Nr. 9a. Danach sind Betreiber technischer Infrastrukturen natürliche oder juristische Personen, die für den sicheren Betrieb technischer Infrastrukturen verantwortlich sind, wobei technische Infrastrukturen alle Infrastrukturen sind, an denen durch Einwirken eines Elektrizitätsversorgungsnetzes elektromagnetische Beeinflussungen auftreten können; hierzu zählen insbesondere Telekommunikationslinien im Sinne des § 3 Nr. 64 TKG, Rohrleitungsanlagen aus leitfähigem Material, Steuer- und Signalleitungen oder Hoch- und Höchstspannungsleitungen innerhalb eines Beeinflussungsbereichs von bis zu 1 000 Metern um die beeinflussende Anlage. Der sachliche Anwendungsbereich der beeinflussten Infrastrukturen wird damit zunächst weit gefasst, indem alle Infrastrukturen erfasst werden, an denen Beeinflussungen auftreten können. Die anschließende Aufzählung entsprechender Infrastrukturen ist nach dem Wortlaut beispielhaft und nicht abschließend, so dass es allein auf die technische Möglichkeit der Beeinflussung ankommt.

4   Zugleich wird der Anwendungsbereich jedoch räumlich beschränkt. Denn Infrastrukturen außerhalb eines Beeinflussungsbereichs von 1000 Metern um die beeinflussende Anlage, also außerhalb von 1000 Meter um die Anlage, von der die Beeinflussung ausgeht, werden von der Begriffsdefinition des § 3 Nr. 9a nicht umfasst und fallen damit auch nicht in den Anwendungsbereich des § 49a.

C. Grundpflichten zur Ermittlung von Beeinflussungen

5   Besteht die Gefahr, dass der Ausbau oder die Ertüchtigung, Umbeseilungen oder Zubeseilungen oder Änderungen des Betriebskonzepts eines Übertragungsnetzes technische Infrastrukturen elektromagnetisch beeinflussen können, so bedarf es zunächst der Aufklärung des Sachverhalts hinsichtlich des Ob und des Umfangs einer möglichen Beeinflussung. Diese Sachverhaltsaufklärung adressiert Absatz 1 mit wechselseitigen Grundpflichten der Übertragungsnetzbetreiber und der Betreiber technischer Infrastruktur zur Informationsermittlung und -übermittlung.

I. Grundpflichten der Betreiber technischer Infrastrukturen (Abs. 1 S. 1)

6   Nach Absatz 1 Satz 1 Nummer 1 bestehen die Mitwirkungspflichten der Betreiber technischer Infrastrukturen in einer Auskunfts- und in einer Duldungspflicht. Der Betreiber technischer Infrastrukturen hat dem verantwortlichen Übertragungsnetzbetreiber auf dessen Anfrage unverzüglich Auskunft zu erteilen über den Standort der technischen Infrastrukturen, die technischen Eigenschaften der technischen Infrastrukturen und bereits getroffene technische Vorkehrungen zur Vermeidung einer elektromagnetischen Beeinflussung (Auskunftspflicht). Nur mit Hilfe dieser Informationen kann der Übertragungsnetzbetreiber zutreffend ermitteln, ob eine Beeinflussung vorliegt und wenn ja, ob und welche zusätzlichen Schutz- und Sicherungsmaßnahmen ergriffen werden müssen. Wesentlich ist insbesondere das Ausmaß schon vorhandener Schutz- und Sicherungsmaßnahmen in Fällen, in denen aufgrund schon bisher bestehender räumlicher Nähe zwischen Übertragungsnetz und technischer Infrastruktur eine Beeinflussung vorlag. Nicht selten werden Veränderungen im Übertragungsnetz in solchen Fällen keine weiteren Schutz- und Sicherungsmaßnahmen erfordern, da die schon bisher vom Betreiber der technischen Infrastruktur ergriffenen Maßnahmen bereits ausreichend sind.

7   Allerdings kommt es in der Praxis häufig vor, dass auch dem Betreiber der technischen Infrastruktur selbst keine hinreichenden Informationen diesbezüglich vorliegen. Daher regelt Satz 1 Nummer 2 eine Duldungspflicht des Betreibers technischer Infrastruktur in Bezug auf Messungen des verantwortlichen Übertragungsnetzbetreibers. Die Messung der bereits vor den Änderungen im Übertragungsnetz anliegenden Berührungsspannung lässt Rückschlüsse darauf zu, ob und wie sich die Änderungen im Übertragungsnetz auf die Beeinflussung auswirken werden und ob in diesem Fall die nach den technischen Regelwerken maßgeblichen Werte überschritten werden würden. Die Duldungspflicht steht nach dem Wortlaut der Regelung neben der Auskunftspflicht nach Nummer 1. Zwar wird es in der Praxis der Regelfall sein, dass der Übertragungsnetzbetreiber zunächst um Übermittlung der entsprechenden Informationen bittet und diese auch zur Verfügung gestellt werden. Da in der

Vergangenheit die Auskunftsbereitschaft der Betreiber technischer Infrastruktur nicht überall gegeben war und im Hinblick auf die Konfliktbewältigung zur Umsetzung der Änderungen im Übertragungsnetz das Zurückhalten von Informationen zur Verbesserung der eigenen Verhandlungsposition genutzt wurde, kann nach der Ausgestaltung der Regelung der Übertragungsnetzbetreiber nun auch ohne vorherige Durchsetzung der Auskunftspflichten durch entsprechende Messungen eigene Sachverhaltsaufklärung betreiben.

II. Informations- und Meldepflichten (Abs. 1 S. 2–6)

Im Gegenzug treffen den Übertragungsnetzbetreiber Pflichten zur Ermittlung potenziell 8 betroffener Betreiber technischer Infrastrukturen und entsprechende Informationspflichten. Hierzu hat der Übertragungsnetzbetreiber zunächst die potenziell von der elektromagnetischen Beeinflussung betroffenen Betreiber technischer Infrastrukturen zu ermitteln. Satz 2 stellt klar, dass hierzu eine Anfrage und die Nachweisführung durch den Übertragungsnetzbetreiber unter Verwendung von Informationssystemen zur Leitungsrecherche, die allen Betreibern technischer Infrastruktur für die Eintragung eigener Infrastrukturen und für die Auskunft über fremde Infrastrukturen diskriminierungsfrei zugänglich sind, genügt. Hierbei handelt es sich zentral insbesondere um die ALIZ-BIL-Leitungsauskunft, welche diese gesetzlichen Anforderungen erfüllt und welche sich in der Praxis etabliert hat. Hinsichtlich des Umfangs der Aufklärungspflicht durch den Übertragungsnetzbetreiber ist auch hier zu berücksichtigen, dass der Begriff der Betreiber technischer Infrastrukturen gemäß § 3 Nr. 9a nur solche durch das Hoch- und Höchstspannungsnetz beeinflusste Infrastruktur erfasst, die sich um Umkreis von bis zu 1000m um die Leitung befindet, von der die Beeinflussung ausgeht. Hieraus ergibt sich die äußerste Grenze des entsprechenden Suchraums für die Leitungsauskunft, um den Anforderungen von Satz 2 in jedem Fall zu genügen. Der Bezugnahme auf Informationssysteme, die allen Betreibern für die Eintragung eigener und Auskunft über fremde Infrastrukturen diskriminierungsfrei zur Verfügung stehen, liegt zugleich der Gedanke zugrunde, darüber für die Betreiber der technischen Infrastrukturen einen Anreiz zu setzen, an solchen Informationssystemen freiwillig teilzunehmen. Eine weitergehende einzelfallbezogene Sachaufklärungspflicht trifft den Übertragungsnetzbetreiber ausweislich des Wortlauts („genügt es") nämlich nicht.

Stattdessen sichert die Regelung Konstellationen, in denen entsprechende technische 9 Infrastrukturen nicht in solchen Informationssystemen verzeichnet sind, ergänzend über in den Sätzen 3–5 enthaltene Publikationspflichten des Übertragungsnetzbetreibers ab, die es den Betreibern der technischen Infrastruktur ermöglichen sollen, selbst die mögliche Beeinflussungslage zu identifizieren und sich beim Übertragungsnetzbetreiber zu melden. So hat der Übertragungsnetzbetreiber zusätzlich zur Abfrage der Informationssysteme nach Satz 2 die Maßnahmen nach Satz 1 im Bundesanzeiger zu veröffentlichen und die betroffenen Gemeinden zu informieren. Satz 4 definiert die betroffenen Gemeinden als solche, auf deren Gebiet eine elektromagnetische Beeinflussung oder Maßnahmen nach Satz 1 wirksam werden können. Dies ist im jeweiligen Einzelfall durch den Übertragungsnetzbetreiber zu bewerten, da der Einwirkungsbereich der elektromagnetischen Beeinflussung von der konkreten Einzelmaßnahme abhängig ist. Auch hier ist allerdings die räumliche Grenze von 1000m nach § 3 Nr. 9a als äußere Grenze des Einwirkungsbereichs zu berücksichtigen. Die Publikation im Bundesanzeiger und die Information der Gemeinden, die ihrerseits damit die Möglichkeit haben örtlich betroffene und ihnen bekannte Betreiber technischer Infrastrukturen zu informieren, soll zumindest die Möglichkeit eröffnen, dass sich weitere betroffene Betreiber technischer Infrastrukturen von sich aus melden können.

Nach Satz 5 trifft den Betreiber technischer Infrastruktur die Pflicht, sich innerhalb von 10 zwei Wochen ab Veröffentlichung im Bundesanzeiger oder nach Information an die Gemeinde als betroffener Betreiber technischer Infrastrukturen bei dem Übertragungsnetzbetreiber zu melden.

Der Übertragungsnetzbetreiber hat nach Satz 6 die so ermittelten Betreiber technischer 11 Infrastrukturen über den Ausbau oder die Ertüchtigung, über Umbeseilungen oder Zubeseilungen sowie über Änderungen des Betriebskonzepts eines Übertragungsnetzes zu informieren. Unklar ist, wie sich eine bezogen auf die 2-Wochenfrist nach Satz 5 nicht fristgerechte Rückmeldung von Betreibern technischer Infrastrukturen auswirkt. Hierbei sollte zwischen

Zulassungsverfahren nach dem Energierecht und sonstigen diesbezüglich genehmigungsfreien Maßnahmen (also insb. Änderungen des Betriebskonzeptes; vgl. § 3 Nr. 1 NABEG) unterschieden werden. Energierechtliche Genehmigungsverfahren nach §§ 43 ff. sind durch den Grundsatz der Konfliktbewältigung, das Abwägungsgebot nach § 43 Abs. 3 und das Verursacherprinzip geprägt (BVerwG NVwZ 2006, 603; BeckOK VwVfG/Kämper, 47. Ed. 1.4.2020, § 75 Rn. 52 zu § 75 Abs. 2 VwVfG) (→ § 43 Rn. 103). Diese Grundsätze überlagern den § 49a, welcher auch außerhalb solcher Verfahren zur Anwendung kommt. Ein Fristverzug in einem solchen Verfahren bleibt daher unbeachtlich, da die Zulassungsbehörde nach § 24 Abs. 1 S. 1 VwVfG den Sachverhalt von Amts wegen ermittelt (BeckOK VwVfG/Heßhaus VwVfG § 24 Rn. 5–36) und dem Gebot der Konfliktbewältigung unterworfen ist. Unterbleibt eine solche Meldung durch den Betreiber technischer Infrastruktur in diesem Fall allerdings und sind seine Infrastrukturen auch nicht in den nach Satz 2 abzufragenden Informationssystemen verzeichnet, darf auch die Zulassungsbehörde davon ausgehen, dass ein aufzulösender Konflikt nicht vorliegt. Soweit es sich bei den Betreibern der technischen Infrastruktur um Träger öffentlicher Belange handelt bleiben in dem Zulassungsverfahren die hieraus folgenden Beteiligungsmöglichkeiten je nach Verfahrensart unberührt.

12 Außerhalb von derartigen Zulassungsverfahren besteht eine solche Verpflichtung nicht, weshalb die Vorschrift nicht durch diese Grundsätze überlagert wird, sondern insbesondere das Verursacherprinzip eigenständig ausgestaltet (BT-Drs. 20/3497, 41). Versäumt daher der Betreiber technischer Infrastruktur die rechtzeitige Meldung so greift die Informationspflicht des Übertragungsnetzbetreibers nicht, wodurch der weitere Prozess der Absätze 2–6 nicht durchgeführt werden kann. Das Verursacherprinzip kann dem Übertragungsnetzbetreiber in diesem Fall nicht entgegengehalten werden, da der Betreiber technischer Infrastruktur seine ihm nach Satz 5 aufgegebene Obliegenheit verletzt hat. Zwar wird man hieraus nicht ableiten können, dass der Betreiber der technischen Infrastruktur hinsichtlich der gleichwohl erforderlichen Prüfung und Klärung der Beeinflussungslage nach den Absätzen 2–6 recht- und schutzlos gestellt wird. Dies stellt auch Absatz 3 Satz 5 ausdrücklich klar. Allerdings ist es dem Betreiber der technischen Infrastruktur nach der gesetzlichen Konzeption aufgrund seiner eigenen Pflichtverletzung nicht möglich sein, bis zur Klärung bzw. Umsetzung von Lösungen im Hinblick auf eine auftretende Beeinflussung die Unterlassung der Beeinflussung vom Übertragungsnetzbetreiber zu verlangen. Stattdessen hat er selbst aufgrund der aus seiner eigenen Betreiberstellung folgenden Sicherungspflicht für die von ihm betriebene technische Infrastruktur in diesem Fall alle organisatorischen und betrieblichen Maßnahmen zu ergreifen, die in der Übergangszeit den sicheren Betrieb trotz auftretender Beeinflussung gewährleisten.

D. Weitere Auskunftspflichten (Abs. 2)

13 Nach Absatz 2 hat der Übertragungsnetzbetreiber dem betroffenen Betreiber technischer Infrastrukturen auf dessen Nachfrage unverzüglich Auskunft über alle für die Beurteilung der elektromagnetischen Beeinflussung nötigen technischen, betrieblichen und organisatorischen Parameter zu erteilen.

14 Hierzu zählen nach der Gesetzesbegründung folgende Informationen (BT-Drs. 20/3497, 41):
- der Netzübersichtsplan in einem einheitlichen Koordinatensystemtyp mit Leitungsbezeichnungen,
- die Mastbilder, Seiltypen und -aufhängepunkte aller auf einem Mast befindlichen Leiterseile inkl. Stromkreiszuordnung und -namen inklusive der Abstände der Phasen und des Erdseils von der Mastmitte, sowie der Angabe zur Position des Mastes in der Leitungsachse mit Phasenfolge (inklusive der Kennzeichnung der Verdrillungen),
- die Kabeltypen, die Verlegearten und das Erdungskonzept,
- die Spannungsebenen und maximalen Betriebsströme der Stromkreise,
- die Erdseildaten bzw. Erdseilreduktionsfaktoren bei Freileitungen,
- die Profilpläne oder Durchhangtabellen der Leitungsabschnitte bei Freileitungen,
- die für Freileitungsmasten mit einem Abstand von weniger als 20 Metern zu einer beeinflussten Leitung Informationen zur Masterdung sowie die Art der Sternpunktbehandlung.

E. Umsetzung von Schutzmaßnahmen (Abs. 3)

Änderungen an den Anlagen oder dem Betriebskonzept der Höchst- und Hochspannungsebene können bei dem Betreiber technischer Infrastrukturen zu einem erhöhten Bedarf an Schutzmaßnahmen führen, um den Personen- und/oder den Anlagenschutz zu gewährleisten. Hierzu sieht Absatz 3 ein differenziertes System der Konfliktbewältigung vor. 15

I. Bestimmung der Schutzmaßnahmen (Abs. 3 S. 1)

Nach der Konzeption der Regelung haben der Übertragungsnetzbetreiber und der Betreiber technischer Infrastrukturen gemeinsam die technisch und wirtschaftlich vorzugswürdige Lösung zur Reduzierung und Sicherung der auftretenden Beeinflussung zu ermitteln und in ihrem jeweiligen Verantwortungsbereich umzusetzen (BT-Drs. 20/3497, 41). Nach Satz 1 sind hierzu drei Schritte erforderlich. Zunächst haben nach Nummer 1 beide Seiten Maßnahmen zur Reduzierung und Sicherung zu prüfen. Sodann haben sie gemäß Nummer 2 die technisch und wirtschaftlich vorzugswürdige Lösung gemeinsam zu bestimmen und schließlich nach Nummer 3 die gemeinsam bestimmte Lösung in ihrem jeweiligen Verantwortungsbereich unverzüglich umzusetzen. Hierzu haben umfangreiche technische Abstimmungen zwischen den beteiligten Unternehmen zu erfolgen. Diesen Abstimmungsprozess, der nach der Ausgestaltung der Regelung durch gegenseitige Kooperation geprägt sein soll, konkretisiert der Gesetzgeber im Rahmen der Gesetzesbegründung. Demnach sind im Zuge der Abstimmung Optimierungsmaßnahmen an den Maßnahmen des Übertragungsnetzbetreibers, die zur neuen oder erhöhten Beeinflussung führen, ebenso als Schutzmaßnahmen zu prüfen wie Maßnahmen technischer, betrieblicher oder organisatorischer Art im Verantwortungsbereich des Betreibers technischer Infrastrukturen und des Übertragungsnetzbetreibers (BT-Drs. 20/3497, 41). Im Hinblick auf Maßnahmen im Bereich des Übertragungsnetzbetreibers wird man zunächst unterscheiden müssen, ob die umzusetzende Maßnahme im Übertragungsnetz, die zu einer höheren Beeinflussung führt, auch mit technischen Umbauten an den Leitungen einhergeht. Dies ist zB bei nach § 3 Nr. 1 NABEG genehmigungsfreien Änderungen des Betriebskonzeptes regelmäßig nicht der Fall. Daher kommen in diesem Fall auch Anpassungen an den Masten zur Reduzierung der Beeinflussung, die dann ihrerseits erst ein Genehmigungserfordernis auslösen würden, in der Regel nicht in Betracht. Beim (Ersatz-)Neubau von Leitungen kommen solche Maßnahmen hingegen in Betracht, soweit die hiervon wiederum ausgehenden Beeinträchtigungen für andere Belange nach dem Ergebnis der Abwägung hinnehmbar sind. So stellt zB die Erhöhung der Masten eine denkbare technische Lösung dar, mit der aber u.a. entsprechende negative Effekte für das Landschaftsbild verbunden sind und der damit Grenzen gesetzt sind. Regelmäßig sind daher auch Maßnahmen auf Seiten der Betreiber der technischen Infrastruktur erforderlich. In der Praxis haben sich bisher insbesondere Erdungsmaßnahmen an den betroffenen technischen Infrastrukturen als zuverlässige Lösungen erwiesen. 16

In Bezug auf die Wirtschaftlichkeit der Lösung sind neben den Kosten der jeweiligen Schutzmaßnahmen auch volkswirtschaftliche Folgekosten, die sich aus einer späteren Inbetriebnahme der Maßnahme des Übertragungsnetzbetreibers ergeben können, mit zu berücksichtigen (BT-Drs. 20/3497, 41). Dies betrifft insbesondere Kosten für Re-Dispatch-Maßnahmen, die durch eine entsprechend spätere Beseitigung von Netzengpässen auftreten. 17

Die Bewertung der Beeinflussung selbst sowie die Bewertung, welche Schutzmaßnahmen notwendig werden, erfolgt in der Praxis in der Regel durch eine Begutachtung, wozu hinreichend qualifizierte Sachverständige beauftragt werden. 17a

II. Umfang der Kostentragungspflicht (Abs. 3 S. 2 bis 4)

1. Anspruchsgrundlage (Abs. 3 S. 2)

Die in diesem Kontext notwendigen vertraglichen Abstimmungen verzögerten den Netzausbau bisher aufgrund insbesondere einer unklaren Rechtslage hinsichtlich des Umfangs der Kostentragung der Übertragungsnetzbetreiber. Zu diesem Zweck hat der Gesetzgeber Inhalt und Umfang der Kostentragung in den Sätzen 2–4 abschließend geregelt. Nach Satz 2 als zentraler Anspruchsgrundlage hat der Übertragungsnetzbetreiber dem Betreiber techni- 18 scher Infrastrukturen die notwendigen Kosten für die betrieblichen, organisatorischen und technischen Schutzmaßnahmen einschließlich der notwendigen Kosten für Unterhaltung und Betrieb für eine Dauer, die der zu erwartenden Nutzungsdauer der technischen Schutzmaßnahme entspricht, im Wege einer einmaligen Ersatzzahlung zu erstatten, wenn neue oder weitergehende technische Schutzmaßnahmen an den beeinflussten technischen Infrastrukturen erforderlich sind oder die Maßnahmen an den beeinflussten technischen Infrastrukturen den Maßnahmen am Übertragungsnetz wegen der Dauer der Umsetzung oder wegen der Wirtschaftlichkeit vorzuziehen sind. Die Regelung kodifiziert und konkretisiert das rechtlich bereits anerkannte Verursacherprinzip, nach dem die bei einem Dritten verursachten Zusatzkosten durch denjenigen zu tragen sind, dessen Verhalten die notwendigen Änderungen bei dem Dritten auslösen. Gleichzeitig soll die Regelung entsprechend der Gesetzesbegründung nicht dazu führen, dass die Betreiber technischer Infrastrukturen originäre eigene Betreiberpflichten und die damit verbundenen Kosten auf die Übertragungsnetzbetreiber und damit die Allgemeinheit abwälzen (BT-Drs. 20/3497, 41). Gerade die Frage inwieweit die Übertragungsnetzbetreiber Folgekosten für Instandhaltung und Erneuerung von insbesondere Erdungsmaßnahmen zu tragen haben war zwischen Übertragungsnetzbetreibern und Betreibern technischer Infrastrukturen ein häufiger Streitpunkt der Vertragsabschlüsse und in Extension dessen der Inbetriebnahme von Netzausbaumaßnahmen.

19 Die Beschränkung des Ersatzanspruchs auf eine einmalige Ersatzzahlung für erforderliche neue oder weitergehende technische Schutzmaßnahmen einschließlich deren Unterhaltung und Betrieb auf eine Dauer, die der tatsächlichen Nutzungsdauer der neuen oder geänderten technischen Schutzmaßnahme entspricht, erfolgt zur Klärung dieses Streitpunktes und dient damit der Beschleunigung des Netzausbaus (BT-Drs. 20/3497, 41). Der Anspruch ist in zeitlicher Hinsicht begrenzt, ohne dass er eine starre zeitliche Grenze definiert. Diesbezüglich stellt der Gesetzgeber vielmehr auf die zu erwartende Nutzungsdauer der technischen Schutzmaßnahme ab. Diese offene Regelung ist sachgerecht. Es obliegt den Beteiligten unter Berücksichtigung der konkret erforderlich werdenden Schutzmaßnahme zu prognostizieren, wie deren Nutzungsdauer sein wird. Mit dem zu prognostizierenden Ende der Nutzungsmöglichkeit der Schutzmaßnahme geht somit die Begrenzung des Kostenersatzanspruchs für den Betreiber der technischen Infrastruktur einher. Mit dieser Wertung trägt der Gesetzgeber dem Umstand Rechnung, dass sich die Beeinflussungssituation vielfach aus planerischen Grundsätzen wie etwa dem Bündelungsprinzip ergibt und somit eine Art „räumliche Schicksalsgemeinschaft" besteht. Der Kostenerstattungsanspruch soll nicht dazu führen, dass der Betreiber der technischen Infrastruktur die ihm aus dieser räumlichen Lage im Rahmen seiner Sicherungspflichten für die von ihm betriebenen technischen Infrastrukturen finanziell für die gesamte Nutzungsdauer der von ihm betriebenen technischen Infrastruktur auf den Übertragungsnetzbetreiber und damit die Allgemeinheit abwälzen kann. Insoweit ist zwischen der maßgeblichen Nutzungsdauer der Schutzeinrichtung und der Nutzungsdauer der technischen Infrastruktur zu unterscheiden.

20 Aus dem Verursacherprinzip sowie aus dem Wortlaut des Satzes 1 „durch den Ausbau [...]" folgt zudem, dass der Ersatzanspruch nur auf kausal durch die Maßnahme im Übertragungsnetz verursachte Kosten begrenzt ist. Dies hat auch zur Folge, dass bei gleichzeitigen Maßnahmen des Übertragungsnetzbetreibers und des Betreibers technischer Infrastrukturen an ihren Anlagen der Ersatzanspruch nur hinsichtlich des Verursachungsbeitrages des Übertragungsnetzbetreibers besteht. Hierzu ist es daher notwendig in einer solchen Situation die Verursachungsbeiträge zu bestimmen, da der Gesetzgeber eindeutig das Verursacherprinzip kodifizieren und nicht zu Lasten des Übertragungsnetzbetreibers verändern wollte (vgl. BT-Drs. 20/3497, 41).

2. Aufschlag zur beschleunigten Einigung (Abs. 3 S. 3)

21 Zur Beschleunigung der Abstimmungsprozesse zwischen Übertragungsnetzbetreiber und Betreiber technischer Infrastrukturen ist in Satz 3 ein wirtschaftlicher Anreiz in Form eines Aufschlags auf den Entschädigungsbetrag vorgesehen. Demnach ist auf die zu erstattenden Kosten ein Aufschlag in Höhe von 5 Prozent zu gewähren, wenn der Betreiber technischer Infrastrukturen binnen sechs Monaten nach Anfrage durch den Übertragungsnetzbetreiber in Textform gegenüber diesem die unbedingte Freigabe zur Inbetriebnahme der Maßnahmen nach Satz 1 erklärt. Der Gesetzgeber konkretisiert die diesbezüglichen Anforderungen und stellt klar, dass insoweit ein zwischen den Parteien geschlossener Vorvertrag über die erforderlichen Schutzmaßnahmen und die hierfür zu ersetzenden Kosten ausreichend ist, da die finale Ausgestaltung der technischen Maßnahmen erst mit einem längeren Planungsvorlauf möglich ist (BT-Drs. 20/3497, 41). Nach dem eindeutigen Wortlaut ist die Erklärung zur unbedingten Freigabe der Maßnahmen des Übertragungsnetzbetreibers nach Satz 1 jedoch gleichwohl tatbestandliche Voraussetzung des Anspruchs auf den zu gewährenden Aufschlag. Dies steht zu der längeren Planungsdauer technischer Schutzmaßnahmen nicht im Widerspruch. Denn nach Satz 2 sind gerade auch betriebliche und organisatorische Maßnahmen Bestandteil der zu ergreifenden Schutzmaßnahmen. Diese sind regelmäßig auch binnen sechs Monaten plan- und umsetzbar und insbesondere übergangsweise bis zur Umsetzung technischer Schutzmaßnahmen heranzuziehen.

3. Begrenzung Ersatzanspruch (Abs. 3 S. 4)

Nach Absatz 3 Satz 4 ist ein weitergehender Ersatzanspruch gegen den Übertragungsnetzbetreiber ausgeschlossen. Die Regelung rundet das normative Konzept des Absatz 3 dahingehend ab, dass das Verhältnis der Anspruchsgrundlage nach Absatz 3 Satz 2 zu anderen denkbaren Anspruchsgrundlagen auf Kostenerstattung geklärt wird. Absatz 3 Satz 4 stellt insoweit klar, dass ein über den Anspruch nach Satz 2 hinausgehender Anspruch auf der Grundlage anderer gesetzlich normierter Anspruchsgrundlagen ausgeschlossen ist. Auch im Hinblick auf vertraglich begründete Kostenerstattungsansprüche kommt der Regelung zumindest faktisch eine Begrenzungswirkung zu, da der Übertragungsnetzbetreiber hin Bezug auf die regulatorische Kostenanerkennung davon ausgehen muss, dass eine über die nach Absatz 3 Satz 2 hinausgehende Kostenerstattung regulatorisch nicht anerkannt werden wird.

4. Nachträgliches Bekanntwerden (Abs. 3 S. 5)

Trotz sorgfältiger Sachverhaltsaufklärung ist nicht ausgeschlossen, dass das Auftreten einer Beeinflussungssituation erst nachträglich bekannt wird. Satz 5 stellt insoweit klar, dass in einer solchen Konstellation die Rechte und Pflichten des Betreibers technischer Infrastruktur unberührt bleiben. Dies gilt gleichermaßen für die Planung und Umsetzung der erforderlichen betrieblichen, organisatorischen und technischen Schutzmaßnahmen sowie den Anspruch auf entsprechende Kostenerstattung. Da in diesem Fall die Beeinflussung bereits aufgetreten ist, wird insoweit insbesondere die kurzfristige Umsetzung betrieblicher und organisatorischer Maßnahmen erforderlich, deren Kosten wiederum vom Übertragungsnetzbetreiber zu erstatten sind.

F. Konfliktlösung (Abs. 4)

Besteht Uneinigkeit zwischen dem Übertragungsnetzbetreiber und dem betroffenen Betreiber technischer Infrastrukturen so kodifiziert Absatz 4 einen Mechanismus zur Konfliktlösung vor. Dieser Mechanismus greift sowohl im Fall von Uneinigkeit über das Ausmaß der elektromagnetischen Beeinflussung als auch bei Uneinigkeit über die technisch und wirtschaftlich vorzugswürdige Lösung der zu ergreifenden Schutzmaßnahmen. Zudem greift der Mechanismus auch bei der Frage der für die Schutzmaßnahmen und für deren Unterhaltung und Betrieb notwendigen Kosten und damit die Bestimmung des Ersatzanspruches nach Absatz 3 Satz 2 der Höhe nach insgesamt. Nach Satz 1 ist über die offenen Streitfragen spätestens sechs Monate nach Beginn der Uneinigkeit ein Gutachten eines unabhängigen technischen Sachverständigen auf Kosten des Übertragungsnetzbetreibers einzuholen. Hinsichtlich der Beauftragung dieses Sachverständigen sieht Satz 2 vor, dass der unabhängige technische Sachverständige im Einvernehmen von dem Übertragungsnetzbetreiber und dem Betreiber technischer Infrastrukturen bestimmt werden soll. Kann kein Einvernehmen erzielt werden, schlägt nach Satz 3 der Übertragungsnetzbetreiber drei unabhängige technische Sachverständige vor und der Betreiber technischer Infrastrukturen benennt binnen zwei Wochen ab Übermittlung des Vorschlags in Textform einen dieser Sachverständigen für die Klärung. Offen lässt die Norm jedoch, wie sich eine Fristversäumnis dieser Auswahl durch den Betreiber technischer Infrastruktur auswirkt. Unter Beachtung des Normzwecks, nämlich der Beschleunigung des Netzausbaus, wäre in diesem Fall eine Bestimmung durch den Übertragungsnetzbetreiber sachlich angemessen. In der Praxis ist die externe Begutachtung durch Sachverständigenbüros für die Ermittlung der Beeinflussung und der daraus resultierenden Maßnahmen bereits vor der gesetzlichen Festschreibung gängig gewesen. Neu ist in diesem Zusammenhang lediglich die Erstreckung der Bewertung der Notwendigkeit der entstehenden Kosten, wobei zweifelhaft ist, ob dies durch einen Gutachter umgesetzt werden kann.

G. Umsetzung der Schutzmaßnahmen (Abs. 5)

25   Absatz 5 regelt die Umsetzung der Schutzmaßnahmen und die etwaige Erstreckung der gutachterlichen Bewertung auf die Abwägung der möglichen Schutzmaßnahmen sowie die Bemessung der notwendigen Kosten. Haben sich der Übertragungsnetzbetreiber und der Betreiber technischer Infrastrukturen darüber geeinigt, ob und welche Schutzmaßnahmen die technisch und wirtschaftlich vorzugswürdige Lösung darstellen, so haben sie unverzüglich die Durchführung der erforderlichen technischen Schutzmaßnahmen sicherzustellen, auch durch vorübergehende Schutzmaßnahmen betrieblicher oder organisatorischer Art. Die Durchführung der Schutzmaßnahmen obliegt dem Übertragungsnetzbetreiber und dem Betreiber technischer Infrastrukturen in ihrem jeweiligen Verantwortungsbereich. Die ausdrückliche Erfassung vorübergehender betrieblicher und organisatorischer Maßnahmen dient der Überbrückung der Zeiträume bis zum Abschluss der etwaigen Fertigstellung abschließender technischer Maßnahmen ist (BT-Drs. 20/3497, 42). Insbesondere der Betreiber der technischen Infrastruktur kann somit nicht auf die Dauer der Umsetzung technischer Schutzmaßnahmen verweisen, sondern muss diese durch geeignete betriebliche und organisatorische Maßnahmen überbrücken.

26   Besteht zwischen dem Übertragungsnetzbetreiber und dem Betreiber technischer Infrastrukturen kein Einvernehmen, so erstreckt sich nach Satz 2 das Gutachten des technischen Sachverständigen auch auf die Frage, ob und welche Schutzmaßnahmen technisch und wirtschaftlich vorzugswürdig sind und welche Kosten bei der Bemessung des Ersatzanspruches nach Absatz 3 Satz 2 als notwendig zu berücksichtigen sind. Nach der Gesetzesbegründung ersetzt im Streitfall das schriftliche Gutachten des Sachverständigen die Einigung zwischen Übertragungsnetzbetreiber und Betreiber technischer Infrastruktur nach Satz 1 und bestimmt so den Umfang der wechselseitigen Verpflichtungen nach Absatz 3.

27   Das Zusammenspiel von Absatz 4 und 5 soll insbesondere der Beschleunigung der Abstimmung zwischen dem Übertragungsnetzbetreiber und dem Betreiber technischer Infrastruktur dienen. Durch die Einschaltung eines unabhängigen Dritten soll die Konfliktsituation zwischen Übertragungsnetzbetreiber und dem Betreiber technischer Infrastruktur aufgebrochen werden. Fraglich ist, welche rechtliche Wirkung dem so erstellten Gutachten im Ergebnis zukommt. In Betracht kommt zunächst, dass es sich um einen abschließenden spezialgesetzlichen Konfliktlösungsmechanismus handelt. Dieses Verständnis wirft allerdings Folgefragen im Hinblick auf die verfassungsrechtlich zu gewährleistende Möglichkeit der gerichtlichen Überprüfung auf. Auch deswegen wird in der Gesetzesbegründung klargestellt, dass der Rechtsweg unberührt bleibt (BT-Drs. 20/3497, 42). Insoweit wird man nach den Regelungen des Absatz 5 im Sinne der Beschleunigung davon ausgehen müssen, dass sich Übertragungsnetzbetreiber und Betreiber technischer Infrastruktur jeweils unmittelbar auf die Inhalte des Sachverständigengutachtens berufen und eine kurzfristige Umsetzung verlangen können. Auch eine entsprechende Durchsetzung im Wege des Eilrechtsschutzes ist auf der Grundlage von Absatz 5 möglich, um eine unverzügliche Umsetzung nach Absatz 5 Satz 1 zu ermöglichen. Die weitergehende gerichtliche Überprüfung des Gutachtens in einem gerichtlichen Hauptsacheverfahren und damit die abschließende Klärung der Ansprüche dem Grunde und der Höhe nach wird dadurch jedoch nicht ausgeschlossen. Insoweit leitet die Einholung des Sachverständigengutachtens die Konfliktlösung ein, die bei beiderseitiger Akzeptanz der Gutachtenergebnisse zur kurzfristigen und dauerhaften Lösung führt. Werden die Gutachtenergebnisse angezweifelt, sind dessen Ergebnisse zumindest vorübergehend durchsetzbar, bis die vollständige gerichtliche Überprüfung abgeschlossen ist.

28   Nach Absatz 5 Satz 3 haben der Übertragungsnetzbetreiber und der Betreiber technischer Infrastrukturen unverzüglich nach dem Vorliegen des Sachverständigengutachtens die Umset-

zung der erforderlichen Schutzmaßnahmen sicherzustellen. Dies gilt auch für vorübergehende Schutzmaßnahmen betrieblicher oder organisatorischer Art. Hintergrund dieser eindeutigen Verpflichtung ist die Gewährleistung der Versorgungssicherheit im Energiesektor, da die Inbetriebnahme der Höchstspannungsleitung typischerweise voraussetzt, dass der Übertragungsnetzbetreiber und der Betreiber technischer Infrastrukturen alle für den sicheren Betrieb erforderlichen Schutzmaßnahmen hinsichtlich der Beeinflussung durchgeführt haben. Die entsprechende Verkehrssicherungspflicht hat der Betreiber technischer Infrastrukturen deshalb nach der Konzeption der Regelung im Sinne der Beschleunigung des Netzausbaus ab Einigung zu erfüllen. Die Freigabe des Betriebs der Maßnahme im Übertragungsnetz im Sinne des Absatzes 1 setzt nämlich typischerweise aufgrund von Nebenbestimmungen in den Planfeststellungsbeschlüssen oder in sonstigen Zulassungsentscheidungen etwa nach § 43f voraus, dass die Schutzmaßnahmen durchgeführt und hinreichend wirksam sind um insbesondere den Personenschutz sicherzustellen (BT-Drs. 20/3497, 42).

H. Begriffsbestimmungen nach NABEG (Abs. 6)

Absatz 6 bestimmt, dass die Begriffsbestimmungen des § 3 Nr. 1 NABEG entsprechend anzuwenden sind. 29

§ 49b Temporäre Höherauslastung

(1) ¹Dürfen Betreiber von Anlagen, die nach § 13b Absatz 4 und 5, nach § 13d und nach Maßgabe der Netzreserveverordnung in der Netzreserve vorgehalten werden und die kein Erdgas zur Erzeugung elektrischer Energie einsetzen, aufgrund einer Rechtsverordnung nach § 50a befristet am Strommarkt teilnehmen, ist während dieses Zeitraums eine betriebliche Höherauslastung des Höchstspannungsnetzes ohne vorherige Genehmigung zulässig (temporäre Höherauslastung). ²Die Höherauslastung im Sinne dieser Vorschrift ist die Erhöhung der Stromtragfähigkeit ohne Erhöhung der zulässigen Betriebsspannung. ³Maßnahmen, die für eine temporäre Höherauslastung erforderlich sind und die unter Beibehaltung der Masten lediglich die Auslastung der Leitung anpassen und keine oder allenfalls geringfügige und punktuelle bauliche Änderungen erfordern, sind zulässig. ⁴§ 4 Absatz 1 und 2 der Verordnung über elektromagnetische Felder in der Fassung der Bekanntmachung vom 14. August 2013 (BGBl. I S. 3266) ist bei Änderungen von Niederfrequenzanlagen, die durch den Beginn oder die Beendigung der temporären Höherauslastung bedingt sind, nicht anzuwenden.

(2) ¹Der zuständigen Behörde ist die temporäre Höherauslastung vor deren Beginn anzuzeigen. ²Der Anzeige ist ein Nachweis über die Einhaltung der Anforderungen an die magnetische Flussdichte nach den §§ 3 und 3a der Verordnung über elektromagnetische Felder beizufügen. ³Anzeige und Nachweis ersetzen die Anzeige nach § 7 Absatz 2 der Verordnung über elektromagnetische Felder. ⁴Die Beendigung der temporären Höherauslastung ist der zuständigen Behörde ebenfalls anzuzeigen.

(3) ¹Durch eine temporäre Höherauslastung verursachte oder verstärkte elektromagnetische Beeinflussungen technischer Infrastrukturen hat der Betreiber technischer Infrastrukturen zu dulden. ²Der Übertragungsnetzbetreiber hat die betroffenen Betreiber technischer Infrastrukturen rechtzeitig über eine geplante temporäre Höherauslastung und über den voraussichtlichen Beginn der temporären Höherauslastung zu informieren und die Betreiber aufzufordern, die wegen der temporären Höherauslastung erforderlichen Schutz- und Sicherungsmaßnahmen im Verantwortungsbereich des Betreibers technischer Infrastrukturen zu ergreifen. ³Zur Ermittlung der potenziell von der elektromagnetischen Beeinflussung betroffenen Betreiber technischer Infrastrukturen genügt eine Anfrage und die Nachweisführung durch den Übertragungsnetzbetreiber unter Verwendung von Informationssystemen zur Leitungsrecherche, die allen Betreibern technischer Infrastrukturen für die Eintragung eigener Infrastrukturen und für die Auskunft über fremde Infra-

strukturen diskriminierungsfrei zugänglich sind. ⁴Über den tatsächlichen Beginn der temporären Höherauslastung hat der Übertragungsnetzbetreiber die betroffenen Betreiber technischer Infrastrukturen mindestens zwei Wochen vor dem voraussichtlichen Beginn der temporären Höherauslastung zu informieren, es sei denn, dass in der Information nach Satz 2 ein konkreter Zeitpunkt für den Beginn der temporären Höherauslastung genannt wurde und diese Information mindestens vier Wochen und nicht länger als zehn Wochen vor dem Beginn der temporären Höherauslastung erfolgt ist. ⁵Der Übertragungsnetzbetreiber hat den Betreiber technischer Infrastrukturen unverzüglich nach Beendigung der temporären Höherauslastung zu informieren.

(4) ¹Der Betreiber technischer Infrastrukturen hat den Übertragungsnetzbetreiber unverzüglich nach Umsetzung der wegen der temporären Höherauslastung erforderlichen Schutz- und Sicherungsmaßnahmen nach Absatz 3 Satz 2 über die hinreichende Wirksamkeit der Maßnahmen insbesondere zur Sicherstellung des Personenschutzes zu informieren. ²Der Übertragungsnetzbetreiber hat dem Betreiber technischer Infrastrukturen die notwendigen Kosten, die diesem wegen der aufgrund der temporären Höherauslastung ergriffenen betrieblichen, organisatorischen und technischen Schutzmaßnahmen entstanden sind, einschließlich der notwendigen Kosten für Unterhaltung und Betrieb zu erstatten. ³§ 49a Absatz 2 ist entsprechend anzuwenden.

(5) ¹Der Übertragungsnetzbetreiber hat die Höherauslastung im Bundesanzeiger zu veröffentlichen und die betroffenen Gemeinden über die temporäre Höherauslastung zu informieren. ²Die Veröffentlichung und die Information müssen mindestens Angaben über den voraussichtlichen Beginn, das voraussichtliche Ende, den voraussichtlichen Umfang sowie die voraussichtlich betroffenen Leitungen beinhalten. ³Betroffene Gemeinden sind solche, auf deren Gebiet eine elektromagnetische Beeinflussung nach Absatz 3 Satz 1 oder Schutz- und Sicherungsmaßnahmen nach Absatz 4 Satz 1 wirksam werden können.

(6) Die Zulassung einer dauerhaften Höherauslastung nach den gesetzlichen Vorschriften bleibt von der Zulässigkeit der temporären Höherauslastung unberührt.

(7) Zuständige Behörde im Sinne des Absatzes 2 ist die zuständige Immissionsschutzbehörde.

Überblick

§ 49b regelt die temporäre Höherauslastung während eines befristeten Zeitraums und stellte ein Novum dar, welches durch eine Gesetzesnovelle im Jahr 2022 erstmals in das EnWG aufgenommen worden ist (→ Rn. 1). Absatz 1 regelt zentral den Anwendungsbereich der Vorschrift (→ Rn. 2). Absatz 2 regelt Pflichten gegenüber den betroffenen Behörden (→ Rn. 4). Absätze 3–5 regeln das Verhältnis zwischen den Übertragungsnetzbetreibern und den Betreibern technischer Infrastrukturen und regeln insofern insbesondere Abweichungen von § 49a und gehen diesem gegenüber als lex specialis vor (→ Rn. 7). Absatz 3 enthält diesbezügliche Verfahrensfragenregelungen (→ Rn. 8). Absatz 4 regelt demgegenüber inhaltliche Aspekte wie insbesondere Kostenfragen (→ Rn. 12). Absatz 5 legt Informationspflichten gegenüber den betroffenen Gemeinden fest (→ Rn. 14). Absatz 6 regelt das Verhältnis zu sonstigen Zulassungsmöglichkeiten nach den gesetzlichen Vorschriften, was jedoch durch die parallelen Änderungen in § 3 Nr. 1 2. Hs. NABEG deutlich an Bedeutung verliert, wobei die in der Vorschrift verbürgte Konzentrationswirkung durchaus eine eigenständige verbleibt (→ Rn. 15). Absatz 7 klärt die behördliche Zuständigkeit (→ Rn. 17).

A. Allgemeines

1 § 49b ist als Teil des Gesetzes zur Änderung des Energiesicherungsgesetzes und anderer energiewirtschaftlicher Vorschriften vom 20.9.2022 (BT-Drs. 20/3497, 42 f.) in das EnWG aufgenommen worden. Die Vorschrift verfolgt den Zweck, während eines durch die Stromangebotsausweitungsverordnung nach § 50a bestimmten befristeten Zeitraums (nach derzeiti-

gem Stand bis zum 30.4.2023), möglichen Lastabschaltungen bzw. einer nicht ausreichenden Elektrizitätsversorgung entgegenzuwirken. Die Vorschrift dient damit insbesondere der Krisenbewältigung. Hierzu wird in § 49b die Möglichkeit geschaffen, eine temporäre betriebliche Höherauslastung des Höchstspannungsnetzes kurzfristig umzusetzen, ohne dass diese einer vorherigen energierechtlichen Genehmigung bedarf (BT-Drs. 20/3497, 42 f.). Neben dieser genehmigungsrechtlichen Zielsetzung, welche durch die parallelen Änderungen in § 3 Nr. 1 2. Hs. NABEG deutlich an Bedeutung verliert, regelt § 49b jedoch zentral Abweichungen von § 49a zugunsten der Übertragungsnetzbetreiber (→ § 49a Rn. 1 ff.)..

B. Anwendungsbereich (Abs. 1)

Der Anwendungsbereich des § 49 ist in zeitlicher und sachlicher Hinsicht begrenzt. Nach Absatz 1 Satz 1 ist während des Zeitraums, in dem Betreiber von Anlagen, die nach § 13b Abs. 4 und 5, nach § 13d und nach Maßgabe der Netzreserveverordnung in der Netzreserve vorgehalten werden und die kein Erdgas zur Erzeugung elektrischer Energie einsetzen, aufgrund einer Rechtsverordnung nach § 50a befristet am Strommarkt teilnehmen dürfen, eine temporäre Höherauslastung, also die betriebliche Höherauslastung des Höchstspannungsnetzes, ohne vorherige Genehmigung zulässig. Nach § 1 Abs. 3 StaaV endet der Zeitraum mit dem Ablauf des 30.4.2023. Allerdings ist die Regelung des § 49b damit nicht dauerhaft gegenstandslos. Sie bleibt vielmehr als Rahmenregelung erhalten, die durch eine entsprechende erneute Rechtsverordnung auf der Grundlage von § 50a auch in Zukunft erneut aktiviert werden kann. Mit zunehmender Umsetzung von dauerhaften Maßnahmen zur Höherauslastung verliert die Regelung gleichwohl an Bedeutung. Absatz 1 Satz 2 beschreibt den sachlichen Anwendungsbereich, indem es die Höherauslastung im Sinne der Vorschrift definiert als die Erhöhung der Stromtragfähigkeit ohne Erhöhung der zulässigen Betriebsspannung. Dies meint eine Erhörung der Ampere. Ausdrücklich nicht erfasst sind Spannungsänderungen, also etwa die Umstellung von 220 kV auf 380 kV (zum Verhältnis zur Genehmigungsfreistellung nach § 3 Nr. 1 NABEG siehe → Rn. 15). Nach Satz 3 fallen in den sachlichen Anwendungsbereich zudem auch Maßnahmen, die für eine temporäre Höherauslastung erforderlich sind und die unter Beibehaltung der Masten lediglich die Auslastung der Leitung anpassen und keine oder allenfalls geringfügige und punktuelle bauliche Änderungen erfordern. Typische Anwendungsfälle sind etwa Austausch der Isolatoren, Veränderung der Aufhängungen und Aufhängepunkte der Leiterseile an den Masten, Verstärkungen an Mast und bestehendem Fundament aus Gründen der Statik. Auch Masterhöhungen in geringfügigem Ausmaß sind zur Einhaltung der aus den technischen Regelwerken folgenden Sicherheitsabstände mit umfasst. Die Geringfügigkeit ist im Einzelfall unter Berücksichtigung der Ausgangssituation zu bewerten. In Abgrenzung zu den nach § 3 Nr. 1 NABEG erfassten Masterhöhungen von bis 20 Prozent in den Fällen der Um- und Zubeseilung wird man jedoch davon ausgehen können, dass eine Masterhöhung von bis zu 5 Prozent der Ausgangshöhe noch geringfügig ist.

Nach Satz 4 ist § 4 Abs. 1 und 2 26. BImSchV bei Änderungen von Niederfrequenzanlagen, die durch den Beginn oder die Beendigung der temporären Höherauslastung bedingt sind, nicht anzuwenden. Immissionsschutzrechtlich kann es sich bei der Höherauslastung um eine wesentliche Änderung der Anlage handeln (vgl. BT-Drs. 19/7375, 61), weshalb grundsätzlich die Anforderungen nach § 4 26. BImSchV zu beachten wären und ein diesbezügliches Verwaltungsverfahren durchgeführt werden müsste (vgl. BT-Drs. 20/3497, 42). Um eine zusätzliche Beschleunigung zur Umsetzung der temporären Höherauslastung zu erreichen, werden bei einem bei Einhaltung der Grenzwerte der Verordnung über elektromagnetische Felder ohnehin anzunehmenden Verfahrensergebnis, Beginn und die Beendigung der temporären Höherauslastung von den Anforderungen nach § 4 Abs. 1 und 2 26. BImSchV freigestellt. Das bedeutet insbesondere, dass auch nach Beendigung der temporären Höherauslastung die Vorsorgeanforderungen für vor dem 22.8.2013 errichtete und danach noch nicht wesentlich geänderte Leitungen in dem Maße anzuwenden sind, wie vor der temporären Höherauslastung (vgl. BT-Drs. 20/3497, 42 f.). Dies gewählte Verfahrensfreistellung ist auch insofern angemessen, als dass aufgrund der technischen Natur einer betrieblichen Höherauslastung Möglichkeiten für eine Minimierung im Sinne des § 4 Abs. 2 26.

BImSchV nicht substantiell gegeben sind und die aus Gründen der Krisenbewältigung erfolgende temporäre Höherauslastung nur für einen überschaubaren Zeitraum erfolgt.

C. Anzeigepflicht (Abs. 2)

4   Nach Absatz 2 ist der zuständigen Behörde die temporäre Höherauslastung vor deren Beginn anzuzeigen. Zudem ist dieser die Beendigung der temporären Höherauslastung anzuzeigen. Der Anzeige ist ein Nachweis über die Einhaltung der Anforderungen an die magnetische Flussdichte nach den §§ 3 und 3a 26. BImSchV.

5   Da mit der Höherauslastung ein Anstieg der magnetischen Flussdichte zu erwarten ist, muss die Einhaltung der Anforderung diesbezüglich vorab nachgewiesen werden. Die Einhaltung der Grenzwerte für die elektrische Feldstärke ist nicht gesondert nachzuweisen, da sich die zulässigen maximalen Betriebsbedingungen für die Spannung nicht erhöhen und damit eine Überschreitung der Grenzwerte für die elektrischen Felder nicht zu erwarten ist. Die materiellen Anforderungen des Immissionsschutzrechts, insbesondere die Pflicht der Betreiber, die dem Schutz der menschlichen Gesundheit dienenden Grenzwerte für elektrische und magnetische Felder jederzeit einzuhalten, bleiben unberührt. Es kommt mithin nicht zu einer Verschlechterung des Schutzniveaus durch die temporäre Höherauslastung (vgl. BT-Drs. 20/3497, 42).

6   Anzeige und Nachweis ersetzen die Anzeige nach § 7 Abs. 2 26. BImSchV.

D. Umgang mit verstärkter elektromagnetischer Beeinflussung (Abs. 3 und 4)

7   Die Absätze 3 und 4 regeln den Umgang mit verstärkten elektromagnetischen Beeinflussungen von technischen Infrastrukturen durch die temporäre Höherauslastung und das Verhältnis zwischen Übertragungsnetzbetreiber und Betreiber technischer Infrastrukturen.

8   Absatz 3 regelt Abweichungen zu § 49a (→ § 49a Rn. 6). Nach Satz 1 sind die durch eine temporäre Höherauslastung verursachten oder verstärkten elektromagnetischen Beeinflussungen technischer Infrastrukturen durch den Betreiber technischer Infrastrukturen zu dulden. Diese Verpflichtung geht weit über § 49a hinaus und geht diesem als lex specialis vor. Die in § 49a Abs. 1 verbürgte Duldungspflicht bezieht sich nur auf die Durchführung von Messungen, während nach § 49b Abs. 3 S. 1 die Beeinflussungen selbst zu dulden sind (vgl. BT.-Drs. 20/3497, 41 ff.) (→ § 49a Rn. 6). Auch an dieser Stelle wird deutlich, dass die Regelung des § 49b der Krisenbewältigung dient, indem die Interessen des einzelnen Betreibers technischer Infrastruktur durch die Auferlegung der Duldungspflicht gegenüber den Interessen der Allgemeinheit an der Gewährleistung der Versorgungssicherheit im Krisenfall zurückstehen müssen. Nach der allgemeinen Regelung des § 49a Abs. 3 haben der Übertragungsnetzbetreiber und der Betreiber technischer Infrastrukturen gemeinsam ein Schutzkonzept abzustimmen, soweit dieses notwendig ist (→ Rn. 8). Die vorliegend durch den Gesetzgeber bestimmte Duldungspflicht verschiebt die Verantwortungsbereiche, um während des begrenzten Anwendungszeitraums der temporären Höherauslastung möglichen Lastabschaltungen bzw. einer nicht ausreichenden Elektrizitätsversorgung entgegenzuwirken (BT.-Drs. 20/3497, 42). Die Beeinflussung ist hinzunehmenden und das Schutzkonzept vom Betreiber der technischen Infrastruktur zu erarbeiten und umzusetzen, um den ihm obliegenden Betreiberverantwortlichkeiten gerecht zu werden. Die Notwendigkeit der Duldungspflicht folgt aus dem Umstand, dass die Abstimmung zwischen Übertragungsnetzbetreibern und Betreibern technischer Infrastrukturen in der bisherigen Praxis häufig Jahre in Anspruch genommen hat und so zu verzögerten Inbetriebnahmen des ausgebauten Übertragungsnetzes führen kann. Der Handlungsdruck im Fall einer drohenden Versorgungskrise erfordert jedoch eine unmittelbare Umsetzung der temporären Höherauslastung, um die Netzsicherheit (vgl. § 1 Abs. 1 und § 11 Abs. 1) zu gewährleisten. Dieses Potential zur Höherauslastung war bzw. ist im Hinblick auf die Versorgungssicherheit in den Wintern 2022/2023 und 2023/2024 besonders hoch, wird mit zunehmender dauerhafter Umsetzung von Maßnahmen zur Höherauslastung jedoch abnehmen. Der zeitgleich eingeführte § 49a kann für sich keine derartige Beschleunigung der dauerhaften Höherauslastung erzielen kann, welche eine unmittelbare Umsetzung ermöglichen würde. Schon § 49a Abs. 3 S. 3 bringt zum Ausdruck, dass es sich um eine

schnelle Einigung zur Umsetzung der dauerhaften Höherauslastung handelt, wenn diese binnen sechs Monaten erfolgt. Die durch § 49b Abs. 3 vorgenommene Pflichtenverschiebung ist daher zwingend erforderlich, um die Netzstabilität des Übertragungsnetzes zu gewährleisten.

Nach Satz 2 hat der Übertragungsnetzbetreiber die betroffenen Betreiber technischer Infrastrukturen rechtzeitig über eine geplante temporäre Höherauslastung und über den voraussichtlichen Beginn der temporären Höherauslastung zu informieren und die Betreiber aufzufordern, die wegen der temporären Höherauslastung erforderlichen Schutz- und Sicherungsmaßnahmen im Verantwortungsbereich des Betreibers technischer Infrastrukturen zu ergreifen. Auch aus diesem Halbsatz 2 folgt die zuvor benannte Verschiebung der Verantwortungsbereiche zulasten der Betreiber technischer Infrastrukturen. Die Informationspflicht ist spiegelbildlich zu dieser notwendig, da neben dem Anlagenschutz insbesondere auch der Personenschutz an der technischen Infrastruktur sichergestellt werden muss, da diesbezüglich grundgesetzlich verbürgte Rechte (vgl. Art. 2 Abs. 2 GG) betroffen sein können. Die Information muss rechtzeitig erfolgen und auch eine Angabe über den voraussichtlichen Beginn der Höherauslastung enthalten. Die Angabe des voraussichtlichen Beginns ist notwendig, damit der Betreiber technischer Infrastruktur zu diesem Zeitpunkt die notwendigen Schutzmaßnahmen ergreifen kann. Wann eine Information rechtzeitig erfolgt, ist im Gesetz zeitlich nicht näher definiert und im Einzelfall zu beurteilen. Insoweit bietet Satz 4 jedoch eine Orientierung für die zeitlichen Maßstäbe. Aus Satz 3 folgt, dass zur Ermittlung der potenziell von der elektromagnetischen Beeinflussung betroffenen Betreiber technischer Infrastrukturen eine Anfrage und die Nachweisführung durch den Übertragungsnetzbetreiber unter Verwendung von Informationssystemen zur Leitungsrecherche, die allen Betreibern technischer Infrastrukturen für die Eintragung eigener Infrastrukturen und für die Auskunft über fremde Infrastrukturen diskriminierungsfrei zugänglich sind genügt. Dies entspricht der Regelung in § 49a Abs. 1 S. 2 (→ § 49a Rn. 8).

Über den tatsächlichen Beginn der temporären Höherauslastung hat der Übertragungsnetzbetreiber die betroffenen Betreiber technischer Infrastrukturen nach Satz 4 mindestens zwei Wochen vor dem voraussichtlichen Beginn der temporären Höherauslastung zu informieren, es sei denn, dass in der Information nach Satz 2 ein konkreter Zeitpunkt für den Beginn der temporären Höherauslastung bereits genannt wurde und diese Information mindestens vier Wochen und nicht länger als zehn Wochen vor dem Beginn der temporären Höherauslastung erfolgt ist. Diese zweite Information kann folglich dann entfallen, wenn die erste Information nach Satz 2 in dem in Satz 4 genannten Zeitraum (vier bis zehn Wochen vor Beginn der Höherauslastung) und mit dem benannten Inhalt (Benennung eines konkreten Zeitpunktes) erfolgt. Damit sollen die Informationsprozesse schlank gehalten werden. Ist bereits die erste Informationen zeitlich und inhaltlich konkret, würde die zweite Informationen über eine bloße Bestätigung keinen eigenständigen Mehrwert mehr entfalten. Offen erscheint in dem Kontext, ob es einer erneuten Information bedarf, wenn sich der tatsächliche Beginn der temporären Höherauslastung nach hinten verschiebt. Eine Pflicht zu einer erneuten Information ist jedoch im Ergebnis abzulehnen, da bereits der Wortlaut der Sätze 2 und 4 sich auf den „voraussichtlichen Beginn" bezieht. Zudem spricht auch der Sinn und Zweck der Informationspflicht, für diese Auslegung, da keine Verschlechterung für die Betreiber der technischen Infrastruktur Eintritt. Unter dem Gesichtspunkt der Schutzwürdigkeit der Betreiber technischer Infrastruktur kommt eine Vorverlegung hingegen nicht ohne erneute Information in Betracht, die ihrerseits den Anforderungen nach Satz 4 genügen muss.

Nach Satz 5 hat der Übertragungsnetzbetreiber den Betreiber technischer Infrastrukturen unverzüglich nach Beendigung der temporären Höherauslastung zu informieren. Mit dieser Regelung wird sichergestellt, dass der Betreiber der technischen Infrastrukturen die in der Regel betrieblichen und organisatorischen Maßnahmen aufgeben kann, sobald diese nicht mehr benötigt werden.

Nach Absatz 4 Satz 1 hat der Betreiber technischer Infrastrukturen den Übertragungsnetzbetreiber unverzüglich nach Umsetzung der wegen der temporären Höherauslastung erforderlichen Schutz- und Sicherungsmaßnahmen nach Absatz 3 Satz 2 über die hinreichende Wirksamkeit der Maßnahmen insbesondere zur Sicherstellung des Personenschutzes zu informieren. Es handelt sich nach dem ausdrücklichen Wortlaut jedoch lediglich um eine Informationspflicht. Das Erfordernis einer Information vor Umsetzung der temporärer Höherauslastung im Sinne einer notwendigen Freigabeerklärung ist hierin nicht zu sehen. Vor dem Hintergrund einer etwaigen Haftung des Übertragungsnetzbetreibers nach dem Produkthaftungsgesetz wird der Übertragungsnetzbetreiber durch die unverzüglich, also ohne schuldhaftes Zögern vorzunehmende Information in die Lage versetzt selbst zu entscheiden, ob er mit der temporären Höherauslastung beginnt oder unter Abwägung der Risiken auf die Umsetzung der Schutzmaßnahmen wartet.

13 Nach Satz 2 hat der Übertragungsnetzbetreiber dem Betreiber technischer Infrastrukturen die notwendigen Kosten, die diesem wegen der aufgrund der temporären Höherauslastung ergriffenen betrieblichen, organisatorischen und technischen Schutzmaßnahmen entstanden sind, einschließlich der notwendigen Kosten für Unterhaltung und Betrieb zu erstatten. Nach Satz 3 ist § 49a Abs. 2 entsprechend anzuwenden → Rn. 4. Nach § 49a Abs. 2 hat der verantwortliche Übertragungsnetzbetreiber dem betroffenen Betreiber technischer Infrastrukturen auf dessen Nachfrage unverzüglich Auskunft zu erteilen über alle für die Beurteilung der elektromagnetischen Beeinflussung nötigen technischen, betrieblichen und organisatorischen Parameter.

E. Pflichten gegenüber betroffenen Gemeinden (Abs. 5)

14 Absatz 5 regelt die Pflichten des Übertragungsnetzbetreibers gegenüber den betroffenen Gemeinden. Nach Satz 1 hat der Übertragungsnetzbetreiber die Höherauslastung im Bundesanzeiger zu veröffentlichen und die betroffenen Gemeinden über die temporäre Höherauslastung zu informieren. Der Inhalt der Information ist in Satz 2 näher geregelt. Demnach müssen die Veröffentlichung und die Information mindestens Angaben über den voraussichtlichen Beginn, das voraussichtliche Ende, den voraussichtlichen Umfang sowie die voraussichtlich betroffenen Leitungen beinhalten. Satz 3 definiert die betroffenen Gemeinden als solche, auf deren Gebiet eine elektromagnetische Beeinflussung nach Absatz 3 Satz 1 oder Schutz- und Sicherungsmaßnahmen nach Absatz 4 Satz 1 wirksam werden können. Die Regelung ergänzt inhaltlich die Pflicht zur Ermittlung potentiell betroffener Betreiber nach Absatz 3 Satz 3. Durch die Information der Gemeinden soll diesen die Möglichkeit gegeben werden, ihrerseits die ihnen bekannten Betreiber technischer Infrastrukturen im Gemeindegebiet informieren zu können, um so die Reichweite der Information über die temporäre Höherauslastung nochmals zu erhöhen.

F. Verhältnis zur dauerhafte Höherauslastung (Abs. 6)

15 Nach Absatz 6 bleibt die Zulassung einer dauerhaften Höherauslastung nach den gesetzlichen Vorschriften von der Zulässigkeit der temporären Höherauslastung unberührt. Dadurch wird die Aussage in Absatz 1 Satz 1 ergänzt, wonach temporäre Höherauslastungen keiner vorherigen Genehmigung bedürfen. Diese Klarstellung ebenso wie die Genehmigungsfreistellung in Absatz 1 Satz 1 erscheinen insofern fragwürdig, als dass ebenfalls im Rahmen dieses Gesetzgebungsprozesses § 3 Nr. 1 NABEG dahingehend geändert worden ist, dass Änderung des Betriebskonzepts, also Maßnahmen, die der Auslastung der Leitungen betrieblich anpassen einschließlich der für diese Anpassung erforderlichen geringfügigen und punktuellen baulichen Änderungen an den Masten, keine Änderung oder Erweiterung einer Leitung mehr darstellen, sodass diese Maßnahmen nunmehr nicht mehr nach dem Energiewirtschaftsrecht zulassungspflichtig sind (Verweis auf § 43f). Über § 43f Abs. 5 greift diese Zulassungsfreistellung nicht nur im NABEG, sondern auch im Anwendungsbereich des EnWG (BT.-Drs. 20/3497, 45). Demnach ist für die temporäre Höherauslastung ebenso wie für die dauerhafte Höherauslastung keinem energierechtlichen Zulassungsverfahren mehr zuzuführen und dies auch über den in § 1 Abs. 3 StaaV definierten Zeitraum hinüber. Nach dem Gesetzgeber soll zur beschleunigten Höherauslastung der bestehenden Stromleitungen und zur Entlastung sowohl der energierechtlichen Genehmigungsbehörden in Bund und Ländern als auch der für die Höherauslastung verantwortlichen Übertragungsnetzbetreiber für Änderungen des Betriebskonzepts weder ein Bundesfachplanungs- bzw. Raumordnungs- noch ein Planfeststellungs-, Plangenehmigungs- oder energierechtliches Anzeigeverfahren erforderlich sein. Insbesondere lasse die Vorschrift auch Erhöhungen der maximalen betriebli-

chen Anlagenauslastung ohne energierechtliches behördliches Verfahren zu (BT.-Drs. 20/ 3497, 45). Diese Neuregelung bezieht sich nur auf die Genehmigungserfordernisse nach dem NABEG und – über § 43f Abs. 5 – dem EnWG. Insofern verbleibt für die Regelungen nach Absatz 1 Satz 1 und Absatz 6 ein eigenständiger inhaltlicher Anwendungsbereich dahingehend, dass sich diese auch auf etwaige fachrechtliche Einzelgenehmigungen erstrecken. Dies kommt insbesondere im Hinblick auf die mit zugelassenen punktuellen und geringfügigen baulichen Änderungen in Betracht. Der Regelungsgehalt des § 49b würde im Ergebnis ausgehöhlt, wenn die zur Bewältigung einer drohenden Versorgungskrise vorzunehmende temporäre Höherauslastung zwar energiewirtschaftlich genehmigungsfrei möglich wäre, die konkrete Umsetzung jedoch zB durch eine vorherige Genehmigung der geringfügigen baulichen Änderungen von einer Genehmigung nach dem Bundesnaturschutzgesetz abhängig wäre. Insoweit kommt der Feststellung der Zulässigkeit ihrerseits eine Konzentrationswirkung zu.

Ein fließender Übergang von temporärer zu dauerhafter Höherauslastung ist ohne deutliche Hürden grundsätzlich möglich. Allerdings enden mit Ablauf des in § 1 Abs. 3 StaaV definierten Zeitraums insbesondere die Privilegierungen nach Absatz 3 und 4, weshalb es zur Umsetzung der dauerhaften Höherauslastung einer weiteren Abstimmung zwischen Übertragungsnetzbetreibern und Betreibern technischer Infrastrukturen nach § 49a EnWG bedarf (→ § 49a Rn. 1). **16**

G. Zuständige Behörde (Abs. 7)

Absatz 7 bestimmt die zuständige Behörde im Sinne des Absatzes 2 als die zuständige Immissionsschutzbehörde. Diese Zuständigkeit bestimmt sich nach dem jeweiligen Landesrecht. **17**

§ 50 Vorratshaltung zur Sicherung der Energieversorgung

Das Bundesministerium für Wirtschaft und Energie wird ermächtigt, zur Sicherung der Energieversorgung durch Rechtsverordnung ohne Zustimmung des Bundesrates
1. Vorschriften zu erlassen über die Verpflichtung von Energieversorgungsunternehmen sowie solcher Eigenerzeuger von Elektrizität, deren Kraftwerke eine elektrische Nennleistung von mindestens 100 Megawatt aufweisen, für ihre Anlagen zur Erzeugung von
   a) Elektrizität ständig diejenigen Mengen an Mineralöl, Kohle oder sonstigen fossilen Brennstoffen,
   b) Gas aus Flüssiggas ständig diejenigen Mengen an Flüssiggas
   als Vorrat zu halten, die erforderlich sind, um bei Betrieb der Anlage zur Erzeugung elektrischer Energie mit der maximal möglichen Nettonennleistung bis zu 60 Tage ihre Abgabeverpflichtungen an Elektrizität oder Gas erfüllen oder ihren eigenen Bedarf an Elektrizität decken zu können,
2. Vorschriften zu erlassen über die Freistellung von einer solchen Vorratspflicht und die zeitlich begrenzte Freigabe von Vorratsmengen, soweit dies erforderlich ist, um betriebliche Schwierigkeiten zu vermeiden oder die Brennstoffversorgung aufrechtzuerhalten,
3. den für die Berechnung der Vorratsmengen maßgeblichen Zeitraum zu verlängern, soweit dies erforderlich ist, um die Vorratspflicht an Rechtsakte der Europäischen Gemeinschaften über Mindestvorräte fossiler Brennstoffe anzupassen.

Überblick

Die Norm dient der Sicherstellung der Energieversorgung (→ Rn. 1) und enthält eine Verordnungsermächtigung für das BMWK, von der bislang kein Gebrauch gemacht wurde (→ Rn. 3). Zur Vorratshaltung (→ Rn. 4) verpflichtet werden können Energieversorgungsunternehmen sowie bestimmte Eigenerzeuger von Elektrizität (→ Rn. 5). Zudem ermächtigt die Norm zu Befreiungen in bestimmten Fällen (→ Rn. 7) aber auch – eng begrenzten – Verschärfungen (→ Rn. 9).

A. Normzweck

1 Die Vorschrift ermächtigt das BMWK Rechtsverordnungen zur Sicherung der Versorgung mit Strom und Erdgas zu erlassen. Sie zielt darauf ab, die Versorgungssicherheit für den Fall einer unterbrochenen oder verzögerten Brennstoffversorgung sicherzustellen (Bourwieg/Hellermann/Hermes/Bourwieg § 50 Rn. 1). In diesen Rechtsverordnungen werden **Bevorratungspflichten** mit dem im Abs. 1 bezeichneten Inhalt aufgestellt. Die Regelung weist zahlreiche Berührungspunkte zu anderen Normen des **Energiesicherungsrechts** auf, wie dem Gesetz zur Sicherung der Energieversorgung (**EnSiG**) und dem Wirtschaftssicherstellungsgesetz (**WiSiG**). § 50 unterscheidet sich von diesen Vorschriften dadurch, dass keine konkrete Gefährdungslage vorausgesetzt wird. Rechtsverordnungen nach § 50 dienen nur der allgemeinen **anlasslosen Bevorratung** (Theobald/Kühling/Boos § 50 Rn. 4 mwN). Die Vorschrift in Teil 6 EnWG steht weitgehend selbstständig neben den mit dem Gesetz zur Bereithaltung von Ersatzkraftwerken zur Reduzierung des Gasverbrauchs im Stromsektor im Fall einer drohenden Gasmangellage durch Änderung des Energiewirtschaftsgesetzes und weiterer energiewirtschaftlicher Vorschriften (GasVReG) vom 8.7.2022 (BGBl. I 1054) eingeführten §§ 50a ff.

B. Entstehungsgeschichte und Relevanz

2 Die Vorschrift in der heutigen Fassung beruht im Kern auf § 17 EnWG 1997. Während in der Vergangenheit lediglich wenige redaktionelle Änderungen hinsichtlich der Bezeichnung des zuständigen Ministeriums vorgenommen wurden, bringt Art. 1 des GasVReG vom 8.7.2022 (BGBl. I 1054) erstmals inhaltliche Änderungen der Vorschrift mit sich. § 50 geht zurück auf § 14 EnWG 1977, der erstmalig einen europarechtlichen Hintergrund hatte und die RL 75/339/EWG (sog. „**Bevorratungsrichtlinie**") in deutsches Recht umsetzte. Diese verpflichtete die Mitgliedstaaten, sich gegenüber einer gestörten Brennstoffversorgung durch ausreichende Bevorratung abzusichern.

3 Bislang hat das BMWK von der Verordnungsermächtigung keinen Gebrauch gemacht. Vor dem Hintergrund der zum Stand der Veröffentlichung bestehenden energiepolitischen Situation, die Auslöser für die inhaltlichen Anpassungen war (RegE zu GasVReG, BT-Drs. 20/2356, 20), scheint der Erlass einer solchen Verordnung aktuell nicht ausgeschlossen. Dabei ist zu berücksichtigen, dass auch der mit dem GasVReG eingeführte § 50b, eine Bevorratungspflicht für Kraftwerke vorsieht, die unter Einsatz von Kohle oder Mineralöl elektrische Energie erzeugen (§ 50b Abs. 2). Da es sich hierbei um eine anlassbezogene Bevorratungspflicht handelt, ist davon auszugehen, dass ihr eine gegenüber § 50 gehobene Relevanz zukommt. Die am 8.12.2021 erfolgte Umbenennung des Bundesministeriums für Wirtschaft und Energie (BMWi) in Bundesministerium für Wirtschaft und Klimaschutz (BMWK) wird, trotz der Änderungen im EnWG durch Art. 1 des Gesetzes zur Änderung des Energiewirtschaftsgesetzes zur Einführung von Füllstandvorgaben für Gasspeicheranlagen sowie zur Änderung von § 246 des Baugesetzbuchs vom 26.4.2022 (BGBl. I 674) und durch das GasVReG, zum Stand der Veröffentlichung nach wie vor noch nicht berücksichtigt.

C. Bevorratungspflichten (Nr. 1)

4 Eine auf § 50 gestützte Rechtsverordnung kann mit dem Inhalt erlassen werden, dass für Anlagen zur Erzeugung von (1) Elektrizität ständig diejenigen Mengen an Mineralöl, Braun- und Steinkohle oder sonstigen fossilen Brennstoffen, und von (2) Gas aus Flüssiggas ständig diejenigen Mengen an Flüssiggas als Vorrat zu halten sind, die erforderlich sind, um bei Betrieb der Anlage zur Erzeugung elektrischer Energie mit der maximal möglichen Nettonennleistung bis zu 60 Tage ihre **Abgabeverpflichtungen** an Elektrizität oder Gas erfüllen oder ihren eigenen Bedarf an Elektrizität decken zu können. Zu den sonstigen fossilen Brennstoffen wird man auch das Erdgas zählen müssen (Theobald/Kühling/Boos § 50 Rn. 13). Durch das GasVReG erfuhr die Bevorratungspflicht unter Nr. 1 sogleich zwei Änderungen. Zum einen wurde der Handlungsspielraum des Verordnungsgebers hinsichtlich

Vorratshaltung zur Sicherung der Energieversorgung § 50 EnWG

des Bevorratungsvolumens zur Versorgungssicherheit – vor allem im Winter – von 30 auf 60 Tage erhöht (RegE zu GasVReG, BT-Drs. 20/2356, 20). Zum anderen fand eine Konkretisierung der Bezugsgröße für die Berechnung der vorzuhaltenden Mengen statt. Die Mengen, die als Vorrat zu halten sind, müssen für den Betrieb mit der maximal möglichen Nettoleistung ausreichend sein – vormals wurde rein auf die (aktuellen) Abgabeverpflichtungen Bezug genommen. Mit der Änderung wird nun auf die höchste elektrische Nettodauerleistung als Wirkleistung unter Nennbedingungen, welche eine Anlage zur Erzeugung elektrischer Energie erreicht, referenziert (RegE zu GasVReG, BT-Drs. 20/2356, 20). Da ein Dauerbetrieb unter solchen Höchstleistungen nicht stattfindet, sollten die vorzuhaltenden Mengen deutlich über die angeordnete Zeit hinaus reichen. Mit den Änderungen fand ebenfalls eine Vereinheitlichung der Berechnungsgrundlage mit dem neu eingefügten § 50b Abs. 2 Nr. 1 statt.

Adressaten der Verordnung sind Energieversorgungsunternehmen sowie Eigenerzeuger 5 von Elektrizität, deren Kraftwerke eine elektrische Nennleistung von mindestens 100 Megawatt aufweisen. Über den Grenzwert ist sichergestellt, dass nur Betreiber großer Anlagen verpflichtet werden, wobei mehrere Blöcke eines Kraftwerks bei der Ermittlung des Schwellenwertes (nur) zusammenzuzählen sind, wenn sie sich an einem Standort befinden (RegE zu EnWG 1977, BT-Drs. 8/1030, 15). Während die Bezeichnung des Energieversorgungsunternehmens in § 3 Nr. 18 legaldefiniert ist, fehlt es an einer gesetzlichen Begriffsbestimmung für den **Eigenerzeuger**. Ergänzend kann aber über den in § 3 Nr. 13 definierten Begriff der Eigenanlage sowie die in § 3 Nr. 18 definierte Bezeichnung der Eigenversorgung eine begriffliche Annäherung erreicht werden (vgl. auch → § 3 Nr. 18 Rn. 5).

Die Verordnung kann seit der Änderung durch das GasVReG auch ohne Zustimmung 6 des Bundesrates erlassen werden. Die hierdurch ermöglichte schnellere und flexiblere Reaktion dient der Stärkung dieses Instruments als Teil der Krisenvorsorge (RegE zu GasVReG, BT-Drs. 20/2356, 20). Zuständig für die Ausführung der in der Rechtsverordnung niedergelegten Verpflichtungen ist mangels Sonderzuweisung nach § 54 Abs. 2 kraft originärer Zuweisung nach § 54 Abs. 1 die BNetzA (so auch Salje EnWG § 50 Rn. 16).

D. Befreiungsmöglichkeiten (Nr. 2)

Einzelne Energieversorgungsunternehmen und Eigenerzeuger können von der Bevorratungspflicht freigestellt werden. Außerdem kann die zeitlich begrenzte Freigabe von Vorratsmengen zugelassen werden. Dies setzt nach Maßgabe der Nummer 2 voraus, dass eine solche Freistellung oder Freigabe erforderlich ist, um betriebliche Schwierigkeiten zu vermeiden oder die Brennstoffversorgung aufrechtzuerhalten. Wie eine solche Befreiung umgesetzt wird, schreibt Nummer 2 indes nicht vor. Denkbar ist eine unmittelbare Verankerung in der Rechtsverordnung selbst oder eine auf die Rechtsverordnung gestützte Entscheidung der BNetzA im Einzelfall (Bourwieg/Hellermann/Hermes/Bourwieg § 50 Rn. 15 ff.). 7

Betriebliche Schwierigkeiten können sich angesichts spezifischer Lagerungsgefahren 8 der Brennstoffe (RegE zu EnWG 1977 BT-Drs. 8/1030, 15) oder aufgrund des großen Volumens der benötigten Menge ergeben (Letzteres ist vor allem für Braunkohle relevant, dazu: Britz/Hellermann/Hermes/Bourwieg, 3. Aufl., § 50 Rn. 8). Der Umfang der Befreiung hängt vom Ausmaß der zu erwartenden betrieblichen Schwierigkeiten ab und kann von einer mengenmäßigen Einschränkung bis hin zu einer Totalbefreiung reichen (Kment EnWG/Görisch § 50 Rn. 3).

E. Verlängerung der Bevorratungsfrist (Nr. 3)

Soweit dies erforderlich ist, kann der für die Berechnung der Vorratsmengen maßgebliche 9 Zeitraum verlängert werden, um die Vorratspflicht an Rechtsakte der Europäischen Union über Mindestvorräte fossiler Brennstoffe anzupassen (Nummer 3). Solche Rechtsakte bestehen derzeit allerdings nicht (→ Rn. 3). Da die Verlängerung über die 60-Tages-Frist ausschließlich auf diesen Grund gestützt werden dürfte, besteht derzeit keine praktische Relevanz (ebenso Theobald/Kühling/Boos § 50 Rn. 22). Die Verschärfung gesetzlicher Vorgaben in diesem höchst grundrechtsrelevanten Bereich durch Exekutivorgane ist in methodischer Hinsicht verfassungsrechtlich bedenklich. Schon in der Vergangenheit hat die höchstrichterliche

Rechtsprechung staatliche Bevorratungspflichten selbst in formellen Gesetzen mit Blick auf ihre Grundrechtskonformität äußerst kritisch beurteilt (dazu BVerfGE 30, 292 ff.). Dass eine solche, zudem noch ohne signifikante parlamentarische Beteiligung, angeordnet werden können soll, ist vor diesem Hintergrund sehr fragwürdig. Mit der Verlängerung der Frist von 30 auf 60 Tage durch das GasVReG hat diese Ermächtigung des BMWK weiter an Bedeutung verloren. Aufgrund der geringen praktischen Relevanz der Norm hat sie noch keine gerichtliche Entscheidung nach sich gezogen.

F. Kostenerstattung

9a Eine Erstattung der Kosten für die Bevorratung mit den angeordneten Mengen ist, im Gegensatz zu der Bevorratungspflicht nach § 50b Abs. 1 Nr. 1, nicht vorgesehen. Hierbei ist jedoch zu berücksichtigen, dass die Kostenerstattung in den Fällen von § 50b Abs. 1 Nr. 1 für den Zeitraum der tatsächlichen Marktteilnahme entfällt, da die Kosten dann durch die Erlöse am Strommarkt gedeckt werden (RegE zu GasVReG, BT-Drs. 20/2356, 22). Selbige Begründung greift wohl auch für die fehlende Kostenerstattung bei einer Bevorratung nach § 50 Nr. 1. Denn auch hier befinden sich die Energieversorgungsunternehmen bzw. Eigenerzeuger am Strommarkt und können ihre Kosten durch Erlöse decken.

G. Durchsetzung (Ordnungswidrigkeit)

10 Ein Verstoß gegen eine Rechtsverordnung nach § 50 stellt gem. § 95 Abs. 1 Nr. 5 lit. c eine Ordnungswidrigkeit dar und kann mit einer Geldbuße geahndet werden, sofern in der betreffenden Rechtsverordnung ausdrücklich auf die Regelung des § 95 verwiesen wird.

§ 50a Maßnahmen zur Ausweitung des Stromerzeugungsangebots, befristete Teilnahme am Strommarkt von Anlagen aus der Netzreserve; Verordnungsermächtigung

(1) ¹Die Bundesregierung kann nach Ausrufung der Alarmstufe oder Notfallstufe nach Artikel 8 Absatz 2 Buchstabe b und Artikel 11 Absatz 1 der Verordnung (EU) 2017/1938 des Europäischen Parlaments und des Rates vom 25. Oktober 2017 über Maßnahmen zur Gewährleistung der sicheren Gasversorgung und zur Aufhebung der Verordnung (EU) Nr. 994/2010 (ABl. L 280 vom 28.10.2017, S. 1), die durch die Delegierte Verordnung (EU) 2022/517 (ABl. L 104 vom 1.4.2022, S. 53) geändert worden ist, in Verbindung mit dem Notfallplan Gas des Bundesministeriums für Wirtschaft und Energie vom September 2019, der auf der Internetseite des Bundesministeriums für Wirtschaft und Klimaschutz veröffentlicht ist, durch Rechtsverordnung ohne Zustimmung des Bundesrates zulassen, dass die Betreiber solcher Anlagen, die nach § 13b Absatz 4 und 5 und § 13d sowie nach Maßgabe der Netzreserveverordnung in der Netzreserve vorgehalten werden und die kein Erdgas zur Erzeugung elektrischer Energie einsetzen, befristet am Strommarkt teilnehmen. ²In der Rechtsverordnung nach Satz 1 ist zugleich der Zeitraum für die befristete Teilnahme am Strommarkt nach Satz 1 festzulegen, die längstens bis zum Ablauf des 31. März 2024 zulässig ist.

(2) Die befristete Teilnahme am Strommarkt nach Absatz 1 ist durch den Anlagenbetreiber mindestens fünf Werktage vor Beginn gegenüber der Bundesnetzagentur und dem Betreiber des Übertragungsnetzes mit Regelzonenverantwortung, in dessen Regelzone sich die Anlage befindet, anzuzeigen.

(3) ¹Während der befristeten Teilnahme am Strommarkt nach Absatz 1 darf der Betreiber
1. die elektrische Leistung oder Arbeit und die thermische Leistung der Anlage ganz oder teilweise veräußern und
2. Kohle verfeuern.

²Der Betreiber der Anlage ist insoweit von den Beschränkungen des § 13c Absatz 2 Satz 1, Absatz 4 Satz 1, des § 13d Absatz 3 und des § 7 Absatz 1 der Netzreserveverord-

ordnung und von dem Verbot der Kohleverfeuerung nach § 51 Absatz 1 Satz 1 des Kohleverstromungsbeendigungsgesetzes ausgenommen. ³§ 13b Absatz 4 und 5 sowie § 13d sind entsprechend anzuwenden.

(4) ¹Endgültige Stilllegungen von Anlagen, für die nach § 51 Absatz 1 und 2 Nummer 1 Buchstabe c und d des Kohleverstromungsbeendigungsgesetzes in den Jahren 2022 und 2023 ein Verbot der Kohleverfeuerung wirksam wird, sind bis zum 31. März 2024 verboten, soweit ein Weiterbetrieb technisch und rechtlich möglich ist. ²Anlagen nach Satz 1 werden durch die Betreiber von Übertragungsnetzen ab dem Zeitpunkt, zu dem das Verbot der Kohleverfeuerung wirksam wird, in entsprechender Anwendung von § 13d zum Zweck der Vorsorge vor einer möglichen Gefährdung der Gasversorgung in der Netzreserve vorgehalten. ³§ 13b Absatz 4 Satz 4, § 13b Absatz 5 Satz 11, die §§ 13c und 13d und die Netzreserveverordnung sind entsprechend anzuwenden. ⁴Auf die Anlagen nach Satz 1 sind die Absätze 1 bis 3 sowie die §§ 50b und 50c ebenfalls anwendbar. ⁵Das Verbot der Kohleverfeuerung nach § 51 des Kohleverstromungsbeendigungsgesetzes ist für eine Anlage unwirksam, solange sie nach Satz 2 in der Netzreserve vorgehalten wird.

(5) ¹Vorläufige und endgültige Stilllegungen von Anlagen, die am 12. Juli 2022 nach § 13b Absatz 4 und 5 und § 13d sowie nach Maßgabe der Netzreserveverordnung in der Netzreserve vorgehalten werden, sind bis zum 31. März 2024 verboten, soweit ein Weiterbetrieb rechtlich und technisch möglich ist. ²§ 13b Absatz 4 Satz 4, Absatz 5 Satz 11, die §§ 13c und 13d und die Netzreserveverordnung sind entsprechend anzuwenden.

Überblick

Mit § 50a will der Gesetzgeber dem Strommarkt befristet weitere, nicht erdgasbasierte Erzeugungskapazitäten zur Verfügung stellen (→ Rn. 1). Die Vorschrift ersetzt die bisher geltende Fassung des § 50a (→ Rn. 4). Die Anwendbarkeit des § 50a ff. setzen die Ausrufung der Alarm- oder Notfallstufe nach Maßgabe der Gas-SOS-VO (VO (EU) 2017/1938) sowie das Inkrafttreten einer Rechtsverordnung voraus, mit der die Bundesregierung die befristete Wiederteilnahme am Strommarkt zulässt (→ Rn. 7). Die Rückkehr an den Strommarkt unterliegt der Anzeigepflicht (Rn. → Rn. 9). Es bestehen bis zur Zeit der Rückkehr die Pflichten nach § 50b Abs. 2 (→ § 50 Rn. 1 ff.) und Abs. 3 (→ § 50b Rn. 1 ff.). Während der Zeit der befristeten Möglichkeit der Rückkehr an den Strommarkt besteht ein Stilllegungsverbot (→ Rn. 12 ff.).

A. Normzweck und Bedeutung

Mit den §§ 50a ff. wollte der Gesetzgeber der bereits vor der im Februar 2022 begonnenen weitflächigen Ausweitung des seit der Annexion der Krim andauernden völkerrechtswidrigen Angriffs der Russischen Föderation auf die Ukraine und der aufgrund dessen angespannten Situation auf den Energiemärkten entgegenwirken (BT-Drs. 20/2356, 1). Dem Strommarkt sollen zur Sicherung der Energieversorgungssicherheit für einen **befristeten Zeitraum** zusätzliche Erzeugungskapazitäten nicht erdgasbasierte zur Stromerzeugung zur Verfügung gestellt werden. Diese Erzeugungskapazitäten sollen auf Energieträgern (wie Steinkohle, Öl oder Braunkohle) basieren, die nicht oder jedenfalls nicht ausschließlich aus Russland importiert werden (vgl. BT-Drs. 20/2356, 13). Zur Erzeugung sollen Anlagen genutzt werden, die gegenwärtig auf Grund des Kohleausstiegs nur eingeschränkt verfügbar sind, demnächst stillgelegt würden oder sich in der Netzreserve befinden, um die mit Erdgas befeuerten Kraftwerken so weit wie möglich ersetzen und Erdgas einzusparen (BT-Drs. 20/2356, 13 und 20 ff.).

Um das Ziel, den Kohleausstieg idealerweise im Jahr 2030 zu vollenden, sowie die Klimaziele weiterhin erreichen zu können, ist die Rückkehr an Auslösekriterien geknüpft. Es ist damit sichergestellt, dass die Anlagen nur dann in den Strommarkt zurückkehren, wenn dies erforderlich ist, um eine Gefährdung des Gasversorgungssystems abzuwenden (vgl. BT-Drs. 20/2356, 13).

1

2

3 Obgleich zunächst (vgl. so noch BT-Drs. 20/2356, 2) in der Verlängerung der Laufzeiten für Atomkraftwerke keine Alternative gesehen wurde, ist nunmehr ein Streckbetrieb für die drei noch am Netz befindlichen AKW Neckarwestheim 2, Emsland, Isar 2 bis zum 15.4.2022 geplant (BT-Drs. 20/4328). Rein rechtlich gesehen ist grundsätzlich eine dauerhafte Rückkehr zur Erzeugung von Energie durch Atomkraft möglich. Das BVerfG rechtfertigte seinerzeit das Vorziehen des Kernkraftausstiegs mittels einer Evidenzkontrolle der Eignung und der Erforderlichkeit im Hinblick auf die zu schützenden Güter, verlangte ihn aber nicht zwingend – trotz der Klassifikation als Hochrisikotechnologie. Gleichwohl bedarf es hinsichtlich einer Rückkehr einer sorgfältigen Risikoabschätzung (Frenz EnWZ 2022, 243, mit Verweis auf BVerfG BeckRS 2016, 55371 Rn. 219 und 285 ff.). Dabei ist zu berücksichtigen, dass die Frage, ob und für wie lange eine Verlängerung der Restlaufzeiten in Betracht kommt, auch von außerrechtlichen Faktoren (zur Verfügung stehendes Personal, Vorhandensein technischer Arbeitsmittel) abhängig ist sowie von der daraus resultierenden Konsequenz, ob und inwieweit dort noch eine sichere Erzeugung von Energie möglich ist.

B. Entstehungsgeschichte

4 Bereits vor Inkrafttreten der §§ 50a ff. in ihrer derzeitigen Fassung existierte ein Rechtsrahmen, der auf Versorgungskrisen vorbereiten und wirksame Reaktionen ermöglichen sollte. Eine zentrale Rolle nahmen und nehmen immer noch die europäische Gas-SoS-VO (VO (EU) 2017/1938)) sowie der darauf gestützte Notfallplan Gas des Bundesministeriums für Wirtschaft und Klimaschutz (BMWK) ein. Zudem begründen das in Reaktion auf die Ölkrisen der 1970er-Jahre erlassene EnSiG und die zugehörige GasSV weitgehende Befugnisse der staatlichen Stellen, sofern marktgerechte Maßnahmen ausscheiden sollten (Ludwigs NVwZ 2022, 1086 (1091)).

5 Da der Gesetzgeber davon ausgeht, dass es sich um eine vorübergehende Lage handelt, sollen die in den §§ 50a ff. implementierten Maßnahmen (bis zum 31.3.2024) befristet sein (BT-Drs. 20/2356, 13).

C. Rechtsverordnung der Bundesregierung (Abs. 1)

6 Absatz 1 ermöglicht die Wiederteilnahme in der vorläufigen § 13 Abs. 4 oder endgültigen Stilllegungsphase 13 Abs. 5 befindlich sind sowie nach Maßgabe der NetzResV und sich in der Netzreserve nach § 13d befinden, aufgrund einer durch die Bundesregierung zu erlassenden Rechtsverordnung.

7 In der Rechtsverordnung muss die Bundesregierung nicht nur regeln, für welchen Zeitraum die befristete Teilnahme am Strommarkt erlaubt ist. Es ist ferner festzustellen, dass eine zukünftige Gefährdung der Sicherheit oder Zuverlässigkeit des Gasversorgungssystems nicht ausgeschlossen werden kann und daher ein Wiedereintritt in den Strommarkt zulässig ist. Die befristete Rückkehrmöglichkeit setzt damit voraus, dass die Alarmstufe oder Notfallstufe nach Art. 8 Abs. 2 lit. b und Art. 11 Abs. 1 der Gas-SOS-VO (VO (EU) 2017/1938, durch die Bundesregierung ausgerufen wurde. Die Rechtsverordnung bedarf keiner Zustimmung des Bundesrates. Mit der StaaV vom 13.7.2022 hat die Bundesregierung eine entsprechende Rechtsverordnung erlassen und eine befristete Teilnahme am Strommarkt bis zum Ablauf des 31.3.2024 zugelassen.

8 In der Zeit der damit möglichen befristeten Teilnahme am Strommarkt wird von dem in § 7 Abs. 1 NetzResV geregelten Veräußerungsverbot abgewichen. Anlagen in der Netzreserve, für die ein Verbot der Kohleverfeuerung besteht, dürfen dann abweichend von § 51 Abs. 1 S. 1 KVBG Kohle verfeuern.

D. Anzeigepflicht (Abs. 2)

9 Nach Absatz 2 muss der Anlagenbetreiber die Rückkehr an den Strommarkt gegenüber der BNetzA und dem maßgeblichen Übertragungsnetzbetreiber mindestens fünf Werktage vor Beginn der Rückkehr an den Strommarkt anzeigen. In Anlehnung an die Stilllegungsanzeige nach § 13b (→ § 13b Rn. 22) ist die **Anzeige** als einseitige empfangsbedürftige Willenserklärung zu verstehen, die mit Zugang wirksam wird. Einer besonderen Form bedarf sie nicht. Macht der Anlagenbetreiber von der Anzeige keinen Gebrauch, verbleibt seine

Anlage in der Netzreserve. In diesem Fall gilt das Veräußerungsverbot nach § 7 Abs. 1 Netz-ResV fort.

E. Rechte und Pflichten der Anlagenbetreiber (Abs. 3)

Absatz 3 bestimmt, welche Rechte und Pflichten ausgesetzt und welche unberührt bleiben, 10
wenn ein Anlagenbetreiber von der Möglichkeit der befristeten Marktrückkehr Gebrauch gemacht hat. Es gelten für die Anlagen sämtliche Rechte und Pflichten, die sich auch für andere Marktkraftwerke aus dem EnWG ergeben, wie etwa § 49 (→ § 49 Rn. 1). Die Pflicht zur Betriebsbereitschaftshaltung im Sinne des § 13d bleibt bestehen. Anlagen, die in der Netzreserve vorgehalten werden, können auch weiterhin von den Übertragungsnetzbetreiber zwecks Behebung von Netzengpässen und Gewährleistung der Netz- und Systemstabilität abgerufen werden. Dies trägt dem Umstand Rechnung, dass die Anlagen auch nach erfolgter Marktrückkehr zwingend für notwendige Anforderungen der Übertragungsnetzbetreiber, zB für Redispatch zur Verfügung stehen und für diese Einsätze betriebsbereit sein müssen. Diese zusätzliche Pflicht dient der Sicherstellung der Systemsicherheit (BT-Drs. 20/2356, 20) Die Funktionsweise der Netzreserve (siehe dazu → § 13d Rn. 26) bleibt also vollständig erhalten.

F. Stilllegungsverbote (Abs. 4 und 5)

Die Absätze 4 und 5 beinhalten Stilllegungsverbote. 11

I. Absatz 4

Absatz 4 betrifft **endgültige Stilllegungen von Anlagen,** für die nach § 51 Abs. 1 und 12
2 Nr. 1 lit. c und d KVBG in den Jahren 2022 und 2023 ein **Verbot der Kohleverfeuerung wirksam wird.** Endgültige Stilllegungen dieser Anlagen sind bis zum 31.3.2024 verboten, soweit ein Weiterbetrieb technisch und rechtlich möglich ist. Die betroffenen Anlagen werden durch die Betreiber von Übertragungsnetzen ab dem Zeitpunkt, zu dem das Verbot der Kohleverfeuerung wirksam wird, in entsprechender Anwendung von § 13d zum Zweck der Vorsorge vor einer möglichen Gefährdung der Gasversorgung in der Netzreserve vorgehalten. Die § 13b Abs. 4 S. 4, § 13b Abs. 5 S. 11, die §§ 13c und 13d und die NetzResV sind entsprechend anzuwenden. Auf die Anlagen nach Satz 1 sind die Absätze 1–3 sowie die §§ 50b und 50c ebenfalls anwendbar. Das Verbot der Kohleverfeuerung nach § 51 KVBG ist dementsprechend dann für die Anlage unwirksam, solange sie nach Satz 2 in der Netzreserve vorgehalten wird.

Damit will der Gesetzgeber erreichen, dass auch Kraftwerke in die Netzreserve mit der 13
Möglichkeit der befristeten Teilnahme am Strommarkt aufgenommen werden, die bisher aus netztechnischen Gesichtspunkten nicht als systemrelevant ausgewiesen sind, aber aus Gründen der Vorsorge vor einer möglichen Gasversorgungskrise weiter zur Verfügung stehen sollen (BT-Drs. 20/2356, 20).

II. Absatz 5

Absatz 5 betrifft die **vorläufige und endgültige Stilllegung** von den Anlagen, die am 14
12.7.2022 in der Netzreserve vorgehalten werden. Also solche, die nach § 13b Abs. 4, Abs. 5 und § 13d sowie nach Maßgabe der NetzResV vorgehalten werden. Diese Anlagen, deren bisherige Systemrelevanzausweisung vor dem 31.3.2024 endet, sollen weiterhin in der Netzreserve gebunden bleiben, soweit ein Weiterbetrieb rechtlich und technisch möglich ist. So soll einer möglichen Gasversorgungskrise vorgesorgt werden. Die Anlagen verbleiben allerdings nur dann in der Netzreserve, wenn andere Gründe, wie beispielsweise die immissionsschutzrechtliche Genehmigung, dem nicht entgegensteht (vgl. zum Beispiel der immissionsschutzrechtlichen Genehmigung BT-Drs. 20/2356, 20). Die § 13b Abs. 4 S. 4, Abs. 5 S. 11, die §§ 13c und 13d und die NetzResV sind entsprechend anzuwenden.

§ 50b Maßnahmen zur Ausweitung des Stromerzeugungsangebots, Pflicht zur Betriebsbereitschaft und Brennstoffbevorratung für die befristete Teilnahme am Strommarkt von Anlagen aus der Netzreserve

(1) Der Betreiber einer Anlage, die nach § 13b Absatz 4 und 5 und § 13d sowie nach Maßgabe der Netzreserveverordnung in der Netzreserve vorgehalten wird, muss die Anlage während des Zeitraums, in dem die Frühwarnstufe, Alarmstufe oder Notfallstufe nach Artikel 8 Absatz 2 Buchstabe b und Artikel 11 Absatz 1 der Verordnung (EU) 2017/1938 des Europäischen Parlaments und des Rates vom 25. Oktober 2017 über Maßnahmen zur Gewährleistung der sicheren Gasversorgung und zur Aufhebung der Verordnung (EU) Nr. 994/2010 (ABl. L 280 vom 28.10.2017, S. 1), die durch die Delegierte Verordnung (EU) 2022/517 (ABl. L 104 vom 1.4.2022, S. 53) geändert worden ist, in Verbindung mit dem Notfallplan Gas des Bundesministeriums für Wirtschaft und Energie vom September 2019, der auf der Internetseite des Bundesministeriums für Wirtschaft und Klimaschutz veröffentlicht ist, ausgerufen ist, frühestens aber ab dem 1. November 2022 für die befristete Teilnahme am Strommarkt im Dauerbetrieb betriebsbereit halten.

(2) Zur Einhaltung der Verpflichtung zur Betriebsbereitschaft der Anlage nach Absatz 1 muss der Betreiber insbesondere
1. jeweils zum 1. November der Jahre 2022 und 2023 und jeweils zum 1. Februar der Jahre 2023 und 2024 Brennstoffvorräte in einem Umfang bereithalten, die es ermöglichen,
   a) bei Einsatz von Kohle zur Erzeugung elektrischer Energie für 30 Kalendertage die Abgabeverpflichtungen an Elektrizität bei Betrieb der Anlage mit der maximal möglichen Nettonennleistung zu decken oder
   b) bei Einsatz von Mineralöl zur Erzeugung elektrischer Energie für zehn Kalendertage die Abgabeverpflichtung an Elektrizität bei Betrieb der Anlage mit der maximal möglichen Nettonennleistung zu decken,
2. die Brennstoffversorgung für einen Dauerbetrieb auch bei einer befristeten Teilnahme am Strommarkt nach § 50a sicherstellen und
3. der Bundesnetzagentur und dem Betreiber des Übertragungsnetzes mit Regelzonenverantwortung ab dem 1. November 2022 monatlich nachweisen, dass die Verpflichtungen nach den Nummern 1 und 2 eingehalten werden.

(3) ¹Die Brennstoffvorräte nach Absatz 2 Nummer 1 müssen am Standort der Anlage gelagert werden. ²Die Lagerung an einem anderen Lagerort ist zulässig, wenn
1. es sich hierbei um ein ergänzendes Lager zu dem Lager am Standort der Anlage handelt und
2. der Transport der weiteren Brennstoffvorräte zu dem Standort der Anlage innerhalb von zehn Kalendertagen gewährleistet ist.

³Ist die Einhaltung der Anforderungen an Bevorratung und Lagerung nach Satz 1 und Absatz 2 Nummer 1 für den Betreiber der Erzeugungsanlage im Einzelfall unmöglich, kann die Bundesnetzagentur auf Antrag zulassen, dass die Verpflichtung zur Betriebsbereitschaft als erfüllt gilt, wenn der Betreiber der Erzeugungsanlage in jedem Kalendermonat nachweist, dass die vorhandenen Lagerkapazitäten vollständig mit Brennstoffen befüllt sind.

(4) ¹Die Verpflichtung zur Betriebsbereitschaft der Anlage nach Absatz 1 umfasst auch, dass die Anlage während der befristeten Teilnahme am Strommarkt in einem Zustand erhalten wird, der eine Anforderung zur weiteren Vorhaltung der Betriebsbereitschaft nach § 13b Absatz 4 sowie für Anforderungen für Anpassungen der Einspeisung durch die Übertragungsnetzbetreiber nach § 13 Absatz 1 und 2 und § 13a Absatz 1 jederzeit während der befristeten Teilnahme am Strommarkt ermöglicht. ²Dies ist auch anzuwenden für die Zeit nach der befristeten Teilnahme am Strommarkt, wenn die Anlage weiterhin in der Netzreserve vorgehalten wird. ³Absatz 2 Nummer 1 und Absatz 3 sind für eine Anlage während der Dauer der befristeten Teilnahme am Strommarkt nicht anzuwenden. ⁴Der jeweilige Betreiber des Übertragungsnetzes mit Regelzonenverantwortung ist in den Fällen des Sat-

zes 3 berechtigt, gegenüber dem Betreiber einer Anlage Vorgaben zur Brennstoffbevorratung zu machen, sofern dies für die Sicherheit oder Zuverlässigkeit des Elektrizitätsversorgungsnetzes erforderlich ist.

(5) ¹Die Absätze 1 bis 3 sind auch für Betreiber von Anlagen anzuwenden, die erst ab dem 1. November 2022 in der Netzreserve vorgehalten werden. ²§ 13c Absatz 3 Satz 1 Nummer 2 ist für Maßnahmen, die zur Herstellung oder Aufrechterhaltung der Betriebsbereitschaft der Anlage vor dem 1. November 2022 vorgenommen werden, entsprechend anzuwenden.

(6) ¹Der Betreiber einer Anlage, die nach § 13b Absatz 4 und 5 und nach § 13d sowie nach Maßgabe der Netzreserveverordnung in der Netzreserve vorgehalten wird und die vor dem 1. Januar 1970 in Betrieb genommen wurde, kann dem Betreiber des Übertragungsnetzes mit Regelzonenverantwortung, in dessen Regelzone sich die Anlage befindet, und der Bundesnetzagentur bis zum 9. August 2022 anzeigen, dass er von den Regelungen nach den Absätzen 1 bis 3 ausgenommen werden möchte. ²Eine befristete Teilnahme am Strommarkt nach § 50a ist nach einer Anzeige nach Satz 1 ausgeschlossen und § 50a Absatz 5 ist nicht anwendbar.

Überblick

§ 50b wurde kurz nach seinem erstmaligen Inkrafttreten bereits einmal geändert (→ Rn. 2). Absatz 1 bestimmt den Anwendungsbereich der Regelung und normiert die Bereithaltungspflicht (→ Rn. 3 f.). In den Absätzen 2–4 werden Verpflichtungen der betroffenen Anlagenbetreiber konstituiert (→ Rn. 7 ff. und → Rn. 13 ff. und → Rn. 16). Nach Absatz 5 erstreckt sich der Anwendungsbereich der Regelung auch auf diejenigen Anlagen, die erst in der Zukunft Gegenstand der Netzreserve werden (→ Rn. 20). In Absatz 6 wird für Altanlagen eine Ausnahme von den Pflichten nach den Absätzen 1–3 statuiert (→ Rn. 21 ff.)

Übersicht

	Rn.		Rn.
A. Normzweck und Bedeutung	1	II. Sicherstellung der Brennstoffversorgung bei befristeter Marktteilnahme	11
B. Entstehungsgeschichte	2	III. Nachweispflicht	12
C. Anwendungsbereich (Abs. 1)	3	E. Anforderungen an die Lagerung von Mindestvorräten (Abs. 3)	13
D. Voraussetzungen der Einhaltung der Betriebsbereitschaftpflicht (Abs. 2)	7	F. Weitere Verpflichtungen (Abs. 4)	17
I. Pflicht zur Mindestbevorratung von Brennstoffen	8	G. Erstreckung auf zukünftige Netzreserve (Abs. 5)	20
		H. Ausnahme (Abs. 6)	21

A. Normzweck und Bedeutung

Mit den in § 50b konstituierten Verpflichtungen, die an die Anlagenbetreiber adressiert sind, soll sichergestellt werden, dass ein kurzfristig nach Abruf der in der Netzreserve befindlichen Kraftwerke ein Markteinsatz möglich ist. Ziel der Verpflichtungen ist insbesondere die verlässliche Erweiterung des Stromerzeugungsangebots in den Wintermonaten (BT-Drs. 20/2356, 21). Siehe im Übrigen auch § 50a EnWG (→ § 50a Rn. 1). 1

B. Entstehungsgeschichte

§ 50b trat erstmals am 12.7.2022 in Kraft (BGBl. 2022 I 1054). Die erste Änderung, die Absatz 4 Sätze 3 und 4 betrifft, trat am 13.10.2022 (BGBl. I 1726) in Kraft. 2

C. Anwendungsbereich (Abs. 1)

Die Verpflichtung nach Absatz 1, sich für die befristete Teilnahme am Strommarkt im Dauerbetrieb betriebsbereit zu halten, richtet sich an die Anlagenbetreiber, deren Anlagen 3

4   Die in § 50b Abs. 1 genannten Voraussetzungen müssen kumulativ vorliegen. Die Netzreserve ist in § 13d Abs. 1 S. 1 legaldefiniert (zur Legaldefinition der Netzreserve → § 13d Rn. 26): Danach sind Netzreserve solche Anlagen, die zum Zweck der Gewährleistung der Sicherheit und Zuverlässigkeit des Elektrizitätsversorgungssystems insbesondere für die Bewirtschaftung von Netzengpässen und für die Spannungshaltung und zur Sicherstellung eines möglichen Versorgungswiederaufbaus von den Übertragungsnetzbetreibern vorzuhalten sind. Die Netzreserve wird gebildet aus

- Anlagen, die derzeit nicht betriebsbereit sind und auf Grund ihrer Systemrelevanz (zur Systemrelevanz siehe → § 13b Rn. 23) auf Anforderung der Betreiber von Übertragungsnetzen wieder betriebsbereit gemacht werden müssen (Nr. 1),
- systemrelevanten Anlagen, für die die Betreiber eine vorläufige (zur vorläufigen Stilllegung siehe: → § 13b Rn. 26) oder endgültige Stilllegung (zur endgültigen Stilllegung: → § 13b Rn. 31) nach § 13b Abs. 1 S. 1 angezeigt haben (Nr. 2) und
- geeigneten Anlagen im europäischen Ausland (Nr. 3).

5   Mit **Betriebsbereitschaft zum Dauerbetrieb** ist gemeint, dass ein ununterbrochener Einsatz des Kraftwerks über mehrere Monate am Strommarkt möglich ist. Damit diese Kraftwerke in der Netzreserve im Fall eines Abrufs nach § 50a betriebsbereit im vorbezeichneten Sinne sind, müssen die Kraftwerksbetreiber sicherstellen, dass die betroffenen Anlagen zum 1.11.2022 technisch und personell in einen Zustand versetzt werden, der einen dauerhaften Betrieb am Strommarkt erlaubt. Dazu zählt auch, dass der Betreiber der Anlage die dafür erforderliche Versorgung mit Brennstoffen sowie Roh-, Hilfs- und Betriebsstoffen und die Entsorgung von Abfallstoffen sicherstellt (BT-Drs. 20/2356, 21).

6   Die Verpflichtung besteht frühestens ab dem 1.11.2022. Die Bereithaltungspflicht besteht unmittelbar kraft Gesetzes während des Zeitraums, in dem die Frühwarnstufe, Alarmstufe oder Notfallstufe ausgerufen wurde (→ § 50a Rn. 7); sie bedarf keines konkretisierenden Rechtsakts (BT-Drs. 20/2356, 21).

D. Voraussetzungen der Einhaltung der Betriebsbereitschaftpflicht (Abs. 2)

7   In § 50b Abs. 2 ist enumerativ aufgeführt, welche Voraussetzungen an die Einhaltung der Betriebsbereitschaftspflicht geknüpft sind: Die Mindestbevorratung von Brennstoffvorräten, die auch bei befristeter Teilnahme gilt und eine Nachweispflicht. Mit der Formulierung „insbesondere" macht der Gesetzgeber deutlich, dass die Aufzählung nicht abschließend zu verstehen ist.

I. Pflicht zur Mindestbevorratung von Brennstoffen

8   Die nach Absatz 1 betroffenen Anlagenbetreiber sind nach § 50b Abs. 1 Nr. 1 lit. a und b bzw. Nr. 2 zu den in der Norm genannten Stichtagen zur **Bereithaltung von Mindestvorräten** verpflichtet. Die Verpflichtung bezieht sich auf Anlagen, die sich in der Netzreserve befinden und (noch) nicht befristet am Strommarkt teilnehmen. In dem Moment, in dem die Anlage bereits am Strommarkt teilnimmt, ist die Anlage aus der reinen „Betriebsbereitschaft" heraus in den tatsächlichen „Betrieb" übergegangen; die Verpflichtung nach Absatz 2 Nummer 1 besteht dann nicht mehr (vgl. BT-Drs. 20/3497, 43).

8a Es sind zu den Stichtagen (1.11.2022 und 2023 und 1.2.2023 und 2024) Brennstoffvorräte in einem Umfang bereithalten, die es ermöglichen,

- bei Einsatz von Kohle zur Erzeugung elektrischer Energie für 30 Kalendertage die Abgabeverpflichtungen an Elektrizität bei Betrieb der Anlage mit der maximal möglichen Nettonennleistung zu decken (lit. a) oder
- bei Einsatz von Mineralöl zur Erzeugung elektrischer Energie für zehn Kalendertage die Abgabeverpflichtung an Elektrizität bei Betrieb der Anlage mit der maximal möglichen Nettonennleistung zu decken (lit. b).

9   Mit der Mindestbevorratungspflicht soll sichergestellt werden, dass ein kurzfristig nach Abruf ein Markteinsatz möglich ist. Ziel der Mindestbevorratung ist insbesondere die verlässliche Erweiterung des Stromerzeugungsangebots in den Wintermonaten. Der Mindestvorrat soll

nach Auffassung des Gesetzgebers ausreichen, um einen Volllastbetrieb von 30 Tagen für Kohlekraftwerke und 10 Tagen für Ölkraftwerke zu gewährleisten (BT-Drs. 20/2356, 21).

Die Unterscheidung zwischen den Brennstoffen „Kohle" und „Mineralöl" im Hinblick 10 auf die vorzuhaltenden Mengen ist aus Sicht des Gesetzgebers sachgerecht, da Ölkraftwerke in der Regel nur zur Deckung des Strombedarfs in Spitzenlastzeiten genutzt werden und zudem ein schnellerer Nachschub von Brennstoffen möglich ist. Da die Abgabeverpflichtung auf den Betrieb bei maximal möglicher Nettonennleistung abstellt, würde ein entsprechender Vorrat bei normalem Betrieb der Erzeugungsanlage am Strommarkt für einen längeren Zeitraum reichen (BT-Drs. 20/2356, 21).

Die für die Herstellung der Betriebsbereitschaft für den Dauerbetrieb und die für die 10a umfangreichere Bevorratung anfallenden Kosten werden erstattet. Im Zeitraum der Marktteilnahme werden keine Kosten erstattet. Die Kosten der Brennstoffbevorratung für bestehende oder künftige Reservekraftwerke sind durch die Übertragungsnetzbetreiber zu tragen (BT-Drs. 20/3497, 43). Kosten für bevorratete Brennstoffe, die im Rahmen der Teilnahme am Strommarkt verfeuert werden, sind vom Kraftwerksbetreiber zu tragen. Sie werden durch die Erlöse am Strommarkt gedeckt (vgl. BT-Drs. 20/3497, 43 und BT-Drs. 20/2356, 22).

II. Sicherstellung der Brennstoffversorgung bei befristeter Marktteilnahme

Die Brennstoffversorgung für einen Dauerbetrieb ist auch bei einer befristeten Teilnahme 11 am Strommarkt sicherzustellen. Während der Dauer der befristeten Teilnahme am Strommarkt einer Anlage gilt § 50b Abs. 2 Nr. 2, der vorgibt, dass die Brennstoffversorgung für einen Dauerbetrieb auch bei einer befristeten Teilnahme am Strommarkt nach § 50a sicherzustellen ist (BT-Drs. 20/3497, 43).

III. Nachweispflicht

Die Bevorratung und der dauerhaften Sicherstellung der Versorgung mit Brennstoffen ist 12 nach § 50b Abs. 2 Nr. 3 der BNetzA sowie dem verantwortlichen Übertragungsnetzbetreiber monatlich in geeigneter Weise nachweisen. Die so konstituierte **Nachweispflichten** betrifft die Anlagenbetreiber.

E. Anforderungen an die Lagerung von Mindestvorräten (Abs. 3)

In Absatz 3 wird vorgeschrieben, wo und in welcher Entfernung Mindestvorräte gelagert 13 werden dürfen.

Im Grundsatz sind die Mindestvorräte am Standort der Anlage zu lagern. Dies ist erforder- 14 lich, um eine zuverlässige Erweiterung des Stromerzeugungsangebots zu erreichen. Denn die Mindestvorräte müssen jederzeit zur Verfügung stehen, wenn eine befristete Teilnahme am Strommarkt erfolgt (vgl. BT-Drs. 20/2356, 22).

In Abweichung davon ist es nach Absatz 3 Satz 2 zulässig, die Mindestvorräte auch an 15 einem anderen Lagerort zu lagern, wenn
- es sich hierbei um ein ergänzendes Lager zu dem Lager am Standort der Anlage handelt (Nummer 1) und
- der Transport der weiteren Brennstoffvorräte zu dem Standort der Anlage innerhalb von zehn Kalendertagen gewährleistet ist (Nummer 2).

Es muss sich bei dem externen Lager um zusätzliche Lagerkapazitäten zu bestehenden Lagern 15a am Standort der Erzeugungsanlage handeln. Zudem muss gewährleistet sein, dass die Brennstoffmengen, die extern gelagert werden, innerhalb von 10 Kalendertagen am Standort der Erzeugungsanlage zur Verfügung stehen (vgl. BT-Drs. 20/2356, 22). Beide Voraussetzungen müssen kumulativ vorliegen („und"). Die Ausnahmeregelung nach Absatz 3 Satz 2 ist nicht nur auf das deutsche Hoheitsgebiet beschränkt. Es ist auch möglich, dass Brennstoffe in angrenzenden Mitgliedstaaten der Europäischen Union gelagert werden, da unter anderem bei Steinkohle die etablierten Logistikketten typischerweise über die Seehäfen in den Niederlanden und in Belgien verlaufen und darüber nach Deutschland gelangen. Dort stehen auch größere Lagerkapazitäten zur Verfügung (vgl. BT-Drs. 20/2356, 22).

Die Regelung sieht in Satz 3 eine Härtefallregelung vor. Ist eine Erfüllung der Anforderun- 16 gen zur Mindestbevorratung unmöglich, kann auf Antrag gestattet werden, dass es zur Erfül-

F. Weitere Verpflichtungen (Abs. 4)

17 In Absatz 4 sind weitere Verpflichtungen geregelt. Während der befristeten Teilnahme am Strommarkt ist die Anlage in einem Zustand zu erhalten, der eine Anforderung zur weiteren Vorhaltung der Betriebsbereitschaft nach § 13b Abs. 4 sowie für Anforderungen für Anpassungen der Einspeisung durch die Übertragungsnetzbetreiber nach § 13 Abs. 1 und 2 und § 13a Abs. 1 jederzeit während der befristeten Teilnahme am Strommarkt ermöglicht. Dies ist auch anzuwenden für die Zeit nach der befristeten Teilnahme am Strommarkt, wenn die Anlage weiterhin in der Netzreserve vorgehalten wird.

18 Mit dem neu eingefügten Satz 3 wird klargestellt, dass Absatz 2 Nummer 1 und Absatz 3 für eine Anlage während der Dauer der befristeten Teilnahme am Strommarkt nicht anzuwenden sind. Es soll so klargestellt werden, dass die Pflicht zur Brennstoffbevorratung nach § 50b Abs. 2 Nr. 1 ein Teil der Verpflichtung zur Betriebsbereitschaft ist, die grundsätzlich ausschließlich während der Vorhaltung in der Netzreserve gilt (BT-Drs. 20/3497, 43).

19 Der jeweilige Betreiber des Übertragungsnetzes mit Regelzonenverantwortung ist in den Fällen § 50b Abs. 4 S. 4 berechtigt, gegenüber dem Betreiber einer Anlage Vorgaben zur Brennstoffbevorratung zu machen, sofern dies für die Sicherheit oder Zuverlässigkeit des Elektrizitätsversorgungsnetzes erforderlich ist. Dies wird insbesondere die systemrelevanten Kraftwerke nach § 13b betreffen. Die Höhe der vorzugebenden Bevorratung soll sich an den im Netzreservevertrag zwischen dem Übertragungsnetzbetreiber und dem Anlagenbetreiber vereinbarten Bevorratungsmengen orientieren (siehe zur vertraglichen Gestaltung → § 13d Rn. 29). Die Netzreserveverträge werden in Abstimmung mit der BNetzA geschlossen. Damit stehen die Mindestvorräte für die Sicherstellung der Versorgungssicherheit auch weiterhin zur Verfügung (BT-Drs. 20/3497, 43).

G. Erstreckung auf zukünftige Netzreserve (Abs. 5)

20 Die Absätze 1–3 sind auch für Betreiber von Anlagen anzuwenden, die erst ab dem 1.11.2022 in der Netzreserve vorgehalten werden. § 13c Abs. 3 S. 1 Nr. 2 ist für Maßnahmen, die zur Herstellung oder Aufrechterhaltung der Betriebsbereitschaft der Anlage vor dem 1.11.2022 vorgenommen werden, entsprechend anzuwenden.

H. Ausnahme (Abs. 6)

21 Absatz 6 statuiert eine Ausnahme. Er nimmt Anlagen mit einem Erstinbetriebnahmedatum vor dem 1.1.1970 von der Pflicht zur Herstellung der Betriebsbereitschaft für einen Dauerbetrieb und der Kohlebevorratung aus, sofern sie dem verantwortlichen Übertragungsnetzbetreiber und der BNetzA dies fristgemäß mitteilen. Mit dem Eingang der fristgemäßen Mitteilung erlischt auch das Recht auf eine spätere Teilnahme am Strommarkt nach § 50a.

22 Ziel der Regelung ist es, dass Betreiber keine unnötigen Investitionen für die Vorbereitung auf einen Dauerbetrieb und den Aufbau eines Kohlevorrats tätigen, wenn ihre Anlage für einen Dauerbetrieb am Strommarkt technisch nicht mehr in der Lage ist (BT-Drs. 20/2356, 22).

23 Bei der Bestimmung des Datums der Inbetriebnahme ist die Definition in § 3 Nr. 20 KVBG entsprechend anzuwenden (BT-Dr. 20/2356, 22). Danach ist „**Inbetriebnahme**" die erstmalige Inbetriebsetzung einer Stein- oder Braunkohleanlage zum Zweck der kommerziellen Erzeugung elektrischer Energie nach Herstellung der technischen Betriebsbereitschaft der Stein- oder Braunkohleanlage; der Austausch technischer oder baulicher Teile der Steinkohleanlage nach der erstmaligen Inbetriebnahme führt vorbehaltlich der Regelung in § 31 KVBG nicht zu einer Änderung des Zeitpunkts der Inbetriebnahme; im Fall eines Dampfsammelschienenblocks nach Nummer 12 steht die Inbetriebnahme des ältesten Dampferzeugers der Inbetriebnahme des Blocks gleich.

§ 50c Maßnahmen zur Ausweitung des Stromerzeugungsangebots, Ende der befristeten Teilnahme am Strommarkt und ergänzende Regelungen zur Kostenerstattung

(1) Die befristete Teilnahme am Strommarkt endet spätestens zu dem in der Rechtsverordnung nach § 50a Absatz 1 Satz 2 festgelegten Datum.

(2) ¹Der Anlagenbetreiber kann die befristete Teilnahme am Strommarkt für eine Anlage vorzeitig beenden. ²Der Anlagenbetreiber hat den Zeitpunkt der vorzeitigen Beendigung gegenüber der Bundesnetzagentur und dem Betreiber des Übertragungsnetzes mit Regelzonenverantwortung, in dessen Regelzone sich die Anlage befindet, unter Einhaltung einer Frist von vier Wochen vor der Beendigung anzuzeigen. ³Nach einer vorzeitigen Beendigung ist eine erneute befristete Teilnahme dieser Anlage am Strommarkt ausgeschlossen. ⁴Wird durch Rechtsverordnung nach § 50a Absatz 1 Satz 1 und 2 ein weiterer Zeitraum zur befristeten Teilnahme am Strommarkt bestimmt, darf der Betreiber der Anlage abweichend von Satz 3 auch in diesem weiteren Zeitraum befristet am Strommarkt teilnehmen.

(3) ¹Mit der Beendigung oder der vorzeitigen Beendigung der befristeten Teilnahme am Strommarkt gelten wieder die Rechte und Pflichten, die aufgrund der Vorhaltung in der Netzreserve gemäß § 13c Absatz 2 Satz 1, Absatz 4 Satz 1, § 13d Absatz 3 und § 7 der Netzreserveverordnung bestehen. ²Dies gilt nur, wenn die Anlage noch als systemrelevant ausgewiesen ist. ³Sofern die Systemrelevanz einer Anlage am 31. März 2024 im Fall einer angezeigten endgültigen Stilllegung nicht mehr ausgewiesen ist, hat der Betreiber die Anlage endgültig stillzulegen.

(4) ¹Die befristete Teilnahme am Strommarkt nach § 50a wird bei der Bestimmung des Zeitpunktes für die Ermittlung der Rückerstattung investiver Vorteile nach § 13c Absatz 4 Satz 3 im Fall einer endgültigen Stilllegung und nach § 13c Absatz 2 Satz 3 im Fall einer vorläufigen Stilllegung nicht berücksichtigt. ²Wiederherstellungskosten, die nach dem 1. Juni 2022 entstanden sind, können zeitanteilig der Netzreserve und dem Zeitraum der befristeten Teilnahme am Strommarkt zugeordnet und erstattet werden. ³Im Übrigen findet während der befristeten Teilnahme am Strommarkt keine Kostenerstattung nach § 13c sowie nach § 9 Absatz 2 und § 10 der Netzreserveverordnung statt.

Überblick

Zum Normzweck ist auf → § 50a Rn. 1 zu verweisen. Die Wiederteilnahme am Strommarkt lediglich befristet zugelassen und endet automatisch durch Zeitablauf (→ Rn. 2). Sie kann aber auch vorzeitig enden (→ Rn. 3). Die Folgen der Beendigung regelt Abs. 3 (→ Rn. 5). In Abs. 4 wird die Kostenerstattung geregelt (→ Rn. 7).

A. Normzweck und Bedeutung

Die Norm regelt die Beendigung der befristeten Strommarktteilnahme sowie die sich 1 daran anschließende Kostenerstattung. Hinsichtlich des Zweck sei auf die Erläuterungen zu § 50a → § 50a Rn. 1 verwiesen.

B. Beendigungsgründe der befristeten Strommarktteilnahme (Abs. 1 und 2)

I. Beendigung durch Zeitablauf

Die befristete Teilnahme am Strommarkt endet nach § 50b automatisch und ohne dass es 2 dafür einer gesonderten Handlung seitens der BNetzA, des Übertragungsnetzbetreibers oder des Anlagenbetreibers bedarf, zu dem in der Rechtsverordnung festgelegten Enddatum. Das in der Rechtsverordnung (§ 1 Abs. 3 StaaV) festgelegte Enddatum ist spätestens der 31.3.2024.

II. Vorzeitige Beendigung

3   Der Zeitraum der befristeten Teilnahme am Strommarkt kann durch den Anlagenbetreiber bereits vor dem in der Rechtsverordnung festgelegten Enddatum oder vor dem 31.3.2024 durch Anzeige beendet werden. Er muss den Zeitpunkt der Beendigung gegenüber der BNetzA und dem regelzonenverantwortlichen Übertragungsnetzbetreiber, in dessen Regelzone sich die Anlage befindet, mindestens vier Wochen vor der Beendigung anzeigen. Die Anzeige ist in Anlehnung an die Stilllegungsanzeige nach § 13b Abs. 1 und die Wiedereintrittsanzeige nach § 50a Abs. 2 eine einseitige empfangsbedürftige Willenserklärung (→ § 50a Rn. 9 und → § 13b Rn. 22).

4   Eine erneute Rückkehr an den Strommarkt in demselben Zeitraum ist nach Eingang der Anzeige ausgeschlossen. Es besteht jedoch grundsätzlich die Möglichkeit, dass die Bundesregierung in der Rechtsverordnung die befristete Teilnahme am Strommarkt für einen weiteren, neuen Zeitraum ermöglicht. Auch dieser darf längstens bis zum 31.3.2024 sein. Für diesen Zeitraum kann der Anlagenbetreiber dann nochmals von der Möglichkeit der befristeten Teilnahme am Strommarkt Gebrauch machen.

C. Folgen der Beendigung (Abs. 3)

5   Absatz 3 stellt die Folgen der Beendigung der befristeten Marktteilnahme klar. Mit der Beendigung oder der vorzeitigen Beendigung der befristeten Teilnahme am Strommarkt gelten wieder die Rechte und Pflichten, die aufgrund der Vorhaltung in der Netzreserve gemäß § 13c Abs. 2 S. 1, Abs. 4 S. 1, § 13d Abs. 3 und § 7 NetzResV bestehen. Dies gilt allerdings nur dann, wenn die Anlage noch als systemrelevant ausgewiesen ist. Sofern die Systemrelevanz einer Anlage am 31.3.2024 im Fall einer angezeigten endgültigen Stilllegung nicht mehr ausgewiesen ist, hat der Betreiber die Anlage endgültig stillzulegen.

D. Kostenerstattung (Abs. 4)

6   Absatz 4 enthält eine Regelung zur Kostenerstattung Die befristete Teilnahme am Strommarkt wird nach § 50c Abs. 4 S. 1 bei der Bestimmung des Zeitpunktes für die Ermittlung der Rückerstattung investiver Vorteile nach § 13c Abs. 4 S. 3 im Fall einer endgültigen Stilllegung und nach § 13c Abs. 2 S. 3 im Fall einer vorläufigen Stilllegung nicht berücksichtigt. Wiederherstellungskosten, die nach dem 1.6.2022 entstanden sind, können zeitanteilig der Netzreserve und dem Zeitraum der befristeten Teilnahme am Strommarkt zugeordnet und erstattet werden. Im Übrigen findet während der befristeten Teilnahme am Strommarkt keine Kostenerstattung nach § 13c (→ § 13c Rn. 1) sowie nach § 9 Abs. 2 und § 10 NetzResV statt.

7   Je nachdem, in welchem Regime sich die Anlage befindet (endgültige oder vorläufige Stilllegungsphase), erfolgt die Vergütung nach Auffassung des Gesetzgebers (BT-Drs. 20/2356, 22) wie folgt:
- Leistungsvorhaltekosten (zB Personal und Materialaufwand): nur für den Zeitraum der Netzreserve.
- Wiederherstellungskosten (Reparaturen, Revisionen etc.): anteilige Bestimmung nach der Dauer im jeweiligen Regime. Die Anteile der Wiederherstellungskosten, die dem Zeitraum der Netzreserve zugeordnet werden, sind dem Kraftwerksbetreiber durch den Übertragungsnetzbetreiber entsprechend § 13c zu erstatten. Wurden Maßnahmen bereits vor Markteintritt zum Zweck der Betriebsbereitschaft für die zeitlich begrenzte Teilnahme am Strommarkt durchgeführt und dem Betreiber der Anlage damit verbundene Kosten erstattet, so sind diese dem regelzonenverantwortlichen Übertragungsnetzbetreiber zeitanteilig für die Dauer der Teilnahme am Strommarkt zurückzuerstatten.
- Opportunitätskosten (ansetzbar für die fehlende Möglichkeit der Veräußerung von Vermögensgegenständen oder dem Grundstück): nur für den Zeitraum der Netzreserve
- Arbeitskosten (Einsatz, Probstarts, Testfahren): nur für den Einsatz in der Netzreserve.

8   Im Übrigen findet eine Kostenerstattung nach § 13c (→ § 13c Rn. 5 bis → § 13c Rn. 35) sowie nach § 9 Abs. 2 und § 10 der NetzResV während der Marktrückkehr nicht statt. Die Vergütung für Abrufe zur Gewährleistung der Netz- und Systemstabilität erfolgt nach den Regelungen des § 13a Abs. 2.

Die Ermittlung der zu erstattenden Kosten durch die BNetzA erfolgt nach dem Enddatum der befristeten Teilnahme am Strommarkt am 31.3.2024. Dann wird ermittelt, welche Wiederherstellungskosten zeitanteilig auf den Einsatz in der Netzreserve und den Einsatz im Strommarkt entfallen. Die Anlagenbetreiber zahlen den Anteil der erstatteten Wiederherstellungskosten zurück, die auf den Zeitraum der Teilnahme am Strommarkt entfallen (BT-Drs. 20/2356, 23).

Die auf Anweisung der Übertragungsnetzbetreiber aus dem Netzreservesystem beschafften oder derzeit zu beschaffenden Brennstoffvorratsmengen für Probestarts und Redispatchanforderungen (Leistungserhöhung) sind Teil der Mindestbevorratung nach § 50b (→ § 50b Rn. 10). Diese sind vom Betreiber der Anlage bilanziell abzugrenzen und vorrangig wiederzubeschaffen. Diese Mengen stehen dem Betreiber der Anlage während der Dauer des Marktbetriebs ohne explizite Abstimmung mit dem Übertragungsnetzbetreiber nicht zur kommerziellen Vermarktung zur Verfügung. Darüber hinausgehende Mengen der Mindestbevorratung können bei der befristeten Teilnahme am Markt kommerziell vermarktet werden. Den Übertragungsnetzbetreibern sind dann die Kosten für die Brennstoffmengen zu erstatten siehe zum Ganzen (BT-Drs. 20/2356, 22).

Vom Betreiber der Anlage für die Teilnahme am Strommarkt verwendete Brennstoffmengen sind durch diesen schnellstmöglich wiederzubeschaffen. Die zwischen Übertragungsnetzbetreiber und Kraftwerksbetreiber auf Grundlage des § 13d Abs. 3 geschlossenen Verträge sind entsprechend § 50b (→ § 50b Rn. 19) anzuwenden und nach dessen Maßgabe auszulegen (BT-Drs. 20/2356, 23).

§ 50d Maßnahmen zur Ausweitung des Stromerzeugungsangebots, befristete Versorgungsreserve Braunkohle; Verordnungsermächtigung

(1) ¹Die in § 13g Absatz 1 Satz 1 Nummer 3 und 4 genannten Erzeugungsanlagen (Reserveanlagen) werden ab dem 1. Oktober 2022 bis zum 31. März 2024 in eine Reserve (Versorgungsreserve) überführt. ²Die Reserveanlagen dürfen bis zum 31. März 2024 nicht endgültig stillgelegt werden. ³Mit Ablauf des 31. März 2024 müssen sie endgültig stillgelegt werden. ⁴§ 13g Absatz 1 Satz 3 ist nicht anwendbar.

(2) ¹Die Reserveanlagen dienen dem Zweck, dem Elektrizitätsversorgungssystem kurzfristig zusätzliche Erzeugungskapazitäten, insbesondere zur Einsparung von Erdgas in der Stromerzeugung, zur Verfügung zu stellen. ²Die Bundesregierung kann nach Ausrufung der Alarmstufe oder Notfallstufe nach Artikel 8 Absatz 2 Buchstabe b und Artikel 11 Absatz 1 der Verordnung (EU) 2017/1938 des Europäischen Parlaments und des Rates vom 25. Oktober 2017 über Maßnahmen zur Gewährleistung der sicheren Gasversorgung und zur Aufhebung der Verordnung (EU) Nr. 994/2010 (ABl. L 280 vom 28.10.2017, S. 1), die durch die Delegierte Verordnung (EU) 2022/517 (ABl. L 104 vom 1.4.2022, S. 53) geändert worden ist, in Verbindung mit dem Notfallplan Gas des Bundesministeriums für Wirtschaft und Energie vom September 2019, der auf der Internetseite des Bundesministeriums für Wirtschaft und Klimaschutz veröffentlicht ist, durch Rechtsverordnung ohne Zustimmung des Bundesrates zulassen, dass die Betreiber die Reserveanlagen befristet am Strommarkt einsetzen. ³Voraussetzung für den Erlass der Rechtsverordnung nach Satz 2 ist die Prüfung und Berücksichtigung der Auswirkungen auf die Trinkwasserversorgung sowie die Feststellung, dass die Rückkehr der Anlagen, die aufgrund von § 50a befristet am Strommarkt teilnehmen, nicht ausreicht, um die Versorgung mit Gas gewährleisten zu können. ⁴In der Rechtsverordnung ist zu regeln, für welchen Zeitraum der befristete Einsatz am Strommarkt erlaubt ist (Abrufzeitraum), jedoch längstens bis zum Ablauf des 31. März 2024.

(3) Während der Versorgungsreserve müssen die Anlagenbetreiber jederzeit sicherstellen, dass die Reserveanlagen innerhalb von 240 Stunden nach Inkrafttreten der Rechtsverordnung nach Absatz 2 betriebsbereit sind.

(4) ¹Während der Abrufzeiträume entscheiden die Anlagenbetreiber eigenverantwortlich über die Fahrweise der Reserveanlagen. Die Anlagenbetreiber veräußern den Strom am Strommarkt.

(5) ¹Die Betreiber der Reserveanlagen erhalten für den Zeitraum in der Versorgungsreserve außerhalb der Abrufzeiträume eine Vergütung. ²Diese Vergütung umfasst
1. die nachgewiesenen notwendigen Kosten, die für die betreffenden Reserveanlagen zur Herstellung der Versorgungsreserve entstanden sind, sofern sie über die Maßnahmen der Sicherheitsbereitschaft hinausgehen, und
2. die nachgewiesenen notwendigen Kosten für die Vorhaltung der betreffenden Reserveanlagen, insbesondere für das Personal, die Instandhaltung und Wartung.

³Im Fall der Reserveanlagen nach § 13g Absatz 1 Satz 1 Nummer 4 richtet sich die Vergütung für die Vorhaltung nach Satz 2 Nummer 2 bis zum 1. Oktober 2023 ausschließlich nach § 13g Absatz 5 Satz 1 und 2 und ab dem 1. Oktober 2023 ausschließlich nach Satz 2 Nummer 2. ⁴Weitergehende Kosten, insbesondere sonstige Vergütungsbestandteile der Sicherheitsbereitschaft, sind nicht erstattungsfähig. ⁵§ 13g Absatz 5 Satz 3 ist für Reserveanlagen ab dem 1. Dezember 2022 entsprechend anzuwenden. ⁶Während der Abrufzeiträume besteht kein Vergütungsanspruch.

(6) Nach Ablauf der Versorgungsreserve
1. haben die Betreiber einen Anspruch auf Zahlung der Vergütung nach Absatz 5, soweit die ihnen zustehende Vergütung nach Absatz 5 größer ist als die Hälfte der von den Betreibern in den Abrufzeiträumen mit den Reserveanlagen erwirtschafteten Überschüsse, und
2. ist der Restwert der investiven Vorteile bei wiederverwertbaren Anlagenteilen, die der Betreiber der Reserveanlage im Rahmen der Vergütung nach Absatz 5 erhalten hat, von dem Betreiber zu erstatten; maßgeblich ist der Restwert zu dem Zeitpunkt, ab dem sich die Reserveanlage nicht mehr in der Versorgungsreserve befindet.

(7) ¹Die Höhe der am Ende der Versorgungsreserve nach den Absätzen 5 und 6 zu zahlenden Vergütung wird durch die Bundesnetzagentur nach Beendigung der Versorgungsreserve auf Verlangen eines Betreibers für diesen festgesetzt. Der Betreiber der Reserveanlage hat gegen den zuständigen Betreiber eines Übertragungsnetzes mit Regelzonenverantwortung einen Vergütungsanspruch in der von der Bundesnetzagentur festgesetzten Höhe. Die Bundesnetzagentur kann zur geeigneten und angemessenen Berücksichtigung der bei den Betreibern von Übertragungsnetzen anfallenden Kosten in den Netzentgelten Festlegungen nach § 29 Absatz 1 treffen.

(8) Für die Reserveanlagen ist § 13g ab dem 1. Oktober 2022 nicht mehr anzuwenden, soweit in den Absätzen 1 bis 7 nichts anderes geregelt ist.

(9) Die Absätze 1 bis 8 dürfen nur nach Maßgabe und für die Dauer einer beihilferechtlichen Genehmigung der Europäischen Kommission angewendet werden.

1 § 50d tritt nach Art. 3 Abs. 2 Gesetz zur Bereithaltung von Ersatzkraftwerken zur Reduzierung des Gasverbrauchs im Stromsektor im Fall einer drohenden Gasmangellage durch Änderungen des Energiewirtschaftsgesetzes und weiterer energiewirtschaftlicher Vorschriften (BGBl. 2022 I 1054) an dem Tag in Kraft, an dem die Europäische Kommission die beihilfenrechtliche Genehmigung erteilt hat. Das Bundesministerium für Wirtschaft und Klimaschutz gibt den Tag des Inkrafttretens im Bundesgesetzblatt bekannt.

2 § 50d regelt, dass die in § 13g Abs. 1 S. 1 Nr. 3 und Nr. 4 genannten, mit Braunkohle befeuerten Erzeugungsanlagen zum 1.10.2022 in eine Versorgungsreserve überführt werden. Von dieser gesetzlichen Maßnahme sind die Kraftwerksblöcke Niederaußem F, Niederaußem E und Neurath C der Betreiberin RWE Power AG sowie Jänschwalde E und Jänschwalde F der Betreiberin Lausitz Energie Kraftwerke AG betroffen (BT-Drs. 20/2356, 23 f.). Die betreffenden Erzeugungsanlagen werden in der Regelung des § 50d Abs. 1 S. 1 als Reserveanlagen definiert. Die Versorgungsreserve der so bestimmten Reserveanlagen beginnt nach Satz 2 tagesgenau am 1.10.2022 und endet mit Ablauf des 31.3.2024. Damit werden auch die Anlagen nach § 13g Abs. 1 S. 1 Nr. 4, die nach § 13g eigentlich bis zum 1.10.2023 in

der Sicherheitsbereitschaft sind, bereits zum 1.10.2022 in die Versorgungsreserve überführt. Sie sind dann nicht mehr in der Sicherheitsbereitschaft und auch für sie gilt ausschließlich der neue § 50d.

§ 50e Verordnungsermächtigung zu Maßnahmen zur Ausweitung des Stromerzeugungsangebots und Festlegungskompetenz der Bundesnetzagentur

(1) Die Bundesregierung wird ermächtigt, durch Rechtsverordnung, die nicht der Zustimmung des Bundesrates bedarf, nähere Bestimmungen zu erlassen über Einzelheiten des Verfahrens zur befristeten Teilnahme am Strommarkt von Anlagen aus der Netzreserve nach den §§ 50a bis 50c und zur befristeten Versorgungsreserve Braunkohle nach § 50d.

(2) ¹Die Bundesregierung kann nach Ausrufung der Alarmstufe oder Notfallstufe nach Artikel 8 Absatz 2 Buchstabe b und Artikel 11 Absatz 1 der Verordnung (EU) 2017/1938 des Europäischen Parlaments und des Rates vom 25. Oktober 2017 über Maßnahmen zur Gewährleistung der sicheren Gasversorgung und zur Aufhebung der Verordnung (EU) Nr. 994/2010 (ABl. L 280 vom 28.10.2017, S. 1), die durch die Delegierte Verordnung (EU) 2022/517 (ABl. L 104 vom 1.4.2022, S. 53) geändert worden ist, in Verbindung mit dem Notfallplan Gas des Bundesministeriums für Wirtschaft und Energie vom September 2019, der auf der Internetseite des Bundesministeriums für Wirtschaft und Klimaschutz veröffentlicht ist, oder nach Übermittlung einer Frühwarnung gemäß Artikel 14 Absatz 1 der Verordnung (EU) 2019/941 des Europäischen Parlaments und des Rates vom 5. Juni 2019 über die Risikovorsorge im Elektrizitätssektor und zur Aufhebung der Richtlinie 2005/89/EG, durch Deutschland oder einen Mitgliedsstaat, dessen Übertragungsnetzbetreiber mit den deutschen Übertragungsnetzbetreibern dasselbe regionale Koordinierungszentrum nach Maßgabe von Artikel 36 der Verordnung (EU) 2019/943 teilt, durch Rechtsverordnung, die nicht der Zustimmung des Bundesrates bedarf, zulassen, dass die Betreiber von Übertragungsnetzen mit Regelzonenverantwortung befristet Anlagen, die nach § 13b Absatz 4 und 5, § 13d oder § 50a Absatz 4 Satz 2 sowie nach Maßgabe der Netzreserveverordnung in der Netzreserve im Inland vorgehalten werden, zur Veräußerung von Strommengen aus diesen Anlagen am Strommarkt einsetzen oder die Betreiber dieser Anlagen zu einer Veräußerung dieser Strommengen auffordern (Vermarktung von Reserveanlagen). ²In der Rechtsverordnung sollen insbesondere Regelungen getroffen werden
1. zur Regelung konkretisierender Einsatzkriterien,
2. zur näheren Bestimmung der nach Satz 1 einzusetzenden Anlagen der Netzreserve, deren Erzeugungsmengen am Strommarkt eingesetzt werden können, insbesondere zur Regelung einer Ausnahme für die Anlagen, die nach § 50a Absatz 1 in Verbindung mit der Stromangebotsausweitungsverordnung befristet am Strommarkt teilnehmen,
3. zu den Einzelheiten und der operativen Ausgestaltung der Vermarktung gemäß derer die Übertragungsnetzbetreiber mit Regelzonenverantwortung die erzeugten Strommengen am Strommarkt einsetzen dürfen und deren Verhältnis zu den bestehenden Netzreserveverträgen, dies schließt die Vermarktung von Strommengen durch die Anlagenbetreiber auf Anweisung des Übertragungsnetzbetreibers mit Regelzonenverantwortung ein,
4. zur Konkretisierung des Zeitraums in dem die Vermarktung zugelassen wird, die längstens bis zum Ablauf des 31. März 2024 zulässig ist,
5. zur Regelung der Erstattung von Kosten, die durch den Einsatz in der Vermarktung von Reserveanlagen entstehen, soweit diese nicht bereits anderweitig ersetzt werden,
6. zum Verhältnis der Vergütungsregelungen in den Reserven nach § 13c dieses Gesetzes sowie § 6 der Netzreserveverordnung,

7. zur Verwendung von Strommarkterlösen, soweit diese durch die Vermarktung erzielt werden und
8. zur Einhaltung und Herstellung von Transparenz für die Regulierungsbehörde und alle Marktteilnehmer.

³Während der Vermarktung von Reserveanlagen nach Satz 1 darf der Betreiber, in dem Fall, dass dieser die Mengen veräußert, die elektrische Leistung oder Arbeit und die thermische Leistung der Anlage ganz oder teilweise am Strommarkt veräußern und Kohle verfeuern.

(3) Die Bundesnetzagentur kann durch Festlegungen nach § 29 Absatz 1 nähere Bestimmungen zu den Nachweisen nach § 50b Absatz 2 Nummer 3 erlassen.

Überblick

Mit der Regelung wird in Absatz 1 eine Ermächtigung zum Erlass einer Rechtsverordnung durch die Bundesregierung zur Konkretisierung der Maßnahmen nach §§ 50a, 50b und 50c geschaffen (→ Rn. 2). Absatz 2 regelt die Vermarktung von Reserveanlagen. Diese kann unter gewissen Umständen durch Rechtsverordnung, die nicht der Zustimmung des Bundesrates bedarf, zugelassen werden und soll den Anforderungen des Satzes 2 entsprechen. Während der Vermarktung von Reserveanlagen nach Satz 1 darf der Betreiber, in dem Fall, dass dieser die Mengen veräußert, die elektrische Leistung oder Arbeit und die thermische Leistung der Anlage ganz oder teilweise am Strommarkt veräußern und Kohle verfeuern. Die BNetzA kann durch Festlegungen nach § 29 Abs. 1 nähere Bestimmungen zu den Nachweisen nach § 50b Abs. 2 Nr. 3 erlassen (→ Rn. 3).

A. Normzweck und Bedeutung

1   Die Regelung dient der Schaffung von Versorgungssicherheit. Insbesondere der neu eingefügte Absatz 2 dient nach den Ausführungen des Gesetzgebers dem Zweck, bei einer absehbaren und anhaltenden Knappheitssituation, die sich bspw. über das Wintermonitoring der Übertragungsnetzbetreiber voraussehen lässt, an den europäischen Strommärkten den Übertragungsnetzbetreibern die Möglichkeit zu gewähren, auch Reservekapazitäten, die in der Regel nur außerhalb des Strommarktes agieren, ausnahmsweise zur Stützung des Stromangebots und Sicherstellung von Versorgungssicherheit im Day-Ahead- und Intraday-Markt einzusetzen (BT-Drs. 20/4685, 123). Durch die Regelung wird ein direkter Bezug zwischen zum Stromsystem und der Gefährdung der Stromversorgungssicherheit in der Verordnungsermächtigung hergestellt. Der Bezug zur europarechtlichen Risikovorsorge-Verordnung im Elektrizitätssektor stärkt den Krisencharakter der Maßnahme und stellt die Solidarität mit Nachbarländern im europäischen Strombinnenmarkt in den Vordergrund (BT-Drs. 20/4915, 156).

B. Verordnungsermächtigung nach Absatz 1

2   Die Bundesregierung wird ermächtigt, durch Rechtsverordnung, die nicht der Zustimmung des Bundesrates bedarf, nähere Bestimmungen zu erlassen über Einzelheiten des Verfahrens zur befristeten Teilnahme am Strommarkt von Anlagen aus der Netzreserve nach den §§ 50a–50c und zur befristeten Versorgungsreserve Braunkohle nach § 50d.

C. Verordnungsermächtigung nach Absatz 2

3   Absatz 2 regelt die Vermarktung von Reserveanlagen. Unter Vermarktung von Reserveanlagen versteht der Gesetzgeber in Satz 1 legaldefiniert als das befristete Einsetzen von Anlagen, die nach § 13b Abs. 4 und 5, § 13d oder § 50a Abs. 4 S. 2 sowie nach Maßgabe der Netzreserveverordnung in der Netzreserve im Inland vorgehalten werden, zur Veräußerung von Strommengen aus diesen Anlagen am Strommarkt oder das Auffordern der Betreiber dieser Anlagen zu einer Veräußerung dieser Strommengen durch die Betreiber von Übertragungsnetzen mit Regelzonenverantwortung. Die Vermarktung von Reserveanlagen kann durch Rechtsverordnung zugelassen werden, die nicht der Zustimmung des Bundesrates bedarf, wenn die

Verordnungsermächtigung zur Reduzierung der Gasverstromung   § 50f EnWG

Alarm oder Notfallstufe nach Art. 8 Abs. 2 lit. b und Art. 11 Abs. 1 VO (EU) 2017/1938, die durch die Delegierte VO (EU) 2022/517 geändert worden ist, in Verbindung mit dem Notfallplan Gas des Bundesministeriums für Wirtschaft und Energie vom September 2019, der auf der Internetseite des Bundesministeriums für Wirtschaft und Klimaschutz veröffentlicht ist, ausgerufen wurde oder nach Übermittlung einer Frühwarnung gem. Art. 14 Abs. 1 VO (EU) 2019/941, durch Deutschland oder einen Mitgliedsstaat, dessen Übertragungsnetzbetreiber mit den deutschen Übertragungsnetzbetreibern dasselbe regionale Koordinierungszentrum nach Maßgabe von Art. 36 VO (EU) 2019/943.

Die Rechtsverordnung soll den in Satz 2 genannten Anforderungen entsprechen. Der Einsatz erfolgt somit gemäß zuvor festgelegter und allen Marktteilnehmern zugänglich gemachter Regeln. **4**

Der Einsatz ist nach Satz 3 befristet und nur in einer absehbaren Notsituation möglich. Damit wird die Gewährleistung der Versorgungssicherheit unterstützt indem beispielsweise Insolvenzrisiken von systemisch wichtigen Bilanzkreisverantwortlichen reduziert werden können. Insbesondere mit Blick auf mögliche Knappheiten in europäischen Nachbarländern wird außerdem sichergestellt, dass alle in Deutschland verfügbaren Kapazitäten eingesetzt und dem europäischen Markt zur Verfügung gestellt werden. Entstehende Erlöse oder Kosten für den Einsatz der Reservekapazitäten werden entsprechend der gelten-den Regelungen für die Netz- bzw. die Kapazitätsreserve über die Netzentgelte gewälzt und verbleiben somit nicht bei den Übertragungsnetzbetreibern noch bei den Betreibern (BT-Drs. 20/4685, 123). **5**

§ 50f Verordnungsermächtigung für Maßnahmen zur Reduzierung der Gasverstromung zur reaktiven und befristeten Gaseinsparung

(1) ¹Die Bundesregierung kann nach Ausrufung der Alarmstufe oder Notfallstufe nach Artikel 8 Absatz 2 Buchstabe b und Artikel 11 Absatz 1 der Verordnung (EU) 2017/1938 des Europäischen Parlaments und des Rates vom 25. Oktober 2017 über Maßnahmen zur Gewährleistung der sicheren Gasversorgung und zur Aufhebung der Verordnung (EU) Nr. 994/2010 (ABl. L 280 vom 28.10.2017, S. 1), die durch die Delegierte Verordnung (EU) 2022/517 (ABl. L 104 vom 1.4.2022, S. 53) geändert worden ist, in Verbindung mit dem Notfallplan Gas des Bundesministeriums für Wirtschaft und Energie vom September 2019, der auf der Internetseite des Bundesministeriums für Wirtschaft und Klimaschutz veröffentlicht ist, durch Rechtsverordnung ohne Zustimmung des Bundesrates Regelungen zur Verringerung oder zum vollständigen Ausschluss der Erzeugung elektrischer Energie durch den Einsatz von Erdgas für einen Zeitraum von längstens neun Monaten erlassen. ²Insbesondere können durch Rechtsverordnung Regelungen getroffen werden
1. zu den Anlagen, auf die die Rechtsverordnung anzuwenden ist; hierfür kann auf die Größe der Anlage und zu deren Ermittlung insbesondere auf die elektrische Nettonennleistung der Anlagen zur Erzeugung elektrischer Energie durch den Einsatz von Erdgas abgestellt werden,
2. zur rechtlichen Begrenzung oder zum rechtlichen Ausschluss des Betriebs der Anlagen, in denen elektrische Energie durch den Einsatz von Erdgas erzeugt wird,
3. zur Sicherstellung, dass die Anlagen, auf die die Rechtsverordnung nach Satz 1 anzuwenden ist, auf Anforderung der Betreiber von Übertragungsnetzen für Maßnahmen nach § 13 zur Verfügung stehen,
4. zur Ermittlung und zur Höhe eines angemessenen Ausgleichs für den Ausschluss oder die Begrenzung der Vollbenutzungsstunden für die Erzeugung elektrischer Energie durch den Einsatz von Erdgas,
5. zur Sicherstellung, dass Erdgas, das durch die Verringerung oder den Ausschluss der Erzeugung elektrischer Energie durch den Einsatz von Erdgas eingespart wird, in vorhandenen Gasspeicheranlagen eingespeichert wird, insbesondere durch ein Vorkaufsrecht des Marktgebietsverantwortlichen, und
6. zu den Entscheidungsbefugnissen der Bundesnetzagentur.

³In der Rechtsverordnung nach Satz 1 muss die Bundesregierung
1. Anlagen, soweit darin Wärme erzeugt wird, die nicht dauerhaft auf andere Weise erzeugt werden kann,
2. Anlagen der Bundeswehr einschließlich ihrer Unternehmen zur Erfüllung ihrer außerhalb einer Teilnahme am Strommarkt liegenden Aufgaben und
3. Anlagen, soweit sie Fahrstrom für Eisenbahnen erzeugen,

von der rechtlichen Begrenzung oder dem Ausschluss des Betriebs der Anlagen ausnehmen.

(2) Die Versorgung geschützter Kunden im Sinne der Verordnung (EU) 2017/1938 darf durch eine Rechtsverordnung nach Absatz 1 nicht beeinträchtigt werden.

Überblick

§ 50f ermächtigt die Bundesregierung eine Rechtsverordnung zu erlassen, um befristet eine reaktive Gaseinsparung im Stromsektor zu bewirken. Die Inhalte, die die Rechtsverordnung regeln kann, bestimmt Absatz 1 (→ Rn. 1). Absatz 2 enthält eine Klarstellung dahingehend, dass die Versorgung geschützter Kunden im Sinne der Gas-SOS-VO (VO (EU) 2017/1938) nicht durch die Rechtsverordnung beeinträchtigt werden darf (→ Rn. 4).

A. Inhalt und Ausgestaltung der Rechtsverordnung

1   § 50f ermächtigt die Bundesregierung eine Rechtsverordnung zu erlassen, um befristet eine reaktive Gaseinsparung im Stromsektor zu bewirken. Für einen Zeitraum von längstens sechs Monaten kann über die Verordnung die Erzeugung elektrischer Energie durch den Einsatz von Erdgas in den Anlagen verringert oder ausgeschlossen werden. Die Rechtsverordnung kann durch die Bundesregierung erlassen werden, wenn die Alarmstufe oder Notfallstufe nach Art. 8 Abs. 2 lit. b und Art. 11 Abs. 1 VO (EU) 2017/1938 in Verbindung mit dem Notfallplan Gas des Bundesministeriums für Wirtschaft und Energie vom September 2019, der auf der Internetseite des Bundesministeriums für Wirtschaft und Klimaschutz veröffentlicht ist, ausgerufen wurde.

2   In der Rechtsverordnung kann die Bundesregierung nach Absatz 1 Satz 1 Einzelheiten regeln, unter anderem zur Anlagengröße, für die die Rechtsverordnung anwendbar ist, zu den Einzelheiten, wie die Verringerung oder der Ausschluss der Erzeugung elektrischer Energie durch den Einsatz von Erdgas umgesetzt wird, zur Begrenzung des Betriebs der adressierten Anlagen, zu der Höhe einer möglichen Pönale und zu ihrer Erhebung durch die BNetzA. Darüber hinaus kann geregelt werden, dass die Maßnahme bei bestimmten Ausnahmen nicht vollständig wirkt, zum Beispiel wenn die durch eine Anlage erzeugte Wärme nicht ersetzt werden kann. Für Anlagen der Bundeswehr, die der Deckung des staatlichen Eigenbedarfes dienen und damit die uneingeschränkte Erfüllung öffentlicher Aufgaben sicherstellen, ist eine Ausnahme vorzusehen. Es können Ausnahmen geregelt werden. Darüber hinaus können in der Rechtsverordnung die Festsetzung und Ausgestaltung einer Entschädigung geregelt werden, wenn der Eingriff eine Entschädigung notwendig macht. Schließlich kann in der Rechtsverordnung auch geregelt werden, wie sichergestellt wird, dass das durch die Maßnahme eingesparte Erdgas in die Gasspeicher eingespeichert wird (vgl. zum Ganzen BT-Drs. 20/2356, 25).

3   Soweit durch die Rechtsverordnung eine Pönale festgesetzt wird, vereinnahmt die erhebende Stelle diese für den Bund. Rechtsverhältnisse zwischen zwei Privaten werden dadurch nicht betroffen (vgl. BT-Drs. 20/2356, 25).

B. Keine Beeinträchtigung der Verordnung (EU) 2017/1938

4   Mit der in der Rechtsverordnung umgesetzten Maßnahme muss jedenfalls sichergestellt werden, dass die Versorgung von geschützten Kunden erhalten bleibt. Absatz 2 stellt vor diesem Hintergrund klar, dass die Vorschriften der VO (EU) 2017/1938 unberührt bleiben. Maßnahmen nach diesem Gesetz dürfen die Erfüllung der Pflichten der Gas-SOS-VO nicht beeinträchtigen.

§ 50g Flexibilisierung der Gasbelieferung

(1) In einem Vertrag, der die Mindestbelieferung eines Letztverbrauchers mit Gas in einem bestimmten Zeitraum zum Gegenstand hat, sind Vereinbarungen, die eine Weiterveräußerung nicht verbrauchter Mindestabnahmemengen untersagen, unwirksam.

(2) ¹Verzichtet ein Letztverbraucher in einem Vertrag, der die Mindestbelieferung einer Anlage mit einer Anschlussleistung von mehr als 10 Megawatt mit Gas zum Gegenstand hat, ganz oder teilweise auf den Bezug der Mindestabnahmemengen, hat der Letztverbraucher gegenüber dem Lieferanten einen Anspruch auf Verrechnung der entsprechenden Abnahmemengen. ²Der Anspruch auf Verrechnung besteht für den jeweils zu dem nach dem Zeitraum korrespondierenden, börslichen Großhandelspreis abzüglich einer Aufwandspauschale in Höhe von 10 Prozent der nicht bezogenen Gasmengen.

Überblick

Die Regelung beinhaltet zwecks Einsparung von Gas (→ Rn. 1) die Möglichkeit auf nicht genutzte Mindestabnahmemengen zu verzichten (→ Rn. 2). In diesem Fall steht dem Letztverbraucher ein Anspruch auf Verrechnung zu (→ Rn. 3).

A. Normzweck und Bedeutung

Im Kontext des völkerrechtswidrigen Angriffs von Russland auf die Ukraine wird die Unabhängigkeit von fossilen Importen aus Russland angestrebt. Im Bereich der Gasversorgung ist es neben anderen Maßnahmen der Krisenvorsorge erforderlich, Gas einzusparen bzw. sicherzustellen, dass Gas dort eingesetzt werden kann, wo es am dringendsten benötigt wird. Es ist davon auszugehen, dass Gaskraftwerke und industrielle Prozesse in größerem Umfang betrieben werden, da bestehende langfristige Gaslieferverträge feste Mengengerüste vorsehen und eine Weiterveräußerung teilweise nicht möglich ist (BT-Drs. 20/2395, 24). Zudem verhindern feste Abnahmemengen in langfristigen Verträgen mit Großverbrauchen teilweise, dass Gasmengen, die eingespart werden könnten, auch wieder an die Lieferanten zurückgelangen. Diese Vertragspraxis steht in Widerspruch zu der angespannten Situation auf den Energiemärkten und verhindert die Einsparung von Gas. Es ist daher erforderlich, dass Großverbraucher von Gas vorübergehend auch bei entgegenstehenden vertraglichen Vereinbarungen die Möglichkeit erhalten, die Liefermengen zu reduzieren (BT-Drs. 20/2395, 24). 1

B. Weiterveräußerungsverbot (Abs. 1)

In Absatz 1 werden in Bezug auf Gaslieferverträge, die eine Mindestabnahmeverpflichtung vorsehen, alle Vereinbarungen für unwirksam erklärt, die eine Weiterveräußerung nicht verbrauchter Gasmengen untersagen. Damit steht die Regelung im Einklang mit früheren Entscheidungen des Bundeskartellamts zur Kartellrechtswidrigkeit vergleichbarer Klauseln. Die Regelung sieht explizit keinen Schwellenwert für Gaslieferverträge vor, da feste Mengengerüste typischerweise in Verträgen mit Großabnehmern üblich sind, die durch die Maßnahme insbesondere adressiert werden sollen. Die Weiterveräußerung ermöglicht eine effektive Allokation von Gas, die bei einer knappen Verfügbarkeit von Gas entlastend wirkt (siehe zum Ganzen BT-Drs. 20/2395, 24). 2

C. Verzicht auf nicht verbrauchte Mindestabnahmemengen (Abs. 2)

Absatz 2 enthält die Möglichkeit, dass ein Letztverbraucher im Sinne des § 3 Nr. 25 (→ § 3 Nr. 25 Rn. 1) auf die in einem Vertrag, festgelegte die Mindestbelieferung einer Anlage mit einer Anschlussleistung von mehr als 10 MW mit Gas, ganz oder teilweise auf den Bezug der Mindestabnahmemengen verzichtet. In diesem Fall hat der Letztverbraucher gegenüber dem Lieferanten einen Anspruch auf Verrechnung der entsprechenden Abnahmemengen. Der Anspruch auf Verrechnung besteht für den jeweils zu dem nach dem Zeitraum korres- 3 pondierenden, börslichen Großhandelspreis abzüglich einer Aufwandspauschale in Höhe von 10 Prozent der nicht bezogenen Gasmengen.

4   Umfasst sind Verträge zur Belieferung von Anlagen von Letztverbrauchern, die eine Anschlussleistung von 10 MW nicht unterschreiten. Bei diesen Verträgen ist das Überwiegen des Flexibilisierungsertrages gegenüber dem Transaktionsaufwand sichergestellt. Nicht umfasst sind Verträge, die bereits flexible Abnahmemengen vorsehen (BT-Drs. 20/2395, 24).

5   Der Anspruch auf Rückgabe ist so ausgestaltet, dass der Letztverbraucher für nicht verbrauchte Gasmengen vom Lieferanten den jeweils aktuellen börslichen Großhandelspreis erhält. Der Lieferant kann im Gegenzug eine Pauschale in Höhe von 10 Prozent der sich daraus ergebenden Rückerstattung in Abzug bringen, die den erforderlichen Aufwand für die Rücknahme und Weiterveräußerung der Gasmengen adäquat kompensiert und unproblematisch mit dem an den Letztverbraucher zu erstattendem Betrag verrechnet werden kann (BT-Drs. 20/2395, 24).

6   Die Regelung verhindert damit, dass die Vertragsparteien durch die Maßnahme belastet werden. Dadurch, dass Gasmengen so wieder durch den Lieferanten vermarktet werden können, kann bei einer knappen Verfügbarkeit von Gas eine effektive Allokation von Gas auf dem Markt erreicht werden.

7   In Konstellationen reduzierter Gaslieferungen an den Gaslieferanten bleibt dessen Recht vertragliche Anpassungen aufgrund höherer Gewalt vorzunehmen durch die Maßnahme unberührt (BT-Drs. 20/2395, 24).

§ 50h Vertragsanalyse der Gaslieferanten für Letztverbraucher

(1) Gaslieferanten stellen den von ihnen belieferten Letztverbrauchern mit registrierender Leistungsmessung jährlich zum 1. Oktober eine Vertragsanalyse zur Verfügung.

(2) ¹Die Vertragsanalyse nach Absatz 1 hat alle erforderlichen Informationen zu enthalten, damit Gaslieferanten und Letztverbraucher bewerten können, inwieweit auf die jeweils relevanten Gasgroßhandelspreise an der Börse reagiert werden kann und inwieweit das Potenzial besteht, sich über den Gaslieferanten oder direkt am Gasgroßhandelsmarkt zu beteiligen. ²Die Vertragsanalyse muss insbesondere Angaben enthalten
1. zu den jeweils relevanten Gasgroßhandelspreisen an der Börse,
2. zu den Möglichkeiten eines Weiterverkaufs der kontrahierten Mengen durch den Gaslieferanten und den Letztverbraucher,
3. zu den Möglichkeiten einer Partizipation des Letztverbrauchers an dem Verkaufserlös, wenn er zu Gunsten eines Weiterverkaufs seinen Bezug an Gas einstellt oder verringert und
4. zu den möglichen Vertragsänderungen, um eine Partizipation wie unter den Nummern 2 und 3 dargestellt zu ermöglichen.

(3) Um die Einhaltung der Verpflichtung nach Absatz 1 zu überprüfen, kann die Bundesnetzagentur den Gaslieferanten auffordern, die Vertragsanalyse vorzulegen.

Überblick

Die Regelung schreibt eine Informationspflicht der Gaslieferanten vor (→ Rn. 1), damit Potentiale ausgeschöpft werden können (→ Rn. 2).

A. Normzweck und Bedeutung

1   § 50h trägt zur Flexibilisierung des Gasverbrauchs bei und ermöglicht es, angesichts der Unsicherheiten auf dem Gasmarkt, auf Preissignale zu reagieren (BT-Drs. 20/2395, 25). Die Regelung schafft dazu eine spezielle Informationspflicht für Gaslieferanten gegenüber Letztverbrauchern, die sicherstellen soll, dass der Austausch zwischen Lieferanten und Letztverbrauchern über einen möglichen Weiterkauf von Gasmengen gefördert wird, soweit der Letztverbraucher seinen Gasbezug einschränkt und somit Gasmengen frei werden. Damit

soll nach Auffassung des Gesetzgebers eine effizientere Allokation von Gasmengen ermöglicht werden (BT-Drs. 20/2395, 25).

B. Vertragsanalyse zur Vorlage bei Letztverbrauchern (Abs. 1 und 2)

Nach Absatz 1 sind die Gaslieferanten nach § 3 Nr. 19b (→ § 3 Nr. 19b Rn. 1) verpflichtet, den von ihnen belieferten Letztverbrauchern mit registrierender Leistungsmessung jährlich zum 1.10. eine Vertragsanalyse zur Verfügung zu stellen.

Die Inhalte dieser Analyse sind in Absatz 2 geregelt. Die **Vertragsanalyse** hat alle erforderlichen Informationen zu enthalten, die Gaslieferanten und Letztverbraucher in die Lage versetzen, bewerten zu können, inwieweit auf die jeweils relevanten Gasgroßhandelspreise an der Börse reagiert werden kann und inwieweit das Potenzial besteht, sich über den Gaslieferanten oder direkt am Gasgroßhandelsmarkt zu beteiligen. Die Vertragsanalyse muss insbesondere Angaben enthalten

- zu den jeweils relevanten Gasgroßhandelspreisen an der Börse (Nummer 1),
- zu den Möglichkeiten eines Weiterverkaufs der kontrahierten Mengen durch den Gaslieferanten und den Letztverbraucher (Nummer 2),
- zu den Möglichkeiten einer Partizipation des Letztverbrauchers an dem Verkaufserlös, wenn er zu Gunsten eines Weiterverkaufs seinen Bezug an Gas einstellt oder verringert (Nummer 3) und
- zu den möglichen Vertragsänderungen, um eine Partizipation wie unter den Nummern 2 und 3 dargestellt zu ermöglichen (Nummer 4).

Großhandelspreise nach Absatz 2 Satz 2 Nummer 1 sind die Preise, die im Rahmen jeglicher Beschaffungsgeschäfte aufgerufen werden (BT-Drs. 20/2395, 25). Die Gaslieferanten haben die Pflicht, die Letztverbraucher im Rahmen einer Vertragsanalyse über die Ergebnisse der Bewertung und die jeweils relevanten Gasgroßhandelspreise an der Börse zu informieren, um bestehende Potentiale zu heben. Dabei sind insbesondere die in Absatz 2 aufgeführten Informationen zur Verfügung zu stellen. Diese Preisinformationen schließen explizit auch eine Darstellung der aktuellen Spot- und Terminmarktpreise ein. Zudem sollten auch die Auswirkungen auf die im Vertrag festgelegten Preise dargestellt werden. Darüber hinausgehende Informationen können zur Verfügung gestellt werden, sofern der Gaslieferant dies für erforderlich hält (siehe zum Ganzen (BT-Drs. 20/2395, 25 f.).

C. Aufforderung durch BNetzA (Abs. 3)

Absatz 3 räumt der BNetzA die Befugnis ein, die Vertragsanalyse von den Gaslieferanten zu verlangen, um überprüfen zu können, ob die Verpflichtung nach Absatz 1 erfüllt wird.

§ 50i Verhältnis zum Energiesicherungsgesetz

Die Vorschriften des Energiesicherungsgesetzes vom 20. Dezember 1974 (BGBl. I S. 3681), das zuletzt durch Artikel 1 des Gesetzes vom 20. Mai 2022 (BGBl. I S. 730) geändert worden ist, bleiben von den §§ 50a bis 50h unberührt.

Überblick

§ 50i stellt klar, dass die Vorschriften des Gesetzes zur Reduzierung des Gasverbrauchs im Stromsektor durch Änderungen des EnWG und weiterer energiewirtschaftlicher Vorschriften die Vorschriften des EnSiG unberührt lassen. Demnach können Maßnahmen nach § 50f und Maßnahmen nach dem EnSiG, beispielsweise nach § 1 Abs. 1 Nr. 1 EnSiG oder nach § 24 EnSiG, nebeneinander unabhängig voneinander getroffen werden, soweit die jeweiligen Voraussetzungen dafür vorliegen.

§ 50j Evaluierung der Maßnahmen nach den §§ 50a bis 50h

(1) ¹Die Bundesregierung berichtet dem Bundestag zum 12. Juli 2023, ob es erforderlich und angemessen ist, die Maßnahmen nach den §§ 50a bis 50h insbeson-

dere in Bezug auf ihre Auswirkungen auf die Energiewirtschaft und den Klimaschutz beizubehalten. ²Die Bundesregierung veröffentlicht den Bericht.

(2) ¹Die Bundesregierung berichtet dem Bundestag zum 12. Juli 2023 über die globalen Auswirkungen von Steinkohleimporten aus Abbauregionen außerhalb Deutschlands aufgrund der Maßnahmen nach den §§ 50a bis 50h auf die Abbauregionen in Bezug auf die lokale Umwelt, die Wasserversorgung, die Menschenrechte und den Stand von Strukturwandelprojekten in den Abbauregionen. ²Die Bundesregierung veröffentlicht den Bericht.

(3) ¹Nach Ablauf des 31. März 2024 prüft das Bundesministerium für Wirtschaft und Klimaschutz, ob und wie viele zusätzliche Treibhausgasemissionen im Rahmen der Gesetzesanwendung ausgestoßen wurden und macht bis spätestens zum Ablauf des 30. Juni 2024 Vorschläge, mit welchen Maßnahmen diese zusätzlichen Emissionen kompensiert werden können. ²Eine Kombination mehrerer ergänzender Maßnahmen zur Kompensation ist möglich, wenn die vollständige Kompensation der zusätzlichen Emissionen dadurch sichergestellt wird.

Überblick

Es handelt sich um eine Folgeänderung aufgrund der neuen Aufgabenzuweisungen an die Bundesregierung. Diese ist nunmehr zur Evaluierung der Maßnahmen in Bezug auf Klimaschutzbelange und andere Folgen der Maßnahmen nach §§ 50a–50h sowie zur Berichterstattung dazu verpflichtet.

1 Nach Absatz 1 ist die Bundesregierung verpflichtet, unter Berücksichtigung der Belange des Klimaschutzes und der Energiewirtschaft, dem Bundestag bis zum 12.7.2023 hinsichtlich der Erforderlichkeit und Angemessenheit der Maßnahmen nach §§ 50a–50h zu berichten. Der Bericht ist nach Absatz 1 Satz 2 zu veröffentlichen.

2 Zum gleichen Datum sind nach Absatz 2 durch die Bundesregierung die Folgen des Steinkohleabbaus an exterritorialen Standorten in den Blick zu nehmen. Konkret geht es dabei um die Auswirkungen auf die lokale Umwelt, die Wasserversorgung, die Menschenrechte und den Stand von Strukturwandelprojekten. Dies Bundesregierung hat dem Bundestag Bericht zu erstatten und den Bericht nach Absatz 2 Satz 2 zu veröffentlichen.

3 Schließlich sind nach Absatz 3 die Treibhausgasemissionen seitens des Bundesministeriums für Wirtschaft und Klimaschutz in den Blick zu nehmen, die aufgrund der Gesetzesanwendung der §§ 50a–50h entstanden sind. Es sind bis zum 30.6.2024 Vorschläge zur Kompensation zu unterbreiten.

§ 51 Monitoring der Versorgungssicherheit

(1) ¹Die Bundesnetzagentur führt in Abstimmung mit dem Bundesministerium für Wirtschaft und Energie fortlaufend ein Monitoring der Versorgungssicherheit nach den Absätzen 2 bis 4 durch. ²Die §§ 73, 75 bis 89 und 106 bis 108 sind entsprechend anzuwenden. ³Bei der Durchführung des Monitorings nach den Absätzen 3 und 4 berücksichtigt die Bundesnetzagentur die nach § 12 Absatz 4 und 5 übermittelten Informationen.

(2) Das Monitoring nach Absatz 1 betrifft im Bereich der Versorgung mit Erdgas insbesondere
1. das heutige und künftige Verhältnis zwischen Angebot und Nachfrage auf dem deutschen Markt und auf dem internationalen Markt,
2. bestehende sowie in der Planung und im Bau befindliche Produktionskapazitäten und Transportleitungen,
3. die erwartete Nachfrageentwicklung,
4. die Qualität und den Umfang der Netzwartung,
5. eine Analyse von Netzstörungen und von Maßnahmen der Netzbetreiber zur kurz- und längerfristigen Gewährleistung der Sicherheit und Zuverlässigkeit des Gasversorgungssystems,

Monitoring der Versorgungssicherheit § 51 EnWG

6. Maßnahmen zur Bedienung von Nachfragespitzen und zur Bewältigung von Ausfällen eines oder mehrerer Versorger sowie
7. das verfügbare Angebot auch unter Berücksichtigung der Bevorratungskapazität und des Anteils von Einfuhrverträgen mit einer Lieferzeit von mehr als zehn Jahren (langfristiger Erdgasliefervertrag) sowie deren Restlaufzeit.

(3) ¹Das Monitoring nach Absatz 1 betrifft im Bereich der Versorgung mit Elektrizität insbesondere
1. das heutige und künftige Verhältnis zwischen Angebot und Nachfrage auf den europäischen Strommärkten mit Auswirkungen auf das Gebiet der Bundesrepublik Deutschland als Teil des Elektrizitätsbinnenmarktes,
2. bestehende sowie in der Planung und im Bau befindliche Erzeugungskapazitäten unter Berücksichtigung von Erzeugungskapazitäten für die Netzreserve nach § 13d sowie die Kapazitätsreserve nach § 13e und Anlagen zur Speicherung von elektrischer Energie,
3. bestehende Verbindungsleitungen sowie in der Planung oder im Bau befindliche Vorhaben einschließlich der in den Anlagen zum Energieleitungsausbaugesetz und zum Bundesbedarfsplangesetz genannten Vorhaben,
4. die erwartete Nachfrageentwicklung,
5. die Qualität und den Umfang der Netzwartung,
6. eine Analyse von Netzstörungen und von Maßnahmen der Betreiber von Elektrizitätsversorgungsnetzen zur kurz- und längerfristigen Gewährleistung der Sicherheit und Zuverlässigkeit des Elektrizitätsversorgungssystems einschließlich des Einsatzes von Erzeugungskapazität im Rahmen der Netzreserve nach § 13d sowie der Kapazitätsreserve nach § 13e und
7. Maßnahmen zur Bedienung von Nachfragespitzen und zur Bewältigung von Ausfällen eines oder mehrerer Versorger.
²Bei dem Monitoring sind auch grenzüberschreitende Ausgleichseffekte bei erneuerbaren Energien, Lasten und Kraftwerksausfällen sowie der heutige und künftige Beitrag von Lastmanagement und von Netzersatzanlagen zur Versorgungssicherheit sowie Anpassungsprozesse an den Strommärkten auf Basis von Preissignalen zu analysieren und zu berücksichtigen. ³Zudem sollen mögliche Hemmnisse für die Nutzung von Lastmanagement und von Netzersatzanlagen dargestellt werden.

(4) Das Monitoring nach Absatz 3 umfasst Märkte und Netze und wird in den Berichten nach § 63 integriert dargestellt.

(4a) ¹Das Monitoring der Versorgungssicherheit an den Strommärkten nach Absatz 3 erfolgt auf Basis von
1. Indikatoren, die zur Messung der Versorgungssicherheit an den europäischen Strommärkten mit Auswirkungen auf das Gebiet der Bundesrepublik Deutschland als Teil des Elektrizitätsbinnenmarktes geeignet sind, sowie
2. Schwellenwerten, bei deren Überschreiten oder Unterschreiten eine Prüfung und bei Bedarf eine Umsetzung angemessener Maßnahmen zur Gewährleistung der Versorgungssicherheit erfolgt.
²Die Messung der Versorgungssicherheit an den Strommärkten nach Satz 1 erfolgt auf Grundlage wahrscheinlichkeitsbasierter Analysen. ³Die Anforderungen der Verordnung (EU) 2019/943, insbesondere nach den Artikeln 23 und 24 für Abschätzungen der Angemessenheit der Ressourcen, sind einzuhalten. ⁴Die Analysen nach Satz 2 erfolgen nach dem Stand der Wissenschaft. ⁵Sie erfolgen insbesondere auf Basis eines integrierten Investitions- und Einsatzmodells, das wettbewerbliches Marktverhalten und Preisbildung auf dem deutschen und europäischen Strommarkt abbildet; dabei sind auch kritische historische Wetter- und Lastjahre, ungeplante Kraftwerksausfälle sowie zeitliche und technische Restriktionen beim Kraftwerkszubau zu berücksichtigen.

(4b) ¹Zum Monitoring der Versorgungssicherheit nach Absatz 3 mit Bezug auf die Netze erfolgt eine Analyse, inwieweit aktuell und zukünftig die Sicherheit, Zuverlässigkeit und Leistungsfähigkeit der Elektrizitätsversorgungsnetze gewährleistet ist und ob Maßnahmen zur kurz- und längerfristigen Gewährleistung der

Groß/Wagenführ

Sicherheit und Zuverlässigkeit des Elektrizitätsversorgungssystems im Sinne von § 12 Absatz 1 Satz 1 und Absatz 3 erforderlich sind. ²Bei der Analyse nach Satz 1 ist die langfristige Netzanalyse der Betreiber der Übertragungsnetze nach § 34 Absatz 1 des Kohleverstromungsbeendigungsgesetzes zu berücksichtigen, soweit diese vorliegt. ³In diesem Rahmen ist auch zu untersuchen, inwieweit netztechnische Aspekte die Ergebnisse der Analysen nach Absatz 4a beeinflussen. ⁴Die Bundesnetzagentur legt dem Bundesministerium für Wirtschaft und Energie bis zum 31. Oktober 2020 einen Bericht über die auf die Netze bezogene Analyse nach Satz 1 vor.

(5) ¹Bei dem Monitoring nach den Absätzen 3 und 4 werden die Betreiber von Übertragungsnetzen sowie das Bundesministerium für Wirtschaft und Energie regelmäßig bei allen wesentlichen Verfahrensschritten einbezogen. ²Die Regulierungsbehörde übermittelt auf Verlangen dem Bundesministerium für Wirtschaft und Energie die bei ihr verfügbaren und zur Beobachtung und Bewertung der Versorgungssicherheit notwendigen Daten. ³Das Bundesministerium für Wirtschaft und Energie darf diese Daten einschließlich der unternehmensbezogenen Daten an beauftragte Dritte zu Zwecken der Aus- und Bewertung übermitteln, sofern die vertrauliche Behandlung der Daten gewährleistet ist.

Überblick

Die Norm dient der Versorgungssicherheit hinsichtlich der Strom- und Gasversorgung (→ Rn. 1) durch ein fortlaufendes Monitoring (→ Rn. 5), welches seit der Novelle des EnWG im Jahr 2020 die BNetzA anstatt des bisher zuständigen BMWK durchführt (→ Rn. 10). Der Schwerpunkt der Norm liegt auf dem Monitoring der Elektrizitätsversorgung, dessen Ergebnisse im Rahmen des Berichts nach § 63 zu berücksichtigen sind (→ Rn. 17). Zudem regelt die Norm die Einbeziehung des BMWK und der ÜNB (→ Rn. 21).

Übersicht

	Rn.		Rn.
A. Normzweck	1	E. Elektrizitätsmonitoring	14
B. Entstehungsgeschichte	3	I. Anwendungsbereich (Abs. 3)	15
C. Monitoring durch die BNetzA (Abs. 1)	5	II. Reichweite und Monitoring-Bericht (Abs. 4)	17
I. Grundlagen des Monitorings (S. 1)	6	III. Methodik der Beobachtung (Abs. 4a und 4b)	18
II. Behördliches Verfahren und Beschwerde (S. 2)	9	IV. Einbeziehung des BMWK und der Übertragungsnetzbetreiber (Abs. 5)	21
III. Zuständigkeit	10	V. Berücksichtigung von Informationen (Abs. 1 S. 3)	23
D. Erdgasmonitoring (Abs. 2)	11		

A. Normzweck

1 Die Norm verfolgt den Zweck, die Zuverlässigkeit der Strom- und Gasversorgung sicherzustellen. Durch intensives Monitoring der marktlichen und netzseitigen Versorgungssicherheit sollen Gefährdungen umfassend und frühzeitig erkannt und Versorgungslücken vorgebeugt werden. Ziel ist die langfristige Planung und Organisation der gegenwärtigen und künftigen Versorgungssituation. Als sicher ist die Versorgung einzustufen, wenn der **Bedarf der Allgemeinheit in erforderlicher Qualität und Menge auch zu Spitzenzeiten und Extremsituationen nicht gefährdet ist** (Rosin/Pohlmann/Gentzsch/Metzenthin/Böwing/Rosin/Pohlmann § 51 Rn. 10). Auf diese Weise soll insbesondere den mit der Energiewende verbundenen Herausforderungen einer zunehmend dezentralen Versorgung mit wechselndem Output und dem Kohleausstieg Rechnung getragen werden. Flankiert wird die Vorschrift durch §§ 51a f., die spezielle Informations- und Meldepflichten regeln, wie auch § 12 Abs. 4 und 5 Nr. 2 und 5 (vgl. auch → § 12 Rn. 48).

2 Die Norm bildet über den Absatz 4 mit § 63 ein organisatorisches Ganzes. Hiernach sind BNetzA und BMWK verpflichtet, jeweils im zweijährlichen Turnus Berichte über die im

Rahmen des Monitorings gewonnenen Erkenntnisse über den Stand der Versorgungssicherheit anzufertigen und zu veröffentlichen. Auf Grundlage dieser Berichte werden Wirksamkeit und Notwendigkeit der bisherigen Maßnahmen bewertet sowie Handlungsempfehlungen abgegeben. Diese Berichte bilden damit die **Basis für aktuelle und künftige Maßnahmen** zur Sicherstellung der Energieversorgung. In das Monitoring einbezogen werden die Ergebnisse der langfristigen Netzanalyse nach § 34 KVBG, die die Auswirkungen der Reduzierung der Kohleverstromung auf die Bewirtschaftung von Netzengpässen, die Frequenzhaltung, die Spannungshaltung und die Sicherstellung eines möglichen Versorgungswiederaufbaus zum Gegenstand hat.

B. Entstehungsgeschichte

In seiner jetzigen, am 1.1.2021 in Kraft getretenen, Fassung geht § 51 auf Art. 4 des Gesetzes zur Reduzierung und Beendigung der Kohleverstromung und zur Änderung weiterer Gesetze (Kohleausstiegsgesetz) v. 8.8.2020 (BGBl. I 1818, 1848 ff.) zurück. Mit der Novelle hat der Gesetzgeber vor allem zwei Änderungen vollzogen: Zum einen wurde die Zuständigkeit vom BMWK zur BNetzA verlagert. Zum anderen wurde die Reichweite des Monitorings mittels redaktioneller Anpassungen präzisiert, um größere Klarheit in der Anwendungspraxis zu schaffen (BT-Drs. 19/17342, 155). 3

Der bis zur Neufassung 2020 maßgebliche Wortlaut beruhte auf dem Gesetz zur Weiterentwicklung des Strommarktes (Strommarktgesetz) v. 26.7.2016 (BGBl. I 1786 ff.). Dessen Zweck war die Umsetzung eines Strommarktes für die Energiewende (BT-Drs. 18/7317, 1 ff.). Dafür sollte der Energiemarkt engmaschiger und vor allem unter Einbeziehung der europäischen Ebene überwacht werden (BT-Drs. 18/7317, 118 f.). Im Wesentlichen geht die Norm auf das EnWG 2005 (BGBl. I 1970 ff.) zurück, seitdem sie weitgehend der Umsetzung europarechtlicher Vorgaben in Gestalt der Elektrizitäts-Binnenmarkt-Richtlinie (RL 2003/54/EG; jetzt: RL (EU) 2019/944) und der Gas-Binnenmarkt-Richtlinie (RL 2003/55/EG, jetzt: RL (EU) 2019/692) sowie der Verordnung über Maßnahmen zur Gewährleistung der sicheren Erdgasversorgung (VO (EU) 2010/994, vormals: RL 2004/67/EG) dient. Zum Zeitpunkt der Veröffentlichung wurde die Änderung der Bezeichnung des Bundesministeriums für Wirtschaft und Energie (BMWi) in Bundesministerium für Wirtschaft und Klimaschutz (BMWK) im Normtext noch nicht berücksichtigt (vgl. auch → § 50 Rn. 3). 4

C. Monitoring durch die BNetzA (Abs. 1)

Absatz 1 ermächtigt die BNetzA, ein fortlaufendes Monitoring der Versorgungssicherheit durchzuführen. 5

I. Grundlagen des Monitorings (S. 1)

Der Begriff „Monitoring" bezeichnet die dauerhafte, nicht-anlassbezogene sowie systematische Erfassung, Beobachtung und Überwachung eines Vorgangs mit technischen Hilfsmitteln (Säcker EnergieR/Säcker/König § 51 Rn. 6). Der Gesetzgeber hat sich mit dem Begriff für den englischprachigen Wortlaut der Richtlinie (RL (EU) 2019/944 bzw. RL (EU) 2019/692) anstelle der deutschen Übersetzung, die nur von „Beobachtung" spricht, entschieden (Windoffer VerwArch 2011, 343 (346) versteht Monitoring als strategische „Folgenbeobachtung"). Umfang und Reichweite der Befugnisse werden durch Absatz 1 Sätze 2 und 3 sowie Absätze 2–4b näher bestimmt. Die Norm unterscheidet zwischen Erdgas- und Elektrizitätsmonitoring. 6

Das Monitoring der Versorgungssicherheit gem. § 51 ist nach seiner Zweckrichtung abzugrenzen vom allgemeinen Monitoring der leitungsgebundenen Energieversorgung nach § 35. Dieses dient der Herstellung von **Markttransparenz und der Verwirklichung der Ziele des Kohleausstiegsgesetzes** (Theobald/Kühling/Theobald § 35 Rn. 3). Demgegenüber bezieht sich § 51 auf die Gewährleistung der Versorgungssicherheit (Säcker EnergieR/Säcker/König § 51 Rn. 7). Allerdings waren bereits vor den vergangenen Novellierungen inhaltliche Überschneidungen, insbesondere mit § 35 Abs. 1 Nr. 11, kaum zu vermeiden und eine Abgrenzung schwierig. Mit der Aufnahme der Zielsetzungen des Kohleausstiegs in § 35, der nicht zuletzt auch die Gewährleistung der Versorgungssicherheit zum Gegenstand 7 hat, ist die Unterscheidung noch konturloser geworden. Zugleich hat jedoch mit der Verortung der einheitlichen Zuständigkeit bei der BNetzA (→ Rn. 10) das Bedürfnis nach Abgrenzung erheblich an Bedeutung verloren. Ob die BNetzA sich aufgrund dieser Überschneidungen verpflichtet sieht, gesonderte Monitoringberichte zu erstellen und stattdessen die gesammelte Darstellung der Ergebnisse innerhalb eines einheitlichen Berichts vornimmt, bleibt aktuell abzuwarten; ebenso wie die Frage, inwieweit sich die BNetzA an den bisherigen Berichten des BMWK orientiert. Der im Dezember 2021 veröffentlichte Monitoringbericht 2021 für das Jahr 2020 weist jedenfalls bereits auf die Monitoringpflicht nach § 51 hin (Monitoringbericht 2021, 75, 240). Trotz dessen blieb eine Zusammenfassung beider Berichte im Jahr 2022 aus und es erfolgte lediglich eine Veröffentlichung nach § 35 (Monitoringbericht 2022). Allerdings umfasst der Bericht inhaltlich weitestgehend die Bereiche, die zuvor vom BMWi unter § 51 berücksichtigt worden sind.

8   Das Monitoring nach § 51 ist stets so auszugestalten, dass ein rechtzeitiges Einschreiten zur Verhinderung akuter und künftiger Versorgungslücken noch sinnvoll möglich ist. Es findet daher ein unmittelbarer Beobachtungsmaßstab Anwendung (Säcker EnergieR/Säcker/König § 51 Rn. 9 mit Verweis auf Erwägungsgrund 23 Elektrizitäts-Binnenmarkt-Richtlinie 2003/54/EG; Erwägungsgrund 23 Gas-Binnenmarkt-Richtlinie 2003/55/EG). Untrennbar verbunden mit dem Monitoring-Auftrag ist die Befugnis der BNetzA, durch entsprechende **Abfragen bei den Netzbetreibern** (vgl. auch → § 12 Rn. 48 ff.) die notwendigen Informationen für Messung und Bewertung zu gewinnen (Auskunftspflicht). Die BNetzA kann hierzu auf die ihr nach §§ 68 ff. zustehenden Ermittlungsbefugnisse zurückgreifen. Diese sehen neben der Einschaltung von Sachverständigen zwar auch Betretungs- und Beschlagnahmerechte vor. In der Rechtspraxis erfolgt die Erhebung und Auswertung der Daten bislang allein auf Grundlage von Fachgutachten von Forschungseinrichtungen und Beratern. Bei Maßnahmen der BNetzA in diesem Zusammenhang sind die Geheimhaltungsinteressen der Betroffenen nach § 71 zu wahren.

II. Behördliches Verfahren und Beschwerde (S. 2)

9   Über den Verweis in Satz 2 auf die §§ 73, 75–89 und 106–108 werden die Anforderungen an das behördliche Verfahren sowie der Rechtsschutz geregelt. Entscheidungen sind demnach zu begründen und entsprechend den allgemeinen Vorschriften der VwGO und ZPO den Betroffenen zuzustellen (§ 73 Abs. 1). Wird eine Gruppe von Netzbetreibern adressiert, kann alternativ öffentliche Bekanntmachung gewählt werden (§ 73 Abs. 1a). Endet das behördliche Verfahren ohne eine Entscheidung, so ist auch die Beendigung den Beteiligten mitzuteilen (§ 73 Abs. 2). Außerdem ist die BNetzA ermächtigt, die Kosten einer Beweiserhebung den Beteiligten nach billigem Ermessen aufzuerlegen (§ 73 Abs. 3). Rechtsschutz gegen Maßnahmen und Entscheidungen der BNetzA ist über das Beschwerdeverfahren nach Maßgabe der §§ 75 ff. zu erlangen. Dafür liegt die ausschließliche Zuständigkeit in erster Instanz bei dem OLG, in dessen Bezirk die BNetzA ihren Sitz hat. Dies ist für die BNetzA das OLG Düsseldorf (§ 75 Abs. 4). Dort entscheidet der Kartellsenat (§ 106 Abs. 1). Für die Rechtsbeschwerde ist nach § 86 Abs. 1 der BGH zuständig.

III. Zuständigkeit

10   Der Gesetzgeber hat sich mit der Novelle 2020 bewusst dafür entschieden, das Monitoring, welches bislang das BMWK in Eigenregie durchzuführen hat, nun allein durch die BNetzA vornehmen zu lassen. Die Rolle der BNetzA wird auf diese Weise aufgewertet: Sie hat nunmehr nicht nur die netzseitige, sondern auch die angebotsseitige Versorgungssicherheit zu überwachen. Beide Aspekte werden dort zusammengefasst. Zwar behält das BMWK maßgeblichen Einfluss, da das Monitoring der BNetzA „in Abstimmung" mit diesem erfolgt. Mit der Reform ist dennoch eine **grundlegende Kompetenzverschiebung** vollzogen worden. Die Behörde wird so weiterhin in der ihr im Rahmen der „Energiewende" zugedachten Schlüsselrolle gestärkt. Richtig an dieser Vereinheitlichung ist, dass das (internationale) Versorgungsangebot nicht losgelöst vom (nationalen) Netzbetrieb beurteilt werden kann. Bislang hatte man die Kompetenz des BMWK mit der europäischen Dimension der Versorgungssicherheit und der grundlegenden energiepolitische Bedeutung begründet (BT-Drs. 15/3917, 68). Mit der Vereinheitlichung wurde dem Umstand Rechnung getragen,

dass das BMWK aufgrund seiner Ausstattung für die Erfassung der notwendigen Daten und deren Auswertung stets auf externe Gutachter angewiesen war. Mit der Bündelung der Kapazitäten soll auf vorhandene **Kompetenzen der BNetzA** aufgebaut und bisherige **Gutachtenkosten eingespart** werden (BT-Drs. 19/17342, 97).

D. Erdgasmonitoring (Abs. 2)

Absatz 2 regelt das sog. Erdgasmonitoring. Inhaltlich sind damit zwei Aufträge verbunden: Einerseits die Beobachtung des deutschen und internationalen Versorgungsmarktes (marktliche Versorgungssicherheit) und andererseits die Gewährleistung hinreichender Transport- und Verteilungskapazitäten (netzseitige Versorgungssicherheit) für Erdgas (dazu Säcker EnergieR/Säcker/König § 51 Rn. 17 ff.). 11

Gegenstände des Monitorings bilden das heutige und künftige Verhältnis zwischen Angebot und Nachfrage auf dem deutschen und internationalen Markt (Nummer 1); bestehende sowie in der Planung und im Bau befindliche Produktionskapazitäten und Transportleitungen (Nummer 2); die erwartete Nachfrageentwicklung (Nummer 3); Qualität und Umfang der Netzwartung (Nummer 4); Analyse von Netzstörungen und von Maßnahmen der Netzbetreiber zur kurz- und längerfristigen Gewährleistung der Sicherheit und Zuverlässigkeit des Gasversorgungssystems (Nummer 5); Maßnahmen zur Bedienung von Nachfragespitzen und zur Bewältigung von Ausfällen eines oder mehrerer Versorger (Nummer 6); sowie das verfügbare Angebot auch unter Berücksichtigung der Bevorratungskapazität und des Anteils von Einfuhrverträgen mit einer Lieferzeit von mehr als zehn Jahren (Nummer 7) (sog. langfristiger Erdgasliefervertrag) sowie deren Restlaufzeit. Für den nationalen Markt liegen die Daten aus verschiedenen **Quellen** nahezu vollständig bei der BNetzA vor. Zahlen aus dem Ausland beruhen auf Erhebungen der Europäischen Union (va EUROSTAT), des Verbandes Europäischer Übertragungsnetzbetreiber (ENTSO-E) und den öffentlich zugänglichen Informationen der jeweiligen nationalen Institutionen, wie Netzbetreibern, Regulierern, Energieversorgern oder (Statistik-)Behörden sowie auf Schätzungen und statistischen Mittelwerten (vgl. Erster Projektbericht – Definition und Monitoring der Versorgungssicherheit an den europäischen Strommärkten, Projekt Nr. 047/16 vom 23.1.2019). 12

Die Auflistung ist nicht abschließend ("insbesondere") und erfasst lediglich die typischen Beobachtungsgegenstände. Mit Blick auf den Sinn und Zweck der Norm (→ Rn. 1) kann im Einzelfall eine Erstreckung des Monitorings geboten sein. So kann die Untersuchung von Netzstörungen auch unter Bezugnahme der Daten erfolgen, die der BNetzA nach Maßgabe der Meldepflichten des § 52 übermittelt werden (Säcker EnergieR/Säcker/König § 51 Rn. 19; vgl. auch → § 52 Rn. 3). Wörtlich beruht die getroffene Auswahl, einschließlich der zunehmend internationalen Ausrichtung, in erster Linie auf den (Mindest-)Richtlinienvorgaben der Union. 13

E. Elektrizitätsmonitoring

Die Absätze 3–5 sowie Absatz 1 Satz 3 regeln das sog. Elektrizitätsmonitoring. Aufgrund der besonderen **europäischen Interkonnektivität der Elektrizitätsnetze** sowie der herausgehobenen Bedeutung der Versorgungssicherheit im Rahmen des Ausbaus erneuerbarer Energiequellen zur Stromerzeugung, kommt diesem Teil der Vorschrift primäre Bedeutung zu. 14

I. Anwendungsbereich (Abs. 3)

Der Anwendungsbereich des Elektrizitätsmonitorings wird durch Absatz 3 vorgezeichnet. Wie schon für den Absatz 2 ist auch bei Absatz 3 die Aufzählung nicht abschließend ("insbesondere"). Erfasst werden: das heutige und künftige Verhältnis zwischen Angebot und Nachfrage auf den europäischen Strommärkten mit unmittelbaren Auswirkungen auf das Gebiet der Bundesrepublik als Teil des Binnenmarktes (Nummer 1); bestehende sowie in der Planung und im Bau befindliche Erzeugungskapazitäten unter Berücksichtigung von Erzeugungskapazitäten für die Netzreserve sowie die Kapazitätsreserve und Anlagen zur Speicherung von elektrischer Energie (Nummer 2); bestehende Verbindungsleitungen sowie in der Planung oder im Bau befindliche Vorhaben einschließlich der in den Anlagen zum Energie- 15 leitungsausbaugesetz (EnLAG) und zum Bundesbedarfsplangesetz (BBPlG) genannten Vorhaben (Nummer 3); die erwartete Nachfrageentwicklung (Nummer 4): Qualität und Umfang der Netzwartung (Nummer 5); eine Analyse von Netzstörungen und von Maßnahmen der Betreiber von Elektrizitätsversorgungsnetzen zur kurz- und längerfristigen Gewährleistung der Sicherheit und Zuverlässigkeit des Elektrizitätsversorgungssystems einschließlich des Einsatzes von Erzeugungskapazität im Rahmen der Netzreserve sowie der Kapazitätsreserve (Nummer 6); und Maßnahmen zur Bedienung von Nachfragespitzen und zur Bewältigung von Ausfällen eines oder mehrerer Versorger (Nummer 7).

16 Beim Monitoring sind **grenzüberschreitende Ausgleichseffekte** bei erneuerbaren Energien, Lasten und Kraftwerksausfällen sowie der heutige und künftige Beitrag von Lastmanagement und Netzersatzanlagen zur Versorgungssicherheit ebenso wie Anpassungsprozesse an den Strommärkten auf Basis von Preissignalen zu analysieren und zu berücksichtigen. Zudem sollen mögliche Hemmnisse für die Nutzung von Lastmanagement und von Netzersatzanlagen dargestellt werden. Wenngleich sich keine ausdrückliche Benennung in der neuen Fassung mehr findet, dürfte die Priorität dabei weiterhin auf solchen Nachbarstaaten liegen, deren Versorgungssituation aufgrund von grenzüberschreitenden Verbindungsleitungen unmittelbare Auswirkung auf die Versorgungssicherheit in Deutschland (sog. „**elektrische Nachbarstaaten**") hat (BT-Drs. 18/7317, 120); das sind: die Niederlande, Belgien, Frankreich, die Schweiz, Österreich, Luxemburg, Tschechien, Polen, Dänemark, Schweden und Norwegen.

II. Reichweite und Monitoring-Bericht (Abs. 4)

17 Absatz 4 bestimmt die Reichweite des Elektrizitätsmonitorings (Absatz 3). Ziel ist eine umfassende Überwachung, die Märkte und Netze erfasst. Mit der Benennung des Monitoring-Gegenstands kommt dem Absatz 4 erstmals eigenständige inhaltliche Bedeutung zu, während sich Absatz 1 Satz 1 aF mit „Messung und Bewertung der Versorgungssicherheit" im Ergebnis in einer Wiederholung des Normzwecks ohne Erkenntnisgewinn erschöpfte (Theobald/Kühling/Boos § 51 Rn. 21). Weiterhin ordnet Absatz 4 an, die Ergebnisse des Monitorings in den Berichten nach § 63 integriert darzustellen. Es handelt sich um eine Berücksichtigungspflicht, der BNetzA kommt demgemäß kein Ermessen zu. Die Veröffentlichung des Berichts ist gleichwohl nicht drittschützend iSv § 42 Abs. 2 VwGO. Bei Versäumnis kann eine fristgerechte Veröffentlichung von Dritten deshalb nicht gerichtlich geltend gemacht werden (VG Berlin BeckRS 2010, 56863).

III. Methodik der Beobachtung (Abs. 4a und 4b)

18 Durch Absätze 4a und 4b findet eine Konkretisierung hinsichtlich der Methodik für das Elektrizitätsmonitoring statt. Zur Messung der Versorgungssicherheit herangezogen werden sollen demnach Indikatoren, die zur Messung der Versorgungssicherheit an den europäischen Strommärkten mit Auswirkungen auf das Gebiet der Bundesrepublik als Teil des Elektrizitätsbinnenmarktes geeignet sind, sowie aussagekräftige Schwellenwerte. Beide Informationen geben im Grunde reine Selbstverständlichkeiten wieder. Dass ein Indikator zur Messung „geeignet" sein muss, liegt auf der Hand. Auch dass sich die Relevanz eines Schwellenwertes danach bemisst, dass er Prüfungen zeitigt und ggf. Maßnahmen auslöst, dürfte augenscheinlich sein. Hingegen mangelt es an inhaltlichen Konkretisierungen, was unter „Indikatoren" zu verstehen ist und welche konkreten „Schwellenwerte" als besonders wichtig zu erachten sind. Zu denken ist etwa an die Beschaffenheit und Kapazität von Kraftwerken, kurz- und langfristig geplante Inbetriebnahmen oder Stilllegungen sowie die Verfügbarkeit von Brennstoffen; außerdem Einspeisungskapazitäten aus erneuerbaren Energien, der Fortschritt von Netzausbauprojekten, das Auftreten von Netzengpässen sowie die Kapazität von grenzüberschreitenden Verbindungsleitungen (Säcker EnergieR/Säcker/König § 51 Rn. 27). Bislang hat man im Einklang mit der Vorgehensweise in der Europäischen Union vor allem die Lastausgleichswahrscheinlichkeit als am besten geeigneten Indikator identifiziert. Diese gibt numerisch ausgedrückt die Wahrscheinlichkeit dafür wieder, dass die Nachfrage am Strommarkt durch das verfügbare Angebot gedeckt werden kann. Gegen die weitere Anwendung bestehen scheinbar keine Bedenken, da eine im Rahmen der Novelle ohne Frage vorhandene Konkretisierungsmöglichkeit nicht genutzt wurde.

Die Messung der Versorgungssicherheit an den Strommärkten erfolgt auch weiterhin auf 19
Grundlage wahrscheinlichkeitsbasierter Analysen (Satz 2). Anhand derer kann die BNetzA
verschiedene **Verhaltensszenarien** entwickeln. Dabei sind die Anforderungen der VO (EU)
2019/943 an die Abschätzungen der Angemessenheit der Ressourcen einzuhalten und der
gängige Stand der Wissenschaft zu beachten. Ziel ist ein möglichst realitätsnaher und belastbarer Wert, der die tatsächliche Versorgungssituation bestmöglich widerspiegelt. Der Messung
soll ein integriertes Investitions- und Einsatzmodell, das wettbewerbliches Marktverhalten
und Preisbildung auf dem deutschen und europäischen Strommarkt abbildet, zugrunde liegen. Hierbei sind auch kritische historische Wetter- und Lastjahre, ungeplante Kraftwerksausfälle sowie zeitliche und technische Restriktionen beim Kraftwerkszubau zu berücksichtigen
(Satz 5).

Nach Absatz 4b knüpft an das Monitoring der netzseitigen Versorgungssicherheit nach 20
Absatz 3 eine Analyse der aktuellen und künftigen netzseitigen Versorgungssicherheit einschließlich kurz- und längerfristiger Maßnahmen zur Gewährleistung der Sicherheit und
Zuverlässigkeit des Elektrizitätsversorgungssystems an (Satz 1). Dabei ist die langfristige Netzanalyse der Betreiber der Übertragungsnetze nach § 34 Abs. 1 KVBG zu berücksichtigen
(Satz 2) und zu untersuchen, inwieweit netztechnische Aspekte die Ergebnisse der Analysen
nach Absatz 4a beeinflussen. Aufgrund ihrer Berichtspflicht nach Absatz 4b Satz 4 erstellte
die BNetzA 2020 den Bericht über Sicherheit, Zuverlässigkeit und Leistungsfähigkeit der
Elektrizitätsversorgungsnetze. Der Bericht konzentriert sich auf die bestehenden Mechanismen und Prozesse zur Überwachung der netzseitigen Versorgungssicherheit. Er enthält weitgehend aber keine konkreten Schlussfolgerungen und Handlungsempfehlungen.

IV. Einbeziehung des BMWK und der Übertragungsnetzbetreiber (Abs. 5)

Das Monitoring der Elektrizitätsnetze erfolgt unter regelmäßiger Einbeziehung der Über- 21
tragungsnetzbetreiber sowie des BMWK bei allen wesentlichen Verfahrensschritten (Satz 1).
Mit der Einbeziehung der Übertragungsnetzbetreiber verfolgt der Gesetzgeber das Ziel, auf
vorhandenes Fachwissen zuzugreifen; sie sollen „ihre Expertise einbringen" und „etwaige
Bedenken oder Anregungen zum geplanten Vorgehen [...] mitteilen oder diskutieren" (so
ausdrücklich die Begr. des RegE, BT-Drs. 18/7317, 121). Die sehr vage Formulierung
ist demnach nicht als subjektives (Beteiligungs-)Recht der Übertragungsnetzbetreiber auf
Mitwirkung zu verstehen, sondern dient allein der Verbesserung der Berichtsqualität. Mit
der Einbeziehung des BMWK ist auch nach Verlagerung der Zuständigkeit auf die BNetzA
(→ Rn. 11) sichergestellt, dass der grundlegenden energiepolitischen Bedeutung des Monitorings sowie der **europapolitischen Dimension der Versorgungssicherheit** auch weiterhin hinreichend Rechnung getragen wird. Auf Verlangen hat die BNetzA als zuständige
Regulierungsbehörde dem BMWK die bei ihr vorliegenden und zur Beobachtung und
Bewertung der Versorgungssicherheit notwendigen Daten zu übermitteln (Satz 2).

Das BMWK ist zudem über Satz 3 ermächtigt, die Daten inkl. der unternehmensbezoge- 22
nen Daten an beauftragte Dritte zu Zwecken der Aus- und Bewertung zu übermitteln,
sofern die vertrauliche Behandlung der Daten (s. § 71) gewährleistet ist.

V. Berücksichtigung von Informationen (Abs. 1 S. 3)

Für das Elektrizitätsmonitoring berücksichtigt die BNetzA die nach § 12 Abs. 4 und 5 23
übermittelten Informationen (Absatz 1 Satz 3). Darunter sind solche Daten zu verstehen, die
notwendig sind, damit die Elektrizitätsversorgungsnetze sicher und zuverlässig betrieben,
gewartet und ausgebaut werden können, einschließlich etwaiger Betriebs- und Geschäftsgeheimnisse. Der BNetzA kommt hierbei **kein Entschließungsermessen** zu („ist"); sie ist
somit zur Berücksichtigung verpflichtet (Theobald/Kühling/Boos § 51 Rn. 19).

Über den pauschalen Verweis auf § 12 Abs. 4 und 5 wird letztlich eine möglichst weitge- 24
hende Verwendung der von den Übertragungsnetzbetreibern an die BNetzA übermittelten
Daten erreicht (vgl. auch → § 12 Rn. 64). Das betrifft neben Stamm-, und Echtzeitdaten
auch Planungsdaten (§ 12 Abs. 5 Nr. 2, Abs. 4 S. 2). Diese allein reichen nach dem Gesetz
jedoch nicht für die Einschätzung über die künftige Entwicklung der Strommärkte aus
(„wahrscheinlichkeitsbasierte Analysen", vgl. § 51 Abs. 4a S. 2). Im Hinblick auf die Netze
dürfte sich die Einschätzung der künftigen Entwicklung durch die BNetzA hingegen weitge-

hend an der **langfristigen Netzanalyse der Übertragungsnetzbetreiber** nach § 34 Abs. 1 KVBG orientieren – vgl. § 51 Abs. 4b.

§ 51a Monitoring des Lastmanagements

(1) ¹Die Regulierungsbehörde kann zur Durchführung des Monitorings nach § 51 ein Monitoring des Beitrags von Lastmanagement zur Versorgungssicherheit durchführen. ²Dazu kann die Regulierungsbehörde von Unternehmen und Vereinigungen von Unternehmen, die einen jährlichen Stromverbrauch von mehr als 50 Gigawattstunden haben, Informationen verlangen, die erforderlich sein können, um den heutigen und künftigen Beitrag von Lastmanagement im Adressatenkreis für die Versorgungssicherheit an den Strommärkten zu analysieren. ³Auf Verlangen des Bundesministeriums für Wirtschaft und Energie muss die Regulierungsbehörde die Informationen einholen und diesem in angemessener Frist sowie in geeigneter Form zur Verfügung stellen.

(2) Die Regulierungsbehörde soll das Marktstammdatenregister nach § 111e nutzen, sobald und soweit darin Daten im Sinne des Absatzes 1 gespeichert sind.

Überblick

Die Norm ermöglicht zum Zweck der Versorgungssicherheit (→ Rn. 1) ein Monitoring des Lastmanagements bei Großverbrauchern (→ Rn. 3). Dazu kann die Regulierungsbehörde relevante Informationen (→ Rn. 6) von Großverbrauchern anfordern und ist auf Verlangen des BMWK sogar dazu verpflichtet (→ Rn. 5).

A. Normzweck und unionsrechtlicher Hintergrund

1 § 51a ergänzt das Monitoring der Versorgungssicherheit nach § 51 um den Aspekt des Lastmanagements. Nach dem Willen des Gesetzgebers erfasst das Lastmanagement die zweckorientierte Veränderung des Verbrauchs elektrischer Energie gegenüber einem ansonsten zu erwartenden Verbrauchsverhalten (BT-Drs. 18/7317, 120; vgl. § 12 Abs. 4). Die Vorschrift dient der Umsetzung von Art. 4 Elektrizitätsbinnenmarkt-RL (RL 2003/54/EG) und verankert die Befugnis der BNetzA als zuständige Regulierungsbehörde, von **Großverbrauchern zusätzliche Informationen** zu verlangen, um die Sicherheit der Elektrizitätsversorgung weiter zu steigern. Dahinter steht die Erwägung, dass diesen Großverbrauchern aufgrund ihres hohen Bedarfs im Zusammenhang mit der Gewährleistung der Versorgungssicherheit eine besondere Rolle zukommt (BT-Drs. 18/7317, 84).

B. Entstehungsgeschichte

2 Eingeführt wurde § 51a durch Artikel 1 des Strommarktgesetzes vom 26.7.2016 (BGBl. I 1786). Anstelle des ursprünglich im Regierungsentwurf (BT-Drs. 18/7317, 121) vorgesehenen Grenzwerts von 20 Gigawattstunden jährlich, hat man sich nach der Stellungnahme und Beschlussempfehlung des zuständigen Ausschusses für Wirtschaft und Energie (BT-Drs. 18/8915, 39) auf 50 Gigawattstunden geeinigt, da dieser Wert für ausreichend erachtet wurde. Zur abweichenden Schwelle in § 12 Abs. 5 Nr. 5 → Rn. 4. Der Wortlaut der Norm ist bis heute unverändert geblieben. Zum Zeitpunkt der Veröffentlichung wurde die Änderung der Bezeichnung des Bundesministeriums für Wirtschaft und Energie (BMWi) in Bundesministerium für Wirtschaft und Klimaschutz (BMWK) im Normtext nach wie vor nicht berücksichtigt (vgl. auch → § 50 Rn. 3).

C. Monitoring des Lastmanagements (Abs. 1)

3 Die BNetzA wird durch Satz 1 iVm § 54 Abs. 1 als zuständige Regulierungsbehörde dazu ermächtigt, ein Monitoring des Lastmanagements durchzuführen. Der Umfang der Befugnis wird durch Satz 2 bestimmt. Adressaten sind ausschließlich **Großverbraucher,** dh Unternehmen und Unternehmensvereinigungen mit einem Stromverbrauch von **mehr als 50**

Gigawattstunden jährlich. Während der Gesetzgeber Unternehmensvereinigungen aufgenommen hat, um die Umgehung der Schwelle durch gesellschaftsrechtliche Gestaltung zu verhindern, bleibt unklar, welche Voraussetzungen dafür vorliegen müssen. Auch in der Praxis der BNetzA ist eine solche Konkretisierung nicht erkennbar. Die von der Norm erfassten Großverbraucher haben nach entsprechendem Verlangen der BNetzA in angemessener Frist relevante Informationen (→ Rn. 6) zu der Analyse ihres Lastmanagementbeitrags zur Verfügung zu stellen. Maßgeblich für die Bestimmung des Jahresverbrauches sind angesichts des Geltungsbereiches des Gesetzes nur Standorte in Deutschland (Theobald/Kühling/Boos § 51a Rn. 19). Ob nur das letzte Kalenderjahr zugrunde gelegt oder aber ein Mittelwert aus den vergangenen Jahren zur Bestimmung des Jahresverbrauches gebildet wird, dürfte im **Ermessen der BNetzA** liegen. In der Praxis stellt die BNetzA regelmäßig darauf ab, ob die Schwelle in einem der beiden zurückliegenden Jahre überschritten wurde. Selbst erzeugter Strom ist ebenso wie fremdbezogener zu behandeln, da die Norm nur auf den Elektrizitätsverbrauch, nicht auf den Netzbezug abstellt; ausgenommen ist nur solche Energie, die selbst erzeugt und direkt an einen Dritten weitergeleitet wird (vgl. Theobald/Kühling/Boos § 51a Rn. 20, so auch Nummer 6; häufig gestellte Fragen zum Monitoring des Lastmanagements 2021, FAQ der BNetzA vom 17.5.2021). Die Praxis der BNetzA ist indes nicht eindeutig nachvollziehbar. Einerseits soll nach der BNetzA vom Monitoring auch Eigenerzeugung erfasst werden, um den Einfluss der Eigenerzeugung auf das Verhalten des Standorts am Strommarkt besser zu verstehen; und zwar unabhängig davon, ob diese am Netz angeschlossen sind oder nicht (siehe Veröffentlichung der BNetzA zu wesentlichen Änderungen im Erhebungsbogen des Lastmanagements als Ergebnis der öffentlichen Konsultation). Andererseits fordert die BNetzA nur Daten zu Erzeugungsanlagen, die im Marktstammdatenregister eingetragen sind (siehe die Abfrage der BNetzA gem. §§ 12 Abs. 5 Nr. 5, 51a zu Lastmanagementpotentialen). Eintragungspflichtig sind hingegen nach § 5 Abs. 2 Nr. 1 MaStRV nur Anlagen mit Netzanschluss.

Um die Großverbraucher zu ermitteln, sind die Elektrizitätsnetzbetreiber gem. § 12 Abs. 5 Nr. 5 zur Mitwirkung verpflichtet. Sie müssen der BNetzA sämtliche Unternehmen und Vereinigungen von Unternehmen nennen, die einen Stromverbrauch von mehr als 20 Gigawattstunden jährlich haben; dass hier der Wert aus dem Regierungsentwurf von 20 Gigawattstunden zugrunde gelegt wird, ist wohl auf ein gesetzgeberisches Versehen zurückzuführen, da die ausschlaggebende Beschlussempfehlung des zuständigen Ausschusses nur auf die Anpassung des Wortlauts in § 51a gerichtet war (→ Rn. 2) und den Zusammenhang zu § 12 Abs. 5 Nr. 5 unberücksichtigt gelassen hat. In der Anwendungspraxis legt die BNetzA aber einheitlich den Grenzwert von 50 Gigawatt zugrunde (siehe dazu die Abfrage zum Monitoring des Lastmanagements für Netzbetreiber nach §§ 12 Abs. 5 Nr. 5, 51a). Eine Ermittlung von Verbrauchern unterhalb dieser Schwelle wäre auch bedeutungslos, da von diesen mangels Ermächtigungsgrundlage für Unternehmen unter 50 Gigawattstunden ohnehin keine Informationen abgefragt werden dürften (so zutreffend Theobald/Kühling/Boos § 51a Rn. 16). 4

I. Ermessen und Durchführungspflicht

Die Entscheidung, ein Monitoring des Lastmanagements durchzuführen, liegt grundsätzlich im Ermessen der Behörde. Das betrifft zum einen das Entschließungsermessen, überhaupt relevante Informationen (→ Rn. 6) von Großverbrauchern abzufragen. Entsprechend dieses Ermessens hat die BNetzA etwa im Jahr 2020 aufgrund der Covid-19-Pandemie auf eine Abfrage verzichtet, diese aber im Jahr 2021 wieder durchgeführt und dabei neben den Daten für 2020 auch die Daten für 2019 abgefragt (siehe dazu die Abfrage zum **Monitoring des Lastmanagements** für Netzbetreiber nach §§ 12 Abs. 5 Nr. 5, 51a). Auch im Jahr 2022 hat die BNetzA eine entsprechende Abfrage ausgesetzt. Grund hierfür ist, dass die BNetzA die Abfrage zeitlich an das Monitoring der Versorgungssicherheit Strom nach § 51 anpasst. Dies dient der Entlastung der Marktteilnehmer, da eine Abfrage zukünftig nur noch in einem zweijährigen Rhythmus stattfinden wird. Abweichend hierzu muss die BNetzA ein Lastmanagement-Monitoring durchführen, wenn das BMWK dies verlangt (Satz 3). In diesem Fall sind die Informationen binnen angemessener Frist und in geeigneter Form zur Verfügung zu stellen, was eine vorige Analyse und Aufbereitung der Daten erfordert. Zum 5

EnWG § 52 Teil 6. Sicherheit und Zuverlässigkeit der Energieversorgung

anderen kommt der BNetzA ein Auswahlermessen zu: Sie kann entscheiden, ob sie alle Großverbraucher adressiert oder nur ein Stichprobenverfahren durchführt (Elspas/Graßmann/Rasbach/Salevic § 51a Rn. 3). Außerdem kann die BNetzA entscheiden, in welchem Umfang und mit welcher Methodik sie relevante Informationen (→ Rn. 6) erhebt (Säcker EnergieR/Groebel § 51a Rn. 7).

II. Relevante Informationen

6   Die Befugnis zur Datenerhebung ist auf relevante Informationen beschränkt. Darunter sind ausweislich des Wortlautes solche Informationen zu verstehen, die erforderlich sein können, um den heutigen und künftigen Beitrag von Lastmanagement im Adressatenkreis für die Versorgungssicherheit an den Strommärkten zu analysieren. Der Gesetzgeber geht von einem weiten Beurteilungsspielraum aus und bezieht dabei insbesondere auch solche Informationen mit ein, die mittelbar – dh im Zusammenspiel mit anderen bereits vorhandenen oder noch zu erhebenden Daten – Rückschlüsse über das Lastmanagement gewähren (BT-Drs. 18/7317, 121 f.). Mangels ausdrücklicher Anordnung, welche Informationen erforderlich im Sinne der Norm sind, bildet der Verhältnismäßigkeitsgrundsatz die Grenze (Kment EnWG/Görisch § 51a Rn. 4). Um ein Mindestmaß an Kontrolle sicherzustellen und die Eingriffsbefugnis sinnvoll zu begrenzen, wird man verlangen dürfen, dass die Behörde bei solchen Informationen, aus denen sich die Erforderlichkeit für das Lastmanagement-Monitoring nicht ohne weiteres ergibt, zumindest in Grundzügen plausibel darlegt, warum sie sie benötigt (so auch Kment EnWG/Görisch § 51a Rn. 4). Im Übrigen ist in der Regulierungspraxis bis dato ungeklärt, welche Informationen tatsächlich als erforderlich betrachtet werden müssen (vgl. Elspas/Graßmann/Rasbach/Salevic § 51a Rn. 3).

D. Nutzung des Marktstammdatenregisters nach § 111e (Abs. 2)

7   Die Regulierungsbehörde soll nach Absatz 2 das Marktstammdatenregister nach § 111e nutzen, sobald und soweit darin Daten gespeichert sind. Ziel der Regelung ist es, den bürokratischen Aufwand durch Meldepflichten soweit wie möglich zu reduzieren (BT-Drs. 18/7317, 121 f.). Seit der Inbetriebnahme des Marktstammdatenregisters am 31.1.2019 wird kritisiert, die **Großverbraucher wie Netzbetreiber** seien in doppelter Hinsicht zur Bereitstellung von Informationen verpflichtet, sodass eine Abschaffung bzw. Reduzierung geboten sei (Theobald/Kühling/Boos § 51a Rn. 26). In der Praxis lässt die BNetzA bei der Abfrage die Angabe der SEE-Nummer der Anlage im Marktstammdatenregister und die Summe der Netto-Nennleistung und -Stromerzeugung ausreichen.

E. Rechtsschutz und Folge von Verstößen

8   Weigert sich (unberechtigterweise) ein Unternehmen die verlangten Informationen herauszugeben, kann die BNetzA Aufsichtsmaßnahmen nach § 65 (vgl. auch → § 65 Rn. 5) anstrengen und bei anhaltender Weigerung gem. § 94 ein Zwangsgeld festsetzen (vgl. Theobald/Kühling/Boos § 51a Rn. 31). Da § 95 keinen Verweis auf § 51a beinhaltet, führt die bloße Verweigerung nicht zu einem Bußgeld. Allerdings ist nach § 95 Nr. 3 lit. a ein Bußgeld im Fall der Anordnung nach § 65 möglich (vgl. → § 52 Rn. 14). Umgekehrt besteht kein Anspruch der in § 51a aufgezählten Unternehmen und Vereinigungen von Unternehmen auf Durchführung einer Informationsabfrage; das liegt zum einen an dem der BNetzA eingeräumten Ermessensspielraum (→ Rn. 5) und zum anderen daran, dass die Vorschriften zum Monitoring **keine Klagebefugnis** (§ 42 Abs. 2 VwGO) im Sinne eines individuellen Durchführungsanspruches gegenüber Dritten begründen (vgl. VG Berlin BeckRS 2010, 56863). Rechtsschutz gegen ein Informationsbegehren der BNetzA kann iRd §§ 75 ff. begehrt werden; hiernach kann ein betroffenes Unternehmen Beschwerde gegen die Informationsabfrage der BNetzA erheben.

§ 52 Meldepflichten bei Versorgungsstörungen

¹Betreiber von Energieversorgungsnetzen haben der Bundesnetzagentur bis zum 30. April eines Jahres über alle in ihrem Netz im letzten Kalenderjahr aufgetretenen

Meldepflichten bei Versorgungsstörungen § 52 EnWG

Versorgungsunterbrechungen einen Bericht vorzulegen. ²Dieser Bericht hat mindestens folgende Angaben für jede Versorgungsunterbrechung zu enthalten:
1. den Zeitpunkt und die Dauer der Versorgungsunterbrechung,
2. das Ausmaß der Versorgungsunterbrechung und
3. die Ursache der Versorgungsunterbrechung.
³In dem Bericht hat der Netzbetreiber die auf Grund des Störungsgeschehens ergriffenen Maßnahmen zur Vermeidung künftiger Versorgungsstörungen darzulegen. ⁴Darüber hinaus ist in dem Bericht die durchschnittliche Versorgungsunterbrechung in Minuten je angeschlossenem Letztverbraucher für das letzte Kalenderjahr anzugeben. ⁵Die Bundesnetzagentur kann Vorgaben zur formellen Gestaltung des Berichts machen sowie Ergänzungen und Erläuterungen des Berichts verlangen, soweit dies zur Prüfung der Versorgungszuverlässigkeit des Netzbetreibers erforderlich ist. ⁶Sofortige Meldepflichten für Störungen mit überregionalen Auswirkungen richten sich nach § 13 Absatz 8.

Überblick

Die Norm soll die systematische Erfassung von Versorgungsstörungen sicherstellen. Dazu wird eine Meldepflicht jeglicher Unterbrechungen der Strom- und Gasversorgung festgeschrieben (→ Rn. 3), in der zumindest Zeitpunkt, Ausmaß und Dauer der Unterbrechungen (→ Rn. 7) und Maßnahmen zur künftigen Vermeidung von Störungen (→ Rn. 8) enthalten sein müssen. Einzelheiten der Meldepflicht können durch die BNetzA konkretisiert werden (→ Rn. 11), die bei Verstößen berechtigt ist, Bußgelder zu verhängen (→ Rn. 14).

A. Normzweck und Entstehungsgeschichte

§ 52 zielt darauf ab, Unterbrechungen der Versorgung mit Strom systematisch zu erfassen 1 und zu protokollieren. Auf Grundlage dieser Daten bildet die BNetzA einen **Maßstab zur Beurteilung der Versorgungszuverlässigkeit** und kann künftig gebotene Entwicklungen erkennen. Die Vorschrift schafft die für die Sicherstellung einer langfristigen Versorgungssicherheit notwendige Datengrundlage und ergänzt so das Monitoring zur Versorgungssicherheit iRd §§ 50 ff. (BT-Drs. 15/3917, 68).

Im Grundsatz ist die Norm damit zwar auf die Richtlinien Elektrizitäts-Binnenmarkt- 2 Richtlinie 2009/72/EG und Gas-Binnenmarkt-Richtlinie 2009/73/EG zurückzuführen. Sie geht aber inhaltlich über die dort statuierten Mindestvorgaben hinaus. Der ursprünglich auf Betreiber von Stromversorgungsnetzen beschränkte Anwendungsbereich wurde im Laufe des Gesetzgebungsverfahrens um die Betreiber von Gasversorgungsnetzen erweitert (BT-Drs. 15/5268, 122). Seit ihrer Einführung 2005 wurde die Vorschrift lediglich leicht abgewandelt. Um einen „Gleichklang mit der Monitoring-Abfrage der BNetzA" herzustellen (BT-Drs. 17/6072, 89), wurde die Frist für die Meldungen vom 30. Juni auf den 30. April vorgezogen.

B. Inhalt und Umfang der Meldepflicht

Satz 1 statuiert eine jährliche Meldepflicht für Betreiber von Energieversorgungsnetzen. 3 Gemeint sind alle **Strom- und Gasversorgungsnetzbetreiber** iSv § 3 Nr. 4. Diese haben jeweils zum 30. April des Folgejahres einen Bericht über alle im letzten Kalenderjahr in ihrem Netz aufgetretenen Versorgungsunterbrechungen bei der BNetzA vorzulegen. Für die Fristwahrung kommt es ausschließlich auf den **Zugang** der Meldung an (Theobald/Kühling/Boos § 52 Rn. 7). Inhaltliche Ausgestaltung erfährt die Meldepflicht durch Satz 2, der Mindestanforderungen normiert, und die Sätze 3 und 4, die den allgemeinen Rahmen bestimmen. Darüber hinaus wird die BNetzA ermächtigt, Vorgaben zur formellen Gestaltung des Berichts zu machen sowie dazu, Ergänzungen und Erläuterungen des Berichts zu verlangen, soweit dies zur Prüfung der Versorgungszuverlässigkeit des Netzbetreibers erforderlich ist (Satz 5).

Dagegen enthält § 52 keine allgemeine Pflicht, gegenwärtige Versorgungsstörungen sofort 4 zu melden (Bourwieg/Hellermann/Hermes/Bourwieg § 52 Rn. 1). Treffender sollte man daher eher von einer (Jahres-)Berichtspflicht denn einer Meldepflicht sprechen. Lediglich

Groß/Wagenführ 1419

bei überregionaler Bedeutung ist eine solche Meldung vorgesehen (→ Rn. 10). Ausgenommen vom Adressatenkreis der Vorschrift werden nach § 110 Betreiber geschlossener Verteilernetze, da diese in der Regel keinen Einfluss auf den freien Marktzugang haben und die allgemeine Versorgungssicherheit nicht betreffen; diese Ausnahme ist auch durch den BGH bestätigt worden (BGH NVwZ-RR 2011, 55 Rn. 29 f.).

I. Meldepflichtigkeit der Versorgungsunterbrechung

5   Die Berichtspflicht erfasst **alle** Unterbrechungen in der Strom- und Gasversorgung, wobei mangels Differenzierung im Wortlaut kein Unterschied zwischen planmäßigen und außerplanmäßigen Unterbrechungen gemacht wird (Bourwieg/Hellermann/Hermes/Bourwieg § 52 Rn. 5). Als „Unterbrechung" der Elektrizitätsversorgung iSd § 52 erfasst die BNetzA indes nur Störungen, bei denen Letztverbraucher oder Weiterverteiler **länger als 3 Minuten** spannungslos geworden sind (Allgemeinverfügung Strom v. 22.2.2006 – Az. 605/8135). Mit der Konkretisierung macht die BNetzA von ihrer Ergänzungsbefugnis aus Satz 5 (dazu → Rn. 11) Gebrauch. Diese Festlegung ist aus technischer Sicht nicht unproblematisch: Für moderne IT und industrielle Steuerungsanlagen, die für Schwankungen empfindlich sind und/oder jederzeit erreichbar sein müssen, ist dies offenkundig mit Problemen verbunden. Dieser Standard ist in der digital vernetzten Welt nicht mehr zeitgemäß und anpassungsbedürftig. Abhilfe bietet für Betroffene bislang nur Eigenvorsorge, da für etwaige Schäden der Anschlussnutzer einstehen muss (LG Kiel BeckRS 2010, 2701; LG Münster IR 2007, 184; vgl. auch OLG Braunschweig BeckRS 2014, 11556). Auch rechtlich ist diese einseitige Freistellung von gesetzlichen Pflichten bedenkenswert. Für die Gasversorgung setzt die BNetzA als Bagatellgrenze die „Spürbarkeit" (Allgemeinverfügung Gas v. 17.12.2008 – Az. 607/891, S. 3 (unter II.)) der Versorgungsbeeinträchtigung voraus. Diese ist allerdings kaum bestimmbar und dürfte auf eine Evidenzkontrolle hinauslaufen.

6   Ohne ersichtlichen Grund und ohne dass damit ein Unterschied in der Auslegung einher ginge, wird in Sätzen 1, 2 und 4 der Begriff der Unterbrechung und in Satz 3 und Satz 6 sowie der amtlichen Überschrift die Bezeichnung „Störung" gewählt, um das meldepflichtige Ereignis zu beschreiben. Auch in der Begründung des Gesetzesentwurfs werden beide Begriffe **synonym** verwendet (vgl. BT-Drs. 15/3917, 68). Es gibt indes gute Gründe für eine Differenzierung: Der Begriff der Störung ist inhaltlich weniger konturiert und erfasst neben dem klassischen Ausfall wegen Unterbrechung der Versorgung auch Nutzbarkeitseinbußen, die auf Schwankungen der Spannung bzw. Über-/Unterdruck zurückzuführen sind und nicht in den Anwendungsbereich des § 52 fallen (so insbesondere Salje EnWG § 52 Rn. 10, 15; Rosin/Pohlmann/Gentzsch/Metzenthin/Böwing/Heinlein § 52 Rn. 13 geht dagegen von einem redaktionellen Fehler aus und befürwortet eine einheitliche Auslegung anhand des Gesetzeszweckes, der allein auf Unterbrechungen der Versorgungen ausgerichtet sei).

II. Mindestinhalt der Meldung (S. 2)

7   Satz 2 beschreibt den Mindestinhalt der Berichte der BNetzA. Demnach müssen wenigstens der Zeitpunkt und die Dauer sowie das Ausmaß und die Ursache jeder Versorgungsunterbrechung enthalten sein. Die Zusammenschau der Daten gibt am ehesten wieder, wie es um die Versorgungssicherheit bestellt ist. Durch die Protokollierungen der Ursachen wird überdies die Grundlage dafür geschaffen, zukünftige strukturelle Verbesserungen auf den Weg zu bringen. Für die ungeplanten Beeinträchtigungen differenziert die BNetzA zwischen verschiedenen Anlässen: atmosphärische Einwirkungen („normale" Unwetter, Kälte oder Hitze, Erdrutsch, Hochwasser usw); **Einwirkungen Dritter** (etwa Baumaßnahmen, Fahrzeuge, Unfälle, **Sabotage** etc); Zuständigkeit des Netzbetreibers/kein erkennbarer Anlass; Rückwirkungsstörungen (zB Fehlbedienungen oder Störungen an Betriebsmitteln) und höhere Gewalt, dh betriebsfremde, von außen durch außergewöhnliche elementare Naturkräfte oder durch Handlungen dritter Personen herbeigeführte Ereignisse, die nach menschlicher Einsicht und Erfahrung unvorhersehbar sind und durch äußerste, nach der Sachlage vernünftigerweise zu erwartenden Sorgfalt nicht verhütet und unschädlich gemacht werden kann (Allgemeinverfügung Strom v. 22.2.2006 – Az. 605/8135, S. 2 sowie Anlage Berichts-

pflichten bei Versorgungsstörungen v. 22.2.2006, S. 4). Bei den geplanten Versorgungsunterbrechungen wird zwischen Zählerwechsel und sonstigen Unterbrechungen unterschieden.

III. Maßnahmen zur Vermeidung künftiger Versorgungsstörungen (S. 3)

Satz 3 sieht vor, dass die Netzbetreiber die aufgrund des Störungsgeschehens ergriffenen Maßnahmen zur Vermeidung künftiger Versorgungsstörungen darlegen. Gemeint ist eine Zusammenfassung der in der Vergangenheit angewandten Instrumente; eine Verpflichtung zur Darlegung geplanter oder zukünftiger Maßnahmen besteht hingegen nicht (Theobald/Kühling/Boos § 52 Rn. 13). Diese richtet sich nach § 13 Abs. 7. Es handelt sich um eine reine Informationspflicht. Satz 3 kann deshalb nicht als Ermächtigungsgrundlage zur Durchsetzung etwaiger Maßnahmen herangezogen werden (Bourwieg/Hellermann/Hermes/Bourwieg § 52 Rn. 28). Hierfür ist auf die allgemeinen Voraussetzungen nach §§ 11 ff. abzustellen, die die Netzbetreiber zur Sicherheit und Zuverlässigkeit ihrer Energieversorgungsnetze sowie zur regelmäßigen Schwachstellenanalyse verpflichten. 8

IV. Durchschnittliche Versorgungsunterbrechung (S. 4)

Satz 4 verpflichtet die Versorgungsnetzbetreiber dazu, in ihrem Bericht die durchschnittliche Versorgungsunterbrechung in Minuten je angeschlossenem Letztverbraucher für das letzte Kalenderjahr anzugeben. Für die Darstellung der Versorgungszuverlässigkeit in der Gas- und Elektrizitätsversorgung greift die BNetzA auf den Maßstab des international anerkannten und einheitlichen „SAIDI-Werts" (System Average Interruption Duration Index) zurück (vgl. für Strom: Eckpunktepapier zur Ausgestaltung des Qualitätselements Netzzuverlässigkeit Strom im Rahmen der Anreizregulierung der BNetzA v. 15.12.2010, S. 5; Festlegung BK8-20/00003-A bis BK8-20/00007-A (Methodikbeschluss), S. 2 ff., nach Jahren und Bundesländern aufgeschlüsselter Bericht der BNetzA über den SAIDI-Wert über Kennzahlen der Versorgungsunterbrechung im Bereich Strom; ausf. zur Berechnung Salje EnWG § 52 Rn. 18 ff.). Die Zahl der angeschlossenen Letztverbraucher bestimmt sich nach der Anzahl der angeschlossenen Zähler (Theobald/Kühling/Boos § 52 Rn. 21). 9

V. Sofortige Meldepflicht für überregionale Störungen (S. 6)

Sofortige Meldepflichten für Störungen mit überregionalen Auswirkungen richten sich gem. § 52 S. 6 nach § 13 Abs. 8. Die Vorschrift ist **deklaratorisch**. Zutreffend ist auf die Unvollständigkeit dieses Verweises hingewiesen worden, der sich nur auf die Betreiber von Elektrizitätsnetzen bezieht; folgerichtig wäre auch ein Verweis auf die Informationspflichten der Gasfernleitungsnetzbetreiber nach § 16 Abs. 4 angezeigt gewesen (Theobald/Kühling/Boos § 52 Rn. 24). Es handelt sich hierbei wohl um ein Versehen, da die Gasfernleitungsbetreiber erst zu einem späteren Zeitpunkt im Gesetzgebungsverfahren in den Anwendungsbereich des § 52 aufgenommen worden sind (so auch Theobald/Kühling/Boos § 52 Rn. 24; vgl. BT-Drs. 15/5268, 57, 122). 10

C. Vorgaben der BNetzA (S. 5)

Die BNetzA ist nach Satz 5 ermächtigt, verbindliche Vorgaben zur formellen Gestaltung des Berichts zu machen sowie Ergänzungen und Erläuterungen eines Berichts zu verlangen. Dies geschieht bislang in Gestalt von Allgemeinverfügungen. 11

I. Formelle Vorgaben

Die Vorgaben zur formellen Gestaltung können neben der Darstellung und der Form auch die Art und Weise der Übermittlung des Berichts betreffen (Bourwieg/Hellermann/Hermes/Bourwieg § 52 Rn. 36). So hat die BNetzA in ihren Allgemeinverfügungen vom 22.2.2006 (Az. 605/8135) für Strom und vom 17.12.2008 (Az. 607/891) für Gas eine elektronische Datenübermittlung angeordnet und einheitliche Struktur festgelegt, um auf diese Weise eine standardisierte Übermittlung und Auswertung zu gewährleisten. Das erfolgt über das Meldungsportal der BNetzA. 12

II. Ergänzungen und Erläuterungen

13 Die Befugnis der BNetzA, zu bestehenden Berichten Ergänzungen und Erläuterungen zu verlangen, besteht, soweit dies zur Prüfung der Versorgungszuverlässigkeit des Netzbetreibers erforderlich ist. Der Maßstab, an dem sich die Erforderlichkeit der Nachforderung bemisst, ist ein individueller und somit abhängig vom konkreten Anlass (Kment EnWG/Görisch § 52 Rn. 4). Wie schon der Wortlaut nahe legt, kann Satz 5 nur zur Ergänzung bereits nach Sätzen 2–4 zulässig erfasster Informationen (vgl. Bourwieg/Hellermann/Hermes/Bourwieg § 52 Rn. 13, 36 f.), nicht aber als Ermächtigungsgrundlage für die Erhebung zusätzlicher Daten herangezogen werden. Durch die Ergänzungen und Erläuterungen sollen dabei möglichst Werte gebildet werden, die aussagekräftige internationale **Vergleiche** ermöglichen (BT-Drs. 15/3917, 68; zum SAIDI-Wert → Rn. 9).

III. Berücksichtigung im Rahmen der Anreizregulierung

13a Die BNetzA zieht die gemeldeten Unterbrechungen auch im Rahmen der Anreizregulierung bei der Berechnung der Erlösobergrenze als sog. Qualitätselement nach § 19 ARegV heran (LG Frankfurt/Oder BeckRS 2020, 51530, bestätigt durch OLG Brandenburg BeckRS 2021, 30287; OLG München EnWZ 2022, 180).

D. Verstoß gegen Meldepflicht

14 Zur Durchsetzung der Meldepflicht kann die BNetzA Aufsichtsmaßnahmen nach § 65 Abs. 1 und Abs. 2 anordnen. Bei darüber hinaus andauernder Zuwiderhandlung kann gem. § 94 ein Zwangsgeld von mindestens 1.000 und maximal 10 Mio. EUR (Säcker EnergieR/Zeidler § 52 Rn. 43) oder ein Bußgeld nach § 95 festgesetzt werden; das Bußgeld bezieht sich allerdings nur auf einen Verstoß gegen eine sofort vollziehbare aufsichtsrechtliche Anordnung nach § 65 Abs. 1 oder 2 (§ 95 Nr. 3 lit. a), nicht aber auf den Verstoß der Meldepflicht selbst (Theobald/Kühling/Boos § 52 Rn. 26).

E. Rechtsschutz

15 Gegen Maßnahmen, die von der BNetzA zur Durchsetzung der Meldepflicht ausgeführt werden, steht dem betroffenen Netzbetreiber Rechtsschutz nach Maßgabe der §§ 75 ff. im Rahmen des Beschwerdeverfahrens zu. Richtet sich die Rechtsschutzbegehr gegen die Veröffentlichung der Daten, so liegt mangels Entscheidung gegenüber dem Betreiber nur ein schlicht hoheitliches Handeln vor; hiergegen ist die allgemeine Leistungsbeschwerde bzw. ein Eilantrag auf Erlass einer Unterlassungsverfügung statthaft (Theobald/Kühling/Boos § 52 Rn. 28; Theobald/Kühling/Boos § 75 Rn. 60a sowie Theobald/Kühling/Boos § 77 Rn. 39a f.). Allerdings kann sich ein Netzbetreiber dabei nicht darauf berufen, dass die zu veröffentlichenden Kennzahlen der Versorgungsqualität Betriebs- und Geschäftsgeheimnisse darstellen. Denn diese lassen keine wettbewerblich nachteiligen Schlussfolgerungen über Beschaffungs- und Verlustenergiekosten zu, da sie auf einer **Aggregation verschiedener Kennzahlen** zur Nichtverfügbarkeit und einer regulatorisch festgelegten ökonometrischen Bewertungsmethodik beruhen (BGH NVwZ-RR 2020, 1117 Rn. 13) und keine Rückschlüsse darüber preisgeben, durch welche Konzepte und Maßnahmen der einzelne Netzbetreiber bei welchem Aufwand seine Netzzuverlässigkeit erzielt hat oder wie dringend konkrete Investitionen in das Netz sind (BGH NVwZ-RR 2020, 1117 Rn. 13).

§ 53 Ausschreibung neuer Erzeugungskapazitäten im Elektrizitätsbereich

Sofern die Versorgungssicherheit im Sinne des § 1 durch vorhandene Erzeugungskapazitäten oder getroffene Energieeffizienz- und Nachfragesteuerungsmaßnahmen allein nicht gewährleistet ist, kann die Bundesregierung durch Rechtsverordnung mit Zustimmung des Bundesrates ein Ausschreibungsverfahren oder ein diesem hinsichtlich Transparenz und Nichtdiskriminierung gleichwertiges Verfahren auf der Grundlage von Kriterien für neue Kapazitäten oder Energieeffizienz-

und **Nachfragesteuerungsmaßnahmen vorsehen, die das Bundesministerium für Wirtschaft und Energie im Bundesanzeiger veröffentlicht.**

Überblick

Die Norm dient der Versorgungssicherheit und soll Knappheiten in der Elektrizitätsversorgung durch unzureichende Erzeugungskapazitäten oder Energieeffizienz- und Nachfragesteuerungsmaßnahmen vorbeugen. Dazu wird die Bundesregierung (→ Rn. 11) ermächtigt, durch Rechtsverordnung ein Ausschreibungsverfahren (→ Rn. 9) oder ein gleichwertiges Verfahren (→ Rn. 10) für neue Kapazitäten oder Energieeffizienz- und Nachfragesteuerungsmaßnahmen vorzusehen.

A. Normzweck und Regelungsinhalt

Durch § 53 wird die Bundesregierung ermächtigt, für den Fall, dass mit den vorhandenen Erzeugungskapazitäten oder den bereits getroffene Energieeffizienz- und Nachfragesteuerungsmaßnahmen allein die Versorgungssicherheit nicht gewährleistet ist, mit Zustimmung des Bundesrates eine **Rechtsverordnung** (Art. 80 GG) zu erlassen, die ein Ausschreibungsverfahren oder ein diesem hinsichtlich Transparenz und Nichtdiskriminierung gleichwertiges Verfahren auf der Grundlage von Kriterien für neue Kapazitäten oder Energieeffizienz- und Nachfragesteuerungsmaßnahmen vorsehen. Damit soll sichergestellt sein, dass ggf. auch kurzfristig auf Engpässe in der Versorgungssicherheit reagiert werden kann. Es handelt sich somit um eine Schutzvorschrift, die staatliche Intervention für den Fall eines Marktversagens ermöglicht (Bourwieg/Hellermann/Hermes/Bourwieg § 53 Rn. 1). Die Norm knüpft an den Begriff der Versorgungssicherheit aus § 1 an und gilt somit ausschließlich für die Elektrizitätsversorgung (vgl. BT-Drs. 15/3917, 68). 1

Nicht auf § 53 gestützt werden können Verordnungen zu Notfallmaßnahmen (Säcker EnergieR/Bruhn § 53 Rn. 3). Diese sind abschließend iRd §§ 12 ff. geregelt, die detaillierte Vorgaben zum Netzbetrieb machen, etwa die vorzuhaltende Netzreserve nach Maßgabe von § 13d. Auch ein ggf. erforderlicher Netzausbau oder sonstige transportspezifische Maßnahmen sind nicht erfasst, müssen aber bei der Beurteilung der Versorgungssicherheit mitberücksichtigt werden (Bourwieg/Hellermann/Hermes/Bourwieg § 53 Rn. 4). Die Grenzen können bei intelligenten Steuerungslösungen (**Smart Grids**) aber unter Umständen fließend sein (vgl. Bourwieg/Hellermann/Hermes/Bourwieg § 53 Rn. 4 und 5). 2

B. Europarechtlicher Hintergrund und Entstehungsgeschichte

Die Regelung diente ausweislich der Gesetzesbegründung (BT-Drs. 15/3917) der Umsetzung der Art. 7 und 8 Elektrizitäts-Binnenmarkt-Richtlinie 2009/72/EG (ursprünglich Art. 6 und 7 Elektrizitäts-Binnenmarkt-Richtlinie 2003/54/EG). Zentrales Ziel war die Verbesserung des Wettbewerbs auf dem europäischen Erzeugungsmarkt. Ob dieses Ziel tatsächlich mit § 53 umgesetzt wurde, ist in der Vergangenheit zurecht bezweifelt worden (Theobald/Kühling/Däuper § 53 Rn. 2; Bourwieg/Hellermann/Hermes/Bourwieg § 53 Rn. 2). Die Richtlinie enthält an dieser Stelle (heute: Art. 8 Elektrizitäts-Binnenmarkt-Richtlinie (EU) 2019/944) Vorgaben für die Einführung objektiver, transparenter und diskriminierungsfreier Genehmigungsverfahren zum Bau neuer Erzeugungsanlagen; § 53 hat damit gegenständlich (bislang) keine Berührungspunkte, da es bis heute an einem solchen besonderen Genehmigungsverfahren fehlt. Mit Einführung der neuen **Elektrizitätsbinnenmarktrichtlinie** vom 5.6.2019 (Elektrizitäts-Binnenmarkt-Richtlinie (EU) 2019/944) ist die Vorschrift ersatzlos weggefallen. Der europarechtliche Hintergrund beschränkt sich somit auf die Gewährleistung der Versorgungssicherheit. Zum Zeitpunkt der Veröffentlichung wurde die Änderung der Bezeichnung des Bundesministeriums für Wirtschaft und Energie (BMWi) in Bundesministerium für Wirtschaft und Klimaschutz (BMWK) im Normtext nach wie vor nicht berücksichtigt (vgl. auch → § 50 Rn. 3). 3

C. Voraussetzungen

4 Der Erlass einer auf § 53 gestützten Rechtsverordnung setzt voraus, dass eine Gefährdung der Versorgungssicherheit besteht und dass die Versorgungssicherheit mit den vorhandenen Erzeugungskapazitäten oder den bereits getroffenen Energieeffizienz- und Nachfragesteuerungsmaßnahmen nicht gewährleistet werden kann.

I. Versorgungssicherheitsdefizit

5 Die Versorgungssicherheit muss marktseitig gefährdet sein, dh es muss ein dauerhaftes und mehr als nur geringfügiges Missverhältnis von Angebot und Nachfrage auf dem Strommarkt geben, sodass ein akutes **Versorgungssicherheitsdefizit** besteht oder in absehbarer Zeit zu entstehen droht (Theobald/Kühling/Däuper § 53 Rn. 7). Verlangt wird also eine konkretisierte **Gefährdungslage** im Zeitpunkt des Erlasses (Kment EnWG/Görisch § 53 Rn. 1). Hingegen können präventive Maßnahmen grundsätzlich nicht auf § 53 gestützt werden (Kment EnWG/Görisch § 53 Rn. 1). Mit dem Verweis auf § 1 ist klargestellt, dass ein einheitlicher Bewertungsmaßstab zugrunde gelegt werden soll, sodass bei der Überprüfung der Versorgungssicherheit nicht nur leistungsbilanzielle Defizite, sondern darüber hinaus auch technische und netzabhängige Hindernisse berücksichtigt werden müssen (so auch Theobald/Kühling/Däuper § 53 Rn. 7). Bei der Beurteilung kommt der Bundesregierung ein umfassender Prognosespielraum zu, der notwendigerweise aus der Perspektive **ex ante** erfolgt (Theobald/Kühling/Däuper § 53 Rn. 9; Kment EnWG/Görisch § 53 Rn. 3). Dabei ist die Bundesregierung jedoch nicht völlig frei: Die Monitoring-Berichte (§§ 51 f.) und Meldungen der Versorgungsnetzbetreiber (§ 52) der letzten Jahre sind in jedem Fall zu berücksichtigen, soweit sie Rückschlüsse über typische oder zu erwartende Veränderungen in der Versorgunglage bieten.

6 Besondere Bedeutung kommt hierbei den erneuerbaren Energien zu, da sie neben den regelmäßigen Verbrauchsschwankungen zusätzliche Schwankungen auf der Erzeugerseite generieren. Zum einen divergieren nominelle Erzeugungskapazitäten und tatsächliche Energieeinspeisung teilweise erheblich. Zum anderen liegen die Jahresspitzen im Stromverbrauch regelmäßig dann vor, wenn aufgrund von Jahreszeit und Witterung geringe Erträge (insbesondere in der Photovoltaik) bei den erneuerbaren Energien zu erwarten sind (vgl. Monitoring-Bericht des BMWi (inzwischen BMWK) nach § 63 iVm § 51 EnWG zur Versorgungssicherheit im Bereich der leitungsgebundenen Versorgung mit Elektrizität 2019, 30 f.).

II. Subsidiarität

7 Ausweislich des Wortlautes findet die Verordnungsermächtigung nur **subsidiär** Anwendung, nämlich nur dann, wenn mit den vorhandenen Erzeugungskapazitäten oder den bereits getroffene Energieeffizienz- und Nachfragesteuerungsmaßnahmen (ggf. **Redispatch**) die Versorgungssicherheit nicht gewährleistet ist. § 53 ist damit **ultima ratio** für den Fall, dass dem Marktversagen im bestehen System nicht begegnet werden kann, insbesondere nicht vorrangig neue Kapazitäten geschaffen werden können (vgl. Däuper/Voß ZNER 2012, 119 (121)). Die Voraussetzungen müssen nur alternativ, nicht kumulativ vorliegen (Theobald/Kühling/Däuper § 53 Rn. 11).

D. Verfahren/Durchführung

8 Liegen die Voraussetzungen für den Verordnungserlass vor, kann die BReg wählen, ob sie ein Ausschreibungsverfahren oder ein hinsichtlich Transparenz und Nichtdiskriminierung gleichwertiges Verfahren durchführen möchte. Es liegt ein Fall des **intendierten Auswahlermessens** vor, da der Gesetzgeber erkennbar vom Ausschreibungsverfahren als Normalfall ausgeht, der regelmäßig die sachgerechten Ergebnisse zu erzeugen geeignet ist (so auch Bourwieg/Hellermann/Hermes/Bourwieg § 53 Rn. 14; Theobald/Kühling/Däuper § 53 Rn. 13). Fällt die Wahl auf das gleichwertige Verfahren, ist dies daher gesondert zu begründen.

I. Ausschreibungsverfahren und -kriterien

Entsprechend der allgemeinen Verwendung ist ein Ausschreibungsverfahren durchzuführen, in dem eine grundsätzlich unbeschränkte Anzahl von Unternehmen öffentlich zur Abgabe von Angeboten aufgefordert wird und der Zuschlag demjenigen erteilt wird, der nach objektiven Kriterien das leistungsstärkste Angebot abgegeben hat. § 53 lässt die Fragen zu den Anforderungen an die Kriterien und Inhalte unbeantwortet, was mit Blick auf Art. 80 Abs. 1 GG nicht unproblematisch ist (Salje EnWG § 53 Rn. 13). Bislang wurde ergänzend auf die Vorgaben der Energiebinnenmarktrichtlinie abgestellt. Hiernach mussten zur Gewährleistung eines transparenten und nichtdiskriminierenden Verfahrens die Ausschreibungsbedingungen eine genaue Beschreibung der Spezifikationen des Auftrags und des von den Bietern einzuhaltenden Verfahrens sowie eine vollständige Liste der Kriterien für die Auswahl der Bewerber und die Auftragsvergabe, einschließlich der von der Ausschreibung erfassten Anreize wie zB Beihilfen enthalten (Art. 8 Abs. 3 Elektrizitäts-Binnenmarkt-Richtlinie 2009/72/EG). Mit dem Wegfall der Norm ist allerdings zweifelhaft, ob und inwiefern weiterhin auf diese Kriterien abgestellt werden kann. Hingegen gelten die inhaltlichen Auswahlkriterien auch nach der letzten Reform fort und finden sich in Art. 8 Abs. 2 Elektrizitäts-Binnenmarkt-Richtlinie (EU) 2019/944; beispielhaft seien aufgezählt: System- und Anlagensicherheit, Gesundheits- und Umweltschutz, die Flächennutzung und Standortwahl, Energieeffizienz oder der Art der Primärenergieträger. In jedem Fall **interpretationsbedürftig** bleibt die Reichweite dieser Vorgaben, da sich Art. 8 Elektrizitäts-Binnenmarkt-Richtlinie (EU) 2019/944 nur auf Genehmigungsverfahren und nicht auf Vergabeverfahren bezieht; insbesondere ist bislang unklar, ob die Bundesregierung auf sämtliche Gründe eingehen muss oder einzelne Schwerpunkte setzen kann.

9

II. Gleichwertiges Verfahren

Alternativ kann sich der Verordnungsgeber auch für die Durchführung eines **gleichwertigen Verfahrens** entscheiden. Dieses muss aber hinsichtlich Transparenz und Nichtdiskriminierung einem Ausschreibungsverfahren gleichgestellt sein, damit es nicht zu einer Umgehung der strengeren und unionsrechtlich vorgeprägten Voraussetzungen kommt. Denkbar wäre ein **Versteigerungsverfahren** (ähnlich dem TKG) oder die **börsenmäßige** Vergabe von Kraftwerkkapazitäten (Salje EnWG § 53 Rn. 8).

10

III. Zuständigkeit

Zuständig für den Erlass der Verordnung ist die Bundesregierung. Keine Aussage trifft § 53 hingegen über die Zuständigkeit für die Durchführung der Ausschreibung bzw. des gleichwertigen Verfahrens. Die Norm beschränkt sich lediglich darauf, dem BMWK Veröffentlichungspflichten über die entscheidenden Kriterien und Maßnahmen im Bundesanzeiger aufzuerlegen. Zur Interpretation wurde nach alter Rechtslage auf den Inhalt von Art. 8 Abs. 5 Elektrizitäts-Binnenmarkt-Richtlinie 2009/72/EG zurückgegriffen: Dieser sah vor, dass die Mitgliedstaaten eine zentrale Stelle benennen konnten. Mit dem Wegfall der Norm im Zuge der Neufassung der Richtlinie, dürfte dieser Interpretation jedoch der Boden entzogen sein. Aufgrund der besonderen Sachnähe wird man von der Zuständigkeit des BMWK – mit der Befugnis zur Subdelegation nach Art. 80 Abs. 1 S. 4 GG ausgehen können (so auch Theobald/Kühling/Däuper § 53 Rn. 22; Kment EnWG/Görisch § 53 Rn. 5).

11

§ 53a Sicherstellung der Versorgung von Haushaltskunden mit Erdgas

[1]Gasversorgungsunternehmen haben zu gewährleisten, dass mindestens in den in Artikel 6 Absatz 1 der Verordnung (EU) 2017/1938 des Europäischen Parlaments und des Rates vom 25. Oktober 2017 über Maßnahmen zur Gewährleistung der sicheren Gasversorgung und zur Abschaffung der Verordnung (EU) Nr. 994/2010 (ABl. L 280 vom 28.10.2017, S. 1) genannten Fällen versorgt werden die von ihnen direkt belieferten
1. Haushaltskunden sowie weitere Letztverbraucher im Erdgasverteilernetz, bei denen standardisierte Lastprofile anzuwenden sind, oder Letztverbraucher im

EnWG § 53a Teil 6. Sicherheit und Zuverlässigkeit der Energieversorgung

Erdgasverteilernetz, die Haushaltskunden zum Zwecke der Wärmeversorgung beliefern und zwar zu dem Teil, der für die Wärmelieferung benötigt wird,
2. grundlegenden sozialen Dienste im Sinne des Artikels 2 Nummer 4 der Verordnung (EU) 2017/1938 des Europäischen Parlaments und des Rates vom 25. Oktober 2017 im Erdgasverteilernetz und im Fernleitungsnetz,
3. Fernwärmeanlagen, soweit sie Wärme an Kunden im Sinne der Nummern 1 und 2 liefern, an ein Erdgasverteilernetz oder ein Fernleitungsnetz angeschlossen sind und keinen Brennstoffwechsel vornehmen können, und zwar zu dem Teil, der für die Wärmelieferung benötigt wird.

²Darüber hinaus haben Gasversorgungsunternehmen im Falle einer teilweisen Unterbrechung der Versorgung mit Erdgas oder im Falle außergewöhnlich hoher Gasnachfrage Kunden im Sinne des Satzes 1 Nummer 1 bis 3 mit Erdgas zu versorgen, solange die Versorgung aus wirtschaftlichen Gründen zumutbar ist. ³Zur Gewährleistung einer sicheren Versorgung von Kunden im Sinne des Satzes 1 Nummer 1 und 2 mit Erdgas kann insbesondere auf marktbasierte Maßnahmen zurückgegriffen werden.

Überblick

Die Bestimmung verpflichtet Gasversorgungsunternehmen (→ Rn. 4) gegenüber schutzbedürftigen Kunden (→ Rn. 5) zur Gewährleistung der Gasversorgung für definierte Extremsituationen (→ Rn. 10). Satz 2 erweitert den Gewährleistungsumfang für teilweise Unterbrechungen der Gasversorgung und außergewöhnlich hohe Gasnachfragesituationen, der erweiterte Gewährleistungsumfang steht allerdings unter dem Vorbehalt der wirtschaftlichen Zumutbarkeit (→ Rn. 14). Satz 3 verweist beispielhaft auf die Möglichkeit marktbasierter Maßnahmen (→ Rn. 15), auf die Gasversorgungsunternehmen zur Sicherung der Gasversorgung Rückgriff nehmen können.

A. Normzweck, Bedeutung

1 Die Bestimmung dient der **Sicherstellung der Versorgungssicherheit mit Gas** (BT-Drs. 17/6072, 89) und erweitert die in § 36 statuierte allgemeine Grundversorgungspflicht für Krisensituationen. Die Gasversorgungsunternehmen sollen auch in Krisensituationen die Versorgung der geschützten Kunden mit Gas sicherstellen. Die Überschrift der Vorschrift ist dabei missverständlich. Die Vorschrift bezieht seit der EnWG-Novelle 2021 (BGBl. I 3026) nicht nur Haushaltskunden, sondern weitere **geschützte Kundengruppen** ein. Die Aktualisierung der Überschrift im Rahmen der letzten Novelle wurde mutmaßlich vergessen.

2 Bereits in der **Vorgängerbestimmung des § 53a EnWG 2005** (unter dem generellen Vorbehalt der wirtschaftlichen Zumutbarkeit) war erstmals eine gesetzliche Pflicht verankert, auch im Fall einer teilweisen Unterbrechung der Erdgasversorgung oder bei außergewöhnlich hoher Gasnachfrage in extremen Kälteperioden die Erdgasversorgung sicherzustellen. Der Gasstreit zwischen der Ukraine und Russland 2009 und die zur Abmilderung möglicher daraus resultierender Risiken entwickelten unionsrechtlichen Bestimmungen (VO (EU) 994/2010) führten zur umfassenden Revision und Erweiterung des § 53a durch die EnWG-Novelle 2011. Die im Rahmen der zur 25.2.2015 von der EU-KOM verabschiedeten Strategie zur Europäischen Energieunion erlassene VO (EU) 1938/2017, mit der gleichzeitig die VO (EU) 994/2010 aufgehoben wurde, führte zu einer weiteren (geringfügigen) redaktionellen Anpassung des § 53a durch Gesetz v. 17.12.2018 (BGBl. I 2549). Vor dem Hintergrund der russischen Invasion in die Ukraine am 24.2.2022 ist die Sicherstellung der Erdgasversorgung von größerer Bedeutung denn je.

3 Das Verhältnis von § 53a zum „zur Deckung von lebenswichtigen Energiebedarfen" erlassenen Energiesicherungsgesetz 1975 (und der auf Grundlage des Energiesicherungsgesetzes verordneten **GasSV**) ist gesetzlich nicht klar geregelt (Britz/Hellermann/Hermes/Bourwieg, 3. Aufl., § 53a Rn. 4). Im Ergebnis ist jedoch von einer **Anwendungskonkurrenz** der Bestimmungen auszugehen (so auch Kment EnWG/Görisch § 53a Rn. 1). Gleiches gilt auch für die weiterhin neben § 53a anwendbaren Bestimmungen des Wirtschaftssicherstellungsgesetzes (und der auf Grundlage des Wirtschaftssicherstellungsgesetzes erlassenen **GasLastV**,

die die Übertragung der Gaslastverteilung auf staatliche Behörden regelt) (umfassend dazu Säcker EnergieR/Hohaus § 53a Rn. 2 ff.).

B. Gewährleistung der Versorgung in Krisensituationen (S. 1)

I. Normadressaten und geschützte Kunden

Satz 1 verpflichtet Gasversorgungsunternehmen zur Sicherstellung der Gasversorgung. 4
Der Begriff des **Gasversorgungsunternehmen** wurde in die Vorschrift im Rahmen der EnWG-Novelle 2011 aufgenommen. Zuvor adressierte die Bestimmung Energieversorgungsunternehmen iSd § 3 Nr. 18. Der Begriff des Gasversorgungsunternehmens ist im EnWG (anders als Energieversorgungsunternehmen in § 3 Nr. 18) **nicht definiert,** findet sich jedoch nicht nur in § 53a, sondern auch in den Bestimmungen der § 3 Nr. 19, § 25 S. 1, § 28a Abs. 3. Der Adressatenbereich wird durch die Begrenzung auf „Gasversorgungsunternehmen, die [...] beliefern", auf Gaslieferanten iSd § 3 Nr. 19b eingeengt, sofern diese Gas an die in Satz 1 genannten schutzwürdigen Kunden vertreiben. **Nicht erfasst** werden dagegen Betreiber von Gasversorgungsnetzen (so auch Säcker EnergieR/Hohaus § 53a Rn. 16; aA dagegen Thole/Dietzel EnWZ 2013, 543 (545 f.)). Für Netzbetreiber bestehen ohnehin die netzbezogenen und deutlich umfassenderen Vorgaben der Systemverantwortung gem. §§ 16, 16a, die auch marktbezogene Maßnahmen umfassen.

Die geschützten Kundengruppen werden **abschließend** in Satz 1 Nummern 1–3 behandelt. 5
Die Kundengruppen wurden dabei mit der EnWG-Novelle 2021 um den Sektor Gewerbe, Handel, Dienstleistungen sowie grundlegende soziale Dienste bei Vorliegen bestimmter Voraussetzungen erweitert (BT-Drs. 19/27453, 133). Der Gasbedarf für Industrie (338 TWh im Jahr 2020), Stromversorgung (131 TWh im Jahr 2020) und Verkehr (2 TWh) wird dabei von der Vorschrift nicht erfasst. Erfasst werden demgegenüber (regelmäßig) der Gasabsatz an private Haushalte (290 TWh im Jahr 2020) und der sonstige Gasbedarf (178 TWh im Jahr 2020) teilweise (vgl. BT-Drs. 19/27453, 133).

Normbegünstigt werden gem. Satz 1 Nummer 1 6
- Haushaltskunden gem. § 3 Nr. 22,
- sonstige Letztverbraucher im Erdgasverteilernetz, bei denen standardisierte Lastprofile anzuwenden sind und
- weitere Letztverbraucher im Erdgasverteilernetz, soweit diese Haushaltskunden zum Zwecke der Wärmeversorgung beliefern.

Haushaltskunden sind dabei in § 3 Nr. 22 legaldefiniert. Darüber hinaus sind die Letztver- 7
braucher im Erdgasverteilernetz geschützt, deren Verbrauch gem. § 24 Abs. 1 GasNZV über **standardisierte Lastprofile** ermittelt werden kann. Ob dies der Fall ist, richtet sich danach, ob die stündliche Ausspeiseleistung maximal 500 kWh pro Stunde beträgt und die jährliche Gasentnahme 1.500 MWh nicht überschreitet. Der Gesetzgeber wollte dabei im Wesentlichen die von Art. 2 Nr. 5a VO (EU) Nr. 994/2010 erfassten kleinen und mittleren Unternehmen der Sektoren Gewerbe, Handel, Dienstleistungen in den Schutzbereich einbeziehen. Darüber hinaus sind Letztverbraucher umfasst, die Haushaltskunden zum Zwecke der Wärmeversorgung beliefern. Dies können etwa Letztverbraucher sein, die Blockheizkraftwerke im Quartier betreiben und auf Erdgas zum Betrieb der Wärmeerzeugungsanlagen angewiesen sind. Der Anspruch ist auf das zur Wärmeversorgung benötigte Erdgas begrenzt. Abgesehen von Haushaltskunden (die praktisch ohnehin nicht direkt am Fernleitungsnetz angeschlossen sind) gelten als schutzwürdige Kunden nur solche Letztverbraucher, die an das **Erdgasverteilernetz** angeschlossen sind. Für die Auslegung des Begriffes Erdgasverteilernetzes ist § 3 Nr. 20 heranzuziehen.

Satz 1 Nummer 2 regelt, dass **grundlegende soziale Dienste** iSd Art. 2 Nr. 4 VO (EU) 8
2017/1938 ebenfalls als schutzwürdige Kunden anzusehen sind. Der Gesetzgeber wollte damit in erster Linie solche Einrichtungen erfassen, in denen Menschen vorübergehend behandelt werden oder leben und diese nicht ohne Weiteres verlassen können sowie Einrichtungen, die hoheitliche Aufgaben zur öffentlichen Sicherheit zu erfüllen haben (BT-Drs. 19/27453, 133). Beispielhaft werden genannt: Krankenhäuser und Vorsorge- und Rehabilitationseinrichtungen gem. § 107 SGB V, stationäre Pflegeeinrichtungen gem. § 71 Abs. 2 SGB XI, stationäre Hospize gem. § 39a Abs. 1 SGB V, Einrichtungen zur Pflege und Betreuung

behinderter Menschen gem. § 71 Abs. 4 SGB XI, Justizvollzugsanstalten gem. § 139 StVollzG, sowie zB Feuerwehr, Polizei und Bundeswehreinrichtungen.

9   Zudem wurden bereits mit der EnWG-Novelle 2011 Betreiber von gasbetriebenen Fernwärmeanlagen unter Schutz gestellt, **soweit** diese Wärme an Kunden iSv Satz 1 Nummern 1–2 liefern. Die Betreiber von Fernwärmeanlagen sind anteilig nur insoweit schutzbedürftig, wie dies für die Versorgung der Kundengruppen erforderlich ist. Sofern dem Betreiber der Fernwärmeanlage eine Alternative zur gasbasierten Wärmeerzeugung zur Verfügung steht (Brennstoffwechsel), besteht der Versorgungsanspruch nicht (so auch Säcker EnergieR/ Hohaus § 53a Rn. 19). Darüber hinaus müssen die Fernwärmeanlagen gem. Satz 1 Nummer 2 mit einem vorgelagerten Erdgasverteiler- oder Fernleitungsnetz verbunden sein.

II. Umfang der Versorgungssicherung

10 Die adressierten Gasversorgungsunternehmen werden durch Satz 1 dazu verpflichtet, Sicherungsmaßnahmen für die in Art. 6 Abs. 1 S. 1 VO (EU) 2017/1938 benannten konkreten **Extremereignisse** zu treffen. Es handelt sich dabei um Sicherungsmaßnahmen für folgende Gasmangelsituationen:

- extreme Temperaturen an sieben aufeinanderfolgenden Tagen mit Spitzenlast, wie sie mit statistischer Wahrscheinlichkeit einmal in 20 Jahren vorkommen,
- eine außergewöhnlich hohe Gasnachfrage über einen Zeitraum von 30 Tagen, wie sie mit statistischer Wahrscheinlichkeit einmal in 20 Jahren auftritt,
- Ausfall der größten einzelnen Gasinfrastruktur für einen Zeitraum von 30 Tagen unter durchschnittlichen Winterbedingungen.

11 Satz 1 benennt keine spezifischen Maßnahmen, die das Gasversorgungsunternehmen zur Absicherung der Gasmangelsituation ergreifen muss. Durch die Unternehmen sind jedoch geeignete Vorkehrungen zu treffen, um die Erdgasversorgung von der geschützten Kundengruppen in den benannten Gasmangelsituationen sicherzustellen. Mögliche Maßnahmen sind insbesondere die in Satz 3 bezeichneten marktbasierten Maßnahmen.

C. Erweiterter Versorgungsumfang (S. 2)

12 Satz 2 erweitert den sich aus Satz 1 und Art. 6 Abs. 1 S. 1 VO (EU) 2017/1938 ergebenden Versorgungsumfang für zwei weitere Gasmangelsituationen. Zum einen gilt der **erweiterte Versorgungsumfang** auch bei einer teilweisen Versorgungsunterbrechung mit Erdgas. Teilweise Versorgungsunterbrechungen liegen vor, wenn **mehr als 20 Prozent** der Gasversorgung aus Drittländern ausfällt (Britz/Hellermann/Hermes/Bourwieg, 3. Aufl., § 53a Rn. 11).

13 Zum anderen greift der erweiterte Versorgungsumfang bei **außergewöhnlich hoher Gasnachfrage**. Auch für solche Situationen sind durch das Gasversorgungsunternehmen grundsätzlich Vorkehrungen zu treffen.

14 Die Versorgungssicherung durch das Gasversorgungsunternehmen steht unter dem **Vorbehalt der wirtschaftlichen Zumutbarkeit.** Die wirtschaftliche Zumutbarkeit nach Satz 2 geht dabei deutlich weiter als die im Rahmen der Grundversorgungspflicht ebenfalls bestehende Unzumutbarkeitsgrenze iSd § 36 Abs. 1 S. 2, § 37 Abs. 1 S. 2 (Britz/Hellermann/ Hermes/Bourwieg, 3. Aufl., § 53a Rn. 12). In welchen Fällen von einer wirtschaftlichen Unzumutbarkeit für das Gasversorgungsunternehmen auszugehen ist, unterliegt einer **Einzelfallbetrachtung,** bei der die ökonomischen Interessen des Gasversorgungsunternehmens und des schutzbedürftigen Kunden miteinander abzuwägen sind, jedoch unter Beachtung der besonderen Bedeutung der Gasversorgung für die schutzbedürftigen Kundengruppen gerade in Kälteperioden. Wirtschaftlich unzumutbar sind jedenfalls Maßnahmen, die zur Existenzgefährdung des Gasversorgungsunternehmens führen könnten.

D. Marktbasierte Maßnahmen (S. 3)

15 Satz 3 verweist ohne abschließenden Charakter auf **marktbasierte Maßnahmen,** auf die das Gasversorgungsunternehmen zur Gewährleistung der Gasversorgung für die Kundengruppen nach Satz 1 Nummern 1–2 zurückgreifen kann. Für Fernwärmeanlagen nach Satz 1 Nummer 3 können im Umkehrschluss aufgrund der fehlenden Verweisung keine marktba-

sierten Maßnahmen vorgenommen werden. Bis zur EnWG-Novelle 2011 verwies Satz 3 noch auf die in Anhang II VO (EU) 994/2010 aufgeführten Instrumente. Der Verweis wurde aufgrund der Aufhebung der VO (EU) 994/2010 durch die VO (EU) 2017/1938 gestrichen.

Marktbasierte Maßnahmen zur Gewährleistung der Gasversorgung sind insbesondere in den Präventions- und Notfallplänen der Mitgliedstaaten aufgeführt. 16

Der vom BMWi im September 2019 verabschiedete **Notfallplan Gas** für die Bundesrepublik Deutschland (abrufbar unter https://www.bmwi.de/Redaktion/DE/Downloads/M-O/notfallplan-gas-bundesrepublik-deutschland.pdf?__blob=publicationFile&v=5, letzter Abruf v. 19.4.2021) enthält unter Ziff. 7.1.1 nur sehr kurz gehaltene Ausführungen zu marktbasierten Maßnahmen durch Gashändler und Gaslieferanten, die sich im Wesentlichen in einem Verweis auf Nutzbarmachung der vorhandenen Flexibilitäten auf Beschaffungsseite erschöpfen. 17

Zwar enthält Ziff. 7.1.2 weitere marktbasierte Maßnahmen, die die Fern- und Verteilernetzbetreiber zur Gewährleistung der Gasversorgung durchzuführen haben. Da Fern- und Verteilernetzbetreiber jedoch aktuell nicht von Satz 1 adressiert werden (→ Rn. 4), sind diese Maßnahmen nicht vom Umfang der Bestimmung erfasst. 18

Da die im Notfallplan aufgeführten marktbasierten Maßnahmen **keinen abschließenden Charakter** haben, geben die in Anh. II VO (EU) 994/2010 aufgeführten Instrumente weiterhin einen guten Überblick über mögliche Sicherungsmaßnahmen. Zu nennen sind insbesondere **Maßnahmen der Angebotsseite** (zB Steigerung der Produktions- oder Importflexibilität, Erleichterung der Einspeisung von Gas oder Wasserstoff aus erneuerbaren Energiequellen in die Gasnetzinfrastruktur, Diversifizierung von Gaslieferung und Gaslieferwegen, Rückgriff auf kurz- und langfristige Verträge etc) und **Maßnahmen der Nachfrageseite** (zB Rückgriff auf unterbrechbare Verträge, Möglichkeiten des Brennstoffwechsels und Verwendung von Ersatzbrennstoffen zB bei Industriekunden, Nutzung freiwilliger Abschaltung, verstärkte Nutzung erneuerbarer Energieträger). 19

Teil 7. Behörden

Abschnitt 1. Allgemeine Vorschriften

§ 54 Allgemeine Zuständigkeit

(1) Die Aufgaben der Regulierungsbehörde nehmen die Bundesnetzagentur für Elektrizität, Gas, Telekommunikation, Post und Eisenbahnen (Bundesnetzagentur) und nach Maßgabe des Absatzes 2 die Landesregulierungsbehörden wahr.

(2) ¹Den Landesregulierungsbehörden obliegt
1. die Genehmigung der Entgelte für den Netzzugang nach § 23a,
2. die Genehmigung oder Festlegung im Rahmen der Bestimmung der Entgelte für den Netzzugang im Wege einer Anreizregulierung nach § 21a,
3. die Genehmigung oder Untersagung individueller Entgelte für den Netzzugang, soweit diese in einer nach § 24 Satz 1 Nr. 3 erlassenen Rechtsverordnung vorgesehen sind,
4. die Überwachung der Vorschriften zur Entflechtung nach § 6 Abs. 1 in Verbindung mit den §§ 6a bis 7a,
5. die Überwachung der Vorschriften zur Systemverantwortung der Betreiber von Energieversorgungsnetzen nach § 14 Absatz 1, §§ 14a, 14b und 15 bis 16a,
6. die Überwachung der Vorschriften zum Netzanschluss nach den §§ 17 und 18 mit Ausnahme der Vorschriften zur Festlegung oder Genehmigung der technischen und wirtschaftlichen Bedingungen für einen Netzanschluss oder die Methoden für die Bestimmung dieser Bedingungen durch die Regulierungsbehörde, soweit derartige Vorschriften in einer nach § 17 Abs. 3 Satz 1 Nr. 2 erlassenen Rechtsverordnung vorgesehen sind,
7. die Überwachung der technischen Vorschriften nach § 19,
8. die Missbrauchsaufsicht nach den §§ 30 und 31 sowie die Vorteilsabschöpfung nach § 33,
9. die Entscheidung über das Vorliegen der Voraussetzungen nach § 110 Absatz 2 und 4,
10. die Festlegung und Feststellung der notwendigen technischen Anpassungen und Kosten im Rahmen der Umstellung der Gasqualität nach § 19a Absatz 2,
11. die Veröffentlichung nach § 23b Absatz 1, mit Ausnahme von § 23b Absatz 1 Satz 1 Nummer 7 und 10 bis 13, die zugleich auch die Bundesnetzagentur wahrnehmen kann, und
12. die Genehmigung der vollständig integrierten Netzkomponenten nach § 11b Absatz 1 Nummer 2 zweiter Halbsatz,

soweit Energieversorgungsunternehmen betroffen sind, an deren Elektrizitäts- oder Gasverteilernetz jeweils weniger als 100 000 Kunden unmittelbar oder mittelbar angeschlossen sind. ²Satz 1 gilt nicht, wenn ein Elektrizitäts- oder Gasverteilernetz über das Gebiet eines Landes hinausreicht. ³Satz 1 Nummer 6, 7 und 8 gilt nicht, soweit die Erfüllung der Aufgaben mit dem Anschluss von Biogasanlagen im Zusammenhang steht. ⁴Für die Feststellung der Zahl der angeschlossenen Kunden sind die Verhältnisse am 13. Juli 2005 für das Jahr 2005 und das Jahr 2006 und danach diejenigen am 31. Dezember eines Jahres jeweils für die Dauer des folgenden Jahres maßgeblich. ⁵Begonnene behördliche oder gerichtliche Verfahren werden von der Behörde beendet, die zu Beginn des behördlichen Verfahrens zuständig war.

(3) ¹Weist eine Vorschrift dieses Gesetzes eine Zuständigkeit nicht einer bestimmten Behörde zu, so nimmt die Bundesnetzagentur die in diesem Gesetz der Behörde übertragenen Aufgaben und Befugnisse wahr. ²Ist zur Wahrung gleichwertiger wirtschaftlicher Verhältnisse im Bundesgebiet eine bundeseinheitliche Festlegung nach § 29 Absatz 1 erforderlich, so nimmt die Bundesnetzagentur die in

Allgemeine Zuständigkeit § 54 EnWG

diesem Gesetz oder auf Grund dieses Gesetzes vorgesehenen Festlegungsbefugnisse wahr. ³Sie ist insbesondere zuständig für die bundesweit einheitliche Festlegung
1. von Preisindizes nach den Verordnungen nach § 24,
2. von Eigenkapitalzinssätzen nach den Verordnungen nach § 24,
3. von Vorgaben zur Erhebung von Vergleichsparametern zur Ermittlung der Effizienzwerte sowie zur angemessenen Berücksichtigung eines Zeitverzugs beim Ausbau der Verteilernetze im Effizienzvergleich nach den Verordnungen nach § 21a Absatz 6,
4. des generellen sektoralen Produktivitätsfaktors nach den Verordnungen nach § 21a Absatz 6,
5. Methoden zur Bestimmung des Qualitätselementes aufgrund einer Verordnung nach § 21a Absatz 6 und
6. von Vorgaben betreffend das Verfahren für die Genehmigung von vollständig integrierten Netzkomponenten nach § 11b Absatz 5 zweite Alternative in Verbindung mit Absatz 1 Nummer 2 zweiter Halbsatz.
⁴Beabsichtigt die Bundesnetzagentur bundeseinheitliche Festlegungen im Sinne des Satzes 2 zu treffen, die nicht die in Satz 3 genannten Bereiche betreffen, hat sie vor einer Festlegung den Länderausschuss bei der Bundesnetzagentur mit dem geplanten Inhalt der angestrebten Festlegung zu befassen. ⁵Die Bundesnetzagentur berücksichtigt die mehrheitliche Auffassung des Länderausschusses bei der Bundesnetzagentur bei ihrer Festlegung so weit wie möglich.

Überblick

§ 54 regelt in formeller Hinsicht die **Verteilung der sachlichen Zuständigkeit** zwischen der Regulierungsbehörde des Bundes (also der BNetzA; → Rn. 73 ff.) und den Regulierungsbehörden der Länder (→ Rn. 81 ff.), soweit im EnWG Vollzugsaufgaben ausdrücklich der „Regulierungsbehörde" zugewiesen werden. § 54 enthält alleine eine **formell-rechtliche Zuständigkeitsregelung** und keine materiell-rechtliche Befugnisnorm. Strikt zu unterscheiden sind die vorgenannten Regulierungsbehörden insbesondere von den „nach Landesrecht zuständigen Behörden", denen nach dem EnWG u.a. die Vollzugsaufgaben der (nicht-regulatorischen) Energieaufsicht zugewiesen sind (→ Rn. 100 ff.). Die Zuständigkeitsverteilung zwischen den Regulierungsbehörden des Bundes und der Länder ist in § 54 dergestalt geregelt, dass in **Absatz 2** die sachlichen Zuständigkeiten der **Landesregulierungsbehörden** enumerativ und grundsätzlich abschließend aufgeführt werden (→ Rn. 217 ff.), während alle sonstigen regulatorischen Vollzugsaufgaben nach **Absatz 1** in die sachliche Zuständigkeit der **BNetzA** fallen (→ Rn. 197 ff.). In **Absatz 3 Satz 1** findet sich zudem eine **sachliche Auffangzuständigkeit** der BNetzA, die in solchen Fällen subsidiär Platz greift, in denen das EnWG in einzelnen Normen die jeweils sachlich zuständige Behörde nicht ausdrücklich benennt (→ Rn. 414 ff.). In **Absatz 3 Sätze 2–5** ist schließlich eine sachliche Sonderzuständigkeit der BNetzA für **bundeseinheitliche Festlegungen** vorgesehen, wobei hier zwischen einer Generalklausel für bundeseinheitliche Festlegungen in Absatz 3 Satz 2 (→ Rn. 436 ff.) und einigen ausdrücklich geregelten Fällen der bundeseinheitlichen Festlegung in Absatz 3 Satz 3 zu unterscheiden ist (→ Rn. 451 ff.).

Übersicht

	Rn.		Rn.
A. Normzweck	1	III. Gesetz zur Änderung von Vorschriften zur Bevorratung von Erdöl, zur Erhebung von Mineralöldaten und zur Umstellung auf hochkalorisches Erdgas	27
B. Bedeutung	4		
I. Unionsrechtlicher Hintergrund	4		
II. Verfassungsrechtlicher Hintergrund	8	IV. Gesetz zur Modernisierung der Netzentgeltstruktur	28
C. Entstehungsgeschichte	14		
D. Änderungsgeschichte	21	V. Gesetz zur Umsetzung unionsrechtlicher Vorgaben und zur Regelung reiner Wasserstoffnetze im Energiewirtschaftsrecht	30
I. Gesetz zur Neuregelung energiewirtschaftsrechtlicher Vorschriften	21		
		1. Aktualisierung von Abs. 2 S. 1 Nr. 5	31
II. Drittes Gesetz zur Neuregelung energiewirtschaftsrechtlicher Vorschriften	24	2. Anfügung von Abs. 2 S. 1 Nr. 11	34

EnWG § 54

	Rn.		Rn.
3. Anfügung von Abs. 2 S. 1 Nr. 12	38	1. Energieversorgungsunternehmen als Netzbetreiber	224
4. Ergänzung von Absatz 3 Satz 3 Nummer 3	44	2. Elektrizitäts- und Gasverteilernetze	230
5. Anfügung von Abs. 3 Satz 3 Nummer 5	48	3. Anzahl der unmittelbar oder mittelbar angeschlossenen Kunden	233
6. Anfügung von Abs. 3 S. 3 Nr. 6	51	4. Enumerativer Zuständigkeitskatalog (Abs. 2 S. 1 Nr. 1–12)	275
VI. Gesetz zur Beschleunigung des Energieleitungsausbaus	57	5. Ausnahmen im Zusammenhang mit dem Netzanschluss von Biogasanlagen (Abs. 3)	361
VII. Gesetz zur Änderung des Energiewirtschaftsrechts im Zusammenhang mit dem Klimaschutz-Sofortprogramm und zu Anpassungen im Recht der Endkundenbelieferung	60	6. Zuständigkeit auch für Allgemeinverfügungen?	367
E. Vorschlag einer Prüfungsreihenfolge	63	II. Länderübergreifende Elektrizitäts- und Gasverteilernetze (Abs. 2 S. 2)	374
F. Aufgaben der Regulierungsbehörden (Abs. 1)	65	1. Ratio und Entstehungsgeschichte	375
I. Allgemeines	66	2. Anwendungsbereich	376
1. Fälle der ausdrücklichen Aufgabenzuweisung	66	3. Maßgeblicher Zeitpunkt	387
2. Regulatorische Aufgaben	69	4. Mitteilungspflicht nach § 28 S. 2 ARegV	389
3. Aufteilung der sachlichen Zuständigkeit	70	III. Zuständigkeitswechsel (Abs. 2 S. 5)	390
II. Überblick über die Behörden im Bereich des EnWG	71	1. Sachliche Zuständigkeit der Regulierungsbehörde	393
1. Regulierungsbehörden	73	2. Begonnenes behördliches oder gerichtliches Verfahren	397
2. „Nach Landesrecht zuständige Behörden"	100	3. Tatsächliche sachliche Zuständigkeit bei Verfahrensbeginn	400
3. Sonstige Behörden und öffentliche Stellen	114	4. Wechsel der sachlichen Zuständigkeit	402
III. Unabhängigkeit der Regulierungsbehörden	126	5. Keine zusätzlichen Tatbestandsvoraussetzungen	410
1. Unionsrechtliche Vorgaben	127	6. Rechtsfolgen	412
2. Umsetzung durch Bund und Länder	136	7. Analoge Anwendung auf teilweise Netzübergänge	413
3. Unionsrechtswidrigkeit der bestehenden Rechtslage	151	H. Auffangzuständigkeit und bundeseinheitliche Festlegungen der BNetzA (Abs. 3)	414
IV. Sachliche Zuständigkeit der BNetzA (Abs. 1)	197	I. Auffangzuständigkeit der BNetzA (Abs. 3 S. 1)	416
1. Transportnetzbetreiber	199	II. Bundeseinheitliche Festlegungen der BNetzA (Abs. 3 S. 2–5)	420
2. Betreiber von Energieverteilernetzen	202	1. Bundeseinheitlichkeit von Festlegungen	423
3. Betreiber von Kombinationsnetzen	208	2. Gerichtlicher Prüfungsmaßstab	428
V. Örtliche Zuständigkeit der Regulierungsbehörden	209	3. Generalklausel (Abs. 3 S. 2)	436
VI. Geltendmachung der Unzuständigkeit einer Regulierungsbehörde (§ 66a)	215	4. Ausdrücklich aufgeführte Fälle (Abs. 3 S. 3)	451
G. Aufgaben der Regulierungsbehörden der Länder (Abs. 2)	217	5. Einbindung des Länderausschusses (Abs. 3 S. 4 und 5)	489
I. Bestimmte sachliche Zuständigkeiten in Bezug auf „kleinere" Energieverteilernetze (Abs. 2 S. 1)	221		

A. Normzweck

1   Die Vorschrift des § 54 regelt abschließend die **sachliche Zuständigkeitsverteilung** zwischen den Regulierungsbehörden des Bundes und der Länder, soweit nach dem EnWG bestimmte Vollzugsaufgaben ausdrücklich der „Regulierungsbehörde" zugewiesen sind (Bourwieg/Hellermann/Hermes/Gundel § 54 Rn. 1; Kment EnWG/Görisch § 54 Rn. 1; ungenau daher Säcker EnergieR/Schmidt-Preuß § 54 Rn. 1: „Vollzug des EnWG"). Die Regelung des § 54 stellt ausschließlich eine **formell-rechtliche Zuständigkeitsregelung** dar. Zusätzlich zu dieser Zuständigkeitsregelung benötigen die Regulierungsbehörden des Bundes und der Länder für ihr Tätigwerden jeweils materiell-rechtliche Befugnisnormen, die sich beispielsweise aus Festlegungs- oder Genehmigungsbefugnissen iSd § 29 Abs. 1 ergeben können (Säcker EnergieR/Schmidt-Preuß § 54 Rn. 1).

2   **Nicht** durch § 54 geregelt wird die Verteilung der **örtlichen Zuständigkeit**; die örtliche Zuständigkeit der Regulierungsbehörden des Bundes und der Länder ergibt sich vielmehr aus den einschlägigen allgemeinen Vorschriften des Verwaltungsverfahrensrechts (→ Rn. 209 ff.). Weiterhin verhält sich die Vorschrift des § 54 nicht zu der sachlichen Zuständig-

Allgemeine Zuständigkeit § 54 EnWG

keit der in einigen Vorschriften des EnWG so bezeichneten „nach Landesrecht zuständigen Behörden" (zB § 4 Abs. 1 und 4, § 36 Abs. 2, § 43 Abs. 1 und 2, § 49 Abs. 5, § 65 Abs. 5), die im Rahmen des EnWG vor allem die (nicht-regulatorischen) Vollzugsaufgaben der Energieaufsicht erfüllen. Die sachliche Zuständigkeit der „nach Landesrecht zuständigen Behörden" ergibt sich, wie deren Benennung im EnWG schon vermuten lässt, aus dem jeweiligen Landesrecht (→ Rn. 100 ff.).

Die Regelung des § 54 dient außerdem der **Umsetzung unionsrechtlicher Vorgaben**, 3 wonach in den Mitgliedstaaten jeweils eine nationale Regulierungsbehörde einzurichten ist und auf regionaler Ebene weitere Regulierungsbehörden eingerichtet werden können (→ Rn. 4 ff.). Auf **verfassungsrechtlicher Ebene** schafft § 54 einen Ausgleich zwischen dem Interesse des Bundes an einem Vollzug eines Teils der Regulierungsaufgaben des EnWG in bundeseigener Verwaltung und dem Interesse der Länder an einem Vollzug eines anderen Teils dieser Regulierungsaufgabe als eigene Angelegenheit (→ Rn. 8 ff.).

B. Bedeutung

I. Unionsrechtlicher Hintergrund

Die Vorschrift des § 54 hat erstens einen unionsrechtlichen Hintergrund (Baur/Salje/ 4 Schmidt-Preuß Energiewirtschaft/Zeidler Kap. 39 Rn. 2; Bourwieg/Hellermann/Hermes/ Gundel § 54 Rn. 3 f.; Kment EnWG/Görisch § 54 Rn. 1 f.; Säcker EnergieR/Schmidt-Preuß § 54 Rn. 4; Theobald/Kühling/Theobald/Werk § 54 Rn. 8 ff.): Bereits durch Art. 23 Abs. 1 S. 1 Elektrizitäts-Binnenmarkt-Richtlinie 2003/54/EG (ABl. 2003 L 176, 37) und Art. 25 Abs. 1 S. 1 Gas-Binnenmarkt-Richtlinie 2003/55/EG (ABl. 2003 L 176, 57) waren die Mitgliedstaaten dazu **verpflichtet**, „eine oder mehrere zuständige Stellen mit der Aufgabe als Regulierungsbehörde" zu betrauen. Durch § 54 wurde diese damalige unionsrechtliche Vorgabe in deutsches Bundesrecht **umgesetzt**, indem ein Teil der Regulierungsaufgaben des EnWG der BNetzA und ein anderer Teil den Regulierungsbehörden der Länder zugewiesen wurde (Pielow DÖV 2005, 1017 (1018 f.)). Nach Art. 23 Abs. 1 S. 2 Elektrizitäts-Binnenmarkt-Richtlinie 2003/54/EG und Art. 25 Abs. 1 S. 2 Gas-Binnenmarkt-Richtlinie 2003/55/EG mussten die durch die Mitgliedstaaten betrauten Regulierungsbehörden von den Interessen der Energiewirtschaft **„vollkommen unabhängig"** sein, ohne dass dies zum damaligen Zeitpunkt näher ausgeführt wurde. In Art. 23 Elektrizitäts-Binnenmarkt-Richtlinie 2003/54/EG und Art. 25 Gas-Binnenmarkt-Richtlinie 2003/55/EG war eine knapp gehaltene Aufzählung der Aufgaben und Befugnisse enthalten, die den Regulierungsbehörden der Mitgliedstaaten zu übertragen waren (Theobald/Kühling/Theobald/Werk § 54 Rn. 9; Pielow DÖV 2005, 1017 (1018 f.)).

In Art. 35 Abs. 1 und 2 Elektrizitäts-Binnenmarkt-Richtlinie 2009/72/EG (ABl. 2009 L 5 211, 55) und in Art. 39 Abs. 1 und 2 Gas-Binnenmarkt-Richtlinie 2009/73/EG (ABl. 2009 L 211, 94) wurde den Mitgliedstaaten – gerade im Blick auf die in § 54 abgebildete Situation in der Bundesrepublik Deutschland – ausdrücklich ermöglicht, eine **nationale Regulierungsbehörde** und auf regionaler Ebene **weitere Regulierungsbehörden** einzurichten (Säcker EnergieR/Schmidt-Preuß § 54 Rn. 4). Nach Art. 35 Abs. 4 und 5 Elektrizitäts-Binnenmarkt-Richtlinie 2009/72/EG und Art. 39 Abs. 4 und 5 Gas-Binnenmarkt-Richtlinie 2009/73/EG mussten die Regulierungsbehörden der Mitgliedstaaten nunmehr von sämtlichen öffentlichen und privaten Einrichtungen, einschließlich von politischen Stellen und Regierungsstellen, **vollkommen unabhängig** sein. Die vorgenannten Vorschriften enthalten – im Gegensatz zur Elektrizitäts-Binnenmarkt-Richtlinie 2003/54/EG und zur Gas-Binnenmarkt-Richtlinie 2003/55/EG – detaillierte Anforderungen an die Unabhängigkeit der Regulierungsbehörden der Mitgliedstaaten. Weiterhin sind die den Regulierungsbehörden der Mitgliedstaaten zu übertragenden **Aufgaben und Befugnisse** nunmehr in Art. 37 Elektrizitäts-Binnenmarkt-Richtlinie 2009/72/EG und in Art. 41 Gas-Binnenmarkt-Richtlinie 2009/73/EG im Einzelnen aufgeführt.

Im Jahr 2019 wurde die vorgenannte Elektrizitäts-Binnenmarkt-Richtlinie 2009/72/EG 6 durch die Elektrizitäts-Binnenmarkt-Richtlinie (EU) 2019/944 (ABl. 2019 L 158, 125) neu gefasst. Die für die Regulierungsbehörden der Mitgliedstaaten im **Strombereich** geltenden unionsrechtlichen Vorgaben (insbesondere auch im Hinblick auf deren Unabhängigkeit) sind

Kresse 1433

nunmehr in etwas verschärfter Form in Art. 57 Elektrizitäts-Binnenmarkt-Richtlinie (EU) 2019/944 enthalten (Theobald/Kühling/Theobald/Werk § 54 Rn. 13). Von Interesse ist darüber hinaus der Erwägungsgrund 87 Elektrizitäts-Binnenmarkt-Richtlinie (EU) 2019/944 (Gundel RdE 2020, 493 (498)), wonach durch die einschlägigen unionsrechtlichen Vorgaben „den Mitgliedstaaten nicht die Möglichkeit genommen" werden solle, „ihre nationale Energiepolitik festzulegen und auszugestalten". Die Mitgliedstaaten können demnach also den „politischen Rahmen" des Handelns ihrer jeweiligen Regulierungsbehörden festlegen. Durch solche „energiepolitischen Leitlinien" darf aber „nicht in die Unabhängigkeit oder Autonomie der Regulierungsbehörden eingegriffen werden". Die **Aufgaben und Befugnisse** der Regulierungsbehörden im Strombereich ergeben sich im Einzelnen aus Art. 59 Elektrizitäts-Binnenmarkt-Richtlinie (EU) 2019/944. Demgegenüber wurde die Gas-Binnenmarkt-Richtlinie 2009/73/EG durch die Gas-Binnenmarkt-Richtlinie (EU) 2019/692 (ABl. 2019 L 117/1) nicht neu gefasst, sondern nur **punktuell geändert.** Im **Gasbereich** ergeben sich die unionsrechtlichen Vorgaben für die Regulierungsbehörden der Mitgliedstaaten (insbesondere im Hinblick auf deren Unabhängigkeit) daher weiterhin aus Art. 39 Gas-Binnenmarkt-Richtlinie 2009/73/EG.

7 Bei der BNetzA handelt es sich um die **nationale Regulierungsbehörde** iSd Art. 57 Abs. 1 Elektrizitäts-Binnenmarkt-Richtlinie (EU) 2019/944 und des Art. 39 Abs. 1 Gas-Binnenmarkt-Richtlinie 2009/73/EG (zu den Fassungen der einschlägigen EU-Richtlinien aus dem Jahr 2003 BT-Drs. 15/3917, 47 und 68; Kment EnWG/Görisch § 54 Rn. 5). Die Regelung des § 54 ist **unionsrechtlich** insofern als **unproblematisch** anzusehen, als mit der BNetzA eine nationale Regulierungsbehörde und mit den Länderregulierungsbehörden auf regionaler Ebene weitere Regulierungsbehörden existieren. Dies entspricht den in Art. 57 Abs. 1 und 2 Elektrizitäts-Binnenmarkt-Richtlinie (EU) 2019/944 und in Art. 39 Abs. 1 und 2 Gas-Binnenmarkt-Richtlinie 2009/73/EG (oder den jeweiligen Vorgängerregelungen) enthaltenen Vorgaben (Baur/Salje/Schmidt-Preuß Energiewirtschaft/Franke Kap. 40 Rn. 3; Bourwieg/Hellermann/Hermes/Gundel § 54 Rn. 3 f.; Kment EnWG/Görisch § 54 Rn. 1 f.; Säcker EnergieR/Schmidt-Preuß § 54 Rn. 4; Schneider/Theobald EnergieWirtschaftsR-HdB/Franke § 19 Rn. 3; Theobald/Kühling/Theobald/Werk § 54 Rn. 40 und 55; Bauer/Seckelmann DÖV 2014, 951 (953); Pielow DÖV 2005, 1017 (1020)). Der EuGH hat im Jahre 2021 entschieden, dass der normative Rahmen des Regulierungsrechts den Anforderungen an die **Unabhängigkeit** der Regulierungsbehörden nach Art. 57 Abs. 4–7 Elektrizitäts-Binnenmarkt-Richtlinie (EU) 2019/944 und in Art. 39 Abs. 4 und 5 Gas-Binnenmarkt-Richtlinie 2009/73/EG nicht entspricht (EuGH EuZW 2021, 893 Rn. 85 ff.; näher → Rn. 126 ff.).

II. Verfassungsrechtlicher Hintergrund

8 Die Regelung des § 54 hat zweitens einen verfassungsrechtlichen Hintergrund, der ebenfalls die Aufgabenverteilung zwischen Bund und Länder betrifft. Hierbei ist zu unterscheiden zwischen der **Gesetzgebungskompetenz** für den Erlass des EnWG einerseits und der **Verwaltungskompetenz** für den Vollzug des EnWG andererseits (Bourwieg/Hellermann/Hermes/Gundel § 54 Rn. 2 und 6 f.; Kment EnWG/Görisch § 54 Rn. 3; Bauer/Seckelmann DÖV 2014, 951 (953 f.)):

9 Nach Art. 74 Abs. 1 Nr. 11 GG unterfällt das Energiewirtschaftsrecht als Teil des Rechts der Wirtschaft der **konkurrierenden Gesetzgebung** (BeckOK GG/Seiler GG Art. 74 Rn. 36; Theobald/Kühling/Theobald/Werk § 54 Rn. 6; Bauer/Seckelmann DÖV 2014, 951 (954)). Dies bedeutet im Grundsatz, dass den Ländern die Gesetzgebungskompetenz zusteht, wenn und soweit der Bund von seiner konkurrierenden Gesetzgebungskompetenz nicht durch den Erlass eines Gesetzes Gebrauch gemacht hat (Art. 72 Abs. 1 GG). Für bestimmte Regelungsmaterien, darunter auch das Energiewirtschaftsrecht iSd Art. 74 Abs. 1 Nr. 11 GG, setzt das Bestehen einer Gesetzgebungskompetenz des Bundes nach Art. 72 Abs. 2 GG voraus, dass eine Regelung durch ein Bundesgesetz entweder für die „Herstellung gleichwertiger Lebensverhältnisse im Bundesgebiet" oder für die „Wahrung der Rechts- oder Wirtschaftseinheit im gesamtstaatlichen Interesse" erforderlich sein muss (BeckOK GG/Seiler GG Art. 72 Rn. 9; Maunz/Dürig/Uhle GG Art. 72 Rn. 124). Mit dem Zweiten Gesetz zur Neuregelung des Energiewirtschaftsrechts vom 7.7.2005 (BGBl. I 1970) hat der

Allgemeine Zuständigkeit § 54 EnWG

Bund von seiner konkurrierenden Gesetzgebungskompetenz im Sinne der vorgenannten Vorschriften des GG Gebrauch gemacht und die Regelungsmaterie des Energiewirtschaftsrechts abschließend geregelt; für eine Gesetzgebungskompetenz der **Länder** ist damit auf dem Gebiet des Energiewirtschaftsrechts „kein Raum" mehr (BT-Drs. 15/3917, 47; Theobald/Kühling/Theobald/Werk § 54 Rn. 6).

Im Hinblick auf die **Verwaltungskompetenz** gilt in der Folge der verfassungsrechtliche 10 Grundsatz, dass Bundesgesetze – wie etwa das EnWG – durch die Länder als **eigene Angelegenheit** ausgeführt werden, sofern nicht das GG eine abweichende Regelung enthält oder eine solche zulässt (Art. 83 GG; BeckOK GG/Suerbaum GG Art. 83 Rn. 12 ff.; Maunz/Dürig/Kirchhof GG Art. 83 Rn. 168 ff.). In einem solchen Fall regeln die Länder grundsätzlich die Einrichtung der (Landes-)Behörden und das anzuwendende Verwaltungsverfahren selbst (Art. 84 Abs. 2 S. 1 GG; BeckOK GG/Suerbaum GG Art. 84 Rn. 22 ff.; Maunz/Dürig/Kirchhof GG Art. 84 Rn. 78 ff.). Eine spezielle Verwaltungskompetenz des Bundes existiert für den Bereich des Energiewirtschaftsrechts nicht. Insofern **unterscheidet** sich das Energiewirtschaftsrecht von anderen regulierungsrelevanten Rechtsgebieten, in denen eine solche spezielle Verwaltungskompetenz des Bundes tatsächlich besteht. Dies gilt sowohl für die Bereiche des Postwesens und der Telekommunikation (Art. 87f Abs. 2 S. 2 GG) als auch für den Bereich des Eisenbahnwesens (Art. 87e Abs. 1 S. 1 und Abs. 2 GG; Bourwieg/Hellermann/Hermes/Gundel § 54 Rn. 6; Schmidt DÖV 2005, 1025 (1026)). Alleine nach dem Grundsatz des Art. 83 GG würde damit das EnWG im Hinblick auf die in ihm geregelten Regulierungsthemen durch die Länder und damit durch die von den Ländern einzurichtenden Behörden (Landesregulierungsbehörden) vollzogen werden. Für die Einrichtung einer Regulierungsbehörde des Bundes wäre demnach kein Raum verblieben.

Allerdings ermöglicht Art. 87 Abs. 3 S. 1 Alt. 1 GG in Bezug auf Regelungsmaterien, 11 für die dem Bund die Gesetzgebungskompetenz zusteht, dem Bund die Einrichtung **selbstständiger Bundesoberbehörden** (BeckOK GG/Suerbaum GG Art. 87 Rn. 27 ff.; Maunz/Dürig/Ibler GG Art. 87 Rn. 249 ff.), die allerdings nur unter bestimmten Voraussetzungen über einen eigenen Verwaltungsunterbau in Form von Mittel- und Unterbehörden verfügen dürfen (s. Art. 87 Abs. 3 S. 2 GG; Baur/Salje/Schmidt-Preuß Energiewirtschaft/Franke Kap. 40 Rn. 5; Bourwieg/Hellermann/Hermes/Gundel § 54 Rn. 7; Kment EnWG/Görisch § 54 Rn. 3; Säcker EnergieR/Schmidt-Preuß § 54 Rn. 17; Schneider/Theobald EnergieWirtschaftsR-HdB/Franke § 19 Rn. 3; Bauer/Seckelmann DÖV 2014, 951 (954); allg. BeckOK GG/Suerbaum GG Art. 87 Rn. 32 ff.; Maunz/Dürig/Ibler GG Art. 87 Rn. 268 ff.). Die Schaffung einer **Regulierungsbehörde des Bundes,** letztendlich benannt als BNetzA (näher → Rn. 73 ff.), durch das Zweite Gesetz zur Neuregelung des Energiewirtschaftsrechts vom 7.7.2005 (BGBl. I 1970) stützte der Gesetzgeber seinerzeit ausdrücklich auf die Regelung des Art. 87 Abs. 3 S. 1 Alt. 1 GG (BT-Drs. 15/3917, 47; Baur/Salje/Schmidt-Preuß Energiewirtschaft/Franke Kap. 40 Rn. 4; Bourwieg/Hellermann/Hermes/Gundel § 54 Rn. 2 und 6; Schneider/Theobald EnergieWirtschaftsR-HdB/Franke § 19 Rn. 3).

Vor diesem verfassungsrechtlichen Hintergrund schafft die Regelung des § 54 als **„Kom-** 12 **promiss"** (Bourwieg/Hellermann/Hermes/Gundel § 54 Rn. 2) einen Ausgleich zwischen den Interessen des Bundes und der Länder und sorgt für eine abschließende Verteilung der sachlichen Zuständigkeit zwischen den unterschiedlichen Regulierungsbehörden (näher zur Entstehungsgeschichte des § 54 → Rn. 14 ff.): Die BNetzA als selbstständige Bundesoberbehörde iSd Art. 87 Abs. 3 S. 1 Alt. 1 GG vollzieht, sofern sie in ihrer originären sachlichen Zuständigkeit als Regulierungsbehörde des Bundes tätig wird, die entsprechenden Regelungen des EnWG in bundeseigener Verwaltung (Baur/Salje/Schmidt-Preuß Energiewirtschaft/Franke Kap. 40 Rn. 4 f.; Schneider/Theobald EnergieWirtschaftsR-HdB/Franke § 19 Rn. 3). Hingegen führen die Regulierungsbehörden der Länder im Rahmen ihrer eigenen sachlichen Zuständigkeit die einschlägigen Vorschriften des EnWG als eigene Angelegenheit iSd Art. 83 GG aus (Baur/Salje/Schmidt-Preuß Energiewirtschaft/Franke Kap. 40 Rn. 4; Schneider/Theobald EnergieWirtschaftsR-HdB/Franke § 19 Rn. 3).

Ein Verstoß gegen das **Verbot der Mischverwaltung,** wonach die Bund und Ländern 13 zugewiesenen Aufgaben klar voneinander getrennt sein und von diesen jeweils eigenverantwortlich, also grundsätzlich durch eine eigene Organisation mit Hilfe eigener personeller und sachlicher Ressourcen wahrgenommen werden müssen (allg. BVerfG NVwZ 2008, 183 Rn. 153 ff.; Maunz/Dürig/Ibler GG Art. 87 Rn. 195 f.; Huber DÖV 2008, 844; Trapp

Kresse

DÖV 2008, 277), ist in dieser Aufteilung der sachlichen Zuständigkeit zwischen den Regulierungsbehörden des Bundes und der Länder richtigerweise nicht zu erblicken (näher Baur/Salje/Schmidt-Preuß Energiewirtschaft/Franke Kap. 40 Rn. 6; Kment EnWG/Görisch § 54 Rn. 2; Säcker EnergieR/Schmidt-Preuß § 54 Rn. 17; Schneider/Theobald EnergieWirtschaftsR-HdB/Franke § 19 Rn. 3; krit. Bauer/Seckelmann DÖV 2014, 951 (954); Schmidt DÖV 2005, 1025 (1032); Schmidt NVwZ 2006, 907).

C. Entstehungsgeschichte

14 Die Regelung des § 54 (zu den zwischenzeitlich erfolgten Änderungen → Rn. 21 ff.) war einer der **zentralen Bestandteile** der großen Novellierung des EnWG im Jahre 2005, also des Zweiten Gesetzes zur Neuregelung des Energiewirtschaftsrechts vom 7.7.2005 (BGBl. I 1970 (1994)). Seine in das EnWG aufgenommene Fassung erhielt § 54 jedoch erst durch die Beschlussempfehlung des Vermittlungsausschusses vom 15.6.2005 (BT-Drs. 15/5736 (neu), 6; Baur/Salje/Schmidt-Preuß Energiewirtschaft/Zeidler Kap. 39 Rn. 2 f.; Bourwieg/Hellermann/Hermes/Gundel § 54 Rn. 8; Kment EnWG/Görisch § 54 Rn. 1; Säcker EnergieR/Schmidt-Preuß § 54 Rn. 2; Salje EnWG § 54 Rn. 5 und 8; Bauer/Seckelmann DÖV 2014, 951 f.). Die Regelung ist das Ergebnis einer intensiv geführten **politischen Diskussion** zwischen Bund und Ländern über die Beteiligung der Länder an dem Vollzug der Regulierungsaufgaben des EnWG.

15 In der Regelung des § 54 in der Fassung des **Regierungsentwurfs** vom 14.10.2004 war noch eine **„Alleinzuständigkeit"** (Bourwieg/Hellermann/Hermes/Gundel § 54 Rn. 9; Kment EnWG/Görisch § 54 Rn. 1; Säcker EnergieR/Schmidt-Preuß § 54 Rn. 2; Theobald/Kühling/Theobald/Werk § 54 Rn. 20 f.) der Regulierungsbehörde des Bundes vorgesehen (BT-Drs. 15/3917, 26). Diese wurde damals noch als „Bundesregulierungsbehörde für Elektrizität, Gas, Telekommunikation und Post" bezeichnet und sollte aus der damals bereits bestehenden Regulierungsbehörde für Telekommunikation und Post hervorgehen (BT-Drs. 15/3917, 2; Baur/Salje/Schmidt-Preuß Energiewirtschaft/Zeidler Kap. 39 Rn. 1 und 4; Theobald/Kühling/Theobald/Werk § 54 Rn. 18). Begründet wurde die alleinige Vollzugszuständigkeit des Bundes für die Regulierungsaufgaben des EnWG im Wesentlichen mit einer höheren Effizienz, mit der Nutzung von Größeneffekten und der Gewährleistung der Einheitlichkeit der Rechtsanwendung (näher BT-Drs. 15/3917, 68 f.). Gerade der damalige Bundeswirtschaftsminister Wolfgang Clement setzte sich sowohl im Deutschen Bundestag (näher BT-Plenarprotokoll 15/135, 12402 B und C) als auch im Bundesrat (näher BR-Plenarprotokoll 803, 441 C) mit den vorgenannten Argumenten für eine alleinige Bundeszuständigkeit für den Vollzug der der Regulierungsaufgaben des EnWG ein.

16 Der **Bundesrat** hatte sich hingegen bereits in den Ausschussempfehlungen vom 13.9.2004 mehrheitlich für eine **„sachgerechte Verteilung"** der Regulierungsaufgaben des EnWG zwischen Bund und Ländern ausgesprochen und dem Bund einen Regelungsvorschlag hierfür unterbreitet, der zB eine Vollzugszuständigkeit des Bundes für solche Energieversorgungsnetze vorsah, die die Grenzen zwischen Ländern überschreiten (BR-Drs. 613/1/04, 38 ff. und BT-Drs. 15/3917, 92 f.; OLG Düsseldorf BeckRS 2010, 27801; Baur/Salje/Schmidt-Preuß Energiewirtschaft/Franke Kap. 40 Rn. 2; Bourwieg/Hellermann/Hermes/Gundel § 54 Rn. 10; Kment EnWG/Görisch § 54 Rn. 1; Säcker EnergieR/Schmidt-Preuß § 54 Rn. 2; Salje EnWG § 54 Rn. 5; Theobald/Kühling/Theobald/Werk § 54 Rn. 22; Bauer/Seckelmann DÖV 2014, 951 f.; krit. Schmidt NVwZ 2006, 907). Begründet wurde dieser Vorschlag der Länder im Wesentlichen mit den „Vorteile[n] eines ortsnahen Vollzugs" durch Behörden der Länder (BR-Drs. 613/1/04, 40 und BT-Drs. 15/3917, 93), die seinerzeit bereits mit der Erteilung von Tarifgenehmigungen nach § 12 der Bundestarifordnung Elektrizität (BTOElt) vom 18.12.1989 (BGBl. I 2255) befasst waren und somit – anders als die damalige Regulierungsbehörde für Post und Telekommunikation (RegTP; → Rn. 73) – über entsprechende (betriebswirtschaftliche) Erfahrungen mit der Regulierung des Energiebereichs verfügten. Die BTOElt wurde durch Art. 5 des Zweiten Gesetzes zur Neuregelung des Energiewirtschaftsrechts vom 7.7.2005 (BGBl. I 1970 (2018)) mit Wirkung zum 1.7.2007 aufgehoben (zur sachlichen Zuständigkeit für den Vollzug der BTOElt bis zu deren Außerkrafttreten Säcker EnergieR/Schmidt-Preuß § 54 Rn. 19; Salje EnWG § 54 Rn. 17 ff.; Theobald/Kühling/Theobald/Werk § 54 Rn. 29 f.), sodass die hiermit befassten Beschäftig-

Allgemeine Zuständigkeit § 54 EnWG

ten der Länder grundsätzlich für eine Tätigkeit in den künftig einzurichtenden Landesregulierungsbehörden verfügbar waren; auch vor diesem Hintergrund waren die Länder nicht gewillt, einen weitgehenden „Zuständigkeitsentzug" im Bereich des Energiewirtschaftsrechts hinzunehmen (Salje EnWG § 54 Rn. 4 f.; in diese Richtung auch Holznagel/Göge/Schumacher DVBl 2006, 471 (472)). Daher setzten sich insbesondere die Länder Baden-Württemberg, Bayern und Hessen im Bundesrat für eine Einrichtung von Regulierungsbehörden auf Länderebene ein (näher BR-Plenarprotokoll 803, 435 C, 437 C und 438 C). Zur von § 54 abweichenden Regelung der Zuständigkeit für den Vollzug der BTOElt → Rn. 375.

Die **Bundesregierung** hielt zunächst in ihrer **Gegenäußerung** zu der einschlägigen 17 Stellungnahme des Bundesrates vom 28.10.2004 an ihrer Auffassung fest und lehnte eine Beteiligung der Länder an dem Vollzug der Regulierungsaufgaben des EnWG weiterhin ab (BT-Drs. 15/4068, 1 und 8; Baur/Salje/Schmidt-Preuß Energiewirtschaft/Franke Kap. 40 Rn. 2; Säcker EnergieR/Schmidt-Preuß § 54 Rn. 2). Begründet wurde diese Haltung im Wesentlichen damit, dass durch eine Alleinzuständigkeit einer Regulierungsbehörde des Bundes die Anwendung „unterschiedliche[r] Prüfungsmaßstäbe" vermieden und ein „bundeseinheitlicher Vollzug des neuen Regulierungsregimes" gewährleistet werde. Zudem sei die „Unabhängigkeit und Selbständigkeit" einer Regulierungsbehörde des Bundes, die „gegenüber dem politischen Tagesgeschäft organisatorisch abgesichert ist", im Vergleich zu Behörden auf Landesebene „besser" sicherzustellen (näher BT-Drs. 15/4068, 8; Baur/Salje/Schmidt-Preuß Energiewirtschaft/Franke Kap. 40 Rn. 2; Salje EnWG § 54 Rn. 6). Diese Auffassung der Bundesregierung fand auch in der **Beschlussempfehlung** und dem Bericht des Ausschusses für Wirtschaft und Arbeit vom 13.4.2005 ihren Ausdruck, wo in § 54 weiterhin eine Alleinzuständigkeit der Regulierungsbehörde des Bundes vorgesehen war (Baur/Salje/Schmidt-Preuß Energiewirtschaft/Franke Kap. 40 Rn. 2; Theobald/Kühling/Theobald/Werk § 54 Rn. 23). Allerdings wurde die Regulierungsbehörde des Bundes in diesem Dokument – soweit ersichtlich – erstmals als „Bundesnetzagentur für Elektrizität, Gas, Telekommunikation, Post und Eisenbahnen" bezeichnet und erhielt damit ihre heutige Bezeichnung (BT-Drs. 15/5268, 58 und 122; Baur/Salje/Schmidt-Preuß Energiewirtschaft/Zeidler Kap. 39 Rn. 4; Salje EnWG § 54 Rn. 6 f.; Theobald/Kühling/Theobald/Werk § 54 Rn. 20). Auch der damalige Bundeswirtschaftsminister Wolfgang Clement sprach sich im Deutschen Bundestag zunächst erneut gegen eine Aufteilung der Vollzugszuständigkeit für die Regulierungsaufgaben des EnWG zwischen Bund und Ländern aus (BT-Plenarprotokoll 15/170, 15922 A und B).

Die **Länder** hielten jedoch mehrheitlich an ihrer Forderung fest, an dem Vollzug der 18 Regulierungsaufgaben beteiligt zu werden (BR-Drs. 248/05 (Beschluss); BR-Plenarprotokoll 810, 139 C und 140 D). In einer Sitzung des Bundesrates vom 29.4.2005 wurde – soweit ersichtlich – erstmals ein **„Kompromissvorschlag"** erwähnt, wonach die Regulierungsbehörden der Länder „für Netzbetreiber mit weniger als 100000 Kunden zuständig sein sollen" (BR-Plenarprotokoll 810, 139 C – Hervorhebung nicht im Original; OLG Düsseldorf BeckRS 2010, 27801). Eben dieser Kompromissvorschlag, der erkennbar an die damals ebenfalls in der Politik diskutierten de-minimis-Schwellenwerte aus dem Entflechtungsrecht (§§ 7 Abs. 2, 7a Abs. 7) anknüpft, findet sich nunmehr in der Regelung des Absatzes 2 Satz 1 wieder (näher → Rn. 233 ff.). In derselben Sitzung des Bundesrates zeigte sich auch der damalige Bundeswirtschaftsminister Wolfgang Clement trotz fortbestehender Bedenken erstmals **„im Grundsatz offen"** für eine Beteiligung der Länder an dem Vollzug der Regulierungsaufgaben des EnWG, sofern hierdurch die „Bundeseinheitlichkeit der Regulierung" nicht gefährdet werde (BR-Plenarprotokoll 810, 142 C und D; Bauer/Seckelmann DÖV 2014, 951 (952)).

Mit Beschluss vom 29.4.2005 rief der Bundesrat schließlich den **Vermittlungsausschuss** 19 an und begründete dies u.a. ausdrücklich mit dem Wunsch nach einer Beteiligung der Länder an den Vollzugskompetenzen im Hinblick auf die Regulierungsaufgaben des EnWG (BR-Drs. 248/05 (Beschluss); Baur/Salje/Schmidt-Preuß Energiewirtschaft/Franke Kap. 40 Rn. 2; Theobald/Kühling/Theobald/Werk § 54 Rn. 23). Das diesbezügliche Verfahren mündete in der bereits einleitend erwähnten **Beschlussempfehlung** des Vermittlungsausschusses vom 15.6.2005, in der die Regelung des § 54 eine Verteilung der Regulierungsaufgaben des EnWG zwischen den Regulierungsbehörden des Bundes und der Länder vorsah und im Wesentlichen ihre aktuelle Fassung erhielt (BT-Drs. 15/5736 (neu), 6; Baur/Salje/

Kresse

Schmidt-Preuß Energiewirtschaft/Franke Kap. 40 Rn. 2; Kment EnWG/Görisch § 54 Rn. 1; Säcker EnergieR/Schmidt-Preuß § 54 Rn. 2; Salje EnWG § 54 Rn. 8; Theobald/Kühling/Theobald/Werk § 54 Rn. 23; krit. Schmidt NVwZ 2006, 907: „als Resultat bloßer Machtpolitik [...] höchst kritikwürdig"). Zugleich enthielt die Beschlussempfehlung des Vermittlungsausschusses die Regelung des § 60a betreffend den **Länderausschuss** der BNetzA. Dieser Länderausschuss, in dem sich Vertreter der BNetzA und der Landesregulierungsbehörden abstimmen, dient nach § 60a Abs. 1 gerade der Sicherstellung eines bundeseinheitlichen Vollzugs (BT-Drs. 15/5736 (neu), 6 f.; Salje EnWG § 54 Rn. 14; näher zum Länderausschuss → § 60a Rn. 1 ff.).

20   Am 16.6.2005 nahm der **Deutsche Bundestag** die vorgenannte Beschlussempfehlung des Vermittlungsausschusses an (BR-Drs. 498/05; Baur/Salje/Schmidt-Preuß Energiewirtschaft/Franke Kap. 40 Rn. 2). In einer Sitzung des Bundesrats vom 17.6.2006 wurden die Beschlussempfehlungen des Vermittlungsausschusses erläutert und dabei erwähnt, die Bundesregierung habe in einer „Protokollerklärung" zugesagt, „die Aufgabe von denjenigen Ländern im Wege der **Organleihe** (→ Rn. 89 ff.) durch die BNetzA zu übernehmen, die sie nicht selbst wahrnehmen wollen" (BR-Plenarprotokoll 812, 240 A – Hervorhebung nicht im Original; Baur/Salje/Schmidt-Preuß Energiewirtschaft/Franke Kap. 40 Rn. 9; Bourwieg/Hellermann/Hermes/Gundel § 54 Rn. 19; Kment EnWG/Görisch § 54 Rn. 4; Säcker EnergieR/Schmidt-Preuß § 54 Rn. 23; Schneider/Theobald EnergieWirtschaftsR-HdB/Franke § 19 Rn. 4; Theobald/Kühling/Theobald/Werk § 54 Rn. 23; Bauer/Seckelmann DÖV 2014, 951 (952); Holznagel/Göge/Schumacher DVBl 2006, 471 (472); Pielow DÖV 2005, 1017 (1019); Schmidt NVwZ 2006, 907 f.; näher zur Möglichkeit der Organleihe → Rn. 89 ff.). In selbiger Sitzung beschloss der Bundesrat, dem Zweiten Gesetz zur Änderung des Energiewirtschaftsrechts in der durch den Deutschen Bundestag beschlossenen Fassung zuzustimmen (BR-Drs. 498/05 (Beschluss)).

D. Änderungsgeschichte

I. Gesetz zur Neuregelung energiewirtschaftsrechtlicher Vorschriften

21   Im Rahmen des Gesetzes zur Neuregelung energiewirtschaftsrechtlicher Vorschriften vom 26.7.2011 (BGBl. I 1554 (1585)) erfolgten **drei Änderungen** der Regelung des § 54: Zunächst wurde **Absatz 2 Satz 1 Nummer 9** (→ Rn. 333 ff.) an die zeitgleich vollständig überarbeitete Regelung des § 110 betreffend Geschlossene Verteilernetze (→ § 110 Rn. 9 ff.) angepasst und bezieht sich nunmehr ausdrücklich auf (i) das Vorliegen der Tatbestandsvoraussetzungen für die Einstufung eines Energieverteilernetzes als Geschlossenes Verteilernetz (§ 110 Abs. 2) und (ii) das spezielle Überprüfungsverfahren im Hinblick auf in Geschlossenen Verteilernetzen geforderte Netzzugangsentgelte (§ 110 Abs. 4) (BT-Drs. 17/6072, 89; Bourwieg/Hellermann/Hermes/Gundel § 54 Rn. 11). Die Regelung des Absatzes 2 Satz 1 Nummer 9 in der ursprünglichen Fassung des Zweiten Gesetzes zur Neuregelung des Energiewirtschaftsrechts vom 7.7.2005 (BGBl. I 1970 (1995)) bezog sich hingegen noch auf Entscheidungen betreffend das Vorliegen der Tatbestandsvoraussetzungen für das Vorliegen der damaligen sog. Objektnetze (→ § 110 Rn. 9 ff.).

22   Weiterhin wurde durch das vorgenannte Gesetz **Absatz 2 Satz 3** (→ Rn. 361 ff.) neu eingefügt, wonach eine sachliche Zuständigkeit der Regulierungsbehörden der Länder nach Absatz 2 Satz 1 Nummern 6, 7 und 8 dann ausnahmsweise nicht begründet ist, soweit ein Zusammenhang mit dem Netzanschluss von Biogasanlagen besteht. In solchen Fallkonstellationen besteht also eine sachliche Zuständigkeit der BNetzA nach Absatz 1, selbst wenn die sonstigen Tatbestandsvoraussetzungen des Absatzes 2 Satz 1 und 2 vorliegen (BGBl. 2011 I 1554 (1585); Bourwieg/Hellermann/Hermes/Gundel § 54 Rn. 11). Ausweislich der amtlichen Begründung diente diese Änderung des § 54 dazu, eine einheitliche Behandlung vergleichbarer Fälle sicherzustellen und Parallelverfahren vor unterschiedlichen Regulierungsbehörden und Beschwerdegerichten zu vermeiden (BT-Drs. 17/6072, 89). Die in der ursprünglichen Fassung des § 54 in Absatz 2 Sätze 3 und 4 enthaltenen Regelungen (BGBl. 2005 I 1970 (1995)) wurden im Zuge dieser Änderung zu Absatz 2 Sätze 4 und 5.

23   Ferner erfolgte durch das vorgenannte Gesetz eine Anfügung von **Absatz 3 Sätze 2 und 3** (BGBl. 2011 I 1554 (1585); Bourwieg/Hellermann/Hermes/Gundel § 54 Rn. 11; Säcker

EnergieR./Schmidt-Preuß § 54 Rn. 3). Nach der Generalklausel des Absatzes 2 Satz 3 kommt der BNetzA eine sachliche Zuständigkeit für **bundeseinheitliche Festlegungen** nach § 29 Abs. 1 zu, sofern diese zur „Wahrung gleichwertiger wirtschaftlicher Verhältnisse im Bundesgebiet" erforderlich sind (→ Rn. 436 ff.). In der damaligen Fassung des Absatzes 2 Satz 3 waren drei Fälle vorgesehen, in denen eine sachliche Zuständigkeit der BNetzA für bundeseinheitliche Festlegungen iSd § 29 Abs. 1 insbesondere besteht (→ Rn. 451 ff.). Nach der damaligen Fassung des Absatzes 2 Satz 3 galt dies für die Festlegung (i) der Preisindizes zur Bestimmung der Tagesneuwerte nach § 6a StromNEV und § 6a GasNEV (Nr. 1), (ii) der kalkulatorischen Eigenkapitalzinssätze nach § 7 Abs. 6 StromNEV und § 7 Abs. 6 GasNEV (Nr. 2) und (iii) der Vorgaben zur Erhebung von Vergleichsparametern zur Ermittlung der Effizienzwerte nach § 13 Abs. 3 ARegV (Nr. 3). Ausweislich der amtlichen Begründung sollte durch diese Regelungen ebenfalls gewährleistet werden, dass für die Betreiber der Energieversorgungsnetze im gesamten Bundesgebiet derselbe regulatorische Rahmen gilt (BT-Drs. 17/6072, 89). Die Anfügung von Absatz 3 Sätze 2 und 3 stellte eine Reaktion auf die damals in der Rechtsprechung teilweise vertretene Auffassung zur sachlichen (Un-)Zuständigkeit der Regulierungsbehörden der Länder für Festlegungen in der Form der Allgemeinverfügung dar (näher → Rn. 368 und → Rn. 419).

II. Drittes Gesetz zur Neuregelung energiewirtschaftsrechtlicher Vorschriften

Durch das Dritte Gesetz zur Neuregelung energiewirtschaftsrechtlicher Vorschriften vom 20.12.2012 (BGBl. I 2730 (2742)) wurden **zwei Änderungen** an der Regelung des § 54 vorgenommen: Erstens erfolgte eine redaktionelle Korrektur in Bezug auf **Absatz 2 Satz 1 Nummer 4** (→ Rn. 296 ff.), indem die hierin bisher enthaltene Verweisung auf die für die Betreiber von Energieverteilernetzen geltenden Entflechtungsvorschriften an die aktuelle Rechtslage angepasst wurde (neue Regelung: „§§ 6a bis 7a"). Hierdurch sollte ausweislich der amtlichen Begründung klargestellt werden, dass die Überwachung der ausschließlich für die Betreiber von Transportnetzen geltenden Entflechtungsvorschriften (§§ 8 ff.) nicht in die sachliche Zuständigkeit der Regulierungsbehörden der Länder fällt (BT-Drs. 17/10754, 33). Diese redaktionelle Korrektur war erforderlich geworden, da sich die Nummerierung der einschlägigen Vorschriften durch die grundlegende Novellierung der Entflechtungsvorschriften durch das Gesetz zur Neuregelung energiewirtschaftsrechtlicher Vorschriften vom 26.7.2011 geändert hatte (BGBl. 2021 I 1554).

Darüber hinaus wurde durch das vorgenannte Gesetz **Absatz 3 Sätze 4 und 5** angefügt (BGBl. 2012 I 2730 (2742) und → Rn. 489 ff.; Bourwieg/Hellermann/Hermes/Gundel § 54 Rn. 11; Säcker EnergieR./Schmidt-Preuß § 54 Rn. 3). Diese Regelungen befassen sich mit dem Verfahren des Erlasses bundeseinheitlicher Festlegungen durch die BNetzA auf Grundlage der Generalklausel des Absatzes 3 Satz 2 (nicht jedoch der in Absatz 3 Satz 3 ausdrücklich aufgeführten Fälle). Nach Absatz 3 Satz 4 hat die BNetzA vor dem Erlass einer solchen bundeseinheitlichen Festlegung den Länderausschuss iSd § 60a mit dem beabsichtigten Inhalt der Festlegung zu befassen. Die „mehrheitliche Auffassung des Länderausschusses" hat die BNetzA dann nach Absatz 3 Satz 5 bei ihrer bundeseinheitlichen Festlegung „so weit wie möglich" zu berücksichtigen. Ausweislich der amtlichen Begründung handelt es sich hierbei um eine „Klarstellung" der geltenden Rechtslage. Durch eine Konsultation der Regulierungsbehörden der Länder soll vermieden werden, dass deren Regulierungspraxis durch eine bundeseinheitliche Festlegung der BNetzA beeinträchtigt wird. Allerdings ist die BNetzA nicht verpflichtet, einem mehrheitlichen Votum des Länderausschusses zu folgen, muss jedoch eine Abweichung im Einzelnen begründen (BT-Drs. 17/10754, 33). Im Rahmen dieses Gesetzgebungsverfahrens hatten die Länder den Versuch unternommen, eine Streichung der Generalklausel des Absatzes 3 Satz 2 zu erreichen, da durch diese „mehr oder minder nach Belieben" eine „Eingriffsmöglichkeit in die Zuständigkeiten der Landesregulierungsbehörden" bestünde; an deren Stelle sollte nach Vorstellung der Länder eine Verordnungsermächtigung treten (BT-Drs. 17/11269, 6 f.; Baur/Salje/Schmidt-Preuß Energiewirtschaft/Franke Kap. 40 Rn. 25). Die Bundesregierung sprach sich jedoch für eine Aufrechterhaltung der Generalklausel des Absatzes 3 Satz 2 aus und verwies zur Begründung auf die in Absatz 3 Sätze 4 und 5 vorgesehene Beteiligung des Länderausschusses (BT-Drs. 17/11269, 36).

26 Im Regierungsentwurf des Dritten Gesetzes zur Neuregelung energiewirtschaftlicher Vorschriften war eine weitere Änderung des § 54 vorgesehen, die jedoch letztendlich nicht umgesetzt wurde: Demnach sollte **Absatz 2 Satz 1 Nummer 8** betreffend die sachliche Zuständigkeit der Regulierungsbehörden der Länder für energiewirtschaftsrechtliche Missbrauchsverfahren nach §§ 30 und 31 sowie die Vorteilsabschöpfung nach § 33 dahingehend ergänzt werden, dass diese sachliche Zuständigkeit sich auf solche Fragestellungen beschränken sollte, in denen nach Absatz 2 Satz 1 auch im Übrigen eine sachliche Zuständigkeit der Regulierungsbehörden der Länder besteht (BT-Drs. 17/10754, 15). Hintergrund dieser beabsichtigten Änderung war der unerfreuliche Umstand, dass die Regulierungsbehörden der Länder nach Absatz 2 Satz 1 zwar grundsätzlich nicht für Fragen des Netzzuganges nach § 20 sachlich zuständig sind, energiewirtschaftsrechtliche Missbrauchsverfahren nach §§ 30 und 31 jedoch nach Absatz 2 Satz 1 Nummer 8 auch dann in ihre sachliche Zuständigkeit fallen, wenn die Gewährung von Netzzugang nach § 20 streitig ist. In etwaigen energiewirtschaftsrechtlichen Missbrauchsverfahren zu Fragen des Netzzuganges sind die Regulierungsbehörden daher regelmäßig auf die „Zuarbeit" der eigentlich sachlich zuständigen BNetzA (§ 54 Abs. 1) angewiesen sind. Der **Bundesrat** wandte sich jedoch in seiner Stellungnahme vom 12.10.2012 gegen diese grundsätzlich als sinnvoll zu erachtende Änderung und bestand auf den unveränderten Fortbestand der sachlichen Zuständigkeit der Regulierungsbehörden der Länder im Bereich der energiewirtschaftsrechtlichen Missbrauchsaufsicht (BR-Drs. 520/12 (Beschluss), 11 f.). Die **Beschlussempfehlung** und der Bericht des Ausschusses für Wirtschaft und Technologie vom 28.11.2012 folgte der Stellungnahme des Bundesrates und strich die vorgesehene Änderung des Absatzes 2 Satz 1 Nummer 8 ersatzlos (BT-Drs. 17/11705, 31). Begründet wurde dies – wenig überzeugend – damit, dass sich das Entstehen von „Regulierungslücken" nicht ausschließen lasse (BT-Drs. 17/11705, 56).

III. Gesetz zur Änderung von Vorschriften zur Bevorratung von Erdöl, zur Erhebung von Mineralöldaten und zur Umstellung auf hochkalorisches Erdgas

27 Durch das Gesetz zur Änderung von Vorschriften zur Bevorratung von Erdöl, zur Erhebung von Mineralöldaten und zur Umstellung auf hochkalorisches Erdgas vom 14.12.2016 (BGBl. I 2874 (2878)) wurde **Absatz 2 Satz 1 Nummer 10** (→ Rn. 336 f.) angefügt. In dieser Regelung ist nunmehr eine sachliche Zuständigkeit der Regulierungsbehörden der Länder für Festlegung und Feststellung der notwendigen technischen Anpassungen und Kosten im Rahmen der Umstellung der Gasqualität nach § 19a Abs. 2 vorgesehen. Nach der amtlichen Begründung handelte es sich hierbei um eine „Folgeänderung" zu Anpassung des § 19a (BT-Drs. 18/9950, 31).

IV. Gesetz zur Modernisierung der Netzentgeltstruktur

28 Durch das Gesetz zur Modernisierung der Netzentgeltstruktur (NeMoG) vom 17.7.2017 (BGBl. I 2503 (2505)) erhielt Absatz 3 Satz 3 zum Zweck der **redaktionellen Bereinigung** eine neue Fassung und es wurde der bisherigen Regelung – auf Vorschlag des Bundesrates (BT-Drs. 18/11528, 23 f. und 28) – eine **neue Nummer 4** (→ Rn. 477 ff.) betreffend die sachliche Zuständigkeit der BNetzA zur bundeseinheitlichen Festlegung des generellen sektoralen Produktivitätsfaktors iSd § 9 Abs. 3 ARegV angefügt (BT-Drs. 18/12999, 6 und 19; Holznagel/Schütz/Kresse/Vogl ARegV § 9 Rn. 117).

29 Diese Ergänzung des Absatzes 3 Satz 3 hatte folgenden **Hintergrund** (Holznagel/Schütz/Kresse/Vogl ARegV § 9 Rn. 118): Bereits durch die Zweite Verordnung zur Änderung der Anreizregulierungsverordnung vom 14.9.2016 (BGBl. I 2147 (2153)) war mit § 32 Abs. 1 Nr. 2a ARegV eine materielle Festlegungsbefugnis der Regulierungsbehörden iSd § 29 Abs. 1 zur Ermittlung des generellen sektoralen Produktivitätsfaktors nach § 9 Abs. 3 ARegV geschaffen worden. Anders als in der diesbezüglichen amtlichen Begründung (BR-Drs. 296/16, 47) ausgeführt, bezog sich die Festlegungsbefugnis des § 32 Abs. 1 Nr. 2a ARegV jedoch nicht ausdrücklich auf die BNetzA, sondern erstreckte sich allgemein auf die Regulierungsbehörden (für eine alleinige Zuständigkeit der BNetzA Holznagel/Schütz/Schreiber ARegV § 32 Rn. 45). In der Praxis kamen daher in der Folge Zweifel darüber auf, ob die BNetzA auf der Grundlage der Generalklausel des Absatzes 3 Satz 2 („Wahrung gleichwertiger wirtschaftlicher Verhältnisse im Bundesgebiet") für eine bundeseinheitliche Festlegung des gene-

Allgemeine Zuständigkeit   § 54 EnWG

rellen sektoralen Produktivitätsfaktors zuständig sei oder ob die Regulierungsbehörden des Bundes und der Länder diesbezüglich jeweils eigene Festlegungen erlassen müssten. Um jegliche **rechtliche Risiken** im Hinblick auf das Vorliegen der Tatbestandsvoraussetzungen des Absatzes 3 Satz 2 für eine Zuständigkeit der BNetzA für eine bundeseinheitliche Festlegung **auszuschließen,** schlug der Bundesrat eine Ergänzung des Absatzes 3 Satz 3 um eine neue Nummer 4 betreffend die bundeseinheitliche Festlegung des generellen sektoralen Produktivitätsfaktors iSd § 9 Abs. 3 ARegV vor (BT-Drs. 18/11528, 23 f.). Die Bundesregierung sagte in ihrer Gegenäußerung eine Prüfung dieses Vorschlages zu (BT-Drs. 18/11528, 28). Die durch den Bundesrat vorgeschlagene Änderung des Absatzes 3 Satz 3 wurde schließlich „zur Klarstellung der geltenden Rechtslage" in die Beschlussempfehlung und den Bericht des Ausschusses für Wirtschaft und Energie vom 28.6.2017 übernommen (BT-Drs. 18/12999, 6 und 19) und fand so ihren Weg in die Regelung des § 54.

V. Gesetz zur Umsetzung unionsrechtlicher Vorgaben und zur Regelung reiner Wasserstoffnetze im Energiewirtschaftsrecht

Eine **umfangreichere Überarbeitung** des § 54 erfolgte im Jahr 2021 durch das Gesetz zur Umsetzung unionsrechtlicher Vorgaben und zur Regelung reiner Wasserstoffnetze im Energiewirtschaftsrecht vom 16.7.2021 (BGBl. I 3026). Im Vorfeld und auch im Laufe des Gesetzgebungsverfahrens betreffend das vorgenannte Änderungsgesetz fand ein **intensiver Austausch** zwischen Bund und Ländern statt, dessen Ergebnisse maßgeblich in die an der Regelung des § 54 vorgenommenen Änderungen eingeflossen sind. Die Überarbeitung betraf im Einzelnen folgende Punkte: 30

1. Aktualisierung von Abs. 2 S. 1 Nr. 5

Zunächst erhielt die Regelung der sachlichen Zuständigkeit der Regulierungsbehörden der Länder nach **Absatz 2 Satz 1 Nummer 5** betreffend die Überwachung der Vorschriften zur Systemverantwortung der Betreiber von Energieversorgungsnetzen eine **aktualisierte Fassung** und verwies demnach auf die §§ 14 Abs. 1 und 3, 14a, 14b und 15–16a (BGBl. 2021 I 3026 (3052); → Rn. 309 ff.). Ausweislich der amtlichen Begründung wurde hierdurch „klargestellt", dass durch das vorgenannte Änderungsgesetz „neu gestalteten" regulierungsbehördlichen Aufgaben, die sich aus den §§ 14 Abs. 2, 14c, 14d und 14e ergeben, nicht in die sachliche Zuständigkeit der Landesregulierungsbehörden fallen, sondern nach Absatz 2 in die sachliche Zuständigkeit der BNetzA (BT-Drs. 19/27453, 134).   31

Im Hinblick auf die vorgenannte Änderung bestand ein **Konflikt** zu der in dem Gesetz zur Beschleunigung des Energieleitungsausbaus vom 13.5.2019 (BGBl. I 706) enthaltenen Änderung des Absatzes 2 Satz 1 Nummer 5, die nach Art. 25 Abs. 2 Gesetz zur Beschleunigung des Energieleitungsausbaus erst mit Wirkung zum 1.10.2021 – und damit nach dem Gesetz zur Umsetzung unionsrechtlicher Vorgaben und zur Regelung reiner Wasserstoffnetze im Energiewirtschaftsrecht vom 16.7.2021 (BGBl. I 3026 (3078)) – in Kraft trat (BGBl. 2019 I 706 (729); → Rn. 57). Da die durch das Gesetz zur Beschleunigung des Energieleitungsausbaus im Jahre 2019 vorgesehene Änderung des Absatzes 2 Satz 1 Nummer 5 mit ihrem Inkrafttreten mit Wirkung zum 1.10.2021 zu einer **Fehlverweisung** auf mittlerweile veraltete Vorschriften des EnWG führen würde, liegt es nahe, diesbezüglich von einem **Redaktionsversehen** des Gesetzgebers auszugehen. Es erschien seinerzeit vorzugswürdig, die auf die zwischenzeitlich überarbeiteten Vorschriften der §§ 14 Abs. 1 und 3, 14a, 14b und 15–16a verweisende Regelung des Absatzes 2 Satz 1 Nummer 5 in der Fassung des Gesetzes zur Umsetzung unionsrechtlicher Vorgaben und zur Regelung reiner Wasserstoffnetze im Energiewirtschaftsrecht jedenfalls grundsätzlich als maßgeblich anzusehen (→ Rn. 58).   32

Diese Sichtweise führte jedoch dazu, dass Absatz 2 Satz 1 Nummer 5 weiterhin auf die Regelung des **§ 14 Abs. 1** verweist, obwohl eben diese Verweisung nach der amtlichen Begründung des Gesetzes zur Beschleunigung des Energieleitungsausbaus vom 13.5.2019 (BGBl. I 706) gestrichen werden sollte. Hierdurch wollte der Gesetzgeber eine einheitliche sachliche Zuständigkeit der BNetzA nach Absatz 1 für die Überwachung der Vorschriften betreffend die Systemverantwortung nach §§ 13 und 13a erreichen, soweit diese über die Verweisung in § 14 Abs. 1 auch auf die Betreiber von Elektrizitätsverteilernetzen Anwendung finden (BR-Drs. 11/19, 73). Der Gesetzgeber ging diesbezüglich im Anschluss selbst von   33

Kresse   1441

dem Vorliegen eines **„Redaktionsversehens"** aus, das bereinigt werden müsse (BR.-Drs. 164/22, 65 unter Verweisung auf BT-Drs. 19/7375, 65 f. = BR.-Drs. 11/19, 73). Die durch den Gesetzgeber beabsichtigte Korrektur des Absatzes 2 Satz 1 Nummer 5 sollte durch das Gesetz zur Änderung des Energiewirtschaftsrechts im Zusammenhang mit dem Klimaschutz-Sofortprogramm und zu Anpassungen im Recht der Endkundenbelieferung vom 19.7.2022 (BGBl. I 1214 (1224)) erfolgen (→ Rn. 60). Wohl aufgrund eines weiteren Redaktionsversehens wurde jedoch durch das vorgenannte Änderungsgesetz die unzutreffende Verweisung auf § 14 Abs. 1 gerade nicht gestrichen (→ Rn. 61). Die Verweisung in Absatz 2 Satz 2 Nummer 5 muss somit nach hiesiger Auffassung weiterhin dahingehend **korrigierend ausgelegt** werden, dass eine sachliche Zuständigkeit der Regulierungsbehörden der Länder für den Vollzug des § 14 Abs. 1 entgegen dem Wortlaut der Norm nicht besteht, sondern dass dieser nach Absatz 1 in die sachliche Zuständigkeit der BNetzA fällt (→ Rn. 59, → Rn. 62 und → Rn. 309 ff.).

2. Anfügung von Abs. 2 S. 1 Nr. 11

34 Darüber hinaus wurde dem enumerativen Zuständigkeitskatalog der Regulierungsbehörden der Länder gem. Absatz 2 Satz 1 nach Nummer 10 eine weitere sachliche Zuständigkeit **angefügt:** Nach Absatz 2 Satz 1 Nummer 11 sind die Landesregulierungsbehörden grundsätzlich für die aus der Regelung des § 23b folgenden **Veröffentlichungspflichten** der Regulierungsbehörden für Daten betreffend die Anreizregulierung der Energieversorgungsnetze sachlich zuständig (BGBl. 2021 I 3026 (3052); → Rn. 338 ff.). Als Ausnahme von dem vorgenannten Grundsatz besteht für die Veröffentlichung der Daten nach § 23b Abs. 1 S. 1 Nr. 7 und 10–13 aber **keine sachliche Zuständigkeit** der Regulierungsbehörden der Länder, sondern vielmehr ausschließlich eine sachliche Zuständigkeit der BNetzA nach Absatz 1, sofern die BNetzA „zugleich" die Veröffentlichung vornehmen kann (→ Rn. 35 und → Rn. 340 ff.). Die Regelung des § 23b wurde ebenfalls durch das Gesetz zur Umsetzung unionsrechtlicher Vorgaben und zur Regelung reiner Wasserstoffnetze im Energiewirtschaftsrecht vom 16.7.2021 geschaffen (BGBl. 2021 I 3026 (3038)), sodass angesichts der **„gemeinsame[n] Zuständigkeiten"** der Regulierungsbehörden des Bundes und Länder im Bereich der Anreizregulierung eine Anpassung des Absatzes 2 Satz 1 erforderlich wurde (BT-Drs. 19/27453, 134; → Rn. 284 ff.).

35 Die in Absatz 2 Satz 1 Nummer 11 enthaltene **Zuständigkeitsverteilung** zwischen den Regulierungsbehörden des Bundes und der Länder geht auf den Abstimmungsprozess zwischen den Ländern und dem bei der Erstellung des Regierungsentwurfs des Gesetzes zur Umsetzung unionsrechtlicher Vorgaben und zur Regelung reiner Wasserstoffnetze im Energiewirtschaftsrecht vom 16.7.2021 (BGBl. I 3026) federführenden BMWi zurück. Dabei bestand das **Ziel der Länder** darin, die durch die Landesregulierungsbehörden nach § 23b Abs. 1 S. 1 zu veröffentlichenden Daten zur Entlastung der dortigen personellen und sachlichen Kapazitäten sowie zur Verwaltungsvereinfachung auf das unbedingt notwendige Maß zu beschränken. Hierfür sollten die Daten iSd § 23b Abs. 1 S. 1 Nr. 7 und 10–13, die aus rechtlichen Gründen im Regelfall ohnehin für die bundesweit an der Anreizregulierung teilnehmenden Betreiber der Energieversorgungsnetze bei der BNetzA vorliegen (→ Rn. 343), aus der sachlichen Zuständigkeit der Regulierungsbehörden der Länder zur Veröffentlichung nach Absatz 2 Satz 1 Nummer 11 ausgenommen werden (Wortlaut: „mit Ausnahme von"). Nur in solchen Fällen, in denen die BNetzA die Veröffentlichung der Daten gem. § 23b Abs. 1 S. 1 Nr. 7 und 10–13 nicht vornehmen kann, da ihr die jeweiligen Daten nicht vorliegen (→ Rn. 345), sollte es bei der sachlichen Zuständigkeit der Landesregulierungsbehörden zur Veröffentlichung der betroffenen Daten bleiben.

36 Vor diesem Hintergrund sind der Wortlaut des Absatzes 2 Satz 1 Nummer 11 und die zugehörige amtliche Begründung (BT-Drs. 19/27453, 134) allerdings als **wenig gelungen** anzusehen (→ Rn. 344): Eine grundsätzliche **Parallelzuständigkeit** der Landesregulierungsbehörden und der BNetzA zur Veröffentlichung der Daten iSd § 23b Abs. 1 S. 1 Nr. 7 und 10–13 und somit eine „doppelte" Veröffentlichung der vorgenannten Daten durch verschiedene Behörden war bei der Entwurfserstellung des Absatzes 2 Satz 1 Nummer 11 **nicht beabsichtigt** und würde zudem der vorstehend erwähnten ratio der Norm (→ Rn. 35) zuwiderlaufen.

Allgemeine Zuständigkeit § 54 EnWG

37 Aufgrund eines redaktionellen Versehens **nicht** ausdrücklich in Absatz 2 Satz 1 Nummer 11 **erwähnt** wurde die sachliche Zuständigkeit der Regulierungsbehörden der Länder zum Erlass etwaiger **Festlegungen** nach § 29 Abs. 1 iVm § 23b Abs. 3 betreffend die Übermittlung von Daten sowie bezüglich von Vorgaben zu Umfang, Zeitpunkt und Form der mitzuteilenden Daten. Richtigerweise ist davon auszugehen, dass Absatz 2 Satz 1 Nummer 11 als **Annexkompetenz** auch die sachliche Zuständigkeit der Regulierungsbehörden der Länder zum Erlass von Festlegungen nach § 29 Abs. 1 iVm § 23b Abs. 3 umfasst, soweit deren sachliche Zuständigkeit zur Veröffentlichung von Daten iSd § 23b Abs. 1 S. 1 reicht (→ Rn. 346 ff.).

3. Anfügung von Abs. 2 S. 1 Nr. 12

38 Weiterhin wurde dem enumerativen Zuständigkeitskatalog der Regulierungsbehörden der Länder mit **Absatz 2 Satz 1 Nummer 12** eine Regelung angefügt, die eine sachliche Zuständigkeit der Landesregulierungsbehörden betreffend die auf Antrag erfolgende Genehmigung von Energiespeicheranlagen (§ 3 Nr. 15d), die Elektrizität erzeugen und **vollständig integrierte Netzkomponenten** (§ 3 Nr. 38b) darstellen, im Einzelfall nach § 11b Abs. 1 Nr. 2 Hs. 2 enthält (BGBl. 2021 I 3026 (3052); → Rn. 349 ff.). Zu unterscheiden sind diese nach Maßgabe des Absatzes 2 Sätze 1–3 in die sachliche Zuständigkeit der Regulierungsbehörden der Länder fallenden „Einzelgenehmigungen" (so BT-Drs. 19/27453, 134 unter Verweisung auf eine im Zuge des Gesetzgebungsverfahrens überarbeitete Entwurfsfassung des § 11b; → Rn. 40 ff.) von der Gestattung vollständig integrierter Netzkomponenten gem. § 11b Abs. 1 Nr. 2 Hs. 1.

39 Die vorgenannte **Gestattung** vollständig integrierter Netzkomponenten gem. § 11b Abs. 1 Nr. 2 Hs. 1 erfolgt im Wege einer von Amts wegen ergehenden **Festlegung nach § 29 Abs. 1 Alt. 1** gegenüber allen oder gegenüber einer Gruppe von Netzbetreibern, also verwaltungsverfahrensrechtlich in Form einer „Allgemeinverfügung" (so ausdrücklich BT-Drs. 19/31009, 11; → § 29 Rn. 15 ff.). Der Erlass einer solchen Festlegung fällt stets in die sachliche Zuständigkeit der BNetzA nach Absatz 1 (BT-Drs. 19/31009, 11 f. und 18). Die sachliche Zuständigkeit der Landesregulierungsbehörden nach Absatz 2 Satz 1 Nummer 12 erstreckt sich – das Vorliegen der grundsätzlichen Tatbestandsvoraussetzungen des Absatzes 2 Sätze 1 und 2 immer vorausgesetzt (BT-Drs. 19/31009, 12 und 18; → Rn. 275) – nach dem Wortlaut des § 11b Abs. 1 Nr. 2 Hs. 2 ausschließlich auf die auf Antrag des betroffenen Netzbetreibers erfolgende (Einzel-)Genehmigung solcher vollständig integrierter Netzkomponenten, die nicht schon von einer etwaigen Festlegung der BNetzA nach § 29 Abs. 1 Alt. 1 iVm § 11b Abs. 1 Nr. 2 Hs. 1 erfasst werden. Insoweit ist die sachliche Zuständigkeit zur Gestattung oder Genehmigung vollständig integrierter Netzkomponenten zwischen den Regulierungsbehörden des Bundes und der Länder „aufgeteilt" (BT-Drs. 19/31009, 18; → Rn. 352 ff.), wobei der (Einzel-)Genehmigung vollständig integrierter Netzkomponenten nach § 11b Abs. 1 Nr. 2 Hs. 2 nur eine „gewisse Auffangfunktion" zukommt (BT-Drs. 19/31009, 12; → Rn. 357).

40 Die vorstehend beschriebene **Zuständigkeitsverteilung** ist das Ergebnis eines Abstimmungsprozesses zwischen den Ländern und dem bezüglich des Gesetzes zur Umsetzung unionsrechtlicher Vorgaben und zur Regelung reiner Wasserstoffnetze im Energiewirtschaftsrecht vom 16.7.2021 (BGBl. I 3026) auf Bundesebene federführenden BMWi. Das hierbei seitens der Länder verfolgte **Ziel** bestand angesichts der begrenzten personellen und sachlichen Kapazitäten der Landesregulierungsbehörden darin, diese nicht zusätzlich zu ihren sonstigen Aufgaben mit einer Vielzahl von Genehmigungen vollständig integrierter Netzkomponenten im Einzelfall zu belasten. Die durch Bund und Länder schließlich gefundene **Kompromisslösung** bestand im Hinblick auf den **Vollzug des § 11b** darin, einen möglichst großen Teil der erforderlich werdenden regulierungsbehördlichen Entscheidungen betreffend vollständig integrierte Netzkomponenten durch eine von Amts wegen ergehende Festlegung der BNetzA im Wege einer Allgemeinverfügung auf der Grundlage der sachlichen Zuständigkeit nach Absatz 1 „abdecken" zu lassen, sodass es nur bei einer geringen Anzahl vollständig integrierter Netzkomponenten bei einer Genehmigungsbedürftigkeit durch die hierfür sachlich zuständigen Landesregulierungsbehörden im Einzelfall verbleiben würde (in diesem Sinne auch BT-Drs. 19/27453, 134 unter Bezugnahme auf überarbeitete Entwurfsfassungen

Kresse

des § 11a und des § 54). Zugleich einigten sich die Länder mit dem BMWi darauf, den **Vollzug des § 7c**, der ebenfalls durch das Gesetz zur Umsetzung unionsrechtlicher Vorgaben und zur Regelung reiner Wasserstoffnetze im Energiewirtschaftsrecht vom 16.7.2021 geschaffen wurde (BGBl. 2021 I 3026 (3030)), alleine der BNetzA zu übertragen (→ Rn. 301). Das **Endergebnis** des vorgenannten Abstimmungsprozesses zwischen Bund und Ländern floss allerdings erst am Ende des Gesetzgebungsverfahrens in die Neufassungen der §§ 11b und 54 ein:

41 In dem **Gesetzentwurf der Bundesregierung** vom 9.3.2021 war noch eine vergleichsweise unbestimmt formulierte Entwurfsfassung des Absatzes 2 Satz 1 Nummer 12 enthalten, wonach die Regulierungsbehörden der Länder für die „Genehmigung der vollständig integrierten Netzkomponenten" unter Verweisung auf die damalige Entwurfsfassung des „§ 11b Absatz 1 und 2" sachlich zuständig sein sollten (BT-Drs. 19/27453, 42). Weiterhin war in der Entwurfsfassung des Absatzes 3 Satz 3 Nummer 6 betreffend die sachliche Zuständigkeit der BNetzA zum Erlass bundeseinheitlicher Festlegungen (→ Rn. 420 ff. und → Rn. 484 ff.) eine ebenfalls unbestimmt formulierte Verweisung auf die damaligen Entwurfsfassungen der „§§ 11a und 11b" enthalten (BT-Drs. 19/27453, 43). Die Länder befürchteten vor diesem Hintergrund, dass in der Regulierungspraxis im Hinblick auf die Abgrenzung der sachlichen Zuständigkeiten der Regulierungsbehörden des Bundes und der Länder **Rechtsunsicherheit** auftreten könne. Hinzu kam, dass die damalige Entwurfsfassung des § 11b Abs. 5 S. 2 eine Festlegungsbefugnis der Regulierungsbehörden (nicht nur der BNetzA) zur Genehmigung u.a. von vollständig integrierten Netzkomponenten „im Wege der Festlegung nach § 29 Absatz 1" vorsah (BT-Drs. 19/27453, 16). Diese Entwurfsfassung war jedoch insofern **inkonsistent**, als Genehmigungen definitionsgemäß gegenüber einem Antragsteller erfolgen (§ 29 Abs. 1 Alt. 2, → § 29 Rn. 23), also einen auf einen Einzelfall bezogenen Antrag voraussetzen, während Festlegungen von Amts wegen erlassen werden und zudem als Allgemeinverfügungen gegenüber einer Mehrzahl von Adressaten ergehen können (§ 29 Abs. 1 Alt. 1, → § 29 Rn. 13). Die Länder setzten sich daher (zu einem weiteren Grund → Rn. 56) beim BMWi für eine **grundlegende Überarbeitung** der Entwurfsfassung des § 11b sowie der Entwurfsfassungen des Absatzes 2 Satz 1 Nummer 12 (→ Rn. 349 ff.) und des Absatzes 3 Satz 3 Nummer 6 (→ Rn. 484 ff.) ein.

42 Die in der Folge erarbeiteten endgültigen Entwurfsfassungen der vorgenannten Normen wurden in Form einer „Formulierungshilfe" des BMWi in das Gesetzgebungsverfahren eingespeist und fanden schließlich über die **Beschlussempfehlung** des Ausschusses für Wirtschaft und Energie vom 22.6.2021 (BT-Drs. 19/30899, 6 ff. und 20) sowie den **Bericht** des Ausschusses für Wirtschaft und Energie vom 23.6.2021 (BT-Drs. 19/31009, 11 f. und 18) ihren Weg in das Gesetz zur Umsetzung unionsrechtlicher Vorgaben und zur Regelung reiner Wasserstoffnetze im Energiewirtschaftsrecht vom 16.7.2021 (BGBl. I 3026). Nach dem vorgenannten Ausschussbericht diente die Überarbeitung der Entwurfsfassung des § 11b ausdrücklich der „Klarstellung, um die sachliche Zuständigkeit […] besser zuordnen zu können" (BT-Drs. 19/31009, 11). Zum Zwecke der Beseitigung der in der früheren Entwurfsfassung des § 11b Abs. 5 S. 2 bestehenden Inkonsistenz im Hinblick auf die Begriffe „Genehmigung" und „Festlegung" (→ Rn. 41), wurde in der endgültigen Entwurfsfassung des § 11b Abs. 1 Nr. 2 Hs. 1 der in § 29 Abs. 1 Alt. 2 verwendete Begriff der „Genehmigung" bewusst vermieden. Stattdessen wurde die Formulierung „durch Festlegung gegenüber allen oder einer Gruppe von Netzbetreibern nach § 29 Absatz 1 gestattet" gewählt. Der **Begriff der „Gestattung"** wird in § 29 Abs. 1 nicht erwähnt und setzt daher, anders als eine Genehmigung nach § 29 Abs. 1 Alt. 2, keinen auf einen Einzelfall bezogenen Antrag eines Antragstellers voraus. Im Einzelnen zur Abgrenzung der sachlichen Zuständigkeiten der BNetzA und der Landesregulierungsbehörden im Zusammenhang mit der Gestattung und Genehmigung vollständig integrierter Netzkomponenten (→ Rn. 352 ff.).

43 In **engem Zusammenhang** mit der Anfügung des Absatzes 2 Satz 1 Nummer 12 ist die neue sachliche Zuständigkeit der BNetzA für den Erlass bundeseinheitlicher Festlegungen nach **Absatz 3 Satz 3 Nummer 6** zu sehen, die ebenfalls durch das Gesetz zur Umsetzung unionsrechtlicher Vorgaben und zur Regelung reiner Wasserstoffnetze im Energiewirtschaftsrecht vom 16.7.2021 geschaffen wurde (BGBl. 2021 I 3026 (3052); → Rn. 484 ff.). Die vorgenannten bundeseinheitlichen Festlegungen der BNetzA betreffen das **Verfahren** zur Genehmigung von vollständig integrierten Netzkomponenten im Einzelfall nach § 11b

4. Ergänzung von Absatz 3 Satz 3 Nummer 3

Ferner erfolgte durch das Gesetz zur Umsetzung unionsrechtlicher Vorgaben und zur Regelung reiner Wasserstoffnetze im Energiewirtschaftsrecht vom 16.7.2021 (BGBl. I 3026) eine Ergänzung der sachlichen Zuständigkeit der BNetzA nach Absatz 3 Satz 3 Nummer 3, die den Erlass **bundeseinheitlicher Festlegungen** in Bezug auf den **bundesweiten Effizienzvergleich** nach §§ 12 ff. ARegV betrifft. Nach bisheriger Rechtslage erfasste diese sachliche Zuständigkeit lediglich bundeseinheitliche Festlegungen im Hinblick auf Vorgaben zur Erhebung von Vergleichsparametern zur Ermittlung der Effizienzwerte nach § 13 Abs. 1 Alt. 2 und Abs. 3 ARegV (→ Rn. 465 ff.). Durch das vorgenannte Änderungsgesetz wurde die sachliche Zuständigkeit der BNetzA nach Absatz 3 Satz 3 Nummer 3 auf bundeseinheitliche Festlegungen betreffend Vorgaben „zur angemessenen Berücksichtigung eines Zeitverzugs beim Ausbau der Verteilernetze im Effizienzvergleich" erstreckt (BGBl. 2021 I 3026 (3052); → Rn. 471 f.). 44

Ausweislich der amtlichen Begründung diente diese Ergänzung von Absatz 3 Satz 3 Nummer 3 der **„Klarstellung"** und stellt eine **„Folgeänderung"** zu der Schaffung der Regelung des § 21a Abs. 6 S. 2 Nr. 11 dar (BT-Drs. 19/27453, 134), die ebenfalls durch das vorgenannte Änderungsgesetz erfolgte (BGBl. 2021 I 3026 (3038)). Die Neuregelung des **§ 21a Abs. 6 S. 2 Nr. 11** enthält eine spezielle Ermächtigungsgrundlage für den Bereich der Anreizregulierung. Demnach darf der Verordnungsgeber, nämlich die Bundesregierung, Regelungen zur angemessenen Berücksichtigung eines Zeitverzugs zwischen dem Anschluss von dezentralen Erzeugungsanlagen nach dem EEG und dem Ausbau der Energieverteilernetze im bundesweiten Effizienzvergleich nach §§ 12 ff. ARegV treffen (→ § 21a Rn. 102a). Nach der amtlichen Begründung bezweckte auch die Anfügung der speziellen Ermächtigungsgrundlage des § 21a Abs. 6 S. 2 Nr. 11 eine **„Klarstellung"**: Eine dementsprechende Ermächtigungsgrundlage für den Verordnungsgeber habe sich schon nach bisheriger Rechtslage aus der allgemeinen Ermächtigungsgrundlage für den Bereich der Anreizregulierung nach § 21a Abs. 6 S. 1 ergeben, sei jedoch bislang durch den Verordnungsgeber nicht ausgeübt worden (BT-Drs. 19/27453, 106). Im Ergebnis erfolgte durch die Anfügung der speziellen Ermächtigungsgrundlage des § 21a Abs. 6 S. 2 Nr. 11 also eine „Nachschärfung" der für den Bereich der Anreizregulierung geltenden Ermächtigungsgrundlage des EnWG. 45

Basierend auf der vorgenannten speziellen Ermächtigungsgrundlage des § 21a Abs. 6 S. 2 Nr. 11 wurde durch die Verordnung zur Änderung der Anreizregulierungsverordnung und der Stromnetzentgeltverordnung vom 27.7.2021 (BGBl. I 3229) mit **§ 32 Abs. 2 S. 2 ARegV** eine **materielle Festlegungsbefugnis** der BNetzA dahingehend geschaffen, wonach die BNetzA unter bestimmten Voraussetzungen Festlegungen iSd § 29 Abs. 1 zum Zwecke der angemessenen Berücksichtigung eines zeitlichen Versatzes zwischen der Errichtung von Anlagen nach dem EEG sowie dem entsprechenden und notwendigen Ausbau der Energieverteilernetze im bundesweiten Effizienzvergleich nach §§ 12 ff. ARegV erlassen kann (BGBl. 2021 I 3229 (3231); → Rn. 472). Ausweislich der amtlichen Begründung der vorgenannten Änderungsverordnung kann die BNetzA eine solche Festlegung iSd § 29 Abs. 1 iVm § 32 Abs. 2 S. 2 ARegV, die entweder gegenüber einzelnen oder allen Betreibern von Energieverteilernetzen ergehen kann, gestützt auf ihre – insoweit ergänzte (→ Rn. 43) – sachliche Zuständigkeit nach Absatz 3 Satz 3 Nummer 3 mit **bundeseinheitlicher Wirkung** erlassen (BR-Drs. 405/21, 31). 46

Der eigentliche **Hintergrund** der vorstehend beschriebenen Änderungen des EnWG und der ARegV ergab sich daraus, dass die sachliche Zuständigkeit der BNetzA für den Erlass bundeseinheitlicher Festlegungen nach Absatz 3 Satz 3 Nummer 3 nach bisheriger Rechtlage mangels einer hiermit korrespondierenden materiellen Festlegungsbefugnis der BNetzA iSd § 29 Abs. 1 **ins Leere lief** (→ Rn. 470). Denn mit § 32 Abs. 2 S. 1 ARegV (also der Urfassung des § 32 Abs. 2 ARegV; BGBl. 2007 I 2529 (2539)) existierte bis zu der Anfügung des § 32 Abs. 2 S. 2 ARegV lediglich eine materielle Festlegungsbefugnis der BNetzA für den Bereich des nationalen Effizienzvergleichs für **Transportnetzbetreiber** nach § 22 ARegV (→ Rn. 473 ff.), nicht jedoch für den bundesweiten Effizienzvergleich 47 betreffend die Betreiber der Energieverteilernetze nach §§ 12 ff. ARegV. Da für die Regulierung der Betreiber der Transportnetze nach Absatz 1 alleine die BNetzA sachlich zuständig ist und keinerlei sachliche Zuständigkeit der Regulierungsbehörden der Länder besteht (→ Rn. 199 ff.), konnte die BNetzA schon nach bisheriger Rechtslage diesbezügliche Festlegungen nach § 29 Abs. 1 iVm § 32 Abs. 2 S. 1 ARegV mit Wirkung für alle Transportnetzbetreiber im Bundesgebiet treffen, ohne sich hierbei auf ihre sachliche Zuständigkeit für bundeseinheitliche Festlegungen nach Absatz 3 Satz 3 Nummer 3 stützen zu müssen. Denn der Erlass einer bundeseinheitlichen Festlegung iSv Absatz 3 Sätze 1 und 2 ist nur in solchen Fallkonstellationen erforderlich, in denen nach Maßgabe des Absatzes 2 Sätze 1–3 eine Aufteilung der sachlichen Zuständigkeit zwischen der BNetzA und den Landesregulierungsbehörden erfolgt (→ Rn. 423); eben dies ist jedoch nur im Hinblick auf die Regulierung der Betreiber der Energieverteilernetze der Fall (→ Rn. 230 ff.). Mit § 32 Abs. 2 S. 2 ARegV wurde nunmehr erstmals eine materielle Festlegungsbefugnis der BNetzA iSd § 29 Abs. 1 für den Bereich des für die **Betreiber von Energieverteilernetzen** geltenden bundesweiten Effizienzvergleichs nach §§ 12 ff. ARegV geschaffen. Aufgrund der sachlichen Zuständigkeit der BNetzA nach der überarbeiteten Regelung des Absatzes 3 Satz 3 Nummer 3 kann eine solche Festlegung nach neuer Rechtslage in Form einer bundeseinheitlichen Festlegung erlassen werden (BR-Drs. 405/21, 31).

5. Anfügung von Absatz 3 Satz 3 Nummer 5

48 Weiterhin wurde durch das Gesetz zur Umsetzung unionsrechtlicher Vorgaben und zur Regelung reiner Wasserstoffnetze im Energiewirtschaftsrecht vom 16.7.2021 mit Absatz 3 Satz 3 Nummer 5 eine neue sachliche Zuständigkeit der BNetzA zum Erlass **bundeseinheitlicher Festlegungen** betreffend die **Methodik** zur Bestimmung des **Qualitätselementes** nach § 21a Abs. 6 iVm §§ 19 und 20 ARegV geschaffen (BGBl. 2021 I 3026 (3052); → Rn. 481 ff.). Zu unterscheiden ist hiervon die Anpassung der kalenderjährlichen Erlösobergrenzen der einzelnen Betreiber der Energieversorgungsnetze durch die Berücksichtigung eines Qualitätselements gem. § 29 Abs. 1 iVm §§ 4 Abs. 5, 19 Abs. 1, 32 Abs. 1 Nr. 1 ARegV, für die die sachliche Zuständigkeit nach Maßgabe des Absatzes 2 Satz 1 Nummer 2, Sätze 2 und 3 bei den Landesregulierungsbehörden verbleibt (BT-Drs. 19/27453, 134; → Rn. 285 f.).

49 Die mit der neuen sachlichen Zuständigkeit der BNetzA zum Erlass bundeseinheitlicher Festlegungen korrespondierende **materielle Festlegungsbefugnis** folgt aus der Regelung des § 29 Abs. 1 iVm § 32 Abs. 1 Nr. 6 ARegV, die sich ebenfalls auf den „Beginn der Anwendung, die nähere Ausgestaltung und das Verfahren der Bestimmung des Qualitätselements nach den §§ 19 und 20", also auf deren Methodik, bezieht (→ Rn. 483).

50 Auch die Schaffung der Regelung des Absatzes 3 Satz 3 Nummer 5 geht auf einen **Abstimmungsprozess** zwischen den Ländern und dem bezüglich des Gesetzes zur Umsetzung unionsrechtlicher Vorgaben und zur Regelung reiner Wasserstoffnetze im Energiewirtschaftsrecht vom 16.7.2021 (BGBl. I 3026) auf Bundesebene federführenden BMWi zurück. Der **Hintergrund** der Einführung des Absatzes 3 Satz 3 Nummer 5 bestand darin, dass sich im Rahmen der „bisherige[n] Regulierungspraxis", konkret im Rahmen der Kooperation zwischen der BNetzA und den Regulierungsbehörden der Länder, herausgestellt hatte, dass in Bezug auf die Methodik zur Bestimmung des Qualitätselements nach §§ 19 und 20 ARegV ein „Bedürfnis" nach dem Erlass einer bundeseinheitlichen Festlegung durch die BNetzA besteht (BT-Drs. 19/27453, 134): Die Landesregulierungsbehörden hatten bislang stets die durch die BNetzA entwickelte Methodik zur Bestimmung des Qualitätselements übernommen und entsprechende separate Festlegungen nach § 29 Abs. 1 iVm § 32 Abs. 1 Nr. 6 ARegV erlassen, um eine bundesweit einheitliche Regulierungspraxis zu gewährleisten. Daher ergab der Erlass separater Festlegungen der Regulierungsbehörden der Länder gem. § 29 Abs. 1 iVm § 32 Abs. 1 Nr. 6 ARegV im Grunde von Anbeginn **keinen Sinn** und führte dort zu einer unnötigen Belastung der personellen und sachlichen Kapazitäten. Zugleich war bei der Neuregelung der sachlichen Zuständigkeit betreffend das Qualitätselement nach §§ 19 und 20 ARegV zu berücksichtigen, dass die Festlegung und Anpassung der kalenderjährlichen Erlösobergrenzen der Betreiber iSd § 29 Abs. 1 iVm §§ 4 Abs. 1–5, 32 Abs. 1 Nr. 1 ARegV unter den Voraussetzungen des Absatzes 2 Satz 1 Nummer 2, Sätze 2 und 3

in die Verantwortung der Landesregulierungsbehörden fallen. Es herrschte daher im Rahmen des Gesetzgebungsverfahrens zwischen Bund und Ländern Einigkeit darüber, die sachliche Zuständigkeit für die Anpassung der kalenderjährlichen Erlösobergrenzen der Betreiber der Energieversorgungsnetze durch die Berücksichtigung eines Qualitätselements gem. § 29 Abs. 1 iVm §§ 4 Abs. 5, 19 Abs. 1, 32 Abs. 1 Nr. 1 ARegV bei den Regulierungsbehörden der Länder zu belassen.

6. Anfügung von Abs. 3 S. 3 Nr. 6

Schließlich wurde durch das Gesetz zur Umsetzung unionsrechtlicher Vorgaben und zur Regelung reiner Wasserstoffnetze im Energiewirtschaftsrecht vom 16.7.2021 (BGBl. I 3026) mit Absatz 3 Satz 3 Nummer 6 eine neue sachliche Zuständigkeit der BNetzA zum Erlass **bundeseinheitlicher Festlegungen** betreffend etwaige Vorgaben zum **Verfahren** für die Genehmigung von Energiespeicheranlagen (§ 3 Nr. 15d), die Elektrizität erzeugen und **vollständig integrierte Netzkomponenten** (§ 3 Nr. 38b) darstellen, im Einzelfall gem. § 11b Abs. 5 Alt. 2 iVm § 11b Abs. 1 Nr. 2 Hs. 2 geschaffen. Damit steht die vorgenannte Neuregelung in unmittelbarem Zusammenhang mit der ebenfalls durch das selbige Änderungsgesetz eingeführten sachlichen Zuständigkeit der Regulierungsbehörden der Länder für die Genehmigung von vollständig integrierten Netzkomponenten im Einzelfall nach § 11b Abs. 1 Nr. 2 Hs. 2, die sich aus Absatz 2 Satz 1 Nummer 12 ergibt (→ Rn. 484 ff. sowie → Rn. 349 ff.). 51

Die mit der neu geschaffenen sachlichen Zuständigkeit der BNetzA zum Erlass bundeseinheitlicher Festlegungen korrespondierende **materielle Festlegungsbefugnis** folgt aus der Regelung des § 29 Abs. 1 iVm § 11b Abs. 5 Alt. 2, die ausdrücklich auf die Genehmigung vollständig integrierter Netzkomponenten im Einzelfall nach § 11b Abs. 1 Nr. 2 Hs. 2 Bezug nimmt (→ Rn. 484). Auch diese materielle Festlegungsbefugnis wurde durch das Gesetz zur Umsetzung unionsrechtlicher Vorgaben und zur Regelung reiner Wasserstoffnetze im Energiewirtschaftsrecht vom 16.7.2021 eingeführt (BGBl. 2021 I 3026 (3032); BT-Drs. 19/30899, 8). Dabei ist zu beachten, dass sich die sachliche Zuständigkeit der BNetzA zum Erlass bundeseinheitlicher Festlegungen nach Absatz 3 Satz 3 Nummer 6 **ausschließlich** auf Vorgaben zum Verfahren betreffend die Genehmigung von vollständig integrierten Netzkomponenten im Einzelfall gem. § 11b Abs. 5 Alt. 2 iVm § 11b Abs. 1 Nr. 2 Hs. 2 bezieht (BT-Drs. 19/31009, 18). 52

Nicht von Absatz 3 Satz 3 Nummer 6 erfasst sind hingegen folgende Festlegungen der BNetzA, die diese bereits aufgrund ihrer **alleinigen** sachlichen Zuständigkeit mit Wirkung für das gesamte Bundesgebiet erlassen kann (BT-Drs. 19/31009, 18; → Rn. 480): 53
- Festlegungen aufgrund § 29 Abs. 1 Alt. 1 iVm **§ 11a Abs. 3** betreffend die nähere Ausgestaltung des Ausschreibungsverfahrens iSd § 11a Abs. 1 S. 1 (→ Rn. 354 und → EnWG § 11a Rn. 1 ff.);
- Festlegungen aufgrund § 29 Abs. 1 Alt. 1 iVm **§ 11b Abs. 5 Alt. 1** zur näheren Ausgestaltung der Genehmigungsverfahren gem. § 11b Abs. 1 Nr. 1 iVm § 11b Abs. 2 und 3 im Hinblick auf solche Energiespeicheranlagen, die keine vollständig integrierten Netzkomponenten darstellen (→ Rn. 354), sowie
- Festlegungen aufgrund § 29 Abs. 1 Alt. 1 **iVm § 11b Abs. 1 Nr. 2 Hs. 1** betreffend die Gestattung vollständig integrierter Netzkomponenten gegenüber allen oder einer Gruppe von Betreibern von Netzbetreibern (→ Rn. 356).

Hintergrund hierfür ist, dass der Gesetzgeber nur in Bezug auf die Genehmigung vollständig integrierter Netzkomponenten im Einzelfall gem. § 11b Abs. 1 Nr. 2 Hs. 2 eine Aufteilung der sachlichen Zuständigkeit zwischen der BNetzA (Absatz 1) und den Regulierungsbehörden der Länder (Absatz 2 Satz 1 Nummer 12) vorgesehen hat. Nur bei Vorliegen einer Zuständigkeitsaufteilung zwischen den Regulierungsbehörden des Bundes und der Länder ist eine sachliche Zuständigkeit für den Erlass einer bundeseinheitlichen Festlegung durch die BNetzA **erforderlich** (BT-Drs. 19/31009, 18; → Rn. 423). 54

Die Regelung des Absatzes 3 Satz 3 Nummer 6 geht – ebenso wie Absatz 2 Satz 1 Nummer 12 (näher → Rn. 349 ff.) – auf einen **Abstimmungsprozess** zwischen den Ländern und dem bezüglich des Gesetzes zur Umsetzung unionsrechtlicher Vorgaben und zur Regelung reiner Wasserstoffnetze im Energiewirtschaftsrecht vom 16.7.2021 (BGBl. I 3026) 55

Kresse

auf Bundesebene federführenden BMWi zurück. Dessen Endergebnisse flossen schließlich über die **Beschlussempfehlung** des Ausschusses für Wirtschaft und Energie vom 22.6.2021 (BT-Drs. 19/30899, 8 und 20) sowie den **Bericht** des Ausschusses für Wirtschaft und Energie vom 23.6.2021 (BT-Drs. 19/31009, 11 f. und 18) in das Gesetzgebungsverfahren ein.

56 Der **Gesetzentwurf der Bundesregierung** vom 9.3.2021 enthielt demgegenüber in der Entwurfsfassung des Absatzes 3 Satz 3 Nummer 6 noch eine unbestimmte Verweisung auf die vormaligen Entwurfsfassungen der „§§ 11a und 11b", ohne dass dies im Gesetzestext näher konkretisiert wurde (BT-Drs. 19/27453, 43). In der amtlichen Begründung des Regierungsentwurfs wurde hierzu ausgeführt, dass im Hinblick auf die „Festlegungsbefugnisse, die die §§ 11a und 11b einräumen, ein Bedürfnis nach bundesweit einheitlichem Vorgehen" bestehe (BT-Drs. 19/27453, 134). Die amtliche Begründung war jedoch insofern **unzutreffend**, als eine sachliche Zuständigkeit der BNetzA für den Erlass bundeseinheitlicher Festlegungen, wie bereits erwähnt (→ Rn. 54), nur im Falle einer zwischen den Regulierungsbehörden des Bundes und der Länder aufgeteilten sachlichen Zuständigkeit erforderlich ist. Dieser Gesichtspunkt war ein weiterer Grund (zu anderen Gründen → Rn. 41 f.) dafür, dass sich die Länder gegenüber dem Bund für eine **grundlegende Überarbeitung** der Entwurfsfassungen des § 11b und des § 54 einsetzten. Die in der Folge ausgearbeiteten endgültigen Entwurfsfassungen der vorgenannten Normen wurden in Form einer „Formulierungshilfe" des BMWi in das Gesetzgebungsverfahren eingebracht und fanden schließlich über die Beschlussempfehlung des Ausschusses für Wirtschaft und Energie vom 22.6.2021 (BT-Drs. 19/30899, 8 und 20) sowie den Bericht des Ausschusses für Wirtschaft und Energie vom 23.6.2021 (BT-Drs. 19/31009, 11 f. und 18) ihren Weg in das Änderungsgesetz.

VI. Gesetz zur Beschleunigung des Energieleitungsausbaus

57 Nach dem Gesetz zur Beschleunigung des Energieleitungsausbaus vom 13.5.2019 (BGBl. I 706) sollte in **Absatz 2 Satz 1 Nummer 5** die im Jahr 2019 noch existierende und allgemein gefasste Verweisung auf die Regelung des § 14 durch eine konkretisierte Verweisung auf die damaligen Regelungen des § 14 Abs. 1a, 1b und 2 sowie auf die Regelung des § 14a ersetzt werden. Diese Änderung, die in einem engen Zusammenhang mit der Überführung der bisherigen Regelungen zum Einspeisemanagement aus dem EEG in das EnWG stand (BR-Drs. 11/19, 73), sollte jedoch nach Art. 25 Abs. 2 des Gesetzes zur Beschleunigung des Energieleitungsausbaus erst mit Wirkung zum 1.10.2021 in Kraft treten (BGBl. 2019 I 706 (729)). Durch die vorgenannte Änderung des Absatzes 2 Satz 1 Nummer 5 sollte ausweislich der amtlichen Begründung gewährleistet werden, dass die BNetzA nach Absatz 1 „für die Überwachung der Vorschriften zur Systemverantwortung nach den §§ 13 und 13a einheitlich zuständig" ist. Diese **einheitliche sachliche Zuständigkeit** der BNetzA sollte gerade auch in solchen Fallgestaltungen gelten, in denen die vorgenannten Vorschriften über die Verweisungen in der damaligen Fassung des § 14 auf die Betreiber von Energieverteilernetzen Anwendung finden und somit eine sachliche Zuständigkeit der Landesregulierungsbehörden nach der bisherigen Fassung des Absatzes 2 Satz 1 Nummer 5 denkbar war. Aus diesem Grund sollte die Regelung des § 14 Abs. 1 und 1c aus der von der damaligen Fassung des Absatzes 2 Satz 1 Nummer 5 mitumfassten Verweisung gestrichen werden (BR-Drs. 11/19, 73).

58 Durch das zeitlich verzögerte Inkrafttreten der vorstehend beschriebenen Änderung mit Wirkung zum 1.10.2021 entstand ein **Konflikt** zu der Änderung des Absatzes 2 Satz 1 Nummer 5, die in dem zuvor in Kraft getretenen Gesetz zur Umsetzung unionsrechtlicher Vorgaben und zur Regelung reiner Wasserstoffnetze im Energiewirtschaftsrecht vom 16.7.2021 (BGBl. 2021 I 3026) enthalten war (→ Rn. 31). Denn durch das vorgenannte Änderungsgesetz wurden die Vorschriften zur Systemverantwortung der Betreiber von Energieversorgungsnetzen überarbeitet und die Verweisung in Absatz 2 Satz 1 Nummer 5 entsprechend aktualisiert. Hierdurch sollte ausweislich der amtlichen Begründung „klargestellt" werden, dass die „neu gestalteten" regulierungsbehördlichen Aufgaben, die sich aus den §§ 14 Abs. 2, 14c, 14d und 14e ergeben, nicht in die sachliche Zuständigkeit der Landesregulierungsbehörden, sondern nach Absatz 1 in die sachliche Zuständigkeit der BNetzA fallen (BT-Drs. 19/27453, 134; → Rn. 31 f.). Die in dem Gesetz zur Beschleunigung des Energieleitungsausbaus mit Wirkung zum 1.10.2021 vorgesehene Änderung des Absatzes 2 Satz 1

Nummer 5 würde daher zu einer **Fehlverweisung** auf mittlerweile veraltete Vorschriften des EnWG führen, was für ein Redaktionsversehen des Gesetzgebers spricht. Dieser hat offenbar bei der Formulierung des Gesetzes zur Umsetzung unionsrechtlicher Vorgaben und zur Regelung reiner Wasserstoffnetze im Energiewirtschaftsrecht im Jahr 2021 übersehen, dass in dem diesbezüglich zeitlich verzögert in Kraft tretenden Gesetz zur Beschleunigung des Energieleitungsausbaus aus dem Jahr 2019 bereits mit Wirkung zum 1.10.2021 eine weitere Änderung des Absatzes 2 Satz 1 Nummer 5 vorgesehen war. Die beiden Änderungen des Absatzes 2 Satz 1 Nummer 5 wurden daher offenkundig **irrtümlich** nicht aufeinander abgestimmt. Weiterhin war der in dem Gesetz zur Beschleunigung des Energieleitungsausbaus enthaltene Änderungsbefehl, die in Absatz 2 Satz 2 Nummer 5 enthaltene Angabe „den §§ 14" durch eine überarbeitete Verweisung zu ersetzen (BGBl. 2019 I 706 (714)), nicht mehr ausführbar, da Absatz 2 Satz 2 Nummer 5 in der Fassung des Gesetzes zur Umsetzung unionsrechtlicher Vorgaben und zur Regelung reiner Wasserstoffnetze im Energiewirtschaftsrecht eben diese Angabe nicht mehr enthält (von dem Vorliegen eines diesbezüglichen „Redaktionsversehens" geht nunmehr auch BR-Drs. 164/22, 65 unter Verweisung auf BT-Drs. 19/7375, 65 f. = BR-Drs. 11/19, 73 aus; → Rn. 60). Diese Argumente sprachen seinerzeit dafür, im Grundsatz die Regelung des Absatzes 2 Satz 1 Nummer 5 in der vorstehend beschriebenen Fassung des Gesetzes zur Umsetzung unionsrechtlicher Vorgaben und zur Regelung reiner Wasserstoffnetze im Energiewirtschaftsrecht vom 16.7.2021 (BGBl. 2021 I 3026) **als maßgeblich** zu erachten (→ Rn. 32).

Stimmt man dieser Sichtweise zu, so hatte dies allerdings zur Folge, dass Absatz 2 Satz 1 Nummer 5 weiterhin auf die unveränderte Regelung des **§ 14 Abs. 1** verweist, obwohl eben diese Verweisung ausweislich der amtlichen Begründung des Gesetzes zur Beschleunigung des Energieleitungsausbaus gestrichen werden sollte (so nunmehr auch BR-Drs. 164/22, 65). Dadurch sollte eine **einheitliche sachliche Zuständigkeit** der BNetzA nach Absatz 1 für die Überwachung der Vorschriften betreffend die Systemverantwortung nach §§ 13 und 13a erreicht werden, diese über die Verweisung in § 14 Abs. 1 auch auf die Betreiber von Elektrizitätsverteilernetzen anzuwenden sind (BR-Drs. 11/19, 73). Die in Absatz 2 Satz 2 Nummer 5 in der Fassung des Gesetzes zur Umsetzung unionsrechtlicher Vorgaben und zur Regelung reiner Wasserstoffnetze im Energiewirtschaftsrecht vom 16.7.2021 (BGBl. 2021 I 3026) enthaltene Verweisung musste daher nach hiesiger Auffassung **korrigierend ausgelegt** werden. Demnach besteht – entgegen der Formulierung der Norm – keine sachliche Zuständigkeit der Landesregulierungsbehörden für den Vollzug des § 14 Abs. 1. Vielmehr fällt der Vollzug des § 14 Abs. 1 in Übereinstimmung mit dem erklärten Willen des Gesetzgebers (BR-Drs. 11/19, 73) alleine in die sachliche Zuständigkeit der BNetzA nach Absatz 1 (→ Rn. 33 und → Rn. 309 ff.). Hieran hat sich auch durch die erneute, nach hiesiger Einschätzung nicht zielführende Überarbeitung des Absatzes 2 Satz 1 Nummer 5 durch das Gesetz zur Änderung des Energiewirtschaftsrechts im Zusammenhang mit dem Klimaschutz-Sofortprogramm und zu Anpassungen im Recht der Endkundenbelieferung vom 19.7.2022 (BGBl. I 1214) nichts geändert (→ Rn. 60 ff.).

VII. Gesetz zur Änderung des Energiewirtschaftsrechts im Zusammenhang mit dem Klimaschutz-Sofortprogramm und zu Anpassungen im Recht der Endkundenbelieferung

Durch das Gesetz zur Änderung des Energiewirtschaftsrechts im Zusammenhang mit dem Klimaschutz-Sofortprogramm und zu Anpassungen im Recht der Endkundenbelieferung vom 19.7.2022 (BGBl. I 1214) erfolgte eine erneute (→ Rn. 57 ff.), allerdings nach hiesiger Auffassung **nicht zielführende** Änderung von **Absatz 2 Satz 1 Nummer 5.** Demnach wurde in der bisherigen Verweisung des Absatzes 2 Satz 1 Nummer 5 auf „§ 14 Absatz 1 und 3" der Bestandteil „und 3" gestrichen (BGBl. 2022 I 1214 (1224); BR-Drs. 164/22, 9), so dass sich die diesbezügliche Verweisung in der Neufassung auf die Regelung des **§ 14 Abs. 1** beschränkt. Ausweislich der amtlichen Begründung sollte diese Änderung zur „Bereinigung" des bereits unter → Rn. 57 ff. näher geschilderten „Redaktionsversehens" dienen. Die Streichung der Verweisung in Absatz 2 Satz 1 Nummer 5 auf „§ 14 Absatz 1" sei bereits im Rahmen des Gesetzes zur Beschleunigung des Energieleitungsausbaus („NABEG-Novelle") beschlossen worden; auf die damalige amtliche Begründung könne verwiesen werden (BR-Drs. 164/22, 65 unter Verweisung auf BT-Drs. 19/7375, 65 f. = BR-Drs. 11/ 19, 73). Demnach besteht das Ziel des Gesetzgebers offenbar weiterhin (→ Rn. 57) darin, in den Fällen des § 14 Abs. 1 eine **einheitliche sachliche Zuständigkeit** der BNetzA zu schaffen.

61 Vor diesem Hintergrund ist festzustellen, dass das durch den Gesetzgeber selbst erkannte **Redaktionsversehen** (BR-Drs. 164/22, 65) durch die erneute Änderung des Absatzes 2 Satz 1 Nummer 5 im Rahmen des Gesetzes zur Änderung des Energiewirtschaftsrechts im Zusammenhang mit dem Klimaschutz-Sofortprogramm und zu Anpassungen im Recht der Endkundenbelieferung (BGBl. 2021 I 1214 (1224)) **nicht bereinigt** wurde. Denn Absatz 2 Satz 1 Nummer 5 verweist weiterhin auf die Regelung des „§ 14 Absatz 1", so dass das durch den Gesetzgeber verfolgte Ziel einer einheitlichen sachlichen Zuständigkeit der BNetzA in den Fällen des § 14 Abs. 1 (BR-Drs. 164/22, 65 unter Verweisung auf BT-Drs. 19/7375, 65 f. = BR-Drs. 11/19, 73) gerade nicht erreicht wurde. Hierzu hätte richtigerweise die Verweisung auf die Regelung des § 14 Abs. 1 aus Absatz 2 Satz 1 Nummer 5 gestrichen werden müssen. Offenbar ist diese Streichung seitens des Gesetzgebers **irrtümlich** unterblieben.

62 Es bleibt daher bei der hier vertretenen Auffassung (→ Rn. 59), wonach die Regelung des Absatzes 2 Satz 2 Nummer 5 auch in der Fassung des Gesetzes zur Änderung des Energiewirtschaftsrechts im Zusammenhang mit dem Klimaschutz-Sofortprogramm und zu Anpassungen im Recht der Endkundenbelieferung vom 19.7.2022 (BGBl. I 1214) dahingehend **korrigierend ausgelegt** werden muss, dass – entgegen dem Gesetzeswortlaut – keine sachliche Zuständigkeit der Landesregulierungsbehörden für den Vollzug des **§ 14 Abs. 1** besteht. Vielmehr fällt der Vollzug des § 14 Abs. 1 alleine in die sachliche Zuständigkeit der **BNetzA** gemäß Absatz 1. Alleine durch diese korrigierende Auslegung kann dem wiederholt erklärten Willen des Gesetzgebers, diesbezüglich eine **einheitliche sachliche Zuständigkeit** der BNetzA begründen zu wollen (BR-Drs. 164/22, 65 unter Verweisung auf BT-Drs. 19/7375, 65 f. = BR-Drs. 11/19, 73), Geltung verschafft werden (→ Rn. 312 ff.).

E. Vorschlag einer Prüfungsreihenfolge

63 Die nachfolgende Kommentierung orientiert sich im Grundsatz an dem Aufbau der gesetzlichen Regelung des § 54. Bei der Prüfung der sachlichen Zuständigkeit der Regulierungsbehörden des Bundes und der Länder nach § 54 **empfiehlt** es sich hingegen, von dem – unsystematischen – Aufbau der gesetzlichen Regelung abzuweichen und grundsätzlich in folgenden **Schritten** vorzugehen:
- Ist die sachliche Zuständigkeit in einer Norm **ausdrücklich** der „Bundesnetzagentur" oder der „Landesregulierungsbehörde" zugewiesen (→ Rn. 66)?
- Liegt ein in **Absatz 3 Satz 3 Nummern 1–6** aufgezählter Fall der sachlichen Zuständigkeit der BNetzA für eine bundeseinheitliche Festlegung vor (→ Rn. 451 ff.)?
- Ist eine bundeseinheitliche Festlegung der BNetzA zur „Wahrung gleichwertiger wirtschaftlicher Verhältnisse im Bundesgebiet" erforderlich und besteht somit eine sachliche Zuständigkeit der BNetzA nach der Generalklausel des **Absatzes 3 Satz 2** (→ Rn. 436 ff.)?
- Ist eine sachliche Zuständigkeit der Landesregulierungsbehörde nach **Absatz 2 Satz 1 Nummern 1–12, Sätze 2 und 3** gegeben (→ Rn. 217 ff.)? Dies ist grundsätzlich dann der Fall, wenn (i) eine Norm die sachliche Zuständigkeit ausdrücklich der oder den „Regulierungsbehörden" zuweist (→ Rn. 66), (ii) es sich bei dem zu regulierenden Energieversorgungsnetz um ein Energieverteilernetz handelt (→ Rn. 230 ff.), (iii) an das fragliche Energieverteilernetz weniger als 100.000 Kunden unmittelbar oder mittelbar angeschlossen sind (→ Rn. 233 ff.), (iv) eine der in Absatz 2 Satz 1 Nummern 1–12 abschließend aufgezählten Aufgaben (einschließlich etwaiger Annexkompetenzen) einschlägig ist (→ Rn. 275 ff.), (v) in den Fällen des Absatzes 2 Satz 1 Nummern 6, 7 und 8 kein Netzanschluss einer Biogasanlage verfahrensgegenständlich ist (Absatz 2 Satz 3; → Rn. 361 ff.) und (vi) das fragliche Energieverteilernetz nicht über die Grenzen eines Landes hinausreicht (Absatz 2 Satz 2; → Rn. 374 ff.).
- Ist eine originäre sachliche Zuständigkeit der BNetzA nach **Absatz 1** gegeben (→ Rn. 416 ff.)? Dies ist grundsätzlich dann der Fall, wenn keine sachliche Zuständigkeit für

Allgemeine Zuständigkeit § 54 EnWG

eine bundeseinheitliche Festlegung nach Absatz 3 Sätze 2 und 3 gegeben ist und die vorgenannten Voraussetzungen für eine sachliche Zuständigkeit der Landesregulierungsbehörde nach Absatz 2 Satz 1 Nummern 1–12, Sätze 2 und 3 nicht vorliegen.
- Ist nach dem Beginn des fraglichen energiewirtschaftlichen Verwaltungsverfahrens oder Beschwerdeverfahrens ein Zuständigkeitswechsel iSd **Absatz 2 Satz 5** eingetreten (→ Rn. 390 ff.)? In diesem Fall bleibt diejenige Regulierungsbehörde sachlich zuständig, die zu Beginn des jeweiligen Verfahrens sachlich zuständig war.
- Ist die sachliche Zuständigkeit für ein bestimmtes energiewirtschaftliches Verwaltungsverfahren in § 54 oder in einer sonstigen Vorschrift des EnWG nicht ausdrücklich geregelt? In diesem Fall greift die subsidiäre Auffangzuständigkeit der BNetzA nach **Absatz 3 Satz 1** Platz (→ Rn. 416 ff.).

Bestehen **Zweifel** an der sachlichen Zuständigkeit der handelnden Regulierungsbehörde, 64 so muss die etwaige sachliche Unzuständigkeit nach § 66a Abs. 1 S. 1 rechtzeitig, nämlich bis zum Abschluss des energiewirtschaftsrechtlichen Verwaltungsverfahrens geltend gemacht werden. Anderenfalls droht nach § 66a Abs. 2 eine **Präklusion** des Einwandes der sachlichen Unzuständigkeit der handelnden Regulierungsbehörde (näher → Rn. 215 f.).

F. Aufgaben der Regulierungsbehörden (Abs. 1)

Gemäß Absatz 1 werden die „Aufgaben der Regulierungsbehörde" durch die BNetzA 65 und nach Maßgabe von Absatz 2 durch die Regulierungsbehörden der Länder wahrgenommen. Unter dem **Oberbegriff** „Regulierungsbehörden" sind mithin die BNetzA und die Landesregulierungsbehörden zu verstehen (Bourwieg/Hellermann/Hermes/Gundel § 54 Rn. 13; Kment EnWG/Görisch § 54 Rn. 2; Säcker EnergieR/Schmidt-Preuß § 54 Rn. 6). Als „Vorbild" der Verteilung der sachlichen Zuständigkeit in Absätzen 1 und 2 kann die Regelung des § 48 Abs. 1 und 2 GWB angesehen werden, der die Verteilung der sachlichen Zuständigkeit zwischen dem BKartA, dem BMWi und den Landeskartellbehörden regelt (Salje EnWG § 54 Rn. 1; Theobald/Kühling/Theobald/Werk § 54 Rn. 5). Allerdings enthält die Regelung in Absätzen 1 und 2 im Gegensatz zu § 48 Abs. 1 und 2 GWB eine „exakte Abgrenzung" der sachlichen Zuständigkeiten (Kment EnWG/Görisch § 54 Rn. 2; ähnlich Säcker EnergieR/Schmidt-Preuß § 54 Rn. 6).

I. Allgemeines

1. Fälle der ausdrücklichen Aufgabenzuweisung

Zu beachten ist bei der Anwendung des Absatzes 1 (ggf. iVm Absatz 2 Sätze 1–3), dass 66 unter diese Regelung der sachlichen Zuständigkeit grundsätzlich nur diejenigen Aufgaben fallen, die nach dem EnWG und den auf dessen Grundlage erlassenen Rechtsverordnungen **ausdrücklich** den „Regulierungsbehörden" zugewiesen sind, sodass sich iRd Absatzes 1 eine – im Einzelfall schwierige – Abgrenzung regulatorischer Aufgaben zu nicht-regulatorischen Aufgaben erübrigt (Bourwieg/Hellermann/Hermes/Gundel § 54 Rn. 29; Kment EnWG/Görisch § 54 Rn. 2; Säcker EnergieR/Schmidt-Preuß § 54 Rn. 6).

Weist eine Norm die sachliche Zuständigkeit jedoch nicht allgemein den „Regulierungs- 67 behörden", sondern **konkret** der „Bundesnetzagentur" oder der „Landesregulierungsbehörde" zu, so erübrigt sich eine Anwendung des Absatzes 1 von vorne herein (Bourwieg/Hellermann/Hermes/Gundel § 54 Rn. 31; in diese Richtung auch Theobald/Kühling/Theobald/Werk § 54 Rn. 24). Fehlt es hingegen in einer Norm an einer ausdrücklichen Erwähnung der „Regulierungsbehörden" und wird dort auch sonst keine sachlich zuständige Behörde ausdrücklich benannt, so findet Absatz 1 ebenfalls keine Anwendung. In solchen Fällen greift die **Auffangzuständigkeit** der BNetzA nach Absatz 3 Platz (→ Rn. 416 ff.).

Es handelt sich bei der Verwendung des Begriffes „Regulierungsbehörde" im EnWG 68 daher **nicht** notwendigerweise um eine „**unklare Formulierung**", die in der Praxis zu „Rechtsunsicherheit" führt (in diese Richtung aber Theobald/Kühling/Theobald/Werk § 54 Rn. 24: „Hektik durch die kurzfristige Änderung der Zuständigkeitsverteilung"). **Sachgerecht** ist dieser Begriff in solchen Vorschriften des EnWG, in denen nach Absatz 1 entweder eine sachliche Zuständigkeit der BNetzA oder aber der Regulierungsbehörden der Länder denkbar ist. Zutreffend ist allerdings, dass künftig bei der Überarbeitung oder

Kresse 1451

Neuformulierung von Regelungen des EnWG auf eine konsequente Differenzierung zwischen den Begriffen „Regulierungsbehörde" und „Bundesnetzagentur" geachtet werden sollte.

2. Regulatorische Aufgaben

69   Weiterhin folgt aus Absatz 1, dass diese Regelung ausschließlich die Aufgaben **der Regulierungsbehörden** nach dem EnWG erfasst. Nicht erfasst werden von Absatz 1 hingegen die (nicht-regulatorischen) Aufgaben sonstiger Behörden, die sich ebenfalls aus dem EnWG ergeben. Dies gilt namentlich für die „nach Landesrecht zuständige Behörde", die nach dem EnWG verschiedene Aufgaben zu erfüllen hat, insbesondere, aber nicht ausschließlich, die Aufgabe der Energieaufsichtsbehörde (§ 4 Abs. 1 und 4, § 36 Abs. 2, § 49 Abs. 3, 5–7; → Rn. 100 ff.). Aber auch, wenn die BNetzA ausnahmsweise nicht als „Regulierungsbehörde" tätig wird und somit **keine regulatorischen** Aufgaben im eigentlichen Sinne ausübt, etwa im Zusammenhang mit der Bundesfachplanung (→ Rn. 77) oder beim Vollzug bestimmter unionsrechtlicher Verordnungen nach §§ 54a und 56 (Bourwieg/Hellermann/Hermes/Gundel § 54 Rn. 54; Säcker EnergieR/Schmidt-Preuß § 54 Rn. 21; Salje EnWG § 54 Rn. 16; Theobald/Kühling/Theobald/Werk § 54 Rn. 117), unterfällt diese Tätigkeit nicht der Regelung des Absatzes 1.

3. Aufteilung der sachlichen Zuständigkeit

70   Schließlich ergibt sich aus der Regelung des Absatzes 1, dass die sachliche Zuständigkeit für die Aufgaben der Regulierungsbehörden zwischen der BNetzA und – unter Berücksichtigung der Regelung des Absatzes 2 (im Einzelnen → Rn. 217 ff.) – den Regulierungsbehörden der Länder **aufgeteilt** ist. Die vorgenannte Aufteilung der sachlichen Zuständigkeit zwischen der BNetzA und den Landesregulierungsbehörden ist auf **unionsrechtlicher Ebene** in Art. 57 Abs. 1 und 2 Elektrizitäts-Binnenmarkt-Richtlinie (EU) 2019/944 (ABl. 2019 L 158, 125) und in Art. 39 Abs. 1 und 2 Gas-Binnenmarkt-Richtlinie 2009/73/EG (ABl. 2009 L 211, 94) ausdrücklich vorgesehen und daher aus unionsrechtlicher Perspektive nicht zu beanstanden (Baur/Salje/Schmidt-Preuß Energiewirtschaft/Franke Kap. 40 Rn. 3; Bourwieg/Hellermann/Hermes/Gundel § 54 Rn. 3; Kment EnWG/Görisch § 54 Rn. 1 f.; Säcker EnergieR/Schmidt-Preuß § 54 Rn. 4; Theobald/Kühling/Theobald/Werk § 54 Rn. 40 und 55; eingehend zum unionsrechtlichen Hintergrund des § 54 → Rn. 4 ff.).

II. Überblick über die Behörden im Bereich des EnWG

71   Das EnWG weist in seinem Anwendungsbereich **verschiedenen** Behörden Aufgaben zu, die strikt unterschieden werden müssen. Hierbei handelt es sich im Einzelnen um folgende Behörden, die nachfolgend näher betrachtet werden:
- die Regulierungsbehörden iSd Absatzes 1 (→ Rn. 73 ff.), nämlich die BNetzA und die Landesregulierungsbehörden,
- die „nach Landesrecht zuständigen Behörden" (→ Rn. 100 ff.),
- sonstige Behörden, nämlich das Bundesministerium für Wirtschaft und Energie (BMWi), nunmehr firmierend als Bundesministerium für Wirtschaft und Klimaschutz (BMWK), und andere Bundesministerien sowie diverse Bundesoberbehörden (→ Rn. 114 ff.).

72   Ob es sich bei einer handelnden Behörde um eine Regulierungsbehörde in dem vorgenannten Sinne handelt, ist in dreierlei Hinsicht von **Bedeutung:** Erstens gelten nur für die Regulierungsbehörden des Bundes und der Länder, soweit diese regulatorische Aufgaben erfüllen, nicht jedoch für andere im EnWG genannte Behörden, die unionsrechtlichen Vorgaben zur **Unabhängigkeit,** die sich für den Strombereich aus Art. 57 Elektrizitäts-Binnenmarkt-Richtlinie (EU) 2019/944 (ABl. 2019 L 158, 125) und für den Gasbereich noch aus Art. 39 Gas-Binnenmarkt-Richtlinie 2009/73/EG (ABl. 2009 L 211, 94) ergeben (näher → Rn. 127 ff.). Zweitens gelten grundsätzlich nur für **energiewirtschaftsrechtliche Verwaltungsverfahren** der Regulierungsbehörden nach § 55 Abs. 1 S. 1 die in den §§ 65 ff. enthaltenen formellen und materiellen Vorschriften, die als Spezialvorschriften den allgemeinen Regelungen des VwVfG und entsprechenden landesgesetzlichen Regelungen vorgehen (Bourwieg/Hellermann/Hermes/Gundel § 54 Rn. 26 und 28; näher → § 55 Rn. 2 ff.).

Allgemeine Zuständigkeit § 54 EnWG

Eine Ausnahme gilt nach § 65 Abs. 5 für die „nach Landesrecht zuständige Behörde" (→ Rn. 100 ff.). Schließlich steht drittens nur in Bezug auf Entscheidungen der Regulierungsbehörden die **energiewirtschaftsrechtliche Beschwerde** zu den Kartellsenaten der Oberlandesgerichte (§§ 75 ff.) und im Anschluss hieran die energiewirtschaftsrechtliche Rechtsbeschwerde zum Kartellsenat des BGH (§§ 86 ff.) offen. Dies bedeutet, dass hinsichtlich regulierungsbehördlicher Entscheidungen – und nur für diese – aufgrund einer Sonderzuweisung iSd § 40 Abs. 1 S. 1 Hs. 2 VwGO der Rechtsweg zu den Verwaltungsgerichten **nicht** eröffnet ist (→ § 75 Rn. 4 f.).

1. Regulierungsbehörden

a) BNetzA. Bei der BNetzA handelt es sich um die Regulierungsbehörde **des Bundes** iSd Absatzes 1 (Baur/Salje/Schmidt-Preuß Energiewirtschaft/Zeidler Kap. 39 Rn. 1 und 4; Bourwieg/Hellermann/Hermes/Gundel § 54 Rn. 15; Kment EnWG/Görisch § 54 Rn. 3; Salje EnWG § 54 Rn. 11; Theobald/Kühling/Theobald/Werk § 54 Rn. 18 und 93 ff.; Neveling ZNER 2005, 263; Pielow DÖV 2005, 1017 (1018)); Schmidt DÖV 2005, 1025; Schmidt NVwZ 2006, 907 ff.): Die BNetzA hat ihre Regelung im Gesetz über die Bundesnetzagentur für Elektrizität, Gas, Telekommunikation, Post und Eisenbahnen (BNAG) vom 7.7.2005 (BGBl. I 1970 (2009)) gefunden. Sie ging im Zuge der Novellierung des EnWG im Jahre 2005 durch das Zweite Gesetz zur Neuregelung des Energiewirtschaftsrechts vom 7.7.2005 (BGBl. I 1970) aus der damaligen Regulierungsbehörde für Telekommunikation und Post (RegTP) hervor; ihre gegenwärtige **vollständige Bezeichnung** lautet aktuell „Bundesnetzagentur für Elektrizität, Gas, Telekommunikation, Post und Eisenbahnen" (§ 1 S. 1 BNAG; näher BT-Drs. 15/3917, 76 f.). Die BNetzA ist eine selbstständige Bundesoberbehörde (Art. 87 Abs. 3 S. 1 Alt. 1 GG; → Rn. 11) im Geschäftsbereich des Bundesministeriums für Wirtschaft und Energie (BMWi) (§ 1 S. 2 BNAG).

73

Die BNetzA ist nach § 2 Abs. 1 BNAG als Regulierungsbehörde des Bundes in den verschiedenen Gebieten der **Netzwirtschaft** tätig (Theobald/Kühling/Theobald/Werk § 54 Rn. 114; Schmidt DÖV 2005, 1025 (1026)), nämlich (i) im Bereich der leitungsgebundenen Versorgung mit Elektrizität und Gas iSd Absatzes 1, (ii) im Bereich der Telekommunikation iSd § 116 des Telekommunikationsgesetzes (TKG) vom 22.6.2004 (BGBl. I 1190), (iii) im Bereich der Postdienstleistungen iSd § 44 des Postgesetzes (PostG) vom 22.12.1997 (BGBl. I 3294) sowie (iv) im Bereich der Eisenbahninfrastruktur iSd § 4 des Bundeseisenbahnverkehrsverwaltungsgesetzes (BEVVG) vom 27.12.1993 (BGBl. I 2378 (2394)). Eine **Aufteilung** der sachlichen Zuständigkeit zwischen der BNetzA und den Regulierungsbehörden der Länder ist ausschließlich in Absatz 1 für den Bereich der leitungsgebundenen Versorgung mit Elektrizität und Gas im Sinne des EnWG vorgesehen, nicht jedoch in den anderen vorgenannten Bereichen, in denen die BNetzA somit als **alleinige Regulierungsbehörde** tätig ist (zum Telekommunikationsrecht Salje EnWG § 54 Rn. 1; Theobald/Kühling/Theobald/Werk § 54 Rn. 5).

74

Die BNetzA wird durch einen **Präsidenten** geleitet (§ 3 Abs. 1 S. 1 BNAG; Salje EnWG § 54 Rn. 11), der die BNetzA gerichtlich und außergerichtlich vertritt (§ 3 Abs. 1 S. 2 BNAG). Von März 2012 bis Februar 2022 war der vormalige Staatssekretär im BMWi Jochen Homann Präsident der BNetzA. Anfang März 2022 folgte Homann der bisherige Vorstand des Verbraucherzentrale Bundesverbands e. V., Klaus Müller, nach (Bünder/Geinitz, Der neue Herr der Netze, FAZ online vom 22.1.2022). Weiterhin verfügt die BNetzA über **zwei Vizepräsidenten,** die als ständige Vertreter des Präsidenten fungieren (§ 3 Abs. 2 BNAG; Baur/Salje/Schmidt-Preuß Energiewirtschaft/Zeidler Kap. 39 Rn. 6 f.; Salje EnWG § 54 Rn. 11; Theobald/Kühling/Theobald/Werk § 54 Rn. 95; Neveling ZNER 2005, 263 (264); Schmidt DÖV 2005, 1025 (1030 f.); Schmidt NVwZ 2008, 907 (908)). Von diesen beiden Vizepräsidenten ist nach der Geschäftsordnung der BNetzA einer für den Bereich der leitungsgebundenen Versorgung mit Elektrizität und Gas im Sinne des EnWG zuständig. Von März 2012 bis März 2022 war dies Peter Franke (Baur/Salje/Schmidt-Preuß Energiewirtschaft/Zeidler Kap. 39 Rn. 7 und Fn. 5), der zuvor als Gruppenleiter im Wirtschaftsministerium des Landes Nordrhein-Westfalen u.a. für die dortige Landesregulierungsbehörde verantwortlich zeichnete. Im Juni 2022 folgte die bisherige Vorsitzende der Beschlusskammer

75

Kresse 1453

EnWG § 54 Teil 7. Behörden

7 der BNetzA, Barbie Haller, Franke nach (Delhaes, Gazprom-Treuhänderin Barbie Haller wird Vizepräsidentin der Bundesnetzagentur, Handelsblatt Online vom 16.5.2022).

76 Die BNetzA ist zum einen in verschiedene Abteilungen gegliedert. Für den in Bezug auf die Regelung des § 54 alleine relevanten Bereich der Regulierung der Energieversorgungsnetze nach dem EnWG ist die **Abteilung 6** der BNetzA verantwortlich (zu einer zwischenzeitlich überholten Struktur Baur/Salje/Schmidt-Preuß Energiewirtschaft/Zeidler Kap. 39 Rn. 8; Theobald/Kühling/Theobald/Werk § 54 Rn. 96; Neveling ZNER 2005, 263 (264); Schmidt NVwZ 2008, 907 (908)), die wiederum über zwei Unterabteilungen mit verschiedenen Fachreferaten verfügt. Die vorgenannten Organisationseinheiten der BNetzA treffen jedoch mit Ausnahme der in § 59 Abs. 1 S. 2 genannten Fälle (näher → § 59 Rn. 30 ff.) grundsätzlich **keine** regulierungsbehördlichen (Einzelfall-)Entscheidungen, sondern befassen sich regelmäßig mit Grundsatzfragen und den wissenschaftlichen Grundlagen der Regulierung der Energieversorgungsnetze (Baur/Salje/Schmidt-Preuß Energiewirtschaft/Zeidler Kap. 39 Rn. 12; Theobald/Kühling/Theobald/Werk § 54 Rn. 96; Neveling ZNER 2005, 263 (264 f.)). So gibt es innerhalb der Abteilung 6 der BNetzA beispielsweise ein eigenes Fachreferat für die Anreizregulierung der Energieversorgungsnetze nach der ARegV, das sich mit deren einzelnen Elementen (etwa dem bundesweiten Effizienzvergleich nach §§ 12 ff. ARegV oder dem Qualitätselement Netzzuverlässigkeit nach §§ 19 f. ARegV) befasst. Die Arbeit dieser Fachreferate bildet u.a. die theoretische **Basis** für die nach § 59 Abs. 1 S. 1 grundsätzlich durch die Beschlusskammern der BNetzA zu treffenden (Einzelfall-)Entscheidungen (→ Rn. 78; Baur/Salje/Schmidt-Preuß Energiewirtschaft/Zeidler Kap. 39 Rn. 12: „eng verzahnt"; Neveling ZNER 2005, 263 (265)). Ein aktueller **Organisationsplan** der BNetzA, aus dem u.a. die einzelnen Fachreferate der Abteilung 6 ersichtlich sind, ist auf der Internetseite der BNetzA abrufbar.

77 Für den Bereich der leitungsgebundenen Versorgung mit Elektrizität ebenfalls von Bedeutung ist die **Abteilung 8** der BNetzA, die sich ebenfalls in eine Reihe von Fachreferaten gliedert. Allerdings befasst sich die Abteilung 8 der BNetzA **nicht** mit Aufgaben der Regulierungsbehörden nach Absatz 1, sie handelt diesbezüglich also nicht „als Regulierungsbehörde" (→ Rn. 69). Vielmehr ist die Abteilung 8 der BNetzA zum einen nach § 31 Abs. 1 des Netzausbaubeschleunigungsgesetzes Übertragungsnetz (NABEG) vom 28.7.2011 (BGBl. I 1690) für die Aufgabe der **Bundesfachplanung** nach §§ 4 ff. NABEG funktionell zuständig (zu einer zwischenzeitlich überholten Organisationsstruktur der BNetzA Baur/Salje/Schmidt-Preuß Energiewirtschaft/Zeidler Kap. 39 Rn. 4 und 8). Weiterhin wurde der BNetzA durch die Planfeststellungszuweisungsverordnung (PlfZV) vom 23.7.2013 (BGBl. I 2582) nach §§ 2 Abs. 2, 31 Abs. 1 und 2 NABEG die sachliche Zuständigkeit für **Planfeststellungen** nach §§ 18 ff. NABEG übertragen. Auch für diese Aufgabe ist innerhalb der BNetzA die vorgenannte Abteilung 8 funktionell zuständig.

78 Zum anderen ist die BNetzA neben den vorgenannten Abteilungen in **Beschlusskammern** gegliedert. Nach § 59 Abs. 1 S. 1 sind für die regulatorischen Entscheidungen der BNetzA nach dem EnWG grundsätzlich eben diese Beschlusskammern als Organ der BNetzA **funktionell zuständig** (Baur/Salje/Schmidt-Preuß Energiewirtschaft/Zeidler Kap. 39 Rn. 10; Theobald/Kühling/Theobald/Werk § 54 Rn. 96; Neveling ZNER 2005, 263 (265); Schmidt NVwZ 2008, 907 (908); näher → § 59 Rn. 25 ff.). Zahlreiche Ausnahmen von diesem Grundsatz finden sich jedoch in § 59 Abs. 1 S. 2 (Baur/Salje/Schmidt-Preuß Energiewirtschaft/Zeidler Kap. 39 Rn. 10; näher → § 59 Rn. 30 ff.). Bei den Beschlusskammern der BNetzA, die mit den Beschlussabteilungen des BKartA nach § 51 Abs. 2 S. 1 GWB vergleichbar sind (Schmidt DÖV 2005, 1025 (1029)), handelt es sich um **Kollegialorgane**, die nach § 59 Abs. 2 S. 1 in der Besetzung mit einem Vorsitzenden und zwei Beisitzern entscheiden. Ausweislich der amtlichen Begründung wird hierdurch eine „justizähnliche […] Unabhängigkeit der Entscheidungsmechanismen" sichergestellt (BT-Drs. 15/3917, 70; Baur/Salje/Schmidt-Preuß Energiewirtschaft/Zeidler Kap. 39 Rn. 10 f. und 20; Schmidt DÖV 2005, 1025 (1029); Schmidt NVwZ 2008, 907 (908); krit. Bauer/Seckelmann DÖV 2014, 951 (957)).

79 Im Hinblick auf den für die Regelung des § 54 alleine relevanten Bereich der Regulierung der Energieversorgungsnetze sind **folgende Beschlusskammern** der BNetzA mit ihren jeweiligen wesentlichen funktionellen Zuständigkeitsbereichen (die aufgeführten Aufgabenbereiche sind nicht abschließend) zu unterscheiden (Baur/Salje/Schmidt-Preuß Energiewirtschaft/Zeidler Kap. 39 Rn. 10):

Allgemeine Zuständigkeit § 54 EnWG

- **Beschlusskammer 4:** Die Beschlusskammer 4 (Vorsitzender: Alexander Lüdtke-Handjery) befasst sich insbesondere (i) mit Verstößen gegen Vorschriften des EEG mit Vergütungs- und Entgeltbezug (insbesondere die EEG-Umlage nach §§ 60 ff. EEG 2021), (ii) mit der Prüfung und Genehmigung von Investitionsmaßnahmen iSd § 23 ARegV, (iii) mit der Festlegung der kalkulatorischen Eigenkapitalverzinsung nach § 7 Abs. 6 StromNEV und § 7 Abs. 6 GasNEV (→ Rn. 461 ff.), (iv) mit der Festlegung des generellen sektoralen Produktivitätsfaktors nach § 9 Abs. 3 ARegV (→ Rn. 477 ff.), (v) mit der Prüfung von Vereinbarungen individueller Netzentgelte nach § 19 Abs. 2 StromNEV, einschließlich des diesbezüglichen Umlagemechanismus, (vi) mit Freistellungen von den Netzentgelten für Anlagen zur Speicherung von Elektrizität nach § 118 Abs. 6, (vii) mit Verstößen gegen die Offshore-Vorschriften der §§ 17a ff. sowie (viii) mit dem Vollzug der Verordnung zu abschaltbaren Lasten (AbLaV) vom 16.8.2016 (BGBl. I 1984).
- **Beschlusskammer 6:** Die Beschlusskammer 6 (Vorsitzender: Christian Mielke) ist funktionell zuständig für die Regulierung der Elektrizitätsversorgungsnetze, soweit nicht die funktionelle Zuständigkeit einer anderen Beschlusskammer besteht (insbesondere der Beschlusskammern 4 und 8), also insbesondere für (i) die Zertifizierung von Übertragungsnetzbetreibern nach §§ 4a ff., (ii) die Anzeige und Untersagung der Energiebelieferung (§ 5), (ii) die Überwachung der Entflechtungsvorschriften (§§ 6 ff.), (iii) die Überwachung der Vorschriften zum Netzanschluss (§§ 17 f.) sowie (iv) die Regelungen zum Netzzugang (§ 20), soweit kein Netzentgeltbezug besteht.
- **Beschlusskammer 7:** Die Beschlusskammer 7 (Vorsitzende: bis Juni 2022 Barbie Haller, → Rn. 75) befasst sich mit der Regulierung der Gasversorgungsnetze, soweit nicht die funktionelle Zuständigkeit einer anderen Beschlusskammer besteht (insbesondere der Beschlusskammern 4 und 9), also insbesondere mit (i) der Zertifizierung von Transportnetzbetreibern nach §§ 4a ff., (ii) der Anzeige und Untersagung der Energiebelieferung (§ 5), (ii) der Überwachung der Entflechtungsvorschriften (§§ 6 ff.), (iii) der Überwachung der Vorschriften zum Netzanschluss (§§ 17 f.) sowie (iv) den Regelungen zum Netzzugang (§ 20), soweit kein Netzentgeltbezug besteht.
- **Beschlusskammer 8:** Die Beschlusskammer 8 (Vorsitzender: Karsten Bourwieg) ist funktionell zuständig für die Regulierung der Netzentgelte im Elektrizitätsbereich, soweit nicht eine funktionelle Zuständigkeit der Beschlusskammer 4 besteht, also insbesondere für (i) den Vollzug der ARegV, also insbesondere die Festlegung und Anpassung der kalenderjährlichen Erlösobergrenzen nach § 4 ARegV, (ii) die Erteilung von Netzentgelt-Genehmigungen nach § 23a, (iii) die Prüfung individueller Netzentgelte für singulär genutzte Betriebsmittel (§ 19 Abs. 3 StromNEV) sowie (iv) die Einstufung von Geschlossenen Verteilernetzen (§ 110 Abs. 2 und 3, → § 110 Rn. 187 ff.).
- **Beschlusskammer 9:** Die Beschlusskammer 9 (Vorsitzender: bis Mai 2022 Dr. Christian Schütte) befasst sich mit der Regulierung der Netzentgelte im Gasbereich, soweit nicht eine funktionelle Zuständigkeit der Beschlusskammer 4 besteht, also insbesondere mit (i) dem Vollzug der ARegV, also namentlich mit der Festlegung und Anpassung der kalenderjährlichen Erlösobergrenzen nach § 4 ARegV, (ii) der Erteilung von Netzentgelt-Genehmigungen nach § 23a sowie (iii) der Einstufung von Geschlossenen Verteilernetzen (§ 110 Abs. 2 und 3, → § 110 Rn. 187 ff.).

Die vorgenannten Beschlusskammern sind in ihrem jeweiligen funktionellen Zuständigkeitsbereich **außerdem verantwortlich** (i) für die Durchführung von allgemeinen und besonderen Missbrauchsverfahren (§§ 30 f.), (ii) für die Vornahme der Vorteilsabschöpfung (§ 33), (iii) für die Durchführung von Aufsichtsmaßnahmen (§ 65) sowie (iv) für die Begleitung energiewirtschaftsrechtlicher (Rechts-)Beschwerdeverfahren in Zusammenarbeit mit dem Justiziariat der BNetzA. Einzelheiten zur Geschäftsverteilung zwischen den vorgenannten Abteilungen, Unterabteilungen, Fachreferaten und Beschlusskammern der BNetzA können dem **Aufgabenkatalog** der BNetzA entnommen werden, dem die Funktion eines Geschäftsverteilungsplans zukommt. 80

b) Regulierungsbehörden der Länder. Gemäß Absatz 1 ist nach Maßgabe des Absatzes 2 (im Einzelnen → Rn. 217 ff.) nicht die BNetzA sachlich zuständig für die Aufgaben der Regulierungsbehörde, sondern die Regulierungsbehörden der Länder (Bourwieg/Hellermann/Hermes/Gundel § 54 Rn. 16; Kment EnWG/Görisch § 54 Rn. 4; Schneider/Theobald EnergieWirtschaftsR-HdB/Franke § 19 Rn. 5; Theobald/Kühling/Theobald/ 81

EnWG § 54 Teil 7. Behörden

Werk § 54 Rn. 40 ff.). Die in § 54 vorgenommene Aufteilung der sachlichen Zuständigkeit zwischen den Regulierungsbehörden des Bundes und der Länder ist das Ergebnis einer intensiv geführten **politischen Diskussion** anlässlich der Novellierung des EnWG durch das Zweite Gesetz zur Neuregelung des Energiewirtschaftsrechts vom 7.7.2005 (BGBl. I 1970 (1994)); im Einzelnen → Rn. 14 ff.). Im Hinblick auf die sachliche Zuständigkeit der Regulierungsbehörden der Länder ist danach zu **differenzieren,** ob das jeweilige Land über eine eigene Landesregulierungsbehörde verfügt (→ Rn. 82 ff.) oder ob vielmehr die BNetzA für das jeweilige Land die Aufgaben der Landesregulierungsbehörde im Wege der Organleihe ausübt (→ Rn. 89 ff.). Aus der Regelung der Absätze 1 und 2 ergibt sich eine Verpflichtung der Länder, sich für eine der beiden vorgenannten Möglichkeiten zu entscheiden (Bourwieg/Hellermann/Hermes/Gundel § 54 Rn. 17).

82   **aa) Eigene Regulierungsbehörden der Länder.** Derzeit verfügt die Mehrzahl der Länder über eine eigene Regulierungsbehörde. Im Einzelnen trifft dies auf folgende Länder zu:
- Baden-Württemberg (seit 2005),
- Freistaat Bayern (seit 2005),
- Hessen (seit 2005),
- Mecklenburg-Vorpommern (seit 2020),
- Niedersachsen (seit 2014),
- Nordrhein-Westfalen (seit 2005),
- Rheinland-Pfalz (seit 2005),
- Saarland (seit 2005),
- Freistaat Sachsen (seit 2005),
- Sachsen-Anhalt (seit 2015),
- Freistaat Thüringen (seit 2019).

83   Nach Inkrafttreten des § 54 im Jahre 2005 waren die Regulierungsbehörden der Länder **zunächst** grundsätzlich als **Fachreferate** in den jeweiligen Landesministerien (regelmäßig den Landesministerien für Wirtschaft) organisiert und somit vollständig in den ministeriellen Weisungsstrang integriert (Baur/Salje/Schmidt-Preuß Energiewirtschaft/Franke Kap. 40 Rn. 7 f.; Theobald/Kühling/Theobald/Werk § 54 Rn. 41; Bauer/Seckelmann DÖV 2014, 951 (952)). Eine organisatorische **Sonderkonstellation** bestand im Freistaat Bayern, wo seinerzeit die sachliche Zuständigkeit der Landesregulierungsbehörde nach Absatz 2 zusätzlich zwischen dem bayerischen Wirtschaftsministerium und den sieben bayerischen Bezirksregierungen aufgeteilt war (Baur/Salje/Schmidt-Preuß Energiewirtschaft/Franke Kap. 40 Rn. 8; Bourwieg/Hellermann/Hermes/Gundel § 54 Rn. 18; Schneider/Theobald EnergieWirtschaftsR-HdB/Franke § 19 Rn. 4).

84   Vor dem Hintergrund dieser früheren Organisation der Landesregulierungsbehörden wurde aufgrund der in Art. 35 Abs. 4 und 5 Elektrizitäts-Binnenmarkt-Richtlinie 2009/72/EG (ABl. 2009 L 211, 55) und Art. 39 Abs. 4 und 5 Gas-Binnenmarkt-Richtlinie 2009/73/EG (ABl. 2009 L 211, 94) enthaltenen verschärften Anforderungen an die **Unabhängigkeit** der Regulierungsbehörden der Mitgliedstaaten von sämtlichen öffentlichen und privaten Einrichtungen, einschließlich von politischen Stellen und Regierungsstellen (näher → Rn. 127 ff.), eine **Umorganisation** dringend erforderlich (zur Unionsrechtswidrigkeit der bisherigen Organisation der Landesregulierungsbehörden Baur/Salje/Schmidt-Preuß Energiewirtschaft/Franke Kap. 40 Rn. 7; Bourwieg/Hellermann/Hermes/Gundel § 54 Rn. 4 und 18; Schneider/Theobald EnergieWirtschaftsR-HdB/Franke § 19 Rn. 21; Bauer/Seckelmann DÖV 2014, 951 (952); Büdenbender/Rosin RdE 2010, 197 (205); Kühling/Pisal RdE 2010, 161 in Fn. 6; Pielow DÖV 2005, 1017 (1020)). Die Länder entschieden sich hierbei mehrheitlich für die Einrichtung von **Regulierungskammern** nach dem Vorbild der Vergabekammern nach §§ 155 ff. GWB, die sowohl beim BKartA (§ 158 Abs. 1 GWB) als auch bei den Ländern (§ 158 Abs. 2 GWB) existieren (Baur/Salje/Schmidt-Preuß Energiewirtschaft/Franke Kap. 40 Rn. 7; Bauer/Seckelmann DÖV 2014, 951 (952)). Bei den Regulierungskammern handelt es sich – wie bei den Beschlusskammern der BNetzA nach § 59 (→ Rn. 78) – um Kollegialorgane, die die Aufgaben der Regulierungsbehörde nach Absätzen 1 und 2 in einer **justizähnlichen Unabhängigkeit** ausüben. Der Vorsitzende der jeweiligen Regulierungskammer verfügt dabei über kein Weisungsrecht gegenüber den Beisitzern. Die Organisation der und die rechtlichen Vorgaben für die Regulierungskammern

Allgemeine Zuständigkeit § 54 EnWG

der Länder unterscheiden sich von Land zu Land im Detail, Einzelheiten können den jeweiligen landesgesetzlichen Regelungen entnommen werden.

Folgende Länder haben sich zum Zwecke der Ausübung der Aufgaben der Landesregulierungsbehörde nach Absätzen 1 und 2 für die Einrichtung einer Regulierungskammer in dem vorstehend beschriebenen Sinn entschieden (überholt Baur/Salje/Schmidt-Preuß Energiewirtschaft/Franke Kap. 40 Rn. 7 in Fn. 12; Weyer N&R 2014, 84 (85)): 85
- **Freistaat Bayern:** Regulierungskammer des Freistaates Bayern nach Art. 1 ff. des Gesetzes über die Zuständigkeiten zum Vollzug wirtschaftsrechtlicher Vorschriften (ZustWiG) in der Fassung der Bekanntmachung vom 24.1.2005 (BayGVBl. 17), geändert durch das Gesetz vom 11.12.2012 (BayGVBl. 653),
- **Hessen:** Regulierungskammer Hessen nach §§ 1 ff. des Gesetzes zur Errichtung der Regulierungskammer Hessen vom 27.5.2013 (HessGVBl. 200),
- **Mecklenburg-Vorpommern:** Regulierungskammer Mecklenburg-Vorpommern nach §§ 1 ff. des Gesetzes über die Regulierungskammer Mecklenburg-Vorpommern (RegKG MV) vom 20.3.2020 (GVOBl. M-V 94),
- **Niedersachsen:** Regulierungskammer Niedersachsen nach §§ 1 ff. des Gesetzes über die Regulierungskammer Niedersachsen (RegKNG) vom 31.10.2013 (Nds. GVBl. 256),
- **Nordrhein-Westfalen:** Regulierungskammer Nordrhein-Westfalen nach §§ 1 ff. des Gesetzes über die Regulierungskammer Nordrhein-Westfalen (RegKG NW) vom 8.3.2016 (GV. NRW. 75),
- **Rheinland-Pfalz:** Regulierungskammer Rheinland-Pfalz nach §§ 1 ff. des Landesgesetzes zur Einrichtung der Regulierungskammer Rheinland-Pfalz vom 8.10.2013 (RhPfGVBl. 355),
- **Saarland:** Regulierungskammer für das Saarland nach §§ 1 ff. des Gesetzes zur Einrichtung einer Regulierungskammer für das Saarland (RegKSG) vom 11.2.2015 (Amtsbl. Saarl. I 230),
- **Freistaat Thüringen:** Regulierungskammer des Freistaats Thüringen nach §§ 1 ff. des Gesetzes über die Regulierungskammer des Freistaats Thüringen vom 10.4.2018 (ThürGVBl. 72).

Im Freistaat Bayern besteht in zweierlei Hinsicht eine **Sonderkonstellation:** Zum einen 86 wird die Regulierungskammer des Freistaates Bayern bei der Ausübung der Aufgaben der Landesregulierungsbehörde nach Absätzen 1 und 2 durch die sieben bayerischen Bezirksregierungen **unterstützt** (zur früheren Rechtslage → Rn. 83). Dies ergibt sich aus der Regelung des Art. 10 Abs. 2 S. 1 Nr. 2 BayZustWiG iVm § 42 Abs. 2 S. 1 BayZustV vom 16.6.2015 (BayGVBl. 184). Nach Art. 10 Abs. 2 S. 2 BayZustWiG unterliegen die Beschäftigten der Bezirksregierungen hierbei ausschließlich der Fachaufsicht der Regulierungskammer und üben ihre Tätigkeit unabhängig iSd Art. 2 Abs. 2 BayZustWiG aus. Die Bezirksregierungen führen zur Unterstützung der Regulierungskammer des Freistaates Bayern insbesondere betriebswirtschaftliche Prüfungen durch (§ 42 Abs. 2 S. 2 BayZustV) und bereiten deren Entscheidungen vor (§ 42 Abs. 2 S. 3 BayZustV). Zum anderen verfügt die Regulierungskammer des Freistaates Bayern über eine eigene **Geschäftsstelle** (§ 8 Abs. 1 S. 1 BayZustWiG). Die Mitarbeiter dieser Geschäftsstelle unterliegen ausschließlich den Weisungen und der Dienstaufsicht des Vorsitzenden der Regulierungskammer des Freistaates Bayern (Art. 8 Abs. 3 S. 1 BayZustWiG) und üben ihre Tätigkeit im Übrigen unabhängig iSd Art. 2 Abs. 2 BayZustWiG aus (§ 8 Abs. 3 S. 2 BayZustWiG).

Drei Länder haben unabhängige Landesregulierungsbehörden eingerichtet, dabei jedoch – 87 wohl in erster Linie zum Zwecke der Personaleinsparung – auf eine Organisation als **Kollegialorgan** verzichtet. Zu diesem Zweck wurde jeweils eine Regelung dahingehend getroffen, dass die Beschäftigten der jeweiligen Landesregulierungsbehörde „an Weisungen von Stellen außerhalb der Landesregulierungsbehörde nicht gebunden und nur dem Gesetz unterworfen sind". Im Ergebnis ist damit nur der Leiter der jeweiligen Landesregulierungsbehörde vollständig unabhängig gestellt und verfügt – anders als der Vorsitzende einer Regulierungskammer gegenüber seinen Beisitzern – über ein Weisungsrecht gegenüber den sonstigen Beschäftigten. Für diese Organisationsform der Landesregulierungsbehörde haben sich **folgende Länder** entschieden (überholt Weyer N&R 2014, 84 (85)):
- **Baden-Württemberg:** Landesregulierungsbehörde Baden-Württemberg nach §§ 1 ff. des Gesetzes über die Unabhängigkeit der Landesregulierungsbehörde Baden-Württemberg (LRegBG) vom 23.2.2016 (BWGBl. 161),

EnWG § 54   Teil 7. Behörden

- **Freistaat Sachsen:** Landesregulierungsbehörde Sachsen nach §§ 1 ff. des Gesetzes über die Landesregulierungsbehörde vom 18.10.2012 (SächsGVBl. 567),
- **Sachsen-Anhalt:** Landesregulierungsbehörde des Landes Sachsen-Anhalt nach §§ 1 ff. des Gesetzes über die Landesregulierungsbehörde des Landes Sachsen-Anhalt (LRegBehG ST) vom 13.5.2015 (GVBl. LSA 184).

88 Eine Sonderstellung nimmt in diesem Zusammenhang die Landesregulierungsbehörde der **Hansestadt Hamburg** ein, die bei der Behörde für Umwelt und Energie Hamburg angesiedelt ist. Da die auf dem Gebiet der Hansestadt Hamburg existierenden Energieverteilernetze nach Absatz 1 und Absatz 2 Sätze 1 und 2 in die originäre sachliche Zuständigkeit der BNetzA fallen und somit ohnehin durch diese reguliert werden, hat die Hansestadt Hamburg sich dazu entschlossen, sowohl auf die Einrichtung einer unabhängigen Landesregulierungsbehörde als auch auf den Abschluss eines Organleiheabkommens mit der Bundesrepublik Deutschland (näher → Rn. 89 ff.) zu **verzichten.** In der Praxis erlässt die Landesregulierungsbehörde der Hansestadt Hamburg kaum eigene Entscheidungen. Dennoch kann es in Einzelfällen, beispielsweise im Falle der Einstufung eines Energieverteilernetzes als Geschlossenes Verteilernetz nach Absatz 2 Satz 1 Nummer 9 (→ Rn. 333 ff.) iVm § 110 Abs. 2 S. 1 und Abs. 3 (→ § 110 Rn. 184 ff.), dazu kommen, dass auch die Landesregulierungsbehörde der Hansestadt Hamburg eigene Entscheidungen treffen muss. Für die Zukunft wäre es daher vor dem Hintergrund der unionsrechtlichen Vorgaben (näher → Rn. 127 ff.) **wünschenswert,** dass auch die Hansestadt Hamburg eine unabhängige Landesregulierungsbehörde einrichtet oder zumindest ein Organleiheabkommen mit der Bundesrepublik Deutschland abschließt.

89   **bb) Organleihe bei Ländern ohne eigene Regulierungsbehörde.** Möchte ein Land auf die Einrichtung einer eigenen Landesregulierungsbehörde verzichten, so kann die Bundesrepublik Deutschland dem Land zum Zwecke der Wahrnehmung der dem Land nach Absatz 2 Satz 1 obliegenden Regulierungsaufgaben die BNetzA „leihweise" **als Organ** zur Verfügung stellen (sog. Organleihe; Baur/Salje/Schmidt-Preuß Energiewirtschaft/Franke Kap. 40 Rn. 9 f.; Bourwieg/Hellermann/Hermes/Gundel § 54 Rn. 19 f.; Kment EnWG/Görisch § 54 Rn. 4; Säcker EnergieR/Schmidt-Preuß § 54 Rn. 22 ff.; Schneider/Theobald EnergieWirtschaftsR-HdB/Franke § 19 Rn. 4; Theobald/Kühling/Theobald/Werk § 54 Rn. 25 und 41 ff.; Bauer/Seckelmann DÖV 2014, 951 (954 f. und 957 f.); Holznagel/Göge/Schumacher DVBl 2006, 471 ff.; Neveling ZNER 2005, 263 (267); Schmidt NVwZ 2006, 907 f.). Grundsätzlich ist auch eine Organleihe zwischen **zwei Ländern** denkbar, wonach ein Land seine Landesregulierungsbehörde dem anderen Land „leihweise" als Organ überlässt (BR-Drs. 613/1/04, 40 und BT-Drs. 15/3917, 93); diese Konstellation wurde zunächst im Rahmen des Gesetzgebungsverfahrens in Erwägung gezogen (Baur/Salje/Schmidt-Preuß Energiewirtschaft/Franke Kap. 40 Rn. 9; Schneider/Theobald EnergieWirtschaftsR-HdB/Franke § 19 Rn. 4), in der Praxis ist ein solcher Fall jedoch bislang nicht aufgetreten.

90   Eine einseitige Begründung der Organleihe in dem vorgenannten Sinne durch das jeweilige Land ist nicht möglich; erforderlich ist vielmehr ein diesbezüglicher **Konsens** zwischen dem entleihenden Land und der Bundesrepublik Deutschland (Holznagel/Göge/Schumacher DVBl 2006, 471 (476); Neveling ZNER 2005, 263 (267)). Regelmäßig geschieht die Begründung einer Organleihe durch ein (beidseitiges) Verwaltungsabkommen zwischen dem jeweiligen Land und der Bundesrepublik Deutschland, das in der Praxis auch als **Organleiheabkommen** bezeichnet wird (Neveling ZNER 2005, 263 (267); Holznagel/Göge/Schumacher DVBl 2006, 471 (476)). Aufgrund dieses Verwaltungsabkommens wird die BNetzA allerdings nicht im Rahmen ihrer originären sachlichen Zuständigkeit nach Absatz 1, sondern „als Landesregulierungsbehörde" für das jeweilige Land tätig und führt die in Absatz 2 Satz 1 (→ Rn. 217 ff.) aufgeführten Aufgaben, einschließlich aller zur Wahrnehmung dieser Aufgaben notwendigen Befugnisse, aus. Die Organleihe schließt damit im Grundsatz (→ Rn. 99) insbesondere auch die Vertretung der Landesregulierungsbehörde in etwaigen energiewirtschaftsrechtlichen **(Rechts-)Beschwerdeverfahren,** die Erhebung von Verwaltungskosten, von Zwangs- und Bußgeldern sowie die Verwaltungsvollstreckung ein.

91   Soll ein solches Verwaltungsabkommen zum Zwecke der Wahrnehmung der sachlichen Zuständigkeit der Landesregulierungsbehörde nach Absatz 2 Satz 1 durch die BNetzA abgeschlossen werden, so geschieht dies aufgrund des **Parlamentsvorbehaltes** für grundsätzliche Entscheidungen der Behördenorganisation mit Zustimmung durch den Landtag des jeweili-

gen entleihenden Landes. Diese Zustimmung kann entweder durch einen **Parlamentsbeschluss** des Landtages oder durch ein **förmliches Gesetz** erfolgen (näher Holznagel/Göge/Schumacher DVBl 2006, 471 (477 f.)). Neben dem Parlamentsbeschluss oder dem förmlichen Gesetz wird auch das Verwaltungsabkommen zwischen der Bundesrepublik Deutschland und dem jeweiligen Land veröffentlicht, um eine Information der Öffentlichkeit über die Organleihe zu gewährleisten (Bourwieg/Hellermann/Hermes/Gundel § 54 Rn. 21).

Schon im Zuge der **politischen Diskussion** über die Frage, ob eine Aufteilung der 92 sachlichen Zuständigkeit der Regulierungsbehörden zwischen der BNetzA und den Regulierungsbehörden der Länder erfolgen solle (zur Entstehungsgeschichte des § 54 im Einzelnen → Rn. 14 ff.), hatte sich gezeigt, dass bei einem Teil der Länder aus verwaltungspraktischen und -ökonomischen Gründen der **Wille** zur Einrichtung eigener Landesregulierungsbehörden fehlte (Baur/Salje/Schmidt-Preuß Energiewirtschaft/Franke Kap. 40 Rn. 9; Schneider/Theobald EnergieWirtschaftsR-HdB/Franke § 19 Rn. 4; Holznagel/Göge/Schumacher DVBl 2006, 471 (472); Neveling ZNER 2005, 263 (267)). Bereits in den Ausschussempfehlungen des Bundesrates vom 13.9.2004 wurde darauf hingewiesen, dass in solchen Fällen durch ein Verwaltungsabkommen zwischen zwei Ländern u.a. „die Erledigung der Regulierungsaufgaben durch die Regulierungsbehörde eines anderen Landes vereinbar[t]" werden könne (BR-Drs. 613/1/04, 38 ff. und BT-Drs. 15/3917, 92 f.). In der Sitzung des Bundesrates vom 17.6.2005, in der über die Beschlussempfehlungen des Vermittlungsausschusses – u.a. zu der Regelung des § 54 – beraten wurde (BT-Drs. 15/5736 (neu), 6), wurde schließlich ausdrücklich darauf hingewiesen, die Bundesregierung habe in einer **„Protokollerklärung"** zugesagt, die BNetzA im Wege der Organleihe denjenigen Ländern zur Verfügung zu stellen, die die Aufgaben nach Absatz 2 Satz 1 „nicht selbst wahrnehmen wollen" (BR-Plenarprotokoll 812, 240 A – Hervorhebung im Original enthalten; Baur/Salje/Schmidt-Preuß Energiewirtschaft/Franke Kap. 40 Rn. 9; Bourwieg/Hellermann/Hermes/Gundel § 54 Rn. 19; Kment EnWG/Görisch § 54 Rn. 4; Säcker EnergieR/Schmidt-Preuß § 54 Rn. 23; Schneider/Theobald EnergieWirtschaftsR-HdB/Franke § 19 Rn. 4; Theobald/Kühling/Theobald/Werk § 54 Rn. 23 und 41; Bauer/Seckelmann DÖV 2014, 951 (952); Holznagel/Göge/Schumacher DVBl 2006, 471 (472)). Der Hintergrund dieser Protokollerklärung bestand darin, dass das EnWG selbst keine ausdrückliche gesetzliche Regelung zur Organleihe enthält (Theobald/Kühling/Theobald/Werk § 54 Rn. 23).

Unter dem Begriff der **Organleihe** werden verschiedenartige Fallkonstellationen zusammengefasst, in denen ein Rechtsträger eines seiner Organe dazu ermächtigt und beauftragt, 93 einen bestimmten Aufgabenbereich eines anderen Rechtsträgers wahrzunehmen. Das entliehene Organ wird dann als Organ des entleihenden Rechtsträgers tätig, dem die von dem entliehenen Organ getroffenen Maßnahmen und Entscheidungen auch zugerechnet werden. **Hintergrund** der Organleihe ist in der Regel, dass der entleihende Rechtsträger aus Zweckmäßigkeitserwägungen heraus keine personellen und sachlichen Ressourcen zur Wahrnehmung des betroffenen Aufgabenbereichs vorhält (speziell zu § 54 BGH NVwZ 2009, 199 Rn. 10; Baur/Salje/Schmidt-Preuß Energiewirtschaft/Franke Kap. 40 Rn. 10; Säcker EnergieR/Schmidt-Preuß § 54 Rn. 22 f.; Theobald/Kühling/Theobald/Werk § 54 Rn. 42; Holznagel/Göge/Schumacher DVBl 2006, 471 (472); Neveling ZNER 2005, 263 (267); allg. BVerfGE 63, 1 (31); BGH NVwZ 2006, 1084 Rn. 16; BVerwG NJW 1976, 1468 (1469)). Das Institut der Organleihe im Bereich des Energiewirtschaftsrechts stellt keinen Verstoß gegen das Verbot der **Mischverwaltung** dar (näher Kment EnWG/Görisch § 54 Rn. 4; Theobald/Kühling/Theobald/Werk § 54 Rn. 26 f.; Bauer/Seckelmann DÖV 2014, 951 (954 ff.); Holznagel/Göge/Schumacher DVBl 2006, 471 (474 ff.)).

Entleiht die Bundesrepublik Deutschland eine **Bundesbehörde,** vorliegend die BNetzA, 94 als Organ an ein Land, um für dieses Land Aufgaben der Landesverwaltung wahrzunehmen, so ist die Bundesbehörde als in die Verwaltungsstruktur der jeweiligen Landesverwaltung funktionell eingegliedertes Organ des Landes anzusehen, das Aufgaben des Landes ausführt. Die Tätigkeit des entliehenen Organs, also vorliegend der BNetzA, ist insoweit als **„reine Landesverwaltung"** anzusehen (speziell zu § 54 BGH NVwZ 2009, 199 Rn. 11; Baur/Salje/Schmidt-Preuß Energiewirtschaft/Franke Kap. 40 Rn. 10; Kment EnWG/Görisch § 54 Rn. 4; Säcker EnergieR/Schmidt-Preuß § 54 Rn. 22; Schneider/Theobald EnergieWirtschaftsR-HdB/Franke § 19 Rn. 4; Holznagel/Göge/Schumacher DVBl 2006, 471 (478); Neveling ZNER 2005, 263 (267); Schmidt NVwZ 2006, 907; allg. BVerwG NJW

EnWG § 54   Teil 7. Behörden

1976, 1468 (1469)). Bedeutsam ist dabei, dass durch eine Organleihe der Bundesrepublik Deutschland an ein Land die gesetzliche Zuständigkeit des Landes **unberührt** bleibt, also keine Verlagerung gesetzlicher Kompetenzen erfolgt. Von der Bundesrepublik Deutschland auf das entleihende Land „**verlagert**" werden lediglich personelle und sachliche Ressourcen in Form der BNetzA (speziell zu § 54 BGH NVwZ 2009, 199 Rn. 11; Baur/Salje/Schmidt-Preuß Energiewirtschaft/Franke Kap. 40 Rn. 10; Schneider/Theobald EnergieWirtschaftsR-HdB/Franke § 19 Rn. 4; Neveling ZNER 2005, 263 (267); allg. BVerfGE 63, 1 (32 f.)). Im Rahmen der Organleihe wird die BNetzA mithin für das jeweilige Land „als Landesregulierungsbehörde", also als Landesbehörde, tätig. Im **Haftungsfalle** ist daher das entleihende Land für die Tätigkeit der BNetzA „als Landesregulierungsbehörde" verantwortlich (Bourwieg/Hellermann/Hermes/Gundel § 54 Rn. 23; Säcker EnergieR/Schmidt-Preuß § 54 Rn. 25; Holznagel/Göge/Schumacher DVBl 2006, 471 (478); Neveling ZNER 2006, 263 (268); allg. BVerwG NJW 1976, 1468 (1469)). Auch in Fallgestaltungen der Organleihe muss daher strikt zwischen einer Tätigkeit der BNetzA in ihrer originären Zuständigkeit nach Absatz 1 und einer Tätigkeit „als Landesregulierungsbehörde" nach Absatz 2 Satz 1 unterschieden werden.

95   Die Einordnung der Tätigkeit der „entliehenen" BNetzA als Landesbehörde hat in der Praxis in verschiedener Hinsicht Auswirkungen: Dies betrifft erstens die Frage der **Aufsicht** des entleihenden Landes, vertreten durch das jeweilige Landesministerium als Aufsichtsbehörde, über die Wahrnehmung der Aufgaben der Landesregulierungsbehörde nach Absatz 2 Satz 1 durch die BNetzA. Nach den früheren Fassungen der abgeschlossenen Organleiheabkommen übte das entleihende Land die **Fachaufsicht** aus, die mit einem Weisungsrecht gegenüber der BNetzA verbunden war (Baur/Salje/Schmidt-Preuß Energiewirtschaft/Franke Kap. 40 Rn. 10; Bourwieg/Hellermann/Hermes/Gundel § 54 Rn. 22; Kment EnWG/Görisch § 54 Rn. 4; Säcker EnergieR/Schmidt-Preuß § 54 Rn. 22 f.; Schneider/Theobald EnergieWirtschaftsR-HdB/Franke § 19 Rn. 4; Theobald/Kühling/Theobald/Werk § 54 Rn. 26, 43 und 105; Holznagel/Göge/Schumacher DVBl 2006, 471 (478 f.); Neveling ZNER 2005, 263 (267 f.); Schmidt NVwZ 2008, 907). Nach den aktuellen Fassungen der bestehenden Organleiheabkommen steht dem entleihenden Land vor dem Hintergrund der unionsrechtlichen Anforderungen an die Unabhängigkeit der Regulierungsbehörden (→ Rn. 126 ff.) nur noch die **Rechtsaufsicht** gegenüber der BNetzA zu, ein Weisungsrecht des Landes gegenüber der BNetzA besteht nicht mehr (Baur/Salje/Schmidt-Preuß Energiewirtschaft/Franke Kap. 40 Rn. 10; Bauer/Seckelmann DÖV 2014, 951 (958)). Die **Dienstaufsicht,** namentlich im Hinblick auf die Organisation und die Personalangelegenheiten der BNetzA, verbleibt bei der Bundesrepublik Deutschland und somit beim BMWi (Bourwieg/Hellermann/Hermes/Gundel § 54 Rn. 22). Zweitens hat die BNetzA im Rahmen ihrer Tätigkeit „als Landesregulierungsbehörde" im Grundsatz **Landesrecht** des jeweiligen Landes anzuwenden, soweit sich nicht aus dem EnWG und den aufgrund des EnWG erlassenen Rechtsverordnungen etwas anderes ergibt. Dies gilt insbesondere für das Verwaltungsverfahrens- und Verwaltungsgebührenrecht. Drittens hat das entleihende Land die **Kosten** der Bundesrepublik Deutschland für die Bereitstellung der personellen und sachlichen Ressourcen der BNetzA zu tragen (Säcker EnergieR/Schmidt-Preuß § 54 Rn. 22). Einzelheiten zur Kostentragung können den jeweiligen Verwaltungsabkommen entnommen werden (→ Rn. 97).

96   Viertens hat die funktionelle Eingliederung der als Organ entliehenen BNetzA in die jeweilige Landesverwaltung zur Folge, dass bei der Bestimmung der örtlichen Zuständigkeit des **Beschwerdegerichts** nach § 75 Abs. 4 S. 1 Hs. 1 nicht auf den Sitz der BNetzA als Bundesbehörde in Bonn abzustellen ist, sondern auf den in dem entleihenden Land befindlichen Sitz der jeweiligen Landesregulierungsbehörde (BGH NVwZ 2009, 199 Rn. 7 ff.; BeckRS 2008, 25318 Rn. 3 ff.; Baur/Salje/Schmidt-Preuß Energiewirtschaft/Franke Kap. 40 Rn. 10; Bourwieg/Hellermann/Hermes/Gundel § 54 Rn. 23; Säcker EnergieR/Schmidt-Preuß § 54 Rn. 23; Schneider/Theobald EnergieWirtschaftsR-HdB/Franke § 19 Rn. 4; Theobald/Kühling/Theobald/Werk § 54 Rn. 28 und 106; Holznagel/Göge/Schumacher DVBl 2006, 471 (479)). Insofern unterscheidet sich die Rechtslage im Falle einer Organleihe von der bei Entscheidungen der BNetzA in ihrer originären sachlichen Zuständigkeit nach Absatz 1 geltenden Rechtslage: Trifft die BNetzA auf der Grundlage eines Organleiheabkommens aufgrund der sachlichen Zuständigkeit nach Absatz 2 Satz 1 eine

Entscheidung „als Landesregulierungsbehörde", so ist hierfür gerade **nicht** stets das OLG Düsseldorf das örtlich zuständige Beschwerdegericht iSd § 75 Abs. 4 S. 1 Hs. 1. Vielmehr ist zu prüfen, ob die Landesregierung des entleihenden Landes durch einen **Organisationsakt** einen bestimmten Sitz der Landesregulierungsbehörde bestimmt hat (BGH NVwZ 2009, 199 Rn. 13; Holznagel/Göge/Schumacher DVBl 2006, 471 (479)). Fehlt es an einem solchen Organisationsakt, ist die jeweilige Landeshauptstadt des entleihenden Landes als Sitz der Landesregulierungsbehörde anzusehen (BGH BeckRS 2008, 25318 Rn. 5). Weist die **Rechtsbehelfsbelehrung** (§ 73 Abs. 1 S. 1) einer durch die BNetzA auf der Grundlage eines Organleiheabkommens „als Landesregulierungsbehörde" getroffenen Entscheidung irrtümlich ein unter Berücksichtigung der soeben dargestellten Grundsätze iSd § 75 Abs. 4 S. 1 Hs. 1 örtlich unzuständiges Beschwerdegericht aus, so findet § 58 Abs. 2 S. 1 VwGO entsprechende Anwendung. Dies bedeutet, dass die etwaige Erhebung einer energiewirtschaftsrechtlichen Beschwerde – abweichend von der einmonatigen Beschwerdefrist des § 78 Abs. 1 – grundsätzlich innerhalb eines Jahres seit Zustellung zulässig ist (BGH NVwZ 2009, 199 Rn. 17).

Gegenwärtig nutzen nur noch **folgende Länder** die Möglichkeit der Organleihe und haben entsprechende Verwaltungsabkommen mit der Bundesrepublik Deutschland abgeschlossen: 97
- **Berlin:** Ermächtigung zum Abschluss eines Verwaltungsabkommens mit der Bundesrepublik Deutschland durch das Abgeordnetenhaus mit Gesetz zur Ausführung des Energiewirtschaftsgesetzes (AGEnWG) vom 6.3.2006 (GVBl. BE S. 250), geändert durch Gesetz vom 7.4.2015 (BlnGVBl. 68),
- **Brandenburg:** Verwaltungsabkommen über die Wahrnehmung bestimmter Aufgaben nach dem Energiewirtschaftsgesetz vom 9.12.2013, Zustimmung durch den Landtag mit Gesetz zum Verwaltungsabkommen zwischen der Bundesrepublik Deutschland und dem Land Brandenburg über die Wahrnehmung bestimmter Aufgaben nach dem Energiewirtschaftsgesetz vom 14.3.2014 (GVBl Brandenburg I Nr. 16),
- **Hansestadt Bremen:** zuletzt Verwaltungsabkommen über die Wahrnehmung bestimmter Aufgaben nach dem Energiewirtschaftsgesetz vom 18.3./3.4.2014 (Brem.GBl. 343), Zustimmung durch die Bürgerschaft mit Gesetz zu dem Verwaltungsabkommen über die Wahrnehmung bestimmter Aufgaben nach dem Energiewirtschaftsgesetz vom 22.7.2014 (Brem.GBl. 343),
- **Schleswig-Holstein:** zuletzt Verwaltungsabkommen über die Wahrnehmung bestimmter Aufgaben nach dem Energiewirtschaftsgesetz vom 11.8./7.9.2015, Zustimmung durch den Landtag mit Gesetz zum Verwaltungsabkommen zwischen der Bundesrepublik Deutschland und dem Land Schleswig-Holstein über die Wahrnehmung bestimmter Aufgaben nach dem Energiewirtschaftsgesetz durch die BNetzA vom 12.10.2015 (GVOBl. Schl.-H. 342).

Organleiheabkommen können regelmäßig jährlich zum 31.12. des jeweiligen Jahres **ordentlich gekündigt** werden. In den letzten Jahren war unter den Ländern, die nach dem Inkrafttreten des Zweiten Gesetzes zur Neuregelung des Energiewirtschaftsrechts vom 7.7.2005 (BGBl. I 1970 (1994)) zunächst entsprechende Verwaltungsabkommen mit der Bundesrepublik Deutschland abgeschlossen hatten, ein **Trend** zur Einrichtung eigener Landesregulierungsbehörden zu verzeichnen (Kment EnWG/Görisch § 54 Rn. 4). So haben die Länder Mecklenburg-Vorpommern, Niedersachsen, Freistaat Thüringen und Sachsen-Anhalt ihre vormals bestehenden Organleiheabkommen mit der Bundesrepublik Deutschland zwischenzeitlich gekündigt und durch förmliches Gesetz eigene Landesregulierungsbehörden eingerichtet (→ Rn. 85 und → Rn. 87). Lediglich das Land Brandenburg hat sich für die entgegengesetzte Richtung entschieden und seine zunächst eingerichtete eigene Landesregulierungsbehörde aufgelöst und Ende des Jahres 2013 ein Organleiheabkommen mit der Bundesrepublik Deutschland abgeschlossen (→ Rn. 97). 98

Obwohl auf solche Fallkonstellationen der Kündigung von Organleiheabkommen nach hiesiger Auffassung die Regelung des Absatzes 2 Satz 5 Anwendung finden kann (→ Rn. 408), werden in der Praxis regelmäßig **Übergangsvereinbarungen** zwischen der Bundesrepublik Deutschland und dem jeweiligen Land betreffend den Modus des Überganges der regulatorischen Aufgaben iSd Absatzes 2 Satz 1 von der BNetzA auf die neu errichtete Landesregulierungsbehörde getroffen (Übergangsvereinbarung zum gekündigten Verwal- 99 tungsabkommen über die Wahrnehmung bestimmter Aufgaben nach dem Energiewirtschaftsgesetz zwischen der Bundesrepublik Deutschland und dem Land Niedersachsen vom 10./17.12.2013, Nds. MBl. 2014, 99). Im Fall des **Landes Niedersachsen** wurde in dieser Übergangsvereinbarung beispielsweise eine Regelung dahingehend getroffen, dass die Bundesrepublik Deutschland dem Land Niedersachsen die BNetzA übergangsweise zum Zwecke der Beendigung (Abwicklung) bestimmter energiewirtschaftsrechtlicher Verwaltungsverfahren als Organ zur Verfügung stellt. Abweichend von Absatz 2 Satz 5 wurde in dieser Übergangsvereinbarung jedoch geregelt, dass diese übergangsweise Organleihe sich gerade **nicht** auf energiewirtschaftsrechtliche (Rechts-)Beschwerdeverfahren erstreckt.

2. „Nach Landesrecht zuständige Behörden"

100   Von den Regulierungsbehörden der Länder iSd Absätze 1 und 2 (→ Rn. 81 ff.) grundsätzlich (→ Rn. 111 ff.) strikt zu **unterscheiden** ist die ähnlich klingende Bezeichnung der „nach Landesrecht zuständigen Behörde", die in verschiedenen Vorschriften des EnWG Verwendung findet. Diese „nach Landesrecht zuständige Behörde" ist mithin nicht mit den Regulierungskammern der Länder (→ Rn. 84 f.) sowie den unabhängigen Landesregulierungsbehörden (→ Rn. 87) in dem oben dargestellten Sinne identisch. Die „nach Landesrecht zuständige Behörde" erfüllt wohlgemerkt **keine regulatorischen Aufgaben** iSd Absatzes 1 (BT-Drs. 15/3917, 69; Bourwieg/Hellermann/Hermes/Gundel § 54 Rn. 28). Um welche konkrete Landesbehörde es sich bei der „nach Landesrecht zuständigen Behörde" jeweils handelt, ergibt sich aus den gesetzlichen Zuständigkeitsvorschriften des jeweiligen Landes (Bourwieg/Hellermann/Hermes/Gundel § 54 Rn. 27; Theobald/Kühling/Theobald/Werk § 54 Rn. 138 ff.).

101   **a) Aufgabenfelder.** Die „nach Landesrecht zuständige Behörde" im Sinne des EnWG ist im Rahmen des EnWG für verschiedene – nicht regulatorische – Aufgabenfelder sachlich zuständig, nämlich die Energieaufsicht, bestimmte Planfeststellungsverfahren für den Betrieb, die Errichtung oder die Änderung bestimmter Anlagen und bestimmte Enteignungs- und Entschädigungsverfahren.

102   **aa) Energieaufsicht.** Die „nach Landesrecht zuständige Behörde" ist zunächst für die Aufgaben der Energieaufsichtsbehörde im Rahmen des EnWG sachlich zuständig. Die Energieaufsicht in dem vorgenannten Sinne umfasst **folgende Aufgaben** (Bourwieg/Hellermann/Hermes/Gundel § 54 Rn. 27; Theobald/Kühling/Theobald/Werk § 54 Rn. 131 ff.):
- Genehmigung und Untersagung des **Netzbetriebs** nach § 4 Abs. 1 und 4 (→ § 4 Rn. 19 ff.; Theobald/Kühling/Theobald/Werk § 54 Rn. 131; Neveling ZNER 2005, 263 (269));
- Verfahren betreffend die Mitteilung des **Grundversorgers** nach § 36 Abs. 2 (→ § 36 Rn. 43 ff.; Theobald/Kühling/Theobald/Werk § 54 Rn. 132);
- Maßnahmen im Rahmen der **technischen Energieaufsicht** nach § 49 Abs. 5 (→ § 49 Rn. 45 ff.; Theobald/Kühling/Theobald/Werk § 54 Rn. 134).

103   Die Energieaufsichtsbehörde ist regelmäßig in einem oder mehreren **Fachreferaten** der Wirtschaftsministerien der Länder angesiedelt, wie dies früher grundsätzlich auch bei den Landesregulierungsbehörden der Fall war (→ Rn. 83). Beispielsweise ergibt sich im Falle des **Freistaates Bayern** die sachliche Zuständigkeit des bayerischen Wirtschaftsministeriums für die vorgenannten Aufgaben der Energieaufsicht aus Art. 10 Abs. 1 S. 1 des Gesetzes über die Zuständigkeiten zum Vollzug wirtschaftsrechtlicher Vorschriften (BayZustWiG) in der Fassung der Bekanntmachung vom 24.1.2005 (BayGVBl. 17). Eine in Art. 10 Abs. 1 S. 1 BayZustWiG grundsätzlich vorgesehene Übertragung der sachlichen Zuständigkeit auf andere (nachgeordnete) Behörden ist im Hinblick auf die Aufgaben der Energieaufsicht nicht erfolgt. Im bayerischen Wirtschaftsministerium sind derzeit zwei Fachreferate für die vorgenannten Aufgaben der Energieaufsicht funktionell zuständig.

104   **bb) Planfeststellungsverfahren.** In den Aufgabenbereich der „nach Landesrecht zuständigen Behörde" fällt grundsätzlich (→ Rn. 106) auch die sachliche Zuständigkeit für
- **Planfeststellungsverfahren** im Hinblick auf die Errichtung, den Betrieb und die Änderung bestimmter Anlagen, insbesondere von Hochspannungsleitungen (§ 43 Abs. 1, → § 43 Rn. 10 ff.; Theobald/Kühling/Theobald/Werk § 54 Rn. 133);

Allgemeine Zuständigkeit § 54 EnWG

- die **Zulassung** bestimmter Anlagen auf Antrag des Vorhabenträgers, beispielsweise von Umspannanlagen und Netzverknüpfungspunkten, soweit diese für den Betrieb von Energieleitungen notwendig sind und sie in das Planfeststellungsverfahren für diese Energieleitung integriert sind, oder der Errichtung, des Betriebs und der Änderung bestimmter Erdkabel, Freileitungen und Leerrohre (§ 43 Abs. 2, → § 43 Rn. 55 ff.),
- die **Anordnung der Duldung** bestimmter Vorarbeiten, beispielsweise von Vermessungen sowie von Boden- und Grundwasseruntersuchungen, durch den Vorhabenträger gegenüber den Eigentümern und Nutzungsberechtigten von betroffenen Grundstücken (§ 44 Abs. 1 S. 2, → § 44 Rn. 9 ff.; Theobald/Kühling/Theobald/Werk § 54 Rn. 133).

Nach § 43f Abs. 1 S. 1 (→ § 43f Rn. 5 ff.) können unwesentliche Änderungen oder Erweiterungen anstelle des vorgenannten Planfeststellungsverfahrens durch ein **Anzeigeverfahren** zugelassen werden. Die Anzeige der geplanten Maßnahme hat durch den Vorhabenträger gegenüber der nach Landesrecht zuständigen Behörde zu erfolgen (§ 43f Abs. 4 S. 1). Die nach Landesrecht zuständige Behörde hat dann innerhalb eines Monats zu **entscheiden**, ob anstelle des Anzeigeverfahrens ein Plangenehmigungs- oder Planfeststellungsverfahren durchzuführen ist oder die Maßnahme von einem förmlichen Verfahren freigestellt ist (§ 43f Abs. 4 S. 4, → § 43f Rn. 44). 105

Zu beachten ist in diesem Zusammenhang aber, dass für bestimmte Vorhaben der **BNetzA** nach §§ 2 Abs. 2, 31 Abs. 1 und 2 NABEG vom 28.7.2011 (BGBl. I 1690) und durch die Planfeststellungszuweisungsverordnung (PlfZV) vom 23.7.2013 (BGBl. I 2582) die sachliche Zuständigkeit für Planfeststellungen nach §§ 18 ff. NABEG **übertragen** wurde (näher → § 43 Rn. 119). Die diesbezügliche sachliche Zuständigkeit der BNetzA erstreckt sich konsequenterweise auch auf Verfahren zur Anordnung der Duldung von Vorarbeiten nach § 44 Abs. 1 S. 2 (näher → § 44 Rn. 52). 106

cc) **Enteignungs- und Entschädigungsverfahren.** Die „nach Landesrecht zuständige Behörde" ist grundsätzlich auch sachlich zuständig für 107
- die Feststellung der **Zulässigkeit der Enteignung** bei sonstigen Verfahren zum Zwecke der Energieversorgung iSd § 45 Abs. 1 Nr. 2, die kein Vorhaben iSd §§ 43, 43b Nr. 1 betreffen (§ 45 Abs. 2 S. 3, → § 45 Rn. 57),
- die **Festsetzung einer Entschädigung**, soweit einem Eigentümer oder sonstigen Nutzungsberechtigten durch **Vorarbeiten** eines Vorhabenträgers iSd § 44 Abs. 1 unmittelbare Vermögensnachteile entstanden sind und eine Einigung über die Höhe der Entschädigung nicht zustande kommt (§ 44 Abs. 3 S. 2, → § 44 Rn. 61 ff.),
- die Durchführung eines **Entschädigungsverfahrens** nach den Enteignungsgesetzen der Länder, wenn ein Vorhabenträger aufgrund eines Planfeststellungsbeschlusses oder einer Plangenehmigung dazu verpflichtet ist, eine **Entschädigung in Geld** zu leisten, und eine Einigung über die Höhe der Entschädigung zwischen dem Betroffenen und dem Vorhabenträger nicht zustande kommt (§ 45a Hs. 1, → § 45a Rn. 11).

b) **Verwaltungsverfahren und Rechtsschutz.** Nach der gegenwärtigen Fassung des § 55 Abs. 1 S. 1 sind die Spezialregelungen des EnWG betreffend energiewirtschaftsrechtliche Verwaltungsverfahren (§§ 65 ff.) und (Rechts-)Beschwerdeverfahren (§§ 75 ff.) grundsätzlich nur auf Verfahren und Entscheidungen der Regulierungsbehörden des Bundes und der Länder anwendbar (→ § 55 Rn. 2 ff.). Für die „nach Landesrecht zuständige Behörde" findet sich in der gegenwärtigen Fassung des § 55 Abs. 2 keine entsprechende Regelung mehr, sodass die vorgenannten Regelungen im Grundsatz **unanwendbar** sind (Bourwieg/Hellermann/Hermes/Gundel § 54 Rn. 28; Theobald/Kühling/Theobald/Werk § 54 Rn. 132). 108

In dem **Regierungsentwurf** des Zweiten Gesetzes zur Neuregelung des Energiewirtschaftsrechts vom 14.10.2004 war hingegen in § 55 Abs. 2 S. 1 noch vorgesehen, dass auf bestimmte Verwaltungsverfahren der „nach Landesrecht zuständigen Behörden", insbesondere die Genehmigung und Untersagung des Netzbetriebs (§ 4) und die Mitteilung des Grundversorgers (§ 36 Abs. 2), die Spezialregelungen des EnWG betreffend das energiewirtschaftsrechtliche Verwaltungsverfahren und das (Rechts-)Beschwerdeverfahren Anwendung finden sollten (BT-Drs. 15/3917, 26). In der Beschlussempfehlung des **Vermittlungsausschusses** vom 15.6.2005 wurde dann jedoch – ohne Begründung – vorgeschlagen, die vorgenannte Regelung des § 55 Abs. 2 S. 1 ersatzlos zu streichen (BT-Drs. 15/5736 (neu), 6; Theobald/Kühling/Theobald/Werk § 54 Rn. 132). Diese Beschlussempfehlung des Vermittlungsausschusses wurde durch den Deutschen Bundestag beschlossen (BR-Drs. 498/05). 109

Kresse

EnWG § 54

110   Hieraus folgt, dass sich das Verwaltungsverfahren der „nach Landesrecht zuständigen Behörde" im Grundsatz nach dem **allgemeinen Verwaltungsverfahrensrecht** richtet (→ § 55 Rn. 5). Eine **Ausnahme** gilt jedoch nach § 65 Abs. 5 – vorbehaltlich des Bestehens speziellerer Vorschriften – für die allgemeinen Befugnisnormen des § 65 Abs. 1 und 2, die Ermittlungsbefugnisse nach § 68, die Auskunftsansprüche und das Betretungsrecht nach § 69 sowie die Regelung betreffend Betriebs- und Geschäftsgeheimnisse nach § 71. Im Hinblick auf Entscheidungen der „nach Landesrecht zuständigen Behörde" ist grundsätzlich der Rechtsweg zu den **Verwaltungsgerichten** eröffnet (§ 40 Abs. 1 S. 1 VwGO), soweit sich nicht aus einer gesetzlichen Sonderzuweisung etwas anderes ergibt (→ § 55 Rn. 5; Theobald/Kühling/Theobald/Werk § 54 Rn. 132).

111   **c) Besonderheit: Beteiligungsvorschriften.** Eine Besonderheit ist im Hinblick auf die Beteiligungsvorschriften der §§ 66 Abs. 3, 79 Abs. 2 zu beachten. Denn in diesem speziellen Fall ist nach zutreffender Auffassung des BGH unter dem Begriff der „nach Landesrecht zuständigen Behörde" **ausnahmsweise** die hiervon grundsätzlich zu differenzierende (→ Rn. 100) Landesregulierungsbehörde zu verstehen: Nach dem Wortlaut des § 66 Abs. 3 ist die „Regulierungsbehörde" an den energiewirtschaftsrechtlichen Verwaltungsverfahren der „nach Landesrecht zuständigen Behörde" beteiligt. Entsprechendes gilt nach § 79 Abs. 2 für energiewirtschaftsrechtliche Beschwerdeverfahren gegen Entscheidungen der „nach Landesrecht zuständigen Behörde", dh auch hier ist die „Regulierungsbehörde" beteiligt. Der **BGH** legt beide Vorschriften jedoch – entgegen ihres Wortlauts – korrigierend dahingehend aus, dass die BNetzA an den energiewirtschaftsrechtlichen Verwaltungsverfahren und energiewirtschaftsrechtlichen Beschwerdeverfahren der **Landesregulierungsbehörden** beteiligt sei (BGH ZNER 2008, 103 ff.; zust. Theobald/Kühling/Theobald/Werk § 66 Rn. 61; für eine Analogiebildung zu den genannten Vorschriften Kment EnWG/Turiaux § 66 Rn. 20).

112   Im Ergebnis ist dem BGH **zuzustimmen,** da es sich bei der in §§ 66 Abs. 3, 79 Abs. 2 gewählten Bezeichnung „nach Landesrecht zuständige Behörde" offenkundig um ein **Redaktionsversehen** handelt, das auf die Entstehungsgeschichte des Zweiten Gesetzes zur Neuregelung des Energiewirtschaftsrechts vom 7.7.2005 (BGBl. I 1970) zurückzuführen ist (im Einzelnen zur Entstehungsgeschichte des § 54 → Rn. 14 ff.): In dem diesbezüglichen Regierungsentwurf vom 14.10.2004 war noch keine Aufteilung der sachlichen Zuständigkeit für die Aufgabe der Regulierungsbehörde zwischen der BNetzA und den Regulierungsbehörden der Länder vorgesehen (→ Rn. 15). Zugleich war seinerzeit in der Entwurfsfassung des § 55 Abs. 2 S. 1 noch geregelt, dass die Vorschriften zu energiewirtschaftsrechtlichen Verwaltungsverfahren und (Rechts-)Beschwerdeverfahren auch auf die „nach Landerecht zuständigen Behörden" Anwendung finden sollten (BT-Drs. 15/3917, 26). Dementsprechend war in den Entwurfsfassungen der §§ 66 Abs. 3, 79 Abs. 2 vorgesehen, dass die (Bundes-)Regulierungsbehörde an energiewirtschaftsrechtlichen Verwaltungsverfahren und (Rechts-)Beschwerdeverfahren der „nach Landesrecht zuständigen Behörden" beteiligt sei (BT-Drs. 15/3917, 28 und 31).

113   In der Beschlussempfehlung des **Vermittlungsausschusses** vom 15.6.2005, in der in § 54 erstmals eine Verteilung der Regulierungsaufgaben des EnWG zwischen den Regulierungsbehörden des Bundes und der Länder enthalten war, wurde auch eine Änderung der Entwurfsfassung des § 55 Abs. 2 vorgeschlagen. Demnach sollten die Vorschriften zu energiewirtschaftsrechtlichen Verwaltungsverfahren und (Rechts-)Beschwerdeverfahren auf die „nach Landerecht zuständigen Behörden" – abweichend von dem Regierungsentwurf – gerade keine Anwendung finden (BT-Drs. 15/5736 (neu), 6). Eine Anpassung der §§ 66 Abs. 3, 79 Abs. 2 an die vorgenannten Änderungen an den §§ 54, 55 Abs. 2 wurde hingegen offenbar **versehentlich** nicht vorgeschlagen (BT-Drs. 15/5736 (neu), 7). Da der Deutsche Bundestag die vorgenannte Beschlussempfehlung des Vermittlungsausschusses angenommen hatte (BR-Drs. 498/05), enthalten die §§ 66 Abs. 3, 79 Abs. 2 eine unzutreffende Bezugnahme auf die „nach Landesrecht zuständigen Behörden". Denn die vorgenannten Regelungen finden nach § 55 Abs. 1 (näher → § 55 Rn. 2 ff.) lediglich auf energiewirtschaftsrechtliche Verwaltungsverfahren und (Rechts-)Beschwerdeverfahren der Regulierungsbehörden des Bundes und der Länder Anwendung. Auch aus § 65 Abs. 5 ergibt sich keine ausnahmsweise Anwendbarkeit der §§ 66 Abs. 3, 79 Abs. 2 auf Verwaltungsverfahren der „nach Landesrecht zuständigen Behörden" oder auf entsprechende Gerichtsverfahren vor der Verwaltungsgerichtsbarkeit (§ 40 Abs. 1 S. 1 VwGO). Die §§ 66 Abs. 3, 79 Abs. 2 müssen daher konsequen-

Allgemeine Zuständigkeit § 54 EnWG

terweise **korrigierend ausgelegt** werden, sodass die BNetzA an energiewirtschaftsrechtlichen Verwaltungsverfahren und (Rechts-)Beschwerdeverfahren der Landesregulierungsbehörden beteiligt ist. Eine Analogiebildung zu den §§ 66 Abs. 3, 79 Abs. 2, die in der Literatur teilweise vorgeschlagen wird, ist hierfür nicht erforderlich.

3. Sonstige Behörden und öffentliche Stellen

Neben den Regulierungsbehörden des Bundes und der Länder iSv Absatz 1 (→ Rn. 73 ff.) **114**
und den „nach Landesrecht zuständigen Behörden" (→ Rn. 100 ff.) nimmt das EnWG auf eine ganze Reihe sonstiger Behörden und öffentlicher Stellen Bezug, über die nachfolgend ein knapper Überblick gegeben werden soll. Bei diesen sonstigen Behörden handelt es sich **nicht** um Regulierungsbehörden iSd Absatzes 1, sodass sie der Regelung des § 54 zur sachlichen Zuständigkeit der Regulierungsbehörden des Bundes und der Länder **nicht unterfallen** (irreführend daher Pielow DÖV 2005, 1017 (1020): Bundesregierung als Regulierungsbehörde „im weiteren Sinne"). Vielmehr ergibt sich die sachliche Zuständigkeit dieser Behörden für bestimmte Ermächtigungs- oder Befugnisnormen, sollten solche bestehen, regelmäßig unmittelbar aus den jeweiligen Regelungen des EnWG. Im Wesentlichen sind im Rahmen des EnWG folgende sonstige Behörden und öffentliche Stellen zu unterscheiden:

a) **Europäische Kommission.** Einige Vorschriften des EnWG nehmen Bezug auf die **115**
Europäische Kommission, wobei dieser allerdings durch das EnWG **keine** Ermächtigungen oder Befugnisse im eigentlichen Sinne erteilt werden. Vielmehr enthält das EnWG bezüglich der Europäischen Kommission zusammengefasst **folgende Regelungen:**
- Unterrichtungs- und Informationsrechte (§ 4b S. 3, § 63 Abs. 2 S. 8, Abs. 3 S. 1, Abs. 5),
- Stellungnahmerechte (§ 4a Abs. 5 S. 1, § 4b Abs. 4),
- Kooperationsrechte (§ 58 Abs. 2b).

b) **ACER.** Der Europäischen Agentur für die Zusammenarbeit der Energieregulierungsbe- **116**
hörden (European Union Agency for the Cooperation of Energy Regulators, ACER) steht nach dem EnWG – ebenso wie der Europäischen Kommission – ein Unterrichtungs- und Informationsrecht nach § 63 Abs. 3 S. 1 zu (näher zum Verhältnis der BNetzA zur ACER Theobald/Kühling/Theobald/Werk § 54 Rn. 110 und 118 ff.).

c) **Bundesregierung.** Der Bundesregierung werden durch das EnWG zahlreiche Verord- **117**
nungsermächtigungen erteilt (Baur/Salje/Schmidt-Preuß Energiewirtschaft/Zeidler Kap. 39 Rn. 27; Theobald/Kühling/Theobald/Werk § 54 Rn. 129; Pielow DÖV 2005, 1017 (1020 f.): Regulierungsbehörde „im weiteren Sinne"). Hierunter befinden sich die für die Erfüllung der Aufgaben der Regulierungsbehörden des Bundes und der Länder iSd Absatzes 1 zentralen **Verordnungsermächtigungen** des § 18 Abs. 3 (→ § 18 Rn. 40 ff.), des § 21a Abs. 6 (→ § 21a Rn. 90 ff.) und des § 24 (→ § 24 Rn. 1 ff.), auf denen besonders bedeutsame Rechtsverordnungen basieren. Die Verordnungsermächtigung des § 24 war Gegenstand des Vertragsverletzungsverfahrens vor dem EuGH, das sich mit der Erfüllung der unionsrechtlichen Anforderungen an die Unabhängigkeit der Regulierungsbehörden der Mitgliedstaaten befasste (näher → Rn. 161 ff.).

Weitere Verordnungsermächtigungen der Bundesregierung ergeben sich aus den § 12g **118**
Abs. 3, §§ 13i, 14a S. 3, § 14b S. 5, §§ 17 Abs. 3, 29 Abs. 3 S. 1, §§ 42 Abs. 8, 48 Abs. 2, §§ 53, 63 Abs. 2 S. 7, § 119. Bezüglich der Bundesregierung enthält das EnWG darüber hinaus **insbesondere** Regelungen betreffend
- Unterrichtungs- und Berichterstattungspflichten (§ 12e Abs. 1 S. 2, § 62 Abs. 2 S. 2, § 63 Abs. 1 S. 1, Abs. 3, §§ 112, 112a Abs. 3 S. 2),
- Unterrichtungs- und Informationsrechte (§ 12e Abs. 1 S. 1, § 62 Abs. 2 S. 1, §§ 111e Abs. 6, 112a Abs. 1 und Abs. 3 S. 2),
- den Erlass von Verwaltungsvorschriften (§ 117b).

d) **Bundesministerium für Wirtschaft und Energie.** Das Bundesministerium für Wirt- **119**
schaft und Energie (BMWi), nunmehr firmierend als Bundesministerium für Wirtschaft und Klimaschutz (BMWK), in dessen Geschäftsbereich die BNetzA als Regulierungsbehörde des Bundes fällt, findet in einer Vielzahl von Vorschriften des EnWG Erwähnung (Baur/Salje/Schmidt-Preuß Energiewirtschaft/Zeidler Kap. 39 Rn. 28; Bourwieg/Hellermann/Hermes/Gundel § 54 Rn. 25; Theobald/Kühling/Theobald/Werk § 54 Rn. 127). Von besonderer

Kresse

EnWG § 54 Teil 7. Behörden

Bedeutung ist im Zusammenhang mit der Vorschrift des § 54 zum einen die Regelung des § 59 Abs. 1 S. 3, wonach die **Beschlusskammern** der BNetzA, die innerhalb der BNetzA grundsätzlich funktionell zuständig für den Erlass regulatorischer Entscheidungen sind (→ Rn. 78), jedenfalls unter Mitwirkung des BMWi besetzt werden (→ § 59 Rn. 37). Zum anderen ergibt sich aus der Regelung des § 61, dass dem BMWi gegenüber der BNetzA ein Recht zur Erteilung **allgemeiner Weisungen** zusteht (→ § 61 Rn. 12 ff.). Vor dem Hintergrund der unionsrechtlichen Anforderungen an die Unabhängigkeit der Regulierungsbehörden der Mitgliedstaaten (→ Rn. 126 ff.) ist jedenfalls die letzte der vorgenannten Vorschriften durchaus kritisch zu sehen (Baur/Salje/Schmidt-Preuß Energiewirtschaft/Zeidler Kap. 39 Rn. 21; Bauer/Seckelmann DÖV 2014, 951 (956 ff.)).

120 Weiterhin wird dem BMWi durch das EnWG eine Vielzahl von **Verordnungsermächtigungen** erteilt (Theobald/Kühling/Theobald/Werk § 54 Rn. 127), die sich im Einzelnen aus den §§ 12 Abs. 3a, 13h Abs. 1 und 2, §§ 17j, 19a Abs. 3 S. 6 und 7, § 23a Abs. 3 S. 7, § 25 S. 3, § 27 Abs. 1 S. 5, §§ 28 Abs. 4, 37 Abs. 3, 39 Abs. 1 und 2, § 49 Abs. 4 und 4a, §§ 50, 54a Abs. 4, 54b Abs. 3, 91 Abs. 8 und 9, § 111f ergeben. Ferner findet das BMWi Erwähnung **insbesondere** in Vorschriften des EnWG betreffend
- die Durchführung bestimmter unionsrechtlicher Verordnungen (§§ 54a, 54b),
- Unterrichtungs- und Berichterstattungspflichten (§ 19 Abs. 5 S. 2, § 51 Abs. 1 S. 1, §§ 53, 63 Abs. 2 S. 2, Abs. 2a),
- die Befugnisse zur Erstellung des Monitoringberichts (§ 63 Abs. 1 S. 2),
- das Recht zur Einrichtung einer Schlichtungsstelle (§ 111b Abs. 3 S. 1),
- Unterrichtungs- und Informationsrechte (§§ 12f Abs. 1, 19 Abs. 5 S. 1, § 51a Abs. 1 S. 3).

121 **e) Sonstige Bundesministerien.** Das EnWG enthält darüber hinaus eine Reihe von Vorschriften, in denen andere Bundesministerien als das BMWi erwähnt werden. Hierbei handelt es sich in aller Regel um Regelungen, wonach das BMWi bestimmte Tätigkeiten (insbesondere den Erlass von Rechtsverordnungen) **im Einvernehmen** mit anderen Bundesministerien auszuüben hat. Im Einzelnen bestehen derartige Einvernehmenserfordernisse im Hinblick auf
- das Bundesministerium der Finanzen (§ 91 Abs. 8 S. 1),
- das Bundesministerium der Justiz und für Verbraucherschutz (§ 17i S. 1, § 17j S. 1, § 19a Abs. 3 S. 6, § 39 Abs. 1 S. 1 und Abs. 2 S. 1, § 41 Abs. 5 S. 1, § 111b Abs. 3 S. 1, Abs. 5 S. 1 und Abs. 7 S. 1).

122 **f) Sonstige Behörden.** Schließlich finden im EnWG einige Bundesämter oder sonstige Behörden Erwähnung. Auch bei diesen Bundesämtern oder sonstigen Behörden handelt es sich **nicht** um Regulierungsbehörden iSd Absatzes 1. In der Regel werden durch die einschlägigen Vorschriften Unterrichtungs-, Informations- und Kooperationsrechte sowie die hiermit korrespondierenden Pflichten, insbesondere im Hinblick auf ein Zusammenwirken mit der BNetzA, geregelt.

123 Unter den im EnWG erwähnten Bundesämtern oder sonstige Behörden haben zunächst – der engen „Verwandtschaft" zwischen dem EnWG und dem GWB wegen (zum Verhältnis zwischen diesen Gesetzen → § 111 Rn. 1 ff.) – das **BKartA** und die **Landeskartellbehörden** eine Sonderstellung inne (Baur/Salje/Schmidt-Preuß Energiewirtschaft/Zeidler Kap. 39 Rn. 24 ff.; Theobald/Kühling/Theobald/Werk § 54 Rn. 108). Die Zusammenarbeit zwischen der BNetzA und den vorgenannten Kartellbehörden ist in § 58 im Einzelnen geregelt (→ § 58 Rn. 1 ff.). Ferner bestehen nach § 58a Abs. 1 und 2 Kooperationsrechte und -pflichten zwischen der BNetzA und dem BKartA (→ § 58a Rn. 1 ff.). Darüber hinaus haben die Kartellbehörden nach § 5a Abs. 1 S. 1 – ebenso wie die Regulierungsbehörden des Bundes und der Länder – einen Anspruch auf Herausgabe gespeicherter Daten gegenüber Energieversorgungsunternehmen, die Energie an Kunden verkaufen (→ § 5a Rn. 1 ff.). Gemäß § 63 Abs. 3 S. 1 und 2 veröffentlicht die BNetzA im Einvernehmen mit dem BKartA einen Bericht über ihre Tätigkeit und nimmt in diesen Bericht, im gemeinsamen Einvernehmen, den Monitoringbericht Elektrizitäts- und Gasmarkt des BKartA auf (→ § 63 Rn. 31 ff.). Weitere mögliche Einvernehmenserfordernisse zwischen der BNetzA und dem BKartA bestehen nach den § 5a Abs. 2 S. 3, § 29 Abs. 3 S. 1, § 46 S. 3.

124 Eine herausgehobene Stellung nimmt weiterhin das Bundesamt für Seeschifffahrt und Hydrographie ein, das nach § 17a Abs. 1 S. 1 den **Bundesfachplan Offshore** erstellt und das gem. § 17c Abs. 1 S. 1 an der Prüfung des **Offshore-Netzentwicklungsplans** beteiligt

Allgemeine Zuständigkeit § 54 EnWG

ist (→ § 17c Rn. 6 ff.). Weiterhin hat die BNetzA bei der Umsetzung von Netzentwicklungs- und Flächenentwicklungsplänen in einigen Fällen ein Benehmen (§ 17d Abs. 2 S. 9, Abs. 4 S. 1, Abs. 5 S. 3) oder ein Einvernehmen (§ 17d Abs. 7 S. 2) mit dem Bundesamt für Seeschifffahrt und Hydrographie herzustellen.

Neben den vorgenannten Vorschriften sind im Rahmen des EnWG **folgende Regelungen** im Hinblick auf Bundesämter und sonstige Behörden zu unterscheiden: 125
- Bundesamt für Naturschutz (§ 17a Abs. 1 S. 1),
- Bundesamt für Sicherheit in der Informationstechnik (§ 11 Abs. 1a S. 2, Abs. 1b S. 3, Abs. 1c, § 95 Abs. 6),
- Bundesanstalt für Finanzdienstleistungsaufsicht (§§ 58 Abs. 2a, 58a Abs. 1 und 2),
- Statistisches Bundesamt (§ 63 Abs. 5),
- Umweltbundesamt (§§ 12f Abs. 1, 13j Abs. 6 S. 2, § 42 Abs. 7 S. 2).

III. Unabhängigkeit der Regulierungsbehörden

Die Regulierungsbehörden des Bundes und der Länder iSd Absatzes 1 unterliegen im 126 Hinblick auf die Erfüllung ihrer regulatorischen Aufgaben und Befugnisse bestimmten unionsrechtlichen Anforderungen an ihre **völlige** Unabhängigkeit von **sämtlichen** öffentlichen und privaten Einrichtungen, einschließlich von politischen Stellen und Regierungsstellen (→ Rn. 127 ff.). Der Bund und die Länder haben hierauf mit der Errichtung unabhängiger Regulierungsbehörden reagiert, die hinsichtlich ihrer regulatorischen Aufgaben und Befugnisse nicht dem ministeriellen Weisungsstrang unterworfen sind (→ Rn. 136 ff.). Dennoch hat die Europäische Kommission vor dem EuGH gegen die Bundesrepublik Deutschland ein **Vertragsverletzungsverfahren** nach Art. 258 AEUV eingeleitet, da diese u.a. durch die konkrete Ausgestaltung des normativen Rahmens des Energieregulierungsrechts die unionsrechtlichen Anforderungen an die Unabhängigkeit der Regulierungsbehörden der Mitgliedstaaten nicht vollständig in deutsches Recht umgesetzt habe (→ Rn. 161 ff.). Der **EuGH** hat daraufhin im Jahre 2021 entschieden, dass der normative Rahmen des Energieregulierungsrechts gegen die unionsrechtlichen Anforderungen an die regulierungsbehördliche Unabhängigkeit verstößt (EuGH EuZW 2021, 893 = EnWZ 2021, 363 = BeckRS 2021, 24362; → Rn. 165 ff.).

1. Unionsrechtliche Vorgaben

Die unionsrechtlichen Vorgaben betreffend die Unabhängigkeit der Regulierungsbehör- 127 den der Mitgliedstaaten wurden seit dem Inkrafttreten des Zweiten Energiebinnenmarktpakets im Jahr 2003 weiter **verschärft** (näher → Rn. 4 ff.). Gegenwärtig ergeben sich die diesbezüglichen unionsrechtlichen Vorgaben für den **Strombereich** aus Art. 57 Abs. 4–6 Elektrizitäts-Binnenmarkt-Richtlinie (EU) 2019/944 (ABl. 2019 L 158, 125) und für den **Gasbereich** weiterhin aus Art. 39 Abs. 4 und Gas-Binnenmarkt-Richtlinie 2009/73/EG (ABl. 2009 L 211, 94).

a) Anwendungsbereich. Nach Art. 57 Abs. 1 Elektrizitäts-Binnenmarkt-Richtlinie 128 (EU) 2019/944 und Art. 39 Abs. 1 Gas-Binnenmarkt-Richtlinie 2009/73/EG hat jeder Mitgliedstaat eine **nationale Regulierungsbehörde** einzurichten. Daneben können nach Art. 57 Abs. 2 Elektrizitäts-Binnenmarkt-Richtlinie (EU) 2019/944 und Art. 39 Abs. 2 Gas-Binnenmarkt-Richtlinie 2009/73/EG „auf regionaler Ebene der Mitgliedstaaten" **weitere Regulierungsbehörden** eingerichtet werden (→ Rn. 7). Nach dem Wortlaut des Art. 57 Abs. 4–6 Elektrizitäts-Binnenmarkt-Richtlinie (EU) 2019/944 und des Art. 39 Abs. 4 und 5 Gas-Binnenmarkt-Richtlinie 2009/73/EG, wo jeweils im Singular von „der Regulierungsbehörde" die Rede ist, scheinen die dort geregelten Unabhängigkeitsanforderungen nur für die nationale Regulierungsbehörde iSd Art. 57 Abs. 1 Elektrizitäts-Binnenmarkt-Richtlinie (EU) 2019/944 und des Art. 39 Abs. 1 Gas-Binnenmarkt-Richtlinie 2009/73/EG, in der Bundesrepublik Deutschland also für die BNetzA, zu gelten. Richtigerweise finden diese jedoch sowohl auf die nationale Regulierungsbehörde als auch – und zwar **uneingeschränkt** – auf die weiteren Regulierungsbehörden auf regionaler Ebene, in der Bundesrepublik Deutschland also auf die Landesregulierungsbehörden, **Anwendung** (Baur/Salje/Schmidt-Preuß Energiewirtschaft/Franke Kap. 40 Rn. 7; Bourwieg/Hellermann/Hermes/Gundel § 54 Rn. 3 f. und 18; Schneider/Theobald EnergieWirtschaftsR-HdB/Franke § 19

Rn. 21; Bauer/Seckelmann DÖV 2014, 951 (952); Büdenbender/Rosin RdE 2010, 197 (205); Kühling/Pisal RdE 2010, 161 in Fn. 6; Pielow DÖV 2005, 1017 (1020)).

129 Dies folgt zum einen aus der **Richtliniensystematik,** da sich die Art. 57 Abs. 4–6 Elektrizitäts-Binnenmarkt-Richtlinie (EU) 2019/944 und des Art. 39 Abs. 4 und 5 Gas-Binnenmarkt-Richtlinie 2009/73/EG konsequenterweise auf die jeweils vorstehenden beiden Absätze beziehen müssen, in denen die nationalen Regulierungsbehörden und die Möglichkeit zur Einrichtung weiterer Regulierungsbehörden auf regionaler Ebene der Mitgliedstaaten gleichermaßen geregelt sind. Weiterhin ergibt sich dies aus der **ratio** der Unabhängigkeitsanforderungen, der zum einen in der Gewährleistung der „Effektivität der Regulierung" besteht (Erwägungsgrund 33 Elektrizitäts-Binnenmarkt-Richtlinie 2009/72/EG und Erwägungsgrund 29 Gas-Binnenmarkt-Richtlinie 2009/73/EG). Zum anderen besteht der Sinn und Zweck der Unabhängigkeitsanforderungen darin, eine ordnungsgemäße Funktionsweise des Elektrizitäts- und Erdgasbinnenmarktes dadurch zu gewährleisten, dass die Regulierungsbehörden „Entscheidungen in allen relevanten Regulierungsangelegenheiten treffen können" und beim Treffen dieser Entscheidungen „völlig unabhängig von anderen öffentlichen oder privaten Interessen" sind (Erwägungsgrund 80 Elektrizitäts-Binnenmarkt-Richtlinie (EU) 2019/944 und Erwägungsgrund 30 Gas-Binnenmarkt-Richtlinie 2009/73/EG). Im Hinblick auf die vorgenannte ratio der Unabhängigkeitsanforderungen bedeutet es **keinen Unterschied,** ob die regulatorischen Aufgaben und Befugnisse durch die BNetzA als nationale Regulierungsbehörde oder durch die Landesregulierungsbehörden als weitere Regulierungsbehörden auf regionaler Ebene wahrgenommen werden. Die unionsrechtlichen Unabhängigkeitsanforderungen sind daher auf sämtliche vorgenannten Regulierungsbehörden unterschiedslos anzuwenden.

130 **b) Unabhängigkeitsanforderungen im Einzelnen.** Die Regulierungsbehörden der Mitgliedstaaten müssen ihre Aufgaben und Befugnisse unabhängig ausüben können (Bourwieg/Hellermann/Hermes/Gundel § 54 Rn. 3 f.). Die diesbezüglichen unionsrechtlichen Anforderungen ergeben sich im Einzelnen aus Art. 57 Abs. 4 und 5 Elektrizitäts-Binnenmarkt-Richtlinie (EU) 2019/944 und Art. 39 Abs. 4 und 5 Gas-Binnenmarkt-Richtlinie 2009/73/EG. Die **wichtigsten** dieser Unabhängigkeitsanforderungen finden sich in Art. 57 Abs. 4 S. 2 lit. b, Abs. 5 S. 1 lit. a Elektrizitäts-Binnenmarkt-Richtlinie (EU) 2019/944 und Art. 39 Abs. 4 S. 2 lit. b, Abs. 5 S. 1 lit. a Gas-Binnenmarkt-Richtlinie 2009/73/EG. Demnach müssen die Regulierungsbehörden der Mitgliedstaaten (und insbesondere ihre Beschäftigten) „unabhängig von Marktinteressen" handeln und dürfen „keine direkten Weisungen von Regierungsstellen oder anderen öffentlichen oder privaten Einrichtungen" einholen oder entgegennehmen. Weiterhin müssen die Regulierungsbehörden der Mitgliedstaaten „unabhängig von allen politischen Stellen selbständige Entscheidungen treffen" können. Als **zulässig** anzusehen sind hingegen nach Art. 57 Abs. 4 S. 2 lit. b Ziff. ii Elektrizitäts-Binnenmarkt-Richtlinie (EU) 2019/944 und Art. 39 Abs. 4 S. 2 lit. b Ziff. ii Gas-Binnenmarkt-Richtlinie 2009/73/EG eine „enge Zusammenarbeit" mit anderen nationalen Behörden der Mitgliedstaaten oder „allgemeine politische Leitlinien der Regierung", die jedoch nicht mit den regulatorischen Aufgaben und Befugnissen nach Art. 59 Elektrizitäts-Binnenmarkt-Richtlinie (EU) 2019/944 und Art. 41 Gas-Binnenmarkt-Richtlinie 2009/73/EG im Zusammenhang stehen dürfen.

131 Für das Verhältnis zwischen der nationalen (Energie-) Politik und den unabhängigen Regulierungsbehörden der Mitgliedstaaten ist außerdem Erwägungsgrund 87 Elektrizitäts-Binnenmarkt-Richtlinie (EU) 2019/944 von Bedeutung (so zutreffend Gundel RdE 2020, 493 (498)). Demnach solle durch die einschlägigen unionsrechtlichen Vorgaben zur Unabhängigkeit der Regulierungsbehörden „den Mitgliedstaaten nicht die Möglichkeit genommen" werden, „ihre nationale Energiepolitik festzulegen und auszugestalten". Die Mitgliedstaaten können also den **„politischen Rahmen"** für das Handeln ihrer jeweiligen Regulierungsbehörden festlegen. Durch solche „energiepolitischen Leitlinien" darf aber „nicht in die Unabhängigkeit oder Autonomie der Regulierungsbehörden eingegriffen werden".

132 Um die Unabhängigkeit der Regulierungsbehörden der Mitgliedstaaten zu gewährleisten, stellen Art. 57 Abs. 4 S. 2, Abs. 5 S. 1 Elektrizitäts-Binnenmarkt-Richtlinie (EU) 2019/944 und Art. 39 Abs. 4 S. 2, Abs. 5 S. 1 Gas-Binnenmarkt-Richtlinie 2009/73/EG Anforderungen an deren **Organisation** und **Ausstattung:** Nach Art. 57 Abs. 4 S. 2 lit. a Elektrizitäts-

Binnenmarkt-Richtlinie (EU) 2019/944 und Art. 39 Abs. 4 S. 2 lit. a Gas-Binnenmarkt-Richtlinie 2009/73/EG müssen die Regulierungsbehörden der Mitgliedstaaten „rechtlich getrennt und funktional unabhängig von anderen öffentlichen und privaten Einrichtungen" organisiert sein. Weiterhin müssen die Regulierungsbehörden der Mitgliedstaaten nach Art. 57 Abs. 5 S. 1 lit. b Elektrizitäts-Binnenmarkt-Richtlinie (EU) 2019/944 und Art. 39 Abs. 5 S. 1 lit. a Gas-Binnenmarkt-Richtlinie 2009/73/EG mit zu einer wirksamen Erfüllung ihrer Aufgaben und Befugnisse ausreichenden personellen und finanziellen Mitteln ausgestattet sein. Den Regulierungsbehörden der Mitgliedstaaten müssen jährlich „separate Haushaltsmittel" zugewiesen werden und sie müssen diese „eigenverantwortlich ausführen" können (Art. 57 Abs. 5 S. 1 lit. c Elektrizitäts-Binnenmarkt-Richtlinie (EU) 2019/944 und Art. 39 Abs. 5 S. 1 lit. a Gas-Binnenmarkt-Richtlinie 2009/73/EG).

Weitere Anforderungen bestehen im Hinblick auf das **Leitungspersonal** der Regulierungsbehörden der Mitgliedstaaten. Im Einzelnen: 133
- Nach Art. 57 Abs. 5 S. 1 lit. d Elektrizitäts-Binnenmarkt-Richtlinie (EU) 2019/944 und Art. 39 Abs. 5 S. 1 lit. b Gas-Binnenmarkt-Richtlinie 2009/73/EG muss das Leitungspersonal der Regulierungsbehörden der Mitgliedstaaten „für eine **Amtszeit** von fünf bis sieben Jahren ernannt werden, die einmal verlängert werden kann". Bei der Ernennung und der Bemessung der Amtszeiten ist ein „geeignetes **Rotationsverfahren**" zu berücksichtigen (Art. 57 Abs. 5 S. 2 Elektrizitäts-Binnenmarkt-Richtlinie (EU) 2019/944 und Art. 39 Abs. 5 S. 2 Gas-Binnenmarkt-Richtlinie 2009/73/EG).
- Die **Ernennung** des Leitungspersonals der Regulierungsbehörden der Mitgliedstaaten muss nach Art. 57 Abs. 5 S. 1 lit. e Elektrizitäts-Binnenmarkt-Richtlinie (EU) 2019/944 (keine Regelung in der Gas-Binnenmarkt-Richtlinie 2009/73/EG) auf der Grundlage „objektiver, transparenter und veröffentlichter Kriterien im Rahmen eines unabhängigen und unparteiischen Verfahrens" erfolgen, durch das die Qualifikation und die Erfahrung der ernannten Person für die jeweilige Leitungsposition gewährleistet wird.
- Nach Art. 57 Abs. 5 S. 1 lit. f Elektrizitäts-Binnenmarkt-Richtlinie (EU) 2019/944 (keine Regelung in der Gas-Binnenmarkt-Richtlinie 2009/73/EG) müssen für das Leitungspersonal der Regulierungsbehörden der Mitgliedstaaten „Vorschriften über **Interessenkonflikte** bestehen und Vertraulichkeitspflichten auch nach Beendigung ihres Mandats gelten".
- Das Leitungspersonal der Regulierungsbehörden der Mitgliedstaaten darf nach Art. 57 Abs. 5 S. 1 lit. g Elektrizitäts-Binnenmarkt-Richtlinie (EU) 2019/944 (keine Regelung in der Gas-Binnenmarkt-Richtlinie 2009/73/EG) „nur auf der Grundlage transparenter, vorher aufgestellter Kriterien, entlassen werden". Eine **Entlassung** von Leitungspersonal während seiner laufenden Amtszeit ist nur dann zulässig, wenn dieses die Voraussetzungen für seine Ernennung nicht mehr erfüllt oder wenn es sich „eines Fehlverhaltens nach nationalem Recht schuldig gemacht" hat (Art. 57 Abs. 5 S. 3 Elektrizitäts-Binnenmarkt-Richtlinie (EU) 2019/944 und Art. 39 Abs. 5 S. 3 Gas-Binnenmarkt-Richtlinie 2009/73/EG).

Die vorgenannten Unabhängigkeitsanforderungen stehen jedoch einer **gerichtlichen Überprüfung** der Entscheidungen der Regulierungsbehörden der Mitgliedstaaten sowie einer **parlamentarischen Kontrolle** der Regulierungsbehörden der Mitgliedstaaten nach dem jeweiligen Verfassungsrecht nicht entgegen, was sich ausdrücklich aus Erwägungsgrund 80 Elektrizitäts-Binnenmarkt-Richtlinie (EU) 2019/944 und Erwägungsgrund 30 Gas-Binnenmarkt-Richtlinie 2009/73/EG ergibt. 134

c) Reichweite. Nach Art. 57 Abs. 4 und 5 Elektrizitäts-Binnenmarkt-Richtlinie (EU) 2019/944 und Art. 39 Abs. 4 und 5 Gas-Binnenmarkt-Richtlinie 2009/73/EG müssen die Regulierungsbehörden der Mitgliedstaaten ihre regulatorischen Aufgaben und Befugnisse unabhängig ausüben können. Die den Regulierungsbehörden der Mitgliedstaaten zu übertragenden **Aufgaben und Befugnisse** finden sich im Einzelnen für den Strombereich in Art. 59 Elektrizitäts-Binnenmarkt-Richtlinie (EU) 2019/944 und für den Gasbereich in Art. 41 Gas-Binnenmarkt-Richtlinie 2009/73/EG. Wie sich aus Erwägungsgrund 80 Elektrizitäts-Binnenmarkt-Richtlinie (EU) 2019/944 und Erwägungsgrund 30 Gas-Binnenmarkt-Richtlinie 2009/73/EG ergibt, müssen die Regulierungsbehörden der Mitgliedstaaten „in allen relevanten Regulierungsangelegenheiten", also im Hinblick auf **sämtliche** der vorgenannten Regulierungsaufgaben und -befugnisse, völlig unabhängige Entscheidungen treffen können. Eine besondere Rolle spielt hierbei nach Art. 59 Abs. 1 lit. a Elektrizitäts-Binnen- 135

EnWG § 54   Teil 7. Behörden

markt-Richtlinie (EU) 2019/944 und Art. 41 Abs. 1 lit. a Gas-Binnenmarkt-Richtlinie 2009/73/EG die Genehmigung oder Festlegung der **Tarife** (also der Netzentgelte) und/oder der entsprechenden Methodik der Betreiber der Transportnetze und der Energieverteilernetze.

2. Umsetzung durch Bund und Länder

136   **a) BNetzA.** Der Bund hat den vorgenannten unionsrechtlichen Unabhängigkeitsanforderungen mit der Einrichtung der BNetzA als Regulierungsbehörde des Bundes im Grundsatz Rechnung getragen. Bei der BNetzA handelt es sich um eine **selbstständige** Bundesoberbehörde (→ Rn. 73). Durch die **Beschlusskammern** der BNetzA, die gem. § 59 Abs. 1 S. 1 die regulatorischen Entscheidungen der BNetzA treffen (→ Rn. 78), ist nach der amtlichen Gesetzesbegründung ausdrücklich eine „justizähnliche [...] Unabhängigkeit der Entscheidungsmechanismen" sichergestellt (BT-Drs. 15/3917, 70; Baur/Salje/Schmidt-Preuß Energiewirtschaft/Zeidler Kap. 39 Rn. 20; Schmidt DÖV 2005, 1025 (1029); Schmidt NVwZ 2008, 907 (908); krit. Bauer/Seckelmann DÖV 2014, 951 (957)). Die Mitglieder der Beschlusskammern dürfen nach § 59 Abs. 3 insbesondere weder ein Unternehmen der Energiewirtschaft innehaben oder leiten noch dürfen sie Mitglied des Vorstandes oder Aufsichtsrates eines Unternehmens der Energiewirtschaft sein (Baur/Salje/Schmidt-Preuß Energiewirtschaft/Zeidler Kap. 39 Rn. 15).

137   Kritisch zu sehen ist allerdings vor dem Hintergrund der unionsrechtlichen Anforderungen an die Unabhängigkeit der Regulierungsbehörden die Regelung des § 61, aus der sich ergibt, dass das BMWi der BNetzA **„allgemeine Weisungen"** im Hinblick auf ihre Tätigkeit erteilen kann (→ § 61 Rn. 12 ff.; krit. hierzu Bourwieg/Hellermann/Hermes/Gundel § 54 Rn. 4; Baur/Salje/Schmidt-Preuß Energiewirtschaft/Zeidler Kap. 39 Rn. 19 und 21; Bauer/Seckelmann DÖV 2014, 951 (956 ff.)). Außerdem wäre eine zumindest klarstellende Angleichung an die für die Vergabekammern des Bundes geltende Rechtslage (§ 157 Abs. 1 GWB) wünschenswert. In einer gesetzlichen Regelung des EnWG sollte dann ausdrücklich ausgeführt werden, dass die Beschlusskammern ihre „Tätigkeit im Rahmen der Gesetze unabhängig und in eigener Verantwortung" ausüben (in diese Richtung auch Bauer/Seckelmann DÖV 2014, 951 (957 f.)).

138   Der BNetzA werden im Rahmen des Bundeshaushalts, Einzelplan 09 (BMWi), **separate Haushaltsmittel** zugewiesen, über die die BNetzA auch eigenverantwortlich verfügen kann. Der Präsident und die Vizepräsidenten der BNetzA werden nach § 4 Abs. 1 und 8 BNAG für eine **Amtszeit** von fünf Jahren ernannt, wobei eine einmalige Verlängerung der Amtszeit möglich ist (Baur/Salje/Schmidt-Preuß Energiewirtschaft/Zeidler Kap. 39 Rn. 6). Bei der Ernennung der Vizepräsidenten wird ein Rotationsverfahren dadurch gewährleistet, dass die Ernennung eines Vizepräsidenten „in der Regel nach Ablauf der halben Amtszeit des anderen Vizepräsidenten [...] erfolgen sollte" (§ 4 Abs. 8 BNAG). Weiterhin können der Präsident und die Vizepräsidenten der BNetzA während ihrer Amtszeit nur aus wichtigem Grund **entlassen** werden (§ 4 Abs. 5 S. 2, Abs. 8 BNAG). Ein wichtiger Grund im vorgenannten Sinn ist dann gegeben, wenn der Präsident oder der Vizepräsident der BNetzA „nicht mehr die Voraussetzungen für die Ausübung des Amtes erfüllt, insbesondere wenn er oder sie sich eines erheblichen Fehlverhaltens schuldig gemacht hat" (§ 4 Abs. 5 S. 3, Abs. 8 BNAG).

139   **b) Regulierungsbehörden der Länder.** Diejenigen Länder, die über eigene Landesregulierungsbehörden verfügen und kein Organleiheabkommen mit der Bundesrepublik Deutschland abgeschlossen haben (→ Rn. 82 ff.), haben in den Jahren ab 2012 erhebliche Anstrengungen unternommen, um den unionsrechtlichen Anforderungen an deren Unabhängigkeit Rechnung zu tragen. Hierbei hat sich der überwiegende Teil dieser Länder für die Einrichtung von **Kollegialorganen** entschieden (→ Rn. 84 f.), während einige Länder auf eine solche Kammerstruktur **verzichtet** haben (→ Rn. 87). Auf die jeweiligen landesgesetzlichen Regelungen, die an dieser Stelle nicht im Einzelnen erörtert werden können, wird verwiesen (→ Rn. 85 und → Rn. 87).

140   **aa) Regulierungskammern.** Als Beispiel für diejenigen Länder, die eine unabhängige Landesregulierungsbehörde in Form einer Regulierungskammer eingerichtet haben, sei der Freistaat Bayern genannt (zu weiteren Beispielen Bauer/Seckelmann DÖV 2014, 951 (957)). Die Regulierungskammer des Freistaates Bayern stellt eine **selbstständige Sonderbehörde**

und außerdem eine **oberste Dienstbehörde** (Art. 1 Abs. 3 BayZustWiG) innerhalb der bayerischen Staatsverwaltung dar.

Die zentrale Regelung für die **Unabhängigkeit** der Regulierungskammer findet sich in Art. 2 Abs. 1 BayZustWiG und ist an der für die Vergabekammern geltenden Vorschrift des § 157 Abs. 1 GWB orientiert (Bauer/Seckelmann DÖV 2014, 951 (957)): Demnach üben die Regulierungskammer und ihre Mitglieder ihre Tätigkeit im Rahmen der Gesetze unabhängig und in eigener Verantwortung aus. Weiterhin handeln die Regulierungskammer und ihre Mitglieder bei Ausübung ihrer Tätigkeit **unparteiisch** und unabhängig von Marktinteressen (Art. 2 Abs. 2 S. 1 BayZustWiG). Insbesondere ist es der Regulierungskammer und ihren Mitgliedern untersagt, 141

- bei der Wahrnehmung ihrer Regulierungsaufgaben Weisungen von Regierungsstellen und anderen öffentlichen oder privaten Einrichtungen einzuholen oder entgegenzunehmen (Art. 2 Abs. 2 S. 2 Nr. 1 BayZustWiG),
- als Organmitglied, Arbeitnehmer oder freiberuflicher Mitarbeiter eines Energieversorgungsunternehmens iSd § 3 Nr. 18 EnWG oder eines Verbands der Energiewirtschaft tätig zu werden (Art. 2 Abs. 2 S. 1 Nr. 2 BayZustWiG).

Die Haushaltsmittel der Regulierungskammer des Freistaates Bayern und ihrer Geschäftsstelle sind im Einzelplan des bayerischen Wirtschaftsministeriums gesondert auszuweisen (Art. 9 Abs. 1 BayZustWiG). Hierbei ist eine angemessene personelle und finanzielle Ausstattung zu gewährleisten (Art. 9 Abs. 2 S. 1 BayZustWiG). Der Vorsitzende der Regulierungskammer entscheidet **eigenverantwortlich** über die Verwendung der ausgewiesenen Haushaltsmittel (Art. 9 Abs. 2 S. 2 BayZustWiG). 142

Der Vorsitzende der Regulierungskammer des Freistaates Bayern wird für eine **Amtszeit** von sieben Jahren ernannt (Art. 4 Abs. 3 S. 1 BayZustWiG), wobei nur eine einmalige Verlängerung der Amtszeit zulässig ist (Art. 4 Abs. 3 S. 2 BayZustWiG). Die Beisitzer der Regulierungskammer des Freistaates Bayern werden für eine Amtszeit von fünf bis sieben Jahren ernannt (Art. 4 Abs. 4 S. 1 BayZustWiG). Bei der Ernennung der Mitglieder der Regulierungskammer des Freistaates Bayern ist durch eine gestaffelte Bemessung der Amtszeiten dafür Sorge zu tragen, dass ihre Amtszeiten nicht zum selben Zeitpunkt enden (Art. 4 Abs. 2 BayZustWiG). Vor Ablauf seiner Amtszeit kann ein Mitglied der Regulierungskammer des Freistaates Bayern nach Art. 6 BayZustWiG ohne seine schriftliche Zustimmung seines Amtes nur dann **enthoben** oder in ein anderes Amt **versetzt** werden, wenn eine entsprechende Anwendung der Vorschriften des Deutschen Richtergesetzes über die Versetzung oder die Amtsenthebung von Richtern auf Lebenszeit (§§ 30 ff. DRiG) dies zulässt. 143

bb) Unabhängige Landesregulierungsbehörden. Als Beispiel für diejenigen Länder, die eine unabhängige Landesregulierungsbehörde unter Verzicht auf eine Kammerstruktur eingerichtet haben, sei an dieser Stelle das Land **Baden-Württemberg** erörtert (Bauer/Seckelmann DÖV 2014, 951 (957)). Bei der Landesregulierungsbehörde Baden-Württemberg handelt es sich ebenfalls um eine **selbstständige Sonderbehörde**. 144

Die für die **Unabhängigkeit** der Landesregulierungsbehörde zentrale Norm findet sich in § 2 Abs. 1 S. 1 LRegBG BW: Demnach unterliegen die Landesregulierungsbehörde sowie die dort eingesetzten Beschäftigten bei der Wahrnehmung ihrer Aufgaben **keinen Weisungen** von Stellen außerhalb der Landesregulierungsbehörde und sind nur dem Gesetz unterworfen. Nach § 2 Abs. 1 S. 2 LRegBG BW üben die Landesregulierungsbehörde und die dort eingesetzten Beschäftigten ihre Tätigkeit **unparteiisch** und unabhängig von Unternehmen, politischen Stellen und Marktinteressen aus. Die Beschäftigten der Landesregulierungsbehörde dürfen gem. § 2 Abs. 2 LRegBG BW grundsätzlich kein Energieversorgungsunternehmen iSv § 3 Nr. 18 EnWG innehaben oder in der Geschäftsleitung, als Aufsichtsratsmitglied oder auf sonstige Weise unselbstständig oder selbstständig für ein solches Unternehmen oder für einen Verband der Energiewirtschaft tätig sein. 145

Nach § 4 LRegBG BW werden der Landesregulierungsbehörde **Haushaltsmittel** gesondert zugewiesen. Diese können durch die Landesregulierungsbehörde **eigenverantwortlich** für die Erfüllung ihrer Aufgaben eingesetzt werden. 146

Nach § 3 Abs. 1 S. 4 LRegBG BW wird der Leiter der Landesregulierungsbehörde für eine **Amtszeit** von fünf bis sieben Jahren bestellt. Hierbei ist jedoch eine einmalige Wiederbestellung für weitere fünf bis sieben Jahre zulässig (§ 3 Abs. 1 S. 5 LRegBG BW). Gemäß § 3 Abs. 1 S. 6 LRegBG BW kann der Leiter der Landesregulierungsbehörde vor 147

EnWG § 54

Ablauf seiner Amtszeit ohne eigenen Antrag oder schriftliche Zustimmung nur aus den im Gesetz genannten wichtigen Gründen **versetzt**, abgeordnet, umgesetzt oder auf sonstige Weise aus dem Amt **abberufen** werden.

148 c) „**Normative Regulierung**". Der deutsche Gesetzgeber hat sich unter Beachtung der Vorgaben des deutschen Verfassungsrechts für das Modell der „normative[n] Regulierung" (BGH EnWZ 2020, 61 Rn. 7; OLG Düsseldorf EnWZ 2018, 267 Rn. 63; ähnlich Pielow DÖV 2005, 1017 (1020 f.): „Rahmenregulierung durch den Verordnungsgeber"; Schmidt-Preuß RdE 2021, 173: „normierende Regulierung") entschieden. Dies bedeutet, dass die Aufgaben und Befugnisse der Regulierungsbehörden des Bundes und der Länder iSd Art. 59 Elektrizitäts-Binnenmarkt-Richtlinie (EU) 2019/944 und des Art. 41 Gas-Binnenmarkt-Richtlinie 2009/73/EG (→ Rn. 135) durch das EnWG als formelles Gesetz und durch hierauf nach Maßgabe von Art. 80 Abs. 1 GG basierenden Rechtsverordnungen **abstrakt-generell** geregelt werden. Hierdurch werden die regulatorischen Entscheidungen der Regulierungsbehörden des Bundes und der Länder iSd Absatzes 1 gewissermaßen „**vorstrukturiert**" (Schlussanträge des Generalanwalts beim EuGH BeckRS 2021, 195).

149 Vor diesem Hintergrund enthält das EnWG zahlreiche **Verordnungsermächtigungen** iSd Art. 80 Abs. 1 GG, wonach die Bundesregierung (→ Rn. 117), in der Regel mit Zustimmung des Bundesrates, abstrakt-generelle Vorschriften im Wege von Rechtsverordnungen erlassen kann. Auf diesen Verordnungsermächtigungen basieren diejenigen Rechtsverordnungen, die die **zentrale Grundlage** für die regulatorische Tätigkeit der Regulierungsbehörden des Bundes und der Länder bilden. Im Hinblick auf die Genehmigung oder Festlegung der **Tarife** (also der Netzentgelte) der Betreiber der Transportnetze und der Energieverteilernetze und/oder der entsprechenden Methodik iSd Art. 59 Abs. 1 lit. a Elektrizitäts-Binnenmarkt-Richtlinie (EU) 2019/944 und des Art. 41 Abs. 1 lit. a Gas-Binnenmarkt-Richtlinie 2009/73/EG sind namentlich folgende Verordnungsermächtigungen und hierauf basierende Rechtsverordnungen von großer Bedeutung:

- **§ 21a Abs. 6** (→ § 21a Rn. 90 ff.) bildet die Rechtsgrundlage für die Anreizregulierungsverordnung (ARegV) vom 29.10.2007 (BGBl. I 2529);
- **§ 24 S. 1 und 2** (→ § 24 Rn. 1 ff.) bildet die Rechtsgrundlage sowohl für die Stromnetzentgeltverordnung (StromNEV) vom 25.7.2005 (BGBl. I 2225) und die Gasnetzentgeltverordnung (GasNEV) vom 25.7.2005 (BGBl. I 2197), als auch für die Stromnetzzugangsverordnung (StromNZV) vom 25.7.2005 (BGBl. I 2243) und die Gasnetzzugangsverordnung (GasNZV) vom 3.9.2010 (BGBl. I 1261)

150 Die Regulierungsbehörden des Bundes und der Länder unterliegen nach Art. 20 Abs. 3 GG der Gesetzesbindung und erlassen auf der Grundlage des EnWG sowie der hierauf basierenden Rechtsverordnungen ihre **konkreten** regulatorischen Entscheidungen, wobei sie die durch den Gesetz- und Verordnungsgeber getroffenen Regelungen – jedenfalls teilweise – auch ergänzen und konkretisieren können. Die Regulierungsbehörden des Bundes und der Länder sind hierbei nicht auf regulatorische Entscheidungen in Einzelfällen beschränkt, sondern können nach § 29 Abs. 1 auch Festlegungen im Wege der **Allgemeinverfügung** iSd § 35 S. 2 VwVfG oder der entsprechenden landesgesetzlichen Regelungen gegenüber einer Gruppe von oder allen durch eine Vorschrift verpflichteten Marktteilnehmern treffen. Im Hinblick auf die regulatorischen Entscheidungen in dem vorgenannten Sinn sind die Regulierungsbehörden des Bundes und der Länder nach den oben dargestellten Grundsätzen kraft formeller Gesetze **unabhängig** gestellt und unterliegen insbesondere nicht dem ministeriellen Weisungsstrang (näher → Rn. 136 ff.).

3. Unionsrechtswidrigkeit der bestehenden Rechtslage

151 Seitens der Betreiber der Energieversorgungsnetze wurde teilweise die Auffassung vertreten, die geltende Rechtslage verstoße gegen die unionsrechtlichen Anforderungen an die Unabhängigkeit der Regulierungsbehörden des Bundes und der Länder. Die diesbezügliche Kritik der Unternehmen richtete sich jedoch **nicht** gegen die oben dargestellten Regelungen betreffend die Organisation, die Ausstattung und das Leitungspersonal der Regulierungsbehörden des Bundes (→ Rn. 136 ff.) und der Länder (→ Rn. 139 ff.), sondern vielmehr gegen das oben ebenfalls erwähnte Modell der „**normativen Regulierung**" (→ Rn. 148 ff.): Durch das EnWG seien der Bundesregierung in § 24 S. 1 und 2 sowie § 21a

Abs. 6 Verordnungsermächtigungen erteilt worden, auf deren Grundlage wiederum Rechtsverordnungen ergangen seien, die **detaillierte Regelungen** zur Bestimmung der Höhe der Netzentgelte der Betreiber der Energieversorgungsnetze sowie zu den Bedingungen des Netzzuganges enthielten. Zu nennen sind hierbei insbesondere folgende Vorschriften (BGH EnWZ 2020, 61 Rn. 2):
- § 6a Abs. 1 StromNEV und § 6a Abs. 1 GasNEV betreffend die Heranziehung von **Indexreihen** des Statistischen Bundesamtes zur Ermittlung der Tagesneuwerte iSd § 6 Abs. 3 S. 2 StromNEV und § 6 Abs. 3 S. 2 GasNEV;
- § 7 Abs. 1 S. 3 StromNEV und § 7 Abs. 1 S. 3 GasNEV betreffend den Ansatz von **Grundstücken** zu historischen Anschaffungskosten;
- § 7 Abs. 1 S. 5, Abs. 7 StromNEV und § 7 Abs. 1 S. 5, Abs. 7 GasNEV betreffend die **Verzinsung** des einen Anteil von 40 Prozent des betriebsnotwendigen Vermögens übersteigenden Anteils des Eigenkapitals (sog. EK II);
- § 24 Abs. 2 S. 2 ARegV betreffend den Ansatz des **gemittelten Effizienzwertes** im vereinfachten Verfahren der Anreizregulierung.

Da die Regulierungsbehörden des Bundes und der Länder bei ihrer regulatorischen Tätigkeit an diese von der Bundesregierung getroffenen detaillierten Regelungen gebunden seien, liege ein **Verstoß** gegen die unionsrechtlichen Anforderungen an deren Unabhängigkeit vor. Denn nach den Vorgaben des Art. 57 Abs. 4 S. 2 lit. b Elektrizitäts-Binnenmarkt-Richtlinie (EU) 2019/944 (bzw. der Vorgängerregelung des Art. 35 Abs. 4 S. 2 lit. b Elektrizitäts-Binnenmarkt-Richtlinie 2009/72/EG) und des Art. 39 Abs. 4 S. 2 lit. b Gas-Binnenmarkt-Richtlinie 2009/73/EG dürften die Regulierungsbehörden des Bundes und der Länder **keine direkten Weisungen** von Regierungsstellen einholen oder entgegennehmen. Außerdem müssten die Regulierungsbehörden des Bundes und der Länder nach Art. 57 Abs. 5 S. 1 lit. a Elektrizitäts-Binnenmarkt-Richtlinie (EU) 2019/944 (bzw. der Vorgängerregelung des Art. 35 Abs. 5 S. 1 lit. a Elektrizitäts-Binnenmarkt-Richtlinie 2009/72/EG und Art. 39 Abs. 5 S. 1 lit. a Gas-Binnenmarkt-Richtlinie 2009/73/EG unabhängig von allen politischen Stellen **selbstständige Entscheidungen** treffen können. Diese Voraussetzungen seien aufgrund der Bindung der Regulierungsbehörden des Bundes und der Länder an die vorgenannten Rechtsverordnungen nicht erfüllt.

Die Betreiber der Energieversorgungsnetze gingen zum Zwecke der Durchsetzung ihrer Rechtsauffassung **zweigleisig** vor: Zum einen leiteten die Unternehmen gegen regulatorische Entscheidungen der Regulierungsbehörden des Bundes und der Länder energiewirtschaftsrechtliche **Beschwerdeverfahren** (§§ 75 ff.) ein und beriefen sich hierbei – mit dem Ziel eines Vorabentscheidungsverfahrens nach Art. 267 AEUV vor dem EuGH – auf die Unionsrechtswidrigkeit (und damit Unanwendbarkeit) bestimmter Regelungen der StromNEV, der GasNEV und der ARegV (→ Rn. 154ff.). Zum anderen wurde u.a. durch Beschwerden bei der Europäischen Kommission über die angebliche Nichteinhaltung der unionsrechtlichen Vorgaben betreffend die Unabhängigkeit der Regulierungsbehörden der Mitgliedstaaten die Einleitung eines **Vertragsverletzungsverfahrens** vor dem EuGH iSd Art. 258, 260 AEUV angestoßen (→ Rn. 161ff.). Im Jahre 2021 hat sich der **EuGH** der vorstehend beschriebenen Sichtweise angeschlossen und entschieden, dass die in § 24 enthaltene Ermächtigungsgrundlage als unionsrechtswidrig anzusehen sei (EuGH EuZW 2021, 893 Rn. 85 ff. = EnWZ 2021, 363 = BeckRS 2021, 24362; → Rn. 165ff.).

a) Standpunkt des BGH. Der BGH neigte in einem energiewirtschaftsrechtlichen Rechtsbeschwerdeverfahren betreffend die Festlegung der kalenderjährlichen Erlösobergrenzen des Betreibers eines Elektrizitätsverteilernetzes für den Zeitraum der zweiten Regulierungsperiode der Anreizregulierung durch eine Landesregulierungsbehörde dazu, dass das Modell der „normative[n] Regulierung" im Allgemeinen und die Vorschriften der §§ 6a Abs. 1, 7 Abs. 1 S. 3 und S. 5, Abs. 7 StromNEV sowie § 24 Abs. 2 S. 2 ARegV im Besonderen **nicht** gegen die unionsrechtlichen Anforderungen an die Unabhängigkeit der Regulierungsbehörden der Mitgliedstaaten nach der Elektrizitäts-Binnenmarkt-Richtlinie 2009/72/EG **verstoßen** (BGH EnWZ 2020, 61 Rn. 17 ff.; im Rahmen einer Anhörungsrüge bestätigt durch BGH BeckRS 2020, 7752 Rn. 7 f.), hat diese Frage jedoch im Ergebnis **offengelassen** (BGH EnWZ 2020, 61 Rn. 56 ff.; hierzu aus der Literatur Theobald/Kühling/Theobald/Werk § 54 Rn. 15; Gundel EnWZ 2021, 339 (340 ff.); Hahn EnWZ 2020, 65 ff.; Jacob N&R 2020, 107; Ludwigs N&R-Beil. 2/21, 1 ff.; Meinzenbach/Klein/Uwer

N&R-Beil. 1/21, 1 (3 ff., 8); krit. Scholtka EuZW 2021, 900 (901 f.): „Anwendungsvorrang europäischen Rechts"; Schwintowski EWeRK 2021, 252 (254): „Vorrang des Gemeinschaftsrechtes"). Das OLG Düsseldorf hatte in der Vorinstanz eine Unionsrechtswidrigkeit verneint (OLG Düsseldorf EnWZ 2018, 267 Rn. 59 ff.). Der BGH begründete seine Auffassung zusammengefasst wie folgt:

155 Die unionsrechtlichen Vorgaben zur Unabhängigkeit der Regulierungsbehörden der Mitgliedstaaten seien **nicht** dahingehend zu verstehen, dass der Gesetzgeber auf jede gesetzliche Regelung betreffend die Aufgaben und Befugnisse der Regulierungsbehörden verzichten und den Regulierungsbehörden sämtliche Entscheidungen überlassen müsse (BGH EnWZ 2020, 61 Rn. 42). Vielmehr sei es unionsrechtlich als zulässig und geboten anzusehen, dass das nach dem Verfassungsrecht der Mitgliedstaaten jeweils zuständige Organ für die „Setzung eines **normativen Rahmens**" sorge, während die Regulierungsbehörden der Mitgliedstaaten – unter Beachtung der unionsrechtlichen Vorgaben betreffend ihre Unabhängigkeit – für die „**Anwendung und Ausfüllung**" des normativen Rahmens" verantwortlich seien (BGH EnWZ 2020, 61 Rn. 45 – Hervorhebungen nicht im Original). Dies ergebe sich zum einen aus Art. 3 Elektrizitäts-Binnenmarkt-Richtlinie 2009/72/EG, wonach die „Ausgestaltung des Energierechts" nicht alleine den Regulierungsbehörden der Mitgliedstaaten zustehe, sondern den Mitgliedstaaten an sich unter Berücksichtigung ihres jeweiligen „institutionellen Aufbau[s]". Weiterhin folge dies aus der allgemeinen Regelung des Art. 288 Abs. 3 AEUV: Demnach seien Richtlinien für die Mitgliedstaaten nur im Hinblick auf das zu erreichende Ziel verbindlich, während die „Wahl der Form oder der Mittel" der Umsetzung den Mitgliedstaaten überlassen sei (BGH EnWZ 2020, 61 Rn. 43; Hahn EnWZ 2020, 65 (66)).

156 Im Falle der Verfassungsordnung der Bundesrepublik Deutschland sei zu beachten, dass nach der auf dem Demokratieprinzip (Art. 20 Abs. 1 und 2 GG) und dem Rechtsstaatsprinzip (Art. 20 Abs. 3 GG) gründenden **Wesentlichkeitstheorie** der parlamentarische Gesetzgeber die für die Verwirklichung von Grundrechten wesentlichen Fragen selbst regeln müsse (BGH EnWZ 2020, 61 Rn. 45). Mit den Verordnungsermächtigungen in § 21a Abs. 6 und § 24 S. 1 und 2 habe der parlamentarische Gesetzgeber die Befugnis zur Normsetzung unter Beachtung der Vorgaben des Art. 80 Abs. 1 S. 1 und 2 GG zulässigerweise an den Verordnungsgeber **delegiert** (BGH EnWZ 2020, 61 Rn. 46 ff.). Auch das BVerfG habe – seinerzeit allerdings noch zu der Rechtslage nach der Elektrizitäts-Binnenmarkt-Richtlinie 2003/54/EG (→ Rn. 4) – entschieden, dass eine „abstrakt-generelle Methodenbestimmung" durch den Verordnungsgeber als unproblematisch anzusehen sei (BVerfG NVwZ 2018, 1703 Rn. 35). Durch das zwischenzeitliche Inkrafttreten der Elektrizitäts-Binnenmarkt-Richtlinie 2009/72/EG habe sich jedoch die „Rollenverteilung" zwischen dem Gesetz- und Verordnungsgeber einerseits und den Regulierungsbehörden des Bundes und der Länder nicht grundlegend geändert (BGH EnWZ 2020, 61 Rn. 49).

157 Aus Sicht des BGH ergibt sich ein Verstoß gegen die unionsrechtlichen Anforderungen zur Unabhängigkeit der Regulierungsbehörden der Mitgliedstaaten auch **nicht zwingend** daraus, dass die im Rahmen angegriffenen Vorschriften – nämlich §§ 6a Abs. 1, 7 Abs. 1 S. 3 und 5, Abs. 7 StromNEV sowie § 24 Abs. 2 S. 2 ARegV (→ Rn. 151) – „für Einzelfragen relativ detaillierte Festlegungen" treffen. Diese Regelungen beträfen jedoch nur „einzelne Gesichtspunkte", während der zuständigen Regulierungsbehörde im Übrigen, unter Wahrung ihrer Unabhängigkeit, ein „weiter Beurteilungsspielraum" belassen bleibe. Dass der Verordnungsgeber mit den vorgenannten Vorschriften Regelungen getroffen habe, die im Rahmen eines einzelnen energiewirtschaftsrechtlichen Verwaltungsverfahrens „häufig große Bedeutung" entfalten könnten, entspräche dem Grundsatz, dass sich die Setzung des normativen Rahmens für die Tätigkeit der Regulierungsbehörden des Bundes und der Länder „gerade auf wesentliche Fragen beziehen muss" (BGH EnWZ 2020, 61 Rn. 55). Der BGH hat diese Fragestellung jedoch im Ergebnis **offengelassen**, da im Zeitpunkt seiner Entscheidung bereits ein Vertragsverletzungsverfahrens nach Art. 258 AEUV beim EuGH (Rs. C-718/18) anhängig war (BGH EnWZ 2020, 61 Rn. 56 ff.; näher zu dem einschlägigen Vertragsverletzungsverfahren (→ Rn. 161 ff.).

158 Nach Auffassung des BGH sind die in Streit stehenden Vorschriften der StromNEV und der ARegV selbst dann „bis zu einer gesetzlichen Neuregelung" als **weiterhin anwendbar** zu erachten, falls sich deren Unionsrechtswidrigkeit herausstellen sollte. Aus diesem Grunde

Allgemeine Zuständigkeit § 54 EnWG

sah sich der BGH dazu in der Lage, in dem einschlägigen Rechtsbeschwerdeverfahren abschließend zu **entscheiden** (BGH EnWZ 2020, 61 Rn. 60 ff.; Hahn EnWZ 2020, 65 (67)). Diese Sichtweise begründete der BGH im Wesentlichen wie folgt:

Die streitgegenständlichen Vorschriften seien selbst im Falle ihrer Unionsrechtswidrigkeit **159** nicht als nichtig anzusehen. Vielmehr unterliege unionsrechtswidriges nationales Recht dem **„unionsrechtlichen Anwendungsvorrang"** (BGH EnWZ 2020, 61 Rn. 61 ff. – Hervorhebung nicht im Original). Daraus folge in einem ersten Schritt, dass die deutschen Gerichte zunächst unter Anwendung sämtlicher ihnen zur Verfügung stehender Auslegungsmethoden zu versuchen hätten, die **„volle Wirksamkeit"** der fraglichen EU-Richtlinie zu gewährleisten (BGH EnWZ 2020, 61 Rn. 65 – Hervorhebung nicht im Original). Im Falle der §§ 6a Abs. 1, 7 Abs. 1 S. 3 und 5, Abs. 7 StromNEV sowie des § 24 Abs. 2 S. 2 ARegV sei eine derartige richtlinienkonforme Auslegung aber nicht möglich, da diese Vorschriften für die Regulierungsbehörden des Bundes und der Länder zwingend seien (BGH EnWZ 2020, 61 Rn. 69).

Sofern, wie vorliegend, eine unionsrechtskonforme Auslegung des nationalen Rechts **160** nicht möglich sei, komme in einem zweiten Schritt ausnahmsweise eine **unmittelbare Anwendung** der jeweiligen EU-Richtlinie in Betracht, sofern diese „inhaltlich unbedingt und hinreichend genau" sei. Hierbei sei allerdings zu beachten, dass eine Verpflichtung Einzelner durch eine unmittelbare Anwendung von Richtlinien nicht begründet werden könne (BGH EnWZ 2020, 61 Rn. 65). Nach Auffassung des BGH sei jedoch auch eine solche unmittelbare Anwendbarkeit der einschlägigen unionsrechtlichen Vorschriften betreffend die Unabhängigkeit der Regulierungsbehörden der Mitgliedstaaten (Art. 35 Abs. 4 und 5 Elektrizitäts-Binnenmarkt-Richtlinie 2009/72/EG) sowie betreffend deren Aufgaben und Befugnisse (Art. 37 Elektrizitäts-Binnenmarkt-Richtlinie 2009/72/EG) zu **verneinen** (BGH EnWZ 2020, 61 Rn. 67 ff.; Hahn EnWZ 2020, 65 (67)). Die vorgenannten unionsrechtlichen Regelungen befassten sich lediglich mit Aufgaben und Befugnissen von Behörden. Hieraus lasse sich für einen Einzelnen, der von einer Entscheidung eben dieser Behörden betroffen sei, **kein unmittelbarer Vorteil** ableiten (BGH EnWZ 2020, 61 Rn. 71 f.). Eine Nichtanwendung der streitgegenständlichen Vorschriften der StromNEV und der ARegV sei mit einer Erweiterung der Befugnisse der Regulierungsbehörden des Bundes und der Länder verbunden, die sich zugunsten, aber auch **zulasten** der einzelnen Betroffenen auswirken könne. Eine solche Verpflichtung Einzelner sei jedoch durch eine unmittelbare Anwendung von Richtlinien gerade nicht zulässig (BGH EnWZ 2020, 61 Rn. 73; die Bedeutung dieses Arguments wird betont in BGH BeckRS 2020, 7752 Rn. 7 f.). Hieran ändere auch der hohe „Detaillierungsgrad" der im Streit stehenden Vorschriften nichts (BGH EnWZ 2020, 61 Rn. 74 f.). Zudem würde nach Auffassung des BGH eine unmittelbare Anwendung der einschlägigen unionsrechtlichen Vorschriften der Elektrizitäts-Binnenmarkt-Richtlinie 2009/72/EG zu einem Verstoß gegen die Zielsetzung des Art. 32 Abs. 1 S. 2 Elektrizitäts-Binnenmarkt-Richtlinie 2009/72/EG führen, wonach die Genehmigung und Veröffentlichung der Tarife (also der Netzentgelte) oder der entsprechenden Methodik durch die Regulierungsbehörde des Mitgliedstaats **„vor deren Inkrafttreten"** erfolgen müsse. Denn im Falle einer Unanwendbarkeit der im Streit stehenden Vorschriften der StromNEV und der ARegV müssten die Regulierungsbehörden des Bundes und der Länder „im Nachhinein über eine Vielzahl von entscheidungserheblichen Faktoren von Grund auf neu entscheiden" (BGH EnWZ 2020, 61 Rn. 76 ff.; Hahn EnWZ 2020, 65 (67)).

b) Vertragsverletzungsverfahren vor dem EuGH. Bereits im Jahr 2014 leitete die **161** Europäische Kommission gegen die Bundesrepublik Deutschland von Amts wegen eine **Voruntersuchung** betreffend eine mögliche Unvereinbarkeit deutschen Bundesrechts u.a. mit den unionsrechtlichen Vorgaben der Elektrizitäts-Binnenmarkt-Richtlinie 2009/72/EG und der Gas-Binnenmarkt-Richtlinie 2009/73/EG betreffend die Unabhängigkeit der Regulierungsbehörden der Mitgliedstaaten ein. Nach einem diesbezüglichen Schriftwechsel mit der Bundesrepublik Deutschland war die Europäische Kommission weiterhin der Auffassung, dass das deutsche Bundesrecht u.a. im Hinblick auf die Unabhängigkeit der Regulierungsbehörden nicht mit den diesbezüglichen unionsrechtlichen Vorgaben vereinbar sei. Daraufhin leitete die Europäische Kommission ein **Vertragsverletzungsverfahren**, Nr. 2014/2285, gegen die Bundesrepublik Deutschland ein (Theobald/Kühling/Theobald/Werk § 54 Rn. 14 f.) und übersandte am 27.2.2015 zunächst ein Aufforderungsschreiben

Kresse 1475

EnWG § 54

iSd Art. 258 Abs. 1 Hs. 2 AEUV. Am 29.4.2016 versendete die Europäische Kommission dann eine mit Gründen versehene Stellungnahme iSd Art. 258 Abs. 1 Hs. 1 AEUV, wonach u.a. die Regelung des § 24 S. 1 und 2, also die bedeutsame Verordnungsermächtigung der Bundesregierung (→ Rn. 117) und die hierauf basierenden Rechtsverordnungen, nicht mit den unionsrechtlichen Vorgaben der Elektrizitäts-Binnenmarkt-Richtlinie 2009/72/EG und der Gas-Binnenmarkt-Richtlinie 2009/73/EG vereinbar sei. Da die Bundesrepublik Deutschland insbesondere im Hinblick auf die bestehende Regelung des § 24 nicht zu einer Änderung der Rechtslage im Sinne der Forderungen der Europäischen Kommission bereit war, erhob die Europäische Kommission am 16.11.2018 nach Art. 258 Abs. 2 AEUV Klage zum EuGH (Rs. C-718/18; ABl. 2019 C 54, 6 (7); Schlussanträge des Generalanwalts beim EuGH BeckRS 2021, 195 Rn. 13 ff.; Ludwigs N&R-Beil. 2/21, 1 (3)).

162 **aa) Standpunkt der Europäischen Kommission.** Die Europäische Kommission vertrat in dem vorgenannten Vertragsverletzungsverfahren die Auffassung, dass die in § 24 S. 1 und 2 enthaltene Verordnungsermächtigung der Bundesregierung sowie die auf dieser Grundlage erlassenen Rechtsverordnungen – nämlich die StromNEV, die GasNEV, die ARegV, die StromNZV und die GasNZV – gegen Art. 37 Abs. 1 lit. a, Abs. 6 lit. a und b Elektrizitäts-Binnenmarkt-Richtlinie 2009/72/EG und gegen Art. 41 Abs. 1 lit. a, Abs. 6 lit. a und b Gas-Binnenmarkt-Richtlinie 2009/73/EG **verstoßen** würden (Schlussanträge des Generalanwalts beim EuGH BeckRS 2021, 195 Rn. 85 ff.; BeckRS 2021, 24362 Rn. 85 ff.; Meinzenbach/Klein/Uwer N&R-Beil. 1/21, 1 (2); Ludwigs N&R-Beil. 2/21, 1 (3)). Bei den durch den deutschen Gesetz- und Verordnungsgeber getroffenen Regelungen handele es sich nicht um „allgemeine politische Leitlinien der Regierung" iSd Art. 35 Abs. 4 lit. b Ziff. ii Elektrizitäts-Binnenmarkt-Richtlinie 2009/72/EG und des Art. 39 Abs. 4 lit. b Ziff. ii Gas-Binnenmarkt-Richtlinie 2009/73/EG. Durch die Regelung des § 24 S. 1 und 2 würden der Bundesregierung bestimmte Aufgaben und Befugnisse zugewiesen, die nach den vorgenannten unionsrechtlichen Vorgaben alleine den Regulierungsbehörden der Mitgliedstaaten vorbehalten seien. Zudem enthielten die auf der Grundlage des § 24 S. 1 und 2 erlassenen Rechtsverordnungen äußerst detaillierte Vorgaben, an die die Regulierungsbehörden des Bundes und der Länder bei der Ausübung ihrer Regulierungstätigkeit gebunden seien. Derartige Vorgaben auf der Ebene des deutschen Bundesrechts dürften jedoch nicht zu einer Verletzung der ausschließlichen Aufgaben und Befugnisse der Regulierungsbehörden der Mitgliedstaaten führen. Vielmehr seien die unionsrechtlichen Vorgaben inhaltlich ausreichend, um den erforderlichen Rechtsrahmen für die Ausübung der Aufgaben und Befugnisse der Regulierungsbehörden der Mitgliedstaaten zu schaffen. Hierdurch werde auch dem Grundsatz der Gewaltenteilung Rechnung getragen.

163 **bb) Standpunkt der Bundesrepublik Deutschland.** Die Bundesrepublik Deutschland vertrat demgegenüber – in Übereinstimmung mit dem BGH (→ Rn. 154 ff.) – die Ansicht, dass die Regelung des § 24 S. 1 und 2 sowie die auf dieser Grundlage erlassenen Rechtsverordnungen **keinen Verstoß** gegen die unionsrechtlichen Vorgaben der Elektrizitäts-Binnenmarkt-Richtlinie 2009/72/EG und der Gas-Binnenmarkt-Richtlinie 2009/73/EG darstellen würden (Schlussanträge des Generalanwalts beim EuGH BeckRS 2021, 195 Rn. 90 ff.; BeckRS 2021, 24362 Rn. 91 ff.; Meinzenbach/Klein/Uwer N&R-Beil. 1/21, 1 (2)). Vielmehr habe sich der deutsche Gesetzgeber bei der Schaffung des § 24 S. 1 und 2 zulässigerweise für das Modell der „normativen Regulierung" entschieden, wonach der Gesetz- und Verordnungsgeber „abstrakt-generelle Methodenvorgaben" für die Regulierungstätigkeit der Regulierungsbehörden des Bundes und der Länder erlässt und die Regulierungsbehörden ihre hierauf gründenden konkreten Entscheidungen unabhängig treffen. Diese Vorgehensweise werde auf unionsrechtlicher Ebene durch die vorgenannten EU-Richtlinien nicht ausgeschlossen. Für die Zulässigkeit des Modells der „normativen Regulierung" spreche auch die Verfahrensautonomie der Mitgliedstaaten bei der Umsetzung von EU-Richtlinien in nationales Recht. Bei den auf der Grundlage des § 24 S. 1 und 2 erlassenen Rechtsverordnungen handele es sich nicht um (unionsrechtliche unzulässige) Weisungen der Bundesregierung an die Regulierungsbehörden des Bundes und der Länder iSd Art. 35 Abs. 4 lit. b Ziff. ii Elektrizitäts-Binnenmarkt-Richtlinie 2009/72/EG und des Art. 39 Abs. 4 lit. b Ziff. ii Gas-Binnenmarkt-Richtlinie 2009/73/EG, sondern um „materielle Gesetzgebung". Das Modell der „normativen Regulierung" sei darüber hinaus auf der Ebene des deutschen Verfassungsrechts geboten, um eine hinreichende demokratische Legitimation der Regulierungstätigkeit der Regulierungsbehörden des Bundes und der Länder durch eine „ununterbrochene demokratische Legitimationskette" zu gewährleisten. Grundsatzentscheidungen im Bereich des Energierechts fielen in den Verantwortungsbereich des deutschen (parlamentarischen) Gesetzgebers, nicht der Regulierungsbehörden des Bundes und der Länder. Dies ergebe sich aus dem Demokratieprinzip (Art. 20 Abs. 1 und 2 GG) und dem Rechtsstaatsprinzip (Art. 20 Abs. 3 GG), die als Teil der grundlegenden politischen und verfassungsrechtlichen Strukturen der Bundesrepublik Deutschland nach Art. 4 Abs. 2 S. 1 EUV durch die Europäische Union zu achten seien.

cc) Schlussanträge des Generalanwalts. Mit seinen Schlussanträgen vom 14.1.2021 **164** schloss sich der Generalanwalt beim EuGH der Auffassung der Europäischen Kommission an und ging damit ebenfalls davon aus, dass die Regelung des § 24 S. 1 und 2 sowie die auf dieser Grundlage erlassenen Rechtsverordnungen gegen Art. 37 Abs. 1 lit. a, Abs. 6 lit. a und b Elektrizitäts-Binnenmarkt-Richtlinie 2009/72/EG und gegen Art. 41 Abs. 1 lit. a, Abs. 6 lit. a und b Gas-Binnenmarkt-Richtlinie 2009/73/EG **verstoßen** (Schlussanträge des Generalanwalts beim EuGH BeckRS 2021, 195 Rn. 98 ff., 145; hierzu aus der Literatur Kreuter-Kirchhof NVwZ 2021, 589; Meinzenbach/Klein/Uwer N&R-Beil. 1/21, 1 (2 f.); Ludwigs N&R-Beil. 2/21, 1 (3 f.); Schmidt-Preuß RdE 2021, 173). Zusammengefasst begründet der Generalanwalt dieses Ergebnis wie folgt: Die Aufgaben und Befugnisse der Regulierungsbehörden der Mitgliedstaaten nach Art. 37 Elektrizitäts-Binnenmarkt-Richtlinie 2009/72/EG und Art. 41 Gas-Binnenmarkt-Richtlinie 2009/73/EG dürften auch nicht durch formelle Gesetze und Rechtsverordnungen, also durch „materielle Gesetze" im Sinne des deutschen Verfassungsrechts, eingeschränkt werden (Schlussanträge des Generalanwalts beim EuGH BeckRS 2021, 195 Rn. 106, 124). Die Aufgaben und Befugnisse der Regulierungsbehörden der Mitgliedstaaten seien durch unionsrechtliche Vorgaben so detailliert festgelegt, dass dies „keinen Raum für nationale Eingriffe" im Sinne einer „Vorstrukturierung" durch den nationalen Gesetzgeber lasse (Schlussanträge des Generalanwalts beim EuGH BeckRS 2021, 195 Rn. 120). Bei der Regelung des § 24 S. 1 und 2 und den auf dieser Grundlage erlassenen Rechtsverordnungen handele es sich nicht um „allgemeine politische Leitlinien" iSd Art. 35 Abs. 4 lit. b Ziff. ii Elektrizitäts-Binnenmarkt-Richtlinie 2009/72/EG und des Art. 39 Abs. 4 lit. b Ziff. ii Gas-Binnenmarkt-Richtlinie 2009/73/EG, da die hieraus folgenden Vorgaben zum einen zu detailliert ausgestaltet seien und diese zum anderen – unzulässigerweise – im Zusammenhang mit den Aufgaben und Befugnissen der Regulierungsbehörden stünden (Schlussanträge des Generalanwalts beim EuGH BeckRS 2021, 195 Rn. 121 f.). Eine Verfahrensautonomie der Mitgliedstaaten bei der Umsetzung von EU-Richtlinien in nationales Recht bestehe nur insoweit, als hierbei die unionsrechtliche Zuweisung von Aufgaben und Befugnissen beachtet werde (Schlussanträge des Generalanwalts beim EuGH BeckRS 2021, 195 Rn. 130 f.). Das Demokratieprinzip sei zwar nach Art. 6 Abs. 1 EUV Grundlage der Europäischen Union. Allerdings stehe das Demokratieprinzip der Existenz unabhängiger öffentlicher Stellen „außerhalb des klassischen hierarchischen Verwaltungsaufbaus" nicht entgegen. Auch in der Bundesrepublik Deutschland gebe es solche unabhängigen öffentlichen Stellen, die der Gesetzesbindung unterlägen und deren Handeln durch die Judikative kontrolliert würde (Schlussanträge des Generalanwalts beim EuGH BeckRS 2021, 195 Rn. 135 ff.). Weiterhin schließe eine Unabhängigkeit solcher öffentlichen Stellen nicht aus, dass diese gegenüber dem nationalen Parlament etwa zur Rechenschaft über ihre Tätigkeit verpflichtet sind. Eine solche parlamentarische Kontrolle sei in Erwägungsgrund 34 Elektrizitäts-Binnenmarkt-Richtlinie 2009/72/EG und Erwägungsgrund 30 Gas-Binnenmarkt-Richtlinie 2009/73/EG ausdrücklich vorgesehen (Schlussanträge des Generalanwalts beim EuGH BeckRS 2021, 195 Rn. 138 f.). Im Hinblick auf die Gewährleistung einer hinreichenden demokratischen Legitimation des Handelns der Regulierungsbehörden der Mitgliedstaaten träten die einschlägigen unionsrechtlichen Regelungen, die im Rahmen eines demokratischen Entscheidungsprozesses entstünden, an die Stelle der formellen Gesetze des nationalen Parlaments (Schlussanträge des Generalanwalts beim EuGH BeckRS 2021, 195 Rn. 140). Dem Demokratieprinzip (Art. 20 Abs. 1 und 2 GG) und dem Rechtsstaatsprinzip (Art. 20 Abs. 3 GG) im Sinne des deutschen Verfassungsrechts werde daher durch die in der Elektrizitäts-Binnenmarkt-Richtlinie 2009/72/EG und der Gas-Binnenmarkt-Richtlinie 2009/73/EG vorgesehenen Regelungen Rechnung getragen (Schlussanträge des Generalanwalts beim EuGH BeckRS 2021, 195 Rn. 142 f.).

165 **dd) Entscheidung des EuGH.** Mit Urteil vom 2.9.2021 hat sich der EuGH in dem Vertragsverletzungsverfahren Rs. C-718/18 erwartungsgemäß (Gundel EnWZ 2021, 339; Ludwigs N&R-Beil. 2/21, 1; Meinzenbach/Klein/Uwer N&R-Beil. 1/21, 1 (4 f.); Schmidt-Preuß RdE 2021, 173 (174); Scholtka EuZW 2021, 900 (901)) den vorstehend erörterten Schlussanträgen des Generalanwalts angeschlossen und die **Unvereinbarkeit** der Verordnungsermächtigung des § 24 S. 1 mit den unionsrechtlichen Anforderungen aus Art. 37 Abs. 1 lit. a, Abs. 6 lit. a und b Elektrizitäts-Binnenmarkt-Richtlinie 2009/72/EG und aus Art. 41 Abs. 1 lit. a, Abs. 6 lit. a und b Gas-Binnenmarkt-Richtlinie 2009/73/EG ausgesprochen (EuGH EuZW 2021, 893 = EnWZ 2021, 363 = BeckRS 2021, 24362 Rn. 103 ff., 133; hierzu aus der Literatur Bourwieg/Hellermann/Hermes/Gundel § 54 Rn. 5; Gundel EnWZ 2021, 339; Hoppe/Laboch-Semku NVwZ 2021, 1441; Ludwigs N&R-Beil. 2/21, 1 (4 ff.); Meinzenbach/Klein/Uwer N&R 2021, 304; Missling/Eberleh IR 2021, 250; Ruffert JuS 2022, 88; Scholtka EuZW 2021, 900; Schmidt-Preuß EnWZ 2021, 337; Schwintowski EWeRK 2021, 252). Im Wesentlichen hat dies der EuGH wie folgt begründet:

166 In Art. 35 Abs. 4 lit. a und Abs. 5 lit. a Elektrizitäts-Binnenmarkt-Richtlinie 2009/72/EG sowie Art. 39 Abs. 4 lit. a und Abs. 5 lit. Gas-Binnenmarkt-Richtlinie 2009/73/EG sei vorgesehen, dass die Regulierungsbehörden der Mitgliedstaaten die ihnen übertragenen Aufgaben **unabhängig** von öffentlichen Einrichtungen und politischen Stellen ausüben können müssen (EuGH BeckRS 2021, 24362 Rn. 107). In den **Aufgabenbereich** der Regulierungsbehörden der Mitgliedstaaten falle nach Art. 37 Abs. 1, Abs. 6 lit. a und b Elektrizitäts-Binnenmarkt-Richtlinie 2009/72/EG und Art. 41 Abs. 1, Abs. 6 lit. a und b Gas-Binnenmarkt-Richtlinie 2009/73/EG u.a. die Festlegung oder Genehmigung der „Fernleitungs- und Verteilungstarife" oder deren Berechnungsmethoden (EuGH BeckRS 2021, 24362 Rn. 103 f.). Eine Zuweisung der Zuständigkeit für die Festlegung „wichtiger, die Festsetzung der Tarife betreffender Gesichtspunkte wie der Gewinnspanne" an andere Stellen als die Regulierungsbehörden der jeweiligen Mitgliedstaats stelle einen Verstoß gegen die vorgenannten Unabhängigkeitsanforderungen dar, da hierdurch der regulierungsbehördliche Aufgabenbereich „vermindert" werde (EuGH BeckRS 2021, 24362 Rn. 106 unter Verweisung auf EuGH BeckRS 2020, 33412 Rn. 109 f. – Belgien; hierzu Meinzenbach/Klein/Uwer N&R-Beil. 1/21, 1 (4)).

167 Unter dem **Begriff der Unabhängigkeit** der Regulierungsbehörden der Mitgliedstaaten sei zu verstehen, dass diese „völlig frei handeln" können und „dabei vor jeglicher Weisung und Einflussnahme von außen geschützt" sein müssen (EuGH BeckRS 2021, 24362 Rn. 108 unter Verweisung auf EuGH BeckRS 2020, 11948 Rn. 32 f. – Prezident Slovenskej republiky; hierzu Meinzenbach/Klein/Uwer N&R-Beil. 1/21, 1 (4)). Die Regulierungsbehörden der Mitgliedstaaten müssten ihre Regulierungsaufgaben und -befugnisse „selbständig und allein auf der Grundlage des öffentlichen Interesses" treffen, „ohne externen Weisungen anderer öffentlicher oder privater Stellen unterworfen zu sein" (EuGH BeckRS 2021, 24362 Rn. 109 unter Verweisung auf EuGH BeckRS 2020, 11948 Rn. 54 – Prezident Slovenskej republiky). Hierbei komme es nicht darauf an, ob es sich bei diesen öffentlichen Stellen um „Verwaltungsorgane oder politische Stellen" handele. Im Falle politischer Stellen sei außerdem unerheblich, ob diese als „Träger der exekutiven oder der legislativen Gewalt" anzusehen seien. Erforderlich sei eine **„völlige Trennung"** der Regulierungsbehörden der Mitgliedstaaten „von der politischen Macht" (EuGH BeckRS 2021, 24362 Rn. 112). Das Erfordernis der Unabhängigkeit der Regulierungsbehörden der Mitgliedstaaten gelte „auch gegenüber dem **„nationalen Gesetzgeber"**, der nicht durch „materielle Gesetze" in die Regulierungsaufgaben und -befugnisse eingreifen und diese anderen öffentlichen Stellen unterstellen dürfe (EuGH BeckRS 2021, 24362 Rn. 130).

168 Zwar seien nach Art. 35 Abs. 4 lit. b Ziff. ii Elektrizitäts-Binnenmarkt-Richtlinie 2009/72/EG und Art. 39 Abs. 4 lit. b Ziff. ii Gas-Binnenmarkt-Richtlinie 2009/73/EG **allgemeine politische Leitlinien** der Regierung als zulässig anzusehen, diese dürften jedoch nicht mit den Regulierungsaufgaben und -befugnissen der Regulierungsbehörden der Mitgliedstaaten im Zusammenhang stehen (EuGH BeckRS 2021, 24362 Rn. 110). Vor diesem Hintergrund sei die in § 24 S. 1 enthaltene Verordnungsermächtigung als **Verstoß** gegen die unionsrechtlichen Anforderungen an die Unabhängigkeit der Regulierungsbehörden der Mitgliedstaaten anzusehen. Denn durch diese werde der Bundesregierung die Befugnis verliehen, die regulierungsbehördliche Tätigkeit mit Zustimmung des Bundesrates durch den Erlass von Rechtsverordnungen zu beschränken (EuGH BeckRS 2021, 24362 Rn. 115 f.).

Aus der **Verfahrensautonomie** der Mitgliedstaaten folge zwar grundsätzlich ein „weite[r] **169** Wertungsspielraum" der Mitgliedstaaten „hinsichtlich der Wahl der Mittel und Wege" der Umsetzung unionsrechtlicher Richtlinien in nationales Recht. Dieser Wertungsspielraum finde seine Grenzen jedoch in der Gewährleistung der „vollständige[n] Wirksamkeit" der umzusetzenden Richtlinien (EuGH BeckRS 2021, 24362 Rn. 118). Die Mitgliedstaaten verfügten mithin bei der „Organisation und Strukturierung" ihrer jeweiligen Regulierungsbehörde zwar über „**Autonomie**". Diese lasse jedoch eine Einschränkung der Regulierungsaufgaben und -befugnisse der Regulierungsbehörden der Mitgliedstaaten nicht zu (EuGH BeckRS 2021, 24362 Rn. 119 unter Verweisung auf EuGH BeckRS 2020, 11948 Rn. 38 – Prezident Slovenskej republiky).

Weiterhin existiere auf der Ebene des Unionsrechts ein „derart detaillierte[r] normative[r] **170** Rahmen [...]" betreffend die **materielle Ausgestaltung** der Aufgaben und Befugnisse der Regulierungsbehörden der Mitgliedstaaten, dass die Schaffung detaillierter materieller Vorgaben auf der Ebene des mitgliedstaatlichen Rechts nicht zwingend erforderlich sei (EuGH BeckRS 2021, 24362 Rn. 120 ff., 123).

Darüber hinaus könne auch das Erfordernis der **demokratischen Legitimation** des **171** Handelns der Regulierungsbehörden der Mitgliedstaaten eine Einschränkung von deren Unabhängigkeit durch Maßnahmen „gesetzgeberischer Natur", wie insbesondere der auf Grund § 24 S. 1 erlassenen Rechtsverordnungen, nicht rechtfertigen (EuGH BeckRS 2021, 24362 Rn. 124 und 129). Die Elektrizitäts-Binnenmarkt-Richtlinie 2009/72/EG und die Gas-Binnenmarkt-Richtlinie 2009/73/EG beruhten selbst auf einem „Gesetzgebungsverfahren", durch das die demokratische Legitimation hinreichend gewährleistet werden (EuGH BeckRS 2021, 24362 Rn. 124 f. unter Verweisung auf EuGH BeckRS 2010, 90304 Rn. 41 – Datenschutz). Das Demokratieprinzip schließe es nicht aus, dass es „außerhalb des klassischen hierarchischen Verwaltungsaufbaus" unabhängige öffentliche Stellen gebe, die „**oftmals Regulierungsfunktionen**" wahrnehmen. Diese öffentlichen Stellen unterlägen zugleich einer Bindung an gesetzliche Vorgaben und blieben der gerichtlichen Kontrolle unterworfen. Die Unabhängigkeit der Regulierungsbehörden der Mitgliedstaaten führe mithin „für sich allein" nicht dazu, dass die demokratische Legitimation für deren Regulierungstätigkeit entfalle (EuGH BeckRS 2021, 24362 Rn. 126). Die unionsrechtlichen Anforderungen an die Unabhängigkeit der Regulierungsbehörden der Mitgliedstaaten schlössen es im Übrigen nicht aus, dass deren Leitungspersonal durch die Regierung oder das Parlament des jeweiligen Mitgliedstaates ernannt werden. Zudem ergebe sich aus dem Erwägungsgrund 34 Elektrizitäts-Binnenmarkt-Richtlinie 2009/72/EG und dem Erwägungsgrund 30 Gas-Binnenmarkt-Richtlinie 2009/73/EG, dass eine **parlamentarische Kontrolle** der Regulierungsbehörden der Mitgliedstaaten nach deren nationalem Verfassungsrecht trotz des Erfordernisses der Unabhängigkeit möglich sei (EuGH BeckRS 2021, 24362 Rn. 127). Nach Art. 37 Abs. 17 Elektrizitäts-Binnenmarkt-Richtlinie 2009/72/EG und Art. 41 Abs. 17 Gas-Binnenmarkt-Richtlinie 2009/73/EG sei ferner eine **Überprüfung der Entscheidungen** der Regulierungsbehörden der Mitgliedstaaten in einem Beschwerdeverfahren vor einer „von den beteiligten Parteien und Regierungen unabhängigen Stelle" vorgesehen (EuGH BeckRS 2021, 24362 Rn. 128).

Schließlich sei es unionsrechtlich durchaus als zulässig zu erachten, durch objektive Tatbe- **172** standsmerkmale „**genau umgrenzte** [...] **Ausführungsbefugnisse**" auf eine Behörde zu übertragen, sofern hierdurch dieser Behörde nicht eine Befugnis zu „echte[n] politische[n] Entscheidungen" eingeräumt werde. Unzulässig sei lediglich die Übertragung eines mit eben solchen politischen Entscheidungen verbundenen „Ermessensspielraum[s]" auf eine Behörde (EuGH BeckRS 2021, 24362 Rn. 131 unter Verweisung auf EuGH BeckRS 2014, 80195 Rn. 41, 42 und 54). Nach der Elektrizitäts-Binnenmarkt-Richtlinie 2009/72/EG und der Gas-Binnenmarkt-Richtlinie 2009/73/EG seien den Regulierungsbehörden der Mitgliedstaaten bestimmte Regulierungsaufgaben und -befugnisse zum Zwecke einer „technischfachlichen Beurteilung" (also nicht politischen Beurteilung) übertragen worden. Bei der Ausübung der vorgenannten Regulierungsaufgaben und -befugnisse seien die Regulierungsbehörden der Mitgliedstaaten an einen „detaillierten normativen Rahmen auf Unionsebene" gebunden, durch den ihr „Wertungsspielraum" beschränkt werde und „Entscheidungen politischer Art" ausgeschlossen würden (EuGH BeckRS 2021, 24362 Rn. 132). Es könne daher offengelassen werden, ob die Rechtsprechung des EuGH in Sachen **Meroni** (EuGH BeckRS

2004, 73861) auf den vorliegenden Fall übertragen werden könne (EuGH BeckRS 2021, 24362 Rn. 131).

173 **c) Bewertung.** Die vorstehend geschilderte Rechtsprechung des EuGH (BeckRS 2021, 24362 Rn. 103 ff., 133) betreffend die unionsrechtlichen Anforderungen an die Unabhängigkeit der Regulierungsbehörden des Bundes und der Länder dürfte wohl tatsächlich eine „**Zeitenwende**" für das deutsche Energiewirtschaftsrecht bedeuten (so zutr. Ludwigs EnWZ 2019, 160; Ludwigs N&R-Beil. 2/21, 1), betrifft aber wohl auch andere Mitgliedstaaten der Europäischen Union und deren Energieregulierungsrecht (Missling/Eberleh IR 2021, 250 (251)), etwa Österreich und Schweden. Aller Voraussicht nach wird die Rechtsprechung des EuGH **sehr weitreichende Folgen** für die künftige Struktur des deutschen Energiewirtschaftsrechts, bestehend aus dem EnWG und den hierauf basierenden Rechtsverordnungen, insbesondere der StromNEV, der GasNEV und der ARegV, nach sich ziehen (Gundel EnWZ 2021, 339: „grundlegender Umbau des bisherigen deutschen Regulierungsrahmens"; Meinzenbach/Klein/Uwer N&R-Beil. 1/21, 1 (8): „grundlegender Anpassungsbedarf für das nationale Normgefüge"; Meinzenbach/Klein/Uwer N&R 2021, 304: „bahnbrechend"; Missling/Eberleh IR 2021, 250 (251); Schwintowski EWeRK 2021, 252). In Fachkreisen hat die Entscheidung des EuGH erwartungsgemäß ein „kontroverse[s] Echo" hervorgerufen (Schmidt-Preuß EnWZ 2021, 337):

174 Während ein Teil der Literatur die Rechtsauffassung des EuGH zumindest **teilweise** unterstützt (Ludwigs N&R 2018, 262; Ludwigs EnWZ 2019, 160; Ludwigs N&R-Beil. 2/21, 1 (5); Hoppe/Lamboch/Semku NVwZ 2021, 1441), lehnt die **überwiegende Auffassung** in der Literatur diese richtigerweise ab (Gundel RdE 2019, 493 ff.; Hahn EnWZ 2020, 65 ff.; Jacob N&R 2020, 107 (110 ff.); Kreuter-Kirchhof NVwZ 2021, 589 ff.; Meinzenbach/Klein/Uwer N&R Beilage 1/21, 1 (3 ff.); Meinzenbach/Klein/Uwer N&R 2021, 304 (305 f.); Scholtka EuZW 2021, 900 (901)). Dabei wird dem EuGH nicht ohne Grund vorgeworfen, seine Entscheidung sei „wirklichkeitsfremd" und er habe sich den mit dem nationalen Verfassungsrecht bestehenden „Spannungslagen" nicht oder nur ungenügend" gewidmet. Angesichts der Regelung des Art. 4 Abs. 2 S. 1 EUV, wonach die EU u.a. die „grundlegenden politischen und verfassungsmäßigen Strukturen" ihrer Mitgliedstaaten zu achten habe, habe „man [seitens des EuGH] mehr erwarten dürfen" (Scholtka EuZW 2021, 900 (901)). In ihrer Bedeutung wird die Entscheidung des EuGH allerdings trotz ihrer inhaltlichen Schwächen als geradezu „**epochal**" eingestuft (Ludwigs N&R-Beil. 2/21, 1 (2) unter Bezugnahme auf von Hammerstein, juve.de vom 2.9.2021: „epochaler Paukenschlag"; krit. Scholtka EuZW 2021, 900: „sicher kein epochales Urteil" aufgrund der offengebliebenen Fragestellungen). Befürchtet wird u.a., dass künftig aus der BNetzA eine **übermächtige „Superbehörde"** werden könne, die sich die Rechtsgrundlage für ihre eigenen regulierungsbehördlichen Entscheidungen unter Ausschaltung des Grundsatzes der Gewaltenteilung „weitgehend selbst setzt" (Missling/Eberleh IR 2021, 250 ((252)).

175 **aa) Weitere Anwendbarkeit bestehender Regelungen.** Uneingeschränkt **positiv** zu bewerten ist, dass sich der BGH in seiner einschlägigen Entscheidung (BGH EnWZ 2020, 61 Rn. 67 ff.) bereits frühzeitig für den Fall einer durch den EuGH – entgegen der durch den BGH vertretenen Auffassung (→ Rn. 154 ff.) – ausgesprochenen Unionsrechtswidrigkeit der in Streit stehenden Vorschriften des §§ 6a Abs. 1, 7 Abs. 1 S. 3 und S. 5, Abs. 7 StromNEV sowie des § 24 Abs. 2 S. 2 ARegV positioniert hat (zustimmend zur durch den BGH vertretenen Rechtsansicht Bourwieg/Hellermann/Hermes/Gundel § 54 Rn. 5; Gundel RdE 2019, 493 ff.; Gundel EnWZ 2021, 339 (340 ff.); Hahn EnWZ 2020, 65 (66 f.); Jacob, N&R 2020, 107 (110); Meinzenbach/Klein/Uwer N&R-Beil. 1/21, 1 (3 ff., 8); Meinzenbach/Klein/Uwer N&R 2021, 304 (307); zweifelnd Ludwigs N&R 2018, 262 (263 f.); Ludwigs EnWZ 2019, 160 (162); Ludwigs N&R-Beil. 2/21, 1 (5 ff.); krit. Scholtka EuZW 2021, 900 (901 f.): „Anwendungsvorrang europäischen Rechts"; Schwintowski EWeRK 2021, 252 (254): „Vorrang des Gemeinschaftsrechtes"; zu dem Vertragsverletzungsverfahren vor dem EuGH → Rn. 158 ff.). Dem BGH gebührt, jedenfalls aus der Perspektive des Praktikers betrachtet, **Respekt** dafür, dass er das aus Brüssel respektive Luxemburg „drohende Unheil" für das deutsche Energiewirtschaftsrecht offenbar rechtzeitig vorhergesehen und hierfür durch eine überzeugend begründete Entscheidung Vorsorge getroffen hat. Nach der Ansicht des BGH (EnWZ 2020, 61 Rn. 67 ff.) sind die im dortigen Verfahren streitgegenständlichen Vorschriften der StromNEV und der ARegV selbst im Falle ihrer Unvereinbarkeit mit den Vorgaben der Elektrizitäts-Binnenmarkt-Richtlinie 2009/72/EG und der Gas-Binnenmarkt-Richtlinie (RL 2009/73/EG) betreffend die Unabhängigkeit der Regulierungsbehörden der Mitgliedstaaten bis zu einer gesetzlichen Neuregelung grundsätzlich als **weiterhin anwendbar** zu erachten. Diese Rechtsauffassung des BGH ist für die Praxis der Regulierungsbehörden des Bundes und der Länder maßgeblich.

Durch seine Entscheidung gewährleistet der BGH die sowohl für die Marktteilnehmer als auch für die Regulierungsbehörden des Bundes und der Länder unverzichtbare **Rechtssicherheit**; der Eintritt eines „rechtlichen Vakuum[s]" (Gundel EnWZ 2021, 339) wird hierdurch verhindert (Hahn EnWZ 2020, 65 (67); Gundel EnWZ 2021, 339 (340 ff.); Ludwigs N&R-Beil. 2/21, 1 (15); Meinzenbach/Klein/Uwer N&R-Beil. 1/21, 1 (9)). Hätte sich der BGH demgegenüber für eine Unanwendbarkeit der im Streit stehenden Vorschriften der §§ 6a Abs. 1, 7 Abs. 1 S. 3 und S. 5, Abs. 7 StromNEV sowie des § 24 Abs. 2 S. 2 ARegV ausgesprochen, so hätte dies **unabsehbare Folgen** für die Regulierung der Energieversorgungsnetze in der Bundesrepublik Deutschland gehabt (Gundel EnWZ 2021, 339 (340): „schwer vorstellbar"). Eine von der Literatur angeregte Vorlage der Frage der unmittelbaren Anwendbarkeit der Elektrizitäts-Binnenmarkt-Richtlinie 2009/72/EG und der Gas-Binnenmarkt-Richtlinie 2009/73/EG beim EuGH im Wege eines Vorabentscheidungsverfahrens nach Art. 267 AEUV (Ludwigs N&R-Beil. 2/21, 1 (14)) hat der BGH in seiner Entscheidung bereits mit überzeugender Begründung abgelehnt (BGH EnWZ 2020, 61 Rn. 80 f.). 176

Vor diesem Hintergrund bringen die BNetzA und die Landesregulierungsbehörden der Länder die auf der Ermächtigungsgrundlage des § 24 S. 1 beruhenden Rechtsverordnungen in ihrer **Praxis** weiterhin **übergangsweise** zur Anwendung (Gundel EnWZ 2021, 339 (340) unter Bezugnahme auf eine Pressemitteilung der BNetzA vom 2.9.2021). Die gegenwärtigen regulierungsbehördlichen Entscheidungen enthalten jedoch regelmäßig einen **Hinweis** auf die einschlägige Rechtsprechung des EuGH und des BGH sowie auf den Aspekt der Gewährleistung der Rechtssicherheit für die Marktteilnehmer (so auch empfohlen bei Ludwigs N&R-Beil. 2/21, 1 (15)). Bis zu der Entscheidung des EuGH (BeckRS 2021, 24362 Rn. 103 ff.) im September 2021 bereits ergangene regulierungsbehördliche Entscheidungen, insbesondere im Hinblick auf die Festlegung und Anpassung der kalenderjährlichen Erlösobergrenzen der Betreiber von Energieversorgungsnetzen, bleiben **grundsätzlich bestehen**. Zu der für die Umsetzung der Rechtsprechung des EuGH in deutsches Recht geltenden Umsetzungsfrist → Rn. 186 ff. 177

Eine **Pflicht der Regulierungsbehörden** des Bundes und der Länder zur **Aufhebung** ihrer bereits erlassenen Entscheidungen besteht im Hinblick auf die einschlägige Rechtsprechung des BGH (EnWZ 2020, 61 Rn. 67 ff.), die selbst für die Zukunft von einer vorübergehenden weiteren Anwendbarkeit des bestehenden deutschen Regulierungsrahmens ausgeht, **nicht** (so zutreffend Meinzenbach/Klein/Uwer N&R-Beil. 1/21, 1 (10); Rademacher RdE 2020, 46 (50); vor Vorliegen der Entscheidung des BGH für eine Pflicht zum Wiederaufgreifen des Verfahrens: Ludwigs EnWZ 2019, 160 (162)). Hinzu kommt, dass nach Art. 260 Abs. 1 AEUV grundsätzlich keine Verpflichtung besteht, durch den EuGH in einem Vertragsverletzungsverfahren festgestellte Verstöße gegen Unionsrecht rückwirkend, also mit extunc-Wirkung, zu beseitigen. Nach der in der Literatur überwiegenden Ansicht könnte eine solche Verpflichtung allenfalls ausnahmsweise dann bestehen, wenn der Tenor der jeweiligen Entscheidung des EuGH dies ausdrücklich vorsieht (Meinzenbach/Klein/Uwer N&R-Beil. 1/21, 1 (10); allg. zu Art. 260 Abs. 1 AEUV Callies/Ruffert/Cremer AEUV Art. 260 Rn. 7; Streinz/Ehricke AEUV Art. 260 Rn. 8; von der Groeben/Schwarze/Hatje AEUV Art. 260 Rn. 7 ff. mwN). Letzteres ist jedoch vorliegend gerade nicht der Fall (EuGH BeckRS 2021, 24362 Rn. 136), sodass richtigerweise lediglich eine Verpflichtung zu einer Umsetzung der Rechtsprechung des EuGH mit ex-nunc-Wirkung besteht (→ Rn. 180 ff.). 178

Die überzeugende **Argumentation** des BGH hinsichtlich des grundsätzlichen Bestehens eines „unionsrechtlichen Anwendungsvorrang[s]" (BGH EnWZ 2020, 61 Rn. 63 ff.) und im Hinblick auf die fehlenden Voraussetzungen für eine unmittelbare Anwendung der Elektrizitäts-Binnenmarkt-Richtlinie 2009/72/EG und der Gas-Binnenmarkt-Richtlinie 2009/73/EG (BGH EnWZ 2020, 61 Rn. 67 ff.) bezieht sich zwar auf die in dem konkreten energiewirtschaftsrechtlichen Rechtsbeschwerdeverfahren streitgegenständlichen Vorschriften des §§ 6a Abs. 1, 7 Abs. 1 S. 3 und S. 5, Abs. 7 StromNEV sowie des § 24 Abs. 2 S. 2 179

EnWG § 54

ARegV, lässt sich jedoch auf die Verordnungsermächtigung des § 24 S. 1 und 2 sowie auf die auf dieser Grundlage erlassenen Rechtsverordnungen (→ Rn. 149) insgesamt **übertragen**. Ebenfalls übertragbar ist die Argumentation des BGH auf die unionsrechtlichen Vorgaben des Art. 57 Abs. 4–6 und 59 Elektrizitäts-Binnenmarkt-Richtlinie (RL (EU) 2019/944, die die Stelle der früheren Elektrizitäts-Binnenmarkt-Richtlinie 2009/72/EG getreten ist (→ Rn. 6).

180 bb) **Künftige Umsetzung der Rechtsprechung des EuGH.** Da der EuGH in seiner Entscheidung vom 2.9.2021 festgestellt hat, dass die Bundesrepublik Deutschland durch die in § 24 S. 1 enthaltene Verordnungsermächtigung der Bundesregierung die in Art. 37 Abs. 1 lit. a, Abs. 6 lit. a und b Elektrizitäts-Binnenmarkt-Richtlinie 2009/72/EG und Art. 41 Abs. 1 lit. a, Abs. 6 lit. a und b Gas-Binnenmarkt-Richtlinie 2009/73/EG enthaltenen Anforderungen an die Unabhängigkeit der Regulierungsbehörden „nicht ordnungsgemäß umgesetzt" habe (EuGH BeckRS 2021, 24362 Rn. 131), besteht nach Art. 260 Abs. 1 AEUV grundsätzlich eine **Verpflichtung** der Bundesrepublik Deutschland, die vorgenannten unionsrechtlichen Vorgaben (bzw. deren Nachfolgeregelungen; → Rn. 4ff.) durch Ergreifung der hierfür erforderlichen Maßnahmen mit Wirkung für die Zukunft, also mit ex-nunc-Wirkung (nicht hingegen mit ex-tunc-Wirkung; → Rn. 178), ordnungsgemäß in deutsches Recht umzusetzen (Gundel EnWZ 2021, 339 (340 und 344); Meinzenbach/Klein/Uwer N&R-Beil. 1/21, 1 (7); Meinzenbach/Klein/Uwer N&R 2021, 304 (306); Schmidt-Preuß EnWZ 2021, 337 (338); allg. zu Art. 260 Abs. 1 AEUV Callies/Ruffert/Cremer AEUV Art. 260 Rn. 4f.; Streinz/Ehricke AEUV Art. 260 Rn. 6; von der Groeben/Schwarze/Hatje AEUV Art. 260 Rn. 4f.). Auch wenn sich der EuGH in seiner Entscheidung nicht ausdrücklich zu der Ermächtigungsgrundlage des § 21a und damit zu der hierauf basierenden ARegV nicht näher geäußert hat, wird man zumindest den Inhalt der Entscheidung auf den Regelungskomplex der **Anreizregulierung** übertragen müssen (näher Ludwigs N&R-Beil. 2/21, 1 (6 in Fn. 54) unter zutreffender Bezugnahme auf Schlussanträge des Generalanwalts beim EuGH BeckRS 2021, 195 Rn. 85 in Fn. 30; ebenso Meinzenbach/Klein/Uwer N&R 2021, 304 (306); Meinzenbach/Klein/Uwer N&R-Beil. 1/21, 1 (8); Schmidt-Preuß RdE 2021, 173 (174)).

181 Ein etwaiger Versuch der Bundesrepublik Deutschland (ggf. in Zusammenwirken mit anderen betroffenen Mitgliedstaaten), bei der Europäischen Kommission unter Verweisung auf das mit dem nach Art. 4 Abs. 2 S. 1 EUV zu beachtenden nationalen Verfassungsrecht bestehende „Spannungsverhältnis" auf eine **Änderung** der unionsrechtlichen Vorgaben betreffend die Unabhängigkeit der Regulierungsbehörden hinzuwirken (vorgeschlagen von Meinzenbach/Klein/Uwer N&R 2021, 304), dürfte – jedenfalls angesichts der Kürze der zur Verfügung stehenden Umsetzungsfrist (→ Rn. 186ff.) – **wenig erfolgversprechend** sein. Auf eine Umsetzung der Rechtsprechung des EuGH könnte der deutsche Gesetzgeber daher nur dann **verzichten** und somit bei der gegenwärtigen Struktur des Energiewirtschaftsrechts verbleiben, wenn die Rechtsprechung des EuGH einer sog. ultra-vires-Kontrolle und/oder einer sog. Identitätskontrolle seitens des BVerfG nicht standhalten würde (Schmidt-Preuß RdE 2021, 173 (179) bezeichnet diese Variante als das „status-quo-Modell"). Dabei wird im Rahmen der vorgenannten **ultra-vires-Kontrolle** durch das BVerfG überprüft, ob die EU die ihr nach Art. 23 Abs. 1 S. 2 GG vertraglich eingeräumten (hoheitlichen) Kompetenzen in einer hinreichend qualifizierten Form überschritten hat (näher BVerfG NJW 2020, 1647 ff. = NVwZ 2020, 857 = BeckRS 2020, 7327 Rn. 110 ff. – PSPP; Jarass/Pieroth/Jarass GG Art. 23 Rn. 43; v. Münch/Kunig/Uerpmann-Wittzack GG Art. 23 Rn. 71 ff.; Kahl NVwZ 2020, 824). Das BVerfG hat im Jahre 2020 in seiner Entscheidung betreffend das **Staatsanleihekaufprogramm PSPP** (hierzu allg. zB Callies NVwZ 2020, 897; Haltern NVwZ 2020, 817; Kahl NVwZ 2020, 824) ausgeführt, dass eine solche Kompetenzüberschreitung offensichtlich sein und „innerhalb des Kompetenzgefüges zu einer strukturell bedeutsamen Verschiebung zulasten mitgliedstaatlicher Kompetenzen" führen müsse (BVerfG BeckRS 2020, 7327 Rn. 110). Die vorgenannte **Identitätskontrolle** des BVerfG bezieht sich hingegen darauf, ob im Rahmen der europäischen Integration die Verfassungsidentität der Bundesrepublik Deutschland iSd Art. 23 Abs. 1 S. 3 GG, Art. 79 Abs. 3 GG iVm Art. 1, 20 GG gewahrt wird (näher BVerfG BeckRS 2020, 7327 Rn. 114f. – PSPP; Jarass/Pieroth/Jarass GG Art. 23 Rn. 44ff.; Dürig/Herzog/Scholz/Scholz GG Art. 23 Rn. 113ff.; v. Münch/Kunig/Uerpmann-Wittzack GG Art. 23 Rn. 95ff.; Kahl NVwZ

2020, 824). Nach dem bereits erwähnten **PSPP-Urteil** des BVerfG ist eine Verletzung der Verfassungsidentität der Bundesrepublik Deutschland dann zu bejahen, wenn durch Maßnahmen der EU die „Wahrung des Menschenwürdekerns der Grundrechte gemäß Art. 1 GG" oder die „Grundsätze, die das Demokratie-, Rechts-, Sozial- und Bundesstaatsprinzip im Sinne des Art. 20 GG prägen" berührt werden (BVerfG BeckRS 2020, 7327 Rn. 115). Vor dem Hintergrund der vorgenannten hohen Anforderungen werden einer etwaigen ultra-vires-Kontrolle oder einer Identitätskontrolle in Bezug auf die vorliegende Entscheidung des EuGH betreffend die unionsrechtlichen Anforderungen an die Unabhängigkeit der Regulierungsbehörden in der Literatur jedoch mit Recht **keine großen Erfolgsaussichten** eingeräumt (Gundel EnWZ 2021, 339 (343); Schmidt-Preuß RdE 2021, 173 (179); aA bei einer strengen Interpretation der Rechtsprechung des EuGH offenbar Meinzenbach/Klein/Uwer N&R 2021, 304 (307)). Der deutsche Gesetzgeber ist damit – ob einem dieses Ergebnis gefällt oder nicht – nach Art. 260 Abs. 1 AEUV dazu verpflichtet, die Entscheidung des EuGH in deutsches Recht umzusetzen.

182 Im Ergebnis dürfte **Einigkeit** darüber bestehen, dass die durch den EuGH für unionsrechtswidrig erklärte Verordnungsermächtigung des § 24 S. 1 – jedenfalls in ihrer bisherigen Ausgestaltung – **keine Zukunft** haben kann. Entsprechendes dürfte für die auf der vorgenannten Verordnungsermächtigung basierenden Rechtsverordnungen in ihrer gegenwärtigen Fassung, also die StromNEV, die GasNEV, die StromNZV und die GasNZV (→ Rn. 149), gelten (Meinzenbach/Klein/Uwer N&R 2021, 304 (306 f.): „Neustart des deutschen Energieregulierungsregimes"; Meinzenbach/Klein/Uwer N&R-Beil. 1/21, 1 (8); Missling/Eberleh IR 2021, 250 (251): „Festhalten […] wäre selbstverständlich nicht statthaft"; Schmidt-Preuß RdE 2021, 173 (179)). Weiterhin wird man diese Aussage, wie erwähnt (→ Rn. 180), konsequenterweise auf die Verordnungsermächtigung des § 21a Abs. 6 und die hierauf gründende ARegV **übertragen** müssen. In der Literatur wird daher richtigerweise – in der Regel ohne nähere Begründung (Ausnahme: Ludwigs N&R-Beil. 2/21, 1 (6 in Fn. 54)) – davon ausgegangen, dass ein grundsätzlicher Anpassungsbedarf auch im Hinblick auf den Regelungskomplex der Anreizregulierung besteht (Meinzenbach/Klein/Uwer N&R 2021, 304 (306); Meinzenbach/Klein/Uwer N&R-Beil. 1/21, 1 (8); Schmidt-Preuß RdE 2021, 173 (174); Ludwigs N&R-Beil. 2/21, 1 (2 und 6)).

183 Gleichzeitig ist richtigerweise davon ausgehen, dass die Rechtsprechung des EuGH gerade **nicht** zu einem vollständigen „Ende einer normengeleiteten Netzregulierung" führen muss (so zutreffend Missling/Eberleh IR 2021, 250 (251); in diese Richtung auch Gundel EnWZ 2021, 339 (343 f.); Hoppe/Lamboch/Semku NVwZ 2021, 1441 (1442); Meinzenbach/Klein/Uwer N&R 2021, 304 (306 f.); Meinzenbach/Klein/Uwer N&R-Beil. 1/21, 1 (8); Schmidt-Preuß EnWZ 2021, 337; Schmidt-Preuß RdE 2021, 173 (176 f.); Schwintowski EWeRK 2021, 252 (254)). Eine **„Total-Substitution"** der bisher auf der Verordnungsermächtigung des § 24 S. 1 basierenden Rechtsverordnungen, sei es durch Parlamentsgesetze oder durch Festlegungen iSd § 29 Abs. 1, ist weder geboten noch wäre eine solche sachgerecht (Schmidt-Preuß RdE 2021, 173 (174 und 178); in diese Richtung auch Gundel EnWZ 2021, 339 (343)). Zugleich wird die **Fortgeltung** bestimmter Regelungsinhalte auf der Ebene von Rechtsverordnungen nicht durch die einschlägige Rechtsprechung des EuGH ausgeschlossen, insbesondere sofern diese lediglich der Umsetzung unionsrechtlicher Vorgaben dienen und durch diese nicht unzulässigerweise in die Unabhängigkeit der Regulierungsbehörden des Bundes und der Länder eingegriffen wird (Gundel EnWZ 2021, 339 (343); Schmidt-Preuß RdE 2021, 173 (176 f.)).

184 Die **„Herausforderung"** (Ludwigs N&R-Beil. 2/21, 1 (5); Meinzenbach/Klein/Uwer N&R 2021, 304 (308)) für den deutschen Gesetzgeber besteht nunmehr darin, eine **Grenze** zwischen dem durch den EuGH (BeckRS 2021, 24362 Rn. 112 und 130) angenommenen und gerade auch für den deutschen Gesetz- und Verordnungsgeber geltenden „Einwirkungs- und Vorstrukturierungsverbot" (Schmidt-Preuß EnWZ 2021, 337; ähnlich Schmidt-Preuß RdE 2021, 173 (176)) einerseits und noch als unionsrechtlich zulässigen gesetzlichen Regelungen auf der Ebene von Parlamentsgesetzen und Rechtsverordnungen andererseits zu ziehen (so zutreffend Gundel EnWZ 2021, 339 (343); Meinzenbach/Klein/Uwer N&R 2021, 304 (307)). Da EU-Richtlinien, anders als EU-Verordnungen, für die Mitgliedstaaten nur im Hinblick auf ihre Zielsetzung verbindlich sind und in den Mitgliedstaaten grundsätzlich keine unmittelbare Anwendung finden, bedürfen diese der **Umsetzung** in nationales Recht

(Art. 288 Abs. 3 AEUV; hierzu Gundel EnWZ 2021, 339 (340)). Dies setzt zwingend voraus, dass der deutsche Gesetz- und Verordnungsgeber weiterhin durch Parlamentsgesetze und Rechtsverordnungen grundsätzlich eine **gesetzliche Grundlage** für die Regulierungstätigkeit der Regulierungsbehörden des Bundes und der Länder schaffen kann. Dabei sind EU-Richtlinien – jedenfalls im Regelfall (Callies/Ruffert/Ruffert AEUV Art. 288 Rn. 26 mwN) – als ausfüllungsbedürftiger Rahmen zu verstehen, der durch die Mitgliedstaaten nicht nur in das jeweilige nationale Recht umzusetzen, sondern auch durch die Schaffung detaillierterer (in der Verwaltungspraxis vollziehbarer) Regelungen auszufüllen ist (allgemein zu EU-Richtlinien und deren Umsetzung zB Callies/Ruffert/Ruffert AEUV Art. 288 Rn. 24 ff.; Streinz/Schroeder AEUV Art. 288 Rn. 51 ff.; von der Groeben/Schwarze/Hatje/Geismann AEUV Art. 288 Rn. 39 ff.). Diesem Grundsatz entspricht es, dass nach Art. 57 Abs. 4 S. 2 lit. b Ziff. ii Elektrizitäts-Binnenmarkt-Richtlinie (EU) 2019/944 und Art. 39 Abs. 4 S. 2 lit. b Ziff. ii Gas-Binnenmarkt-Richtlinie 2009/73/EG den Regulierungsbehörden durch die Mitgliedstaaten, beispielsweise durch den deutschen Gesetz- und Verordnungsgeber, ausdrücklich „allgemeine politische Leitlinien der Regierung" vorgegeben werden dürfen, sofern diese nicht im Zusammenhang stehen mit den regulatorischen Aufgaben und Befugnissen nach Art. 59 Elektrizitäts-Binnenmarkt-Richtlinie (EU) 2019/944 und Art. 41 Gas-Binnenmarkt-Richtlinie 2009/73/EG. In Erwägungsgrund 87 Elektrizitäts-Binnenmarkt-Richtlinie (EU) 2019/944 ist zudem eine ausdrückliche Vorgabe dahingehend enthalten, dass durch die einschlägigen unionsrechtlichen Vorgaben zur Unabhängigkeit der Regulierungsbehörden „den Mitgliedstaaten nicht die Möglichkeit genommen" werde, „ihre nationale Energiepolitik festzulegen und auszugestalten". Die Mitgliedstaaten könnten mithin einen **„politischen Rahmen"** für das Handeln ihrer nationalen Regulierungsbehörden schaffen (hierauf weist Gundel RdE 2020, 493 (498) zutreffend hin). Durch solche „energiepolitischen Leitlinien" dürfe aber „nicht in die Unabhängigkeit oder Autonomie der Regulierungsbehörden eingegriffen werden".

185 Als **Beispiel** für eine – von gewissen Schwächen abgesehen – grundsätzlich gelungene Umsetzung von unionsrechtlichen Vorgaben in deutsches Recht sei in diesem Zusammenhang die Vorschrift des **§ 110** genannt, der sich mit der Einstufung von Geschlossenen Verteilernetzen befasst. Bei der Schaffung des § 110 durch das Gesetz zur Neuregelung energiewirtschaftsrechtlicher Vorschriften vom 26.7.2011 (BGBl. I 1554 (1589); eingehend zur diesbezüglichen Entstehungsgeschichte → § 110 Rn. 9 ff.) sah sich der Gesetzgeber zum Zwecke der Vermeidung einer etwaigen (erneuten) Unionsrechtswidrigkeit der Regelung zu äußerst vorsichtigem Handeln veranlasst und hat die nunmehr enthaltenen unionsrechtlichen Vorgaben nahezu wörtlich übernommen (→ § 110 Rn. 13). Zugleich enthält § 110 Abs. 3 und 4 aber zahlreiche Vorschriften zu dem durch die Regulierungsbehörden des Bundes und der Länder anzuwendenden Verfahren, das durch die einschlägigen unionsrechtlichen Regelungen nicht vorgegeben ist (im Einzelnen → § 110 Rn. 184 ff. und → § 110 Rn. 270 ff.). Zieht man § 110 als Vorbild heran, so könnte man hieraus den Schluss ziehen, dass jedenfalls **reine Verfahrensvorschriften** ohne eine materiell-rechtliche Bedeutung wohl weiterhin durch den Gesetz- und Verordnungsgeber getroffen werden dürfen. Diese Schlussfolgerung könnte gerade für den teilweisen Fortbestand der auf § 21a basierenden ARegV (zur Übertragung der Rechtsprechung des EuGH → Rn. 180 und → Rn. 182) von Bedeutung sein, die gerade zahllose Verfahrensregelungen enthält.

186 Neben der Problematik der Art und Weise der Umsetzung der Rechtsprechung des EuGH in deutsches Recht (einen Überblick bietet Schmidt-Preuß RdE 2021, 173 (174 ff.)) stellt sich die Frage nach der hierfür geltenden **Umsetzungsfrist**. In der einschlägigen Regelung des Art. 260 Abs. 1 AEUV ist eine solche Frist nicht ausdrücklich enthalten. Nach allgemeiner Auffassung hat die Einleitung der zur Beseitigung einer unionsrechtswidrigen Regelung erforderlichen Maßnahmen jedoch „unverzüglich" zu erfolgen und ist „innerhalb kürzest möglicher Frist" abzuschließen (zB Callies/Ruffert/Cremer AEUV Art. 260 Rn. 6; Streinz/Ehricke AEUV Art. 260 Rn. 7 jeweils mwN). In der Literatur wird vor diesem Hintergrund eine **„zügige Neuregelung"** (Scholtka EuZW 2021, 900 (902)) des deutschen Energiewirtschaftsrechts gefordert (so auch Gundel EnWZ 2021, 339 (344); Meinzenbach/Klein/Uwer N&R-Beil. 1/21, 1 (7); Meinzenbach/Klein/Uwer N&R 2021, 304 (306)). Zugleich wird darauf hingewiesen, dass der Gesetzgeber für eine grundlegende Überarbeitung des deutschen Regulierungsrahmens einen **ausreichenden Zeitraum** benötige (Schmidt-Preuß EnWZ

Allgemeine Zuständigkeit   § 54 EnWG

2021, 337 (338)). Dem ist uneingeschränkt zuzustimmen, da sich die aus der Rechtsprechung des EuGH ergebenden Folgen für die Struktur des deutschen Energiewirtschaftsrechts nicht im Wege einzelner gesetzgeberischer Eingriffe umsetzen lassen werden (→ Rn. 173). Zugleich gilt es zu beachten, dass für eine „systemische Umstellung" des Regulierungsregimes aus Gründen der Rechtssicherheit und des Vertrauensschutzes eine **„gewisse Übergangsfrist"** eingeräumt werden muss (so zutreffend Meinzenbach/Klein/Uwer N&R-Beil. 1/21, 1 (9); Meinzenbach/Klein/Uwer N&R 2021, 304 (307)).

Dies ergibt sich schon daraus, dass nach der geltenden Regelung die Festlegung der **187** kalenderjährlichen Erlösobergrenzen nach § 29 Abs. 1 iVm § 32 Abs. 1 Nr. 1 ARegV, § 4 Abs. 1 und Abs. 2 S. 1 ARegV gem. § 3 Abs. 2 ARegV für eine **Regulierungsperiode** von **fünf Jahren** erfolgt. Die bevorstehende vierte Regulierungsperiode der Anreizregulierung beginnt für die Betreiber der Gasversorgungsnetze schon am 1.1.2023 und für die Betreiber der Elektrizitätsversorgungsnetze am 1.1.2024 (Theobald/Kühling/Hummel ARegV § 3 Rn. 6 und 8). Hinzu kommt, dass die zum Zwecke der Ermittlung des Ausgangsniveaus der kalenderjährlichen Erlösobergrenzen durchzuführende Kostenprüfung dem Beginn der jeweiligen Regulierungsperiode zeitlich vorgelagert ist: Nach § 6 Abs. 1 S. 3 ARegV erfolgt diese Kostenprüfung „im vorletzten Kalenderjahr vor Beginn der Regulierungsperiode auf der Grundlage der Daten des letzten abgeschlossenen Geschäftsjahres". Bezogen auf die vierte Regulierungsperiode wurde diese Kostenprüfung also für den Gasbereich im Jahr 2021 durchgeführt und beginnt für den Strombereich im Jahr 2022. Jedenfalls aus der Sicht des Praktikers bestehen daher gewisse Zweifel daran, ob ein neues Regulierungsregime, wie auch immer dieses künftig ausgestaltet sein mag, durch den Gesetzgeber und die Regulierungsbehörden des Bundes und ggf. der Länder noch vor dem Beginn der vierten Regulierungsperiode der Anreizregulierung „auf die Beine gestellt" werden kann (aA offenbar Meinzenbach/Klein/Uwer N&R-Beil. 1/21, 1 (9); Meinzenbach/Klein/Uwer N&R 2021, 304 (307)). Zudem dürfte es den Betreibern der Energieversorgungsnetze und den anderen Marktteilnehmern nur schwer zumutbar sein, eine grundlegend überarbeitete Fassung des deutschen Regulierungsrahmens ohne einen **„gewissen Vorlauf"** in Kraft zu setzen (so zutreffend Meinzenbach/Klein/Uwer N&R-Beil. 1/21, 1 (9)). All dies spricht eher dafür, eine systemische Umstellung auf das neue Regulierungsregime erst im Laufe der vierten Regulierungsperiode der Anreizregulierung oder möglicherweise sogar erst zum Beginn der fünften Regulierungsperiode (Gasbereich: 1.1.2028 / Strombereich: 1.1.2029) vorzunehmen. Ob ein derart langgestreckter Umstellungsprozess auch die Zustimmung der Europäischen Kommission finden würde, ist **äußerst zweifelhaft** und dürfte eine enge Abstimmung zwischen den Verantwortlichen in Berlin und Brüssel erforderlich machen. Wie schnell und in welcher Form der Gesetzgeber in dieser Sache handeln wird, bleibt abzuwarten.

cc) Künftiger gerichtlicher Prüfungsmaßstab. Die fachliche Diskussion über die **188** künftige Ausgestaltung der Struktur des Energiewirtschaftsrechts zum Zwecke der Gewährleistung der Unabhängigkeit der Regulierungsbehörden des Bundes und der Länder steht in einem engen Zusammenhang mit der zwischenzeitlich durch das BVerfG (BeckRS 2021, 23595 Rn. 1 f.; → Rn. 432) bestätigten Rechtsprechung des BGH (zB BeckRS 2019, 16439 Rn. 33 ff.; EnWZ 2020, 222 Rn. 4 ff.; BeckRS 2021, 4019 Rn. 12 ff.) betreffend die Anerkennung eines **Regulierungsermessens** bzw. eines **Beurteilungsspielraums** in bestimmten Fallgruppen, in denen in der Folge nur eine eingeschränkte gerichtliche Kontrolle erfolgt (eingehend zu den diesbezüglichen Voraussetzungen und Rechtsfolgen → Rn. 428 ff.). In der Fachwelt und in der Branche der Betreiber der Energieversorgungsnetze wird durch die Kombination der künftig gesteigerten Unabhängigkeit der Regulierungsbehörden des Bundes und ggf. der Länder (→ Rn. 191 ff.) mit einer Fortführung oder Ausweitung der vorgenannten Rechtsprechung eine unangemessene Einschränkung oder sogar Verletzung der verfassungsrechtlichen Rechtsschutzgarantie (Art. 19 Abs. 4 GG) befürchtet. Das BVerfG habe bereits im Jahr 2011 entschieden, dass die **Effektivität des Rechtsschutzes** nicht durch „zu zahlreiche oder weitgreifende Beurteilungsspielräume für ganze Sachbereiche oder gar Rechtsgebiete" ausgehebelt werden dürfe (Kreuter-Kirchhof NVwZ 2021, 589 (592 f.); Meinzenbach/Klein/Uwer N&R-Beil. 1/21, 1 (6 f.) jeweils unter Bezugnahme auf BVerfG NVwZ 2011, 1062 Rn. 73; Meinzenbach/Klein/Uwer N&R 2021, 304 (307 f.)). In diesem Zusammenhang ist in der Branche von einer **„toxische[n] Mischung"** aus regulierungsbehördlicher Unabhängigkeit und dem Bestehen von Beurteilungsspielräumen mit einge-

Kresse   1485

schränkter gerichtlicher Kontrolle die Rede (so Richter, juve.de vom 2.9.2021). Es wird daher teilweise vorgeschlagen, künftig das Bestehen oder Nichtbestehen eines Regulierungsermessens bzw. eines Beurteilungsspielraums ausdrücklich gesetzlich zu regeln (Missling/Eberleh IR 2021, 250 (252)).

189 In Bezug auf die vorstehende Argumentation ist zusammenfassend festzustellen, dass das **BVerfG** die verfassungsrechtliche Zulässigkeit der Einschränkung einer gerichtlichen Überprüfung durch die Anerkennung von Ermessens- oder Beurteilungsspielräumen gerade unter dem Gesichtspunkt des effektiven Rechtsschutzes iSd Art. 19 Abs. 4 GG in ständiger Rechtsprechung grundsätzlich **anerkannt** hat (zB BVerfG NVwZ 2011, 1062 Rn. 71; NJW 2011, 1121 (1123); 2005, 2289 (2294 f.)). Das BVerfG begründet dies wie folgt: Die gerichtliche Kontrolle könne nur so weit reichen wie die „**materielle Bindung**" derjenigen Stelle, deren Entscheidung zu überprüfen sei. Die gerichtliche Kontrolle finde daher ihr Ende dort, wo das jeweilige materielle (Fach-) Recht die zu überprüfende Entscheidung „nicht vollständig determiniert". Dies sei dann der Fall, wenn durch das materielle Recht ein „Einschätzungs- und Auswahlspielraum" eingeräumt werde (BVerfG NVwZ 2011, 1062 Rn. 71; NJW 2006, 2613 (2616); 2001, 1121 (1123)). Die vorstehend aufgeworfenen Fragen nach der Reichweite der Bindung durch das materielle Recht sowie nach der Einräumung eines Ermessens- oder Beurteilungsspielraums könnten entweder anhand einer ausdrücklichen gesetzlichen Regelung oder anhand einer Auslegung des materiellen Rechts („hinreichend deutlich") beantwortet werden (BVerfG NVwZ 2011, 1062 Rn. 72). Einschränkend fügt das BVerfG jedoch hinzu, dass dem Gesetzgeber die Einräumung „behördlicher Letztentscheidungsbefugnisse" **nicht völlig freigestellt** sei. Vielmehr sei der Gesetzgeber hierbei durch die Grundrechte, das Demokratieprinzip (Art. 20 Abs. 2 GG) und das Rechtsstaatsprinzip (Art. 20 Abs. 3 GG) gebunden. Insbesondere müssten entsprechende Regelungen den „Grundsätzen der Bestimmtheit und der Normenklarheit" genügen. Aus diesem Grunde seien „zu zahlreiche oder weitgreifende Beurteilungsspielräume für ganze Sachbereiche oder gar Rechtsgebiete" als verfassungsrechtlich unzulässig anzusehen. Zudem bedürfe die Einräumung von Ermessens- oder Beurteilungsspielräumen „stets eines hinreichend gewichtigen […] Sachgrundes" (BVerfG NVwZ 2011, 1062 Rn. 73).

190 In Übereinstimmung mit den vorstehenden Grundsätzen hat das BVerfG die Rechtsprechung des BGH zur Anerkennung eines Beurteilungsspielraums bei der Bestimmung des kalkulatorischen Eigenkapitalzinssatzes nach § 7 StromNEV bzw. § 7 GasNEV richtigerweise als **verfassungsrechtlich unbedenklich** bestätigt (BVerfG BeckRS 2021, 23595 Rn. 1 f.; → Rn. 432). Bislang ist die einschlägige Rechtsprechung des BGH auf einzelne Fallgruppen (im Einzelnen → Rn. 433 ff.) beschränkt und führt somit nicht dazu, dass gerichtlich nur eingeschränkt überprüfbare Ermessens- oder Beurteilungsspielräume „für ganze Sachbereiche oder gar Rechtsgebiete" (iSv BVerfG NVwZ 2011, 1062 Rn. 73) geschaffen werden würden. Eine Verletzung des Art. 19 Abs. 4 GG liegt somit jedenfalls nach bisheriger Rechtslage nicht vor. Im Zuge der **künftigen Umgestaltung** des deutschen Energiewirtschaftsrechts ist jedoch damit zu rechnen, dass die materielle Bindung der Regulierungsbehörden des Bundes und ggf. der Länder (→ Rn. 191 ff.) an gesetzliche Vorgaben deutlich „**zurückgefahren**" werden wird, um den diesbezüglichen Anforderungen des EuGH Rechnung zu tragen (EuGH BeckRS 2021, 24362 Rn. 108 ff. 130; → Rn. 167). Um eine solche Verletzung der verfassungsrechtlichen Rechtsschutzgarantie iSd Art. 19 Abs. 4 GG auch für die Zukunft auszuschließen, wird der Gesetzgeber darauf zu achten haben, zB etwaige Festlegungsbefugnisse der Regulierungsbehörden möglichst bestimmt und detailliert zu formulieren. Angesichts der oben erläuterten einschränkenden Rechtsprechung des BVerfG (NVwZ 2011, 1062 Rn. 73) dürfte sich ein Regulierungsermessen oder ein Beurteilungsspielraum **nicht** auf die künftige Gestaltung des gesamten Regulierungsregimes oder auf einzelne „Sachgebiete" dieses Regulierungsregimes (etwa die künftige Anreizregulierung oder die künftigen Vorgaben für Kostenprüfungen) erstrecken (für eine Erhöhung der „gerichtlichen Kontrolldichte" Meinzenbach/Klein/Uwer N&R 2021, 304 (307 f.)). Sachgerecht und verfassungsrechtlich unbedenklich dürfte es jedoch auch in der Zukunft sein, ein Regulierungsermessen bzw. einen Beurteilungsspielraum auf Fälle **komplexer Bewertungsvorgänge** zu beschränken, in denen die Regulierungsbehörde sowohl den zugrunde liegenden Sachverhalt erfassen und beurteilen als auch aus mehreren in Betracht kommenden Methodiken und Rechtsfolgen auswählen muss (→ Rn. 429). Bedenkenswert erscheint vor diesem Hintergrund der von der Literatur (Missling/Eberleh IR 2021, 250 (252)) unterbreitete Vorschlag, das Bestehen eines Regulierungsermessens bzw. eines Beurteilungsspielraums **ausdrücklich gesetzlich** zu regeln und hierdurch klarzustellen. Hierdurch könnten in der Zukunft im Interesse aller Beteiligten langwierige gerichtliche Auseinandersetzungen über diese Frage vermieden werden.

dd) Künftige Einbindung der Länder. Ein Aspekt, der bislang – soweit ersichtlich – in der Diskussion über die künftige Umsetzung der Rechtsprechung des EuGH (BeckRS 2021, 24362 Rn. 103 ff., 133) zur Unabhängigkeit der Regulierungsbehörden **zu kurz gekommen** ist, ist die Frage nach der künftigen Beteiligung der Länder und insbesondere der Landesregulierungsbehörden an der Schaffung der rechtlichen Grundlagen für die Regulierung der Energieversorgungsnetze. Im Rahmen der großen Novellierung des EnWG im Jahre 2005 durch das Zweite Gesetz zur Neuregelung des Energiewirtschaftsrechts vom 7.7.2005 (BGBl. I 1970 (1994)) hatten die Länder schließlich großen Wert auf ihre Einbindung gelegt und sich hiermit letztendlich auch gegenüber dem Bund durchgesetzt (zur Entstehungsgeschichte des § 54 → Rn. 14 ff.). Es stellt sich daher die Frage, wie sich die diesbezügliche Rechtslage in der Zukunft darstellen wird. Nach bisheriger Rechtslage verfügen die Länder und die Landesregulierungsbehörden im Wesentlichen über folgende Möglichkeiten zur **Einflussnahme:** 191

- Nach §§ 21a Abs. 6, 24 S. 1 und 2 besteht zum einen im Zusammenhang mit den einschlägigen Verordnungsermächtigungen der Bundesregierung (→ Rn. 149) jeweils ein **Zustimmungserfordernis des Bundesrates.** Auf dieser Grundlage hatten die Länder jedenfalls bislang die Möglichkeit, im Bundesrat sog. Maßgabebeschlüsse zu erwirken und die Bundesregierung hierdurch zu von den Ländern mehrheitlich gewünschten Verordnungsänderungen zu veranlassen (zu der Funktionsweise von Maßgabebeschlüssen des Bundesrates BeckOK GG/Uhle GG Art. 80 Rn. 43; Dürig/Herzog/Scholz/Remmert GG Art. 80 Rn. 180 f.; von Mangoldt/Klein/Starck/Brenner GG Art. 80 Rn. 101 ff.).
- Zum anderen haben die Regulierungsbehörden der Länder nach bisheriger Rechtslage grundsätzlich die Möglichkeit, im Rahmen ihrer sachlichen Zuständigkeit nach Absatz 2 Sätze 1–3 (→ Rn. 217 ff.) Festlegungen gegenüber einer Mehrzahl von Adressaten nach § 29 Abs. 1, also im Wege der **Allgemeinverfügung** nach den dem § 35 S. 2 VwVfG entsprechenden landesgesetzlichen Regelungen, zu erlassen (→ Rn. 370 ff.). Dies gilt allerdings nur dann, wenn keine vorrangige sachliche Zuständigkeit der BNetzA zum bundeseinheitlichen Erlass von Festlegungen nach Absatz 3 Sätzen 2–5 besteht (→ Rn. 420 ff.).

Diese **ausdifferenzierte Regelung** des Verhältnisses zwischen Bund und Ländern im Bereich des Energiewirtschaftsrechts droht sich nun durch die Rechtsprechung des EuGH, wonach jedenfalls die Verordnungsermächtigung in § 24 S. 1 als unionsrechtswidrig anzusehen ist (EuGH BeckRS 2021, 24362 Rn. 103 ff., 133; → Rn. 165), zum **Nachteil der Länder** zu verschieben. Denn sollten die auf den Verordnungsermächtigungen der §§ 21a Abs. 6, 24 S. 1 und 2 basierenden Rechtsverordnungen künftig zum einen Teil durch in das EnWG oder andere Parlamentsgesetze verlagerte Vorschriften und zum anderen Teil durch bundeseinheitliche Festlegungen der BNetzA iSd Absatzes 3 Sätze 2–5 (→ Rn. 420 ff.) ersetzt werden, so würde das bisher bestehende **Zustimmungserfordernis** des Bundesrates zu den vorgenannten Rechtsverordnungen (und mit ihm das mächtige Instrument der Maßgabebeschlüsse) regelmäßig **ersatzlos entfallen.** Die Einflussmöglichkeiten der Länder und der Landesregulierungsbehörden auf die Schaffung der rechtlichen Grundlagen für die Regulierung der Energieversorgungsnetze wären damit im Vergleich zur bisherigen Rechtslage deutlich eingeschränkt: Denn zum einen handelte es sich bei den künftig „hochgezonten" energiewirtschaftsrechtlichen Vorschriften des EnWG in der Regel (denkbare Ausnahme zB Art. 84 Abs. 1 S. 6 GG bei bundeseinheitlicher Regelung des Verwaltungsverfahrens ohne Abweichungsmöglichkeit der Länder) lediglich um **Einspruchsgesetze** iSd Art. 77 Abs. 3 GG, nicht hingegen um Zustimmungsgesetze iSd Art. 77 Abs. 2a GG. Zum anderen wäre bei künftigen bundeseinheitlichen Festlegungen der BNetzA eine **Einbindung des Länderausschusses** iSd Absatzes 3 Sätze 4 und 5 nur im Falle der Anwendung der Generalklausel des Absatzes 3 Satz 2 zwingend vorgeschrieben, nicht jedoch bei solchen bundeseinheitlichen Festlegungen, die in der Aufzählung des Absatzes 3 Satz 3 ausdrücklich enthalten wären (→ Rn. 489). Hinzu käme, dass selbst im Falle der Einschlägigkeit der Generalklausel des Absat- 192 zes 3 Satz 2 die BNetzA nach Absatz 3 Satz 5 keineswegs dazu verpflichtet wäre, der mehrheitlichen Auffassung des Länderausschusses zu folgen (→ Rn. 492).

193 Bei dieser Thematik handelt es sich, auch wenn auf den ersten Blick dieser Eindruck entstehen mag, keineswegs um ein bloßes „Kompetenzgerangel" zwischen Bund und Ländern. Vielmehr verfügten die Länder bereits im Rahmen der Schaffung der Regelung des § 54 durch das Zweite Gesetz zur Neuregelung des Energiewirtschaftsrechts vom 7.7.2005 (BGBl. I 1970 (1994); zur Entstehungsgeschichte des § 54 → Rn. 14 ff.) über einen guten Grund, sich nach Maßgabe des Absatzes 2 (näher → Rn. 217 ff.) die sachliche Zuständigkeit für die Regulierung der „kleineren" Energieverteilernetze zu sichern: Das Ziel der Länder bestand seinerzeit nämlich darin, durch (mehrheitlich) eigene Landesregulierungsbehörden (→ Rn. 81 ff.) eine **Regulierung „mit Augenmaß"** unter Berücksichtigung der kleinteiligen Struktur der Energieverteilernetze in den Ländern gewährleisten zu können (BR-Drs. 613/1/04, 40 und BT-Drs. 15/3917, 93: „Vorteile eines ortsnahen Vollzugs"; krit. zur Schaffung der Regulierungsbehörden der Länder Schmidt NVwZ 2006, 907: „als Resultat bloßer Machtpolitik [...] höchst kritikwürdig"). Dieses ursprüngliche Motiv der Länder besteht heutzutage nicht nur unverändert fort, sondern hat in den letzten Jahren durch die fortschreitende Rekommunalisierung von Energieverteilernetzen sogar eine Verstärkung erfahren: In zahlreichen Ländern existiert nach wie vor eine Vielzahl kleiner und kleinster Betreiber von Energieverteilernetzen, die nach Absatz 2 Sätze 1–3 in die sachliche Zuständigkeit der Regulierungsbehörden der Länder fallen. Zudem befinden sich diese Netzbetreiber häufig ganz oder zumindest teilweise in kommunaler Hand. Die vorstehend geschilderte kleinteilige Struktur der Energieverteilernetze ist zum einen über Generationen **historisch gewachsen**. In den vergangenen Jahren ist zum anderen eine Tendenz festzustellen, dass im Rahmen von **Rekommunalisierungen** auch „neue" kleine Betreiber von Energieverteilernetzen entstehen, die aus größeren Netzgebieten „herausgebrochen" werden.

194 Sollten die Regelungen, die bislang in den auf den Verordnungsermächtigungen der §§ 21a Abs. 6, 24 S. 1 und 2 basierenden Rechtsverordnungen enthalten sind, künftig ganz oder teilweise in **bundeseinheitliche Festlegungen** der BNetzA iSd Absatzes 3 Sätze 2–5 verlagert werden, könnte eine Entwicklung dahingehend drohen, dass in der Zukunft eine Berücksichtigung der kleinteiligen Struktur der Betreiber der Energieverteilernetze in den Ländern nicht mehr oder zumindest nicht mehr in vergleichbarer Form möglich sein könnte. Bereits in der Vergangenheit hat sich die BNetzA beispielsweise für einen Abbau der mit dem **vereinfachten Verfahren** der Anreizregulierung nach § 24 ARegV verbundenen materiellen Begünstigungen der teilnahmeberechtigten Netzbetreiber ausgesprochen (BNetzA, Evaluierungsbericht nach § 33 ARegV vom 21.1.2015, S. 319 f.; Holznagel/Schütz/Kresse ARegV § 24 Rn. 25). Nach § 33 Abs. 6 S. 1 ARegV hat die BNetzA zudem im Laufe der dritten Regulierungsperiode der Anreizregulierung einen Bericht zur Struktur und Effizienz der am vereinfachten Verfahren teilnehmenden Netzbetreiber vorzulegen, in dem sie insbesondere Vorschläge zur weiteren Ausgestaltung sowie zur Höhe der Schwellenwerte für die Teilnahmeberechtigung nach § 24 Abs. 1 ARegV unterbreiten soll (§ 33 Abs. 6 S. 2 ARegV). Es ist damit zu rechnen, dass die BNetzA im Rahmen dieses Berichts eine (deutliche) Absenkung der vorgenannten Schwellenwerte befürworten wird (Holznagel/Schütz/Kresse ARegV § 24 Rn. 44).

195 Sollte die BNetzA künftig die einschlägigen rechtlichen Vorgaben für die Anreizregulierung der Energieversorgungsnetze sogar im Wege einer bundeseinheitlichen Festlegung iSd Absatzes 3 Sätze 2–5 selbst treffen können, ist davon auszugehen, dass die mit dem vereinfachten Verfahren nach § 24 ARegV bislang verbundenen **materiellen Besserstellungen** für eine große Anzahl der nach bisheriger Rechtslage teilnahmeberechtigten Betreiber von Energieverteilernetzen ganz oder teilweise **entfallen** können. Hiervon wären die Netzbetreiber in der sachlichen und örtlichen Zuständigkeit der Regulierungsbehörden der Länder stark betroffen, da diese weit überwiegend am vereinfachten Verfahren teilnehmen (Holznagel/Schütz/Kresse ARegV § 24 Rn. 85). Denkbar wäre in diesem Zusammenhang eine Abschaffung des vereinfachten Verfahrens der Anreizregulierung insgesamt, eine Absenkung der Schwellenwerte für die Teilnahmeberechtigung und/oder ein Abbau der materiellen Begünstigungen der teilnahmeberechtigten Netzbetreiber. Eine derartige Entwicklung mag zwar – rein aus dem Blickwinkel der Effizienzsteigerung betrachtet – durchaus sachlich zu rechtfertigen sein. Hierdurch würde jedoch eine **Überforderung** der kleinen Betreiber von Energie-

Allgemeine Zuständigkeit § 54 EnWG

verteilernetzen mit unverhältnismäßigen regulatorischen Anforderungen drohen (zur diesbezüglichen ratio des § 24 ARegV Holznagel/Schütz/Kresse ARegV § 24 Rn. 19 ff.). Zugleich hätte diese Entwicklung mithin mit großer Wahrscheinlichkeit nicht nur negative Auswirkungen auf die Beibehaltung der kleinteiligen Struktur der Betreiber der Energieversorgungsnetze, sondern wäre nicht förderlich im Hinblick auf die Durchführung weiterer (übrigens politisch durchaus gewünschter) Rekommunalisierungen.

Vor diesem Hintergrund erscheint es **vorzugswürdig**, künftig nicht ausschließlich der **196** BNetzA die sachliche Zuständigkeit und die materielle Befugnis zur Schaffung der rechtlichen Grundlagen der Regulierung der Energieversorgungsnetze im Wege bundeseinheitlicher Festlegungen iSd Absatzes 3 Sätze 2–5 zuzugestehen, soweit keine „Hochzonung" (zB Ludwigs EnWZ 2019, 160 (161)) der einschlägigen Vorschriften in das EnWG oder andere Parlamentsgesetze erfolgt. Vielmehr wäre es wünschenswert, dass in der Zukunft auch die Regulierungsbehörden der Länder – im Rahmen der Reichweite ihrer sachlichen Zuständigkeit nach Absatz 2 Sätze 1–3 (→ Rn. 217 ff.) sowie ihrer örtlichen Zuständigkeit (→ Rn. 209 ff.) – über eine Möglichkeit verfügen, **eigene** und ggf. von den einschlägigen Vorgaben der BNetzA **abweichende Festlegungen** nach § 29 Abs. 1 im Wege der Allgemeinverfügung zu erlassen. Für eine derartige rechtliche Ausgestaltung gäbe es im Übrigen sowohl im Verfassungsrecht als auch im Regulierungsrecht durchaus Vorbilder: So können die Länder im Falle der Ausführung von Bundesgesetzen als **eigene Angelegenheit** grundsätzlich von Bundesgesetzen abweichende Regelungen zur Einrichtung von Behörden und zum Verwaltungsverfahren treffen (Art. 84 Abs. 1 S. 1 und 2 GG). Im Bereich der Anreizregulierung können die Regulierungsbehörden der Länder nach § 12 Abs. 6 S. 1 ARegV entweder einen eigenen **bundesweiten Effizienzvergleich** durchführen oder aber die Ergebnisse des bundesweiten Effizienzvergleichs der BNetzA übernehmen (Holznagel/Schütz/Albrecht/Mallossek/Petermann ARegV § 12 Rn. 33 f.). Wie sich die diesbezügliche Aufgabenverteilung zwischen den Regulierungsbehörden des Bundes und der Länder künftig darstellen wird, **bleibt abzuwarten**.

IV. Sachliche Zuständigkeit der BNetzA (Abs. 1)

Die BNetzA ist nach Absatz 1 grundsätzlich sachlich zuständig für sämtliche Aufgaben **197** der „**Regulierungsbehörden**" (→ Rn. 66) im Sinne des EnWG, (i) für die nicht schon eine sachliche Zuständigkeit der BNetzA für eine bundeseinheitliche Festlegung nach Absatz 3 Sätze 2 und 3 besteht (→ Rn. 420 ff.) und (ii) die nicht gem. Absatz 2 Sätze 1, 2 und 3 in die sachliche Zuständigkeit der Regulierungsbehörden der Länder fallen (→ Rn. 217 ff.; Baur/Salje/Schmidt-Preuß Energiewirtschaft/Franke Kap. 40 Rn. 11; Bourwieg/Hellermann/Hermes/Gundel § 54 Rn. 30 und 54; Kment EnWG/Görisch § 54 Rn. 5: „Generalzuständigkeit" der BNetzA; Säcker EnergieR/Schmidt-Preuß § 54 Rn. 6; Salje EnWG § 54 Rn. 9 f.; Schneider/Theobald EnergieWirtschaftsR-HdB/Franke § 19 Rn. 6 und 8; Theobald/Kühling/Theobald/Werk § 54 Rn. 2 und 34; Neveling ZNER 2005, 263 (266 f.)). Im Verhältnis zu der sachlichen Zuständigkeit der Landesregulierungsbehörden nach Absatz 2 Sätze 1–3 bestimmt sich die sachliche Zuständigkeit der BNetzA also nach einem „**Subtraktionsverfahren**" (Bourwieg/Hellermann/Hermes/Gundel § 54 Rn. 54; ebenso Kment EnWG/Görisch § 54 Rn. 5): Die BNetzA ist für alle Aufgaben der „Regulierungsbehörden" (→ Rn. 66) sachlich zuständig, für die nach Absatz 2 Sätze 1–3 keine sachliche Zuständigkeit der Regulierungsbehörden der Länder besteht. Hierbei ist zu **differenzieren** zwischen der sachlichen Zuständigkeit der BNetzA für die Regulierung
- von Transportnetzbetreibern (§ 3 Nr. 31c, → Rn. 199 ff.),
- der Betreiber von Energieverteilernetzen (→ Rn. 202 ff.),
- der Betreiber von Kombinationsnetzen (→ Rn. 208).

Unabhängig hiervon kann sich selbst bei einem **Entfallen** einer zu Beginn eines energiewirt- **198** schaftlichen Verwaltungsverfahrens noch bestehenden sachlichen Zuständigkeit der BNetzA nach Absatz 1 vor dem Abschluss dieses Verfahrens (Zuständigkeitswechsel) eine Fortgeltung der ursprünglich bestehenden sachlichen Zuständigkeit der BNetzA aus der Sonderregelung des Absatzes 2 Satz 5 ergeben (näher → Rn. 390 ff.). Weist eine Vorschrift des EnWG die sachliche Zuständigkeit nicht einer bestimmten Behörde (insbesondere der „Bundesnetzagentur", der „Regulierungsbehörde" oder der „nach Landesrecht zuständigen Behörde") zu, so ergibt sich die sachliche Zuständigkeit der BNetzA nicht aus Absatz 1, sondern aus der **subsidiären Auffangregelung** des Absatzes 3 Satz 1 (näher → Rn. 416 ff.).

1. Transportnetzbetreiber

199 Die BNetzA ist nach Absatz 1 **alleine** sachlich zuständig für die Regulierung von Transportnetzbetreibern iSd § 3 Nr. 31e (→ § 3 Nr. 31e Rn. 1 f.), also für die Regulierung der Betreiber von Übertragungsnetzen im Strombereich (§ 3 Nr. 32, → § 3 Nr. 32 Rn. 1 ff.) und von Fernleitungsnetzen im Gasbereich (§ 3 Nr. 19, → § 3 Nr. 19 Rn. 1 ff.). Diesbezüglich besteht also **keine Aufteilung** der sachlichen Zuständigkeit zwischen der BNetzA und den Regulierungsbehörden der Länder (Bourwieg/Hellermann/Hermes/Gundel § 54 Rn. 55; Salje EnWG § 54 Rn. 33; Schneider/Theobald EnergieWirtschaftsR-HdB/Franke § 19 Rn. 6 und 9; Theobald/Kühling/Theobald/Werk § 54 Rn. 45 und 101; Neveling ZNER 2005, 263 (267)). Dies folgt aus einem Umkehrschluss zu Absatz 2 Sätze 1 und 2, wonach die sachliche Zuständigkeit der Landesregulierungsbehörden sich – unter bestimmten Voraussetzungen – lediglich auf bestimmte Teilbereiche der Regulierung der Betreiber von Elektrizitäts- und Gas**verteiler**netzen erstreckt (→ Rn. 202 ff.).

200 In Bezug auf Transportnetzbetreiber werden regulatorische Aufgaben nach dem EnWG somit **vollumfänglich** durch die insoweit nach Absatz 1 sachlich zuständige BNetzA erfüllt. Dies gilt insbesondere auch für die in Absatz 2 Satz 1 aufgezählten Teilbereiche der Regulierung, die im Falle der Regulierung der Betreiber von Energieverteilernetzen unter bestimmten Voraussetzungen in die sachliche Zuständigkeit der Regulierungsbehörden der Länder fallen. Die Regelung des Absatzes 2 Satz 1 ist nach ihrem eindeutigen Wortlaut („Elektrizitäts- und Gasverteilernetz") auf die Regulierung von Transportnetzbetreibern nicht anwendbar.

201 Diese alleinige sachliche Zuständigkeit der BNetzA für die Regulierung der Transportnetzbetreiber ist als **sachgerecht** anzusehen. Denn die durch diese Unternehmen betriebenen Energieversorgungsnetze weisen in der Regel eine erhebliche Größe im Hinblick auf ihre geografische Ausdehnung und die durchgeleitete Energiemenge auf. Häufig reichen deren Netzgebiete über die Grenzen einzelner Länder hinaus, sodass sich bei einer sachlichen Zuständigkeit der Regulierungsbehörden der Länder für diese Unternehmen Abgrenzungs- und Abstimmungsschwierigkeiten ergeben würden (zu der für Energieverteilernetze geltenden Regelung des Absatzes 2 Satz 2 → Rn. 375). Schließlich hat die Höhe der Netzentgelte der Transportnetzbetreiber durch den in § 4 Abs. 3 S. 1 Nr. 2 ARegV, § 11 Abs. 2 S. 1 Nr. 4 ARegV vorgesehenen **Wälzungsmechanismus**, aufgrund dessen die nachgelagerten Betreiber von Energieverteilernetzen die Kosten für die Inanspruchnahme der vorgelagerten Transportnetze tragen und an ihre jeweiligen Netznutzer weiterreichen (Holznagel/Schütz/Englmann/Meyer ARegV § 11 Rn. 97 ff.), für die Höhe der Netzentgelte insgesamt eine große Bedeutung.

2. Betreiber von Energieverteilernetzen

202 Im Hinblick auf die sachliche Zuständigkeit der BNetzA nach Absatz 1 für die Betreiber von Energieverteilernetzen ist danach zu **differenzieren**, ob für diese Unternehmen wegen des Vorliegens der Voraussetzungen des Absatzes 2 Sätze 1–3 eine teilweise sachliche Zuständigkeit einer Landesregulierungsbehörde besteht oder nicht. Eine teilweise sachliche Zuständigkeit einer Landesregulierungsbehörde für Aufgaben der „Regulierungsbehörde" ist zusammengefasst dann gegeben (Bourwieg/Hellermann/Hermes/Gundel § 54 Rn. 32 und 54; Schneider/Theobald EnergieWirtschaftsR-HdB/Franke § 19 Rn. 6 ff.), wenn
- eine der in Absatz 2 Satz 1 Nummern 1–12 abschließend genannten Aufgaben (einschließlich etwaiger Annexkompetenzen) einschlägig ist (→ Rn. 275 ff.),
- an das jeweilige Energieverteilernetz weniger als 100.000 Kunden unmittelbar oder mittelbar angeschlossen sind (→ Rn. 233 ff.),
- das jeweilige Energieverteilernetz nicht über die Grenzen eines Landes hinausreicht (Absatz 2 Satz 2, → Rn. 374 ff.),
- in den Fällen des Absatzes 2 Satz 1 Nummern 6, 7 und 8 kein Netzanschluss einer Biogasanlage verfahrensgegenständlich ist (Absatz 2 Satz 3, → Rn. 361 ff.).

Allgemeine Zuständigkeit § 54 EnWG

a) Alleinige sachliche Zuständigkeit. Besteht nach den vorgenannten Voraussetzungen 203 des Absatzes 2 Sätze 1–3 keine teilweise sachliche Zuständigkeit einer Landesregulierungsbehörde für den Betreiber eines Energieverteilernetzes, so ist für dessen Regulierung **alleine die BNetzA** sachlich zuständig (Bourwieg/Hellermann/Hermes/Gundel § 54 Rn. 30; Schneider/Theobald EnergieWirtschaftsR-HdB/Franke § 19 Rn. 6 ff.; Theobald/Kühling/Theobald/Werk § 54 Rn. 102). Im Ergebnis entspricht dies der – vorstehend dargestellten – für Transportnetzbetreiber (§ 3 Nr. 31e) geltenden Rechtslage (→ Rn. 199 f.).

Bezüglich der Betreiber solcher Energieverteilernetze werden regulatorische Aufgaben 204 nach dem EnWG mithin **in vollem Umfang** durch die nach Absatz 1 sachlich zuständige BNetzA ausgeübt. Dies gilt namentlich auch für die in Absatz 2 Satz 1 aufgezählten Teilbereiche der Regulierung, die ansonsten in die sachliche Zuständigkeit der Regulierungsbehörden der Länder fallen würden.

b) Geteilte sachliche Zuständigkeit. Ist nach den vorstehend dargestellten Voraussetzungen des Absatzes 2 Sätze 1–3 jedoch eine teilweise sachliche Zuständigkeit einer Landesregulierungsbehörde für den Betreiber eines Energieverteilernetzes gegeben, so kommt es im Hinblick auf das jeweilige Unternehmen zu einer **Aufteilung** der sachlichen Zuständigkeiten für regulatorische Aufgaben zwischen der BNetzA und eben dieser Landesregulierungsbehörde (Baur/Salje/Schmidt-Preuß Energiewirtschaft/Franke Kap. 40 Rn. 13; Bourwieg/Hellermann/Hermes/Gundel § 54 Rn. 30 und 32; Schneider/Theobald EnergieWirtschaftsR-HdB/Franke § 19 Rn. 8 f.; Theobald/Kühling/Theobald/Werk § 54 Rn. 103). In solchen Fällen geht die sachliche Zuständigkeit für Aufgaben der „Regulierungsbehörde" also nicht etwa alleine auf die jeweilige Landesregulierungsbehörde über. Vielmehr kommt es zu einer **eigentümlichen Verschränkung** der sachlichen Zuständigkeiten der BNetzA und der Landesregulierungsbehörde für die Aufgaben der „Regulierungsbehörden", die für Außenstehende nicht immer leicht zu durchschauen ist.

Darüber hinaus sind die Voraussetzungen des Absatzes 2 Sätze 1–3 **separat** für Elektrizitäts- und Gasverteilernetze zu prüfen. Betreibt ein und dasselbe Unternehmen sowohl ein Elektrizitäts- als auch ein Gasverteilernetz, so kann dieses Unternehmen in Bezug auf den Strom- oder Gasbereich in die sachliche Zuständigkeit nach Absatz 1 und Absatz 2 Sätze 1–3 unterschiedlicher Regulierungsbehörden fallen (→ Rn. 231). Es ist daher in jedem **Einzelfall** sorgfältig zu prüfen, ob die sachliche Zuständigkeit für eine bestimmte regulatorische Aufgabe bei der BNetzA oder der Landesregulierungsbehörde liegt. 206

Auszugehen ist bei der vorgenannten Prüfung von den in Absatz 2 Satz 1 Nummern 1– 207 12 aufgeführten Aufgaben (einschließlich etwaiger Annexkompetenzen), die in die sachliche Zuständigkeit der **Landesregulierungsbehörde** fallen (im Einzelnen → Rn. 217 ff.). Alle übrigen Aufgaben der „Regulierungsbehörden" nach dem EnWG fallen nach dem „Substraktionsverfahren" (Bourwieg/Hellermann/Hermes/Gundel § 54 Rn. 54 f.; Kment EnWG/Görisch § 54 Rn. 5) in die sachliche Zuständigkeit der **BNetzA** (mit einer Aufzählung der Aufgaben der BNetzA Theobald/Kühling/Theobald/Werk § 54 Rn. 103: „aufgabenbezogene subsidiäre Zuständigkeit"). Wird die sachlich zuständige Behörde hingegen in der jeweiligen Vorschrift nicht ausdrücklich bezeichnet, so ergibt sich die sachliche Zuständigkeit der BNetzA aus der Auffangvorschrift des Absatzes 3 Satz 1 (→ Rn. 416 ff.).

3. Betreiber von Kombinationsnetzen

Die BNetzA ist nach Absatz 1 **alleine** sachlich zuständig für die Betreiber von sog. Kombi- 208 nationsnetzen. Nach § 6d ist der **gemeinsame Betrieb** eines Transportnetzes (§ 3 Nr. 31c) und eines Energieverteilernetzes zulässig, sofern deren Betreiber, der sog. Kombinationsnetzbetreiber, die für Transportnetze geltenden besonderen Entflechtungsvorschriften der §§ 8 ff., 10 ff. einhält. Die alleinige sachliche Zuständigkeit der BNetzA für Kombinationsnetzbetreiber ergibt sich, wie im Falle ihrer sachlichen Zuständigkeit für Transportnetze (→ Rn. 199 ff.), aus einem Umkehrschluss zu Absatz 2 Sätze 1 und 2, wonach sich die sachliche Zuständigkeit der Landesregulierungsbehörden – unter bestimmten Voraussetzungen – lediglich auf einzelne Teilaspekte der Regulierung der Betreiber von Elektrizitäts- und Gas**verteiler**netzen erstreckt (→ Rn. 217 ff.).

V. Örtliche Zuständigkeit der Regulierungsbehörden

209 Die Regelung des § 54 befasst sich lediglich mit der sachlichen Zuständigkeit der Regulierungsbehörden des Bundes und der Länder (→ Rn. 2). Die örtliche Zuständigkeit der Regulierungsbehörden folgt hingegen aus § 3 **VwVfG** oder – im Falle der sachlichen Zuständigkeit einer Landesregulierungsbehörde – aus der entsprechenden landesgesetzlichen Regelung. Bezieht sich das Handeln der jeweiligen Regulierungsbehörde auf den Betreiber eines Energieversorgungsnetzes, was regelmäßig der Fall sein wird, so stellt sich die – allerdings eher akademische – **Frage,** ob sich die örtliche Zuständigkeit aus § 3 Abs. 1 Nr. 1 Var. 1 VwVfG (unbewegliches Vermögen) oder aber aus § 3 Abs. 1 Nr. 2 Var. 1 VwVfG (Betrieb eines Unternehmens) ergibt (abl. Kment EnWG/Görisch § 54 Rn. 7 in Fn. 44: keine Anwendung des § 3 VwVfG):

210 Das Bestehen einer örtlichen Zuständigkeit aus § 3 Abs. 1 Nr. 1 Var. 1 VwVfG würde voraussetzen, dass es sich bei dem jeweiligen Energieversorgungsnetz um **unbewegliches Vermögen** handelt. Hierunter ist das unbewegliche Vermögen iSd § 864 Abs. 1 ZPO zu verstehen, also vor allem Grundstücke und grundstücksgleiche Rechte (BeckOK VwVfG/Ronellenfitsch VwVfG § 3 Rn. 7; Stelkens/Bonk/Sachs/Schmitz VwVfG § 3 Rn. 18). Im Falle von Versorgungsleitungen als Bestandteil eines Netzes geht die Rechtsprechung allerdings regelmäßig davon aus, dass diese iSd § 95 Abs. 1 BGB nur zu einem **vorübergehenden Zweck** mit Grund und Boden verbunden sind und somit gerade nicht als Bestandteil der jeweiligen Grundstücke angesehen werden können (BGH NJW 1994, 999; OLG Köln NJOZ 2018, 991 Rn. 37 (jeweils zu Telekommunikationsleitungen); OLG Stuttgart EnWZ 2020, 173 Rn. 127 (Fernwärmeleitungen); BeckOK BGB/Fritzsche BGB § 95 Rn. 9). Energieversorgungsnetze stellen damit grundsätzlich gerade kein unbewegliches Vermögen iSd § 3 Abs. 1 Nr. 1 Var. 1 VwVfG dar, sodass alleine aus der örtlichen Belegenheit der Netzinfrastruktur grundsätzlich keine örtliche Zuständigkeit einer Regulierungsbehörde abgeleitet werden kann (anderer Auffassung Bourwieg/Hellermann/Hermes/Gundel § 54 Rn. 52).

211 Richtigerweise folgt die örtliche Zuständigkeit der Regulierungsbehörden aus § 3 Abs. 1 Nr. 2 Var. 1 oder Var. 1 VwVfG, wonach entweder auf den Betrieb eines **Unternehmens** oder auf den Betrieb einer **Betriebsstätte** abzustellen ist (näher BeckOK VwVfG/Ronellenfitsch VwVfG § 3 Rn. 8; Stelkens/Bonk/Sachs/Schmitz VwVfG § 3 Rn. 19). Welche Variante des § 3 Abs. 1 Nr. 2 VwVfG einschlägig ist, richtet sich danach, ob der jeweilige Netzbetreiber ausschließlich ein Energieversorgungsnetz betreibt (dann § 3 Abs. 1 Nr. 2 Var. 1 VwVfG: Unternehmen) oder daneben noch weitere Tätigkeiten ausübt (dann § 3 Abs. 1 Nr. 2 Var. 2 VwVfG: Betriebsstätte). Örtlich zuständig ist damit diejenige Regulierungsbehörde, in deren **Bezirk** der jeweilige Betreiber eines Energieversorgungsnetzes den Netzbetrieb ausübt. Im Ergebnis ist damit – ebenso wie dies bei § 3 Abs. 1 Nr. 1 Var. 1 VwVfG der Fall wäre – auf die örtliche Belegenheit des jeweiligen Energieversorgungsnetzes abzustellen, da dieses den Gegenstand des Betriebs des jeweiligen Unternehmens bildet. Ist nach Absatz 2 Sätze 1 und 2 (→ Rn. 217ff.) eine **Landesregulierungsbehörde** sachlich zuständig, so ist mithin die Landesregulierungsbehörde desjenigen Landes örtlich zuständig, in dem das jeweilige Energieversorgungsnetz betrieben wird (für eine Anwendung des § 3 Abs. 1 Nr. 2 Var. 2 VwVfG Theobald/Kühling/Theobald/Werk § 54 Rn. 78: Energieversorgungsnetz als „Betriebsstätte"). Ist hingegen eine sachliche Zuständigkeit der **BNetzA** nach Absatz 1 (→ Rn. 197ff.), Absatz 3 Sätze 2 und 3 (→ Rn. 420ff.) oder – subsidiär – nach Absatz 3 Satz 1 (→ Rn. 416ff.) gegeben, so ist die Prüfung der örtlichen Zuständigkeit der BNetzA in gewisser Weise redundant. Denn die örtliche Zuständigkeit der BNetzA folgt alleine daraus, dass das oder die jeweils verfahrensgegenständlichen Energieversorgungsnetze im Bundesgebiet betrieben wird.

212 § 3 Abs. 3 VwVfG und die entsprechenden landesgesetzlichen Vorschriften enthalten eine – auf die örtliche Zuständigkeit beschränkte – Regelung für den Fall des **Zuständigkeitswechsels.** Die Vorschrift greift also Platz, wenn sich die die örtliche Zuständigkeit iSd § 3 Abs. 1 VwVfG begründenden Umstände im Laufe eines bereits begonnenen, aber noch nicht abgeschlossenen Verwaltungsverfahrens ändern (näher Stelkens/Bonk/Sachs/Schmitz VwVfG § 3 Rn. 38). Nach § 3 Abs. 3 VwVfG kann die bisher örtlich zuständige Behörde das jeweilige Verwaltungsverfahren unter bestimmten Voraussetzungen **fortführen,** wenn dies nämlich (i) unter Wahrung der Interessen der Beteiligten der einfachen und zweckmäßigen Durchführung des Verwaltungsverfahrens dient und (ii) die nunmehr örtlich zuständige Behörde zustimmt. Da sich im Falle des Handelns der Regulierungsbehörden die örtliche Zuständigkeit regelmäßig aus dem Ort des Betriebs eines oder mehrerer Energieversorgungsnetze ergibt (§ 3 Abs. 1 Nr. 2 Var. 1 oder Var. 2 VwVfG; → Rn. 211 f.), ist ein Eingreifen des § 3 Abs. 3 VwVfG grundsätzlich nicht denkbar. Es liegt in der Natur der Sache, dass der Betrieb eines oder mehrerer Energieversorgungsnetze während eines laufenden energiewirtschaftsrechtlichen Verwaltungsverfahrens kaum von einem Land in ein anderes Land verlegt werden kann.

Denkbar ist allerdings durchaus, dass während eines bereits eingeleiteten, aber noch nicht **213** abgeschlossenen energiewirtschaftlichen Verwaltungsverfahrens oder Beschwerdeverfahrens iSd §§ 75 ff., etwa infolge eines vollständigen oder teilweisen Netzüberganges (§ 26 ARegV) oder aber durch die Neuerrichtung oder die Beseitigung von Netzinfrastruktur, ein **Zuständigkeitswechsel** zwischen einer Landesregulierungsbehörde und der BNetzA (oder umgekehrt) eintritt. Dies ist nach Absatz 2 Satz 1 zum einen dann der Fall, wenn der Schwellenwert von 100.000 unmittelbar oder mittelbar angeschlossenen Kunden im Hinblick auf das jeweilige Energieversorgungsnetz über- oder unterschritten wird. Zum anderen tritt nach Absatz 2 Satz 3 ein solcher Fall dann ein, wenn ein Energieversorgungsnetz nach Beginn eines energiewirtschaftsrechtlichen Verwaltungsverfahrens oder Beschwerdeverfahrens die Grenzen eines Landes überschreitet oder aber wenn eine solche Grenzüberschreitung nach Beginn eines energiewirtschaftsrechtlichen Verwaltungsverfahrens oder Beschwerdeverfahrens entfällt.

Auf solche Fallkonstellationen ist die Regelung des § 3 Abs. 3 VwVfG jedoch **nicht** **214** **anwendbar**. Denn § 3 Abs. 3 VwVfG gilt zum einen nur für Zuständigkeitswechsel im Hinblick auf die örtliche Zuständigkeit (Stelkens/Bonk/Sachs/Schmitz VwVfG § 3 Rn. 38), während die Regelung des Absatzes 2 Sätze 1 oder 2 die sachliche Zuständigkeit der Regulierungsbehörden des Bundes und der Länder betrifft (→ Rn. 217 ff.). Zum anderen handelt es sich um eine subsidiäre Auffangregelung, die dann keine Anwendung findet, wenn eine spezialgesetzliche Regelung existiert (Stelkens/Bonk/Sachs/Schmitz VwVfG § 3 Rn. 39). Für Zuständigkeitswechsel im Hinblick auf die sachliche Zuständigkeit der Regulierungsbehörden des Bundes und der Länder existiert mit **Absatz 2 Satz 5** eine **Sonderregelung**, die auf die vorgenannten Sachverhaltskonstellationen anzuwenden ist (näher → Rn. 390 ff.).

VI. Geltendmachung der Unzuständigkeit einer Regulierungsbehörde (§ 66a)

Eine etwaige sachliche (§ 54 Abs. 1–3) oder örtliche (→ Rn. 209 ff.) Unzuständigkeit **215** einer handelnden Regulierungsbehörde ist durch den jeweiligen Beteiligten (§ 66) nach § 66a Abs. 1 S. 1 **bis zum Abschluss** des jeweiligen energiewirtschaftsrechtlichen Verwaltungsverfahrens gegenüber der Regulierungsbehörde geltend zu machen. Die handelnde Regulierungsbehörde kann dann über die Frage ihrer Zuständigkeit vorab entscheiden. Bejaht sie ihre Zuständigkeit, so kann diese Vorabentscheidung nach § 66a Abs. 1 S. 2 **selbstständig** im Wege der energiewirtschaftsrechtlichen Beschwerde angegriffen werden (→ § 66a Rn. 3 ff.; Bourwieg/Hellermann/Hermes/Burmeister § 66a Rn. 2 und 4; Theobald/Kühling/Theobald/Werk § 66a Rn. 8 f.; Kment EnWG/Turiaux § 66a Rn. 2).

Macht der Beteiligte die sachliche und/oder örtliche Zuständigkeit **hingegen nicht** **216** **rechtzeitig** geltend oder geht er gegen eine etwaige Vorabentscheidung der Regulierungsbehörde **nicht selbstständig** im Wege der energiewirtschaftsrechtlichen Beschwerde vor, was zu deren Bestandskraft führt, so ist dieser Beteiligte nach § 66a Abs. 2 in dem etwaigen Hauptsacheverfahren mit seinem Einwand betreffend die Unzuständigkeit der Regulierungsbehörde grundsätzlich präkludiert (Bourwieg/Hellermann/Hermes/Burmeister § 66a Rn. 5; Theobald/Kühling/Theobald/Werk § 66a Rn. 12 f.; Kment EnWG/Turiaux § 66a Rn. 3).

G. Aufgaben der Regulierungsbehörden der Länder (Abs. 2)

Die Aufgaben der „Regulierungsbehörde" werden nach Maßgabe von Absatz 2 nicht von **217** der BNetzA, sondern von den Regulierungsbehörden der Länder wahrgenommen (Absatz 1). Die Regelung des Absatzes 2 bildet damit die Rechtsgrundlage für die **sachliche Zuständigkeit** der Regulierungsbehörden der Länder für regulatorische Aufgaben im Sinne des EnWG. Die örtliche Zuständigkeit der Regulierungsbehörden der Länder ergibt sich demge-

EnWG § 54   Teil 7. Behörden

genüber aus der dem § 3 VwVfG entsprechenden landesgesetzlichen Regelung (näher → Rn. 209 ff.).

218   Aus Absatz 2 folgt im Detail die **Aufteilung** der sachlichen Zuständigkeit zwischen der BNetzA und den Regulierungsbehörden der Länder. Ist für eine regulatorische Aufgabe iSd Absatzes 1 keine sachliche Zuständigkeit einer Landesregulierungsbehörde nach Maßgabe von Absatz 2 gegeben, so ist für diese Aufgabe nach Absatz 1 die BNetzA originär sachlich zuständig (→ Rn. 197 ff.; Baur/Salje/Schmidt-Preuß Energiewirtschaft/Franke Kap. 40 Rn. 11; Bourwieg/Hellermann/Hermes/Gundel § 54 Rn. 30; Kment EnWG/Görisch § 54 Rn. 5; Salje EnWG § 54 Rn. 9; Säcker EnergieR/Schmidt-Preuß § 54 Rn. 6: „Splitting-Konzept"; Schneider/Theobald EnergieWirtschaftsR-HdB/Franke § 19 Rn. 5 ff.; Theobald/Kühling/Theobald/Werk § 54 Rn. 2 und 34; Neveling ZNER 2005, 263 (266 f.)). Aufgrund der „expliziten und differenzierten Zuständigkeitszuweisung" (OLG Düsseldorf BeckRS 2010, 27801) in Absatz 2 kann von einem **„numerus clausus"** der sachlichen Zuständigkeiten der Regulierungsbehörden der Länder gesprochen werden (Baur/Salje/Schmidt-Preuß Energiewirtschaft/Franke Kap. 40 Rn. 11; Salje EnWG § 54 Rn. 23; Kment EnWG/Görisch § 54 Rn. 5; Schneider/Theobald EnergieWirtschaftsR-HdB/Franke § 19 Rn. 5; ähnlich Bourwieg/Hellermann/Hermes/Gundel § 54 Rn. 32; Theobald/Kühling/Theobald/Werk § 54 Rn. 34). Bei der Schaffung der Regelung des Absatzes 2 bestand die Zielsetzung des Gesetzgebers darin, **„größtmögliche Rechtssicherheit"** im Hinblick auf die Aufteilung der sachlichen Zuständigkeit zwischen den Regulierungsbehörden des Bundes und der Länder schaffen (OLG Düsseldorf BeckRS 2010, 27801).

219   Für das Bestehen einer sachlichen Zuständigkeit nach Absatz 2 spielt es dabei keine Rolle, ob ein Land über eine – wie auch immer organisierte – eigene Landesregulierungsbehörde verfügt (→ Rn. 82 ff.) oder ob die BNetzA auf der Grundlage eines **Organleiheabkommens** die Aufgaben der Landesregulierungsbehörde wahrnimmt (→ Rn. 89 ff.). Im letzteren Fall ist die BNetzA als in die Verwaltungsstruktur der jeweiligen Landesverwaltung funktionell eingegliedertes Organ des Landes anzusehen, das Aufgaben des Landes ausführt (→ Rn. 94). In einer solchen Konstellation ergibt sich die sachliche Zuständigkeit der BNetzA „als Landesregulierungsbehörde" nicht aus Absatz 1, sondern aus Absatz 2 Satz 1 Nummern 1–12.

220   In **Absatz 2 Satz 1** ist geregelt, dass die Regulierungsbehörden der Länder in Bezug auf die Betreiber von – bemessen nach der Anzahl der unmittelbar oder mittelbar angeschlossenen Kunden – kleineren Energieverteilernetzen für die in Nummern 1–12 aufgezählten Aufgaben grundsätzlich sachlich zuständig sind (→ Rn. 221 ff.). **Absatz 2 Satz 2** enthält eine Ausnahmeregelung dahingehend, dass die Landesregulierungsbehörden dann nicht nach Absatz 2 Satz 1 Nummern 1–12 sachlich zuständig sind, wenn der jeweilige Netzbetreiber ein Energieverteilernetz betreibt, das über die Grenzen eines Landes hinausreicht; in diesem Fall ist nach Absatz 1 die BNetzA originär sachlich zuständig (→ Rn. 374 ff.). In **Absatz 2 Satz 3** findet sich eine besondere Ausnahmeregelung zu Absatz 2 Satz 1 Nummern 6, 7 und 8, wonach eine sachliche Zuständigkeit der Regulierungsbehörden der Länder dann nicht besteht, wenn die Erfüllung der jeweiligen Regulierungsaufgaben mit dem Anschluss von Biogasanlagen im Zusammenhang steht; auch in diesen Konstellationen ist nach Absatz 1 die BNetzA originär sachlich zuständig (→ Rn. 361 ff.). In **Absatz 2 Satz 4** ist geregelt, auf welchen Zeitpunkt bei der Bestimmung der Anzahl der an ein Energieverteilernetz unmittelbar oder mittelbar angeschlossenen Kunden iSd Absatzes 2 Satz 1 abzustellen ist (→ Rn. 271 ff.). Schließlich enthält **Absatz 2 Satz 5** eine Regelung für das Vorgehen im Falle eines Wechsels der sachlichen Zuständigkeit während eines bereits begonnenen energiewirtschaftlichen Verwaltungsverfahrens oder eines (Rechts-)Beschwerdeverfahrens (→ Rn. 390 ff.). Im Einzelnen:

I. Bestimmte sachliche Zuständigkeiten in Bezug auf „kleinere" Energieverteilernetze (Abs. 2 S. 1)

221   Die jeweilige Landesregulierungsbehörde ist grundsätzlich sachlich zuständig für die in Absatz 2 Satz 1 Nummern 1–12 aufgezählten **regulatorischen Aufgaben** (einschließlich etwaiger Annexkompetenzen; → Rn. 275 ff.), sofern sich diese beziehen auf von Energieversorgungsunternehmen betriebene (→ Rn. 224 ff.) Elektrizitäts- und Gas**verteiler**netze (→

Allgemeine Zuständigkeit § 54 EnWG

Rn. 230 ff.), an die jeweils **weniger** als 100.000 Kunden unmittelbar oder mittelbar angeschlossen sind (→ Rn. 233 ff.). Liegt eine der vorgenannten Voraussetzungen **nicht** vor, so ist nach Absatz 1 die BNetzA als sachlich zuständig für die Erfüllung regulatorischer Aufgaben anzusehen (→ Rn. 197 ff.); es handelt sich mithin um Zuständigkeitsvoraussetzungen, die „kumulativ" vorliegen müssen (Salje EnWG § 54 Rn. 8 und 24; Kment EnWG/Görisch § 54 Rn. 6). Gegebenenfalls ist die sachliche Zuständigkeit für die Erfüllung regulatorischer Aufgaben zwischen der jeweiligen Landesregulierungsbehörde und der BNetzA **aufgeteilt** (→ Rn. 205 f.).

Selbst wenn die vorgenannten Voraussetzungen für eine sachliche Zuständigkeit der jeweiligen Landesregulierungsbehörde im Einzelfall gegeben sind, ist die Regelung des Absatzes 2 Satz 1 in den folgenden Fallgestaltungen **nicht anwendbar,** mit der Folge, dass eine originäre sachliche Zuständigkeit der BNetzA nach Absatz 1 besteht: 222

- Zum einen scheidet eine Anwendung des Absatzes 2 Satz 1 vollständig aus, wenn das fragliche Energieverteilernetz über die Grenzen eines Landes **hinausreicht** (Absatz 2 Satz 2, → Rn. 374 ff.).
- Zum anderen ist Absatz 2 Satz 1 teilweise nicht anwendbar, wenn in Bezug auf die in Absatz 2 Satz 1 Nummern 6, 7 und 8 genannten regulatorischen Aufgaben ein Zusammenhang mit dem Netzanschluss einer **Biogasanlage** besteht (Absatz 2 Satz 3, → Rn. 361 ff.).

Absatz 2 Satz 1 findet ebenfalls **keine Anwendung,** wenn nach Maßgabe des Absatzes 3 Sätze 2 und 3 eine sachliche Zuständigkeit der BNetzA für den Erlass **bundeseinheitlicher Festlegungen** besteht (→ Rn. 420 ff.; Baur/Salje/Schmidt-Preuß Energiewirtschaft/Franke Kap. 40 Rn. 14). Gerade im Hinblick auf die sachlichen Zuständigkeiten der Regulierungsbehörden der Länder für die Anreizregulierung (Absatz 2 Satz 1 Nummer 2, → Rn. 284 ff.) und für individuelle Netzentgelte (Absatz 2 Satz 1 Nummer 3, → Rn. 292 ff.) spielen solche bundeseinheitlichen Festlegungen in der Praxis eine große Rolle. 223

1. Energieversorgungsunternehmen als Netzbetreiber

Gemäß Absatz 2 Satz 1 bezieht sich die sachliche Zuständigkeit der Regulierungsbehörden der Länder in einem ersten Schritt auf „Energieversorgungsunternehmen" (OLG Düsseldorf BeckRS 2010, 27801; Kment EnWG/Görisch § 54 Rn. 7; Salje EnWG § 54 Rn. 33; Theobald/Kühling/Theobald/Werk § 54 Rn. 50). Der Begriff des Energieversorgungsunternehmens ist in § 3 Nr. 18 Hs. 1 **legal definiert.** Demnach sind Energieversorgungsunternehmen „natürliche oder juristische Personen, die Energie an andere liefern, ein Energieversorgungsnetz betreiben oder an einem Energieversorgungsnetz als Eigentümer Verfügungsbefugnis besitzen" (→ § 3 Nr. 18 Rn. 1 ff.). In § 3 Nr. 18 Hs. 2 wird klargestellt, dass der Betrieb einer Kundenanlage (§ 3 Nr. 24a) oder einer Kundenanlage zur betrieblichen Eigenversorgung (§ 3 Nr. 24b) nicht dazu führt, dass der jeweilige Betreiber als Energieversorgungsunternehmen anzusehen wäre (→ § 3 Nr. 18 Rn. 10 f.). 224

Nach dem Wortlaut des Absatzes 2 Satz 1 **beschränkt** sich die sachliche Zuständigkeit der Regulierungsbehörden der Länder jedoch in einem zweiten Schritt auf einen Ausschnitt der in § 3 Nr. 18 Hs. 1 genannten Energieversorgungsunternehmen. Von Absatz 2 Satz 1 erfasst werden nur solche Energieversorgungsunternehmen, die eine bestimmte Art von Energieversorgungsnetzen, nämlich Elektrizitäts- oder Gasverteilernetze (→ Rn. 230 ff.), betreiben und somit als Netzbetreiber anzusehen sind (OLG Düsseldorf BeckRS 2010, 27801; Baur/Salje/Schmidt-Preuß Energiewirtschaft/Franke Kap. 40 Rn. 15; Säcker EnergieR/Schmidt-Preuß § 54 Rn. 11; Salje EnWG § 54 Rn. 33; Schneider/Theobald EnergieWirtschaftsR-HdB/Franke § 19 Rn. 7; Theobald/Kühling/Theobald/Werk § 54 Rn. 52). **Nicht erfasst** von der sachlichen Zuständigkeit der Landesregulierungsbehörden sind solche Energieversorgungsunternehmen iSd § 3 Nr. 18 Hs. 1, die Energie an andere liefern oder die Eigentümer eines Energieversorgungsunternehmens sind, ohne zugleich ein Energieverteilernetz zu betreiben. 225

Bei dem Energieversorgungsunternehmen gem. Absatz 2 Satz 1 muss es sich mithin nicht zwingend um ein vertikal integriertes Energieversorgungsunternehmen iSd § 3 Nr. 38 handeln (→ § 3 Nr. 38 Rn. 1 ff.). Für das Vorliegen eines Energieversorgungsunternehmens iSd Absatzes 2 Satz 1 ist es daher **nicht erforderlich,** dass das betreffende Unternehmen oder aber die Gruppe verbundener Unternehmen, zu denen das betreffende Unternehmen gehört, 226 neben dem Betrieb eines Energieverteilernetzes zusätzlich in dem Bereich der Energieerzeugung bzw. -gewinnung oder im Bereich des Energievertriebs tätig ist. **Ausreichend** für das Bestehen einer sachlichen Zuständigkeit nach Absatz 2 Satz 1 ist vielmehr eine Tätigkeit als Betreiber eines Energieverteilernetzes.

227 Der Begriff des **Netzbetreibers** ist in § 3 Nr. 27, allerdings in wenig zielführender Weise, **legal definiert**. Demnach ist Netzbetreiber ein Netz- oder Anlagenbetreiber iSd § 3 Nr. 2–7 und 10 (→ § 3 Nr. 27 Rn. 1). Netzbetreiber ist derjenige, der faktisch die (energie-)wirtschaftliche Verfügungsgewalt über das fragliche Energieverteilernetz ausübt und in technischer und wirtschaftlicher Hinsicht für den ordnungsgemäßen Betrieb des Energieverteilernetzes verantwortlich ist (Bourwieg/Hellermann/Hermes/Bourwieg § 11 Rn. 36; Kment EnWG/Tüngler § 11 Rn. 28). Der Netzbetreiber kann mit dem Netzeigentümer identisch sein, es kann sich jedoch auch um verschiedene Rechtspersonen handeln. In der Praxis ist es nicht unüblich, dass ein Netzeigentümer die Stellung des Netzbetreibers durch Abschluss eines Betriebsführungsvertrags auf einen Dritten (insbesondere ein mit ihm verbundenes Unternehmen oder einen externen Dienstleister) überträgt. Besteht über das jeweilige Energieverteilernetz ein Pachtvertrag nach §§ 581 ff. BGB, so ist der Netzbetreiber regelmäßig der Pächter.

228 Nach § 3 Nr. 18 Hs. 1 können Energieversorgungsunternehmen sowohl natürliche als auch juristische Personen sein. Für die Einstufung als Energieversorgungsunternehmen iSd Absatzes 2 Satz 1 kommt es mithin nicht auf die **Rechtsform** des Betreibers des jeweiligen Energieverteilernetzes an. Bei Netzbetreibern nach Absatz 2 Satz 1 kann es sich daher handeln um

- juristische Personen des Privatrechts, insbesondere in der Rechtsform der Gesellschaft mit beschränkter Haftung (GmbH) und der Aktiengesellschaft (AG),
- teilrechtsfähige Personenhandelsgesellschaften, namentlich offene Handelsgesellschaften (oHG) und Kommanditgesellschaften (KG),
- Unternehmen in öffentlich-rechtlichen Organisationsform, insbesondere Regie- und Eigenbetriebe, Kommunalunternehmen (KU), Anstalten des öffentlichen Rechts (AöR),
- in Einzelfällen natürliche Personen, etwa als Einzelkaufleute.

229 Ebenfalls nicht maßgeblich sind die jeweiligen **Beteiligungsverhältnisse** an dem fraglichen Netzbetreiber. Es ist daher unerheblich, ob und in welchem Umfang die Gesellschaftsanteile an dem Betreiber des jeweiligen Energieverteilernetzes durch private Anteilseigner und/oder durch die öffentliche Hand gehalten werden. Bei Netzbetreibern, die „kleinere" Energieverteilernetze iSd Absatzes 2 Satz 1 betreiben und sich daher grundsätzlich in der sachlichen Zuständigkeit der Regulierungsbehörden der Länder befinden, handelt es sich häufig um Unternehmen (Gemeinde- und Stadtwerke), die sich ganz oder zumindest teilweise in öffentlicher Hand befinden.

2. Elektrizitäts- und Gasverteilernetze

230 Nach Absatz 2 Satz 1 beschränkt sich die sachliche Zuständigkeit der Regulierungsbehörden der Länder unter bestimmten Voraussetzungen auf die Betreiber von Elektrizitäts- und Gasverteilernetzen (OLG Düsseldorf BeckRS 2010, 27801; Baur/Salje/Schmidt-Preuß Energiewirtschaft/Franke Kap. 40 Rn. 15; Säcker EnergieR/Schmidt-Preuß § 54 Rn. 11; Salje EnWG § 54 Rn. 33; Schneider/Theobald EnergieWirtschaftsR-HdB/Franke § 19 Rn. 7; Theobald/Kühling/Theobald/Werk § 54 Rn. 44). Der Begriff der **Verteilung** von Energie ist in § 3 Nr. 37 **legal definiert**. Demnach ist unter dem Begriff der Verteilung von Energie deren Transport zum Zwecke der Ermöglichung der Versorgung von Kunden, nicht jedoch deren Belieferung, zu verstehen, sofern diese (i) über Elektrizitätsverteilernetze auf den Netzebenen Nieder-, Mittel- oder Hochspannung oder (ii) über Gasverteilernetze durch örtliche oder regionale Leitungsnetze erfolgt (näher → § 3 Nr. 37 Rn. 1 ff.; Bourwieg/Hellermann/Hermes/Gundel § 54 Rn. 42; Kment EnWG/Görisch § 54 Rn. 7; Salje EnWG § 54 Rn. 33; Theobald/Kühling/Theobald/Werk § 54 Rn. 44 f.).

231 Die Voraussetzungen für das Bestehen einer sachlichen Zuständigkeit der Regulierungsbehörden der Länder nach Absatz 2 Sätze 1–3 sind **separat** für Elektrizitäts- und Gasverteilernetze zu prüfen (Wortlaut: „jeweils"; Säcker EnergieR/Schmidt-Preuß § 54 Rn. 14). Dies gilt insbesondere für den Schwellenwert von 100.000 unmittelbar oder mittelbar angeschlos-

Allgemeine Zuständigkeit § 54 EnWG

senen Kunden (Absatz 2 Satz 1) und das Vorliegen eines über die Grenze eines Landes hinausreichenden Netzgebiets (Absatz 2 Satz 2). Betreibt ein und dasselbe Unternehmen sowohl ein Elektrizitäts- als auch ein Gasverteilernetz, so kann dieses Unternehmen in Bezug auf den Strom- oder Gasbereich in die sachliche Zuständigkeit nach Absatz 1 und Absatz 2 Sätze 1–3 **unterschiedlicher Regulierungsbehörden** fallen (Baur/Salje/Schmidt-Preuß Energiewirtschaft/Franke Kap. 40 Rn. 20; Bourwieg/Hellermann/Hermes/Gundel § 54 Rn. 32; Kment EnWG/Görisch § 54 Rn. 7; Säcker EnergieR/Schmidt-Preuß § 54 Rn. 14; Schneider/Theobald EnergieWirtschaftsR.-HdB/Franke § 19 Rn. 7; Theobald/Kühling/Theobald/Werk § 54 Rn. 51 f.; Pielow DÖV 2005, 1017 (1020); zweifelnd Neveling ZNER 2005, 263 (267)).

Die sachliche Zuständigkeit der Regulierungsbehörden der Länder beschränkt sich auf die 232 Betreiber von Energieverteilernetzen (Kment EnWG/Görisch § 54 Rn. 7; Säcker EnergieR/Schmidt-Preuß § 54 Rn. 11; Schneider/Theobald EnergieWirtschaftsR.-HdB/Franke § 19 Rn. 7) und kann sich daher **nicht** auf Betreiber von **Transportnetzen** iSd § 3 Nr. 31e (→ § 3 Nr. 31e Rn. 1 f.) beziehen, also auf die Betreiber der Übertragungsnetze im Strombereich (§ 3 Nr. 32) und die Betreiber von Fernleitungsnetzen im Gasbereich (§ 3 Nr. 19). Für die Betreiber der Transportnetze besteht eine alleinige originäre sachliche Zuständigkeit der BNetzA nach Absatz 1 (näher → Rn. 199 ff.). Entsprechendes gilt für die Betreiber von **Kombinationsnetzen** iSd § 6d, also im Falle eines gemeinsamen Betriebs von Transportnetzen und Energieverteilernetzen (→ Rn. 208).

3. Anzahl der unmittelbar oder mittelbar angeschlossenen Kunden

Nach Absatz 2 Satz 1 **beschränkt** sich die sachliche Zuständigkeit der Regulierungsbehör- 233 den der Länder auf solche Netzbetreiber, „an deren Elektrizitäts- oder Gasverteilernetz jeweils weniger als 100.000 Kunden unmittelbar oder mittelbar angeschlossen sind" (Baur/Salje/Schmidt-Preuß Energiewirtschaft/Franke Kap. 40 Rn. 18 ff.; Bourwieg/Hellermann/Hermes/Gundel § 54 Rn. 40; Kment EnWG/Görisch § 54 Rn. 7; Säcker EnergieR/Schmidt-Preuß § 54 Rn. 11; Salje EnWG § 54 Rn. 35; Schneider/Theobald EnergieWirtschaftsR.-HdB/Franke § 19 Rn. 6; Theobald/Kühling/Theobald/Werk § 54 Rn. 56 ff.). Für die Regulierung von Energieverteilernetzen, an die 100.000 Kunden oder mehr unmittelbar oder mittelbar angeschlossen sind, besteht eine originäre sachliche Zuständigkeit der BNetzA nach Absatz 1 (→ Rn. 202 ff.).

a) Hintergrund und Entstehungsgeschichte. Der in Absatz 2 Satz 1 enthaltene 234 Schwellenwert von 100.000 unmittelbar oder mittelbar angeschlossenen Kunden geht auf die zwischen Bund und Ländern geführte **politische Diskussion** über die Beteiligung der Länder an dem Vollzug der Regulierungsaufgaben des EnWG zurück (im Einzelnen → Rn. 14 ff.). Erstmals erwähnt wurde der vorgenannte Schwellenwert – soweit ersichtlich – in einer Sitzung des Bundesrates vom 29.4.2005. In dieser Sitzung wurde ein „**Kompromissvorschlag**" erwähnt, wonach die Regulierungsbehörden der Länder „für Netzbetreiber mit weniger als 100.000 Kunden zuständig sein sollen" (BR-Plenarprotokoll 810, 139 C – Hervorhebung nicht im Original; → Rn. 18). In die Regelung des § 54 aufgenommen wurde der vorgenannte Schwellenwert schließlich erst durch die Beschlussempfehlung des **Vermittlungsausschusses** vom 15.6.2005 (BT-Drs. 15/5736 (neu), 6; → Rn. 19) und die diesbezügliche Beschlussfassung des Deutschen Bundestages vom 16.6.2005 (BR-Drs. 248/05 (Beschluss); → Rn. 20).

Der Schwellenwert von 100.000 unmittelbar oder mittelbar angeschlossenen Kunden in 235 Absatz 2 Satz 1 knüpft in seiner Ausgestaltung erkennbar an die gleichlautenden entflechtungsrechtlichen **de-minimis-Regelungen** gem. §§ 7 Abs. 2, 7a Abs. 7 (→ § 7 Rn. 24 ff. und → § 7a Rn. 108 f.) an, die seinerzeit ebenfalls Gegenstand der politischen Diskussion waren (Baur/Salje/Schmidt-Preuß Energiewirtschaft/Franke Kap. 40 Rn. 19; Bourwieg/Hellermann/Hermes/Gundel § 54 Rn. 40; Kment EnWG/Görisch § 54 Rn. 7 und Fn. 46; Säcker EnergieR/Schmidt-Preuß § 54 Rn. 12 in Fn. 21; Salje EnWG § 54 Rn. 35; Schneider/Theobald EnergieWirtschaftsR.-HdB/Franke § 19 Rn. 6; Theobald/Kühling/Theobald/Werk § 54 Rn. 60; Pielow DÖV 2005, 1017 (1019 in Fn. 22)). Der Gesetzgeber hat sich – offenkundig zum Zwecke der **Vereinfachung** – dazu entschlossen, mit der Anzahl der unmittelbar oder mittelbar an das jeweils betriebene Energieverteilernetz angeschlossenen

Kresse 1497

EnWG § 54   Teil 7. Behörden

Kunden einen bereits in anderem Zusammenhang existierenden Schwellenwert auch nach Absatz 2 Satz 1 für die sachliche Zuständigkeit der Regulierungsbehörden des Bundes und der Länder als Abgrenzungskriterium heranzuziehen. Hierdurch hat es der Gesetzgeber vermieden, für die sachliche Zuständigkeit der Regulierungsbehörden des Bundes und der Länder ein zusätzliches Abgrenzungskriterium (beispielsweise die jährlich durch das fragliche Energieverteilernetz durchgeleitete Energiemenge) schaffen zu müssen. Dies dürfte auch der Grund dafür sein, dass sich den entflechtungsrechtlichen de-minimis-Regelungen vergleichbar ausgestaltete Schwellenwerte im Hinblick auf die Anzahl unmittelbar oder mittelbar angeschlossener Kunden von Netzbetreibern (wenn auch in unterschiedlicher Höhe) im Energiewirtschaftsrecht an zahlreichen Stellen finden. Das in der Praxis – neben Absatz 2 Satz 1 und den vorgenannten entflechtungsrechtlichen de-minimis-Regelungen – bedeutsamste Beispiel hierfür dürfte der in **§ 24 Abs. 1 ARegV** enthaltene Schwellenwert betreffend die Teilnahmeberechtigung der Betreiber von Energieverteilernetzen am vereinfachten Verfahren der Anreizregulierung darstellen (eingehend Holznagel/Schütz/Kresse ARegV § 24 Rn. 37 ff.).

236   Während Absatz 2 Satz 1 lediglich der Abgrenzung der sachlichen Zuständigkeit zwischen den Regulierungsbehörden des Bundes und der Länder dient (→ Rn. 1), haben dessen „Vorbilder", nämlich die vorgenannten de-minimis-Regelungen im Entflechtungsrecht, einen weitergehenden Sinn und Zweck: Die **ratio** der entflechtungsrechtlichen de-minimis-Regelungen in §§ 7 Abs. 2, 7a Abs. 7 besteht darin, bestimmte kleinere Netzbetreiber von entflechtungsrechtlichen Anforderungen zu entlasten (zu §§ 7 Abs. 2, 7a Abs. 7 BT-Drs. 17/6072, 56 f.; zur Vorgängerregelung BT-Drs. 15/3917, 52 ff.). Hinzu kommt, dass die entflechtungsrechtlichen de-minimis-Regelungen über einen **unionsrechtlichen Hintergrund** verfügen: Bereits in der mittlerweile überholten Regelung des Art. 15 Abs. 2 Elektrizitäts-Binnenmarkt-Richtlinie 2003/54/EG und des Art. 13 Abs. 2 Gasbinnenmarkt-RL 2003 wurde für den nationalen Gesetzgeber die Möglichkeit eröffnet, Betreiber von Energieverteilernetzen mit „weniger als 100.000 angeschlossene[n] Kunden" von bestimmten Entflechtungsregelungen auszunehmen (GD Energie und Verkehr, Vermerk zu den Richtlinien 2003/54/EG und 2003/55/EG über den Elektrizitäts- und Erdgasbinnenmarkt, Die Entflechtungsregelung, 16.1.2004, 16 ff.). Entsprechende unionsrechtliche Vorgaben finden sich in nunmehr in Art. 35 Abs. 4 Elektrizitäts-Binnenmarkt-Richtlinie (EU) 2019/944 (früher: Art. 26 Abs. 4 Elektrizitäts-Binnenmarkt-Richtlinie 2009/72/EG und Art. 26 Abs. 4 Gas-Binnenmarkt-Richtlinie 2009/73/EG.

237   Bei der Anzahl der unmittelbar oder mittelbar an ein Energieversorgungsnetz angeschlossenen Kunden handelt es sich vor dem Hintergrund der §§ 7 Abs. 2, 7a Abs. 7 um ein **geeignetes Kriterium** zur Identifikation kleinerer Netzbetreiber. Denn die Fähigkeit eines Unternehmens zur Bewältigung regulatorischer Anforderungen mit einem für das Unternehmen selbst verhältnismäßigen Aufwand bestimmt sich maßgeblich nach dessen Ausstattung mit personellen und sachlichen Mitteln (administrative Leistungsfähigkeit). Diese **administrative Leistungsfähigkeit** ist wiederum davon abhängig, wie viele unmittelbar oder mittelbar angeschlossene Kunden in dem jeweiligen Netzgebiet in den Verantwortungsbereich des Netzbetreibers fallen. Denn der Netzbetreiber muss über ausreichende personelle und sachliche Mittel verfügen, um die in seinem Netzgebiet unmittelbar oder mittelbar angeschlossenen Kunden zu betreuen, namentlich im Hinblick auf seine Verpflichtungen zur Gewährung des Netzanschlusses (§§ 17 f.) und des Netzzuganges (§§ 20, 20a). Insbesondere sind in diesem Zusammenhang die Energiemengenbilanzierung und die Abwicklung von Lieferantenwechselprozessen zu nennen. Auch Kunden, die über eine in dem Netzgebiet befindliche Kundenanlage (§ 3 Nr. 24a und 24b) mittelbar an das Energieversorgungsnetz angeschlossen sind (→ Rn. 249 f.), fallen in den Verantwortungsbereich des Netzbetreibers in dem vorgenannten Sinne (§ 20 Abs. 1d). Im Ergebnis ist damit das Vorliegen eines iSd Absatzes 2 Satz 1 unmittelbar oder mittelbar an das Energieverteilernetz angeschlossenen Kunden dann zu bejahen, wenn dieser in den **Verantwortungsbereich** des Netzbetreibers fällt und mit dessen Ausstattung an personellen und sachlichen Mitteln zu betreuen ist.

238   **Nicht vereinbar** mit dem Wortlaut und der ratio der Regelung der §§ 7 Abs. 1, 7a Abs. 7 ist es hingegen, bei der Prüfung der Schwellenwerte auf die wirtschaftliche Leistungsfähigkeit oder die wirtschaftliche Bedeutung des jeweiligen Netzbetreibers in Form bestimmter Abgrenzungskriterien (beispielsweise der durch ein Netzgebiet durchgeleiteten Energiemenge) abzustellen (in diese Richtung zu §§ 7 Abs. 2, 7a Abs. 7 Baur/Salje/Schmidt-Preuß Energiewirtschaft/Bourwieg Kap. 93 Rn. 20: „Versorgungsaufgabe entsprechend groß"; zu Absatz 2 Satz 1 Baur/Salje/Schmidt-Preuß Energiewirtschaft/Franke Kap. 40 Rn. 15; Schneider/Theobald EnergieWirtschaftsR-HdB/Franke § 19 Rn. 6: „energiewirtschaftliche [...] Bedeutung"). Der Gesetzgeber hat sich aus den genannten Gründen bewusst dafür entschieden (→ Rn. 234 ff.), die Anzahl der unmittelbar oder mittelbar angeschlossenen Kunden als Abgrenzungskriterium heranzuziehen – und zwar unabhängig von der durch diese Kunden verbrauchten Energiemenge. Alleine die wirtschaftliche Leistungsfähigkeit oder die wirtschaftliche Bedeutung eines Netzbetreibers haben nicht automatisch zur Folge, dass dieser über ausreichende personelle und sachliche Mittel verfügt, um mit einem für ihn selbst verhältnismäßigen Aufwand regulatorische Anforderungen erfüllen zu können. Die Frage, ob eine Entlastung des jeweiligen Unternehmens von regulatorischen Anforderungen unter dem Gesichtspunkt der Verhältnismäßigkeit geboten ist oder nicht, lässt sich nur anhand der administrativen Leistungsfähigkeit des zu prüfenden Netzbetreibers beantworten.

b) Einheitliche Auslegung. Der Begriff des unmittelbar oder mittelbar an ein Energieversorgungsnetz angeschlossenen Kunden wird in zahlreichen Vorschriften des Energiewirtschaftsrechts verwendet (→ Rn. 235). Es ist – soweit ersichtlich – anerkannt, dass der Begriff des unmittelbar oder mittelbar an ein Energieversorgungsnetz angeschlossenen Kunden im **gesamten Energiewirtschaftsrecht** grundsätzlich einheitlich auszulegen ist; den entscheidenden Anknüpfungspunkt dieser Auslegung bilden hierbei die entflechtungsrechtlichen de-minimis-Regelungen, da diese – wie ausgeführt – den historischen Ursprung der durch den Gesetz- und Verordnungsgeber gewählten Formulierung bilden (zu Absatz 2 Satz 1 Baur/Salje/Schmidt-Preuß Energiewirtschaft/Franke Kap. 40 Rn. 19 und Fn. 33; Bourwieg/Hellermann/Hermes/Gundel Rn. 40; Kment EnWG/Görisch § 54 Rn. 7 in Fn. 46; Säcker EnergieR/Schmidt-Preuß § 54 Rn. 12 in Fn. 21; Salje EnWG § 54 Rn. 35; Theobald/Kühling/Theobald/Werk § 54 Rn. 60; zu § 24 ARegV OLG Nürnberg BeckRS 2010, 10606; Holznagel/Schütz/Kresse ARegV § 24 Rn. 45; Theobald/Kühling/Hummel ARegV § 24 Rn. 15 f.). Diese einheitliche Auslegung gilt **unabhängig davon**, dass die entflechtungsrechtlichen de-minimis-Regelungen die ratio haben, bestimmte kleinere Netzbetreiber von entflechtungsrechtlichen Anforderungen zu entlasten (→ Rn. 236), während Absatz 2 Satz 1 lediglich einer Abgrenzung der sachlichen Zuständigkeit zwischen den Regulierungsbehörden des Bundes und der Länder dient (→ Rn. 1). 239

Bei der Auslegung kann vor diesem Hintergrund – neben der einschlägigen Literatur und Rechtsprechung – auf die **Gemeinsamen Auslegungsgrundsätze** der Regulierungsbehörden des Bundes und der Länder zu den Entflechtungsbestimmungen in §§ 6–10 EnWG aF vom 1.3.2006 (dort S. 8 f. und insbesondere Anlage 1 auf S. 35 f.) abgestellt werden, die u.a. auf der Internetseite der BNetzA abrufbar sind (www.bundesnetzagentur.de → Elektrizität/Gas → Entflechtung und Konzessionen → Entflechtung). Schließlich existiert ein **Auslegungspapier** der EU-Kommission zum energiewirtschaftsrechtlichen Entflechtungsrecht, das ebenfalls zum Zwecke der Auslegung herangezogen werden kann (GD Energie und Verkehr, Vermerk zu den Richtlinien 2003/54/EG und 2003/55/EG über den Elektrizitäts- und Erdgasbinnenmarkt, Die Entflechtungsregelung, 16.1.2004, 16 ff.). 240

Bei der einheitlichen Auslegung des Begriffes des unmittelbar oder mittelbar an ein Energieversorgungsnetz angeschlossenen Kunden anhand der heutigen §§ 7 Abs. 2, 7a Abs. 7 ist maßgeblich zu beachten, dass die durch den Gesetzgeber verfolgte **Zielsetzung** darin bestand, den durch Art. 35 Abs. 4 Elektrizitäts-Binnenmarkt-Richtlinie (EU) 2019/944 (früher: Art. 26 Abs. 4 Elektrizitäts-Binnenmarkt-Richtlinie 2009/72/EG und Art. 15 Abs. 2 Elektrizitäts-Binnenmarkt-Richtlinie 2003/54/EG) und Art. 26 Abs. 4 Gas-Binnenmarkt-Richtlinie 2009/73/EG (früher: Art. 13 Abs. 2 Gas-Binnenmarkt-Richtlinie 2003/55/EG) auf unionsrechtlicher Ebene eröffneten Spielraum zur Schaffung von Ausnahmeregelungen für Netzbetreiber mit „weniger als 100.000 angeschlossene[n] Kunden" **möglichst weitreichend** in deutsches Recht umzusetzen (zu §§ 7 Abs. 2, 7a Abs. 7 EnWG BT-Drs. 17/6072, 56 f.; zur Vorgängerregelung BT-Drs. 15/3917, 52 ff.). Ausweislich der Parlamentsdokumentation hatte die Bundesrepublik Deutschland sich bei der EU-Kommission dafür eingesetzt, dass unionsrechtlich die Möglichkeit geschaffen wird, „kleinere Unternehmen [...] mit weniger als 100.000 angeschlossenen Kunden" von bestimmten Entflechtungsregelungen auszunehmen und die diesbezüglichen „rechtlichen Gestaltungsspielräume" im Anschluss vollstän- 241

EnWG § 54 Teil 7. Behörden

dig auszunutzen (BT-Plenarprotokoll 15/170 v. 15.4.2005, S. 15922D und 15930 D bis 15931A). Diese Zielsetzung des Gesetzgebers darf nicht durch eine zu restriktive Auslegung des Begriffes des unmittelbar oder mittelbar an ein Energieversorgungsnetz angeschlossenen Kunden konterkariert werden (nicht zielführend daher zu §§ 7 Abs. 2, 7a Abs. 7 EnWG Baur/Salje/Schmidt-Preuß Energiewirtschaft/Bourwieg Kap. 93 Rn. 18: „eng zu fassen"). Bei der Ermittlung der Kundenanzahl dürfen mithin richtigerweise nur solche Kunden als unmittelbar oder mittelbar angeschlossen berücksichtigt werden, für die dies unter Berücksichtigung der unionsrechtlichen Grundlage der entflechtungsrechtlichen de-minimis-Regelungen und des einschlägigen Auslegungspapiers der Europäischen Kommission zwingend ist (GD Energie und Verkehr, Vermerk zu den Richtlinien 2003/54/EG und 2003/55/EG über den Elektrizitäts- und Erdgasbinnenmarkt, Die Entflechtungsregelung, 16.1.2004, 16 ff.).

242 **c) Zu berücksichtigende Kunden.** Bei der Bestimmung der Anzahl der unmittelbar oder mittelbar an ein Gas- oder Elektrizitätsverteilernetz angeschlossenen Kunden iSd Absatzes 2 Satz 1 bietet es sich an, vorrangig die Fallgruppen in Anlage 1 zu den **Gemeinsamen Auslegungsgrundsätzen** der Regulierungsbehörden zu §§ 6–10 EnWG aF vom 1.3.2006 (dort S. 35 f.) heranzuziehen. Die genannte Anlage enthält namentlich **detaillierte Vorgaben** dazu, welche an ein Netz angeschlossenen Objekte als ein Kunde und welche als mehrere Kunden zu zählen sind (Säcker EnergieR/Säcker/Schönborn § 7 Rn. 14 ff.; Schneider/Theobald EnergieWirtschaftsR-HdB/de Wyl/Finke § 4 Rn. 139); die Anlage ist auf der Internetseite der BNetzA abrufbar (→ Rn. 240).

243 Die BNetzA stellt auf die Anzahl der in dem jeweiligen Netzgebiet bestehenden **„Zählpunkte"** ab, die regelmäßig der Anzahl der dort vorhandenen „Zähler" entspricht (zum Entflechtungsrecht BNetzA Beschl. v. 28.8.2009 – BK6-07-031, S. 14; vgl. auch Baur/Salje/Schmidt-Preuß Energiewirtschaft/Bourwieg Kap. 93 Rn. 18). Sollte die Ermittlung der exakten Anzahl der unmittelbar oder mittelbar an ein Verteilernetz angeschlossenen Kunden für den Netzbetreiber und die zuständige Regulierungsbehörde trotzdem nicht möglich oder mit einem unverhältnismäßigen Aufwand verbunden sein, so kann die Regulierungsbehörde im Zusammenwirken mit dem Netzbetreiber eine Schätzung durchführen. Dabei kann die Anzahl der Rechnungsempfänger als **„Hilfskriterium"** herangezogen werden (Gemeinsame Auslegungsgrundsätze der Regulierungsbehörden zu §§ 6–10 EnWG aF vom 1.3.2006, 8; GD Energie und Verkehr, Vermerk zu den Richtlinien 2003/54/EG und 2003/55/EG über den Elektrizitäts- und Erdgasbinnenmarkt, Die Entflechtungsregelung, 16.1.2004, 16; Säcker EnergieR/Säcker/Schönborn § 7 Rn. 13; krit. Theobald/Kühling/Theobald/Werk § 54 Rn. 64). Verweigert der Netzbetreiber im Hinblick auf die durchzuführende Schätzung eine Zusammenarbeit (zur diesbezüglichen Meldepflicht der Netzbetreiber → Rn. 274) mit der Regulierungsbehörde, so kann dies – insbesondere in Form eines Unsicherheitszuschlages – zulasten des Netzbetreibers berücksichtigt werden. Denn im Falle der Verletzung einer Auskunfts- und Mitwirkungspflicht durch einen Netzbetreiber ist regelmäßig davon auszugehen, dass dieser einen zu seinen Lasten wirkenden Sachverhalt vor der Regulierungsbehörde verbergen will (Holznagel/Schütz/Kresse ARegV § 24 Rn. 50).

244 **aa) Kundenbegriff.** Die Prüfung der sachlichen Zuständigkeit der Landesregulierungsbehörden bestimmt sich nach Absatz 2 Satz 1 maßgeblich anhand des Begriffes des „Kunden" (Kment EnWG/Görisch § 54 Rn. 7; Theobald/Kühling/Theobald/Werk § 54 Rn. 61: „unglücklich"). Der Kundenbegriff iSd Absatzes 2 Satz 1 ist in § 3 Nr. 24 **legal definiert**. Demnach sind Kunden „Großhändler, Letztverbraucher und Unternehmen, die Energie kaufen". Die Begriffe des Großhändlers und des Letztverbrauchers sind wiederum in § 3 Nr. 21 und 25 EnWG legal definiert. Das EnWG stellt damit im Hinblick auf das Vorliegen eines Kunden gem. § 3 Nr. 24 auf das **Kaufen von Energie** ab und fordert keine Verbindung zu einem Energieversorgungsnetz im Sinne eines physischen Anschlusspunktes (zum Entflechtungsrecht Säcker EnergieR/Säcker/Schönborn § 7 Rn. 8; Bourwieg/Hellermann/Hermes/Hölscher § 7 Rn. 44; Schneider/Theobald EnergieWirtschaftsR-HdB/de Wyl/Finke § 4 Rn. 136; zu § 24 ARegV OLG Nürnberg BeckRS 2010, 10606; Holznagel/Schütz/Kresse ARegV § 24 Rn. 52).

245 Im Gegensatz dazu stellt Absatz 2 Satz 1 – ebenso wie die §§ 7 Abs. 2, 7a Abs. 7 EnWG und § 24 Abs. 1 ARegV – auf die an ein Energieversorgungsnetz „angeschlossenen Kunden" ab. Damit handelt es sich bei dem Kundenbegriff iSd Absatzes 2 Satz 1 um einen **„netzbezo-**

Allgemeine Zuständigkeit § 54 EnWG

genen Kundenbegriff" (Säcker EnergieR/Säcker/Schönborn § 7 Rn. 10), der nicht mit dem des § 3 Nr. 24 identisch ist. Die auf die Anzahl der angeschlossenen Kunden abstellenden Schwellenwerte sind damit im Ergebnis auf die Größe des Netzbetriebes bezogen (zum Entflechtungsrecht Gemeinsame Auslegungsgrundsätze der Regulierungsbehörden zu §§ 6– 10 EnWG aF vom 1.3.2006, 8; Säcker EnergieR/Säcker/Schönborn § 7 Rn. 10; Bourwieg/ Hellermann/Hermes/Hölscher § 7 Rn. 45; Schneider/Theobald EnergieWirtschaftsR-HdB/de Wyl/Finke § 4 Rn. 137; zu Absatz 2 Satz 1 Bourwieg/Hellermann/Hermes/Gundel § 54 Rn. 44; Theobald/Kühling/Theobald/Werk § 54 Rn. 61 f.; zu § 24 ARegV Holznagel/ Schütz/Kresse ARegV § 24 Rn. 53).

Aufgrund der dargestellten Netzbezogenheit des Kundenbegriffes des Absatzes 2 Satz 1 246 und aufgrund der entflechtungsrechtlichen de-minimis-Regelungen kommt es bei der Bestimmung der Anzahl der angeschlossenen Kunden **nicht** darauf an, ob der jeweilige angeschlossene Kunde **vertriebsseitig** durch die (vertikal) integrierte Vertriebseinheit des Netzbetreibers oder durch einen alternativen Anbieter mit Energie versorgt wird (zum Entflechtungsrecht Säcker EnergieR/Säcker/Schönborn § 7 Rn. 10; zu Absatz 2 Satz 1 Theobald/Kühling/Theobald/Werk § 54 Rn. 61 f.; zu § 24 ARegV Holznagel/Schütz/Kresse ARegV § 24 Rn. 54). Auch kommt es nicht darauf an, wie groß die **Energiemenge** ist, mit der der jeweils angeschlossene Kunde versorgt wird. Daraus folgt, dass selbst ein energieintensives Industrieunternehmen, das über einen Netzanschluss an das zu prüfende Energieversorgungsnetz verfügt, nur als ein (unmittelbar angeschlossener, → Rn. 248) Kunde gezählt wird. Selbst ein Geschlossenes Verteilernetz iSd § 110 (nach früherer Rechtslage: Objektnetz) mit einem Netzanschluss, über das mehrere Industrie- oder Gewerbeunternehmen mit Energie versorgt werden, wird nur als ein (unmittelbar angeschlossener) Kunde gezählt (→ Rn. 254).

bb) Unmittelbarer oder mittelbarer Anschluss. Bei der Bestimmung der Anzahl der 247 an das Gas- oder Elektrizitätsverteilernetz eines Netzbetreibers angeschlossenen Kunden iSd Absatzes 2 Satz 1 sind nach dem Wortlaut des Gesetzes zum einen solche Kunden zu berücksichtigen, die im Netzgebiet des zu prüfenden Netzbetreibers über einen unmittelbaren Netzanschluss verfügen, zum anderen aber auch im jeweiligen Netzgebiet mittelbar angeschlossene Kunden. Auch diesbezüglich stimmt die Formulierung des Absatzes 2 Satz 1 mit den §§ 7 Abs. 2, 7a Abs. 7 überein. Der **Hintergrund** der Einbeziehung nur mittelbar angeschlossener Kunden besteht darin, dass nicht einzelne größerer Netzbetreiber durch eine scheinbare Bündelung von Vertragsverhältnissen auf vergleichsweise wenige unmittelbar angeschlossene Kunden in den Genuss einer Sonderregelung für kleinere Netzbetreiber kommen sollen (zum Entflechtungsrecht BT-Drs. 15/3917, 53; zu § 24 ARegV OLG Nürnberg BeckRS 2010, 10606; Holznagel/Schütz/Kresse ARegV § 24 Rn. 55).

Als **unmittelbar** angeschlossene Kunden nach Absatz 2 Satz 1 sind solche Kunden anzuse- 248 hen, die im Netzgebiet des jeweiligen Netzbetreibers über eine oder mehrere physische Verbindungsstellen direkt, also insbesondere ohne eine dazwischengeschaltete Kundenanlage (§ 3 Nr. 24a und 24b), mit einem Gas- oder Elektrizitätsverteilernetz verbunden sind und mit Energie beliefert werden (zum Entflechtungsrecht BT-Drs. 15/3917, 53; Bourwieg/ Hellermann/Hermes/Hölscher § 7 Rn. 48; Säcker EnergieR/Säcker/Schönborn § 7 Rn. 10; zu Absatz 2 Satz 1 Bourwieg/Hellermann/Hermes/Gundel § 54 Rn. 45; Theobald/Kühling/Theobald/Werk § 54 Rn. 67; zu § 24 ARegV Säcker EnergieR/Petermann ARegV § 24 Rn. 7; Holznagel/Schütz/Kresse ARegV § 24 Rn. 56). Die unmittelbaren Kunden nach Absatz 1 sind also identisch mit den **Anschlussnehmern,** also den Inhabern eines Netzanschlusses nach §§ 17 und 18 bzw. § 5 NAV und § 5 NDAV (zum Entflechtungsrecht Bourwieg/Hellermann/Hermes/Hölscher § 7 Rn. 48; Schneider/Theobald EnergieWirtschaftsR-HdB/de Wyl/Finke § 4 Rn. 137; zu Absatz 2 Satz 1 Bourwieg/Hellermann/ Hermes/Gundel § 54 Rn. 45; Kment EnWG/Görisch § 54 Rn. 7; Säcker EnergieR/ Schmidt-Preuß § 54 Rn. 12; Theobald/Kühling/Theobald/Werk § 54 Rn. 62 und 67; zu § 24 ARegV Holznagel/Schütz/Kresse ARegV § 24 Rn. 56).

Demgegenüber sind als **mittelbar** angeschlossene Kunden iSd Absatzes 2 Satz 1 solche 249 Kunden zu betrachten, die zwar über keine direkte physische Verbindungsstelle (Netzanschluss) mit einem Gas- oder Elektrizitätsverteilernetz verfügen, die aber im jeweiligen Netzgebiet über eine ihrerseits unmittelbar an das jeweilige Netz angeschlossene Kundenanlage (§ 3 Nr. 24a und 24b) eines Anschlussnehmers mit Energie beliefert werden (zum Entflech-

EnWG § 54   Teil 7. Behörden

tungsrecht Bourwieg/Hellermann/Hermes/Hölscher § 7 Rn. 49; Säcker EnergieR/Säcker/Schönborn § 7 Rn. 11; Schneider/Theobald EnergieWirtschaftsR-HdB/de Wyl/Finke § 4 Rn. 138; zu Absatz 2 Satz 2 Theobald/Kühling/Theobald/Werk § 54 Rn. 70; zu § 24 ARegV Baur/Salje/Schmidt-Preuß Energiewirtschaft/Weyer Kap. 88 Rn. 2; Säcker EnergieR/Petermann ARegV § 24 Rn. 7; Holznagel/Schütz/Kresse ARegV § 24 Rn. 56). Mittelbar angeschlossene Kunden sind also **keine Anschlussnehmer** eines Netzanschlusses, sondern werden über den Netzanschluss eines Anschlussnehmers mit Energie versorgt. Bei ihnen handelt es sich um **Anschlussnutzer** iSd § 3 Abs. 2 NAV und § 3 Abs. 2 NDAV (zum Entflechtungsrecht Schneider/Theobald EnergieWirtschaftsR-HdB/de Wyl/Finke § 4 Rn. 138; zu Absatz 2 Satz 1 Kment EnWG/Görisch § 54 Rn. 7; Säcker EnergieR/Schmidt-Preuß § 54 Rn. 12; Theobald/Kühling/Theobald/Werk § 54 Rn. 63 und 70; zu § 24 ARegV Holznagel/Schütz/Kresse ARegV § 24 Rn. 56). Dabei ist nicht entscheidend, ob ein mittelbar angeschlossener Kunde über einen eigenen Zählpunkt iSd § 2 Nr. 13 StromNZV verfügt (Theobald/Kühling/Theobald/Werk § 54 Rn. 64; zur diesbezüglich abweichenden Praxis der BNetzA → Rn. 243). Die Netzbetreiber haben gegenüber ihren unmittelbar angeschlossenen Kunden aus dem jeweiligen Netzanschlussvertrag einen Anspruch auf Auskunftserteilung über die Anzahl der durch den einzelnen Anschlussnehmer vermittelten mittelbar angeschlossenen Kunden (Bourwieg/Hellermann/Hermes/Hölscher § 7 Rn. 49).

250   Der Begriff des unmittelbaren oder mittelbaren Anschlusses nach Absatz 2 Satz 1 ist damit **nicht identisch** mit dem Netzanschluss iSd §§ 17 und 18 sowie der § 5 NAV und § 5 NDAV, sondern geht über diesen hinaus (zu Absatz 2 Satz 1 Theobald/Kühling/Theobald/Werk § 54 Rn. 71; zu § 24 ARegV OLG Nürnberg BeckRS 2010, 10606; Säcker EnergieR/Petermann ARegV § 24 Rn. 8; Holznagel/Schütz/Kresse ARegV § 24 Rn. 58). Der Begriff des Netzanschlusses nach dem EnWG, der NAV und der NDAV erfasst lediglich die Netzanschlusspunkte, also die unmittelbaren Verbindungen zwischen Energieversorgungsnetzen mit den Kundenanlagen der jeweiligen Anschlussnehmer (mit anderen Worten: die unmittelbar angeschlossenen Kunden nach Absatz 1 Satz 1). Nicht von den §§ 17 und 18 sowie § 5 NAV und § 5 NDAV erfasst werden hingegen die mittelbar **über Kundenanlagen** (§ 3 Nr. 24a und 24b) belieferten Kunden im Netzgebiet des jeweiligen Netzbetreibers (Holznagel/Schütz/Kresse ARegV § 24 Rn. 58).

251   Vor diesem Hintergrund gilt für die Bestimmung der Anzahl der unmittelbar oder mittelbar angeschlossenen Kunden im Gas- und im Strombereich Folgendes: Befinden sich in einem über einen Netzanschluss iSd §§ 17 und 18 sowie § 5 NAV und § 5 NDAV unmittelbar an ein Gas- oder Elektrizitätsverteilernetz angeschlossenem **Mehrfamilienhaus** mehrere getrennte Wohneinheiten, die über eine Kundenanlage (§ 3 Nr. 24a und 24b) des Hauseigentümers als Anschlussnehmer mittelbar mit Energie versorgt werden, so sind der Hauseigentümer als unmittelbar angeschlossener Kunde und die Mieter der einzelnen Wohneinheiten als mittelbar angeschlossene Kunden (Anschlussnutzer) iSd Absatzes 2 Satz 1 anzusehen. Leben in einer **Wohneinheit** mehrere Personen (eine Familie, eine Wohngemeinschaft oder neben dem Mieter noch ein oder mehrere Untermieter), so zählen diese nur als ein mittelbar angeschlossener Kunde. Sind jedoch für einzelne in einer Wohneinheit lebende Personen separate Zähler installiert, so zählen diese als mehrere mittelbar angeschlossene Kunden (zum Entflechtungsrecht BT-Drs. 15/3917, 53; Gemeinsame Auslegungsgrundsätzen der Regulierungsbehörden zu §§ 6–10 EnWG aF vom 1.3.2006, 8 und 36; Bourwieg/Hellermann/Hermes/Hölscher § 7 Rn. 49; Säcker EnergieR/Säcker/Schönborn § 7 Rn. 11; zu Absatz 2 Satz 1 Theobald/Kühling/Theobald/Werk § 54 Rn. 68 f.; zu § 24 ARegV Holznagel/Schütz/Kresse ARegV § 24 Rn. 59).

252   Die vorstehenden Ausführungen gelten im Übrigen nicht nur dann, wenn die Mieter der einzelnen Wohneinheiten über separate (gemessene) Energielieferungsverhältnisse mit Energielieferanten verfügen. Vielmehr ist auch dann grundsätzlich von einem mittelbar angeschlossenen Kunden pro Wohneinheit auszugehen, wenn alleine der Hauseigentümer (Anschlussnehmer) einen **Energielieferungsvertrag** mit einem Energielieferanten abgeschlossen hat und die Mieter der einzelnen Wohneinheiten wiederum über separate Energielieferungsverhältnisse mit dem Hauseigentümer verfügen. Eine **Ausnahme** gilt jedoch dann, wenn in einem Mehrfamilienhaus die Wärmeversorgung über eine durch den Hauseigentümer betriebene **Gaszentralheizung** sichergestellt wird. In diesem Fall ist alleine der Hauseigentümer als unmittelbar angeschlossener Kunde iSd Absatzes 2 Satz 1 anzusehen, die Mieter

Allgemeine Zuständigkeit § 54 EnWG

der einzelnen Wohneinheiten jedoch nicht als mittelbar angeschlossene Kunden (zum Entflechtungsrecht BT-Drs. 15/3917, 53; Gemeinsame Auslegungsgrundsätze der Regulierungsbehörden zu §§ 6–10 EnWG aF vom 1.3.2006, 8 f. und 36; Bourwieg/Hellermann/Hermes/Hölscher § 7 Rn. 49; Säcker EnergieR/Säcker/Schönborn § 7 Rn. 11; zu § 24 ARegV Holznagel/Schütz/Kresse ARegV § 24 Rn. 60).

Verfügt ein und derselbe unmittelbar angeschlossene Kunde (Anschlussnehmer) über **253** **mehrere Netzanschlüsse,** so zählt er bei der Bestimmung der Kundenanzahl iSd Absatzes 2 Satz 1 grundsätzlich als nur ein Kunde. Entsprechendes gilt, wenn ein mittelbar angeschlossener Kunde unter Nutzung mehrerer Netzanschlüsse versorgt wird. Ausnahmsweise ist in diesen Fallgestaltungen von mehreren Kunden iSd Absatzes 2 Satz 1 auszugehen, wenn der Verbrauch getrennt gezählt und abgerechnet wird (zum Entflechtungsrecht unter Nennung zahlreicher Beispiele die Gemeinsamen Auslegungsgrundsätze der Regulierungsbehörden zu §§ 6–10 EnWG aF vom 1.3.2006, 35; Bourwieg/Hellermann/Hermes/Hölscher § 7 Rn. 50; Säcker EnergieR/Säcker/Schönborn § 7 Rn. 14 ff.; Schneider/Theobald EnergieWirtschaftsR-HdB/de Wyl/Finke § 4 Rn. 139; zu § 24 ARegV Holznagel/Schütz/Kresse ARegV § 24 Rn. 61).

Bei einem **Geschlossenen Verteilernetz** iSd § 110 (nach früherer Rechtslage: Objekt- **254** netz), das über einen Netzanschluss (§§ 17 f.) an das Energieversorgungsnetz des nach Absatz 2 Satz 1 zu prüfenden Netzbetreibers verfügt und über das wiederum verschiedene Industrie- oder Gewerbeunternehmen mit Energie versorgt werden, wird wie folgt vorgegangen: Das Geschlossene Verteilernetz zählt grundsätzlich – sofern es nicht über mehrere separat gemessene Netzanschlüsse verfügt (→ Rn. 253) – als ein unmittelbar angeschlossener Kunde iSd Absatzes 2 Satz 1. Die über das Geschlossene Verteilernetz mit Energie versorgten Industrie- und Gewerbeunternehmen zählen hingegen **nicht** als mittelbar an das vorgelagerte Energieversorgungsnetz angeschlossene Kunden (zum Entflechtungsrecht Gemeinsame Auslegungsgrundsätze der Regulierungsbehörden zu §§ 6–10 EnWG aF vom 1.3.2006, 36 (zu Objektnetzen); Säcker EnergieR/Säcker/Schönborn § 7 Rn. 17; zu § 24 ARegV Holznagel/Schütz/Kresse ARegV § 24 Rn. 62; Schneider/Theobald EnergieWirtschaftsR-HdB/de Wyl/Finke § 4 Rn. 140; aA zu Absatz 2 Satz 1 Bourwieg/Hellermann/Hermes/Gundel § 54 Rn. 45). Hintergrund dieser Vorgehensweise ist, dass Geschlossene Verteilernetze gem. § 110 (ebenso wie die früheren Objektnetze) keine im Netzgebiet des zu prüfenden Netzbetreibers befindliche Kundenanlagen (§ 3 Nr. 24a und 24b, → § 110 Rn. 89 ff.) darstellen, sondern eine besondere Kategorie des eines nachgelagerten Energieversorgungsnetzes (§ 3 Nr. 16, → § 110 Rn. 4). Die in Geschlossenen Verteilernetzen ansässigen Industrie- und Gewerbeunternehmen sind unmittelbar oder mittelbar angeschlossene Kunden des Betreibers des Geschlossenen Verteilernetzes (so zutr. Schneider/Theobald EnergieWirtschaftsR-HdB/de Wyl/Finke § 4 Rn. 140; diesen folgend für § 24 ARegV Holznagel/Schütz/Kresse ARegV § 24 Rn. 62). Demgegenüber sind Kunden, die über eine im Netzgebiet des zu prüfenden Netzbetreibers befindliche **Kundenanlage** iSd § 3 Nr. 24a und 24b versorgt werden, als mittelbar angeschlossene Kunden (Anschlussnutzer) des Netzbetreibers anzusehen, da diese in seinen Verantwortungsbereich fallen und er für deren Betreuung zuständig ist (§ 20 Abs. 1d, → Rn. 237). Zur Behandlung von dem zu prüfenden Netzgebiet nachgelagerten Energieverteilernetzen vgl. → Rn. 264 ff.

cc) **Dauerhafte Aktivität des Anschlusses.** Ein an ein Gas- oder Elektrizitätsverteiler- **255** netz angeschlossener Kunde iSd Absatzes 2 Satz 1 ist nur dann gegeben, wenn er im maßgeblichen Zeitpunkt (→ Rn. 271 ff.) über einen dauerhaften aktiven Anschluss verfügt. Denn nur in diesem Fall liegt ein **Netzbetrieb** vor. Diese Voraussetzung ist beispielsweise **nicht erfüllt** bei inaktiven Hausanschlüssen, über die (noch) keine Belieferung mit Energie erfolgt, oder bei Netzanschlüssen, die nicht dauerhaft genutzt werden, sondern lediglich einem vorübergehenden Zweck – etwa der Belieferung einer Baustelle – dienen (zum Entflechtungsrecht Gemeinsame Auslegungsgrundsätze der Regulierungsbehörden zu §§ 6–10 EnWG aF vom 1.3.2006, 36; Säcker EnergieR/Säcker/Schönborn § 7 Rn. 17; Schneider/Theobald EnergieWirtschaftsR-HdB/de Wyl/Finke, § 4 Rn. 140; einschränkend Baur/Salje/Schmidt-Preuß Energiewirtschaft/Bourwieg Kap. 93 Rn. 18; zu § 24 ARegV Holznagel/Schütz/Kresse ARegV § 24 Rn. 63).

d) **Vorgehen bei verbundenen Unternehmen.** Ist ein kleinerer Netzbetreiber, dessen **256** „eigene" Kundenanzahl unter dem anzuwendenden Schwellenwert des Absatzes 2 Satz 1

Kresse 1503

liegt, mit einem oder mehreren Energieversorgungsunternehmen iSd § 3 Nr. 38 verbunden und würde eine **Zusammenrechnung** der Kundenanzahl der von den einzelnen Unternehmen betriebenen Energieversorgungsnetze zum Erreichen oder gar Überschreiten der Schwellenwerte des Absatzes 2 Satz 1 führen, so stellt sich die **Frage,** ob dieser Netzbetreiber trotzdem in die sachliche Zuständigkeit der Regulierungsbehörden der Länder fallen kann. Zu klären ist also, ob bei der Ermittlung der Kundenanzahl im Sinne des Schwellenwerts des Absatzes 2 Satz 1 die an die Energieversorgungsnetze verbundener Unternehmen unmittelbar oder mittelbar angeschlossenen Kunden zusammenzurechnen sind. Diese Fragestellung existiert auch im Zusammenhang mit der Prüfung der Teilnahmeberechtigung am vereinfachten Verfahren der Anreizregulierung nach § 24 Abs. 1 ARegV (Holznagel/Schütz/Kresse ARegV § 24 Rn. 64 ff.).

257   Eine **Verbindung** von Unternehmen iSd § 3 Nr. 38, der auf Art. 3 Abs. 2 Verordnung (EG) Nr. 159/2004 des Rates vom 20.1.2004 über die Kontrolle von Unternehmenszusammenschlüssen (ABl. L 24/1) verweist, liegt dann vor, wenn ein Energieversorgungsunternehmen auf ein anderes Energieversorgungsunternehmen einen **„bestimmenden Einfluss"** ausüben kann (zu § 3 Nr. 38 BT-Drs. 15/3917, 49 f. und Salje EnWG § 3 Rn. 249 ff.; zum Entflechtungsrecht Gemeinsame Auslegungsgrundsätze der Regulierungsbehörden zu §§ 6–10 EnWG aF vom 1.3.2006, 9; Bourwieg/Hellermann/Hermes/Hölscher § 7 Rn. 52 ff.; Säcker EnergieR/Säcker/Schönborn § 7 Rn. 18; Schneider/Theobald EnergieWirtschaftsR-HdB/de Wyl/Finke § 4 Rn. 144 ff.; zu § 24 ARegV Holznagel/Schütz/Kresse ARegV § 24 Rn. 65).

258   Im Falle der §§ 7 Abs. 2, 7a Abs. 7 findet über die **sog. Verbundklausel** eine Zusammenrechnung der Kundenanzahl von iSd § 3 Nr. 38 verbundenen Unternehmen statt (→ § 7 Rn. 35; Bourwieg/Hellermann/Hermes/Hölscher § 7 Rn. 52 ff.; Säcker EnergieR/Säcker/Schönborn § 7 Rn. 18; Schneider/Theobald EnergieWirtschaftsR-HdB/de Wyl/Finke § 4 Rn. 143 ff.). Demgegenüber enthält die Regelung des Absatzes 2 Satz 1 – ebenso wie § 24 Abs. 1 ARegV (Holznagel/Schütz/Kresse ARegV § 24 Rn. 67 ff.) – keine dem Entflechtungsrecht vergleichbare Verbundklausel, die somit im Rahmen der Zuständigkeitsprüfung **keine Anwendung** findet (Baur/Salje/Schmidt-Preuß Energiewirtschaft/Franke Kap. 40 Rn. 19; Bourwieg/Hellermann/Hermes/Gundel § 54 Rn. 41; Säcker EnergieR/Schmidt-Preuß § 54 Rn. 13; Schneider/Theobald EnergieWirtschaftsR-HdB/Franke § 19 Rn. 6; Theobald/Kühling/Theobald/Werk § 54 Rn. 52 und 60). Bei der Zuständigkeitsabgrenzung zwischen der BNetzA und den Landesregulierungsbehörden nach Absatz 2 Satz 1 wird daher **grundsätzlich** auf das einzelne, räumlich zusammenhängende Gas- oder Elektrizitätsverteilernetz als „technisch-funktionale Einheit" (Bourwieg/Hellermann/Hermes/Gundel § 54 Rn. 42) abgestellt, ohne dabei die rechtlichen oder organisatorischen Strukturen des Netzbetriebs zu berücksichtigen. Die einzelnen Kundenzahlen verbundener Unternehmen werden also im Rahmen der Prüfung des Absatzes 2 S. 1 regelmäßig nicht zusammengerechnet (Bourwieg/Hellermann/Hermes/Gundel § 54 Rn. 42 f.; Säcker EnergieR/Schmidt-Preuß § 54 Rn. 13; Theobald/Kühling/Theobald/Werk § 54 Rn. 52 und 60).

259   Ein **abweichendes Vorgehen** ist allerdings bei einer Aufteilung eines räumlich zusammenhängenden Netzgebietes eines Netzbetreibers in mehrere Teilnetzgebiete (eventuell auch betrieben jeweils durch iSd § 3 Nr. 38 verbundene Unternehmen) im Rahmen einer unternehmensbezogenen Betrachtungsweise denkbar, um eine Umgehung der Verteilung der sachlichen Zuständigkeit nach Absatz 2 Satz 1 zu verhindern (OLG Düsseldorf BeckRS 2010, 27801; Baur/Salje/Schmidt-Preuß Energiewirtschaft/Franke Kap. 40 Rn. 15; Salje EnWG § 54 Rn. 37 f.; Bourwieg/Hellermann/Hermes/Gundel § 54 Rn. 43). Ausnahmsweise kann also unter Umständen eine **Zusammenrechnung** der Kundenanzahl verbundener Unternehmen auch bei der Prüfung des Absatzes 2 Satz 1 erfolgen, wenn der Betreiber eines räumlich zusammenhängenden und galvanisch verbundenen Gas- oder Elektrizitätsverteilernetzes das Gesamtnetzgebiet „künstlich" in mehrere Teilnetzgebiete aufteilt und diese Teilnetzgebiete durch mit ihm iSd § 3 Nr. 38 verbundene Unternehmen betreiben lässt (Baur/Salje/Schmidt-Preuß Energiewirtschaft/Franke Kap. 40 Rn. 15; Salje EnWG § 54 Rn. 37; Schneider/Theobald EnergieWirtschaftsR-HdB/Franke § 19 Rn. 6; zu § 24 ARegV Holznagel/Schütz/Kresse ARegV § 24 Rn. 69; → Rn. 260 ff.).

260   **e) Vorgehen bei mehreren Teilnetzgebieten eines Netzbetreibers.** Eine Zusammenrechnung von Kundenzahlen erfolgt bei der Bestimmung der Kundenanzahl iSd Absatzes 2

Allgemeine Zuständigkeit   § 54 EnWG

Satz 1 auch dann, wenn mehrere Gas- oder Elektrizitätsverteilernetze durch ein und dasselbe Unternehmen (beispielsweise durch ein und dieselbe AG oder GmbH) betrieben werden. In diesem Fall handelt es sich um verschiedene „Teilnetze" eines identischen Netzbetreibers (zu § 24 ARegV Theobald/Kühling/Hummel ARegV § 24 Rn. 18). Bei der Prüfung des Schwellenwertes von 100.000 unmittelbar oder mittelbar angeschlossenen Kunden in Absatz 2 Satz 1 ist – nach Auffassung des OLG Düsseldorf (BeckRS 2010, 27801) – im Grundsatz eine **„unternehmensbezogene Betrachtungsweise"** anzuwenden. Hierunter ist zu verstehen, dass sämtliche von einem Betreiber betriebenen Energieverteilernetze und deren Bestandteile im Rahmen einer Gesamtbetrachtung als „ein Verteilernetz" anzusehen sind, sodass alle an dieses unmittelbar oder mittelbar angeschlossenen Kunden **„zusammenzurechnen"** sind (Stichwort: „Ein Netzbetreiber, ein Netz"). Entsprechendes gilt nach Ansicht des OLG Düsseldorf im Übrigen auch bei der Prüfung des identisch formulierten Schwellenwertes für die Teilnahme am vereinfachten Verfahren der Anreizregulierung nach § 24 Abs. 1 ARegV (OLG Düsseldorf BeckRS 2010, 27801; Holznagel/Schütz/Kresse ARegV § 24 Rn. 70). Hierbei ist nach Ansicht des OLG Düsseldorf unerheblich, ob der Betrieb mehrerer Teilnetzgebiete durch einen Netzbetreiber allein aus Gründen der betriebswirtschaftlichen Effizienz oder aus einem (missbräuchlichen) Umgehungsgedanken heraus erfolgt (OLG Düsseldorf BeckRS 2010, 27801).

Das OLG Düsseldorf (BeckRS 2010, 27801) **begründet** seine Auffassung im Wesentlichen wie folgt: Nach dem Wortlaut des Absatzes 2 Satz 1 sei in erster Linie auf das „Energieversorgungsunternehmen" und erst in zweiter Linie auf den Netzbetrieb dieses Unternehmens abzustellen (→ Rn. 224 ff.). Auch die Entstehungsgeschichte des Absatzes 2 Satz 1 spreche für eine unternehmensbezogene Betrachtungsweise: Die Länder hätten zunächst eine Aufteilung der sachlichen Zuständigkeit zwischen BNetzA und Landesregulierungsbehörden dahingehend vorgeschlagen, dass Energieverteilernetze grundsätzlich in die sachliche Zuständigkeit der Regulierungsbehörden der Länder fallen sollten (BR-Drs. 613/1/04, 38 ff. und BT-Drs. 15/3917, 92 f.; → Rn. 16). Bei der aktuellen Regelung des Absatzes 2 Satz 1 handele es sich hingegen um einen „Kompromiss" zwischen Bund und Ländern (→ Rn. 18 ff.), wonach die Größe der Gesamtheit des Netzbetriebs von „Energieversorgungsunternehmen" und nicht nur das Vorliegen eines Energieverteilernetzes maßgeblich sei. Auch der gesetzgeberische Wille, „die für die Energiemärkte bedeutsameren Energieversorgungsunternehmen" der Regulierung durch die BNetzA zu unterwerfen, lasse sich für die unternehmensbezogene Betrachtungsweise anführen. Eine gesonderte Betrachtung der einzelnen betriebenen Teilnetzgebiete würde diesem Ziel „deutlich weniger gerecht". Auch ein Energieversorgungsunternehmen, das eine „Vielzahl kleinerer Netze" betreibt, könne „in der Gesamtschau wegen der von ihm erreichten Gesamtkundenzahl eine große Marktbedeutung" haben und somit in die sachliche Zuständigkeit der BNetzA fallen.   261

Die **Regulierungsbehörden** des Bundes und der Länder sowie die **Literatur** folgen grundsätzlich der vorstehend dargestellten Auffassung des OLG Düsseldorf zur unternehmensbezogenen Betrachtungsweise im Hinblick auf die Bestimmung der Anzahl der unmittelbar oder mittelbar an ein Energieverteilernetz angeschlossenen Kunden, und zwar sowohl bei der Prüfung des Absatzes 2 Satz 1 als auch bei der Prüfung des § 24 Abs. 1 ARegV (zu Absatz 2 Satz 1 Baur/Salje/Schmidt-Preuß Energiewirtschaft/Franke Kap. 40 Rn. 15 und 18; Bourweg/Hellermann/Hermes/Gundel § 54 Rn. 41; Salje EnWG § 54 Rn. 37; Schneider/Theobald EnergieWirtschaftsR-HdB/Franke § 19 Rn. 6; aA aber Theobald/Kühling/Theobald/Werk § 54 Rn. 53; zu § 24 ARegV Holznagel/Schütz/Kresse ARegV § 24 Rn. 70). Eine abschließend klärende Entscheidung des BGH zu dieser Rechtsfrage liegt jedoch, soweit ersichtlich, bislang noch nicht vor. **Umstritten** ist, ob die „unternehmensbezogene Betrachtungsweise" des OLG Düsseldorf bei der Prüfung der Voraussetzungen des Absatzes 2 Satz 2 Anwendung findet, wenn mehrere durch einen Betreiber betriebene Energieverteilernetze nicht über eine galvanische Verbindung zueinander verfügen und in verschiedenen (Bundes-)Ländern liegen. Fraglich ist in diesem Zusammenhang, ob „das Energieversorgungsnetz" iSd Absatzes 2 Satz 2 über die Grenze eines Landes hinausreicht, wenn die Grenze zwischen zwei oder mehreren Ländern nicht physikalisch durch eine Verbindungsleitung überschritten wird (näher → Rn. 378 ff.).   262

Eine Abweichung von der unternehmensbezogenen Betrachtungsweise kann **ausnahmsweise** dann geboten sein, wenn ein Unternehmen mehrere räumlich nicht zusammenhän-   263 gende und galvanisch nicht miteinander verbundene Elektrizitäts- oder Gasverteilernetze nur pachtet oder durch den Abschluss entsprechender Verträge lediglich die Betriebsführung übernimmt. Aus Absatz 2 Satz 1 lässt sich nicht zwingend ableiten, dass jeder Netzbetreiber – gerade bei einer räumlichen Trennung und der fehlenden galvanischen Verbindung verschiedener Teilnetzgebiete – jeweils nur ein Elektrizitäts- oder Gasverteilernetz betreiben kann. Die Prüfung der sachlichen Zuständigkeit nach Absatz 2 Satz 1 hat im Rahmen einer **Einzelfallprüfung** zu erfolgen (zu § 24 ARegV Holznagel/Schütz/Kresse ARegV § 24 Rn. 70; aA zu Absatz 2 Satz 1 Baur/Salje/Schmidt-Preuß Energiewirtschaft/Franke Kap. 40 Rn. 15; Bourwieg/Hellermann/Hermes/Gundel § 54 Rn. 43; Schneider/Theobald EnergieWirtschaftsR-HdB/Franke § 19 Rn. 6; zu § 24 ARegV Theobald/Kühling/Hummel ARegV § 24 Rn. 18). Eine Zusammenrechnung von Kundenzahlen mehrerer Energieverteilernetze kann auch im Falle eines **Kooperationsmodells** mehrerer Unternehmen unterbleiben. Bringen also beispielsweise mehrere Stadtwerke ihre räumlich getrennten Elektrizitäts- und Gasverteilernetze in eine Kooperation ein und übernimmt eine gemeinsame Netzbetriebsgesellschaft den Netzbetrieb, so kann bei der Bestimmung der Kundenanzahl nach Absatz 2 Satz 1 eine Gesamtbetrachtung der einzelnen Energieverteilernetze grundsätzlich unterbleiben. Vielmehr wird die Kundenanzahl jedes einzelnen Energieverteilernetzes im Hinblick auf den Schwellenwert des Absatzes 2 Satz 1 nur demjenigen Unternehmen zugerechnet, das das jeweilige Netz in die Kooperation eingebracht hat (zum Entflechtungsrecht Bourwieg/Hellermann/Hermes/Hölscher § 7 Rn. 42; Schneider/Theobald EnergieWirtschaftsR-HdB/de Wyl/Finke § 4 Rn. 135; zu Absatz 2 Satz 1 Salje EnWG § 54 Rn. 38; Theobald/Kühling/Theobald/Werk § 54 Rn. 54; aA Baur/Salje/Schmidt-Preuß Energiewirtschaft/Franke Kap. 40 Rn. 15; Schneider/Theobald EnergieWirtschaftsR-HdB/Franke § 19 Rn. 6; zu § 24 ARegV Holznagel/Schütz/Kresse ARegV § 24 Rn. 71).

264 f) **Nachgelagerte Energieverteilernetze.** Die an nachgelagerten Energieverteilernetzen – also **sog. Weiterverteilern** – unmittelbar oder mittelbar angeschlossenen Kunden sind bei der Berechnung der Anzahl der an das vorgelagerte Energieversorgungsnetz unmittelbar oder mittelbar angeschlossenen Kunden iSd Absatzes 2 Satz 1 **nicht** zu berücksichtigen (Schneider/Theobald EnergieWirtschaftsR-HdB/de Wyl/Finke § 4 Rn. 140; Holznagel/Schütz/Kresse ARegV § 24 Rn. 72 ff.; ausdrücklich offen gelassen von Baur/Salje/Schmidt-Preuß Energiewirtschaft/Bourwieg Kap. 93 Rn. 19 f.). Bei der Bestimmung der Kundenanzahl sind nur solche Kunden miteinzubeziehen, die im **eigenen Netzgebiet** des zu prüfenden Netzbetreibers unmittelbar oder mittelbar (über eine Kundenanlage iSd § 3 Nr. 24a und 24b) angeschlossen sind und somit in dessen Verantwortungsbereich fallen (→ Rn. 236 ff.). Verfügt ein nachgelagertes Energieversorgungsnetz nur über einen Netzanschluss (§ 17) an das vorgelagerte Energieversorgungsnetz, so zählt es bei der Ermittlung der Kundenanzahl des vorgelagerten Energieversorgungsnetzes – unabhängig von der verbrauchten Energiemenge – konsequenterweise als nur ein (unmittelbar angeschlossener) Kunde. Die an das nachgelagerte Energieversorgungsnetz unmittelbar oder mittelbar angeschlossenen Kunden sind ausschließlich bei der Ermittlung von dessen eigener Kundenanzahl zu berücksichtigen. Insofern erfolgt eine Gleichbehandlung der nachgelagerter Energieversorgungsnetze mit nachgelagerten Geschlossenen Verteilernetzen iSd § 110 (→ Rn. 254 und Holznagel/Schütz/Kresse ARegV § 24 Rn. 72).

265 Diese Sichtweise entspricht der **regulierungsbehördlichen Praxis** (Holznagel/Schütz/Kresse ARegV § 24 Rn. 73; anderer Auffassung aber Baur/Salje/Schmidt-Preuß Energiewirtschaft/Bourwieg Kap. 93 Rn. 20: „nicht behördlich [...] abschließend entschieden"). Die BNetzA stellt bei der Ermittlung der Anzahl der unmittelbar oder mittelbar angeschlossenen Kunden auf die Anzahl der in dem jeweiligen Netzgebiet bestehenden **„Zählpunkte"** ab, die regelmäßig der Anzahl der dort vorhandenen „Zähler" entspricht (zum Entflechtungsrecht BNetzA Beschl. v. 28.8.2009 – BK6-07-031, S. 14 unter unzutreffender Bezugnahme auf die „Wettbewerbsrelevanz des Netzes"; vgl. auch Baur/Salje/Schmidt-Preuß Energiewirtschaft/Bourwieg Kap. 93 Rn. 18; → Rn. 238). Auch das **OLG Düsseldorf** geht im Zusammenhang mit der von ihm bei der Prüfung des Absatzes 2 Satz 1 angewendeten unternehmensbezogenen Betrachtungsweise (näher → Rn. 260 f.) ausdrücklich davon aus, dass nur die durch ein **identisches** Unternehmen – nicht jedoch durch verschiedene Unternehmen – betriebenen Energieverteilernetze im Rahmen einer Gesamtbetrachtung als „ein Verteilernetz" anzusehen und somit sämtliche an dieses unmittelbar oder mittelbar angeschlossenen Kunden „zusammenzurechnen" sind (OLG Düsseldorf BeckRS 2010, 27801).

Für die hier vertretene Auffassung lässt sich zunächst die **amtliche Begründung** zu den 266
entflechtungsrechtlichen de-minimis-Regelungen anführen (BT-Drs. 15/3917, 53). Dort
werden als Beispiel für mittelbar angeschlossene Kunden die „Mieter eines Hochhauses"
genannt, womit die Mieter der einzelnen in einem Hochhaus befindlichen Wohneinheiten
gemeint sein dürften. In diesen und ähnlichen Fallkonstellationen (Mehrfamilienhäuser,
Büro- und Gewerbegebäude etc) sind die einzelnen hierin befindlichen Einheiten mittelbar
über eine **Kundenanlage** iSd § 3 Nr. 24a und 24b angebunden, die regelmäßig durch den
Gebäudeeigentümer zur Verfügung gestellt wird und sich im Netzgebiet des jeweiligen Netzbetreibers befindet. Bei einer solchen Kundenanlage handelt es sich jedoch nach § 3 Nr. 16
nicht um ein (nachgelagertes) Energieversorgungsnetz. Hätte der Gesetzgeber beabsichtigt,
dass auch an nachgelagerte Energieversorgungsnetze unmittelbar oder mittelbar angeschlossene Kunden bei der Bestimmung der Kundenanzahl des vorgelagerten Energieversorgungsnetzes Berücksichtigung finden sollen, so hätte er dies angesichts der zahlenmäßigen Bedeutung dieser Berücksichtigung in der amtlichen Begründung eindeutig zum Ausdruck
gebracht (Holznagel/Schütz/Kresse ARegV § 24 Rn. 74).

Für die hier vertretene Ansicht spricht auch die **Gesetzessystematik**. In den entflech- 267
tungsrechtlichen de-minimis-Regelungen (§§ 7 Abs. 2, 7a Abs. 7) ist jeweils eine sog. **Verbundklausel** vorgesehen, die in Konzernsachverhalten eine Zusammenrechnung der an
verschiedene Energieversorgungsnetze unmittelbar oder mittelbar angeschlossenen Kunden
ermöglicht (→ § 7 Rn. 35). In Absatz 2 Satz 1 findet sich eine solche Verbundklausel –
ebenso wie in § 24 Abs. 1 ARegV – jedoch nicht, sodass diese keine Anwendung findet
(→ Rn. 258). Hieraus kann in systematischer Hinsicht geschlossen werden, dass der Gesetz-
oder Verordnungsgeber bei Schaffung der genannten Normen eine **bewusste Entscheidung**
dahingehend getroffen hat, dass bei der Bestimmung der Anzahl der unmittelbar oder mittelbar an ein vorgelagertes Energieversorgungsnetz angeschlossenen Kunden die – außerhalb
des jeweiligen Netzgebietes – an ein nachgelagertes Energieversorgungsnetz unmittelbar oder
mittelbar angeschlossenen Kunden nicht als mittelbare Kunden des vorgelagerten Energieversorgungsnetzes Berücksichtigung finden sollen (Holznagel/Schütz/Kresse ARegV § 24
Rn. 75).

Für eine Nichtberücksichtigung der an ein nachgelagertes Energieversorgungsnetz unmit- 268
telbar oder mittelbar angeschlossenen Kunden spricht darüber hinaus die **ratio** der §§ 7
Abs. 2, 7a Abs. 7, die darin besteht, kleinere Unternehmen unter dem Gesichtspunkt der
Verhältnismäßigkeit von bestimmten regulatorischen Anforderungen zu **entlasten** (→
Rn. 236 ff.). Da die entflechtungsrechtlichen de-minimis-Regelungen nach der Gesetzeshistorie gewissermaßen das „Vorbild" für den in Absatz 2 Satz 1 enthaltenen Schwellenwert
darstellen (→ Rn. 235 f.) und der Begriff der unmittelbar oder mittelbar an ein Energieversorgungsnetz angeschlossenen Kunden im gesamten Energiewirtschaftsrecht einheitlich auszulegen ist (→ Rn. 239 ff.), ist der Sinn und Zweck der §§ 7 Abs. 2, 7a Abs. 7 richtigerweise
auch bei der Auslegung des Absatzes 2 Satz 1 heranzuziehen. Die Anzahl der an ein Energieversorgungsnetze unmittelbar oder mittelbar angeschlossenen Kunden stellt diesbezüglich
ein geeignetes Abgrenzungskriterium, da die Fähigkeit eines Netzbetreibers zur Erfüllung
regulatorischer Anforderungen entscheidend von dessen **administrativer Leistungsfähigkeit** abhängt. Diese hängt wiederum von der Anzahl der in seinem Netzgebiet unmittelbar
oder mittelbar angeschlossenen Kunden ab, da nur jene Kunden – nicht aber die in nachgelagerten Netzgebieten befindlichen Kunden – in seinen Verantwortungsbereich fallen und mit
seinen personellen und sachlichen Mitteln zu betreuen sind (→ Rn. 237). Würde man bei der
Bestimmung der Kundenanzahl eines vorgelagerten Netzbetreibers auch die an nachgelagerte
Energieversorgungsnetze unmittelbar oder mittelbar angeschlossenen Kunden miteinbezie-
hen, so käme es nicht nur zu einer Doppel- oder sogar Mehrfachzählung von Kunden (so
Baur/Salje/Schmidt-Preuß Energiewirtschaft/Bourwieg Kap. 93 Rn. 20), sondern es würden Kunden berücksichtigt, deren Vorhandensein gerade nicht eine höhere administrative
Leistungsfähigkeit des vorgelagerten Netzbetreibers erfordert. Es würde also die Anzahl der
an das vorgelagerte Energieversorgungsnetz mittelbar angeschlossenen Kunden **künstlich
„aufgebläht"**, ohne dass dem jeweiligen Netzbetreiber aufgrund einer besseren Ausstattung
mit personellen und sachlichen Mitteln die Erfüllung umfangreicherer regulatorischer Anforderungen unter dem Gesichtspunkt der Verhältnismäßigkeit zumutbar wäre. Die im Rahmen
der entflechtungsrechtlichen de-minimis-Regelungen existierende Verbundklausel (→

EnWG § 54 Teil 7. Behörden

Rn. 258) bestätigt diese Überlegung: Denn der Gesetzgeber ging bei der Schaffung der Verbundklausel offenbar davon aus, dass in Konzernsachverhalten ausnahmsweise eine Zusammenrechnung der Kundenanzahl verschiedener Energieversorgungsnetze gerechtfertigt ist, da im Konzern von dem Bestehen einer ausreichenden administrativen Leistungsfähigkeit zur Erfüllung regulatorischer Anforderungen ausgegangen werden kann (Holznagel/Schütz/Kresse ARegV § 24 Rn. 76).

269 Weiterhin würde eine Berücksichtigung der an nachgelagerte Energieversorgungsnetze unmittelbar oder mittelbar angeschlossenen Kunden bei der Ermittlung der Kundenanzahl des vorgelagerten Energieversorgungsnetzes der **Zielsetzung** des Gesetzgebers widersprechen, die dieser bei der Schaffung der entflechtungsrechtlichen de-minimis-Regelungen verfolgte. Dem Gesetzgeber ging es gerade darum, den durch Art. 35 Abs. 4 Elektrizitäts-Binnenmarkt-Richtlinie (EU) 2019/944 (früher: Art. 26 Abs. 4 Elektrizitäts-Binnenmarkt-Richtlinie 2009/72/EG und Art. 15 Abs. 2 Elektrizitäts-Binnenmarkt-Richtlinie 2003/54/EG) und Art. 26 Abs. 4 Gas-Binnenmarkt-Richtlinie 2009/73/EG (früher: Art. 13 Abs. 2 Gas-Binnenmarkt-Richtlinie 2003/55/EG) auf unionsrechtlicher Ebene eröffneten **Spielraum** zur Schaffung von Erleichterungen für Netzbetreiber mit „weniger als 100.000 angeschlossene[n] Kunden" möglichst **vollumfänglich umzusetzen;** eine einschränkende Umsetzung in deutsches Recht war nicht beabsichtigt. Weder aus dem Wortlaut der vorgenannten Richtlinien noch aus dem einschlägigen Auslegungspapier der Europäischen Kommission (GD Energie und Verkehr, Vermerk zu den Richtlinien 2003/54/EG und 2003/55/EG über den Elektrizitäts- und Erdgasbinnenmarkt, Die Entflechtungsregelung, 16.1.2004, 16) ergeben sich Hinweise darauf, dass bei der Berechnung des diesbezüglichen Schwellenwertes auch die an nachgelagerte Energieversorgungsnetze angeschlossenen Kunden zu berücksichtigen wären. Vielmehr ist lediglich von „angeschlossenen Kunden" die Rede, ohne dass hierbei zwischen unmittelbar oder mittelbar angeschlossenen Kunden differenziert werden würde. In dem Auslegungspapier der Europäischen Kommission wird beispielhaft darauf hingewiesen, dass als „angeschlossene Kunden" in dem vorgenannten Sinne auch die einzelnen Einheiten in einem Wohngebäude anzusehen seien (GD Energie und Verkehr, Vermerk zu den Richtlinien 2003/54/EG und 2003/55/EG über den Elektrizitäts- und Erdgasbinnenmarkt, Die Entflechtungsregelung, 16.1.2004, 16). Angesichts der amtlichen Begründung zu der damaligen Regelung liegt der Schluss nahe, dass der Gesetzgeber nur solche Fallgestaltungen, also über eine im Netzgebiet des jeweiligen Netzbetreibers befindliche Kundenanlage (§ 3 Nr. 24a und 24b) belieferte Kunden, mit der Formulierung „mittelbar angeschlossen" erfassen wollte, nicht jedoch an nachgelagerte Energieversorgungsnetze angeschlossene Kunden (BT-Drs. 15/3917, 53; → Rn. 249 f.). Für die hier vertretene Sichtweise spricht auch, dass nach dem Auslegungspapier der Europäischen Kommission das Bestehen einer vertraglichen Beziehung zwischen den Kunden („die eine Rechnung erhalten") und dem jeweiligen Netzbetreiber vorausgesetzt wird (GD Energie und Verkehr, Vermerk zu den Richtlinien 2003/54/EG und 2003/55/EG über den Elektrizitäts- und Erdgasbinnenmarkt, Die Entflechtungsregelung, 16.1.2004, 16). Eine solche vertragliche Beziehung besteht zwischen dem Betreiber eines vorgelagerten Energieversorgungsnetzes und den an ein nachgelagertes Energieversorgungsnetz unmittelbar oder mittelbar angeschlossenen Kunden typischerweise nicht (Holznagel/Schütz/Kresse ARegV § 24 Rn. 77).

270 Schließlich kann einer etwaigen **missbräuchlichen Aufteilung** eines durch einen Netzbetreiber betriebenen Energieversorgungsnetzes in mehrere Teilnetzgebiete – beispielsweise mit dem Ziel, für die einzelnen Teilnetzgebiete eine Unterschreitung des in Absatz 2 Satz 1 geregelten Schwellenwertes und mithin eine sachliche Zuständigkeit einer oder mehrerer Landesregulierungsbehörden zu erreichen –, schon durch eine Zusammenrechnung der Kundenzahlen der einzelnen Teilnetzgebiete entgegengewirkt werden. Dies gilt sowohl für Fallkonstellationen, in denen die Teilnetzgebiete durch ein und denselben Netzbetreiber betrieben werden (OLG Düsseldorf BeckRS 2010, 27801; näher → Rn. 260 ff.), als auch für Fallgestaltungen, in denen die Teilnetzgebiete durch mehrere iSd § 3 Nr. 38 verbundene Unternehmen betrieben werden (Salje EnWG § 54 Rn. 37; Schneider/Theobald EnergieWirtschaftsR-HdB/Franke § 19 Rn. 6; → Rn. 256 ff.). Somit erfordert auch die Verhinderung etwaiger missbräuchlicher Gestaltungen durch die Aufteilung eines Energieversorgungsnetzes in mehrere Teilnetzgebiete nicht die Berücksichtigung der an ein nachgelagertes Energieversorgungsnetz unmittelbar oder mittelbar angeschlossenen Kunden bei der Bestimmung der Kundenanzahl nach Absatz 2 Satz 1. Entsprechendes gilt konsequenterweise für die gleichlautend formulierten Schwellenwerte in den §§ 7 Abs. 2, 7a Abs. 7 sowie in § 24 Abs. 1 ARegV (Holznagel/Schütz/Kresse ARegV § 24 Rn. 78).

g) Maßgeblicher Zeitpunkt (Abs. 2 S. 4). Nach Absatz 2 Satz 4 ist bei der Prüfung 271 des nach Absatz 2 Satz 1 (→ Rn. 233 ff.) für die sachliche Zuständigkeit der Regulierungsbehörden maßgeblichen Schwellenwertes von 100.000 unmittelbar oder mittelbar an das jeweilige Energieverteilernetz angeschlossenen Kunden **grundsätzlich** auf den 31.12. des jeweiligen Vorjahres als **Stichtag** abzustellen. Die an diesem Stichtag ermittelte Anzahl der unmittelbar oder mittelbar angeschlossenen Kunden ist dann bei der Prüfung der sachlichen Zuständigkeit für regulatorische Entscheidungen nach Absatz 2 Satz 1 für die gesamte Dauer des folgenden Jahres heranzuziehen (Baur/Salje/Schmidt-Preuß Energiewirtschaft/Franke Kap. 40 Rn. 21; Bourwieg/Hellermann/Hermes/Gundel § 54 Rn. 46; Kment EnWG/Görisch § 54 Rn. 7; Säcker EnergieR/Schmidt-Preuß § 54 Rn. 15; Salje EnWG § 54 Rn. 36; Schneider/Theobald EnergieWirtschaftsR-HdB/Franke § 19 Rn. 7; Theobald/Kühling/Theobald/Werk § 54 Rn. 59). Diese Regelung dient dazu, im Falle eines Schwankens der Anzahl der unmittelbar oder mittelbar angeschlossenen Kunden einen „mehrfachen Zuständigkeitswechsel" in kurzer Zeit zu vermeiden (Baur/Salje/Schmidt-Preuß Energiewirtschaft/Franke Kap. 40 Rn. 21; Schneider/Theobald EnergieWirtschaftsR-HdB/Franke § 19 Rn. 7).

Abweichend von dem vorgenannten Grundsatz trifft Absatz 2 Satz 4 eine mittlerweile 272 überholte **Ausnahmeregelung** für die Jahre 2005 und 2006, die gewissermaßen die Anfangsjahre der Regulierung der Energieversorgungsnetze nach dem „modernen" EnWG bilden: Demnach war in den Jahren 2005 und 2006 bei der Prüfung der sachlichen Zuständigkeit der Regulierungsbehörden der Länder nach Absatz 2 Satz 1 ausnahmsweise die für den **13.7.2005** als Stichtag ermittelte Anzahl der unmittelbar oder mittelbar angeschlossenen Kunden maßgeblich (Salje EnWG § 54 Rn. 36). Hintergrund dieser Ausnahmeregelung war, dass das Zweite Gesetz zur Neuregelung des Energiewirtschaftsrechts vom 7.7.2005 nach seinem Art. 5 Abs. 1 Zweites Gesetz zur Neuregelung des Energiewirtschaftsrechts am Tag nach seiner Verkündung im Bundesgesetzblatt in Kraft trat (BGBl. 2005 I 1970 (2017); Baur/Salje/Schmidt-Preuß Energiewirtschaft/Franke Kap. 40 Rn. 21; Schneider/Theobald EnergieWirtschaftsR-HdB/Franke § 19 Rn. 7). Bei dem vorgenannten Stichtag des 13.7.2005 handelt es sich um eben diesen Tag des Inkrafttretens des novellierten EnWG. An diesem Tag begann also die Regulierung der Energieversorgungsnetze nach heutigem Verständnis. Angesichts des **unterjährigen Inkrafttretens** des Zweiten Gesetzes zur Neuregelung des Energiewirtschaftsrechts vom 7.7.2005 war es seitens des Gesetzgebers sachgerecht, im Hinblick auf das zu diesem Zeitpunkt bereits laufende Jahr 2005 und das nachfolgende Jahr 2006 für die Prüfung des Absatzes 2 Satz 1 auf den 13.7.2005 abzustellen.

Die Existenz der Regelung des Absatzes 2 Satz 4 führt dazu, dass – **abweichend** von 273 allgemeinen verwaltungsrechtlichen Grundsätzen (BVerwG NVwZ 1990, 653 (654); 1991, 372 (373); NVwZ-RR 1991, 236; Stelkens/Bonk/Sachs/Sachs VwVfG § 44 Rn. 16 ff.) – bei der Beurteilung der sachlichen Zuständigkeit nach Absatz 2 Satz 1 für eine regulierungsbehördliche Entscheidung im Hinblick auf die Anzahl der unmittelbar oder mittelbar angeschlossenen Kunden gerade **nicht** auf den Zeitpunkt der Entscheidung oder auf den Zeitpunkt der letzten mündlichen Verhandlung der letzten gerichtlichen Tatsacheninstanz abzustellen ist, sondern grundsätzlich auf den 31.12. des jeweiligen Vorjahres. Insofern unterscheidet sich die Rechtslage im Zusammenhang mit der Prüfung der sachlichen Zuständigkeit der Regulierungsbehörden der Länder nach Absatz 2 Satz 1 von der etwa im Zusammenhang mit der Prüfung der Teilnahmeberechtigung am vereinfachten der Verfahren der Anreizregulierung nach **§ 24 Abs. 1 ARegV** bestehenden Rechtslage (näher Holznagel/Schütz/Kresse ARegV § 24 Rn. 79 ff.).

Nach § 28 S. 2 ARegV sind die Betreiber der Energieverteilernetze ausdrücklich dazu 274 **verpflichtet,** der BNetzA und der sachlich und örtlich zuständigen Landesregulierungsbehörde jährlich zum 31.3. die Anzahl der am 31.12. des jeweiligen Vorjahres an ihr Netz unmittelbar oder mittelbar angeschlossenen Kunden **mitzuteilen.** Die Regelung des § 28 S. 2 ARegV wurde durch die Zweite Verordnung zur Änderung der Anreizregulierungsverordnung vom 14.9.2016 (BGBl. I 2147) geschaffen. Ausweislich der amtlichen Begründung dient diese Vorschrift dazu, „mehr Transparenz über die Verteilung der Regulierungszustän-

EnWG § 54   Teil 7. Behörden

digkeit zu erhalten" (BR-Drs. 296/16, 45). Angesichts der Existenz der Spezialregelung des § 28 S. 2 ARegV ist, deren Anwendbarkeit vorausgesetzt, zur Begründung einer Mitteilungsverpflichtung der Netzbetreiber weder ein Rückgriff auf Absatz 2 Satz 4 (so aber Bourwieg/Hellermann/Hermes/Gundel § 54 Rn. 47) noch eine Anwendung des allgemeinen Auskunftsrechts nach § 69 (so aber Kment EnWG/Görisch § 54 Rn. 7 in Fn. 49; Theobald/Kühling/Theobald/Werk § 54 Rn. 59) erforderlich.

4. Enumerativer Zuständigkeitskatalog (Abs. 2 S. 1 Nr. 1–12)

275 Soweit die Voraussetzungen für eine sachliche Zuständigkeit der Regulierungsbehörden der Länder nach Absatz 2 Sätze 1–3 grundsätzlich gegeben sind, erstreckt sich deren sachliche Zuständigkeit **nur** auf diejenigen regulatorischen Aufgaben, die in dem enumerativen Zuständigkeitskatalog des Absatzes 2 Satz 1 Nummern 1–12 – einschließlich etwaiger Annexkompetenzen – **enthalten** sind (Bourwieg/Hellermann/Hermes/Gundel § 54 Rn. 33 und Kment EnWG/Görisch § 54 Rn. 6: jeweils „Enumerationsprinzip"; Salje EnWG § 54 Rn. 23: „numerus clausus" und gegen die Annahme von Annexkompetenzen; Baur/Salje/Schmidt-Preuß Energiewirtschaft/Franke Kap. 40 Rn. 13 und 22; Säcker EnergieR/Schmidt-Preuß § 54 Rn. 8; Schneider/Theobald EnergieWirtschaftsR-HdB/Franke § 19 Rn. 8; Theobald/Kühling/Theobald/Werk § 54 Rn. 34). Sind bestimmte Aufgaben der „Regulierungsbehörden" in dem vorgenannten Zuständigkeitskatalog nicht enthalten, ist für diese die BNetzA nach Absatz 1 originär sachlich zuständig (→ Rn. 197 ff.; Bourwieg/Hellermann/Hermes/Gundel § 54 Rn. 30; Kment EnWG/Görisch § 54 Rn. 5; Säcker EnergieR/Schmidt-Preuß § 54 Rn. 9; Salje EnWG § 54 Rn. 9 und 23; Baur/Salje/Schmidt-Preuß Energiewirtschaft/Franke Kap. 40 Rn. 13; Schneider/Theobald EnergieWirtschaftsR-HdB/Franke § 19 Rn. 8; Theobald/Kühling/Theobald/Werk § 54 Rn. 2 und 34). Fehlt es in der fraglichen Norm hingegen an einer Erwähnung der sachlich zuständigen Behörde, so ergibt sich die sachliche Zuständigkeit der BNetzA aus der Auffangnorm des Absatzes 3 Satz 1 (→ Rn. 416 ff.). Insofern kann man also von einer **Aufteilung** der sachlichen Zuständigkeiten für regulatorische Aufgaben zwischen der BNetzA und den Regulierungsbehörden der Länder sprechen.

276 Die bedeutsamste der vorgenannten **Annexkompetenzen**, die zwar in Absatz 2 Satz 1 Nummern 1–12 nicht ausdrücklich genannt werden, aber dennoch in die sachliche Zuständigkeit der Regulierungsbehörden der Länder fallen, bezieht sich auf die „Gesamtheit der Kontroll- und Durchsetzungsbefugnisse" der Regulierungsbehörden sowie der Verfahrensvorschriften, die in §§ 65 ff. enthalten sind (Bourwieg/Hellermann/Hermes/Gundel § 54 Rn. 36; Kment EnWG/Görisch § 54 Rn. 6; gegen die Annahme von Annexkompetenzen aber Salje EnWG § 54 Rn. 23). Soweit diese Vorschriften im Zusammenhang mit der Ausübung der in Absatz 2 Satz 1 Nummern 1–12 genannten regulatorischen Aufgaben von der jeweiligen Landesregulierungsbehörde angewendet werden, sind diese ebenfalls, nämlich im Rahmen einer Annexkompetenz, von der sachlichen Zuständigkeit der Landesregulierungsbehörde umfasst. Dies gilt insbesondere für die **allgemeine Befugnisnorm** des § 65 Abs. 1 und 2, die eine generalklauselartige Rechtsgrundlage für regulierungsbehördliche Aufsichtsmaßnahmen enthält. Dabei ist jedoch zu beachten, dass § 65 Abs. 1 und 2 als allgemeine Regelung durch die speziellen Vorschriften zur regulierungsbehördlichen Missbrauchsaufsicht (§§ 30 f.) verdrängt wird, deren Vollzug nach Absatz 2 Satz 1 Nummer 8 ohnehin in die sachliche Zuständigkeit der Regulierungsbehörden der Länder fällt.

277 Die sachlichen Zuständigkeiten der Regulierungsbehörden der Länder nach Absatz 2 Satz 1 Nummern 1–12 erstrecken sich – jedenfalls nach aktueller Rechtslage – nicht nur auf Festlegungen und Genehmigungen gegenüber **einzelnen Adressaten,** sondern auch auf Festlegungen gegenüber einer **Mehrzahl** von Adressaten im Wege der Allgemeinverfügung (§ 29 Abs. 1; näher → Rn. 367 ff.).

278 Im Grundsatz **nicht** in die sachliche Zuständigkeit der Regulierungsbehörden der Länder fällt die – in der Praxis äußerst bedeutsame – Überwachung der Vorschriften betreffend den **Netzzugang** (§§ 20 ff.; Salje EnWG § 54 Rn. 30; Schneider/Theobald EnergieWirtschaftsR-HdB/Franke § 19 Rn. 9), soweit diese nicht die Regulierung der Netzentgelte betreffen. Die Regulierung der Netzentgelte fällt nach Absatz 2 Satz 1 Nummern 1–3 in die sachliche Zuständigkeit der Landesregulierungsbehörden (→ Rn. 280 ff.). Für den Voll-

1510   *Kresse*

Allgemeine Zuständigkeit § 54 EnWG

zug der Vorschriften zum Netzzugang **ohne Netzentgeltbezug** ist demgegenüber nach Absatz 1 grundsätzlich alleine die BNetzA originär sachlich zuständig. Etwas anderes gilt aber dann, wenn eine Frage des Netzzuganges ohne Netzentgeltbezug zum Gegenstand der energiewirtschaftsrechtlichen Missbrauchsaufsicht (§§ 30 f.) oder der Vorteilsabschöpfung (§ 33) gemacht wird; hierfür besteht nach Absatz 2 Satz 1 Nummer 8 eine sachliche Zuständigkeit der Landesregulierungsbehörden (→ Rn. 330 ff.). Insofern unterscheidet sich die Rechtslage von der Überwachung der Vorschriften betreffend den Netzanschluss nach §§ 17 und 18, die nach Absatz 2 Satz 1 Nummer 6 regelmäßig in die sachliche Zuständigkeit der Regulierungsbehörden der Länder fällt (→ Rn. 320 ff.).

Im Einzelnen sind die Regulierungsbehörden der Länder für **folgende** regulatorische 279 Aufgaben, einschließlich etwaiger Annexkompetenzen, sachlich zuständig:

a) Netzentgeltgenehmigungen (Abs. 2 S. 1 Nr. 1). Die Landesregulierungsbehörden 280 sind nach Absatz 2 Satz 1 Nummer 1 sachlich zuständig für die Erteilung von Netzentgelt-Genehmigungen nach § 23a (im Einzelnen → § 23a Rn. 1 ff.; Baur/Salje/Schmidt-Preuß Energiewirtschaft/Franke Kap. 40 Rn. 22; Bourwieg/Hellermann/Hermes/Gundel § 54 Rn. 34; Kment EnWG/Görisch § 54 Rn. 6; Säcker EnergieR/Schmidt-Preuß § 54 Rn. 8; Salje EnWG § 54 Rn. 25; Schneider/Theobald EnergieWirtschaftsR-HdB/Franke § 19 Rn. 8; Theobald/Kühling/Theobald/Werk § 54 Rn. 36). Von dieser sachlichen Zuständigkeit umfasst sind auch die nach § 23a Abs. 2 S. 1 durchzuführenden Kostenprüfungen nach der Stromnetzentgeltverordnung (StromNEV) vom 25.7.2005 (BGBl. I 2225) oder nach der Gasnetzentgeltverordnung (GasNEV) vom 25.7.2005 (BGBl. I 2197). Hierbei handelte es sich von dem Inkrafttreten des Zweiten Gesetzes zur Neuregelung des Energiewirtschaftsrechts vom 7.7.2005 (BGBl. I 1970) **bis** zum Einstieg in die Anreizregulierung der Energieversorgungsnetze ab dem 1.1.2009 (§ 3 Abs. 1 S. 1 ARegV) um die **wichtigste Aufgabe** der Regulierungsbehörden der Länder (Theobald/Kühling/Theobald/Werk § 54 Rn. 36).

Seit dem Beginn des Regulierungsregimes der Anreizregulierung werden Netzentgelt- 281 Genehmigungen nach § 23a nur noch **ausnahmsweise** erteilt, nämlich dann, wenn die Anreizregulierung nach § 1 Abs. 2 ARegV übergangsweise keine Anwendung findet (Holznagel/Schütz/Laubenstein/van Rossum ARegV § 1 Rn. 10 f.). Demnach erfolgt die Erteilung einer Netzentgelt-Genehmigung nur noch als eine Art **„Lückenfüller"** bis zu einem Einstieg in das Regulierungsregime der Anreizregulierung nach maximal zwei Regulierungsperioden (§ 1 Abs. 2 S. 2 ARegV). In Betracht kommt die übergangsweise Erteilung von Netzentgelt-Genehmigungen nach § 23a insbesondere (i) bei völlig neu errichteten Energieversorgungsnetzen, (ii) bei Energieanlagen, die bislang als Kundenanlagen (§ 3 Nr. 24a und 24b) behandelt wurden und nunmehr als Energieversorgungsnetze angesehen werden, oder aber (iii) bei Energieversorgungsnetzen, deren Existenz den Regulierungsbehörden des Bundes und der Länder erstmals bekannt wird. Vor diesem Hintergrund hat die Erteilung von Netzentgelt-Genehmigungen in der Praxis der Landesregulierungsbehörden stark an Bedeutung verloren.

Im Hinblick auf die zum Zwecke der Erteilung von Netzentgelt-Genehmigungen nach 282 § 23a durchzuführenden Kostenprüfungen bestehen zwei sachliche Zuständigkeiten der BNetzA zum Erlass **bundeseinheitlicher Festlegungen** nach Absatz 3 Satz 2 und 3 (→ Rn. 420 ff.), durch die die sachliche Zuständigkeit der Landesregulierungsbehörden nach Absatz 2 Satz 1 Nummer 1 verdrängt wird. Dies betrifft nach Absatz 3 Satz 3 Nummer 1 zunächst die sachliche Zuständigkeit der BNetzA für bundeseinheitliche Festlegungen in Bezug auf **Preisindizes** zur Bestimmung der Tagesneuwerte von Anlagegütern im Rahmen des Ansatzes kalkulatorischer Abschreibungen (§ 6 Abs. 3 StromNEV oder § 6 Abs. 3 GasNEV; näher → Rn. 454 ff.). Weiterhin gilt dies nach Absatz 3 Satz 3 Nummer 2 für die sachliche Zuständigkeit der BNetzA für bundeseinheitliche Festlegungen in Bezug auf **kalkulatorische Eigenkapitalzinssätze** nach § 7 Abs. 6 S. 1 und 2 StromNEV oder § 7 Abs. 6 S. 1 und 2 GasNEV (→ Rn. 461 ff.).

Von der sachlichen Zuständigkeit der Landesregulierungsbehörden für die Erteilung von 283 Netzentgelt-Genehmigungen betreffend die allgemein gültigen Netzentgelte des jeweiligen Betreibers eines Energieversorgungsnetzes nach § 23a nach Absatz 2 Satz 1 Nummer 1 strikt zu **unterscheiden** ist deren sachliche Zuständigkeit für die Genehmigung und Untersagung individueller Netzentgelte nach Absatz 2 Satz 1 Nummer 3 (→ Rn. 292 ff.).

b) Anreizregulierung (Abs. 2 S. 1 Nr. 2). Die Regulierungsbehörden der Länder sind 284 nach Absatz 2 Satz 1 Nummer 2 sachlich zuständig für die „Genehmigung oder Festlegung

Kresse 1511

EnWG § 54 Teil 7. Behörden

im Rahmen der Bestimmung der Entgelte für den Netzzugang im Wege einer Anreizregulierung nach § 21a" (Baur/Salje/Schmidt-Preuß Energiewirtschaft/Franke Kap. 40 Rn. 22; Bourwieg/Hellermann/Hermes/Gundel § 54 Rn. 34; Kment EnWG/Görisch § 54 Rn. 6; Säcker EnergieR/Schmidt-Preuß § 54 Rn. 8; Salje EnWG § 54 Rn. 26; Schneider/Theobald EnergieWirtschaftsR-HdB/Franke § 19 Rn. 8; Theobald/Kühling/Theobald/Werk § 54 Rn. 36). Die diesbezügliche sachliche Zuständigkeit der Regulierungsbehörden der Länder erstreckt sich im Grundsatz auf **sämtliche Aufgaben,** die im Zusammenhang mit der Anreizregulierung der Energieversorgungsnetze nach der Anreizregulierungsverordnung (ARegV) vom 29.10.2007 (BGBl. I 2529) stehen, einschließlich etwaiger „vorgelagerte[r] Zwischenentscheidung[en]" (BGH NVwZ-RR 2015, 452 Rn. 14 und 16; Theobald/Kühling/Theobald/Werk § 54 Rn. 36; anderer Auffassung Schneider/Theobald EnergieWirtschaftsR-HdB/Franke § 19 Rn. 9). Hierbei handelt es sich derzeit um das **wichtigste Arbeitsgebiet** der Landesregulierungsbehörden (Theobald/Kühling/Theobald/Werk § 54 Rn. 36). Die diesbezüglichen materiellen Festlegungs- und Genehmigungsbefugnisse der Regulierungsbehörden der Länder finden sich regelmäßig in § 32 Abs. 1 ARegV. Eine bedeutsame Besonderheit ist bei teilweisen Netzübergängen nach § 26 Abs. 2 und 3 ARegV zu beachten (→ Rn. 289 f.). Weitere Ausnahmen von dem vorgenannten Grundsatz ergeben sich aus der sachlichen Zuständigkeit der BNetzA für bestimmte bundeseinheitliche Festlegungen durch die BNetzA nach Absatz 3 Satz 3 (→ Rn. 451 ff.).

285 **aa) Festlegung und Anpassung.** Durch Absatz 2 Satz 1 Nummer 2 angesprochen sind insbesondere folgende regulierungsbehördlichen Entscheidungen in Bezug auf die Festlegung und Anpassung der kalenderjährlichen Erlösobergrenzen der Betreiber der Energieversorgungsnetze:

- die **Festlegung** der kalenderjährlichen Erlösobergrenzen zu Beginn einer Regulierungsperiode nach § 29 Abs. 1 EnWG iVm § 32 Abs. 1 Nr. 1 ARegV, § 4 Abs. 1 und Abs. 2 S. 1 ARegV,
- die Anpassung der kalenderjährlichen Erlösobergrenzen durch Berücksichtigung eines **Kapitalkostenaufschlages** während des Laufes einer Regulierungsperiode nach § 29 Abs. 1 EnWG iVm § 32 Abs. 1 Nr. 1 ARegV, § 4 Abs. 2 S. 2 und Abs. 4 S. 1 Nr. 1 ARegV, § 10a ARegV,
- die Anpassung der kalenderjährlichen Erlösobergrenzen durch Genehmigung des Saldos des **Regulierungskontos** und dessen Verteilung während des Laufes einer Regulierungsperiode nach § 29 Abs. 1 EnWG iVm § 32 Abs. 1 Nr. 1 und 2 ARegV, § 4 Abs. 2 S. 2 und Abs. 4 S. 1 Nr. 1a ARegV, § 5 Abs. 3 S. 1 ARegV,
- die Anpassung der kalenderjährlichen Erlösobergrenzen zur Vermeidung einer **nicht zumutbaren Härte** während des Laufes einer Regulierungsperiode nach § 29 Abs. 1 EnWG iVm § 32 Abs. 1 Nr. 1 ARegV, § 4 Abs. 2 S. 2 und Abs. 4 S. 1 Nr. 2 ARegV,
- die Anpassung der kalenderjährlichen Erlösobergrenzen durch Berücksichtigung von Zu- oder Abschlägen im Rahmen der Bestimmung eines **Qualitätselements** während des Laufes einer Regulierungsperiode nach § 29 Abs. 1 EnWG iVm § 32 Abs. 1 Nr. 1 ARegV, § 4 Abs. 2 S. 2 und Abs. 5 S. 1 ARegV, § 19 Abs. 1 ARegV.

286 **bb) Methodik des Qualitätselements.** Von der Anpassung der kalenderjährlichen Erlösobergrenzen durch Berücksichtigung von Zu- oder Abschlägen im Rahmen der Bestimmung eines Qualitätselements zu unterscheiden ist die Festlegung der näheren **Ausgestaltung** und des **Verfahrens** zur Bestimmung des Qualitätselements nach § 29 Abs. 1 EnWG iVm § 32 Abs. 1 Nr. 6 ARegV, §§ 19 f. ARegV (sog. Methodikfestlegung). Auch die vorgenannten Methodikfestlegungen wurden bis zur Schaffung der sachlichen Zuständigkeit der BNetzA nach **Absatz 3 Satz 3 Nummer 5** (→ Rn. 481 ff.) durch das Gesetz zur Umsetzung unionsrechtlicher Vorgaben und zur Regelung reiner Wasserstoffnetze im Energiewirtschaftsrecht vom 16.7.2021 (BGBl. I 3026; näher zur Entstehungsgeschichte → Rn. 48 ff.) von der sachlichen Zuständigkeit der Regulierungsbehörden der Länder nach Absatz 2 Satz 1 Nummer 2 erfasst (zur grundsätzlichen sachlichen Zuständigkeit der Landesregulierungsbehörden für Festlegungen nach § 29 Abs. 1 im Wege der Allgemeinverfügung → Rn. 367 ff.). Seit der Schaffung der sachlichen Zuständigkeit der BNetzA für den Erlass einer bundeseinheitlichen Festlegung gem. Absatz 3 Satz 3 Nummer 5 werden die Methodikfestlegungen iSd § 29 Abs. 1 EnWG iVm § 32 Abs. 1 Nr. 6 ARegV, §§ 19 f. ARegV ausschließlich durch die BNetzA erlassen. Die sachliche Zuständigkeit der Landesregulierungsbehörden nach Absatz 2 Satz 1 Nummer 2 ist diesbezüglich **nicht mehr einschlägig.**

1512 Kresse

Allgemeine Zuständigkeit § 54 EnWG

cc) Teilnahme am vereinfachten Verfahren. Die Landesregulierungsbehörden sind 287 weiterhin für die Genehmigung der Teilnahme am vereinfachten Verfahren der Anreizregulierung nach § 29 Abs. 1 EnWG iVm § 32 Abs. 1 Nr. 9 ARegV, § 24 Abs. 4 S. 3 ARegV sachlich zuständig. Diese sachliche Zuständigkeit der Regulierungsbehörden folgt ebenfalls aus Absatz 2 Satz 1 Nummer 2 (Holznagel/Schütz/Kresse ARegV § 24 Rn. 198).

dd) Vorgaben zur Kostenprüfung. Darüber hinaus erstreckt sich die sachliche Zustän- 288 digkeit der Regulierungsbehörden der Länder nach Absatz 2 Satz 1 Nummer 2 auch auf die Festlegung von Vorgaben betreffend die zum Zwecke der Durchführung einer Kostenprüfung nach § 6 Abs. 1 S. 1 ARegV nach den §§ 27, 28 ARegV zu erhebenden oder mitzuteilenden Daten gem. § 29 Abs. 1 EnWG iVm § 32 Abs. 1 Nr. 11 ARegV (zur sachlichen Zuständigkeit der Landesregulierungsbehörden für Festlegungen im Wege der Allgemeinverfügung → Rn. 367 ff.).

ee) Teilweiser Netzübergang. Im Hinblick auf die Festlegung des im Rahmen eines 289 teilweisen Netzüberganges übergehenden Erlösobergrenzenanteils nach § 29 Abs. 1 EnWG iVm § 32 Abs. 1 Nr. 10 ARegV, § 26 Abs. 2 und 3 ARegV ist nach Auffassung des BGH unter analoger Anwendung des Absatzes 2 Satz 5 (→ Rn. 390 ff. und → Rn. 413) diejenige Regulierungsbehörde sachlich zuständig, die die kalenderjährlichen Erlösobergrenzen des Netzbetreibers festgelegt hat, der im Rahmen des teilweisen Netzüberganges ein Teilnetzgebiet **abgibt**. Begründet wird dies im Kern mit der ratio des Absatzes 2 Satz 5 (→ Rn. 392), durch eine Beibehaltung der sachlichen Zuständigkeit der bislang sachlich zuständigen Regulierungsbehörde eine Verfahrensvereinfachung und -beschleunigung zu gewährleisten. Insoweit findet Absatz 2 Satz 1 Nummer 2 also **keine Anwendung,** obwohl es sich bei der Festlegung des übergehenden Erlösobergrenzenanteils um eine Entscheidung im Rahmen der Anreizregulierung handelt (BGH NVwZ-RR 2016, 175 Rn. 23 f.; Holznagel/Schütz/ Thäsler ARegV § 26 Rn. 21; Theobald/Kühling/Hummel ARegV § 26 Rn. 94 ff.; teilweise anderer Auffassung Jacob N&R 2016, 26 (28 und 29 f.)). Eine sachliche Zuständigkeit einer Landesregulierungsbehörde analog Absatz 2 Satz 5 ist mithin dann gegeben, wenn eben diese Landesregulierungsbehörde die kalenderjährlichen Erlösobergrenzen des im Rahmen des teilweisen Netzüberganges abgebenden Netzbetreibers festgelegt hat. Die vorgenannte Rechtsprechung des BGH führt in Fallgestaltungen, in denen an einem teilweisen Netzübergang zwei Netzbetreiber beteiligt sind, die in der sachlichen und örtlichen Zuständigkeit zweier unterschiedlicher Regulierungsbehörden stehen, dazu, dass die für die Festlegung der kalenderjährlichen Erlösobergrenzen des abgebenden Netzbetreibers nach Absatz 2 Satz 1 Nummer 2 sachlich zuständige Regulierungsbehörde für die Festlegung des übergehenden Erlösobergrenzenanteils nach § 29 Abs. 1 EnWG iVm § 32 Abs. 1 Nr. 10 ARegV, § 26 Abs. 2 und 3 ARegV gegenüber **beiden** beteiligten Netzbetreibern analog Absatz 2 Satz 5 als sachlich zuständig anzusehen ist (Holznagel/Schütz/Thäsler ARegV § 26 Rn. 21; teilweise anderer Auffassung Jacob N&R 2016, 26 (29 f.)). Bis zu der vorgenannten Entscheidung des BGH waren die Regulierungsbehörden des Bundes und der Länder noch (damals noch auf der Grundlage einer früheren Fassung des § 26 Abs. 2 ARegV) übereinstimmend davon ausgegangen, dass es auch im Hinblick auf die Entscheidung über den teilweisen Netzübergang bei der zwischen zwei Regulierungsbehörden geteilten sachlichen Zuständigkeit für die jeweils beteiligten Netzbetreiber verbleibt; diese Regulierungspraxis ist zwischenzeitlich überholt (Holznagel/Schütz/Thäsler ARegV § 26 Rn. 22).

Bislang **ungeklärt** ist, ob die Rechtsprechung des BGH betreffend die sachliche Zustän- 290 digkeit für die Festlegung eines im Rahmen eines teilweisen Netzüberganges nach § 26 Abs. 2 und 3 ARegV übergehenden Erlösobergrenzenanteils (BGH NVwZ-RR 2016, 175 Rn. 23 f.) auch auf solche Fallgestaltungen übertragbar ist, in denen der teilweise Netzübergang dazu führt, dass es im Hinblick auf den abgebenden Netzbetreiber zu einem **Wechsel** der sachlichen Zuständigkeit kommt. Dies ist dann möglich, wenn durch die Abgabe eines Teilnetzgebiets die Anzahl der an das verbleibende Teilnetzgebiet des abgebenden Netzbetreibers unmittelbar oder mittelbar angeschlossenen Kunden unter den in Absatz 2 Satz 1 geregelten Schwellenwert (→ Rn. 233 ff.) absinkt oder wenn das verbleibende Teilnetzgebiet nicht mehr iSd Absatzes 2 Satz 2 über die Grenzen eines Landes hinausreicht (→ Rn. 374 ff.). Geht man davon aus, dass es sich bei der Festlegung des im Rahmen des teilweisen Netzüberganges übergehenden Erlösobergrenzenanteils nach § 29 Abs. 1 EnWG iVm § 32 Abs. 1 Nr. 10 ARegV, § 26 Abs. 2 und 3 ARegV um ein gegenüber der vorausgegangenen Festlegung der kalenderjährlichen Erlösobergrenzen nach § 29 Abs. 1 EnWG iVm § 32 Abs. 1 Nr. 1 ARegV, § 4 Abs. 1 und Abs. 2 S. 1 ARegV neues energiewirtschaftsrechtliches Verwaltungsverfahren handelt (ausdrücklich offengelassen BGH NVwZ-RR 2016, 175 Rn. 24), so wäre eine unmittelbare Anwendung des Absatzes 2 Satz 5 ausgeschlossen, da dieser ein begonnenes und noch fortlaufendes energiewirtschaftliches Verwaltungsverfahren voraussetzt (→ Rn. 397 f.). Jedoch erscheint unter Beachtung der ratio der Norm (→ Rn. 392) eine Übertragung der Rechtsprechung des BGH und somit eine **Analogiebildung** zu Absatz 2 Satz 5 jedenfalls denkbar. Auch im Falle des Eintritts eines durch den teilweisen Netzübergang bewirkten Wechsels der sachlichen Zuständigkeit wäre also die für die Festlegung der kalenderjährlichen Erlösobergrenzen des abgebenden Netzbetreibers sachlich zuständige Regulierungsbehörde analog Absatz 2 Satz 5 auch für die Festlegung des übergehenden Erlösobergrenzenanteils sachlich zuständig (im Ergebnis abl. Holznagel/Schütz/Thäsler ARegV § 26 Rn. 23).

291 **ff) Bundeseinheitliche Festlegungen.** Die sachliche Zuständigkeit der Regulierungsbehörden der Länder für Aufgaben im Zusammenhang mit der Anreizregulierung der Energieversorgungsnetze nach Absatz 2 Satz 1 Nummer 2 wird **verdrängt** durch die sachliche Zuständigkeit der BNetzA für bundeseinheitliche Festlegungen nach Absatz 3 Sätze 2 und 3 (näher → Rn. 420 ff.), soweit sich diese ebenfalls auf die Anreizregulierung beziehen. Zu nennen ist in diesem Zusammenhang die sachliche Zuständigkeit der BNetzA für bundeseinheitliche Festlegungen betreffend

- **Preisindizes** zur Bestimmung der Tagesneuwerte von Anlagegütern im Rahmen des Ansatzes kalkulatorischer Abschreibungen nach § 6 Abs. 3 StromNEV oder § 6 Abs. 3 GasNEV (geregelt in Absatz 3 Satz 3 Nummer 1; näher → Rn. 454 ff.),
- **kalkulatorische Eigenkapitalzinssätze** nach § 7 Abs. 6 S. 1 und 2 StromNEV oder § 7 Abs. 6 S. 1 und 2 GasNEV (geregelt in Absatz 3 Satz 3 Nummer 2; näher → Rn. 461 ff.),
- Vorgaben zur Erhebung von **Vergleichsparametern** iSd § 13 Abs. 1 und 3 ARegV zum Zwecke der Ermittlung der Effizienzwerte (geregelt in Absatz 3 Satz 3 Nummer 3; näher → Rn. 465 ff.),
- die Bestimmung der Höhe des generellen sektoralen **Produktivitätsfaktors** nach § 9 Abs. 3 S. 1 ARegV (geregelt in Absatz 3 Satz 3 Nummer 4; näher → Rn. 477 ff.),
- die nähere Ausgestaltung und des Verfahrens zur Bestimmung des **Qualitätselements** nach § 29 Abs. 1 EnWG iVm § 32 Abs. 1 Nr. 6 ARegV, §§ 19 f. ARegV (geregelt in Absatz 3 Satz 3 Nummer 5; näher → Rn. 286 und → Rn. 481 ff.).

292 **c) Individuelle Netzentgelte (Abs. 2 S. 1 Nr. 3).** Nach Absatz 2 Satz 1 Nummer 3 sind die Regulierungsbehörden der Länder auch sachlich zuständig für die „Genehmigung oder Untersagung individueller Entgelte für den Netzzugang", wenn dies in einer aufgrund der Ermächtigungsgrundlage des § 24 S. 1 Nr. 3 (→ § 24 Rn. 11 f.) erlassenen Rechtsverordnung vorgesehen ist (Baur/Salje/Schmidt-Preuß Energiewirtschaft/Franke Kap. 40 Rn. 22; Bourwieg/Hellermann/Hermes/Gundel § 54 Rn. 34; Kment EnWG/Görisch § 54 Rn. 6; Säcker EnergieR/Schmidt-Preuß § 54 Rn. 8; Salje EnWG § 54 Rn. 26; Schneider/Theobald EnergieWirtschaftsR-HdB/Franke § 19 Rn. 8; Theobald/Kühling/Theobald/Werk § 54 Rn. 36). Bei individuellen Netzentgelten in dem vorgenannten Sinne handelt es sich um Netzentgelte, die **zulässigerweise** von den allgemein gültigen Netzentgelten, die grundsätzlich im Rahmen der Anreizregulierung der Energieversorgungsnetze nach § 21a ermittelt werden, **abweichen**. Individuelle Netzentgelte dürfen im Strombereich nach § 17 Abs. 9 StromNEV und im Gasbereich nach § 15 Abs. 8 GasNEV nur in **ausdrücklich** geregelten Fällen vereinbart und zur Anwendung gebracht werden. Die Erstreckung der sachlichen Zuständigkeit der Landesregulierungsbehörden auf die Genehmigung oder Untersagung individueller Netzentgelte ist als **konsequent** anzusehen, da auch die Regulierung der allgemein gültigen Netzentgelte nach Absatz 2 Satz 1 Nummern 1 und 2 in die sachliche Zuständigkeit der Regulierungsbehörden der Länder fällt. Eine abweichende Regelung der sachlichen Zuständigkeit für die Regulierung der allgemein gültigen Netzentgelte einerseits und der individuellen Netzentgelte andererseits wäre nicht sachgerecht.

293 Die Regelung des § 24 S. 1 Nr. 3 **ermächtigt** die Bundesregierung, durch eine Rechtsverordnung u.a. zu regeln, „in welchen Sonderfällen der Netznutzung und unter welchen Voraussetzungen die Regulierungsbehörde im Einzelfall individuelle Entgelte für den Netzzugang genehmigen oder untersagen kann" (→ § 24 Rn. 11 f.). Auf der Ermächtigungsgrundlage des § 24 S. 1 Nr. 3 hat der Verordnungsgeber folgende Regelungen betreffend

Allgemeine Zuständigkeit § 54 EnWG

individuelle Netzentgelte getroffen, deren Vollzug mithin nach Absatz 2 Satz 1 Nummer 3 in die sachliche Zuständigkeit der Regulierungsbehörden der Länder fällt (Theobald/Kühling/Theobald/Werk § 54 Rn. 36):
- atypische Netznutzung (§ 19 Abs. 2 S. 1 StromNEV),
- stromintensive Unternehmen (§ 19 Abs. 2 S. 2 StromNEV),
- singulär genutzte Betriebsmittel (§ 19 Abs. 3 StromNEV),
- Stromspeicher (§ 19 Abs. 4 StromNEV),
- separate Kurzstreckenentgelte (§ 20 Abs. 1 GasNEV),
- Vermeidung eines Direktleitungsbaus (§ 20 Abs. 2 GasNEV).

Die in der Praxis **bedeutsamsten** der vorgenannten Regelungen sind § 19 Abs. 2 S. 1 **294** StromNEV betreffend die Vereinbarung individueller Netzentgelte bei atypischer Netznutzung und § 19 Abs. 2 S. 2 StromNEV betreffend die Vereinbarung individueller Netzentgelte für stromintensive Unternehmen. Nach § 19 Abs. 2 S. 5 StromNEV bedürfen derartige Vereinbarungen individueller Netzentgelte grundsätzlich der regulierungsbehördlichen **Genehmigung**. Die Regulierungsbehörde hat jedoch gem. § 29 Abs. 1 EnWG iVm § 19 Abs. 2 S. 7 StromNEV, § 30 Abs. 2 Nr. 7 StromNEV die Möglichkeit, die Kriterien der sachgerechten Ermittlung der individuellen Netzentgelte nach § 19 Abs. 2 S. 1 und 2 StromNEV durch Festlegung zu konkretisieren. Ist dies geschehen, entfällt nach § 19 Abs. 2 S. 7 StromNEV die Genehmigungsbedürftigkeit nach § 19 Abs. 2 S. 5 StromNEV und wird durch eine bloße **Anzeigebedürftigkeit** der Vereinbarung individueller Netzentgelte ersetzt. Im Falle der Rechtswidrigkeit einer Vereinbarung eines individuellen Netzentgelts kann die Regulierungsbehörde diese nach § 19 Abs. 2 S. 8 StromNEV **untersagen**.

Die BNetzA hat im Rahmen ihrer sachlichen Zuständigkeit für bundeseinheitliche Festle- **295** gungen nach der Generalklausel des Absatzes 3 Satz 2 eine **Festlegung** betreffend die sachgerechte Ermittlung individueller Entgelte gem. § 29 Abs. 1 EnWG iVm § 19 Abs. 2 S. 7 StromNEV, § 30 Abs. 2 Nr. 7 StromNEV erlassen (BNetzA Beschl. v. 11.12.2013 – BK4-13-739, S. 1 ff.; geändert durch BNetzA Beschl. v. 29.11.2017 – BK4-13-739 A02; vgl. → Rn. 448). Vereinbarungen individueller Netzentgelte bedürfen daher gegenwärtig keiner regulierungsbehördlichen Genehmigung nach § 19 Abs. 2 S. 5 StromNEV mehr, sondern müssen gegenüber der sachlich und örtlich zuständigen Regulierungsbehörde nach § 19 Abs. 2 S. 7 StromNEV **angezeigt** werden. Hierbei ist in der Praxis insbesondere darauf zu achten, dass diese Anzeige gegenüber der im Einzelfall **sachlich zuständigen** Regulierungsbehörde erfolgt, also entweder gegenüber der BNetzA (Absatz 1) oder gegenüber der jeweiligen Landesregulierungsbehörde (Absatz 2 Satz 1 Nummer 3). Die Tatsache, dass die BNetzA die Festlegung gem. § 29 Abs. 1 EnWG iVm § 19 Abs. 2 S. 7 StromNEV, § 30 Abs. 2 Nr. 7 StromNEV auf der Grundlage des Absatzes 3 Satz 2 als bundeseinheitliche Festlegung erlassen hat, führt nicht dazu, dass sämtliche Anzeigen iSd § 19 Abs. 2 S. 7 StromNEV nunmehr ausschließlich gegenüber der BNetzA zu erstatten wären. Vielmehr ist die diesbezügliche sachliche Zuständigkeit weiterhin nach Maßgabe des Absatzes 1 und des Absatzes 2 Satz 1 Nummer 3 zwischen der BNetzA und den Regulierungsbehörden der Länder aufgeteilt. Entsprechendes gilt für die sachliche Zuständigkeit für die Untersagung rechtswidriger Vereinbarungen individueller Netzentgelte nach § 19 Abs. 2 S. 8 StromNEV.

d) Entflechtungsvorgaben (Abs. 2 S. 1 Nr. 4). Die Regulierungsbehörden der Länder **296** sind nach Absatz 2 Satz 1 Nummer 4 sachlich zuständig für die Überwachung der für die Betreiber von Energie**verteiler**netzen (→ Rn. 230) geltenden Entflechtungsvorschriften des § 6 Abs. 1 iVm §§ 6a–7a, soweit die Voraussetzungen des Absatzes 2 Sätze 1 und 2 für das jeweilige Unternehmen erfüllt sind (Baur/Salje/Schmidt-Preuß Energiewirtschaft/Franke Kap. 40 Rn. 22; Bourwieg/Hellermann/Hermes/Gundel § 54 Rn. 35; Kment EnWG/Görisch § 54 Rn. 6; Säcker EnergieR/Schmidt-Preuß § 54 Rn. 8; Salje EnWG § 54 Rn. 27; Schneider/Theobald EnergieWirtschaftsR-HdB/Franke § 19 Rn. 8; Theobald/Kühling/Theobald/Werk § 54 Rn. 37). **Nicht** von der vorgenannten sachlichen Zuständigkeit der Landesregulierungsbehörden erfasst werden konsequenterweise die für Transportnetzbetreiber und für Kombinationsnetzbetreiber (§ 6d) geltenden besonderen Vorgaben zur Entflechtung in den §§ 7b Alt. 1, 8 ff., 10 ff., da die Regulierung der Betreiber von Transportnetzen (→ Rn. 199 ff.) und von Kombinationsnetzen (→ Rn. 208) nach Absatz 1 alleine in die originäre sachliche Zuständigkeit der BNetzA fällt.

Die Verweisung in Absatz 2 Satz 1 Nummer 4 auf die für die Betreiber der Energievertei- **297** lernetze geltenden Entflechtungsvorschriften wurde durch das Dritte Gesetz zur Neurege-

Kresse 1515

EnWG § 54 Teil 7. Behörden

lung energiewirtschaftsrechtlicher Vorschriften vom 20.12.2012 (BGBl. I 2730 (2742)) einer **redaktionellen Korrektur** zum Zwecke der Anpassung an die aktuelle Rechtslage unterzogen (→ Rn. 24). Durch diese redaktionelle Korrektur sollte nach der amtlichen Begründung klargestellt werden, dass die Überwachung der ausschließlich für die Betreiber von Transportnetzen geltenden Entflechtungsvorschriften (§§ 8 ff.) nicht in die sachliche Zuständigkeit der Regulierungsbehörden der Länder fällt (BT-Drs. 17/10754, 33; Bourwieg/Hellermann/Hermes/Gundel § 54 Rn. 35).

298 In die sachliche Zuständigkeit der Regulierungsbehörden der Länder fällt damit – im Falle der Eröffnung des Anwendungsbereichs des § 6 Abs. 1 (→ § 6 Rn. 19 ff.) – die Überwachung **folgender Entflechtungsvorschriften:**
- informationelle Entflechtung (§ 6a),
- buchhalterische Entflechtung (§§ 6b und 6c),
- rechtliche Entflechtung (§ 7), sowie
- operationelle Entflechtung (§ 7a).

299 Die sachliche Zuständigkeit der Regulierungsbehörden der Länder nach Absatz 2 Satz 1 Nummer 4 erstreckt sich im Rahmen einer **Annexkompetenz** auch auf die Anwendung der Kontroll- und Durchsetzungsbefugnisse sowie der einschlägigen Verfahrensvorschriften nach §§ 65 ff., soweit diese zum Zwecke der „Überwachung" der vorgenannten Entflechtungsvorschriften erforderlich ist (→ Rn. 276; Bourwieg/Hellermann/Hermes/Gundel § 54 Rn. 35; Kment EnWG/Görisch § 54 Rn. 6; aA Salje EnWG § 54 Rn. 23). Vorrangig gegenüber der Anwendung der allgemeinen Befugnisnorm des § 65 Abs. 1 und 2 ist allerdings die Missbrauchsaufsicht nach §§ 30 f., bezüglich derer die sachliche Zuständigkeit der Landesregulierungsbehörden aus Absatz 2 Satz 1 Nummer 8 folgt (→ Rn. 330 ff.).

300 Die sachliche Zuständigkeit der Regulierungsbehörden der Länder bezieht sich jedoch **nicht** auf die Regelung des **§ 7b**, die durch das Gesetz zur Umsetzung unionsrechtlicher Vorgaben und zur Regelung reiner Wasserstoffnetze im Energiewirtschaftsrecht vom 16.7.2021 überarbeitet wurde (BGBl. I 3026 (3030)). Nach § 7b ist § 7 Abs. 1 und § 7a Abs. 1–5 auf **Transportnetzbetreiber** (§ 3 Nr. 31e), soweit ein Unabhängiger Systembetreiber iSd § 9 benannt wurde, sowie auf **Betreiber von Gasspeicheranlagen** (§ 3 Nr. 19c), die Teil eines vertikal integrierten Energieversorgungsunternehmens (§ 3 Nr. 38) sind und zu denen der Zugang technisch und wirtschaftlich erforderlich ist für einen effizienten Netzzugang im Hinblick auf die Belieferung von Kunden, entsprechend anwendbar. Soweit sich § 7b Alt. 1 auf bestimmte Transportnetzbetreiber bezieht (→ § 7b Rn. 2 ff.), ergibt sich die alleinige sachliche Zuständigkeit der BNetzA nach Absatz 1 daraus, dass sich die sachliche Zuständigkeit der Landesregulierungsbehörden nach Absatz 2 Satz 1 nur auf bestimmte Teilbereiche der Regulierung von Betreibern von Energieverteilernetzen erstreckt (→ Rn. 199 ff.). Entsprechendes gilt für die Betreiber von Gasspeicheranlagen gem. § 7b Alt. 2, da es sich auch bei diesen nicht um Betreiber von Energieverteilernetzen iSd Absatzes 2 Satz 1 handelt und somit eine sachliche Zuständigkeit der Landesregulierungsbehörden nicht gegeben sein kann (→ Rn. 230 ff. und → § 7b Rn. 5 ff.).

301 Nicht von der sachlichen Zuständigkeit der Regulierungsbehörden der Länder nach Absatz 2 Satz 1 Nummer 4 erfasst wird auch der Vollzug der Regelung des § 7c, die durch das Gesetz zur Umsetzung unionsrechtlicher Vorgaben und zur Regelung reiner Wasserstoffnetze im Energiewirtschaftsrecht vom 16.7.2021 geschaffen wurde (BGBl. 2021 I 3026 (3030)). Nach § 7c Abs. 1 S. 1 dürfen Betreiber von Elektrizitätsverteilernetzen grundsätzlich weder Eigentümer von **Ladepunkten für Elektromobile** sein noch diese Ladepunkte entwickeln, verwalten oder betreiben (näher → EnWG § 7c Rn. 2 ff.). Von diesem Grundsatz sind nach **§ 7c Abs. 2 S. 1** unter bestimmten Voraussetzungen Ausnahmen zulässig, sofern die BNetzA als sachlich zuständige Regulierungsbehörde hierzu im Einzelfall ihre Genehmigung erteilt (→ EnWG § 7c Rn. 23 ff.); eine sachliche Zuständigkeit der Regulierungsbehörden der Länder besteht diesbezüglich nicht. Dies ergibt sich zum einen eindeutig aus dem Wortlaut des § 7c Abs. 2 S. 1 („Bundesnetzagentur") und zum anderen aus der amtlichen Begründung, in der die BNetzA ausdrücklich als zuständige Regulierungsbehörde „nach § 54" benannt wird (BT-Drs. 19/27453, 93). Dabei ist der vorgenannte Hinweis in der amtlichen Begründung auf § 54 im Grunde als überflüssig anzusehen, da sich die sachliche Zuständigkeit der BNetzA schon unmittelbar aus § 7c Abs. 2 S. 1 ergibt und ein Rückgriff auf Absatz 1 damit eigentlich entbehrlich ist (→ Rn. 67). Auch der Erlass bestimmter Verpflichtungen

Allgemeine Zuständigkeit § 54 EnWG

gegenüber den Betreibern von Elektrizitätsverteilernetzen nach **§ 7c Abs. 2 S. 2** (Wortlaut: „Bundesnetzagentur") sowie die Überwachung des Fortbestandes der Genehmigungsvoraussetzungen bestehender Ausnahmegenehmigungen gem. **§ 7c Abs. 2 S. 3** (als Annexkompetenz zu § 7c Abs. 2 S. 1) fallen ausschließlich in die sachliche Zuständigkeit der BNetzA. **Hintergrund** der Zuständigkeitsregelung in § 7c Abs. 2 ist eine Absprache zwischen Bund und Ländern, die in der Entwurfsphase des Gesetzes zur Umsetzung unionsrechtlicher Vorgaben und zur Regelung reiner Wasserstoffnetze im Energiewirtschaftsrecht getroffen wurde. Demnach sollte die sachliche Zuständigkeit für den Vollzug des § 7c alleine in die sachliche Zuständigkeit der BNetzA fallen, während die sachliche Zuständigkeit für den Vollzug des § 11b zwischen den Regulierungsbehörden des Bundes und der Länder aufgeteilt werden sollte (Absatz 2 Satz 1 Nummer 12; → Rn. 38 ff. und → Rn. 349 ff.).

aa) De-minimis-Ausnahmeregelung. Im Hinblick auf die vorgenannten Vorgaben zur rechtlichen und operationellen Entflechtung ist auf die de-minimis-Ausnahmeregelung der §§ 7 Abs. 2, 7a Abs. 7 hinzuweisen. Demnach sind die Vorschriften betreffend die rechtliche und operationelle Entflechtung auf solche Netzbetreiber **nicht anzuwenden**, an deren Energieverteilernetz weniger als 100.000 Kunden unmittelbar oder mittelbar angeschlossen sind (Salje EnWG § 54 Rn. 28). Der vorgenannte Schwellenwert im Hinblick auf die Kundenanzahl ist im Interesse der Einheit der Rechtsordnung grundsätzlich ebenso auszulegen und zu prüfen, wie der gleichlautende Schwellenwert im Zusammenhang mit der sachlichen Zuständigkeit der Regulierungsbehörden der Länder in Absatz 2 Satz 1 (im Einzelnen → Rn. 239 ff.). Daraus folgt, dass die Betreiber von Energieverteilernetzen, die nach Absatz 1 Sätze 1 und 2 in die sachliche Zuständigkeit der Landesregulierungsbehörden fallen, die Vorgaben betreffend die rechtliche und operationelle Entflechtung grundsätzlich ebenfalls **nicht einzuhalten** haben. 302

Etwas anderes kann sich jedoch **ausnahmsweise** daraus ergeben, dass die §§ 7 Abs. 2, 7a Abs. 7 im Gegensatz zu Absatz 2 Satz 1 (→ Rn. 256 ff.) eine sog. **Verbundklausel** enthalten: Sind mehrere Betreiber von Energieverteilernetzen miteinander iSd § 3 Nr. 38 verbunden (→ § 3 Nr. 38 Rn. 1 ff.), so sind demnach die an die Energieverteilernetze dieser Betreiber unmittelbar oder mittelbar angeschlossenen Kunden bei der Prüfung des in den §§ 7 Abs. 2, 7a Abs. 7 geregelten Schwellenwertes zu addieren (→ § 7 Rn. 35). In einer solchen Fallkonstellation kann es also vorkommen, dass auch die nach Absatz 2 Satz 1 in die sachliche Zuständigkeit der Regulierungsbehörden der Länder fallenden Betreiber von Energieverteilernetzen ausnahmsweise nicht die de-minimis-Ausnahmeregelungen der §§ 7 Abs. 2, 7a Abs. 7 in Anspruch nehmen können und somit die Vorgaben betreffend die rechtliche und operationelle Entflechtung einhalten müssen. 303

bb) Festlegungen zur buchhalterischen Entflechtung. Von der sachlichen Zuständigkeit der Regulierungsbehörden der Länder nach Absatz 2 Satz 1 Nummer 4 für die Überwachung der Vorschriften betreffend die buchhalterische Entflechtung nach § 6b ebenfalls umfasst ist der Erlass von Festlegungen nach § 29 Abs. 1 iVm § 6b Abs. 6, durch die zusätzliche – also über die gesetzlichen Vorgaben hinausgehende – Bestimmungen getroffen werden können, die durch den Abschlussprüfer im Rahmen der jeweiligen Abschlussprüfung zu berücksichtigen sind (→ § 6b Rn. 59 ff.). Diese sachliche Zuständigkeit der Regulierungsbehörden ist nach dem Wortlaut des Absatzes 2 Satz 1 unmittelbar dann gegeben, soweit sich eine solche Festlegung an die Betreiber von **Energieverteilernetzen** richtet (→ Rn. 224 ff.). 304

Richtet sich eine Festlegung nach § 29 Abs. 1 iVm § 6b Abs. 6 jedoch nicht (nur) an die Betreiber von Energieverteilernetzen, sondern (auch) an **andere verpflichtete Unternehmen** iSd § 6b Abs. 1 S. 1, ist bei der Prüfung der sachlichen Zuständigkeit zusätzlich zu Absatz 2 Satz 1 Nummer 4 auf den verallgemeinerungsfähigen Rechtsgedanken des § 6b Abs. 7 S. 7 abzustellen. Erbringen solche Unternehmen gegenüber einem bestimmten Betreiber eines Energieversorgungsnetzes mittelbar oder unmittelbar energiespezifische Dienstleistungen oder überlassen solche Unternehmen einem bestimmten Betreiber eines Energieversorgungsnetzes Netzinfrastruktur (insbesondere im Wege der Verpachtung), so ist für den Erlass der Festlegung nach § 29 Abs. 1 iVm § 6b Abs. 6 gegenüber diesen Unternehmen nach dem Rechtsgedanken des § 6b Abs. 7 S. 7 diejenige Regulierungsbehörde sachlich zuständig, die nach Absätzen 1 und 2 für die Regulierung des jeweiligen Betreibers eines Energieversorgungsnetzes sachlich zuständig ist. Dies bedeutet: Fällt der Betreiber eines Ener- 305 gieverteilernetzes nach Absatz 2 Sätze 1 und 2 in die sachliche Zuständigkeit einer Landesregulierungsbehörde, so ist eben diese Landesregulierungsbehörde nach Absatz 2 Satz 1 Nummer 4 in Verbindung mit dem Rechtsgedanken des § 6b Abs. 7 S. 7 sachlich zuständig für den Erlass von Festlegungen nach § 29 Abs. 1 iVm § 6b Abs. 6 gegenüber solchen Unternehmen, die gegenüber dem fraglichen Netzbetreiber mittelbar oder unmittelbar energiespezifische Dienstleistungen erbringen oder ihm Netzinfrastruktur überlassen.

306 Basierend auf den dargestellten Erwägungen hat eine Reihe von Landesregulierungsbehörden, dem Beispiel der BNetzA folgend, im Jahr 2020 Festlegungen im Wege der Allgemeinverfügung nach § 29 Abs. 1 iVm § 6b Abs. 6 **erlassen,** die sich sowohl an Betreiber von Energieverteilernetzes in ihrer sachlichen Zuständigkeit nach Absatz 2 Satz 1 Nummer 4 als auch – unter Anwendung des Rechtsgedankens des § 6b Abs. 7 S. 7 – an sonstige verpflichtete Unternehmen im dargestellten Sinne richten (zur sachlichen Zuständigkeit der Regulierungsbehörden der Länder für Festlegungen im Wege der Allgemeinverfügung → Rn. 368 ff.). Als **Beispiel** seien die diesbezüglichen Festlegungen der Regulierungskammer des Freistaates Bayern genannt, die auch Ausführungen zur sachlichen und örtlichen Zuständigkeit enthalten:
- **Strombereich:** Festlegung betreffend Vorgaben von zusätzlichen Bestimmungen für die Erstellung und Prüfung von Jahresabschlüssen und Tätigkeitsabschlüssen im Strombereich, Beschluss vom 12.6.2020, GR-5940/7/5 S. 32 f.,
- **Gasbereich:** Vorgaben von zusätzlichen Bestimmungen für die Erstellung und Prüfung von Jahresabschlüssen und Tätigkeitsabschlüssen im Gasbereich, Beschluss vom 12.6.2020, GR-5940/8/5 S. 30 f.

307 **cc) Messstellenbetrieb.** Eine Besonderheit ist nach der Rechtsprechung im Anwendungsbereich des Messstellenbetriebsgesetzes (MsbG) vom 29.8.2016 (BGBl. I 2034) zu beachten (OLG Düsseldorf EnWZ 2020, 471 Rn. 19 ff.). Die Regelung der sachlichen Zuständigkeit für den Vollzug des MsbG ergibt sich grundsätzlich nicht aus der Regelung des § 54, sondern aus den speziellen Vorschriften des §§ 75 f. MsbG. Demnach ist sowohl für den Erlass von Festlegungen iSd § 29 Abs. 1 zum Zwecke einer bundeseinheitlichen Regelung der Bedingungen für den Messstellenbetrieb und für die diesbezügliche Datenvereinbarung (§ 75 MsbG) als auch für die Überwachung der Vorschriften des MsbG sowie der auf Grundlage des MsbG ergangenen Rechtsverordnungen (§ 76 MsbG) **im Grundsatz** die **BNetzA** die sachlich zuständige Regulierungsbehörde („Allzuständigkeit der BNetzA"; OLG Düsseldorf EnWZ 2020, 471 Rn. 20). Diesbezüglich ist die sachliche Zuständigkeit für den Vollzug des MsbG also regelmäßig nicht iSd Absätze 1 und 2 zwischen den Regulierungsbehörden des Bundes und der Länder aufgeteilt.

308 Abweichend von diesem Grundsatz sind nach der Verweisung in § 3 Abs. 4 S. 2 Hs. 2 MsbG die §§ 6b, 6c sowie § 54 im Anwendungsbereich des MsbG **entsprechend anzuwenden.** Dies bedeutet zum einen, dass auch im Anwendungsbereich des MsbG die Vorschrift des § 6b betreffend die buchhalterische Entflechtung im Rahmen einer gesetzlich angeordneten Analogiebildung Anwendung zu finden hat. Zum anderen folgt nach Auffassung der Rechtsprechung aus der in § 3 Abs. 4 S. 2 Hs. 2 MsbG enthaltenen Verweisung, dass die Überwachung der buchhalterischen Entflechtung auch im Anwendungsbereich des MsbG der „allgemeinen Zuständigkeitsregelung des § 54" unterworfen ist (OLG Düsseldorf EnWZ 2020, 471 Rn. 21). Diesbezüglich liege zwar eine „Abweichung vom Gesamtkonzept der Zuständigkeitszuweisung im MsbG" vor; hierbei handele es sich jedoch um eine „bewusste Entscheidung des Gesetzgebers", was sich aus der Entstehungsgeschichte des § 3 Abs. 4 S. 2 Hs. 2 MsbG ergebe (OLG Düsseldorf EnWZ 2020, 471 Rn. 20). Für die Überwachung der buchhalterischen Entflechtung analog § 6b ist die sachliche Zuständigkeit demnach in entsprechender Anwendung der Absätze 1 und 2 Satz 1 Nummer 4 zwischen der BNetzA und den Landesregulierungsbehörden **aufgeteilt.** Wird der Betreiber eines Energieverteilernetzes als (grundzuständiger) Messstellenbetreiber (§ 2 Nr. 4 und 12 MsbG) tätig und fällt die Regulierung des fraglichen Energieverteilernetzes im Anwendungsbereich des EnWG nach Absatz 2 Sätze 1 und 2 in die sachliche Zuständigkeit einer Landesregulierungsbehörde, so ist diese Landesregulierungsbehörde auch im Anwendungsbereich des MsbG für die Überwachung der buchhalterischen Entflechtung entsprechend § 6b sachlich zuständig. Dies ergibt sich aus einer entsprechenden Anwendung des Absatzes 2 Satz 1 Nummer 4 (OLG Düsseldorf EnWZ 2020, 471 Rn. 23).

e) Systemverantwortung (Abs. 2 S. 1 Nr. 5). Nach der Regelung des Absatzes 2 Satz 1 309
Nummer 5 in der Fassung des Gesetzes zur Änderung des Energiewirtschaftsrechts im
Zusammenhang mit dem Klimaschutz-Sofortprogramm und zu Anpassungen im Recht der
Endkundenbelieferung vom 19.7.2022 (BGBl. I 1214 (1224)) sind die Regulierungsbehörden der Länder sachlich zuständig für die „Überwachung der Vorschriften zur Systemverantwortung der Betreiber von Energieversorgungsnetzen nach § 14 Absatz 1, §§ 14a, 14b und
15 bis 16a". Allerdings ist darauf hinzuweisen, dass dem Gesetzgeber bei der Überarbeitung
des Absatzes 2 Satz 1 Nummer 5 zuletzt **mehrere Redaktionsversehen** in Folge unterlaufen sind (zur Änderungsgeschichte → Rn. 57 ff. und → Rn. 60 ff.) und die Regelung daher
nach hier vertretener Ansicht im Hinblick auf die Verweisung auf § 14 Abs. 1 **korrigierend
ausgelegt** werden muss (→ Rn. 313).

Nach **früherer Rechtslage** war in Absatz 2 Satz 1 Nummer 5 in der bis zum Inkrafttreten 310
des Gesetzes zur Umsetzung unionsrechtlicher Vorgaben und zur Regelung reiner Wasserstoffnetze im Energiewirtschaftsrecht vom 16.7.2021 (BGBl. I 3026 (3052); → Rn. 31 ff.)
geltenden Fassung noch eine allgemein gehaltene Verweisung auf die damaligen „§§ 14 bis
16a" enthalten (noch zur früheren Rechtslage Baur/Salje/Schmidt-Preuß Energiewirtschaft/
Franke Kap. 40 Rn. 22; Bourwieg/Hellermann/Hermes/Gundel § 54 Rn. 36; Kment
EnWG/Görisch § 54 Rn. 6; Säcker EnergieR/Schmidt-Preuß § 54 Rn. 8; Salje EnWG
§ 54 Rn. 29; Schneider/Theobald EnergieWirtschaftsR-HdB/Franke § 19 Rn. 8; Theobald/
Kühling/Theobald/Werk § 54 Rn. 37). Die Überarbeitung der Verweisung in Absatz 2
Satz 1 Nummer 5 durch das Gesetz zur Umsetzung unionsrechtlicher Vorgaben und zur
Regelung reiner Wasserstoffnetze im Energiewirtschaftsrecht erfolgte ausweislich der amtlichen Begründung zum Zwecke der **Klarstellung,** dass die durch das Änderungsgesetz ebenfalls „neu gestalteten" regulierungsbehördlichen Aufgaben, die sich aus den §§ 14 Abs. 2,
14c, 14d und 14e ergeben, nicht in die sachliche Zuständigkeit der Regulierungsbehörden
der Länder fallen, sondern nach Absatz 1 in die sachliche Zuständigkeit der BNetzA (BT-Drs. 19/27453, 134).

Bei der Anwendung des Absatzes 2 Satz 1 Nummer 5 ist zum einen zu beachten, dass 311
nach Absatz 2 Satz 1 nur die Betreiber von Energie**verteiler**netzen unter bestimmten Voraussetzungen in die sachliche Zuständigkeit der Regulierungsbehörden der Länder fallen (→
Rn. 230), nicht jedoch die Betreiber von Transportnetzen (→ Rn. 232). Die in Absatz 2
Satz 1 Nummer 5 enthaltene Verweisung auf die für die Überwachung der Vorschriften
betreffend die Systemverantwortung der Betreiber von Energie**versorgungs**netzen nach
„§ 14 Absatz 1, §§ 14a, 14b und 15 bis 16a" ist somit nach wie vor **irreführend,** da in den
von der Verweisung umfassten Vorschriften mit den §§ 15, 15a, 15b und 16 auch solche
Regelungen enthalten sind, die speziell für Betreiber von Fernleitungsnetzen (§ 3 Nr. 19)
gelten. Bei Fernleitungsnetzen handelt es sich nach § 3 Nr. 31d um Transportnetze, die nach
Absatz 1 alleine in die originäre sachliche Zuständigkeit der BNetzA fallen (→ Rn. 199 ff.).
Richtigerweise sind die Regulierungsbehörden der Länder nach Absatz 2 Satz 1 Nummer 5
nur für die Überwachung von Vorschriften sachlich zuständig, die (i) die Systemverantwortung betreffen und (ii) für die Betreiber von **Energieverteilernetzen** gelten (noch zur
früheren Rechtslage Kment EnWG/Görisch § 54 Rn. 7; Salje EnWG § 54 Rn. 29).

Bei der Anwendung des Absatzes 2 Satz 1 Nummer 5 ist weiterhin zu beachten, dass 312
dieser durch das Gesetz zur Beschleunigung des Energieleitungsausbaus vom 13.5.2019
(BGBl. I 706) mit Wirkung ab dem 1.10.2021 (s. Art. 25 Abs. 2 Gesetz zur Beschleunigung
des Energieleitungsausbaus: BGBl. 2019 I 706 (729)) eine **neue Fassung** erhalten sollte, die
im **Widerspruch** zu der Fassung nach dem Gesetz zur Umsetzung unionsrechtlicher Vorgaben und zur Regelung reiner Wasserstoffnetze im Energiewirtschaftsrecht vom 16.7.2021
(BGBl. I 3026) gestanden hätte (→ Rn. 57 ff.). Denn durch das vorgenannte Änderungsgesetz erfolgte im Jahr 2021 eine Überarbeitung der Vorschriften zur Systemverantwortung
der Betreiber von Energieversorgungsnetzen, an die zugleich die Verweisung in Absatz 2
Satz 1 Nummer 5 angepasst wurde (BT-Drs. 19/27453, 134; → Rn. 310). Die in dem Gesetz
zur Beschleunigung des Energieleitungsausbaus mit Wirkung zum 1.10.2021 vorgesehene
Änderung des Absatzes 2 Satz 1 Nummer 5 hätte daher eine **Fehlverweisung** auf mittlerweile überholte Vorschriften des EnWG zur Folge gehabt, sodass ein redaktionelles Versehen
des Gesetzgebers vorgelegen haben dürfte (→ Rn. 58). Offenbar hatte es der Gesetzgeber
schlicht übersehen, die beiden vorgenannten Änderungsgesetze im Hinblick auf die beabsich-

Kresse

tigten Änderungen in Absatz 2 Satz 2 Nummer 5 aufeinander abzustimmen. Hinzu kommt, dass der in dem Gesetz zur Beschleunigung des Energieleitungsausbaus enthaltene Änderungsbefehl, die in Absatz 2 Satz 2 Nummer 5 im Jahr 2019 noch enthaltene Angabe „den §§ 14" durch eine überarbeitete Verweisung zu ersetzen (BGBl. 2019 I 706 (714)) im Oktober 2021 **nicht mehr ausführbar** war. Denn Absatz 2 Satz 2 Nummer 5 in der Fassung des Gesetzes zur Umsetzung unionsrechtlicher Vorgaben und zur Regelung reiner Wasserstoffnetze im Energiewirtschaftsrecht vom 16.7.2021 enthielt diese Angabe nicht mehr, sondern lautete an der entsprechenden Stelle „nach § 14 Absatz 1". All dies sprach seinerzeit dafür, grundsätzlich die Regelung des Absatzes 2 Satz 1 Nummer 5 in der vorstehend beschriebenen Fassung des Gesetzes zur Umsetzung unionsrechtlicher Vorgaben und zur Regelung reiner Wasserstoffnetze im Energiewirtschaftsrecht vom 16.7.2021 (BGBl. 2021 I 3026) **als maßgeblich** zu erachten (→ Rn. 32 und → Rn. 58).

313 Hieraus folgte allerdings, dass der Wortlaut des Absatzes 2 Satz 1 Nummer 5 weiterhin auf die unveränderte Regelung des **§ 14 Abs. 1** verwies. In § 14 Abs. 1 S. 1 wird im Hinblick auf die Aufgaben der Betreiber von Elektrizitätsverteilernetzen eine entsprechende Anwendung der grundsätzlich für die Betreiber von Übertragungsnetzen (§ 3 Nr. 32) geltenden Vorschriften der §§ 12, 13–13c angeordnet; dies gilt jedoch nur ausnahmsweise, soweit nämlich der jeweilige Betreiber eines Elektrizitätsverteilernetzes ausnahmsweise für die Sicherheit und Zuverlässigkeit der Elektrizitätsversorgung in seinem Elektrizitätsverteilernetz verantwortlich ist (→ § 14 Rn. 9 ff.). Eben diese Verweisung auf § 14 Abs. 1 sollte jedoch nach der amtlichen Begründung des Gesetzes zur Beschleunigung des Energieleitungsausbaus vom 13.5.2019 gestrichen werden. Das Ziel dieser Streichung bestand darin, eine **einheitliche sachliche Zuständigkeit** der **BNetzA** nach Absatz 1 für die Überwachung der Vorschriften betreffend die Systemverantwortung nach §§ 13 und 13a zu schaffen, sofern diese über die Verweisung in § 14 Abs. 1 auch auf die Betreiber von Elektrizitätsverteilernetzen anzuwenden sind (BR-Drs. 11/19, 73). Auch der Gesetzgeber ging diesbezüglich im Anschluss von dem Vorliegen eines **„Redaktionsversehens"** aus, das bereinigt werden müsse (BR-Drs. 164/22, 65 unter Verweisung auf BT-Drs. 19/7375, 65 f. = BR-Drs. 11/19, 73). Diese durch den Gesetzgeber beabsichtigte Bereinigung des Absatzes 2 Satz 1 Nummer 5 sollte eigentlich durch das Gesetz zur Änderung des Energiewirtschaftsrechts im Zusammenhang mit dem Klimaschutz-Sofortprogramm und zu Anpassungen im Recht der Endkundenbelieferung vom 19.7.2022 (BGBl. I 1214 (1224)) erfolgen (BR-Drs. 164/22, 65; → Rn. 60). Allerdings wurde durch das vorgenannte Änderungsgesetz – offenbar aufgrund eines weiteren Redaktionsversehens – die Verweisung in Absatz 2 Satz 1 Nummer 5 auf § 14 Abs. 1 gerade nicht gestrichen, sondern lediglich die hieran anschließende Verweisung auf § 14 Abs. 3 (→ Rn. 60 und → Rn. 315). Absatz 2 Satz 1 Nummer 5 verweist daher weiterhin irrtümlich auf die Regelung des § 14 Abs. 1. Die in Absatz 2 Satz 2 Nummer 5, zuletzt in der Fassung des Gesetzes zur Änderung des Energiewirtschaftsrechts im Zusammenhang mit dem Klimaschutz-Sofortprogramm und zu Anpassungen im Recht der Endkundenbelieferung vom 19.7.2022 (BGBl. I 1214 (1224)), enthaltene Verweisung muss daher richtigerweise **korrigierend ausgelegt** werden, um dem wiederholt erklärten Willen des Gesetzgebers (BR-Drs. 164/22, 65 unter Verweisung auf BT-Drs. 19/7375, 65 f. = BR-Drs. 11/19, 73) Geltung zu verschaffen. Somit besteht – entgegen dem Wortlaut der Norm – keine sachliche Zuständigkeit der Landesregulierungsbehörden für den Vollzug des § 14 Abs. 1. Der Vollzug des § 14 Abs. 1 fällt vielmehr im Einklang mit BR-Drs. 11/19, 73 und BR-Drs. 164/22, 65 alleine in die sachliche Zuständigkeit der BNetzA nach Absatz 1 (→ Rn. 33, → Rn. 59 und → Rn. 62).

314 **Ausdrücklich nicht** von der Verweisung in Absatz 2 Satz 1 Nummer 5 erfasst wird die ebenfalls für die Betreiber von Elektrizitätsverteilernetzen geltende Regelung des **§ 14 Abs. 2,** die nach Absatz 1 in die sachliche Zuständigkeit der BNetzA fällt; Entsprechendes gilt für die Vorschriften der **§§ 14c, 14d und 14e** (BT-Drs. 19/27453, 134).

315 In die sachliche Zuständigkeit der Landesregulierungsbehörden fällt nach Absatz 2 Satz 2 Nummer 5 auch **ausdrücklich nicht** mehr der Vollzug des **§ 14 Abs. 3,** wonach die Betreiber von Elektrizitätsverteilernetzen dazu verpflichtet sind, für ihr jeweiliges Netzgebiet in Zusammenarbeit mit den Betreibern von Fernwärme- und Fernkältesystemen mindestens alle vier Jahre das Potenzial der Fernwärme- und Fernkältesysteme für die Erbringung marktbezogener Maßnahmen zu bewerten (→ § 14 Rn. 32 ff.). Die bislang in Absatz 2 Satz 2

Nummer 5 enthaltene Verweisung auf die Regelung des § 14 Abs. 3 wurde durch das Gesetz zur Änderung des Energiewirtschaftsrechts im Zusammenhang mit dem Klimaschutz-Sofortprogramm und zu Anpassungen im Recht der Endkundenbelieferung vom 19.7.2022 (BGBl. I 1214 (1224)) **gestrichen** (→ Rn. 60). Auch diesbezüglich besteht nunmehr eine sachliche Zuständigkeit der BNetzA nach Absatz 1.

Durch die Neufassung des Absatzes 2 Satz 1 Nummer 5 durch das Gesetz zur Umsetzung unionsrechtlicher Vorgaben und zur Regelung reiner Wasserstoffnetze im Energiewirtschaftsrecht vom 16.7.2021 (BGBl. I 3026 (3052)) wurde klargestellt, dass auch die **Regelungen der §§ 14a und 14b** in die sachliche Zuständigkeit der Regulierungsbehörden der Länder fallen: Die Regelung des **§ 14a** betrifft die Berechnung reduzierter Netzentgelte durch die Betreiber von Elektrizitätsverteilernetzen für **steuerbare Verbrauchseinrichtungen,** deren netzdienliche Steuerung vereinbart ist; nach § 14a S. 2 aF gelten als steuerbare Verbrauchseinrichtungen „auch Elektromobile". Diese Vorschrift wurde erst nach der Schaffung des § 54 durch das Gesetz zur Neuregelung energiewirtschaftsrechtlicher Vorschriften vom 26.6.2011 (BGBl. I 1554 (1573)) erstmals in das EnWG eingefügt und wird erst nach neuer Rechtslage ausdrücklich von der Verweisung in Absatz 2 Satz 2 Nummer 5 erfasst. Eine ähnliche Regelung für die Betreiber von Gasverteilernetzen enthält **§ 14b:** Demnach kann ein reduziertes Netzentgelt berechnet werden, wenn eine **vertragliche Abschaltvereinbarung** zum Zwecke der Netzentlastung getroffen wurde (im Einzelnen → § 14b Rn. 3 ff.). Auch § 14b wurde nach Schaffung des § 54, nämlich durch das Dritte Gesetz zur Neuregelung energiewirtschaftsrechtlicher Vorschriften vom 20.12.2012 (BGBl. I 2730 (2735)), in das EnWG eingefügt und wird erst nach neuer Rechtslage ausdrücklich von der Verweisung in Absatz 2 Satz 1 Nummer 5 umfasst. **316**

Demgegenüber ergeben sich die Regelungen betreffend die Systemverantwortung der Betreiber von **Gasverteilernetzen** aus der Vorschrift des **§ 16a** (im Einzelnen → § 16a Rn. 3 ff.). Auch in § 16a S. 1 wird im Hinblick auf die Aufgaben der Betreiber von Gasverteilernetzen eine entsprechende Anwendung der grundsätzlich für die Betreiber von Fernleitungsnetzen (§ 3 Nr. 19) geltenden Vorschriften der §§ 15 und 16 Abs. 1–4 angeordnet; auch im Gasbereich gilt dies jedoch nur dann, wenn der jeweilige Betreiber eines Gasverteilernetzes ausnahmsweise für die Sicherheit und Zuverlässigkeit der Gasversorgung in seinem Gasverteilernetz verantwortlich ist (→ § 16a Rn. 4 ff.). **317**

Nach **früherer Rechtslage,** also vor der angesprochenen Neufassung des Absatzes 2 Satz 1 Nummer 5 durch das Gesetz zur Umsetzung unionsrechtlicher Vorgaben und zur Regelung reiner Wasserstoffnetze im Energiewirtschaftsrecht vom 16.7.2021 (BGBl. I 3026), wurden die Regelungen der §§ 14a und 14b von der damaligen Verweisung („§§ 14 bis 16a") zwar grundsätzlich umfasst, jedoch dort nicht ausdrücklich aufgeführt. Da die §§ 14a und 14b nachträglich – also nach Schaffung des § 54 – in das EnWG eingefügt worden waren (→ Rn. 316), war **zweifelhaft,** ob sich die sachliche Zuständigkeit der Landesregulierungsbehörden auch auf diese beiden Vorschriften erstreckte oder ob die Verweisung in Absatz 2 Satz 1 Nummer 5 seinerzeit, etwa aufgrund eines redaktionellen Versehens, nicht angepasst wurde. Im Ergebnis war **richtigerweise** davon auszugehen, dass sich die Verweisung in der damaligen Fassung des Absatzes 2 Satz 1 Nummer 5 auch auf die §§ 14a und 14b erstreckte. Da beide Vorschriften der intelligenten Netzsteuerung mit dem Ziel einer netzentlastenden Wirkung dienen (BT-Drs. 17/6072, 73 f. (zu § 14a); BT-Drs. 17/11705, 52 f. (zu § 14b)), konnten diese schon damals ebenfalls als für die Betreiber der Energieverteilernetze geltende Regelungen der Systemverantwortung im weiteren Sinne begriffen werden, die der Zuweisung der sachlichen Zuständigkeit an die Regulierungsbehörden der Länder nach der früheren Fassung des Absatzes 2 Satz 1 Nummer 5 unterfielen. Für eine sachliche Zuständigkeit der Landesregulierungsbehörden sprach auch, dass sowohl in § 14a als auch § 14b die Berechnung eines reduzierten Netzentgelts geregelt ist und die Regulierung der Netzentgelte nach Absatz 2 Satz 1 Nummern 1–3 grundsätzlich in die sachliche Zuständigkeit der Regulierungsbehörden der Länder fällt. Es wäre nicht als sachgerecht anzusehen gewesen, wenn im Falle des Betreibers eines Energieverteilernetzes die Landesregulierungsbehörde nach Absatz 2 Satz 1 Nummern 1–3 grundsätzlich für die Regulierung der Netzentgelte sachlich zuständig gewesen wäre und die Überwachung der Vorschriften zu reduzierten Netzentgelten nach §§ 14a und 14b nach Absatz 1 stattdessen in die sachliche Zuständigkeit der BNetzA gefallen wäre. Insofern hat die Überarbeitung der Regelung des Absatzes 2 Satz 1 Nummer 5 **318** durch das Gesetz zur Umsetzung unionsrechtlicher Vorgaben und zur Regelung reiner Wasserstoffnetze im Energiewirtschaftsrecht vom 16.7.2021 (BGBl. I 3026 (3052)) die hier vertretene Rechtsauffassung zur Reichweite der sachlichen Zuständigkeit der Landesregulierungsbehörden bestätigt.

319 Auch im Rahmen der sachlichen Zuständigkeit der Regulierungsbehörden der Länder nach Absatz 2 Satz 1 Nummer 5 besteht eine **Annexkompetenz** bezüglich der Kontroll- und Durchsetzungsbefugnisse sowie hinsichtlich der einschlägigen Verfahrensvorschriften nach §§ 65 ff., soweit diese zum Zwecke der „Überwachung" der vorgenannten Vorschriften zur Systemverantwortung angewendet werden müssen (→ Rn. 276; Bourwieg/Hellermann/Hermes/Gundel § 54 Rn. 36; Kment EnWG/Görisch § 54 Rn. 6; aA Salje EnWG § 54 Rn. 23).

320 **f) Netzanschluss (Abs. 2 S. 1 Nr. 6).** Nach Absatz 2 Satz 1 Nummer 6 sind die Regulierungsbehörden der Länder grundsätzlich sachlich zuständig für die „Überwachung der Vorschriften zum Netzanschluss nach den §§ 17 und 18", soweit das durch den jeweiligen Betreiber betriebene Energieverteilernetz die grundsätzlichen Voraussetzungen des Absatzes 2 Sätze 1 und 2 erfüllt (Baur/Salje/Schmidt-Preuß Energiewirtschaft/Franke Kap. 40 Rn. 22; Bourwieg/Hellermann/Hermes/Gundel § 54 Rn. 36; Kment EnWG/Görisch § 54 Rn. 6; Säcker EnergieR/Schmidt-Preuß § 54 Rn. 8; Salje EnWG § 54 Rn. 30; Schneider/Theobald EnergieWirtschaftsR-HdB/Franke § 19 Rn. 8; Theobald/Kühling/Theobald/Werk § 54 Rn. 37). Insofern **unterscheidet** sich die Rechtslage betreffend die Regelungen zum Netzanschluss von derjenigen betreffend die Vorschriften zum Netzzugang, wo – soweit kein Bezug zur Regulierung der Netzentgelte vorliegt – eine originäre sachliche Zuständigkeit der BNetzA nach Absatz 1 besteht (→ Rn. 278). Die Landesregulierungsbehörden sind mithin im Grundsatz sachlich zuständig für den Vollzug

- des **allgemeinen Anspruches** auf die Gewährung von Netzzugang nach § 17 (im Einzelnen → § 17 Rn. 3 ff.) und
- des **besonderen Anspruches** auf die Gewährung von Netzzugang nach § 18 („allgemeine Anschlusspflicht"), der für Energieversorgungsnetze der allgemeinen Versorgung (§ 3 Nr. 17) im Strombereich auf der Netzebene Niederspannung und im Gasbereich auf der Druckstufe Niederdruck gilt (im Einzelnen → § 18 Rn. 1 ff.).

321 Für den Netzanschluss von **Biogasanlagen** besteht mit Absatz 2 Satz 3 eine **Sonderregelung** dahingehend, dass die sachliche Zuständigkeit nach Absatz 2 Satz 1 Nummer 6 keine Anwendung findet. Diesbezüglich besteht eine originäre sachliche Zuständigkeit der BNetzA nach Absatz 1 (näher → Rn. 361 ff.).

322 Wie sich bereits aus dem Wortlaut des § 18 Abs. 1 S. 1 („Abweichend von § 17") ergibt, wird die Regelung des § 17 durch die speziellere Vorschrift des § 18 **verdrängt,** soweit deren Anwendungsbereich eröffnet ist (→ § 18 Rn. 3). Ist im Einzelfall der besondere Netzanschlussanspruch nach § 18 einschlägig, so sind die Regulierungsbehörden der Länder nach Absatz 2 Satz 1 Nummer 6 **konsequenterweise** auch für den Vollzug der Niederspannungsanschlussverordnung (NAV) vom 1.11.2006 (BGBl. I 2477) und der Niederdruckanschlussverordnung (NDAV) vom 1.11.2006 (BGBl. I 2485) sachlich zuständig, die u.a. auf der Grundlage des § 18 Abs. 3 erlassen wurden.

323 Die sachliche Zuständigkeit der Landesregulierungsbehörden nach Absatz 2 Satz 1 Nummer 6 bezieht sich jedoch **ausdrücklich nicht** auf die Festlegung oder Genehmigung der technischen und wirtschaftlichen Bedingungen für einen Netzanschluss oder die Methoden für die Bestimmung dieser Bedingungen durch die Regulierungsbehörde, soweit dies in einer aufgrund § 17 Abs. 3 S. 1 Nr. 2 erlassenen Rechtsverordnung vorgesehen ist (Bourwieg/Hellermann/Hermes/Gundel § 54 Rn. 36; Salje EnWG § 54 Rn. 30). Diese Ausnahmeregelung betrifft namentlich die Kraftwerks-Netzanschlussverordnung (KraftNAV) vom 26.6.2007 (BGBl. I 1187), die die Bedingungen für den Netzanschluss von Stromerzeugungsanlagen mit einer Nennleistung ab 100 MW an Elektrizitätsversorgungsnetze mit einer Spannung von mindestens 110 KV regelt (§ 1 Abs. 1 KraftNAV). § 6 KraftNAV enthält eine Sondervorschrift betreffend die Gewährung des Netzanschlusses, die ergänzend zu der Regelung des § 17 zu beachten ist. Nach **§ 10 KraftNAV** kann „die Regulierungsbehörde" durch **Festlegung** nach § 29 Abs. 1 das zwischen Anschlussnehmern und Netzbetreibern einzuhaltende Verfahren im Zuge der Beantragung und Gewährung eines Netzanschlusses näher ausgestalten. Für eben diese Festlegung nach § 29 Abs. 1 EnWG iVm § 10 KraftNAV

besteht, wie sich aus Absatz 2 Satz 1 Nummer 6 ergibt, eine alleinige sachliche Zuständigkeit der BNetzA nach Absatz 1 (Bourwieg/Hellermann/Hermes/Gundel § 54 Rn. 36; Theobald/Kühling/Theobald/Werk § 54 Rn. 37).

324 Im Rahmen der sachlichen Zuständigkeit der Regulierungsbehörden der Länder nach Absatz 2 Satz 1 Nummer 6 besteht bezüglich der Kontroll- und Durchsetzungsbefugnisse sowie hinsichtlich der einschlägigen Verfahrensvorschriften nach §§ 65 ff. eine **Annexkompetenz**, wenn und soweit deren Anwendung zum Zwecke der „Überwachung" der vorgenannten Vorschriften der §§ 17 und 18 erforderlich wird (→ Rn. 276; Bourwieg/Hellermann/Hermes/Gundel § 54 Rn. 36; Kment EnWG/Görisch § 54 Rn. 6; aA Salje EnWG § 54 Rn. 23). Im Falle der Überwachung der Vorschriften zum Netzanschluss werden jedoch regelmäßig die Regelungen zur Missbrauchsaufsicht nach §§ 30 f. als vorrangig anzusehen sein; diesbezüglich ergibt sich die sachliche Zuständigkeit der Landesregulierungsbehörden aus Absatz 2 Satz 1 Nummer 8 (→ Rn. 330 ff.).

325 Die sachliche Zuständigkeit der Regulierungsbehörden der Länder nach Absatz 2 Satz 1 Nummer 6 erstreckt sich nach dem eindeutigen Wortlaut der Norm nur auf die aus den §§ 17 und 18 folgenden energiewirtschaftsrechtlichen Ansprüche auf die Gewährung von Netzanschluss. Soweit in anderen Gesetzen als dem EnWG **spezielle Ansprüche** auf die Gewährung von Netzanschluss geregelt sind, durch die die allgemeinen Regelungen der §§ 17 und 18 verdrängt werden, ist **keine** sachliche Zuständigkeit der Landesregulierungsbehörden nach Absatz 2 Satz 1 Nummer 6 gegeben. Dies gilt namentlich für
- den Anspruch auf vorrangige Gewährung von Netzanschluss für Anlagen zur Erzeugung von Strom aus erneuerbaren Energien und aus Grubengas nach **§ 8 EEG 2021**,
- den Anspruch auf vorrangige Gewährung von Netzanschluss für hocheffiziente KWK-Anlagen nach **§ 3 Abs. 1 S. 1 Nr. 1 KWKG**, auf den zudem nach § 3 Abs. 1 S. 2 KWKG die Regelung des § 8 EEG 2021 entsprechend anzuwenden ist.

326 Für diese in der Praxis äußerst bedeutsamen Anspruchsgrundlagen besteht jeweils eine sachliche Zuständigkeit der **Clearingstelle EEG/KWKG**, einer durch das Bundesministerium für Wirtschaft und Energie eingerichteten unabhängigen Schlichtungsstelle. Dies ergibt sich für den Anspruch nach § 8 EEG 2021 aus § 81 Abs. 2 Nr. 1 EEG 2021 und für den Anspruch nach § 3 Abs. 1 S. 1 Nr. 1 KWKG aus § 32 Abs. 2 Nr. 1 KWKG. Bei Streitigkeiten über die vorgenannten speziellen Ansprüche auf die Gewährung von Netzanschluss sind daher nicht etwa die Regulierungsbehörden des Bundes und der Länder iSd Absätze 1 und 2, sondern die Clearingstelle EEG/KWKG die zuständige Stelle für die Anliegen von Netzanschlusspetenten (zu der diesbezüglichen Rechtslage bei der Missbrauchsaufsicht nach Absatz 2 Satz 1 Nummer 8 → Rn. 332).

327 **g) Technische Vorschriften (Abs. 2 S. 1 Nr. 7).** Gemäß Absatz 2 Satz 1 Nummer 7 erstreckt sich die sachliche Zuständigkeit der Regulierungsbehörden der Länder auch auf die „Überwachung der technischen Vorschriften nach § 19" (Baur/Salje/Schmidt-Preuß Energiewirtschaft/Franke Kap. 40 Rn. 22; Bourwieg/Hellermann/Hermes/Gundel § 54 Rn. 36; Säcker EnergieR/Schmidt-Preuß § 54 Rn. 8; Schneider/Theobald EnergieWirtschaftsR-HdB/Franke § 19 Rn. 8). Hierbei handelt es sich um Vorschriften, die **technische Mindestanforderungen** an die Auslegung und den Betrieb von Energieanlagen, die an Energieverteilernetze angeschlossen werden, enthalten. Die Betreiber von Elektrizitätsversorgungsnetzen (§ 19 Abs. 1, 3 und 4) und von Gasversorgungsnetzen (§ 19 Abs. 2 und 3) haben solche technischen Mindestanforderungen festzulegen und im Internet zu veröffentlichen (→ § 19 Rn. 6 ff.). Weiterhin sind die technischen Mindestanforderungen iSd § 19 Abs. 4 nach § 19 Abs. 5 S. 1 vor ihrer Verabschiedung durch den Netzbetreiber u.a. „der Regulierungsbehörde" mitzuteilen (→ § 19 Rn. 38 f.).

328 Nach der Sonderregelung des Absatzes 2 Satz 3 findet die sachliche Zuständigkeit der Landesregulierungsbehörden gem. Absatz 2 Satz 1 Nummer 7 keine Anwendung, wenn ein Zusammenhang mit dem Netzanschluss von **Biogasanlagen** besteht. Diesbezüglich besteht eine originäre sachliche Zuständigkeit der BNetzA nach Absatz 1 (näher → Rn. 361 ff.).

329 Als **Annexkompetenz** zu Absatz 2 Satz 1 Nummer 7 sind die Regulierungsbehörden der Länder auch für die Anwendung der Kontroll- und Durchsetzungsbefugnisse sowie der einschlägigen Verfahrensvorschriften nach §§ 65 ff. sachlich zuständig, soweit diese für die „Überwachung" der Vorschriften betreffend der technischen Mindestanforderungen nach § 19 erforderlich sind (→ Rn. 276; Bourwieg/Hellermann/Hermes/Gundel § 54 Rn. 36;

EnWG § 54

Kment EnWG/Görisch § 54 Rn. 6; aA Salje EnWG § 54 Rn. 23). Der Anwendung der allgemeinen Befugnisnorm des § 65 Abs. 1 und 2 vorrangig ist jedoch die Durchführung von Missbrauchsverfahren nach §§ 30 f., bezüglich derer sich die sachliche Zuständigkeit der Landesregulierungsbehörden aus der Regelung des Absatzes 2 Satz 1 Nummer 8 ergibt (→ Rn. 330 ff.).

330 **h) Missbrauchsaufsicht und Vorteilsabschöpfung (Abs. 2 S. 1 Nr. 8).** Nach Absatz 2 Satz 1 Nummer 8 sind die Regulierungsbehörden der Länder **vollumfänglich** (→ Rn. 331) sachlich zuständig für die energiewirtschaftsrechtliche „Missbrauchsaufsicht nach den §§ 30 und 31 sowie die Vorteilsabschöpfung nach § 33" (Baur/Salje/Schmidt-Preuß Energiewirtschaft/Franke Kap. 40 Rn. 22; Bourwieg/Hellermann/Hermes/Gundel § 54 Rn. 37; Säcker EnergieR/Schmidt-Preuß § 54 Rn. 8; Salje EnWG § 54 Rn. 31; Schneider/Theobald EnergieWirtschaftsR-HdB/Franke § 19 Rn. 8; Theobald/Kühling/Theobald/Werk § 54 Rn. 38). Von dieser Regelung der sachlichen Zuständigkeit sind mithin umfasst:

- durch die Regulierungsbehörde von Amts wegen eingeleitete **allgemeine Missbrauchsverfahren** nach § 30 (→ § 30 Rn. 12 ff.),
- durch die Regulierungsbehörde auf Antrag eingeleitete **besondere Missbrauchsverfahren** nach § 31 (→ § 31 Rn. 1 ff.),
- die **Abschöpfung** eines durch rechtswidriges Verhalten erlangten wirtschaftlichen Vorteils durch die Regulierungsbehörde (→ § 33 Rn. 1 ff.).

331 Dabei ist zu beachten, dass die sachliche Zuständigkeit der Landesregulierungsbehörden nach Absatz 2 Satz 1 Nummer 8 sich **nicht** auf solche energiewirtschaftsrechtlichen Missbrauchsverfahren oder Verfahren zur Vorteilsabschöpfung **beschränkt**, bei denen eine Verletzung von Vorschriften verfahrensgegenständlich ist, für die nach Absatz 2 Satz 1 Nummern 1–7 sowie 9 und 10 auch im Übrigen eine sachliche Zuständigkeit der jeweiligen Landesregulierungsbehörde besteht (etwa im Hinblick auf die Überwachung der Vorschriften zum Netzanschluss gem. §§ 17 und 18). Vielmehr umfasst die sachliche Zuständigkeit der Regulierungsbehörden der Länder gem. Absatz 2 Satz 1 Nummer 8 **sämtliche** energiewirtschaftsrechtlichen Missbrauchsverfahren (§§ 30 f.) und Verfahren zur Vorteilsabschöpfung (§ 33), soweit deren **materiell-rechtlicher Prüfungsmaßstab** jeweils reicht. Dies folgt unzweifelhaft aus der im Rahmen des Dritten Gesetzes zur Neuregelung energiewirtschaftsrechtlicher Vorschriften vom 20.12.2012 (BGBl. I 2730 (2742)) durch den Gesetzgeber beabsichtigten (BT-Drs. 17/10754, 15), aber letztlich durch eine Intervention der Länder verhinderten Änderung des Absatzes 2 Satz 1 Nummer 8 (BR-Drs. 520/12 (Beschluss), 11 f.; BT-Drs. 17/11705, 31 und 56). Demnach sollte die in Absatz 2 Satz 1 Nummer 8 geregelte sachliche Zuständigkeit der Landesregulierungsbehörden für energiewirtschaftsrechtliche Missbrauchsverfahren und Verfahren zur Vorteilsabschöpfung auf solche Fragestellungen beschränkt werden, in denen nach Absatz 2 Satz 1 auch im Übrigen eine sachliche Zuständigkeit der Regulierungsbehörden der Länder gegeben ist (näher → Rn. 26). Da diese Änderung des Absatzes 2 Satz 1 Nummer 8 gerade nicht umgesetzt wurde, gilt die sachliche Zuständigkeit des Absatzes 2 Satz 1 Nummer 8 weiterhin **unbeschränkt** in dem oben dargestellten Sinne. Für die Praxis bedeutet dies insbesondere, dass die Regulierungsbehörden der Länder nach Absatz 2 Satz 1 Nummer 8 auch für solche energiewirtschaftsrechtlichen Missbrauchsverfahren (§§ 30 f.) und Verfahren zur Vorteilsabschöpfung (§ 33) sachlich zuständig sind, denen Fragen des **Netzzuganges** (§§ 20 ff.) ohne Netzentgeltbezug zugrunde liegen. Dies gilt unabhängig davon, dass die Überwachung der Vorschriften betreffend den Anspruch auf die Gewährung von Netzzugang, sofern kein Bezug zur Regulierung der Netzentgelte besteht, nach Absatz 2 Satz 1 nicht in die sachliche Zuständigkeit der Landesregulierungsbehörden fällt (→ Rn. 278).

332 Zugleich ist jedoch zu beachten, dass die auf formell-rechtlicher Ebene umfassende sachliche Zuständigkeit der Regulierungsbehörden der Länder für die Durchführung energiewirtschaftsrechtlicher Missbrauchsverfahren und Verfahren zur Vorteilsabschöpfung nach Absatz 2 Satz 1 Nummer 8 selbstverständlich **nicht** zu einer **Erweiterung** des materiell-rechtlichen Prüfungsmaßstabs der §§ 30 f. und des § 33 führt. So können die Landesregulierungsbehörden aufgrund ihrer sachlichen Zuständigkeit nach Absatz 2 Satz 1 Nummer 8 beispielsweise im Rahmen eines besonderen Missbrauchsverfahrens grundsätzlich **nur überprüfen**, ob das Verhalten des Betreibers eines Energieverteilernetzes mit den „Vorgaben in den Bestimmungen der Abschnitte 2 und 3 oder der auf dieser Grundlage erlassenen Rechtsverordnungen

sowie den nach § 29 Abs. 1 festgelegten oder genehmigten Bedingungen und Methoden übereinstimmt" (§ 31 Abs. 1 S. 2, näher → § 31 Rn. 21 ff.). Im Rahmen eines besonderen Missbrauchsverfahrens **nicht** überprüft und geahndet werden kann hingegen ein Verhalten eines Netzbetreibers, das eventuell gegen sonstige Vorschriften, die nicht von dem vorgenannten materiell-rechtlichen Prüfungsmaßstab umfasst werden, verstößt. Daraus folgt insbesondere, dass die aus **§ 8 EEG 2021** und **§ 3 Abs. 1 S. 1 Nr. 1 KWKG** folgenden speziellen Ansprüche auf die Gewährung von Netzanschluss (→ Rn. 325) durch einen Netzanschlusspetenten nicht im Rahmen eines besonderen Missbrauchsverfahrens nach § 30 verfolgt werden können.

i) Geschlossene Verteilernetze (Abs. 2 S. 1 Nr. 9). Gemäß Absatz 2 Satz 1 Nummer 9 **333** sind die Regulierungsbehörden der Länder sachlich zuständig für Entscheidungen betreffend Geschlossene Verteilernetze iSd § 110 (Baur/Salje/Schmidt-Preuß Energiewirtschaft/Franke Kap. 40 Rn. 22; Bourwieg/Hellermann/Hermes/Gundel § 54 Rn. 38; Säcker EnergieR/Schmidt-Preuß § 54 Rn. 8; Schneider/Theobald EnergieWirtschaftsR-HdB/Franke § 19 Rn. 8; Theobald/Kühling/Theobald/Werk § 54 Rn. 39; noch zur Vorgängerregelung des § 110 aF betreffend sog. Objektnetze Salje EnWG § 54 Rn. 32). Von dieser sachlichen Zuständigkeit der Landesregulierungsbehörden werden nach der in Absatz 2 Satz 1 Nummer 9 enthaltenen Verweisung („§ 110 Absatz 2 und 4"; unzutreffend daher Baur/Salje/Schmidt-Preuß Energiewirtschaft/Franke Kap. 40 Rn. 22) **folgende** Entscheidungen umfasst:
- **Einstufung** eines Energieverteilernetzes als Geschlossenes Verteilernetz nach § 110 Abs. 2 S. 1 und 2 (im Einzelnen → § 110 Rn. 184 ff.),
- Entscheidung in einem **speziellen Überprüfungsverfahren** in Bezug auf die in einem Geschlossenen Verteilernetz geforderten Netzentgelte nach § 110 Abs. 4 S. 1 (im Einzelnen → § 110 Rn. 270 ff.).

Die Regelung des Absatzes 2 Satz 1 Nummer 9 wurde durch das Gesetz zur Neuregelung **334** energiewirtschaftsrechtlicher Vorschriften vom 26.7.2011 (BGBl. I 1554 (1585)) einer **redaktionellen Überarbeitung** unterzogen und an die zugleich vollständig überarbeitete Regelung des § 110 betreffend Geschlossene Verteilernetze (→ § 110 Rn. 9 ff.) angepasst (BT-Drs. 17/6072, 89 und → Rn. 21).

Zu beachten ist dabei, dass bei der Prüfung der Voraussetzungen des Schwellenwerts des **335** Absatzes 2 Satz 1 (→ Rn. 233 ff.) und des Vorliegens eines über das Gebiet eines Landes hinausreichenden Energieversorgungsnetzes iSd Absatzes 2 Satz 2 (→ Rn. 374 ff.) auf das als Geschlossenes Verteilernetz nach § 110 Abs. 2 S. 1 einzustufende Energieverteilernetz oder aber auf das bereits als solche eingestufte Geschlossene Verteilernetz iSd § 110 Abs. 4 S. 1 abzustellen ist, **nicht** jedoch auf das jeweils vorgelagerte oder angrenzende Energieversorgungsnetz der allgemeinen Versorgung iSd § 3 Nr. 17. Es ist daher **nicht ungewöhnlich,** für Außenstehende aber mitunter überraschend, dass eine Landesregulierungsbehörde für energiewirtschaftsrechtliche Verwaltungsverfahren in Bezug auf Geschlossene Verteilernetze iSd § 110 sachlich zuständig ist, die an das Netzgebiet eines in der originären sachlichen Zuständigkeit der BNetzA nach Absatz 1 befindlichen Energieversorgungsnetzes der allgemeinen Versorgung angrenzen oder gar von diesem umschlossen werden.

j) Umstellung der Gasqualität (Abs. 2 S. 1 Nr. 10). Nach Absatz 2 Satz 1 Nummer 10, **336** der durch das Gesetz zur Änderung von Vorschriften zur Bevorratung von Erdöl, zur Erhebung von Mineralöldaten und zur Umstellung auf hochkalorisches Erdgas vom 14.12.2016 (BGBl. I 2874 (2878)) **geschaffen** wurde (→ Rn. 27), sind die Regulierungsbehörden der Länder auch für die Festlegung und Feststellung der notwendigen technischen Anpassungen und Kosten im Rahmen der dauerhaften Umstellung der Gasqualität von L-Gas auf H-Gas nach § 19a Abs. 2 (näher → § 19a Rn. 1 ff.) sachlich zuständig (Bourwieg/Hellermann/Hermes/Gundel § 54 Rn. 39; Säcker EnergieR/Schmidt-Preuß § 54 Rn. 8; Theobald/Kühling/Theobald/Werk § 54 Rn. 39). Nach der amtlichen Begründung handelte es sich hierbei um eine „Folgeänderung" zu der Anpassung des § 19a (BT-Drs. 18/9950, 31).

Diese sachliche Zuständigkeit der Landesregulierungsbehörden erstreckt sich zum einen **337** auf die Festlegung nach § 29 Abs. 1 iVm § 19a Abs. 2 S. 2. In einer solchen Festlegung kann die Regulierungsbehörde darüber entscheiden, in welchem Umfang technische Anpassungen der Netzanschlüsse, Kundenanlagen (§ 3 Nr. 24a und 24b) und Verbrauchsgeräte in dem

Kresse

EnWG § 54   Teil 7. Behörden

jeweiligen Netzgebiet als **notwendig** für die dauerhafte Umstellung der Gasqualität von L-Gas auf H-Gas iSd § 19a Abs. 1 S. 1 anzusehen sind (→ § 19a Rn. 20 ff.). Weiterhin erfasst die sachliche Zuständigkeit nach Absatz 2 Satz 1 Nummer 10 die Feststellung nach § 19a Abs. 2 S. 3, dass bestimmte angefallene Kosten für den dauerhaften Umstellungsprozess **nicht notwendig** waren und somit nach § 19a Abs. 2 S. 5 nicht umgelegt werden dürfen.

338   **k) Veröffentlichung von Daten nach § 23b Abs. 1 (Abs. 2 S. 1 Nr. 11).** Durch das Gesetz zur Umsetzung unionsrechtlicher Vorgaben und zur Regelung reiner Wasserstoffnetze im Energiewirtschaftsrecht vom 16.7.2021 wurde mit Absatz 2 Satz 1 Nummer 11 eine neue sachliche Zuständigkeit der Regulierungsbehörden der Länder für die **grundsätzlich** aus der Regelung des § 23b folgenden **Veröffentlichungspflichten** der Regulierungsbehörden für Daten betreffend die Anreizregulierung der Energieversorgungsnetze geschaffen (BGBl. 2021 I 3026 (3052); Bourwieg/Hellermann/Hermes/Gundel § 54 Rn. 39; zur Entstehungsgeschichte der Norm → Rn. 34 ff.).

339   **aa) Grundsätzliche Reichweite.** Die sachliche Zuständigkeit der Landesregulierungsbehörden erstreckt sich im Grundsatz auf **folgende Daten** nach § 23b Abs. 1 S. 1:
- die nach § 29 Abs. 1 EnWG iVm §§ 32 Abs. 1 Nr. 1, 4 Abs. 1 und Abs. 2 S. 1 ARegV regulierungsbehördlich **festgelegten** kalenderjährlichen Erlösobergrenzen (§ 23b Abs. 1 S. 1 Nr. 1 Alt. 1),
- die nach § 29 Abs. 1 EnWG iVm §§ 32 Abs. 1 Nr. 1, 4 Abs. 2 S. 2, Abs. 4 und 5 ARegV regulierungsbehördlich **angepassten** sowie nach §§ 4 Abs. 2 S. 2, Abs. 3 ARegV durch die Netzbetreiber selbsttätig angepassten kalenderjährlichen Erlösobergrenzen (§ 23b Abs. 1 S. 1 Nr. 1 Alt. 2),
- die regulierungsbehördliche Anpassung der kalenderjährlichen Erlösobergrenzen durch Berücksichtigung eines **Kapitalkostenaufschlages** nach § 29 Abs. 1 EnWG iVm §§ 32 Abs. 1 Nr. 1, 4 Abs. 2 S. 2, Abs. 3 S. 1 Nr. 1, 10a ARegV (§ 23b Abs. 1 S. 1 Nr. 2),
- die in der regulierungsbehördlichen Festlegung der kalenderjährlichen Erlösobergrenzen berücksichtigten **dauerhaft nicht beeinflussbaren Kostenanteile** (§ 11 Abs. 2 ARegV) und deren jährlich durch die Netzbetreiber selbsttätig vorgenommene Anpassung nach § 4 Abs. 2 S. 2, Abs. 3 S. 1 Nr. 2 ARegV (§ 23b Abs. 1 S. 1 Nr. 3 Alt. 1),
- die in der regulierungsbehördlichen Festlegung der kalenderjährlichen Erlösobergrenzen berücksichtigten **volatilen Kostenanteile** (§ 11 Abs. 5 ARegV) und deren jährlich durch die Netzbetreiber selbsttätig vorgenommene Anpassung nach § 4 Abs. 2 S. 2, Abs. 3 S. 1 Nr. 3 ARegV (§ 23b Abs. 1 S. 1 Nr. 3 Alt. 2),
- die in die regulierungsbehördliche Festlegung der kalenderjährlichen Erlösobergrenze eingeflossenen jährlichen **beeinflussbaren Kostenanteile** gem. § 11 Abs. 4 ARegV und **vorübergehend nicht beeinflussbaren Kostenanteile** gem. § 11 Abs. 3 ARegV (§ 23b Abs. 1 S. 1 Nr. 4),
- die in der regulierungsbehördlich festgelegten kalenderjährlichen Erlösobergrenze berücksichtigten Kosten von **Forschungs- und Entwicklungsvorhaben** iSd § 25a ARegV sowie deren jährlich selbsttätig durch die Netzbetreiber vorgenommene Anpassung nach §§ 4 Abs. 2 S. 2, Abs. 3 S. 1 Nr. 2, 11 Abs. 2 S. 1 Nr. 12a ARegV (§ 23b Abs. 1 S. 1 Nr. 5),
- die Werte der nach § 21a Abs. 3 S. 4 zu berücksichtigenden sog. Mengeneffekte in Gestalt des regulierungsbehördlich genehmigten Saldos des **Regulierungskontos** nach § 5 Abs. 3 S. 1 ARegV und der Anpassung der kalenderjährlichen Erlösobergrenzen durch Berücksichtigung der **annuitätischen Verteilungsbeträge** nach §§ 4 Abs. 2 S. 2, Abs. 4 S. 1 Nr. 1a, 5 Abs. 3 S. 2 ARegV (§ 23b Abs. 1 S. 1 Nr. 6),
- das zum Zwecke der Bestimmung der kalenderjährlichen Erlösobergrenzen ermittelte **Ausgangsniveau** iSd § 6 Abs. 1 S. 1 ARegV, die in die Ermittlung der kalkulatorischen **Eigenkapitalverzinsung** (§ 7 StromNEV und § 8 GasNEV) eingeflossenen Bilanzpositionen sowie die bei der Ermittlung der kalkulatorischen **Gewerbesteuer** (§ 8 StromNEV und § 8 GasNEV) verwendete Messzahl und der verwendete Hebesatz (§ 23b Abs. 1 S. 1 Nr. 8 Alt. 1),
- die in das Ausgangsniveau iSd § 6 Abs. 1 S. 1 ARegV eingeflossenen Kosten oder Kostenbestandteile, die aufgrund einer **Überlassung betriebsnotwendiger Anlagegüter** durch Dritte anfallen (§ 23b Abs. 1 S. 1 Nr. 8 Alt. 2),
- die in einer in die sachliche Zuständigkeit der Landesregulierungsbehörde fallenden (etwaigen) Genehmigung einer **Investitionsmaßnahme** nach § 23 Abs. 6 und 7 ARegV aufge-

Allgemeine Zuständigkeit § 54 EnWG

führten Daten mit der Ausnahme von Betriebs- und Geschäftsgeheimnissen Dritter (§ 23b Abs. 1 S. 1 Nr. 14),
- die nach §§ 4 Abs. 2 S. 2, Abs. 3 S. 1 Nr. 2, 11 Abs. 2 S. 1 Nr. 4 ARegV durch von dem Netzbetreiber selbsttätig vorgenommene Anpassung der kalenderjährlichen Erlösobergrenzen berücksichtigten Kosten für die erforderliche Inanspruchnahme **vorgelagerter Netzebenen** (§ 23b Abs. 1 S. 1 Nr. 15),
- die nach §§ 4 Abs. 2 S. 2, Abs. 3 S. 1 Nr. 2, 11 Abs. 2 S. 1 Nr. 8 ARegV durch von dem Netzbetreiber selbsttätig vorgenommene Anpassung der kalenderjährlichen Erlösobergrenzen berücksichtigten **vermiedenen Netzentgelte** aufgrund von dezentraler Einspeisung (§ 23b Abs. 1 S. 1 Nr. 16).

bb) Ausnahmen. Die sachliche Zuständigkeit der Landesregulierungsbehörden nach Absatz 2 Satz 1 Nummer 11 **erstreckt** sich ausdrücklich (Wortlaut: „mit Ausnahme von") **nicht** auf die in § 23b Abs. 1 S. 1 Nrn. 7 und 10 bis 13 aufgeführten Daten, sofern die diesbezügliche Veröffentlichungspflicht „zugleich auch die Bundesnetzagentur wahrnehmen kann". Diese Zuständigkeitsverteilung zwischen BNetzA und Landesregulierungsbehörden basiert auf einer Absprache zwischen Bund und Ländern, die angesichts der beschränkten personellen und sachlichen Kapazitäten auf Landesebene mit dem Ziel einer **Entlastung** der Regulierungsbehörden der Länder von regulatorischen Aufgaben getroffen wurde (näher → Rn. 35). Erforderlich wurde die getroffene Regelung angesichts der miteinander verschränkten sachlichen Zuständigkeiten der Regulierungsbehörden des Bundes und Länder im Bereich der Anreizregulierung (BT-Drs. 19/27453, 134). 340

Im Einzelnen besteht grundsätzlich keine sachliche Zuständigkeit zur Veröffentlichung **folgender Daten** iSd § 23 Abs. 1 S. 1 durch die Landesregulierungsbehörden, da die diesbezügliche Veröffentlichung stattdessen – jedenfalls im Regelfall (zu den denkbaren Ausnahmen → Rn. 345) – durch die BNetzA im Rahmen deren sachlicher Zuständigkeit nach Absatz 1 vorgenommen werden kann: 341
- die nach §§ 12 ff., 22 ARegV ermittelten unternehmensindividuellen **Effizienzwerte** der Betreiber der Energieversorgungsnetze sowie die hierbei verwendeten **Vergleichsparameter** (§ 13 Abs. 3 ARegV) und **Aufwandsparameter** (§ 13 Abs. 2 ARegV) (§ 23b Abs. 1 S. 1 Nr. 7),
- die im Rahmen der **Qualitätsregulierung** nach §§ 19 f. ARegV verwendeten Kennzahlen, die ermittelten Kennzahlenvorgaben, die ermittelten Abweichungen der einzelnen Netzbetreiber von den Kennzahlenvorgaben sowie die hieraus resultierenden Zu- und Abschläge auf die kalenderjährlichen Erlösobergrenzen gem. §§ 4 Abs. 5 S. 1, 19 Abs. 1 S. 1 ARegV (§ 23b Abs. 1 S. 1 Nr. 10),
- die Kosten für das **Engpassmanagement** nach § 21a Abs. 5a S. 1 in den Übertragungsnetzen, einschließlich verschiedener Ausgleichszahlungen (§ 23b Abs. 1 S. 1 Nr. 11),
- die die jährliche Entwicklung der Kosten für bestimmte **Systemdienstleistungen** der Übertragungsnetzbetreiber in Bezug auf Kraftwerksreserven und die gesicherte Versorgung von systemrelevanten Gaskraftwerken (§ 23b Abs. 1 S. 1 Nr. 12),
- die zur Ermittlung des **generellen sektoralen Produktivitätsfaktors** iSd § 9 Abs. 3 und 4 ARegV Verwendung finden (§ 23b Abs. 1 S. 1 Nr. 13).

Einen Sonderfall bilden die Daten iSd **§ 23 Abs. 1 S. 1 Nr. 9** betreffend die jährlichen tatsächlichen Kosten aus genehmigten Investitionsmaßnahmen gem. § 23 ARegV für die Erweiterung und Umstrukturierung von Transportnetzen iSd § 3 Nr. 31 f. Auch diesbezüglich besteht richtigerweise **keine sachliche Zuständigkeit** der Regulierungsbehörden der Länder zur Vornahme der Veröffentlichung. Zwar werden die Daten nach § 23 Abs. 1 S. 1 Nr. 9 nicht von der vorstehend erläuterten Ausnahmeregelung („mit Ausnahme von") in Absatz 2 Satz 1 Nummer 11 („§ 23b Abs. 1 S. 1 Nrn. 7 und 10 bis 13") erfasst. Jedoch folgt das Fehlen der sachlichen Zuständigkeit der Landesregulierungsbehörden in diesem speziellen Fall schon alleine daraus, dass die Regulierung von Transportnetzen ausschließlich in die sachliche Zuständigkeit der BNetzA nach Absatz 1 fällt (→ Rn. 199 ff.). Die Regulierungsbehörden der Länder sind demgegenüber nach Absatz 2 Satz 1 lediglich für die Regulierung von Energieverteilernetzen sachlich zuständig (→ Rn. 230 ff.). Im Ergebnis sind die Daten iSd § 23 Abs. 1 S. 1 Nr. 9 damit **stets** auf der Grundlage der sachlichen Zuständigkeit nach Absatz 1 durch die BNetzA zu veröffentlichen. Unabhängig davon dürfte es sich bei der Nichterwähnung des § 23 Abs. 1 S. 1 Nr. 9 in der Ausnahmeregelung des Absatzes 2 Satz 1 342

EnWG § 54 Teil 7. Behörden

Nummer 11 um ein **redaktionelles Versehen** handeln, da dort auch die ausschließlich auf Übertragungsnetzbetreiber bezogenen Daten iSd § 23b Abs. 1 S. 1 Nr. 11 und 12 ausdrücklich aufgeführt werden.

343 Die in Absatz 2 Satz 1 Nummer 11 enthaltene Ausnahmeregelung setzt allerdings voraus, dass die **BNetzA** die Veröffentlichungspflicht auch tatsächlich „**wahrnehmen kann**". Die BNetzA ist dann zur Veröffentlichung der Daten iSd § 23b Abs. 1 S. 1 Nr. 7 und 10–13 in der Lage, sofern ihr (und nicht nur der jeweiligen Landesregulierungsbehörde) diese Daten vorliegen. Im Hinblick auf die vorgenannten Daten ist eben dies **regelmäßig** im Hinblick auf die Betreiber der Elektrizitäts- und Gasversorgungsnetze des gesamten Bundesgebiets der Fall, sodass diesbezüglich grundsätzlich eine alleinige sachliche Zuständigkeit der BNetzA zur Veröffentlichung nach Absatz 1 besteht. Im Einzelnen ergibt sich dies aus folgenden Überlegungen:

- Daten betreffend den **internationalen und nationalen Effizienzvergleich** (§ 23b Abs. 1 S. 1 Nr. 7): Der internationale Effizienzvergleich für die Betreiber der Übertragungsnetze (§ 22 Abs. 1 S. 1 ARegV) und der nationale Effizienzvergleich für die Betreiber der Fernleitungsnetze (§ 22 Abs. 3 S. 1 ARegV) werden in jedem Fall durch die BNetzA durchgeführt. Denn die Regulierung der Betreiber der Übertragungs- und Fernleitungsnetze fällt ausschließlich in die sachliche Zuständigkeit der BNetzA nach Absatz 1 (→ Rn. 199 ff.). Die Daten betreffend den internationalen und nationalen Effizienzvergleich liegen damit bei der BNetzA vor und können von dieser veröffentlicht werden.
- Daten betreffend den **bundesweiten Effizienzvergleich** (§ 23b Abs. 1 S. 1 Nr. 7): Der bundesweite Effizienzvergleich für die Betreiber der Energieverteilernetze iSd §§ 12 ff. ARegV wird nach § 12 Abs. 1 S. 1 ARegV durch die BNetzA durchgeführt, während die Regulierungsbehörden der Länder regelmäßig dessen Ergebnisse für die Netzbetreiber in ihrer jeweiligen sachlichen und örtlichen Zuständigkeit übernehmen (§ 12 Abs. 6 S. 1 Hs. 2 ARegV). Damit liegen die vollständigen Daten betreffend den bundesweiten Effizienzvergleich für die Betreiber der Energieverteilernetze des gesamten Bundesgebiets im Regelfall (zur diesbezüglichen Ausnahme → Rn. 345) bei der BNetzA vor und diese kann die einschlägige Veröffentlichungspflicht wahrnehmen.
- Daten betreffend die **Qualitätsregulierung** (§ 23b Abs. 1 S. 1 Nr. 10): Im Hinblick auf die Qualitätsregulierung nach §§ 19 f. ARegV ist zwar grundsätzlich eine Zuständigkeitsaufteilung zwischen der BNetzA (Absatz 3 Satz 3 Nummer 5, → Rn. 481 ff.) und den Regulierungsbehörden der Länder erfolgt (Absatz 2 Satz 1 Nummer 2, → Rn. 286). Allerdings liegen der BNetzA regelmäßig sämtliche Daten iSd § 23b Abs. 1 S. 1 Nr. 10, einschließlich der vorzunehmenden Zu- und Abschläge auf die kalenderjährlichen Erlösobergrenzen der einzelnen Netzbetreiber, für das gesamte Bundesgebiet vor. Denn in der Praxis legt die BNetzA nicht nur die Methodik der Bestimmung des Qualitätselements nach § 29 Abs. 1 EnWG iVm § 32 Abs. 1 Nr. 6 ARegV, §§ 19 f. ARegV bundeseinheitlich fest, sondern errechnet auch die aus dieser Methodik für die einzelnen Unternehmen folgenden individuellen Zu- und Abschläge, die dann gegebenenfalls von den Regulierungsbehörden der Länder bei der Anpassung der kalenderjährlichen Erlösobergrenzen gem. § 29 Abs. 1 EnWG iVm § 32 Abs. 1 Nr. 1 ARegV, § 4 Abs. 2 S. 2 und Abs. 5 S. 1 ARegV, § 19 Abs. 1 ARegV berücksichtigt werden. Der BNetzA liegen damit sämtliche Daten betreffend die Qualitätsregulierung iSd §§ 19 f. ARegV und sie kann diese veröffentlichen.
- Daten betreffend das **Engpassmanagement** (§ 23b Abs. 1 S. 1 Nr. 11): Die Daten betreffend das Engpassmanagement beziehen sich auf die Betreiber der Übertragungsnetze, die alleine in die sachliche Zuständigkeit der BNetzA nach Absatz 1 fallen (→ Rn. 199 ff.). Daraus folgt, dass die BNetzA auch die Veröffentlichung dieser Daten gem. § 23b Abs. 1 S. 1 Nr. 11 vornehmen kann.
- Daten betreffend die Kosten für bestimmte **Systemdienstleistungen** (§ 23b Abs. 1 Nr. 12): Auch die Daten betreffend die Entwicklung der Kosten für bestimmte Systemdienstleistungen betreffen die Betreiber der Übertragungsnetze, für die alleine die BNetzA nach Absatz 1 sachlich zuständig ist (→ Rn. 199 ff.). Somit kann die BNetzA diese Daten gem. § 23b Abs. 1 S. 1 Nr. 12 veröffentlichen.
- Daten betreffend den **generellen sektoralen Produktivitätsfaktor** (§ 23b Abs. 1 S. 1 Nr. 13): Die Höhe des generellen sektoralen Produktivitätsfaktors wird regelmäßig durch

Allgemeine Zuständigkeit § 54 EnWG

die BNetzA gem. § 29 Abs. 1 iVm §§ 32 Abs. 1 Nr. 2a, 9 Abs. 3 ARegV im Wege einer bundeseinheitlichen Festlegung (Absatz 3 Satz 3 Nummer 4, → Rn. 477 ff.) bestimmt und ist dann auch für die Regulierungsbehörden der Länder bindend (Holznagel/Schütz/Kresse/Vogl ARegV § 9 Rn. 117 ff.). Im Regelfall liegen damit die nach § 23b Abs. 1 S. 1 Nr. 13 zu veröffentlichenden Daten bei der BNetzA vor, sodass diese die Veröffentlichung wahrnehmen kann (zur diesbezüglichen Ausnahme → Rn. 345).

Die in Absatz 2 Satz 1 Nummer 11 enthaltene Ausnahmeregelung hat richtigerweise zur 344 Folge, dass bezüglich der Veröffentlichung der in § 23b Abs. 1 S. 1 Nr. 7 und 10–13 genannten Daten, die „zugleich auch" die BNetzA veröffentlichen kann, grundsätzlich **keine sachliche Zuständigkeit** der Regulierungsbehörden der Länder besteht (zu den Ausnahmen von diesem Grundsatz → Rn. 345). Eine Veröffentlichung der vorgenannten Daten erfolgt daher im Grundsatz, sofern die BNetzA diese auch tatsächlich vornehmen kann, ausschließlich durch die hierfür nach Absatz 1 sachlich zuständige BNetzA. Trotz ihres Wortlauts („zugleich auch die Bundesnetzagentur") und der zugehörigen amtlichen Begründung, wonach „sowohl die Landesregulierungsbehörden als auch die Bundesnetzagentur ermächtigt sein [müssen], die Veröffentlichung vorzunehmen" (BT-Drs. 19/27453, 134), darf die vorgenannte Ausnahmeregelung also **nicht** dahingehend **missverstanden** werden, dass in den Fällen des § 23b Abs. 1 S. 1 Nr. 7 und 10–13 gewissermaßen eine **Parallelzuständigkeit** der Landesregulierungsbehörden und der BNetzA zur „doppelten" Veröffentlichung der vorgenannten Daten bestünde (anderer Auffassung offenbar Bourwieg/Hellermann/Hermes/Gundel § 54 Rn. 39). Eine solche „doppelte" Veröffentlichung der Daten iSd § 23b Abs. 1 S. 1 Nr. 7 und 10–13 durch mehrere Behörden stünde im Widerspruch zu der ratio der getroffenen Ausnahmeregelung, die Regulierungsbehörden der Länder von unnötigem regulatorischem Aufwand zu entlasten (→ Rn. 35 und → Rn. 340). Im Übrigen würde eine „doppelte" Veröffentlichung der Daten dazu führen, dass diese im Vorfeld zwischen dem betroffenen Unternehmen und zwei Regulierungsbehörden, nämlich der BNetzA und der jeweiligen Landesregulierungsbehörde, aufwendig abgestimmt werden müssten. Insofern sind sowohl der Wortlaut des Absatzes 2 Satz 1 Nummer 11 als auch die oben zitierte amtliche Begründung (BT-Drs. 19/27453, 134) irreführend formuliert und wenig gelungen.

cc) Denkbare Gegenausnahmen. In Ausnahmefällen sind jedoch – zumindest in der 345 Theorie – Fallgestaltungen möglich, in denen die in der Ausnahmeregelung des Absatzes 2 Satz 1 Nummer 11 aufgeführten Daten gem. § 23b Abs. 1 S. 1 Nr. 7 und 13 nur der jeweiligen Landesregulierungsbehörde in Bezug auf ihr örtliches Zuständigkeitsgebiet vorliegen und somit die BNetzA die Veröffentlichung **nicht wahrnehmen** kann. In solchen Fallkonstellationen greift die Ausnahmeregelung des Absatzes 2 Satz 1 Nummer 11 nach ihrem Wortlaut („die zugleich auch die Bundesnetzagentur wahrnehmen kann") konsequenterweise nicht Platz und es bleibt stattdessen bei der sachlichen Zuständigkeit der jeweiligen Landesregulierungsbehörde zur Veröffentlichung der Daten iSd § 23b Abs. 1 S. 1 Nr. 7 und 13. Denkbar ist dies in folgenden Fällen:
- Daten betreffend den **bundesweiten Effizienzvergleich** (§ 23b Abs. 1 S. 1 Nr. 7): Die Regulierungsbehörden der Länder haben nach § 12 Abs. 6 S. 1 Hs. 1 ARegV die Möglichkeit, einen **eigenen** bundesweiten Effizienzvergleich für die Betreiber der Elektrizitäts- und Gasverteilernetze in ihrem sachlichen und örtlichen Zuständigkeitsbereich durchzuführen. Entscheidet sich eine Landesregulierungsbehörde für diese Möglichkeit, so liegen die Daten betreffend dieses landesspezifischen bundesweiten Effizienzvergleich nur bei der verantwortlichen Landesregulierungsbehörde vor. Eine Veröffentlichung der diesbezüglichen Daten durch die BNetzA kommt in einer solchen Fallgestaltung nicht in Betracht; in der Praxis ist dieser Fall jedoch bislang noch nicht aufgetreten (Holznagel/Schütz/Albrecht/Mallossek/Petermann ARegV § 12 Rn. 34).
- Daten betreffend den **generellen sektoralen Produktivitätsfaktor** (§ 23b Abs. 1 S. 1 Nr. 13): Aus der Regelung des § 9 Abs. 4 ARegV lässt sich ableiten, dass die Regulierungsbehörden der Länder bei Nichtvorliegen einer bundeseinheitlich wirkenden Festlegung der BNetzA gem. § 29 Abs. 1 iVm §§ 32 Abs. 1 Nr. 2a, 9 Abs. 3 ARegV aufgrund deren sachlicher Zuständigkeit nach Absatz 3 Satz 3 Nummer 4 (→ Rn. 477 ff.) die Möglichkeit haben, einen **eigenen** generellen sektoralen Produktivitätsfaktor nach § 9 Abs. 3 ARegV zu bestimmen (näher Holznagel/Schütz/Kresse/Vogl ARegV § 9 Rn. 151 ff.). Sollte dieser Fall auftreten, womit jedoch in der Praxis nicht zu rechnen sein dürfte (Holznagel/Schütz/

Kresse/Vogl ARegV § 9 Rn. 120 und 151), kann alleine die verantwortliche Landesregulierungsbehörde, nicht jedoch die BNetzA, die diesbezüglichen Daten iSd § 23b Abs. 1 S. 1 Nr. 13 veröffentlichen.

346 **dd) Festlegungen nach § 29 Abs. 1 iVm § 23b Abs. 3.** Die sachliche Zuständigkeit der Landesregulierungsbehörden nach Absatz 2 Satz 1 Nummer 11 erstreckt sich in Gestalt einer **Annexkompetenz** richtigerweise auch auf den Erlass von Festlegungen nach § 29 Abs. 1 iVm § 23b Abs. 3 betreffend die Übermittlung von Daten sowie betreffend Vorgaben zu Umfang, Zeitpunkt und Form der mitzuteilenden Daten. Auch wenn der Wortlaut des Absatzes 2 Satz 1 Nummer 11 – aufgrund eines redaktionellen Versehens – nicht ausdrücklich auf die vorgenannten Festlegungen Bezug nimmt, ergibt sich aus dem allgemein gehaltenen Wortlaut des § 23b Abs. 3 („Regulierungsbehörden") sowie aus der amtlichen Begründung zu der vorgenannten Norm (BT-Drs. 19/27453, 112: „Regulierungsbehörden des Bundes und der Länder") eindeutig, dass die Möglichkeit des Erlasses einer Festlegung nach § 29 Abs. 1 iVm § 23b Abs. 3 sowohl der BNetzA als **auch den Landesregulierungsbehörden** offenstehen soll, soweit deren sachliche Zuständigkeit zur Veröffentlichung von Daten iSd § 23b Abs. 1 S. 1 reicht (→ Rn. 37). Im Falle der BNetzA ergibt sich die sachliche Zuständigkeit zum Erlass von Festlegungen gem. § 29 Abs. 1 iVm § 23b Abs. 3 ohnehin aus Absatz 1 und bedurfte daher keiner gesonderten Erwähnung.

347 Für eine sachliche Zuständigkeit der Landesregulierungsbehörden für Festlegungen nach § 29 Abs. 1 iVm § 23b Abs. 3 sprechen auch die **Entstehungsgeschichte** und die **ratio** des § 23b Abs. 3 (→ Rn. 29): Die diesbezügliche Festlegungsbefugnis war auf Bitten der Länder in den Regierungsentwurf eines Gesetzes zur Umsetzung unionsrechtlicher Vorgaben und zur Regelung reiner Wasserstoffnetze im Energiewirtschaftsrecht vom 9.3.2021 aufgenommen worden (BT-Drs. 19/27453, 22), um den Regulierungsbehörden „unter Berücksichtigung der vorhandenen Kapazitäten eine effiziente Datenerhebung und -veröffentlichung zu ermöglichen" (BT-Drs. 19/27453, 112). Der Grund für die Schaffung der Festlegungsbefugnis in § 23b Abs. 3 bestand ausweislich der amtlichen Begründung darin, dass „nicht alle Regulierungsbehörden derzeit über eine Datenbank verfügen, in der die nach [§ 23b] Absatz 1 zu veröffentlichenden aktuellen Daten für die Unternehmen in ihrer jeweiligen Zuständigkeit zusammengefasst sind" (BT-Drs. 19/27453, 112). Mit diesen Formulierungen waren gerade die Regulierungsbehörden **der Länder** gemeint, die trotz begrenzter personeller und sachlicher Kapazitäten nach Absatz 2 Sätze 1–3 zum Teil für Hunderte von Netzbetreibern sachlich zuständig sind. Würde sich die sachliche Zuständigkeit der Landesregulierungsbehörden nach Absatz 2 Satz 1 Nummer 11 nicht in Gestalt einer Annexkompetenz auch auf Festlegungen nach § 29 Abs. 1 iVm § 23b Abs. 3 erstrecken, liefe die Regelung des § 23b Abs. 3 ins Leere.

348 Die **BNetzA** hat von ihrer Festlegungsbefugnis nach § 29 Abs. 1 iVm § 23b Abs. 3 bislang keinen Gebrauch gemacht und beabsichtigt dem Vernehmen nach auch nicht, dies in der Zukunft zu tun. Unter den **Landesregulierungsbehörden** hat die Regulierungskammer des Freistaates Bayern auf Grund ihrer sachlichen Zuständigkeit nach Absatz 2 Satz 1 Nummer 11 mit Beschluss vom 16.3.2022, Gz. GR – 5951/6/5, korrigiert durch Beschluss vom 8.7.2022, Gz. GR – 5951/6/7, eine Festlegung gem. § 29 Abs. 1 iVm § 23b Abs. 3 erlassen. Andere Landesregulierungsbehörden, etwa die Regulierungskammer des Landes Nordrhein-Westfalen, erheben die nach § 23b Abs. 1 durch sie zu veröffentlichenden Daten ohne Erlass einer entsprechenden Festlegung.

349 **l) Genehmigung von vollständig integrierten Netzkomponenten nach § 11b Abs. 1 Nr. 2 Hs. 2 (Abs. 2 S. 1 Nr. 12).** Ferner wurde dem enumerativen Zuständigkeitskatalog der Regulierungsbehörden der Länder durch das Gesetz zur Umsetzung unionsrechtlicher Vorgaben und zur Regelung reiner Wasserstoffnetze im Energiewirtschaftsrecht vom 16.7.2021 mit Absatz 2 Satz 1 Nummer 12 eine neue sachliche Zuständigkeit angefügt (Bourwieg/Hellermann/Hermes/Gundel § 54 Rn. 39). Diese betrifft **ausschließlich** die Genehmigung des Eigentums an oder der Errichtung, der Verwaltung oder des Betriebs von Energiespeicheranlagen, die Elektrizität erzeugen und vollständig integrierte Netzkomponenten darstellen, **im Einzelfall** gem. § 11b Abs. 1 Nr. 2 **Hs. 2** (BGBl. 2021 I 3026 (3052); BT-Drs. 19/31009, 18). Im Übrigen verbleibt es im Hinblick auf den Vollzug des § 11b Abs. 1 Nr. 1 und Nr. 2 Hs. 1, Abs. 5 bei der alleinigen sachlichen Zuständigkeit der BNetzA (BT-Drs. 19/31009, 18). Die u.a. in Absatz 2 Satz 1 Nummer 12 getroffene Regelung, die

Allgemeine Zuständigkeit § 54 EnWG

eine Zuständigkeitsaufteilung zwischen den Regulierungsbehörden des Bundes und der Länder beinhaltet (BT-Drs. 19/31009, 18), ist das Ergebnis eines **intensiven Abstimmungsprozesses** zwischen Bund und Ländern. Dieser hat im Laufe des Gesetzgebungsverfahrens zum vorgenannten Änderungsgesetz zu einer grundlegenden Überarbeitung der Entwurfsfassungen des § 11b, des Absatzes 2 Satz 1 Nr. 12 und des Absatzes 3 Satz 3 Nummer 6 geführt (zur Entstehungsgeschichte der Norm → Rn. 38 ff.).

aa) Hintergrund. Die Betreiber von Elektrizitätsversorgungsnetzen dürfen grundsätzlich **nicht** Eigentümer von Energiespeicheranlagen (§ 3 Nr. 15d, → § 3 Nr. 15d Rn. 1 ff.), die elektrische Energie erzeugen, sein oder solche errichten, verwalten oder betreiben; dies gilt für die Betreiber von Elektrizitätsverteilernetzen ebenso (§ 7 Abs. 1 S. 2) wie für die Betreiber von Übertragungsnetzen (§ 8 Abs. 2 S. 3, § 10b Abs. 3 S. 4). Der vorgenannte Grundsatz hat eine unionsrechtliche Basis, die sich aus Art. 36 Abs. 1 und 54 Abs. 1 Elektrizitäts-Binnenmarkt-Richtlinie (EU) 2019/944 (ABl. 2019 L 158, 125) ergibt (BT-Drs. 19/27453, 94). Diese Regelung dient der **Verhinderung von „Quersubventionierungen"** zwischen dem im Wettbewerb stehenden Betrieb von Energiespeicheranlagen und dem Betrieb von Elektrizitätsversorgungsnetzen als natürlichem Monopol (BT-Drs. 19/27453, 94). 350

Nach Art. 36 Abs. 2 S. 1 und 54 Abs. 2 S. 1 Elektrizitäts-Binnenmarkt-Richtlinie (EU) 2019/944 können die Mitgliedstaaten unter bestimmten Voraussetzungen **Ausnahmen** von dem vorgenannten Grundsatz zulassen, sodass Betreiber von Elektrizitätsverteilernetzen Eigentümer von Energiespeicheranlagen, die elektrische Energie erzeugen, sein können oder solche errichten, verwalten oder betreiben dürfen. Hierbei differenziert schon die vorgenannte Richtlinie zwischen Energiespeicheranlagen, die elektrische Energie erzeugen und **vollständig integrierte Netzkomponenten** iSd Art. 2 Nr. 51 Elektrizitäts-Binnenmarkt-Richtlinie (EU) 2019/944 und § 3 Nr. 38b (→ § 3 Nr. 38b Rn. 1 ff.) darstellen, und sonstigen Energiespeicheranlagen, die elektrische Energie erzeugen. Von dieser unionsrechtlich eröffneten Möglichkeit zur Schaffung von Ausnahmetatbeständen hat der deutsche Bundesgesetzgeber mit der Schaffung der **§§ 11a und 11b** durch das Gesetz zur Umsetzung unionsrechtlicher Vorgaben und zur Regelung reiner Wasserstoffnetze im Energiewirtschaftsrecht vom 16.7.2021 (BGBl. I 3026 (3031)) Gebrauch gemacht (BT-Drs. 19/27453, 94). Nach § 11b Abs. 1 bedürfen solche Ausnahmen der **Genehmigung** (§ 29 Abs. 1 Alt. 2) oder der **Gestattung** (zu diesem Begriff → Rn. 42) durch die jeweils zuständige Regulierungsbehörde (BT-Drs. 19/27453, 94). Die in Absatz 2 Satz 1 Nummer 12 getroffene Regelung verhält sich zu der Fragestellung, für welche diesbezüglichen Entscheidungen die Regulierungsbehörden der Länder (und nicht nach Absatz 1 die BNetzA) sachlich zuständig sind. 351

bb) Überblick. Grundsätzlich ist im Hinblick auf die Erteilung von Genehmigungen und Gestattungen nach § 11b Abs. 1 zwischen den nachfolgend dargestellten regulierungsbehördlichen Entscheidungen zu **differenzieren**. Die sachliche Zuständigkeit für diese Genehmigungen oder Gestattungen ist zwischen den Regulierungsbehörden des Bundes und der Länder **„aufgeteilt"** (BT-Drs. 19/31009, 18; zum Hintergrund dieser Zuständigkeitsaufteilung → Rn. 40). Im Einzelnen: 352

Das Eigentum an oder die Errichtung, die Verwaltung oder der Betrieb von Energiespeicheranlagen (§ 3 Nr. 15d), die elektrische Energie erzeugen und **keine** vollständig integrierten Netzkomponenten iSd § 3 Nr. 38b darstellen, bedürfen nach **§ 11b Abs. 1 Nr. 1** der Genehmigung (§ 29 Abs. 1 Alt. 2) durch die zuständige Regulierungsbehörde, die auf Antrag des jeweiligen Netzbetreibers im Einzelfall zu erteilen ist (BT-Drs. 19/31009, 11). Nur in diesen Fallkonstellationen, in denen gerade keine vollständig integrierte Netzkomponente vorliegt, ergeben sich die einschlägigen materiellen Genehmigungsvoraussetzungen aus § 11b Abs. 2 iVm § 11a (im Einzelnen → EnWG § 11b Rn. 1 ff.). Nach § 11b Abs. 2 Nr. 2 lit. a iVm § 11a Abs. 1 S. 1 kommt die Erteilung einer solchen Genehmigung – vorbehaltlich des Vorliegens weiterer Genehmigungsvoraussetzungen – namentlich dann in Betracht, wenn der jeweilige Netzbetreiber in Bezug auf die Energiespeicheranlage, die elektrische Energie erzeugt, zuvor ein Ausschreibungsverfahren („Markttest": BT-Drs. 19/27453, 94) durchgeführt hat, das allerdings erfolglos geblieben ist (→ EnWG § 11b Rn. 7 ff.). Für die Erteilung von Genehmigungen gem. § 11b Abs. 1 Nr. 1 ist nach Absatz 1 stets die **BNetzA** sachlich zuständig. Eine sachliche Zuständigkeit der Landesregulierungsbehörden nach Absatz 2 Satz 1 Nummer 12 besteht diesbezüglich nicht (BT-Drs. 19/31009, 11). 353

Im Zusammenhang mit der Erteilung von Genehmigungen nach § 11b Abs. 1 Nr. 1 verfügt die BNetzA über zwei ergänzende **materielle Festlegungsbefugnisse:** Zunächst 354

Kresse 1531

ergibt sich aus § 29 Abs. 1 Alt. 1 iVm **§ 11a Abs. 3** eine materielle Festlegungsbefugnis der BNetzA, wonach diese den Betreibern der Energieversorgungsnetze die nähere Ausgestaltung des vorgenannten Ausschreibungsverfahrens nach § 11a Abs. 1 S. 1 vorgeben kann. Weiterhin folgt aus § 29 Abs. 1 Alt. 1 iVm **§ 11b Abs. 5 Alt. 1** eine materielle Festlegungsbefugnis der BNetzA im Hinblick auf Vorgaben zum vorstehend dargestellten Genehmigungsverfahrens nach § 11b Abs. 1 Nr. 1 (BT-Drs. 19/31009, 12). Aufgrund der ausdrücklichen Nennung der **BNetzA** in §§ 11a Abs. 3, 11b Abs. 5 Alt. 1 ist ein Rückgriff auf Absatz 1 nicht erforderlich, um die alleinige sachliche Zuständigkeit der BNetzA für diese beiden Festlegungen zu begründen (unscharf daher zu § 11b Abs. 5 Alt. 1 BT-Drs. 19/31009, 18; → Rn. 67). Eine sachliche Zuständigkeit der Regulierungsbehörden der Länder gem. Absatz 2 Satz 1 Nummer 12 besteht bezüglich der vorgenannten Festlegungen nicht. Aus diesem Grund ist hinsichtlich der beiden materiellen Festlegungsbefugnisse gem. § 29 Abs. 1 Alt. 1 iVm §§ 11a Abs. 3, 11b Abs. 5 Alt. 1 keine sachliche Zuständigkeit der BNetzA zum Erlass bundeseinheitlicher Festlegungen iSd Absatzes 3 Sätze 2 und 3 (→ Rn. 423 ff.) erforderlich (BT-Drs. 19/31009, 18; → Rn. 487 ff.).

355   Liegt hingegen im Unterschied zu den vorstehend erörterten Fallkonstellationen eine Energiespeicheranlage vor, die elektrische Energie erzeugt und zugleich eine **vollständig integrierte Netzkomponente** iSd § 3 Nr. 38b (→ § 3 Nr. 38b Rn. 1 ff.) darstellt, so ergibt sich das Erfordernis einer regulierungsbehördlichen Genehmigung oder Gestattung aus **§ 11b Abs. 1 Nr. 2**. Dabei ist wiederum wie folgt zu unterscheiden:

356   Grundsätzlich erfolgt die **Gestattung** solcher vollständig integrierter Netzkomponenten im Wege einer – von Amts wegen ergehenden – **Festlegung** gem. § 29 Abs. 1 Alt. 1 iVm § 11b Abs. 1 Nr. 2 Hs. 1 gegenüber allen oder einer Gruppe von Netzbetreibern (BT-Drs. 19/31009, 11). Eine solche Gestattung, die inhaltlich möglichst viele (wenn nicht alle) Lebenssachverhalte erfassen sollte (→ Rn. 40), bei denen es sich um vollständig integrierte Netzkomponenten iSd § 3 Nr. 38b handelt, stellt verwaltungsverfahrensrechtlich eine „Allgemeinverfügung" dar (so ausdrücklich BT-Drs. 19/31009, 11; → § 29 Rn. 12 ff.). Die in § 11b Abs. 1 Nr. 2 Hs. 1 gewählte Formulierung „gestattet" wurde erst im Laufe des Gesetzgebungsverfahrens in die Regelung aufgenommen, da der ursprünglich in dem Regierungsentwurf vom 9.3.2021 verwendete Begriff der „Genehmigung" (in § 11b Abs. 5 S. 2 des Regierungsentwurfs; BT-Drs. 19/27453, 16) gem. § 29 Abs. 1 Alt. 2 eine auf Antrag ergehende Entscheidung bezeichnet und daher als unzutreffend anzusehen war (näher → Rn. 41 f.). Für Festlegungen aufgrund § 29 Abs. 1 Alt. 1 iVm § 11b Abs. 1 Nr. 2 Hs. 1 ist nach Absatz 1 stets die **BNetzA** sachlich zuständig. Eine sachliche Zuständigkeit der Landesregulierungsbehörden nach Absatz 2 Satz 1 Nummer 12 ist diesbezüglich nicht gegeben (BT-Drs. 19/31009, 11). Aus diesem Grund ist im Hinblick auf solche Festlegungen eine sachliche Zuständigkeit der BNetzA zum Erlass einer bundeseinheitlichen Festlegung nach Absatz 3 Sätze 2 und 3 (→ Rn. 423 ff.) nicht erforderlich (BT-Drs. 19/31009, 18; → Rn. 487 ff.).

357   Nur soweit einzelne vollständig integrierte Netzkomponenten von der vorgenannten Gestattung der BNetzA im Wege der Festlegung aufgrund § 29 Abs. 1 Alt. 1 iVm § 11b Abs. 1 Nr. 2 Hs. 1 (→ Rn. 355) **nicht erfasst** werden sollten, kommt eine **Genehmigung** der vollständig integrierten Netzkomponenten im Einzelfall auf Antrag des betroffenen Netzbetreibers nach § 11b Abs. 1 Nr. 2 **Hs. 2** in Betracht (BT-Drs. 19/31009, 12). Bei solchen „Einzelgenehmigungen" (so BT-Drs. 19/27453, 134 unter Verweisung auf eine im Zuge des Gesetzgebungsverfahrens überarbeitete Entwurfsfassung des § 11b; → Rn. 40 ff.) handelt es sich begrifflich um auf Antrag ergehende regulierungsbehördliche Genehmigungen nach § 29 Abs. 1 Alt. 2. Im Ergebnis kommt diesen Genehmigungen vollständig integrierter Netzkomponenten im Einzelfall nach § 11b Abs. 1 Nr. 2 Hs. 2 gegenüber einer etwaigen Festlegung der BNetzA gem. § 29 Abs. 1 Alt. 1 iVm § 11b Abs. 1 Nr. 2 Hs. 1 nach der amtlichen Begründung also nur eine **„gewisse Auffangfunktion"** zu (BT-Drs. 19/31009, 12). Da in der Regelung des § 11b Abs. 1 Nr. 2 Hs. 2 die allgemein gehaltene Formulierung „Regulierungsbehörde" gewählt wurde, richtet sich deren sachliche Zuständigkeit nach Absatz 1 und Absatz 2 Satz 1 Nummer 12, Sätze 2 und 3 (→ Rn. 65). Die sachliche Zuständigkeit der Regulierungsbehörden der Länder nach Absatz 2 Satz 1 Nummer 12 bezieht sich, das Vorliegen der sonstigen Tatbestandsvoraussetzungen des Absatzes 2 Sätze 1 und 2 vorausgesetzt (BT-Drs. 19/31009, 12 und 18; → Rn. 275) **ausschließlich** auf solche

Allgemeine Zuständigkeit § 54 EnWG

Genehmigungen vollständig integrierter Netzkomponenten gem. § 11b Abs. 1 Nr. 2 Hs. 2, die auf Antrag des betroffenen Netzbetreibers im Einzelfall ergehen (BT-Drs. 19/31009, 18). Für die Erteilung von Genehmigungen nach § 11b Abs. 1 Nr. 2 Hs. 2 können somit – je nachdem, welches Elektrizitätsversorgungsnetz im Einzelfall betroffen ist – entweder die BNetzA (Absatz 1) oder aber eine Landesregulierungsbehörde (Absatz 2 Satz 1 Nummer 12) sachlich zuständig sein (BT-Drs. 19/31009, 12).

Schließlich verfügt die BNetzA auch in Bezug auf Genehmigungsverfahren betreffend 358 vollständig integrierte Netzkomponenten nach § 11b Abs. 1 Nr. 2 Hs. 2 über eine **materielle Festlegungsbefugnis**: Diese ergibt sich aus § 29 Abs. 1 Alt. 1 iVm **§ 11b Abs. 5 Alt. 2** und eröffnet der BNetzA die Möglichkeit, Vorgaben zur näheren Ausgestaltung der Genehmigungsverfahren nach § 11b Abs. 1 Nr. 2 Hs. 2 zu treffen (BT-Drs. 19/31009, 12). Da die **BNetzA** in § 11b Abs. 5 Alt. 2 ausdrücklich benannt wird, ist eine gesonderte Regelung im Grunde nicht erforderlich, um die alleinige sachliche Zuständigkeit der BNetzA für eben diese Festlegung zu begründen (unscharf daher zu § 11b Abs. 5 Alt. 2 BT-Drs. 19/31009, 18; → Rn. 67). Allerdings ist die sachliche Zuständigkeit für die Erteilung von Genehmigungen betreffend vollständig integrierter Netzkomponenten gem. § 11b Abs. 1 Nr. 2 Hs. 2 nach Maßgabe von Absatz 2 Satz 1 Nummer 12, Sätze 2 und 3 zwischen den Regulierungsbehörden des Bundes und der Länder **aufgeteilt** (BT-Drs. 19/31009, 18; → Rn. 357). Daher hat der Gesetzgeber, um Unklarheiten über die sachlichen Zuständigkeiten der BNetzA und der Landesregulierungsbehörden im Hinblick auf den Vollzug der Regelung des § 11b zu vermeiden (BT-Drs. 19/31009, 11), in **Absatz 3 Satz 3 Nummer 6** (→ Rn. 484 ff.) ausdrücklich eine sachliche Zuständigkeit der BNetzA zum Erlass bundeseinheitlicher Festlegungen betreffend das Verfahren für die Genehmigung von vollständig integrierten Netzkomponenten aufgrund § 29 Abs. 1 Alt. 1 iVm § 11b Abs. 5 Alt. 2, Abs. 1 Nr. 2 Hs. 2 vorgesehen (BT-Drs. 19/31009, 18).

cc) **Voraussetzungen der sachlichen Zuständigkeit.** Die Erteilung von Genehmigun- 359 gen gem. § 11b Abs. 1 Nr. 2 Hs. 2 im Einzelfall durch eine Landesregulierungsbehörde setzt zunächst **stets** das Vorliegen der **grundsätzlichen Tatbestandsvoraussetzungen** des Absatzes 2 Sätze 1 und 2 voraus (BT-Drs. 19/31009, 12 und 18). Insofern unterscheidet sich die sachliche Zuständigkeit nach Absatz 2 Satz 1 Nummer 12 nicht von den sonstigen Ziffern des enumerativen Zuständigkeitskatalogs in Absatz 2 Satz 1 Nummer 1–12 (→ Rn. 275). Folglich können die Regulierungsbehörden der Länder nur gegenüber einem Betreiber eines Elektrizitäts**verteiler**netzes das Eigentum an oder die Errichtung, die Verwaltung oder der Betrieb von vollständig integrierten Netzkomponenten iSd § 3 Nr. 38b im Einzelfall nach § 11b Abs. 1 Nr. 2 Hs. 2 genehmigen, nicht jedoch gegenüber dem Betreiber eines Übertragungsnetzes (§ 3 Nr. 10), die nach Absatz 1 alleine in die sachliche Zuständigkeit der BNetzA fallen (→ Rn. 199).

Das Bestehen einer sachlichen Zuständigkeit nach Absatz 2 Satz 1 Nummer 12 setzt 360 weiterhin die **Verfahrensgegenständlichkeit** einer Genehmigung gem. § 11b Abs. 1 Nr. 2 Hs. 2 voraus (BT-Drs. 19/31009, 12 und 18; → Rn. 357). Die sachliche Zuständigkeit der Regulierungsbehörden der Länder bezieht sich **nicht** auf die nachfolgend aufgeführten regulierungsbehördlichen Entscheidungen, für die jeweils der BNetzA sachlich zuständig ist:

- Genehmigung nach **§ 11b Abs. 1 Nr. 1** (betreffend Energiespeicheranlagen, die elektrische Energie erzeugen, ohne vollständig integrierte Netzkomponenten iSd § 3 Nr. 38b darzustellen; → Rn. 353);
- Festlegung nach § 29 Abs. 1 Alt. 1 iVm **§ 11a Abs. 3** (betreffend die nähere Ausgestaltung des Ausschreibungsverfahrens nach § 11a Abs. 1 S. 1; → Rn. 354);
- Festlegung nach § 29 Abs. 1 Alt. 1 iVm **§ 11b Abs. 5 Alt. 1** (betreffend Vorgaben zum Genehmigungsverfahrens nach § 11b Abs. 1 Nr. 1; → Rn. 354);
- Festlegung („Gestattung") nach § 29 Abs. 1 Alt. 1 iVm **§ 11b Abs. 1 Nr. 2 Hs. 1** (betreffend Energiespeicheranlagen, die elektrische Energie erzeugen und zugleich vollständig integrierte Netzkomponenten iSd § 3 Nr. 38b darstellen; → Rn. 356);
- Festlegung nach § 29 Abs. 1 Alt. 1 iVm **§ 11b Abs. 5 Alt. 2** (betreffend Vorgaben zur näheren Ausgestaltung der Genehmigungsverfahren nach § 11b Abs. 1 Nr. 2 Hs. 2; → Rn. 358).

Kresse

EnWG § 54   Teil 7. Behörden

5. Ausnahmen im Zusammenhang mit dem Netzanschluss von Biogasanlagen (Abs. 2 S. 3)

361 Absatz 2 Satz 3 enthält eine **Sonderregelung** betreffend die sachliche Zuständigkeit für bestimmte, nämlich für die in Absatz 2 Satz 1 Nummern 6, 7 und 8 genannten regulierungsbehördlichen Aufgaben, sofern diese im Zusammenhang mit dem Netzanschluss von Biogasanlagen (§ 3 Nr. 10c) stehen. Selbst wenn in einer solchen Fallkonstellation nach Maßgabe des Absatzes 2 Sätze 1 und 2 grundsätzlich die Voraussetzungen für eine sachliche Zuständigkeit der Landesregulierungsbehörde gegeben wären (→ Rn. 217 ff.), findet im Falle eines Zusammenhanges mit dem Netzanschluss von Biogasanlagen Absatz 2 Satz 1 Nummern 6, 7 und 8 nach Absatz 2 Satz 3 **keine Anwendung** und es besteht damit diesbezüglich eine originäre sachliche Zuständigkeit der BNetzA nach Absatz 1 (Bourwieg/Hellermann/Hermes/Gundel § 54 Rn. 36 und 53; Kment EnWG/Görisch § 54 Rn. 6; Theobald/Kühling/Theobald/Werk § 54 Rn. 39). Im Übrigen – also über Absatz 2 Satz 1 Nummern 6, 7 und 8 hinaus – **verbleibt** die sachliche Zuständigkeit allerdings nach Maßgabe des Absatzes 2 Sätze 1 und 2 bei der Landesregulierungsbehörde, auch wenn ein Zusammenhang zu einer Biogasanlage oder zu deren Netzanschluss bestehen sollte (→ Rn. 366).

362 Die Regelung des Absatzes 2 Satz 3 wurde durch das Gesetz zur Neuregelung energiewirtschaftsrechtlicher Vorschriften vom 26.7.2011 (BGBl. I 1554 (1585)) nachträglich in § 54 **eingefügt** (→ Rn. 22). Absatz 2 Satz 3 verfolgt ausweislich der amtlichen Begründung den Zweck, eine einheitliche Behandlung vergleichbarer Fälle sicherzustellen und Parallelverfahren vor unterschiedlichen Regulierungsbehörden und Beschwerdegerichten zu vermeiden (BT-Drs. 17/6072, 89; Bourwieg/Hellermann/Hermes/Gundel § 54 Rn. 53; Theobald/Kühling/Theobald/Werk § 54 Rn. 39; krit. Kment EnWG/Görisch § 54 Rn. 6). Dieser ratio würde es widersprechen, wenn – je nach Vorliegen oder Nichtvorliegen der Voraussetzungen des Absatzes 2 Sätze 1 und 2 – entweder eine der verschiedenen Landesregulierungsbehörden oder aber nach Absatz 1 die BNetzA sachlich zuständig für die fraglichen Fragestellungen wäre.

363 Die Vorschriften betreffend den Anspruch auf die Gewährung von **Netzanschluss** finden sich in §§ 17 und 18. Unter **Biogasanlagen** iSd Absatzes 2 Satz 3 sind Anlagen zu verstehen, in denen Biogas erzeugt und über den jeweiligen Netzanschluss in ein Gasversorgungsnetz eingespeist wird bzw. werden soll. Eine Legaldefinition des Begriffes Biogas ist in § 3 Nr. 10c enthalten. Demnach unterfallen folgende unterschiedlichen Gasarten dem Begriff Biogas:
- Biomethan,
- Gas aus Biomasse,
- Deponiegas,
- Klärgas,
- Grubengas,
- Wasserstoff, der durch Wasserelektrolyse erzeugt worden ist,
- synthetisch erzeugtes Methan, wenn der zur Elektrolyse eingesetzte Strom und das zur Methanisierung eingesetzte Kohlendioxid oder Kohlenmonoxid jeweils nachweislich weit überwiegend aus erneuerbaren Energiequellen stammen.

364 Biogas in dem vorgenannten Sinne unterfällt auch dem **Gasbegriff** des § 3 Nr. 19a, sofern eine Einspeisung in ein Gasversorgungsnetz erfolgt (→ § 3 Nr. 19a Rn. 3).

365 Eine originäre Zuständigkeit der **BNetzA** iSd Absatzes 1 besteht damit nach der Regelung des Absatzes 2 Satz 3 im Falle eines Zusammenhanges mit dem Netzanschluss einer Biogasanlage für folgende regulatorische Aufgabenfelder:
- die Überwachung der Vorschriften betreffend die Gewährung von Netzanschluss an ein Gasversorgungsnetz nach den §§ 17 und 18,
- die Überwachung der technischen Vorschriften betreffend die Bedingungen für die Gewährung von Netzanschluss an ein Gasversorgungsnetz nach § 19 Abs. 2 und 3,
- die Missbrauchsaufsicht nach den §§ 30 und 31 sowie die Vorteilsabschöpfung nach § 33.

366 Die Sonderregelung des Absatzes 2 Satz 3 **beschränkt** sich nach ihrem Wortlaut zum einen auf Fallgestaltungen, in denen ein Zusammenhang mit dem Netzanschluss einer Biogasanlage im oben beschriebenen Sinne (→ Rn. 363) besteht. Sachverhaltskonstellationen im Zusammenhang mit dem Netzanschluss anderer Energieanlagen (§ 3 Nr. 15) als Biogasanlagen werden von Absatz 2 Satz 3 nicht erfasst und unterfallen damit, sofern denn die §§ 17, 18

für den Netzanschluss der jeweiligen Energieanlage einschlägig sind (zu Ausnahmeregelungen im EEG und im KWKG → Rn. 325), dem Absatz 2 Satz 1 Nummern 6, 7 und 8. Zum anderen erstreckt sich die Sonderregelung des Absatzes 2 Satz 3 lediglich auf die ausdrücklich genannten und oben aufgeführten (→ Rn. 365) sachlichen Zuständigkeiten nach Absatz 2 Satz 1 Nummern 6, 7 und 8. Dies bedeutet, dass die übrigen Ziffern des Absatzes 2 Satz 1 auch dann Anwendung finden und somit bei Vorliegen der einschlägigen Voraussetzungen eine sachliche Zuständigkeit einer Landesregulierungsbehörde besteht, wenn ein Zusammenhang mit einer Biogasanlage oder deren Netzanschluss bestehen sollte.

6. Zuständigkeit auch für Allgemeinverfügungen?

a) Frühere Rechtslage. Zumindest vor der Schaffung der Regelung betreffend die sachliche Zuständigkeit der BNetzA für bundeseinheitliche Festlegungen nach Absatz 3 Sätze 2 und 3 (→ Rn. 420 ff.) war **umstritten,** ob die Regulierungsbehörden der Länder auf Grundlage ihrer sachlichen Zuständigkeit nach Absatz 2 Sätze 1 und 2 neben Genehmigungen und Festlegungen im Einzelfall auch Festlegungen gegenüber einer **Mehrzahl von Adressaten** nach § 29 Abs. 1, nämlich im Wege der Allgemeinverfügung nach den dem § 35 S. 2 VwVfG entsprechenden landesgesetzlichen Regelungen, erlassen konnten (Baur/Salje/Schmidt-Preuß Energiewirtschaft/Franke Kap. 40 Rn. 25; Bourwieg/Hellermann/Hermes/Gundel § 54 Rn. 56): 367

In Bezug auf die Festlegung einer Landesregulierungsbehörde im Wege einer Allgemeinverfügung nach § 29 Abs. 1 EnWG iVm § 30 Abs. 1 Nr. 6 StromNEV betreffend zusätzliche Anforderungen an die Struktur und den Inhalt des Berichts nach § 28 StromNEV, der im Rahmen einer Kostenprüfung zum Zwecke der Erteilung einer Netzentgelt-Genehmigung nach § 23a (Absatz 2 Satz 1 Nummer 1, → Rn. 280 ff.) zu erstellen und einzureichen war, wurde diese Frage in der Rechtsprechung teilweise **bejaht** (OLG Naumburg BeckRS 2008, 3537). Im Hinblick auf Festlegungen der Regulierungsbehörden der Länder im Wege einer Allgemeinverfügung nach § 29 Abs. 1 EnWG iVm § 30 Abs. 2 Nr. 2 StromNEV/§ 30 Abs. 2 Nr. 2 GasNEV aF, § 6 Abs. 3 StromNEV/§ 6 Abs. 3 GasNEV aF betreffend die Preisindizes zur Ermittlung der Tagesneuwerte (Holznagel/Schütz/Schütte StromNEV § 6 Rn. 51 ff.; Holznagel/Schütz/Schütte GasNEV § 6 Rn. 51 ff.) wurde jedoch das Bestehen einer sachlichen Zuständigkeit nach Absatz 2 Satz 1 Nummern 1 und 2 von einem anderen Teil der Rechtsprechung mit umfangreicher Begründung **verneint.** Jedenfalls für derartige Festlegungen gegenüber einer Mehrzahl von Adressaten nach § 29 Abs. 1 bestehe alleine eine sachliche Zuständigkeit der BNetzA nach Absatz 1 (näher OLG Stuttgart BeckRS 2009, 6461 Rn. 49 ff. und Rn. 57 ff.; OLG Schleswig BeckRS 2010, 3976; Salje EnWG § 54 Rn. 26). 368

Durch die vorgenannten widersprüchlichen Entscheidungen seitens der Rechtsprechung entstand in der Praxis erhebliche **Rechtsunsicherheit** im Hinblick auf die sachliche Zuständigkeit der Regulierungsbehörden des Bundes und der Länder für den Erlass von Festlegungen im Wege der Allgemeinverfügung nach § 29 Abs. 1, sodass sich der Gesetzgeber zu einer Reaktion veranlasst sah (→ Rn. 370 ff.). Im Jahr 2015 entschied allerdings der **BGH,** noch zur früheren Rechtslage, dass sich die sachliche Zuständigkeit der Landesregulierungsbehörden nach Absatz 2 Satz 1 Nummer 2 (Anreizregulierung nach § 21a; → Rn. 284 ff.) nicht nur auf die „abschließende" Festlegung der kalenderjährlichen Erlösobergrenzen nach § 29 Abs. 1 EnWG iVm §§ 4 Abs. 1 und 2, 32 Abs. 1 Nr. 1 ARegV erstreckt, sondern auch auf die „vorgelagerten Zwischenentscheidung[en]" über hierfür relevante Fragen. Nach Auffassung des BGH galt dies insbesondere für die Festlegung des kalkulatorischen Eigenkapitalzinssatzes nach § 29 Abs. 1 EnWG iVm § 7 Abs. 6 S. 1 StromNEV und § 7 Abs. 6 S. 1 GasNEV (BGH NVwZ-RR 2015, 452 Rn. 14 und Rn. 16; zu Recht zust. Baur/Salje/Schmidt-Preuß Energiewirtschaft/Franke Kap. 40 Rn. 23). 369

b) Aktuelle Rechtslage. Durch das Gesetz zur Neuregelung energiewirtschaftsrechtlicher Vorschriften vom 26.7.2011 (BGBl. I 1554 (1585)) wurde daraufhin Absatz 3 Sätze 2 und 3 der Regelung des § 54 **angefügt** (→ Rn. 23). Nach der Generalklausel Absatz 3 Satz 2 besteht eine sachliche Zuständigkeit der BNetzA für bundeseinheitliche Festlegungen, sofern diese zur „Wahrung gleichwertiger wirtschaftlicher Verhältnisse im Bundesgebiet" erforderlich sind (→ Rn. 436 ff.). Absatz 3 Satz 3 enthält demgegenüber eine enumerative 370

EnWG § 54 Teil 7. Behörden

Aufzählung von Festlegungen zu bestimmten regulatorischen Themen, in denen – gewissermaßen automatisch – eine sachliche Zuständigkeit der BNetzA für bundeseinheitliche Festlegungen besteht, ohne dass hierfür die Voraussetzungen des Absatzes 3 Satz 2 zu prüfen wären (→ Rn. 451 ff.). Die **ratio** dieser Regelungen besteht ausweislich der amtlichen Begründung darin, im gesamten Bundesgebiet denselben regulatorischen Rahmen für die Betreiber der Energieversorgungsnetze zu schaffen (BT-Drs. 17/6072, 89).

371 Vor dem Hintergrund dieser Neuregelung ist **richtigerweise** davon auszugehen, dass sich die sachliche Zuständigkeit der Regulierungsbehörden der Länder nach Absatz 2 Sätze 1 und 2 im Grundsatz auch auf den Erlass von Festlegungen gegenüber einer Mehrzahl von Adressaten im Wege der Allgemeinverfügung nach § 29 Abs. 1 in Verbindung mit der dem § 35 S. 2 VwVfG entsprechenden Landesregelung **erstreckt** (Baur/Salje/Schmidt-Preuß Energiewirtschaft/Franke Kap. 40 Rn. 25; Bourwieg/Hellermann/Hermes/Gundel § 54 Rn. 33 und 56; Kment EnWG/Görisch § 54 Rn. 6 und 9). Auch der **BGH** neigt in einem obiter dictum zu dieser Ansicht und sieht die Neuregelung als „Indiz", dass der Gesetzgeber von einer sachlichen Zuständigkeit der Landesregulierungsbehörden auch für Festlegungen nach § 29 Abs. 1 im Wege der Allgemeinverfügung ausgeht (BGH NVwZ-RR 2015, 452 Rn. 17). Zu begründen ist diese Sichtweise damit, dass nach der vorstehend erwähnten Generalklausel des Absatzes 3 Satz 2 eine sachliche Zuständigkeit der BNetzA für bundeseinheitliche Festlegungen nur unter bestimmten Voraussetzungen besteht, nämlich im Falle ihrer Erforderlichkeit zur „Wahrung gleichwertiger wirtschaftlicher Verhältnisse im Bundesgebiet". Im „Umkehrschluss" (Kment EnWG/Görisch § 54 Rn. 9) lässt sich hieraus ableiten, dass im Falle des Nichtvorliegens der vorgenannten Voraussetzungen des Absatzes 3 Satz 2 konsequenterweise eine sachliche Zuständigkeit der Regulierungsbehörden der Länder zum Erlass eigener Festlegungen im Wege der Allgemeinverfügung bestehen muss. Anderenfalls ergäbe die Regelung des Absatzes 3 Satz 2 keinen Sinn. Für diese Sichtweise spricht auch die ratio des Absatzes 3 Sätze 2 und 3, eine Vereinheitlichung des regulatorischen Rahmens für die Betreiber der Energieversorgungsnetze zu gewährleisten (→ Rn. 370). Eine derartige Gewährleistung durch die Regelungen des Absatzes 3 Sätze 2 und 3 wäre dann nicht erforderlich, wenn seitens der Regulierungsbehörden der Länder eine sachliche Zuständigkeit nach Absatz 2 Satz 1 für den Erlass von Festlegungen gegenüber einer Mehrzahl von Adressaten im Wege der Allgemeinverfügung schon im Ausgangspunkt nicht gegeben wäre (Bourwieg/Hellermann/Hermes/Gundel § 54 Rn. 33 und 56; Kment EnWG/Görisch § 54 Rn. 6 und 9).

372 Vor diesem Hintergrund entspricht es derzeit der **ständigen Praxis** der Regulierungsbehörden der Länder, Festlegungen nach § 29 Abs. 1 gegenüber einer Mehrzahl von Adressaten im Wege der Allgemeinverfügung im Sinne der dem § 35 S. 2 VwVfG entsprechenden Landesregelung zu erlassen. Beispiele hierfür sind
- Festlegungen betreffend die zum Zwecke der Durchführung einer **Kostenprüfung** nach § 6 Abs. 1 S. 1 ARegV nach den §§ 27, 28 ARegV zu erhebenden oder mitzuteilenden Daten gem. § 29 Abs. 1 EnWG iVm § 32 Abs. 1 Nr. 11 ARegV aufgrund der sachlichen Zuständigkeit nach Absatz 2 Satz 1 Nummer 2 (→ Rn. 288),
- Festlegungen betreffend zusätzliche Bestimmungen zur **buchhalterischen Entflechtung** nach § 29 Abs. 1 iVm § 6b Abs. 6 aufgrund der sachlichen Zuständigkeit nach Absatz 2 Satz 1 Nummer 4 (→ Rn. 304 ff.),
- Festlegungen betreffend die **Übermittlung von Daten** sowie betreffend Vorgaben zu Umfang, Zeitpunkt und Form der mitzuteilenden Daten nach § 29 Abs. 1 iVm § 23b Abs. 3 gem. Absatz 2 Satz 1 Nummer 11 (→ Rn. 346 ff.).

373 Nach früherer Rechtslage waren die Regulierungsbehörden der Länder nach Absatz 2 Satz 1 Nummer 2 auch für die Festlegungen der näheren Ausgestaltung und des Verfahrens zur Bestimmung des **Qualitätselements** nach § 29 Abs. 1 EnWG iVm § 32 Abs. 1 Nr. 6 ARegV, §§ 19 f. ARegV (sog. Methodikfestlegungen) sachlich zuständig (→ Rn. 286). Durch das Gesetz zur Umsetzung unionsrechtlicher Vorgaben und zur Regelung reiner Wasserstoffnetze im Energiewirtschaftsrecht vom 16.7.2021 (BGBl. I 3026; näher zur Entstehungsgeschichte → Rn. 48 ff.) wurde jedoch die Regelung des **Absatzes 3 Satz 3 Nummer 5** (→ Rn. 481 ff.) geschaffen, wonach seitens der BNetzA eine sachliche Zuständigkeit zum bundeseinheitlichen Erlass der vorgenannten Methodikfestlegungen besteht. Seither ist diesbezüglich die sachliche Zuständigkeit der Landesregulierungsbehörden nach Absatz 2 Satz 1 Nummer 2 **nicht mehr einschlägig.**

Allgemeine Zuständigkeit § 54 EnWG

II. Länderübergreifende Elektrizitäts- und Gasverteilernetze (Abs. 2 S. 2)

Gemäß Absatz 2 Satz 2 findet Absatz 2 Satz 1 **keine Anwendung**, wenn das durch den 374
jeweiligen Betreiber betriebene Elektrizitäts- oder Gasverteilernetz „über das Gebiet eines
Landes hinausreicht" (Bourwieg/Hellermann/Hermes/Gundel § 54 Rn. 51; Kment EnWG/
Görisch § 54 Rn. 7; Salje EnWG § 54 Rn. 39; Säcker EnergieR/Schmidt-Preuß § 54 Rn. 7;
Schneider/Theobald EnergieWirtschaftsR-HdB/Franke § 19 Rn. 6). Selbst wenn also an
das fragliche Energieverteilernetz weniger als 100.000 Kunden unmittelbar oder mittelbar
angeschlossen sind (näher → Rn. 233 ff.) und somit grundsätzlich eine sachliche Zuständigkeit einer Landesregulierungsbehörde nach Maßgabe des Absatzes 1 Satz 1 (näher →
Rn. 221 ff.) bestehen würde, schließt das Vorliegen der Überschreitung der Landesgrenzen
zwischen mindestens (→ Rn. 376) zwei (Bundes-)Ländern der Bundesrepublik Deutschland
diese sachliche Zuständigkeit der Landesregulierungsbehörde aus. Vielmehr besteht in diesen
Fallgestaltungen – unabhängig von der Anzahl der an das Energieverteilernetz unmittelbar
oder mittelbar angeschlossenen Kunden – eine originäre sachliche Zuständigkeit der
BNetzA nach Absatz 1 (Baur/Salje/Schmidt-Preuß Energiewirtschaft/Franke Kap. 40
Rn. 16; Kment EnWG/Görisch § 54 Rn. 7; Säcker EnergieR/Schmidt-Preuß § 54 Rn. 7;
Salje EnWG § 54 Rn. 39; Schneider/Theobald EnergieWirtschaftsR-HdB/Franke § 19
Rn. 6).

1. Ratio und Entstehungsgeschichte

Der **Sinn und Zweck** des Absatzes 2 Satz 2 besteht darin, das bei Fehlen dieser Regelung 375
entstehende Bedürfnis der Abstimmung zwischen mehreren sachlich und örtlich zuständigen
Landesregulierungsbehörden zu vermeiden. Zu begründen ist dies wie folgt: Die Regelung
des Absatzes 2 Satz 2 geht **ursprünglich** auf die Ausschussempfehlungen des Bundesrates
vom 13.9.2004 (→ Rn. 16) zurück, in denen eine „sachgerechte Verteilung" der Regulierungsaufgaben des EnWG zwischen Bund und Ländern vorgeschlagen und ein Regelungsvorschlag unterbreitet wurde, wonach eine Regulierungszuständigkeit des Bundes für solche
Energieversorgungsnetze bestehen sollte, die die Grenzen zwischen Ländern überschreiten
(BR-Drs. 613/1/04, 38 ff. und BT-Drs. 15/3917, 92 f.). Die Vorschrift des Absatzes 2 Satz 2
ist vor dem Hintergrund des mittlerweile außer Kraft getretenen § 15 BTOElt vom
18.12.1989 (BGBl. I 2255) zu sehen, der sich mit solchen Fallkonstellationen befasste, in
denen Maßnahmen nach der BTOElt – beispielsweise die Erteilung einer Tarifgenehmigung
nach § 12 Abs. 1 BTOElt – gegenüber einem Elektrizitätsversorgungsunternehmen getroffen
werden sollten, dessen Versorgungsgebiet über die Grenzen eines Landes hinausreichte. In
solchen Sachverhaltsgestaltungen waren seinerzeit – mangels Bestehens einer für den Vollzug
der BTOElt zuständigen Bundesbehörde – mehrere Landesbehörden sachlich und örtlich
zuständig, die sich dann nach § 15 Abs. 1 BTOElt miteinander **ins Benehmen** zu setzen
hatten. Die Formulierung des Absatzes 2 Satz 2 orientiert sich offensichtlich an dem Wortlaut
des § 15 Abs. 1 BTOElt („dessen Versorgungsgebiet über die Grenzen dieses Landes hinausreicht"). Durch die Schaffung der BNetzA als Regulierungsbehörde des Bundes (→
Rn. 15 ff. und → Rn. 73 ff.) ergab sich iRd § 54 die Möglichkeit, eine von § 15 Abs. 1
BTOElt abweichende Regelung zu treffen und die sachliche Zuständigkeit für regulierungsbehördliche Aufgaben betreffend die Betreiber von Energieverteilernetzen, die die Grenzen
zwischen Ländern überschreiten, **einheitlich** der BNetzA zuzuweisen und hierdurch etwaige
Abstimmungsschwierigkeiten zwischen mehreren sachlich und örtlich zuständigen Landesregulierungsbehörden zu vermeiden.

2. Anwendungsbereich

a) Überschreitung einer oder mehrerer Landesgrenzen. Aus dem Wortlaut „über 376
das Gebiet eines Landes hinausreicht", der Entstehungsgeschichte sowie aus der vorstehend
genannten (→ Rn. 375) ratio der Norm ergibt sich, dass Absatz 2 Satz 2 **unabhängig** davon
anwendbar ist, ob das fragliche Energieverteilernetz die Landesgrenze zwischen nur zwei
Ländern oder die Landesgrenzen zwischen mehr als zwei Ländern überschreitet. In all diesen
Fällen ist also eine originäre sachliche Zuständigkeit der BNetzA nach Absatz 1 gegeben.
Das Bedürfnis für eine **einheitliche** sachliche Zuständigkeit der BNetzA als Regulierungsbe-

Kresse 1537

EnWG § 54 Teil 7. Behörden

hörde des Bundes zum Zwecke der Vermeidung von Abstimmungsschwierigkeiten zwischen mehreren sachlich und örtlich zuständigen Landesbehörden besteht bei der Überschreitung der Landesgrenzen zwischen mehr als zwei Ländern sogar in gesteigertem Maße.

377 **b) Geringfügige Überschreitung von Landesgrenzen.** Die Regelung des Absatzes 2 Satz 2 findet unabhängig davon Anwendung, ob das fragliche Energieversorgungsnetz nur geringfügig oder in einem größeren Maße über das Gebiet eines Landes hinausreicht. Zum Teil wurde in der Literatur angedacht, im Falle einer nur geringfügigen Überschreitung der Grenzen zwischen Ländern („wenige Kilometer") aufgrund Absatz 2 Satz 1 eine **„Annexkompetenz"** zugunsten derjenigen Landesregulierungsbehörde anzunehmen, auf deren Gebiet der größte Teil des fraglichen Energieversorgungsnetzes liegt (Salje EnWG § 54 Rn. 39). Die in der Literatur ganz überwiegende Auffassung lehnt dieses Vorgehen jedoch richtigerweise ab und will Absatz 2 Satz 2 auch in einer derartigen Fallkonstellation **uneingeschränkt** zur Anwendung bringen; hierfür spricht sowohl der Wortlaut der Norm als auch der Gedanke der Rechtsklarheit und -sicherheit (Baur/Salje/Schmidt-Preuß Energiewirtschaft/Franke Kap. 40 Rn. 16 unter Bezugnahme auf die Parallelregelung in § 48 Abs. 2 GWB; Bourwieg/Hellermann/Hermes/Gundel § 54 Rn. 51; Kment EnWG/Görisch § 54 Rn. 7; Säcker EnergieR/Schmidt-Preuß § 54 Rn. 7; Schneider/Theobald EnergieWirtschaftsR-HdB/Franke § 19 Rn. 6; Theobald/Kühling/Theobald/Werk § 54 Rn. 74 f.). Weitgehende Einigkeit besteht vor dem Hintergrund der ratio des Absatzes 2 Satz 2 (→ Rn. 375) darüber, dass eine sachliche Zuständigkeit mehrerer Landesregulierungsbehörden für ein Energieverteilernetz – etwa unter analoger Anwendung der früheren Regelung des § 15 Abs. 1 BTOElt – nicht in Betracht kommt (Bourwieg/Hellermann/Hermes/Gundel § 54 Rn. 51; Salje EnWG § 54 Rn. 39; für eine eventuelle Organleihe zwischen den betroffenen Ländern bei Zustimmung der BNetzA Theobald/Kühling/Theobald/Werk § 54 Rn. 76).

378 **c) Galvanische Überschreitung von Landesgrenzen.** Die Vorschrift des Absatzes 2 Satz 1 findet – soweit ersichtlich – **unstreitig** dann Anwendung, wenn ein galvanisch (physikalisch) verbundenes Energieverteilernetz die Landesgrenzen zwischen zwei oder mehreren (Bundes-)Ländern überschreitet, wenn also eine oder mehrere Elektrizitäts- oder Gasleitungen diese Landesgrenzen überqueren. Dies sind diejenigen Fallgestaltungen länderübergreifender Energieverteilernetze, für die die Regelung des Absatzes 2 Satz 2 nach ihrer Entstehungsgeschichte und ihrer ratio ursprünglich geschaffen wurde (→ Rn. 375).

379 **d) Galvanisch nicht miteinander verbundene Energieverteilernetze in mehreren Ländern.** Ob die Regelung des Absatzes 2 Satz 2 auch dann Anwendung findet und somit eine originäre sachliche Zuständigkeit der BNetzA nach Absatz 1 anzunehmen ist, wenn im Falle eines Netzbetreibers die Landesgrenzen zwischen zwei oder mehreren Ländern zwar nicht durch eine oder mehrere Elektrizitäts- oder Gasleitungen überquert werden, ein und derselbe Betreiber jedoch mehrere galvanisch (physikalisch) nicht miteinander verbundene Energieverteilernetze betreibt, die in mindestens zwei verschiedenen Ländern gelegen sind, ist **umstritten.** Solche Fallgestaltungen können insbesondere dann auftreten, wenn Industrieunternehmen oder deren Netztochtergesellschaften sowie spezialisierte (Dienstleistungs-)Unternehmen – über das gesamte Bundesgebiet verstreut – eine Vielzahl von Energieverteilernetzen betreiben, die häufig bereits über eine Einstufung als Geschlossenes Verteilernetz iSd § 110 Abs. 1 2 S. 1 verfügen oder für die eine solche Einstufung zumindest angestrebt wird (näher → § 110 Rn. 1 ff.).

380 Die **Regulierungsbehörden** des Bundes und der Länder orientieren sich bei der Anwendung des Absatzes 2 Satz 2 an einer Entscheidung des OLG Düsseldorf, wonach jedenfalls bei der Prüfung des Schwellenwertes von 100.000 unmittelbar oder mittelbar angeschlossenen Kunden in Absatz 2 Satz 1 eine **„unternehmensbezogene Betrachtung"** vorzunehmen ist. Hierunter ist zu verstehen, dass sämtliche von einem Betreiber betriebenen Energieverteilernetze und deren Bestandteile als „ein Verteilernetz" anzusehen sind, sodass alle an dieses unmittelbar oder mittelbar angeschlossenen Kunden „zusammenzurechnen" sind (OLG Düsseldorf BeckRS 2010, 27801; näher → Rn. 260 ff.). Die Regulierungsbehörden des Bundes und der Länder **übertragen** diese unternehmensbezogene Betrachtungsweise des OLG Düsseldorf (Stichwort: „Ein Netzbetreiber, ein Netz") auf die Prüfung der Voraussetzungen des Absatzes 2 Satz 2. Für ein Hinausreichen eines Energieverteilernetzes über die Grenzen eines Landes iSd Absatzes 2 Satz 2 ist es damit nicht erforderlich, dass die Grenze zwischen zwei

Allgemeine Zuständigkeit § 54 EnWG

oder mehreren Ländern durch eine galvanische (physikalische) Verbindung zwischen den jeweiligen Energieverteilernetzen überquert wird (Baur/Salje/Schmidt-Preuß Energiewirtschaft/Franke Kap. 40 Rn. 17; Nachweise betreffend Geschlossene Verteilernetze → § 110 Rn. 95 ff.). Liegt eine solche Fallgestaltung vor, so gehen die Regulierungsbehörden des Bundes und der Länder in ihrer Regulierungspraxis davon aus, dass für die einzelnen Energieverteilernetze, unabhängig von ihrer Lage, eine originäre sachliche Zuständigkeit der BNetzA nach Absatz 1 besteht. Die BNetzA zieht die entsprechenden energiewirtschaftsrechtlichen Verwaltungsverfahren daher regelmäßig an sich. Dies gilt beispielsweise für die oben erwähnte Einstufung von Energieverteilernetzen als Geschlossene Verteilernetze nach § 110 Abs. 2 S. 1, wenn ein Industrieunternehmen, deren Netztochtergesellschaft oder ein spezialisiertes (Dienstleistungs-)Unternehmen an unterschiedlichen Standorten eine Vielzahl von Energieverteilernetzen betreiben.

Die **Literatur** vertritt demgegenüber teilweise die Auffassung, dass Absatz 2 Satz 2 eine 381 Überquerung der Landesgrenzen zwischen mindestens zwei Ländern durch eine galvanische (physikalische) Elektrizitäts- oder Gasleitung voraussetzt. Nach dieser Ansicht soll die Regelung des Absatzes 2 Satz 2 also dann **nicht anwendbar** sein und somit keine originäre sachliche Zuständigkeit der BNetzA nach Absatz 1 bestehen, wenn ein und derselbe Betreiber mehrere galvanisch (physikalisch) nicht miteinander verbundene Energieverteilernetze betreibt, die in mindestens zwei verschiedenen Ländern gelegen sind (Theobald/Kühling / Theobald/Werk § 54 Rn. 46; zu Geschlossenen Verteilernetzen iSd § 110 → § 110 Rn. 95 ff.). Begründet wird diese Auffassung im Wesentlichen damit, dass die Rechtsprechung des OLG Düsseldorf betreffend die Prüfung des Schwellenwertes von 100.000 unmittelbar oder mittelbar angeschlossenen Kunden in Absatz 2 Satz 1 (OLG Düsseldorf BeckRS 2010, 27801) nicht auf die Regelung des Absatzes 2 Satz 2 übertragbar sei. Nach dieser Ansicht bestehen also bei Vorliegen der Voraussetzungen des Absatzes 2 Satz 1 für die einzelnen galvanisch (physikalisch) nicht miteinander verbundenen Energieverteilernetze sachliche Zuständigkeiten unterschiedlicher Landesregulierungsbehörden, je nach deren örtlicher Zuständigkeit (→ Rn. 209 ff.).

Dem Praktiker ist zu **empfehlen**, sich an der Ansicht der Regulierungsbehörden des 382 Bundes und der Länder zu orientieren und in Sachverhaltskonstellationen, in denen ein Betreiber mehrere galvanisch (physikalisch) nicht miteinander verbundene Energieverteilernetze betreibt, die in mindestens zwei verschiedenen Ländern gelegen sind, unter Anwendung des Absatzes 2 Satz 2 von einer originären sachlichen Zuständigkeit der BNetzA nach Absatz 1 auszugehen. Diese Vorgehensweise ist im Übrigen auch als **konsequent** anzusehen, da die Regulierungsbehörden des Bundes und der Länder in derartigen Fallgestaltungen für die unterschiedlichen Energieverteilernetze des Betreibers grundsätzlich Geltung einheitlicher Netzentgelte fordern, sodass in den einzelnen Energieverteilernetzen keine Netzentgelte in unterschiedlicher Höhe gefordert werden dürfen (Stichwort: „Ein Netzbetreiber, ein Netz"; → Rn. 380). Wären für die unterschiedlichen durch den jeweiligen Betreiber betriebenen Energieverteilernetze – je nach ihrer Lage – verschiedene Landesregulierungsbehörden sachlich und örtlich zuständig, so würde zwischen diesen ein Abstimmungsbedürfnis im Hinblick auf die Höhe der zu fordernden Netzentgelte entstehen, das durch eine einheitliche sachliche Zuständigkeit der BNetzA gerade vermieden werden soll. Insofern sprechen gerade auch die Entstehungsgeschichte und die ratio des Absatzes 2 Satz 2 (→ Rn. 375) dafür, diese Vorschrift auch dann zur Anwendung zu bringen, wenn keine Überquerung der Landesgrenzen zwischen mindestens zwei Ländern durch eine galvanische (physikalische) Elektrizitäts- oder Gasleitung vorliegt.

d) Überschreitung der Staatsgrenze der Bundesrepublik Deutschland. Fraglich ist, 383 ob die Regelung des Absatzes 2 Satz 2 auch dann Anwendung findet und somit eine originäre sachliche Zuständigkeit der BNetzA nach Absatz 1 besteht, wenn ein Energieverteilernetz eines Betreibers zwar **nicht** die Landesgrenzen zwischen zwei (Bundes-)Ländern der Bundesrepublik Deutschland überschreitet, aber über die Staatsgrenze der Bundesrepublik Deutschland hinausreicht und sich in einen **Nachbarstaat** (etwa in die Republik Österreich) erstreckt. Auftreten können solche Fallkonstellationen insbesondere dann, wenn ein auf dem Staatsgebiet der Bundesrepublik Deutschland liegendes Teilnetzgebiet eines Energieverteilernetzes aus historischen Gründen nicht mit dem Transportnetz (§ 3 Nr. 31d) eines deutschen Transportnetzbetreibers (§ 3 Nr. 31c) verbunden ist, sondern mit dem Transportnetz eines

Kresse 1539

ausländischen Transportnetzbetreibers. Man spricht in solchen Fällen von der **exterritorialen Anbindung** eines Energieverteilernetzes. In einer derartigen Sachverhaltsgestaltung ist es sogar denkbar, dass das fragliche Energieverteilernetz von einem ausländischen Netzbetreiber betrieben wird.

384   Betrachtet man den Wortlaut des Absatzes 2 Satz 2 („über das Gebiet eines Landes hinausreicht"), so ist dessen **unmittelbare** Anwendung auch auf solche Sachverhaltsgestaltungen denkbar, in denen eine Überschreitung der **Staats**grenze der Bundesrepublik Deutschland durch ein Energieverteilernetz vorliegt. Denn die Staatsgrenze der Bundesrepublik Deutschland stellt zugleich die Grenze eines (Bundes-)Landes dar, sodass ein solches Energieverteilernetz zugleich über das Gebiet eines Landes iSd Absatzes 2 Satz 2 hinausreicht (Kment EnWG/Görisch § 54 Rn. 7). Allerdings wurde die Regelung des Absatzes 2 Satz 2 ursprünglich für solche Fälle geschaffen, in denen ein Energieverteilernetz die **Landes**grenzen zwischen zwei (Bundes-)Ländern überschreitet, also sozusagen die „Binnengrenzen" innerhalb der Bundesrepublik Deutschland. Dies ergibt sich aus ihrer Entstehungsgeschichte sowie ihrem Sinn und Zweck, etwaige Abstimmungsprobleme zwischen mehreren sachlich und örtlich zuständigen Landesregulierungsbehörden durch die einheitliche sachliche Zuständigkeit der BNetzA nach Absatz 1 zu vermeiden (→ Rn. 375).

385   Entstehungsgeschichte und ratio des Absatzes 2 Satz 2 könnten dafür sprechen, eine **teleologische Tatbestandsreduktion** vorzunehmen und die Regelung auf Fallkonstellationen, in denen eine Überschreitung der Staatsgrenze der Bundesrepublik Deutschland durch ein Energieverteilernetz vorliegt, nicht zur Anwendung zu bringen. Denn bei einer Überschreitung der Staatsgrenze der Bundesrepublik Deutschland durch ein Energieverteilernetz können etwaige Abstimmungsschwierigkeiten zwischen mehreren sachlich und örtlich zuständigen Regulierungsbehörden, sofern diese auftreten sollten, nicht durch eine einheitliche sachliche Zuständigkeit der BNetzA als Regulierungsbehörde des Bundes nach Absatz 1 vermieden werden. Eine Anwendung des Absatzes 2 Satz 2 auf eine solche Fallkonstellation würde an dem Bedürfnis der Abstimmung nichts ändern, da die BNetzA als sachlich zuständige Regulierungsbehörde des Bundes nach Absatz 1 lediglich an die Stelle der (deutschen) Landesregulierungsbehörde treten könnte, während die sachliche Zuständigkeit der nationalen Regulierungsbehörde des Nachbarstaates nach dem dortigen nationalen Recht bestehen bliebe. Aus der Regelung des § 57 Abs. 2 (→ § 57 Rn. 18 ff.; Bourwieg/Hellermann/Hermes/Gundel § 57 Rn. 6 ff.; Theobald/Kühling/Theobald/Werk § 57 Rn. 13 ff.) folgt jedoch, dass die Zusammenarbeit und damit eine etwaige Abstimmung mit den nationalen Regulierungsbehörden von Nachbarstaaten in die Verantwortung der BNetzA fällt. Der Regelungszusammenhang mit § 57 Abs. 2 spricht dafür, eine sachliche Zuständigkeit der Regulierungsbehörden der Länder unter unmittelbarer Anwendung des Absatzes 2 Satz 2 auch dann **abzulehnen,** wenn ein die Voraussetzungen des Absatzes 2 Satz 1 grundsätzlich erfüllendes Energieverteilernetz über die Staatsgrenze der Bundesrepublik Deutschland hinausreicht (so zutr. Kment EnWG/Görisch § 54 Rn. 7).

386   In der **Praxis** stellt sich die vorstehend geschilderte Problematik jedoch regelmäßig **nicht**, da die auf dem Staatsgebiet der Bundesrepublik Deutschland liegenden (und gegebenenfalls exterritorial angebundenen) Teilnetzgebiete zur Vermeidung der beschriebenen Abgrenzungsschwierigkeiten nicht durch den jeweiligen ausländischen Netzbetreiber selbst, sondern durch eine mit ihm verbundene **separate Gesellschaft** mit Sitz in der Bundesrepublik Deutschland betrieben werden. Da im Falle einer solchen Sachverhaltsgestaltung bei der Prüfung des Absatzes 2 Sätze 1 und 2 alleine auf das durch die in der Bundesrepublik Deutschland sitzende separate Gesellschaft betriebene Energieverteilernetz abzustellen ist, liegt eine Überschreitung der Staatsgrenze der Bundesrepublik Deutschland schon von vorneherein nicht vor.

3. Maßgeblicher Zeitpunkt

387   Bei der Prüfung des Vorliegens einer möglichen Überschreitung einer oder mehrerer Landesgrenzen zwischen (Bundes-)Ländern iSd Absatzes 2 Satz 2 durch ein Energieverteilernetz ist auf den **Beginn** des jeweiligen energiewirtschaftsrechtlichen Verwaltungsverfahrens abzustellen. Dies folgt aus dem Wortlaut des Absatzes 2 Satz 5 Halbsatz 2, wonach die handelnde Regulierungsbehörde tatsächlich „zu Beginn des behördlichen Verfahrens zustän-

dig" gewesen sein muss, um die vorgenannte Regelung betreffend das Vorgehen im Falle eines Zuständigkeitswechsels im Hinblick auf die sachliche Zuständigkeit zur Anwendung bringen zu können (→ Rn. 400 f.).

Überschreitet ein Energieverteilernetz **nach Beginn** des fraglichen energiewirtschafts- **388** rechtlichen Verwaltungsverfahrens eine oder mehrere Landesgrenzen iSd Absatzes 2 Satz 2, so kommt eine Anwendung der Regelung des **Absatzes 2 Satz 5** in Betracht, wonach begonnene energiewirtschaftsrechtliche Verwaltungsverfahren oder hieran anschließende (Rechts-)Beschwerdeverfahren iSd §§ 75 ff., 86 ff. durch die im Zeitpunkt des Beginns des energiewirtschaftsrechtlichen Verwaltungsverfahrens tatsächlich zuständige Regulierungsbehörde beendet werden (im Einzelnen → Rn. 390 ff.). Entsprechendes gilt, wenn nach Beginn des fraglichen energiewirtschaftsrechtlichen Verwaltungsverfahrens eine anfänglich bestehende Überschreitung einer oder mehrerer Landesgrenzen iSd Absatzes 2 Satz 2 **nachträglich entfällt**. Derartige Fallgestaltungen können sich insbesondere durch (teilweise) Netzübergänge iSd § 26 ARegV zwischen zwei Betreibern von Energieverteilernetzen ergeben, die nach Beginn eines energiewirtschaftsrechtlichen Verwaltungsverfahrens durchgeführt werden.

4. Mitteilungspflicht nach § 28 S. 2 ARegV

Gemäß § 28 S. 2 ARegV sind die Betreiber der Energieverteilernetze ausdrücklich dazu **389** **verpflichtet,** der BNetzA und der sachlich und örtlich zuständigen Landesregulierungsbehörde jährlich zum 31.3. die Belegenheit des jeweiligen Netzes „bezogen auf Bundesländer" zum 31.12. des jeweiligen Vorjahres mitzuteilen. Die Vorschrift des § 28 S. 2 ARegV wurde durch die Zweite Verordnung zur Änderung der Anreizregulierungsverordnung vom 14.9.2016 (BGBl. I 2147) in die ARegV eingefügt. Nach der amtlichen Begründung dient diese Regelung dazu, „mehr Transparenz über die Verteilung der Regulierungszuständigkeit zu erhalten" (BR-Drs. 296/16, 45). Aufgrund dieser Mitteilungen der Netzbetreiber werden die Regulierungsbehörden des Bundes und der Länder dazu in die Lage versetzt, das Vorliegen oder Nichtvorliegen eines über das Gebiet eines Landes hinausreichenden Energieverteilernetzes iSd Absatzes 2 Satz 2 zu erkennen (für ein Auskunftsverlangen der Regulierungsbehörden nach § 69 demgegenüber Theobald/Kühling/Theobald/Werk § 54 Rn. 73).

III. Zuständigkeitswechsel (Abs. 2 S. 5)

Nach Absatz 2 Satz 5 werden begonnene behördliche oder gerichtliche Verfahren von **390** derjenigen Behörde beendet, die zu Beginn des behördlichen Verfahrens zuständig war. Die knapp formulierte und somit **stark auslegungsbedürftige** Vorschrift regelt den Fall
- eines Wechsels der **sachlichen** Zuständigkeit zwischen der BNetzA und einer Landesregulierungsbehörde oder umgekehrt betreffend regulatorische Aufgaben iSd Absatzes 1 (→ Rn. 393 ff.),
- während eines **energiewirtschaftsrechtlichen** Verwaltungsverfahrens oder eines hieran anschließenden (Rechts-)Beschwerdeverfahrens iSd §§ 75 ff., 86 ff., das **bereits begonnen** wurde (→ Rn. 397 ff.),
- sofern die zu Beginn des energiewirtschaftlichen Verwaltungsverfahrens tätige Regulierungsbehörde **tatsächlich** zuständig war (→ Rn. 400 f.),
- sofern – im Grundsatz – der Zuständigkeitswechsel wegen (i) einer Über- oder Unterschreitung des **Schwellenwertes** von 100.000 unmittelbar oder mittelbar angeschlossenen Kunden iSd Absatzes 2 Satz 1 oder (ii) des Eintritts oder des Wegfalls einer **Grenzüberschreitung** iSd Absatzes 2 Satz 2 erfolgt (→ Rn. 402 ff.).

Anders als ähnliche Vorschriften zu Zuständigkeitswechseln in Bezug auf die örtliche Zustän- **391** digkeit stellt Absatz 2 Satz 5 **keine** weiteren Tatbestandsvoraussetzungen an die Fortführung des jeweiligen Verfahrens durch die früher sachlich zuständige Regulierungsbehörde (→ Rn. 410 f.). Trotz des Wegfalls ihrer sachlichen Zuständigkeit wird das begonnene energiewirtschaftsrechtliche Verwaltungsverfahren oder eines Beschwerdeverfahrens durch die seinerzeit – zu Beginn des energiewirtschaftlichen Verwaltungsverfahrens – nach Absatz 2 Sätze 1 und 2 sachlich zuständige Regulierungsbehörde **fortgeführt**. Wie sich aus dem Wortlaut des Absatzes 2 Satz 5 („werden") ergibt, besteht diesbezüglich kein Wahlrecht der

Kresse

bisher sachlich zuständigen Behörde, diese ist also zur Fortführung der jeweiligen Verfahren **verpflichtet.**

392 Die **ratio** der Vorschrift des Absatzes 2 Satz 5 besteht in der Gewährleistung der Wirksamkeit der Regulierung und der regulierungsbehördlichen Effizienz durch eine „Verfahrensvereinfachung und -beschleunigung" (BGH NVwZ-RR 2016, 175 Rn. 23; Theobald/Kühling/Theobald/Werk § 54 Rn. 83; Jacob N&R 2016, 26 (28 ff.)): Hat eine Regulierungsbehörde ein energiewirtschaftliches Verwaltungsverfahren, das seinerzeit tatsächlich in ihre sachliche Zuständigkeit fiel, begonnen, so sind ihre Beschäftigten in die jeweilige Materie eingearbeitet und verfügen über entsprechende Verfahrensakten. In einer derartigen Situation wäre es **widersinnig,** müsste diese Regulierungsbehörde die Betreuung des jeweiligen energiewirtschaftlichen Verwaltungsverfahrens oder eines hieran anschließenden Beschwerdeverfahrens wegen eines von ihr nicht beeinflussbaren Wechsels der sachlichen Zuständigkeit an eine andere – nicht eingearbeitete und nicht über die einschlägigen Verfahrensakten verfügende – Regulierungsbehörde abgeben.

1. Sachliche Zuständigkeit der Regulierungsbehörde

393 Absatz 2 Satz 5 findet **ausschließlich** Anwendung auf Zuständigkeitswechsel zwischen den in Absatz 1 genannten Regulierungsbehörden, also auf Wechsel der sachlichen Zuständigkeit zwischen der BNetzA und einer Landesregulierungsbehörde oder umgekehrt (Salje EnWG § 54 Rn. 40). Dies folgt aus seiner **systematischen Stellung** innerhalb der Regelung des § 54, da sich Absatz 2 Sätze 1–4 mit der Abgrenzung der sachlichen Zuständigkeiten der BNetzA und der Regulierungsbehörden der Länder befasst.

394 Ein Zuständigkeitswechsel iSd Absatzes 2 Satz 5 kann grundsätzlich nur in Bezug auf die Regulierung der Betreiber von **Energieverteilernetzen** eintreten, da nur diesbezüglich eine Aufteilung der sachlichen Zuständigkeit zwischen der BNetzA und den Regulierungsbehörden der Länder erfolgt (→ Rn. 202 ff.). Nicht denkbar ist ein Zuständigkeitswechsel iSv Absatz 2 Satz 5 hingegen im Hinblick auf die Regulierung der Betreiber von **Transportnetzen** (§ 3 Nr. 31c), da hierfür alleine eine sachliche Zuständigkeit der BNetzA besteht (→ Rn. 199 ff.).

395 **Keine** Anwendung findet Absatz 2 Satz 5 auf einen Wechsel im Hinblick auf die **örtliche Zuständigkeit,** der naturgemäß nur zwischen zwei Landesregulierungsbehörden denkbar ist. In der Praxis ist eine solche Situation jedoch ohnehin nur schwer vorstellbar, da hierzu das fragliche Energieverteilernetz vollständig von dem Gebiet eines Landes in das Gebiet eines anderen Landes verlegt werden müsste (zur örtlichen Zuständigkeit der Regulierungsbehörden → Rn. 209 ff.). Bei etwaigen Wechseln im Hinblick auf die örtliche Zuständigkeit greift die Vorschrift des § 3 Abs. 3 VwVfG oder die entsprechende landesgesetzliche Regelung Platz (näher → Rn. 212 ff.).

396 Weiterhin findet Absatz 2 Satz 5 auf etwaige Zuständigkeitswechsel zwischen **sonstigen** im EnWG genannten **Behörden,** insbesondere im Hinblick auf die „nach Landesrecht zuständige Behörde" (→ Rn. 100 ff.), **keine** Anwendung. Absatz 2 Satz 5 bezieht sich ausschließlich auf die Erfüllung der regulatorischen Aufgaben iSd Absatzes 1. Auch dies folgt aus der systematischen Stellung des Absatzes 2 Satz 5 in der Regelung des § 54, auch wenn Absatz 2 Satz 5 unspezifisch von „behördliche[n]" Verfahren und von „Behörde[n]" spricht.

2. Begonnenes behördliches oder gerichtliches Verfahren

397 Soweit Absatz 2 Satz 5 von begonnenen behördlichen oder gerichtlichen Verfahren spricht, so sind hierunter energiewirtschaftsrechtliche Verwaltungsverfahren der Regulierungsbehörden oder sich hieran anschließende (Rechts-)Beschwerdeverfahren nach §§ 75 ff., 86 ff. zu verstehen. Dies folgt daraus, dass Absatz 2 Satz 5 ausschließlich auf sachliche Zuständigkeitswechsel zwischen den Regulierungsbehörden des Bundes und der Länder Anwendung findet. **Nicht** von Absatz 2 Satz 5 erfasst werden durch sonstige im EnWG genannte Behörden, insbesondere von „nach Landesrecht zuständigen Behörden" (→ Rn. 100 ff.), geführte nicht-regulierungsbehördliche Verwaltungsverfahren und sich hieran anschließende Gerichtsverfahren vor der Verwaltungsgerichtsbarkeit (§ 40 VwGO).

398 Ein energiewirtschaftsrechtliches **Verwaltungsverfahren** einer Regulierungsbehörde ist begonnen iSd Absatzes 2 Satz 5, sofern es nach § 66 Abs. 1 durch die zuständige Regulie-

rungsbehörde eingeleitet wurde. Die Verfahrenseinleitung kann nach § 66 Abs. 1 von Amts wegen oder auf Antrag erfolgen (näher → § 66 Rn. 3 ff.; Bourwieg/Hellermann/Hermes/Burmeister § 66 Rn. 4 ff.; Kment EnWG/Turiaux § 66 Rn. 2 ff.; Theobald/Kühling/Theobald/Werk § 66 Rn. 9 ff.; speziell zu Absatz 2 Satz 5 Bourwieg/Hellermann/Hermes/Gundel § 54 Rn. 49; Salje EnWG § 54 Rn. 41; Theobald/Kühling/Theobald/Werk § 54 Rn. 84 ff.). Ein **von Amts wegen** eingeleitetes energiewirtschaftsrechtliches Verwaltungsverfahren beginnt in Anlehnung an § 9 VwVfG oder die entsprechende landesgesetzliche Regelung dann, wenn die Regulierungsbehörde (ggf. auch konkludent) Handlungen getätigt hat, „die auf die Prüfung der Voraussetzungen, die Vorbereitung und den Erlass eines Verwaltungsaktes oder auf den Abschluss eines öffentlich-rechtlichen Vertrags gerichtet" sind; eine förmliche Verfahrenseinleitung ist nicht erforderlich (BeckOK VwVfG/Gerstner/Heck VwVfG § 9 Rn. 12; Stelkens/Bonk/Sachs/Schmitz VwVfG § 9 Rn. 105). Ein **auf Antrag** eingeleitetes energiewirtschaftliches Verwaltungsverfahren beginnt bereits mit dem Zugang des jeweiligen Antrages bei der sachlich und örtlich zuständigen Behörde; eine förmliche Verfahrenseinleitung ist ebenfalls grundsätzlich nicht erforderlich (BeckOK VwVfG/Gerstner/Heck VwVfG § 9 Rn. 13; Stelkens/Bonk/Sachs/Schmitz VwVfG § 9 Rn. 105; Bourwieg/Hellermann/Hermes/Gundel § 54 Rn. 49; anderer Auffassung Theobald/Kühling/Theobald/Werk § 54 Rn. 88 f.).

Ein sich an ein energiewirtschaftliches Verwaltungsverfahren anschließendes **Beschwerdeverfahren** wird durch die Einreichung der Beschwerdeschrift bei der Regulierungsbehörde oder dem Beschwerdegericht begonnen (§ 78 Abs. 1 S. 1 und 3). Rechtsbeschwerdeverfahren beginnen mit der Einreichung der Rechtsbeschwerdeschrift bei dem Beschwerdegericht (§ 88 Abs. 3 S. 1; Salje EnWG § 54 Rn. 42).

3. Tatsächliche sachliche Zuständigkeit bei Verfahrensbeginn

Eine Regulierungsbehörde kann sich im Falle des Wegfalls ihrer bisherigen sachlichen Zuständigkeit **nur dann** auf Absatz 2 Satz 5 berufen und das begonnene Verfahren fortführen, wenn sie zu Beginn des fraglichen energiewirtschaftlichen Verwaltungsverfahrens (also bei seiner Einleitung iSd § 66 Abs. 1) tatsächlich nach Absatz 1 und Absatz 2 Sätze 1–3 sachlich (und darüber hinaus auch örtlich) zuständig war. Absatz 2 Satz 5 findet hingegen **keine Anwendung**, wenn eine Regulierungsbehörde trotz schon anfänglich fehlender sachlicher (oder örtlicher) Zuständigkeit ein energiewirtschaftliches Verwaltungsverfahren eingeleitet hat.

Dies folgt schon aus dem **Wortlaut** des Absatzes 2 Satz 5 Halbsatz 2, wonach die Regulierungsbehörde „zu Beginn des behördlichen Verfahrens zuständig" gewesen sein muss. Weiterhin ergibt sich dies aus dem **Sinn und Zweck** des Absatzes 2 Satz 5 (→ Rn. 392), der gerade nicht darin besteht, eine etwaige anfängliche sachliche (oder örtliche) Unzuständigkeit einer Regulierungsbehörde zu perpetuieren.

4. Wechsel der sachlichen Zuständigkeit

Während des Laufes eines energiewirtschaftlichen Verwaltungsverfahrens oder eines hieran anschließenden (Rechts-)Beschwerdeverfahrens muss ein Wechsel der **sachlichen** Zuständigkeit von der ursprünglich sachlich zuständigen BNetzA zu einer Landesregulierungsbehörde oder von einer ursprünglich sachlich zuständigen Landesregulierungsbehörde zur BNetzA stattgefunden haben. **Keine Anwendung** findet Absatz 2 Satz 5 auf Wechsel der **örtlichen** Zuständigkeit (→ Rn. 395).

a) Zeitpunkt des Zuständigkeitswechsels. Im Hinblick auf den Zeitpunkt des vorgenannten Zuständigkeitswechsels spielt es **keine Rolle,** ob dieser schon während des energiewirtschaftsrechtlichen Verwaltungsverfahrens oder erst während des hierauf folgenden (Rechts-)Beschwerdeverfahrens erfolgt. Selbst wenn also die sachliche Zuständigkeit einer Regulierungsbehörde schon im Laufe eines energiewirtschaftlichen Verwaltungsverfahrens entfällt, so kann eben diese Regulierungsbehörde aufgrund Absatz 2 Satz 5 nicht nur dieses energiewirtschaftliche Verwaltungsverfahren, sondern **auch** die sich eventuell anschließenden **gerichtlichen Verfahren,** die im Zeitpunkt des Zuständigkeitswechsels noch gar nicht eingeleitet waren, (weiter-)führen (BGH NVwZ-RR 2016, 175 Rn. 23; Bourwieg/Hellermann/Hermes/Gundel § 54 Rn. 50; Kment EnWG/Görisch § 54 Rn. 7 und Fn. 51; Schnei-

EnWG § 54 Teil 7. Behörden

der/Theobald EnergieWirtschaftsR-HdB/Franke § 19 Rn. 7; Theobald/Kühling/Theobald/Werk § 54 Rn. 82).

404   Dies ergibt sich zum einen aus dem **Wortlaut** des Absatzes 2 Satz 5, wonach die handelnde Regulierungsbehörde lediglich „zu Beginn des behördlichen Verfahrens", nicht jedoch zu Beginn des hierauf folgenden (Rechts-)Beschwerdeverfahrens sachlich zuständig gewesen sein muss. Zum anderen folgt dies aber auch aus der **ratio** des Absatzes 2 Satz 5 (→ Rn. 392), da das Argument der Gewährleistung der Effektivität der Regulierung und der regulierungsbehördlichen Effizienz unabhängig von dem Zeitpunkt des Eintritts des Wechsels der sachlichen Zuständigkeit greift. Es ergäbe vor diesem Hintergrund keinen Sinn, ein von einer anfänglich sachlich zuständigen Regulierungsbehörde aufgrund Absatz 2 Satz 5 zu Ende geführtes energiewirtschaftliches Verwaltungsverfahren mit Beginn eines hierauf gerichteten gerichtlichen Verfahrens an die nunmehr sachlich zuständige Regulierungsbehörde zu übergeben (BGH NVwZ-RR 2016, 175 Rn. 23; Bourwieg/Hellermann/Hermes/Gundel § 54 Rn. 50; Kment EnWG/Görisch § 54 Rn. 7 und Fn. 51; Theobald/Kühling/Theobald/Werk § 54 Rn. 82).

405   b) **Grund des Zuständigkeitswechsels.** Die Regelung des Absatzes 2 Satz 5 ist grundsätzlich nur anwendbar, wenn der Wechsel der sachlichen Zuständigkeit **aufgrund** der Regelung des Absatzes 2 Sätze 1 und 2 eingetreten ist. Ein solcher Zuständigkeitswechsel tritt ein, wenn während eines laufenden energiewirtschaftsrechtlichen Verwaltungsverfahrens oder eines hierauf folgenden (Rechts-)Beschwerdeverfahrens der in Absatz 2 Satz 1 genannte **Schwellenwert** von 100.000 unmittelbar oder mittelbar an das fragliche Energieverteilernetz angeschlossenen Kunden über- oder unterschritten wird (BGH NVwZ-RR 2016, 175 Rn. 23; Baur/Salje/Schmidt-Preuß Energiewirtschaft/Franke Kap. 40 Rn. 21; Bourwieg/Hellermann/Hermes/Gundel § 54 Rn. 48; Kment EnWG/Görisch § 54 Rn. 7; Salje EnWG § 54 Rn. 30; Schneider/Theobald EnergieWirtschaftsR-HdB/Franke § 19 Rn. 7; Theobald/Kühling/Theobald/Werk § 54 Rn. 81; näher → Rn. 233 ff.). Darüber hinaus ist die Vorschrift des Absatzes 2 Satz 5 nach ihrer ratio auch dann anzuwenden, wenn im Hinblick auf das fragliche Energieverteilernetz eine **Überschreitung der Grenzen** zwischen zwei Ländern iSd Absatzes 2 Satz 2 (näher → Rn. 374 ff.) eintritt oder entfällt (so zutr. Kment EnWG/Görisch § 54 Rn. 7).

406   Solche Fallgestaltungen des Zuständigkeitswechsels können **insbesondere** infolge eines vollständigen oder teilweisen Netzüberganges (§ 26 ARegV) oder aber durch die Neuerrichtung oder die Beseitigung von Netzinfrastruktur eintreten. Denkbar ist beispielsweise, dass im Hinblick auf den Betreiber eines Energieverteilernetzes der Schwellenwert von 100.000 unmittelbar oder mittelbar angeschlossenen Kunden nach Absatz 2 Satz 1 durch die **Neuerschließung** eines Baugebiets oder die (teilweise) Übernahme des Netzgebiets eines anderen Netzbetreibers überschritten wird und folglich die sachliche Zuständigkeit von einer Landesregulierungsbehörde auf die BNetzA übergeht; hierbei ist jedoch die Regelung des Absatzes 2 Satz 4 zu beachten, die den maßgeblichen Zeitpunkt für die Prüfung der Kundenanzahl iSd Absatzes 2 Satz 1 regelt (→ Rn. 271 ff.). Umgekehrt geht die sachliche Zuständigkeit von der BNetzA auf eine Landesregulierungsbehörde über, wenn etwa der Betreiber eines Energieverteilernetzes in Teilnetzgebiet an einen anderen Netzbetreiber in Form eines **Teilnetzüberganges** (§ 26 Abs. 2–6 ARegV) abgibt und hierdurch der vorgenannte Schwellenwert iSd Absatzes 2 Satz 1 unterschritten wird. Entsprechendes gilt, wenn durch vollständige oder teilweise Netzübergänge oder durch die Neuerrichtung oder die Beseitigung von Netzinfrastruktur die Überschreitung der Grenzen zwischen zwei Ländern durch ein Energieversorgungsnetz iSd Absatzes 2 Satz 2 entweder eintritt oder entfällt.

407   c) **Fälle der Organleihe.** Fraglich ist, wie solche Fallgestaltungen zu handhaben sind, in denen es (i) zur Kündigung eines bestehenden Organleihevertrages zwischen einem Land und der Bundesrepublik Deutschland oder (ii) zum Neuabschluss eines solchen Organleihevertrages kommt und daher ein Wechsel der sachlichen Zuständigkeit zwischen der BNetzA „als Landesregulierungsbehörde" und der eigenen Landesregulierungsbehörde des jeweiligen Landes (oder umgekehrt) erfolgt (näher zum Institut der Organleihe → Rn. 89 ff.). Die systematische Stellung des Absatzes 2 Satz 5 spricht eher dafür, dass sich diese Vorschrift nicht auf die vorgenannten Fälle der Kündigung oder des Neuabschlusses von **Organleiheverträgen,** sondern nur auf solche Fallgestaltungen des Wechsels der sachlichen Zuständigkeit bezieht, die in der Regelung des Absatzes 2 Sätze 1 und 2 ihre Ursache haben (näher

→ Rn. 405 f.). Nach dem Sinn und Zweck des Absatzes 2 Satz 5 (→ Rn. 392) erscheint es jedoch **denkbar,** diese Regelung auch auf solche Sachverhaltskonstellationen zur Anwendung zu bringen:

Wird ein bestehender Organleihevertrag zwischen einem Land und der Bundesrepublik Deutschland **gekündigt** und in dem jeweiligen Land in der Folge eine neue eigene Landesregulierungsbehörde **errichtet,** was in der Vergangenheit bereits mehrfach geschehen ist (→ Rn. 98), so geht die sachliche Zuständigkeit nach § 54 Abs. 2 S. 1 und 2 von der bisher in Organleihe „als Landesregulierungsbehörde" tätigen BNetzA auf diese neu errichtete eigene Landesregulierungsbehörde über. Zugleich bleibt aber selbstverständlich die BNetzA als Organisationseinheit mit ihren sachlichen und personellen Ressourcen erhalten. In einer derartigen Sachverhaltskonstellation steht es im Einklang mit der **ratio** des Absatzes 2 Satz 5, diese Regelung zur **Anwendung** bringen. Denn anderenfalls müsste die BNetzA die durch sie „als Landesregulierungsbehörde" begonnenen energiewirtschaftlichen Verwaltungsverfahren und sich hieran anschließende (Rechts-)Beschwerdeverfahren an die soeben erst neu errichtete eigene Landesregulierungsbehörde abgeben, obwohl diese nicht in die jeweiligen Verfahren eingearbeitet ist, sie nicht über die einschlägigen Verfahrensakten verfügt und in der „Startphase" außerdem ihre administrative Überforderung drohen würde. Im Falle der Kündigung eines Organleihevertrages kann die BNetzA mithin die von ihr „als Landesregulierungsbehörde" begonnenen energiewirtschaftlichen Verwaltungsverfahren und sich hieran anschließende (Rechts-)Beschwerdeverfahren grundsätzlich auf der Grundlage des Absatzes 2 Satz 5 **fortführen.** Dabei ist jedoch zu beachten, dass in derartigen Fallgestaltungen in der Praxis regelmäßig Übergangsvereinbarungen abgeschlossen werden, die inhaltlich von der Regelung des Absatzes 2 Satz 5 abweichen können (näher → Rn. 99). 408

Wird hingegen ein Organleihevertrag zwischen einem Land und der Bundesrepublik Deutschland **neu abgeschlossen** und in dem jeweiligen Land in der Folge eine bisher bestehende eigene Landesregulierungsbehörde **aufgelöst,** so kommt es zu einem Wechsel der sachlichen Zuständigkeit iSd Absatzes 2 Sätze 1 und 2 von der bisher handelnden eigenen Landesregulierungsbehörde zu der BNetzA „als Landesregulierungsbehörde". Von dem vorgenannten Fall unterscheidet sich diese Sachverhaltskonstellation dadurch, dass der Wille des Landes vorliegend darin bestehen dürfte, die bisher bestehende eigene Landesregulierungsbehörde als Organisationseinheit mit ihren sachlichen und personellen Ressourcen möglichst schnell aufzulösen, um das Entstehen einer ineffizienten regulierungsbehördlichen „Doppelstruktur" zu vermeiden. Würde man auf eine solche Fallgestaltung die Regelung des Absatzes 2 Satz 5 zur Anwendung bringen, so müsste das Land jedoch die eigene Landesregulierungsbehörde bis zum Abschluss der durch sie begonnenen energiewirtschaftlichen Verwaltungsverfahren und der sich hieran anschließenden (Rechts-)Beschwerdeverfahren als Organisationseinheit erhalten, damit die jeweiligen Verfahren durch diese fortgeführt werden können. Hierdurch entstünde ein Widerspruch zu der **ratio** des Absatzes 2 Satz 5, der ja gerade in der Gewährleistung der regulierungsbehördlichen Effizienz besteht (→ Rn. 392). Der vorgenannte Aspekt spricht dafür, die Vorschrift des Absatzes 2 Satz 5 im Wege einer **teleologischen Tatbestandsreduktion** auf derartige Sachverhaltskonstellationen nicht zur Anwendung zu bringen. 409

5. Keine zusätzlichen Tatbestandsvoraussetzungen

Absatz 2 Satz 5 sieht gerade **keine** weiteren Tatbestandsvoraussetzungen vor, an die die Fortführung der durch eine früher sachlich zuständige Regulierungsbehörde begonnenen energiewirtschaftlichen Verwaltungsverfahren und der hierauf folgenden (Rechts-)Beschwerdeverfahren geknüpft ist. Insbesondere ist **keine Zustimmung** der nunmehr sachlich zuständigen Regulierungsbehörde oder der an dem jeweiligen Verfahren Beteiligten (§ 66 Abs. 2 und 3) erforderlich. 410

Hierin **unterscheidet** sich Absatz 2 Satz 5 von ähnlichen Vorschriften betreffend die Fortführung von Verfahren im Falle eines Wechsels im Hinblick auf die örtliche Zuständigkeit (Theobald/Kühling/Theobald/Werk § 54 Rn. 80). So ist etwa in § 3 Abs. 3 VwVfG (→ Rn. 212 ff.) und in § 26 S. 2 AO vorgesehen, dass eine Verfahrensfortführung durch die bisher örtlich zuständige Behörde erfolgen „**kann**", wenn (i) dies unter Wahrung der Interessen der Beteiligten der einfachen und zweckmäßigen Durchführung des Verfahrens dient und 411

(ii) die nunmehr örtlich zuständige Behörde zustimmt. Daraus folgt im Anwendungsbereich des Absatzes 2 Satz 5, dass eine Fortführung von energiewirtschaftlichen Verwaltungsverfahren und der sich hieran anschließenden (Rechts-)Beschwerdeverfahren durch die früher sachlich zuständige Regulierungsbehörde weder eine Prüfung der Interessen der Beteiligten noch eine Zustimmung der neuerdings sachlich zuständigen Regulierungsbehörde voraussetzt.

6. Rechtsfolgen

412 Liegen die vorgenannten Tatbestandsvoraussetzungen des Absatzes 2 Satz 5 vor, so führt die seinerzeit sachlich zuständige Regulierungsbehörde die durch sie begonnenen energiewirtschaftlichen Verwaltungsverfahren und die sich hieran anschließenden (Rechts-)Beschwerdeverfahren **zwingend** bis zu deren Beendigung fort. Insbesondere besteht **kein Wahlrecht** der früher sachlich zuständigen Regulierungsbehörde im Hinblick auf die Fortführung der jeweiligen Verfahren. Dies ergibt sich zum einen aus dem Wortlaut des Absatzes 2 Satz 5, der davon spricht, dass die Verfahren von der früher sachlich zuständigen Regulierungsbehörde beendet „**werden**". Zum anderen folgt dies aus einer rechtsvergleichenden Betrachtung der soeben erwähnten (→ Rn. 411) Vorschriften betreffend etwaige Wechsel hinsichtlich der örtlichen Zuständigkeit (§ 3 Abs. 3 VwVfG und § 26 S. 2 AO). Nach deren Wortlaut „kann" die bisher örtlich zuständige Behörde die jeweiligen Verfahren nur bei Vorliegen bestimmter Tatbestandsvoraussetzungen, einschließlich der Zustimmung der nunmehr örtlich zuständigen Behörde, fortführen.

7. Analoge Anwendung auf teilweise Netzübergänge

413 Nach der Rechtsprechung des **BGH** zu einer früheren Fassung des § 26 Abs. 2 ARegV findet die Regelung des Absatzes 2 Satz 5 auf die Festlegung des im Rahmen eines teilweise Netzüberganges übergehenden Erlösobergrenzenanteils nach § 29 Abs. 1 EnWG iVm § 32 Abs. 1 Nr. 10 ARegV, § 26 Abs. 2 und 3 ARegV analoge Anwendung (BGH NVwZ-RR 2016, 175 Rn. 23 f.; Holznagel/Schütz/Thäsler ARegV § 26 Rn. 21 ff.; Theobald/Kühling/Hummel ARegV § 26 Rn. 94 ff.; teilweise anderer Auffassung Jacob N&R 2016, 26 (28 und 29 f.); näher → Rn. 289 f.). Demnach ist für eine solche Festlegung – abweichend von der früheren Regulierungspraxis der Regulierungsbehörden des Bundes und der Länder (Holznagel/Schütz/Thäsler ARegV § 26 Rn. 22) – die Regulierungsbehörde sachlich zuständig, die die kalenderjährlichen Erlösobergrenzen des Netzbetreibers festgelegt hat, der im Rahmen des teilweisen Netzüberganges ein Teilnetzgebiet **abgibt**. Der BGH lässt dabei ausdrücklich offen, ob es sich bei der Festlegung des übergehenden Erlösobergrenzenanteils um ein neues Verwaltungsverfahren im Verhältnis zu der Festlegung der kalenderjährlichen Erlösobergrenzen des abgebenden Netzbetreibers nach § 29 Abs. 1 EnWG iVm § 32 Abs. 1 Nr. 1 ARegV, § 4 Abs. 1 und Abs. 2 S. 1 ARegV handelt (BGH NVwZ-RR 2016, 175 Rn. 24), was eine unmittelbare Anwendung des Absatzes 2 Satz 5 ausschließen würde. Selbst wenn dies der Fall sei, erfordere aber der **Sinn und Zweck** des Absatzes 2 Satz 5 (→ Rn. 392) in solchen Fallgestaltungen eine Analogiebildung. Die tatsächlichen Grundlagen der Festlegung der kalenderjährlichen Erlösobergrenzen des abgebenden Netzbetreibers bildeten den „Ausgangspunkt" für die Festlegung des übergehenden Erlösobergrenzenanteils. Nur die für die Festlegung der kalenderjährlichen Erlösobergrenzen des abgebenden Netzbetreibers sachlich und örtlich zuständige Regulierungsbehörde („Ausgangsbehörde") verfüge über die Datengrundlage, die bei der Bestimmung des übergehenden Erlösobergrenzenanteils heranzuziehen sei. Darüber hinaus müsse die Bestimmung des übergehenden Erlösobergrenzenanteils gegenüber den an dem teilweisen Netzübergang beteiligten Netzbetreibern „nach einem einheitlichen Maßstab erfolgen" (BGH NVwZ-RR 2016, 175 Rn. 24).

H. Auffangzuständigkeit und bundeseinheitliche Festlegungen der BNetzA (Abs. 3)

414 Absatz 3 enthält Vorschriften zu **zwei** Regelungskomplexen der sachlichen Zuständigkeit, nämlich (i) zur Auffangzuständigkeit der BNetzA in Absatz 3 Satz 1 (→ Rn. 416 ff.) und

Allgemeine Zuständigkeit § 54 EnWG

(ii) zur Zuständigkeit der BNetzA für bundeseinheitliche Festlegungen in Absatz 3 Sätze 2–5 (→ Rn. 420 ff.).

Der Aufbau des Absatzes 3 ist als **unsystematisch** anzusehen. Aus systematischer Perspektive betrachtet, wäre es vorzugswürdig gewesen, alleine die Regelungen betreffend die sachliche Zuständigkeit der BNetzA für bundeseinheitliche Festlegungen in Absatz 3 zusammenzufassen und die subsidiäre Vorschrift zur Auffangzuständigkeit der BNetzA in einem neuen Absatz 4 an das Ende des § 54 zu stellen. Die fehlende Systematik des Aufbaus des Absatzes 3 ist darauf zurückzuführen, dass die Regelungen betreffend die Zuständigkeit der BNetzA für bundeseinheitliche Festlegungen – ursprünglich als Reaktion auf eine in der Rechtsprechung überwiegende Auffassung zur Reichweite des Absatzes 2 Satz 1 im Hinblick auf Festlegung in Form von Allgemeinverfügungen (näher → Rn. 367 ff.) – in mehreren Schritten nachträglich in Absatz 3 Sätze 2–5 eingefügt wurden und hierbei offensichtlich keine Rücksicht auf systematische Erwägungen genommen wurde (zur Entstehungsgeschichte des § 54 im Einzelnen → Rn. 21 ff.). 415

I. Auffangzuständigkeit der BNetzA (Abs. 3 S. 1)

In Absatz 3 Satz 1 ist seit dem Inkrafttreten des § 54 in der Fassung des Zweiten Gesetzes zur Neuregelung des Energiewirtschaftsrechts vom 7.7.2005 (BGBl. I 1970 (1995)) eine „Auffangzuständigkeit" (Salje EnWG § 54 Rn. 9 f. und 23; Säcker EnergieR/Schmidt-Preuß § 54 Rn. 19; Theobald/Kühling/Theobald/Werk § 54 Rn. 34 und 104) der BNetzA vorgesehen, die dann **subsidiär** Platz greift, wenn eine Vorschrift des EnWG eine sachliche Zuständigkeit nicht einer bestimmten Behörde (zB der „Bundesnetzagentur", der „Regulierungsbehörde" oder der „nach Landesrecht zuständigen Behörde"; im Einzelnen → Rn. 100 ff.) zuweist (Bourwieg/Hellermann/Hermes/Gundel § 54 Rn. 62: „subsidiäre" Zuständigkeit; Kment EnWG/Görisch § 54 Rn. 8: „Auffangregelung"; Salje EnWG § 54 Rn. 16: „offene" und „subsidiäre" Zuständigkeit; Theobald/Kühling/Theobald/Werk § 54 Rn. 104: „Erforderlichkeitszuständigkeit"). Die Auffangzuständigkeit der BNetzA nach Absatz 3 Satz 1 greift **unabhängig** davon Platz, ob eine Zuweisung an eine andere Behörde (insbesondere die Regulierungsbehörden der Länder) eigentlich als sinnvoll anzusehen wäre (Salje EnWG § 54 Rn. 16). 416

Handelt die BNetzA aufgrund ihrer sachlichen Zuständigkeit nach Absatz 3 Satz 1, so muss sie in **originärer** Bundeszuständigkeit tätig werden. Ein Handeln der BNetzA als Landesregulierungsbehörde in Fällen der Organleihe (→ Rn. 89 ff.) kann auf die Auffangzuständigkeit nach Absatz 3 Satz 1 richtigerweise nicht gestützt werden (OLG Schleswig BeckRS 2010, 3976 = IR 2010, 64). 417

Die Regelung des Absatzes 3 Satz 1 hat einen **verfassungsrechtlichen Hintergrund** (→ Rn. 8 ff.): Ohne eine ausdrückliche Auffangzuständigkeit der BNetzA fände in Fällen einer fehlenden Zuweisung der sachlichen Zuständigkeit der in Art. 83 verankerte Grundsatz Anwendung, dass die Länder das EnWG als Bundesgesetz als eigene Angelegenheit ausführen (Bourwieg/Hellermann/Hermes/Gundel § 54 Rn. 62; Kment EnWG/Görisch § 54 Rn. 8). Folglich wären im Falle einer fehlenden Zuweisung der sachlichen Zuständigkeit die Regulierungsbehörden der Länder oder die „nach Landesrecht zuständigen Behörden" für den Vollzug der jeweiligen Vorschrift sachlich zuständig. In der Literatur wird Absatz 3 Satz 1 daher plastisch als **„Angstklausel"** (Bourwieg/Hellermann/Hermes/Gundel § 54 Rn. 63; Kment EnWG/Görisch § 54 Rn. 8 in Fn. 59) bezeichnet, durch die etwaig bestehende oder (zB durch Redaktionsversehen des Gesetzgebers) im Laufe der Zeit entstehende Lücken in der Zuweisung der sachlichen Zuständigkeit durch eine Auffangzuständigkeit der BNetzA zum Vollzug in bundeseigener Verwaltung gefüllt werden sollen. 418

Anwendungsfälle für die Regelung des Absatzes 3 Satz 1 existieren aufgrund der „Generalzuständigkeit" (Kment EnWG/Görisch § 54 Rn. 5) der BNetzA nach Absatz 1 (→ Rn. 197 ff.) jedenfalls nach gegenwärtiger Rechtslage kaum (Kment EnWG/Görisch § 54 Rn. 5). Nach früherer Rechtslage konnte Absatz 3 Satz 1 jedoch unter Umständen auf Fallkonstellationen Anwendung finden, in denen durch Regulierungsbehörden der Länder Festlegungen iSd § 29 Abs. 1 gegenüber einer Mehrzahl von Adressaten erlassen wurden, also in Form der **Allgemeinverfügung** nach § 35 S. 2 VwVfG (Bourwieg/Hellermann/Hermes/Gundel § 54 Rn. 63). Nach damaliger Rechtslage war umstritten, ob sich die 419

Kresse

sachliche Zuständigkeit der Landesregulierungsbehörden, beispielsweise nach Absatz 2 Satz 1 Nummern 1 und 2, auch auf den Erlass von Festlegungen in Form der Allgemeinverfügung erstreckt (näher → Rn. 367 ff.). Durch die Anfügung der Regelung des Absatzes 3 Sätze 2–5 zur sachlichen Zuständigkeit der BNetzA für bundeseinheitliche Festlegungen hat sich der vorstehend erwähnte **Meinungsstreit** über die Frage der sachlichen Zuständigkeit der Regulierungsbehörden der Länder für Festlegungen in Form der Allgemeinverfügung jedoch **erledigt** (→ Rn. 370 ff.). Ein Rückgriff auf die Auffangzuständigkeit der BNetzA nach Absatz 3 Satz 1 ist unzulässig und auch nicht erforderlich, soweit der Anwendungsbereich des Absatzes 3 Sätze 2–5 reicht (Bourwieg/Hellermann/Hermes/Gundel § 54 Rn. 63).

II. Bundeseinheitliche Festlegungen der BNetzA (Abs. 3 S. 2–5)

420   In Absatz 3 Sätze 2–5 ist eine sachliche Zuständigkeit der BNetzA für bundeseinheitliche Festlegungen geregelt, die eine sachliche Zuständigkeit der Regulierungsbehörden der Länder nach Absatz 2 Sätze 1–3 verdrängt (Baur/Salje/Schmidt-Preuß Energiewirtschaft/Franke Kap. 40 Rn. 14). Bei solchen bundeseinheitlichen Festlegungen handelt es sich um Festlegungen gegenüber einer Mehrzahl von Netzbetreibern oder sonstigen Adressaten iSd § 29 Abs. 1, also um Festlegungen in der Form einer **Allgemeinverfügung** nach § 35 S. 2 VwVfG (→ § 29 Rn. 15 ff.). Hierbei ist zu unterscheiden zwischen der in Absatz 3 Satz 2 enthaltenen **Generalklausel** (→ Rn. 436 ff.) und den in Absatz 3 Satz 3 Nummern 1–6 abschließend **aufgezählten Fällen** (→ Rn. 451 ff.). Nur im Falle von bundeseinheitlichen Festlegungen, die auf der Generalklausel des Absatzes 3 Satz 2 basieren, ist zu prüfen, ob diese „zur Wahrung gleichwertiger wirtschaftlicher Verhältnisse im Bundesgebiet […] erforderlich" sind (→ Rn. 439 ff.). Auch eine Einbindung des Länderausschusses nach Absatz 3 Sätze 4 und 5 ist nur bei bundeseinheitlichen Festlegungen aufgrund der Generalklausel des Absatzes 3 Satz 2 erforderlich (→ Rn. 489 ff.).

421   Wie für die gesamte Regelung des § 54, gilt insbesondere für Absatz 3 Sätze 2 und 3, dass es sich hierbei **nur** um eine Regelung der **sachlichen Zuständigkeit** handelt, nicht um eine materielle Festlegungsbefugnis. Die BNetzA benötigt daher, wenn sie eine bundeseinheitliche Festlegung erlassen möchte, zusätzlich zu ihrer aus Absatz 3 Sätze 2 und 3 möglicherweise folgenden formellen Festlegungskompetenz stets auch eine materielle Festlegungsbefugnis iSd § 29 Abs. 1; im Falle des Absatzes 3 Satz 2 ergibt sich dieses Erfordernis ausdrücklich aus dem Wortlaut der Norm.

422   Die Regelungen des Absatzes 3 Sätze 2–5 waren in der ursprünglichen Regelung des § 54 in der Fassung des Zweiten Gesetzes zur Neuregelung des Energiewirtschaftsrechts vom 7.7.2005 (BGBl. I 1970 (1994)) nicht enthalten. Die **Einfügung** der Regelungen erfolgte in **mehreren Schritten** (im Einzelnen zur Entstehungsgeschichte des § 54 → Rn. 21 ff.). Der Hintergrund der Schaffung einer sachlichen Zuständigkeit der BNetzA für bundeseinheitliche Festlegungen bestand darin, dass die damals überwiegende Rechtsprechung zu der Auffassung gelangt war, die Regulierungsbehörden der Länder könnten aus Absatz 2 Satz 1 keine sachliche Zuständigkeit für den Erlass von Festlegungen in der Form der Allgemeinverfügung herleiten. Im Ergebnis nahm die damals überwiegende Rechtsprechung in solchen Fällen eine sachliche Zuständigkeit der BNetzA auf der Grundlage der Auffangzuständigkeit des heutigen Absatzes 3 Satz 1 an (näher → Rn. 367 ff.).

1. Bundeseinheitlichkeit von Festlegungen

423   Bundeseinheitlichkeit iSd Absatzes 3 Sätze 2–5 bedeutet, dass die BNetzA – das Bestehen einer entsprechenden materiellen Festlegungsbefugnis vorausgesetzt – unter den genannten Tatbestandsvoraussetzungen über eine sachliche Zuständigkeit zum Erlass von Festlegungen verfügt, die **Wirkung** entfalten für (i) diejenigen Netzbetreiber in ihrer originären sachlichen Zuständigkeit nach Absatz 1 sowie (ii) diejenigen Netzbetreiber, für die grundsätzlich eine sachliche Zuständigkeit der Landesregulierungsbehörden nach Absatz 2 Satz 1 Nummern 1–12 (insbesondere nach Nummer 2 in Fragen der Anreizregulierung der Energieversorgungsnetze) bestehen würde. Eine sachliche Zuständigkeit der BNetzA für bundeseinheitliche Festlegungen nach Absatz 3 Sätze 2–5 ergibt daher nur in solchen Bereichen einen Sinn, in denen nach Maßgabe des Absatzes 2 Sätze 1–3 eine Aufteilung der sachlichen Zuständigkeit

zwischen der BNetzA und den Landesregulierungsbehörden erfolgt (so ausdrücklich für Absatz 3 Satz 3 Nummer 6 BT-Drs. 19/31009, 18; → Rn. 205 f.).

a) Tatbestands- und Feststellungswirkung. Durch eine bundeseinheitliche Festlegung 424 ist es der BNetzA im Sinne des erklärten Willens des Gesetzgebers möglich, im gesamten Bundesgebiet „denselben regulatorischen Rahmen" zu schaffen (BT-Drs. 17/6072, 89). Bundeseinheitliche Festlegungen der BNetzA bewirken sowohl gegenüber den Adressaten als auch gegenüber den Regulierungsbehörden der Länder nicht nur eine Tatbestandswirkung (allg. BGH EnWZ 2015, 180 Rn. 19; Stelkens/Bonk/Sachs VwVfG § 43 Rn. 154 ff. mwN), sondern darüber hinaus auch eine Feststellungswirkung (allg. BGH EnWZ 2015, 180 Rn. 19; Stelkens/Bonk/Sachs VwVfG § 43 Rn. 160 ff. mwN), sodass diese grundsätzlich an den Inhalt der jeweiligen bundeseinheitlichen Festlegung **gebunden** sind und folglich von dieser inhaltlich nicht abweichen dürfen. Dies gilt im Falle des Eintritts der Unanfechtbarkeit selbst dann, wenn die bundeseinheitliche Festlegung der BNetzA rechtswidrig sein sollte (allg. BGH EnWZ 2015, 180 Rn. 18 ff.; Baur/Salje/Schmidt-Preuß Energiewirtschaft/Franke Kap. 40 Rn. 25; speziell zu einer bundeseinheitlichen Festlegung nach Absatz 3 Satz 3 Nummer 4 betreffend § 9 Abs. 3 ARegV Holznagel/Schütz/Kresse/Vogl ARegV § 9 Rn. 120; Stelter EnWZ 2017, 147 (150)).

Bundeseinheitliche Festlegungen der BNetzA bilden regelmäßig die **Grundlage** für den 425 Erlass weiterer Entscheidungen der BNetzA selbst in ihrer originären sachlichen Zuständigkeit (Absatz 1) oder der Regulierungsbehörden der Länder (Absatz 2 Satz 1 Nummern 1–12). Dies gilt insbesondere für die in Absatz 3 Satz 3 Nummern 1–4 ausdrücklich aufgezählten Fälle der bundeseinheitlichen Festlegung, deren Inhalte jeweils in die Festlegungen der kalenderjährlichen Erlösobergrenzen der Betreiber der Energieversorgungsnetze nach § 29 Abs. 1 EnWG iVm § 32 Abs. 1 Nr. 1 ARegV, § 4 Abs. 1 und 2 ARegV einfließen. Für die Festlegung der kalenderjährlichen Erlösobergrenzen besteht für einen Teil der Netzbetreiber eine originäre sachliche Zuständigkeit der BNetzA nach Absatz 1 und für einen anderen Teil der Netzbetreiber nach Absatz 2 Satz 1 Nummer 2 eine sachliche Zuständigkeit der Regulierungsbehörden der Länder (→ Rn. 284 ff.). Auch für die Landesregulierungsbehörden sind die von der BNetzA im Rahmen bundeseinheitlicher Festlegungen getroffenen Vorgaben bindend, sodass sie diese zwingend ihren eigenen Festlegungen zugrunde zu legen haben (speziell zu einer bundeseinheitlichen Festlegung nach Absatz 3 Satz 3 Nummer 4 betreffend § 9 Abs. 3 ARegV Holznagel/Schütz/Kresse/Vogl ARegV § 9 Rn. 119 f.). Eine bundeseinheitliche Festlegung ist damit in ihrer Wirkung einer **Rechtsverordnung nicht unähnlich**, erwächst allerdings – anders als eine Rechtsverordnung – in Bestandskraft. Durch die Regelung des Absatzes 3 Sätze 2–5 erfolgt also gewissermaßen ein gesetzlicher Eingriff in den sachlichen Zuständigkeitsbereich der Regulierungsbehörden der Länder nach Absatz 2 Sätze 1 und 2.

b) „Modell des gestuften Verfahrens". Der BGH hat sich im Jahr 2014 mit der 426 Geltendmachung der Rechtswidrigkeit einer Festlegung der BNetzA betreffend die Preisindizes zur Ermittlung der Tagesneuwerte im Sinne einer mittlerweile überholten Fassung des § 6 Abs. 3 GasNEV (Beschl. v. 17.10.2007 – BK9-07/602-1), die vor Inkrafttreten des Absatzes 3 Satz 3 Nummer 1 erging und daher noch nicht bundeseinheitlich erlassen wurde, befasst (BGH EnWZ 2015, 180 Rn. 18 ff.). Auf der **Grundlage** dieser Festlegung hatte die BNetzA seinerzeit Netzzugangentgelt-Genehmigungen nach § 23a erlassen, an deren Stelle nach aktueller Rechtslage grundsätzlich Festlegungen kalenderjährlicher Erlösobergrenzen nach der ARegV getreten sind (→ Rn. 425). Nach der Entscheidung des BGH ergehen derartige regulierungsbehördliche Entscheidungen nach dem „Modell des gestuften Verfahrens" (BGH EnWZ 2015, 180 Rn. 21; ebenso zum Telekommunikationsrecht BVerwG NVwZ 2009, 1558 Rn. 25). Dies bedeutet, dass das jeweils „zu bewältigende Gesamtproblem phasenweise abgearbeitet und konkretisiert wird, wobei die jeweils vorangegangenen Stufen das sachliche Fundament für die nachfolgenden Verfahrensschritte bilden. Im Wesen eines derart gestuften Verfahrens liegt es, dass die einzelnen Entscheidungen der selbstständigen Bestandskraft fähig sind und daher für sich genommen der Anfechtung unterliegen" (BGH EnWZ 2015, 180 Rn. 21). Ist die den jeweiligen regulierungsbehördlichen Folgeentscheidungen zugrundeliegende Festlegung **unanfechtbar** geworden, so müssen sich die Adressaten daher deren Bestandskraft in etwaigen energiewirtschaftsrechtlichen Beschwerdeverfahren gegen eine regulierungsbehördliche Folgeentscheidung entgegenhalten lassen (BGH EnWZ 2015, 180 Rn. 23 ff.).

427 Die vorstehende **Argumentation** des BGH lässt sich grundsätzlich auf sämtliche bundeseinheitliche Festlegungen iSd Absatzes 3 Sätze 2 und 3 **übertragen,** sofern diese unanfechtbar geworden sind und auf deren Grundlage nach dem „Modell des gestuften Verfahrens" (BGH EnWZ 2015, 180 Rn. 21; BVerwG NVwZ 2009, 1558 Rn. 25) **Folge**entscheidungen der Regulierungsbehörden des Bundes und der Länder ergehen. Sollten seitens eines Adressaten, insbesondere seitens eines Betreibers eines Energieversorgungsnetzes, rechtliche Einwände gegen eine bundeseinheitliche Festlegung der BNetzA iSd Absatzes 3 Sätze 2 und 3 bestehen, so müssen diese bereits in einem **gesonderten** energiewirtschaftsrechtlichen Beschwerdeverfahren gegen die bundeseinheitliche Festlegung selbst geltend gemacht werden. Wird ein energiewirtschaftliches Beschwerdeverfahren hingegen erst gegen eine hierauf basierende regulierungsbehördliche Folgeentscheidung eingeleitet, so muss sich der jeweilige Adressat die Bestandskraft der bundeseinheitlichen Festlegung entgegenhalten lassen (speziell zu einer bundeseinheitlichen Festlegung nach Absatz 3 Satz 3 Nummer 4 betreffend § 9 Abs. 3 ARegV Holznagel/Schütz/Kresse/Vogl ARegV § 9 Rn. 120; Stelter EnWZ 2017, 147 (150)).

2. Gerichtlicher Prüfungsmaßstab

428 In den vergangenen Jahren hat sich eine zwischenzeitlich als gefestigt zu bezeichnende Rechtsprechung des **BGH** herausgebildet, wonach in bestimmten Fallgestaltungen – je nach dogmatischer Einordnung – ein sog. **Regulierungsermessen** oder ein sog. **Beurteilungsspielraum** der handelnden Regulierungsbehörde anzuerkennen ist und in der Folge nur eine eingeschränkte gerichtliche Überprüfung erfolgt (eingehend Holznagel/Schütz/Kresse/Vogl ARegV § 9 Rn. 138 ff. mwN). Ein solcher eingeschränkter gerichtlicher Prüfungsmaßstab kommt – unter gewissen Voraussetzungen – auch und gerade bei bundeseinheitlichen Festlegungen der BNetzA nach Absatz 3 Sätze 2 und 3 in Betracht:

429 **a) Voraussetzungen.** Ein Regulierungsermessen bzw. ein Beurteilungsspielraum in dem vorstehend beschriebenen Sinne ist dann gegeben, wenn eine **ausfüllungsbedürftige** gesetzliche Regelung das Handeln der Regulierungsbehörde nicht vollständig determiniert, sodass das regulierungsbehördliche Handeln nach dem Willen des Gesetz- oder Verordnungsgebers keiner vollumfänglichen gerichtlichen Kontrolle unterliegt. Dies ist typischerweise dann der Fall, wenn eine gesetzliche Regelung **methodenoffen** ausgestaltet ist und der handelnden Regulierungsbehörde die Auswahl und Ausgestaltung einer bestimmten methodischen Vorgehensweise überlässt. Typischerweise sind diese Voraussetzungen gegeben bei komplexen Bewertungsvorgängen, in denen die zuständige Regulierungsbehörde sowohl eine Erfassung und Beurteilung des zugrunde liegenden Sachverhalts vornehmen als auch eine Auswahl aus mehreren in Betracht kommenden Methodiken und Rechtsfolgen treffen muss (BGH EnWZ 2014, 378 Rn. 21 ff.; BeckRS 2014, 16724 Rn. 19 ff.; Holznagel/Schütz/Kresse/Vogl ARegV § 9 Rn. 139). **Nicht ausreichend** für das Bestehen eines Regulierungsermessens bzw. eines Beurteilungsspielraums ist jedoch die Verwendung unbestimmter Rechtsbegriffe durch den Gesetz- oder Verordnungsgeber (BGH EnWZ 2014, 129 Rn. 19). Auch das bloße Einfließen von Schätzungen und Bewertungen in die Bestimmung eines bestimmten Wertes genügt alleine nicht für das Vorliegen eines Regulierungsermessens bzw. eines Beurteilungsspielraums (BGH EnWZ 2014, 129 Rn. 20).

430 **b) Rechtsfolgen.** Liegen die Voraussetzungen eines Regulierungsermessens bzw. eines Beurteilungsspielraums vor, so bringt der BGH zusammengefasst folgenden **gerichtlichen Prüfungsmaßstab** zur Anwendung (Holznagel/Schütz/Kresse/Vogl ARegV § 9 Rn. 141): Zu prüfen ist, ob die handelnde Regulierungsbehörde (i) die geltenden Verfahrensbestimmungen beachtet, (ii) die maßgeblichen Rechtsbegriffe korrekt zur Anwendung gebracht, (iii) den zugrunde liegenden Sachverhalt vollumfänglich und zutreffend ermittelt sowie (iv) allgemeine Wertungsmaßstäbe – insbesondere das Willkürverbot – beachtet hat (BGH EnWZ 2014, 378 Rn. 27; BeckRS 2014, 16724 Rn. 25). Erfordert die jeweils anzuwendende gesetzliche Vorschrift eine **Abwägung** zwischen unterschiedlichen gesetzlichen Zielvorgaben, so ist diese gerichtlich nur zu beanstanden, wenn ein Abwägungsfehler in Form (i) des Abwägungsausfalls, (ii) des Abwägungsdefizits, (iii) der Abwägungsfehleinschätzung oder (iv) der Abwägungsdisproportionalität vorliegt (BGH EnWZ 2014, 378 Rn. 27; BeckRS 2014, 16724 Rn. 25).

Weiterhin darf ein Beschwerdegericht **nicht** die durch die Regulierungsbehörde erfolgte 431
Auswahl und Ausgestaltung einer bestimmten Methodik durch eine andere (gerichtlich ausgewählte und ausgestaltete) Methodik ersetzen oder ergänzen (BGH EnWZ 2014, 378
Rn. 41). Ebenfalls ist nicht zu beanstanden, wenn die Regulierungsbehörde aus mehreren grundsätzlich in Betracht kommenden Methodiken eine Methodik auswählt, die für die Adressaten ihrer Entscheidung nicht zu dem wirtschaftlich günstigsten Ergebnis führt (BGH EnWZ 2015, 273 Rn. 23 ff.). Die Auswahl und Ausgestaltung einer Methodik durch die Regulierungsbehörde ist **nur** dann durch das Beschwerdegericht zu beanstanden, wenn diese von vorneherein als ungeeignet für die Erfüllung der ihr zugedachten Funktion anzusehen ist oder aber eine andere Methodik unter Berücksichtigung aller zu beachtenden Umstände der durch die Regulierungsbehörde gewählten Methodik so deutlich überlegen ist, dass letztere nicht mehr als mit den gesetzlichen Vorgaben vereinbar betrachtet werden kann (BGH EnWZ 2014, 378 Rn. 39; 2015, 273 Rn. 26).

Das **BVerfG** hat zwischenzeitlich in einem knapp begründeten Nichtannahmebeschluss 432
die Rechtsprechung des BGH betreffend die Anerkennung eines Beurteilungsspielraums im Falle der Bestimmung der kalkulatorischen Eigenkapitalverzinsung nach § 7 StromNEV bzw.
§ 7 GasNEV als **verfassungsrechtlich unbedenklich** angesehen, nachdem die Beschwerdeführer u.a. eine angebliche Verletzung des Rechts auf den gesetzlichen Richter nach Art. 101
Abs. 1 S. 2 GG gerügt hatten (BVerfG BeckRS 2021, 23595 Rn. 1 f.).

c) **Fallgruppen.** In den vergangenen Jahren hat der BGH das Bestehen eines Regulie- 433
rungsermessens bzw. eines Beurteilungsspielraums in dem soeben dargestellten Sinne in einer Reihe von Fällen bejaht und nur eine eingeschränkte gerichtliche Prüfung zur Anwendung gebracht. Im Wesentlichen handelt es sich hierbei um folgende Konstellationen, die – jedenfalls nach aktueller Rechtslage – teilweise bundeseinheitliche Festlegungen nach Absatz 3 Sätze 2 und 3 unmittelbar betreffen oder zumindest in gewissem Zusammenhang mit diesen stehen (Holznagel/Schütz/Kresse/Vogl ARegV § 9 Rn. 139):
- Durchführung des **bundesweiten Effizienzvergleich** iSd §§ 12 ff. ARegV (BGH EnWZ 2014, 378 Rn. 10 ff.; Holznagel/Schütz/Albrecht/Mallosek/Petermann ARegV § 12 Rn. 36 ff. und → Rn. 475 f.);
- Bestimmung des **Qualitätselements Netzzuverlässigkeit** gem. §§ 19 f. ARegV (BGH BeckRS 2014, 16724 Rn. 12 ff.; Holznagel/Schütz/Herrmann/Stracke/Westermann ARegV § 20 Rn. 47),
- differenzierend in Bezug auf die Bestimmung der **kalkulatorischen Eigenkapitalverzinsung** nach § 7 StromNEV bzw. § 7 GasNEV (BGH EnWZ 2015, 273 Rn. 16 ff.; BeckRS 2019, 16439 Rn. 33 ff.; 2019, 16446 Rn. 33 ff.; EnWZ 2020, 222 Rn. 4 ff.; bestätigt durch BVerfG BeckRS 2021, 23595 Rn. 1 f.; Holznagel/Schütz/Schütz/Schütte StromNEV § 7 Rn. 99; Holznagel/Schütz/Schütz/Schütte GasNEV § 7 Rn. 99; Werkmeister RdE Sonderheft 2020, 68 und → Rn. 464),
- Bestimmung des **generellen sektoralen Produktivitätsfaktors** iSd § 9 Abs. 3 ARegV (BGH BeckRS 2021, 4019 Rn. 12 ff.; Holznagel/Schütz/Kresse/Vogl ARegV § 9 Rn. 138 ff. sowie 150 und → Rn. 480; krit. Rieger N&R-Beil. 1/21, 10; Rosin/Bourazeri RdE 2021, 248).

In dem Fall der Bestimmung der **Preisindizes** zur Ermittlung der Tagesneuwerte nach 434
einer – zwischenzeitlich überholten (→ Rn. 457) – Fassung des § 6 Abs. 3 GasNEV aF hat der BGH das Bestehen eines der eingeschränkten gerichtlichen Überprüfung unterliegenden Beurteilungsspielraums der Regulierungsbehörde **abgelehnt** (BGH EnWZ 2014, 129 Rn. 19 f.; Holznagel/Schütz/Schütz/Schütte StromNEV § 6 Rn. 56; Holznagel/Schütz/Schütz/Schütte GasNEV § 6 Rn. 56; Grüneberg NVwZ 2015, 394 (398 f.)). Begründet hat der BGH dies u.a. damit, dass die durch den Verordnungsgeber gewählte Bezeichnung „Preisindizes" zwar einen unbestimmten Rechtsbegriff darstelle (BGH EnWZ 2014, 129 Rn. 19), Preisindizes zugleich aber „hinreichend bestimmbar" seien und deren tatsächliche Voraussetzungen ggf. durch einen Sachverständigen ermittelt werden könnten (BGH EnWZ 2014, 129 Rn. 20). Ob sich diese Rechtsprechung auf die aktuelle (stark eingeschränkte) Fassung der diesbezüglichen materiellen Festlegungsbefugnis nach § 29 Abs. 1 EnWG iVm § 30 Abs. 2 Nr. 2 StromNEV, §§ 6 Abs. 3, 6a StromNEV oder § 30 Abs. 2 Nr. 2 GasNEV, §§ 6 Abs. 3, 6a GasNEV (→ Rn. 456) übertragen lässt, bleibt abzuwarten (→ Rn. 460).

All dies bedeutet also im Ergebnis **nicht,** dass in allen Fällen einer bundeseinheitlichen 435
Festlegung nach Absatz 3 Sätze 2 und 3 – gewissermaßen **automatisch** und unabhängig von

EnWG § 54 Teil 7. Behörden

deren Inhalt – nur eine eingeschränkte gerichtliche Überprüfung möglich wäre. Vielmehr ist in jedem Einzelfall sorgfältig zu untersuchen, ob und inwieweit die durch den BGH aufgestellten Voraussetzungen für das Vorliegen eines Regulierungsermessens bzw. eines Beurteilungsspielraums tatsächlich gegeben sind.

3. Generalklausel (Abs. 3 S. 2)

436 Nach der in Absatz 3 Satz 2 enthaltenen Generalklausel ist die BNetzA sachlich zuständig für bundeseinheitliche Festlegungen nach § 29 Abs. 1, wenn und soweit diese „zur Wahrung gleichwertiger wirtschaftlicher Verhältnisse im Bundesgebiet" **erforderlich** sind. Die **materiellen Festlegungsbefugnisse** für diese bundeseinheitlichen Festlegungen iSd § 29 Abs. 1 können sich dabei nach dem ausdrücklichen Wortlaut von Absatz 3 Satz 2 entweder unmittelbar aus dem EnWG oder aber aus Rechtsverordnungen ergeben, die auf der Grundlage des EnWG erlassen wurden. Die Generalklausel des Absatzes 3 Satz 2 wurde durch das Gesetz zur Neuregelung energiewirtschaftsrechtlicher Vorschriften vom 26.7.2011 (BGBl. I 1554 (1585)) in die Regelung der sachlichen Zuständigkeit aufgenommen (→ Rn. 23).

437 Da durch bundeseinheitliche Festlegungen der BNetzA aufgrund der Generalklausel des Absatzes 3 Satz 2 – anders als in den abschließend aufgezählten Fällen des Absatzes 3 Satz 3 Nummern 1–6 – in einer nicht durch den Gesetzgeber vorbestimmten Anzahl von Fallgestaltungen „mehr oder weniger nach Belieben" (BT-Drs. 17/11269, 6) in den sachlichen Zuständigkeitsbereich der Länder nach Absatz 2 Sätze 1 und 2 eingegriffen werden kann, ist bei Heranziehung der Generalklausel neben der Prüfung der soeben genannten Voraussetzung der Erforderlichkeit zwingend eine Einbindung des **Länderausschusses** nach Absatz 3 Sätze 4 und 5 erforderlich (→ Rn. 489 ff.). Die Länder hatten daher sogar den Versuch unternommen, die Generalklausel des Absatzes 3 Satz 2 durch eine Verordnungsermächtigung des BMWi zu ersetzen (BT-Drs. 17/11269, 6 f.; Baur/Salje/Schmidt-Preuß Energiewirtschaft/Franke Kap. 40 Rn. 25). Die Bundesregierung sprach sich jedoch gegen dieses Vorhaben aus und sprach sich unter Verweisung auf die nach Absatz 3 Sätze 4 und 5 vorgesehene Beteiligung des Länderausschusses für eine Beibehaltung der Generalklausel des Absatzes 3 Satz 2 aus (BT-Drs. 17/11269, 36).

438 **a) Festlegungen nach § 29 Abs. 1.** Nach dem Wortlaut des Absatzes 3 Satz 2 beschränkt sich die sachliche Zuständigkeit für den Erlass bundeseinheitlicher Festlegungen auf solche Festlegungen, die der Regelung des § 29 Abs. 1 unterfallen. Hierbei handelt es sich um **Entscheidungen,** die im EnWG ausdrücklich als solche benannt werden oder die sich – ggf. auf Grundlage der einschlägigen Rechtsverordnungen – mit den Bedingungen und Methoden für den Netzanschluss oder den Netzzugang befassen (näher Bourwieg/Hellermann/Hermes/Hermes § 29 Rn. 17 ff.; Kment EnWG/Wahlhäuser § 29 Rn. 5 ff.). Hierunter fällt beispielsweise im Grundsatz die Festlegung der BNetzA betreffend die sachgerechte Ermittlung individueller Entgelte gem. § 29 Abs. 1 EnWG iVm §§ 19 Abs. 2, 30 Abs. 2 Nr. 7 StromNEV (BNetzA Beschl. v. 11.12.2013 – BK4-13-739, S. 1 ff.; geändert durch BNetzA Beschl. v. 29.11.2017 – BK4-13-739A02, S. 1 ff.; näher → Rn. 295).

439 **b) Erforderlichkeit.** Die sachliche Zuständigkeit der BNetzA für bundeseinheitliche Festlegungen setzt voraus, dass diese jeweils „zur Wahrung gleichwertiger wirtschaftlicher Verhältnisse im Bundesgebiet" erforderlich sein müssen. Nach der amtlichen Begründung sollte u.a. durch diese Regelung gewährleistet werden, dass die Betreiber der Energieversorgungsnetze „im gesamten Bundesgebiet denselben regulatorischen Rahmen vorfinden" (BT-Drs. 17/6072, 89; Bourwieg/Hellermann/Hermes/Gundel § 54 Rn. 57; Kment EnWG/Görisch § 54 Rn. 9). Da durch bundeseinheitliche Festlegungen der BNetzA auf der Grundlage der Generalklausel des Absatzes 3 Satz 2 in die sachliche Zuständigkeit der Regulierungsbehörden der Länder nach Absatz 2 Satz 1 Nummern 1–12 **eingegriffen** wird, ohne dass der Gesetzgeber deren Anwendungsfälle im Einzelnen vorbestimmt hätte, stellt sich die Frage, ob und inwieweit die Regelung zum Schutz des sachlichen Zuständigkeitsbereichs der Regulierungsbehörden der Länder einschränkend ausgelegt werden muss.

440 Nach Auffassung der BNetzA und des OLG Düsseldorf sind bundeseinheitliche Festlegungen nach Absatz 3 Satz 2 **nicht beschränkt** auf die Regelung wesentlicher Regulierungsaspekte (BNetzA Beschl. v. 11.12.2013 – BK4-13-739, S. 25; OLG Düsseldorf EnWZ 2014, 428 Rn. 40; ebenso Kment EnWG/Görisch § 54 Rn. 9). Eine Erforderlichkeit zur Wahrung

gleichwertiger wirtschaftlicher Verhältnisse im Bundesgebiet nach Absatz 3 Satz 2 ist nach dieser Ansicht also auch dann denkbar, wenn durch die jeweilige bundeseinheitliche Festlegung eine für das gesamte Bundesgebiet **bis ins Detail** einheitliche (also vollkommen identische) Regelung geschaffen werden soll. Die Regelung des Absatzes 3 Satz 2 soll demnach eine sachliche Zuständigkeit der BNetzA nicht nur für solche bundeseinheitlichen Festlegungen begründen, durch die ein – ggf. auch durch die Regulierungsbehörden der Länder – ausfüllungsbedürftiger Rahmen geschaffen werden soll. Begründet wird diese Auffassung im Wesentlichen damit, dass sich weder aus dem Wortlaut noch aus der Historie der Regelung des Absatzes 3 Satz 2 eine Beschränkung auf wesentliche Regulierungsaspekte ergebe (BNetzA Beschl. v. 11.12.2013 – BK4-13-739, S. 25; OLG Düsseldorf EnWZ 2014, 428 Rn. 40). Im Wege einer systematischen Auslegung des Absatzes 3 Satz 2 sei von der Erforderlichkeit einer bundeseinheitlichen Festlegung der BNetzA jedenfalls dann auszugehen, wenn die durch die bundeseinheitliche Festlegung im Einzelfall jeweils zu regelnde Materie mit den in Absatz 3 Satz 3 Nummern 1–4 ausdrücklich aufgezählten Regelungskomplexen „vergleichbar" ist (OLG Düsseldorf EnWZ 2014, 428 Rn. 41).

441 Nach **zutreffender Auffassung** ist demgegenüber davon auszugehen, dass eine auf die Generalklausel des Absatzes 3 Satz 2 gestützte bundeseinheitliche Festlegung der BNetzA im Grundsatz nur dann als „zur Wahrung gleichwertiger wirtschaftlicher Verhältnisse im Bundesgebiet" als erforderlich angesehen werden kann, wenn diese sich auf **wesentliche Regulierungsaspekte** beschränkt und durch diese ein (ausfüllungsbedürftiger) regulatorischer Rahmen geschaffen werden soll. Eine unterschiedliche Praxis der Regulierungsbehörden des Bundes und der Länder ist innerhalb einer gewissen Bandbreite systemimmanent und somit als zulässig anzusehen. Alleine der Wunsch, eine im gesamten Bundesgebiet einheitliche regulatorische Regelung zu schaffen, vermag eine sachliche Zuständigkeit der BNetzA für bundeseinheitliche Festlegungen aufgrund Absatz 3 Satz 2 nicht zu begründen (in diese Richtung auch Theobald/Kühling/Theobald/Werk § 54 Rn. 104b: „gewisses Gewicht" der regionalen Unterschiede erforderlich). Vielmehr ist in jedem Einzelfall sorgfältig zu prüfen, ob und inwieweit eine auf die sachliche Zuständigkeit nach der Generalklausel des Absatzes 3 Satz 2 gestützte bundeseinheitliche Festlegung als „erforderlich" anzusehen ist. Hierfür sprechen der Wortlaut der Norm, der in der amtlichen Begründung (BT-Drs. 17/6072, 89) zum Ausdruck gekommene Wille des Gesetzgebers, ein systematischer Vergleich mit der Regelung des Absatzes 3 Satz 3 sowie der Schutz des sachlichen Zuständigkeitsbereichs der Regulierungsbehörden der Länder nach Absatz 2 Satz 1 vor zu weit gehenden bundeseinheitlichen Festlegungen der BNetzA. Im Einzelnen:

442 Bei der Formulierung des **Wortlauts** des Absatzes 3 Satz 2 („gleichwertiger wirtschaftlicher Verhältnisse im Bundesgebiet") hat sich der Gesetzgeber erkennbar an dem Wortlaut des Art. 72 Abs. 2 GG orientiert. Es erscheint daher naheliegend, sich auch bei der Auslegung des Wortlauts des Absatzes 3 Satz 2 an der Auslegung seines verfassungsrechtlichen Vorbilds zu orientieren (Bourwieg/Hellermann/Hermes/Gundel § 54 Rn. 57; Kment EnWG/Görisch § 54 Rn. 9; Theobald/Kühling/Theobald/Werk § 54 Rn. 104a). In **Art. 72 Abs. 2 GG** wird für bestimmte Fälle der konkurrierenden Gesetzgebungskompetenz vorausgesetzt, dass eine Gesetzgebungskompetenz des Bundes u.a. für die „Herstellung gleichwertiger Lebensverhältnisse im Bundesgebiet" erforderlich sein muss. Das BVerfG legt die Regelung des Art. 72 Abs. 2 GG zum Schutze der Gesetzgebungskompetenzen der Länder restriktiv aus (BVerfG NJW 2003, 41 (50); 2004, 2803 (2805); BeckOK GG/Seiler GG Art. 72 Rn. 11 mwN). Demnach ist der in Art. 72 Abs. 2 GG gewählte Begriff der „Gleichwertigkeit" der Lebensverhältnisse nicht gleichbedeutend mit deren „Einheitlichkeit". Nicht ausreichend für das Vorliegen der Voraussetzungen des Art. 72 Abs. 2 GG ist mithin das bloße Interesse an der Inkraftsetzung bundeseinheitlicher Vorschriften (BVerfG NJW 2003, 41 (52); 2015, 2399 Rn. 35; BeckOK GG/Seiler GG Art. 72 Rn. 12; Maunz/Dürig/Uhlig GG Art. 72 Rn. 130). Vielmehr ist dies erst dann der Fall, wenn im Bundesgebiet eine erhebliche Auseinanderentwicklung der Lebensverhältnisse eingetreten ist oder sich eine solche zumindest konkret abzeichnet (BVerfG NJW 2003, 41 (52); 2015, 2399 Rn. 35; BeckOK GG/Seiler GG Art. 72 Rn. 12; Maunz/Dürig/Uhlig GG Art. 72 Rn. 132). Dies bedeutet, dass in einem Bundesstaat im Anwendungsbereich des Art. 72 Abs. 2 GG die Existenz unterschiedlicher Regelungen in den eigenständigen Ländern grundsätzlich hinzunehmen ist, außer die soeben genannten Voraussetzungen liegen vor (Maunz/Dürig/Uhlig GG Art. 72 Rn. 130).

443 Richtigerweise ist die soeben dargestellte Auslegung des Begriffes der „Gleichwertigkeit" der Lebensverhältnisse iSd Art. 72 Abs. 2 GG auf die Auslegung des Begriffes der „Gleichwertigkeit" der wirtschaftlichen Verhältnisse iSd Absatzes 3 Satz 2 zu **übertragen**. Daraus folgt, dass alleine der Wille der BNetzA, eine bundeseinheitliche Regelung in Kraft zu setzen, eine sachliche Zuständigkeit aufgrund der Generalklausel des Absatzes 3 Satz 2 nicht zu begründen vermag. Die Regulierungsbehörden der Länder können in ihrem jeweiligen sachlichen Zuständigkeitsbereich nach Absatz 2 Sätze 1 und 2 innerhalb einer **gewissen Bandbreite** durchaus voneinander abweichende Entscheidungen treffen (in diese Richtung auch Theobald/Kühling/Theobald/Werk § 54 Rn. 104b). Dies ist in einem Nebeneinander verschiedener Regulierungsbehörden auf Bundes- und Landesebene geradezu angelegt und lässt sich nur schwer vermeiden. In manchen Fallgestaltungen kann es sogar gewichtige Gründe für solche voneinander abweichenden Entscheidungen geben, zB die in manchen Ländern aus historischen Gründen besonders kleinteilige Struktur der regulierten Unternehmen. Wird die gewisse Bandbreite zulässiger Abweichungen jedoch überschritten oder droht eine solche Überschreitung zumindest, so sind die Voraussetzungen für eine bundeseinheitliche Festlegung aufgrund der Generalklausel des Absatzes 2 Satz 3 gegeben. Eine bundeseinheitliche Festlegung ist mithin dann „zur Wahrung gleichwertiger wirtschaftlicher Verhältnisse" erforderlich, wenn im Hinblick auf wesentliche Regulierungsaspekte eine Auseinanderentwicklung der Praxis der Regulierungsbehörden des Bundes und der Länder eingetreten ist oder sich eine solche jedenfalls konkret abzeichnet.

444 Dieses Ergebnis entspricht auch dem **Willen des Gesetzgebers,** der in der amtlichen Begründung zu Absatz 3 Satz 2 zum Ausdruck gekommen ist. Demnach dient die Regelung des Absatzes 3 Satz 2 dazu, dass „die regulierten Unternehmen im gesamten Bundesgebiet denselben regulatorischen Rahmen vorfinden" (BT-Drs. 17/6072, 89; Bourwieg/Hellermann/Hermes/Gundel § 54 Rn. 57; Kment EnWG/Görisch § 54 Rn. 9). Der durch den Gesetzgeber verwendete Begriff „Rahmen" zeigt, dass durch bundeseinheitliche Festlegungen auf der Grundlage der Generalklausel des Absatzes 3 Satz 2 keine bis ins Detail einheitlichen Regelungen geschaffen werden sollen, sondern lediglich in den Einzelheiten **ausfüllungsbedürftige** Vorgaben zu wesentlichen Regulierungsaspekten. Etwas anderes gilt lediglich in den in Absatz 3 Satz 3 Nummern 1–4 ausdrücklich aufgezählten Fällen, in denen jedoch das Erfordernis der Wahrung gleichwertiger wirtschaftlicher Verhältnisse gerade nicht zu prüfen ist (→ Rn. 451).

445 Für die hier vertretene Ansicht lässt sich darüber hinaus die **Gesetzessystematik** des Absatzes 3 anführen: In den in Absatz 3 Satz 3 Nummern 1–4 abschließend aufgezählten Fällen sind ausnahmsweise sachliche Zuständigkeiten der BNetzA für detaillierte und nicht ausfüllungsbedürftige Regelungen im Wege der bundeseinheitlichen Festlegung vorgesehen. Der Gesetzgeber selbst hat in den benannten Fällen einen Eingriff in den sachlichen Zuständigkeitsbereich der Länder (konkret § 54 Abs. 2 S. 1 Nr. 1 und 2) vorgenommen, ohne dass hierbei weitere Voraussetzungen zu prüfen wären. Das Erfordernis der „Wahrung gleichwertiger wirtschaftlicher Verhältnisse" gilt vielmehr nur für die Generalklausel des Absatzes 3 Satz 2 und soll Eingriffe der BNetzA in den sachlichen Zuständigkeitsbereich der Regulierungsbehörden der Länder begrenzen. Aus diesem Grund überzeugt auch die Auffassung des OLG Düsseldorf (EnWZ 2014, 428 Rn. 41) nicht vollkommen, wonach eine sachliche Zuständigkeit der BNetzA für eine bundeseinheitliche Festlegung nach der Generalklausel des Absatzes 3 Satz 2 dann vorliegen soll, wenn die jeweils zu regelnde Materie mit den in Absatz 3 Satz 3 Nummern 1–4 abschließend aufgezählten Themenkomplexen „vergleichbar" ist. Die Voraussetzungen für eine sachliche Zuständigkeit nach der Generalklausel des Absatzes 3 Satz 2 können richtigerweise nicht anhand eines Vergleichs mit den durch den Gesetzgeber ausdrücklich benannten Fällen des Absatzes 3 Satz 3 Nummern 1–6 bestimmt werden, da das Erfordernis der „Wahrung gleichwertiger wirtschaftlicher Verhältnisse" für diese gerade keine Geltung entfaltet.

446 Schließlich spricht für die hier vertretene Auffassung der **Schutzzweck** des Erfordernisses der „Wahrung gleichwertiger wirtschaftlicher Verhältnisse" in der Generalklausel des Absatzes 3 Satz 2. Ebenso wie die Formulierung seines verfassungsrechtlichen Vorbilds (Art. 72 Abs. 2 GG; → Rn. 442) dient dieses Erfordernis dazu, den sachlichen Zuständigkeitsbereich der Regulierungsbehörden der Länder vor ungerechtfertigten Eingriffen durch bundeseinheitliche Festlegungen der BNetzA zu schützen. Im Unterschied zu den Fällen des Absatzes 3

Allgemeine Zuständigkeit   § 54 EnWG

Satz 3 Nummern 1–6 ist diese Regelung im Falle der Generalklausel nach Absatz 3 Satz 2 erforderlich, da hier die in Betracht kommenden Fälle bundeseinheitlicher Festlegungen nicht durch den Gesetzgeber im Einzelnen benannt sind. Die diesbezügliche Formulierung des Absatzes 3 Satz 2 soll also die sachliche Zuständigkeit der BNetzA für bundeseinheitliche Festlegungen begrenzen. Der vorgenannte Schutzzweck kommt auch in der nachträglich eingefügten (→ Rn. 25) Regelung des Absatzes 3 Sätze 4 und 5 zum Ausdruck, wonach durch eine Konsultation der Regulierungsbehörden der Länder vermieden werden soll, dass deren Regulierungspraxis durch eine bundeseinheitliche Festlegung der BNetzA auf der Grundlage des Absatzes 3 Satz 2 beeinträchtigt wird (BT-Drs. 17/10754, 33; Säcker EnergieR/Schmidt-Preuß § 54 Rn. 3a). Die Formulierung der Generalklausel des Absatzes 3 Satz 2 kann ihre Funktion – Begrenzung der sachlichen Zuständigkeit der BNetzA für bundeseinheitliche Festlegungen – nur erfüllen, wenn sie in dem vorstehend dargestellten Sinne restriktiv gehandhabt wird. Den Regulierungsbehörden der Länder muss im Bereich ihrer sachlichen Zuständigkeit nach Absatz 2 Sätze 1 und 2 und innerhalb einer gewissen Bandbreite die Möglichkeit der Herausbildung einer „eigenen" Verwaltungspraxis verbleiben. Darüber hinaus darf das Vorliegen der Voraussetzungen des Absatzes 3 Satz 2 nicht alleine mit einer formelhaften Verweisung auf die (angebliche) Erforderlichkeit einer für das gesamte Bundesgebiet geltenden einheitlichen Regelung begründet werden.

447 Nach zutreffender Ansicht sollten vor diesem Hintergrund auf Grundlage der Generalklausel des Absatzes 3 Satz 2 grundsätzlich **nur solche** bundeseinheitlichen Festlegungen der BNetzA erlassen werden, die wesentliche Regulierungsaspekte betreffen und durch die mithin ein (ausfüllungsbedürftiger) regulatorischer Rahmen für das gesamte Bundesgebiet geschaffen wird. Das Vorliegen der Voraussetzungen des Absatzes 3 Satz 2 ist in jedem Einzelfall sorgfältig zu prüfen. Die Schaffung einer **bis ins Detail** einheitlichen (also vollkommen identischen) Regelung durch eine bundeseinheitliche Festlegung sollte regelmäßig nur auf Grundlage einer sachlichen Zuständigkeit nach Absatz 3 Satz 3 in den dort abschließend aufgezählten Fällen erfolgen. Ist eine detaillierte Regelung im Wege einer bundeseinheitlichen Festlegung beabsichtigt, so sollte ggf. höchstvorsorglich eine Ergänzung des in Absatz 3 Satz 3 enthaltenen Katalogs angestrebt werden, wie dies in der Vergangenheit bereits im Falle des aktuellen Absatzes 3 Satz 3 Nummer 4 betreffend den generellen sektoralen Produktivitätsfaktor nach § 9 Abs. 3 ARegV geschehen ist (→ Rn. 28). Hintergrund für diese Anfügung des Absatzes 3 Satz 3 Nummer 4 waren in der Praxis aufgekommene Zweifel an dem Vorliegen der Voraussetzungen der Generalklausel des Absatzes 3 Satz 2 (→ Rn. 29).

448 **c) Praxisbeispiele.** Das in der Praxis **bedeutsamste** Beispiel für eine bundeseinheitliche Festlegung der BNetzA, die auf Grundlage der sachlichen Zuständigkeit nach der Generalklausel des Absatzes 3 Satz 2 erlassen wurde, ist die Festlegung betreffend die sachgerechte Ermittlung individueller Entgelte gem. § 29 Abs. 1 EnWG iVm §§ 19 Abs. 2, 30 Abs. 2 Nr. 7 StromNEV (BNetzA Beschl. v. 11.12.2013 – BK4-13-739, S. 1 ff.; geändert durch BNetzA Beschl. v. 29.11.2017 – BK4-13-739A02). In diesem Falle hat die **BNetzA** ihre sachliche Zuständigkeit zusammengefasst damit begründet, dass eine bundeseinheitliche Festlegung geboten sei, um für sämtliche Letztverbraucher im gesamten Bundesgebiet die „gleichen regulatorischen Rahmenbedingungen" zu schaffen. Die regulatorischen Vorgaben für die Vereinbarung individueller Netzentgelte nach § 19 Abs. 2 StromNEV dürften nicht von (i) der jeweiligen Lage des Standorts des jeweiligen Letztverbrauchers, (ii) einer etwaigen sachlichen Zuständigkeit der BNetzA oder einer Landesregulierungsbehörde für das örtliche Elektrizitätsversorgungsnetz nach Absatz 1 und Absatz 2 Satz 1 oder (iii) der durch den Letztverbraucher jeweils für den Netzanschluss gewählten Netz- oder Umspannebene abhängig sein. Schließlich sei eine Anwendung übereinstimmender regulatorischer Vorgaben im gesamten Bundesgebiet für die betroffenen Unternehmen „von ganz erheblicher und existenzieller Bedeutung" (näher BNetzA Beschl. v. 11.12.2013 – BK4-13-739, S. 24 f.). Die **Rechtsprechung** hat die sachliche Zuständigkeit der BNetzA für bundeseinheitliche Festlegungen zur Regelung der sachgerechten Ermittlung individueller Netzentgelte nach § 19 Abs. 2 StromNEV bestätigt (unausgesprochen OLG Düsseldorf EnWZ 2015, 465 Rn. 85 ff.; mit Begründung OLG Düsseldorf EnWZ 2014, 428 Rn. 39 ff. zur Vorgängerfestlegung BNetzA Beschl. v. 5.12.2012 – BK4-12-1656, S. 1 ff.).

449 Im Unterschied hierzu hat die **BNetzA** beispielsweise bislang darauf **verzichtet**, auf der Grundlage der sachlichen Zuständigkeit nach Absatz 3 Satz 2 bundeseinheitliche Festlegun-

Kresse

gen zur näheren Ausgestaltung und zum Verfahren der Bestimmung des Qualitätselements Netzzuverlässigkeit nach § 29 Abs. 1 EnWG iVm § 32 Abs. 1 Nr. 6 ARegV, §§ 19 f. ARegV zu erlassen, obwohl eine Berufung auf die Generalklausel unter Zugrundelegung der diesbezüglichen Auffassung der BNetzA und des OLG Düsseldorf (→ Rn. 440) durchaus denkbar gewesen wäre. Allerdings ist in § 20 Abs. 4 ARegV ausdrücklich vorgesehen, dass die Regulierungsbehörden der Länder die von der BNetzA bei der Bestimmung von Qualitätselementen ermittelten „Kennzahlenvorgaben, deren Kombination, Gewichtung oder monetäre Bewertung verwenden" können. Die einschlägigen Festlegungen der BNetzA beschränken sich daher bisher auf ihren originären sachlichen Zuständigkeitsbereich nach Absatz 1 sowie auf ihre Tätigkeit als Landesregulierungsbehörde im Wege der Organleihe nach § 54 Abs. 2 S. 2 Nr. 2. Die **Regulierungsbehörden der Länder** haben zur näheren Ausgestaltung und zum Verfahren der Bestimmung des Qualitätselements Netzzuverlässigkeit nach § 29 Abs. 1 EnWG iVm § 32 Abs. 1 Nr. 6 ARegV, §§ 19 f. ARegV bislang jeweils eigene Festlegungen erlassen, die jedoch weitestgehend mit den Festlegungen der BNetzA übereinstimmen.

450 Die Regulierungsbehörden des Bundes und der Länder stimmen sich in der Praxis regelmäßig im **Länderausschuss** (§ 60a) darüber ab, ob zu einer bestimmten Regelungsmaterie auf der Grundlage der Generalklausel des Absatzes 3 Satz 2 eine bundeseinheitliche Festlegung der BNetzA überhaupt in Betracht kommt oder ob es bei dem Grundsatz separater Festlegungen der BNetzA und der Landesregulierungsbehörden in ihrem jeweiligen sachlichen Zuständigkeitsbereich verbleibt. Die vorgenannte Abstimmung erfolgt in der Praxis notwendigerweise bereits deutlich im zeitlichen Vorfeld der Erstellung der jeweiligen Festlegung, also nicht erst im Rahmen der Konsultation der Landesregulierungsbehörden nach Absatz 3 Sätze 4 und 5 (→ Rn. 489 ff.). Neben dem Vorliegen der Voraussetzungen des Absatzes 3 Satz 2 der Generalklausel spielen bei dieser Abstimmung auch eher pragmatische Aspekte, insbesondere die jeweilige Arbeitsauslastung der einzelnen Regulierungsbehörden, eine Rolle.

4. Ausdrücklich aufgeführte Fälle (Abs. 3 S. 3)

451 In Absatz 3 Satz 3 Nummern 1–6 sind diejenigen Fälle abschließend aufgezählt, in denen die BNetzA – abweichend von der grundsätzlichen sachlichen Zuständigkeit der Landesregulierungsbehörden nach Absatz 2 Satz 1 Nummern 1 und 2 – **ausnahmsweise** für den Erlass bundeseinheitlicher Festlegungen sachlich zuständig ist, ohne dass hierfür die Voraussetzungen der Generalklausel des Absatzes 3 Satz 2 (→ Rn. 439 ff.) geprüft werden müssten (Kment EnWG/Görisch § 54 Rn. 9). Ebenfalls nicht zwingend erforderlich ist im Falle der Einschlägigkeit eines der in Absatz 3 Satz 3 Nummern 1–6 ausdrücklich benannten Fälle der sachlichen Zuständigkeit der BNetzA für bundeseinheitliche Festlegungen eine Einbindung des Länderausschusses nach Absatz 3 Sätze 4 und 5 (→ Rn. 489 ff.). Auch die Regelung des Absatzes 3 Satz 3 dient dazu, seitens der BNetzA die Möglichkeit zu eröffnen, im gesamten Bundesgebiet „denselben regulatorischen Rahmen" zu schaffen (BT-Drs. 17/6072, 89).

452 **Hintergrund** für die vorgenannten Erleichterungen gegenüber der Generalklausel des Absatzes 3 Satz 2 ist, dass der Gesetzgeber in Absatz 3 Satz 3 Nummern 1–6 die Fälle der sachlichen Zuständigkeit der BNetzA für bundeseinheitliche Festlegungen unter gleichzeitiger Einschränkung des sachlichen Zuständigkeitsbereichs der Regulierungsbehörden der Länder nach Absatz 2 Satz 1 Nummern 1 und 2 abschließend geregelt hat. Der sachliche Zuständigkeitsbereich der Länder ist daher nicht in vergleichbarer Weise schutzwürdig wie in den Fällen einer sachlichen Zuständigkeit der BNetzA für bundeseinheitliche Festlegungen im Sinne der Generalklausel des Absatzes 3 Satz 2, da hier letztlich die BNetzA über das Vorliegen der einschlägigen Voraussetzungen entscheidet (→ Rn. 437).

453 Die in Absatz 3 Satz 3 Nummern 1–6 ausdrücklich aufgeführten Fälle waren in der ursprünglichen Regelung des § 54 in der Fassung des Zweiten Gesetzes zur Neuregelung des Energiewirtschaftsrechts vom 7.7.2005 (BGBl. I 1970 (1994)) noch nicht enthalten. Sie wurden in **mehreren Schritten** in die Regelung der sachlichen Zuständigkeit aufgenommen:

- Durch das Gesetz zur Neuregelung energiewirtschaftsrechtlicher Vorschriften vom 26.7.2011 (BGBl. I 1554 (1585)) wurden – gemeinsam mit der Generalklausel des Absatzes 3 Satz 2 – die Fälle des Absatzes 3 Satz 3 Nummern 1–3 geschaffen (→ Rn. 23).

Allgemeine Zuständigkeit § 54 EnWG

- Durch das Gesetz zur Modernisierung der Netzentgeltstruktur (NeMoG) vom 17.7.2017 (BGBl. I 2503 (2505)) wurden die in Absatz 3 Satz 3 Nummern 1–3 aufgeführten Fälle redaktionell bereinigt und es wurde der Fall des Absatzes 3 Satz 3 Nummer 4 angefügt, der die sachliche Zuständigkeit der BNetzA zur bundeseinheitlichen Festlegung des generellen sektoralen Produktivitätsfaktors iSd § 9 Abs. 3 ARegV betrifft (näher → Rn. 28 f.).
- Durch das Gesetz zur Umsetzung unionsrechtlicher Vorgaben und zur Regelung reiner Wasserstoffnetze im Energiewirtschaftsrecht vom 16.7.2021 (BGBl. I 3026 (3052)) wurden Absatz 3 Satz 3 Nummer 3 überarbeitet (→ Rn. 44 ff.) sowie Absatz 3 Satz 3 Nummer 5 (→ Rn. 48 ff.) und Nummer 6 angefügt (→ Rn. 51 ff.).

a) Preisindizes (Abs. 3 S. 3 Nr. 1). Gemäß Absatz 3 Satz 3 Nummer 1 besteht eine **454** sachliche Zuständigkeit der BNetzA für bundeseinheitliche Festlegungen in Bezug auf Preisindizes nach den Verordnungen nach § 24 (Bourwieg/Hellermann/Hermes/Gundel § 54 Rn. 58; Kment EnWG/Görisch § 54 Rn. 9; Schneider/Theobald EnergieWirtschaftsR-HdB/Franke § 19 Rn. 9; Theobald/Kühling/Theobald/Werk § 54 Rn. 104c). Preisindizes werden bei Kostenprüfungen zur Bestimmung der Tagesneuwerte von Anlagegütern im Rahmen des Ansatzes kalkulatorischer Abschreibungen herangezogen (§ 6 Abs. 3 StromNEV oder § 6 Abs. 3 GasNEV; Holznagel/Schütz/Schütz/Schütte StromNEV § 6 Rn. 51 ff.; Holznagel/Schütz/Schütz/Schütte GasNEV § 6 Rn. 51 ff.). Aus den Preisindizes ergibt sich die Entwicklung der **Wiederbeschaffungskosten** von bestimmten Anlagegütern im Zeitablauf, sodass diese von „überragender Bedeutung" für die Bewertung des Sachanlagevermögens der Betreiber der Energieversorgungsnetze sind (Holznagel/Schütz/Schütz/Schütte StromNEV § 6 Rn. 51; Holznagel/Schütz/Schütz/Schütte GasNEV § 6 Rn. 51). Preisindizes werden auf der Grundlage von durch das Statistische Bundesamt erstellten und veröffentlichten **Indexreihen**, die in Bezug aufeinander gewichtet werden müssen, bestimmt.

Kostenprüfungen in dem vorgenannten Sinne erfolgen zum einen zur Ermittlung des **455** Ausgangsniveaus zur Bestimmung der kalenderjährlichen Erlösobergrenzen im Rahmen der Anreizregulierung nach § 6 Abs. 1 S. 1 ARegV, sodass diesbezüglich eine Ausnahme von der grundsätzlichen sachlichen Zuständigkeit der Regulierungsbehörden der Länder nach **Absatz 2 Satz 1 Nummer 2** (→ Rn. 284 ff.) gegeben ist. Zum anderen werden Kostenprüfungen in dem vorgenannten Sinne aber auch zum Zwecke der Erteilung von Netzentgelt-Genehmigungen nach § 23a durchgeführt. Insoweit stellt Absatz 3 Satz 3 Nummer 1 eine Ausnahme von der grundsätzlichen sachlichen Zuständigkeit der Landesregulierungsbehörden zur Erteilung von Netzentgelt-Genehmigungen gem. **Absatz 2 Satz 1 Nummer 1** (→ Rn. 280 ff.) dar. Netzentgelt-Genehmigungen iSd § 23a werden nach gegenwärtiger Rechtslage aber nur noch ausnahmsweise erteilt, nämlich wenn das Regulierungsregime der Anreizregulierung nach § 1 Abs. 2 ARegV keine Anwendung findet (→ § 23a Rn. 3; Holznagel/Schütz/Laubenstein/van Rossum ARegV § 1 Rn. 10 f.).

Die **materielle Festlegungsbefugnis** für bundeseinheitliche Festlegungen der BNetzA **456** in Bezug auf Preisindizes ergibt sich aus § 29 Abs. 1 EnWG iVm § 30 Abs. 2 Nr. 2 StromNEV, §§ 6 Abs. 3, 6a StromNEV oder § 30 Abs. 2 Nr. 2 GasNEV, §§ 6 Abs. 3, 6a GasNEV. In der aktuellen Fassung der Verordnung zur Änderung von Verordnungen auf dem Gebiet des Energiewirtschaftsrechts vom 14.8.2013 (BGBl. I 3250 (3253 und 3256)) **beschränkt** sich diese materielle Festlegungsbefugnis allerdings, soweit die Regelung des § 6a StromNEV oder des § 6a GasNEV Mischindizes vorsieht, auf die sachgerechte Gewichtung der bei der Ermittlung der Tagesneuwerte anzuwendenden Indexreihen des Statistischen Bundesamtes. Nach § 30 Abs. 2 Nr. 2 StromNEV oder § 30 Abs. 2 Nr. 2 GasNEV soll eine solche Festlegung insbesondere dazu dienen, Produktivitätsfortschritte in den relevanten Wirtschaftsbereichen zu berücksichtigen. Durch diese materielle Festlegungsbefugnis soll die handelnde Regulierungsbehörde ausweislich der amtlichen Begründung im Interesse einer effizienten Regulierung dazu in die Lage versetzt werden, im Falle von Mischindizes „die Gewichtung der jeweiligen Indexreihe an die tatsächlichen Verhältnisse anzupassen" (BR-Drs. 447/13, 16 und 19). Die BNetzA hat bislang darauf **verzichtet**, aufgrund der vorgenannten materiellen Festlegungsbefugnis und ihrer sachlichen Zuständigkeit für bundeseinheitliche Festlegungen nach Absatz 3 Satz 3 Nummer 1 entsprechende Festlegungen zu erlassen. Ob sie dies in der Zukunft tun wird, bleibt abzuwarten.

Durch die vorgenannte Verordnung zur Änderung von Verordnungen auf dem Gebiet des **457** Energiewirtschaftsrechts vom 14.8.2013 (BGBl. I 3250 (3251 und 3255)) wurden § 6 Abs. 3

Kresse 1557

EnWG § 54 Teil 7. Behörden

S. 2 StromNEV und § 6 Abs. 3 S. 2 GasNEV dahingehend **abgeändert,** dass diese nunmehr eine Verweisung auf die durch dieselbe Änderungsverordnung (BGBl. 2013 I 3250 (3251 und 3255)) neu eingefügten Regelungen des § 6a StromNEV und des § 6a GasNEV enthalten. In § 6a StromNEV und § 6a GasNEV hat der Verordnungsgeber selbst über die zur Bestimmung der Tagesneuwerte heranzuziehenden Indexreihen des Statistischen Bundesamtes und deren Gewichtung entschieden (Holznagel/Schütz/Schütz/Schütte StromNEV § 6 Rn. 52; Holznagel/Schütz/Schütz/Schütte GasNEV § 6 Rn. 52; Pfeifle EnWG 2013, 387 (389 f.)). Im Gegensatz zur früheren Rechtslage **erübrigt** sich mithin eine diesbezügliche Entscheidung der handelnden Regulierungsbehörde, insbesondere im Wege einer bundeseinheitlichen Festlegung der BNetzA auf der Grundlage der sachlichen Zuständigkeit des Absatzes 3 Satz 3 Nummer 1. Aus diesem Grund wurde der Umfang der in § 30 Abs. 2 Nr. 2 StromNEV und § 30 Abs. 2 Nr. 2 GasNEV vorgesehenen materiellen Festlegungsbefugnis durch die vorgenannte Änderungsverordnung konsequenterweise stark beschränkt (BGBl. 2013 I 3250 (3253 und 3256)). Der BGH hat zwischenzeitlich die Rechtmäßigkeit der Regelungen des § 6a GasNEV – und damit mittelbar auch des § 6a StromNEV – bestätigt (BGH NJOZ 2017, 1593 Rn. 16 ff.; Holznagel/Schütz/Schütz/Schütte StromNEV § 6 Rn. 57; Holznagel/Schütz/Schütz/Schütte GasNEV § 6 Rn. 57).

458 Auf der Grundlage der mittlerweile **überholten Rechtslage,** wonach die nach § 6 Abs. 3 StromNEV aF und § 6 Abs. 3 GasNEV aF anzuwendenden Preisindizes mangels einer gesetzlichen Regelung noch regulierungsbehördlich zu bestimmen waren, hatten die BNetzA und die Regulierungsbehörden der Länder seinerzeit jeweils **separate Festlegungen** nach § 29 Abs. 1 EnWG iVm § 30 Abs. 2 Nr. 2 StromNEV aF, § 6 Abs. 3 StromNEV aF (BNetzA Beschl. v. 17.10.2007 – BK8-07-272, S. 1 ff.) oder § 30 Abs. 2 Nr. 2 GasNEV aF, § 6 Abs. 3 GasNEV aF (BNetzA Beschl. v. 17.10.2007 – BK9-07-602-1, S. 1 ff.) erlassen. Hintergrund für den Erlass separater Festlegungen der Regulierungsbehörden des Bundes und der Länder war, dass eine sachliche Zuständigkeit der BNetzA für bundeseinheitliche Festlegungen nach Absatz 3 Satz 3 Nummer 1 zum damaligen Zeitpunkt noch nicht existierte (→ Rn. 453). Der Inhalt der vorgenannten separaten Festlegungen war sehr umstritten und Gegenstand zahlreicher energiewirtschaftsrechtlicher Beschwerdeverfahren (näher Holznagel/Schütz/Schütz/Schütte StromNEV § 6 Rn. 56; Holznagel/Schütz/Schütz/Schütte GasNEV § 6 Rn. 56 mwN). Aus heutiger Sicht sind die vorgenannten Festlegungen noch in zweierlei Hinsicht von Interesse:

459 Zum einen kamen anlässlich der diesbezüglichen Festlegungen der Regulierungsbehörden der Länder **Zweifel** darüber auf, ob die Landesregulierungsbehörden aufgrund ihrer sachlichen Zuständigkeit nach Absatz 2 Satz 1 Nummern 1 oder 2 auch Festlegungen in Form **Allgemeinverfügungen** erlassen können. Die überwiegende Auffassung in der Rechtsprechung verneinte dies und ging davon aus, dass für derartige nicht einzelfallbezogene Festlegungen die Auffangzuständigkeit der BNetzA nach Absatz 3 Satz 1 Platz greife (OLG Stuttgart BeckRS 2009, 6461 Rn. 49 ff.; OLG Schleswig BeckRS 2010, 3976 mwN; → Rn. 367 ff.). Diese Rechtsprechung bildete schließlich den Anlass dafür, in Absatz 3 Sätze 2 und 3 durch das Gesetz zur Neuregelung energiewirtschaftsrechtlicher Vorschriften vom 26.7.2011 (BGBl. I 1554 (1585)) eine Regelung betreffend eine sachliche Zuständigkeit der BNetzA für bundeseinheitliche Festlegungen einzufügen, die sich in Absatz 3 Satz 3 Nummer 1 auch ausdrücklich auf bundeseinheitliche Festlegungen zu Preisindizes erstreckte (→ Rn. 23 und → Rn. 453).

460 Zum anderen hat der **BGH** in Bezug auf die seinerzeitige Festlegung der BNetzA für den Gasbereich nach § 29 Abs. 1 EnWG iVm § 30 Abs. 2 Nr. 2 GasNEV aF, § 6 Abs. 3 GasNEV aF (BNetzA Beschl. v. 17.10.2007 – BK9-07-602-1, S. 1 ff.) entschieden, dass im Fall der Bestimmung der Preisindizes zur Ermittlung der Tagesneuwerte **kein Beurteilungsspielraum** der handelnden Regulierungsbehörde besteht, der einer eingeschränkten gerichtlichen Überprüfung unterliegen würde (BGH EnWZ 2014, 129 Rn. 19 f.; Holznagel/Schütz/Schütz/Schütte StromNEV § 6 Rn. 56; Holznagel/Schütz/Schütz/Schütte GasNEV § 6 Rn. 56; Grüneberg NVwZ 2015, 394 (398 f.); → Rn. 434). Sollte die BNetzA in der Zukunft auf Grundlage der aktuellen materiellen Festlegungsbefugnis des § 29 Abs. 1 EnWG iVm § 30 Abs. 2 Nr. 2 StromNEV, §§ 6 Abs. 3, 6a StromNEV oder § 30 Abs. 2 Nr. 2 GasNEV, §§ 6 Abs. 3, 6a GasNEV entsprechende bundeseinheitliche Festlegungen nach Absatz 3 Satz 3 Nummer 1 erlassen, bleibt abzuwarten, ob die Rechtsprechung den Inhalt der vorgenannten Entscheidung des BGH auf die aktuelle Rechtslage übertragen oder ob sie – unter den oben genannten Voraussetzungen (→ Rn. 429) – ein Regulierungsermessen bzw. einen Beurteilungsspielraum, die einer eingeschränkten gerichtlichen Überprüfung unterliegen (→ Rn. 430 f.), annehmen wird.

b) Eigenkapitalzinssätze (Abs. 3 S. 3 Nr. 2). Nach Absatz 3 Satz 3 Nummer 2 besteht **461** eine sachliche Zuständigkeit der BNetzA für bundeseinheitliche Festlegungen in Bezug auf Eigenkapitalzinssätze nach den Verordnungen nach § 24 (Bourwieg/Hellermann/Hermes/Gundel § 54 Rn. 58; Kment EnWG/Görisch § 54 Rn. 9; Schneider/Theobald EnergieWirtschaftsR-HdB/Franke § 19 Rn. 9; Theobald/Kühling/Theobald/Werk § 54 Rn. 104c). Diese sachliche Zuständigkeit, die nach früherer Rechtslage in die sachliche Zuständigkeit der Regulierungsbehörden der Länder nach Absatz 2 Satz 1 Nummer 2 fiel (BGH NVwZ-RR 2015, 452 Rn. 14 und 16; → Rn. 367 ff.), betrifft die Verzinsung des von Betreibern von Energieversorgungsnetzen eingesetzten **Eigenkapitals** (§ 7 Abs. 1 S. 1 StromNEV und § 7 Abs. 1 S. 1 GasNEV). Nach § 7 Abs. 1 S. 1 StromNEV und § 7 Abs. 6 S. 1 GasNEV werden die kalkulatorischen Eigenkapitalzinssätze durch die zuständige Regulierungsbehörde, also durch die BNetzA, nach § 29 Abs. 1 festgelegt (im Einzelnen Holznagel/Schütz/Schütz/Schütte StromNEV § 7 Rn. 97 ff.; Holznagel/Schütz/Schütz/Schütte GasNEV § 7 Rn. 97 ff.). Bedeutsam ist hierbei, dass eine solche Festlegung der kalkulatorischen Eigenkapitalzinsen sich nach § 7 Abs. 1 S. 5 StromNEV und § 7 Abs. 1 S. 5 GasNEV lediglich auf denjenigen Anteil des betriebsnotwendigen Eigenkapitals des jeweiligen Unternehmens bezieht, der **40 Prozent** des betriebsnotwendigen Vermögens nicht übersteigt (sog. Eigenkapital I). Oberhalb dieses Schwellenwerts von 40 Prozent erfolgt eine Verzinsung des Eigenkapitals nach den insoweit abschließenden Vorgaben des § 7 Abs. 7 StromNEV und des § 7 Abs. 7 GasNEV (sog. Eigenkapital II; näher Holznagel/Schütz/Schütz/Schütte StromNEV § 7 Rn. 125 ff.; Holznagel/Schütz/Schütz/Schütte GasNEV § 7 Rn. 125 ff.), sodass diesbezüglich eine Festlegung nach § 29 Abs. 1 entbehrlich ist.

Die von der zuständigen Regulierungsbehörde nach § 29 Abs. 1 festgelegten kalkulatori- **462** schen Eigenkapitalzinssätze für das EK I sowie die kalkulatorischen Eigenkapitalzinssätze für das EK II (§ 7 Abs. 7 StromNEV und § 7 Abs. 7 GasNEV), die gewissermaßen den jeweils „zulässigen Gewinn" der Betreiber der Energieversorgungsnetze verkörpern, werden dann nach der Systematik der StromNEV und der GasNEV in etwaig durchzuführenden Kostenprüfungen als **Kostenposition** berücksichtigt (§ 4 Abs. 2 S. 2 StromNEV und § 4 Abs. 2 S. 2 GasNEV; Holznagel/Schütz/Schütz/Schütte StromNEV § 7 Rn. 95; Holznagel/Schütz/Schütz/Schütte GasNEV § 7 Rn. 95). Solche Kostenprüfungen erfolgen zum Zwecke der Ermittlung des Ausgangsniveaus zur Bestimmung der kalenderjährlichen Erlösobergrenzen im Rahmen der Anreizregulierung nach § 6 Abs. 1 S. 1 ARegV und – ausnahmsweise – zum Zwecke der Erteilung von Netzentgelt-Genehmigungen nach § 23a. Die Regelung des Absatzes 3 Satz 3 Nummer 2 stellt mithin eine Ausnahme von den sachlichen Zuständigkeiten der Regulierungsbehörden der Länder nach **Absatz 2 Satz 1 Nummern 1 und 2** dar (→ Rn. 455). Nach ihrer Festlegung fließen die kalkulatorischen Eigenkapitalzinssätze nach dem „Modell des gestuften Verfahrens" (BGH EnWZ 2015, 180 Rn. 21) in die entsprechenden regulierungsbehördlichen Folgeentscheidungen ein und entfalten hierbei, gerade auch für die Regulierungsbehörden der Länder, Tatbestands- und Feststellungswirkung (näher → Rn. 426 f.).

Nach § 7 Abs. 6 S. 1 und 2 StromNEV und § 7 Abs. 6 S. 1 und 2 GasNEV hat die **463** Festlegung der kalkulatorischen Eigenkapitalzinssätze in dem vorgenannten Sinne **vor Beginn** einer Regulierungsperiode (§ 3 Abs. 1 S. 2 ARegV) zu erfolgen und sich über den Zeitraum einer fünfjährigen Regulierungsperiode (§ 3 Abs. 2 ARegV) zu erstrecken. Für die **dritte Regulierungsperiode** der Anreizregulierung (Gasbereich: 1.1.2018 bis 31.12.2022; Strom: 1.1.2019 bis 31.12.2023) hat die **BNetzA** auf der Grundlage ihrer sachlichen Zuständigkeit nach Absatz 3 Satz 3 Nummer 2 die kalkulatorischen Eigenkapitalzinssätze für die Betreiber der Elektrizitäts- und Erdgasversorgungsnetze nach § 29 Abs. 1 EnWG iVm § 7 Abs. 6 S. 1 StromNEV und § 7 Abs. 6 S. 1 GasNEV bundeseinheitlich festgelegt (Gasbereich: BNetzA Beschl. v. 5.10.2016 – BK4-16-161, S. 3; Strombereich: BNetzA Beschl. v. 5.10.2016 – BK4-16-160, S. 3). Der **BGH** hat die Rechtmäßigkeit beider bundeseinheitlicher Festlegungen der BNetzA für den Zeitraum der dritten Regulierungsperiode der Anreizregulierung bestätigt (Gasbereich: BGH BeckRS 2019, 16446 Rn. 33 ff.; Strombereich: BGH BeckRS 2019, 16439 Rn. 33 ff.; EnWZ 2020, 222 Rn. 4 ff.).

464 Der BGH erkennt im Zusammenhang mit der Festlegung der kalkulatorischen Eigenkapitalzinssätze nach § 29 Abs. 1 EnWG iVm §§ 7 Abs. 6 S. 1 StromNEV und § 7 Abs. 6 S. 1 GasNEV teilweise ein Regulierungsermessen bzw. einen Beurteilungsspielraum der handelnden Regulierungsbehörde an, der nur einer eingeschränkten gerichtlichen Überprüfung unterliegt (näher → Rn. 428 ff.; Holznagel/Schütz/Schütz/Schütte StromNEV § 7 Rn. 99 f.; Holznagel/Schütz/Schütz/Schütte GasNEV § 7 Rn. 99 f.; Werkmeister RdE Sonderheft 2020, 68). Der BGH **differenziert** hierbei zwischen der Ermittlung der tatsächlichen Grundlagen der Festlegung der kalkulatorischen Eigenkapitalverzinsung, bezüglich derer eine uneingeschränkte gerichtliche Überprüfung erfolgt (BGH EnWZ 2015, 273 Rn. 15; BeckRS 2019, 16439 Rn. 34; 2019, 16446 Rn. 34), und der auf diese Tatsachenermittlung aufbauenden Bewertung der Marktverhältnisse, hinsichtlich derer nur eine eingeschränkte gerichtliche Überprüfung möglich ist (BGH EnWZ 2015, 273 Rn. 16 ff.; BeckRS 2019, 16439 Rn. 34 ff.; 2019, 16446 Rn. 34 ff.). Das BVerfG hat diese Rechtsprechung des BGH mittlerweile als verfassungsrechtlich unbedenklich angesehen (BVerfG BeckRS 2021, 23595 Rn. 1 f.; → Rn. 432).

465 **c) Effizienzvergleich (Abs. 3 S. 3 Nr. 3).** Gemäß Absatz 3 Satz 3 Nummer 3 besteht eine sachliche Zuständigkeit der BNetzA für bundeseinheitliche Festlegungen in Bezug auf die Vergleichsparameter zur Ermittlung der **Effizienzwerte** sowie zur angemessenen Berücksichtigung eines Zeitverzugs beim Ausbau der Verteilernetze im **Effizienzvergleich** nach der Verordnung nach § 21a Abs. 6, also der ARegV (zu einer zwischenzeitlich überarbeiteten Fassung des Absatzes 3 Satz 3 Nummer 3 Bourwieg/Hellermann/Hermes/Gundel § 54 Rn. 58; Kment EnWG/Görisch § 54 Rn. 9; Schneider/Theobald EnergieWirtschaftsR-HdB/Franke § 19 Rn. 9; Theobald/Kühling/Theobald/Werk § 54 Rn. 104c). Der zweite Satzbestandteil mit dem Wortlaut „sowie zur angemessenen Berücksichtigung eines Zeitverzugs beim Ausbau der Verteilernetze im Effizienzvergleich" war in der ursprünglichen Fassung des Absatzes 3 Satz 3 Nummer 3 (BGBl. 2011 I 1554 (1585)) noch nicht enthalten und wurde erst durch das Gesetz zur Umsetzung unionsrechtlicher Vorgaben und zur Regelung reiner Wasserstoffnetze im Energiewirtschaftsrecht vom 16.7.2021 **ergänzt** (BGBl. 2021 I 3026 (3052); näher zur diesbezüglichen Änderung des Absatzes 3 Satz 3 Nummer 3 → Rn. 44 ff.).

466 Die Effizienzwerte der regulierten Unternehmen in dem vorgenannten Sinne fließen in die Festlegung der kalenderjährlichen Erlösobergrenzen nach § 29 Abs. 1 EnWG iVm § 32 Abs. 1 Nr. 1, 4 Abs. 1 und 2 ARegV ein, sodass durch eine bundeseinheitliche Festlegung auf Grundlage des Absatzes 3 Satz 3 Nummer 3 in die sachliche Zuständigkeit der Regulierungsbehörden der Länder nach Absatz 2 Satz 1 Nummer 2 (→ Rn. 284 ff.) eingegriffen wird. Hinsichtlich der Ermittlung der Effizienzwerte ist zu **unterscheiden** zwischen den Betreibern von Energieverteilernetzen (§ 3 Nr. 37) und von Transportnetzen (§ 3 Nr. 31c):

467 **aa) Bundesweiter Effizienzvergleich.** Die Effizienzwerte der am Regelverfahren der Anreizregulierung teilnehmenden Betreiber von **Energieverteilernetzen** werden durch einen bundesweiten Effizienzvergleich ermittelt (§ 12 Abs. 1 S. 1 ARegV). In diesem bundesweiten Effizienzvergleich sind Aufwandsparameter (§ 13 Abs. 1 Alt. 1 und Abs. 2 ARegV) und Vergleichsparameter (§ 13 Abs. 1 Alt. 2 und Abs. 3 ARegV) zu berücksichtigen. Vergleichsparameter erfüllen in dem bundesweiten Effizienzvergleich den **Zweck**, die Versorgungsaufgabe des jeweiligen Netzbetreibers und die Gebietseigenschaften des jeweiligen Netzgebiets, insbesondere im Hinblick auf die geografischen, geologischen oder topografischen Merkmale und die strukturellen Besonderheiten der Versorgungsaufgabe aufgrund demografischen Wandels, abzubilden (§ 13 Abs. 3 S. 1 ARegV; im Einzelnen zu den Vergleichsparametern im bundesweiten Effizienzvergleich Holznagel/Schütz/Albrecht/Mallossek/Petermann ARegV § 12 Rn. 37 ff.). Vergleichsparameter im vorgenannten Sinn können gem. § 13 Abs. 3 S. 3 ARegV **insbesondere** sein

- Anzahl der Anschlusspunkte oder der Zählpunkte (Strombereich) und der Ausspeisepunkte oder der Messstellen (Gasbereich),
- die Fläche des versorgten Gebietes,
- die Leitungslänge oder das Rohrvolumen,
- die Jahresarbeit,
- die zeitgleiche Jahreshöchstlast,
- die dezentralen Erzeugungsanlagen im Strombereich,

Allgemeine Zuständigkeit § 54 EnWG

- die Maßnahmen, die der volkswirtschaftlich effizienten Einbindung von dezentralen Erzeugungsanlagen dienen.

Aus den durch den bundesweiten Effizienzvergleich ermittelten Effizienzwerten der Unternehmen ergeben sich die jeweiligen **individuellen Effizienzvorgaben** (§ 16 Abs. 1 ARegV). Die sachliche Zuständigkeit der BNetzA für bundeseinheitliche Festlegungen nach Absatz 3 Satz 3 Nummer 3 **bezieht** sich auf die vorgenannten Vergleichsparameter in bundesweiten Effizienzvergleichen für die Betreiber von Energieverteilernetzen. 468

Der bundesweite Effizienzvergleich für die Betreiber von Energieverteilernetzen wird vor Beginn der jeweiligen Regulierungsperiode der Anreizregulierung (§ 3 ARegV) durch die **BNetzA** durchgeführt (§ 12 Abs. 1 S. 1 ARegV). Die **Landesregulierungsbehörden** haben die Möglichkeit, diesbezüglich entweder eigene Effizienzvergleiche durchzuführen oder aber die Ergebnisse der bundesweiten Effizienzvergleichs der BNetzA zu übernehmen (§ 12 Abs. 6 S. 1 ARegV). In der Praxis haben die Regulierungsbehörden der Länder bislang aus Gründen der Verwaltungseffizienz von der Durchführung eigener Effizienzvergleiche abgesehen und die Ergebnisse der jeweiligen bundesweiten Effizienzvergleiche der BNetzA übernommen. Eine eventuelle bundeseinheitliche Festlegung der anzuwendenden Vergleichsparameter durch die BNetzA auf der Grundlage der sachlichen Zuständigkeit nach Absatz 3 Satz 3 Nummer 3 entfaltet sowohl für den bundesweiten Effizienzvergleich der BNetzA als auch für etwaige eigene Effizienzvergleiche der Landesregulierungsbehörden **Wirkung** (näher zur Tatbestands- und Feststellungswirkung → Rn. 424 f.). Dies folgt schon daraus, dass Absatz 3 Satz 3 Nummer 3 nicht zwischen dem bundesweiten Effizienzvergleich der BNetzA und etwaigen eigenen Effizienzvergleichen der Regulierungsbehörden der Länder differenziert, sondern allgemein von der „Ermittlung der Effizienzwerte" spricht. 469

Das EnWG enthielt jedoch bis zum Inkrafttreten des Gesetzes zur Umsetzung unionsrechtlicher Vorgaben und zur Regelung reiner Wasserstoffnetze im Energiewirtschaftsrecht vom 16.7.2021 (BGBl. I 3026; → Rn. 44 ff.) in Bezug auf den bundesweiten Effizienzvergleich für die Betreiber von Energie**verteiler**netzen keine **materielle Festlegungsbefugnis** iSd § 29 Abs. 1 Alt. 1 für bundeseinheitliche Festlegungen auf der Grundlage des Absatzes 3 Satz 3 Nummer 3. Die in der Urfassung des § 32 Abs. 2 ARegV (BGBl. 2007 I 2529 (2539)) enthaltene Festlegungsbefugnis betreffend die Durchführung, die nähere Ausgestaltung und zu den Verfahren des Effizienzvergleichs, die nach gegenwärtiger Rechtslage in § 32 Abs. 2 Satz 1 ARegV erhalten geblieben ist, galt und gilt **ausschließlich** für Effizienzvergleiche betreffend die Betreiber von Transportnetzen nach § 22 (Holznagel/Schütz/Schreiber ARegV § 32 Rn. 70 ff.; → Rn. 473 ff.). In Bezug auf den bundesweiten Effizienzvergleich für die Betreiber von Energieverteilernetzen konnte die BNetzA mithin nach damaliger Rechtslage mangels einer materiellen Festlegungsbefugnis keine bundeseinheitliche Festlegung aufgrund ihrer sachlichen Zuständigkeit nach Absatz 3 Satz 3 Nummer 3 erlassen. Die Regelung lief damit nach damaliger Rechtlage im Grunde **ins Leere** (→ Rn. 47). 470

Nachdem diese aus der Sicht der Regulierungsbehörden des Bundes und der Länder **unerfreuliche Rechtslage** im Zuge der Vorbereitung des Regierungsentwurfs des Gesetzes zur Umsetzung unionsrechtlicher Vorgaben und zur Regelung reiner Wasserstoffnetze im Energiewirtschaftsrecht vom 9.3.2021 (BT-Drs. 19/27453, 1 ff.) bei der Überarbeitung der Regelung des § 54 erstmals aufgefallen war, wurden in dem vorgenannten Änderungsgesetz zum Zwecke der Bereinigung folgende aufeinander abgestimmte Änderungen berücksichtigt: 471

- Zunächst wurde mit **§ 21a Abs. 6 S. 2 Nr. 11** eine ausdrücklich auf den Bereich der Betreiber der Energieverteilernetze bezogene spezielle Ermächtigungsgrundlage für den Erlass einer Regelung in der ARegV zur „angemessenen Berücksichtigung eines Zeitverzugs [beim] Ausbau der Verteilernetze im Effizienzvergleich" geschaffen (BGBl. 2021 I 3026 (3038)). Ausweislich der amtlichen Begründung bezweckt diese spezielle Ermächtigungsgrundlage lediglich eine **„Klarstellung"** (BT-Drs. 19/27453, 106; näher → Rn. 45).
- Weiterhin wurde die sachliche Zuständigkeit der BNetzA gem. **Absatz 3 Satz 3 Nummer 3** ausdrücklich auch auf bundeseinheitliche Festlegungen betreffend Vorgaben „zur angemessenen Berücksichtigung eines Zeitverzugs beim Ausbau der Verteilernetze im Effizienzvergleich" erstreckt (BGBl. 2021 I 3026 (3052)). Hierbei handelt es sich nach der amtlichen Begründung ebenfalls um eine „Klarstellung" sowie um eine „Folgeänderung" zur Schaffung des § 21a Abs. 6 S. 2 Nr. 11 (BT-Drs. 19/27453, 134; näher → Rn. 44 f.).

Kresse 1561

472 Ferner wurde durch die Verordnung zur Änderung der Anreizregulierungsverordnung und der Stromnetzentgeltverordnung vom 27.7.2021 mit **§ 32 Abs. 2 S. 2 ARegV** eine neue **materielle Festlegungsbefugnis** der BNetzA eingeführt (BGBl. 2021 I 3229 (3231); → Rn. 29). Diese ermöglicht es der BNetzA, Festlegungen iSd § 29 Abs. 1 Alt. 1 zum Zwecke der angemessenen Berücksichtigung eines zeitlichen Versatzes zwischen der Errichtung von Anlagen nach dem EEG sowie dem entsprechenden und notwendigen Ausbau der Energieverteilernetze im bundesweiten Effizienzvergleich nach §§ 12 ff. ARegV zu erlassen. Die vorgenannte materielle Festlegungsbefugnis setzt jedoch voraus, dass der festgestellte zeitliche Versatz (i) **volatile Kosten** iSd § 11 Abs. 5 S. 1 Nr. 2 hervorruft und (ii) auf Gründen **außerhalb** der Einflusssphäre der Netzbetreiber beruht. Wie sich aus der amtlichen Begründung der vorgenannten Änderungsverordnung ergibt, kann die BNetzA eine solche Festlegung iSd § 29 Abs. 1 iVm § 32 Abs. 2 S. 2 ARegV, die sowohl gegenüber einzelnen als auch gegenüber allen Betreibern von Energieverteilernetzen ergehen kann, künftig gestützt auf ihre ergänzte (→ Rn. 471) sachliche Zuständigkeit nach Absatz 3 Satz 3 Nummer 3 mit **bundeseinheitlicher Wirkung** erlassen (BR-Drs. 405/21, 31). Damit haben der Gesetz- und Verordnungsgeber die nach früherer Rechtslage bestehende „Lücke" im Hinblick auf die materielle Festlegungsbefugnis der BNetzA geschlossen.

473 bb) **Internationaler und nationaler Effizienzvergleich.** Für die Betreiber von Transportnetzen finden die §§ 12 ff. ARegV keine unmittelbare Anwendung. Für die Ermittlung der Effizienzwerte der Betreiber der Übertragungsnetze (§ 3 Nr. 10) und der Fernleitungsnetze (§ 3 Nr. 5) gilt im Hinblick auf die Ermittlung der Effizienzwerte die Sonderregelung des § 22 ARegV (Holznagel/Schütz/Albrecht/Petermann ARegV § 22 Rn. 14). Für die Betreiber von **Übertragungsnetzen** ist nach § 22 Abs. 1 S. 1 ARegV durch die BNetzA ein internationaler Effizienzvergleich durchzuführen, in den jedoch auch Vergleichsparameter iSd § 13 Abs. 1 Alt. 2, Abs. 3 ARegV einfließen (näher Holznagel/Schütz/Albrecht/Petermann ARegV § 22 Rn. 36 ff.). Für die Betreiber von **Fernleitungsnetzen** ist von der BNetzA grundsätzlich ein nationaler Effizienzvergleich durchzuführen (§ 22 Abs. 3 S. 1 ARegV), außer es stehen hierfür nicht die Daten einer ausreichenden Anzahl von Netzbetreibern zur Verfügung. In diesem Fall ist auch für die Betreiber von Fernleitungsnetzen ein internationaler Effizienzvergleich durchzuführen (§ 22 Abs. 3 S. 4, Abs. 1 ARegV). Sowohl in dem nationalen Effizienzvergleich und dem etwaigen internationalen Effizienzvergleich für die Betreiber von Fernleitungsnetzen werden Vergleichsparameter iSd § 13 Abs. 1 Alt. 2, Abs. 3 ARegV berücksichtigt (näher Holznagel/Schütz/Albrecht/Petermann ARegV § 22 Rn. 70 ff.).

474 Nach ihrem Wortlaut („Vorgaben zur Erhebung von Vergleichsparametern zur Ermittlung der Effizienzwerte") bezieht sich die **sachliche Zuständigkeit** der BNetzA für bundeseinheitliche Festlegungen nach Absatz 3 Satz 3 Nummer 3 auch auf internationale und nationale Effizienzvergleiche iSd § 22 ARegV, in denen die Effizienzwerte für die Betreiber von Transportnetzen ermittelt werden. Aus § 32 Abs. 2 S. 1 ARegV würde sich im Anwendungsbereich des § 22 ARegV für eine solche bundeseinheitliche Festlegung auch eine **materielle Festlegungsbefugnis** ergeben. Allerdings ergäbe eine solche bundeseinheitliche Festlegung im Anwendungsbereich des § 22 ARegV keinen Sinn, da die Betreiber von Transportnetzen schon nach Absätzen 1 und 2 Satz 1 alleine in die sachliche Zuständigkeit der BNetzA fallen (→ Rn. 423). Die Gewährleistung eines einheitlichen regulatorischen Rahmens im gesamten Bundesgebiet im Sinne der amtlichen Begründung (BT-Drs. 17/6072, 89; → Rn. 451) erfordert daher keine bundeseinheitliche Festlegung der BNetzA iSd Absatzes 3 Satz 3 Nummer 3. Eine gesonderte Festlegung von Vergleichsparametern nach § 29 Abs. 1 EnWG iVm § 32 Abs. 2 ARegV für Betreiber von Transportnetzen könnte die BNetzA auch aufgrund ihrer sachlichen Zuständigkeit nach Absatz 1 (→ Rn. 197 ff.) erlassen. Für die Betreiber von Transportnetzen hat die Regelung des Absatzes 3 Satz 3 Nummer 3 daher **keine** praktische Relevanz.

475 cc) **Gerichtlicher Prüfungsmaßstab.** Der BGH hat für den bundesweiten Effizienzvergleich für die Betreiber von Energieverteilernetzen (§§ 12 ff. ARegV) **insgesamt** entschieden, dass der handelnden Regulierungsbehörde „bei der Auswahl der einzelnen Parameter und Methoden […] ein **Spielraum** zu[steht], der in einzelnen Aspekten einem Beurteilungsspielraum, in anderen Aspekten einem Regulierungsermessen gleichkommt" (BGH EnWZ 2014, 378 Rn. 10 – Hervorhebung nicht im Original; Holznagel/Schütz/Albrecht/Mallosek/Petermann ARegV § 12 Rn. 36 ff.). Dies gilt nach Auffassung des BGH ausdrücklich auch für die Auswahl von Vergleichsparametern iSd § 13 Abs. 3 ARegV (BGH EnWZ 2014, 378 Rn. 22). In der Folge unterliegt die Durchführung des bundesweiten Effizienzvergleichs, einschließlich der Auswahl der Vergleichsparameter, nur einer **eingeschränkten** gerichtlichen Überprüfung (BGH EnWZ 2014, 378 Rn. 24 ff. und näher → Rn. 430 f.). Die vorgenannte Entscheidung des BGH betrifft jedoch einen Fall, in dem der bundesweite Effizienzvergleich, wie bislang üblich, in die Festlegung der kalenderjährlichen Erlösobergrenzen nach § 29 Abs. 1 EnWG iVm § 32 Abs. 1 Nr. 1 ARegV, § 4 Abs. 1 und 2 ARegV integriert wurde (BGH EnWZ 2014, 378 Rn. 1).

Das Bestehen eines solchen, einer eingeschränkten gerichtlichen Überprüfung unterliegenden Spielraums kann richtigerweise **nicht** davon abhängig sein, ob der bundesweite Effizienzvergleich nach §§ 12 ff. ARegV insgesamt verwaltungsverfahrensrechtlich in die individuelle Festlegung der kalenderjährlichen Erlösobergrenzen „integriert" wird oder ob bestimmte Einzelaspekte des bundesweiten Effizienzvergleichs durch eine gesonderte – zeitlich vorgeschaltete – bundeseinheitliche Festlegung aufgrund der sachlichen Zuständigkeit der BNetzA nach Absatz 3 Satz 3 Nummer 3 erfolgt, die anschließend nach dem „Modell des gestuften Verfahrens" (BGH EnWZ 2015, 180 Rn. 21 und → Rn. 426 f.) in die Festlegung der kalenderjährlichen Erlösobergrenzen einfließt. Sollte die BNetzA in der Zukunft gem. Absatz 3 Satz 3 Nummer 3 eine **bundeseinheitliche Festlegung** iSd § 29 Abs. 1 iVm § 32 Abs. 2 S. 2 ARegV erlassen, so hätte dies den Vorteil, dass etwaige gerichtliche Auseinandersetzungen durch die BNetzA gesondert geklärt werden könnten und nicht in energiewirtschaftlichen Beschwerdeverfahren betreffend die Festlegung der kalenderjährlichen Erlösobergrenzen abgehandelt werden müssten. Letztere fallen aufgrund Absatz 2 Satz 1 Nummer 2 (→ Rn. 284 ff.) häufig in die sachliche Zuständigkeit der Regulierungsbehörden der Länder, die regelmäßig nach § 12 Abs. 6 S. 1 ARegV lediglich die Ergebnisse des von der BNetzA durchgeführten bundesweiten Effizienzvergleichs übernehmen und somit nur am Rande mit dem bundesweiten Effizienzvergleich befasst sind. **476**

d) Genereller sektoraler Produktivitätsfaktor (Abs. 3 S. 3 Nr. 4). Gemäß Absatz 3 Satz 3 Nummer 4 besteht eine sachliche Zuständigkeit der BNetzA für bundeseinheitliche Festlegungen in Bezug auf den generellen sektoralen Produktivitätsfaktor nach den Verordnungen nach § 21a Abs. 6, also der ARegV (Bourwieg/Hellermann/Hermes/Gundel § 54 Rn. 59; Kment EnWG/Görisch § 54 Rn. 9; Theobald/Kühling/Theobald/Werk § 54 Rn. 104c). Die Regelung des Absatzes 3 Satz 3 Nummer 4 wurde durch das Gesetz zur Modernisierung der Netzentgeltstruktur (NeMoG) vom 17.7.2017 (BGBl. I 2503 (2505)) in das EnWG eingefügt (→ Rn. 28). Der generelle sektorale Produktivitätsfaktor, der seine Regelung in **§ 9 ARegV** findet, dient dazu, die **branchenbezogenen Besonderheiten** der Netzwirtschaft in Bezug auf die Entwicklung der Einstandskosten und im Hinblick auf den Produktivitätsfortschritt in den kalenderjährlichen Erlösobergrenzen zu berücksichtigen (näher Holznagel/Schütz/Kresse/Vogl ARegV § 9 Rn. 32 f.). Während sich die Regelung des § 8 ARegV auf die Entwicklung der Einstandskosten und den Produktivitätsfortschritt in der Gesamtwirtschaft bezieht und auf den Verbraucherpreisgesamtindex abstellt (näher Holznagel/Schütz/Kresse/Vogl ARegV § 8 Rn. 11 ff.), werden die kalenderjährlichen Erlösobergrenzen durch den generellen sektoralen Produktivitätsfaktor auf die Besonderheiten der regulierten Branche „**scharf gestellt**" (Schütz/Schütte FS Loschelder, 2010, 335 (337); Holznagel/Schütz/Kresse/Vogl ARegV § 9 Rn. 32). **477**

Nach § 9 Abs. 3 S. 1 ARegV hat die BNetzA den generellen sektoralen Produktivitätsfaktor ab der dritten Regulierungsperiode der Anreizregulierung für die gesamte Regulierungsperiode nach Maßgabe von Methoden, die dem Stand der Wissenschaft entsprechen, zu **ermitteln** (Holznagel/Schütz/Kresse/Vogl ARegV § 9 Rn. 112 ff.). Die Landesregulierungsbehörden haben nach § 9 Abs. 4 ARegV die Möglichkeit, den durch die BNetzA ermittelten Wert in den von ihnen zu erlassenen Festlegungen von kalenderjährlichen Erlösobergrenzen zu **übernehmen** (Holznagel/Schütz/Kresse/Vogl ARegV § 9 Rn. 151 ff.). Parallel zu diesen Vorschriften wurde durch die Zweite Verordnung zur Änderung der Anreizregulierungsverordnung vom 14.9.2016 (BGBl. I 2147 (2153)) mit § 32 Abs. 1 Nr. 2a ARegV eine **materielle Festlegungsbefugnis** der Regulierungsbehörden nach § 29 Abs. 1 zur Ermittlung des generellen sektoralen Produktivitätsfaktor gem. § 9 Abs. 3 ARegV geschaffen (näher Holznagel/Schütz/Kresse/Vogl ARegV § 9 Rn. 137). Aufgrund der nicht speziell **478**

EnWG § 54   Teil 7. Behörden

auf die BNetzA bezogenen Formulierung des § 32 Abs. 1 Nr. 2a ARegV und der daneben fortbestehenden Regelung des § 9 Abs. 3 und 4 ARegV entstanden in der Praxis **Zweifel** darüber, ob die BNetzA die generellen sektoralen Produktivitätsfaktoren für die dritte Regulierungsperiode der Anreizregulierung im Wege einer bundeseinheitlichen Festlegung aufgrund der Generalklausel des Absatzes 3 Satz 2 festlegen könne. In der Folge wurde zur Vermeidung jeglicher rechtlicher Risiken daraufhin mit Absatz 3 Satz 3 Nummer 4 eine **ausdrückliche** sachliche Zuständigkeit der BNetzA für bundeseinheitliche Festlegungen betreffend den generellen sektoralen Produktivitätsfaktor geschaffen (näher → Rn. 29). Durch Absatz 3 Satz 3 Nummer 4 wird die grundsätzliche sachliche Zuständigkeit der Regulierungsbehörden der Länder für den Vollzug der ARegV nach **Absatz 2 Satz 1 Nummer 2** eingeschränkt.

479 Für die **dritte Regulierungsperiode** der Anreizregulierung (Gasbereich: 1.1.2018 bis 31.12.2022; Strombereich: 1.1.2019 bis 31.12.2023) hat die BNetzA auf der Grundlage des § 29 Abs. 1 EnWG iVm § 32 Abs. 1 Nr. 2a ARegV, § 9 Abs. 3 ARegV die generellen sektoralen Produktivitätsfaktoren für die Betreiber der Elektrizitäts- und Erdgasversorgungsnetze jeweils durch bundeseinheitliche Festlegung im Sinne der sachlichen Zuständigkeit nach Absatz 3 Satz 3 Nummer 4 **festgelegt** (Gasbereich: BNetzA Beschl. v. 21.2.2018 – BK4-17-093, S. 6; Strombereich: BNetzA Beschl. v. 28.11.2018 – BK4-18-056, S. 9; im Einzelnen zum Vorgehen der BNetzA Holznagel/Schütz/Kresse/Vogl ARegV § 9 Rn. 142 ff.). Die durch die BNetzA festgelegten Werte des generellen sektoralen Produktivitätsfaktors flossen anschließend nach dem „Modell des gestuften Verfahrens" (BGH EnWZ 2015, 180 Rn. 21 und → Rn. 426 f.) in die Festlegungen der kalenderjährlichen Erlösobergrenzen nach § 29 Abs. 1 EnWG iVm § 32 Abs. 1 Nr. 1 ARegV, § 4 Abs. 1 und 2 ARegV ein, die durch die BNetzA und die Regulierungsbehörden der Länder im Rahmen ihrer jeweiligen sachlichen Zuständigkeit (§ 54 Abs. 1 oder Abs. 2 S. 1 Nr. 2) erlassen wurden.

480 Der **BGH** hat zur vorgenannten bundeseinheitlichen Festlegung der BNetzA für die Betreiber der Erdgasversorgungsnetze (Gasbereich: BNetzA Beschl. v. 21.2.2018 – BK4-17-093, S. 6) entschieden, dass auch im Hinblick auf die Festlegung des generellen sektoralen Produktivitätsfaktors iSd § 9 Abs. 3 ARegV ein **Spielraum** der zuständigen Regulierungsbehörde besteht, der nach den oben dargestellten Grundsätzen (→ Rn. 430 f.) nur einer eingeschränkten gerichtlichen Überprüfung unterliegt (BGH BeckRS 2021, 4019 Rn. 12 ff.; so bereits Holznagel/Schütz/Kresse/Vogl ARegV § 9 Rn. 150; krit. Rieger N&R-Beil. 1/21, 10; Rosin/Bourazeri RdE 2021, 248).

481 **e) Methoden zur Bestimmung des Qualitätselements (Abs. 3 S. 3 Nr. 5).** Nach Absatz 3 Satz 3 Nummer 5 besteht ferner eine sachliche Zuständigkeit der BNetzA für bundeseinheitliche Festlegungen in Bezug auf die Methoden zur Bestimmung des Qualitätselementes aufgrund einer Verordnung nach § 21a Abs. 6, also der ARegV. Von dieser Vorschrift angesprochen wird die **Qualitätsregulierung nach §§ 19 f. ARegV**. Bei dem Qualitätselement handelt es sich um Zu- oder Abschläge auf die kalenderjährlichen Erlösobergrenzen der betroffenen Netzbetreiber, sofern diese hinsichtlich der Aspekte der Netzzuverlässigkeit und der Netzleistungsfähigkeit von bestimmten Kennzahlenvorgaben abweichen (§ 19 Abs. 1 S. 1 ARegV). Die Regelung des Absatzes 3 Satz 3 Nummer 5 wurde durch das Gesetz zur Umsetzung unionsrechtlicher Vorgaben und zur Regelung reiner Wasserstoffnetze im Energiewirtschaftsrecht vom 16.7.2021 **nachträglich** in das EnWG **aufgenommen** (BGBl. 2021 I 3026 (3052); Bourwieg/Hellermann/Hermes/Gundel § 54 Rn. 59) und geht auf einen im Vorfeld erfolgten Abstimmungsprozess zwischen Bund und Ländern zurück (näher zur Entstehungsgeschichte des Absatzes 3 Satz 3 Nummer 5 → Rn. 48 ff.). Der **Hintergrund** der Regelung des Absatzes 3 Satz 3 Nummer 5 besteht ausweislich der amtlichen Begründung darin, dass sich in der „bisherige[n] Regulierungspraxis" ein „Bedürfnis" nach dem Erlass einer diesbezüglichen bundeseinheitlichen Festlegung durch die BNetzA gezeigt habe (BT-Drs. 19/27453, 134; näher → Rn. 50).

482 Die Neuregelung betrifft nach ihrem eindeutigen Wortlaut („Methoden") **ausschließlich** die Festlegung der grundlegenden **Methodik** des Qualitätselements (sog. Methodikfestlegung), nicht jedoch die auf dieser Methodik basierenden Entscheidungen über die jährliche Höhe des Qualitätselements im Einzelfall (BT-Drs. 19/27453, 134). Letztere erfolgen im Rahmen der Anpassung der kalenderjährlichen Erlösobergrenzen durch die Berücksichtigung eines Qualitätselements gem. § 29 Abs. 1 iVm §§ 4 Abs. 5, 19 Abs. 1, 32 Abs. 1

1564   *Kresse*

Nr. 1 ARegV individuell für die einzelnen Betreiber der Energieversorgungsnetze. Für die letztgenannten Entscheidungen **im Einzelfall** verbleibt es bei der Aufteilung der sachlichen Zuständigkeit zwischen der Bundesnetzagentur gem. Absatz 1 und den Regulierungsbehörden der Länder gem. Absatz 2 Satz 1 Nummer 2 (BT-Drs. 19/27453, 134; → Rn. 285 f.).

Die **materielle Festlegungsbefugnis** für die (künftig bundeseinheitliche) Festlegung der **483** Methodik des Qualitätselements folgt aus der Regelung des § 29 Abs. 1 iVm § 32 Abs. 1 Nr. 6 ARegV, die sich ebenfalls auf den „Beginn der Anwendung, die nähere Ausgestaltung und das Verfahren der Bestimmung des Qualitätselements nach den §§ 19 und 20", also auf deren Methodik, bezieht. Die Vorschrift des § 32 Abs. 1 Nr. 6 ARegV war allerdings bereits in der ursprünglichen Fassung der ARegV aus dem Jahre 2007 enthalten (BGBl. 2007 I 2529 (2539); BR-Drs. 417/07, 26), sodass auch die sachliche Zuständigkeit für den Erlass der vorgenannten Methodikfestlegung nach **früherer Rechtslage**, wie für den Vollzug der Regulierungsregimes der Anreizregulierung insgesamt (→ Rn. 284 ff.), zwischen der BNetzA (Absatz 1) und den Landesregulierungsbehörden (Absatz 2 Satz 1 Nummer 2) aufgeteilt war (→ Rn. 50). Eben diese frühere Rechtslage hat sich nunmehr durch die Schaffung des Absatzes 3 Satz 3 Nummer 5 zugunsten einer sachlichen Zuständigkeit der BNetzA zum Erlass einer diesbezüglichen bundeseinheitlichen Festlegung geändert.

f) Vorgaben für bestimmte Genehmigungsverfahren betreffend vollständig integ- 484 rierte Netzkomponenten (Abs. 3 S. 3 Nr. 6). In Absatz 3 Satz 3 Nummer 6 ist eine sachliche Zuständigkeit der BNetzA für den Erlass bundeseinheitlicher Festlegungen betreffend Vorgaben hinsichtlich des Verfahrens für die Genehmigung des Eigentums an oder der Errichtung, der Verwaltung oder des Betriebs von Energiespeicheranlagen (§ 3 Nr. 15d), die elektrische Energie erzeugen und zugleich vollständig integrierten Netzkomponenten (§ 3 Nr. 38b) darstellen, im Einzelfall nach § 11b Abs. 5 Alt. 2 iVm Abs. 1 Nr. 2 Hs. 2 enthalten, die durch das Gesetz zur Umsetzung unionsrechtlicher Vorgaben und zur Regelung reiner Wasserstoffnetze im Energiewirtschaftsrecht vom 16.7.2021 **nachträglich** in das EnWG **eingefügt** wurde (BGBl. 2021 I 3026 (3052); Bourwieg/Hellermann/Hermes/ Gundel § 54 Rn. 59). Ebenso wie Absatz 3 Satz 3 Nummer 5 (→ Rn. 481 ff.) geht diese Regelung auf einen Abstimmungsprozess zwischen Bund und Ländern zurück (näher zur Entstehungsgeschichte des Absatzes 3 Satz 3 Nummer 6 → Rn. 51 ff.).

Die sachliche Zuständigkeit für bundeseinheitliche Festlegungen nach Absatz 3 Satz 3 **485** Nummer 6 **beschränkt** sich ausdrücklich auf Festlegungen der BNetzA betreffend Vorgaben zum Genehmigungsverfahren nach § 11b Abs. 5 **Alt. 2** iVm Abs. 1 Nr. 2 **Hs. 2** (BT-Drs. 19/31009, 18; → Rn. 357). Auf Grund der sachlichen Zuständigkeit gem. Absatz 3 Satz 3 Nummer 6 kann die BNetzA bundeseinheitliche Festlegungen zum diesbezüglichen Verfahren erlassen und durch diese die für die Erteilung der Genehmigungen im Einzelfall sachlich zuständigen Behörden, nämlich sowohl sich selbst (Absatz 1) als auch die Landesregulierungsbehörden (Absatz 2 Satz 1 Nummer 12; → Rn. 349 ff.), an das vorgegebene Verfahren **binden** (BT-Drs. 19/31009, 18; allgemein zur Wirkung bundeseinheitlicher Festlegungen → Rn. 423 ff.). Die einschlägige **materielle Festlegungsbefugnis** der BNetzA, die ebenfalls durch das Gesetz zur Umsetzung unionsrechtlicher Vorgaben und zur Regelung reiner Wasserstoffnetze im Energiewirtschaftsrecht vom 16.7.2021 geschaffen wurde (BGBl. 2021 I 3026 (3032); BT-Drs. 19/30899, 8), ergibt sich aus § 29 Abs. 1 Alt. 1 iVm § 11b Abs. 5 Alt. 2, Abs. 1 Nr. 2 Hs. 2. Demnach kann die BNetzA Vorgaben zur näheren Ausgestaltung der Genehmigungsverfahren nach § 11b Abs. 1 Nr. 2 Hs. 2 treffen (BT-Drs. 19/31009, 12).

Hingegen werden **andere** Festlegungen der BNetzA, die im Zusammenhang mit der **486** Genehmigung oder Gestattung des Eigentums an oder der Errichtung, der Verwaltung oder des Betriebs von Energiespeicheranlagen (§ 3 Nr. 15d), die elektrische Energie erzeugen, stehen, von Absatz 3 Satz 3 Nummer 6 **nicht erfasst**. Hierbei handelt es sich im Einzelnen um folgende Festlegungen:

- Festlegung nach § 29 Abs. 1 Alt. 1 iVm **§ 11a Abs. 3** betreffend die nähere Ausgestaltung des Ausschreibungsverfahrens nach § 11a Abs. 1 S. 1 für Energiespeicheranlagen, die elektrische Energie erzeugen und keine vollständig integrierten Netzkomponenten iSd § 3 Nr. 38b darstellen (→ Rn. 354);
- Festlegung nach § 29 Abs. 1 Alt. 1 iVm **§ 11b Abs. 5 Alt. 1** betreffend Vorgaben zum Genehmigungsverfahrens für Energiespeicheranlagen, die elektrische Energie erzeugen und keine vollständig integrierte Netzkomponenten iSd § 3 Nr. 38b darstellen nach § 11b Abs. 1 Nr. 1 (→ Rn. 354),

- Festlegung („Gestattung") nach § 29 Abs. 1 Alt. 1 iVm **§ 11b Abs. 1 Nr. 2 Hs. 1** betreffend Energiespeicheranlagen, die elektrische Energie erzeugen und zugleich vollständig integrierte Netzkomponenten iSd § 3 Nr. 38b darstellen (→ Rn. 356).

487 Der **Hintergrund** für die vorstehend beschriebene Begrenzung des Anwendungsbereichs des Absatzes 3 Satz 3 Nummer 6 besteht darin, dass nur in Bezug auf Genehmigungsverfahren nach § 11b Abs. 1 Nr. 2 **Hs. 2** eine Aufteilung der sachlichen Zuständigkeit zwischen den Regulierungsbehörden des Bundes (Absatz 1) und der Länder (Absatz 2 Satz 1 Nummer 12; → Rn. 349 ff. und insbesondere → Rn. 357) erfolgt ist. Die anderen drei vorgenannten Festlegungen kann die BNetzA bereits nach dem Wortlaut der jeweiligen Norm (so bei § 11a Abs. 3 und § 11b Abs. 5 Alt. 1; → Rn. 354) oder im Falle des § 11b Abs. 1 Nr. 2 Hs. 1 jedenfalls nach Absatz 1 (→ Rn. 356) in alleiniger sachlicher Zuständigkeit erlassen, ohne dass eine Aufteilung der sachlichen Zuständigkeit zwischen der Regulierungsbehörden des Bundes und der Länder erfolgt wäre (unscharf daher zu § 11b Abs. 5 Alt. 1 BT-Drs. 19/31009, 18). Somit stellt alleine eine etwaige Festlegung der BNetzA betreffend Vorgaben zu dem vorgenannten Genehmigungsverfahren nach § 11b Abs. 1 Nr. 2 Hs. 2 aufgrund ihrer Bindungswirkung einen Eingriff in die sachliche Zuständigkeit der Landesregulierungsbehörden nach Absatz 2 Satz 1 Nummer 12 dar. Nur in solchen Fallkonstellationen ist eine sachliche Zuständigkeit für den Erlass einer bundeseinheitlichen Festlegung durch die BNetzA überhaupt **erforderlich** (BT-Drs. 19/31009, 18; → Rn. 423).

488 Da auch in der Festlegungsbefugnis gem. § 11b Abs. 5 Alt. 2 nicht der allgemein gehaltene Begriff der „Regulierungsbehörde" verwendet (→ Rn. 66), sondern vielmehr die **BNetzA** ausdrücklich als solche benannt wird, ist eine gesonderte Regelung aber im Grunde nicht zwingend erforderlich, um die alleinige sachliche Zuständigkeit der BNetzA für die Festlegung nach § 29 Abs. 1 Alt. 1 iVm § 11b Abs. 5 Alt. 2 zu begründen (unscharf daher zu § 11b Abs. 5 Alt. 2 BT-Drs. 19/31009, 18; → Rn. 67). Vor dem Hintergrund der oben beschriebenen Aufteilung der sachlichen Zuständigkeit zwischen der Regulierungsbehörden des Bundes und der Länder für die Erteilung von (Einzelfall-) Genehmigungen gem. § 11b Abs. 1 Nr. 2 Hs. 2 (→ Rn. 487) hat sich der Gesetzgeber, zum Zwecke der **Vermeidung von Unklarheiten** über die einschlägigen sachlichen Zuständigkeiten der BNetzA und der Landesregulierungsbehörden (BT-Drs. 19/31009, 11), trotzdem dazu entschlossen, in Absatz 3 Satz 3 Nummer 6 explizit eine sachliche Zuständigkeit der BNetzA zum Erlass bundeseinheitlicher Festlegungen betreffend das Verfahren für die Genehmigung von Energiespeicheranlagen, die elektrische Energie erzeugen und zugleich vollständig integrierten Netzkomponenten darstellen, aufgrund § 29 Abs. 1 Alt. 1 iVm § 11b Abs. 5 Alt. 2, Abs. 1 Nr. 2 Hs. 2 vorgesehen (BT-Drs. 19/31009, 18).

5. Einbindung des Länderausschusses (Abs. 3 S. 4 und 5)

489 In Absatz 3 Sätze 4 und 5 sind **Sonderregelungen** für solche bundeseinheitliche Festlegungen der BNetzA enthalten, die auf Grundlage der Generalklausel des Absatzes 3 Satz 2 erlassen werden und nicht die in Absatz 3 Satz 3 abschließend aufgezählten Regelungsbereiche betreffen. Im Umkehrschluss bedeutet dies, dass die Vorschriften des Absatzes 3 Sätze 4 und 5 **keine Anwendung** auf solche bundeseinheitlichen Festlegungen der BNetzA finden, die aufgrund ihrer sachlichen Zuständigkeit nach Absatz 3 Satz 3 Nummern 1–6 erlassen werden (Bourwieg/Hellermann/Hermes/Gundel § 54 Rn. 60; Kment EnWG/Görisch § 54 Rn. 9; Theobald/Kühling/Theobald/Werk § 54 Rn. 104d). Diese Regelungen wurden durch das Dritte Gesetz zur Neuregelung energiewirtschaftsrechtlicher Vorschriften vom 20.12.2012 (BGBl. I 2730 (2742)) in das EnWG aufgenommen (→ Rn. 25). Bei den Regelungen des Absatzes 3 Sätze 4 und 5 handelt es sich um **formelle Rechtmäßigkeitsvoraussetzungen** der jeweiligen bundeseinheitlichen Festlegung der BNetzA auf Grundlage der Generalklausel des Absatzes 3 Satz 2 (Kment EnWG/Görisch § 54 Rn. 9; „zwingende[r] Bestandteil der Erforderlichkeitsprüfung").

490 Ausweislich der amtlichen Begründung handelt es sich bei den Regelungen des Absatzes 3 Sätze 4 und 5 lediglich um eine „**Klarstellung**" der geltenden Rechtslage (BT-Drs. 17/10754, 33). Denn nach § 60a Abs. 2 S. 1 ist dem Länderausschuss ohnehin Gelegenheit zur Stellungnahme u.a. vor dem Erlass von Festlegungen nach § 29 Abs. 1 in Form von Allgemeinverfügungen nach den Teilen 2 und 3 des EnWG durch die BNetzA zu geben

(→ § 60a Rn. 14 ff.). Jedoch besteht nach Absatz 3 Satz 4 **keine Möglichkeit** zu einem Verzicht auf die Konsultation des Länderausschusses in „dringlichen Fällen", die in der allgemeinen Regelung des § 60a Abs. 2 S. 2 vorgesehen ist (so zutreffend Baur/Salje/Schmidt-Preuß Energiewirtschaft/Franke Kap. 40 Rn. 25; Kment EnWG/Görisch § 54 Rn. 9). Die Vorschriften des Absatzes 3 Sätze 4 und 5 wurden seinerzeit geschaffen, da seitens der Regulierungsbehörden der Länder die **Befürchtung** bestand, die BNetzA könnte in der Zukunft eventuell – gestützt auf ihre sachliche Zuständigkeit für bundeseinheitliche Festlegungen nach Absatz 3 Satz 2 – gegen den Willen der Landesregulierungsbehörden in deren sachliche Zuständigkeit nach Absatz 2 Satz 1 eingreifen. In der amtlichen Begründung wird darauf verwiesen, durch eine bundeseinheitliche Festlegung der BNetzA könne „zumindest indirekt" die Regulierungspraxis der Landesregulierungsbehörden „beeinträchtigt werden" (BT-Drs. 17/10754, 33; Baur/Salje/Schmidt-Preuß Energiewirtschaft/Franke Kap. 40 Rn. 25; Bourwieg/Hellermann/Hermes/Gundel § 54 Rn. 60; Säcker EnergieR/Schmidt-Preuß § 54 Rn. 3a). **Hintergrund** hierfür ist, dass der Gesetzgeber bei der Generalklausel des Absatzes 3 Satz 2 – anders als bei der abschließenden Aufzählung in Absatz 3 Satz 3 Nummern 1–4 – nicht vorausbestimmt hat, in welchen Fällen eine in den sachlichen Zuständigkeitsbereich der Regulierungsbehörden der Länder eingreifende bundeseinheitliche Festlegung der BNetzA in Betracht kommt. Daher besteht im Falle eines Abstellens der BNetzA auf die Generalklausel des Absatzes 3 Satz 2 eine erhöhte Schutzbedürftigkeit der Interessen der Landesregulierungsbehörden (→ Rn. 446). Die Länder hatten daher sogar erfolglos versucht, die in Absatz 3 Satz 2 enthaltene Generalklausel durch eine Verordnungsermächtigung des BMWi zu ersetzen (BT-Drs. 11269, 6 f.; Baur/Salje/Schmidt-Preuß Energiewirtschaft/Franke Kap. 40 Rn. 25; näher → Rn. 25).

491 Nach Absatz 3 Satz 4 hat die BNetzA vor dem Erlass einer solchen bundeseinheitlichen Festlegung den Länderausschuss iSd § 60a mit dem beabsichtigten Inhalt der jeweiligen Festlegung zu **befassen**. Dies bedeutet, dass die BNetzA zu einer beabsichtigten bundeseinheitlichen Festlegung die Mitglieder des Länderausschusses konsultiert (BT-Drs. 17/10754, 33). In der **Praxis** erfolgt die Konsultation der Mitglieder des Länderausschusses nach Absatz 3 Satz 4 dergestalt, dass diesen im zeitlichen Vorfeld einer Sitzung des Länderausschusses eine Entwurfsfassung der jeweils beabsichtigten bundeseinheitlichen Festlegung übersandt und dessen Inhalt in der Sitzung mündlich erörtert wird. Im Zuge der Konsultation haben die Mitglieder des Länderausschusses die Gelegenheit, Einwände gegen die beabsichtigte bundeseinheitliche Festlegung vorzubringen, insbesondere im Hinblick auf das Vorliegen der Voraussetzungen der Generalklausel des Absatzes 3 Satz 2 (näher → Rn. 439 ff.). Abschließend fasst der Länderausschuss **Beschluss** über die beabsichtigte bundeseinheitliche Festlegung. Im Rahmen dieses Beschlusses kann der Länderausschuss nicht nur seine Zustimmung zu der beabsichtigten bundeseinheitlichen Festlegung erklären oder verweigern, sondern gegenüber der BNetzA auch bestimmte Änderungswünsche äußern.

492 Nach Absatz 3 Satz 5 hat die BNetzA die „mehrheitliche Auffassung des Länderausschusses", also den Inhalt des vorgenannten Beschlusses des Länderausschusses, bei ihrer bundeseinheitlichen Festlegung „so weit wie möglich" zu **berücksichtigen**. Aus der amtlichen Begründung folgt hieraus jedoch gerade **nicht**, dass der Beschluss des Länderausschusses durch die BNetzA „unbedingt umgesetzt werden muss". Demnach kann sich die BNetzA auch dazu entschließen, dem Beschluss des Länderausschusses „nicht zu folgen". In diesem Fall muss die BNetzA jedoch einen erhöhten Begründungsaufwand leisten und erläutern, aus welchen Gründen sie dem Beschluss des Länderausschusses nicht gefolgt ist (BT-Drs. 17/10754, 33; Baur/Salje/Schmidt-Preuß Energiewirtschaft/Franke Kap. 40 Rn. 25; Bourwieg/Hellermann/Hermes/Gundel § 54 Rn. 61; Kment EnWG/Görisch § 54 Rn. 9; Theobald/Kühling/Theobald/Werk § 54 Rn. 104d f.).

§ 54a Zuständigkeiten gemäß der Verordnung (EU) Nr. 2017/1938, Verordnungsermächtigung

(1) ¹**Das Bundesministerium für Wirtschaft und Klimaschutz ist zuständige Behörde für die Durchführung der in der Verordnung (EU) 2017/1938 festgelegten Maßnahmen.** ²Die §§ 3, 4 und 16 des Energiesicherungsgesetzes und die §§ 5, 8 und

EnWG § 54a   Teil 7. Behörden

21 des Wirtschaftssicherstellungsgesetzes in der Fassung der Bekanntmachung vom 3. Oktober 1968 (BGBl. I S. 1069), das zuletzt durch Artikel 134 der Verordnung vom 31. Oktober 2006 (BGBl. I S. 2407) geändert worden ist, bleiben hiervon unberührt.

(2) ¹Folgende in der Verordnung (EU) 2017/1938 bestimmte Aufgaben werden auf die Bundesnetzagentur übertragen:
1. die Durchführung der Risikobewertung gemäß Artikel 7,
2. folgende Aufgaben betreffend den Ausbau bidirektionaler Lastflüsse: die Aufgaben im Rahmen des Verfahrens gemäß Anhang III, die Überwachung der Erfüllung der Verpflichtung nach Artikel 5 Absatz 4, Aufgaben gemäß Artikel 5 Absatz 8,
3. die in Artikel 5 Absatz 1 und 8 Unterabsatz 1 genannten Aufgaben sowie
4. die nationale Umsetzung von Solidaritätsmaßnahmen nach Artikel 13.

²Die Bundesnetzagentur nimmt diese Aufgaben unter der Aufsicht des Bundesministeriums für Wirtschaft und Klimaschutz wahr. ³Die Zuständigkeit des Bundesministeriums für Wirtschaft und Klimaschutz gemäß Absatz 1 für Regelungen im Hinblick auf die in Artikel 5 Absatz 1 bis 3 und Artikel 6 in Verbindung mit Artikel 2 Nummer 5 der Verordnung (EU) 2017/1938 genannten Standards bleibt hiervon unberührt.

(3) ¹Die Bestimmung der wesentlichen Elemente, die im Rahmen der Risikobewertung zu berücksichtigen und zu untersuchen sind, einschließlich der Szenarien, die gemäß Artikel 7 Absatz 4 Buchstabe c der Verordnung (EU) 2017/1938 zu analysieren sind, bedarf der Zustimmung des Bundesministeriums für Wirtschaft und Klimaschutz. ²Die Bundesnetzagentur kann durch Festlegung gemäß § 29 Einzelheiten zu Inhalt und Verfahren der Übermittlung von Informationen gemäß Artikel 7 Absatz 6, zum Verfahren gemäß Anhang III sowie zur Kostenaufteilung gemäß Artikel 5 Absatz 7 der Verordnung (EU) 2017/1938 regeln.

(4) Das Bundesministerium für Wirtschaft und Klimaschutz wird ermächtigt, durch Rechtsverordnung, die nicht der Zustimmung des Bundesrates bedarf:
1. zum Zwecke der Durchführung der Verordnung (EU) 2017/1938 weitere Aufgaben an die Bundesnetzagentur zu übertragen,
2. Verfahren und Zuständigkeiten von Bundesbehörden bezüglich der Übermittlung von Daten gemäß Artikel 14 der Verordnung (EU) 2017/1938 festzulegen sowie zu bestimmen, welchen Erdgasunternehmen die dort genannten Informationspflichten obliegen,
3. Verfahren und Inhalt der Berichtspflichten gemäß Artikel 10 Absatz 1 Buchstabe k der Verordnung (EU) 2017/1938 festzulegen sowie
4. weitere Berichts- und Meldepflichten zu regeln, die zur Bewertung der Gasversorgungssicherheitslage erforderlich sind.

Überblick

§ 54a enthält Zuständigkeits- und Entscheidungsregelungen sowie Festlegungs- und Verordnungsermächtigungen betreffend die Durchführung der VO (EU) 2017/1938 (sog. ErdgasversorgungsVO). **Absatz 1** weist dem BMWK die Eigenschaft als zuständige Behörde iSv Art. 3 Abs. 2 S. 1 VO (EU) 2017/1938 zu (→ Rn. 1 ff.). **Absatz 2** ordnet an, dass der BNetzA anstelle des BMWK Aufgaben im Bereich der Risikobewertung, der Schaffung bidirektionaler Kapazitäten und der Sicherung eines hinreichenden Infrastrukturstandards zur Gewährleistung der Gasversorgungssicherheit übertragen werden und die BNetzA bei der Wahrnehmung dieser Aufgaben der Aufsicht des BMWK untersteht (→ Rn. 9 ff.). **Absatz 3 Satz 1** stehen bestimmte der BNetzA nach Absatz 2 Satz 1 übertragene Entscheidungsbefugnisse unter dem Vorbehalt der Zustimmung des BWMi (→ Rn. 17). **Absatz 3 Satz 2** stattet die BNetzA mit Festlegungskompetenzen aus (→ Rn. 18). **Absatz 4** normiert Verordnungskompetenzen des BMWK zur Durchführung und Konkretisierung der VO (EU) 2017/1938 (→ Rn. 19 ff.).

Wessling

Zuständigkeiten gemäß der SoS-VO § 54a EnWG

Übersicht

	Rn.		Rn.
A. Hintergrund und Normzweck	1	II. Gegenstände der übertragenen Aufgaben	12
B. Entstehungsgeschichte	6	III. Aufsicht des BMWK	15
C. Generelle Zuständigkeit des BMWK (Abs. 1)	7	IV. Infrastruktur- und Versorgungsstandards	16
D. Übertragung bestimmter Aufgaben an die BNetzA (Abs. 2)	9	E. Zustimmungsvorbehalt und Festlegungsermächtigung (Abs. 3)	17
I. Allgemeines	9	F. Verordnungsermächtigung (Abs. 4)	19

A. Hintergrund und Normzweck

§ 54a Abs. 1–3 regelt Zuständigkeiten und Entscheidungskompetenzen bei der Umsetzung 1 der VO (EU) 2017/1938 innerhalb des Geltungsbereichs des EnWG.

Gegenstand der VO (EU) 2017/1938 sind **Maßnahmen zur Gewährleistung einer** 2 **sicheren Erdgasversorgung innerhalb der Europäischen Union.** Hintergrund der Verordnung ist die Erkenntnis der Europäischen Union, dass die Erdgasversorgung innerhalb des europäischen Binnenmarkts mit erheblichen Risiken behaftet ist: Erdgas deckt einen erheblichen Teil der Primärenergieversorgung der Europäischen Union und ist für viele Unternehmen und private Haushalte deswegen ein zumindest kurz- und mittelfristig nicht substituierbarer Energieträger. Gleichermaßen ist die Europäische Union von Erdgasimporten abhängig; sie ist insoweit mit einem oligopolistisch strukturierten Weltmarkt konfrontiert (s. Erwägungsgrund 1 VO (EU) 2017/1938; Säcker EnergieR/Scholz SoSVO Art. 1 Rn. 4, 5). Mit der VO (EU) 2017/1938 reagiert der europäische Verordnungsgeber auf die sich daraus ergebenden Versorgungsrisiken und legt präventive und reaktive Maßnahmen zur Verbesserung der Erdgasversorgungssicherheit fest.

Der Verordnungsgeber überträgt den sog. „zuständigen Behörden" die Durchführung und 3 Sicherstellung der Durchführung zahlreicher dieser Maßnahmen (zB Art. 5 Abs. 8, 6 Abs. 1 oder 7 Abs. 2 VO (EU) 2017/1938). Gemäß Art. 2 Nr. 7 VO (EU) 2017/1938 ist zuständige Behörde „eine nationale Regierungsbehörde oder eine nationale Regulierungsbehörde, die von einem Mitgliedstaat benannt wird, um die Durchführung der in dieser Verordnung vorgesehenen Maßnahmen sicherzustellen". Gemäß Art. 3 Abs. 2 S. 1 VO (EU) 2017/1938 kann jeder Mitgliedstaat insoweit lediglich eine Behörde benennen. Gemäß Art. 3 Abs. 2 S. 3 VO (EU) 2017/1938 können die Mitgliedstaaten der zuständigen Behörde allerdings gestatten, bestimmte in der Verordnung festgelegte Aufgaben an andere Stellen zu übertragen.

An diese Vorgaben knüpft der Gesetzgeber in § 54a Abs. 1–3 an und verteilt die 4 **Zuständigkeits- und Entscheidungskompetenzen** zwischen BMWK und BNetzA. Das Grundprinzip dieser Regelung besteht darin, dass das BMWK als originär zuständige Ausführungsbehörde bzw. als Aufsichtsbehörde die Letztverantwortung für die Umsetzung der VO (EU) 2017/1938 trägt und insoweit insbesondere die Verantwortung für politisch relevante Entscheidungen übernimmt. Die BNetzA erhält demgegenüber vom BMWK abgeleitete Ausführungskompetenzen in Bereichen, die mit ihren regulatorischen Zuständigkeiten verknüpft sind.

§ 54a Abs. 3 S. 2 normiert Festlegungsbefugnisse der BNetzA. § 54a Abs. 4 normiert 5 diverse Verordnungskompetenzen des BMWK. Beide Regelungen stellen sicher, dass die BNetzA bzw. das BMWK über Instrumente verfügen, die für eine effektive Umsetzung der VO (EU) 2017/1938 erforderlich sind.

B. Entstehungsgeschichte

Der Gesetzgeber hat § 54a mWv 4.8.2011 in das EnWG aufgenommen. Grundlage war 6 Art. 1 des Gesetzes zur Neuregelung energiewirtschaftsrechtlicher Vorschriften (BGBl. 2011 I 1554). In seiner Ursprungsfassung diente § 54a der Umsetzung der VO (EU) Nr. 2010/994. 2017 ersetzte der Europäische Gesetzgeber die VO (EU) Nr. 2010/994 durch die VO (EU) 2017/1938. Durch Art. 3 EEGuaÄndG passte der Gesetzgeber § 54a mWv 21.12.2018 dementsprechend an (BGBl. 2018 I 2549). Durch Art. 2 des Gesetzes zur Änderung des

Wessling

Energiewirtschaftsgesetzes 1975 und anderer energiewirtschaftlicher Vorschriften passte der Gesetzgeber § 54a mWv 22.5.2022 (BGBl. I 730) abermals an.

C. Generelle Zuständigkeit des BMWK (Abs. 1)

7 Gemäß § 54a Abs. 1 S. 1 ist das BWMi die **zuständige Behörde** für die Durchführung der in der VO (EU) 2017/1938 festgelegten Maßnahmen. Dass der Gesetzgeber mithin eine Regierungsbehörde und nicht die BNetzA als zuständige Behörde benennt, ist konsequent, denn auch vor Geltung des § 54a bestand eine federführende Zuständigkeit des BMWK für Fragen der Gasversorgungssicherheit (BT-Drs. 17/6072, 89).

8 Gemäß § 54a Abs. 1 S. 2 bleiben die §§ 3, 4 und 16 EnSiG und die §§ 5, 8 und 21 WiSiG von der Zuständigkeit des BMWK unberührt.

D. Übertragung bestimmter Aufgaben an die BNetzA (Abs. 2)

I. Allgemeines

9 § 54a Abs. 2 S. 1 überträgt der BNetzA Aufgaben, die in die originäre Zuständigkeit der „zuständigen Behörden" iSv Art. 3 Abs. 2 S. 1 VO (EU) 2017/1938 fallen. Grundlage dieser **Aufgabenübertragung** ist ausweislich der Gesetzesbegründung die in Art. 3 Abs. 2 S. 3 VO (EU) 2017/1938 angeordnete Befugnis der zuständigen Behörde, bestimmte in VO (EU) 2017/1938 festgelegte Aufgaben anderen Stellen zu übertragen. Die etwa in Art. 5 Abs. 1 S. 1 VO (EU) 2017/1938 vorgesehene Möglichkeit, dass die Mitgliedstaaten und damit verschiedene Organe der Mitgliedstaaten bestimmte Aufgaben unabhängig von der zuständigen Behörde ausführen können, ist demgegenüber nicht Grundlage der Aufgabenübertragung nach § 54a Abs. 2 S. 1. Ebenso wenig gründet § 54a Abs. 2 S. 1 auf der in Anhang III geregelten Befugnis der Mitgliedstaaten, die nationalen Regulierungsbehörden auch abweichend von Art. 3 Abs. 2 S. 3 VO (EU) 2017/1938 in Bezug auf bidirektionale Kapazitäten als zuständige Behörde zu benennen, denn in § 54a Abs. 2 S. 1 setzt der Gesetzgeber die BNetzA nicht als originär zuständige Behörde ein, sondern vielmehr als Behörde, die von der zuständigen Behörde, dem BMWK, bestimmte Aufgaben ableitet.

10 Es ist unschädlich, dass die Aufgabenübertragung nicht durch das BMWK selbst erfolgt, sondern unmittelbar vom Gesetzgeber vorgenommen wurde. Die zuständige Behörde leitet ihre Befugnis zur Übertragung ihr zugewiesener Aufgaben auf Dritte gem. Art. 3 Abs. 2 S. 2 und 4 VO (EU) 2017/1938 von den Mitgliedstaaten und damit vom nationalen Gesetzgeber ab. Gleichermaßen bestimmt der nationale Gesetzgeber, wer die Rolle der zuständigen Behörde übernimmt. Dementsprechend ist der nationale Gesetzgeber erst recht befugt, die Aufgabendelegation anstelle der zuständigen Behörde unmittelbar anzuordnen.

11 § 54a Abs. 2 S. 1 adressiert die BNetzA **nicht als Regulierungsbehörde**, sondern als Stelle, die Aufgaben einer Regierungsbehörde im übertragenen Wirkungskreis wahrnimmt. Ein Rückgriff auf die Befugnisse einer Regulierungsbehörde nach § 55 Abs. 1 S. 1 iVm §§ 65 ff. ist folglich ausgeschlossen (Kment EnWG/Görisch § 54a Rn. 3). Die Befugnis der BNetzA zur Durchführung der den Regulierungsbehörden in der VO (EU) 2017/1938 übertragenen Aufgaben ist vielmehr in § 56 Abs. 1 Nr. 3 verankert.

II. Gegenstände der übertragenen Aufgaben

12 § 54a Abs. 2 S. 1 Nr. 1 überträgt der BNetzA die Durchführung der **Risikobewertung** gem. Art. 7 VO (EU) 2017/1938. Das umfasst sowohl die Teilnahme an der gemeinsamen Risikobewertung gem. Art. 7 Abs. 2 VO (EU) 2017/1938 als auch die Durchführung der darauf aufbauenden nationalen Risikobewertung gem. Art. 7 Abs. 3 VO (EU) 2017/1938. Mittels dieser Risikobewertungen werden Gefahren für die Gasversorgungssicherheit identifiziert, um Versorgungsstörungen vorzubeugen oder diese im Falle ihres Eintritts zu beseitigen. Der Gesetzgeber begründet die Zuständigkeitsübertragung damit, dass die BNetzA besser als das BMWK ausgestattet ist, um die Risikobewertungen durchzuführen. Zudem sammelt die BNetzA ohnehin zahlreiche für die Risikoanalyse relevante Daten. Außerdem überschneiden sich die Aufgaben der Risikobewertung mit den Aufgaben, die der BNetzA

bei der Überprüfung der von den Fernleitungsnetzbetreibern zu erstellenden zehnjährigen Netzentwicklungsplänen gem. § 15a zukommen (BT-Drs. 17/6072, 89 f.).

In § 54a Abs. 2 Nr. 2 überträgt der Gesetzgeber der BNetzA verschiedene Aufgaben, die den Ausbau **bidirektionaler Lastflüsse** betreffen. Bidirektionale Lastflüsse in diesem Sinne sind im Rahmen von grenzüberschreitenden Verbindungsleitungen auftretende Gasflüsse in beide Richtungen (Erwägungsgrund 28 VO (EU) 2017/1938). Die der BNetzA insoweit übertragenen Aufgaben sind in § 54a Abs. 2 Nr. 2 enumerativ aufgezählt: Erstens nimmt die BNetzA sämtliche Aufgaben wahr, die den zuständigen Behörden im Rahmen des Verfahrens nach Anhang III VO (EU) 2017/1938 übertragen worden sind. Gegenstand dieser Verfahren ist die Schaffung und der Ausbau von permanenten bidirektionalen Kapazitäten bzw. eine Ausnahme hiervon. Zweitens und damit korrespondierend überwacht die BNetzA die in Art. 5 Abs. 4 VO (EU) 2017/1938 geregelte Verpflichtung der Fernleitungsnetzbetreiber, solche bidirektionalen Kapazitäten zu schaffen bzw. auszubauen. Drittens hat die BNetzA nach Maßgabe des Art. 5 Abs. 8 UAbs. 1 VO (EU) 2017/1938 in Bezug auf bidirektionale Lastflüsse sicherzustellen, dass jede neue Fernleitungsinfrastruktur durch die Entwicklung eines gut angebundenen Netzes zur Gasversorgungssicherheit beiträgt. Zudem trifft sie in der Risikoprüfung die nach Art. 5 Abs. 8 UAbs. 2 VO (EU) 2017/1938 erforderlichen Feststellungen.

§ 54a Abs. 2 S. 1 Nr. 3 überträgt der BNetzA die in Art. 5 Abs. 1, 8 UAbs. 1 VO (EU) 2017/1938 genannten Aufgaben. Diese betreffen **infrastrukturelle Maßnahmen** zur Gewährleistung der Gasversorgungssicherheit. Die BNetzA muss nach Maßgabe des Art. 5 Abs. 1 UAbs. 1 VO (EU) 2017/1938 sicherstellen, dass bei einem Ausfall der größten einzelnen Gasinfrastruktur innerhalb eines Gebiets die dann verbleibenden Kapazitäten hinreichend sind, um die Deckung der Gesamtnachfrage nach Erdgas auch bei einer besonders hohen Tagesnachfrage zu decken. Außerdem muss die BNetzA entsprechend den Vorgaben des Art. 5 Abs. 8 UAbs. 1 VO (EU) 2017/1938 sicherstellen, dass jede neue Fernleitungsinfrastruktur durch die Entwicklung eines gut angebundenen Netzes zur Gasversorgungssicherheit beiträgt. In Bezug auf bidirektionale Kapazitäten hat der Verweis des § 54a Abs. 2 S. 1 Nr. 3 auf Art. 5 Abs. 8 UAbs. 1 VO (EU) 2017/1938 keinen selbstständigen Anwendungsbereich, denn § 54a Abs. 2 S. 1 Nr. 2 verweist bereits auf die Regelung (→ Rn. 13).

§ 54a Abs. 2 S. 1 Nr. 4 überträgt der BNetzA die Zuständigkeit für die nationale **Umsetzung von Solidaritätsmaßnahmen** nach Artikel 13 VO (EU) 2017/1938. Die Regelung wurde anlässlich der Ukrainekrise und der dadurch ausgelösten Gefahr einer Gasversorgungskrise erlassen. Sie ermächtigt die BNetzA zur Ausführung von Solidaritätsmaßnahmen zur Erfüllung eines Solidaritätsersuchens gem. Art. 13 Abs. 1 VO (EU) 2017/1938. Die Regelung trägt dem Umstand Rechnung, dass die BNetzA gem. § 4 EnSiG bereits für die Durchführung entsprechender Maßnahmen nach der GasSV zuständig ist (BT-Drs. 20/1501, 41).

III. Aufsicht des BMWK

Gemäß § 54a Abs. 2 S. 2 nimmt die BNetzA die in § 54a Abs. 2 S. 1 übertragenen Aufgaben unter der Aufsicht des BMWK wahr. Die Regelung setzt Art. 3 Abs. 2 S. 4 VO (EU) 2017/1938 um (BT-Drs. 17/6072, 90). Die **Aufsichtsbefugnis** des BMWK erfasst sowohl die Rechts- als auch die Fachaufsicht (BT-Drs. 17/6072, 90; Theobald/Kühling/Theobald/Werk § 54a Rn. 20). Ein solches Verständnis entspricht dem allgemeinen verwaltungsrechtlichen Grundsatz, dass die von einer Behörde im übertragenen Wirkungsbereich wahrgenommenen Aufgaben neben einer Rechtsaufsicht auch der Fachaufsicht unterliegen.

IV. Infrastruktur- und Versorgungsstandards

Der Gesetzgeber stellt in § 54a Abs. 2 S. 3 klar, dass die Aufgabenübertragung nach Satz 1 keine Regelungen zu **Infrastruktur- und Versorgungsstandards** gem. Art. 5 Abs. 1–3 VO (EU) 2017/1938 und Art. 6 VO (EU) 2017/1938 iVm Art. 2 Nr. 5 VO (EU) 2017/1938 erfasst (BT-Drs. 17/6072, 90).

E. Zustimmungsvorbehalt und Festlegungsermächtigung (Abs. 3)

In § 54a Abs. 2 S. 1 iVm Art. 7 VO (EU) 2017/1938 sowie § 54a Abs. 2 S. 2 iVm Art. 5 Abs. 8 UAbs. 1 VO (EU) 2017/1938 überträgt der Gesetzgeber der BNetzA Aufgaben bei der Durchführung der Risikobewertung, die originär dem BMWK als zuständiger Behörde zugewiesen sind. § 54a Abs. 3 S. 1 knüpft daran an und regelt, dass die Bestimmung der wesentlichen Elemente, die im Rahmen der Risikobewertung zu berücksichtigen und zu untersuchen sind, der **Zustimmung des BMWK** unterliegen. § 54a Abs. 3 S. 1 begrenzt insoweit die aus der Aufgabenübertragung nach Absatz 2 Satz 1 resultierenden Entscheidungsbefugnisse der BNetzA. Die Regelung soll ausweislich der Gesetzesbegründung „ein Mitwirkungsrecht des Bundeswirtschaftsministeriums bei einzelnen Aspekten der Risikoanalyse" sichern, „die eine politische Komponente enthalten" (BT-Drs. 17/6072, 90). Das Merkmal „wesentliche Elemente" ist diesem Zweck entsprechend auszulegen. Als Beispiel nennt der Gesetzgeber die Festlegung von Unterbrechungsszenarien (BT-Drs. 17/6072, 90).

18   Nach § 54a Abs. 3 S. 2 kann die BNetzA **Festlegungen** gem. § 29 treffen, in denen Einzelheiten zu Inhalt und Verfahren der Informationsübermittlung gem. Art. 7 Abs. 6 VO (EU) 2017/1938, zum Verfahren gem. Anhang III und zur Kostenaufteilung gem. Art. 5 Abs. 7 VO (EU) 2017/1938 geregelt werden. Gegenstand dieser Festlegungskompetenz sind nicht nur Aufgaben, die der BNetzA nach § 54a Abs. 2 S. 2 übertragen wurden, sondern auch regulierungsbehördliche Aufgaben, für die die BNetzA aufgrund § 56 Abs. 1 Nr. 3 zuständig ist. Das zeigt sich daran, dass die Kostenscheidung nach Art. 5 Abs. 7 VO (EU) 2017/1938 ausschließlich den betroffenen nationalen Regulierungsbehörden und nicht den zuständigen Behörden obliegt. Der Verweis auf § 29 ist ein Rechtsfolgenverweis.

F. Verordnungsermächtigung (Abs. 4)

19   § 54a Abs. 2 ermächtigt die Bundesregierung, durch **Rechtsverordnungen** weitere Regelungen zur Konkretisierung und Umsetzung der VO (EU) 2017/1938 zu treffen. Die Rechtsverordnung bedarf ausdrücklich **keiner Zustimmung des Bundesrats**. § 54a Abs. 4 ist mithin eine „anderweitige bundesgesetzliche Regelung" iSv Art. 80 Abs. 2 GG (Kment EnWG/Görisch § 54a Rn. 5).

20   § 54a Abs. 4 Nr. 1 ermächtigt das BMWK, weitere Aufgaben zur Durchführung der VO (EU) 2017/1938 auf die BNetzA zu übertragen. Die Regelung stellt klar, dass die Aufgabenübertragung nach § 54a Abs. 2 nicht abschließend ist, sondern das BMWK seine Delegationsbefugnis nach Art. 3 Abs. 2 S. 2 VO (EU) 2017/1938 auch in weiteren Fällen ausüben darf. Die BNetzA ist insoweit an die Vorgaben des Art. 3 Abs. 2 S. 2 VO (EU) 2017/1938 und insbesondere auch an den in Art. 3 Abs. 2 S. 4 Hs. 1 VO (EU) 2017/1938 normierten Aufsichtsvorbehalt gebunden; gem. Art. 4 Abs. 2 S. 4 Hs. 2 VO (EU) 2017/1938 muss die Zuständigkeitsübertragung im Präventions- und Notfallplan aufgeführt werden.

21   § 54a Abs. 4 Nr. 2 ermächtigt die BNetzA, Verfahren und Zuständigkeiten von Bundesbehörden bezüglich der Datenübermittlung gem. Art. 14 VO (EU) 2017/1938 zu treffen (zB Daten über tägliche Lastflüsse an Grenzein- und -ausspeisepunkten) und außerdem zu konkretisieren, welche Erdgasunternehmen (zB Fernleitungsnetzbetreiber; Verteilnetzbetreiber, Gashändler, Gasversorgungsunternehmen) jeweils an welche der in Art. 14 VO (EU) 2017/1938 geregelten Informationspflichten gebunden sind.

22   § 54a Abs. 4 Nr. 3 ermächtigt die BNetzA, das Verfahren und den Inhalt der Berichtspflichten zu regeln, denen Erdgasunternehmen und ggf. Stromversorgungsunternehmen im Falle einer Alarm- bzw. Notfallstufe unterliegen. Gemäß Art. 10 Abs. 1 lit. k VO (EU) 2017/1938 müssen diese Berichtspflichten in die von den zuständigen Behörden zu erstellenden Notfallpläne aufgenommen werden.

23   § 54a Abs. 4 Nr. 4 ermächtigt die BNetzA, weitere Berichts- und Meldepflichten zu regeln, die zur Bewertung der Gasversorgungssicherheitslage erforderlich sind. Die Regelung betrifft vor allem die Verbraucherseite (BT-Drs. 17/6072, 90).

§ 54b Zuständigkeiten gemäß der Verordnung (EU) 2019/941, Verordnungsermächtigung

(1) ¹**Das Bundesministerium für Wirtschaft und Klimaschutz ist zuständige Behörde für die Durchführung der in der Verordnung (EU) 2019/941 des Europäischen Parlaments und des Rates vom 5. Juni 2019 über die Risikovorsorge im Elektrizitätssektor und zur Aufhebung der Richtlinie 2005/89/EG (ABl. L 158 vom**

14.6.2019, S. 1) festgelegten Maßnahmen. ²Die §§ 3, 4 und 16 des Energiesicherungsgesetzes und die §§ 5, 8 und 21 des Wirtschaftssicherstellungsgesetzes bleiben hiervon unberührt.

(2) Folgende in der Verordnung (EU) 2019/941 bestimmte Aufgaben werden auf die Bundesnetzagentur übertragen:
1. die Mitwirkung an der Bestimmung regionaler Szenarien für Stromversorgungskrisen nach Artikel 6 der Verordnung (EU) 2019/941 und
2. die Bestimmung von nationalen Szenarien für Stromversorgungskrisen nach Artikel 7 der Verordnung (EU) 2019/941.

(3) Das Bundesministerium für Wirtschaft und Klimaschutz wird ermächtigt, durch Rechtsverordnung, die nicht der Zustimmung des Bundesrates bedarf, zum Zwecke der Durchführung der Verordnung (EU) 2019/941 weitere Aufgaben an die Bundesnetzagentur zu übertragen.

(4) ¹Die Bundesnetzagentur nimmt diese Aufgaben unter der Aufsicht des Bundesministeriums für Wirtschaft und Klimaschutz wahr. ²Die Bestimmung der im Sinne des Artikels 7 der Verordnung (EU) 2019/941 wichtigsten nationalen Szenarien für Stromversorgungskrisen bedarf der Zustimmung des Bundesministeriums für Wirtschaft und Klimaschutz.

Überblick

§ 54b enthält Zuständigkeits- und Entscheidungsregelungen betreffend die Durchführung der VO (EU) 2019/941. **Absatz 1** weist dem BMWK die Eigenschaft als zuständige Behörde gem. Art. 3 Abs. 1 S. 1 VO (EU) 2019/941 zu (→ Rn. 6 f.). **Absatz 2** ordnet an, dass der BNetzA anstelle des BMWK die Mitwirkung an der Bestimmung regionaler Szenarien sowie die Bestimmung nationaler Szenarien für Stromversorgungskrisen übertragen wird (→ Rn. 8 ff.). **Absatz 3** stellt klar, dass das BMWK auch weitere ihr als zuständiger Behörde zugewiesene Aufgaben an die BNetzA delegieren darf (→ Rn. 12). **Absatz 4** normiert Aufsichtsbefugnisse und einen Zustimmungsvorbehalt zugunsten des BMWK (→ Rn. 14 f.).

A. Hintergrund und Normzweck

§ 54b regelt Zuständigkeiten und Entscheidungskompetenzen bei der Umsetzung der VO (EU) 2019/941 innerhalb des Geltungsbereichs des EnWG.

Gegenstand der VO (EU) 2019/941 sind **Maßnahmen zur Gewährleistung einer sicheren Elektrizitätsversorgung innerhalb der Europäischen Union.** Die Europäische Union sieht den europäischen Elektrizitätsbinnenmarkt mit Stromversorgungsrisiken konfrontiert: Naturkatastrophen, Extremwetterbedingungen, Cyberangriffe oder Brennstoffknappheit lassen sich nicht vollständig ausschließen und können erhebliche über die Landesgrenzen hinausreichende Stromversorgungskrisen verursachen. Der aufgrund von Strommangel in Rumänien im Januar 2020 aufgetretene Frequenzabfall im europäischen Verbundnetz verdeutlicht dies beispielhaft (s. https://www.faz.net/aktuell/wirtschaft/klima-energie-und-umwelt/europa-vor-dem-black-out-weckruf-aus-der-strombranche-17167576.html (letzter Zugriff am 30.6.2021)). Die Belastbarkeitsanforderungen an das europäische Elektrizitätssystem werden in den nächsten Jahren steigen, denn mit den Erneuerbaren Energien wächst auch der Anteil fluktuierender Erzeugungsquellen an der Gesamtstromerzeugung. Mit der VO (EU) 2019/941 reagiert der europäische Verordnungsgeber auf die aus diesen Umständen resultierenden Gefahren und legt präventive und reaktive Maßnahmen zur Verbesserung der Stromversorgungssicherheit fest.

Der Verordnungsgeber überträgt den sog. „zuständigen Behörden" die Durchführung und Sicherstellung der Durchführung zahlreicher dieser Maßnahmen. Gemäß Art. 2 Nr. 11 VO (EU) 2019/941 ist zuständige Behörde „eine nationale Regierungsbehörde oder eine Regulierungsbehörde, die gemäß Artikel 3 von einem Mitgliedstaat benannt wurde". Gemäß Art. 3 Abs. 1 S. 1 VO (EU) 2019/941 kann jeder Mitgliedstaat insoweit lediglich eine Behörde benennen. Gemäß Art. 3 Abs. 3 S. 1 VO (EU) 2019/941 können die Mitgliedstaaten der zuständigen Behörde allerdings gestatten, bestimmte in der Verordnung festgelegte Aufgaben an andere Stellen zu übertragen.

EnWG § 54b   Teil 7. Behörden

4   An diese Vorgaben knüpft der Gesetzgeber in § 54b an und verteilt dort die **Zuständigkeits- und Entscheidungskompetenzen** zwischen BMWK und BNetzA. Das Grundprinzip dieser Regelung besteht darin, dass das BMWK als originär zuständige Ausführungsbehörde bzw. als Aufsichtsbehörde die Letztverantwortung für die Umsetzung der VO (EU) 2019/941 trägt und insoweit insbesondere die Verantwortung für politisch relevante Entscheidungen übernimmt. Die BNetzA erhält demgegenüber vom BMWK abgeleitete Ausführungskompetenzen in Bereichen, die mit ihren regulatorischen Zuständigkeiten verknüpft sind.

B. Entstehungsgeschichte

5   Der Gesetzgeber hat § 54b mWv 14.8.2020 in das EnWG aufgenommen. Grundlage war Art. 4 Kohleausstiegsgesetz (BGBl. 2020 I 1818). Die Regelung wurde seither nicht geändert.

C. Generelle Zuständigkeit des BMWK (Abs. 1)

6   Gemäß § 54b Abs. 1 S. 1 ist das BWMi die **zuständige Behörde** für die Durchführung der in der VO (EU) 2019/941 festgelegten Maßnahmen. Dementsprechend ist das BMWK zuständig für die Durchführung der Bewertung von Risiken im Zusammenhang mit der Stromversorgungssicherheit gem. Art. 4 VO (EU) 2019/941, die Erstellung des Risikovorsorgeplans nach Art. 10 VO (EU) 2019/941, den Austausch mit der Europäischen Kommission nach Art. 13 VO (EU) 2019/941, die Frühwarnung und Erklärung der Krise nach Art. 14 VO (EU) 2019/941, die Information über nicht marktbasierte Maßnahmen nach Art. 16 VO (EU) 2019/941 und die nachträgliche Krisenevaluation nach Art. 17 VO (EU) 2019/941 (s. auch BT-Drs. 19/17342, 155).

7   Gemäß § 54b Abs. 1 S. 2 bleiben die §§ 3, 4 und 16 EnSiG und die §§ 5, 8 und 21 WiSiG von der Zuständigkeit des BMWK unberührt.

D. Übertragung bestimmter Aufgaben an die BNetzA (Abs. 2)

8   § 54b Abs. 2 überträgt der BNetzA Aufgaben, die in die originäre Zuständigkeit der „zuständigen Behörden" iSv Art. 3 Abs. 1 S. 1 VO (EU) 2019/941 fallen. Grundlage dieser **Aufgabenübertragung** ist die in Art. 3 Abs. 3 S. 1 VO (EU) 2019/941 angeordnete Befugnis der zuständigen Behörde, anderen Einrichtungen die operativen Aufgaben in Bezug auf die Risikovorsorgeplanung zu übertragen.

9   Es ist unschädlich, dass die Aufgabenübertragung nicht durch das BMWK selbst erfolgt, sondern unmittelbar vom Gesetzgeber vorgenommen wurde. Die zuständige Behörde leitet ihre Befugnis zur Übertragung ihr zugewiesener Aufgaben auf Dritte gem. Art. 3 Abs. 3 S. 1 VO (EU) 2019/941 von den Mitgliedstaaten und damit vom nationalen Gesetzgeber ab. Gleichermaßen bestimmt der nationale Gesetzgeber, wer die Rolle der zuständigen Behörde übernimmt. Dementsprechend ist der nationale Gesetzgeber erst recht befugt, die Aufgabendelegation anstelle der zuständigen Behörde unmittelbar anzuordnen.

10   § 54b Abs. 2 adressiert die BNetzA **nicht als Regulierungsbehörde,** sondern als Stelle, die Aufgaben einer Regierungsbehörde im übertragenen Wirkungskreis wahrnimmt (vgl. → § 54a Rn. 11). Ein Rückgriff auf die Befugnisse einer Regulierungsbehörde nach § 55 Abs. 1 S. 1 iVm §§ 65 ff. ist folglich ausgeschlossen. Die Befugnis der BNetzA zur Durchführung der dem Regulierungsbehörden im Rahmen der VO (EU) 2019/941 übertragenen Aufgaben ist vielmehr in § 56 Abs. 1 Nr. 6 verankert.

11   Gegenstand der übertragenen Aufgaben ist gem. § 54b Abs. 2 Nr. 1 die Mitwirkung an der Bestimmung regionaler Szenarien für Stromversorgungskrisen gem. Art. 6 VO (EU) 2019/941 sowie die Bestimmung nationaler Szenarien gem. Art. 7 VO (EU) 2019/941. Der Gesetzgeber begründet diese gesetzlich angeordnete Aufgabenübertragung mit der besonderen Expertise der BNetzA in den genannten Bereichen (BT-Drs. 19/17342, 155).

E. Übertragung weiterer Aufgaben (Abs. 3)

12   Gemäß § 54b Abs. 3 kann die BNetzA im Wege einer Rechtsverordnung, die keiner Zustimmung des Bundesrats bedarf, zum Zweck der Durchführung der VO (EU) 2019/941

weitere Aufgaben an die BNetzA übertragen. Nach dem Wortlaut des § 54b Abs. 3 kann das BMWK der BNetzA mithin sämtliche **Aufgaben übertragen,** die der Verordnungsgeber den zuständigen Behörden originär zuweist. Ein solch weites Verständnis widerspricht indessen Art. 3 Abs. 3 S. 1 VO (EU) 2019/941. Dort ist geregelt, dass die Mitgliedstaaten den zuständigen Behörden lediglich operative Aufgaben in Bezug auf die Risikovorsorgeplanung und das Risikomanagement übertragen dürfen. Operative Aufgaben der zuständigen Behörden hinsichtlich der Risikovorsorgeplanung sind in dem Kapitel III „Risikovorsorgeplan" geregelt. Operative Aufgaben in Bezug auf das Risikomanagement sind im Kapitel IV „Bewältigung von Stromversorgungskrisen" geregelt. Sonstige Aufgaben, wie etwa Aufgaben in Bezug auf die nachträgliche Krisenevaluation gem. Art. 17 VO (EU) 2019/941, sind demzufolge nicht übertragbar.

Gemäß Art. 3 Abs. 3 S. 2 Alt. 2 iVm Art. 11 Abs. 1 lit. b VO (EU) 2019/941 sind die übertragenen Aufgaben im Risikovorsorgeplan aufzuführen. 13

F. Aufsicht des BMWK und Zustimmungsvorbehalt (Abs. 4)

Gemäß § 54b Abs. 4 S. 1 nimmt die BNetzA die in § 54b Abs. 2 und 3 übertragenen Aufgaben unter der Aufsicht des BMWK wahr. Die Regelung setzt Art. 3 Abs. 3 S. 2 Alt. 1 VO (EU) 2019/941 um (BT-Drs. 17/6072, 90). Die **Aufsichtsbefugnis** des BMWK erfasst sowohl die Rechts- als auch die Fachaufsicht (BT-Drs. 19/17342, 156). Ein solches Verständnis entspricht dem allgemeinen verwaltungsrechtlichen Grundsatz, dass die von einer Behörde im übertragenen Wirkungsbereich wahrgenommenen Aufgaben neben einer Rechtsaufsicht auch der Fachaufsicht unterliegen. 14

§ 54b Abs. 4 S. 2 regelt, dass die BNetzA bei der Bestimmung der wichtigsten nationalen Szenarien für Stromversorgungskrisen gem. § 54b Abs. 2 Nr. 2 die **Zustimmung** des BMWK benötigt. Der Gesetzgeber erläutert in seiner Begründung insoweit: „Absatz 4 Satz 2 stellt klar, dass die Bestimmung der wichtigsten nationalen Szenarien für Stromversorgungskrisen im Sinne von Artikel 7 der Verordnung (EU) Nr. 2019/941 der Zustimmung des Bundesministeriums für Wirtschaft und Energie bedarf. Die Szenarienbestimmung ist von wesentlicher Bedeutung. Denn die nationalen Stromversorgungskrisenszenarien bilden – neben den von ENTSO bestimmten regionalen Krisenszenarien – die Grundlage der von den Mitgliedstaaten zu erstellenden Notfallpläne" (BT-Drs. 19/17342, 156). 15

§ 55 Bundesnetzagentur, Landesregulierungsbehörde und nach Landesrecht zuständige Behörde

(1) ¹Für Entscheidungen der Regulierungsbehörde nach diesem Gesetz gelten hinsichtlich des behördlichen und gerichtlichen Verfahrens die Vorschriften des Teiles 8, soweit in diesem Gesetz nichts anderes bestimmt ist. ²Leitet die Bundesnetzagentur ein Verfahren ein, führt sie Ermittlungen durch oder schließt sie ein Verfahren ab, so benachrichtigt sie gleichzeitig die Landesregulierungsbehörden, in deren Gebiet die betroffenen Unternehmen ihren Sitz haben.

(2) Leitet die nach Landesrecht zuständige Behörde ein Verfahren nach § 4 oder § 36 Abs. 2 ein, führt sie nach diesen Bestimmungen Ermittlungen durch oder schließt sie ein Verfahren ab, so benachrichtigt sie unverzüglich die Bundesnetzagentur, sofern deren Aufgabenbereich berührt ist.

Überblick

§ 55 Abs. 1 Abs. 1 S. 1 regelt mittels Verweises auf die Vorschriften im achten Teil einheitlich für alle Regulierungsbehörden das behördliche (→ Rn. 2) und gerichtliche Verfahren (→ Rn. 3). § 55 Abs. 1 S. 2 (→ Rn. 6 ff.), Absatz 2 (→ Rn. 9 ff.) regeln das Verhältnis der Regulierungsbehörden untereinander (nach dem Vorbild des § 49 GWB) und zu den davon zu unterscheidenden „nach Landesrecht zuständigen Behörden" (in der Regel Energieaufsichtsbehörden). Insbesondere § 55 Abs. 1 S. 2 steht in engem Zusammenhang mit § 58 Abs. 1 S. 2 (Zusammenarbeit mit den Kartellbehörden), § 60a (Länderausschuss) und § 64a

(Zusammenarbeit der Regulierungsbehörden), die auch den regulierungsbehördlichen Informationsaustausch zum Gegenstand haben.

A. Normzweck

1 Zweck des § 55 Abs. 1 S. 1 ist ein **einheitliches Verfahrensrecht** für Regulierungsbehörden (→ Rn. 2 ff.). Ziel des § 55 Abs. 1 S. 2, Abs. 2 ist die Verbesserung der Kooperation zwischen der BNetzA und den Regulierungsbehörden der Länder auf der einen Seite und den nach Landesrecht zuständigen Behörden und der BNetzA auf der anderen Seite mittels interbehördlicher **Transparenz und Information** (→ Rn. 6 ff.).

B. Einheitliches Verfahrensrecht (Abs. 1 S. 1)

2 Für **behördliche Verfahren** der Regulierungsbehörde verweist § 55 Abs. 1 S. 1 auf die Vorschriften des achten Teils (§§ 65–74, 89–97), soweit nichts anderes im EnWG geregelt ist. Die Regelungen orientieren sich an den §§ 126 ff. TKG und den §§ 54 ff. GWB (BT-Drs. 15/3917, 70 ff.). Wenn die BNetzA verfahrensführend ist, gilt subsidiär das VwVfG des Bundes (vgl. § 1 VwVfG); auf Landesebene, also wenn das Verfahren von einer Landesregulierungsbehörde geführt wird, gelten subsidiär die Verwaltungsverfahrensgesetze der Länder (vgl. Britz/Hellermann/Hermes, 3. Aufl., § 55 Rn. 7).

3 Für das **Prozessrecht** in Regulierungssachen wird, wiederum soweit nichts anderes im EnWG geregelt ist, auf die §§ 75–93, 98–108 verwiesen. Im Beschwerdeverfahren zuständig sind damit gem. §§ 75 ff. die Oberlandesgerichte und im Rechtsbeschwerdeverfahren gem. §§ 86 ff. der BGH. Weiter verwiesen wird auf die Vorschriften der §§ 169–197 GVG sowie bestimmte Vorschriften der ZPO.

4 Regulierungsbehörde ist dabei jeweils nicht nur die BNetzA, sondern auch die jeweilige Landesregulierungsbehörde (§ 54 Abs. 1).

5 Nicht erfasst vom einheitlichen Verfahrensrecht sind dagegen die nach Landesrecht zuständigen Behörden (die nicht Regulierungsbehörden sind, vgl. BT-Drs. 15/3917, 69). Für diese (regelmäßig die Energieaufsichtsbehörden) gilt regulär das Landesverwaltungsverfahrensgesetz; im gerichtlichen Verfahren sind die Verwaltungsgerichte zuständig.

C. Benachrichtigungspflicht der BNetzA (Abs. 1 S. 2)

6 § 55 Abs. 1 S. 2 enthält eine verfahrensbezogene Benachrichtigungspflicht der BNetzA zugunsten der Landesregulierungsbehörden (Bund → Land) in drei Fällen: zeitgleich mit **Verfahrenseinleitung, Durchführung von Ermittlungen** und **Verfahrensabschluss** benachrichtigt die BNetzA jeweils die Landesregulierungsbehörden, in deren Gebiet die betroffenen Unternehmen ihren Sitz haben. So werden die **Landesregulierungsbehörden** umfassend und zeitnah **über die Tätigkeit der BNetzA informiert.** Andersherum besteht, anders als in der Vorbildnorm des § 49 Abs. 1 GWB, keine Verpflichtung der Landesregulierungsbehörde gegenüber der BNetzA. In der Tat ist das Informationsinteresse der BNetzA bei Verfahrenshandlungen der insoweit gem. § 54 Abs. 2 vorrangig zuständigen Landesregulierungsbehörden jedenfalls nicht offensichtlich, sodass der Aufwand in keinem vernünftigen Verhältnis zum daraus gezogenen Nutzen stehen würde (Theobald/Kühling/Theobald/Werk § 55 Rn. 19). Lediglich in **bedeutsamen Fällen** könnte sich eine Benachrichtigungspflicht der Landesregulierungsbehörden gegenüber der BNetzA aus dem Prinzip der Bundestreue (Art. 35 Abs. 1 GG) ergeben (vgl. Säcker EnergieR/Schmidt-Preuß § 55 Rn. 10; aA Salje EnWG § 55 Rn. 13: dieser geht von einer analogen uneingeschränkten Benachrichtigungspflicht der Landesregulierungsbehörden aus). Zweck der Benachrichtigungspflicht gegenüber der Landesregulierungsbehörde (entsprechend § 49 Abs. 1 GWB) ist es, Überschneidungen behördlicher Tätigkeiten und Doppelverfahren zu vermeiden und die Landesregulierungsbehörden über energierechtlich bedeutsame Angelegenheiten in deren Bereich zu unterrichten.

7 Das Gesetz bestimmt keine besondere Form der Benachrichtigung. Diese kann mithin **formlos** erfolgen. Inhaltlich muss sich aus der Benachrichtigung für die jeweilige Landesregulierungsbehörde allerdings mindestens ergeben, auf welches Unternehmen sich die Verfahrenseinleitung oder die Ermittlungen der BNetzA beziehen und auf welche tatsächlichen Informationen oder Anhaltspunkte sie ihre Maßnahmen stützt. Der Schutz von Betriebs-

und Geschäftsgeheimnissen rechtfertigt es nicht, von einer Benachrichtigung der Landesregulierungsbehörden abzusehen. Bei verfahrensabschließenden Entscheidungen ist der Landesregulierungsbehörde der vollständige Inhalt der Entscheidung zu übermitteln.

Es ist keine besondere Sanktionsmöglichkeit vorgesehen, sollte die BNetzA eine nach dem Gesetz erforderliche Benachrichtigung unterlassen. 8

D. Benachrichtigungspflicht der „nach Landesrecht zuständigen Behörde" (Abs. 2)

Sofern der Aufgabenbereich der BNetzA berührt wird, schreibt § 55 Abs. 2 in bestimmten Fällen eine unverzügliche Benachrichtigungspflicht der „nach Landesrecht zuständigen Behörde" (§§ 4, 36, 43 ff., 49) gegenüber der BNetzA vor. Der Aufgabenbereich der BNetzA wird berührt, wenn das betroffene Unternehmen gem. § 54 oder nach speziellen Zuständigkeitsvorschriften der Aufsicht durch die BNetzA unterliegt (in der Regel bei Überschreitung von Landesgrenzen oder mindestens 100.000 angeschlossenen Kunden). 9

Die von der Benachrichtigungspflicht erfassten Fälle sind eine Verfahrenseinleitung nach **§ 4 (Genehmigung des Netzbetriebs)** oder **§ 36 Abs. 2 (Grundversorgung),** die diesbezügliche Durchführung von Ermittlungen oder der Abschluss eines Verfahrens. Die Benachrichtigung über den Abschluss des Verfahrens wurde 2008 durch Art. 2 des Gesetzes vom 25.10.2008 (BGBl. I 2101) aufgenommen und ist in der Regel entbehrlich, soweit die BNetzA gem. § 66 Abs. 3 ohnehin Beteiligte des Verfahrens vor den nach Landesrecht zuständigen Behörden ist. 10

Die Benachrichtigungspflicht ist wiederum einseitig ausgestaltet, allerdings in umgekehrter Richtung (Land → Bund) als bei § 55 Abs. 1 S. 2 (→ Rn. 6), sprich: es gibt keine Benachrichtigungspflicht der BNetzA gegenüber den nach Landesrecht zuständigen Behörden. In Richtung Bund → Land wird in der Regel jedoch die Benachrichtigung der Landesregulierungsbehörden gem. § 55 Abs. 1 S. 2 über die wesentlichen Verfahrensschritte der BNetzA ausreichend sein. Soweit die Benachrichtigungen den Aufgabenbereich einer nach Landesrecht zuständigen Behörde betreffen, sollte die Landesregulierungsbehörde landesintern die Weiterleitung der Informationen an die jeweilige Behörde veranlassen. 11

Da in Bezug auf §§ 4 oder 36 Abs. 2 keine Zuständigkeitsüberschneidungen mit der BNetzA ersichtlich sind, bezweckt § 55 Abs. 2 lediglich den **allgemeinen Informationsfluss** zwischen Landesbehörden und BNetzA, ähnlich wie § 64a im Verhältnis zwischen BNetzA und Landesregulierungsbehörden. 12

Die Benachrichtigung nach § 55 Abs. 2 bedarf keiner bestimmten Form. Es besteht (wie auch bei § 55 Abs. 1 S. 2) keine Sanktionsmöglichkeit, sollte die nach Landesrecht zuständige Behörde eine nach dem Gesetz erforderliche Benachrichtigung unterlassen. 13

§ 56 Tätigwerden der Bundesnetzagentur beim Vollzug des europäischen Rechts

(1) ¹Die Bundesnetzagentur nimmt die Aufgaben wahr, die den Regulierungsbehörden der Mitgliedstaaten mit folgenden Rechtsakten übertragen sind:
1. Verordnung (EU) 2019/943 des Europäischen Parlaments und des Rates vom 5. Juni 2019 über den Elektrizitätsbinnenmarkt und den auf Grundlage dieser Verordnung erlassenen Verordnungen der Europäischen Kommission sowie den auf Grundlage des Artikels 6 oder des Artikels 18 der Verordnung (EG) Nr. 714/2009 erlassenen Verordnungen der Europäischen Kommission,
2. Verordnung (EG) Nr. 715/2009 und den auf Grundlage des Artikels 6 oder Artikels 23 dieser Verordnung erlassenen Verordnungen der Europäischen Kommission,
3. Verordnung (EU) 2017/1938,
4. Verordnung (EU) Nr. 1227/2011,
5. Verordnung (EU) Nr. 347/2013.
6. Verordnung (EU) 2019/941 und
7. Verordnung (EU) 2019/942 des Europäischen Parlaments und des Rates vom 5. Juni 2019 zur Gründung einer Agentur der Europäischen Union für die Zusammenarbeit der Energieregulierungsbehörden.

²Zur Erfüllung dieser Aufgaben hat die Bundesnetzagentur die Befugnisse, die ihr auf Grund der in Satz 1 genannten Verordnungen und bei der Anwendung dieses Gesetzes zustehen. ³Es sind die Verfahrensvorschriften dieses Gesetzes anzuwenden.

(2) ¹Die Bundesnetzagentur nimmt die Aufgaben wahr, die den Mitgliedstaaten mit der Verordnung (EU) 2015/1222 der Europäischen Kommission und mit Artikel 15 Absatz 2 der Verordnung (EU) 2019/943 des Europäischen Parlamentes und des Rates vom 5. Juni 2019 über den Elektrizitätsbinnenmarkt übertragen worden sind. ²Absatz 1 Satz 2 und 3 ist entsprechend anzuwenden.

Überblick

§ 56 regelt die Zuständigkeit der BNetzA zur Durchführung des europäischen Energieregulierungsrechts. **Absatz 1 Satz 1** ermächtigt die BNetzA zur Wahrnehmung von Aufgaben, die der europäische Gesetzgeber den Regulierungsbehörden der Mitgliedstaaten in diversen europarechtlichen Verordnungen überträgt (→ Rn. 5 f.). **Absatz 1 Satz 2** stellt klar, welche Befugnisse die BNetzA insoweit hat (→ Rn. 8). **Absatz 1 Satz 3** verweist klarstellend auf die Anwendung der Verfahrensvorschriften des EnWG (→ Rn. 9). **Absatz 2** ermächtigt die Kommission zur Wahrnehmung solcher Aufgaben, die den Mitgliedstaaten durch die VO (EU) 2015/1222 und Art. 15 Abs. 2 VO (EU) 2019/943 übertragen werden (→ Rn. 10 f.).

A. Hintergrund und Normzweck

1 Gegenstand des § 56 sind Aufgaben, die der europäische Gesetzgeber den Regulierungsbehörden der Mitgliedstaaten bzw. den Mitgliedstaaten als solches in diversen energierechtlichen Verordnungen einschließlich diverser Kommissionsleitlinien überträgt. § 56 ermächtigt die BNetzA zur Ausführung dieser Aufgaben und enthält klarstellende Regelungen zum Umfang der insoweit übertragenen Befugnisse sowie zum maßgeblichen Verfahren.

2 Damit unterscheidet sich der Anwendungsbereich des § 56 sowohl von § 54 als auch von den §§ 54a und 54b: Während § 54 lediglich die Zuständigkeit zwischen Bund und Ländern für Aufgaben aus nationalem Recht abgrenzt, betrifft § 56 die **Zuständigkeit als Regulierungsbehörde aufgrund von Unionsrecht** (Bourwieg/Hellermann/Hermes/Gundel § 56 Rn. 1). §§ 54a, 54b betrifft Aufgaben, die der europäische Gesetzgeber den sog. „zuständigen Behörden" überträgt; in Abgrenzung dazu hat § 56 die den Regulierungsbehörden bzw. den Mitgliedsstaaten ausdrücklich übertragenen Aufgaben zum Gegenstand.

3 Anders als im Falle von §§ 54a und 54b geht die Zuständigkeitsübertragung iRv § 56 mit dem Recht einher, bei der Aufgabenübertragung **regulierungsbehördliche Befugnisse** auszuüben.

B. Entstehungsgeschichte

4 Der Gesetzgeber hat § 56 mWv 13.7.2005 in das EnWG aufgenommen. Grundlage war Art. 1 des **Zweiten Gesetzes zur Neuregelung des Energiewirtschaftsrecht** (BGBl. 2005 I 1970). Die Ursprungsfassung regelte dabei lediglich die Zuständigkeit aufgrund der VO (EG) Nr. 1228/2003 (sog. EG-StromhandelzugangsVO). Seitdem wurden zahlreiche weitere Verordnungen und dementsprechende Anpassungen des § 56 aufgenommen.

C. Aufgaben der Regulierungsbehörden (Abs. 1)

5 Gemäß § 56 Abs. 1 S. 1 ist die BNetzA die zuständige Behörde für die Aufgaben, die der europäische Verordnungsgeber in den in § 56 Abs. 1 S. 1 Nr. 1–7 aufgeführten Verordnungen auf die **Regulierungsbehörden** der Mitgliedstaaten überträgt. Das gilt einerseits für Regelungen, die der europäische Gesetzgeber in den genannten Verordnungen ausschließlich auf die Regulierungsbehörden überträgt. Es gilt aber ebenso für sog. **Opt-Out-Regelungen**, in denen der europäische Gesetzgeber bestimmte Aufgaben im Ausgangspunkt den Regulierungsbehörden überträgt, den Mitgliedstaaten aber die Option lässt, statt einer Regulierungsbehörde eine andere Stelle mit der Aufgabenwahrnehmung zu beauftragen (s. zB Art. 11

Abs. 1 S. 1 VO (EU) 2019/943). Denn mit § 56 Abs. 1 S. 1 stellt der Gesetzgeber klar, dass er von dieser Opt-Out-Option keinen Gebrauch gemacht hat.

Die Verweise auf die in § 56 Abs. 1 S. 1 Nr. 1–7 genannten Verordnungen sind **dynamisch** 6 und schließen insofern auch spätere bzw. künftige Novellierungen der aufgelisteten Verordnungen und Leitlinien ein (Kment EnWG/Görisch § 56 Rn. 3; aA Säcker EnergieR/Pritzsche/Reimers § 56 Rn. 9 f.). Für dieses Verständnis spricht, dass eine bloße Novellierung einer europäischen Verordnung nicht dazu führt, dass die Verordnung eine andere Nummerierung erhält (s. zB die VO (EG) Nr. 715/2009, die durch Art. 50 VO (EU) 2018/1999 novelliert wurde; dennoch verweist der deutsche Gesetzgeber unter Nummer 2 auf die VO (EG) Nr. 715/2009). Auch eine dynamische Verweisung kann insoweit durch eine Bezugnahme auf die Nummerierung der Ursprungsfassung einer europäischen Verordnung umgesetzt werden. Für eine dynamische Verweisung sprechen ferner Praktikabilitätsgesichtspunkte sowie die Tatsache, dass der Gesetzgeber in § 56 Abs. 1 S. 1 Nr. 1 und 2 generell auf Leitlinien verweist, die auf Basis der genannten Verordnungen erlassen werden; die für ein statisches Verständnis erforderliche Differenzierung zwischen bereits bestehenden Leitlinien und noch zu erlassenen Leitlinien nimmt er gerade nicht vor.

Konkret überträgt der Gesetzgeber der BNetzA die Zuständigkeit für diejenigen Aufgaben, 7 die den Regulierungsbehörden in der VO (EU) 2019/943 (sog. Strom-VO) und der VO (EG) Nr. 715/2009 (sog. EU-VO Erdgasfernleitungsnetzzugang) einschließlich der aufgrund dieser Verordnungen sowie der inzwischen aufgehobenen VO (EG) Nr. 714/2009 (Stromhandel-Netzzugangs-VO) erlassenen Kommissionsleitlinien, der VO (EU) 2017/1938 (sog. ErdgasversorgungsVO), der VO (EU) Nr. 1227/2011 (sog. REMIT-VO), der VO (EU) Nr. 347/2013 (TEN-E-VO), der VO (EU) 2019/941 (sog. VO (EU) 2019/941 zur Risikovorsorge im Elektrizitätssektor) und der VO (EU) 2019/942 (sog. ACER-VO) zugewiesen werden.

§ 56 Abs. 1 S. 2 ermächtigt die BNetzA zur Wahrnehmung der **Befugnisse**, die sich aus 8 den in § 56 Abs. 1 S. 1 genannten Verordnungen und dem EnWG ergeben. Aufgrund der unmittelbaren Geltung von Verordnungen gem. Art. 288 Abs. 2 AEUV handelt es sich bei der Übertragung der Befugnisse aus den Verordnungen um eine deklaratorische Klarstellung (Kment EnWG/Görisch § 56 Rn. 4). Aus dem EnWG ergeben sich vor allem die Befugnisse im Rahmen der Missbrauchskontrolle nach §§ 29 ff. und die Aufsichtsmaßnahmen nach §§ 65 ff. (vgl. Kment EnWG/Görisch § 56 Rn. 4).

§ 56 Abs. 1 S. 3 ordnet die Anwendung der **Verfahrensvorschriften** des EnWG an. Das 9 schließt die subsidiäre Anwendung des VwVfG ein (Säcker EnergieR/Pritzsche/Reimers § 56 Rn. 121). Aufgrund von Art. 197 Abs. 1 AEUV iVm Art. 4 Abs. 3 EUV ist der Grundsatz der effektiven Anwendung nationaler Verfahrensvorschriften beim Vollzug von Unionsrecht zu beachten. Demnach müssen die Verfahrensvorschriften so angewandt werden, dass sie die Durchsetzung des von § 56 erfassten sekundären Unionsrechts weder praktisch unmöglich machen noch übermäßig erschweren (Kment EnWG/Görisch § 56 Rn. 5).

D. Aufgaben der Mitgliedsstaaten (Abs. 2)

§ 56 Abs. 2 ermächtigt die BNetzA in Satz 1 zur Wahrnehmung von Aufgaben, die den 10 **Mitgliedstaaten** durch die VO (EU) 2015/1222 (VO (EU) 2015/1222 zu einer Kapazitätsvergabe-Leitlinie) und Art. 15 Abs. 2 VO (EU) 2019/943 übertragen werden. Anders als § 56 Abs. 1 erfasst Absatz 2 somit keine Aufgaben, die der europäische Gesetzgeber originär auf die Regulierungsbehörden überträgt. Dementsprechend grenzt sich § 56 Abs. 2 auch von § 56 Abs. 1 ab (s. ausführlich Säcker EnergieR/Pritzsche/Reimers § 56 Rn. 85 ff.): Die den Regulierungsbehörden im Rahmen der VO (EU) 2015/1222 übertragenen Aufgaben werden von der BNetzA auf Grundlage von § 56 Abs. 1 Nr. 1 wahrgenommen, denn die VO (EU) 2015/1222 ist eine aufgrund von Art. 18 VO (EG) Nr. 714/2009 erlassene Kommissionsleitlinie (s. zB Art. 9 Abs. 5 VO (EU) 2015/1222). Demgegenüber erfasst § 56 Abs. 2 Aufgaben, die der europäische Gesetzgeber in der Kommissionsleitlinie ausdrücklich auf die Mitgliedstaaten als solches überträgt (s. zB Art. 4 Abs. 6 VO (EU) 2015/1222). Gleiches gilt für die VO (EU) 2019/943. Während § 56 Abs. 1 Nr. 1 Rechtsgrundlage für die den Regulierungsbehörden in der Verordnung übertragenen Aufgaben ist, ermächtigt § 56 Abs. 2 die BNetzA zur Wahrnehmung der den Mitgliedstaaten gem. Art. 15 Abs. 2 VO (EU) 2019/

EnWG § 57   Teil 7. Behörden

943 übertragenen Aufgabe, sicherzustellen, dass die Übertragungsnetzbetreiber die Kapazität für den grenzüberschreitenden Stromhandel den dort formulierten Vorgaben entsprechend erhöhen.

11   § 56 Abs. 2 S. 2, 3 enthalten parallele Bestimmungen zu § 56 Abs. 1 S. 2 und 3 (→ Rn. 5 ff.). § 56 Abs. 2 S. 2 stellt insofern klar, dass der BNetzA auch hinsichtlich der von § 56 Abs. 2 erfassten Aufgaben **regulierungsrechtliche Befugnisse** zustehen.

§ 57 Zusammenarbeit mit Regulierungsbehörden anderer Mitgliedstaaten, der Agentur für die Zusammenarbeit der Energieregulierungsbehörden und der Europäischen Kommission

(1) ¹Die Bundesnetzagentur arbeitet zum Zwecke der Anwendung energierechtlicher Vorschriften mit den Regulierungsbehörden anderer Mitgliedstaaten, der Agentur für die Zusammenarbeit der Energieregulierungsbehörden und der Europäischen Kommission zusammen. ²Bei Fragen der Gasinfrastruktur, die in einen Drittstaat hinein- oder aus einem Drittstaat herausführt, kann die Regulierungsbehörde, wenn der erste Kopplungspunkt im Hoheitsgebiet Deutschlands liegt, mit den zuständigen Behörden des betroffenen Drittstaates nach Maßgabe des Verfahrens nach Artikel 41 Absatz 1 der Richtlinie 2009/73/EG zusammenarbeiten.

(2) ¹Bei der Wahrnehmung der Aufgaben nach diesem Gesetz oder den auf Grund dieses Gesetzes erlassenen Verordnungen kann die Bundesnetzagentur Sachverhalte und Entscheidungen von Regulierungsbehörden anderer Mitgliedstaaten berücksichtigen, soweit diese Auswirkungen im Geltungsbereich dieses Gesetzes haben können. ²Die Bundesnetzagentur kann auf Antrag eines Netzbetreibers und mit Zustimmung der betroffenen Regulierungsbehörden anderer Mitgliedstaaten von der Regulierung von Anlagen oder Teilen eines grenzüberschreitenden Energieversorgungsnetzes absehen, soweit dieses Energieversorgungsnetz zu einem weit überwiegenden Teil außerhalb des Geltungsbereichs dieses Gesetzes liegt und die Anlage oder der im Geltungsbereich dieses Gesetzes liegende Teil des Energieversorgungsnetzes keine hinreichende Bedeutung für die Energieversorgung im Inland hat. ³Satz 2 gilt nur, soweit die Anlage oder der im Geltungsbereich dieses Gesetzes liegende Teil der Regulierung durch eine Regulierungsbehörde eines anderen Mitgliedstaates unterliegt und dies zu keiner wesentlichen Schlechterstellung der Betroffenen führt. ⁴Ebenso kann die Bundesnetzagentur auf Antrag eines Netzbetreibers und mit Zustimmung der betroffenen Regulierungsbehörden anderer Mitgliedstaaten die Vorschriften dieses Gesetzes auf Anlagen oder Teile eines grenzüberschreitenden Energieversorgungsnetzes, die außerhalb des Geltungsbereichs dieses Gesetzes liegen und eine weit überwiegende Bedeutung für die Energieversorgung im Inland haben, anwenden, soweit die betroffenen Regulierungsbehörden anderer Mitgliedstaaten von einer Regulierung absehen und dies zu keiner wesentlichen Schlechterstellung der Betroffenen führt.

(3) Um die Zusammenarbeit bei der Regulierungstätigkeit zu verstärken, kann die Bundesnetzagentur mit Zustimmung des Bundesministeriums für Wirtschaft und Energie allgemeine Kooperationsvereinbarungen mit Regulierungsbehörden anderer Mitgliedstaaten schließen.

(4) ¹Die Bundesnetzagentur kann im Rahmen der Zusammenarbeit nach Absatz 1 den Regulierungsbehörden anderer Mitgliedstaaten, der Agentur für die Zusammenarbeit der Energieregulierungsbehörden und der Europäischen Kommission die für die Aufgabenerfüllung dieser Behörden aus dem Recht der Europäischen Union erforderlichen Informationen übermitteln, soweit dies erforderlich ist, damit diese Behörden ihre Aufgaben aus dem Recht der Europäischen Union erfüllen können. ²Bei der Übermittlung von Informationen nach Satz 1 kennzeichnet die Bundesnetzagentur vertrauliche Informationen.

(5) ¹Soweit die Bundesnetzagentur im Rahmen der Zusammenarbeit nach Absatz 1 Informationen von den Regulierungsbehörden anderer Mitgliedstaaten, der

Agentur für die Zusammenarbeit der Energieregulierungsbehörden oder der Europäischen Kommission erhält, stellt sie eine vertrauliche Behandlung aller als vertraulich gekennzeichneten Informationen sicher. ²Die Bundesnetzagentur ist dabei an dasselbe Maß an Vertraulichkeit gebunden wie die übermittelnde Behörde oder die Behörde, welche die Informationen erhoben hat. ³Die Regelungen über die Rechtshilfe in Strafsachen sowie Amts- und Rechtshilfeabkommen bleiben unberührt.

Überblick

§ 57 enthält Regelungen zu einer grenzüberschreitenden und insbesondere europäischen Verwaltungszusammenarbeit im Bereich des leitungsgebundenen Energierechts und beruht in seiner heutigen Gestalt im Wesentlichen auf der EnWG-Novelle 2011 (→ Rn. 2 ff.). **Absatz 1 Satz 1** regelt die Zuständigkeit, Befugnis und gleichermaßen Pflicht der BNetzA, auf dem Gebiet des leitungsgebundenen Energierechts mit der Europäischen Kommission, der europäischen Energiebehörde ACER sowie den nationalen Regulierungsbehörden der EU-Mitgliedstaaten zu kooperieren (→ Rn. 5 ff.). In Bezug auf Fragen der Gasinfrastruktur regelt **Absatz 1 Satz 2** die Zusammenarbeit der BNetzA mit Energiebehörden betroffener Drittstaaten (→ Rn. 15 ff.).

Absatz 2–3 konkretisieren die allgemeine Kooperationsregel nach § 57 Abs. 1 S. 1 in einigen Teilbereichen: § 57 Abs. 2 S. 1 betrifft die Berücksichtigung von Sachverhalten und Entscheidungen anderer nationaler Regulierungsbehörden durch die BNetzA (→ Rn. 18 ff.). § 57 Abs. 2 S. 2 und S. 3 regeln, unter welchen Voraussetzungen die BNetzA innerhalb des Geltungsbereichs der Bundesrepublik Deutschland auf die Regulierung von grenzüberschreitenden Netzen verzichten darf (→ Rn. 23 ff.). § 57 Abs. 2 S. 4 ermächtigt die BNetzA zur Regulierung grenzüberschreitender Netze, soweit diese außerhalb des Geltungsbereichs des EnWG belegen sind (→ Rn. 35). Gegenstand des § 57 Abs. 3 sind allgemeine Kooperationsvereinbarungen mit den nationalen Regulierungsbehörden anderer Mitgliedstaaten (→ Rn. 36).

Absatz 4 und 5 betrifft den mit einer Kooperation nach § 57 Abs. 1 S. 1 einhergehenden Informationsaustausch. Absatz 4 verpflichtet die BNetzA, bei der Übermittlung von Informationen an die nationalen Regulierungsbehörden anderer Mitgliedstaaten, an ACER und an die EU-Kommission eine zweckmäßige und vertraulichkeitswahrende Verwendung sicherzustellen (→ Rn. 37 ff.). Absatz 5 normiert eine spiegelbildliche Verpflichtung der BNetzA, mit dem Empfang entsprechender Informationen in einer den Erwartungen des Übermittlers entsprechenden Weise zu verfahren (→ Rn. 47).

Übersicht

	Rn.		Rn.
A. Normzweck	1	I. Allgemeines	23
B. Entstehungsgeschichte	2	II. Anwendungsbereich	25
C. Generalklausel (Abs. 1 S. 1)	5	III. Weitere Tatbestandsvoraussetzungen	28
I. Allgemeines	5	IV. Rechtsfolge: Ermessen	34
II. Anwendungsbereich/Tatbestandsvoraussetzungen	9	G. Regulierungsübernahme (Abs. 2 S. 4)	35
III. Rechtsfolge: Beschränktes Ermessen	13	H. Kooperationsvereinbarungen (Abs. 3)	36
D. Kooperation mit Drittstaaten bei Fragen der Gasinfrastruktur (Abs. 1 S. 2)	15	I. Informationsübermittlung (Abs. 4)	37
		I. Allgemeines	37
E. Berücksichtigungsbefugnis (Abs. 2 S. 1)	18	II. Anwendungsbereich/Tatbestandsvoraussetzungen	41
I. Allgemeines	18	III. Rechtsfolge: Intendiertes Ermessen	43
II. Anwendungsbereich	19	IV. Vertraulichkeitsanforderungen bei der Informationsabgabe (Abs. 4 S. 2)	44
III. Tatbestandsvoraussetzungen	20		
IV. Rechtsfolge: Ermessen	22	J. Informationserhalt (Abs. 5 S. 1 und 2)	47
F. Regulierungsverzicht (Abs. 2 S. 2 und 3)	23	K. Amts- und Rechtshilfeabkommen (Abs. 5 S. 3)	48

EnWG § 57   Teil 7. Behörden

A. Normzweck

1   § 57 normiert verschiedene **Kooperations- und Koordinationsregeln,** die eine widerspruchsfreie und effiziente Zusammenarbeit und Rechtsanwendung innerhalb des europäischen Verwaltungsverbunds bezwecken (s. OLG Düsseldorf EnWZ 2016, 270 Rn. 30). Die Regelungen setzen europäisches Recht um (vgl. BT-Drs. 17/6072, 90).

B. Entstehungsgeschichte

2   § 57 hat seinen Ursprung in der Novelle zum **EnWG 2005.** Der Hintergrund war ein Europarechtlicher: Der europäische Gesetzgeber hatte in Art. 23 Abs. 12 Elektrizitäts-Binnenmarkt-Richtlinie 2003/54/EG und Art. 25 Abs. 12 Gas-Binnenmarkt-Richtlinie 2003/55/EG angeordnet, dass die nationalen Regulierungsbehörden untereinander und mit der Europäischen Kommission transparent zusammenarbeiten. Daraus leitete sich eine Pflicht zum Austausch erforderlicher Informationen ab. Der deutsche Gesetzgeber wollte sicherstellen, dass die BNetzA solche Informationsübermittlungspflichten vertraulichkeitswahrend umsetzt (Säcker EnergieR/Groebel, 2. Aufl. 2010, § 57 Rn. 14). Deshalb regelte er in § 57 EnWG 2005, dass die BNetzA im Rahmen ihrer Ermittlungstätigkeit erlangte Informationen nur dann an die Europäische Kommission sowie an die Energiebehörden anderer Mitgliedstaaten übermitteln dürfte, wenn eine zweckmäßige und vertrauliche Verwendung dieser Informationen gesichert war (BGBl. 2005 I 1554). § 57 EnWG 2005 war insofern eine Vorläuferbestimmung des heutigen § 57 Abs. 4 S. 1, Abs. 5 S. 3. Der Gesetzgeber verzichtete zunächst auf weitergehende Regeln zur Zusammenarbeit der BNetzA mit ausländischen und europäischen Institutionen.

3   Das änderte sich mit der Novelle zum **EnWG 2011** (BGBl. 2005 I 1554). Seither regeln § 57 Abs. 1 S. 1, Abs. 2–5 die Zusammenarbeit der BNetzA im europäischen Regulierungsverbund umfassend und auch unter Einbeziehung von ACER. Regelungsgehalt und Struktur von § 57 Abs. 1 S. 1 und Abs. 2–5 EnWG 2011 sind insofern deckungsgleich mit der aktuellen Gesetzesfassung. Die neuen Anpassungen des § 57 dienten der Umsetzung des dritten Binnenmarktpakets Energie. Der Gesetzgeber führte insoweit aus: „Das Dritte Binnenmarktpaket Energie stärkt die Vorschriften zur Zusammenarbeit der Regulierungsbehörden untereinander und mit der Europäischen Kommission und schafft eine neue Agentur für die Zusammenarbeit der Energieregulierungsbehörden. § 57 wird dementsprechend angepasst" (BT-Drs. 17/6072, 90).

4   Im Zuge der Novellierung des **EnWG im Jahr 2019** trat außerdem § 57 Abs. 1 S. 2 hinzu, der die Zusammenarbeit der BNetzA mit den Regulierungsbehörden von Drittstaaten im Zusammenhang mit Gasinfrastrukturfragen betrifft (BGBl. 2019 I 2002). § 57 Abs. 1 S. 2 dient der Umsetzung des Art. 41 Abs. 1 Gas-Binnenmarkt-Richtlinie 2009/73/EG.

C. Generalklausel (Abs. 1 S. 1)

I. Allgemeines

5   § 57 Abs. 1 S. 1 erfüllt drei **Funktionen:** Erstens weist § 57 Abs. 1 S. 1 der BNetzA die formelle Zuständigkeit für die von § 57 Abs. 1 S. 1 erfasste Kooperationstätigkeit zu. Zweitens ermächtigt § 57 Abs. 1 S. 1 die BNetzA zur Kooperation mit ACER, der Europäischen Kommission und den anderen mitgliedstaatlichen Energiebehörden und normiert insoweit auch die materiell-rechtlichen Voraussetzungen der Kooperationsbefugnis der BNetzA. Drittens korrespondiert diese Kooperationsbefugnis mit einem generellen Kooperationsgebot: Die BNetzA ist verpflichtet, auf dem Gebiet des Energierechts mit ACER, der Europäischen Kommission und den Energiebehörden der anderen Mitgliedstaaten zusammenzuarbeiten.

6   Die Zusammenarbeitsregel nach § 57 Abs. 1 S. 1 wird durch § 57 Abs. 2–5 konkretisiert. Gleiches gilt für § 57a, der die Kooperation der BNetzA mit ACER und der Europäischen Kommission im Rahmen von Überprüfungsverfahren konkretisiert (vgl. Kment EnWG/Görisch § 57 Rn. 2).

7   Hintergrund des § 57 Abs. 1 S. 1 ist das in Art. 38 Elektrizitäts-Binnenmarkt-Richtlinie 2009/72/EG und Art. 42 Gas-Binnenmarkt-Richtlinie 2009/73/EG normierte **europarechtliche Kooperationsgebot.** Art. 38 Elektrizitäts-Binnenmarkt-Richtlinie 2009/72/

Zusammenarbeit mit mitgl.staatl. Regulierungsbehörden, ACER und KOM § 57 EnWG

EG wurde inzwischen durch Art. 61 Elektrizitäts-Binnenmarkt-Richtlinie (EU) 2019/944 abgelöst.

§ 57 Abs. 1 vermittelt Privatrechtssubjekten keinen unmittelbaren Anspruch darauf, dass **8** die BNetzA in einem konkreten Einzelfall nach Maßgabe der aus § 57 Abs. 1 S. 1 ausfließenden Kooperationspflicht tätig wird. Das Kooperationsgebot begründet vielmehr eine **objektiv-rechtliche Pflicht,** denn es dient der Binnenmarktintegration. Etwas anderes kann sich aus dem Zusammenspiel von § 57 Abs. 1 S. 1 und anderen energiewirtschaftlichen Normen mit ihrerseits subjektiv-öffentlicher Schutzrichtung ergeben.

II. Anwendungsbereich/Tatbestandsvoraussetzungen

Adressatin der Kooperationsregel des § 57 Abs. 1 S. 1 ist ausschließlich die BNetzA. **9**
Kooperationspartner sind die Regulierungsbehörden anderer Mitgliedstaaten, ACER **10** sowie der Europäischen Kommission. Zu den Regulierungsbehörden anderer Mitgliedstaaten iSv § 57 Abs. 1 S. 1 gehören insbesondere die nationalen Regulierungsbehörden, also diejenige Stelle eines Mitgliedstaats, die gem. Art. 57 Abs. 1 Elektrizitäts-Binnenmarkt-Richtlinie (EU) 2019/944 sowie gem. Art. 39 Abs. 1 Gas-Binnenmarkt-Richtlinie 2009/73/EG als nationale Regulierungsbehörde benannt wurde. Indessen erfasst § 57 Abs. 1 S. 1 auch die Zusammenarbeit mit sonstigen Regulierungsbehörden, wie etwa den Landesregulierungsbehörden anderer Mitgliedstaaten.

Gegenstand des § 57 Abs. 1 S. 1 ist die Zusammenarbeit der BNetzA mit den genannten **11** Kooperationspartnern zum Zweck der **Anwendung energierechtlicher Vorschriften.** Der Begriff energierechtliche Vorschriften umfasst das Recht der leitungsgebundenen Versorgung mit Strom und Gas. Dies folgt aus § 2 Abs. 1 S. 1 des Gesetzes über die BNetzA für Elektrizität, Gas, Telekommunikation, Post und Eisenbahnen, der den energierechtlichen Aufgabenbereich der BNetzA dementsprechend festlegt. Ein solcher **Energierechtsbegriff** ist auch richtlinienkonform, denn er erfasst den Regelungsgegenstand der Elektrizitäts-Binnenmarkt-Richtlinie (EU) 2019/944 sowie der Gas-Binnenmarkt-Richtlinie 2009/73/EG und setzt damit auch die in Art. 38 Gas-Binnenmarkt-Richtlinie 2009/73/EG und Art. 61 Elektrizitäts-Binnenmarkt-Richtlinie (EU) 2019/944 normierten Kooperationsregeln um.

Dem Begriff der energierechtlichen Vorschriften unterfallen nicht nur die Vorschriften des EnWG, **11.1** sondern auch andere Gesetze des deutschen leitungsgebundenen Energierechts (zB EEG, StromNZV), energierechtliche Gesetze anderer Mitgliedstaaten sowie energierechtliches Unionsrecht, darunter insbesondere die Elektrizitätsbinnenmarktverordnung sowie die Gasbinnenmarktrichtlinie (vgl. Kment EnWG/Görisch § 57 Rn. 2).

Der **Begriff der Zusammenarbeit** als solches ist weit auszulegen. Er beschränkt sich **12** nicht auf eine rechtsförmlich ausgestaltete Kooperation, sondern erfasst auch informelle Arten der Zusammenarbeit. Soweit die Kooperation ein konkretes Verfahren zum Gegenstand hat, muss dieses Verfahren nicht notwendigerweise grenzüberschreitender Natur sein; § 57 Abs. 1 S. 1 erfasst ebenso die Zusammenarbeit im Rahmen von nationalen Verfahren mit lediglich grenzüberschreitenden Aspekten, wie insbesondere § 57 Abs. 2 S. 1 bestätigt.

§ 57 Abs. 1 S. 1 umfasst sämtliche Formen der Zusammenarbeit, die bereits Gegenstand der spezielleren **12.1** Vorschriften gem. §§ 57 Abs. 2–5 und § 57a sind.

Weitere Beispiele für die Zusammenarbeit der Mitgliedstaaten zur Anwendung energierechtlicher **12.2** Vorschriften im Elektrizitätsbereich sind etwa die netztechnische Zusammenarbeit, die gemeinsame Förderung von Strombörsen, die Vergabe länderübergreifender Kapazitäten sowie die Ermöglichung von grenzüberschreitenden Verbindungskapazitäten, die gemeinsame Ausarbeitung von Netzkodizes oder auch die Koordination des grenzüberschreitenden Engpassmanagements (s. Art. 61 Abs. 2 Elektrizitäts-Binnenmarkt-Richtlinie (EU) 2019/944).

Die von § 57 Abs. 1 erfasste Zusammenarbeit der BNetzA mit ACER betrifft etwa Konsultationen **12.3** im Rahmen von Verfahren nach Art. 6 Abs. 1 VO (EU) 2019/942, bei denen ACER befugt ist, Einzelfallentscheidungen in technischen Fragen zu treffen.

Gegenstand der von § 57 Abs. 1 S. 1 erfassten Zusammenarbeit mit der Europäischen Kommission **12.4** ist etwa die Zusammenarbeit im Rahmen von Verfahren, in denen die Europäische Kommission Ausnahmeentscheidungen der BNetzA überprüft. Dies betrifft etwa den nach Art. 38 Abs. 8 Gas-Binnenmarkt-Richtlinie 2009/73/EG erforderlichen Informationsaustausch zwischen der BNetzA und der Europäischen Kommission im Falle eines Antrags eines Gasversorgungsunternehmens auf Ausnahme neuer Infrastrukturen von der Regulierung gem. § 28a.

III. Rechtsfolge: Beschränktes Ermessen

13 § 57 Abs. 1 S. 1 normiert nicht nur eine rechtliche Befugnis, sondern ebenso eine **generelle Pflicht zur Kooperation**. Dieses Verständnis folgt bereits aus dem Wortlaut und der Gesetzessystematik: Während § 57 Abs. 1 S. 2 in Bezug auf die Kooperation mit Drittstaaten ausdrücklich von „kann" spricht, ordnet § 57 Abs. 1 S. 1 die Zusammenarbeit an und ist damit vergleichsweise verbindlicher formuliert. Ein solches Verständnis ist auch europarechtlich geboten, denn auch Art. 38 Abs. 1 Elektrizitäts-Binnenmarkt-Richtlinie 2009/72/EG und Art. 61 Abs. 1 Elektrizitäts-Binnenmarkt-Richtlinie (EU) 2019/944 stellen den Mitgliedstaaten die Kooperation ihrer nationalen Regulierungsbehörden mit den Regulierungsbehörden anderer Mitgliedstaaten nicht anheim, sondern verpflichten sie dazu.

14 Dieses allgemeine Kooperationsgebot schließt **Ermessensspielräume** der BNetzA **im konkreten Einzelfall** indessen nicht aus, sondern verengt die Ermessensspielräume insoweit lediglich (anders Theobald/Kühling/Theobald/Werk § 57 Rn. 12). Denn schon aufgrund der Komplexität im Einzelfall, aber auch aufgrund den mit einer Kooperationstätigkeit oftmals verbundenen Prognose- und Wertungsfragen muss der BNetzA sowohl hinsichtlich des „Obs" als auch hinsichtlich der konkreten Ausgestaltung der Kooperation ein Entscheidungsspielraum verbleiben. Das im Einzelfall somit grundsätzlich bestehende Kooperationsermessen der BNetzA wird neben dem allgemeinen Kooperationsgebot durch zahlreiche konkrete europarechtliche und im nationalen Recht verankerte Vorgaben beschränkt (zB Art. 38 Abs. 8 Gas-Binnenmarkt-Richtlinie 2009/73/EG). Es kann unter Umständen auf null reduziert sein.

D. Kooperation mit Drittstaaten bei Fragen der Gasinfrastruktur (Abs. 1 S. 2)

15 Bei Fragen der Gasinfrastruktur, die in einen Drittstaat hinein- oder aus einem Drittstaat herausführt, ermächtigt § 57 Abs. 1 S. 2 die BNetzA zur Kooperation mit den Regulierungsbehörden des betroffenen Drittstaates, sofern der erste Kopplungspunkt im Hoheitsgebiet Deutschlands liegt.

16 Besondere **formelle Rechtmäßigkeitsvoraussetzung** für eine Kooperation nach § 57 Abs. 1 S. 2 ist, dass die BNetzA andere gleichfalls von der Gasinfrastruktur betroffene Mitgliedstaaten gem. Art. 41 Abs. 1 lit. c Gas-Binnenmarkt-Richtlinie 2009/73/EG konsultiert.

17 Die Zusammenarbeit steht im pflichtgemäßen **Ermessen** der BNetzA, denn der Gesetzgeber räumt der BNetzA sowohl hinsichtlich des „Ob" als auch des „Wie" der Zusammenarbeit einen Ermessensspielraum ein („kann"). Ein solches Verständnis ist richtlinienkonform, denn auch der Richtliniengeber verwendet in Art. 41 Abs. 1 lit. c Gas-Binnenmarkt-Richtlinie 2009/73/EG die Formulierung „kann".

E. Berücksichtigungsbefugnis (Abs. 2 S. 1)

I. Allgemeines

18 § 57 Abs. 2 S. 1 stellt klar, dass die BNetzA bei der Wahrnehmung ihrer Aufgaben Sachverhalte und Entscheidungen von Regulierungsbehörden anderer Mitgliedstaaten berücksichtigen kann, soweit sich diese potenziell im Inland auswirken. Die Vorschrift erweitert das in § 109 Abs. 2 geregelte **Auswirkungsprinzip** (Säcker EnergieR/Groebel § 57 Rn. 27). Sie soll sicherstellen, dass die BNetzA grenzüberschreitende Sachverhalte hinreichend erfasst und widersprüchliche Regulierungsentscheidungen vermeidet (BT-Drs. 17/6072, 90).

II. Anwendungsbereich

19 Dem **Anwendungsbereich** des § 57 Abs. 2 S. 1 unterfallen sämtliche Tätigkeiten der BNetzA, die die Wahrnehmung von Aufgaben nach dem EnWG oder auf dem EnWG

beruhender Verordnungen zum Gegenstand haben. Das schließt auch die Anwendung europarechtlicher Normen ein, soweit das EnWG die BNetzA dazu ermächtigt.

III. Tatbestandsvoraussetzungen

Der BNetzA muss ein **Sachverhalt oder eine Entscheidung** von Regulierungsbehörden anderer Mitgliedstaaten vorliegen. Gemeint ist damit die Sachverhaltsfeststellung sowie die rechtliche Würdigung, die einem Beschluss der Regulierungsbehörde eines anderen Mitgliedstaats zugrunde liegt (Bourwieg/Hellermann/Hermes/Gundel § 57 Rn. 10). Ebenso wie § 57 Abs. 1 S. 1 beschränkt sich § 57 Abs. 2 S. 1 nicht auf Beschlüsse der nationalen Regulierungsbehörde der Mitgliedstaaten, sondern umfasst auch Beschlüsse untergeordneter regionaler Regulierungsbehörden anderer Mitgliedstaaten. 20

Der Sachverhalt oder die Entscheidung muss **Auswirkungen im Geltungsbereich** des EnWG haben können. Wann dies der Fall ist, „ist mit Blick auf den Schutzzweck des Gesetzes allgemein und der jeweils in Frage kommenden speziellen Sachnormen zu beurteilen" (vgl. BGH NVwZ-RR 2017, 492 Rn. 16). 21

IV. Rechtsfolge: Ermessen

Liegen die vorgenannten Voraussetzungen vor, kann die BNetzA die Entscheidung bzw. den Sachverhalt bei der Wahrnehmung ihrer Aufgaben berücksichtigen. Der BNetzA steht ausweislich des Wortlauts der Norm insoweit ein **Ermessensspielraum** zu. Es gibt keine europarechtlichen oder entstehungsgeschichtlichen Gründe, die für eine besondere Beschränkung dieses Ermessensspielraums streiten. 22

F. Regulierungsverzicht (Abs. 2 S. 2 und 3)

I. Allgemeines

§ 57 Abs. 2 S. 2 und S. 3 schafft eine Rechtsgrundlage für einen Verzicht der BNetzA auf die Regulierung von im Inland gelegenen Anlagen eines grenzüberschreitenden Netzes sowie von Teilen dieses Netzes, sofern das Netz einen weit überwiegenden Auslandsbezug hat. 23

Ausgangspunkt der Regelung ist das Territorialitätsprinzip, nach dem eine nationale Regulierungsbehörde grundsätzlich die Regulierung der auf ihrem Staatsgebiet befindlichen Anlagen, Netze und Netzteile übernimmt. § 57 Abs. 2 S. 2 und S. 3 eröffnet der BNetzA die Möglichkeit, von diesem Grundsatz abzuweichen und ihren Regulierungsanspruch unter den in § 57 Abs. 2 S. 2 und S. 3 normierten Voraussetzungen an eine ausländische Regulierungsbehörde abzutreten (vgl. BNetzA Beschl. v. 22.2.2017 – BK6-16-243, S. 5 f.; Beschl. v. 12.11.2020 – BK6-20-258, S. 5). Ausweislich der Gesetzesbegründung kann der Zweck eines solchen Regulierungsverzichts in praktischen Erwägungen bestehen, wie etwa der Reduzierung von Verwaltungsaufwand oder der Verhinderung einer Entscheidung durch ACER (BT-Drs. 17/6072, 90). 24

II. Anwendungsbereich

§ 57 Abs. 2 S. 2 und S. 3 ist anwendbar auf Anlagen eines grenzüberschreitenden Energieversorgungsnetzes sowie auf Teile eines solchen Energieversorgungsnetzes, wenn und soweit die Anlage bzw. der Netzteil in die originäre Regulierungszuständigkeit der BNetzA fällt (BNetzA Beschl. v. 22.2.2017 – BK6-16-243, S. 5; Beschl. v. 12.11.2020 – BK6-20-258, S. 5). 25

Dem Begriff der **Anlage** unterfallen insbesondere Energieanlagen iSv § 3 Nr. 15 (zB Speicheranlagen), aber auch sonstige regulierungsrelevante Anlagen (zB Ladepunkte). **Teile eines Energieversorgungsnetzes** sind diejenigen Betriebsmittel eines Netzes, die sich innerhalb eines geografisch abgrenzbaren Teilbereichs des Netzes befinden (BNetzA). Die Anlage oder der Netzteil sind einem grenzüberschreitenden Energienetz zugeordnet, wenn sie an ein Energienetz (s. § 3 Nr. 16) angeschlossen sind bzw. zu einem Energienetz gehören, das sich sowohl auf dem Staatsgebiet der Bundesrepublik Deutschland als auch auf dem Staatsgebiet anderer Mitgliedstaaten der Europäischen Union befindet. 26

27 Eine Anlage oder ein Netzteil unterfällt der **Regulierung der BNetzA**, wenn und soweit die Anlage bzw. die den Netzteil konstituierenden Betriebsmittel auf dem Staatsgebiet der Bundesrepublik Deutschland belegen sind (BNetzA Beschl. v. 22.2.2017 – BK6-16-243, S. 5 f.; Beschl. v. 12.11.2020 – BK6-20-258, S. 5).

III. Weitere Tatbestandsvoraussetzungen

28 § 57 Abs. 2 S. 2, 3 normiert fünf Voraussetzungen für einen Regulierungsverzicht, von denen vier in Satz 2 und eine in Satz 3 verankert sind.

29 Erstens muss der Netzbetreiber bei der BNetzA einen Regulierungsverzicht **beantragen**. Der Antrag muss bestimmt sein und insbesondere die Anlagen und Netzteile, für die ein Regulierungsverzicht beantragt wird, abgrenzbar bezeichnen.

30 Zweitens ist eine **Zustimmung der betroffenen Regulierungsbehörden** der anderen Mitgliedstaaten erforderlich. Den Netzbetreibern steht es offen, die Zustimmung der betroffenen Behörden vorher einzuholen und diese gemeinsam mit dem Antrag einzureichen (s. BNetzA Beschl. v. 22.2.2017 – BK6-16-243, S. 4).

31 Drittens muss das grenzüberschreitende Netz zu einem weit überwiegenden Teil im Ausland liegen; gleichzeitig darf die Anlage oder der im Inland befindliche Teil des Energieversorgungsnetzes **keine hinreichende Bedeutung für die Energieversorgung im Inland** haben. Nach dem Sinn und Zweck der Vorschrift kommt es insoweit maßgeblich darauf an, „ob und inwieweit die verfahrensgegenständlichen Netzteile in die Versorgung von Verbrauchern auf deutschem Staatsgebiet eingebunden sind" (BNetzA Beschl. v. 22.2.2017 – BK6-16-243, S. 6; s. auch Beschl. v. 12.11.2020 – BK6-20-258, S. 6).

32 Viertens muss die Anlage oder der Netzteil der **Regulierung** durch eine Regulierungsbehörde eines anderen Mitgliedstaates unterliegen. Ausweislich der Gesetzesbegründung ist insoweit erforderlich, dass die Regulierung durch die Regulierungsbehörde eines anderen Mitgliedstaats „erfolgt" (BT-Drs. 17/6072, 91). Die Regulierungsbehörde muss mithin bereit sein, die Regulierungsregeln des Mitgliedstaates auf die Anlage bzw. den Netzteil anzuwenden.

33 Als fünfte Voraussetzungen ordnet § 57 Abs. 2 S. 3 an, dass der Regulierungsverzicht **nicht zu einer wesentlichen Schlechterstellung** der Betroffenen führen darf. In Anlehnung an die Antragsberechtigung für ein besonderes Missbrauchsverfahren nach § 31 umfasst der Begriff des Betroffenen Personen und Personenvereinigungen, deren rechtliche oder wirtschaftliche Interessen durch den Regulierungsverzicht erheblich berührt werden (vgl. BNetzA Beschl. v. 11.12.2007 – BK6-07-018, S. 7). Eine wesentliche Schlechterstellung „der Betroffenen" setzt ausweislich der Gesetzesbegründung voraus, dass die ausländische Regulierung einer wesentliche Schlechterstellung „aller Betroffenen" bewirkt (BT-Drs. 17/6072, 91). Das Merkmal der „wesentlichen Schlechterstellung" ist im Lichte des Binnenmarktziels und der Grundfreiheiten auszulegen und damit restriktiv zu verstehen (vgl. auch Kment EnWG/Görisch § 57 Rn. 3, unter Verweis auf die grundfreiheitlichen Gewährleistungen der Art. 26 ff. AEUV). Gegenstand der Schlechterstellung müssen Parameter sein, die auch die Betroffenheit begründen.

IV. Rechtsfolge: Ermessen

34 Ein Regulierungsverzicht steht im **pflichtgemäßen Ermessen** der BNetzA. Dies folgt bereits aus dem Wortlaut der Norm („kann") und dem Fehlen besonderer entgegenstehender Gründe. Die BNetzA darf einen Antrag auf Regulierungsverzicht demnach auch dann ablehnen, wenn der Regulierungsverzicht mangels Schlechterstellung aller Betroffenen zwar nicht die Voraussetzung des Absatzes 2 Satz 3 erfüllt, er gleichwohl eine gravierende Schlechterstellung eines Teils der Betroffenen bewirken würde und ein Festhalten an der Regulierung deswegen verhältnismäßig ist.

G. Regulierungsübernahme (Abs. 2 S. 4)

35 **Spiegelbildlich** zu den Bedingungen des Regulierungsverzichts steht der BNetzA nach Satz 4 eine Befugnis zur grenzüberschreitenden Regulierung von Anlagen und Netzteilen zu, die außerhalb des EnWG belegen sind.

H. Kooperationsvereinbarungen (Abs. 3)

§ 57 Abs. 3 setzt Art. 38 Abs. 3 Elektrizitäts-Binnenmarkt-Richtlinie 2009/72/EG bzw. 36
nunmehr Art. 61 Abs. 3 Elektrizitäts-Binnenmarkt-Richtlinie (EU) 2019/944 und Art. 42
Abs. 3 Gas-Binnenmarkt-Richtlinie 2009/73/EG um (vgl. BT-Drs. 17/6072, 91). Die
Regelung ermächtigt die BNetzA, mit Zustimmung des BMWi allgemeine Kooperationsvereinbarungen mit Regulierungsbehörden anderer Mitgliedstaaten zu schließen, um die
Zusammenarbeit bei der Regulierungstätigkeit zu verstärken. Gegenstand solcher Kooperationsvereinbarungen muss eine abstrakte und damit **vom Einzelfall losgelöste Zusammenarbeit** sein. Ein solches Verständnis ist nicht nur aufgrund des Wortlauts („allgemeine Kooperationsvereinbarung") geboten, sondern angesichts des Zustimmungsvorbehalts zugunsten
des BMWi auch erforderlich, um die Unabhängigkeitsanforderungen nach Art. 57 Abs. 4,
5 Elektrizitäts-Binnenmarkt-Richtlinie (EU) 2019/944 und Art. 39 Abs. 4, 5 Gas-Binnenmarkt-Richtlinie 2009/73/EG zu wahren (Bourwieg/Hellermann/Hermes/Gundel § 57
Rn. 14). Soweit ersichtlich, hat die BNetzA bislang noch keine allgemeinen Kooperationsvereinbarungen nach Maßgabe von § 57 Abs. 3 geschlossen.

I. Informationsübermittlung (Abs. 4)

1. Allgemeines

§ 57 Abs. 4 S. 1 ermächtigt die BNetzA, Informationen an die Regulierungsbehörden 37
anderer Mitgliedstaaten, an ACER oder an die Europäische Kommission zu übermitteln, die
diese zur Erfüllung unionsrechtlicher Aufgaben benötigen. § 57 Abs. 4 S. 2 stellt besondere
Anforderungen an die Übermittlung vertrauenswürdiger Informationen.

Ebenso wie das allgemeine Kooperationsgebot erfüllt auch § 57 Abs. 4 drei Funktionen, 38
nämlich eine Kompetenzzuweisung, eine materiell-rechtliche Ermächtigung sowie eine
damit korrespondierende Pflicht zur Informationsübermittlung.

Der **entstehungsgeschichtliche Ursprung** der Norm liegt in der EnWG-Novelle 2005. 39
Dort hatte der Gesetzgeber bereits unter § 57 eine Befugnis zur Informationsübermittlung
geregelt. Sie stand jedoch unter dem Vorbehalt, dass die empfangende Behörde die Informationen zweckmäßig und vertraulichkeitswahrend verwendet. Das galt ausdrücklich auch für
die Verwendung der Informationen in verwaltungsgerichtlichen Verfahren. Ursächliche für
diese sehr datenschutzintensiven Bestimmungen war das Fehlen einer europarechtlichen
Regelung, die sicherstellte, dass Mitgliedstaaten mit Informationen, die ihnen im Rahmen
der europäischen Verwaltungsarbeit übermittelt werden, vertraulichkeitswahrend behandeln
(→ Rn. 2). Das änderte sich mit dem dritten Binnenmarktpaket: In Art. 38 Elektrizitäts-Binnenmarkt-Richtlinie 2009/72/EG und Art. 42 Gas-Binnenmarkt-Richtlinie 2009/73/
EG ordnete der Richtliniengeber an: „Die Regulierungsbehörden [...] übermitteln einander
und der Agentur sämtliche für die Erfüllung ihrer Aufgaben gem. dieser Richtlinie erforderlichen Informationen. Hinsichtlich des Informationsaustauschs ist die einholende Behörde an
den gleichen Grad an Vertraulichkeit gebunden wie die Auskunft erteilende Behörde." Aufgrund dieses **Reziprozitätsprinzips** kann der deutsche Gesetzgeber grundsätzlich darauf
vertrauen, dass auch andere Mitgliedstaaten mit von der BNetzA übermittelten Informationen in der Weise vertraulich und zweckmäßig verfahren, wie dies nach deutschem Recht
geboten ist (Säcker EnergieR/Groebel § 57 Rn. 37). Mit der EnWG-Novelle 2011 etablierte
der Gesetzgeber deswegen § 57 Abs. 4 S. 1 und S. 2 in seiner derzeit gültigen Fassung und
verzichtete stattdessen auf die noch unter § 57 EnWG 2005 gültige Zweck- und Vertraulichkeitsbindung.

§ 57 Abs. 4 S. 1 vermittelt Privatrechtssubjekten keinen Anspruch gegen die BNetzA auf 40
die Übermittlung von Informationen an andere Behörden bzw. auf eine ermessensfehlerfreie
Entscheidung über einen entsprechenden Antrag auf Informationsübermittlung, denn die
Pflicht der BNetzA zur Informationsübermittlung nach Absatz 4 Satz 1 dient nicht dem
Individualschutz, sondern der Stärkung des Europäischen Energiebinnenmarkts und der
Umsetzung der von diesem öffentlich-rechtlichen Ziel getragenen europarechtlichen Vorgaben. Die Informationsübermittlung kann gleichwohl in die **subjektiv-öffentlichen Rechte
von Privatrechtssubjekten** eingreifen. Die in § 57 Abs. 4 S. 1 (und auch nach Satz 2)

normierten Tatbestandsmerkmale haben vor diesem Hintergrund auch eine Individualschutzfunktion; das gilt namentlich für das Merkmal der doppelten Erforderlichkeit sowie für die in Satz 2 normierten Vertraulichkeitsanforderungen. Auch auf der Ermessensebene kann eine Missachtung legitimer Interessen der von der Übermittlung von Informationen Betroffener im Einzelfall Eingriffe in subjektiv-öffentliche Rechte und einen daraus resultierenden Abwehranspruch begründen.

II. Anwendungsbereich/Tatbestandsvoraussetzungen

41 § 57 Abs. 4 S. 1 adressiert die BNetzA als übermittelnde Behörde. Von Absatz 4 Satz 1 erfasste Empfangsadressaten sind die Regulierungsbehörden anderer Mitgliedstaaten, ACER sowie die Europäische Kommission (vgl. → Rn. 10). Insoweit geht § 57 Abs. 4 S. 1 über die genannten europarechtlichen Grundlagen hinaus, denn dort wird die Kommission nicht genannt. Die Informationsübermittlung muss sich im Rahmen der Zusammenarbeit nach § 57 Abs. 1 S. 1 vollziehen. Die Informationsübermittlung bewegt sich schon dann **„im Rahmen"** der von Absatz 1 Satz 1 erfassten Verwaltungskooperation, wenn sich die Zusammenarbeit in der Informationsübermittlung erschöpft. Die Informationsübermittlung muss dann allerdings dem Zweck der Anwendung energierechtlicher Vorschriften durch die Empfangsbehörde dienen (vgl. → Rn. 11).

42 Ausweislich des Wortlauts des § 57 Abs. 4 S. 1 muss die übermittelte Information in **zweierlei Hinsicht erforderlich** sein: Erstens muss die Information als solche erforderlich sein, damit die empfangende Behörde ihre unionsrechtlichen Aufgaben erfüllen kann. Zweitens muss es für die Aufgabenerfüllung erforderlich sein, dass die BNetzA diese Information an die empfangende Behörde übermittelt. Das erste Erforderlichkeitskriterium hat keine eigenständige Bedeutung, denn die Erforderlichkeit der Informationsübermittlung durch die BNetzA impliziert, dass die Information auch als solches erforderlich ist, damit die Empfangsbehörde ihre unionsrechtlichen Aufgaben erfüllen kann (vgl. Kment EnWG/Görisch § 57 Rn. 4).

42.1 Den zu übermittelnden Informationen kann es sowohl in **quantitativer als auch in qualitativer Hinsicht** an der Erforderlichkeit ermangeln. In quantitativer Hinsicht fehlt es an der Erforderlichkeit, wenn die in Rede stehende Information in mehrere abgrenzbare Komponenten aufgeteilt werden kann und ein Teil dieser Komponenten weder unmittelbar für die Erfüllung unionsrechtlicher Aufgaben benötigt wird, noch erforderlich ist, damit die Empfangsbehörde den Sinngehalt oder Kontext der übrigen, für die Aufgabenerfüllung unmittelbar notwendigen Komponenten versteht. In qualitativer Hinsicht ermangeln die übermittelten Informationen der Erforderlichkeit, wenn die BNetzA bestimmte Informationen in einer geringeren Detailtiefe übermitteln könnte, ohne dass die Empfangsbehörde dadurch in ihrer unionsrechtlichen Aufgabenerfüllung beeinträchtigt wird. Dies ist beispielsweise der Fall, wenn anstelle der Angabe einer konkreten Zahl die Übermittlung eines Zahlenkorridors ausreichend wäre, um die Empfangsbehörde in die Lage zu versetzen, ihre Aufgaben zu erfüllen. Ist eine Information erforderlich, damit eine Empfangsbehörde ihre unionsrechtlichen Aufgaben erfüllen kann, so kann die **Erforderlichkeit der Informationsübermittlung** gleichwohl ausgeschlossen sein, wenn die Empfangsbehörde selbst die Möglichkeit hätte, sich die Information mit ihren eigenen Verwaltungsmitteln zu beschaffen.

III. Rechtsfolge: Intendiertes Ermessen

43 Ausweislich des Wortlauts des § 57 Abs. 4 S. 1 „kann" die BNetzA Informationen unter den dort normierten Voraussetzungen übermitteln. Gewöhnliche Ermessensspielräume erwachsen daraus gleichwohl nicht (aA Theobald/Kühling/Theobald/Werk § 57 Rn. 23): Gemäß Art. 38 Abs. 1 Elektrizitäts-Binnenmarkt-Richtlinie 2009/72/EG bzw. Art. 61 Abs. 1 Elektrizitäts-Binnenmarkt-Richtlinie (EU) 2019/944 und Art. 42 Gas-Binnenmarkt-Richtlinie 2009/73/EG stellt der Europäische Richtliniengeber die Informationsübermittlung gerade nicht in das Ermessen der mitgliedstaatlichen Regulierungsbehörden, sondern ordnet die Informationsübermittlung schlicht an. Auch die Gesetzgebebegründung streitet gegen Ermessensspielräume, denn dort führt der Gesetzgeber aus: „Danach **hat** die BNetzA sämtliche Informationen zur Verfügung zu stellen, die erforderlich sind, damit die anderen Behörden ihre Aufgaben aus dem Recht der Europäischen Union erfüllen können" (BT-Drs. 17/6072, 91, Hervorhebung diesseits). Andererseits kann aus diesen Vorgaben keine

unbedingte Pflicht zur Informationsübermittlung abgeleitet werden, sondern vielmehr ein **intendiertes Ermessen.** Der BNetzA muss nämlich schon zur Wahrung eines effektiven Grundrechtsschutzes, aber auch zur Gewährleistung überragender staatlicher Eigeninteressen (zB geheimhaltungsbedürftige Informationen über kritische Systeme) das Recht zuerkannt werden, in Ausnahmefällen von einer Informationsübermittlung abzusehen (vgl. Säcker EnergieR/Groebel § 57 Rn. 37). Ein Verzicht auf die Übermittlung erforderlicher Informationen kann insbesondere gerechtfertigt oder gar geboten sein, wenn offensichtliche Anhaltspunkte dafür vorliegen, dass die Empfangsbehörde entgegen bestehender europarechtlicher Vorgaben mit vertraulichen Informationen nicht vertraulichkeitswahrend umgehen wird und den Betroffenen deswegen irreparable Schäden drohen.

IV. Vertraulichkeitsanforderungen bei der Informationsabgabe (Abs. 4 S. 2)

§ 57 Abs. 4 S. 2 verpflichtet die BNetzA dazu, bei der Übermittlung vertrauliche Informationen als solche zu kennzeichnen. Durch diese Pflicht wird es der empfangenden Behörde ermöglicht, vertrauliche Informationen zu erkennen und entsprechend zu behandeln. 44

In Anlehnung an die Rechtsprechung des EuG zu dem Begriff des Berufsgeheimnisses nach Art. 339 AEUV sind **vertrauliche Informationen** solche Informationen, die einer beschränkten Zahl von Personen bekannt sind, durch deren Offenlegung dem Auskunftgeber oder einem Dritten ein ernsthafter Nachteil entstehen kann und deren Offenlegung objektiv schützenswerte Interessen verletzen kann (EuG BeckRS 2006, 70407 Rn. 71; auch → § 58a Rn. 32). 45

Die **Kennzeichnung** erfolgt dadurch, dass die BNetzA die als vertraulich zu behandelnden Informationen möglichst präzise benennt. Der empfangenden Stelle muss die Möglichkeit eröffnet werden, vertrauliche Informationen von anderen, nicht vertraulichen Informationen genau abzugrenzen (Bourwieg/Hellermann/Hermes/Gundel § 57 Rn. 25). 46

J. Informationserhalt (Abs. 5 S. 1 und 2)

§ 57 Abs. 5 erfasst die Kontrolle der BNetzA als empfangende Behörde, legt der Agentur dabei gewisse **Vertraulichkeitspflichten** auf und dient somit der Umsetzung der Art. 61 Abs. 1 Elektrizitäts-Binnenmarkt-Richtlinie (EU) 2019/944 und Art. 42 Abs. 1 Gas-Binnenmarkt-Richtlinie 2009/73/EG. Diese verpflichten den nationalen Gesetzgeber, sicherzustellen, dass die einholende Behörde an den gleichen Grad an Vertraulichkeit gebunden ist wie die Auskunft erteilende Behörde. Der deutsche Gesetzgeber hat eine im Vergleich zu den beiden Richtlinien weitergehende Regelung erlassen, da die BNetzA nicht nur das gleiche Maß an Vertraulichkeit wie die übermittelnde Behörde walten lassen muss, sondern alternativ auch das gleiche Maß wie die Behörde, die die Informationen ursprünglich erhoben hat. „Dies dient dem Schutz der Betroffenen bei Informationsübermittlung und soll Umgehungen des Vertraulichkeitsschutzes verhindern" (BT-Drs. 17/6072, 91). 47

K. Amts- und Rechtshilfeabkommen (Abs. 5 S. 3)

Gemäß § 57 Abs. 5 S. 3 bleiben die Regelungen über die Rechtshilfe in Strafsachen sowie Amts- und Rechtshilfeabkommen unberührt. Das gilt nicht nur für den Empfang von Informationen nach § 57 Abs. 5, sondern ebenso für die Übermittlung von Informationen nach § 57 Abs. 4. 48

Die Befugnis der BNetzA zur Übermittlung von Informationen ist demzufolge nicht auf die Fälle in § 57 Abs. 4 beschränkt, sondern kann **alternativ** auch auf die Regelungen zu Rechtshilfeabkommen in Strafsachen sowie zu Amts- und Rechtshilfeabkommen gestützt werden. Innerhalb dieser Rechtsgrundlagen gelten folglich nicht die in § 57 Abs. 4 normierten Beschränkungen (Bourwieg/Hellermann/Hermes/Gundel § 57 Rn. 28). Relevanz hat die Vorschrift etwa im Zusammenhang mit strafbaren REMIT-Verstößen. 49

§ 57a Überprüfungsverfahren

(1) Die Bundesnetzagentur kann die Agentur für die Zusammenarbeit der Energieregulierungsbehörden um eine Stellungnahme dazu ersuchen, ob eine von einer

anderen nationalen Regulierungsbehörde getroffene Entscheidung im Einklang mit der Richtlinie (EU) 2019/944, der Richtlinie 2009/73/EG, der Verordnung (EU) 2019/943, der Verordnung (EG) Nr. 715/2009 oder den nach diesen Vorschriften erlassenen Leitlinien steht.

(2) Die Bundesnetzagentur kann der Europäischen Kommission jede Entscheidung einer Regulierungsbehörde eines anderen Mitgliedstaates mit Belang für den grenzüberschreitenden Handel innerhalb von zwei Monaten ab dem Tag, an dem die fragliche Entscheidung ergangen ist, zur Prüfung vorlegen, wenn die Bundesnetzagentur der Auffassung ist, dass die Entscheidung der anderen Regulierungsbehörde nicht mit den gemäß der Richtlinie 2009/73/EG oder der Verordnung (EG) Nr. 715/2009 erlassenen Leitlinien oder mit den gemäß der Richtlinie (EU) 2019/944 oder Kapitel VII der Verordnung (EU) 2019/943 erlassenen Netzkodizes und Leitlinien in Einklang steht.

(3) ¹Die Bundesnetzagentur ist befugt, eine eigene Entscheidung nachträglich zu ändern, soweit dies erforderlich ist, um einer Stellungnahme der Agentur für die Zusammenarbeit der Energieregulierungsbehörden zu genügen nach
1. Artikel 63 Absatz 2 der Richtlinie (EU) 2019/944,
2. Artikel 43 Absatz 2 der Richtlinie 2009/73/EG oder
3. Artikel 6 Absatz 5 der Verordnung (EU) 2019/942.
²Die §§ 48 und 49 des Verwaltungsverfahrensgesetzes bleiben unberührt.

(4) Die Bundesnetzagentur ist befugt, jede eigene Entscheidung auf das Verlangen der Europäischen Kommission nach Artikel 63 Absatz 6 Buchstabe b der Richtlinie (EU) 2019/944 oder Artikel 43 Absatz 6 Buchstabe b der Richtlinie 2009/73/EG nachträglich zu ändern oder aufzuheben.

(5) Die Regelungen über die Rechtshilfe in Strafsachen sowie Amts- und Rechtshilfeabkommen bleiben unberührt.

Überblick

§ 57a regelt die Teilnahme der BNetzA an Überprüfungsverfahren innerhalb des europäischen Regulierungsverbunds. Im Rahmen dieser Verfahren können die nationalen Regulierungsbehörden ACER oder die Europäische Kommission um Prüfung ersuchen, ob Entscheidungen anderer nationaler Regulierungsbehörden mit europäischem Sekundär- und Tertiärrecht im Einklang stehen (→ Rn. 1 ff.).

Absatz 1 und 2 betreffen die Initiativrechte der BNetzA innerhalb des Überprüfungsverfahrens: **Absatz 1** ermächtigt die BNetzA, ACER um Stellungnahme darüber zu ersuchen, ob eine von einer anderen nationalen Regulierungsbehörde getroffene Entscheidung mit europäischem Energierecht vereinbar ist (→ Rn. 5 ff.). **Absatz 2** ermächtigt die BNetzA, der Europäischen Kommission eine solche Entscheidung einer anderen nationalen Regulierungsbehörde zur Prüfung vorzulegen (→ Rn. 10 ff.).

Absatz 3 und 4 adressieren die BNetzA als Urheberin einer Entscheidung, die Gegenstand eines Überprüfungsverfahrens war. **Absatz 3** ermächtigt die BNetzA dazu, eigene Entscheidungen nachträglich abzuändern, um einer von ACER abgegebenen Stellungnahme zu entsprechen (→ Rn. 16 ff.). **Absatz 4** ermächtigt die BNetzA, Entscheidungen nachträglich aufzuheben oder anzupassen, soweit die Kommission dies verlangt (→ Rn. 21 ff.).

Absatz 5 stellt schließlich klar, dass Regelungen über Rechtshilfe in Strafsachen und Amts- und Rechtshilfeabkommen unabhängig vom Vorstehenden fortgelten (→ Rn. 26).

Übersicht

	Rn.		Rn.
A. Hintergrund und Normzweck	1	III. Rechtsfolge: Ermessen	9
B. Entstehungsgeschichte	4	D. Prüfvorlage an die Kommission (Abs. 2)	10
C. Stellungnahmeersuchen an ACER (Abs. 1)	5	I. Allgemeines	10
I. Allgemeines	5	II. Tatbestandsvoraussetzungen	12
II. Tatbestandsvoraussetzungen	6	III. Rechtsfolge: Ermessen	15

Überprüfungsverfahren   **§ 57a EnWG**

	Rn.		Rn.
E. Abänderungsbefugnis aufgrund von ACER-Stellungnahme (Abs. 3)	16	I. Allgemeines	21
I. Allgemeines	16	II. Tatbestandsvoraussetzungen	22
II. Tatbestandsvoraussetzungen	17	III. Rechtsfolge	24
III. Rechtsfolge: Ermessen	20		
F. Abänderungs- und Aufhebungspflicht aufgrund von Kommissionsverlangen (Abs. 4)	21	G. Regelungen über Rechtshilfe in Strafsachen sowie Amts- und Rechtshilfeabkommen (Abs. 5)	26

A. Hintergrund und Normzweck

Das europäische Energierecht ermächtigt die nationalen Regulierungsbehörden, ACER **1** oder die Europäische Kommission mit der Prüfung der Entscheidungen einer anderen nationalen Regulierungsbehörde zu befassen (sog. **Peer-Review-Verfahren,** s. BT-Drs. 17/6072, 91). Der Zweck dieses Überprüfungsverfahrens besteht darin, eine möglichst einheitliche Anwendung des europäischen Energierechtsrahmens durch die nationalen Regulierungsbehörden zu sichern (s. Säcker EnergieR/Groebel § 57a Rn. 3). § 57a dient diesem Zweck, denn § 57a setzt die aus den Überprüfungsverfahren resultierenden Beteiligungsrechte und Beteiligungspflichten der BNetzA in nationales Recht um. Insoweit konkretisiert § 57a die Kooperationsklausel nach § 57 Abs. 1 (→ § 57 Rn. 4 ff.).

Wichtigste Rechtsgrundlage des Überprüfungsverfahrens ist Art. 6 Abs. 5 VO (EU) 2019/ **2** 942 (sog. ACER-VO). Dieser sieht vor, dass ACER auf Antrag einer nationalen Regulierungsbehörde oder der Europäischen Kommission eine Stellungnahme darüber abgibt, ob eine Entscheidung einer anderen nationalen Regulierungsbehörde mit der Elektrizitäts-Binnenmarkt-Richtlinie (EU) 2019/944, der Gas-Binnenmarkt-Richtlinie 2009/73/EG, der VO (EU) 2019/943 (sog. Elektrizitätsbinnenmarktverordnung), der VO (EG) Nr. 715/2009 (sog. Erdgasfernleitungsnetzzugangsverordnung) oder darauf beruhenden Netzkodizes oder Leitlinien vereinbar ist. Die Stellungnahme von ACER ist nicht rechtsverbindlich (vgl. EuG BeckRS 2016, 127916). Kommt die Regulierungsbehörde, die die Entscheidung getroffen hatte, der Stellungnahme nicht innerhalb von vier Monaten nach, unterrichtet ACER allerdings die Kommission und den betreffenden Mitgliedsstaat (Art. 6 Abs. 6 VO (EU) 2019/ 942).

Art. 63 Elektrizitäts-Binnenmarkt-Richtlinie (EU) 2019/944 und Art. 43 Gas-Binnen- **3** markt-Richtlinie 2009/73/EG enthalten separate Regelungen zum Überprüfungsverfahren betreffend die Vereinbarkeit einer Entscheidung einer nationalen Regulierungsbehörde mit den nach diesen Richtlinien erlassenen Netzkodizes bzw. Leitlinien. Diese rein **netzkodizbzw. leitlinienbezogenen Überprüfungsverfahren** haben keinen eigenständigen Prüfungsmaßstab, denn die Netzkodizes und Leitlinien sind bereits Bestandteil des allgemeinen Überprüfungsverfahrens nach Art. 6 Abs. 5 VO (EU) 2019/942. In prinzipieller Übereinstimmung mit der VO (EU) 2019/942 ordnen Art. 63 Abs. 1 und 2 Elektrizitäts-Binnenmarkt-Richtlinie (EU) 2019/944 und Art. 43 Abs. 1 und 2 Gas-Binnenmarkt-Richtlinie 2009/73/EG an, dass ACER auf Antrag einer nationalen Regulierungsbehörde eine unverbindliche Stellungnahme abgibt. Im Gegensatz zur VO (EU) 2019/942 sehen diese netzkodiz- bzw. leitlinienbezogenen Überprüfungsverfahren allerdings eigenständige Prüfungsbefugnisse und Prüfungspflichten der Europäischen Kommission vor: Gemäß Art. 63 Abs. 5–8 Elektrizitäts-Binnenmarkt-Richtlinie (EU) 2019/944 und Art. 43 Abs. 5–8 Gas-Binnenmarkt-Richtlinie 2009/73/EG kann die Europäische Kommission – auch auf Initiative einer Regulierungsbehörde – die Vereinbarkeit der Entscheidung einer anderen Regulierungsbehörde mit den genannten Netzkodizes bzw. Leitlinien prüfen und von der überprüften Regulierungsbehörde anschließend rechtsverbindlich verlangen, die getroffene Entscheidung innerhalb von zwei Monaten zu widerrufen (vgl. EuG BeckRS 2016, 127916).

B. Entstehungsgeschichte

§ 57a wurde mWv 4.8.2011 durch Art. 1 des Gesetzes zur Neuregelung energiewirt- **4** schaftsrechtlicher Vorschriften v. 26.7.2011 in das EnWG eingefügt (BGBl. 2011 I 1554) und durch Art. 1 des Gesetzes zur Umsetzung unionsrechtlicher Vorgaben und zur Regelung reiner Wasserstoffnetze im Energiewirtschaftsrecht v. 16.7.2021 (BGBl. I 3026) an den aktuellen unionsrechtlichen Rahmen angepasst.

C. Stellungnahmeersuchen an ACER (Abs. 1)

I. Allgemeines

5 § 57a Abs. 1 ermächtigt die BNetzA, von ACER eine Stellungnahme darüber zu verlangen, ob eine Entscheidung einer anderen Regulierungsbehörde mit der Elektrizitäts-Binnenmarkt-Richtlinie (EU) 2019/944, der VO (EU) 2019/943, der Gas-Binnenmarkt-Richtlinie 2009/73/EG, der VO (EG) Nr. 715/2009 sowie Netzkodizes und Leitlinien vereinbar ist, die aufgrund dieser Rechtsakte erlassen wurden. **Netzkodizes** werden in Absatz 1 zwar nicht ausdrücklich erwähnt, ihre Einbeziehung ist jedoch aufgrund Art. 6 Abs. 5 VO (EU) 2019/942 geboten und entspricht dem ausdrücklichen Willen des Gesetzgebers (BT-Drs. 19/27453, 132). Mit Leitlinien iSd § 57a sind **Kommissionsleitlinien** gemeint (zu den Eigenschaften von Kommissionsleitlinien ausführlich Steger, Zur Verselbstständigung von Unionsagenturen, 2015, 583 ff.), nicht hingegen Rahmenleitlinien, denn Rahmenleitlinien sind unverbindlich und werden vom europäischen Gesetzgeber ausdrücklich als solche bezeichnet (s. Art. 59 Abs. 4 VO (EU) 2019/943 und Erwägungsgrund 15 VO (EG) Nr. 715/2009).

II. Tatbestandsvoraussetzungen

6 § 57a Abs. 1 setzt eine Entscheidung einer anderen nationalen Regulierungsbehörde voraus. Nationale Regulierungsbehörden sind die gem. Art. 57 Abs. 1 Elektrizitäts-Binnenmarkt-Richtlinie (EU) 2019/944 und Art. 39 Abs. 1 Gas-Binnenmarkt-Richtlinie 2009/73/EG benannten Stellen. Der Begriff der **Entscheidung** ist inhaltsgleich zum Begriff der Entscheidung iSv Art. 63 Abs. 1 Elektrizitäts-Binnenmarkt-Richtlinie (EU) 2019/944, Art. 43 Abs. 1 Gas-Binnenmarkt-Richtlinie 2009/73/EG sowie Art. 6 Abs. 5 VO (EU) 2019/942. Erforderlich ist ein Rechtsakt, der eine verbindliche Rechtsfolge herbeiführt und sich insoweit von bloßen Empfehlungen oder Stellungnahmen unterscheidet. Dabei genügt ein allgemeinverbindlicher Beschluss; eine an bestimmte Adressaten gerichtete Entscheidung ist nicht erforderlich.

6.1 In Bezug auf Europäisches Primärrecht, insbesondere in Bezug auf Art. 249 EGV und Art. 288 AEUV, wird die Auffassung vertreten, dass sich der europäische Gesetzgeber auf adressatengerichtete Rechtsakte bezieht, wenn er den englischsprachigen Begriff „decision" im Deutschen mit „Entscheidung" anstelle von „Beschluss" übersetzt (s. von der Groeben/Schwarze/Hatje/Geismann AEUV Art. 288 Rn. 56). Auf Art. 63 Abs. 1 Elektrizitäts-Binnenmarkt-Richtlinie (EU) 2019/944, Art. 43 Abs. 1 Gas-Binnenmarkt-Richtlinie 2009/73/EG und Art. 6 Abs. 5 VO (EU) 2019/942 kann dieses Verständnis nicht übertragen werden, wengleich auch dort der Begriff „decision" das englischsprachige Pendant zu dem Begriff „Entscheidung" ist. Denn während der Primärrechtsgeber in den niederländischen Fassungen des Art. 249 EGV die an den Begriff Entscheidung angelehnten Begriffe „beschikking" bzw. „beslutning" verwendet hatte, operiert er in Art. 63 Abs. 1 Elektrizitäts-Binnenmarkt-Richtlinie (EU) 2019/944, Art. 43 Abs. 1 Gas-Binnenmarkt-Richtlinie 2009/73/EG sowie in Art. 6 Abs. 5 VO (EU) 2019/942 mit den an den Begriff des Beschlusses angelehnten Übersetzungen „besluit" und „afgørelse". Das zeigt, dass der in den deutschsprachigen Fassungen des dritten Energiebinnenmarktpakets verwendete Begriff der Entscheidung keine besondere Bedeutung hat, sondern ein Synonym zum unionsrechtlichen Beschlussbegriff ist. Eine Entscheidung im Sinne der genannten europarechtlichen Normen und damit auch iSv § 57a erfordert somit **keine Adressatenbezogenheit**.

7 Die BNetzA muss **Zweifel** daran haben, dass die Entscheidung der anderen Regulierungsbehörde mit den prüfungsgegenständlichen Normen vereinbar ist. Ein solches Zweifelserfordernis ist zwar nicht im Wortlaut des § 57a Abs. 1 angelegt, folgt jedoch aus dem Beeinträchtigungsverbot gem. Art. 4 Abs. 3 UAbs. 3 EUV und dem sich daraus ableitenden Gebot, die Ressourcen von ACER nicht grundlos in Anspruch zu nehmen.

8 Der Wortlaut des § 57a Abs. 1 fordert – anders als § 57a Abs. 2 – **keine grenzüberschreitende Auswirkung** der Entscheidung, die Gegenstand des Stellungnahmeersuchens ist (so auch Kment EnWG/Görisch § 57a Rn. 2). Die BNetzA kann ACER somit auch um eine

Stellungnahme zu einer Entscheidung anderer Regulierungsbehörden ersuchen, die sich ausschließlich auf den nationalen Markt der jeweiligen Regulierungsbehörde auswirkt. Ein solches Verständnis entspricht dem Zweck der Initiativrechte nationaler Regulierungsbehörden in europäischen Überprüfungsverfahren, auch ihr abstraktes Interesse an einer kohärenten Anwendung des europäischen Energierechts zu sichern.

III. Rechtsfolge: Ermessen

Die Ausübung des in § 57a Abs. 1 geregelten Initiativrechts steht im pflichtgemäßen Ermessen der BNetzA. **9**

D. Prüfvorlage an die Kommission (Abs. 2)

I. Allgemeines

§ 57a Abs. 2 ermächtigt die BNetzA, die Kommission um Prüfung zu ersuchen, ob eine **10** Entscheidung eines anderen Mitgliedstaats mit den Netzkodizes oder Leitlinien vereinbar ist, die die Europäische Kommission gemäß der Elektrizitäts-Binnenmarkt-Richtlinie (EU) 2019/944 sowie des Kapitels VIII VO (EU) 2019/943 festgelegt hat. Prüfungsgegenstand sind ferner aufgrund der Gas-Binnenmarkt-Richtlinie 2009/73/EG und der VO (EG) Nr. 715/2019 ergangene Leitlinien. § 57a Abs. 2 erfasst hingegen keine gasbezogenen Netzkodizes, denn insoweit fehlt es an einer unionsrechtlichen Grundlage (BT-Drs. 19/27453, 132).

Unionsrechtliche Grundlage ist das in Art. 63 Abs. 4 Elektrizitäts-Binnenmarkt-Richtlinie **11** (EU) 2019/944 bzw. Art. 43 Abs. 4 Gas-Binnenmarkt-Richtlinie 2009/73/EG verankerte Initiativrecht der nationalen Regulierungsbehörden, bei der Europäischen Kommission die Durchführung entsprechender Prüfungsverfahren zu beantragen.

II. Tatbestandsvoraussetzungen

§ 57a Abs. 2 setzt eine wirksame Entscheidung einer anderen nationalen Regulierungsbehörde voraus (→ Rn. 6). **12**

Die Entscheidung darf nicht älter als **zwei Monate** sein. Das Initiativrecht der BNetzA **13** nach § 57a Abs. 2 ist insoweit fristgebunden. Die Frist beginnt ausweislich der Normwortlauts ab dem Tag, an dem die Entscheidung ergangen ist. Bei der Fristberechnung ist deswegen nicht § 187 Abs. 1 BGB, sondern § 187 Abs. 2 S. 1 BGB entsprechend anzuwenden.

Die prüfungsgegenständliche Entscheidung muss „**Belang für den grenzüberschreitenden Handel**" haben. Maßgeblich ist insoweit der grenzüberschreitende Handel mit Strom und Gas. Spezifische Bezüge zu Strom- oder Gasflüssen in die oder aus der Bundesrepublik Deutschland sind nicht erforderlich. Die BNetzA hat eine Einschätzungsprärogative darüber, ob die grenzüberschreitende Belange berührt. **13a**

Die BNetzA muss der Auffassung sein, dass die Entscheidung gegen die gemäß der Elektrizitäts-Binnenmarkt-Richtlinie (EU) 2019/944, der Gas-Binnenmarkt-Richtlinie 2009/73/EG, der VO (EU) 2019/943 oder der VO (EG) Nr. 715/2009 erlassenen Netzkodizes bzw. Leitlinien verstößt. Erforderlich ist mithin eine entsprechende **Überzeugung**; Zweifel genügen nicht. **14**

III. Rechtsfolge: Ermessen

Die Ausübung des Initiativrechts nach § 57a Abs. 2 steht im pflichtgemäßen Ermessen der **15** BNetzA („kann").

E. Abänderungsbefugnis aufgrund von ACER-Stellungnahme (Abs. 3)

I. Allgemeines

§ 57a Abs. 3 betrifft Sachverhalte, in denen ACER eine Entscheidung der BNetzA einem **16** Überprüfungsverfahren unterzogen und anschließend gegenüber der BNetzA eine unverbindliche Stellungnahme nach Art. 63 Abs. 2 Elektrizitäts-Binnenmarkt-Richtlinie (EU)

2019/944, Art. 43 Abs. 2 Gas-Binnenmarkt-Richtlinie 2009/73/EG oder Art. 6 Abs. 5 VO (EU) 2019/942 abgegeben hat. Die Regelung ermächtigt die BNetzA, ihre Entscheidung in Umsetzung der ACER-Stellungnahme nachträglich abzuändern.

II. Tatbestandsvoraussetzungen

17 § 57a Abs. 3 erfordert eine Entscheidung der BNetzA (→ Rn. 6).
18 ACER muss gem. Art. 63 Abs. 2 Elektrizitäts-Binnenmarkt-Richtlinie (EU) 2019/944, Art. 43 Abs. 2 Gas-Binnenmarkt-Richtlinie 2009/73/EG oder Art. 6 Abs. 5 VO (EU) 2019/942 eine Stellungnahme abgegeben haben, deren Einhaltung eine Änderung der Entscheidung erfordert.
19 Soweit die erforderliche Änderung in einer teilweisen oder vollständigen Aufhebung des Verwaltungsakts besteht, müssen außerdem die in §§ 48, 49 VwVfG normierten Tatbestandsvoraussetzungen für die Aufhebung von Verwaltungsakten vorliegen. Anknüpfungspunkt für dieses Verständnis ist § 57a Abs. 3 S. 1, der klarstellt, dass die Regelungen über Verwaltungsakte unberührt bleiben. In der Gesetzesbegründung heißt es insoweit: „Die allgemeinen Regeln über die Aufhebung von Verwaltungsakten nach § 48 ff. VwVfG bleiben unberührt" (BT-Drs. 17/6072, 91). Folglich können Verwaltungsakte auch dann, wenn ihre Aufhebung einer Stellungnahme von ACER entspricht, nur unter den **Voraussetzungen der §§ 48, 49 VwVfG** aufgehoben werden (ebenso Kment EnWG/Görisch § 57a Rn. 3; abweichend Bourwieg/Hellermann/Hermes/Gundel § 57a Rn. 8). Anders gewendet berührt § 57a Abs. 3 nicht die §§ 48, 49 VwVfG, sondern wird vielmehr von den §§ 48, 49 VwVfG berührt.

III. Rechtsfolge: Ermessen

20 Die nachträgliche Abänderung der Entscheidung steht im pflichtgemäßen Ermessen der BNetzA. Hinsichtlich der Berücksichtigung von Vertrauensschutzbelangen muss sich die BNetzA an den **Ermessensregeln nach §§ 48, 49 VwVfG** orientieren, soweit die Abänderung eine teilweise oder vollständige Aufhebung der Entscheidung zum Gegenstand hat. Das Auswahlermessen der BNetzA ist dahin beschränkt, dass die BNetzA die Entscheidung nur insoweit aufheben darf, als dies erforderlich ist, um der Stellungnahme zu genügen.

F. Abänderungs- und Aufhebungspflicht aufgrund von Kommissionsverlangen (Abs. 4)

I. Allgemeines

21 § 57a Abs. 4 betrifft Sachverhalte, in denen die Europäische Kommission eine Entscheidung der BNetzA einem Überprüfungsverfahren unterzogen hat und von der BNetzA anschließend gem. Art. 63 Abs. 6 lit. b Elektrizitäts-Binnenmarkt-Richtlinie (EU) 2019/944 bzw. Art. 43 Abs. 6 lit. b Gas-Binnenmarkt-Richtlinie 2009/73/EG eine Änderung bzw. Aufhebung der Entscheidung verlangt. § 57a Abs. 4 ermächtigt die BNetzA, diesem Verlangen nachzukommen.

II. Tatbestandsvoraussetzungen

22 § 57a Abs. 4 setzt eine Entscheidung der BNetzA voraus (→ Rn. 6). Weitere Voraussetzung ist ein auf Art. 63 Abs. 6 lit. b Elektrizitäts-Binnenmarkt-Richtlinie (EU) 2019/944 bzw. Art. 43 Abs. 6 lit. b Gas-Binnenmarkt-Richtlinie 2009/73/EG gestütztes Verlangen der Kommission zur Aufhebung oder Abänderung der Entscheidung.
23 Die in **§§ 48, 49 VwVfG** normierten Anforderungen an die Aufhebung von Verwaltungsakten sind keine Voraussetzung für eine Aufhebungsentscheidung nach § 57a Abs. 4. Insoweit führt der Gesetzgeber in der Gesetzesbegründung aus: „Absatz 9 [sic!; stattdessen 4] geht als spezielle Regelung den allgemeinen Regeln über die Aufhebung von Verwaltungsakten nach § 48 ff. VwVfG vor" (BT-Drs. 17/6072, 91). Ein solches Verständnis ist auch unionsrechtlich geboten, denn Art. 63 Abs. 6 lit. b Elektrizitäts-Binnenmarkt-Richtlinie (EU) 2019/944 bzw. Art. 43 Abs. 6 lit. b Gas-Binnenmarkt-Richtlinie 2009/73/EG verpflichten die nationa-

len Regulierungsbehörden, Aufhebungsverlangen der Europäischen Kommission unabhängig von im nationalen Recht angelegten besonderen Vertrauensschutzregelungen Rechnung zu tragen. Der Vertrauensschutz findet gleichwohl insoweit Berücksichtigung, als ein Aufhebungsverlangen nach Art. 63 Abs. 6 lit. b Elektrizitäts-Binnenmarkt-Richtlinie (EU) 2019/944 bzw. Art. 43 Abs. 6 lit. b Gas-Binnenmarkt-Richtlinie 2009/73/EG im Ermessen der Kommission steht und die Kommission insoweit Vertrauensschutzbelange berücksichtigen muss.

III. Rechtsfolge

Entgegen dem Wortlaut des § 57a Abs. 4 („Befugnis") ist die BNetzA **verpflichtet,** einem Änderungs- oder Aufhebungsverlangen der Kommission nach Art. 63 Abs. 6 lit. b Elektrizitäts-Binnenmarkt-Richtlinie (EU) 2019/944 bzw. Art. 43 Abs. 6 lit. b Gas-Binnenmarkt-Richtlinie 2009/73/EG nachzukommen (→ Rn. 23). 24

Ein Aufhebungs- und Änderungsverlangen der Europäischen Kommission kann natürliche und juristische Personen demzufolge unmittelbar und individuell betreffen und ist folglich im Wege einer **Nichtigkeitsklage** nach Art. 263 AEUV angreifbar. 25

G. Regelungen über Rechtshilfe in Strafsachen sowie Amts- und Rechtshilfeabkommen (Abs. 5)

§ 57a Abs. 5 entspricht § 57 Abs. 2 aF (BT-Drs. 17/6072, 91) und bestimmt, dass die Regelungen über die Rechtshilfe in Strafsachen sowie Amts- und Rechtshilfeabkommen unberührt bleiben (vgl. → § 57 Rn. 47 f.). 26

§ 57b Zuständigkeit für regionale Koordinierungszentren; Festlegungskompetenz

(1) Die Bundesnetzagentur ist die zuständige Behörde für die in der Netzregion eingerichteten regionalen Koordinierungszentren im Sinne des Artikels 35 in Verbindung mit Artikel 37 der Verordnung (EU) 2019/943 des Europäischen Parlaments und des Rates vom 5. Juni 2019 über den Elektrizitätsbinnenmarkt.

(2) Folgende Aufgaben werden auf die Bundesnetzagentur übertragen:
1. Billigung des Vorschlags zur Einrichtung eines regionalen Koordinierungszentrums,
2. Genehmigung der Ausgaben, die im Zusammenhang mit den Tätigkeiten der regionalen Koordinierungszentren von den Übertragungsnetzbetreibern entstehen und bei der Entgeltberechnung berücksichtigt werden, soweit sie vernünftig und angemessen sind,
3. Genehmigung des Verfahrens zur kooperativen Entscheidungsfindung,
4. Sicherstellung entsprechender personeller, technischer, materieller und finanzieller Ausstattung der regionalen Koordinierungszentren, die zur Erfüllung ihrer Pflichten und zur unabhängigen und unparteiischen Wahrnehmung ihrer Aufgaben erforderlich sind,
5. Unterbreitung von Vorschlägen zur Übertragung etwaiger zusätzlichen Aufgaben oder Befugnisse an die regionalen Koordinierungszentren,
6. Sicherstellung der Erfüllung der Verpflichtungen durch die regionalen Koordinierungszentren, die sich aus den einschlägigen Rechtsakten ergeben,
7. Überwachung der Netzkoordination, die durch die regionalen Koordinierungszentren geleistet wird und Berichterstattung an die Agentur für die Zusammenarbeit der Energieregulierungsbehörden.

(3) Die Bundesnetzagentur kann zur Durchführung der ihr nach Absatz 2 dieser Vorschrift übertragenen Aufgaben nach § 29 Absatz 1 Festlegungen treffen und Genehmigungen erteilen.

EnWG § 57b

Überblick

Nach **Absatz 1** ist die BNetzA die zuständige Behörde für die in der Netzregion eingerichteten regionalen Koordinierungszentren iSd Art. 35 VO (EU) 2019/943. **Absatz 2** regelt weiterhin die auf die BNetzA in ihrer Funktion als Regulierungsbehörde übertragenen Aufgaben und listet diese der Reihe nach in den Ziffern 1–7 auf. Nach **Absatz 3** kann die BNetzA schließlich zur Durchführung der ihr nach Absatz 2 übertragenen Aufgaben nach § 29 Abs. 1 Festlegungen treffen und Genehmigungen erteilen.

A. Normzweck und Bedeutung

1 § 57b bestimmt die zuständige Behörde für die in der Netzregion eingerichteten regionalen Koordinierungszentren (Regulierungsbehörde) und regelt deren Aufgabenbereich. Er dient damit der Umsetzung des Art. 62 Elektrizitäts-Binnenmarkt-Richtlinie (EU) 2019/944, der die Aufgaben und Befugnisse der Regulierungsbehörde gegenüber den regionalen Koordinierungszentren bestimmt. Dieser steht wiederum in Zusammenhang mit Art. 35 VO (EU) 2019/943, der Angaben über die Einrichtung und Aufgaben der regionalen Koordinierungszentren enthält.

2 Weder die Richtlinie noch die Verordnung legen dabei abschließend fest, was unter ein regionales Koordinierungszentrum fällt, sondern listen lediglich entsprechende Aufgaben auf. Nach Art. 35 VO (EU) 2019/943 sollen die regionalen Koordinierungszentren die sog. regionalen Sicherheitskoordinatoren ersetzen. Diese werden in Art. 3 Nr. 89 VO (EU) 2017/1485 der Kommission vom 2.8.2017 zur Festlegung einer Leitlinie für den Übertragungsnetzbetrieb als „im Eigentum der Übertragungsnetzbetreiber stehende oder von ihnen kontrollierte Organisationen, die in einer oder mehreren Kapazitätsberechnungsregion oder -regionen Aufgaben im Zusammenhang mit der regionalen Koordination der Übertragungsnetzbetreiber wahrnehmen" definiert.

3 Angelehnt an die Elektrizitäts-Binnenmarkt-Richtlinie (EU) 2019/944 legt § 57b den Aufgabenbereich der Regulierungsbehörde dahingehend fest, dass diese für die Billigung des Vorschlags zur Einrichtung von regionalen Koordinierungszentren, die Genehmigung ihrer Ausgaben, die Genehmigung des Verfahrens zur kooperativen Entscheidungsfindung, die Sicherstellung, dass die regionalen Koordinierungszentren über alle personellen, technischen, materiellen und finanziellen Ressourcen verfügen, die Unterbreitung von Vorschlägen für zusätzliche Befugnisse der regionalen Koordinierungszentren, die Sicherstellung der Erfüllung der Verpflichtungen und die Überwachung der Leistung der Netzkoordination sowie die Berichterstattung an die Agentur für die Zusammenarbeit der Energieregulierungsbehörden zuständig ist.

4 Die Elektrizitäts-Binnenmarkt-Richtlinie (EU) 2019/944 stellt darüberhinausgehend klar, dass die jeweilige Regulierungsbehörde mit entsprechenden Befugnissen auszustatten ist. Dazu gehören gem. Art. 62 Abs. 2 Elektrizitäts-Binnenmarkt-Richtlinie (EU) 2019/944 die Anforderung von Informationen von den regionalen Koordinierungszentren und die Durchführung von Inspektionen in deren Räumlichkeiten. Eine entsprechende Regelung findet sich in § 69. Hinzu kommt die Möglichkeit zum Erlass von gemeinsamen verbindlichen Entscheidungen. Eine solche Regelung wurde mit dem in § 29 geregelten Verfahren zur Festlegung getroffen. Schließlich müssen die Regulierungsbehörden Sanktionen gegen die regionalen Koordinierungszentren verhängen können.

B. Entstehungsgeschichte

5 § 57b wurde mit dem Gesetz zur Umsetzung unionsrechtlicher Vorgaben und zur Regelung reiner Wasserstoffnetze im Energiewirtschaftsrecht vom 16.7.2021 in das EnWG eingeführt. Die Norm wurde am 26.7.2021 im BGBl. verkündet und gilt seit dem 27.7.2021.

6 Die Regelung dient der Umsetzung des Art. 62 Elektrizitäts-Binnenmarkt-Richtlinie (EU) 2019/944, der die Aufgaben und Befugnisse der Regulierungsbehörde gegenüber den regionalen Koordinierungszentren regelt und ist in Zusammenhang mit Art. 35 VO (EU) 2019/943 zu sehen, der Angaben über die Einrichtung und Aufgaben der regionalen Koordinierungszentren enthält.

C. Zuständigkeit (Abs. 1)

§ 57b Abs. 1 legt fest, dass die BNetzA die zuständige Behörde für die in der Netzregion 7
eingerichteten regionalen Koordinierungszentren iSd Art. 35 VO (EU) 2019/943 iVm
Art. 37 VO (EU) 2019/943 des Europäischen Parlaments und des Rates vom 5.6.2019 über
den Elektrizitätsbinnenmarkt ist.

Die in § 57b Abs. 1 beschriebene Netzregion umfasst die Netzbetriebsregion Zentraleu- 8
ropa, zu der die folgenden Gebotszonen gehören: Frankreich, Belgien, Niederlande,
Deutschland/Luxemburg, Polen, Tschechien, Österreich, Ungarn, Slowenien, Slowakei,
Kroatien, Rumänien, Italien Nord, Spanien und Portugal. Die entsprechenden Übertragungsnetzbetreiber besagter Netzbetriebsregion sind: der französische ÜNB RTE, der belgische ÜNB ELIA, der niederländische ÜNB TenneT NL, die deutschen ÜNB Amprion,
TransnetBW, TenneT DE und 50Hertz, der luxemburgische ÜNB Creos, der polnische
ÜNB PSE, der tschechische ÜNB ČEPS, die österreichischen ÜNB APG und VUEN, der
ungarische ÜNB MAVIR, der slowenische ÜNB ELES, der slowakische ÜNB SEPS, der
kroatische ÜNB HOPS, der rumänische ÜNB Transelectrica, der italienische ÜNB
TERNA, der spanische ÜNB REE und der portugiesische ÜNB REN.

Durch die Festlegung der Netzbetriebsregion wird gleichzeitig der geographische Zustän- 9
digkeitsbereich der jeweiligen regionalen Koordinierungszentren gem. Art. 36 VO (EU)
2019/943 umgrenzt. Dieser Zuständigkeitsbereich soll den regionalen Koordinierungszentren ermöglichen, einen Beitrag zur überregionalen Koordinierung der Tätigkeiten der Übertragungsnetzbetreiber zu leisten und mehr Systemsicherheit und Markteffizienz herbeiführen
(BNetzA, Beschluss, BK6-20-196, S. 4).

Zum Zwecke der Bestimmung der regionalen Koordinierungszentren mussten die entspre- 10
chenden Übertragungsnetzbetreiber wiederum gem. Art. 35 VO (EU) 2019/943 bis zum
5.7.2020 den betroffenen Regulierungsbehörden einen Vorschlag für die Einrichtung regionaler Koordinierungszentren vorlegen. Ein entsprechender Vorschlag ging bei der BNetzA
am 3.7.2020 zunächst in englischer Sprache ein, ehe er am 20.7.2020 auch in deutscher
Sprache vorlag.

Am 20.1.2021 bekundeten die Vertreter der Regulierungsbehörden der Netzbetriebsre- 11
gion Zentraleuropa, den Vorschlag der Übertragungsnetzbetreiber genehmigen zu wollen.
Mit Beschluss vom 20.1.2021 wurde dieser schließlich von der BNetzA offiziell genehmigt
(BNetzA, Beschluss, BK6-20-196). Die regionalen Koordinierungszentren befinden sich
fortan in Belgien (Firma Coreso) und Deutschland (Firma TSCNET).

D. Aufgaben (Abs. 2)

§ 57b Abs. 2 enthält eine Auflistung der Aufgaben, die der BNetzA in ihrer Funktion als 12
Regulierungsbehörde übertragen wurden. Diese Aufgaben umfassen:
1. Billigung des Vorschlags zur Einrichtung eines regionalen Koordinierungszentrums,
2. Genehmigung der Ausgaben, die im Zusammenhang mit den Tätigkeiten der regionalen
   Koordinierungszentren von den Übertragungsnetzbetreibern entstehen und bei der Entgeltberechnung berücksichtigt werden, soweit sie vernünftig und angemessen sind,
3. Genehmigung des Verfahrens zur kooperativen Entscheidungsfindung,
4. Sicherstellung entsprechender personeller, technischer, materieller und finanzieller Ausstattung der regionalen Koordinierungszentren, die zur Erfüllung ihrer Pflichten und zur
   unabhängigen und unparteiischen Wahrnehmung ihrer Aufgaben erforderlich sind,
5. Unterbreitung von Vorschlägen zur Übertragung etwaiger zusätzlichen Aufgaben oder
   Befugnisse an die regionalen Koordinierungszentren,
6. Sicherstellung der Erfüllung der Verpflichtungen durch die regionalen Koordinierungszentren, die sich aus den einschlägigen Rechtsakten ergeben,
7. Überwachung der Netzkoordination, die durch die regionalen Koordinierungszentren
   geleistet wird und Berichterstattung an die Agentur für die Zusammenarbeit der Energieregulierungsbehörden.

E. Festlegungskompetenz (Abs. 3)

13   Durch § 57b Abs. 3 soll die BNetzA als Regulierungsbehörde zur Durchführung der ihr nach § 57b Abs. 2 übertragenen Aufgaben nach § 29 Abs. 1 Festlegungen treffen und Genehmigungen erteilen können. Durch die Festlegung kann eine Regelung verbindlich gegenüber einem durch allgemeine Merkmale bestimmten Personenkreis getroffen werden, sodass sie der BNetzA ermöglicht, einheitliche Regelungen für die jeweiligen regionalen Koordinierungszentren festzulegen.

§ 58 Zusammenarbeit mit den Kartellbehörden

(1) ¹In den Fällen des § 65 in Verbindung mit den §§ 6 bis 6b, 7 bis 7b und 9 bis 10e, des § 25 Satz 2, des § 28a Abs. 3 Satz 1, des § 56 in Verbindung mit Artikel 17 Absatz 1 Buchstabe a der Verordnung (EG) Nr. 714/2009 und von Entscheidungen, die nach einer Rechtsverordnung nach § 24 Satz 1 Nr. 2 in Verbindung mit Satz 2 Nr. 5 vorgesehen sind, entscheidet die Bundesnetzagentur im Einvernehmen mit dem Bundeskartellamt, wobei jedoch hinsichtlich der Entscheidung nach § 65 in Verbindung mit den §§ 6 bis 6a, 7 bis 7b und 9 bis 10e das Einvernehmen nur bezüglich der Bestimmung des Verpflichteten und hinsichtlich der Entscheidung nach § 28a Abs. 3 Satz 1 das Einvernehmen nur bezüglich des Vorliegens der Voraussetzungen des § 28a Absatz 1 Nummer 1 und 5, jeweils ausgenommen die Voraussetzungen der Versorgungssicherheit, des effizienten Funktionierens der betroffenen regulierten Netze sowie der Erdgasversorgungssicherheit der Europäischen Union erforderlich ist. ²Trifft die Bundesnetzagentur Entscheidungen nach den Bestimmungen des Teiles 3, gibt sie dem Bundeskartellamt und der Landesregulierungsbehörde, in deren Bundesland der Sitz des betroffenen Netzbetreibers belegen ist, rechtzeitig vor Abschluss des Verfahrens Gelegenheit zur Stellungnahme.

(2) Führt die nach dem Gesetz gegen Wettbewerbsbeschränkungen zuständige Kartellbehörde im Bereich der leitungsgebundenen Versorgung mit Elektrizität und Gas Verfahren nach den §§ 19, 20 und 29 des Gesetzes gegen Wettbewerbsbeschränkungen, Artikel 102 des Vertrages über die Arbeitsweise der Europäischen Union oder nach § 40 Abs. 2 des Gesetzes gegen Wettbewerbsbeschränkungen durch, gibt sie der Bundesnetzagentur rechtzeitig vor Abschluss des Verfahrens Gelegenheit zur Stellungnahme.

(2a) Absatz 2 gilt entsprechend, wenn die Bundesanstalt für Finanzdienstleistungsaufsicht ein Verfahren im Bereich der leitungsgebundenen Versorgung mit Elektrizität oder Gas einleitet.

(2b) Die Bundesnetzagentur arbeitet mit der Europäischen Kommission bei der Durchführung von wettbewerblichen Untersuchungen durch die Europäische Kommission im Bereich der leitungsgebundenen Versorgung mit Elektrizität und Gas zusammen.

(3) Bundesnetzagentur und Bundeskartellamt wirken auf eine einheitliche und den Zusammenhang mit dem Gesetz gegen Wettbewerbsbeschränkungen wahrende Auslegung dieses Gesetzes hin.

(4) ¹Die Regulierungsbehörden und die Kartellbehörden können unabhängig von der jeweils gewählten Verfahrensart untereinander Informationen einschließlich personenbezogener Daten und Betriebs- und Geschäftsgeheimnisse austauschen, soweit dies zur Erfüllung ihrer jeweiligen Aufgaben erforderlich ist, sowie diese in ihren Verfahren verwerten. ²Beweisverwertungsverbote bleiben unberührt.

Überblick

Gegenstand von § 58 sind Beteiligungs-, Koordinations- und Kooperationsregeln, die die Zusammenarbeit der BNetzA mit den Kartellbehörden, den Landesregulierungsbehörden und der BaFin betreffen. **Absatz 1** räumt dem BKartA und den Landesregulierungsbehörden formelle Beteiligungsrechte in bestimmten energiewirtschaftsrechtlichen Verfahren ein: Gemäß Satz 1 darf die BNetzA Entscheidungen in den dort aufgeführten Fällen nur im Einvernehmen mit dem BKartA treffen (→ Rn. 6 ff.). Gemäß Satz 2 muss die BNetzA dem BKartA und betroffenen Landesregulierungsbehörden in Verfahren, die die Regulierung des Netzbetriebs betreffen, Gelegenheit zur Stellungnahme einräumen (→ Rn. 20 ff.).

Absatz 2 und 2a räumen der BNetzA das Recht ein, an von anderen Behörden geführten Verfahren mitzuwirken: Gemäß Absatz 2 muss das BKartA die BNetzA in kartellrechtlichen Missbrauchs- und Fusionskontrollverfahren anhören (→ Rn. 33 ff.). Gemäß Absatz 2a gilt dasselbe für die BaFin in Bezug auf kapitalmarktrechtliche Verfahren im Bereich der leitungsgebundenen Strom- und Gasversorgung (→ Rn. 41). **Absatz 2b** regelt die Zusammenarbeit der BNetzA mit der europäischen Kommission in Bezug auf wettbewerbliche Untersuchungen im Energiesektor (→ Rn. 42 f.).

Absatz 3 verpflichtet die BNetzA und das BKartA, energiewirtschaftliche Bestimmungen kohärent zum GWB auszulegen (→ Rn. 44 ff.). **Absatz 4** ermächtigt die Regulierungsbehörden und die Kartellbehörden zum wechselseitigen Informationsaustausch (→ Rn. 47).

Übersicht

	Rn.		Rn.
A. Hintergrund und Normzweck	1	E. Anhörungsrecht der BNetzA gegenüber dem BKartA (Abs. 2)	33
B. Entstehungsgeschichte	4	I. Allgemeines	33
C. Einvernehmensregelung (Abs. 1 S. 1)	6	II. Tatbestandsvoraussetzungen	36
I. Allgemeines	6	III. Rechtsfolge	40
II. Anwendungsbereich/Tatbestandsvoraussetzungen	11	F. Anhörungsrecht der BNetzA gegenüber der BaFin (Abs. 2a)	41
III. Rechtsfolge	17		
D. Anhörungsrecht des BKartA und der Landesregulierungsbehörden (Abs. 1 S. 2)	20	G. Zusammenarbeit mit der Europäischen Kommission (Abs. 2b)	42
I. Allgemeines	20	H. Kohärenzgebot (Abs. 3)	44
II. Tatbestandsvoraussetzungen	25	I. Informationspflichten (Abs. 4)	47
III. Rechtsfolge	27		

A. Hintergrund und Normzweck

Zwischen den Regelungsgegenständen des Energiewirtschaftsrechts und des Kartellrechts 1 bestehen **vielschichtige Berührungspunkte.** Das Kartellrecht ist ein sektorübergreifendes Rechtsgebiet, dessen in Art. 101 ff. AEUV und im GWB normierte Regelungen grundsätzlich auch Wettbewerbsbeschränkungen im Energiesektor erfassen. Wettbewerbsbeschränkungen im Energiesektor sind indes auch Gegenstand des Energiewirtschaftsrechts. Das gilt insbesondere für die im EnWG geregelte Regulierung des Elektrizitäts- und Gasversorgungsnetzes, denn diese zielt gem. § 1 Abs. 2 u. a. auf die Sicherstellung eines „wirksamen und unverfälschten Wettbewerbs bei der Versorgung mit Elektrizität und Gas" und enthält insoweit engmaschige Regelungen zur Verhinderung von Wettbewerbsbeschränkungen auf der Netzstufe. Die dementsprechend bestehenden Konkurrenzen zwischen Kartell- und Energierecht hat der Gesetzgeber teilweise durch die Prioritätsregelung nach § 185 GWB iVm § 111 EnWG aufgelöst: Diese ordnet an, dass die §§ 11–35 abschließend sind und den im GWB geregelten Missbrauchsverboten vorgehen. Der Anwendungsbereich zwischen Kartellrecht und EnWG und damit einhergehend auch die Zuständigkeiten der Kartell- und Regulierungsbehörden grenzen sich gleichwohl nicht trennscharf voneinander ab (ausführlich Wiedemann KartellR-HdB/Scholz § 34 Rn. 70 ff.): Außerhalb der in §§ 11–35 verankerten Regelungen zum Netzzugang und zu Netzzugangsentgelten ist die kartellrechtliche Missbrauchsaufsicht auf der Netzstufe grundsätzlich anwendbar; ferner gilt der in § 111 angeordnete Vorrang nicht im Verhältnis zu Art. 102 AEUV. Schnittstellen zwischen Kartellrecht und Energiewirtschaftsrecht verbleiben überdies in Bezug auf erzeugungs-, handels- und vertriebsbezogene Wertschöpfungsketten. Davon abgesehen haben sowohl die Kartellbehör-

EnWG § 58 Teil 7. Behörden

den als auch die BNetzA umfassende Kenntnisse und Kompetenzen, um Wettbewerbssituationen innerhalb des leitungsgebundenen Energiesektors zu beurteilen.

2   Eine enge Zusammenarbeit zwischen den Regulierungsbehörden und den Kartellbehörden ist nach alledem zweckmäßig und geboten, um eine **einheitliche und auf hohe Expertise gestützte Anwendung der kartell- und energiewirtschaftsrechtlichen Vorschriften** innerhalb des leitungsgebundenen Energiesektors zu sichern. Diesem Zweck dienen die in § 58 normierten Kooperations- und Koordinationsregeln (Säcker EnergieR/Groebel § 58 Rn. 1 ff.).

3   § 58 Abs. 2b regelt außerdem Informationspflichten der BaFin gegenüber der BNetzA und deckt insoweit den Fall ab, dass die BaFin aufgrund kapitalmarktrechtlicher Marktmanipulation ein Verfahren im Bereich der leitungsgebundenen Versorgung mit Elektrizität oder Gas einleitet.

B. Entstehungsgeschichte

4   Der Gesetzgeber hat § 58 mit Wirkung zum 13.7.2005 in das EnWG aufgenommen. Grundlage war Art. 1 des **Zweiten Gesetzes zur Neuregelung des Energiewirtschaftsrecht** (BGBl. I 1970). Seither war § 58 Gegenstand mehrerer inhaltlicher und redaktioneller Detailänderungen:

5   Mit Wirkung vom 22.12.2007 hat der Gesetzgeber in Art. 2 des Gesetzes zur Bekämpfung von Preissmissbrauch im Bereich der Energieversorgung und des Lebenshandels das in § 58 Abs. 2 geregelte Stellungnahmerecht der BNetzA auf Verfahren nach § 29 GWB erweitert (BGBl. 2007 I 2966). Redaktionelle Änderungen folgten durch Art. 1 des am 1.11.2008 in Kraft getretenen Gesetzes zur Förderung der Kraft-Wärme-Kopplung (BGBl. 2008 I 2101). Weitere redaktionelle Änderungen waren Gegenstand des Art. 1 des Gesetzes zur Neuregelung energiewirtschaftlicher Vorschriften, das außerdem das in § 58 Abs. 2a geregelte Stellungnahmerecht der BNetzA gegenüber der BaFin sowie die in Absatz 2b geregelte Pflicht zur Kooperation mit der Europäischen Kommission einführte (BGBl. 2011 I 1554). Art. 1 des am 28.12.2012 in Kraft getretenen Dritten Gesetzes zur Neuregelung energiewirtschaftlicher Vorschriften aktualisierte die in § 58 Abs. 1 enthaltenen Verweise auf die neu gefassten Entflechtungsvorschriften (BGBl. 2012 I 2730). In Art. 1 des Gesetzes zur Änderung des Energiewirtschaftsgesetzes zur Umsetzung der Richtlinie (EU) 2019/692 des Europäischen Parlamentes und des Rates über gemeinsame Vorschriften für den Erdgasbinnenmarkt ordnet der Gesetzgeber mit Wirkung vom 5.12.2019 an, dass bei der Prüfung des § 28a Abs. 1 Nr. 1 und 5 hinsichtlich der Voraussetzungen der Versorgungssicherheit, des effizienten Funktionierens der betroffenen regulierten Netze sowie der Erdgasversorgungssicherheit der Europäischen Union nicht länger das Einvernehmen des BKartA erforderlich ist (BGBl. 2019 I 2002). Der Gesetzgeber wollte das Vetorecht des BKartA insoweit auf wettbewerbsrelevante Aspekte beschränken (BT-Drs. 520/12, 443).

C. Einvernehmensregelung (Abs. 1 S. 1)

I. Allgemeines

6   § 58 Abs. 1 S. 1 verpflichtet die BNetzA, Entscheidungen in den dort aufgeführten Fällen im Einvernehmen mit dem BKartA zu treffen. Die Regelung hat zwei Funktionen: Erstens sichert sie eine **kohärente Verwaltungs- und Entscheidungspraxis** in Bezug auf Sachverhalte, die die Aufsichtszuständigkeiten beider Behörden berühren (BT-Drs. 15/3917, 69; Schmidt-Volkmar, Das Verhältnis von kartellrechtlicher Missbrauchsaufsicht und Netzregulierung, 2010, 126). Zweitens stellt sie sicher, dass das BKartA seine **wettbewerbsökonomische Expertise** auch bei der Bewertung solcher Sachverhalte einbringen kann, die ihrer kartellrechtlichen Aufsichtsbefugnis aufgrund der Konkurrenzregelung nach § 111 entzogen sind (vgl. Schulte/Kloos ÖffWirtschaftsR-HdB/Franke § 10 Rn. 85).

7   Regelungstechnisch entspricht § 58 Abs. 1 S. 2 „im Ansatz" § 123 Abs. 1 S. 1 TKG (vgl. BT-Drs. 15/3917, 69).

8   Trifft die BNetzA eine Entscheidung nach § 58 Abs. 1 S. 1 ohne Einvernehmen mit dem BKartA, kann der Adressat vorbehaltlich des Nichteingreifens der §§ 45, 46 VwVfG

erfolgreich **Anfechtungsbeschwerde** gegen die Entscheidung einlegen, denn die Entscheidung ist sodann formell rechtswidrig und verletzt den Beschwerdeführer nach der Adressatentheorie in seinen subjektiven Rechten (so auch Schmidt-Volkmar, Das Verhältnis von kartellrechtlicher Missbrauchsaufsicht und Netzregulierung, 2010, 137). Dritte können eine vom Anwendungsbereich des § 58 Abs. 1 S. 1 erfasste Entscheidung der BNetzA demgegenüber nicht unter Berufung auf einen Verstoß der BNetzA gegen das Einvernehmenserfordernis anfechten. § 58 Abs. 1 S. 1 ist eine Ordnungsvorschrift und bezweckt keinen Individualschutz; ein Verstoß gegen § 58 Abs. 1 S. 1 begründet deswegen keine Befugnis zur **Drittanfechtungsbeschwerde**.

Eine rechtswidrige Versagung des Einvernehmens durch das BKartA berechtigt den Betroffenen nicht zu einer isolierten Verpflichtungs- oder Leistungsbeschwerde, die auf die Erteilung des Einvernehmens gerichtet ist, denn das Einvernehmen ist eine unselbstständige behördliche Verfahrenshandlung iSv § 44a S. 1 VwGO und deswegen **nicht selbstständig einklagbar** (vgl. Geppert/Schütz/Attendorn/Geppert, 4. Aufl., TKG § 123 Rn. 14; Jarass/Kment BauGB § 36 Rn. 20; zur grundsätzlichen Möglichkeit einer entsprechenden Anwendung der VwGO s. Theobald/Kühling/Boos § 85 Rn. 10 ff.). Unterlässt die BNetzA infolge des fehlenden Einvernehmens eine beantragte Entscheidung, kann der Antragssteller allerdings **Verpflichtungsbeschwerde** gegen die BNetzA erheben, die auf die Vornahme der Sachentscheidung bzw. auf eine ermessensfehlerfreie Neubescheidung gerichtet ist. Das Beschwerdegericht prüft dann inzident, ob das BKartA sein Einvernehmen unberechtigt versagt hat. Ist die Versagung des Einvernehmens rechtswidrig und hat der Anspruchsteller einen Anspruch auf den begehrten Verwaltungsakt, verpflichtet das Beschwerdegericht die BNetzA, den begehrten Verwaltungsakt vorzunehmen. Das fehlende Einvernehmen des BKartA steht der Spruchreife der Sache nicht entgegen; vielmehr wird es durch den **Verpflichtungsbeschluss** des Beschwerdegerichts ersetzt (vgl. BGH NVwZ-RR 2003, 719).

Das Einvernehmen des BKartA bleibt erforderlich, wenn die Sache aufgrund von Beurteilungs- und Ermessensspielräumen nicht spruchreif ist und das Beschwerdegericht die BNetzA deswegen verpflichtet, den Beschwerdeführer unter Beachtung der Rechtsauffassung des Beschwerdegerichts erneut zu bescheiden. Ein solcher **Bescheidungsbeschluss** entfaltet indes keine Rechtskraftwirkung gegenüber dem BKartA, denn das BKartA ist im behördlichen Verfahren aufgrund von § 66 Abs. 2 Nr. 3 beiladungsunfähig (vgl. Immenga/Mestmäcker/Bach GWB § 54 Rn. 33) und nach § 79 Abs. 1 Nr. 3 folglich auch kein Beteiligter des Beschwerdeverfahrens. Gleichwohl ist das BKartA im Innenverhältnis zur BNetzA verpflichtet, über sein Einvernehmen im Einklang mit dem Bescheidungsbeschluss zu entscheiden, denn es darf sein Einvernehmen nur aus Gründen versagen, die auch die BNetzA zur Ablehnung des begehrten Verwaltungsakts berechtigen.

II. Anwendungsbereich/Tatbestandsvoraussetzungen

§ 58 Abs. 1 S. 1 setzt voraus, dass beim BKartA ein Verfahren anhängig ist, das durch eine Entscheidung in den in § 58 Abs. 1 S. 1 **enumerativ** aufgelisteten Fällen abgeschlossen werden kann. Das sind Fälle „des § 65 in Verbindung mit den §§ 6 bis 6b, 7 bis 7b und 9 bis 10e, des § 25 Satz 2, des § 28a Abs. 3 Satz 1, des § 56 in Verbindung mit Artikel 17 Absatz 1 Buchstabe a der Verordnung (EG) Nr. 714/2009" sowie „Entscheidungen, die nach einer Rechtsverordnung nach § 24 Satz 1 Nr. 2 in Verbindung mit Satz 2 Nr. 5 vorgesehen sind."

§ 65 iVm §§ 6, 6b, 7–7b, 9–10e ermächtigt die BNetzA zu Aufsichtsmaßnahmen aufgrund von Verstößen gegen energiewirtschaftsrechtliche Entflechtungsgebote.

Gegenstand des § 25 S. 2 sind Entscheidungen der BNetzA über einen Antrag eines vertikal integrierten Gasversorgungsunternehmens, einem anderen den Netzzugang aufgrund von Unzumutbarkeit wegen ernsthafter wirtschaftlicher oder finanzieller Schwierigkeiten verweigern zu dürfen.

§ 28a Abs. 3 S. 1 ermächtigt die BNetzA, auf Antrag eines Gasversorgungsunternehmens darüber zu entscheiden, ob die Voraussetzungen nach § 28a Abs. 1 und Abs. 2 gegeben sind. Das wiederum ist Voraussetzung dafür, dass Verbindungsleitungen zwischen Deutschland und anderen Staaten oder LNG- und Speicheranlagen von der Entflechtungsregelung nach §§ 8–10e und dem Zugangsregime nach §§ 20–28 ausgenommen werden.

15 Der Verweis auf § 56 iVm Art. 17 Abs. 1 lit. a VO (EG) Nr. 714/2009 hat keinen Anwendungsbereich, denn die VO (EG) Nr. 714/2009 wurde aufgehoben.

16 „Entscheidungen, die nach einer Rechtsverordnung nach § 24 Satz 1 Nr. 2 in Verbindung mit Satz 2 Nr. 5 vorgesehen sind" betreffen die Frage, ob die Netzentgelte abweichend vom Grundsatz der Kostenorientierung auf der Grundlage eines marktorientierten Verfahrens oder eine Preisbildung im Wettbewerb ermittelt werden können.

III. Rechtsfolge

17 Die BNetzA darf die in § 58 Abs. 1 S. 1 aufgelisteten Entscheidungen nur im Einvernehmen mit dem BKartA treffen. Verweigert das BKartA sein Einvernehmen, ist die BNetzA gehindert, eine Entscheidung nach § 58 Abs. 1 S. 1 zu treffen (Bourwieg/Hellermann/Hermes/Gundel § 58 Rn. 4). Das gilt auch dann, wenn die Verweigerung des Einvernehmens durch das BKartA rechtswidrig ist. Ein Einvernehmen mit den Landesregulierungsbehörden ist nach dem Wortlaut der Norm nicht geboten; auch eine analoge Anwendung scheidet aus, denn für eine planwidrige Regelungslücke bestehen keine zwingenden Anhaltspunkte (aA Schneider/Theobald/Franke § 19 Rn. 14).

18 Ein Einvernehmen zwischen BNetzA und BKartA setzt die Herstellung einer **„völligen Willensübereinstimmung"** voraus (Säcker EnergieR/Groebel § 58 Rn. 1 ff.). Das Einvernehmen muss sich dabei grundsätzlich auf die Entscheidung in ihrer Gesamtheit beziehen. Abweichendes gilt nur in den in § 58 Abs. 1 S. 1 ausdrücklich genannten Fällen: Hinsichtlich der Aufsichtsmaßnahmen nach § 65 iVm §§ 6–6a, 7–7b und 9–10e ist ein Einvernehmen mit dem BKartA nur hinsichtlich der **Bestimmung des Verpflichteten** erforderlich. Bei Entscheidungen nach § 28a Abs. 3 S. 1 beschränkt sich das Einvernehmenserfordernis auf die Frage, ob die Investition in die antragsgegenständliche neue Infrastruktur den **„Wettbewerb** bei der Gasversorgung" verbessert und ob die beantragte Ausnahme nachteilige Auswirkungen auf den Wettbewerb innerhalb der von der Investition betroffenen Märkten hat.

19 Das BKartA darf sein Einvernehmen für eine von § 58 Abs. 1 S. 1 genannte Entscheidung verweigern, wenn die von der BNetzA angestrebte Entscheidung formell oder materiell rechtswidrig wäre. Soweit die in § 58 Abs. 1 S. 1 genannten Ermächtigungsgrundlagen der BNetzA **Beurteilungs- oder Ermessensspielräume** zuerkennen, kann das BKartA sein Einvernehmen auch in entsprechender Wahrnehmung dieser Beurteilungs- und Ermessensspielräume verweigern.

D. Anhörungsrecht des BKartA und der Landesregulierungsbehörden (Abs. 1 S. 2)

I. Allgemeines

20 § 58 Abs. 1 S. 2 verpflichtet die BNetzA, dem BKartA und den betroffenen Landesregulierungsbehörden Gelegenheit zur Stellungnahme einzuräumen, bevor sie eine Entscheidung nach Teil 3 des EnWG trifft.

21 Der Gesetzgeber hat in den Gesetzgebungsmaterialien nicht erläutert, welche Motive der Einführung dieses Stellungnahmerechts zugrunde lagen. Hinweise ergeben sich jedoch aus systematischen und teleologischen Erwägungen: Die Bezugnahme auf Teil 3 des EnWG spricht dafür, dass das Stellungnahmerecht des BKartA die Regelung des § 111 Abs. 1, 2 kompensieren soll (vgl. Kment EnWG/Görisch § 58 Rn. 1). Dort ist geregelt, dass Bestimmungen des Teiles 3 des EnWG sowie auf Grundlage dieser Bestimmungen erlassene Rechtsverordnungen gegenüber den §§ 19, 20 und 29 GWB vorrangig sind und dementsprechend die Eingriffsbefugnisse des BKartA in Bezug auf Marktmissbrauch auf der Netzstufe einschränken. Die Beteiligung des Landesregulierungsbehörden, in deren Zuständigkeitsbereich betroffene Netzbetreiber ihren Sitz haben, trägt dem Umstand Rechnung, dass diese Behörden die von ihnen beaufsichtigten Netzbetreiber und Netze kennen und beurteilen können.

22 Das Stellungnahmerecht nach § 58 Abs. 1 S. 2 ist ein **förmliches Beteiligungsrecht** und – anders als die in § 55 Abs. 1 S. 2 vorgegebene Benachrichtigung der Landesregulierungsbehörden – kein bloßes Benachrichtigungsrecht. Im Vergleich zur Einvernehmensregelung nach § 58 Abs. 1 S. 1 handelt es sich beim Stellungnahmerecht um eine schwächere Beteiligungsform, denn das BKartA ist an die Stellungnahme nicht gebunden.

Rechtssystematisch ist die Regelung mit dem Anhörungsrecht des BKartA nach § 123 23
Abs. 1 S. 2 TKG vergleichbar.

Trifft die BNetzA eine Entscheidung, ohne dem BKartA oder einer Landesregulierungsbe- 24
hörde die nach § 58 Abs. 1 S. 1 erforderliche Gelegenheit zur Stellungnahme einzuräumen,
ist die Entscheidung verfahrensfehlerhaft ergangen und damit **formell rechtswidrig.** Der
Fehler ist unter den Voraussetzungen der §§ 45, 46 VwVfG heilbar bzw. unbeachtlich. Von
einem unbeachtlichen Fehler ist grundsätzlich auszugehen, wenn die Entscheidung erkennbar
keine wettbewerbsrelevanten Aspekte berührt.

II. Tatbestandsvoraussetzungen

§ 58 Abs. 1 S. 2 setzt ein bei der BNetzA anhängiges Verfahren voraus, das auf eine 25
Entscheidung „**nach Teil 3**" des EnWG gerichtet ist. Entscheidungen nach Teil 3 des EnWG
sind sämtliche Entscheidungen, zu denen die BNetzA aufgrund der §§ 11–35 ermächtigt
wird. Gleiches gilt für Entscheidungen, zu denen eine Rechtsverordnung ermächtigt, die
aufgrund von Teil 3 des EnWG ergangen ist.

§ 58 Abs. 1 S. 2 stellt keine inhaltlichen Anforderungen an die anvisierte Entscheidung; 26
insbesondere muss die Entscheidung nicht in einem Sachzusammenhang zu wettbewerbsrelevanten Fragen stehen. Eine Anhörung des BKartA gem. § 58 Abs. 1 S. 2 ist demzufolge
etwa auch dann erforderlich, wenn die BNetzA einen von den Übertragungsnetzbetreibern
vorgelegten Szenariorahmen gem. § 12a Abs. 3 S. 1 genehmigen möchte. Das Anhörungsrecht nach § 58 Abs. 1 S. 2 hat folglich eine sachliche Reichweite, die im Zusammenspiel
mit dem Rechtzeitigkeitserfordernis überflüssige Verfahrensverzögerungen verursachen kann.

III. Rechtsfolge

§ 58 Abs. 1 S. 2 verpflichtet die BNetzA, sowohl dem BKartA als auch der Regulierungs- 27
behörde, in deren Bundesland der Sitz des betroffenen Netzbetreibers belegen ist, rechtzeitig
vor Verfahrensabschluss Gelegenheit zur Stellungnahme einzuräumen.

Die für die Beteiligung einer Landesregulierungsbehörde erforderliche Betroffenheit des 28
Netzbetreiber liegt jedenfalls vor, wenn der Netzbetreiber Adressat einer vom Anwendungsbereich des § 58 Abs. 1 S. 2 erfassten Entscheidung ist. Unklar ist, ob eine Betroffenheit der
Netzbetreiber auch dann angenommen werden kann, wenn die Entscheidung an einen Dritten gerichtet ist, aber gleichwohl die **Interessen des Netzbetreibers erheblich berührt**
(zB sein Interesse an der Stabilität des Netzes im Falle einer Stilllegung von Erzeugungsanlagen nach § 13a). Der Normwortlaut spricht dafür, denn das Merkmal der Betroffenheit wird
im juristischen Sprachgebrauch grundsätzlich bei einer Interessensberührung angenommen.

Die Einräumung der Gelegenheit zur Stellungnahme setzt voraus, dass das BKartA und 29
die Landesregulierungsbehörde diejenigen **Unterlagen** erhalten, die notwendig sind, um
den Sachverhalt und die von der BNetzA beabsichtigte Entscheidung in tatsächlicher und
rechtlicher Hinsicht zu beurteilen; in der Regel ist das der Entscheidungsentwurf (Bourwieg/
Hellermann/Hermes/Gundel § 58 Rn. 13). Weder die Einräumung der Gelegenheit zur
Stellungnahme noch die Stellungnahme selbst sind an Formvorgaben gebunden.

Eine **rechtzeitige** Anhörung erfordert einen zeitlichen Vorlauf, der das BKartA und die 30
Landesregulierungsbehörde in die Lage versetzt, den Sachverhalt eigenständig zu prüfen und
eine begründete Stellungnahme abzugeben (vgl. Bourwieg/Hellermann/Hermes/Gundel
§ 58 Rn. 13; Geppert/Schütz/Attendorn/Geppert, 4. Aufl., TKG § 123 Rn. 23). Maßgeblich sind insoweit die Umstände des Einzelfalls, namentlich die Komplexität des Verfahrens.

Die BNetzA muss die eingegangenen Stellungnahmen zur Kenntnis nehmen und sich 31
mit ihrem Inhalt erkennbar **auseinandersetzen;** sie ist an die Stellungnahme jedoch nicht
gebunden (Schmidt-Volkmar, Das Verhältnis von kartellrechtlicher Missbrauchsaufsicht und
Netzregulierung, 2010, 133).

Das BKartA und die Landesregulierungsbehörden können auf ihr Anhörungsrecht verzich- 32
ten.

E. Anhörungsrecht der BNetzA gegenüber dem BKartA (Abs. 2)

I. Allgemeines

33 § 58 Abs. 2 verpflichtet die Kartellbehörden, der BNetzA in **Missbrauchs- und Fusionskontrollverfahren** im Bereich der leitungsgebundenen Energieversorgung Gelegenheit zur Stellungnahme einzuräumen.

34 Die Regelung ist im Ansatz mit § 113 Abs. 1 S. 3 TKG vergleichbar.

35 Die in § 58 Abs. 2 S geregelte Anhörung der BNetzA ist eine formelle Rechtmäßigkeitsvoraussetzung für die vom Anwendungsbereich der Norm erfassten Verfahren.

II. Tatbestandsvoraussetzungen

36 § 58 Abs. 2 setz voraus, dass eine nach dem GWB zuständige Kartellbehörde im Bereich der leitungsgebundenen Versorgung mit Elektrizität und Gas ein Verfahren nach den §§ 19, 20, 29 GWB, Art. 102 AEUV oder § 40 Abs. 2 GWB führt.

37 Erforderlich ist mithin ein vor dem BKartA oder einer zuständigen Landeskartellbehörde **anhängiges Verfahren**.

38 Bei dem Verfahren muss es sich entweder um eine Missbrauchsverfahren nach §§ 19, 20, 29 GWB, Art. 102 AEUV oder um ein fusionskontrollrechtliches Hauptprüfverfahren nach § 40 Abs. 2 GWB handeln. Unerheblich ist, auf welche Rechtsfolge das Verfahren gerichtet ist. Gegenstand von § 58 Abs. 2 sind demzufolge nicht nur Bußgeldverfahren, sondern **sämtliche Aufsichtsverfahren** zur Durchsetzung der genannten Regelungen.

39 Das Verfahren muss den „Bereich der leitungsgebundenen Versorgung mit Elektrizität und Gas" betreffen. Der Bereich der leitungsgebundenen Versorgung mit Elektrizität und Gas umfasst die **Erzeugungs-, Handels- und Vertriebsebene ebenso wie die Netzebene**, wenngleich der Anwendungsbereich von netzbezogenen Missbrauchsverfahren aufgrund der Prioritätsregel nach § 111 Abs. 1, 2 eingeschränkt ist.

III. Rechtsfolge

40 Das BKartA bzw. die das Verfahren führende Landeskartellbehörde ist verpflichtet, dem BKartA rechtzeitig Gelegenheit zur Stellungnahme einzuräumen. Die insoweit maßgeblichen Anforderungen gleichen den Anforderungen nach § 58 Abs. 1 S. 2 (→ Rn. 20 ff.).

F. Anhörungsrecht der BNetzA gegenüber der BaFin (Abs. 2a)

41 § 58 Abs. 2a verpflichtet die BaFin, der BNetzA in Verfahren im Bereich der leitungsgebundenen Energieversorgung Gelegenheit zur Stellungnahme einzuräumen. Die Regelung soll ausweislich der Gesetzesbegründung gewährleisten, „dass bei Untersuchungen der Bundesanstalt für Finanzdienstleistungsaufsicht das **Fachwissen der BNetzA** berücksichtigt werden kann" (BT-Drs. 17/6072, 91). Sie ist in Übereinstimmung mit § 58 Abs. 2 auszulegen.

G. Zusammenarbeit mit der Europäischen Kommission (Abs. 2b)

42 In § 58 Abs. 2b verpflichtet der Gesetzgeber die BNetzA zur Zusammenarbeit mit der Europäischen Kommission bei der Durchführung von wettbewerblichen Untersuchungen im Bereich der leitungsgebundenen Versorgung mit Elektrizität und Gas.

43 Der Begriff „**wettbewerbliche Untersuchungen**" beschränkt sich indessen nicht auf die Durchführung des europäischen Kartellrechts. Wettbewerbliche Untersuchungen können auch besondere energierechtliche Verfahren wie etwa Missbrauchsverfahren nach § 31 sein, denn auch diese dienen der Sicherung des Wettbewerbs innerhalb des leitungsgebundenen Energiesektors. Die Zusammenarbeit betrifft mithin auch nicht nur von der Kommission, sondern ebenso von der BNetzA selbst durchgeführte Untersuchungen. Die Kooperationsregel des § 58 Abs. 2b überschneidet sich daher in Teilbereichen mit der Kooperationsregel des § 57 Abs. 1 S. 1.

H. Kohärenzgebot (Abs. 3)

§ 58 Abs. 3 ordnet an, dass die BNetzA und das BKartA auf eine einheitliche und den **44** Zusammenhang zum GWB wahrende Auslegung „dieses Gesetzes" hinwirken. Die Regelung zielt auf eine kohärente Auslegung und Anwendung kartell- und energierechtlicher Regelungen ab und trägt insoweit dem Umstand Rechnung, dass sowohl zwischen dem GWB und dem EnWG als auch zwischen den Zuständigkeiten des BKartA und der BNetzA Schnittstellen bestehen.

Dem Anwendungsbereich des § 58 Abs. 3 unterfällt die **Auslegung des EnWG**. Das **45** schließt auch die Auslegung von auf Grundlage des EnWG erlassenen Rechtsverordnungen ein. Der Begriff Auslegung iSv § 58 Abs. 3 erfasst die Ausübung von Beurteilungsspielräumen, die die BNetzA bei der Bestimmung des Regelungsgehalts energiewirtschaftsrechtlicher Tatbestandsmerkmale hat. Der Begriff **Auslegung** erfasst demgegenüber nicht die Konkretisierung unbestimmter Rechtsbegriffe, deren Regelungsgehalt einer vollständigen gerichtlichen Kontrolle zugänglich ist. Dies folgt daraus, dass § 58 Abs. 3 keinen allgemeingültigen Auslegungsgrundsatz normiert, sondern ausschließlich die BNetzA und das BKartA verpflichtet und damit auf die **spezifischen Auslegungsspielräume** dieser Behörden Bezug nimmt. Nach seinem Sinn und Zweck erfasst § 58 Abs. 3 darüber hinaus die Ausübung von Ermessensspielräumen.

§ 58 Abs. 3 verpflichtet die BNetzA und das BKartA, auf eine einheitliche und den **46** Zusammenhang mit dem GWB wahrende Auslegung des EnWG hinzuwirken. Die Auslegung energiewirtschaftlicher Bestimmungen muss sich insofern an dem Regelungsgehalt des GWB und an der daraus erwachsenen Rechtspraxis orientieren (Theobald/Kühling/Theobald/Werk § 58 Rn. 40). Die BNetzA wird von § 58 Abs. 3 als diejenige Behörde adressiert, die die Regelungen des Energiewirtschaftsrechts unmittelbar anwendet und somit in letzter Verantwortung eine kohärente Rechtsanwendung sicherstellen muss. Das erfordert sowohl eine sachgerechte Auslegungsentscheidung im anhängigen **Verwaltungsverfahren** als auch angemessene **Vorbereitungshandlungen** einschließlich der insoweit notwendigen Abstimmung mit dem BKartA (vgl. Geppert/Schütz/Attendorn/Geppert, 4. Aufl., TKG § 123 Rn. 27). Die aus § 58 Abs. 3 resultierenden Hinwirkungspflichten des BKartA betreffen insbesondere dem vorgelagerte Kooperations- und Koordinationspraktiken, aber auch die Ausübung der in § 58 Abs. 1 S. 1, 2 eingeräumten formellen Beteiligungsrechte.

I. Informationspflichten (Abs. 4)

§ 58 Abs. 4 S. 1 verpflichtet die Regulierungsbehörden und Kartellbehörden zum wech- **47** selseitigen Informationsaustausch, soweit dies erforderlich ist, damit der jeweils andere seine Aufgaben erfüllen kann. Die Regelung ist entsprechend der Informationspflicht nach § 58a auszulegen (→ § 58a Rn. 16 ff.). Anders als bei § 58a steht der Informationsaustausch ausweislich des Normwortlauts im pflichtgemäßen Ermessen der jeweiligen Adressaten der Regelung. In der Gesetzesbegründung heißt es jedoch: „Sie haben einander im Rahmen der Vorgaben nach Absatz 4 zu informieren." Richtigerweise ist deswegen von einem **intendierten Ermessen** auszugehen (Theobald/Kühling/Theobald/Werk § 58 Rn. 43).

§ 58a Zusammenarbeit zur Durchführung der Verordnung (EU) Nr. 1227/2011

(1) Zur Durchführung der Verordnung (EU) Nr. 1227/2011 arbeitet die Bundesnetzagentur mit der Bundesanstalt für Finanzdienstleistungsaufsicht, mit dem Bundeskartellamt sowie mit den Börsenaufsichtsbehörden und den Handelsüberwachungsstellen zusammen.

(2) [1]Die Bundesnetzagentur und die dort eingerichtete Markttransparenzstelle, die Bundesanstalt für Finanzdienstleistungsaufsicht, das Bundeskartellamt, die Börsenaufsichtsbehörden und die Handelsüberwachungsstellen haben einander unabhängig von der jeweils gewählten Verfahrensart solche Informationen, Beobachtungen und Feststellungen einschließlich personenbezogener Daten sowie Betriebs- und Geschäftsgeheimnisse mitzuteilen, die für die Erfüllung ihrer jeweiligen Aufgaben erforderlich sind. [2]Sie können diese Informationen, Beobachtungen

und Feststellungen in ihren Verfahren verwerten. ³Beweisverwertungsverbote bleiben unberührt.

(3) Ein Anspruch auf Zugang zu den in Absatz 2 und in Artikel 17 der Verordnung (EU) Nr. 1227/2011 genannten amtlichen Informationen besteht über den in Artikel 17 Absatz 3 der Verordnung (EU) Nr. 1227/2011 bezeichneten Fall hinaus nicht.

(4) ¹Die Bundesnetzagentur kann zur Durchführung der Verordnung (EU) Nr. 1227/2011 durch Festlegungen nach § 29 Absatz 1 nähere Bestimmungen treffen, insbesondere zur Verpflichtung zur Veröffentlichung von Informationen nach Artikel 4 der Verordnung (EU) Nr. 1227/2011, zur Registrierung der Marktteilnehmer nach Artikel 9 Absatz 4 und 5 und zur Datenmeldung nach Artikel 8 Absatz 1 oder Absatz 5 der Verordnung (EU) Nr. 1227/2011, soweit nicht die Europäische Kommission entgegenstehende Vorschriften nach Artikel 8 Absatz 2 oder Absatz 6 der Verordnung (EU) Nr. 1227/2011 erlassen hat. ²Festlegungen, die nähere Bestimmungen zu den Datenmeldepflichten nach Artikel 8 der Verordnung (EU) Nr. 1227/2011 treffen, erfolgen mit Zustimmung der Markttransparenzstelle.

Überblick

§ 58a stattet die BNetzA mit Kooperations-, Informations- und Festlegungsbefugnissen im Zusammenhang mit der Durchführung der VO (EU) Nr. 1227/2011 (sog. REMIT-VO) aus und konkretisiert den insoweit maßgeblichen Rechtsrahmen (→ Rn. 1 ff.). **Absatz 1** verpflichtet die BNetzA, zum Zwecke der Durchführung der REMIT-VO mit der BaFin, dem BKartA, den Börsenaufsichtsbehörden und den Handelsüberwachungsstellen zusammenzuarbeiten (→ Rn. 6 ff.). **Absatz 2** verpflichtet die BNetzA und die dort genannten Behörden und Stellen zum wechselseitigen Informationsaustausch, um dem jeweiligen Empfänger nicht nur hinsichtlich der REMIT-VO, sondern im Allgemeinen die Erfüllung der ihnen gesetzgeberisch zugewiesenen Aufgaben zu erleichtern (→ Rn. 16 ff.). **Absatz 3** sichert die Vertraulichkeit von Berufsgeheimnissen, die Behörden in Umsetzung der REMIT-VO erlangt haben (→ Rn. 25 ff.). **Absatz 4** begründet eine allgemeine Festlegungskompetenz der BNetzA (→ Rn. 37).

Übersicht

	Rn.		Rn.
A. Hintergrund und Normzweck	1	III. Rechtsfolge: Pflicht zur Informationsübermittlung	23
B. Entstehungsgeschichte	5	IV. Verwertbarkeit (S. 2 und S. 3)	24
C. Kooperationsregel (Abs. 1)	6	E. Ausschluss des Zugangs zu vertraulichen Informationen (Abs. 3)	25
I. Allgemeines	6	I. Allgemeines	25
II. Anwendungsbereich/Tatbestandsvoraussetzungen	11	II. Anwendungsbereich/Tatbestandsvoraussetzungen	30
III. Rechtsfolge: Ermessen	15	III. Rechtsfolge	34
D. Informationsaustausch (Abs. 2)	16	IV. Allgemeine Festlegungskompetenz (Abs. 4)	37
I. Allgemeines	16		
II. Anwendungsbereich/Tatbestandsvoraussetzungen	18		

A. Hintergrund und Normzweck

1 Die REMIT-VO ist eine europäische Rechtsverordnung zur Verhinderung von Marktmissbrauch auf Energiegroßhandelsmärkten. Die Verordnung ist gem. Erwägungsgrund 27 REMIT-VO inhaltlich an die kapitalmarktrechtliche Marktmissbrauchs-RL 2003 (RL 2003/6/EG) angelehnt, die inzwischen durch die Marktmissbrauchsverordnung VO (EU) Nr. 596/2014 abgelöst wurde. Kernbestandteil der REMIT-VO ist das Verbot des Insiderhandels (Art. 3 REMIT-VO) und der Marktmanipulation (Art. 5 REMIT-VO) sowie das Gebot zur ad-hoc-Veröffentlichung von unternehmensbezogenen Insiderinformationen (Art. 4

REMIT-VO). Weiterhin bindet die REMIT-VO die Marktteilnehmer an Melde- und Registrierungspflichten (Art. 8 und 9 REMIT-VO). Deren Zweck besteht darin, die in der REMIT-VO ebenfalls abgeordnete behördliche Überwachung von Energiegroßhandelsmärkten zu erleichtern (Art. 7 REMIT-VO).

Innerhalb des Geltungsbereichs der Bundesrepublik Deutschland ist die BNetzA zuständig für die den Mitgliedstaaten in der REMIT-VO übertragenen Aufgaben (s. insbesondere §§ 33 Abs. 6, 56 Abs. 1 Nr. 4, 58a Abs. 4, 65 Abs. 6, 69 Abs. 1). Für den Aufgabenbereich der Marktüberwachung gilt das nicht unmittelbar, denn der deutsche Gesetzgeber hat im Einklang mit Art. 7 Abs. 2 S. 1 REMIT-VO die Einrichtung einer Markttransparenzstelle für den Stromhandel mit Strom und Gas angeordnet. 2

Die BNetzA hat bei der Durchführung der REMIT-VO **zwei Aufgaben:** Außerhalb der von Art. 7 REMIT-VO erfassten und in §§ 47a ff. GWB geregelten Marktüberwachung führt sie die REMIT-VO durch und übt insoweit die in den §§ 33 Abs. 6, 56 Abs. 1 Nr. 4, 58a Abs. 4, 65 Abs. 6, 69 Abs. 1 normierten Befugnisse aus. Zweitens wirkt sie im Hinblick auf diejenigen Aufgaben, die nach Maßgabe von §§ 47a ff. der Markttransparenzstelle zugewiesen sind, auf die Herstellung eines Einvernehmens mit dem BKartA hin. 3

§ 58a hat den Zweck, die BNetzA bei der Wahrnehmung dieser Aufgaben mit den notwendigen **Kooperations-, Informations- und Festlegungsbefugnissen,** aber ebenso Pflichten auszustatten (vgl. BT-Drs. 17/10060, 2; Säcker EnergieR/Groebel § 58a Rn. 3) und insoweit einen Rechtsrahmen zu schaffen, der den Anforderungen der REMIT-VO gerecht wird und zugleich eine effektive Verwaltungsarbeit ermöglicht. 4

Die Markttransparenzstelle ist gem. § 47a Abs. 1 S. 1 GWB an die BNetzA angeschlossen. Sie ist Bestandteil des Referats 614 in der Abteilung 6, Energieregulierung (MüKoWettbR/Reiner/Rolje GWB § 47a Rn. 8). Die Markttransparenzstelle ist insofern **keine eigenständige Behörde im organisationsrechtlichen** Sinne, sondern vielmehr eine behördeninterne Organisationseinheit der BNetzA, die für die Überwachung von Energiegroßhandelsmärkten zuständig ist (MüKoWettbR/Reiner/Rolje GWB § 47a Rn. 8). Gemäß § 47b Abs. 1 S. 1 GWB hat sie insoweit die Aufgabe, die Preisbildung auf Energiegroßhandelsmärkten in Bezug auf Auffälligkeiten zu überprüfen, und zwar sowohl im Hinblick auf kartellrechtlichen Marktmissbrauch als auch in Bezug auf REMIT-Verstöße. 4.1

Trotz ihrer organisatorischen Verortung innerhalb der BNetzA stattet der Gesetzgeber die Markttransparenzstelle in §§ 47a ff. GWB mit eigenständigen Befugnissen zur Marktüberwachung aus. Er ermächtigt die Markttransparenzstelle insoweit, bei der Ausübung dieser Befugnisse im Außenverhältnis als eigenständige **Behörde im funktionellen Sinne** aufzutreten (zB im Rahmen von Auskunftsersuchen nach § 47d Abs. 1 iVm § 59 GWB, s. BT-Drs. 17/10060, 28). Das gilt jedoch nicht für Ordnungswidrigkeiten aufgrund von Verstößen gegen § 47d Abs. 1 S. 1 GWB, denn insoweit ist die BNetzA gem. § 82 Abs. 1 Nr. 1 GWB die zuständige Verwaltungsbehörde. 4.2

Damit einhergehend gelten auch für die innere Willensbildung der Markttransparenzstelle Besonderheiten: So hat die Markttransparenzstelle bei der Wahrnehmung der in §§ 47a ff. GWB eingeräumten Befugnisse besondere Entscheidungskompetenzen und ist nicht an einseitige Weisungen anderer Abteilungen und Bereiche der BNetzA gebunden. Stattdessen ordnet § 47a Abs. 2 S. 1 GWB an, dass die BNetzA und das BKartA die innere Willensbildung der Markttransparenzagentur einvernehmlich wahrnehmen. 4.3

Auch außerhalb der Tätigkeit der Markttransparenzstelle ist das Referat 614 diejenige Organisationseinheit innerhalb der BNetzA, die die REMIT-VO durchführt und insoweit die der BNetzA originär zugewiesenen Aufgaben wahrnimmt (s. insbesondere §§ 33 Abs. 6, 56 Abs. 1 Nr. 4, 58a Abs. 4, 65 Abs. 6, 69 Abs. 1). Anders als hinsichtlich des Aufgabenspektrums der Markttransparenzstelle kann das Referat 614 insoweit jedoch weder als eigenständige Behörde im funktionellen Sinne auftreten, noch gelten die besonderen Regelungen für die Willensbildung der Markttransparenzstelle. 4.4

B. Entstehungsgeschichte

§ 58a wurde durch Art. 2 des Markttransparenzstellen-Gesetzes mWv 12.12.2012 in das EnWG aufgenommen (BGBl. 2012 I 2543). Die Norm wurde seither nicht geändert. 5

C. Kooperationsregel (Abs. 1)

I. Allgemeines

6 § 58a Abs. 1 regelt **generalklauselartig** die Zusammenarbeit der BNetzA mit dem BKartA, der BaFin, den Börsenaufsichtsbehörden und Handelsüberwachungsstellen. Die Regelung trägt dem Umstand Rechnung, dass die Durchführung der REMIT-VO Schnittstellen zu den Aufgabenbereichen dieser Behörden und Stellen aufweist (Säcker EnergieR/Groebel § 58a Rn. 9).

7 Absatz 1 hat dabei **drei Funktionen:** Erstens weist er der BNetzA die formelle Zuständigkeit zu, mit den genannten Behörden und Stellen zum Zwecke der Durchführung der REMIT-VO zusammenzuarbeiten. Gleichermaßen stattet Absatz 1 die BNetzA mit einer materiell-rechtliche Kooperationsbefugnis aus, die wiederum mit einem allgemeinen Kooperationsgebot korrespondiert (vgl. → § 57 Rn. 4).

8 In rechtssystematischer Hinsicht konkretisiert § 58a Abs. 1 die schon in § 56 Abs. 1 Nr. 4 geregelte Generalermächtigung der BNetzA zur Durchführung der REMIT-VO. Die Regelung ergänzt § 47i Abs. 1 Nr. 1 und Nr. 2 GWB, die die BNetzA hinsichtlich der inneren Willensbildung der Markttransparenzstelle zur Zusammenarbeit mit der BaFin sowie den Börsenaufsichtsbehörden und Handelsüberwachungsstellen verpflichten.

9 Gleichermaßen setzt § 58a Abs. 1 die in **Art. 16 Abs. 4 REMIT-VO** vorgegebenen Kooperationsmöglichkeiten um. Demzufolge können die nationalen Regulierungsbehörden angemessene Formen der Zusammenarbeit mit den zuständigen Finanzbehörden und den nationalen Regulierungsbehörden einrichten, damit wirksame und effiziente Untersuchungen und Durchsetzungsmaßnahmen gewährleistet werden und ein Beitrag zu einem kohärenten und einheitlichen Ansatz bei Untersuchungen und Gerichtsverfahren und zur Durchsetzung dieser Verordnung und einschlägiger Finanz- und Wettbewerbsvorschriften geleistet wird.

10 Das Kooperationsgebot nach Absatz 1 Satz 1 bezweckt keinen Individualschutz und verschafft Privatrechtssubjekten somit auch keinen selbstständigen Anspruch darauf, dass die BNetzA ihre in § 58a Abs. 1 S. 1 geregelten Kooperationsbefugnisse ausübt.

II. Anwendungsbereich/Tatbestandsvoraussetzungen

11 **Adressatin** der Kooperationsregeln in Absatz 1 ist die BNetzA in ihrer Eigenschaft als funktionelle Behörde. Die Markttransparenzstelle wird von § 58a Abs. 1 nicht adressiert.

12 Von § 58a Abs. 1 erfasste **Kooperationspartner** sind das BKartA, die BaFin, die Börsenaufsichtsbehörde und Handelsüberwachungsstellen. Börsenaufsichtsbehörden sind die nach § 3 Abs. 1 S. 1 BörsG zuständigen Landesbehörden. Handelsüberwachungsstellen sind Selbstverwaltungsorgane der Börsen, die von den Börsenaufsichtsbehörden überwacht werden und ihre Rechtsgrundlage in § 7 Abs. 1 S. 1 BörsG haben.

12.1 Börsenaufsichtsbehörde für die in Leipzig ansässige EEX ist das Sächsische Staatministerium für Wirtschaft, Arbeit und Verkehr. Die EEX hat ihrerseits eine eigene Handelsüberwachungsstelle (HÜSt).

13 **Gegenstand** des § 58a Abs. 1 S. 1 ist die Zusammenarbeit der BNetzA mit den genannten Kooperationspartnern „zur Durchführung der Verordnung (EU) Nr. 1227/2011". Der Begriff der Zusammenarbeit ist weit auszulegen und umfasst sowohl formelle als auch informelle Formen der Zusammenarbeit (vgl. → § 57 Rn. 12). Die Zusammenarbeit muss auf die Durchführung der REMIT-VO gerichtet sein. Der Zweck der Zusammenarbeit kann darin bestehen, dass der BNetzA die Wahrnehmung ihrer Befugnisse bei der Durchführung der REMIT-VO erleichtert wird. § 58a Abs. 1 erfasst allerdings ebenso Kooperationen zwischen der BNetzA und den von § 58a Abs. 1 erfassten Partnern, die darauf angelegt sind, dem Kooperationspartner oder einer dritten Behörde die Durchführung der REMIT-VO zu erleichtern. Gegenstand der von § 58a Abs. 1 erfassten Zusammenarbeit der BNetzA mit dem BKartA ist deswegen auch die Herstellung eines Einvernehmens als Grundlage der inneren Willensbildung der Markttransparenzstelle, soweit dieses Einvernehmen dem Zweck dient, dass die Markttransparenzstelle ihre Überwachungsaufgaben iSv Art. 7 REMIT-VO wahrnehmen kann.

Absatz 1 bietet keine Grundlage für eine Zusammenarbeit, die allein der Durchsetzung 14
kartell- oder kapitalmarktrechtlicher Regelungen oder sonstiger energierechtlicher Vorschriften dient. Davon zu unterscheiden ist freilich eine Zusammenarbeit der BNetzA mit den genannten Behörden und Stellen auf dem Gebiet des Kartell- oder Kapitalmarktrechts, die wiederum mit einer Zusammenarbeit zum Zweck der Durchführung der REMIT-VO verknüpft ist. Derartige rechtsgebietsübergreifende Kooperationen müssen im Rahmen einer **Gesamtbetrachtung** gewürdigt werden und werden folglich von Absatz 1 erfasst, soweit sie in ihrer Gesamtheit auch dem Zweck dienen, die REMIT-VO durchzuführen.

III. Rechtsfolge: Ermessen

Absatz 1 Satz 1 ordnet eine Zusammenarbeit der BNetzA mit den genannten Behörden 15
und Stellen an und begründet daher ein allgemeines Kooperationsgebot. Gleichwohl verbleiben der BNetzA Ermessensspielräume, und zwar sowohl hinsichtlich der Frage, ob im Einzelfall eine Kooperation geboten ist als auch wie diese ausgestaltet wird; im konkreten Einzelfall wirkt das allgemeine Kooperationsgebot insofern lediglich als Ermessensschranke, nicht jedoch als Ermessensausschlussgrund (→ § 57 Rn. 14).

D. Informationsaustausch (Abs. 2)

I. Allgemeines

§ 58a Abs. 2 S. 1 begründet eine wechselseitige Pflicht zum Informationsaustausch und 16
tritt insoweit neben § 47i Abs. 2 S. 2 GWB (s. dazu BT-Drs. 17/10060, 33) und § 17 Abs. 2 WpHG, wenngleich § 47i Abs. 2 S. 2 GWB den Informationsaustausch in das Ermessen der genannten Stellen stellt und § 17 Abs. 2 WpHG den Kreis der zum gegenseitigen Informationsaustausch Verpflichteten noch wesentlich weiter fasst. Hinsichtlich des Informationsaustauschs zwischen der BNetzA und dem BKartA weist § 58a Abs. 2 S. 1 außerdem Schnittmengen zu § 58 Abs. 4 S. 1 auf; anders als § 58a Abs. 2 S. 1 räumt § 58 Abs. 4 S. 1 dem BKartA und der BNetzA jedoch ein (intendiertes) Ermessen bei der Informationsübermittlung ein (→ § 58 Rn. 47).

Der Zweck des § 58a Abs. 2 S. 1 besteht einerseits darin, die Durchsetzung der REMIT- 17
VO zu fördern; andererseits sollen die genannten Behörden und Stellen die zur Durchführung ihrer sonstigen Aufgaben erforderlichen Informationen erhalten. In sachlicher Hinsicht reicht der in § 58a Abs. 2 S. 1 geregelte Informationsaustausch somit weiter als die allgemeine Kooperationsregel nach § 58a Abs. 1.

II. Anwendungsbereich/Tatbestandsvoraussetzungen

§ 58a Abs. 2 S. 1 verpflichtet die dort genannten Behörden zum gegenseitigen Austausch 18
von Informationen.

Adressaten dieser Pflicht sind die BNetzA, die Markttransparenzstelle, das BKartA, die 19
BaFin, die Börsenaufsichtsbehörden und die Handelsüberwachungsstellen. Die genannten Behörden und Stellen bilden gleichermaßen den Kreis der **Empfänger** der zu übermittelnden Informationen. § 58a Abs. 2 S. 1 erfasst somit nicht nur den Informationsaustausch zwischen der BNetzA und den genannten Behörden, sondern auch den Informationsaustausch der genannten Behörden und Stellen untereinander, mithin also beispielsweise auch den Austausch von Informationen zwischen der BaFin und der Handelsüberwachungsstelle der Frankfurter Börse.

Absatz 2 Satz 1 verpflichtet zur Übermittlung von „**Informationen,** Beobachtungen und 20
Feststellungen einschließlich personenbezogener Daten sowie Betriebs- und Geschäftsgeheimnisse". Beobachtungen sind Sachverhalte, die die jeweilige Behörde oder Stelle wahrgenommen hat (vgl. Schwark/Zimmer/v. Hein WpHG § 17 Rn. 11; Park/Boehm, Kapitalmarktstrafrecht, 4. Aufl. 2017, Teil 2 Kap. 1.2. Rn. 68); Gegenstand von Feststellungen sind überprüfte Sachverhalte (vgl. Schwark/Zimmer/v. Hein WpHG § 17 Rn. 11; Park/Boehm, 4. Aufl. 2017, Teil 2 Kap. 1.2. Rn. 68). Beobachtungen und Feststellungen sind gleichzeitig bestimmte Arten von Informationen, weswegen ihre eigenständige Aufzählung in Absatz 2 Satz 1 obsolet ist. Der aufgrund der Weite des Informationsbegriffs ebenfalls rein deklaratori-

sche Hinweis des Gesetzgebers auf personenbezogene Daten und Betriebs- und Geschäftsgeheimnisse erinnert den Rechtsanwender daran, dass auch die behördeninterne Übermittlung derartiger vertraulicher Informationen in das informationelle Selbstbestimmungsrecht der Betroffenen eingreifen kann und § 58a Abs. 2 S. 1 insofern die verfassungsrechtlich gebotene Ermächtigungsgrundlage schafft.

21 Die Informationen müssen **zur Erfüllung der jeweiligen Aufgaben** der BNetzA, der Markttransparenzstelle, des BKartA, der BAFin, der Börsenaufsichtsbehörde bzw. der Handelsüberwachungsstelle erforderlich sein. Absatz 2 Satz 1 beschränkt sich somit nicht auf Informationen, die zur Durchführung der REMIT-VO oder aber auch energierechtlicher Vorschriften erforderlich sind, sondern umfasst sämtliche Informationen, die die genannten Behörden und Stellen benötigen, um die ihnen vom Gesetzgeber jeweils zugewiesenen Aufgaben zu erfüllen. Die Informationsübermittlung wird von Absatz 2 Satz 1 allerdings nur dann erfasst, wenn sie in quantitativer und qualitativer Hinsicht zur Aufgabenerfüllung erforderlich ist (→ § 57 Rn. 42.1) Hinsichtlich dieser Frage ist mitteilenden Behörden eine **Einschätzungsprärogative** zuzuerkennen (vgl. Schwark/Zimmer/v. Hein WpHG § 17 Rn. 11; Park/Boehm, 4. Aufl. 2017, Teil 2 Kap. 1.2. Rn. 69).

22 Die Pflicht zum Informationsaustausch besteht **„unabhängig von der jeweils gewählten Verfahrensart"**. Absatz 2 Satz 1 beschränkt sich mithin nicht auf Informationen, die in einem Verfahren erhoben werden, dessen Zweck in einem Zusammenhang zu dem Aufgabenbereich der Empfangsbehörde steht; vielmehr ordnet Absatz 2 Satz 1 die Übermittlung auch solcher Informationen an, die ursprünglich zu einem anderen Zweck erhoben wurden (vgl. Säcker EnergieR/Groebel § 58 Rn. 54).

III. Rechtsfolge: Pflicht zur Informationsübermittlung

23 Absatz 2 Satz 1 verpflichtet die Adressaten zur Übermittlung der **erforderlichen Informationen** und sieht insofern kein Entschließungsermessen, mithin auch kein intendiertes Entschließungsermessen vor. Hinsichtlich der konkreten Ausführung der Informationsübermittlung, sowohl in örtlicher als auch in zeitlicher Hinsicht, haben die Informationsübermittlungsadressaten demgegenüber Auswahlermessensspielräume.

IV. Verwertbarkeit (S. 2 und S. 3)

24 Absatz 2 Sätze 2 und 3 stellen klar, dass die übermittelnden Informationen von dem Empfangsadressaten vorbehaltlich des Nichteingreifens eines Beweisverwertungsverbots verwertet werden können.

E. Ausschluss des Zugangs zu vertraulichen Informationen (Abs. 3)

I. Allgemeines

25 § 58 Abs. 3 verpflichtet die BNetzA und die in Absatz 2 genannten Behörden, Informationen, die etwa Behördenmitarbeiter oder von der Behörde beauftragte Wirtschaftsprüfer oder Sachverständige im Rahmen der Erfüllung ihrer Pflichten erhalten haben, nur **in allgemeiner oder aggregierter Form** an andere Personen und Behörden weiterzugeben.

26 Der Gesetzgeber führt in seiner Begründung zu § 58 Abs. 3 insoweit aus: „Die Vorschrift begründet ferner in Absatz 3 mit Blick auf alle beteiligten Behörden eine zugangsausschließende Sonderregelung zu den Regelungen des Gesetzes zur Regelung des Zugangs zu Informationen des Bundes. Dies ist erforderlich, um der Regelung des Artikels 17 Absatz 3 der REMIT-Verordnung zu entsprechen, wonach vertrauliche Informationen, die gemäß der REMIT- Verordnung empfangen, ausgetauscht oder übermittelt werden, an keine andere Person oder Behörde weitergegeben werden, es sei denn in zusammengefasster oder allgemeiner Form" (BT-Drs. 17/10060, 33).

27 Die Regelung hat folgenden Hintergrund: **§ 58a Abs. 2 EnWG, § 47i GWB und § 17 Abs. 2 WpHG** ermächtigen die BNetzA sowie die anderen dort genannten Behörden und Stellen zum behördenübergreifenden Informationsaustausch zwecks Unterstützung des jeweils anderen bei der Erfüllung seiner Aufgaben (→ Rn. 16 ff.). **§ 1 IFG** berechtigt Privatpersonen, von Bundesbehörden die Offenlegung amtlich bekannter Informationen zu erlan-

gen. Dem Anwendungsbereich der genannten Regelungen unterfallen somit grundsätzlich auch Informationen, die ein von der BNetzA oder einer anderen zuständigen Behörde eingesetzter Berufsgeheimnisträger bei der Durchführung der REMIT-VO erhalten hat.

Eine ungeschützte Weitergabe solcher Informationen an andere Behörden oder Privatpersonen würde indessen gegen die **Verschwiegenheitspflicht** nach Art. 17 Abs. 3 REMIT-VO verstoßen. Dort ist geregelt, dass von Berufsgeheimnisträgern im Rahmen der Durchsetzung der REMIT-VO erlangte Informationen nur in allgemeiner oder aggregierter Form an Privatpersonen sowie an andere Behörden weitergegeben werden dürfen. In Erwägungsgrund 30 REMIT-VO führt der Verordnungsgeber insoweit folgendes aus: „Wichtig ist, dass die Geheimhaltungspflicht für jene gilt, die vertrauliche Informationen gemäß dieser Verordnung erhalten. Die Agentur, die nationalen Regulierungsbehörden, die zuständigen Finanzbehörden der Mitgliedstaaten und die nationalen Wettbewerbsbehörden sollten die Vertraulichkeit, die Integrität und den Schutz der bei ihnen eingehenden Informationen sicherstellen." 28

§ 58a Abs. 3 stellt deswegen klar, dass Ansprüche von Privatpersonen oder anderen Behörden auf Übermittlung individualisierter personenbezogener Daten in den Fällen des Art. 17 Abs. 3 REMIT-VO ausgeschlossen sind. Aufgrund der unmittelbaren Anwendbarkeit der REMIT-VO handelt es sich um eine rein **deklaratorische Regelung**. 29

II. Anwendungsbereich/Tatbestandsvoraussetzungen

Dem Anwendungsbereich des § 58a Abs. 3 iVm Art. 17 Abs. 3 REMIT-VO unterfallen Informationen, die die in § 58a EnWG, Art. 17 Abs. 1 S. 1 REMIT-VO und in Art. 17 Abs. 3 REMIT-VO normierten Merkmale aufweisen: 30

Gemäß § 58a Abs. 3 muss die Information **amtlich** sein. Der Begriff der amtlichen Information entspricht der Legaldefinition nach § 2 Nr. 1 IFG des Bundes, denn auf die Regelungen dieses Gesetzes nimmt die Gesetzesbegründung ausdrücklich Bezug (BT-Drs. 17/10060, 33). Gemäß § 2 Nr. 1 IFG ist eine amtliche Information „jede amtlichen Zwecken dienende Aufzeichnung, unabhängig von der Art ihrer Speicherung. Entwürfe und Notizen, die nicht Bestandteil eines Vorgangs werden sollen, gehören nicht dazu". Der Übertragung dieser Legaldefinition auf § 58a Abs. 3 steht nicht entgegen, dass auch in Entwürfen und Notizen enthaltene Informationen von der Zugangsausschlussregelung des Art. 17 Abs. 3 REMIT-VO erfasst werden. Zum einen begründet § 58a Abs. 3 einen Ausschlusstatbestand innerhalb von Informationszugangsregelungen, deren Anwendungsbereich ohnehin auf amtliche Informationen beschränkt ist (s. § 1 IFG Bund, § 58a Abs. 2, § 47i GWB und § 17 Abs. 2 WpHG). Zum anderen greift Art. 17 Abs. 3 REMIT-VO aufgrund des Anwendungsvorrangs der europäischen Sekundärrechts auch in solchen Fällen ein, die von § 58a Abs. 3 nicht erfasst werden. 31

Nach Art. 17 Abs. 1 REMIT-VO muss die Information vertraulich und gemäß der REMIT-VO erlangt, übermittelt oder empfangen worden sein. In Anlehnung an die Rechtsprechung des EuG zu dem Begriff des Berufsgeheimnisses nach Art. 339 AEUV sind **vertrauliche Informationen** solche Informationen, die einer beschränkten Zahl von Personen bekannt sind, durch deren Offenlegung dem Auskunftgeber oder einem Dritten ein ernsthafter Nachteil entstehen kann und durch deren Offenlegung objektiv schützenswerte Interessen verletzen kann (EuG BeckRS 2006, 70407 Rn. 71; zur Übertragbarkeit dieser Rechtsprechung auf Art. 17 Abs. 1 REMIT-VO s. Säcker EnergieR/Wieglin REMIT-VO Art. 17 Rn. 17). Die Informationen werden gemäß der REMIT-VO **erlangt, übermittelt oder empfangen,** wenn die REMIT-VO der Rechtsgrund für die Informationserlangung, Informationsübermittlung, den Informationsempfang ist. Als Rechtsgrundlage kommen insofern Art. 4 Abs. 2, 7 Abs. 1 und 2, 8, 9, 10, 13 Abs. 2, 15 und 16 REMIT-VO in Betracht (Säcker EnergieR/Wieglin REMIT-VO Art. 17 Rn. 17). 32

Gemäß Art. 17 Abs. 3 REMIT-VO muss ein **Berufsgeheimnisträger** iSv Art. 2 REMIT-VO die vertrauliche Information im Rahmen der Erfüllung seiner Pflicht erhalten haben. Berufsgeheimnisträger sind die in Art. 17 Abs. 2 REMIT-VO genannten Personen. Im Zusammenhang mit § 58a Abs. 3 betrifft das insbesondere Personen, die für die BNetzA oder die Markttransparenzstelle arbeiten oder in der Vergangenheit gearbeitet haben (Art. 17 Abs. 2 lit. c REMIT-VO) sowie von der BNetzA oder der Markttransparenzstelle beauftragte 33

EnWG § 58a Teil 7. Behörden

Wirtschaftsprüfer und Sachverständige (Art. 17 Abs. 2 lit. d REMIT-VO), soweit ihre Beauftragung der Durchführung der REMIT-VO dient und insoweit mit der Erlangung vertraulicher Informationen verbunden ist. Die genannten Berufsgeheimnisträger müssen die Informationen **bei der Ausübung ihrer Pflichten** erlangt haben. Insbesondere bei den Mitarbeitern der BNetzA setzt dies nicht voraus, dass sie die Informationen im Rahmen der Durchführung der REMIT-VO erlangt haben; vielmehr erfasst Art. 17 Abs. 3 REMIT-VO auch Informationen, die ein Mitarbeiter der nationalen Regulierungsbehörde bei der Erfüllung anderweitiger Berufs- bzw. Amtspflichten erlangt hat. Dem Weitergabeverbot nach § 58a iVm Art. 17 Abs. 3 REMIT-VO unterfallen somit beispielsweise auch solche Informationen, die ein Mitarbeiter der BNetzA im Rahmen eines Missbrauchsverfahrens nach § 31 erlangt und die die BNetzA anschließend in Anwendung der Kooperationsregelung nach Art. 7 Abs. 2 UAbs. 2 S. 2 REMIT-VO iVm Art. 16 Abs. 1 UAbs. 4 REMIT-VO an die Markttransparenzstelle weiterleitet.

III. Rechtsfolge

34   Informationen, die von § 58a Abs. 3 iVm Art. 17 Abs. 3 REMIT-VO erfasst werden, dürfen an andere Behörden und an Privatpersonen lediglich in allgemeiner und zusammengefasster Form weitergegeben werden. Die Information muss dazu in einer Weise **anonymisiert** werden, die keine Rückschlüsse auf Marktteilnehmer oder Marktplätze zulässt. Da solche anonymisierten Informationen wiederum nicht vertraulich sind, begründet § 58a Abs. 3 de facto ein Verbot der Weitergabe vom Anwendungsbereich der Norm erfasster Informationen (Säcker EnergieR/Wieglin REMIT-VO Art. 17 Rn. 40).

35   Gemäß Art. 17 Abs. 3 Hs. 2 REMIT-VO gilt das Weitergabeverbot nicht für Fälle, die unter das Strafrecht, andere Bestimmungen dieser Verordnung oder andere einschlägige Unionsvorschriften fallen. Der Begriff des **Strafrechts** wird in der REMIT-VO nicht definiert. Grundsätzlich kennt das Europäische Recht keinen einheitlichen Strafrechtsbegriff. Art. 50 GRCh liegt beispielsweise ein weiter Strafrechtsbegriff zugrunde, der auch „Verwaltungssanktionen mit strafrechtlichem Charakter" und damit auch Sanktionen im Sinne des deutschen Ordnungswidrigkeitenrechts erfasst (EuGH BeckRS 80395 Rn. 34). Art. 23 Abs. 5 VO (EG) Nr. 1/2003 stellt demgegenüber klar, dass europäische Kartellbußgelder keinen „strafrechtlichen Charakter" haben und geht insoweit von einem Strafrechtsbegriff aus, der ausschließlich Kriminalstrafen erfasst (Immenga/Mestmäcker VO (EG) Nr. 1/2003 Art. 23 Rn. 328). Auch der **Marktmissbrauchs-RL 2003** liegt ein enger auf Kriminalstrafen beschränkter Strafrechtsbegriff zugrunde, denn Art. 14 Abs. 1 Marktmissbrauchs-RL 2003 differenziert ausdrücklich zwischen Strafen und verwaltungsrechtlichen Sanktionen. Dieses Begriffsverständnis ist ebenso der REMIT-VO zugrunde zu legen, denn der Verordnungsgeber gibt in **Erwägungsgrund 31 REMIT-VO** ausdrücklich vor, dass die Sanktionen zur Durchsetzung der REMIT-VO im Einklang mit den Sanktionsvorgaben der Marktmissbrauchs-RL 2003 stehen sollen (so auch Säcker EnergieR/Wieglin REMIT-VO Art. 17 Rn. 43).

36   Nach alledem gilt das Weitergabeverbot gem. § 58a Abs. 3 iVm Art. 17 REMIT-VO nicht für Informationen, die Angaben zu **Kriminalstraftaten,** wie zB Straftaten nach §§ 95a, 95b, enthalten. Informationen, die lediglich Ordnungswidrigkeiten betreffen, unterfallen demgegenüber grundsätzlich dem Weitergabeverbot nach Art. 17 Abs. 3 REMIT-VO. Abweichendes gilt gem. Art. 17 Abs. 3 Hs. 2 REMIT-VO wiederum für „Fälle", in denen die REMIT-VO oder sonstige unionsrechtliche Vorschriften zu einer solchen Weitergabe ermächtigen (Säcker EnergieR/Wieglin REMIT-VO Art. 17 Rn. 45 mwN).

IV. Allgemeine Festlegungskompetenz (Abs. 4)

37   § 58a Abs. 4 S. 1 ermächtigt die BNetzA, durch Festlegungen nach § 29 Abs. 1 nähere Bestimmungen zur Durchführung der REMIT-VO zu treffen. Festlegungen zu den Datenmeldepflichten nach Art. 8 REMIT-VO bedürfen gem. § 58a Abs. 4 S. 2 der Zustimmung der Markttransparenzstelle.

§ 58b Beteiligung der Bundesnetzagentur und Mitteilungen in Strafsachen

(1) ¹Die Staatsanwaltschaft informiert die Bundesnetzagentur über die Einleitung eines Ermittlungsverfahrens, welches Straftaten nach § 95a oder § 95b betrifft. ²Werden im Ermittlungsverfahren Sachverständige benötigt, können fachkundige Mitarbeiter der Bundesnetzagentur herangezogen werden. ³Erwägt die Staatsanwaltschaft, das Verfahren einzustellen, so hat sie die Bundesnetzagentur zu hören.

(2) Das Gericht teilt der Bundesnetzagentur in einem Verfahren, welches Straftaten nach § 95a oder § 95b betrifft, den Termin zur Hauptverhandlung mit.

(3) Der Bundesnetzagentur ist auf Antrag Akteneinsicht zu gewähren, es sei denn, schutzwürdige Interessen des Betroffenen stehen dem entgegen oder der Untersuchungserfolg der Ermittlungen wird dadurch gefährdet.

(4) ¹In Strafverfahren, die Straftaten nach § 95a oder § 95b zum Gegenstand haben, ist der Bundesnetzagentur im Fall der Erhebung der öffentlichen Klage Folgendes zu übermitteln:
1. die Anklageschrift oder eine an ihre Stelle tretende Antragsschrift,
2. der Antrag auf Erlass eines Strafbefehls und
3. die das Verfahren abschließende Entscheidung mit Begründung; ist gegen die Entscheidung ein Rechtsmittel eingelegt worden, ist sie unter Hinweis darauf zu übermitteln.

²In Verfahren wegen leichtfertig begangener Straftaten wird die Bundesnetzagentur über die in den Nummern 1 und 2 bestimmten Übermittlungen nur dann informiert, wenn aus der Sicht der übermittelnden Stelle unverzüglich Entscheidungen oder andere Maßnahmen der Bundesnetzagentur geboten sind.

Überblick

§ 58b regelt die Beteiligung der BNetzA an Verfahren, die strafbare Zuwiderhandlungen gegen das Insiderhandels- und Marktmanipulationsverbot nach der REMIT-VO zum Gegenstand haben. **Absatz 1** betrifft die Beteiligung der BNetzA am strafrechtlichen Ermittlungsverfahren: Nach Satz 1 muss die Staatsanwaltschaft die BNetzA über die Verfahrenseinleitung informieren (→ Rn. 8), nach Satz 2 können fachkundige Mitarbeiter der BNetzA im Ermittlungsverfahren als Sachverständige hinzugezogen werden (→ Rn. 9 ff.) und nach Satz 3 hat die BNetzA im Fall einer von der Staatsanwaltschaft erwogenen Verfahrenseinstellung ein Anhörungsrecht (→ Rn. 14).

Absatz 2 betrifft das Hauptverfahren und normiert Informationspflichten, die das Gericht gegenüber der BNetzA hat (→ Rn. 15). **Absatz 3** etabliert ein alle Verfahrensstadien betreffendes Akteneinsichtsrecht der BNetzA (→ Rn. 16 ff.). **Absatz 4** Satz 1 begründet weitere Mitteilungspflichten der Staatsanwaltschaft und des zuständigen Gerichts (→ Rn. 20 ff.); Satz 2 normiert davon abweichende Ausnahmen bei leichtfertigen Verstößen (→ Rn. 24).

Übersicht

	Rn.		Rn.
A. Hintergrund und Normzweck	1	III. Anhörung vor Verfahrenseinstellung (S. 3)	14
B. Beteiligung im Ermittlungsverfahren (Abs. 1)	7	C. Mitteilung des Termins zur Hauptverhandlung (Abs. 2)	15
I. Informationspflicht der Staatsanwaltschaft (S. 1)	8	D. Akteneinsichtsrecht (Abs. 3)	16
II. Beteiligung der BNetzA als Sachverständige (S. 2)	9	E. Mitteilungen in energierechtlichen Strafsachen (Abs. 4)	20

A. Hintergrund und Normzweck

Der Gesetzgeber hat § 58b mWv 12.12.2012 in das EnWG aufgenommen. Grundlage war Art. 2 des **Gesetzes zur Errichtung einer Markttransparenzstelle für den Großhandel mit Strom und Gas** (BGBl. 2012 I 2043). Der Gesetzgeber weist in seiner Begrün-

EnWG § 58b Teil 7. Behörden

dung zu § 58b ausdrücklich darauf hin, dass die Norm an die im WpHG geregelte Beteiligung der BaFin an der Strafverfolgung kapitalmarktrechtlichen Marktmanipulations- und Insiderhandelstaten angelehnt ist (BT-Drs. 17/10060, 33). Er bezieht sich insoweit auf § 40a WpHG aF, der inzwischen in § 122 WpHG geregelt ist. § 58b ist im Einklang mit diesen kapitalmarktrechtlichen Regelungen auszulegen.

2   Die in § 58b geregelte Beteiligung der BNetzA an der **strafrechtlichen REMIT-Verfolgung** hat folgenden Hintergrund: Vorsätzliche und zum Teil auch leichtfertige Verstöße gegen das Insiderhandelsverbot gem. Art. 3 REMIT-VO und gegen das Marktmanipulationsverbot gem. Art. 5 REMIT-VO sind unter den Voraussetzungen der §§ 95a, 95b strafbar. Das EnWG weist der BNetzA Kompetenzen bei der Aufdeckung und Ahndung solcher Straftaten zu. Gemäß § 69 Abs. 11 fällt etwa die Überwachung der Einhaltung des Insiderhandels- und Marktmanipulationsverbots in die Zuständigkeit der BNetzA. Das schließt auch Ermittlungstätigkeiten ein, die auf die Aufklärung von REMIT-Straftaten abzielen. § 96 ermächtigt die BNetzA, Bußgelder gegen juristische Personen und Personenvereinigungen zu verhängen, denen ein REMIT-Verstoß als Anknüpfungsstraftat zugrunde liegt. Die BNetzA ist Herrin dieses Verfahrens und kann nach eigenem Ermessen entscheiden, ob sie das Verfahren an die Staatsanwaltschaft abgibt (→ § 96 Rn. 7). Demgegenüber führt die Staatsanwaltschaft gegen natürliche Personen gerichtete strafrechtliche Ermittlungsverfahren aufgrund des Verdachts eines Verstoßes gegen das Insiderhandels- und Marktmanipulationsverbot (→ § 68a Rn. 4). Das daran anschließende Zwischen- und Hauptverfahren wird vom Strafgericht geführt. Weder die StPO noch sonstige energiewirtschaftliche Verfahren sehen vor, dass die BNetzA innerhalb dieser Strafverfahren eine eigenständige Rolle übernimmt.

3   An diesen Befund knüpft § 58b an: Die Regelung verschafft der BNetzA zwar nicht die Stellung einer formellen Beteiligten, gleichwohl weist § 58b der BNetzA innerhalb der strafrechtlichen Verfahren **Informations- und Beteiligungsrechte** zu. § 58b fördert insoweit einerseits eine konsistente Durchsetzung des Marktmanipulations- und Insiderhandelsverbots auch im Hinblick auf die von der BNetzA betriebenen Vorermittlungen sowie federführend geleiteten Bußgeldverfahren; er verschafft der BNetzA andererseits die Möglichkeit, ihren energierechtlichen und energiewirtschaftlichen Sachverstand in das strafrechtliche Verfahren einzubringen.

4   Gleichermaßen trägt § 58b einer verfassungsrechtlichen Notwendigkeit Rechnung: Die Übermittlung personenbezogener Daten im Rahmen von Strafverfahren greift in das informationelle Selbstbestimmungsrecht der Betroffenen ein. § 58b schafft die für einen solchen Eingriff **verfassungsrechtlich notwendige Rechtsgrundlage.**

5   Schließlich hat § 58b einen europarechtlichen Hintergrund: Der europäische Verordnungsgeber hat den nationalen Regulierungsbehörden und damit auch der BNetzA in **Art. 13 REMIT-VO** die Aufgabe zugewiesen, die Anwendung des Insiderhandels- und Marktmanipulationsverbots sicherzustellen und zu diesem Zwecke geeignete Untersuchungs- und Durchsetzungsbefugnisse anzuwenden; das gilt mithin auch für die strafbewehrten Formen des Insiderhandels und der Marktmanipulation. Gemäß Art. 13 Abs. 2 REMIT-VO schließt das beispielsweise das Recht der nationalen Regulierungsbehörden ein, relevante Unterlagen aller Art einzusehen und Kopien von ihnen zu erhalten oder bereits existierende Aufzeichnungen von Telefongesprächen und Datenübermittlungen anzufordern. Die in § 58b normierten Informations- und Beteiligungsrechte sollen ausweislich der Gesetzesbegründung diesen der BNetzA zugewiesenen Mindestkompetenzen Rechnung tragen (BT-Drs. 17/10060, 33). Ob das in dem nach Art. 13 Abs. 2 REMIT-VO gebotenen Umfang gelungen ist, muss allerdings bezweifelt werden.

6   Die in § 58b normierten Regelungen sind **Ordnungsvorschriften.** Der BNetzA stehen keine förmlichen Rechtsmittel zu, wenn die Staatsanwaltschaft oder das Gericht der BNetzA die in § 58b Abs. 1 S. 1 und S. 3, Abs. 2, Abs. 3 und Abs. 4 S. 1 eingeräumten Rechte und Befugnisse vorenthalten. Sie kann allerdings eine Gegenvorstellung einreichen oder eine Dienstaufsichtsbeschwerde einlegen (Theobald/Kühling/Theobald/Werk § 58b Rn. 11; vgl. Fuchs/Waßmer WpHG § 40a Rn. 33). Beschuldigte, die Staatsanwaltschaft und – sofern vorhanden – Nebenkläger können einen Verstoß gegen die in § 58b normierte Pflicht zur Beteiligung der BNetzA indessen in der Revision im Rahmen einer **Aufklärungsrüge** geltend machen, sofern sie – was in der Praxis schwierig ist – einen entsprechenden Beruhenszusammenhang nachweisen können (vgl. Fuchs/Waßmer WpHG § 40a Rn. 33).

B. Beteiligung im Ermittlungsverfahren (Abs. 1)

§ 58b Abs. 1 regelt die Beteiligung der BNetzA am **strafrechtlichen Ermittlungsverfahren** aufgrund von Verstößen gegen §§ 95a, 95b. 7

I. Informationspflicht der Staatsanwaltschaft (S. 1)

§ 58b Abs. 1 S. 1 verpflichtet die Staatsanwaltschaft, die BNetzA über die Einleitung eines 8 strafrechtlichen Ermittlungsverfahrens aufgrund des Verdachts einer Zuwiderhandlung gegen das Marktmanipulations- und Insiderhandelsverbots zu informieren. Der Gesetzgeber formuliert in § 58b Abs. 1 S. 1 keine konkreten inhaltlichen und zeitlichen **Anforderungen an diese Informationspflicht.** Zweckmäßigerweise muss eine Auskunft nach § 58b Abs. 1 S. 1 jedoch mindestens diejenigen Angaben erhalten, die notwendig sind, damit die BNetzA ihre in § 58b verankerten Beteiligungsrechte wahrnehmen kann. Die Staatsanwaltschaft muss die BNetzA deshalb über den konkreten Straftatbestand, der den Gegenstand des Ermittlungsverfahrens bildet, sowie über das zugrundeliegende Aktenzeichen informieren (vgl. Fuchs/Waßmer WpHG § 40a Rn. 5). In **zeitlicher Hinsicht** muss die BNetzA unverzüglich informiert werden, denn nur wenn sie von Anfang an Kenntnis von dem Ermittlungsverfahren hat, kann sie ungehindert und damit effektiv ihre Expertise in das Ermittlungsverfahren einbringen und von ihren Informationsbefugnissen Gebrauch machen (abw. Fuchs/Waßmer WpHG § 40a Rn. 7).

II. Beteiligung der BNetzA als Sachverständige (S. 2)

§ 58b Abs. 1 S. 2 berechtigt die Staatsanwaltschaft, einen fachkundigen Mitarbeiter der 9 BNetzA im Ermittlungsverfahren als Sachverständigen einzusetzen. Die Regelung hat angesichts der ohnehin gültigen allgemeinen strafprozessualen Bestimmungen im Zusammenhang mit Sachverständigen eine **Klarstellungsfunktion** (Kment EnWG/Görisch § 58b Rn. 3).

Der strafprozessuale Hintergrund ist der Folgende: Gemäß § 161a Abs. 1 S. 2 StPO iVm 10 §§ 72 ff. StPO ist die Staatsanwaltschaft grundsätzlich berechtigt, bereits im Ermittlungsverfahren Sachverständige zur Sachverhaltsaufklärung zu bestellen. Das können grundsätzlich auch fachkundige Mitarbeiter einer Behörde sein (BeckOK StPO/Monka StPO § 72 Rn. 4). Bei der Sachverständigenauswahl gem. § 161a Abs. 1 S. 2 StPO iVm § 73 Abs. 1 StPO hat die Staatsanwaltschaft darauf zu achten, dass die ausgewählte Person vorher nicht selbst ermittelnd tätig war und das Gutachten eigenverantwortlich und frei von jeder Beeinflussung erstatten kann (BGH BeckRS 2016, 9679 Rn. 10). Der Beschuldigte ist gem. § 74 StPO iVm § 24 StPO berechtigt, einen Sachverständigen aufgrund von Befangenheit abzulehnen.

An diese Grundsätze knüpft § 58b Abs. 1 S. 2 an: Die Regelung stellt klar, dass die Wei- 11 sungsgebundenheit eines Mitarbeiters der BNetzA bei der Erfüllung seiner Dienstpflicht nicht genügt, um diesen bei der Gutachterauswahl nach § 73 StPO auszuschließen bzw. aufgrund von § 74 StPO iVm § 24 StPO wegen **Besorgnis der Befangenheit** abzulehnen (vgl. BGH BeckRS 2016, 9679 Rn. 10). Das gilt auch dann, wenn die BNetzA an Vorermittlungen beteiligt war oder hinsichtlich desselben Sachverhalts ein Bußgeldverfahren nach § 96 gegen den Arbeitgeber des Beschuldigten oder nach § 95 gegen Kollegen des Beschuldigten führt. Ist der als Sachverständige ausgewählte Mitarbeiter der BNetzA an diesen Verfahren bzw. Ermittlungen persönlich beteiligt bzw. steht er nachweisbar unter dem Einfluss von daran beteiligten Personen – etwa durch die Involvierung seines unmittelbaren Vorgesetzten – ist ein Befangenheitsgrund im Einzelfall allerdings möglich (vgl. BGH BeckRS 2016, 9679 Rn. 10).

Wird ein Mitarbeiter der BNetzA von der Staatsanwaltschaft aufgrund von § 58b Abs. 1 12 S. 2 als Sachverständiger bestellt, verfügt er über die in § 80 StPO normierten Aufklärungsrechte von Sachverständigen. Er kann von der Staatsanwaltschaft die Vernehmung des Beschuldigten oder von Zeugen verlangen, diesen Vernehmungen beiwohnen und dabei auch selbst Fragen stellen. Er darf diese Aufklärungsrechte nur insoweit ausüben, als dies für die Erstellung des Gutachtens zweckmäßig ist. Eine Ausübung der Aufklärungsbefugnisse nach § 80 StPO zur Förderung eigenständiger Ermittlungstätigkeiten der BNetzA in anderen Verfahren ist von dieser Zweckbindung nicht gedeckt und wäre daher **missbräuchlich**. Erlangt der Sachverständige allerdings innerhalb seines Gutachterauftrags durch die Ausübung der in § 80 StPO Aufklärungsrechte Erkenntnisse, kann er und durch ihn auch die BNetzA diese Erkenntnisse im Rahmen von anderen Verfahren als Zufallstatsachen berücksichtigen.

13 § 58b Abs. 1 S. 2 betrifft nicht das Hauptverfahren. Grundsätzlich kann ein fachkundiger Mitarbeiter der BNetzA nach allgemeinen strafprozessualen Grundsätzen allerdings auch im **Hauptverfahren** als Sachverständiger eingesetzt werden (Bourwieg/Hellermann/Hermes/Eufinger § 58b Rn. 8). Das gilt auch dann, wenn er bereits im Ermittlungsverfahren nach Maßgabe von § 58b Abs. 1 S. 2 einbezogen war.

III. Anhörung vor Verfahrenseinstellung (S. 3)

14 § 58b Abs. 1 S. 3 verpflichtet die Staatsanwaltschaft, die BNetzA vor der Einstellung eines Ermittlungsverfahrens anzuhören. § 58b Abs. 1 S. 3 stellt insofern sicher, dass die Staatsanwaltschaft auf einer energierechtlich fundierten Grundlage über die Verfahrenseinstellung entscheidet.

C. Mitteilung des Termins zur Hauptverhandlung (Abs. 2)

15 § 58b Abs. 2 verpflichtet das zuständige Gericht, der BNetzA den Termin zur Hauptverhandlung mitzuteilen. Die Regelung betrifft das Hauptverfahren und ist insoweit das Pendant zu den informatorischen Rechten der BNetzA im Ermittlungsverfahren nach § 58b Abs. 1 S. 1 (→ Rn. 7 ff.).

D. Akteneinsichtsrecht (Abs. 3)

16 § 58b Abs. 3 normiert ein umfassendes Akteneinsichtsrecht der BNetzA. § 58b Abs. 3 gilt für sämtliche Strafverfahren und Verfahrensstadien, mithin also für das Ermittlungs-, Zwischen- und Hauptverfahren ebenso wie für das Berufungs- und Revisionsverfahren.

17 Die BNetzA kann ihr Akteneinsichtsrecht durch einen **formlosen Antrag** geltend machen.

18 Ein Antrag der BNetzA auf Akteneinsicht kann abgelehnt werden, wenn dem schutzwürdige Interessen des Betroffenen entgegenstehen oder der Untersuchungserfolg der Ermittlungen dadurch gefährdet würde. **Schutzwürdige Interessen** des Betroffenen stehen der Akteneinsicht entgegen, wenn das Interesse des Betroffenen an der Geheimhaltung des Akteninhalts und darin enthaltener personenbezogener Informationen größer ist als das Informationsinteresse der BNetzA (vgl. Fuchs/Waßmer WpHG § 40a Rn. 17). In der Praxis ist das nur in Ausnahmefällen denkbar (so auch Kment EnWG/Görisch § 58b Rn. 2), etwa dann, wenn der Beschuldigte in einem unmittelbaren Abhängigkeitsverhältnis zur BNetzA steht und schon die Kenntnis der BNetzA von einem gegen ihn bestehenden Verdacht einer REMIT-Straftat dauerhafte und irreparable Konsequenzen auslösen würde.

18.1 Das betrifft beispielsweise Ermittlungsverfahren gegen einen Mitarbeiter der BNetzA oder gegen einen Unternehmer, der – etwa aufgrund seiner Stellung als energiewirtschaftlicher Sachverständiger – in einem geschäftlichen Abhängigkeitsverhältnis zur BNetzA steht und deshalb in besonderer Weise auf das Vertrauen der BNetzA in seine persönliche Integrität angewiesen ist.

19 Die Ablehnung einer Akteneinsicht zur Verhinderung der Gefährdung des **Untersuchungserfolgs** erfordert konkrete Anhaltspunkte dafür, dass die Ermittlungsmaßnahmen scheitern würden, wenn die BNetzA vom Akteninhalt Kenntnis erlangen würde (vgl. Fuchs/Waßmer WpHG § 40a Rn. 17). Solche Umstände dürften in der Praxis aufgrund der Verschwiegenheitspflicht der BNetzA analog § 30 VwVfG kaum erfüllbar sein.

E. Mitteilungen in energierechtlichen Strafsachen (Abs. 4)

20 § 58b Abs. 4 S. 1 normiert weitere Mitteilungspflichten gegenüber der BNetzA.
21 Voraussetzung für die in § 58b Abs. 4 S. 1 normierten Mitteilungspflichten ist die Erhebung der öffentlichen Klage, also die Einreichung der Anklageschrift durch die Staatsanwaltschaft bei dem zuständigen Gericht gem. § 170 Abs. 1 StPO oder ein Antrag der Staatsanwaltschaft auf Erlass eines Strafbefehls gem. § 407 Abs. 1 S. 2 StPO, durch den die öffentliche Klage ebenfalls erhoben wird (§ 407 Abs. 1 S. 4 StPO). Die Klage muss eine Straftat nach §§ 95a, 95b zum Gegenstand haben.

Adressaten der Mitteilungspflichten sind die Staatsanwaltschaft und das Gericht. Das 22
geht aus der passiven Formulierung nach § 58b Abs. 4 S. 1 zwar nicht ausdrücklich hervor,
ergibt sich indessen aus Nr. 4 Abs. 1 MiStra (vgl. Fuchs/Waßmer WpHG § 40a Rn. 24).
Demnach ist die Staatsanwaltschaft bis zur Anklageerhebung zuständig, das Gericht nach
Anklageerhebung bis zur Rechtskraft der Entscheidung und wiederum die Staatsanwaltschaft
als Vollstreckungsbehörde nach Rechtskraft der Entscheidung.

Zu übermitteln sind die **Anklageschrift,** eine diese ersetzende Antragsschrift (s. zB § 414 23
Abs. 2 S. 2 StPO) bzw. ein Antrag auf Erlass eines Strafbefehls. Mitteilungspflichtig ist insoweit im Regelfall die Staatsanwaltschaft. Gemäß § 58b Abs. 4 S. 1 Nr. 3 sind außerdem das
Verfahren abschließende Entscheidungen mit Begründung sowie ein etwaiger Hinweis
auf die Einlegung eines Rechtsmittels zu übermitteln. Darunter fallen Einstellungsverfügungen ebenso wie das verfahrensabschließende Urteil. Die Mitteilung sollte nach Ablauf der
Rechtsmittelfrist eingereicht werden, denn nur dann kann die BNetzA darüber informiert
werden, ob gegen die Entscheidung ein Rechtsmittel eingelegt wurde.

In Strafverfahren, die **leichtfertig begangene Straftaten** zum Gegenstand haben, wird 24
der BNetzA gem. § 58b Abs. 4 S. 2 die Anklageschrift sowie der Antrag auf Strafbefehlserlass
nur dann übermittelt, wenn aus Sicht der übermittelnden Behörde – also der Staatsanwaltschaft – unverzügliche Entscheidungen oder andere Maßnahmen der BNetzA geboten sind.
Die Regelung betrifft Fälle leichtfertigen Insiderhandels (→ § 95a Rn. 22).

Abschnitt 2. Bundesbehörden

§ 59 Organisation

(1) ¹Die Entscheidungen der Bundesnetzagentur nach diesem Gesetz werden
von den Beschlusskammern getroffen. ²Satz 1 gilt nicht für
1. die Erstellung und Überprüfung von Katalogen von Sicherheitsanforderungen
nach § 11 Absatz 1a und 1b sowie die Festlegung nach § 11 Absatz 1g,
2. die Aufgaben nach § 11 Absatz 2,
2a. die Anforderung der Berichte und die Überwachung der Berichtspflichten nach
§ 12 Absatz 3b und 3c,
3. die Datenerhebung zur Erfüllung von Berichtspflichten einschließlich der
Anforderung von Angaben nach § 12 Absatz 5 Satz 1 Nummer 4,
4. die Aufgaben nach den §§ 12a bis 12f,
4a. die Überwachung der Vorgaben nach § 13 Absatz 3 Satz 4 und 5,
5. Entscheidungen nach § 13b Absatz 5, § 13e Absatz 5, § 13f Absatz 1, § 13g
Absatz 6, auf Grund einer Verordnung nach § 13h Absatz 1 Nummer 1 bis 8,
10 und 11 sowie 12 bis 23, Festlegungen auf Grund § 13h Absatz 2 zur näheren
Bestimmung der Regelungen nach § 13h Absatz 1 Nummer 1 bis 8, 10 und 11
sowie 12 bis 20,
6. Entscheidungen, die auf Grund von Verordnungen nach § 13i Absatz 3 Nummer 1 Buchstabe a, b, c, f sowie Nummer 2 und Absatz 4 getroffen werden,
mit Ausnahme der Kriterien einer angemessenen Vergütung,
7. Festlegungen nach § 13j Absatz 2 Nummer 3, 5 bis 7 und 9, Absatz 3 Satz 1 in
Verbindung mit § 13i Absatz 3 Nummer 1 Buchstabe a, b, c und f, § 13j
Absatz 3 Satz 2 hinsichtlich des § 13b sowie nach § 13j Absatz 4, 5 und 7,
8. Aufgaben nach § 14 Absatz 2 und den §§ 14c bis 14e,
9. die Aufgaben nach den §§ 15a, 15b,
10. die Aufgaben nach den §§ 17a bis 17c,
11. Aufgaben nach den §§ 28p und 28q sowie Aufgaben nach § 41c,
12. Datenerhebungen zur Wahrnehmung der Aufgaben nach § 54a Absatz 2, Entscheidungen im Zusammenhang mit dem Ausbau bidirektionaler Gasflüsse
nach § 54a Absatz 2 in Verbindung mit Artikel 5 Absatz 4 und 8 Unterabsatz
1 sowie Anhang III der Verordnung (EU) 2017/1938 sowie Festlegungen gemäß
§ 54a Absatz 3 Satz 2 mit Ausnahme von Festlegungen zur Kostenaufteilung,

13. Entscheidungen im Zusammenhang mit der Überwachung der Energiegroßhandelsmärkte nach § 56 Absatz 1 Satz 1 Nummer 4 in Verbindung mit der Verordnung (EU) Nr. 1227/2011 sowie Festlegungen gemäß § 5b Absatz 1 Satz 2 und § 58a Absatz 4,
14. Entscheidungen auf der Grundlage der Artikel 9, 65 und 68 der Verordnung (EU) 2015/1222 der Kommission vom 24. Juli 2015 zur Festlegung einer Leitlinie für die Kapazitätsvergabe und das Engpassmanagement (ABl. L 197 vom 25.7.2015, S. 24),
15. Entscheidungen zur Durchsetzung der Verpflichtungen für Datenlieferanten nach Artikel 4 Absatz 6 der Verordnung (EU) Nr. 543/2013,
16. die Erhebung von Gebühren nach § 91,
17. Vollstreckungsmaßnahmen nach § 94,
18. die Aufgaben und Festlegungen im Zusammenhang mit der nationalen Informationsplattform nach § 111d,
19. die Aufgaben im Zusammenhang mit dem Marktstammdatenregister nach den §§ 111e und 111f,
20. Entscheidungen auf der Grundlage der Artikel 4, 30 und 36 der Verordnung (EU) 2016/1719 der Kommission vom 26. September 2016 zur Festlegung einer Leitlinie für die Vergabe langfristiger Kapazität (ABl. L 259 vom 27.9.2016, S. 42; L 267 vom 18.10.2017, S. 17),
21. Entscheidungen auf der Grundlage der Artikel 6 und 7 der Verordnung (EU) 2017/1485 der Kommission vom 2. August 2017 zur Festlegung einer Leitlinie für den Übertragungsnetzbetrieb (ABl. L 220 vom 25.8.2017, S. 1), mit Ausnahme der Durchführung von Streitbeilegungsverfahren gemäß Artikel 6 Absatz 10 der Verordnung (EU) 2017/1485,
22. Entscheidungen auf der Grundlage des Artikels 4 der Verordnung (EU) 2017/2196 der Kommission vom 24. November 2017 zur Festlegung eines Netzkodex über den Notzustand und den Netzwiederaufbau des Übertragungsnetzes (ABl. L 312 vom 28.11. 2017, S. 54; L 31 vom 1.2.2019, S. 108), mit Ausnahme der Durchführung von Streitbeilegungsverfahren gemäß Artikel 4 Absatz 8 der Verordnung (EU) 2017/2196,
23. Entscheidungen auf der Grundlage der Artikel 11, 13, 15, 16, 17 und 35 der Verordnung (EU) 2019/943,
24. die Überprüfung der Einhaltung der Vorgaben, die sich aus einer Verordnung aufgrund von § 49 Absatz 4 hinsichtlich der technischen Sicherheit und Interoperabilität von Ladepunkten ergeben,
25. Entscheidungen nach den §§ 11a und 11b,
26. Entscheidungen nach § 50b Absatz 3 Satz 3 und
27. Festlegungen nach § 50e Absatz 2.

³Die Beschlusskammern werden nach Bestimmung des Bundesministeriums für Wirtschaft und Energie gebildet.

(2) ¹Die Beschlusskammern entscheiden in der Besetzung mit einem oder einer Vorsitzenden und zwei Beisitzenden. ²Vorsitzende und Beisitzende müssen Beamte sein und die Befähigung zum Richteramt oder für eine Laufbahn des höheren Dienstes haben.

(3) Die Mitglieder der Beschlusskammern dürfen weder ein Unternehmen der Energiewirtschaft innehaben oder leiten noch dürfen sie Mitglied des Vorstandes oder Aufsichtsrates eines Unternehmens der Energiewirtschaft sein oder einer Regierung oder einer gesetzgebenden Körperschaft des Bundes oder eines Landes angehören.

Überblick

§ 59 stellt die zentrale energiesektorspezifische Regelung zur Binnenorganisation der BNetzA dar. Vergleichbare Vorschriften für den Postsektor in § 46 PostG, für die Telekommunikationsregulierung in § 132 TKG und für den Bereich Eisenbahn in § 77 ERegG. § 59

Abs. 1 enthält Regelungen zur allgemeinen Zuständigkeit der Beschlusskammern (→ Rn. 24 ff.) sowie zu gesetzlichen Ausnahmen, nach denen abweichend vom Regelfall bestimmte Gegenstände der Zuständigkeit der Beschlusskammern entzogen sind (→ Rn. 30 ff.). Spezielle Aussagen zur Bildung der Beschlusskammern normiert § 59 Abs. 1 S. 3 (→ Rn. 34 ff.). Die Vorschrift regelt in § 59 Abs. 2 zudem die Zusammensetzung der Beschlusskammern und die Qualifikation ihrer Mitglieder (→ Rn. 43 ff.) sowie in § 59 Abs. 3 allgemeine Grundsätze zu beruflichen Inkompatibilitäten der Mitglieder der Beschlusskammern (→ Rn. 45 ff.).

Übersicht

	Rn.		Rn.
A. Normzweck	1	E. Einrichtung der Beschlusskammern (Abs. 1 S. 3)	34
B. Entstehungsgeschichte	4	I. Bildung „nach Bestimmung" des BMWi	35
C. Europarechtliche Grundlagen	21	II. Bestehen von Weisungsrechten des BMWi	38
D. Zuständigkeiten der Beschlusskammern und Ausnahmen (Abs. 1 S. 1 und 2)	24	F. Zusammensetzung und berufliche Qualifikation (Abs. 2)	43
I. Beschlusskammerentscheidung als Regelfall (Abs. 1 S. 1)	25		
II. Ausnahmen (Abs. 1 S. 2)	30	G. Inkompatibilität (Abs. 3)	45

A. Normzweck

Mit den Regelungen zu den Beschlusskammern der BNetzA bildet § 59 die zentrale Vorschrift für die **energiewirtschaftsspezifische Binnenorganisation der BNetzA**. Die Vorschrift regelt wesentliche Grundsätze der Organisation und Entscheidungsstruktur innerhalb der BNetzA, die durch die weiteren organisatorischen Regelungen im BNAG ergänzt und konkretisiert werden. **1**

Mit der Einrichtung von Beschlusskammern verfolgt der Gesetzgeber insbesondere das Ziel, „eine justizähnliche, den strengen Vorgaben der EU-Richtlinien entsprechende **Unabhängigkeit der Entscheidungsmechanismen**" sicherzustellen (BT-Drs. 15/3917, 70). Zu diesem Zweck bestimmt § 59 Abs. 1 S. 1 als Grundsatz, dass alle Entscheidungen der BNetzA durch die Beschlusskammern als Kollegialorgane getroffen werden sollen, sofern keine der gesetzlichen Ausnahmen nach § 59 Abs. 1 S. 2 Anwendung findet. Ferner tragen auch die weiteren organisationsrechtlichen Bestimmungen in § 59 Abs. 2 und insbesondere die Inkompatibilitätsregelung in § 59 Abs. 3 der bereits aufgrund der EU-Richtlinien geforderten Unabhängigkeit der Energienetzregulierung Rechnung. **2**

Um die Entscheidungsqualität der Beschlusskammern hinreichend sicherzustellen, hat die Vorschrift außerdem den Zweck, bereits auf bundesgesetzlicher Ebene Anforderungen an die fachliche Qualifikation der Mitglieder der Beschlusskammern zu postulieren. **3**

B. Entstehungsgeschichte

§ 59 wurde durch das EnWG 2005 bzw. durch das Zweite Gesetz zur Neuregelung des Energiewirtschaftsrechts vom 7.7.2005 (BGBl. I 1970) mit Wirkung zum 13.7.2005 eingeführt. Die Ursprungsfassung der Norm ist seit ihrer Einführung mehrfach geändert worden, wobei insbesondere die in § 59 Abs. 1 S. 2 genannten Ausnahmen, nach denen abweichend vom Regelfall bestimmte Gegenstände der Zuständigkeit der Beschlusskammern entzogen sind, sukzessive erweitert wurden. Nach der Ursprungsfassung des § 59 galt diese Ausnahme lediglich für vier Regelungsgegenstände, namentlich für die Erhebung von Gebühren, die Erhebung von Beiträgen, die Durchführung des Vergleichsverfahrens sowie die Datenerhebung zur Erfüllung von Berichtspflichten und Maßnahmen. **4**

§ 59 wurde erstmals durch Art. 7 Ziffer 2 des Gesetzes zur Beschleunigung von Planungsverfahren für Infrastrukturvorhaben vom 9.12.2006 (BGBl. I 2833) mit Wirkung zum 17.12.2006 geändert. Dabei handelte es sich um eine rein redaktionelle Änderung von § 59 Abs. 1 S. 3 aufgrund einer veränderten Bezeichnung des Ministeriums. **5**

EnWG § 59

6 Durch Art. 1 Ziffer 51 des Gesetzes zur Neuregelung energiewirtschaftsrechtlicher Vorschriften vom 26.7.2011 (BGBl. I 1554) wurden die Regelungen in § 59 Abs. 1 S. 2 und Abs. 3 S. 1 mit Wirkung zum 4.8.2011 geändert. Gegenstand der Neuregelungen waren Erweiterungen des Ausnahmekatalogs der von der Zuständigkeit der Beschlusskammern ausgenommenen Entscheidungen (zB Entscheidungen im Zusammenhang mit dem Ausbau von bidirektionalen Flüssen) sowie eine Stärkung der personellen Unabhängigkeit der Mitglieder der Beschlusskammern (BT-Drs. 17/6072, 92).

7 § 59 Abs. 1 S. 2 wurde sodann durch Art. 2 Ziffer 6 des Gesetzes zur Einrichtung einer Markttransparenzstelle für den Großhandel mit Strom und Gas vom 5.12.2012 (BGBl. I 2403) mit Wirkung zum 12.12.2012 geändert und um Entscheidungen im Zusammenhang mit der Überwachung der Energiegroßhandelsmärkte nach der REMIT-VO (Verordnung (EU) Nr. 1227/2011) erweitert.

8 Art. 1 Ziffer 28 des Dritten Gesetzes zur Neuregelung energiewirtschaftsrechtlicher Vorschriften vom 20.12.2012 (BGBl. I 2730), welches mit Wirkung zum 28.12.2012 in Kraft trat, hatte redaktionelle Änderungen des § 59 Abs. 1 S. 2 zum Gegenstand (BT-Drs. 17/10754, 33).

9 Art. 2 Ziffer 5 des Zweiten Gesetz über Maßnahmen zur Beschleunigung des Netzausbaus Elektrizitätsnetze vom 23.7.2013 (BGBl. I 2543), in Kraft getreten am 27.7.2013, führte zu weiteren rein redaktionellen Änderungen der Norm (BT-Drs. 17/13258, 18).

10 Weitere redaktionelle Änderungen des § 59 Abs. 1 S. 2 wurden durch Art. 3 Ziffer 5 des IT-Sicherheitsgesetzes vom 17.7.2015 (BGBl. I 1324) mit Wirkung zum 25.7.2015 eingeführt.

11 Art. 311 Ziffer 6 der Zehnten Zuständigkeitsanpassungsverordnung vom 31.8.2015 (BGBl. I 1474) führte mit Wirkung zum 8.9.2015 aufgrund geänderter Bezeichnungen von Bundesministerien erneut zu redaktionellen Änderungen der Vorschrift.

12 § 59 Abs. 1 S. 2 wurde durch Art. 2 Ziffer 14 des Ersten Gesetzes zur Änderung des Energieverbrauchskennzeichnungsgesetzes und zur Änderung weiterer Bestimmungen des Energiewirtschaftsrechts vom 10.12.2015 (BGBl. I 2194) mit Wirkung zum 1.1.2016 um die mit dem neuen § 15b eingeführte Aufgabe des Umsetzungsberichts der Fernleitungsnetzbetreiber zum Netzentwicklungsplan erweitert.

13 Umfangreiche Änderungen des § 59 erfolgten sodann durch Art. 1 Ziffer 21 des Strommarktgesetzes vom 26.7.2016 (BGBl. I 1786), das mit Wirkung zum 30.7.2016 in Kraft trat. Gegenstand der Änderungen war insbesondere die Regelung in § 59 Abs. 1 S. 2, welcher vollständig neu gefasst wurde. Der Katalog der Ausnahmen, nach denen abweichend vom Regelfall bestimmte Gegenstände der Zuständigkeit der Beschlusskammern entzogen sind, wurde durch eine enumerative Aufzählung der Ausnahmetatbestände formal klarer gestaltet und zugleich durch neue Ausnahmetatbestände auch deutlich erweitert.

14 Art. 6 Ziffer 16 des Gesetzes zur Einführung von Ausschreibungen für Strom aus erneuerbaren Energien und zu weiteren Änderungen des Rechts der erneuerbaren Energien vom 13.10.2016 (BGBl. I 2258), das mit Wirkung zum 1.1.2017 in Kraft trat, erweiterte den Katalog der Ausnahmen in § 59 Abs. 1 S. 2 Nr. 5 um Entscheidungen nach § 13k aF (Bestätigungen des Bedarfs von Netzstabilitätsanlagen).

15 Durch Art. 3 Ziffer 13 des Gesetzes zur Änderung der Bestimmungen zur Stromerzeugung aus Kraft-Wärme-Kopplung und zur Eigenversorgung vom 22.12.2016 (BGBl. I 3106), das ebenfalls mit Wirkung zum 1.1.2017 in Kraft trat, wurde der Katalog der Ausnahmen in § 59 Abs. 1 S. 2 noch um einen Ausnahmetatbestand bezüglich Aufgaben im Zusammenhang mit dem Marktstammdatenregister nach den §§ 111e und 111f (§ 59 Abs. 1 S. 2 Nr. 19) ergänzt.

16 Die erst mit Wirkung zum 1.1.2017 in § 59 Abs. 1 S. 2 Nr. 5 eingeführte Ausnahme für Entscheidungen nach § 13k aF wurde durch Art. 1 Ziffer 12 des Netzentgeltmodernisierungsgesetzes vom 17.7.2017 (BGBl. I 2503) mit Wirkung zum 22.7.2017 wieder gestrichen, da § 13k aF ebenfalls aufgehoben wurde.

17 Durch Art. 3 Ziffer 17 des Gesetzes zur Änderung des EEG, des KWKG, des EnWG und weiterer energierechtlicher Vorschriften vom 17.12.2018 (BGBl. I 2549) erfolgten mit Wirkung zum 21.12.2018 redaktionelle (Folge-)Änderungen in § 59 Abs. 1 S. 2 Nr. 5 und Nr. 12 und wurde zudem mit § 59 Abs. 1 S. 2 Nr. 4a ein neuer Ausnahmetatbestand für die Überwachung der Vorgaben nach § 13 Abs. 3 S. 4 und 5 eingeführt.

Durch Art. 1 Ziffer 32 des Gesetzes zur Beschleunigung des Energieleitungsausbaus vom 13.5.2019 (BGBl. I 706) wurde mit Wirkung zum 17.5.2019 mit § 59 Abs. 1 S. 2 Nr. 2a eine weitere Ausnahmeregelung für die Anforderung der Berichte der Übertragungsnetzbetreiber über die Sicherheit, Zuverlässigkeit und Leistungsfähigkeit ihres Energieversorgungsnetzes nach § 12 Abs. 3b und 3c und die Überwachung dieser Berichtspflichten eingeführt. 18

Durch Art. 2 Ziffer 7 des Gesetzes zur Änderung des Bundesbedarfsplangesetzes und anderer Vorschriften vom 25.2.2021 (BGBl. I 298) wurde § 59 mit Wirkung zum 4.3.2021 erneut geändert. Diese Änderungen führten abermals zu einer deutlichen Erweiterung des Ausnahmekatalogs in § 59 Abs. 1 S. 2. Neben einer Änderung des § 59 Abs. 1 S. 1 Nr. 14 wurden zudem weitere fünf Ausnahmetatbestände im Zusammenhang mit verschiedenen europäischen Verordnungen eingeführt (§ 59 Abs. 1 S. 2 Nr. 20–25). Hintergrund dieser Erweiterungen war insbesondere, dass hinsichtlich der verschiedenen europäischen Verordnungen ein Gleichlauf zwischen den vorbereitenden Verhandlungen auf EU-Ebene und dem Erlass und damit auch der Verantwortung für die abgestimmte Entscheidung hergestellt werden sollte (BT-Drs. 19/26241, 32). 19

Durch Art. 1 Ziffer 53 des Gesetzes zur Umsetzung unionsrechtlicher Vorgaben und zur Regelung reiner Wasserstoffnetze im Energiewirtschaftsrecht vom 16.7.2021 (BGBl. I 3026) wurde § 59 mit Wirkung zum 27.7.2021 geändert. Mit dieser Änderung wurde insbesondere die neue Festlegungskompetenz des § 13j Abs. 7 vom Grundsatz der alleinigen Kammerzuständigkeit in § 59 Abs. 1 S. 1 ausgenommen. Zudem erfolgten weitere redaktionelle Änderungen aufgrund geänderter Aufgaben der BNetzA. 20

§ 59 wurde durch Art. 2 Ziffer 7 des Gesetzes zur Änderung des Energiesicherungsgesetzes 1975 und anderer energiewirtschaftlicher Vorschriften vom 20.5.2022 (BGBl. I 730) mit Wirkung zum 22.5.2022 erneut geändert. Hierbei handelt es sich um eine Folgeänderung in § 59 Abs. 1 S. 2 Nr. 1 aufgrund der geänderten Festlegungskompetenz in § 11 Abs. 1g. 20a

Zuletzt wurde § 59 durch Art. 1 Ziffer 6 des Gesetzes zur Bereithaltung von Ersatzkraftwerken zur Reduzierung des Gasverbrauchs im Stromsektor im Fall einer drohenden Gasmangellage durch Änderungen des Energiewirtschaftsgesetzes und weiterer energiewirtschaftlicher Vorschriften vom 8.7.2022 (BGBl. I 1054) mit Wirkung zum 12.7.2022 geändert. Im Rahmen dieser Änderungen wurde der Ausnahmekatalog in § 59 Abs. 1 S. 2 um die weiteren Nummern 26 und 27 betreffend die Verpflichtung zur Betriebsbereitschaft und Brennstoffbevorratung für die befristete Teilnahme am Strommarkt von Anlagen aus der Netzreserve sowie Festlegungen hinsichtlich der befristeten Teilnahme am Strommarkt von Anlagen aus der Netzreserve erweitert. 20b

C. Europarechtliche Grundlagen

Die Regelungen zur Organisation der BNetzA in § 54 diente ursprünglich u.a. der Umsetzung der europäischen Vorgaben der Elektrizitäts-Binnenmarkt-Richtlinie 2003/54/EG und der Gas-Binnenmarkt-Richtlinie 2003/55/EG zu den nationalen Regulierungsbehörden im Strom- und Gasbereich. In den Erwägungsgründen beider Richtlinien wird klargestellt, dass den nationalen Regulierungsbehörden eine „Schlüsselrolle" bei der Gewährleistung eines nichtdiskriminierenden Netzzugangs zukommt und die Mitgliedstaaten hierfür die Aufgaben, Zuständigkeiten und administrativen Befugnisse der Regulierungsbehörden festzulegen haben (Erwägungsgrund 15 Elektrizitäts-Binnenmarkt-Richtlinie 2003/54/EG sowie Gas-Binnenmarkt-Richtlinie 2003/55/EG). Art. 23 Abs. 1 Elektrizitäts-Binnenmarkt-Richtlinie 2003/54/EG sowie Art. 25 Gas-Binnenmarkt-Richtlinie 2003/55/EG skizzierten ein „staatliches Regulierungsregime" (so Scholtka NJW 2005, 2421 (2422); vgl. auch Kühne/Brodowski NVwZ 2005, 849 (857)) und enthielten als zentrale Vorgabe für die nationalen Regulierungsbehörden, dass die Mitgliedstaaten eine oder mehrere zuständige Stellen mit der Aufgabe als Regulierungsbehörde zu betrauen haben, die von den Interessen der Erdgaswirtschaft vollkommen unabhängig sein müssen. Die nationalen Regulierungsbehörden haben dabei insbesondere die Aufgabe, eine Nichtdiskriminierung, einen echten Wettbewerb und ein effizientes Funktionieren des Markts sicherzustellen sowie ein kontinuierliches Monitoring durchzuführen. 21

Diese Grundsätze zur **Unabhängigkeit der Regulierungsbehörden** wurden durch das Dritte Legislativpaket zum Energiebinnenmarkt weiter konkretisiert. So verlangten Art. 35 22

Abs. 4 Elektrizitäts-Binnenmarkt-Richtlinie 2009/72/EG und Art. 39 Abs. 4 Gas-Binnenmarkt-Richtlinie 2009/73/EG, dass die Mitgliedstaaten die Unabhängigkeit der Regulierungsbehörden zu gewährleisten und dafür zu sorgen haben, dass sie ihre Befugnisse unparteiisch und transparent ausüben. Für die Gewährleistung dieser Unabhängigkeit haben die Mitgliedstaaten sicherzustellen, dass ihre Regulierungsbehörden bei der Wahrnehmung ihrer Aufgaben rechtlich getrennt und funktional unabhängig von anderen öffentlichen und privaten Einrichtungen sind. Hierfür muss nach den Richtlinien gewährleistet sein, dass das Personal und das Management der Regulierungsbehörden unabhängig von Marktinteressen handeln und bei der Wahrnehmung der Regulierungsaufgaben keinen direkten Weisungen von Regierungsstellen oder anderen öffentlichen oder privaten Einrichtungen unterliegen. Nach den europäischen Vorgaben ist insgesamt erforderlich, dass die Regulierungsbehörde unabhängig gerade auch von allen politischen Stellen selbstständig Entscheidungen treffen kann. Die Anforderungen an die Unabhängigkeit der Energienetzregulierung sind für den Stromsektor und nach Inkrafttreten des Legislativpakets „Saubere Energie für alle Europäer" von 2018/19 im (wiederum erweiterten) Art. 57 Abs. 4 der Elektrizitätsbinnenmarkt-Richtlinie (EU) 2019/944 enthalten. Für den Gassektor gilt bislang die Binnenmarktrichtlinie 2009/73/EG fort, liegt aber schon seit Ende 2021 der Kommissionsentwurf für ein EU-Gesetzespaket zur „Dekarbonisierung der Gasmärkte, zur Förderung von Wasserstoff und Verringerung der Methanemissionen" vor (s. EU-Kommission, Pressemitteilung IP/21/6682 v. 15.12.2021). Nach Art. 70 des darin enthaltenen Entwurfs zur neuen Richtlinie über gemeinsame Vorschriften für erneuerbare Gase und Erdgas sowie Wasserstoff (COM[2021] 803 mit späteren Änderungen) dürfte es zu angestrengteren Vorgaben auch für die Gasnetzregulierung kommen. Die in § 59 enthaltenen Regeln zur Organisation und Besetzung der Beschlusskammern der BNetzA tragen nach bislang verbreiteter Ansicht den europarechtlichen Vorgaben zur Unabhängigkeit hinreichend Rechnung (s. nur Säcker EnergieR/Schmidt-Preuß § 59 Rn. 3). Seit der grundlegenden Entscheidung des EuGH vom 2.9.2021 zur EU-Rechtswidrigkeit der mit vielerlei flankierenden Rechtsverordnungen „normengeleiteten" Energienetzregulierung in Deutschland (Rs. C-718/18, BeckRS 2021, 24362) wird man auch dies womöglich zu überdenken haben. Zur Frage der Weisungsgebundenheit der BNetzA und ihrer Beschlusskammern s. noch unten. Im vorliegenden Entwurf zur Anpassung des Energiewirtschaftsrechts an unionsrechtliche Vorgaben (*Anm. d. Verf.:* und namentlich an diejenigen des EuGH v. 2.9.2021) vom Mai 2023 (BR-Drs. 230/23) bleibt – bei vielen anderen Änderungen namentlich zur eigentlichen Netzregulierung – die Grundstruktur des § 59 indes bestehen und soll stattdessen nur und abermals der Ausnahmekatalog in Absatz 1 Satz 2 erweitert werden.

23 Europäische Vorgaben sind außerdem für die Zuständigkeitsregelungen innerhalb der BNetzA, umgesetzt in § 59 Abs. 1 S. 1 und 2, von großer Bedeutung. Dies betrifft insbesondere den Katalog der Ausnahmen, nach denen abweichend vom Regelfall bestimmte Gegenstände der Zuständigkeit der Beschlusskammern entzogen sind (→ Rn. 30 ff.). Solche Ausnahmen gelten etwa für Entscheidungen und Aufgaben im Zusammenhang mit der Überwachung des Handels mit Energiegroßhandelsprodukten auf der Grundlage der REMIT-VO, mit der Kapazitätsvergabe und dem Engpassmanagement auf Grundlage der VO (EU) 2015/1222 oder mit der Festlegung von Netzkodizes auf Grundlage der VO (EU) 2017/2196.

D. Zuständigkeiten der Beschlusskammern und Ausnahmen (Abs. 1 S. 1 und 2)

24 § 59 Abs. 1 S. 1 und 2 regelt die internen Zuständigkeiten der Beschlusskammern für die Entscheidungen auf Grundlage des EnWG. Die in § 59 enthaltenen Regelungen zur internen Organisation betreffen indes ausschließlich die BNetzA, nicht dagegen die Regulierungsbehörden der Bundesländer. Landesregulierungsbehörden unterliegen vielmehr der Organisationshoheit der Länder und können deren interne Organisation und Entscheidungsabläufe abweichend von den Vorgaben des § 59 geregelt werden (vgl. auch Kment EnWG/Wahlhäuser § 59 Rn. 2).

I. Beschlusskammerentscheidung als Regelfall (Abs. 1 S. 1)

§ 59 Abs. 1 S. 1 normiert den Grundsatz, wonach Entscheidungen der BNetzA nach den Vorschriften des EnWG von den Beschlusskammern der BNetzA getroffen werden. Die **Kammerentscheidung** stellt damit den gesetzlichen Regelfall dar, sodass die Beschlusskammern mit Ausnahme der abschließend aufgezählten Ausnahmetatbestände in § 59 Abs. 1 S. 2 für alle Entscheidungen zuständig sind, die nach dem EnWG in den Zuständigkeitsbereich der BNetzA fallen. Die Entscheidungen durch Beschlusskammern soll eine justizähnliche, den strengen Vorgaben der EU-Richtlinien entsprechende Unabhängigkeit der Entscheidungsmechanismen innerhalb der Regulierungsbehörde gewährleisten (BT-Drs. 15/3917, 70).

Die Zuständigkeit der Beschlusskammern ist zwar für Entscheidungen nach dem EnWG, dh für die leitungsgebundene Elektrizitäts-, Gas- und Wasserstoffwirtschaft, der gesetzliche Regelfall. Verallgemeinerungsfähig ist die für die übrigen regulierten Netzwirtschaften freilich nicht. So sieht § 132 Abs. 1 TKG für die Telekommunikationswirtschaft die Zuständigkeit der Beschlusskammern lediglich für einen Katalog abschließend aufgeführter Entscheidungen nach dem TKG vor. Das Kollegialprinzip ist mithin bei Entscheidungen im Bereich der Elektrizitäts- und Gaswirtschaft besonders ausgeprägt.

Die Zuständigkeit der Beschlusskammern gilt für die „Entscheidungen nach dem EnWG". Der Begriff der Entscheidungen iSv § 59 Abs. 1 S. 1 ist weit zu verstehen und erfasst sämtliche nach außen gerichteten behördlichen Tätigkeiten der BNetzA mit (intendierter) Regelungswirkung (vgl. auch Britz/Hellermann/Hermes/Hermes, 3. Aufl., § 59 Rn. 25; Kment EnWG/Wahlhäuser § 59 Rn. 17; Theobald/Kühling/Theobald/Werk § 59 Rn. 14; ähnlich auch Säcker EnergieR/Schmidt-Preuß § 59 Rn. 6). Von dieser in erster Linie regulatorisch-fachlichen Tätigkeit der Beschlusskammern im Außenverhältnis ist grundsätzlich die allgemeine gerichtliche und außergerichtliche Vertretung der BNetzA zu unterscheiden, die gem. § 3 Abs. 1 S. 2 BNAG durch den Präsidenten bzw. die Präsidentin erfolgt. Als Entscheidung iSv § 59 Abs. 1 S. 1 sind dabei nicht nur solche Maßnahmen zu verstehen, die das EnWG ausdrücklich als „Entscheidung" benennt (vgl. etwa § 55 Abs. 1, § 64 Abs. 1, § 66 Abs. 2 Nr. 3, § 69 Abs. 1, § 73 Abs. 1, §§ 74, 75 Abs. 1). Vielmehr sind hiervon auch Festlegungen (vgl. etwa § 29 Abs. 1), Genehmigungen (vgl. etwa § 23a Abs. 4 und Abs. 5), Anordnungen (vgl. etwa § 69 Abs. 9, § 94), Verpflichtungen (vgl. etwa § 65 Abs. 1) oder Untersagungen (vgl. etwa § 5 Abs. 4) nach dem EnWG umfasst.

Zu den relevanten Entscheidungen nach dem EnWG gehören u.a. folgende behördliche Maßnahmen:
- Untersagung des Energiebelieferung durch ein Energieversorgungsunternehmen (§ 5 Abs. 4);
- Genehmigung oder vorläufige Festsetzung von Netzentgelten (§ 23a Abs. 4 und 5);
- Festlegung von Bedingungen und Methoden für den Netzanschluss oder den Netzzugang gegenüber Netzbetreibern (§ 29 Abs. 1);
- Untersagung bzw. Anordnung von näher bestimmten Maßnahmen im Rahmen der Missbrauchsaufsicht (§ 30 Abs. 2);
- Anordnung der Vorteilsabschöpfung (§ 33 Abs. 1);
- Erlass von Aufsichtsmaßnahmen gegen Unternehmen (§ 65 Abs. 1) oder Feststellung der Zuwiderhandlung gegen Aufsichtsmaßnahmen (§ 65 Abs. 3);
- Vorabentscheidung über die Zuständigkeit einer (Landes-)Regulierungsbehörde (§ 66a);
- Vorläufige Anordnungen (§ 72) oder
- Festsetzung einer Geldbuße (§ 96 S. 1).

Obgleich § 59 Abs. 1 S. 1 ausdrücklich nur von den Entscheidungen „nach dem EnWG" spricht, sind von der generellen Zuständigkeit der Beschlusskammern auch Entscheidungen auf Grundlage des EnWG erfasst. Dies gilt allen voran für Entscheidungen nach den auf Grundlage von § 24 erlassenen Rechtsverordnungen StromNEV, StromNZV sowie GasNEV und GasNZV (zB § 28 StromNZV).

Für den Energiebereich existieren fünf Beschlusskammern bei der BNetzA:
- Beschlusskammer 4: EEG-Umlage, Investitionsmaßnahmen und -bedingungen sowie Sonderformen der Netznutzung;
- Beschlusskammer 6: Regulierung des Zugangs zu Elektrizitätsversorgungsnetzen;
- Beschlusskammer 7: Regulierung des Zugangs zu Gasversorgungsnetzen;

- Beschlusskammer 8: Regulierung Netzentgelte Strom;
- Beschlusskammer 9: Regulierung Netzentgelte Gas.

II. Ausnahmen (Abs. 1 S. 2)

30 § 59 Abs. 1 S. 2 regelt die Ausnahmen von der Regel der Beschlusskammerentscheidungen der BNetzA. Für die in den § 59 Abs. 1 S. Nr. 1–25 normierten Ausnahmetatbeständen gilt abweichend von § 59 Abs. 1 S. 1 nicht das Kollegialprinzip bei Entscheidungen der BNetzA. Diese Entscheidungen sind somit der Zuständigkeit der Beschlusskammern entzogen. Der Katalog der Ausnahmetatbestände ist in § 59 Abs. 1 S. 2 **abschließend** geregelt.

31 Dass die in § 59 Abs. 1 S. 2 näher aufgezählten Entscheidungen der Zuständigkeit der Beschlusskammer entzogen sind, wird vom Gesetzgeber mit der **Sachnähe der dazu eher berufenen** Fachabteilungen der BNetzA begründet (vgl. BT-Drs. 18/7317, 122 so ausdrücklich für die Zuständigkeit für den Bericht über die Mindesterzeugung, die Spitzenkappung nach § 11 Abs. 2 sowie den Bundesfachplan Offshore nach § 17a). Teilweise wird der Entzug der Zuständigkeit der Beschlusskammern auch schlicht auf die bisherige Übung in der Praxis gestützt (vgl. BT-Drs. 18/7317, 122). In Bezug auf die Entscheidungen im Zusammenhang mit der Datenerhebung und der Erfüllung von Berichtspflichten (vgl. § 59 Abs. 1 S. 2 Nr. 3) führte das OLG Düsseldorf aus, dass der Gesetzgeber durch den Verzicht auf eine Beschlusskammerentscheidung die formellen Anforderungen an Entscheidungen der BNetzA vereinfachen und auf diese Weise den **Bedürfnissen der Praxis** Rechnung tragen wollte (OLG Düsseldorf NJW-RR 2006, 1353). Der Katalog der Ausnahmetatbestände macht zudem deutlich, dass die Ausnahmen zuvörderst Entscheidungen betreffen, die nicht das materielle Regulierungsrecht im engeren Sinne tangieren, zB Entscheidungen im Zusammenhang mit diversen Datenerhebungen oder Berichten (ähnlich auch Säcker EnergieR/Schmidt-Preuß § 59 Rn. 7).

32 Zahlreiche Ausnahmen in § 59 Abs. 1 S. 2 gelten schließlich im Zusammenhang mit **Entscheidungen nach europäischem Recht.** So enthält § 59 Abs. 1 S. 2 mit den Nummern 12–15 und 20–23 eine Vielzahl an Ausnahmen für Entscheidungen der BNetzA im Zusammenhang mit europäischen Verordnungen. Hintergrund dieser europäisch veranlassten Ausnahmen sind die mitunter spezifischen Entscheidungsprozesse bei bzw. im Zusammenhang mit der Durchführung europäischer Rechtsakte auf europäischer Ebene bzw. zwischen verschiedenen nationalen Regulierungsbehörden sowie weiteren Marktakteuren. So werden die aus den europäischen Verordnungen erwachsenden Entscheidungskompetenzen sehr stark durch vorlaufende Abstimmungsprozesse auf europäischer Ebene geprägt. Das führt nicht nur dazu, dass der nationale Gestaltungsspielraum begrenzt wird, sondern auch dazu, dass der nationalen Regulierungsbehörde oftmals nur die 1:1-Umsetzung der im Vorfeld auf europäischer Ebene erarbeiteten Regelungen obliegt. Mit der Übertragung der durch die Ausnahmen in § 59 Abs. 1 S. 2 geschaffenen Möglichkeit, Entscheidungen auch außerhalb der Beschlusskammern zu treffen, wird ein Gleichlauf zwischen den vorbereitenden Verhandlungen auf EU-Ebene und dem Erlass und damit auch der Verantwortung für die abgestimmte Entscheidung hergestellt (vgl. BT-Drs. 19/26241, 32 f.).

33 Im Einzelnen betreffen die Ausnahmen folgende Zuständigkeiten der BNetzA:
- die Erstellung und Überprüfung von Katalogen von Sicherheitsanforderungen iSv § 11 Abs. 1a und 1b für den angemessenen Schutz gegen Bedrohungen für Telekommunikations- und elektronische Datenverarbeitungssysteme im Zusammenhang mit dem Betrieb von Energieversorgungsnetzen und Energieanlagen sowie die Festlegung nach § 11 Abs. 1g für Sicherheitsanforderungen für das Betreiben von Energieversorgungsnetzen und Energieanlagen nach dem BSI-Gesetz (Nummer 1);
- die Aufgaben nach § 11 Abs. 2, dh insbesondere die Dokumentation und Prüfung der Netzbetreiber im Zusammenhang mit der Spitzenkappung (Nummer 2);
- die Anforderung der Berichte und die Überwachung der Berichtspflichten nach § 12 Abs. 3b und 3c im Zusammenhang mit den Berichten der Übertragungs- und Verteilernetzbetreiber über die Sicherheit, Zuverlässigkeit und Leistungsfähigkeit ihrer Energieversorgungsnetze (Nummer 2a);
- die Datenerhebung zur Erfüllung von Berichtspflichten einschließlich der Anforderung von Angaben iSv § 12 Abs. 5 S. 1 Nr. 4 im Zusammenhang mit den von Netzbetreibern

zur Verfügung zu stellenden Informationen und Analysen u.a. zur Mindesterzeugung insbesondere aus thermisch betriebenen Erzeugungsanlagen und aus Anlagen zur Speicherung von elektrischer Energie (Nummer 3);
- die Aufgaben nach den §§ 12a–12f, dh im Rahmen der Bedarfsplanung für den Netzausbau und damit im Zusammenhang mit der Entwicklung der Szenariorahmen, der Netzentwicklungspläne und des Bundesbedarfsplans (Nr. 4);
- die Überwachung der Vorgaben iSv § 13 Abs. 3 S. 4 und 5 für etwaige Abweichungen von der aus dem Einspeisevorrang resultierende Privilegierung von EEG- und KWK-Anlagen (Nummer 4a);
- Entscheidungen nach § 13b Abs. 5 (Stilllegung von Anlagen), § 13e Abs. 5 (Kapazitätsreserve), § 13f Abs. 1 (Genehmigung systemrelevanter Gaskraftwerke), § 13g Abs. 6 (Stilllegung von Braunkohlekraftwerken), aufgrund einer Verordnung nach § 13h Abs. 1 Nr. 1–8, 10 und 11 sowie 12–23, Festlegungen aufgrund § 13h Abs. 2 zur näheren Bestimmung der Regelungen nach § 13h Abs. 1 Nr. 1–8, 10 und 11 sowie 12–20 (Nummer 5);
- Entscheidungen, die aufgrund von Verordnungen nach § 13i Abs. 3 Nr. 1 lit. a, b, c, f sowie Nr. 2 und Abs. 4 getroffen werden (u.a. Stilllegung von Kraftwerken oder Netzreserve), mit Ausnahme der Kriterien einer angemessenen Vergütung (Nummer 6);
- Festlegungen nach § 13j Abs. 2 Nr. 3, 5–7 und 9, Abs. 3 S. 1 iVm § 13i Abs. 3 Nr. 1 lit. a, b, c und f (u.a. Stilllegung von Anlagen), § 13j Abs. 3 S. 2 hinsichtlich des § 13b sowie nach § 13j Abs. 4 und 5 (u.a. Kapazitätsreserve) und hinsichtlich der Festlegung, wonach die Elektrizitätsverteilernetzbetreiber mit mindestens 100.000 unmittelbar oder mittelbar angeschlossenen Kunden die Möglichkeit zum Abschluss von Verträgen nach § 13 Abs. 6a für die Beseitigung von Engpässen in ihrem Hochspannungsnetz erhalten (Nummer 7);
- die Aufgaben nach § 14 Abs. 2 und den §§ 14c–14e im Zusammenhang mit der Erstellung des Berichts über den Netzzustand und die Umsetzung der Netzausbauplanung, der marktgestützten Beschaffung von Flexibilitätsdienstleistungen, mit Netzausbauplänen sowie der Erarbeitung der Gemeinsamen Internetplattform der Verteilernetzbetreiber (Nummer 8);
- die Aufgaben nach den §§ 15a, 15b im Zusammenhang mit der Netzentwicklungsplanung durch die Fernleitungsnetzbetreiber und der entsprechenden Umsetzungsberichte (Nummer 9);
- die Aufgaben nach den §§ 17a–17c im Zusammenhang mit dem Bundesfachplan Offshore und dem Offshore-Netzentwicklungsplan (Nummer 10);
- die Aufgaben im Zusammenhang mit den neuen wasserstoffspezifischen Instrumenten der Ad-hoc-Prüfung der Bedarfsgerechtigkeit von Wasserstoffnetzinfrastrukturen iSv § 28p sowie dem Bericht zur erstmaligen Erstellung des Netzentwicklungsplans Wasserstoff nach § 28q sowie die Aufgaben bezüglich der Vergleichsinstrumente bei Energielieferungen nach § 41c (Nummer 11);
- Datenerhebungen zur Wahrnehmung der Aufgaben nach § 54a Abs. 2, Entscheidungen im Zusammenhang mit dem Ausbau bidirektionaler Gasflüsse nach § 54a Abs. 2 iVm Art. 5 Abs. 4 und 8 UAbs. 1 VO (EU) 1938/2017 sowie Anhang III VO (EU) 1938/2017 sowie Festlegungen gem. § 54a Abs. 3 S. 2 mit Ausnahme von Festlegungen zur Kostenaufteilung (Nummer 12);
- Entscheidungen im Zusammenhang mit der Überwachung der Energiegroßhandelsmärkte nach § 56 Abs. 1 S. 1 Nr. 4 iVm der VO (EU) Nr. 1227/2011 sowie Festlegungen gem. § 5b Abs. 1 S. 2 und § 58a Abs. 4 (Nummer 13);
- Entscheidungen auf der Grundlage der Art. 9, 65 und 68 VO (EU) 1222/2015 zur Festlegung einer Leitlinie für die Kapazitätsvergabe und das Engpassmanagement (Nummer 14);
- Entscheidungen zur Durchsetzung der Verpflichtungen für Datenlieferanten nach Art. 4 Abs. 6 VO (EU) Nr. 543/2013 (Nummer 15);
- die Erhebung von Gebühren nach § 91 (Nummer 16);
- Vollstreckungsmaßnahmen nach § 94 (Nummer 17);
- die Aufgaben und Festlegungen im Zusammenhang mit der nationalen Informationsplattform nach § 111d (Nummer 18);
- die Aufgaben im Zusammenhang mit dem Marktstammdatenregister nach den §§ 111e und 111f (Nummer 19);
- Entscheidungen auf der Grundlage der Art. 4, 30 und 36 VO (EU) 1719/2016 zur Festlegung einer Leitlinie für die Vergabe langfristiger Kapazität, u.a. im Zusammenhang mit

der Annahme der Modalitäten oder Methoden, den Entscheidungen über Möglichkeiten der zonenübergreifenden Risikoabsicherung oder mit den allgemeinen Bestimmungen für die Nominierung physikalischer Übertragungsrechte (Nummer 20);
- Entscheidungen auf der Grundlage der Art. 6 und 7 VO (EU) 1485/2017 zur Festlegung einer Leitlinie für den Übertragungsnetzbetrieb, mit Ausnahme der Durchführung von Streitbeilegungsverfahren gem. Art. 6 Abs. 10 VO (EU) 1485/2017 (Nummer 21);
- Entscheidungen auf der Grundlage des Art. 4 VO (EU) 2017/2196 zur Festlegung eines Netzkodex über den Notzustand und den Netzwiederaufbau des Übertragungsnetzes, mit Ausnahme der Durchführung von Streitbeilegungsverfahren gem. Art. 4 Abs. 8 VO (EU) 2017/2196 (Nummer 22);
- Entscheidungen auf der Grundlage der Art. 11, 13, 15, 16, 17 und 35 VO (EU) 943/2019, u.a. im Zusammenhang mit Aktionsplänen, mit allgemeinen Grundsätzen für das Engpassmanagement und die Kapazitätsvergabe oder mit der Zuweisung zonenübergreifender Kapazität (Nummer 23);
- die Überprüfung der Einhaltung der Vorgaben, die sich aus einer Verordnung aufgrund von § 49 Abs. 4 hinsichtlich der technischen Sicherheit und Interoperabilität von Ladepunkten ergeben (Nummer 24);
- Entscheidungen nach den §§ 11a und 11b im Zusammenhang mit den Ausschreibungen und Genehmigungen von Energiespeicheranlagen (Nummer 25);
- Entscheidungen nach § 50b Abs. 2 S. 3, wonach die BNetzA hinsichtlich der Anforderungen an die Brennstofflagerung und Brennstoffbevorratung für die befristete Teilnahme am Strommarkt von Anlagen aus der Netzreserve im Einzelfall Ausnahmen von den gesetzlichen Anforderungen nach § 50b Abs. 2 (Nummer 26) erlassen kann, und
- Festlegungen gemäß § 50e Abs. 2 zu den Nachweisen nach § 50b Abs. 2 Nr. 3, die die Betreiber von Anlagen aus der Netzreserve im Zusammenhang mit der Betriebsbereitschaft und der Brennstoffbevorratung für die befristete Teilnahme am Strommarkt monatlich gegenüber der BNetzA und dem zuständigen ÜNB erbringen müssen, um darzulegen, dass sie die gesetzlich geforderten Anforderungen nach § 50b Abs. 2 Nr. 1 und Nr. 2 erfüllen (Nummer 27).

E. Einrichtung der Beschlusskammern (Abs. 1 S. 3)

34 § 59 Abs. 1 S. 3 regelt Einzelheiten für die Einrichtung der Beschlusskammern (→ Rn. 35 ff.) und wirft zugleich die Frage nach möglichen Weisungsrechten des Bundesministeriums für Wirtschaft (BMWi; nunmehr BMWK) gegenüber der BNetzA bzw. der Beschlusskammer auf (→ Rn. 38 ff.).

I. Bildung „nach Bestimmung" des BMWi

35 § 59 Abs. 1 S. 3 zufolge werden die Beschlusskammern „nach Bestimmung" des Bundesministeriums für Wirtschaft und Energie (nunmehr das „Bundesministerium für Wirtschaft und Klimaschutz", entsprechende redaktionelle Änderungen des Gesetzes stehen noch aus) gebildet. Was genau im Zusammenhang mit der Bildung der Beschlusskammern unter dem Begriff der „Bestimmung" durch das BMWi zu verstehen ist und in welchem Verhältnis diese Bestimmungskompetenz des BMWi zu den Kompetenzen des Präsidenten der BNetzA stehen, ergibt sich hingegen nicht näher aus § 59 Abs. 1 S. 3. In erster Linie betrifft die Bildung der Beschlusskammern die Fragen ihrer Einrichtung und Zuständigkeitszuteilung bzw. -abgrenzung.

35.1 Nach dem Regierungswechsel in Deutschland 2021 hat sich die sog. „Ampelregierung" bestehend aus SPD/Die Grünen/FDP u.a. auf veränderte Zuschnitte und Kompetenzen der unterschiedlichen Bundesministerien geeinigt. In Bezug auf die BNetzA, die bislang eine selbstständige Oberbehörde im Geschäftsbereich des Bundesministeriums für Wirtschaft (nunmehr Bundesministerium für Wirtschaft und Klimaschutz) ist, dürften sich hieraus kompetenzielle Veränderungen ergeben. So wurde bereits im Organisationserlass des Bundeskanzlers gem. § 9 BTGO vom 8.12.2021 festgelegt, dass dem neuen Bundesministerium für Digitales und Verkehr aus dem Geschäftsbereich des Bundesministeriums für Wirtschaft und Klimaschutz die Zuständigkeit für Telekommunikation einschließlich der diesbezüglichen Fach- und Rechtsaufsicht über die BNetzA übertragen wird. Auch wenn diese organisationsrechtlichen Änderungen in erster Linie den Telekommunikationsbereich und weniger den Energiebereich (hier speziell die Bildung der Beschlusskammern) betreffen, dürften indes in Bezug auf diese ministeriellen Kompetenzen und jeweiligen Zuständigkeiten für die Fach- und Rechtsaufsicht über die BNetzA noch einige gesetzliche Änderungen und Anpassungen in näherer Zukunft zu erwarten sein (ungeachtet der darüber hinaus zu erwartenden Änderungen in Bezug auf die Kompetenzen der BNetzA nach dem EuGH BeckRS 2021, 24362).

Mit der Einrichtung der Beschlusskammern ist insbesondere gemeint, ob und in welchem Umfang Beschlusskammern eingerichtet werden. § 59 Abs. 1 S. 3 ist insoweit die gesetzliche Vorgabe zu entnehmen, dass („Ob") Beschlusskammern einzurichten sind und – aufgrund des Plurals – dass auch mehr als eine Beschlusskammer für den Energiebereich eingerichtet werden sollen. Damit reduziert sich die Frage der Einrichtung im Wesentlichen auf die **Anzahl der einzurichtenden Beschlusskammern.** Da die Anzahl der Beschlusskammern insbesondere auch Auswirkungen auf den Bundeshaushalt hat und insoweit auch eine Frage der allgemeinen personellen und finanziellen Behördenausstattung ist, spricht dies dafür, dass die Entscheidung über die Anzahl der einzurichtenden Beschlusskammern jedenfalls originär der Bestimmung des BMWi vorbehalten bleibt (so auch Britz/Hellermann/Hermes/Hermes, 3. Aufl., § 59 Rn. 17; Kment EnWG/Wahlhäuser § 59 Rn. 4 – jeweils unter Verweis auf die politische Gesamtverantwortung des BMWi). In Bezug auf die Einrichtung der Beschlusskammern ist zudem anerkannt, dass der Terminus der „Bildung nach Bestimmung des BMWi" nicht in der Weise zu verstehen ist, dass es eines formellen Organisationsaktes des BMWi bedarf, damit die Beschlusskammern formell-rechtlich eingerichtet werden. Regelungen zur Einrichtung der Beschlusskammern können gem. § 3 Abs. 1 BNAG vielmehr in der Geschäftsordnung der BNetzA getroffen werden. Die Geschäftsordnung der BNetzA wiederum bestimmt, dass u.a. die Einrichtung, Änderung und Auflösung von Beschlusskammern der Zustimmung des BMWi bedarf (vgl. Kment EnWG/Wahlhäuser § 59 Rn. 6). 36

In Bezug auf die **Verteilung und Zuordnung von Zuständigkeiten** auf die eingerichteten Beschlusskammern sowie die **personelle Besetzung** der Beschlusskammern lässt sich ein Vorbehalt dieser Entscheidung zugunsten des BMWi hingegen nicht mit den vorstehenden Erwägungen der allgemeinen personellen und finanziellen Behördenausstattung oder der politischen Gesamtverantwortung rechtfertigen. Da die Fragen der Zuständigkeitszuordnung bzw. -verteilung stärker inhaltlich von der Regulierungstätigkeit geprägt sind und die personellen Besetzungen der Beschlusskammern in erster Linie Ausdruck der personellen Leitungsbefugnis des Präsidenten der BNetzA sind, spricht dies eher dafür, dass diese Entscheidungen grundsätzlich dem Präsidenten der BNetzA vorbehalten bleiben (so im Ergebnis auch Britz/Hellermann/Hermes/Hermes, 3. Aufl., § 59 Rn. 19 f.; Kment EnWG/Wahlhäuser § 59 Rn. 6 f.). Dennoch verbleibt es auch insoweit bei einer Mitwirkung des BMWi im Rahmen der Bestätigung der Geschäftsordnung der BNetzA nach § 3 Abs. 1 S. 2 BNAG. 37

II. Bestehen von Weisungsrechten des BMWi

Im wissenschaftlichen Diskurs umstritten – in der Praxis, soweit ersichtlich, aber eher von geringer Bedeutung – ist die Frage, ob und inwieweit das BMWi zudem ein Weisungsrecht gegenüber der BNetzA, den Beschlusskammern bzw. einzelnen Mitgliedern der Beschlusskammern zusteht. 38

Diese Frage ist vor dem Hintergrund des **Grundkonflikts** zur Unabhängigkeit der Regulierungsbehörden zu sehen: Einerseits verpflichten die Vorgaben der europäischen Richtlinie (vgl. Art. 35 Abs. 4 und 5 Strom-Binnenmarkt-Richtlinie (RL 2009/72/EG), Art. 57 Abs. 4 und 5 RL 2019/944/EU, Art. 39 Abs. 4 und 5 Gas-Binnenmarkt-Richtlinie 2009/73/EG) dazu, dass die Regulierungsbehörde keine direkten Weisungen von Regierungsstellen oder anderen öffentlichen oder privaten Stellen einholt oder entgegennimmt und unabhängig von allen politischen Stellen selbstständige Entscheidungen treffen soll. Andererseits erfordert das verfassungsrechtliche Demokratieprinzip zur Gewährleistung einer ununterbrochenen Legitimationskette eine auch mittels Weisungsbefugnisse vermittelte Rückbindung von administrativen Handlungen an die Exekutivspitze. Es ist indes anerkannt, auch seitens der EU-Kommission, dass Weisungen, jedenfalls in Bezug auf grundsätzliche Zielvorgaben der Regierung, grundsätzlich mit den Richtlinienvorgaben vereinbar sind (s. im Einzelnen hierzu 39

Säcker EnergieR/Schmidt-Preuß Einl. B Rn. 8 mwN; vgl. auch zur Sichtweise der EU-Kommission: EU-Kommission, Commission Staff Working Paper: Interpretative Note on Directive 2009/72/EC: The Regulatory Authorities, 7). Dies steht insoweit auch im Einklang mit dem Weisungsrecht aus § 61.

40 Im Verhältnis zwischen BMWi und der BNetzA steht dem BMWi ein **umfassendes Weisungsrecht** zu, was sowohl allgemeine Weisungen als auch Weisungen im Einzelfall umfasst (so im Ergebnis auch Kment EnWG/Wahlhäuser § 59 Rn. 11 ff.; Säcker EnergieR/Schmidt-Preuß § 59 Rn. 13 ff.; Theobald/Kühling/Theobald/Werk § 59 Rn. 28 ff.; aA Britz/Hellermann/Hermes/Hermes, 3. Aufl., § 59 Rn. 19 f.). Ein solches Weisungsrecht folgt aus dem verfassungsrechtlichen Demokratieprinzip und staatsorganisationsrechtlich aus dem Ober- und Unterverhältnis, in welchem dem BMWi als oberste Bundesbehörde eine allgemeine Dienst-, Fach- und Rechtsaufsicht gegenüber der BNetzA als selbstständige Oberbehörde im Geschäftsbereich des BMWi (vgl. § 1 S. 2 BNAG) zusteht. Nähere Einschränkungen dieser Dienst-, Fach- und Rechtsaufsicht und einer hieraus erwachsenden Weisungsbefugnis sind den gesetzlichen Regelungen des EnWG nicht zu entnehmen.

41 Ein Weisungsrecht des BMWi besteht grundsätzlich auch gegenüber den Beschlusskammern der BNetzA und einzelnen Mitgliedern der Beschlusskammern. Dem steht insbesondere nicht der Umstand entgegen, dass die Beschlusskammern justizähnlich ausgestaltet sind (so aber etwa Müller-Terpitz ZfG 1997, 257 (271) in Bezug auf die Beschlusskammern der BNetzA für den Telekommunikationsbereich). Denn trotz dieses justizähnlichen Aufbaus verbleiben die Beschlusskammern und ihre einzelnen Mitglieder als Amtswalter organisationsrechtlich Teil der Exekutive und als solche auch Adressaten des internen Weisungsrechts. Weisungen des BMWi an die Beschlusskammern dürften allerdings an die BNetzA, dh an den Präsidenten der BNetzA, zu richten sein, der die Befolgung dieser Weisungen sodann im Rahmen des behördeninternen Weisungsrechts innerhalb der BNetzA gem. § 3 BNAG sicherzustellen hat (vgl. Britz/Hellermann/Hermes/Hermes, 3. Aufl., § 59 Rn. 22).

42 Dem Präsidenten der BNetzA steht aufgrund seiner allgemeinen Befugnisse nach § 3 Abs. 1 BNAG zugleich ein eigenständiges Weisungsrecht zu. Bei der Ausübung des behördeninternen Weisungsrechts gegenüber den Beschlusskammern hat der Präsident insbesondere die Einheitlichkeit der Spruchpraxis der Beschlusskammern zu berücksichtigen (vgl. Kment EnWG/Wahlhäuser § 59 Rn. 15).

F. Zusammensetzung und berufliche Qualifikation (Abs. 2)

43 § 59 Abs. 2 S. 1 regelt die Zusammensetzung der Beschlusskammern und bestimmt, dass die Beschlusskammern in der Besetzung mit einem oder einer Vorsitzenden und zwei Beisitzenden entscheiden. Bei den Beschlusskammern handelt es sich daher um Kollegialorgane, dessen Charakteristikum in der gemeinsamen Entscheidungsfindung besteht. Der Wortlaut sieht eine klare **Zusammensetzung aus drei Mitgliedern** vor; eine Erweiterung um weitere Beisitzer ist dem Wortlaut nicht zu entnehmen (so aber Kment EnWG/Wahlhäuser § 59 Rn. 8).

44 § 59 Abs. 2 S. 2 enthält gesetzliche Vorgaben zur **Qualifikation der Mitglieder** der Beschlusskammern. Hiernach müssen Vorsitzende und Beisitzende Beamte sein und die Befähigung zum Richteramt oder für eine Laufbahn des höheren Dienstes haben. In statusrechtlicher Hinsicht ist somit zwingend erforderlich, dass alle Mitglieder Beamte im beamtenrechtlichen Sinne sind (vgl. § 4 BBG, § 3 BeamtStG). Dies gilt unabhängig von ihrem Status als Beamte auf Lebenszeit, auf Zeit, auf Probe oder auf Widerruf (vgl. § 6 BBG, § 4 BeamtStG). Sonstige Beschäftigte im öffentlichen Dienst können nicht Mitglied der Beschlusskammer werden. Dass Mitglieder der Beschlusskammer auf jeden Fall Beamte sein müssen, erscheint auch vor dem Hintergrund der besonderen beamtenrechtlichen Treuepflicht als gerechtfertigt. Zusätzlich zum statusrechtlichen Erfordernis als Beamte müssen Mitglieder als fachliches Qualifikationserfordernis alternativ die Befähigung zum Richteramt (§ 5 DRiG) oder die Befähigung zum höheren Dienst (§§ 17 Abs. 5, 19 BBG) aufweisen (aA offensichtlich Kment EnWG/Wahlhäuser § 59 Rn. 10, nach dem sich das Alternativverhältnis auch auf das statusrechtliche Erfordernis erstrecken soll und die Mitglieder daher entweder Beamte mit Befähigung zum Richteramt oder aber Personen (nicht zwingend Beamte) mit der Befähigung zum höheren Dienst sein müssen; über den Wortlaut hinausge-

hend zudem Theobald/Kühling/Theobald/Werk § 59 Rn. 42, nach denen die Anforderungen (Beamte, Befähigung zum Richteramt, Befähigung zum höheren Dienst) insgesamt in einem Alternativverhältnis stehen sollen). Die alternativen fachlichen Qualifikationsanforderungen stellen sicher, dass nicht nur Volljuristen, sondern auch Personen mit etwa technischen oder ökonomischen Qualifikationen Mitglied der Beschlusskammer werden können bzw. sollen. Dass nicht-juristischer Sachverstand im Kollegialorgan der Beschlusskammern gerade für die Energiewirtschaft erwünscht ist, ist auch daran erkennbar, dass § 59 Abs. 2 – in Abweichung zu § 132 Abs. 2 S. 3 TKG – gerade nicht ausdrücklich verlangt, dass mindestens ein Mitglied der Beschlusskammer die Befähigung zum Richteramt haben muss. In der Praxis entspricht es, soweit ersichtlich, aber eher der Regel, dass die Beschlusskammern der BNetzA mindestens einen Volljuristen bzw. eine Volljuristin als Mitglied haben.

G. Inkompatibilität (Abs. 3)

§ 59 Abs. 3 enthält Grundsätze zu beruflichen Inkompatibilitäten der Mitglieder der Beschlusskammer, nach denen bestimmte Tätigkeiten bzw. Funktionen mit der Stellung als Mitglied einer Beschlusskammer unvereinbar sind. Mit diesem Grundsatz zur Inkompatibilität sollen die personelle Unabhängigkeit der Mitglieder der Beschlusskammern gestärkt (BT-Drs. 17/6072, 91 f.) und Interessenkonflikte vermieden werden. 45

Nach § 59 Abs. 3 dürfen Mitglieder der Beschlusskammern ein Unternehmen der Energiewirtschaft weder innehaben noch leiten. Diese Regelung zu möglichen Inkompatibilitäten bezieht sich allen voran auf Unternehmensinhaber (dh Eigentümer oder Mehrheitsgesellschafter) und Leitungsfunktionen (dh Geschäftsführer oder auch Prokuristen oder sonstige leitende Angestellte) in der Energiewirtschaft. Zudem dürfen Mitglieder der Beschlusskammern nicht Mitglied des Vorstands oder Aufsichtsrates eines Unternehmens der Energiewirtschaft sein. Der Gesetzgeber stellt im Rahmen der Inkompatibilitäten nicht auf „Energieversorgungsunternehmen" iSv § 3 Nr. 18, sondern vielmehr auf den Begriff des „Unternehmens der Energiewirtschaft" ab, was den Schluss nahelegt, dass der Unternehmensbegriff iSv § 59 Abs. 3 möglichst weit zu verstehen ist. 46

Die Grundsätze zu beruflichen Inkompatibilitäten beschränken sich aber keineswegs auf die Unternehmen der Energiewirtschaft. Vielmehr ist es den Mitgliedern der Beschlusskammern nach § 59 Abs. 3 auch untersagt, dass sie einer Regierung oder einer gesetzgebenden Körperschaft des Bundes oder eines Landes angehören. Mit dieser Erweiterung wird klargestellt, dass eine Unabhängigkeit der Mitglieder der Beschlusskammern sowohl von der Energiewirtschaft als auch vom Staat sichergestellt werden soll. 47

§ 59 Abs. 3 stellt eine Spezialregelung zu beruflichen Inkompatibilitäten für die Mitglieder der für die Energiewirtschaft zuständigen Beschlusskammern der BNetzA dar. Subsidiär zu dieser Spezialregelung finden ferner die allgemeinen verwaltungsrechtlichen Vorschriften zur Befangenheit der entscheidungsbefugten Mitglieder der Beschlusskammer nach den §§ 20, 21 VwVfG Anwendung (vgl. auch Säcker EnergieR/Schmidt-Preuß § 59 Rn. 10; Kment EnWG/Wahlhäuser § 59 Rn. 24). 48

§ 60 Aufgaben des Beirates

¹Der Beirat nach § 5 des Gesetzes über die Bundesnetzagentur für Elektrizität, Gas, Telekommunikation, Post und Eisenbahnen hat die Aufgabe, die Bundesnetzagentur bei der Erstellung der Berichte nach § 63 Absatz 3 zu beraten. ²Er ist gegenüber der Bundesnetzagentur berechtigt, Auskünfte und Stellungnahmen einzuholen. ³Die Bundesnetzagentur ist insoweit auskunftspflichtig.

Überblick

Die Vorschrift beschreibt in sehr allgemeiner und rudimentärer Form die Aufgaben des Beirats (→ Rn. 10) der BNetzA im Bereich der Energiewirtschaft (vgl. die amtliche Begründung der Bundesregierung, BR-Drs. 613/04, 134). Hierbei setzt sie voraus, dass es den Beirat überhaupt gibt, und nimmt insoweit Bezug auf § 5 des Gesetzes über die Bundesnetzagentur für Elektrizität, Gas, Telekommunikation, Post und Eisenbahnen (BNAG).

EnWG § 60

A. Normzweck und Bedeutung

1   Die Vorschrift erfüllt formal den gesetzgeberischen Auftrag des § 7 BNAG, demzufolge der Beirat die ihm durch Gesetz oder aufgrund eines Gesetzes zugewiesenen Aufgaben hat, für den Bereich der Energiewirtschaft. Dabei lässt ihr Wortlaut kaum die Bedeutung erkennen, die der Beirat für die **strategische Ausrichtung der BNetzA** hat.

B. Entstehungsgeschichte

2   Die Regelung besteht für den Bereich der Energiewirtschaft seit der umfassenden Novellierung des EnWG im Jahre 2005 (Artikel 1 des Zweiten Gesetzes zur Neuregelung des Energiewirtschaftsrechts vom 7. Juli 2005, BGBl. I 1970). Sie war wortidentisch schon im Gesetzentwurf der Bundesregierung (BR-Drs. 613/04, 41) enthalten, hat also im Gesetzgebungsverfahren keine Änderungen erfahren. Auch nach ihrem Inkrafttreten ist sie bislang nicht geändert worden, von einer redaktionellen Anpassung an eine Änderung des § 63 abgesehen (Art. 1 Nr. 54 des Gesetzes zur Neuregelung energiewirtschaftlicher Vorschriften vom 26.7.2011, BGBl. I 1554 (1587); vgl. → § 63 Rn. 5).

3   Gleichzeitig mit der Novellierung des EnWG erging durch Art. 2 des Zweiten Gesetzes zur Neuregelung des Energiewirtschaftsrechts das Gesetz über die Bundesnetzagentur für Elektrizität, Gas, Telekommunikation, Post und Eisenbahnen (BNAG). Durch § 1 BNAG wurde die bisherige „Regulierungsbehörde für Telekommunikation und Post" (kurz: RegTP), die auf der Grundlage des Zehnten Teils des Telekommunikationsgesetzes vom 25. Juli 1996 (BGBl. I 1120) errichtet worden war, in „Bundesnetzagentur für Elektrizität, Gas, Telekommunikation, Post und Eisenbahnen" (BNetzA) umbenannt. In den §§ 5–7 BNAG wurden die **konstitutionellen Grundlagen des Beirats** festgelegt (Zusammensetzung, Vorsitz, Geschäftsordnung, Aufgaben).

4   Hierbei konnte darauf aufgebaut werden, dass die frühere RegTP bereits einen Beirat hatte. Seine Grundlagen waren zunächst in §§ 67–69 TKG 1996 (Telekommunikationsgesetz vom 25.6.1996, BGBl. I 1120), nach der Novellierung 2004 (Telekommunikationsgesetz vom 22.6.2004, BGBl. I 1190) in §§ 118–120 TKG kodifiziert. §§ 118 und 119 TKG wurden im Zuge der EnWG-Novelle 2005 nahezu wortgleich – bis auf die Behörden-Bezeichnung – in das BNAG übernommen, § 120 TKG an die durch das BNAG geschaffenen Verhältnisse angepasst (Art. 3 Abs. 2 des Zweiten Gesetzes zur Neuregelung des Energiewirtschaftsrechts).

C. Politisches Begleitgremium

I. Zusammensetzung und Organisation

5   Während der Beirat der früheren RegTP aus jeweils neun Mitgliedern des Bundestages und des Bundesrates bestand, besteht der Beirat der BNetzA gem. § 5 Abs. 1 S. 1 Hs. 1 BNAG aus jeweils **16 Mitgliedern des Bundestages und des Bundesrates.** Dies erlaubt es, dass jedes Land sowohl bundestags- wie auch bundesratsseitig im Beirat vertreten sein kann. Die Mitglieder und ihre Stellvertreter/innen werden gem. § 5 Abs. 1 S. 2 BNAG jeweils auf Vorschlag des Bundestages und des Bundesrates von der Bundesregierung berufen, die insoweit an die unterbreiteten Vorschläge gebunden ist (Britz/Hellermann/Hermes/Hermes, 3. Aufl., § 60 Rn. 6, zur Abberufung von Mitgliedern des Beirats s. Theobald/Kühling/Theobald/Werk § 60 Rn. 11–13). Die aktuelle Liste der Beiratsmitglieder ist auf der Website der BNetzA abrufbar.

6   Gemäß § 5 Abs. 1 S. 1 Hs. 2 BNAG müssen die Vertreter/innen des Bundesrates **Mitglied einer Landesregierung** sein oder diese politisch vertreten. Sie müssen mithin einem Landeskabinett angehören oder ein Mitglied eines Landeskabinetts politisch vertreten, womit die Staatssekretärsebene gemeint ist. Eine Benennung von Vertretern oder Vertreterinnen aus der sog. Fachebene der Landesministerialverwaltungen als Mitglieder des Beirats ist damit ausgeschlossen. Details der Zusammensetzung des Beirats regeln die weiteren Absätze des § 5 BNAG.

7   Der Beirat wählt nach § 6 Abs. 2 BNAG aus seiner Mitte ein vorsitzendes und ein stellvertretendes vorsitzendes Mitglied, dh der Vorsitz liegt nicht etwa bei der BNetzA. Sie kann

nach § 6 Abs. 7 BNAG durch ihren Präsidenten oder ihre Präsidentin lediglich an den Sitzungen des Beirats teilnehmen, auf Verlangen des Beirats muss er/sie teilnehmen. In der Praxis ist die Teilnahme des Präsidenten bzw. der Präsidentin, meist auch der stellvertretenden Präsidenten bzw. Präsidentinnen, der Normalfall. Der Beirat tagt nach § 6 Abs. 5 und 6 BNAG mindestens vier Mal im Jahr in nicht-öffentlicher Sitzung, in der Praxis tagt er sechs Mal im Jahr, in der Regel am zweiten Dienstsitz der BNetzA in Berlin.

II. Funktion

Aus der dargestellten Zusammensetzung wird deutlich, dass es sich bei dem Beirat nach § 5 BNAG um ein **politisches bzw. parlamentarisches Begleitgremium** der BNetzA mit föderaler Komponente (Säcker EnergieR/Schmidt-Preuß § 60 Rn. 1) handelt. Dies trägt der grundsätzlichen Aufgabenstellung der BNetzA Rechnung, wesentliche Infrastrukturbereiche zu regulieren, die für das Funktionieren einer modernen Gesellschaft unerlässlich sind, was zwangsläufig mit erheblichen politischen Implikationen verbunden sein kann. Unbeschadet dessen ist der Beirat weder ein Organ der BNetzA (vgl. § 3 BNAG) noch Behörde iSd VwVfG (Kment EnWG/Wahlhäuser § 60 Rn. 3; Theobald/Kühling/Theobald/Werk § 60 Rn. 1, 5 f.; aA Britz/Hellermann/Hermes/Hermes, 3. Aufl., § 60 Rn. 3). 8

Neben dem Beirat nach § 5 BNAG verfügt die BNetzA über zwei weitere Beiräte, den Eisenbahninfrastrukturbeirat nach § 35 des Allgemeinen Eisenbahngesetzes (AEG) und den Bundesfachplanungsbeirat nach § 32 des Netzausbaubeschleunigungsgesetzes Übertragungsnetz (NABEG). Da somit für diese beiden Fachbereiche „Sonder"-Beiräte bestehen, befasst sich der Beirat nach § 5 BNAG nur mit den übrigen Fachbereichen der BNetzA, also mit Energiewirtschaft sowie dem Post- und dem Telekommunikationswesen. 9

III. Aufgaben

1. Allgemeine Aufgabenzuweisungen

Nach § 7 BNAG hat der Beirat die ihm durch Gesetz oder aufgrund eines Gesetzes zugewiesenen Aufgaben. Für den Bereich der Energiewirtschaft enthält § 60 die Aufgabenzuweisung, für den Bereich der Telekommunikation § 194 TKG. Für den Postbereich enthält das PostG keine eigene Aufgabenzuweisung an den Beirat, sondern verweist insoweit in § 44 S. 2 PostG lediglich u.a. auf § 69 TKG 1996, nicht aber auf das 2021 novellierte TKG. Eine schlagwortartige Übersicht der Aufgaben des Beirats findet sich auf der Website der BNetzA. 10

2. Aufgaben nach dem EnWG

§ 60 weist dem Beirat der BNetzA im Bereich der Energiewirtschaft nur eine Aufgabe ausdrücklich zu, nämlich nach Satz 1 die BNetzA bei der Erstellung der Berichte nach § 63 Abs. 3 zu beraten. Nach dieser Vorschrift hat die BNetzA jährlich zwei Berichte zu veröffentlichen, und zwar einen Bericht über ihre Tätigkeit sowie im Einvernehmen mit dem BKartA, soweit wettbewerbliche Aspekte betroffen sind, einen Bericht über ihre Monitoring-Tätigkeit, in den der Bericht des Bundeskartellamts über das Ergebnis seiner Monitoring-Tätigkeit nach §§ 48 Abs. 3, 53 Abs. 3 GWB aufzunehmen ist (sog. Monitoringbericht Elektrizitäts- und Gasmarkt, Einzelheiten dazu → § 63 Rn. 31 ff.). Ein Beisteuern fachlicher Expertise dürfte hier allerdings nicht gemeint sein (vgl. Britz/Hellermann/Hermes/Hermes, 3. Aufl., § 60 Rn. 8). Vielmehr legt in der Praxis die BNetzA jeweils Entwürfe dieser Berichte vor, die sodann in einer Sitzung des Beirats erörtert werden. Dies hat vor der Finalisierung und Veröffentlichung der Berichte zu erfolgen, und zwar mit so ausreichendem zeitlichem Abstand, dass eventuelle Anmerkungen des Beirats sachgerecht berücksichtigt werden (Britz/Hellermann/Hermes/Hermes, 3. Aufl., § 60 Rn. 15; Salje EnWG § 60 Rn. 2). Eine bloße Möglichkeit der Kenntnisnahme im Nachhinein würde demgegenüber diesen Anforderungen nicht genügen. 11

Nach Satz 2 ist der Beirat gegenüber der BNetzA berechtigt, Auskünfte und Stellungnahmen einzuholen. Dieses Auskunftsrecht ist nicht lediglich auf die Aufgabenzuweisung des Satzes 1 zu beziehen (so auch Britz/Hellermann/Hermes/Hermes, 3. Aufl., § 60 Rn. 11). So befasst sich der Beirat über seine Begleitung der Erstellung der Berichte nach § 63 Abs. 3 12

EnWG § 60a Teil 7. Behörden

hinaus auch mit anderen energiewirtschaftlichen Themen, die auf der aktuellen Agenda der BNetzA stehen, und wird insoweit seiner Funktion als politisches Begleitgremium gerecht. Hierbei steht das Informationsrecht des Beirats im Vordergrund, das nicht nur Transparenz schafft (Theobald/Kühling/Theobald/Werk § 60 Rn. 16), sondern auch **politische Implikationen in die Entscheidungen der BNetzA** einfließen lassen kann (vgl. Britz/Hellermann/Hermes/Hermes, 3. Aufl., § 60 Rn. 10).

13 Dass die BNetzA im Zusammenhang mit dem Informationsrecht des Beirats auskunftspflichtig nach Satz 3 ist, sollte sich vordergründig von selbst verstehen. Teilweise wird der Satz daher eher einschränkend dahingehend verstanden, dass die BNetzA nur auskunftspflichtig zu solchen Themen ist, mit denen sie sich ohnehin aus anderem Anlass beschäftigt (so etwa Britz/Hellermann/Hermes/Hermes, 3. Aufl., § 60 Rn. 13). Da in Satz 3 eine ausdrückliche Pflicht fehlt, Stellungnahmen abzugeben, wäre der Beirat demnach insbesondere nicht berechtigt, der BNetzA außerhalb solcher Themen Aufträge zu erteilen, etwa zu bestimmten Sachverhalten zu ermitteln oder Bewertungen zu erstellen.

14 Strittig, wenngleich von geringer praktischer Relevanz, erscheint die Frage, ob und ggf. inwieweit die Auskunfts- und Beteiligungsrechte des Beirats wehrfähig sind. Eindeutig ist, dass eine derartige Rechtverletzung im Außenverhältnis unbeachtlich ist, dh nicht auf die Rechtmäßigkeit von Entscheidungen der BNetzA gegenüber Dritten durchschlägt, weil die Auskunfts- und Beteiligungsrechte des Beirats lediglich der Arbeit der BNetzA dienen sollen, nicht aber dem Schutz Dritter (Theobald/Kühling/Theobald/Werk § 60 Rn. 25). Fraglich erscheint jedoch, ob der Beirat im Innenverhältnis gegenüber der BNetzA eine Verletzung seiner Auskunfts- und Beteiligungsrechte rügen und durchsetzen kann, ggf. auch gerichtlich (befürwortend Kment EnWG/Wahlhäuser § 60 Rn. 13). Dagegen spricht allerdings, dass der Beirat kein Organ der BNetzA ist (→ Rn. 8) und dementsprechend keine organschaftlichen Rechtspositionen für sich in Anspruch nehmen kann.

3. Vorschlagsrecht zur Besetzung der Behördenspitze

15 Neben den fachbezogenen Aufgabenzuweisungen ist das in § 3 Abs. 3 BNAG festgeschriebene Recht des Beirats zu erwähnen, der Bundesregierung **Vorschläge für die Benennung der Behördenspitze der BNetzA** (Präsident/in und Vizepräsident/inn/en) zu unterbreiten. Auch wenn die Bundesregierung an diese Vorschläge letztlich nicht gebunden ist (Theobald/Kühling/Theobald/Werk § 60 Rn. 21), dürfte ein Abweichen davon unter Umständen öffentliche Aufmerksamkeit erregen.

§ 60a Aufgaben des Länderausschusses

(1) Der Länderausschuss nach § 8 des Gesetzes über die Bundesnetzagentur für Elektrizität, Gas, Telekommunikation, Post und Eisenbahnen (Länderausschuss) dient der Abstimmung zwischen der Bundesnetzagentur und den Landesregulierungsbehörden mit dem Ziel der Sicherstellung eines bundeseinheitlichen Vollzugs.

(2) ¹Vor dem Erlass von Allgemeinverfügungen, insbesondere von Festlegungen nach § 29 Abs. 1, und Verwaltungsvorschriften, Leitfäden und vergleichbaren informellen Regelungen durch die Bundesnetzagentur nach den Teilen 2 und 3 ist dem Länderausschuss Gelegenheit zur Stellungnahme zu geben. ²In dringlichen Fällen können Allgemeinverfügungen erlassen werden, ohne dass dem Länderausschuss Gelegenheit zur Stellungnahme gegeben worden ist; in solchen Fällen ist der Länderausschuss nachträglich zu unterrichten.

(3) ¹Der Länderausschuss ist berechtigt, im Zusammenhang mit dem Erlass von Allgemeinverfügungen im Sinne des Absatzes 2 Auskünfte und Stellungnahmen von der Bundesnetzagentur einzuholen. ²Die Bundesnetzagentur ist insoweit auskunftspflichtig.

(4) ¹Der Bericht der Bundesnetzagentur nach § 112a Abs. 1 zur Einführung einer Anreizregulierung ist im Benehmen mit dem Länderausschuss zu erstellen. ²Der Länderausschuss ist zu diesem Zwecke durch die Bundesnetzagentur regelmäßig

Aufgaben des Länderausschusses § 60a EnWG

über Stand und Fortgang der Arbeiten zu unterrichten. ³Absatz 3 gilt entsprechend.

Überblick

Die Vorschrift beschreibt – anknüpfend an § 10 des Gesetzes über die Bundesnetzagentur für Elektrizität, Gas, Telekommunikation, Post und Eisenbahnen (BNAG) – die Aufgaben des Länderausschusses (→ Rn. 13 ff.) der BNetzA. Hierbei setzt sie voraus, dass es den Länderausschuss überhaupt gibt, und nimmt insoweit Bezug auf § 8 BNAG. Aus jener Regelung ergibt sich, dass der Länderausschuss – im Gegensatz zum Beirat (→ § 60 Rn. 9 f.) – nur mit den Aufgaben der BNetzA im Bereich der Energieregulierung befasst ist.

A. Normzweck und Bedeutung

§ 8 BNAG bestimmt, dass der Länderausschuss der BNetzA sich aus Vertretern der für die Wahrnehmung der Aufgaben nach § 54 zuständigen Landesregulierungsbehörden zusammensetzt (ausf. → § 54 Rn. 217 ff.). Im Gegensatz zum Beirat ist der Länderausschuss damit kein politisches Begleitgremium, sondern ein **Fachgremium.** Sein Hauptzweck besteht gem. § 60a Abs. 1 in der Sicherstellung eines **bundeseinheitlichen Vollzugs des Regulierungsrechts.**

B. Entstehungsgeschichte

I. Ursprungsfassung

Der Kleinbuchstabe „a" hinter der Nummerierung deutet bereits an, dass die Vorschrift nicht von Anfang an Bestandteil des Gesetzes war, sondern später eingefügt wurde. Anders als viele Regelungen mit Kleinbuchstaben hinter der Nummerierung wurde die Vorschrift jedoch nicht durch ein späteres Änderungsgesetz eingefügt, sondern war schon in der Bekanntmachung der umfassenden **Novellierung des Energiewirtschaftsgesetzes im Jahre 2005** (Artikel 1 des Zweiten Gesetzes zur Neuregelung des Energiewirtschaftsrechts vom 7. Juli 2005, BGBl. I 1970) enthalten.

Der Gesetzentwurf der seinerzeit von SPD und Bündnis 90/Die Grünen getragenen Bundesregierung sah ursprünglich vor, dass die Regulierung der Energieversorgungsnetze zentral von der BNetzA vorgenommen werden sollte (BR-Drs. 613/04, § 54 Abs. 1, Begr. 76 sowie 131 f.). Er stieß nicht nur, aber auch deswegen auf erheblichen Widerstand der Opposition aus CDU/CSU und FDP, der insofern ernst zu nehmen war, als das Gesetz der Zustimmung des Bundesrates bedurfte, in dem die Bundestags-Opposition über die Mehrheit verfügte. Der Bundesrat beschloss denn auch insgesamt 64 Änderungsmaßgaben zum EnWG-Entwurf (BR-Drs. 613/04), darunter in Ziffer 55 eine geänderte Fassung des § 54, die eine Aufteilung der Regulierungszuständigkeiten zwischen Bund und Ländern vorsah.

Die Bundesregierung lehnte in ihrer Gegenäußerung die meisten Vorschläge des Bundesrates ab, darunter auch die Beteiligung der Länder an der Regulierung (BT-Drs. 15/4068, Vorbemerkung, S. 2 und Ziffer 50, S. 8). Sie bekräftigte dabei ihre schon in der Begründung des Gesetzentwurfs geäußerte Einschätzung, ein bundeseinheitlicher Vollzug durch eine Bundesbehörde schaffe bundesweit gleiche Wettbewerbsbedingungen, wohingegen ein Vollzug auch auf Landesebene zur Anwendung unterschiedlicher Prüfungsmaßstäbe führen könne.

Der Bundestag beschloss das neue EnWG am 15.4.2005 mit der Mehrheit der Regierungskoalition (BR-Drs. 248/05), der Bundesrat versagte jedoch im sog. zweiten Durchgang seine Zustimmung und rief den **Vermittlungsausschuss** nach Art. 77 Abs. 2 GG an (BR-Drs. 248/05 (B)). Das Gesetzgebungsverfahren hatte bisher schon unter zeitlichem Druck gestanden, weil die Frist zur Umsetzung der Elektrizitäts-Binnenmarkt-Richtlinie (RL 2003/54/EG, ABl. L 176/37) und der Gas-Binnenmarkt-Richtlinie (RL 2003/55/EG, ABl. L 176/56) aus dem Jahr 2003 (beide vom 15.7.2003) bereits seit dem 1.7.2004 abgelaufen war. Das Vermittlungsverfahren geriet unter zusätzlichen Zeitdruck dadurch, dass der Bundeskanzler in Ansehung der im Mai seitens der SPD verlorenen Landtagswahl in Nordrhein-Westfalen beabsichtigte, im Bundestag die Vertrauensfrage zu stellen mit dem Ziel der Auflösung des

EnWG § 60a   Teil 7. Behörden

Bundestages und Neuwahlen im Herbst (was auch geschah). Die EnWG-Novelle drohte damit der Diskontinuität anheim zu fallen, was nicht nur einen Neustart des Gesetzgebungsverfahrens in der nächsten Legislaturperiode erfordert, sondern auch die Frist zur Umsetzung der erwähnten EU-Richtlinien noch weiter überdehnt hätte (ausf. Büdenbender/Rosin, Energierechtsreform 2005, Bd. 1, 2005, 55 f.).

6   Unter diesem Zeit-, aber auch Einigungsdruck gelang bis zum 15.6.2005 eine Verständigung im Vermittlungsausschuss. Seine Beschlussempfehlung (BT-Drs. 15/5736, 6) enthielt zunächst in Ziffer 28 die Neufassung des § 54, die weitgehend der heutigen Fassung entspricht (→ § 54 Rn. 19), dh mit einer Zuständigkeitsabgrenzung zwischen Bund und Ländern anhand einer Kundengrenze von 100.000, soweit es sich nicht um Übertragungs-, Fernleitungs- oder länderübergreifende Netze handelt. Des Weiteren sah die Empfehlung des Vermittlungsausschusses in Ziffer 31 in einem neuen § 60a die Einrichtung eines Länderausschusses vor sowie die Aufnahme des § 64a (vgl. auch Säcker EnergieR/Franke § 60a Rn. 2). Begleitend enthielt die Empfehlung des Vermittlungsausschusses auch die Einfügung der §§ 8–11 BNAG in das BNAG. Bereits an den beiden folgenden Tagen billigten der Bundestag und der Bundesrat das Vermittlungsergebnis. Das novellierte EnWG wurde am 12.7.2005 im BGBl. verkündet und trat einen Tag später in Kraft, mit ihm die Vorschriften über den neu geschaffenen Länderausschuss der BNetzA. Zur Entstehung der Landesregulierung auch ausf. → § 54 Rn. 14–20).

II. Änderung 2011

7   Durch Art. 1 Ziff. 51a des Gesetzes zur Neuregelung energiewirtschaftlicher Vorschriften vom 26.7.2011 (BGBl. I 1554 (1587)) wurden in Absatz 2 Satz 1 die Worte „und Verwaltungsvorschriften, Leitfäden und vergleichbaren informellen Regelungen" eingefügt. Diese Ergänzung geht zurück auf einen Änderungsvorschlag des Bundesrates (BR-Drs. 343/11(B), Ziff. 16), dem die Bundesregierung in ihrer Gegenäußerung zustimmte. Mit ihr wurde der Entwicklung Rechnung getragen, dass die BNetzA neben Allgemeinverfügungen mit Außenwirkung (BGH BeckRS 2008, 14197 Rn. 12), insbesondere Festlegungen nach § 29, zunehmend auch **informelle Regelungen** trifft, insbesondere in Form sog. **Leitfäden** (s. auch Säcker EnergieR/Franke § 60a Rn. 7). Sie haben, auch wenn ihnen formal keine Außenwirkung zukommen mag, oftmals zumindest faktisch die Wirkung von Festlegungen (Kment EnWG/Wahlhäuser § 60a Rn. 12), weil sie von der betroffenen Branche – zu Recht – als zu erwartende Behördenpraxis wahrgenommen werden (Theobald/Kühling/Theobald/Werk § 60a Rn. 20a).

8   Für Netzbetreiber in Landeszuständigkeit stellte sich damit regelmäßig die Frage, ob die in einem Leitfaden der BNetzA dokumentierte Haltung auch im jeweiligen Land übernommen werde. So entstand das Bedürfnis, auch bei informellen Regelungen der BNetzA zuvor eine Abstimmung mit der BNetzA (etwa im Wege der Beteiligung des Länderausschusses) herbeizuführen, nicht nur um den in Absatz 1 angestrebten bundeseinheitlichen Vollzug des Regulierungsrechts sicherzustellen, sondern auch um ggf. Länder-Spezifika in solchen informellen Regelungen berücksichtigen zu können (Britz/Hellermann/Hermes/Hermes, 3. Aufl., § 60a Rn. 2). Dieses Vorgehen hat sich im Ergebnis bewährt, da es Unklarheiten über den Anwendungsbereich einer informellen Regelung zu einem bestimmten Thema reduzieren kann. Teilweise hat es dazu geführt, dass informelle Regelungen zu bestimmten Themen nicht nur im Namen der BNetzA veröffentlicht wurden, sondern im Namen „der Regulierungsbehörden" (vgl. etwa den Leitfaden der Regulierungsbehörden zur Ermittlung von Sonderentgelten nach § 20 Abs. 2 GasNEV von Juni 2012, inzwischen gültig in der Fassung vom April 2021, oder den Leitfaden der Regulierungsbehörden zu Inhalt und Struktur von Anträgen und Anzeigen der kalenderjährlichen Erlösobergrenzen nach § 26 ARegV vom 30.1.2019).

C. Fachliches Abstimmungsgremium

I. Zusammensetzung und Organisation des Länderausschusses

9   Obwohl der Länderausschuss nur mit den Aufgaben der BNetzA im Bereich der Energieregulierung beschäftigt ist, ist seine Zusammensetzung – etwas systemwidrig – nicht im

EnWG geregelt, sondern in § 8 BNAG. Danach setzt sich der Länderausschuss aus Vertretern der für die Wahrnehmung der Aufgaben nach § 54 zuständigen **Landesregulierungsbehörden** zusammen. Nach Satz 2 kann (nicht muss, vgl. Britz/Hellermann/Hermes/Hermes, 3. Aufl., § 60a Rn. 6) jede Landesregulierungsbehörde einen Vertreter entsenden.

Diese Regelung wirft die Frage auf, ob auch solche Länder, die die ihnen nach § 54 Abs. 2 obliegenden Regulierungsaufgaben im Wege der sog. Organleihe durch die BNetzA wahrnehmen lassen, einen Vertreter in den Länderausschuss entsenden dürfen (abl. offenbar Salje EnWG § 60a Rn. 4) oder ob ihre Plätze von der BNetzA besetzt werden dürfen oder vielleicht sogar müssen. Hiergegen wird eingewandt, auch die Länder, die sich der Organleihe bedienten, behielten gleichwohl die Regulierungsaufgabe (Kment EnWG/Wahlhäuser § 60a Rn. 5; Theobald/Kühling/Theobald/Werk § 60a Rn. 6) und blieben deshalb verpflichtet, Landesregulierungsbehörden einzurichten, die wiederum berechtigt seien, Vertreter in den Länderausschuss zu entsenden (so etwa Britz/Hellermann/Hermes/Hermes, 3. Aufl., § 60a Rn. 7). Insoweit nähmen auch sie Aufgaben der Landesregulierung wahr, sodass ein Bedürfnis für ihre Einbeziehung in den Abstimmungsprozess bestehe (Säcker EnergieR/Franke § 60a Rn. 3).

Die wesentlichen Aspekte des Geschäftsablaufs, des Vorsitzes und des Beratungs- und Abstimmungsverfahrens im Länderausschuss sind in § 9 BNAG geregelt, im Übrigen in einer Geschäftsordnung. Nach § 9 Abs. 2 BNAG wählt der Länderausschuss aus seiner Mitte ein vorsitzendes und ein stellvertretendes vorsitzendes Mitglied, dh der Vorsitz liegt – wie beim Beirat (→ § 60 Rn. 7) – bei den Ländern, nicht bei der BNetzA. Vertreter der BNetzA können nach § 9 Abs. 7 BNAG an den Sitzungen des Länderausschusses teilnehmen, auf Verlangen müssen sie teilnehmen. In beiden Fällen müssen sie jederzeit gehört werden. In der Praxis macht die BNetzA von diesem Teilnahme- und Anhörungsrecht regen Gebrauch.

II. Funktion

Gemäß § 60a Abs. 1 besteht die Funktion des Länderausschusses in der **Sicherstellung eines bundeseinheitlichen Vollzugs** des Regulierungsrechts durch Abstimmung zwischen der BNetzA und den Landesregulierungsbehörden. Hiervon profitieren beide Seiten. Während die Länder über den Länderausschuss Zugang zu der enormen fachlichen Expertise der BNetzA erlangen können, die jene aufgrund ihrer personellen Ausstattung aufbauen kann, gewinnt die BNetzA Einblick in die oft kleinteilige Regulierungsarbeit vor Ort, die bei den großen Netzbetreibern in ihrer Zuständigkeit ggf. weniger zu Tage tritt. Unbeschadet dieser wesentlichen Koordinierungsfunktion ist der Länderausschuss kein Organ der BNetzA iSd § 3 BNAG (Kment EnWG/Wahlhäuser § 60a Rn. 4), sondern ein **Ausschuss iSd §§ 88 ff. VwVfG** (Theobald/Kühling/Theobald/Werk § 60a Rn. 4). Dies hat grundsätzlich zur Folge, dass die Formvorschriften der §§ 89–93 VwVfG anwendbar sind, wenn der Länderausschuss in einem Verwaltungsverfahren tätig wird. Verwaltungsverfahren in diesem Sinne sind nach § 9 VwVfG nach außen wirkende Tätigkeiten von Behörden, die u.a. auf die Vorbereitung und den Erlass von Verwaltungsakten gerichtet sind. Dies trifft jedenfalls auf einige Fälle des Absatz 2 (dazu → Rn. 14) zu, in denen der Länderausschuss zu beteiligen ist, nämlich auf den Erlass von Allgemeinverfügungen iSv § 35 S. 2 VwVfG, insbesondere Festlegungen, die als Ergebnis von Verwaltungsverfahren nach § 29 Abs. 1 (→ § 29 Rn. 5 ff.) ergehen. Allerdings enthält § 9 BNAG bereits spezialgesetzliche Vorschriften zum Geschäftsablauf des Länderausschusses (dazu → Rn. 11), sodass die §§ 89–93 VwVfG auch in diesem Bereich nur subsidiär anwendbar sind.

III. Aufgaben des Länderausschusses

1. Allgemeines Abstimmungserfordernis

Nach § 10 BNAG hat der Länderausschuss die ihm durch Gesetz oder aufgrund eines Gesetzes zugewiesenen Aufgaben. § 60a Abs. 1 beschreibt diese Aufgaben in allgemeiner Form (Kment EnWG/Wahlhäuser § 60a Rn. 9) und nicht abschließend, nämlich als Abstimmung zwischen der BNetzA und den Landesregulierungsbehörden.

EnWG § 61 Teil 7. Behörden

2. Erlass von Allgemeinverfügungen durch die BNetzA

14 Absatz 2 konkretisiert dieses Abstimmungserfordernis für den maßgeblichen Teil der Regulierungstätigkeit der BNetzA, den Erlass von **Allgemeinverfügungen** mit Außenwirkung gegenüber einem nach allgemeinen Merkmalen bestimmten oder bestimmbaren Personenkreis (vgl. § 35 S. 2 VwVfG). Als Regelbeispiel nennt die Vorschrift Festlegungen nach § 29 Abs. 1, wobei zu beachten ist, dass § 29 Abs. 1 auch Individual-Festlegungen gegenüber nur einem Adressaten zulässt. Hierbei handelt es sich jedoch nicht um Allgemeinverfügungen, sondern um Verwaltungsakte, sodass insoweit keine Abstimmung im Länderausschuss notwendig ist. Vielmehr zielt das Abstimmungserfordernis des § 60a Abs. 2 primär zum einen auf die sog. **Methodik-Festlegungen** ab, mit denen die BNetzA das Vorgehen zu bestimmten Themen allgemeinverbindlich regelt (zB zur näheren Ausgestaltung und zum Verfahren der Bestimmung des Qualitätselements nach § 32 Abs. 1 Nr. 6 iVm §§ 19, 20 ARegV), zum anderen auf die bundesweit einheitliche Festlegung bestimmter Elemente nach § 54 Abs. 3 (dazu → § 54 Rn. 414 ff.).

15 Entgegen dem behördenüblichen Verständnis bedeutet das Abstimmungserfordernis des § 60a Abs. 2 jedoch nicht, dass BNetzA und Landesregulierungsbehörden im Einzelfall Einvernehmen erzielen müssten (Kment EnWG/Wahlhäuser § 60a Rn. 11), vielmehr ist dem Länderausschuss lediglich **Gelegenheit zur Stellungnahme** zu geben. Weder muss er diese wahrnehmen, noch muss die BNetzA eine Stellungnahme des Länderausschusses im weiteren Verfahren oder der abschließenden Entscheidung berücksichtigen, geschweige denn beachten (Britz/Hellermann/Hermes/Hermes, 3. Aufl., § 60a Rn. 17; Kment EnWG/Wahlhäuser § 60a Rn. 13, auch → § 54 Rn. 491 f.; zu den Rechtswirkungen einer unterbliebenen Beteiligung des Länderausschusses vgl. Säcker EnergieR/Franke § 60a Rn. 9).

16 Wie der Beirat ist auch der Länderausschuss nach § 60a Abs. 3 berechtigt, Auskünfte und Stellungnahmen der BNetzA einzuholen; diese ist insoweit auskunftspflichtig. Allerdings besteht das Auskunftsrecht des Länderausschusses nur im Zusammenhang mit dem Erlass von Allgemeinverfügungen iSv Absatz 2. Insofern ist es schon vom Wortlaut her enger gefasst als das des Beirats (→ § 60 Rn. 12), aber die unterschiedlichen Funktionen von Beirat und Länderausschuss rechtfertigen diese Abstufung auch. Wie dort (§ 60 S. 3) fehlt auch in Absatz 3 eine ausdrückliche Pflicht der BNetzA, Stellungnahmen abzugeben, dh auch der Länderausschuss ist nicht berechtigt, der BNetzA außerhalb von Themen, mit denen sie sich ohnehin beschäftigt, Aufträge zu erteilen, zB zu bestimmten Sachverhalten zu ermitteln oder Bewertungen zu erstellen (vgl. → § 60 Rn. 13). Eine Dringlichkeitsregelung in § 60a Abs. 2 S. 2 rundet die Aufgabenbeschreibung des Länderausschusses im Zusammenhang mit dem Erlass von Allgemeinverfügungen durch die BNetzA ab.

3. Bericht zur Einführung einer Anreizregulierung

17 Nach Absatz 4 ist der Bericht der BNetzA nach § 112a Abs. 1 zur Einführung einer Anreizregulierung im Benehmen mit dem Länderausschuss zu erstellen, also unter einer stärkeren Form der Abstimmung. Mit der Vorlage dieses Berichts am 30.6.2006 ist nicht nur § 112a Abs. 1, sondern auch § 60a Abs. 4 gegenstandslos geworden, da ihm keine über die Erstellung des Berichts hinausreichende Funktion zukommt (Britz/Hellermann/Hermes/Hermes, 3. Aufl., § 60a Rn. 19).

§ 61 Veröffentlichung allgemeiner Weisungen des Bundesministeriums für Wirtschaft und Energie

Soweit das Bundesministerium für Wirtschaft und Energie der Bundesnetzagentur allgemeine Weisungen für den Erlass oder die Unterlassung von Verfügungen nach diesem Gesetz erteilt, sind diese Weisungen mit Begründung im Bundesanzeiger zu veröffentlichen.

Überblick

§ 61 verpflichtet das Bundesministerium für Wirtschaft (BMWi – nunmehr das Bundesministerium für Wirtschaft und Klimaschutz) (→ Rn. 20) zur Veröffentlichung (→ Rn. 21)

Veröffentlichung allgemeiner Weisungen des BMWE § 61 EnWG

von allgemeinen Weisungen (→ Rn. 12 ff.) an die BNetzA (→ Rn. 19) und der ihr jeweils zugrundeliegenden Begründungen, um Transparenz über die Einwirkungen des BMWi als übergeordnete Behörde auf die BNetzA zu schaffen (→ Rn. 1 ff.).

Übersicht

	Rn.		Rn.
A. Normzweck	1	I. Allgemeine Weisungen	12
B. Entstehungsgeschichte	4	II. Inhalt allgemeiner Weisungen	17
C. Unionsrechtliche Bezüge	7	III. Adressaten und Veröffentlichung	19
D. Veröffentlichung allgemeiner Weisungen	12	E. Keine Einzelweisungen	22

A. Normzweck

Zweck der Veröffentlichungspflicht in § 61 ist es, Transparenz und Publizität zu schaffen (BT-Drs. 15/3917, 70). Die Vorgabe im EnWG ist an die kartell- und telekommunikationsrechtlichen Regelungen in § 52 GWB und in § 117 S. 1 TKG angelehnt. **1**

Durch die Veröffentlichung von allgemeinen Weisungen des BMWi an die BNetzA sollen die Einwirkungen des übergeordneten Ministeriums auf die Tätigkeit der unabhängigen Regulierungsbehörde durch Weisungen für die Öffentlichkeit transparent gemacht werden. Die Pflicht zur Publikation sämtlicher allgemeiner Weisungen hat zudem den Zweck, eine Kontrolle durch die Öffentlichkeit zu ermöglichen. **2**

Nach dem Regierungswechsel in Deutschland 2021 hat sich die sog. „Ampelregierung", bestehend aus SPD/Die Grünen/FDP, u.a. auf veränderte Zuschnitte und Kompetenzen der unterschiedlichen Bundesministerien geeinigt. In Bezug auf die BNetzA, die bislang eine selbstständige Oberbehörde im Geschäftsbereich des Bundesministeriums für Wirtschaft (nunmehr Bundesministerium für Wirtschaft und Klimaschutz) ist, dürften sich hieraus kompetenzielle Veränderungen ergeben. So wurde bereits im Organisationserlass des Bundeskanzlers gem. § 9 BTGO vom 8.12.2021 festgelegt, dass dem neuen Bundesministerium für Digitales und Verkehr aus dem Bundesbereich des Bundesministeriums für Wirtschaft und Klimaschutz die Zuständigkeit für Telekommunikation einschließlich der diesbezüglichen Fach- und Rechtsaufsicht über die BNetzA übertragen wird. Auch wenn diese organisationsrechtlichen Änderungen in erster Linie den Telekommunikationsbereich und weniger den Energiebereich betreffen und damit das Weisungsrecht des BMWi an das BNetzA als solches und die hiermit korrespondierenden Veröffentlichungspflichten aus § 61 wohl im Kern unberührt lassen dürften, sind indes in Bezug auf diese ministeriellen Kompetenzen und jeweiligen Zuständigkeiten für die Fach- und Rechtsaufsicht über die BNetzA noch einige gesetzliche Änderungen und Anpassungen in näherer Zukunft zu erwarten. **2.1**

Weiterhin soll die Publikationspflicht auch eine disziplinierende Wirkung haben (Geppert/Schütz/Attendorn/Geppert § 117 Rn. 2; Kment EnWG/Wahlhäuser § 61 Rn. 3). So wird in der Pflicht zur Veröffentlichung allgemeiner Weisungen eine Hemmschwelle für die Erteilung ministerieller Weisungen gesehen, welche zusätzlich zur Gewährleistung der europarechtlich geforderten Unabhängigkeit der BNetzA (→ Rn. 7 ff.) beitragen soll (Koenig/Kühling/Rasbach EnergieR S. 259 f.). Das BMWi soll hierdurch zu einer zurückhaltenden Ausübung seines Weisungsrechtes veranlasst werden. **3**

B. Entstehungsgeschichte

§ 61 wurde ursprünglich durch das EnWG 2005 (Zweites Gesetz zur Neuregelung des Energiewirtschaftsrechts) vom 7.7.2005 (BGBl. I 1970 ff.) mit Wirkung zum 13.7.2005 eingeführt. **4**

§ 61 wurde erstmals durch Art. 7 Ziffer 2 des Gesetzes zur Beschleunigung von Planungsverfahren für Infrastrukturvorhaben vom 9.12.2006 (BGBl. I 2833 ff.) mit Wirkung zum 17.12.2006 geändert. Es handelte sich um eine rein redaktionelle Änderung aufgrund einer veränderten Bezeichnung des Ministeriums. **5**

Die letzte Änderung der Norm erfolgte durch Art. 311 Ziffer 6 der Zehnten Zuständigkeitsanpassungsverordnung vom 31.8.2015 (BGBl. I 2833), die mit Wirkung zum 8.9.2015 **6**

Pielow/Groneberg

EnWG § 61 Teil 7. Behörden

in Kraft trat. Hierbei handelte sich ebenfalls nur um eine redaktionelle Änderung aufgrund einer erneuten Änderung der Bezeichnung des Ministeriums.

C. Unionsrechtliche Bezüge

7   Das Weisungsrecht des BMWi gegenüber der BNetzA steht im Spannungsverhältnis zu den europarechtlichen Anforderungen an die Unabhängigkeit der Regulierungsbehörde. So wurde schon in der Elektrizitäts-Binnenmarkt-Richtlinie 2003/54/EG und in der Gas-Binnenmarkt-Richtlinie 2003/55/EG zu den nationalen Regulierungsbehörden im Strom- und Gasbereich klargestellt, dass den nationalen Regulierungsbehörden eine „Schlüsselrolle" bei der Gewährleistung eines nichtdiskriminierenden Netzzugangs zukommt und die Mitgliedstaaten hierfür die Aufgaben, Zuständigkeiten und administrativen Befugnisse der Regulierungsbehörden festzulegen haben (Erwägungsgrund 15 Elektrizitäts-Binnenmarkt-Richtlinie 2003/54/EG sowie Erwägungsgrund 13 Gas-Binnenmarkt-Richtlinie 2003/55/EG). Art. 23 Abs. 1 Elektrizitäts-Binnenmarkt-Richtlinie 2003/54/EG sowie Art. 25 Gas-Binnenmarkt-Richtlinie 2003/55/EG enthielten als zentrale Vorgabe für die nationalen Regulierungsbehörden, dass die Mitgliedstaaten eine oder mehrere zuständige Stellen mit der Aufgabe als Regulierungsbehörde zu betrauen haben, die von den Interessen der Erdgaswirtschaft **vollkommen unabhängig** sein müssen.

8   Diese Grundsätze zur Unabhängigkeit der Regulierungsbehörden wurden durch die Richtlinien des Dritten Binnenmarktpakets noch weiter konkretisiert. So verlangen Art. 35 Abs. 4 Elektrizitäts-Binnenmarkt-Richtlinie 2009/72/EG und Art. 39 Abs. 4 Gas-Binnenmarkt-Richtlinie 2009/73/EG, dass die Mitgliedstaaten die Unabhängigkeit der Regulierungsbehörden zu gewährleisten und dafür zu sorgen haben, dass sie ihre Befugnisse unparteiisch und transparent ausüben. Für die Gewährleistung dieser Unabhängigkeit müssen die Mitgliedstaaten dabei insbesondere sicherstellen, dass die nationalen Regulierungsbehörden bei der Wahrnehmung ihrer Regulierungsaufgaben rechtlich getrennt und funktional unabhängig von anderen öffentlichen und privaten Einrichtungen sind. Hierfür muss nach den Richtlinien gewährleistet sein, dass das Personal und das Management der Regulierungsbehörden unabhängig von Marktinteressen handeln und bei der Wahrnehmung der Regulierungsaufgaben **keine direkten Weisungen von Regierungsstellen** oder anderen öffentlichen oder privaten Einrichtungen einholen oder entgegennehmen. Nach den europäischen Vorgaben ist hierfür ferner erforderlich, dass die Regulierungsbehörde unabhängig von allen politischen Stellen selbstständig Entscheidungen treffen kann.

9   Die zentrale Forderung nach der Unabhängigkeit der Regulierungsbehörde ist auch im jüngsten Legislativpaket „Saubere Energie für alle Europäer" untermauert, insbesondere durch die Regelungen der am 14.7.2019 veröffentlichten Elektrizitäts-Binnenmarkt-Richtlinie (EU) 2019/944 mit gemeinsamen Vorschriften für den Elektrizitätsbinnenmarkt und zur Änderung der Richtlinie 2012/27/EU. So wird in Erwägungsgrund 80 Elektrizitäts-Binnenmarkt-Richtlinie (EU) 2019/944 abermals klargestellt, dass die Regulierungsbehörden Entscheidungen in allen relevanten Regulierungsangelegenheiten treffen können müssen und völlig unabhängig von anderen öffentlichen oder privaten Interessen sein müssen, damit der Elektrizitätsbinnenmarkt ordnungsgemäß funktionieren kann (weitergehendende Regelungen, etwa auch zur finanziellen Unabhängigkeit der Regulierungsbehörden werden zudem in Art. 57 Elektrizitäts-Binnenmarkt-Richtlinie (EU) 2019/944 getroffen). Besonders betont wird, dass diese Unabhängigkeit weder gerichtlichen Überprüfungen noch der parlamentarischen Kontrolle nach dem Verfassungsrecht der Mitgliedstaaten entgegensteht. Erwägungsgrund 87 Elektrizitäts-Binnenmarkt-Richtlinie (EU) 2019/944 stellt – auch bzw. insbesondere für das iRv § 61 relevante Spannungsverhältnis zwischen Weisungsbefugnissen des BMWi einerseits und der Wahrung der Unabhängigkeit der BNetzA andererseits – ferner klar, dass durch diese Richtlinie den Mitgliedstaaten nicht die Möglichkeit genommen werden soll, ihre nationale Energiepolitik festzulegen und auszugestalten, dh den politischen Rahmen festzulegen, innerhalb dessen die Regulierungsbehörden handeln müssen. Jedoch soll mit den vom Mitgliedstaat herausgegebenen **energiepolitischen Leitlinien** nicht in die Unabhängigkeit oder Autonomie der Regulierungsbehörden eingegriffen werden.

10   Im Lichte dieser europäischen Vorgaben müssen die Weisungsbefugnisse des BMWi nach § 61 betrachtet werden. Die klaren Vorgaben insbesondere der Art. 35 Abs. 4 Elektrizitäts-

Binnenmarkt-Richtlinie 2009/72/EG und Art. 39 Abs. 4 Gas-Binnenmarkt-Richtlinie 2009/73/EG, wonach die Regulierungsbehörde bei der Wahrnehmung ihrer Regulierungsaufgaben keine direkten Weisungen von Regierungsstellen einholt oder entgegennimmt, zwingen zu einer **europarechtskonformen Auslegung** des § 61. Dies betrifft zuvörderst die (Un-)Zulässigkeit von Einzelweisungen des BMWi gegenüber der BNetzA. Betroffen sein kann im Einzelfall aber auch die Ausübung von allgemeinen Weisungen, jedenfalls wenn und soweit hiervon die Wahrnehmung von Regulierungsaufgaben der BNetzA im Anwendungsbereich der europäischen Binnenmarktrichtlinien tangiert wird (so im Ergebnis auch Britz/Hellermann/Hermes/Hermes, 3. Aufl., § 61 Rn. 3; Kment EnWG/Wahlhäuser § 61 Rn. 14).

Weitergehende Restriktionen auch zur allgemeinen Weisungsbefugnis des BMWi gegenüber der BNetzA können sich aus dem **Urteil des EuGH vom 2.9.2021** im Vertragsverletzungsverfahren **zur Energienetzregulierung** in Deutschland ergeben. Der Gerichtshof folgte der klagenden EU-Kommission, die die BNetzA als nicht hinreichend „unabhängig" ansah und darin einen Verstoß gegen die Richtlinien zum Energiebinnenmarkt von 2009 erblickte. Zwar betraf die betreffenden Ausführungen im genannten Urteil (BeckRS 2021, 24362 Rn. 103 ff.) primär die Flankierung der Regulierung von Strom- und Gasnetzen durch feinziselierte Vorgaben in Form von Rechtsverordnungen der Bundesregierung (wie Strom/GasNEV und ARegV, sog. **„normierende Regulierung"**) und nicht die Befugnis zu allgemeinen Weisungen des BMWi. Im Anschluss an die Schlussanträge des Generalanwalts (BeckRS 2021, 195 Rn. 103 ff.) und an seine frühere Rechtsprechung betonte der EuGH jedoch abermals – und ganz allgemein – die Notwendigkeit der „völligen Unabhängigkeit" der nationalen Regulierungsbehörden gegenüber Wirtschaftsteilnehmern „und öffentlichen Einrichtungen, unabhängig davon, ob es sich bei Letzteren um Verwaltungsorgane oder politische Stellen und, im letzteren Fall, um Träger der exekutiven oder der legislativen Gewalt handelt" und „ohne externen Weisungen [jeglicher Art?, Anm. d. Verf.] anderer öffentlicher oder privater Stellen unterworfen zu sein" (EuGH BeckRS 2021, 195 Rn. 109, 112).

Nach dem schon im Vorfeld des EuGH-Urteils kontrovers diskutierten Vertragsverletzungsverfahren geht es nun um die unionsrechtskonforme Umgestaltung des Rechtsrahmens der deutschen Energienetzregulierung (zu sich bietenden Optionen s. Schmidt-Preuß RdE 2021, 173 ff.) und bleibt abzuwarten, ob dies auch das allgemeine Weisungsrecht des BMWi betreffen wird. Zu möglichen Auswirkungen des Urteils auf den (abnehmenden) **Rechtsschutz von Netzbetreibern** gegenüber Entscheidungen und Festlegungen der Regulierungsbehörde (§ 29) s. Kreuter-Kirchhof NVwZ 2021, 589 ff.; Meinzenbach/Klein/Uwer N&R 2021, 1 ff.; zu bislang schon gegebenen Reduktionen der gerichtlichen Kontrolldichte gegenüber Regulierungsentscheidungen der BNetzA (Stichwort „Regulierungsermessen") Baur/Salje/Schmidt-Preuß Energiewirtschaft/Pielow Kap. 57.

D. Veröffentlichung allgemeiner Weisungen

I. Allgemeine Weisungen

Von der Veröffentlichungspflicht des § 61 sind lediglich allgemeine Weisungen umfasst. Anders als der Einzelweisung hat der Gesetzgeber den allgemeinen Weisungen eine „grundsätzliche Bedeutung" bei der Einführung des § 61 beigemessen (BT-Drs. 15/3917, 70). § 61 regelt nicht die rechtliche Zulässigkeit von allgemeinen Weisungen im Bereich der Energieregulierung der BNetzA; diese wird vom Gesetzgeber vielmehr vorausgesetzt (vgl. auch Säcker EnergieR/Franke § 61 Rn. 2).

Der **Begriff** der allgemeinen Weisungen wird in § 61 bzw. sonst im EnWG nicht näher definiert und knüpft vielmehr an das allgemeine Begriffsverständnis im Verwaltungs- und auch Verfassungsrecht an. Danach sind unter Weisungen verbindliche Gebote oder Verbote einer Behörde an eine nach- bzw. untergeordnete Behörde zu verstehen. Aufgrund ihrer **rein verwaltungsinternen Wirkungen** entfalten Weisungen keine unmittelbare Rechtswirkungen nach außen (s. etwa BeckOK GG/Suerbaum GG Art. 84 Rn. 54). Eine solche Rechtswirkung wird auch nicht durch die Veröffentlichung nach § 61 geschaffen, da diese Veröffentlichung zum Zwecke der Transparenz erfolgt, nicht aber um eine Regelungswirkungen gegenüber Dritten zu begründen. Dritte können sich daher auch grundsätzlich nicht auf

Weisungen des BMWi an die BNetzA berufen oder Rechtsschutz gegen erteilte Weisungen begehren.

14   Im Gegensatz zu Einzelweisungen, die einen konkret individuellen Charakter haben, haben allgemeine Weisungen einen **abstrakt generellen Charakter** (vgl. etwa Kment EnWG/Wahlhäuser § 61 Rn. 5 mwN). Dementsprechend liegt eine allgemeine Weisung stets dann vor, wenn sie zukünftige Entscheidungen der BNetzA in einer unbestimmten Zahl von Fällen und mit einem unbestimmten Kreis potenzieller Adressaten zum Gegenstand hat (vgl. Britz/Hellermann/Hermes/Hermes, 3. Aufl., § 61 Rn. 3).

15   Für die Qualifizierung als Weisung kommt es nicht auf die formale **Bezeichnung** als „Weisung" an; entscheidend ist vielmehr die Verbindlichkeit, die der verwaltungsinternen Anweisungen an die BNetzA beigemessen wird (Britz/Hellermann/Hermes/Hermes, 3. Aufl., § 61 Rn. 6).

16   Die **Grenzen von allgemeinen Weisungen** werden durch das Gesetz und den Grundsatz der Gesetzmäßigkeit der Verwaltung gem. Art. 20 Abs. 3 GG gezogen. Allgemeine Weisungen müssen allen voran mit höherrangigem Recht, insbesondere auch den europarechtlichen Vorgaben zur Unabhängigkeit der BNetzA (→ Rn. 7 ff.), vereinbar sein und den Grundsatz der Verhältnismäßigkeit wahren (vgl. auch Kment EnWG/Wahlhäuser § 61 Rn. 5).

II. Inhalt allgemeiner Weisungen

17   Inhalt und Gegenstand der allgemeinen Weisungen regelt § 61 nicht im Einzelnen. Die Norm trifft nur insoweit inhaltliche Vorgaben, als dass sich die Veröffentlichungspflicht auf solche allgemeinen Weisungen bezieht, die auf den Erlass oder die Unterlassung von Verfügungen nach dem EnWG bezogen sind. Im EnWG wird der Begriff der „Verfügung" nur in wenigen Fällen ausdrücklich (§ 66a Abs. 1 S. 2, § 91 Abs. 2a und Abs. 6 Nr. 2 und 2a) verwendet und erfolgt diese Begriffsverwendung keineswegs einheitlich. So sind mit Verfügung etwa auch „Entscheidungen" der BNetzA gemeint. Dies zeigt, dass der Begriff der „Verfügung" iSv § 61 nicht zu eng zu verstehen ist. Vielmehr sind hiervon alle nach außen gerichteten Entscheidungen der BNetzA einschließlich der Festlegungen nach § 29 zu verstehen (wie hier Britz/Hellermann/Hermes/Hermes, 3. Aufl., § 61 Rn. 8; Kment EnWG/Wahlhäuser § 61 Rn. 7).

18   Typischerweise kommen als allgemeine Weisungen **Auslegungsrichtlinien,** insbesondere zur (einheitlichen) Auslegung bestimmter Rechtsbegriffe, oder Anwendungsrichtlinien, zB mit Vorgaben zur allgemeinen Geschäftsverteilung, in Betracht (Theobald/Kühling/Theobald/Werk § 61 Rn. 7 ff.; Immenga/Mestmäcker/Klaue GWB § 52 Rn. 1).

III. Adressaten und Veröffentlichung

19   Als Adressat der allgemeinen Weisung nennt § 61 ausschließlich die BNetzA. Obwohl § 61 die Zulässigkeit der allgemeinen Weisungen als solchen nicht ausdrücklich regelt, lässt sich aus dieser Regelung zum Adressaten jedenfalls mittelbar die formell-rechtliche Verpflichtung entnehmen, dass allgemeine Weisungen immer an die BNetzA als Behörde und nicht etwa an einzelne Beschlusskammern oder Mitglieder der Beschlusskammer zu richten sind. Die behördeninterne Sicherstellung und Umsetzung von allgemeinen Weisungen obliegt vielmehr der Organisationskompetenz des Präsidenten/der Präsidentin der BNetzA.

20   Adressat der Veröffentlichungspflicht aus § 61 ist das BMWi. Aufgrund des organisationsrechtlichen Aufbaus, wonach die BNetzA eine selbstständige Bundesoberbehörde im Geschäftsbereich des BMWi ist (vgl. § 1 S. 2 BNAG), kommen auch weitere Behörden, die Weisungen gegenüber der BNetzA erteilen könnten, nicht in Betracht.

21   Für die Veröffentlichung von allgemeinen Weisungen schreibt § 61 vor, dass diese Veröffentlichung im Bundesanzeiger zu erfolgen hat. Dabei umfasst die Veröffentlichungspflicht nicht nur die Weisung als solche, sondern auch die Begründung des BMWi zur jeweiligen allgemeinen Weisung (BT-Drs. 15/3917, 70). Ausweislich der Gesetzesbegründung sollen die Weisung und ihre Begründung zur Erhöhung der Transparenz darüber hinaus auch im Internet veröffentlicht werden. Diese zusätzliche Art der Veröffentlichung im Internet fand indes keine ausdrückliche Erwähnung in § 61, sodass es sich hierbei – über die obligatorische Veröffentlichung im Bundesanzeiger – um eine rein fakultative Zusatzveröffentlichung handelt.

E. Keine Einzelweisungen

Einzelweisungen des EnWG in Bezug gerade auf konkret-individuelle Verfügungen der 22
BNetzA sind **kein Thema des § 61** und sind auch dem übrigen EnWG nach (wie im
Übrigen auch im GWB oder TKG) nicht vorgesehen. Prinzipiell ist das Ministerium zwar
schon nach allgemeinen verfassungsrechtlichen bzw. demokratiestaatlichen Maßstäben zu
Weisungen aller Art befugt: Die Organisation der BNetzA als „selbständige" Bundesoberbehörde (§ 1 S. 2 BNAG) steht dem nicht entgegen, da damit und iSd Art. 87 Abs. 3 GG
zunächst nur eine organisatorische Verselbständigung einhergeht, ohne dass sogleich „Autonomie"-Rechte begründet werden (s. nur BeckOK GG/Suerbaum GG Art. 87 Rn. 29
mwN). Nach den oben (→ Rn. 7 ff.) dargestellten unionsrechtlichen Vorgaben würde eine
Befugnis des BMWi auch zu Einzelweisungen gegenüber der BNetzA aber erst recht gegen
das Gebot einer „unabhängigen" Energienetzregulierung verstoßen.

§ 62 Gutachten der Monopolkommission

(1) ¹Die Monopolkommission erstellt alle zwei Jahre ein Gutachten, in dem sie
den Stand und die absehbare Entwicklung des Wettbewerbs und die Frage beurteilt,
ob funktionsfähiger Wettbewerb auf den Märkten der leitungsgebundenen Versorgung mit Elektrizität und Gas in der Bundesrepublik Deutschland besteht, die
Anwendung der Vorschriften dieses Gesetzes über die Regulierung und Wettbewerbsaufsicht würdigt und zu sonstigen aktuellen wettbewerbspolitischen Fragen
der leitungsgebundenen Versorgung mit Elektrizität und Gas Stellung nimmt. ²Das
Gutachten soll in dem Jahr abgeschlossen sein, in dem kein Hauptgutachten nach
§ 44 des Gesetzes gegen Wettbewerbsbeschränkungen vorgelegt wird. ³Die Monopolkommission kann Einsicht nehmen in die bei der Bundesnetzagentur geführten
Akten einschließlich der Betriebs- und Geschäftsgeheimnisse, soweit dies zur ordnungsgemäßen Erfüllung ihrer Aufgaben erforderlich ist. ⁴Für den vertraulichen
Umgang mit den Akten gilt § 46 Absatz 3 des Gesetzes gegen Wettbewerbsbeschränkungen entsprechend.

(2) ¹Die Monopolkommission leitet ihre Gutachten der Bundesregierung zu.
²Die Bundesregierung legt Gutachten nach Absatz 1 Satz 1 den gesetzgebenden
Körperschaften unverzüglich vor und nimmt zu ihnen in angemessener Frist Stellung. ³Die Gutachten werden von der Monopolkommission veröffentlicht. ⁴Bei
Gutachten nach Absatz 1 Satz 1 erfolgt dies zu dem Zeitpunkt, zu dem sie von
der Bundesregierung der gesetzgebenden Körperschaft vorgelegt werden.

Überblick

§ 62 betrifft die Begleitung der Entwicklung auf den Märkten der leitungsgebundenen
Versorgung mit Elektrizität und Gas in Deutschland durch obligatorische und regelmäßige
Gutachten der Monopolkommission, namentlich zur Frage des funktionsfähigen Wettbewerbs und zu sonstigen aktuellen wettbewerbspolitischen Aspekten auf diesen Märkten.
Geregelt wird dazu auch das Verfahren der Begutachtung einschließlich Information der
Bundesregierung und der gesetzgebenden Körperschaften.

Übersicht

	Rn.		Rn.
A. Entstehung und Normzweck	1	1. Inhalt	8
B. Gutachten der Monopolkommission	3	2. Verfahren (Abs. 1 S. 2–4, Abs. 2)	16
I. Obligatorische Sektorgutachten	7	II. Sonstige Gutachten mit Bezug zur Energiewirtschaft	21

EnWG § 62
Teil 7. Behörden

A. Entstehung und Normzweck

1 § 62 wurde mit der zweiten größeren **Energierechtsreform 2005** (Zweites Gesetz zur Neuregelung des Energiewirtschaftsrechts vom 7.7.2005, BGBl. I 1970) in das EnWG eingeführt und ist seit dem 13.7.2005 in Kraft. Die Sätze 3 und 4 in Absatz 1 wurden mit dem Gesetz zur **Neuregelung energiewirtschaftlicher Vorschriften** vom 26.7.2011 (BGBl. I 1554, dort Art. 1 Nr. 52) hinzugefügt (s. zum ursprünglichen Entwurf BR-Drs. 613/04, 41 mit Begr. auf S. 135). Absatz 2 war darin noch nicht enthalten und wurde erst auf Beschlussempfehlung des Bundestagsausschusses für Wirtschaft und Arbeit hinzugenommen (s. BT-Drs. 15/5268, 61).

2 Dem Gesetzgeber ging es darum, entsprechend den Regelungen in **§ 44 GWB** sowie für den Telekommunikationssektor (inzwischen) in **§ 121 Abs. 2 TKG** die Monopolkommission mit regelmäßigen Gutachten zur Marktbeobachtung bzw. „umfassend zu allen wettbewerblichen Fragen der leitungsgebundenen Energieversorgung" zu beauftragen. Laut Gesetzesbegründung (BR-Drs. 613/04, 135) soll bei der Beurteilung namentlich der Funktionsfähigkeit des **Netzzugangs Dritter** auch dazu Stellung genommen werden, „ob und in welchem Umfang es Behinderungen des Vorrangs Erneuerbarer Energien gegeben hat und wie diese zukünftig vermieden werden können". Die Regelung im EnWG 2005 geschah ersichtlich mit Blick auf die Neueinführung der in Deutschland bis dahin unbekannten **staatlichen Regulierung** der Energienetze durch das EG-„Beschleunigungspaket" von 2003 (näher zu dieser Entwicklung aus Sicht der Monopolkommission Säcker EnergieR/Holthoff-Frank § 62 Rn. 1 ff., 5).

B. Gutachten der Monopolkommission

3 Die **Monopolkommission** ist ein nach den §§ 44–47 GWB organisiertes bzw. danach und in den genannten Netzsektoren nach den dafür jeweils geltenden Spezialvorschriften (hier § 62) agierendes **Expertengremium** beim BMWi aus fünf, auf Vorschlag der Bundesregierung durch den Bundespräsidenten für jeweils vier Jahre zu berufende Mitgliedern, die über besondere volkswirtschaftliche, betriebswirtschaftliche, sozialpolitische, technologische oder wirtschaftsrechtliche Kenntnisse und Erfahrungen verfügen müssen (s. § 45 Abs. 1 S. 1 und Abs. 2 GWB). Die Kommission ist nur an die ihr durch Gesetz zugewiesenen Aufträge gebunden und in ihrer Tätigkeit „**unabhängig**", s. § 44 Abs. 2 S. 1 GWB, der auch iRd § 62 gilt (Britz/Hellermann/Hermes/Hermes, 3. Aufl., § 62 Rn. 3). § 45 Abs. 3 GWB regelt diesbezügliche **Inkompatibilitäten;** danach dürfen die Kommissionsmitglieder danach weder der Regierung oder einer gesetzgebenden Körperschaft des Bundes oder eines Landes noch dem öffentlichen Dienst des Bundes, eines Landes oder einer sonstigen juristischen Person des öffentlichen Rechts, es sei denn als Hochschullehrer oder als Mitarbeiter eines wissenschaftlichen Instituts, angehören. Ferner dürfen sie weder einen Wirtschaftsverband noch eine Arbeitgeber- oder Arbeitnehmerorganisation repräsentieren oder zu diesen in einem ständigen Dienst- oder Geschäftsbesorgungsverhältnis stehen. Sie dürfen auch nicht während des letzten Jahres vor der Berufung zum Mitglied der Monopolkommission eine derartige Stellung innegehabt haben. S. zur **Binnenorganisation** und zum **Verfahren** der Kommission allgemein § 46 GWB und die diesbezüglichen Kommentierungen.

3.1 Gegenwärtig (Stand: August 2021) gehören der Kommission an: Prof. Dr. iur. Jürgen Kühling, LL.M. (Vors., Univ. Regensburg), Pamela Knapp (Aufsichtsrätin Lanxess AG), Dagmar Kollmann (Aufsichtsrätin Dt. Telekom AG u.a.), Dr. Thomas Nöcker (TN Consulting & Beteiligungs GmbH) und Prof. Achim Wambach, Ph.D. (Leibniz-Zentrum für Europ. Wirtschaftsforschung – ZEW). S. zu den Pflicht- wie freiwilligen Aufgaben wie zur Organisation und Arbeitsweise der Monopolkommission auch deren Eigendarstellung unter www.monopolkommission.de

4 Entsprechend ihrer Konzeption dienen die Gutachten zur leitungsgebundenen Energieversorgung in erster Linie der **Information der Bundesregierung und der gesetzgebenden Körperschaften** (des Bundes, also von Bundestag und Bundesrat), s. allg. § 44 Abs. 3 GWB. Infolge ihrer Veröffentlichung (→ Rn. → Rn. 21) sind sie freilich auch von der interessierten **(Fach-)Öffentlichkeit** bzw. von allen **Markakteuren** einsehbar; insofern dienen sie gewöhnlich gerade auch der allgemeinen wettbewerbspolitischen Debatte unter Unternehmen, Verbänden, Politik und Verwaltung – darunter auch die Regulierungsbehörden – sowie der Wissenschaft.

Auf diese Weise haben die (Sektor-)Gutachten der Monopolkommission – jedenfalls mittelbar – auch beratende Wirkung für die mit der Sicherstellung eines wirksamen und unverfälschten Wettbewerbs in den Netzwirtschaften (s. nur § 1 Abs. 2) befassten Regulierungsbehörden. Die Monopolkommission bildet jedoch, im Unterschied zu den wissenschaftlichen Kommissionen bei der BNetzA (→ § 64 Rn. 5 ff.), **kein** (eigentliches bzw. förmliches) **Beratungsgremium der BNetzA** oder, im Energiesektor, anderer (Landes-)Regulierungsbehörden. Erst recht verfügt sie, im Unterschied zu den Befugnissen des BMWi (→ § 61 Rn. 12 ff.) über keinerlei Weisungsbefugnisse gegenüber anderen Wettbewerbs- und/oder Regulierungsbehörden. Dementsprechend lässt die Tätigkeit der Monopolkommission die gerade auch EU-rechtlich geforderte **„Unabhängigkeit"** der Energienetzregulierung **unberührt.** 5

Die **Funktion der Gutachten** der Monopolkommission besteht insbesondere in der Information der Bundesregierung und der Gesetzgebungsorgane, der mit dem Vollzug des EnWG befassten Behörden des Bundes und der Länder sowie der Öffentlichkeit. Darüber hinaus dienen die Gutachten auch der Transparenz sowie der (öffentlicher) Kontrolle der mit dem Vollzug des EnWG befassten Behörden. Die Gutachten und Stellungnahmen der Monopolkommission haben zudem den Zweck, die Gesetzgebung und Exekutive in Deutschland zu beraten und zu unterstützen (so insgesamt Britz/Hellermann/Hermes/Hermes, 3. Aufl., § 62 Rn. 5). 6

I. Obligatorische Sektorgutachten

Die Pflicht zur Begutachtung des Wettbewerbs in der leitungsgebundenen Energieversorgung bezieht sich auf sog., gesetzlich freilich nicht allgemein definierte **Sektorgutachten** der Monopolkommission – im Gegensatz zu ihren nach § 44 Abs. 1 S. 1 und 2 GWB alle zwei Jahre zu erstellenden **Hauptgutachten** zur wettbewerbsrechtlichen und -politischen Entwicklung im Allgemeinen, s. dazu die Kommentierungen zum Wettbewerbsrecht und zu **Sondergutachten** auf eigene Initiative der Kommission (§ 44 Abs. 1 S. 4 GWB) oder im Rahmen des Ministererlaubnisverfahrens nach § 42 Abs. 5 GWB. Sektorgutachten ergehen neben dem Telekommunikationssektor alle zwei Jahre auch für die übrigen, der (Netzzugangs-)Regulierung durch die BNetzA unterliegenden „Netzwirtschaften", s. insofern auch § 36 AEG aF (bis 2016) und seitdem **§ 78 ERegG** sowie **§ 44 S. 2 PostG** (mit hier freilich noch anzupassender Verweisung auch auf § 121 TKG nF!). 7

Die bislang (Stand September 2021) erstatteten – acht – „**Sektorgutachten Energie**" der Monopolkommission sind unter www.monopolkommission.de abrufbar. Anfänglich (seit 2007) ergingen sie als „Sondergutachten"; erst die letzte Expertise von 2017 ist mit „Sektorgutachten" betitelt. 7.1

1. Inhalt

Inhaltlich haben sich die Sektorgutachten mit dem Stand und der absehbaren Entwicklung des Wettbewerbs auf den **Märkten der leitungsgebundenen Versorgung mit Elektrizität und Gas** in der Bundesrepublik zu befassen. Dazu wird man nach der EnWG-Novelle vom 16.7.2021 (BGBl. I 3026) nun auch die – in § 62 bislang nicht genannten – **Märkte für Wasserstoff** zu rechnen haben. Mit der Reform wurde der Anwendungsbereich des EnWG auf die leitungsgebundene Versorgung mit Wasserstoff ausgedehnt (s. § 1 Abs. 1 nF) und ein eigenes Regime für die Regulierung von Wasserstoffnetzen geschaffen (§§ 28j ff. nF). Nach § 43l Abs. 1 nF sind ferner die Bestimmungen zu Gasversorgungsleitungen nach Teil 5 des Gesetzes (s. §§ 43 ff. insbes. zur Leitungsplanung) auch auf Wasserstoffleitungen bzw. -netze anzuwenden. 8

Dementsprechend befasst sich das 8. Sektorgutachten Energie der Monopolkommission (Sept. 2021) mit zum Teil heftig umstrittenen wettbewerblichen Aspekten des Aufbaus einer Wasserstoffinfrastruktur. S. zum Thema „power to gas" zuvor auch schon Monopolkommission, Gutachten „Energie 2015" (2015), Rn. 159, und Gutachten „Energie 2011" (2011), Rn. 111. 8.1

Den Gutachtenauftrag – **Stand und absehbare Entwicklung des Wettbewerbs** (wortgleich in § 121 Abs. 2 S. 1 TKG und ähnlich, dort freilich auf „Unternehmenskonzentratio- 9 nen" fokussierend in § 44 Abs. 1 S. 1 GWB) – auf den genannten Energiemärkten präzisiert Absatz 1 Satz 1 dahingehend, dass darin (insbesondere) zur Frage Stellung genommen wird, ob gerade auch ein „funktionsfähiger" Wettbewerb auf jenen Märkten besteht und wie es um die Anwendung der Vorschriften des EnWG über die Regulierung (s. insoweit §§ 11–28q) und die Wettbewerbsaufsicht (insoweit nach den §§ 30 ff., 65 ff.) bestellt ist. Geboten ist allgemein die Untersuchung der relevanten Märkte und der Marktstruktur unter Berücksichtigung der spezifischen gesetzlichen und sonstigen Rahmenbedingungen sowie der wettbewerblichen Besonderheiten von Angebots- und Nachfrageseite. Dazu gehört ferner die Berücksichtigung des potenziellen Wettbewerbs, der horizontalen und vertikalen Verflechtung ebenso wie die Einbettung des europäischen Binnenmarkts (wie hier insgesamt so Säcker EnergieR/Holthoff-Frank § 62 Rn. 12).

10 Das Kriterium **„funktionsfähiger Wettbewerb"** stammt ursprünglich aus dem Telekommunikationsrecht (Säcker EnergieR/Holthoff-Frank § 62 Rn. 13), wo er inzwischen dem Aspekt „nachhaltig wettbewerbsorientierte Telekommunikationsmärkte" in § 121 Abs. 2 S. 1 TKG gewichen ist. Das EnWG enthält dazu keine eigene Definition und wird denn auch für seine (unbesehene) Übernahme aus dem TK-Recht aus strukturellen Gründen kritisiert (Säcker EnergieR/Holthoff-Frank § 62 Rn. 14): In der Tat war die Netz- und Entgeltregulierung im TK-Sektor von Beginn an auf die Rückführung bzw. sogar auf das Entfallen derselben bei einmal hergestelltem „funktionsfähigen Wettbewerb" ausgerichtet, wie dies inzwischen auf Teile der Mobilfunktelefonie zutrifft (bei allerdings und dennoch perpetuierter Regulierung auch in diesem Bereich, s. nur § 2 TKG). Demgegenüber bildet die Regulierung von Strom- und Gasnetzen seit ihrer Einführung eine Daueraufgabe: Schon wegen der auf diesem Sektor durchweg fortbestehenden „natürlichen (Netz-)Monopole" bedarf es der dauerhaften Regulierung namentlich im Hinblick auf den Netzzugang Dritter (§§ 20 ff.), sodass es einen eigentlich „funktionsfähigen Wettbewerb" hier eigentlich gar nicht geben kann. Mit Holthoff-Frank (Säcker EnergieR/Holthoff-Frank § 62 Rn. 14: „regulatorisch bedingter Wettbewerb") kann es nach § 62 Abs. 1 S. 1 deshalb nur darum gehen, zu untersuchen, ob der Wettbewerb um die Endkunden bei der Belieferung mit Strom und Gas(en) **im Rahmen gerade der bestehenden Energienetzregulierung** funktioniert oder nicht (s. hierzu auch Klaue ZNER 2011, 594 ff.).

11 Entsprechend bedeutsamer erscheint deshalb die Würdigung der **Anwendung der Vorschriften des EnWG über die Regulierung und die Wettbewerbsaufsicht.** Insofern erstreckt sich die Begutachtung durch die Monopolkommission, neben allgemeinen Erhebungen zur Markt- und Unternehmensentwicklung auf dem Sektor, insbesondere auf die Tätigkeit der Energieregulierungsbehörden wie in § 1 Abs. 2 und 4 sowie für Elektrizität seit dem „Strommarktgesetz" von 2016 auch in § 1a niedergelegt sind. Dazu hat man im weiteren Sinne auch die Anwendung der Entflechtungsvorschriften in den §§ 6 ff. zu zählen und geht es in punkto „Wettbewerbsaufsicht" vor allem um die spezielle energierechtliche Marktmissbrauchsaufsicht in §§ 30 f. Im Übrigen hat die Sichtung durch die Monopolkommission die **Entscheidungspraxis der Regulierungsbehörden** wie auch die Entwicklung der diesbezüglichen **Rechtsprechung** bei den Kartell- bzw. Energiesenaten der Oberlandesgerichte und des BGH in den Blick zu nehmen – all dies allerdings nicht im Sinne detaillierter Einzelfallprüfungen, sondern mit dem Fokus auf womöglich signifikante Abweichungen von den Intentionen des Energie- wie Wettbewerbsgesetzgebers bzw. auf etwa zu empfehlende Nachbesserungen des gesetzlichen Rahmens (wie hier insgesamt Säcker EnergieR/Holthoff-Frank § 62 Rn. 15).

12 Des Weiteren soll die Monopolkommission auch zu **sonstigen aktuellen wettbewerbspolitischen Fragen** der leitungsgebundenen Versorgung mit Elektrizität und Gas Stellung nehmen. Anhand dieses erweiterten Beurteilungsmaßstabs können von ihr namentlich etwa auch Bezüge zum europäischen Energie- und Wettbewerbsrecht (wie zurzeit immer wieder virulente Aufsicht über Energie- und Umwelt- bzw. Klimaschutzbeihilfen) hergestellt und auch dazu Handlungsempfehlungen de lege ferenda formuliert werden (s. im gleichen Sinne und statt aller Kment EnWG/Wahlhäuser § 62 Rn. 10 f.). Gleiches gilt im Zuge der voranschreitenden Sektorenkopplung für Bezüge etwa zur Immobilienwirtschaft (Wärmesektor), zum Verkehrssektor und zur Energieversorgung in der Industrie (auch auf Basis von Wasserstoff) wie im Übrigen zum Regulierungsrahmen einer „digitalen" Energiewirtschaft, etwa was die Bereitstellung dafür notwendiger IT-Infrastrukturen (Breitband, Datendrehscheiben usw) betrifft.

13 Unterdessen bleiben mit der Konzentration des Sektorgutachtens auf den Stand und die Entwicklung gerade des „Wettbewerbs" auf den Energiemärkten, jedenfalls dem in Absatz 1 Satz 1 beschriebenen obligatorischen Gutachteninhalt nach, **weitere Bereiche der Energiewirtschaft ausgeblendet.** Namentlich betrifft dies die gleichfalls zu den Aufgaben der Regulierungsbehörden gehörende Sicherung des leistungsfähigen und zuverlässigen Betriebs von Energieversorgungsnetzen iSd § 1 Abs. 2 einschließlich der Sorge allgemein um die „Sicherheit" der Energieversorgung iSd § 1 Abs. 1 ebenso wie Fragen etwa der Netz- und Infrastrukturplanung (nach §§ 12a ff., 14d, 15a f. und 43 ff. sowie nach dem BBPlG und NABEG gerade auch durch die BNetzA). Gesetzlich nicht erwähnt sind sodann und ungeachtet der anfänglichen Gesetzesbegründung (→ Rn. 2) der Zusammenhang mit den zunehmenden **Vorgaben zum Klimaschutz** mit daraus bekanntlich folgenden vielfältigen Wechselwirkungen respektive „Verwicklungen" gerade im Recht der leitungsgebundenen Energieversorgung.

13.1 Zwar ist es der Monopolkommission unbenommen, sich zu diesen Aspekten „freiwillig" bzw. auch im Rahmen von sonstigen Gutachten oder Stellungnahmen iSd § 44 Abs. 1 S. 4 GWB zu äußern. Dem Pflichtenprogramm des § 61 Abs. 1 S. 1 haftet dennoch und ungeachtet der Primärfunktion der Monopolkommission als „Wettbewerbswächterin" etwas Einseitiges an, was im Hinblick auf das sich zunehmend zum Klimaschutzrecht wandelnde bisherige Energiewirtschaftsrecht Nachteile („Tunnelblick") mit sich bringen kann. Zum Grunddilemma der im derzeitigen Energie- und Klimaschutzrecht immer mehr bestehenden **Spannungslage zwischen „marktlicher" (Wettbewerb) und „staatlicher" (Zwangs-)Steuerung** s. nur Bettzüge, Staatl. Industriepolitik vs. soziale Marktwirtschaft am Bsp. der Energie- und Klimaschutzpolitik, Bd. 13 Schriftenreihe des Kuratoriums des Forums für Zukunftsenergien e.V., 2020.

14 Freilich kann eine seriöse und zuvörderst wettbewerbsrechtliche und -politische Begutachtung ihrerseits kaum „kontextlos" vonstattengehen (auch → Rn. 13), sodass sie zwangsläufig auch die Verbindungslinien zu den übrigen Zielsetzungen des EnWG in den Blick nehmen muss. Idealerweise bezieht die Monopolkommission dazu auch **„ganzheitliche" Expertisen anderer Stellen,** bspw. im Rahmen des „Monitoring der Energiewende" beim BMWi oder im interdisziplinären Forschungsprojekt „Energiesysteme der Zukunft" der Dt. Akademie der Technikwissenschaften (www.acatech.de/projekt/esys-energiesysteme-der-zukunft) in ihre Arbeit ein. Zu berücksichtigen sind natürlich auch die **Berichte von Bundesregierung und BNetzA** zur Entwicklung der Strom- und Gasversorgung nach § 63 (→ § 63 Rn. 1 ff.). Inhaltliche Überschneidungen bestehen hier zwischen dem Sektorgutachten Energie der Monopolkommission und dem jährlichen **Monitoring-Bericht Elektrizitäts- und Gasmarkt,** der gem. § 63 Abs. 3 iVm §§ 48 Abs. 3 und 53 Abs. 3 GWB gemeinsam von der BNetzA und dem BKartA zu veröffentlichen sowie der EU-Kommission und der ACER vorzulegen ist.

14.1 Des „Einvernehmens" mit dem BKartA bedarf es nach § 63 Abs. 3 S. 1 und 2 namentlich hinsichtlich „wettbewerblicher Aspekte" und solcher der „Regulierung der Leitungsnetze" (näher → § 63 Rn. 33 ff.). Das Sektorgutachten der Monopolkommission erfolgt demgegenüber freilich aus einer gerade auch (wirtschafts-)wissenschaftlichen und auch wettbewerbspolitischen „Vogelperspektive".

15 Für einen **Überblick zu den bisherigen Sektorgutachten Energie** mit Zusammenfassungen derselben s. neben den Kurzdarstellungen der Monopolkommission unter www.monopolkommission.de/de/gutachten/sektorgutachten-energie.html (Aufruf am 29.8.2021) auch die Beschreibung mit Kurzwiedergabe der Stellungnahmen der Bundesregierung bei Säcker EnergieR/Holthoff-Frank § 62 Rn. 18 ff.; ferner Theobald/Kühling/Theobald/Werk § 62 Rn. 12 ff.; s. auch von Wallenberg WuW 2008, 646 ff. mit Überlegungen u.a. dazu, ob es angesichts anderweitiger Erhebungen zur Energiewirtschaft und Energiewende (→ Rn. 14) heute noch der (zusätzlichen) Gutachten der Monopolkommission bedarf.

2. Verfahren (Abs. 1 S. 2–4, Abs. 2)

16 Absatz 2 Sätze 2–4 postulieren verfahrensrechtliche Anforderungen an die Erstellung des Sektorgutachtens, während Absatz 2 die Information der Bundesregierung über das Gutachten und dessen Veröffentlichung regelt.

17 Nach Absatz 1 Satz 2 soll die Monopolkommission das Gutachten **in dem Jahr** abschließen, in dem von ihr **kein Hauptgutachten** nach § 44 GWB vorgelegt wird. Als „Soll"-Vorschrift ist diese Vorgabe nicht zwingend („muss") und wird die Kommission davon im sachlich begründeten Ausnahmefall – denkbar etwa bei erforderlichen komplexen und zeitaufwändigen Ermittlungen – abweichen können. Tatsächlich wurden die bisherigen Sektorgutachten zum Energiesektor durchweg in jeweils „ungeraden" Jahren (seit 2007) nicht nur „abgeschlossen", sondern auch veröffentlicht, während die Hauptgutachten in „geraden" Jahren (seit 1976, s. auch die Gesamtliste der Hautgutachten unter www.monopolkommission.de) erschienen.

18 Im Sinne des Absatzes 1 Satz 3 ist der Monopolkommission auf Verlangen **Akteneinsichtnahme** bei der bzw. durch BNetzA zu gewähren. Dieses Recht erstreckt sich (sogar) auf in diesen Akten enthaltene Betriebs- und Geschäftsgeheimnisse, sofern deren Einsichtnahme zur ordnungsgemäßen Erfüllung der Aufgaben der Monopolkommission „erforderlich" bzw. im Sinne des Verhältnismäßigkeitsprinzips insgesamt geboten ist (s. auch Kment EnWG/Wahlhäuser § 62 Rn. 12). Zum besonders schutzwürdigen wie -pflichtigen Umgang mit Betriebs- und Geschäftsgeheimnissen ordnet Absatz 1 Satz 4 die entsprechende Anwendung der Vorgaben zur **Vertraulichkeit** respektive Verschwiegenheit der Mitglieder der Monopolkommission in § 46 Abs. 3 GWB an (s. näher zur Entstehung von Absatz 1 Sätzen 3 und 4 im Jahr 2011 → Rn. 1 und Britz/Hellermann/Hermes/Hermes, 3. Aufl., § 62 Rn. 7a f.).

19 Nach Absatz 2 Satz 1 hat die Monopolkommission ihre Gutachten **der Bundesregierung zuzuleiten.** Diese hat gem. Absatz 2 Satz 2 die Gutachten den gesetzgebenden Körperschaften „unverzüglich", dh gewöhnlich: ohne schuldhafte bzw. ungerechtfertigte Verzögerung (s. auch § 121 Abs. 1 S. 1 BGB) vorzulegen (s. ebenso § 44 Abs. 3 S. 1 und 2 GWB). Als **gesetzgebende Körperschaften** sind mit der bundesgesetzlichen Regelung im EnWG namentlich der Bundestag und der Bundesrat adressiert; eine obligatorische Zuleitung auch an die Gesetzgebungskörperschaften der Bundesländer hätte besonderer Anordnung im (Bundes-)Gesetz bedurft. Ferner hat die Bundesregierung zu den Gutachten **Stellung zu nehmen.** Zu geschehen hat dies in (lediglich) „angemessener Frist", was bedeutet, dass die Stellungnahme zeitlich auch erst nach der „unverzüglichen" Vorlage bei den gesetzgebenden Körperschaften erfolgen kann. Eine Regelung nach Art des **§ 44 Abs. 3 S. 4 GWB,** wonach die jeweiligen fachlich zuständigen Bundesministerien und die Monopolkommission sich auf Verlangen zu den Inhalten der Gutachten auszutauschen haben, fehlt in Absatz 2. Zum Sektorgutachten Energie wird dies aber, dann mit dem für die Energiewirtschaft bislang zuständigen BMWi, jedenfalls auf freiwilliger Basis geschehen können.

20 Nach Absatz 2 Satz 3 sind die Gutachten von der Monopolkommission **zu veröffentlichen.** Zum **Zeitpunkt** der Veröffentlichung besagt Absatz 2 Satz 4, dass dies zeitgleich mit der Vorlage an die gesetzgebende Körperschaft durch die Bundesregierung – demnach ebenfalls „unverzüglich" bzw. spätestens nach Zuleitung an die Letztere (→ Rn. 19) – erfolgen muss. Näheres zur **Art** der Veröffentlichung besagen das EnWG und auch § 44 GWB nicht. Gewöhnlich werden alle Gutachten und Stellungnahmen der Monopolkommission in gebundener Form (s. Kment EnWG/Wahlhäuser § 62 Rn. 16) sowie den Volltexten sowie regelmäßig auch mit Kurzfassungen und Pressemitteilungen im **Internetportal der Kommission** (www.monopolkommission.de unter Gutachten) bereitgestellt. Des Weiteren erfolgt die Vorlage sowohl der Sektorgutachten nach Absatz 1 wie auch der übrigen Gutachten der Monopolkommission nach § 44 Abs. 1 GWB an die gesetzgebenden Körperschaften regelmäßig per **Bundestags- und Bundesratsdrucksache,** die ebenfalls über das Internet (www.dip.bundestag.de) öffentlich zugänglich sind (s. für das 7. Sektorgutachten Energie nur BR-Drs. 475/19 und BT-Drs. 19/13440; für die **Stellungnahmen der Bundesregierung** dazu s. etwa zum selben Gutachten BR-Drs. 204/20 (Beschluss)).

II. Sonstige Gutachten mit Bezug zur Energiewirtschaft

21 Zu betonen ist, dass sich die Monopolkommission nicht nur in – pflichtigen – Sektorgutachten zu vor allem wettbewerbspolitischen Belangen in der leitungsgebundenen Elektrizitäts- und Gasversorgung äußert (s. auch Britz/Hellermann/Hermes/Hermes, 3. Aufl., § 62 Rn. 7; Kment EnWG/Wahlhäuser § 62 Rn. 7). In aller Regel nimmt sie vielmehr auch in ihren **Hauptgutachten** und je nach Schwerpunktsetzung derselben **zu Aspekten der**

Energiewirtschaft Stellung, so etwa im Zusammenhang mit Unternehmenskonzentrationen (s. bspw. XXIII. Hauptgutachten 2020, Rn. 187) und -fusionen (s. XXIII. Hauptgutachten 2020, Rn. 330, zum Zusammenschluss von RWE und E.ON) oder in Bezug auf Infrastrukturinvestitionen von Staatsunternehmen aus Nicht-EU-Staaten (s. XXIII. Hauptgutachten 2020, Rn. 590, 748, 805 zur geplanten chinesischen Beteiligung am ÜNB 50 Hertz u.a.). Auch im Übrigen sind die Hauptgutachten immer wieder von Bedeutung (gerade) auch für den Energiesektor und zeigt sich dies bspw. an den Erhebungen der Kommission zum „digitalen Wandel" und zur gebotenen Untersuchung u.a. von Wettbewerbsbeeinträchtigungen durch algorithmenbasierte Preisbildung im XXII. Hauptgutachten 2018. „Energieaffin" waren auch, nicht zuletzt vor dem Hintergrund der Dauerkontroverse zur (Neu-)Vergabe von Wegekonzessionen nach §§ 46 ff., die allgemeinen und kritischen Betrachtungen der Kommission zum Thema „Kommunale Wirtschaftstätigkeit und der Trend zur Rekommunalisierung" im XX. Hauptgutachten 2012/13 (dort in Kap. 5; s. dazu die wiederum kritische Stellungnahme von Mühlenkamp/Ammermüller ZögU 38 (2015), 70 ff.). Im aktuellen XXIV. Hauptgutachten 2022 rückt mit bzw. neben der Energiewirtschaft auch zunehmend der Klimaschutz in den Fokus. Nach Einschätzung der Monopolkommission bestehe zwar in vielen Fällen eine Zielkomplementarität zwischen Wettbewerbs- und Klimaschutz, aber könne es gleichermaßen auch zu Zielkonflikten kommen, die eine Abwägung zwischen Nachhaltigkeitsaspekten und Wettbewerbsschutz erfordern (dort Kap. 4 Rn. 399 ff.). Im aktuellen Hauptgutachten macht die Monopolkommission einige Vorschläge zur Lösung etwaiger Zielkonflikte, insbesondere zu den Fragen, wie Nachhaltigkeitsaspekte gegen Wettbewerbseffekte abgewogen werden können, auf welcher Grundlage entschieden werden kann, wie eine solche Abwägung stattzufinden habe oder ob und inwieweit eine solche Abwägung innerhalb oder außerhalb des Kartellrechts stattfinden solle.

Ferner betreffen auch die **Sondergutachten** der Monopolkommission – jenseits der erst neuerdings so bezeichneten „Sektorgutachten" für die regulierten Netzwirtschaften – schon einmal (Spezial-)Fragen der Energiewirtschaft. Dies betrifft **eigeninitiative** Gutachten oder Stellungnahmen nach § 44 Abs. 1 S. 4 GWB (bspw. Sondergutachten 47 zu „Preiskontrollen in Energiewirtschaft und Handel/Novellierung des GWB", 2007) ebenso wie obligatorische Sondergutachten nach § 42 Abs. 5 GWB im Zuge von **Ministererlaubnisverfahren,** so zuletzt im Sondergutachten 34 zum Zusammenschlussvorhaben der E.ON AG mit der Gelsenberg AG u.a. (Mai 2002) im Zuge der Übernahme auch der Ruhrgas AG.

22

§ 63 Berichterstattung

(1) ¹Die Bundesregierung berichtet dem Bundestag jährlich über den Netzausbau, den Kraftwerksbestand sowie Energieeffizienz und die sich daraus ergebenden Herausforderungen und legt erforderliche Handlungsempfehlungen vor (Monitoringbericht). ²Bei der Erstellung des Berichts nach Satz 1 hat das Bundesministerium für Wirtschaft und Energie die Befugnisse nach den §§ 12a, 12b, 14 Absatz 1a und 1b, den §§ 68, 69 und 71.

(2) ¹Die Bundesnetzagentur erstellt bis zum 31. Oktober 2022 und dann mindestens alle zwei Jahre jeweils die folgenden Berichte:
1. einen Bericht zum Stand und zur Entwicklung der Versorgungssicherheit im Bereich der Versorgung mit Erdgas sowie
2. einen Bericht zum Stand und zur Entwicklung der Versorgungssicherheit im Bereich der Versorgung mit Elektrizität.
²Zusätzlich zu den Berichten nach Satz 1 veröffentlicht das Bundesministerium für Wirtschaft und Energie einmalig zum 31. Oktober 2020 eine Abschätzung der Angemessenheit der Ressourcen gemäß den Anforderungen der Verordnung (EU) 2019/943. ³Diese Analyse ist ab 2022 in den Bericht nach Satz 1 Nummer 2 zu integrieren. ⁴In die Berichte nach Satz 1 sind auch die Erkenntnisse aus dem Monitoring der Versorgungssicherheit nach § 51 sowie getroffene oder geplante Maßnahmen aufzunehmen. ⁵In den Berichten nach Satz 1 stellt die Bundesnetzagentur jeweils auch dar, inwieweit Importe zur Sicherstellung der Versorgungssicherheit in Deutschland beitragen. ⁶Das Bundesministerium für Wirtschaft und Energie

stellt zu den Berichten nach Satz 1 Einvernehmen innerhalb der Bundesregierung her. ⁷Die Bundesregierung veröffentlicht die Berichte der Bundesnetzagentur nach Satz 1 und legt dem Bundestag erstmals zum 31. Januar 2023 und dann mindestens alle vier Jahre Handlungsempfehlungen vor.

(2a) ¹Das Bundesministerium für Wirtschaft und Energie veröffentlicht jeweils bis zum 31. Juli 2017 und 31. Dezember 2018 sowie für die Dauer des Fortbestehens der Maßnahmen nach den §§ 13a bis 13d sowie 13f, 13i und 13j sowie § 16 Absatz 2a mindestens alle zwei Jahre jeweils einen Bericht über die Wirksamkeit und Notwendigkeit dieser Maßnahmen einschließlich der dafür entstehenden Kosten. ²Ab dem Jahr 2020 umfasst der Bericht auch auf Grundlage der Überprüfungen nach § 13e Absatz 5 die Wirksamkeit und Notwendigkeit von Maßnahmen nach § 13e oder der Rechtsverordnung nach § 13h einschließlich der für die Maßnahmen entstehenden Kosten. ³Das Bundesministerium für Wirtschaft und Energie evaluiert in dem zum 31. Dezember 2022 zu veröffentlichenden Bericht auch, ob eine Fortgeltung der Regelungen nach Satz 1 und der Netzreserveverordnung über den 31. Dezember 2023 hinaus zur Gewährleistung der Sicherheit oder Zuverlässigkeit des Elektrizitätsversorgungssystems weiterhin notwendig ist.

(3) ¹Die Bundesnetzagentur veröffentlicht jährlich einen Bericht über ihre Tätigkeit sowie im Einvernehmen mit dem Bundeskartellamt, soweit wettbewerbliche Aspekte betroffen sind, über das Ergebnis ihrer Monitoring-Tätigkeit und legt ihn der Europäischen Kommission und der Europäischen Agentur für die Zusammenarbeit der Energieregulierungsbehörden vor. ²In den Bericht ist der vom Bundeskartellamt im Einvernehmen mit der Bundesnetzagentur, soweit Aspekte der Regulierung der Leitungsnetze betroffen sind, erstellte Bericht über das Ergebnis seiner Monitoring-Tätigkeit nach § 48 Absatz 3 in Verbindung mit § 53 Absatz 3 Satz 1 des Gesetzes gegen Wettbewerbsbeschränkungen aufzunehmen (Monitoringbericht Elektrizitäts- und Gasmarkt). ³In den Bericht sind allgemeine Weisungen des Bundesministeriums für Wirtschaft und Energie nach § 61 aufzunehmen.

(3a) ¹Die Regulierungsbehörde veröffentlicht bis zum 31. März 2017, 30. Juni 2019, 30. Juni 2024 und dann mindestens alle zwei Jahre auf Grundlage der Informationen und Analysen nach § 12 Absatz 5 Satz 1 Nummer 4 und nach § 35 Absatz 1a jeweils einen Bericht über die Mindesterzeugung, über die Faktoren, die die Mindesterzeugung in den Jahren des jeweiligen Betrachtungszeitraums maßgeblich beeinflusst haben, sowie über den Umfang, in dem die Einspeisung aus erneuerbaren Energien durch diese Mindesterzeugung beeinflusst worden ist (Bericht über die Mindesterzeugung). ²In den Bericht nach Satz 1 ist auch die zukünftige Entwicklung der Mindesterzeugung aufzunehmen.

(4) ¹Die Bundesnetzagentur kann in ihrem Amtsblatt oder auf ihrer Internetseite jegliche Information veröffentlichen, die für Haushaltskunden Bedeutung haben kann, auch wenn dies die Nennung von Unternehmensnamen beinhaltet. ²Sonstige Rechtsvorschriften, namentlich zum Schutz personenbezogener Daten und zum Presserecht, bleiben unberührt.

(5) Das Statistische Bundesamt unterrichtet die Europäische Kommission alle drei Monate über in den vorangegangenen drei Monaten getätigte Elektrizitätseinfuhren in Form physikalisch geflossener Energiemengen aus Ländern außerhalb der Europäischen Union.

Überblick

§ 63 regelt sämtliche exekutive Berichtspflichten in der Energiewirtschaft. Nach § 63 Abs. 1 ist die Bundesregierung verpflichtet, dem Bundestag jährlich einen Monitoringbericht über bestimmte Aspekte der Energiewirtschaft vorzulegen (→ Rn. 13 ff.). Die BNetzA muss gem. § 63 Abs. 2 alle zwei Jahre Berichte über die Versorgungssicherheit im Strom- und Gasmarkt erstellen (→ Rn. 18 ff.). § 63 Abs. 3 verpflichtet die BNetzA zudem, in Abstimmung mit dem BKartA, jährlich den Monitoringbericht Elektrizitäts- und Gasmarkt zu veröffentlichen (→ Rn. 31 ff.). Die BNetzA ist nach § 63 Abs. 3a des Weiteren alle zwei

Jahre zur Veröffentlichung eines Berichts über die Mindesterzeugung verpflichtet (→ Rn. 38 ff.). § 63 Abs. 4 regelt zudem weitergehende Veröffentlichungsbefugnisse für BNetzA bezüglich Informationen für Haushaltskunden (→ Rn. 44 ff.). § 63 Abs. 2a weist darüber hinaus dem BMWi die Aufgabe zu, im Zwei-Jahres-Rhythmus einen Bericht über Netzsicherheitsmaßnahmen vorzulegen (→ Rn. 27 ff.). Schließlich treffen das Statistische Bundesamt nach § 63 Abs. 5 bestimmte Berichtspflichten über Stromimporte gegenüber der Europäischen Kommission (→ Rn. 48).

Übersicht

	Rn.		Rn.
A. Normzweck	1	E. Bericht des BMWi über Netzsicherheitsmaßnahmen (Abs. 2a)	27
B. Entstehungsgeschichte	2		
C. Monitoringbericht der Bundesregierung (Abs. 1)	13	F. Monitoringbericht Elektrizitäts- und Gasmarkt der BNetzA (Abs. 3)	31
D. Bericht der BNetzA zur Versorgungssicherheit (Abs. 2)	18	G. Bericht der BNetzA über die Mindesterzeugung (Abs. 3a)	38
I. Erstellung der Berichte durch die BNetzA und Mitwirkung des BMWi (Abs. 2 S. 1–6)	19	H. Weitergehende Veröffentlichungsbefugnis der BNetzA (Abs. 4)	44
II. Veröffentlichung durch die Bundesregierung und Übermittlung an Europäische Kommission (Abs. 2 S. 7, 8)	24	I. Unterrichtungspflicht des Statistischen Bundesamtes über Stromimporte (Abs. 5)	48

A. Normzweck

§ 63 stellt die zentrale Norm für die exekutive Berichtspflichten in der Energiewirtschaft seitens der BNetzA, der Bundesregierung, des BMWi (entgegen dem Gesetzeswortlaut inzwischen: BMWK) und des Statistischen Bundesamtes dar. Die energiewirtschaftlichen Berichtspflichten sind den telekommunikationsrechtlichen (§ 121 TKG) und wettbewerbsrechtlichen (§ 53 GWB) Berichtspflichten nachgebildet. § 63 dient der Transparenz in der Energiewirtschaft. Der gemeinsame Zweck der unterschiedlichen in § 63 normierten Berichtspflichten und Veröffentlichungsbefugnisse ist, sämtliche gesetzlich näher bestimmten Adressaten und die Öffentlichkeit vor dem Hintergrund des besonderen öffentlichen Interesses an einer den Zielen des § 1 Abs. 1 entsprechenden Energieversorgung über die relevanten Fakten, Prognosen, Bewertungen und Geschehnisse umfassend zu informieren. Die Adressaten sollen durch die Berichtspflichten in die Lage versetzt werden, aktuelle Informationen über verschiedene Aspekte und Entwicklungen in der Energiewirtschaft zu haben und hieraus die erforderlichen Schlüsse und Folgerungen ziehen zu können. Dies gilt insbesondere auch für die Berichtspflichten gegenüber dem Bundestag, der hierdurch die erforderlichen Impulse für gesetzgeberische Initiativen für Anpassung der gesetzlichen Rahmenbedingungen für die deutsche Energiewirtschaft erhalten soll.

1

B. Entstehungsgeschichte

§ 63 wurde ursprünglich durch das EnWG 2005 (Zweites Gesetz zur Neuregelung des Energiewirtschaftsrechts) vom 7.7.2005 (BGBl. I 1970 ff.) mit Wirkung zum 13.7.2005 eingeführt. Die Ursprungsfassung der Norm wurde seit ihrer Einführung mehrfach redaktionell und inhaltlich geändert. Die inhaltlichen Änderungen waren dabei durchaus wesentlich, da eigentlich nur noch der heutige § 63 Abs. 5 der Gesetzesfassung des EnWG 2005 entspricht.

2

§ 63 wurde erstmals durch Art. 7 Ziffer 2 des Gesetzes zur Beschleunigung von Planungsverfahren für Infrastrukturvorhaben vom 9.12.2006 (BGBl. I 2833 ff.) mit Wirkung zum 17.12.2006 geändert. Es handelte sich um eine rein redaktionelle Änderung von § 63 Abs. 1, 2 und 3 S. 2 aufgrund einer veränderten Bezeichnung des Ministeriums.

3

Art. 2 Ziffer 12 des Gesetzes zur Förderung der Kraft-Wärme-Kopplung vom 25.10.2008 (BGBl. I 2101 ff.), eingeführt mit Wirkung zum 1.11.2008, führte zu redaktionellen Änderungen, insbesondere zu Anpassungen von gesetzlichen Verweisungen, in § 63 Abs. 3 S. 2.

4

Durch Art. 1 Ziffer 54 des Gesetzes zur Neuregelung energiewirtschaftsrechtlicher Vorschriften vom 26.7.2011 (BGBl. I 1554 ff.) kam es mit Wirkung zum 4.8.2011 zu erheblichen

5

inhaltlichen Änderungen der Vorschrift. Gegenstand der Neuregelungen war die Einführung neuer bzw. geänderter Berichtspflichten in § 63 Abs. 1, 3 und 4. Zugleich wurden die bestehenden Berichtspflichten in den ehemaligen Absätzen 4a und 5 gestrichen.

6 Art. 1 Ziffer 29 des Dritten Gesetzes zur Neuregelung energiewirtschaftsrechtlicher Vorschriften vom 20.12.2012 (BGBl. I 2730 ff.), welches mit Wirkung zum 28.12.2012 in Kraft trat, beinhaltete eine Erweiterung der Berichtspflichten des BMWi durch die Einführung des neuen § 63 Abs. 2a.

7 Art. 6 des Gesetzes zur grundlegenden Reform des Erneuerbare-Energien-Gesetzes und zur Änderung weiterer Bestimmungen des Energiewirtschaftsrechts vom 21.7.2014 (BGBl. I 1066 ff.), das mit Wirkung zum 1.8.2014 in Kraft trat, enthielt neben redaktionellen Änderungen bezüglich der Bezeichnung des Ministeriums auch inhaltliche Änderungen der Berichtspflichten der Bundesregierung nach § 63 Abs. 1.

8 Weitere Änderungen der Berichtspflichten der Bundesregierung nach § 63 Abs. 1 erfolgten sodann durch Art. 1 Ziffer 22 des Strommarktgesetzes vom 26.7.2016 (BGBl. I 1786 ff.), das mit Wirkung zum 30.7.2016 in Kraft trat. Die Änderungen führten dazu, dass die Bundesregierung nunmehr auch über die Systemdienstleistungen und die Kosten für die Systemdienstleistungen berichten musste.

9 Art. 6 Ziffer 17 des Gesetzes zur Einführung von Ausschreibungen für Strom aus erneuerbaren Energien und zu weiteren Änderungen des Rechts der erneuerbaren Energien vom 13.10.2016 (BGBl. I 2258 ff.), das mit Wirkung zum 1.1.2017 in Kraft trat, enthielt Änderungen in § 63 Abs. 1, 3 und 3a. Gegenstand dieser Änderungen waren insbesondere die Einführung legaldefinierter Bezeichnungen für die verschiedenen Berichte, namentlich Monitoringbericht (§ 63 Abs. 1), Monitoringbericht Elektrizitäts- und Gasmarkt (§ 63 Abs. 3) und Bericht über die Mindesterzeugung (§ 63 Abs. 3a).

10 Durch Art. 3 Ziffer 14 des Gesetzes zur Änderung der Bestimmungen zur Stromerzeugung aus Kraft-Wärme-Kopplung und zur Eigenversorgung vom 22.12.2016 (BGBl. I 3106 ff.), das ebenfalls mit Wirkung zum 1.1.2017 in Kraft trat, wurden die Fristen für die Berichtspflichten des BMWi nach § 63 Abs. 2a geändert.

11 Weitere Änderungen bei den Fristen der Berichtspflichten des BMWi nach § 63 Abs. 2a und der Regulierungsbehörden nach § 63 Abs. 3 erfolgten durch Art. 3 Ziffer 18 des Gesetzes zur Änderung des EEG, des KWKG, des EnWG und weiterer energierechtlicher Vorschriften vom 17.12.2018 (BGBl. I 2549 ff.), das mit Wirkung zum 21.12.2018 in Kraft trat.

12 Auch wurde § 63 durch Art. 4 Ziffer 11 des Kohleausstiegsgesetzes vom 8.8.2020 (BGBl. I 1818 ff.) mit Wirkung zum 14.8.2020 geändert. Gegenstand dieser Änderungen waren die Berichtspflichten der BNetzA nach § 63 Abs. 2, die vollständig neu gefasst wurden.

12a Zuletzt geändert wurde die Norm mittels Aufhebung von Abs. 2 S. 8 (obligat. Übermittlung an die Europäische Kommission) durch Art. 1 Nr. 54 des Gesetzes zur Umsetzung unionsrechtlicher Vorgaben v. 16.07.2021 (BGBl. I 3026 ff. → Rn. 26) sowie bezüglich der Berichtsfristen in Abs. 2 und 3a durch Art. 1 Nr. 23 des Gesetzes zur Änderung des Energiewirtschaftsrechts v. 19.07.2022 (BGBl. I 1214 ff. → Rn. 43).

C. Monitoringbericht der Bundesregierung (Abs. 1)

13 § 63 Abs. 1 regelt die energiewirtschaftliche Berichtspflicht der Bundesregierung. Die Bundesregierung ist hiernach zur Vorlage eines Monitoringberichts verpflichtet. Dieser Monitoringprozess der Bundesregierung hat den Zweck, die Erreichung der energiewirtschaftlichen Ziele – Versorgungssicherheit, Wirtschaftlichkeit und Umweltverträglichkeit – fortlaufend zu verifizieren und damit dauerhaft zu gewährleisten (vgl. BT-Drs. 17/6072, 92).

14 **Adressat** der Berichtspflicht der Bundesregierung ist der Bundestag. Damit soll der Bundestag in die Lage versetzt werden, die Effektivität des bestehenden gesetzlichen Rahmens beurteilen und überprüfen zu können und ggf. erforderliche gesetzliche Anpassungen des Rechtsrahmens beschließen zu können (Säcker EnergieR/Säcker/König § 63 Rn. 9).

15 Die **Inhalte** des Monitoringberichts werden durch § 63 Abs. 1 S. 1 näher skizziert. Gegenstand des Monitoringberichts sind hiernach insbesondere der Stand und die Entwicklung des Netzausbaus, des Kraftwerksbestands sowie der Energieeffizienz. Ferner muss die Bundesregierung über die sich aus diesen Aspekten ergebenen Herausforderungen berichten. Hieraus folgt, dass Gegenstand der Berichtspflicht nicht nur die die gegenwärtigen tatsächli-

chen Entwicklungen bzw. realisierten Kraftwerksvorhaben, sondern gerade auch geplante Vorhaben und Entwicklungen sein sollen (vgl. auch Britz/Hellermann/Hermes/Hermes, 3. Aufl., § 63 Rn. 7). Teil des Monitoringberichts sollen nach § 63 Abs. 1 S. 1 zudem auch Handlungsempfehlungen der Bundesregierung sein. Der Monitoringbericht hat damit also insbesondere das Ziel, für kommende Gesetzgebungsverfahren eine wesentliche Entscheidungsgrundlage zu bilden.

Das **zeitliche Intervall** der Berichtspflicht wird durch § 63 Abs. 1 S. 1 gesetzlich bestimmt. Hiernach muss die Bundesregierung jährlich einen aktualisierten Monitoringbericht vorlegen. 16

§ 63 Abs. 1 S. 2 bestimmt, dass das BMWi bei der Erstellung des Monitoringberichts die Befugnisse nach den §§ 12a, 12b, 14 Abs. 1a und Abs. 1b, §§ 68, 69 und 71 hat. Hintergrund dieser Regelung zu den Ermittlungsbefugnissen des BMWi ist, dass nach § 63 Abs. 1 aF noch dem BMWi die Berichtspflicht oblag. Nachdem diese Berichtspflicht auf die Bundesregierung übergegangen ist, ist es für die sachkundige und fundierte Berichterstattung durch die Bundesregierung weiterhin erforderlich, dass das BMWi alle erforderlichen Informationen zum Netzausbau, zum Kraftwerksbestand und zur Energieeffizienz der Bundesregierung zur Verfügung stellt (so spricht auch Kment EnWG/Wahlhäuser § 63 Rn. 8 etwa von einer „Berichts-Standschaft" des BMWi). Bevor die Bundesregierung also ihrer Berichtspflicht nach § 63 Abs. 1 S. 1 gegenüber dem Bundestag nachkommen kann, ist es unerlässlich, dass das BMWi umfassend gegenüber der Bundesregierung berichtet und damit bei der Vorbereitung des Monitoringberichts entsprechend unterstützt. Entgegen dem Wortlaut des § 63 Abs. 1 S. 2 handelt es sich bei den Verweisungen auf die §§ 12a, 12b, 14 Abs. 1a und Abs. 1b, §§ 68, 69 und 71 allerdings nicht ausschließlich um Befugnisse im engeren Sinne, da etwa die §§ 12a und 12b keine Befugnisse normieren. Vielmehr sind die Verweise in der Weise zu verstehen, dass bestehende Informations- und Vorlagepflichten auch gegenüber dem BMWi anwendbar sind. Der Wortlaut des § 63 Abs. 1 S. 2 legt zudem nahe, dass die Befugnisse abschließend gesetzlich aufgelistet sind. 17

D. Bericht der BNetzA zur Versorgungssicherheit (Abs. 2)

§ 63 Abs. 2 enthält Vorgaben zur Erstellung und Veröffentlichung der Berichte zur Versorgungssicherheit im Bereich der Versorgung mit Erdgas bzw. mit Elektrizität und normiert die Pflichten im Zusammenwirken zwischen BNetzA, BMWi und der Bundesregierung. Die Vorschrift des § 63 Abs. 2 dient auch der Umsetzung der aus den EU-Richtlinien folgenden Berichtspflichten (vgl. Art. 4 S. 4 Elektrizitäts-Binnenmarkt-Richtlinie 2009/72/EG sowie Art. 5 S. 4 Gas-Binnenmarkt-Richtlinie 2009/73/EG). 18

I. Erstellung der Berichte durch die BNetzA und Mitwirkung des BMWi (Abs. 2 S. 1–6)

Gemäß § 63 Abs. 2 S. 1 liegt die **Zuständigkeit** für die Erstellung des Berichts zum Stand und zur Entwicklung der Versorgungssicherheit im Bereich der Versorgung mit Erdgas (Nummer 1) sowie mit Elektrizität (Nummer 2) bei der BNetzA. Hierbei handelt es sich um die Berichte im Zusammenhang mit dem Monitoring der Versorgungssicherheit nach § 51, für welches nach § 51 Abs. 1 S. 1 ebenfalls die BNetzA zuständig ist. Die Zuständigkeit für das Monitoring nach § 51 und die Berichtspflicht nach § 63 Abs. 2 lag bis zum 1.1.2021 noch beim BMWi. 19

Der **Zuständigkeitsübergang vom BMWi auf die BNetzA** erfolgte im Zusammenhang mit dem Kohleausstiegsgesetz, welches zum 1.1.2021 in Kraft trat. Seitdem ist es Aufgabe der BNetzA, auf Basis des Versorgungssicherheits-Monitorings nach dem EnWG sowie vergleichbarer Analysen zu überprüfen, ob die Sicherheit und Zuverlässigkeit des Elektrizitätsversorgungssystems u.a. durch die Maßnahmen zur Reduzierung und Beendigung der Verstromung aus Braun- und Steinkohle mit hinreichender Wahrscheinlichkeit nicht unerheblich gefährdet oder gestört sind (vgl. BT-Drs. 19/17432, 143). Nach dem Willen des Gesetzgebers sollen die Übergänge des Monitorings der Versorgungssicherheit in den Bereichen Gas und Elektrizität nach § 51 und der Berichte nach § 63 Abs. 2 vom BMWi an die BNetzA gestuft organisiert werden (BT-Drs. 19/17432, 156f.): 20

- In der ersten Phase vor 2021 hatte das BMWi den Bericht federführend unter Einbindung der BNetzA erstellt, wobei die BNetzA bereits eigene Analysen für den Abgleich mit dem BMWi durchgeführt hat.
- In der zweiten Phase ab 2021 soll die BNetzA nun erstmals die Berichte federführend unter Einbindung des BMWi erstellen. Das BMWi soll diesen Prozess mit eigenen externen Gutachten für den Abgleich mit der BNetzA begleiten.
- In der dritten Phase ab 2024 erstellt die BNetzA die Berichte unter Einbindung des BMWi, wobei die gutachterliche Begleitung durch das BMWi nur noch im Bedarfsfall erfolgen soll.

21 Das **zeitliche Intervall** der Berichtspflicht der BNetzA wird durch § 63 Abs. 2 S. 1 gesetzlich bestimmt. Hiernach muss die BNetzA erstmals bis zum 31.10.2022 und dann mindestens alle zwei Jahre Berichte über die Versorgungssicherheit vorlegen. Ein subjektives Recht darauf, dass die BNetzA tatsächlich alle zwei Jahre entsprechende Bericht vorlegt, besteht indes nach der Rechtsprechung nicht (vgl. VG Berlin BeckRS 2010, 56863 zur Vorgängerregelung in § 63 Abs. 1 aF).

22 **Gegenstand der Berichtspflicht** der BNetzA sind in erster Linie die Inhalte des Monitorings der Versorgungssicherheit nach § 51. Für den Bereich der Versorgung mit Erdgas umfasst dies gem. § 51 Abs. 2 insbesondere folgende Aspekte: das heutige und künftige Verhältnis zwischen Angebot und Nachfrage auf dem deutschen und internationalen Markt, bestehende und geplante Produktionskapazitäten und Transportleitungen, die erwartete Nachfrageentwicklung, die Qualität und den Umfang der Netzwartung, eine Analyse von Netzstörungen und von Maßnahmen der Netzbetreiber zur kurz- und längerfristigen Gewährleistung der Sicherheit und Zuverlässigkeit des Gasversorgungssystems oder das verfügbare Angebot auch unter Berücksichtigung der Bevorratungskapazität und des Anteils von Einfuhrverträgen mit einer Lieferzeit von mehr als zehn Jahren (langfristiger Erdgasliefervertrag) sowie deren Restlaufzeit. Für den Bereich der Versorgung mit Elektrizität umfasst das Monitoring nach § 51 Abs. 3 S. 1 insbesondere folgende Aspekte: das heutige und künftige Verhältnis zwischen Angebot und Nachfrage auf den europäischen Strommärkten mit Auswirkungen auf das Gebiet der Bundesrepublik Deutschland als Teil des Elektrizitätsbinnenmarktes, bestehende und geplante Erzeugungskapazitäten, die erwarteten Verbindungsleitungen sowie geplante Leitungsvorhaben, die erwartete Nachfrageentwicklung, die Qualität und den Umfang der Netzwartung oder Maßnahmen zur Bedienung von Nachfragespitzen und zur Bewältigung von Ausfällen eines oder mehrerer Versorger. Nach § 63 Abs. 2 S. 2 und 3 umfassen die Berichte über die Versorgungssicherheit zudem eine Abschätzung der Angemessenheit der Ressourcen. Diese Anforderungen gehen auf europäische Anforderungen der VO (EU) 2019/943 zurück, die eine solche Abschätzung der Angemessenheit der Ressourcen als Verpflichtung der Mitgliedsstaaten enthalten. Für den erforderlichen Inhalt der Berichte zur Versorgungssicherheit bestimmt § 63 Abs. 2 S. 5 schließlich, dass der Bericht der BNetzA auch darstellen soll, inwieweit Importe von Strom und Erdgas zur Versorgungssicherheit beigetragen haben.

23 § 63 Abs. 2 S. 6 regelt die **Mitwirkungspflichten des BMWi** im Zusammenhang mit der Erstellung der Berichte zur Versorgungssicherheit. Hiernach ist das BMWi verpflichtet, zu den Berichten zur Versorgungssicherheit das erforderliche Einvernehmen innerhalb der Bundesregierung herzustellen. Dieses Einvernehmen bezieht sich insbesondere auf die (gesetzgeberischen) Handlungsempfehlungen, die in Berichten zur Versorgungssicherheit enthalten sind und eines Einvernehmens innerhalb der Bundesregierung bedürfen, bevor diese dem Deutschen Bundestag vorgelegt werden. Durch das Einvernehmenserfordernis in § 63 Abs. 2 S. 6 soll sichergestellt werden, dass die politische Verantwortung für die Bewertung der Berichte zur Versorgungssicherheit bei der Bundesregierung liegt (BT-Drs. 19/17432, 157).

II. Veröffentlichung durch die Bundesregierung und Übermittlung an Europäische Kommission (Abs. 2 S. 7, 8)

24 § 63 Abs. 2 S. 7 und 8 beinhalten Regelungen zur Veröffentlichung und weiteren Übermittlung der Berichte zur Versorgungssicherheit.

Die **Zuständigkeit** der Veröffentlichung der Berichte zur Versorgungssicherheit obliegt 25
nach § 63 Abs. 2 S. 7 der Bundesregierung. Damit fallen die Zuständigkeiten für die Erstellung, für die die BNetzA verantwortlich ist, und die Veröffentlichung auseinander. Für die Veröffentlichung der Berichte enthält § 63 Abs. 2 S. 7 (anders als § 63 Abs. 2 S. 1 für die Erstellung der Berichte durch die BNetzA) keine festen gesetzlichen Fristen. In der Praxis dürften die Veröffentlichungen aber wohl unmittelbar nach Ablauf der Erstellung der Berichte nach § 63 Abs. 2 S. 1 erfolgen. § 63 Abs. 2 S. 7 verpflichtet die Bundesregierung zudem dazu, dem Bundestag erstmals zum 31.12.2021 und dann mindestens alle vier Jahre Handlungsempfehlungen auf Grundlage der Bericht zur Versorgungssicherheit vorzulegen.

Im Anschluss an die Veröffentlichung der Berichte zur Versorgungssicherheit durch die 26
Bundesregierung war die BNetzA gem. § 63 Abs. 2 S. 8 aF bislang zur Übermittlung der Berichte an die Europäische Kommission verpflichtet. Die Übermittlungspflicht war europarechtlich gefordert (vgl. Art. 5 S. 4 Elektrizitäts-Binnenmarkt-Richtlinie 2009/72/EG bzw. Art. 5 S. 4 Gas-Binnenmarkt-Richtlinie 2009/73/EG, der für den Erdgasbereich aber eigentlich eine jährliche Berichterstattung forderte). Nach Aufhebung von Abs. 2 S. 8 (→ Rn. 12a) bzw. zuvor auch der diesbezüglichen EU-rechtlichen Vorgabe in der Erdgas-Binnenmarkt-Richtlinie 2009/73/EG durch Art. 51 Nr. 1 der Governance-Verordnung (EU) 2018/1999 und bzgl. Elektrizität durch die neu gefasste Binnenmarkt-Richtlinie (EU) 2019/944 besteht die Übermittlungspflicht nicht mehr. Die Gesetzesbegründung (BR-Drs. 165/21, 157) verweist dazu auch auf anderweitige und wiederkehrende Berichtspflichten der Bundesregierung bzw. der BNetzA gegenüber der Kommission, u.a. im Zuge der integrierten nationalen Energie- und Klimapläne der Mitgliedstaaten.

E. Bericht des BMWi über Netzsicherheitsmaßnahmen (Abs. 2a)

§ 63 Abs. 2a enthält die Verpflichtung des BMWi zur Erstellung und Veröffentlichung eines 27
Berichts über Netzsicherheitsmaßnahmen. Der Bericht über die Netzsicherheitsmaßnahmen dient insbesondere dem Gesetzgeber als Grundlage für die Entscheidung, ob die bestehenden gesetzlichen Netzsicherheitsmaßnahmen bestehen bleiben oder modifiziert werden sollen. Bei der Überprüfung soll insbesondere die Frage der Wirksamkeit der bislang getroffenen Maßnahmen untersucht und geprüft werden, ob die gesetzlichen Ermächtigungen zum Erlass von Rechtsverordnungen weiter notwendig sind (BT-Drs. 17/11705, 56).

Die Netzsicherheitsmaßnahmen, die **Gegenstand der Berichtspflicht** des BMWi sind, 28
werden in § 63 Abs. 2a S. 1 und 2 abschließend aufgelistet. Die Regelung in § 63 Abs. 2a S. 1 verweist auf die Vorschriften über die Vergütung von Redispatchmaßnahmen (§ 13a), über Stilllegungsverbote und deren Vergütung (§§ 13b, 13c), über die Netzreserve (§ 13d), über systemrelevante Gaskraftwerke (§ 13f), über Verordnungsermächtigungen und Festlegungskompetenzen (§§ 13i, 13j) und über den Einsatz von netz- oder marktbezogenen Maßnahmen zur Gewährleistung der Sicherheit und Zuverlässigkeit des Versorgungssystems bzw. von Notfallmaßnahmen (§ 16). Ab dem Jahr 2020 wurde der Katalog der Berichtspflichten erweitert und umfasst gem. § 63 Abs. 2a S. 2 nunmehr auch die Vorschriften über die Kapazitätsreserve (§§ 13e, 13h).

Das **zeitliche Intervall** der Berichtspflicht der BNetzA wird durch § 63 Abs. 2a S. 1 29
gesetzlich bestimmt. Hiernach muss das BMWi für die Dauer des Fortbestehens der Maßnahmen mindestens alle zwei Jahre einen Bericht über deren Wirksamkeit und Notwendigkeit veröffentlichen.

§ 63 Abs. 2a S. 3 normiert eine **Evaluierungspflicht** des BMWi. Das BMWi hat im 30
Bericht über Versorgungsmaßnahmen, der zum 31.12.2022 zu veröffentlichen ist, zu evaluieren, ob eine Fortgeltung der Regelungen nach § 63 Abs. 2a S. 1 und der Netzreserveverordnung über den 31.12.2023 hinaus zum Zwecke der Gewährleistung der Sicherheit und Zuverlässigkeit des Elektrizitätsversorgungssystems weiterhin notwendig ist. Sollte sich aus dieser Überprüfung ergeben, dass eine Fortgeltung der Regelungen nicht mehr notwendig ist, soll nach dem Willen des Gesetzgebers die Aufhebung der Regelungen in einem separaten Gesetzgebungsprozess erfolgen (BT-Drs. 18/7317, 124).

F. Monitoringbericht Elektrizitäts- und Gasmarkt der BNetzA (Abs. 3)

31 § 63 Abs. 3 verpflichtet die BNetzA zur Erstellung und Veröffentlichung des **Monitoringberichts Elektrizitäts- und Gasmarkt**. Dieser Bericht setzt sich zusammen aus dem Tätigkeitsbericht der BNetzA nach § 63 Abs. 3 S. 1 und den Bericht des BKartA über das Ergebnis seiner Monitoring-Tätigkeit nach § 48 Abs. 3 S. 1. Der Bericht des BKartA wird, soweit dieser Aspekte der Regulierung der Leitungsnetze betrifft, in den Tätigkeitsbericht der BNetzA mit aufgenommen. Beide Berichte zusammen werden als „Monitoringbericht Elektrizitäts- und Gasmarkt" bezeichnet, um sie von dem Monitoringbericht nach §§ 63 Abs. 1, 51, 51a EnWG und § 98 EEG 2021 abzugrenzen und eine Verwechslungsgefahr zu vermeiden (BT-Drs. 18/8860, 339).

32 Mit der Berichtspflicht der BNetzA soll sichergestellt werden, dass die Erreichung der Regulierungsziele gem. § 1 Abs. 2 regelmäßig überprüft wird (vgl. Säcker EnergieR/Säcker/König § 63 Rn. 24). Ferner soll der Monitoringbericht Elektrizitäts- und Gasmarkt das Ziel haben, die Regulierungstätigkeit der BNetzA nachzuverfolgen, die mehrjährigen Entwicklungsverläufe im Regulierungsbereich darzustellen und Novellierungsbedarfe zu erkennen (vgl. Theobald/Kühling/Theobald/Werk § 63 Rn. 15)

33 § 63 Abs. 3 S. 1 verpflichtet die BNetzA zur Erstellung und Veröffentlichung eines Berichts über ihre Tätigkeit gem. § 54 Abs. 1 und über ihre Monitoring-Tätigkeit gem. § 35. Der **Monitoringbericht für die Energiewirtschaft** ist der Pflicht zur Veröffentlichung eines Monitoringberichts für den Telekommunikationssektor (§ 121 Abs. 1 TKG) oder für den Postsektor (§ 47 Abs. 1 PostG) nachgebildet. Die Inhalte der Berichtspflicht nach § 63 Abs. 3 S. 1 ergeben sich insbesondere aus den der BNetzA originär zugewiesenen Tätigkeiten, wobei dieser Tätigkeitsbegriff weit zu verstehen ist (Kment EnWG/Wahlhäuser § 63 Rn. 21). In Bezug auf die Monitoring-Tätigkeit umfasst dies gem. § 35 u.a. folgende Aspekte:
- die Regeln für das Management und die Zuweisung von Verbindungskapazitäten (Nummer 1);
- die Mechanismen zur Behebung von Kapazitätsengpässen (Nummer 2);
- die Zeit für die Herstellung von Anschlüssen und Leitungsreparaturen (Nummer 3);
- die technische Zusammenarbeit zwischen Übertragungsnetzbetreibern (Nummer 5);
- die Bedingungen und Tarife für den Anschluss neuer Stromerzeuger (Nummer 6);
- die Bedingungen für den Zugang zu Speicheranlagen (Nummer 7);
- die Erfüllung der Verpflichtungen zur Stromkennzeichnung nach § 42 (Nummer 9);
- die Preise für Haushaltskunden (Nummer 10);
- den Bestand und die geplanten Stilllegungen von Erzeugungskapazitäten (Nummer 11) oder
- die Entwicklung der Ausschreibungen abschaltbarer Lasten (Nummer 13).

34 Soweit die Ergebnisse der Monitoring-Tätigkeit wettbewerbliche Aspekte betreffen, ist die BNetzA im Rahmen ihrer Berichtspflicht gem. § 63 Abs. 1 S. 1 verpflichtet, ein Einvernehmen mit dem BKartA herzustellen.

35 Nach § 63 Abs. 3 S. 2 ist in den Tätigkeitsbericht der BNetzA auch der **Bericht des BKartA** über das Ergebnis seiner Monitoring-Tätigkeit nach § 48 Abs. 3 GWB iVm § 53 Abs. 3 S. 1 GWB aufzunehmen. Gemäß § 48 Abs. 3 GWB iVm § 53 Abs. 3 S. 1 GWB ist das BKartA verpflichtet, ein Monitoring über den Grad der Transparenz, der Großhandelspreise sowie den Grad und die Wirksamkeit der Marktöffnung und den Umfang des Wettbewerbs auf Großhandels- und Endkundenebene in den Strom- und Gasmärkten sowie an Elektrizitäts- und Gasbörsen durchzuführen und einen entsprechenden Bericht darüber zu erstellen. Für diesen Bericht ist wiederum das BKartA nach § 53 Abs. 3 S. 1 verpflichtet, ein Einvernehmen mit der BNetzA herzustellen. Der ggf. separat veröffentlichte Bericht des BKartA über seine Monitoringergebnisse zu den Wettbewerbsverhältnissen im Bereich der Stromerzeugung muss dagegen nicht in den Bericht der BNetzA nach § 63 Abs. 3 S. 1 aufgenommen werden (BT-Drs. 18/7317, 124).

36 In den Monitoringbericht Elektrizitäts- und Gasmarkt sind nach § 63 Abs. 3 S. 3 zudem allgemeine Weisungen des BMWi nach § 61 aufzunehmen.

37 Das **zeitliche Intervall** der Berichtspflicht der BNetzA wird durch § 63 Abs. 3 S. 1 gesetzlich bestimmt. Hiernach muss die BNetzA den Monitoringbericht Elektrizitäts- und Gasmarkt jährlich veröffentlichen. Eine bestimmte Frist für diese Veröffentlichung enthält § 63 Abs. 3 allerdings nicht.

G. Bericht der BNetzA über die Mindesterzeugung (Abs. 3a)

§ 63 Abs. 3a verpflichtet die Regulierungsbehörde zur Erstellung und Veröffentlichung des Berichts über die Mindesterzeugung Verpflichtet nach § 63 Abs. 3a S. 1 ist die Regulierungsbehörde und somit abweichend etwa von § 63 Abs. 2, 3 und 4 nicht ausdrücklich die BNetzA. In der Praxis wird der Bericht über die Mindesterzeugung aber ebenfalls durch die BNetzA erstellt und veröffentlicht.. 38

Ausweislich des Berichts über die **Mindesterzeugung** (BNetzA, Bericht über die Mindesterzeugung 2019, 5) ist unter dem Begriff der Mindesterzeugung ausschließlich diejenige Einspeiseleistung bzw. Leistungserbringung zu verstehen, die direkt einem netztechnischen Grund bzw. einer Systemdienstleistung zurechenbar ist. Dies sind insbesondere: 39
- abgerufene positive Redispatchleistung;
- abgerufene positive Regelleistung;
- vorgehaltene negative Regelleistung oder
- Besicherung der negativen Regelleistung.

Der Bericht über die Mindesterzeugung ist gem. § 63 Abs. 3a S. 1 auf der Grundlage der **Informationen und Analysen** nach § 12 Abs. 5 S. 1 Nr. 4 und nach § 35 Abs. 1a zu erstellen. Hierbei handelt es sich zum einen um die Informationen und Analysen, die die Netzbetreiber der BNetzA zur Mindesterzeugung (insbesondere aus thermisch betriebenen Erzeugungsanlagen und aus Anlagen zur Speicherung von elektrischer Energie) sowie zur Entwicklung der Mindesterzeugung übermitteln. Zum anderen handelt es sich hierbei um die Informationen, die der BNetzA von den Betreibern von Erzeugungsanlagen und Stromspeichern zu den Betriebskenndaten der Anlagen sowie zur Bereitstellung von elektrischer Leistung übermittelt werden. 40

§ 63 Abs. 3a S. 1 fordert zudem, dass auch Informationen über die Faktoren, die die Mindesterzeugung in den letzten zwei Jahren maßgeblich beeinflusst haben, sowie über den Umfang, in dem die Einspeisung aus erneuerbaren Energien durch diese Mindesterzeugung beeinflusst worden ist, im Bericht über die Mindesterzeugung enthalten sein sollen. Zu solchen Faktoren, die zu berücksichtigen sind, können zB die Regelleistung, die Blindleistung, die Kurzschlussleistung, die Fähigkeit zur Anpassung der Wirkleistungs- oder Blindleistungseinspeisung (Redispatchfähigkeit von Anlagen) sowie die Wärmebereitstellung gehören (BT-Drs. 18/7317, 124 f.). Nach dem Willen des Gesetzgebers sollen in den Bericht über die Mindesterzeugung zudem exemplarisch relevante Netzsituationen – insbesondere solche, die mit Blick auf die Integration erneuerbarer Energien kritisch sind – auf Basis der verfügbaren Informationen ausgewertet werden (BT-Drs. 18/7317, 125). 41

In den Bericht ist gem. § 63 Abs. 3a S. 2 ebenfalls eine Betrachtung der zukünftigen Entwicklung der Mindesterzeugung aufzunehmen. Vor diesem Hintergrund soll die BNetzA aus den gewonnenen Erkenntnissen auch Empfehlungen ableiten, wie die Erbringung von Systemdienstleistungen sinnvoll und effizient im Rahmen der laufenden Prozesse weiterentwickelt und transparent gemacht werden kann, und diese Empfehlungen ebenfalls in den Bericht der Mindesterzeugung aufnehmen (BT-Drs. 18/7317, 125). 42

Das **zeitliche Intervall** der Berichtspflicht der BNetzA wird durch § 63 Abs. 3a S. 1 gesetzlich bestimmt. Hiernach musste die BNetzA den Bericht über die Mindesterzeugung erstmals bis zum 31.3.2017, sodann bis zum 30.6.2019 und bis zum 30.6.2021 veröffentlichen. Die nächste Berichtspflicht besteht nach der Ergänzung des Absatz 3a im Juli 2022 (→ Rn. 12a) erst bis zum 30.6.2024. Der einmalige Betrachtungszeitraum von drei Jahren soll es ermöglichen, das Monitoring an den Transformationsprozess nach dem aktuellen Koalitionsvertrag sowie an die Auswirkungen des Atom- und des voranschreitenden Kohleausstiegs anzupassen (BR-Drs. 164/22, 65). Danach bleibt bei der bislang schon geltenden zweijährigen Berichtspflicht. 43

H. Weitergehende Veröffentlichungsbefugnis der BNetzA (Abs. 4)

§ 63 Abs. 4 enthält weitergehende Regelungen zu den Veröffentlichungsbefugnissen der BNetzA. Hiernach kann die BNetzA in ihrem Amtsblatt oder auf ihrer Internetseite jegliche Informationen veröffentlichen, die für Haushaltskunden Bedeutung haben, auch wenn dies die Nennung von Unternehmensnamen beinhaltet. Eine Veröffentlichung steht im **Ermessen** der BNetzA („kann"). Es handelt sich bei § 63 Abs. 4 somit um eine eigenständige 44

Veröffentlichungsbefugnis und – anders als die übrigen Regelungen in § 63 – nicht um eine gesetzliche Veröffentlichungs- oder Berichtspflicht.

45 Der **Inhalt der Veröffentlichungsbefugnis** wird durch § 63 Abs. 4 S. 1 nicht näher definiert. Ausweislich des Wortlauts der Norm können indes „jegliche" Informationen von der BNetzA veröffentlicht werden. Dies legt ein sehr weites gesetzliches Begriffsverständnis des Gesetzgebers hinsichtlich der Art und des Umfangs der Informationen nahe. Gesetzliche Anhaltspunkte zur Konkretisierung der zu veröffentlichenden Informationen bietet § 35 Abs. 1 Nr. 10 für das Monitoring durch die BNetzA. Für den Bereich der Versorgung von Haushaltskunden kommen hiernach zB Preise für Haushaltskunden, einschließlich von Vorauszahlungssystemen, Lieferanten- und Produktwechsel, Beschwerden von Haushaltskunden oder auch die Wirksamkeit und die Durchsetzung von Maßnahmen zum Verbraucherschutz im Bereich Elektrizität oder Gas in Betracht. Grenzen des Maßstabs für die zu veröffentlichenden Informationen ergeben sich lediglich aus dem notwendigen Haushaltskundenbezug, sodass sich die Veröffentlichungsbefugnis nicht auf Inhalte erstreckt, die keinerlei Bedeutung für Haushaltskunden haben. Hierbei wird der BNetzA indes ein weitergehender Einschätzungs- und Beurteilungsspielraum zustehen (vgl. auch Kment EnWG/Wahlhäuser § 63 Rn. 26), da der Wortlaut es ausreichen lässt, dass die Information eine Bedeutung für den Haushaltskunden „haben kann".

46 Hinsichtlich der Form der Veröffentlichung von Informationen für Haushaltskunden macht § 63 Abs. 4 keine weiteren Vorgaben. Mit einer Veröffentlichung im Amtsblatt oder auf der Internetseite der BNetzA wird lediglich das Medium für die Veröffentlichung näher bestimmt.

47 § 63 Abs. 4 S. 1 erlaubt ausdrücklich auch die **Nennung von Unternehmensnamen.** Hierin wird eine gesetzliche Ermächtigungsgrundlage für Grundrechtseingriffe gesehen, mit denen die BNetzA befugt ist, mittels staatlicher Informationsakte mit konkretem Bezug auf einzelne Unternehmen und ihre wirtschaftliche Betätigung in den Schutzbereich von Art. 12 GG eingreifen zu dürfen (vgl. hierzu näher Britz/Hellermann/Hermes/Hermes, 3. Aufl., § 63 Rn. 19). Gleichzeitig bleiben aber entgegenstehende Rechtsvorschriften, namentlich zum Schutz personenbezogener Daten (BDSG, LDSG) und zum Presserecht, gem. Abs. 4 S. 2 unberührt.

I. Unterrichtungspflicht des Statistischen Bundesamtes über Stromimporte (Abs. 5)

48 § 63 Abs. 5 normiert eine Unterrichtungspflicht des Statistischen Bundesamtes gegenüber der Europäischen Kommission über den Energiehandel mit Ländern außerhalb der EU. Die Vorschrift diente ursprünglich der Umsetzung von Art. 25 Elektrizitäts-Binnenmarkt-Richtlinie 2003/54/EG und sollte die Europäische Kommission in der Lage versetzen, den europäischen Strombedarf zu ermitteln und dessen gemeinschaftsinterne Deckung zu veranlassen. Die Regelung findet allerdings keine Entsprechung mehr in der Elektrizitäts-Binnenmarkt-Richtlinie 2009/72/EG. Zutreffend wird daher auf die durch § 63 Abs. 5 geschaffene „paradoxe Situation" hingewiesen, dass das deutsche Recht das Statistische Bundesamt zur Übermittlung von Daten verpflichtet, deren Einreichung bei der Europäischen Kommission gar nicht mehr erwartet wird (so Säcker EnergieR/Säcker/König § 63 Rn. 35). Die Unterrichtungspflicht des Statistischen Bundesamtes in § 63 Abs. 5 ist dadurch eigentlich gegenstandslos geworden (vgl. auch Kment EnWG/Wahlhäuser § 63 Rn. 28; Säcker EnergieR/ Säcker/König § 63 Rn. 35).

§ 64 Wissenschaftliche Beratung

(1) ¹Die Bundesnetzagentur kann zur Vorbereitung ihrer Entscheidungen oder zur Begutachtung von Fragen der Regulierung wissenschaftliche Kommissionen einsetzen. ²Ihre Mitglieder müssen auf dem Gebiet der leitungsgebundenen Energieversorgung über besondere volkswirtschaftliche, betriebswirtschaftliche, verbraucherpolitische, technische oder rechtliche Erfahrungen und über ausgewiesene wissenschaftliche Kenntnisse verfügen.

(2) ¹Die Bundesnetzagentur darf sich bei der Erfüllung ihrer Aufgaben fortlaufend wissenschaftlicher Unterstützung bedienen. ²Diese betrifft insbesondere
1. die regelmäßige Begutachtung der volkswirtschaftlichen, betriebswirtschaftlichen, technischen und rechtlichen Entwicklung auf dem Gebiet der leitungsgebundenen Energieversorgung,
2. die Aufbereitung und Weiterentwicklung der Grundlagen für die Gestaltung der Regulierung des Netzbetriebs, die Regeln über den Netzanschluss und -zugang sowie den Kunden- und Verbraucherschutz.

Überblick

§ 64 regelt die Begleitung der Arbeit der BNetzA, und zwar sowohl ihrer Entscheidungen iSd § 29 (→ Rn. 10) wie auch von Begutachtungen zu Fragen der (Energienetz-)Regulierung (→ Rn. 11), auf deren (fakultative) Initiative durch „wissenschaftliche Kommissionen" (→ Rn. 5 ff.), mit Vorgaben in Absatz 1 auch zu deren Besetzung (→ Rn. 12). In Absatz 2 ist die Möglichkeit zu „fortlaufender" wissenschaftlicher Unterstützung (auch jenseits der in Absatz 1 genannten Kommissionen sowie speziell hinsichtlich der Vergabe von Gutachtenaufträgen) noch generalisiert (→ Rn. 18 ff.), jedoch durch Absatz 2 Satz 2 regelbeispielhaft auf bestimmte Sachmaterien bzw. Kernaufgaben der BNetzA beschränkt (→ Rn. 21).

Übersicht

	Rn.		Rn.
A. Entstehung und Normzweck	1	II. Vorgaben für die Kommissionen	12
B. Wissenschaftliche Kommissionen (Abs. 1)	5	III. Keine Bindungswirkung	17
I. Ermessen der BNetzA	6	C. Fortlaufende wissenschaftliche Unterstützung (Abs. 2)	18

A. Entstehung und Normzweck

§ 64 wurde mit der Zweiten (Groß-)**Reform des Energiewirtschaftsrechts vom 1 7.7.2005** (BGBl. I 1970) in das EnWG eingefügt und besteht seitdem unverändert.

Laut Gesetzesbegründung sollte die Vorschrift der BNetzA die Möglichkeit eröffnen, 2 zur Vorbereitung ihrer Entscheidungen (auch) bei der Aufsicht über Netze im Bereich der leitungsgebundenen Energieversorgung auf wissenschaftliche Beratung zurückzugreifen. Diese Möglichkeit bestand damals (2005) bereits im **Telekommunikationssektor** und sollte die diesbezügliche Bestimmung in § 125 TKG in entsprechend (dh auf die Bedarfe speziell der Energienetzregulierung, Anm. d. Verf.) angepasster Form im EnWG übernommen werden (vgl. BR-Drs. 613/04, 136).

Eine dem § 125 TKG (für den Telekommunikations- und den Postsektor) und § 64 3 entsprechende Vorschrift findet sich inzwischen **für den Eisenbahnsektor** in § 74 ERegG (Eisenbahnregulierungsgesetz v. 29.8.2016, BGBl. I 2082).

Konkreter soll die **wissenschaftliche Beratung** dazu dienen, die BNetzA bei der Erledi- 4 gung der ihr im Energiesektor und speziell in Sachen Energienetzregulierung übertragenen vielfältigen Aufgaben wie auch bei der zügigen Entwicklung diesbezüglicher Entscheidungen zu unterstützen (s. auch Theobald/Kühling/Theobald/Werk § 64 Rn. 4). Mit der Einbeziehung externer wissenschaftlicher Expertise eignet sich die Behörde **Spezialwissen** an und erweitert auf diese Weise ihre eigene Wissensbasis, erhöht ihre Flexibilität und optimiert ihre Entscheidungsprozesse; zudem solle die Beteiligung Externer zur Objektivierung der Entscheidungsfindung beitragen (so Theobald/Kühling/Theobald/Werk § 64 Rn. 5 in Anlehnung an Geppert/Schütz/Attendorn/Geppert § 125 Rn. 4).

B. Wissenschaftliche Kommissionen (Abs. 1)

Absatz 1 **Satz 1** ermächtigt die BNetzA zur Einsetzung wissenschaftlicher Kommissionen 5 während **Satz 2** Anforderungen an die Mitglieder dieser Kommissionen postuliert.,

I. Ermessen der BNetzA

6 Die Einrichtung von wissenschaftlichen Kommissionen steht im (weiten) **Ermessen** („kann"; s. statt aller auch Kment EnWG/Wahlhäuser § 64 Rn. 5) der **BNetzA**. Die Energieregulierungsbehörden der **Länder** sind von § 62 nicht adressiert. Dass sie sich ihrerseits wissenschaftlicher Beratung bei der Erfüllung ihrer energiespezifischen Aufgaben (§ 54 Abs. 2) bedienen können, ohne gleich und „förmlich" wissenschaftliche Kommissionen einzusetzen, wird man ihnen prinzipiell nicht absprechen können.

6.1 Schließlich steht dieses (informale) „Recht", freilich in den Grenzen jedenfalls der Befangenheitsregel in § 20 Abs. 1 Nr. 6 VwVfG (die wissenschaftliche Beratung als solche fällt grundsätzlich nicht darunter, so Stelkens/Bonk/Sachs/Schmidt VwVfG § 20 Rn. 39), jeder Verwaltungsbehörde zu. Zu berücksichtigen ist andererseits die Stellung der BNetzA quasi als „prima inter pares" unter den deutschen Energieregulierungsbehörden, wie etwa aus der Konzeption des „Länderausschusses" in § 60a folgt, nach dessen § 60a Abs. 2 den Landesregulierungsbehörden in Bezug auf Entscheidungen der BNetzA, die letztlich und iSd § 60a Abs. 1 für den „bundeseinheitlichen Vollzug" des EnWG sorgen muss, nur „Gelegenheit zur Stellungnahme" zu geben ist. Schon dies könnte dafür sprechen, eine eigene wissenschaftliche Beratung der Landesregulierungsbehörden nicht für statthaft zu halten.

7 Auch folgt aus der Regelung zur Zusammenarbeit der Regulierungsbehörden in § 64a Abs. 2, dass die Landesregulierungsbehörden die BNetzA bei **diesen u.a. nach § 64 obliegenden Aufgaben** unterstützen, und nicht etwa umgekehrt, und dass den Landesbehörden, sofern dabei deren eigene Aufgaben betroffen sind, wiederum nur „auf geeignete Weise Gelegenheit zur Mitwirkung" zu geben ist. Es dürfte sich vor diesem, durchaus etwas schillernden Hintergrund jedenfalls empfehlen, zur Einholung eigener wissenschaftlicher Beratung zu Fragen der Netzregulierung seitens Landesregulierungsbehörden vorab das **Einvernehmen mit der BNetzA** herzustellen.

8 Die BNetzA hat das ihr zustehende **Entschließungs-** wie auch ihr **Auswahlermessen** (so auch Kment EnWG/Wahlhäuser § 64 Rn. 7) „pflichtgemäß" und iSd § 40 VwVfG, § 114 VwGO auszuüben.

8.1 Strenggenommen und nicht nur „akademisch" lässt sich freilich fragen, ob Absatz 1 tatsächlich und im Rechtssinne als eigentliche Ermächtigungs- sowie Ermessensnorm anzusehen ist bzw. ob es zur Einsetzung wissenschaftlicher Kommissionen überhaupt und nach den Grundsätzen des „Gesetzesvorbehalts" einer gesetzlichen Ermächtigung bedarf. Die Einsetzung von Kommissionen bildet schließlich kaum mehr als einen **internen Organisationsakt** der BNetzA, von dem (als solchem) keine Regelungs- bzw. Außenwirkung ausgeht und der deshalb auch **nicht justiziabel** ist. Die Regelungen zum Verwaltungsermessen nach dem VwVfG sowie zu dessen Grenzen bzw. zu Ermessensfehlerlehre (dazu Ziekow ÖffWirtschaftsR VwVfG § 40 Rn. 25 ff., 38 ff.) bestehen dagegen vorwiegend in Bezug auf eigentliche (vor allem belastende) Verwaltungsakte iSd § 35 VwVfG, wie auch die Vorschrift zum Ermessen in § 40 VwVfG innerhalb von Teil III des Gesetzes („Verwaltungsakt") deutlich macht.

9 Geht man vom Bestehen klassischen Verwaltungsermessens aus, so müssen u.a. nach dem rechtsstaatlichen bzw. aus dem allgemeinen Gleichheitsgrundsatz folgenden Willkürverbot respektive **Objektivitätsgebot** (allg. und instruktiv dazu Maunz/Dürig/P. Kirchhof GG Art. 3 Abs. 1 Rn. 429 ff.) sowohl die Konzeption und Aufgaben der jeweils einzurichtenden Kommission wie die Auswahl ihrer Mitglieder hinreichend sachlich begründet sein. Gerade auch die Auswahl der Mitglieder hat ferner den **Gleichheitsanforderungen** nach Art. 3 GG zu genügen und u.a. diskriminierungsfrei vonstattenzugehen (→ Rn. 20).

10 Das Entschließungsermessen zum „Ob" der Einsetzung wissenschaftlicher Kommissionen sieht sich in gewisser Weise dadurch reduziert, dass diese Kommissionen nach Satz 1 Alternative 1 nur **zur Vorbereitung von Entscheidungen der BNetzA** geschaffen werden können. Mit „Entscheidungen" sind zunächst einmal (Einzelfall-)Entscheidungen bzw. sämtliche Festlegungen gegenüber einem Netzbetreiber, einer Gruppe von oder allen Netzbetreibern (dann in Fassung der Allgemeinverfügung → § 29 Rn. 15) erfasst. Wenn wissenschaftliche Kommissionen (nur) „zur Vorbereitung" dieser Entscheidungen eingesetzt werden können, könnte die Bildung entsprechender Expertengremien zur „Nach"-Bereitung dieser Entscheidungen bzw. für eine wissenschaftliche ex post-Analyse der Arbeit der BNetzA ausgeschlossen sein. Allerdings ist nach Satz 1 Alternative 2 die Einsetzung wissenschaftlicher Kommissionen auch – und allgemeiner – zur „Begutachtung von Fragen der Regulierung" möglich und wird insoweit keine ausschließliche ex ante-Betrachtung gefordert. Insofern kommt dann auch die Einsetzung wissenschaftlicher Kommissionen gerade **auch zur „Nachbereitung"** von Entscheidungen der Kommission in Betracht. Gleiches folgt eigentlich, freilich jenseits der Einsetzung eigentlicher wissenschaftlicher Kommissionen, auch aus Absatz 2, wenn sich die BNetzA danach gerade auch „fortlaufend" wissenschaftlicher Unterstützung bedienen kann.

Die nach Absatz 1 Satz 1 Alternative 2 alternativ mögliche Einsetzung wissenschaftlicher Kommissionen zur **Begutachtung von Fragen der Regulierung** erfasst ihrerseits ein breites Spektrum an denkbaren Problemlagen, vor allem im Anwendungsbereich des eigentlichen (Energie-)Netzregulierungsrechts nach Teil 3 (§§ 11 ff.) des EnWG. Darüber hinaus wird man die Einsetzung derartiger Expertenkommissionen, entsprechend dem Zweck des § 62 (→ Rn. 4), **auch außerhalb der** (eigentlichen) **Netzregulierung** für möglich halten können, so namentlich im Rahmen der der BNetzA obliegenden Planung von länderübergreifenden und grenzüberschreitenden Höchstspannungsleitungen nach BBPlG und NABEG etwa bezüglich der Konzeption von „Antragskonferenzen" und der Festlegung des Untersuchungsrahmens für die Bundesfachplanung nach § 7 NABEG. **11**

II. Vorgaben für die Kommissionen

Bei wissenschaftlichen Kommissionen (der Begriff ist im EnWG nicht eigens definiert) handelt es sich zunächst und nach allgemeinem Sprachverständnis zum Begriff **„Kommission"** um offiziell bzw. amtlich mit bestimmten Aufgaben betraute Gremien, die überdies häufig mit Fachleuten bzw. Sachverständigen besetzt sind, so die Definition nach Duden (online), Aufruf am 1.9.2021. Bei den in Absatz 1 Satz 1 genannten Kommissionen geht es gerade um solche Expertenkommissionen, schon weil diese nach Satz 2 **mit besonders ausgewiesenen ExpertInnen** aus der Wissenschaft zu besetzen sind. **12**

Der Regelungskontext mit Absatz 1 Satz 2 besagt zugleich, was gerade unter einer **„wissenschaftlichen"** Kommission zu verstehen ist. Diese müssen nicht nur mit ausgewiesenen WissenschaftlerInnen besetzt sein; Satz 2 impliziert außerdem, dass in den Kommissionen „wissenschaftlich", und das heißt, unter Anwendung wissenschaftlicher **Methodik** bzw. auf der Grundlage von auf diese Weise erlangten Erkenntnissen gearbeitet wird. Nach allgemeinem Sprachverständnis erfasst „Wissenschaft" in diesem Sinne die (ein begründetes, geordnetes, für sicher bzw. „wahr" erachtetes) Wissen hervorbringende forschende Tätigkeit in einem bestimmten (Sach-)Bereich, nach Duden (online), Aufruf am 1.9.2021. **13**

Methodisch geht es um das gesicherte und in einen rationalen Begründungszusammenhang gestellte Wissen, welches kommunizierbar und überprüfbar ist, sowie bestimmten wissenschaftlichen Kriterien folgt. Wissenschaft bezeichnet somit (auch) ein zusammenhängendes System von Aussagen, Theorien und Verfahrensweisen, das strengen Prüfungen der Geltung unterzogen wurde und mit dem Anspruch objektiver, überpersönlicher Gültigkeit verbunden ist (vgl. Carrier, Lexikon der Philosophie, 2011, S. 312). **13.1**

Die **Besetzung** der wissenschaftlichen Kommissionen spezifiziert Absatz 1 Satz 2 dahingehend, dass deren Mitglieder über **besondere** volkswirtschaftliche, betriebswirtschaftliche, verbraucherpolitische, technische oder rechtliche **Erfahrungen und** über ausgewiesene **wissenschaftliche Kenntnisse** verfügen müssen. Die besonderen fachlichen Erfahrungen müssen ferner gerade **auf dem Gebiet der leitungsgebundenen Energieversorgung** vorliegen, weshalb nicht „energieaffine" VertreterInnen der genannten Fachdisziplinen als Mitglieder der Kommissionen ausscheiden. „Ausgewiesene" wissenschaftliche Kenntnisse der Mitglieder sind am ehesten, und soweit vorhanden, anhand der wissenschaftlichen Publikationen, ansonsten aufgrund von Beratungs-, Gutachter- und Vortragstätigkeiten der Betreffenden zu ermitteln. In Betracht kommen insofern nicht nur HochschullehrerInnen, sondern auch erfahrene und ihrerseits wissenschaftlich ausgewiesene Praktiker, bspw. auf dem Gebiet gerade des Energie(regulierungs-)rechts tätige RechtsanwältInnen, Ingenieure sowie Wirtschaftsprüfer- und -beraterInnen. **14**

Bei der BNetzA existiert im beschriebenen Sinne schon seit der anfänglichen Befassung der Behörde (bis 2005 noch „RegTP") nur mit Telekommunikations- und Postmärkten der **Wissenschaftliche Arbeitskreis für Regulierungsfragen (WAR)**. Dieses Gremium ist (Stand: Februar 2023) ausschließlich mit HochschullehrerInnen besetzt. Der Beschreibung **15**

EnWG § 64

der BNetzA nach (s. unter www.bnetza.de unter Bundesnetzagentur unter Beiräte, Gremien und Beauftragte; Aufruf am 28.2.2022) berät der WAR die BNetzA „in voller Unabhängigkeit in Fragen von allgemeiner regulierungspolitischer Bedeutung" und teilt die Ergebnisse seiner Beratungen „in Form öffentlich verfügbarer Stellungnahmen" mit, s. dazu bspw. die vom WAR bislang erarbeiteten „Leitlinien für die Regulierungspolitik" vom 2.6.2005. Der Arbeitskreis tagt den BNetzA-Angaben zufolge des Weiteren „in der Regel sechsmal jährlich unter Teilnahme des Präsidiums und weiterer Vertreter*innen der Bundesnetzagentur".

16 Ansonsten sind wissenschaftlichen Kommissionen der BNetzA von **sonstigen Beratungs- und/oder Abstimmungsgremien** nach Absatz 1, zu denen schon angesichts anderweitiger Rechtsgrundlagen höchstens Parallelen in der Aufgabenstellung bestehen, abzugrenzen. Dies gilt namentlich für den nach § 5 BNAG bestehenden „Beirat" der BNetzA mit jeweils 16 VertreterInnen des Bundestags und des Bundesrats (zu den Aufgaben s. § 60) und ebenso für den gleichfalls mit VertreterInnen des Bundestags wie des Bundesrats zu besetzenden und für Fragen des Zugangs zur Eisenbahninfrastruktur gebildeten „Eisenbahnstrukturbeirat" bei der BNetzA gem. § 4 Abs. 4 BundeseisenbahnverkehrsverwaltungsG und § 79 ERegG. Ferner besteht gem. § 32 NABEG bei der BNetzA der ständige „Bundesfachplanungsbeirat" mit VertreterInnen der BNetzA, der Länder und der Bundesregierung zur Beratung der BNetzA in Grundsatzfragen zur Bundesfachplanung und zur Aufstellung des Bundesnetzplans sowie zu den Grundsätzen der Planfeststellung. Nach Eigendarstellung der BNetzA (www.bnetza.de) dient das Gremium speziell als „Bindeglied insbesondere zwischen der BNetzA und den Ländern" und zur Abstimmung mit den letzteren bei Planungsentscheidungen für ländergrenzenüberschreitende Höchstspannungsleitungen („Stromautobahnen").

III. Keine Bindungswirkung

17 Wissenschaftliche Kommissionen der BNetzA sind in ihrer Arbeit **unabhängig,** geht von ihren Stellungnahmen und dergleichen jedoch keinerlei Bindungswirkung für die von der Regulierungsbehörde zu treffenden Entscheidungen aus. Die Einbeziehung von Sachverständigen nach Absatz 1 – Gleiches gilt für die wissenschaftliche Unterstützung nach Absatz 2 – **entbindet die BNetzA** mit anderen Worten **nicht von der (Eigen-) Verantwortung** für die Erledigung der ihr zugewiesenen Aufgaben. Wissenschaftliche Kommissionen und Gutachten können Entscheidungen der BNetzA allenfalls vorbereiten, nicht aber ersetzen und ist die BNetzA deshalb verpflichtet, die von ihr eingeholten Stellungnahmen sorgfältig zu studieren, zu prüfen und auch kritisch zu hinterfragen (s. insgesamt Säcker EnergieR/Säcker/König § 64 Rn. 2; ihrerseits angelehnt an Britz/Hellermann/Hermes/Hermes, 3. Aufl., § 64 Rn. 3 und Theobald/Kühling/Theobald/Werk § 64 Rn. 7).

C. Fortlaufende wissenschaftliche Unterstützung (Abs. 2)

18 Während die Einsetzung wissenschaftlicher Kommissionen nach Absatz 1 Satz 1 vorrangig fallbezogen orientiert ist, sieht Absatz 2 Satz 1 darüber hinaus und **allgemeiner** gerade auch eine fortlaufende **wissenschaftliche Unterstützung** der Arbeit der BNetzA vor (s. auch Säcker EnergieR/Säcker/König § 64 Rn. 1).

19 Regelmäßig geschieht die fortlaufende wissenschaftliche Unterstützung aufgrund von **Beratungs- und Gutachtenaufträgen** (Säcker EnergieR/Säcker/König § 64 Rn. 6). Zur **fachlichen Qualifikation** besagt Absatz 2 Satz 1 im Unterschied zur Besetzung der wissenschaftlichen Kommissionen (s. Absatz 2 Satz 2) nichts. Jedoch wird allgemein davon ausgegangen, dass Aufträge nach Absatz 2 nur an hinreichend qualifizierte und auch einschlägig ausgewiesene **WissenschaftlerInnen** vergeben werden können, weil nur so die gesetzlich angestrebte, gerade auch „wissenschaftliche" Unterstützung der BNetzA zu erreichen ist (s. nur Säcker EnergieR/Säcker/König § 64 Rn. 7; Kment EnWG/Wahlhäuser § 64 Rn. 11, jew. mwN).

20 Als wissenschaftliche Berater oder Gutachter im vorbeschriebenen Sinne kommen **einzelne WissenschaftlerInnen,** namentlich HochschullehrerInnen, oder wissenschaftlich entsprechend ausgerichtete wie ausgewiesene, öffentliche oder private **Forschungs- und/oder Beratungseinrichtungen** („Thinktanks") bzw. einschlägig befasste (Beratungs-) Unternehmen in Betracht (s. auch Britz/Hellermann/Hermes/Hermes, 3. Aufl., § 64 Rn. 10). Bei der Vergabe von Beratungs- oder Gutachtenaufträgen hat die BNetzA ferner

die **Vorgaben des Haushaltsrechts und des Rechts der öffentlichen Auftragsvergabe** zu befolgen (s. nur Kment EnWG/Wahlhäuser § 64 Rn. 10 mwN). Schon aus Gleichheitsgründen wird sie bei der Auswahl von Anbietern auch nicht (allein) nach dem Kriterium „bekannt und gewährt" verfahren können, sondern muss gerade auch Erst- und Neuanbietern („newcomer") jedenfalls die nichtdiskriminierende Beteiligung am Vergabeverfahren ermöglichen.

Absatz 2 Satz 2 präzisiert die fortlaufende wissenschaftliche Unterstützung der BNetzA noch **in inhaltlicher Hinsicht.** Diese soll „insbesondere" die regelmäßige Begutachtung der volkswirtschaftlichen, betriebswirtschaftlichen, technischen und rechtlichen Entwicklung auf dem Gebiet der leitungsgebundenen Energieversorgung (Nr. 1) und/oder die Aufbereitung und Weiterentwicklung der Grundlagen für die Gestaltung der Regulierung des Netzbetriebs, die Regeln über den Netzanschluss und -zugang sowie den Kunden- und Verbraucherschutz (Nr. 2) betreffen. Da es sich insoweit um nicht abschließend genannte Regelbeispiele („insbesondere") handelt, kommen daneben auch andere Themenstellungen in Betracht (s. zu entsprechenden Beispielen aus der Beratungspraxis für die BNetzA Säcker EnergieR/Säcker/König § 64 Rn. 9). 21

§ 64a Zusammenarbeit zwischen den Regulierungsbehörden

(1) ¹**Die Bundesnetzagentur und die Landesregulierungsbehörden unterstützen sich gegenseitig bei der Wahrnehmung der ihnen nach § 54 obliegenden Aufgaben.** ²**Dies gilt insbesondere für den Austausch der für die Wahrnehmung der Aufgaben nach Satz 1 notwendigen Informationen.**

(2) ¹**Die Landesregulierungsbehörden unterstützen die Bundesnetzagentur bei der Wahrnehmung der dieser nach den §§ 35, 60, 63 und 64 obliegenden Aufgaben; soweit hierbei Aufgaben der Landesregulierungsbehörden berührt sind, gibt die Bundesnetzagentur den Landesregulierungsbehörden auf geeignete Weise Gelegenheit zur Mitwirkung.** ²**Dies kann auch über den Länderausschuss nach § 60a erfolgen.**

Überblick

Die Vorschrift verpflichtet die BNetzA und die Landesregulierungsbehörden zu intensiver Zusammenarbeit bei der Wahrnehmung der jeweiligen Regulierungsaufgaben (→ Rn. 3). Sie ist Folge der Aufteilung der Vollzugskompetenzen zwischen Bund und Ländern im Zuge des Gesetzgebungsverfahrens zum Erlass des Zweiten Gesetzes zur Neuregelung des Energiewirtschaftsrechts vom 7.7.2005 (BGBl. I 1970).

A. Normzweck und Bedeutung

Die Regelung ist vor dem Hintergrund der aufgeteilten Wahrnehmung der Regulierungsaufgaben durch Bund und Länder zu sehen. Nachdem sich die Länder mit einer entsprechenden Forderung im Gesetzgebungsverfahren durchgesetzt hatten (→ § 60a Rn. 3 ff.), bedurfte es flankierender Elemente, die gleichwohl einen **gleichmäßigen Verwaltungsvollzug des Regulierungsrechts** sicherstellen sollen. Diese Funktion besteht zum einen aus einer institutionellen Komponente in Gestalt der Einrichtung des Länderausschusses (→ § 60a Rn. 13 ff.), zum anderen aus einer formalen Komponente durch umfassende gegenseitige Unterstützungs- und Informationspflichten nach § 64a. Hierbei handelt es sich in der Sache um eine Kodifizierung der Zusammenarbeit von Vollzugsbehörden unterschiedlicher Rechtsträger, die in einem föderal strukturierten Bundesstaat selbstverständlich sein sollte (Britz/Hellermann/Hermes/Hermes § 64a Rn. 3). 1

B. Entstehungsgeschichte

Die Vorschrift geht zurück auf eine Änderungsmaßgabe des Bundesrates (BR-Drs. 613/04(B) Ziffer 53, S. 36 ff.) im sog. ersten Durchgang des Gesetzgebungsverfahrens zur Novel- 2

EnWG § 64a   Teil 7. Behörden

lierung des EnWG im Jahre 2005 (Art. 1 des Zweiten Gesetzes zur Neuregelung des Energiewirtschaftsrechts vom 7.7.2005, BGBl. I 1970). Während der Gesetzentwurf der Bundesregierung eine bundeseinheitliche Regulierung durch eine Bundesbehörde vorsah, forderte eine Mehrheit der Länder eine Aufteilung der Regulierungszuständigkeiten zwischen Bund und Ländern (ausführlich → § 60a Rn. 3 ff.). Diese Forderung bildete sich in der erwähnten Änderungsmaßgabe primär in einer geänderten Fassung des § 54 ab (→ § 54 Rn. 19), die Einfügung des neuen § 64a ist dort nur als Folgeänderung vorgesehen, eine gesonderte Begründung findet sich dementsprechend nicht. Im Vermittlungsverfahren, das erforderlich wurde, nachdem der Bundesrat dem vom Bundestag beschlossenen Gesetz seine Zustimmung verweigert hatte, wurde diese Forderung der Länder wieder aufgegriffen. Die Beschlussempfehlung des Vermittlungsausschusses (BT-Drs. 15/5736) enthält in Ziffer 32 (S. 7) die Vorschrift in der Fassung, die bis heute gültig ist (ausf. Säcker EnergieR/Zeidler § 64a Rn. 6 ff.).

C. Gegenseitige Informations- und Kooperationspflicht der Regulierungsbehörden

3   Die Vorschrift unterscheidet hinsichtlich der **gegenseitigen Informations- und Kooperationspflichten** zwischen solchen Aufgaben einerseits, die von Bund und Länder parallel wahrgenommen werden, aufgeteilt gem. § 54 Abs. 2 anhand der Zahl der in einem Netzgebiet angeschlossenen Kunden, und solchen Aufgaben andererseits, die nur von der BNetzA wahrgenommen werden (Kment EnWG/Wahlhäuser § 64a Rn. 2).

I. Gegenseitige Kooperationspflicht

4   Nach Absatz 1 Satz 1 sind die BNetzA und die Landesregulierungsbehörden bei solchen Aufgaben, die von ihnen in Abhängigkeit von der Zahl der angeschlossenen Kunden parallel wahrgenommen werden, zu gegenseitiger Unterstützung verpflichtet. Als ein Beispiel dieser Unterstützungspflicht nennt Satz 2 den **gegenseitigen Informationsaustausch,** weitere Formen der Unterstützung hat der Gesetzgeber nicht näher ausformuliert, sodass im Zweifel eine weite Auslegung angezeigt erscheint (Kment EnWG/Wahlhäuser § 64a Rn. 7; Säcker EnergieR/Zeidler § 64a Rn. 14). Da all dies auch bereits aus dem **Grundsatz bundestreuen Verhaltens** (Kment EnWG/Wahlhäuser § 64a Rn. 1; ausf. Säcker EnergieR/Zeidler § 64a Rn. 3) ableitbar ist, kann die Vorschrift auch als besondere Mahnung an die Regulierungsbehörden verstanden werden, nicht gegeneinander zu arbeiten, also insbesondere nicht Informationen, die für die andere Seite von Bedeutung sein können, bewusst zurückzuhalten oder gar sich widersprechende oder miteinander unvereinbare Maßnahmen zu ergreifen (vgl. etwa Britz/Hellermann/Hermes/Hermes § 64a Rn. 6; Theobald/Kühling/Theobald/Werk § 64a Rn. 10).

5   Nach wohl überwiegender Auffassung statuiert § 64a Abs. 1 nur eine Unterstützungspflicht zwischen der BNetzA auf der einen Seite und den Landesregulierungsbehörden auf der anderen Seite, nicht aber **gegenseitige Unterstützungspflichten zwischen den Landesregulierungsbehörden** untereinander, weil dem Bund eine Kompetenz zur Regelung einer solchen Pflicht der Landesregulierungsbehörden fehle (Britz/Hellermann/Hermes/Hermes § 64a Rn. 5; Theobald/Kühling/Theobald/Werk § 64a Rn. 5). Unabhängig davon besteht ein Bedürfnis für gegenseitige Unterstützungen und Koordinierungen auch zwischen Landesregulierungsbehörden, gerade bei Aufgaben, die sie parallel nebeneinander und mit Auswirkungen auf jeweils andere Zuständigkeitsbereiche wahrnehmen. Insbesondere gilt dies in Fällen von Netzübergängen nach § 26 ARegV mit ländergrenzenüberschreitenden Bezügen.

II. Unterstützungspflicht der Landesregulierungsbehörden gegenüber der BNetzA

6   Im Gegensatz zur gegenseitigen Kooperationspflicht nach Absatz 1 sind die Landesregulierungsbehörden nach Absatz 2 Satz 1 Halbsatz 1 verpflichtet, die BNetzA bei der Wahrnehmung bestimmter, in der Vorschrift enumerativ aufgezählter Aufgaben (dazu im Einzelnen Säcker EnergieR/Zeidler § 64a Rn. 19 ff.) zu unterstützen, wobei die Unterstützungsleistung im Einzelfall weit auszulegen sein dürfte (Kment EnWG/Wahlhäuser § 64a Rn. 10; Säcker EnergieR/Zeidler § 64a Rn. 18). Es handelt sich um Aufgaben, die das EnWG der alleinigen

Zuständigkeit der BNetzA zuschreibt, um hierdurch eine effiziente Marktaufsicht zu gewährleisten (Kment EnWG/Wahlhäuser § 64a Rn. 9). Im Kern betrifft die Unterstützungspflicht Aufgaben der BNetzA, bei deren Wahrnehmung sie zumindest teilweise auf Informationen angewiesen ist, die bei den Landesregulierungsbehörden in deren Zuständigkeitsbereichen anfallen.

Die Unterstützungspflicht der Landesregulierungsbehörden erweitert sich nach dem Halbsatz 2 zu einer einzuräumenden **Mitwirkungsgelegenheit,** soweit ihre Aufgaben berührt werden. Ein Anwendungsbereich für diese Regelung erscheint zunächst gering, geht es doch in Absatz 2 insgesamt nur um Aufgaben, die die BNetzA allein wahrnimmt. Es können somit allenfalls Entscheidungen oder Maßnahmen der BNetzA im Rahmen der genannten Aufgaben gemeint sein, die zumindest mittelbar geeignet sind, die **Regulierungstätigkeit der Landesregulierungsbehörden** zu beeinflussen (vgl. Kment EnWG/Wahlhäuser § 64a Rn. 16), ohne deren Wahrnehmungszuständigkeit zu eröffnen (Theobald/Kühling/Theobald/Werk § 64a Rn. 14). Aus Satz 2 wird jedoch deutlich, dass auch dieses Mitwirkungsrecht der Länder nicht weiter reicht als die Mitwirkungsmöglichkeiten, die die Länder im Länderausschuss haben (→ § 60a Rn. 14 ff.).

7

Teil 8. Verfahren und Rechtsschutz bei überlangen Gerichtsverfahren

Abschnitt 1. Behördliches Verfahren

§ 65 Aufsichtsmaßnahmen

(1) ¹Die Regulierungsbehörde kann Unternehmen oder Vereinigungen von Unternehmen verpflichten, ein Verhalten abzustellen, das den Bestimmungen dieses Gesetzes sowie den auf Grund dieses Gesetzes ergangenen Rechtsvorschriften entgegensteht. ²Sie kann hierzu alle erforderlichen Abhilfemaßnahmen verhaltensorientierter oder struktureller Art vorschreiben, die gegenüber der festgestellten Zuwiderhandlung verhältnismäßig und für eine wirksame Abstellung der Zuwiderhandlung erforderlich sind. ³Abhilfemaßnahmen struktureller Art können nur in Ermangelung einer verhaltensorientierten Abhilfemaßnahme von gleicher Wirksamkeit festgelegt werden oder wenn letztere im Vergleich zu Abhilfemaßnahmen struktureller Art mit einer größeren Belastung für die beteiligten Unternehmen verbunden wäre.

(2) Kommt ein Unternehmen oder eine Vereinigung von Unternehmen seinen Verpflichtungen nach diesem Gesetz oder den auf Grund dieses Gesetzes erlassenen Rechtsverordnungen nicht nach, so kann die Regulierungsbehörde die Maßnahmen zur Einhaltung der Verpflichtungen anordnen.

(2a) ¹Hat ein Betreiber von Transportnetzen aus anderen als zwingenden, von ihm nicht zu beeinflussenden Gründen eine Investition, die nach dem Netzentwicklungsplan nach § 12c Absatz 4 Satz 1 und 3 oder § 15a in den folgenden drei Jahren nach Eintritt der Verbindlichkeit nach § 12c Absatz 4 Satz 1 oder § 15a Absatz 3 Satz 8 durchgeführt werden musste, nicht durchgeführt, fordert die Regulierungsbehörde ihn mit Fristsetzung zur Durchführung der betreffenden Investition auf, sofern die Investition unter Zugrundelegung des jüngsten Netzentwicklungsplans noch relevant ist. ²Um die Durchführung einer solchen Investition sicherzustellen, kann die Regulierungsbehörde nach Ablauf der Frist nach Satz 1 ein Ausschreibungsverfahren zur Durchführung der betreffenden Investition durchführen oder den Transportnetzbetreiber verpflichten, eine Kapitalerhöhung im Hinblick auf die Finanzierung der notwendigen Investitionen durchzuführen und dadurch unabhängigen Investoren eine Kapitalbeteiligung zu ermöglichen. ³Die Regulierungsbehörde kann durch Festlegung nach § 29 Absatz 1 zum Ausschreibungsverfahren nähere Bestimmungen treffen.

(3) Soweit ein berechtigtes Interesse besteht, kann die Regulierungsbehörde auch eine Zuwiderhandlung feststellen, nachdem diese beendet ist.

(4) § 30 Abs. 2 bleibt unberührt.

(5) Die Absätze 1 und 2 sowie die §§ 68, 69 und 71 sind entsprechend anzuwenden auf die Überwachung von Bestimmungen dieses Gesetzes und von auf Grund dieser Bestimmungen ergangenen Rechtsvorschriften durch die nach Landesrecht zuständige Behörde, soweit diese für die Überwachung der Einhaltung dieser Vorschriften zuständig ist und dieses Gesetz im Einzelfall nicht speziellere Vorschriften über Aufsichtsmaßnahmen enthält.

(6) Die Bundesnetzagentur kann gegenüber Personen, die gegen Vorschriften der Verordnung (EU) Nr. 1227/2011 verstoßen, sämtliche Maßnahmen nach den Absätzen 1 bis 3 ergreifen, soweit sie zur Durchsetzung der Vorschriften der Verordnung (EU) Nr. 1227/2011 erforderlich sind.

Überblick

§ 65 stellt mit weitreichenden Eingriffsbefugnissen die Generalermächtigung für Regulierungsbehörden im Energiesektor dar. In Absatz 1 ist die klassische Untersagungsverfügung geregelt, während in Absatz 2 die Anordnungsverfügung geregelt ist, die der Regulierungsbehörde die Möglichkeit eröffnet, einen rechtmäßigen Zustand durch Anordnung von Maßnahmen im Falle von pflichtwidrigem Unterlassen herzustellen (→ Rn. 4). Absatz 2a ermächtigt die Regulierungsbehörde, Maßnahmen im Falle eines Verstoßes gegen Investitionspflichten eines Transportnetzbetreibers vorzunehmen (→ Rn. 16). Absatz 3 räumt der Regulierungsbehörde eine Feststellungsbefugnis für bereits beendete Verstöße ein (→ Rn. 17). Absatz 4 regelt das Verhältnis zu § 30 Abs. 2 (→ Rn. 18). Absatz 5 räumt auch Behörden, die nach Landesrecht zuständig sind, ausdrücklich die Befugnisse aus Absätzen 1 und 2 ein (→ Rn. 19). In Absatz 6 wurde eine Ermächtigungsgrundlage für die BNetzA geschaffen, um gegen Verstöße gegen die VO (EU) 1227/2011 (REMIT-VO) vorgehen zu können (→ Rn. 20).

Übersicht

	Rn.		Rn.
A. Entstehungsgeschichte	1	E. Investitionen der Netzbetreiber (Abs. 2a)	16
B. Zuständigkeit	2	F. Nachträgliche Feststellung einer Zuwiderhandlung (Abs. 3)	17
C. Voraussetzungen	3		
I. Tatbestand der Abs. 1 und 2	4	G. Maßnahmen im Rahmen der Missbrauchsaufsicht (Abs. 4)	18
II. Der Verstoß	5		
III. Die Adressaten	8	H. Aufsichtsmaßnahmen der nach Landesrecht zuständigen Behörde (Abs. 5)	19
D. Rechtsfolge	10		
I. Ermessen	10	I. Durchsetzung der REMIT-Verordnung (Abs. 6)	20
II. Weitere Voraussetzungen	13	J. Verhältnis zu anderen Vorschriften	21

A. Entstehungsgeschichte

§ 65 fand Einzug mit der Novellierung als EnWG 2005, welches am 13.7.2005 in Kraft trat und das EnWG 1998 ablöste. Bis dahin lag die Aufsicht über die Energieversorgungsunternehmen bei den Bundesländern und daneben gab es eine Zuständigkeit der Kartellbehörden. Inhaltlich ist der § 65 dem § 32 GWB und dem § 126 TKG nachgebildet (BT-Drs. 15/3917, 70). Dem Grunde nach war die Einfügung des § 65 jedoch eine Reaktion auf die Elektrizitäts-Binnenmarkt-RL (RL 2003/54/EG), welche in Art. 23 Abs. 1 eine unabhängige und starke Regulierungsbehörde forderte. Eine erste Überarbeitung erhielt § 65 im Jahr 2011, bedingt durch die Elektrizitäts-Binnenmarkt-RL (RL 2009/72/EG), welche generell eine weitreichende Novellierung des EnWG auslöste. So wurde der Wortlaut in Absatz 1 durch klarstellende Regelungen erweitert und die Absätze 2a und 5 eingefügt. Absatz 6 wurde mit der Novelle aus dem Jahr 2012 eingefügt. Absatz 2a wurde mit der Novelle im Jahr 2021 ergänzt. Die europarechtliche Grundlage für die Aufgaben und Befugnisse der Regulierungsbehörden findet sich nunmehr in Art. 59 Elektrizitäts-Binnenmarkt-RL (RL (EU) 2019/944). 1

§ 65 trat mit dem Gesetz vom 7.7.2005 mit Wirkung zum 13.7.2005 in Kraft (BGBl. 2005 I 1970, berichtigt BGBl. 2005 I 3621). Mit Gesetz vom 26.7.2011 (BGBl. I 1554) wurden § 65 Abs. 1 S. 2, 3 sowie Abs. 2a und Abs. 5 mit Wirkung zum 4.8.2011 eingefügt. Mit Gesetz vom 5.12.2012 (BGBl. I 2403) wurde Absatz 6 mit Wirkung zum 12.12.2012 eingefügt. Mit Gesetz vom 16.7.2021 wurde mit Wirkung zum 27.7.2021 Absatz 2a Satz 1 geändert und Satz 2 neu gefasst (BGBl. 2021 I 3026). 1.1

B. Zuständigkeit

In Absatz 1 wird die Zuständigkeit den Regulierungsbehörden zugewiesen. Dieser Begriff ist zunächst vor dem Dreiklang BNetzA, Landesregulierungsbehörde und nach Landesrecht zuständige Behörde zu verstehen (vgl. § 55 und auch → Rn. 2.1). Mit Blick auf § 54 und § 64a sind mit dem Begriff Regulierungsbehörden daher die BNetzA und die Landesregulierungsbehörden gemeint (aA Theobald/Kühling/Theobald/Werk § 65 Rn. 9, wonach hier nur die BNetzA gemeint sei und ein gesetzgeberisches Versehen vorliege). Gegen die These 2

2.1 Sowohl die Regelung in § 55 als auch die Regelung in § 65 Abs. 5 zeigen, dass die Begriffe Landesregulierungsbehörde und nach Landesrecht zuständige Behörde nicht synonym zu verstehen sind. Dies kann in vielen Fällen ein und dieselbe Behörde sein, oftmals als Abteilung in den jeweiligen Landeswirtschaftsministerien, aber wie zahlreiche Vorschriften im EnWG zeigen, können dies auch andere Behörden als die Landesregulierungsbehörde sein, so zB nach Baurecht zuständige Behörden (vgl. zB § 43 oder § 66 Abs. 3).

C. Voraussetzungen

3 § 65 regelt drei Fallvarianten: Die klassische Untersagungs- und Gebotsverfügung in Absatz 1 und 2 (→ Rn. 4), die Durchsetzung der Investitionspflichten von Netzbetreibern in Absatz 2a (→ Rn. 16) sowie das Einschreiten der BNetzA im Falle von Verstößen gegen Vorschriften zur Regulierung des Energiegroßhandelsmarkts in Absatz 6 (→ Rn. 20).

I. Tatbestand der Abs. 1 und 2

4 In den Absätzen 1 und 2 wird zwischen aktivem Tun und Unterlassen unterschieden, tatbestandlich handelt es sich jedoch in beiden Fällen um einen Verstoß gegen die Vorschriften des EnWG, sodass ein einheitlicher Tatbestand vorliegt (so auch Bourwieg/Hellermann/Hermes/Burmeister § 65 Rn. 4).

II. Der Verstoß

5 Gemäß Absatz 1 muss ein Verstoß gegen **„Bestimmungen dieses Gesetzes sowie den auf Grund dieses Gesetzes ergangenen Rechtsvorschriften"** vorliegen. Damit stellt sich die Frage, ob unter den Begriff der Rechtsvorschriften auch Verwaltungsakte einzuordnen sind (so Bourwieg/Hellermann/Hermes/Burmeister § 65 Rn. 10). Jedoch wird unter Rechtsvorschrift regelmäßig eine Norm mit einer abstrakt-generellen Natur verstanden, dh die Regelung zielt auf eine Vielzahl an Sachverhalten und Adressaten (vgl. zu § 47 Abs. 1 Nr. 2 VwGO – BVerwG 15.9.1987 – 7 N 1.87, NVwZ 1988, 1119). Vor diesem Hintergrund wird man Verwaltungsakte, die konkret-individuelle Regelungen sind (bzw. im Falle von Allgemeinverfügungen konkret-abstrakte Regelungen), nicht unter den Begriff der „Rechtsvorschrift" subsumieren können (so auch Säcker EnergieR/Wende § 65 Rn. 12). Dies macht auch in struktureller Hinsicht Sinn, da eine fehlende Umsetzung von Festlegungen der Regulierungsbehörden mittels Zwangsgelds gem. § 94 durchgesetzt werden kann. Diese Überlegung greift jedoch nicht in den Fällen des Absatz 3 (→ Rn. 17), so dass die nachträgliche Feststellung eines Verstoßes gegen eine Festlegung der Regulierungsbehörden nach dieser Rechtsansicht ausgeschlossen wäre. Dies entspricht auch nicht der Zielsetzungen des Gesetzgebers, wonach auch Verfügungen der Regulierungsbehörden vom Begriff der „Rechtsvorschrift" umfasst sein sollen, wie die Gesetzesbegründung zu Absatz 5 zeigt (BT-Drs. 17/6365, 34). Für die Adressaten eines Aufsichtsverfahren aufgrund eines Verstoßes gegen eine Festlegung der Regulierungsbehörde bedeutet die Ausweitung des Begriffs „Rechtsvorschriften" auch auf Allgemeinverfügungen jedoch keinen Nachteil, da so, statt eines Zwangsgeldes, das mildere Mittel eines Verwaltungsverfahren mit entsprechenden Rechtsschutzmöglichkeiten angewendet werden kann. Verfassungsrechtliche Bedenken lassen sich jedenfalls dann entkräften, wenn bei der Herleitung des Verstoßes neben der jeweiligen Festlegung der Regulierungsbehörde auch auf die gesetzlichen oder verordnungsrechtlichen Grundlagen der Festlegung Bezug genommen wird (OLG Düsseldorf BeckRS 2021, 40019 Rn. 57).

6 Für das Vorliegen eines Verstoßes muss die Verletzungshandlung nicht abgeschlossen sein, vielmehr reicht die ernsthafte Besorgnis einer drohenden Gesetzesverletzung (OLG Düsseldorf EnWZ 2022, 84 Rn. 95 mwN).

Ein Verschulden ist für das Vorliegen eines Verstoßes nicht notwendig (OLG Düsseldorf 7 RdE 2013, 128 (131)). Liegt ein Verschulden vor, kommt jedoch ein Bußgeld nach den weiteren Voraussetzungen des § 95 in Betracht. Ein Verstoß scheidet aus, wenn eine das Verhalten gestattende Genehmigung vorliegt, jedoch bleiben zivil- oder kartellrechtliche Ansprüche hiervon unberührt (BGH BeckRS 2012, 15554 Rn. 17, 41).

III. Die Adressaten

Die Verfügungen richten sich an Unternehmen und Unternehmensvereinigungen. Der 8 Unternehmensbegriff ist weit auszulegen, sodass allein entscheidend ist, ob eine wirtschaftliche Betätigung vorliegt (vgl. für das GWB Immenga/Mestmäcker/Zimmer GWB § 1 Rn. 27 mwN). Unter diesen funktionalen Unternehmensbegriff können auch natürliche Personen fallen (Kment EnWG/Turiaux § 65 Rn. 23; aA Bourwieg/Hellermann/Hermes/Burmeister § 65 Rn. 7).

Die Rechtsform des Unternehmens ist unerheblich, so können beispielsweise Gemeinden, 9 welche die Energieversorgung als Eigenbetrieb organisiert haben, auch unter den Unternehmensbegriff fallen. Gleiches gilt für eingetragene Vereine, sofern diese im Anwendungsbereich des EnWG tätig sind, da es auf eine Gewinnerzielungsabsicht nicht ankommt (Theobald/Kühling/Theobald/Werk § 65 Rn. 18).

D. Rechtsfolge

I. Ermessen

Liegt ein Verstoß vor, so ist als Rechtsfolge der Erlass einer Verfügung im pflichtgemäßen 10 Ermessen der Regulierungsbehörde vorgesehen und der BGH hat deutlich gemacht, dass der Regulierungsbehörde dabei ein **weiter Ermessensspielraum** zukommt (BGH NVwZ 2014, 1600 (1601)). Die Sätze 2 und 3 des Absatzes 1 konkretisieren das Ermessen (BT-Drs. 17/6072, 92) und etablieren die Rangfolge zwischen verhaltensorientierten Maßnahmen und Maßnahmen struktureller Art. Verhaltensorientierte Maßnahmen knüpfen an das unternehmerische Verhalten an, die wohl häufigste Variante dürfte die Unterlassungsverfügung sein, die ein Verbot von rechtswidrigen Verhaltensweisen beinhaltet (Immenga/Mestmäcker/ Emmerich GWB § 32 Rn. 35). Bei Maßnahmen struktureller Art handelt es sich um Eingriffe in die Unternehmenssubstanz, wie zB die Veräußerung von Geschäftsbereichen oder Unternehmensbeteiligungen (MüKoWettbR/Keßler GWB § 32 Rn. 58, 59). Da Eingriffe in die Unternehmensstruktur immer mit einer deutlich größeren Belastung einhergehen dürften als Maßnahmen, die auf ein Verhalten abzielen, folgt die in den Sätzen 2 und 3 des Absatzes 1 normierte Rangfolge auch bereits aus dem allgemeinen Verhältnismäßigkeitsgrundsatz, der auch hier, wie bei jedem Verwaltungsakt, Anwendung findet.

Auch hier kommt der allgemeine Grundsatz des § 40 VwVfG zur Geltung, wonach die 11 Behörde das Ermessen entsprechend dem Zweck der Ermächtigung und innerhalb der gesetzlichen Grenzen ausüben muss (Kment EnWG/Turiaux § 65 Rn. 19). Mit Blick auf den Zweck der Ermächtigung sind sowohl **Zweck und Ziele des EnWG** gem. § 1 zu beachten als auch der Zweck der jeweiligen konkreten Regelung, deren Einhaltung mit der Verfügung erreicht werden soll (Säcker EnergieR/Wende § 65 Rn. 25; Kment EnWG/ Turiaux § 65 Rn. 19; BGH EnWZ 2014, 470 Rn. 16 (juris); BGH EnWZ 2021, 217 Rn. 25 (juris)). Daher muss auch die bloße Feststellung der Rechtswidrigkeit ausreichend sein, denn die Feststellung der Rechtswidrigkeit stellt im Verhältnis zu einer Abstellungsverfügung das mildere Mittel dar (BGH EnWZ 2021, 228 Rn. 11).

Aus dem allgemeinen Verhältnismäßigkeitsgrundsatz folgt weiter, dass die Maßnahme 12 **geeignet, erforderlich und angemessen** für die Zielerreichung sein muss. Damit wohnt der Entscheidung regelmäßig ein Prognoseelement inne, allerdings reicht es, wenn mit hinreichender Wahrscheinlichkeit der gewünschte Erfolg erreicht werden kann (Kment EnWG/ Turiaux § 65 Rn. 18). Die Erforderlichkeit der Maßnahme ist gegeben, wenn kein milderes Mittel bei gleicher Wirksamkeit verfügbar ist (BVerfG NJW 2019, 3054 Rn. 66). Im Rahmen der Prüfung der Angemessenheit bzw. des Übermaßverbots ist eine Abwägungsentscheidung zwischen den öffentlichen Interessen und den Interessen des Adressaten zu treffen. Umstritten ist, ob auch Interessen privater Dritter in diese Abwägungsentscheidung einfließen können (ablehnend: Theobald/Kühling/Theobald/Werk § 65 Rn. 27a; zustimmend: Säcker EnergieR/Wende § 65 Rn. 15; einschränkend für das GWB: Immenga/Mestmäcker/Emmerich GWB § 32 Rn. 15). Vor dem Hintergrund, dass § 66 Abs. 1 Dritten ausdrücklich ein Antragsrecht und in § 66 Abs. 2 eine Beteiligtenfähigkeit im Falle einer erheblichen Interessenberührung einräumt, wird man eine Berücksichtigung der Interessen Dritter nicht ablehnen können. Ein Verweis auf mögliche zivilrechtliche Rechtsschutzmöglichkeiten schließt eine Berücksichtigung privater Interessen im Rahmen des aufsichtsrechtlichen Verfahrens nicht aus (grundsätzlich zum Verhältnis von zivilrechtlichen Ansprüchen und behördlicher Regulierung: BGH NJW 2012, 3092 Rn. 17 ff.).

II. Weitere Voraussetzungen

13 Die Entscheidung der Regulierungsbehörde muss als Verwaltungsakt gem. § 37 Abs. 1 VwVfG hinreichend bestimmt sein. Dies setzt voraus, dass für den Adressaten der Verfügung die getroffene Regelung so vollständig, klar und unzweideutig erkennbar ist, dass er sein Verhalten danach richten kann (BVerwG NVwZ 2004, 878 Rn. 18 (juris)). Daraus folgt weiterhin, dass die Entscheidung eine taugliche Grundlage für Maßnahmen der Vollstreckung ist und nicht erst im Rahmen der Vollstreckung ermittelt werden muss, was konkret geboten ist (Säcker EnergieR/Wende § 65 Rn. 28; Immenga/Mestmäcker/Emmerich GWB § 32 Rn. 46).

14 Grundsätzlich kann die Regulierungsbehörde die Auswahl geeigneter Maßnahmen dem Adressaten überlassen, ohne dass daraus zwingend eine fehlende Bestimmtheit der Verfügung folgt, denn dies folgt aufgrund der geringeren Eingriffsintensität direkt aus dem Verhältnismäßigkeitsgrundsatz (Säcker EnergieR/Wende § 65 Rn. 29; Bornkamm/Montag/Säcker/Keßler GWB § 32 Rn. 73).

15 Die allgemeinen Verfahrensvoraussetzungen müssen eingehalten werden, dazu gehören insbesondere die Anhörung gem. § 67 Abs. 1 und das Begründungserfordernis gem. § 73 Abs. 1.

E. Investitionen der Netzbetreiber (Abs. 2a)

16 In Absatz 2a sind die drei Maßnahmen geregelt, welche die Regulierungsbehörde ergreifen kann, wenn der Transportnetzbetreiber nicht den Investitionsverpflichtungen aus dem Netzentwicklungsplan nachgekommen ist. Absatz 2a ist eine wortgleiche Umsetzung des Art. 22 Abs. 7 Elektrizitäts-Binnenmarkt-RL (RL 2009/72/EG), der nun seine Nachfolgeregelung in Art. 51 Abs. 7 Elektrizitäts-Binnenmarkt-RL (RL (EU) 2019/944) gefunden hat. Von den dort vorgesehenen drei Möglichkeiten (Aufforderung zur Investition, Vergabe der Investition an Dritte nach Ausschreibung sowie Kapitalerhöhung unter Beteiligung von Drittinvestoren), hatte der deutsche Gesetzgeber zunächst lediglich die ersten beiden umgesetzt und auf die dritte Variante, den Transportnetzbetreiber zu einer Zustimmung zu einer Kapitalerhöhung zu verpflichten, verzichtet. Diese Abweichung war trotz der generellen Harmonisierungswirkung der Richtlinie möglich, da Art. 51 Abs. 7 Elektrizitäts-Binnenmarkt-RL (RL (EU) 2019/944) lediglich eine der drei aufgeführten Möglichkeiten verpflichtend für die Mitgliedstaaten vorsieht („mindestens eine der folgenden Maßnahmen"). Mit der Novellierung des Absatzes 2a im Jahr 2021 wurde nunmehr auch die Verpflichtung zur Zustimmung einer Kapitalerhöhung aufgenommen.

F. Nachträgliche Feststellung einer Zuwiderhandlung (Abs. 3)

17 Der Absatz 3 ist § 32 Abs. 3 GWB nachgebildet (vgl. BT-Drs. 15/3917, 70). Neben den tatbestandlichen Voraussetzungen der Absätze 1 und 2 braucht es zusätzlich ein „berechtigtes Interesse" für die nachträgliche Feststellung der Zuwiderhandlung. Dieses berechtigte Interesse ist bei einer **Wiederholungsgefahr** anzunehmen, wenn es also konkrete Anhaltspunkte für ein erneutes Fehlverhalten des Adressaten gibt (MüKoWettbR/Keßler GWB § 32 Rn. 81). Man wird aber auch immer dann, wenn es ein **öffentliches Interesse an der Feststellung** gibt, zB wenn ein vergleichbarer Verstoß eines Dritten zu erwarten ist (so auch Salje EnWG § 65 Rn. 25), ein berechtigtes Interesse annehmen können. Umstritten ist, ob die Interessen eines Dritten an der Feststellung, zB zur Vorbereitung eines zivilrechtlichen

Schadensersatzanspruchs, genügen (ablehnend BNetzA Beschl. v. 15.1.2008 – BK 8-06/ 029, IR 2008, 115; zustimmend Theobald/Kühling/Theobald/Werk § 65 Rn. 36). Für eine Verengung des Wortlauts auf berechtigte öffentliche Interessen fehlt es indes an Anhaltspunkten im Gesetz, sodass auch die Interessen Dritter ausreichend sein können.

G. Maßnahmen im Rahmen der Missbrauchsaufsicht (Abs. 4)

Die Regelung in § 30 Abs. 2 bietet, ebenso wie § 65 Abs. 1 und 2, der Regulierungsbehörde die Möglichkeit, Verfügungen gegen eine Zuwiderhandlung zu erlassen. Die Vorschrift des § 30 Abs. 2 ist speziell auf ein Verhalten eines Netzbetreibers zugeschnitten, das auf der Ausnutzung der Marktstellung des Netzbetreibers beruht. Die Vorschrift ist daher lex specialis zu § 65, sodass es dieser Klarstellung in § 65 Abs. 4 nicht bedurft hätte (Theobald/Kühling/ Theobald/Werk § 65 Rn. 38). 18

H. Aufsichtsmaßnahmen der nach Landesrecht zuständigen Behörde (Abs. 5)

In Absatz 5 ist klarstellend geregelt, dass die Absätze 1 und 2 sowie die §§ 68, 69 und 71 entsprechend auf die nach Landesrecht zuständigen Behörden Anwendung finden. Diese Klarstellung in Absatz 5 war nötig, weil die Zuständigkeit nach dem EnWG sowohl für die Landesregulierungsbehörde als auch für eine andere nach Landesrecht zuständige Behörde gegeben sein kann, so etwa in Bayern (Art. 1 ZustWiG) oder NRW (vgl. § 1 EnWRZustVO). 19

I. Durchsetzung der REMIT-Verordnung (Abs. 6)

Die BNetzA ist gem. § 56 Abs. 1 Nr. 4 zuständig für Aufgabenwahrnehmung nach der REMIT-VO. Die Verordnung soll den Energiegroßhandelsmarkt vor Insiderhandel und Marktmanipulation schützen und enthält zahlreiche Ge- und Verbote, vor allem Meldepflichten zu Energiehandelsaktivitäten. Eine Besonderheit im Vergleich zu den Absätzen 1 und 2 ist, dass die BNetzA nach Absatz 6 auch Maßnahmen gegen Mitarbeiter und andere Handlungsträger einleiten kann, soweit diese gegen Vorgaben der REMIT-VO verstoßen (vgl. BT-Drs. 17/10060, 33). 20

J. Verhältnis zu anderen Vorschriften

Während das Verfahren nach § 65 ohne Verschulden des Adressaten durchgeführt werden kann, bedarf es bei einem Bußgeldverfahren gem. § 95 eines schuldhaften Verstoßes des Adressaten (Säcker EnergieR/Wende § 65 Rn. 36). 21

Gemäß § 65 Abs. 4 bleibt § 30 Abs. 2 unberührt, jedoch bietet § 30 Abs. 2 lediglich eine Rechtsgrundlage für Fälle des Missbrauchs der Marktstellung des Netzbetreibers, sodass § 65 für alle anderen Verstöße eines Netzbetreibers Anwendung finden kann. 22

In § 76 Abs. 4 MsbG findet sich eine wortgleiche Ermächtigungsgrundlage für die BNetzA mit einem Verweis auf Bestimmungen des Teils 8 des EnWG mit Ausnahme des Abschnitts 6. 23

§ 66 Einleitung des Verfahrens, Beteiligte

(1) Die Regulierungsbehörde leitet ein Verfahren von Amts wegen oder auf Antrag ein.

(2) An dem Verfahren vor der Regulierungsbehörde sind beteiligt,
1. wer die Einleitung eines Verfahrens beantragt hat,
2. natürliche und juristische Personen, gegen die sich das Verfahren richtet,
3. Personen und Personenvereinigungen, deren Interessen durch die Entscheidung erheblich berührt werden und die die Regulierungsbehörde auf ihren Antrag zu dem Verfahren beigeladen hat, wobei Interessen der Verbraucherzentralen und anderer Verbraucherverbände, die mit öffentlichen Mitteln gefördert werden,

auch dann erheblich berührt werden, wenn sich die Entscheidung auf eine Vielzahl von Verbrauchern auswirkt und dadurch die Interessen der Verbraucher insgesamt erheblich berührt werden.

(3) An Verfahren vor den nach Landesrecht zuständigen Behörden ist auch die Regulierungsbehörde beteiligt.

Überblick

Die Regelungen in §§ 66 ff. schaffen ein spezielles Energieverwaltungsverfahrensrecht, auf welches ergänzend auch die Regelungen des VwVfG Anwendung finden. Aufgrund der europäischen Vorgaben zum Elektrizitätsbinnenmarkt ist die Etablierung eines besonderen Energieverwaltungsverfahrensrechts auch sinnvoll. Nicht zuletzt die Erfahrungen aus dem Kartell- und Telekommunikationsrecht, welches hier als Blaupause diente, zeigen, dass die Regulierung eines neuen Marktes auch ein spezielles Verfahrensrecht rechtfertigt.

Übersicht

	Rn.		Rn.
A. Entstehungsgeschichte	1	I. Antragsteller	9
B. Überblick	2	II. Antragsgegner	10
C. Verfahrenseinleitung (Abs. 1)	3	III. Beiladung	11
I. Amtsverfahren	4	1. Notwendige Beiladung	12
II. Antragsverfahren	5	2. Einfache Beiladung	13
III. Rechtsschutz	6	3. Unterbliebene Beiladung	16
D. Beteiligte (Abs. 2)	7	4. Rechtsmittel	18
		E. Beteiligung der Regulierungsbehörden (Abs. 3)	19

A. Entstehungsgeschichte

1 § 66 wurde mit der Novellierung des EnWG im Jahr 2005 eingefügt und ist bis auf eine redaktionelle Berichtigung im Jahr 2008 und eine Erweiterung des Adressatenkreises (von Unternehmen auf natürliche und juristische Personen) in Absatz 2 Nummer 2 im Jahr 2012 auch weitestgehend unverändert geblieben. Vorlage für diese Norm war auch hier das Kartell- und Telekommunikationsrecht, nämlich die Verfahrensvorschriften § 54 Abs. 2 GWB und § 134 Abs. 2 TKG, welche nahezu wortgleich übernommen worden sind. Auslöser für die Schaffung dieses besonderen Energieverfahrensrechts war ursprünglich Art. 23 Elektrizitäts-Binnenmarkt-RL (RL 2003/54/EG), der ein solches Verfahren zumindest nahelegte, während Art. 37 Elektrizitäts-Binnenmarkt-RL (RL 2009/72/EG) deutlich detailliertere Vorgaben hierzu machte. Die europarechtliche Grundlage findet sich nunmehr in Art. 60 Elektrizitäts-Binnenmarkt-RL (RL 2019/944/EU).

1.1 § 66 trat mit dem Gesetz vom 7.7.2005 mit Wirkung zum 13.7.2005 in Kraft (BGBl. 2005 I 1970, berichtigt BGBl. 2005 I 3621); Absatz 2 Nummer 3 wurde mit Wirkung zum 1.11.2008 durch das Gesetz vom 25.10.2008 (BGBl. I 2101) geändert; Absatz 2 Nummer 2 wurde mit Wirkung zum 12.12.2012 durch das Gesetz vom 5.12.2012 (BGBl. I 2403) geändert.

B. Überblick

2 Die Vorschrift regelt die Einleitung des energierechtlichen Verwaltungsverfahrens und wer jeweils die Verfahrensbeteiligten sind. Die Stellung als Verfahrensbeteiligte führt unmittelbar zu weiteren Rechten, wie etwa die Akteneinsicht gem. § 29 VwVfG, der Anspruch auf rechtliches Gehör gem. § 67 oder das Beschwerderecht gem. § 75 Abs. 2. Die Regelungen des § 66 zur Verfahrenseinleitung und -beteiligung gelten nicht nur für die Aufsichtsmaßnahmen gem. § 65, sondern für alle verwaltungsrechtlichen Verfahren der BNetzA (so auch Säcker EnergieR/Wende § 66 Rn. 3), ausgenommen sind danach zB einfaches Verwaltungshandeln oder auch Bußgeldverfahren.

C. Verfahrenseinleitung (Abs. 1)

Das Verfahren kann von Amts wegen oder durch Antrag eines Dritten eingeleitet werden. 3
Eine Verfahrenseinleitung ist immer dann zu bejahen, sobald eine nach außen gerichtete
Tätigkeit erfolgt, die auf den Erlass eines Verwaltungsaktes oder den Abschluss eines öffentlich-rechtlichen Vertrages zielt (vgl. § 9 VwVfG). Bei der Mitteilung der Verfahrenseinleitung
handelt es sich nicht um einen Verwaltungsakt, sondern um eine behördliche Verfahrenshandlung, die in entsprechender Anwendung des § 44a VwGO nicht selbstständig anfechtbar ist
(Theobald/Kühling/Theobald/Werk § 66 Rn. 12).

I. Amtsverfahren

Inwieweit die Regulierungsbehörde von Amts wegen ein Verfahren einleiten kann oder 4
muss, hängt von der jeweiligen Rechtsgrundlage ab (Kment EnWG/Turiaux § 66 Rn. 5).
So kann die Regulierungsbehörde einen Ermessensspielraum für die Einleitung des Verfahrens haben (Opportunitätsprinzip), der je nach Einzelfall auch eine Ermessensreduzierung
auf Null mit sich bringen kann. Ein entsprechender Ermessensspielraum ist beispielsweise
beim Monitoring des Lastmanagements gem. § 51a vorgesehen. Darüber hinaus kann die
Behörde auch aufgrund der jeweiligen Ermächtigungsgrundlage gesetzlich verpflichtet sein,
ein Verfahren einzuleiten (Legalitätsprinzip). Beispiel hierfür ist etwa das besondere Missbrauchsverfahren gem. § 31, das auf Antrag eines Betroffenen immer einzuleiten ist („… hat
zu prüfen…").

II. Antragsverfahren

Ein Antrag ist jedes unbedingte, hinreichend bestimmte Begehren eines Dritten, das auf 5
eine behördliche Maßnahme abzielt und der Behörde zugeht (Kment EnWG/Turiaux § 66
Rn. 6; weitergehend Theobald/Kühling/Theobald/Werk § 66 Rn. 22, wonach das Begehren auch sein Ziel erkennen lassen muss). Die formalen Anforderungen an einen Antrag
richten sich nach den jeweiligen materiellen Vorschriften und sofern diese keine Vorgaben
enthalten, kommt § 22 VwVfG zur Anwendung (Bourwieg/Hellermann/Hermes/Burmeister § 66 Rn. 5). Weist ein Antrag Mängel auf, so muss die Regulierungsbehörde auf die
Beseitigung dieser Mängel hinwirken (Immenga/Mestmäcker/Bach GWB § 54 Rn. 4).

III. Rechtsschutz

Die Einleitung des Verfahrens ist nicht selbstständig anfechtbar (→ Rn. 3). Im Falle einer 6
Ablehnung einer Verfahrenseinleitung durch die Regulierungsbehörde, kann der Antragsteller jedoch eine Verpflichtungsbeschwerde gem. § 75 Abs. 3 erheben.

D. Beteiligte (Abs. 2)

Antragsteller und Antragsgegner sind gem. § 66 Abs. 2 Nr. 1 und 2 von Gesetzes wegen 7
zu beteiligen, wohingegen Dritte, deren Interessen durch die Entscheidung erheblich berührt
werden, zunächst durch die Regulierungsbehörde auf Antrag beigeladen werden müssen und
dadurch erst Verfahrensbeteiligte werden.

Die Beteiligtenstellung vermittelt den am Verfahren beteiligten Parteien die entsprechen- 8
den Verfahrensrechte. §§ 66a ff. und auch das Beschwerderecht gem. §§ 73, 75 erwächst
unmittelbar aus der Beteiligtenstellung gem. § 66. Unterschiede bei den Verfahrensrechten
der Beteiligten gibt es jedoch mit Blick auf die einfache und die notwendige Beiladung.
Lediglich im Falle der notwendigen Beiladung ist es den Beteiligten in analoger Anwendung
des § 66 Abs. 2 VwGO möglich, auch abweichende Sachanträge zu stellen.

I. Antragsteller

Umstritten ist, ob der Antragsteller gem. § 66 Abs. 2 Nr. 1 bereits durch Antragstellung 9
Verfahrensbeteiligter wird, ohne dass es auf eine Antragsbefugnis ankäme (so Bourwieg/
Hellermann/Hermes/Burmeister § 66 Rn. 12; Kment EnWG/Turiaux § 66 Rn. 10) oder ob
gemäß den zu § 54 Abs. 2 Nr. 1 GWB entwickelten Grundsätzen ein materielles Antragsrecht

vorliegen muss (Säcker EnergieR/Wende § 66 Rn. 8 mwN zum GWB). Unter Rückgriff auf die Regelung in § 75 Abs. 3, die ausdrücklich einen Rechtsanspruch des Antragstellers voraussetzt, ist der zweiten Ansicht zuzustimmen. Für Antragsteller ohne konkrete gesetzliche Antragsbefugnis ist daher auf § 66 Abs. 2 Nr. 3 zurückzugreifen.

II. Antragsgegner

10   Antragsgegner ist jede Person, gegen die sich das Verfahren richtet. Dies sind natürliche oder juristische Personen, die durch das Verfahren unmittelbar in ihren Rechten verletzt sein können (Theobald/Kühling/Theobald/Werk § 66 Rn. 37; Bourwieg/Hellermann/Hermes/Burmeister § 66 Rn. 13). Damit scheiden Personen, die begünstigt werden, aus („... **gegen die sich das Verfahren richtet**", so auch Kment EnWG/Turiaux § 66 Rn. 11). Auch lediglich mittelbar betroffene Personen, wie etwa Gesellschafter eines Unternehmens oder Tochterunternehmen, scheiden folglich als Antragsgegner gem. § 66 Abs. 2 Nr. 2 aus.

III. Beiladung

11   Für Dritte ist die Beiladung durch die Regulierungsbehörde konstitutiv, dh ohne Beiladung entstehen keine Verfahrensrechte für Dritte. Allerdings führt die rechtswidrige Ablehnung der Beiladung oder das rechtswidrige Unterlassen einer Beiladung dennoch zu einer Beschwerdebefugnis (→ Rn. 18). In Anlehnung an § 13 Abs. 2 VwVfG sowie § 65 Abs. 1 und 2 VwGO wird zwischen notwendiger und einfacher Beiladung unterschieden (Kment EnWG/Turiaux § 66 Rn. 12; Theobald/Kühling/Theobald/Werk § 66 Rn. 39).

1. Notwendige Beiladung

12   Gemäß § 13 Abs. 2 S. 2 Hs. 1 VwVfG ist eine Beiladung notwendig, wenn der Ausgang des Verfahrens eine rechtsgestaltende Wirkung für den Dritten hat. Gemäß § 65 Abs. 2 VwGO ist eine Beiladung notwendig, wenn an dem fraglichen Rechtsverhältnis Dritte in der Weise beteiligt sind, dass die Entscheidung auch ihnen gegenüber nur einheitlich ergehen kann. Für das Kartellrecht hat der BGH entschieden, dass diese Voraussetzung erfüllt ist, wenn der Dritte durch die zu treffende Entscheidung in eigenen Rechten verletzt werden kann (BGH BeckRS 2009, 25969 Rn. 19). Diese zu § 54 Abs. 2 Nr. 3 GWB entwickelten Grundsätze kommen auch im Falle des § 66 Abs. 2 Nr. 3 zum Tragen (OLG Düsseldorf BeckRS 2006, 11203 Rn. 15).

2. Einfache Beiladung

13   Die Regulierungsbehörde entscheidet im Falle der einfachen Beiladung nach pflichtgemäßem Ermessen (OLG Düsseldorf BeckRS 2006, 6231). In die Abwägung sind dabei die Interessen des Antragstellers und der bisherigen Beteiligten sowie verfahrensökonomischen Überlegungen und das Interesse an einer möglichst umfassenden Sachaufklärung zu stellen (Säcker EnergieR/Wende § 66 Rn. 27).

14   Die einfache Beiladung verlangt zunächst eine erhebliche Berührung der Interessen des Dritten und der Begriff „**Interesse**" ist dabei weit zu verstehen (OLG Düsseldorf BeckRS 2009, 87780). Wie auch im Kartellrecht, sind erhebliche wirtschaftliche Interessen dafür ausreichend (BGH EnWZ 2019, 403 (406)); für das GWB: BGH BeckRS 2006, 15093 Rn. 11 – pepcom). Der Dritte muss in diesen Fällen unmittelbar und individuell in seinen erheblichen wirtschaftlichen Interessen betroffen sein. Eine unmittelbare Betroffenheit der wirtschaftlichen Interessen liegt auch dann vor, wenn zusätzlich zur Behördenentscheidung noch ein zivilrechtlicher Umsetzungsakt erforderlich ist, dieser aber keinen nennenswerten Entscheidungsspielraum beinhaltet (BGH EnWZ 2019, 403 (405)).

15   Zu den verfahrensökonomischen Überlegungen, welche in die Abwägung zur Beiladungsentscheidung gestellt werden können, gehört unter anderem die Erwägung, inwieweit der Antragsteller das Verfahren fördern kann (Bourwieg/Hellermann/Hermes/Burmeister § 66 Rn. 22), während Geheimhaltungsinteressen anderer Beteiligter nicht gegen eine Beiladung sprechen, da diese Interessen durch §§ 71, 84 hinreichend geschützt werden können (Säcker EnergieR/Wende § 66 Rn. 31 mwN).

3. Unterbliebene Beiladung

Unterbleibt die Beiladung, fehlt es aufgrund des konstitutiven Charakters der Beiladung 16
dem Dritten an den entsprechenden Verfahrensrechten. Im Falle einer rechtswidrig unterlassenen notwendigen Beiladung liegt ein schwerer Verfahrensfehler vor, da dem betroffenen Dritten die Möglichkeit genommen wurde, seine Rechte, die durch das Verfahren verletzt worden sind, zu verteidigen. Umstritten ist, ob eine Heilung gem. § 45 VwVfG in Betracht kommt (ablehnend: Kment EnWG/Turiaux § 66 Rn. 18; zustimmend für das Kartellverwaltungsverfahren: Immenga/Mestmäcker/Bach GWB § 54 Rn. 47). Jedoch stellt § 45 Abs. 3 VwVfG auf eine unterbliebene Anhörung ab, während eine unterbliebene Beiladung einen deutlich größeren, rechtswidrigen Eingriff in die Verfahrensrechte darstellt, sodass eine Heilung einer unterbliebenen notwendigen Beiladung abzulehnen ist.

Im Falle der einfachen Beiladung ist zu unterscheiden, ob der beiladungsfähige Dritte die 17
Antragstellung selbstverschuldet versäumt hat oder ob die Antragstellung bzw. die Beiladung durch ein Verschulden der Regulierungsbehörde unterblieben ist. Im erstgenannten Fall folgt aus der fehlenden Beteiligtenstellung auch eine fehlende Beschwerdebefugnis (BGH BeckRS 2010, 28427 Rn. 11). In der zweiten Alternative führt die rechtswidrig unterbliebene Beiladung hingegen nicht zu einem Verlust der Beschwerdebefugnis, sondern der Beschwerdeführer ist so zu stellen, als sei die Beiladung rechtzeitig erfolgt (BGH BeckRS 2009, 1766 Rn. 16 – citiworks). Ebenso liegt eine Beschwerdebefugnis vor, wenn die Beiladung des Dritten aus verfahrensökonomischen Gründen unterblieben ist und der Dritte geltend machen kann, durch die Entscheidung unmittelbar und individuell betroffen zu sein (OLG Düsseldorf BeckRS 2021, 14760 Rn. 43).

4. Rechtsmittel

Die Beiladungsentscheidung der Regulierungsbehörde ist als Verwaltungsakt mit der 18
Beschwerde gem. § 75 anfechtbar (Salje EnWG § 66 Rn. 24). Die Ablehnung einer Beiladung kann mit der Verpflichtungsbeschwerde gem. § 75 Abs. 3 angefochten werden.

E. Beteiligung der Regulierungsbehörden (Abs. 3)

Bei Verfahren vor den nach Landesrecht zuständigen Behörden, sind die Regulierungsbe- 19
hörden gem. § 66 Abs. 3 zu beteiligen. Mit den nach Landesrecht zuständigen Behörden sind nicht die Landesregulierungsbehörden gemeint (zur begrifflichen Unterscheidung → § 65 Rn. 2). Diese Verfahren betreffen zB die Genehmigung des Netzbetriebes gem. § 4 oder die Feststellung der Grundversorgungspflicht gem. § 36 Abs. 2.

Es fehlt eine ausdrückliche Regelung für die Beteiligung der BNetzA an den Verfahren 20
der Landesregulierungsbehörde, jedoch wird Absatz 3 unter Verweis auf die kartellrechtliche Regelung in § 54 Abs. 3 GWB hier entsprechend auf das Verhältnis von BNetzA und Landesregulierungsbehörden angewendet (BGH BeckRS 2008, 3089 Rn. 12).

§ 66a Vorabentscheidung über Zuständigkeit

(1) ¹Macht ein Beteiligter die örtliche oder sachliche Unzuständigkeit der Regulierungsbehörde geltend, so kann die Regulierungsbehörde über die Zuständigkeit vorab entscheiden. ²Die Verfügung kann selbständig mit der Beschwerde angefochten werden.

(2) Hat ein Beteiligter die örtliche oder sachliche Unzuständigkeit der Regulierungsbehörde nicht geltend gemacht, so kann eine Beschwerde nicht darauf gestützt werden, dass die Regulierungsbehörde ihre Zuständigkeit zu Unrecht angenommen hat.

Überblick

Die Vorschrift ermächtigt die Regulierungsbehörde zu einer Zwischenverfügung über die
örtliche oder sachliche Zuständigkeit, sofern diese von einem Beteiligten gerügt wird (→

Rn. 3). Diese Norm unterstreicht die Justizförmigkeit des energierechtlichen Verwaltungsverfahrens.

A. Entstehungsgeschichte

1 Die Vorschrift ist erst im Jahr 2007 eingefügt worden. Vorlage für diese Regelung war § 55 GWB (BT-Drs. 16/5847, 12), allerdings fehlt in § 66a die aufschiebende Wirkung der Beschwerde, die in § 55 Abs. 2 S. 2 GWB normiert ist.

1.1 § 66a trat mit dem Gesetz vom 18.12.2007 mit Wirkung zum 22.12.2007 in Kraft (BGBl. 2007 I 2966).

B. Allgemeines

2 Diese Regelung ist eine Folge der Änderung der behördlichen Zuständigkeiten während des Gesetzgebungsverfahrens zum EnWG, welche die ursprünglich ausschließliche Zuständigkeit der BNetzA (vgl. BR-Drs. 613/04, 131 f.) auf die Beschlussempfehlung des Vermittlungsausschusses hin aufteilte auf BNetzA und Landesregulierungsbehörden (BT-Drs. 16/5847, 12). Diese Möglichkeit der Vorabentscheidung soll verhindern, dass eine Entscheidung allein wegen der falschen Zuständigkeit aufgehoben werden muss (Kment EnWG/Turiaux § 66a Rn. 1). Erfasst sind ausschließlich Verwaltungsverfahren der Regulierungsbehörden gem. § 65, nicht etwa auch Bußgeldverfahren (Säcker EnergieR/Wende § 66a Rn. 3).

C. Vorabentscheidung (Abs. 1)

3 Auf die Rüge eines Beteiligten hin kann die Regulierungsbehörde im Wege der Zwischenentscheidung entscheiden, ob die Zuständigkeit gegeben ist. Dies umfasst die örtliche als auch die sachliche Zuständigkeit und dabei auch die Frage der Verbandskompetenz (BGH BeckRS 2010, 12560 Rn. 5). Die örtliche Zuständigkeit kann immer dann streitig sein, wenn es sich um die Belegenheit des Streitgegenstands handelt, zB der Sitz des betroffenen Unternehmens. Da bei Überschreitung der Landesgrenzen gem. § 54 Abs. 2 S. 2 die BNetzA zuständig ist, wird ein Streit um die örtliche Zuständigkeit regelmäßig eine Konkurrenz zwischen Landesregulierungsbehörden zum Inhalt haben. Bei der sachlichen Zuständigkeit wird es hingegen meist um die Konkurrenz zwischen BNetzA und Landesregulierungsbehörde gehen. Nicht erfasst sind Zuständigkeitsfragen zwischen Regulierungsbehörden und Kartellbehörden (so aber Theobald/Kühling/Theobald/Werk § 66a Rn. 7), da die Vorschrift lediglich Bezug nimmt auf das energierechtliche Verwaltungsverfahren und Zuständigkeiten zwischen den Regulierungsbehörden geklärt werden sollen (BT-Drs. 16/5847, 12).

4 Das Rügerecht ergibt sich aus der Beteiligtenstellung, sodass auch beteiligte Regulierungsbehörden, welche gem. § 66 Abs. 3 an den Verfahren vor den nach Landesrecht zuständigen Behörden beteiligt sind, die Möglichkeit der Rüge haben. Die Rüge ist an keine Form gebunden und kann daher auch mündlich erfolgen (Säcker EnergieR/Wende § 66a Rn. 8). Die Rüge kann bis zum Abschluss des Verwaltungsverfahrens erhoben werden.

5 Die Vorschrift räumt der Regulierungsbehörde Ermessen für das Treffen einer Vorabentscheidung ein; die Beteiligten sind gem. § 28 VwVfG vor Erlass der Entscheidung anzuhören. Gegen eine Abgabe an die zuständige Behörde ist keine Beschwerde möglich (Kment EnWG/Turiaux § 66a Rn. 4). Dies wird damit begründet, dass die Abgabe keine Verwaltungsaktqualität habe, weil dies ein verwaltungsinterner Vorgang sei (KG BeckRS 2008, 9066 Rn. 14).

6 Wird die Rüge von den Verfahrensbeteiligten nicht rechtzeitig erhoben, so kann die Beschwerde gegen die Entscheidung der Regulierungsbehörde in der Hauptsache nicht auf die fehlende Zuständigkeit gestützt werden, es sei denn, diese Unzuständigkeit ist so evident, dass die Entscheidung gem. § 44 Abs. 2 VwVfG nichtig ist (Kment EnWG/Turiaux § 66a Rn. 3).

7 Gleichwohl muss die Regulierungsbehörde die eigene Zuständigkeit auch von Amts wegen prüfen und muss im Falle einer fehlenden Zuständigkeit das Verfahren auch ohne Rüge an die zuständige Regulierungsbehörde abgeben (Säcker EnergieR/Wende § 66a Rn. 11).

D. Beschwerde (Abs. 2)

Die Vorabentscheidung über die Zuständigkeit kann bzw. muss mit der Beschwerde gem. 8
§ 75 selbstständig angefochten werden. Versäumen die Beteiligten die Beschwerdefrist, steht damit die Zuständigkeit für das Verfahren fest (Säcker EnergieR/Wende § 66a Rn. 12). Anders als in § 54 GWB wurde auf die Übernahme der aufschiebenden Wirkung verzichtet. Dies fügt sich in die Normenstruktur des EnWG ein, wonach gem. § 76 generell keine aufschiebende Wirkung für die Beschwerde vorgesehen ist.

§ 67 Anhörung, mündliche Verhandlung

(1) Die Regulierungsbehörde hat den Beteiligten Gelegenheit zur Stellungnahme zu geben.

(2) Vertretern der von dem Verfahren berührten Wirtschaftskreise kann die Regulierungsbehörde in geeigneten Fällen Gelegenheit zur Stellungnahme geben.

(3) ¹Auf Antrag eines Beteiligten oder von Amts wegen kann die Regulierungsbehörde eine öffentliche mündliche Verhandlung durchführen. ²Für die Verhandlung oder für einen Teil davon ist die Öffentlichkeit auszuschließen, wenn sie eine Gefährdung der öffentlichen Ordnung, insbesondere der Sicherheit des Staates, oder die Gefährdung eines wichtigen Betriebs- oder Geschäftsgeheimnisses besorgen lässt.

(4) Die §§ 45 und 46 des Verwaltungsverfahrensgesetzes sind anzuwenden.

Überblick

Inhaltlich stellt § 67 die Weichen für die justizförmige Ausgestaltung des energierechtlichen Verwaltungsverfahrens. Mit dem Recht zur Stellungnahme für Verfahrensbeteiligte (→ Rn. 2) sowie für Vertreter von berührten Wirtschaftskreisen (→ Rn. 7) und Regelungen betreffend die Öffentlichkeit von Verhandlungen (→ Rn. 11) werden Verfahrensvorschriften für das energierechtliche Verwaltungsverfahren etabliert. Als zentrale Verfahrensnorm des Energieverwaltungsrechts regelt die Vorschrift die Teilhabe der Beteiligten sowie von Vertretern der berührten Wirtschaftskreise am behördlichen Verwaltungsverfahren (Säcker EnergieR/Wende § 67 Rn. 1). Vorlage für diese Vorschrift waren auch hier das Kartell- und Telekommunikationsrecht (BR-Drs. 613/04, 137).

A. Entstehungsgeschichte

§ 67 fand Einzug mit der Novellierung des Gesetzes im Jahr 2005, welches am 13.7.2005 1
in Kraft trat und das EnWG 1998 ablöste. Der Wortlaut des § 67 ist unverändert in der Fassung des ursprünglichen Gesetzentwurfes geblieben (vgl. BR-Drs. 613/04, 43). Die Vorschrift ist nahezu wortgleich zum damaligen Entwurf des § 56 GWB, der zeitgleich eingeführt worden ist. Lediglich § 56 Abs. 3 S. 2 GWB wurde nicht übernommen, da dieser Satz Bezug auf die Ministererlaubnis nahm, die es im EnWG nicht gibt.

§ 67 trat mit dem Gesetz vom 7.7.2005 mit Wirkung zum 13.7.2005 in Kraft (BGBl. 2005 I 1970, 1.1
berichtigt BGBl. 2005 I 3621).

B. Rechtliches Gehör (Abs. 1)

Die Anhörung der Beteiligten gem. § 67 Abs. 1 steht nicht im Ermessen der Regulie- 2
rungsbehörde, die Möglichkeit, den Vertretern der berührten Wirtschaftskreise Gelegenheit zur Stellungnahme zu geben, hingegen schon. Das Anhörungsrecht gewährleistet, dass keine behördliche Entscheidung ohne vorherige Information und Stellungnahme des Betroffenen ergeht und trägt darüber hinaus zur Ermittlung der entscheidungserheblichen Tatsachen bei (OLG BeckRS 2020, 38567 Rn. 72). Damit die Beteiligten ihrem Anspruch auf rechtliches Gehör auch nachkommen können, muss die Frist zur Stellungnahme angemessen sein (Theobald/Kühling/Theobald/Werk § 67 Rn. 6). Je nach Lage des Einzelfalls kann so eine Frist

auch großzügiger zu bemessen sein, um etwa den Beteiligten die Einholung von Gutachten zu ermöglichen.

3   Die Stellungnahme der Beteiligten ist an keine Form gebunden und kann daher auch in reiner Textform (zB per E-Mail) oder mündlich erfolgen.

4   Aus dem Recht zur Stellungnahme folgt auch ein korrespondierendes Informationsrecht der Beteiligten und daraus wiederum eine Mitteilungspflicht der Regulierungsbehörde (OLG Brandenburg BeckRS 2011, 24772), denn ohne diese Rechte liefe das Recht zur Stellungnahme faktisch leer (Kment EnWG/Turiaux § 67 Rn. 4).

5   Dem Informationsrecht der Verfahrensbeteiligten wird die Regulierungsbehörde in der Praxis häufig in Form der Gewährung von Akteneinsicht gem. § 29 VwVfG nachkommen. Zwar sieht das EnWG keine spezielle Vorschrift für das Recht auf Akteneinsicht im Verwaltungsverfahren vor, jedoch findet sich in § 71 eine Vorschrift, wie mit Betriebs- und Geschäftsgeheimnissen Dritter in diesen Fällen zu verfahren ist.

6   Die Betriebs- und Geschäftsgeheimnisse Dritter bilden daher gem. § 29 VwVfG eine der möglichen Schranken des Informationsrechts. Ebenso scheidet eine Information aus, wenn das Bekanntwerden des Akteninhalts zu Nachteilen für Bundes- oder Länderinteressen führen würde (Kment EnWG/Turiaux § 67 Rn. 6). Anders als bei Anträgen Dritter auf Akteneinsicht gem. § 1 IFG, bei denen im Falle der Ablehnung der Widerspruch und die Verpflichtungsklage eröffnet sind, handelt es sich bei der Ablehnung von Akteneinsicht durch Beteiligte gem. § 67 lediglich um eine verfahrensleitende Maßnahme, die keinen Verwaltungsakt gem. § 35 VwVfG darstellt und daher nicht separat mit der Beschwerde angefochten werden kann. Dies folgt aus unmittelbar aus dem Rechtsgedanken des § 44a VwGO.

C. Vertreter berührter Wirtschaftskreise (Abs. 2)

7   Gemäß § 67 Abs. 2 steht es im Ermessen der Regulierungsbehörde, Vertretern von berührten Wirtschaftskreisen Gelegenheit zur Stellungnahme zu geben. Dies geschieht in der Praxis häufig in Form von Konsultationen über die Webseite der Regulierungsbehörde.

8   Bei den Vertretern der berührten Wirtschaftskreise handelt es sich nicht um Beteiligte im Sinne des § 66, sodass diesen Vertretern keine Anhörungsrechte im engeren Sinn zustehen, also kein Recht zur Akteneinsicht oder ein anderweitiges Informationsrecht. Diese können sich allenfalls aus anderen Rechtsnormen wie dem IFG oder dem UIG ergeben (Säcker EnergieR/Wende § 67 Rn. 21).

D. Rechtsfolge unterbliebener Anhörung

9   Eine unterbliebene Anhörung führt zur formellen Rechtswidrigkeit der Hauptsacheentscheidung, soweit Beteiligte gem. § 66 betroffen sind. Die unterbliebene Anhörung muss in diesem Fall mit einer Beschwerde gegen die Hauptsacheentscheidung gem. § 75 angegriffen werden. Grundsätzlich ist jedoch eine Unbeachtlichkeit dieses Verfahrensfehlers gem. § 46 VwVfG möglich.

10   Sofern Vertretern von berührten Wirtschaftskreisen keine Gelegenheit zur Stellungnahme eingeräumt wurde, folgt daraus gerade keine Rechtswidrigkeit der Hauptsacheentscheidung. Diese wäre allenfalls theoretisch denkbar, falls das Ermessen der Regulierungsbehörde zur Einräumung einer Gelegenheit zur Stellungnahme auf Null reduziert ist.

E. Mündliche Verhandlung (Abs. 3)

11   Gemäß § 67 Abs. 3 kann die Regulierungsbehörde nach pflichtgemäßem Ermessen auf Antrag oder von Amts wegen eine mündliche Verhandlung durchführen. Führt die Regulierungsbehörde eine mündliche Verhandlung durch, muss diese grundsätzlich öffentlich sein.

12   Während § 135 TKG grundsätzlich eine öffentliche mündliche Verhandlung anordnet, ist dies im Energierechtsverwaltungsverfahren gem. § 67 Abs. 3 in das Ermessen der Regulierungsbehörde gestellt, ohne dass die Gesetzesbegründung für die Abweichung Anhaltspunkte liefert (BR-Drs. 613/04, 137). Dies ist umso unverständlicher, als dass in beiden Regulierungsregimen Beschlusskammern entscheiden und der öffentlichen mündlichen Verhandlung als spezielle Form der Gewährung rechtlichen Gehörs auch eine wichtige Publizitäts- und Abschreckungsfunktion zukommt (Säcker EnergieR/Wende § 67 Rn. 24). Vor dem Hinter-

grund, dass auch das allgemeine Verwaltungsverfahren gem. § 67 VwVfG im Wege der mündlichen Verhandlung durchgeführt wird, und der Gesetzgeber „im Grundsatz" eine Vergleichbarkeit mit § 135 Abs. 3 TKG sieht, muss auch das energierechtliche Verwaltungsverfahren regelmäßig mittels einer mündlichen Verhandlung durchgeführt werden (so für bedeutsame Verfahren: Bourwieg/Hellermann/Hermes/Burmeister § 67 Rn. 12).

Der Antrag auf Durchführung einer öffentlichen mündlichen Verhandlung kann form- und fristlos gestellt werden. Im Sinne des grundrechtsgleichen Rechts auf prozessuale Waffengleichheit gem. Art. 3 Abs. 1 GG iVm Art. 20 Abs. 3 GG müssen alle Beteiligten zur Verhandlung geladen werden und die Regulierungsbehörde muss dies bei der Bestimmung des Termins und der Ladungsfrist berücksichtigen. Ist ein Verfahrensbeteiligter verhindert, kann die Regulierungsbehörde angehalten sein, den Verhandlungstermin zu verlegen (Theobald/Kühling/Theobald/Werk § 67 Rn. 27). 13

Die Öffentlichkeit kann von der Verhandlung oder einem Teil der Verhandlung gem. § 67 Abs. 3 S. 2 ausgeschlossen werden, sofern eine Gefährdung der öffentlichen Ordnung oder die Gefährdung eines wichtigen Betriebs- oder Geschäftsgeheimnisses zu befürchten ist. Verfahrensbeteiligte können danach nicht von der mündlichen Verhandlung ausgeschlossen werden, sondern nur nichtbeteiligte Dritte. Der Regulierungsbehörde ist bei Vorliegen eines Ausschlussgrundes verpflichtet, die Öffentlichkeit von der mündlichen Verhandlung auszuschließen. Ein Ermessen hat die Regulierungsbehörde hierbei nicht. 14

F. Verfahrensfehler (Abs. 4)

Verstößt die Regulierungsbehörde gegen Verfahrensvorschriften, welche die Anhörung der Beteiligten, die Gewährung von Akteneinsicht oder die Durchführung der mündlichen Verhandlung betreffen, so führt dies zur Rechtswidrigkeit der Hauptsachentscheidung. Soweit keine Heilung gem. § 45 vorliegt, kann der Verfahrensfehler lediglich im Rahmen einer Beschwerde gegen die Hauptsacheentscheidung gem. § 75 gerügt werden. In Anwendung des Grundsatzes aus § 44a VwGO scheidet eine isolierte gerichtliche Anfechtung von Verfahrensfehlern grundsätzlich aus (Säcker EnergieR/Wende § 67 Rn. 29). 15

Die Heilung der Verfahrensfehler erfolgt nicht durch das Gericht oder in dem Gerichtsverfahren, sondern parallel in einem Verwaltungsverfahren (Nachholverfahren) durch die zuständige Regulierungsbehörde (Kment EnWG/Turiaux § 67 Rn. 14). 16

Ein Verfahrensfehler kann gem. § 46 VwVfG unbeachtlich sein, wenn offensichtlich ist, dass sich der Fehler nicht auf die Sachentscheidung ausgewirkt hat. Das wird grundsätzlich nur bei gebundenen Entscheidungen der Fall sein, nicht hingegen bei Ermessensentscheidungen (Bourwieg/Hellermann/Hermes/Burmeister § 67 Rn. 15). 17

§ 68 Ermittlungen

(1) Die Regulierungsbehörde kann alle Ermittlungen führen und alle Beweise erheben, die erforderlich sind.

(2) ¹Für den Beweis durch Augenschein, Zeugen und Sachverständige sind § 372 Abs. 1, §§ 376, 377, 378, 380 bis 387, 390, 395 bis 397, 398 Abs. 1, §§ 401, 402, 404, 404a, 406 bis 409, 411 bis 414 der Zivilprozessordnung sinngemäß anzuwenden; Haft darf nicht verhängt werden. ²Für die Entscheidung über die Beschwerde ist das Oberlandesgericht zuständig.

(3) ¹Über die Zeugenaussage soll eine Niederschrift aufgenommen werden, die von dem ermittelnden Mitglied der Regulierungsbehörde und, wenn ein Urkundsbeamter zugezogen ist, auch von diesem zu unterschreiben ist. ²Die Niederschrift soll Ort und Tag der Verhandlung sowie die Namen der Mitwirkenden und Beteiligten ersehen lassen.

(4) ¹Die Niederschrift ist dem Zeugen zur Genehmigung vorzulesen oder zur eigenen Durchsicht vorzulegen. ²Die erteilte Genehmigung ist zu vermerken und von dem Zeugen zu unterschreiben. ³Unterbleibt die Unterschrift, so ist der Grund hierfür anzugeben.

(5) Bei der Vernehmung von Sachverständigen sind die Bestimmungen der Absätze 3 und 4 anzuwenden.

(6) ¹Die Regulierungsbehörde kann das Amtsgericht um die Beeidigung von Zeugen ersuchen, wenn sie die Beeidigung zur Herbeiführung einer wahrheitsgemäßen Aussage für notwendig erachtet. ²Über die Beeidigung entscheidet das Gericht.

(7) Die Bundesnetzagentur darf personenbezogene Daten, die ihr zur Durchführung der Verordnung (EU) Nr. 1227/2011 mitgeteilt werden, nur verarbeiten, soweit dies zur Erfüllung der in ihrer Zuständigkeit liegenden Aufgaben und für die Zwecke der Zusammenarbeit nach Artikel 7 Absatz 2 und Artikel 16 der Verordnung (EU) Nr. 1227/2011 erforderlich ist.

(8) Die Bundesnetzagentur kann zur Erfüllung ihrer Aufgaben auch Wirtschaftsprüfer oder Sachverständige als Verwaltungshelfer bei Ermittlungen oder Überprüfungen einsetzen.

Überblick

Die Vorschrift normiert in Absatz 1 den Amtsermittlungsgrundsatz für die Regulierungsbehörde (→ Rn. 2). Darüber hinaus enthält die Norm zahlreiche Regelungen zur Erhebung von Beweisen und dem Umgang mit Beweismitteln (→ Rn. 5). Die Verweise auf die Vorschriften über die Beweisaufnahme der ZPO in Absatz 2 sind einmal mehr ein Beleg für die justizförmige Ausgestaltung des energierechtlichen Verwaltungsverfahrens. Gemäß § 65 Absatz 5 sind die Vorschriften auch entsprechend bei Ermittlungen der nach Landesrecht zuständigen Behörde anwendbar.

A. Entstehungsgeschichte

1 § 68 fand Einzug mit der Novellierung des Gesetzes im Jahr 2005, welches am 13.7.2005 in Kraft trat und das EnWG 1998 ablöste. Die Absätze 7 und 8 wurden im Jahr 2012 angefügt, wobei Absatz 7 datenschutzrechtliche Anforderungen bei der Ermittlungsarbeit zur Durchsetzung der REMIT-VO enthält und Absatz 8 den Einsatz von Wirtschaftsprüfern und Sachverständigen als Verwaltungshelfer etabliert. Vorlage für die Absätze 1–6 waren die Regelungen des § 57 GWB sowie des § 128 TKG (BT-Drs. 15/3917, 71), inhaltlich sind die Regelungen an § 26 VwVfG angelehnt und ersetzen diesen als lex specialis (Kment EnWG/Turiaux § 68 Rn. 2).

1.1 § 68 trat mit dem Gesetz vom 7.7.2005 mit Wirkung zum 13.7.2005 in Kraft (BGBl. 2005 I 1970, berichtigt BGBl. 2005 I 3621). § 68 Abs. 7, 8 trat mit dem Gesetz vom 5.12.2012 (BGBl. I 2403) mit Wirkung zum 12.12.2012 in Kraft. Absatz 7 wurde durch Gesetz vom 20.11.2019 (BGBl. I 1626) mit Wirkung zum 26.11.2019 geändert.

B. Amtsermittlung (Abs. 1)

2 Absatz 1 normiert den Amtsermittlungsgrundsatz im energierechtlichen Verwaltungsverfahren. Die Regulierungsbehörde ist zu Ermittlungen nicht nur ermächtigt, sie ist dazu auch gem. § 24 VwVfG verpflichtet (Bourwieg/Hellermann/Hermes/Burmeister § 68 Rn. 3). Die Behörde muss alle verfahrenserheblichen Informationen erheben und aktenkundig machen (OLG Naumburg BeckRS 2010, 1735). Die Behörde muss den Sachverhalt grundsätzlich umfassend ermitteln, aber nur soweit auch Ansatzpunkte für tragfähige Sachverhaltsermittlungen bestehen (BGH BeckRS 2022, 21684 Rn. 65). Die Pflicht und Ermächtigung zur Amtsermittlung bestehen unabhängig davon, ob das Verfahren von Amts wegen oder auf Antrag eingeleitet wurde (Theobald/Kühling/Theobald/Werk § 68 Rn. 5).

3 Der Wortlaut des Absatz 1 („**kann**") ist dahingehend auszulegen, dass das Ermessen der Behörde hinsichtlich der Auswahl der Mittel („**wie**") eröffnet ist, jedoch nicht hinsichtlich des Entschließungsermessens („**ob**") zur Durchführung der Ermittlungen (Säcker EnergieR/Wende § 68 Rn. 3; Theobald/Kühling/Theobald/Werk § 68 Rn. 5). Der Ermittlungsbedarf ist normbezogen zu bestimmen (OLG Düsseldorf BeckRS 2018, 33817 Rn. 42).

Die Regulierungsbehörde muss, so wie bei jeglichem Verwaltungshandeln, bei der Beweis- 4
erhebung die Verhältnismäßigkeit wahren. Sie muss im Rahmen einer Prognoseentscheidung unter sachgerechtem und rationellem Einsatz der zur Verfügung stehenden Mittel diejenigen Maßnahmen treffen, die der Bedeutung des aufzuklärenden Sachverhalts gerecht werden und erfahrungsgemäß Erfolg haben können (OLG Düsseldorf BeckRS 2012, 16586). Die Entscheidung der Behörde zum Umfang und Inhalt der Beweiserhebung ist auch aufgrund der damit verbundenen Kosten für die Beteiligten relevant, denn diese Kosten können gem. § 73 Abs. 3 den Beteiligten nach billigem Ermessen auferlegt werden (→ § 73 Rn. 12). Der Amtsermittlungsgrundsatz enthebt die Verfahrensbeteiligten jedoch nicht von gesetzlichen Mitwirkungspflichten, werden diese nicht erfüllt, ist die Regulierungsbehörde nicht zu weiteren Sachverhaltsaufklärungen angehalten (BGH BeckRS 2009, 21134 Rn. 21). Eine Verweigerung der Mitwirkung kann zulasten der Betroffenen berücksichtigt werden (OLG Düsseldorf NJOZ 2022, 655, Rn. 78).

C. Einzelne Beweismittel (Abs. 2)

Absatz 2 regelt die sinngemäße Anwendung der ZPO-Vorschriften für den Beweis durch 5
Augenschein, Zeugen und Sachverständige. In der Aufzählung enthalten sind die Hinzuziehung von Sachverständigen bei der Inaugenscheinnahme gem. § 372 Abs. 1 ZPO, die Vernehmung bei Amtsverschwiegenheit gem. § 376 ZPO, die Zeugenladung gem. § 377 ZPO, die Verwendung aussageerleichternder Unterlagen bei der Zeugenvernehmung gem. § 378 ZPO, die Folgen bei Ausbleiben des Zeugen gem. §§ 380 f. ZPO, die Vernehmung von Regierungs-, Bundestags- oder Landtagsmitgliedern gem. § 382 ZPO, die Zeugnisverweigerungsrechte gem. §§ 383–387, 390 ZPO, Durchführung der Vernehmung gem. §§ 395–397, 398 Abs. 1 ZPO, die Zeugenentschädigung gem. § 401 ZPO, der Beweis durch Sachverständige gem. §§ 402, 404, 404a, 406–409, 411 ZPO sowie die Vernehmung sachverständiger Zeugen gem. § 414 ZPO.

Die Aufzählung ist nicht abschließend, da die Regulierungsbehörde gem. § 68 Abs. 1 „**alle** 6
Ermittlungen führen und alle Beweise erheben" kann (so auch Bourwieg/Hellermann/Hermes/Burmeister § 68 Rn. 10).

Die Absätze 3, 4 und 5 enthalten konkrete Vorschriften zur Niederschrift von Aussagen 7
von Zeugen und Sachverständigen. Statt eines Verweises auf die ZPO hat sich der Gesetzgeber für eine eigenständige Regelung entschieden. Dies erscheint auch sinnvoll, da die Niederschrift von Zeugenaussagen im zivilgerichtlichen Verfahren gem. §§ 159, 160 ZPO im Protokoll zur Verhandlung erfolgen soll und somit ein Verweis auf diese Normen für das energierechtliche Verwaltungsverfahren nur schwer umzusetzen gewesen wäre.

Für die Beeidung von Zeugen muss die Regulierungsbehörde gem. Absatz 6 das zustän- 8
dige Amtsgericht ersuchen, welches dann auch über die Beeidung entscheidet.

D. Datenschutz bei Maßnahmen nach der REMIT-VO (Abs. 7)

In § 68 Abs. 7 werden die Kompetenzen der BNetzA bei der Verwendung von personen- 9
bezogenen Daten im Rahmen von Ermittlungen nach der REMIT-VO begrenzt (BT-Drs. 17/10060, 33). Diese Regelung war bei der Einführung im Jahr 2012 grundsätzlich angebracht, da bei den Ermittlungen nach der REMIT-VO auch Daten von handelnden Personen erhoben und verarbeitet werden können. Die Regelung in Absatz 7 ist Ausdruck des heutigen Grundsatzes der Datenminimierung gem. Art. 5 Abs. 1 lit. c DS-GVO, sodass nach heutiger Rechtslage dem Absatz 7 lediglich eine Klarstellungsfunktion zukommt, da sich die entsprechende Verpflichtung zu Datenvermeidung und Datensparsamkeit bzw. Datenminimierung bereits aus § 3a BDSG und Art. 5 Abs. 1 lit. c DS-GVO ergibt.

E. Verwaltungshelfer (Abs. 8)

Absatz 8 erlaubt den Einsatz von Wirtschaftsprüfern und Sachverständigen als Verwal- 10
tungshelfer der Regulierungsbehörde. Ein praxisrelevanter Einsatz dürfte die Beauftragung gem. § 69 Abs. 3 sein (Kment EnWG/Turiaux § 71 Rn. 9).

F. Rechtsschutz

11 Gegen Anordnungen der Regulierungsbehörde im formalen Verfahren zur Beweiserhebung gem. § 68 Abs. 2–6 ist die Beschwerde zum Oberlandesgericht gem. Absatz 2 Satz 2 eröffnet. Dabei handelt es sich nicht um die Beschwerde gem. § 75, sondern um die sofortige Beschwerde gem. §§ 567 ff. ZPO, da § 68 Abs. 2 auf dieses Rechtsmittel mittelbar durch den Verweis auf die einzelnen ZPO-Vorschriften verweist (Kment EnWG/Turiaux § 68 Rn. 10; Säcker EnergieR/Wende § 68 Rn. 21). Für die Einlegung der sofortigen Beschwerde gilt gem. § 569 Abs. 1 ZPO eine zweiwöchige Notfrist und auch die weiteren Formvorschriften des § 569 Abs. 2 und 3 ZPO finden entsprechende Anwendung. Eine aufschiebende Wirkung kommt der sofortigen Beschwerde gem. § 570 ZPO nur ausnahmsweise bei der Anordnung von Zwangsmitteln zu, zB wenn gegenüber Zeugen bei Nichterscheinen Ordnungsgelder oder eine Zwangsvorführung angeordnet werden.

§ 68a Zusammenarbeit mit der Staatsanwaltschaft

¹Die Bundesnetzagentur hat Tatsachen, die den Verdacht einer Straftat nach § 95a oder § 95b begründen, der zuständigen Staatsanwaltschaft unverzüglich anzuzeigen. ²Sie kann die personenbezogenen Daten der betroffenen Personen, gegen die sich der Verdacht richtet oder die als Zeugen in Betracht kommen, der Staatsanwaltschaft übermitteln, soweit dies für Zwecke der Strafverfolgung erforderlich ist. ³Die Staatsanwaltschaft entscheidet über die Vornahme der erforderlichen Ermittlungsmaßnahmen, insbesondere über Durchsuchungen, nach den Vorschriften der Strafprozessordnung. ⁴Die Befugnisse der Bundesnetzagentur nach § 56 Absatz 1 Satz 2 und § 69 Absatz 3 und 11 bleiben hiervon unberührt, soweit
1. **sie für die Durchführung von Verwaltungsmaßnahmen oder die Zusammenarbeit nach Artikel 7 Absatz 2 und Artikel 16 der Verordnung (EU) Nr. 1227/2011 erforderlich sind und**
2. **eine Gefährdung des Untersuchungszwecks von Ermittlungen der Strafverfolgungsbehörden oder der für Strafsachen zuständigen Gerichte nicht zu erwarten ist.**

Überblick

Die Vorschrift begründet eine Anzeigepflicht der BNetzA bei der Staatanwaltschaft bei vermuteten Verstößen gegen die VO (EU) 1227/2011 (REMIT-VO). Weiterhin grenzt die Vorschrift die Zuständigkeit zwischen Staatsanwaltschaft und BNetzA ab und regelt auch die Zusammenarbeit der Behörden in diesem Zusammenhang (→ Rn. 2).

A. Entstehungsgeschichte

1 § 68a fand Einzug in das EnWG mit dem Gesetz zur Einrichtung einer Markttransparenzstelle für den Großhandel mit Strom und Gas im Jahr 2012, welches am 12.12.2012 in Kraft trat. Die geringfügige Änderung im Jahr 2016 war lediglich eine Folgeänderung, bedingt durch die Änderungen in § 56 (BT-Drs. 18/7317, 125). Die Änderungen im Jahr 2019 waren sprachliche Änderungen, die durch die Einführung der VO (EU) 2016/679 (DS-GVO) bedingt waren (BT-Drs. 19/4674, 320).

1.1 § 68a trat mit dem Gesetz vom 5.12.2012 mit Wirkung zum 12.12.2012 in Kraft (BGBl. 2012 I 2403). Satz 4 wurde durch das Gesetz vom 26.7.2016 mit Wirkung zum 30.7.2016 geändert (BGBl. 2016 I 1786). Satz 2 wurde durch das Gesetz vom 20.11.2019 mit Wirkung zum 26.11.2019 geändert (BGBl. 2019 I 1626).

B. Allgemeines

2 Mit dieser Vorschrift wird eine Abgrenzung der Zuständigkeiten zwischen BNetzA und Staatsanwaltschaft geschaffen (BT-Drs. 17/10060, 33). Die BNetzA ist gem. § 56 Abs. 1 S. 2

für die Einhaltung der Vorschriften aus der REMIT-VO zuständig und kann gem. § 65 Abs. 6 ein energierechtliches Verwaltungsverfahren diesbezüglich einleiten und gem. § 69 Abs. 3 und 11 entsprechende Ermittlungsmaßnahmen im Rahmen des energierechtlichen Verwaltungsverfahren vornehmen. Die Verantwortung für das strafrechtliche Verfahren soll jedoch gem. § 68a bei der Staatanwaltschaft verbleiben. Da die Tatsachen für einen Verdacht einer Straftat nach § 95a oder § 95b in den wohl meisten Fällen zuerst bei der BNetzA als zuständige Aufsichtsbehörde ermittelt werden, ist die Anzeigepflicht gem. Satz 1 unabdingbar (Bourwieg/Hellermann/Hermes/Eufinger § 68a Rn. 3). Gegenüber den Landesregulierungsbehörden oder den nach Landesrecht zuständigen Behörden besteht eine solche Anzeigepflicht nicht, da die Straftaten gem. § 95a und § 95b regelmäßig nicht deren Aufgabengebiet betreffen und es daher an der Kenntnis von verdachtsbegründenden Tatsachen gem. § 95a und § 95b fehlen wird.

C. Anzeigepflicht und Zusammenarbeit

Die BNetzA ist einerseits gem. Satz 1 verpflichtet, Tatsachen, die einen Verdacht einer Straftat begründen, der Staatsanwaltschaft anzuzeigen. Im Gegenzug ist die Staatsanwaltschaft gem. § 58b verpflichtet, die BNetzA über die Einleitung eines Ermittlungsverfahrens zu informieren und im Falle einer geplanten Einstellung des Verfahrens, muss die Staatsanwaltschaft die BNetzA gem. § 58b Abs. 1 S. 3 anhören. Die Anzeige der BNetzA begründet keine Pflicht der Staatsanwaltschaft, die strafrechtlichen Ermittlungen aufzunehmen (Theobald/Kühling/Theobald/Werk § 68a Rn. 5).

Die Formulierung in Satz 2 begründet kein Ermessen der BNetzA, Daten an die Staatsanwaltschaft weiterzugeben, sondern stellt sich gem. § 161 Abs. 1 StPO vielmehr als Pflicht der BNetzA dar. Die Formulierung „kann" ist insoweit wohl eher als Befugnis der Datenweitergabe gem. Art. 6 Abs. 1 lit. e DS-GVO zu verstehen.

Die Aufgabenabgrenzung in Satz 3 und 4, wonach die Staatsanwaltschaft für Ermittlungsmaßnahmen gem. § 160 StPO zuständig ist und die Befugnisse der BNetzA gem. § 69 Abs. 3 und 11 unberührt bleiben, ist eher deklaratorischer Natur, da sich parallel geführte strafrechtliche und energierechtliche Verfahren grundsätzlich nicht ausschließen (BT-Drs. 17/10060, 33).

§ 69 Auskunftsverlangen, Betretungsrecht

(1) ¹Soweit es zur Erfüllung der in diesem Gesetz der Regulierungsbehörde übertragenen Aufgaben erforderlich ist, kann die Regulierungsbehörde bis zur Bestandskraft ihrer Entscheidung
1. von Unternehmen und Vereinigungen von Unternehmen Auskunft über ihre technischen und wirtschaftlichen Verhältnisse sowie die Herausgabe von Unterlagen verlangen; dies umfasst auch allgemeine Marktstudien, die der Regulierungsbehörde bei der Erfüllung der ihr übertragenen Aufgaben, insbesondere bei der Einschätzung oder Analyse der Wettbewerbsbedingungen oder der Marktlage, dienen und sich im Besitz des Unternehmens oder der Vereinigung von Unternehmen befinden;
2. von Unternehmen und Vereinigungen von Unternehmen Auskunft über die wirtschaftlichen Verhältnisse von mit ihnen nach Artikel 3 Abs. 2 der Verordnung (EG) Nr. 139/2004 verbundenen Unternehmen sowie die Herausgabe von Unterlagen dieser Unternehmen verlangen, soweit sie die Informationen zur Verfügung haben oder soweit sie auf Grund bestehender rechtlicher Verbindungen zur Beschaffung der verlangten Informationen über die verbundenen Unternehmen in der Lage sind;
3. bei Unternehmen und Vereinigungen von Unternehmen innerhalb der üblichen Geschäftszeiten die geschäftlichen Unterlagen einsehen und prüfen.

²Gegenüber Wirtschafts- und Berufsvereinigungen der Energiewirtschaft gilt Satz 1 Nr. 1 und 3 entsprechend hinsichtlich ihrer Tätigkeit, Satzung und Beschlüsse sowie Anzahl und Namen der Mitglieder, für die die Beschlüsse bestimmt sind.

(2) Die Inhaber der Unternehmen oder die diese vertretenden Personen, bei juristischen Personen, Gesellschaften und nichtrechtsfähigen Vereinen die nach Gesetz oder Satzung zur Vertretung berufenen Personen, sind verpflichtet, die verlangten Unterlagen herauszugeben, die verlangten Auskünfte zu erteilen, die geschäftlichen Unterlagen zur Einsichtnahme vorzulegen und die Prüfung dieser geschäftlichen Unterlagen sowie das Betreten von Geschäftsräumen und -grundstücken während der üblichen Geschäftszeiten zu dulden.

(3) ¹Personen, die von der Regulierungsbehörde mit der Vornahme von Prüfungen beauftragt sind, dürfen Betriebsgrundstücke, Büro- und Geschäftsräume und Einrichtungen der Unternehmen und Vereinigungen von Unternehmen während der üblichen Geschäftszeiten betreten. ²Das Betreten ist außerhalb dieser Zeit oder wenn die Geschäftsräume sich in einer Wohnung befinden ohne Einverständnis nur insoweit zulässig und zu dulden, wie dies zur Verhütung von dringenden Gefahren für die öffentliche Sicherheit und Ordnung erforderlich ist und wie bei der auskunftspflichtigen Person Anhaltspunkte für einen Verstoß gegen Artikel 3 oder 5 der Verordnung (EU) Nr. 1227/2011 vorliegen. ³Das Grundrecht des Artikels 13 des Grundgesetzes wird insoweit eingeschränkt.

(4) ¹Durchsuchungen können nur auf Anordnung des Amtsgerichts, in dessen Bezirk die Durchsuchung erfolgen soll, vorgenommen werden. ²Durchsuchungen sind zulässig, wenn zu vermuten ist, dass sich in den betreffenden Räumen Unterlagen befinden, die die Regulierungsbehörde nach Absatz 1 einsehen, prüfen oder herausverlangen darf. ³Auf die Anfechtung dieser Anordnung finden die §§ 306 bis 310 und 311a der Strafprozessordnung entsprechende Anwendung. ⁴Bei Gefahr im Verzuge können die in Absatz 3 bezeichneten Personen während der Geschäftszeit die erforderlichen Durchsuchungen ohne richterliche Anordnung vornehmen. ⁵An Ort und Stelle ist eine Niederschrift über die Durchsuchung und ihr wesentliches Ergebnis aufzunehmen, aus der sich, falls keine richterliche Anordnung ergangen ist, auch die Tatsachen ergeben, die zur Annahme einer Gefahr im Verzuge geführt haben. ⁶Das Grundrecht der Unverletzlichkeit der Wohnung (Artikel 13 Abs. 1 des Grundgesetzes) wird insoweit eingeschränkt.

(5) ¹Gegenstände oder geschäftliche Unterlagen können im erforderlichen Umfang in Verwahrung genommen werden oder, wenn sie nicht freiwillig herausgegeben werden, beschlagnahmt werden. ²Dem von der Durchsuchung Betroffenen ist nach deren Beendigung auf Verlangen ein Verzeichnis der in Verwahrung oder Beschlag genommenen Gegenstände, falls dies nicht der Fall ist, eine Bescheinigung hierüber zu geben.

(6) ¹Zur Auskunft Verpflichtete können die Auskunft auf solche Fragen verweigern, deren Beantwortung sie selbst oder in § 383 Abs. 1 Nr. 1 bis 3 der Zivilprozessordnung bezeichnete Angehörige der Gefahr strafrechtlicher Verfolgung oder eines Verfahrens nach dem Gesetz über Ordnungswidrigkeiten aussetzen würde. ²Die durch Auskünfte oder Maßnahmen nach Absatz 1 erlangten Kenntnisse und Unterlagen dürfen für ein Besteuerungsverfahren oder ein Bußgeldverfahren wegen einer Steuerordnungswidrigkeit oder einer Devisenzuwiderhandlung sowie für ein Verfahren wegen einer Steuerstraftat oder einer Devisenstraftat nicht verwendet werden; die §§ 93, 97, 105 Abs. 1, § 111 Abs. 5 in Verbindung mit § 105 Abs. 1 sowie § 116 Abs. 1 der Abgabenordnung sind insoweit nicht anzuwenden. ³Satz 2 gilt nicht für Verfahren wegen einer Steuerstraftat sowie eines damit zusammenhängenden Besteuerungsverfahrens, wenn an deren Durchführung ein zwingendes öffentliches Interesse besteht, oder bei vorsätzlich falschen Angaben der Auskunftspflichtigen oder der für sie tätigen Personen.

(7) ¹Die Bundesnetzagentur fordert die Auskünfte nach Absatz 1 Nr. 1 durch Beschluss, die Landesregulierungsbehörde fordert sie durch schriftliche Einzelverfügung an. ²Darin sind die Rechtsgrundlage, der Gegenstand und der Zweck des Auskunftsverlangens anzugeben und eine angemessene Frist zur Erteilung der Auskunft zu bestimmen.

(8) ¹Die Bundesnetzagentur ordnet die Prüfung nach Absatz 1 Satz 1 Nr. 3 durch Beschluss mit Zustimmung des Präsidenten oder der Präsidentin, die Landesregulierungsbehörde durch schriftliche Einzelverfügung an. ²In der Anordnung sind Zeitpunkt, Rechtsgrundlage, Gegenstand und Zweck der Prüfung anzugeben.

(9) Soweit Prüfungen einen Verstoß gegen Anordnungen oder Entscheidungen der Regulierungsbehörde ergeben haben, hat das Unternehmen der Regulierungsbehörde die Kosten für diese Prüfungen zu erstatten.

(10) ¹Lassen Umstände vermuten, dass der Wettbewerb im Anwendungsbereich dieses Gesetzes beeinträchtigt oder verfälscht ist, kann die Regulierungsbehörde die Untersuchung eines bestimmten Wirtschaftszweiges oder einer bestimmten Art von Vereinbarungen oder Verhalten durchführen. ²Im Rahmen dieser Untersuchung kann die Regulierungsbehörde von den betreffenden Unternehmen die Auskünfte verlangen, die zur Durchsetzung dieses Gesetzes und der Verordnung (EG) Nr. 1228/2003 erforderlich sind und die dazu erforderlichen Ermittlungen durchführen. ³Die Absätze 1 bis 9 sowie die §§ 68 und 71 sowie 72 bis 74 gelten entsprechend.

(11) ¹Die Bundesnetzagentur kann von allen natürlichen und juristischen Personen Auskünfte und die Herausgabe von Unterlagen verlangen sowie Personen laden und vernehmen, soweit Anhaltspunkte dafür vorliegen, dass dies für die Überwachung der Einhaltung der Artikel 3 und 5 der Verordnung (EU) Nr. 1227/2011 erforderlich ist. ²Sie kann insbesondere die Angabe von Bestandsveränderungen in Energiegroßhandelsprodukten sowie Auskünfte über die Identität weiterer Personen, insbesondere der Auftraggeber und der aus Geschäften berechtigten oder verpflichteten Personen, verlangen. ³Die Absätze 1 bis 9 sowie die §§ 68 und 71 sowie 72 bis 74 sind anzuwenden. ⁴Gesetzliche Auskunfts- oder Aussageverweigerungsrechte sowie gesetzliche Verschwiegenheitspflichten bleiben unberührt.

Überblick

In § 69 sind die konkrete Umsetzung und Durchsetzung bestimmter Ermittlungsmaßnahmen, wie das Betretungsrecht (→ Rn. 12), Durchsuchungen (→ Rn. 15), Beschlagnahme (→ Rn. 20) und Aussageverweigerungsrechte (→ Rn. 22) geregelt. Die Vorschrift ist mit ihrem umfangreichen Regelungsinhalt neben § 68, der in Absatz 1 die grundsätzliche Befugnis zum Führen von Ermittlungen einräumt, eine weitere zentrale Norm für die Ermittlungsbefugnisse der Regulierungsbehörden.

Übersicht

	Rn.		Rn.
A. Entstehungsgeschichte	1	F. Verwahrung und Beschlagnahme (Abs. 5)	20
B. Allgemeines	2	G. Aussageverweigerungsrecht (Abs. 6)	22
C. Auskunfts- und Herausgabeverlangen (Abs. 1, 2, 6 und 7)	6	H. Betriebs- und Geschäftsgeheimnisse	25
D. Einsichts-, Prüfungs- und Betretungsrecht (Abs. 1 S. 1 Nr. 3, Abs. 3, Abs. 8)	12	I. Sektoruntersuchung (Abs. 10)	27
E. Durchsuchung (Abs. 4)	15	J. Befugnisse zur Durchführung der REMIT-Verordnung (Abs. 11)	30

A. Entstehungsgeschichte

§ 69 fand Einzug mit der Novellierung des Gesetzes im Jahr 2005, welches am 13.7.2005 in Kraft trat und das EnWG 1998 ablöste. Im Jahr 2007 wurde die Formulierung zum Durchsuchungsrecht in Absatz 4 leicht angepasst und das Zitiergebot mit Blick auf die Grundrechtseinschränkung nachgeholt (vgl. BT-Drs. 16/5847, 13). Mit der Gesetzesänderung im Jahr 2008 sind zahlreiche redaktionelle Änderungen vorgenommen worden. Die Änderungen im Jahr 2012 betrafen in Absatz 3 ein neues Betretungsrecht im Ausnahmefall

EnWG § 69 Teil 8. Verfahren und Rechtsschutz bei überlangen Gerichtsverfahren

1.1 § 69 trat mit dem Gesetz vom 7.7.2005 mit Wirkung zum 13.7.2005 in Kraft (BGBl. 2005 I 1970, berichtigt BGBl. 2005 I 3621). Mit dem Gesetz vom 18.12.2007 (BGBl. I 2966) wurde mit Wirkung zum 22.12.2007 in Absatz 4 ein neuer Satz 2 eingefügt und die bisherigen Sätze 2–4 wurden Sätze 3–5, weiterhin wurden in Absatz 4 der Satz 6 und in Absatz 5 der Satz 2 angefügt. Mit dem Gesetz vom 25.10.2008 (BGBl. I 2101) wurden mit Wirkung zum 1.11.2008 in Absatz 6 Satz 3, in Absatz 7 Satz 1, in Absatz 8 Satz 1 und in Absatz 10 Satz 3 geändert. Die Sätze 2 und 3 in Absatz 3 sowie der Absatz 11 wurden angefügt durch Gesetz vom 5.12.2012 (BGBl. I 2403) mit Wirkung zum 12.12.2012.

B. Allgemeines

2 Die Vorschrift geht zurück auf entsprechende Regelungen in § 59 GWB und § 127 TKG (vgl. BT-Drs. 15/3917, 71). § 69 regelt die verfahrensrechtlichen Voraussetzungen für die Ermittlungen, die materielle Rechtsgrundlage folgt hingegen aus anderen Vorschriften des EnWG, den „übertragenen Aufgaben" gem. § 69 Abs. 1 S. 1. Zu diesen übertragenen Aufgaben gehören beispielsweise die Missbrauchsaufsicht gem. § 30 bzw. § 65, die Durchführung des Monitorings gem. § 35 oder auch die Genehmigung des Netzbetriebs gem. § 4 durch die nach Landesrecht zuständige Behörde. Mit der Verwendung des Begriffs „Regulierungsbehörde" ist klargestellt, dass diese Verfahrensvorschriften für die BNetzA und die Landesregulierungsbehörden gelten, eine ausdrückliche Verweisung auf die nach Landesrecht zuständige Behörde findet sich in § 65 Abs. 5.

3 Die Regelungen gelten für das energiewirtschaftliche Verwaltungsverfahren, nicht hingegen für das Ordnungswidrigkeitenverfahren (Säcker EnergieR/Wende § 69 Rn. 1). In Absatz 10 ist darüber hinaus eine Befugnis zur Sektoruntersuchung geregelt, die speziell auf den Verdachtsfall einer Beschränkung oder Verfälschung des Wettbewerbs im Anwendungsbereich des Gesetzes ausgelegt ist. Die in § 69 aufgeführten Ermittlungsverfahren sind keine eigenständigen Verfahren, sondern Teil des energiewirtschaftsrechtlichen Verwaltungsverfahrens (Kment EnWG/Turiaux § 69 Rn. 2).

4 Wie in anderen Ermittlungsverfahren auch, bedarf es eines Anfangsverdacht im Falle der Missbrauchsaufsicht bzw. eine Notwendigkeit der Ermittlung zur Sachverhaltsaufklärung in den anderen Fallgestaltungen (Bourwieg/Hellermann/Hermes/Burmeister § 69 Rn. 3). Die Ermittlungsmaßnahmen sind grundsätzlich gleichwertig, allerdings gilt der Verhältnismäßigkeitsgrundsatz, der ggf. dazu führen kann, dass zB Auskunftsbeschlüsse vorrangig zu Nachprüfungen sind oder dass die Ermittlungsmaßnahmen zunächst gegen den unmittelbar Betroffenen statt gegen einen Dritten zu richten sind (Säcker EnergieR/Wende § 69 Rn. 1).

5 Gemäß Absatz 1 Satz 1 kann die Regulierungsbehörde die Ermittlungsverfahren bis zur Bestandskraft der Entscheidung vornehmen, das bedeutet, dass bis zum Ende des Beschwerde- und Rechtsbeschwerdeverfahrens entsprechende Verfahrenshandlungen im Verwaltungsverfahren durchgeführt werden können (Säcker EnergieR/Wende § 69 Rn. 5).

C. Auskunfts- und Herausgabeverlangen (Abs. 1, 2, 6 und 7)

6 Das Recht der Behörde zur Auskunft über die technischen und wirtschaftlichen Verhältnisse und zur Herausgabe von Unterlagen ist sehr weit gefasst (OLG Düsseldorf NJW-RR 2006, 1353 (1355)). Gemeint sind damit alle tatsächlichen und rechtlichen Beziehungen des Adressaten sowie die gesamte betriebliche und gesellschaftsrechtliche Sphäre des Unternehmens (OLG Frankfurt a. M. BeckRS 2013, 6816; Immenga/Mestmäcker/Wirtz GWB § 59 Rn. 28). Eine Begrenzung besteht insoweit, als dass diese Informationen zur Erfüllung der Aufgaben der Regulierungsbehörde erforderlich sein müssen, und es muss sich um unternehmenseigene Informationen, also keine Informationen Dritter handeln. In Absatz 1 Nummer 2 wird der Anwendungsbereich auch auf Auskünfte und Unterlagen von Tochterunternehmen ausgeweitet.

7 Das Auskunfts- und Herausgabeverlangen richtet sich an Unternehmen und Unternehmensvereinigungen, aber nicht an Privatpersonen, soweit diese nicht Unternehmer, Unternehmensinhaber oder Unternehmensvertreter sind. Es gilt auch hier der funktionale Unternehmensbegriff, wie er auch im Kartellrecht verwendet wird (Säcker EnergieR/Wende § 69 Rn. 7).

Der Unterlagenbegriff ist weit auszulegen und umfasst sowohl physische als auch elektroni- **8** sche Unterlagen (Theobald/Kühling/Theobald/Werk § 69 Rn. 26). In entsprechender Anwendung des § 97 StPO besteht jedoch keine Vorlagepflicht für Anwaltskorrespondenz, Syndikusrechtsanwälte sind jedoch hiervon gem. § 53 Abs. 1 Nr. 3 StPO ausgenommen.

Die Formvorschriften sind in Absatz 7 geregelt. Das Auskunftsverlangen muss im Falle **9** der BNetzA in Form eines Beschlusses der Beschlusskammer ergehen, bei den Landesregulierungsbehörden ist eine schriftliche Einzelverfügung vorgesehen. Das Auskunftsverlangen muss die Rechtsgrundlage, den Gegenstand und den Zweck der begehrten Auskunft benennen sowie eine angemessene Frist zur Erfüllung setzen. Die Angemessenheit der Frist muss sich nach den Gegebenheiten des Einzelfalles richten, so zB der Umfang des Auskunftsersuchens oder die notwendige Dauer zur Bereitstellung, wenn es beispielsweise um die Unterlagen einer Tochtergesellschaft geht. Als Rechtsgrundlage ist nicht nur § 69 zu nennen, sondern insbesondere die Norm, welche durch die Ermittlung erfüllt werden soll (Bourwieg/Hellermann/Hermes/Burmeister § 69 Rn. 10).

Das Auskunftsverlangen der Behörde ist eine Entscheidung und somit ist das Rechtsmittel **10** der Beschwerde gem. § 75 statthaft. Es gelten daher auch die Formerfordernisse des § 73.

Gemäß § 95 Abs. 1 Nr. 3 lit. a ist die Zuwiderhandlung gegen ein vollziehbares Auskunfts- **11** ersuchen eine Ordnungswidrigkeit. An den hinreichend bestimmten Inhalt und die Einhaltung der Formvorschriften des Ersuchens sind daher strenge Maßstäbe anzulegen.

D. Einsichts-, Prüfungs- und Betretungsrecht (Abs. 1 S. 1 Nr. 3, Abs. 3, Abs. 8)

Soweit das Auskunfts- und Herausgabeverlangen der Behörde erfolglos war oder vermut- **12** lich nicht zielführend sein wird, weil zB bestimmte Sachzusammenhänge nicht ohne weiteres sichtbar werden, kann die Behörde auch die Einsichtnahme und Prüfung von geschäftlichen Unterlagen in den Geschäftsräumen der betroffenen Unternehmen bzw. Unternehmensvereinigungen vornehmen. In Abgrenzung zur Durchsuchung liegt hier immer eine Kooperation des Unternehmens vor, dh die Einsichtnahme und Prüfung erfolgt unter Mitwirkung und Duldung des Unternehmens.

Um die Einsichtnahme und die Prüfung von Unterlagen vornehmen zu können, wird **13** der Behörde in Absatz 3 ein korrespondierendes Betretungsrecht eingeräumt. Dies gilt jedoch nur für die üblichen Geschäftszeiten und kann anders als das Einsichts- und Prüfungsrecht auch gegen den Willen des Betroffenen durchgesetzt werden. Außerhalb der üblichen Geschäftszeiten oder falls sich die Geschäftsräume in einer Wohnung befinden, besteht ein Betretungsrecht nur im Gefahrenfall oder falls Verstöße gegen das Verbot des Insiderhandels oder der Marktmanipulation gem. Art. 3 und 5 REMIT-VO vorliegen. Durch die Einschränkung auf die üblichen Geschäftszeiten wird eine grundrechtsschonende Ausgestaltung des behördlichen Betretungsrechts erreicht (Theobald/Kühling/Stein EEG 2014 § 68 Rn. 25 für ein vergleichbar ausgestaltetes Betretungsrecht im EEG). Um diesen Ausgleich der Grundrechte zu erreichen und die Belastung der betroffenen Unternehmen entsprechend gering zu halten, ist der Begriff „übliche Geschäftszeiten" einschränkend auf das konkrete Unternehmen auszulegen und nicht auf die üblichen Geschäftszeiten der Branche oder Region (aA Theobald/Kühling/Theobald/Werk § 69 Rn. 29).

Gemäß Absätze 7 und 8 muss die Prüfung durch Verwaltungsakt angeordnet werden, im **14** Falle der BNetzA durch einen Beschluss, im Falle des Absatzes 8 zusätzlich mit Zustimmung des Präsidenten bzw. der Präsidentin. Im Zuständigkeitsbereich der Landesregulierungsbehörden erfolgt die Anordnung im Wege der schriftlichen Einzelverfügung. Dass die BNetzA grundsätzlich durch Beschluss entscheidet, ergibt sich bereits aus § 59 Abs. 1, das zusätzliche Erfordernis der Zustimmung des Präsidenten bzw. der Präsidentin folgt dem Beispiel des § 59a Abs. 7 GWB. Da die Organisation der Landesregulierungsbehörden den jeweiligen Ländern obliegt und dadurch auch teilweise unterschiedlich ausgefallen ist (zB ein vorsitzendes Mitglied und zwei beisitzende Mitglieder in Nordrhein-Westfalen gem. § 3 RegKG NRW, hingegen ein vorsitzendes Mitglied und mindestens drei Beisitzer in Mecklenburg-Vorpommern gem. § 3 RegKG M-V), ist die formelle Anforderung für Landesregulierungsbehörden weniger strikt formuliert worden. Weitere maßgebliche formelle Anforderung ist, dass die Anordnung neben dem Zweck auch den Gegenstand der Prüfung hinreichend

E. Durchsuchung (Abs. 4)

15 Soweit ein Einsichts-, Prüfungs- und Herausgabeanspruch der Behörde an entsprechenden Informationen und Unterlagen gem. Absatz 1 besteht, kann die Behörde auf Basis einer richterlichen Anordnung auch Durchsuchungen durchführen, bei Gefahr im Verzug auch ohne eine solche Anordnung. Gefahr im Verzug ist dann anzunehmen, wenn die vorherige Einholung der richterlichen Anordnung den Erfolg der Durchsuchung gefährden würde (BVerfG NJW 1979, 1539 (1540)). Allerdings ist wegen der grundrechtssichernden Schutzfunktion des Richtervorbehalts der Begriff der „Gefahr im Verzug" eng auszulegen (BVerfG BeckRS 2001 30162811). Die Vorschrift in Absatz 4 kommt immer dann zur Anwendung, wenn die Betroffenen die verlangten Informationen und Unterlagen nicht freiwillig zur Verfügung stellen (Kment EnWG/Turiaux § 69 Rn. 15).

16 Das Durchsuchungsrecht ist in seinem Umfang begrenzt, da es in Satz 2 klar an den Einsichts-, Prüfungs- und Herausgabeanspruch gemäß Absatz 1 geknüpft ist; eine Durchsuchung ohne konkretes Ziel („fishing expedition") wäre daher unzulässig. Die Behörde muss gem. Satz 2 belegen, worin die Vermutung besteht, dass Unterlagen in den zu durchsuchenden Räumen vorhanden sein könnten. Und sie muss darlegen, welche Art von Unterlagen gesucht werden. Die Vermutung der Behörde kann sich aus fallbezogenen Anhaltspunkten oder auch aus der Erfahrung vorangegangener Durchsuchungen ergeben (Bourwieg/Hellermann/Hermes/Burmeister § 69 Rn. 15).

17 Die Bezugnahme auf die Geschäftszeiten in Satz 4 zeigt, dass Absatz 4 lediglich ein Durchsuchungsrecht für Geschäftsräume darstellt und die Durchsuchung von Privatwohnungen schon vom Wortlaut nicht erfasst ist. Mit Blick auf den deutlich intensiveren Grundrechtseingriff bei Privatwohnungen im Vergleich zu Geschäftsräumen und im Verhältnis zu dem verfolgten Rechtsverstoß ist ein Durchsuchungsrecht von Privatwohnungen auf der Grundlage von Absatz 4 daher klar abzulehnen (so im Ergebnis auch Säcker EnergieR/Wende § 69 Rn. 21). Der Hinweis auf die Einschränkung des Grundrechts der Unverletzlichkeit der Wohnung aus Art. 13 GG in Satz 6 ist daher kein Beleg für die Ausweitung des Durchsuchungsrechts auf Privatwohnungen, sondern ist vielmehr notwendig, weil auch Geschäftsräume dem Schutzbereich des Art. 13 GG unterfallen (BVerfG BeckRS 2008, 31921).

18 Die Vorgabe, wonach im Regelfall für die Durchsuchung ein richterlicher Beschluss notwendig ist, folgt direkt aus Art. 13 Abs. 2 GG (Kment EnWG/Turiaux § 69 Rn. 16). Bei Gefahr im Verzug, wenn also der Vernichtung von Beweismitteln zu befürchten ist, bedarf es keines richterlichen Beschlusses. Dies gilt jedoch gem. Absatz 4 Satz 4 nur für Durchsuchungen während der Geschäftszeiten, dh außerhalb der Geschäftszeiten bedarf es immer eines richterlichen Beschlusses (Theobald/Kühling/Theobald/Werk § 69 Rn. 35; Kment EnWG/Turiaux § 69 Rn. 16). Es ist immer eine Niederschrift, dh ein Protokoll über die Durchsuchung, noch vor Ort anzufertigen. Soweit Satz 5 festschreibt, dass eine „Niederschrift über die Durchsuchung und ihr wesentliches Ergebnis aufzunehmen" sei, sind damit die wesentlichen Eckpunkte wie Ort, Zeit und die anwesenden Personen aufzunehmen, als auch das Ziel der Durchsuchung und, sofern die Durchsuchung ohne richterlichen Beschluss erfolgte, auch die Gründe, warum aus Sicht der Behörde Gefahr im Verzug vorlag (Immenga/Mestmäcker/Wirtz GWB § 59 Rn. 65).

19 Gegen die richterliche Durchsuchungsanordnung ist gem. Satz 3 das Rechtsmittel der einfachen Beschwerde beim zuständigen Amtsgericht gegeben, es gelten dabei die §§ 306–310, 311a StPO in entsprechender Anwendung. Die Beschwerde hat gem. § 307 StPO keine aufschiebende Wirkung, auf Antrag kann das Gericht die aufschiebende Wirkung anordnen. Die Abweichung von der in § 75 vorgesehenen Beschwerdemöglichkeit vor dem Oberlandesgericht ergibt sich aus dem Umstand, dass die richterliche Anordnung der Durchsuchung ebenfalls durch das selbige Amtsgericht ergangen ist und den Betroffenen das rechtliche Gehör daher effektiver auf diesem Rechtsweg zu gewähren ist.

F. Verwahrung und Beschlagnahme (Abs. 5)

Während Absatz 4 lediglich die Durchsuchung an sich regelt, also das Suchen in den 20
Räumen sowie die Einsichtnahme der Gegenstände und Unterlagen, wird in Absatz 5 der
Regulierungsbehörde das Recht zur Verwahrung bzw. zur Beschlagnahme eingeräumt. Während die Verwahrung die Inbesitznahme zur Beweissicherung darstellt, handelt es sich bei
der Beschlagnahme um die Sicherstellung gegen den Willen des Betroffenen (vgl. § 94 Abs. 2
StPO). Die Details der Beschlagnahme sind jedoch nicht in Absatz 5, sondern in § 70 näher
geregelt, insbesondere das Verfahren und die Rechtsbehelfe (→ § 70 Rn. 2).

Die ausdrückliche Begrenzung der Verwahrung und Beschlagnahme „auf den erforderli- 21
chen Umfang" ist nicht nur Ausdruck des allgemeinen Verhältnismäßigkeitsprinzips, sondern
stellt auch klar, dass die entsprechenden Gegenstände der Beweissicherung dienen müssen
(so auch Kment EnWG/Turiaux § 69 Rn. 21). Eine Erforderlichkeit ist zunächst nur dann
gegeben, wenn die beschlagnahmten Gegenstände gem. § 70 Abs. 1 S. 1 „als Beweismittel
für die Ermittlung von Bedeutung sein können". Mit Blick auf die Verhältnismäßigkeit der
Beschlagnahme muss diese zusätzlich in einem angemessenen Verhältnis zu der Schwere des
Verstoßes und der Stärke des Tatverdachts stehen (BVerfG NJW 2005, 1917 (1920)). So ist
als milderes Mittel stets zu prüfen, ob ein Auskunfts- oder Herausgabeverlangen nicht genauso
erfolgversprechend ist (Loewenheim/Meessen/Riesenkampff/Kersting/Meyer-Lindemann/
Quellmalz GWB § 59 Rn. 29). Bei der Beschlagnahme von Unterlagen ist zu prüfen, ob
das Anfertigen von Kopien nicht ausreichend ist (Säcker EnergieR/Wende § 69 Rn. 7).

G. Aussageverweigerungsrecht (Abs. 6)

Gemäß § 69 Abs. 6 S. 1 wird auskunftspflichtigen Personen ein Aussageverweigerungsrecht 22
gewährt, wenn die Beantwortung der Fragen diese Person oder enge Angehörige gem. § 383
Abs. 1 Nr. 1–3 ZPO der Gefahr strafrechtlicher Verfolgung oder eines Verfahren nach dem
OWiG aussetzen würde. Vereinzelt wird gefordert, dass auch § 383 Abs. 1 Nr. 6 ZPO zum
Schutz des Anwalts-, Steuerberater- und Wirtschaftsprüfergeheimnisses entsprechend anzuwenden sei (so Kment EnWG/Turiaux § 69 Rn. 24). Jedoch lässt sich dies nur schwerlich
mit einer Lücke im Gesetz begründen, ist § 69 doch dem TKG und GWB nachgebildet,
die einen solchen Schutz ebenfalls nicht vorsehen. Weiterhin spricht dagegen, dass trotz
mehrfacher Novellierungen des § 69 eine entsprechende Anpassung durch den Gesetzgeber
ausgeblieben ist.

Die Berufung auf den Schutz von Betriebs- und Geschäftsgeheimnissen rechtfertigt keine 23
Auskunftsverweigerung (BGH BeckRS 2007, 13480), genauso wenig wie andere vertragliche
Verschwiegenheitsverpflichtungen ein Recht zur Auskunftsverweigerung begründen können. Darüber hinaus kann auch bei einem bestehenden Aussageverweigerungsrecht die
Herausgabe von Unterlagen nicht verweigert werden.

In Satz 2 des Absatzes 6 ist ein grundsätzliches Beweisverwertungsverbot für Steuer-, Steu- 24
erstraf- und Bußgeldverfahren vorgesehen. Dieses Beweisverwertungsverbot folgt dem
Grundsatz der Zweckbindung behördlich erhobener Daten (Theobald/Kühling/Theobald/
Werk § 69 Rn. 54). Von diesem Beweisverwertungsverbot sind jedoch Steuerstrafverfahren
ausgenommen, bei denen Vorsatz oder ein zwingendes öffentliches Interesse vorliegt.

H. Betriebs- und Geschäftsgeheimnisse

Die Vorschrift bietet – wie das EnWG insgesamt – keinen Schutz von Betriebs- und 25
Geschäftsgeheimnissen (→ § 71 Rn. 4) gegenüber der Regulierungsbehörde (BGH BeckRS
2007, 13480). Dieser Schutz kann allenfalls gegenüber Dritten erwachsen, die Einsicht in
diese Informationen bei der Regulierungsbehörde nehmen wollen. Hierbei gelten die Vorschriften der §§ 29 Abs. 2, 30 VwVfG und insbesondere die Kennzeichnungspflicht der
Betriebs- und Geschäftsgeheimnisse durch den Betroffenen gem. § 71 (Theobald/Kühling/
Theobald/Werk § 69 Rn. 52; Kment EnWG/Turiaux § 69 Rn. 26 f.).

Auch der aufgrund der Geheimnisschutz-RL (RL (EU) 2016/943) neu eingeführte bzw. 26
verkürzte Begriff „Geschäftsgeheimnis" gem. § 2 Nr. 1 GeschGehG führt hier zu keiner
anderen Bewertung. Zum einen ist der Begriff nach dem Erwägungsgrund 14 Geheimnisschutz-RL sowie gem. Art. 2 Nr. 1 Geheimnisschutz-RL synonym mit dem bisher im öffent-

lichen Recht verwendeten Begriff „Betriebs- und Geschäftsgeheimnis" zu verstehen und zum anderen bleiben Vorschriften des öffentlichen Rechts, wie vorliegend § 69, gem. Art. 1 Abs. 2 lit. b Geheimnisschutz-RL von der Richtlinie unberührt.

I. Sektoruntersuchung (Abs. 10)

27 In Absatz 10 ist eine Sonderbefugnis zur Untersuchung bestimmter Wirtschaftszweige oder Arten von Verträgen oder Verhaltensweisen geregelt, die an § 32e GWB angelehnt ist. Der Anwendungsbereich ist bereits eröffnet, wenn Umstände es vermuten lassen, dass der Wettbewerb im Anwendungsbereich dieses Gesetzes beeinträchtigt oder verfälscht ist. Eines konkreten Anfangsverdachts, wie er für die Ermittlungsbefugnisse gem. Absätze 1–8 notwendig ist (→ Rn. 4), bedarf es daher nicht. Während der konkrete Anfangsverdacht auf Tatsachen fußt, reichen für die Sektoruntersuchung gem. Absatz 10 bereits Umstände und Vermutungen aus (Bourwieg/Hellermann/Hermes/Burmeister § 69 Rn. 20; aA Theobald/Kühling/Theobald/Werk § 69 Rn. 58).

28 Die Sektoruntersuchung gem. Absatz 10 findet außerhalb der üblichen Verwaltungsverfahren statt (BT-Drs. 15/3917, 71); es muss also kein selbstständiges Verwaltungsverfahren anhängig sein.

29 Die Untersuchung gem. Absatz 10 eröffnet den Regulierungsbehörden nicht nur die Anwendung der Absätze 1–9 sowie §§ 71 und 72–74, sondern auch alle sonstigen erforderlichen Ermittlungen gem. Absatz 10 Satz 2. Im Ergebnis bekommt die Regulierungsbehörde somit sehr weitreichende Ermittlungsbefugnisse, die lediglich auf Vermutungen und nicht auf Tatsachen fußen müssen. Der Verhältnismäßigkeit kommt daher gesteigerte Bedeutung zu, sodass zB bei besonders belastenden Ermittlungsmaßnahmen auch ein größeres Ausmaß an vermuteten Wettbewerbsbeschränkungen vorliegen muss (Kment EnWG/Turiaux § 69 Rn. 30).

J. Befugnisse zur Durchführung der REMIT-Verordnung (Abs. 11)

30 Absatz 11 konkretisiert die Befugnisse gem. Art. 13 REMIT-VO und ist dem Vorbild von § 6 Abs. 3 WpHG (in 2012 noch § 4 Abs. 3 WpHG) nachgebildet (BT-Drs. 17/10060, 34). Neben der ausdrücklichen Erwähnung von speziellen Ermittlungsbefugnissen, die der Überwachung des Verbots des Insiderhandels und der Marktmanipulation dienen, sind auch die Befugnisse aus den Absätzen 1–8 anwendbar.

§ 70 Beschlagnahme

(1) ¹Die Regulierungsbehörde kann Gegenstände, die als Beweismittel für die Ermittlung von Bedeutung sein können, beschlagnahmen. ²Die Beschlagnahme ist dem davon Betroffenen unverzüglich bekannt zu geben.

(2) Die Regulierungsbehörde hat binnen drei Tagen um die richterliche Bestätigung des Amtsgerichts, in dessen Bezirk die Beschlagnahme vorgenommen ist, nachzusuchen, wenn bei der Beschlagnahme weder der davon Betroffene noch ein erwachsener Angehöriger anwesend war oder wenn der Betroffene und im Falle seiner Abwesenheit ein erwachsener Angehöriger des Betroffenen gegen die Beschlagnahme ausdrücklich Widerspruch erhoben hat.

(3) ¹Der Betroffene kann gegen die Beschlagnahme jederzeit um die richterliche Entscheidung nachsuchen. ²Hierüber ist er zu belehren. ³Über den Antrag entscheidet das nach Absatz 2 zuständige Gericht.

(4) ¹Gegen die richterliche Entscheidung ist die Beschwerde zulässig. ²Die §§ 306 bis 310 und 311a der Strafprozessordnung gelten entsprechend.

Überblick

§ 70 schafft für die Regulierungsbehörde die Befugnis, mögliche Beweismittel zu beschlagnahmen. Die Vorschrift übernimmt den Wortlaut des § 129 TKG und ist ebenfalls an § 58

GWB angelehnt (BR-Drs. 613/04, 138). Die Regelungen entsprechen inhaltlich der StPO und nehmen auch in Absatz 4 Bezug auf diese.

A. Entstehungsgeschichte

§ 70 fand Einzug mit der Novellierung des Gesetzes im Jahr 2005, welches am 13.7.2005 **1** in Kraft trat und das EnWG 1998 ablöste. Der Wortlaut des § 70 ist unverändert in der Fassung des ursprünglichen Gesetzentwurfes geblieben (vgl. BR-Drs. 613/04, 46).

§ 70 trat mit dem Gesetz vom 7.7.2005 mit Wirkung zum 13.7.2005 in Kraft (BGBl. 2005 I 1970, **1.1** berichtigt BGBl. 2005 I 3621).

B. Beschlagnahme (Abs. 1)

Die Beschlagnahme ist die Fortsetzung der Ermittlungstätigkeit der Regulierungsbehör- **2** den, die in §§ 68, 69 geregelt ist (Kment EnWG/Turiaux § 70 Rn. 2). § 70 dient der Beweissicherung und ist so wesentlicher Teil der Verfahrensvorschriften für das Ermittlungsverfahren. Während § 69 Abs. 5 die Beschlagnahme ermöglicht, wird in § 70 das Verfahren hierzu näher geregelt (Säcker EnergieR/Wende § 70 Rn. 1). Die Beschlagnahme sichert die Beweisführung durch Augenscheinnahme der jeweiligen Gegenstände sowie durch Vorlage von Urkunden (Arndt/Fetzer/Scherer/Graulich, 2. Aufl. 2015, § 129 Rn. 1).

Beschlagnahme ist die Wegnahme und Sicherung eines Gegenstands gegen den Willen **3** des Gewahrsamsinhabers (Kment EnWG/Turiaux § 70 Rn. 2). Durch die Beschlagnahme entsteht ein öffentlich-rechtliches Verwahrungsverhältnis. Sofern der Gegenstand vor Ort belassen wird oder ein unbeweglicher Gegenstand beschlagnahmt wird, kommt ein Siegel zum Einsatz, welches das hoheitliche Verfügungs- und Veränderungsverbot (Verstrickung) betreffend den Gegenstand signalisiert (Theobald/Kühling/Theobald/Werk § 70 Rn. 11).

Die Vorschrift gilt nur für das Verwaltungsverfahren, nicht jedoch für das Bußgeldverfah- **4** ren, welches im OWiG und in der StPO geregelt ist. Die Beschlagnahme ist ohne richterliche Anordnung möglich, jedoch wird meist im Vorfeld in praktischer Hinsicht eine richterliche Durchsuchungsanordnung gem. § 69 Abs. 4 notwendig sein.

Betroffener ist jeder, in dessen Rechtsposition durch die Beschlagnahme eingegriffen wird, **5** nicht zwingend der Betroffene aus dem energierechtlichen Hauptsacheverfahren. Betroffener ist jedenfalls der Gewahrsamsinhaber des beschlagnahmten Gegenstands (Immenga/Mestmäcker/Schmidt § 58 Rn. 6). Wer Eigentümer ist, ist für die Beschlagnahme unbeachtlich (Säcker EnergieR/Wende § 70 Rn. 3).

Der Beschlagnahme liegt immer eine Prognoseeinschätzung zugrunde, dh ausreichend für **6** die Prüfung der Rechtmäßigkeit ist eine ex-ante Betrachtung („…**von Bedeutung sein können.**"). Als intensiver Grundrechtseingriff muss die Beschlagnahme verhältnismäßig sein und die Beschlagnahmeverbote gem. § 97 StPO finden entsprechend Anwendung (Säcker EnergieR/Wende § 70 Rn. 5; Bourwieg/Hellermann/Hermes/Burmeister § 70 Rn. 4; Kment EnWG/Turiaux § 70 Rn. 4).

Der Betroffene ist gem. § 70 Abs. 1 S. 2 unverzüglich über die Beschlagnahme zu unter- **7** richten und es ist rechtliches Gehör zu gewähren, notfalls auch im Nachgang (Immenga/Mestmäcker/Schmidt § 58 Rn. 7). Bei der Durchführung der Beschlagnahme ist gem. § 70 Abs. 3 eine Belehrung über die Rechtsmittel notwendig.

C. Rechtsschutz (Abs. 2–4)

Das richterliche Überprüfungsverfahren gem. Absatz 2 dient der Gewährung rechtlichen **8** Gehörs. Im Falle der Fristversäumung durch die Regulierungsbehörde gem. Absatz 2 Satz 1 oder bei Ablehnung durch das Gericht wird die Beschlagnahme rechtswidrig und unwirksam. Der Gegenstand ist dann wieder herauszugeben.

Das Verfahren zur Überprüfung der Beschlagnahmeentscheidung gem. Absatz 2 oder 3 **9** ersetzt die Beschwerde gem. § 75 (Theobald/Kühling/Theobald/Werk § 70 Rn. 16). Der Antrag auf richterliche Überprüfung unterliegt für den Betroffenen keiner Frist. Allerdings ist zu beachten, dass eine freiwillige Herausgabe durch den Betroffenen im Einzelfall auch einen Rechtsschutzverzicht bedeuten kann (Kment EnWG/Turiaux § 70 Rn. 9).

10 Sowohl gegen die richterliche Entscheidung gem. Absatz 2 als auch gem. Absatz 3 ist die Beschwerde beim Amtsgericht zulässig. Diese Beschwerde ist lex specialis zu § 75 (Theobald/Kühling/Theobald/Werk § 70 Rn. 16; Kment EnWG/Turiaux § 70 Rn. 12). Die Beschwerde ist auch nach Ende der Beschlagnahme zulässig, wenn ein Rechtschutzinteresse besteht, so zB bei Schadensersatzansprüchen oder wenn das Beweisverwertungsverbot aus der Beschlagnahme festgestellt werden soll (Kment EnWG/Turiaux § 70 Rn. 12).

D. Verstoß gegen die Beschlagnahme

11 Verstößt der Betroffene gegen die Beschlagnahme, in dem er die in Beschlagnahme genommene Sache zerstört oder in anderer Weise der Verstrickung entzieht, kommt eine Strafbarkeit gem. § 136 StGB in Betracht.

§ 71 Betriebs- oder Geschäftsgeheimnisse

¹Zur Sicherung ihrer Rechte nach § 30 des Verwaltungsverfahrensgesetzes haben alle, die nach diesem Gesetz zur Vorlage von Informationen verpflichtet sind, unverzüglich nach der Vorlage diejenigen Teile zu kennzeichnen, die Betriebs- oder Geschäftsgeheimnisse enthalten. ²In diesem Fall müssen sie zusätzlich eine Fassung vorlegen, die aus ihrer Sicht ohne Preisgabe von Betriebs- oder Geschäftsgeheimnissen eingesehen werden kann. ³Erfolgt dies nicht, kann die Regulierungsbehörde von ihrer Zustimmung zur Einsicht ausgehen, es sei denn, ihr sind besondere Umstände bekannt, die eine solche Vermutung nicht rechtfertigen. ⁴Hält die Regulierungsbehörde die Kennzeichnung der Unterlagen als Betriebs- oder Geschäftsgeheimnisse für unberechtigt, so muss sie vor der Entscheidung über die Gewährung von Einsichtnahme an Dritte die vorlegenden Personen hören.

Überblick

§ 71 ist eine Verfahrensvorschrift, die konkrete Verfahrensschritte für den Umgang mit Betriebs- und Geschäftsgeheimnissen durch Regulierungsbehörde und die Betroffenen vorgibt. Geregelt werden die Kennzeichnung der Betriebs- und Geschäftsgeheimnisse (→ Rn. 6), die Einreichung einer geheimnisfreien Fassung und die vermutete Zustimmung des Betroffenen.

A. Entstehungsgeschichte

1 § 71 fand Einzug mit der Novellierung des Gesetzes im Jahr 2005, welches am 13.7.2005 in Kraft trat und das EnWG 1998 ablöste. Die Vorschrift ist § 136 TKG nachgebildet (BT-Drs. 15/3917, 71). Art. 18 Abs. 2 S. 1 Elektrizitäts-Binnenmarkt-RL (RL 2003/54/EG) ordnete u.a. die Wahrung der Vertraulichkeit wirtschaftlich sensibler Informationen durch Regulierungsbehörde an, gab aber keine Verfahrensvorschriften hierzu vor. Gleichwohl war in Satz 2 eine Offenlegung durch die Regulierungsbehörde ermöglicht, sofern die Offenlegung zur Wahrnehmung der Aufgaben der zuständigen Behörden erforderlich war. Die entsprechende aktuelle Norm findet sich nunmehr in Art. 55 Abs. 2 Elektrizitäts-Binnenmarkt-RL (RL (EU) 2019/944).

1.1 § 71 trat mit dem Gesetz vom 7.7.2005 mit Wirkung zum 13.7.2005 in Kraft (BGBl. 2005 I 1970, berichtigt BGBl. 2005 I 3621).

B. Geheimhaltung

2 § 71 setzt einen materiellen Geheimhaltungsanspruch voraus, gewährt diesen aber nicht. Der einfachgesetzliche, materielle Geheimhaltungsanspruch ist vielmehr in § 30 VwVfG geregelt, auf den § 71 S. 1 verweist. § 71 regelt das Verfahren zum Umgang mit geheimhaltungspflichtigen Informationen, die aufgrund einer Vorlagepflicht aus dem EnWG der Regulierungsbehörde zu offenbaren sind.

C. Betriebs- und Geschäftsgeheimnisse

Die Betriebs- und Geschäftsgeheimnisse der Betroffenen genießen sowohl unionsrechtlichen als auch verfassungsrechtlichen Schutz, sowohl über die Eigentumsgarantie gem. Art. 17 GRCh und Art. 14 GG als auch die Berufsfreiheit gem. Art. 15 und 16 GRCh und Art. 12 GG (Säcker EnergieR/Gurlit § 71 Rn. 10 f.). Der Geheimhaltungsanspruch in § 30 VwVfG ist mit einem Offenbarungsvorbehalt versehen, der eine Offenlegung erlaubt, sofern eine entsprechende Befugnis der Regulierungsbehörde vorhanden ist (Kment EnWG/Thuriaux § 71 Rn. 4; Säcker EnergieR/Gurlit § 71 Rn. 13). Diese Befugnis kann aufgrund spezialgesetzlicher Vorschrift bestehen oder weil der Betroffene der Offenlegung zugestimmt hat. Die in der Praxis wohl am häufigsten anzutreffende Fallkonstellation ist das widerstreitende Interesse der Allgemeinheit an der Offenlegung oder auch die Interessen von Dritten, die von Regulierungsbehörde gegen die Bedeutung des Geheimhaltungsinteresses in die Abwägung gestellt werden müssen.

Nach ständiger Rechtsprechung sind unter Betriebs- und Geschäftsgeheimnissen „**alle auf ein Unternehmen bezogenen Tatsachen, Umstände und Vorgänge (zu verstehen), die nicht offenkundig, sondern nur einem begrenzten Personenkreis zugänglich sind und an deren Nichtverbreitung der Rechtsträger ein berechtigtes Interesse hat**" (BVerfG NVwZ 2006, 1041 Rn. 87). Die Prüfung der Regulierungsbehörde, inwieweit eine Offenlegung von Informationen zu erfolgen hat, ist daher zweistufig: Liegen nach der Definition des Bundesverfassungsgerichts im konkreten Fall Betriebs- und Geschäftsgeheimnisse vor und falls ja, gibt es eine Befugnis zur Offenlegung? Aufgrund handelsrechtlicher oder anderer aufsichtsrechtlicher Vorschriften sind unternehmerische Informationen oftmals offenkundig im Sinne der Definition und damit schon nicht als Betriebs- und Geschäftsgeheimnis einzuordnen. Ein berechtigtes Interesse des Geheimnisinhabers wird dann bejaht, wenn die Offenbarung der Unternehmensinformationen die Wettbewerbsposition des Unternehmens nachteilig beeinflussen kann (Säcker EnergieR/Gurlit § 71 Rn. 9). Dies wird bei sehr alten Informationen oder bei fehlendem Wettbewerb, also in Monopolsituationen, regelmäßig zu verneinen sein (so auch VG Köln BeckRS 2016, 43867).

Das am 26.4.2019 in Kraft getretene Gesetz zum Schutz von Geschäftsgeheimnissen (GeschGehG) tritt gem. § 1 Abs. 2 GeschGehG hinter die Regelungen des § 30 VwVfG sowie des § 71 zurück und kommt daher im energieverwaltungsrechtlichen Verfahren nicht zur Anwendung.

D. Verfahren

I. Kennzeichnung und Fassung zur Einsichtnahme

Die Pflicht zur Kennzeichnung der schutzbedürftigen Informationen besteht kraft Gesetzes, so dass es grundsätzlich nicht einer Aufforderung durch die Regulierungsbehörde bedarf. Nicht geregelt ist, wie die Kennzeichnung der schutzwürdigen Information zu erfolgen hat. So wird beispielsweise eine Erläuterung in Tabellenform sinnvoll sein, da die Regulierungsbehörde gem. Satz 4 für jede Kennzeichnung prüfen muss, ob tatsächlich jeweils Betriebs- und Geschäftsgeheimnisse vorliegen. Die Behörde muss daher in der Lage sein, über die Schutzbedürftigkeit der Informationen zu entscheiden (Kment EnWG/Thuriaux § 71 Rn. 7). Die Kennzeichnung muss "**unverzüglich**" nach Vorlage der Informationen erfolgen, wobei es aus Sicht des Betroffenen sinnvoll sein dürfte, die Kennzeichnung bereits zum Zeitpunkt der Vorlage der Information vorzunehmen, um so einen bestmöglichen Schutz der Informationen zu ermöglichen und nicht ungewollt in eine Situation mit vermuteter Zustimmung gem. Satz 3 zu geraten. Aus Sicht der Behörde wiederum kann es sinnvoll sein, eine Frist zur Kennzeichnung der schutzbedürftigen Informationen zu setzen, um den Betroffenen Rechtsschutzmöglichkeiten gegen eine Offenlegung einzuräumen. Ohne eine solche Fristsetzung kann es für die Behörde je nach Fallsituation schwierig nachzuweisen sein, ob dem Betroffenen ausreichend rechtliches Gehör gewährt wurde mit Blick auf die Kennzeichnung von Betriebs- oder Geschäftsgeheimnissen. Die Zustimmungsfiktion in Satz 3 entbindet die Behörde nicht von der Gewährung rechtlichen Gehörs.

Kennzeichnet der Betroffene schutzbedürftige Informationen, so trifft ihn auch die Pflicht, eine Fassung vorzulegen, die um diese schutzwürdigen Informationen bereinigt ist und durch

Dritte eingesehen werden kann. Häufigste Form ist die Schwärzung dieser Informationen, wobei eine bestimmte Art und Weise, wie diese Fassung zu erstellen ist, letztlich nicht vorgeschrieben ist. Auch für die Vorlage der Einsichtfassung kann die Regulierungsbehörde eine Frist setzen (Säcker EnergieR/Gurlit § 71 Rn. 22).

II. Vermutete Zustimmung

8 Wie der Verweis auf § 30 VwVfG in Satz 1 zeigt, ist die Regulierungsbehörde grundsätzlich verpflichtet, die Betriebs- und Geschäftsgeheimnisse Dritter nicht unbefugt zu offenbaren. Die Vermutungsregel in Satz 3 führt jedoch zu einer befugten Offenbarung der Betriebs- und Geschäftsgeheimisse, es sei denn der Regulierungsbehörde sind besondere Umstände bekannt, die eine solche Vermutung nicht rechtfertigen. Derartige Umstände können sich zB aus vorangegangener Korrespondenz oder auch anderen Verlautbarungen des betroffenen Unternehmens ergeben. Da die Vermutungsregel in Satz 3 ausdrücklich auf das Bekanntsein der Umstände abstellt, bedarf es in diesen Fällen keiner Amtsermittlung dahingehend, ob die vorliegenden Informationen Geheimnisse enthalten (so auch: Bourwieg/Hellermann/Hermes/Burmeister § 71 Rn. 12; Kment EnWG/Turiaux § 71 Rn. 9; ablehnend: Theobald/Kühling/Theobald/Werk § 71 Rn. 18). Liegt eine gekennzeichnete Fassung mit Betriebs- und Geschäftsgeheimnissen vor, aber keine bereinigte Fassung, so ist hierin ein Ausschluss der Vermutungsregel zu sehen, da der Behörde so zweifellos Umstände iSd Satzes 3 bekannt sind (Bourwieg/Hellermann/Hermes/Burmeister § 71 Rn. 12; Kment EnWG/Turiaux § 71 Rn. 9).

E. Anhörung und Rechtsschutz

9 Gemäß Satz 4 prüft die Regulierungsbehörde selbstständig, ob die gekennzeichneten Informationen tatsächlich Betriebs- und Geschäftsgeheimnisse sind. Diese Pflicht folgt aus § 29 VwVfG und dient dem Schutz der Rechte der Dritten, die eine rechtmäßige Einsichtnahme begehren. Dieser Pflicht zur Prüfung kommt in der Praxis große Bedeutung zu, da die Betroffenen in den meisten Fällen dazu neigen, lieber zu viele als zu wenige Informationen als Betriebs- und Geschäftsgeheimnisse zu kennzeichnen und zu schwärzen.

10 Weiterhin sind die Betroffenen gem. Satz 4 vor der Gewährung der Einsichtnahme durch Dritte – trotz Kennzeichnung der Informationen als schutzwürdige Geheimnisse – anzuhören. Da die Offenlegung irreversibel ist, muss den Betroffenen rechtliches Gehör und so die Möglichkeit zur Erlangung von Rechtsschutz gegen die geplante Offenbarung gegeben werden. Die Entscheidung der Regulierungsbehörde, die Informationen offenzulegen, ist gem. § 73 zu begründen und zuzustellen (Bourwieg/Hellermann/Hermes/Burmeister § 71 Rn. 15; Kment EnWG/Turiaux § 71 Rn. 11; Säcker EnergieR/Gurlit § 71 Rn. 26). Zulässiges Rechtsmittel gegen die Entscheidung zur Offenlegung ist die Beschwerde gem. § 73, mangels aufschiebender Wirkung wird jedoch zusätzlich einstweiliger Rechtsschutz notwendig sein (Kment EnWG/Turiaux § 71 Rn. 11).

§ 71a Netzentgelte vorgelagerter Netzebenen

Soweit Entgelte für die Nutzung vorgelagerter Netzebenen im Netzentgelt des Verteilernetzbetreibers enthalten sind, sind diese von den Landesregulierungsbehörden zugrunde zu legen, soweit nicht etwas anderes durch eine sofort vollziehbare oder bestandskräftige Entscheidung der Bundesnetzagentur oder ein rechtskräftiges Urteil festgestellt worden ist.

1 Die Vorschrift geht zurück auf die Phase der kostenbasierten Netzentgeltgenehmigung bis zum Jahr 2008 und diente dazu, eine doppelte Kostenprüfung bei den Netzentgelten der vorgelagerten Netzebenen zu vermeiden. Im aktuell geltenden System der Anreizregulierung ergibt sich diese Pflicht zur Zugrundelegung der Netzentgelte der vorgelagerten Netzebenen aus § 11 Abs. 2 Nr. 4 ARegV.

2 § 71a trat mit dem Gesetz vom 7.7.2005 mit Wirkung zum 13.7.2005 in Kraft (BGBl. 2005 I 1970, berichtigt BGBl. 2005 I 3621).

Vorläufige Anordnungen § 72 EnWG

Die Vorschrift war aufgrund der unterschiedlichen Zuständigkeiten der BNetzA und der 3
Landesregulierungsbehörden notwendig geworden und sollte eine Doppelkontrolle der Netzentgelte der vorgelagerten Netzebenen durch die Landesregulierungsbehörde vermeiden (Säcker EnergieR/Bruhn § 71a Rn. 1). Die Entgelte waren unabhängig davon zugrunde zu legen, ob die Entgelte bereits geprüft waren oder nicht (Salje EnWG § 71a Rn. 10). Soweit sich die Entgelte der vorgelagerten Netzebenen durch eine Entscheidung der BNetzA oder ein rechtskräftiges Urteil veränderten, war die Landesregulierungsbehörde zur Anpassung der Netzentgelte des Verteilnetzbetreibers verpflichtet. Dies wurde regelmäßig dadurch erreicht, in dem die Genehmigungen der Landesregulierungsbehörde mit Auflagen und Widerrufsbehalt versehen wurden.

Mit der Einführung der Anreizregulierung und der Regelung in § 11 Abs. 2 Nr. 4 ARegV 4
hat diese Vorschrift nun aber ihre praktische Relevanz verloren.

§ 72 Vorläufige Anordnungen

Die Regulierungsbehörde kann bis zur endgültigen Entscheidung vorläufige Anordnungen treffen.

Überblick

Die Vorschrift bietet der Regulierungsbehörde die Möglichkeit, in einem bereits begonnenem und noch nicht beendetem Verwaltungsverfahren, vorläufige Anordnungen zu treffen, sollte sich ein Erfordernis zur vorläufigen Regelung oder Sicherung ergeben.

A. Entstehungsgeschichte

Ausweislich der Gesetzesbegründung waren § 60 GWB und § 130 TKG Vorlage für diese 1
Regelungen, wenngleich § 72 weiter gefasst ist als § 60 GWB (BT-Drs. 15/3971, 71). Der Gesetzentwurf der Bundesregierung wurde im Gesetzgebungsverfahren ohne Änderungen verabschiedet und ist bis heute unverändert geblieben. Dem Grunde nach geht § 72 auf die Vorgaben des Art. 23 Abs. 7 Elektrizitäts-Binnenmarkt-RL (RL 2003/54/EG) zurück, wonach die Mitgliedsstaaten sicherstellen mussten, dass die Regulierungsbehörden ihre Verpflichtungen **„effizient und zügig"** nachkommen können. Diese Vorgaben waren nachfolgend in Art. 37 Abs. 4 Elektrizitäts-Binnenmarkt-RL (RL 2009/72/EG) und sind nun in Art. 59 Abs. 3 Elektrizitäts-Binnenmarkt-RL (RL (EU) 2019/944) geregelt.

§ 72 trat mit dem Gesetz vom 7.7.2005 mit Wirkung zum 13.7.2005 in Kraft (BGBl. 2005 I 1970, 1.1
berichtigt BGBl. 2005 I 3621).

B. Zweck der Norm

Die Regelung schafft ein umfassendes Instrument für den Erlass zeitlich begrenzter Verfü- 2
gungen (Kment EnWG/Turiaux § 72 Rn. 1). Anders als § 60 GWB, welcher den Anwendungsbereich der einstweiligen Anordnung klar auf bestimmte Anwendungsfälle begrenzt, ermöglicht § 72, vorläufige Anordnungen jeglicher Art zu treffen und unterscheidet dabei auch nicht zwischen Sicherungs- und Regelungsanordnung. Es ist anerkannt, dass auch vorläufige Anordnungen im Rahmen der Entgeltgenehmigungsverfahren zulässig sind (OLG Düsseldorf BeckRS 2013, 20916 Rn. 33). Die Grenzen für die vorläufige Anordnung ergeben sich nach dem Wortlaut allein aus den Merkmalen **„bis zur endgültigen Entscheidung"** und **„kann"**, also hinsichtlich des zeitlichen Rahmens und der Ermessensausübung (Bourwieg/Hellermann/Hermes/Burmeister § 72 Rn. 1).

C. Voraussetzungen

Die Vorschrift liefert keine eigenen Voraussetzungen, sodass auf die Voraussetzungen von 3
vergleichbaren Vorschriften, namentlich der §§ 935 ff. ZPO, § 32 BVerfGG, § 80 Abs. 2 S. 1 Nr. 4, Abs. 3 VwGO, § 123 Abs. 1 VwGO sowie §§ 32a, 60 GWB und § 130 TKG zurückzugreifen ist (Theobald/Kühling/Theobald/Werk § 72 Rn. 5).

Adam 1693

I. Formelle Voraussetzungen

4 Für den Erlass der vorläufigen Anordnung ergibt sich die Zuständigkeit aus § 54 Abs. 2 und 3, denn diese folgt aus der Zuständigkeit für die Hauptsache (MüKoWettbR/Barth GWB § 60 Rn. 3).

5 In zeitlicher Hinsicht fordert § 72, dass das Hauptsacheverfahren noch nicht beendet ist. Der konkrete Zeitpunkt für die Beendigung des Hauptsacheverfahrens könnte gem. § 73 der Zeitpunkt der Zustellung der Hauptsacheentscheidung sein oder auch erst der Zeitpunkt der Bestandskraft der Hauptsacheentscheidung. In der Literatur ist dementsprechend umstritten, ob die Befugnis zur vorläufigen Anordnung erlischt, wenn die Hauptsacheentscheidung ergangen ist (Kment EnWG/Turiaux § 72 Rn. 2; Theobald/Kühling § 72 Rn. 6) oder diese erst in Bestandskraft erwachsen muss (Säcker EnergieR/Bruhn § 72 Rn. 4). Der Wortlaut legt mit **„endgültig"** die zweite Variante nahe, wonach eine Endgültigkeit erst mit Bestandskraft bejaht werden kann. Der praktische Anwendungsbereich dürfte jedoch verschwindend gering sein, da der überwiegende Teil der Entscheidungen bereits sofort vollstreckbar gem. § 76 Abs. 1 ist und im Übrigen gem. § 77 die sofortige Vollziehung von der Regulierungsbehörde angeordnet werden kann.

6 Weiterhin wird diskutiert, ob bereits ein Hauptsacheverfahren anhängig sein muss (Theobald/Kühling/Theobald/Werk § 72 Rn. 10) oder ob das Verfahren auf Erlass einer einstweiligen Anordnung ausreichend ist (Kment EnWG/Turiaux § 72 Rn. 3; Bourwieg/Hellermann/Hermes/Burmeister § 72 Rn. 7). Mit Blick auf die europarechtliche Vorgabe, wonach die Regulierungsbehörden ihren Verpflichtungen gem. Art. 59 Abs. 3 Elektrizitäts-Binnenmarkt-RL (RL (EU) 2019/944) **„effizient und schnell"** nachkommen müssen, ist der Ansicht zu folgen, die es ausreichen lässt, wenn mit hinreichender Wahrscheinlichkeit eine entsprechende Hauptsacheentscheidung ergehen wird (vgl. zu § 130 TKG BVerwG NVwZ 2014, 1586 Rn. 24).

7 Die Beteiligten des Verfahrens sind gem. § 28 VwVfG vor Erlass einer vorläufigen Anordnung im Grundsatz zu hören. Dementsprechend kann nach Maßgabe des § 28 Abs. 2 VwVfG von der Anhörung der Beteiligten ausnahmsweise dann abgesehen werden, wenn sie nach den Umständen des Einzelfalls nicht möglich ist. Dies wird immer dann angenommen, wenn die Anhörung wegen der besonderen Eilbedürftigkeit der Sache den Zweck der einstweiligen Anordnung in Frage stellen würde oder wenn von den tatsächlichen Angaben eines Beteiligten nicht zu seinen Ungunsten abgewichen werden soll (MüKoWettbR/Barth GWB § 60 Rn. 5). Das rechtliche Gehör kann in einem solchen Fall im gerichtlichen Verfahren nachgeholt werden (Säcker EnergieR/Bruhn § 72 Rn. 7).

8 Die vorläufige Anordnung darf den Rahmen des zugrunde liegenden Verwaltungsverfahrens nicht übersteigen (OLG Brandenburg BeckRS 2008, 8858 Rn. 24).

II. Materielle Voraussetzungen

9 Die materiellen Voraussetzungen einer vorläufigen Anordnung sind weder im EnWG noch im GWB und TKG ausgeschrieben, sodass diese mit Rückgriff auf vergleichbare Regelungen zum einstweiligen Rechtsschutz abgeleitet werden (Kment EnWG/Turiaux § 72 Rn. 4; Säcker EnergieR/Bruhn § 72 Rn. 8). Eine solche Regelung findet sich in § 77, sodass in materiell-rechtlicher Hinsicht eine vorläufige Anordnung unter den besonderen Voraussetzungen des § 77 erlassen werden kann (OLG Brandenburg BeckRS 2008, 8858 Rn. 26 unter Verweis auf Salje EnWG § 72 Rn. 9).

10 Für die materiell-rechtliche Prüfung der vorläufigen Anordnung wird, wie auch im einstweiligen Rechtsschutz, zwischen einem **Anordnungsanspruch** und einem **Anordnungsgrund** unterschieden. Der Anordnungsanspruch setzt voraus, dass das Vorliegen der Voraussetzungen für den Erlass der Hauptsacheentscheidung mit einer hinreichenden Wahrscheinlichkeit im Wege der summarischen Prüfung angenommen werden kann (Säcker EnergieR/Bruhn § 72 Rn. 10). Für die Annahme eines Anordnungsgrundes muss im Rahmen einer Abwägung die Anordnung im öffentlichen Interesse oder im überwiegenden Interesse eines Beteiligten zur Abwendung von schweren oder zumindest wesentlichen Nachteilen erforderlich sein (Kment EnWG/Turiaux § 72 Rn. 4; s. auch Bourwieg/Hellermann/Hermes/Burmeister § 72 Rn. 10 mwN).

In Anlehnung an die Voraussetzungen beim einstweiligen Rechtsschutz ist eine **Vorwegnahme der Hauptsache** durch die vorläufige Anordnung grundsätzlich ausgeschlossen. Aus verfassungsrechtlichen Gründen ist eine solche Vorwegnahme jedoch möglich, wenn anderenfalls nicht abwendbare, unzumutbar schwere Nachteile drohen (zuletzt BVerfG BeckRS 2009, 32112). Diese, auf Art. 19 Abs. 4 GG gestützte verfassungsgerichtliche Rechtsprechung gilt auch für die regulierungsbehördliche einstweilige Anordnung (Säcker EnergieR/Bruhn § 72 Rn. 14). 11

III. Inhalt der Anordnung

Umfasst sind sowohl begünstigende und belastende Anordnungen als auch Feststellungen (Theobald/Kühling/Theobald/Werk § 72 Rn. 16). Wie bereits ausgeführt, ist die vorläufige Anordnung in zeitlicher Hinsicht auf den Zeitraum bis zur Bestandskraft der endgültigen Hauptsacheentscheidung beschränkt (→ Rn. 5) und darf auch nicht über den Inhalt des Hauptsacheverfahrens hinausgehen (OLG Brandenburg BeckRS 2008, 8858 Rn. 26). 12

Gemäß § 73 ist die Entscheidung zu begründen und mit Rechtsmittelbelehrung an die Beteiligten nach Maßgabe des VwZG zuzustellen. Zulässiges Rechtsmittel ist die Beschwerde gem. § 75. 13

§ 73 Verfahrensabschluss, Begründung der Entscheidung, Zustellung

(1) ¹Entscheidungen der Regulierungsbehörde sind zu begründen und mit einer Belehrung über das zulässige Rechtsmittel den Beteiligten nach den Vorschriften des Verwaltungszustellungsgesetzes zuzustellen. ²§ 5 Abs. 4 des Verwaltungszustellungsgesetzes und § 178 Abs. 1 Nr. 2 der Zivilprozessordnung sind entsprechend anzuwenden auf Unternehmen und Vereinigungen von Unternehmen. ³Entscheidungen, die gegenüber einem Unternehmen mit Sitz im Ausland ergehen, stellt die Regulierungsbehörde der Person zu, die das Unternehmen der Regulierungsbehörde als im Inland zustellungsbevollmächtigt benannt hat. ⁴Hat das Unternehmen keine zustellungsbevollmächtigte Person im Inland benannt, so stellt die Regulierungsbehörde die Entscheidungen durch Bekanntmachung im Bundesanzeiger zu.

(1a) ¹Werden Entscheidungen der Regulierungsbehörde durch Festlegung nach § 29 Absatz 1 oder durch Änderungsbeschluss nach § 29 Absatz 2 gegenüber allen oder einer Gruppe von Netzbetreibern oder von sonstigen Verpflichteten einer Vorschrift getroffen, kann die Zustellung nach Absatz 1 Satz 1 durch öffentliche Bekanntmachung ersetzt werden. ²Die öffentliche Bekanntmachung wird dadurch bewirkt, dass der verfügende Teil der Festlegung oder des Änderungsbeschlusses, die Rechtsbehelfsbelehrung und ein Hinweis auf die Veröffentlichung der vollständigen Entscheidung auf der Internetseite der Regulierungsbehörde im Amtsblatt der Regulierungsbehörde bekannt gemacht werden. ³Die Festlegung oder der Änderungsbeschluss gilt mit dem Tag als zugestellt, an dem seit dem Tag der Bekanntmachung im Amtsblatt der Regulierungsbehörde zwei Wochen verstrichen sind; hierauf ist in der Bekanntmachung hinzuweisen. ⁴§ 41 Absatz 4 Satz 4 des Verwaltungsverfahrensgesetzes gilt entsprechend. ⁵Für Entscheidungen der Regulierungsbehörde in Auskunftsverlangen gegenüber einer Gruppe von Unternehmen gelten die Sätze 1 bis 5 entsprechend, soweit den Entscheidungen ein einheitlicher Auskunftszweck zugrunde liegt.

(2) Soweit ein Verfahren nicht mit einer Entscheidung abgeschlossen wird, die den Beteiligten nach Absatz 1 zugestellt wird, ist seine Beendigung den Beteiligten mitzuteilen.

(3) Die Regulierungsbehörde kann die Kosten einer Beweiserhebung den Beteiligten nach billigem Ermessen auferlegen.

Überblick

Die Vorschrift regelt den Abschluss des energierechtlichen Verwaltungsverfahrens und enthält Vorgaben zur Begründung, Zustellung und öffentlichen Bekanntgabe einer Entscheidung (→ Rn. 6) sowie zur Kostentragung einer Beweiserhebung (→ Rn. 13).

EnWG § 73   Teil 8. Verfahren und Rechtsschutz bei überlangen Gerichtsverfahren

A. Entstehungsgeschichte

1   Vorlage für diese Vorschrift waren § 61 GWB und § 131 TKG (BT-Drs. 15/3917, 71), allerdings ist § 73 durch mehrere Änderungen mittlerweile deutlich ausdifferenzierter als die ursprünglichen Vorlagen aus dem Kartell- und Telekommunikationsrecht. Dem Grunde nach geht § 73 auf die Vorgaben des Art. 37 Abs. 16 Elektrizitäts-Binnenmarkt-RL (RL 2009/72/EG) zurück; inzwischen sind diese Vorgaben in Art. 60 Abs. 7 Elektrizitäts-Binnenmarkt-RL (RL (EU) 2019/944) geregelt. Die Regelung des § 73 ist seit dem Inkrafttreten im Jahr 2005 mehrfach geändert worden.

1.1   § 73 trat mit dem Gesetz vom 7.7.2005 mit Wirkung zum 13.7.2005 in Kraft (BGBl. 2005 I 1970, berichtigt BGBl. 2005 I 3621). § 73 Abs. 1 S. 2 wurde durch das Gesetz vom 18.12.2007 geändert und trat mit Wirkung vom 22.12.2007 in Kraft (BGBl. 2007 I 2966). Mit Gesetz vom 26.7.2011 wurde Absatz 1a eingefügt und trat mit Wirkung zum 4.8.2011 in Kraft (BGBl. 2011 I 1554). Mit Gesetz vom 20.12.2012 wurde Absatz 1a Satz 4 mit Wirkung zum 28.12.2012 geändert (BGBl. 2012 I 2730). Mit Gesetz vom 26.7.2016 wurden Absatz 1a Sätze 1–3 und 5 geändert und traten mit Wirkung zum 30.7.2016 in Kraft (BGBl. 2016 I 1786). Mit Gesetz vom 29.3.2017 wurde Abs. 2 mit Wirkung zum 5.4.2017 geändert (BGBl. 2017 I 626). Mit Gesetz vom 13.5.2019 wurde Absatz 1a Satz 2 mit Wirkung zum 17.5.2019 geändert (BGBl. 2019 I 706).

B. Zweck der Norm

2   § 73 normiert unterschiedliche Form- und Verfahrensanforderungen für die Beendigung des energierechtlichen Verwaltungsverfahrens und setzt damit die Vorgabe des Art. 60 Abs. 7 Elektrizitäts-Binnenmarkt-RL (RL (EU) 2019/944) in nationales Recht um. Das in Art. 60 Abs. 7 S. 1 Elektrizitäts-Binnenmarkt-RL (RL (EU) 2019/944) normierte Begründungserfordernis für Entscheidungen der Regulierungsbehörde wiederum findet sich in Art. 41 Abs. 2 lit. c GRCh und folgt aus dem Rechtsstaatlichkeitsgrundsatz.

3   Auch die weiteren Verfahrensvorschriften, wie etwa die Rechtsmittelbelehrung und die Vorgaben zur Zustellung bzw. der öffentlichen Bekanntgabe, lassen sich direkt aus dem Rechtsstaatlichkeitsgrundsatz ableiten, da diese Vorschriften ein geordnetes Rechtsmittelverfahren und einen effektiven Rechtsschutz für die von der Entscheidung Betroffenen ermöglichen.

C. Verfahrensbeendigung durch Entscheidung (Abs. 1 und Abs. 1a)

I. Inhalt der Entscheidung

4   Der hier verwendete Begriff der Entscheidung entspricht dem Verfügungsbegriff des § 61 GWB und deckt sich letztlich mit dem Begriff des Verwaltungsaktes gem. § 35 S. 1 VwVfG (BGH BeckRS 2007, 13480 Rn. 22 mit weiteren Nachweisen). Abzugrenzen sind demnach Handlungen der Regulierungsbehörde, denen kein Regelungsgehalt zukommt (OLG Düsseldorf BeckRS 2015, 3256 Rn. 23). Auch das bloße Untätigsein stellt keine Entscheidung der Regulierungsbehörde dar (Theobald/Kühling/Theobald/Werk § 73 Rn. 9). Ausnahmen für bestimmte Arten der Entscheidungen sind in § 70 Abs. 1 S. 2 für die Bekanntgabe der Beschlagnahme und in § 94 Abs. 1 für die Vollstreckung geregelt.

5   Richtigerweise wird man das Bestimmtheitsgebot des § 37 Abs. 1 VwVfG ebenfalls für die hier gegenständlichen Entscheidungen heranziehen müssen, handelt es sich doch um ein zentrales rechtsstaatliches Gebot, wonach eine Entscheidung der Verwaltung erkennen lassen muss, welches konkrete Verhalten vom Betroffenen erwartet wird (Theobald/Kühling/Theobald/Werk § 73 Rn. 10).

II. Form, Begründung und Rechtsmittelbelehrung

6   Die Norm enthält keine ausdrücklichen Vorgaben an die Form, allerdings implizieren die Regelungen zur Begründung, Rechtsmittelbelehrung und Zustellung, dass eine schriftliche oder elektronische Form zu verwenden ist. Für Details hierzu können die Vorgaben für Verwaltungsakte gem. § 37 Abs. 2 und 3 VwVfG herangezogen werden (so auch Kment EnWG/Turiaux § 73 Rn. 1). In der Gesamtschau ergibt sich somit ein Gebot der schriftli-

chen Form bzw. der elektronischen Form mit qualifizierter elektronischer Signatur. Diese Formvorschriften haben gemeinsam, dass die erlassende Behörde erkennbar sein muss. Ist die erlassende Behörde nicht erkennbar, so ist die Entscheidung gem. § 44 Abs. 2 Nr. 1 VwVfG nichtig. Ein Verstoß gegen die weiteren Formvorschriften des § 37 Abs. 3 VwVfG wird jedoch mit Blick auf § 46 VwVfG nicht zu einer Aufhebung der Entscheidung führen (Kment EnWG/Turiaux § 73 Rn. 5).

Für die Begründung der Entscheidung kann der Maßstab des § 39 Abs. 1 VwVfG herangezogen werden, wonach die wesentlichen tatsächlichen und rechtlichen Gründe mitzuteilen sind, die die Behörde zu ihrer Entscheidung bewogen haben. Im Falle von Ermessensentscheidungen müssen die Gesichtspunkte erkennbar sein, von denen die Behörde bei der Ausübung ihres Ermessens ausgegangen ist. Fehlt die Begründung teilweise oder vollständig, so liegt ein Verstoß gegen die Begründungspflicht vor und die Entscheidung wird dadurch rechtswidrig (Kment EnWG/Turiaux § 73 Rn. 4). Jedoch kann die Begründung gem. § 67 Abs. 4 iVm § 45 Abs. 2 VwVfG bis zum Abschluss des Beschwerdeverfahrens nachgeholt werden. Es sind jedoch keine überspannten Anforderungen an die Begründung zu stellen, ausreichend ist die Darlegung der tragenden Erwägungen (OLG Düsseldorf BeckRS 2021, 12045 Rn. 45). 7

Entscheidungen müssen mit einer Rechtsmittelbelehrung versehen werden, ohne Rechtsmittelbelehrung beginnt die Frist zur Einlegung des Rechtsmittels nicht zu laufen (Salje EnWG § 73 Rn. 8); die maximale Frist beträgt, in Anlehnung an § 58 VwGO und wie auch im Kartell- und Telekommunikationsverwaltungsverfahren, ein Jahr (Immenga/Mestmäcker GWB § 61 Rn. 17; Geppert/Schütz/Schütz TKG § 131 Rn. 8). Für den notwendigen Inhalt der Rechtsmittelbelehrung ist auf § 58 Abs. 1 VwGO zurückzugreifen (OLG Brandenburg BeckRS 2020, 9491 Rn. 9). Das zulässige Rechtsmittel gegen Entscheidungen ist gem. § 75 die Beschwerde, sodass sich Form und Frist der Rechtsmittelbelehrung aus § 78 ergeben. 8

III. Zustellung

In § 73 Abs. 1 S. 1 wird die förmliche Zustellung von Entscheidungen der Regulierungsbehörde normiert, so dass einfache Übermittlungen unzulässig sind. Fehler bei der Zustellung können jedoch geheilt werden, in dem die Zustellung nachgeholt wird oder auch in dem der Nachweis erbracht wird, dass die Betroffene Kenntnis von der Entscheidung erlangt hat (BGH NVwZ-RR 2008, 315 Rn. 34). Die Regelung in § 73 Abs. 1 S. 2 eröffnet den Anwendungsbereich von § 5 Abs. 4 VwZG und § 178 Abs. 1 Nr. 2 ZPO auch für Unternehmen und Vereinigungen von Unternehmen, so dass die Zustellung gegenüber diesen gegen ein Empfangsbekenntnis oder die Zustellung an eine in den Geschäftsräumen beschäftigte Person, insbesondere auch elektronisch, möglich ist. 9

Mit der Gesetzesänderung im Jahr 2011 wurde die Möglichkeit der öffentlichen Bekanntmachung von Behördenentscheidungen, als Ersatz für die Zustellung, in Absatz 1a eingeführt. Der BGH hatte diese Form der Bekanntgabe in seiner Entscheidung zu den Auskunftsverlangen gegenüber den Gasnetzbetreibern mangels ausdrücklicher Rechtsgrundlage im Jahr 2007 noch abgelehnt (BGH NVwZ-RR 2008, 315 Rn. 34). Die öffentliche Bekanntmachung von Entscheidungen ist für die Regulierungsbehörden ein wichtiges Instrument, da die Festlegungen gem. § 29 regelmäßig hunderte Netzbetreiber betreffen werden. Ab welcher Anzahl von Adressaten eine öffentliche Bekanntgabe zulässig ist, ist umstritten (zB erst ab 50 Adressaten, so Kment EnWG/Turiaux § 73 Rn. 12). Eine „Gruppe" ist im Wortsinn immer eine überschaubare, also kleinere Anzahl, von Subjekten, jedoch stellt die Gesetzesbegründung auf eine „ausreichend große Gruppe" ab, so dass eine Zulässigkeit der öffentlichen Bekanntgabe ab einer zweistelligen Anzahl von Adressaten vertretbar erscheint. Die öffentliche Bekanntgabe erfolgt in einem zweistufigen Verfahren, wonach zunächst eine Veröffentlichung von Tenor, Rechtsbehelfsbelehrung und des Hinweises auf die Volltextveröffentlichung auf der Webseite im Amtsblatt der Regulierungsbehörde erfolgen muss. In der zweiten Stufe ist eine Veröffentlichung der vollständigen Entscheidung auf der Internetseite der Regulierungsbehörde notwendig. Die Frist für den Rechtsbehelf beginnt zwei Wochen nach der Veröffentlichung im Amtsblatt. 10

Bei Fehlern der Behörde bei der Zustellung kommt gem. § 73 Abs. 1 S. 1 eine Heilung gem. § 8 VwZG in Betracht, wonach ein Dokument in dem Zeitpunkt als zugestellt gilt, 11 in dem es dem Empfangsberechtigten tatsächlich zugegangen ist. Ist eine Heilung danach nicht möglich, fehlt es am Zugang der Entscheidung beim Empfänger und der Lauf der Rechtsmittelfrist ist dadurch gehindert.

D. Verfahrensbeendigung ohne Entscheidung (Abs. 2)

12 In Verfahren, die von Amts wegen eingeleitet werden können, kann die Regulierungsbehörde das Verfahren auch ohne Entscheidung beenden, während ein Verfahren, dass auf Antrag eingeleitet wurde, mit Blick auf die Regelung in § 75 Abs. 3 immer zu entscheiden ist, sofern der Antrag nicht zurückgenommen wurde. Die Behörde muss gem. § 73 Abs. 2 den Beteiligten mitteilen, dass das Verfahren beendet wurde, sofern keine Entscheidung ergangen ist. Dies folgt rechtsstaatlichen Grundsätzen, wonach Beteiligte wissen müssen, ob das Verfahren noch betrieben wird. Das Schriftformerfordernis der Mitteilung ist mit der Gesetzesänderung im Jahr 2019 entfallen.

E. Kosten der Beweiserhebung (Abs. 3)

13 Ausweislich der Gesetzesbegründung geht die Regelung zur Auferlegung der Kosten der Beweiserhebung auf § 131 Abs. 3 TKG zurück (BT-Drs. 15/3917, 71). Im Ergebnis finden die üblichen Regelungen zur Ermessenausübung, also ein Entschließungs- und Auswahlermessen der Behörde in den Grenzen des § 40 VwVfG, hier Anwendung (Theobald/Kühling/Theobald/Werk § 73 Rn. 37). Somit ist in einem ersten Schritt mit Blick auf das Entschließungsermessen („…kann die Kosten…auferlegen") das „Ob" der Kostentragung der Beteiligten zu prüfen und ggf. in einem zweiten Schritt ist dann die Höhe bzw. der Anteil an der Kostenbeteiligung festzulegen. Ein wichtiges Abgrenzungsmerkmal ist dabei die Frage, ob die Beweiserhebung im Rahmen der Amtsermittlung erfolgt oder durch Handlungen der Beteiligten ausgelöst worden ist, zB durch Antragsstellung.

§ 74 Veröffentlichung von Verfahrenseinleitungen und Entscheidungen

¹Die Einleitung von Verfahren nach § 29 Abs. 1 und 2 und Entscheidungen der Regulierungsbehörde auf der Grundlage des Teiles 3 sind auf der Internetseite und im Amtsblatt der Regulierungsbehörde zu veröffentlichen. ²Im Übrigen können Entscheidungen von der Regulierungsbehörde veröffentlicht werden.

Überblick

Die Vorschrift regelt die Anforderungen an die Transparenz von Entscheidungen der Regulierungsbehörden und dient daher ganz maßgeblich der Information der Öffentlichkeit und der betroffenen Kreise (→ Rn. 2). § 74 ist mit seiner Vorgabe zur Veröffentlichungspflicht ein unverzichtbarer Baustein für rechtsstaatliche Teilhabe im energierechtlichen Verwaltungsverfahren (→ Rn. 6).

A. Entstehungsgeschichte

1 Vorlage für diese Vorschrift war § 62 GWB (BT-Drs. 15/3917, 71), dem Grunde nach geht § 74 aber auf die Vorgaben des Art. 23 Elektrizitäts-Binnenmarkt-RL (RL 2003/54/EG) und insbesondere Art. 37 Abs. 16 Elektrizitäts-Binnenmarkt-RL (RL 2009/72/EG) zurück. Die aktuelle europäische Vorgabe ist in Art. 60 Abs. 7 Elektrizitäts-Binnenmarkt-RL (RL (EU) 2019/944) geregelt. Die Vorschrift des § 74 ist seit dem Inkrafttreten im Jahr 2005 unverändert geblieben.

1.1 § 74 trat mit dem Gesetz vom 7.7.2005 mit Wirkung zum 13.7.2005 in Kraft (BGBl. 2005 I 1970, berichtigt BGBl. 2005 I 3621).

Veröffentlichung von Verfahrenseinleitungen und Entscheidungen § 74 EnWG

B. Zweck der Norm

Die Vorschrift richtet sich sowohl an die BNetzA als auch an die Landesregulierungsbehörden. Inhaltlich betrifft die Veröffentlichungspflicht zum einen die Einleitung von Verfahren zur Festlegung von Vorgaben zum Netzanschluss und Netzzugang gem. § 29 Abs. 1 und 2. Zum anderen sind die Entscheidungen der Regulierungsbehörden auf Grundlage des Teiles 3, also Entscheidungen zur Regulierung des Netzbetriebes, zu veröffentlichen. § 74 sieht also eine dreistufige Veröffentlichungspflicht vor: Im Falle von Festlegungsverfahren zum Netzanschluss und zum Netzzugang gem. § 29 Abs. 1 und 2, die naturgemäß mittelbar und unmittelbar eine Vielzahl an Akteuren betreffen, ist bereits die Einleitung von Verfahren veröffentlichungspflichtig und nicht erst das Ergebnis des Verfahrens. Es handelt sich dabei in der Regel um Verfahren mit grundsätzlicher Bedeutung (Säcker EnergieR/Bruhn § 74 Rn. 3). Damit soll den betroffenen Akteuren, wie etwa Netzbetreibern, Netzanschlussnutzern und Netznutzern die Möglichkeit der Beteiligung oder jedenfalls der Information zu diesem Verfahren gegebenen werden. 2

Die zweite Stufe der Veröffentlichungspflicht betrifft die Entscheidungen der Regulierungsbehörde zur Regulierung des Netzbetriebs, anders als auf der ersten Stufe sind hier auch individuelle Entscheidungen zu einem Netzbetreiber oder Netznutzer, zB aus einem Missbrauchsverfahren nach § 31, erfasst. Da Regulierungsentscheidungen zum Netzbetrieb über den Einzelfall hinaus auch immer Gestaltungswirkung für den Netzbetrieb an sich haben, begründet sich so das gesteigerte Transparenzbedürfnis. 3

Dabei gilt für beide Stufen der Veröffentlichungspflicht, dass es sich bei dem hier regulierten Netzbetrieb um ein natürliches Monopol im Sinne der ökonomischen Theorie handelt. Danach führen die Kostenstrukturen bei Strom- und Gasnetzen dazu, dass eine Duplizierung der Infrastruktur volkswirtschaftlich keinen Sinn macht, da ein einzelnes Unternehmen die Infrastrukturbereitstellung deutlich günstiger erbringen kann als mehrere, im Wettbewerb stehende Unternehmen, es liegt eine sog. „Subadditivität" vor. Die Subadditivität führt zu einer fehlenden Bestreitbarkeit des Monopols, dh es kann sich kein Wettbewerb einstellen (vgl. auch VG Köln EnWZ 2016, 236 Rn. 78). Diese Monopolsituation ist Teil der Begründung für diese Transparenzvorgaben, da diese auch als regulierungsrechtliches Gegenstück für die Marktmacht des natürlichen Monopols zu verstehen sind. 4

Vor diesem Hintergrund ist die fakultative Veröffentlichungspflicht nach Satz 2 zu sehen, die alle Entscheidungen betrifft, die nicht zum Netzbetrieb und damit nicht zum regulierten Monopolbereich ergehen, sondern den wettbewerblichen Teil des Energiesektor betreffen. Hier steht es folglich im Ermessen der Behörde, ob eine Entscheidung veröffentlicht wird. Sofern durch die Entscheidung die Interessen einer großen Anzahl von Betroffenen berührt werden, wird man einen reduzierten Ermessensspielraum annehmen müssen, wie etwa bei Entscheidungen zu großen Energievertrieben oder Entscheidungen, denen eine grundsätzliche Bedeutung für den Energiesektor zukommt. 5

Sofern die Regulierungsbehörden in den Fällen des Satzes 2 von einer Veröffentlichung absehen, bleibt für die Prüfung, ob das Ermessen durch die Behörde richtig ausgeübt worden ist und ob es möglicherweise andere Rechtsgrundlagen für eine Einsichtnahme in die Entscheidungen, wie etwa das IFG oder das UIG, gibt. 5.1

Insgesamt ist der Veröffentlichungspflicht gem. § 74 eine große Bedeutung zuzumessen, denn diese Transparenzvorgabe ermöglicht einerseits rechtsstaatliche Teilhabe und andererseits wird Verwaltungshandeln so öffentlich und schafft damit Verantwortlichkeit und Vertrauen. Die Veröffentlichungspflicht aus § 74 ist daher als direkter Ausfluss des Grundrechts auf effektiven Rechtsschutz gem. Art. 19 Abs. 3 GG und der Bindung der Verwaltung an Gesetz und Recht gem. Art. 20 Abs. 3 GG zu sehen. 6

C. Umfang der Veröffentlichungspflicht nach S. 1

Gemäß Satz 1 sind **Einleitungen** von energierechtlichen Verwaltungsverfahren zur Festlegung von Bedingungen zum Netzanschluss oder dem Netzzugang gem. § 29 Abs. 1 und 2 zu veröffentlichen. Darüber hinaus sind **Entscheidungen** zur Regulierung des Netzbetriebes gem. Teil 3 zu veröffentlichen. In der Literatur ist umstritten, ob der Begriff Entscheidungen nur den Tenor (so Bourwieg/Hellermann/Hermes/Burmeister § 74 Rn. 3; Theobald/ 7

Adam 1699

Kühling/Theobald/Werk § 74 Rn. 4; für das GWB s. Immenga/Mestmäcker/Bach § 62 Rn. 7) oder auch die Begründung der Entscheidung (so Kment EnWG/Turiaux § 74 Rn. 2; zweifelnd: Säcker EnergieR/Bruhn § 74 Rn. 5) umfasst.

7.1 Die Praxis der Regulierungsbehörden fiel jedoch in den vergangenen Jahren deutlich hinter diese Diskussion zurück. So waren längst nicht alle Verfahrenseinleitungen und Entscheidungen der Regulierungsbehörden, die in den Anwendungsbereich des Satz 1 fallen, auf den Internetseiten der jeweils zuständigen Behörden veröffentlicht. Ein Gutachten im Auftrag der AGORA Energiewende aus dem Jahr 2015 kam zu dem Ergebnis, dass lediglich 12 Prozent der veröffentlichungspflichtigen Entscheidungen der BNetzA auch in der Beschlussdatenbank zu finden waren und von den über 2.000 Entscheidungen der Landesregulierungsbehörden war keine einzige Entscheidung veröffentlicht worden. (infra-COMP (2015): Transparenzdefizite der Netzregulierung, 14; Quelle: https://www.agora-energiewende.de/fileadmin2/Projekte/2014/transparente-energiewirtschaft/Agora_Transaprenzdefizite_der_Netzregulierung_WEB.pdf). Hier ist jedoch seit dem Jahr 2020 eine Trendumkehr zu beobachten. Die Regulierungsbehörden sind in jüngster Zeit dazu übergegangen, nicht nur den Tenor, sondern auch die Begründung der Entscheidungen zu veröffentlichen, in vielen Fällen jedoch mit umfangreichen Schwärzungen, die auf schützenswerte Betriebs- und Geschäftsgeheimnisse zurückgeführt werden. Diese grundsätzlich verbesserte Veröffentlichungspraxis ist sicher auch auf die gestiegene Anzahl an Anfragen nach dem IFG oder auch dem UIG zurückzuführen und kennzeichnet damit einen Trend zur mehr Transparenz im energierechtlichen Verwaltungshandeln.

8 Obwohl sich die kartellrechtliche Literatur gegen eine Veröffentlichung der Entscheidungen mit den Entscheidungsgründen positioniert hat, ist zumindest in der Praxis des Bundeskartellamts ein klarer Trend zur Veröffentlichung der Entscheidungen inklusiver der Begründung zu beobachten. Und so dauert auch in der energierechtlichen Literatur die Diskussion mit Blick auf den Umfang der Veröffentlichungspflicht nach Satz 1 weiter an. Der Gesetzeswortlaut liefert insoweit keine klare Eingrenzung, allerdings liefert der Wortlaut des Art. 37 Absatz 16 Elektrizitäts-Binnenmarkt-RL (RL 2009/72/EG), welcher unverändert in Art. 60 Abs. 7 Elektrizitäts-Binnenmarkt-RL (RL (EU) 2019/944 übernommen wurde, einen wichtigen Anhaltspunkt. Dort heißt es in Satz 1, dass behördliche Entscheidungen umfassend zu begründen sind, in Satz 2 wird dann die Veröffentlichung dieser Entscheidungen unter Wahrung der Vertraulichkeit wirtschaftlich sensibler Informationen angeordnet. Ein Auftrennen der Veröffentlichungspflicht in Tenor und Begründung wird man hiermit nicht mehr begründen können. Soweit ein Schutzbedürfnis des von der Veröffentlichung der Entscheidungsbegründung Betroffenen besteht, ist diesem Schutzbedürfnis ggf. durch eine Schwärzung der schutzwürdigen Betriebs- und Geschäftsgeheimnisse Rechnung zu tragen. Ein Verzicht auf die Veröffentlichung der Entscheidungsgründe erschwert die gerichtliche Überprüfung bis hin zur Verhinderung eines effektiven Rechtsschutzes. Der Inhalt einer Verfügung wird erst durch die Begründung nachvollziehbar (Säcker EnergieR/Bruhn § 74 Rn. 5; Salje EnWG § 73 Rn. 6), während der Tenor allein allenfalls eine Schlagzeilenfunktion hat. Diesen Erwägungen hat sich auch die BNetzA angeschlossen, die nun richtigerweise dazu übergegangen ist, in der Beschlussdatenbank die Entscheidungen mit Begründung zu veröffentlichen.

D. Veröffentlichungspflicht nach S. 2

9 In den Fällen, in denen die Regulierungsbehörde keine Pflicht zur Veröffentlichung trifft, muss eine Abwägung im Rahmen der Ermessensausübung stattfinden. Dabei werden sich regelmäßig das Interesse der Öffentlichkeit an der Publizierung und schutzwürdige Interessen der Adressaten der Entscheidung an der Nichtveröffentlichung gegenüberstehen. Dieser Interessenkonflikt dürfte in den meisten Fällen über Teilschwärzungen der Entscheidungen gelöst werden können. Zu beachten ist jedoch die europarechtliche Grundsatzregelung in Art. 1 Abs. 1 Elektrizitäts-Binnenmarkt-RL, welche die „Schaffung wirklich ..., fairer und transparenter Elektrizitätsmärkte in der Union" anordnet.

E. Verfahrensfragen

10 Während Satz 1 ausdrücklich das Amtsblatt und die Internetseite der Regulierungsbehörde als Pflichtmedien festlegen, eröffnet Satz 2 den Regulierungsbehörden auch hinsichtlich der

Medienauswahl weitere Veröffentlichungsmöglichkeiten, wie etwa Pressemitteilungen oder auch Social-Media-Kanäle (Kment EnWG/Turiaux § 74 Rn. 3).

Veröffentlichungen sind keine Verwaltungsakte und als solche nicht separat anfechtbar. Jedoch besteht Einigkeit darüber, dass der Umfang der Veröffentlichung der rechtlichen Überprüfung mittels der Beschwerde gem. § 75 zugänglich ist (Theobald/Kühling/Theobald/Werk § 74 Rn. 7; Säcker EnergieR/Bruhn § 74 Rn. 7; Kment EnWG/Thuriaux § 74 Rn. 4; MüKoWettbR/Ost, 3. Aufl. 2020, GWB § 62 Rn. 8). Ausnahmsweise ist diese Überprüfung auch im Wege des einstweiligen Rechtsschutzes vor der Veröffentlichung zulässig, sofern eine nachträgliche Kontrolle den Betroffenen nicht zugemutet werden kann (OLG Düsseldorf BeckRS 2018, 16141 Rn. 34). 11

Abschnitt 2. Beschwerde

§ 75 Zulässigkeit, Zuständigkeit

(1) ¹Gegen Entscheidungen der Regulierungsbehörde ist die Beschwerde zulässig. ²Sie kann auch auf neue Tatsachen und Beweismittel gestützt werden.

(2) Die Beschwerde steht den am Verfahren vor der Regulierungsbehörde Beteiligten zu.

(3) ¹Die Beschwerde ist auch gegen die Unterlassung einer beantragten Entscheidung der Regulierungsbehörde zulässig, auf deren Erlass der Antragsteller einen Rechtsanspruch geltend macht. ²Als Unterlassung gilt es auch, wenn die Regulierungsbehörde den Antrag auf Erlass der Entscheidung ohne zureichenden Grund in angemessener Frist nicht beschieden hat. ³Die Unterlassung ist dann einer Ablehnung gleich zu achten.

(4) ¹Über die Beschwerde entscheidet ausschließlich das für den Sitz der Regulierungsbehörde zuständige Oberlandesgericht, in den Fällen des § 51 ausschließlich das für den Sitz der Bundesnetzagentur zuständige Oberlandesgericht, und zwar auch dann, wenn sich die Beschwerde gegen eine Verfügung des Bundesministeriums für Wirtschaft und Energie richtet. ²§ 36 der Zivilprozessordnung gilt entsprechend.

Überblick

In den Absätzen 1–3 wird die Zulässigkeit der Beschwerde gegen Entscheidungen der Regulierungsbehörde geregelt. Dabei unterscheidet das Gesetz – wie § 63 GWB aF, dem die Regelung nachgebildet ist – zwischen der **Anfechtungsbeschwerde**, die sich gegen eine regulierungsbehördliche Entscheidung richtet (Absatz 1, → Rn. 10 ff.) und der **Verpflichtungsbeschwerde**, mit der sich der Beschwerdeführer gegen eine Unterlassung der Regulierungsbehörde wendet (Absatz 3, → Rn. 29 ff.). Letztere erfasst zunächst den (Regel-)Fall, dass die Regulierungsbehörde den Erlass einer beantragten Entscheidung abgelehnt hat, die der Beschwerdeführer mit seiner Beschwerde weiter anstrebt (Satz 1, **Weigerungsbeschwerde**). Dem wird in Sätzen 2 und 3 der Fall gleichgestellt, dass die Regulierungsbehörde untätig geblieben ist (**Untätigkeitsbeschwerde**; → Rn. 38 ff.). **Absatz 2** sieht für die Anfechtungsbeschwerde eine formalisierte Beschwerdebefugnis vor, die nur an die Verfahrensbeteiligung anknüpft und von daher mit Blick auf die Rechtsschutzgarantie des Art. 19 Abs. 4 GG in Ausnahmefällen erweitert wird (→ Rn. 20 ff.). Neben den ausdrücklich gesetzlich geregelten Beschwerdearten werden weitere Verfahrensarten anerkannt, wenn und soweit ansonsten ein lückenloser Rechtsschutz iSd Art. 19 Abs. 4 GG nicht gewährleistet ist (→ Rn. 44 ff.). Um Rechtswegspaltungen insbesondere bei der Anwendung der Bestimmungen der Teile 2 und 3 dieses Gesetzes zu verhindern, weist **Absatz 4** die Entscheidung über die Beschwerde gegen Entscheidungen der Regulierungsbehörde dem für ihren Sitz zuständigen **Oberlandesgericht** zu; es handelt sich um eine abdrängende

Sonderzuweisung iSv § 40 Abs. 1 S. 1 Hs. 1 VwGO für den gesamten gerichtlichen Rechtsschutz in energiewirtschaftsrechtlichen Verwaltungsverfahren (→ Rn. 53 ff.).

Mit Ausnahme einer redaktionellen Anpassung der Zuständigkeit in Absatz 4 Satz 1 – „Bundesministerium für Wirtschaft und Energie" statt „Bundesministerium für Wirtschaft und Technologie" – ist die Vorschrift seit ihrem Inkrafttreten unverändert geblieben (Zehnte Zuständigkeitsanpassungsverordnung vom 31.8.2015, BGBl. I 1474).

Übersicht

	Rn.
A. Überblick über das Beschwerdeverfahren	1
I. Sonderzuweisung des energiewirtschaftsrechtlichen Verwaltungsstreitverfahrens an die ordentlichen Gerichte	4
II. Keine abschließende Regelung des Beschwerdeverfahrens	6
B. Normzweck und Bedeutung	9
C. Anfechtungsbeschwerde (Abs. 1, 2)	10
I. Statthaftigkeit	10
1. Anfechtungsgegenstand	13
2. Einzelheiten	16
II. Beschwerdebefugnis (Abs. 2)	20
1. Beschwerdebefugnis infolge Verfahrensbeteiligung	21
2. Beschwerdebefugnis bei unterbliebener Beiladung	23
III. Rechtsschutzinteresse und Beschwer	26
D. Verpflichtungsbeschwerde (Abs. 3)	30
I. Statthaftigkeit	30
II. Beschwerdebefugnis	34
III. Untätigkeitsbeschwerde (Abs. 3 S. 2, 3)	38
IV. Rechtsschutzinteresse und Beschwer	43
E. Weitere Beschwerdearten	44
I. Allgemeine Leistungsbeschwerde	45
II. Fortsetzungsfeststellungsbeschwerde	48
III. Allgemeine Feststellungsbeschwerde	50
F. Beschwerdegericht und Verfahren	53
I. Beschwerdegericht (Abs. 4)	53
II. Berücksichtigung neuer Tatsachen und Beweismittel (Abs. 1 S. 2)	59
III. Beendigung des Beschwerdeverfahrens durch Rücknahme oder Erledigung	62
IV. Beschwerdenhäufung	67
V. Kosten	69

A. Überblick über das Beschwerdeverfahren

1   In Abschnitt 2 – §§ 75–85 – hat der Gesetzgeber das Beschwerdeverfahren und damit den Rechtsschutz in energiewirtschaftsrechtlichen Verwaltungsverfahren geregelt. Dieses orientiert sich am **Rechtsschutzsystem** des GWB in **Kartellverwaltungssachen** (BT-Drs. 15/3917, 71 f.). Zur gerichtlichen Überprüfung regulierungsbehördlicher Entscheidungen ist gem. § 75 Abs. 1 S. 1, Abs. 4 S. 1 die Beschwerde zum Oberlandesgericht am Sitz der Regulierungsbehörde eröffnet. Zuständiger Spruchkörper sind die nach § 91 GWB gebildeten Kartellsenate (§ 106 Abs. 1). Für Beschwerden gegen Entscheidungen der in Bonn ansässigen BNetzA sind die Kartellsenate des OLG Düsseldorf zuständig (→ § 106 Rn. 13.1).

2   In Abschnitt 3 schließen sich mit §§ 86–88 Regelungen für den zweiten Rechtszug an; für beide Rechtszüge gelten die prozessualen Bestimmungen der §§ 89, 90 aus Abschnitt 4 sowie der §§ 106–108 des Abschnitts 7.

3   **Abschnitt 2** mit den Bestimmungen über das Beschwerdeverfahren (§§ 75–85) findet **entsprechende Anwendung** auf Rechtsbehelfe, die sich gegen Entscheidungen der BNetzA nach dem **KVBG**, dem **MsbG**, dem **EEG 2021**, dem **WindSeeG**, dem **KSpG**, dem **EnSiG**, dem **StromPBG** und den aufgrund dieser Gesetze erlassenen Rechtsverordnungen richten (§ 64 Abs. 1 KVBG, § 76 Abs. 4 MsbG, § 85 Abs. 3 EEG 2021, § 78 Abs. 1 WindSeeG, § 35 Abs. 6 KSpG, § 5 S. 2 EnSiG, § 42 Abs. 1 StromPBG).

I. Sonderzuweisung des energiewirtschaftsrechtlichen Verwaltungsstreitverfahrens an die ordentlichen Gerichte

4   Die ausschließliche Zuständigkeit für die Entscheidung über die Beschwerde gegen Entscheidungen der Regulierungsbehörde liegt aufgrund der **abdrängenden Sonderzuweisung** in Absatz 4 Satz 1 iVm § 108 bei den **ordentlichen Gerichten**. Maßnahmen der Regulierungsbehörden im energiewirtschaftsrechtlichen Verwaltungsverfahren sind öffentlich-rechtlicher Natur und wären ohne eine abdrängende Sonderzuweisung gem. § 40 Abs. 1 S. 1 Hs. 1 VwGO im Verwaltungsrechtsweg zu überprüfen. Mit der Zuweisung zu den

Zivilgerichten sollen Rechtswegspaltungen insbesondere bei der Anwendung der Bestimmungen der Teile 2 (Entflechtung) und 3 (Regulierung des Netzbetriebs) des EnWG vermieden werden. Dabei hatte der Gesetzgeber auch im Blick, dass die Zivilgerichte bereits für die Entscheidung von Zivilprozessen und über Beschwerden gegen Verfügungen der Kartellbehörden auf der Grundlage des GWB zuständig sind, die energiewirtschaftsrechtliche Fragen betreffen (BT-Drs. 15/3917, 71). Ohne die Sonderzuweisung hätte die Gefahr bestanden, dass Zivil- und Verwaltungsgerichte die maßgeblichen Normen des stark an das GWB angelehnten EnWG unterschiedlich auslegen. Nach ihrem Sinn und Zweck ist die abdrängende Sonderzuweisung **umfassend und abschließend** auszulegen (OVG NRW BeckRS 2017, 100504 Rn. 13; BeckRS 2015, 47679; NZKart 2013, 42 Rn. 9 ff.; zum GWB: Immenga/Mestmäcker/K. Schmidt GWB § 63 Rn. 1; Kölner Komm KartellR/Deichfuß GWB § 63 Rn. 4). Sie erfasst über den Wortlaut des § 75 hinaus eine Zuständigkeit der Kartellsenate der Oberlandesgerichte für alle energiewirtschaftsrechtlichen Verwaltungsstreitigkeiten (zu § 63 GWB: OVG NRW NVwZ-RR 2012, 801).

Durch die Zuweisung zur ordentlichen Gerichtsbarkeit ist der Rechtsweg für Klagen 5 gegen regulierungsbehördliche Maßnahmen (Regulierungsstreitsachen) allerdings zwischen dem Energiesektor und den übrigen Regulierungssparten der BNetzA gespalten. Für Klagen gegen regulierungsbehördliche Entscheidungen aus den Zuständigkeitsbereichen Telekommunikation, Post und Eisenbahn sind nach § 40 Abs. 1 S. 1 Hs. 1 VwGO mangels abdrängender Sonderzuweisung die Verwaltungsgerichte zuständig. Die Frage einer **Vereinheitlichung des Rechtswegs im Regulierungsrecht** wird von daher immer wieder diskutiert (Schütte EnWZ 2020, 398 ff.; Neumann N&R 2020, 148 ff.; Kresse/Vogl WiVerw 2016, 275 ff.).

II. Keine abschließende Regelung des Beschwerdeverfahrens

Die Regelung des Verfahrens im ersten Rechtszug ist **nicht erschöpfend**. § 75 trifft 6 Regelungen zur Anfechtungs- und Verpflichtungsbeschwerde und der erstinstanzlichen Zuständigkeit der Oberlandesgerichte. §§ 76, 77 enthalten Regelungen zum Eilrechtsschutz. § 78 bestimmt Frist und Form der Beschwerde, § 79 regelt den Kreis der am Beschwerdeverfahren Beteiligten und § 80 den im Beschwerdeverfahren geltenden Anwaltszwang. § 81 bestimmt, dass über die Beschwerde grundsätzlich aufgrund mündlicher Verhandlung zu entscheiden ist. § 82 verpflichtet das Beschwerdegericht zur Amtsermittlung, § 83 enthält Maßgaben für die durch Beschluss zu treffende Beschwerdeentscheidung. § 83a regelt das Abhilfeverfahren bei Verletzung des Anspruchs auf rechtliches Gehör. § 84 enthält Regelungen für die Akteneinsicht der Verfahrensbeteiligten und ein etwaiges zur Offenlegung von Betriebs- und Geschäftsgeheimnissen zu führendes Zwischenverfahren. § 85 verweist ergänzend (lediglich) auf – einzelne – Regelungskomplexe des GVG und der ZPO.

Danach noch bestehende Regelungslücken im energieverwaltungsrechtlichen Rechts- 7 schutz können durch die für das Beschwerdeverfahren nach den anderen Verfahrensordnungen geltenden Vorschriften und die dazu in ständiger Rechtsprechung entwickelten Grundsätze geschlossen werden (BGHZ 174, 324 = BeckRS 2008, 3089 Rn. 19 – Beteiligung der Bundesnetzagentur; BGH ZNER 2008, 222 = BeckRS 2008, 20437 Rn. 80 f. – Rheinhessische Energie I mwN). Dabei kann auf einzelne Normen anderer Verfahrensordnungen und allgemeine prozessuale Grundsätze zurückgegriffen werden (→ § 85 Rn. 1 ff.). Eine Frage des Einzelfalles ist es, welche Verfahrensordnung – VwGO oder ZPO – heranzuziehen ist. Für einen ergänzenden **Rückgriff** auf die **VwGO** kann dabei sprechen, dass das Beschwerdeverfahren der Sache nach ein **Verwaltungsstreitverfahren** ist und in diesem daher der **Grundsatz der Amtsaufklärung** gilt (BGH RdE 2009, 185 = BeckRS 2009, 01766 Rn. 9 – citiworks; BGHZ 176, 256 = NVwZ 2009, 199 Rn. 17 – Organleihe; zu § 73 GWB aF: BGHZ 84, 320 = BeckRS 9998, 103171 Rn. 10 – Anzeigenraum). In Betracht kommen aber auch die Vorschriften der ZPO und anderer Verfahrensordnungen, soweit diese Ausdruck allgemeiner, auf das Beschwerdeverfahren passender Rechtsgrundsätze sind (BGHZ 56, 155 = GRUR 1971, 527 (528) – Bayerischer Bankenverband). Daneben kann auch auf die Entscheidungspraxis zum GWB zurückgegriffen werden, weil das Beschwerdeverfahren in energiewirtschaftsrechtlichen Verwaltungssachen dem kartellverwaltungsrechtlichen Beschwerdeverfahren nachgebildet ist. Bei alldem sind die Eigenarten des energiewirtschaftsrechtlichen Beschwerdeverfahrens zu beachten.

8   Unterschiede zum verwaltungsgerichtlichen Verfahren ergeben sich etwa aus der fehlenden Notwendigkeit eines Vorverfahrens iSd § 68 Abs. 1 S. 1, Abs. 2 VwGO und dem Umstand, dass die Anfechtungsbeschwerde – anders als § 42 Abs. 2 VwGO – nicht die Behauptung einer subjektiven Rechtsverletzung fordert, sondern für die Beschwerdebefugnis an die Beteiligung am Verwaltungsverfahren anknüpft (§ 75 Abs. 2).

B. Normzweck und Bedeutung

9   Die Vorschrift entspricht § 63 GWB aF (BT-Drs. 15/3917, 71; § 73 GWB). Wie diese enthält sie nur eine unvollständige Regelung der Beschwerdearten, denn die **Absätze 1–3** regeln lediglich die Zulässigkeit der **Anfechtungs-** und **Verpflichtungsbeschwerde** gegen Entscheidungen der Regulierungsbehörde. Daneben erwähnt § 83 Abs. 2 S. 2 nur noch die **Fortsetzungsfeststellungsbeschwerde**. Wie im Kartellrecht ist auch für das energiewirtschaftsrechtliche Beschwerdeverfahren anerkannt, dass diese gesetzlich geregelten Beschwerdearten nicht ausreichen, um dem verfassungsrechtlichen Gebot umfassenden Rechtsschutzes (Art. 19 Abs. 4 GG) zu genügen. Regelungslücken werden daher durch die für das Beschwerde- und Rechtsbeschwerdeverfahren nach den anderen Verfahrensordnungen geltenden Vorschriften und die dazu in ständiger Rechtsprechung entwickelten Grundsätze geschlossen, auch wenn § 85 Nr. 2 für den energieverwaltungsrechtlichen Rechtsschutz nicht auf die in anderen Verfahrensordnungen statthaften weiteren Klage-/Beschwerdearten verweist (BGHZ 174, 324 = BeckRS 2008, 3089 Rn. 19 – Beteiligung der Bundesnetzagentur; BGH ZNER 2008, 222 = BeckRS 2008, 20437 Rn. 80 f. – Rheinhessische Energie I mwN). Neben der Anfechtungsbeschwerde (→ Rn. 10), der Verpflichtungsbeschwerde (→ Rn. 30) und der Fortsetzungsfeststellungsbeschwerde (→ Rn. 48) können daher auch die **allgemeine Leistungsbeschwerde** (→ Rn. 45) – auch in der Form der vorbeugenden Unterlassungsbeschwerde (→ Rn. 47) – und eine **allgemeine Feststellungsbeschwerde** (→ Rn. 50) in Betracht kommen. **Absatz 2** lässt für die Anfechtungsbeschwerde eine **formalisierte Beschwerdebefugnis** ausreichen, die nur an die Verfahrensbeteiligung anknüpft und von daher mit Blick auf die Rechtsschutzgarantie des Art. 19 Abs. 4 GG in Ausnahmefällen erweitert wird (→ Rn. 20 ff.). **Absatz 4 Satz 1** weist die Entscheidung über die Beschwerde gegen Entscheidungen der Regulierungsbehörde dem für ihren Sitz zuständigen Oberlandesgericht zu, um Rechtswegspaltungen insbesondere bei der Anwendung der Bestimmungen der Teile 2 und 3 dieses Gesetzes zu verhindern (BT-Drs. 15/3917, 71; → Rn. 4, → Rn. 53). Der Verfahrensbeschleunigung dient die Zuweisung zu den Oberlandesgerichten (→ Rn. 54).

C. Anfechtungsbeschwerde (Abs. 1, 2)

I. Statthaftigkeit

10 Die Anfechtungsbeschwerde ist statthaft, wenn der Beschwerdeführer die **vollständige oder teilweise Aufhebung der Entscheidung** der Regulierungsbehörde begehrt. Dabei kann er nicht nur geltend machen, die Entscheidung der Regulierungsbehörde sei rechtswidrig und daher aufzuheben, sondern sich auch auf Nichtigkeitsgründe berufen (Säcker EnergieR/Johanns/Roesen § 75 Rn. 11; Rosin/Pohlmann/Gentzsch/Metzenthin/Böwing/Burmeister/Michaelis § 75 Rn. 12; Bourwieg/Hellermann/Hermes/Laubenstein/Bourazeri § 75 Rn. 4). Anders als die VwGO differenziert das EnWG nicht zwischen Anfechtung und Nichtigkeitsfeststellung (§§ 42, 43 Abs. 1 VwGO).

11 Die Anfechtungsbeschwerde zielt auf eine unmittelbare **Gestaltung** der Rechtslage durch das Gericht, denn die Beschwerdeentscheidung beseitigt die angegriffene regulierungsbehördliche Entscheidung, sodass der Beschwerdeführer zum status quo ante zurückkehrt. Erschöpft sich sein Begehren darin nicht, sondern ist es darauf gerichtet, die Regulierungsbehörde zu verpflichten, die begehrte Entscheidung zu erlassen oder jedenfalls neu über seinen Antrag zu entscheiden, ist die **auf diese Leistung gerichtete Verpflichtungsbeschwerde** die richtige Beschwerdeart (OLG Düsseldorf BeckRS 2010, 9192 Rn. 45; → Rn. 30). Welche Beschwerdeart sich aus dem Begehren des Beschwerdeführers ableiten lässt, wird vom Gericht durch Auslegung ermittelt.

Schwierigkeiten bereitet die Bestimmung der richtigen Beschwerdeart insbesondere beim **Rechtsschutz gegen Nebenbestimmungen.** Entscheidend ist insoweit, ob lediglich ein von der Hauptsacheentscheidung abtrennbarer Teil mit einem selbstständigen Regelungsgehalt beseitigt werden soll oder es sich tatsächlich um eine Inhaltsbestimmung handelt (→ Rn. 18). Letzteren Falls läuft das Begehren auf eine inhaltliche Änderung der Entscheidung und damit auf ein qualitatives Aliud hinaus. In einem solchen Fall ist nicht die Anfechtungs-, sondern die Verpflichtungsbeschwerde die richtige Beschwerdeart (BGH RdE 2018, 126 = NVwZ-RR 2018, 341 Rn. 28 – Festlegung BEATE; Säcker EnergieR/Johanns/Roesen § 75 Rn. 10; Säcker EnergieR/Johanns/Roesen § 75 Rn. 14 ff.). 12

1. Anfechtungsgegenstand

Der Begriff der Entscheidung iSd §§ 73, 75 entspricht dem Verfügungsbegriff in §§ 61, 63 GWB aF (= §§ 61, 73 GWB), denen die Regelungen nachgebildet sind, und deckt sich mit dem Begriff des Verwaltungsakts iSd § 35 VwVfG (BGH N&R 2008, 36 Rn. 22; zum GWB: BGHZ 55, 40 (41) = NJW 1971, 510 (511) – Feuerfeste Steine). 13

Nach der Definition des § 35 S. 1 VwVfG ist ein **Verwaltungsakt** jede Verfügung, Entscheidung oder andere hoheitliche Maßnahme, die eine Behörde zur Regelung eines Einzelfalls auf dem Gebiet des öffentlichen Rechts trifft und die auf unmittelbare Rechtswirkung nach außen gerichtet ist. Verwaltungsakt ist weiter auch die **Allgemeinverfügung** gem. § 35 S. 2 VwVfG, deren Regelung sich nicht an eine bestimmte Einzelperson, sondern an einen nach allgemeinen Merkmalen bestimmten oder bestimmbaren Personenkreis richtet, oder die Benutzung einer Sache durch die Allgemeinheit betrifft. Ihr kommt mit Blick auf die Befugnis der Regulierungsbehörden zum Erlass von (normergänzenden) **Festlegungen** iSd § 29 Abs. 1 besondere Bedeutung zu (→ Rn. 16). 14

Regelungscharakter hat eine Maßnahme, wenn sie nach ihrem Erklärungsgehalt darauf gerichtet ist, eine Rechtsfolge zu setzen. Das ist nicht nur dann der Fall, wenn Rechte des Betroffenen unmittelbar begründet, geändert, aufgehoben, sondern – als Besonderheit des feststellenden Verwaltungsaktes – auch dann, wenn sie mit bindender Wirkung festgestellt oder verneint werden. Ob eine behördliche Maßnahme die Kriterien des § 35 VwVfG erfüllt, ist entsprechend den zu **§§ 133, 157 BGB** entwickelten Auslegungsregeln zu ermitteln. Daher sind nicht die subjektiven Vorstellungen des Adressaten oder der erlassenden Behörde maßgeblich, sondern entsprechend § 133 BGB der erklärte Wille, wie ihn der Empfänger bei objektiver Würdigung verstehen konnte (BGH N&R 2019, 92 Rn. 17 – Veröffentlichung von Daten I; BGH RdE 2017, 187 = NVwZ-RR 2017, 412 Rn. 50 – Festlegung individueller Netzentgelte). Unklarheiten gehen zulasten der Behörde. 15

2. Einzelheiten

Regelungswirkung haben zunächst alle das Verfahren in der **Hauptsache** abschließenden Entscheidungen wie etwa Festlegungen und Genehmigungen nach § 29, Aufsichtsmaßnahmen iSd § 65, Maßnahmen der Missbrauchsaufsicht iSd § 30 Abs. 2, § 31 Abs. 4, Anordnungen der Vorteilsabschöpfung iSd § 33, Rücknahme, Widerruf und Änderung einer Entscheidung. Besondere praktische Bedeutung hat die Handlungsform der **Festlegung** iSd § 29 Abs. 1, durch welche die Regulierungsbehörde Entscheidungen über die Bedingungen und Methoden für den Netzanschluss oder den Netzzugang nach den hierzu erlassenen Rechtsverordnungen gegenüber einem Netzbetreiber, einer Gruppe von oder allen Netzbetreibern trifft. Die Festlegung hat damit die Funktion, eine Regelung mit Verbindlichkeit gegenüber einem durch allgemeine Merkmale bestimmten Personenkreis zu treffen (BGH RdE 2008, 362 = NVwZ 2009, 159 Rn. 8 ff. – EDIFACT). Wie die Einzelgenehmigung oder -festlegung ist auch eine derartige, gegenüber einer Gruppe oder allen Netzbetreibern regelnde Festlegung ungeachtet ihrer generellen Wirkung als Verwaltungsakt zu qualifizieren (§ 60a Abs. 2 S. 1; BGH EnWZ 2015, 180 Rn. 19 – Festlegung Tagesneuwerte II; BGH RdE 2008, 362 = NVwZ 2009, 159 Rn. 8 ff. – EDIFACT). 16

Auch Entscheidungen der Regulierungsbehörde in einem **Nebenverfahren** unterliegen der Anfechtung. Dazu gehören etwa Beiladungsbeschlüsse nach § 66 Abs. 2 Nr. 3, Auskunftsverlangen und Prüfungsanordnungen nach § 69, vorläufige Anordnungen nach § 72 (§ 76 Abs. 2 S. 1 → § 76 Rn. 12; → § 72 Rn. 13), Vollstreckungsmaßnahmen nach Maßgabe des 17

§ 94 S. 1 (OLG Düsseldorf RdE 2010, 32 = BeckRS 2009, 27939 Rn. 16) und von der Hauptsacheentscheidung getrennt ergehende Gebühren- und Auslagenbescheide nach § 91 (BGH N&R 2008, 36 Rn. 24).

18 Eine **Nebenbestimmung** iSd § 36 VwVfG ist (nur) dann isoliert anfechtbar, wenn sie von dem „Hauptverwaltungsakt" abtrennbar ist und einen diesem gegenüber selbstständigen Regelungsgehalt hat, sie also nicht zum Inhalt seiner Entscheidung gehört. Für die Abgrenzung zwischen einer Nebenbestimmung iSd § 36 VwVfG und einer Inhaltsbestimmung kommt es entscheidend darauf an, wie sich der Erklärungswert der Entscheidung bei objektiver Betrachtung aus der Sicht des Empfängers darstellt. Dabei kommt es nicht allein auf die sprachliche Bezeichnung der Regelung als Nebenbestimmung an. Vielmehr ist maßgebend, ob die getroffene Regelung unmittelbar der Festlegung der Verwaltungsvorgaben dient. Ist das der Fall, handelt es sich um eine Inhaltsbestimmung. Eine **Auflage** iSd § 36 Abs. 2 Nr. 4 VwVfG regelt typischerweise zusätzliche Handlungs- oder Unterlassungspflichten, die zwar der Erfüllung der Vorgaben der Festlegung dienen, aber lediglich zu diesen hinzutreten und keine unmittelbare Wirkung auf Bestand und Geltung der Festlegung haben (BGH RdE 2018, 126 = NVwZ-RR 2018, 341 Rn. 14 ff. – Festlegung BEATE). Ein **Widerrufsvorbehalt** iSd § 36 Abs. 2 Nr. 3 VwVfG ist ebenfalls regelmäßig selbstständig anfechtbar, weil es sich hierbei um eine Nebenbestimmung handelt, die von der Festlegung als solcher trennbar ist (BGH EnWZ 2015, 318 Rn. 10 – BEW Netze; RdE 2008, 337 = BeckRS 2008, 20435 Rn. 91 – Stadtwerke Trier). Eine der Hauptsacheentscheidung beigefügte **Bedingung** oder **Befristung** (§ 36 Abs. 2 Nr. 1, 2 VwVfG) ist in der Regel unselbstständiger Bestandteil der Hauptsacheentscheidung und kann daher nur zusammen mit dieser und nicht isoliert angegriffen werden. Entsprechendes gilt für Allgemeinverfügungen in Form von **Festlegungen**. Sie sind grundsätzlich objektiv nicht teilbar, wenn ihre Regelungen und Regelungsbestandteile einen untrennbaren Zusammenhang bilden, sodass einzelne Elemente von ihnen nicht isoliert angefochten werden können (BGH RdE 2018, 126 = NVwZ-RR 2018, 341 Rn. 28 – Festlegung BEATE). Zur Teilaufhebung → § 83 Rn. 28.

19 **Nicht anfechtbar** sind dagegen alle Maßnahmen der Regulierungsbehörde **ohne** einen **Regelungsgehalt**. Darunter fallen Mitteilungen, Anfragen oder Meinungsäußerungen der Regulierungsbehörde wie auch Rundschreiben, die einen bloßen Informationszweck haben (BGH N&R 2019, 92 Rn. 18 – Veröffentlichung von Daten I; zum GWB: Kölner Komm KartellR/Deichfuß GWB § 63 Rn. 17 f.). Unanfechtbar sind weiter nach dem Rechtsgedanken des **§ 44a VwGO** grundsätzlich alle Maßnahmen der Regulierungsbehörde, die im Laufe eines Verwaltungsverfahrens ergehen und zu dessen Förderung geeignet sind, ohne das Verfahren jedoch selbst abzuschließen. Dazu gehören insbesondere verfahrensleitende oder -gestaltende Anordnungen wie die Einleitung des Verwaltungsverfahrens nach § 66 Abs. 1, seine Einstellung ohne Entscheidung gem. § 73 Abs. 2, die Anordnung einer mündlichen Verhandlung gem. § 67 Abs. 3 und die Gewährung rechtlichen Gehörs durch Übersendung eines Anhörungsschreibens, alle Entscheidungen zur Sachverhaltsermittlung wie etwa die Einholung von Sachverständigengutachten und die Beiziehung von Akten oder die Gewährung von Akteneinsicht, sowie Entscheidungen über Ablehnungsgesuche gegen den Sachverständigen oder mitwirkende Amtsträger. Durch den Ausschluss isolierter Rechtsbehelfe gegen einzelne Verfahrenshandlungen soll der ungehinderte Gang des Verwaltungsverfahrens ermöglicht und zugleich eine Zersplitterung des gerichtlichen Rechtsschutzes vermieden werden (BGH BeckRS 2010, 1122 Rn. 5; OLG Düsseldorf BeckRS 2023, 470 Rn. 229 ff.; ZNER 2008, 383 = BeckRS 2009, 5039 Rn. 13). Keine rechtliche Bindungswirkung entfalten auch „**Leitfäden**" oder „**Positionspapiere**" der Regulierungsbehörden, mit denen diese betroffene Netzbetreiber und Netzkunden (nur) über ihre Haltung zu bestimmten Themenkomplexen und den davon betroffenen Rechtsfragen unterrichten (BGH RdE 2018, 531 = EnWZ 2018, 412 Rn. 26; Theobald/Kühling/Boos § 75 Rn. 33; Theobald/Kühling/Boos § 29 Rn. 27; Säcker EnergieR/Johanns/Roesen § 75 Rn. 33; → Rn. 46.2).

II. Beschwerdebefugnis (Abs. 2)

20 Absatz 2 sieht eine **formalisierte Beschwerdebefugnis** vor, bei der es auf eine Rechtsverletzung nicht ankommt. Beschwerdebefugt ist, wer am Verwaltungsverfahren vor der Regulierungsbehörde beteiligt war. Damit knüpft die Regelung nur an den **tatsächlichen**

Beteiligtenkreis im Verwaltungsverfahren an, wobei die Entscheidung über die Beiladung zum Verwaltungsverfahren im Ermessen der Regulierungsbehörde steht und der Beiladungsantrag eines Petenten daher auch bei Vorliegen der Voraussetzungen des § 66 Abs. 2 Nr. 3 aus Gründen der Verfahrensökonomie zurückgewiesen werden kann. Da § 79 – anders als § 65 VwGO – eine Beiladung durch das Beschwerdegericht selbst nicht vorsieht (BGH RdE 2020, 193 = BeckRS 2019, 35718 Rn. 15 – Netze BW), wird die Regelung des Absatz 2 als nicht abschließend angesehen (BGH RdE 2009, 185 = BeckRS 2009, 01766 – citiworks; Bourwieg/Hellermann/Hermes/Laubenstein/Bourazeri § 75 Rn. 6; Säcker EnergieR/Johanns/Roesen § 75 Rn. 26; Theobald/Kühling/Boos § 75 Rn. 36; → Rn. 23 ff.). Dies ist nicht nur im Lichte des Art. 19 Abs. 4 GG, sondern auch mit Blick auf Art. 37 Abs. 17 Elektrizitäts-Binnenmarkt-Richtlinie 2009/72/EG/Art. 60 Abs. 8 Elektrizitäts-Binnenmarkt-Richtlinie (EU) 2019/944 und Art. 41 Abs. 17 Gas-Binnenmarkt-Richtlinie 2009/73/EG geboten. Nach Maßgabe letzterer haben die Mitgliedstaaten sicherzustellen, dass auf nationaler Ebene geeignete Verfahren bestehen, die einer betroffenen Partei das Recht geben, gegen die Entscheidung einer Regulierungsbehörde bei einer von den beteiligten Parteien und Regierungen unabhängigen Stelle Beschwerde einzulegen.

1. Beschwerdebefugnis infolge Verfahrensbeteiligung

Beschwerdebefugt sind zunächst die **„geborenen" Beteiligten** des Verwaltungsverfahrens, dh der Antragsteller iSd § 66 Abs. 2 Nr. 1 und das betroffene Unternehmen iSd § 66 Abs. 2 Nr. 2, gegen das sich das Verfahren richtet. An dem energiewirtschaftsrechtlichen Verwaltungsverfahren vor der Landesregulierungsbehörde ist weiter auch die BNetzA gem. § 66 Abs. 3 beteiligt, sodass sie die Möglichkeit zur gerichtlichen Überprüfung der regulierungsbehördlichen Entscheidung hat, um die Einheitlichkeit der Rechtsanwendung und Verwaltungspraxis im Vollzug des EnWG sicherzustellen (BGHZ 174, 324 = BeckRS 2008, 3089 Rn. 14 f. – Beteiligung der Bundesnetzagentur). Macht sie davon keinen Gebrauch, ist ihre Stellung in einem etwaigen Beschwerdeverfahren auf die eines Nebenbeteiligten iSd § 79 Abs. 2 beschränkt (→ § 79 Rn. 14). 21

Beschwerdebefugt ist weiter der **„gekorene" Beteiligte**, den die Behörde gem. § 66 Abs. 2 Nr. 3 zum Verfahren beigeladen hat, weil seine Interessen durch die Entscheidung erheblich berührt werden. Neben der Rechtsstellung als Beteiligter ist allerdings eine materielle Beschwer erforderlich, die nur dann vorliegt, wenn der Betroffene durch die angefochtene Verfügung der Regulierungsbehörde in seinen wirtschaftlichen Interessen unmittelbar und individuell betroffen ist (BGH RdE 2009, 185 = BeckRS 2009, 01766 Rn. 14 – citiworks; WuW/E DE-R 2512 = BeckRS 2008, 25835 Rn. 7 – Ulm/Neu-Ulm; → Rn. 27). 22

2. Beschwerdebefugnis bei unterbliebener Beiladung

In erweiternder Auslegung des Absatz 2 iVm § 66 Abs. 2 Nr. 3 ist auch der Dritte beschwerdebefugt, der **trotz** eines **Antrags** auf Beiladung dem Verwaltungsverfahren **aus Gründen der Verfahrensökonomie nicht beigeladen** worden ist, obwohl die subjektiven Voraussetzungen des § 66 Abs. 2 Nr. 3 vorlagen (BGH RdE 2011, 59 = BeckRS 2010, 28381 Rn. 14 – GABi Gas; RdE 2009, 185 = BeckRS 2009, 01766 Rn. 14 – citiworks). Die erforderliche materielle Beschwer liegt nur dann vor, wenn er durch die angefochtene Verfügung der Regulierungsbehörde auch in seinen wirtschaftlichen Interessen unmittelbar und individuell betroffen ist (BGH RdE 2009, 185 = BeckRS 2009, 01766 Rn. 14 – citiworks; WuW/E DE-R 2512 = BeckRS 2008, 25835 Rn. 7 – Ulm/Neu-Ulm; → Rn. 26). 23

Nichts anderes gilt für den Dritten, der es **unverschuldet versäumt** hat, vor Abschluss des Verwaltungsverfahrens einen Beiladungsantrag zu stellen, insbesondere weil er keine Kenntnis vom Verfahren hatte und dieses in der Öffentlichkeit nicht bekannt geworden ist (BGH RdE 2009, 185 = BeckRS 2009, 01766 Rn. 14 – citiworks). Da es ihm folglich unmöglich war, rechtzeitig eine Beiladung zu beantragen und damit die formelle Voraussetzung des Absatz 2 für eine Beschwerdeberechtigung herbeizuführen, ist er so zu stellen, als hätte er den Beiladungsantrag rechtzeitig gestellt, sofern er die Voraussetzungen für die Beiladung nach § 66 Abs. 2 Nr. 3 erfüllt. 24

Darüber hinaus ist ein Dritter, der mangels Beiladungsantrag nicht am Verwaltungsverfahren beteiligt war, nur dann beschwerdebefugt, wenn ein Fall der **notwendigen Beiladung** 25 vorlag (§ 83 Abs. 1 S. 4), die angegriffene Entscheidung ihn also in seinen **subjektiven Rechten verletzt** (BGH RdE 2019, 504 = EnWZ 2019, 403 Rn. 15 – Lichtblick; RdE 2011, 59 = BeckRS 2010, 28381 Rn. 16 – GABi Gas; → § 83 Rn. 19). Denn in diesem Falle entfaltet der Verwaltungsakt ihm gegenüber eine Regelungswirkung iSd § 35 S. 1 VwVfG. Im verwaltungsgerichtlichen Verfahren ist ein in diesem Sinne Drittbetroffener deshalb nach Maßgabe des § 65 Abs. 2 VwGO notwendig beizuladen. Erforderlich ist insoweit, dass nicht nur eine Beeinträchtigung wirtschaftlicher Interessen vorliegt, sondern der Dritte durch die angefochtene Entscheidung in seinem geschützten Rechtskreis unmittelbar und individuell betroffen ist (BGH RdE 2011, 59 = BeckRS 2010, 28381 Rn. 12 – GABi Gas; WuW/E DE-R 2728 = NJW-RR 2010, 51 Rn. 20 – Versicherergemeinschaft). Mit Blick darauf kann dieser Dritte nicht auf die Notwendigkeit eines vorherigen Beiladungsantrags im Verwaltungsverfahren verwiesen werden (BGH RdE 2011, 59 = BeckRS 2010, 28381 Rn. 13 – GABi Gas; WuW/E DE-R 2728 = NJW-RR 2010, 51 Rn. 16 – Versicherergemeinschaft). Zur Beteiligtenstellung im Beschwerdeverfahren → § 79 Rn. 11.

25.1 Nicht ausreichend ist es für die damit erforderliche rechtliche Betroffenheit, dass der Dritte von einem unmittelbar Betroffenen entgeltpflichtige Leistungen bezieht und an möglichst geringen Entgelten interessiert ist (BGH RdE 2019, 504 = EnWZ 2019, 403 Rn. 15 ff. – Lichtblick; RdE 2011, 59 = BeckRS 2010, 28381 Rn. 16 – GABi Gas).

III. Rechtsschutzinteresse und Beschwer

26 Die Zulässigkeit der Anfechtungsbeschwerde setzt weiter voraus, dass der Beschwerdeführer formell und materiell beschwert ist und daher ein Rechtsschutzinteresse hat. Die **formelle Beschwer** liegt dann vor, wenn der Beschwerdeführer durch die angegriffene Entscheidung belastet ist, etwa weil seinem Begehren im Verwaltungsverfahren nicht oder nicht in vollem Umfang entsprochen worden ist (Bourwieg/Hellermann/Hermes/Laubenstein/Bourazeri § 75 Rn. 7; Säcker EnergieR/Johanns/Roesen § 75 Rn. 34). Die **materielle Beschwer** ist nicht nur dann gegeben, wenn der Beschwerdeführer durch die angegriffene Entscheidung in subjektiven Rechten verletzt ist, sondern auch dann, wenn er durch diese jedenfalls unmittelbar und individuell in seinen wirtschaftlichen Interessen nachteilig betroffen ist (Säcker EnergieR/Johanns/Roesen § 75 Rn. 36; → Rn. 27).

27 Ist der Beschwerdeführer gem. § 66 Abs. 2 Nr. 3 durch die Regulierungsbehörde zum Verfahren beigeladen und somit beteiligt worden, weil seine Interessen durch die Entscheidung erheblich berührt werden, liegt die für die Zulässigkeit der Beschwerde erforderliche materielle **Beschwer** nur vor, wenn er durch die angegriffene Entscheidung **unmittelbar und individuell betroffen** ist. Dafür reichen **erhebliche wirtschaftliche Interessen** aus (BGH RdE 2019, 504 = EnWZ 2019, 403 Rn. 13 – Lichtblick; RdE 2011, 59 = BeckRS 2010, 28381 Rn. 14 – GABi Gas; RdE 2009, 185 = BeckRS 2009, 01766 Rn. 14 – citiworks; für das Kartellverwaltungsverfahren BGHZ 169, 370 = BeckRS 2006, 15093 Rn. 11, 18 ff. – pepcom; zu den Fällen unterbliebener Beiladung → Rn. 23 ff.). Diese Auslegung der materiellen Beschwer steht im Einklang mit Art. 37 Abs. 17 Elektrizitäts-Binnenmarkt-Richtlinie 2009/72/EG/Art. 60 Abs. 8 Elektrizitäts-Binnenmarkt-Richtlinie (EU) 2019/944 und Art. 41 Abs. 17 Gas-Binnenmarkt-Richtlinie 2009/73/EG.

28 Ist Gegenstand der Beschwerde eine Maßnahme, die erst noch einer weiteren **zivilrechtlichen Umsetzung** durch den hiervon unmittelbar betroffenen Adressaten und Vertragspartner eines Dritten bedarf, kommt es entscheidend darauf an, ob diesem dabei ein **Entscheidungsspielraum** zusteht. Ist dies der Fall, werden die wirtschaftlichen Interessen des Dritten nicht schon durch die Maßnahme selbst, sondern erst durch die Umsetzung unmittelbar betroffen. Fließt hingegen die Maßnahme direkt in die unternehmerische Entscheidung des Vertragspartners ein, weil ihm angesichts der rechtlichen Vorgaben kein nennenswerter Entscheidungsspielraum bei der Umsetzung zukommt, wirkt sich schon die Maßnahme selbst unmittelbar auf die wirtschaftlichen Interessen des Dritten aus (BGH RdE 2019, 504 = EnWZ 2019, 403 Rn. 21 ff. – Lichtblick).

28.1 Ein zum Verwaltungsverfahren zur Festsetzung des Eigenkapitalzinssatzes beigeladener Stromlieferant, der die Festsetzung eines niedrigeren Zinssatzes anstrebt, ist daher beschwerdebefugt, weil die Netzbetreiber ihrer Entgeltkalkulation in der Regel den festgesetzten Zinssatz zugrunde legen (BGH RdE 2019, 504 = EnWZ 2019, 403 Rn. 20 ff. – Lichtblick).

Eine individuelle Betroffenheit fehlt dem gem. § 66 Abs. 2 Nr. 3 beigeladenen **Verband**, 29
der nur eine Beeinträchtigung der Interessen seiner Mitglieder geltend machen kann; das
bloß mittelbare Verbandsinteresse reicht nicht aus (BGH BeckRS 2008, 25835 Rn. 5 ff.;
Säcker EnergieR/Johanns/Roesen § 75 Rn. 37; Rosin/Pohlmann/Gentzsch/Metzenthin/
Böwing/Burmeister/Michaelis § 75 Rn. 42). Für eine Beschwerde der BNetzA (→ Rn. 21)
kommt es auf eine materielle Beschwer nicht an (Säcker EnergieR/Johanns/Roesen § 75
Rn. 35).

D. Verpflichtungsbeschwerde (Abs. 3)

I. Statthaftigkeit

Statthaft ist die Verpflichtungsbeschwerde gegen die Unterlassung einer beantragten Ent- 30
scheidung der Regulierungsbehörde, wenn und soweit der Antragsteller auf deren Erlass
einen **Rechtsanspruch** geltend macht. Streitgegenstand ist der prozessuale Anspruch auf
Erlass der Entscheidung, denn das Ziel der Beschwerde ist die vom Beschwerdeführer beanspruchte, regulierungsbehördliche Entscheidung. Daher ist ihr Erlass nicht nur dann iSd
Absatzes 3 beantragt, wenn der Beschwerdeführer im regulierungsbehördlichen Verwaltungsverfahren einen ausdrücklich hierauf gerichteten förmlichen Antrag stellt. Vielmehr ist es
ausreichend, wenn sein Begehren auf den Erlass der ihn begünstigenden Entscheidung
gerichtet war.

Der Begriff der Entscheidung iSd §§ 73, 75 deckt sich mit dem Begriff des **Verwaltungs-** 31
akts iSd § 35 VwVfG (BGH N&R 2008, 36; → Rn. 13 ff.). Daher ist die Verpflichtungsbeschwerde dann nicht statthaft, wenn das Ziel die Erbringung einer schlicht hoheitlichen
Leistung ist, selbst wenn diese durch einen Verwaltungsakt abgelehnt wurde. Statthaft ist in
diesem Fall nur eine allgemeine Leistungsbeschwerde (→ Rn. 44 ff.). Zur Abgrenzung zwischen Anfechtungs- und Verpflichtungsbeschwerde → Rn. 11 f.

Das mit der Verpflichtungsbeschwerde angreifbare Unterlassen der Regulierungsbehörde 32
kann nicht nur die Ablehnung der beantragten Entscheidung (sog. **Weigerungsbeschwerde**,
Absatz 3 Satz 1) sein. Gleichgestellt ist nach Absatz 3 Satz 3 die schlichte Untätigkeit der
Regulierungsbehörde, die zur Folge hat, dass es an einer regulierungsbehördlichen Entscheidung fehlt (sog. **Untätigkeitsbeschwerde**, Absatz 3 Satz 2; → Rn. 38).

Die Verpflichtungsbeschwerde zielt auf die Verpflichtung der Regulierungsbehörde, die 33
beantragte Entscheidung vorzunehmen. **Fehlt** es an der **Spruchreife**, ist der Antrag entsprechend § 113 Abs. 5 S. 1, 2 VwGO darauf gerichtet, die Regulierungsbehörde zu verpflichten,
den Beschwerdeführer unter Beachtung der Rechtsauffassung des Gerichts **neu zu bescheiden**. An der Spruchreife fehlt es, wenn der Behörde im Rahmen ihrer Entscheidung ein
Ermessens- oder Beurteilungsspielraum zusteht oder das erkennende Gericht im Rahmen
der gebundenen Verwaltung die vollständige Sachverhaltsaufklärung ausnahmsweise nicht
selbst vornehmen muss (Säcker EnergieR/Johanns/Roesen § 75 Rn. 21; → § 83 Rn. 30 f.).
Der Bescheidungsantrag ist keine Unterart des Verpflichtungsantrags, sondern lediglich ein
in diesem enthaltenes Minus (OLG Düsseldorf BeckRS 2023, 17289 Rn. 64; BVerwG
NVwZ 2007, 104 Rn. 13). In der Praxis wird er häufig hilfsweise neben dem Verpflichtungsantrag gestellt, ein zwingendes Erfordernis dafür besteht allerdings nicht (BeckOK VwGO/
Schmidt-Kötters VwGO § 42 Rn. 60 ff.). Dementsprechend liegt in einem Wechsel zwischen Verpflichtungs- und Bescheidungsantrag keine Klageänderung, sondern lediglich eine
Beschränkung bzw. Erweiterung (BeckOK VwGO/Schmidt-Kötters VwGO § 42 Rn. 63).

II. Beschwerdebefugnis

Gemäß Absatz 3 Satz 1 ist eine Beschwerde gegen die Unterlassung einer beantragten 34
Entscheidung der Regulierungsbehörde zulässig, auf deren Erlass der Antragsteller einen
Rechtsanspruch geltend macht. Anknüpfungspunkt ist – anders als bei der Anfechtungsbeschwerde – nicht die bloße Verfahrensbeteiligung durch die Regulierungsbehörde, sondern
entsprechend § 42 Abs. 2 VwGO die Möglichkeit, dass der Beschwerdeführer in seinen
subjektiven Rechten verletzt ist (Säcker EnergieR/Johanns/Roesen § 75 Rn. 29). Insoweit ist es erforderlich, aber auch ausreichend, dass der Beschwerdeführer substantiiert einen
Sachverhalt vorträgt, nach dem ihm ein Rechtsanspruch auf die beantragte Entscheidung

van Rossum

35 Die erforderliche **Beschwerdebefugnis fehlt** daher nur dann, wenn ein Recht auf die begehrte Entscheidung offensichtlich nach keiner Betrachtungsweise bestehen kann (BGH RdE 2011, 420 = NJOZ 2011, 2044 Rn. 15 – Freiwillige Selbstverpflichtung; BGHZ 51, 61 (64) = GRUR 1969, 429 (430) – Taxiflüge; WuW/E BGH 2058, 2059 = NVwZ 1984, 265 – Internord). Dies ist entsprechend den Grundsätzen zu § 42 Abs. 2 VwGO der Fall, wenn die maßgebliche Regelung nach dem Willen des Gesetzgebers ausschließlich dem öffentlichen Interesse dient oder zu Gunsten des Beschwerdeführers lediglich Reflexe auslöst (Säcker EnergieR/Johanns/Roesen § 75 Rn. 29; Bourwieg/Hellermann/Hermes/Laubenstein/Bourazeri § 75 Rn. 18; Loewenheim/Meessen/Riesenkampff/Kersting/Meyer-Lindemann/Kühnen GWB § 63 Rn. 26). In einem solchen Fall ist die Beschwerde unzulässig.

36 Ein **subjektives Recht** auf die begehrte Entscheidung ist insbesondere dann anzunehmen, wenn eine Vorschrift dem Beschwerdeführer ausdrücklich ein Antragsrecht gegenüber der Regulierungsbehörde einräumt. Solche Antragsrechte gehen häufig mit Festlegungen oder Genehmigungen der Regulierungsbehörde einher, so etwa die Anpassung von Erlösobergrenzen nach § 4 Abs. 2, 4 ARegV, die Genehmigung von Investitionsmaßnahmen nach § 23 ARegV oder der Teilnahme am vereinfachten Verfahren nach § 24 ARegV, die Festlegung eines Anteils der Erlösobergrenze nach § 26 Abs. 2 ARegV, die Genehmigung von individuellen Netzentgelten nach § 19 Abs. 2 StromNEV oder von Netznutzungsentgelten nach § 23a vor dem 1.1.2009. Auch gegen die **Festlegung der Erlösobergrenzen** ist grundsätzlich die Verpflichtungsbeschwerde die richtige Beschwerdeart. Zwar wird das Verfahren von Amts wegen eingeleitet, sodass es eines formellen Antrags nicht bedarf. Ziel der Beschwerde ist indessen nicht allein die Aufhebung der angegriffenen Entscheidung, denn das Begehren des Netzbetreibers ist darauf gerichtet, dass von ihm geltend gemachte Kostenpositionen oder andere Berechnungsfaktoren berücksichtigt werden. Da die Erlösobergrenzen von ihm gem. § 17 Abs. 1 ARegV in Entgelte umzusetzen sind, wird seinem Rechtsschutzbegehren allein mit der Verpflichtungsbeschwerde genügt (Holznagel/Schütz/Laubenstein/van Rossum ARegV § 2 Rn. 20; Baur/Salje/Schmidt-Preuß Energiewirtschaft/Hilzinger Kap. 56 Rn. 11 ff.; → § 83 Rn. 30.1).

37 Sieht die maßgebliche Regelung ein **Ermessen** der Regulierungsbehörde vor, kommt es entscheidend darauf an, ob sie individualschützenden Charakter hat, sodass sie dem Berechtigten – wie etwa dem Antragsteller im besonderen Missbrauchsverfahren nach § 31 – jedenfalls einen Anspruch auf ermessensfehlerfreie Entscheidung durch die Regulierungsbehörde einräumt (OLG Düsseldorf BeckRS 2023, 17289 Rn. 67; EnWZ 2017, 178 Rn. 84 f.; Säcker EnergieR/Johanns/Roesen § 75 Rn. 31; Theobald/Kühling/Boos § 75 Rn. 56; zum GWB: Loewenheim/Meessen/Riesenkampff/Kersting/Meyer-Lindemann/Kühnen GWB § 63 Rn. 26; FK-KartellR/Meyer-Lindemann GWB § 73 Rn. 98 f.). Ist der Regulierungsbehörde allerdings ein **Aufgreifermessen** eingeräumt, fehlt es in der Regel an einem individualschützenden Charakter der Norm, sodass der Dritte aus ihr keinen Anspruch auf ein Einschreiten der Regulierungsbehörde herleiten kann (Säcker EnergieR/Johanns/Roesen § 75 Rn. 31; Theobald/Kühling/Boos § 75 Rn. 56). So besteht etwa keine Beschwerdebefugnis Dritter auf Durchsetzung einer Vorteilsabschöpfung iSd § 33 Abs. 1 im Wege einer Verpflichtungsbeschwerde (Theobald/Kühling/Boos § 33 Rn. 36).

37.1 Erfüllt der Bieter die materiellen Voraussetzungen der §§ 83a Abs. 1, 85 Abs. 3 EEG 2021 für einen Zuschlag auf sein Gebot und den daraus folgenden Zahlungsanspruch gegen den Netzbetreiber, hat er ein mit der Verpflichtungsbeschwerde durchsetzbares subjektiv-öffentliches Recht darauf, dass ihm die BNetzA den Zuschlag, der ihm zunächst versagt geblieben ist, noch nachträglich erteilt (BGH NVwZ-RR 2021, 106 Rn. 11 – Bürgerenergiegesellschaft). Gemäß § 83a Abs. 1 S. 1 EEG 2021 sind gerichtliche Rechtsbehelfe, die sich unmittelbar gegen eine Ausschreibung oder unmittelbar gegen einen erteilten Zuschlag richten, nur mit dem Ziel zulässig, die BNetzA zur Erteilung eines Zuschlags zu verpflichten.

III. Untätigkeitsbeschwerde (Abs. 3 S. 2, 3)

38 Die Untätigkeitsbeschwerde dient – wie die Untätigkeitsklage nach § 75 VwGO – dem in Art. 6 EMRK enthaltenen Gebot der **zeitnahen Gewährung gerichtlichen Rechts-**

schutzes und der beschleunigten Herstellung von Rechtssicherheit. Nur wenn die Verzögerung nicht auf einem sachlichen Grund beruht, können Ansprüche aus Amtshaftung bzw. aus enteignungsgleichem Eingriff in Betracht kommen, die allerdings wegen des Grundsatzes der Subsidiarität die Abwendung oder Minderung des Schadens durch eine Untätigkeitsbeschwerde voraussetzen (BeckOK VwGO/Peters VwGO § 75 Rn. 1 ff.).

Die Untätigkeitsbeschwerde setzt zunächst voraus, dass die behördliche Entscheidung **39** nicht „**in angemessener Zeit**" getroffen wird. Welcher Entscheidungszeitraum in Verwaltungsverfahren der Regulierungsbehörde angemessen ist, kann nur **im Einzelfall** entschieden werden. Soweit das EnWG selbst – wie in §§ 31 Abs. 3, 23a Abs. 4 S. 2 – Entscheidungsfristen vorsieht, kann nach deren Ablauf zulässigerweise Untätigkeitsbeschwerde erhoben werden. Bestehen solche Vorgaben nicht, muss auf allgemeine Grundsätze zurückgegriffen werden. Während eine Untätigkeitsklage gem. § 75 Abs. 2 VwGO frühestens nach drei Monaten zulässig und diese Fristdauer damit im Regelfall angemessen ist, fehlt es im EnWG an einer solchen allgemeinen Sperrfrist für die Erhebung der Untätigkeitsbeschwerde und damit auch an einem allgemeinen Maßstab für die Angemessenheit der Frist. Der Vergleich mit ähnlich komplexen Regelungsmaterien spricht dafür, dass im Regelfall auch in energiewirtschaftsrechtlichen Verwaltungsverfahren eine Verfahrensdauer von jedenfalls drei bis vier Monaten angemessen ist (OLG Düsseldorf RdE 2016, 253 = EnWZ 2016, 318 Rn. 68; Säcker EnergieR/Johanns/Roesen § 75 Rn. 20; Bourwieg/Hellermann/Hermes/Laubenstein/Bourazeri § 75 Rn. 16; Kment EnWG/Huber § 75 Rn. 6; Theobald/Kühling/Boos § 75 Rn. 50 f.). Für eine telekommunikationsrechtliche Entgeltgenehmigung sieht § 31 Abs. 4 TKG eine 10-Wochen-Frist vor. Im Kartellrecht wird allgemein eine Verfahrensdauer von drei bis vier Monaten als angemessen erachtet (Immenga/Mestmäcker/K. Schmidt GWB Rn. 38; FK-KartellR/Meyer-Lindemann GWB § 73 Rn. 87; Loewenheim/Meessen/Riesenkampff/Kersting/Meyer-Lindemann/Kühnen GWB § 63 Rn. 8; Langen/Bunte/Lembach GWB § 73 Rn. 44). Ausgehend davon muss jeweils im Einzelfall beurteilt werden, welcher Entscheidungszeitraum für das konkrete Verfahren angemessen ist. Maßgeblich sind insbesondere die rechtliche und ökonomische Komplexität des Verfahrens, seine Dringlichkeit, die Reichweite der zu treffenden Entscheidung und damit ihre wirtschaftliche Bedeutung, die in tatsächlicher Hinsicht erforderliche Sachverhaltsaufklärung sowie die Art und das Maß der erforderlichen Mitwirkung des Antragstellers (OLG Düsseldorf RdE 2016, 253 = EnWZ 2016, 318 Rn. 68).

Daneben bedarf es des **Fehlens eines zureichenden Grundes für die Untätigkeit** der **40** Behörde. Auch bei diesem Merkmal, das eng mit der Angemessenheit der Bearbeitungszeit verknüpft ist, müssen die Umstände des Einzelfalles Berücksichtigung finden (Rosin/Pohlmann/Gentzsch/Metzenthin/Böwing/Burmeister/Michaelis § 75 Rn. 45; FK-KartellR/Meyer-Lindemann GWB § 73 Rn. 86 f.). So können etwa besondere rechtliche oder tatsächliche Schwierigkeiten oder ein besonderer Umfang der durchzuführenden Ermittlungen beachtlich sein. Die Arbeitsüberlastung einer Behörde soll dagegen nur in engen Grenzen als zureichender Grund anerkannt werden, so wenn sie vorübergehend und erheblich ist, auf externen Umständen beruht und nicht durch behördeninterne Organisationsmaßnahmen aufgefangen werden kann (Rosin/Pohlmann/Gentzsch/Metzenthin/Böwing/Burmeister/Michaelis § 75 Rn. 45). Bejaht wird dies etwa bei umfangreichen Gesetzesänderungen und einer massenhaften Inanspruchnahme einer Behörde (FK-KartellR/Meyer-Lindemann GWB § 73 Rn. 90). Einen hinreichenden Grund stellen auch laufende Vergleichsverhandlungen zwischen Behörde und Beschwerdeführer dar (BeckOK VwGO/Peters VwGO § 75 Rn. 13). Kein zureichender Grund ist demgegenüber das Abwarten des Ausgangs eines Musterprozesses, sofern sich nicht der Beschwerdeführer ausdrücklich mit einer Entscheidungsaussetzung einverstanden erklärt (BeckOK VwGO/Peters VwGO § 75 Rn. 13).

Die zur Untätigkeitsklage nach **§ 75 VwGO** entwickelten Grundsätze sind auf die Untä- **41** tigkeitsbeschwerde entsprechend anzuwenden. Liegt ein zureichender Grund für die Untätigkeit der Behörde im maßgeblichen Zeitpunkt der mündlichen Verhandlung vor, so ist die Untätigkeitsbeschwerde trotzdem nicht unzulässig, sondern das Gericht setzt der Behörde entsprechend § 75 S. 3 VwGO eine (verlängerbare) Frist und das Verfahren solange aus (Rosin/Pohlmann/Gentzsch/Metzenthin/Böwing/Burmeister/Michaelis § 75 Rn. 46). Eine Sachentscheidung trifft das Gericht daher nur, wenn entweder kein zureichender Grund vorliegt oder die gerichtlich bestimmte Frist ohne Behördenentscheidung verstrichen ist (BeckOK VwGO/Peters VwGO § 75 Rn. 12).

42 In der Praxis wird eine Untätigkeitsbeschwerde auch häufig durch die daraufhin von der Regulierungsbehörde getroffene Entscheidung **prozessual überholt** (OLG Düsseldorf RdE 2019, 231 = BeckRS 2019, 1359 Rn. 8; RdE 2017, 363 = BeckRS 2017, 112334 Rn. 20; RdE 2016, 253 = EnWZ 2016, 318 Rn. 34). Insoweit ist zu differenzieren: Erlässt die Regulierungsbehörde nach Erhebung der Untätigkeitsbeschwerde die vom Beschwerdeführer begehrte Entscheidung, so ist die Hauptsache entsprechend § 75 S. 4 VwGO für erledigt zu erklären und nur noch über die Kosten zu entscheiden. Erklärt der Beschwerdeführer die Erledigung der Hauptsache wegen Wegfall des Rechtsschutzinteresses, gilt dies auch für eine verfrühte Untätigkeitsbeschwerde; ansonsten ist die Beschwerde als unzulässig zu verwerfen. Lehnt die Regulierungsbehörde indessen den Erlass der begehrten Entscheidung ganz oder teilweise ab, so kann der Beschwerdeführer die zulässige Untätigkeitsbeschwerde insoweit als Anfechtungs- bzw. Verpflichtungsbeschwerde unter Einbeziehung der ergangenen Entscheidung fortführen (BeckOK VwGO/Peters VwGO § 75 Rn. 18 f.). Hinsichtlich der Punkte, über die die Behörde nicht entsprechend dem Begehren des Beschwerdeführers entschieden hat, verbleibt ein Rechtsschutzinteresse (OLG Düsseldorf RdE 2016, 253 = EnWZ 2016, 318 Rn. 34).

IV. Rechtsschutzinteresse und Beschwer

43 Den Zulässigkeitsvoraussetzungen – Rechtsschutzbedürfnis, formelle und materielle Beschwer – kommt bei der Verpflichtungsbeschwerde keine eigenständige Bedeutung zu (Säcker EnergieR/Johanns/Roesen § 75 Rn. 33). Die formelle Beschwer des Beschwerdeführers, der eine ihn belastende regulierungsbehördliche Entscheidung angreift, weil sie seinem Antrag oder seinem Begehren im Verwaltungsverfahren nicht entspricht, ist regelmäßig gegeben. Da er geltend macht, durch die abgelehnte oder unterlassene Entscheidung der Regulierungsbehörde in eigenen Rechten verletzt zu sein, ist er durch die angegriffene Entscheidung der Regulierungsbehörde auch materiell beschwert und hat ein Rechtsschutzbedürfnis.

E. Weitere Beschwerdearten

44 Das EnWG regelt in § 75 nur die Anfechtungsbeschwerde (Absätze 1, 2) und die Verpflichtungsbeschwerde (Absatz 3). Daran anknüpfend sieht § 83 in den Absätzen 2–4 als Entscheidungsformen lediglich die Aufhebung der angefochtenen Entscheidung der Regulierungsbehörde, die Feststellung der Unzulässigkeit oder Unbegründetheit einer erledigten Entscheidung und die Verpflichtung zur Vornahme einer abgelehnten Entscheidung vor. Mit Blick auf das **Gebot lückenlosen Rechtsschutzes** (Art. 19 Abs. 4 GG) ist anerkannt, dass Regelungslücken durch die für das Beschwerde- und Rechtsbeschwerdeverfahren nach den anderen Verfahrensordnungen geltenden Vorschriften und die dazu in ständiger Rechtsprechung entwickelten Grundsätze geschlossen werden können, auch wenn § 85 Nr. 2 für den energieverwaltungsrechtlichen Rechtsschutz nicht auf die in anderen Verfahrensordnungen **statthaften weiteren Klage-/Beschwerdearten** verweist (BGHZ 174, 324 = BeckRS 2008, 3089 Rn. 19 – Beteiligung der Bundesnetzagentur; BGH ZNER 2008, 222 = BeckRS 2008, 20437 Rn. 80 f. – Rheinhessische Energie I mwN). Soweit nach Maßgabe dessen der in § 75 geregelte Rechtsschutz eine Ergänzung erfährt, besteht Einigkeit, dass er der abdrängenden Sonderzuweisung des Absatzes 4 unterfällt, die nach ihrem Sinn und Zweck **umfassend und abschließend** auszulegen ist (OVG NRW BeckRS 2017, 100504 Rn. 13; BeckRS 2015, 47679; → Rn. 53).

I. Allgemeine Leistungsbeschwerde

45 Anerkannt ist, dass der energiewirtschaftsrechtliche Rechtsschutz um die allgemeine Leistungsbeschwerde zu ergänzen ist, wenn das Begehren des Beschwerdeführers auf ein **allgemeines (schlicht-hoheitliches) Verwaltungshandeln** der Regulierungsbehörde gerichtet ist und nur durch sie ein lückenloser Rechtsschutz iSd Art. 19 Abs. 4 GG gewährleistet werden kann (BGH BeckRS 2007, 12163 Rn. 4; zum GWB: BGHZ 117, 209 = BeckRS 9998, 96289 Rn. 8 ff. – Unterlassungsbeschwerde). Die allgemeine Leistungsbeschwerde ist daher nur dann statthaft, wenn ein energiewirtschaftsrechtlicher Anspruch durchgesetzt werden soll, der nicht auf den Erlass einer Entscheidung der Regulierungsbehörde gerichtet ist, denn letztere könnte im Wege der Anfechtungsbeschwerde angefochten oder im Wege der Verpflichtungsbeschwerde herbeigeführt werden (→ § 83 Rn. 32).

Ihr Anwendungsbereich kann in der Durchsetzung von **Folgen- und Störungsbeseiti-** 46 **gungsansprüchen** gegen die Regulierungsbehörde liegen (Säcker EnergieR/Johanns/Roesen § 75 Rn. 50; Kment EnWG/Huber § 75 Rn. 9). Der Folgenbeseitigungsanspruch ist auf die Wiederherstellung des früheren Zustandes gerichtet; er hat keinen finanziellen Schadensausgleich zum Inhalt (BGH ZNER 2008, 222 = BeckRS 2008, 20437 Rn. 84 – Rheinhessische Energie I; OLG Düsseldorf BeckRS 2013, 14891 Rn. 53). In der Sache darf keine weitere Sachverhaltsaufklärung erforderlich sein und insbesondere kein Ermessensspielraum der Verwaltung hinsichtlich der Art der Rückgängigmachung bestehen (OLG Düsseldorf BeckRS 2013, 14891 Rn. 53).

Ein Folgenbeseitigungsanspruch kommt in Betracht, wenn es das Ziel des Beschwerdeführers ist, 46.1 dass die Regulierungsbehörde die von ihm übermittelten Daten nicht mehr verwendet und löscht (BGHZ 172, 368 = NVwZ-RR 2008, 315 Rn. 49 – Auskunftsverlangen I).

Zur Frage, wie Leitfäden und Positionspapiere der BNetzA rechtlich zu qualifizieren sind und ob 46.2 sie als (teilweise) rechtswidriges informelles Verwaltungshandeln Folgenbeseitigungsansprüche auslösen können: König N&R 2015, 130 ff.

Praktische Bedeutung kann auch die **vorbeugende Unterlassungsbeschwerde** als 47 Unterfall der allgemeinen Leistungsbeschwerde erlangen, mit der Rechtsschutz gegen **erneute** oder **drohende** rechtswidrige Eingriffe gewährt werden kann (→ § 83 Rn. 33). Sie darf allerdings nicht das Ziel haben, das Beschwerdegericht noch während eines laufenden Verwaltungsverfahrens zu einer vorweggenommen Beurteilung der Rechtslage zu veranlassen und so die Entscheidung der Regulierungsbehörde abzuwenden, denn ein **„Negativattest"** ist gesetzlich nicht vorgesehen (zum GWB: OLG Düsseldorf WuW/E DE-R 1585 = BeckRS 2005, 11822 Rn. 19). Grundsätzlich muss der Betroffene die das regulierungsbehördliche Verfahren abschließende Entscheidung abwarten und sodann dagegen mit den gesetzlich gegebenen Rechtsschutzmöglichkeiten – auch des Eilrechtsschutzes – vorgehen. Mit Blick auf die gesetzgeberische Grundentscheidung für einen nachträglichen Rechtsschutz setzt die vorbeugende Unterlassungsbeschwerde daher ein qualifiziertes, gerade auf die Inanspruchnahme vorbeugenden Rechtsschutzes gerichtetes Interesse voraus (BGHZ 117, 209 = BeckRS 9998, 96289 Rn. 10 f. – Unterlassungsbeschwerde; OLG Düsseldorf EnWZ 2020, 234 Rn. 147; RdE 2017, 202 = EnWZ 2017, 315 Rn. 52; RdE 2017, 413 = BeckRS 2017, 113043 Rn. 63; ZNER 2009, 402 = BeckRS 2009, 87780 Rn. 41; zum GWB: BGH BeckRS 2007, 12163 Rn. 4). Die Rechtsprechung bejaht dies nur dann, wenn ohne die gerichtliche Entscheidung **vollendete und unumkehrbare Zustände** geschaffen würden oder ein **nicht wiedergutzumachender Schaden** entstehen würde (OLG Düsseldorf EnWZ 2020, 234 Rn. 147; RdE 2017, 202 = EnWZ 2017, 315 Rn. 52; RdE 2017, 413 = BeckRS 2017, 11304 Rn. 63; ZNER 2009, 402 Rn. 41 = BeckRS 2009, 87780; zum GWB: BGH BeckRS 2007, 12163 Rn. 4; OLG Düsseldorf BeckRS 2013, 4463). Es fehlt daher, wenn zeitnah effektiver Rechtsschutz mithilfe der im Gesetz vorgesehenen nachträglichen Kontrolle der Entscheidung erlangt werden kann (BGHZ 117, 209 = BeckRS 9998, 96289 – Unterlassungsbeschwerde). Insoweit gilt nichts anderes als für die ebenfalls subsidiäre allgemeine Feststellungsbeschwerde (→ Rn. 52).

Für die Annahme einer Wiederholungsgefahr reicht die Weigerung der BNetzA, eine strafbewehrte 47.1 Unterlassungserklärung abzugeben, allein nicht aus (OLG Düsseldorf EnWZ 2020, 234 Rn. 149).

Die beabsichtige Bekanntgabe von Geschäfts- und Betriebsgeheimnissen – auch durch Gewährung 47.2 von Akteneinsicht – kann mit einer vorbeugenden Unterlassungsbeschwerde angegriffen werden (OLG Düsseldorf RdE 2017, 202 = EnWZ 2017, 315 Rn. 52 ff.; RdE 2017, 413 = BeckRS 2017, 113043 Rn. 63; BeckRS 2013, 4463; OVG NRW BeckRS 2017, 100504 Rn. 8 ff.). So sieht etwa § 23b Abs. 1 eine Veröffentlichung maßgeblicher Unternehmensdaten der Netzbetreiber vor, der kein – mit der Anfechtungsbeschwerde angreifbarer – Verwaltungsakt mit Regelungswirkung vorausgeht (zur Regelung des § 31 ARegV aF: OLG Düsseldorf RdE 2017, 202 = EnWZ 2017, 315 Rn. 47 ff.).

II. Fortsetzungsfeststellungsbeschwerde

48 Hat sich die Entscheidung der Regulierungsbehörde vor der Beschwerdeentscheidung – durch Zurücknahme oder auf andere Weise – erledigt, kann der Beschwerdeführer die Anfechtungs- oder Verpflichtungsbeschwerde als Fortsetzungsfeststellungsbeschwerde entsprechend § 83 Abs. 2 S. 2, Abs. 3 fortsetzen (→ § 83 Rn. 40 ff.). Anerkannt ist, dass § 83 Abs. 2 S. 2 entsprechend anzuwenden ist, wenn sich das Rechtsschutzbegehren des Beschwerdeführers bereits **vor Einlegung** der Beschwerde **erledigt** hat (OLG Düsseldorf BeckRS 2015, 234 Rn. 67; Säcker EnergieR/Johanns/Roesen § 75 Rn. 46; → § 83 Rn. 41).

49 Da die Fortsetzungsfeststellungsbeschwerde nur eine Anfechtungs- oder Verpflichtungsbeschwerde fortsetzt, müssen zunächst deren Zulässigkeitsvoraussetzungen vorliegen. Darüber hinaus muss der Beschwerdeführer ein **besonderes** Rechtsschutzbedürfnis in Form eines berechtigten **Interesses an der Feststellung der Rechtswidrigkeit** haben. Dafür genügt jedes schutzwürdige Interesse rechtlicher, wirtschaftlicher oder ideeller Art, das sich auf die Sachentscheidung bezieht (Bourwieg/Hellermann/Hermes/Laubenstein/Bourazeri § 83 Rn. 20; Kölner Komm KartellR/Deichfuß GWB § 71 Rn. 53). Das erforderliche Feststellungsinteresse kann etwa zu bejahen sein, wenn die begehrte Feststellung vorgreiflich für einen Schadensersatz- oder Amtshaftungsprozess vor einem Zivilgericht sein kann oder die Gefahr einer Wiederholung in absehbarer Zeit ernsthaft droht. Nicht ausreichend ist das Interesse an der Klärung bloß abstrakter Rechtsfragen oder bloßer Vorfragen für künftige Fälle (Säcker EnergieR/Johanns/Roesen § 75 Rn. 43 ff.; Loewenheim/Meessen/Riesenkampff/Kersting/Meyer-Lindemann/Kühnen GWB § 63 Rn. 45; vgl. im Einzelnen die Kommentierung zu § 83 Abs. 2 S. 2, Abs. 3 → § 83 Rn. 40 ff.). Als Zulässigkeitsvoraussetzung muss das besondere Fortsetzungsfeststellungsinteresse grundsätzlich noch im Zeitpunkt der letzten mündlichen Verhandlung vorliegen (→ § 83 Rn. 46).

III. Allgemeine Feststellungsbeschwerde

50 Im energiewirtschaftsrechtlichen Verwaltungsverfahren ist daneben auch grundsätzlich die allgemeine Feststellungsbeschwerde entsprechend § 43 VwGO statthaft, allerdings nur, wenn und soweit im konkreten Einzelfall **effektiver und lückenloser Rechtsschutz** allein im Wege eines gerichtlichen Feststellungsstreits in Betracht kommt (BGH N&R 2016, 231 Rn. 30 – Netzentgeltbefreiung II; ZNER 2008, 222 = BeckRS 2008, 20437 Rn. 80 f. – Rheinhessische Energie I). Für die Beurteilung der Zulässigkeit sind die Vorschriften der VwGO und ihre Ausgestaltung durch die Rechtsprechung entsprechend heranzuziehen, weil die Formen der Beschwerdeentscheidung nach § 83 Abs. 2–5 dem § 113 VwGO nachgebildet sind (BGHZ 174, 324 = BeckRS 2008, 3089 Rn. 19 – Beteiligung der Bundesnetzagentur; BGH ZNER 2008, 222 = BeckRS 2008, 20437 Rn. 80 f. – Rheinhessische Energie I). Nach Maßgabe des § 43 VwGO kann die Feststellung des Bestehens oder Nichtbestehens eines Rechtsverhältnisses oder der Nichtigkeit eines Verwaltungsakts begehrt werden, wenn der Beschwerdeführer ein berechtigtes Interesse an der baldigen Feststellung hat (→ § 83 Rn. 34).

51 Unter einem **feststellungsfähigen Rechtsverhältnis** sind die rechtlichen Beziehungen zu verstehen, die sich aus einem konkreten Sachverhalt aufgrund einer öffentlich-rechtlichen Norm für das Verhältnis von Personen untereinander oder einer Person zu einer Sache ergeben. Daran fehlt es, wenn nur abstrakte Rechtsfragen wie die Gültigkeit einer Norm zur Entscheidung gestellt werden. Auch bloße Vorfragen oder unselbstständige Elemente eines Rechtsverhältnisses können nicht Gegenstand einer Feststellungsklage sein (BGH N&R 2016, 231 Rn. 32 – Netzentgeltbefreiung II; BGH ZNER 2008, 222 = BeckRS 2008, 20437 Rn. 85 f. – Rheinhessische Energie I; Säcker EnergieR/Johanns/Roesen § 75 Rn. 53; Theobald/Kühling/Boos § 75 Rn. 59; Rosin/Pohlmann/Gentzsch/Metzenthin/Böwing/Burmeister/Michaelis § 75 Rn. 64 ff.).

52 Die allgemeine Feststellungsbeschwerde hat mit Blick auf die gesetzgeberische Grundentscheidung für einen nachträglichen Rechtsschutz nur **subsidiären Charakter** (OLG Düsseldorf BeckRS 2023, 17289 Rn. 63; OVG NRW BeckRS 2015, 47679). § 43 Abs. 2 S. 1 VwGO stellt dies durch die Regelung klar, dass die Feststellung nicht begehrt werden kann, soweit der Kläger seine Rechte durch Gestaltungs- oder Leistungsklage verfolgen kann oder hätte verfolgen können. Es bedarf daher eines **qualifizierten Rechtschutzbedürfnis**ses, das nur dann vorliegt, wenn es dem Betroffenen **ausnahmsweise** auch im Lichte des Art. 19 Abs. 4 GG nicht zugemutet werden kann, die entsprechende Entscheidung der Behörde abzuwarten und erst gegen diese gerichtlich vorzugehen, etwa weil für ihn irreparable und schwer ausgleichbare Schäden drohen (BGH N&R 2016, 231 Rn. 30 – Netzentgeltbefreiung II). Nach Maßgabe dessen hat die allgemeine Feststellungsbeschwerde bislang keine praktische Bedeutung erlangt.

In Bezug auf ein **Rechtsverhältnis mit Dritten** ist ein Feststellungsantrag nur dann zulässig, wenn ein Feststellungsinteresse gegenüber dem Antragsteller oder Antragsgegner des gerichtlichen Verfahrens besteht. Ist Antragsgegner die Regulierungsbehörde, fehlt das erforderliche Rechtsschutzbedürfnis, wenn nicht zu erwarten ist, dass diese einer höchstrichterlichen Grundsatzentscheidung nicht Rechnung tragen wird (BGH N&R 2016, 231 Rn. 37 – Netzentgeltbefreiung II; BeckOK VwGO/Möstl VwGO § 43 Rn. 19). 52.1

Das wirtschaftliche Risiko, das sich aus einer Auslegungsfrage der maßgeblichen Rechtsnormen der Netzentgeltkalkulation ergibt, begründet kein qualifiziertes Rechtsschutzbedürfnis (BGH ZNER 2008, 222 = BeckRS 2008, 20437 Rn. 88 f. – Rheinhessische Energie I). 52.2

F. Beschwerdegericht und Verfahren

I. Beschwerdegericht (Abs. 4)

Die ausschließliche Zuständigkeit für die Entscheidung über die Beschwerde gegen Entscheidungen der Regulierungsbehörde liegt aufgrund der **abdrängenden Sonderzuweisung** in Absatz 4 Satz 1 iVm § 108 bei den **ordentlichen Gerichten**. Maßnahmen der Regulierungsbehörden im energiewirtschaftsrechtlichen Verwaltungsverfahren sind öffentlich-rechtlicher Natur und wären ohne eine abdrängende Sonderzuweisung im Verwaltungsrechtsweg zu überprüfen. Mit der Zuweisung zu den Zivilgerichten sollen Rechtswegspaltungen insbesondere bei der Anwendung der Bestimmungen der Teile 2 und 3 des EnWG vermieden werden. Dabei hatte der Gesetzgeber auch im Blick, dass die Zivilgerichte für die Entscheidung von Zivilprozessen und über Beschwerden gegen Verfügungen der Kartellbehörden auf der Grundlage des GWB zuständig sind, die energiewirtschaftsrechtliche Fragen betreffen (BT-Drs. 15/3917, 71). Die abdrängende Sonderzuweisung ist nach ihrem Sinn und Zweck daher **umfassend und abschließend** auszulegen (OVG NRW BeckRS 2017, 100504 Rn. 13; BeckRS 2015, 47679; NZKart 2013, 42 Rn. 9 ff.; Immenga/Mestmäcker/ K. Schmidt GWB § 63 Rn. 1; Kölner Komm KartellR/Deichfuß GWB § 63 Rn. 4). Über den Wortlaut des § 75 hinaus erfasst sie eine Zuständigkeit der Kartellsenate der Oberlandesgerichte für alle energiewirtschaftsrechtlichen Verwaltungsstreitigkeiten (zu § 63 GWB: OVG NRW NVwZ-RR 2012, 801). 53

Sachlich zuständig sind gem. Absatz 4 Satz 1 für energiewirtschaftsrechtliche Beschwerden ausschließlich (§ 108) die **Oberlandesgerichte.** Diese Zuweisung soll der Verfahrensbeschleunigung dienen. Nach § 91 S. 1 GWB ist „bei den Oberlandesgerichten" ein **Kartellsenat** zu bilden, der nach Maßgabe des § 106 dort **funktionell** auch für die Entscheidung in EnWG-Sachen **zuständig** ist. 54

Die **örtliche Zuständigkeit** richtet sich gem. Absatz 4 Satz 1 nach dem **Sitz der Regulierungsbehörde,** deren Entscheidung angefochten bzw. der eine Verpflichtung auferlegt werden soll. In Bundesländern, in denen es mehrere Oberlandesgerichte gibt, kann nach § 106 Abs. 2 iVm § 92 Abs. 1 S. 1 GWB einem dieser Gerichte die ausschließliche örtliche Zuständigkeit übertragen werden. Für Beschwerden nach § 75 sind dies in **Nordrhein-Westfalen** die Kartellsenate beim **Oberlandesgericht Düsseldorf** (§ 2 KartellGBildVO, GV. NRW. 2011, 469; → § 106 Rn. 13.1). Das Oberlandesgericht Düsseldorf ist damit nicht nur für die Beschwerden in Energieverwaltungssachen der in der Landeshauptstadt Düsseldorf ansässigen Landesregulierungsbehörde NW zuständig, sondern auch für solche der BNetzA, deren Sitz in Bonn und damit im Oberlandesgerichtsbezirk Köln liegt. In den Fällen des **§ 51,** des **Monitorings der Versorgungssicherheit,** entscheidet ebenfalls das für den Sitz der BNetzA örtlich zuständige Oberlandesgericht Düsseldorf über Beschwerden iSd § 75, und zwar insbesondere auch dann, wenn die im Streit stehende Verfügung vom Bundesminister für Wirtschaft und Energie stammt. Dies dient der Verfahrenskonzentration und der 55

Einheitlichkeit der Rechtsanwendung, da sonst die Zuständigkeit für Beschwerden gegen Entscheidungen der BNetzA und des Bundesministeriums für Wirtschaft und Energie in gleicher Sache auseinanderfielen. Der Sitz des Bundesministeriums für Wirtschaft und Energie in Berlin ist mithin insoweit für die örtliche Zuständigkeit des Beschwerdegerichts nicht von Relevanz.

56 Hat ein Bundesland die BNetzA durch Verwaltungsabkommen im Wege der **Organleihe** mit der Wahrnehmung von Aufgaben der Landesregulierungsbehörde betraut, ist der „Sitz der Regulierungsbehörde" iSd Absatz 4 Satz 1 der Sitz der nach Landesrecht zuständigen Landesregulierungsbehörde (BGHZ 176, 256 = NVwZ 2009, 199 Rn. 7 ff. – Organleihe). Derzeit wird die Möglichkeit der Organleihe (nur) noch von den Bundesländern **Berlin, Brandenburg, Bremen** und **Schleswig-Holstein** in Anspruch genommen (https://www.bundesnetzagentur.de).

57 Absatz 4 Satz 2 verweist auf **§ 36 ZPO**, sodass insbesondere bei **Zweifeln** darüber, **welches Oberlandesgericht zuständig** ist, der **BGH** ein Oberlandesgericht für zuständig erklären kann. Die praktische Bedeutung ist gering.

57.1 Ist nach Absatz 4 offen, welches Oberlandesgericht als Beschwerdegericht zuständig ist, sodass der BGH in entsprechender Anwendung des § 36 ZPO das zuständige Oberlandesgericht zu bestimmen hat (§ 75 Abs. 4 S. 2), erfolgt dies derzeit nach der internen Geschäftsverteilung des BGH durch den X. Zivilsenat (s. auch BGH WuW 2007, 1251).

58 Ist der beschrittene **Rechtsweg unzulässig**, so wird das Beschwerdeverfahren – nach Anhörung der Beteiligten – entsprechend § 83 VwGO iVm § 17a Abs. 2 GVG von Amts wegen an das zuständige Gericht des zulässigen Rechtswegs verwiesen (OVG NRW BeckRS 2017, 100504; BeckOK GVG/Gerhold GVG § 17a Rn. 5; → § 108 Rn. 8). Dabei ist die **Bindungswirkung auf** die **Unzulässigkeit** des beschrittenen **Rechtswegs beschränkt**. Wird die Beschwerde beim **unzuständigen Oberlandesgericht** eingelegt, ist der Rechtsstreit entsprechend § 281 ZPO auf Antrag an das zuständige Gericht zu **verweisen** (BGH NZKart 2018, 439 Rn. 5 ff. = EnWZ 2018, 352; OLG Köln BeckRS 2011, 5573; → § 102 Rn. 17; → § 108 Rn. 9). Wird eine Verweisung nicht beantragt, ist das Rechtsmittel als unzulässig zu verwerfen.

II. Berücksichtigung neuer Tatsachen und Beweismittel (Abs. 1 S. 2)

59 Die Beschwerde kann nach Absatz 1 Satz 2 auch auf neue Tatsachen und Beweismittel gestützt werden. Die Regelung ist Ausdruck des **Untersuchungsgrundsatz**es des § 82 Abs. 1 und gilt daher für alle Beschwerdearten (Bourwieg/Hellermann/Hermes/Laubenstein/Bourazeri § 75 Rn. 25; Theobald/Kühling/Boos § 75 Rn. 61).

60 **Neu** sind alle Tatsachen, die nicht Gegenstand des regulierungsbehördlichen Verwaltungsverfahrens waren, dh auch solche, die erst nach Erlass der das Verwaltungsverfahren abschließenden Entscheidung entstanden sind (Rosin/Pohlmann/Gentzsch/Metzenthin/Böwing/Burmeister/Michaelis § 75 Rn. 93; FK-KartellR/Meyer-Lindemann GWB § 73 Rn. 80). Der Beschwerdeführer ist daher weder an den Tatsachenstoff noch an die Beweismittel gebunden, die in dem Verfahren vor der Regulierungsbehörde verwertet wurden. Mit Blick darauf, dass das Beschwerdegericht nach § 82 Abs. 1 den relevanten Sachverhalt von Amts wegen zu ermitteln hat, ist der Beschwerdeführer nicht gehindert, sein Rechtsmittel auch noch nach Ablauf der Begründungsfrist innerhalb des durch den Streitgegenstand vorgegebenen Rahmens auf neue Tatsachen und Beweismittel zu stützen, da sich weder aus dem Wortlaut des § 78 Abs. 4 Nr. 2 noch aus seinem Sinn und Zweck eine Präklusionswirkung herleiten lässt (BGH RdE 2013, 174 = BeckRS 2013, 105 Rn. 174 – E.ON Hanse AG; → § 78 Rn. 24).

61 Die Berücksichtigung neuer Tatsachen und Beweismittel in der Beschwerdeinstanz kann nicht nur zu einer (vollständigen oder teilweisen) Aufhebung der angegriffenen Entscheidung führen, sondern auch zum Nachteil der beschwerdeführenden Partei herangezogen werden (Loewenheim/Meessen/Riesenkampff/Kersting/Meyer-Lindemann/Kühnen GWB § 63 Rn. 40). Allerdings darf die angefochtene Entscheidung **nicht in ihrem „Wesen"** verändert werden (BGH RdE 2016, 532 = EnWZ 2017, 80 Rn. 20 – Unbefristete Genehmigung; OLG Düsseldorf RdE 2020, 131 = BeckRS 2019, 31050 Rn. 66; Bourwieg/Hellermann/Hermes/Laubenstein/Bourazeri § 75 Rn. 27; Kölner Komm KartellR/Deichfuß GWB § 63

Rn. 68). Bis zu dieser Grenze kann daher auch die Regulierungsbehörde Tatsachen und Beweismittel in das Beschwerdeverfahren einbringen und so die Rechtmäßigkeit der angegriffenen Entscheidung oder die der Ablehnung der begehrten Entscheidung rechtfertigen (Kölner Komm KartellR/Deichfuß GWB § 63 Rn. 67). Von der Frage der Berücksichtigungsfähigkeit neuer Tatsachen, Beweismittel und anderer rechtlicher Gesichtspunkte zu unterscheiden ist die Frage, welches der maßgebliche Zeitpunkt für die Beurteilung der Sach- und Rechtslage ist (Bourwieg/Hellermann/Hermes/Laubenstein/Bourazeri Rn. 26; → § 83 Rn. 23 ff.).

III. Beendigung des Beschwerdeverfahrens durch Rücknahme oder Erledigung

62 Zulässigkeit und Wirkungen einer **Beschwerderücknahme** beurteilen sich in Analogie zu § 92 VwGO, § 102 SGG, § 72 FGO und § 269 ZPO (BGH NJW-RR 2007, 616 Rn. 1 – Kostenverteilung nach Rechtsbeschwerderücknahme; BGHZ 84, 320 = BeckRS 9998, 103171 Rn. 10 – Anzeigenraum). Die Beschwerde kann **bis zur Rechtskraft** der Beschwerdeentscheidung und damit auch noch in der Rechtsbeschwerdeinstanz zurückgenommen werden (Rosin/Pohlmann/Gentzsch/Metzenthin/Böwing/Burmeister/Michaelis § 75 Rn. 100; Säcker EnergieR/Johanns/Roesen § 75 Rn. 60). **Bis zur Stellung der Anträge** in der mündlichen Verhandlung kann die Rücknahme **ohne weiteres** erfolgen, danach nur mit Zustimmung der gegnerischen Regulierungsbehörde. Weitere Verfahrensbeteiligte müssen nicht zustimmen (Theobald/Kühling/Boos § 75 Rn. 12; BGH NVwZ-RR 2009, 620 Rn. 7; OLG Naumburg RdE 2009, 105 = BeckRS 2008, 23016 Rn. 11; → § 83 Rn. 35; → § 79 Rn. 18). Daher ist die Einwilligung der BNetzA nur dann erforderlich, wenn sie selbst Beschwerde eingelegt hat und damit zur Hauptpartei geworden ist, nicht aber, wenn sie nur nach § 79 Abs. 2 an dem Beschwerdeverfahren einer nach Landesrecht zuständigen Behörde beteiligt ist (BGH NVwZ-RR 2009, 620 Rn. 7 ff.; Säcker EnergieR/Johanns/Roesen § 75 Rn. 60).

63 Nimmt der Beschwerdeführer erst **im Rechtsbeschwerdeverfahren** die Beschwerde im Einvernehmen mit dem Beschwerdegegner zurück, wird die angegriffene Entscheidung dadurch bestandskräftig, sodass das Beschwerde- und das Rechtsbeschwerdeverfahren einzustellen sind, denn die Rücknahme der Beschwerde bewirkt, dass diese Verfahren als nicht anhängig geworden anzusehen sind (BGH BeckRS 2020, 7084 Rn. 1; 2013, 16808 Rn. 1; → § 88 Rn. 17). Der auf die Beschwerde ergangene Beschluss des Oberlandesgerichts ist dann wirkungslos. Es ist nur noch nach § 90 über die **Kosten des Beschwerde- und des Rechtsbeschwerdeverfahrens** zu entscheiden; sie werden in der Regel gem. § 90 S. 1 dem Beschwerdeführer auferlegt, weil er sich durch die Rücknahme in die Rolle des Unterlegenen begeben hat (→ § 90 Rn. 21).

64 Wird dagegen nur die **Rechtsbeschwerde zurückgenommen,** wird die Beschwerdeentscheidung rechtskräftig (BGH BeckRS 2012, 3914 Rn. 1). Dies hat zur Folge, dass der Rechtsbeschwerdeführer die **Kosten des Rechtsbeschwerdeverfahrens** nach § 90 zu tragen hat, weil er sich durch die Rücknahme in die Rolle des Unterlegenen begeben hat (BGH BeckRS 2008, 23045 Rn. 1; → § 90 Rn. 21).

65 Das Beschwerdeverfahren kann durch die Beteiligten – Beschwerdeführer und gegnerische Regulierungsbehörde – **übereinstimmend** für erledigt erklärt werden, wenn sich die angegriffene Entscheidung der Regulierungsbehörde vor der Entscheidung des Beschwerdegerichts durch Zurücknahme oder auf andere Weise erledigt. Dann hat das Gericht nach billigem Ermessen unter Berücksichtigung des Sach- und Streitstandes **nur noch über die Kosten** entsprechend § 162 Abs. 2 S. 1 VwGO, § 91a ZPO zu entscheiden (→ § 90 Rn. 17 ff.).

66 Erklärt nur der Beschwerdeführer die Erledigung des Beschwerdeverfahrens, liegt darin lediglich eine Antragsänderung, gerichtet auf die **Feststellung, dass sich das Beschwerdeverfahren in der Hauptsache erledigt hat** (→ § 83 Rn. 38). Bleibt die **Erledigungserklärung einseitig,** hat das Beschwerdegericht im Rahmen des **Erledigungsstreits** nur darüber zu entscheiden, ob sich die angefochtene Entscheidung **tatsächlich erledigt** hat (→ § 83 Rn. 39). **Auf Antrag** des Beschwerdeführers kann das Beschwerdegericht gem. § 83 Abs. 2 S. 2 allerdings auch feststellen, dass die – erledigte – Entscheidung der Regulierungsbehörde unzulässig oder unbegründet gewesen ist, wenn der Beschwerdeführer daran

ein berechtigtes Interesse hat (→ § 83 Rn. 40). Ein solcher Fortsetzungsfeststellungsantrag kann auch dann gestellt werden, wenn sich das Rechtsschutzbegehren des Antragstellers bereits **vor der Erhebung der Beschwerde erledigt** hat (OLG Düsseldorf BeckRS 2015, 234 Rn. 67; Säcker EnergieR/Johanns/Roesen § 83 Rn. 21; → § 83 Rn. 41).

IV. Beschwerdenhäufung

67 Die Zulässigkeit einer **objektiven** Beschwerdenhäufung richtet sich nach § 44 VwGO (vgl. in Säcker EnergieR/Johanns/Roesen § 75 Rn. 61). Danach kann ein Beschwerdeführer mehrere Begehren in einer Beschwerde zusammen verfolgen, wenn sie sich gegen denselben Beschwerdegegner richten, im Zusammenhang stehen und dasselbe Gericht zuständig ist. Dabei bezieht sich das Erfordernis der Zuständigkeit sowohl auf den Rechtsweg als auch auf die örtliche und die sachliche Zuständigkeit des Gerichts (OLG Düsseldorf EnWZ 2020, 234 Rn. 160 ff.). Diesen Anforderungen genügt etwa ein zugleich geltend gemachter Zahlungsanspruch nicht, wenn er sich zwar auch aus dem EnWG ergibt, für ihn aber als bürgerliche Rechtsstreitigkeit gem. § 102 Abs. 1 S. 1 – unabhängig von dem Wert des Streitgegenstandes – das Landgericht ausschließlich zuständig ist (OLG Düsseldorf EnWZ 2020, 234 Rn. 166 f.). Wird nach entsprechendem Hinweis kein Verweisungsantrag gestellt, ist die Beschwerde insoweit als unzulässig zu verwerfen (→ Rn. 58).

68 Die **subjektive**, entsprechend § 64 VwGO iVm §§ 59–63 ZPO zulässige Beschwerdenhäufung (Streitgenossenschaft) hat im Energiewirtschaftsrecht keine praktische Bedeutung (vgl. auch Säcker EnergieR/Johanns/Roesen § 75 Rn. 61; zum GWB: Immenga/Mestmäcker/Karsten Schmidt GWB § 63 Rn. 45 ff.).

V. Kosten

69 Der **Streitwert** für das Beschwerdeverfahren ist entsprechend § 50 Abs. 1 S. 1 Nr. 2 GKG nach § 3 ZPO festzusetzen. Zu bewerten ist daher das **tatsächliche wirtschaftliche Interesse** des Beschwerdeführers an der Änderung der angegriffenen oder der Vornahme der begehrten Entscheidung, das nach objektiven Maßstäben zu beurteilen ist. Der Wert ist gem. § 3 ZPO nach freiem Ermessen zu schätzen und grds. in voller Höhe anzusetzen (→ § 90 Rn. 34). Für eine Herabsetzung oder Anpassung des Wertes aus Billigkeitsgründen auf Antrag einer Partei, wie sie etwa für Zivilverfahren iSd § 89a GWB und § 105 EnWG vorgesehen ist, ist bei Verwaltungssachen iSd § 50 Abs. 1 GKG kein Raum (BeckOK KostR/Toussaint GKG § 50 Rn. 15; Schneider/Volpert/Fölsch/Fölsch GKG § 50 Rn. 58 ff.; → § 105 Rn. 5).

69.1 Greift der Rechtsmittelführer etwa die festgesetzten **Erlösobergrenzen** an, bemisst sich sein wirtschaftliches Interesse grds. nach der Differenz zwischen den nach Auffassung des Rechtsmittelführers anzusetzenden und den von der Regulierungsbehörde festgesetzten Erlösobergrenzen (BGH BeckRS 2022, 13947 Rn. 4; RdE 2012, 389 = BeckRS 2011, 29725 Rn. 45 – PVU Energienetze GmbH; RdE 2012, 209 = BeckRS 2012, 6795 Rn. 49 – Stadtwerke Freudenstadt I; BeckRS 2011, 7707 Rn. 2). Etwas anderes gilt dann, wenn der Rechtsmittelführer bereits gesondert eine Vorabfestlegung der Regulierungsbehörde, etwa für das betriebsnotwendige Eigenkapital oder für den generellen sektoralen Produktivitätsfaktor, angegriffen hat und für die entsprechenden Beschwerdepunkte iRd Erlösobergrenzenfestlegung nur die Verpflichtung der Regulierungsbehörde anstrebt, diese Festlegung entsprechend anzupassen. Das diesbezügliche Sicherungsinteresse kann in Anlehnung an die Praxis der Wertfestsetzung in Verfahren bei Erlass einer einstweiligen Verfügung mit 20 Prozent der sonst maßgeblichen Differenz der Erlösobergrenzen bemessen werden (BGH BeckRS 2022, 13947 Rn. 6 ff.).

69.2 Für nach dem EEG 2017 förderfähige **Windenergieanlagen** an Land errechnet das OLG Düsseldorf den Streitwert nach folgender Formel: Gebotspreis (in Euro/kWh) x produzierte Strommenge in kWh/a (Anlagengröße kWp x 2.000 h/a Volllast) x 20 (Förderdauer in Jahren) x 0,05 (angenommener Gewinn) (OLG Düsseldorf BeckRS 2018, 28574 Rn. 61 ff.).

70 Im Verfahren über die Beschwerde eines **Beigeladenen** iSd 79 Abs. 1 Nr. 3 ist der Streitwert gem. § 50 Abs. 1 S. 2 GKG unter Berücksichtigung der sich für den Beigeladenen ergebenden Bedeutung der Sache nach Ermessen zu bestimmen.

70.1 Im **Beschwerdeverfahren** nach § 75 entstehen nach Teil 1 Abschnitt 2 Vorbemerkung 1.2.2 Nr. 4 KV die Gebühren Nr. 1220 ff. KV, insbesondere also die Verfahrensgebühr Nr. 1220 KV mit einem Satz von 4,0; insoweit ist das Beschwerdeverfahren dem zivilprozessualen Berufungsverfahren gleichgestellt (→ § 90 Rn. 36). Eine Vorschusspflicht besteht nicht, da die Gerichtskosten nicht schon mit der Einlegung der Beschwerde fällig werden (§§ 6, 9 Abs. 2 GKG). Ermäßigungstatbestände zu Nr. 1220 KV sind in den Nr. 1221-1223 KV vorgesehen. Im **Rechtsbeschwerdeverfahren** fallen entsprechend Teil 1 Abschnitt 3 KV die Gebühren Nr. 1230 ff. KV an, also insbesondere die Verfahrensgebühr Nr. 1230 KV mit einem Satz von 5,0. Im Fall der Verwerfung oder Zurückweisung der Beschwerde gegen die **Nichtzulassung der Rechtsbeschwerde** entsteht die Gebühr Nr. 1242 KV (Schneider/Volpert/Fölsch/Fölsch GKG § 50 Rn. 9).

Die **BNetzA** und die **Landesregulierungsbehörden** sind nach § 2 Abs. 1 GKG von der Entrichtung der **Gerichtskosten befreit** (Schneider/Volpert/Fölsch/Volpert/Köpf GKG § 2 Rn. 2). 70.2

Die **Gebühren der Rechtsanwälte** richten sich nach dem **RVG**; nach Teil 3 Abschnitt 2 Unterabschnitt 1 Vorbemerkung 3.2.1 Nr. 2 f) der Anl. 1 zu § 2 Abs. 2 RVG (VV) fällt für Beschwerden nach dem EnWG eine 1,6 Verfahrensgebühr und eine 1,2 Terminsgebühr an (→ § 90 Rn. 38). 70.3

§ 76 Aufschiebende Wirkung

(1) Die Beschwerde hat keine aufschiebende Wirkung, soweit durch die angefochtene Entscheidung nicht eine Entscheidung zur Durchsetzung der Verpflichtungen nach den §§ 7 bis 7b und 8 bis 10d getroffen wird.

(2) ¹Wird eine Entscheidung, durch die eine vorläufige Anordnung nach § 72 getroffen wurde, angefochten, so kann das Beschwerdegericht anordnen, dass die angefochtene Entscheidung ganz oder teilweise erst nach Abschluss des Beschwerdeverfahrens oder nach Leistung einer Sicherheit in Kraft tritt. ²Die Anordnung kann jederzeit aufgehoben oder geändert werden.

(3) ¹§ 72 gilt entsprechend für das Verfahren vor dem Beschwerdegericht. ²Dies gilt nicht für die Fälle des § 77.

Überblick

§ 76 regelt die aufschiebende Wirkung der Beschwerde. Dabei normiert **Absatz 1** den Grundsatz, dass der (Anfechtungs-)Beschwerde keine aufschiebende Wirkung zukommt (→ Rn. 5 ff.). Ergänzend dazu regelt § 77 in Absatz 3 den einstweiligen Rechtsschutz, indem die Vollziehung durch die Regulierungsbehörde ausgesetzt und die aufschiebende Wirkung der (Anfechtungs-)Beschwerde gerichtlich angeordnet oder wiederhergestellt werden kann. **Absatz 2** gibt dem Gericht in den Fällen der Anfechtung einer einstweiligen Anordnung nach § 72 die Möglichkeit, diese ganz oder teilweise außer Kraft zu setzen (→ Rn. 12 ff.). Nach **Absatz 3** kann das Beschwerdegericht selbst einstweilige Anordnungen nach § 72 treffen (→ Rn. 16 ff.). Darunter fallen die Fälle des vorläufigen Rechtsschutzes bei Verpflichtungs- oder allgemeinen Leistungsbeschwerden.

Übersicht

	Rn.		Rn.
A. Normzweck und Bedeutung	1	C. Gerichtliche Anordnung der aufschiebenden Wirkung (Abs. 2)	12
B. Wirkung der Beschwerde (Abs. 1)	5		
I. Grundsatz: Kein Suspensiveffekt der Anfechtungsbeschwerde	5	D. Vorläufige Anordnung durch das Beschwerdegericht (Abs. 3)	16
II. Ausnahme: Anfechtungsbeschwerden gegen Entflechtungsmaßnahmen	6	E. Rechtsschutz	23

A. Normzweck und Bedeutung

Die Vorschrift setzt die gemeinschaftsrechtlichen Vorgaben des Art. 23 Abs. 5 und 6 Elektrizitäts-Binnenmarkt-Richtlinie 2003/54/EG sowie des Art. 25 Abs. 5 und 6 Gas-Binnenmarkt-Richtlinie 2003/55/EG um, in denen der Sofortvollzug regulierungsbehördlicher Entscheidungen vorgesehen ist (BT-Drs. 15/3917, 71). Die entsprechenden aktuellen Normen finden sich in Art. 60 Abs. 2 und 3 Elektrizitäts-Binnenmarkt-Richtlinie (EU) 2019/944 und Art. 41 Abs. 11 und 12 Gas-Binnenmarkt-Richtlinie 2009/73/EG. **Absatz 1** ent- 1 spricht der Regelung des § 137 Abs. 1 TKG. Um der Regulierungsbehörde eine effiziente, sofortige Durchsetzung ihrer Entscheidungsergebnisse zu ermöglichen, hat die Beschwerde grundsätzlich keine aufschiebende Wirkung (→ Rn. 5). Eine Ausnahme sieht Absatz 1 im Halbsatz 2 allein für die Maßnahmen der Regulierungsbehörden auf dem Gebiet der **rechtlichen und operationellen Entflechtung** gem. §§ 7–7b und §§ 8–10d vor (→ Rn. 6 ff.). In Absatz 2 und 3 übernimmt der Gesetzgeber die Regelungen des § 64 Abs. 2 und 3 GWB aF (§ 66 GWB). Während **Absatz 2** den einstweiligen Rechtsschutz gegen vorläufige Anordnungen der Regulierungsbehörde nach § 72 betrifft (→ Rn. 12 f.), regelt **Absatz 3** die Möglichkeit des Beschwerdegerichts, vorläufige Anordnungen auch während des Beschwerdeverfahrens treffen zu können (→ Rn. 16 ff.).

2   § 76 Abs. 1 wird **ergänzt durch § 77.** Dieser sieht zum einen in Absatz 3 Sätze 2–4 Möglichkeiten einstweiligen Rechtsschutzes gegen den Sofortvollzug bei Anfechtungslagen im Wege der Aussetzung der Vollziehung durch die Regulierungsbehörde oder der Anordnung der aufschiebenden Wirkung durch das Beschwerdegericht vor (→ § 77 Rn. 8, → § 77 Rn. 12). Zum anderen gibt er der Regulierungsbehörde für die – seltenen – Fälle des gesetzlich vorgesehenen Suspensiveffekts der Anfechtungsbeschwerde in Absätzen 1 und 2 die Möglichkeit, den Sofortvollzug anzuordnen, wogegen nach Absatz 3 Satz 1 Rechtsschutz mit dem Antrag auf Wiederherstellung der aufschiebenden Wirkung durch das Beschwerdegericht gewährt werden kann (→ § 77 Rn. 3, → § 77 Rn. 11).

3   Da die in Absatz 1 Halbsatz 2 angeführten Regelungen zur Entflechtung 2011 neu gefasst und nummeriert wurden, ist der Verweis im Jahre 2012 entsprechend angepasst worden (BT-Drs. 17/10754, 33).

4   Im Rechtsbeschwerdeverfahren vor dem BGH gilt § 76 gem. § 88 Abs. 5 S. 1 entsprechend (→ § 88 Rn. 13). Für den Erlass einstweiliger Anordnungen während des Rechtsbeschwerde- und Nichtzulassungsbeschwerdeverfahrens bleibt allerdings das Beschwerdegericht nach Maßgabe der §§ 87 Abs. 4 S. 2, 88 Abs. 5 S. 2 zuständig (→ Rn. 15 f.).

B. Wirkung der Beschwerde (Abs. 1)

I. Grundsatz: Kein Suspensiveffekt der Anfechtungsbeschwerde

5   Absatz 1 hält (deklaratorisch) fest, dass die (Anfechtungs-)Beschwerde nach § 75 grundsätzlich keine aufschiebende Wirkung hat. Mit dem **Grundsatz des Sofortvollzugs** weicht Absatz 1 von der Regelung des vorläufigen Rechtsschutzes im Verwaltungsprozessrecht ab. Während § 80 Abs. 1 VwGO den Grundsatz normiert, dass dem (Anfechtungs-)Widerspruch wie auch der Erhebung einer entsprechenden Klage automatisch aufschiebende Wirkung zukommt und die Anordnung der sofortigen Vollziehbarkeit nach § 80 Abs. 2 Nr. 4 VwGO die Ausnahme ist, hält Absatz 1 fest, dass der Beschwerde grundsätzlich keine aufschiebende Wirkung zukommt. Dies folgt schon daraus, dass der Verwaltungsrechtsweg für energiewirtschaftsrechtliche Beschwerdeverfahren nicht eröffnet ist und die VwGO daher keine Anwendung findet, sodass die Regelung nur deklaratorischen Charakter hat. Daher hindert nur eine – von dem Betroffenen erwirkte – Aussetzung der Vollziehung oder die Anordnung der aufschiebenden Wirkung durch das Beschwerdegericht nach § 77 Abs. 3 die Vollstreckung. Mit diesem Regel-Ausnahme-Verhältnis will der Gesetzgeber – wie für den Bereich der Telekommunikationsregulierung – die **effektive und zeitnahe Durchsetzung der wettbewerbsfördernden Regulierungsentscheidungen** und damit der in § 1 genannten Ziele des EnWG sicherstellen. Ergänzend dazu kann die Regulierungsbehörde entsprechend § 94 ein Zwangsgeld anordnen und nach Maßgabe des Vollstreckungsrechts vollstrecken (→ § 94 Rn. 2 ff.). Der Rechtsschutzgarantie des **Art. 19 Abs. 4 GG** wird durch die Möglichkeiten der **Aussetzung der Vollziehung** oder **Anordnung der aufschiebenden Wirkung** in § 77 Abs. 3 ausreichend Rechnung getragen (→ § 77 Rn. 12 ff.).

II. Ausnahme: Anfechtungsbeschwerden gegen Entflechtungsmaßnahmen

6   Eine Ausnahme sieht der Gesetzgeber in Absatz 1 für (Anfechtungs-)Beschwerden gegen Maßnahmen der Regulierungsbehörden auf dem Gebiet der **rechtlichen und operationellen Entflechtung** (§§ 7–7b, 8–10d) vor, denen aufschiebende Wirkung zukommt. Damit trägt er dem Umstand Rechnung, dass mit diesen **Entscheidungen zur Durchsetzung**

der **Entflechtungsvorgaben** regelmäßig **weitreichende Eingriffe in die Unternehmensstruktur** verbunden sind, die nur mit erheblichem Aufwand rückgängig gemacht werden können und die Entscheidungen häufig keinen unmittelbaren Marktbezug haben (Säcker EnergieR/Johanns/Roesen § 76 Rn. 5; Bourwieg/Hellermann/Hermes/Laubenstein/Bourazeri § 76 Rn. 3; Salje EnWG § 76 Rn. 8). Dabei ist es unbeachtlich, auf welcher rechtlichen Grundlage die Regulierungsbehörde ihre Entscheidung im Bereich der Entflechtung getroffen hat, es kommt allein auf den materiellen Schwerpunkt der Entscheidung an (Kment EnWG/Huber § 76 Rn. 4; Rosin/Pohlmann/Gentzsch/Metzenthin/Böwing/Burmeister/Becker § 76 Rn. 15). Für eine **analoge Anwendung** der enumerativ ausgestalteten Ausnahmeregelung ist auch mit Blick auf die grundsätzlich gegebene Möglichkeit, über § 77 Abs. 3 die Anordnung der aufschiebenden Wirkung zu erreichen, **kein Raum** (Säcker EnergieR/Johanns/Roesen § 76 Rn. 5; Rosin/Pohlmann/Gentzsch/Metzenthin/Böwing/Burmeister/Becker § 76 Rn. 16).

Die aufschiebende Wirkung tritt **mit Einlegung der Beschwerde bei der Regulierungsbehörde** ein und **wirkt auf den Zeitpunkt des Erlasses** der angefochtenen Entscheidung **zurück** (Kment EnWG/Huber § 76 Rn. 4; Rosin/Pohlmann/Gentzsch/Metzenthin/Böwing/Burmeister/Becker § 76 Rn. 17; Säcker EnergieR/Johanns/Roesen § 76 Rn. 6). Die Einlegung der Beschwerde bei dem Beschwerdegericht wahrt zwar die Beschwerdefrist (§ 78 Abs. 1 S. 3), der Suspensiveffekt soll jedoch erst dann ausgelöst werden, wenn und sobald die Beschwerdeschrift (auch) bei der Regulierungsbehörde eingeht, weil diese einer andernfalls rechtswidrigen Vollziehung nicht durch Anordnung des Sofortvollzugs begegnen könnte (Immenga/Mestmäcker/K. Schmidt GWB § 64 Rn. 10; Langen/Bunte/Lembach GWB § 66 Rn. 6; Loewenheim/Meessen/Riesenkampff/Kersting/Meyer-Lindemann/Kühnen GWB § 64 Rn. 13; Kölner Komm KartellR/Deichfuß GWB § 64 Rn. 7; aA Theobald/Kühling/Boos § 76 Rn. 8). Aus Gründen der Rechtssicherheit sollte die Beschwerde daher (zumindest auch) bei der Regulierungsbehörde eingelegt werden, um den Suspensiveffekt auszulösen.

Ohne Relevanz ist es, ob die Beschwerde zulässig ist und in der Sache Aussicht auf Erfolg bietet. Nach herrschender Meinung kommt grundsätzlich jedem Rechtsbehelf aufschiebende Wirkung zu, etwas anderes soll nur bei **evident unzulässigen Rechtsbehelfen** gelten (Bourwieg/Hellermann/Hermes/Laubenstein/Bourazeri § 76 Rn. 8; Säcker EnergieR/Johanns/Roesen § 76 Rn. 6; Kment EnWG/Huber § 76 Rn. 4; BeckOK VwGO/Gersdorf VwGO § 80 Rn. 20). Darunter fallen **offensichtlich unstatthafte oder verfristete Beschwerden,** denn bei einer bereits bestandskräftigen Entscheidung der Regulierungsbehörde kann die Beschwerdeeinlegung keinen Suspensiveffekt auslösen (Säcker EnergieR/Johanns/Roesen § 76 Rn. 6; Kölner Komm KartellR/Deichfuß GWB § 64 Rn. 8; Immenga/Mestmäcker/K. Schmidt GWB § 64 Rn. 10; Langen/Bunte/Lembach GWB § 66 Rn. 6; Loewenheim/Meessen/Riesenkampff/Kersting/Meyer-Lindemann/Kühnen GWB § 64 Rn. 13).

Die aufschiebende Wirkung **endet** mit der **Rechtskraft** der angefochtenen Entscheidung im Beschwerdeverfahren, mit ihrer **Bestandskraft** aus anderen Gründen (Rücknahme der Beschwerde/Vergleich) oder mit der **Erledigung der Hauptsache** etwa durch Aufhebung der angefochtenen Entscheidung (Säcker EnergieR/Johanns/Roesen § 76 Rn. 7; Kment EnWG/Huber § 76 Rn. 4; Kölner Komm KartellR/Deichfuß GWB § 64 Rn. 14; Wysk/Buchheister VwGO § 80 Rn. 10). Daneben kann die Regulierungsbehörde den Suspensiveffekt mit Wirkung ex nunc durch die **Anordnung der sofortigen Vollziehung** nach § 77 Abs. 1 beseitigen; der Betroffene kann dagegen die Wiederherstellung des Suspensiveffekts nach Maßgabe des § 77 Abs. 3 S. 1 beantragen (→ § 77 Rn. 11).

Durch die aufschiebende Wirkung wird lediglich die **Vollziehbarkeit** der angefochtenen Entscheidung **gehemmt,** ihre Wirksamkeit wird nicht berührt. Die Regulierungsbehörde ist daher an jeglichen Umsetzungsmaßnahmen gehindert, dh sie kann weder **Vollstreckungsmaßnahmen** durchführen noch Zuwiderhandlungen gegen die Entscheidung nach § 95 Abs. 1 Nr. 3a mit einem **Bußgeld** ahnden (zum GWB: BGHZ 169, 52 = NJW-RR 2007, 615 Rn. 10 – Soda-Club). Sind bis zur Beschwerdeeinlegung bereits **Vollzugsmaßnahmen** erfolgt, hat die Regulierungsbehörde zu prüfen, ob sie diese aufhebt (Kölner Komm KartellR/Deichfuß GWB § 64 Rn. 11; Loewenheim/Meessen/Riesenkampff/Kersting/Meyer-Lindemann/Kühnen GWB § 64 Rn. 15).

11 Ist der **Eintritt der aufschiebenden Wirkung zweifelhaft**, etwa weil die Regulierungsbehörde die aufschiebende Wirkung der Beschwerde in Abrede stellt, kann der Beschwerdeführer in entsprechender Anwendung des § 77 Abs. 3 S. 3 beim Beschwerdegericht die **Feststellung** beantragen, dass seine **Beschwerde Suspensiveffekt entfaltet** (zum GWB: BGHZ 169, 52 = NJW-RR 2007, 615 Rn. 10 – Soda-Club; Säcker EnergieR/Johanns/Roesen § 76 Rn. 8; → § 77 Rn. 13).

C. Gerichtliche Anordnung der aufschiebenden Wirkung (Abs. 2)

12 Hat die Regulierungsbehörde in ihrer Entscheidung eine vorläufige Anordnung nach § 72 getroffen (→ § 72 Rn. 3 ff.), kann das Beschwerdegericht im Falle der Anfechtung dieser Entscheidung anordnen, dass die vorläufige Anordnung (ganz oder teilweise) **erst nach Abschluss des Beschwerdeverfahrens** oder **nach Leistung einer Sicherheit** in Kraft tritt. **Faktisch** stellt das Beschwerdegericht damit die **aufschiebende Wirkung** der Beschwerde gegen die vorläufige Anordnung der Regulierungsbehörde her (Theobald/Kühling/Boos § 76 Rn. 10).

13 Eines **Antrags** bedarf es – anders als nach § 77 Abs. 3 – **nicht**; erforderlich, aber auch ausreichend ist es, dass der Betroffene in der Hauptsache **bereits Beschwerde eingelegt** hat. Einen **materiellen Prüfungsmaßstab** gibt das Gesetz nicht vor. Nach herrschender Meinung soll die Anordnung des Beschwerdegerichts jedoch keinen geringeren Anforderungen als die nach § 77 Abs. 3 S. 1 Nr. 2 und 3 unterliegen. Sie setzt daher voraus, dass **ernstliche Zweifel an der Rechtmäßigkeit** der angefochtenen einstweiligen Anordnung der Regulierungsbehörde bestehen oder ihr sofortiges Inkrafttreten für den Betroffenen eine **unbillige Härte** zur Folge hätte, die nicht durch überwiegende öffentliche Interessen geboten ist (Bourwieg/Hellermann/Hermes/Laubenstein/Bourazeri § 76 Rn. 10; Säcker EnergieR/Johanns/Roesen § 76 Rn. 9; Rosin/Pohlmann/Gentzsch/Metzenthin/Böwing/Burmeister/Becker § 76 Rn. 21; Kölner Komm KartellR/Deichfuß GWB § 64 Rn. 23; Langen/Bunte/Lembach GWB § 66 Rn. 15; aA Theobald/Kühling/Boos § 76 Rn. 12; Kment EnWG/Huber § 76 Rn. 5 f.; → § 77 Rn. 16 ff.). Seine Entscheidung trifft das Beschwerdegericht innerhalb dieses Rahmens im pflichtgemäßen Ermessen (Bourwieg/Hellermann/Hermes/Laubenstein/Bourazeri § 76 Rn. 10).

14 Die **Sicherungsmittel** sind in der Vorschrift nicht näher ausgeführt; für die Anordnung der Sicherheitsleistung und ihrer Rückgabe können die Bestimmungen der §§ 108 f. ZPO herangezogen werden (Bourwieg/Hellermann/Hermes/Laubenstein/Bourazeri § 76 Rn. 11; Kölner Komm KartellR/Deichfuß GWB § 64 Rn. 24).

15 Die aufschiebende Wirkung der Anordnung **endet** grundsätzlich (erst) mit dem **Nachweis der Sicherheitsleistung** oder mit **Abschluss des Beschwerdeverfahrens**, dh mit der Rücknahme der Beschwerde oder der Rechtskraft der Beschwerdeentscheidung (Immenga/Mestmäcker/K. Schmidt GWB § 64 Rn. 16; Kölner Komm KartellR/Deichfuß GWB § 64 Rn. 25). Seine getroffene Anordnung kann das Beschwerdegericht entsprechend Absatz 2 Satz 2 aber auch „jederzeit" aufheben oder ändern, dh auch noch bei Anhängigkeit der Rechtsbeschwerde (Bourwieg/Hellermann/Hermes/Laubenstein/Bourazeri § 76 Rn. 11).

D. Vorläufige Anordnung durch das Beschwerdegericht (Abs. 3)

16 Das Beschwerdegericht kann gem. Absatz 3 iVm § 72 einstweilige Anordnungen zur vorläufigen Regelung bzw. Sicherung treffen. Diese **Befugnis** des Beschwerdegerichts zu einer sog. **Zwischenentscheidung** beginnt mit der – wirksamen – **Einlegung der Beschwerde**, denn damit endet die Befugnis der Regulierungsbehörde zum Erlass einstweiliger Anordnungen nach § 72 (Theobald/Kühling/Boos § 76 Rn. 16; zu § 64 Abs. 3 GWB aF: OLG Düsseldorf NZKart 2019, 336 – Pressemitteilung des Bundeskartellamts II; Loewenheim/Meessen/Riesenkampff/Kersting/Meyer-Lindemann/Kühnen GWB § 64 Rn. 18). Sie dauert fort **bis zum rechtskräftigen Abschluss des Beschwerdeverfahrens,** dh bis zum Abschluss des Rechtsbeschwerdeverfahrens (§§ 87 Abs. 4 S. 2, 88 Abs. 5 S. 2; → § 88 Rn. 13).

17 Die Anordnung des Beschwerdegerichts setzt – wie schon die Anordnung nach Absatz 2 Satz 1 – zwar keinen **Antrag** des Beschwerdeführers voraus (Theobald/Kühling/Boos § 76 Rn. 17; Kölner Komm KartellR/Deichfuß GWB § 64 Rn. 34), ein solcher wird allerdings

regelmäßig vorliegen. Ihn wird man nur dann als entbehrlich ansehen können, wenn der Erlass einer einstweiligen Anordnung im Interesse der Allgemeinheit angezeigt ist (Kölner Komm KartellR/Deichfuß GWB § 64 Rn. 34; Immenga/Mestmäcker/K. Schmidt GWB § 64 Rn. 20).

Erfasst werden die Fälle, in denen in der Hauptsache eine **Verpflichtungs- oder allge-** 18 **meine Leistungsbeschwerde** (auch in Form der vorbeugenden Unterlassungsbeschwerde) zu erheben ist, da in den Fällen der Anfechtungsbeschwerde einstweiliger Rechtsschutz (schon) durch die Anordnung der aufschiebenden Wirkung der Beschwerde nach § 77 Abs. 3 S. 4 gewährt wird und damit vorläufige Anordnungen nach Maßgabe des Absatz 3 Satz 2 ausgenommen sind (OLG Düsseldorf BeckRS 2017, 137647 Rn. 18; BeckRS 2016, 115007 Rn. 32 f.; Säcker EnergieR/Johanns/Roesen § 76 Rn. 10).

Zulässig ist der Antrag nur dann, wenn die Beschwerde in der Hauptsache zulässig ist 19 (Säcker EnergieR/Johanns/Roesen § 76 Rn. 10; OLG Düsseldorf BeckRS 2016, 115007 Rn. 32). In der Sache entspricht die **Befugnis des Beschwerdegerichts** der Befugnis nach § 123 Abs. 1 VwGO, eine einstweilige Anordnung in Bezug auf den Streitgegenstand oder ein streitiges Rechtsverhältnis zu treffen. Entsprechend § 123 VwGO muss der Antragsteller daher einen Anordnungsanspruch und einen Anordnungsgrund glaubhaft machen, dh es muss mit überwiegender Wahrscheinlichkeit glaubhaft gemacht werden, dass der behauptete Anspruch besteht (OLG Düsseldorf BeckRS 2017, 137647 Rn. 18; RdE 2007, 272 = NJOZ 2007, 3224 Rn. 12 ff.; Bourwieg/Hellermann/Hermes/Laubenstein/Bourazeri § 76 Rn. 13).

Einer **mündlichen Verhandlung** bedarf es **nicht**; regelmäßig ist **rechtliches Gehör** 20 zu gewähren, soweit nicht eine außergewöhnliche Eilbedürftigkeit entgegensteht oder zu befürchten ist, dass dadurch der Erfolg der Regelung vereitelt wird (Kölner Komm KartellR/ Deichfuß GWB § 64 Rn. 35).

Das Beschwerdegericht kann **alle Maßnahmen** treffen, die auch die **Regulierungsbe-** 21 **hörde** nach § 72 hätte treffen können (→ § 72 Rn. 12). Dabei ist der Untersuchungsgrundsatz des § 82 Abs. 1 mit Blick auf den summarischen Charakter des Eilverfahrens eingeschränkt, so dass primär die bisher vorgetragenen und glaubhaft gemachten Tatsachen zu berücksichtigen sind. Den Inhalt der einstweiligen Anordnung bestimmt das Beschwerdegericht nach pflichtgemäßem Ermessen, wobei es allerdings dem Charakter als vorläufigem Sicherungsmittel Rechnung tragen muss und die **Hauptsache grundsätzlich nicht vorwegnehmen** oder über sie hinausgehen darf (OLG Düsseldorf RdE 2007, 272 = NJOZ 2007, 3224 Rn. 15; Kment EnWG/Huber § 76 Rn. 8; Säcker EnergieR/Johanns/Roesen § 76 Rn. 10). Das Gebot effektiven Rechtsschutzes lässt nur dann eine Ausnahme zu, wenn die Versagung vorläufigen Rechtsschutzes den Antragsteller in schwerer und unzumutbarer Weise oder irreparabel belasten würde (OLG Brandenburg RdE 2017, 547 = EnWZ 2018, 29 Rn. 36).

Hat die Regulierungsbehörde einem Antrag auf Entgelte für den Netzzugang gem. § 23a Abs. 3 21.1 nur teilweise entsprochen und verfolgt der Antragsteller die Genehmigung eines höheren Entgeltes mit der Beschwerde weiter, richtet sich der Eilrechtsschutz nach § 76 Abs. 3 S. 1 iVm § 72. Dabei ist auf die zu § 123 VwGO entwickelten Grundsätze zurückzugreifen, so dass der Antragsteller im Rahmen der speziellen Gesetzeswertungen des EnWG einen Anordnungsanspruch und einen Anordnungsgrund glaubhaft machen muss (OLG Düsseldorf RdE 2007, 272 = NJOZ 2007, 3224 Rn. 12 ff.).

Die Entscheidung trifft das Beschwerdegericht durch zu begründenden Beschluss. Es kann 22 eine vorläufige Anordnung „jederzeit", dh auch noch bei Anhängigkeit der Rechtsbeschwerde, wegen veränderter Umstände aufheben (Säcker EnergieR/Johanns/Roesen § 76 Rn. 11).

E. Rechtsschutz

Anders als im GWB findet ein **Rechtsmittel** gegen Entscheidungen der Beschwerdege- 23 richte nach Absatz 2 und 3 **nicht** statt, denn die Rechtsbeschwerde ist nach § 86 Abs. 1 nur gegen in der Hauptsache erlassene Beschlüsse des Oberlandesgerichts statthaft. Zwar hatte der Bundesrat 2005 und erneut 2007 vorgeschlagen, die Rechtsbeschwerdemöglichkeiten in den §§ 86, 87 – parallel zum entsprechenden Rechtsweg in den §§ 74, 75 GWB aF – auf

Entscheidungen des Oberlandesgerichts im Eilverfahren zu erstrecken (BT-Drs. 16/5847, 16). Vor dem Hintergrund, dass es sich bei der erst 2005 in Kraft getretenen Regelung des § 74 Abs. 1 GWB aF um eine Sonderregelung im Vergleich zu der allgemein im Bereich einstweiliger Verfahren geltenden Begrenzung des Instanzenzugs handelt, hat die Bundesregierung zugesagt, im Einzelnen mit den Erfahrungen zu § 74 GWB aF zu prüfen, ob eine entsprechende Sonderregelung auf das EnWG zu übertragen ist (BT-Drs. 16/5847, 17).

§ 77 Anordnung der sofortigen Vollziehung und der aufschiebenden Wirkung

(1) Die Regulierungsbehörde kann in den Fällen des § 76 Abs. 1 die sofortige Vollziehung der Entscheidung anordnen, wenn dies im öffentlichen Interesse oder im überwiegenden Interesse eines Beteiligten geboten ist.

(2) Die Anordnung nach Absatz 1 kann bereits vor der Einreichung der Beschwerde getroffen werden.

(3) ¹Auf Antrag kann das Beschwerdegericht die aufschiebende Wirkung ganz oder teilweise wiederherstellen, wenn
1. die Voraussetzungen für die Anordnung nach Absatz 1 nicht vorgelegen haben oder nicht mehr vorliegen oder
2. ernstliche Zweifel an der Rechtmäßigkeit der angefochtenen Verfügung bestehen oder
3. die Vollziehung für den Betroffenen eine unbillige, nicht durch überwiegende öffentliche Interessen gebotene Härte zur Folge hätte.

²In den Fällen, in denen die Beschwerde keine aufschiebende Wirkung hat, kann die Regulierungsbehörde die Vollziehung aussetzen. ³Die Aussetzung soll erfolgen, wenn die Voraussetzungen des Satzes 1 Nr. 3 vorliegen. ⁴Das Beschwerdegericht kann auf Antrag die aufschiebende Wirkung ganz oder teilweise anordnen, wenn die Voraussetzungen des Satzes 1 Nr. 2 oder 3 vorliegen.

(4) ¹Der Antrag nach Absatz 3 Satz 1 oder 4 ist schon vor Einreichung der Beschwerde zulässig. ²Die Tatsachen, auf die der Antrag gestützt wird, sind vom Antragsteller glaubhaft zu machen. ³Ist die Entscheidung der Regulierungsbehörde schon vollzogen, kann das Gericht auch die Aufhebung der Vollziehung anordnen. ⁴Die Wiederherstellung und die Anordnung der aufschiebenden Wirkung können von der Leistung einer Sicherheit oder von anderen Auflagen abhängig gemacht werden. ⁵Sie können auch befristet werden.

(5) Entscheidungen nach Absatz 3 Satz 1 und Beschlüsse über Anträge nach Absatz 3 Satz 4 können jederzeit geändert oder aufgehoben werden.

Überblick

§ 77 ergänzt § 76 Abs. 1 um den vorläufigen Rechtsschutz in den Fällen der (Anfechtungs-)Beschwerde. In den (Ausnahme-)Fällen des § 76 Abs. 1 Hs. 2, in denen die Beschwerde grundsätzlich aufschiebende Wirkung hat, kann die Regulierungsbehörde nach **Absatz 1, 2** – auch schon vor Einreichung der Beschwerde – die sofortige Vollziehung anordnen (→ Rn. 3). In **Absatz 3** ist der einstweilige Rechtsschutz mit der regulierungsbehördlichen **Aussetzung der Vollziehung** (→ Rn. 8) und der **gerichtlichen Anordnung oder Wiederherstellung der aufschiebenden Wirkung** der (Anfechtungs-)Beschwerde (→ Rn. 11 ff.) geregelt. In **Absatz 4** und **Absatz 5** werden Einzelheiten des gerichtlichen Verfahrens bestimmt (→ Rn. 21 ff.), dabei gewährt Absatz 5 dem Gericht die Möglichkeit der Abänderung der Eilentscheidung (→ Rn. 26).

Übersicht

	Rn.		Rn.
A. Normzweck und Bedeutung	1	I. Nichtvorliegen der Voraussetzungen für die Anordnung des Sofortvollzugs (Nr. 1)	15
B. Anordnung der sofortigen Vollziehung durch die Regulierungsbehörde (Abs. 1 und 2)	3	II. Ernstliche Zweifel an der Rechtmäßigkeit der angefochtenen Entscheidung (Nr. 2)	16
C. Aussetzung der sofortigen Vollziehung durch die Regulierungsbehörde (Abs. 3 S. 2 und 3)	8	III. Unbillige Härte (Nr. 3)	19
D. Wiederherstellung bzw. Anordnung der aufschiebenden Wirkung durch das Beschwerdegericht (Abs. 3 S. 1 und 4)	11	E. Verfahren (Abs. 4 und 5)	21
		F. Rechtsschutz	31

A. Normzweck und Bedeutung

Die Vorschrift entspricht in angepasster Form § 67 GWB (§ 65 GWB aF, BT-Drs. 15/ **1** 3917, 71), der an § 80 VwGO angelehnt ist. § 77 knüpft an die Regelung des § 76 an und ermöglicht es, die vom Gesetzgeber dort in Absatz 1 getroffenen Entscheidungen zum Sofortvollzug und Suspensiveffekt im Einzelfall zu korrigieren. Den kraft Gesetzes (§ 76 Abs. 1 Hs. 2) eintretenden oder eingetretenen Suspensiveffekt der (Anfechtungs-)Beschwerde kann die Regulierungsbehörde nach **Absätzen 1** und **2** beseitigen, indem sie die **sofortige Vollziehung anordnet** (→ Rn. 3). **Rechtsschutz** dagegen gewährt Absatz 3 Satz 1, indem durch gerichtliche Anordnung die **aufschiebende Wirkung** und damit die Ausgangssituation des § 76 Abs. 1 Hs. 2 wiederhergestellt werden kann (→ Rn. 11). Betroffen davon sind allein die Maßnahmen zur rechtlichen und operationellen Entflechtung nach §§ 7–7b, 8– 10d. **Absatz 3** regelt den einstweiligen Rechtsschutz mit der regulierungsbehördlichen **Aussetzung der Vollziehung** und der **gerichtlichen Anordnung oder Wiederherstellung der aufschiebenden Wirkung der (Anfechtungs-)Beschwerde.** Sofern letztere – wie nach § 76 Abs. 1 Hs. 1 die Regel – keine aufschiebende Wirkung hat, kann die sofortige Vollziehung durch die **Regulierungsbehörde** selbst nach Maßgabe des **Absatzes 3 Sätze 2** und **3** ausgesetzt werden (→ Rn. 8). Auf Antrag des Betroffenen kann das **Beschwerdegericht** nach **Absatz 3 Satz 1, Satz 4** die aufschiebende Wirkung der Anfechtungsbeschwerde wiederherstellen (Satz 1) oder anordnen (Satz 4) (→ Rn. 11 ff.). Dabei erfasst die Wiederherstellung der aufschiebenden Wirkung den Fall, dass die Regulierungsbehörde nach Absätzen 1 und 2 die sofortige Vollziehung angeordnet und damit den gesetzlich vorgesehenen Suspensiveffekt außer Kraft gesetzt hat. Die Anordnung der aufschiebenden Wirkung durch das Beschwerdegericht betrifft dagegen den Regelfall, in dem der Beschwerde kraft Gesetzes (§ 76 Abs. 1 Hs. 1) keine aufschiebende Wirkung zukommt. Für das gerichtliche Verfahren sind – angelehnt an § 65 Abs. 3, 4 GWB aF (§ 67 Abs. 3, 4 GWB) und § 80 Abs. 5, 7 VwGO – Einzelheiten in **Absatz 4** und **Absatz 5** geregelt (→ Rn. 21 ff.). **Absatz 5** ermöglicht die Abänderung der Eilentscheidung (→ Rn. 26 f.).

Im Nichtzulassungsbeschwerdeverfahren vor dem BGH gilt § 77 gem. § 87 Abs. 4 entspre- **2** chend (→ § 87 Rn. 9). Für das Rechtsbeschwerdeverfahren ist anerkannt, dass mit der Einlegung der Rechtsbeschwerde die Zuständigkeit für Anträge auf Anordnung und Wiederherstellung aufschiebender Wirkung nach § 77 Abs. 3 auf den BGH übergeht, auch wenn § 88 Abs. 5 S. 1 keine Bezugnahme auf § 77 enthält (→ § 88 Rn. 13).

B. Anordnung der sofortigen Vollziehung durch die Regulierungsbehörde (Abs. 1 und 2)

In den Fällen des § 76 Abs. 1 Hs. 2 kann die Regulierungsbehörde die sofortige Vollzie- **3** hung der angefochtenen Entscheidung anordnen. Das betrifft allein den **Ausnahmefall,** in dem die Anfechtungsbeschwerde kraft Gesetzes aufschiebende Wirkung hat, dh ausschließlich die **Maßnahmen zur rechtlichen und operationellen Entflechtung nach §§ 7–7b, 8–10d.** Der Anordnung der sofortigen Vollziehung durch die Regulierungsbehörde kommt keine praktische Bedeutung zu, auch weil damit weitreichende und nur mit erheblichem Aufwand rückgängig zu machende Eingriffe in die Unternehmensstruktur verbunden sind.

Diese hatte der Gesetzgeber mit der (Ausnahme-)Regelung des § 76 Abs. 1 Hs. 2 im Blick (→ § 76 Rn. 6).

4   Zuständig für die Anordnung der sofortigen Vollziehung ist (**ausschließlich**) die **Regulierungsbehörde**, die die zu vollziehende Entscheidung getroffen hat. Gemäß Absatz 2 kann sie die Anordnung schon mit der Hauptsacheentscheidung verbinden oder sonst **vor Einlegung der Anfechtungsbeschwerde** – und damit vorsorglich – treffen. Ihre Befugnis dauert **bis zum rechtskräftigen Abschluss des gerichtlichen Beschwerdeverfahrens** fort, so dass sie durchaus auch die sofortige Vollziehung erst anordnen kann, nachdem die zu vollziehende Entscheidung durch das Beschwerdegericht bestätigt worden ist (Bourwieg/Hellermann/Hermes/Laubenstein/Bourazeri § 77 Rn. 3; Theobald/Kühling/Boos § 77 Rn. 5; Kölner Komm KartellR/Deichfuß GWB § 65 Rn. 4). Eines Antrags bedarf es nicht, vielmehr entscheidet die Regulierungsbehörde von Amts wegen, wobei sie allerdings die Anregung eines Verfahrensbeteiligten aufgreifen kann (Bourwieg/Hellermann/Hermes/Laubenstein/Bourazeri § 77 Rn. 3; Rosin/Pohlmann/Gentzsch/Metzenthin/Böwing/Burmeister/Becker § 77 Rn. 11). Die Wirkung der Anordnung tritt **ex nunc** ein. Rechtsschutz erlangt der Betroffene gegen die Anordnung der sofortigen Vollziehung nicht mit der Beschwerde, sondern mit dem **Antrag auf Wiederherstellung der aufschiebenden Wirkung** durch das Beschwerdegericht nach Absatz 3 Satz 1 (Bourwieg/Hellermann/Hermes/Laubenstein/Bourazeri § 77 Rn. 9; Rosin/Pohlmann/Gentzsch/Metzenthin/Böwing/Burmeister/Becker § 77 Rn. 11; → Rn. 11). Solange das Beschwerdegericht den Suspensiveffekt nicht nach Absatz 3 Satz 1 wiederhergestellt hat, kann die Regulierungsbehörde ihre Anordnung noch jederzeit ändern oder aufheben (Säcker EnergieR/Johanns/Roesen § 77 Rn. 8).

5   **Materiellrechtlich** setzt die Anordnung der sofortigen Vollziehung voraus, dass sie entweder **im öffentlichen Interesse** oder im **überwiegenden Interesse eines Beteiligten** „geboten" ist. Die **Anforderungen** sind **hoch,** da der Gesetzgeber für die Maßnahmen der rechtlichen und operationellen Entflechtung in § 76 Abs. 1 Hs. 2 bereits eine Interessenabwägung zu Gunsten der aufschiebenden Wirkung der Beschwerde vorgenommen hat (Säcker EnergieR/Johanns/Roesen § 77 Rn. 6; Kment EnWG/Huber § 77 Rn. 2; → § 76 Rn. 6). Das öffentliche Interesse muss daher über das hinausgehen, was die Entscheidung als solche rechtfertigt und sich gerade auf den Sofortvollzug beziehen (Bunte/Langen/Lembach GWB § 65 Rn. 5). Es ist im jeweiligen Einzelfall auch mit Blick auf die Ziele des EnWG und der Regulierung, wie sie insbesondere in § 1 Abs. 1 und 2 fixiert sind, zu bestimmen (Säcker EnergieR/Johanns/Roesen § 77 Rn. 6).

6   Im Rahmen der gebotenen **Abwägung** der berührten Interessen stehen sich auf der einen Seite das **öffentliche Interesse an der sofortigen Vollziehung** und auf der anderen das **Interesse des** von der Entscheidung **Betroffenen an einem effektiven Rechtsschutz** und damit der Beibehaltung der aufschiebenden Wirkung gegenüber (Säcker EnergieR/Johanns/Roesen § 77 Rn. 7). Daneben ist auch die summarisch zu prüfende Voraussetzung des Absatzes 3 Satz 1 Nummer 3 in die Abwägung einzubeziehen, so dass die Anordnung der sofortigen Vollziehung nicht in Betracht kommt, wenn die Vollziehung für den Betroffenen eine unbillige, nicht durch überwiegende öffentliche Interessen gebotene Härte zur Folge hätte (für die Einbeziehung auch der Kriterien des Absatzes 3 Satz 1 Nummer 2: Säcker EnergieR/Johanns/Roesen § 77 Rn. 7; Rosin/Pohlmann/Gentzsch/Metzenthin/Böwing/Burmeister/Becker § 77 Rn. 9; → Rn. 19). Schließlich ist insbesondere auch zu berücksichtigen, ob die Folgen der sofortigen Vollziehung im Falle einer erfolgreichen Beschwerde ganz oder teilweise rückgängig gemacht werden können (Kölner Komm KartellR/Deichfuß GWB § 65 Rn. 7). Mit Blick darauf, dass Maßnahmen der rechtlichen und operationellen Entflechtung **nur mittelbaren Marktbezug** aufweisen, sie überdies auch nur mit **weitreichenden Eingriffen in die Unternehmensstruktur** umgesetzt und dementsprechend nur mit **unverhältnismäßigem Aufwand** rückgängig gemacht werden können, dürfte in der Regel ein überwiegendes öffentliches Interesse an ihrer sofortigen Vollziehung kaum feststellbar sein (Rosin/Pohlmann/Gentzsch/Metzenthin/Böwing/Burmeister/Becker § 77 Rn. 8; Theobald/Kühling/Boos § 77 Rn. 9 f.).

7   Die Anordnung des Sofortvollzugs ist zu **begründen,** dem Betroffenen sind die tragenden tatsächlichen und rechtlichen Gründe und die der Ermessensausübung zu Grunde liegenden Erwägungen mitzuteilen (Rosin/Pohlmann/Gentzsch/Metzenthin/Böwing/Burmeister/Becker § 77 Rn. 11; Kölner Komm KartellR/Deichfuß GWB § 65 Rn. 8).

C. Aussetzung der sofortigen Vollziehung durch die Regulierungsbehörde (Abs. 3 S. 2 und 3)

Die Regulierungsbehörde selbst kann als Ausgangsbehörde die Vollziehung in den Fällen **8** des § 76 Abs. 1 Hs. 1 – von Amts wegen oder auf Antrag – nach Absatz 3 Satz 2 aussetzen; das betrifft den – praktisch relevanten – Regelfall, in dem die Beschwerde **kraft Gesetzes keinen Suspensiveffekt** hat. Die Aussetzung durch die Regulierungsbehörde hat allerdings gegenüber dem gerichtlichen Verfahren auf Anordnung der aufschiebenden Wirkung nach Absatz 3 Satz 4 (→ Rn. 12) in der Praxis nur geringe Bedeutung.

Über die Aussetzung entscheidet die Regulierungsbehörde nach **pflichtgemäßem** **9** **Ermessen.** Dabei hat sie die gesetzgeberische Grundentscheidung des § 76 Abs. 1 zu Gunsten der sofortigen Vollziehbarkeit zu berücksichtigen. Daher gibt es auch keine grundsätzliche Pflicht zur Aussetzung der Vollziehung von Entscheidungen, mit denen die Behörde in Musterverfahren „Neuland" betritt (Bourwieg/Hellermann/Hermes/Laubenstein/Bourazeri § 77 Rn. 11). Liegen die Voraussetzungen des Absatzes 3 Satz 1 Nummer 3 vor, hat also die – gesetzlich als Regelfall vorgesehene – sofortige Vollziehung der Entscheidung für den Betroffenen eine **unbillige,** nicht durch überwiegende öffentliche Interessen gebotene **Härte** zur Folge, **soll** die Regulierungsbehörde die sofortige Vollziehung aussetzen (→ Rn. 19).

Die Aussetzung der sofortigen Vollziehung kann bei der Regulierungsbehörde **bis zur** **10** **Bestandskraft der Entscheidung** und damit auch noch während des Beschwerdeverfahrens beantragt werden. Parallel dazu hat der Betroffene mit der Einlegung der Beschwerde auch die Möglichkeit, durch das Beschwerdegericht einstweiligen Rechtsschutz nach Absatz 3 Satz 4 zu erlangen (Säcker EnergieR/Johanns/Roesen § 77 Rn. 10; Theobald/Kühling/Boos § 77 Rn. 18; → Rn. 12). Mit Blick darauf ist die ablehnende Entscheidung der Regulierungsbehörde nach Absatz 3 Sätze 2, 3 **nicht selbstständig** mit der Beschwerde nach § 75 **anfechtbar** (Säcker EnergieR/Johanns/Roesen § 77 Rn. 10; Theobald/Kühling/Boos § 77 Rn. 18). Die Aussetzungsentscheidung kann die Regulierungsbehörde **jederzeit ändern oder aufheben.**

D. Wiederherstellung bzw. Anordnung der aufschiebenden Wirkung durch das Beschwerdegericht (Abs. 3 S. 1 und 4)

Durch das Beschwerdegericht „kann" nach Absatz 3 Satz 1 die aufschiebende Wirkung **11** in den Fällen **„wiederhergestellt"** werden, in denen die Regulierungsbehörde die **sofortige Vollziehung** ihrer Entscheidung nach Absatz 1, Absatz 2 **angeordnet** hat. Das sind die Fälle, in denen der Gesetzgeber nach § 76 Abs. 1 Hs. 2 grundsätzlich ausnahmsweise eine aufschiebende Wirkung der Beschwerde vorgesehen hat, dh **Maßnahmen zur rechtlichen und operationellen Entflechtung nach §§ 7–7b und §§ 8–10d.** Die praktische Bedeutung ist daher gering. Die Voraussetzungen sind geregelt in Nummer 1–3 (→ Rn. 15 ff.).

In den Fällen, in denen die Anfechtungsbeschwerde **kraft Gesetzes keine aufschie-** **12** **bende Wirkung** hat, dh im Regelfall des § 76 Abs. 1 Hs. 1, und die Regulierungsbehörde die Vollziehung auch nicht nach Absatz 3 Satz 2 ausgesetzt hat, „kann" das Beschwerdegericht auf Antrag die aufschiebende Wirkung **anordnen** (Absatz 3 Satz 4). Insoweit geht es um die erstmalige Herstellung der aufschiebenden Wirkung. Die Voraussetzungen ergeben sich hier aus Absatz 3 Satz 1 Nummer 2 und 3 (→ Rn. 16 ff.). Statthaft ist der Antrag nur, wenn ihm eine **Anfechtungsbeschwerde** zugrunde liegt, nicht aber wenn sich die zugrundeliegende Beschwerde gegen ein schlichtes Verwaltungshandeln richtet, das nicht als belastender Verwaltungsakt mit ihr angegriffen werden kann (OLG Düsseldorf EnWZ 2018, 415 Rn. 62). Ist in der Hauptsache eine **Verpflichtungs- oder allgemeine Leistungsbeschwerde** (auch in Form der vorbeugenden Unterlassungsbeschwerde) zu erheben, richtet sich der einstweilige Rechtsschutz nach § 76 Abs. 2 (→ § 76 Rn. 16).

Ist die Regulierungsbehörde fälschlicherweise der Auffassung, dass eine Beschwerde keine **13** aufschiebende Wirkung hat, kommt die **gerichtliche Feststellung der aufschiebenden Wirkung** in entsprechender Anwendung des Absatzes 3 in Betracht (Bourwieg/Hellermann/Hermes/Laubenstein/Bourazeri § 77 Rn. 14; Immenga/Mestmäcker/K. Schmidt GWB § 65 Rn. 10). Hat die Regulierungsbehörde den Verwaltungsakt bereits vollzogen, erfolgt wirksamer vorläufiger Rechtsschutz durch einen neben dem Feststellungsantrag gestellten (Annex-)Antrag auf Beseitigung der Vollzugsfolgen (→ Rn. 23).

14 Trotz des Wortlauts – „kann" – steht dem Beschwerdegericht in den Fällen des Absatzes 3 Sätze 1 und 4 **kein Ermessen** zu (OLG Düsseldorf BeckRS 2006, 11680 Rn. 10; Bourwieg/Hellermann/Hermes/Laubenstein/Bourazeri § 77 Rn. 26; Säcker EnergieR/Johanns/Roesen § 77 Rn. 11; Theobald/Kühling/Boos § 77 Rn. 41). Daher ist die aufschiebende Wirkung gem. Absatz 3 Satz 1 wiederherzustellen, wenn eine der Voraussetzungen der Nummern 1–3 vorliegt, oder nach Absatz 3 Satz 4 anzuordnen, sofern die Voraussetzung nach Nummern 2 oder 3 gegeben ist. Ab Anhängigkeit der **Nichtzulassungsbeschwerde** oder der **Rechtsbeschwerde** geht die **Zuständigkeit** auf den **BGH** über (BGH NJW-RR 1999, 342 Rn. 5 – Tariftreueerklärung; Säcker EnergieR/Johanns/Roesen § 77 Rn. 17; Kölner Komm KartellR/Deichfuß GWB § 65 Rn. 16; → Rn. 22).

I. Nichtvorliegen der Voraussetzungen für die Anordnung des Sofortvollzugs (Nr. 1)

15 Haben die Voraussetzungen für eine Anordnung der sofortigen Vollziehung einer **Maßnahme zur rechtlichen oder operationellen Entflechtung nach §§ 7–7b und §§ 8–10d** im Zeitpunkt der Entscheidung der Regulierungsbehörde nach Absatz 1 in tatsächlicher oder rechtlicher Hinsicht nicht vorgelegen oder sind sie nachträglich entfallen, ist die aufschiebende Wirkung vom Beschwerdegericht – ganz oder teilweise – wiederherzustellen. Gegenstand der gerichtlichen Überprüfung ist die **formelle und materielle Rechtmäßigkeit der Anordnung,** also insbesondere die Frage, ob der Sofortvollzug im öffentlichen Interesse oder im überwiegenden Interesse eines Beteiligten im Zeitpunkt der Anordnung nicht geboten war oder im Zeitpunkt der Entscheidung des Beschwerdegerichts nicht mehr geboten ist. Da es sich um unbestimmte Rechtsbegriffe handelt, unterliegen diese der **vollständigen gerichtlichen Kontrolle** (Kment EnWG/Huber § 77 Rn. 10; Theobald/Kühling/Boos § 77 Rn. 44; Salje EnWG § 77 Rn. 14).

II. Ernstliche Zweifel an der Rechtmäßigkeit der angefochtenen Entscheidung (Nr. 2)

16 Ernstliche Zweifel an der Rechtmäßigkeit der angefochtenen Entscheidung liegen (nur) dann vor, wenn erhebliche Gründe dafür sprechen, dass die angefochtene Entscheidung einer rechtlichen Prüfung wahrscheinlich nicht standhält. Eine umfassende Rechtmäßigkeitskontrolle findet im Eilverfahren nicht statt, sodass ernstliche Zweifel nicht die volle gerichtliche Überzeugung von der Rechtswidrigkeit der angefochtenen Entscheidung erfordern. Es reicht daher aus, wenn bei der bloß **summarischen Prüfung** die **Aufhebung der angegriffenen Entscheidung überwiegend wahrscheinlich** ist (BGH BeckRS 2022, 648 Rn. 9; OLG Düsseldorf EnWZ 2020, 225 Rn. 12; BeckRS 2016, 7426 Rn. 29; Bourwieg/Hellermann/Hermes/Laubenstein/Bourazeri § 77 Rn. 24). Dies kann nur unter Berücksichtigung der **Besonderheiten des Einzelfalls** beurteilt werden. **Tatsächliche Zweifel** können sich etwa aus einer mangelhaften Sachverhaltsaufklärung ergeben, **rechtliche Zweifel** können verfahrens- oder materiellrechtlich begründet sein (OLG Düsseldorf EnWZ 2018, 415 Rn. 71; BeckRS 2016, 7426 Rn. 29; Säcker EnergieR/Johanns/Roesen § 77 Rn. 14; Theobald/Kühling/Boos § 77 Rn. 45; Rosin/Pohlmann/Gentzsch/Metzenthin/Böwing/Burmeister/Becker § 77 Rn. 18; mit Beispielen Rosin/Pohlmann/Gentzsch/Metzenthin/Böwing/Burmeister/Becker § 77 Rn. 27; Kment EnWG/Huber § 77 Rn. 12). Mit Blick auf den Untersuchungsgrundsatz des § 82 Abs. 1 kann eine **unzureichende Sachaufklärung** allerdings nur dann ernstliche Zweifel an der Rechtmäßigkeit der Entscheidung begründen, wenn eine Sachverhaltsaufklärung durch die Regulierungsbehörde **vollständig unterblieben** ist oder sich die Ermittlungen der Regulierungsbehörde als **unbrauchbar** erweisen, weil die rechtliche Beurteilung des Beschwerdegerichts völlig andere Ermittlungen notwendig macht (OLG Düsseldorf NZKart 2017, 384 Rn. 16; Säcker EnergieR/Johanns/Roesen § 77 Rn. 14; Loewenheim/Meessen/Riesenkampff/Kersting/Meyer-Lindemann/Kühnen GWB § 65 Rn. 14; → § 82 Rn. 6). Der bloße Umstand, dass weitere Ermittlungen zur Herbeiführung der Spruchreife durchzuführen sind, rechtfertigt daher noch nicht den

Schluss, dass die Aufhebung der angefochtenen Verfügung wegen unzureichender Sachaufklärung überwiegend wahrscheinlich ist (OLG Düsseldorf NZKart 2017, 384 Rn. 16).

An die ernstlichen Zweifel sind **hohe Anforderungen** zu stellen; es reicht nicht aus, wenn eine Tatsachenfrage oder die Rechtslage lediglich offen ist (OLG Düsseldorf N&R 2022, 36 (37); Säcker EnergieR/Johanns/Roesen § 77 Rn. 14; Theobald/Kühling/Boos § 77 Rn. 47). Müsste die aufschiebende Wirkung schon bei offenem Ausgang der Hauptsache angeordnet werden, könnte die gesetzlich als Regelfall vorgesehene sofortige Vollziehbarkeit ihren Zweck nicht erreichen. Nach der gesetzlichen Wertung soll das Vollziehungsrisiko nicht bei der Regulierungsbehörde, sondern bei dem Betroffenen liegen. 17

Entsprechend dem **summarischen Prüfungsumfang** müssen die **abschließende Feststellung des Sachverhalts** und die **Bewertung schwieriger Rechtsfragen** der im Beschwerdeverfahren zu treffenden Hauptsacheentscheidung vorbehalten und **im Eilverfahren ergebnisoffen** bleiben. Wirft der Antrag auf Anordnung bzw. Wiederherstellung der aufschiebenden Wirkung komplexe tatsächliche und rechtliche Fragen auf, die eine intensive Auseinandersetzung mit dem Sachverhalt und den auf diesen anwendbaren Vorschriften erfordern und nur in einem Beschwerdeverfahren mit einem entsprechenden zeitlichen Rahmen zu beantworten sind, ist daher für die Wiederherstellung oder Anordnung der aufschiebenden Wirkung kein Raum (OLG Düsseldorf EnWZ 2020, 225 Rn. 19; BeckRS 2018, 10864 Rn. 47 ff.). 18

III. Unbillige Härte (Nr. 3)

Nach Absatz 3 Satz 1 Nummer 3, Satz 4 erfolgt die Wiederherstellung oder Anordnung der aufschiebenden Wirkung, wenn die Vollziehung für den Betroffenen eine unbillige, nicht durch überwiegende öffentliche Interessen gebotene Härte bedeuten würde. Die Härteklausel ist eine Ausprägung des **verfassungsrechtlichen Verhältnismäßigkeitsgrundsatzes**. Auf die Erfolgsaussichten der Hauptsache kommt es hier nicht an (BVerfG (K) NVwZ-RR 2011, 305 (306) (zu § 69 FGO)). Nur **schwerwiegende, nicht wiedergutzumachende Nachteile** stellen eine Härte dar, wobei die Unbilligkeit einer Härte allerdings entfällt, wenn überwiegende öffentliche Interessen bestehen (OLG Düsseldorf BeckRS 2016, 123701 Rn. 49; Bourwieg/Hellermann/Hermes/Laubenstein/Bourazeri § 77 Rn. 17). **Existenzbedrohungen** und **irreparable Folgen** des sofortigen Vollzugs werden regelmäßig nicht durch öffentliche Interessen aufgewogen; im Einzelfall können sie aber nicht als unbillige Härte zu werten sein (OLG Düsseldorf ER 2018, 257 Rn. 65; Säcker EnergieR/Johanns/ Roesen § 77 Rn. 15; Bourwieg/Hellermann/Hermes/Laubenstein/Bourazeri § 77 Rn. 25; Kment EnWG/Huber § 77 Rn. 13). Zukünftige Gewinnchancen oder Verdienstmöglichkeiten stellen keine geschützten Rechtspositionen dar (OLG Düsseldorf ER 2018, 257 Rn. 66). Bei der gebotenen **Abwägung** sind auf der einen Seite die **dem Betroffenen drohenden Nachteile** zu berücksichtigen, insbesondere der voraussichtliche Ausgang des Hauptsacheverfahrens, dessen mutmaßliche Dauer sowie ein etwaiger Schaden und die Möglichkeiten, ihn durch geeignete Maßnahmen abzuwenden oder gering zu halten (Säcker EnergieR/ Johanns/Roesen § 77 Rn. 15; Rosin/Pohlmann/Gentzsch/Metzenthin/Böwing/Burmeister/Becker § 77 Rn. 24; Loewenheim/Meessen/Riesenkampff/Kersting/Meyer-Lindemann/Kühnen GWB § 65 Rn. 14; gegen die Berücksichtigung des voraussichtlichen Ausgangs des Beschwerdeverfahrens Theobald/Kühling/Boos § 77 Rn. 53). Auf der anderen Seite ist das **öffentliche Interesse an der sofortigen Durchsetzung** der Entscheidung der Regulierungsbehörde einzustellen (Säcker EnergieR/Johanns/Roesen § 77 Rn. 15; Rosin/ Pohlmann/Gentzsch/Metzenthin/Böwing/Burmeister/Becker § 77 Rn. 24; Theobald/ Kühling/Boos § 77 Rn. 52 f.; Kölner Komm KartellR/Deichfuß GWB § 65 Rn. 23). 19

Der Maßstab für den Erfolg eines Aussetzungsantrags ist hoch, weil der **sofortigen Vollziehbarkeit von Entscheidungen der Regulierungsbehörde** im Rahmen der **Abwägung** ein **hoher Rang** einzuräumen ist (OLG Düsseldorf BeckRS 2016, 123701 Rn. 49; ZNER 2006, 258 = BeckRS 2006, 11208; OLG München ZNER 2007, 62 = BeckRS 2008, 8709; Bourwieg/Hellermann/Hermes/Laubenstein/Bourazeri § 77 Rn. 25; Theobald/Kühling/Boos § 77 Rn. 52). Angesichts der **gesetzgeberischen Grundentscheidung** zugunsten der sofortigen Vollziehbarkeit von Entscheidungen der Regulierungsbehörden besteht ein **erhebliches öffentliches Interesse an der Vollziehung**, so dass ein Abweichen 20 von der gesetzgeberischen Grundentscheidung die Ausnahme ist. Von daher bedarf es besonderer Umstände, um eine solche Ausnahme zu rechtfertigen (OLG Düsseldorf BeckRS 2016, 123701 Rn. 49; BeckRS 2015, 6777 Rn. 41; ZNER 2006, 258 = BeckRS 2006, 11208).

E. Verfahren (Abs. 4 und 5)

21 Absatz 4 regelt das gerichtliche Verfahren für die Anträge auf Anordnung und Wiederherstellung aufschiebender Wirkung. Da für diese das Beschwerdegericht zuständig ist, besteht nach § 80 S. 1 **Anwaltszwang** (Bourwieg/Hellermann/Hermes/Laubenstein/Bourazeri § 77 Rn. 15; Theobald/Kühling/Boos § 77 Rn. 26). Die Form- und Fristanforderungen des § 78 gelten nicht.

22 Die Zuständigkeit des Beschwerdegerichts endet mit der Anhängigkeit der **Nichtzulassungsbeschwerde** oder der **Rechtsbeschwerde**. Damit geht sie, auch wenn § 88 Abs. 5 S. 1 keine Verweisung auf § 77 enthält, auf den **BGH** über, da iRd § 77 Abs. 3 auch die Erfolgsaussichten der Rechtsbeschwerde zu beurteilen sind (BGH N&R 2022, 34 (35); OLG Düsseldorf N&R 2022, 36 (37); zum Kartellverwaltungsverfahren: BGH NJW-RR 1999, 342 Rn. 5 – Tariftreueerklärung; Kment EnWG/Huber § 77 Rn. 20; Rosin/Pohlmann/Gentzsch/Metzenthin/Böwing/Burmeister/Becker § 77 Rn. 28; → § 87 Rn. 9; → § 88 Rn. 13).

23 Absatz 4 Satz 1 sieht vor, dass der **Antrag** auf Anordnung oder Wiederherstellung der aufschiebenden Wirkung bereits **vor Einlegung der Beschwerde** nach § 75 gestellt werden kann. Der dadurch mögliche **Schwebezustand endet mit** dem **Ablauf** der – nicht verlängerbaren – **Frist** zur Einlegung der Beschwerde nach § 78 Abs. 1 S. 1, sodass das Beschwerdegericht entsprechend Absatz 5 die Anordnung oder Wiederherstellung **aufzuheben** hat, wenn eine Beschwerde nicht eingereicht wird. Mit Ablauf der Beschwerdefrist wird die Entscheidung bestandskräftig und ist daher vollziehbar. Geht der entsprechende **Antrag erst nach Ablauf der Beschwerdefrist** ein, ist er als **unzulässig** zurückzuweisen. Wird der **Antrag erst nach dem Vollzug** der regulierungsbehördlichen Entscheidung gestellt, ist – im Falle seiner Begründetheit – die Vollziehung gem. Absatz 4 Satz 3 aufzuheben, etwaige Maßnahmen sind rückabzuwickeln (Theobald/Kühling/Boos § 77 Rn. 28 f.; Kment EnWG/Huber § 77 Rn. 19). Durch die Anordnung bzw. Wiederherstellung der aufschiebenden Wirkung allein wird dem Rechtsschutzinteresse des Betroffenen nicht genügt, vielmehr erfordert das **verfassungsrechtliche Gebot effektiven Rechtsschutzes** die Wiederherstellung des Status quo ante. Dem Antrag auf Anordnung oder Wiederherstellung der aufschiebenden Wirkung steht es nicht entgegen, dass die **Regulierungsbehörde** nach Absatz 3 Satz 2 bereits die **Vollziehung ausgesetzt** hat, da sie diese Entscheidung jederzeit aufheben oder ändern kann, so dass der Betroffene keine gesicherte Rechtsstellung innehat (Bourwieg/Hellermann/Hermes/Laubenstein/Bourazeri § 77 Rn. 16).

24 Die Wiederherstellung wie auch die Anordnung der aufschiebenden Wirkung durch das Beschwerdegericht können von einer Sicherheitsleistung oder **von** anderen Auflagen (**Bedingungen**) **abhängig** gemacht oder auch **befristet** werden (Absatz 4 Sätze 4, 5). Mit einer Befristung der Wirkungen können unbillige Härten vermieden werden. Durch eine Befristung bis zur Anhängigkeit des Rechtsmittelverfahrens vor dem BGH kann das Beschwerdegericht dem Umstand Rechnung tragen, dass die Zuständigkeit für die Anordnung der aufschiebenden Wirkung mit der Anhängigkeit des Rechtsbeschwerde- oder Nichtzulassungsbeschwerdeverfahrens auf den BGH übergeht (OLG Düsseldorf N&R 2022, 36 (37); → Rn. 22). Die Regelungen des Absatzes 4 Sätze 4 und 5 gelten auch im behördlichen Rechtsschutzverfahren (Kment EnWG/Huber § 77 Rn. 19).

25 Die **Tatsachen,** auf die der Antrag gestützt wird, sind in diesem summarischen Verfahren vom Antragsteller gem. Absatz 4 Satz 2 lediglich **glaubhaft** zu machen. Entsprechend § 85 Nr. 2 findet insbesondere § 294 ZPO – die Versicherung an Eides statt – Anwendung (→ § 85 Rn. 5). Eine Amtsermittlungspflicht des Beschwerdegerichts besteht mit Blick auf die Eilbedürftigkeit nicht (Säcker EnergieR/Johanns/Roesen § 77 Rn. 17). Sofern die Eilbedürftigkeit dem nicht entgegensteht, sind die **Beteiligten anzuhören** (Rosin/Pohlmann/Gentzsch/Metzenthin/Böwing/Burmeister/Becker § 77 Rn. 26).

26 Das Beschwerdegericht entscheidet über den Antrag aufgrund summarischer Prüfung durch **zu begründenden Beschluss.** Dieser kann nach **Absatz 5** bei einer Änderung der

Voraussetzungen oder Einschätzung **jederzeit** – von Amts wegen oder auf Antrag – **durch das Gericht der Hauptsache geändert** oder **aufgehoben** werden (→ Rn. 22).

Auch **regulierungsbehördliche Entscheidungen** nach Absatz 3 Sätze 2 und 3 können 27 über den Wortlaut des Absatzes 5 Satz 1 hinaus aufgrund geänderter tatsächlicher oder rechtlicher Erwägungen **abgeändert oder aufgehoben** werden, solange sich die Regulierungsbehörde nicht über eine Anordnung des Gerichts nach Absatz 3 hinwegsetzt (Säcker EnergieR/Johanns/Roesen § 77 Rn. 18; Loewenheim/Meessen/Riesenkampff/Kersting/Meyer-Lindemann/Kühnen GWB § 65 Rn. 25).

Unter dem Gesichtspunkt effektiven Rechtsschutzes sind **Zwischenentscheidungen** 28 (sog. Hänge- oder Schiebebeschluss) des Beschwerdegerichts zulässig, mit denen bis zur Entscheidung über den Eilantrag der Status quo aufrechterhalten wird (BGH N&R 2022, 34; OLG Düsseldorf BeckRS 2016, 115007 Rn. 39; BeckRS 2010, 9516; zu § 65 GWB aF BGH NZKart 2021, 115 Rn. 9, Rn. 14 ff. – Facebook II). Sofern keine anderen überwiegenden Interessen eine sofortige Vollziehung des im Eilverfahren angegriffenen Bescheids erfordern, ist der Erlass einer Zwischenverfügung zulässig und geboten, wenn der Eilantrag nicht von vornherein offensichtlich aussichtslos ist und ohne der befristete Anordnung der aufschiebenden Wirkung die Gewährung effektiven Rechtsschutzes (Art. 19 Abs. 4 GG) gefährdet wäre, weil irreversible Zustände oder schwere und unabwendbare Nachteile einzutreten drohen (BGH N&R 2022, 34). Auch die Zwischenentscheidung kann aufgrund geänderter tatsächlicher oder rechtlicher Erwägungen abgeändert oder aufgehoben werden (OLG Düsseldorf BeckRS 2017, 118500 Rn. 11).

Da die Entscheidung des Beschwerdegerichts über einen Antrag auf Anordnung oder 29 Wiederherstellung der aufschiebenden Wirkung **keine materielle Rechtskraft** erlangt, kann ein erfolgloser Antrag wiederholt werden. Zu einer (Neu-)Bescheidung ist das Beschwerdegericht indessen nur verpflichtet, wenn dieser auf neue Tatsachen gestützt wird (Säcker EnergieR/Johanns/Roesen § 77 Rn. 18).

Das Verfahren im einstweiligen Rechtsschutz nach § 77 Abs. 3 ist **gebührenrechtlich** 30 **keine vom Beschwerdeverfahren verschiedene Angelegenheit** iSd § 17 RVG, sodass es weder einer Kostenentscheidung noch einer Wertfestsetzung bedarf (BGH BeckRS 2022, 648 Rn. 20; OLG Düsseldorf NZKart 2020, 42 (Ls. 4); BeckRS 2008, 12381 Rn. 1 ff.).

F. Rechtsschutz

Entscheidungen der Beschwerdegerichte im Eilverfahren nach § 77 Abs. 3 sind – anders 31 als im GWB – **unanfechtbar**, da die Rechtsbeschwerde nach § 86 Abs. 1 nur gegen in der Hauptsache erlassene Beschlüsse des Oberlandesgerichts statthaft ist (OLG Düsseldorf N&R 2022, 36 (37)). Allerdings hatte der Bundesrat 2005 und erneut 2007 vorgeschlagen, die Rechtsbeschwerdemöglichkeiten in den §§ 86, 87 – parallel zum entsprechenden Rechtsweg in den §§ 74, 75 GWB aF – auf Entscheidungen des Oberlandesgerichts im Eilverfahren zu erstrecken (BT-Drs. 16/5847, 16). Mit Blick darauf, dass es sich bei der erst 2005 in Kraft getretenen Regelung des § 74 Abs. 1 GWB (aF) um eine Sonderregelung im Vergleich zu der allgemein im Bereich einstweiliger Verfahren geltenden Begrenzung des Instanzenzugs handelt, hat die Bundesregierung zugesagt, mit den Erfahrungen zu § 74 GWB aF (= § 77 GWB nF) im Einzelnen zu prüfen, ob eine entsprechende Sonderregelung auf das EnWG zu übertragen ist (BT-Drs. 16/5847, 17).

§ 78 Frist und Form

(1) ¹Die Beschwerde ist binnen einer Frist von einem Monat bei der Regulierungsbehörde schriftlich einzureichen. ²Die Frist beginnt mit der Zustellung der Entscheidung der Regulierungsbehörde. ³Es genügt, wenn die Beschwerde innerhalb der Frist bei dem Beschwerdegericht eingeht.

(2) Ergeht auf einen Antrag keine Entscheidung, so ist die Beschwerde an keine Frist gebunden.

(3) ¹Die Beschwerde ist zu begründen. ²Die Frist für die Beschwerdebegründung beträgt einen Monat; sie beginnt mit der Einlegung der Beschwerde und kann auf Antrag von dem oder der Vorsitzenden des Beschwerdegerichts verlängert werden.

(4) Die Beschwerdebegründung muss enthalten
1. die Erklärung, inwieweit die Entscheidung angefochten und ihre Abänderung oder Aufhebung beantragt wird,
2. die Angabe der Tatsachen und Beweismittel, auf die sich die Beschwerde stützt.

(5) Die Beschwerdeschrift und die Beschwerdebegründung müssen durch einen Rechtsanwalt unterzeichnet sein; dies gilt nicht für Beschwerden der Regulierungsbehörde.

Überblick

Die Vorschrift regelt Form und Frist der Beschwerde in Absätzen 1 und 2 (→ Rn. 4 ff.). Die Anforderungen an die Beschwerdebegründung enthalten Absätze 3 und 4 (→ Rn. 18 ff.). Ergänzend bestimmt Absatz 5, dass Beschwerdeschrift und -begründung von einem Rechtsanwalt unterzeichnet sein müssen (→ Rn. 14, → Rn. 21).

Übersicht

	Rn.		Rn.
A. Normzweck und Bedeutung	1	C. Begründung der Beschwerde	18
B. Einlegung der Beschwerde	4	I. Frist und Form der Beschwerdebegründung	18
I. Frist	4	II. Inhalt	22
II. Form	14		
III. Inhalt der Beschwerdeschrift	17	D. Verstoß gegen § 78	27

A. Normzweck und Bedeutung

1   Die Vorschrift entspricht im Wesentlichen § 74 GWB (§ 66 GWB aF, BT-Drs. 15/3917, 71). Absatz 1 regelt Form und Frist der Beschwerde (→ Rn. 4 ff., → Rn. 14 ff.). Absatz 2 sieht für den Sonderfall der Untätigkeitsbeschwerde vor, dass diese nicht an eine Beschwerdefrist gebunden ist (→ Rn. 12). Absatz 3 regelt die Frist für die Beschwerdebegründung (→ Rn. 18 ff.), Absatz 4 die Anforderungen an ihren Inhalt (→ Rn. 22 ff.). Absatz 5 stellt klar, dass für die Beschwerdefrist und die Beschwerdebegründung der auch in § 80 normierte Anwaltszwang besteht; dies gilt nicht für Beschwerden der Regulierungsbehörden (→ Rn. 14, → Rn. 16, → Rn. 21).

2   Durch das Gesetz zur Stärkung der Selbstverwaltung der Rechtsanwaltschaft vom 26.3.2007 sind in Absatz 5 und § 80 S. 1 die Worte „bei einem deutschen Gericht zugelassenen" (Rechtsanwalt) gestrichen worden.

3   Die Frist- und Formerfordernisse der Absätze 3, 4 Nummer 1 und Absatz 5 gelten im Rechtsbeschwerdeverfahren vor dem BGH gem. §§ 87 Abs. 4, 88 Abs. 4 entsprechend.

B. Einlegung der Beschwerde

I. Frist

4   Die Beschwerde ist binnen einer **Frist von einem Monat** einzulegen.

5   Gemäß § 85 Nr. 2 iVm § 222 Abs. 1 ZPO gelten für die **Berechnung** der Frist die **§§ 187–193 BGB**. Der Lauf der Frist beginnt gem. § 187 Abs. 1 BGB mit der Zustellung der Entscheidung der Regulierungsbehörde. Sie endet gem. § 188 Abs. 2 Alt. 1 BGB mit dem Ablauf des Tages des Folgemonats, der durch seine Zahl dem Tag der Zustellung entspricht. Fällt das Fristende auf einen Sonnabend, Sonntag oder einen allgemeinen Feiertag, so endet die Frist mit dem Ablauf des nächsten Werktages (§ 222 Abs. 2 ZPO). Fehlt dem Monat, in dem die Frist endet, das dem Beginn entsprechende Datum, so bestimmt § 188 Abs. 3 BGB zum Zwecke der Erleichterung der Fristberechnung eine Ausnahme von dem Prinzip, dass von Datum zu Datum zu rechnen ist. Für das Fristende ist in diesen Fällen der jeweils letzte Tag des Monats maßgeblich. Die Monatsfrist kann daher 31, 30, 29 oder 28 volle Tage umfassen.

Beginnt die Frist am 29., 30. oder 31.1., endet sie am 28.2., in einem Schaltjahr am 29.2.; beginnt sie am 29.2., endet sie am 29.3., jeweils um 24 Uhr. Die gesetzliche Feiertagsregelung am Ort des Berufungsgerichts ist im Fall des § 222 Abs. 2 ZPO entscheidend (MüKoZPO/Rimmelspacher ZPO § 517 Rn. 14). **5.1**

Die Frist zur Einlegung der Beschwerde kann **nicht verlängert** werden, da es sich um eine **Notfrist** handelt. Eine verspätet eingelegte Beschwerde ist als unzulässig zu verwerfen (→ Rn. 27). Im Falle der **Fristversäumung** kommt allerdings entsprechend § 85 Nr. 2 iVm §§ 233 ff. ZPO die **Wiedereinsetzung** in den vorigen Stand in Betracht (→ § 85 Rn. 4.4). **6**

Da die Frist nach § 73 Abs. 1 mit der gebotenen **förmlichen Zustellung** der Entscheidung beginnt, ist sie bei **mehreren Adressaten** für jeden gesondert zu bestimmen. Ergeht die Entscheidung der Regulierungsbehörde durch Festlegung nach § 29 Abs. 1 oder durch Änderungsbeschluss nach § 29 Abs. 2 gegenüber allen oder einer Gruppe von Netzbetreibern oder von sonstigen Verpflichteten einer Vorschrift, sieht § 73 Abs. 1a vor, dass die **Zustellung durch öffentliche Bekanntmachung** ersetzt werden kann. Diese wird dadurch bewirkt, dass der verfügende Teil der Festlegung oder des Änderungsbeschlusses, die Rechtsbehelfsbelehrung und ein Hinweis auf die Veröffentlichung der vollständigen Entscheidung auf der Internetseite der Regulierungsbehörde im Amtsblatt der Regulierungsbehörde bekannt gemacht werden. In einem solchen Fall gilt die Festlegung oder der Änderungsbeschluss gem. **§ 73 Abs. 1a S. 3** mit dem Tag als zugestellt, an dem seit dem Tag der Bekanntmachung im Amtsblatt der Regulierungsbehörde zwei Wochen verstrichen sind. Voraussetzung für die Zustellungswirkung ist, dass in der Bekanntmachung auf die Veröffentlichung der vollständigen Entscheidung hingewiesen wird (BGH NVwZ-RR 2014, 449 Rn. 23 – Öffentliche Bekanntmachung; → § 73 Rn. 10). **7**

Eines ausdrücklichen Hinweises darauf, dass die Zustellung der Festlegung durch die öffentliche Bekanntmachung ersetzt worden ist, bedarf es in der Rechtsbehelfsbelehrung nicht (BGH NVwZ-RR 2014, 449 Rn. 18 – Öffentliche Bekanntmachung). **7.1**

Fehlt die nach § 73 Abs. 1 erforderliche **Rechtsmittelbelehrung**, ist sie **unvollständig** oder **fehlerhaft,** wird die einmonatige Beschwerdefrist entsprechend § 58 Abs. 1 VwGO durch die Zustellung nicht in Gang gesetzt. Die Beschwerdefrist beträgt dann nach § 58 Abs. 2 S. 1 VwGO **ein Jahr ab Zustellung** der Entscheidung (BGH NVwZ-RR 2014, 449 Rn. 11 – Öffentliche Bekanntmachung; → § 83 Rn. 8). **8**

Gibt die Regulierungsbehörde in der Rechtsmittelbelehrung ein unzuständiges Beschwerdegericht an, kann die Beschwerde entsprechend § 58 Abs. 2 S. 1 VwGO innerhalb eines Jahres seit Zustellung der angefochtenen Entscheidung eingelegt werden (BGHZ 176, 256 = NVwZ 2009, 199 Rn. 6 ff. – Organleihe; → § 85 Rn. 5.8). **8.1**

Enthält die Rechtsbehelfsbelehrung unzutreffende Angaben zur Form der Beschwerdeeinreichung, weil nur auf die schriftliche und nicht auch auf die elektronische Form abgestellt wird, so beträgt die Beschwerdefrist entsprechend § 58 Abs. 2 S. 1 VwGO ein Jahr ab Zustellung der angefochtenen Entscheidung (OLG Düsseldorf BeckRS 2023, 470 Rn. 54 ff.). **8.2**

Ist die **förmliche Zustellung** an die beschwerdeführende Partei **unterblieben,** beginnt die Frist – auch bei Kenntniserlangung – nicht zu laufen; dies gilt daher auch für den Fall der **unterlassenen notwendigen Beiladung** (Kment EnWG/Huber § 78 Rn. 2; Immenga/Mestmäcker/K. Schmidt GWB § 66 Rn. 8; Kölner Komm KartellR/Deichfuß GWB § 66 Rn. 6; für den Lauf der Jahresfrist entsprechend § 58 Abs. 2 VwGO ab Kenntniserlangung: Loewenheim/Meessen/Riesenkampff/Kersting/Meyer-Lindemann/Kühnen GWB § 66 Rn. 3). Allerdings kann der Beschwerdeführer die Rechtsschutzmöglichkeit verwirken, wenn er sichere Kenntnis von der Entscheidung erlangt hat und nicht innerhalb angemessener Zeit Beschwerde einlegt (Immenga/Mestmäcker/K. Schmidt GWB § 66 Rn. 8; Kölner Komm KartellR/Deichfuß GWB § 66 Rn. 6; für den Verwaltungsprozess: BeckOK VwGO/Kimmel VwGO § 58 Rn. 24; zur sicheren Kenntnis: BVerwG NJW 1974, 1260 (1262)). **9**

Die Frist wird gewahrt durch **rechtzeitigen Eingang** der Beschwerdeschrift bei der Regulierungsbehörde (Absatz 1 Satz 1) oder dem Beschwerdegericht (Absatz 1 Satz 3). Durch die Einlegung der Beschwerde bei der Regulierungsbehörde soll diese Kenntnis von der Beschwerde und die Möglichkeit erhalten, ihre Entscheidung zu überprüfen. Die Einrei- **10** chung bei einer **unzuständigen Stelle** wahrt die Frist nicht, so dass es darauf ankommt, ob sie nach Weiterleitung an die Regulierungsbehörde oder das Beschwerdegericht rechtzeitig dort eingeht (Immenga/Mestmäcker/K. Schmidt GWB § 66 Rn. 8).

10.1 Ändert die Regulierungsbehörde nach Einlegung der Beschwerde die angefochtene Entscheidung ab, stellt sich für den Beschwerdeführer die Frage, ob seine bereits eingelegte Beschwerde auch die geänderte Entscheidung erfasst, sodass er der geänderten Situation durch eine bloße Antragsänderung Rechnung tragen kann, oder eine neue – fristgerechte – Beschwerde erforderlich wird. Dies wird im Einzelfall von dem Umfang der Änderungen abhängen (Kölner Komm KartellR/Deichfuß GWB § 66 Rn. 13; Immenga/Mestmäcker/K. Schmidt GWB § 66 Rn. 5).

11 Die Beschwerdefrist gilt **für alle Beschwerden gegen Entscheidungen** der Regulierungsbehörde. Sie gilt daher auch für eine **Fortsetzungsfeststellungsbeschwerde iSd § 83 Abs. 2 S. 2,** deren Lauf mit Zustellung der – zwischenzeitlich erledigten – Entscheidung der Regulierungsbehörde unabhängig davon beginnt, ob die Erledigung vor oder nach Ablauf der einmonatigen Beschwerdefrist eintritt (Säcker EnergieR/Johanns/Roesen § 78 Rn. 4; → § 83 Rn. 41).

12 **Absatz 2** stellt klar, dass die **Frist** des Absatzes 1 **nicht für Untätigkeitsbeschwerden** gilt. Die Regelung des Absatzes 2 ist lückenhaft, da § 75 nicht alle Beschwerdearten erfasst. Auch **allgemeine Leistungsbeschwerden** und **Feststellungsbeschwerden** sind unbefristet (Säcker EnergieR/Johanns/Roesen § 78 Rn. 5; Bourwieg/Hellermann/Hermes/Laubenstein/Bourazeri § 78 Rn. 4; Theobald/Kühling/Boos § 78 Rn. 6). Allerdings kann auch hier das Rechtsinstitut der Verwirkung zum Tragen kommen (→ Rn. 9).

13 Auch noch nach Ablauf der Frist können **Fehler** in der Beschwerdeschrift – etwa nach gerichtlichem Hinweis – entsprechend § 82 VwGO **behoben** werden (BGH BeckRS 2011, 21645 Rn. 6; Bourwieg/Hellermann/Hermes/Laubenstein/Bourazeri § 78 Rn. 3; Theobald/Kühling/Boos § 78 Rn. 6).

II. Form

14 Die Beschwerde ist nach Absatz 1 Satz 1 **schriftlich** einzureichen, sie muss nach Absatz 5 von einem **Rechtsanwalt** unterzeichnet sein. Zu den Anforderungen an die Unterschriftsleistung kann auf die zu § 130 Nr. 6 ZPO entwickelten Rechtsgrundsätze verwiesen werden (vgl. auch Säcker EnergieR/Johanns/Roesen § 78 Rn. 8; Immenga/Mestmäcker/K. Schmidt GWB § 66 Rn. 3; BeckOK ZPO/von Selle ZPO § 130 Rn. 7 ff.; zu dem Zusatz „i.A." zur anwaltlichen Unterschrift BGH NJW-RR 2016, 1336).

15 Möglich ist die Beschwerdeeinlegung durch **Fernschreiben** oder **Telefax** (BGHZ 101, 134 = NJW 1987, 2588; BGH NJW 2006, 3784), einschließlich Computerfax, dh der elektronischen Übertragung der Beschwerde, sofern der Text mit der eingescannten Unterschrift des ausstellenden Rechtsanwalts oder mit dem Hinweis endet, dass wegen der gewählten Übertragungsform eine eigenhändige Unterzeichnung nicht möglich war (GmS-OGB NJW 2000, 2340; BGH NJW 2015, 1527). Wird die **Beschwerde** gem. Absatz 1 Satz 3 **bei Gericht** eingelegt, gilt gem. § 85 Nr. 2 die **aktive Nutzungspflicht** des **§ 130d ZPO,** die Rechtsanwälte und die öffentliche Verwaltung mit dem **1.1.2022** zur Nutzung des elektronischen Rechtsverkehrs verpflichtet. Danach sind sämtliche Erklärungen – und damit auch die Beschwerdeschrift – nunmehr als elektronische Dokumente zu übermitteln. Nur bei einem vorübergehenden Ausfall der für die elektronische Übermittlung erforderlichen Technik darf der Nutzungspflichtige das Dokument nach Maßgabe des § 130d S. 2 f. ZPO nach den allgemeinen Vorschriften (§§ 130 ff. ZPO) übermitteln. Vgl. im Einzelnen die Kommentierungen zu § 130d ZPO BeckOK ZPO/von Selle ZPO § 130d Rn. 2 ff.; Musielak/Voit/Stadler ZPO § 130d Rn. 2 ff.

16 Die Regelung des Absatzes 5 Halbsatz 2, dass der Anwaltszwang für Beschwerden der Regulierungsbehörden nicht gilt, kommt nur im Rechtsbeschwerdeverfahren über die dort in §§ 87 Abs. 4 S. 1, 88 Abs. 4 S. 2 angeordnete entsprechende Geltung zum Tragen.

16.1 Eine nicht durch einen Rechtsanwalt eingelegte oder von ihm nicht – wirksam – unterzeichnete Beschwerde ist als unzulässig zu verwerfen (OLG Düsseldorf BeckRS 2019, 9154 Rn. 10; → § 83 Rn. 20).

III. Inhalt der Beschwerdeschrift

Weitere Formerfordernisse stellt § 78 für die Beschwerdeschrift nicht auf. Aber auch ohne ausdrückliche Regelung bedarf es ein **Mindestmaß an Konkretisierung.** So muss im Fall der Anfechtungsbeschwerde aus der Beschwerdeschrift daher unzweideutig hervorgehen, wer Beschwerdeführer ist und dass etwa eine Entscheidung der Regulierungsbehörde angefochten oder im Fall der Verpflichtungsbeschwerde die bei ihr beantragte Entscheidung begehrt wird. Zweckmäßig und üblich ist es weiter, die Entscheidung der Regulierungsbehörde anhand ihres **Aktenzeichen**s und **Datum**s zu konkretisieren (OLG Düsseldorf CuR 2018, 64 Rn. 41; Säcker EnergieR/Johannes/Roesen § 78 Rn. 9; Immenga/Mestmäcker/K. Schmidt GWB § 66 Rn. 4). Ein bestimmter Antrag gehört nicht zum Inhalt der Beschwerde, sondern zur Beschwerdebegründung (Absatz 4, → Rn. 23). 17

C. Begründung der Beschwerde

I. Frist und Form der Beschwerdebegründung

Nach Absatz 3 Satz 2 ist die Beschwerde innerhalb einer **Frist von einem Monat** zu begründen. Anders als bei der Parallelnorm des § 74 Abs. 3 GWB (= § 66 Abs. 3 GWB aF) und der Berufung im Zivil- und Verwaltungsprozess beginnt der Lauf der Frist mit der **Einlegung der Beschwerde** und nicht mit der Zustellung der angefochtenen Entscheidung, denn der Gesetzgeber hatte die Frist zur Begründung der Beschwerde nur in § 66 Abs. 3 GWB aF, nicht aber in § 78 Abs. 3 an die neu gefassten Rechtsmittelfristen der § 522 Abs. 2 S. 1 ZPO, § 124a Abs. 3 S. 1 VwGO angepasst. Für ihre **Berechnung** gelten wie für die Einlegungsfrist nach § 85 Nr. 2 die Regeln der ZPO, damit über § 222 ZPO die §§ 187–193 BGB (→ Rn. 5; → § 85 Rn. 4). Der Tag der Beschwerdeeinlegung wird bei der Fristberechnung mitgerechnet, § 85 Nr. 2 iVm § 222 ZPO, § 187 BGB. 18

Anders als die Frist zur Einlegung der Beschwerde kann die Frist zu ihrer Begründung von der oder dem Vorsitzenden des Beschwerdegerichts auf Antrag nach Absatz 3 Satz 2 Halbsatz 2 verlängert werden. Eine mehrfache **Verlängerung** ist möglich. Erforderlich, aber auch ausreichend ist es, dass der Verlängerungsantrag **vor Fristablauf** bei Gericht **eingeht,** denn die Verlängerung selbst kann auch noch nach Fristablauf erfolgen (BGH NJW 2010, 1610; BGHZ 116, 377 = NJW 1992, 842). Die Fristverlängerung ist auch dann wirksam, wenn sie **verfahrensfehlerhaft** zustande gekommen ist, etwa weil der Vorsitzende eines unzuständigen Spruchkörpers sie bewilligt hat, kein wirksamer Verlängerungsantrag gestellt war oder die gesetzlichen Verlängerungsvoraussetzungen nicht erfüllt sind (Musielak/Voit/Ball ZPO § 520 Rn. 12). **Unwirksam** ist sie hingegen, wenn sie auf einen erst **nach Fristablauf eingegangenen Antrag** erfolgt, denn durch die Versäumung der Frist wird die Beschwerde unzulässig (BGH NJW-RR 2017, 577; BeckOK ZPO/Wulf ZPO § 520 Rn. 8; Rosin/Pohlmann/Gentzsch/Metzenthin/Böwing/Burmeister/Becker § 78 Rn. 22; Langen/Bunte/Lembach GWB § 74 Rn. 8; aA Säcker EnergieR/Johanns/Roesen § 78 Rn. 11; Immenga/Mestmäcker/K. Schmidt GWB § 66 Rn. 16). 19

In der Praxis erfolgt in der Regel eine Fristverlängerung von bis zu einem Monat entsprechend der Regelung des § 520 Abs. 2 S. 3 ZPO ohne Zustimmung der Regulierungsbehörde, wenn dafür erhebliche Gründe geltend gemacht werden oder nach Überzeugung des oder der Vorsitzenden keine Verzögerung des Verfahrens droht. In entsprechender Anwendung des § 520 Abs. 2 S. 2 ZPO wird üblicherweise nur die erste Fristverlängerung ohne Anhörung der anderen Beteiligten gewährt. 19.1

Verfahren werden in der Praxis häufig **faktisch zum Ruhen** gebracht, indem die Beschwerdebegründungsfrist weiträumig verlängert wird. Zweckmäßig ist dies etwa dann, wenn die Klärung entscheidungserheblicher Rechtsfragen durch den BGH erwartet wird und die Durchführung von **Musterverfahren** ermöglicht werden soll (→ § 83 Rn. 27.1). Dies stellt eine Alternative zur Anordnung des Ruhens des (Beschwerde-)Verfahrens entsprechend § 251 S. 1 ZPO dar, weil dieses auf den Lauf der in § 233 ZPO bezeichneten Fristen, also Notfristen, Rechtsbehelfs- und Rechtsmittelbegründungsfristen sowie Wiedereinsetzungsfristen, keinen Einfluss hat, so dass die Beschwerde dann innerhalb der gesetzlichen Frist des § 78 Abs. 3 zunächst in der Form des § 78 Abs. 4 und 5 begründet werden müsste. 19.2

van Rossum

20 Wird die Beschwerdebegründungsfrist versäumt, so kann auch insoweit über § 85 Nr. 2 eine **Wiedereinsetzung in den vorigen Stand** gem. §§ 233 ff. ZPO gewährt werden (→ § 85 Rn. 4.4).

21 Auch die Beschwerdebegründung ist in **Schriftform** einzureichen. Sie unterliegt ebenfalls dem **Anwaltszwang** (Absatz 5); eine Ausnahme gilt für die Begründungsschrift der Regulierungsbehörde (→ Rn. 16). Auch hier kann auf die zu § 130 Nr. 6 ZPO entwickelten Rechtsgrundsätze zurückgegriffen werden (dazu BeckOK ZPO/von Selle ZPO § 130 Rn. 7 ff.; zu dem Zusatz „i.A." zur anwaltlichen Unterschrift BGH NJW-RR 2016, 1336).

II. Inhalt

22 Absatz 4 bestimmt den Inhalt der Beschwerdebegründung; er verlangt mit den in Nummer 1 und Nummer 2 konkretisierten Anforderungen deutlich weniger als § 520 ZPO für die zivilprozessuale Berufungsbegründung.

23 Die Begründungsschrift muss nach **Nummer 1** (nur) die **Erklärung** enthalten, **inwieweit** die Entscheidung angefochten und ihre **Abänderung** oder **Aufhebung** beantragt wird. Damit wird der Gegenstand der Beschwerde, dh der **Streitgegenstand** festgelegt. **Üblich**, wenn auch nicht zwingend ist ein darauf ausgerichteter **Beschwerdeantrag**. Ausreichend ist es aber auch, wenn sich aus dem Inhalt der Beschwerdebegründung hinreichend deutlich entnehmen lässt, in welchen Punkten und mit welchem Rechtsschutzziel eine Abänderung der regulierungsbehördlichen Entscheidung angestrebt wird.

23.1 Bei der **Anfechtungsbeschwerde** muss der Begründung zu entnehmen sein, ob die Entscheidung der Regulierungsbehörde insgesamt oder nur beschränkt auf einen konkreten Teil angefochten werden soll (Kölner Komm KartellR/Deichfuß GWB § 66 Rn. 19). Bei der **Fortsetzungsfeststellungsbeschwerde** muss entsprechend klargestellt werden, ob die Rechtswidrigkeit nur für einen Teil oder für die erledigte Entscheidung insgesamt festgestellt werden soll. Bei der **Verpflichtungsbeschwerde** muss sich aus der Begründung ergeben, ob der an die Regulierungsbehörde gerichtete Antrag unverändert, eingeschränkt oder auf sonstige Weise geändert weiterverfolgt wird (Kölner Komm KartellR/Deichfuß GWB § 66 Rn. 19). Bei der **allgemeinen Leistungsbeschwerde** oder einer **Feststellungsbeschwerde** muss zumindest das Rechtsschutzziel konkretisiert werden.

24 Des Weiteren sind in der Beschwerdebegründung nach **Nr. 2** (lediglich) die **Tatsachen und Beweismittel** anzugeben, auf die sich die Beschwerde stützt. Damit soll der **Streitstoff** klargestellt werden, denn Feststellungen der Regulierungsbehörde, die im Beschwerdeverfahren nicht angegriffen werden, sind grundsätzlich nicht von Amts wegen zu prüfen (BGH RdE 2013, 174 = BeckRS 2013, 105 Rn. 26 – E.ON Hanse AG; RdE 2010, 29 = NJOZ 2009, 3595 Rn. 20; BGHZ 163, 296 = BeckRS 2005, 8522 Rn. 22 – Arealnetz). Dagegen folgt weder aus dem Wortlaut der Vorschrift noch aus deren Sinn und Zweck oder aus sonstigen für die Auslegung relevanten Umständen eine **Präklusionswirkung** des Inhalts, dass der Beschwerdeführer gehindert wäre, nach Ablauf der Begründungsfrist weitere Tatsachen und Beweismittel anzuführen (BGH RdE 2013, 174 = BeckRS 2013, 105 Rn. 28, Rn. 30 – E.ON Hanse AG). Auch wenn die Beschwerdebegründung eine Beschränkung auf bestimmte Teile der regulierungsbehördlichen Entscheidung enthält, ist der Beschwerdeführer daher nicht gehindert, sein Rechtsmittel innerhalb des durch den Streitgegenstand vorgegebenen Rahmens **nach Ablauf der Begründungsfrist** auf neue **Tatsachen und Beweismittel** zu stützen (BGH RdE 2013, 174 = BeckRS 2013, 105 Rn. 26 – E.ON Hanse AG; Theobald/Kühling/Boos § 78 Rn. 14).

25 Die hinter den Anforderungen des § 520 ZPO an eine Berufungsbegründung deutlich zurückbleibenden Vorgaben des Absatz 4 zeigen, dass die **Anforderungen** an die Beschwerdebegründung **nicht überspannt** werden sollen, sodass ein Mindestmaß an sachlichen Darlegungen in aller Regel genügen wird (OLG Düsseldorf BeckRS 2022, 23663 Rn. 32; Säcker EnergieR/Johanns/Roesen § 78 Rn. 12; Rosin/Pohlmann/Gentzsch/Metzenthin/Böwing/Burmeister/Becker § 78 Rn. 30). Daher sollte der Beschwerdeführer auch ein Mindestmaß an rechtlicher Begründung leisten. Sinnvoll – und in der Praxis üblich – ist es, wenn der Beschwerdebegründung nicht nur entnommen werden kann, welche tatsächlichen Annahmen der Regulierungsbehörde angegriffen werden, sondern auch inwiefern der Beschwerdeführer die von dieser zugrunde gelegte **Rechtsauffassung für unzutreffend** hält. Dies gilt auch mit Blick darauf, dass sich die Ermittlungspflicht des Beschwerdegerichts nach § 82

Abs. 1 an dem Sachvortrag des Beschwerdeführers orientiert und durch einen kurzen und unvollständigen Vortrag reduziert werden kann (Theobald/Kühling/Boos § 78 Rn. 18; Bourwieg/Hellermann/Hermes/Laubenstein/Bourazeri § 78 Rn. 8; Kölner Komm KartellR/Deichfuß GWB § 66 Rn. 22; Loewenheim/Meessen/Riesenkampff/Kersting/Meyer-Lindemann/Kühnen GWB § 66 Rn. 11; → § 82 Rn. 7). Unzureichend ist die bloß pauschale Bezugnahme auf das Vorbringen im behördlichen Verfahren (OLG Düsseldorf BeckRS 2022, 23663 Rn. 32).

Bei **mehreren Beschwerden in derselben Sache** ist es ausreichend, wenn einer der 26 Beschwerdeführer eine den Anforderungen entsprechende Beschwerdebegründung vorlegt und die anderen sich diese zu eigen machen (Kölner Komm KartellR/Deichfuß GWB § 66 Rn. 20; Loewenheim/Meessen/Riesenkampff/Kersting/Meyer-Lindemann/Kühnen GWB § 66 Rn. 11).

D. Verstoß gegen § 78

Das Beschwerdegericht hat von Amts wegen zu prüfen, ob die Beschwerde an sich **statt-** 27 **haft** (§ 75) sowie **frist- und formgerecht** eingelegt und begründet ist (§ 78). Sofern es daran fehlt, kann das Beschwerdegericht die Beschwerde entsprechend § 519b ZPO, § 125 Abs. 2 VwGO ohne mündliche Verhandlung als unzulässig verwerfen (BGH NVwZ-RR 2014, 449 Rn. 10 – Öffentliche Bekanntmachung; OLG Düsseldorf BeckRS 2019, 9154 Rn. 10; → § 81 Rn. 4, → § 83 Rn. 20). Der Beschwerdeführer ist zuvor auf die Bedenken gegen die Statthaftigkeit oder Zulässigkeit hinzuweisen; ihm ist Gelegenheit zur Stellungnahme zu geben. Gegen den Beschluss, durch den die Beschwerde verworfen wird, hat er das Rechtsmittel der **Rechtsbeschwerde,** sofern diese zugelassen ist oder ein Fall der zulassungsfreien Rechtsbeschwerde iSd § 86 Abs. 4 vorliegt. Andernfalls kann er die **Nichtzulassung** mit der Nichtzulassungsbeschwerde anfechten (Kölner Komm KartellR/Deichfuß GWB § 66 Rn. 24).

§ 79 Beteiligte am Beschwerdeverfahren

(1) An dem Verfahren vor dem Beschwerdegericht sind beteiligt
1. **der Beschwerdeführer,**
2. **die Regulierungsbehörde,**
3. **Personen und Personenvereinigungen, deren Interessen durch die Entscheidung erheblich berührt werden und die die Regulierungsbehörde auf ihren Antrag zu dem Verfahren beigeladen hat.**

(2) Richtet sich die Beschwerde gegen eine Entscheidung einer nach Landesrecht zuständigen Behörde, ist auch die Regulierungsbehörde an dem Verfahren beteiligt.

Überblick

Die Vorschrift regelt die Beteiligung am gerichtlichen Beschwerdeverfahren. Da sie allein auf die Anfechtungsbeschwerde zugeschnitten ist, ist der enumerativ in **Absatz 1** genannte Kreis der Verfahrensbeteiligten für die anderen Beschwerdearten dahin zu erweitern, dass alle die zu beteiligen sind, die am Verfahren vor der Regulierungsbehörde beteiligt waren (→ Rn. 5 ff.). Bei Beschwerden gegen Entscheidungen der Landesregulierungsbehörden ist entsprechend **Absatz 2** die BNetzA als Regulierungsbehörde zu beteiligen (→ Rn. 14 ff.).

A. Normzweck und Bedeutung

Die Vorschrift entspricht im Wesentlichen § 63 GWB (§ 67 GWB aF, BT-Drs. 15/3917, 1 71). Sie soll den Kreis der am Beschwerdeverfahren Beteiligten abschließend regeln.

Mit dem Katalog des Absatzes 1 erfasst sie jedoch nur den Beschwerdeführer (Nr. 1, → 2 Rn. 5 ff.), die Regulierungsbehörde (Nr. 2, → Rn. 8) und zum Verwaltungsverfahren gem. § 66 Abs. 2 Nr. 3 Beigeladene (Nr. 3, → Rn. 9 ff.) und gilt daher als missglückt, weil sie insbesondere in Dreieckskonstellationen dem **Grundsatz der Kontinuität der Verfahrens-**

beteiligung nicht ausreichend Rechnung trägt (Säcker EnergieR/Johanns/Roesen § 79 Rn. 1; Theobald/Kühling/Boos § 79 Rn. 2; Bourwieg/Hellermann/Hermes/Laubenstein/Bourazeri § 79 Rn. 1; Rosin/Pohlmann/Gentzsch/Metzenthin/Böwing/Burmeister/Becker § 79 Rn. 11; Salje EnWG § 79 Rn. 5). Es bedarf daher – wie auch bei der Parallelnorm des § 67 GWB aF und des ihn insoweit inhaltlich nicht ändernden § 63 GWB nF – einer **ergänzenden Auslegung** dahin, dass am Beschwerdeverfahren all diejenigen zu beteiligen sind, die nach Maßgabe des § 66 schon am Verwaltungsverfahren vor der Regulierungsbehörde beteiligt waren (→ Rn. 13).

3   Ebenfalls missglückt ist **Absatz 2**, der weiter die **Beteiligung der Regulierungsbehörde an Beschwerdeverfahren** vorschreibt, die eine Entscheidung „einer nach Landesrecht zuständigen Behörde" betreffen, denn die Regelung ist im Verlaufe des Gesetzgebungsverfahrens nicht daran angepasst worden, dass die Landesregulierungsbehörden die Aufgaben der Regulierungsbehörden nach § 54 Abs. 2 und damit nach Bundesrecht wahrnehmen (→ Rn. 14).

4   Die Regelung gilt im Rechtsbeschwerdeverfahren vor dem BGH gem. §§ 87 Abs. 4 S. 1, 88 Abs. 5 S. 1 entsprechend.

B. Beteiligte des Beschwerdeverfahrens

I. Beschwerdeführer

5   Absatz 1 Nummer 1 nennt zunächst den Beschwerdeführer als Verfahrensbeteiligten. Das gilt unabhängig davon, ob seine Beschwerde statthaft ist und zulässig erhoben wurde.

6   Als Beschwerdeführer kommt nicht nur das von der regulierungsbehördlichen Entscheidung **betroffene Unternehmen** in Betracht (§ 66 Abs. 2 Nr. 2), sondern auch der **Antragsteller** nach § 66 Abs. 2 Nr. 1 oder ein entsprechend § 66 Abs. 2 Nr. 3 zum Verwaltungsverfahren **Beigeladener**. Letzterer muss allerdings seine Beschwerdebefugnis in Form einer formellen oder materiellen Beschwer nachweisen (BGH WuW/E DE-R 2512 = BeckRS 2008, 25835 Rn. 5 – Ulm/Neu-Ulm). Gelingt ihm das nicht, ist seine Beschwerde unzulässig und er kann sich nur nach Maßgabe des Absatzes 1 Nummer 3 am gerichtlichen Beschwerdeverfahren eines anderen beteiligen (BGH WuW/E DE-R 2512 = BeckRS 2008, 25835 Rn. 5 – Ulm/Neu-Ulm).

7   Auch derjenige ist als Beschwerdeführer beteiligt, der sich einer bereits von einem anderen eingelegten Beschwerde nur anschließt (Immenga/Mestmäcker/K. Schmidt GWB § 67 Rn. 2).

II. Regulierungsbehörde

8   Absatz 1 Nummer 2 sieht weiter vor, dass die Regulierungsbehörde beteiligt ist, die die angegriffene Entscheidung vorgenommen hat oder die begehrte Maßnahme vornehmen soll. Als Beteiligte kommt damit nach Maßgabe des § 54 Abs. 1 iVm Abs. 2 die **BNetzA** oder die jeweilige **Landesregulierungsbehörde** in Betracht.

III. Beigeladene

9   Schließlich sind am Beschwerdeverfahren nach Absatz 1 Nummer 3 die **von der Regulierungsbehörde** entsprechend § 66 Abs. 2 Nr. 3 **Beigeladenen** beteiligt. Dabei ist die **Überprüfung** durch das Beschwerdegericht auf die Frage beschränkt, ob die **Beiladung wirksam erfolgt** ist. Die Prüfung der Beiladungsvoraussetzungen ist dem (gesonderten) Beschwerdeverfahren gegen die Beiladungsentscheidung vorbehalten, so dass die Frage, ob die **Beiladung zu Recht erfolgt** ist, allein Gegenstand dieses Verfahrens und **nicht** des Hauptsacheverfahrens sein kann (Säcker EnergieR/Johanns/Roesen § 79 Rn. 4; Theobald/Kühling/Boos § 79 Rn. 7; Loewenheim/Meessen/Riesenkampff/Kersting/Meyer-Lindemann/Kühnen GWB § 67 Rn. 4; Immenga/Mestmäcker/K. Schmidt GWB § 67 Rn. 4; Langen/Bunte/Lembach GWB § 63 Rn. 8).

10 Eine **Beiladung durch das Beschwerdegericht** selbst sieht § 79 **nicht** vor (BGH RdE 2020, 193 = BeckRS 2019, 35718 Rn. 15 – Netze BW). Bei der Beiladung handelt es sich um eine originäre Befugnis der Regulierungsbehörde nach § 66 Abs. 2 Nr. 3, sodass

das Beschwerdegericht nicht befugt ist, (nachträglich) weitere Personen bzw. Personenvereinigungen zu dem Verfahren beizuladen. Eine § 65 VwGO entsprechende Regelung, nach der eine Beiladung durch das Gericht von Amts wegen oder auf Antrag unter bestimmten Voraussetzungen möglich ist, solange das Verfahren noch nicht rechtskräftig abgeschlossen oder in höherer Instanz anhängig ist, hat der Gesetzgeber für das Beschwerdeverfahren nach dem EnWG nicht übernommen, sodass eine analoge Anwendung ausscheiden muss (OLG Düsseldorf BeckRS 2018, 54004 Rn. 1; Theobald/Kühling/Boos § 79 Rn. 10; aA Kölner Komm KartellR/Deichfuß GWB § 67 Rn. 9).

Die Beiladung durch die **Regulierungsbehörde** kann auch noch **nach Abschluss des Verwaltungsverfahrens** und damit im Beschwerdeverfahren erfolgen. Dies setzt im Falle der **einfachen Beiladung** allerdings grundsätzlich voraus, dass der **Beiladungsantrag vor dem Abschluss des Verwaltungsverfahrens,** dh vor der **regulierungsbehördlichen Hauptsacheentscheidung** gestellt worden ist (Bourwieg/Hellermann/Hermes/Laubenstein/Bourazeri § 79 Rn. 7; Loewenheim/Meessen/Riesenkampff/Kersting/Meyer-Lindemann/Kühnen GWB § 67 Rn. 4). Wird dagegen ein **notwendig beizuladender Dritter** nicht wirksam beigeladen, kann er auch nachträglich seine Beiladung beantragen und in der Hauptsache Beschwerde einlegen, sodass er als Beschwerdeführer gem. Absatz 1 Nummer 1 beteiligt ist. Der übergangene notwendig Beizuladende ist zur Einlegung von Rechtsmitteln gegen die Sachentscheidung berechtigt (→ § 75 Rn. 24). 11

Die **Rechtsstellung** als Beigeladener **endet** mit Zustellung des Beschlusses, der die Beiladung wieder aufhebt. Wird also die **Beiladung** nachträglich im Beschwerdeverfahren gegen die Beiladungsentscheidung **aufgehoben,** scheidet der Beigeladene aus einem etwaigen Hauptsacheverfahren aus, sodass eine von ihm eingelegte Beschwerde unzulässig wird (Kölner Komm KartellR/Deichfuß GWB § 67 Rn. 11). 12

IV. Weitere Beteiligte

Am Beschwerdeverfahren ist weiter jeder zu beteiligen, der am Verwaltungsverfahren vor der Regulierungsbehörde beteiligt war. Der **Grundsatz der Kontinuität der Verfahrensbeteiligung** fordert diese Korrektur des Absatz 1 (BGH NZKart 2022, 640 Rn. 8; Säcker EnergieR/Johanns/Roesen § 79 Rn. 5; Theobald/Kühling/Boos § 79 Rn. 2; Bourwieg/Hellermann/Hermes/Laubenstein/Bourazeri § 79 Rn. 2; Kment EnWG/Huber § 79 Rn. 5; zum GWB: Bechtold/Bosch/Bechtold/Bosch GWB § 63 Rn. 1; Immenga/Mestmäcker/K. Schmidt GWB § 67 Rn. 5; Loewenheim/Meessen/Riesenkampff/Kersting/Meyer-Lindemann/Kühnen GWB § 67 Rn. 1; Kölner Komm KartellR/Deichfuß GWB § 67 Rn. 5; → Rn. 2). Unabhängig von der Frage, ob er durch die abschließende Entscheidung beschwert ist, ist daher der Antragsteller des Verwaltungsverfahrens iSd § 66 Abs. 2 Nr. 1 zu beteiligen, der erfolgreich dessen Einleitung nach § 31 oder § 65 beantragt hat (BGH NZI 2015, 127 Rn. 8). Nichts anderes gilt für das Unternehmen, gegen das sich das Verfahren iSd § 66 Abs. 2 Nr. 2 richtet (Theobald/Kühling/Boos § 79 Rn. 5). 13

C. BNetzA als Beteiligte nach Absatz 2

Regulierungsbehörde iSd Absatzes 2 ist **nur die BNetzA** (BGHZ 174, 324 = BeckRS 2008, 3089 Rn. 11 – Beteiligung der Bundesnetzagentur). Sie ist an allen Verwaltungs-, Beschwerde- und Rechtsbeschwerdeverfahren der Landesregulierungsbehörden zu beteiligen. Der **zu eng gefasste Wortlaut des Absatz 2,** der auf Entscheidungen „einer nach Landesrecht zuständigen Behörde" abstellt, berücksichtigt nicht die Änderungen im Gesetzgebungsverfahren, in Folge derer die Aufgaben der Regulierungsbehörden nach § 54 Abs. 2 und damit nach Bundesrecht durch Landesregulierungsbehörden wahrgenommen werden. Sinn und Zweck des **Beteiligungsrechts** der BNetzA ist es, einen einheitlichen Gesetzesvollzug in Regulierungssachen sicherzustellen. Dieser hat wegen der Interdependenz der Netze eine herausragende Bedeutung, da sich wettbewerbliche Strukturen nur bilden können, wenn die Grundlagen für die Entgeltkontrolle übereinstimmen. Durch eine unterschiedliche Regulierungspraxis und daraus resultierende Wettbewerbsverzerrungen würde die Umsetzung der Ziele der Regulierung gefährdet (BGHZ 174, 324 = BeckRS 2008, 3089 Rn. 14 – Beteiligung der Bundesnetzagentur). Von daher ist Absatz 2 so auszulegen, dass **Beschwerden gegen Entscheidungen der Landesregulierungsbehörden** gemeint sind 14

(BGHZ 174, 324 = BeckRS 2008, 3089 Rn. 15 – Beteiligung der Bundesnetzagentur). In der Praxis nimmt die BNetzA ihr Beteiligungsrecht aktiv durch Stellungnahmen und Teilnahme an der mündlichen Verhandlung wahr.

14.1 Die absoluten Rechtsbeschwerdegründe des § 86 Abs. 4 Nr. 3 und 4 erfassen den Fall, dass ein nach dem Gesetz am Verfahren zu **Beteiligender iSd § 79** nicht beteiligt worden ist. Das Unterlassen der Beteiligung der BNetzA in einem Verfahren der Landesregulierungsbehörde führt daher zur Aufhebung, wenn die nicht beteiligte BNetzA die Prozessführung der Landesregulierungsbehörde nicht genehmigt (BGHZ 174, 324 = BeckRS 2008, 3089 Rn. 19 – Beteiligung der Bundesnetzagentur) (→ § 86 Rn. 15, → § 86 Rn. 17).

15 **Landesregulierungsbehörden** gewährt Absatz 2 dagegen **keine Stellung eines Beteiligten**. Für eine entsprechende Anwendung des Absatzes 2 auf Beschwerdeverfahren gegen Entscheidungen der BNetzA als nach Bundesrecht zuständiger Behörde ist kein Raum (BGH RdE 2020, 193 = BeckRS 2019, 35718 Rn. 15 – Netze BW; aA Theobald/Kühling/Boos § 79 Rn. 18). Durch die Beteiligung der BNetzA soll die Einheitlichkeit der Rechtsanwendung und Verwaltungspraxis im Vollzug des EnWG gesichert werden, indem es ihr ermöglicht wird, abweichende Entscheidungen der Landesregulierungsbehörden überprüfen zu lassen (BGH RdE 2020, 193 = BeckRS 2019, 35718 Rn. 15 – Netze BW; BGHZ 174, 324 = BeckRS 2008, 3089 Rn. 13 – Beteiligung der Bundesnetzagentur). An einer vergleichbaren Interessenlage fehlt es bei Beschwerdeverfahren gegen Entscheidungen der BNetzA.

D. Stellung der Beteiligten

16 Hinsichtlich ihrer Rechtsstellung im Beschwerdeverfahren ist zwischen den **Hauptbeteiligten** iSd § 79 Abs. 1 Nr. 1 und 2 und den **Nebenbeteiligten** iSd § 79 Abs. 1 Nr. 3 und Abs. 2 zu unterscheiden.

17 Alle Beteiligten des Beschwerdeverfahrens sind grundsätzlich befugt, Stellung zu nehmen, Anträge zu stellen und – soweit sie materiell beschwert sind – auch Rechtsbeschwerde einzulegen. Wie die Hauptbeteiligten hat der Nebenbeteiligte daher ein Recht auf Teilnahme an der Verhandlung und ist zu allen Terminen zu laden. Ihm sind alle Schriftsätze und Entscheidungen zuzuleiten (zum GWB: BeckOK KartellR/Rombach GWB § 63 Rn. 12–15).

18 Die **Dispositionsbefugnis** über das Beschwerdeverfahren steht indessen **nur den Hauptbeteiligten** gem. § 79 Abs. 1 Nr. 1 und Nr. 2 – dem **Beschwerdeführer** und der **gegnerischen Regulierungsbehörde** – zu. Daher können nur sie den Streitgegenstand des Beschwerdeverfahrens erweitern, sein **Ruhen** oder dessen **Verbindung** mit einem anderen laufenden Beschwerdeverfahren beantragen. Nur ihnen steht auch die Befugnis zu, durch **Rücknahme der Beschwerde** oder eine dem Beschwerdeantrag entsprechende Entscheidung das Verfahren zu beenden bzw. seine **Erledigung** herbeizuführen (BGH NVwZ-RR 2009, 620 Rn. 7; OLG Naumburg RdE 2009, 105 = BeckRS 2008, 23016 Rn. 11; → § 83 Rn. 35). Soll das Beschwerdeverfahren durch Prozessvergleich beendet werden, muss allerdings ein notwendig Beigeladener am Vergleichsabschluss mitwirken, sofern auch seine Rechte betroffen sind (Theobald/Kühling/Boos § 79 Rn. 22). Unterschiedliche Rechte ergeben sich weiter auch hinsichtlich ihres **Akteneinsichtsrechts**, insoweit wird in § 84 Abs. 1 und Abs. 3 zwischen Haupt- und Nebenbeteiligten differenziert (→ § 84 Rn. 4 ff.). Die nach Absatz 2 beteiligte BNetzA hat dieselbe Stellung wie der notwendig Beigeladene.

§ 80 Anwaltszwang

¹Vor dem Beschwerdegericht müssen die Beteiligten sich durch einen Rechtsanwalt als Bevollmächtigten vertreten lassen. ²Die Regulierungsbehörde kann sich durch ein Mitglied der Behörde vertreten lassen.

Überblick

Die Norm ergänzt § 78 Abs. 5, indem Satz 1 für das gesamte Beschwerdeverfahren Anwaltszwang vorsieht (→ Rn. 4). Ausgenommen davon sind nach Satz 2 die Regulierungsbehörden (→ Rn. 10).

A. Normzweck und Bedeutung

Die Vorschrift entspricht § 64 GWB (§ 68 GWB aF; BT-Drs. 15/3917, 71). Anders als das Verwaltungsprozessrecht, das eine anwaltliche Vertretung nur vor dem Bundesverwaltungsgericht vorsieht (§ 67 Abs. 4 S. 1 VwGO), schreibt der Gesetzgeber im GWB und im EnWG für das Beschwerdeverfahren in Kartell- und Energieverwaltungssachen eine anwaltliche Vertretung schon in der Beschwerdeinstanz und nicht erst in der Rechtsbeschwerdeinstanz vor. Nur mittels Anwaltszwang kann seiner Auffassung nach eine geordnete und konzentrierte Vorbereitung und Führung des gerichtlichen Verfahrens in den schwierigen und hochkomplexen Materien des Kartell- und Energiewirtschaftsrechts gewährleistet werden (Säcker EnergieR/Johanns/Roesen § 80 Rn. 1; Immenga/Mestmäcker/K. Schmidt GWB § 68 Rn. 1). Die Regelung sieht daher für das gesamte Verfahren vor dem Beschwerdegericht **Anwaltszwang** vor und ergänzt damit § 78 Abs. 5, der die Unterzeichnung von Beschwerdeschrift und -begründung durch einen Rechtsanwalt vorschreibt (→ Rn. 4). **Ausgenommen** von der Verpflichtung sind die **Regulierungsbehörden** (→ Rn. 10). Mit Blick auf die Komplexität der Rechtsmaterie ist die Vorschrift verfassungsrechtlich unbedenklich (zu § 67 GWB aF: BVerfGE 74, 78 = NJW 1987, 2569 (2570); Salje EnWG § 80 Rn. 1). 1

Durch das Gesetz zur Stärkung der Selbstverwaltung der Rechtsanwaltschaft vom 26.3.2007 sind in Satz 1 und § 78 Abs. 5 die Worte „bei einem deutschen Gericht zugelassenen" (Rechtsanwalt) gestrichen worden. 2

Die Regelung gilt im Rechtsbeschwerdeverfahren vor dem BGH gem. §§ 87 Abs. 4 S. 1, 88 Abs. 5 S. 1 entsprechend. 3

B. Anwaltszwang (S. 1)

§ 80 gilt **ausschließlich** für das energiewirtschaftsrechtliche Beschwerdeverfahren **vor dem Beschwerdegericht iSd § 75 Abs. 4**. Die Regelung findet daher **keine Anwendung** auf Beschwerden gegen Ermittlungsmaßnahmen der Regulierungsbehörden gem. § 68 Abs. 2 iVm den dort genannten Vorschriften der ZPO. Sie erfasst weiter nicht Beschwerden in energiewirtschaftsrechtlichen Zivilrechtsstreitigkeiten iSd § 102 Abs. 1, für die der Anwaltszwang aus § 78 ZPO folgt. Schließlich gilt sie auch nicht für Beschwerden im Rahmen von energiewirtschaftsrechtlichen Bußgeldverfahren. 4

Über § 87 Abs. 4 S. 1 und § 88 Abs. 5 S. 1 gilt der **Anwaltszwang auch** für das Verfahren der **Nichtzulassungsbeschwerde** und der **Rechtsbeschwerde** in energiewirtschaftsrechtlichen Verwaltungsverfahren. 5

§ 80 S. 1 verlangt anwaltliche Vertretung für die **aktive Beteiligung** an der mündlichen Verhandlung und grundsätzlich für **alle Prozesshandlungen** einschließlich der vorbereitenden Schriftsätze. Auch die Anträge nach § 76 Abs. 2, 3, § 77 Abs. 3 und das Einverständnis zur Entscheidung ohne mündliche Verhandlung gem. § 81 Abs. 1 unterliegen daher dem Anwaltszwang (→ § 77 Rn. 21, → § 81 Rn. 10). 6

Ausgenommen vom Anwaltszwang ist gem. § 84 Abs. 2 S. 6 das Offenlegungsverfahren nach § 84 Abs. 2 S. 4 (→ § 84 Rn. 29). Eine weitere Ausnahme ergibt sich entsprechend § 85 Nr. 2 aus § 78 Abs. 3 ZPO für Prozesshandlungen, die vor dem Urkundsbeamten der Geschäftsstelle vorgenommen werden können. Ohne anwaltliche Vertretung kann daher vor diesem eine **Anhörungsrüge** nach § 83a Abs. 2 S. 4 erhoben und ein **Prozesskostenhilfeantrag** nach § 117 Abs. 1 S. 1 ZPO eingereicht werden (→ § 83a Rn. 10). **Streitwertbeschwerden** sind durch § 66 Abs. 5 S. 1 GKG vom Anwaltszwang ausgenommen. Der Anwaltszwang gilt schließlich auch nicht für die **Rücknahme eines Rechtsmittels,** wenn der Beteiligte selbst dies **ohne** die erforderliche **anwaltliche Vertretung** und daher unzulässig **eingelegt** hat (Kölner Komm KartellR/Deichfuß GWB § 68 Rn. 6; BeckOK KartellR/Rombach GWB § 72 Rn. 30). Mit Blick auf den Zweck des Anwaltszwangs ist eine anwaltliche Vertretung zur Korrektur einer allein wegen des Mangels anwaltlicher Vertretung fehlerhaften Prozesshandlung nicht erforderlich. 7

Postulationsfähig ist seit der Änderung durch das Gesetz zur Stärkung der Selbstverwaltung der Rechtsanwaltschaft (→ Rn. 2) jeder in Deutschland zugelassene **Rechtsanwalt**. Rechtsanwalt ist, wer gem. § 6 oder § 46a BRAO zur Rechtsanwaltschaft zugelassen ist. Dienstleistende europäische Anwälte sind diesen nach § 25 Abs. 1 EuRAG gleichgestellt, sofern sie im Einvernehmen mit einem deutschen Rechtsanwalt handeln (§§ 27 Abs. 1, 28 8

EnWG § 81 Teil 8. Verfahren und Rechtsschutz bei überlangen Gerichtsverfahren

Abs. 1 EuRAG; Bourwieg/Hellermann/Hermes/Laubenstein/Bourazeri § 80 Rn. 1). **Hochschullehrer** sind – anders als im Verwaltungsprozess nach § 67 VwGO oder im Straf- und Bußgeldverfahren nach § 138 Abs. 1 StPO, § 46 Abs. 1 OWiG – nicht postulationsfähig.

8.1 Eine Beschwerde, die nicht von einem postulationsfähigen Prozessbevollmächtigten eingelegt ist, ist unzulässig und wahrt nicht die Frist des § 78 Abs. 1.

9 Für den Umfang der **Prozessvollmacht,** ihre Erteilung und Beendigung gelten gem. § 85 Nr. 2 die §§ 80–89 ZPO entsprechend (→ § 85 Rn. 4).

C. Vertretung der Regulierungsbehörde (S. 2)

10 Die nach § 79 Abs. 1 Nr. 2 oder § 79 Abs. 2 am Verfahren beteiligte **Regulierungsbehörde** unterliegt nicht dem Anwaltszwang. Sie kann sich durch ein **Mitglied ihrer Behörde** vertreten lassen. Der Gesetzgeber konnte davon ausgehen, dass die Regulierungsbehörde mit qualifizierten Bediensteten ausgestattet ist, die in gleicher Weise wie ein Rechtsanwalt eine sachgerechte und verfahrensfördernde Vertretung der Behörde vor Gericht gewährleisten (zu § 67 GWB aF: BVerfGE 74, 78 = NJW 1987, 2569 (2570)). Von der Möglichkeit machen die Regulierungsbehörden nahezu ausnahmslos Gebrauch. Bei ihrem Vertreter muss es sich nicht um Beamte oder Angestellte mit der Befähigung zum Richteramt handeln (Säcker EnergieR/Johanns/Roesen § 80 Rn. 4). Er braucht seine Bevollmächtigung nicht wie ein Rechtsanwalt mitzuteilen. Es genügt, dass er „im Auftrag" unterzeichnet.

§ 81 Mündliche Verhandlung

(1) Das Beschwerdegericht entscheidet über die Beschwerde auf Grund mündlicher Verhandlung; mit Einverständnis der Beteiligten kann ohne mündliche Verhandlung entschieden werden.

(2) Sind die Beteiligten in dem Verhandlungstermin trotz rechtzeitiger Benachrichtigung nicht erschienen oder gehörig vertreten, so kann gleichwohl in der Sache verhandelt und entschieden werden.

Überblick

Die Norm bestimmt in **Absatz 1,** dass die Entscheidung über die Beschwerde grundsätzlich nach mündlicher Verhandlung ergeht (→ Rn. 3). Erklären alle Beteiligten ihr Einverständnis, kann nach der Regelung im **Halbsatz 2** auch ohne mündliche Verhandlung entschieden werden (→ Rn. 9). Bei Säumnis der Beteiligten besteht nach **Absatz 2** gleichwohl die Möglichkeit, in der Sache zu verhandeln und zu entscheiden (→ Rn. 13).

A. Normzweck und Bedeutung

1 Die Regelung entspricht im Wesentlichen § 65 GWB (§ 69 GWB aF; BT-Drs. 15/3917, 71). Danach setzt die gerichtliche Entscheidung „über die Beschwerde" grundsätzlich eine mündliche Verhandlung voraus (→ Rn. 3). Von ihr kann gem. § 81 Abs. 1 Hs. 2 nur im Einverständnis aller Beteiligten abgesehen werden (→ Rn. 9). Um eine Verfahrensverschleppung zu verhindern, sieht Absatz 2 vor, dass trotz des Ausbleibens eines Beteiligten zur Sache verhandelt und entschieden werden kann (→ Rn. 13).

2 Betroffen sind die **Beschwerdeverfahren** iSd §§ 75 ff. vor den Oberlandesgerichten und über die Verweisungsregelung des § 88 Abs. 5 auch das entsprechende **Rechtsbeschwerdeverfahren** vor dem BGH nach § 86 (→ § 88 Rn. 13). Nicht erfasst ist das Verfahren über die Nichtzulassungsbeschwerde nach § 87 (→ § 87 Rn. 10).

B. Grundsatz der mündlichen Verhandlung (Abs. 1)

3 Der in Absatz 1 niedergelegte Grundsatz, dass aufgrund mündlicher Verhandlung zu entscheiden ist, gilt **nur** für die Entscheidung „über die Beschwerde", also für die **Sachentscheidung** des Beschwerdegerichts.

Mündliche Verhandlung   § 81 EnWG

Keine Anwendung findet er daher im Falle der **Verwerfung der Beschwerde wegen** 4
Unzulässigkeit, die entsprechend § 522 Abs. 1 ZPO, § 125 Abs. 2 VwGO auch **ohne
mündliche Verhandlung** erfolgen kann (OLG Düsseldorf BeckRS 2019, 9491 Rn. 8;
2009, 5039 Rn. 8; Säcker EnergieR/Johanns/Roesen § 81 Rn. 1; Bourwieg/Hellermann/
Hermes/Laubenstein/Bourazeri § 81 Rn. 1).
Auch **Zwischenentscheidungen,** etwa nach §§ 76, 77 über die Wiederherstellung oder 5
Anordnung der aufschiebenden Wirkung der Beschwerde können folglich ohne mündliche
Verhandlung getroffen werden (BGH NJW-RR 2007, 1491 Rn. 13 – Lotto im Internet;
Säcker EnergieR/Johanns/Roesen § 81 Rn. 1; Immenga/Mestmäcker/K. Schmidt GWB
§ 69 Rn. 1). Im **Zwischenverfahren über die Akteneinsicht** ist eine mündliche Verhandlung ebenfalls entbehrlich, denn § 84 Abs. 2 S. 4 sieht nur die Anhörung der Betroffenen
vor (→ § 84 Rn. 29). **Isolierte Kostenentscheidungen,** etwa nach Rücknahme der
Beschwerde oder Erledigung des Beschwerdeverfahrens in der Hauptsache, bedürfen ebenfalls
keiner mündlichen Verhandlung (Säcker EnergieR/Johanns/Roesen § 81 Rn. 1; Loewenheim/Meessen/Riesenkampff/Kersting/Meyer-Lindemann/Kühnen GWB § 69 Rn. 2; zum
Vergaberecht: OLG München BeckRS 2019, 20410 Rn. 38).
Entsprechendes gilt für das **Rechtsbeschwerdeverfahren,** wenn dieses etwa einen ohne 6
mündliche Verhandlung ergangenen Verwerfungsbeschluss des Beschwerdegerichts zum
Gegenstand hat (BGH BeckRS 2014, 3306 Rn. 4; RdE 2009, 185 = BeckRS 2009, 1766
Rn. 6 – citiworks; NJW-RR 2007, 1491 Rn. 12 – Lotto im Internet; BGHZ 56, 155 =
GRUR 1971, 527 (528) – Bayerischer Bankenverband). Die in § 88 Abs. 5 S. 1 vorgesehene
entsprechende Anwendung des § 81 begründet für das Rechtsbeschwerdeverfahren **kein
weitergehendes Mündlichkeitsgebot** als für das Beschwerdeverfahren. Soweit also das
Beschwerdegericht nach § 81 ohne mündliche Verhandlung entscheiden darf, gilt dies auch
für das nachfolgende Rechtsbeschwerdeverfahren.
Für den **Ablauf** und die **weiteren Einzelheiten** der mündlichen Verhandlung ist entspre- 7
chend § 85 Nr. 1 und 2 zunächst auf die dort aufgeführten Vorschriften des GVG und der
ZPO zurückzugreifen (→ § 85 Rn. 3 ff.).

In § 85 Nr. 1 wird insbesondere auf die Vorschriften der **§§ 169 ff. GVG** verwiesen. Nach § 169 7.1
GVG findet die mündliche Verhandlung öffentlich statt. Unter den in § 172 GVG genannten Voraussetzungen kann das Beschwerdegericht allerdings für die gesamte mündliche Verhandlung oder einen Teil
davon die Öffentlichkeit ausschließen, insbesondere dann, wenn entsprechend § 172 Nr. 2 GVG ein
wichtiges Geschäfts-, Betriebs-, Erfindungs- oder Steuergeheimnis zur Sprache kommt, durch dessen
öffentliche Erörterung überwiegende schutzwürdige Interessen verletzt würden. Ein solcher Fall kann
vorliegen, wenn das Gericht die Offenlegung von Geheimnissen nach § 84 Abs. 2 S. 4 angeordnet hat
(→ § 84 Rn. 22). Das OLG Düsseldorf hat in zwei Kartellverwaltungsverfahren von der gesetzlichen
Möglichkeit Gebrauch gemacht, zum **Schutz von Geschäftsgeheimnissen** die Öffentlichkeit auszuschließen (Az. VI Kart 6/14 (V), VI Kart 4/15 (V)). Den Rechtsanwälten der Beigeladenen wurde der
Verbleib im Saal gestattet, nachdem sie besonders zur Verschwiegenheit verpflichtet worden waren
(BKartA Jahresbericht 2016, 13).
Bezüglich Gerichtssprache, Beratung, Abstimmung und Sitzungspolizei verweist § 85 Nr. 1 auf die 7.2
§§ 176 ff. GVG.
§ 85 Nr. 2 sieht die entsprechende Geltung der **§§ 41–49 ZPO** über die Ausschließung und 7.3
Ablehnung von Gerichtspersonen, der **§§ 78–90 ZPO** über Prozessbevollmächtigte und Beistände, der
Regelung über die Anordnung des persönlichen Erscheinens der Beteiligten nach **§ 141 ZPO** sowie
der **§§ 355–494a ZPO** zum Verfahren der Beweiserhebung vor.

Im Übrigen ist das Gericht in der Gestaltung der mündlichen Verhandlung frei und 8
nur durch die verfassungsrechtlichen Vorgaben, insbesondere den Grundsatz des rechtlichen
Gehörs (→ § 83 Rn. 15 ff.) gebunden.

C. Entscheidung im schriftlichen Verfahren

Von der nach § 81 gebotenen mündlichen Verhandlung kann nur mit **Einverständnis** 9
aller Beteiligten abgesehen werden. Der Begriff der Beteiligten erfasst den Kreis, der nach
den Erläuterungen zu § 79 am Beschwerdeverfahren zu beteiligen ist (→ § 79 Rn. 13).
Selbst wenn alle Beteiligten mit einer Entscheidung im schriftlichen Verfahren einverstanden

van Rossum   1743

EnWG § 81 Teil 8. Verfahren und Rechtsschutz bei überlangen Gerichtsverfahren

sind, liegt es im **pflichtgemäßen Ermessen** des Gerichts, ob es eine mündliche Verhandlung durchführt oder nicht.

10 Das Einverständnis unterliegt als Prozesshandlung dem **Anwaltszwang** nach § 80 S. 1, sodass es nicht von den Verfahrensbeteiligten selbst rechtswirksam erklärt werden kann. Eine Entscheidung im schriftlichen Verfahren scheidet daher aus, wenn Verfahrensbeteiligte entgegen § 80 S. 1 bei dieser Erklärung nicht wirksam vertreten sind (→ § 80 Rn. 6). Die Erklärung der Beteiligten muss ausdrücklich, unbedingt und eindeutig sein (Säcker EnergieR/Johanns/Roesen § 81 Rn. 3; Langen/Bunte/Lembach GWB § 65 Rn. 5). Sie bindet diese nur für die nächste anstehende mündliche Verhandlung. Das Einverständnis ist grundsätzlich unwiderruflich und unanfechtbar (Säcker EnergieR/Johanns/Roesen § 81 Rn. 3).

11 Das Gericht bestimmt einen **Termin, bis zu dem Schriftsätze eingereicht werden können.** Dieser steht dem Schluss der mündlichen Verhandlung gleich. Da § 81 eine dem § 128 Abs. 2 S. 3 ZPO entsprechende Bestimmung nicht enthält und auf diese Regelung auch weder in § 81 noch in § 85 verwiesen wird, kann eine Entscheidung im schriftlichen Verfahren – wie im Verwaltungsprozess – auch mehr als drei Monate nach Zustimmung der Beteiligten ergehen (Baur/Salje/Schmidt-Preuß Energiewirtschaft/Hilzinger Kap. 58 Rn. 12; zum GWB: BeckOK KartellR/Rombach GWB § 65 Rn. 10; zum Verwaltungsprozess: BVerwG NVwZ-RR 2014, 740 Rn. 11).

12 Entscheidet das Beschwerdegericht im **schriftlichen Verfahren, ohne** dass das **Einverständnis** aller Beteiligten vorliegt, liegt darin ein **Verfahrensfehler.** Dieser kann nur im weiteren Verfahren vor dem Beschwerdegericht durch einen Rügeverzicht geheilt werden. Betrifft der Verstoß gegen den Grundsatz der mündlichen Verhandlung indessen die abschließende Entscheidung des Beschwerdegerichts, ist mit der Versagung rechtlichen Gehörs der **Rechtsbeschwerdegrund** des § 86 Abs. 4 Nr. 3 gegeben, der die zulassungsfreie Rechtsbeschwerde begründet (Theobald/Kühling/Boos § 81 Rn. 6; Kment EnWG/Huber § 81 Rn. 2; Rosin/Pohlmann/Gentzsch/Metzenthin/Böwing/Burmeister/Becker § 81 Rn. 7; → § 86 Rn. 17).

D. Ausbleiben der Beteiligten (Abs. 2)

13 Absatz 2 sieht vor, dass in der Sache auch dann verhandelt und entschieden werden kann, wenn die Beteiligten trotz rechtzeitiger Benachrichtigung nicht erschienen oder nicht ordnungsgemäß vertreten sind. Da der Gesetzgeber durch den Untersuchungsgrundsatz (§ 82 Abs. 1) an der Einführung eines Versäumnisverfahrens gehindert war, soll der **Gefahr einer Verfahrensverschleppung** mit dieser Befugnis begegnet werden (Säcker EnergieR/Johanns/Roesen § 81 Rn. 4; Immenga/Mestmäcker/K. Schmidt GWB § 69 Rn. 4). Trotz Ausbleibens eines oder mehrerer Beteiligter oder nicht gehöriger Vertretung kann zur Sache verhandelt und entschieden werden. Erscheint trotz ordnungsgemäßer Ladung kein Beteiligter, kann nach Lage der Akten entschieden werden (OLG Düsseldorf BeckRS 2013, 06000).

14 Die Befugnis, nach Absatz 2 zu verfahren, setzt voraus, dass die Beteiligten **rechtzeitig** über den Termin der mündlichen Verhandlung **benachrichtigt** worden sind. Gemäß § 85 Nr. 2 iVm § 215 Abs. 2 ZPO ist auf die Folgen des Ausbleibens hinzuweisen (zum GWB: Kölner Komm KartellR/Deichfuß GWB § 69 Rn. 11; BeckOK KartellR/Rombach GWB § 65 Rn. 20).

14.1 Die über § 85 Nr. 2 anwendbare Regelung des § 217 ZPO gibt nur für den Regelfall eine Mindestfrist von einer Woche für Anwaltsprozesse vor, im Übrigen ist die **Ladungsfrist** einzelfallabhängig zu bestimmen. Dabei ist zu berücksichtigen, dass eine zu kurze Ladungsfrist zu einer Verkürzung des Anspruchs auf rechtliches Gehör führen kann, weil den Beteiligten oder ihren Verfahrensbevollmächtigten eine angemessene Vorbereitung nicht möglich ist. Komplexe Rechtsstreitigkeiten wie die energiewirtschaftsrechtlichen Beschwerdeverfahren machen daher eine wesentlich längere Mindestfrist erforderlich. Dem wird in der Praxis schon dadurch Rechnung getragen, dass die Bestimmung eines Termins zur mündlichen Verhandlung regelmäßig bereits nach Eingang der Beschwerdebegründung erfolgt, so dass die Ladungsfrist nicht nur angemessene Beschwerdeerwiderungs- und Replikfristen, sondern auch die im Anschluss daran nötige angemessene Vorbereitung der Sache durch das Gericht berücksichtigt.

Darüber hinaus dürfen dem Gericht keine Anzeichen für einen Fall **unvermeidbarer** 15
Säumnis vorliegen, also die Beteiligten nicht aufgrund unvorhergesehener Ereignisse am Erscheinen und an einer rechtzeitigen Entschuldigung gehindert sein (Loewenheim/Meessen/Riesenkampff/Kersting/Meyer-Lindemann/Kühnen GWB § 69 Rn. 6). Ist ein Fall unvermeidbarer Säumnis gegeben, muss aus Gründen der Gewährung effektiven Rechtsschutzes und rechtlichen Gehörs die Verhandlung wiedereröffnet und ein **neuer Termin bestimmt** werden (Säcker EnergieR/Johanns/Roesen § 81 Rn. 4; Loewenheim/Meessen/Riesenkampff/Kersting/Meyer-Lindemann/Kühnen GWB § 69 Rn. 6). Ist allerdings schon die abschließende Entscheidung des Beschwerdegerichts getroffen, ist mit der **Versagung rechtlichen Gehörs** der **Rechtsbeschwerdegrund** des § 86 Abs. 4 Nr. 3 gegeben, der die zulassungsfreie Rechtsbeschwerde begründet (→ § 86 Rn. 17 f.). Daneben ist für eine **Wiedereinsetzung in den vorigen Stand** kein Raum (so aber: Säcker EnergieR/Johanns/Roesen § 81 Rn. 4; Theobald/Kühling/Boos § 81 Rn. 14; Kment EnWG/Huber § 81 Rn. 5; Bourwieg/Hellermann/Hermes/Laubenstein/Bourazeri § 81 Rn. 8; Immenga/Mestmäcker/K. Schmidt GWB § 69 Rn. 5). Wiedereinsetzung in den vorigen Stand ist nur zu gewähren, wenn eine Partei schuldlos daran gehindert war, eine wiedereinsetzungsfähige Frist einzuhalten; mit ihr wird die Rechtzeitigkeit der erst nach Fristablauf vorgenommenen Prozesshandlung fingiert (BeckOK ZPO/Wendtland ZPO § 233 Rn. 1 ff.). Eine analoge Anwendung auf schuldlos versäumte Termine kommt auch aus Gründen der Rechtssicherheit nicht in Betracht (LAG RhPF BeckRS 2011, 76789 Rn. 3 f.).

Schließlich kann eine Entscheidung nach Absatz 2 nur ergehen, wenn das Gericht die 16 Sache für **spruchreif** hält, da andernfalls die Sachaufklärungspflicht des § 82 entgegensteht (Kment EnWG/Huber § 81 Rn. 4; Immenga/Mestmäcker/K. Schmidt GWB § 69 Rn. 4).

§ 82 Untersuchungsgrundsatz

(1) Das Beschwerdegericht erforscht den Sachverhalt von Amts wegen.

(2) Der oder die Vorsitzende hat darauf hinzuwirken, dass Formfehler beseitigt, unklare Anträge erläutert, sachdienliche Anträge gestellt, ungenügende tatsächliche Angaben ergänzt, ferner alle für die Feststellung und Beurteilung des Sachverhalts wesentlichen Erklärungen abgegeben werden.

(3) ¹Das Beschwerdegericht kann den Beteiligten aufgeben, sich innerhalb einer zu bestimmenden Frist über aufklärungsbedürftige Punkte zu äußern, Beweismittel zu bezeichnen und in ihren Händen befindliche Urkunden sowie andere Beweismittel vorzulegen. ²Bei Versäumung der Frist kann nach Lage der Sache ohne Berücksichtigung der nicht beigebrachten Unterlagen entschieden werden.

(4) ¹Wird die Anforderung nach § 69 Abs. 7 oder die Anordnung nach § 69 Abs. 8 mit der Beschwerde angefochten, hat die Regulierungsbehörde die tatsächlichen Anhaltspunkte glaubhaft zu machen. ²§ 294 Abs. 1 der Zivilprozessordnung findet Anwendung.

Überblick

Nach **Absatz 1** gilt im energieverwaltungsgerichtlichen Verfahren der Untersuchungsgrundsatz (→ Rn. 2). **Absatz 2** regelt die Hinweispflicht des oder der Vorsitzenden (→ Rn. 18). **Absatz 3** gibt dem Gericht die Möglichkeit, die Mitwirkungsobliegenheit der Beteiligten zu konkretisieren, indem es ihnen eine Frist setzt, etwa um sich zu bestimmten aufklärungsbedürftigen Punkten zu äußern, Beweismittel zu bezeichnen, Urkunden oder Beweismittel vorzulegen (→ Rn. 23). **Absatz 4** schränkt den Untersuchungsgrundsatz für bestimmte Sachverhalte – Auskunfts- und Prüfungsverlangen nach § 69 Abs. 7 und 8 – dahin ein, dass die Regulierungsbehörde die tatsächlichen Anhaltspunkte glaubhaft zu machen hat (→ Rn. 26).

van Rossum

Übersicht

	Rn.		Rn.
A. Normzweck und Bedeutung	1	V. Rechtsfolgen bei Verstößen	16
B. Untersuchungsgrundsatz (Abs. 1)	2	C. Richterliche Hinweispflicht (Abs. 2)	18
I. Bedeutung des Untersuchungsgrundsatzes	2	D. Mitwirkungspflichten der Beteiligten (Abs. 3)	23
II. Reichweite der Aufklärungspflicht	3		
III. Beweisaufnahme	9	E. Erleichterte Beweisführung bei Auskunftsverlangen (Abs. 4)	26
IV. Beweislast	11		

A. Normzweck und Bedeutung

1 Die Regelung entspricht im Wesentlichen § 75 GWB (§ 70 GWB aF; BT-Drs. 15/3917, 71). **Absatz 1** stellt klar, dass im energieverwaltungsgerichtlichen Verfahren der Untersuchungsgrundsatz gilt; damit entspricht er auch § 86 Abs. 1 S. 1 Hs. 1 VwGO (→ Rn. 2). Die aus dem Untersuchungsgrundsatz resultierende richterliche Ermittlungspflicht wird allerdings in mehrfacher Hinsicht begrenzt (→ Rn. 3). Für die Beweiserhebung selbst sind entsprechend § 85 Nr. 2 die Vorschriften der §§ 355–494a ZPO anwendbar (→ Rn. 9). In **Absatz 2** wird die **Hinweis- und Erörterungspflicht** des oder der Vorsitzenden geregelt; er ist identisch mit § 86 Abs. 3 VwGO (→ Rn. 18). **Absatz 3** konkretisiert die **Mitwirkungspflichten** der Beteiligten und sieht zur Sicherung eines zügigen Verfahrens die Möglichkeit der Präklusion vor (→ Rn. 23). **Absatz 4** erleichtert die Beweisführung für Auskunfts- und Prüfungsverlangen der Regulierungsbehörde, um die Wahrung der Anonymität von Informanten zu ermöglichen (→ Rn. 26).

B. Untersuchungsgrundsatz (Abs. 1)

I. Bedeutung des Untersuchungsgrundsatzes

2 Da es sich bei dem energiewirtschaftsrechtlichen Beschwerdeverfahren um ein **besonderes Verwaltungsstreitverfahren** handelt, gilt – wie auch schon im Verwaltungsverfahren vor der Regulierungsbehörde (§ 68 Abs. 1) – der Untersuchungsgrundsatz, auch als Amtsermittlungsgrundsatz oder Inquisitionsmaxime bezeichnet. Er ist Ausdruck des öffentlichen Interesses an der **sachlichen Richtigkeit der Entscheidung** und hat seine **verfassungsrechtlichen Grundlagen** in dem Anspruch auf Gewährung effektiven Rechtsschutzes gegen Maßnahmen der öffentlichen Gewalt (Art. 19 Abs. 4 GG), im Rechtsstaatsprinzip, insbesondere im Gebot der Gesetzmäßigkeit der Verwaltung (Art. 20 Abs. 3 GG), sowie in den Grundrechten (BeckOK VwGO/Breunig VwGO § 86 Rn. 8). Er steht im Gegensatz zu dem das Zivilprozessrecht beherrschenden Beibringungs- bzw. Verhandlungsgrundsatz. Anders als der Zivilrichter im Regelfall hat das Beschwerdegericht den Sachverhalt in eigener Verantwortung **von Amts wegen** zu erforschen und die relevanten Tatsachen zu ermitteln, soweit es eine Aufklärung zur Vorbereitung seiner Entscheidung für notwendig erachtet und dem nicht zwingende Hindernisse entgegenstehen. Da die Geltung des Amtsermittlungsgrundsatzes es verbietet, die Vorschriften der Zivilprozessordnung über das Versäumnisurteil entsprechend anzuwenden, sieht § 81 Abs. 2 eine Entscheidung auch ohne das Erscheinen eines oder aller Beteiligten vor (→ § 81 Rn. 13).

II. Reichweite der Aufklärungspflicht

3 Die aus dem Untersuchungsgrundsatz resultierende **richterliche Ermittlungspflicht** ist in **mehrfacher Hinsicht begrenzt**.

4 Der Umfang der Ermittlungen wird zunächst durch den **Streitgegenstand** des Beschwerdeverfahrens bestimmt und zugleich auch beschränkt (Kölner Komm KartellR/Deichfuß GWB § 70 Rn. 6; BeckOK KartellR/Rombach GWB § 75 Rn. 3). Dieser ergibt sich nach Maßgabe der im energieverwaltungsrechtlichen Beschwerdeverfahren geltenden **Dispositionsmaxime** aus den vom Beschwerdeführer gestellten **Anträgen** (§ 78 Abs. 4 Nr. 1), die

Untersuchungsgrundsatz § 82 EnWG

gegebenenfalls unter Heranziehung des Beschwerdevorbringens auszulegen sind (→ § 78 Rn. 23). Etwaige Unklarheiten müssen nach Absatz 2 im Wege der Erörterung beseitigt werden. Da das Beschwerdegericht entsprechend § 88 VwGO über das so ermittelte Begehren des Beschwerdeführers nicht hinausgehen darf, ist es bei seiner rechtlichen Überprüfung und der diesbezüglichen Aufklärung gebunden, wenn der Beschwerdeführer etwa seine Anfechtungsbeschwerde zulässigerweise auf einen Teil der angefochtenen Entscheidung beschränkt (Kölner Komm KartellR/Deichfuß GWB § 70 Rn. 6). Welche Ermittlungen in diesem Rahmen erforderlich sind, hat das Beschwerdegericht nach pflichtgemäßem Ermessen zu entscheiden (Loewenheim/Meessen/Riesenkampff/Kersting/Meyer-Lindemann/Kühnen GWB § 70 Rn. 4).

Hat sich das **Beschwerdeverfahren in der Hauptsache erledigt,** so dass die Beteiligten lediglich über die Kosten streiten, bedarf es keiner weiteren Aufklärung des Sachverhalts, da nur noch nach billigem Ermessen unter besonderer Berücksichtigung des Grundsatzes der Verfahrensökonomie über die Kosten zu entscheiden ist (BGH BeckRS 2014, 8448 Rn. 5; → § 83 Rn. 35). Nichts anderes gilt im Falle der **Rücknahme** der Beschwerde. 5

Eine weitere Begrenzung folgt aus dem **Zweck des Beschwerdeverfahrens,** das (nur) der **gerichtlichen Kontrolle** der angefochtenen regulierungsbehördlichen Entscheidung dient. Von daher ist die Ermittlungspflicht des Beschwerdegerichts auf **Ergänzungsermittlungen** zu der von der Regulierungsbehörde bereits im Verwaltungsverfahren entsprechend § 68 Abs. 1 vorgenommenen Sachverhaltsermittlung beschränkt. Ist hingegen eine solche **Aufklärung** durch die Regulierungsbehörde **völlig unterblieben** oder sind ihre **Ermittlungen unverwertbar,** weil die rechtliche Beurteilung des Beschwerdegerichts ganz andere Ermittlungen erfordert, kann das Beschwerdegericht die **angefochtene Entscheidung** ausnahmsweise auch **ohne Herbeiführung der Spruchreife aufheben,** um der Regulierungsbehörde Gelegenheit zu geben, diese Ermittlungen in einem neuen Verwaltungsverfahren nachzuholen (BGHZ 155, 214 = BeckRS 2003, 7823 Rn. 24 – HABET/Lekkerland; → § 83 Rn. 25). Eine solche Aufhebung soll angelehnt an § 113 Abs. 3 S. 4 VwGO angesichts der Komplexität von kartellwirtschaftsrechtlichen Verfahren nur innerhalb einer Frist von einem Jahr nach Eingang der Akten bei Gericht in Betracht kommen (Kölner Komm KartellR/Deichfuß GWB § 70 Rn. 5). Für energiewirtschaftsrechtliche Verfahren dürfte angesichts ihrer hohen Komplexität nichts anderes gelten. 6

Beschränkt ist die Ermittlungspflicht des Beschwerdegerichts auch dadurch, dass sie sich zum einen mit Blick auf den Streitgegenstand naturgemäß **nur auf rechtlich erhebliche, beweisbedürftige Tatsachen** bezieht. Das sind solche, die den Ausgang des Beschwerdeverfahrens beeinflussen können und nicht schon aufgeklärt oder offenkundig sind (Bourwieg/Hellermann/Hermes/Laubenstein/Bourazeri § 82 Rn. 3; Säcker EnergieR/Johanns/Roesen § 82 Rn. 4; Immenga/Mestmäcker/K. Schmidt GWB § 70 Rn. 5). Zum anderen muss nach dem Vorbringen der Beteiligten oder dem zugrunde zu legenden Sachverhalt überhaupt ein **Anlass für eine gerichtliche Aufklärung** bestehen, da nicht allen denkbaren Möglichkeiten von Amts wegen nachgegangen werden muss (FK-KartellR/Meyer-Lindemann GWB § 75 Rn. 8; Immenga/Mestmäcker/K. Schmidt GWB § 70 Rn. 6; Loewenheim/Meessen/Riesenkampff/Kersting/Meyer-Lindemann/Kühnen GWB § 70 Rn. 7). Feststellungen der Regulierungsbehörde, die im Beschwerdeverfahren nicht angegriffen werden, sind daher nicht von Amts wegen zu überprüfen (BGHZ 163, 296 = BeckRS 2005, 8522 Rn. 22 – Arealnetz). Es bedarf vielmehr hinreichender Anhaltspunkte dafür, dass die Regulierungsbehörde den Sachverhalt nicht in dem gebotenen Umfang oder zutreffend ermittelt hat, inzwischen relevante Änderungen eingetreten sind oder das Beschwerdegericht die Sache rechtlich abweichend beurteilt (Kölner Komm KartellR/Deichfuß GWB § 70 Rn. 4). 7

Schließlich findet der Untersuchungsgrundsatz seine Grenze auch durch die – prozessualen und materiellrechtlichen – **Mitwirkungsobliegenheiten** der Verfahrensbeteiligten. Eine Ausprägung dieser Obliegenheit stellt **§ 78 Abs. 4 Nr. 2** da, der den Beschwerdeführer verpflichtet, in der Beschwerdebegründung die Tatsachen und Beweismittel anzugeben, auf die sich die Beschwerde stützt (→ § 78 Rn. 24). Zudem setzt sich die bereits im Verwaltungsverfahren bestehende **materiellrechtliche Mitwirkungslast** des Netzbetreibers im Beschwerdeverfahren fort (Schneider/Theobald EnergieWirtschaftsR-HdB/Lange § 22 Rn. 60 ff.). Schon im Verwaltungsverfahren wird die u.a. aus § 24 VwVfG und § 68 Abs. 1 folgende Aufklärungspflicht der Regulierungsbehörde durch etwaige Mitwirkungspflichten 8

van Rossum

des Netzbetreibers entsprechend § 26 Abs. 2 VwVfG begrenzt, indem sich dieser an der Aufklärung des entscheidungserheblichen Sachverhalts zu beteiligen und insbesondere ihm bekannte Tatsachen anzugeben hat (BGH RdE 2018, 364 = BeckRS 2018, 3689 Rn. 21; RdE 2011, 308 = BeckRS 2011, 18470 Rn. 86 – EnBW Regional AG; RdE 2010, 19 = NJOZ 2009, 3390 Rn. 22 f. – SWU Netze; Holznagel/Schütz/Schreiber ARegV § 27 Rn. 16 ff.). **Absatz 3** knüpft daran an und gibt dem Beschwerdegericht prozessual die Möglichkeit, den Beteiligten aufzugeben, sich innerhalb einer angemessenen Frist über aufklärungsbedürftige Punkte zu äußern, Beweismittel zu benennen oder in ihrem Besitz befindliche Urkunden oder andere Beweismittel vorzulegen (→ Rn. 23).

8.1 Obliegt es dem Netzbetreiber, die für die materiell-rechtliche Beurteilung relevanten Umstände zumindest im Ansatz vorzutragen, ist das Gericht nicht aufgrund des Untersuchungsgrundsatzes gehalten, ein beantragtes Sachverständigengutachten einzuholen, wenn der Netzbetreiber die ihm zugänglichen Tatsachen nicht vorträgt (BGH RdE 2018, 364 = BeckRS 2018, 3689 Rn. 21).

III. Beweisaufnahme

9 Zur Erforschung des Sachverhalts kann das Beschwerdegericht gem. § 85 Nr. 2 auf die Regelungen der **ZPO** zum Beweis durch Urkunden, Zeugen, Sachverständigen und Augenschein nach **§§ 355–494a ZPO** zurückgreifen (→ § 85 Rn. 4.6). Eines förmlichen **Beweisbeschluss**es bedarf es nach Maßgabe der §§ 358, 358a, 450 ZPO nur, wenn die Beweisaufnahme ein besonderes Verfahren erfordert. Sofern das Gericht nicht eines seiner Mitglieder als beauftragten Richter Beweis erheben lässt, erfolgt die Beweisaufnahme nach dem **Grundsatz der Unmittelbarkeit der Beweisaufnahme** entsprechend §§ 355, 357, 370 ZPO in der öffentlichen mündlichen Verhandlung vor dem Beschwerdegericht. Neben den förmlichen Beweismitteln der ZPO kommen **auch nicht förmliche Aufklärungsmöglichkeiten** in Betracht, wie etwa die **Einholung von Auskünften** entsprechend § 87 Abs. 1 S. 2 Nr. 3 VwGO oder die **Beiziehung von Behördenakten** gem. § 84 Abs. 2 (→ § 84 Rn. 13). Dabei steht es im pflichtgemäßen **Ermessen** des Gerichts, mit welchen konkreten Mitteln und auf welche Art und Weise das Gericht den Sachverhalt erforscht (Säcker EnergieR/Johanns/Roesen § 82 Rn. 8). Daher kann das **Gericht**, soweit es sich für **sachkundig** hält, von der **Einholung** eines Sachverständigengutachtens **absehen** (BGHZ 99, 1 = BeckRS 1986, 112159 Rn. 13 – Asphaltmischwerke (Mischguthersteller); BGHZ 68, 23 = NJW 1977, 675 (676) – Valium; BGHZ 50, 357 = NJW 1968, 2376 (2378) – Zementverkaufsstelle Niedersachsen; → Rn. 17). Es kann aber auch entsprechend **§ 411a ZPO** die schriftliche Begutachtung durch die **Verwertung** eines gerichtlich eingeholten **Sachverständigengutachtens aus** einem **anderen** (Beschwerde-)**Verfahren ersetzt** werden. Von dieser Möglichkeit machen die Beschwerdegerichte bei einer Identität der Beweisfrage öfters Gebrauch.

10 Hält das Beschwerdegericht eine Aufklärung des Sachverhalts für erforderlich, muss es die erforderlichen **Ermittlungen** nicht zwingend selbst durchführen. Gerade umfangreiche ergänzende Ermittlungen können vielmehr **auch von der Regulierungsbehörde,** aus eigener Initiative oder auf entsprechende Aufforderung des Beschwerdegerichts vorgenommen werden (BGHZ 155, 214 = BeckRS 2003, 7823 Rn. 23 – HABET/Lekkerland). Dabei hat die Regulierungsbehörde – wie auch aus § 69 Abs. 1 folgt – weiterhin die ihr schon im Verwaltungsverfahren zustehenden Befugnisse (Säcker EnergieR/Johanns/Roesen § 82 Rn. 6).

IV. Beweislast

11 Der Amtsermittlungsgrundsatz des Gerichts schließt eine subjektive (formelle) Beweisführungslast im Beschwerdeverfahren aus. Das Gericht hat den Sachverhalt in eigener Verantwortung und ohne Bindung an eine Initiative der Beteiligten zu klären und die notwendigen Beweise zu erheben. Vielmehr ist auf die allgemeinen verwaltungsprozessualen Grundsätze zurückzugreifen, nach denen das materielle Recht und damit die Regelungen der **objektiven (materiellen) Beweis- oder Feststellungslast** über die Verteilung des Prozessrisikos entscheiden. Danach geht die Unerweislichkeit von Tatsachen, aus denen ein Beteiligter ihm günstige Rechtsfolgen ableitet, zu seinen Lasten (Kment EnWG/Huber § 82 Rn. 5; Säcker EnergieR/Johanns/Roesen § 82 Rn. 9).

Im Bereich der **Eingriffsbefugnisse** der Regulierungsbehörde bedeutet dies, dass diese 12
die Unaufklärbarkeit der tatbestandlichen Voraussetzungen der ermächtigenden Rechtsnorm
gegen sich gelten lassen muss. Geht es allerdings darum, dass der Betroffene sich auf eine
Ausnahme zu seinen Gunsten beruft, trägt insoweit er die Folgen der Nichterweislichkeit.
Soll ein Umstand nur als Ausnahme berücksichtigt werden, wird dies etwa mit Formulierungen wie: „Dies gilt nicht, wenn", „Diese Vorschrift findet keine Anwendung, wenn", „es
sei denn, dass", „wenn nicht" oder „sofern nicht" zum Ausdruck gebracht (NK-VwGO/
Rixen VwGO § 108 Rn. 132).

Macht der Betroffene hingegen einen **Anspruch auf Vornahme eines ihn begünsti-** 13
genden Verwaltungsaktes geltend, muss er die Unaufklärbarkeit einer anspruchsbegründenden Tatsache gegen sich gelten lassen. Die Regulierungsbehörde trägt dagegen die materielle Feststellungslast für die tatsächlichen Umstände, die dem Anspruch als rechtshindernde
Ausnahme entgegenstehen (BeckOK VwGO/Breunig VwGO § 108 Rn. 16 ff.).

Bei einer **Anfechtungsbeschwerde** geht daher die Unerweislichkeit von Tatsachen 14
grundsätzlich zulasten der Regulierungsbehörde, wenn diese Tatsachen die Voraussetzungen
des regierungsbehördlichen Eingriffs darstellen (OLG Düsseldorf NJOZ 2022, 655 Rn. 79;
BeckRS 2012, 19724; Bourwieg/Hellermann/Hermes/Laubenstein/Bourazeri § 82
Rn. 10 f.; Theobald/Kühling/Boos § 82 Rn. 5; Kment EnWG/Huber § 82 Rn. 5; Schneider/Theobald EnergieWirtschaftsR-HdB/Lange § 22 Rn. 65 f.).

Bei der **Verpflichtungsbeschwerde** auf Genehmigung höherer Netznutzungsentgelte 15
oder nachträgliche Anpassung der festgelegten Erlösobergrenzen trägt indessen der Antragsteller die materielle Beweislast für das Vorliegen der Voraussetzungen des Anspruchs auf
Erlass des begünstigenden Verwaltungsakts (OLG Brandenburg LKV 2008, 383; OLG
Koblenz ZNER 2007, 182 = BeckRS 2008, 8788 Rn. 46 ff.; Bourwieg/Hellermann/Hermes/Laubenstein/Bourazeri § 82 Rn. 10; Theobald/Kühling/Boos § 82 Rn. 5; Kment
EnWG/Huber § 82 Rn. 5; Schneider/Theobald EnergieWirtschaftsR-HdB/Lange § 22
Rn. 65 f.).

Im Rahmen der **kostenorientierten,** vom Netzbetreiber zu beantragenden **Entgeltgenehmigung** 15.1
erstreckte sich die **Beweislast** des **Netzbetreibers** folglich auf die Genehmigungsvoraussetzungen nach
§ 23a Abs. 2 S. 1.

Bei dem Verfahren zur **Festlegung von Erlösobergrenzen** ist zu differenzieren: Das **Verfahren** 15.2
zur Festlegung der Erlösobergrenzen wird gem. § 2 ARegV von Amts wegen eingeleitet, sodass
die **Regulierungsbehörde** grundsätzlich verpflichtet ist, die zur Bestimmung der Erlösobergrenzen
notwendigen Tatsachen gem. § 68 Abs. 1 iVm § 27 Abs. 1 ARegV von Amts wegen zu ermitteln.
Soweit aber eine **Anpassung der festgelegten Erlösobergrenzen** entsprechend § 21a Abs. 3 möglich
ist, ist maßgeblich auf die Regelungen im Einzelnen abzustellen. Handelt es sich um **antragsgebundene
Verfahren,** muss der Netzbetreiber die Umstände, die die ihn begünstigende Entscheidung tragen,
vortragen und nachweisen, sodass ihn die materielle Beweislast trifft. Der **Netzbetreiber** hat daher die
Feststellungslast, soweit er etwa für sich einen bereinigten Effizienzwert nach **§ 15 Abs. 1 ARegV,** die
Unzumutbarkeit der Einhaltung der Effizienzvorgaben nach **§ 16 Abs. 2 ARegV,** eine Investitionsmaßnahme nach **§ 23 ARegV,** die Anpassung der Erlösobergrenze wegen einer unzumutbaren Härte nach
§ 4 Abs. 4 ARegV oder des jährlich ermittelten Regulierungskontosaldos nach **§ 5 ARegV,** einen
Erweiterungsfaktor nach **§ 10 ARegV** oder einen Kapitalkostenaufschlag nach **§ 10a ARegV** in
Anspruch nehmen will (zu § 4 Abs. 4: BGH RdE 2012, 203 = BeckRS 2012, 6793 Rn. 43 –
Gemeindewerke Schutterwald; BGH RdE 2012, 389 = BeckRS 2011, 29725 Rn. 36 – PVU Energienetze; Holznagel/Schütz/Schütz/Schreiber § 21a Rn. 146; Holznagel/Schütz/Schütte ARegV § 4
Rn. 130; Holznagel/Schütz/Albrecht/Mallossek/Petermann ARegV § 15 Rn. 65 ff.; Holznagel/
Schütz/Albrecht/Mallossek/Petermann ARegV § 16 Rn. 21 ff.; Baur/Salje/Schmidt-Preuß Energiewirtschaft/Hilzinger Kap. 58 Rn. 18).

Bei einer **Anfechtungsbeschwerde gegen die Verpflichtung zum Netzanschluss** obliegt es 15.3
dem betroffenen Betreiber eines Energieversorgungsnetzes gem. § 17 Abs. 2 die Gründe für die Verweigerung des Netzanschlusses, dh die **Ausnahme** vorzutragen und nachzuweisen, denn er ist zur Verweigerung nur berechtigt, soweit er nachweist, dass ihm die Gewährung des Anschlusses aus betriebsbedingten oder sonstigen wirtschaftlichen oder technischen Gründen unter Berücksichtigung des Zwecks des
§ 1 nicht möglich oder nicht zumutbar ist (BGH RdE 2018, 364 = BeckRS 2018, 3689 Rn. 19).

V. Rechtsfolgen bei Verstößen

16 Die **Verletzung der Aufklärungspflicht** kann einen Verfahrensfehler begründen, der mit der **Rechtsbeschwerde** gerügt werden kann. Dabei muss mit der Verfahrensrüge des § 88 Abs. 2 S. 1 geltend gemacht und aufgezeigt werden, welche konkreten Ermittlungen das Beschwerdegericht unterlassen haben soll und zu welchem Ergebnis diese geführt hätten (BGH RdE 2012, 203 = BeckRS 2012, 6793 Rn. 46 – Gemeindewerke Schutterwald; → § 88 Rn. 10).

17 Ein Verfahrensverstoß kann im **Verzicht auf die Hinzuziehung eines Sachverständigen** und der darin liegenden unzureichenden Sachaufklärung liegen. Allerdings liegt ein Rechtsfehler nur vor, wenn das Beschwerdegericht sich in ermessensfehlerhafter Weise nicht an den Rahmen seiner Ermittlungspflicht gehalten hat, also etwa einen Sachverständigen nicht hinzugezogen hat, weil es sich selbst für sachkundig hält, die Begründung der angefochtenen Entscheidung indessen auf mangelnde Sachkunde schließen lässt (BGHZ 99, 1 = BeckRS 1986, 112159 Rn. 13 – Asphaltmischwerke (Mischguthersteller); NJW 1977, 675 (676) – Valium; BGHZ 50, 357 = NJW 1968, 2376 (2378) – Zementverkaufsstelle Niedersachsen).

C. Richterliche Hinweispflicht (Abs. 2)

18 Der Vorsitzende hat darauf hinzuwirken, dass Formfehler beseitigt, unklare Anträge erläutert, sachdienliche Anträge gestellt, ungenügende tatsächliche Angaben ergänzt und alle für die Feststellung und Beurteilung des Sachverhalts wesentlichen Erklärungen abgegeben werden. Diese richterliche Hinweispflicht, die § 75 Abs. 2 GWB (= § 70 Abs. 2 GWB aF), § 86 Abs. 3 VwGO entspricht, konkretisiert die Ansprüche auf **Gewährung effektiven Rechtsschutzes, rechtlichen Gehörs** und der **Vermeidung von Überraschungsentscheidungen;** zugleich ist sie Ausdruck der prozessualen Mitwirkungspflicht der Beteiligten (Immenga/Mestmäcker/K. Schmidt GWB § 70 Rn. 11). Mit Blick auf den Anwaltszwang (§ 80) kommt der Regelung geringere praktische Bedeutung als im Verwaltungsprozess zu.

19 Das Gericht ist gehindert, seine Entscheidung auf rechtliche Erwägungen zu stützen, deren mögliche Relevanz nicht zuvor Gegenstand eines richterlichen Hinweises war. Eine gegen das Grundrecht auf Gewährung rechtlichen Gehörs verstoßende **Überraschungsentscheidung** liegt daher vor, wenn sich die Verfahrensbeteiligten nicht zu dem der Entscheidung zugrundeliegenden Sachverhalt oder der maßgeblichen Rechtslage äußern konnten (→ § 83a Rn. 9.1). Zwar ist das Gericht grundsätzlich nicht verpflichtet, vor der Entscheidung auf seine Rechtsauffassung hinzuweisen. Eine solche Pflicht besteht jedoch dann, wenn das Gericht auf einen rechtlichen Gesichtspunkt abstellt, mit dem auch ein gewissenhafter und kundiger Prozessbeteiligter selbst unter Berücksichtigung der Vielfalt vertretbarer Rechtsauffassungen nicht zu rechnen brauchte (BGH NZKart 2013, 462 Rn. 13 – Rabattstaffel; GRUR 2012, 1242 Rn. 6 – Steckverbindung; → § 83 Rn. 16).

20 Die Verpflichtung, auf **Formfehler** hinzuweisen, bezieht sich nur auf solche, die noch heilbar sind. Daneben hat der Vorsitzende – korrespondierend mit dem Untersuchungsgrundsatz des Absatz 1 – darauf hinzuwirken, dass unklare Anträge erläutert und sachdienliche Anträge gestellt werden. **Erläuterungsbedürftig** sind Anträge, die wegen ihrer Mehrdeutigkeit oder Unbestimmtheit das Rechtsschutzziel nicht erkennen lassen. **Sachdienlich** ist ein Antrag, der den Prozesszweck und die Durchführung des Verfahrens fördert und die Streitfrage einer wirklichen Erledigung zuführt. Die Sachdienlichkeit ist aus der Sicht der Partei, also subjektiv zu beurteilen (BeckOK VwGO/Breunig VwGO § 86 Rn. 99). Hinzuweisen ist weiter auf ersichtlich unvollständigen, ungenügenden oder widersprüchlichen Vortrag.

20.1 Erweist sich eine Aufteilung des Begehrens in einen **Haupt- und Hilfsantrag** als sachdienlich, muss der Vorsitzende zusätzlich einen Hilfsantrag empfehlen (BAGE 24, 50 = NJW 1972, 1070).

20.2 Bei **Erledigung** der angegriffenen Entscheidung muss er auf die Möglichkeit einer Umstellung des Antrags auf eine **Fortsetzungsfeststellungsbeschwerde** iSd § 83 Abs. 2 S. 2 hinweisen, wenn dem Vorbringen des Beschwerdeführers entnommen werden kann, dass er ein berechtigtes Interesse an der Feststellung der Rechtswidrigkeit haben kann (→ § 83 Rn. 40). Im Falle der Erledigung des Energieverwaltungsrechtsstreits muss er auf die entsprechenden – übereinstimmenden – **Erledigungserklärungen** zur Herbeiführung einer Kostenentscheidung nach § 90 iVm § 161 Abs. 2 S. 1 VwGO, § 91a Abs. 1 S. 1 ZPO hinwirken (→ § 83 Rn. 35).

Richterliche Hinweise sind spätestens im Rahmen der Erörterung **in der mündlichen** 21
Verhandlung zu geben. Mit Blick auf die Komplexität der energiewirtschaftsrechtlichen Beschwerdesachen ist in der mündlichen Verhandlung ein Rechtsgespräch auf der Grundlage des vorgetragenen Akteninhalts üblich. Da die Verhandlung allerdings zu vertagen ist, wenn sich ein Beteiligter auf die Hinweise nicht mehr in zumutbarer Weise erklären kann, empfiehlt es sich, komplexe Hinweise, die ggf. weiterer Vorbereitungen bzw. Recherchen bedürfen, bereits im Vorfeld der mündlichen Verhandlung zu geben und die Beteiligten unter Fristsetzung zur Erklärung hierüber aufzufordern.

Die **Verletzung der Hinweispflicht** kann einen Verfahrensfehler begründen, der mit 22
der **Rechtsbeschwerde** gerügt werden kann. Mit der Verfahrensrüge muss im Einzelnen angegeben werden, was auf einen entsprechenden Hinweis vorgebracht worden wäre; dh der zunächst unterbliebene Vortrag muss vollständig nachgeholt werden (BGHZ 50, 357 = NJW 1968, 2376 (2378) – Zementverkaufsstelle Niedersachsen; BGHZ 163, 296 = BeckRS 2005, 8522 Rn. 24 – Arealnetz; → § 88 Rn. 10). Liegt darin zugleich ein Verstoß gegen den Grundsatz des rechtlichen Gehörs, ist im Fall der zulassungsfreien Rechtsbeschwerde gem. § 86 Abs. 4 Nr. 3 gegeben (BGH NZKart 2013, 462 Rn. 13 – Rabattstaffel; NZKart 2013, 461 Rn. 9 – Hörgeräteakustiker; → § 86 Rn. 18).

D. Mitwirkungspflichten der Beteiligten (Abs. 3)

Das Beschwerdegericht kann den Beteiligten aufgeben, sich innerhalb einer von ihm zu 23
bestimmenden **Frist** über aufklärungsbedürftige Punkte zu äußern, Beweismittel zu bezeichnen und in ihren Händen befindliche Urkunden sowie andere Beweismittel vorzulegen (Absatz 3 Satz 1).

Zuständig ist – anders als nach Absatz 2 – das **Beschwerdegericht** als Spruchkörper, 24
nicht der oder die Vorsitzende. Die Entscheidung ergeht außerhalb der mündlichen Verhandlung durch einen nicht selbstständig anfechtbaren Beschluss (Kölner Komm KartellR/Deichfuß GWB § 70 Rn. 21; Loewenheim/Meessen/Riesenkampff/Kersting/Meyer-Lindemann/Kühnen GWB § 70 Rn. 19).

Wird die – angemessene – Frist versäumt, kann entsprechend Absatz 3 Satz 2 ohne 25
Berücksichtigung der nicht beigebrachten Beweismittel nach Lage der Sache entschieden werden. **Verspätetes Vorbringen** ist allerdings auch nach Fristablauf noch bis zum Schluss der mündlichen Verhandlung und bei Entscheidungen ohne mündliche Verhandlung bis zu dem Zeitpunkt zu berücksichtigen, in dem das Gericht die Entscheidung trifft (Säcker EnergieR/Johanns/Roesen § 82 Rn. 12; Kment EnWG/Huber § 82 Rn. 8; Kölner Komm KartellR/Deichfuß GWB § 70 Rn. 21; Immenga/Mestmäcker/K. Schmidt GWB § 70 Rn. 12; Loewenheim/Meessen/Riesenkampff/Kersting/Meyer-Lindemann/Kühnen GWB § 70 Rn. 20). Mit Blick auf den Untersuchungsgrundsatz kommt in diesem Fall eine Zurückweisung unter dem Gesichtspunkt der Verspätung nicht in Betracht.

E. Erleichterte Beweisführung bei Auskunftsverlangen (Abs. 4)

Absatz 4 sieht eine **erleichterte Beweisführung** ausschließlich für Anfechtungsbeschwer- 26
den gegen Ermittlungsanordnungen und -anforderungen der Regulierungsbehörde nach § 69 Abs. 7 und 8 vor. Mit ihnen werden Unternehmen zur **Auskunftserteilung oder Herausgabe von Unterlagen** aufgefordert oder eine **Prüfung geschäftlicher Unterlagen in** ihren **Unternehmensräumen** angeordnet. Dies sind Mittel zur Informationsbeschaffung in einem laufenden Verwaltungsverfahren. Absatz 4 bestimmt, dass bei der Anfechtung dieser Entscheidungen **kein voller Beweis der tatsächlichen Anhaltspunkte** zu erbringen ist, sondern ihre Glaubhaftmachung ausreicht. Hintergrund der aus dem GWB übernommenen Regelung ist die sog. „Ross-und-Reiter-Problematik"; der Behörde soll es im Rahmen des Verwaltungsverfahrens möglich bleiben, Beschwerdeführer bzw. Informanten zunächst anonym zu halten (BR-Drs. 852/97, 67). Nach Maßgabe des § 294 Abs. 1 ZPO kann sich die Regulierungsbehörde aller Beweismittel bedienen, einschließlich der Versicherung an Eides Statt. Von daher kann sie statt der Benennung des Informanten – etwa in Verfahren nach §§ 30, 31 – eine seine Identifikation nicht ermöglichende eidesstattliche Versicherung eines ihrer Mitarbeiter vorlegen (Baur/Salje/Schmidt-Preuß Energiewirtschaft/Hilzinger

van Rossum

Kap. 58 Rn. 17). Da die Anwendung **auf Beschwerdeverfahren gegen die Ermittlungsmaßnahmen beschränkt** ist, findet die Beweiserleichterung in dem Verfahren über die damit vorbereitete, abschließende Entscheidung der Regulierungsbehörde keine Anwendung.

§ 83 Beschwerdeentscheidung

(1) ¹Das Beschwerdegericht entscheidet durch Beschluss nach seiner freien, aus dem Gesamtergebnis des Verfahrens gewonnenen Überzeugung. ²Der Beschluss darf nur auf Tatsachen und Beweismittel gestützt werden, zu denen die Beteiligten sich äußern konnten. ³Das Beschwerdegericht kann hiervon abweichen, soweit Beigeladenen aus wichtigen Gründen, insbesondere zur Wahrung von Betriebs- oder Geschäftsgeheimnissen, Akteneinsicht nicht gewährt und der Akteninhalt aus diesen Gründen auch nicht vorgetragen worden ist. ⁴Dies gilt nicht für solche Beigeladene, die an dem streitigen Rechtsverhältnis derart beteiligt sind, dass die Entscheidung auch ihnen gegenüber nur einheitlich ergehen kann.

(2) ¹Hält das Beschwerdegericht die Entscheidung der Regulierungsbehörde für unzulässig oder unbegründet, so hebt es sie auf. ²Hat sich die Entscheidung vorher durch Zurücknahme oder auf andere Weise erledigt, so spricht das Beschwerdegericht auf Antrag aus, dass die Entscheidung der Regulierungsbehörde unzulässig oder unbegründet gewesen ist, wenn der Beschwerdeführer ein berechtigtes Interesse an dieser Feststellung hat.

(3) Hat sich eine Entscheidung nach den §§ 29 bis 31 wegen nachträglicher Änderung der tatsächlichen Verhältnisse oder auf andere Weise erledigt, so spricht das Beschwerdegericht auf Antrag aus, ob, in welchem Umfang und bis zu welchem Zeitpunkt die Entscheidung begründet gewesen ist.

(4) Hält das Beschwerdegericht die Ablehnung oder Unterlassung der Entscheidung für unzulässig oder unbegründet, so spricht es die Verpflichtung der Regulierungsbehörde aus, die beantragte Entscheidung vorzunehmen.

(5) Die Entscheidung ist auch dann unzulässig oder unbegründet, wenn die Regulierungsbehörde von ihrem Ermessen fehlsamen Gebrauch gemacht hat, insbesondere wenn sie die gesetzlichen Grenzen des Ermessens überschritten oder durch die Ermessensentscheidung Sinn und Zweck dieses Gesetzes verletzt hat.

(6) Der Beschluss ist zu begründen und mit einer Rechtsmittelbelehrung den Beteiligten zuzustellen.

Überblick

Absatz 1 bestimmt Form und Grundlagen der Beschwerdeentscheidung und betont insoweit den verfassungsrechtlich gesicherten Anspruch auf rechtliches Gehör (→ Rn. 3 ff.). Spezifische Regelungen zum Inhalt der Beschwerdeentscheidung enthält Absatz 2 Satz 1 für die Anfechtungsbeschwerde (→ Rn. 21), Absatz 4 für die Verpflichtungsbeschwerde (→ Rn. 29) und Absatz 2 Satz 2 und Absatz 3 für die nach einer Erledigung mögliche Fortsetzungsfeststellungsbeschwerde (→ Rn. 40, → Rn. 47). Absatz 5 regelt die Ermessenskontrolle bei der gerichtlichen Nachprüfung regulierungsbehördlicher Entscheidungen durch das Beschwerdegericht (→ Rn. 50). Absatz 6 verpflichtet das Beschwerdegericht zur Begründung seiner – mit einer Rechtsmittelbelehrung zu versehenden – Entscheidung (→ Rn. 6).

Bis auf eine redaktionelle Anpassung in Absatz 3, der Streichung eines Fehlverweises auf § 40, ist die Norm seit ihrem Inkrafttreten unverändert geblieben.

Übersicht

	Rn.		Rn.
A. Normzweck und Bedeutung	1	3. Allgemeine Leistungsbeschwerde, Feststellungsbeschwerde	32
B. Entscheidung des Beschwerdegerichts	3	C. Entscheidung bei Erledigung der Hauptsache	35
I. Form der Entscheidung (Abs. 1 S. 1, Abs. 6)	3	I. Übereinstimmende Erledigung	35
II. Grundlagen der Entscheidung	10	II. Einseitige Erledigung	38
1. Grundsatz der freien Beweiswürdigung	11	III. Fortsetzungsfeststellungsbeschwerde (Abs. 2 S. 2)	40
2. Gewährleistung rechtlichen Gehörs und Verwertungsverbot	15	IV. Feststellung der Rechtmäßigkeit (Abs. 3)	47
III. Inhalt der Entscheidung	20	D. Umfang der gerichtlichen Nachprüfung (Abs. 5)	50
1. Anfechtungsbeschwerde (Abs. 2 S. 1)	21	I. Grundsatz	50
2. Verpflichtungsbeschwerde (Abs. 4)	29	II. Eingeschränkte Überprüfung	53

A. Normzweck und Bedeutung

Die Vorschrift entspricht im Wesentlichen § 76 GWB (§ 71 GWB aF; BT-Drs. 15/3917, **1** 72). Sie enthält die maßgeblichen Vorgaben für die abschließende gerichtliche Entscheidung über eine Beschwerde. Absatz 1 Satz 1 bestimmt den Maßstab für die Bildung der richterlichen Überzeugung und nennt als Grundlage das Gesamtergebnis des Verfahrens (→ Rn. 12). Satz 2 gewährleistet den Anspruch auf rechtliches Gehör vor Erlass der abschließenden Beschwerdeentscheidung, da bei ihr nur diejenigen Tatsachen und Beweisergebnisse berücksichtigt werden dürfen, zu denen die Beteiligten zuvor Stellung nehmen konnten (→ Rn. 15). Satz 3 schränkt dies aus Gründen des Geheimnisschutzes in Bezug auf einfach Beigeladene ein (→ Rn. 18). Der Inhalt der Entscheidung des Beschwerdegerichts wird für die Anfechtungsbeschwerde in Absatz 2 Satz 1 (→ Rn. 21), für die Verpflichtungsbeschwerde in Absatz 4 geregelt (→ Rn. 29). Absatz 2 Satz 2 und Absatz 3 betreffen die Fälle der Erledigung der Hauptsache und damit die Fortsetzungsfeststellungsbeschwerde (→ Rn. 40, → Rn. 47). Absatz 5 regelt die Ermessenskontrolle bei der gerichtlichen Nachprüfung regulierungsbehördlicher Entscheidungen (→ Rn. 50). Absatz 6 enthält mit der Pflicht zur Begründung der Entscheidung und der Zustellung unter Beifügung einer Rechtsmittelbelehrung formelle Anforderungen an die Beschwerdeentscheidung (→ Rn. 3, → Rn. 7). Da Inhalt und Form damit nicht vollständig geregelt sind, können ergänzend in erster Linie die Regelungen der Verwaltungsgerichtsordnung herangezogen werden.

Die Regelung gilt im **Beschwerdeverfahren** iSd §§ 75 ff. vor den Oberlandesgerichten **2** und über die Verweisungsregelung des § 88 Abs. 5 S. 1 auch im entsprechenden **Rechtsbeschwerdeverfahren** vor dem BGH nach § 86 (→ § 88 Rn. 13). Nicht erfasst ist das Verfahren über die Nichtzulassungsbeschwerde nach § 87 (→ § 87 Rn. 10).

B. Entscheidung des Beschwerdegerichts

I. Form der Entscheidung (Abs. 1 S. 1, Abs. 6)

Die **Beschwerdeentscheidung** ergeht nach Absatz 1 Satz 1 **durch Beschluss** unabhängig **3** davon, ob die Entscheidung aufgrund mündlicher Verhandlung getroffen wird oder – mit Einverständnis der Beteiligten – im schriftlichen Verfahren ergeht (§ 81 Abs. 1 Hs. 2). Hat eine mündliche Verhandlung stattgefunden, ist der Beschluss entsprechend § 310 ZPO zu verkünden (Bourwieg/Hellermann/Hermes/Laubenstein/Bourazeri § 83 Rn. 13). Die Beschwerdeentscheidung trifft der Senat in der Besetzung entsprechend § 122 GVG. Anders als im Zivilprozess ist eine Entscheidung durch den Einzelrichter gesetzlich nicht vorgesehen und daher unzulässig (Kölner Komm KartellR/Deichfuß GWB § 71 Rn. 3).

Ergeht ein Urteil, obwohl ein Beschluss hätte ergehen müssen („inkorrekte" Entscheidung), steht **3.1** nach dem **Grundsatz der Meistbegünstigung** sowohl das Rechtsmittel zur Verfügung, das für die

van Rossum 1753

EnWG § 83 Teil 8. Verfahren und Rechtsschutz bei überlangen Gerichtsverfahren

gewählte Entscheidungsform besteht (Berufung), als auch das für die richtige Entscheidungsform (Beschwerde) (vgl. BVerwGE 18, 193).

4   Die den Rechtszug abschließende Entscheidung ist wie ein verwaltungsgerichtliches Urteil der formellen und materiellen Rechtskraft fähig (Kölner Komm KartellR/Deichfuß GWB § 71 Rn. 3). Daher bindet sie das erkennende Gericht entsprechend § 173 VwGO iVm § 318 ZPO und kann von diesem grundsätzlich nicht nachträglich abgeändert werden. **Formelle Rechtskraft** tritt ein, wenn die Entscheidung unanfechtbar wird. Die **materielle Rechtskraft** entspricht derjenigen eines verwaltungsgerichtlichen Urteils (Immenga/Mestmäcker/ K. Schmidt GWB § 71 Rn. 5).

5   Ist die Beschwerde **unzulässig,** wird sie **verworfen,** ist sie **unbegründet,** so wird sie **zurückgewiesen** (Säcker EnergieR/Johanns/Roesen § 83 Rn. 3; Bourwieg/Hellermann/ Hermes/Laubenstein/Bourazeri § 83 Rn. 13). Hat die Beschwerde Erfolg, ist die Tenorierung von der Beschwerdeart und dem jeweiligen Entscheidungsinhalt abhängig (Säcker EnergieR/Johanns/Roesen § 83 Rn. 3; → Rn. 20). Der Tenor hat neben der Entscheidung zur Hauptsache entsprechend § 90 auch eine Entscheidung zur Kostentragung zu enthalten (→ § 90 Rn. 2 ff.). Eine Entscheidung über die vorläufige Vollstreckbarkeit ist grundsätzlich analog § 167 VwGO möglich (Säcker EnergieR/Johanns/Roesen § 83 Rn. 4; Immenga/ Mestmäcker/K. Schmidt GWB § 71 Rn. 5).

6   Der Beschluss ist nach Absatz 6 zu begründen. In der **Begründung** sind die entscheidungstragenden Grundlagen und Erwägungen zum Ausdruck zu bringen, das sind der vom Gericht festgestellte Sachverhalt, gegebenenfalls die Ergebnisse einer Beweisaufnahme, die Beweiswürdigung sowie die rechtliche Würdigung des sich unter Berücksichtigung des Vortrags der Beteiligten ergebenden Streitstoffs (Bourwieg/Hellermann/Hermes/Laubenstein/ Bourazeri § 83 Rn. 14; Kment EnWG/Huber § 83 Rn. 3; Immenga/Mestmäcker/K. Schmidt GWB § 71 Rn. 5). **Fehlt** eine **Begründung**, liegt der **absolute Rechtsbeschwerdegrund** des § 86 Abs. 4 Nr. 6 vor (→ § 86 Rn. 21). Dem Fehlen einer Begründung wird die **Verspätung** dann gleichgestellt, wenn sie erheblich ist (Säcker EnergieR/Johanns/ Roesen § 83 Rn. 3; Kment EnWG/Huber § 83 Rn. 3; Immenga/Mestmäcker/K. Schmidt GWB § 71 Rn. 5). Das Gesetz bestimmt zwar für die Begründung ausdrücklich keine Frist. Nach einer Entscheidung des Gemeinsamen Senats der obersten Gerichtshöfe des Bundes ist ein Beschluss indessen dann als nicht begründet anzusehen, wenn die Begründung erst **mehr als fünf Monate nach der mündlichen Verhandlung** zur Geschäftsstelle gelangt ist (GemS-OBG NJW 1993, 2603; BGH N&R 2019, 174 Rn. 11 ff. – Gewinnabführungsvertrag). Wird diese Frist nicht gewahrt, liegt ebenfalls ein Fall der zulassungsfreien Rechtsbeschwerde nach § 86 Abs. 4 Nr. 6 vor (Säcker EnergieR/Johanns/Roesen § 83 Rn. 3; Kment EnWG/Huber § 83 Rn. 3; Rosin/Pohlmann/Gentzsch/Metzenthin/Böwing/Burmeister/ Brill/Becker § 83 Rn. 4; Kölner Komm KartellR/Deichfuß GWB § 71 Rn. 5; Immenga/ Mestmäcker/K. Schmidt GWB § 71 Rn. 5; → § 86 Rn. 21).

7   Absatz 6 sieht weiter vor, dass der – zuzustellende – Beschluss eine **Rechtsmittelbelehrung** enthalten muss. Zum **notwendigen Inhalt** der Rechtsmittelbelehrung gehört eine Belehrung über das mögliche Rechtsmittel, die Verwaltungsbehörde oder das Gericht, bei denen dieses anzubringen ist, ob Anwaltszwang besteht sowie die einzuhaltende Frist und Form sowie worauf das Rechtsmittel gestützt werden kann (Kölner Komm KartellR/Deichfuß GWB § 71 Rn. 7; FK-KartellR/Birmanns GWB § 71 Rn. 9).

7.1   Lässt das Beschwerdegericht die Rechtsbeschwerde nicht zu, ist auf die Möglichkeit einer Nichtzulassungsbeschwerde hinzuweisen. Ob die Rechtsmittelbelehrung auch die Möglichkeit der Einlegung einer zulassungsfreien Rechtsbeschwerde enthalten muss, hat der BGH offengelassen (BGH-Report 2005, 1006 Rn. 4).

8   Ist eine **Rechtsbehelfsbelehrung unterblieben oder unrichtig erteilt** worden, so führt dies in entsprechender Anwendung des § 58 Abs. 2 VwGO grundsätzlich dazu, dass anstelle der gesetzlichen Rechtsbehelfsfrist eine **Ausschlussfrist von einem Jahr** läuft (BGH NVwZ-RR 2014, 449 Rn. 11 – Öffentliche Bekanntmachung; → § 78 Rn. 8). Die Vorschrift des § 58 Abs. 2 VwGO beruht auf dem Gedanken, dass die Betroffenen jedenfalls innerhalb eines Jahres Gelegenheit haben, sich über mögliche Rechtsbehelfe zu informieren, und will verhindern, dass Rechtsbehelfe trotz fehlender oder fehlerhafter Rechtsbehelfsbeleh-

rung zeitlich unbegrenzt möglich bleiben. Daher ist die Jahresfrist des § 58 Abs. 2 VwGO – sofern sie in Gang gesetzt wird – eine absolute zeitliche Grenze für die Einlegung.

Die begründete und mit einer Rechtsmittelbelehrung versehene Entscheidung ist allen Beteiligten **förmlich zuzustellen.** Die Zustellung hat entsprechend § 85 Nr. 2 nach §§ 166 ff. ZPO zu erfolgen. **Fehlt** es an einer **ordnungsgemäßen Zustellung** der anfechtbaren Entscheidung, beginnt weder die kurze Rechtsbehelfsfrist noch die Jahresfrist des § 58 Abs. 2 VwGO zu laufen. In einem solchen Fall kann die Einlegung des Rechtsbehelfs jedoch nach allgemeinen Grundsätzen verwirkt werden (→ § 78 Rn. 9; BeckOK VwGO/Kimmel VwGO § 58 Rn. 24). 9

II. Grundlagen der Entscheidung

In Absatz 1 werden die Grundsätze aufgeführt, die das Beschwerdegericht im Rahmen seiner Entscheidung zu beachten hat. Mit dem **Grundsatz der freien Beweiswürdigung** bestimmt Satz 1 – wie § 108 Abs. 1 S. 1 VwGO – den Maßstab für die Bildung der richterlichen Überzeugung und nennt als Grundlage das Gesamtergebnis des Verfahrens. Satz 2 gewährleistet den **Anspruch auf rechtliches Gehör** vor Erlass der abschließenden Beschwerdeentscheidung, da bei ihr nur diejenigen Tatsachen und Beweisergebnisse berücksichtigt werden dürfen, zu denen die Beteiligten zuvor Stellung nehmen konnten, und entspricht damit § 108 Abs. 2 VwGO. Aus Gründen des Geheimnisschutzes wird dies in Satz 3 allerdings in Bezug auf einfach Beigeladene eingeschränkt. 10

1. Grundsatz der freien Beweiswürdigung

Das Beschwerdegericht entscheidet gemäß Absatz 1 Satz 1 „nach seiner **freien,** nach dem Gesamtergebnis des Verfahrens gewonnenen **Überzeugung**". 11

Grundlage der richterlichen Überzeugungsbildung ist das **Gesamtergebnis des Verfahrens,** zu dem alle im Beschwerdeverfahren getroffenen tatsächlichen Feststellungen gehören. Das sind insbesondere das **schriftliche und mündliche Vorbringen** der Beteiligten, der Inhalt der **Gerichtsakten** sowie der vom Gericht beigezogenen und zum Gegenstand des Verfahrens gemachten **Verwaltungsvorgänge** sowie die Ergebnisse durchgeführter **Beweisaufnahmen** und sonstige Erkenntnisquellen. Dieses Gesamtergebnis wird durch die Ermittlungstätigkeit des Gerichts gewonnen, wobei der **Umfang der Sachverhaltsermittlung** nach Maßgabe des **§ 82 Abs. 1** bestimmt wird (→ § 82 Rn. 2 ff.). 12

Das im Einklang mit § 82 Abs. 1 zustande gekommene Gesamtergebnis des Verfahrens ist danach zur Grundlage der freien richterlichen Überzeugungsbildung zu machen und verpflichtet das Gericht, sich eine **Überzeugung** zu bilden, ob bestimmte nach dem Gesamtergebnis streitentscheidende Tatsachen bewiesen sind. Es muss sich in **eigener Verantwortung** die für seine Entscheidung gebotene Überzeugungsgewissheit verschaffen, **ohne** dabei grundsätzlich an **feste Beweisregeln** gebunden zu sein. Dabei darf das Beschwerdegericht keine unerfüllbaren Beweisanforderungen stellen und **keine unumstößliche Gewissheit** verlangen, sondern kann sich in tatsächlich zweifelhaften Fällen mit einem für das praktische Leben brauchbaren Grad von Gewissheit begnügen, der – so die Rechtsprechung – vorhandene Zweifel überwindet, auch wenn sie nicht völlig auszuschließen sind (Wysk/Bamberger VwGO § 108 Rn. 4). **Beweisschwierigkeiten** muss das Gericht im Rahmen der Beweiswürdigung Rechnung tragen. Dasselbe gilt, wenn Verfahrensbeteiligte unter Verletzung ihrer **Mitwirkungspflicht** die Sachaufklärung vereiteln oder erschweren, obwohl ihnen die Mitwirkung möglich und zumutbar gewesen wäre. Gelangt das Gericht nach Ausschöpfung aller Aufklärungsmöglichkeiten zu der richterlichen Überzeugung der Nichterweislichkeit einer Tatsache – „non liquet" –, so greifen die Grundsätze der materiellen Beweis- oder Feststellungslast ein, die über die Verteilung des Prozessrisikos entscheiden. Die Unerweislichkeit von Tatsachen, aus denen ein Beteiligter ihm günstige Rechtsfolgen ableitet, geht danach zu seinen Lasten (→ § 82 Rn. 11). 13

Die Beweiswürdigung ist grundsätzlich Sache des Tatrichters und kann mit der **Rechtsbeschwerde** nur daraufhin überprüft werden, ob sich das Beschwerdegericht mit dem Prozessstoff und den Beweisergebnissen umfassend und widerspruchsfrei auseinandergesetzt hat (BGH WM 2000, 842 = BeckRS 2000, 1553 Rn. 31 – Tariftreueerklärung II; Säcker EnergieR/Johanns/Roesen Rn. 6; → § 88 Rn. 25). 14

2. Gewährleistung rechtlichen Gehörs und Verwertungsverbot

15   Absatz 1 Satz 2 verpflichtet das Gericht, seine Entscheidung nur auf Tatsachen und Beweisergebnisse zu stützen, zu denen die Beteiligten sich äußern konnten. Die Regelung konkretisiert damit das durch **Art. 103 Abs. 1 GG** gewährleistete **rechtliche Gehör**. Zugleich wird mit ihr das Recht der Verfahrensbeteiligten, sich im Verfahren äußern zu können, begründet. Daraus folgt, dass bei der Entscheidung nur diejenigen Tatsachen und Beweisergebnisse berücksichtigt werden dürfen, zu denen die Beteiligten **zuvor** Stellung nehmen konnten.

16   Der Anspruch auf rechtliches Gehör erstreckt sich auf die **Tatsachen,** die nach Auffassung des Gerichts für die Entscheidung erheblich sind und darüber hinaus auch auf die danach maßgeblichen **Rechtsfragen.** Sofern das nicht schon schriftsätzlich oder im Verwaltungsverfahren geschehen ist, muss das Gericht daher die nach seiner Auffassung erheblichen Rechtsvorschriften zum Gegenstand des Verfahrens machen und erörtern. Macht das Gericht dagegen einen bis dahin nicht erörterten rechtlichen oder tatsächlichen Gesichtspunkt zur Grundlage seiner Entscheidung und gibt so dem Verfahren eine Wendung, mit der ein Beteiligter nach dem bisherigen Verlauf nicht zu rechnen brauchte, stellt die Entscheidung eine unzulässige **Überraschungsentscheidung** dar (→ § 83a Rn. 9.1).

17   Aus dem Gehörsanspruch der Beteiligten folgt die Verpflichtung des Gerichts, ihre Ausführungen zu berücksichtigen, dh zur **Kenntnis** zu nehmen und bei der Entscheidungsfindung in **Erwägung** zu ziehen, es sei denn, das Vorbringen muss oder kann aus Rechtsgründen unberücksichtigt bleiben. Wird indessen erhebliches Vorbringen übergangen, liegt darin eine Verletzung des Anspruchs auf rechtliches Gehör, der die Möglichkeit der zulassungsfreien **Rechtsbeschwerde** nach § 86 Abs. 4 Nr. 3 (→ § 86 Rn. 17 ff.) oder die – subsidiäre – **Gehörsrüge** des § 83a eröffnet (→ § 83a Rn. 5 ff.).

18   Absatz 1 Satz 3 und Satz 4 stehen im Zusammenhang mit dem **Akteneinsichtsrecht** Beigeladener nach Maßgabe des § 84. Die Frage der Akteneinsicht betrifft in energiewirtschaftsrechtlichen Verfahren häufig auch die des Schutzes von in der Akte enthaltenen **Betriebs- und Geschäftsgeheimnissen** (→ § 84 Rn. 17), da es nicht selten auf Interna der betroffenen Unternehmen ankommt. Da für die (einfache) Beiladung die erhebliche Berührung wirtschaftlicher Interessen ausreicht, besteht die Gefahr, dass (beigeladene) Wettbewerber Einblick in diese Betriebs- und Geschäftsgeheimnisse erhalten (Kölner Komm KartellR/Deichfuß GWB § 71 Rn. 10). Einen Ausgleich zwischen dem verfassungsrechtlichen Anspruch auf wirksamen Rechtsschutz und Gewährung rechtlichen Gehörs (Art. 19 Abs. 4, 103 Abs. 1 GG) einerseits und dem Geheimnisschutz und damit dem Schutz von Betriebs- und Geschäftsgeheimnissen (Art. 12, 14 GG) andererseits schafft der Gesetzgeber mit den Regelungen des § 84 zum Akteneinsichtsrecht Beigeladener. Verfahrensrechtlich knüpfen Satz 3 und Satz 4 daran an, indem sie dem Umstand Rechnung tragen, dass **Beigeladenen** nach Maßgabe des § 84 die Einsicht in Teile der Verfahrensakten insbesondere zur Wahrung von Betriebs- und Geschäftsgeheimnissen versagt werden kann und der Akteninhalt deshalb auch im Verfahren nicht vorgetragen wurde (→ § 84 Rn. 20 ff.). Das sich grundsätzlich aus Satz 2 ergebende Verwertungsverbot schränkt der Gesetzgeber mit Satz 3 im Interesse des Geheimnisschutzes ein, indem er für solche Fälle vorsieht, dass das Gericht seiner Entscheidung auch Tatsachen und Beweismittel zu Grunde legen kann, zu denen sich **einfach Beigeladene** aus wichtigen Gründen nicht äußern konnten. Im Verhältnis zu diesen Beigeladenen, die **nur in ihren wirtschaftlichen Interessen berührt** werden, kann das Beschwerdegericht daher bei seiner Entscheidung den gesamten Streitstoff einschließlich der ihnen nicht zugänglich gemachten Aktenteile, sonstigen Unterlagen und Auskünfte berücksichtigen. Die Entscheidung liegt im pflichtgemäßen Ermessen des Beschwerdegerichts. Dabei ist es ausreichend, wenn das Gericht in der Hauptsacheentscheidung darlegt, ob, in welchem Umfang und aus welchen Gründen es von der Möglichkeit des Absatzes 1 Satz 3 Gebrauch macht und Tatsachenstoff bei der Entscheidungsfindung berücksichtigt, zu denen den einfach Beigeladenen **aus wichtigen Gründen kein rechtliches Gehör** gewährt worden ist (Kölner Komm KartellR/Deichfuß GWB § 71 Rn. 10; Langen/Bunte/Lembach GWB § 76 Rn. 20 f.; FK-KartellR/Birmanns GWB § 71 Rn. 16).

19   **Notwendig Beigeladene** nimmt Satz 4 von dieser Ausnahme ausdrücklich aus, da sie an dem streitigen Rechtsverhältnis derart beteiligt sind, dass die **Entscheidung ihnen gegenüber nur einheitlich ergehen** kann. Da sie **durch die Entscheidung** nicht nur in

ihren wirtschaftlichen Interessen berührt, sondern **in ihren Rechten beeinträchtigt** werden können, stehen sie insoweit einem Hauptbeteiligten des Beschwerdeverfahrens gleich. Für sie bleibt es daher bei dem Verwertungsverbot des Absatzes 1 Satz 2. Die ihnen nach Maßgabe des § 84 nicht zugänglich gemachten Tatsachen und Beweismittel dürfen nicht verwertet werden.

Problematisch ist die Frage, wie ein umfassender Schutz der Betriebs- und Geschäftsgeheimnisse des Beschwerdeführers erreicht werden kann. Zwar gestattet Absatz 1 Satz 3 es dem Beschwerdegericht, die einfach Beigeladenen gegenüber geheim gehaltenen Tatsachen und Beweismittel in seiner Beschwerdeentscheidung zu verwerten. Die nach Maßgabe des Absatz 6 zu begründende Entscheidung ist indessen allen und damit auch dem einfach Beigeladenen zuzustellen und damit bekanntzumachen. Nicht geklärt ist, ob der einfach Beigeladene mit Blick auf Absatz 1 Satz 3 auch im gerichtlichen Beschwerdeverfahren lediglich eine **um Betriebs- und Geschäftsgeheimnisse bereinigte Fassung** erhalten kann (so für eine kartellbehördliche Verfügung KG WUW/E DE-R 688 = BeckRS 2008, 12114 Rn. 30 – HABET/Lekkerland; zweifelnd: Langen/Bunte/Lembach GWB § 76 Rn. 20; abl. Kölner Komm KartellR/Deichfuß GWB § 71 Rn. 13; Immenga/Mestmäcker/K. Schmidt GWB § 71 Rn. 4). 19.1

III. Inhalt der Entscheidung

Ist die Beschwerde etwa wegen Versäumung der Frist, einem Verstoß gegen Formvorschriften, Missachtung des Anwaltszwangs oder Fehlens der Beschwer **unzulässig,** so wird sie entsprechend den allgemeinen verfahrensrechtlichen Grundsätzen **verworfen;** die in der Sache **unbegründete** Beschwerde wird **zurückgewiesen** (Säcker EnergieR/Johanns/Roesen § 83 Rn. 3; Bourwieg/Hellermann/Hermes/Laubenstein/Bourazeri § 83 Rn. 13). Hat die Beschwerde Erfolg, hängt die Tenorierung von der Beschwerdeart und dem jeweiligen Entscheidungsinhalt ab (Säcker EnergieR/Johanns/Roesen § 83 Rn. 3). § 83 trifft dazu eine nur unvollständige Regelung, indem dies in Absatz 2 Satz 1 und Absatz 4 nur für die Anfechtungsbeschwerde und die Verpflichtungs- und Untätigkeitsbeschwerde normiert wird. 20

1. Anfechtungsbeschwerde (Abs. 2 S. 1)

Bei einer erfolgreichen **Anfechtungsbeschwerde** hebt das Beschwerdegericht die angefochtene Entscheidung der Regulierungsbehörde auf, wenn sie – formell oder materiell – rechtswidrig ist. Absatz 2 Satz 1 ist insoweit terminologisch „verunglückt", als die Regelung – wie § 71 Abs. 2 S. 1 GWB aF und auch die Neuregelung des § 76 Abs. 2 S. 1 GWB nF – darauf abstellt, ob das Beschwerdegericht die Entscheidung der Regulierungsbehörde für „unzulässig oder unbegründet" hält (Immenga/Mestmäcker/K. Schmidt GWB § 71 Rn. 13; FK-KartellR/Birmanns GWB § 71 Rn. 24). Dies berücksichtigt indessen nicht, dass ein **Verfahrensfehler nur dann** zur Aufhebung der angegriffenen Entscheidung führen kann, wenn er **nicht geheilt** worden ist (§ 45 Abs. 1 VwVfG) und die **Entscheidung** zudem **auf ihm beruht** (§ 46 VwVfG) (Bourwieg/Hellermann/Hermes/Laubenstein/Bourazeri § 83 Rn. 16; Säcker EnergieR/Johanns/Roesen § 83 Rn. 14; Rosin/Pohlmann/Gentzsch/Metzenthin/Böwing/Burmeister/Brill/Becker § 83 Rn. 23; Säcker EnergieR/Wende § 67 Rn. 30 f.; Kment EnWG/Huber § 83 Rn. 11; Immenga/Mestmäcker/K. Schmidt GWB § 71 Rn. 13; FK-KartellR/Birmanns GWB § 71 Rn. 25). So können etwa **Begründungsmängel** der regulierungsbehördlichen Entscheidung noch bis zum Abschluss des Beschwerdeverfahrens nach § 45 Abs. 1 VwVfG geheilt werden, indem die erforderliche Begründung nachgeholt oder eine inhaltlich unzureichende Begründung nachgebessert wird (BGH NVwZ-RR 2010, 143 Rn. 20 f.). Ebenso kann eine im Verwaltungsverfahren unterbliebene Anhörung oder Akteneinsicht entsprechend § 45 Abs. 1 Nr. 3, Abs. 2 VwVfG im Beschwerdeverfahren geheilt werden (BGH NZKart 2023, 369 Rn. 10 ff., Rn. 29 f. – Wasserpreise Gießen). Im Übrigen führt die Verletzung von Vorschriften über das Verfahren, die Form oder die örtliche Zuständigkeit nach allgemeinen verwaltungsverfahrensrechtlichen Grundsätzen dann nicht zur Aufhebung der Entscheidung, wenn sie offenkundig die Entscheidung in der Sache nicht beeinflusst hat (§ 46 VwVfG; BGH ZNER 2015, 351 = NJOZ 2015, 1301 Rn. 16 – Zuhause-Kraftwerk; Säcker EnergieR/Wende § 67 Rn. 30 f.). 21

Materiellrechtlich ist die angegriffene Entscheidung **rechtswidrig,** wenn die Tatbestandsvoraussetzungen der von der Regulierungsbehörde herangezogenen Norm, etwa des 22

van Rossum

EnWG oder der entsprechenden Verordnungen, nicht vorliegen oder die ausgesprochene Rechtsfolge nicht rechtfertigen. Erfolg hat die Anfechtungsbeschwerde auch dann, wenn die angefochtene Entscheidung **nichtig** ist (Säcker EnergieR/Johanns/Roesen § 83 Rn. 14).

23 Maßgeblich für die **Beurteilung der Sach- und Rechtslage** ist bei der Anfechtungsbeschwerde grundsätzlich der **Zeitpunkt der Behördenentscheidung** (BGH N&R 2011, 98 Rn. 30 – Bahnstromfernleitungen; OLG Düsseldorf BeckRS 2009, 24462 Rn. 35; Bourwieg/Hellermann/Hermes/Laubenstein/Bourazeri § 83 Rn. 18; Kment EnWG/Huber § 83 Rn. 11; Theobald/Kühling/Boos § 75 Rn. 15; Rosin/Pohlmann/Gentzsch/Metzenthin/Böwing/Burmeister/Brill/Becker § 83 Rn. 12). Dieser Grundsatz gilt allerdings nicht ausnahmslos. So kommt es etwa bei Anfechtungsbeschwerden, die sich gegen Entscheidungen mit **Dauerwirkung** richten, auf den Zeitpunkt der letzten mündlichen Verhandlung – oder der gerichtlichen Entscheidung im Falle des § 81 Abs. 1 Hs. 2 – an (OLG Düsseldorf BeckRS 2009, 24462 Rn. 35; Bourwieg/Hellermann/Hermes/Laubenstein/Bourazeri § 83 Rn. 18; Kment EnWG/Huber § 83 Rn. 11; Theobald/Kühling/Boos § 75 Rn. 15). Verwaltungsakte mit Dauerwirkung sind nicht schon solche mit dauernden Auswirkungen, sondern solche, deren Regelung andauert, sich ständig wieder aktualisiert und vollzugsfähig ist (OLG Düsseldorf BeckRS 2014, 16229 Rn. 26 ff.). Bei derartigen Entscheidungen ist eine nachträgliche Änderung der Sach- und Rechtslage beachtlich. Dabei sind dem materiellen Recht nicht nur die tatbestandlichen Voraussetzungen der Rechtsgrundlage zu entnehmen, sondern auch die Festlegung, wann diese vorliegen müssen (OLG Düsseldorf BeckRS 2014, 19496 Rn. 56).

23.1 **Dauerwirkung** können etwa Gebots- und Verbotsverfügungen iSd § 65 und Auskunftsverlangen haben (Rosin/Pohlmann/Gentzsch/Metzenthin/Böwing/Burmeister/Brill/Becker § 83 Rn. 13).

23.2 Bei der Beurteilung der Rechtmäßigkeit einer Entscheidung der Regulierungsbehörde zur Verlagerung von Anschlusskapazität auf See nach **§ 17d Abs. 5** ist der maßgebliche Zeitpunkt der Tag der Verlagerungsentscheidung (OLG Düsseldorf BeckRS 2017, 108486 Rn. 128).

23.3 Für die Beurteilung der Rechtmäßigkeit der von der Regulierungsbehörde nach § 65 Abs. 1 ausgesprochenen Verpflichtung, die Tätigkeit der Belieferung von Haushaltskunden mit Energie gem. **§ 5 S. 1** anzuzeigen, ist auf die Sach- und Rechtslage im Zeitpunkt der mündlichen Verhandlung abzustellen, denn bei der Anzeigeverpflichtung handelt es sich um einen Verwaltungsakt mit Dauerwirkung (OLG Düsseldorf EnWZ 2015, 511 Rn. 106).

23.4 Auch eine auf der Grundlage des § 27 Abs. 2 S. 1 StromNZV erlassene Regelung zum **Zuschlagsverfahren für Minutenreserve und Sekundärregelung,** die in die Rechte der Teilnehmer an den Sekundärregelungs- und Minutenreservemärkten eingreift, ist nur dann rechtmäßig, wenn die Sach- und Rechtslage, die ihren Erlass rechtfertigt, im Zeitpunkt der Senatsentscheidung weiter fortbesteht (OLG Düsseldorf RdE 2019, 474 = BeckRS 2019, 19386 Rn. 56).

24 Das Beschwerdegericht kann nur eine **kassatorische Entscheidung** treffen; es kann die Entscheidung der Regulierungsbehörde **lediglich aufheben,** nicht aber abändern oder sie durch eine eigene, für sachdienlich gehaltene Entscheidung ersetzen (Kment EnWG/Huber § 83 Rn. 10; Bourwieg/Hellermann/Hermes/Laubenstein/Bourazeri § 83 Rn. 16; Salje EnWG § 83 Rn. 11). Trotz Rechtshängigkeit der Beschwerde kann die Regulierungsbehörde die angefochtene Entscheidung allerdings noch zurücknehmen oder ändern (Absatz 2 Satz 2; Säcker EnergieR/Johanns/Roesen § 75 Rn. 59; MüKoEuWettbR/Egger GWB § 73 Rn. 68; Kölner Komm KartellR/Deichfuß GWB § 71 Rn. 27; Immenga/Mestmäcker/K. Schmidt GWB § 63 Rn. 43).

25 Allein wegen der **Notwendigkeit weiterer Ermittlungen** kann die regulierungsbehördliche Entscheidung nur in Ausnahmefällen aufgehoben werden, da das Beschwerdegericht grundsätzlich zur Herbeiführung der Spruchreife Ergänzungsermittlungen entsprechend § 82 Abs. 1 durchführt. Nur wenn die gebotene Aufklärung durch die Regulierungsbehörde völlig unterblieben ist oder ihre Ermittlungen unverwertbar sind, weil die rechtliche Beurteilung des Beschwerdegerichts ganz andere Ermittlungen erfordert, kann das Beschwerdegericht die angefochtene Entscheidung ausnahmsweise auch ohne Herbeiführung der Spruchreife aufheben, um der Regulierungsbehörde Gelegenheit zu geben, diese Ermittlungen in einem neuen Verwaltungsverfahren nachzuholen (BGHZ 155, 214 = BeckRS 2003, 7823 Rn. 24 – HABET/Lekkerland; Säcker EnergieR/Johanns/Roesen § 83 Rn. 14; → § 82 Rn. 6).

Die Aufhebung wirkt **ex tunc**. Die aufgehobene Entscheidung hat mithin **von Anfang** 26
an keine Wirkung. Bei Entscheidungen mit Dauerwirkung gilt dies auch dann, wenn sie
im Zeitpunkt der Entscheidung zwar rechtmäßig waren, aber bis zur Beschwerdeentscheidung durch eine Änderung der Sach- und Rechtslage rechtswidrig geworden sind (Kölner
Komm KartellR/Deichfuß GWB § 71 Rn. 26; FK-KartellR/Birmanns GWB § 71 Rn. 29).

Die Aufhebungsentscheidung hat grundsätzlich **nur relative Wirkung,** dh im Verhältnis 27
der Beteiligten des gerichtlichen Verfahrens. Dies gilt auch bei einer **Festlegung** iSd § 29
Abs. 1 oder sonstigen Allgemeinverfügung iSd § 35 S. 2 VwVfG, die gegenüber einer Vielzahl
von Personen wirken, wenn diese – wie in der Regel – **subjektiv teilbar** sind (BGH EnWZ
2015, 180 Rn. 18 f. – Festlegung Tagesneuwerte II; Franke FS Danner, 2019, 361 (365)).
Dann erreicht der Beschwerdeführer die Aufhebung der Festlegung nur ihm gegenüber,
sodass sich andere Netzbetreiber, die kein Rechtsmittel einlegen oder dieses zurücknehmen,
die ihnen gegenüber eingetretene Bestandskraft entgegenhalten lassen müssen. Etwas anderes
gilt dann, wenn der Verwaltungsakt **in persönlicher Hinsicht** unteilbar ist, weil er nicht
allein das Rechtsverhältnis zwischen der Regulierungsbehörde und einzelnen Netzbetreibern
betrifft, sondern Regelungen zwischen einer Vielzahl von Beteiligten trifft (BGH EnWZ
2016, 367 Rn. 40 ff. – Netzentgeltbefreiung II; BGH EnWZ 2015, 180 Rn. 26 – Festlegung
Tagesneuwerte II).

Aus dem Umstand, dass die Aufhebung normergänzender Festlegungen iSd § 29 grundsätzlich nur 27.1
mit Wirkung inter partes erfolgt, folgen zwangsläufig hohe Verfahrenszahlen. So haben zuletzt etwa
546 Strom- und 537 Gasnetzbetreiber Beschwerde gegen die Festlegung des EK I-Zinssatzes der BNetzA
nach § 7 Abs. 6 StromNEV/§ 7 Abs. 6 GasNEV für die dritte Regulierungsperiode eingelegt und 647
Strom- und 539 Gasnetzbetreiber gegen die Festlegung des generellen Produktivitätsfaktors nach § 9
ARegV für die dritte Regulierungsperiode. In der Praxis werden daher häufig **Musterverfahren** ausgewählt und die übrigen Verfahren (faktisch) ruhend gestellt (→ § 78 Rn. 19.2). Alternativ sind Gleichbehandlungszusagen der Regulierungsbehörde möglich, die allerdings nur in Betracht kommen, wenn
und soweit Einvernehmen über die Voraussetzungen der Übertragung des in einem Musterverfahren
erzielten Erfolgs erreicht werden kann (Theobald/Kühling/Boos § 75 Rn. 9). Schließlich steht es im
pflichtgemäßen Ermessen der Regulierungsbehörde, eine rechtswidrige, im Verhältnis zu den nicht an
einem gerichtlichen Verfahren beteiligten Unternehmen aber bestandskräftige Festlegung
nach § 48 Abs. 1 S. 1 VwVfG zumindest mit Wirkung für die Zukunft zurückzunehmen (BGH RdE
2015, 183 = EnWZ 2015, 180 Rn. 34 – Festlegung Tagesneuwerte II; BVerwG NVwZ 2014, 589).
In hierfür geeigneten Fällen kann die Regulierungsbehörde eine entsprechende Absicht vorab kommunizieren (Franke FS Danner, 2019, 361 (365)).

Die Aufhebung erfolgt in dem **Umfang der Rechtswidrigkeit.** Ist die Entscheidung **in** 28
sachlicher Hinsicht teilbar, kann sie nur dann insgesamt aufgehoben werden, wenn alle
Teile rechtswidrig sind. Andernfalls kommt eine **Teilaufhebung** infrage, solange die angefochtene Entscheidung nicht in ihrem Wesen verändert wird (Säcker EnergieR/Johanns/
Roesen § 83 Rn. 15; Immenga/Mestmäcker/K. Schmidt GWB § 71 Rn. 15).

Festlegungen, deren Regelungen und Regelungsbestandteile einen **untrennbaren Zusammen-** 28.1
hang bilden, sind grundsätzlich objektiv nicht teilbar, sodass nicht einzelne Elemente von ihnen isoliert
angefochten und aufgehoben werden können (BGH NVwZ-RR 2018, 341 Rn. 13 ff. – Festlegung
BEATE).

Anderes gilt dann, wenn die Festlegung auch ohne den angefochtenen Regelungsteil eine selbstständige und von der Regulierungsbehörde auch so gewollte Regelung zum Inhalt hat (BGH NVwZ-RR 28.2
2019, 861 Rn. 23 ff. – KONNI Gas 2.0; BGH RdE 2017, 402 = BeckRS 2017, 114494 Rn. 16).

2. Verpflichtungsbeschwerde (Abs. 4)

Nach Absatz 4 spricht das Beschwerdegericht die Verpflichtung der Regulierungsbehörde 29
aus, die beantragte Entscheidung vorzunehmen, wenn es die Ablehnung und oder Unterlassung der Entscheidung für unzulässig oder unbegründet hält. Die Regelung ist wie die zur
Anfechtungsbeschwerde (→ Rn. 21) insoweit terminologisch „verunglückt", als auch sie –
angelehnt an § 71 Abs. 4 S. 1 GWB aF (= § 76 Abs. 4 S. 1 GWB nF) – darauf abstellt,
ob das Beschwerdegericht die Ablehnung oder Unterlassung der Regulierungsbehörde für
„unzulässig oder unbegründet" hält (Immenga/Mestmäcker/K. Schmidt GWB § 71 Rn. 17).

van Rossum

Tatsächlich kommt es – wie im Verwaltungsprozessrecht – darauf an, ob eine **Verpflichtung zum Erlass** der Entscheidung besteht.

30 Besteht die Verpflichtung zum Erlass der Entscheidung und ist die **Sache spruchreif**, verpflichtet das Beschwerdegericht die Regulierungsbehörde zum Erlass der beantragten Entscheidung; zur Klarstellung wird die versagende Entscheidung aufgehoben. **Spruchreif** ist die Sache (nur) dann, wenn eine weitere Aufklärung des Sachverhalts nicht erforderlich ist und der Regulierungsbehörde ein Ermessens- oder Beurteilungsspielraum nicht zusteht. Bei **fehlender Spruchreife** spricht das Beschwerdegericht entsprechend § 113 Abs. 5 S. 2 VwGO die Verpflichtung der Regulierungsbehörde aus, den Beschwerdeführer unter Beachtung der Rechtsauffassung des Beschwerdegerichts neu zu bescheiden (Säcker EnergieR/ Johanns/Roesen § 83 Rn. 16; Bourwieg/Hellermann/Hermes/Laubenstein/Bourazeri § 83 Rn. 19; Kment EnWG/Huber § 83 Rn. 13; Rosin/Pohlmann/Gentzsch/Metzenthin/ Böwing/Burmeister/Brill/Becker § 83 Rn. 27 ff.).

30.1 Gegen die **Festlegung der Erlösobergrenzen** ist grundsätzlich die Verpflichtungsbeschwerde nach § 75 Abs. 3 die richtige Beschwerdeart. Auch wenn das Verfahren von Amts wegen eingeleitet wird und somit ein formeller Antrag nicht erforderlich ist, ist das Ziel der Beschwerde nicht allein die Aufhebung der angegriffenen Entscheidung. Das Begehren des Netzbetreibers ist darauf gerichtet, dass von ihm geltend gemachte Kostenpositionen oder andere Berechnungsfaktoren berücksichtigt werden. Da die Erlösobergrenzen von ihm gem. § 17 Abs. 1 ARegV in Entgelte umzusetzen sind, wird seinem Rechtsschutzbegehren allein mit der Verpflichtungsbeschwerde genügt (Holznagel/Schütz/Laubenstein/van Rossum ARegV § 2 Rn. 20; Baur/Salje/Schmidt-Preuß Energiewirtschaft/Hilzinger § 83 Kap. 56 Rn. 11 ff.). Bei einer erfolgreichen Verpflichtungsbeschwerde ist das Beschwerdegericht auch hier berechtigt, die Regulierungsbehörde zu einer **Neubescheidung** zu verpflichten, weil die sehr komplexe, aus verschiedenen Parametern zu berechnende Höhe der Erlösobergrenzen nicht im gerichtlichen Beschwerdeverfahren geklärt werden kann. Dementsprechend ist die Sache an die Regulierungsbehörde zurückzuverweisen, die in dem neu eröffneten Verwaltungsverfahren zu entscheiden hat (BGH ZNER 2018, 413 Rn. 33 ff.). Die Verpflichtung zur Neubescheidung entspricht der Entscheidungspraxis der Verwaltungsgerichte, die bei komplexen Sachverhalten, insbesondere bei technischen Fragen oder der Berechnung von Geldbeträgen (s. § 113 Abs. 2 S. 2 VwGO), es der Behörde überlassen, die Entscheidung – unter Beachtung der Rechtsauffassung des Gerichts – in einen Verwaltungsakt umzusetzen (BGH ZNER 2008, 217 = BeckRS 2008, 20436 Rn. 77 – Vattenfall). Für die Beschränkung auf einen Bescheidungsantrag besteht ein Rechtsschutzbedürfnis des Betroffenen (BVerwG ZOV 2020, 68 Rn. 3).

30.2 Nichts anderes gilt im Ergebnis etwa auch bei **individuellen Netzentgelten.** Hier steht der Regulierungsbehörde ein **Beurteilungsspielraum** zu, sodass im Falle der Rechtswidrigkeit der angegriffenen Entscheidung grundsätzlich nur auf eine Verpflichtung zu einer erneuten Bescheidung des Beschwerdeführers erkannt werden kann. Eine Ermessensreduzierung auf Null kommt nur dann in Betracht, wenn Feststellungen zu allen Einzelheiten der Berechnung unschwer möglich sind. Auch die sich möglicherweise stellenden zivilrechtlichen Fragen können nur im Rahmen einer Neubescheidung – unter Beachtung des Bestimmtheitsgrundsatzes (BGH RdE 2015, 29 = EnWZ 2014, 470 Rn. 44 – Stromnetz Homberg) – sachgerecht berücksichtigt werden (BGH ZNER 2018, 413 = EnWZ 2018, 412 Rn. 33 ff. – Individuelles Netzentgelt).

30.3 Der **Ablauf des Geltungszeitraums der Genehmigung oder Festlegung** steht dem Verpflichtungs- bzw. Neubescheidungsausspruch nicht entgegen. Eine nach der gerichtlichen Entscheidung ergehende neue Genehmigung oder Festlegung wirkt vielmehr auf den Zeitpunkt der früheren Entscheidung zurück, nach der sich bislang die Entgelte wegen des Fehlens einer aufschiebenden Wirkung (§ 76 Abs. 1) der hiergegen erhobenen Beschwerde bestimmt haben (BGH ZNER 2008, 217 = BeckRS 2008, 20436 Rn. 79 – Vattenfall). Sie ist dementsprechend auch Rechtsgrundlage dafür, dass der Netzbetreiber bei einem entsprechenden Vorbehalt von seinen Netznutzern Entgelte nachfordern oder die zu geringen Entgelte im Wege der Saldierung bzw. – seit der 2. Regulierungsperiode – über das Regulierungskonto (§ 5 ARegV) in der nächsten Regulierungsperiode geltend machen kann (BGH ZNER 2008, 217 = BeckRS 2008, 20436 Rn. 79 – Vattenfall).

30.4 Verpflichtet das Gericht die Regulierungsbehörde, einen Betroffenen unter Beachtung der Rechtsauffassung des Gerichts **neu zu bescheiden,** entfaltet die Entscheidung auch insoweit **Bindungswirkung,** als das Gericht die zu beachtende Rechtsauffassung in den Entscheidungsgründen darlegt (BGH RdE 2019, 456 = BeckRS 2019, 16446 Rn. 75 – Eigenkapitalzinssatz II). Dies gilt sowohl zugunsten als auch zulasten des Beschwerdeführers (BGH NVwZ-RR 2020, 641 Rn. 16, Rn. 18 – Energieversorgung Halle Netz GmbH).

Bei einer Verpflichtungs- oder Bescheidungsbeschwerde ist in der Regel **die Sach- und** **31** **Rechtslage im Zeitpunkt der letzten mündlichen Verhandlung** oder der gerichtlichen Entscheidung im Falle des § 81 Abs. 1 Hs. 2 entscheidend (OLG Düsseldorf BeckRS 2022, 21928 Rn. 37; Bourwieg/Hellermann/Hermes/Laubenstein/Bourazeri § 83 Rn. 20; Kment EnWG/Huber § 83 Rn. 14). Ändert sich während des gerichtlichen Verfahrens das materielle Recht, so ist auf der Grundlage dieser **Änderung** zu entscheiden, ob das neue Recht – zB in gesetzlichen Übergangsregelungen – einen durch das alte Recht begründeten Anspruch beseitigt, verändert oder unberührt lässt. Entscheidend ist, ob sich das geänderte Recht nach seinem zeitlichen oder inhaltlichen Geltungsanspruch auf den festgestellten Sachverhalt erstreckt. Ausnahmsweise kann daher auf den Zeitpunkt der Antragstellung abzustellen sein, wenn sich dies aus dem materiellen Recht und der Art des Verwaltungsakts ergibt (OLG Düsseldorf BeckRS 2014, 19496 Rn. 56; OLG Stuttgart ZNER 2010, 296 = BeckRS 2010, 12111 Rn. 90 ff.).

3. Allgemeine Leistungsbeschwerde, Feststellungsbeschwerde

Die **allgemeine Leistungsbeschwerde** ist im EnWG nicht geregelt. Es ist jedoch aner- **32** kannt, dass Anfechtungs- und Verpflichtungsbeschwerden nicht in allen Fällen, in denen der Betroffene in seinen Rechten verletzt ist, ausreichen, um den nach Art. 19 Abs. 4 GG gebotenen lückenlosen Rechtsschutz zu gewährleisten. Ist ein regulierungsrechtlicher Anspruch gegenüber der Behörde durchzusetzen, der – wie der **Folgen- oder Störungsbeseitigungsanspruch** – nicht auf Erlass einer Entscheidung mit Verwaltungsaktqualität gerichtet ist, so ist – wie im Kartellverwaltungsverfahren – die allgemeine Leistungsbeschwerde statthaft (BGH IR 2007, 206 Rn. 4; OLG Düsseldorf RdE 2019, 77 = BeckRS 2018, 24411 Rn. 32; WuW/E DE-R 2052 = BeckRS 2007, 9785 Rn. 29 f.; Säcker EnergieR/Johanns/Roesen § 83 Rn. 49; Immenga/Mestmäcker/K. Schmidt GWB § 63 Rn. 9; → § 75 Rn. 45). Hat sie Erfolg, so verpflichtet das Beschwerdegericht die Regulierungsbehörde zur Vornahme der beantragten Leistung. Maßgeblich ist hier der Zeitpunkt der letzten mündlichen Verhandlung oder der gerichtlichen Entscheidung im Falle des § 81 Abs. 1 Hs. 2.

Unterfall der allgemeinen Leistungsbeschwerde ist die **Unterlassungsbeschwerde**. Soll **33** sie ein beschwerdefähiges Verhalten der Regulierungsbehörde verhindern und damit dem vorbeugenden Rechtsschutz dienen, bedarf es eines qualifizierten, gerade auf die Inanspruchnahme vorbeugenden Rechtsschutzes dienenden Rechtschutzinteresses, da die Entscheidung des Gesetzgebers, grundsätzlich nachträglichen Rechtsschutz zu gewähren, nicht unterlaufen werden darf (Baur/Salje/Schmidt-Preuß Energiewirtschaft/Hilzinger § 83 Kap. 56 Rn. 19; → § 75 Rn. 47).

Richtet sich die Beschwerde nicht gegen ein Verwaltungshandeln, das als belastender Verwaltungsakt **33.1** mit der Anfechtungsbeschwerde angegriffen werden kann, kommt die allgemeine Leistungsbeschwerde in Form der Unterlassungsbeschwerde in Betracht (OLG Düsseldorf RdE 2017, 202 = BeckRS 2017, 104794 Rn. 47; Holznagel/Schütz/Schreiber ARegV § 31 Rn. 44). So handelt es sich etwa bei Rundschreiben, mit denen die Regulierungsbehörde allen Netzbetreibern in ihrem Zuständigkeitsbereich (lediglich) mitteilt, dass sie gem. § 31 Abs. 1 ARegV die Veröffentlichung der netzbetreiberbezogenen Daten in nicht anonymisierter Form beabsichtige, nicht um einen – anfechtbaren – Verwaltungsakt in Form einer Allgemeinverfügung iSd § 35 S. 2 VwVfG (BGH RdE 2019, 11 = EnWZ 2019, 172 Rn. 2 – Veröffentlichung von Daten).

Bei einer **Feststellungsbeschwerde**, die auf die Feststellung eines bestimmten Rechtsver- **34** hältnisses gerichtet ist, enthält der Tenor im Erfolgsfall die beantragte Feststellung; auch hier ist der Zeitpunkt der letzten mündlichen Verhandlung bzw. der gerichtlichen Entscheidung im Falle des § 81 Abs. 1 Hs. 2 maßgeblich (Bourwieg/Hellermann/Hermes/Laubenstein/Bourazeri § 83 Rn. 28; Kment EnWG/Huber § 83 Rn. 18; Rosin/Pohlmann/Gentzsch/Metzenthin/Böwing/Burmeister/Brill/Becker § 83 Rn. 30; zur Statthaftigkeit → § 75 Rn. 50).

C. Entscheidung bei Erledigung der Hauptsache

I. Übereinstimmende Erledigung

35 Erledigt sich die angegriffene Entscheidung der Regulierungsbehörde vor der Entscheidung des Beschwerdegerichts durch Zurücknahme oder auf andere Weise, können die Beteiligten – Beschwerdeführer und gegnerische Regulierungsbehörde – **übereinstimmend** das Beschwerdeverfahren für erledigt erklären, sodass das Gericht nach billigem Ermessen unter Berücksichtigung des Sach- und Streitstandes **nur noch über die Kosten** entsprechend § 162 Abs. 2 S. 1 VwGO, § 91a ZPO entscheidet (→ § 90 Rn. 17 ff.). Dabei genügt eine **summarische Prüfung der Erfolgsaussichten;** bei offenem Verfahrensausgang sind die Kosten regelmäßig gegeneinander aufzuheben (BGH BeckRS 2014, 8448 Rn. 4; → § 85 Rn. 5.11; → § 82 Rn. 20.2). Die Frage, ob sich die Entscheidung tatsächlich erledigt hat, ist der Nachprüfung durch das Gericht entzogen (Theobald/Kühling/Boos Rn. 9; Kment EnWG/Huber § 83 Rn. 16). Übereinstimmende Erledigungserklärungen der Parteien können das Verfahren in der Hauptsache auch nach Schluss der mündlichen Verhandlung noch beenden (OLG Düsseldorf BeckRS 2017, 108486 Rn. 154; zur Kostenfolge → § 90 Rn. 22.1).

35.1 Zu den übereinstimmenden Hauptsacheerledigungserklärungen der Hauptparteien ist die Zustimmung der BNetzA nicht erforderlich, wenn sie an dem energiewirtschaftlichen Beschwerdeverfahren nur nach § 79 Abs. 2 und damit nicht als Hauptpartei beteiligt ist (BGH NVwZ-RR 2009, 620 Rn. 7 ff.).

36 **Erledigung** ist eingetreten, wenn von der Entscheidung keine belastenden Wirkungen mehr ausgehen, sie also keine rechtlichen Wirkungen mehr entfaltet, oder dem Beschwerdeführer mit einer Aufhebung objektiv nicht mehr gedient ist (OLG Düsseldorf BeckRS 2014, 16229 Rn. 20; Bourwieg/Hellermann/Hermes/Laubenstein/Bourazeri § 83 Rn. 22; Rosin/Pohlmann/Gentzsch/Metzenthin/Böwing/Burmeister/Brill/Becker § 83 Rn. 37). Das Gesetz nennt in Absatz 2 Satz 2 als Anwendungsfall die Rücknahme der regulierungsbehördlichen Entscheidung, die Entscheidung kann sich aber etwa auch durch ihren Widerruf, eine nachträgliche Änderung der tatsächlichen Verhältnisse oder durch Zeitablauf erledigen (Säcker EnergieR/Johanns/Roesen § 83 Rn. 20).

36.1 Durch den Erlass einer **Anpassungsfestlegung** tritt keine Erledigung des Beschwerdeverfahrens gegen die Ausgangsfestlegung ein, wenn diese nicht insgesamt durch die Anpassungsfestlegung ersetzt wird, so wenn die Auslegung von Tenor und Begründung dieser dafür sprechen, dass die Ursprungsfestlegung in geänderter Fassung erhalten werden soll (OLG Düsseldorf RdE 2019, 180 = BeckRS 2019, 1235 Rn. 56 ff.).

36.2 Ist trotz Erfüllung der in einer **Missbrauchsverfügung** der Regulierungsbehörde enthaltenen Gebote der von ihr verfolgte **Regelungszweck** (hier: Netzanschluss) noch nicht erreicht, so ist die Erledigung noch nicht eingetreten (OLG Düsseldorf BeckRS 2014, 16229 Rn. 20).

36.3 Keine Erledigung tritt durch den **Ablauf eines Genehmigungszeitraums** ein, für den Entgelte festgelegt wurden (BGH ZNER 2008, 217 = BeckRS 2008, 20436 Rn. 79 – Vattenfall; → Rn. 30.3).

36.4 Keine Erledigung liegt vor, wenn der Adressat eines regulierungsbehördlichen **Auskunftsverlangen**s diesem entspricht und die geforderten Auskünfte – freiwillig oder aufgrund einer Vollstreckung – erteilt, wenn das Auskunftsverlangen – etwa als Rechtsgrund für eine Speicherung und Verwertung der erlangten Daten – aber **weiterhin Wirkung entfaltet** (BGHZ 172, 368 = NVwZ-RR 2008, 315 – Auskunftsverlangen I).

36.5 Kommt einer regulierungsbehördlichen Festlegung kein **sachlicher und zeitlicher Anwendungsbereich** mehr zu, kann sich diese erledigt haben (OLG Schleswig SchlHA 2010, 150 Rn. 13).

37 In der **Verpflichtungssituation** kommt es entsprechend den zum allgemeinen Verwaltungsverfahren entwickelten Grundsätzen für die Frage der Erledigung darauf an, ob der ursprünglich erstrebte Ausspruch des Gerichts aus tatsächlichen Gründen nicht mehr möglich oder sinnvoll ist und die Beschwerde daher wegen fehlenden Rechtsschutzinteresses zurückgewiesen werden müsste (OLG Düsseldorf BeckRS 2015, 234 Rn. 66). Dies kann dann der Fall sein, wenn die Regulierungsbehörde die begehrte Entscheidung erlässt oder sich der zu Grunde liegende Sachverhalt wesentlich ändert (Kölner Komm KartellR/Deichfuß GWB § 71 Rn. 41).

II. Einseitige Erledigung

Erklärt nur der Beschwerdeführer die Erledigung des Beschwerdeverfahrens, liegt darin eine Antragsänderung, gerichtet auf die **Feststellung, dass sich das Beschwerdeverfahren in der Hauptsache erledigt hat.** Ist dieses zweifelhaft, sollte der Beschwerdeführer seinen ursprünglichen Antrag als Hilfsantrag weiterverfolgen (Kölner Komm KartellR/Deichfuß GWB § 71 Rn. 42; Loewenheim/Meessen/Riesenkampff/Kersting/Meyer-Lindemann/Kühnen GWB § 71 Rn. 35). Widerrufen kann er seine Erledigungserklärung als **Prozesshandlung** nur, solange sich die gegnerische Regulierungsbehörde ihr nicht angeschlossen hat (Kölner Komm KartellR/Deichfuß GWB § 71 Rn. 42). 38

Bleibt die **Erledigungserklärung einseitig** und stellt der Beschwerdeführer keinen Antrag nach Absatz 2 Satz 2, hat das Beschwerdegericht im Rahmen des **Erledigungsstreits** nur darüber zu entscheiden, ob sich die angefochtene Entscheidung **tatsächlich erledigt** hat. Anders als im Zivilprozess kommt es hier nicht darauf an, ob die Beschwerde ursprünglich zulässig und begründet war (Kment EnWG/Huber § 83 Rn. 16; Rosin/Pohlmann/Gentzsch/Metzenthin/Böwing/Burmeister/Brill/Becker § 83 Rn. 42; FK-KartellR/Birmanns GWB § 71 Rn. 41; zu § 70 GWB aF: BGH AG 1990, 543 Rn. 12). Eine erst nach Schluss der mündlichen Verhandlung abgegebene und einseitig gebliebene Erledigungserklärung des Beschwerdeführers kann das Verfahren nicht mehr dahingehend verändern, dass über die Feststellung der Erledigung der Hauptsache entschieden wird (OLG Düsseldorf BeckRS 2017, 108486 Rn. 154). 39

III. Fortsetzungsfeststellungsbeschwerde (Abs. 2 S. 2)

Hat der Beschwerdeführer ein berechtigtes Interesse an der Feststellung, dass die – erledigte – Entscheidung der Regulierungsbehörde unzulässig oder unbegründet gewesen ist, kann das Beschwerdegericht dies auf seinen Antrag gem. Absatz 2 Satz 2 aussprechen. Die Entscheidung erfolgt **nur auf Antrag;** dieser kann hilfsweise neben dem Hauptsacheantrag gestellt werden. Auf die **Möglichkeit** einer **Umstellung** des Antrags auf eine **Fortsetzungsfeststellungsbeschwerde** sollte der Vorsitzende entsprechend § 82 Abs. 2 **hinweisen,** wenn dem Vorbringen des Beschwerdeführers entnommen werden kann, dass er ein berechtigtes Interesse an der Feststellung der Rechtswidrigkeit haben kann (→ § 82 Rn. 20.2). 40

Ein Fortsetzungsfeststellungsantrag kann auch dann gestellt werden, wenn sich das Rechtsschutzbegehren des Antragstellers bereits **vor Einlegung der Beschwerde erledigt** hat (OLG Düsseldorf BeckRS 2015, 234 Rn. 67; Säcker EnergieR/Johanns/Roesen § 83 Rn. 21; zur Erledigung der Hauptsache im Verwaltungsverfahren: Hartmann IR 2007, 26). Die Vorschrift gilt weiter **analog** für **Verpflichtungsbegehren** (Säcker EnergieR/Johanns/Roesen § 83 Rn. 21; Theobald/Kühling/Boos § 83 Rn. 10). 41

Da die Fortsetzungsfeststellungsbeschwerde die Anfechtungs- oder Verpflichtungsbeschwerde fortführt, setzt sie zunächst voraus, dass die Anfechtungs- oder Verpflichtungsbeschwerde zulässig war – oder ohne das erledigende Ereignis zulässig gewesen wäre (OLG Düsseldorf BeckRS 2017, 112387 Rn. 21; → § 78 Rn. 11). Weiter muss der Beschwerdeführer ein berechtigtes Interesse an der Feststellung der Rechtswidrigkeit geltend machen. Dafür genügt jedes schutzwürdige Interesse rechtlicher, wirtschaftlicher oder ideeller Art, das sich auf die Sachentscheidung bezieht (Bourwieg/Hellermann/Hermes/Laubenstein/Bourazeri § 83 Rn. 23; Kölner Komm KartellR/Deichfuß GWB § 71 Rn. 53). Da es sich dabei um eine Zulässigkeitsvoraussetzung handelt, ist der **maßgebliche Zeitpunkt** für die Beurteilung des **Feststellungsinteresses** der der letzten mündlichen Verhandlung des Beschwerdeverfahrens bzw. der gerichtlichen Entscheidung im Falle des § 81 Abs. 1 Hs. 2 (OLG Düsseldorf BeckRS 2015, 234 Rn. 69). 42

Das erforderliche Feststellungsinteresse ist typischerweise zu bejahen, wenn die begehrte **Feststellung vorgreiflich für** einen **Schadensersatz- oder Amtshaftungsprozess** vor einem Zivilgericht sein kann (Bourwieg/Hellermann/Hermes/Laubenstein/Bourazeri § 83 Rn. 23). Dafür spricht der Grundsatz der Prozessökonomie (OLG Düsseldorf BeckRS 2015, 234 Rn. 63 ff.). Mit Blick darauf soll es bei einer Erledigung vor Erhebung der Beschwerde allerdings an dem erforderlichen Feststellungsinteresse fehlen, weil die Rechtmäßigkeit dann auch von dem Gericht geklärt werden kann, welches für das Verfahren über den Schadensersatz- oder Amtshaftungsanspruch zuständig ist (Bourwieg/Hellermann/Hermes/Laubens- 43 tein/Bourazeri § 83 Rn. 23; Säcker EnergieR/Johanns/Roesen § 75 Rn. 47; Rosin/Pohlmann/Gentzsch/Metzenthin/Böwing/Burmeister/Brill/Becker § 83 Rn. 45; aA Kölner Komm KartellR/Deichfuß GWB § 71 Rn. 56). Die Möglichkeit eines künftigen Schadensersatz- oder Amtshaftungsprozesses kann nicht nur für den Beschwerdeführer, sondern im Rechtsbeschwerdeverfahren auch für die Regulierungsbehörde ein Fortsetzungsfeststellungsinteresse begründen (Loewenheim/Meessen/Riesenkampff/Kersting/Meyer-Lindemann/Kühnen GWB § 71 Rn. 40).

43.1 Nach § 32 Abs. 4 ist das Zivilgericht bei Schadensersatzklagen (sog. „Follow-on-Klagen") an regulierungsbehördliche Entscheidungen gebunden, die eine Rechtsverletzung feststellen und entweder bestandskräftig geworden oder durch rechtskräftige Gerichtsentscheidung bestätigt worden sind (sog. Feststellungwirkung; → § 32 Rn. 18). Die in § 32 Abs. 4 angeordnete Tatbestandswirkung bezieht sich nach dem Wortlaut der Norm und dem Willen des Gesetzgebers allerdings nur auf die Feststellung des Rechtsverstoßes, also des missbräuchlichen Verhaltens. Alle weiteren Fragen zum Anspruch auf Schadensersatz sind vom Gericht zu klären und festzustellen und unterliegen dessen freier Beweiswürdigung (BGH WM 2021, 142 Rn. 49 – Baltic Cable AB II).

44 Eine **Wiederholungsgefahr** ist ebenfalls als berechtigtes Interesse anerkannt, sofern die **Wiederholung in absehbarer Zeit ernsthaft droht** (Theobald/Kühling/Boos § 83 Rn. 10). Nicht ausreichend ist es, wenn der Beschwerdeführer lediglich die Beurteilung einer Rechtsfrage losgelöst von einer konkreten Fallkonstellation erreichen will, die Rechtsfrage schon geklärt ist oder die erstrebte Feststellung vernünftigerweise als Beurteilungsgrundlage für künftige Entscheidungen nicht in Betracht kommt (OLG Düsseldorf NZKart 2020, 203 (204) – Pressemitteilung des Bundeskartellamts III; BeckRS 2013, 13380 Rn. 49; Kölner Komm KartellR/Deichfuß GWB § 71 Rn. 54; FK-KartellR/Birmanns GWB § 71 Rn. 48 ff.; Loewenheim/Meessen/Riesenkampff/Kersting/Meyer-Lindemann/Kühnen GWB § 71 Rn. 39).

44.1 Eine Wiederholungsgefahr hat das OLG Schleswig etwa für die Frage der behördlichen Zuständigkeit angenommen, weil sich die **BNetzA** (rechtsfehlerhaft) fortdauernd der **Kompetenz berühmt** hatte, für die Landesregulierungsbehörde durch Festlegungen zur Ermittlung der Tagesneuwerte nach § 6 Abs. 3 GasNEV handeln zu dürfen, sodass zu erwarten war, dass sie diese auch für zukünftige Festlegungen für spätere Regulierungsperioden in Anspruch nehmen werde (OLG Schleswig SchlHA 2010, 150 Rn. 13).

45 Weiter kann sich ein Feststellungsinteresse aus dem Gesichtspunkt der **Rehabilitation** ergeben, wenn die begehrte Feststellung als Genugtuung oder zur Rehabilitierung des Betroffenen erforderlich ist, was insbesondere dann in Betracht kommt, wenn das hoheitliche Handeln **diskriminierenden Charakter** hatte (BGH NZKart 2013, 461 Rn. 17 – Hörgeräteakustiker; Theobald/Kühling/Boos Rn. 10; Kölner Komm KartellR/Deichfuß GWB § 71 Rn. 58).

45.1 Ein Feststellungsinteresse fehlt hingegen, wenn eine Beiladungsentscheidung angefochten, aber das Hauptverfahren, zu dem beigeladen wurde, mittlerweile beendet ist oder der Antragsteller nur an einer Kostenentscheidung interessiert ist (Immenga/Mestmäcker/K. Schmidt GWB § 71 Rn. 31).

46 **Maßgeblicher Zeitpunkt** für die Beurteilung der Sach- und Rechtslage und damit der der **Rechtswidrigkeit der – erledigten – regulierungsbehördlichen Entscheidung** ist grundsätzlich der Zeitpunkt der Entscheidung der Regulierungsbehörde. Etwas anderes gilt nur dann, wenn es sich bei der Entscheidung um eine solche mit Dauerwirkung handelt. Dann ist die Sach- und Rechtslage im Zeitpunkt des erledigenden Ereignisses maßgeblich (Kölner Komm KartellR/Deichfuß GWB § 71 Rn. 20).

IV. Feststellung der Rechtmäßigkeit (Abs. 3)

47 Nach Erledigung der Hauptsache kann gem. Absatz 3 auch die Rechtmäßigkeit der regulierungsbehördlichen Entscheidung durch das Beschwerdegericht festgestellt werden. Diese Entscheidung ist nach Absatz 3 nur möglich, wenn Gegenstand des Beschwerdeverfahrens eine **Entscheidung der Regulierungsbehörde nach §§ 29–31** ist, dh erfasst werden Festlegungen nach § 29 und Entscheidungen im Rahmen von – allgemeinen und besonderen – Missbrauchsverfahren nach §§ 30 f. Bedeutung hat dies mit Blick auf **Schadensersatzan-**

sprüche nach § 32 Abs. 3, für die Entscheidungen der Regulierungsbehörde nur dann Grundlage sein können, wenn diese bestandkräftig sind oder ihre Rechtmäßigkeit nach Absatz 3 unanfechtbar festgestellt wurde (OLG Düsseldorf BeckRS 2015, 234 Rn. 68; → § 32 Rn. 18). Der aufgrund eines Redaktionsversehens erfolgte Verweis auf § 40 wurde 2011 gestrichen (BT-Drs. 17/6072, 93).

Den erforderlichen **Antrag** kann die **Regulierungsbehörde,** aber auch ein sonstiger, insbesondere ein **schadensersatzberechtigter Verfahrensbeteiligter** stellen (Säcker EnergieR/Johanns/Roesen § 83 Rn. 22; Theobald/Kühling/Boos § 83 Rn. 11; Bourwieg/Hellermann/Hermes/Laubenstein/Bourazeri § 83 Rn. 26; Rosin/Pohlmann/Gentzsch/Metzenthin/Böwing/Burmeister/Brill/Becker § 83 Rn. 49). Anders als Absatz 2 Satz 2 verlangt Absatz 3 zwar nicht ausdrücklich ein „berechtigtes Interesse" an der Feststellung der Rechtmäßigkeit, gleichwohl setzt der Antrag aber ein **Feststellungsinteresse** voraus (BGH BeckRS 2005, 4575 = BGH-Report 2005, 1006 Rn. 10; Säcker EnergieR/Johanns/Roesen § 83 Rn. 22; Theobald/Kühling/Boos § 83 Rn. 11; Bourwieg/Hellermann/Hermes/Laubenstein/Bourazeri § 83 Rn. 26; Rosin/Pohlmann/Gentzsch/Metzenthin/Böwing/Burmeister/Brill/Becker § 83 Rn. 49). 48

Das Beschwerdegericht spricht im Erfolgsfall nicht nur aus, dass die in der Hauptsache erledigte Entscheidung rechtmäßig gewesen ist, sondern auch bis zu welchem **Zeitpunkt** und in welchem **Umfang** (FK-KartellR/Birmanns GWB § 71 Rn. 60). Die Entscheidung nach Absatz 3 **bindet** den Richter des Schadensersatzprozesses (→ § 32 Rn. 18). 49

D. Umfang der gerichtlichen Nachprüfung (Abs. 5)

I. Grundsatz

Nach Absatz 5 ist die Entscheidung der Regulierungsbehörde auch dann rechtswidrig, wenn diese von ihrem Ermessen fehlsamen Gebrauch gemacht hat, insbesondere wenn sie die gesetzlichen Grenzen des Ermessens überschritten oder durch die Ermessensentscheidung Sinn und Zweck des Gesetzes verletzt hat. Damit wird die **Prüfungskompetenz** des Beschwerdegerichts klargestellt, es findet – entsprechend der Regelung des § 76 Abs. 5 S. 1 GWB (= § 71 Abs. 5 S. 1 GWB aF) – grundsätzlich nicht nur eine **Rechtmäßigkeitskontrolle** statt. Mit der Einfügung des Wortes „insbesondere" und dem Hinweis auf Sinn und Zweck des EnWG geht die Vorschrift über § 114 VwGO hinaus. Nach herrschender Meinung wird dadurch der Bereich der gerichtlichen Ermessensüberprüfung über die nach allgemeinem Verwaltungsrecht geltenden Grenzen ausgedehnt. Es soll eine umfassende Rechtskontrolle und in gewissen Grenzen auch eine **Zweckmäßigkeitskontrolle** stattfinden (BGHZ 172, 368 = NVwZ-RR 2008, 315 Rn. 42 – Auskunftsverlangen I; Bourwieg/Hellermann/Hermes/Laubenstein/Bourazeri § 83 Rn. 30; Kment EnWG/Huber Rn. 19; krit. Immenga/Mestmäcker/K. Schmidt GWB § 71 Rn. 37; abl. Kölner Komm KartellR/Deichfuß GWB § 71 Rn. 65). Von daher ist grundsätzlich bei der Anerkennung von behördlichen Beurteilungs- und Ermessensspielräumen, die der gerichtlichen Kontrolle entzogen sind, Zurückhaltung geboten; sie können sich ohnehin nur aus dem zu Grunde liegenden materiellen Recht ergeben (zur Einschränkung der Kontrolldichte in Fällen des der Regulierungsbehörde eingeräumten (Regulierungs-)Ermessens oder der Ausfüllung von Beurteilungsspielräumen → Rn. 53 ff.). 50

Die Regelung findet nicht nur auf die **Anfechtungsbeschwerde,** sondern auch auf die **Verpflichtungsbeschwerde** und die **Fortsetzungsfeststellungsbeschwerde** nach Absatz 2 Satz 2 und Absatz 3 Anwendung (Bourwieg/Hellermann/Hermes/Laubenstein/Bourazeri § 83 Rn. 29; Rosin/Pohlmann/Gentzsch/Metzenthin/Böwing/Burmeister/Brill/Becker § 83 Rn. 51; Immenga/Mestmäcker/K. Schmidt GWB § 71 Rn. 40). Für die weiteren Beschwerdearten gilt nichts anderes (BeckOK KartellR/Rombach GWB § 76 Rn. 24). 51

Stellt das Beschwerdegericht eine **Ermessensüberschreitung,** einen **Ermessensfehlgebrauch** oder die Ablehnung einer Entscheidung trotz **Ermessensreduzierung auf Null** fest, hebt es die Entscheidung der Regulierungsbehörde auf und verpflichtet sie unter Beachtung der aufgezeigten Grundsätze zum Ermessensgebrauch die Entscheidung neu zu treffen, denn das Beschwerdegericht ist nicht befugt, sein Ermessen an die Stelle der Regulierungsbe- 52 hörde zu setzen (Rosin/Pohlmann/Gentzsch/Metzenthin/Böwing/Burmeister/Brill/Becker § 83 Rn. 54; Immenga/Mestmäcker/K. Schmidt GWB § 71 Rn. 43; Langen/Bunte/Lembach GWB § 76 Rn. 67). Die Regulierungsbehörde kann allerdings ihre Ermessenserwägungen im gerichtlichen Verfahren grundsätzlich noch entsprechend § 114 S. 2 VwGO ergänzen (Säcker EnergieR/Johanns/Roesen § 83 Rn. 29; Langen/Bunte/Lembach GWB § 76 Rn. 67).

II. Eingeschränkte Überprüfung

53   Da das Regulierungsrecht allgemein durch eine Vielzahl komplexer, voneinander abhängender Bewertungen juristischer, ökonomischer und technischer Fragen gekennzeichnet ist, über die justizähnliche Beschlusskammern der Regulierungsbehörden entscheiden, stellt sich – im Energiewirtschaftsrecht wie im Telekommunikationsrecht – immer wieder die – umstrittene – Frage nach dem anzuwendenden gerichtlichen Prüfungsmaßstab und damit dem Umfang der gerichtlichen Kontrolldichte (ausführlich für das Energiewirtschaftsrecht: Baur/Salje/Schmidt-Preuß Energiewirtschaft/Pielow § 83 Kap. 57; Schneider/Theobald EnergieWirtschaftsR-HdB/Lange § 22 Rn. 70 ff.; Grüneberg RdE 2016, 49 ff.; Franke VERW 49 (2016), 25 (29 ff.); Ludwigs RdE 2013, 297 ff.; Grüneberg FS Danner, 2019, 315 ff.; Franke FS Danner, 2019, 361 ff.; Grün, Kosten in der Entgeltregulierung von Stromnetzen, 2018, 472 ff.; kritisch: Di Fabio EnWZ 2022, 291 ff.; Burgi RdE 2020, 105 ff.; Mohr N&R 2020, 1; Mohr N&R 2020, 16 ff.; Gärditz DVBl 2016, 399 ff.). Mit Blick auf die spezifische Funktion „unabhängiger" Regulierungsbehörden hat das **Bundesverwaltungsgericht** für das Telekommunikationsrecht die neuartige Figur eines an das Planungsermessen angelehnten und untrennbar mit einer umfassenden Abwägung verbundenes **Regulierungsermessens der BNetzA** entwickelt, aus der eine entsprechend eingeschränkte gerichtliche Kontrolldichte folgt (Zusammenfassung der bisherigen Rspr.: BVerwGE 163, 136 = MMR 2019, 259 Rn. 39 ff.; Schoch/Schneider/Riese VwGO § 114 Rn. 78 ff.).

54   Dieser Rechtsprechung hat sich der Kartellsenat des **BGH** für begrenzte Teilbereiche der Energienetzregulierung auch vor dem Hintergrund der **institutionellen Sonderstellung der unabhängigen,** durch Beschlusskammern entscheidenden **Regulierungsbehörde** (Art. 57 Elektrizitäts-Binnenmarkt-Richtlinie (EU) 2019/944, Art. 37 Gas-Binnenmarkt-Richtlinie 2009/73/EG) und ihres regulierungsspezifischen Handlungsinstruments, der **normergänzenden Festlegung** des § 29, angeschlossen. Da sich mit Blick auf die verfassungsrechtliche Grundentscheidung für einen effektiven Rechtsschutz (Art. 19 Abs. 4 GG) pauschale und schematische Lösungen verbieten und **administrative Entscheidungsspielräume** die **Ausnahme** bleiben müssen, hat der BGH mit der gebotenen Zurückhaltung nur in **verschiedenen Einzelfällen** eine **eingeschränkte Kontrolldichte regulierungsbehördlicher Entscheidungen** angenommen. So wenn – wie es insbesondere für das Regime der Anreizregulierung typisch ist – im Einzelfall durch die Regulierungsbehörde **hochkomplexe Wertungsentscheidungen** zu treffen sind, für die der Gesetz-/Verordnungsgeber **keine abschließenden Vorgaben** gemacht hat, weil er die methodische Ausgestaltung der Regulierungsbehörde – und damit nicht den Gerichten – überlassen wollte (BGH RdE 2020, 319 = BeckRS 2020, 5189 Rn. 37 f. - Eigenkapitalzinssatz III; nachgehend BVerfG BeckRS 2021, 23595 (Nichtannahmebeschluss); zu den Einzelfällen → Rn. 60.1 ff.). Dies erfordert es, dass im jeweiligen **Einzelfall** die **maßgebliche Norm** in den Blick genommen und darauf untersucht werden muss, ob und inwieweit das materielle Recht der Regulierungsbehörde eine administrative Letztentscheidungsbefugnis und damit einen Beurteilungsspielraum oder ein **(Regulierungs-)Ermessen einräumt** (Grüneberg FS Danner, 2019, 315 (317); Burgi RdE 2020, 105 (109)). Denn die gerichtliche Kontrolle endet nach ständiger Rechtsprechung des Bundesverfassungsgerichts erst dann, wenn das materielle (Gesetzes- oder Richter-) Recht der Verwaltung in verfassungsrechtlich unbedenklicher Weise Entscheidungen abverlangt, ohne dafür hinreichend bestimmte Vorgaben (Entscheidungsprogramme) zu enthalten (vgl. BVerfG NVwZ 2010, 435 Rn. 53 ff. – Emissionszertifikat, CO_2-Zertifikat; BVerfGE 129, 1 = BeckRS 2011, 51929 Rn. 73 ff. – Investitionszulage; zum Telekommunikationsrecht: NVwZ 2012, 694 Rn. 20 ff. – telekommunikationsrechtliche Marktregulierung; MMR 2008, 590 Rn. 2).

Im Einzelfall kommt es daher entscheidend darauf an, ob und inwieweit die Ausfüllung 55
der gesetzlichen Vorgaben von der Regulierungsbehörde in einzelnen Beziehungen eine
komplexe Prüfung und Bewertung einer Vielzahl von Fragen erfordert, die **nicht
exakt im Sinne von „richtig oder falsch"**, sondern **nur** durch eine **wertende Auswahlentscheidung** beantwortet werden können, die grundsätzlich der Regulierungsbehörde
obliegt (BGH BeckRS 2022, 17573 Rn. 3 f.; BGHZ 228, 286 Rn. 18 ff. – Genereller sektoraler Produktivitätsfaktor I; NVwZ-RR 2018, 341 Rn. 25 – Festlegung BEATE; RdE 2018,
309 = NJOZ 2018, 983 Rn. 27 – GABi Gas 2.0; ZNER 2018, 413 = EnWZ 2018, 412
Rn. 24 – Individuelles Netzentgelt). Ob und inwieweit es sich bei den der Regulierungsbehörde konkret eingeräumten Spielräumen letztlich um einen Beurteilungsspielraum auf der
Tatbestandsseite und/oder ein (Regulierungs-)Ermessen auf der Rechtsfolgenseite der Norm
handelt, hat der BGH bislang offengelassen, weil sich die für diese beiden Kategorien anzuwendenden Kontrollmaßstäbe nur verbal und nicht materiell-rechtlich unterscheiden.

Vom Tatrichter ist die wertende Auswahlentscheidung nach den von der Rechtspre- 56
chung entwickelten Grundsätzen **nur eingeschränkt darauf zu überprüfen**, nämlich
nur – insoweit aber vollständig – daraufhin, ob die materiellrechtlichen und verfahrensrechtlichen Grenzen eingehalten worden sind, die die Regulierungsbehörde zu beachten hatte. Zu
prüfen ist daher stets, ob die Behörde die gültigen Verfahrensbestimmungen eingehalten hat,
von einem richtigen Verständnis des anzuwendenden Gesetzesbegriffs ausgegangen ist, den
erheblichen **Sachverhalt vollständig und zutreffend ermittelt** und sich bei der eigentlichen Beurteilung an **allgemeingültige Wertungsmaßstäbe** gehalten, insbesondere das
Willkürverbot nicht verletzt hat (BGH BeckRS 2023, 19732 Rn. 9 – Genereller sektoraler
Produktivitätsfaktor III; BGH BeckRS 2022, 21678 Rn. 38 – REGENT; BGH RdE 2014,
495 = BeckRS 2014, 16725 Rn. 25 – Stromnetz Berlin GmbH; BGH NVwZ 2014, 378
Rn. 27 – Stadtwerke Konstanz GmbH; BVerwG NVwZ 2012, 1047 Rn. 38). Die Ausübung
des eine Abwägung zwischen unterschiedlichen gesetzlichen Zielvorgaben erfordernden
(Regulierungs-)Ermessens ist vom Gericht zu beanstanden, wenn eine Abwägung überhaupt
nicht stattgefunden hat (**Abwägungsausfall**), wenn in die Abwägung nicht an Belangen
eingestellt worden ist, was nach Lage der Dinge in sie eingestellt werden musste (**Abwägungsdefizit**), wenn die Bedeutung der betroffenen Belange verkannt worden ist (**Abwägungsfehleinschätzung**) oder der Ausgleich zwischen ihnen zur objektiven Gewichtigkeit
einzelner Belange außer Verhältnis steht (**Abwägungsdisproportionalität**) (BGH BeckRS
2022, 21678 Rn. 37 – REGENT; BGH RdE 2014, 495 = BeckRS 2014, 16725 Rn. 25 –
Stromnetz Berlin GmbH; BGH NVwZ 2014, 378 Rn. 27 – Stadtwerke Konstanz GmbH;
BVerwG NVwZ 2012, 1047 Rn. 38).

Dabei ist es insbesondere nicht Aufgabe des Tatrichters, eine **Methode,** die die Regulie- 57
rungsbehörde in Ausübung des ihr zustehenden Entscheidungsspielraums gewählt hat und
die sich an einem wissenschaftlich anerkannten Ansatz orientiert, durch eine alternative
Modellierung zu ergänzen oder zu ersetzen. Vielmehr kann diese von Rechts wegen **nur
dann beanstandet** werden, wenn sich feststellen lässt, dass der gewählte **methodische
Ansatz** von vornherein **ungeeignet** ist, die Funktion zu erfüllen, die ihm im Rahmen des
zugrunde gelegten Modells zukommt, oder ein **anderes methodisches Vorgehen** unter
Berücksichtigung aller maßgeblichen Umstände dem von der Regulierungsbehörde gewählten Vorgehen **so deutlich überlegen** ist, dass die Auswahl einer anderen Methode nicht
mehr als mit den gesetzlichen Vorgaben vereinbar angesehen werden kann (BGH BeckRS
2023, 19732 Rn. 9 – Genereller sektoraler Produktivitätsfaktor III; BGH BeckRS 2022,
21678 Rn. 38 – REGENT; BGH BeckRS 2021, 42681 Rn. 16 – Genereller sektoraler
Produktivitätsfaktor II; BGHZ 228, 286 Rn. 19 ff. – Genereller sektoraler Produktivitätsfaktor I; BGH RdE 2020, 319 = BeckRS 2020, 5189 Rn. 33 – Eigenkapitalzinssatz III; nachgehend BVerfG BeckRS 2021, 23595 (Nichtannahmebeschluss); BGH ZNER 2015, 116 =
BeckRS 2015, 3610 Rn. 26 – Thyssengas GmbH). Andernfalls läge die Auswahl zwischen
mehreren den normativen Vorgaben entsprechenden Regulierungsmöglichkeiten letztlich
bei den Gerichten, sodass diese die Regulierungsentscheidungen nicht (nur) überprüfen,
sondern vielmehr selbst treffen würden und der Beurteilungsspielraum der Regulierungsbehörden ausgehöhlt würde (BGH RdE 2020, 319 = BeckRS 2020, 5189 Rn. 26 – Eigenkapitalzinssatz III; nachgehend BVerfG BeckRS 2021, 23595 (Nichtannahmebeschluss); BGH
RdE 2019, 456 = BeckRS 2019, 16446 Rn. 43 – Eigenkapitalzinssatz II; zum Effizienzver-

gleich: BGH RdE 2014, 276 = EnWZ 2014, 378 Rn. 41 – Stadtwerke Konstanz GmbH). Die Konsequenz dessen wäre ein zukunftswirksam gestaltender „Justizregulierer" (Grün, Kosten in der Entgeltregulierung von Stromnetzen, 2018, 497). Dieser eingeschränkte Prüfungsmaßstab folgt aus den Grenzen der rechtlichen Determinierung und der Determinierbarkeit der Aufklärung und Bewertung komplexer ökonomischer Zusammenhänge im Allgemeinen und der regulatorischen Aufgaben im Besonderen. Er ist deshalb sowohl mit Art. 19 Abs. 4 GG als auch mit dem Anspruch auf Gewährung effektiven Rechtsschutzes vereinbar (BGH BeckRS 2023, 19732 Rn. 9 f. – Genereller sektoraler Produktivitätsfaktor III; BGH BeckRS 2022, 21678 Rn. 38 – REGENT; BGH BeckRS 2021, 42681 Rn. 16 – Genereller sektoraler Produktivitätsfaktor II; BGHZ 228, 286 Rn. 28 – Genereller sektoraler Produktivitätsfaktor I; BGH RdE 2020, 319 = BeckRS 2020, 5189 Rn. 36 – Eigenkapitalzinssatz III; nachgehend BVerfG BeckRS 2021, 23595 (Nichtannahmebeschluss)).

58 Hat sich hinsichtlich einer Frage in der Wirtschaftswissenschaft noch keine einheitliche Auffassung gebildet, ist eine bestimmte Methode nicht nur deshalb heranzuziehen, weil sie von fachkundiger Seite als mehrheitlich unterstützt angesehen wird. Ebenso wenig ist unter mehreren in Betracht kommenden Methoden im Zweifel die den Netzbetreibern günstigere zu wählen (BGHZ 228, 286 Rn. 25 f. – Genereller sektoraler Produktivitätsfaktor I; BGH ZNER 2015, 133 = NJOZ 2015, 1013 Rn. 31 – ONTRAS Gastransport GmbH). Die Ausfüllung von Beurteilungsspielräumen oder Ausübung eines der Regulierungsbehörde eingeräumten (Regulierungs-)Ermessens ist an dem Ziel der bestmöglichen Ermittlung wettbewerbsanaloger Entgelte auszurichten (BGHZ 228, 286 Rn. 25 f. – Genereller sektoraler Produktivitätsfaktor I).

59 Dem **Verfahren** und der **Sachverhaltsermittlungspflicht** kommen von daher **besondere Bedeutung** zu. Das Gericht prüft vollständig nach, ob das Verfahren im konkreten Fall eingehalten wurde, wobei eine Heilung von Fehlern grundsätzlich möglich ist (§ 45 VwVfG; BGH NZKart 2023, 369 Rn. 10 ff., Rn. 29 f. – Wasserpreise Gießen, zu unterbliebener Anhörung und Akteneinsicht; Säcker EnergieR/Wende § 67 Rn. 30 f.). Bei der Ausfüllung eines Entscheidungsspielraums unterliegt die Regulierungsbehörde **besonderen Begründungsanforderungen**. Die nach § 73 Abs. 1 S. 1 geforderte Begründung muss die wesentlichen Schritte der Entscheidungsfindung, insbesondere die notwendige Abwägung transparent und nachvollziehbar machen (BGH BeckRS 2023, 19732 Rn. 15 – Genereller sektoraler Produktivitätsfaktor III; BGHZ 228, 286 Rn. 63 – Genereller sektoraler Produktivitätsfaktor I; BGH RdE 2014, 495 = BeckRS 2014, 16725 Rn. 29 – Stromnetz Berlin GmbH; Grüneberg RdE 2016, 49 (53)). Die Bewertung der Behörde ist daher auch darauf nachzuprüfen, ob sie ihre Entscheidung mit Blick auf die Kriterien, die in der Rechtsnorm ausdrücklich hervorgehoben oder in ihr angelegt sind, **plausibel und erschöpfend** begründet hat. Hat die Behörde unter Berücksichtigung mehrerer Gesetzesziele eine **Abwägung zwischen unterschiedlichen Belangen** vorzunehmen, muss im Einzelnen dargelegt werden, wie sie die einzelnen Belange bewertet und aus welchen Gründen sie ihren Beurteilungsspielraum in bestimmter Weise ausgeschöpft hat. Dabei ist die gerichtliche Kontrolle eines der Behörde eingeräumten Gestaltungsspielraums grundsätzlich auf diejenigen Erwägungen zu erstrecken und zu beschränken, die die Behörde zur Begründung ihrer Entscheidung dargelegt hat; denn die notwendige Abwägung und ihre Darstellung im Bescheid sollen zumindest auch die nachgehende gerichtliche Kontrolle ermöglichen, die angesichts des ohnehin eingeräumten Beurteilungsspielraums sonst nicht hinreichend wirksam wäre (BGH BeckRS 2023, 19732 Rn. 15 – Genereller sektoraler Produktivitätsfaktor III; RdE 2014, 495 = BeckRS 2014, 16725 Rn. 29 – Stromnetz Berlin GmbH).

60 Zur eingeschränkten Überprüfung der Entscheidung des Tatrichters in der Rechtsbeschwerdeinstanz vgl. → Rn. 60.2, → § 88 Rn. 31 ff.

60.1 Im Rahmen der Festlegung der **Eigenkapitalzinssätze** nach § 21 Abs. 2 gem. § 7 Abs. 6 StromNEV/§ 7 Abs. 6 GasNEV unterliegen die **tatsächlichen Grundlagen** einer **uneingeschränkten Überprüfung durch den Tatrichter;** der Regulierungsbehörde steht dabei weder ein Ermessen noch ein Beurteilungsspielraum zu. Indessen wirft die auf den Tatsachenfeststellungen aufbauende **Bewertung der Marktverhältnisse** eine Vielzahl von Fragen auf, die nicht exakt im Sinne von „richtig" oder „falsch" beantwortet werden können. Mit Blick darauf, dass § 7 Abs. 5 StromNEV/§ 7 Abs. 5 GasNEV zudem nur bestimmte, nicht abschließende Kriterien nennt, wird von der Regulierungsbehörde eine wertende Auswahlentscheidung verlangt, sodass es in der Regel nicht nur einen einzigen

Zinssatz gibt, der den rechtlichen Vorgaben entspricht. Nach Maßgabe dessen ist die Festlegung eines bestimmten Zinssatzes dann als rechtmäßig anzusehen, wenn die Regulierungsbehörde von einer zutreffenden Tatsachengrundlage ausgegangen ist und den ihr durch Absatz 5 eröffneten Beurteilungsspielraum fehlerfrei ausgefüllt hat (BGH WM 2019, 1126 Rn. 8 = BeckRS 2018, 36599 – Eigenkapitalzinssatz; ZNER 2015, 116 = BeckRS 2015, 3610 Rn. 13; ZNER 2015, 116 = BeckRS 2015, 3610 Rn. 26; ZNER 2015, 116 = BeckRS 2015, 3610 Rn. 28 – Thyssengas GmbH). Dagegen ist es **nicht die Aufgabe einer gerichtlichen Überprüfung,** eine **von der Regulierungsbehörde** in Ausübung eines ihr zustehenden Spielraums **gewählte Methode durch eine alternative Modellierung zu ergänzen oder zu ersetzen.** Andernfalls läge die Auswahl zwischen mehreren den normativen Vorgaben entsprechenden Regulierungsmöglichkeiten letztlich bei den Gerichten, die dann die Regulierungsentscheidungen nicht (nur) überprüfen, sondern vielmehr selbst treffen würden, sodass der Beurteilungsspielraum der Regulierungsbehörden, denen ein hohes Maß an Unabhängigkeit zukommt, ausgehöhlt würde (BGH RdE 2020, 319 = BeckRS 2020, 5189 Rn. 26 – Eigenkapitalzinssatz III; nachgehend BVerfG BeckRS 2021, 23595 (Nichtannahmebeschluss); BGH RdE 2019, 456 = BeckRS 2019, 16446 Rn. 43 – Eigenkapitalzinssatz II; dazu auch: Werkmeister RdE 2020, 68 ff.; kritisch: Mohr N&R 2020, 1 ff.; zum Effizienzvergleich: BGH RdE 2014, 276 = EnWZ 2014, 378 Rn. 41 – Stadtwerke Konstanz GmbH). Die Auswahlentscheidung der Regulierungsbehörde kann deshalb **von Rechts wegen** nur dann beanstandet werden, wenn sich feststellen lässt, dass der gewählte **methodische Ansatz von vornherein ungeeignet** ist, die Funktion zu erfüllen, die ihm im Rahmen des zugrunde gelegten Modells zukommt, oder dass ein **anderes methodisches Vorgehen unter Berücksichtigung aller maßgeblichen Umstände,** wie insbesondere seiner Eignung für die Zwecke der Ermittlung der zu bestimmenden Endgröße, der Verfügbarkeit der benötigten Datengrundlage, des zu ihrer Feststellung erforderlichen Aufwands und der Präzision und Belastbarkeit der mit diesem methodischen Vorgehen erzielbaren Ergebnisse, dem von der Regulierungsbehörde gewählten Vorgehen so **deutlich überlegen** ist, dass die Auswahl einer anderen Methode nicht mehr als mit den gesetzlichen Vorgaben vereinbar angesehen werden kann (BGH RdE 2020, 319 = BeckRS 2020, 5189 Rn. 33 – Eigenkapitalzinssatz III; BGH BeckRS 2020, 14123 Rn. 6 ff.; nachgehend BVerfG BeckRS 2021, 23595 (Nichtannahmebeschluss); BGH ZNER 2015, 116 = BeckRS 2015, 3610 Rn. 26 – Thyssengas GmbH).

Für die **Kontrolldichte in der Rechtsbeschwerdeinstanz** ergibt sich daraus folgendes: Die Überprüfung, ob das methodische Vorgehen der Regulierungsbehörde zu beanstanden ist, obliegt in erster Linie dem Tatrichter und hängt im Wesentlichen von den Tatsachen ab, aus denen sich Schlussfolgerungen im Hinblick auf Vor- und Nachteile unterschiedlicher in Betracht kommender methodischer Vorgehensweisen ziehen lassen. Diese Schlussfolgerungen sind zwar zum Teil rechtlicher Natur. Die hierfür anzustellenden Erwägungen sind mit der Feststellung der dafür maßgeblichen Tatsachen jedoch so eng verwoben, dass auch sie im Wesentlichen dem Bereich der tatrichterlichen Würdigung zuzuordnen sind (BGH RdE 2020, 319 = BeckRS 2020, 5189 Rn. 26 ff. – Eigenkapitalzinssatz III; BGH BeckRS 2020, 14123 Rn. 6; nachgehend BVerfG BeckRS 2021, 23595 (Nichtannahmebeschluss); BGH RdE 2019, 456 = BeckRS 2019, 16446 Rn. 34 ff. – Eigenkapitalzinssatz II; BGH ZNER 2015, 116 = BeckRS 2015, 3610 Rn. 28 – Thyssengas GmbH). Die Entscheidung des Tatrichters kann daher in der **Rechtsbeschwerdeinstanz** nur eingeschränkt dahingehend überprüft werden, ob er erhebliches Vorbringen der Beteiligten unberücksichtigt gelassen, wesentliche Beurteilungsfaktoren außer Betracht gelassen oder offenkundig fehlgewichtet, Rechtsgrundsätze der Zinsbemessung verkannt oder der **Nachprüfung der Regulierungsentscheidung** sonst **unrichtige rechtliche Maßstäbe** zugrunde gelegt hat (BGH RdE 2020, 319 = BeckRS 2020, 5189 Rn. 26 ff. – Eigenkapitalzinssatz III; nachgehend BVerfG BeckRS 2021, 23595 (Nichtannahmebeschluss); BGH RdE 2019, 456 = BeckRS 2019, 16446 Rn. 34 ff. – Eigenkapitalzinssatz II; vgl. auch Holznagel/Schütz/Schütz/Schütte ARegV Anh. § 6 § 7 Strom-/GasNEV Rn. 99 f.).

Ein gerichtlich nur eingeschränkt überprüfbarer Beurteilungsspielraum steht der BNetzA auch bei der Bestimmung der Methoden zur Ermittlung der ökonomischen Grundlagen für die Festlegung des **generellen sektoralen Produktivitätsfaktor**s (sogen. **X-gen,** § 9 ARegV) zu. Seine Festlegung ist in § 9 Abs. 3 ARegV inhaltlich nicht vollständig rechtlich determiniert, vielmehr hat der Verordnungsgeber, wie nach § 21a zulässig, der BNetzA grundsätzlich die Entscheidung überlassen, mit welchen ökonometrischen Methoden sie die Grundlagen für die Festlegung des generellen sektoralen Produktivitätsfaktors ermittelt (BGH BeckRS 2023, 19732 Rn. 9 – Genereller sektoraler Produktivitätsfaktor III; BGH BeckRS 2021, 42681 Rn. 16 – Genereller sektoraler Produktivitätsfaktor II; BGHZ 228, 286 Rn. 16 f. – Genereller sektoraler Produktivitätsfaktor I). Der gerichtlichen Kontrolle unterliegen demgemäß in erster Linie die Kriterien, an denen sich die Regulierungsbehörde bei der Auswahl und der Anwendung einer bestimmten Methode orientiert. Eine von der BNetzA bei der Wahl der Methode oder der Anwendung der gewählten Methode getroffene Auswahlentscheidung kann von Rechts wegen

60.2

60.3

van Rossum

nur dann beanstandet werden, wenn sich feststellen lässt, dass der gewählte **methodische Ansatz von vornherein ungeeignet** ist, die Funktion zu erfüllen, die ihm nach dem durch die Entscheidung der Regulierungsbehörde auszufüllenden gesetzlichen Rahmen zukommt, oder wenn ein **anderes methodisches Vorgehen** unter Berücksichtigung aller maßgeblichen Umstände so **deutlich überlegen** ist, dass die getroffene Auswahlentscheidung nicht mehr als mit den gesetzlichen Vorgaben vereinbar angesehen werden kann (BGH BeckRS 2023, 19732 Rn. 9 – Genereller sektoraler Produktivitätsfaktor III; BGH BeckRS 2021, 42681 Rn. 16 – Genereller sektoraler Produktivitätsfaktor II; BGHZ 228, 286 Rn. 28 – Genereller sektoraler Produktivitätsfaktor I; BGH RdE 2020, 319 = BeckRS 2020, 5189 Rn. 33 – Eigenkapitalzinssatz III; nachgehend BVerfG BeckRS 2021, 23595 (Nichtannahmebeschluss)). Dieser eingeschränkte Prüfungsmaßstab folgt aus den Grenzen der rechtlichen Determinierung und Determinierbarkeit der Aufklärung und Bewertung komplexer ökonomischer Zusammenhänge im Allgemeinen und der regulatorischen Aufgaben im Besonderen und ist deshalb sowohl mit Art. 19 Abs. 4 GG als auch mit dem Anspruch auf Gewährung effektiven Rechtsschutzes vereinbar (BGH BeckRS 2021, 42681 Rn. 16 – Genereller sektoraler Produktivitätsfaktor II; BGHZ 228, 286 Rn. 28 – Genereller sektoraler Produktivitätsfaktor I; BGH RdE 2020, 319 = BeckRS 2020, 5189 Rn. 36 – Eigenkapitalzinssatz III; nachgehend BVerfG BeckRS 2021, 23595 (Nichtannahmebeschluss)). Von den Umständen des **Einzelfalls** hängt es ab, ob und inwieweit die BNetzA verpflichtet ist, bei der Ermittlung einer volks- oder netzwirtschaftlichen Größe ein nach einer anerkannten wissenschaftlichen Methode gewonnenes Ergebnis mittels anderer oder ergänzender methodischer Ansätze zu unterziehen. Da die Ausfüllung von Beurteilungsspielräumen oder die Ausübung eines der BNetzA eingeräumten (Regulierungs-)Ermessens an dem Ziel der bestmöglichen Ermittlung wettbewerbsanaloger Entgelte auszurichten ist, ist die BNetzA, sofern sich nicht im Einzelfall aus dem Gesetz etwas anderes ergibt, nicht verpflichtet, im Zweifel die den Netzbetreibern günstigere Entscheidung zu treffen. Dies gilt auch dann, wenn – wie beim generellen sektoralen Produktivitätsfaktor – eine in die Bestimmung der Erlösobergrenze einfließende Größe in Rede steht, die als Korrekturfaktor einer anderen (volkswirtschaftlichen) Größe einen positiven oder einen negativen Wert annehmen und sich dadurch sowohl erlössenkend als auch erlöserhöhend auswirken kann (BGHZ 228, 286 Rn. 25 – Genereller sektoraler Produktivitätsfaktor I).

60.4 Auch bei der **Ausgestaltung des Effizienzvergleichs** nach Maßgabe des § 12 ARegV steht der BNetzA nach der Rechtsprechung des BGH bei der **Auswahl der einzelnen Parameter und Methoden** ein Spielraum zu, der in einzelnen Aspekten einem Beurteilungsspielraum, in anderen einem Regulierungsermessen gleichkommt (BGH RdE 2014, 276 = EnWZ 2014, 378 Rn. 24 ff. – Stadtwerke Konstanz GmbH; OLG Düsseldorf RdE 2011, 100 = BeckRS 2010, 27913 – Mittelbaden). Gesetz und Verordnung geben die Ausgestaltung des Effizienzvergleichs mit den gesetzlichen Regelungen in § 21a Abs. 2 S. 1, Abs. 4, Abs. 5 S. 1 und den Bestimmungen der §§ 12–14 ARegV nicht abschließend und in allen Details vor, vielmehr hat der Gesetzgeber die gesetzlichen Vorgaben methodenoffen ausgestaltet und es der Regulierungsbehörde überlassen, das Anreizregulierungsmodell zu entwickeln (BT-Drs. 15/5268, 120). Ob und inwieweit es sich bei diesen Spielräumen um einen Beurteilungsspielraum auf der Tatbestandsseite der Norm oder um ein Regulierungsermessen auf der Rechtsfolgenseite handelt, hat der BGH auch hier offengelassen, weil sich die für diese beiden Kategorien geltenden Kontrollmaßstäbe eher verbal und weniger in der Sache unterscheiden. Die Beurteilung der Effizienzwerte weist eine besondere Nähe zum Regulierungsermessen auf. Der Effizienzwert bestimmt die Effizienzvorgabe und damit die eigentliche Regelung in Gestalt der festgesetzten Erlösobergrenzen. Effizienzwert und Effizienzvorgabe sind damit das Ergebnis einer komplexen Bewertung, die sowohl die Erfassung und Beurteilung der maßgeblichen Elemente des Sachverhalts als auch die Auswahl zwischen mehreren in Frage kommenden Rechtsfolgen erfordert (BGH RdE 2014, 276 = EnWZ 2014, 378 Rn. 27 f. – Stadtwerke Konstanz GmbH; Holznagel/Schütz/Albrecht/Mallossek/Petermann ARegV § 12 Rn. 35 ff.; Säcker EnergieR/Meinzenbach § 21a Rn. 183 ff.; Grüneberg FS Danner, 2019, 315 (318); RdE 2016, 49 (50 f.); NVwZ 2015, 394 (394 ff.)). Vor dem Hintergrund stellt der BGH zur Kontrolldichte klar, dass es **nicht** die **Aufgabe einer gerichtlichen Überprüfung** des Effizienzvergleichs sein kann, die **Modellierung der Vergleichsmethode im Regulierungsverfahren durch eine alternative Modellierung im Beschwerdeverfahren zu ergänzen oder zu ersetzen**. Daher darf auch die Einholung eines Sachverständigengutachtens nicht zu dem Zweck angeordnet werden, die Modellierung der Vergleichsmethode im Regulierungsverfahren einer vorsorglichen Überprüfung auf möglicherweise wissenschaftlich angreifbare Annahmen oder Auswahlentscheidungen zu unterziehen. Die Einholung eines Sachverständigengutachtens kommt erst dann in Betracht, wenn konkrete Anhaltspunkte dafür aufgezeigt werden, dass die von der Regulierungsbehörde gewählte Vorgehensweise aus wissenschaftlicher Sicht unvertretbar erscheint (BGH RdE 2014, 276 = EnWZ 2014, 378 Rn. 41 – Stadtwerke Konstanz GmbH; Grüneberg FS Danner, 2019, 315 (319)).

Soweit es die Einführung und genauere Ausgestaltung des **Qualitätselements** nach § 19 ARegV 60.5
angeht, ist die gerichtliche Kontrolldichte ebenfalls eingeschränkt, weil der BNetzA nach der Rechtsprechung des BGH auch hier Spielräume zustehen, die teilweise als **Regulierungsermessen** und teilweise als **Beurteilungsspielraum** verstanden werden können (BGH RdE 2014, 495 = BeckRS 2014, 295 Rn. 11 ff.; BGH RdE 2014, 495 = BeckRS 2014, 295 Rn. 22 ff. – Stromnetz Berlin GmbH; Holznagel/ Schütz/Herrmann/Stracke/Westermann ARegV § 19 Rn. 23; Grüneberg FS Danner, 2019, 315 (319 f.); RdE 2016, 49 (51 f.); NVwZ 2015, 394 (396 f.)). Gesetz und Verordnung geben zwar hinsichtlich der zu berücksichtigenden Kennzahlen und der Ermittlung der Kennzahlenwerte und Kennzahlenvorgaben wie auch hinsichtlich der anzuwendenden Methoden maßgebliche Weichenstellungen vor (§§ 19, 20 ARegV), gleichwohl verbleiben im Rahmen der Festlegung nach § 32 Abs. 1 Nr. 6 ARegV noch erhebliche Spielräume der Regulierungsbehörden (BGH RdE 2014, 495 = BeckRS 2014, 295 Rn. 19 – Stromnetz Berlin GmbH). Die Bestimmung des Qualitätselements erfordert eine komplexe Modellierung der maßgeblichen Verhältnisse bei den einzelnen Netzen und Netzbetreibern durch die Regulierungsbehörden.

Ähnlich hat der BGH für die Festlegung von **Verlustenergiekosten als volatile Kostenanteile** 60.6
und das Verfahren zur Ermittlung der Höhe dieser Kosten nach § 29 Abs. 1 iVm § 32 Abs. 1 Nr. 4a, § 11 Abs. 5 ARegV entschieden (BGH RdE 2016, 462 = BeckRS 2016, 13537 Rn. 25 – Festlegung volatiler Kosten; RdE 2018, 485 = BeckRS 2018, 15563 Rn. 13 ff.; Holznagel/Schütz/Schreiber ARegV § 32 Rn. 50). Die Voraussetzungen für die Festlegung von Verlustenergiekosten als volatile Kostenanteile und das Verfahren zur Ermittlung der Höhe dieser Kosten sind durch EnWG und ARegV nur rudimentär vorgegeben, der Regulierungsbehörde sind Spielräume hinsichtlich der Erheblichkeitsschwelle nach § 11 Abs. 5 S. 2 ARegV sowie hinsichtlich der Ermittlung des Referenzpreises und der Wechselwirkung mit der Festlegung der Verlustenergiemenge eingeräumt (BGH RdE 2016, 462 = BeckRS 2016, 13537 Rn. 17; BGH RdE 2016, 462 = BeckRS 2016, 13537 Rn. 25 – Festlegung volatiler Kosten; Säcker EnergieR/Henn ARegV § 32 Rn. 38). Auch hier hebt der BGH die unterschiedlichen Überprüfungsmaßstäbe des Beschwerde- und des Rechtsbeschwerdegerichts hervor (BGH RdE 2016, 462 = BeckRS 2016, 13537 Rn. 26 – Festlegung volatiler Kosten).

Soweit es die Festlegung von **Vorgaben zur Umrechnung von Jahresleistungspreisen in Leis-** 60.7
tungspreise für unterjährige Kapazitätsrechte sowie von Vorgaben zur sachgerechten Ermittlung der Netzentgelte nach **§ 15 Abs. 2–7 GasNEV** angeht, sind die Voraussetzungen für die Bildung der Ein- und Ausspeiseentgelte und das Verfahren zur Ermittlung der Höhe dieser Entgelte durch Gesetz und Verordnung nur rudimentär vorgegeben. Nach der Rechtsprechung des BGH steht der mit der Beantwortung dieser Fragen betrauten Regulierungsbehörde daher auch insoweit ein Spielraum zu, der in einzelnen Aspekten einem Beurteilungsspielraum, in anderen Aspekten einem Regulierungsermessen gleichkommt (BGH NVwZ-RR 2018, 341 Rn. 25 – Festlegung BEATE). Nach § 15 Abs. 2 S. 1 GasNEV soll die Bildung der Einspeiseentgelte durch den Netzbetreiber möglichst verursachungsgerecht nach anerkannten betriebswirtschaftlichen Verfahren erfolgen, soweit die Regulierungsbehörde nicht ein oder mehrere Verfahren vorgibt. Dabei sind die in § 15 Abs. 2 S. 2 GasNEV genannten Anforderungen zu erfüllen, nämlich die Gewährleistung der Versorgungssicherheit und des sicheren Betriebs der Netze, die Beachtung der Diskriminierungsfreiheit und das Setzen von Anreizen für eine effiziente Nutzung der vorhandenen Kapazitäten im Leitungsnetz. Für die Bildung der Ausspeiseentgelte gilt dies nach § 15 Abs. 3 S. 3 GasNEV entsprechend. Weitere materiell-rechtliche Vorgaben überlässt § 30 Abs. 2 Nr. 7 GasNEV der Regulierungsbehörde (vgl. BR-Drs. 247/05, 39). Bei dieser Bewertung stellen sich, wie die Stellungnahmen im Verlauf des Konsultationsverfahrens belegen, eine Vielzahl von Fragen, die nicht exakt im Sinne von „richtig oder falsch" sondern nur durch eine wertende Auswahlentscheidung beantwortet werden können.

Bei der Auswahl der festzulegenden **Bedingungen und Methoden zum Bilanzierungssystem** 60.8
nach §§ 22–26 GasNZV und zu Entgelten und Gebühren für die Nutzung des Virtuellen Handelspunkts in Abweichung von § 22 Abs. 1 S. 6 GasNZV steht der Regulierungsbehörde nach der Rechtsprechung des BGH ebenfalls ein Spielraum zu, der in einzelnen Aspekten einem Beurteilungsspielraum, in anderen Aspekten einem Regulierungsermessen gleichkommt. Die Festlegungen, die die Regulierungsbehörde aufgrund von § 50 Abs. 1 Nr. 9 GasNZV zur Verwirklichung eines effizienten Netzzugangs und der in § 1 Abs. 1 genannten Zwecke unter Beachtung der Anforderungen eines sicheren Netzbetriebs nach § 29 Abs. 1 zu treffen hat, sind durch Gesetz und Verordnung nicht in jeder Einzelheit vorgegeben (BGH NVwZ-RR 2019, 861 Rn. 36 – KONNI Gas 2.0).

Bei der Festlegung von **Vorgaben für den Anreizmechanismus zur Bemessung einer genauen** 60.9
Prognose für die nicht täglich gemessenen Ausspeisungen eines Netznutzers steht der BNetzA nach der Rechtsprechung des BGH ebenfalls ein Spielraum zu, der in einzelnen Aspekten einem Beurteilungsspielraum, in anderen Aspekten einem Regulierungsermessen gleichkommt (BGH RdE

2018, 309 = N&R 2018, 236 Rn. 27 – GABi Gas 2.0). Mit dem in Art. 39 Abs. 4 EU-Gasbilanzierungs-NetzkodexVO vorgegebenen Ziel einer genauen Prognose der nicht täglich gemessenen Ausspeisungen hat der Verordnungsgeber eine Vorgabe aufgestellt, die der inhaltlichen Konkretisierung bedarf. Eine Verbesserung der Genauigkeit kann nicht nur auf einem bestimmten Weg erreicht werden, vielmehr kommen mehrere unterschiedliche Mechanismen in Betracht, die jeder für sich aus einer komplexen Kombination von Maßnahmen bestehen, deren Wirkungen ihrerseits nicht vollständig exakt prognostiziert werden können und die sich deshalb einer exakten Einordnung im Sinne eines „richtig" oder „falsch" entziehen. Von daher können die inhaltlichen Vorgaben der Regulierungsbehörde gerichtlich nur darauf überprüft werden, ob sie geeignet sind, die Prognosegenauigkeit zu verbessern, und die Regulierungsbehörde bei der Auswahl unter mehreren in Betracht kommenden Maßnahmen die gültigen Verfahrensbestimmungen eingehalten hat, von einem richtigen Verständnis des anzuwendenden Gesetzesbegriffs ausgegangen ist, den erheblichen Sachverhalt vollständig und zutreffend ermittelt hat und sich bei der eigentlichen Beurteilung an allgemeingültige Wertungsmaßstäbe gehalten, insbesondere das Willkürverbot nicht verletzt hat (BGH RdE 2018, 309 = N&R 2018, 236 Rn. 27 ff. – GABi Gas 2.0).

60.10 Auch bei der Berechnung einer **Netzentgeltreduzierung** nach den Vorgaben des § 19 Abs. 2 S. 3 StromNEV aF hat die Regulierungsbehörde einen **Beurteilungsspielraum** (BGH ZNER 2018, 413 = EnWZ 2018, 412 Rn. 24 – Individuelles Netzentgelt). Zwar unterliegt die Entscheidung der Regulierungsbehörde hinsichtlich der gesetzlichen und verordnungsrechtlichen Vorgaben wie auch der Feststellung der tatsächlichen Grundlagen der uneingeschränkten Überprüfung durch den Tatrichter. Der Behörde kommt aber ein Beurteilungsspielraum zu, soweit die Ausfüllung dieser gesetzlichen Vorgaben in einzelnen Beziehungen eine komplexe Prüfung und Bewertung einer Reihe von Fragen erfordert, die nicht exakt im Sinne von „richtig oder falsch" beantwortet werden können. Dies ist auch der Fall, soweit es um die Methodik der Ermittlung des Beitrags des Letztverbrauchers zu einer Senkung oder zu einer Vermeidung der Erhöhung der Kosten der Netz- oder Umspannebene, an die der Letztverbraucher angeschlossen ist, geht, den das individuelle Netzentgelt „widerspiegeln" soll. Denn dieser Beitrag lässt sich nicht – oder jedenfalls nicht auf einem praktisch handhabbaren Weg – errechnen, sondern bedarf einer Abschätzung, die einerseits dem Einzelfall gerecht wird (dh „individuell" ist) und andererseits Kriterien heranzieht, die eine gleichmäßige Rechtsanwendung mit einem angemessenen Aufwand gestatten. Dies hat zur Folge, dass es in der Regel nicht nur eine Berechnungsmethode zur Ermittlung individueller Netzentgelte gibt, die den Vorgaben des § 19 Abs. 2 StromNEV aF entspricht. Die Festlegung einer bestimmten Berechnungsmethode ist deshalb als rechtmäßig anzusehen, wenn die Regulierungsbehörde von einer zutreffenden Tatsachengrundlage ausgegangen ist und sie den ihr in § 19 Abs. 2 StromNEV aF eröffneten Beurteilungsspielraum fehlerfrei ausgefüllt hat.

60.11 Bei der Festlegung einer **Referenzpreismethode** zur Berechnung der Netzentgelte für Fernleitungsdienst-leistungen gemäß Art. 6, Art. 7 NC TAR steht der BNetzA nach den unmittelbar anwendbaren, materiellen Regelungen des Unionsrechts ebenfalls ein **Regulierungsermessen** zu. Dabei darf die gewählte Referenzpreismethode nicht von vornherein ungeeignet sein, die Funktion zu erfüllen, die ihr nach dem durch die Entscheidung der Regulierungsbehörde auszufüllenden gesetzlichen Rahmen zukommt, und es darf auch keine andere Referenzpreismethode unter Berücksichtigung aller maßgeblichen Umstände so deutlich überlegen sein, dass die getroffene Auswahlentscheidung nicht mehr als mit den gesetzlichen Vorgaben vereinbar angesehen werden kann (BGH BeckRS 2022, 21678 Rn. 34 ff. – REGENT).

60.12 Die Grundsätze der Rechtsprechung des BGH hat das Oberlandesgericht Düsseldorf auf die **Redispatch-Vorgaben** übertragen und der BNetzA insoweit bei der Auswahl der einzelnen Parameter und Methoden iRd § 13 Abs. 1a S. 3 einen Beurteilungsspielraum bzw. ein Regulierungsermessen zugestanden (OLG Düsseldorf BeckRS 2015, 13540 Rn. 93 ff.; BeckRS 2015, 13249 Rn. 90 ff.).

60.13 **Kein Beurteilungsspielraum** stand der BNetzA indessen nach ständiger Rechtsprechung des BGH bei der Beurteilung zu, welcher **Zins** iSd § 5 Abs. 2 Hs. 2 GasNEV/§ 5 Abs. 2 Hs. 2 StromNEV aF **kapitalmarktüblich** war (BGH NJOZ 2009, 3381 Rn. 50 ff. – Verteilnetzbetreiber Rhein-Main-Neckar; ZNER 2008, 222 = BeckRS 2008, 20437 Rn. 50 ff. – Rheinhessische Energie; RdE 2008, 337 = BeckRS 2008, 20435 Rn. 59 ff. – Stadtwerke Trier). „Kapitalmarktübliche Zinsen" ist ein Rechtsbegriff, dessen Inhalt wirtschaftswissenschaftlich weithin geklärt ist und vom Gericht unter Berücksichtigung der Ziele des EnWG ggf. mit sachverständiger Hilfe festgestellt werden kann, sodass nach Auffassung des BGH kein Grund bestand, der Regulierungsbehörde insoweit einen der richterlichen Kontrolle entzogenen Beurteilungsspielraum zu belassen (aA OLG Schleswig RdE 2010, 59). Seit dem 22.8.2013 bestimmt sich der so genannte EK II-Zinssatz allerdings nicht mehr nach den Vorgaben des § 5 Abs. 2 Hs. 2 GasNEV aF/§ 5 Abs. 2 Hs. 2 StromNEV aF, sondern nach Maßgabe der Neuregelung des § 7 Abs. 6, Abs. 7 GasNEV/§ 7 Abs. 6, Abs. 7 StromNEV, sodass der Frage keine Bedeutung mehr zukommt.

§ 83a Abhilfe bei Verletzung des Anspruchs auf rechtliches Gehör

(1) ¹Auf die Rüge eines durch eine gerichtliche Entscheidung beschwerten Beteiligten ist das Verfahren fortzuführen, wenn
1. ein Rechtsmittel oder ein anderer Rechtsbehelf gegen die Entscheidung nicht gegeben ist und
2. das Gericht den Anspruch dieses Beteiligten auf rechtliches Gehör in entscheidungserheblicher Weise verletzt hat.

²Gegen eine der Entscheidung vorausgehende Entscheidung findet die Rüge nicht statt.

(2) ¹Die Rüge ist innerhalb von zwei Wochen nach Kenntnis von der Verletzung des rechtlichen Gehörs zu erheben; der Zeitpunkt der Kenntniserlangung ist glaubhaft zu machen. ²Nach Ablauf eines Jahres seit Bekanntgabe der angegriffenen Entscheidung kann die Rüge nicht mehr erhoben werden. ³Formlos mitgeteilte Entscheidungen gelten mit dem dritten Tage nach Aufgabe zur Post als bekannt gegeben. ⁴Die Rüge ist schriftlich oder zur Niederschrift des Urkundsbeamten der Geschäftsstelle bei dem Gericht zu erheben, dessen Entscheidung angegriffen wird. ⁵Die Rüge muss die angegriffene Entscheidung bezeichnen und das Vorliegen der in Absatz 1 Satz 1 Nr. 2 genannten Voraussetzungen darlegen.

(3) Den übrigen Beteiligten ist, soweit erforderlich, Gelegenheit zur Stellungnahme zu geben.

(4) ¹Ist die Rüge nicht statthaft oder nicht in der gesetzlichen Form oder Frist erhoben, so ist sie als unzulässig zu verwerfen. ²Ist die Rüge unbegründet, weist das Gericht sie zurück. ³Die Entscheidung ergeht durch unanfechtbaren Beschluss. ⁴Der Beschluss soll kurz begründet werden.

(5) ¹Ist die Rüge begründet, so hilft ihr das Gericht ab, indem es das Verfahren fortführt, soweit dies aufgrund der Rüge geboten ist. ²Das Verfahren wird in die Lage zurückversetzt, in der es sich vor dem Schluss der mündlichen Verhandlung befand. ³Im schriftlichen Verfahren tritt an die Stelle des Schlusses der mündlichen Verhandlung der Zeitpunkt, bis zu dem Schriftsätze eingereicht werden können. ⁴Für den Ausspruch des Gerichts ist § 343 der Zivilprozessordnung anzuwenden.

(6) § 149 Abs. 1 Satz 2 der Verwaltungsgerichtsordnung ist entsprechend anzuwenden.

Überblick

§ 83a trägt den Vorgaben des Bundesverfassungsgerichts im Plenarbeschluss vom 30.4.2003 (BVerfGE 107, 395 – fachgerichtlicher Rechtsschutz) für das energiewirtschaftsrechtliche Beschwerdeverfahren Rechnung (BT-Drs. 15/3706, 25; 16/5847, 13). Danach war der Gesetzgeber verpflichtet, bei einer Verletzung rechtlichen Gehörs durch förmliche Rechtsbehelfe fachgerichtlichen Rechtsschutz zu schaffen. Ihrer Rechtsnatur nach stellt die Anhörungsrüge einen außerordentlichen Rechtsbehelf ohne Suspensiv- oder Devolutiveffekt dar (BT-Drs. 15/3706, 22). Aus **Absatz 1** ergeben sich die Voraussetzungen für ihre Statthaftigkeit (→ Rn. 5) und Begründetheit (→ Rn. 9). **Absatz 2** regelt Form (→ Rn. 13) und Frist (→ Rn. 14). **Absätze 3–5** enthalten Vorgaben für das Verfahren und die eigentliche Entscheidung des Gerichts (→ Rn. 16 ff.). Als Ausgleich für die fehlende Hemmung der Rechtskraft der angegriffenen Entscheidung sieht **Absatz 6** durch den entsprechend anzuwendenden § 149 Abs. 1 S. 2 VwGO die Möglichkeit der einstweiligen Aussetzung der weiteren Vollziehung (→ Rn. 21) vor.

Übersicht

	Rn.		Rn.
A. Normzweck und Bedeutung	1	C. Form, Frist und Inhalt (Abs. 2)	10
B. Voraussetzungen (Abs. 1)	5	D. Verfahren und Entscheidung des	
I. Verfahrensabschließende Entscheidung	6	Gerichts (Abs. 3–6)	16
II. Verletzung rechtlichen Gehörs	9		

A. Normzweck und Bedeutung

1 Die Regelung, die u.a. § 69 GWB (= § 71a GWB aF), § 321a ZPO und § 152a VwGO entspricht, wurde nachträglich durch das PreismissbrBekG mit Wirkung vom 22.12.2007 (BT-Drs. 16/5847, 13) eingefügt. Sie setzt den Plenarbeschluss des Bundesverfassungsgerichts vom 30.4.2003 um, nach dem es gegen das Rechtsstaatsprinzip in Verbindung mit Art. 103 Abs. 1 GG verstößt, wenn eine Verfahrensordnung keine **fachgerichtliche Abhilfemöglichkeit** für den Fall vorsieht, dass ein Gericht in entscheidungserheblicher Weise den Anspruch auf rechtliches Gehör verletzt (vgl. BVerfGE 107, 395 – fachgerichtlicher Rechtsschutz). Mit der Anhörungsrüge soll die behauptete Verletzung des rechtlichen Gehörs einer einmaligen gerichtlichen Kontrolle durch das Fachgericht selbst, das die Gehörsverletzung begangen haben soll, unterzogen und so das Bundesverfassungsgericht entlastet werden (BayVerfGH BeckRS 2013, 58969). Gehörsverstöße sollen durch Nachholung einer unterbliebenen Kenntnisnahme und Berücksichtigung von Vorbringen der Verfahrensbeteiligten geheilt werden (OVG NRW BeckRS 2018, 1779). Systematisch ist die Anhörungsrüge als **außerordentlicher Rechtsbehelf** einzuordnen, dem der Devolutiveffekt eines Rechtsmittels fehlt und auf den die Rechtsmittelbelehrung nicht hinzuweisen braucht (BT-Drs. 15/3706, 22).

2 Die Voraussetzungen von Statthaftigkeit und Begründetheit der Anhörungsrüge werden in Absatz 1 geregelt (→ Rn. 5 ff.). Form und Frist ergeben sich aus Absatz 2 (→ Rn. 10 ff.). Die Vorgaben für das Verfahren und die eigentliche Entscheidung des Gerichts sind in Absätzen 3, 4 und 5 enthalten (→ Rn. 16 ff.).

3 Betroffen sind die rechtskräftig abgeschlossenen **Beschwerdeverfahren** iSd §§ 75 ff. vor den Oberlandesgerichten und über die Verweisungsregelung des § 88 Abs. 5 auch die entsprechenden **Rechtsbeschwerdeverfahren** vor dem BGH. Nicht erfasst sind bürgerliche Rechtsstreitigkeiten iSd §§ 102 ff., für die unmittelbar § 321a ZPO gilt, sowie Bußgeldverfahren iSd §§ 98 ff., für die über die Verweisungsregelungen in § 46 Abs. 1 und § 79 Abs. 3 OWiG die allgemeinen Gesetze über das Strafverfahren, insbesondere § 356a StPO gelten.

4 Die Durchführung des fachgerichtlichen Anhörungsrügeverfahrens ist in der Regel entsprechend § 90 Abs. 2 S. 1 BVerfGG Voraussetzung für die Erhebung einer **Verfassungsbeschwerde**, mit der die Verletzung des rechtlichen Gehörs gerügt werden soll (BVerfG BeckRS 2018, 37473; NJW 2005, 3059).

B. Voraussetzungen (Abs. 1)

5 Absatz 1 enthält die Voraussetzungen, unter denen die Rüge der Verletzung rechtlichen Gehörs statthaft und begründet ist.

I. Verfahrensabschließende Entscheidung

6 Als **außerordentlicher Rechtsbehelf** ist die Anhörungsrüge nur statthaft gegen eine für den Verfahrensbeteiligten **unanfechtbare Endentscheidung**. Absatz 1 Satz 1 Nr. 1 stellt klar, dass gegen diese kein Rechtsmittel oder anderer Rechtsbehelf gegeben sein darf, die Anhörungsrüge also **subsidiär** ist. Mit Blick darauf, dass nach § 86 Abs. 4 Nr. 3 bei einer Verletzung rechtlichen Gehörs die – vorrangige – zulassungsfreie Rechtsbeschwerde stattfindet, kommt der Anhörungsrüge praktische Bedeutung daher primär im Rechtsbeschwerdeverfahren vor dem BGH zu (Bourwieg/Hellermann/Hermes/Laubenstein/Bourazeri § 83a Rn. 3; → § 86 Rn. 17).

7 Keine Unterscheidung erfolgt zwischen Hauptsacheverfahren und **Verfahren des vorläufigen Rechtsschutzes**. In letzteren ist sie dann zulässig, wenn bei einer erst im Hauptsache-

verfahren erfolgenden Korrektur unzumutbare Nachteile drohen, weil die Eilentscheidung endgültige Verhältnisse schafft oder – wegen der Dauer des Hauptsacheverfahrens – faktisch zu endgültigen Verhältnissen führt (BT-Drs. 15/3706, 14; Säcker EnergieR/Johanns/Roesen § 83a Rn. 2).

Gegen eine der Entscheidung vorausgehende Entscheidung findet die Anhörungsrüge nach Absatz 1 Satz 2 grundsätzlich nicht statt, sodass **Zwischenentscheidungen** (→ § 81 Rn. 5) dementsprechend **nicht** mit der Anhörungsrüge angegriffen werden können. Dies entspricht dem gesetzgeberischen Willen, eine Anfechtung von Zwischenentscheidungen zur Sicherung eines zügigen Verfahrensablaufes grundsätzlich auszuschließen. Außerdem wird sich regelmäßig erst zum Zeitpunkt der Endentscheidung feststellen lassen, ob der Gehörsverstoß zu einer Beschwer geführt hat und entscheidungserheblich war (BT-Drs. 15/3706, 16). In verfassungskonformer Auslegung ist die Einschränkung folglich auf solche Zwischenentscheidungen zu begrenzen, die im Hinblick auf mögliche Gehörsverletzungen im weiteren fachgerichtlichen Verfahren noch überprüft und korrigiert werden können (BVerfG NZA 2008, 1201 Rn. 22; NJW 2009, 833 Rn. 10; BGH NJW-RR 2009, 642 Rn. 6; BAG NJW 2009, 1693 Rn. 5). Daher können Entscheidungen, die ein selbstständiges Zwischenverfahren mit Bindungswirkung für das weitere Verfahren abschließen, mit der Anhörungsrüge auf Verletzungen des rechtlichen Gehörs überprüft werden. Dies trifft etwa auf die (letztinstanzliche) Entscheidung über einen Befangenheitsantrag gegen einen Richter oder die Gewährung der Wiedereinsetzung in den vorigen Stand zu (BeckOK ZPO/Bacher ZPO § 321a Rn. 7). 8

Die **Aussetzung** eines Rechtsstreits im Hinblick auf ein anderes anhängiges Verfahren unterliegt als bloße Zwischenentscheidung grundsätzlich nicht der Anhörungsrüge (OLG Düsseldorf BeckRS 2020, 13879 Rn. 14; BeckOK ZPO/Bacher ZPO § 321a Rn. 9). 8.1

Auch die Entscheidung des Gerichts über die **Offenlegung** von Tatsachen oder Beweismitteln nach § 84 Abs. 2 S. 4 ist nicht mit der Anhörungsrüge angreifbar (Theobald/Kühling/Boos § 83a Rn. 4). 8.2

Die Anhörungsrüge kann auf die Entscheidung über **Nebenpunkte** beschränkt werden. Eine nachträgliche, isolierte **Zulassung der Rechtsbeschwerde** aufgrund einer Anhörungsrüge kann allerdings **nur** dann **ausnahmsweise** zulässig sein, wenn das Beschwerdegericht bei seiner ursprünglichen Entscheidung über die Nichtzulassung der Rechtsbeschwerde bezogen auf die Zulassungsentscheidung das rechtliche Gehör des Beschwerdeführers verletzt hat oder wenn das Verfahren aufgrund eines Gehörsverstoßes fortgesetzt wird und sich erst aus dem anschließend gewährten rechtlichen Gehör ein Grund für die Zulassung ergibt (zu § 321a ZPO: BGH WM 2020, 1436 = BeckRS 2020, 13967 Rn. 14). Eine nachträgliche, verfahrensfehlerhaft aufgrund einer Anhörungsrüge ergangene Zulassungsentscheidung ist daher unwirksam. 8.3

Eine Unbilligkeit der bei der **Kostenentscheidung** nach § 90 vorgenommenen Interessenabwägung kann mit der Anhörungsrüge nicht geltend gemacht werden (BGH BeckRS 2009, 6793 Rn. 8). Mit ihr kann aber erfolgreich gerügt werden, dass das Rechtsbeschwerdegericht bei seiner Kostenentscheidung eine von den Beteiligten getroffene und vom Beschwerdegericht in seine Kostenentscheidung einbezogene Kostenvereinbarung unberücksichtigt gelassen hat (BGH BeckRS 2020, 9816 Rn. 4). 8.4

II. Verletzung rechtlichen Gehörs

Die Anhörungsrüge setzt nach Absatz 1 Satz 1 Nummer 2 weiter eine Verletzung des Anspruchs auf rechtliches Gehör in **entscheidungserheblicher Weise** voraus. Die Entscheidungserheblichkeit ist zu bejahen, wenn nicht ausgeschlossen werden kann, dass die Entscheidung bei Berücksichtigung des übergangenen Vortrags anders ausgefallen wäre (BVerfG NJW 2009, 1585 Rn. 38). Nicht entscheidungserheblich ist die Verletzung rechtlichen Gehörs hingegen, wenn feststeht, dass auch bei Berücksichtigung des übergangenen Vorbringens – etwa aus Rechtsgründen – keine andere Entscheidung hätte ergehen dürfen. 9

Der Grundsatz des rechtlichen Gehörs verbietet insbesondere **Überraschungsentscheidungen** (BVerfG BeckRS 2016, 52788). Solche sind anzunehmen, wenn das Gericht unter Verletzung der **Hinweis- und Erörterungspflichten** einen Umstand zur Entscheidungsgrundlage gemacht und damit dem Verfahren eine Wende gegeben hat, mit der die Beteiligten nicht zu rechnen brauchten (stRspr, vgl. BVerwG BeckRS 2019, 18469; BeckRS 2008, 30123; → § 82 Rn. 19; → § 83 Rn. 16). Auf **Nebenentscheidungen** erstreckt sich die gerichtliche Hinweispflicht nicht, so dass es eines gesonderten Hinweises auf die beabsichtigte Kostenentscheidung nicht bedarf (BGH NZKart 2022, 640 Rn. 4). 9.1

9.2 Eine Gehörsverletzung liegt vor, wenn das erkennende Gericht auf einen **wesentlichen Kern des Tatsachenvortrags** eines Beteiligten nicht eingeht, der für das Verfahren von **zentraler Bedeutung** ist, und der nach dem gerichtlichen Rechtsstandpunkt **weder unerheblich noch offensichtlich unsubstantiiert** ist (BVerfG NVwZ-RR 2004, 3 (4); BGH NZKart 2020, 321 Rn. 19 – Zahlungsauslösedienst; BGHZ 173, 47 = GRUR 2007, 862 Rn. 31; → § 86 Rn. 18.1).

9.3 Wird in den Gründen der Entscheidung **nicht jedes Vorbringen ausdrücklich beschieden,** liegt nicht zwangsläufig ein Gehörsverstoß vor (BGH NZKart 2020, 321 Rn. 19 – Zahlungsauslösedienst; BGH WuW/E DE-3967 = BeckRS 2013, 13524 Rn. 4 – Rabattstaffel; BGH WuW DE-R 4475 = BeckRS 2014, 20503 Rn. 7 – Xella). Es ist vielmehr ausreichend, wenn das Gericht diejenigen Gründe angibt, die für seine richterliche Überzeugung leitend gewesen sind (BVerwG BeckRS 2019, 3619; BeckRS 2017, 134689; BeckRS 2017, 128346; LVerfG SchlH BeckRS 2019, 2988; OVG Saarl BeckRS 2019, 2077).

9.4 Die **inhaltliche Richtigkeit der angefochtenen Entscheidung** kann mit der Anhörungsrüge nicht überprüft werden (BeckOK VwGO/Kaufmann VwGO § 152a Rn. 10). Eine Verletzung des Anspruchs auf rechtliches Gehör liegt nicht vor, wenn sich das Gericht mit der als übergangen gerügten Argumentation befasst hat, aber zu einer abweichenden Beurteilung gelangt ist (BGH BeckRS 2022, 17573 Rn. 2; 2020, 14123 Rn. 3 ff.). Das Verfahren der Anhörungsrüge dient nicht dazu, die Entscheidung nochmals inhaltlich zur Überprüfung zu stellen oder einer Partei die Möglichkeit zu eröffnen, mit dem Gericht nach seiner Entscheidung ihren gegenteiligen Rechtsstandpunkt zu diskutieren (BGH BeckRS 2022, 17573 Rn. 2).

9.5 Erlangt das Gericht **nachträglich Kenntnis von der Verletzung rechtlichen Gehörs,** muss es die Verfahrensbeteiligten darauf hinweisen und so die Erhebung der Anhörungsrüge ermöglichen, ohne die es der Verletzung nicht abhelfen kann (Kopp/Schenke VwGO § 152a Rn. 8; BeckOK VwGO/Kaufmann VwGO § 152a Rn. 13).

C. Form, Frist und Inhalt (Abs. 2)

10 Die Rüge ist nach Absatz 2 Satz 4 **schriftlich oder zur Niederschrift** des Urkundsbeamten der Geschäftsstelle bei dem Gericht zu erheben, dessen Entscheidung angegriffen wird, also beim **iudex a quo**. Wird sie schriftlich erhoben, unterliegt sie dem Anwaltszwang des § 80 (Loewenheim/Meessen/Riesenkampff/Kersting/Meyer-Lindemann/Kühnen GWB § 71a Rn. 11; Immenga/Mestmäcker/K. Schmidt GWB § 71a Rn. 14).

11 Nach Absatz 2 Satz 1 ist die Rüge innerhalb einer **Notfrist von zwei Wochen** zu erheben. Ihr Lauf beginnt mit der **Kenntnis von der Verletzung des rechtlichen Gehörs.** Darunter ist die Kenntnis der maßgeblichen Umstände zu verstehen, nicht die rechtliche Bewertung als Gehörsverstoß. Die Kenntnis des Prozessbevollmächtigten wird dem Rügeführer zugerechnet. Liegt die **tatsächliche Kenntnis zeitlich nach der Bekanntgabe,** so müssen die Umstände in der Rüge glaubhaft gemacht werden (BGH BeckRS 2009, 6793 Rn. 6; BVerwG NVwZ-RR 2013, 340). Für die **Glaubhaftmachung** gilt entsprechend § 85 Nr. 2 die Regelung des § 294 ZPO, für die **Fristberechnung** § 222 ZPO iVm § 187 ff. BGB (→ § 85 Rn. 4.3).

11.1 Unerheblich ist die **(spätere) tatsächliche Kenntnis** dann, wenn sich der Prozessvertreter der tatsächlichen Kenntnis bewusst verschließt, etwa indem er eine ihm zugestellte Entscheidung erst zu einem späteren Zeitpunkt liest (BVerfG NJW-RR 2010, 1215 Rn. 3), den Tenor der Entscheidung nicht vollständig zur Kenntnis nimmt (BVerfG BeckRS 2016, 126387 Rn. 3) oder entgegen § 56 BRAO keinen Urlaubsvertreter bestellt und dadurch eine zeitnahe Zustellung verhindert (OLG Jena NJW-RR 2011, 1694 (1695)). Daher beginnt die Frist in der Regel mit der Zustellung der angefochtenen Entscheidung (BGH MDR 2013, 421 Rn. 5; BeckOK ZPO/Bacher ZPO § 321a Rn. 31).

12 Nach Ablauf der **Jahresfrist** des Absatzes 2 Satz 2 kann die Rüge nicht mehr erhoben werden. Da es sich um eine **materielle Ausschlussfrist** handelt, die dem Interesse der **Rechtssicherheit** Rechnung trägt, ist eine Wiedereinsetzung in den vorigen Stand nicht möglich (BT-Drs. 15/3706, 16). **Formlos mitgeteilte Entscheidungen** gelten nach der **Fiktion** des Absatzes 2 Satz 3 mit dem dritten Tag nach Aufgabe zur Post als bekannt gegeben, wobei diese eine tatsächlich früher oder später erfolgte **Bekanntgabe** unberücksichtigt lässt (Kopp/Schenke VwGO § 152a Rn. 9).

13 Aus der **Begründung** der Rügeschrift muss nach Absatz 2 Satz 5 hervorgehen, **welche Entscheidung** mit der Rüge angegriffen wird und aus welchen Umständen sich eine **Verlet-**

Abhilfe bei Verletzung des Anspruchs auf rechtliches Gehör § 83a EnWG

zung des eigenen **Anspruchs auf rechtliches Gehör** und die Entscheidungserheblichkeit iSd Absatzes 1 Satz 1 Nummer 2 ergibt. Es ist daher vom Rügeführer neben der Gehörsverletzung selbst schlüssig darzulegen, inwieweit sich diese auf die Endentscheidung ausgewirkt haben kann (**Entscheidungserheblichkeit**), und dass für ihn bei ordnungsgemäßem Verfahren eine günstigere Entscheidung zumindest möglich gewesen wäre (**Beschwer**) (BT-Drs. 15/3706, 16 zu § 321a ZPO). Enthält die Rügeschrift hierzu keine hinreichenden Ausführungen, so ist die Rüge bereits unzulässig. Die erforderliche Begründung kann nach Ablauf der Frist des Absatzes 2 Satz 1 nicht nachgeholt werden, die bereits fristgerecht vorgebrachten Gründe können nach Fristablauf nur ergänzt und konkretisiert werden.

Inhaltlich sind die Umstände darzulegen, aus denen sich die Verletzung des **eigenen** 14 Anspruchs auf rechtliches Gehör ergeben. Für die Darlegung einer Gehörsverletzung muss der Betroffene die Tatsachen oder Beweisergebnisse benennen, auf die das Gericht seine Entscheidung gestützt hat und zu denen er sich nicht äußern konnte. Alternativ muss er sein tatsächliches oder rechtliches Vorbringen sowie die besonderen Umstände des Einzelfalles anführen, die die Annahme rechtfertigen, dass das Gericht entgegen der bestehenden Vermutung sein Vorbringen nicht zur Kenntnis genommen oder nicht erwogen hat (BayVGH BeckRS 2012, 51999; BeckRS 2012, 25677; BeckRS 2011, 32977; BeckOK VwGO/Kaufmann VwGO § 152a Rn. 12).

Wird mit der Anhörungsrüge geltend gemacht, dass das Gericht verfahrensfehlerhaft einen gebotenen 14.1 **Hinweis** unterlassen hat, muss der Rügeführer weiter aufzeigen, dass die ergänzenden Rechtsausführungen, die er im Falle eines solchen Hinweises angestellt hätte, zu einer abweichenden Entscheidung in der Sache hätten führen können (BGH BeckRS 2020, 7752 Rn. 2).

§ 83a ist **nicht analog** anwendbar auf Fälle, in denen andere Verfahrensgrundrechte 15 verletzt sind (zu § 321a ZPO: BGH GRUR-RR 2017, 416 Rn. 5; BeckOK ZPO/Bacher ZPO § 321a Rn. 21). Dies gilt insbesondere für die Rüge einer Verletzung des Gleichbehandlungsgrundsatzes oder des Willkürverbots (Art. 3 Abs. 1 GG), der Eigentumsgarantie (Art. 14 Abs. 1 GG), des Anspruchs auf Gewährung effektiven Rechtsschutzes (Art. 20 Abs. 3, 2 Abs. 1 GG) und des Anspruchs auf den gesetzlichen Richter (Art. 101 Abs. 2 GG) (BeckOK ZPO/Bacher ZPO § 321a Rn. 21.1).

D. Verfahren und Entscheidung des Gerichts (Abs. 3–6)

Die Rüge ist nach Absatz 4 Satz 1 als **unzulässig** zu verwerfen, wenn sie unstatthaft ist 16 oder nicht in der gesetzlichen Form oder Frist erhoben wurde. Unstatthaft ist sie, wenn eine rügefähige Endentscheidung nicht vorliegt oder gegen die Entscheidung ein anderer Rechtsbehelf zur Verfügung steht bzw. statthaft ist (VG Regensburg BeckRS 2015, 43860) oder seine ursprünglich zulässige Einlegung versäumt wurde. Nicht in der gesetzlichen Form oder Frist ist sie erhoben, wenn sie verfristet oder sonst nicht ordnungsgemäß erhoben ist oder den Darlegungsanforderungen nicht genügt (BeckOK VwGO/Kaufmann VwGO § 152a Rn. 16).

Ist sie zulässig, wird im Rahmen der **Begründetheitsprüfung** untersucht, ob die Gehörs- 17 verletzung tatsächlich vorliegt, sie ursächlich für die angegriffene Entscheidung war und der Betroffene alle Möglichkeiten ausgeschöpft hat, um sich im Ausgangsverfahren rechtliches Gehör zu verschaffen (Kopp/Schenke VwGO § 152a Rn. 13). Verneint das Gericht eine dieser **kumulativen Voraussetzungen,** so weist es die Anhörungsrüge gem. Absatz 4 Satz 2 als **unbegründet** zurück.

Die **Entscheidung** des Gerichts ergeht **bei erfolgloser Rüge** durch unanfechtbaren 18 Beschluss, der **kurz begründet** werden soll (Absatz 4 Sätze 3, 4). Die Gründe für die Erfolglosigkeit der Rüge muss das Gericht also grundsätzlich in verständlicher Weise benennen, wobei es bei offensichtlichem Fehlen der Gehörsverletzung von dieser Verpflichtung abweichen darf (Kopp/Schenke VwGO § 152a Rn. 12). Das Gericht ist allerdings nicht dazu verpflichtet, sich in der Begründung seiner Entscheidung mit jedem Vorbringen ausdrücklich zu befassen (OVG NRW BeckRS 2019, 32349), insbesondere dann nicht, wenn das Vorbringen nach dem Rechtsstandpunkt des Gerichts unerheblich ist (BeckOK VwGO/Kaufmann VwGO § 152a Rn. 18). Das herabgesetzte Begründungserfordernis soll sicherstellen, dass eine Anhörungsrüge nicht zur Herbeiführung einer Begründungsergänzung der

Entscheidung über die Nichtzulassungsbeschwerde eingelegt werden kann (BT-Drs. 15/ 3706, 16; BGH NZKart 2015, 352). Zugleich hat eine Kostenentscheidung zu ergehen.

19 Die zulässige Rüge ist **begründet**, wenn eine **entscheidungserhebliche Verletzung des rechtlichen Gehörs** vorliegt. Das Gericht hilft einer begründeten Rüge ab, indem es das Verfahren fortführt, soweit dies aufgrund der Rüge geboten ist. Das Verfahren wird nach Absatz 5 Satz 2 in die Lage zurückversetzt, in der es sich vor Schluss der mündlichen Verhandlung befunden hat. Im schriftlichen Verfahren tritt nach Absatz 5 Satz 3 an die Stelle der mündlichen Verhandlung der Zeitpunkt, bis zu dem Schriftsätze eingereicht werden können. Absatz 5 Satz 1 stellt klar, dass im **Fortsetzungsverfahren** nur noch der **Streitgegenstand** erneut verhandelt wird, der von der Verletzung des Anspruchs auf rechtliches Gehör betroffen ist (BT-Drs. 15/3706, 16). Einer förmlichen Senatsentscheidung über die Fortsetzung bedarf es nicht. Erfolgt diese gleichwohl, weil dies mit Blick auf die Transparenz des Verfahrens vorzugswürdig ist, muss sie inhaltlich auf die Anordnung der Fortführung beschränkt sein und darf dem Ergebnis der nachfolgenden Prüfung nicht vorgreifen (BeckOK VwGO/Kaufmann VwGO § 152a Rn. 20). Für den **Entscheidungstenor** ist § 343 ZPO nach Absatz 5 Satz 4 entsprechend anzuwenden. Danach ist die Ausgangsentscheidung entweder **aufrechtzuerhalten** oder **aufzuheben und durch die neue zu ersetzen**. Die Anordnung der Aufrechterhaltung beruht auf dem Gedanken, dass eine Entscheidung weiterhin in Kraft bleiben soll, wenn sie zwar unter Verletzung des Anspruchs auf rechtliches Gehör getroffen wurde, im Ergebnis aber richtig ist (OVG NRW NVwZ-RR 2015, 397).

20 Vor der Entscheidung über die Anhörungsrüge ist den übrigen Beteiligten Gelegenheit zur **Stellungnahme** entsprechend **Absatz 3** (nur) zu geben, soweit dies erforderlich ist, dh wenn das Gericht beabsichtigt, der Anhörungsrüge stattzugeben. Mit Einverständnis der Beteiligten kann ohne mündliche Verhandlung entschieden werden, § 81 Abs. 1 Hs. 2 (BGH BeckRS 2020, 9816 Rn. 3).

21 Mit **Absatz 6** wird dem Umstand Rechnung getragen, dass die Erhebung der Anhörungsrüge die Rechtskraft der angegriffenen Entscheidung unberührt lässt und damit auch der Vollstreckung nicht hindert. Nach dem entsprechend anzuwendenden **§ 149 Abs. 1 S. 1 VwGO** kann aber das mit der Anhörungsrüge befasste Gericht die (weitere) **Vollziehung der angegriffenen Entscheidung aussetzen**, wenn dies nach den Umständen des Falles geboten ist (BT-Drs. 15/3706, 22).

22 Um die Durchsetzung des rechtlichen Gehörs nicht zu erschweren, betragen die Kosten des – erfolglosen – Verfahrens lediglich 60 EUR (KV 1700 GKG).

§ 84 Akteneinsicht

(1) ¹**Die in § 79 Abs. 1 Nr. 1 und 2 und Abs. 2 bezeichneten Beteiligten können die Akten des Gerichts einsehen und sich durch die Geschäftsstelle auf ihre Kosten Ausfertigungen, Auszüge und Abschriften erteilen lassen.** ²**§ 299 Abs. 3 der Zivilprozessordnung gilt entsprechend.**

(2) ¹**Einsicht in Vorakten, Beiakten, Gutachten und Auskünfte sind nur mit Zustimmung der Stellen zulässig, denen die Akten gehören oder die die Äußerung eingeholt haben.** ²**Die Regulierungsbehörde hat die Zustimmung zur Einsicht in ihre Unterlagen zu versagen, soweit dies aus wichtigen Gründen, insbesondere zur Wahrung von Betriebs- oder Geschäftsgeheimnissen, geboten ist.** ³**Wird die Einsicht abgelehnt oder ist sie unzulässig, dürfen diese Unterlagen der Entscheidung nur insoweit zugrunde gelegt werden, als ihr Inhalt vorgetragen worden ist.** ⁴**Das Beschwerdegericht kann die Offenlegung von Tatsachen oder Beweismitteln, deren Geheimhaltung aus wichtigen Gründen, insbesondere zur Wahrung von Betriebs- oder Geschäftsgeheimnissen, verlangt wird, nach Anhörung des von der Offenlegung Betroffenen durch Beschluss anordnen, soweit es für die Entscheidung auf diese Tatsachen oder Beweismittel ankommt, andere Möglichkeiten der Sachaufklärung nicht bestehen und nach Abwägung aller Umstände des Einzelfalles die Bedeutung der Sache das Interesse des Betroffenen an der Geheimhaltung überwiegt.** ⁵**Der Beschluss ist zu begründen.** ⁶**In dem Verfahren nach Satz 4 muss sich der Betroffene nicht anwaltlich vertreten lassen.**

(3) Den in § 79 Abs. 1 Nr. 3 bezeichneten Beteiligten kann das Beschwerdegericht nach Anhörung des Verfügungsberechtigten Akteneinsicht in gleichem Umfang gewähren.

Überblick

Die Vorschrift regelt für die Hauptbeteiligten und die Beigeladenen das Recht auf Akteneinsicht und deren Umfang. Ein – grundsätzlich umfassendes und uneingeschränktes – Akteneinsichtsrecht des Beschwerdeführers, des Beschwerdegegners und der BNetzA in Verfahren gegen die Landesregulierungsbehörde ist (nur) für die Gerichtsakten in **Absatz 1** vorgesehen (→ Rn. 4 ff.).

Ihr Recht auf Einsicht in andere Unterlagen, insbesondere in die Akten der Regulierungsbehörde hängt nach **Absatz 2** Satz 1 von der Zustimmung der aktenführenden oder die Äußerung einholenden Stelle ab (→ Rn. 12 ff.). Wird diese entsprechend Absatz 2 Satz 2 mit Blick auf den Schutz von Betriebs- und Geschäftsgeheimnissen oder sonstigen wichtigen Gründen versagt, folgt daraus grundsätzlich ein Verwertungsverbot (Absatz 2 Satz 3, → Rn. 20 f.), indem die Unterlagen der Beschwerdeentscheidung nur insoweit zugrunde gelegt werden dürfen, als ihr Inhalt vorgetragen worden ist. Soweit der Zulässigkeit einer Einsichtnahme ein Geheimhaltungsinteresse entgegensteht, sieht das Gesetz allerdings zur Lösung des Konflikts zwischen den Geheimhaltungsinteressen auf der einen und dem Anspruch auf rechtliches Gehör auf der anderen Seite in Absatz 2 Sätze 4–6 ein Zwischenverfahren vor (→ Rn. 22 ff.). In diesem kann das Beschwerdegericht die Offenlegung von als geheimhaltungsbedürftig eingestuften Tatsachen oder Beweismitteln nach Anhörung des von der Offenlegung Betroffenen durch zu begründenden Beschluss anordnen, wenn und soweit es auf diese Tatsachen oder Beweismittel für seine Sachentscheidung ankommt, eine das Geheimhaltungsinteresse wahrende andere Möglichkeit der Sachaufklärung nicht besteht und nach Abwägung aller Umstände des Einzelfalles die Bedeutung der Sache das Interesse des Betroffenen an der Geheimhaltung überwiegt.

Absatz 3 regelt das Akteneinsichtsrecht der Beigeladenen (→ Rn. 31 ff.).

Die Regelung geht den Regelungen des am 26.4.2019 in Kraft getretenen Gesetzes zum Schutz von Geschäftsgeheimnissen vor (§ 1 Abs. 2 GeschGehG).

Übersicht

	Rn.		Rn.
A. Normzweck und Bedeutung	1	1. Gegenstand der Akteneinsicht	13
		2. Zustimmung der aktenführenden/Auskunft einholenden Stelle	15
B. Akteneinsichtsrecht der Hauptbeteiligten und der Regulierungsbehörde (Abs. 1, 2)	4	III. Verwertungsverbot	20
		IV. Zwischenverfahren	22
I. Uneingeschränktes Einsichtsrecht (Abs. 1)	4	1. Voraussetzungen der Offenlegung	24
1. Gegenstand der Akteneinsicht	4	2. Verfahren	29
2. Inhalt und Verfahren der Akteneinsicht	7	V. Rechtsbehelfe	30
II. Eingeschränktes Einsichtsrecht (Abs. 2)	12	C. Akteneinsicht der Beigeladenen (Abs. 3)	31

A. Normzweck und Bedeutung

Die Vorschrift entspricht § 70 GWB (§ 72 GWB aF; BT-Drs. 15/3917, 72). Das Akteneinsichtsrecht ist eine Ausprägung des durch **Art. 103 Abs. 1 GG** garantierten Anspruchs auf rechtliches Gehör. Das Gebot rechtlichen Gehörs verpflichtet ein Gericht nicht nur, die Ausführungen der Prozessbeteiligten zur Kenntnis zu nehmen und in Erwägung zu ziehen (§ 82), sondern auch, die Beteiligten über die entscheidungserheblichen tatsächlichen und rechtlichen Gesichtspunkte zu informieren. Eine Art. 103 Abs. 1 GG genügende Gewährung rechtlichen Gehörs setzt daher voraus, dass die Verfahrensbeteiligten erkennen können, auf welchen Tatsachenvortrag es für die Entscheidung ankommen wird. Sie müssen sich bei Anwendung der gebotenen Sorgfalt über den gesamten Verfahrensstoff informieren können (BVerfG BeckRS 2020, 5848 Rn. 40 mwN). Damit dient das Akteneinsichtsrecht auch der

Waffengleichheit der Beteiligten und damit dem umfassenden Rechtsschutz iSd **Art. 19 Abs. 4 GG** (BVerfG NVwZ 2010, 954 Rn. 36 f.). Darüber hinaus soll es auch die Mitwirkung der Beteiligten am Verfahren iSd § 82 gewährleisten; die Kenntnis der vorhandenen Akten ist notwendig, um zur weiteren Aufklärung des entscheidungsrelevanten Sachverhalts beitragen zu können. Dem Regulierungsrecht ist es allerdings immanent, dass die Frage der Akteneinsicht zugleich auch die des Schutzes von in der Akte enthaltenen Betriebs- und Geschäftsgeheimnissen betreffen kann. Dem trägt die Regelung in Absatz 2 Rechnung, die dem Ausgleich zwischen dem verfassungsrechtlichen Anspruch auf wirksamen Rechtsschutz (Art. 19 Abs. 4 GG) und Gewährung rechtlichen Gehörs (Art. 103 Abs. 1 GG) einerseits und dem Geheimnisschutz und damit dem Schutz von Betriebs- und Geschäftsgeheimnissen (Art. 12, 14 GG) andererseits dient. Auf diese Weise wird zugleich der verfassungsrechtlichen Anforderung nach praktischer Konkordanz Rechnung getragen (BGH RdE 2014, 276 = EnWZ 2014, 378 Rn. 103 – Stadtwerke Konstanz GmbH; BVerfGE 115, 205 = BeckRS 2006, 134696 Rn. 98 – Geschäfts- und Betriebsgeheimnis, in-camera-Verfahren).

2 § 84 differenziert hinsichtlich des **Umfangs des Akteneinsichtsrechts** zwischen den **Hauptbeteiligten des Beschwerdeverfahrens** – dem Beschwerdeführer und der gegnerischen Regulierungsbehörde – **und** der ggf. nach § 79 Abs. 2 beteiligten **BNetzA einerseits** (Absätze 1 und 2, → Rn. 4) sowie den **Beigeladenen andererseits** (Abs. 3; → Rn. 31). Erstere haben ein grundsätzlich umfassendes und uneingeschränktes Akteneinsichtsrecht, das nur unter dem Vorbehalt des Schutzes von Betriebs- und Geschäftsgeheimnissen steht. Dabei wird für sie weiter unterschieden zwischen dem Gegenstand der Akteneinsicht: der **Einsicht in die Gerichtsakten** nach Absatz 1 (→ Rn. 4) und der **in andere Unterlagen**, insbesondere in die Akten der Regulierungsbehörde nach Absatz 2 (→ Rn. 12). Geht es nicht um Gerichtsakten, sondern um andere Unterlagen ist der grundsätzlich bestehende Anspruch auf Akteneinsicht dem Umfang nach dahin eingeschränkt, dass es der **Zustimmung der jeweiligen Behörde** bedarf, die aus wichtigen Gründen, insbesondere zur Wahrung von Betriebs- oder Geschäftsgeheimnissen versagt werden kann (Sätze 1 und 2, → Rn. 15). Folge einer versagten oder einer unzulässigen Akteneinsicht ist grundsätzlich ein **Verwertungsverbot** (Satz 3, → Rn. 19). Als Ausnahme ist eine Verwertungsmöglichkeit für an sich geheimhaltungsbedürftige Tatsachen und Beweismittel im Wege einer im **Zwischenverfahren** vom Beschwerdegericht zu treffenden **Offenlegungsanordnung** vorgesehen (Sätze 4–6, → Rn. 22). Das Akteneinsichtsrecht (einfach) **Beigeladener** steht dagegen im **Ermessen** des Gerichts (Absatz 3, → Rn. 31). Auch hier hat zuvor die Anhörung des Verfügungsberechtigten zu erfolgen. Eine analoge Anwendung des Akteneinsichtsanspruchs nach Maßgabe der Absätze 1 und 2 kommt mit Blick darauf, dass der Kreis der am Beschwerdeverfahren Beteiligten über den Wortlaut des § 79 hinaus zu erweitern ist (→ § 79 Rn. 13), und die verfahrensrechtliche Stellung notwendig Beigeladener für diese in Betracht (→ Rn. 6).

3 Die Regelung gilt für das **Beschwerdeverfahren** und über § 88 Abs. 5 S. 1 auch für das sich anschließende **Rechtsbeschwerdeverfahren** (→ § 88 Rn. 13). Im Verwaltungsverfahren vor der Regulierungsbehörde richtet sich das Akteneinsichtsrecht nach §§ 29 f. VwVfG iVm § 71 (→ § 71 Rn. 9). Keine Anwendung findet die Vorschrift auch im Bußgeldverfahren, in dem § 46 OWiG und § 147 StPO gelten, im energiewirtschaftsrechtlichen Zivilverfahren, in dem § 299 ZPO maßgeblich ist und im Konzessionsverfahren nach §§ 46 ff., für das § 47 Abs. 3 das Akteneinsichtsrecht gesondert regelt. Da § 84 nur die Beteiligten des Beschwerdeverfahrens anspricht, können Dritte aus ihr keine Rechte herleiten (Säcker EnergieR/Johanns/Roesen § 84 Rn. 2; zu § 72 GWB aF: OLG Frankfurt a. M. BeckRS 2019, 35110 Rn. 47).

B. Akteneinsichtsrecht der Hauptbeteiligten und der Regulierungsbehörde (Abs. 1, 2)

I. Uneingeschränktes Einsichtsrecht (Abs. 1)

1. Gegenstand der Akteneinsicht

4 **Uneingeschränkte Akteneinsicht** haben die Hauptbeteiligten des Beschwerdeverfahrens und die ggf. entsprechend § 79 Abs. 2 beteiligte BNetzA **nur in die Akten des**

Gerichts. Das in Absatz 1 geregelte uneingeschränkte Akteneinsichtsrecht der Parteien dient der Wahrung des Anspruchs auf rechtliches Gehör. Prozessakten sind grundsätzlich alle Schriftsätze und Unterlagen, die beim Gericht zu dem Rechtsstreit geführt werden, nicht aber beigezogene Akten aus anderen gerichtlichen oder behördlichen Verfahren iSd Absatzes 2.

Vom Einsichtsrecht **ausgenommen** sind nach Maßgabe des § 299 Abs. 4 ZPO **Entscheidungsentwürfe** und sonstige **gerichtsintern** zur Vorbereitung oder Abstimmung **angefertigte Unterlagen,** die üblicherweise in einem Sonderheft aufbewahrt werden (BeckOK ZPO/Bacher ZPO § 299 Rn. 7). Nicht zur Akte gehören auch Unterlagen, von deren Weiterleitung an den Gegner das Gericht aufgrund eines auf den **Schutz von Betriebs- und Geschäftsgeheimnissen** gestützten Vorbehalts abgesehen hat (BGH NJW-RR 2020, 246 Rn. 16 ff. – Akteneinsicht XXIV). Derartige Unterlagen, die einem Verfahrensbeteiligten bei Akteneinsicht nicht zugänglich gemacht werden dürfen, werden in sog. Sonderbänden geführt (BeckOK DatenschutzR/Schild Syst. E. Datenschutz bei Gerichten und Staatsanwaltschaften Rn. 26). In der Praxis ist es in solchen Fällen allerdings entsprechend der Verpflichtung des § 71 Abs. 1 S. 1, S. 2 üblich, zunächst nur eine teilgeschwärzte Fassung der betreffenden Unterlagen einzureichen und das Gericht um Anordnung geeigneter Geheimhaltungsmaßnahmen zu ersuchen (BGH NJW-RR 2020, 246 Rn. 19 – Akteneinsicht XXIV). Trifft der Verfahrensbeteiligte dagegen keine Sicherheitsvorkehrungen, muss er entsprechend § 71 Abs. 1 S. 3 damit rechnen, dass diese den anderen Verfahrensbeteiligten ungeachtet etwaiger Betriebs- und Geschäftsgeheimnisse zur Verfügung gestellt werden (BGH NJW-RR 2020, 246 Rn. 19 – Akteneinsicht XXIV).

5

Über den Wortlaut der Absätze 1 und 2 hinaus haben nach herrschender Meinung **auch notwendig Beigeladene** das dort geregelte umfassende Akteneinsichtsrecht, weil das Verfahren für sie rechtsgestaltende Wirkung haben kann (OLG Düsseldorf BeckRS 2014, 15498 Rn. 13; Säcker EnergieR/Johanns/Roesen § 84 Rn. 4; Kment EnWG/Huber § 84 Rn. 13; Theobald/Kühling/Boos § 84 Rn. 4; Loewenheim/Meessen/Riesenkampff/Kersting/Meyer-Lindemann/Kühnen GWB § 72 Rn. 5; Loewenheim/Meessen/Riesenkampff/Kersting/Meyer-Lindemann/Kühnen GWB § 72 Rn. 14; FK-KartellR/Breiler GWB § 70 Rn. 6; → Rn. 32). Weiter müssen die Absätze 1 und 2 auch auf weitere Beteiligte des Beschwerdeverfahrens **entsprechende Anwendung** finden, soweit der Katalog des § 79 mit Blick auf den Grundsatz der Kontinuität der Verfahrensbeteiligung zu eng gefasst ist. Das kann der **Antragsteller des Verwaltungsverfahrens** sein, der erfolgreich die Einleitung des Verfahrens beantragt hatte, wie auch das **Unternehmen, gegen das sich das Verfahren richtet** (Säcker EnergieR/Johanns/Roesen § 84 Rn. 4; Loewenheim/Meessen/Riesenkampff/Kersting/Meyer-Lindemann/Kühnen GWB § 72 Rn. 5; → § 79 Rn. 2, → § 79 Rn. 13).

6

Der Beigeladene muss eine zulässige Beschwerde erhoben haben, um ein gegenüber den sonstigen Verfahrensbeteiligten erweitertes Akteneinsichtsrecht nach § 84 Abs. 1, Abs. 2 zu erlangen. Daran fehlt es, wenn er materiell nicht beschwert ist (BGH WuW/E DE-R 2512 =BeckRS 2008, 25835 Rn. 4 ff.).

6.1

2. Inhalt und Verfahren der Akteneinsicht

Grundsätzlich hat die **Akteneinsicht in den Räumen des Gerichts** zu erfolgen. Der Vorsitzende kann allerdings nach seinem Ermessen anordnen, dass die Akten zur Einsichtnahme an einen anderen Ort versandt oder dem Verfahrensbevollmächtigten des Beteiligten in dessen Kanzleiräume übermittelt werden (BGH NJW 1961, 559). Sofern die Akten entbehrlich sind und eine verzögerte Rückgabe nicht zu besorgen ist, wird einem entsprechenden Begehren in der Regel stattgegeben.

7

Das Recht auf **Erteilung von Ausfertigungen, Auszügen und Abschriften** ist ebenfalls nicht an besondere Voraussetzungen geknüpft. Eine Schranke liegt in dem Gesichtspunkt des Rechtsmissbrauchs, der aber nicht ohne Weiteres schon dann zu bejahen sein dürfte, wenn ein Prozessbevollmächtigter die Überlassung einer vollständigen Kopie der Akte anfordert (BeckOK ZPO/Bacher ZPO § 299 Rn. 22; aA BFH BeckRS 2007, 25012524).

8

Zuständig für die Erteilung von Ausfertigungen, Auszügen und Abschriften sowie für die Gewährung von Akteneinsicht in den Räumen des Gerichts ist die **Geschäftsstelle** des Gerichts, bei dem der Rechtsstreit anhängig ist. Die Versendung der Akten an einen anderen Ort steht im Ermessen des Vorsitzenden (BeckOK ZPO/Bacher ZPO § 299 Rn. 23).

9

10 Werden die **Prozessakten elektronisch geführt,** gewährt die Geschäftsstelle Akteneinsicht entsprechend § 299 Abs. 3 S. 1 ZPO durch Bereitstellung der Akten zum Abruf oder durch Übermittlung des Inhalts auf einem sicheren Übermittlungsweg. Daneben kommt entsprechend § 299 Abs. 3 S. 2, 3 ZPO – auf besonderen Antrag – die Einsichtnahme in den Diensträumen oder alternativ die Übermittlung eines Aktenausdrucks oder eines Datenträgers in Betracht (vgl. dazu im Einzelnen nur: BeckOK ZPO/Bacher ZPO § 299 Rn. 39 ff.).

11 Zu den mit der Einsicht in die Akte, der Erteilung von Ausfertigungen, Abschriften (Ablichtungen) und Ausdrucken sowie der Überlassung von elektronischen Daten verbundenen **Gerichts- und ggf. Anwaltskosten,** die von dem Einsichtnehmenden zu tragen sind vgl. BeckOK ZPO/Bacher ZPO § 299 Rn. 54 ff.

II. Eingeschränktes Einsichtsrecht (Abs. 2)

12 **Eingeschränkt** ist die **Akteneinsicht** dagegen in solche Vor- und Beiakten, die anderen Stellen gehören und in Gutachten und Auskünfte, die von anderen Stellen eingeholt wurden.

1. Gegenstand der Akteneinsicht

13 **Vorakten** sind die Akten des Verwaltungsverfahrens der Regulierungsbehörde, auch wenn sie erst während des Beschwerdeverfahrens im Zuge weiterer Ermittlungen angelegt werden (Säcker EnergieR/Johanns/Roesen § 84 Rn. 7; zum GWB: BGHZ 178, 285 = BeckRS 2008, 24201 Rn. 32 – E.ON/Stadtwerke Eschwege). Unter **Beiakten** fallen vom Gericht hinzugezogene Akten aus anderen behördlichen oder gerichtlichen Verfahren (Säcker EnergieR/Johanns/Roesen § 84 Rn. 7). Das Akteneinsichtsrecht nach Absatz 2 bezieht sich nur auf Akten, die – wie die Gerichtsakten – dem Beschwerdegericht vorliegen (OLG Düsseldorf BeckRS 2021, 23413 Rn. 18; NZKart 2019, 336 – Pressemitteilung des Bundeskartellamts II). Ob das Beschwerdegericht verpflichtet ist, regulierungsbehördliche Vorakten beizuziehen, um dann ggf. Einsicht zu gewähren, ist keine Frage der Akteneinsichtsgewährung nach § 84 Abs. 2, sondern eine solche der gerichtlichen Aufklärungspflicht nach § 82 (OLG Düsseldorf BeckRS 2021, 23413 Rn. 22; zu § 72 GWB aF: OLG Düsseldorf NZKart 2019, 336 – Pressemitteilung des Bundeskartellamts II).

14 **Gutachten** können zu tatsächlichen, aber auch zu Rechtsfragen erstattet sein (Säcker EnergieR/Johanns/Roesen § 84 Rn. 7). **Auskünfte** sind solche von dritter Seite, die auch mündlich oder fernmündlich erteilt und dann in Aktenvermerken niedergelegt sein können. Sind Gutachten oder Auskünfte von der Regulierungsbehörde eingeholt worden, sind sie Bestandteil ihrer Akten und unterliegen den insoweit maßgeblichen Regelungen (→ Rn. 3). Dementsprechend sind vom Beschwerdegericht eingeholte Gutachten oder Auskünfte Bestandteil der Gerichtsakten, sodass sich das Einsichtsrecht aus Absatz 1 ergibt.

2. Zustimmung der aktenführenden/Auskunft einholenden Stelle

15 Das Einsichtsrecht in Vorakten, Beiakten, Gutachten und Auskünfte steht unter dem **Vorbehalt,** dass die aktenführende bzw. Auskunft einholende Stelle hierzu ihre **Zustimmung** erteilt hat.

16 Für die **Verfahrensakten der Regulierungsbehörde** bestimmt Absatz 2 Satz 2 ergänzend, dass die Zustimmung zur Offenlegung **abzulehnen** ist, **wenn und soweit** dies aus **wichtigen Gründen,** insbesondere zur Wahrung von Betriebs- oder Geschäftsgeheimnissen, geboten ist. Andere „wichtige Gründe" spielen praktisch keine Rolle. Die Interessen der Personen und Unternehmen, die der Regulierungsbehörde freiwillig oder aufgrund einer gesetzlichen Verpflichtung geheimhaltungsbedürftige Angaben gemacht haben, sollen so gewahrt und der Schutz von Betriebs- und Geschäftsgeheimnissen in das gerichtliche Verfahren verlängert werden. Dass die Regulierungsbehörden grundsätzlich zum Schutz von Betriebs- und Geschäftsgeheimnissen verpflichtet sind, ergibt sich auch aus § 30 VwVfG, auf den § 71 S. 1 ausdrücklich Bezug nimmt (BGH RdE 2014, 276 = EnWZ 2014, 378 Rn. 81 – Stadtwerke Konstanz GmbH). Dementsprechend steht auch das Recht der Verfahrensbeteiligten auf Akteneinsicht im behördlichen Verfahren gem. § 29 Abs. 2 VwVfG unter

dem Vorbehalt, dass die aktenführende Stelle Betriebs- und Geschäftsgeheimnisse zu schützen hat.

Betriebs- und Geschäftsgeheimnisse sind „alle auf ein Unternehmen bezogenen Tatsachen, Umstände und Vorgänge, die nicht offenkundig, sondern nur einem begrenzten Personenkreis zugänglich sind und an deren Nichtverbreitung der Rechtsträger ein berechtigtes Interesse hat. Betriebsgeheimnisse umfassen im Wesentlichen technisches Wissen im weitesten Sinne; Geschäftsgeheimnisse betreffen vornehmlich kaufmännisches Wissen, wobei regelmäßig keine nähere Abgrenzung erforderlich ist. Zu derartigen Geheimnissen werden etwa Umsätze und Absatzmenge, Kundenbeziehungen, Erträge, Produkt-, Prozess- und Gemeinkosten sowie sonstige Kalkulationsdaten, Bezugsquellen und -konditionen, Prozessbeschreibungen, technisches Know-how, nicht veröffentlichte Patentanmeldungen und sonstige Entwicklungs- und Forschungsprojekte sowie Daten zur Unternehmensplanung, zu Investitionen und zu Marktstrategien gezählt, durch welche die wirtschaftlichen Verhältnisse eines Betriebs maßgeblich bestimmt werden können" (vgl. BGH NVwZ-RR 2020, 1117 Rn. 20 – Veröffentlichung von Daten II; RdE 2019, 116 = EnWZ 2019, 172 Rn. 32 – Veröffentlichung von Daten). Für die Einordnung als Betriebs- und Geschäftsgeheimnis kommt es daher im Wesentlichen darauf an, ob die Informationen bei **objektiver Betrachtung** geeignet sind, spürbar die **Wettbewerbsfähigkeit des Unternehmens zu beeinflussen.** Davon abzugrenzen sind Informationen, die keinen Einfluss auf die Stellung des betreffenden Unternehmens im Wettbewerb haben, an deren Geheimhaltung kein berechtigtes, wirtschaftliches Interesse besteht oder die schon den Status der Nichtoffenkundigkeit verloren haben, weil sie auf normalem Wege ohne Schwierigkeiten beschafft werden können (OLG Düsseldorf BeckRS 2017, 133828 Rn. 48; → § 71 Rn. 4). 17

Schützenswert sind etwa die Daten, die Unternehmen der BNetzA für die Durchführung des **Effizienzvergleichs** mitgeteilt haben, denn sie enthalten Angaben zu den Kosten, die den einzelnen Unternehmen für den Betrieb ihrer Netze entstehen, und über die Vergleichsparameter, also die Umstände, anhand derer die Tätigkeit der Netzbetreiber im Rahmen des Effizienzvergleichs bewertet wird (BGH RdE 2014, 276 = EnWZ 2014, 378 Rn. 72 ff. – Stadtwerke Konstanz GmbH). 17.1

Geschäftsgeheimnisse der Unternehmen sind auch die Informationen über **Versorgungsstörungen,** denn sie enthalten Angaben zu Zeitpunkt, Dauer, Ausmaß und Ursache der Versorgungsunterbrechungen und zu den ergriffenen Maßnahmen zur Vermeidung künftiger Versorgungsstörungen, also der Umstände, anhand derer die Tätigkeit der Netzbetreiber im Rahmen der Netzzuverlässigkeit als Qualitätselement bewertet wird (BGH NJOZ 2016, 839 Rn. 40). 17.2

Auch der **Gebotswert** im Rahmen von Ausschreibungsrunden für Windenergie kann ein Betriebs- und Geschäftsgeheimnis des jeweiligen Bieters darstellen (OLG Düsseldorf BeckRS 2018, 37247 Rn. 1). 17.3

Erstrebt ein Unternehmen die Geheimhaltung der von ihm gelieferten Daten, muss es diese entsprechend § 71 kennzeichnen und das **Schutzbedürfnis nachvollziehbar darlegen.** Daher genügt es nicht, wenn sich das betroffene Unternehmen nur pauschal auf die notwendige Wahrung seiner Betriebs- und Geschäftsgeheimnisse beruft. Vielmehr bedarf es eines substantiierten Sachvortrags dazu, bei Offenlegung welcher konkreten Geheimnisse das Unternehmen welche Nachteile befürchtet (vgl. BGH NVwZ-RR 2020, 1117 Rn. 27 – Veröffentlichung von Daten II; BGHZ 178, 362 = BeckRS 2008, 24201 Rn. 46 – EON/Stadtwerke Eschwege). 18

Die Anerkennung eines berechtigten Geheimhaltungsinteresses kann insbesondere dann ausscheiden, wenn Daten wegen ihres **hohen Aggregationsgrades** oder aus sonstigen Gründen keine hinreichenden Schlüsse auf geheimhaltungsbedürftige Informationen erlauben (OLG Düsseldorf RdE 2018, 140 = BeckRS 2017, 133828 Rn. 54; WuW/E DE-R 1070 ff. = BeckRS 2003, 11035 Rn. 34 – Energie-AG Mitteldeutschland; FK-KartellR/Breiler GWB § 70 Rn. 27). 18.1

Daher kann dem Schutzbedürfnis von Unternehmen auch durch Schwärzung bzw. Anonymisierung von Namen und Daten oder einer Zusammenfassung von Daten Rechnung getragen werden (OLG Düsseldorf BeckRS 2018, 37247 Rn. 19; BeckRS 2018, 37247 Rn. 21; FK-KartellR/Breiler § 70 GWB Rn. 30, Rn. 35). 18.2

Für unternehmensbezogene Daten gibt es **keinen „Ewigkeitsschutz".** Sind Informationen, die zu einem bestimmten Zeitpunkt möglicherweise Geschäftsgeheimnisse waren, **mindestens fünf Jahre alt,** sollen sie nach der Rechtsprechung des EuGH aufgrund des Zeitablaufs **grundsätzlich nicht mehr aktuell** und deshalb als nicht mehr vertraulich anzusehen sein, es sei denn, die sich auf die Vertraulichkeit 18.3

berufende Partei weist ausnahmsweise nach, dass die Informationen trotz ihres Alters immer noch wesentliche Bestandteile ihrer eigenen wirtschaftlichen Stellung oder von betroffenen Dritten sind (EuGH DB 2018, 1583 Rn. 54 – Baumeister; NZKart 2017, 182 Rn. 64 – Wasserstoffperoxid und Perborat; ebenso BVerwG NVwZ 2019, 1840 Rn. 56).

19 Die **Zustimmung** zur Akteneinsicht hat die aktenführende oder Auskunft einholende Stelle **vor Gewährung der Akteneinsicht** zu erteilen. Dabei kann ein **schlüssiges Einverständnis** in der Aktenübersendung zu sehen sein, soweit dieser keine die Einsichtnahme einschränkende Erklärung beigefügt ist (OLG Frankfurt a. M. BeckRS 2019, 35110 Rn. 49). Sofern und soweit die Akteneinsicht versagt wird, ist die **Entscheidung für das Beschwerdegericht** grundsätzlich **bindend**. Die Versagung der Zustimmung – wie auch ihre Erteilung – kann nicht in einem gerichtlichen Zwischenverfahren analog § 99 Abs. 2 VwGO auf ihre Rechtmäßigkeit überprüft werden (BGH RdE 2014, 495 = BeckRS 2014, 16725 Rn. 35 – Stromnetz Berlin GmbH; RdE 2014, 276 = EnWZ 2018, 412 Rn. 73 – Stadtwerke Konstanz GmbH; BGHZ 178, 285 = BeckRS 2008, 2420 Rn. 32, Rn. 34 – E.ON/Stadtwerke Eschwege; Bourwieg/Hellermann/Hermes/Laubenstein/Bourazeri § 84 Rn. 8). Vielmehr kann die Zustimmung allein nach Maßgabe des Absatzes 2 Sätze 4–6 in dem dafür vorgesehenen **Zwischenverfahren** durch das Beschwerdegericht ersetzt werden (OLG Düsseldorf BeckRS 2018, 37247 Rn. 15; zu § 72 GWB aF: BGH BeckRS 2010, 5789 Rn. 33 – Kosmetikartikel). Das Zwischenverfahren soll den Konflikt zwischen dem Anspruch auf effektiven Rechtsschutz und Wahrung des rechtlichen Gehörs und dem Geheimnisschutz lösen und dem Beschwerdegericht eine Verwertungsmöglichkeit geben. Dabei hat es – anders als die Regulierungsbehörde – die vom Gesetzgeber vorgegebene Verhältnismäßigkeitsprüfung vorzunehmen, die eine Abwägung zwischen der Bedeutung der Sache und Geheimhaltungsinteressen einschließt (→ Rn. 22).

19.1 Könnte das Gericht entsprechend § 84 Abs. 2 S. 4 die Offenlegung von Betriebs- oder Geschäftsgeheimnissen anordnen, kommt auch ein Recht zur Zeugnisverweigerung nach § 384 Nr. 3 ZPO nicht in Betracht (KG AG 2000, 80 – Herlitz/Landré; OLG Düsseldorf RdE 2007, 130 = BeckRS 2007, 5066 Rn. 10).

III. Verwertungsverbot

20 Lehnt die Regulierungsbehörde gem. Absatz 2 Satz 2 die Einsicht ab oder ist sie unzulässig, dürfen die betreffenden Unterlagen gem. Absatz 2 Satz 3 der Entscheidung nur insoweit zugrunde gelegt werden, als ihr **Inhalt vorgetragen** worden ist. Demnach dürfen Aktenbestandteile, die zur Wahrung von Geschäftsgeheimnissen nicht offengelegt wurden, nicht unmittelbar zur Grundlage der Entscheidung gemacht werden. Der Umfang der Akteneinsicht durch den Beschwerdeführer oder den Beigeladenen definiert daher zugleich den Umfang dessen, was das Beschwerdegericht seiner Entscheidung entsprechend § 83 Abs. 1 S. 2 zugrunde legen kann (Bourwieg/Hellermann/Hermes/Laubenstein/Bourazeri § 84 Rn. 9; → § 83 Rn. 18 ff.).

21 **Verwertbar** kann iSd Absatz 2 Satz 3 jedoch eine **Auswertung oder Zusammenfassung** der betreffenden Daten sein (BGHZ 178, 285 = BeckRS 2008, 24201 Rn. 27 ff. – EON/Stadtwerke Eschwege). Werden allerdings nicht nur allgemeine, sondern konkrete, ernsthafte Zweifel an der Richtigkeit der zugrunde liegenden Daten oder der mitgeteilten Auswertungsergebnisse vorgebracht oder kommt das Beschwerdegericht im Rahmen seiner Amtsermittlungspflicht zu derartigen Zweifeln, muss es diesen nachgehen, denn das Beschwerdegericht ist im Rahmen seiner Aufklärungspflicht zu eigenen Ermittlungen verpflichtet.

21.1 Die Möglichkeit, dass sich aus den nicht einsehbaren Daten die Fehlerhaftigkeit der Auswertung ergeben könnte, betrifft die im Beschwerdeverfahren gebotene Sachverhaltsfeststellung, nicht das rechtliche Gehör (BGH AG 2019, 517 = BeckRS 2018, 40979 Rn. 16 – EDEKA/Kaiser's Tengelmann; BGHZ 178, 285 = BeckRS 2008, 24201 Rn. 30 – E.ON/Stadtwerke Eschwege).

IV. Zwischenverfahren

22 Die erforderliche **Zustimmung** der zuständigen Stelle zur Offenlegung von Tatsachen oder Beweismitteln **kann** das **Beschwerdegericht** nach Absatz 2 Satz 4 **durch eine eigene**

Akteneinsicht § 84 EnWG

Anordnung der Offenlegung **ersetzen.** In der Praxis hat die Anordnung der Offenlegung – soweit ersichtlich – bislang keine Bedeutung erlangt.

Das Zwischenverfahren dient – ebenso wie die inhaltsgleiche Regelung in § 70 Abs. 2 GWB (= § 72 Abs. 2 GWB aF) – dem Ausgleich zwischen dem verfassungsrechtlichen Anspruch auf wirksamen Rechtsschutz nach Art. 19 Abs. 4 GG und auf Gewährung rechtlichen Gehörs nach Art. 103 Abs. 1 GG einerseits und dem als Ausfluss der Grundrechte der Art. 12 und 14 GG zu gewährenden Geheimnisschutz, insbesondere dem Schutz von Betriebs- und Geschäftsgeheimnissen andererseits (BGH RdE 2014, 276 = EnWZ 2014, 378 Rn. 103 – Stadtwerke Konstanz GmbH; zu § 72 Abs. 2 GWB aF: BGH BeckRS 2010, 5789 Rn. 13 – Kosmetikartikel). Damit wird zugleich der verfassungsrechtlichen Anforderung nach praktischer Konkordanz Rechnung getragen (vgl. BVerfGE 115, 205 = BeckRS 2006, 134696 Rn. 98 – Betriebs- und Geschäftsgeheimnis, in-camera-Verfahren). Hierbei ist neben dem privaten Interesse an effektivem Rechtsschutz und dem – je nach Fallkonstellation – öffentlichen oder privaten Interesse an Geheimnisschutz auch das öffentliche Interesse an der Wahrheitsfindung in die Abwägung einzustellen (BVerfGE 115, 205 = BeckRS 2006, 134696 Rn. 116 – Betriebs- und Geschäftsgeheimnis, in-camera-Verfahren). 23

1. Voraussetzungen der Offenlegung

Die Anordnung der Offenlegung durch das Beschwerdegericht kommt nur in Betracht, 24
- wenn und soweit es für die Sachentscheidung auf diese Tatsachen oder Beweismittel ankommt, die Offenlegung also für die Erreichung des Ziels geeignet ist,
- andere Möglichkeiten der Sachaufklärung nicht bestehen, die Offenlegung also erforderlich ist,
- und nach Abwägung aller Umstände des Einzelfalles die Bedeutung der Sache das Interesse des Betroffenen an der Geheimhaltung überwiegt, sie also auch angemessen ist.

Vorab wird das Beschwerdegericht die Frage zu klären haben, ob die Tatsachen oder Beweismittel, die als geheimhaltungsbedürftig geltend gemacht werden, überhaupt **entscheidungserheblich** sind. Dabei hat es sich von den allgemeinen Grundsätzen seiner Aufklärungspflicht nach § 82 Abs. 1 leiten zu lassen. Wenn es also aufgrund tatrichterlicher Würdigung zu dem Ergebnis kommt, dass der nach Absatz 2 Satz 3 vorgetragene Inhalt der Unterlagen ausreicht, um den maßgeblichen Sachverhalt aufzuklären, oder die Entscheidungserheblichkeit zu verneinen ist, darf es eine Anordnung nach Absatz 2 Satz 4 nicht erlassen und muss daher auch kein Zwischenverfahren durchführen (OLG Düsseldorf BeckRS 2018, 6425 Rn. 10; BeckRS 2018, 6420 Rn. 10). 25

Dem Netzbetreiber, der sich im Rahmen einer Beschwerde gegen die Festsetzung der Erlösobergrenzen gegen den zugrundeliegenden Effizienzwert wendet, ist **keine umfassende Einsicht in das dem Effizienzvergleich zu Grunde liegende Datenmaterial** zu gewähren, das zwangsläufig schützenswerte Betriebs- und Geschäftsgeheimnisse aller Netzbetreiber enthält. Bei den netzbezogenen Vergleichs- und Aufwandsparametern handelt es sich einerseits um Geschäftsgeheimnisse der einzelnen Netzbetreiber, welche die Regulierungsbehörden grundsätzlich nicht an Dritte weitergeben dürfen (§ 71 S. 1 iVm § 30 VwVfG; § 84 Abs. 2 S. 2). Andererseits soll der Effizienzvergleich nach den Vorstellungen des Verordnungsgebers für alle Beteiligten transparent und nachvollziehbar sein und sich nicht als „black box" darstellen. Diesen Widerstreit hat die Anreizregulierungsverordnung dahin gelöst, dass eine detaillierte Überprüfung der von jedem beteiligten Unternehmen übermittelten Daten nicht erfolgen soll. Grundsätzlich ist davon auszugehen, dass die Unternehmen zutreffende Daten melden und einzelne Fehler sich angesichts des Umfangs der Datenmengen und der Plausibilisierungsmechanismen im Ergebnis nicht nennenswert auswirken. Dass der einzelne Netzbetreiber den Effizienzvergleich im Einzelnen nachvollziehen und seinen konkreten Effizienzwert selbst berechnen kann, ist weder im Gesetz noch in der Verordnung vorgesehen. Diese rechtliche Einschränkung hat der einzelne Netzbetreiber hinzunehmen. Sie ist letztlich die Konsequenz des Spannungsverhältnisses zwischen dem berechtigten Interesse des einzelnen Netzbetreibers an möglichst weitergehender Transparenz des Effizienzvergleichs und dem berechtigten Interesse aller an diesem Vergleich beteiligten Netzbetreiber, ihre Betriebs- und Geschäftsgeheimnisse zu wahren. Von daher muss das Beschwerdegericht kein Zwischenverfahren zur Entscheidung über die Offenlegung der Daten anordnen (BGH RdE 2014, 276 = EnWZ 2014, 378 Rn. 86 ff. – Stadtwerke Konstanz GmbH; Grüneberg RdE 2016, 49 (54)). 25.1

Eine Offenlegung der **Datengrundlage,** die der Auswahlentscheidung der BNetzA bei der **Ausgestaltung** und dem **Verfahren zur Bestimmung des Qualitätselements** zugrunde liegt, ist ebenso 25.2

van Rossum 1785

wenig geboten. Eine detaillierte Überprüfung der von jedem beteiligten Unternehmen übermittelten Daten stünde mit dem Regelungskonzept der Anreizregulierungsverordnung nicht in Einklang. § 27 Abs. 1 S. 2 Nr. 4 ARegV sieht vor, dass die Regulierungsbehörde die zur Bestimmung des Qualitätselements erforderlichen Daten durch Einholung von Auskünften bei den Netzbetreibern erhebt. Hieraus kann gefolgert werden, dass die Netzbetreiber zu vollständigen und wahrheitsgemäßen Angaben verpflichtet sind. Ein System zur Sanktionierung unzutreffender Angaben oder eine umfassende Überprüfung der Angaben durch die BNetzA oder durch Dritte sind in der Anreizregulierungsverordnung zwar nicht vorgesehen; bei der Bestimmung des Qualitätselements hat die BNetzA in der angefochtenen Festlegung aber angekündigt, die Datenmeldungen anhand der jeweils aktuellen Datenmeldungen nach § 52 zu überprüfen und zu plausibilisieren. Damit besteht eine hinreichende Sicherung, dass nur belastbare Daten verwendet werden (BGH RdE 2014, 495 = BeckRS 2014, 16725 Rn. 36 ff. – Stromnetz Berlin GmbH).

26 Sind die Tatsachen oder Beweismittel indessen entscheidungserheblich, ist weiter zu prüfen, ob sie unter Berücksichtigung des konkreten Sachvortrags des Betroffenen auch **geheimhaltungsbedürftig** sind. Dabei hat das Beschwerdegericht keine anderen Maßstäbe anzulegen als die Regulierungsbehörde iRd Absatzes 2 Satz 2 (→ Rn. 17). Liegt ein solches schutzwürdiges Geheimhaltungsinteresse des Betroffenen nicht vor, ist das Zwischenverfahren nicht weiter durchzuführen und die fraglichen Tatsachen oder Beweismittel können ohne Offenlegungsanordnung in das Verfahren eingeführt und der Entscheidung des Beschwerdegerichts zugrunde gelegt werden.

27 Handelt es sich um geheimhaltungsbedürftige Tatsachen oder Beweismittel, muss das Beschwerdegericht weiter prüfen, ob die **Offenlegung erforderlich** ist, weil **keine andere Möglichkeit der Sachaufklärung** besteht. Entscheidend ist also, ob es eine verfahrensrechtlich zulässige Möglichkeit gibt, die geheimzuhaltenden Tatsachen und Beweismittel ohne Offenlegung in das Verfahren einzubeziehen, etwa durch **Vortrag des Akteninhalts** oder die Schwärzung bzw. Anonymisierung von Daten und Namen oder die Zusammenfassung mehrerer Daten (→ Rn. 18.2). Abzulehnen ist indessen der Einsatz eines vom Gericht nach Anhörung der Beteiligten auszuwählenden Beweismittlers, weil er – um die Geheimhaltung gewährleisten zu können – die seinem Gutachten zugrunde liegenden Tatsachen nicht offen legen könnte, sodass sein Gutachten unverwertbar wäre (BVerfG GewArch 2006, 246 Rn. 108; BGH RdE 2014, 276 = EnWZ 2014, 378 Rn. 97 – Stadtwerke Konstanz GmbH; Theobald/Kühling/Boos § 84 Rn. 26; BeckOK VwGO/Posser VwGO § 99 Rn. 54).

27.1 Im Rahmen von Ausschreibungsrunden für Windenergie kann der **Gebotswert** ein Betriebs- und Geschäftsgeheimnis des jeweiligen Bieters darstellen. Den Geheimhaltungsinteressen des einzelnen Bieters kann dadurch in angemessener Weise Rechnung getragen werden, dass die Gebotswerte innerhalb der zu bildenden Unternehmensgruppen anonymisiert werden (OLG Düsseldorf BeckRS 2018, 37247 Rn. 19; BeckRS 2018, 37247 Rn. 21).

28 Ist dies nicht möglich, so muss das Beschwerdegericht abwägen, ob die Bedeutung der Sache das Interesse an der Geheimhaltung überwiegt. In die einzelfallbezogene **Abwägung** muss das Beschwerdegericht zum einen das Interesse an einer sachgerechten und auf einer ausreichenden Tatsachengrundlage beruhenden Entscheidung des konkreten regulierungsrechtlichen Verfahrens und zum anderen das Geheimhaltungsinteresse des oder der Betroffenen einstellen. Bei der Beurteilung der Frage, ob das Geheimhaltungsinteresse zurückstehen muss, kommt es u.a. auf die auch von der Art des Geheimnisses abhängige Frage an, welche **Nachteile** durch die erforderlichen Informationen drohen und wie sich die Nichtvorlage prozessrechtlich auswirken würde. Letztlich geht es um die Abwägungsentscheidung zwischen dem öffentlichen Interesse an der Durchsetzung des Energiewirtschaftsrechts und der damit gem. § 1 verfolgten Gemeinwohlziele gegenüber den betroffenen subjektiven Rechten von Verfahrens- und Nichtverfahrensbeteiligten (Salje EnWG § 84 Rn. 13; Theobald/Kühling/Boos § 84 Rn. 32). Führt die gebotene Abwägung zu einem Überwiegen des öffentlichen Interesses an voller Sachaufklärung, ist die damit geeignete, erforderliche und auch nach Abwägung gebotene Offenlegung anzuordnen, für eine weitere Ermessensausübung ist kein Raum. Tritt das Geheimhaltungsinteresse indessen nicht hinter der Bedeutung der Sache zurück, muss die Offenlegung der betroffenen Tatsachen oder Beweismittel mit der Folge des Verbots ihrer Verwertung unterbleiben.

2. Verfahren

Der Verfahrensbeteiligte, dessen Betriebs- und Geschäftsgeheimnisse betroffen sind, ist 29
nach Absatz 2 Satz 4 im Rahmen des Zwischenverfahrens zu den Anordnungsvoraussetzungen **anzuhören**. Betroffener kann sowohl ein am Beschwerdeverfahren Beteiligter (§ 79 Abs. 1) als auch ein Dritter sein, der auch nicht am Verwaltungsverfahren beteiligt war. Ist er bisher nicht am Beschwerdeverfahren beteiligt, so ist er nur am Zwischen-, nicht jedoch am Hauptsacheverfahren beteiligt. Er braucht sich im Zwischenverfahren entsprechend Absatz 2 S. 6 nicht durch einen Rechtsanwalt vertreten zu lassen. Der die **Offenlegung anordnende Beschluss** des Beschwerdegerichts ist nach Absatz 2 Satz 5 zu begründen. Er ist ebenso wenig isoliert mit der Rechtsbeschwerde anfechtbar wie die Versagung der Offenlegung (BGH NZKart 2021, 115 Rn. 6; NJW-RR 2009, 694 Rn. 9 – Werhahn/Norddeutsche Mischwerke). Die **Zurückweisung** kann auch erst in der abschließenden Hauptsacheentscheidung erfolgen.

V. Rechtsbehelfe

Da weder die Gewährung noch die Versagung der Akteneinsicht isoliert angegriffen werden 30
kann, kann sie – soweit die Entscheidung verfahrensfehlerhaft ist – nur mit dem Rechtsbehelf **gegen die abschließende Hauptsacheentscheidung** gerügt werden. Die rechtsfehlerhafte Versagung der Akteneinsicht durch das Beschwerdegericht oder sein Verstoß gegen das Verwertungsverbot des Absatzes 2 Satz 3 kann entsprechend § 86 Abs. 4 Nr. 3 wegen einer **Verletzung des Anspruchs auf rechtliches Gehör** die **zulassungsfreie Rechtsbeschwerde** begründen (BGH RdE 2014, 495 = BeckRS 2014, 16725 Rn. 36 – Stromnetz Berlin GmbH; BeckRS 2010, 5789 Rn. 18 – Kosmetikartikel; → § 86 Rn. 17). Hat das Beschwerdegericht es dagegen unterlassen, ein Zwischenverfahren durchzuführen, liegt darin grundsätzlich kein Verstoß gegen das rechtliche Gehör, sondern eine **Verletzung der Pflicht zur Sachverhaltsermittlung** (BGH AG 2019, 517 = BeckRS 2018, 40979 Rn. 16 – EDEKA/Kaiser's Tengelmann; BeckRS 2010, 5789 Rn. 18 – Kosmetikartikel).

C. Akteneinsicht der Beigeladenen (Abs. 3)

Absatz 3 regelt nur das Akteneinsichtsrecht der **einfach Beigeladenen.** 31

Notwendig Beigeladene haben mit Blick darauf, dass das Verfahren für sie rechtsgestal- 32
tende Wirkung haben kann, nach herrschender Meinung das umfassende Akteneinsichtsrecht entsprechend Absätzen 1 und 2 (OLG Düsseldorf BeckRS 2014, 15498 Rn. 13; Säcker EnergieR/Johanns/Roesen § 84 Rn. 4; Kment EnWG/Huber § 84 Rn. 13; Theobald/Kühling/Boos § 84 Rn. 4; Loewenheim/Meessen/Riesenkampff/Kersting/Meyer-Lindemann/Kühnen GWB § 72 Rn. 5, Rn. 14; FK-KartellR/Breiler GWB § 70 Rn. 6; Langen/Bunte/Lembach GWB § 70 Rn. 3). Sie werden wie die Hauptbeteiligten von der materiellen Rechtskraft der abschließenden Entscheidung erfasst, sodass das Beschwerdegericht seiner Entscheidung gem. § 83 Abs. 1 S. 4 auch nur solche Tatsachen und Beweismittel zugrunde legen kann, zu denen sie sich äußern konnten (→ § 83 Rn. 18).

Einfach Beigeladene haben keinen Rechtsanspruch auf Akteneinsicht, die Gewährung 33
eines Akteneinsichtsrechts steht – anders als im Rahmen des Absatz 1 – im **pflichtgemäßen Ermessen** des Beschwerdegerichts, das die gegenläufigen Interessen gegeneinander abzuwägen hat (BeckOK KartellR/Rombach GWB § 70 Rn. 28). Dabei ist die **Stellung des einfach Beigeladenen** zu berücksichtigen. Seine Mitwirkung dient primär dazu, für das Beschwerdegericht die Grundlage seiner Entscheidung zu optimieren. Ihm kann daher grundsätzlich nach § 83 Abs. 1 S. 3 entscheidungsrelevanter Streitstoff vorenthalten werden, sodass es entscheidend darauf ankommt, ob er der **Akteneinsicht für** eine **sachgerechte Ausübung des Mitwirkungsrechts** bedarf (BGH WuW/E DE-R 2512 = BeckRS 2008, 25835 Rn. 12). Von daher können die Verfahrensrechte und das wirtschaftliche Interesse des (einfach) beigeladenen Dritten einschließlich seines Rechts auf eine effektive Verfahrensbeteiligung nach der Wertung des Gesetzes gegenüber einem nicht unerheblichen Geheimhaltungsinteresse des Geheimnisbesitzers selbst dann zurücktreten, wenn die Geheimnisschutz genießenden Tatsachen den Streit entscheiden (OLG Düsseldorf RdE 2007, 130 = BeckRS

2007, 5066 Rn. 9 f.). Die Einsicht durch Beigeladene iSd Absatzes 3 bedarf der Zustimmung des Verfügungsberechtigten iSd Absatzes 2 Sätze 1 und 2, der folglich anzuhören ist.

§ 85 Geltung von Vorschriften des Gerichtsverfassungsgesetzes und der Zivilprozessordnung

Für Verfahren vor dem Beschwerdegericht gelten, soweit nicht anderes bestimmt ist, entsprechend
1. die Vorschriften der §§ 169 bis 201 des Gerichtsverfassungsgesetzes über Öffentlichkeit, Sitzungspolizei, Gerichtssprache, Beratung und Abstimmung sowie über den Rechtsschutz bei überlangen Gerichtsverfahren;
2. die Vorschriften der Zivilprozessordnung über Ausschließung und Ablehnung eines Richters, über Prozessbevollmächtigte und Beistände, über die Zustellung von Amts wegen, über Ladungen, Termine und Fristen, über die Anordnung des persönlichen Erscheinens der Parteien, über die Verbindung mehrerer Prozesse, über die Erledigung des Zeugen- und Sachverständigenbeweises sowie über die sonstigen Arten des Beweisverfahrens, über die Wiedereinsetzung in den vorigen Stand gegen die Versäumung einer Frist sowie über den elektronischen Rechtsverkehr.

Überblick

Da das gerichtliche Verfahren für energiewirtschaftsrechtliche Beschwerdesachen nicht umfassend geregelt ist, verweist der Gesetzgeber in § 85 auf – einzelne – Regelungskomplexe des GVG (**Nr. 1**, → Rn. 3) und der ZPO (**Nr. 2**, → Rn. 4).

Durch das Gesetz über den Rechtsschutz bei überlangen Gerichtsverfahren wurde Ziffer 1 um einen Verweis auf die Regelungen der §§ 198–201 GVG ergänzt (BGBl. 2011 I 2302). Ziffer 2 wurde im Zuge der 9. GWB-Novelle 2017 dahin ergänzt, dass für das Verfahren vor dem Beschwerde- und dem Rechtsbeschwerdegericht auch die Vorschriften der ZPO zum elektronischen Rechtsverkehr gelten.

Übersicht

	Rn.		Rn.
A. Normzweck und Bedeutung	1	D. Ausfüllung bestehender Regelungs-	
B. Verweisung auf das GVG (Nr. 1)	3	lücken	5
C. Verweisung auf die ZPO (Nr. 2)	4		

A. Normzweck und Bedeutung

1   Die Vorschrift entspricht § 72 GWB (§ 73 GWB aF; BT-Drs. 15/3917, 72). Mit den §§ 75–84 und den Gemeinsamen Bestimmungen der §§ 89–93 ist das energiewirtschaftsrechtliche Beschwerdeverfahren im EnWG nicht abschließend ausgestaltet (→ § 75 Rn. 6 ff.). In einzelnen Regelungen wird ausdrücklich auf Bestimmungen anderer Verfahrensordnungen verwiesen (so etwa in §§ 75 Abs. 4 S. 2, 82 Abs. 4 S. 2, 83a Abs. 5 S. 4 und Abs. 6, 84 Abs. 1 S. 2). Indem auch § 85 (nur) ergänzend auf ausgewählte Vorschriften des GVG und der ZPO verweist, ordnet der Gesetzgeber nicht generell, sondern nur **selektiv für einzelne Themen** die **entsprechende Geltung** verfahrensrechtlicher Vorschriften des **GVG** (→ Rn. 3) und der **ZPO** (→ Rn. 4) an, sodass das EnWG das Beschwerdeverfahren nicht abschließend regelt. Daher ist auf weitere allgemeine Grundsätze des Verwaltungs- bzw. Zivilprozessrechts zurückzugreifen, insbesondere wenn eine Regelungslücke vorliegt (→ Rn. 5).

2   Die Verweisungsvorschrift des § 85 gilt entsprechend im **Rechtsbeschwerdeverfahren** (§ 88 Abs. 5 S. 1). Im Verfahren über die Nichtzulassungsbeschwerde nach § 87 finden lediglich die in § 85 Nr. 2 angeführten Vorschriften der ZPO Anwendung (§ 87 Abs. 4 S. 1).

Geltung von Vorschriften des GVG und der ZPO § 85 EnWG

B. Verweisung auf das GVG (Nr. 1)

Nummer 1 verweist auf die Vorschriften des GVG 3
- zur Öffentlichkeit und Sitzungspolizei (§§ 169–183 GVG),

Ein Ausschluss der Öffentlichkeit nach § 172 Nr. 2 GVG kann in Betracht kommen, wenn das 3.1
Beschwerdegericht in dem Verfahren nach § 84 Abs. 4–6 die Offenlegung von Betriebs- und Geschäftsgeheimnisses angeordnet hat (Kölner Komm KartellR/Deichfuß GWB § 73 Rn. 3).

- zur Gerichtssprache (§§ 184–191a GVG),
- zur Beratung und Abstimmung (§§ 192–197 GVG) und
- zum Rechtsschutz bei überlangen Gerichtsverfahren (§§ 198–201 GVG).

C. Verweisung auf die ZPO (Nr. 2)

Nummer 2 verweist auf die Vorschriften der ZPO 4
- über die Ausschließung und Ablehnung eines Richters (§§ 41–48 ZPO),
- über Prozessbevollmächtigte und Beistände (§§ 78–90 ZPO),

Vorrangige Bestimmungen zur Postulationsfähigkeit enthalten §§ 78 Abs. 5, 80. 4.1

- über Zustellungen von Amts wegen (§§ 166–190 ZPO),

Im energiewirtschaftsgerichtlichen Verfahren ist die Zustellung ausdrücklich geregelt für die Ent- 4.2
scheidung des Beschwerdegerichts in § 83 Abs. 6, die Entscheidung über die Rechtsbeschwerde in § 88 Abs. 5 S. 1 iVm § 83 Abs. 6 und für die Entscheidung über die Nichtzulassungsbeschwerde in § 87 Abs. 5. Daneben findet zum einen § 329 ZPO entsprechende Anwendung, der ein Zustellungserfordernis insbesondere für nicht verkündete Verfügungen und Beschlüsse vorsieht, die eine Terminsbestimmung enthalten, eine Frist in Lauf setzen oder einen Vollstreckungstitel bilden (FK-KartellR/Breiler GWB § 72 Rn. 9). Zum anderen § 270 ZPO, nach dem neben der Beschwerdeschrift auch alle anderen Schriftsätze zuzustellen sind, die einen Sachantrag enthalten (Kölner Komm KartellR/Deichfuß GWB § 73 Rn. 10).

- über Ladungen, Termine und Fristen (§§ 214–229 ZPO),

Gemäß § 224 Abs. 2 ZPO darf eine gesetzliche Frist nur verlängert werden, wenn das Gesetz 4.3
dies ausdrücklich vorsieht. Eine Verlängerung kommt danach nicht für die Fristen zur Einlegung der Beschwerde, der Nichtzulassungsbeschwerde und der Rechtsbeschwerde in Betracht. Dagegen kann die Frist zur Begründung der Beschwerde durch den oder die Vorsitzende des Beschwerdegerichts und die Frist zur Begründung der Nichtzulassungsbeschwerde und der Rechtsbeschwerde durch den oder die Vorsitzende des Kartellsenats des Bundesgerichtshofs verlängert werden (§ 78 Abs. 3 S. 2; § 87 Abs. 4 S. 1 iVm § 78 Abs. 3 S. 2; § 88 Abs. 5 S. 1 iVm § 78 Abs. 3 S. 2). Terminsänderungen unterliegen den Voraussetzungen des § 227 ZPO.

- über die Wiedereinsetzung in den vorigen Stand (§§ 233–238 ZPO),

Eine Wiedereinsetzung in den vorigen Stand kommt sowohl bei der Versäumung der Frist zur 4.4
Einlegung der Beschwerde, der Nichtzulassungsbeschwerde und der Rechtsbeschwerde als auch bei der Versäumung der Frist zur Begründung dieser in Betracht (Kölner Komm KartellR/Deichfuß GWB § 73 Rn. 12).

- über die Anordnung des persönlichen Erscheinens (§§ 141, 273 Abs. 2 Nr. 3 ZPO),
- über die Verbindung mehrerer Verfahren (§ 147 ZPO),

Mehrere Beschwerdeverfahren können miteinander verbunden werden, wenn die Beschwerdean- 4.5
träge in rechtlichem Zusammenhang stehen oder mit einer einzigen Beschwerde hätten geltend gemacht werden können. Das trifft etwa auf die Beschwerden mehrerer Beschwerdeführer gegen eine Festlegung der Regulierungsbehörde zu. Praktische Bedeutung kann die Verbindung aber auch dann erlangen, wenn der schon angegriffene Ausgangsbescheid nachträglich noch geändert und der Beschwerdeführer auch gegen den Änderungsbescheid Beschwerde einlegt (vgl. OLG Düsseldorf BeckRS 2019, 1235 Rn. 10, Rn. 48). Die Verbindung kann auch noch im Rechtsbeschwerdeverfahren erfolgen (Kölner Komm KartellR/Deichfuß GWB § 73 Rn. 14).

- über die Beweiserhebung (§§ 355–494a ZPO),

van Rossum

4.6 Ein Recht zur Zeugnisverweigerung nach § 384 Nr. 3 ZPO kommt nicht in Betracht, wenn das Gericht entsprechend § 84 Abs. 2 S. 4 die Offenlegung von Betriebs- oder Geschäftsgeheimnissen anordnen könnte (KG AG 2000, 80 – Herlitz/Landré; OLG Düsseldorf RdE 2007, 130 = BeckRS 2007, 5066 Rn. 10).

- über die Vorschriften der ZPO zum elektronischen Rechtsverkehr (§§ 130a ff. ZPO).

D. Ausfüllung bestehender Regelungslücken

5 Mit Blick auf die Lückenhaftigkeit der Regelungen zum Beschwerdeverfahren wird vielfach auf einzelne Normen anderer Verfahrensordnungen und allgemeine prozessuale Grundsätze zurückgegriffen (→ § 75 Rn. 7). Dabei ist im Einzelfall zu prüfen, welche Verfahrensordnung – VwGO oder ZPO – heranzuziehen ist. Für einen ergänzenden **Rückgriff** auf die **VwGO** kann dabei sprechen, dass das Beschwerdeverfahren der Sache nach ein **Verwaltungsstreitverfahren** ist und in diesem daher der **Grundsatz der Amtsaufklärung** gilt (BGH RdE 2009, 185 = BeckRS 2009, 01766 Rn. 9 – citiworks; BGHZ 176, 256 = NVwZ 2009, 199 Rn. 17 – Organleihe; zu § 73 GWB aF: BGHZ 84, 320 Rn. 10 = BeckRS 9998, 103171– Anzeigenraum). In Betracht kommen aber auch die Vorschriften der ZPO und anderer Verfahrensordnungen, soweit diese Ausdruck allgemeiner, auf das Beschwerdeverfahren passender Rechtsgrundsätze sind (BGHZ 56, 155 Rn. 10 = NJW 1971, 1937 – Bayerischer Bankenverband).

5.1 Die **Aussetzung** des Beschwerdeverfahrens wegen **Vorgreiflichkeit** ist entsprechend § 148 ZPO, § 94 VwGO möglich (OLG Düsseldorf BeckRS 2014, 5737 Rn. 45).

5.2 Auch die Anordnung des **Ruhens** des (Beschwerde-)**Verfahrens** ist – wie im Verwaltungsprozess – entsprechend § 251 S. 1 ZPO möglich (Baur/Salje/Schmidt-Preuß Energiewirtschaft/Hilzinger Kap. 58 Rn. 22). Erforderlich sind übereinstimmende **Ruhensanträge** der **Hauptbeteiligten**, nicht aber der weiteren Beteiligten, da diese nicht über den Streitgegenstand verfügen können. Zweckmäßig kann das Ruhen etwa dann sein, wenn die Klärung entscheidungserheblicher Rechtsfragen durch den Bundesgerichtshof erwartet wird. So wird in der Praxis häufig verfahren, um die Durchführung von **Musterverfahren** zu ermöglichen. Allerdings hat das Ruhen auf den Lauf der in § 233 ZPO bezeichneten Fristen, also Notfristen, Rechtsbehelfs- und Rechtsmittelbegründungsfristen sowie Wiedereinsetzungsfristen, keinen Einfluss, sodass die Beschwerde innerhalb der gesetzlichen Frist des § 78 Abs. 2 zunächst in der Form des § 78 Abs. 4 und 5 begründet werden muss (→ § 78 Rn. 18 ff.). In der Praxis wird daher alternativ das Verfahren faktisch zum Ruhen gebracht, indem die Beschwerdebegründungsfrist weiträumig verlängert wird. Das Ruhen **endet**, wenn das Gericht die Ruhensanordnung mit einer Befristung oder einer auflösenden Bedingung versehen hat oder das Verfahren auf Antrag eines Beteiligten, der jederzeit möglich ist, fortgesetzt wird.

5.3 Die Vorschriften der §§ 239 ff. ZPO sind – wie im Verwaltungsprozess über § 173 S. 1 VwGO – im energiewirtschaftsrechtlichen Verfahren entsprechend anwendbar. Das gilt insbesondere für die **Unterbrechung** eines anhängigen Verfahrens durch die **Eröffnung des Insolvenzverfahrens** über das Vermögen einer Partei gem. **§ 240 ZPO**, sofern es die Insolvenzmasse betrifft (BGH NZI 2015, 127 Rn. 7).

5.4 Die **Verwerfung** einer **Beschwerde** als unzulässig bedarf in Analogie zu § 125 Abs. 2 VwGO, § 522 Abs. 1 ZPO, § 158 SGG keiner mündlichen Verhandlung (BGH BeckRS 2018, 9515 Rn. 9).

5.5 Zulässigkeit und Wirkungen einer **Beschwerderücknahme** beurteilen sich in Analogie zu § 92 VwGO, § 102 SGG, § 72 FGO und § 269 ZPO (BGH NJW-RR 2007, 616 Rn. 1 – Kostenverteilung nach Rechtsbeschwerderücknahme; BGHZ 84, 320 Rn. 10 = BeckRS 9998, 103171– Anzeigenraum).

5.6 Für die **Feststellungsbeschwerde** sind die Vorschriften der VwGO und ihre Ausgestaltung durch die Rechtsprechung entsprechend heranzuziehen, weil die Formen der Beschwerdeentscheidung nach § 83 Abs. 2–5 dem § 113 VwGO nachgebildet sind (BGH BeckRS 2008, 20437 Rn. 81 – Rheinhessische Energie I).

5.7 Die Zulässigkeit der **objektiven Beschwerdehäufung** richtet sich nach § 44 VwGO iVm § 91 VwGO (OLG Düsseldorf CuR 2020, 25 Rn. 153).

5.8 Auf die in § 73 vorgesehene **Rechtsmittelbelehrung** finden die Regelungen über die Rechtsmittelbelehrung nach der VwGO (§ 58 VwGO) Anwendung, da weder das EnWG noch die dort in Bezug genommenen ZPO Vorschriften über den Inhalt und die Folgen unrichtiger Rechtsmittelbelehrungen enthalten (BGH EnWZ 2014, 315 Rn. 11; BGHZ 176, 256 = NVwZ 2009, 199 Rn. 17 – Organleihe; → § 78 Rn. 8.1).

Die **Tatbestandsberichtigung** der Beschwerdeentscheidung erfolgt nach § 119 VwGO, § 320 ZPO (OLG Düsseldorf BeckRS 2018, 21739). 5.9

Die **Beweiskraft** der **tatbestandlichen Feststellungen** in der Beschwerdeentscheidung bestimmt sich nach § 173 VwGO iVm § 314 ZPO (BGHZ 65, 30 Rn. 15 = NJW 1975, 1837 – Zementverkauf Niedersachsen II). 5.10

Die Kostenentscheidung ist nach **übereinstimmender Erledigung** der Hauptsache nach den Grundsätzen der § 91a ZPO, § 161 Abs. 2 VwGO zu treffen (BGH BeckRS 2014, 8448 Rn. 4). 5.11

Ein **Zwischenbeschluss**, mit dem über die Zulässigkeit einer Beschwerde entschieden wird, ist entsprechend den Regelungen der §§ 109, 124 VwGO, § 280 ZPO in Bezug auf das Rechtsmittel wie eine Endentscheidung zu behandeln (BGH RdE 2009, 185 Rn. 9 = BeckRS 2009, 01766 – citiworks). 5.12

Rechtsbehelfe gegen behördliche Verfahrenshandlungen können entsprechend **§ 44a VwGO** nur gleichzeitig mit den gegen die Sachentscheidung zulässigen Rechtsbehelfen geltend gemacht werden (für die rw Versagung/unzureichende Gewährung von Akteneinsicht OLG Düsseldorf BeckRS 2023, 470 Rn. 229). 5.13

(Vgl. im Übrigen auch: Kölner Komm KartellR/Deichfuß GWB § 73 Rn. 16 ff.). 5.14

Abschnitt 3. Rechtsbeschwerde

§ 86 Rechtsbeschwerdegründe

(1) Gegen die in der Hauptsache erlassenen Beschlüsse der Oberlandesgerichte findet die Rechtsbeschwerde an den Bundesgerichtshof statt, wenn das Oberlandesgericht die Rechtsbeschwerde zugelassen hat.

(2) Die Rechtsbeschwerde ist zuzulassen, wenn
1. eine Rechtsfrage von grundsätzlicher Bedeutung zu entscheiden ist oder
2. die Fortbildung des Rechts oder die Sicherung einer einheitlichen Rechtsprechung eine Entscheidung des Bundesgerichtshofs erfordert.

(3) ¹Über die Zulassung oder Nichtzulassung der Rechtsbeschwerde ist in der Entscheidung des Oberlandesgerichts zu befinden. ²Die Nichtzulassung ist zu begründen.

(4) Einer Zulassung zur Einlegung der Rechtsbeschwerde gegen Entscheidungen des Beschwerdegerichts bedarf es nicht, wenn einer der folgenden Mängel des Verfahrens vorliegt und gerügt wird:
1. wenn das beschließende Gericht nicht vorschriftsmäßig besetzt war,
2. wenn bei der Entscheidung ein Richter mitgewirkt hat, der von der Ausübung des Richteramtes kraft Gesetzes ausgeschlossen oder wegen Besorgnis der Befangenheit mit Erfolg abgelehnt war,
3. wenn einem Beteiligten das rechtliche Gehör versagt war,
4. wenn ein Beteiligter im Verfahren nicht nach Vorschrift des Gesetzes vertreten war, sofern er nicht der Führung des Verfahrens ausdrücklich oder stillschweigend zugestimmt hat,
5. wenn die Entscheidung auf Grund einer mündlichen Verhandlung ergangen ist, bei der die Vorschriften über die Öffentlichkeit des Verfahrens verletzt worden sind, oder
6. wenn die Entscheidung nicht mit Gründen versehen ist.

Überblick

§§ 86–88 enthalten Regelungen zum Verfahren der Rechtsbeschwerde vor dem BGH in energiewirtschaftsrechtlichen Verwaltungssachen. Dabei regelt § 86 die Statthaftigkeit und Zulässigkeit der Rechtsbeschwerde gegen die Entscheidungen des Oberlandesgerichts in solchen Verfahren. Nach **Absatz 1** findet die Rechtsbeschwerde nur gegen in der Hauptsache erlassene Entscheidungen der Oberlandesgerichte statt, wenn sie durch dieses zugelassen ist (→ Rn. 4). Die maßgeblichen Zulassungsgründe sind in **Absatz 2** aufgeführt (→ Rn. 5 ff.).

EnWG § 86 Teil 8. Verfahren und Rechtsschutz bei überlangen Gerichtsverfahren

Zu dem Verfahren regelt **Absatz 3**, dass über die Zulassung oder Nichtzulassung der Rechtsbeschwerde in der Entscheidung des Oberlandesgerichts zu befinden und die Nichtzulassung zu begründen ist (→ Rn. 10 ff.). **Absatz 4** führt in einem abschließenden Katalog schwerwiegende Verfahrensmängel auf, bei deren Vorliegen die Rechtsbeschwerde auch ohne Zulassung möglich ist (→ Rn. 13 ff.).

Übersicht

	Rn.		Rn.
A. Normzweck und Bedeutung	1	3. Bindung des Rechtsbeschwerdegerichts	12
B. Statthaftigkeit der Rechtsbeschwerde (Abs. 1)	4	D. Zulassungsfreie Rechtsbeschwerde (Abs. 4)	13
C. Zugelassene Rechtsbeschwerde (Abs. 2, Abs. 3)	5	I. Rüge der fehlerhaften Besetzung des Beschwerdegerichts (Nr. 1 und 2)	14
I. Zulassungsgründe	5	II. Rüge der Verletzung des Anspruchs auf rechtliches Gehör (Nr. 3)	17
1. Grundsätzliche Bedeutung (Nr. 1)	6		
2. Fortbildung des Rechts (Nr. 2)	7	III. Rüge der mangelnden Vertretung eines Beteiligten (Nr. 4)	19
3. Sicherung einer einheitlichen Rechtsprechung (Nr. 2)	8	IV. Rüge der Verletzung des Öffentlichkeitsgrundsatzes (Nr. 5)	20
II. Zulassungsverfahren	9		
1. Entscheidung über die Zulassung	10	V. Rüge der Verletzung der Begründungspflicht (Nr. 6)	21
2. Beschränkung der Zulassung	11		

A. Normzweck und Bedeutung

1   Die Vorschrift entspricht im Wesentlichen § 77 GWB (§ 74 GWB aF; BT-Drs. 15/3917, 72). Sie regelt die Statthaftigkeit und Zulässigkeit der Rechtsbeschwerde gegen energiewirtschaftsrechtliche Entscheidungen des Oberlandesgerichts. Die Rechtsbeschwerde, über die der Kartellsenat des BGH zu entscheiden hat (§§ 107 Abs. 1 Nr. 1, 108), entspricht der **Revision** des Zivil- und Verwaltungsprozesses. Mit ihr können nach Maßgabe des § 88 Abs. 2 **Rechtsfehler** geltend gemacht werden, sie dient daher der **Rechtsfortbildung**, der Wahrung der **Rechtseinheit** und der **Einzelfallgerechtigkeit** (Säcker EnergieR/Johanns/Roesen § 86 Rn. 1). Die **Zulässigkeit** des Rechtsmittels hat der Gesetzgeber **beschränkt**, um eine Verschleppung von Verfahren und eine Überbeanspruchung des BGH zu verhindern (Begr. zu § 59 GWB aF, BT-Drs. 11/1158, Anl. 1, 52). Zum einen ist die Rechtsbeschwerde – anders als im insoweit 2005 geänderten § 74 GWB aF (= § 77 GWB) – **nur gegen die in der Hauptsache erlassenen Beschlüsse** möglich (Absatz 1, → Rn. 4); zum anderen ist sie grundsätzlich auch dann nur statthaft, wenn sie **vom Beschwerdegericht** nach Maßgabe der Absätze 2 und 3 **zugelassen** wurde. Absatz 2 führt die in Betracht kommenden Zulassungsgründe auf (→ Rn. 5 ff.). Absatz 3 legt fest, dass das Oberlandesgericht über die Zulassung oder Nichtzulassung zu entscheiden und dies zu begründen hat (→ Rn. 10 ff.). Die **zulassungsfreie Rechtsbeschwerde** kommt daneben nur in Betracht, wenn einer der im Katalog des Absatz 4 abschließend aufgeführten, schwerwiegenden Verfahrensfehler vorliegt (→ Rn. 13 ff.).

2   Der 2005 und erneut 2007 angebrachte **Vorschlag** des Bundesrats, die **Rechtsbeschwerdemöglichkeiten** in den §§ 86, 87 – parallel zum entsprechenden Rechtsweg in den §§ 74, 75 GWB aF – auf **Entscheidungen des OLG im Eilverfahren** zu erstrecken (BT-Drs. 16/5847, 16), ist nicht umgesetzt worden. Mit Blick darauf, dass es sich bei § 74 Abs. 1 GWB aF um eine Sonderregelung im Vergleich zu der allgemein im Bereich einstweiliger Verfahren geltenden Begrenzung des Instanzenzugs handelt, und sie erst 2005 in Kraft getreten ist, hat die Bundesregierung erklärt, den Vorschlag darauf genauer zu prüfen, ob die mit § 74 GWB aF gesammelten Erfahrungen es rechtfertigen, eine entsprechende Sonderregelung auf das EnWG zu übertragen (BT-Drs. 16/5847, 17).

3   **Abschnitt 3** mit den Bestimmungen über die Rechtsbeschwerde (§§ 86–88) findet **entsprechende Anwendung** auf Rechtsbehelfe, die sich gegen Entscheidungen der BNetzA nach dem **KVBG**, dem **MsbG**, dem **EEG 2021**, dem **WindSeeG**, dem **KSpG**, dem **EnSiG**, dem **StromPBG** und den aufgrund dieser Gesetze erlassenen Rechtsverordnungen

richten (§ 64 Abs. 1 KVBG, § 76 Abs. 4 MsbG, § 85 Abs. 3 EEG 2021, § 78 Abs. 1 WindSeeG, § 35 Abs. 6 KSpG, § 5 S. 2 EnSiG, § 42 Abs. 1 StromPBG).

B. Statthaftigkeit der Rechtsbeschwerde (Abs. 1)

Die Rechtsbeschwerde an den BGH ist nur statthaft, wenn sie sich gegen in der Hauptsache erlassene Beschlüsse des Oberlandesgerichts richtet. Mit dem Merkmal „**Entscheidung in der Hauptsache**" in § 86 Abs. 1 erstrebte der Gesetzgeber – ebenso wie durch dasselbe Merkmal in § 74 GWB aF (BGH NJW-RR 1992, 299 = WuW/E BGH 2739) – eine wirksame **Entlastung** des BGH. In der Hauptsache erlassen ist ein Beschluss, der sich nicht in der Entscheidung über Neben- oder Zwischenfragen erschöpft, sondern das **Verfahren**, bliebe er unangefochten, **ganz oder teilweise zum Abschluss** brächte (BGH NVwZ 2013, 240 Rn. 7 = ZNER 2013, 46 – Auskunftsverlangen II; ZNER 2009, 39 Rn. 8 = BeckRS 2009, 01766 – citiworks; NVwZ-RR 2009, 620 Rn. 4 = ZNER 2009, 250). Von der Überprüfung im Rechtsbeschwerdeverfahren **ausgenommen** sind damit insbesondere Entscheidungen im **einstweiligen Rechtsschutz**, über **Beiladungsanträge** und **Auskunftsersuchen** (vgl. BGH NVwZ 2013, 240 Rn. 7 = ZNER 2013, 46 – Auskunftsverlangen II; ZNER 2009, 39 Rn. 10 = BeckRS 2009, 01766 – citiworks). Nichts anderes gilt für **verfahrensleitende Beschlüsse**, die die Endentscheidung des Beschwerdegerichts lediglich vorbereiten wie etwa ein Beweisbeschluss, die Aufforderung der Regulierungsbehörde zu ergänzenden Ermittlungen oder die Ablehnung einer Anordnung nach § 84 Abs. 2 S. 4 (BGH NZKart 2021, 115 Rn. 6 – Facebook II; WuW/E DE-R 2551 = NJW-RR 2009, 694 Rn. 12 – Werhahn/Norddeutsche Mischwerke).

4

In einem **Auskunftsverlangen** nach § 59 GWB hat der BGH nur eine Neben- oder Zwischenfrage gesehen, weil ihre Klärung das vor der Kartellbehörde geführte Verfahren über die eigentliche kartellrechtliche Maßnahme weder ganz noch teilweise zum Abschluss bringt (BGH NJW 1983, 1911 Rn. 8 = WuW/E BGH 1982 – Auskunftsbescheid).

4.1

Auch die Entscheidung über die Rechtmäßigkeit einer Festlegung zu **Datenauskünften** zwecks der Ermittlung des Ausgangsniveaus für die Bestimmung der Erlösobergrenzen nach § 6 Abs. 1 ARegV ist keine Hauptsache iSd § 86 Abs. 1, weil die mit der streitgegenständlichen Festlegung angeforderten Daten der Bestimmung des Ausgangsniveaus der Erlösobergrenzen für die zweite Regulierungsperiode nach § 6 Abs. 1 ARegV dienen sollen (BGH NVwZ 2013, 240 Rn. 8 = ZNER 2013, 46 – Auskunftsverlangen II)

4.2

Für den Fall des **besonderen Auskunftsverlangens** nach § 112a Abs. 1 S. 3 iVm § 69 hat der BGH dagegen eine Entscheidung in der Hauptsache bejaht, weil dieses den einzigen Gegenstand des Verwaltungsverfahrens bildete und mit dem Ersuchen kein weiterer Eingriff durch die BNetzA vorbereitet werden sollte, sondern die erbetenen Informationen (allein) der Vorbereitung des der Bundesregierung vorzulegenden Berichts zur Einführung der Anreizregulierung dienen sollten (BGHZ 172, 368 = NVwZ-RR 2008, 315 Rn. 13 – Auskunftsverlangen).

4.3

Die **Zwischenentscheidung** eines Oberlandesgerichts über die **Zulässigkeit** der Beschwerde in einem Verfahren nach dem EnWG ist ein „in der Hauptsache" erlassener Beschluss, gegen den gem. § 86 Abs. 1 die Rechtsbeschwerde stattfindet, da sie das Verfahren teilweise, nämlich hinsichtlich des Streits über die Zulässigkeit der Beschwerde, zum Abschluss bringt (BGH ZNER 2009, 39 Rn. 8 f. = BeckRS 2009, 01766 – citiworks)

4.4

Die Entscheidung über einen Antrag auf **Erlass einer einstweiligen Anordnung** stellt keine Entscheidung des Beschwerdegerichts in der Hauptsache dar (BGH BeckRS 2018, 9515 Rn. 7).

4.5

Die **Kostenentscheidung** ist als Nebenentscheidung mit der Rechtsbeschwerde selbstständig nicht anfechtbar (vgl. BGH NVwZ-RR 2009, 620 Rn. 11 = ZNER 2009, 250; WuW/E BGH 2478 Rn. 8 = BeckRS 1988, 31168535 – Coop-Wandmaker).

4.6

C. Zugelassene Rechtsbeschwerde (Abs. 2, Abs. 3)

I. Zulassungsgründe

Zuzulassen ist die Rechtsbeschwerde, wenn eine Rechtsfrage von grundsätzlicher Bedeutung zu entscheiden ist oder die Fortbildung des Rechts oder die Sicherung einer einheitlichen Rechtsprechung eine Entscheidung des BGH erfordert. Dies entspricht u.a. den Zulassungsgründen des § 77 Abs. 2 GWB (§ 74 Abs. 2 GWB aF) und denen des § 543 Abs. 2

5

ZPO, sodass auch auf die hierzu ergangene Rechtsprechung und Literatur zurückgegriffen werden kann.

1. Grundsätzliche Bedeutung (Nr. 1)

6 Eine Sache hat **grundsätzliche Bedeutung** iSd Nummer 1, wenn sie eine **entscheidungserhebliche, klärungsbedürftige und -fähige Rechtsfrage** aufwirft, die sich in einer unbestimmten Vielzahl von Fällen stellen kann und deswegen das abstrakte Interesse der Allgemeinheit an der einheitlichen Entwicklung und Handhabung des Rechts berührt (BGH NZKart 2018, 96 Rn. 9 – Preisvergleichsmaschinenverbot II, Vertriebssystem 1.0). Aber auch die **tatsächlichen oder wirtschaftlichen Auswirkungen** einer Sache für die beteiligten Kreise können ein besonderes Interesse der Allgemeinheit an einer Entscheidung des Revisionsgerichts begründen (vgl. – in unterschiedlichen Formulierungen – BGH NJW-RR 2004, 537; NJW 2003, 2319; BGHZ 152, 182 = NJW 2003, 65; BGHZ 151, 221 = NJW 2002, 3029; BGH NJW 2002, 2957). Das ist insbesondere bei **Musterverfahren,** aber auch in sonstigen Fällen, in denen Leitentscheidungen des Revisionsgerichts notwendig erscheinen, der Fall (BGHZ 154, 288 = NJW 2003, 1943). Grundsätzliche Bedeutung kommt einer Rechtssache überdies dann zu, wenn sie eine Rechtsfrage aufwirft, die den BGH nach Art. 267 Abs. 3 AEUV zu einer **Vorlage an den EuGH** verpflichtete (BGH NZKart 2018, 96 Rn. 9 – Preisvergleichsmaschinenverbot II, Vertriebssystem 1.0). Der Beschwerdeführer muss konkret auf die über den Einzelfall hinausgehende Bedeutung der Rechtsfrage eingehen und aufzeigen, dass andere Gerichte oder ein erheblicher Teil der Literatur eine abweichende Auffassung vertreten (BGH BeckRS 2022, 7791 Rn. 7; 2022, 5366 Rn. 19). An einer grundsätzlichen Bedeutung kann es daher **fehlen,** wenn die richtige **Antwort der Rechtsfrage** schon **nicht zweifelhaft** oder sie bereits durch ein anderes oberstes Bundesgericht **inhaltlich geklärt** ist. Liegt zu der Rechtsfrage bereits höchstrichterliche Rechtsprechung vor, kann sie allerdings gleichwohl – erneut oder ergänzend – klärungsbedürftig werden, wenn neue, wichtige rechtliche Gesichtspunkte dem BGH Anlass zu einer **Überprüfung des bisherigen Standpunkts** geben können (BeckOK ZPO/Kessal-Wulf ZPO § 543 Rn. 21). Betrifft die Rechtsfrage **auslaufendes Recht,** hat sie in der Regel keine grundsätzliche Bedeutung. Anderes kann nur dann gelten, wenn ihre höchstrichterliche Entscheidung gleichwohl noch für die Zukunft richtungsweisend sein kann, weil noch über eine erhebliche Anzahl von Fällen nach altem Recht zu entscheiden oder die Frage für das neue Recht weiterhin von Bedeutung ist (BGH NJW 2004, 289; BGHZ 154, 288 = NJW 2003, 1943).

2. Fortbildung des Rechts (Nr. 2)

7 Die Beantwortung einer Rechtsfrage erfordert nur dann die **Fortbildung des Rechts** iSd Nummer 2, wenn der Einzelfall Veranlassung gibt, Leitsätze für die Auslegung von Gesetzesbestimmungen des materiellen oder formellen Rechts aufzustellen oder Gesetzeslücken auszufüllen. Hierzu besteht nur dann Anlass, wenn es für die Bewertung typischer oder verallgemeinerungsfähiger Lebenssachverhalte an einer rechtlichen Orientierungshilfe im Sinne einer **Leitentscheidung** ganz oder teilweise fehlt (BGH BeckRS 2014, 15147 Rn. 2; NZS 2012, 464 Rn. 19). Der Zulassungsgrund überschneidet sich mit dem der Grundsatzbedeutung.

3. Sicherung einer einheitlichen Rechtsprechung (Nr. 2)

8 Der Zulassungsgrund der **Sicherung einer einheitlichen Rechtsprechung** iSd Nummer 2 kann im Energieverwaltungsprozess im Falle einer **Divergenz** in einer Rechtsfrage vorliegen, so wenn eine solche **zwischen mehreren Oberlandesgerichten** auftritt oder das Oberlandesgericht von der bisherigen **Rechtsprechung des BGH** abweichen will (zu § 543 ZPO: BGH NJW 2002, 2473 (2474)). Daneben kommt auch ein Abweichen zu Entscheidungen des **EuGH** in Betracht (Kölner Komm KartellR/Deichfuß GWB § 74 Rn. 12). Nicht erfasst wird die Aufgabe der eigenen, früheren Senatsrechtsprechung, ein Abweichen von der Rechtsauffassung der Regulierungsbehörde oder der Kommission, sofern letzterenfalls dies nicht den BGH zur Vorlage nach Art. 267 Abs. 3 AEUV verpflichtet (Säcker EnergieR/Johanns/Roesen § 86 Rn. 33).

II. Zulassungsverfahren

In der **Praxis** existiert im Bereich des Energieverwaltungsprozesses eine **großzügige Zulassungspraxis.** 9

1. Entscheidung über die Zulassung

Über die Zulassung oder Nichtzulassung entscheidet das Beschwerdegericht entsprechend Absatz 3 Satz 1 **von Amts wegen,** sodass diesbezügliche Anträge nur als Anregung zu verstehen sind. Die Entscheidung über die Zulassung wird in der Praxis in den Tenor aufgenommen; ausreichend ist es aber auch, wenn sie den Gründen der Entscheidung zu entnehmen ist. Nur die **Entscheidung über die Nichtzulassung** ist gem. Absatz 3 Satz 2 **zu begründen,** weil sie nach § 87 Abs. 1 mit der Nichtzulassungsbeschwerde angefochten werden kann. Die Zulassung der Rechtsbeschwerde ist dagegen unanfechtbar. Von der Zulassungsentscheidung hängt die nach § 83 Abs. 6 notwendige Rechtsmittelbelehrung ab. **Fehlt eine Entscheidung über die Zulassung,** kann sie nicht im Wege der Ergänzung (entsprechend § 321 ZPO) nachgeholt werden, denn es fehlt an einem versehentlichen Übergehen der Entscheidung über die Zulassung (Säcker EnergieR/Johanns/Roesen § 86 Rn. 19; Loewenheim/Meessen/Riesenkampff/Kersting/Meyer-Lindemann/Kühnen GWB § 74 Rn. 9). Ein Schweigen zur Zulassungsfrage in Tenor und Gründen bedeutet nach ständiger Rechtsprechung die Ablehnung einer Zulassung (vgl. nur BGH NJW-RR 2014, 1470 Rn. 7; NJW 2014, 2879 Rn. 8 ff.; NJW-RR 2013, 256 Rn. 6). Hat das Gericht indessen **über die Rechtsmittelzulassung entscheiden wollen,** liegt in einem fehlenden Ausspruch ein grundsätzlich entsprechend § 319 ZPO korrigierbares **Versehen.** Wegen der erforderlichen Offensichtlichkeit der Unrichtigkeit muss sich das allerdings aus der Entscheidung selbst oder zumindest aus den Vorgängen bei ihrem Erlass oder ihrer Verkündung ergeben (Kölner Komm KartellR/Deichfuß GWB § 74 Rn. 13; BGH NJW 2014, 2879 Rn. 8 ff.). 10

Eine nachträgliche, isolierte Zulassung der Rechtsbeschwerde aufgrund einer **Anhörungsrüge** gem. § 83a kann nur dann ausnahmsweise zulässig sein, wenn das Beschwerdegericht bei seiner ursprünglichen Entscheidung über die Nichtzulassung der Rechtsbeschwerde bezogen auf die Zulassungsentscheidung das rechtliche Gehör des Beschwerdeführers verletzt hat oder wenn das Verfahren aufgrund eines Gehörsverstoßes gem. § 83a Abs. 5 fortgesetzt wird und sich erst aus dem anschließend gewährten rechtlichen Gehör ein Grund für die Zulassung ergibt (zu § 321a ZPO: BGH BeckRS 2020, 27306 Rn. 12 f.; WM 2020, 1436 = BeckRS 2020, 13967 Rn. 14). Unwirksam ist daher eine nachträgliche Zulassungsentscheidung, die verfahrensfehlerhaft aufgrund einer Anhörungsrüge ergangen ist. 10.1

2. Beschränkung der Zulassung

Die **Entscheidung** über die Zulassung kann nicht auf bestimmte Rechtsfragen beschränkt werden. Die Rechtsbeschwerde kann grundsätzlich **nur für den gesamten Streitgegenstand** zugelassen werden. Einen abtrennbaren Teil des Streitgegenstands kann die Zulassung der Rechtsbeschwerde dann betreffen, wenn der Rechtsbeschwerdeführer ein unbeschränkt zugelassenes Rechtsmittel auf diesen hätte beschränken können (BGH BeckRS 2018, 14793 Rn. 7; Säcker EnergieR/Johanns/Roesen § 86 Rn. 20). Bei objektiver **Beschwerdehäufung** kann die Zulassung auf einen der Streitgegenstände beschränkt werden, sofern kein zwischen ihnen bestehender Sachzusammenhang nicht entgegensteht (Kölner Komm KartellR/Deichfuß GWB § 74 Rn. 14). 11

3. Bindung des Rechtsbeschwerdegerichts

An die **Entscheidung über die Zulassung ist** das **Rechtsbeschwerdegericht** grundsätzlich **gebunden,** denn die Zulassungskompetenz ist dem Beschwerdegericht übertragen. Übersieht das Beschwerdegericht allerdings die mangelnde Rechtsmittelfähigkeit seiner Entscheidung, entfällt die Bindung an die gleichwohl erfolgte Zulassung (BGH NJW 2005, 73 (74); BGH NJW-RR 1992, 299 = WuW/E BGH 2739, 2740). Die Bindungswirkung der 12

van Rossum 1795

negativen Zulassungsentscheidung kann grundsätzlich nur mit der Nichtzulassungsbeschwerde durchbrochen werden (Säcker EnergieR/Johanns/Roesen § 86 Rn. 22).

D. Zulassungsfreie Rechtsbeschwerde (Abs. 4)

13 Der **Katalog** des Absatzes 4 führt in Nummern 1–6 bestimmte **schwerwiegende Verfahrensmängel** auf, deren Vorliegen und Rüge die zulassungsfreie Rechtsbeschwerde eröffnen. Der Katalog ist **abschließend**, sodass andere Verfahrensmängel nur mit der zugelassenen Rechtsbeschwerde geltend gemacht werden können (Kölner Komm KartellR/Deichfuß GWB § 74 Rn. 19). Die Gründe entsprechen im Wesentlichen dem Katalog des § 547 ZPO; die absoluten Revisionsgründe sind allerdings mit Nummer 3 erweitert um die Versagung des rechtlichen Gehörs. Liegt einer der absoluten Revisionsgründe vor, so ist die Rechtsbeschwerde nicht nur zulässig, sondern auch begründet. **Zulässig** ist sie, wenn einer der im Katalog angeführten Verfahrensmängel schlüssig dargelegt und gerügt wird (zu § 83 MarkenG: BGH MDR 2020, 619 Rn. 6 = WRP 2020, 588 – Schokoladenstäbchen IV). Liegt in den Fällen der Nummern 1, 2, 4–6 der Verfahrensmangel tatsächlich vor, ist die Rechtsbeschwerde auch **begründet, ohne** dass es einer **Kausalitätsfeststellung** bedarf (zu Nummer 3 → Rn. 18). Dies führt zur **Zurückverweisung** der Sache an das Beschwerdegericht, das den Mangel im wiedereröffneten Verfahren zu beheben hat (Kment EnWG/Schex § 86 Rn. 10; Britz/Hellermann/Hermes/Hanebeck, 3. Aufl., § 86 Rn. 5). Da der **Umfang der Überprüfung** durch das Rechtsbeschwerdegericht **beschränkt** ist, können andere Rechtsverstöße, insbes. die Verletzung materiellen Rechts mit Erfolg nur mit der Nichtzulassungsbeschwerde geltend gemacht werden (Theobald/Kühling/Theobald/Werk § 86 Rn. 10). Bestehen also Zweifel an dem Vorliegen eines Verfahrensmangels oder soll nicht nur ein solcher gerügt werden, empfiehlt es sich, neben der zulassungsfreien auch die Nichtzulassungsbeschwerde einzulegen (Kölner Komm KartellR/Deichfuß GWB § 75 Rn. 5). In der Praxis hat die zulassungsfreie Rechtsbeschwerde bislang – soweit ersichtlich – keine Relevanz erlangt, sodass auf die Rechtsprechung und Literatur insbesondere zu § 77 GWB (§ 74 GWB aF) und § 547 ZPO zurückzugreifen ist (BeckOK KartellR/Bacher GWB § 77 Rn. 42 ff.; BeckOK ZPO/Kessal-Wulf ZPO § 547 Rn. 7 ff.).

I. Rüge der fehlerhaften Besetzung des Beschwerdegerichts (Nr. 1 und 2)

14 Die in Nummern 1 und 2 aufgeführten absoluten Rechtsbeschwerdegründe erfassen Verstöße gegen den Grundsatz, dass niemand seinem gesetzlichen Richter entzogen werden darf (Art. 101 Abs. 1 S. 2 GG; § 16 S. 2 GVG).

15 Wird die nicht vorschriftsmäßige Besetzung des beschließenden Gerichts gem. Absatz 4 **Nummer 1** gerügt, kommt es darauf an, ob das Beschwerdegericht im **Zeitpunkt des Erlasses der Entscheidung** fehlerhaft besetzt war. Gegenstand der Rüge ist die **personelle Zusammensetzung** der Richterbank. Es soll sichergestellt werden, dass eine Entscheidung durch den Senat getroffen wird, der gem. § 106 iVm § 91 GWB als Beschwerdesenat eingerichtet und dessen Besetzung unter Einhaltung der Regeln des Geschäftsverteilungsplans (§ 21e GVG) sowie der senatsinternen Mitwirkungsregeln (§ 21g GVG) gebildet worden ist und dies den gesetzlichen Anforderungen entspricht (BeckOK KartellR/Bacher GWB § 77 Rn. 49). Erfasst wird von der Rüge, dass ein Richter mitgewirkt hat, der nicht hätte mitwirken dürfen, oder ein Richter nicht mitgewirkt hat, der hätte mitwirken müssen. Wenn die angegriffene Entscheidung auf eine mündliche Verhandlung ergeht, kommt es (allein) auf die Besetzung im **Zeitpunkt der letzten mündlichen Verhandlung** an (BeckOK KartellR/Bacher GWB § 77 Rn. 48). Der **Zeitpunkt der Entscheidung** ist dagegen maßgeblich, wenn sich die Beteiligten gem. § 81 Abs. 1 Hs. 2 auf das dann durchgeführte **schriftliche Verfahren** geeinigt haben. Die Rüge ist unverzichtbar, sodass selbst das Einverständnis aller Beteiligten mit der Besetzung der Richterbank den Verfahrensmangel nicht beseitigt (BeckOK KartellR GWB § 77 Rn. 47). Verstöße gegen die Geschäftsverteilung im Gericht oder im Senat fallen nur bei einem grob fehlerhaften, objektiv willkürlichen Verhalten und nicht schon bei einer lediglich irrtümlichen Abweichung unter Absatz 4 Nummer 1 (BeckOK KartellR/Bacher GWB § 77 Rn. 49).

16 Nach **Nummer 2** ist die Rechtsbeschwerde zulassungsfrei, wenn ein **ausgeschlossener** oder **erfolgreich abgelehnter Richter** an der Beschwerdeentscheidung – und nicht nur

II. Rüge der Verletzung des Anspruchs auf rechtliches Gehör (Nr. 3)

Die Verfahrensrüge ist im Lichte des Verfahrensgrundrechts auf **Gewährung rechtlichen** **17** **Gehörs (Art. 103 Abs. 1 GG)** und der dies konkretisierenden § 83 und § 84 zu sehen. Nach § 83 Abs. 1 S. 2 darf die Beschwerdeentscheidung nur auf solche Tatsachen und Beweismittel gestützt werden, zu denen die Beteiligten sich äußern konnten (→ § 83 Rn. 15). Danach dürfen nur in die Entscheidung des Beschwerdegerichts nur diejenigen Tatsachen und Beweismittel einfließen, die allen Verfahrensbeteiligten nicht nur bekannt gemacht worden sind, sondern zu denen sie auch in ausreichender Weise Stellung nehmen konnten (BeckOK KartellR/Bacher GWB § 77 Rn. 58). Zugleich ergibt sich daraus die Verpflichtung des Beschwerdegerichts, rechtzeitig präsentiertes Vorbringen der Beteiligten zu würdigen, soweit es rechtlich erheblich ist (BeckOK KartellR/Bacher GWB § 77 Rn. 63). Aus Art. 103 Abs. 1 GG ergibt sich weiter die Pflicht, den Beteiligten **Akteneinsicht** nach Maßgabe des § 84 zu gewähren, wobei das Recht allerdings Einschränkungen durch den **Geheimnisschutz** erfährt (§ 83 Abs. 1 S. 3, S. 4, § 84 Abs. 2, → § 83 Rn. 18, → § 84 Rn. 28). Das rechtliche Gehör ist auch dann verletzt, wenn ein nach dem Gesetz am Verfahren zu **Beteiligender iSd § 79** nicht beteiligt worden ist (→ § 79 Rn. 14.1; BeckOK KartellR/Bacher GWB § 77 Rn. 64). Auf den Verfahrensfehler kann sich nur derjenige berufen, dem das rechtliche Gehör versagt worden ist. Die **Anhörungsrüge** nach § 83a ist gegenüber der zulassungsfreien Rechtsbeschwerde nach § 86 Abs. 4 Nr. 3 **subsidiär** (→ § 83a Rn. 5).

Anders als bei den übrigen Rügen der zulassungsfreien Rechtsbeschwerde handelt es sich **18** **nicht** um einen **absoluten Rechtsbeschwerdegrund**. Ordnungsgemäß erhoben ist die Verfahrensrüge der Verletzung des Anspruchs auf rechtliches Gehör dann, wenn mit der Rüge im Einzelnen angegeben wird, was bei ordnungsgemäßem Verfahren vorgebracht worden wäre. In der Sache selbst dürfte sie indessen nur dann Erfolg haben, wenn nicht auszuschließen ist, dass das Beschwerdegericht bei Berücksichtigung des übergangenen Vorbringens zu einer anderen Entscheidung gelangt wäre (so zu § 83 Abs. 3 MarkenG: BGH GRUR 2008, 1126 Rn. 12 – Weiße Flotte; GRUR 1997, 637 f. – Top Selection; zum GWB offengelassen GRUR 1983, 601 – Taxi-Funk-Zentrale Kassel; BeckOK KartellR/Bacher GWB § 77 Rn. 45).

Der Anspruch auf rechtliches Gehör ist nicht schon dann verletzt, wenn das Beschwerdegericht **18.1** nicht jeden von einem Beteiligten vorgebrachten Gesichtspunkt ausdrücklich erörtert (BGH NZKart 2020, 321 Rn. 19 – Zahlungsauslösedienst; BGH WuW/E DE-3967 = BeckRS 2013, 13524 Rn. 4 – Rabattstaffel; BGH WuW DE-R 4475 = BeckRS 2014, 20503 Rn. 7 – Xella). Vielmehr kann eine Versagung des rechtlichen Gehörs ohne weitere Hinweise darauf, dass Vorbringen nicht erwogen worden ist, grundsätzlich nur dann angenommen werden, wenn das Gericht auf den Kern des Vortrags eines Beteiligten zu einer bedeutsamen und auch vom Standpunkt des Gerichts entscheidungserheblichen Frage nicht eingeht (BVerfGE 86, 133 (146) = BeckRS 9998, 173304; BGH NZKart 2020, 321 Rn. 19 – Zahlungsauslösedienst; BGHZ 173, 47 = GRUR 2007, 862 Rn. 31).

Die Verletzung des Untersuchungsgrundsatzes (§ 82) als solche kann grundsätzlich keinen Verstoß **18.2** gegen die Pflicht zur Gewährung rechtlichen Gehörs (Art. 103 Abs. 1 GG) begründen und kann daher allein nicht Grundlage für eine nach § 86 Abs. 4 Nr. 3 zulassungsfreie Rechtsbeschwerde sein (BGH BeckRS 2022, 5366 Rn. 12).

III. Rüge der mangelnden Vertretung eines Beteiligten (Nr. 4)

Von Nummer 4 wird der Fall erfasst, dass ein **prozessunfähiger Beteiligter ohne** **19** **gesetzlichen Vertreter** auftritt oder **durch** eine **Person vertreten** wird, die **weder** der **gesetzliche Vertreter noch** ein von diesem **Bevollmächtigter** ist. An einer ordnungsgemäßen Vertretung fehlt es weiter, wenn die Beschwerde einem der Beteiligten nicht ordnungsgemäß zugestellt worden ist oder er nicht ordnungsgemäß zur mündlichen Verhandlung geladen wurde. Auch Nummer 4 erfasst – wie schon Nummer 3 – den Fall, dass ein nach dem Gesetz am Verfahren zu **Beteiligender iSd § 79** nicht beteiligt worden ist (→ § 79 Rn. 14.1). Der Verfahrensfehler der mangelnden Vertretung berechtigt nur den mangelhaft

Vertretenen zur zulassungsfreien Rechtsbeschwerde, da die Vertretungsregelung ausschließlich seinem Schutz dient (zu § 100 Abs. 3 Nr. 3 PatG: BGH NJW-RR 1990, 509 Rn. 22 – Gefäßimplantat; zu § 579 Abs. 1 Nr. 4 ZPO: BGHZ 63, 78 = NJW 1974, 2283; Loewenheim/Meessen/Riesenkampff/Kersting/Meyer-Lindemann/Kühnen GWB § 74 Rn. 16; aA Immenga/Mestmäcker/K. Schmidt GWB § 74 Rn. 20). Durch nachträgliche Zustimmung, dh **Genehmigung** der Verfahrensführung, kann der Mangel ordnungsgemäßer Vertretung allerdings – rückwirkend – **geheilt** werden (BGHZ 174, 324 = BeckRS 2008, 3089 Rn. 19 – Beteiligung der Bundesnetzagentur; BGH NJW-RR 2007, 98 Rn. 7; BGHZ 51, 27 Rn. 13 ff. = NJW 1969, 188 (189)).

19.1 Das Unterlassen der Beteiligung der BNetzA in einem Verfahren der Landesregulierungsbehörde führt zur Aufhebung, wenn die nicht beteiligte BNetzA die Prozessführung der Landesregulierungsbehörde nicht genehmigt (BGHZ 174, 324 = BeckRS 2008, 3089 Rn. 19 – Beteiligung der Bundesnetzagentur).

IV. Rüge der Verletzung des Öffentlichkeitsgrundsatzes (Nr. 5)

20 Der absolute Rechtsbeschwerdegrund der Nummer 5 ist gegeben, wenn das **Beschwerdegericht** die Vorschriften über die Öffentlichkeit des Verfahrens (§ 85 Nr. 1 iVm §§ 169 ff. GVG) verletzt hat. Das ist nicht nur dann der Fall, wenn in der letzten mündlichen Verhandlung, aufgrund der die Entscheidung ergangen ist, die **Öffentlichkeit gesetzwidrig ausgeschlossen**, sondern auch dann, wenn sie **gesetzwidrig zugelassen** war. Erfasst wird ebenso der Fall, dass bei der Verhandlung über die Ausschließung der Öffentlichkeit § 174 Abs. 1 GVG nicht beachtet wurde, insbesondere in dem Beschluss über die Ausschließung die Gründe für den Ausschluss der Öffentlichkeit nicht ausreichend bestimmt angegeben worden sind (MüKoZPO/Krüger ZPO § 547 Rn. 14). Schließlich greift er auch dann ein, wenn in der Verhandlung verbotswidrig Ton-, Fernseh- oder Filmaufnahmen gemacht worden sind oder ein Verfahrensabschnitt verwertet wurde, bei dem die Öffentlichkeit nicht hergestellt war.

V. Rüge der Verletzung der Begründungspflicht (Nr. 6)

21 Das Fehlen von Gründen der angegriffenen Beschwerdeentscheidung eröffnet ebenfalls die zulassungsfreie Rechtsbeschwerde. Die Entscheidung ist nicht mit Gründen versehen, wenn sie überhaupt nicht begründet ist, also **Entscheidungsgründe völlig fehlen** (→ § 83 Rn. 6). Aber auch wenn sie Entscheidungsgründe enthält, liegt gleichwohl der absolute Rechtsbeschwerdegrund vor, wenn diese unverständlich, verworren oder nichtssagend sind oder sie derart dürftige oder unvollständige Ausführungen enthalten, die die Entscheidung nicht tragen und daher nicht erkennen lassen, von welchen Überlegungen das Beschwerdegericht ausgegangen ist (Loewenheim/Meessen/Riesenkampff/Kersting/Meyer-Lindemann/Kühnen GWB § 74 Rn. 17). Dagegen liegt der absolute Rechtsbeschwerdegrund nicht vor, wenn vorhandene Entscheidungsgründe (nur) fehlerhaft, unklar oder knapp sind. Dem Fehlen der Entscheidungsgründe ist nach der Rechtsprechung der Fall **gleichgestellt,** dass der notwendige **Entscheidungsinhalt nicht binnen fünf Monaten** nach der mündlichen Verhandlung **zur Geschäftsstelle** gelangt (GmS-OGB NJW 1993, 2603).

21.1 Eine fehlende oder unzureichende Begründung der **Nichtzulassung** der Rechtsbeschwerde wird von Nummer 6 nicht erfasst, da dies ein Fall der Nichtzulassungsbeschwerde ist.

§ 87 Nichtzulassungsbeschwerde

(1) Die Nichtzulassung der Rechtsbeschwerde kann selbständig durch Nichtzulassungsbeschwerde angefochten werden.

(2) ¹**Über die Nichtzulassungsbeschwerde entscheidet der Bundesgerichtshof durch Beschluss, der zu begründen ist.** ²**Der Beschluss kann ohne mündliche Verhandlung ergehen.**

(3) ¹Die Nichtzulassungsbeschwerde ist binnen einer Frist von einem Monat schriftlich bei dem Oberlandesgericht einzulegen. ²Die Frist beginnt mit der Zustellung der angefochtenen Entscheidung.

(4) ¹Für die Nichtzulassungsbeschwerde gelten die §§ 77, 78 Abs. 3, 4 Nr. 1 und Abs. 5, §§ 79, 80, 84 und 85 Nr. 2 dieses Gesetzes sowie die §§ 192 bis 201 des Gerichtsverfassungsgesetzes über die Beratung und Abstimmung sowie über den Rechtsschutz bei überlangen Gerichtsverfahren entsprechend. ²Für den Erlass einstweiliger Anordnungen ist das Beschwerdegericht zuständig.

(5) ¹Wird die Rechtsbeschwerde nicht zugelassen, so wird die Entscheidung des Oberlandesgerichts mit der Zustellung des Beschlusses des Bundesgerichtshofs rechtskräftig. ²Wird die Rechtsbeschwerde zugelassen, so beginnt mit der Zustellung des Beschlusses des Bundesgerichtshofs der Lauf der Beschwerdefrist.

Überblick

Die Beschwerde gegen die Nichtzulassung der Rechtsbeschwerde hat allein die Zulassung der Rechtsbeschwerde und damit die Aufhebung der Nichtzulassungsentscheidung des Beschwerdegerichts zum Ziel. Sie ist ein eigenständiges Rechtsmittel, denn mit ihr soll lediglich die Zugangsschranke zur Rechtsbeschwerdeinstanz beseitigt werden. Die Norm regelt das Verfahren für diesen eigenständigen Verfahrensabschnitt. **Absatz 2** sieht vor, dass der BGH über die Nichtzulassungsbeschwerde durch zu begründenden Beschluss entscheidet und es einer mündlichen Verhandlung nicht bedarf (→ Rn. 11). **Absätze 3 und 4** enthalten Bestimmungen zu Frist und Form der Nichtzulassungsbeschwerde, die Anforderungen an ihre Begründung und das Verfahren im Übrigen (→ Rn. 4 ff.). **Absatz 5** regelt die Rechtsfolgen der Entscheidung über die Nichtzulassungsbeschwerde (→ Rn. 12 f.).

Mit der Einführung des Rechtsschutzes gegen überlange Gerichtsverfahren (§§ 198 ff. GVG) wurde die Regelung mit Wirkung ab dem 3.12.2011 in Absatz 4 Satz 1 um die entsprechenden Verweise ergänzt.

A. Normzweck und Bedeutung

Die Vorschrift entspricht im Wesentlichen § 78 GWB (§ 75 GWB aF; BT-Drs. 15/3917, 72). Sie regelt Voraussetzungen und Verfahren der Nichtzulassungsbeschwerde. Mit ihrer Hilfe kann die Nichtzulassung der Rechtsbeschwerde durch das Beschwerdegericht einer Überprüfung des BGH als Rechtsbeschwerdegericht unterzogen werden. Der zuständige Kartellsenat des BGH prüft auf eine solche Beschwerde (ausschließlich) die Frage, ob das Beschwerdegericht die **Voraussetzungen der Zulassungsgründe** nach § 86 Abs. 2 zutreffend beurteilt hat und daher von einer Zulassung der Rechtsbeschwerde absehen durfte. Weder die Erfolgsaussichten der Rechtsbeschwerde noch die tatrichterliche Würdigung in der Beschwerdeinstanz sind Gegenstand der Nichtzulassungsbeschwerde. Die Nichtzulassungsbeschwerde kann **neben** der **zulassungsfreien Rechtsbeschwerde** nach § 86 Abs. 4 betrieben werden, da das Rechtsbeschwerdegericht bei letzterer nur das Vorliegen der im Katalog des § 86 Abs. 4 aufgeführten Verfahrensmängel prüft (→ § 86 Rn. 13). Durch die bloße Möglichkeit, Nichtzulassungsbeschwerde einzulegen, wird die **Rechtskraft** der Beschwerdeentscheidung **gehemmt**. Sie tritt erst ein, wenn die Rechtsbeschwerdefrist verstrichen oder die Nichtzulassungsbeschwerde vom BGH abgelehnt worden ist (Absatz 5, → Rn. 12). Für den Erlass vorläufiger Anordnungen bleibt das Oberlandesgericht als Beschwerdegericht zuständig (Absatz 4 Satz 2, → Rn. 9).

Die Nichtzulassungsbeschwerde ist als Rechtsmittel im unionsrechtlichen Sinne (Art. 267 Abs. 3 AEUV) zu sehen (BSG BeckRS 2020, 11692 Rn. 18; BFH BFH/NV 1996, 652 Rn. 7; Schoch/Schneider/Marsch AEUV Art. 267 Rn. 38).

B. Verfahren (Abs. 3–5)

I. Statthaftigkeit und Zulässigkeit

Statthaft ist die Nichtzulassungsbeschwerde nur dann, wenn das Beschwerdegericht die Rechtsbeschwerde wirksam hätte zulassen können. Erforderlich ist also ein **in der Hauptsa-**

che erlassener Beschluss iSd § 86 Abs. 1 (→ § 86 Rn. 4). Dabei reicht es für die Bejahung der Statthaftigkeit aus, wenn der Beschwerdeführer die Frage, ob der angefochtene Beschluss in der Hauptsache erlassen ist, zur Entscheidung stellt (BGH NVwZ-RR 2009, 620 Rn. 5 = ZNER 2009, 250; NJW 1983, 1911 – Haribo). Des Weiteren setzt die Statthaftigkeit voraus, dass das Beschwerdegericht die **Rechtsbeschwerde nicht zugelassen** hat. Dies ist auch dann der Fall, wenn das Beschwerdegericht sich entgegen § 86 Abs. 3 S. 1 nicht ausdrücklich dazu geäußert hat (Kölner Komm KartellR/Deichfuß GWB § 75 Rn. 2).

4   Die Nichtzulassungsbeschwerde kann **neben** der **zulassungsfreien Rechtsbeschwerde** nach § 86 Abs. 4 eingelegt werden, da der Prüfungsumfang ein anderer ist (→ § 86 Rn. 13). Hat die Nichtzulassungsbeschwerde in der Sache Erfolg, geht die zulassungsfreie in eine zugelassene Rechtsbeschwerde über (Theobald/Kühling/Theobald/Werk § 87 Rn. 5). Dagegen erledigt sich die Nichtzulassungsbeschwerde, wenn die angegriffene Beschwerdeentscheidung auf die zulassungsfreie Rechtsbeschwerde aufgehoben und die Sache an das Beschwerdegericht zurückverwiesen wird (Theobald/Kühling/Theobald/Werk § 87 Rn. 5).

5   **Beschwerdebefugt** ist jeder, der nach § 88 Abs. 1 zur Rechtsbeschwerde befugt ist. Das erforderliche Rechtsschutzbedürfnis entfällt nicht durch eine bereits erhobene zulassungsfreie Rechtsbeschwerde nach § 86 Abs. 4, da sich der Prüfungsumfang beider Rechtsmittel unterscheidet (→ § 86 Rn. 13).

6   Die Nichtzulassungsbeschwerde ist gem. Absatz 3 schriftlich **innerhalb eines Monats** ab Zustellung der angefochtenen Entscheidung einzulegen, sodass die Frist bei mehreren Beteiligten für jeden gesondert läuft. Absatz 3 Satz 1 sieht zwar – wie § 88 Abs. 3 S. 1 für die Einlegung der Rechtsbeschwerde – die **Einlegung** beim Beschwerdegericht vor; die Frist wird aber auch durch die Einlegung beim BGH gewahrt (BGH NVwZ-RR 2009, 742 Rn. 5 – Industriepark Altmark; zu § 76 GWB aF: NJW 1993, 2445 Rn. 18 – Pauschalreisen-Vermittlung II; Salje EnWG § 87 Rn. 3; Säcker EnergieR/Johanns/Roesen § 87 Rn. 6; Theobald/Kühling/Theobald/Werk § 87 Rn. 3). Die Anforderungen an den Inhalt der Einlegungsschrift entsprechen denen bei der Rechtsbeschwerde (→ § 88 Rn. 7). Die Nichtzulassungsbeschwerde muss gem. Absatz 4 Satz 1, § 78 Abs. 5 von einem **Rechtsanwalt** unterzeichnet werden, wobei es sich nicht um einen beim BGH zugelassenen Rechtsanwalt handeln muss. Der Anwaltszwang gilt gem. § 78 Abs. 5 nicht für die Regulierungsbehörde.

II. Begründung

7   Die **Begründung** der Nichtzulassungsbeschwerde hat entsprechend Absatz 4 Satz 1 iVm § 78 Abs. 3 **binnen eines weiteren Monats** ab Einlegung der Beschwerde zu erfolgen. Für ihre **Berechnung** gelten nach § 85 Nr. 2 die Regeln der ZPO damit über § 222 ZPO die §§ 187–193 BGB (→ § 78 Rn. 18, → § 85 Rn. 4). Auch diese Frist wird sowohl durch **Einreichung** beim Beschwerdegericht als auch beim BGH gewahrt (Säcker EnergieR/Johanns/Roesen § 87 Rn. 7; Theobald/Kühling/Theobald/Werk § 87 Rn. 5; BGH NJW 1993, 2445 Rn. 18 – Pauschalreisen-Vermittlung II). Die **Frist** kann – bei Glaubhaftmachung erheblicher Gründe – vom Vorsitzenden des Rechtsbeschwerdegerichts **verlängert** werden (Absatz 4 Satz 1 iVm § 78 Abs. 3 S. 2; BGH NJW-RR 2005, 769 Rn. 13 – Stadtwerke Dachau; → § 78 Rn. 19). Auch die Beschwerdebegründung muss gem. Absatz 4 Satz 1, § 78 Abs. 5 von einem – nicht notwendigerweise beim BGH zugelassenen – **Rechtsanwalt** unterzeichnet werden. Die Regulierungsbehörde unterliegt nicht dem Anwaltszwang (→ § 78 Rn. 21).

8   **Inhaltlich** muss sie entsprechend Absatz 4 Satz 1 iVm § 78 Abs. 4 Nr. 1 in tatsächlicher Hinsicht im Einzelnen anführen, welcher Zulassungsgrund iSd § 86 Abs. 2 aus welchen Gründen vorliegen soll (Säcker EnergieR/Johanns/Roesen § 87 Rn. 8; Theobald/Kühling/Theobald/Werk § 87 Rn. 7; → § 78 Rn. 23). Die Voraussetzungen des Zulassungsgrunds müssen daher substantiiert dargelegt und die Entscheidungserheblichkeit aufgezeigt werden. Wegen der Einzelheiten wird auf die Kommentierung zu § 86 verwiesen (→ § 86 Rn. 5 ff.). Ein Nachschieben von Zulassungsgründen ist im Verfahren der Nichtzulassungsbeschwerde unzulässig (BGH GuT 2010, 263 = BeckRS 2010, 16799 Rn. 8 ff. – Boykott der Milchbauern; NJWE-WettbR 1996, 119 Rn. 6 = WuW/E BGH 3035 – Nichtzulassungsbeschwerde). Ob tatsächlich ein Zulassungsgrund vorliegt, ist eine Frage der Begründetheit.

III. Verfahren im Übrigen

Für das Verfahren über die Nichtzulassung der Rechtsbeschwerde gilt nach Absatz 4 Satz 1 iVm § 79 der Grundsatz der **Kontinuität der Verfahrensbeteiligung**, dh es sind weiter all diejenigen beteiligt, die auch am Verfahren vor dem Beschwerdegericht beteiligt waren (Salje EnWG § 87 Rn. 6; → § 79 Rn. 13). Das zu gewährende **Akteneinsichtsrecht** richtet sich nach § 84, sodass auf die Kommentierung dazu verwiesen werden kann (→ § 84 Rn. 4 ff.). Den Verfahrensbeteiligten ist **rechtliches Gehör** zu gewähren, indem ihnen Gelegenheit zur Stellungnahme zu der Nichtzulassungsbeschwerde zu geben ist. Regelungslücken werden – wie im Beschwerdeverfahren – gem. Absatz 4 Satz 1 iVm § 85 Nr. 2 durch die ergänzende Heranziehung der Vorschriften der ZPO geschlossen (→ § 85 Rn. 4). Hinsichtlich der Abstimmung und Beratung des Rechtsbeschwerdegerichts gelten nach Absatz 4 die Vorschriften der §§ 192–197 GVG entsprechend (→ § 85 Rn. 3). Entsprechend der Verweisung des Absatzes 4 Satz 1 auf § 77 trifft das Rechtsbeschwerdegericht Entscheidungen über die Wiederherstellung oder Anordnung der aufschiebenden Wirkung gem. § 77 Abs. 3–5 (BGH N&R 2022, 34 (35); OLG Düsseldorf N&R 2022, 36 (37); → § 77 Rn. 14, → § 77 Rn. 22). Für einstweilige Anordnungen nach § 76 bleibt dagegen nach Absatz 4 Satz 2 das Beschwerdegericht zuständig (→ § 76 Rn. 16). 9

C. Entscheidung des Rechtsbeschwerdegerichts (Abs. 2)

Einer **mündlichen Verhandlung** bedarf es für die Entscheidung über die Nichtzulassungsbeschwerde nach Absatz 2 Satz 2 **nicht**. Die Entscheidung trifft der Kartellsenat des BGH gem. Absatz 2 Satz 2 durch **begründeten Beschluss**. Zu berücksichtigen sind nur die Zulassungsgründe, auf die sich der Beschwerdeführer fristgerecht berufen hat. Maßgeblich ist die **Sach- und Rechtslage im Zeitpunkt der Entscheidung**, sodass eine zwischenzeitliche Klärung von Rechtsfragen zu berücksichtigen ist (BGH NJW 2005, 154 Rn. 13). Die Erfolgsaussichten der Rechtsbeschwerde sind unbeachtlich. 10

Hat die Nichtzulassungsbeschwerde **Erfolg**, so wird die Rechtsbeschwerde zugelassen. Die Kostenentscheidung bleibt dem Rechtsbeschwerdeverfahren vorbehalten (BGH BeckRS 2001, 5724 Rn. 23 – Puttgarden II). Gemäß Absatz 5 Satz 2 beginnt **mit der Zustellung** des Beschlusses der Lauf der **Beschwerdefrist** des § 88 Abs. 3 für alle – beschwerten – Verfahrensbeteiligten. Der Kartellsenat fügt seinen Beschlüssen daher analog § 83 Abs. 6 eine entsprechende Rechtsmittelbelehrung bei. Eine zuvor schon eingelegte zulassungsfreie Rechtsbeschwerde kann als nunmehr zugelassene Rechtsbeschwerde weiterbetrieben werden; es bedarf dann aber der fristgemäßen Ergänzung der Beschwerdebegründung nach Maßgabe des Absatzes 4 Satz 1 iVm § 78 Abs. 3 und 4 (Theobald/Kühling/Theobald/Werk § 87 Rn. 12). 11

Ist die Nichtzulassungsbeschwerde dagegen nicht statthaft oder unzulässig, so wird sie mit der Kostenfolge des § 90 S. 2 **verworfen** (→ § 90 Rn. 27). Ist sie unbegründet, wird sie – ebenfalls mit der Kostenfolge des § 90 S. 2 – **zurückgewiesen**. Mit der **Zustellung** des Beschlusses über die Nichtzulassung wird die zugrunde liegende Entscheidung des Oberlandesgerichts gem. Absatz 5 Satz 1 **rechtskräftig**. Allerdings kann sich der Eintritt der Rechtskraft noch durch das Verfahren über eine gleichzeitig eingelegte zulassungsfreie Rechtsbeschwerde verzögern (Kment EnWG/Schex § 87 Rn. 8). 12

Der zu begründende Beschluss bedarf als letztinstanzliche Entscheidung keiner eingehenden Begründung. Eine solche kann der Beschwerdeführer daher auch nicht im Wege der Anhörungsrüge erzwingen (BGH NZKart 2015, 352). 13

§ 88 Beschwerdeberechtigte, Form und Frist

(1) Die Rechtsbeschwerde steht der Regulierungsbehörde sowie den am Beschwerdeverfahren Beteiligten zu.

(2) Die Rechtsbeschwerde kann nur darauf gestützt werden, dass die Entscheidung auf einer Verletzung des Rechts beruht; die §§ 546, 547 der Zivilprozessordnung gelten entsprechend.

(3) ¹Die Rechtsbeschwerde ist binnen einer Frist von einem Monat schriftlich bei dem Oberlandesgericht einzulegen. ²Die Frist beginnt mit der Zustellung der angefochtenen Entscheidung.

(4) Der Bundesgerichtshof ist an die in der angefochtenen Entscheidung getroffenen tatsächlichen Feststellungen gebunden, außer wenn in Bezug auf diese Feststellungen zulässige und begründete Rechtsbeschwerdegründe vorgebracht sind.

(5) ¹Für die Rechtsbeschwerde gelten im Übrigen die §§ 76, 78 Abs. 3, 4 Nr. 1 und Abs. 5, §§ 79 bis 81 sowie §§ 83 bis 85 entsprechend. ²Für den Erlass einstweiliger Anordnungen ist das Beschwerdegericht zuständig.

Überblick

§ 88 enthält verfahrens- und materiellrechtliche Vorgaben für die Rechtsbeschwerde. Sie gelten für die – vom Beschwerdegericht oder auf eine erfolgreiche Nichtzulassungsbeschwerde vom Rechtsbeschwerdegericht – zugelassene wie auch für die zulassungsfreie Rechtsbeschwerde. Absatz 1 regelt die Rechtsbeschwerdebefugnis (→ Rn. 2). Absatz 3 und Absatz 5 mit den dort in Bezug genommenen Vorschriften enthalten die zeitlichen, formalen und inhaltlichen Anforderungen, die an die Einlegung und Begründung der Rechtsbeschwerde zu stellen sind (→ Rn. 6f., → Rn. 8ff.). Absätze 2 und 4 regeln unter Bezugnahme auf die revisionsrechtlichen Normen der §§ 546 f. ZPO die Rechtsbeschwerdegründe und den – eingeschränkten – Prüfungsumfang des BGH (→ Rn. 26, → Rn. 22).

Übersicht

	Rn.		Rn.
A. Normzweck und Bedeutung	1	VI. Erledigung	18
B. Beschwerdebefugnis (Abs. 1)	2	D. Umfang der Nachprüfung (Abs. 2, Abs. 4)	21
C. Verfahren (Abs. 3 und 5)	6		
I. Einlegung der Rechtsbeschwerde	6	I. Bindung an die Tatsachenfeststellungen der Vorinstanz (Abs. 4)	22
II. Begründung der Rechtsbeschwerde	8	II. Rechtsverletzung (Abs. 2)	26
III. Anschlussrechtsbeschwerde	12	III. Kontrolldichte des Rechtsbeschwerdegerichts	30
IV. Verfahren im Übrigen	13		
V. Rücknahme der Rechtsbeschwerde/der Beschwerde	16	E. Entscheidung des Rechtsbeschwerdegerichts	36

A. Normzweck und Bedeutung

1 Die Vorschrift entspricht im Wesentlichen § 79 GWB (§ 76 GWB aF; BT-Drs. 15/3917, 72). Während §§ 86, 87 die Statthaftigkeit der Rechtsbeschwerde betreffen, enthält § 88 verfahrens- und materiellrechtliche Regelungen für das Rechtsbeschwerdeverfahren. **Absatz 1** legt den Kreis der zur Rechtsbeschwerde Befugten fest und knüpft dabei an die Regelung des § 79 über die Beteiligung im Beschwerdeverfahren an (→ Rn. 2ff.). In **Absatz 2** und **Absatz 4** werden die Rechtsbeschwerdebegründung und der Umfang der Nachprüfung durch den BGH – auf Rechtsverletzungen – geregelt (→ Rn. 21 ff.). **Absatz 3** bestimmt die Frist für die Einlegung der Rechtsbeschwerde (→ Rn. 6ff.). **Absatz 5 Satz 1** verweist im Übrigen auf für das Rechtsbeschwerdeverfahren geltende Vorschriften und über § 85 auf Regelungen des GVG und der ZPO (→ Rn. 13). Für den Erlass vorläufiger Anordnungen bleibt das Oberlandesgericht als Beschwerdegericht zuständig (**Absatz 5 Satz 2**, → Rn. 13).

B. Beschwerdebefugnis (Abs. 1)

2 Zur Rechtsbeschwerde sind neben der Regulierungsbehörde alle am Beschwerdeverfahren Beteiligten befugt. Die Regelung über die Beschwerdeberechtigung in Rechtsbeschwerdeverfahren knüpft damit an die **Regelung des § 79** über die Beteiligung im Beschwerdeverfahren an (→ § 79 Rn. 2). Dort sind nach § 79 Abs. 1 neben der Regulierungsbehörde als Antragsgegnerin der Beschwerdeführer und Dritte beteiligt, deren Interessen durch die Entscheidung erheblich berührt werden und die von der Regulierungsbehörde beigeladen worden sind.

Regulierungsbehörde als Antragsgegnerin ist entweder die **BNetzA** oder die **Landesregulierungsbehörde,** die nach Maßgabe des § 54 die den Verfahrensgegenstand bildende energiewirtschaftsrechtliche Regulierungsentscheidung getroffen hat. Handelt es sich um eine Entscheidung der Landesregulierungsbehörde, ist die BNetzA ebenfalls rechtsbeschwerdebefugt, weil sie nach §§ 79 Abs. 2, 66 Abs. 3 am Verwaltungs- und Beschwerdeverfahren zu beteiligen ist (BGHZ 174, 324 = BeckRS 2008, 3089 Rn. 7 – Beteiligung der Bundesnetzagentur). Dagegen ist eine Landesregulierungsbehörde nicht an einem Verfahren gegen die BNetzA zu beteiligen (BGH WM 2020, 901 = BeckRS 2019, 35718 Rn. 14 f. – Netze BW), sodass sie in einem solchen auch nicht rechtsbeschwerdebefugt ist. 3

Des Weiteren sind die **übrigen am Beschwerdeverfahren Beteiligten** rechtsbeschwerdebefugt. Das sind Personen und Personenvereinigungen, deren **Interessen durch die Entscheidung erheblich berührt** werden und die daher an dem Verfahren vor der Regulierungsbehörde beteiligt waren. Ergänzend ist § 88 Abs. 1 dahin auszulegen, dass neben der Regulierungsbehörde und den am Beschwerdeverfahren Beteiligten analog § 42 Abs. 2 VwGO auch solche Dritte beschwerdeberechtigt sein können, deren Interessen durch die Entscheidung erheblich berührt werden, die jedoch von der Regulierungsbehörde nicht beigeladen worden sind. Dies trifft insbesondere auf den Fall der (unterbliebenen) **notwendigen Beiladung** zu (BGH RdE 2009, 185 = BeckRS 2009, 01766 Rn. 14 – citiworks; → § 79 Rn. 11). 4

Die Zulässigkeit der Rechtsbeschwerde setzt weiter voraus, dass der Rechtsbeschwerdeführer durch die Entscheidung des Beschwerdegerichts auch formell und materiell beschwert ist. **Formell beschwert** ist der Beschwerdeführer, dessen Antrag das Beschwerdegericht nicht entsprochen hat. Hat ein Beteiligter eine **Neubescheidung** unter Beachtung einer abweichenden Rechtsauffassung begehrt, ist er durch eine solche Entscheidung dann beschwert, wenn und soweit sich die vom Gericht als verbindlich erklärte Auffassung nicht mit der von ihm vertretenen Auffassung deckt und er deshalb bei der erneuten Bescheidung mit einem ungünstigeren Ergebnis rechnen muss (BGH RdE 2019, 456 = BeckRS 2019, 16446 Rn. 74 ff. – Eigenkapitalzinssatz II). Eine **materielle Beschwer** für zum Verfahren vor der Regulierungsbehörde beigeladene – oder beizuladende – Personen oder Personenvereinigungen liegt vor, wenn diese geltend machen können, durch die Entscheidung unmittelbar und individuell betroffen zu sein. Hierfür reichen erhebliche wirtschaftliche Interessen aus (BGH ZNER 2019, 441 = EnWZ 2019, 403 Rn. 14 – Lichtblick; BGH ZNER 2011, 46 = BeckRS 2010, 28381 Rn. 14 – GABi Gas; BGH RdE 2009, 185 = BeckRS 2009, 01766 Rn. 16 f. – citiworks; für das Kartellverwaltungsverfahren BGHZ 169, 370 = NJW 2007, 607 Rn. 11, 18 ff. – pepcom). Eine solche Auslegung der materiellen Beschwer stimmt mit Art. 37 Abs. 17 Elektrizitäts-Binnenmarkt-Richtlinie 2009/72/EG, Art. 60 Abs. 8 Elektrizitäts-Binnenmarkt-Richtlinie (EU) 2019/944 und Art. 41 Abs. 17 Gas-Binnenmarkt-Richtlinie 2009/73/EG überein, nach denen die Mitgliedstaaten sicherzustellen haben, dass auf nationaler Ebene geeignete Verfahren bestehen, die einer betroffenen Partei das Recht geben, gegen eine Entscheidung einer Regulierungsbehörde bei einer von den beteiligten Parteien und Regierungen unabhängigen Stelle Beschwerde einzulegen. 5

Für die Rechtsbeschwerde der Regulierungsbehörde kommt es auf die materielle Beschwer nicht an, da diese nur dem Ausschluss von Popularklagen dient (zum GWB: BeckOK KartellR/Bacher GWB § 79 Rn. 12). In Verfahren der Landesregulierungsbehörde kommt es weiter nicht auf eine formelle Beschwer bei einer Rechtsbeschwerde der BNetzA an, da sie den einheitlichen Gesetzesvollzug in Energieverwaltungssachen sicherzustellen hat. 5.1

C. Verfahren (Abs. 3 und 5)

I. Einlegung der Rechtsbeschwerde

Die Rechtsbeschwerde ist innerhalb einer **Frist von einem Monat** ab Zustellung der angefochtenen Entscheidung einzulegen, sodass die Frist bei mehreren Beteiligten für jeden gesondert läuft. Absatz 3 Satz 1 sieht zwar – wie § 87 Abs. 3 S. 1 für die Einlegung der 6

Nichtzulassungsbeschwerde – die **Einlegung beim Beschwerdegericht** vor; die Frist wird aber **auch** durch die Einlegung **beim BGH** gewahrt (BGH NVwZ-RR 2009, 742 Rn. 5 – Industriepark Altmark; zu § 76 GWB aF: NJW 1993, 2445 Rn. 18 – Pauschalreisen-Vermittlung II; Salje EnWG § 88 Rn. 3; Säcker EnergieR/Johanns/Roesen § 88 Rn. 6; Theobald/Kühling/Theobald/Werk § 88 Rn. 3). Der Lauf der Frist wird mit der Zustellung der vollständig abgefassten, mit Gründen und einer – ordnungsgemäßen – Rechtsmittelbelehrung versehenen Entscheidung des Beschwerdegerichts in Gang gesetzt. Für den Fall, dass die Zulassung erst auf die **Nichtzulassungsbeschwerde** durch Beschluss des BGH erfolgt, beginnt der Lauf der **Beschwerdefrist** des Absatzes 3 für alle – beschwerten – Verfahrensbeteiligten allerdings gem. § 87 Abs. 5 S. 2 erst **mit** der **Zustellung** dieses Beschlusses (→ § 87 Rn. 11). Für ihre **Berechnung** gelten nach § 85 Nr. 2 die Regeln der ZPO damit über § 222 ZPO die §§ 187–193 BGB (→ § 78 Rn. 18, → § 85 Rn. 4).

6.1 Die Folgen einer fehlenden oder unzureichenden Rechtsmittelbelehrung in energiewirtschaftsrechtlichen Verwaltungsverfahren bestimmen sich entsprechend den Regelungen der VwGO (BGH BeckRS 2018, 14793 Rn. 12). Bei fehlender oder unzutreffender Rechtsmittelbelehrung beträgt die Frist analog § 58 Abs. 2 VwGO grundsätzlich ein Jahr ab Zustellung (BGH EnWZ 2014, 315 Rn. 11). Wird die Rechtsmittelbelehrung nachgeholt, setzt die entsprechende Zustellung den Lauf der Frist in Gang (BGH BeckRS 2018, 14793 Rn. 15).

7 In der Rechtsbeschwerdeschrift sind Rechtsmittelführer und -gegner sowie die angefochtene Entscheidung konkret zu bezeichnen; eines bestimmten Antrags bedarf es (noch) nicht (Säcker EnergieR/Johanns/Roesen § 88 Rn. 8). Die Rechtsbeschwerde muss gem. Absatz 5 Satz 1, § 78 Abs. 5 von einem **Rechtsanwalt** unterzeichnet werden, wobei es sich nicht um einen beim BGH zugelassenen Rechtsanwalt handeln muss. Der Anwaltszwang gilt nicht für die Regulierungsbehörde (→ § 78 Rn. 16).

II. Begründung der Rechtsbeschwerde

8 Die **Begründung** der Rechtsbeschwerde hat entsprechend Absatz 5 Satz 1 iVm § 78 Abs. 3 **binnen eines weiteren Monats** ab Einlegung der Rechtsbeschwerde zu erfolgen. Für die **Berechnung** gelten wie für die Einlegungsfrist nach § 85 Nr. 2 die Regeln der ZPO damit über § 222 ZPO die §§ 187–193 BGB (→ § 85 Rn. 4, → § 78 Rn. 5, → § 78 Rn. 18). Auch diese Frist wird sowohl durch **Einreichung** beim Beschwerdegericht als auch beim BGH gewahrt (Säcker EnergieR/Johanns/Roesen § 88 Rn. 7; Theobald/Kühling/Theobald/Werk § 88 Rn. 5; zum GWB: BGH NJW 1993, 2445 Rn. 18 – Pauschalreisen-Vermittlung II). Die **Frist** kann – bei Glaubhaftmachung erheblicher Gründe – von der oder dem Vorsitzenden des Rechtsbeschwerdegerichts **verlängert** werden (Absatz 5 Satz 1 iVm § 78 Abs. 3 S. 3; zum GWB: BGH NJW-RR 2005, 769 Rn. 13 – Stadtwerke Dachau; → § 78 Rn. 19). Die Beschwerdebegründung muss – wie schon die Beschwerdeschrift – gem. Absatz 5 Satz 1, § 78 Abs. 5 von einem **Rechtsanwalt** unterzeichnet werden; die Regulierungsbehörde unterliegt auch insoweit nicht dem Anwaltszwang (→ § 78 Rn. 21). Da die rechtzeitige und ordnungsgemäße Begründung der Rechtsbeschwerde **Zulässigkeitserfordernis** ist, führt das Fristversäumnis zur Unzulässigkeit. Gegen die Versäumung dieser Frist kommt jedoch die **Wiedereinsetzung** in den vorigen Stand nach Absatz 5 Satz 1, § 85 Nr. 2 entsprechend §§ 233 ff. ZPO in Betracht (→ § 85 Rn. 4).

9 **Inhaltlich** muss die Begründung entsprechend Absatz 5 Satz 1 iVm § 78 Abs. 4 Nr. 1 eine **Erklärung** enthalten, aus der sich ergibt, in welchem **Umfang** die Entscheidung des Beschwerdegerichts angegriffen wird (→ § 78 Rn. 23). Ist der Streitgegenstand teilbar, kann der Antrag auf eine **Teilaufhebung** gerichtet sein (Säcker EnergieR/Johanns/Roesen § 88 Rn. 12).

10 Bei einer **Verletzung materiellen Rechts** muss im Einzelnen dargelegt werden, welche Rechtsnorm verletzt sein soll und worin der Rechtsfehler liegt. Wird die **Verletzung von Verfahrensvorschriften** gerügt, müssen die prozessrechtliche Norm und die Tatsachen angeführt werden, die den Verfahrensmangel begründen sollen. Für die Rüge einer **unterlassenen Amtsermittlung** durch die Regulierungsbehörde und/oder das Beschwerdegericht (§ 82 Abs. 1–3, → § 82 Rn. 16) ist vorzutragen, welche Beweisanträge übergangen worden sind oder welche konkreten Ermittlungen noch hätten vorgenommen werden müssen (BGHZ 178, 285 = BeckRS 2008, 24201 Rn. 32 – E.ON/Stadtwerke Eschwege; BGH

ZNER 2009, 257 = BeckRS 2009, 20171 Rn. 35 – Verteilnetzbetreiber Rhein-Main-Neckar). Bei einer **Verletzung** der **Hinweispflicht** (§ 82 Abs. 2, → § 82 Rn. 19) muss der Beschwerdeführer darlegen, welchen Hinweis das Beschwerdegericht hätte geben müssen und mit welchem Vortrag er darauf reagiert hätte, dh der zunächst unterbliebene Vortrag muss vollständig nachgeholt werden (BGH BeckRS 2010, 5789 Rn. 24 – Kosmetikartikel; BGHZ 163, 296 = BeckRS 2005, 8522 Rn. 24 – Arealnetz). Des Weiteren ist die **Kausalität** des Verfahrensfehlers darzulegen, wobei der Vortrag, dass die Entscheidung des Beschwerdegerichts möglicherweise anders ausgefallen wäre, ausreicht.

Die Rügen sind in der Rechtsbeschwerdebegründungsschrift selbst und unter Angabe der Tatsachen, die den Mangel ergeben, auszuführen; die Verweisung auf vorinstanzliche Schriftsätze reicht nicht (BGHZ 131, 107 Rn. 35 = BeckRS 9998, 327 – Backofenmarkt). Mit Ablauf der Begründungsfrist tritt **Präklusion** ein, sodass der Umfang der Rechtsbeschwerde nicht mehr erweitert und die Geltendmachung und Begründung von **Verfahrensrügen** nicht ergänzt werden kann (BeckOK KartellR/Bacher GWB § 79 Rn. 24). 11

III. Anschlussrechtsbeschwerde

Entsprechend den Regeln über die Anschlussrevision im Zivilprozess ist in energiewirtschaftsrechtlichen Verwaltungsverfahren eine Anschlussrechtsbeschwerde statthaft (BGH N&R 2019, 174 Rn. 38 ff. – Gewinnabführungsvertrag; BeckOK KartellR/Bacher GWB § 79 Rn. 14). Sie ist zulässig, wenn sie einen Lebenssachverhalt betrifft, der mit dem von der Rechtsbeschwerde erfassten Gegenstand in einem unmittelbaren rechtlichen oder wirtschaftlichen Zusammenhang steht (BGH N&R 2019, 174 Rn. 41 ff. – Gewinnabführungsvertrag). 12

IV. Verfahren im Übrigen

Der Rechtsbeschwerde kommt nach Absatz 5 Satz 1 iVm § 76 grundsätzlich (nur) aufgrund einer entsprechenden Anordnung des Rechtsbeschwerdegerichts aufschiebende Wirkung zu (→ § 76 Rn. 5). Auch wenn Absatz 5 Satz 1 keine Bezugnahme auf § 77 enthält, geht die Zuständigkeit für Anträge auf Anordnung und Wiederherstellung aufschiebender Wirkung nach § 77 Abs. 3 ab Einlegung der Rechtsbeschwerde auf den BGH über, da hierbei auch die Erfolgsaussichten der Rechtsbeschwerde zu beurteilen sind (BGH N&R 2022, 34 (35); OLG Düsseldorf N&R 2022, 36 (37); zum Kartellverwaltungsverfahren: BGH NJW-RR 1999, 342 Rn. 5 – Tariftreueerklärung; Kment EnWG/Huber § 77 Rn. 20; Rosin/Pohlmann/Gentzsch/Metzenthin/Böwing/Burmeister/Becker § 77 Rn. 28). Nach Absatz 5 Satz 2 bleibt allerdings das Beschwerdegericht für einstweilige Anordnungen zuständig (→ § 76 Rn. 18). 13

Für das Verfahren über die Rechtsbeschwerde gilt nach § 79 ebenfalls der Grundsatz der **Kontinuität der Verfahrensbeteiligung**, dh es sind weiter all diejenigen beteiligt, die auch am Verfahren vor dem Beschwerdegericht beteiligt waren (Salje EnWG § 88 Rn. 6; → § 79 Rn. 13, → Rn. 13). Bei Spruchreife kann das Rechtsbeschwerdegericht dieselben Entscheidungen treffen wie das Beschwerdegericht (§ 83, → § 83 Rn. 2, → § 83 Rn. 21 ff.). Das zu gewährende **Akteneinsichtsrecht** richtet sich nach § 84, sodass auf die Kommentierung dazu verwiesen werden kann → § 84 Rn. 3 ff.). Über die Rechtsbeschwerde muss entsprechend § 81 grundsätzlich mündlich verhandelt werden (→ § 81 Rn. 2, → § 81 Rn. 6). Die Verletzung des Anspruchs auf rechtliches Gehör kann mit der Anhörungsrüge nach § 83a geltend gemacht werden (→ § 83a Rn. 3 ff.). Regelungslücken werden – wie im Beschwerdeverfahren – gem. Absatz 5 Satz 1 iVm § 85 durch die ergänzende Heranziehung der Vorschriften des GVG und der ZPO geschlossen (→ § 85 Rn. 3, → § 85 Rn. 4). 14

Das Verfahren ist **auszusetzen,** wenn etwa dem Bundesverfassungsgericht gem. Art. 100 GG eine Frage zur Verfassungsmäßigkeit eines Gesetzes oder dem Gerichtshof der Europäischen Union gem. Art. 267 AEUV eine Frage zur Auslegung des Unionsrechts vorgelegt wird (BGH NZKart 2019, 145 – Hotelbuchungsplattform). 15

Gegen die Entscheidung des Rechtsbeschwerdegerichts über die Verfahrensaussetzung ist eine **sofortige Beschwerde** gem. §§ 86 ff. **nicht eröffnet.** Ihre Statthaftigkeit ergibt sich weder aus §§ 88 Abs. 5, § 85 Nr. 2 iVm §§ 148, 252 ZPO noch aus entsprechender Anwendung der §§ 94, 146 VwGO (BGH BeckRS 2023, 8791 Rn. 2). Zulässig ist die **Gegenvorstellung,** da das Gericht zu einer Änderung der 15.1

für die Partei unanfechtbaren Entscheidung befugt ist und sie auch von Amts wegen vornehmen darf, denn der Aussetzungsbeschluss und das Vorabentscheidungsersuchen erwachsen gem. § 88 Abs. 5, § 85 Nr. 2 iVm § 122 Abs. 1, § 121 VwGO nicht in Rechtskraft (BGH BeckRS 2023, 8791 Rn. 4 ff.).

V. Rücknahme der Rechtsbeschwerde/der Beschwerde

16 Nimmt der Rechtsbeschwerdeführer die **Rechtsbeschwerde** zurück, wird die **angefochtene Entscheidung** des Oberlandesgerichts mit Eingang dieses Schriftsatzes beim BGH **rechtskräftig** (BGH BeckRS 2012, 3914 Rn. 1).

16.1 Die Rücknahme der Rechtsbeschwerde durch den Beschwerdeführer hat zur Folge, dass dieser die **Kosten des Rechtsbeschwerdeverfahrens** nach § 90 zu tragen hat, weil er sich durch die Rücknahme in die Rolle des Unterlegenen begeben hat (BGH BeckRS 2008, 23045 Rn. 1; → § 90 Rn. 21). Grundsätzlich entspricht es dabei der Billigkeit, die Erstattung der zur zweckentsprechenden Erledigung der Angelegenheit notwendigen Auslagen des Beschwerdegegners anzuordnen (BGH BeckRS 2008, 23045 Rn. 1; NJW-RR 2007, 616 – Kostenverteilung nach Rechtsbeschwerderücknahme). Wenn das Rechtsmittel allerdings vor der Beteiligung des Beschwerdegegners am Rechtsbeschwerdeverfahren zurückgenommen wurde, ist eine entsprechende Anordnung nicht veranlasst (BGH BeckRS 2018, 30150 Rn. 1). Für eine Einbeziehung der Kosten des Beschwerdeverfahrens in die nach Rücknahme der Rechtsbeschwerde zu erlassende Kostenentscheidung ist kein Raum (BGH BeckRS 2012, 14523 Rn. 3; 2012, 10856 Rn. 1).

17 Nimmt der Beschwerdeführer dagegen im Einvernehmen mit dem Beschwerdegegner die **Beschwerde** zurück, hat dies zur Folge, dass das **Beschwerde- und das Rechtsbeschwerdeverfahren eingestellt** werden, denn die Rücknahme der Beschwerde bewirkt, dass diese Verfahren als nicht anhängig geworden anzusehen sind (BGH BeckRS 2020, 7084 Rn. 1; 2013, 16808 Rn. 1).

17.1 Der auf die Beschwerde ergangene Beschluss des Oberlandesgerichts ist dann wirkungslos. Die **Kosten des Beschwerde- und des Rechtsbeschwerdeverfahrens** werden in der Regel gem. § 90 S. 1 dem Beschwerdeführer auferlegt, weil er sich durch die Rücknahme in die Rolle des Unterlegenen begeben hat (→ § 90 Rn. 21). Es entspricht der Billigkeit, die Erstattung der außergerichtlichen Auslagen des Beschwerdegegners anzuordnen (BGH BeckRS 2020, 7084 Rn. 2; 2017, 131662 Rn. 2). Wenn der Beigeladene keinen Antrag gestellt oder sonst das Verfahren wesentlich gefördert hat, entspricht es nicht der Billigkeit, dem Beschwerdeführer auch die Tragung seiner außergerichtlichen Kosten aufzuerlegen (BGH BeckRS 2019, 30189 Rn. 2). Hat sich der Beschwerdeführer im Rahmen einer außergerichtlichen Einigung über die Erledigung des Streits zur Rücknahme verpflichtet, liegt ein Fall gegenseitigen Nachgebens vor, sodass es grundsätzlich der Billigkeit entspricht, die Kosten des Verfahrens gegeneinander aufzuheben (BGH BeckRS 2013, 16808 Rn. 2). Die Kosten des Beschwerde- und Rechtsbeschwerdeverfahrens können aber auch entsprechend dem übereinstimmenden Antrag von Beschwerdeführer und Beschwerdegegner verteilt werden (BGH BeckRS 2017, 127396 Rn. 1; → § 90 Rn. 20).

VI. Erledigung

18 Tritt **Erledigung** im Laufe des Rechtsbeschwerdeverfahrens ein, kann das Verfahren vom Beschwerdeführer für erledigt erklärt werden.

19 Schließt sich die gegnerische Regulierungsbehörde der Erledigungserklärung an, liegt eine **übereinstimmende Erledigungserklärung** vor, sodass gem. § 90 iVm § 161 Abs. 2 S. 1 VwGO und § 91a Abs. 1 S. 1 ZPO nach billigem Ermessen unter Berücksichtigung des bisherigen Sach- und Streitstandes über die Kosten des Beschwerde- und Rechtsbeschwerdeverfahrens zu entscheiden ist (BGH BeckRS 2019, 14983 Rn. 1; 2014, 8448 Rn. 4 mwN; → § 83 Rn. 35, → § 90 Rn. 17).

19.1 Da das Kostenverfahren nach § 91a ZPO nicht dazu bestimmt ist, Rechtsfragen von grundsätzlicher Bedeutung zu klären oder das Recht fortzubilden, genügt eine summarische Prüfung der Erfolgsaussichten. Sofern die Entscheidung in der Hauptsache von einer grundsätzlichen Frage abhängt und deren Beantwortung offen ist, entspricht es dabei in der Regel billigem Ermessen, die Kosten gegeneinander aufzuheben (BGH BeckRS 2014, 8448 Rn. 5). Eine abweichende Kostenentscheidung kann aber geboten sein, wenn andere Gesichtspunkte dies als angemessen erscheinen lassen (BGH BeckRS 2014, 8448 Rn. 5).

Der **Beschluss des Beschwerdegerichts** ist analog § 269 Abs. 3 S. 1 Hs. 2 ZPO **wirkungslos**. Diese Rechtsfolge ist auf Antrag entsprechend § 269 Abs. 4 S. 1 ZPO auszusprechen (BGH BeckRS 2018, 23605 Rn. 1). 20

Bleibt die **Erledigungserklärung einseitig**, weil der Gegner ihr widerspricht, ist zu prüfen, ob Erledigung eingetreten ist. War das mit der Rechtsbeschwerde verfolgte Begehren bis zum Eintritt des erledigenden Ereignisses zulässig und begründet, ist das Feststellungsbegehren begründet und daher auf den geänderten Antrag die Erledigung der Hauptsache festzustellen (BGH BeckRS 2016, 8879 Rn. 3; → § 83 Rn. 38). 20.1

D. Umfang der Nachprüfung (Abs. 2, Abs. 4)

Gemäß **Absatz 2** kann die Rechtsbeschwerde – ähnlich der Revision im Zivilprozess – nur darauf gestützt werden, dass die Entscheidung auf einer **Verletzung des Gesetzes** beruht. Dies ist – entsprechend § 546 ZPO – der Fall, wenn das Gesetz nicht oder nicht richtig angewendet worden ist. Demgegenüber ist der BGH gem. **Absatz 4** an die vom Beschwerdegericht getroffenen **tatsächlichen Feststellungen** gebunden, sofern diese nicht auf Rechtsfehlern beruhen. 21

I. Bindung an die Tatsachenfeststellungen der Vorinstanz (Abs. 4)

An die vom Beschwerdegericht **rechtsfehlerfrei getroffenen tatsächlichen Feststellungen** ist der BGH gebunden. Dadurch wird die Tatsachengrundlage seiner Entscheidung in zeitlicher Hinsicht durch die Feststellungen der Vorinstanz fixiert. **Neuer Sachvortrag** muss grundsätzlich **unberücksichtigt** bleiben (BGH NVwZ-RR 2013, 608 Rn. 22 – Photovoltaik-Anlage; BGH ZNER 2013, 167 = BeckRS 2013, 105 Rn. 37 – E.ON Hanse AG; BGH NVwZ-RR 2009, 801 Rn. 13 – Energiesparaktion). Aus Gründen der Prozessökonomie und zur Vermeidung ersichtlich materiell unrichtiger Entscheidungen kann ausnahmsweise anderes gelten, wenn es sich um unstreitiges Vorbringen handelt und dessen Berücksichtigung keine schützenswerten Belange eines Verfahrensbeteiligten entgegenstehen (BGH BeckRS 2020, 42158 Rn. 19 – Energie- und Wasserversorgung Hamm GmbH; BGHZ 160, 321 Rn. 21 = BeckRS 2004, 10479 – Staubsaugerbeutelmarkt; Säcker EnergieR/Johanns/Roesen § 88 Rn. 23; Säcker EnergieR/Johanns/Roesen § 88 Rn. 25; Kment EnWG/Schex § 88 Rn. 7; Kölner Komm KartellR/Deichfuß GWB § 76 Rn. 12). 22

So kann der Fall liegen bei der Berücksichtigung unstreitiger Tatsachen (BGH BeckRS 2020, 42158 Rn. 19 ff. – Energie- und Wasserversorgung Hamm GmbH), zwischenzeitlich ergangener Gerichts- oder Behördenentscheidungen (BGH GRUR 1985, 396 – 5 Sterne Programm) sowie der Heranziehung offenkundiger Tatsachen iSd § 291 ZPO (Säcker EnergieR/Johanns/Roesen § 88 Rn. 25). 22.1

Rechtsänderungen, die während des Rechtsstreits eintreten, sind dagegen im selben Umfang beachtlich, wie sie die Vorinstanz berücksichtigen müsste, wenn sie jetzt entschiede. Folglich ist der Entscheidung geändertes Recht zugrunde zu legen, wenn nach **materiellem Recht** der Zeitpunkt der Entscheidung des Gerichts ausschlaggebend ist und sich das geänderte Recht nach seinem zeitlichen und inhaltlichen Geltungsanspruch auf den festgestellten Sachverhalt erstreckt (BGH ZNER 2016, 318 = BeckRS 2016, 9760 Rn. 20 – Netzentgeltbefreiung II; OLG Stuttgart BeckRS 2011, 7738 Rn. 38; Säcker EnergieR/Johanns/Roesen § 88 Rn. 38; BeckOK VwGO/Suerbaum VwGO § 137 Rn. 35). 23

Der **Tatbestand** der Beschwerdeentscheidung erbringt entsprechend § 314 ZPO, § 173 VwGO vollen Beweis für das Parteivorbringen. Bei einer entscheidungserheblichen Unrichtigkeit kommt daher primär eine Berichtigung des Tatbestands analog § 320 ZPO, § 119 VwGO in Betracht (BGHZ 65, 30 Rn. 15 = NJW 1975, 1837 (1839) – Zementverkauf Niedersachsen II; Theobald/Kühling/Theobald/Werk § 88 Rn. 19). Im Übrigen entfaltet nur eine widersprüchliche oder aktenwidrige Feststellung keine **Bindungswirkung** (BVerwGE 79, 291 Rn. 10 = NVwZ 1988, 941 (942); BVerwGE 71, 93 Rn. 17 = NJW 1985, 2490 (2491); Säcker EnergieR/Johanns/Roesen § 88 Rn. 22). 24

Da das Rechtsbeschwerdegericht an die tatsächlichen Feststellungen gebunden ist, kann die an sie anknüpfende tatrichterliche Würdigung lediglich mit der Rüge angegriffen werden, sie sei rechtsfehlerhaft, weil sie auf einem Rechtsirrtum beruhe oder gegen allgemeine Erfahrungssätze, Denkgesetze oder Auslegungsregeln verstoße (→ § 83 Rn. 14). 25

van Rossum 1807

II. Rechtsverletzung (Abs. 2)

26 Die Rechtsbeschwerde kann gem. Absatz 2 nur auf eine **Gesetzesverletzung** gestützt werden. Absatz 2 Halbsatz 2 verweist auf die revisionsrechtliche Norm des § 546 ZPO, wonach das Recht verletzt ist, wenn eine Rechtsnorm nicht oder nicht richtig angewendet worden ist. Das ist dann der Fall, wenn das Beschwerdegericht eine einschlägige Norm übersehen hat (**Anwendungsfehler**), den Gehalt der Norm verkannt hat (**Auslegungsfehler**) oder es die Norm zwar richtig ausgelegt, aber verkannt hat, dass sie auf den konkreten Fall nicht anzuwenden ist (**Subsumtionsfehler**) (Säcker EnergieR/Johanns/Roesen § 88 Rn. 26; Kment EnWG/Schex § 88 Rn. 4).

27 **Revisibel** ist grundsätzlich Bundes-, Landes- sowie Gemeinschaftsrecht. Der Prüfungsumfang wird davon beeinflusst, ob es sich um verfahrens- oder materiellrechtliche Vorschriften handelt.

28 Die **Verfahrensrüge** ist eröffnet, wenn das Beschwerdegericht verfahrensrechtliche Vorschriften verletzt hat. Dies ist vom Rechtsbeschwerdegericht grundsätzlich nur zu prüfen, soweit die **Rüge zulässig erhoben** ist. Von Amts wegen sind lediglich die internationale Zuständigkeit und die Sachurteilsvoraussetzungen, insbes. die Partei- und Prozessfähigkeit zu überprüfen. Die angegriffene Entscheidung muss auf dem Rechtsverstoß **beruhen**. Das ist jedenfalls dann der Fall, wenn nicht ausgeschlossen werden kann, dass die Entscheidung des Beschwerdegerichts ohne den Verfahrensfehler anders ausgefallen wäre. Ausgenommen von dem **Kausalitätserfordernis** sind allerdings die **absoluten Rechtsbeschwerdegründe** gem. Absatz 2 Halbsatz 2 iVm § 547 ZPO. Bei einer vorschriftsmäßigen Besetzung des Gerichts, der Mitwirkung eines ausgeschlossenen oder erfolgreich abgelehnten Richters, der mangelnden Vertretung eines Verfahrensbeteiligten, der Verletzung der Vorschriften über die Öffentlichkeit und dem Fehlen von Gründen der Beschwerdeentscheidung wird **unwiderleglich vermutet**, dass die Entscheidung auf dem Verfahrensfehler beruht. Allein dies führt zur Aufhebung und Zurückverweisung an das Beschwerdegericht (→ § 86 Rn. 13). Wegen der Einzelheiten der in § 547 ZPO genannten Gründe wird mit Blick auf die Übereinstimmung mit den Fällen der zulassungsfreien Rechtsbeschwerde auf die Ausführungen zu § 86 Abs. 4 verwiesen (→ § 86 Rn. 14 ff.).

28.1 Absoluter Rechtsbeschwerdegrund ist auch die unterlassene Beteiligung der BNetzA am Beschwerdeverfahren (→ § 86 Rn. 18.1; BGHZ 174, 324 = BeckRS 2008, 3089 Rn. 7; BGHZ 174, 324 = BeckRS 2008, 3089 Rn. 19 – Beteiligung der Bundesnetzagentur).

29 Liegt eine zugelassene Rechtsbeschwerde vor, überprüft der BGH von Amts wegen die Vereinbarkeit des angefochtenen Beschlusses mit dem **materiellen Recht** (Säcker EnergieR/Johanns/Roesen § 88 Rn. 32; Kment EnWG/Schex § 88 Rn. 5; Immenga/Mestmäcker/K. Schmidt GWB § 76 Rn. 6; Loewenheim/Meessen/Riesenkampff/Kersting/Meyer-Lindemann/Kühnen GWB § 76 Rn. 7). Auch ein Verstoß gegen die Denkgesetze kann eine Verletzung materiellen Rechts sein. Soweit wirtschaftswissenschaftliche Gesetzmäßigkeiten den Inhalt von Rechtsnormen bestimmen, gehören sie zur Rechtsfrage und nicht zur Tatfrage (Theobald/Kühling/Theobald/Werk § 88 Rn. 9; Immenga/Mestmäcker/K. Schmidt GWB § 76 Rn. 6; Loewenheim/Meessen/Riesenkampff/Kersting/Meyer-Lindemann/Kühnen GWB § 76 Rn. 7). Da die Entscheidung auf der Verletzung materiellen Rechts „beruhen" muss, führt ihre fehlerhafte Begründung noch nicht zum Erfolg der Rechtsbeschwerde. Vielmehr ist dies nur dann der Fall, wenn die materiellrechtliche Würdigung des BGH zu einem anderen Ergebnis führt (BeckOK KartellR/Bacher GWB § 79 Rn. 38).

III. Kontrolldichte des Rechtsbeschwerdegerichts

30 Nach der Rechtsprechung des BGH sind die Heranziehung und Interpretation des Gesetzes sowie die Subsumtion des festgestellten Sachverhalts revisible Rechtsfragen, Tatfrage dagegen die Feststellung des Sachverhalts selbst. Da Rechts- und Tatfrage sich aber wechselseitig beeinflussen und rechtliche Gesichtspunkte auch bei der Feststellung des Sachverhalts von Bedeutung sind, kann zwischen Rechts- und Tatfrage nicht immer scharf getrennt werden (BVerfG GRUR 2018, 403 Rn. 7; MüKoZPO/Krüger ZPO § 546 Rn. 3; Eyermann/Kraft VwGO § 137 Rn. 48). Insbesondere im Kartell- und Energiewirtschaftsrecht wird die abstrakte **Abgrenzung zwischen tatsächlichen Feststellungen und Rechtsfra-**

gen häufig dadurch erschwert, dass rechtliche und ökonomische Betrachtung untrennbar miteinander verbunden sind, weil zwischen die „tatsächlichen Feststellungen" und die Entscheidung von „Rechtsfragen" regelmäßig die ökonomische Bewertung von Tatsachen tritt (FK-KartellR/Rosenfeld GWB § 76 Rn. 64 ff.; MüKoEuWettbR/Nothdurft/Breuer GWB § 79 Rn. 35). Dies und ein dabei der Regulierungsbehörde ggfs. zustehender **Beurteilungsspielraum oder ein (Regulierungs-)Ermessen** wirkt sich zwangsläufig auch auf die **Kontrolldichte des Rechtsbeschwerdegerichts** gegenüber der Beschwerdeinstanz aus.

Die **Auslegung von Willenserklärungen** ist grundsätzlich dem Tatrichter vorbehalten und in der Rechtsbeschwerde nur eingeschränkt überprüfbar (vgl. BGH BeckRS 2020, 35771 Rn. 25 – Baltic Cable AB II; NVwZ 2019, 501 Rn. 17 – Offshore-Anbindung). Die tatrichterliche Auslegung eines Vertrages ist für das Rechtsbeschwerdegericht nur dann nicht bindend, wenn **gesetzliche oder allgemein anerkannte Auslegungsregeln, Denkgesetze oder Erfahrungssätze** verletzt sind oder der Tatrichter **verfahrenswidrig wesentliches Auslegungsmaterial unberücksichtigt** gelassen hat. Zu den allgemein anerkannten Auslegungsregeln gehört der Grundsatz der vollständigen Würdigung der maßgeblichen Umstände (BGH NJW-RR 2006, 496 Rn. 12; BGHZ 137, 69 (72) = NJW 1998, 449 (450)). 31

Auch die **Auslegung öffentlich-rechtlicher Verträge,** für die kraft der Verweisung in § 62 S. 2 VwVfG die Regeln des Bürgerlichen Gesetzbuchs und damit auch §§ 133, 157 BGB heranzuziehen sind, ist in der Revisionsinstanz grundsätzlich **nur eingeschränkt überprüfbar** (BVerwG NVwZ-RR 2003, 874 Rn. 22). Etwas anderes gilt aber, wenn es sich um **vertragliche Vereinbarungen** handelt, bei denen ein **Bedürfnis nach einheitlicher Handhabung** besteht. Daher unterliegt ein öffentlich-rechtlicher Vertrag der **freien Auslegung durch das Rechtsbeschwerdegericht,** wenn die BNetzA ihn mit einer **Vielzahl von Netzbetreibern** jeweils mit im Wesentlichen gleichem Inhalt geschlossen hat, um zu gewährleisten, dass eine Vielzahl von ähnlich gelagerten Genehmigungsanträgen nach einheitlichen Kriterien behandelt wird (BGH NVwZ 2019, 501 Rn. 15 ff. – Offshore-Anbindung). 32

Soweit es um die Ermittlung der **tatsächlichen Grundlagen** geht, unterliegt auch die **Festlegung des Zinssatzes für die Verzinsung des Eigenkapitals** gem. § 7 Abs. 6 StromNEV/§ 7 Abs. 6 GasNEV nach der Rechtsprechung des Kartellsenats des BGH grundsätzlich der **uneingeschränkten Überprüfung durch** den **Tatrichter.** Der **Regulierungsbehörde,** der ein hohes Maß an Unabhängigkeit zukommt (vgl. nur EuGH BeckRS 2021, 24362 Rn. 109 ff.), steht dagegen in einzelnen Beziehungen ein **Beurteilungsspielraum** zu, soweit die Verordnung – wie zB bei der Bemessung des Zuschlags zur Abdeckung netzbetreiberspezifischer unternehmerischer Wagnisse – keine näheren Vorgaben enthält (BGH BeckRS 2018, 36599 Rn. 8 – Eigenkapitalzinssatz; BGH ZNER 2015, 116 = BeckRS 2015, 3610 Rn. 13; ZNER 2015, 116 = BeckRS 2015, 3610 Rn. 26; ZNER 2015, 116 = BeckRS 2015, 3610 Rn. 28 – Thyssengas GmbH; → § 83 Rn. 60.1). Die Beurteilung der Frage, ob das **methodische Vorgehen** der Regulierungsbehörde zu beanstanden ist, hängt im Wesentlichen von den Tatsachen ab, aus denen sich Schlussfolgerungen im Hinblick auf Vor- und Nachteile unterschiedlicher in Betracht kommender methodischer Vorgehensweisen ziehen lassen. Diese Schlussfolgerungen sind zwar zum Teil rechtlicher Natur. Die hierfür anzustellenden Erwägungen sind mit der Feststellung der dafür maßgeblichen Tatsachen jedoch so eng verwoben, dass auch sie im Wesentlichen dem Bereich der tatrichterlichen Würdigung zuzuordnen sind (BGH RdE 2020, 319 = BeckRS 2020, 5189 Rn. 26 ff. – Eigenkapitalzinssatz III; BGH BeckRS 2020, 13336 Rn. 6; nachgehend BVerfG BeckRS 2021, 23595 (Nichtannahmebeschluss); BGH RdE 2019, 456 = BeckRS 2019, 16446 Rn. 34 ff. – Eigenkapitalzinssatz II; BGH ZNER 2015, 116 = BeckRS 2015, 3610 Rn. 28 – Thyssengas GmbH). In der **Rechtsbeschwerdeinstanz** kann die Entscheidung des Tatrichters hinsichtlich beider Bereiche – dh der tatsächlichen Grundlagen und des behördlichen Beurteilungsspielraums – **nur eingeschränkt überprüft** werden, nämlich darauf, ob er erhebliches Vorbringen der Beteiligten unberücksichtigt gelassen, wesentliche Beurteilungsfaktoren außer Betracht gelassen oder offenkundig fehlgewichtet, Rechtsgrundsätze der Zinsbemessung verkannt oder der **Nachprüfung der Regulierungsentscheidung** sonst **unrichtige rechtliche Maßstäbe zu Grunde gelegt** hat (BGH RdE 2020, 319 = BeckRS 2020, 5189 Rn. 26 ff. – Eigenkapitalzinssatz III; nachgehend BVerfG BeckRS 2021, 23595 33

(Nichtannahmebeschluss); BGH RdE 2019, 456 = BeckRS 2019, 16446 Rn. 34 ff. – Eigenkapitalzinssatz II). In diesem Kontext grenzt der Kartellsenat des BGH den Bereich der tatrichterlichen Überprüfung und Würdigung von dem **Beurteilungsspielraum der Regulierungsbehörden** ab und zeigt – spiegelbildlich – die **rechtlichen Grenzen seiner gerichtlichen Überprüfung** auf. Er betont, dass es **nicht** die Aufgabe einer gerichtlichen Überprüfung sein kann, eine **von der Regulierungsbehörde** in Ausübung eines ihr zustehenden Spielraums **gewählte Methode durch** eine **alternative Modellierung zu ergänzen oder zu ersetzen.** Andernfalls läge die Auswahl zwischen mehreren den normativen Vorgaben entsprechenden Regulierungsmöglichkeiten letztlich bei den Gerichten, sodass diese die Regulierungsentscheidungen nicht (nur) überprüfen, sondern vielmehr selbst treffen würden und der Beurteilungsspielraum der Regulierungsbehörden ausgehöhlt würde (BGH RdE 2020, 319 = BeckRS 2020, 5189 Rn. 26 – Eigenkapitalzinssatz III; nachgehend BVerfG BeckRS 2021, 23595 (Nichtannahmebeschluss); BGH RdE 2019, 456 = BeckRS 2019, 16446 Rn. 43 – Eigenkapitalzinssatz II; zum Effizienzvergleich: BGH RdE 2014, 276 = EnWZ 2014, 378 Rn. 41 – Stadtwerke Konstanz GmbH). Die Auswahlentscheidung der Regulierungsbehörde kann – so der BGH – deshalb von Rechts wegen nur dann beanstandet werden, „wenn sich feststellen lässt, dass die gewählte **methodische Ansatz von vornherein ungeeignet** ist, die Funktion zu erfüllen, die ihm im Rahmen des zugrunde gelegten Modells zukommt, oder dass ein **anderes methodisches Vorgehen unter Berücksichtigung aller maßgeblichen Umstände,** wie insbesondere seiner Eignung für die Zwecke der Ermittlung der zu bestimmenden Endgröße, der Verfügbarkeit der benötigten Datengrundlage, des zu ihrer Feststellung erforderlichen Aufwands und der Präzision und Belastbarkeit der mit diesem methodischen Vorgehen erzielbaren Ergebnisse, dem von der Regulierungsbehörde gewählten Vorbringen so **deutlich überlegen** ist, dass die Auswahl einer anderen Methode nicht mehr als mit den gesetzlichen Vorgaben vereinbar angesehen werden kann" (BGH BeckRS 2021, 42681 Rn. 16 – Genereller sektoraler Produktivitätsfaktor II; BGH BeckRS 2021, 4019 Rn. 28 ff. – Genereller sektoraler Produktivitätsfaktor; BGH RdE 2020, 319 = BeckRS 2020, 5189 Rn. 33 – Eigenkapitalzinssatz III; nachgehend BVerfG BeckRS 2021, 23595 (Nichtannahmebeschluss); BGH ZNER 2015, 116 = BeckRS 2015, 3610 Rn. 26 – Thyssengas GmbH). Dieser eingeschränkte Prüfungsmaßstab folgt „aus den Grenzen der rechtlichen Determinierung und der Determinierbarkeit der Aufklärung und Bewertung komplexer ökonomischer Zusammenhänge im Allgemeinen und der regulatorischen Aufgaben im Besonderen und ist deshalb sowohl mit Art. 19 Abs. 4 GG als auch mit dem Anspruch auf Gewährung effektiven Rechtsschutzes vereinbar" (BGH BeckRS 2022, 21678 Rn. 38 – REGENT; BeckRS 2021, 42681 Rn. 16 – Genereller sektoraler Produktivitätsfaktor II; BGH BeckRS 2021, 4019 Rn. 28 – Genereller sektoraler Produktivitätsfaktor; BGH RdE 2020, 319 = BeckRS 2020, 5189 Rn. 36 – Eigenkapitalzinssatz III; nachgehend BVerfG BeckRS 2021, 23595 (Nichtannahmebeschluss)).

33.1 In seinen Entscheidungen zu den Festlegungen des Eigenkapitalzinssatzes für die dritte Regulierungsperiode hat der Kartellsenat des BGH beanstandet, dass die vom Beschwerdegericht getroffenen tatsächlichen Feststellungen zu einer historischen Sondersituation die daraus gezogene rechtliche Schlussfolgerung, es sei eine **zusätzliche Plausibilisierung oder Korrektur** des von der BNetzA in methodisch nicht zu beanstandender Weise gefundenen Ergebnisses der Prüfung der Marktrisikoprämie erforderlich, nicht tragen (BGH RdE 2020, 319 = BeckRS 2020, 5189 Rn. 26 ff. – Eigenkapitalzinssatz III; BGH RdE 2019, 456 = BeckRS 2019, 16446 Rn. 42 ff. – Eigenkapitalzinssatz II). Damit nimmt der BGH eine Tatsachenwürdigung nicht vor; vielmehr geht es darum, den Bereich der tatrichterlichen Überprüfung und Würdigung in der gebotenen Weise von dem Spielraum abzugrenzen, der der Regulierungsbehörde bei der Ausfüllung der Zielvorgaben – hier aus § 7 Abs. 5 StromNEV/§ 7 Abs. 5 GasNEV zusteht (BGH RdE 2020, 319 = BeckRS 2020, 5189 Rn. 32 – Eigenkapitalzinssatz III; kritisch: Burgi RdE 2020, 105 ff.; Bourazeri N&R 2020, 188 ff.; Mohr N&R 2020, 1 ff.; Richter N&R 2019, 193 f.; Sieberg/Schellberg N&R 2019, 299 ff.). Dies hat das Bundesverfassungsgericht in seinem Nichtannahmebeschluss bestätigt (BVerfG BeckRS 2021, 23595).

34 Die erforderliche Gesamtwürdigung, ob eine **Energieanlage iSd § 3 Nr. 24a für den Wettbewerb unbedeutend** ist, weil sie weder in technischer noch in wirtschaftlicher noch in versorgungsrechtlicher Hinsicht ein Ausmaß erreicht, das Einfluss auf den Versorgungs-

Beteiligtenfähigkeit § 89 EnWG

wettbewerb und die durch die Regulierung bestimmte Lage des Netzbetreibers haben kann, obliegt dem **Tatrichter** (BGH ZNER 2020, 99 = BeckRS 2019, 37126 Rn. 32 – Gewoba).

Auch die Beurteilung, ob eine konkrete Maßnahme als **Umstrukturierungsmaßnahme** **iSd § 23 Abs. 1 ARegV** oder als bloße Ersatzmaßnahme anzusehen ist, obliegt im Einzelfall im Wesentlichen dem **Tatrichter**. Dessen Entscheidung kann im Rechtsbeschwerdeverfahren nur darauf überprüft werden, ob sie im Einklang mit den einschlägigen rechtlichen Vorgaben steht und weder auf Verfahrensfehlern beruht noch gegen Denkgesetze oder Erfahrungssätze verstößt. Ein solcher Fehler liegt vor, wenn das Beschwerdegericht – von seinem Rechtsstandpunkt aus folgerichtig – den für die Entscheidung erheblichen Sachverhalt nicht vollständig festgestellt hat (BGH NVwZ-RR 2014, 470 Rn. 40 – 50Hertz Transmission GmbH). 35

E. Entscheidung des Rechtsbeschwerdegerichts

Die **Entscheidung** über die Rechtsbeschwerde trifft der Kartellsenat des BGH gem. Absatz 5 Satz 1 iVm § 83 Abs. 1 **durch** zu begründenden **Beschluss**. 36

Ist die Rechtsbeschwerde unstatthaft oder **unzulässig**, so wird sie mit der Kostenfolge des § 90 S. 2 **verworfen**. Der § 81 Abs. 1 zu entnehmende Grundsatz, dass **aufgrund mündlicher Verhandlung** zu entscheiden ist, gilt nur für eine Entscheidung „über die Beschwerde" und damit nicht für ihre Verwerfung wegen Unzulässigkeit (BGH NJW-RR 1992, 299 Rn. 15; OLG Düsseldorf BeckRS 2019, 9154 Rn. 8; → § 81 Rn. 3 f.). 37

Ist die Rechtsbeschwerde **unbegründet,** wird sie – ebenfalls mit der Kostenfolge des § 90 S. 2 (→ § 90 Rn. 27 ff.) – **zurückgewiesen**. 38

Hat die Rechtsbeschwerde **Erfolg,** ist der angegriffene Beschluss des Beschwerdegerichts aufzuheben und im Übrigen zu differenzieren: Wenn die Sache **spruchreif** ist, kann der BGH in der Sache **selbst entscheiden,** wobei er entsprechend Absatz 5 Satz 1 iVm § 83 alle Entscheidungen treffen kann, die dem Beschwerdegericht möglich sind (→ § 83 Rn. 20 ff.). Er entscheidet abschließend auch über die Kosten des Beschwerde- und Rechtsbeschwerdeverfahrens nach § 90 (→ § 90 Rn. 14 ff.). Bedarf es **weiterer tatsächlicher Feststellungen,** kann der BGH das Verfahren **an das Beschwerdegericht zurückverweisen,** das dann die tatsächlichen Feststellungen zu treffen und auch über die Kosten des Rechtsbeschwerdeverfahrens zu entscheiden hat (BGH BeckRS 2020, 8744 Rn. 118 – Bürgerenergiegesellschaft; RdE 2019, 504 = EnWZ 2019, 403 Rn. 28 – Lichtblick). Dabei ist das Beschwerdegericht entsprechend § 144 Abs. 6 VwGO an die rechtliche Beurteilung des Rechtsbeschwerdegerichts gebunden. 39

Der BGH kann aber auch von einer Zurückverweisung an das Beschwerdegericht absehen, wenn **weitere tatrichterliche Feststellungen nicht erforderlich** erscheinen. Dann ordnet er selbst die **Neubescheidung durch die Regulierungsbehörde** – unter Aufhebung ihrer Entscheidung – in dem dadurch neu eröffneten Verwaltungsverfahren an, wobei der rechtliche Rahmen dafür durch seine Entscheidung vorgegeben ist (BGH RdE 2014, 276 = EnWZ 2014, 378 Rn. 132 – Stadtwerke Konstanz GmbH; BGH BeckRS 2013, 4743 Rn. 35; ZNER 2012, 601 = BeckRS 2013, 3079 Rn. 119 – SWM Infrastruktur GmbH; BGH NVwZ-RR 2010, 143 Rn. 29 f.). Zugleich wird über die Kosten des Beschwerde- und Rechtsbeschwerdeverfahrens nach § 90 abschließend entschieden. 40

Abschnitt 4. Gemeinsame Bestimmungen

§ 89 Beteiligtenfähigkeit

Fähig, am Verfahren vor der Regulierungsbehörde, am Beschwerdeverfahren und am Rechtsbeschwerdeverfahren beteiligt zu sein, sind außer natürlichen und juristischen Personen auch nichtrechtsfähige Personenvereinigungen.

Überblick

Die § 77 GWB aF nachgebildete Vorschrift (→ Rn. 1) definiert die Beteiligtenfähigkeit (→ Rn. 2 f.) für das regulierungsbehördliche und das sich anschließende Beschwerde- und Rechtsbeschwerdeverfahren (→ Rn. 4). Beteiligtenfähig sind danach natürliche und juristische Personen (→ Rn. 6 ff.) sowie nichtrechtsfähige Personenvereinigungen (→ Rn. 9 ff.). Die Beteiligtenfähigkeit der BNetzA wird stillschweigend vorausgesetzt (→ Rn. 13), sonstige Behörden sind in der Regel nicht beteiligtenfähig (→ Rn. 14). In verfahrensrechtlicher Hinsicht sind Besonderheiten bei Fehlen oder Wegfall der Beteiligtenfähigkeit zu beachten (→ Rn. 16).

Übersicht

	Rn.		Rn.
A. Normzweck und Entstehungsgeschichte	1	I. Natürliche und juristische Personen	6
B. Begriff der Beteiligtenfähigkeit	2	II. Nichtrechtsfähige Personenvereinigungen	9
C. Anwendungsbereich	4	III. Behörden und öffentlich-rechtliche Organisationen	13
D. Regelungsinhalt	5	E. Verfahrensrechtliche Fragen	16

A. Normzweck und Entstehungsgeschichte

1 § 89, der die Beteiligtenfähigkeit regelt, dient der Beseitigung von Unsicherheiten im Hinblick auf solche Unternehmensträger, deren Rechtsfähigkeit nicht umfassend anerkannt ist (Säcker EnergieR/Quellmalz § 89 Rn. 1). Die Vorschrift ist der inhaltsgleichen kartellrechtlichen Vorschrift zur Beteiligtenfähigkeit in **§ 77 GWB aF** nachgebildet (BT-Drs. 15/3917, 72), die im Zuge der 10. GWB-Novelle ohne inhaltliche Änderungen nunmehr in § 54 Abs. 4 GWB (Beteiligtenfähigkeit für das Verfahren vor den Kartellbehörden) und § 63 Abs. 3 GWB (Beteiligtenfähigkeit in Rechtsbehelfsverfahren) überführt worden ist. § 89 ist seit dem Inkrafttreten des EnWG 2005 unverändert geblieben.

B. Begriff der Beteiligtenfähigkeit

2 Die Beteiligtenfähigkeit, die grundsätzlich der Parteifähigkeit im Zivilprozess entspricht, bezeichnet die **Fähigkeit, Subjekt des Verfahrens** zu sein. Sie ist zum einen von der **Prozess- oder Handlungsfähigkeit** (dh der Fähigkeit, selbst oder durch bevollmächtigte Dritte Verfahrenshandlungen wirksam vorzunehmen oder entgegennehmen zu können) abzugrenzen. Diese ist im EnWG nicht geregelt. Sie richtet sich deshalb nach den allgemeinen Vorschriften über die Vornahme von Verfahrenshandlungen, § 12 VwVfG bzw. den entsprechenden Landesvorschriften für das Verwaltungsverfahren und § 62 VwGO iVm §§ 53 ff. ZPO für das gerichtliche Verfahren (Langen/Bunte/Lembach GWB § 54 Rn. 53; MüKo WettbR/Ost GWB § 54 Rn. 44; MüKoWettbR/Johanns/Roesen GWB § 63 Rn. 13). Zum anderen ist sie von der **Postulationsfähigkeit** (dh der Befähigung, vor Gericht rechtswirksame Handlungen vornehmen zu können) abzugrenzen. Letztere ist für Beschwerde- und Rechtsbeschwerdeverfahren in § 80 S. 1, § 88 Abs. 5 dahingehend geregelt, dass Anwaltszwang besteht (→ § 80 Rn. 4 ff.). Eine Ausnahme hiervon besteht für die Regulierungsbehörde, die sich nach § 80 S. 2 durch ein Mitglied vertreten lassen kann (→ § 80 Rn. 10).

3 § 89 regelt nur die Fähigkeit, am Verfahren beteiligt zu sein, als **formelle Voraussetzung**, nicht jedoch die Beteiligung selbst. Sie ist deshalb von der **materiellen Beteiligung** zu unterscheiden, die an eine verfahrensrechtliche Stellung bzw. eine materielle Position anknüpft (Kölner Komm KartellR/Witting GWB § 77 Rn. 3) und in § 54 Abs. 2 und 3, §§ 79, 88 Abs. 5 geregelt ist. Die **Beschwerdebefugnis** richtet sich im Beschwerdeverfahren nach § 75 Abs. 2 und 3 und im Rechtsbeschwerdeverfahren nach § 88 Abs. 1.

C. Anwendungsbereich

Wie aus der Verortung der Vorschrift im vierten Abschnitt „Gemeinsame Bestimmungen" des Titels 8 folgt, bezieht sich diese nur auf das im ersten Abschnitt geregelte regulierungsbehördliche **Verwaltungsverfahren** und das im zweiten bzw. dritten Abschnitt geregelte **Beschwerde- und Rechtsbeschwerdeverfahren**. Eine entsprechende Anwendung auf **energierechtliche Zivilverfahren** nach § 102 und auf energierechtliche **Ordnungswidrigkeitenverfahren** nach § 95 ist nicht möglich. Stattdessen gelten für Zivilverfahren die Regelungen des § 50 ZPO (Elpas/Graßmann/Rasbach/Höch § 89 Rn. 3) und für Ordnungswidrigkeitenverfahren die §§ 30, 9 OWiG (Säcker EnergieR/Quellmalz § 89 Rn. 2; Theobald/Kühling/Theobald/Werk § 89 Rn. 2). Demgemäß ist § 89 auch nicht auf das Verfahren vor der **nach Landesrecht zuständigen Behörde** über die Zulassung zum Netzbetrieb nach § 4 und über die Bestimmung des Grundversorgers nach § 36 Abs. 2 anwendbar. Hier gelten die inhaltsgleichen Regelungen des § 11 VwVfG des jeweiligen Landes bzw. des § 61 VwGO für das gerichtliche Verfahren (Kment EnWG/Schex § 89 Rn. 1; Theobald/Kühling/Theobald/Werk § 89 Rn. 2). 4

D. Regelungsinhalt

Auch wenn sich das EnWG materiell insbesondere an Unternehmen richtet, sind diese nicht rechts- und auch nicht beteiligtenfähig (Bourwieg/Hellermann/Hermes/Stelter § 89 Rn. 9; Säcker EnergieR/Quellmalz § 89 Rn. 4; Theobald/Kühling/Theobald/Werk § 89 Rn. 8). Beteiligtenfähig kann vielmehr nur der **Unternehmensträger** sein, dem die sachlichen und personellen Mittel des Unternehmens zugeordnet sind. 5

I. Natürliche und juristische Personen

Die Beteiligtenfähigkeit natürlicher und juristischer Personen ergibt sich bereits aus ihrer **Rechtsfähigkeit**, was schon in der Begründung des Regierungsentwurfs zur kartellrechtlichen Parallelvorschrift aus dem Jahr 1952 (BT-Drs. II/1158, 49) als selbstverständlich vorausgesetzt wurde. Die Rechtsfähigkeit folgt für natürliche Personen aus § 1 BGB und für die juristischen Personen des Privatrechts (→ Rn. 6.1) aus dem jeweils für diese maßgeblichen bürgerlichen Recht. 6

Als juristische Personen des Privatrechts sind u.a. beteiligtenfähig: 6.1
- rechtsfähige Vereine (§§ 21 f. BGB)
- Kapitalgesellschaften (GmbH, AG, KG aA)
- Genossenschaften (§ 17 GenG)
- Versicherungsvereine auf Gegenseitigkeit (§ 15 VAG)
- Stiftungen des Privatrechts (§ 80 BGB)

Da § 89 hinsichtlich der Beteiligtenfähigkeit juristischer Personen nach seinem Wortlaut ebenso wenig wie § 50 ZPO und die Vorschriften des Verwaltungsrechts (§ 11 VwVfG, § 61 VwGO) zwischen juristischen Personen des privaten und des öffentlichen Rechts differenziert, sind auch **juristische Personen des öffentlichen Rechts** (Körperschaften, Anstalten und öffentlich-rechtliche Stiftungen) von § 89 umfasst (zur kartellrechtlichen Parallelvorschrift; FK-KartellR/Bracher GWB § 54 Rn. 109; Loewenheim/Meessen/Riesenkampff/Kersting/Meyer-Lindemann/Kühnen GWB § 77 Rn. 3; siehe auch MüKoWettbR/Johanns/Roesen GWB § 63 Rn. 15 mwN zu differenzierenden Ansichten). 7

Mangels Differenzierung zwischen inländischen und ausländischen juristischen Personen sind des Weiteren **ausländische juristische Personen** beteiligtenfähig (zur Abgrenzung zwischen inländischen und ausländischen juristischen Personen → Rn. 8.1). Ihre Beteiligtenfähigkeit ergibt sich dabei aus den Vorgaben des EU-Rechts bzw. des internationalen Privatrechts zur Rechtsfähigkeit. So verfügt die **Europäische Gesellschaft (SE)** nach Art. 3 Abs. 1 VO (EG) 2157/2001 über Rechtspersönlichkeit und ist beteiligtenfähig. 8

Ob eine juristische Person als **inländische oder ausländische juristische Person** anzusehen ist, bestimmt sich nach der aufgrund der Rechtsprechung des EuGH ergangenen Rechtsprechung des BGH für diejenigen Auslandsgesellschaften, die in einem Mitgliedstaat der EU oder des EWR oder in einem mit diesen aufgrund eines Staatsvertrages in Bezug auf die Niederlassungsfreiheit gleichgestellten Staat 8.1

Pastohr

gegründet worden sind, nach der sog. **Gründungstheorie,** wonach die Rechtsfähigkeit einer Gesellschaft nach dem Recht ihres Gründungsstaats zu beurteilen ist. Für in einem „Drittstaat" gegründete Gesellschaften findet die sog. **Sitztheorie** Anwendung, wonach für die Rechtsfähigkeit einer Gesellschaft das Recht des Sitzstaates maßgeblich ist (BGH BeckRS 2008, 25561 Rn. 19 mwN auch zur einschlägigen europäischen Rechtsprechung).

II. Nichtrechtsfähige Personenvereinigungen

9 § 89 weitet die Beteiligtenfähigkeit gegenüber anderen materiellen und verfahrensrechtlichen Regelungen auf alle nicht rechtsfähigen Personenvereinigungen aus. Dieser Begriff ist in Anlehnung an § 54 Abs. 4 und § 63 Abs. 3 GWB (§ 77 GWB aF) und deren Vorgängervorschriften weit auszulegen (Bourwieg/Hellermann/Hermes/Stelter § 89 Rn. 7).

9a Durch das Gesetz zur Modernisierung des Personengesellschaftsrechts vom 10.8.2021 (BGBl. I 3436) wird das Wort „nichtrechtsfähige" mit Wirkung zum 1.1.2024 durch das Wort „sonstige" ersetzt werden. Hierbei handelt es sich um eine Folgeänderung aus Anlass der gesetzlichen Anerkennung der Rechtsfähigkeit der Gesellschaft bürgerlichen Rechts nach § 705 Abs. 2 BGB-E (BT-Drs. 19/27635, 284, vgl. auch → Rn. 11).

10 An die Organisation von Personenvereinigungen, die als Unternehmensträger in Erscheinung treten, dürfen keine zu hohen Anforderungen gestellt werden; eine feste, auf Dauer angelegte körperschaftliche Struktur ist nicht notwendig, ein zufälliges Zusammentreffen von Interessen reicht aber nicht aus (Kölner Komm KartellR/Witting GWB § 77 Rn. 10; FK-KartellR/Bracher GWB § 54 Rn. 110; Wiedemann KartellR-HdB/Klose GWB § 54 Rn. 60). Ob darüber hinaus auch eine **Teilrechtsfähigkeit** zu verlangen ist, ist streitig (→ Rn. 10.1).

10.1 Dafür, dass die Beteiligtenfähigkeit einer nichtrechtsfähigen Personenvereinigung auch eine **Teilrechtsfähigkeit** voraussetzt, wird vorgebracht, dass der Unternehmensträger als solcher nur dann unter seinem Namen am Verwaltungsverfahren beteiligt sein könne, wenn er als solcher prinzipiell Träger von Rechten und Pflichten sein könne. Ein dem (moderneren) § 11 VwVfG solchermaßen angenähertes Verständnis des Regelungsinhalts des § 89 entspräche dem Willen des historischen Gesetzgebers, der als Beispielsfälle die (heute anerkanntermaßen teilrechtsfähigen) nichtrechtsfähigen Vereine, offenen Handelsgesellschaften und Kommanditgesellschaften im Blick gehabt habe (Säcker EnergieR/Quellmalz § 89 Rn. 4). Allerdings berücksichtigt diese Ansicht nicht hinreichend den von § 11 VwVfG abweichenden Wortlaut des § 89 als lex specialis, der gerade nicht voraussetzt, dass der Vereinigung ein Recht zustehen kann (so zur kartellrechtlichen Parallelvorschrift MüKoWettbR/Johanns/Roesen GWB § 63 Rn. 18; Langen/Bunte/Bunte GWB § 54 Rn. 57; vgl. auch Elspas/Graßmann/Rasbach/Höch § 89 Rn. 6).

11 Beteiligtenfähig sind zunächst **oHG** (§§ 105 ff. HGB) **und KG** (§§ 161 ff. HGB), auch wenn sich deren Rechtsfähigkeit aus gesetzlicher Grundlage (§ 124 HGB) ergibt und sie damit strenggenommen weder juristische Personen noch nichtrechtsfähige Personenvereinigungen sind, sondern „rechtsfähige Personengesellschaften". Wenn § 89 den Beteiligtenkreis um nichtrechtsfähige Personengesellschaften erweitert, müssen rechtsfähige Personengesellschaften erst recht beteiligtenfähig sein. Dies wird auch durch das Gesetz zur Modernisierung des Personengesellschaftsrechts vom 10.8.2021 (BGBl. I 3436) klargestellt, durch das – wenngleich erst mit Wirkung zum 1.1.2024 – der Begriff der „nichtrechtsfähigen Personenvereinigung" durch den der „sonstigen Personenvereinigung" ersetzt wird (BT-Drs. 19/27635, 284). Sog. **Gesamthandsgemeinschaften** sind als nichtrechtsfähige Personengesellschaften iSd § 89 einzuordnen, soweit sie Träger eines Unternehmens sein können (so Theobald/Kühling/Theobald/Werk § 89 Rn. 7). Die Beteiligtenfähigkeit **ausländischer Personenvereinigungen** richtet sich danach, ob sie bei fiktiver Anwendung des deutschen Rechts nach ihrer Struktur und Organisation beteiligtenfähig wären (Britz/Hellermann/Hermes/Hölscher, 3. Aufl., § 89 Rn. 8). Für weitere Beispiele beteiligtenfähiger nichtrechtsfähiger Personenvereinigungen → Rn. 11.1.

11.1 Als nichtrechtsfähige Personenvereinigungen sind daher u.a. beteiligtenfähig:
- nichtrechtsfähige Vereine iSv § 54 BGB
- Außengesellschaften bürgerlichen Rechts iSv §§ 705 ff. BGB
- freiberufliche Partnerschaftsgesellschaften nach dem PartGG
- nicht eingetragene Genossenschaften

- europäische wirtschaftliche Interessenvereinigungen (EWIF)
- sog. Vorgesellschaften (Vor-AG, Vor-GmbH, Vor-eG, Vor-Verein)
- Kartelle, Wirtschafts- und Berufsvereinigungen und Verbände (Immenga/Mestmäcker/K. Schmidt GWB § 77 Rn. 5)

Nicht beteiligtenfähig sind hingegen **Innengesellschaften,** insbesondere stille Gesellschaften (hM Immenga/Mestmäcker/K. Schmid GWB § 77 Rn. 5; FK-KartellR/Bracher GWB § 54 Rn. 111; aA für die BGB-Innengesellschaft MüKoWettbR/Johanns/Roesen GWB § 63 Rn. 19), ebenso wenig eine **Unternehmensgruppe,** die sich aus einzelnen nebeneinander bestehenden Gesellschaften derselben Gesellschafter zusammensetzt, aber über keine vertretungsberechtigten Personen verfügt (KG WuW/E OLG 3914, 3915 f.). 12

III. Behörden und öffentlich-rechtliche Organisationen

Die Beteiligtenfähigkeit der **BNetzA** ist nicht ausdrücklich geregelt, wird aber in § 79 Abs. 1 Nr. 2 vorausgesetzt. 13

Anders als in § 61 Nr. 3 VwGO und § 11 Nr. 3 VwVfG ordnet § 89 die Beteiligtenfähigkeit von **Behörden** im Übrigen nicht an, sodass diese als grundsätzlich nicht beteiligtenfähig gelten müssen. Allerdings ist eine entsprechende Anwendung des § 89 auf Unternehmen, die ganz oder teilweise im Eigentum der öffentlichen Hand stehen und von ihr verwaltet werden, nach zutreffender, aber umstrittener Ansicht dann zu machen, wenn diese eigenständig wirtschaftlich tätig sind. Dies folgt aus § 109 Abs. 1, der den Anwendungsbereich des EnWG auf Unternehmen der öffentlichen Hand ausdehnt (Rosin/Pohlmann/Gentzsch/Metzenthin/Böwing/Smousavi § 89 Rn. 13; MüKoWettbR/Wende, 3. Aufl., GWB § 77 Rn. 15 unter Verweis auf § 130 Abs. 1 GWB; differenzierend FK-KartellR/Bracher GWB § 54 Rn. 114; Langen/Bunte/Lembach GWB § 54 Rn. 56; aA nunmehr MüKoWettbR/Johanns/Roesen GWB § 63 Rn. 26). 14

Öffentlich-rechtliche Organisationen können, wenn sie es nicht schon als juristische Personen des öffentlichen Rechts sind, als nichtrechtsfähige Personenvereinigungen beteiligtenfähig sein, etwa ein wirtschaftlich tätiger Kommunalverband ohne Rechtspersönlichkeit (MüKoWettbR/Johanns/Roesen GWB § 63 Rn. 27). 15

E. Verfahrensrechtliche Fragen

Die Beteiligtenfähigkeit ist als **Sachurteilsvoraussetzung** sowohl im regulierungsbehördlichen Verfahren als auch im Beschwerde- und Rechtsbeschwerdeverfahren **von Amts wegen** zu prüfen. 16

Erlässt die Regulierungsbehörde eine Verfügung gegenüber einem Beteiligtenunfähigen, ist diese ihm gegenüber regelmäßig nichtig, wie aus § 44 Abs. 1 VwVfG folgt (MüKoWettbR/Johanns/Roesen GWB § 63 Rn. 28; Stelkens/Bonk/Sachs/Schmitz VwVfG § 11 Rn. 9), anders als bei einer sonstigen Beteiligung Beteiligtenunfähiger am Verfahren, etwa durch Beiladung, bei der indes § 46 VwVfG zu beachten ist (MüKoWettbR/Johanns/Roesen GWB § 63 Rn. 28 mwN). Allerdings wird der Beteiligtenunfähige im Streit um seine Beteiligtenfähigkeit als beteiligtenfähig angesehen und kann deshalb alle diesbezüglichen Verfahrenshandlungen vornehmen (Stelkens/Bonk/Sachs/Schmitz VwVfG § 11 Rn. 10). Dies gebietet das Gebot effektiven Rechtsschutzes aus Art. 19 Abs. 4 GG und entspricht ständiger Rechtsprechung (BGH NJW 1990, 1734 (1735); BVerwG BeckRS 1987, 06503; OVG NRW BeckRS 2019, 994 Rn. 8 jeweils mwN). 17

Die Verfahrensbeteiligung einer **natürlichen Person** endet nicht mit dem Tod, vielmehr tritt an ihre Stelle der Rechtsnachfolger in das behördliche oder gerichtliche Verfahren ein. 18

Die Beendigung oder Auflösung einer **juristischen Person** führt demgegenüber zum Wegfall der Beteiligtenstellung. Eine Verfahrensbeteiligung bleibt lediglich insoweit bestehen, als dies zur Beendigung und Abwicklung des Verfahrens erforderlich ist. Die aufgelöste juristische Person oder Personenvereinigung bleibt mithin zur Abgabe einer Erledigungserklärung, zur Stellung etwaig erforderlicher Kosten- oder Kostenfestsetzungsanträge sowie zur Anfechtung von Kosten- oder Streitwertentscheidungen verfahrensbeteiligt (Loewenheim/Meessen/Riesenkampff/Kersting/Meyer-Lindemann/Kühnen GWB § 77 Rn. 5). Entsprechend § 62 Abs. 4 VwGO iVm § 57 ZPO wird regelmäßig ein Prozesspfleger zu bestellen sein (Theobald/Kühling/Theobald/Werk § 89 Rn. 9). 19

§ 90 Kostentragung und -festsetzung

¹Im Beschwerdeverfahren und im Rechtsbeschwerdeverfahren kann das Gericht anordnen, dass die Kosten, die zur zweckentsprechenden Erledigung der Angelegenheit notwendig waren, von einem Beteiligten ganz oder teilweise zu erstatten sind, wenn dies der Billigkeit entspricht. ²Hat ein Beteiligter Kosten durch ein unbegründetes Rechtsmittel oder durch grobes Verschulden veranlasst, so sind ihm die Kosten aufzuerlegen. ³Juristische Personen des öffentlichen Rechts und Behörden können an Stelle ihrer tatsächlichen notwendigen Aufwendungen für Post- und Telekommunikationsdienstleistungen den in Nummer 7002 der Anlage 1 des Rechtsanwaltsvergütungsgesetzes vom 5. Mai 2004 (BGBl. I S. 718, 788), das zuletzt durch Artikel 24 Absatz 8 des Gesetzes vom 25. Juni 2021 (BGBl. I S. 2154) geändert worden ist, bestimmten Höchstsatz der Pauschale fordern. ⁴Im Übrigen gelten die Vorschriften der Zivilprozessordnung über das Kostenfestsetzungsverfahren und die Zwangsvollstreckung aus Kostenfestsetzungsbeschlüssen entsprechend.

Überblick

Die der kartellrechtlichen Parallelvorschrift des § 71 GWB (§ 78 GWB aF) nachgebildete Vorschrift trifft in Satz 1 und Satz 2 materielle Regelungen zur Kostentragung im gerichtlichen Verfahren (→ Rn. 1). Diese sind nicht nur auf das Beschwerde- und Rechtsbeschwerdeverfahren, sondern auch auf die Nichtzulassungsbeschwerde anwendbar (→ Rn. 2 f.). Geregelt ist lediglich die Kostengrundentscheidung, die Kostenhöhe folgt hingegen aus den Vorgaben des GKG, des RVG und der ZPO (→ Rn. 4, Einzelheiten zur Kostenhöhe → Rn. 33). Von der Kostengrundentscheidung sind sowohl die gerichtlichen als auch die außergerichtlichen Kosten erfasst (→ Rn. 7), die zur zweckentsprechenden Erledigung der Angelegenheit notwendig waren (→ Rn. 8 ff.).

Das Gericht hat gem. Satz 1 nach Grundsätzen der Billigkeit über die Verteilung der Kosten zu entscheiden. Bei einer streitigen Verfahrensbeendigung hat der Verfahrensausgang zentrale Bedeutung für die Kostentragung und der im Verfahren Unterlegene die Kosten zu tragen (→ Rn. 14 f.), soweit nicht Billigkeitserwägungen ausnahmsweise dagegensprechen (→ Rn. 16). Besondere Grundsätze gelten demgegenüber für die Verfahrensbeendigung durch Erledigung (→ Rn. 17 ff.) oder Rücknahme des Rechtsmittels (→ Rn. 21 f.). Von der Kostentragung im Verhältnis zwischen den Hauptbeteiligten des Beschwerde- bzw. Rechtsbeschwerdeverfahrens unterscheidet sich die Kostenlast und -erstattung im Hinblick auf die sonstigen Verfahrensbeteiligten (→ Rn. 23 ff.).

Abweichend von dem in Satz 1 aufgestellten Grundsatz sieht Satz 2 zwei Fälle obligatorischer Kostenerstattung vor: Derjenige, der sie durch unbegründete Rechtsmittel (→ Rn. 27 f.) oder durch grobes Verschulden (→ Rn. 29) verursacht hat, ist zwingend zur Kostenerstattung verpflichtet.

Nach Satz 3 kann die Regulierungsbehörde die in Nummer 7002 der Anlage 1 zum RVG vorgesehene Post- und Telekommunikationskostenpauschale anstelle der insoweit tatsächlichen notwendigen Aufwendungen geltend machen (→ Rn. 30).

Satz 4 verweist für das Kostenfestsetzungsverfahren und die Zwangsvollstreckung aus Kostenfestsetzungsbeschlüssen auf die Vorschriften der ZPO (→ Rn. 31). In verfahrensrechtlicher Hinsicht ist zu beachten, dass die Kostengrundentscheidung von Amts wegen ergeht (→ Rn. 32) und die Rechtsschutzmöglichkeiten gegen die isolierte Kostenentscheidung eingeschränkt sind (→ Rn. 33).

Übersicht

	Rn.		Rn.
A. Normzweck und Entstehungsgeschichte	1	II. Notwendigkeit der Kosten	8
B. Anwendungsbereich	2	D. Kostenverteilung nach Billigkeit (S. 1)	13
C. Gegenstand der Kostenentscheidung	7	I. Verfahrensbeendigung durch Sachentscheidung	14
I. Kostenbegriff	7	II. Hauptsacheerledigung	17

	Rn.		Rn.
III. Beschwerderücknahme	21	II. Kostenverteilung bei grobem Verschulden (S. 2 Alt. 2)	29
IV. Beigeladene und andere weitere Verfahrensbeteiligte	23	F. Möglichkeit der Geltendmachung der Post- und Telekommunikationskostenpauschale (S. 3)	30
E. Kostenverteilung bei unbegründetem Rechtsmittel oder grobem Verschulden (S. 2)	27	G. Verweisung in S. 4	31
		H. Verfahrensfragen	32
I. Kostenverteilung bei unbegründetem Rechtsmittel (S. 2 Alt. 1)	27	I. Anhang: Kostenhöhe	34

A. Normzweck und Entstehungsgeschichte

§ 90 trifft materielle Regelungen zur Kostentragung im gerichtlichen Verfahren, die den **1** Besonderheiten des energiewirtschaftsrechtlichen Gerichtsverfahren Rechnung tragen. Die mit dem EnWG 2005 eingeführte Vorschrift ist der kartellrechtlichen Parallelvorschrift des § 71 GWB (§ 78 GWB aF) nachgebildet (BT-Drs. 15/3917, 72). Satz 3 ist erst durch das Gesetz zur Umsetzung unionsrechtlicher Vorgaben und zur Regelung reiner Wasserstoffnetze im Energiewirtschaftsrecht vom 16.7.2021 (BGBl. I 3026) zum Zwecke der Schließung einer Regelungslücke (vgl. BT-Drs. 19/27453, 136) eingeführt worden.

B. Anwendungsbereich

§ 90 regelt die Kostentragungspflicht im **Beschwerde- und Rechtsbeschwerdeverfah- 2 ren** gem. §§ 75 ff. bzw. §§ 86 ff. Die Norm ist auch auf die **Nichtzulassungsbeschwerde** gem. § 87 anwendbar (Elspas/Graßmann/Rasbach/Höch § 90 Rn. 2; Kment EnWG/Schex § 90 Rn. 1; Theobald/Kühling/Theobald/Werk § 90 Rn. 1). Dies geht zwar über den Wortlaut hinaus, da es sich bei der Nichtzulassungsbeschwerde um ein eigenständiges Rechtsmittel handelt, es wäre aber systematisch nicht vertretbar, hinsichtlich der Kostentragung zwischen Rechtsbeschwerde und Nichtzulassungsbeschwerde, die beide im dritten Abschnitt „Rechtsbeschwerde" geregelt sind, zu differenzieren. Der Anwendungspraxis auf alle Rechtsbehelfsverfahren hat der Gesetzgeber im Rahmen der 10. GWB-Novelle für die kartellrechtliche Parallelvorschrift ausdrücklich (BT-Drs. 19/23492, 122) Rechnung getragen und bei der Neufassung des § 71 GWB die Beschränkung der Anwendbarkeit auf Beschwerde- und Rechtsbeschwerdeverfahren entfallen lassen. Da das Gericht in jedem durch eine Beschwerde nach § 75 oder Rechtsbeschwerde nach § 86 anhängig gewordenen Verfahren eine Kostenregelung treffen kann, gilt er auch für die Kosten von **Vorlageverfahren nach Art. 267 Abs. 3 AEUV** (Kölner Komm KartellR/Witting GWB § 78 Rn. 3; Immenga/Mestmäcker/ Wirtz GWB § 78 Rn. 3), wie sich aus dem Urteil des BGH vom 2.7.1996 (KZR 20/91, vgl. auch GRUR 1996, 920, insoweit nv) zum mit § 90 S. 2 wortgleichen § 97 ZPO ergibt.

Die Kostentragungspflicht im **regulierungsbehördlichen** Verwaltungsverfahren ist **3** nicht in § 90, sondern in § 91 geregelt (Theobald/Kühling/Theobald/Werk § 90 Rn. 1; Immenga/Mestmäcker/Wirtz GWB § 78 Rn. 2; Loewenheim/Meessen/Riesenkampff/ Kersting/Meyer-Lindemann/Kühnen GWB § 78 Rn. 1 mwN). Auf **energiewirtschaftsrechtliche Bußgeldverfahren** und **bürgerlich-rechtliche Streitigkeiten** findet § 90 nach seinem Wortlaut und seiner systematischen Stellung ebenfalls keine Anwendung.

§ 90 regelt ausschließlich die **Kostengrundentscheidung**, dh die Entscheidung darüber, **4** welcher Verfahrensbeteiligte in welchem Umfang mit den im Beschwerde- bzw. Rechtsbeschwerdeverfahren anfallenden Kosten zu belasten ist. Die **Kostenhöhe** bestimmt sich nach den Vorschriften des GKG und des RVG, die für die Gebührenhöhe maßgeblich auf den nach § 3 ZPO zu bestimmenden Gegenstandswert abstellen (zu den Einzelheiten → Rn. 34).

§ 90 gilt für die gem. § 79 Abs. 1 bzw. nach § 79 Abs. 1 iVm § 88 Abs. 1 am Beschwerde- **5** bzw. Rechtsbeschwerdeverfahren **Beteiligten**, da nur den Verfahrensbeteiligten ein Anspruch auf Kostenerstattung zustehen kann (Säcker EnergieR/Wende § 90 Rn. 4; Kölner Komm KartellR/Witting GWB § 78 Rn. 4 mwN).

Nach § 2 Abs. 1 S. 1 GKG sind die **Regulierungsbehörden** bei eintretender Kosten- **6** pflicht von der Kostentragung **befreit**.

Pastohr

C. Gegenstand der Kostenentscheidung

I. Kostenbegriff

7 Es ist allgemein anerkannt, dass von § 90 die **gerichtlichen** und die **außergerichtlichen Kosten** erfasst sind (etwa BGH BeckRS 2017, 132727; BeckRS 2021, 5890 Rn. 2; Bourwieg/Hellermann/Hermes/Stelter § 90 Rn. 2; Säcker EnergieR/Wende § 90 Rn. 5; Theobald/Kühling/Theobald/Werk § 90 Rn. 7). Dies folgt zwar nicht unmittelbar aus dem Wortlaut der Vorschrift, da Satz 1 von einer „Erstattung" der Kosten spricht, die zur zweckentsprechenden Erledigung der Angelegenheit notwendig waren. Erstattungsfähig im eigentlichen Wortsinn sind nämlich nur solche Kosten, die von einem Beteiligten zuvor ausgelegt wurden (Säcker EnergieR/Wende § 90 Rn. 5). Für eine Beschränkung der Norm auf die bereits geleisteten außergerichtlichen Kosten bzw. diejenigen Gerichtskosten, die bereits als Vorschuss eingezahlt wurden, ist Satz 2 allerdings nichts zu entnehmen. Der innere Zusammenhang der Sätze 1 und 2 legt vielmehr nahe, die Kosten, auf die sich die Kostenentscheidung zu beziehen hat, bei Anwendung von Satz 1 und Satz 2 nicht unterschiedlich zu bestimmen (FK-KartellR/Bracher GWB § 71 Rn. 7). Vor diesem Hintergrund empfiehlt es sich, bei der Formulierung des Tenors klarzustellen, auf welche Kosten des Beschwerdeverfahrens sich die Kostenentscheidung bezieht (in diesem Sinne auch Langen/Bunte/Lembach GWB § 71 Rn. 3, der sogar eine ausdrückliche Differenzierung zwischen Gerichtskosten und außergerichtlichen Kosten im Tenor anregt).

II. Notwendigkeit der Kosten

8 Erstattungsfähig sind nach Satz 1 nur die zur **zweckentsprechenden Erledigung der Angelegenheit** notwendigen Kosten. Dies gilt auch im Anwendungsbereich des Satzes 2, da der Kostenbegriff in Satz 1 und Satz 2 derselbe ist (FK-KartellR/Bracher GWB § 71 Rn. 13, 29). Die Beschränkung auf die Kosten der zweckentsprechenden Rechtsverfolgung entspricht dabei dem Regelungsgehalt der Vorschriften des § 91 Abs. 1 S. 1 ZPO sowie § 162 Abs. 1 VwGO (Theobald/Kühling/Theobald/Werk § 90 Rn. 7; FK-KartellR/Bracher GWB § 71 Rn. 29 mwN), sodass auch bei Anwendung des § 90 auf die Rechtsprechung zu diesen Vorschriften zurückgegriffen werden kann.

9 Die **Gerichtskosten** gehören zwar regelmäßig zu den notwendigen Kosten, können aber im Einzelfall auch ohne Notwendigkeit verursacht worden sein. Dies ist etwa der Fall, wenn der Beschwerdeführer einen einheitlichen Anspruch in mehrere Teile aufspaltet und diese sodann kostenerhöhend in mehreren parallelen Beschwerdeverfahren – und damit in kostentreibender Weise – verfolgt (Immenga/Mestmäcker/Wirtz GWB § 78 Rn. 2).

10 Die **außergerichtlichen Kosten** sind vor allem die Kosten der Vertretung durch einen **Rechtsanwalt.** Hierzu zählen außerdem notwendige Reisekosten, Dolmetscherkosten und Kopierkosten des Verfahrensbeteiligten.

11 Die Regulierungsbehörde kann nach freiem Ermessen entscheiden, ob sie sich anwaltlich vertreten lässt oder von der ihr durch § 80 S. 2 eröffneten Option zur Vertretung durch eines ihrer Mitglieder (→ § 80 Rn. 10) Gebrauch macht (Theobald/Kühling/Boos § 80 Rn. 5). In der Praxis lassen sich die Regulierungsbehörden regelmäßig durch eines oder mehrere ihrer Mitglieder vertreten, sodass als außergerichtliche Kosten lediglich Fahrtkosten etc anfallen. Die BNetzA etwa unterhält ein eigenes Justiziariat, durch das sie sich in jüngerer Zeit in energiewirtschaftsrechtlichen Verwaltungsstreitigkeiten ausschließlich vertreten lässt. Ob und in welchen Fällen die Beauftragung eines Anwalts durch die Regulierungsbehörde zur zweckentsprechenden Rechtsverfolgung notwendig ist, ist umstritten (→ Rn. 11.1).

11.1 Nach einer Ansicht sind Anwaltskosten stets erstattungsfähig; das gilt auch, soweit ausnahmsweise kein Anwaltszwang besteht (FK-KartellR/Bracher GWB § 71 Rn. 30). Nach aA soll die Erstattungsfähigkeit der der Regulierungsbehörde entstandenen Anwaltskosten im Einzelfall zu prüfen sein (Theobald/Kühling/Boos § 80 Rn. 5). So soll etwa „bei einem „Musterverfahren" mit einer Vielzahl von weiteren „passiven" Beschwerden gegen eine Festlegung der Regulierungsbehörde nach § 29 die Beauftragung eines Rechtsanwalts durch die Regulierungsbehörde regelmäßig nur für das „aktive" Musterverfahren gerechtfertigt" sein (Theobald/Kühling/Boos § 80 Rn. 6). Gleichzeitig wird vertreten, dass in einem Eilverfahren nach § 77 die Beauftragung eines Rechtsanwalts durch die Regulierungsbehörde wegen der Anforderung, vergleichsweise kurzfristig Stellung nehmen zu müssen, regelmäßig leichter zu begründen sein wird (Rosin/Pohlmann/Gentzsch/Metzenthin/Böwing/Burmeister/Becker § 80 Rn. 7).

In der Regel ist die Vertretung durch einen Prozessbevollmächtigten ausreichend, wie aus § 91 Abs. 2 S. 3 ZPO folgt. Allerdings kann im konkreten Fall die **Beauftragung zweier anwaltlicher Vertreter** oder auch die **Hinzuziehung sachverständiger Personen** durch einen Verfahrensbeteiligten als erforderlich angesehen werden, etwa weil die Sach- und Rechtslage außergewöhnlich umfangreich oder komplex ist (Kölner Komm KartellR/Witting GWB § 78 Rn. 6; FK-KartellR/Bracher GWB § 71 Rn. 29 f.; ausführlich OLG Düsseldorf 21.11.2019 – I-Kart 10/15 (V) Rn. 23 f. (juris), NZKart 2020, 42 mwN). So ist in energiewirtschaftsrechtlichen Verwaltungsstreitverfahren nicht selten besonderer technischer Sachverstand erforderlich, der die Hinzuziehung weiterer Personen erforderlich macht. Gleiches gilt etwa für ökonomisch oder auch statistisch komplexe Fragestellungen, die zB in anreizregulatorischen Streitverfahren besonderen Sachverstand erfordern können. Insbesondere kann deshalb die Teilnahme von Bediensteten der Verfahrensbeteiligten (einschließlich der Regulierungsbehörden) an der mündlichen Verhandlung zur Sachaufklärung erforderlich sein (FK-KartellR/Bracher GWB § 71 Rn. 30). 12

D. Kostenverteilung nach Billigkeit (S. 1)

Nach Satz 1 richtet sich die Kostenverteilung nach **Billigkeitserwägungen** und nicht unbedingt und ausschließlich nach dem Erfolg oder Misserfolg eines eingelegten Rechtsmittels, und weicht somit von dem in §§ 91 ff. ZPO und §§ 154 ff. VwGO normierten Prinzip der Kostenentscheidung nach dem Verfahrensausgang ab. § 90 entspricht vielmehr – wie die parallele Vorschrift in § 71 GWB (§ 78 GWB aF), auf den er zurückgeht – der bei Einführung der Norm geltenden Kostenregelung in Entscheidungen der freiwilligen Gerichtsbarkeit (§ 13a Abs. 1 FGG in der bis zum 31.8.2009 gültigen Fassung). 13

I. Verfahrensbeendigung durch Sachentscheidung

Nach der Rechtsprechung des BGH richtet sich die nach Satz 1 zu treffende Entscheidung über die Kostenlast grundsätzlich nach dem **Ausgang des Verfahrens** (BGH BeckRS 2010, 1122 Rn. 4). Der BGH orientiert sich dabei an der verfassungsgerichtlichen Rechtsprechung zur Vorgängervorschrift der kartellrechtlichen Parallelvorschrift des § 71 GWB (§ 77 GWB in der bis zum Inkrafttreten der 6. GWB-Novelle zum 1.1.1999 geltenden Fassung), wonach die Billigkeitsentscheidung unter Abwägung der Umstände des konkreten Falles (einschließlich des Verfahrensausgangs) getroffen wird (BVerfG NJW 1987, 2569 (2570); iE → Rn. 14.1; vgl. auch BGH BeckRS 2006, 14540 Rn. 3). 14

Das BVerfG hatte § 77 GWB in der Fassung bis zur 6. GWB-Novelle für verfassungsgemäß erklärt, da es zur Schaffung einer den Anforderungen des Art. 3 Abs. 1 GG entsprechenden Kostensituation nicht erforderlich sei, dem Beschwerdeführer im Falle des Obsiegens stets einen Kostenerstattungsanspruch zuzubilligen oder den Ausschluss des Kostenerstattungsanspruchs auf besondere Ausnahmefälle zu beschränken (BVerfG NJW 1987, 2569 (2570)). Die zuvor insbesondere vom BGH vertretene Auffassung, dass jeder Beteiligte im Normalfall die ihm entstandenen außergerichtlichen Kosten auch im Falle des Obsiegens selbst zu tragen habe, hatte das BVerfG allerdings für nicht mit Art. 3 Abs. 1 GG vereinbar angesehen: „Eine solche Auslegung würde dazu führen, dass die aus dem einseitigen Anwaltszwang herrührende ungleiche Kostenbelastung für den obsiegenden Beschwerdeführer in aller Regel bestehen bliebe. Damit wäre dem aus dem Gleichheitssatz und dem Rechtsstaatsgebot folgenden Grundsatz, dass für die Verfahrensbeteiligten eine vergleichbare Kostensituation geschaffen und das Risiko am Verfahrensausgang gleichmäßig verteilt werden soll (...), nicht genügt." 14.1

Bei **Erfolg** des Rechtsmittels ist es deshalb regelmäßig sachgerecht, der Regulierungsbehörde als Beschwerdegegnerin die gerichtlichen Kosten des Beschwerdeverfahrens sowie die zur zweckentsprechenden Rechtsverfolgung notwendigen Aufwendungen des Beschwerdeführers aufzuerlegen. Bei Erfolglosigkeit des Rechtsmittels findet Satz 2 Anwendung. Wenn der Rechtsstreit in einem **teilweisen Obsiegen bzw. einem Unterliegen** seinen Ausgang findet, ist regelmäßig eine angemessene Verteilung der Kosten billig. Der Grundsatz, wonach jeder Beteiligte seine Kosten selbst zu tragen hat, gilt daher im Wesentlichen nur noch für 15 sonstige Verfahrensbeteiligte, insbesondere Beigeladene, die nicht selbst Rechtsmittelführer sind (→ Rn. 23).

16 **Ausnahmen** hiervon können ausnahmsweise aus **Billigkeitsgründen** geboten sein. Ein Grund, der unterlegenen Behörde auch die außergerichtlichen Kosten des Beschwerdeführers aufzuerlegen, liegt nach der Rechtsprechung des BGH zu § 77 GWB aF etwa dann vor, wenn Gegenstand der Auseinandersetzung **Rechtsfragen von grundsätzlicher Bedeutung** waren, deren Klärung auch im Interesse des Beschwerdeführers lag (BGH WRP 1997, 771 (776); Loewenheim/Meessen/Riesenkampff/Kersting/Meyer-Lindemann/Kühnen GWB § 78 Rn. 4; aA FK-KartellR/Bracher GWB § 71 Rn. 17). Auch das **kostenerhöhende Verhalten** des mutmaßlich obsiegenden Verfahrensbeteiligten kann ein entgegenstehender Billigkeitsgrund sein, etwa wenn sich dieser der Erledigungserklärung des anderen Verfahrensbeteiligten nicht anschließt (BGH BeckRS 1989, 31168187 aE). Ein Anspruch auf Erstattung außergerichtlicher Kosten kann auch deshalb unbillig sein, wenn der obsiegende Rechtsmittelführer das Rechtsmittelverfahren hätte vermeiden können, ohne dass ihm dadurch wesentliche Nachteile entstanden wären (FK-KartellR/Bracher GWB § 71 Rn. 17 mwN).

II. Hauptsacheerledigung

17 Satz 1 gilt in Ermangelung einer dem § 91a Abs. 1 ZPO entsprechenden besonderen Kostenregelung auch für den Fall der Erledigung der Hauptsache. Allerdings wendet der BGH in stRspr nach übereinstimmenden Erledigungserklärungen § 90 iVm § 162 Abs. 2 S. 1 VwGO und § 91a Abs. 1 S. 1 ZPO an, sodass über die Kosten des Beschwerde- und Rechtsbeschwerdeverfahrens nach **billigem Ermessen** unter Berücksichtigung des bisherigen Sach- und Streitstandes zu entscheiden ist (BGH BeckRS 2019, 14978 Rn. 1; BeckRS 2014, 8448 Rn. 4; zu § 78 GWB BeckRS 2011, 26169 Rn. 3 mwN). Dabei sind grundsätzlich alle Umstände des Einzelfalles zu berücksichtigen, wobei auch hier dem mutmaßlichen Verfahrensausgang wesentliche Bedeutung zukommt.

18 Da das Kostenverfahren nicht dazu bestimmt ist, Rechtsfragen von grundsätzlicher Bedeutung zu klären oder das Recht fortzubilden, genügt eine **summarische Prüfung** der Erfolgsaussichten. Es besteht – wie bei § 91a ZPO – keine Verpflichtung, tatsächlich komplexe Sachverhalte oder grundsätzliche bzw. schwierige Rechtsfragen, die in energieverwaltungsrechtlichen Streitigkeiten häufig aufgeworfen sind, umfassend zu würdigen. In solchen Fällen entspricht es nach stRspr des BGH in der Regel billigem Ermessen, die Kosten gegeneinander aufzuheben (BGH BeckRS 2019, 14978 Rn. 1; 2014, 8448 Rn. 4). Allerdings dürfte eine **Kostenteilung** mit der Folge, dass die Regulierungsbehörde dem Rechtsmittelführer dessen außergerichtliche Kosten teilweise zu erstatten hat, gegenüber einer **Kostenaufhebung** vorzugswürdig sein (weiterführend → Rn. 18.1).

18.1 Es sind keine Billigkeitsgründe ersichtlich, die dafür sprechen könnten, der Regulierungsbehörde über den sich aus dem einseitigen Anwaltszwang des § 80 S. 1 unmittelbar ergebenden Vorteil einer Minderung des Kostenrisikos für den Fall des Unterliegens hinaus den weiteren Vorteil einzuräumen, dass sie sich auch bei einer Erledigung der Hauptsache und offenem Verfahrensausgang an den außergerichtlichen Kosten des Rechtsmittelführers nicht zu beteiligen braucht (FK-KartellR/Bracher GWB § 71 Rn. 23 mwN aus der verwaltungsgerichtlichen Rechtsprechung). Auch wenn das BVerfG die sich aus dem einseitigen Anwaltszwang ergebende unterschiedliche Kostenbelastung der Verfahrensbeteiligten nicht von vornherein und in jedem Falle unter dem Gesichtspunkt des Gleichheitssatzes beanstandet hat, so hat es doch angemahnt, dem Grundsatz der Waffengleichheit im Rahmen der Billigkeitsentscheidung hinreichend Rechnung zu tragen (BVerfG NJW 1987, 2569 (2570); vgl. → Rn. 14.1).

19 Bei **offenem Verfahrensausgang** entspricht es billigem Ermessen, die Kosten des Verfahrens gegeneinander aufzuheben bzw. aus den vorstehend aufgeführten Gründen (→ Rn. 18.1) hälftig zu teilen, soweit nicht das erledigende Ereignis der **Risikosphäre** eines der Verfahrensbeteiligten zuzuordnen ist bzw. dieser sich **freiwillig in die Rolle des Unterlegenen** begeben hat. So trägt nach der Rechtsprechung die Regulierungsbehörde die Kosten, wenn sie dem Begehren des Rechtsmittelführers entsprochen hat und einiges dafür spricht, dass dieser ohne das erledigende Ereignis obsiegt hätte (BGH BeckRS 2014, 8448 Rn. 6). Gleiches gilt für den Fall, dass die Regulierungsbehörde dem Begehren des Rechtsmittelführers in Umsetzung zwischenzeitlich ergangener höchstrichterlicher Rechtsprechung nachkommt (BGH BeckRS 2019, 14982 Rn. 3). Allerdings begibt sich die Behörde mit der Erklärung, aus einer angegriffenen Untersagungsverfügung keine Rechte mehr herleiten zu wollen, dann nicht freiwillig in die Rolle des Unterlegenen, wenn sie damit – zeitlich unmittelbar – einer nachträglichen Gesetzesänderung Rechnung getragen hat (zu § 78 GWB aF BGH BeckRS 2007, 65049 Rn. 10). Sofern die Regulierungsbehörde ihre Entscheidung aufhebt, weil der Beschwerdeführer neue Tatsachen vorträgt, hat letzterer die Kosten des Beschwerdeverfahrens zu tragen (KG WuW/E OLG 3905 (3906)).

Billigem Ermessen entspricht schließlich auch eine Kostenfolge, die der **Kostenübernahmeerklärung** eines Verfahrensbeteiligten oder einer von den Verfahrensbeteiligten **übereinstimmend beantragten Kostenfolge** (BGH BeckRS 2019, 14978 Rn. 2; 2016, 18319 Rn. 1) entspricht.

III. Beschwerderücknahme

Nach stRspr ist es regelmäßig billig, die Kosten des Rechtsbehelfsverfahrens dem Beschwerdeführer aufzuerlegen und die Erstattung der außergerichtlichen Auslagen der Regulierungsbehörde anzuordnen, wenn der Beschwerdeführer sich durch die Rücknahme seiner Beschwerde in die Rolle des Unterlegenen begeben hat (BGH BeckRS 2019, 28313 Rn. 2; 2013, 16808 Rn. 2).

Da die Entscheidung über die Kostenerstattung im energiewirtschaftsrechtlichen Rechtsbehelfsverfahren ebenso wenig der abschließenden Klärung von Rechtsfragen dient wie im Zivilprozess und sie lediglich zu einer dem jeweiligen Sach- und Streitstand entsprechenden Kostenteilung führen soll, kommt die hiervon **abweichende Kostenentscheidung** nur dann in Betracht, wenn durch das Gericht bereits eine **Sachprüfung** erfolgt (→ Rn. 22.1) oder im Rahmen von **Billigkeitserwägungen** eine abweichende Kostenverteilung gerechtfertigt ist (BGH BeckRS 2006, 14540 Rn. 3 mwN). Die Rücknahme führt auch dann nicht automatisch zu einer Kostenbelastung des Beschwerdeführers, wenn sie durch ein **erledigendes Ereignis** veranlasst ist und ebenso gut eine Erledigungserklärung abgegeben werden könnte; dann sind die für die übereinstimmende Erledigungserklärung geltenden Grundsätze anzuwenden (FK-KartellR/Bracher GWB § 71 Rn. 19 mwN).

Für den Fall, dass die Rücknahme des Rechtsmittels kurz vor dem anberaumten Verkündungstermin zu einem Zeitpunkt erfolgt, in dem das Gericht die Sach- und Rechtslage abschließend geprüft und eine Entscheidung über die Beschwerde bereits abgesetzt hat, soll sich die Kostenverteilung nach der Rechtsprechung des OLG Düsseldorf zu § 71 GWB (§ 78 GWB aF) nach den sich danach ergebenden Erfolgsaussichten richten (BeckRS 2015, 997 Rn. 22). Gleiches gilt, wenn das Gericht bereits im Eilverfahren auf Anordnung der aufschiebenden Wirkung der Beschwerde zu einer eindeutigen Beurteilung der Sach- und Rechtslage gelangt ist und die Beschwerde zurückgenommen wird, bevor das Gericht nach dem Erlass der Eilentscheidungen gewechselte Schriftsätze des Beschwerdeverfahrens zur Kenntnis genommen und beraten hat (OLG Düsseldorf BeckRS 2017, 108484 Rn. 15).

IV. Beigeladene und andere weitere Verfahrensbeteiligte

Hinsichtlich anderer Verfahrensbeteiligter, insbesondere Beigeladener, ist danach zu unterscheiden, ob sie als (Rechts-)Beschwerdeführer am Verfahren beteiligt sind oder als Nebenbeteiligte iSd § 79 Abs. 1 Nr. 3 (→ § 79 Rn. 9 ff.). In ersterem Fall gelten die vorstehend unter I. bis III. aufgeführten Grundsätze, in letzterem Fall findet ebenfalls Satz 1 Anwendung mit der Folge, dass über die Kostenerstattung nach **Billigkeit** zu entscheiden ist.

Es gilt der Grundsatz, dass der **Nebenbeteiligte** weder mit den gerichtlichen Kosten noch mit den Verfahrenskosten anderer Verfahrensbeteiligter zu belasten ist, da er diese Kosten nicht veranlasst hat. Eine **(anteilige) Kostentragung** könnte daher allenfalls dann in Betracht gezogen werden, wenn die Regulierungsbehörde – etwa im Rahmen der repressiven Missbrauchskontrolle nach § 30 – (auch) zum Schutz der Rechte des Nebenbeteiligten tätig geworden ist und die vom Nebenbeteiligten verteidigte Entscheidung gerichtlich keinen Bestand hat (vgl. FK-KartellR/Bracher GWB § 71 Rn. 25; Kölner Komm KartellR/Witting GWB § 78 Rn. 16 für die auf § 19 Abs. 2 Nr. 1 GWB gestützte kartellrechtliche Missbrauchsverfügung).

Im Gegenzug ist dem Nebenbeteiligten aber auch ein Anspruch auf **Erstattung seiner außergerichtlichen Kosten** nur unter besonderen Umständen zuzuerkennen (Theobald/

Kühling/Theobald/Werk § 90 Rn. 13; Loewenheim/Meessen/Riesenkampff/Kersting/Meyer-Lindemann/Kühnen GWB § 78 Rn. 5; jeweils mwN). Hierüber ist unter Heranziehung des § 162 Abs. 3 VwGO nach Billigkeitsgesichtspunkten zu entscheiden. Eine Erstattung der außergerichtlichen Kosten eines Nebenbeteiligten iSd § 79 Abs. 1 Nr. 3 setzt sowohl eine **Antragstellung** bzw. eine sonstige **wesentliche Verfahrensförderung** (→ Rn. 25.1) als auch ein **besonderes Interesse am Verfahrensausgang** (→ Rn. 25.2) voraus (BGH BeckRS 2019, 28313 Rn. 2; zu § 78 GWB aF grundlegend GRUR 1990, 702 (709)).

25.1 Ein Kostenerstattungsanspruch des Nebenbeteiligten scheidet von vornherein aus, wenn er keinen Antrag gestellt bzw. das Verfahren nicht in sonstiger, wesentlicher Weise gefördert hat (BGH BeckRS 2020, 4629 Rn. 3). Um eine kostenmäßige Gleichstellung mit dem obsiegenden Hauptbeteiligten rechtfertigen zu können, wird für eine wesentliche Verfahrensförderung regelmäßig ein ähnlich **aktiver und bedeutsamer Beitrag** des Nebenbeteiligten zur Verfahrensförderung zu verlangen sein, wie dieser vom Hauptbeteiligten zu erwarten ist (OLG Düsseldorf 12.12.2019 – VI-3 Kart 840/18 (V), nv).

25.2 Ein **besonderes Interesse am Verfahrensausgang** nimmt der BGH bereits dann an, wenn die Interessen des Nebenbeteiligten von der angegriffenen Festlegung in gleicher Weise wie diejenigen des Beschwerdeführers berührt werden (BGH BeckRS 2022, 21678 Rn. 127). Dies hat er konkret für den Fall bejaht, dass der Nebenbeteiligte Adressat der angefochtenen Festlegung ist, die zudem grundsätzliche Fragen der Marktordnung betrifft (BGH BeckRS 2022, 26615 Rn. 6). Für dieselbe Fallgestaltung hatte das OLG Düsseldorf erstinstanzlich noch ein engeres Verständnis des besonderen Interesses am Verfahrensausgang vertreten: Dies soll vor allem bei **kontradiktorischen Verfahrensgestaltungen** anzunehmen sein, die von erheblichen gegenläufigen wirtschaftlichen Interessen geprägt sind. Hieran fehle es, wenn sich das unmittelbare Interesse der Nebenbeteiligten auf die Klärung einer Rechtsfrage beschränke (OLG Düsseldorf BeckRS 2020, 22830 Rn. 225; insoweit nicht im Widerspruch zu BGH GRUR 1990, 702 (709) zu § 78 GWB aF, wonach die Klärung grundsätzlicher Rechtsfragen, die für die rechtlichen Beziehungen des Nebenbeteiligten zum Beschwerdeführer maßgeblich sind, ein rechtliches Interesse begründen). Gleiches soll gelten, wenn Beschwerdeführer und Nebenbeteiligter Adressaten der streitgegenständlichen Festlegung bzw. von dieser unmittelbar in ihren wirtschaftlichen Interessen betroffen sind und die Festlegung nicht unmittelbar zu einer Bevorzugung oder Benachteiligung einzelner Gruppen führt, sondern sich ihre wirtschaftlichen Auswirkungen auf den jeweils Betroffenen aus dessen Geschäftsmodell ergeben (OLG Düsseldorf BeckRS 2020, 28488 Rn. 267).

26 Wegen der verfassungsrechtlich begründeten Gebots der Gewährleistung eines effektiven Rechtsschutzes gegen Entscheidungen der Regulierungsbehörde (Art. 2 Abs. 1 iVm Art. 20, Art. 19 Abs. 4 GG) können **nachteilige Auswirkungen der Kostenentscheidung** auf die unterlegene Partei einer Kostenübernahme entgegenstehen (BGH BeckRS 2022, 26615 Rn. 7; Immenga/Mestmäcker/Wirtz GWB § 78 Rn. 11; Langen/Bunte/Lembach GWB § 71 Rn. 15). Gerade in energiewirtschaftsrechtlichen Streitigkeiten treten häufig Fallkonstellationen auf, in denen ein Verwaltungsverfahren eine Vielzahl von Marktakteuren in ihren wirtschaftlichen Interessen betrifft, sodass die Anzahl der Beigeladenen und dem folgend aktiv am Rechtsbehelfsverfahren Nebenbeteiligter erheblich ist. In solchen Fällen kommt die Erstattung von Kosten der Nebenbeteiligten regelmäßig nicht in Betracht.

E. Kostenverteilung bei unbegründetem Rechtsmittel oder grobem Verschulden (S. 2)

I. Kostenverteilung bei unbegründetem Rechtsmittel (S. 2 Alt. 1)

27 Satz 2 Alternative 1 regelt die Kostenverteilung bei erfolglosem Rechtsmittel. Unbegründet ist zwar dem Wortlaut nach zunächst nur ein Rechtsmittel, das **in der Sache** keinen Erfolg hat und deshalb als unbegründet zurückgewiesen wird. Aufgrund eines Erst-Recht-Schlusses ist aber nach allgemeiner Ansicht auch ein **unstatthaftes oder unzulässiges Rechtsmittel** als unbegründet iSd Vorschrift anzusehen.

28 Rechtsmittel sind die **Rechtsbeschwerde** (§ 86) und die **Nichtzulassungsbeschwerde** (§ 87). Ob darüber hinaus auch die **Beschwerde** gem. §§ 76 ff. ein Rechtsmittel iSd Satzes 2 darstellt oder dem Anwendungsbereich des Satzes 1 unterfällt, ist – wie auch für die kartellrechtliche Parallelvorschrift – umstritten (→ Rn. 28.1 ff.). Da auch bei einer Kostenentscheidung nach Satz 1 grundsätzlich der Verfahrensausgang für die Kostentragung maßgeblich ist

(→ Rn. 14), wird der Meinungsstreit nur ausnahmsweise zu unterschiedlichen Kostenfolgen führen.

Nach einer Ansicht sind Beschwerden gegen Verfügungen der Kartell- bzw. Regulierungsbehörden „Rechtsmittel" iSd § 78 S. 2 GWB aF bzw. § 90 S. 1. Dies ergebe sich – wie vom 1. Kartellsenat des OLG Düsseldorf für § 78 S. 2 GWB aF judiziert – aus der Funktion der Beschwerde gem. §§ 63 ff. GWB aF und auch schon schlicht aus dem Wortlaut des § 61 Abs. 1 S. 1 GWB aF, wonach die Kartellbehörde ihre Verfügungen mit einer Belehrung über das zulässige „Rechtsmittel" (also die Beschwerde) zu versehen habe (OLG Düsseldorf BeckRS 2000, 16691 Rn. 50; 2003, 40435702; dem für § 90 folgend OLG Düsseldorf BeckRS 2014, 8606; ebenso Elspas/Graßmann/Rasbach/Höch § 90 Rn. 10; Theobald/Kühling/Theobald/Werk § 90 Rn. 16; Immenga/Mestmäcker/Wirtz GWB § 78 Rn. 12 f.; FK-KartellR/Bracher GWB § 71 Rn. 8). 28.1

Zwar werden dem beachtliche teleologische Argumente entgegengehalten (etwa Säcker EnergieR/Wende § 90 Rn. 21; Rosin/Pohlmann/Gentzsch/Metzenthin/Böwing/Teschner § 90 Rn. 12 mwN). Diese verweisen auf die Vergleichbarkeit der energieverwaltungsrechtlichen Beschwerde mit der Anfechtungs- und Verpflichtungsklage des Verwaltungsverfahrens. Es könnten sich praktische Unbilligkeiten ergeben, wenn sich die angegriffene Verfügung allein aufgrund solcher Tatsachen ergebe, die die Kartell- bzw. Regulierungsbehörde erst während des Beschwerdeverfahrens ermittelt oder eingeführt hat, ohne dass das bereits früher möglich gewesen wäre. Da die Behörde zudem in der Beschwerdeinstanz niemals Beschwerdeführerin sein kann, wird befürchtet, dass die Ausweitung der Sonderregelung in Satz 2 zu einem ungleichen Kostenrisiko führt (ausführlich auch Kölner Komm KartellR/Witting GWB § 78 Rn. 23). 28.2

Den vorstehenden Bedenken trägt der 3. Kartellsenat des OLG Düsseldorf (BeckRS 2014, 8606) dadurch Rechnung, dass er trotz der Erfolglosigkeit des Beschwerdebegehrens in der Sache ausnahmsweise Satz 1 anwendet, wenn infolge einer sachwidrigen Verfahrensbehandlung durch die BNetzA Anlass und Bedarf für eine Klärung der anstehenden Rechtsfragen bestand und diese nur im Rahmen des Beschwerdeverfahrens erfolgen konnte. In einem solchen Fall soll kein vollständiges Unterliegen in der Sache wie in dem von Satz 2 erfassten Normalfall eines unzulässigen oder unbegründeten Rechtsmittels vorliegen. Diese restriktive Anwendung des Satzes 2 trägt dem Regel-Ausnahme-Verhältnis sowie der Entscheidung des Gesetzgebers, die Kostentragung regelmäßig abweichend von der Zivil- und Verwaltungsverfahrensordnung auszugestalten (→ Rn. 13), in angemessener Weise Rechnung (s. aber Elspas/Graßmann/Rasbach/Höch § 90 Rn. 13, die rechtssystematische Bedenken äußern). 28.3

II. Kostenverteilung bei grobem Verschulden (S. 2 Alt. 2)

Auch grobes Verschulden verpflichtet nach Satz 2 Alternative 2 zur alleinigen Kostentragung eines Verfahrensbeteiligten. Ein grobes Verschulden iSv Satz 2 Alternative 2 liegt dann vor, wenn ein Beteiligter die im Einzelfall gebotene Sorgfalt in besonders grober Weise missachtet (Immenga/Mestmäcker/Wirtz GWB § 78 Rn. 16; Langen/Bunte/Lembach GWB § 71 Rn. 20). Das grobe Verschulden des Verfahrensbeteiligten kann dabei in einem positiven Tun oder einem Unterlassen liegen, das im Verwaltungsverfahren, im Beschwerde- oder im Rechtsbeschwerdeverfahren erfolgt ist (Theobald/Kühling/Theobald/Werk § 90 Rn. 16). Nach Satz 2 Alternative 2 sind nur die Kosten auferlegungsfähig, die **kausal** durch das grobe Verschulden verursacht worden sind (Bourwieg/Hellermann/Hermes/Stelter § 90 Rn. 11). Die Rechtsprechung wendet Satz 2 Alternative 2 eher zurückhaltend an (→ Rn. 29.1). 29

Beispiele für grobes Verschulden sind etwa falsche Aussagen, das Verleiten zu falschen Aussagen oder das Zurückhalten wichtiger Urkunden (Bourwieg/Hellermann/Hermes/Stelter § 90 Rn. 11; Kment EnWG/Schex § 90 Rn. 5) oder sonstiger verfahrenserheblicher Informationen. Des Weiteren kommen besonders schwerwiegende unheilbare Verfahrensverstöße der Regulierungsbehörde in Betracht, so etwa erhebliche Aufklärungsmängel im Verwaltungsverfahren (KG BeckRS 1977, 01113 Rn. 14) oder die Versagung rechtlichen Gehörs jedenfalls dann, wenn die Anhörung nicht mehr nachholbar und damit unheilbar gem. § 56 Abs. 4 iVm § 45 Abs. 2 VwVfG ist (OLG Düsseldorf 21.12.1976 – Kart 4/76, WuW/E OLG 1820). Das Beharren auf einer von der bisherigen Rechtsprechung oder der Rechtsansicht des Gerichts abweichenden Rechtsansicht wird hingegen allenfalls in seltenen Ausnahmefällen ein grobes Verschulden darstellen, so bei unentschuldbarer Verkennung einer gefestigten Rechtsprechung zu einer bestimmten Rechtsfrage (Immenga/Mestmäcker/Wirtz GWB § 78 Rn. 16; Langen/Bunte/Lembach GWB § 71 Rn. 20; vgl. auch Säcker EnergieR/Wende § 90 Rn. 22 mwN). 29.1

F. Möglichkeit der Geltendmachung der Post- und Telekommunikationskostenpauschale (S. 3)

30 Mit dem nachträglich eingefügten Satz 3 wird der Regulierungsbehörde die Möglichkeit eröffnet, anstelle der tatsächlichen notwendigen Aufwendungen für Post- und Telekommunikationsdienstleistungen den in Nummer 7002 der Anlage 1 zum RVG bestimmten Höchstsatz der Pauschale fordern. Hiermit wird ausweislich der Gesetzesbegründung eine planwidrige Regelungslücke geschlossen; die ausdrückliche Regelung soll dem Umstand Rechnung tragen, dass sich die Regulierungsbehörden in den vergangenen Jahren vermehrt Massenbeschwerdeverfahren insbesondere zu marktweiten Allgemeinverfügungen ausgesetzt sehen und der für die Ermittlung der entstandenen Kosten für Post und Telekommunikation zu betreibende Aufwand daher erheblich angestiegen ist (BT-Drs. 19/27453, 136). In der Rechtsprechung war die bisherige Regelungslücke durch eine analoge Anwendung des § 162 Abs. 2 S. 3 VwGO auf das energiewirtschaftsrechtliche Verwaltungsverfahren geschlossen worden (OLG Düsseldorf 25.2.2021 – VI-3 Kart 683/19 (V), nv).

G. Verweisung in S. 4

31 Für das **Kostenfestsetzungsverfahren** und die **Zwangsvollstreckung aus dem Kostenfestsetzungsbeschluss** des Beschwerde- und Rechtsbeschwerdegerichts verweist § 90 S. 4 auf die entsprechenden Vorschriften der ZPO. Danach sind die §§ 103–107 ZPO sowie die Vorschriften des 1., 2. und 4. Abschnitts des 8. Buchs der ZPO anwendbar, ohne dass sich für das energiewirtschaftsrechtliche Verfahren Besonderheiten ergäben. Das Kostenfestsetzungsgesuch ist gem. § 103 Abs. 2 S. 1 ZPO beim Gericht des ersten Rechtszugs einzureichen, dh dem Oberlandesgericht als Beschwerdegericht.

H. Verfahrensfragen

32 Die **Kostengrundentscheidung** ergeht grundsätzlich mit der jeweils instanzabschließenden Entscheidung **von Amts wegen** ohne Rücksicht auf die gestellten Anträge auf Verteilung der gerichtlichen und außergerichtlichen Kosten (BGH GRUR 1990, 702 (709)). In Fällen der Erledigung der Hauptsache oder der Rücknahme des Rechtsmittels trifft das Gericht eine **isolierte Kostenentscheidung**, die ohne mündliche Verhandlung ergehen kann. Dies folgt daraus, dass gem. § 81 Abs. 1 nur bei Entscheidungen „über die Beschwerde", dh bei Sachentscheidungen aufgrund mündlicher Verhandlung entschieden wird, lässt sich aber auch mit einer analogen Anwendung der § 161 Abs. 2 VwGO, § 91a Abs. 1 ZPO begründen (→ § 81 Rn. 5 aE).

33 Die isolierte Kostenentscheidung des Beschwerdegerichts nach Erledigung oder Rücknahme der Beschwerde ist nicht mit der **Rechtsbeschwerde** angreifbar, da diese gem. § 86 Abs. 1 nur gegen die „in der Hauptsache erlassenen Beschlüsse der Oberlandesgerichte" stattfindet (→ § 86 Rn. 4.6). Die Kostenentscheidung des Beschwerdegerichts kann deshalb ausschließlich mit der Hauptsache angegriffen werden. Gegen die isolierte Kostenentscheidung ist der Betroffene auf die Möglichkeit des formlosen Rechtsbehelfs der **Gegenvorstellung** oder der **Anhörungsrüge gem. § 83a** zu verweisen (Bourwieg/Hellermann/Hermes/Stelter § 90 Rn. 20; Theobald/Kühling/Theobald/Werk § 90 Rn. 17).

I. Anhang: Kostenhöhe

34 Die Höhe der jeweiligen Gebühr bestimmt sich gem. § 50 Abs. 1 S. 1 Nr. 2 GKG nach § 3 ZPO. Danach ist der **Wert des Streitgegenstandes** nach freiem Ermessen des Gerichts festzusetzen. Maßgeblich für die Festsetzung des Streitwertes gem. § 51 Abs. 1 Nr. 2 GKG iVm § 3 ZPO ist nach § 40 GKG das bei **Einleitung des Verfahrens** verfolgte wirtschaftliche Interesse, sodass nachträglich eingetretene Umstände oder Erkenntnisse außer Betracht bleiben (BGH BeckRS 2016, 18605 Rn. 2; BeckRS 2020, 8744 Rn. 32). Konkreter formuliert sind für den Beschwerdewert das Interesse des Beschwerdeführers an der Änderung bzw. Aufhebung der Entscheidung der Regulierungsbehörde und die wirtschaftlichen Konsequenzen, die aus dem streitigen Rechtsverhältnis resultieren, maßgeblich (OLG Düsseldorf in stRspr, etwa BeckRS 2018, 5241 Rn. 75 mwN). Soweit sich das maßgebliche wirtschaftliche

Interesse der Beschwerdeführerin nicht konkret beziffern lässt, da sich die streitgegenständliche Festlegung nur indirekt auf die wirtschaftliche Position des Beschwerdeführers auswirkt, ist es **pauschal zu schätzen** (OLG Düsseldorf BeckRS 2020, 22830 Rn. 227). Das OLG Düsseldorf greift in geeigneten Fällen auf einen **Mindest- oder Auffangstreitwert** von 50.000 EUR zurück (BeckRS 2018, 5241 Rn. 75), sofern das wirtschaftliche Interesse des Beschwerdeführers – was in energiewirtschaftlichen Streitigkeiten allerdings häufig der Fall ist – nicht erheblich darüber liegt. Es besteht kein Anlass, einen reduzierten Beschwerdewert allein deshalb anzusetzen, weil die Beschwerde fristwahrend mit Blick auf ein paralleles, bereits beim BGH anhängiges „Musterverfahren" eingelegt worden ist und deshalb bei Beschwerdeeinlegung absehbar war, dass eine streitige Entscheidung über die Beschwerde voraussichtlich nicht erforderlich werden würde (OLG Düsseldorf BeckRS 2020, 43241 Rn. 3). Anders liegt es, wenn der Beschwerdeführer nur ein beschränktes Sicherungsinteresse verfolgt (→ Rn. 34.1).

Bei einem Streit um die Festlegung von Erlösobergrenzen, bei dem sich das wirtschaftliche Interesse des Beschwerdeführers grundsätzlich nach der Differenz zwischen den nach seiner Auffassung anzusetzenden Erlösobergrenzen und den von der Regulierungsbehörde festgelegten Erlösobergrenzen bestimmt (BGH BeckRS 2013, 14430 Rn. 23 mwN), ist nach höchstrichterlicher Rechtsprechung ausnahmsweise nur ein Fünftel dieser Differenz anzusetzen, wenn Gegenstand des Verfahrens nicht die Überprüfung in der Festlegung angesetzter Werte ist, die ihrerseits Gegenstand einer gesondert angegriffenen Vorabfestlegung der Regulierungsbehörde (im Streitfall die der Zinssätze für das betriebsnotwendige Eigenkapital und der generelle sektorale Produktivitätsfaktor) sind, sondern nur verhindert werden soll, dass die Festlegung der Regulierungskammer insoweit in Bestandskraft erwächst und der Beschwerdeführer Gefahr läuft, dass auch im Fall der Abänderung der Vorabfestlegung die Regulierungsbehörde das ihr gemäß § 29 Abs. 2 EnWG und §§ 48, 49 VwVfG hinsichtlich nachträglicher Änderungen zustehende Ermessen dahingehend ausübt, die Festlegung der Erlösobergrenzen dennoch nicht anzupassen (BGH BeckRS 2022, 13947 Rn. 6). In diesen Fällen bemisst sich das wirtschaftliche Interesse in Anlehnung an die Praxis der Wertfestsetzung in Verfahren auf Erlass einer einstweiligen Verfügung auf 20 Prozent der sonst maßgeblichen Differenz (BGH BeckRS 2022, 13947 Rn. 8). 34.1

Nach § 39 Abs. 2 GKG ist der Streitwert auf 30 Mio. EUR **gedeckelt**. 35

Für die **Gerichtskosten** sieht § 1 Abs. 1 Nr. 15 GKG vor, dass Gebühren für Verfahren nach dem EnWG vor ordentlichen Gerichten nur nach dem GKG erhoben werden können. Ihre Berechnung erfolgt nach § 3 Abs. 2 GKG iVm dem Kostenverzeichnis als Anlage 1 zum GKG (KV). Im Beschwerdeverfahren entstehen die Gebühren nach KV 1220 ff. GKG, im Rechtsbeschwerdeverfahren nach KV 1230 ff. GKG und im Verfahren der Nichtzulassungsbeschwerde nach KV 1242 f. GKG. 36

Die Verfahren auf **gerichtliche Anordnung** nach § 76 Abs. 2 bzw. § 77 Abs. 3 S. 1 und S. 4 sind gerichtsgebührenfrei, da es hierfür an einem Gebührentatbestand fehlt. Die entsprechende Anwendung der für das verwaltungsgerichtliche Verfahren geltenden Regelungen kommt nicht in Betracht, weil die Verfahren nach dem EnWG ausschließlich durch die Regelungen in Teil 1 des Kostenverzeichnisses („Zivilrechtliche Verfahren vor den ordentlichen Gerichten") erfasst werden (FK-KartellR/Bracher GWB § 71 Rn. 36; Langen/Bunte/Lembach GWB § 71 Rn. 30 f.; s. auch OLG Düsseldorf 21.11.2019 – I-Kart 10/15 (V) Rn. 15 (juris), NZKart 2020, 42). 37

Für die **Anwaltskosten** gilt Folgendes: Im Beschwerdeverfahren entstehen gem. § 2 RVG iVm Vorb. 3.2.1 Nr. 2 lit. f VV RVG die Gebühren gem. VV 3200–3202 RVG, im Rechtsbeschwerdeverfahren gem. Vorb. 3.2.2 VV RVG die Gebühren gem. VV 3206, 3207, 3210 RVG und im Verfahren der Nichtzulassungsbeschwerde gem. Vorb. 3.5 VV RVG die Gebühren gem. VV 3506, 3507 RVG. 38

Die Möglichkeit zur Geltendmachung der **Pauschale für Entgelte für Post- und Telekommunikationsdienstleistungen** durch die Regulierungsbehörde ist nunmehr in Satz 3 ausdrücklich geregelt (→ Rn. 30). 39

§ 91 Gebührenpflichtige Handlungen

(1) ¹Die Regulierungsbehörde erhebt Kosten (Gebühren und Auslagen) für folgende gebührenpflichtige Leistungen:

1. Zertifizierungen nach § 4a Absatz 1;
2. Untersagungen nach § 5 Satz 4;
3. Amtshandlungen auf Grund von § 33 Absatz 1 und § 36 Absatz 2 Satz 3;
4. Amtshandlungen auf Grund der §§ 7c, 11a, 11b, 12a, 12c, 12d, 13b, 14 Absatz 2, § 14c Absatz 2 bis 4, § 14d Absatz 4, § 14e Absatz 5, der §§ 15a, 15b, 17c, 17d, 19a Absatz 2, der §§ 21a, 23a, 28a Absatz 3, § 28b Absatz 1 und 5, § 28f Absatz 1, § 28o Absatz 1, § 28p Absatz 1 und 5, der §§ 29, 30 Absatz 2 und 3, der §§ 41c, 57 Absatz 2 Satz 2 und 4, § 57b sowie der §§ 65, 110 Absatz 2 und 4;
5. Amtshandlungen auf Grund des § 31 Absatz 2 und 3;
6. Amtshandlungen auf Grund einer Rechtsverordnung nach § 12g Absatz 3 und § 24 Satz 1 Nummer 3;
7. Amtshandlungen auf Grund des § 56;
8. Erteilung von beglaubigten Abschriften aus den Akten der Regulierungsbehörde und die Herausgabe von Daten nach § 12f Absatz 2;
9. Registrierung der Marktteilnehmer nach Artikel 9 Absatz 1 der Verordnung (EU) Nr. 1227/2011.

²Daneben werden als Auslagen die Kosten für weitere Ausfertigungen, Kopien und Auszüge sowie die in entsprechender Anwendung des Justizvergütungs- und -entschädigungsgesetzes zu zahlenden Beträge erhoben. ³Für Entscheidungen, die durch öffentliche Bekanntmachung nach § 73 Absatz 1a zugestellt werden, werden keine Gebühren erhoben. ⁴Abweichend von Satz 3 kann eine Gebühr erhoben werden, wenn die Entscheidung zu einem überwiegenden Anteil an einen bestimmten Adressatenkreis gerichtet ist und die Regulierungsbehörde diesem die Entscheidung oder einen schriftlichen Hinweis auf die öffentliche Bekanntmachung förmlich zustellt.

(2) ¹Gebühren und Auslagen werden auch erhoben, wenn ein Antrag auf Vornahme einer in Absatz 1 bezeichneten Amtshandlung abgelehnt wird. ²Wird ein Antrag zurückgenommen oder im Falle des Absatzes 1 Satz 1 Nummer 5 beiderseitig für erledigt erklärt, bevor darüber entschieden ist, so ist die Hälfte der Gebühr zu entrichten.

(2a) Tritt nach Einleitung eines Missbrauchsverfahrens nach § 30 Absatz 2 dadurch Erledigung ein, dass die Zuwiderhandlung abgestellt wird, bevor eine Verfügung der Regulierungsbehörde ergangen ist, so ist die Hälfte der Gebühr zu entrichten.

(3) ¹Die Gebührensätze sind so zu bemessen, dass die mit den Amtshandlungen verbundenen Kosten gedeckt sind. ²Darüber hinaus kann der wirtschaftliche Wert, den der Gegenstand der gebührenpflichtigen Handlung hat, berücksichtigt werden. ³Ist der Betrag nach Satz 1 im Einzelfall außergewöhnlich hoch, kann die Gebühr aus Gründen der Billigkeit ermäßigt werden.

(4) Zur Abgeltung mehrfacher gleichartiger Amtshandlungen können Pauschalgebührensätze, die den geringen Umfang des Verwaltungsaufwandes berücksichtigen, vorgesehen werden.

(5) Gebühren dürfen nicht erhoben werden
1. für mündliche und schriftliche Auskünfte und Anregungen;
2. wenn sie bei richtiger Behandlung der Sache nicht entstanden wären.

(6) ¹Kostenschuldner ist
1. [aufgehoben]
2. in den Fällen des Absatzes 1 Satz 1 Nummer 1 bis 4, 6 bis 8, wer durch einen Antrag die Tätigkeit der Regulierungsbehörde veranlasst hat, oder derjenige, gegen den eine Verfügung der Regulierungsbehörde ergangen ist;
2a. in den Fällen des Absatzes 1 Satz 1 Nummer 5 der Antragsteller, wenn der Antrag abgelehnt wird, oder der Netzbetreiber, gegen den eine Verfügung nach § 31 Absatz 3 ergangen ist; wird der Antrag teilweise abgelehnt, sind die Kosten verhältnismäßig zu teilen; einem Beteiligten können die Kosten ganz auferlegt werden, wenn der andere Beteiligte nur zu einem geringen Teil unterlegen ist;

erklären die Beteiligten übereinstimmend die Sache für erledigt, tragen sie die Kosten zu gleichen Teilen;
3. in den Fällen des Absatzes 1 Satz 1 Nummer 9, wer die Herstellung der Abschriften oder die Herausgabe von Daten nach § 12f Absatz 2 veranlasst hat;
4. in den Fällen des Absatzes 1 Satz 4 derjenige, dem die Regulierungsbehörde die Entscheidung oder einen schriftlichen Hinweis auf die öffentliche Bekanntmachung förmlich zugestellt hat;
5. in den Fällen des Absatzes 2a der Betreiber von Energieversorgungsnetzen, gegen den ein Missbrauchsverfahren nach § 30 Absatz 2 bereits eingeleitet war.
²Kostenschuldner ist auch, wer die Zahlung der Kosten durch eine vor der Regulierungsbehörde abgegebene oder ihr mitgeteilte Erklärung übernommen hat oder wer für die Kostenschuld eines anderen kraft Gesetzes haftet. ³Mehrere Kostenschuldner haften als Gesamtschuldner.

(7) ¹Eine Festsetzung von Kosten ist bis zum Ablauf des vierten Kalenderjahres nach Entstehung der Schuld zulässig (Festsetzungsverjährung). ²Wird vor Ablauf der Frist ein Antrag auf Aufhebung oder Änderung der Festsetzung gestellt, ist die Festsetzungsfrist so lange gehemmt, bis über den Antrag unanfechtbar entschieden wurde. ³Der Anspruch auf Zahlung von Kosten verjährt mit Ablauf des fünften Kalenderjahres nach der Festsetzung (Zahlungsverjährung). ⁴Im Übrigen gilt § 20 des Verwaltungskostengesetzes in der bis zum 14. August 2013 geltenden Fassung.

(8) ¹Das Bundesministerium für Wirtschaft und Energie wird ermächtigt, im Einvernehmen mit dem Bundesministerium der Finanzen durch Rechtsverordnung mit Zustimmung des Bundesrates die Gebührensätze und die Erhebung der Gebühren vom Gebührenschuldner in Durchführung der Vorschriften der Absätze 1 bis 6 sowie die Erstattung der Auslagen für die in § 73 Abs. 1 Satz 4 und § 74 Satz 1 bezeichneten Bekanntmachungen und Veröffentlichungen zu regeln, soweit es die Bundesnetzagentur betrifft. ²Hierbei kann geregelt werden, auf welche Weise der wirtschaftliche Wert des Gegenstandes der jeweiligen Amtshandlung zu ermitteln ist. ³Des Weiteren können in der Verordnung auch Vorschriften über die Kostenbefreiung von juristischen Personen des öffentlichen Rechts, über die Verjährung sowie über die Kostenerhebung vorgesehen werden.

(8a) Für die Amtshandlungen der Landesregulierungsbehörden werden die Bestimmungen nach Absatz 8 durch Landesrecht getroffen.

(9) Das Bundesministerium für Wirtschaft und Energie wird ermächtigt, durch Rechtsverordnung mit Zustimmung des Bundesrates das Nähere über die Erstattung der durch das Verfahren vor der Regulierungsbehörde entstehenden Kosten nach den Grundsätzen des § 90 zu bestimmen.

(10) Für Leistungen der Regulierungsbehörde in Bundeszuständigkeit gilt im Übrigen das Verwaltungskostengesetz in der bis zum 14. August 2013 geltenden Fassung.

Überblick

§ 91, der im Wesentlichen § 142 TKG und § 62 GWB (§ 80 GWB aF) entspricht (→ Rn. 1), stellt die gesetzliche Grundlage für die Festsetzung von Gebühren und Auslagen für Amtshandlungen durch die Regulierungsbehörden dar (→ Rn. 2). Diejenigen Amtshandlungen, die eine Gebühren- und Auslagenpflicht auslösen, sind in Absatz 1 Satz 1 enumerativ aufgeführt (→ Rn. 5), weitere erstattungsfähige Auslagen ergeben sich aus Absatz 1 Satz 2 (→ Rn. 23). Absatz 1 Sätze 3 und 4 regeln eine – wiederum eingeschränkte – Ausnahme für öffentlich bekannt gemachte Entscheidungen (→ Rn. 24). Eine Gebühren- und Auslagenpflicht besteht zudem nach Absatz 2 bei Nichtvornahme beantragter Amtshandlungen (→ Rn. 25) und der Rücknahme von Anträgen (→ Rn. 27). Absatz 5 regelt zwei Fälle, in denen die Gebührenerhebung verboten ist, nämlich die mündliche und schriftliche Erteilung von Auskünften (→ Rn. 28) und die unrichtige Behandlung der Sache durch die Regulierungsbehörde (→ Rn. 29). Die Bemessung der Gebührensätze ist in Absatz 3 geregelt (→ Rn. 32), wobei neben dem zentralen Prinzip der Kostendeckung (→ Rn. 34) auch der wirtschaftliche Wert des Gegenstands der Amtshandlung (→ Rn. 35) und Billigkeitsgründe (→ Rn. 36) Berücksichtigung finden können. Sofern es sich um mehrfache gleichartige Amtshandlungen handelt, sieht Absatz 4 die Erhebung von Pauschalgebührensätzen vor (→ Rn. 38). Zur Kostenschuldnerschaft trifft Absatz 6 zahlreiche Regelungen, die im Wesentlichen auf dem kostenrechtlich anerkannten Veranlasserprinzip beruhen (→ Rn. 39). Die Kostengläubigerschaft ist hingegen in § 91 nicht eigens geregelt (→ Rn. 46). Von den Verordnungsermächtigungen in den Absätzen 8 und 9 hat der Verordnungsgeber bislang nur durch die EnWGKostV Gebrauch gemacht (→ Rn. 51). Über den Verweis in Absatz 10 gilt im Übrigen für Leistungen der Regulierungsbehörde in Bundeszuständigkeit das am 14.8.2013 außer Kraft getretene VwKostG (→ Rn. 55).

Übersicht

	Rn.		Rn.
A. Normzweck und Entstehungsgeschichte	1	9. Registrierung der Marktteilnehmer nach Art. 9 Abs. 1 VO (EU) Nr. 1227/2011	22
B. Regelungsinhalt	3	II. Weitere auslagenpflichtige Leistungen nach Abs. 1 S. 2	23
C. Gebühren- und auslagepflichtige Handlungen (Abs. 1 und 2)	5	III. Öffentlich bekannt gemachte Entscheidungen (Abs. 1 S. 3 und 4)	24
I. Gebühren- und auslagepflichtige Leistungen nach Abs. 1 S. 1	5	IV. Ablehnung und Rücknahme von Anträgen (Abs. 2)	25
1. Zertifizierungen nach § 4a Abs. 1	6	V. Ausnahmen von der Gebührenpflicht (Abs. 5)	28
2. Untersagungen nach § 5 S. 4	8	1. Mündliche und schriftliche Auskünfte	29
3. Amtshandlungen aufgrund von § 33 Abs. 1 und § 36 Abs. 2 S. 3	10	2. Unrichtige Behandlung der Sache	31
4. Amtshandlungen aufgrund der §§ 7c, 11a, 11b, 12a, 12c, 12d, 13b, 14 Abs. 2, § 14c Abs. 2 bis 4, § 14d Abs. 4, § 14e Abs. 5, der §§ 15a, 15b, 17c, 17d, 19a Abs. 2, der §§ 21a, 23a, 28a Abs. 3, § 28b Abs. 1 und 5, § 28f Abs. 1, § 28o Abs. 1, § 28p Abs. 1 und 5, § 29, 30 Abs. 2 und 3, der §§ 41c, 57 Abs. 2 S. 2 und 4, § 57b sowie der §§ 65, 110 Abs. 2 und 4	12	**D. Gebührenbemessung (Abs. 3 und 4)**	32
		I. Grundsätze der Gebührenbemessung (Abs. 3)	32
		1. Kostendeckungsprinzip	34
		2. Äquivalenzprinzip	35
		3. Billigkeitserwägungen	36
		II. Pauschalgebührensätze (Abs. 4)	38
5. Amtshandlungen aufgrund des § 31 Abs. 2 und 3	15	**E. Kostenschuldner (Abs. 6) und -gläubiger**	39
6. Amtshandlungen aufgrund einer Rechtsverordnung nach § 12g Abs. 3 und § 24 S. 1 Nr. 3	17	I. Kostenschuldner	39
		II. Kostengläubiger	46
7. Amtshandlungen auf Grund des § 56	20	**F. Verjährung (Abs. 7)**	47
8. Erteilung von beglaubigten Abschriften aus den Akten der Regulierungsbehörde und die Herausgabe von Daten nach § 12f Abs. 2	21	**G. Verordnungsermächtigung (Abs. 8)**	51
		H. Verweis auf das VwKostG (Abs. 10)	55

A. Normzweck und Entstehungsgeschichte

1 § 91 ist durch das Zweite Gesetz zur Neuregelung des Energiewirtschaftsrecht eingeführt worden und entspricht in angepasster Form **§ 142 TKG** und **§ 62 GWB (§ 80 GWB aF)** (BR-Drs. 613/04, 140). Die Gebührentatbestände wurden mehrfach an die neuen Aufgaben der BNetzA angepasst, zuletzt durch das Gesetz zur Umsetzung unionsrechtlicher Vorgaben und zur Regelung reiner Wasserstoffnetze im Energiewirtschaftsrecht vom 16.7.2021 (BGBl. I 3026). Anders als § 62 GWB (§ 80 GWB aF), der eine in sich abgeschlossene Gebührenregelung enthält und insbesondere die Gebührenhöhe mitregelt, verweist Absatz 10 auf das außer Kraft getretene VwKostG (→ Rn. 55) und behält die Festlegung der konkreten Gebührenhöhen zu erlassenden Rechtsverordnungen vor.

2 Die Vorschrift stellt die **Ermächtigungsgrundlage** der Regulierungsbehörden, dh der BNetzA und der Landesregulierungsbehörden, für die Erhebung von Kosten im Zusammenhang mit kostenpflichtigen Leistungen dar. Andere Gebühren und Auslagen dürfen nicht erhoben werden, da es hierfür an der erforderlichen gesetzlichen Ermächtigungsgrundlage fehlt (vgl. BVerfG BeckRS 1966, 104357 Rn. 38).

B. Regelungsinhalt

§ 91 regelt entgegen der gesetzlichen Überschrift die Kostenpflicht nicht nur im Hinblick auf Gebühren, sondern auch auf Auslagen. Dies entspricht dem allgemeinen verwaltungskostenrechtlichen Sprachgebrauch und folgt unmittelbar aus Absatz 1 Satz 1, in dem Kosten ausdrücklich als Gebühren und Auslagen definiert werden. **Gebühren** sind öffentlich-rechtliche Geldleistungen, die aus Anlass einer individuell zurechenbaren öffentlichen Leistung den Gebührenschuldnern gesetzlich auferlegt werden und jedenfalls auch dazu bestimmt sind, in Anknüpfung an diese Leistung deren Kosten zu decken (BVerfG BeckRS 2003, 30312212). Bei **Auslagen** handelt es sich um Geldleistungen, die von der Regulierungsbehörde vorgeschossen werden, um einen ihr entstandenen Aufwand zu decken (Bourwieg/Hellermann/Hermes/Stelter § 91 Rn. 5; Theobald/Kühling/Boos § 91 Rn. 11 mwN, sog. Sachaufwand). Beispiele für Auslagen lassen sich der Regelung in § 12 Abs. 1 S. 1 BGebG entnehmen, der als Auslagen die konkret angefallenen Kosten für Zeugen, Sachverständige, Umweltgutachter, Dolmetscher oder Übersetzer (Nummer 1), Leistungen anderer Behörden und Dritter (Nummer 2), Dienstreisen und Dienstgänge (Nummer 3), Zustellung oder öffentliche Bekanntmachung (Nummer 4) und Ausfertigungen und Papierkopien, die auf besonderen Antrag erstellt werden (Nummer 5), benennt. 3

Die Regelungen zur Kostenpflicht gelten – trotz ihrer Stellung in Abschnitt 4 des 8. Titels „Gemeinsame Bestimmungen" – im **energiewirtschaftsrechtlichen Verwaltungsverfahren**. Dies hat der Gesetzgeber im Zuge der 10. GWB-Novelle für die kartellrechtliche Parallelvorschrift ausdrücklich klargestellt und den vormaligen § 80 GWB ohne wesentliche inhaltliche Änderung aus rechtssystematischen Erwägungen aus dem Abschnitt „Gemeinsame Bestimmungen" in den Abschnitt zum kartellbehördlichen Verwaltungsverfahren (nunmehr § 63 GWB) überführt (BT-Drs. 19/23492, 119 f.). Die Erhebung der Kosten der Regulierungsbehörde im **Bußgeldverfahren** erfolgt nach Maßgabe der §§ 105 ff. OWiG iVm §§ 464 ff. StPO. 4

C. Gebühren- und auslagepflichtige Handlungen (Abs. 1 und 2)

I. Gebühren- und auslagepflichtige Leistungen nach Abs. 1 S. 1

Die Leistungen der Regulierungsbehörden, für die nach Absatz 1 Satz 1 Gebühren und Auslagen erhoben werden, sind im Katalog der „gebührenpflichtigen Leistungen" in Absatz 1 Satz 1 enthalten. Hierbei handelt es sich jeweils um **Amtshandlungen**, dh behördliche Handlungen mit Außenwirkung in Ausübung hoheitlicher Befugnisse, die allerdings nicht stets Verwaltungsakte sein müssen (Theobald/Kühling/Boos § 91 Rn. 6; Säcker EnergieR/Wende § 91 Rn. 2 mwN). Zu den Amtshandlungen zählen demnach auch, ohne dass sie ausdrücklich als solche bezeichnet wären, die in Absatz 1 Satz 1 Nummern 1, 2, 9 und 10 adressierten „Zertifizierungen", „Untersagungen" und „Registrierungen". Die Aufzählung ist, wie aus der Gesetzesbegründung folgt (BR-Drs. 613/04, 140), **abschließend**. Vorgaben zur Höhe der für Amtshandlungen der BNetzA zu entrichtenden Gebühren finden sich in der auf Grundlage von Absatz 8 Satz 1 erlassenen **EnWGKostV** (→ Rn. 51). Nach dem Gesetzeswortlaut ist die Erhebung der Kosten verpflichtend, der Regulierungsbehörde steht **kein Ermessen** zu (Theobald/Kühling/Boos § 91 Rn. 17). 5

1. Zertifizierungen nach § 4a Abs. 1

Die Vorschrift betrifft die Zertifizierungen von Betreibern von Transportnetzen. Da nur § 4a Abs. 1 in Bezug genommen wird, ist davon auszugehen, dass die in § 4a weiter benannten Handlungen der Regulierungsbehörde im Zertifizierungsverfahren als Zwischenschritte vom Gebührentatbestand mitumfasst sind (Theobald/Kühling/Boos § 91 Rn. 19). 6

Die Gebühr betrug zunächst nach Nr. 12.1–3 der Anlage zu § 2 EnWGKostV 12.500 bzw. 18.500 EUR und ist durch die achte Verordnung zur Änderung der Energiewirtschaftskostenverordnung vom 6.11.2020 (BGBl. I 2345) mit Wirkung zum 14.11.2020 deutlich auf einheitlich 80.000 EUR angehoben worden. 7

2. Untersagungen nach § 5 S. 4

8   Nummer 2 umfasst Untersagungen der (anzeigepflichtigen) Strom- und Gasbelieferung von Haushaltskunden. Die bloße Entgegennahme der Anzeige nach § 5 S. 1 ist demgegenüber nicht kostenpflichtig.

9   Die Gebühr beträgt nach Nr. 1 der Anlage zu § 2 EnWGKostV 800 bis 10.000 EUR.

3. Amtshandlungen aufgrund von § 33 Abs. 1 und § 36 Abs. 2 S. 3

10 Die Vorschrift betrifft Amtshandlungen im Zusammenhang mit der **Vorteilsabschöpfung durch die Regulierungsbehörde** und der **Grundversorgungspflicht**, die inhaltlich in keinem Zusammenhang miteinander stehen.

11 Die Gebühr für Amtshandlungen aufgrund von § 33 Abs. 1 beträgt nach Nr. 2 der Anlage zu § 2 EnWGKostV 2.500 bis 75.000 EUR. Zur Gebührenhöhe für Handlungen nach § 36 Abs. 2 S. 3 findet sich keine Regelung in der Anlage zu § 2 EnWGKostV, da die Regelung zur Feststellung des Grundversorgers die nach Landesrecht zuständige Behörde adressiert. Der Gebührentatbestand wird daher nur relevant, wenn dies die Landesregulierungsbehörde ist.

4. Amtshandlungen aufgrund der §§ 7c, 11a, 11b, 12a, 12c, 12d, 13b, 14 Abs. 2, § 14c Abs. 2 bis 4, § 14d Abs. 4, § 14e Abs. 5, der §§ 15a, 15b, 17c, 17d, 19a Abs. 2, der §§ 21a, 23a, 28a Abs. 3, § 28b Abs. 1 und 5, § 28f Abs. 1, § 28o Abs. 1, § 28p Abs. 1 und 5, der §§ 29, 30 Abs. 2 und 3, der §§ 41c, 57 Abs. 2 S. 2 und 4, § 57b sowie der §§ 65, 110 Abs. 2 und 4

12 Die Vorschrift betrifft zunächst Amtshandlungen im Zusammenhang mit dem **Netzentwicklungsplan**. Im Einzelnen handelt es sich um folgende Amtshandlungen:
- Genehmigung des Szenariorahmens nach § 12a Abs. 3 S. 1 (Gebühr nach Nr. 13 der Anlage zu § 2 EnWGKostV: 400.000 EUR), Festlegung nach § 12a Abs. 3 S. 2 EnWG iVm § 29 Abs. 1 (ohne Angabe zur Höhe in der Anlage zu § 2 EnWGKostV);
- Bestätigung des Netzentwicklungsplans nach § 12c Abs. 4 (Gebühr nach Nr. 14 der Anlage zu § 2 EnWGKostV: 1.000.000 EUR);
- Festlegung zur beschränkten Beteiligung an der Fortschreibung des Netzentwicklungsplans nach § 29 Abs. 1 iVm § 12c Abs. 7 (Gebührenrahmen nach Nr. 15 der Anlage § 2 EnWGKostV: 1.000 bis 100.000 EUR);
- Umsetzungsbericht der Übertragungsnetzbetreiber gem. § 12d (Gebühr nach Nr. 41 der Anlage zu § 2 EnWGKostV: 10.000 EUR);
- Bestätigung des Szenariorahmens der Fernleitungsnetzbetreiber nach § 15a Abs. 1 S. 7 (Gebühr nach Nr. 17 der Anlage zu § 2 EnWGKostV: 100.000 EUR);
- Änderungsverlangen zum Netzentwicklungsplan Gas nach § 15a Abs. 3 S. 5 (Gebühr nach Nr. 18 der Anlage zu § 2 EnWGKostV: 125.000 EUR);
- Festlegung zu Inhalt und Verfahren des Netzentwicklungsplans sowie zur Ausgestaltung der Konsultation nach § 29 Abs. 1 iVm § 15a Abs. 5 (Gebührenrahmen nach Nr. 19 der Anlage zu § 2 EnWGKostV: 1.000 bis 100.000 EUR);
- Umsetzungsbericht der Fernleitungsnetzbetreiber gem. § 15b (Gebühr nach Nr. 42 der Anlage zu § 2 EnWGKostV: 10.000 EUR);
- Bestätigung des Offshore-Netzentwicklungsplans nach § 17c iVm § 12c Abs. 4 (ohne Angabe zur Höhe in der Anlage zu § 2 EnWGKostV, siehe aber deren Nr. 14);
- verschiedene Maßnahmen im Zusammenhang mit der Umsetzung der Netzentwicklungspläne und des Flächenentwicklungsplans nach § 17d (unterschiedliche Gebührenrahmen nach Nr. 21 der Anlage zu § 2 EnWGKostV).

13 Die weiter in Nummer 4 aufgeführten Amtshandlungen stehen in keinem inhaltlichen Zusammenhang und betreffen eine Vielzahl **unterschiedlicher Regelungsgegenstände**:
- Untersagung der Vereinbarung individueller Netzentgelte nach § 19 Abs. 2 S. 8 und 9 StromNEV (Gebührenrahmen nach Nr. 26 der Anlage zu § 2 EnWGKostV: 800 bis 10.000 EUR);
- Anreizregulierung nach § 21a (unterschiedliche Gebührenrahmen für zahlreiche unterschiedliche Festlegungen, Genehmigungen und Entscheidungen nach Nr. 4 der Anlage zu § 2 EnWGKostV);

- kostenorientierte Entgeltgenehmigung nach § 23a (Gebührenrahmen nach Nr. 3 der Anlage zu § 2 EnWGKostV: 500 bis 50.000 EUR);
- Gewährung einer Ausnahme für neue Infrastrukturen nach § 28a Abs. 3 S. 1 (Gebühr nach Nr. 36 der Anlage zu § 2 EnWGKostV: 80.000 EUR);
- Befristete Freistellung von Gasverbindungsleitungen mit einem Drittstaat von regulatorischen Vorgaben nach § 28b Abs. 1 bzw. Verlängerung derselben nach § 28b Abs. 5 (Gebühr nach Nr. 44 der Anlage zu § 2 EnWGKostV: 80.000 EUR);
- Feststellung der Höhe der Netzkosten des selbstständigen Betreibers von grenzüberschreitenden Elektrizitätsverbindungsleitungen nach § 28f Abs. 1 (Gebühr nach Nr. 20 der Anlage zu § 2 EnWGKostV: 78.000 EUR;
- Genehmigung von Kosten der Wasserstoffnetzinfrastruktur nach § 28o Abs. 1 (Gebühr nach Nr. 54.1 der Anlage zu § 2 EnWGKostV: 1.000 bis 50.000 EUR) und Prüfung der Bedarfsgerechtigkeit von einzelnen Wasserstoffnetzinfrastrukturen nach § 28p Abs. 1 und 5 (Gebührenrahmen nach Nr. 54.2 der Anlage zu § 2 EnWGKostV: 1.000 bis 50.000 EUR);
- Missbrauchsverfahren der Regulierungsbehörde gem. §§ 29, 30 Abs. 2 und 3 (Gebührenrahmen für die Verpflichtung nach § 30 Abs. 2, eine Zuwiderhandlung abzustellen, oder die Feststellung einer Zuwiderhandlung, nachdem diese beendet ist, nach § 30 Abs. 3 nach Nr. 6.1 der Anlage zu § 2 EnWGKostV: 5.000 bis 180.000 EUR; Gebührenrahmen für das Abstellen der Zuwiderhandlung nach Einleitung eines Verfahrens nach § 30 Abs. 2, bevor einer Verfügung der Regulierungsbehörde ergangen ist, nach Nr. 6.2 der Anlage zu § 2 EnWGKostV: 2.500 bis 90.000 EUR);
- Verfahren im Zusammenhang mit grenzüberschreitenden Energieversorgungsnetzen gem. § 57 Abs. 2 S. 2 und 4 (Gebühr nach Nr. 15 der Anlage zu § 2 EnWGKostV: 15.000 EUR);
- Aufsichtsmaßnahmen nach § 65 (Gebührenrahmen nach Nr. 9 der Anlage zu § 2 EnWGKostV: 5.000 bis 180.000 EUR);
- Anträge im Zusammenhang mit der Einstufung von geschlossenen Verteilernetzen gem. § 110 Abs. 2 (Gebührenrahmen nach Nr. 10.1 der Anlage zu § 2 EnWGKostV: 500 bis 30.000 EUR);
- Überprüfung der Entgelte gem. § 110 Abs. 4 (Gebührenrahmen nach Nr. 10.2 der Anlage zu § 2 EnWGKostV: 1.000 bis 50.000 EUR).

Weitere der durch das Gesetz zur Umsetzung unionsrechtlicher Vorgaben und zur Regelung reiner Wasserstoffnetze im Energiewirtschaftsrecht vom 16.7.2021 (BGBl. I 3026) hinzugefügten Gebührentatbestände beziehen sich auf neue Aufgaben, die der Regulierungsbehörde in Umsetzung der Richtlinie (EU) 2019/944 obliegen. Hierzu zählen ebenfalls unterschiedliche Regelungsgegenstände, für die ganz überwiegend Gebühren bzw. Gebührenrahmen in den Nrn. 37, 46–48 und 50–53 der Anlage zu § 2 EnWGKostV ausgewiesen sind:

- Ausnahmegenehmigung hinsichtlich des Haltens, der Entwicklung, der Verwaltung oder des Betriebs von Energiespeicheranlagen gem. § 7c;
- Festlegung von Vorgaben betreffend die Ausschreibung von Energiespeicheranlagen nach § 11a sowie Ausnahmegenehmigungen hinsichtlich des Betriebs von Energiespeicheranlagen nach § 11b;
- Amtshandlungen im Zusammenhang mit der Stilllegung von Anlagen zur Erzeugung oder Speicherung elektrischer Energie bzw. der Ausweisung als systemrelevant nach § 13b;
- Amtshandlungen nach §§ 14 Abs. 2, 14c Abs. 2–4, 14d Abs. 4, 14e Abs. 5, die im Zusammenhang mit den in §§ 14 ff. normierten besonderen Aufgaben der Betreiber von Elektrizitätsverteilernetzen stehen;
- Vergabe, Überprüfung und Entziehung von Vertrauenszeichen für Vergleichsinstrumente bei Energielieferungen nach § 41c (ohne Angabe zur Höhe in der Anlage zu § 2 EnWGKostV);
- Amtshandlungen im Zusammenhang mit der Zuständigkeit für regionale Koordinierungszentren nach § 57b.

5. Amtshandlungen aufgrund des § 31 Abs. 2 und 3

Die Vorschrift betrifft Amtshandlungen im **besonderen Missbrauchsverfahren**. Da an diesem Verfahren neben dem Antragsteller auch ein Antragsgegner beteiligt ist, ergeben sich Besonderheiten im Hinblick auf die Kostenschuldnerschaft (→ Rn. 41).

16 Der Gebührenrahmen für die Ablehnung eines Antrags nach § 31 Abs. 2 beträgt nach Nr. 7 der Anlage zu § 2 EnWGKostV 50 bis 5.000 EUR. Für Entscheidungen der Regulierungsbehörde nach § 31 Abs. 3 sieht Nr. 8 der Anlage zu § 2 EnWGKostV einen Gebührenrahmen von 500 bis 150.000 EUR vor.

6. Amtshandlungen aufgrund einer Rechtsverordnung nach § 12g Abs. 3 und § 24 S. 1 Nr. 3

17 Auch Amtshandlungen im Zusammenhang mit dem **Schutz kritischer Infrastrukturen** aufgrund einer entsprechenden Verordnung nach § 12g Abs. 3 sind gebührenpflichtig. Hierzu zählen etwa die Überprüfung und Bestätigung der Sicherheitspläne der Übertragungsnetzbetreiber nach der auf Grundlage von § 12g erlassenen ÜNSchutzV.

18 Gebührenpflichtig sind weiterhin Entscheidungen, die auf einer Verordnung betreffend **individuelle Netzentgelte** für den Netzzugang nach § 24 S. 1 Nr. 3 beruhen.

19 In Nr. 22 der Anlage zu § 2 EnWGKostV werden verschiedene Gebühren und Gebührenrahmen für Amtshandlungen auf Grund einer Rechtsverordnung nach § 12g Abs. 3 vorgesehen. Für Amtshandlungen aufgrund einer Rechtsverordnung nach § 24 S. 1 Nr. 3 ist bislang keine Gebührenhöhe festgelegt.

7. Amtshandlungen auf Grund des § 56

20 Die Vorschrift betrifft Amtshandlungen der BNetzA, die sie im Rahmen der ihr nach der VO (EU) 2019/943, der VO (EG) Nr. 715/2009, der VO (EU) 2017/1938, der VO (EU) Nr. 1227/2011, der VO (EU) Nr. 347/2013, der VO (EU) 2019/941 und der VO (EU) 2019/942 übertragenen Aufgaben ausführt. Für verschiedene Amtshandlungen sind eine Vielzahl von Gebühren unter Nrn. 30 ff. der Anlage zu § 2 EnWGKostV aufgeführt.

8. Erteilung von beglaubigten Abschriften aus den Akten der Regulierungsbehörde und die Herausgabe von Daten nach § 12f Abs. 2

21 Für diese Amtshandlungen ist in Nr. 16 der Anlage zu § 2 EnWGKostV ein Gebührenrahmen von 30 bis 500 EUR vorgesehen.

9. Registrierung der Marktteilnehmer nach Art. 9 Abs. 1 VO (EU) Nr. 1227/2011

22 Für diese Amtshandlungen nach der REMIT-VO sieht Nr. 27 der Anlage zu § 2 EnWGKostV eine Gebühr von 350 EUR vor.

II. Weitere auslagenpflichtige Leistungen nach Abs. 1 S. 2

23 Nach Absatz 1 Satz 2 werden „daneben", dh ergänzend zu den Auslagen, die auf Amtshandlungen nach dem Leistungskatalog des Absatzes 1 Satz 1 zurückgehen, als Auslagen die Kosten für weitere **Ausfertigungen, Kopien und Auszüge** sowie die in entsprechender Anwendung des JVEG zu zahlenden Beträge aufgeführt. Ausfertigungen, Kopien und Auszüge betreffen dabei behördeninterne Vorgänge. Im **JVEG** sind hingegen die Kosten für die **Einbeziehung dritter Personen** (insbesondere von Sachverständigen und Zeugen) erfasst. Hierdurch wird klargestellt, dass die Begrenzung der Sachverständigenkosten in §§ 8 ff. JVEG auch iRd § 91 Anwendung findet (Britz/Hellermann/Hermes/Hölscher, 3. Aufl., § 91 Rn. 10).

III. Öffentlich bekannt gemachte Entscheidungen (Abs. 1 S. 3 und 4)

24 Absatz 1 Satz 3 enthält nunmehr die ausdrückliche Regelung, dass für Entscheidungen, die durch öffentliche Bekanntmachung nach § 73 Abs. 1a zugestellt werden, keine Gebühren erhoben werden. Diese erst durch das Strommarktgesetz eingeführte Ausnahme beruht auf der Überlegung, dass in den Sammelverfahren, in denen nach § 73 Abs. 1a zugestellt werden kann, die einzelnen Adressaten für die Behörde nicht oder nur mit unverhältnismäßig hohem Aufwand bestimmbar sind, sodass nicht oder nur mit unverhältnismäßig hohem Aufwand

ermittelbar ist, welche konkreten Gebührenschuldner zur Gebührenerhebung herangezogen werden können (BT-Drs. 542/15, 147). Hieraus erklärt sich auch die **Rückausnahme** in Satz 4, wonach abweichend von Satz 3 eine Gebühr erhoben werden kann, wenn die Entscheidung zu einem überwiegenden Teil an einen bestimmten Adressatenkreis gerichtet ist und die Regulierungsbehörde diesem die Entscheidung oder einen schriftlichen Hinweis auf die öffentliche Bekanntmachung förmlich zustellt. In diesem Fall soll es dennoch möglich sein, Gebühren und Auslagen von den Adressaten zu erheben (BT-Drs. 542/15, 148). Zu beachten ist, dass der Regulierungsbehörde bei der Frage des Obs der Kostenerhebung abweichend von Absatz 1 Satz 1 und Absatz 2 ein **Ermessen** („kann") eingeräumt wird.

IV. Ablehnung und Rücknahme von Anträgen (Abs. 2)

Nach Absatz 2 Satz 1 werden Gebühren und Auslagen auch erhoben, wenn eine Ableh- 25 nung eines Antrags auf Vornahme einer gebührenpflichtigen Amtshandlung durch die Regulierungsbehörde erfolgt. Dies gilt unabhängig davon, ob der Antrag als bereits **unzulässig** oder **in der Sache** abgelehnt wird. Dies folgt aus einem Vergleich mit der Regelung in § 142 Abs. 1 S. 2 Nr. 1 TKG, die für den Fall der Unzuständigkeit der Behörde ausdrücklich eine Ausnahme von der Kostenpflicht normiert, während in § 90 keine derartigen Einschränkungen vorgesehen sind (Bourwieg/Hellermann/Hermes/Stelter § 91 Rn. 9; Theobald/Kühling/Boos § 91 Rn. 36). Ob ein Antrag gestellt worden ist oder ob lediglich eine nach Absatz 5 Nummer 1 nicht gebührenpflichtige, unverbindliche Anregung an die Behörde vorliegt, ist von Amts wegen zu ermitteln, ist durch Auslegung zu ermitteln (Kment EnWG/Schex § 91 Rn. 7; Theobald/Kühling/Boos § 91 Rn. 35).

Eine Erhebung von Kosten für eine nicht erfolgreiche Antragstellung dürfte aber nach 26 zutreffender Ansicht (Theobald/Kühling/Boos § 91 Rn. 37) dann nicht in Betracht kommen, wenn die Regulierungsbehörde **keine Pflicht zur Bescheidung** des betreffenden Antrags trifft und sie diesen, ohne über die Zulässigkeit oder Begründetheit des Antrags zu entscheiden, allein im Rahmen ihres Aufgreifermessens zurückweist. In einem solchen Fall trägt der Antragsteller keine Verantwortung für die Ablehnung, sodass es nicht angemessen ist, ihn mit den Kosten zu belasten.

Gebühren und Auslagen werden nach Absatz 2 Satz 2 auch dann erhoben, wenn ein 27 Antrag **zurückgenommen** worden oder im Falle der Durchführung eines besonderen Missbrauchsverfahrens nach § 31 **beiderseitig für erledigt erklärt** wird. Dem typischerweise geringeren Aufwand der Regulierungsbehörde im Fall der Antragsrücknahme hat der Gesetzgeber dadurch Rechnung getragen, dass **die Gebühr auf die Hälfte** zu reduzieren ist.

V. Ausnahmen von der Gebührenpflicht (Abs. 5)

In Absatz 5 ist vorgeschrieben, in welchen Fällen keine Kosten durch die Regulierungsbe- 28 hörden erhoben werden dürfen.

1. Mündliche und schriftliche Auskünfte

Mündliche und schriftliche Auskünfte sowie Anregungen sind nach Satz 1 **gebühren-** 29 **und auslagenfrei**. Dass sie in solchen Fällen der Kommunikation nicht mit einer Kostenlast rechnen müssen, fördert den Austausch zwischen Marktteilnehmern und Regulierungsbehörde (Bourwieg/Hellermann/Hermes/Stelter § 91 Rn. 12; Säcker EnergieR/Wende § 91 Rn. 35), die im Energiewirtschaftsrecht von besonderer Bedeutung ist, da in vielen Regelungsbereichen die – teils zuwiderlaufenden – Interessen unterschiedlicher Marktbeteiligter, etwa der Netzbetreiber und -nutzer im Rahmen der Netzzugangs- und -entgeltregulierung, betroffen sind. Zudem sind die Regulierungsbehörden in besonderem Maße auf Kontakt auch außerhalb förmlicher Verfahren, etwa zur Erfüllung ihrer Aufsichtspflichten (Säcker EnergieR/Wende § 91 Rn. 35), angewiesen. Die Regelung in Absatz 5 Satz 1 geht nach § 1 Abs. 3 IFG der Regelung in § 10 IFG vor, wonach für individuell zurechenbare Leistungen im Zusammenhang mit dem Zugang zu amtlichen Informationen Gebühren und Auslagen erhoben werden und eine Ausnahme nur für einfache Auskünfte gilt.

Aus Absatz 5 Satz 1 folgt auch, dass die **Anregung** einer Tätigkeit der Regulierungsbe- 30 hörde nach § 30 Abs. 2 gebührenfrei ist, der Antrag auf Durchführung eines besonderen Missbrauchsverfahrens nach § 31 Abs. 1 S. 1 hingegen kostenpflichtig.

2. Unrichtige Behandlung der Sache

31 Nach Absatz 5 Satz 2 sind auch solche Fälle gebührenfrei (präziser: gebühren- und auslagenfrei), in denen bei richtiger Behandlung der Sache keine Gebühren entstanden wären. Dies stellt eine Selbstverständlichkeit dar, da in solchen Fällen die Regulierungsbehörde und nicht der potentielle Kostenschuldner für die Entstehung der Kosten verantwortlich ist. Von dem Verbot sind zunächst die Fälle betroffen, in denen die zugrundeliegende Amtshandlung gerichtlich oder durch Rücknahme oder Widerruf durch die Regulierungsbehörde **aufgehoben** worden ist. Nach zutreffender, zu § 62 GWB (§ 80 GWB aF) entwickelter Ansicht entfällt die Gebührenpflicht aber auch dann, wenn die zugrundeliegende Amtshandlung **rechtswidrig** und die Rechtswidrigkeit **klar erkennbar** ist (Säcker EnergieR/Wende § 91 Rn. 36; Theobald/Kühling/Boos § 91 Rn. 16; für eine Beschränkung auf „ganz besonders gelagerte Ausnahmefälle" Elspas/Graßmann/Rasbach/Höch § 91 Rn. 12). Dies entspricht bei einem schwerwiegenden und offensichtlichen Rechtsverstoß durch einen Verwaltungsakt dem Rechtsgedanken des § 44 Abs. 1 VwVfG (zu § 62 GWB (§ 80 GWB aF) Immenga/Mestmäcker/Wirtz GWB § 80 Rn. 14 mwN; dem folgend Säcker EnergieR/Wende § 91 Rn. 36; Theobald/Kühling/Boos § 91 Rn. 16). Das Verbot der Gebührenerhebung in Absatz 5 Nummer 2 erfasst nach zutreffender Ansicht auch solche Fälle, in denen die Amtshandlung selbst rechtmäßig ist, aber die hierdurch entstandenen Kosten „auf eine „unrichtige Behandlung" durch die Regulierungsbehörde zurückgehen, zB weil sie eine nicht erforderliche Beweiserhebung durchgeführt hat" (Theobald/Kühling/Boos § 91 Rn. 16).

D. Gebührenbemessung (Abs. 3 und 4)

I. Grundsätze der Gebührenbemessung (Abs. 3)

32 Absatz 3 enthält in Übereinstimmung mit den allgemeinen Grundsätzen des Verwaltungskostenrechts die Grundsätze der Gebührenbemessung in energiewirtschaftsrechtlichen Verwaltungsverfahren. Danach gilt vorrangig der Grundsatz der **Kostendeckung** nach Satz 1, wobei auch das **Äquivalenzprinzip** (Satz 2) und **Billigkeitserwägungen** (Satz 3) herangezogen werden können. Diese Grundsätze haben sowohl der Verordnungsgeber als auch die Regulierungsbehörde bei der konkreten Bemessung der Gebühr innerhalb eines vorgegebenen Gebührenrahmens zu beachten. Der hierdurch der Regulierungsbehörde eröffnete **Beurteilungs- und Ermessensspielraum** ist nur eingeschränkt überprüfbar (OLG Düsseldorf BeckRS 2011, 13879; zu § 62 GWB (§ 80 GWB aF) OLG Düsseldorf BeckRS 2009, 9013). Gleichzeitig hat sie den **Gleichbehandlungsgrundsatz** zu beachten mit der Folge, dass in gleichgelagerten Fällen in etwa die gleichen Gebühren berechnet werden müssen (OLG Düsseldorf BeckRS 2009, 9013).

33 Soweit es die Gebührensätze für Verfahren vor der BNetzA angeht, hat das Bundesministerium für Wirtschaft und Technologie im Einvernehmen mit dem Bundesministerium der Finanzen von der ihm in Absatz 8 Satz 1 eingeräumten Verordnungsermächtigung Gebrauch gemacht und die Gebührensätze in der EnWGKostV vom 14.3.2006 festgelegt (→ Rn. 51).

1. Kostendeckungsprinzip

34 Nach Satz 1 sind die Gebührensätze so zu bemessen, dass die mit den Amtshandlungen verbundenen Kosten gedeckt sind. Ausgangspunkt sind somit die Kosten der einzelnen Amtshandlung, sodass es nicht allein darauf ankommt, dass die Kosten der Regulierungsbehörde durch die Gebühren nicht insgesamt überdeckt sind (Bourwieg/Hellermann/Hermes/Stelter § 91 Rn. 15). Dem Kostendeckungsprinzip wird genügt, wenn das (geschätzte) Gebührenaufkommen den durchschnittlichen Personal- und Sachaufwand, der für die einzelne Amtshandlung entsteht, nicht übersteigt (Bourwieg/Hellermann/Hermes/Stelter § 91 Rn. 15; Kment EnWG/Schex § 91 Rn. 11; Theobald/Kühling/Boos § 91 Rn. 39). Einer Ermittlung, in welcher Höhe im jeweiligen Einzelfall tatsächlich Personal- und Sachkosten für die gebührenpflichtige Amtshandlung angefallen sind, bedarf es nicht (OLG Düsseldorf BeckRS 2020, 38566 Rn. 39). Da die Gesamtheit der Einnahmen und die Gesamtheit der Ausgaben für die einzelne Amtshandlung gegenübergestellt werden, kann im Einzelfall die Gebühr die

Ausgaben übersteigen, ohne dass ein Verstoß gegen das Kostendeckungsprinzip vorliegt (vgl. BVerwG NJW 1961, 2128 (2129)).

2. Äquivalenzprinzip

Neben dem Kostendeckungsprinzip kann nach Satz 2 der **wirtschaftliche Wert,** den der Gegenstand der gebührenpflichtigen Handlung hat, berücksichtigt werden, dh Anlass für eine Abweichung des sich allein nach dem Kostendeckungsprinzip ergebenden Werts nach oben, aber auch nach unten geben (Elspas/Graßmann/Rasbach/Höch § 91 Rn. 17). Dies stellt eine Ausprägung des Äquivalenzprinzips dar, nach dem Gebühren so zu bemessen sind, dass zwischen der den Verwaltungsaufwand berücksichtigenden Höhe der Gebühr einerseits und der Bedeutung, dem wirtschaftlichen Wert oder dem sonstigen Nutzen der Amtshandlung andererseits ein angemessenes Verhältnis besteht (BVerwG NJW 1961, 2128 (2129); BeckRS 1967, 30434048). Nach dem Wortlaut der Vorschrift ist die Berücksichtigung des wirtschaftlichen Werts ergänzend zum zentralen Gebot der reinen Kostendeckung in das **pflichtgemäße Ermessen** des Verordnungsgebers bzw. der Regulierungsbehörde gestellt, worin ein Unterschied zur kartellrechtlichen Parallelvorschrift des § 62 GWB (§ 80 GWB aF) liegt, nach der die Berücksichtigung des wirtschaftlichen Werts verpflichtend ist. Es ist jedoch zu beachten, dass das Äquivalenzprinzip Ausdruck des verfassungsrechtlich gewährleisteten **Grundsatzes der Verhältnismäßigkeit** ist und deshalb bei einer „gröblichen Verletzung" des Äquivalenzprinzips, dh wenn Leistung und Gegenleistung außer Verhältnis stehen, der Gebührenbescheid aufzuheben ist (BVerwG NJW 1961, 2128 (2129); BeckRS 1967, 30434048; OLG Düsseldorf BeckRS 2011, 13879; 2009, 24300). Über Satz 2, der einen **Bewertungsspielraum** hinsichtlich der wirtschaftlichen Bedeutung eröffnet (OLG Düsseldorf BeckRS 2011, 13879; 2009, 24300), kann insbesondere berücksichtigt werden, dass die kostenpflichtigen Amtshandlungen der Regulierungsbehörden auch belastend wirken können und häufig Auswirkungen über den Adressaten hinaus haben (weiterführend Säcker EnergieR/Wende § 91 Rn. 32).

Die Regulierungsbehörde kann insbesondere auf eine von für den „Normalfall" erstellte **Matrix** zurückgreifen, die sich neben dem kategorisierten sachlichen und personellen Aufwand am wirtschaftlichen Wert der Streitigkeit orientiert. Die Erstellung einer solchen Matrix dient einer gleichmäßigen, diskriminierungsfreien Ermessensausübung und einer dem allgemeinen Gleichheitssatz genügenden Verwaltungspraxis, sofern ein solches Hilfsmittel der Regulierungsbehörde ausreichend Raum lässt, im Einzelfall vom „Normalfall" abzuweichen und damit ihr Entschließungsermessen mit Blick auf die Berücksichtigung des wirtschaftlichen Werts auszuüben (OLG Düsseldorf BeckRS 2020, 38566 Rn. 31, hierzu tlw. krit. Philipp IR 2021, 105 (106); s. auch Langer/Schelhase EnWZ 2023, 56 (58 f.)).

3. Billigkeitserwägungen

Ist nach Absatz 3 Satz 1 der Betrag im Einzelfall außergewöhnlich hoch, kann die Gebühr aus Gründen der Billigkeit ermäßigt werden (Absatz 3 Satz 3). Die Vorschrift ermöglicht ein Unterschreiten der Kostendeckung (Salje EnWG § 91 Rn. 20) und eröffnet ein Ermessen, das im Rahmen des einzelnen Gebührenfestsetzungsverfahrens auszuüben ist. Allerdings kann nach dem eindeutigen Wortlaut aus Billigkeitserwägungen nur eine Ermäßigung, nicht darüber hinausgehend ein vollständiger Erlass der Gebühr erfolgen (Theobald/Kühling/Boos § 91 Rn. 44; aA Bourwieg/Hellermann/Hermes/Stelter § 91 Rn. 18).

Nicht jede überdurchschnittliche Gebührenhöhe gibt Anlass zur Gebührenermäßigung. „Es müssen vielmehr Umstände hinzutreten, die den Fall aus der Masse vergleichbarer Fälle erkennbar derart herausheben, dass ein Festhalten an der ermittelten Gebührenhöhe unverhältnismäßig wäre" (Säcker EnergieR/Wende § 91 Rn. 33). Richtigerweise kann auch die **schlechte wirtschaftliche Lage des Kostenschuldners** berücksichtigt werden (str., zum Meinungsstand Immenga/Mestmäcker/Wirtz GWB § 80 Rn. 28). Dass solche Umstände später iRv § 19 VwKostG berücksichtigt werden können, steht der Berücksichtigung bereits im Rahmen der Billigkeitsentscheidung nicht entgegen (Britz/Hellermann/Hermes/Hölscher, 3. Aufl., § 91 Rn. 19). Schließlich besteht nach der Rechtsprechung des OLG Düsseldorf kein Anlass für einen **Gemeinwohlkostenabzug** im Sinne einer gebührenmindernden Berücksichtigung des Allgemeininteresses, da er in Absatz 3 nicht vorgesehen ist und es auch

EnWG § 91 Teil 8. Verfahren und Rechtsschutz bei überlangen Gerichtsverfahren

keinen solchen allgemeinen gebührenrechtlichen Grundsatz gibt (OLG Düsseldorf BeckRS 2011, 13879).

II. Pauschalgebührensätze (Abs. 4)

38 Absatz 4 sieht die Erhebung von Pauschalgebührensätzen vor, sofern es sich um mehrfache gleichartige Amtshandlungen handelt. Hiermit ist keine Abweichung vom Kostendeckungsprinzip nach Absatz 3 Satz 1 verbunden: Die pauschalen Gebühren sind so zu bemessen, dass die Kosten der gleichartigen Amtshandlungen insgesamt gedeckt sind. Die Festlegung der Pauschalgebührensätze darf nur durch den Gesetz- oder Verordnungsgeber erfolgen (Säcker EnergieR/Wende § 91 Rn. 34; Theobald/Kühling/Boos § 91 Rn. 48 mwN), sodass sich die Vorschrift auch ohne ausdrücklichen Verweis nur auf die in Absätzen 8, 8a vorgesehenen Gebührenverordnungen bezieht. Der Gesichtspunkt des geringeren Verwaltungsaufwandes, der Absatz 4 zugrunde liegt, kann allerdings richtigerweise bereits im konkreten Gebührenfestsetzungsverfahren vor der Regulierungsbehörde berücksichtigt werden (Säcker EnergieR/Wende § 91 Rn. 34 mwN; Immenga/Mestmäcker/Wirtz GWB § 80 Rn. 29).

E. Kostenschuldner (Abs. 6) und -gläubiger

I. Kostenschuldner

39 Absatz 6 regelt, gegenüber welchen Personen die Kosten für die Amtshandlungen nach Absatz 1 festgesetzt werden (Kostenschuldner), und geht dabei im Grundsatz vom kostenrechtlich allgemein anerkannten **Veranlasser- bzw. Verursacherprinzip** aus (Theobald/Kühling/Boos § 91 Rn. 49; weiterführend Rosin/Pohlmann/Gentzsch/Metzenthin/Böwing/Teschner § 91 Rn. 38).

40 Nach **Absatz 6 Satz 1 Nummer 2** ist Kostenschuldner, wer durch einen Antrag die Tätigkeit der Regulierungsbehörde veranlasst hat, oder derjenige, gegen den eine Verfügung der Regulierungsbehörde ergangen ist. Hiervon sind auch die Fälle umfasst, die vor ihrer Aufhebung durch das Gesetz zur Förderung der Kraft-Wärme-Kopplung vom 25.10.2008 durch den ersatzlos gestrichenen Satz 1 Nummer 1 geregelt waren.

41 Eine besondere Regelung erfährt die Kostenschuldnerschaft bei besonderen Missbrauchsverfahren mit **Absatz 6 Satz 1 Nummer 2a:** Danach ist, wenn der Antrag abgelehnt wird, der Antragsteller mit den Kosten zu belasten; wenn eine Verfügung nach § 31 Abs. 3 ergangen ist, hingegen der Antragsgegner. Wird der Antrag teilweise abgelehnt, sind die Kosten verhältnismäßig zu teilen, wobei sich ein Rückgriff auf die zu § 92 Abs. 1 ZPO entwickelten Grundsätze anbietet (Elspas/Graßmann/Rasbach/Höch § 91 Rn. 20). Einem Beteiligten können die Kosten ganz auferlegt werden, wenn der andere Beteiligte nur zu einem geringen Teil unterlegen ist. Erklären die Beteiligten die Sache übereinstimmend für erledigt, tragen sie die Kosten zu gleichen Teilen. Der Gesetzgeber trägt damit der kontradiktorischen Ausgestaltung des besonderen Missbrauchsverfahrens Rechnung und lehnt sich durch die Berücksichtigung des Verfahrensausgangs an die Kostenverteilung im Zivilprozess an. Gleichzeitig soll die Regelung der Kostenverteilung auch die gütliche Beilegung fördern (Rosin/Pohlmann/Gentzsch/Metzenthin/Böwing/Teschner § 91 Rn. 38).

42 **Absatz 6 Satz 1 Nummer 3 und Nummer 4**, wonach Kostenschuldner ist, wer die Herstellung der Abschriften oder die Herausgabe von Daten nach § 12f Abs. 2 veranlasst hat bzw. derjenige, dem die Regulierungsbehörde die Entscheidung oder einen schriftlichen Hinweis auf die öffentliche Bekanntmachung förmlich zugestellt hat, trägt ebenfalls dem Kostenverursachungsprinzip Rechnung.

43 **Absatz 6 Satz 1 Nummer 5** trifft eine folgerichtige Sonderregelung für die Fälle des Absatzes 2a: Kostenschuldner ist der Energieversorgungsnetzbetreiber, gegen den ein Missbrauchsverfahren nach § 30 Abs. 2 bereits eingeleitet war, das sich durch die Abstellung der Zuwiderhandlung erledigt hat.

44 Nach **Absatz 6 Satz 2** ist schließlich auch Kostenschuldner, wer hinsichtlich der Zahlung der Kosten gegenüber der Regulierungsbehörde eine Übernahmeerklärung abgegeben hat. Die an keine besondere Form gebundene Erklärung führt zu einer „originären Kostenschuldnerschaft" des Erklärenden, von der die Kostenschuldnerschaft des eigentlichen Kostenschuldners unberührt bleibt (Säcker EnergieR/Wende § 91 Rn. 42). Des Weiteren ist Kosten-

schuldner, wer für die Kostenschuld eines **anderen kraft Gesetzes haftet**. Hiermit wird der Rechtsnachfolger in die Haftung genommen.

Mehrere Kostenschuldner haften als **Gesamtschuldner (Absatz 6 Satz 3)**, sodass die §§ 421 ff. BGB Anwendung finden. Ihre Ausgleichspflicht richtet sich nach dem **Innenverhältnis (§ 426 BGB)**.

II. Kostengläubiger

Die Kostengläubigerschaft wird in § 91 nicht geregelt. Kostengläubiger ist nach § 12 VwKostG der **Rechtsträger der Behörde**, die die kostenpflichtige Amtshandlung vornimmt, dh für Amtshandlungen der BNetzA die Bundesrepublik Deutschland und für Amtshandlungen der Landesregulierungsbehörde das jeweilige Bundesland (Säcker EnergieR/Wende § 91 Rn. 43; Theobald/Kühling/Boos § 91 Rn. 60). Dies gilt im Ergebnis auch in den Fällen, in denen die Aufgaben der Landesregulierungsbehörden im Wege der **Organleihe** auf die BNetzA übertragen werden (ausf. Säcker EnergieR/Wende § 91 Rn. 43, 61).

F. Verjährung (Abs. 7)

Die Regelungen des Absatzes 7 zur Verjährung entsprechen in angepasster Form denen des § 142 Abs. 4 TKG und orientieren sich an den Bestimmungen der AO (BR-Drs. 613/04, 141). Sie sind ebenfalls zweistufig ausgestaltet: Es wird zwischen der Festsetzungsverjährung bezogen auf den Zeitraum, innerhalb der die Regulierungsbehörde die Kosten für eine Amtshandlung gegenüber dem Kostenschuldner festsetzen darf, und der Zahlungsverjährung bezogen auf den Zeitraum, innerhalb dessen die Regulierungsbehörde die zuvor festgesetzten Kosten vollstrecken muss, unterschieden. Mit den gegenüber dem VwKostG längeren Verjährungsfristen wollte der Gesetzgeber dem Umstand Rechnung tragen, dass die dort geregelten Verjährungsfristen häufig nicht mehr der Dauer einzelner Verwaltungsverfahren und gerichtlicher Verfahren entsprechen (BR-Drs. 613/04, 141).

Nach **Absatz 7 Satz 1** ist die Kostenfestsetzung bis zum Ablauf des vierten Kalenderjahres nach Entstehung der Schuld zulässig (**Festsetzungsverjährung**). Damit hat die Regulierungsbehörde in der Regel die Möglichkeit, eine rechtskräftige gerichtliche Entscheidung über die zugrundeliegende Amtshandlung abzuwarten (Säcker EnergieR/Wende § 91 Rn. 45). Der Zeitpunkt der Entstehung der Kostenschuld richtet sich in Ermangelung einer spezialgesetzlichen Regelung nach der VwKostG. Die Gebührenschuld entsteht danach, soweit ein Antrag notwendig ist, mit dessen Eingang bei der zuständigen Behörde, im Übrigen mit der Beendigung der gebührenpflichtigen Amtshandlung (§ 11 Abs. 1 VwKostG). Die Verpflichtung zur Erstattung von Auslagen entsteht mit der Aufwendung des zu erstattenden Betrages und in einzelnen, näher bezeichneten Fällen mit der Beendigung der kostenpflichtigen Amtshandlung (§ 11 Abs. 2 VwKostG). Nach **Absatz 7 Satz 2** wird die Festsetzungsfrist durch einen Antrag auf Aufhebung oder Änderung der Festsetzung so lange **gehemmt**, bis über den Antrag unanfechtbar entschieden wurde.

Der Anspruch auf Zahlung von Kosten verjährt nach **Absatz 7 Satz 3** hingegen mit Ablauf des fünften Kalenderjahres nach der Festsetzung (**Zahlungsverjährung**).

Schließlich wird in **Absatz 7 Satz 4** auf § 20 VwKostG (mittlerweile außer Kraft getreten) verwiesen, wobei der Verweis im Hinblick auf den Pauschalverweis auf das VwKostG in Absatz 10 (→ Rn. 55) nicht erforderlich ist.

G. Verordnungsermächtigung (Abs. 8)

Nach **Absatz 8 Satz 1** wird das Bundesministerium für Wirtschaft und Energie ermächtigt, im Einvernehmen mit dem Bundesministerium der Finanzen durch Rechtsverordnung mit Zustimmung des Bundesrates die Gebührensätze und die Erhebung der Gebühren vom Gebührenschuldner in Durchführung der Vorschriften der Absätze 1–6 sowie die Erstattung der Auslagen für die in § 73 Abs. 1 S. 4 und § 74 S. 1 bezeichneten Bekanntmachungen und Veröffentlichungen zu regeln, soweit es die BNetzA betrifft. Hiervon hat der Verordnungsgeber durch die **EnWGKostV** vom 14.3.2006 (BGBl. I 540, zuletzt geändert durch die achte Verordnung zur Änderung der Energiewirtschaftskostenverordnung vom 6.11.2020, BGBl. I 2345) Gebrauch gemacht. Die Höhe der zu erhebenden Gebühren bestimmt sich nach § 2 EnWGKostV nach dem Gebührenverzeichnis als Anlage zu § 2, das meist Gebührenrahmen, aber auch feste Gebührensätze für enumerativ aufgezählte Amtshandlungen festlegt. In der Verordnungsbegründung wird darauf verwiesen, dass bei der Festlegung der Rahmensätze für Gebühren noch keine Erfahrungswerte über den mit den Amtshandlungen verbundenen Aufwand vorliegen und deshalb zukünftig eine **regelmäßige Überprüfung** und ggf. **Anpassung der Verzeichnisse** erfolgen wird (BR-Drs. 927/05. 4). Das Gebührenverzeichnis ist seit dem Inkrafttreten der EnWGKostV deutlich erweitert worden, einzelne Gebühren bzw. Gebührenrahmen haben auch der Höhe nach Anpassungen erfahren.

52 Von den **weiteren Verordnungsermächtigungen** im Hinblick auf die Ermittlung des wirtschaftlichen Werts des Gegenstands der jeweiligen Amtshandlung in **Absatz 8 Satz 2** und im Hinblick auf Vorschriften über die Kostenbefreiung von juristischen Personen des öffentlichen Rechts, die Verjährung und die Kostenerhebung in **Absatz 8 Satz 3** hat der Verordnungsgeber demgegenüber bislang keinen Gebrauch gemacht.

53 Nach **Absatz 8a** werden für die **Amtshandlungen der Landesregulierungsbehörden** die Bestimmungen nach Absatz 8 durch Landesrecht getroffen. Dies stellt im föderalen System eine Selbstverständlichkeit dar und gilt auch für den Fall, in dem die BNetzA in **Organleihe** für ein Bundesland tätig wird. Denn es ist wesentliches Merkmal einer Organleihe, bei der sich ein Land eine Behörde des Bundes „leiht", dass die entliehene Bundesbehörde – soweit sie Aufgaben der Landesverwaltung ausführt – funktionell in die Landesverwaltung eingegliedert wird und deshalb als Organ des Landes zu behandeln ist. Es werden keine Zuständigkeiten bzw. Kompetenzen vom Land auf den Bund verlagert; „verlagert" werden vielmehr personelle und sächliche Verwaltungsmittel vom Bund auf das entleihende Land (BGH BeckRS 2008, 10808 Rn. 11 f. mwN).

54 Ebenfalls bislang nicht Gebrauch gemacht hat der Verordnungsgeber von der Verordnungsermächtigung in **Absatz 9,** wonach das Bundesministerium für Wirtschaft und Energie ermächtigt wird, durch Rechtsverordnung mit Zustimmung des Bundesrates das Nähere über die Erstattung der durch das Verfahren vor der Regulierungsbehörde entstehenden Kosten nach den Grundsätzen des § 90 zu bestimmen.

H. Verweis auf das VwKostG (Abs. 10)

55 Nach Absatz 10 gilt für **Leistungen der Regulierungsbehörde in Bundeszuständigkeit** im Übrigen das VwKostG in der bis zum 14.8.2013 geltenden Fassung. Das VwKostG ist zu diesem Tag außer Kraft getreten und durch das am 15.8.2013 in Kraft getretene BGebG ersetzt worden, das allerdings auf die Tätigkeit der BNetzA als Regulierungsbehörde im Sinne des EnWG keine Anwendung findet (§ 2 Abs. 2 S. 2 Nr. 3 BGebG). In der Literatur wird aus rechtspolitischer Sicht kritisiert, dass auf ein bereits seit mehreren Jahren außer Kraft getretenes Gesetz anstatt auf das BGebG verwiesen werde (Theobald/Kühling/Boos § 91 Rn. 58, 63).

§ 92 [aufgehoben]

§ 93 Mitteilung der Bundesnetzagentur

¹Die Bundesnetzagentur veröffentlicht einen jährlichen Überblick über ihre Verwaltungskosten und die insgesamt eingenommenen Abgaben. ²Soweit erforderlich, werden Gebühren- und Beitragssätze in den Verordnungen nach § 91 Abs. 8 und § 92 Abs. 3 für die Zukunft angepasst.

Überblick

Die Vorschrift bezweckt die Schaffung von Transparenz (→ Rn. 1) bezüglich der Verwaltungskosten und der eingenommenen Abgaben und entspricht § 147 TKG 2005 (→ Rn. 2). Unter den Abgabenbegriff fallen die Gebühren und Auslagen gem. § 91 (→ Rn. 3 f.). Satz 1 der Vorschrift verpflichtet die BNetzA zur Veröffentlichung eines jährlichen Überblicks über

Mitteilung der Bundesnetzagentur § 93 EnWG

die Verwaltungskosten und insgesamt eingenommenen Abgaben (→ Rn. 5 ff.). Satz 2 enthält einen über die Mitteilungspflicht hinausgehenden Handlungsauftrag an den Gesetzgeber, Gebühren- und Beitragssätze für die Zukunft anzupassen (→ Rn. 8 ff.).

A. Normzweck und Entstehungsgeschichte

§ 93 ist auf die **Offenlegung** aller Verwaltungskosten und des gesamten Abgabenaufkommens der BNetzA gerichtet. „Die Berichtspflicht soll Dritte in die Lage versetzen, die Kostenentwicklung und die Einnahmesituation der BNetzA in Bezug auf den Vollzug der Regulierungsaufgaben nach dem EnWG, der auf seiner Grundlage erlassenen Rechtsverordnungen sowie des Vollzugs der einschlägigen unionsrechtlichen Rechtsverordnungen nachzuvollziehen" (Säcker EnergieR/Prömper § 93 Rn. 1). 1

Die Vorschrift entspricht ausweislich der Gesetzesbegründung § 147 TKG 2005 (BT-Drs. 15/3917, 73). Sie wurde mit Inkrafttreten des EnWG 2005 eingeführt und ist seitdem unverändert geblieben. 2

B. Anwendungsbereich

Inhaltlich umfassen die in Satz 1 in Bezug genommenen Abgaben allein die Kostentatbestände des § 91, dh **Gebühren und Auslagen**. § 92, nach dem Betreiber von Energieversorgungsnetzen verpflichtet waren, Beiträge für den laufenden Aufwand der Regulierungsbehörde zu entrichten und dadurch als Marktteilnehmer zur Refinanzierung der staatlichen Aufgaben herangezogen wurden (BT-Drs. 15/3917, 72), ist durch das Gesetz zur Neuregelung energiewirtschaftlicher Vorschriften vom 26.7.2011 (BGBl. I 1554, Art. 1 Nr. 59) ersatzlos gestrichen worden. Demgemäß geht auch der infolge eines redaktionellen Versehens noch in Satz 2 enthaltene Verweis auf die Anpassung der Beitragssätze gem. § 92 Abs. 3 ins Leere. 3

Von der Mitteilungspflicht der BNetzA sind über die Bezugnahme in **§ 78 Abs. 1 WindSeeG** die durch den Vollzug dieses Gesetzes entstehenden Verwaltungskosten und nach § 76 WindSeeG erhobenen Gebühren bzw. Auslagen der BNetzA erfasst. Gleiches gilt infolge der Verweisung in **§ 76 Abs. 3 MsbG** für die bei Wahrnehmung der Aufgaben der BNetzA nach dem MsbG und den auf dessen Grundlage ergangenen Rechtsverordnungen entstandenen Verwaltungskosten und Gebühren bzw. Auslagen. 4

C. Veröffentlichungspflicht (S. 1)

Nach Satz 1 veröffentlicht die BNetzA einen jährlichen Überblick über ihre Verwaltungskosten und die insgesamt eingenommenen Abgaben. Die Vorschrift stellt abgesehen von dem vorgeschriebenen jährlichen Veröffentlichungsturnus keine konkreten inhaltlichen, formellen oder zeitlichen Anforderungen an den Überblick auf, sodass der BNetzA insoweit ein **Gestaltungsspielraum** zukommt. Geeignete **Publikationsorgane** sind, wie sich aus der diesbezüglichen Regelung zur Einleitung von Verfahren nach § 29 Abs. 1 und 2 und Entscheidungen der Regulierungsbehörde auf der Grundlage des Teiles 3 des EnWG in § 74 schließen lässt, jedenfalls die Internetseite und das Amtsblatt der BNetzA (Kment EnWG/Schex § 93 Rn. 2; Theobald/Kühling/Theobald/Werk § 93 Rn. 4). 5

Die BNetzA kommt ihrer Mitteilungspflicht im Rahmen der Veröffentlichung ihres auf ihrer Internetseite veröffentlichten **Jahresberichtes** (zuletzt Jahresbericht 2019, 135) nach, indem sie auf der Einnahmenseite u.a. die Gebühren und sonstigen Entgelte im Bereich Energie (Elektrizität, Gas, EEG) gesondert ausweist und auf der Ausgabenseite bereichsübergreifend zwischen Personalausgaben, sächlichen Verwaltungsausgaben/Zuweisungen/besonderen Finanzierungsausgaben und Investitionen differenziert. 6

Soweit in der Literatur verlangt wird, dass der Jahresüberblick über die Gebühren und Auslagen eine solche **Detailschärfe** aufweist, dass er zur Überprüfung der Rechtmäßigkeit von Gebühren- und Beitragsbescheiden herangezogen werden kann (Theobald/Kühling/Theobald/Werk § 93 Rn. 3), verkennt dies, dass eine solche Darstellung einen Detaillierungsgrad aufweisen müsste, der weit über den gesetzlich verlangten „Überblick" hinausgeht (zutr. Säcker EnergieR/Prömper § 93 Rn. 5 ff.). Vermittelnd wird vertreten, dass die zu gebenden Informationen die Kontrolle der Gebührenentscheidung nicht allein ermöglichen müssen, 7

Pastohr 1839

sondern als weitere Informationsquellen Akteneinsichtsrechte oder Ansprüche nach dem IFG hinzutreten können (Bourwieg/Hellermann/Hermes/Stelter § 93 Rn. 2). Jedenfalls begegnet es unter **Transparenzgesichtspunkten** Bedenken, wenn im Jahresbericht die Verwaltungskosten nicht – wie die eingenommenen Gebühren und sonstigen Entgelte – energiebereichsspezifisch aufgeführt sind. Damit ist bereits die allgemeine Prüfung, ob das Abgabenaufkommen den auf die Amtshandlungen im Bereich Energie entfallenden Personal-, Sach- und Investitionsaufwand übersteigt, nicht möglich (Kment EnWG/Schex § 93 Rn. 3; krit. auch Rosin/Pohlmann/Gentzsch/Metzenthin/Böwing/Smousavi § 93 Rn. 12).

D. Anpassung von Gebühren- und Beitragssätzen (S. 2)

8   Eine Anpassungspflicht besteht gem. Satz 2 für die Zukunft, wenn sich zeigt, dass die Kosten und Einnahmen im Ungleichgewicht sind. Die Anpassungspflicht wird hier allerdings nur **deklaratorisch** normiert, da eine Pflicht des Verordnungsgebers zu einer entsprechenden Anpassung der Verordnung bereits aus den **abgaberechtlichen Grundprinzipien,** insbesondere der Kostendeckung (→ § 91 Rn. 25) und der Äquivalenz (→ § 91 Rn. 26) folgt: Wenn die einzelnen Gebührensätze nicht mehr den gesetzlichen Vorgaben entsprechen, sind sie vom Verordnungsgeber anzupassen (Säcker EnergieR/Prömper § 93 Rn. 11; Theobald/Kühling/Theobald/Werk § 93 Rn. 5). Nach zutreffender Ansicht kann aus Effektivitätsgesichtspunkten allenfalls dann eine Anpassung unterbleiben, wenn nur ein geringfügiges Ungleichgewicht vorliegt und der durch die Anpassung verursachte Verwaltungsaufwand in keinem Verhältnis zum Nutzen stehen würde (Theobald/Kühling/Theobald/Werk § 93 Rn. 5).

9   Satz 2 sieht eine Anpassung von Gebührensätzen nur **für die Zukunft** vor, sodass eine rückwirkende, den Kostenschuldner entlastende Anpassung der Gebührensätze (Reduzierung) ausgeschlossen ist. Gleiches gilt für eine rückwirkende, den Kostenschuldner belastende Anpassung der Gebührensätze (Erhöhung), die ohnehin gegen das Rechtsstaatsgebot (Rückwirkungsverbot) verstoßen würde. Mit der Einschränkung „soweit erforderlich" wird dem Verordnungsgeber ein – durch die abgaberechtlichen Grundprinzipien der Äquivalenz und Kostendeckung beschränkter – **Beurteilungsspielraum** hinsichtlich der erforderlichen Anpassung eingeräumt (Kment EnWG/Schex § 93 Rn. 4).

10   Ob unterlassene, aber erforderliche **Anpassungen** der betroffenen Verordnungen dazu führen, dass Gebührenbescheide ab dem Zeitpunkt, in dem die Anpassung erforderlich gewesen wäre, **rechtswidrig** sind, ist streitig (dafür Theobald/Kühling/Theobald/Werk § 93 Rn. 6; Kment EnWG/Schex § 93 Rn. 4; Geppert/Schütz/Schütz § 147 Rn. 3; aA Säcker EnergieR/Prömper Rn. 12; Arndt/Fetzer in Arndt/Fetzer/Scherer/Graulich, TKG, 2. Aufl. 2015, TKG § 147 Rn. 4, wonach die Rechtswidrigkeit einer Gebührenfestsetzung nur im Einzelfall anhand des materiellen Kontrollmaßstabs gerichtlich festgestellt werden könne).

Abschnitt 5. Sanktionen, Bußgeldverfahren

§ 94 Zwangsgeld

¹**Die Regulierungsbehörde kann ihre Anordnungen nach den für die Vollstreckung von Verwaltungsmaßnahmen geltenden Vorschriften durchsetzen.** ²**Sie kann auch Zwangsmittel gegen juristische Personen des öffentlichen Rechts anwenden.** ³**Die Höhe des Zwangsgeldes beträgt mindestens 1 000 Euro und höchstens zehn Millionen Euro.**

Überblick

Die § 86a GWB und in angepasster Form § 115 Abs. 2 TKG entsprechende Vorschrift dient der Sicherung der effektiven Durchsetzung regulierungsbehördlicher Handlungen (→ Rn. 1). Nach dem Verweis in Satz 1 gelten die Verwaltungsverfahrensgesetze des Bundes bzw. der Länder, sodass die Festsetzung eines Zwangsgeldes unter den Voraussetzungen des

§§ 6 ff. VwVfG möglich ist (→ Rn. 2). Satz 2 schafft die Grundlage für eine Zwangsvollstreckung auch gegenüber juristischen Personen des öffentlichen Rechts (→ Rn. 3). Hinsichtlich der Höhe des Zwangsgeldes sieht Satz 3 einen gegenüber dem VwVfG deutlich höheren Zwangsgeldrahmen vor, die Höhe muss im Einzelfall angemessen sein (→ Rn. 4 ff.). Gegen die Festsetzung des Zwangsgeldes ist – ebenso wie gegen die Androhung und die Vollstreckung durch Beitreibung – die Beschwerde gem. § 75 gegeben (→ Rn. 7).

A. Normzweck und Entstehungsgeschichte

Die durch das EnWG 2005 eingeführte Vorschrift entspricht in angepasster Form § 86a 1 GWB und § 115 Abs. 2 TKG (BT-Drs. 15/3917, 73). Sie soll die Sicherung der effektiven Durchsetzung regulierungsbehördlicher Anordnungen gewährleisten (Kment EnWG/Huber § 94 Rn. 2). Dabei trägt der in Satz 3 vorgesehene hohe Zwangsgeldrahmen der besonderen wirtschaftlichen Bedeutung Rechnung, die der Gesetzgeber dem Rechtsgebiet zumisst (Bourwieg/Hellermann/Hermes/Stelter § 94 Rn. 2). Unter Rückgriff auf die Gesetzesbegründung zur kartellrechtlichen Parallelvorschrift des § 86a GWB ist dieser Rahmen notwendig, um auch finanzstarke Unternehmen wirksam zur Befolgung von Verfügungen der Regulierungsbehörden anhalten zu können (vgl. BT-Drs. 15/3640, 68). Satz 2 ist durch das Gesetz zur Umsetzung unionsrechtlicher Vorgaben und zur Regelung reiner Wasserstoffnetze im Energiewirtschaftsrecht vom 16.7.2021 (BGBl. I 3026) eingeführt worden, die Ergänzung hat § 168 Abs. 3 S. 2 GWB und § 17 Abs. 1 S. 3 FinDAG zum Vorbild (BT-Drs. 19/27453, 137).

B. Verweis auf die Verwaltungsvollstreckungsgesetze des Bundes und der Länder (S. 1)

Satz 1 verweist für die Durchsetzung von Anordnungen der Regulierungsbehörde auf die 2 für die Vollstreckung von Verwaltungsmaßnahmen geltenden Vorschriften. **Anordnungen der Regulierungsbehörde** sind dabei alle von dieser erlassenen Verwaltungsakte; Anordnungen im Bußgeldverfahren zählen nicht hierzu (Bechtold/Bosch GWB § 86a Rn. 1, 3). Die für die Vollstreckung von Verwaltungsmaßnahmen geltenden Vorschriften sind für die BNetzA das **VwVG des Bundes** und für die Landesregulierungsbehörden die entsprechenden Vorschriften der jeweiligen **Landesvollstreckungsgesetze**. Diese regeln neben der Vollstreckung von Geldforderungen die **Erzwingung von Handlungen, Duldungen und Unterlassen**. Da die Anordnungen der Regulierungsbehörde regelmäßig auf unvertretbare Handlungen der Netzbetreiber gerichtet sind, kommt von den in § 9 Abs. 1 VwVG aufgeführten Zwangsmitteln – Ersatzvornahme, Zwangsgeld und unmittelbarer Zwang – in der Praxis vor allem das Zwangsgeld gem. § 11 VwVG in Betracht (zu den hierfür in §§ 6 ff. VwVG normierten Voraussetzungen → Rn. 2.1 ff.).

Nach § 11 Abs. 1 VwVG kommt die Festsetzung eines Zwangsgeldes bei sog. **unvertretbaren** 2.1 **Handlungen,** die durch keinen anderen nicht vorgenommen werden können und nur vom Willen des Pflichtigen abhängen, sowie ausnahmsweise bei **vertretbaren Handlungen** in Betracht, wenn die Ersatzvornahme untunlich ist, besonders, wenn der Pflichtige außerstande ist, die Kosten zu tragen, die aus der Ausführung durch einen anderen entstehen. Die Verhängung eines Zwangsgeldes ist zudem dann zulässig, wenn der Pflichtige der Verpflichtung zuwiderhandelt, eine Handlung zu dulden oder zu unterlassen (§ 11 Abs. 2 VwVG).

Es müssen die Voraussetzungen für die **Zulässigkeit des Verwaltungszwangs** nach § 6 VwVG 2.2 vorliegen. Dies setzt, wenn nicht ausnahmsweise die Voraussetzungen für einen sofortigen Vollzug nach § 6 Abs. 2 VwVG vorliegen, nach § 6 Abs. 1 VwVG voraus, dass der zu vollstreckende Verwaltungsakt unanfechtbar ist, sein sofortiger Vollzug angeordnet oder dass dem Rechtsmittel keine aufschiebende Wirkung beigelegt ist. Bei regulierungsbehördlichen Anordnungen ist letzteres regelmäßig der Fall, da die Beschwerde gem. § 76 Abs. 1 **keine aufschiebende Wirkung** hat, soweit durch die angefochtene Entscheidung nicht eine Entscheidung zur Durchsetzung der Verpflichtungen nach den §§ 7–7b und §§ 8–10d getroffen wird.

Bei der konkreten Festsetzung des Zwangsgeldes sind die Voraussetzungen der §§ 13 ff. VwVG zu 2.3 beachten. Die Verwaltungsvollstreckung mittels Zwangsgeldes erfolgt im **sog. gestreckten Verfahren** in drei Verfahrensstufen: **Androhung, Festsetzung und Anwendung** des Zwangsmittels.

2.4 Das Zwangsgeld muss außer in Fällen des sofortigen Vollzugs nach § 6 Abs. 2 VwVG schriftlich und unter Fristsetzung angedroht werden (§ 13 Abs. 1 VwVG). Die Androhung kann mit dem Verwaltungsakt **verbunden** werden, durch den die Handlung, Duldung oder Unterlassung aufgegeben wird und soll mit ihm verbunden werden, wenn – wie nach § 76 Abs. 1 im energiewirtschaftsrechlichen Beschwerdeverfahren regelmäßig der Fall (→ Rn. 2.2 aE) – Rechtsmitteln keine aufschiebende Wirkung beigelegt ist (§ 13 Abs. 2 VwVG). Eines konkreten Verstoßes gegen die zu erzwingende Pflicht bedarf es nicht, nur bei Duldungs- und Unterlassungspflichten müssen der Behörde konkrete Anhaltspunkte für einen gegenwärtigen oder zukünftigen Verstoß gegen die zu erzwingende Pflicht vorliegen, um die Vollstreckung einleiten zu können (OLG Düsseldorf BeckRS 2009, 27939 mwN). Der Betrag des Zwangsgeldes ist in **bestimmter Höhe** anzudrohen (§ 13 Abs. 5 VwVG) und die Androhung zuzustellen (§ 13 Abs. 7 VwVG).

2.5 Das Zwangsgeld kann auch neben einer Strafe oder Geldbuße angedroht und so oft **wiederholt** und hierbei jeweils **erhöht** werden, bis die Verpflichtung erfüllt ist, wobei eine neue Androhung erst dann zulässig ist, wenn das zunächst angedrohte Zwangsgeld erfolglos ist. Kommt der Adressat des Verwaltungsakts der ihm auferlegten Handlungs-, Duldungs- oder Unterlassungspflicht nicht nach, muss die Behörde das Zwangsgeld durch Leistungsbescheid nach § 14 VwVG festsetzen.

2.6 Die Regulierungsbehörde muss als Vollstreckungsbehörde auf jeder Stufe des gestreckten Vollstreckungsverfahrens ihr **Entschließungsermessen** ausüben und damit die Frage prüfen, ob überhaupt Zwang angewandt werden soll. Insoweit gilt allerdings der Grundsatz, dass es sachgerecht ist, eine erlassene Grundverfügung auch zwangsweise durchzusetzen. Bereits durch die vollziehbare Anordnung, die dem Betroffenen eine Handlungs-, Duldungs- oder Unterlassungspflicht auferlegt, will die Behörde nur einen rechtmäßigen Zustand herstellen. Da sie sich schon zum Einschreiten veranlasst sah, kann sie regelmäßig auch Zwangsmittel einsetzen, um zu verhindern, dass ihre Anordnung leerläuft (OLG Düsseldorf BeckRS 2015, 6777 Rn. 38).

C. Zwangsvollstreckung gegenüber juristischen Personen des öffentlichen Rechts (S. 2)

3 Satz 2 trägt dem Umstand Rechnung, dass Städte und Gemeinden Energieversorgungsunternehmen teilweise ohne eigene Rechtspersönlichkeit betreiben und eine Zwangsvollstreckung gegenüber juristischen Personen des öffentlichen Rechts im Grundsatz einer ausdrücklichen Gestattung durch Rechtsvorschrift bedarf. Die nunmehrige Klarstellung der entsprechenden Möglichkeit der Regulierungsbehörden erfolgt auch vor dem Hintergrund der unionsrechtlichen Vorgaben der Elektrizitäts-Binnenmarkt-Richtlinie (EU) 2019/944, nach denen die Regulierungsbehörden mit den erforderlichen Befugnissen auszustatten sind, um ihre Regulierungsaufgaben effizient und rasch zu erfüllen und effektive Sanktionen gegen Unternehmen zu verhängen, die rechtsverbindlichen Entscheidungen der Regulierungsbehörden nicht nachkommen (BT-Drs. 19/27453, 136 f.).

D. Höhe des Zwangsgeldes (S. 3)

4 Satz 3 gibt einen energiewirtschaftsrechtlichen **Zwangsgeldrahmen** vor, der dem kartellrechtlichen Zwangsgeldrahmen in § 86a S. 2 GWB entspricht. Das maximal zulässige Zwangsgeld geht mit 10 Mio. EUR deutlich über den in § 11 Abs. 3 VwVG vorgesehenen allgemeinen Höchstbetrag von 25.000 EUR hinaus. Nach zutreffender herrschender Ansicht in der kartellrechtlichen Literatur kann die Erhöhung des Zwangsgeldrahmens auch im Anwendungsbereich der **Landes-Verwaltungsvollstreckungsgesetze** aufgrund einer **Annex-Kompetenz** angeordnet werden (Immenga/Mestmäcker/Stockmann GWB § 86a Rn. 3; Loewenheim/Meessen/Riesenkampff/Kersting/Meyer-Lindemann/Meyer-Lindemann GWB § 86a Rn. 2 jeweils mwN).

5 Die Regulierungsbehörde bestimmt die Höhe des Zwangsgeldes nach **pflichtgemäßem Ermessen** (zum Ermessen hinsichtlich des „Obs" des Tätigwerdens → Rn. 2.6). Sie muss ihr Ermessen gem. § 40 VwVfG entsprechend dem Zweck der Ermächtigung ausüben und die gesetzlichen Grenzen des Ermessens einhalten. Die Ausübung des Ermessens ist nach § 114 VwGO gerichtlich nur eingeschränkt, nämlich auf Ermessensfehler, überprüfbar (OLG Düsseldorf BeckRS 2009, 27939). Die Regulierungsbehörde hat den Grundsatz der Verhältnismäßigkeit zu beachten (BVerwG BeckRS 2005, 26019; 2003, 30302314). Die Höhe des Zwangsgeldes richtet sich nach den erkennbaren **Umständen des Einzelfal-**

les. Dazu können neben der Eilbedürftigkeit und Bedeutung der Sache auch das Verhalten des Pflichtigen und dessen wirtschaftliche Leistungsfähigkeit sowie dessen wirtschaftliches Interesse an einem rechtswidrigen Zustand gehören (Sadler/Tillmanns/Sadler/Tillmanns VwVG § 11 Rn. 29 f.). Der Verhältnismäßigkeitsgrundsatz ist nach Ansicht des OLG Düsseldorf regelmäßig verletzt, wenn die Behörde gleich beim ersten Mal den **Höchstbetrag** androht: Die Behörde soll zunächst den Erfolg eines im unteren Bereich des gesetzlichen Zwangsgeldrahmens liegenden Zwangsgeldes abzuwarten haben, den es im Wiederholungsfall entsprechend steigern kann (OLG Düsseldorf BeckRS 2009, 27939).

Da ein Zwangsgeld **wiederholt** festgesetzt werden kann, wenn der Pflichtige der Handlungspflicht nicht nachkommt (→ Rn. 2.3), kann der Höchstbetrag des einzelnen Zwangsgeldes von 10 Mio. EUR insgesamt überschritten werden. 6

E. Rechtsmittel

Gegen die Androhung des Zwangsmittels und die Festsetzung desselben ist jeweils die 7 **Beschwerde gem.** § 75 statthaft, da nach § 18 Abs. 1 VwVG gegen diese jeweils die Rechtsmittel gegeben sind, die gegen den zu vollstreckenden Verwaltungsakt zulässig sind (OLG Düsseldorf BeckRS 2014, 23324 Rn. 24; 2009, 27939). Allerdings fehlt es für die Beschwerde gegen die Androhung des Zwangsgeldes an dem erforderlichen Rechtsschutzbedürfnis, wenn bereits eine Zwangsgeldfestsetzung erfolgt ist, da damit die Zwangsgeldandrohung „verbraucht" ist und gegenüber dem Betroffenen keine Rechtswirkung mehr entfaltet (OLG Düsseldorf BeckRS 2014, 23324 Rn. 27).

§ 95 Bußgeldvorschriften

(1) Ordnungswidrig handelt, wer vorsätzlich oder fahrlässig
1. ohne Genehmigung nach § 4 Abs. 1 ein Energieversorgungsnetz betreibt,
1a. ohne eine Zertifizierung nach § 4a Absatz 1 Satz 1 ein Transportnetz betreibt,
1b. entgegen § 4c Satz 1 oder Satz 2 die Regulierungsbehörde nicht, nicht richtig, nicht vollständig oder nicht rechtzeitig unterrichtet,
1c. entgegen § 5 Absatz 1 Satz 1 erster Halbsatz, § 13b Absatz 1 Satz 1 erster Halbsatz oder § 113c Absatz 3 Satz 1 eine Anzeige nicht, nicht richtig, nicht vollständig oder nicht rechtzeitig erstattet,
1d. entgegen § 5 Absatz 2 Satz 3 die Tätigkeit beendet,
2. entgegen § 5 Absatz 3 Satz 1 eine Information nicht, nicht richtig, nicht vollständig oder nicht rechtzeitig vornimmt,
2a. entgegen § 11 Absatz 1a oder 1b den Katalog von Sicherheitsanforderungen nicht, nicht richtig, nicht vollständig oder nicht rechtzeitig einhält,
2b. entgegen § 11 Absatz 1c eine Meldung nicht, nicht richtig, nicht vollständig oder nicht rechtzeitig vornimmt,
3. einer vollziehbaren Anordnung nach
   a) § 5 Absatz 4 Satz 3 oder Absatz 5 Satz 1, § 12c Absatz 1 Satz 2, § 15a Absatz 3 Satz 5, § 65 Abs. 1 oder 2 oder § 69 Absatz 7 Satz 1, Absatz 8 Satz 1 oder Absatz 11 Satz 1 oder Satz 2 oder
   b) § 30 Abs. 2 zuwiderhandelt,
3a. entgegen § 5a Absatz 1 Satz 1 dort genannten Daten nicht, nicht richtig, nicht vollständig oder nicht rechtzeitig übermittelt,
3b. entgegen § 12b Absatz 5, § 12c Absatz 5 oder § 15a Absatz 1 Satz 1 einen Entwurf oder einen Netzentwicklungsplan nicht oder nicht rechtzeitig vorlegt,
3c. entgegen § 12g Absatz 1 Satz 3 in Verbindung mit einer Rechtsverordnung nach Absatz 3 einen Bericht nicht, nicht richtig, nicht vollständig oder nicht rechtzeitig vorlegt,
3d. entgegen § 12g Absatz 2 in Verbindung mit einer Rechtsverordnung nach Absatz 3 einen Sicherheitsplan nicht, nicht richtig, nicht vollständig oder nicht rechtzeitig erstellt oder einen Sicherheitsbeauftragten nicht oder nicht rechtzeitig bestimmt,
3e. [aufgehoben]

3f. entgegen § 13b Absatz 1 Satz 2 oder Absatz 5 Satz 1 eine dort genannte Anlage stilllegt,
3g. entgegen § 13e Absatz 4 Satz 1 Nummer 1 Erzeugungsleistung oder Erzeugungsarbeit veräußert,
3h. entgegen § 13e Absatz 4 Satz 1 Nummer 2 oder § 13g Absatz 1 Satz 1 oder 3 eine dort genannte Anlage nicht oder nicht rechtzeitig stilllegt,
3i. entgegen § 13g Absatz 4 Satz 1 Strom erzeugt,
4. entgegen § 30 Abs. 1 Satz 1 eine Marktstellung missbraucht oder
5. einer Rechtsverordnung nach
   a) § 17 Abs. 3 Satz 1 Nr. 1, § 24 Satz 1 Nr. 1 oder § 27 Satz 5, soweit die Rechtsverordnung Verpflichtungen zur Mitteilung, Geheimhaltung, Mitwirkung oder Veröffentlichung enthält,
   b) § 17 Abs. 3 Satz 1 Nr. 2, § 21a Abs. 6 Satz 1 Nr. 3, § 24 Satz 1 Nr. 2 oder 3 oder § 29 Abs. 3,
   c) § 49 Abs. 4 oder § 50,
   d) § 50f Absatz 1,
   e) § 111f Nummer 1 bis 3, 5 bis 7, 10 oder Nummer 14 Buchstabe b oder
   f) § 111f Nummer 8 Buchstabe a oder Buchstabe b, Nummer 9 oder Nummer 13

oder einer vollziehbaren Anordnung auf Grund einer solchen Rechtsverordnung zuwiderhandelt, soweit die Rechtsverordnung für einen bestimmten Tatbestand auf diese Bußgeldvorschrift verweist.

(1a) Ordnungswidrig handelt, wer vorsätzlich oder leichtfertig
1. entgegen § 5b Absatz 1 Satz 1 oder Absatz 2 eine andere Person in Kenntnis setzt oder
2. entgegen § 12 Absatz 5 Satz 1 Nummer 2 oder Nummer 3 eine dort genannte Information nicht, nicht richtig, nicht vollständig oder nicht rechtzeitig übermittelt.

(1b) Ordnungswidrig handelt, wer entgegen Artikel 5 in Verbindung mit Artikel 2 Nummer 2 Buchstabe a der Verordnung (EU) Nr. 1227/2011 des Europäischen Parlaments und des Rates vom 25. Oktober 2011 über die Integrität und Transparenz des Energiegroßhandelsmarkts (ABl. L 326 vom 8.12.2011, S. 1) eine Marktmanipulation auf einem Energiegroßhandelsmarkt vornimmt.

(1c) Ordnungswidrig handelt, wer gegen die Verordnung (EU) Nr. 1227/2011 verstößt, indem er vorsätzlich oder leichtfertig
1. als Person nach Artikel 3 Absatz 2 Buchstabe e
   a) entgegen Artikel 3 Absatz 1 Buchstabe b eine Insiderinformation an Dritte weitergibt oder
   b) entgegen Artikel 3 Absatz 1 Buchstabe c einer anderen Person empfiehlt oder sie dazu verleitet, ein Energiegroßhandelsprodukt zu erwerben oder zu veräußern,
2. entgegen Artikel 4 Absatz 1 Satz 1 eine Insiderinformation nicht, nicht richtig, nicht vollständig oder nicht unverzüglich nach Kenntniserlangung bekannt gibt,
3. entgegen Artikel 4 Absatz 2 Satz 2 eine Insiderinformation nicht, nicht richtig, nicht vollständig oder nicht rechtzeitig übermittelt,
4. entgegen Artikel 4 Absatz 3 Satz 1 die Bekanntgabe einer Insiderinformation nicht sicherstellt,
5. entgegen Artikel 4 Absatz 3 Satz 2 nicht dafür sorgt, dass eine Insiderinformation bekannt gegeben wird,
6. entgegen Artikel 5 in Verbindung mit Artikel 2 Nummer 2 Buchstabe b Satz 1 eine Marktmanipulation auf einem Energiegroßhandelsmarkt vornimmt,
7. entgegen Artikel 8 Absatz 1 Satz 1 in Verbindung mit einer Verordnung nach Artikel 8 Absatz 2 Satz 1 eine dort genannte Aufzeichnung nicht, nicht richtig, nicht vollständig oder nicht rechtzeitig übermittelt,
8. entgegen Artikel 8 Absatz 5 Satz 1 in Verbindung mit einer Verordnung nach Artikel 8 Absatz 6 Satz 1 eine dort genannte Information nicht, nicht richtig, nicht vollständig oder nicht rechtzeitig übermittelt oder

Bußgeldvorschriften § 95 EnWG

9. entgegen Artikel 15 Absatz 1 die Bundesnetzagentur als nationale Regulierungsbehörde nicht, nicht richtig, nicht vollständig oder nicht rechtzeitig informiert.

(1d) Ordnungswidrig handelt, wer gegen die Verordnung (EU) Nr. 1227/2011 verstößt, indem er vorsätzlich oder fahrlässig
1. entgegen Artikel 9 Absatz 1 Satz 1 sich nicht oder nicht rechtzeitig bei der Bundesnetzagentur registrieren lässt oder
2. entgegen Artikel 9 Absatz 1 Satz 2 sich bei mehr als einer nationalen Regulierungsbehörde registrieren lässt.

(1e) Ordnungswidrig handelt, wer gegen die Verordnung (EU) 2019/943 des Europäischen Parlaments und des Rates verstößt, indem er vorsätzlich oder fahrlässig die den Marktteilnehmern zur Verfügung zu stellende Verbindungskapazität zwischen Gebotszonen über das nach Artikel 15 Absatz 2 und Artikel 16 Absatz 3, 4, 8 und 9 der Verordnung (EU) 2019/943 des Europäischen Parlaments und des Rates vorgesehene Maß hinaus einschränkt.

(2) ¹Die Ordnungswidrigkeit kann in den Fällen des Absatzes 1 Nummer 3f bis 3i mit einer Geldbuße bis zu fünf Millionen Euro, in den Fällen des Absatzes 1 Nummer 1a, 1d, 3 Buchstabe b, Nummer 4 und 5 Buchstabe b, der Absätze 1b und 1c Nummer 2 und 6 mit einer Geldbuße bis zu einer Million Euro, über diesen Betrag hinaus bis zur dreifachen Höhe des durch die Zuwiderhandlung erlangten Mehrerlöses, in den Fällen des Absatzes 1 Nummer 5 Buchstabe f mit einer Geldbuße bis zu dreihunderttausend Euro, in den Fällen des Absatzes 1 Nummer 2 und 5 Buchstabe e mit einer Geldbuße bis zu fünfzigtausend Euro, in den Fällen des Absatzes 1 Nr. 5 Buchstabe a sowie des Absatzes 1a Nummer 2 und des Absatzes 1c Nummer 7 und 8 mit einer Geldbuße bis zu zehntausend Euro und in den übrigen Fällen mit einer Geldbuße bis zu hunderttausend Euro geahndet werden. ²Die Höhe des Mehrerlöses kann geschätzt werden. ³Gegenüber einem Transportnetzbetreiber oder gegenüber einem vertikal integrierten Unternehmen kann über Satz 1 hinaus in Fällen des Absatzes 1 Nummer 3 Buchstabe b und des Absatzes 1e eine höhere Geldbuße verhängt werden. ⁴Diese darf
1. in Fällen des Absatzes 1 Nummer 3 Buchstabe b 10 Prozent des Gesamtumsatzes, den der Transportnetzbetreiber oder das vertikal integrierte Unternehmen in dem der Behördenentscheidung vorausgegangenen Geschäftsjahr weltweit erzielt hat, nicht übersteigen oder
2. in Fällen des Absatzes 1e 10 Prozent des Gesamtumsatzes, den der Transportnetzbetreiber oder das vertikal integrierte Unternehmen in dem der Behördenentscheidung vorausgegangenen Geschäftsjahr weltweit erzielt hat, abzüglich der Umlagen nach § 12 des Energiefinanzierungsgesetzes nicht übersteigen.
⁵Die Höhe des Gesamtumsatzes kann geschätzt werden. ⁶Ein durch die Zuwiderhandlung erlangter Mehrerlös bleibt unberücksichtigt.

(3) Die Regulierungsbehörde kann allgemeine Verwaltungsgrundsätze über die Ausübung ihres Ermessens bei der Bemessung der Geldbuße festlegen.

(4) ¹Die Verjährung der Verfolgung von Ordnungswidrigkeiten nach Absatz 1 richtet sich nach den Vorschriften des Gesetzes über Ordnungswidrigkeiten. ²Die Verfolgung der Ordnungswidrigkeiten nach Absatz 1 Nummer 3 Buchstabe b und Nummer 4 und 5 verjährt in fünf Jahren.

(5) Verwaltungsbehörde im Sinne des § 36 Absatz 1 Nummer 1 des Gesetzes über Ordnungswidrigkeiten ist in den Fällen des Absatzes 1 Nummer 2b das Bundesamt für Sicherheit in der Informationstechnik, im Übrigen die nach § 54 zuständige Behörde.

Überblick

§ 95 ergänzt die im Gesetz vorgesehenen Instrumente der Regulierung um die Möglichkeit der bußgeldbewehrten Sanktion (→ Rn. 1) und unterliegt wegen der kontinuierlichen Weiterentwicklung des materiellen Energiewirtschaftsrechts einer beständigen Anpassung und Erweiterung (→ Rn. 2). Die Rechtsnatur der Ordnungswidrigkeit (→ Rn. 3 f.) und die Grundlagen des materiellen Bußgeldrechts (→ Rn. 6 f.) ergeben sich aus dem OWiG, das nur hinsichtlich einzelner Regelungsgegenstände durch im EnWG enthaltene Vorgaben ergänzt wird (zu Fragen des Verschuldens → Rn. 8 f., der Haftung von Unternehmen → Rn. 10 sowie des räumlichen Anwendungsbereichs der Bußgeldvorschriften → Rn. 11). Absatz 1 enthält die einzelnen Bußgeldtatbestände (→ Rn. 12 ff.). Absatz 2 legt für diese den Bußgeldrahmen fest (→ Rn. 43), wobei für die Bußgeldbemessung ergänzend auf die allgemeinen Vorgaben des § 17 Abs. 2–4 OWiG abzustellen ist (→ Rn. 47). In bestimmten Fällen wird hierfür auch an den Mehrerlös (→ Rn. 44) bzw. den Konzernumsatz (→ Rn. 45) angeknüpft. Absatz 3 ermächtigt die Regulierungsbehörde zur Festlegung allgemeiner Verwaltungsgrundsätze über die Ermessensausübung bei der Bußgeldbemessung (→ Rn. 48). Absatz 4 enthält neben einer Bezugnahme auf die allgemeinen Vorgaben des OWiG spezialgesetzliche Vorgaben zur Verfolgungsverjährung (→ Rn. 49 ff.). Schließlich begründet Absatz 5 die Zuständigkeit der nach § 54 zuständigen Regulierungsbehörde und in einem Einzelfall die des Bundesamtes für Sicherheit in der Informationstechnik (→ Rn. 52). Das Bußgeldverfahren selbst ist im Wesentlichen im OWiG und der StPO geregelt (→ Rn. 53 ff.).

Übersicht

	Rn.
A. Normzweck und Entstehungsgeschichte	1
B. Allgemeines	3
I. Rechtsnatur der Ordnungswidrigkeit	3
II. Materielles Bußgeldrecht	6
1. Vorsatz, Fahrlässigkeit und Leichtfertigkeit	8
2. Adressaten der Geldbuße	10
3. Räumlicher Anwendungsbereich	11
C. Bußgeldtatbestände (Abs. 1)	12
I. Betrieb eines Energieversorgungsnetzes bzw. Transportnetzes ohne Genehmigung bzw. Zertifizierung (Abs. 1 Nr. 1, Nr. 1a) sowie Verstoß gegen eine Unterrichtungspflicht nach § 4c (Abs. 1 Nr. 1b)	13
II. Verletzung der Anzeigepflichten nach § 5 Abs. 1 S. 1 Hs. 1, § 13b Abs. 1 S. 1 Hs. 1 oder § 113c Abs. 3 S. 1 (Abs. 1 Nr. 1c), Verstoß gegen das Verbot einer vorzeitigen Tätigkeitsbeendigung nach § 5 Abs. 2 S. 3 (Abs. 1 Nr. 1d) sowie Verletzung von Informationspflichten bei Tätigkeitsbeendigung nach § 5 Abs. 3 S. 1 (Abs. 1 Nr. 2)	16
III. Nichteinhaltung von Sicherheitsanforderungen nach § 11 Abs. 1a und 1b und Verletzung von Meldepflichten nach § 11 Abs. 1c (Abs. 1 Nr. 2a und 2b)	17
IV. Zuwiderhandlung gegen eine vollziehbare Anordnung (Nr. 3)	19
V. Verstoß gegen die Berichtspflichten von Energielieferanten (Nr. 3a) und Übertragungsnetzbetreibern (Abs. 1 Nr. 3b–3d)	21
VI. Verstöße im Zusammenhang mit der Stilllegung von Erzeugungsanlagen (Abs. 1 Nr. 3f–3i)	25
VII. Missbrauch einer Marktstellung (Abs. 1 Nr. 4)	27
VIII. Verstöße gegen Rechtsverordnungen oder vollziehbarer Anordnungen aufgrund einer Rechtsverordnung (Abs. 1 Nr. 5)	30
IX. Verletzung von Verschwiegenheitspflichten nach § 5b Abs. 1 S. 1 oder Abs. 2 und von Informationspflichten nach § 12 Abs. 5 S. 1 Nr. 2 und Nr. 3 (Abs. 1a)	32
X. Verstöße gegen die REMIT-VO: Marktmanipulation auf einem Energiegroßhandelsmarkt (Abs. 1b) sowie Verstöße gegen Informationsverpflichtungen und -verbote (Abs. 1c) und gegen Registrierungspflichten (Abs. 1d)	35
XI. Verstoß gegen die Vorgaben zur Mindestkapazität nach Art. 16 Abs. 8 Elektrizitätsbinnenmarkt-VO (Abs. 1e)	39
D. Bußgeldbemessung (Abs. 2 und 3)	40
E. Verjährung (Abs. 4)	46
F. Zuständige Verwaltungsbehörde (Abs. 5)	49
G. Bußgeldverfahrensrecht	50

A. Normzweck und Entstehungsgeschichte

1 Der Katalog der Bußgeldvorschriften, der Verstöße gegen materielle Bestimmungen des EnWG, gegen die auf dessen Grundlage ergangenen Rechtsverordnungen sowie gegen Entscheidungen der Regulierungsbehörden betrifft, ergänzt ausweislich der Gesetzesbegründung die im Gesetz vorgesehenen Instrumente der Regulierung um die Möglichkeit der bußgeldbewährten Sanktion, wobei die Bußgeldvorschriften einen wichtigen Baustein zur Durchsetzung gesetzlicher und regulatorischer Ziele darstellen sollen (BT-Drs. 15/3917, 73). In der Praxis lässt sich dies allerdings nicht feststellen, da – soweit ersichtlich – bislang erst einige wenige Bußgeldbescheide aufgrund von § 95 ergangen und in energiewirtschaftsrechtlichen

Bußgeldverfahren ergangene gerichtliche Entscheidungen bislang nicht veröffentlicht worden sind.

Bereits in § 19 EnWG 1998 waren verschiedene Bußgeldtatbestände geregelt, im Zuge des **EnWG 2005** erfolgte sodann eine umfangreiche Anpassung und Erweiterung mit Blick auf die nunmehr begründeten neuen Verpflichtungen, deren Bußgeldbewehrung der Gesetzgeber für erforderlich erachtete (BT-Drs. 15/3917, 73), eine deutliche Erhöhung des Bußgeldrahmens und die Einführung der Möglichkeit zur Mehrerlösabschöpfung. Seitdem ist § 95 infolge entsprechender Neuregelungen in den Teilen 1–3 EnWG mehrfach angepasst und um zahlreiche Bußgeldtatbestände **erweitert** worden, etwa durch das Gesetz zur Einrichtung einer Markttransparenzstelle für den Großhandel mit Strom und Gas vom 5.12.2012 (BGBl. I 2403), das Verstöße gegen Verpflichtungen aus der REMIT-Verordnung mit einem Bußgeld bewehrt, durch das Gesetz zur Umsetzung der NIS-Richtlinie vom 23.6.2017 (BGBl. I 1885), durch das Gesetz zur Modernisierung der Netzentgeltstruktur vom 17.7.2017 (BGBl. I 2503), durch das Kohleausstiegsgesetz vom 8.8.2020 (BGBl. I 1818), durch das Gesetz zur Umsetzung unionsrechtlicher Vorgaben und zur Regelung reiner Wasserstoffnetze im Energiewirtschaftsrecht vom 16.7.2021 (BGBl. I 3026) und durch das Gesetz zur Änderung des Energiewirtschaftsrechts im Zusammenhang mit dem Klimaschutz-Sofortprogramm und zu Anpassungen im Recht der Endkundenbelieferung vom 19.7.2022 (BGBl. I 1214).

B. Allgemeines

I. Rechtsnatur der Ordnungswidrigkeit

§ 1 Abs. 1 OWiG definiert die Ordnungswidrigkeit als eine rechtswidrige und vorwerfbare Handlung, die den Tatbestand eines Gesetzes verwirklicht, das die Ahndung mit einer Geldbuße zulässt. Nach § 1 Abs. 2 OWiG ist die mit Geldbuße bedrohte Handlung eine rechtswidrige Handlung, die den Tatbestand eines Gesetzes iSd § 1 Abs. 1 OWiG verwirklicht, auch wenn sie nicht vorwerfbar begangen ist. Beide **Legaldefinitionen** gelten auch für die zahlreichen Bußgeldvorschriften außerhalb des OWiG (Gassner/Seith/Blum/Akay OWiG § 1 Rn. 1 mwN).

Die Ordnungswidrigkeit stellt sich grob vereinfacht gesagt als ein „Weniger" zur **Straftat** dar, wobei im Einzelnen streitig ist, ob die Abgrenzung zwischen Straftat und Ordnungswidrigkeit nach rein quantitativen oder auch nach qualitativen Kriterien erfolgt (zum Meinungsstand Immenga/Mestmäcker/Biermann GWB Vor § 81 Rn. 57 ff.; FK-KartellR/Achenbach GWB § 81 Rn. 15 ff.; KK-OWiG/Mitsch Einl. Rn. 112 ff.). Der Geldbuße fehlt der Ernst der staatlichen Strafe, weil sie lediglich als eine „nachdrückliche Pflichtmahnung angesehen und empfunden (wird), die keine ins Gewicht fallende Beeinträchtigung des Ansehens und des Leumundes des Betroffenen zur Folge hat" (BVerfG NJW 1969, 1619 (1622) mwN). Von einem „Bagatellunrecht" kann aber mit Blick auf die energiewirtschaftsrechtlichen Ordnungswidrigkeitentatbestände nicht die Rede sein, wie die in Absatz 4 vorgesehenen Rechtsfolgen (Höhe der angedrohten Bußgelder und die Möglichkeit der Mehrerlösabschöpfung) zeigen. Der Gesetzgeber hat mit § 95a und § 95b neben dem energiewirtschaftsrechtlichen Bußgeldrecht auch ein energiewirtschaftsrechtliches Nebenstrafrecht etabliert.

§ 33 sieht eine **Abschöpfung von Vorteilen** vor, die von Unternehmen durch Verstoß gegen die Vorgaben in den §§ 17–28e (Abschnitt 2 und 3) sowie darauf gestützte Rechtsverordnungen und regulierungsbehördliche Entscheidungen erzielt wurden. Hierbei handelt es sich um eine von den straf- und bußgeldrechtlichen Sanktionen unabhängige Verwaltungsmaßnahme, die nach § 33 Abs. 2 S. 1 nicht zur Anwendung kommen kann, wenn der wirtschaftliche Vorteil durch Schadensersatzleistungen oder durch die Verhängung der Geldbuße oder die Anordnung der Einziehung von Taterträgen abgeschöpft ist. Soweit das Unternehmen Leistungen nach Satz 1 erst nach der Vorteilsabschöpfung erbringt, ist der abgeführte Geldbetrag in Höhe der nachgewiesenen Zahlungen an das Unternehmen zurückzuerstatten. Darüber hinaus finden die weiteren Sanktionsmöglichkeiten des allgemeinen Ordnungswidrigkeitenrechts Anwendung, etwa die **Einziehung nach § 29a OWiG** (zu den Einzelheiten weiterer Sanktionierungsinstrumente Rosin/Pohlmann/Gentzsch/Metzenthin/Böwing/Zapf § 95 Rn. 30 ff.).

II. Materielles Bußgeldrecht

6 Das **OWiG** gilt nach dessen § 2 OWiG für Ordnungswidrigkeiten nach Bundesrecht und nach Landesrecht und damit auch für Ordnungswidrigkeiten nach § 95. § 95 enthält mit Ausnahme der in Absatz 4 Satz 2 normierten, vom OWiG abweichenden Vorgabe zur Verfolgungsverjährung (→ Rn. 49 ff.) keine eigenen Regelungen zum materiellen Bußgeldrecht und setzt deshalb eine Anwendung der Vorgaben des OWiG voraus. Der ausdrückliche Verweis in Absatz 4 Satz 2 auf die Vorschriften des OWiG über die Verjährung der Verfolgung von Ordnungswidrigkeiten erfolgt damit ersichtlich nur klarstellend und ist nicht abschließend (→ Rn. 49 → Rn. 51).

7 Wie im Strafrecht gibt es einen objektiven und subjektiven Tatbestand, muss die Handlung rechtswidrig sein, dürfen keine Rechtfertigungsgründe vorliegen und muss die Handlung schließlich vorwerfbar sein (Gassner/Seith/Blum/Akay OWiG § 1 Rn. 2 mit einem Vorschlag zum Prüfungsschema). Zu beachten sind dabei insbesondere die Vorgaben in den §§ 8–16 OWiG zu Begehung durch Unterlassen, Handeln für eine anderen, Vorsatz und Fahrlässigkeit (→ Rn. 8), Irrtum (weiterführend Theobald/Kühling/Boos § 95 Rn. 13 f.), Verantwortlichkeit, Versuch, Beteiligung, Notwehr und rechtfertigendem Notstand. Von besonderer Bedeutung im energiewirtschaftsrechtlichen Bußgeldverfahren ist zudem, dass Bußgeldgelder auch gegen Unternehmen verhängt werden können (→ Rn. 10) und der im EnWG abweichend vom OWiG geregelte räumliche Anwendungsbereich der Vorschrift (→ Rn. 11).

1. Vorsatz, Fahrlässigkeit und Leichtfertigkeit

8 Nach § 10 OWiG kann als Ordnungswidrigkeit nur vorsätzliches Handeln geahndet werden, außer wenn das Gesetz auch fahrlässiges Handeln ausdrücklich mit Geldbuße bedroht. Absatz 1 und Absatz 1d bedroht auch fahrlässiges Handeln mit Geldbuße, Absätze 1a und 1c verlangen jeweils ein mindestens leichtfertiges (→ Rn. 9) Verhalten. Absatz 1b enthält keine Regelung zum Verschuldensmaßstab und erfasst damit nur die vorsätzliche Vornahme einer Marktmanipulation auf dem Energiehandelsmarkt.

9 Die in Absätzen 1a und 1c mindestens verlangte **Leichtfertigkeit** wird allgemein als eine gesteigerte Form der Fahrlässigkeit definiert, die in etwa der groben Fahrlässigkeit des Zivilrechts entspricht (BGH NJW 1989, 974 (975); Schönke/Schröder/Sternberg-Lieben/Schuster StGB § 15 Rn. 205 mwN). Unter Rückgriff auf das zivilrechtliche Begriffsverständnis, nach dem die im Verkehr erforderliche Sorgfalt in ungewöhnlich hohem Maß verletzt worden und dasjenige unbeachtet geblieben sein muss, was im gegebenen Fall jedem hätte einleuchten müssen (BGH BeckRS 2008, 16679 Rn. 35), liegt Leichtfertigkeit dann vor, wenn der Täter grob achtlos handelt und nicht beachtet, was sich unter den Voraussetzungen seiner Erkenntnisse und Fähigkeiten aufdrängen muss (Rosin/Pohlmann/Gentzsch/Metzenthin/Böwing/Zapf § 95 Rn. 6; Theobald/Kühling/Boos § 95 Rn. 15).

2. Adressaten der Geldbuße

10 Adressaten der Geldbuße können neben natürlichen Personen auch **Unternehmen** sein, wie aus § 30 OWiG folgt, der die Voraussetzungen einer Verbandsgeldbuße gegenüber juristischen Personen oder Personenvereinigungen auf Basis einer Zurechnung von Verstößen (Straftaten oder Ordnungswidrigkeiten) ihrer Repräsentanten (Organe, Vorstände, Vertreter, sonstige Leitungspersonen) normiert, durch die entweder gegen genuine Pflichten des Verbands verstoßen wurde oder die seiner Bereicherung dienten bzw. dienen sollten. Darüber hinaus kommt nach § 130 OWiG auch die Verhängung einer Geldbuße gegen den Inhaber eines Betriebs oder Unternehmens in Betracht, wenn er es unterlässt, die erforderlichen Aufsichtsmaßnahmen zur Vermeidung von Verstößen zu treffen. Dabei wird in § 96 ein **selbstständiges Unternehmensbußgeldverfahren** etabliert, indem der Grundsatz der einheitlichen Verfolgung der juristischen Person oder Personenvereinigung gem. § 30 OWiG und der entsprechenden Anknüpfungstat der natürlichen Person durchbrochen wird (→ § 96 Rn. 4). Hintergrund ist die Annahme des Gesetzgebers, dass Bußgeldverfahren gegen juristische Personen oder Personenvereinigungen auf der Grundlage des neuen EnWG eine weitaus größere Bedeutung als Bußgeldverfahren gegen natürliche Personen hätten und

Bußgeldvorschriften   § 95 EnWG

deshalb als vollständig entkoppelt von Verfahren gegen natürliche Personen geführt werden sollten (→ § 96 Rn. 2). In der Praxis hat diese Erwartung allerdings bislang keinen Niederschlag gefunden (→ Rn. 1 aE).

3. Räumlicher Anwendungsbereich

Der räumliche Anwendungsbereich ist in § 109 Abs. 2 abweichend von § 5 OWiG spezialgesetzlich dahingehend geregelt, dass das EnWG auf alle Verhaltensweisen Anwendung findet, die sich im Geltungsbereich dieses Gesetzes auswirken, auch wenn sie außerhalb des Geltungsbereichs dieses Gesetzes veranlasst werden. 11

C. Bußgeldtatbestände (Abs. 1)

Absatz 1 enthält einen abschließenden Katalog der bußgeldbewehrten Tatbestände. Soweit darin Verstöße gegen bestimmte Rechtsverordnungen aufgeführt sind, kann allerdings der Verordnungsgeber Einfluss auf den Umfang der bußgeldbewehrten Pflichten durch eine Änderung von Rechtsverordnungen nehmen (Säcker EnergieR/Staebe § 95 Rn. 14). Die Tatbestände des Absatzes 1 folgen in der Reihenfolge ihrer Begehungsmöglichkeiten grundsätzlich dem Aufbau des Gesetzes, soweit sie nicht aus Gründen der gebotenen Kürze zusammengefasst sind (BT-Drs. 15/3917, 73). 12

I. Betrieb eines Energieversorgungsnetzes bzw. Transportnetzes ohne Genehmigung bzw. Zertifizierung (Abs. 1 Nr. 1, Nr. 1a) sowie Verstoß gegen eine Unterrichtungspflicht nach § 4c (Abs. 1 Nr. 1b)

Nach Nummer 1 handelt ordnungswidrig, wer vorsätzlich oder fahrlässig ohne Genehmigung nach § 4 Abs. 1 ein Energieversorgungsnetz betreibt. Die Vorschrift geht auf den in § 19 Abs. 1 Nr. 1 EnWG 1998 normierten Tatbestand der Aufnahme der Energieversorgung ohne Genehmigung zurück, der durch das EnWG 2005 eine Anpassung erfahren hat. Hierdurch soll – auch im Hinblick auf die Verfolgungsverjährung – klargestellt werden, dass der eigentliche Kern des zu sanktionierenden Verhaltens der Betrieb des Energieversorgungsnetzes ohne Genehmigung ist, nicht nur die bloße Aufnahme des Betriebs ohne Genehmigung (BT-Drs. 15/3917, 73). Sofern der Netzbetrieb **bislang genehmigt** war (vgl. zu Fällen der Rechtsnachfolge § 4 Abs. 3) oder das Netz nach früherem Recht auch ohne Genehmigung betrieben werden durfte, bedarf es keiner erneuten Genehmigung, da es an dem Tatbestand der Aufnahme des Betriebs fehlt (Salje EnWG § 95 Rn. 7; ebenso Rosin/Pohlmann/Gentzsch/Metzenthin/Böwing/Zapf § 95 Rn. 9; Theobald/Kühling/Boos § 95 Rn. 21). Nicht bußgeldbewehrt sind reine Vorbereitungshandlungen zur **Aufnahme des Betriebs** eines Energieversorgungsnetzes (Theobald/Kühling/Boos § 95 Rn. 21). Betreiber eines **Objektnetzes** iSd § 110 Abs. 1 bedürfen zur Aufnahme des Betriebs eines Energieversorgungsnetzes keiner Genehmigung, wobei sich in Zweifelsfällen empfiehlt, den Antrag nach § 110 Abs. 4 um einen hilfsweisen Antrag nach § 4 Abs. 1 zu ergänzen, um einer Sanktionierung sicher zu entgehen (Salje EnWG § 95 Rn. 7). 13

Nach Nummer 1a handelt zudem ordnungswidrig, wer vorsätzlich oder fahrlässig ohne eine Zertifizierung nach § 4a Abs. 1 S. 1 ein **Transportnetz** betreibt. Durch die Zertifizierung nach § 4a wird sichergestellt, dass der Transportnetzbetreiber entsprechend den Vorgaben der §§ 8 oder 9 oder der §§ 10–10e organisiert ist. Die Vorschrift ist nachträglich durch das Gesetz zur Neuregelung energiewirtschaftlicher Vorschriften vom 26.7.2011 (BGBl. I 1554) eingefügt worden. Der Gesetzgeber wollte auch die Nichteinhaltung des Entflechtungsrahmens im Transportnetzbereich, die keine Folgen im Rahmen der Betriebsgenehmigung nach § 4 hat, in Umsetzung von Art. 37 Abs. 4d Elektrizitäts-Binnenmarkt-Richtlinie (RL 2009/72/EG) und Art. 41 Abs. 4d Gas-Binnenmarkt-Richtlinie 2009/73/EG als Ordnungswidrigkeit einstufen (BT-Drs. 17/6072, 93). 14

Zudem handelt nach Nummer 1b ordnungswidrig, wer vorsätzlich oder fahrlässig entgegen § 4c S. 1 oder S. 2 die Regulierungsbehörde nicht, nicht richtig, nicht vollständig oder nicht rechtzeitig **unterrichtet**. Der Bußgeldtatbestand knüpft damit an die Pflicht der Transportnetzbetreiber an, die Regulierungsbehörde unverzüglich über alle geplanten Transaktionen und Maßnahmen sowie sonstigen Umstände zu unterrichten, die eine Neubewertung 15

Pastohr   1849 der Zertifizierungsvoraussetzungen nach den §§ 4a und 4b erforderlich machen können, insbesondere über Umstände, in deren Folge eine oder mehrere Personen aus einem oder mehreren Drittstaaten allein oder gemeinsam die Kontrolle über den Transportnetzbetreiber erhalten.

II. Verletzung der Anzeigepflichten nach § 5 Abs. 1 S. 1 Hs. 1, § 13b Abs. 1 S. 1 Hs. 1 oder § 113c Abs. 3 S. 1 (Abs. 1 Nr. 1c), Verstoß gegen das Verbot einer vorzeitigen Tätigkeitsbeendigung nach § 5 Abs. 2 S. 3 (Abs. 1 Nr. 1d) sowie Verletzung von Informationspflichten bei Tätigkeitsbeendigung nach § 5 Abs. 3 S. 1 (Abs. 1 Nr. 2)

16 Nach Nummer 1c handelt zunächst ordnungswidrig, wer vorsätzlich oder fahrlässig entgegen § 5 Abs. 1 S. 1 Hs. 1 eine Anzeige nicht, nicht richtig, nicht vollständig oder nicht rechtzeitig erstattet. Die Vorschrift betrifft damit die Pflicht der Energielieferanten, die Haushaltskunden mit Energie beliefern, die Aufnahme und Beendigung der Tätigkeit sowie Änderungen ihrer Firma bei der Regulierungsbehörde unverzüglich anzuzeigen. Von dieser Pflicht ausgenommen ist nach § 5 Abs. 1 S. 1 Hs. 2 die Belieferung von Haushaltskunden ausschließlich innerhalb einer Kundenanlage oder eines geschlossenen Verteilernetzes sowie über nicht auf Dauer angelegte Leitungen. Die Anzeige muss **unverzüglich** erfolgen, dh gemäß der Legaldefinition in § 121 Abs. 1 BGB ohne schuldhaftes Zögern, wobei spätester Zeitpunkt für die Anzeige der Lieferbeginn ist (BNetzA Beschl. v. 13.6.2013 – BK6-12-057, 8). Auch die unrichtige und unvollständige Anzeigenerstattung ist bußgeldbewehrt, allerdings setzt dies nach zutreffender Ansicht voraus, dass solche Unrichtigkeiten oder Unvollständigkeiten für die materielle Beurteilung der Anzeige im Hinblick auf § 5 Abs. 1 von Bedeutung sein können (Säcker EnergieR/Staebe § 95 Rn. 24). Ordnungswidrig handelt zudem, wer vorsätzlich oder fahrlässig entgegen § 13b Abs. 1 S. 1 Hs. 1 eine Anzeige nicht, nicht richtig oder nicht rechtzeitig erstattet. Schließlich ist die unvollständige, fehlende oder zu spät abgegebene Anzeige nach § 113c Abs. 3 S. 1 bußgeldbewehrt, da der Gesetzgeber eine Gefährdung der Sicherheit befürchtet, wenn die zuständige Behörde in den dort genannten Fällen die notwendigen Überprüfungen nicht oder nur unzureichend durchführen kann (BT-Drs. 19/31009, 19).

16a Der in Nummer 1d normierte Bußgeldtatbestand ist erst durch das Gesetz zur Änderung des Energiewirtschaftsrechts im Zusammenhang mit dem Klimaschutz-Sofortprogramm und zu Anpassungen im Recht der Endkundenbelieferung vom 19.7.2022 (BGBl. I 1214) eingeführt worden und sanktioniert einen Verstoß gegen die in § 5 Abs. 2 S. 3 neu eingeführte Pflicht des Energielieferanten, der Haushaltskunden mit Energie beliefert, seine Tätigkeit nicht vor Ablauf des nach Satz 2 angezeigten Beendigungstermins – die Anzeige der Beendigung der Tätigkeit muss danach der BNetzA mindestens drei Monate vor dem geplanten Beendigungstermin zugehen – zu beenden. Konkreter Anlass für die Einführung der Verpflichtung war der Umstand, dass im Winter 2021/2022 einzelne Energielieferanten wegen des starken Anstiegs der Energiepreise auf den Großhandelsmärkten die Energieversorgung ihrer Kunden kurzfristig eingestellt hatten und eine große Anzahl von Kunden damit kurzfristig in die Grundversorgung fiel (BT-Drs. 20/1599, 2). Eine vorzeitige Beendigung der Tätigkeit vor dem angezeigten Beendigungstermin stellt einen Verstoß dar, der den Kernbereich dieses Gesetzes und die zentrale Verpflichtung von Energieversorgungsunternehmen zur Gewährleistung einer sicheren Versorgung betrifft und zudem erhebliche wirtschaftliche Nachteile verursachen kann, weshalb der Bußgeldrahmen bis zu einer Million EUR reicht (BT-Drs. 20/1599, 63 unter offensichtlicher Verwechselung der Bußgeldtatbestände nach Nummer 1d und Nummer 2).

16b Im Zuge der Neuregelung des § 5 ist ein Energielieferant, der Haushaltskunden mit Energie beliefert, nunmehr auch verpflichtet, zeitgleich mit der Anzeige nach § 5 Abs. 2 S. 2 die von der Beendigung der Tätigkeit betroffenen Haushaltskunden und die Netzbetreiber, in deren Netzgebiet er Haushaltskunden beliefert, in Textform über das Datum der Beendigung seiner Tätigkeit zu informieren. Wenn er diese Information nicht, nicht richtig, nicht vollständig oder nicht rechtzeitig vornimmt, droht ihm nach Nummer 2 ein Bußgeld. Da sich die Bußgeldbewährung nach ihrem Wortlaut nur auf die Verletzung von Pflichten nach § 5 Abs. 3 S. 1 erstreckt, wird eine Verletzung der in § 5 Abs. 3 S. 2 normierten Verpflichtung

Bußgeldvorschriften   § 95 EnWG

des Energielieferanten zur einfach auffindbaren Veröffentlichung der Anzeige auf seiner Internetseite vom Bußgeldtatbestand nicht erfasst.

Die neu eingeführte Anzeigepflicht dient der Verbesserung der Aufsichtsmöglichkeiten 16c
der BNetzA (BT-Drs. 20/1599, 50). Der Gesetzgeber sieht die Information nach § 5 Abs. 3 S. 1 als zentral an, damit Haushaltskunden und Netzbetreiber sich auf die Beendigung der Tätigkeit des Energielieferanten einstellen können, die Information über die Internetseite der BNetzA allein sei nicht ausreichend (BT-Drs. 20/1599, 62 f.).

III. Nichteinhaltung von Sicherheitsanforderungen nach § 11 Abs. 1a und 1b und Verletzung von Meldepflichten nach § 11 Abs. 1c (Abs. 1 Nr. 2a und 2b)

Nach Nummer 2a handelt ordnungswidrig, wer vorsätzlich oder fahrlässig entgegen § 11   17
Abs. 1a oder 1b den Katalog von Sicherheitsanforderungen nicht, nicht richtig, nicht vollständig oder nicht rechtzeitig einhält. § 11 Abs. 1a konkretisiert die Anforderungen an ein sicheres Energieversorgungsnetz im Hinblick auf Anforderungen der IT-Sicherheit. Durch § 11 Abs. 1b wird ein entsprechendes Schutzniveau auf die Betreiber kritischer Infrastrukturanlagen ausgeweitet.

Nach Nummer 2b handelt zudem ordnungswidrig, wer vorsätzlich oder fahrlässig entge-   18
gen § 11 Abs. 1c eine Meldung nicht, nicht richtig, nicht vollständig oder nicht rechtzeitig vornimmt. Die in § 11 Abs. 1c normierte Meldepflicht adressiert Betreiber von Energieversorgungsnetzen und von solchen Energieanlagen, die durch Inkrafttreten der Rechtsverordnung gem. § 10 Abs. 1 BSIG als Kritische Infrastruktur bestimmt wurden. Sie erstreckt sich auf die im Einzelnen aufgeführten Störungen bzw. erheblichen Störungen, die zu einem Ausfall oder einer erheblichen Beeinträchtigung der Funktionsfähigkeit des Energieversorgungsnetzes oder der betreffenden Energieanlage geführt haben bzw. führen können. Diese sind über die Kontaktstelle unverzüglich an das Bundesamt für Sicherheit in der Informationstechnik zu melden. Zuständig für die Verfolgung und Ahndung iSd § 36 Abs. 1 Nr. 1 OWiG ist deshalb konsequenterweise nach Absatz 5 (→ Rn. 49) ausnahmsweise nicht die Regulierungsbehörde, sondern das Bundesamt für Sicherheit in der Informationstechnik.

IV. Zuwiderhandlung gegen eine vollziehbare Anordnung (Nr. 3)

Nach Nummer 3 handelt ordnungswidrig, wer vorsätzlich oder fahrlässig einer vollziehba-   19
ren Anordnung nach einer der dort in lit. a und b genannten Vorschriften zuwiderhandelt. Der Gesetzgeber hat sich mit der Begründung für eine Bußgeldbewehrung der Verstöße gegen vollziehbare Anordnung nach den dort aufgezählten Rechtsgrundlagen entschieden, weil diese die Verpflichtung der Adressaten in konkreter und eindeutiger Form bestimmten. Im Hinblick darauf, dass mit der Novellierung des Energiewirtschaftsrechts ein neues Regelungssystem geschaffen worden sei, das zahlreiche neue gesetzliche Verpflichtungen für die Adressaten enthalte, die in der Praxis auch zu Unwägbarkeiten in der Rechtsanwendung führen könnten, werde aus Verhältnismäßigkeitsgesichtspunkten der unmittelbare Verstoß gegen die meisten Verpflichtungen hingegen nicht mit einer Bußgeldbewehrung sanktioniert (BT-Drs. 15/3917, 73 f.). Allerdings hat der Gesetzgeber den Bußgeldkatalog auch nach langjähriger Etablierung der durch das EnWG 2005 eingeführten Verpflichtungen bislang nicht erweitert.

Dem höheren Bußgeldrahmen des Absatzes 2 Satz 1 unterfallen nur Verstöße gegen voll-   20
ziehbare Anordnungen nach Nummer 3 lit. b, dh nur gegen § 30 Abs. 2, nicht auch Verstöße gegen vollziehbare Anordnungen nach Nummer 3 lit. a, was der Gesetzgeber mit Verhältnismäßigkeitsgesichtspunkten und dem jeweiligen Unrechtsgehalt des Verstoßes begründet hat (BT-Drs. 15/3917, 74).

V. Verstoß gegen die Berichtspflichten von Energielieferanten (Nr. 3a) und Übertragungsnetzbetreibern (Abs. 1 Nr. 3b–3d)

Nach Nummer 3a handelt ordnungswidrig, wer vorsätzlich oder fahrlässig entgegen § 5a   21
Abs. 1 S. 1 dort genannte Daten nicht, nicht richtig, nicht vollständig oder nicht rechtzeitig übermittelt. Die Vorschrift nimmt Bezug auf die Verpflichtung der Energieversorgungsunternehmen, die Energie an Kunden verkaufen, die hierfür erforderlichen Daten über sämtliche

Pastohr   1851

EnWG § 95   Teil 8. Verfahren und Rechtsschutz bei überlangen Gerichtsverfahren

mit Großhandelskunden und Transportnetzbetreibern sowie im Gasbereich mit Betreibern von Speicheranlagen und LNG-Anlagen im Rahmen von Energieversorgungsverträgen und Energiederivaten getätigte Transaktionen für die Dauer von fünf Jahren zu speichern und sie auf Verlangen der Regulierungsbehörde, dem BKartA, den Landeskartellbehörden sowie der Europäischen Kommission zu übermitteln, soweit dies für deren jeweilige Aufgabenerfüllung erforderlich ist.

22   Nach Nummer 3b handelt ordnungswidrig, wer vorsätzlich oder fahrlässig entgegen § 12b Abs. 5, § 12c Abs. 5 oder § 15a Abs. 1 S. 1 einen **Entwurf** oder einen **Netzentwicklungsplan** nicht oder nicht rechtzeitig vorlegt. Die Vorschrift knüpft damit an die Pflichten der Übertragungsnetzbetreiber zur unverzüglichen Vorlage des Entwurfs des Netzentwicklungsplans und des nach § 12c Abs. 1 angepassten Netzentwicklungsplans bzw. an die Pflichten der Fernleitungsnetzbetreiber in diesem Zusammenhang an.

23   Nach Nummer 3c handelt ordnungswidrig, wer entgegen § 12g Abs. 1 S. 3 in Verbindung mit einer Rechtsverordnung nach Absatz 3 einen Bericht nicht, nicht richtig, nicht vollständig oder nicht rechtzeitig vorlegt. Zur Vorbereitung einer Festlegung der BNetzA zur Bestimmung **europäisch kritischer Anlagen** (dh Netzanlagen, deren Störung oder Zerstörung erhebliche Auswirkungen in mindestens zwei Mitgliedstaaten haben kann) haben die Übertragungsnetzbetreiber dieser gem. Absatz 1 Satz 3 einen **Bericht** vorzulegen, in dem solche Anlagen ihres Netzes vorgeschlagen werden und dies begründet wird. Die Übertragungsnetzbetreiber müssen also eine Vorprüfung durchführen, auf deren Grundlage die BNetzA eine eigene Entscheidung trifft, wobei der Bericht gem. Absatz 1 Satz 4 auch von allen Übertragungsnetzbetreibern gemeinsam erstellt und vorgelegt werden kann, um eine einheitliche Herangehensweise zu ermöglichen (BT-Drs. 17/6072, 71).

24   Schließlich handelt nach Nummer 3d ordnungswidrig, wer entgegen § 12g Abs. 2 in Verbindung mit einer Rechtsverordnung nach Absatz 3 einen **Sicherheitsplan** nicht, nicht richtig, nicht vollständig oder nicht rechtzeitig erstellt oder einen Sicherheitsbeauftragten nicht oder nicht rechtzeitig bestimmt. Auch diese Vorschrift adressiert damit den Schutz europäisch kritischer Anlagen und statuiert Verpflichtungen der Übertragungsnetzbetreiber im Zusammenhang mit dem Schutz solcher von ihnen betriebener Anlagen.

VI. Verstöße im Zusammenhang mit der Stilllegung von Erzeugungsanlagen (Abs. 1 Nr. 3f–3i)

25   Nummern 3f–3i erfassen verschiedene Verstöße, die im Zusammenhang mit der Stilllegung von Stromerzeugungsanlagen (§ 13b), mit der Stilllegung von Braunkohlekraftwerken im Besonderen (§ 13e) und der Veräußerung von Kapazitätsreserven (§ 13g) stehen, wobei die Tatbestände der Nummern 3g–3i erst durch das Strommarktgesetz vom 26.7.2016 (BGBl. I 1786) eingeführt wurden, um zu verhindern, dass Anlagenbetreiber durch einen Verstoß gegen die dort aufgeführten Verbote den Wettbewerb auf dem Strommarkt verzerren (BT-Drs. 18/7317, 126).

26   Im Einzelnen handelt ordnungswidrig, wer vorsätzlich oder fahrlässig
- entgegen § 13b Abs. 1 S. 2 oder Abs. 5 S. 1 eine dort genannte Anlage stilllegt (Nummer 3f),
- entgegen § 13e Abs. 4 S. 1 Nr. 1 Erzeugungsleistung oder Erzeugungsarbeit veräußert (Nummer 3g),
- entgegen § 13e Abs. 4 S. 1 Nr. 2 oder § 13g Abs. 1 S. 1 oder 3 eine dort genannte Anlage nicht oder nicht rechtzeitig stilllegt (Nummer 3h),
- entgegen § 13g Abs. 4 S. 1 Strom erzeugt (Nummer 3i).

VII. Missbrauch einer Marktstellung (Abs. 1 Nr. 4)

27   Nach Absatz 1 Nummer 3 handelt ordnungswidrig, wer vorsätzlich oder fahrlässig entgegen § 30 Abs. 1 S. 1 eine Marktstellung missbraucht. Die Vorschrift setzt eine auf den Missbrauch der Marktstellung bezogene „Abstellungsverfügung" der Regulierungsbehörde gem. § 30 Abs. 2 nicht voraus (Salje EnWG § 95 Rn. 13). Sie folgt damit § 81 Abs. 1, Abs. 2 S. 1 GWB (anders § 149 Abs. 1 Nr. TKG, der die Bußgeldbewehrung grundsätzlich an die Zuwiderhandlung gegen eine vollziehbare Anordnung knüpft). Die unmittelbare Bußgeldbewehrung hat der Gesetzgeber damit begründet, dass solche Verstöße im Hinblick auf die

Ziele des Gesetzes und der Regulierung als schwerwiegend einzustufen seien (BT-Drs. 15/3917, 74).

Bedenken begegnet – auch unter Berücksichtigung der in § 30 Abs. 1 S. 2 erfolgenden 28
Konkretisierung der Missbrauchstatbestände, die auch für den Bußgeldtatbestand relevant sein dürfte – die **Bestimmtheit** der Vorschrift (iE Bourwieg/Hellermann/Hermes/Stelter § 95 Rn. 24; Theobald/Kühling/Boos § 95 Rn. 9). Dem Bestimmtheitsgebot ist dadurch Rechnung zu tragen, dass ein Bußgeld nur dann verhängt werden darf, wenn über das Vorliegen der tatbestandlichen Voraussetzungen kein vernünftiger Zweifel bestehen kann, dh diese eindeutig vorliegen (zur kartellrechtlichen Parallelvorschrift Immenga/Mestmäcker/Biermann GWB § 81 Rn. 93 mwN).

Bußgeldbewehrt ist nach § 95 Abs. 1 Nr. 3 lit. b auch die Zuwiderhandlung gegen eine 29
vollziehbare Handlung nach § 30 Abs. 2, und zwar unter Anwendung eines höheren Bußgeldrahmens. In diesem Zusammenhang ist das Verbot einer Doppelbestrafung (ne bis in idem) zu beachten (weiterführend Theobald/Kühling/Boos § 95 Rn. 34).

VIII. Verstöße gegen Rechtsverordnungen oder vollziehbarer Anordnungen aufgrund einer Rechtsverordnung (Abs. 1 Nr. 5)

Bußgeldbewehrt ist zudem die vorsätzliche oder fahrlässige Zuwiderhandlung gegen eine 30
Rechtsverordnung, die aufgrund einer der in lit. a–e genannten Vorschriften ergangen ist, oder gegen eine vollziehbare Anordnung aufgrund einer solchen Rechtsverordnung, soweit die Rechtsverordnung für einen bestimmten Tatbestand auf diese Bußgeldvorschrift verweist. Letztere Einschränkung trägt dem Bestimmtheitsgrundsatz Rechnung (Rosin/Pohlmann/Gentzsch/Metzenthin/Böwing/Zapf § 95 Rn. 18; Theobald/Kühling/Boos § 95 Rn. 36). Zu beachten ist, dass die in den einzelnen Untervorschriften lit. a–e genannten Verstöße durch Absatz 2 in unterschiedlicher Höhe bußgeldbewehrt sind. So unterfallen nur die in Absatz 5 lit. b genannten Verstöße gegen Rechtsverordnungen nach § 17 Abs. 3 S. 1 Nr. 2, § 21a Abs. 6 S. 1 Nr. 3, § 24 S. 1 Nr. 2 oder 3 oder § 29 Abs. 3, auf denen mit der StromNZV/GasNZV, ARegV und StromNEV/GasNEV praktisch überaus bedeutsame Rechtsverordnungen beruhen, bzw. vollziehbare Anordnungen aufgrund dieser Rechtsverstöße dem höchsten Bußgeldrahmen von bis zu 1.000.000 EUR. Ordnungswidrigkeitentatbestände mit Verweis auf Absatz 1 Nummer 5 enthalten § 31 StromNEV/§ 31 GasNEV, § 29 StromNZV und § 51 GasNZV.

Die Bußgeldbewehrung der in Nummer 5 lit. c genannten Verstöße gegen eine Rechtsver- 31
ordnung über Anforderungen an die technische Sicherheit von Energieanlagen nach § 49 Abs. 4, gegen eine Rechtsverordnung zur Sicherung der Energieversorgung nach § 50 oder gegen eine vollziehbare Anordnung aufgrund solcher Rechtsverordnungen hat der Gesetzgeber damit begründet, dass die genannten Vorschriften die essenziellen Ziele der Sicherheit und Zuverlässigkeit der Energieversorgung betreffen und damit im grundlegenden Allgemeininteresse liegen (BT-Drs. 15/3917, 74).

IX. Verletzung von Verschwiegenheitspflichten nach § 5b Abs. 1 S. 1 oder Abs. 2 und von Informationspflichten nach § 12 Abs. 5 S. 1 Nr. 2 und Nr. 3 (Abs. 1a)

Die in Absatz 1a aufgeführten Ordnungswidrigkeiten betreffen zwei unterschiedliche 32
Regelungsgegenstände. Anders als in Absatz 1 ist nicht nur die vorsätzliche oder fahrlässige Begehung bußgeldbewehrt, sondern die vorsätzliche oder **leichtfertige Begehung,** sodass die Anforderungen an ein Verschulden höher sind (zum Begriff der Leichtfertigkeit, die etwa der groben Fahrlässigkeit im Zivilrecht entspricht, → Rn. 9).

Nach Absatz 1a Nummer 1 handelt ordnungswidrig, wer vorsätzlich oder leichtfertig ent- 33
gegen § 5b Abs. 1 S. 1 oder Abs. 2 eine andere Person in Kenntnis setzt. Täter können damit nur die von § 5b Abs. 1 oder Abs. 2 adressierten Personen sein, dh solche, die beruflich Transaktionen mit Energiegroßhandelsprodukten iSd Absatzes 1 Satz 1 arrangieren, oder Adressaten von Maßnahmen der BNetzA nach Absatz 2. Die in Kenntnis gesetzten Personen müssen solche Personen sein, die nicht aufgrund ihres Berufs einer gesetzlichen Verschwiegenheitspflicht unterliegen, bzw. es darf sich nicht um eine staatliche Stelle handeln. Gegenstand des Inkenntnissetzens ist im Fall des § 5b Abs. 1 S. 1 eine Anzeige gem. Art. 15 REMIT-VO oder eine daraufhin eingeleitete Untersuchung oder ein daraufhin eingeleitetes Ermitt-

lungsverfahren und im Fall des § 5b Abs. 2 Maßnahmen der BNetzA wegen eines möglichen Verstoßes gegen ein Verbot nach Art. 3 und Art. 5 REMIT-VO oder ein daraufhin eingeleitetes Ermittlungsverfahren.

34   Nach Absatz 1a Nummer 2 handelt zudem ordnungswidrig, wer vorsätzlich oder leichtfertig entgegen § 12 Abs. 5 S. 1 Nr. 2 oder Nr. 3 eine dort genannte Information nicht, nicht richtig, nicht vollständig oder nicht rechtzeitig übermittelt. Nach § 12 Abs. 5 S. 1 Nr. 2 müssen die Betreiber von Elektrizitätsversorgungsnetzen die nach § 12 Abs. 4 erhaltenen Informationen, die notwendig sind, um die Übertragungsnetze sicher und zuverlässig zu betreiben, zu warten und auszubauen, in anonymisierter Form an das Bundesministerium für Wirtschaft und Energie übermitteln. Die Vorschrift dient dem Schutz der nach Absatz 4 Verpflichteten vor einer unbefugten Offenbarung ihrer Betriebs- und Geschäftsgeheimnisse (BT-Drs. 18/7317, 82). Nummer 3 betrifft weitere verfügbare und für die Zwecke des Monitorings nach § 51 erforderliche Informationen und Analysen, die auf Verlangen zusätzlich zu übermitteln sind.

X. Verstöße gegen die REMIT-VO: Marktmanipulation auf einem Energiegroßhandelsmarkt (Abs. 1b) sowie Verstöße gegen Informationsverpflichtungen und -verbote (Abs. 1c) und gegen Registrierungspflichten (Abs. 1d)

35   Die in Absätzen 1b–1d aufgeführten Bußgeldtatbestände wurden erst mit dem Gesetz zur Einrichtung einer Markttransparenzstelle für den Großhandel mit Strom und Gas vom 5.12.2012 (BGBl. I 2403 (2413f.)) mit Wirkung zum 12.12.2012 in das EnWG eingefügt, gleichzeitig mit den Straftatbeständen nach § 95a und § 95b (zum Zweck der Gesetzesänderung → § 95a Rn. 3f.).

36   Mit Absatz 1b wird die – mangels konkreter Benennung eines Verschuldensmaßstabs – vorsätzliche Begehung der handels- und handlungsgestützten **Marktmanipulation** entgegen Art. 5, 2 Nr. 2 lit. a REMIT-VO bußgeldbewehrt. Die Vorschrift des neuen Absatzes 1b berücksichtigt, dass verglichen mit Straftaten nach § 95a Abs. 1 ein geringeres Unrecht verwirklicht, wer den Markt manipuliert, ohne es dabei zu einer tatsächlichen Preiseinwirkung auf ein Energiegroßhandelsprodukt kommen zu lassen (BT-Drs. 17/10060, 34; zu den Tatbestandsvoraussetzungen iE → § 95a Rn. 5 ff.).

37   Absatz 1c bewehrt Verstöße gegen zahlreiche Vorgaben der REMIT-VO zu **Informationsverpflichtungen und -verboten** mit einem Bußgeld. Die Vorschrift setzt – wie Absatz 1a – eine vorsätzliche oder **leichtfertige** Begehung voraus, sodass die Anforderungen an ein Verschulden höher sind (zum Begriff der Leichtfertigkeit, die etwa der groben Fahrlässigkeit im Zivilrecht entspricht, → Rn. 9).

38   Absatz 1d macht schließlich Verstöße gegen die verschiedenen Ver- und Gebote des Art. 9 REMIT-VO zur **Registrierung** der dort adressierten Marktteilnehmer bei einer nationalen Regulierungsbehörde sanktionierbar.

XI. Verstoß gegen die Vorgaben zur Mindestkapazität nach Art. 16 Abs. 8 Elektrizitätsbinnenmarkt-VO (Abs. 1e)

39   Absatz 1e ist erst durch das Kohleausstiegsgesetz vom 8.8.2020 (BGBl. I 1818) mit Wirkung zum 14.8.2020 eingefügt worden. Nach der Gesetzesbegründung (BT-Drs. 19/17342, 157) handelt es sich um eine den Vorgaben in Art. 59 Abs. 1b, Abs. 3 Elektrizitätsbinnenmarkt-RL (RL (EU) 2019/944) entsprechende „Klarstellung", dass es sich bei einer Verletzung der Vorgaben zur Mindestkapazität nach Art. 16 Abs. 8 Elektrizitätsbinnenmarkt-VO (RL (EU) 2019/944) um eine Ordnungswidrigkeit handelt, welche die BNetzA nach Absatz 2 mit einer Geldbuße ahnden kann. Hierfür ist ein besonderer, über die üblichen Bußgeldhöhen hinausgehender Bußgeldrahmen vorgesehen.

D. Bußgeldbemessung (Abs. 2 und 3)

40   Der für die einzelnen Bußgeldtatbestände anwendbare **Bußgeldrahmen** ist in Absatz 2 Satz 1 festgelegt. Er differenziert dem Vorbild des Kartellordnungswidrigkeitenrechts folgend nach der Schwere des Vorwurfs. In den als besonders gravierend angesehenen Fällen des

Bußgeldvorschriften § 95 EnWG

Absatzes 1 Nummern 3f–3i, die den Kernbereich des Gesetzes und seine regulatorischen Ziele betreffen (BT-Drs. 15/3917, 74), reicht der Bußgeldrahmen bis zu 5 Mio. EUR. Er ist sodann weiter abgestuft auf bis zu 1 Mio. EUR in den Fällen des Absatzes 1 Nummer 1a, 1d, Nummer 3 lit. b, Nummern 4 und 5 lit. b, Absätze 1b und 1c Nummern 2 und 6, auf bis zu 300.000 EUR in den Fällen des Absatzes 1 Nummer 5 lit. f, auf bis zu 50.000 EUR in den Fällen des Absatzes 1 Nummer 2 und 5 lit. e, auf bis zu 10.000 EUR in den Fällen des Absatzes 1 Nummer 5 lit. a, des Absatzes 1a Nummer 2 und des Absatzes 1c Nummern 7 und 8 und schließlich auf bis zu 100.000 EUR in den übrigen Fällen.

In den Fällen des Absatzes 1 Nummer 1a, Nummer 3 lit. b, Nummern 4 und 5 lit. b, **41** Absätze 1b und 1c Nummer 2, Nummer 6 kann die Geldbuße über den Betrag von 300.000 EUR hinaus bis zur dreifachen Höhe des durch die Zuwiderhandlung erlangten **Mehrerlöses** betragen. Die Vorschrift lehnt sich an § 81 Abs. 2 GWB in der Fassung bis zur 7. GWB-Novelle an und dient der Bekämpfung unlauteren Gewinnstrebens, indem im Falle missbräuchlichen Verhaltens der Zuwiderhandelnde über das Maß der gezogenen Vorteile hinaus eine spürbare finanzielle Einbuße hinnehmen muss (BT-Drs. 15/3917, 74). Der Mehrerlös ist nach der höchstrichterlichen Rechtsprechung zum GWB die Differenz zwischen den tatsächlichen Einnahmen, die aufgrund des Rechtsverstoßes erzielt wurden, und den Einnahmen, die das Unternehmen im gleichen Zeitraum ohne den Rechtsverstoß erzielt hätte (BGH BeckRS 1991, 31175176 mwN; weiterführend Immenga/Mestmäcker/Biermann GWB § 81 Rn. 437 ff.). Die Höhe des Mehrerlöses kann nach Absatz 2 Satz 2 geschätzt werden. Dies dient der Vermeidung ggf. aufwendiger und schwieriger Untersuchungen im Rahmen der Verfolgung von Ordnungswidrigkeiten (BT-Drs. 15/3917, 74).

Zudem kann nach Absatz 2 Satz 3 in den Fällen des Absatzes 1 Nummer 3 lit. b und **42** Absatzes 1e gegenüber einem Transportnetzbetreiber oder gegenüber einem vertikal integrierten Energieversorgungsunternehmen und jedem seiner Unternehmensteile eine höhere Geldbuße verhängt werden, die bis zu **10 Prozent des Gesamtumsatzes,** den dieser bzw. diese in dem der Behördenentscheidung vorausgegangenen Geschäftsjahr weltweit erzielt hat, betragen kann. In den Fällen des Absatzes 1e ist die Bemessungsgrundlage reduziert, da die Umlagen nach § 12 des Energiefinanzierungsgesetzes herausgerechnet werden. Dies ist das Ergebnis einer „Abwägung zwischen dem Interesse an der Abschreckung gegen Missbrauch und dem Schutz der Übertragungsnetzbetreiber vor zu hohen Bußgeldern" (BT-Drs. 19/17342, 157 zu der bis zum 31.12.2022 geltenden Fassung, die – vor Inkrafttreten des Energiefinanzierungsgesetzes – noch auf die Umlagen nach § 26 KWKG bzw. §§ 60 f. EEG 2021 abstellte).

Auch die Höhe des Gesamtumsatzes kann geschätzt werden (Absatz 2 Satz 5), ein durch **43** die Zuwiderhandlung erlangter Mehrerlös bleibt unberücksichtigt (Absatz 2 Satz 6). Die Regelung wurde durch das Netzentgeltmodernisierungsgesetz vom 17.7.2017 eingeführt (BGBl. 2017 I 2503) und ist an die kartellrechtliche Regelung in § 81c Abs. 2 GWB (§ 81 Abs. 4 GWB aF) angelehnt. Bei der Berechnung des Gesamtumsatzes sind nach der Gesetzesbegründung nur die Umsätze der natürlichen und juristischen Personen zu berücksichtigen, die Teil desselben Transportnetzbetreibers oder desselben vertikal integrierten Unternehmens sind. Ist ein anderes vertikal integriertes Unternehmen Teil einer Gruppe von Unternehmen iSd § 3 Nr. 38, so ist der Umsatz der natürlichen und juristischen Personen, die Teil dieses vertikal integrierten Unternehmens sind, ebenfalls zu berücksichtigen (BT-Drs. 18/12999, 19).

Im Übrigen ist bei der Bußgeldbemessung im Einzelfall auf die **allgemeinen Vorgaben** **44** **des § 17 Abs. 2–4 OWiG** zurückzugreifen. Droht das Gesetz für vorsätzliches und fahrlässiges Handeln Geldbuße an, ohne im Höchstmaß zu unterscheiden, so kann fahrlässiges Handeln im Höchstmaß nur mit der Hälfte des angedrohten Höchstbetrages der Geldbuße geahndet werden. Grundlage für die Zumessung der Geldbuße sind die Bedeutung der Ordnungswidrigkeit und der Vorwurf, der den Täter trifft. Auch die wirtschaftlichen Verhältnisse des Täters kommen in Betracht; bei geringfügigen Ordnungswidrigkeiten bleiben sie jedoch in der Regel unberücksichtigt. Schließlich soll die Geldbuße den wirtschaftlichen Vorteil, den der Täter aus der Ordnungswidrigkeit gezogen hat, übersteigen. Reicht das gesetzliche Höchstmaß hierzu nicht aus, so kann es überschritten werden.

Nach Absatz 3 kann die Regulierungsbehörde **allgemeine Verwaltungsgrundsätze** **45** über die Ausübung ihres Ermessens bei der Bemessung der Geldbuße festlegen. Derartige

Pastohr 1855

Verwaltungsgrundsätze konkretisieren in zulässiger Weise das Verfolgungsermessen der Behörde und können die Anwendung der Bußgeldvorschriften transparenter und einfacher gestalten (BT-Drs. 15/3917, 74).

E. Verjährung (Abs. 4)

46 Die Verjährung der Verfolgung von Ordnungswidrigkeiten nach Absatz 1 richtet sich nach den Vorschriften des OWiG (Absatz 4 Satz 1). Darüber hinaus gilt der Verweis nach zutreffender Ansicht auch für die in Absätzen 1a–d normierten Bußgeldtatbestände (Säcker EnergieR/Staebe § 95 Rn. 34; Theobald/Kühling/Boos § 95 Rn. 49).

47 Nach den hiernach grundsätzlich anwendbaren allgemeinen Vorschriften über die Verfolgungsverjährung sind mit Blick auf die **Dauer der Verjährungsfrist** wegen der verhältnismäßig hohen Bußgeldandrohungen nur § 31 Abs. 2 Nr. 1 und 2 OWiG einschlägig. Danach verjähren Ordnungswidrigkeiten, die mit einer Geldbuße von mehr als 15.000 EUR bedroht sind, in drei Jahren und Ordnungswidrigkeiten, die mit einer Geldbuße zwischen 2.500 und 15.000 EUR bedroht sind, in zwei Jahren. Abweichend hiervon sieht Absatz 4 Satz 2 für Ordnungswidrigkeiten nach Absatz 3 Nummer 3 lit. a und Nummer 4 lit. b und Nummern 4 und 5 eine Verjährungsfrist von fünf Jahren vor. Hierdurch soll insbesondere dem Umstand Rechnung getragen werden, dass missbräuchliches Verhalten und Zuwiderhandlungen unter Umständen erst nach einer längeren Zeitspanne aufgedeckt werden können (BT-Drs. 15/3917, 74).

48 Der **Verjährungsbeginn** richtet sich nach § 31 Abs. 3 OWiG, wonach die Verjährung beginnt, sobald die Handlung beendet ist oder, wenn der zum Tatbestand gehörende Erfolg erst später eintritt, mit diesem Zeitpunkt. Das **Ruhen** und die **Unterbrechung der Verfolgungsverjährung** bestimmen sich nach §§ 32, 33 OWiG. Obwohl der Verweis in Absatz 4 Satz 1 seinem Wortlaut nach nur die Verfolgungs-, nicht auch die **Vollstreckungsverjährung** umfasst, dürften die allgemeinen Vorgaben des OWiG zu letzterer in § 34 ebenfalls entsprechend anwendbar sein, da das EnWG keine Regelung zur Vollstreckungsverjährung enthält (Theobald/Kühling/Boos § 95 Rn. 50).

F. Zuständige Verwaltungsbehörde (Abs. 5)

49 Nach Absatz 5 ist – abweichend von den allgemeinen Vorgaben des Ordnungswidrigkeitenrechts – die nach § 54 zuständige Regulierungsbehörde (BNetzA oder Landesregulierungsbehörde) für die Verfolgung und Ahndung von Ordnungswidrigkeiten nach § 95 zuständig. Lediglich im Fall des Absatzes 1 Nummer 2b ist die zuständige Behörde das Bundesamt für Sicherheit für Informationstechnik.

G. Bußgeldverfahrensrecht

50 Da § 95 mit Ausnahme der Vorgaben zur zuständigen Verfolgungsbehörde keine spezialgesetzlichen Regelungen zum Bußgeldverfahrensrecht enthält (vgl. zudem die besonderen Vorgaben zur gerichtlichen Zuständigkeit und zur Zuständigkeit für die Vollstreckung in §§ 97 ff.), gelten im Wesentlichen die **Vorgaben des OWiG** und – über den Verweis in § 46 Abs. 1 OWiG – der **StPO** (zu weiteren Einzelheiten Säcker EnergieR/Staebe § 95 Rn. 7 ff.; Theobald/Kühling/Boos § 95 Rn. 55 ff.).

51 Das Verfahren unterliegt nach § 47 Abs. 1 OWiG dem **Opportunitätsprinzip,** dh die Verfolgung von Ordnungswidrigkeiten liegt im pflichtgemäßen Ermessen der Regulierungsbehörde, die das Verfahren, solange es bei ihr anhängig ist, einstellen kann. Dies kommt auch im Wortlaut des § 95 Abs. 2 zum Ausdruck, nachdem eine Ordnungswidrigkeit geahndet werden „kann".

52 Nach zutreffender Ansicht ist die Durchführung eines **„isolierten Bußgeldverfahrens"**, ohne dass der Verstoß bereits Gegenstand eines Verwaltungsverfahrens gewesen wäre, zulässig. Hierfür spricht maßgeblich, dass der Gesetzgeber mit Blick auf das Erfordernis der Bestimmtheit in Absatz 1 Satz 3 nur für bestimmte Bußgeldtatbestände ausdrücklich vorgesehen hat, dass zuvor eine vollziehbare Anordnung der Regulierungsbehörde ergeht, so dass dies im Übrigen nicht erforderlich ist (Theobald/Kühling/Boos § 95 Rn. 54). Unabhängig hiervon

dürfte die vorherige Durchführung eines Verwaltungsverfahrens regelmäßig sinnvoll sein (so auch Säcker EnergieR/Staebe § 95 Rn. 8 mwN).

Auch der **Rechtsschutz** gegen Bußgeldbescheide bestimmt sich nach den allgemeinen Vorgaben des OWiG. Der Betroffene kann gegen den Bußgeldbescheid innerhalb von zwei Wochen nach Zustellung schriftlich oder zur Niederschrift bei der Verwaltungsbehörde, die den Bußgeldbescheid erlassen hat, Einspruch einlegen, der auch auf einzelne Beschwerdepunkte beschränkt sein kann (§ 67 OWiG). Sofern die Regulierungsbehörde dem Einspruch im Zwischenverfahren nach § 69 Abs. 2 OWiG nicht abhilft, werden die Akten an die zuständige Generalstaatsanwaltschaft beim OLG weitergeleitet (§ 69 Abs. 3 OWiG). Im folgenden gerichtlichen Verfahren ist die Regulierungsbehörde nur noch als „Hilfsorgan des Gerichts" beteiligt (iE Säcker EnergieR/Staebe § 95 Rn. 13). 53

§ 95a Strafvorschriften

(1) Mit Freiheitsstrafe bis zu fünf Jahren oder mit Geldstrafe wird bestraft, wer eine in § 95 Absatz 1b oder Absatz 1c Nummer 6 bezeichnete vorsätzliche Handlung begeht und dadurch auf den Preis eines Energiegroßhandelsprodukts einwirkt.

(2) Ebenso wird bestraft, wer gegen die Verordnung (EU) Nr. 1227/2011 des Europäischen Parlaments und des Rates vom 25. Oktober 2011 über die Integrität und Transparenz des Energiegroßhandelsmarkts (ABl. L 326 vom 8.12.2011, S. 1) verstößt, indem er
1. entgegen Artikel 3 Absatz 1 Buchstabe a eine Insiderinformation nutzt oder
2. als Person nach Artikel 3 Absatz 2 Buchstabe a, b, c oder Buchstabe d oder Absatz 5
   a) entgegen Artikel 3 Absatz 1 Buchstabe b eine Insiderinformation an Dritte weitergibt oder
   b) entgegen Artikel 3 Absatz 1 Buchstabe c einer anderen Person empfiehlt oder sie dazu verleitet, ein Energiegroßhandelsprodukt zu erwerben oder zu veräußern.

(3) In den Fällen des Absatzes 2 ist der Versuch strafbar.

(4) Handelt der Täter in den Fällen des Absatzes 2 Nummer 1 leichtfertig, so ist die Strafe Freiheitsstrafe bis zu einem Jahr oder Geldstrafe.

Überblick

Die durch das Gesetz zur Einrichtung einer Markttransparenzstelle für den Großhandel mit Strom und Gas eingeführte Vorschrift (→ Rn. 1) soll der sich aus der REMIT-VO (VO (EU) 1227/2011) ergebenden Zielsetzung der Stärkung des Vertrauens in die Großhandelsmärkte für Strom und Gas und damit der Sicherstellung ihrer Funktionsfähigkeit dienen (→ Rn. 2 f.). Nach Absatz 1 ist die vorsätzliche Marktmanipulation strafbar (→ Rn. 4 ff.). Absatz 2 stellt sowohl die Nutzung von Insider-Informationen (Nummer 1, → Rn. 10 ff.) als auch deren Weitergabe an Dritte (Nummer 2a, → Rn. 13 ff.) und das Empfehlen oder Verleiten anderer Personen zu Erwerb oder Veräußerung eines Energiegroßhandelsprodukts (Nummer 2b, → Rn. 20) unter Strafe. In den Fällen des Absatzes 2 ist nach Absatz 3 auch der Versuch strafbar (→ Rn. 21). Absatz 4 sieht eine Strafmilderung vor, wenn die Nutzung von Insiderinformationen leichtfertig erfolgt (→ Rn. 22).

Übersicht

	Rn.		Rn.
A. Normzweck und Entstehungsgeschichte	1	III. Keine Versuchsstrafbarkeit	9
B. Straftatbestand der vorsätzlichen Marktmanipulation (Abs. 1)	4	C. Straftatbestand der Nutzung von Insiderinformationen (Abs. 2 Nr. 1)	10
I. Marktmanipulation	5	D. Straftatbestand der Verwendung von Insider-Informationen (Abs. 2 Nr. 2a und 2b)	13
II. Einwirkung auf den Preis eines Energiegroßhandelsprodukts	8	I. Täter	16

	Rn.		Rn.
II. Weitergabe von Insiderinformationen	19	E. Versuchsstrafbarkeit (Abs. 3)	21
III. Empfehlung oder Verleitung zu Erwerb oder Veräußerung eines Energiegroßhandelsprodukts	20	F. Reduzierung des Strafrahmens (Abs. 4)	22

A. Normzweck und Entstehungsgeschichte

1   Die Vorschrift wurde erst mit dem Gesetz zur Einrichtung einer Markttransparenzstelle für den Großhandel mit Strom und Gas vom 5.12.2012 (BGBl. I 2403 (2413 f.)) mit Wirkung zum 12.12.2012 in das EnWG eingefügt. Gemeinsam mit dem gleichzeitig eingeführten § 95b wurde damit erstmals ein energiewirtschaftsrechtliches Nebenstrafrecht geschaffen.

2   Ziel des Gesetzes zur Einrichtung einer Markttransparenzstelle für den Großhandel mit Strom und Gas ist zum einen die Sicherstellung einer transparenten und wettbewerbskonformen Preisbildung bei der Vermarktung und beim Handel mit Elektrizität und Gas auf der Großhandelsstufe und zum anderen die Erfüllung der Durchführungspflichten der Mitgliedstaaten nach der **REMIT-VO** (BT-Drs. 253/12, 2). Dabei knüpft der Gesetzgeber an die in der REMIT-VO enthaltenen **Verbote von Insiderhandel** (Art. 3 REMIT-VO) und **Marktmanipulation** (Art. 5 REMIT-VO) an und sanktioniert Verstöße hiergegen nicht nur bußgeldrechtlich in § 95, sondern auch strafrechtlich. Die REMIT-VO soll ausweislich Erwägungsgrund 1 REMIT-VO gewährleisten, dass Verbraucher und andere Marktteilnehmer Vertrauen in die Integrität der Strom- und Gasmärkte haben können, dass die auf den Energiegroßhandelsmärkten gebildeten Preise ein faires und auf Wettbewerb beruhendes Zusammenspiel zwischen Angebot und Nachfrage widerspiegeln und dass aus dem Marktmissbrauch keine unrechtmäßigen Gewinne gezogen werden können. Hintergrund ist die Befürchtung, dass der Geltungsbereich der bestehenden Rechtsvorschriften nicht in angemessener Weise auf Fragen der Integrität auf den Strom- und Gasmärkten abstellt, die für einen voll funktionsfähigen Energiebinnenmarkt von maßgeblicher Bedeutung sind (Erwägungsgründe 3, 5 REMIT-VO).

3   Der Gesetzesentwurf orientiert sich inhaltlich an denjenigen Bestimmungen des **WpHG**, die der Umsetzung der RL 2003/6/EG dienen, da es sich regelungstechnisch bei der REMIT-VO um eine Ausweitung und Fortschreibung der Insiderhandels- und Manipulationsverbote der RL 2003/6/EG auf die Großhandelsmärkte für Strom und Gas handelt (BT-Drs. 253/12, 3).

B. Straftatbestand der vorsätzlichen Marktmanipulation (Abs. 1)

4   Nach Absatz 1 wird mit Freiheitsstrafe bis zu fünf Jahren oder mit Geldstrafe bestraft, wer eine in § 95 Abs. 1b oder Abs. 1c Nr. 6 bezeichnete vorsätzliche Handlung begeht und dadurch auf den Preis eines Energiegroßhandelsprodukts einwirkt.

I. Marktmanipulation

5   Die in § 95 Abs. 1b und Abs. 1c Nr. 6 aufgeführten Handlungen sind die **handelsbezogene Marktmanipulation** auf einem Energiegroßhandelsmarkt entgegen Art. 5 REMIT-VO iVm Art. 2 Nr. 2 lit. a REMIT-VO und die **informationsbezogene Marktmanipulation** entgegen Art. 5 REMIT-VO iVm Art. 2 Nr. 2 lit. b S. 1 REMIT-VO. Die in Art. 5 REMIT-VO untersagte Marktmanipulation ist dabei in Art. 2 Nr. 2 lit. a und b REMIT-VO ausführlich **legaldefiniert**.

6   Im Gesetzgebungsverfahren hatte der Bundesrat Zweifel an der **Bestimmtheit** der Formulierung „sonstige Kunstgriffe", die „irreführende Signale für das Angebot von Energiegroßhandelsprodukten [...] geben könnten", angemeldet (BT-Drs. 17/10060, 42), die von der Bundesregierung allerdings nicht geteilt wurden. Irreführende Signale sind nach Ansicht der Bundesregierung solche, die die tatsächliche Situation von Angebot und Nachfrage nicht senden würde, das Merkmal „sonstige Kunstgriffe" ist als Auffangtatbestand den Worten „oder auf sonstige Weise" vergleichbar (BT-Drs. 17/10253, 3). Des Weiteren hatte der Bundesrat einen Verstoß gegen den **Nemo-tenetur-Grundsatz** durch die Formulierung in Art. 2 Abs. 2 lit. a Ziff. ii REMIT-VO moniert, da hierin dem Beschuldigten ein Entlas-

tungsbeweis angesonnen werde (BT-Drs. 17/10060, 42). Die Bundesregierung war demgegenüber der Ansicht, dass die dortige Formulierung („es sei denn, [...]") lediglich der Klarstellung diene, dass eine sanktionswürdige Marktmanipulation schon objektiv nur dann vorliege, wenn kein legitimer Handlungsgrund vorliege, dh keine Beweislastumkehr begründe (BT-Drs. 17/10253, 3).

Täter einer Marktmanipulation kann jeder sein, der eine Transaktion abschließt oder 7 einen Handelsauftrag für Energiegroßhandelsprodukte erteilt (Säcker EnergieR/Staebe § 95a Rn. 9; Rosin/Pohlmann/Gentzsch/Metzenthin/Böwing/Zapf § 95a Rn. 5), weitere Anforderungen an die Person der handelnden Marktakteure wie die Anknüpfung an eine bestimmte Position stellt die Strafnorm nicht (Theobald/Kühling/Theobald/Werk § 95a Rn. 13).

II. Einwirkung auf den Preis eines Energiegroßhandelsprodukts

Anders als beim Bußgeldtatbestand des § 95 Abs. 1b (→ § 95 Rn. 39) muss es zu einer 8 tatsächlichen Preiseinwirkung auf ein Energiehandelsprodukt gekommen sein. Energiehandelsprodukte werden in Art. 2 Nr. 4 REMIT-VO legaldefiniert. Zwischen der Marktmanipulation und der Preiseinwirkung muss ein Kausalzusammenhang bestehen, dessen Nachweis in der Praxis schwierig sein dürfte, da andere Ursachen für eine festgestellte Preisbeeinflussung ausgeschlossen werden müssen (Theobald/Kühling/Theobald/Werk § 95a Rn. 30).

III. Keine Versuchsstrafbarkeit

Aus Absatz 3, der den Versuch nur in den Fällen des Absatzes 2, nicht aber des Absatzes 1 9 unter Strafe stellt, folgt, dass der Versuch der Tatbegehung nicht strafbar ist. Dem steht nicht entgegen, dass Art. 5 REMIT-VO auch die versuchte Marktmanipulation untersagt und diese in Art. 2 Nr. 3 REMIT-VO legaldefiniert wird, da die Verweiskette über § 95 Abs. 1b und Abs. 1c Nr. 6 nur Art. 5 REMIT-VO iVm Art. 2 Nr. 2 lit. a REMIT-VO bzw. Art. 5 REMIT-VO iVm Art. 2 Nr. 2 lit. b S. 1 REMIT-VO in Bezug nimmt, nicht auch Art. 5 REMIT-VO iVm Art. 2 Nr. 3 REMIT-VO. Der bloße Versuch der Marktmanipulation, der nur die Manipulationsabsicht, nicht aber das Gelingen voraussetzt, ist deshalb auch nicht bußgeldrechtlich bewehrt (ebenso Theobald/Kühling/Theobald/Werk § 95a Rn. 37, Fn. 2; weiterführend zur Versuchsstrafbarkeit Bourwieg/Hellermann/Hermes/M. Eufinger § 95a Rn. 22 ff.).

C. Straftatbestand der Nutzung von Insiderinformationen (Abs. 2 Nr. 1)

Nach Absatz 2 Nummer 1 wird ebenfalls mit Freiheitsstrafe bis zu fünf Jahren oder mit 10 Geldstrafe bestraft, wer gegen die REMIT-VO verstößt, indem er entgegen Art. 3 Abs. 1a REMIT-VO eine **Insiderinformation nutzt.** Nach Art. 3 Abs. 1a REMIT-VO ist es Personen, die über Insiderinformationen in Bezug auf ein Energiegroßhandelsprodukt verfügen, untersagt, diese Informationen im Wege des Erwerbs oder der Veräußerung von Energiehandelsprodukten, auf die sich die Information bezieht, für eigene oder fremde Rechnung direkt oder indirekt zu nutzen, oder dies zu versuchen.

Tathandlung ist demzufolge der Erwerb oder die Veräußerung der genannten Energie- 11 handelsprodukte unter Nutzung von Insiderinformationen bzw. deren Versuch. Die Strafbarkeit nach Absatz 2 Nummer 1 besteht nach der Gesetzesbegründung unterschiedslos für **jeden Insider** (BT-Drs. 17/10060, 34), an dessen Person (anders als in Absatz 2 Nummer 2, → Rn. 16) hiernach keine besonderen Anforderungen geknüpft werden. Die **Versuchsstrafbarkeit** folgt nicht nur aus dem Wortlaut des in Bezug genommenen Art. 3 Abs. 1 lit. a REMIT-VO, sondern wird in Absatz 3 auch ausdrücklich angeordnet (→ Rn. 21).

Die **Insiderinformation** ist nach Art. 2 Nr. 1 REMIT-VO eine nicht öffentlich bekannte 12 präzise Information, die direkt oder indirekt ein oder mehrere Energiegroßhandelsprodukte betrifft und die, wenn sie öffentlich bekannt würde, die Preise dieser Energiegroßhandelsprodukte wahrscheinlich erheblich beeinflussen würde. Art. 2 Nr. 1 REMIT-VO präzisiert den Begriff der „Information", die Definition des „Energiegroßhandelsprodukts" folgt aus Art. 2 Nr. 4 REMIT-VO.

D. Straftatbestand der Verwendung von Insider-Informationen (Abs. 2 Nr. 2a und 2b)

13 Mit Freiheitsstrafe bis zu fünf Jahren oder mit Geldstrafe wird zudem bestraft, wer gegen die REMIT-VO verstößt, indem er als Person nach Art. 3 Abs. 2a–2d oder Abs. 5 REMIT-VO a) entgegen Art. 3 Abs. 1 lit. b REMIT-VO eine Insiderinformation an Dritte weitergibt oder b) entgegen Art. 3 Abs. 1 lit. c REMIT-VO einer anderen Person empfiehlt oder sie dazu verleitet, ein Energiegroßhandelsprodukt zu erwerben oder zu veräußern.

14 Nach den in Bezug genommenen Vorschriften der REMIT-VO ist es Personen, die über Insider-Informationen in Bezug auf ein Energiegroßhandelsprodukt verfügen, untersagt, die Informationen an Dritte weiterzugeben, soweit dies nicht im normalen Rahmen der Ausübung ihrer Arbeit oder ihres Berufes oder der Erfüllung ihrer Aufgaben geschieht (Art. 3 Abs. 1 lit. b REMIT-VO), oder auf der Grundlage von Insider-Informationen anderen Personen zu empfehlen oder andere Personen dazu zu verleiten, Energiehandelsprodukte, auf die sich die Information bezieht, zu erwerben oder zu veräußern (Art. 3 Abs. 1 lit. c REMIT-VO). Nicht von dem Verbot umfasst sind allerdings die in Art. 3 Abs. 4 REMIT-VO aufgeführten Handlungen (zB bestimmte Transaktionen in Erfüllung vor Kenntnis der Insiderinformation übernommener Verpflichtungen oder bestimmte Transaktionen von Energieerzeugern). Auch für zu journalistischen und künstlerischen Zwecken verbreiteten Zwecken enthält Art. 3 Abs. 6 REMIT-VO eine Sonderregelung.

15 Strafbar ist nur das **vorsätzliche Handeln** (§ 15 StGB). Der **Versuch** ist strafbar (→ Rn. 21).

I. Täter

16 Absatz 2 Nummer 2 setzt in beiden Tatbestandsalternativen voraus, dass der Täter die Anforderungen des Art. 3 Abs. 2 lit. a–d bzw. Abs. 5 REMIT-VO erfüllt, es handelt sich mithin um ein **Sonderdelikt**.

17 Es muss sich um einen sog. **Primärinsider** iSd Art. 3 REMIT-VO handeln, dh um ein Mitglied der Verwaltungs-, Geschäftsführung- und Aufsichtsorgane eines Unternehmens (Art. 3 Abs. 2 lit. a REMIT-VO), Personen mit Beteiligung am Kapital eines Unternehmens (Art. 3 Abs. 2 lit. b REMIT-VO), Personen, die im Rahmen der Ausübung ihrer Arbeit oder ihres Berufs oder der Erfüllung ihrer Aufgaben Zugang zu der Information haben (Art. 3 Abs. 2 lit. c REMIT-VO) oder um solche, die sich diese Informationen auf kriminelle Weise (etwa durch Eigentumsdelikte nach §§ 242 ff. StGB oder Datenschutzdelikte nach den §§ 201 ff. StGB, BT-Drs. 17/10060, 34) beschafft haben (Art. 3 Abs. 2 lit. d REMIT-VO). In Anlehnung an diese Regelungsstruktur werden zudem, sofern es sich bei den Personen, die über Insiderinformationen über ein Energiegroßhandelsprodukt verfügen, um juristische Personen handelt, auch die natürlichen Personen bestraft, die an dem Beschluss beteiligt sind, die Transaktion für Rechnung der betreffenden juristischen Person zu tätigen (Art. 3 Abs. 5 REMIT-VO).

18 Personen, die wissen oder wissen müssten, dass es sich um Insider-Informationen handelt, ist nach Art. 3 Abs. 2 lit. e REMIT-VO der Insider-Handel zwar ebenfalls verboten. Sie unterfallen aber nicht dem Straftatbestand des § 95a, da der Gesetzgeber die Weitergabe und das Empfehlen oder Verleiten durch **Sekundärinsider** wegen des geringeren Unrechtsgehalts im Grundsatz als bloßen Ordnungswidrigkeit gem. § 95 Abs. 1c Nr. 1 ahndet (BT-Drs. 17/10060, 34 f.).

II. Weitergabe von Insiderinformationen

19 **Tathandlung** ist die Weitergabe von Insiderinformationen an Dritte. Begrifflich setzt dies in Anlehnung an die Auslegung des Begriffs der Offenlegung von Insiderinformationen in Art. 10 VO (EU) 596/2014 (**Marktmissbrauchs-VO**) voraus, dass der Täter entweder dem dritten Empfänger Kenntnis von der Information verschafft (unabhängig von der Kommunikationsform) oder ihn in die Lage versetzt, sich ohne wesentliche Schwierigkeiten selbst Kenntnis von der Insiderinformation zu verschaffen (Schwark/Zimmer/Kumpan/Grütze VO (EU) 596/2014 Art. 10 Rn. 11 mwN auch zur Rechtsprechung zum vormals in § 14 WpHG geregelten korrespondierenden Verbotstatbestand). Der Dritte muss unwissend sein

(Schwark/Zimmer/Kumpan/Grütze VO (EU) 596/2014 Art. 10 Rn. 20), dh die Insiderinformation darf ihm nicht gänzlich, teilweise oder in der mitgeteilten Form bereits sicher bekannt sein (vgl. zum Begriff der Offenlegung in § 203 StGB BeckOK StGB/Weidemann StGB § 203 Rn. 33 mwN).

III. Empfehlung oder Verleitung zu Erwerb oder Veräußerung eines Energiegroßhandelsprodukts

Tathandlung des Absatzes 2 Nummer 2 lit. b ist die Kontaktaufnahme mit Dritten unter Verwendung der Insider-Informationen (Säcker EnergieR/Staebe § 95a Rn. 16; Rosin/Pohlmann/Gentzsch/Metzenthin/Böwing/Zapf § 95a Rn. 12). Der Begriff des Energiegroßhandelsprodukts ist in Art. 2 Nr. 4 REMIT-VO legaldefiniert. 20

E. Versuchsstrafbarkeit (Abs. 3)

Nur beim Insiderhandel nach Absatz 2, nicht auch bei der Marktmanipulation nach Absatz 1 steht bereits der Versuch der Tathandlung unter Strafe (Absatz 3). Der Gesetzgeber geht davon aus, dass auch der versuchte Insiderhandel geeignet ist, das Vertrauen in den Großhandelsmarkt für Strom und Gas zu erschüttern und damit die Funktionsfähigkeit der Märkte zu gefährden (BT-Drs. 17/10060, 35). 21

F. Reduzierung des Strafrahmens (Abs. 4)

Nach Absatz 4 ist die Strafe Freiheitsstrafe bis zu einem Jahr oder Geldstrafe, wenn der Täter in den Fällen des Absatzes 2 Nummer 1 (Nutzung von Insiderinformationen, → Rn. 10 ff.) **leichtfertig** (zur Definition → § 95 Rn. 9) handelt. Die Vorschrift trägt Art. 3 Abs. 2 lit. e REMIT-VO Rechnung, nach dem das Insiderhandelsverbot auch für Personen gilt, die über Insiderinformationen in Bezug auf ein Energiegroßhandelsprodukt verfügen und wissen oder wissen müssen, dass es sich um Insiderinformationen handelt (BT-Drs. 17/10060, 35). 22

§ 95b Strafvorschriften

Mit Freiheitsstrafe bis zu einem Jahr oder mit Geldstrafe wird bestraft, wer
1. entgegen § 12 Absatz 5 Satz 1 Nummer 1 nicht sicherstellt, dass ein Betriebs- und Geschäftsgeheimnis ausschließlich in der dort genannten Weise genutzt wird, oder
2. eine in § 95 Absatz 1b oder Absatz 1c Nummer 2 oder Nummer 6 bezeichnete vorsätzliche Handlung beharrlich wiederholt.

Überblick

Die Vorschrift, die die in § 95a enthaltenen Strafvorschriften erweitert, umfasst zwei unterschiedliche, inhaltlich nicht miteinander im Zusammenhang stehende Regelungen. Die erst im Jahr 2016 eingeführte Strafbarkeit der Nichtsicherstellung des Schutzes von iRd § 12 Abs. 5 S. 1 Nr. 1 offenbar gewordenen Betriebs- und Geschäftsgeheimnissen als Unterlassungsdelikt (→ Rn. 3 ff.) soll den ordnungsgemäßen Umgang mit sensiblen Daten sicherstellen (→ Rn. 1). Die in Nummer 2 begründete Strafbarkeit der beharrlichen Wiederholung von Ordnungswidrigkeiten nach § 95 Abs. 1b oder Abs. 1c Nr. 2 und Nr. 6 (→ Rn. 6 ff.) dient der Umsetzung der REMIT-VO (VO (EU) 1227/2011) (→ Rn. 2).

A. Normzweck und Entstehungsgeschichte

Die Strafvorschrift der Nummer 1 stellt eine im Rahmen des Strommarktgesetzes vom 16.7.2016 (BGBl. I 1786) erfolgte nachträgliche Erweiterung des § 95b dar. Hintergrund der Regelung ist ausweislich der Gesetzesbegründung, dass durch die Änderungen iRv § 12 der Kreis der zur Übermittlung von Informationen Verpflichteten erweitert wird, Betriebs- 1 und Geschäftsgeheimnisse jedoch weiterhin geschützt werden müssen. Durch die Strafbewehrung kann der ordnungsgemäße Umgang mit sensiblen Daten der Verpflichteten sichergestellt werden, das Strafmaß entspricht der Regelung in § 203 StGB (BT-Drs. 18/7317, 127).

2 Die Strafvorschrift der Nummer 2 beruht hingegen auf einer Umsetzungsverpflichtung der REMIT-VO und wurde mit dem Gesetz zur Einrichtung einer Markttransparenzstelle für den Großhandel mit Strom und Gas vom 5.12.2012 (BGBl. I 2403 (2413 f.)) mit Wirkung zum 12.12.2012 in das EnWG eingefügt. Gemeinsam mit dem gleichzeitig eingeführten § 95a wurde damit erstmals ein energiewirtschaftsrechtliches Nebenstrafrecht geschaffen. Es soll nach der Gesetzesbegründung unter anderem der Vermeidung eines Verhaltens dienen, das eine Verrechnung der Kosten von Zuwiderhandlungen im Entdeckungsfall mit dem potenziellen Nutzen von Zuwiderhandlungen im Nichtentdeckungsfall zugrunde legt (BT-Drs. 17/10060, 35).

B. Unterlassener Schutz von Betriebs- und Geschäftsgeheimnissen (Nr. 1)

3 Nach Nummer 1 wird derjenige bestraft, der entgegen § 12 Abs. 5 S. 1 Nr. 1 nicht sicherstellt, dass ein Betriebs- und Geschäftsgeheimnis ausschließlich in der dort genannten Weise genutzt wird. § 12 Abs. 5 S. 1 Nr. 1 verpflichtet die Betreiber von Elektrizitätsversorgungsnetzen dazu, sicherzustellen, dass die Betriebs- und Geschäftsgeheimnisse, die ihnen nach § 12 Abs. 4 S. 1 zur Kenntnis gelangen, ausschließlich so zu den dort genannten Zwecken genutzt werden, dass deren unbefugte Offenbarung ausgeschlossen ist. Bei den Betriebs- und Geschäftsgeheimnissen (zur allgemeinen Definition → § 71 Rn. 1 ff.) handelt es sich um solche, die die Betreiber von Erzeugungsanlagen, von Anlagen zur Speicherung von elektrischer Energie, von Elektrizitäts- und Gasversorgungsnetzen sowie industrielle und gewerbliche Letztverbraucher, Anbieter von Lastmanagement und Großhändler oder Lieferanten von Elektrizität den Betreibern von Elektrizitätsversorgungsnetzen zur Verfügung zu stellen haben, weil diese notwendig sind, damit die Elektrizitätsversorgungsnetze sicher und zuverlässig betrieben, gewartet und ausgebaut werden können.

4 Da § 12 Abs. 5 S. 1 Nr. 1 die Betreiber von Elektrizitätsversorgungsnetzen und damit juristische Personen verpflichtet, haften die für diese **handelnden Personen**, dh Geschäftsführer, Vorstände oder sonstige gesetzliche Vertreter, nach Maßgabe des § 14 StGB (Rosin/Pohlmann/Gentzsch/Metzenthin/Böwing/Zapf § 95b Rn. 3; Theobald/Kühling/Theobald/Werk § 95b Rn. 2). Der Täterkreis ist damit begrenzt und umfasst keine nicht-vertretungsberechtigten Mitarbeiter der Netzbetreibergesellschaft (anders Säcker EnergieR/Staebe § 95b Rn. 19, wonach auch eine Haftung von Mitarbeitern „kraft einer Garantenstellung wegen einer Verantwortung mit Blick auf die Verwendung bzw. den Schutz der Betriebs- und Geschäftsgeheimnisse oder weil diese die Betriebs- und Geschäftsgeheimnisse aktiv offengelegt haben", in Betracht kommt).

5 Der Tatbestand ist erfüllt, wenn der Täter zumutbare und vorhersehbare **vorbeugende Maßnahmen** nicht ergriffen hat und aus diesem Grund die Gefahr einer unbefugten Offenbarung von Betriebs- und Geschäftsgeheimnissen bestanden hat, wozu Schutzmaßnahmen in technischer und personeller Hinsicht zählen (Theobald/Kühling/Theobald/Werk § 95b Rn. 2 mit Beispielen). Es handelt sich mithin um ein echtes Unterlassungsdelikt, das die **Gefährdungshandlung** unter Strafe stellt und nicht erfordert, dass es zu einer unbefugten Offenbarung von Betriebs- und Geschäftsgeheimnissen gekommen ist.

C. Beharrliche Wiederholung (Nr. 2)

6 Tatbestandliche Handlung der Nummer 2 ist die beharrliche Wiederholung von Verstößen gegen § 95 Abs. 1b (handelsbezogene Marktmanipulation entgegen Art. 6 REMIT-VO iVm Art. 2 Nr. 2 lit. a REMIT-VO, → § 95 Rn. 39) oder § 95 Abs. 1c Nr. 2 (Unterlassene Bekanntgabe einer Insiderinformation) und § 95 Abs. 1c Nr. 6 (informationsgestützte Marktmanipulation entgegen Art. 5 REMIT-VO iVm Art. 2 Nr. 2 lit. b S. 1 REMIT-VO).

7 Der Begriff des „beharrlichen Wiederholens" setzt ein besonders **hartnäckiges Verhalten** voraus, durch das die **rechtsfeindliche Einstellung** des Täters gegenüber den in Frage kommenden gesetzlichen Normen deutlich wird, obwohl er schon wegen der Folgen vorangegangener Zuwiderhandlungen Erfahrungen gesammelt haben müsste (BGH NStZ 1992,

594 (595) zu § 148 GewO, der in vergleichbarer Weise die beharrliche Wiederholung der Verletzung gewerberechtlicher Vorschriften unter Strafe stellt). Vorausgesetzt wird mit anderen Worten also ein unbelehrbares Verhalten des Täters, das dessen gesteigerte Gleichgültigkeit gegenüber dem gesetzlichen Verbot deutlich macht und zugleich die Gefahr weiterer Begehung indiziert (MüKoStGB/Weyand GewO § 148 Rn. 6; BeckOK GewO/Scharlach GewO § 148 Rn. 4). Eines vorangegangenen abgeschlossenen Bußgeldverfahrens oder einer strafrechtlichen Sanktion wegen der gleichen Zuwiderhandlung bedarf es nicht (BGH NStZ 1992, 594 (595)). Der Wortlaut impliziert, dass eine einmalige Wiederholung hierfür nicht ausreicht, sondern ein wiederholter, dh **mehrfacher Verstoß** gegen die genannten Vorschriften erforderlich ist (BGH NStZ 1992, 594 (595); Theobald/Kühling/Theobald/Werk § 95b Rn. 3; Kment EnWG/Huber § 95b Rn. 3).

Da nach § 95a Abs. 1 mit Freiheitsstrafe bis zu fünf Jahren oder mit Geldstrafe bestraft **8** wird, wer eine in § 95 Abs. 1b oder Abs. 1c Nr. 6 bezeichnete vorsätzliche Handlung begeht und dadurch auf den Preis eines Energiegroßhandelsprodukts einwirkt (→ § 95a Rn. 5), findet Nummer 2 wegen des demgegenüber deutlich reduzierten Strafrahmens nur dann Anwendung, wenn eine Einwirkung auf den Preis eines Energiegroßhandelsproduktes nicht vorliegt (Bourwieg/Hellermann/Hermes/M. Eufinger § 95b Rn. 12; anderenfalls ist § 95a Abs. 1 **vorrangig** (ebenso Rosin/Pohlmann/Gentzsch/Metzenthin/Böwing/Zapf § 95b Rn. 2).

§ 96 Zuständigkeit für Verfahren wegen der Festsetzung einer Geldbuße gegen eine juristische Person oder Personenvereinigung

¹Die Regulierungsbehörde ist für Verfahren wegen der Festsetzung einer Geldbuße gegen eine juristische Person oder Personenvereinigung (§ 30 des Gesetzes über Ordnungswidrigkeiten) in Fällen ausschließlich zuständig, denen
1. **eine Straftat, die auch den Tatbestand des § 95 Abs. 1 Nr. 4 verwirklicht, oder**
2. **eine vorsätzliche oder fahrlässige Ordnungswidrigkeit nach § 130 des Gesetzes über Ordnungswidrigkeiten, bei der eine mit Strafe bedrohte Pflichtverletzung auch den Tatbestand des § 95 Abs. 1 Nr. 4 verwirklicht,**
zugrunde liegt. ²Dies gilt nicht, wenn die Behörde das § 30 des Gesetzes über Ordnungswidrigkeiten betreffende Verfahren an die Staatsanwaltschaft abgibt.

Überblick

Die an § 82 GWB angelehnte und im Gesetzgebungsverfahren umstrittene Vorschrift soll der größeren Bedeutung Rechnung tragen, die das Bußgeldverfahren gegen juristische Personen oder Personenvereinigungen gegenüber den Verfahren gegen natürliche Personen nach Ansicht des Gesetzgebers hat (→ Rn. 1 f.). Sie ermöglicht es der zuständigen Regulierungsbehörde (→ Rn. 3), unter Abweichung von dem im allgemeinen Ordnungswidrigkeitenrecht vorgesehenen Verfolgungsvorrang der Staatsanwaltschaft wegen Missbrauchs der Netzbetreiberstellung nach § 95 Abs. 1 Nr. 4 eigenständige Bußgeldverfahren gegen juristische Personen bzw. Personenvereinigungen zu führen (→ Rn. 4), auch wenn die Missbrauchshandlung zugleich einen Straftatbestand erfüllt (Satz 1 Nummer 1, → Rn. 5) oder eine ordnungswidrige Aufsichtspflichtverletzung nach § 130 OWiG darstellt (Satz 1 Nummer 2, → Rn. 6). Das eigenständige Betreiben des Bußgeldverfahrens nach Satz 1 ist in das Ermessen der Regulierungsbehörde gestellt, die das Verfahren nach Satz 2 auch an die Staatsanwaltschaft abgeben kann (→ Rn. 7).

A. Normzweck und Entstehungsgeschichte

Die durch das EnWG 2005 eingeführte Vorschrift ist an **§ 82 GWB** angelehnt. Die **1** Vorschrift war im Gesetzgebungsverfahren **umstritten**. Der Bundesrat regte die Streichung der Vorschrift an und begründete dies mit den bereits zuvor gegen § 82 GWB erhobenen Bedenken, insbesondere mit der Folge von Doppelermittlungen in sich eventuell unterschiedlich entwickelnden Verfahren, der Gefahr divergierender Entscheidungen und mögli-

EnWG § 96   Teil 8. Verfahren und Rechtsschutz bei überlangen Gerichtsverfahren

chen Verstößen gegen die umfassende Kognitionspflicht des Gerichts und gegen das verfassungsrechtlich gewährleistete Verbot der Doppelverfolgung (BT-Drs. 15/3917, 94 f.).

2   Die Begründung des unverändert in Kraft getretenen Gesetzesentwurfs der Bundesregierung (BT-Drs. 15/3917, 74) stellt demgegenüber maßgeblich darauf ab, dass Bußgeldverfahren gegen juristische Personen oder Personenvereinigungen auf der Grundlage des neuen EnWG eine weitaus größere Bedeutung als Bußgeldverfahren gegen natürliche Personen hätten und deshalb als vollständig entkoppelt von Verfahren gegen natürliche Personen geführt werden sollten. Gleichzeitig sollte die Beachtung verfassungsrechtlich gebotener Verwertungsverbote im Einzelfall hiervon unberührt bleiben. Damit knüpft die Gesetzesbegründung an die bereits durch die kartellrechtliche Parallelvorschrift des § 82 GWB bezweckte stärkere **Verselbstständigung der Unternehmensgeldbuße** an (vgl. zum früheren § 81a GWB BT-Drs. 13/6424, 12), die sich wiederum an Art. 23 VO (EG) Nr. 1/2003 anlehnt (Loewenheim/Meessen/Riesenkampff/Kersting/Meyer-Lindemann/Meyer-Lindemann GWB § 82 Rn. 1).

B. Ausschließliche parallele Zuständigkeit der Regulierungsbehörde (S. 1)

3   Von § 96 sind die Regulierungsbehörden adressiert, dh nach § 54 Abs. 1 die BNetzA und die Landesregulierungsbehörden. Auch wenn die Verfolgung von Ordnungswidrigkeiten in § 54 Abs. 2, der die Zuständigkeitsbereiche der Landesregulierungsbehörden enumerativ aufzählt, nicht ausdrücklich aufgeführt ist, so stellt diese einen **Annex** zu der jeweils zugewiesenen Verwaltungsaufgabe dar. Dies folgt aus § 95 Abs. 5, wonach Verwaltungsbehörde iSd § 36 Abs. 1 Nr. 1 OWiG die nach § 54 zuständige Behörde ist (Bourwieg/Hellermann/Hermes/Stelter § 96 Rn. 6). Dieses Ergebnis ist sachgerecht, da die bei einem Auseinanderfallen der Zuständigkeit für die Aufgabenbereiche entstehenden behördlichen Doppelbefassungen vermieden werden (Theobald/Kühling/Theobald/Werk § 96 Rn. 6).

4   Die durch § 96 normierte ausschließliche Zuständigkeit ermöglicht abweichend von den allgemeinen Vorschriften des Ordnungswidrigkeitenrechts ein **selbstständiges Unternehmensbußgeldverfahren.** Nach § 30 OWiG kann eine Geldbuße gegen eine juristische Person oder Personenvereinigung (sog. Verbandsgeldbuße) festgesetzt werden, wenn eine ihrer Leitungspersonen eine Straftat oder Ordnungswidrigkeit (sog. Anknüpfungstat) begangen hat, durch die Pflichten der juristischen Person oder Personenvereinigung verletzt worden sind oder durch die eine Bereicherung der juristischen Person oder Personenvereinigung erreicht wurde oder werden sollte. Nach § 30 Abs. 4 S. 1 OWiG ist eine selbstständige Festsetzung der Geldbuße nur dann möglich, wenn wegen der Anknüpfungstat kein Straf- oder Bußgeldverfahren eingeleitet wird, dieses eingestellt oder von Strafe abgesehen wird, dh ansonsten ausgeschlossen. Der hierdurch begründete Grundsatz der einheitlichen Verfolgung der juristischen Person oder Personenvereinigung gem. § 30 OWiG und der daran anknüpfenden Tat der natürlichen Person wird deshalb durch § 96 durchbrochen (zur kartellrechtlichen Parallelvorschrift Immenga/Mestmäcker/Biermann GWB § 82 Rn. 1; Langen/Bunte/Raum GWB § 82 Rn. 11). Dies ist zulässig, da § 30 Abs. 4 S. 2 OWiG eine Aufspaltung der Verfahren in einer besonderen gesetzlichen Regelung ausdrücklich erlaubt. Allerdings werden jedenfalls bei Zusammenfallen mit einer Straftat zur kartellrechtlichen Parallelvorschrift nach wie vor grundsätzliche Bedenken gegen die Zulässigkeit der gesetzlich vorgesehenen Verfahrensaufspaltung erhoben, die von der wohl herrschenden Meinung nicht mehr geteilt werden (zum Streitstand Säcker EnergieR/Staebe § 96 Rn. 8).

5   Die parallele Zuständigkeit der Regulierungsbehörde ist zunächst in solchen Fällen begründet, in denen der Missbrauchstatbestand des § 95 Abs. 1 S. 4 (Missbrauch einer Marktstellung entgegen § 30 Abs. 1 S. 1, → § 30 Rn. 10 ff.) zugleich einen **Straftatbestand (Satz 1 Nummer 1)** erfüllt. In Betracht kommt etwa der Tatbestand des Betrugs (§ 263 StGB).

6   Des Weiteren ist die parallele Zuständigkeit der Regulierungsbehörde dann begründet, wenn der Missbrauchstatbestand des § 95 Abs. 1 S. 4 gleichzeitig die **Ordnungswidrigkeit der Aufsichtspflichtverletzung nach § 130 OWiG (Satz 1 Nummer 2)** erfüllt und es hierdurch zu einer mit Strafe bedrohten Pflichtverletzung kommt.

C. Abgabe an die Staatsanwaltschaft (S. 2)

Die Regulierungsbehörde muss die ihr durch Satz 1 eingeräumte ausschließliche Zuständigkeit für die eigenständige Verfolgung von durch juristische Personen und Personenvereinigungen begangene Ordnungswidrigkeiten nach § 94 Abs. 1 Nr. 4 nicht wahrnehmen, sondern kann nach Satz 2 die betreffenden Verfahren an die Staatsanwaltschaft abgeben. Eine Verpflichtung zur Abgabe besteht nicht, vielmehr steht diese im pflichtgemäßen **Ermessen** der Regulierungsbehörde (Theobald/Kühling/Theobald/Werk § 96 Rn. 8; Bechtold/Bosch GWB § 82 Rn. 8; Immenga/Mestmäcker/Biermann GWB § 82 Rn. 7), bei dessen Ausübung insbesondere die „Schwere" der Ordnungswidrigkeit nach § 95 Abs. 1 Nr. 4 berücksichtigt werden kann (Säcker EnergieR/Staebe § 96 Rn. 11). Nach Abgabe des Verfahrens kann die Regulierungsbehörde das Verfahren nicht wieder an sich ziehen (Kment EnWG/Huber § 96 Rn. 6; Rosin/Pohlmann/Gentzsch/Metzenthin/Böwing/Zapf § 96 Rn. 10).

7

§ 97 Zuständigkeiten im gerichtlichen Bußgeldverfahren

¹Sofern die Regulierungsbehörde als Verwaltungsbehörde des Vorverfahrens tätig war, erfolgt die Vollstreckung der Geldbuße und des Geldbetrages, dessen Einziehung nach § 29a des Gesetzes über Ordnungswidrigkeiten angeordnet wurde, durch die Regulierungsbehörde als Vollstreckungsbehörde auf Grund einer von dem Urkundsbeamten der Geschäftsstelle des Gerichts zu erteilenden, mit der Bescheinigung der Vollstreckbarkeit versehenen beglaubigten Abschrift der Urteilsformel entsprechend den Vorschriften über die Vollstreckung von Bußgeldbescheiden. ²Die Geldbußen und die Geldbeträge, deren Einziehung nach § 29a des Gesetzes über Ordnungswidrigkeiten angeordnet wurde, fließen der Bundeskasse zu, die auch die der Staatskasse auferlegten Kosten trägt.

Überblick

Die Vorschrift regelt eine von den allgemeinen Regeln des Ordnungswidrigkeitenrechts abweichende Zuständigkeit der Regulierungsbehörde für die Vollstreckung gerichtlicher Bußgeldentscheidungen und für die Vereinnahmung von Geldbußen (→ Rn. 1). Sie entspricht im Wesentlichen § 82a Abs. 2 GWB und war im Gesetzgebungsverfahren umstritten (→ Rn. 2 f.). Nach zutreffender Ansicht erstreckt sich § 97 infolge einer teleologischen Reduktion lediglich auf die Fälle, in denen die BNetzA als Verwaltungsbehörde des Vorverfahrens tätig geworden ist (→ Rn. 4). Satz 1 sieht eine Zuständigkeit der BNetzA für die Vollstreckung gerichtlicher Bußgeldentscheidungen anstelle der nach den allgemeinen Vorschriften zuständigen Staatsanwaltschaft vor (→ Rn. 5). Geldbußen und der Einziehung unterliegende Geldbeträge fließen der Bundeskasse und nicht der nach den allgemeinen Vorschriften begünstigten Landeskasse zu (→ Rn. 6). Damit korrespondiert eine Kostentragung der Bundeskasse (→ Rn. 7).

A. Normzweck und Entstehungsgeschichte

Die Vorschrift regelt zum einen die Frage, durch wen die Vollstreckung nach einem gerichtlichen Bußgeldverfahren durchgeführt wird, abweichend von den allgemeinen Vorschriften des Ordnungswidrigkeitenrechts: Diese erfolgt nicht durch die gem. § 91 OWiG, § 451 Abs. 1 StPO zuständige Staatsanwaltschaft, sondern die Regulierungsbehörde. Zum anderen sollen der Bundeskasse von der BNetzA verhängte Bußgelder in Abweichung von den allgemeinen vollstreckungsrechtlichen Vorgaben des Ordnungswidrigkeitenrechts auch dann gesichert werden, wenn gegen die Verhängung des Bußgeldes erfolglos Einspruch eingelegt worden ist. Dies rechtfertigt der Gesetzgeber – trotz des diesbezüglichen Streits im Gesetzgebungsverfahren (→ Rn. 3) – mit dem regelmäßig im Wesentlichen bei der Regulierungsbehörde anfallenden **Sach- und Personalaufwand** und deren durch Satz 1 begründeter **Vollstreckungstätigkeit** (BT-Drs. 15/3917, 75).

1

EnWG § 97 Teil 8. Verfahren und Rechtsschutz bei überlangen Gerichtsverfahren

2   § 97 entspricht im Wesentlichen **§ 82a Abs. 2 GWB**. Die Vorschrift wurde durch das EnWG 2005 eingeführt und seitdem nur infolge der Änderung des Einziehungsrechts zum 1.7.2017 sprachlich angepasst („Einziehung" statt „Verfall").

3   Im Gesetzgebungsverfahren war sie **umstritten**. Der Bundesrat sprach sich für die **ersatzlose Streichung** aus. Er machte geltend, dass für eine Vollstreckung der Bußgelder durch eine Bundesoberbehörde außer dem fiskalischen Interesse des Bundes kein sachlicher Grund zu erkennen sei und verwies insbesondere auf den bei dem Kartellsenat des Oberlandesgerichts und der Generalstaatsanwaltschaft entstehenden Personal- und Sachaufwand und die Funktion der Gerichte und Justizbehörden im Einspruchsverfahren (BT-Drs. 15/3917, 95). Die Bundesregierung hat an ihrem Vorschlag unter pauschalem Verweis auf die Erforderlichkeit der Übernahme der kartellrechtlichen Parallelvorschrift gleichwohl festgehalten (BT-Drs. 15/4068, 10).

B. Anwendungsbereich

4   Die gesetzgeberische Intention (→ Rn. 1) gebietet es nach zutreffender Ansicht, den **Wortlaut** des § 97, der die „Regulierungsbehörde als Verwaltungsbehörde des Vorverfahrens" in Bezug nimmt, dahingehend zu **reduzieren**, dass lediglich **die BNetzA** als Verwaltungsbehörde des Vorverfahrens gemeint ist. Damit fließen die Verfahrenskosten für gerichtliche Entscheidungen, denen Bußgeldbescheide der Landesregulierungsbehörde vorangingen, der Landeskasse zu (→ Rn. 4.1) und sind diese Entscheidungen weiterhin von der Staatsanwaltschaft zu vollstrecken (→ Rn. 4.2).

4.1   Von Satz 2 können unter Berücksichtigung des Regelungszwecks nach wohl einhelliger Ansicht nur solche Geldbußen umfasst sein, die auf ein von der **BNetzA** geführtes Verwaltungsverfahren zurückgehen. Denn nur in diesem Fall ist ein **Sach- und Personalaufwand** bei der Regulierungsbehörde des Bundes entstanden, der einen Zufluss der Bußgelder an die Bundeskasse rechtfertigt. Der abweichende Wortlaut beruht ersichtlich auf einem **redaktionellen Versehen** des Gesetzgebers. Er dürfte darauf zurückgehen, dass im Regierungsentwurf noch keine Zuständigkeit der Länder als Regulierungsbehörden vorgesehen war (Bourwieg/Hellermann/Hermes/Stelter § 97 Rn. 3; Theobald/Kühling/Theobald/Werk § 97 Rn. 4). Auch die kartellrechtliche Parallelregelung des § 82a Abs. 2 GWB bezieht sich ausdrücklich nur auf das BKartA und nicht auf die Landeskartellbehörden, ohne dass Anhaltspunkte dafür vorlägen, dass der Gesetzgeber im EnWG einen weiteren Anwendungsbereich gewollt hätte.

4.2   Die aus teleologischen Gründen erforderliche, einschränkende Auslegung des Begriffs der Regulierungsbehörde ist auch auf die **Vollstreckungszuständigkeit** zu übertragen (ebenso Bourwieg/Hellermann/Hermes/Stelter § 97 Rn. 5; Salje EnWG § 97 Rn. 9; Theobald/Kühling/Theobald/Werk § 97 Rn. 4; aA unter Verweis auf den Wortlaut Rosin/Pohlmann/Gentzsch/Metzenthin/Böwing/Zapf § 97 Rn. 6). Der Begriff der Regulierungsbehörde in § 97 ist, nicht zuletzt wegen der inhaltlichen Verknüpfung von Satz 1 und Satz 2 (nach der Gesetzesbegründung knüpft der Zufluss der Bußgelder gerade an den durch die Vollstreckungstätigkeit entstehenden Aufwand der Behörde an), einheitlich auszulegen. Ergänzend hierzu kann als praktische Erwägung geltend gemacht werden, dass die Landesregulierungsbehörden regelmäßig weder sachlich noch personell für die Vollstreckung von Bußgeldbescheiden ausgestattet sein werden (Bourwieg/Hellermann/Hermes/Stelter § 97 Rn. 5; Theobald/Kühling/Theobald/Werk § 97 Rn. 5; dem folgend Kment EnWG/Huber § 97 Rn. 2).

C. Zuständigkeit für die Vollstreckung (S. 1)

5   Sofern die BNetzA (richterweise nicht die Landesregulierungsbehörde, → Rn. 4) als Verwaltungsbehörde des Vorverfahrens tätig war, dh im verwaltungsbehördlichen Bußgeldverfahren nach § 95 den Bußgeldbescheid erlassen hat (Salje EnWG § 97 Rn. 5), erfolgt die Vollstreckung der Geldbuße und des Geldbetrages, dessen Einziehung nach § 29a OWiG angeordnet wurde, durch die BNetzA als Vollstreckungsbehörde und nicht, wie es sich aus den allgemeinen Vorgaben zur Vollstreckung von Bußgeldentscheidungen ergibt, gem. § 91 OWiG iVm § 451 Abs. 1 StPO durch die Staatsanwaltschaft. Für die **Vollstreckung behördlicher Bußgeldentscheidungen** verbleibt es bei den sich aus §§ 89 ff. OWiG ergebenden allgemeinen Regelungen zur Vollstreckbarkeit (zu den weiteren Einzelheiten Säcker EnergieR/Staebe § 97 Rn. 7 ff.). Grundlage der Vollstreckung ist eine von dem Urkundsbeamten der Geschäftsstelle des Gerichts zu erteilende, mit der Bescheinigung der Vollstreckbarkeit

versehene beglaubigte Abschrift der Urteilsformel entsprechend den Vorschriften über die Vollstreckung von Bußgeldbescheiden.

D. Zufluss an die Bundeskasse und Kostentragung (S. 2)

Nach Satz 2 fließen die vorgenannten Geldbußen und Geldbeträge der Bundeskasse zu, soweit die BNetzA als Verwaltungsbehörde des Vorverfahrens tätig war (zur einschränkenden Auslegung der Vorschrift → Rn. 4). 6

Korrespondierend hierzu trägt die Bundeskasse auch die der Staatskasse auferlegten Kosten, die etwa entstehen, wenn das zuständige Oberlandesgericht auf einen Einspruch gegen einen Bußgeldbescheid der BNetzA kein Bußgeld festsetzt. 7

§ 98 Zuständigkeit des Oberlandesgerichts im gerichtlichen Verfahren

(1) ¹Im gerichtlichen Verfahren wegen einer Ordnungswidrigkeit nach § 95 entscheidet das Oberlandesgericht, in dessen Bezirk die zuständige Regulierungsbehörde ihren Sitz hat; es entscheidet auch über einen Antrag auf gerichtliche Entscheidung (§ 62 des Gesetzes über Ordnungswidrigkeiten) in den Fällen des § 52 Abs. 2 Satz 3 und des § 69 Abs. 1 Satz 2 des Gesetzes über Ordnungswidrigkeiten. ²§ 140 Abs. 1 Nr. 1 der Strafprozessordnung in Verbindung mit § 46 Abs. 1 des Gesetzes über Ordnungswidrigkeiten findet keine Anwendung.

(2) Das Oberlandesgericht entscheidet in der Besetzung von drei Mitgliedern mit Einschluss des vorsitzenden Mitglieds.

Überblick

Die Vorschrift dient der Zuständigkeitskonzentration (→ Rn. 1) und ist an § 83 GWB angelehnt (→ Rn. 2). Sie regelt in Absatz 1 Satz 1 die ausschließliche sachliche und örtliche Zuständigkeit des Oberlandesgerichts für die gerichtliche Überprüfung des Bußgeldbescheids im Einspruchsverfahren (→ Rn. 3 ff.). Darüber hinaus normiert Absatz 1 Satz 2 eine Ausnahme vom Anwaltszwang (→ Rn. 9). Absatz 2 regelt die Besetzung des am Oberlandesgericht als spezialisiertem Spruchkörper zuständigen Kartellsenats (→ Rn. 10).

A. Normzweck und Entstehungsgeschichte

Die Vorschrift begründet im Wesentlichen die **sachliche und örtliche Zuständigkeit des Oberlandesgerichts** als erstinstanzlichem Gericht nach Einspruch gegen einen Bußgeldbescheid. Hierin kommt das Ziel des Gesetzgebers zum Ausdruck, die Rechtsprechung auf dem Gebiet des EnWG zu **konzentrieren**. Durch die Zuständigkeitsverlagerung befasst sich das bereits infolge seiner Zuständigkeit für energiewirtschaftsrechtliche Verwaltungsverfahren in besonderem Maße sachkundige Gericht auch mit dem energiewirtschaftsrechtlichen Bußgeldverfahren (zur kartellrechtlichen Parallelvorschrift Immenga/Mestmäcker/Biermann GWB § 83 Rn. 1). Nach den auf § 98 übertragbaren Überlegungen des Gesetzgebers zu den kartellrechtlichen Zuständigkeitsvorschriften war die **Komplexität der Materie** maßgeblich für die Wahl des Oberlandesgerichts als Eingangsinstanz (BT-Drs. 1158, Anlage 1, S. 29, wonach dessen Richter „hohes juristisches Können mit besonderem Einfühlungsvermögen in wirtschaftliche Tatbestände verbinden"; weiterführend zur Gesetzeshistorie der kartellrechtlichen Parallelvorschrift Loewenheim/Meessen/Riesenkampff/Kersting/Meyer-Lindemann/Meyer-Lindemann GWB § 83 Rn. 2). 1

Die durch das EnWG 2005 eingeführte und seitdem unveränderte Vorschrift übernimmt unter entsprechender Anpassung **§ 83 GWB** (BT-Drs. 15/3917, 75). 2

B. Sachliche und örtliche Zuständigkeit des OLG (Abs. 1 S. 1)

Absatz 1 Satz 1 begründet abweichend von der allgemeinen strafverfahrensrechtlichen Zuständigkeitsvorschrift des § 68 Abs. 1 OWiG, der das Amtsgericht, in dessen Bezirk die Verwaltungsbehörde ihren Sitz hat, als Eingangsinstanz vorsieht, die sachliche und örtliche 3

Zuständigkeit des Oberlandesgerichts im Verfahren nach Einspruch gegen den Bußgeldbescheid. Zudem ist das Oberlandesgericht für den Antrag auf gerichtliche Entscheidung gegen die Verwerfung des Antrags auf Wiedereinsetzung in den vorherigen Stand (§ 52 Abs. 2 S. 3 OWiG) und gegen die Verwerfung des Einspruchs (§ 69 Abs. 1 S. 2 OWiG) zuständig. Die Zuständigkeit ist eine ausschließliche, wie aus § 108 folgt.

4 § 106 Abs. 1 bestimmt in diesem Zusammenhang die **funktionelle Zuständigkeit** der Kartellsenate, die zudem nach § 106 Abs. 2 iVm §§ 92, 93 GWB auch für mehrere OLG-Bezirke an einem Oberlandesgericht eingerichtet werden können (→ § 106 Rn. 12 ff.).

5 **Örtlich** ist das Oberlandesgericht zuständig, in dessen Bezirk die zuständige Regulierungsbehörde ihren Sitz hat. Für die BNetzA ist dies das OLG Düsseldorf. Umstritten, wenn auch soweit ersichtlich bislang nicht praxisrelevant, ist im Falle des Erlasses des Bußgeldbescheides durch eine örtlich oder sachlich **unzuständige Regulierungsbehörde,** ob die Vorschrift an den Sitz der tatsächlich örtlich und sachlich zuständigen Regulierungsbehörde anknüpft (so Säcker EnergieR/Staebe § 98 Rn. 7; MüKoWettbR/Vollmer GWB § 83 Rn. 3; Kölner Komm KartellR/van Rossum GWB § 83 Rn. 5) oder an den Sitz der unzuständigen Regulierungsbehörde, die den Bußgeldbescheid erlassen hat (hierfür Kment EnWG/Huber § 98 Rn. 2; Theobald/Kühling/Theobald/Werk § 98 Rn. 5; Immenga/Mestmäcker/Biermann GWB § 83 Rn. 7; Wiedemann KartellR-HdB/Klusmann GWB § 58 Rn. 1). Erstgenannte Ansicht verdient den Vorzug (→ Rn. 5.1).

5.1 Der **Wortlaut** des Absatzes 1 Satz 1 („zuständige Regulierungsbehörde") spricht dafür, auf den Sitz der tatsächlich örtlich und sachlich zuständigen Regulierungsbehörde abzustellen. Hierin liegt eine Abweichung zum Wortlaut des § 68 Abs. 1 OWiG, der nicht ausdrücklich auf die Zuständigkeit abstellt („entscheidet das AG, in dessen Bezirk die Verwaltungsbehörde ihren Sitz hat"), weshalb die hM zu § 68 OWiG davon ausgeht, dass es allein auf den Sitz der Behörde ankommt, die den Bußgeldbescheid erlassen hat, und zwar unabhängig von deren sachlicher und örtlicher Zuständigkeit (iE str., vgl. Gassner/Seith/Blum/Stahnke OWiG § 68 Rn. 4; BeckOK OWiG/Gertler OWiG § 68 Rn. 5, jeweils mwN). Vor allem aber spricht der Gesichtspunkt des **gesetzlichen Richters** (Art. 101 Abs. 1 S. 2 GG) dafür, die örtliche Zuständigkeit des Oberlandesgerichts an den Sitz der tatsächlich sachlich und örtlich zuständigen Regulierungsbehörde anzuknüpfen (FK-KartellR/Wrage-Molkenthin/Bauer GWB § 83 Rn. 5 mwN). Da der Einspruch gegen den Bußgeldbescheid nicht bei dem Gericht, sondern gem. § 67 Abs. 1 OWiG bei der Regulierungsbehörde einzulegen ist, die ihn erlassen hat, wird der Rechtsschutz für den Betroffenen hierdurch auch nicht unangemessen erschwert.

6 Die Zuständigkeit des Kartellsenats des Oberlandesgerichts erstreckt sich nach höchstrichterlicher Rechtsprechung zur kartellrechtlichen Parallelvorschrift (BGH NJW 1993, 2325) allein auf solche Entscheidungen, die im gerichtlichen Verfahren wegen einer Ordnungswidrigkeit zulässig sind. Eine **Rechtsfolgenkompetenz,** die den Gegenstand des Verfahrens bildende Tat als Straftat abzuurteilen, ergibt sich weder aus § 98 noch aus §§ 120 ff. GVG. Es führt jedoch nicht zur Einstellung des Verfahrens, wenn sich im Einspruchsverfahren vor dem Kartellsenat des Oberlandesgerichts herausstellt, dass eine Verurteilung wegen einer energiewirtschaftsrechtlichen Ordnungswidrigkeit aufgrund vorrangig verwirklichter Straftatbestände nicht in Betracht kommt. Vielmehr ist die Sache gem. § 81 OWiG in das Strafverfahren überzuleiten und in entsprechender Anwendung des § 270 StPO an das örtlich zuständige Strafgericht zu verweisen (→ § 106 Rn. 7).

7 Die sachliche Zuständigkeit für **Rechtsbehelfe gegen Ermittlungsmaßnahmen** der Regulierungsbehörden im Bußgeldverfahren (Durchsuchung, Beschlagnahme etc) richtet sich nach den allgemeinen bußgeldverfahrensrechtlichen Vorschriften, sodass nach § 68 OWiG das Amtsgericht zuständig ist.

8 Das **Verfahren vor dem Oberlandesgericht** richtet sich nach den allgemeinen bußgeldverfahrensrechtlichen Vorgaben (zu den Grundzügen s. Säcker EnergieR/Staebe § 98 Rn. 9 ff.).

C. Ausnahme vom Anwaltszwang (Abs. 1 S. 2)

9 Absatz 1 Satz 2 normiert in Abweichung von § 46 Abs. 1 OWiG, § 140 Abs. 1 Nr. 1 StPO, dass im Verfahren kein Anwaltszwang herrscht. Da nur § 140 Abs. 1 Nr. 1 StPO und nicht auch § 140 Abs. 2 StPO abbedungen wird, kann aber die Mitwirkung eines Verteidigers insbesondere wegen der **Schwierigkeit der Sach- oder Rechtslage** (Immenga/Mestmä-

cker/Biermann GWB § 83 Rn. 3 mwN) oder deshalb geboten sein, weil sich der Beschuldigte nicht selbst verteidigen kann. Wird die Notwendigkeit der Verteidigung nach § 140 Abs. 2 StPO verkannt, liegt ein absoluter Grund für die **Rechtsbeschwerde** gem. § 338 Nr. 5 StPO iVm § 79 Abs. 3 OWiG vor (Rosin/Pohlmann/Gentzsch/Metzenthin/Böwing/Zapf § 98 Rn. 4 f., auch zu weiteren sich aus den allgemeinen verfahrensrechtlichen Vorschriften ergebenden Einzelheiten der anwaltlichen Vertretung).

D. Besetzung des Gerichts (Abs. 2)

Nach Absatz 2 entscheidet das Oberlandesgericht in der Besetzung von drei Mitgliedern 10 mit Einschluss des vorsitzenden Mitglieds, was der in § 122 Abs. 1 GVG vorgesehenen Besetzung für Senate des Oberlandesgerichts in Zivil- und Verwaltungssachen entspricht (→ § 106 Rn. 4.1). Der Kartellsenat entscheidet nicht als Bußgeld- oder Strafsenat, sondern als spezialisierter **Spruchkörper eigener Art** (Theobald/Kühling/Theobald/Werk § 98 Rn. 6 mwN).

§ 99 Rechtsbeschwerde zum Bundesgerichtshof

¹Über die Rechtsbeschwerde (§ 79 des Gesetzes über Ordnungswidrigkeiten) entscheidet der Bundesgerichtshof. ²Hebt er die angefochtene Entscheidung auf, ohne in der Sache selbst zu entscheiden, so verweist er die Sache an das Oberlandesgericht, dessen Entscheidung aufgehoben wird, zurück.

Überblick

Die § 84 GWB entsprechende Vorschrift (→ Rn. 1) regelt in Satz 1 die Zuständigkeit für die Rechtsbeschwerde (→ Rn. 2 f.). In noch nicht spruchreifen Sachen ist das Verfahren nach Satz 2 wenn möglich an einen anderen Kartellsenat des Oberlandesgerichts zurückzuverweisen, dessen Entscheidung aufgehoben wird (→ Rn. 4).

A. Normzweck und Entstehungsgeschichte

Die von den Vorgaben des OWiG abweichende Zuständigkeit des BGH zur Entscheidung 1 über die Rechtsbeschwerde gem. § 79 OWiG ist notwendige Konsequenz aus der Zuständigkeit des Oberlandesgerichts als erstinstanzlicher Tatsacheninstanz in energiewirtschaftsrechtlichen Bußgeldverfahren. Die durch das EnWG 2005 eingeführte und seitdem unveränderte Vorschrift entspricht wörtlich **§ 84 GWB**.

B. Entscheidung über die Rechtsbeschwerde (S. 1)

Über die Rechtsbeschwerde gem. § 79 OWiG entscheidet nach Satz 1 der BGH. Nach 2 § 107 Abs. 1 Nr. 2 ist beim BGH stets der **Kartellsenat** – gem. § 107 Abs. 2 als Strafsenat – zuständig (→ § 107 Rn. 3). Die Zuständigkeit des BGH nach § 99 erstreckt sich auf Urteile und auf gem. § 72 OWiG ohne Hauptverhandlung ergangene Beschlüsse des Oberlandesgerichts (Theobald/Kühling/Theobald/Werk § 99 Rn. 4; Immenga/Mestmäcker/Biermann GWB § 84 Rn. 2).

Für das **Rechtsbeschwerdeverfahren** gelten die Vorschriften über die Revision in Straf- 3 sachen (§§ 336–358 StPO) gem. § 79 Abs. 3 S. 1 OWiG entsprechend (zu den Einzelheiten des Rechtsbeschwerdeverfahrens Säcker EnergieR/Staebe § 99 Rn. 3; BeckOK KartellR/Bacher GWB § 84 Rn. 7 ff.; FK-KartellR/Wrage-Molkenthin/Bauer GWB § 84 Rn. 2 ff.).

C. Zurückverweisung (S. 2)

Hebt der BGH die angefochtene Entscheidung auf, ohne in der Sache selbst zu entschei- 4 den, weil diese noch nicht spruchreif ist, so verweist er die Sache an das Oberlandesgericht, dessen Entscheidung aufgehoben wird, nach Satz 2 zurück. Die Zurückverweisung erfolgt an den Kartellsenat des Oberlandesgerichts (Theobald/Kühling/Theobald/Werk § 99 Rn. 5

mwN). Die darin liegende Abweichung von § 79 Abs. 6 OWiG, § 354 Abs. 2 StPO begründet sich durch die gerichtliche Zuständigkeitskonzentration. Entsprechend § 354 Abs. 2 S. 2 StPO erfolgt die Zurückverweisung an einen **anderen Kartellsenat** des Oberlandesgerichts, soweit ein solcher eingerichtet ist (vgl. BGH BeckRS 2007, 16517). Bei dem für von der BNetzA geführte Bußgeldverfahren zuständigen OLG Düsseldorf sind mittlerweile sogar sechs Kartellsenate eingerichtet.

§ 100 Wiederaufnahmeverfahren gegen Bußgeldbescheid

Im Wiederaufnahmeverfahren gegen den Bußgeldbescheid der Regulierungsbehörde (§ 85 Abs. 4 des Gesetzes über Ordnungswidrigkeiten) entscheidet das nach § 98 zuständige Gericht.

Überblick

Die § 85 GWB nachgebildete Vorschrift (→ Rn. 1) regelt die Zuständigkeit des Oberlandesgerichts für das Wiederaufnahmeverfahren gegen einen regulierungsbehördlichen Bußgeldbescheid (→ Rn. 2), während sich die Wiederaufnahme eines durch rechtskräftige gerichtliche Entscheidung beendeten Bußgeldverfahrens nach den allgemeinen strafverfahrensrechtlichen Vorgaben bestimmt (→ Rn. 3 f., zum Ablauf des Wiederaufnahmeverfahrens → Rn. 5).

A. Normzweck und Entstehungsgeschichte

1 § 100 regelt die sachliche und örtliche Zuständigkeit im Wiederaufnahmeverfahren gegen **bestandskräftige Bußgeldbescheide** der Regulierungsbehörde. Hiernach wie auch nach den für die Wiederaufnahme eines durch rechtskräftige gerichtliche Entscheidung beendeten Bußgeldverfahrens einschlägigen strafverfahrensrechtlichen Vorschriften ist in konsequenter Fortsetzung der Zuständigkeitsregelung des § 98 für das Wiederaufnahmeverfahren ausschließlich das Oberlandesgericht, in dessen Bezirk die zuständige Regulierungsbehörde ihren Sitz hat, zuständig. Die durch das EnWG 2005 eingeführte und seitdem unveränderte Vorschrift übernimmt insoweit unter entsprechender Anpassung **§ 85 GWB**.

B. Zuständigkeit bei Verfahrensabschluss durch bestandskräftigen Bußgeldbescheid

2 § 100 regelt die ausschließliche (§ 108) **sachliche und örtliche Zuständigkeit** für das Wiederaufnahmeverfahren gegen regulierungsbehördliche Bußgeldbescheide und passt insoweit die allgemeinen strafverfahrensrechtlichen Zuständigkeitsvorschriften (§§ 85 Abs. 4, 68 OWiG) konsequent an das besondere Zuständigkeitsregime in energiewirtschaftsrechtlichen Bußgeldsachen an. Anstelle des nach §§ 85 Abs. 4, 68 OWiG bei einem Einspruch gegen den Bußgeldbescheid zuständigen Gerichts, dh des Amtsgerichts, in dessen Bezirk die Verwaltungsbehörde ihren Sitz hat, entscheidet das nach § 98 zuständige Oberlandesgericht als für die Beschwerde gegen den Bußgeldbescheid zuständige Gericht (zur gerichtlichen Zuständigkeit bei einer Bußgeldentscheidung durch die unzuständige Regulierungsbehörde → § 98 Rn. 5).

C. Zuständigkeit bei Verfahrensabschluss durch rechtskräftige gerichtliche Entscheidung

3 Für die Zuständigkeit für die Wiederaufnahme eines durch rechtskräftige gerichtliche Entscheidung abgeschlossenen Bußgeldverfahrens trifft § 100 keine Sonderregelung, sodass es bei den allgemeinen strafverfahrensrechtlichen Vorschriften verbleibt. Nach § 85 Abs. 1 OWiG iVm § 367 Abs. 1 S. 1 StPO, § 140a Abs. 1 GVG entscheidet im Wiederaufnahmeverfahren ein anderes Gericht mit gleicher sachlicher Zuständigkeit als das Gericht, gegen dessen Entscheidung sich der Antrag auf Wiederaufnahme des Verfahrens richtet. Bei Wiederauf-

nahme eines durch Urteil des BGH abgeschlossenen Bußgeldverfahrens ist ein anderes Gericht der Ordnung des Gerichts, gegen dessen Urteil die Rechtsbeschwerde eingelegt wurde, zuständig. Somit verweist auch § 85 Abs. 1 OWiG iVm § 367 Abs. 1 S. 1 StPO, § 140a Abs. 1 GVG stets auf die **Zuständigkeit eines Oberlandesgerichts**.

Nach höchstrichterlicher Rechtsprechung zur Parallelvorschrift des § 85 GWB (BGH BeckRS 1987, 31094621; krit. Immenga/Mestmäcker/Biermann GWB § 85 Rn. 3) ist § 140a Abs. 6 GVG über § 85 Abs. 1 OWiG, § 367 Abs. 1 S. 1 StPO entsprechend anzuwenden. Danach ist, wenn die Wiederaufnahme des Verfahrens beantragt wird, das von einem Oberlandesgericht im ersten Rechtszug entschieden worden war, ein **anderer Senat dieses Oberlandesgerichts** zuständig ist. Dem Grundsatz der Zuständigkeitskonzentration ist dadurch Rechnung zu tragen, dass ggf. ein besonderer Auffangsenat zu bilden ist, wenn – wie am OLG Düsseldorf (→ § 99 Rn. 4) – nicht ohnehin mehrere Kartellsenate eingerichtet sind. Im Hinblick auf das Recht auf den gesetzlichen Richter nach Art. 101 Abs. 1 GG ist es erforderlich, einen besonderen Auffangsenat bereits vor einem Antrag auf Wiederaufnahme des Verfahrens einzurichten (Säcker EnergieR/Staebe § 100 Rn. 2; FK-KartellR/Wrage-Molkenthin/Bauer GWB § 85 Rn. 3). 4

D. Ablauf des Wiederaufnahmeverfahrens

Für die Wiederaufnahme eines durch bestands- oder rechtskräftige Bußgeldentscheidung abgeschlossenen Verfahrens gelten nach § 85 Abs. 1 OWiG die **§§ 359–373a StPO** entsprechend, soweit sich nicht aus dem OWiG etwas anderes ergibt (wegen der dort geregelten **Einzelheiten des Wiederaufnahmeverfahrens** s. etwa Säcker EnergieR/Staebe § 100 Rn. 3 ff.; Immenga/Mestmäcker/Biermann GWB § 85 Rn. 4 ff.). 5

§ 101 Gerichtliche Entscheidungen bei der Vollstreckung

Die bei der Vollstreckung notwendig werdenden gerichtlichen Entscheidungen (§ 104 des Gesetzes über Ordnungswidrigkeiten) werden von dem nach § 98 zuständigen Gericht erlassen.

Überblick

Die an § 86 GWB angelehnte Vorschrift begründet unter Abweichung von den allgemeinen strafprozessualen Zuständigkeitsvorschriften für die Vollstreckung von Bußgeldscheidungen (→ Rn. 1) eine ausschließliche Zuständigkeit des Oberlandesgerichts, in dessen Bezirk die zuständige Regulierungsbehörde ihren Sitz hat (→ Rn. 2 f., zum gerichtlichen Verfahren → Rn. 4 f.).

A. Normzweck und Entstehungsgeschichte

Die Vorschrift begründet neben der Zuständigkeit als Beschwerdegericht (§ 75) und als 1 Gericht für das Wiederaufnahmeverfahren (§ 100) auch eine **Zuständigkeit des Oberlandesgerichts** als Vollstreckungsgericht. Wie auch bei § 100 werden die allgemeinen strafverfahrensrechtlichen Vorschriften an das besondere Zuständigkeitsregime in energiewirtschaftsrechtlichen Bußgeldvorschriften anpasst. Die durch das EnWG 2005 eingeführte und seitdem unveränderte Vorschrift übernimmt unter entsprechender Anpassung **§ 86 GWB** (BT-Drs. 15/3917, 75).

B. Zuständigkeit des Oberlandesgerichts im Rahmen der Vollstreckung

Die in § 101 geregelte Zuständigkeit betrifft nur **gerichtliche Entscheidungen,** die bei 2 der Vollstreckung von Bußgeldentscheidungen erforderlich werden. Die Vollstreckung von energiewirtschaftsrechtlichen Bußgeldentscheidungen selbst ist hingegen keine gerichtliche Aufgabe, sondern obliegt gem. §§ 90 ff. OWiG der Regulierungsbehörde, die den Bußgeldbescheid erlassen hat, bzw. bei gerichtlichen Bußgeldentscheidungen der Staatsanwaltschaft. § 104 OWiG unterscheidet für die gerichtliche Zuständigkeit nach der Art der vollstreckba-

EnWG § 102   Teil 8. Verfahren und Rechtsschutz bei überlangen Gerichtsverfahren

ren Entscheidung: Handelt es sich um einen Bußgeldbescheid, ist nach § 104 Abs. 1 Nr. 1 OWiG das nach § 68 OWiG zuständige Amtsgericht berufen; wird aus einer gerichtlichen Entscheidung vollstreckt, ist nach § 104 Abs. 1 Nr. 2 OWiG das Gericht des ersten Rechtszuges zuständig. Hiervon abweichend begründet § 101 für beide genannten Fälle die Zuständigkeit des Oberlandesgerichts, in dessen Bezirk die zuständige Regulierungsbehörde ihren Sitz hat.

3   Hat eine **unzuständige Behörde** gehandelt, ist streitig, ob die Zuständigkeit des Oberlandesgerichts begründet ist, in dessen Bezirk die unzuständige Behörde ihren Sitz hat (Theobald/Kühling/Theobald/Werk § 101 Rn. 6; Bechtold/Bosch GWB § 86 Rn. 1; Immenga/Mestmäcker/Biermann GWB § 86 Rn. 3) oder ob es auf den Sitz der tatsächlich zuständigen Behörde ankommt (FK-KartellR/Wrage-Molkenthin/Bauer GWB § 86 Rn. 13). Vorzugswürdig ist aus den zu § 98 ausgeführten Gründen die erstgenannte Ansicht (→ § 98 Rn. 5).

C. Gerichtliches Verfahren

4   Zu den praxisrelevanten gerichtlichen Entscheidungen, die bei der Vollstreckung von Bußgeldverfahren erforderlich werden, zählen etwa die Anordnung der Erzwingungshaft (§ 96 OWiG), der Antrag auf Aussetzung der Erzwingungshaft (§ 97 Abs. 3 OWiG) sowie die nachträgliche Aufhebung eines Bußgeldbescheids und Anrechnung der bereits gezahlten Geldbeträge nach § 102 Abs. 2 OWiG bzw. § 103 OWiG (Säcker EnergieR/Staebe § 101 Rn. 2).

5   Nach § 104 Abs. 2 OWiG ergeht die gerichtliche Entscheidung im Rahmen der Vollstreckung von Bußgeldentscheidungen **ohne mündliche Verhandlung,** dh durch Beschluss, und ist vor der Entscheidung den Beteiligten Gelegenheit zu geben, Anträge zu stellen und zu begründen. Zur Geltendmachung von **Einwendungen** gegen die Bußgeldentscheidung s. Theobald/Kühling/Theobald/Werk § 101 Rn. 4 f.

Abschnitt 6. Bürgerliche Rechtsstreitigkeiten

§ 102 Ausschließliche Zuständigkeit der Landgerichte

(1) ¹**Für bürgerliche Rechtsstreitigkeiten, die sich aus diesem Gesetz ergeben, sind ohne Rücksicht auf den Wert des Streitgegenstandes die Landgerichte ausschließlich zuständig.** ²**Satz 1 gilt auch, wenn die Entscheidung eines Rechtsstreits ganz oder teilweise von einer Entscheidung abhängt, die nach diesem Gesetz zu treffen ist.**

(2) **Die Rechtsstreitigkeiten sind Handelssachen im Sinne der §§ 93 bis 114 des Gerichtsverfassungsgesetzes.**

Überblick

Die Vorschrift begründet eine Rechtswegzuweisung zur ordentlichen Gerichtsbarkeit und gleichzeitig eine ausschließliche sachliche Zuständigkeit der Landgerichte (zu Reichweite und Rechtsfolgen → Rn. 15) zum Zwecke der Konzentration energiewirtschaftsrechtlicher Streitigkeiten bei spezialisierten Gerichten (→ Rn. 1) und ist eng an § 87 GWB angelehnt (→ Rn. 2). Sie betrifft bürgerliche Rechtsstreitigkeiten (→ Rn. 3 ff.), die sich aus dem EnWG ergeben (energiewirtschaftsrechtliche Streitigkeit im engeren Sinne nach Absatz 1 Satz 1, → Rn. 6 ff.) oder bei denen die Entscheidung des Rechtsstreits von einer nach dem EnWG zu beurteilenden Vorfrage abhängt (energiewirtschaftsrechtliche Streitigkeit im weiteren Sinne nach Absatz 1 Satz 2, → Rn. 8 ff.). § 102 findet nach zutreffender Ansicht auch im Eilrechtsschutz Anwendung (→ Rn. 14 ff.). Die bei einem unzuständigen Gericht eingelegte Klage ist auf Antrag gem. § 281 ZPO an das nach § 102 zuständige Gericht zu verweisen und ansonsten unzulässig (zum Verfahren bei Verweisung → Rn. 17 f., zum Zuständigkeitskonflikt → Rn. 19, zu Zuständigkeitsfragen im Rechtsmittel → Rn. 20 und zum Prüfungsumfang des für EnWG-Sachen zuständigen, angerufenen Gerichts → Rn. 21). Absatz 2 enthält schließlich eine Bestimmung zur funktionellen Zuständigkeit (→ Rn. 22).

Übersicht

	Rn.		Rn.
A. Normzweck und Entstehungsgeschichte	1	IV. Eilrechtsschutz	14
		C. Rechtsfolgen und Prozessuales	15
B. Zuständigkeit der Landgerichte in bürgerlichen Streitigkeiten (Abs. 1)	3	I. Reichweite und Folgen der ausschließlichen Zuständigkeit	15
I. Bürgerliche Rechtsstreitigkeit	3	II. Verfahren und Rechtsmittel bei Unzuständigkeit	17
II. Energiewirtschaftsrechtliche Streitigkeiten im engeren Sinne (Abs. 1 S. 1)	6		
III. Energiewirtschaftsrechtliche Streitigkeiten im weiteren Sinne (Abs. 1 S. 2)	8	D. Zuständigkeit der Kammern für Handelssachen (Abs. 2)	22

A. Normzweck und Entstehungsgeschichte

Die Vorschrift begründet neben einer **vorrangigen Rechtswegzuweisung** zu den 1 ordentlichen Gerichten (BGH NJW 1961, 405 (407); BeckRS 2002, 730) eine streitwertunabhängige **ausschließliche landgerichtliche Zuständigkeit** für bürgerliche Rechtsstreitigkeiten, die sich aus dem EnWG ergeben bzw. deren Entscheidung von einer nach diesem zu treffenden Vorfrage abhängt. Damit zielt sie auf eine Konzentration von energiewirtschaftsrechtlichen Streitigkeiten bei spezialisierten Gerichten, die über besondere Erfahrungen mit der Materie, dh insbesondere den rechtlichen, wirtschaftlichen und technologischen Besonderheiten des Rechtsgebiets, verfügen (Säcker EnergieR/Keßler § 102 Rn. 1). Hierdurch soll eine einheitliche Rechtsprechung auf dem Gebiet des Energiewirtschaftsrechts, soweit es das EnWG ordnet, in allen Instanzen gewährleistet werden (BGH BeckRS 2017, 150663 Rn. 15). Demselben Zweck dienen die §§ 103, 106 und 107, die die in § 102 angelegte Konzentration weiter ausbauen.

§ 102 entspricht der kartellrechtlichen Parallelvorschrift des **§ 87 GWB** (BT-Drs. 15/ 2 3917, 75), wobei die dort durch die 7. GWB-Novelle 2005 erfolgten Änderungen nicht nachvollzogen worden sind.

B. Zuständigkeit der Landgerichte in bürgerlichen Streitigkeiten (Abs. 1)

I. Bürgerliche Rechtsstreitigkeit

Die ausschließliche Zuständigkeit der Landgerichte nach § 102 besteht nur für bürgerliche 3 Rechtsstreitigkeiten. Dies gilt nicht nur für energiewirtschaftsrechtliche Streitigkeiten im engeren Sinne nach Absatz 1 Satz 1, sondern trotz des insoweit unklaren Wortlauts („Entscheidung eines Rechtsstreits") auch für energiewirtschaftsrechtliche Streitigkeiten im weiteren Sinne nach Absatz 1 Satz 2. Aus der systematischen Stellung der Vorschrift im 6. Abschnitt des 3. Teils des EnWG „Bürgerliche Rechtsstreitigkeiten" folgt, dass von § 102 nur solche Streitigkeiten erfasst sind, die bürgerlich-rechtlich sind (Rosin/Pohlmann/Gentzsch/Metzenthin/Böwing/Burmeister/Elspaß § 102 Rn. 10).

Bürgerliche Rechtsstreitigkeiten sind von **energieverwaltungsrechtlichen Streitigkei-** 4 **ten** nach §§ 65 ff. und **Zwangs- und Bußgeldverfahren** nach §§ 94 ff. abzugrenzen. Der Begriff der bürgerlichen Rechtsstreitigkeit entspricht dem des § 13 GVG. Ob eine Streitigkeit öffentlich- oder bürgerlich-rechtlich ist, richtet sich nach gefestigter höchstrichterlicher Rechtsprechung nach der **Natur des Rechtsverhältnisses,** aus dem der Klageanspruch hergeleitet wird (GmS-OBG BeckRS 1986, 109195 Rn. 10 mwN). Es ist deshalb zu fragen, durch welche Rechtssätze der Sachverhalt entscheidend geprägt wird und welche Rechtssätze für die Beurteilung des Klagebegehrens in Anspruch genommen werden können (Zöller/Lückemann GVG § 13 Rn. 4 mwN). Nicht entscheidend ist hingegen die Rechtsnatur der Prozessparteien, insbesondere ob es sich um eine juristische Person des Privatrechts oder öffentlichen Rechts handelt (Säcker EnergieR/Keßler § 102 Rn. 4). Ein bürgerlicher Rechtsstreit kann auch dann vorliegen, wenn ein Träger der öffentlichen Verwaltung beteiligt

EnWG § 102   Teil 8. Verfahren und Rechtsschutz bei überlangen Gerichtsverfahren

ist, der wie ein Privater am allgemeinen Rechtsverkehr teilnimmt und nicht in seiner Eigenschaft als Hoheitsträger berechtigt und verpflichtet ist (Kment EnWG/Turiaux § 102 Rn. 4; Theobald/Kühling/Theobald/Werk § 102 Rn. 3 jeweils mwN).

5   Im EnWG sind insbesondere solche Rechtsverhältnisse bürgerlich-rechtlich ausgestaltet, die das **Verhältnis zwischen Netzbetreibern und Netznutzern** regeln. Hierzu zählen Streitigkeiten zwischen Anspruchsinhabern und Anspruchsverpflichteten über den Netzanschluss (§§ 17 ff.) und den Netzzugang (§§ 20 ff.) (Bourwieg/Hellermann/Hermes/Stelter § 102 Rn. 10). Ebenfalls bürgerlich-rechtliche Streitigkeiten sind solche zwischen den Vertragspartnern von Energielieferverträgen und von Anspruchsberechtigten und Anspruchsverpflichteten über die Grundversorgung (Rosin/Pohlmann/Gentzsch/Metzenthin/Böwing/Burmeister/Elspaß § 102 Rn. 4), wobei zu beachten ist, dass diese, um von § 102 erfasst zu sein, sich auch aus dem EnWG ergeben müssen (→ Rn. 6.2).

II. Energiewirtschaftsrechtliche Streitigkeiten im engeren Sinne (Abs. 1 S. 1)

6   Absatz 1 Satz 1 setzt voraus, dass sich die bürgerliche Rechtsstreitigkeit „aus diesem Gesetz" ergeben muss. Ob dies nur der Fall ist, wenn sich die anspruchsbegründende Norm direkt und unmittelbar aus dem EnWG ergibt oder sie sich auch aus einer **aufgrund des EnWG erlassenen Rechtsverordnung** ergeben kann, ist streitig. Der BGH geht in weiter Auslegung des Absatzes 1 Satz 1 von letzterem aus (BGH BeckRS 2017, 150663 Rn. 13 ff., → Rn. 6.1). Maßgeblich ist bei einer Leistungsklage, ob sich der verfolgte Anspruch auf eine Norm des EnWG (oder eine auf dessen Grundlage ergangene Rechtsverordnung) als Anspruchsgrundlage stützen lässt (OLG Düsseldorf BeckRS 2010, 142331 Rn. 11; OLG München BeckRS 2009, 12852) (→ Rn. 6.1).

6.1   Seine Ansicht, dass Absatz 1 Satz 1 auch auf Ansprüche anwendbar ist, deren Grundlage sich aus einer aufgrund des EnWG erlassenen Rechtsverordnung wie der StromNZV/GasNZV bzw. der StromNEV/GasNEV ergibt, begründet der BGH überzeugend damit, dass die Erreichung des Zwecks, eine einheitliche Rechtsprechung auf dem vom EnWG geordneten Gebiet des Energiewirtschaftsrechts zu gewährleisten, voraussetze, dass auch die das Energiewirtschaftsrecht maßgeblich gestaltenden, auf Grundlage des EnWG erlassenen Rechtsverordnungen berücksichtigt würden (BGH BeckRS 2017, 150663 Rn. 15; zust. Kment EnWG/Turiaux § 102 Rn. 6 mwN aus der älteren, noch restriktiven oberlandesgerichtlichen Rechtsprechung zu Ansprüchen aus der StromGVV und der NAV). Hierfür spreche zudem in systematischer Hinsicht, dass § 32 Abs. 1 und 3 EnWG dem Betroffenen einen Beseitigungs-, Unterlassungs- und Schadensersatzanspruch nicht nur bei einem Verstoß gegen eine Vorschrift der Abschnitte 2 und 3 des EnWG, sondern auch bei einem Verstoß gegen eine auf Grundlage der Vorschriften dieser Abschnitte erlassene Rechtsverordnung gewähre (BGH BeckRS 2017, 150663 Rn. 16). Nach aA soll aus dem Wortlaut eindeutig folgen, dass von Absatz 1 Satz 1 nur solche Rechtsstreitigkeiten erfasst sind, die sich direkt und unmittelbar aus dem EnWG ergeben (Theobald/Kühling/Theobald/Werk § 102 Rn. 4 mwN; differenzierend Salje NJW 2010, 2762 (2764)).

6.2   Streitigkeiten um die Verpflichtung eines Energieversorgungsunternehmens zur Belieferung im Rahmen der Grundversorgung, dh über das **„Ob" der Grundversorgung,** unterfallen der ausschließlichen Zuständigkeit der Landgerichte nach Absatz 1 Satz 1, da sich die anspruchsbegründende Norm aus § 36 Abs. 1 ergibt (BGH BeckRS 2017, 150663 Rn. 23 mwN). In die ausschließliche Zuständigkeit der Landgerichte fällt zudem die Klage eines Energieversorgungsunternehmens gegen die Gemeinde auf Unterlassung des Neuabschlusses eines zivilrechtlich ausgestalteten **Konzessionsvertrags** (Theobald/Kühling/Theobald/Werk § 102 Rn. 7; zur Rechtsnatur des Konzessionsvertrags OVG NRW BeckRS 2012, 47622). Gleiches gilt für den Anspruch des Altkonzessionärs auf Einsicht in die von der Gemeinde geführten Akten im Verfahren auf Abschluss eines neuen Konzessionsvertrages, da dieser akzessorisch der Vorbereitung eines Hauptsacheanspruchs aus § 46 Abs. 2 und 3 dient (BVerwG BeckRS 2016, 111168 Rn. 13).

7   Demgegenüber unterliegen mangels energiewirtschaftsrechtlicher Anspruchsgrundlage weder **Zahlungsansprüche aus Energielieferungsverträgen** (BGH BeckRS 2016, 21388) noch die **gerichtliche Kontrolle von Preiserhöhungen** durch Energieversorger (BGH BeckRS 2016, 19594; OLG Hamm BeckRS 2012, 19337 mit einer Übersicht über die gefestigte Rechtsprechung der Oberlandesgerichte) dem § 102 (dazu, dass diese auch keine energiewirtschaftsrechtlichen Streitigkeiten im weiteren Sinne darstellen, → Rn. 13).

III. Energiewirtschaftsrechtliche Streitigkeiten im weiteren Sinne (Abs. 1 S. 2)

Nach Absatz 1 Satz 2 gilt Absatz 1 Satz 1 auch, wenn die Entscheidung eines Rechtsstreits 8 ganz oder teilweise von einer Entscheidung abhängt, die nach diesem Gesetz zu treffen ist, sog. **Vorgreiflichkeit**. Während Absatz 1 Satz 1 voraussetzt, dass die Vorschriften des materiellen Rechts, nach deren Maßgabe der Rechtsstreit, dh die **Hauptfrage**, zu entscheiden ist, unmittelbar dem EnWG (bzw. einer auf dessen Grundlage ergangenen Rechtsverordnung → Rn. 6.1) entstammen, muss das Gericht im Fall des Absatzes 1 Satz 2 eine **Vorfrage** mittels energiewirtschaftlicher Vorschriften klären, um über die Hauptfrage entscheiden zu können. Die Vorfrage muss sich unmittelbar durch die Anwendung von EnWG-Vorschriften beantworten lassen. Sie muss damit konsequenterweise den gleichen Anforderungen unterliegen, die an die streitentscheidende Norm nach Absatz 1 Satz 1 zu stellen sind (Rosin/Pohlmann/Gentzsch/Metzenthin/Böwing/Burmeister/Elspaß § 102 Rn. 9, → Rn. 6).

Die Entscheidung der Hauptfrage muss von der Vorfrage ganz oder teilweise **abhängen**. 9 Dies ist nur dann der Fall, wenn die Klärung der Vorfrage zwingend erforderlich ist und über das Klagebegehren nicht unabhängig hiervon abschließend entschieden werden kann. Das Merkmal der Vorgreiflichkeit ist nach dem Sinn und Zweck der Vorschrift streng zu handhaben: Vorgreiflichkeit besteht nicht, wenn in die Entscheidung lediglich allgemeine Wertungsmaßstäbe einfließen, die in anderem Zusammenhang auch im Energiewirtschaftsrecht Berücksichtigung finden können, ohne dass eine konkrete energiewirtschaftsrechtliche Vorfrage aufgeworfen wird (OLG Düsseldorf BeckRS 2010, 142331 Rn. 12; OLG München BeckRS 2009, 12852; OLG Köln BeckRS 2007, 19550 Rn. 6).

Erforderlich ist die Darlegung ernsthafter **Anhaltspunkte** für die Entscheidungsrelevanz 10 energiewirtschaftsrechtlicher Normen. Dieser Sachverhalt muss deshalb von einer Partei durch ausreichenden Tatsachenvortrag substantiiert dargelegt werden; bloße Rechtsausführungen oder allgemein gehaltenes Vorbringen über die angebliche Einschlägigkeit von EnWG-Normen genügen nicht (OLG Frankfurt a. M. BeckRS 2011, 229; zu § 87 GWB OLG Düsseldorf BeckRS 2010, 142331 Rn. 18).

Eine Vorfrage iSd Absatzes 1 Satz 2 kann sich nach zutreffender Ansicht auch aus einer 11 **Einwendung des Beklagten** ergeben (OLG Düsseldorf BeckRS 2023, 3210 Rn. 26; Kment EnWG/Turiaux § 102 Rn. 9; Säcker EnergieR/Keßler § 102 Rn. 8; krit. Rosin/Pohlmann/Gentzsch/Metzenthin/Böwing/Burmeister/Elspaß § 102 Rn. 13). Dies folgt für die kartellrechtliche Parallelvorschrift des § 87 GWB, die in Wortlaut und funktionaler Ausrichtung mit § 102 vergleichbar ist, aus gesetzeshistorischen Erwägungen bezogen auf die Vorgängerregelung des § 96 Abs. 2 GWB aF, der bereits eine Aussetzungspflicht hinsichtlich kartellrechtlicher Einwendungen des Beklagten vorsah (iE Säcker EnergieR/Keßler § 102 Rn. 8; FK-KartellR/Meyer-Lindemann GWB § 87 Rn. 33). Insoweit liegt in § 102 eine gesetzliche Abweichung von dem Grundsatz, dass die Zuständigkeitsprüfung nach der ZPO allein aufgrund des Klägervortrags erfolgt (Kment EnWG/Turiaux § 102 Rn. 9; Langen/Bunte/Bornkamm/Tolkmitt GWB § 87 Rn. 29).

Ob bei der Bestimmung der Zuständigkeit auch energiewirtschaftsrechtliche Vorfragen zu 11a berücksichtigen sind, die sich erst infolge einer nach Rechtshängigkeit eingetretenen Änderung der Sach- und Rechtslage ergeben, oder dem der Grundsatz der perpetuatio fori entgegensteht, ist bislang ungeklärt (für ersteres zur kartellrechtlichen Parallelvorschrift BeckOK KartellR/Rombach GWB § 87 Rn. 55).

Umstritten ist, ob es – ähnlich wie zu Art. 267 AEUV für das Vorlageverfahren zum 12 EuGH – eine **„acte clair"-Doktrin** in dem Sinne gibt, dass Fragen, die durch die höchstrichterliche Rechtsprechung bereits beantwortet sind oder sonst eine eindeutige Antwort ermöglichen, vom nicht nach § 102 zuständigen Gericht selbst beantwortet werden dürfen, wie es der Rechtsprechung zu § 96 Abs. 2 GWB aF, der bis 1998 bei kartellrechtlichen Vorfragen einen Aussetzungszwang vorsah, entsprach. Dies ist für das geltende Recht abzulehnen (→ Rn. 12.1). Es kann für die ausschließliche Zuständigkeit nach § 102 zudem keine Rolle spielen, ob sich die Parteien über die Beantwortung der energiewirtschaftsrechtlichen Vorfrage einig sind (Langen/Bunte/Bornkamm/Tolkmitt GWB § 87 Rn. 26).

Bei den Vorfragen kann es nicht darauf ankommen, ob die Beurteilung eindeutig oder zweifelhaft ist, 12.1 weil § 102 – wie die kartellrechtliche Parallelvorschrift des § 87 GWB – die energiewirtschaftsrechtlichen Haupt- und Vorfragen gleichstellt (ebenso Bechtold/Bosch GWB § 87 Rn. 7; FK-KartellR/Meyer-

Lindemann GWB § 87 Rn. 55; Loewenheim/Meessen/Riesenkampff/Kersting/Meyer-Lindemann/Dicks GWB § 87 Rn. 21; aA Langen/Bunte/Bornkamm/Tolkmitt GWB § 87 Rn. 20 ff.; BeckOK KartellR/Rombach GWB § 87 Rn. 38 ff.; differenzierend Immenga/Mestmäcker/K. Schmidt GWB § 87 Rn. 36, wonach in solchen Fällen die Zuständigkeit nach § 87 GWB keine ausschließliche sein soll). Maßgeblich ist, dass der Gesetzgeber ausweislich der Begründung zur 6. GWB-Novelle eine Gesamtzuständigkeit der Kartellgerichte für Kartellrechtsfragen ohne Differenzierung zwischen kartellrechtlicher Haupt- und Vorfrage begründen wollte (BT-Drs. 13/9720, 68). Angesichts dieser eindeutigen Vorgabe lässt sich allein daraus, dass er in der weiteren Gesetzesbegründung an solche Vorfragen anknüpft, „für die § 96 Abs. 1 GWB aF bisher eine Aussetzungspflicht vorsah", eine Aussetzungspflicht für zweifelfrei zu beantwortende Vorfragen jedoch nicht bestand, kein belastbarer Schluss auf einen Willen des Gesetzgebers zu einer teleologischen Restriktion des Vorfragenbegriffs ziehen (aA BeckOK KartellR/Rombach § 87 Rn. 38). Die weiter für die Notwendigkeit einer restriktiven Auslegung mit Blick auf die kartellrechtliche Parallelvorschrift angeführten praktischen Erwägungen (Langen/Bunte/Bornkamm/Tolkmitt GWB § 87 Rn. 21), die im Wesentlichen an die Sorge vor einer Überlastung der Kartellgerichte anknüpfen, lassen sich auf die energiewirtschaftsrechtlichen Vorfragen schon im Ausgangspunkt nicht übertragen.

13 Keine ausschließliche Zuständigkeit des Landgerichts liegt nach alledem vor, wenn lediglich die Rechtsfolgen der **Nichterfüllung von Zahlungsverpflichtungen** des Kunden eines Energieversorgungsunternehmens im Streit stehen, da diese aus § 433 Abs. 2 BGB folgen (OLG Düsseldorf BeckRS 2010, 142331 Rn. 12; OLG Köln BeckRS 2007, 19550 Rn. 4). Die Frage, ob eine **Preiserhöhung** der **Billigkeit iSd § 315 BGB** entspricht, ist nach zwischenzeitlich einhelliger Auffassung in der oberlandesgerichtlichen Rechtsprechung nicht nach dem EnWG zu beantworten, da dieses keine Anordnung zur individuellen Ausgestaltung von Energielieferungsverträgen trifft. § 1 normiert lediglich die allgemeine Zielvorstellung der möglichst preisgünstigen Energieversorgung, ohne dass sich aus der isolierten Anwendung Ansprüche oder Rechtspositionen ergeben würden (OLG Hamm BeckRS 2012, 19337; OLG Düsseldorf BeckRS 2010, 142331 Rn. 14 jeweils mwN; vgl. auch die Übersicht über die oberlandesgerichtliche Rechtsprechung in Theobald/Kühling/Theobald/Werk § 102 Rn. 15). Ebenso wenig beurteilt sich nach dem EnWG, ob die Klägerin die Erhöhung der Preise auf **Preisanpassungsklauseln** stützen kann, da sich die Frage, ob die Parteien einen **Grundversorgungs- oder Sonderkundenvertrag** geschlossen haben, nicht nach dem EnWG bestimmt, sondern nach den Grundsätzen über die Auslegung von Verträgen (BGH BeckRS 2009, 21776 Rn. 17). Etwas anderes gilt aber in Streitigkeiten zwischen Energieversorgungsunternehmen und Kunden, in denen die Frage des Zustandekommens eines Energieliefervertrages zwischen den Parteien bzw. das Vorliegen der Tatbestandsvoraussetzungen einer Geschäftsführung ohne Auftrag oder einer ungerechtfertigten Bereicherung von der sich nach energiewirtschaftsrechtlichen Grundsätzen (etwa § 38 EnWG) zu beantwortenden Frage abhängen, wem die an der in Rede stehenden Lieferstelle entnommene **Energie wirtschaftlich zuzuordnen** ist (OLG Hamm IR 2023, 30 mAnm. Kirch; vgl. auch BGH BeckRS 2022, 16829 – Verbrauchsstelle Goldbuschfeld).

IV. Eilrechtsschutz

14 Die durch § 102 begründete Rechtswegzuweisung und ausschließliche Zuständigkeit umfasst nach überwiegender, zutreffender Ansicht auch das Arrest- und einstweilige Verfügungsverfahren nach §§ 916 ff., 935 ff. ZPO (Bourwieg/Hellermann/Hermes/Stelter § 102 Rn. 15; Kment EnWG/Turiaux § 102 Rn. 9; Säcker EnergieR/Keßler § 102 Rn. 6; Theobald/Kühling/Theobald/Werk § 102 Rn. 9). Es entspricht Sinn und Zweck des einstweiligen Rechtsschutzes, wenn die nach § 102 ausschließlich zuständigen Landgerichte entscheiden, denn diese sind aufgrund ihrer Sachkunde und Erfahrung besser als andere zivilgerichtliche Spruchkörper geeignet, eine schnelle und sachgerechte Entscheidung im Eilverfahren zu treffen (FK-KartellR/Meyer-Lindemann GWB § 87 Rn. 52; Loewenheim/Meessen/Riesenkampff/Kersting/Meyer-Lindemann/Dicks GWB § 87 Rn. 18; demgegenüber erhebt Immenga/Mestmäcker/K. Schmidt GWB § 87 Rn. 24 Bedenken wegen des Beschleunigungsbedürfnisses und schlägt eine teleologische Reduktion des Satzes 2 dergestalt vor, dass die sachliche Zuständigkeit des Landgerichts auch beim einstweiligen Rechtsschutz begründet wird, jedoch nicht als ausschließliche).

C. Rechtsfolgen und Prozessuales
I. Reichweite und Folgen der ausschließlichen Zuständigkeit

Bei Vorliegen der Voraussetzungen des § 102 sind die EnWG-Landgerichte unabhängig 15
von der Höhe des Streitwerts ausschließlich (vgl. § 108) sachlich zuständig, wobei die Zuständigkeit allen anderen Zuständigkeiten vorgeht (Kölner Komm KartellR/Voss GWB § 87 Rn. 61; FK-KartellR/Meyer-Lindemann GWB § 87 Rn. 59; Loewenheim/Meessen/Riesenkampff/Kersting/Meyer-Lindemann/Dicks GWB § 87 Rn. 23). Die (nicht ausschließliche) **örtliche Zuständigkeit** bestimmt sich hingegen nach den allgemeinen zivilprozessualen Vorschriften der §§ 12 ff. ZPO. Wegen der Ausschließlichkeit der Zuständigkeitsbegründung kommt eine **Gerichtsstandsvereinbarung** zugunsten eines anderen Gerichts nach § 40 Abs. 2 S. 1 Nr. 2 ZPO nicht in Betracht (zur Ausnahme wegen einer infolge vorrangigen Unionsrechts wirksam durch ausländische Gerichtsstandvereinbarung vereinbarten internationalen Zuständigkeit FK-KartellR/Meyer-Lindemann GWB § 87 Rn. 60). Gleiches gilt nach § 40 Abs. 2 S. 2 ZPO für eine **Prorogation** durch rügeloses Verhandeln.

Die ausschließliche Zuständigkeit des für EnWG-Sachen zuständigen Gerichts nach § 102 16
erstreckt sich nicht auf die Prüfung einzelner (energiewirtschaftsrechtlicher) Anspruchsgrundlagen, sondern betrifft den gesamten von der energiewirtschaftsrechtlichen Fragestellung betroffenen Streitgegenstand (zum Prüfungsgegenstand des nach § 87 GWB zuständigen Kartellgerichts BGH BeckRS 2013, 14432 Rn. 21 mwN).

II. Verfahren und Rechtsmittel bei Unzuständigkeit

Die bei einem unzuständigen Gericht eingelegte Klage ist auf Antrag gem. § 281 ZPO 17
an das nach § 102 zuständige Gericht zu verweisen. Wird ein Verweisungsantrag nicht gestellt, ist die Klage als unzulässig abzuweisen. Wenn energiewirtschaftsrechtliche Fragen erst im Laufe des Rechtsstreits auftreten, zB der Beklagte erst nachträglich entstandene Einwendungen im Bereich des Energiewirtschaftsrechts geltend macht, wird **nachträglich** das nicht für EnWG-Sachen zuständige Gericht unzuständig und der Kläger muss Verweisung beantragen (Säcker EnergieR/Keßler § 102 Rn. 8; Bechtold/Bosch GWB § 87 Rn. 3; FK-KartellR/Meyer-Lindemann GWB § 87 Rn. 57). Absatz 1 Satz 2 und die darin normierte Konzentrationswirkung begründen als lex specialis eine Ausnahme von der **perpetuatio fori** gem. § 261 Abs. 3 Nr. 2 ZPO. Die Entscheidung über eine energiewirtschaftsrechtliche Vorfrage ist nicht nur unabhängig davon, welche Partei die insoweit erheblichen Tatsachen vorträgt, sondern auch davon, wann diese Tatsachen eingetreten sind (iE zu § 87 GWB Klein NJW 2003, 16 (17)).

Nach § 281 Abs. 2 S. 4 ZPO ist ein Verweisungsbeschluss für das Gericht, an das verwiesen 18
wird, bindend. Die **Bindungswirkung** entfällt nur, wenn der Verweisungsbeschluss jeglicher Rechtsgrundlage entbehrt und deshalb auf **Willkür** beruht (BGH NJW 2003, 3201; Zöller/Greger ZPO § 281 Rn. 17 mwN) bzw. – anders formuliert – „wenn die Verweisung bei verständiger Würdigung im Prozessstoff keine vernünftige Grundlage findet" (Loewenheim/Meessen/Riesenkampff/Kersting/Meyer-Lindemann/Dicks GWB § 87 Rn. 29; zur Verweisung von Zahlungsklagen eines Energieversorgungsunternehmens durch das Amtsgericht an das nach § 102 EnWG zuständige Gericht → Rn. 18.1).

Eine fehlende Bindungswirkung ist in der oberlandesgerichtlichen Rechtsprechung in Fällen ange- 18.1
nommen worden, in denen das Amtsgericht die Zahlungsklage eines Energieversorgungsunternehmens, dem die Unwirksamkeit einer Preiserhöhung bzw. Unbilligkeit derselben nach § 315 BGB entgegengehalten wurde, unter Verweis auf § 102 an das hiernach zuständige Landgericht verwiesen hat, ohne sich mit der hierzu herrschenden oberlandesgerichtlichen Rechtsprechung (→ Rn. 13) auseinanderzusetzen (etwa OLG Düsseldorf BeckRS 2010, 142331 Rn. 23 mwN; OLG München BeckRS 2009, 12852; OLG Köln BeckRS 2007, 19550 Rn. 10; bedenklich OLG Hamm BeckRS 2012, 19337, wonach der Verweisungsbeschluss nicht offensichtlich rechtswidrig sein soll, wenn er zwar ohne Begründung von der oberlandesgerichtlichen Rechtsprechung abweicht, aber im Einvernehmen mit den Parteien ergeht).

Streitig ist, ob die Sonderzuständigkeit nach § 102 auch bei der Entscheidung in einem 19
sog. **negativen Kompetenzkonflikt** gilt. Zu einer Zuständigkeitsbestimmung nach § 36

Abs. 1 Nr. 6 ZPO kommt es dabei nicht nur in Fällen, in denen sich ein für EnWG-Sachen zuständiges und ein allgemein zuständiges Gericht jeweils für unzuständig erklärt haben, sondern auch dann, wenn Streit darüber besteht, ob ein Verweisungsbeschluss bindend ist oder nicht (BGH NJW 1978, 888). Über den negativen Kompetenzkonflikt entscheidet nach zutreffender Ansicht (OLG Düsseldorf BeckRS 2011, 20595; BeckRS 2016, 8391 Rn. 8; Säcker EnergieR/Keßler § 102 Rn. 18; FK-KartellR/Meyer-Lindemann GWB § 87 Rn. 63) das nach § 36 Abs. 1 Nr. 6, Abs. 2 ZPO zuständige Gericht: Raum für eine analoge Anwendung von § 102 Abs. 1, § 106 Abs. 1 besteht mangels planwidriger Regelungslücke nicht, § 102 Abs. 1 verschafft zudem nur die ausschließliche Zuständigkeit für die materiellrechtliche Entscheidung eines energiewirtschaftsrechtlichen Prozesses (aA OLG Celle BeckRS 2010, 27532; OLG München BeckRS 2009, 12852; Kment EnWG/Turiaux § 102 Rn. 16; Loewenheim/Meessen/Riesenkampff/Kersting/Meyer-Lindemann/Dicks GWB § 87 Rn. 29 mwN).

20 Die **Berufung** kann nach § 513 Abs. 2 ZPO nicht darauf gestützt werden, dass das Gericht des ersten Rechtszuges seine Zuständigkeit zu Unrecht angenommen hat. Auch die **Revision** kann nicht darauf gestützt werden, dass das Gericht des ersten Rechtszuges seine Zuständigkeit zu Unrecht angenommen oder verneint hat (§ 545 Abs. 2 ZPO). In Fällen, in denen das Landgericht als das für EnWG-Sachen zuständige Gericht entschieden hat, aber dies nicht zweifelsfrei aus der Entscheidung hervorgeht, kann nach dem **Grundsatz der Rechtsmittelklarheit** die Berufung gegen das Urteil des Landgerichts iSd § 519 Abs. 1 ZPO wirksam auch bei demjenigen Oberlandesgericht eingelegt werden, das gem. § 119 GVG allgemein für die Berufungen gegen die Entscheidungen dieses Landgerichts zuständig ist (BGH BeckRS 2017, 150663 Rn. 18 ff.).

21 Wird die Klage vor dem gem. § 102 sachlich für EnWG-Sachen zuständigen Gericht erhoben, so kann dieses nach zutreffender Ansicht (Säcker EnergieR/Keßler § 102 Rn. 14) in Fällen der **Anspruchskonkurrenz** energiewirtschaftsrechtlicher und allgemeiner zivilrechtlicher Normen seine Zuständigkeit nicht deshalb ablehnen, weil es der Ansicht ist, eine Entscheidung des Rechtsstreits könnte auch ohne die Heranziehung energiewirtschaftlicher Normen erfolgen. Denn das Gericht, an das verwiesen würde, könnte die Frage der Entscheidungserheblichkeit auch abweichend beurteilen.

D. Zuständigkeit der Kammern für Handelssachen (Abs. 2)

22 Aus Absatz 2, wonach die Rechtsstreitigkeiten Handelssachen iSd §§ 93–114 GVG sind, folgt, dass energiewirtschaftsrechtliche bürgerliche Rechtsstreitigkeiten unabhängig vom Vorliegen der Voraussetzungen des § 95 GVG Handelssachen sind. Absatz 2 regelt damit keine ausschließliche sachliche, sondern die **funktionelle Zuständigkeit**.

23 Der Rechtsstreit wird vor der Kammer für Handelssachen verhandelt, wenn dies vom Kläger oder vom Beklagten beantragt worden ist (§ 96 Abs. 1 bzw. § 98 Abs. 1 GVG), den Parteien steht mithin ein **Wahlrecht** zu. Auch die weiteren Vorgaben der §§ 93–114 GVG sind zu beachten, insbesondere muss der Beklagte seinen Verweisungsantrag gemäß den Anforderungen des § 101 GVG rechtzeitig (vor der Verhandlung zur Sache bzw. innerhalb der Klage- oder Berufungserwiderungsfrist, falls eine solche gesetzt wurde) stellen. In der Praxis scheinen die Verfahrensbeteiligten der ausschließlich mit Berufsrichtern besetzten Zivilkammer den Vorzug zu geben.

§ 103 Zuständigkeit eines Landgerichts für mehrere Gerichtsbezirke

(1) ¹Die Landesregierungen werden ermächtigt, durch Rechtsverordnung bürgerliche Rechtsstreitigkeiten, für die nach § 102 ausschließlich die Landgerichte zuständig sind, einem Landgericht für die Bezirke mehrerer Landgerichte zuzuweisen, wenn eine solche Zusammenfassung der Rechtspflege, insbesondere der Sicherung einer einheitlichen Rechtsprechung, dienlich ist. ²Die Landesregierungen können die Ermächtigung auf die Landesjustizverwaltungen übertragen.

(2) Durch Staatsverträge zwischen Ländern kann die Zuständigkeit eines Landgerichts für einzelne Bezirke oder das gesamte Gebiet mehrerer Länder begründet werden.

(3) **Die Parteien können sich vor den nach den Absätzen 1 und 2 bestimmten Gerichten auch anwaltlich durch Personen vertreten lassen, die bei dem Gericht zugelassen sind, vor das der Rechtsstreit ohne die Regelung nach den Absätzen 1 und 2 gehören würde.**

Überblick

§ 103 ist der korrespondierenden kartellrechtlichen Vorschrift des § 89 GWB nachgebildet (→ Rn. 2) und bezweckt eine weitere Zuständigkeitskonzentration (→ Rn. 1), die die sachliche Zuständigkeit der Gerichte betrifft (→ Rn. 3). Von der Ermächtigung nach Absatz 1, durch Rechtsverordnungen bürgerliche Rechtsstreitigkeiten nach § 102 einem Landgericht für die Bezirke mehrerer Landgerichte zuzuweisen, haben die Landesregierungen (Absatz 1 Satz 1) bzw. aufgrund entsprechender Ermächtigung durch diese die Landesjustizverwaltungen (Absatz 1 Satz 2) bislang nur in geringem Umfange Gebrauch gemacht (→ Rn. 4 ff.), von der durch Absatz 2 eingeräumten Möglichkeit, durch Staatsverträge zwischen Ländern die Zuständigkeit eines Landgerichts für einzelne Bezirke oder das gesamte Gebiet mehrerer Länder zu begründen, gar nicht (→ Rn. 8). Die Regelung zur Postulationsfähigkeit in Absatz 3 war schon bei ihrem Inkrafttreten bedeutungslos (→ Rn. 9).

A. Normzweck und Entstehungsgeschichte

Durch die Möglichkeit, die Rechtsprechung in bürgerlichen Rechtsstreitigkeiten aus dem 1 EnWG und damit die besondere Sachkompetenz der Gerichte durch die Bündelung der Zuständigkeit bei einem Landgericht für mehrere Gerichtsbezirke zu vereinheitlichen, ermöglicht § 103 eine über § 102 hinausgehende, weitere **Zuständigkeitskonzentration** (Bourwieg/Hellermann/Hermes/Stelter § 103 Rn. 1; Theobald/Kühling/Theobald/Werk § 103 Rn. 1). Eine vergleichbare Zuständigkeitskonzentration für die Oberlandesgerichte findet sich in § 106.

Die durch das EnWG 2005 eingeführte Regelung orientiert sich an § 89 GWB (BT-Drs. 2 15/3917, 75).

B. Zuständigkeitskonzentration (Abs. 1 und Abs. 2)

Da infolge einer Zuständigkeitskonzentration nach dieser Vorschrift die im Rahmen der 3 Zuweisung benannten Landgerichte vollumfänglich an die Stelle der sonst zuständigen Gerichte treten, stellt die Regelung keine örtliche, sondern eine **sachliche Zuständigkeitsregelung** dar (Theobald/Kühling/Theobald/Werk § 103 Rn. 3). Es findet deshalb insbesondere § 281 Abs. 1 ZPO Anwendung.

Von der Möglichkeit, die Zuständigkeit für die Entscheidung bürgerlicher Rechtsstreitig- 4 keiten nach § 102 für die Bezirke mehrerer Landgerichte bei einem Landgericht zu konzentrieren, ist bislang nur in geringem Umfang Gebrauch gemacht worden.

In **Nordrhein-Westfalen** bestehen § 1 der Verordnung über die Bildung gemeinsa- 5 mer Kartellgerichte und über die gerichtliche Zuständigkeit in bürgerlichen Rechtsstreitigkeiten nach dem EnWG v. 30.8.2011 (GV. NRW. 2011, 469) folgende ausschließliche Zuständigkeiten:
• **Landgericht Düsseldorf** für den Oberlandesgerichtsbezirk Düsseldorf
• **Landgericht Dortmund** für den Oberlandesgerichtsbezirk Hamm;
• **Landgericht Köln** für den Oberlandesgerichtsbezirk Köln.

In **Hessen** ist nach § 57 der JuZuV v. 3.6.2013 (GVBl. 386), zul. geänd. durch die VO v. 6 11.10.2013 (GVBl. 569), das **Landgericht Wiesbaden** für alle Landgerichtsbezirke zuständig.

Von der korrespondierenden Ermächtigung in § 89 Abs. 1 GWB für kartellrechtliche 7 bürgerliche Rechtsstreitigkeiten haben die Landesregierungen in deutlich größerem Umfang Gebrauch gemacht (vgl. die Nachweise bei Immenga/Mestmäcker/K. Schmidt GWB § 89 Rn. 2). Da das Bedürfnis, besondere Sachkompetenz in energiewirtschaftsrechtlichen Streitigkeiten zu bündeln, angesichts der vergleichbar komplexen und anspruchsvollen Rechtsmaterie nicht geringer sein dürfte als in kartellrechtlichen Streitigkeiten, kann dies wohl nur

EnWG § 104 Teil 8. Verfahren und Rechtsschutz bei überlangen Gerichtsverfahren

mit einer geringeren praktischen Bedeutung begründet werden, die erstgenannte Streitigkeiten bei den Zivilgerichten haben, und ist rechtspolitisch kritisch zu sehen.

8 Von der durch Absatz 2 eingeräumten Möglichkeit, durch **Staatsverträge** zwischen Ländern die Zuständigkeit eines Landgerichts für einzelne Bezirke oder das gesamte Gebiet mehrerer Länder zu begründen, ist noch kein Gebrauch gemacht worden.

C. Erweiterung der Postulationsfähigkeit (Abs. 3)

9 Gemäß Absatz 3 können sich die Parteien vor den nach den Absätzen 1 und 2 bestimmten Gerichten auch anwaltlich durch Personen vertreten lassen, die bei dem Gericht zugelassen sind, vor das der Rechtsstreit ohne die Regelung nach den Absätzen 1 und 2 gehören würde. Die Regelung übernimmt – ersichtlich unreflektiert – die ebenfalls bis heute in Kraft stehende entsprechende Vorgabe in § 89 Abs. 3 GWB, obgleich sie bereits bei Inkrafttreten des EnWG 2005 überholt und **gegenstandslos** war. Die damit beabsichtigte Erweiterung der Postulationsfähigkeit knüpft an das **Lokalisationsprinzip** bei der Anwaltszulassung (weiterführend Zöller/Althammer ZPO § 78 Rn. 2) an, das bereits durch das Gesetz zur Änderung des Gesetzes zur Neuordnung des Berufsrechts der Rechtsanwälte und Patentanwälte vom 17.12.1999 (BGBl. I 2448) zum 1.1.2000 entfallen war. Die Parteien können sich deshalb durch jeden zugelassenen Anwalt vertreten lassen.

§ 104 Benachrichtigung und Beteiligung der Regulierungsbehörde

(1) ¹Das Gericht hat die Regulierungsbehörde über alle Rechtsstreitigkeiten nach § 102 Abs. 1 zu unterrichten. ²Das Gericht hat der Regulierungsbehörde auf Verlangen Abschriften von allen Schriftsätzen, Protokollen, Verfügungen und Entscheidungen zu übersenden.

(2) ¹Der Präsident oder die Präsidentin der Regulierungsbehörde kann, wenn er oder sie es zur Wahrung des öffentlichen Interesses als angemessen erachtet, aus den Mitgliedern der Regulierungsbehörde eine Vertretung bestellen, die befugt ist, dem Gericht schriftliche Erklärungen abzugeben, auf Tatsachen und Beweismittel hinzuweisen, den Terminen beizuwohnen, in ihnen Ausführungen zu machen und Fragen an Parteien, Zeugen und Sachverständige zu richten. ²Schriftliche Erklärungen der vertretenden Personen sind den Parteien von dem Gericht mitzuteilen.

Überblick

Die § 90 GWB nachgebildete Vorschrift (→ Rn. 2) dient der Wahrnehmung der öffentlichen Interessen durch die Regulierungsbehörde auch im Zivilprozess (→ Rn. 1). Absatz 1 Satz 1 normiert eine Informationspflicht des Gerichts in sämtlichen bürgerlichen Rechtsstreitigkeiten iSd § 102 gegenüber der jeweils zuständigen (Bundes- oder Landes-)Regulierungsbehörde (→ Rn. 3), der üblicherweise durch die Übersendung einer Kopie der Klageschrift genügt wird (→ Rn. 4). Absatz 1 Satz 2 begründet ein weitergehendes Informationsrecht der Regulierungsbehörde (→ Rn. 5 f.). Die Unterrichtung ist Voraussetzung dafür, dass die Regulierungsbehörde von ihrem Beteiligungsrecht nach Absatz 2, dessen Ausübung in ihr Ermessen gestellt ist (→ Rn. 7), in geeigneten Fällen sachangemessen Gebrauch machen kann (→ Rn. 8).

A. Normzweck und Entstehungsgeschichte

1 Die Beteiligung der Regulierungsbehörde und die hierfür erforderliche Benachrichtigung derselben über den wesentlichen Inhalt der geführten energiewirtschaftsrechtlichen Zivilverfahren soll es dieser ermöglichen, auch in diesen Verfahren das **öffentliche Interesse** an einer funktionsfähigen Energieregulierung, dessen Wahrnehmung ihr obliegt, ausüben zu können (Säcker EnergieR/Keßler § 104 Rn. 1; Theobald/Kühling/Theobald/Werk § 104 Rn. 3). Dies folgt aus der Regierungsbegründung zur kartellrechtlichen Parallelvorschrift (Regierungsbegründung zum Entwurf eines Gesetzes gegen Wettbewerbsbeschränkungen,

BT-Drs. II/1158 C § 65 Ziff. 1). Hingegen bezweckt die Beteiligung nicht, dem Gericht die Entscheidung zu erleichtern oder dem Begehren einer Prozesspartei zur Durchsetzung zu verhelfen (Loewenheim/Meessen/Riesenkampff/Kersting/Meyer-Lindemann/Dicks GWB § 90 Rn. 1; FK-KartellR/Meyer-Lindemann GWB § 90 Rn. Rn. 90; in diesem Sinne auch Säcker EnergieR/Keßler § 104 Rn. 1, der die Unterstützung der Zivilgerichte für eher zweitrangig erachtet). Allerdings führt die Beteiligung der Regulierungsbehörde rein faktisch zu einer begrüßenswerten und in den Fällen, in denen eine aktive Beteiligung erfolgt, oft nicht unbedeutenden **Förderung der Gerichtsverfahren** durch die Einbringung des regulierungsbehördlichen Fachwissens.

Die Vorschrift, die durch das EnWG 2005 eingeführt und seitdem unverändert geblieben ist, orientiert sich an der kartellrechtlichen Parallelvorschrift des **§ 90 GWB** (BT-Drs. 15/3917, 75), wobei nur Absatz 1 und Absatz 2 der Vorgaben über die Benachrichtigung und Beteiligung der Kartellbehörden übernommen worden sind. 2

B. Benachrichtigung der Regulierungsbehörde (Abs. 1)

Absatz 1 verpflichtet die **staatlichen Gerichte aller Instanzen** zur Unterrichtung der Regulierungsbehörde. **Schiedsgerichte** unterliegen nach hM nicht der Mitteilungspflicht (Immenga/Mestmäcker/K. Schmidt GWB § 90 Rn. 6 mwN). Die zuständige Regulierungsbehörde ist diejenige iSd § 54, dh die BNetzA bzw. die Landesregulierungsbehörde (Theobald/Kühling/Theobald/Werk § 104 Rn. 5). Zu unterrichten ist über bürgerliche Rechtsstreitigkeiten nach § 102, dh über solche Streitigkeiten, die sich aus dem EnWG oder einer auf dessen Grundlagen erlassenen Rechtsverordnung ergeben (→ § 102 Rn. 6), aber auch solche, bei denen die Entscheidung eines Rechtsstreits von einer nach dem EnWG zu treffenden Entscheidung abhängt (→ § 102 Rn. 9). 3

Nach Absatz 1 Satz 1 hat das Gericht die Regulierungsbehörde über alle Rechtsstreitigkeiten nach § 102 zu unterrichten. Die **Unterrichtung** erfolgt **unaufgefordert**. In welcher Form die Unterrichtung zu erfolgen hat, gibt Absatz 1 nicht vor. Es sind aber jedenfalls Aktenzeichen, Parteibezeichnungen und die geltend gemachten energiewirtschaftsrechtlichen Ansprüche bzw. Einwendungen zu benennen (Kment EnWG/Turiaux § 104 Rn. 2; Säcker EnergieR/Keßler § 104 Rn. 4; Theobald/Kühling/Theobald/Werk § 104 Rn. 8), da dies Voraussetzung dafür ist, dass die Regulierungsbehörde über die für die Entscheidung über die Ausübung ihres Beteiligungsrechts nach Absatz 2 erforderlichen Kenntnisse verfügt. Üblicherweise erfolgt die Unterrichtung nach Absatz 1 Satz 1 durch die Übersendung einer Kopie der Klageschrift, was auch für das Gericht eine prozessökonomische Vorgehensweise darstellt. 4

Die **Informationen nach Absatz 1 Satz 2** (Abschriften von allen Schriftsätzen, Protokollen, Verfügungen und Entscheidungen) sind nur **auf Anforderung** durch die Regulierungsbehörde zur Verfügung zu stellen. Die Anforderung kann dabei mangels einschränkender Hinweise in der Vorschrift auch noch in einem späten Verfahrensstadium erfolgen und sich auf solche Unterlagen beziehen, die bereits in einem früheren Verfahrensstadium eingegangen sind (Theobald/Kühling/Theobald/Werk § 104 Rn. 9). 5

Die **Kosten** für die Anfertigung der erforderlichen Kopien durch das Gericht oder auch durch die Parteien sind nicht von den Parteien, sondern von der Staatskasse zu tragen, da die Benachrichtigung der Regulierungsbehörde im öffentlichen Interesse erfolgt (Theobald/Kühling/Theobald/Werk § 104 Rn. 4; FK-KartellR/Meyer-Lindemann GWB § 90 Rn. 8). 6

C. Beteiligung der Regulierungsbehörde (Abs. 2)

Es steht im **Ermessen** des Präsidenten der jeweiligen Regulierungsbehörde, ob er einen Vertreter bestellt und sich durch diesen an dem Verfahren beteiligt. Die Entscheidung ist gerichtlich nicht überprüfbar (FK-KartellR/Meyer-Lindemann GWB § 90 Rn. 12). 7

Die **Befugnisse des Vertreters** sind in Absatz 2 Satz 1 konkret und abschließend aufgeführt: Er kann dem Gericht schriftliche Erklärungen abgeben, auf Tatsachen und Beweismittel hinweisen, den Terminen beiwohnen, in ihnen Ausführungen machen und Fragen an Parteien, Zeugen und Sachverständige richten. In verfahrensrechtlicher Hinsicht ist zu beachten, dass die Regulierungsbehörde durch ihre Beteiligung keine Partei des Rechtsstreits wird 8 und die zivilrechtlichen Grundsätze – Dispositionsmaxime und Verhandlungsgrundsatz – von der Benachrichtigung der Regulierungsbehörde und von ihrer Beteiligung am Rechtsstreit unberührt bleiben (zu § 90 GWB Immenga/Mestmäcker/K. Schmidt GWB § 90 Rn. 1; FK-KartellR/Meyer-Lindemann GWB § 90 Rn. 1, 2), dh die Regulierungsbehörde keinen Einfluss auf den Streitgegenstand hat. Vortrag der Regulierungsbehörde ist nur dann verwertbar, wenn sich diesen eine der Parteien zu eigen macht (Kment EnWG/Turiaux § 104 Rn. 5; Säcker EnergieR/Keßler § 104 Rn. 8; Theobald/Kühling/Theobald/Werk § 104 Rn. 12). Ein Rückgriff auf die **Amtsermittlungsbefugnisse** der Regulierungsbehörde allein zur Ausübung ihrer Beteiligungsrechte gem. Absatz 2, dh außerhalb eines ggf. parallel geführten Verwaltungsverfahrens, scheidet aus (Säcker EnergieR/Keßler § 104 Rn. 8 mwN).

9 In der Praxis ist die Beteiligung der Regulierungsbehörden in den instanzgerichtlichen Verfahren eher die **Ausnahme**. Die Regulierungsbehörde beschränkt sich häufig darauf, sich nach Absatz 1 Satz 1 und ggf. sodann nach Absatz 1 Satz 2 über den Abschluss des Rechtsstreits durch Übersendung der verfahrensabschließenden Entscheidung informieren zu lassen. Etwas anderes gilt für Revisionsverfahren vor dem BGH, in denen die BNetzA in der Regel im Verhandlungstermin vertreten ist.

10 Die durch die Beteiligung der Regulierungsbehörde entstehenden Kosten sind aus denselben Gründen wie die durch die Erfüllung der Informationspflicht nach Absatz 1 entstehenden (Kopier-)Kosten (→ Rn. 6) nicht Teil der von den Parteien zu tragenden Kosten des Rechtsstreits nach §§ 91 ff. ZPO (Säcker EnergieR/Keßler § 104 Rn. 8 mwN).

§ 105 Streitwertanpassung

(1) ¹Macht in einer Rechtsstreitigkeit, in der ein Anspruch nach dem § 32 geltend gemacht wird, eine Partei glaubhaft, dass die Belastung mit den Prozesskosten nach dem vollen Streitwert ihre wirtschaftliche Lage erheblich gefährden würde, so kann das Gericht auf ihren Antrag anordnen, dass die Verpflichtung dieser Partei zur Zahlung von Gerichtskosten sich nach einem ihrer Wirtschaftslage angepassten Teil des Streitwerts bemisst. ²Das Gericht kann die Anordnung davon abhängig machen, dass die Partei glaubhaft macht, dass die von ihr zu tragenden Kosten des Rechtsstreits weder unmittelbar noch mittelbar von einem Dritten übernommen werden. ³Die Anordnung hat zur Folge, dass die begünstigte Partei die Gebühren ihres Rechtsanwalts ebenfalls nur nach diesem Teil des Streitwerts zu entrichten hat. ⁴Soweit ihr Kosten des Rechtsstreits auferlegt werden oder soweit sie diese übernimmt, hat sie die von dem Gegner entrichteten Gerichtsgebühren und die Gebühren seines Rechtsanwalts nur nach dem Teil des Streitwerts zu erstatten. ⁵Soweit die außergerichtlichen Kosten dem Gegner auferlegt oder von ihm übernommen werden, kann der Rechtsanwalt der begünstigten Partei seine Gebühren von dem Gegner nach dem für diesen geltenden Streitwert beitreiben.

(2) ¹Der Antrag nach Absatz 1 kann vor der Geschäftsstelle des Gerichts zur Niederschrift erklärt werden. ²Er ist vor der Verhandlung zur Hauptsache anzubringen. ³Danach ist er nur zulässig, wenn der angenommene oder festgesetzte Streitwert später durch das Gericht heraufgesetzt wird. ⁴Vor der Entscheidung über den Antrag ist der Gegner zu hören.

Überblick

Zweck der Regelung ist es, die private Rechtsdurchsetzung von bürgerlich-rechtlichen Ansprüchen aus dem EnWG zu fördern, indem die Hürde eines hohen Kostenrisikos für eine wirtschaftlich schwächere Partei reduziert wird (→ Rn. 1). Verfassungsrechtlich war und rechtspolitisch ist die Vorschrift, die auf vergleichbare Regelungen in anderen wirtschaftsrechtlichen Gesetzen zurückgeht (→ Rn. 4), allerdings umstritten (→ Rn. 2 f.). Da sie ausschließlich auf bürgerlich-rechtliche Rechtsstreitigkeiten nach § 32 anwendbar ist, ist ihr Anwendungsbereich enger als der des § 102 (→ Rn. 5 ff.). Nach Absatz 2 ist zunächst der Antrag „einer Partei" (→ Rn. 8) erforderlich, der in Form (→ Rn. 9) und Inhalt (→ Rn. 10) bestimmten Vorgaben genügen muss und rechtzeitig (→ Rn. 11 ff.) zu stellen ist.

In materieller Hinsicht ist eine Glaubhaftmachung erforderlich, dass die Belastung mit den Prozesskosten nach dem vollen Streitwert die wirtschaftliche Lage des Antragstellers erheblich gefährdet (→ Rn. 15 ff.). Auf die Erfolgsaussichten des Rechtsmittels (→ Rn. 18) kommt es dabei nicht an, die Glaubhaftmachung richtet sich nach § 294 ZPO (→ Rn. 19). Die Entscheidung über den Antrag auf Streitwertanpassung erfolgt nach pflichtgemäßem Ermessen (→ Rn. 20) und ergeht durch Beschluss (→ Rn. 21). Die Rechtsfolgen der Streitwertanpassung ergeben sich unmittelbar aus Absatz 1 Satz 1 sowie Sätzen 3–5 (→ Rn. 22).

Übersicht

	Rn.		Rn.
A. Normzweck und Entstehungsgeschichte	1	II. Form und Inhalt des Antrags	9
		III. Zeitliche Vorgaben	11
B. Anwendungsbereich	5	D. Materielle Voraussetzungen der Streitwertanpassung	15
C. Formelle Voraussetzungen der Streitwertanpassung	8	E. Entscheidung und Verfahren	20
I. Antragsberechtigte Partei	8	F. Rechtsfolgen	22

A. Normzweck und Entstehungsgeschichte

Die einseitige Streitwertanpassung, deshalb in Parallelvorschriften (etwa § 142 MarkenG) treffender als Streitwertbegünstigung bezeichnet, soll die Durchsetzung privatrechtlicher Ansprüche erleichtern und befördern, indem sie der wirtschaftlich schwächeren Partei in einer „David-gegen-Goliath-Situation" (Langen/Bunte/Bornkamm/Tolkmitt GWB § 89a Rn. 6) das mit hohen Streitwerten verbundene Kostenrisiko nimmt (Kment EnWG/Turiaux § 105 Rn. 1; Säcker EnergieR/Keßler § 105 Rn. 1; Theobald/Kühling/Theobald/Werk § 105 Rn. 1). **1**

Die **Verfassungsmäßigkeit** der Vorschriften über die einseitige Streitwertanpassung steht außer Zweifel, nachdem das BVerfG die Verfassungsmäßigkeit des § 23b UWG bejaht hat (NJW-RR 1991, 11349, → Rn. 2.1). In diesem Zusammenhang sind allerdings auch die Vorgaben des Unionsrechts und der EMRK zu beachten (weiterführend hierzu FK-KartellR/Grave GWB § 89a Rn. 7). Rechtspolitisch werden die Vorschriften über die einseitige Streitwertanpassung nach wie vor kritisch betrachtet (→ Rn. 2.2). **2**

Das BVerfG (NJW-RR 1991, 11349) geht davon aus, dass die durch die einseitige Streitwertanpassung begründeten Ungleichbehandlungen **sachlich gerechtfertigt** seien. Die typisierende Betrachtungsweise des Gesetzgebers, wonach das wirtschaftliche Übergewicht der einen über die andere Partei nicht selten einer gerechten Lösung hinderlich sei, weil die weniger bemittelte Partei das mit der Einlassung in den Prozess verbundene Kostenwagnis nicht tragen könne und dem Ungleichgewicht nur dadurch begegnet werden könne, dass das Kostenrisiko dem Unterschied in der Wirtschaftskraft angepasst werde, bewege sich im Bereich der gesetzgeberischen Gestaltungsfreiheit. **2.1**

Rechtspolitisch kritisch wird nach wie vor angeführt, dass die Vorschriften über die einseitige Streitwertanpassung sich durch ein bemerkenswertes **Gerechtigkeitsdefizit** auszeichneten: Sie behielten zwar das Prinzip der Unterliegenshaftung bei, begünstigten dabei aber sehenden Auges eine Partei, die im Fall des Unterliegens nur für einen Teil der auf der Gegenseite angefallenen Anwaltskosten einzustehen habe, die aber umgekehrt im Fall des Obsiegens die auf ihrer Seite angefallenen Anwaltskosten in vollem Umfang in Rechnung stellen dürfe (Langen/Bunte/Bornkamm/Tolkmitt GWB § 89a Rn. 3 mwN; krit. auch Immenga/Mestmäcker/K. Schmidt GWB § 89a Rn. 3). Der Anwendungsbereich des § 105 ist allerdings ohnehin auf energiewirtschaftsrechtliche Ansprüche aus § 32 begrenzt, in denen die beabsichtigte Beförderung der Durchsetzung der Ansprüche auch rechtspraktisch zum Tragen kommen dürfte. Zudem wird in Regierungsentwurf zu § 89b GWB (BT-Drs. 15/3640, 69) zutreffend darauf hingewiesen, dass einer Missbrauchsgefahr dadurch begegnet wird, dass die Anordnung der Streitwertanpassung im Ermessen des Gerichts steht (in diesem Sinne auch Kölner Komm KartellR/Voss GWB § 89a Rn. 3). **2.2**

Die **praktische Bedeutung** der einseitigen Streitwertanpassung nach § 105 ist allerdings – wie die der kartell- und sonstigen wirtschaftsrechtlichen Parallelvorschriften – gering. Gerichtliche Entscheidungen zu § 105 sind soweit ersichtlich bislang nicht veröffentlicht worden. **3**

4 Die mit dem EnWG 2005 eingeführte und seitdem unveränderte Vorschrift übernimmt unter entsprechender Anpassung die im Rahmen der 7. GWB-Novelle neu eingefügte Regelung des § 89a GWB (BT-Drs. 15/3917, 75). Wie aus der Regierungsbegründung zur 7. GWB-Novelle (BT-Drs. 15/3640, 69) folgt, hat sich der Gesetzgeber dabei vornehmlich an § 23b UWG in der bis 2004 geltenden Fassung sowie den bereits in vielen anderen **wirtschaftsrechtlichen Gesetzen** vorhandenen Regelungen orientiert. Entsprechende Regelungen finden sich im gewerblichen Rechtsschutz und im Aktienrecht (§ 12 Abs. 4 UWG, § 5 UKlaG iVm § 12 UWG, § 144 PatG, § 26 GebrMG, § 142 MarkenG, § 54 DesignG, § 247 Abs. 2 AktG).

B. Anwendungsbereich

5 Aus der systematischen Stellung im 6. Abschnitt des Teils 8 („Bürgerliche Rechtsstreitigkeiten") sowie aus der Bezugnahme auf § 32 folgt, dass § 105 im **energiewirtschaftsrechtlichen Verwaltungsverfahren** nicht anwendbar ist (zu § 89b GWB FK-KartellR/Grave GWB § 89a Rn. 2). Da sich § 105 nach seinem Wortlaut ausdrücklich nur auf Ansprüche nach § 32 erstreckt und deshalb keinen Raum für eine analoge Anwendung auf andere Fallkonstellationen lässt (Rosin/Pohlmann/Gentzsch/Metzenthin/Böwing/Burmeister/Elspaß § 105 Rn. 2), erfasst er zudem nicht sämtliche energiewirtschaftsrechtlichen Streitigkeiten iSd § 102. Es reicht insbesondere nicht aus, wenn sich lediglich eine **energiewirtschaftsrechtliche Vorfrage** (→ § 102 Rn. 9) stellt (Säcker EnergieR/Keßler § 105 Rn. 4; Kment EnWG/Turiaux § 105 Rn. 3).

6 Die von § 105 adressierten bürgerlich-rechtlichen Rechtsstreitigkeiten gem. § 32 umfassen **Unterlassungs- und Beseitigungsklagen** der Betroffenen und von Verbänden nach § 32 Abs. 1 und Abs. 2, **Schadensersatzklagen** nach § 32 Abs. 3 sowie positive und negative **Feststellungsklagen** betreffend Ansprüche aus § 32 (Säcker EnergieR/Keßler § 105 Rn. 3; Langen/Bunte/Bornkamm/Tolkmitt GWB § 89a Rn. 5), desgleichen entsprechende Widerklagen (Immenga/Mestmäcker/K. Schmidt GWB § 89a Rn. 6). Die Klage kann zudem auf konkurrierende Ansprüche gestützt werden (zu § 23b UWG aF BGH GRUR 1968, 333). Da § 105 anders als § 23b UWG aF nicht voraussetzt, dass der Anspruch im Klagweg geltend gemacht wird, findet die Bestimmung darüber hinaus auch bei einer Geltendmachung der von § 32 erfassten Ansprüche im **Mahn- oder einstweiligen Verfügungsverfahren** Anwendung (Säcker EnergieR/Keßler § 105 Rn. 4; FK-KartellR/Grave GWB § 89a Rn. 11). Die Streitwertanpassung ist zudem nicht nur bei einer streitigen Entscheidung durch Urteil möglich, sondern auch, wenn das Verfahren durch **Klagrücknahme, übereinstimmende Erledigungserklärungen oder Säumnis** endet (Theobald/Kühling/Theobald/Werk § 105 Rn. 12; Loewenheim/Meessen/Riesenkampff/Kersting/Meyer-Lindemann/Dicks GWB § 89a Rn. 12 mwN).

7 § 105 findet auch auf Verfahren vor dem nach § 106 Abs. 1 zuständigen Oberlandesgericht und dem nach § 107 Abs. 1 Nr. 3 zuständigen BGH Anwendung (Säcker EnergieR/Keßler § 105 Rn. 3).

C. Formelle Voraussetzungen der Streitwertanpassung

I. Antragsberechtigte Partei

8 Begünstigt und damit antragsberechtigt ist nach dem Gesetzeswortlaut „eine Partei". Da es ausschließlich um Ansprüche aus § 32 geht, sind dies Betroffene iSd § 32 Abs. 1 und Verbände iSd § 32 Abs. 3. Eine Streitwertanpassung kann, wie aus dem Gesetzeswortlaut folgt, zugunsten des Klägers oder Beklagten (Bechtold/Bosch GWB § 89a Rn. 4; Immenga/Mestmäcker/K. Schmidt GWB § 89a Rn. 7) erfolgen, unabhängig davon, ob es sich beim Antragsteller um eine natürliche oder juristische Person (BGH GRUR 1953, 284 zum PatG) oder eine parteifähige Personenvereinigung handelt (Loewenheim/Meessen/Riesenkampff/Kersting/Meyer-Lindemann/Dicks GWB § 89a Rn. 6). Ggf. können auch beide Parteien einen Antrag auf Streitwertbegünstigung stellen (Bourwieg/Hellermann/Hermes/Stelter § 105 Rn. 7; FK-KartellR/Grave GWB § 89a Rn. 15).

II. Form und Inhalt des Antrags

Der Antrag unterliegt, da er nach Absatz 2 Satz 1 zur Niederschrift des Urkundsbeamten **9** der Geschäftsstelle gestellt werden kann, in entsprechender Anwendung des § 78 Abs. 3 ZPO nicht dem Anwaltszwang. Er kann auch schriftlich gestellt werden und ist gesondert für jede Instanz zu stellen (Theobald/Kühling/Theobald/Werk § 105 Rn. 6; Loewenheim/Meessen/Riesenkampff/Kersting/Meyer-Lindemann/Dicks GWB § 89a Rn. 7 mwN).

Der notwendige Inhalt des Antrags bezieht sich auf die Herabsetzung des Streitwertes **10** (Theobald/Kühling/Theobald/Werk § 105 Rn. 7). Dem Gericht sollte mit dem Antrag zugleich ein Vorschlag für die Festsetzung des Teilstreitwertes unterbreitet werden, ohne dass dies zwingende Antragsvoraussetzung wäre (Säcker EnergieR/Keßler § 105 Rn. 8; Theobald/Kühling/Theobald/Werk § 105 Rn. 7). Kostennachteile dadurch, dass das Gericht den Teilstreitwert höher ansetzt als angeregt, entstehen nicht, da die Streitwertfestsetzung keine gesonderten Gebühren auslöst (Loewenheim/Meessen/Riesenkampff/Kersting/Meyer-Lindemann/Dicks GWB § 89a Rn. 7).

III. Zeitliche Vorgaben

Ein Antrag unterliegt in zeitlicher Hinsicht konkreten Anforderungen. Er ist nach Absatz 2 **11** Satz 2 **vor der Verhandlung zur Hauptsache** anzubringen, dh vor Stellung der Sachanträge (§ 137 Abs. 1 ZPO, aA Salje EnWG § 105 Rn. 21: mit dem Aufruf der Sache). Nach der mündlichen Verhandlung kann der Antrag nach Absatz 2 Satz 3 noch gestellt werden, wenn der angenommene oder festgesetzte Streitwert später durch das Gericht heraufgesetzt wird. Angenommen ist ein Streitwert, wenn er einer richterlichen Verfügung, etwa einer Vorschussanforderung, zugrunde gelegt wird (Theobald/Kühling/Theobald/Werk § 105 Rn. 7 mwN).

Gleiches muss in dem – praktisch bedeutsamen – Fall gelten, in dem der Streitwert nicht **12** heraufgesetzt, sondern erstmalig **nach der Urteilsverkündung festgesetzt** wird und die Geschäftsstelle des Gerichts auch nicht zur Erhebung von Gebühren einen vorläufigen Streitwert angenommen hat (BGH GRUR 1953, 284 zum PatG; OLG Düsseldorf BeckRS 2016, 17777 zum DesignG). Auch in diesem Fall ist eine Abschätzung des Kostenrisikos im Verhältnis zur wirtschaftlichen Lage nicht vorher möglich. Schließlich kann ein nach der mündlichen Verhandlung gestellter Antrag auf Streitwertanpassung auch im Falle einer **Verschlechterung der wirtschaftlichen Lage** der Partei im Prozessverlauf zulässig sein (Immenga/Mestmäcker/K. Schmidt GWB § 89a Rn. 11; Loewenheim/Meessen/Riesenkampff/Kersting/Meyer-Lindemann/Dicks GWB § 89a Rn. 8 mwN).

Auch in diesen Fällen ist der Antrag **innerhalb einer angemessenen Frist** zu stellen. **13** Diese richtet sich nach den Umständen des Einzelfalls. So wird angenommen, dass eine Beurteilung des Kostenrisikos im Verhältnis zur wirtschaftlichen Lage in der Regel innerhalb von zwei Wochen nach Zugang der gerichtlichen Wertfestsetzung möglich sein sollte (Loewenheim/Meessen/Riesenkampff/Kersting/Meyer-Lindemann/Dicks GWB § 89a Rn. 8).

Ein Rechtsstreit muss **bereits anhängig** sein, dh der Antragsteller kann anders als bei **14** Anträgen auf Prozesskostenhilfe den Beginn des Rechtsstreits nicht von einem erfolgreichen Streitwertanpassungsantrag abhängig machen (FK-KartellR/Grave GWB § 89a Rn. 9).

D. Materielle Voraussetzungen der Streitwertanpassung

Die antragstellende Partei muss nach Absatz 1 Satz 1 glaubhaft machen, dass die Belastung **15** mit den Prozesskosten nach dem vollen Streitwert ihre wirtschaftliche Lage erheblich gefährden würde. Bei der Beurteilung, ob die Belastung einer Partei mit Prozesskosten nach dem vollen Streitwert als nicht tragbar erscheint, ist zwischen der **wirtschaftlichen Lage der Partei** einerseits und der **Höhe der Kostenbelastung** andererseits abzuwägen (BGH NJW-RR 1995, 44 zu § 23b UWG aF). Eine erhebliche Gefährdung der wirtschaftliche Lage liegt nicht schon dann vor, wenn sich diese – was durch die entstehenden Kosten denknotwendig der Fall ist – verschlechtert, vielmehr ist das Tatbestandsmerkmal richtigerweise dahingehend zu verstehen, dass die **Überlebensfähigkeit des Antragstellers** gefährdet sein muss (Immenga/Mestmäcker/K. Schmidt GWB § 89a Rn. 9; FK-KartellR/Grave GWB § 89a Rn. 16; Loewenheim/Meessen/Riesenkampff/Kersting/Meyer-Lindemann/Dicks

GWB § 89a Rn. 4), was im Rahmen einer Prognose festzustellen ist (Theobald/Kühling/Theobald/Werk § 105 Rn. 9). Eine angespannte Liquiditätslage reicht deshalb nicht aus (Säcker EnergieR/Keßler § 105 Rn. 6 mwN). Die Belastung mit Gerichtskosten aus anderen Verfahren und aus der Vorinstanz ist bei der Prüfung der wirtschaftlichen Lage berücksichtigungsfähig (Loewenheim/Meessen/Riesenkampff/Kersting/Meyer-Lindemann/Dicks GWB § 89a Rn. 4; FK-KartellR/Grave GWB § 89a Rn. 18). Ob dem Antragsteller eine Kreditaufnahme zum Zwecke der Prozessführung zuzumuten ist, ist streitig (hM, dafür Kment EnWG/Turiaux § 105 Rn. 5; Theobald/Kühling/Theobald/Werk § 105 Rn. 9; aA Säcker EnergieR/Keßler § 105 Rn. 6, wobei der dortige Verweis auf die EU-rechtlich gebotene Stärkung der Privatrechtsdurchsetzung im Kartellrecht nicht ohne Weiteres auf das Energiewirtschaftsrecht übertragbar ist).

16 Bei der **Klage eines Verbandes** muss sich die erhebliche Gefährdung auf seine Aufgabenerfüllung beziehen (Rosin/Pohlmann/Gentzsch/Metzenthin/Böwing/Burmeister/Elspaß § 105 Rn. 2). Eine Streitwertanpassung wird insbesondere dann in Betracht kommen, wenn eine Häufung von Verfahren mit besonders hohem Kostenrisiko vorliegt, die bewirken, dass der an sich für die Führung derartiger Verfahren ausreichende Prozesskostenfonds nunmehr ausgeschöpft ist und die Belastung mit den Kosten aus dem vollen Streitwert für den Verband eine besondere Härte bedeuten würde (BGH GRUR 1998, 958 (959) zu § 23a UWG aF). Allerdings kommt eine Streitwertanpassung dann nicht in Betracht, wenn der Verband schon die Voraussetzungen des § 32 Abs. 2 nicht erfüllt, also von seiner Struktur und Finanzlage nicht in der Lage ist, die Förderung gewerblicher oder selbstständiger beruflicher Interessen vorzunehmen (Theobald/Kühling/Theobald/Werk § 105 Rn. 10; Kment EnWG/Turiaux § 105 Rn. 7).

17 Nach Absatz 1 Satz 2 kann das Gericht die Anordnung der Streitwertbegünstigung davon abhängig machen, dass die Partei glaubhaft macht, dass die von ihr zu tragenden Kosten des Rechtsstreits weder unmittelbar noch mittelbar von einem Dritten (etwa einer Rechtsschutzversicherung oder einem Prozessfinanzierer) übernommen werden. Die **Übernahme der Kosten durch Dritte** hindert mithin den Tatbestand, es sei denn, dass diese Dritten ihrerseits in ihrer Überlebensfähigkeit iSd Absatzes 1 Satz 1 gefährdet sind oder den Antragsteller durch begründete Regressforderungen in Existenznot bringen würden (Immenga/Mestmäcker/K. Schmidt GWB § 89a Rn. 9).

18 Die Streitwertanpassung setzt im Übrigen – anders als die Gewährung von Prozesskostenhilfe – nicht voraus, dass die Rechtsverfolgung oder -verteidigung hinreichend Aussicht auf Erfolg hat (zur Berücksichtigung im Rahmen der Ermessenserwägungen aber → Rn. 20).

19 Die Art und Weise der Glaubhaftmachung richtet sich nach **§ 294 ZPO**. Zu verlangen ist eine vollständige und schlüssige Darstellung der wirtschaftlichen Lage des Antragstellers, die durch entsprechende Unterlagen (Jahresabschlüsse, Steuererklärungen, Kontoauszüge) und ergänzend durch eidesstattliche Versicherungen glaubhaft zu machen ist (Säcker EnergieR/Keßler § 105 Rn. 5).

E. Entscheidung und Verfahren

20 Das Gericht entscheidet nach **pflichtgemäßem Ermessen**, ob und in welchem Umfang es dem Streitwertanpassungsantrag stattgibt, nachdem es zuvor gem. Absatz 2 Satz 4 zwingend den Gegner gehört hat. Ein Anspruch auf Streitwertanpassung besteht demnach nur bei einer Ermessensreduzierung auf Null. Im Rahmen der Ermessensentscheidung ist zu berücksichtigen, dass die Streitwertanpassung der wirtschaftlich gefährdeten Partei die gebotene Rechtsverfolgung oder -verteidigung ermöglichen, nicht aber leichtfertiges Prozessieren erleichtern soll (OLG Koblenz GRUR 1988, 474 (475) zu § 12 Abs. 4 UWG). Auch bei einer wirtschaftlich gefährdeten Partei soll noch das Kostenbewusstsein wachgehalten werden (Köhler/Bornkamm/Feddersen/Köhler/Feddersen UWG § 12 Rn. 5.22 zu § 12 Abs. 4 UWG). Eine Versagung der Streitwertbegünstigung kommt insbesondere dann in Betracht, wenn verlässliche Anhaltspunkte für eine **missbräuchliche Prozessführung** vorliegen (OLG Düsseldorf BeckRS 2007, 15895 zu § 142 MarkenG). Gleichermaßen können Anträge zurückgewiesen werden, wenn die Prozessführung völlig **mutwillig oder aussichtslos** ist (BGH NJW-RR 1992, 484 (485) zu § 247 AktG).

Die Entscheidung über den Antrag auf Streitwertanpassung ergeht durch Beschluss, der **21** sich jedoch nur auf die Kosten der jeweiligen Instanz bezieht (Theobald/Kühling/Theobald/ Werk § 105 Rn. 13). Ob die Anordnung oder Ablehnung der Streitwertanpassung der Streitwertbeschwerde nach §§ 68 Abs. 1, 63 Abs. 3 S. 2 GKG oder der – fristgebundenen – sofortigen Beschwerde gem. § 567 Abs. 1 S. 2 BGB unterliegt, ist umstritten (→ Rn. 21.1). Die Beschwerde steht auch den Anwälten der Parteien aus eigenem Recht zu (Kment EnWG/Turiaux § 105 Rn. 11; Säcker EnergieR/Keßler § 105 Rn. 10). Die Entscheidung des Gerichts kann bis zum Abschluss der Instanz abgeändert werden, wenn sich die wirtschaftliche Situation des Antragstellers nachhaltig verbessert (Loewenheim/Meessen/Riesenkampff/Kersting/Meyer-Lindemann/Dicks GWB § 89a Rn. 8; zur Verschlechterung der wirtschaftlichen Situation → Rn. 12).

Für die hM in der energiewirtschaftsrechtlichen Literatur, wonach die Anordnung oder Ablehnung **21.1** der Streitwertherabsetzung mit der sofortigen Beschwerde gem. § 567 Abs. 1 S. 2 ZPO angreifbar ist (Kment EnWG/Turiaux § 105 Rn. 11; Säcker EnergieR/Keßler § 105 Rn. 10; Theobald/Kühling/ Theobald/Werk § 105 Rn. 14), wird die Bedeutung der Frage für beide Parteien und deren Anwälte und eine mit der allgemeinen Streitwertfestsetzung nur eingeschränkt vergleichbare Situation angeführt (so auch Kölner Komm KartellR/Voss GWB § 89a Rn. 16; Langen/Bunte/Bornkamm/Tolkmitt GWB § 89a Rn. 14). Überzeugender spricht allerdings für eine Anwendung der Streitwertbeschwerde nach § 68 GKG, dass sich das Gericht auch bei der Streitwertanpassung letztlich in dem von § 64 GKG vorgesehenen Rahmen verhält (Loewenheim/Meessen/Riesenkampff/Kersting/Meyer-Lindemann/ Dicks GWB § 89a Rn. 10 Fn. 43 mwN; FK-KartellR/Grave GWB § 89a Rn. 32; iE ebenso BeckOK KartellR/Rombach GWB § 89a Rn. 41). Wenn man dem folgt, sind die diesbezüglichen Beschlüsse des Oberlandesgerichts und des BGH gem. § 68 Abs. 1 S. 5 GKG, § 66 Abs. 3 S. 3 GKG nicht anfechtbar.

F. Rechtsfolgen

Die Rechtsfolgen der einseitigen Streitwertanpassung ergeben sich unmittelbar aus **22** Absatz 1 Satz 1 sowie Sätzen 3–5. Die Anordnung hat zur Folge, dass die begünstigte Partei die Gerichtskosten sowie die Gebühren ihres Rechtsanwalts nur nach dem festgelegten **Teilstreitwert** zu entrichten hat. Gleiches gilt, soweit ihr Kosten des Rechtsstreits auferlegt werden oder soweit sie diese übernimmt (dh auch im Rahmen eines Vergleichs, Bechtold/ Bosch GWB § 89a Rn. 10), für die Erstattung der von dem Gegner entrichteten Gerichtsgebühren und der Gebühren seines Rechtsanwalts. Soweit hingegen die außergerichtlichen Kosten dem Gegner auferlegt oder von ihm übernommen werden, kann der Rechtsanwalt der begünstigten Partei seine Gebühren von dem Gegner nach dem für diesen geltenden, also höheren Streitwert beitreiben (nach der Gesetzesbegründung zu § 89a GWB „eine Art Erfolgshonorar für den Anwalt", BT-Drs. 15/3640, 69). Kommt es zu einer Kostenteilung nach § 90 S. 1, hat demnach die begünstigte Partei ihrem Gegner die gerichtlichen und außergerichtlichen Kosten nur nach Maßgabe des festgesetzten Teilstreitwertes zu erstatten, hat jedoch einen Kostenerstattungsanspruch gegen den Gegner aus dem vollen Streitwert, sodass es zu einem **sog. gespaltenen Streitwert** kommt.

Abschnitt 7. Gemeinsame Bestimmungen für das gerichtliche Verfahren

§ 106 Zuständiger Senat beim Oberlandesgericht

(1) Die nach § 91 des Gesetzes gegen Wettbewerbsbeschränkungen bei den Oberlandesgerichten gebildeten Kartellsenate entscheiden über die nach diesem Gesetz den Oberlandesgerichten zugewiesenen Rechtssachen sowie in den Fällen des § 102 über die Berufung gegen Endurteile und die Beschwerde gegen sonstige Entscheidungen in bürgerlichen Rechtsstreitigkeiten.

(2) Die §§ 92 und 93 des Gesetzes gegen Wettbewerbsbeschränkungen gelten entsprechend.

EnWG § 106 Teil 8. Verfahren und Rechtsschutz bei überlangen Gerichtsverfahren

Überblick

Die Regelung trägt zur Konzentration der energiewirtschaftsrechtlichen Streitigkeiten bei den Kartellgerichten bei; sie erfasst energiewirtschaftsrechtliche Verwaltungs-, Bußgeld- und Zivilsachen. **Absatz 1** enthält eine Regelung hinsichtlich der Zuständigkeit der Spruchkörper innerhalb des Oberlandesgerichts (→ Rn. 3 ff.) und **Absatz 2** die Möglichkeit einer Zuständigkeitskonzentration entsprechend §§ 92, 93 GWB (→ Rn. 12 ff.).

A. Normzweck und Bedeutung

1 Die Vorschrift entspricht §§ 91–93 GWB (BT-Drs. 15/3917, 75). Mit der in **Absatz 1** getroffenen Regelung werden **energiewirtschaftsrechtliche Streitigkeiten**, mit denen das Oberlandesgericht funktional als Verwaltungs-, Straf- oder Zivilgericht befasst wird, den dort nach § 91 GWB gebildeten **Kartellsenaten zugewiesen.** Damit trägt der Gesetzgeber der mit §§ 87–95 GWB, §§ 102 ff. EnWG bezweckten Konzentration aller Gerichtsverfahren mit kartell- und energiewirtschaftsrechtlichem Bezug bei fachlich spezialisierten und damit über eine besondere Sachkunde verfügenden Kartellgerichten Rechnung (→ Rn. 3 ff.). Auf diese Weise wird (auch) bei der Anwendung des EnWG und damit sektorübergreifend die Rechtseinheit sichergestellt. Die (ausschließliche) Zuständigkeit der spezialisierten Kartellspruchkörper dient aber nicht nur der Rechtsklarheit und Rechtssicherheit, sondern auch der Verfahrensökonomie. **Absatz 2** gibt den Ländern durch den Verweis auf §§ 92, 93 GWB die Möglichkeit, nicht nur im Bereich ihrer OLG-Bezirke, sondern auch länderübergreifend – durch Staatsvertrag – die **Zuständigkeit** bei bestimmten Oberlandesgerichten zu **konzentrieren** (→ Rn. 12 ff.).

2 Abschnitt 7 mit den Gemeinsamen Bestimmungen für das gerichtliche Verfahren (§§ 106–108) findet **entsprechende Anwendung** auf Rechtsbehelfe, die sich gegen Entscheidungen der BNetzA nach dem **KVBG**, dem **MsbG**, dem **EEG 2021**, dem **WindSeeG**, dem **StromPBG** und den aufgrund dieser Gesetze erlassenen Rechtsverordnungen richten (§ 64 Abs. 1 KVBG, § 76 Abs. 4 MsbG, § 85 Abs. 3 EEG 2021, § 78 Abs. 1 WindSeeG, § 42 Abs. 1 StromPBG).

B. Zuständigkeit des Kartellsenats (Abs. 1)

3 Absatz 1 betrifft ausschließlich die **gerichtsinterne Geschäftsverteilung,** denn er betrifft nur die Spruchkörperzuständigkeit für energiewirtschaftsrechtliche Streitigkeiten innerhalb der Oberlandesgerichte, die den nach § 91 GWB dort zu bildenden Kartellsenaten zugewiesen werden.

4 Für **Energieverwaltungs- und Bußgeldverfahren** begründet § 106 die **erstinstanzliche** Zuständigkeit eines Kartellsenats, die **zweitinstanzliche** hingegen für Berufungen gegen Endurteile oder Beschwerden gegen sonstige Entscheidungen in **bürgerlichen Rechtsstreitigkeiten,** die sich **aus dem EnWG** ergeben. Die Spruchkörperzuständigkeit ist dabei gem. § 108 in allen Fällen **ausschließlicher** Natur (Säcker EnergieR/Keßler § 106 Rn. 3).

4.1 Sowohl als Zivil- wie auch als Strafsenat entscheidet der Kartellsenat entsprechend § 122 Abs. 1 GVG in der Besetzung mit einem Vorsitzenden und zwei beisitzenden Richtern.

4.2 Beim **OLG Düsseldorf**, das durch seine örtliche Zuständigkeit für die vom BKartA und der BNetzA, aber auch von der Landeskartell- und Landesregulierungsbehörde NW ausgehenden Verwaltungs- und Bußgeldverfahren mit diesen Verfahren konzentriert befasst ist, sind **sechs Kartellsenate** eingerichtet worden, die sich mit diesen wie auch den zweitinstanzlichen kartell- und energiewirtschaftsrechtlichen Zivilverfahren befassen.

I. Verwaltungssachen

5 Gesetzlich zugewiesen sind den bei den Oberlandesgerichten gebildeten Kartellsenaten zunächst die **Beschwerden gegen die** (verfahrensabschließenden) **Entscheidungen der Regulierungsbehörden** iSv § 75 Abs. 1 (§ 106 Abs. 1 iVm § 75 Abs. 4). Als Annex dazu entscheiden die Kartellsenate auch über im Vorfeld von der Regulierungsbehörde getroffene **vorläufige Anordnungen** iSv § 72 und über Anträge, die die Anordnung der **sofortigen**

Vollziehung der Entscheidung der Regulierungsbehörde oder die **Wiederherstellung der aufschiebenden Wirkung** betreffen, § 77 Abs. 3, 5. Im Zusammenhang mit den anfallenden Beschwerden nach § 75 Abs. 1 stehen auch die Entscheidungen über die **Zulassung der Rechtsbeschwerde** nach § 86 Abs. 3 und über eine etwaige **Gehörsrüge** nach § 83a. Weniger bedeutsam ist die Zuständigkeit für (sofortige) Beschwerden nach § 68 Abs. 2 iVm §§ 567 ff. ZPO, die **Anordnungen** der Regulierungsbehörden im Rahmen der (formalisierten) **Beweisaufnahme** – durch Zeugen, Augenschein und Sachverständige – betreffen und Anordnungen im Rahmen des die **Offenlegung von Betriebs- und Geschäftsgeheimnissen** betreffenden Zwischenverfahrens nach § 84 Abs. 2 S. 4, Abs. 3 (Säcker EnergieR/Keßler § 106 Rn. 4).

Örtlich zuständig ist gem. § 75 Abs. 4 S. 1 das für den **Sitz der Regulierungsbehörde** 6 zuständige Oberlandesgericht (→ § 75 Rn. 52 ff.). Für die Landesregulierungsbehörden, die – wie die Landeskartellbehörden – am Sitz der Landesregierung ansässig sind, folgt daraus die Zuständigkeit des entsprechenden Oberlandesgerichts des Bundeslands. Durch landesrechtliche Konzentration iSd Absatz 2 sind etwa die Energieverwaltungssachen der **BNetzA**, die – wie das BKartA – in Bonn und damit im Oberlandesgerichtsbezirk Köln ansässig ist, dem **OLG Düsseldorf** zugewiesen (→ Rn. 13.1 ff.).

II. Bußgeldverfahren

In energiewirtschaftsrechtlichen Bußgeldverfahren entscheiden die Kartellsenate über den 7 **Einspruch gegen einen Bußgeldbescheid der Regulierungsbehörde** nach § 98 wegen einer Ordnungswidrigkeit nach § 95. Da der Kartellsenat nicht als Strafsenat im eigentlichen Sinne entscheiden kann, ist das Verfahren, wenn sich der Verdacht einer Straftat ergibt, nach rechtlichem Hinweis und der Gewährung rechtlichen Gehörs an das zuständige Strafgericht zu verweisen.

Als Annex ist der Kartellsenat auch für folgende weitere bußgeldrechtliche Entscheidungen 8 zuständig: für die Entscheidung über den **Antrag auf gerichtliche Entscheidung** nach § 62 OWiG, für die gerichtliche Entscheidung über die Versagung der **Wiedereinsetzung** in den vorigen Stand gem. § 52 Abs. 2 S. 3 OWiG sowie für die gerichtliche Entscheidung im Falle der **Verwerfung eines Einspruchs** durch die Regulierungsbehörde als unzulässig nach § 69 Abs. 1 S. 2 OWiG. § 100 weist den Oberlandesgerichten weiter die Zuständigkeit für Entscheidungen im **Wiederaufnahmeverfahren** in Bußgeldsachen zu (§ 85 Abs. 4 OWiG), § 101 die Entscheidungen bei der **Vollstreckung** von Bußgeldbescheiden (§ 104 OWiG). Für Rechtsbehelfe gegen Ermittlungsmaßnahmen im Bußgeldverfahren sind demgegenüber die Amtsgerichte zuständig (Säcker EnergieR/Keßler § 106 Rn. 5; MüKoEuWettbR/Egger GWB § 91 Rn. 7).

III. Bürgerliche Rechtsstreitigkeiten

In energiewirtschaftsrechtlichen Streitigkeiten iSd § 102 Abs. 1 entscheidet der Kartellsenat 9 über die **Berufung gegen Endurteile** gem. §§ 511 ff. ZPO und die (sofortige) **Beschwerde** gegen sonstige Entscheidungen der Landgerichte nach §§ 567 ff. ZPO. Die Zuständigkeit knüpft an das Vorliegen einer Energierechtssache iSd § 102 Abs. 1 an, für die – wie in §§ 94, 87 GWB – allein eine **materiellrechtliche Anknüpfung** maßgeblich ist (BGH NZKart 2018, 439 Rn. 24 – Berufungszuständigkeit; OLG Düsseldorf BeckRS 2023, 3210 Rn. 26; OLG Hamm BeckRS 2022, 3762). Daher werden nicht nur Zivilprozesse mit einer energiewirtschaftsrechtlichen **Hauptfrage**, sondern auch solche erfasst, deren Entscheidung von der Beantwortung einer energiewirtschaftsrechtlichen **Vorfrage** abhängt (Säcker EnergieR/Keßler § 106 Rn. 7; → § 102 Rn. 9). Grundsätzlich kommt es in einem solchen Fall für die Zuständigkeit des Kartellsenats nicht darauf an, ob auch in der Vorinstanz ein Kartellgericht entschieden hat (formelle Anknüpfung) (OLG Düsseldorf BeckRS 2023, 3210 Rn. 26). Besteht **Unsicherheit über die Berufungszuständigkeit** kann die Berufung, über die gem. § 119 GVG das allgemein zuständige Berufungsgericht zu entscheiden hat, fristwahrend sowohl bei dem allgemein zuständigen Gericht als auch bei dem für Kartellsachen zuständigen Oberlandesgericht eingelegt werden. Dies ist mit Blick auf den Grundsatz der Rechtsmittelklarheit insbesondere dann der Fall, wenn ein nach § 102 zuständiges Landgericht erkennbar in dieser Eigenschaft, dh als Kartellgericht entschieden hat (BGH

EnWG § 106 Teil 8. Verfahren und Rechtsschutz bei überlangen Gerichtsverfahren

NZKart 2020, 35 Rn. 26 f. – Berufungszuständigkeit II; NZKart 2018, 439 Rn. 17 ff. – Berufungszuständigkeit; → § 102 Rn. 20 f.). Im Übrigen wird auf die Darstellung bei § 102 und § 108 (→ § 102 Rn. 3 ff., → § 108 Rn. 4 f.) verwiesen.

10 Die funktionelle Zuständigkeit des Kartellsenats erstreckt sich auch auf Fragen der **Zuständigkeitsbestimmung** iSd § 36 Abs. 1 Nr. 6 ZPO (OLG München ZNER 2009, 399 Rn. 5 – Gaspreis; OLG Celle WuW/E DE-R 2955 Rn. 6 = BeckRS 2010, 14372; WuW/E DE-R 3130 Rn. 6 = BeckRS 2010, 27532 – Erdgas-Classic; ZNER 2011, 67 Rn. 4).

11 Gelangt der Zivilrechtsstreit vor einen **unzuständigen Senat**, so bedarf es keines Verweisungsantrags, vielmehr erfolgt die **Abgabe** an den zuständigen Spruchkörper von Amts wegen durch das Gericht (→ § 108 Rn. 9).

C. Zuständigkeitskonzentration (Abs. 2)

12 Absatz 2 sieht die entsprechende Anwendung der §§ 92 und 93 GWB vor. Nach diesen Vorschriften kann in solchen Bundesländern, in denen es mehrere Oberlandesgerichte gibt, die Zuständigkeit für (Kartell-)Verwaltungs- und Bußgeldsachen (§ 92 GWB) wie auch in bürgerlichen Rechtsstreitigkeiten für Berufungen und Beschwerden iSd § 87 Abs. 1 GWB (§ 93 GWB) zur **Sicherung einer einheitlichen Rechtsprechung** konzentriert werden. Eine entsprechende Regelung kann die Landesregierung oder die von ihr ermächtigte Landesjustizverwaltung durch Rechtsverordnung treffen (→ Rn. 13.1 ff.). Darüber hinaus kann die Zuständigkeit eines Oberlandesgerichts oder eines Obersten Landesgerichts auch länderübergreifend durch Staatsvertrag zwischen Ländern bestimmt werden. Von dieser Möglichkeit ist bislang kein Gebrauch gemacht worden.

13 Der Verweis auf §§ 92 f. GWB wird ganz allgemein so verstanden, dass bei einer **gerichts- oder länderübergreifenden Konzentration** auf ein Oberlandesgericht dieses akzessorisch auch für energiewirtschaftsrechtliche Verfahren zuständig ist, sodass keine erneute Zuständigkeitskonzentration für letztere angeordnet werden muss (Salje EnWG § 106 Rn. 7; Säcker EnergieR/Keßler § 106 Rn. 9; Bourwieg/Hellermann/Hermes/Stelter § 106 Rn. 9; diff. Kment EnWG/Turiaux § 106 Rn. 9). Für dieses Verständnis spricht Absatz 1, in dem energiewirtschaftsrechtliche Streitigkeiten den nach § 91 GWB **gebildeten** Kartellsenaten zur Entscheidung zugewiesen werden.

Von der Konzentrationsmöglichkeit haben folgende Bundesländer Gebrauch gemacht:

13.1 **Nordrhein-Westfalen:** § 2 der Verordnung über die Bildung gemeinsamer Kartellgerichte und über die gerichtliche Zuständigkeit in bürgerlichen Rechtsstreitigkeiten nach dem Energiewirtschaftsgesetz vom 30.8.2011 (KartellGBildVO) weist die Rechtssachen, für die nach §§ 57 Abs. 2 S. 2, 63 Abs. 4, 83, 85 und 86 GWB die Oberlandesgerichte zuständig sind, sowie die Entscheidungen über die Berufung gegen Endurteile und die Beschwerde gegen sonstige Entscheidungen der nach §§ 87 und 89 GWB zuständigen Landgerichte dem **OLG Düsseldorf** für die Oberlandesgerichtsbezirke Düsseldorf (Kartell-LG Düsseldorf), Hamm (Kartell-LG Dortmund) und Köln (Kartell-LG Köln) zu (GV NW 2011, 469). Die Zuweisung wurde erforderlich, weil die BNetzA und das BKartA ihren Sitz in Bonn und damit im Oberlandesgerichtsbezirk Köln haben, während die Landeskartell- und die Landesregulierungsbehörde am Sitz der Landeshauptstadt und damit im Bezirk des OLG Düsseldorf ansässig sind.

13.2 **Bayern:** Nach § 34 der Gerichtlichen Zuständigkeitsverordnung Justiz vom 11.6.2012 (GZVJu) werden die Entscheidungen in sich aus § 106 ergebenden Rechtsstreitigkeiten dem **OLG München** für seinen Bezirk und dem **OLG Nürnberg** für seinen und den Bezirk des OLG Bamberg übertragen (BayGVBl. 2012, 295).

13.3 **Niedersachsen:** § 7 Abs. 2 der Verordnung zur Regelung von Zuständigkeiten in der Gerichtsbarkeit und der Justizverwaltung (ZustVO-Justiz) vom 18.12.2009 sieht vor, dass das **OLG Celle** für die Entscheidungen über die Berufung gegen Endurteile und über die Beschwerde gegen sonstige Entscheidungen in sich u.a. aus dem GWB und § 102 ergebenden Rechtsstreitigkeiten und für die Entscheidungen über Beschwerden nach § 57 Abs. 2 S. 2, § 63 Abs. 4 und §§ 83, 85 und 86 GWB zuständig ist (NdsGVBl. 2009, 506).

13.4 **Rheinland-Pfalz:** Durch § 9 der Landesverordnung über die gerichtliche Zuständigkeit in Zivilsachen und Angelegenheiten der freiwilligen Gerichtsbarkeit vom 22.11.1985 werden bürgerliche Rechtsstreitigkeiten iSd § 87 GWB dem Landgericht Mainz für die Bezirke der OLG Koblenz und OLG Zweibrücken zugewiesen (RhPfGVBl. 1985, 267), sodass in diesen Sachen zweitinstanzlich das OLG

Koblenz zuständig ist. Da die Regulierungskammer und die Landeskartellbehörde ihren Sitz in Mainz haben, ist für kartell- und energiewirtschaftsrechtliche Bußgeld- und Verwaltungsverfahren ebenfalls die Zuständigkeit des OLG Koblenz gegeben.

Das Land **Baden-Württemberg**, das mit dem OLG Karlsruhe und dem OLG Stuttgart über zwei Kartell-Oberlandesgerichte verfügt, hat bislang von der Ermächtigung keinen Gebrauch gemacht. Alle übrigen Bundesländer verfügen ohnehin nur über ein Oberlandesgericht.

13.5

§ 107 Zuständiger Senat beim Bundesgerichtshof

(1) Der nach § 94 des Gesetzes gegen Wettbewerbsbeschränkungen beim Bundesgerichtshof gebildete Kartellsenat entscheidet über folgende Rechtsmittel:
1. in Verwaltungssachen über die Rechtsbeschwerde gegen Entscheidungen der Oberlandesgerichte (§§ 86 und 88) und über die Nichtzulassungsbeschwerde (§ 87);
2. in Bußgeldverfahren über die Rechtsbeschwerde gegen Entscheidungen der Oberlandesgerichte (§ 99);
3. in bürgerlichen Rechtsstreitigkeiten, die sich aus diesem Gesetz ergeben,
   a) über die Revision einschließlich der Nichtzulassungsbeschwerde gegen Endurteile der Oberlandesgerichte,
   b) über die Sprungrevision gegen Endurteile der Landgerichte,
   c) über die Rechtsbeschwerde gegen Beschlüsse der Oberlandesgerichte in den Fällen des § 574 Abs. 1 der Zivilprozessordnung.

(2) § 94 Abs. 2 des Gesetzes gegen Wettbewerbsbeschränkungen gilt entsprechend.

Überblick

Der beim BGH nach § 94 GWB gebildete Kartellsenat ist für die im Katalog des **Absatzes 1** angeführten energiewirtschaftsrechtlichen Entscheidungen ausschließlich zuständig (§ 108). Er trifft Entscheidungen sowohl in Verwaltungssachen als auch Bußgeldverfahren und bürgerlichen Rechtsstreitigkeiten (→ Rn. 2 ff.). Die Bezugnahme des **Absatzes 2** auf die kartellrechtliche Regelung des § 94 Abs. 2 GWB erfolgte mit Blick auf die Besetzung der beim BGH bestehenden Großen Senate für Zivil- und Strafsachen (§ 132 Abs. 1, Abs. 5 S. 1 GVG). Danach gilt der Kartellsenat iSd § 132 GVG in Bußgeldsachen als Strafsenat, in allen übrigen Sachen als Zivilsenat (→ Rn. 5).

A. Normzweck und Bedeutung

Die Vorschrift entspricht § 94 GWB aF (BT-Drs. 15/3917, 75). Durch sie werden dem beim BGH nach § 94 GWB errichteten Kartellsenat die in Absatz 1 Nummern 1–3 enumerativ aufgeführten Streitigkeiten zugewiesen. Es handelt sich um eine Regelung der funktionalen Zuständigkeit dieses Kartellsenats (BGH NJW-RR 2008, 370 Rn. 5). Entsprechend der für die Oberlandesgerichte getroffenen Regelung des § 106 wird so auch letztinstanzlich erreicht, dass ein – einziger – spezialisierter Spruchkörper nicht nur über die kartellrechtlichen, sondern auch über die im Katalog des Absatzes 1 angeführten Rechtsmittel in energiewirtschaftsrechtlichen Streitigkeiten entscheidet und auf diese Weise sektorübergreifend die Einheitlichkeit der Rechtsprechung sichergestellt wird. Sowohl als Zivil- wie auch als Strafsenat entscheidet der Kartellsenat entsprechend § 139 Abs. 1 GVG in der Besetzung mit einem Vorsitzenden und vier beisitzenden Richtern. Mit Blick auf die zunehmende Bedeutung des Kartellrechts ist zum September 2019 beim BGH ein ständiger Kartellsenat eingerichtet worden (PM 113/19 vom 3.9.2019).

1

B. Zuständigkeit des Kartellsenats (Abs. 1)

I. Verwaltungssachen (Nr. 1)

2   In **Energieverwaltungssachen** (§§ 75 ff.) ist der Kartellsenat des BGH für die Entscheidung über **Rechtsbeschwerden** (§ 86 Abs. 1) und **Nichtzulassungsbeschwerden** (§ 87 Abs. 2) gegen in der Hauptsache ergangene Entscheidungen der Oberlandesgerichte zuständig.

2.1 Für **Rechtsbeschwerden** in **energiewirtschaftsrechtlichen Verwaltungssachen** nach dem EnWG wird beim BGH das Registerzeichen **EnVR** verwendet, für Verfahren über Nichtzulassungsbeschwerden in energiewirtschaftsrechtlichen Verwaltungssachen nach dem EnWG das Registerzeichen **EnVZ**.

2.2 Ist nach § 75 Abs. 4 offen, welches Oberlandesgericht als Beschwerdegericht zuständig ist, sodass der BGH in entsprechender Anwendung des § 36 ZPO das zuständige Oberlandesgericht zu bestimmen hat (§ 75 Abs. 4 S. 2), erfolgt dies nach der internen Geschäftsverteilung des BGH durch den X. Zivilsenat (BGH WuW 2007, 1251).

II. Bußgeldverfahren (Nr. 2)

3   Daneben ist der Kartellsenat des BGH in **Energiebußgeldverfahren** für die dem BGH gem. § 99 zugewiesenen **Rechtsbeschwerden** nach § 79 OWiG zuständig.

3.1 Für Rechtsbeschwerdeverfahren in **Bußgeldverfahren** nach dem Energiewirtschaftsgesetz wird beim BGH das Registerzeichen **EnRB** verwendet. Anders als im Kartellrecht haben sie bislang keine praktische Bedeutung erlangt.

III. Bürgerliche Rechtsstreitigkeiten (Nr. 3)

4   Schließlich ist seine Zuständigkeit auch in den bürgerlichen Rechtsstreitigkeiten, die sich aus dem EnWG ergeben, für Revisionen (§ 542 ZPO) einschließlich Nichtzulassungsbeschwerden (§ 544 ZPO) gegen Endurteile der Oberlandesgerichte, für Sprungrevisionen (§ 566 ZPO) gegen Urteile der Landgerichte und für – vom Oberlandesgericht als Beschwerdegericht zugelassene – Rechtsbeschwerden (§ 574 Abs. 1 ZPO) begründet. Erfasst werden Energierechtssachen iSd § 102 Abs. 1, für die wie bei §§ 94, 87 GWB eine materiellrechtliche Anknüpfung maßgeblich ist (Säcker EnergieR/Keßler § 107 Rn. 4). Darunter fallen nicht nur Zivilprozesse mit einer energiewirtschaftsrechtlichen Hauptfrage, sondern auch solche, deren Entscheidung von der Beantwortung einer energiewirtschaftsrechtlichen Vorfrage abhängt. Grundsätzlich kommt es in einem solchen Fall für die Zuständigkeit des Kartellsenats des BGH nicht darauf an, ob auch in den Vorinstanzen ein Kartellgericht entschieden hat. Wegen der Einzelheiten wird auf die Darstellung bei § 102 verwiesen (→ § 102 Rn. 4 ff.).

4.1 Für Revisionen, Nichtzulassungsbeschwerden und Anträge auf Zulassung der Sprungrevision in **bürgerlichen Rechtsstreitigkeiten** nach dem EnWG wird beim BGH das Registerzeichen **EnZR** verwendet, das Registerzeichen **EnZB** für Rechtsbeschwerden und Beschwerden in bürgerlichen Rechtsstreitigkeiten nach dem EnWG. Das Registerzeichen **EnZA** ist für Verfahren über Anträge außerhalb eines in der Rechtsmittelinstanz anhängigen Rechtsstreits in bürgerlichen Rechtsstreitigkeiten nach dem EnWG vorgesehen.

C. Zivil- oder Strafsenat (Abs. 2)

5   Entscheidet der Kartellsenat in **Bußgeldsachen,** so gilt er entsprechend § 94 Abs. 2 GWB als **Strafsenat** iSd § 132 GVG, **in allen übrigen Sachen** – also bei den Entscheidungen über Rechtsmittel in bürgerlichen Rechtsstreitigkeiten und in Energieverwaltungsverfahren – als **Zivilsenat**. Mit dieser Regelung wird dem Umstand Rechnung getragen, dass durch § 132 Abs. 1 GVG ein **Großer Senat für Zivilsachen** und ein **Großer Senat für Strafsachen** eingerichtet ist. Der Verfassungsgrundsatz des gesetzlichen Richters (Art. 101 Abs. 1 S. 2 GG) erfordert die Festlegung, in welcher Eigenschaft der Kartellsenat jeweils tätig wird. Der Große Senat für Straf- oder Zivilsachen ist nach § 132 Abs. 2 GVG bei einer **Divergenzvorlage** anzurufen, dh wenn der Kartellsenat – als Straf- oder Zivilsenat – in einer Rechts-

frage von der Entscheidung eines anderen (Straf- oder Zivil-)Senats abweichen möchte. Daneben können ihm nach § 132 Abs. 4 GVG auch Rechtsfragen von **grundsätzlicher Bedeutung** vorgelegt werden, wenn die Fortbildung des Rechts oder die Sicherung einer einheitlichen Rechtsprechung die Beantwortung der Frage durch den Großen Senat erfordert (BeckOK GVG/Graf GVG § 132 Rn. 1).

§ 108 Ausschließliche Zuständigkeit
Die Zuständigkeit der nach diesem Gesetz zur Entscheidung berufenen Gerichte ist ausschließlich.

Überblick
Die Regelung stellt klar, dass gerichtliche Zuständigkeiten, die sich aus dem EnWG ergeben, ausschließliche Zuständigkeiten sind. Ihre praktische Bedeutung ist auf zivilrechtliche Streitigkeiten beschränkt (→ Rn. 2 ff.).

A. Normzweck und Bedeutung
Die Vorschrift übernimmt § 95 GWB (BT-Drs. 15/3917, 75). Die nach Maßgabe des GWB und des EnWG begründete gerichtliche Zuständigkeit ist eine ausschließliche, dh sie geht jeder anderen vor. Sie trägt der durch §§ 87–95 GWB, §§ 102 ff. EnWG bezweckten **Konzentration** aller Gerichtsverfahren mit kartell- und energiewirtschaftsrechtlichem Bezug bei fachlich **spezialisierten Kartellgerichten** Rechnung, die über eine besondere Sachkunde verfügen (Säcker EnergieR/Keßler § 108 Rn. 1; MüKoEuWettbR/Kirchhoff GWB § 95 Rn. 1). Auf diese Weise wird (auch) bei der Anwendung des EnWG die **Rechtseinheit sichergestellt,** indem widersprechende Entscheidungen durch Verwaltungs- und ordentliche Gerichte vermieden werden, die andernfalls über dieselbe Rechtsfrage im Zivilprozess, Bußgeld- oder Verwaltungsverfahren zu entscheiden hätten (vgl. nur: Kresse/Vogl WiVerw 2016, 275 ff.). Die ausschließliche Zuständigkeit der Kartellgerichte dient aber nicht nur der **Rechtsklarheit** und **Rechtssicherheit,** sondern auch der **Verfahrensökonomie.** Gerichtsstandsvereinbarungen wie auch eine Zuständigkeitsbegründung durch rügeloses Verhandeln zur Hauptsache sind entsprechend § 40 Abs. 2 ZPO ausgeschlossen. 1

B. Anwendungsbereich
Wie § 95 GWB gilt auch § 108 nach seinem umfassenden Wortlaut grundsätzlich für alle Gerichte in allen Rechtszügen. Allerdings kommt der Regelung ganz überwiegend nur **klarstellende Funktion** zu, denn ihre praktische Bedeutung ist auf bürgerliche Rechtsstreitigkeiten beschränkt. 2

In verwaltungs- und bußgeldrechtlichen Verfahren ist die gerichtliche Zuständigkeit nicht disponibel (Säcker EnergieR/Keßler § 108 Rn. 1; BeckOK KartellR/Rombach GWB § 95 Rn. 4, 5). 3

Für den **Energiezivilprozess** sieht § 102 Abs. 1 bereits die **ausschließliche sachliche Zuständigkeit des Landgerichts** für das Verfahren erster Instanz vor (→ § 102 Rn. 2 ff.). Im **Rechtsmittelzug** steht die Zuständigkeit für die Entscheidung über die Berufung, Revision und Beschwerde nicht zur Disposition der Parteien (Säcker EnergieR/Keßler § 108 Rn. 3; Kment EnWG/Turiaux § 108 Rn. 3). Die **örtliche Zuständigkeit** wird von § 108 **nicht erfasst,** da das EnWG hierzu keine Regelung trifft. Daher können die Parteien insoweit eine **Gerichtsstandsvereinbarung** treffen oder die Zuständigkeit durch **rügeloses Verhandeln** zur Hauptsache iSd § 39 ZPO begründen, sofern das jeweilige Gericht sachlich zuständig ist (Säcker EnergieR/Keßler § 108 Rn. 3; MüKoEuWettbR/Kirchhoff GWB § 95 Rn. 7). 4

Die **Spruchkörperzuständigkeiten** innerhalb der Oberlandesgerichte und des Bundesgerichtshofs nach §§ 106 Abs. 1, 107 Abs. 1 sind ausschließlich. Für die Kammern für Handelssachen innerhalb der Landgerichte gilt dies nicht, da vor ihnen nur auf einen Antrag in der Klageschrift bzw. auf einen Verweisungsantrag des Beklagten hin verhandelt wird, 5

§§ 96 Abs. 1, 98 Abs. 1 GVG (Säcker EnergieR/Keßler § 108 Rn. 3; MüKoEuWettbR/Kirchhoff GWB § 95 Rn. 4).

6 **Schiedsgerichte** iSd § 1029 Abs. 1 ZPO werden **nicht** erfasst, da § 108 nur für die staatlichen Gerichte gilt.

C. Rechtsfolgen eines Verstoßes

7 Jedes Gericht hat die eigene Zuständigkeit von Amts wegen zu prüfen.
8 Ist der beschrittene **Rechtsweg unzulässig**, so wird der Rechtsstreit bzw. das Beschwerdeverfahren – nach Anhörung der Beteiligten – entsprechend § 83 VwGO iVm § 17a Abs. 2 GVG von Amts wegen an das zuständige Gericht des zulässigen Rechtswegs verwiesen (BeckOK GVG/Gerhold GVG § 17a Rn. 5). Die **Bindungswirkung** ist **auf** die **Unzulässigkeit** des beschrittenen **Rechtswegs beschränkt**, so dass das Gericht, bei dem die Sache nun anhängig ist, in eigener Verantwortung seine sachliche, örtliche und funktionale Zuständigkeit zu beurteilen und **ggf.** innerhalb des neuen Rechtswegs **weiterzuverweisen** hat. (BeckOK GVG/Gerhold GVG § 17a Rn. 9). Im Interesse der Beschleunigung und Vereinfachung des Verfahrens sowie zur Kostenersparnis bestimmt § 17a Abs. 5 GVG, dass die Zulässigkeit des Rechtswegs im Hauptsacheverfahren durch das Rechtsmittelgericht nicht zu überprüfen ist (MüKoZPO/Pabst GVG § 17a Rn. 1).
9 **Zuständigkeitsvereinbarungen** iSd § 38 ZPO sind im **Energiezivilprozess** im Rahmen des ausschließlichen Gerichtsstands gem. § 40 Abs. 2 S. 1 Nr. 2 ZPO **unzulässig**. Daher kann die Zuständigkeit eines **nicht als Kartellgericht** bestimmten Land- oder Oberlandesgerichts grundsätzlich auch durch **rügeloses Verhandeln** zur Hauptsache iSd § 39 ZPO gem. § 40 Abs. 2 S. 2 ZPO **nicht** begründet werden (Säcker EnergieR/Keßler § 108 Rn. 3; BeckOK ZPO/Toussaint ZPO § 40 Rn. 5; → § 102 Rn. 15). Wird die Klage beim unzuständigen Amts- oder Landgericht erhoben oder die Berufung oder Beschwerde beim unzuständigen Oberlandesgericht eingelegt, ist der Rechtsstreit entsprechend § 281 ZPO auf Antrag an das zuständige Gericht zu **verweisen** (BGH NZKart 2018, 439 Rn. 5 ff. = EnWZ 2018, 352; OLG Köln BeckRS 2011, 5573 Rn. 2; → § 102 Rn. 17). Die Überprüfung der sachlichen Richtigkeit der Verweisungsentscheidung ist entsprechend § 281 Abs. 2 ZPO grundsätzlich ausgeschlossen; die Bindungswirkung des Verweisungsbeschlusses tritt nur dann nicht ein, wenn er auf Willkür beruht oder unter Versagung rechtlichen Gehörs ergangen ist (BGH NJW-RR 2008, 1309 Rn. 6; NJW-RR 2008, 370 Rn. 6 = RdE 2008, 52; WuW 2007, 1251; OLG Celle ZNER 2011, 67 Rn. 14 ff.; BeckRS 2011, 525 Rn. 19 ff.; → § 102 Rn. 18). Wird eine Verweisung nicht beantragt, ist die Klage durch Prozessurteil abzuweisen oder das jeweilige Rechtsmittel als unzulässig zu verwerfen. **Innerhalb des Gerichts** ist die Kartellsache an den zuständigen Kartellspruchkörper **abzugeben** (MüKoEuWettbR/Egger GWB § 91 Rn. 5).
10 In den **Rechtsmittelinstanzen** ist die **Verletzung der erstinstanzlichen Zuständigkeit** (auch auf Rüge hin) nicht zu überprüfen, §§ 513 Abs. 2, 543 Abs. 2 ZPO (MüKoEuWettbR/Kirchhoff GWB § 95 Rn. 10; → § 102 Rn. 20). Ebenso wenig kann die Revision entsprechend § 565 ZPO iVm § 513 Abs. 2 ZPO darauf gestützt werden, dass das **Berufungsgericht** seine Zuständigkeit zu Unrecht angenommen hat (BGH EnWZ 2016, 119 Rn. 12 – Singulär genutzte Betriebsmittel I; Säcker EnergieR/Keßler § 108 Rn. 6; MüKoEuWettbR/Kirchhoff GWB § 95 Rn. 10). Auch die Zuständigkeit des **Beschwerdegericht**s unterliegt in der Rechtsbeschwerdeinstanz gem. § 88 iVm § 83 VwGO nicht der Überprüfung (BGH NVwZ-RR 2009, 801 Rn. 3 = ZNER 2009, 263). Entsprechendes gilt auch bei der **Unzuständigkeit des Spruchkörpers**, also wenn ein Zivilsenat statt des Kartellsenats entschieden hat (BGH EnWZ 2016, 119 Rn. 12 – Singulär genutzte Betriebsmittel I; Säcker EnergieR/Keßler § 108 Rn. 7; MüKoEuWettbR/Kirchhoff GWB § 95 Rn. 11). In all diesen Fällen ist daher in der Rechtsmittelinstanz dann die in der Sache zutreffende Entscheidung durch den Kartellsenat des Oberlandesgerichts oder des Bundesgerichtshofs zu treffen (Kölner Komm KartellR/Voss GWB § 95 Rn. 3).

Teil 9. Sonstige Vorschriften

§ 109 Unternehmen der öffentlichen Hand, Geltungsbereich

(1) Dieses Gesetz findet auch Anwendung auf Unternehmen, die ganz oder teilweise im Eigentum der öffentlichen Hand stehen oder die von ihr verwaltet oder betrieben werden.

(2) Dieses Gesetz findet Anwendung auf alle Verhaltensweisen, die sich im Geltungsbereich dieses Gesetzes auswirken, auch wenn sie außerhalb des Geltungsbereichs dieses Gesetzes veranlasst werden.

Überblick

§ 109 enthält zwei voneinander unabhängige Regelungen zum Anwendungsbereich des EnWG: In persönlicher Hinsicht unterstreicht **Absatz 1** die Anwendung des Gesetzes auf von der öffentlichen Hand ganz oder teilweise gehaltene Unternehmen bzw. Unternehmensführungen (→ Rn. 11 ff.). Demgegenüber betrifft **Absatz 2** die Anwendung des Gesetzes in räumlicher Hinsicht, konkret auf Verhaltensweisen, die sich in dessen Geltungsbereich auswirken, aber außerhalb desselben und mithin im Ausland veranlasst werden (→ Rn. 27 ff.).

Übersicht

	Rn.		Rn.
A. Entstehung und Normzweck	1	II. Eigentum der öffentlichen Hand	16
B. Unionsrechtliche Bezüge	3	III. Alternativ: Verwaltung oder Betrieb	19
I. Zu Abs. 1	3	IV. Rechtsfolge	23
1. „Öffentliche Unternehmen" nach EU-Recht	3	V. Ausblick	25
2. Dienste von allgemeinem wirtschaftlichem Interesse	5	D. Anwendung auf Verhaltensweisen im Ausland (Abs. 2)	26
II. Zu Abs. 2	7	I. Völkerrechtlicher Rahmen	27
C. Anwendung auf Unternehmen der öffentlichen Hand (Abs. 1)	9	II. Erfasste Verhaltensweisen	29
		III. Rechtsfolge und -wirkung	33
I. „Unternehmen"	9	IV. Ausblick	34

A. Entstehung und Normzweck

§ 109 wurde mit der zweiten größeren **Energierechtsreform 2005** (Zweites Gesetz zur Neuregelung des Energiewirtschaftsrechts vom 7.7.2005, BGBl. I 1970) mit Wirkung ab dem 13.7.2005 und im Anschluss an das 3. Legislativ- bzw. „Beschleunigungspaket" der damaligen EG von 2003 in das EnWG eingeführt. Seitdem blieb die Vorschrift, im Unterschied zu vielen, wenn nicht den meisten anderen Regelungen des Gesetzes, **unverändert**. 1

§ 109 Abs. 1 verhält sich zum **persönlichen Anwendungsbereich** des EnWG und erstreckt diesen in lediglich klarstellender Weise auf **öffentliche und gemischt-wirtschaftliche Unternehmen** (zur Terminologie → Rn. 11 ff.). Davon völlig unabhängig (Säcker EnergieR/Markert § 109 Rn. 1; Theobald/Kühling/Steinbeck § 109 Rn. 1) bestimmt Absatz 2 die **räumliche Anwendbarkeit** des Gesetzes auch auf Verhaltensweisen, die **außerhalb des Geltungsbereichs** des EnWG veranlasst wurden, sich aber innerhalb desselben und damit in der Bundesrepublik auswirken. Beide Absätze entsprechen § 130 Abs. 1 S. 1 und Abs. 2 GWB (s. auch BT-Drs. 15/3917, 75) in der bis Juni 2013 geltenden Fassung (bzw. schon § 98 Abs. 1 und 2 GWB 1968), s. inzwischen und seit der Vergaberechtsmodernisierung von 2016 § 185 Abs. 1 S. 1 und Abs. 2 GWB, auch wenn dort die Anwendbarkeit auf einzelne Teile des GWB beschränkt wird. Zur Interpretation des § 109 können deshalb auch Rechtsprechung und Literatur zu den genannten GWB-Normen herangezogen werden, sofern Besonderheiten des EnWG dem nicht entgegenstehen (Säcker EnergieR/Mar- 2

EnWG § 109 Teil 9. Sonstige Vorschriften

kert § 109 Rn. 1, unter Hinweis auf die Verwendung des weiten Begriffs „Verhaltensweisen" in Absatz 2 anstelle von „Wettbewerbsbeschränkungen" in § 185 Abs. 2 GWB).

B. Unionsrechtliche Bezüge

I. Zu Abs. 1

1. „Öffentliche Unternehmen" nach EU-Recht

3   Die Anwendung des EnWG auch auf Unternehmen der öffentlichen Hand folgt an und für sich schon aus dem tradierten **„trägerneutralen" Konzept des Energieunternehmens** seit dem EnWG 1935 (dazu Ehlers/Fehling/Pünder BesVerwR/Pünder/Pielow/Benrath/Schlegel/Hoff § 23 Rn. 46) und daneben aus dem – vorrangigen – Binnenmarktrecht der EU, dessen Umsetzung das EnWG in weiten Teilen dient. Durchgängig werden Elektrizitäts- und Gasversorgungsunternehmen im Sekundärrecht für den Energiebinnenmarkt wie auch in § 3 Nr. 18 für „Energieversorgungsunternehmen" – unabhängig von Organisation und Trägerschaft – schlicht als „natürliche oder juristische Person[en]" definiert, s. bspw. und inzwischen Art. 2 Nr. 57 Elektrizitäts-Binnenmarkt-Richtlinie (EU) 2019/944 für das „Elektrizitätsunternehmen". Die EU-sekundärrechtliche Herangehensweise entspricht dem **funktionalen Verständnis des „Unternehmens"** im Sinne der Wettbewerbsregeln (Art. 101 ff. AEUV), welches seinerseits, schon aufgrund divergierender Organisationsformen und Trägerschaften in den Mitgliedstaaten und im Sinne der unionsweiten „praktischen Wirksamkeit" der Binnenmarkt- und Wettbewerbsregeln „trägerneutral" gehalten ist bzw. sein muss (s. nur Grabitz/Hilf/Nettesheim/Stockenhuber AEUV Art. 101 Rn. 51 mwN; früher auch Pielow, Grundstrukturen öffentlicher Versorgung, 2001, 46 ff.). Laut EuGH gilt als „Unternehmen" in diesem funktionalen Sinne „jede eine wirtschaftliche Tätigkeit ausübende Einheit", und zwar **„unabhängig von ihrer Rechtsform und der Art ihrer Finanzierung"** (stRspr, s. nur EuGH EuZW 1998, 274).

4   Art. 106 Abs. 1 AEUV benennt im Übrigen explizit **„öffentliche Unternehmen"** und untersagt den Mitgliedstaaten, in Bezug auf diese keine den Verträgen widersprechende Maßnahmen zu treffen oder beizubehalten. Zwar findet sich dort wie im gesamten EUV und AEUV keine Erläuterung des Begriffs. Gewöhnlich wird dazu aber auf die **Legaldefinition in Art. 2 lit. b EG-Transparenz-Richtlinie** (inzwischen RL 2006/111/EG, ABl. L 318/17) zurückgegriffen. Ein „öffentliches Unternehmen" ist demnach „jedes Unternehmen, auf das die öffentliche Hand aufgrund Eigentums, finanzieller Beteiligung, Satzung oder sonstiger Bestimmungen, die die Tätigkeit des Unternehmens regeln, unmittelbar oder mittelbar einen **beherrschenden Einfluss** ausüben kann". Als **„öffentliche Hand"** definiert Art. 2 lit. a EG-Transparenz-Richtlinie „alle Bereiche der öffentlichen Hand, inklusive Staat sowie regionale, lokale und alle anderen Gebietskörperschaften". Auch die Unionsgerichte machen sich diese Definitionen bei Anwendung der Wettbewerbsregeln und damit auch des Art. 106 Abs. 1 AEUV (die Transparenz-Richtlinie erging zu dessen Konkretisierung aufgrund von Absatz 3) in ständiger Rechtsprechung zu eigen (s. nur EuGH BeckRS 2004, 72099 – Frankreich u.a./Kommission, und näher Grabitz/Hilf/Nettesheim-Wernicke AEUV Art. 106 Rn. 24 ff. mwN).

2. Dienste von allgemeinem wirtschaftlichem Interesse

5   Hinzuweisen ist vollständigkeitshalber auch auf die Möglichkeit der **Legalausnahme** öffentlicher wie im Übrigen auch privater Versorgungsunternehmen von der Anwendung der Vertrags- und insbesondere der Wettbewerbsregeln des AEUV insbesondere nach dessen **Art. 106 Abs. 2 AEUV.** Sofern jene Unternehmen im Sinne dieser Vorschrift (Absatz 1 Satz 1) mit der Erbringung von **Dienstleistungen von allgemeinem wirtschaftlichem Interesse** (abgek. auch D.a.w.I.) eigens und förmlich „betraut" sind (die allgemeine Verpflichtung von EVU zur Versorgung iSd § 1 nach § 2 ist insoweit nicht hinreichend), kommen die Vorschriften der Verträge, insbesondere die Wettbewerbsregeln des AEUV, nur zur Anwendung, soweit die Anwendung dieser Vorschriften nicht die Erfüllung der ihnen übertragenen besonderen Aufgabe rechtlich oder tatsächlich verhindert; freilich darf nach Art. 106 Abs. 2 S. 2 AEUV dadurch die Entwicklung des EU-Binnenhandels nicht in einem

Ausmaß beeinträchtigt werden, das dem Interesse der Union zuwiderläuft. Prononciert wird die Sonderstellung der Dienste von allgemeinem wirtschaftlichem Interesse, unter die nach deutschem Verständnis insbesondere Dienstleistungen der sog. **öffentlichen bzw. kommunalen Daseinsvorsorge** fallen können (Pielow JuS 2006, 692 ff.; eingehender Pielow, Grundstrukturen öffentlicher Versorgung, 2001, 75 ff. und passim; Krajewski, Grundstrukturen des Rechts öffentlicher Dienstleistungen, 2011, insbes. 77 ff.) inzwischen durch die Grundsatznorm des **Art. 14 AEUV** zuvor und seit dem Vertrag von Amsterdam Art. 16 EGV (dazu etwa Pielow/Schuelken in Blanke/Mangiameli, Treaty on the Functioning of the EU, 2021, EGV Art. 14 Rn. 1 ff.) nebst mit dem Vertrag von Lissabon angefügter, bislang indes nicht genutzter Verordnungsermächtigung (Satz 2) und dem Protokoll Nr. 26 über Dienste von allgemeinem Interesse zum Vertrag von Lissabon sowie in **Art. 36 GRCH**, wonach die Union den Zugang zu Dienstleistungen von allgemeinem wirtschaftlichen Interesse gemäß den einzelstaatlichen Rechtsvorschriften und Gewohnheiten anerkennt und achtet (dazu näher Pielow in Stern/Sachs, Europäische Grundrechte-Charta, 2016, GRCh Art. 36 Rn. 1 ff.).

Energierechtlich **aufgegriffen** wird die Ausnahmemöglichkeit nach Art. 106 Abs. 2 AEUV **im Binnenmarktrecht für den Strom- und den Gassektor,** konkret in Art. 9 der früheren Elektrizitäts-Binnenmarkt-Richtlinie (EU) 2019/944 sowie einstweilen noch in Art. 3 RL 2009/73/EG für den Gassektor, zu dem immer noch (Stand August 2023) ein neues Legislativpaket unter Einschluss von erneuerbaren Gasen und Wasserstoff erarbeitet wird (zum Vorschlag für eine neue Gasbinnenmarktrichtlinie s. Mitteilung der Kommission v. 15.12.2021, COM[2021] 803 final; zu den gemeinwirtschaftlichen Verpflichtungen s. Art. 5 des Entwurfs).

6

Die Mitgliedstaaten können danach unter uneingeschränkter Beachtung des AEUV, insbesondere des Art. 106 AEUV, „den im Elektrizitätssektor tätigen Unternehmen im allgemeinen wirtschaftlichen Interesse gemeinwirtschaftliche Verpflichtungen auferlegen, die sich auf Sicherheit, einschließlich **Versorgungssicherheit, Regelmäßigkeit, Qualität** und **Preis der Versorgung sowie Umweltschutz,** einschließlich Energieeffizienz, Energie aus erneuerbaren Quellen und **Klimaschutz,** beziehen können." Solche Verpflichtungen müssen nach Vorgabe des Art. 106 Abs. 2 AEUV (grundlegend dazu etwa EuGH BeckRS 2004, 75950) klar festgelegt, transparent, diskriminierungsfrei und überprüfbar sein und dazu dienen, den gleichberechtigten Zugang von Elektrizitätsunternehmen der Union zu den nationalen Verbrauchern sicherzustellen. Gemeinwirtschaftliche, und das heißt auch sozialstaatliche Verpflichtungen, die die Festsetzung der Stromversorgungspreise betreffen (Stichwort auch „Energiearmut" und „schutzbedürftige Haushaltskunden"), müssen den Anforderungen des Art. 5 der Elektrizitäts-Binnenmarkt-Richtlinie (EU) 2019/944 entsprechen.

6.1

Das Thema „Dienste von allgemeinem wirtschaftlichem Interesse" besitzt **hohe praktische Relevanz** gerade auch für „öffentliche" und insbesondere kommunale Energieunternehmen („Stadt-/Gemeindewerke", s. noch unten → Rn. 16 ff.), namentlich und immer wieder unter dem Aspekt des **Verbots staatlicher Beihilfen** nach Art. 107 Abs. 1 AEUV. Speziell zur beihilferechtlichen Einordnung von D.a.w.I. existiert in Konkretisierung der sog. „Altmark"-Kriterien des EuGH BeckRS 2004, 75950 eine Reihe weiterführender Rechtsakte der Kommission (sog. „Almunia-Paket" von 2012, Details unter https://ec.europa.eu/competition/state_aid/legislation/sgei.html; dazu etwa Pauly/Jedlitschka DVBl 2012, 1269 ff.) und sind speziell im energie- und klimaschutzbezogenen Kontext auch die soeben von der Kommission grundlegend überarbeiteten und nunmehr sog. **Leitlinien für staatliche Klima-, Umweltschutz- und Energiebeihilfen 2022** (gem. Mitteilung der Kommission vom 18.2.2022 in ABl. 2022 C 80/1) zu beachten.

6.2

Wiederholt thematisiert wird etwa, ob und inwieweit **Quersubventionen** im sog. „kommunalen Querverbund" von Stadtwerken, etwa zwischen deren Energie- und ihrer Nahverkehrssparte, beihilferechtlich zulässig sind (dazu A. Danner, Quersubventionierung öffentlicher Unternehmen zur Finanzierung von Leistungen der Daseinsvorsorge, 2006; allg. auch Brüning in Mann/Püttner, Handbuch der kommunalen Wissenschaft und Praxis, Bd. 2, 3. Aufl. 2011, § 44 Rn. 80 ff.). Daneben geht es um **sonstige Vorrechte kommunaler Unternehmen,** etwa bei der Kreditvergabe oder der Gewährträgerhaftung durch die betreffende Sitzgemeinde (s. zu Letzterem Koenig IR 2013, 338 ff.; sowie Burgi, Kommunalrecht, 35 f.). Speziell zum „steuerlichen Querverbund" in kommunalen Unternehmen FG Köln EFG 2010, 1345 Rn. 104 ff.; und FG Leipzig EFG 2021, 231. Zu beihilferechtlichen Fragen im Zuge des deutschen **Ausstiegs aus der Kohleverstromung,** die auch staatliche (EnBW, Vattenfall) bzw. kommunale Kohlekraftwerksbetreiber (STEAG, Trianel) betreffen, s. näher Pielow in Rodi, Handbuch Klimaschutzrecht, 2021, § 29 Rn. 52 ff.

6.3

Pielow

II. Zu Abs. 2

7 § 109 Abs. 2 wird im Hinblick auf inländische Auswirkung im Ausland veranlasster Verhaltensweisen wie schon § 185 Abs. 2 GWB **vom EU-Recht überlagert,** wenn nicht zunehmend verdrängt (so in Bezug auf § 185 GWB Immenga/Mestmäcker/Rehbinder/von Kalben GWB § 185 Rn. 123). Hinsichtlich des § 109 Abs. 2 gilt dies natürlich zuvörderst für das EU-Energierecht und im Verhältnis der EU-Staaten sowie zum Teil auch von Drittstaaten wie denjenigen in der Europäischen Energiegemeinschaft (gem. Gründungsbeschluss des Rates v. 29.6.2006, ABl. 2006 L 198/5) untereinander, so etwa aufgrund der Regelwerke über den grenzüberschreitenden Strom- und Gashandel, zB nach der VO (EG) Nr. 715/2009 über den Zugang zu den Erdgasfernleitungsnetzen, und soweit die Durchsetzung dieser Regularien gerade in Händen von EU-Behörden (ACER, Kommission) liegt. Daneben ist auf die **exterritoriale Anwendung** gerade des **EU-Kartellrechts** hinzuweisen, wie diverse Verfahren auch im Energiesektor zeigen, bspw. beim früheren Vorgehen der EU-Kommission gegen marktmachtmissbräuchliches Verhalten der russischen Gazprom (s. etwa Kommissionsentscheidung zu Case AT.39816 – Upstream Gas Supplies in Central and Eastern Europe v. 24.5.2018, C(2018) 3106 final).

7.1 Der auch auf EU-Ebene ausgefochtene und nach Ausbruch des Kriegs in der Ukraine inzwischen „historische" Streit um die **Erdgaspipeline Nord Stream 2** betraf namentlich die Frage, ob und ggf. inwieweit diese Leitung dem Entflechtungs- und Regulierungsregime des Erdgasbinnenmarkts zu unterwerfen ist. Dazu erfolgte eine die Anwendung des Binnenmarktrechts auch auf Gasfernleitungen aus Drittstaaten regelnde Ergänzung der Gas-Binnenmarkt-Richtlinie 2009/73/EG durch die Richtlinie (EU) 2019/692 (ABl. 2019 L 117/1). Über die Anwendung dieser Vorschriften auf das auf deutschem Hoheitsgebiet belegene Teilstück der Pipeline (die letzten 22 km) entschied sodann die deutsche BNetzA, allerdings nicht unter Rückgriff auf § 109 Abs. 2 sondern auf einen Freistellungsantrag der (schweizerischen) Betreibergesellschaft von Nord Stream 2 nach § 28b (s. Beschl. v. 15.5.2020 – BK7-20-004, abrufbar unter www.bnetza.de); der Antrag wurde abschlägig beschieden, u.a. weil es für eine Freistellung nach § 28b der Gasfern- bzw. -verbindungsleitung mit einem Drittstaat der Fertigstellung derselben schon bis zum 23.6.2019 bedurft hätte, was nicht der Fall war. Für einen Überblick zum Nord Stream 2-Streit s. bündig M. Russel, European Parliament Briefing „The Nord Stream 2 pipeline: Economic, environmental and geopolitical issues", 2021 (abrufbar unter https://www.europarl.europa.eu). Zum anfänglich nur **einstweiligen Stopp des Projekts** infolge des russischen Angriffs auf die Ukraine im Februar 2022 und durch Rücknahme der Versorgungssicherheitsanalyse vom 26.10.2021 im Zuge der Zertifizierung (→ § 4b Rn. 1 ff.) durch die BNetzA s. BMWK, Pressemitteilung v. 22.2.2022.

8 Nur angelegentlich erwähnt seien wegen des auch insoweit gegebenen Zusammenhangs mit § 109 Abs. 2 gegenwärtige Anspannungen der Kontrolle von **Infrastrukturinvestitionen** namentlich von staatlich beherrschten Unternehmen **aus Drittstaaten,** und zwar neben entsprechenden Vorkehrungen nach EU- und nationalem Energierecht (s. insbesondere § 4b, sog. „Gazprom-Klausel") im Rahmen des europäischen wie deutschen Außenwirtschaftsrechts (dazu Schuelken/Sichla DÖV 2020, 961 ff. und Schuelken/Sichla NVwZ 2019, 1406 ff. sowie eingehend Schuelken, Drittstaatliche Direktinvestitionen in Energieinfrastrukturen, 2021). In umgekehrter Hinsicht, nämlich den **Schutz von Investitionen** von Energieunternehmen aus der EU **im Ausland** betreffend, kann zudem auf die gegenwärtige Kontroverse um die Aufrechterhaltung des seit 1998 in Kraft befindlichen **Vertrags über die Energiecharta** hingewiesen werden. Im Fokus dieses Streits stehen auch die aufgrund der Energiecharta oder auch sonstiger (bilateraler) Investitionsschutzabkommen geführten und zunehmend kritisch (u.a. EuGH EuZW 2018, 239 – Achmea; neuerdings auch BGH WM 2023, 1564) betrachteten gewillkürten internationalen Schiedsgerichtsverfahren (dazu etwa Rusche EuZW 2020, 169 ff.; zum inzwischen beigelegten ICSID-Verfahren der schwedischen Vattenfall AB gegen Deutschland infolge des „Atomausstiegs" Berger EuZW 2020, 229 ff.).

C. Anwendung auf Unternehmen der öffentlichen Hand (Abs. 1)

I. „Unternehmen"

§ 109 Abs. 1 schreibt die Anwendung des EnWG auf Unternehmen, die ganz oder teilweise im Eigentum der öffentlichen Hand stehen, vor. Erfasst sind damit prinzipiell **sowohl** von der öffentlichen Hand „beherrschte" **„öffentliche"** Unternehmen im dargelegten EU-rechtlichen Sinne (→ Rn. 3f.) als auch **„gemischt-wirtschaftliche" Unternehmen**, darunter auch öffentlich-private Kooperationen, an denen staatliche Stellen womöglich nur eine Minderheitsbeteiligung halten.

Zu denken ist bspw. an die Netzbetriebskooperation zwischen einer Gemeinde und einem privaten (Multi-) Verteilnetzbetreiber. Ebenso geläufig sind solche (vertikalen) Kooperationen freilich auch umgekehrt, dh mit nur einer Minderheitsbeteiligung des privaten Partners am dann wiederum „öffentlich" beherrschten (Netz-)Unternehmen.

Im Fall der bloßen **Minderheitsbeteiligung** der öffentlichen Hand bedarf es eigentlich keines Rückgriffs auf Absatz 1, da das dann überwiegend von Privaten gehaltene Energieunternehmen bereits unmittelbar den Vorschriften des EnWG unterliegt. Im Sinne der mit § 109 Abs. 1 bezweckten Klarstellung (→ Rn. 2) wird man die Norm aber dahingehend zu verstehen haben, dass generell alle Unternehmen der öffentlichen Hand, gleichviel mit welcher Art von Beteiligung, den EnWG-Vorschriften unterfallen. Die Beteiligung der öffentlichen Hand als solche ist dagegen, ebenso wie die vorgelagerte Frage nach der **Zulässigkeit ihrer Teilnahme am Wettbewerb,** kein Thema des EnWG. Beides bemisst sich allein nach dem Organisations- und Haushaltsrecht von Bund, Ländern und Kommunen, bei Letzteren in Gestalt des kommunalen Wirtschaftsrechts, bspw. nach den §§ 107 ff. GO NRW (dazu eingehend Säcker EnergieR/Pielow Einl. E Rn. 51 ff.).

Im Vergleich zum EU-rechtlichen Verständnis (→ Rn. 3f.) variiert die Verwendung der **Begriffe „öffentliches" und „gemischt-wirtschaftliches" Unternehmen** in Deutschland. So bezeichnet bspw. das BVerfG ein Unternehmen (nur) dann als „öffentlich", wenn dieses „vollständig im Eigentum der öffentlichen Hand steht", während es andererseits auch ein von der öffentlichen Hand „beherrschtes" Unternehmen als „gemischtwirtschaftlich" ansieht (vgl. BVerfGE 128, 226 Rn. 49 – Fraport AG). Im EU-Recht wiederum ist der Begriff des „gemischt-wirtschaftlichen" Unternehmens, soweit ersichtlich, nicht geläufig, spielt andererseits aber die Bildung solcher Kooperationen eine hohe rechtspraktische Rolle im Rahmen des EU-Vergaberechts, insbesondere bei der sog. inhouse-Vergabe, s. dazu nur Burgi, Vergaberecht, 3. Aufl. 2021.

Zum Begriff des **Unternehmens** kann auch iRd Absatzes 1 – wie im übrigen EnWG und mangels dort vorhandener abweichender Legaldefinition – an das **„funktionale" Verständnis** schon nach dem EU-Recht (→ Rn. 3) angeknüpft werden; – es liegt außerdem dem nationalen Wettbewerbsrecht, insbesondere nach dem GWB, zugrunde (Britz/Hellermann/Hermes/Hellermann, 3. Aufl., § 109 Rn. 15; Säcker EnergieR/Markert § 109 Rn. 2; Theobald/Kühling/Steinbeck § 109 Rn. 6, jew. mwN auch aus der kartellrechtlichen Rechtsprechung). Maßgeblich abzustellen ist deshalb, unabhängig von Organisations- und Handlungsformen, auf das Vorliegen einer **„wirtschaftlichen" Betätigung,** also einer Tätigkeit, wie sie ebenso gut und gleichartig auch von privaten Unternehmen ausgeübt werden könnte (Theobald/Kühling/Steinbeck § 109 Rn. 7; Bechtold/Bosch GWB § 130 Rn. 6). Konkreter und gängiger Weise ist darunter jede Tätigkeit im geschäftlichen Verkehr zu verstehen, die auf den Austausch von Waren oder Dienstleistungen gerichtet ist, soweit es sich nicht lediglich um die Bedarfsdeckung privater Haushalte handelt (Kment EnWG/Schex § 109 Rn. 2; Säcker EnergieR/Markert § 109 Rn. 3). Mit der wirtschaftlichen Betätigung begibt sich die öffentliche Hand auf die Gleichordnungsebene mit übrigen Marktakteuren.

Zur gleichwohl fortbestehenden **Grundrechtsbindung** vor allem der von der öffentlichen Hand beherrschten Unternehmen s. nur BVerfGE 128, 226 Rn. 49 ff., 60 – Fraport AG. Zu ihrer seit jeher sehr kontrovers diskutierten, laut BVerfG indes grundsätzlich zu verneinenden **Grundrechtsberechtigung** s. BVerfGE 128, 226 Rn. 45 – Fraport AG sowie zuletzt BVerfG NVwZ 2020, 284 (erfolgloser Eilantrag STEAG GmbH im Rahmen des Kohleausstiegs). Zuvor und nur „ausnahmsweise" bejahte das BVerfG aus EU-rechtlichen Gründen (Diskriminierungsverbot) die Grundrechtsberechtigung der

EnWG § 109 Teil 9. Sonstige Vorschriften

in Händen des schwedischen Staates stehenden Vattenfall AB. Demgegenüber können sich Unternehmen der öffentlichen Hand, schon nach dem funktionalen Verständnis im EU-Recht, auf die **Grundfreiheiten** im EU-Binnenmarkt berufen (zur möglichen Abwehr diesbezüglicher Beschränkungen im deutschen kommunalen Wirtschaftsrecht („Örtlichkeitsprinzip") Ehricke IR 2007, 250 ff.; eingehend Ehricke, Die Vereinbarkeit des kommunalen Örtlichkeitsprinzips mit dem EG-Recht, 2009; dagegen etwa Burgi, Kommunalrecht, 35 ff.). In Betracht kommt ferner die Berufung auf Verbürgungen der **EU-Grundrechtecharta** (zB Art. 16 GRCh – unternehmerische Freiheit, Art. 17 GRCh – Eigentum), sofern deren Anwendungsbereich nach Art. 51 GRCh eröffnet ist (dazu auch, im Erg. indes verneinend, BVerfG NVwZ 2020, 1500 Rn. 20 ff. – STEAG mit zum Teil krit. Anm. Kahl/Pracht DVBl 2021, 40; ferner: Michaels EnWZ 2020, 453; Zuber IR 2020, 251; Ortlieb N&R 2020, 287; Gundel NVwZ 2020, 1504; ausführlich zuvor schon Ludwigs NVwZ 2018, 22 ff.).

12 Nicht erfasst wird mit der Konzentration in Absatz 1 auf (wirtschaftliche) „Unternehmen" folglich das **einseitig-hoheitliche Handeln** staatlicher Stellen (s. nur Säcker EnergieR/Markert § 109 Rn. 3 mN zur kartellrechtlichen Rspr.), wozu etwa auch die Energiebeschaffung im Wege der öffentlichen Auftragsvergabe (§§ 97 ff.) gehört.

12.1 Jenseits des § 109 Abs. 1 angesprochen sind Bund, Länder und Kommunen, sofern das EnWG sie, wie namentlich die Regulierungsbehörden und des Öfteren die „nach Landesrecht zuständigen Behörden", gerade zu hoheitlichen behördlichen Entscheidungen ermächtigt. Nicht der Fall ist dies nach der Rechtsprechung bei der – zutreffend als Wirtschaftsbetätigung, zudem aufgrund von privatrechtlichen Verträgen (s. zB § 23 Abs. 1 StrWG NRW) erfolgenden – **Vergabe von Wegenutzungsrechten** bzw. dem Abschluss von Konzessionsverträgen iSd § 46 EnWG (s. BGHZ 37, 353 (354 f.); 138, 266 (274); zur gleichlautenden hM in der Literatur zB Säcker EnergieR/Wegner § 46 Rn. 2; Säcker EnergieR/Markert § 109 Rn. 3; Theobald/Kühling/Theobald § 46 Rn. 25; aA für kommunale „Wegehoheit" insbesondere Britz/Hellermann/Hermes/Hellermann, 3. Aufl., § 109 Rn. 8; mwN zu dieser Minderansicht Britz/Hellermann/Hermes/Hellermann, 3. Aufl., § 46 Rn. 9). Unabhängig von diesem Streit erübrigt sich dazu der Rückgriff auf § 109 Abs. 1, weil in den §§ 46 ff., ebenso wie in den §§ 48 und 117 (Erhebung von Konzessionsabgaben) die öffentliche Hand in Gestalt der Gemeinden unmittelbar angesprochen ist (s. zutr. Theobald/Kühling/Steinbeck § 109 Rn. 9).

13 Unternehmerische respektive wirtschaftliche Betätigungen der öffentlichen Hand kommen dem beschriebenen Verständnis nach und im durch § 109 Abs. 1 in Bezug genommenen EnWG **auf allen** dort erfassten **Wertschöpfungsstufen** der leitungsgebundenen Versorgung mit Strom und Gas sowie nunmehr auch mit Wasserstoff (s. § 1 Abs. 1 idF seit 27.7.2021) in Betracht. Anhaltspunkte liefert die Definition des Energieversorgungsunternehmens in § 3 Nr. 18, wo – wie schon gesagt: „trägerneutral" („natürliche oder juristische Personen") – die Lieferung von Energie, der Betrieb von Energieversorgungsnetzen sowie das Innehaben der Verfügungsbefugnis über ein Energieversorgungsnetz als dessen Eigentümer genannt sind. Ausgenommen sind dort „Kundenanlagen" iSd §§ 24a und 24b, die man jedoch, sofern sie von Unternehmen der öffentlichen Hand betrieben werden, als vom weiten Anwendungsbereich des § 109 Abs. 1 ebenfalls erfasst ansehen muss. Gleiches gilt für den Betrieb von Strom-, Gas- oder Wasserstoffspeicheranlagen nach § 3 Nr. 6, 10c und 15d. Dieser kommt auch als rechtlich unselbstständige Organisationseinheit eines (ggf. „öffentlichen" oder „gemischt-wirtschaftlichen") Energieversorgungsunternehmens in Betracht (s. Nummern 6 und 10c; zu eng insofern zB Kment EnWG/Schex § 109 Rn. 3, sofern er nur Tätigkeiten nach § 3 Nr. 18 in den Blick nimmt).

14 Daneben dürften über Absatz 1 auch energiewirtschaftliche Betätigungen nach den inzwischen zahlreich gegebenen **Begleitgesetzen zum EnWG** nebst dazu wiederum zahlreich existierenden **Rechtsverordnungen** erfasst sein. Auch wenn weitere, u.a. energieumweltrechtliche Regelwerke wie das EEG, KWKG, MsbG, EmoG, GEG u.a. mehr nicht explizit auf § 109 Abs. 1 verweisen: Aus dem allgemeinen „funktionalen" Verständnis des „Unternehmens" bzw. aus dem Umstand, dass § 109 Abs. 1 nur eine klarstellende Funktion hat (→ Rn. 2), folgt eigentlich zwangsläufig, dass jedenfalls auf „wirtschaftliche" Betätigungen wie zB den Betrieb von EE-Anlagen oder Messstellen abstellende Vorschriften jener Begleitgesetze auch auf Unternehmen der öffentlichen Hand Anwendung finden (müssen).

14.1 Zum gleichen Ergebnis gelangt man, sofern man trotz inzwischen erfolgter „Ausfransungen" das EnWG weiterhin als „Grundgesetz" der leitungsgebundenen Energiewirtschaft betrachtet (s. auch Ehlers/Fehling/Pünder BesVerwR/Pünder/Pielow/Benrath/Schlegel/Hoff § 23 Rn. 73); beim Fehlen entsprechender Anwendungsvorgaben in energierechtlichen Spezialgesetzen ist dann auf die allgemeine Vorschrift in § 109 Abs. 1 zurückzugreifen.

Das funktionale und „trägerneutrale" Verständnis von Unternehmen der öffentlichen Hand ist, wie gesagt, **unabhängig von den Organisations- und Handlungsformen** der wirtschaftlichen Betätigung. Unerheblich ist deshalb, ob es sich um rechtlich verselbstständigte Akteure entweder privatrechtlicher (GmbH, AG) oder öffentlich-rechtlicher Art (namentlich in Form der Anstalt des öffentlichen Rechts, daneben als Eigenbetrieb) handelt. Als Unternehmen in Betracht kommt daneben etwa der unselbstständige Regiebetrieb, auch wenn dieser in der Praxis gerade der kommunalen Energieversorgung kaum vorkommt. Ferner spielt es keine Rolle, ob die betreffende Einheit ganz oder partiell öffentlich-rechtlich (bspw. finanziert über öffentlich-rechtliche Gebühren oder Beiträge) oder aber privatrechtlich (dann finanziert über vertraglich vereinbarte Entgelte) agiert. Letzteres folgt auch daraus, dass § 109 Abs. 1 eine Einschränkung der in § 185 Abs. 1 S. 2 GWB enthaltenen Art bezüglich öffentlich-rechtlicher Gebühren oder Beiträge gerade nicht enthält. 15

II. Eigentum der öffentlichen Hand

Absatz 1 erfasst nur Unternehmen der **öffentlichen Hand.** Als mögliche Trägerkörperschaften erfasst sind Bund, Länder sowie Gemeinden und Gemeindeverbände (hier insbesondere die Landkreise und kommunaler Zweckverbände); ferner sind hiervon aber auch energiewirtschaftliche Betätigungen sonstiger juristischer Personen des öffentlichen Rechts erfasst, wie insbesondere rechtsfähige Anstalten und Körperschaften (Theobald/Kühling/Steinbeck § 109 Rn. 4). Gang und gäbe sind ferner energiewirtschaftliche Kooperationen verschiedener „öffentlicher Hände", namentlich in Gestalt kommunaler **Gemeinschaftsunternehmen.** Hier reicht das Spektrum vom gemeinsamen Stadt- oder Gemeindewerk benachbarter Kommunen und (über-)regionalen Unternehmensverbünden wie Thüga, Trianel und STEAG bis hin zu im Zuge der Ukraine-Krise mit Staatsmitteln „geretteten" Energieunternehmen wie der Securing Energy for Europe (SEFE) GmbH seit Juni und Uniper SE seit Dezember 2022. Ob lediglich unter **Treuhandverwaltung** nach § 17 EnSiG stehende Energieunternehmen wie einstmals noch Gazprom Germania (s. noch unten) unter § 109 Abs. 1 fallen, kann dahinstehen, da auch solche Unternehmen gerade als nicht-öffentliche bzw. private Unternehmen vom EnWG erfasst sind. Zu öffentlichen Unternehmen aus anderen Staaten s. noch unten. 16

Ob das Unternehmen **ganz oder teilweise im Eigentum** der öffentlichen Hand steht, bemisst sich nach dem Gesetzeswortlaut anhand der – eigentumsfähigen – Geschäftsanteile, etwa am Stammkapital einer GmbH, an den Aktien (darunter auch Vorzugsaktien) einer AG oder am Geschäftsguthaben einer Genossenschaft. Zu bloßen **Minderheitsbeteiligungen** → Rn. 9. Unternehmensbeteiligungen kommen daneben aufgrund von **Mehrstimmrechten** in Betracht, die jedoch kaum ohne Anteilseigentum am Unternehmen bestehen dürften. Im deutschen Aktienrecht sind sie zudem ausgeschlossen (§ 12 Abs. 2 AktG). 17

Der **EuGH** erklärte diesbezügliche **„Golden Shares"** wiederholt für unvereinbar mit der Niederlassungs- und der Kapitalverkehrsfreiheit, ließ aber unter dem Vorbehalt der Verhältnismäßigkeit Ausnahmen insbesondere aus Gründen der öffentlichen Sicherheit und Ordnung sowie gerade für Energieversorgungs- und andere Infrastrukturunternehmen zu (s. nur EuGH 10.11.2011 – C-212/09, Slg. 2011, I-10889 = NZG 2011, 1339 Rn. 33 ff. für Sonderaktien des portugiesischen Staates an der GALP Energia SA; zur spezialgesetzlich geregelten Sperrminorität des Landes Niedersachsen an der Volkswagen AG zuletzt EuGH EuZW 2013, 946 = NZG 2013, 1308 Rn. 35 ff.). Dies dürfte mit Blick auf den weiteren Gang der „Energiesystemtransformation" und mögliche gesetzliche Anpassungen von Interesse sein, in deren Verlauf immer wieder, ob begründet oder nicht, auch ein stärkerer Staatseinfluss insbesondere auf Energienetzunternehmen (Stichwort „Deutsche Netz AG") gefordert wird. 17.1

Erfasst ist ferner das nur mittelbare Eigentum aufgrund von **Schachtelbeteiligungen,** so wenn bspw. die Anteile an einer GmbH von einem anderen Unternehmen, das seinerseits ganz oder teilweise im Eigentum der öffentlichen Hand steht, gehalten werden (Theobald/Kühling/Steinbeck § 109 Rn. 7). Relevanz besitzt der weitgefasste Anwendungsbereich von Absatz 1 dann auch im Zuge formeller, materieller oder nur funktionaler **Privatisierungen** (s. zur Unterscheidung nur Ehlers/Fehling/Pünder BesVerwR/Kämmerer § 13 Rn. 4 ff.): 18

Daraus hervorgehende Unternehmen unterfallen auch bei zunehmender Beteiligung privater Partner immer noch dann § 109 Abs. 1, sofern jedenfalls mittelbar und mindestens partielles Eigentum der öffentlichen Hand fortbesteht. Bei den umgekehrt verlaufenden **(Re-)Kommunalisierungen**, namentlich beim Betrieb von Energieverteilernetzen (§§ 46 ff., auch → § 46 Rn. 24 ff.), lebt mit den dann (wieder) entstehenden Energiesparten kommunaler Unternehmen § 109 Abs. 1 wieder auf (s. auch Britz/Hellermann/Hermes/Hellermann, 3. Aufl., § 109 Rn. 6). Zu den variantenreichen Erscheinungs- und Gestaltungsformen sowohl der Privatisierung wie der Kommunalisierung in der Energiewirtschaft (speziell in punkto Verteilernetze) eingehend Groneberg, Konzession und Kooperation, 2018, insbes. 117 ff.

18a Erfasst werden von Absatz 1 auch Unternehmen, die sich ganz oder teilweise **in öffentlicher Hand anderer EU- oder von Drittstaaten** befinden, soweit diese im Geltungsbereich des EnWG tätig werden. Für eine Beschränkung nur auf „deutsche" öffentliche Unternehmen geben Gesetzeswortlaut und -systematik nichts her und stünde dem innerhalb der Union auch das (Energie-)Binnenmarktrecht mit seinem „funktionalen" Unternehmensverständnis (→ Rn. 3) im Wege. Beispiele bilden der Betrieb von Übertragungsnetzen (zB TenneT), Kraftwerken (Vattenfall) oder (Erdgas-)Speichern (früher noch Astora in Hand von Gazprom Gemania) durch öffentliche Unternehmen im ausländischen Staatsbesitz. Erfasst ist dann freilich nur das unternehmerische Verhalten auf deutschem Boden und greift ansonsten und unter Umständen Absatz 2.

18a.1 Die Vorgänge rund um die deutsche Tochter der russischen Gazprom Export LLC, die **Gazprom Germania GmbH,** im Verlauf des **Ukraine-Krieges** gipfelten am 4.4.2022 in der Anordnung des Bundesministers für Wirtschaft und Klimaschutz zur (befristeten) **Treuhandverwaltung** des Unternehmens durch die BNetzA. Dies geschah indes nicht in Anwendung des EnWG (das insoweit keine Ermächtigung enthält; allenfalls wäre an § 65 zu denken gewesen; es lagen, soweit ersichtlich, jedoch keine Verstöße gegen Vorgaben des EnWG vor), sondern **nach § 6 Außenwirtschaftsgesetz** (AWG) und in Reaktion auf die kurz zuvor erfolgte Veräußerung von Gazprom Germania an die Gazprom export business services LLC und wenig später von 100 Prozent der Stimmrechte an der Letzteren (und damit auch an Gazprom Germania) an eine dubiose Joint Stock Company Palmary in St. Petersburg. Nach Auffassung des BMWK war der mittelbare Erwerber der Anteile („Palmary") seiner Meldepflicht nach § 55a Abs. 4 S. 1 Außenwirtschaftsverordnung nicht nachgekommen. Verstoßen worden sei zudem gegen das Verbot der Stimmrechtsausübung nach § 15 Abs. 4 S. 1 Nr. 1 AWG und sei letztlich eine Liquidierung der Gazprom Germania GmbH angeordnet worden. Daher sei die Gewährleistung der öffentlichen Ordnung und (Versorgungs-)Sicherheit konkret und gegenwärtig gefährdet, s. im Einzelnen Anordnung des BMWK in BAnz. AT v. 4.4.2022 (B 13), 1 f. Zur Diskussion um die Rechtmäßigkeit dieser Anordnung s. Tietje, Eine „treue" Hand für schwere Zeiten, in: Verfassungsblog v. 7.4.2022 (www.verfassungsblog.de) und die diesbezüglichen Kommentare. Zur möglichen Enteignung russischer Energieunternehmen (Gazprom Germania, Rosneft) s. auch Otto/Pielow, Gastkommentar in: Handelsblatt (online) v. 18.04.2022; eine entsprechende Ermächtigung wurde kurz darauf durch Ergänzung des Energiesicherungsgesetzes (EnSiG 1975) v. 20.5.2022 (BGBl. I 730) geschaffen, s. nunmehr §§ 17 ff. EnSiG sowie die diesbezügliche Begründung in BT-Drs. 20/1501, 26. Russland reagierte am 11.5.2022 mit der Sanktionierung von Gazprom Germania und verbot Geschäfte mit deren Tochterunternehmen, darunter die ebenfalls in Deutschland ansässige **Wingas GmbH** (ehemals BASF), s. Handelsblatt (online) v. 12.5.2022 („Russische Sanktionen gegen Gazprom Germania"). Die Gazprom Germania GmbH wurde im Juni 2022 in Securing Energy for Europe (SEFE) GmbH umbenannt und übernahm der Bund wenig später und deren Antrag auf Stabilisierungsmaßnahmen nach § 29 EnSiG folgend alle Anteile an der SEFE, s. deren Pressemitteilung vom am 14.11.2022.

III. Alternativ: Verwaltung oder Betrieb

19 Mit der alternativ („oder") genannten Option, dass das Unternehmen von der öffentlichen Hand **„verwaltet" oder „betrieben"** wird, sind auch Unternehmen erfasst, an denen die öffentliche Hand – ohne Anteilseigentum – etwa nur betriebs- oder verwaltungsführend und auf fremde Rechnung mitwirkt. Freilich unterfallen solche (Energie-)Unternehmen, sofern sie sich nicht ihrerseits ganz oder teilweise in öffentlicher Hand befinden, per se den Vorschriften des EnWG, ohne dass es dazu der Anwendung des § 109 Abs. 1 bedarf. „Verwaltung" und „Betriebsführung" unterscheiden sich im Wesentlichen dadurch, dass aufgrund entsprechender Verträge der Betriebsführer nach außen hin als Eigentümer auftritt, der Verwalter hingegen nicht (Kment EnWG/Schex § 109 Rn. 6 mwN). In der Energiewirtschaft verlaufen sog. **Betreibermodelle** gewöhnlich umgekehrt und dergestalt, dass seitens öffentlicher oder gemischtwirtschaftlicher Unternehmen gerade private Betriebsführer mit „ins Boot" geholt werden (s. nochmals Groneberg, Konzession und Kooperation, 2018, insbes. 124 ff.).

Ansonsten **überschneiden sich die Alternativen** „gänzliches oder teilweises Eigentum" am und „Verwaltung oder Betrieb" eines Unternehmens der öffentlichen Hand inhaltlich bzw. sind sie nicht trennscharf voneinander zu unterscheiden (Theobald/Kühling/Steinbeck § 109 Rn. 7). Etwa wird ein mehrheitlich im Eigentum der öffentlichen Hand stehendes Unternehmen von dieser grundsätzlich auch verwaltet und betrieben. Zum Ausdruck kommt mit der weiten Gesetzesfassung wiederum das Anliegen, möglichst jedwede wirtschaftliche Betätigung der öffentlichen Hand zu erfassen und den Vorschriften des EnWG zu unterwerfen. 20

Energieunternehmen der öffentlichen Hand finden sich klassischer Weise in Form der derzeit (2023) rund 700, vor wenigen Jahren freilich auch noch rund 900, zumeist (noch) vertikal integrierten (s. § 3 Nr. 38) **kommunalen Elektrizitäts- und/oder Gasversorger.** 21

728 Unternehmen im Bereich Strom, 634 (auch) im Bereich Gas (laut https://de.statista.com → Anzahl kommunaler Unternehmen; erfasst sind dort nur VKU-Mitgliedsunternehmen; Aufruf am 2.8.2021); s. zur historischen Entwicklung zB Pielow, Grundstrukturen öffentlicher Versorgung, 2001, 573 ff.). 21.1

Das Energieunternehmen im Teil- oder sogar gänzlichen **Eigentum des Bundes** bzw. früher noch des Deutschen Reiches ist, abgesehen von den jüngsten Anteilsübernahmen der SEFE GmbH (→ Rn. 18a.1) und auch der Uniper SE einstweilen Geschichte: Zu nennen sind die Gründung der Industrieholding VIAG AG 1923 infolge des 1. Weltkrieges und das Bundeseigentum an der ehemaligen preußischen VEBA AG nach dem 2. Weltkrieg. Viel mehr engagierten sich frühzeitig die deutschen Gliedstaaten in der Energieversorgung (Bayernwerk 1921, PreußenElektra 1927, preuß. VEBA 1929); die genannten Unternehmen gingen im Jahr 2000 in der heutigen E.ON SE auf. Als **Landesunternehmen,** mit inzwischen fast 50prozentiger Beteiligung baden-württembergischer Kommunen, besteht die erst 1997 anstelle bisheriger Regionalgesellschaften (Badenwerk u.a.) geschaffene EnBW Energie Baden-Württemberg AG fort, an der sich von 2000 bis zum Rückkauf durch das Land Baden-Württemberg 2010 auch noch die mehrheitlich staatliche Électricité de France (EDF) mit 25 Prozent beteiligte. 22

IV. Rechtsfolge

Für Unternehmen der öffentlichen Hand ordnet § 109 Abs. 1 – pauschal – die Anwendung „dieses Gesetzes" (EnWG) an. Hinzuweisen ist dazu freilich und vollständigkeitshalber auf **diverse Ausnahmeregelungen,** die etwa zugunsten kleinerer und dann auch kommunaler Verteilnetzbetreiber im Rahmen der Netzentflechtung bestehen, s. §§ 7 Abs. 2, 7a Abs. 7, sowie zugunsten aller Strom-VNB nunmehr auch bezüglich der Einrichtung und des Betriebs von Ladepunkten für Elektromobile in § 7c Abs. 2 und der Netzausbauplanung (jew. idF v. 16.7.2021; s. ferner § 46 Abs. 3 S. 2 (vgl. → § 46 Rn. 90 ff.) für die Ausschreibung der Konzessionsvergabe sowie für kleinere Stromlieferanten § 41a Abs. 2 S. 3 bezüglich des Rollouts von intelligenten Messsystemen. 23

Eine allgemeiner gefasste **Befreiungsmöglichkeit** nach Art des Art. 106 Abs. 2 AEUV (bezüglich – allerdings ihrerseits in jedem Einzelfall zu identifizierenden – Diensten von allgemeinem wirtschaftlichen Interesse, → Rn. 5 ff.) enthält das EnWG nicht. Rechtspolitisch dürfte unter Heranziehung der Konkretisierungen dieses Ansatzes im Binnenmarktrecht für den Strom- und Gassektor zu überlegen sein, ob und inwieweit gerade örtlichen Energieunternehmen, die mit Städten, Gemeinden und Kreisen zusätzlich und immer mehr auf dem Gebiet des örtlichen **Klimaschutzes** tätig werden (müssen), breitere Ausnahmezonen eingeräumt werden sollten. 23.1

Zur Anwendbarkeit auch der zahlreichen **Begleitgesetze zum EnWG** → Rn. 15. 24

V. Ausblick

25 Die praktische Bedeutung des Absatzes 1 dürfte mit einer wachsenden Anzahl öffentlicher und gemisch-wirtschaftlicher Energieunternehmen zunehmen. Auch der öffentlichen Hand erschließen sich im Zuge von Energiewende und Klimaschutzpolitik, etwa im Zuge der **Sektorenkopplung** sowie der dynamisch voranschreitenden **Digitalisierung** in der Energiewirtschaft, ständig neue Geschäftsfelder. Längst sind öffentliche Unternehmen etwa auch in den Bereichen des verselbstständigten und immer digitaleren Messwesens und der Elektromobilität engagiert (zur Entwicklung auch Pielow in Körber/Kühling, Regulierung – Wettbewerb – Innovation, 2017, 27 ff.). Absehbar erscheint, dass es verstärkt noch zu weiteren (Aus-)Gründungen öffentlicher und immer mehr auch „hybrider" (Sub-) Unternehmen kommt. Dies zeigen bspw. neue Ansätze zur öffentlich-privaten Kooperationen bspw. mit der Bau- und der Wohnungswirtschaft sowie mit ihrerseits auf den Energiemarkt drängenden Akteuren aus der IT- und Telemedienbranche. Auch mit dem Einstieg in eine **Wasserstoffenergiewirtschaft** (seit 27.7.2021 §§ 28j ff.) eröffnen sich neue Möglichkeiten für unter Umständen auch ganz neue Energieunternehmen der öffentlichen Hand und wurde zwecks Ermöglichung des „Markthochlaufs" einer Wasserstoffwirtschaft und angesichts dazu notwendiger Anfangs- und Infrastrukturinvestitionen auch schon über die Bildung einer teilweise bis gänzlich staatlichen **Netzgesellschaften** nachgedacht.

D. Anwendung auf Verhaltensweisen im Ausland (Abs. 2)

26 Ganz unabhängig von Absatz 1 findet nach § 109 Abs. 2 das EnWG auch Anwendung auf alle Verhaltensweisen, die sich im Geltungsbereich dieses Gesetzes auswirken, die aber außerhalb des Geltungsbereichs dieses Gesetzes veranlasst werden. Betraf Absatz 1 den persönlichen Anwendungsbereich des EnWG, so erweitert ihn Absatz 2 **in räumlicher Hinsicht** (Theobald/Kühling/Steinbeck § 109 Rn. 11).

I. Völkerrechtlicher Rahmen

27 Die Anwendung eines Gesetzes über dessen nationalen oder auch regionalen Geltungsbereich hinaus auf Verhaltensweisen außerhalb dieses Geltungsbereichs verstößt aufgrund der Souveränität eines jeden Staates eigentlich gegen das völkerrechtliche **Territorialitätsprinzip**. Aus ihm folgt das Verbot der Einmischung in die inneren Angelegenheiten anderer Staaten. Völkergewohnheitsrechtlich sind dazu freilich – im Einzelnen umstrittene – Ausnahmen anerkannt. Dazu zählt das **Auswirkungsprinzip,** wonach das inländische Recht auch auf im Ausland bewirkte Sachverhalte Anwendung finden kann, sofern eine solche Anknüpfung insbesondere „sinnvoll" ist. Dies ist namentlich der Fall, wenn durch ein im Ausland veranlasstes Verhalten, welches ferner von einigem Gewicht sein bzw. unmittelbare, tatsächliche und spürbare Wirkung haben muss, ein im Inland geschütztes Rechtsgut beeinträchtigt und eine diesbezüglich bestehende Schutznorm im Inland verletzt wird. Im wettbewerbsrechtlichen Kontext geht dies regelmäßig mit **Auswirkungen auf den inländischen Markt** einher (detailliert dazu aus kartellrechtlicher Sicht Immenga/Mestmäcker/Rehbinder/von Kalben GWB § 185 Rn. 124 ff.; s. auch Säcker EnergieR/Markert § 109 Rn. 6 ff., jew. mwN).

27.1 Streng genommen tangiert das Auswirkungsprinzip die Souveränität des betreffenden anderen Staates gar nicht, da sich das Territorialitätsprinzip zuvörderst gegen die (direkte) Ausübung von Hoheitsgewalt auf fremdem Staatsgebiet richtet (Säcker EnergieR/Markert § 109 Rn. 5 mwN).

28 Wie unter → Rn. 6 aufgezeigt, ist nach diesen Kriterien auch die **exterritoriale Anwendung des EU-Kartellrechts** auf in Drittstaaten (in Bezug auf EU-Staaten greift das EU-Recht selbst) veranlasste Verhaltensweisen mit Auswirkungen auf den EU-Binnenmarkt gang und gäbe.

II. Erfasste Verhaltensweisen

29 Absatz 2 knüpft an im Ausland veranlasste **Verhaltensweisen** an und nicht, wie in § 185 Abs. 2 GWB, an „Wettbewerbsbeschränkungen". Dies macht Sinn, denn die Vorschriften

des EnWG sind bekanntlich keineswegs nur auf die Herstellung von (Energie-)Wettbewerb ausgerichtet. Als von Absatz 2 erfasst sind demnach alle Verhaltensweisen anzusehen, die den Tatbestand einer Schutz-, Verbots- oder Gebotsnorm des EnWG erfüllen. Im „Idealfall" handelt es sich um die Belieferung inländischer Letztverbraucher mit Strom oder Gas oder um den Betrieb eines Energieversorgungsnetzes durch ein ausländisches Unternehmen (Theobald/Kühling/Steinbeck § 109 Rn. 12).

Verfügt der ausländische Akteur dagegen über eine Niederlassung, zB eine eigene Netzge- 30 sellschaft, auf deutschem Staatsgebiet, geht es schon nicht mehr um **im Ausland** veranlasste Verhaltensweisen und ist § 109 Abs. 2 unanwendbar (zu ausländischen „öffentlichen" Unternehmen nach Absatz 1 → Rn. 19a). Ansonsten wurde schon darauf hingewiesen (→ Rn. 8), dass die Norm vorwiegend Verhaltensweisen in **Nicht-EU-Staaten** betrifft (s. auch Säcker EnergieR/Markert § 109 Rn. 12). „Absolut" ist diese Aussage freilich nicht: Durchaus möglich erscheint, dass bei aller speziellen Bindung der Mitgliedstaaten der Union (und etwa auch der Staaten der Europäischen Energiegemeinschaft) an das Recht des Energiebinnenmarkts auch im EU-Ausland bewirkte Verhaltensweisen (speziell im grenzüberschreitenden Handel) es womöglich weitergehende Vorschriften des deutschen EnWG verstoßen wurde oder aber EU-rechtliche Vorgaben zum Energiebinnenmarkt im betreffenden Mitgliedstaat noch nicht hinreichend umgesetzt wurden.

Ob Absatz 2 gerade infolge der Spezialgesetzgebung zum EU-Energiebinnenmarkt oder 31 auch aufgrund des Umstands, dass ausländische Unternehmen in der Regel eigene Niederlassungen auf deutschem Hoheitsgebiet unterhalten, nur geringe **praktische Relevanz** besitzt (so Britz/Hellermann/Hermes/Hellermann, 3. Aufl., § 109 Rn. 15; Kment EnWG/Schex § 109 Rn. 9; Theobald/Kühling/Steinbeck § 109 Rn. 13), erscheint auch nach dem Vorgesagten (→ Rn. 30) fraglich. Gerade die jüngere Rechtsprechung zeigt, dass sich immer wieder Anwendungsfälle für die Vorschrift ergeben. So hatte sich der BGH wiederholt und unter Heranziehung von § 109 Abs. 2 mit der Anwendung von **Regelungen zur operationellen Netzentflechtung** zu befassen. Dabei ging es etwa um die Unabhängigkeit des Leitungspersonals und dem Ausscheiden von einem Unabhängigen Transportnetzbetreiber (ISO) zu beachtenden Karenzzeit nach § 10c Abs. 5 EnWG bei der Wiedereinstellung in einem zum gleichen Unternehmensverbund (Gazprom-Gruppe) gehörenden Netzgesellschaft in einem Drittstaat (BGH EnWZ 2019, 15 insbes. Rn. 19 ff. – Karenzzeiten III; dazu auch der Jahresbericht von Hartwig zur völkerrechtlichen Praxis der Bundesrepublik in ZaöRV 80 (2020), 147 ff. unter II 1). Auch die Rechtsbeschwerde gegen die von Amts wegen erfolgte Einleitung eines **Zertifizierungsverfahrens nach § 4a** bezüglich der schwedisch-norwegischen HGÜ-Leitung Baltic Cable ließ der BGH, wiederum unter Heranziehung von § 109 Abs. 2, unbeanstandet (vgl. BGH RdE 2018, 201 Rn. 14 ff. = BeckRS 2017, 105798; vorausgehend OLG Düsseldorf EnWZ 2016, 270; dagegen Koenig EnWZ 2016, 501 ff.). Dagegen knüpfte die deutsche BNetzA mit ihrem Vorgehen in Richtung Netzentflechtung und -regulierung der Erdgaspipeline **Nord Stream 2**, wie schon dargestellt (→ Rn. 7.1), nicht an eine im Ausland veranlasste Verhaltensweise, sondern konkret an das bereits im Geltungsbereich des EnWG belegene letzte Teilstück der Fernleitung auf deutschem Boden an.

Die völkerrechtlich vorausgesetzte **Spürbarkeit** (→ Rn. 27) der Auswirkung einer im 32 Ausland veranlassten Verhaltensweise im Inland ist jedenfalls bei unmittelbarer inländischer Versorgungs-, Netz- oder Speicherbetriebstätigkeit eines Unternehmens mit Sitz im Ausland zu bejahen (Säcker EnergieR/Markert § 109 Rn. 10). Indiziert sein wird die erforderliche hinreichende Inlandsauswirkung des Weiteren immer schon bei einem Verstoß gegen konkrete Ge- oder Verbotsnormen im inländischen Recht, hier also des EnWG (zu diesbezüglichen Unsicherheiten iRv § 185 Abs. 2 GWB s. Säcker EnergieR/Markert § 109 Rn. 7 mwN). Nicht grundlos und wiederum in Anlehnung an die Praxis nach dem GWB empfohlen wird hierzu jedoch eine **Differenzierung**, jedenfalls in Bezug auf allein im Ausland erfolgende Verhaltensweisen (Säcker EnergieR/Markert § 109 Rn. 11): Sofern es um nur „repressiv" gegen konkrete, namentlich marktmachtmissbräuchliche, -behindernde oder diskriminierende Verhaltensweisen insbesondere iSd § 30 Abs. 1 S. 2 Nr. 1–6 gerichtete Verhaltensweisen geht, soll § 109 Abs. 2 uneingeschränkt gelten (zu Verfahrensfragen in diesem Kontext Kment EnWG/Schex § 109 Rn. 9). Demgegenüber sei im Rahmen der sektorspezifischen Regulierung davon erfasster energiewirtschaftlicher Betätigungen auch schon aus völkerrechtlichen Gründen „eine sehr viel stärkere Eingrenzung" der Anwendbarkeit der Vorschriften des EnWG geboten. In der Tat wird man so etwa und im konkreten Beispiel den Betrieb eines schweizerischen Pumpspeicherkraftwerks, aus dem Strom nach Deutschland geliefert wird, keineswegs sämtlichen Anforderungen des EnWG in punkto Speicher- bzw. Kraftwerksbetrieb oder auch zur Entflechtung unterwerfen können. Raum für die Anwendung von § 109 Abs. 2 verbleibt hier eigentlich nur hinsichtlich etwaiger Vorgaben an die Beschaffenheit bzw. Kennzeichnung des grenzüberschreitend gelieferten Stroms als solchem (bspw. nach § 42; näher bzw. exemplarisch zu den Inlandsauswirkungen bei einzelnen Sachnormen des EnWG Säcker EnergieR/Markert § 109 Rn. 13 ff.).

III. Rechtsfolge und -wirkung

33   Als Rechtsfolge bewirkt Absatz 2 nicht nur die – unter Umständen zu differenzierende (vgl. → Rn. 32) – Anwendung von Vorschriften des EnWG auf im Ausland veranlasste Verhaltensweisen. Ebenso wie § 185 Abs. 2 GWB wirkt die Norm zudem als **zwingende Kollisionsnorm,** die die allgemeinen Regeln des internationalen Privatrechts verdrängt. Alle hiernach dem EnWG unterfallenden Verhaltensweisen sind von deutschen Gerichten also zivilrechtlich allein nach dem EnWG zu beurteilen (Theobald/Kühling/Steinbeck § 109 Rn. 14).

33.1   Allgemein zur Problematik exterritorialer Geltung verwaltungsrechtlicher Gesetze s. ansonsten und außerhalb des EnWG und GWB, bezogen auf das Glücksspielrecht, Koenig ZfWG 2017, 214 ff.; und auf das Geldwäscherecht Jarass RIW 2017, 642 ff.

IV. Ausblick

34   Angesichts der dynamischen Fortentwicklung der sog. Energiesystemtransformation ist davon auszugehen, dass im Ausland veranlasste energiewirtschaftliche Verhaltensweisen sich zunehmend auch im Geltungsbereich des EnWG auswirken werden und damit die **Bedeutung des § 109 Abs. 2** entgegen mancher Einschätzung im Schrifttum **eher noch zunehmen** wird. So ist namentlich im Zuge der genannten und letztlich „global" verlaufenden **Digitalisierung** der Energiewirtschaft, aber auch mit dem Einstieg in die avisierte und gleichfalls global gedachte **Wasserstoffwirtschaft** mit vielfältigen weiteren Anwendungsfällen des Absatzes 2 zu rechnen. Denkbar ist dies bspw. beim digitalen Austausch von Energiedienst- bzw. -beratungsleistungen aus dem im Ausland (s. zur Beurteilung ausländischer Internetangebote außerhalb des EnWG etwa LG Stuttgart GRUR-RS 2021, 14704, dort in Anwendung des UWG nach der der Rom II-VO) oder im Zusammenhang mit der künftigen Lieferung von „grünem" oder auch „blauem" Wasserstoff aus ausländischen Produktionsstätten. Zu verweisen ist auch noch einmal auf den engen inhaltlichen Zusammenhang zwischen der Anwendung von Vorschriften des EnWG über dessen § 109 Abs. 2 **mit der Kontrolle von Infrastrukturinvestitionen** aus Drittstaaten, namentlich durch dorther stammende Staatsunternehmen (→ Rn. 9).

§ 110 Geschlossene Verteilernetze

(1) § 7 Absatz 1 Satz 2, § 7c Absatz 1, die §§ 12h, 14 Absatz 2, die §§ 14a, 14c, 14d, 14e, 18, 19, 21a, 22 Absatz 1, die §§ 23a und 32 Absatz 2 sowie die §§ 33, 35 und 52 sind auf den Betrieb eines geschlossenen Verteilernetzes nicht anzuwenden.

(2) ¹Die Regulierungsbehörde stuft ein Energieversorgungsnetz, mit dem Energie zum Zwecke der Ermöglichung der Versorgung von Kunden in einem geografisch begrenzten Industrie- oder Gewerbegebiet oder einem Gebiet verteilt wird, in dem Leistungen gemeinsam genutzt werden, als geschlossenes Verteilernetz ein, wenn
1. die Tätigkeiten oder Produktionsverfahren der Anschlussnutzer dieses Netzes aus konkreten technischen oder sicherheitstechnischen Gründen verknüpft sind oder
2. mit dem Netz in erster Linie Energie an den Netzeigentümer oder -betreiber oder an mit diesen verbundene Unternehmen verteilt wird; maßgeblich ist der

Durchschnitt der letzten drei Kalenderjahre; gesicherte Erkenntnisse über künftige Anteile sind zu berücksichtigen. ²Die Einstufung erfolgt nur, wenn keine Letztverbraucher, die Energie für den Eigenverbrauch im Haushalt kaufen, über das Netz versorgt werden oder nur eine geringe Zahl von solchen Letztverbrauchern, wenn diese ein Beschäftigungsverhältnis oder eine vergleichbare Beziehung zum Eigentümer oder Betreiber des Netzes unterhalten.

(3) ¹Die Einstufung erfolgt auf Antrag des Netzbetreibers. ²Der Antrag muss folgende Angaben enthalten:
1. Firma und Sitz des Netzbetreibers und des Netzeigentümers,
2. Angaben nach § 23c Absatz 1 oder § 23c Absatz 4 Nummer 1 bis 5,
3. Anzahl der versorgten Haushaltskunden,
4. vorgelagertes Netz einschließlich der Spannung oder des Drucks, mit der oder dem das Verteilernetz angeschlossen ist,
5. weitere Verteilernetze, die der Netzbetreiber betreibt.

³Das Verteilernetz gilt ab vollständiger Antragstellung bis zur Entscheidung der Regulierungsbehörde als geschlossenes Verteilernetz.

(4) ¹Jeder Netznutzer eines geschlossenen Verteilernetzes kann eine Überprüfung der Entgelte durch die Regulierungsbehörde verlangen; § 31 findet insoweit keine Anwendung. ²Es wird vermutet, dass die Bestimmung der Netznutzungsentgelte den rechtlichen Vorgaben entspricht, wenn der Betreiber des geschlossenen Verteilernetzes kein höheres Entgelt fordert als der Betreiber des vorgelagerten Energieversorgungsnetzes für die Nutzung des an das geschlossene Verteilernetz angrenzenden Energieversorgungsnetzes der allgemeinen Versorgung auf gleicher Netz- oder Umspannebene; grenzen mehrere Energieversorgungsnetze der allgemeinen Versorgung auf gleicher Netz- oder Umspannebene an, ist das niedrigste Entgelt maßgeblich. ³§ 31 Absatz 1, 2 und 4 sowie § 32 Absatz 1 und 3 bis 5 finden entsprechend Anwendung.

Überblick

Die Regelung des § 110 befasst sich mit Geschlossenen Verteilernetzen, einer besonderen Ausprägung der Energieverteilernetze (→ Rn. 4). Geschlossene Verteilernetze unterliegen grundsätzlich den für Energieverteilernetze geltenden Vorschriften, allerdings finden auf Geschlossene Verteilernetze u.a. die in **Absatz 1** abschließend aufgezählten Regelungen keine Anwendung (→ Rn. 19 ff.). Insbesondere unterliegen Geschlossene Verteilernetze keiner ex ante-Regulierung ihrer Netznutzungsentgelte, da für sie weder kalenderjährliche Erlösobergrenzen nach der Anreizregulierungsverordnung (ARegV) festgelegt werden (§ 21a), noch Netzzugangsentgelt-Genehmigungen erteilt werden (§ 23a). Geschlossene Verteilernetze bedürfen nach **Absatz 2 Satz 1** grundsätzlich der Einstufung durch eine Entscheidung der zuständigen Regulierungsbehörde (→ Rn. 184 ff.), auf die bei Vorliegen der in Absatz 2 genannten Tatbestandsvoraussetzungen ein Anspruch besteht (→ Rn. 82 ff.). Zu unterscheiden sind einerseits Geschlossene Verteilernetze nach **Absatz 2 Satz 1 Nummer 1,** bei denen Tätigkeiten oder Produktionsverfahren der Anschlussnutzer aus konkreten technischen oder sicherheitstechnischen Gründen miteinander verknüpft sind (→ Rn. 126 ff.), und andererseits Geschlossene Verteilernetze nach **Absatz 2 Satz 1 Nummer 2,** die in erster Linie der Eigenversorgung oder der Versorgung verbundener Unternehmen dienen (→ Rn. 144 ff.). Nach **Absatz 2 Satz 2** schließt das Vorhandensein von Letztverbrauchern, die Energie zum Verbrauch im Haushalt kaufen, die Einstufung als Geschlossenes Verteilernetz aus (→ Rn. 155 ff.), außer es handelt sich hierbei um eine geringe Anzahl von Letztverbrauchern, die in einem Beschäftigungsverhältnis oÄ zum Eigentümer oder Betreiber des Netzes stehen (→ Rn. 174 ff.). Die Einstufung als Geschlossenes Verteilernetz setzt nach **Absatz 3 Satz 1** eine entsprechende Antragstellung durch den jeweiligen Netzbetreiber voraus (→ Rn. 192 ff.). In **Absatz 3 Satz 2 Nummern 1–5** ist der Mindestinhalt des zu stellenden Antrages aufgeführt (→ Rn. 208 ff.). Liegt ein vollständiger Antrag in diesem Sinne vor, so löst die Antragstellung nach **Absatz 3 Satz 2** eine

Fiktionswirkung aus, das jeweilige Energieverteilernetz gilt also bis zu einer Entscheidung der zuständigen Regulierungsbehörde als Geschlossenes Verteilernetz (→ Rn. 219 ff.). Die Regelung des **Absatzes 4** befasst sich mit der regulierungsbehördlichen ex post-Überprüfung der in einem Geschlossenen Verteilernetz geforderten Netznutzungsentgelte (Missbrauchskontrolle). Nach **Absatz 4 Satz 1 Halbsatz 1** hat jeder Netznutzer eines Geschlossenen Verteilernetzes das Recht, eine solche regulierungsbehördliche Überprüfung zu verlangen (→ Rn. 270 ff.). Die Vorschrift des § 31 betreffend das besondere Missbrauchsverfahren finden auf ein derartiges Verfahren nach **Absatz 4 Satz 1 Halbsatz 2** keine Anwendung (→ Rn. 272). **Absatz 4 Satz 2** enthält eine Vermutungsregelung für die Rechtmäßigkeit eines in einem Geschlossenen Verteilernetz geforderten Netznutzungsentgelts, sofern dieses das Netznutzungsentgelt für das vorgelagerte Energieverteilernetz für eine Versorgung auf gleicher Netz- oder Umspannebene nicht übersteigt (→ Rn. 295 ff.). **Absatz 4 Satz 3** erklärt schließlich die für das besondere Missbrauchsverfahren geltenden Vorschriften des § 31 Abs. 1, 2 und 4 sowie die Vorschriften über Beseitigungs-, Unterlassungs- und Schadensersatzansprüche in § 32 Abs. 1 und 3–5 für entsprechend anwendbar (→ Rn. 320 ff.).

Übersicht

	Rn.
A. Normzweck	1
B. Bedeutung	4
C. Entstehungsgeschichte	9
D. Änderungsgeschichte	14
I. Gesetz zur Änderung des Energiewirtschaftsgesetzes zur marktgestützten Beschaffung von Systemdienstleistungen vom 22.11.2020	14
II. Gesetz zur Umsetzung unionsrechtlicher Vorgaben und zur Regelung reiner Wasserstoffnetze im Energiewirtschaftsrecht vom 16.7.2021	15
E. Rechtsfolgen des Vorliegens einer Geschlossenen Verteilernetzes (Abs. 1)	19
I. Nichtanwendbarkeit ausdrücklich aufgeführter Vorschriften	23
1. § 7 Abs. 1 S. 2	24
2. § 7c Abs. 1	26
3. § 12h	28
4. § 14 Abs. 2	30
5. § 14a	33
6. § 14c	34
7. §§ 14d, 14e	36
8. § 18	39
9. § 19	40
10. § 21a	41
11. § 22 Abs. 1	42
12. § 23a	43
13. § 32 Abs. 2	44
14. §§ 33, 35	45
15. § 52	46
II. Nichtanwendbarkeit nicht aufgeführter Vorschriften des EnWG	47
1. § 31 in Bezug auf die Netznutzungsentgelte	48
2. § 6b Abs. 4 und 7	49
3. § 5 S. 1 Hs. 1	52
4. § 23b	54
5. § 36 Abs. 1–3	56
III. Anwendbarkeit sonstiger Vorschriften des EnWG	59
1. Genehmigung der Aufnahme des Netzbetriebs (§ 4)	60
2. Entflechtungsvorschriften	66
3. Netzanschluss (§ 17)	71
4. Netzzugang (§§ 20, 21)	72
5. Veröffentlichungspflichten (§ 23c)	77
6. Allgemeines Missbrauchsverfahren (§ 30)	78
IV. Anwendbarkeit sonstiger Vorschriften außerhalb des EnWG	80
F. Tatbestandsvoraussetzungen für das Vorliegen eines Geschlossenen Verteilernetzes (Abs. 2)	82
I. Energieversorgungsnetz zur Verteilung von Energie zum Zwecke der Versorgung von Kunden (Abs. 2 S. 1)	86
1. Energieversorgungsnetz	87
2. Verteilung von Energie	100
3. Zum Zwecke der Versorgung von Kunden	102
II. Gebietsbezogene Tatbestandsvoraussetzungen (Abs. 2 S. 1)	104
1. Geografische Begrenztheit	105
2. Industrie- oder Gewerbegebiet (Abs. 2 S. 1 Alt. 1)	114
3. Gebiet, in dem Leistungen gemeinsam genutzt werden (Abs. 2 S. 1 Alt. 2)	117
III. Letztverbraucherbezogene Tatbestandsvoraussetzungen	125
1. Verknüpfung der Tätigkeiten oder Produktionsverfahren (Abs. 2 S. 1 Nr. 1)	126
2. „In erster Linie" Versorgung des Netzeigentümers oder -betreibers oder mit diesen verbundenen Unternehmen (Abs. 2 S. 1 Nr. 2)	144
IV. Vorhandensein von Letztverbrauchern, die Energie für den Eigenverbrauch im Haushalt kaufen (Abs. 2 S. 2)	155
1. Hintergrund und Abgrenzung	158
2. Grundsatz: keine Privathaushalte als Letztverbraucher (Abs. 2 S. 2 Alt. 1)	161
3. Ausnahme: geringe Zahl von Privathaushalten in Dienst- und Werkswohnungen oÄ als Letztverbraucher (Abs. 2 S. 2 Alt. 2)	169
4. Gestaltungsmöglichkeiten	180
G. Einstufung durch die Regulierungsbehörde (Abs. 2 S. 1 und Abs. 3)	184
I. Zuständigkeit der Regulierungsbehörde	186
1. Sachliche Zuständigkeit	187
2. Örtliche Zuständigkeit	190
II. Antrag des Netzbetreibers	192

	Rn.		Rn.
1. Antragsverfahren (Abs. 3 S. 1)	192	I. Zuständigkeit der Regulierungsbehörde	273
2. Antragsberechtigung (Abs. 3 S. 1)	194	II. Verlangen (Antrag) eines Netznutzers	274
3. Form des Antrages	203	1. Antragsverfahren	274
4. Antragsfrist	204	2. Antragsberechtigung	276
5. Antragsgegenstand	205	3. Antragsbefugnis	278
6. Mindestinhalt des Antrages (Abs. 3 S. 2)	208	4. Form des Antrages	287
7. Fiktionswirkung (Abs. 3 S. 3)	219	5. Mindestinhalt des Antrages	289
8. Sonstiger zur Prüfung erforderlicher Inhalt des Antrages	231	III. Verwaltungsverfahren der Regulierungsbehörde	292
III. Verwaltungsverfahren der Regulierungsbehörde	237	1. Verfahrenseinleitung	292
1. Verfahrenseinleitung	237	2. Beteiligung	293
2. Beteiligung	239	3. Materieller Prüfungsmaßstab	294
3. Anhörung	243	4. Keine Entscheidungsfrist	300
IV. Entscheidung durch die Regulierungsbehörde	247	5. Anhörung	302
1. Rechtsgrundlage	248	IV. Entscheidung durch die Regulierungsbehörde	303
2. Konstitutive Wirkung	251	1. Entscheidung in der Sache	303
3. Formelle Anforderungen	254	2. Formelle Anforderungen	312
4. Kosten	256	3. Kosten	313
5. Rechtsschutz	258	4. Keine Entscheidung in der Sache	316
V. Aufhebung der Entscheidung durch die Regulierungsbehörde	261	**I. Beseitigungs-, Unterlassungs- und Schadensersatzanspruch**	320
1. Aufhebung auf Antrag	262	I. Umfang der Verweisung in Abs. 4 S. 3	321
2. (Nicht-)Anwendbarkeit des § 29 Abs. 2 S. 1	265	II. Verteilung der Darlegungs- und Beweislast	324
3. Anfängliches Nichtvorliegen der Tatbestandsvoraussetzungen	268	1. Tatbestandswirkung	325
4. Nachträgliches Entfallen der Tatbestandsvoraussetzungen	269	2. Vermutungsregelungen des Abs. 4 S. 2	328
H. Überprüfung der Netzentgelte (Abs. 4)	270	III. Hemmung der Verjährung des Schadensersatzanspruches	329

A. Normzweck

Die Regelung des § 110 **dient** der Umsetzung der in Art. 28 Elektrizitäts-Binnenmarkt-Richtlinie 2009/72/EG (ABl. 2009 L 211, 55) und in Art. 28 Gas-Binnenmarkt-Richtlinie 2009/73/EG (ABl. 2009 L 211, 94) enthaltenen **unionsrechtlichen Ausnahmeregelungen** in deutsches Bundesrecht (BT-Drs. 17/6072, 94; Säcker EnergieR/Wolf § 110 Rn. 5; Bourwieg/Hellermann/Hermes/Bourwieg § 110 Rn. 8; Kment EnWG/Schex § 110 Rn. 1; Schneider/Theobald EnergieWirtschaftsR-HdB/Theobald/Zenke/Dessau § 15 Rn. 14; Theobald/Kühling/Jacobshagen/Kachel § 110 Rn. 5 und 16 ff.; Schalle ZNER 2011, 406). Der Gesetzgeber hat sich bei der Formulierung des § 110 stark an den unionsrechtlichen Vorgaben **orientiert,** um vor dem Hintergrund der einschlägigen Rechtsprechung des EuGH zur Vorgängerregelung betreffend sog. Objektnetze eine Unionsrechtswidrigkeit des § 110 möglichst zu vermeiden (→ Rn. 13). Nach Erwägungsgrund 30 Elektrizitäts-Binnenmarkt-Richtlinie 2009/72/EG und Erwägungsgrund 28 Gas-Binnenmarkt-Richtlinie 2009/73/EG sollen die vorgenannten unionsrechtlichen Ausnahmeregelungen die Möglichkeit eröffnen, die Betreiber von Geschlossenen Verteilernetzen „von Verpflichtungen zu **befreien,** die bei ih[nen] – aufgrund der besonderen Art der Beziehung zwischen dem Verteilernetzbetreiber und den Netzbenutzern – einen **unnötigen Verwaltungsaufwand** verursachen würden" (Hervorhebungen nicht im Original). Demgegenüber schätzt der Richtliniengeber die im Falle der Betreiber Geschlossener Verteilernetze bestehenden Risiken, denen bei Energieversorgungsnetzen im Grundsatz durch eine vollumfängliche Regulierung begegnet werden soll, als geringer ein, sodass auf einzelne Gesichtspunkte der Regulierung verzichtet werden kann (Baur/Salje/Schmidt-Preuß Energiewirtschaft/Wolf Kap. 69 Rn. 1; Säcker EnergieR/Wolf § 110 Rn. 1). 1

Im Jahr 2019 wurde die vorgenannte Elektrizitäts-Binnenmarkt-Richtlinie 2009/72/EG durch die Elektrizitäts-Binnenmarkt-Richtlinie (EU) 2019/944 (ABl. 2019 L 158, 125) **neu gefasst.** Die für Geschlossene Verteilernetze im **Strombereich** geltenden unionsrechtlichen Vorgaben sind nunmehr in etwas abgeänderter Form in Art. 38 Elektrizitäts-Binnenmarkt- 2

Richtlinie (EU) 2019/944 enthalten. Erwägungsgrund 66 Elektrizitäts-Binnenmarkt-Richtlinie (EU) 2019/944 entspricht dabei dem vorstehend (→ Rn. 1) zitierten Erwägungsgrund 30 Elektrizitäts-Binnenmarkt-Richtlinie 2009/72/EG. Demgegenüber wurde die Gas-Binnenmarkt-Richtlinie 2009/73/EG durch die Gas-Binnenmarkt-Richtlinie (EU) 2019/692 (ABl. 2019 L 117/1) nicht neu gefasst, sondern nur **punktuell geändert**. Für Geschlossene Verteilernetze im **Gasbereich** ergeben sich die unionsrechtlichen Vorgaben weiterhin aus dem unverändert gebliebenen Art. 28 Gas-Binnenmarkt-Richtlinie 2009/73/EG.

3   Durch die Regelung des § 110 soll nach der amtlichen Gesetzesbegründung – ebenso wie nach den einschlägigen unionsrechtlichen Vorgaben – ausdrücklich „unnötige Bürokratie vermieden werden" (BT-Drs. 17/6072, 46; Baur/Salje/Schmidt-Preuß Energiewirtschaft/Wolf Kap. 69 Rn. 25; Säcker EnergieR/Wolf § 110 Rn. 1; Bourwieg/Hellermann/Hermes/Bourwieg § 110 Rn. 8). Demnach sollen die Betreiber von Geschlossenen Verteilernetzen insbesondere von den Anforderungen der ARegV, der sonstigen ex ante-Regulierung der Netznutzungsentgelte sowie von einigen nicht unionsrechtlich vorgegebenen Verpflichtungen **entlastet** werden (BT-Drs. 17/6072, 46). Für Geschlossene Verteilernetze müssen daher weder kalenderjährliche Erlösobergrenzen nach § 21a in Verbindung mit der ARegV festgelegt noch muss eine Netznutzungsentgelt-Genehmigung nach § 23a erteilt werden. Dies stellt für die Betreiber von Geschlossenen Verteilernetzen eine erhebliche Entlastung von **regulatorischem Aufwand** dar. Von Bedeutung ist diese Entlastung insbesondere für diejenigen Betreiber von Geschlossenen Verteilernetzen, bei denen der Betrieb eines Energieverteilernetzes nicht zum Kerngeschäft gehört, sondern eher ein Nebengeschäft darstellt. Typischerweise ist dies bei Industrie- und Gewerbeunternehmen der Fall, die aus historischen Gründen an einem Standort auch das örtliche Energieverteilernetz betreiben (→ Rn. 197). Als Reflexwirkung führt § 110 auch zu einer Entlastung der **zuständigen Regulierungsbehörden**, da diese für Geschlossene Verteilernetze keine aufwendige ex ante-Regulierung der Netzzugangsentgelte (einschließlich der diesbezüglichen Prüfung und Beschlusserstellung) durchführen müssen.

B. Bedeutung

4   Durch § 110 werden Geschlossene Verteilernetze als **„Untergruppe"** der Energieverteilernetze definiert (BT-Drs. 17/6072, 94). Bei den Geschlossenen Verteilernetzen handelt es sich also nicht um eine „dritte Netzkategorie" neben den Transportnetzen und den Energieverteilernetzen (Gemeinsames Positionspapier der Regulierungsbehörden, 14; Säcker EnergieR/Wolf § 110 Rn. 24; Bourwieg/Hellermann/Hermes/Bourwieg § 110 Rn. 52). Geschlossene Verteilernetze werden auch als Unterfall der **sog. Arealnetze** betrachtet (näher zu diesem Begriff und seiner Genese Säcker EnergieR/Wolf § 110 Rn. 12 f.; Ortlieb/Staebe Geschlossene Verteilernetze-HdB/Staebe Kap. 1 Rn. 10 ff.; Schneider/Theobald EnergieWirtschaftsR-HdB/Theobald/Zenke/Dessau § 15 Rn. 28 ff. mwN).

5   Auf Geschlossene Verteilernetze finden die in Absatz 1 aufgezählten Vorschriften, die grundsätzlich für Energieverteilernetze gelten, ausnahmsweise **keine Anwendung** (→ Rn. 23). Die in Absatz 1 nicht ausdrücklich genannten Vorschriften, soweit diese für Energieverteilernetze und deren Betreiber gelten, sind hingegen grundsätzlich (→ Rn. 47) auch auf Geschlossene Verteilernetze anzuwenden (BT-Drs. 17/6072, 94). Bei § 110 handelt es sich mithin um eine **Ausnahmeregelung** für insbesondere in Industrie- und Gewerbegebieten gelegene Energieverteilernetze, die unter eng gefassten Tatbestandsvoraussetzungen Ausnahmen von den im Grundsatz für Energieverteilernetzen geltenden Vorschriften zulässt (Säcker EnergieR/Wolf § 110 Rn. 3; Bourwieg/Hellermann/Hermes/Bourwieg § 110 Rn. 6). Geschlossene Verteilernetze unterliegen also im Gegensatz zu den in vollem Umfang regulierten Energieverteilernetzen der allgemeinen Versorgung nach § 3 Nr. 17 nur einer **eingeschränkten Regulierung**. Nach Erwägungsgrund 66 Elektrizitäts-Binnenmarkt-Richtlinie (EU) 2019/944 (früher: Erwägungsgrund 30 Elektrizitäts-Binnenmarkt-Richtlinie 2009/72/EG) und Erwägungsgrund 28 Gas-Binnenmarkt-Richtlinie 2009/73/EG können Geschlossene Verteilernetze „aufgrund der besonderen Art der Betriebsabläufe" gegeben sein „[b]ei Industrie- oder Gewerbegebieten oder Gebieten, in denen Leistungen gemeinsam genutzt werden, wie Bahnhofsgebäuden, Flughäfen, Krankenhäusern, großen Campingplät-

zen mit integrierten Anlagen oder Standorten der Chemieindustrie" (Bourwieg/Hellermann/Hermes/Bourwieg § 110 Rn. 10).

Abzugrenzen sind Geschlossene Verteilernetze zum einen zu den gewöhnlichen Energieversorgungsnetzen der allgemeinen Versorgung iSv § 3 Nr. 17, zum anderen aber auch zu den Kundenanlagen nach § 3 Nr. 24a und 24b (→ Rn. 89; Baur/Salje/Schmidt-Preuß Energiewirtschaft/Wolf Kap. 69 Rn. 8; Säcker EnergieR/Wolf § 110 Rn. 4, 22 und 26; Bourwieg/Hellermann/Hermes/Bourwieg § 110 Rn. 8; Kment EnWG/Schex § 110 Rn. 2; Schneider/Theobald EnergieWirtschaftsR-HdB/Theobald/Zenke/Dessau § 15 Rn. 6, 17 und 26). Liegen die Tatbestandsvoraussetzungen für die Einstufung eines Energieverteilernetzes als Geschlossenes Verteilernetz nach Absatz 2 vor, so hat dessen Betreiber die Möglichkeit (nicht aber die Verpflichtung), bei der zuständigen Regulierungsbehörde einen Antrag auf Einstufung als Geschlossenes Verteilernetz nach Absatz 2 Satz 1 und Absatz 3 Satz 1 zu stellen. Wird durch den Betreiber kein (vollständiger) Antrag auf Einstufung als Geschlossenes Verteilernetz gestellt, so tritt weder die Fiktionswirkung nach Absatz 3 Satz 3 ein, noch erfolgt eine Einstufung als Geschlossenes Verteilernetz durch die zuständige Regulierungsbehörde nach Absatz 2 Satz 1. In diesem Fall ist das jeweilige Energieverteilernetz trotz des Vorliegens der Tatbestandsvoraussetzungen des Absatzes 2 grundsätzlich als **Energieversorgungsnetz der allgemeinen Versorgung** (§ 3 Nr. 17; Schneider/Theobald EnergieWirtschaftsR-HdB/Theobald/Zenke/Dessau § 15 Rn. 1 f.) zu behandeln, auf das die Ausnahmen des Absatzes 1 keine Anwendung finden. Etwas anderes kann jedoch dann gelten, wenn der Betreiber sich dazu entschließt, seine Energieanlage zum Zwecke der Belieferung der angeschlossenen Letztverbraucher unentgeltlich, also insbesondere ohne die Erhebung von Netzzugangsentgelten, zur Verfügung zu stellen. Bei Vorliegen sämtlicher Tatbestandsvoraussetzungen des § 3 Nr. 24a und 24b kann die jeweilige Energieanlage dann nicht als Energieversorgungsnetz, sondern als nicht der Regulierung unterliegende **Kundenanlage** (→ § 3 Nr. 24a Rn. 1 ff.) oder Kundenanlage zur betrieblichen Eigenversorgung (→ § 3 Nr. 24b Rn. 1 ff.) anzusehen sein (Schneider/Theobald EnergieWirtschaftsR-HdB/Theobald/Zenke/Dessau § 15 Rn. 26).

Im Ergebnis hat der Betreiber einer Energieanlage, für die die Tatbestandsvoraussetzungen für die Einstufung als Geschlossenes Verteilernetz nach Absatz 2 grundsätzlich vorliegen, also eine **Gestaltungsmöglichkeit** dahingehend, ob er seine Energieanlage als in vollem Umfang reguliertes Energieversorgungsnetz der allgemeinen Versorgung (§ 3 Nr. 17) oder als eingeschränkt reguliertes Geschlossenes Verteilernetz betreiben möchte (Theobald/Kühling/Jacobshagen/Kachel § 110 Rn. 30). Dieses **Wahlrecht** kann er durch die Stellung eines Antrages nach Absatz 3 Satz 1 ausüben (→ Rn. 192). Ist ein Energieverteilernetz durch die zuständige Regulierungsbehörde nach Absatz 2 Satz 1 als Geschlossenes Verteilernetz eingestuft, kann der Betreiber, auch wenn die Tatbestandsvoraussetzungen des Absatzes 2 Satz 1 noch vorliegen, bei der zuständigen Regulierungsbehörde einen Antrag auf Aufhebung dieser Einstufung stellen. Nach antragsgemäßer Aufhebung der Einstufungsentscheidung ist das bisherige Geschlossene Verteilernetz dann wieder als Energieversorgungsnetz der allgemeinen Versorgung (§ 3 Nr. 17) zu behandeln (→ Rn. 262 ff.).

Stellt der Betreiber einer Energieanlage, für die die Tatbestandsvoraussetzungen des Absatzes 2 vorliegen, diese **unentgeltlich** für die Versorgung der angeschlossenen Letztverbraucher zur Verfügung, verzichtet er also insbesondere auf die Erhebung von Netzzugangsentgelten, so kann er bei Vorliegen sämtlicher Tatbestandsvoraussetzungen für das Bestehen einer **Kundenanlage** (§ 3 Nr. 24a und 24b) der Regulierung sogar vollständig entgehen. Die Entscheidung darüber, welchen der vorgenannten Wege der Betreiber einer Energieanlage letztlich einschlagen möchte, ist im Rahmen einer **Gesamtabwägung** unter Berücksichtigung sämtlicher rechtlicher und wirtschaftlicher Umstände zu treffen. Von Bedeutung ist hierbei insbesondere der durch die vollständige oder eingeschränkte Regulierung der Energieanlage entstehende Personal- und Verwaltungsaufwand sowie die Möglichkeit der Erhebung von Netznutzungsentgelten (Säcker EnergieR/Wolf § 110 Rn. 4; Schneider/Theobald EnergieWirtschaftsR-HdB/Theobald/Zenke/Dessau § 15 Rn. 26).

C. Entstehungsgeschichte

Die Regelung des § 110 in ihrer gegenwärtigen Fassung wurde im Jahr 2011 durch das Gesetz zur Neuregelung energiewirtschaftsrechtlicher Vorschriften vom 26.7.2011 (BGBl. I

1554 (1589)) vollständig **neu gefasst** und ist seither **weitgehend unverändert** geblieben. Durch diese Neufassung der Vorschrift des § 110 wurde die Vorgängerregelung, die im Rahmen der großen Novellierung des EnWG im Jahr 2005 durch das Zweite Gesetz zur Neuregelung des Energiewirtschaftsrechts vom 7.7.2005 (BGBl. I 1970 (2007)) in das EnWG eingefügt wurde und **sog. Objektnetze** zum Gegenstand hatte (abgedruckt und kommentiert bei Salje EnWG § 110 Rn. 1 ff.), vollständig ersetzt. Bei der aktuellen Fassung des § 110 handelt es sich im Vergleich zu ihrer Vorgängervorschrift um eine **komplette Neuregelung** der einschlägigen Materie, die der Umsetzung der zuvor nicht existierenden unionsrechtlichen Vorgaben in Art. 28 Elektrizitäts-Binnenmarkt-Richtlinie 2009/72/EG und Art. 28 Gas-Binnenmarkt-Richtlinie 2009/73/EG dient und zudem im Zusammenhang mit der zeitgleich erfolgten Einfügung der Regelungen betreffend Kundenanlagen in § 3 Nr. 24a und 24b (→ § 3 Nr. 24a Rn. 1 ff. und → § 3 Nr. 24b Rn. 1 ff.) zu sehen ist (BGBl. 2011 I 1554 (1556)). Die gegenwärtige Fassung des § 110 ist daher mit ihrer Vorgängerregelung **nicht vergleichbar** und muss neu bewertet werden. Insbesondere sind die zu der Vorgängerregelung in der Praxis gebildeten Fallgruppen nicht ohne Weiteres auf die gegenwärtige Fassung des § 110 übertragbar (Bourwieg/Hellermann/Hermes/Bourwieg § 110 Rn. 3 f.; Strohe CuR 2011, 105 (106)).

10 Die mittlerweile **überholte Regelung** des § 110 in der Fassung des Zweiten Gesetzes zur Neuregelung des Energiewirtschaftsrechts vom 7.7.2005 (BGBl. I 1970 (2007)) betreffend Objektnetze war das Ergebnis einer im Zuge der Novellierung des EnWG im Jahr 2005 intensiv geführten politischen Diskussion über die Entlastung von in Industrie- und Gewerbegebieten oÄ gelegenen Energieanlagen von unionsrechtlich veranlassten und nicht unionsrechtlich veranlassten Vorgaben des EnWG (im Einzelnen Säcker EnergieR/Wolf § 110 Rn. 14 ff.; Ortlieb/Staebe Geschlossene Verteilernetze-HdB/Staebe Kap. 1 Rn. 18 f.; Salje EnWG § 110 Rn. 1 ff.): In dem Regierungsentwurf vom 14.10.2004 war § 110 in seiner im Jahr 2005 letztlich in Kraft getretenen Fassung noch nicht enthalten, vielmehr fand sich dort eine wesentlich knappere Vorschrift betreffend **sog. Werksnetze** (BT-Drs. 15/3917, 37). In der Beschlussempfehlung und dem Bericht des Wirtschaftsausschusses vom 13.4.2005 wurde dieser Regelungsvorschlag für Werksnetze auf Fälle von Energieanlagen, die der Eigenversorgung dienen, ausgedehnt (BT-Drs. 15/5268, 82). Erst in der Beschlussempfehlung des Vermittlungsausschusses vom 15.6.2005 erhielt die Vorgängerregelung ihre letztlich in Kraft getretene, wesentlich umfangreichere Fassung; zugleich erfolgte auch eine **Umbenennung** der erfassten Energieanlagen in sog. Objektnetze (BT-Drs. 15/5736, 7 f.).

11 Insbesondere die Rechtsfolgen der für Objektnetze geltenden Vorgängerregelung **unterschieden** sich wesentlich von der gegenwärtigen Rechtslage: Durch die Vorgängerregelung des § 110 in der Fassung des Zweiten Gesetzes zur Neuregelung des Energiewirtschaftsrechts vom 7.7.2005 (BGBl. I 1970 (2007)) wurden Objektnetze von Teil 2 (Entflechtung) und Teil 3 (Regulierung des Netzbetriebs) des EnWG **vollständig ausgenommen** (näher zur damaligen Rechtslage Salje EnWG § 110 Rn. 61 ff.; Boesche/Wolf ZNER 2005, 285; Boesche/Wolf ZNER 2008, 123; Habich DVBl 2006, 211; Reimann/Birkenmaier RdE 2006, 230; Rosin RdE 2006, 9; Schroeder-Czaja/Jacobshagen IR 2006, 78; de Wyl/Becker ZNER 2006, 101), obwohl diesen Vorschriften des EnWG schon nach damaliger Rechtslage **zwingende** unionsrechtliche Vorgaben für Energieversorgungsnetze zugrunde lagen (Säcker EnergieR/Wolf § 110 Rn. 15; Baur/Salje/Schmidt-Preuß Energiewirtschaft/Wolf Kap. 69 Rn. 2). Außerdem wurden Objektnetze von bestimmten Vorschriften des EnWG ausgenommen, die über keine unionsrechtliche Grundlage verfügten; dies galt insbesondere für die Genehmigungsbedürftigkeit des Netzbetriebes nach § 4. **Begründet** wurde dieses Vorgehen durch den Gesetzgeber damit, dass es sich bei den erfassten Energieanlagen nicht etwa um Energieversorgungsnetze im eigentlichen Sinn (also im Sinn der unionsrechtlichen Vorgaben) handele, sondern vielmehr um **Kundenanlagen** (die für Kundenanlagen geltende Regelung des § 3 Nr. 24a und 24b wurde allerdings erst später in das EnWG eingefügt, → § 3 Nr. 24a Rn. 7). Solche Energieanlagen sollten, so ausdrücklich die damalige amtliche Begründung, „ihren Charakter als Kundenanlagen nicht dadurch verlieren, dass aufgrund einer wirtschaftlich und arbeitsmarktpolitisch positiv zu bewertenden Entwicklung der Standorte, die zur Ansiedlung von Tochterunternehmen oder anderen Unternehmen auf dem Werksgelände führt, auch andere juristische Personen als der ursprüngliche Betreiber des Werksnetzes mit Energie beliefert werden" (BT-Drs. 15/3917, 75; hierzu Baur/Salje/Schmidt-Preuß Energie-

wirtschaft/Wolf Kap. 69 Rn. 2; Salje EnWG § 110 Rn. 2; Ortlieb/Staebe Geschlossene Verteilernetze-HdB/Staebe Kap. 1 Rn. 33). Auch unter dem Aspekt der rechtlichen Einordnung **unterschied** sich also die für Objektnetze geltende Vorgängerregelung entscheidend von der gegenwärtigen Fassung des § 110, nach der Geschlossene Verteilernetze keine Kundenanlagen, sondern einen Unterfall der Energieverteilernetze darstellen (→ Rn. 4).

In der **sog. Citiworks-Entscheidung** wurde die für Objektnetze geltende Vorgängerregelung (konkret § 110 Abs. 1 Nr. 1 aF) im Jahr 2008 in einem Vorabentscheidungsverfahren durch den EuGH für teilweise unionsrechtswidrig und insoweit unanwendbar erklärt (EuGH NVwZ 2008, 769 = RdE 2008, 245; Baur/Salje/Schmidt-Preuß Energiewirtschaft/Wolf Kap. 69 Rn. 2; Säcker EnergieR/Wolf § 110 Rn. 6 und 16; Ortlieb/Staebe Geschlossene Verteilernetze-HdB/Staebe Kap. 1 Rn. 41 ff.; Schneider/Theobald EnergieWirtschaftsR-HdB/Theobald/Zenke/Dessau § 15 Rn. 4; Theobald/Kühling/Jacobshagen/Kachel § 110 Rn. 14; Schalle ZNER 2011, 406; Scholtka/Helmes NVwZ 2008, 1310). Begründet wurde dies durch den EuGH damit, dass es nach den einschlägigen unionsrechtlichen Vorgaben als unzulässig anzusehen sei, eine bestimmte Gruppe von Energieversorgungsnetzen (nämlich Objektnetze iSd § 110 Abs. 1 Nr. 1 aF) von der unionsrechtlichen Verpflichtung zur Gewährung diskriminierungsfreien Netzzuganges gegenüber Dritten auszunehmen (EuGH NVwZ 2008, 769 Rn. 65). Denn die einschlägigen unionsrechtlichen Vorgaben enthielten seinerzeit keinerlei Ausnahmevorschriften, die eine derartige Regelung zugelassen hätten (EuGH NVwZ 2008, 769 Rn. 55 ff.). An die vorgenannte Entscheidung des EuGH anknüpfend, nahm der **BGH** im Jahr 2010 eine **richtlinienkonforme Auslegung** des § 110 Abs. 1 Nr. 1 aF vor: Demnach war diese Norm nur insoweit als unanwendbar zu betrachten, als Objektnetze durch diese von der Verpflichtung zur Gewährung diskriminierungsfreien Netzzuganges iSd § 20 ausgenommen wurden; denn nur zu diesem Punkt hatte sich der EuGH in seiner vorangegangenen Entscheidung geäußert (BGH RdE 2011, 19 Rn. 19 ff.). Im Übrigen war die Vorschrift des § 110 Abs. 1 Nr. 1 aF nach Auffassung des BGH weiterhin als anwendbar zu betrachten. Dies galt insbesondere insofern, als durch diese Regelung Objektnetze von solchen Vorschriften des EnWG ausgenommen wurden, die über keine unionsrechtliche Grundlage und über keinerlei Bezug zu dem Anspruch auf diskriminierungsfreien Netzzugang verfügten (BGH RdE 2011, 19 Rn. 25 ff.). Der BGH bezeichnete diese Vorgehensweise als „**unionsrechtskonforme Rechtsfolgenreduktion**" (BGH RdE 2011, 19 Rn. 30). Im Ergebnis war die für Objektnetze geltende Vorgängerregelung durch die Citiworks-Entscheidung des EuGH keineswegs vollständig unanwendbar geworden, sondern behielt bis zu der Neufassung des § 110 durch Gesetz zur Neuregelung energiewirtschaftsrechtlicher Vorschriften vom 26.7.2011 (BGBl. 2011 I 1554 (1589)) zumindest teilweise ihre Bedeutung (Ortlieb/Staebe Geschlossene Verteilernetze-HdB/Staebe Kap. 1 Rn. 52; Theobald/Kühling/Jacobshagen/Kachel § 110 Rn. 15; Schalle ZNER 2011, 406).

Im Anschluss an die Citiworks-Entscheidung des EuGH setzten sich die Bundesregierung sowie deutsche Unternehmen und Unternehmensverbände auf europäischer Ebene politisch für die Aufnahme einer Regelung in das **sog. Dritte Energiebinnenmarktpaket 2009** ein, die es dem nationalen Gesetzgeber ermöglichen sollte, in Industrie- und Gewerbegebieten oÄ gelegene Energieanlagen unter bestimmten Voraussetzungen möglichst weitgehend von den einschlägigen unionsrechtlichen Vorgaben ausnehmen zu können. Das Ziel dieser Einflussnahme bestand ursprünglich darin, auf europäischer Ebene eine Rechtsgrundlage für eine Regelung im deutschen Bundesrecht zu schaffen, die der für Objektnetze geltenden Vorgängerregelung des § 110 möglichst weitgehend entsprechen sollte (näher zu dem Ablauf des Trilogs Säcker EnergieR/Wolf § 110 Rn. 6; Ortlieb/Staebe Geschlossene Verteilernetze-HdB/Staebe Kap. 1 Rn. 53 ff.). Die Ausnahmeregelungen in Art. 28 Elektrizitäts-Binnenmarkt-Richtlinie 2009/72/EG (ABl. 2009 L 211, 55) und Art. 28 Gas-Binnenmarkt-Richtlinie 2009/73/EG (ABl. 2009 L 211, 94), deren Umsetzung die gegenwärtige Fassung des § 110 dient, stellen das – sicherlich nicht für alle Beteiligten und nicht in jeder Hinsicht überzeugende – **Ergebnis** dieser intensiven Lobbyarbeit dar. Die auf europäischer Ebene erreichten Ausnahmeregelungen blieben nämlich in ihren Tatbestandsvoraussetzungen und Rechtsfolgen hinter der für Objektnetze geltenden Vorgängerregelung der gegenwärtigen Fassung des § 110 zurück (Säcker EnergieR/Wolf § 110 Rn. 6) und tragen in einigen Punkten der Lebenswirklichkeit, insbesondere in Industrie- und Gewerbegebieten in Deutschland, nicht vollumfänglich Rechnung. Bei der Umsetzung der unionsrechtlichen

Vorgaben in das deutsche Bundesrecht hat sich der Gesetzgeber zur Vermeidung einer erneuten Unionsrechtswidrigkeit stark an deren Formulierung orientiert, weicht jedoch auch vereinzelt von diesen ab (→ Rn. 177; Säcker EnergieR/Wolf § 110 Rn. 8 und 18; Kment EnWG/Schex § 110 Rn. 2; Schneider/Theobald EnergieWirtschaftsR-HdB/Theobald/ Zenke/Dessau § 15 Rn. 5 und 14; Theobald/Kühling/Jacobshagen/Kachel § 110 Rn. 20; Strohe CuR 2011, 105 (106)). Die Betreiber von Geschlossenen Verteilernetzen werden daher durch die aktuelle Fassung des § 110 wesentlich **weniger begünstigt** als die Betreiber von Objektnetzen nach der Vorgängerregelung (Baur/Salje/Schmidt-Preuß Energiewirtschaft/Wolf Kap. 69 Rn. 2 und 26; Säcker EnergieR/Wolf § 110 Rn. 3 und 18; Kment EnWG/Schex § 110 Rn. 2; Schneider/Theobald EnergieWirtschaftsR-HdB/Theobald/ Zenke/Dessau § 15 Rn. 5; Theobald/Kühling/Jacobshagen/Kachel § 110 Rn. 6). Bei der Diskussion über etwaige künftige Änderungen der aktuellen Fassung des § 110 ist vor diesem Hintergrund stets zu beachten, dass bei jeglicher Ausweitung der Regelung, sowohl auf Tatbestands- als auch auf Rechtsfolgenebene, eine (teilweise) Unionsrechtswidrigkeit der jeweiligen Neuregelung droht.

D. Änderungsgeschichte

I. Gesetz zur Änderung des Energiewirtschaftsgesetzes zur marktgestützten Beschaffung von Systemdienstleistungen vom 22.11.2020

14 Die Regelung des § 110 wurde erstmals im November 2020 durch das Gesetz zur Änderung des Energiewirtschaftsgesetzes zur marktgestützten Beschaffung von Systemdienstleistungen vom 22.11.2020 (BGBl. I 2464) geändert. Im Rahmen dieser Änderung wurde in Absatz 1 eine **Verweisung auf § 12h** eingefügt (BGBl. 2020 I 2464 (2465)). § 12h betrifft die ab dem 1.1.2021 geltende und durch das vorgenannte Gesetz geschaffene Verpflichtung der Betreiber der Übertragungsnetze und der Elektrizitätsverteilernetze zur Beschaffung nicht frequenzgebundener Systemdienstleistungen in einem transparenten, diskriminierungsfreien und marktgestützten Verfahren (§ 12h Abs. 1 S. 1). Aufgrund der Verweisung auf § 12h in Absatz 1 sind die Betreiber Geschlossener Verteilernetze von dieser Verpflichtung ausgenommen (→ Rn. 28 f.). Durch die Ergänzung des Absatzes 1 wurde die durch Art. 38 Abs. 2 lit. a Elektrizitäts-Binnenmarkt-Richtlinie (EU) 2019/944 unionsrechtlich eingeräumte Möglichkeit zur Befreiung von Betreibern Geschlossener Verteilernetze von der Verpflichtung zur marktgestützten Beschaffung von bestimmten Systemdienstleistungen in deutsches Bundesrecht umgesetzt (BT-Drs. 19/21979, 16).

II. Gesetz zur Umsetzung unionsrechtlicher Vorgaben und zur Regelung reiner Wasserstoffnetze im Energiewirtschaftsrecht vom 16.7.2021

15 Eine **umfangreichere Überarbeitung** der Regelung des § 110 erfolgte durch das Gesetz zur Umsetzung unionsrechtlicher Vorgaben und zur Regelung reiner Wasserstoffnetze im Energiewirtschaftsrecht vom 16.7.2021 (BGBl. I 3026):

16 Im Zuge dieser Überarbeitung erhielt zum einen **Absatz 1** eine **neue Fassung,** in der nunmehr auch Verweisungen auf die entflechtungsrechtlichen Vorschriften der §§ 7 Abs. 1 S. 2, 7c Abs. 1 sowie auf die Regelungen der §§ 14c, 14d und 14e enthalten sind (BGBl. I 3026 (3054)). Auch durch die vorgenannten Änderungen wurden ausweislich der amtlichen Begründung in Art. 38 Abs. 2 Elektrizitäts-Binnenmarkt-Richtlinie (EU) 2019/944 vorgesehene Möglichkeiten zur Freistellung von Betreibern Geschlossener Verteilernetze von bestimmten unionsrechtlich vorgegebenen Rechtsvorschriften in deutsches Bundesrecht umgesetzt (BT-Drs. 19/27453, 137). Im Einzelnen:

- Die Einfügung der Verweisung auf **§ 7 Abs. 1 S. 2** (→ Rn. 24 f.) dient der Umsetzung von Art. 38 Abs. 2 lit. e Elektrizitäts-Binnenmarkt-Richtlinie (EU) 2019/944. Demnach können Betreiber Geschlossener Verteilernetze von der unionsrechtlichen Verpflichtung nach Art. 36 Abs. 1 Elektrizitäts-Binnenmarkt-Richtlinie (EU) 2019/944 befreit werden, weder Eigentümer von Energiespeicheranlagen zu sein noch diese Anlagen zu errichten, zu verwalten oder zu betreiben (BT-Drs. 19/27453, 137).

- Weiterhin wurde mit der Einfügung der Verweisung auf **§ 7c** (→ Rn. 26 f.) Art. 38 Abs. 2 lit. d Elektrizitäts-Binnenmarkt-Richtlinie (EU) 2019/944 umgesetzt, wonach Betreiber

Geschlossener Verteilernetze von der unionsrechtlichen Verpflichtung gemäß Art. 33 Abs. 2 Elektrizitäts-Binnenmarkt-Richtlinie (EU) 2019/944 freigestellt werden können, weder Eigentümer von Ladepunkten für Elektrofahrzeuge zu sein noch diese Ladepunkte zu entwickeln, zu verwalten oder zu betreiben (BT-Drs. 19/27453, 137).
- Ferner dient die Einfügung der Verweisung auf **§ 14c** (→ Rn. 34f.) der Umsetzung von Art. 38 Abs. 2 lit. c Elektrizitäts-Binnenmarkt-Richtlinie (EU) 2019/944. Demnach können Betreiber Geschlossener Verteilernetze von der unionsrechtlichen Verpflichtung zur Beschaffung von Flexibilitätsleistungen nach Art. 32 Abs. 1 Elektrizitäts-Binnenmarkt-Richtlinie (EU) 2019/944 befreit werden (BT-Drs. 19/27453, 137).
- Schließlich wurde durch die Einfügung der Verweisung auf die **§§ 14d und 14e** (→ Rn. 36 ff.) Art. 38 Abs. 2 lit. c Elektrizitäts-Binnenmarkt-Richtlinie (EU) 2019/944 umgesetzt, wonach die Betreiber Geschlossener Verteilernetze von der unionsrechtlichen Verpflichtung zum Netzausbau auf Grund von Netzentwicklungsplänen gemäß Art. 32 Abs. 3 Elektrizitäts-Binnenmarkt-Richtlinie (EU) 2019/944 freigestellt werden können (BT-Drs. 19/27453, 137).

Zudem wurde **Absatz 1 aktualisiert** und verweist nunmehr anstelle auf die zwischenzeitlich weggefallene Vorschrift des § 14 Abs. 1b (BGBl. 2021 I 3026 (3034); BT-Drs. 19/27453, 99) auf die Regelung des **§ 14 Abs. 2** betreffend die Erstellung eines Berichts über den Netzzustand und die Umsetzung der Netzausbauplanung (näher → Rn. 30 ff.).

Im Zuge der Überarbeitung der Vorschrift des § 110 durch das Gesetz zur Umsetzung unionsrechtlicher Vorgaben und zur Regelung reiner Wasserstoffnetze im Energiewirtschaftsrecht vom 16.7.2021 erfolgte außerdem eine **„redaktionelle Folgeänderung"** (BT-Drs. 19/27453, 137) der in **Absatz 3 Satz 2 Nummer 2** enthaltenen Verweisung (BGBl. I 3026 (3054)): Demnach hat der Antragsteller seinem Antrag auf Einstufung als Geschlossenes Verteilernetz zwingend diejenigen Angaben beizufügen, die nach neuer Rechtslage in § 23c Abs. 1 oder in § 23c Abs. 4 Nrn. 1 bis 5 aufgeführt sind. Dabei betrifft die Regelung des **§ 23c Abs. 1** (→ Rn. 212 f.) Elektrizitätsversorgungsnetze und ist an die Stelle der zeitgleich aufgehobenen Vorschrift des § 27 Abs. 2 StromNEV (BGBl. 2021 I 3026 (3058)) getreten. Die Regelung des **§ 23c Abs. 4 Nrn. 1 bis 5** (→ Rn. 214 f.) befasst sich demgegenüber mit Gasversorgungsnetzen und hat die ebenfalls zeitgleich weggefallene Vorschrift des § 27 Abs. 2 Nr. 1 bis 5 GasNEV (BGBl. 2021 I 3026 (3057)) ersetzt. Wegen der eingetretenen gesetzlichen Änderung musste die Verweisung in Absatz 3 Satz 2 Nummer 2 redaktionell angepasst werden (BT-Drs. 19/27453, 137).

E. Rechtsfolgen des Vorliegens einer Geschlossenen Verteilernetzes (Abs. 1)

Die BNetzA und die Landesregulierungsbehörden haben nach dem Inkrafttreten der Neufassung des § 110 ein **Gemeinsames Positionspapier** zu Geschlossenen Verteilernetzen nach § 110 vom 23.2.2012 (hier zitiert als: Gemeinsames Positionspapier der Regulierungsbehörden) erstellt und auf ihren jeweiligen Internetseiten veröffentlicht (Gemeinsames Positionspapier der Regulierungsbehörden). Dieses Gemeinsame Positionspapier der Regulierungsbehörden enthält u.a. hilfreiche Hinweise zur Antragstellung nach Absatz 3. Bei einer Beschäftigung mit § 110 **empfiehlt** es sich für den Rechtsanwender, das Gemeinsame Positionspapier der Regulierungsbehörden heranzuziehen und sich hieran maßgeblich zu orientieren. Hierbei ist jedoch zu berücksichtigen, dass das vorgenannte Gemeinsame Positionspapier der Regulierungsbehörden nicht mehr in allen Punkten auf dem neuesten Stand ist.

Liegt ein Geschlossenes Verteilernetz vor, so sind die in Absatz 1 aufgezählten Vorschriften des EnWG, die grundsätzlich für Energieverteilernetze und deren Betreiber gelten, auf das Geschlossene Verteilernetz und seinen jeweiligen Betreiber **nicht anwendbar** (BT-Drs. 17/6072, 94). Ein Geschlossenes Verteilernetz ist iSd Absatzes 1 dann **gegeben,** wenn auf einen entsprechenden Antrag des Betreibers hin eine wirksame Einstufung durch die zuständige Regulierungsbehörde nach Absatz 2 Satz 1 erfolgt ist (→ Rn. 247 ff.) oder wenn zumindest die Fiktionswirkung einer vollständigen Antragstellung nach Absatz 3 Satz 2 eingetreten ist (→ Rn. 219 ff.).

Richtigerweise ist davon auszugehen, dass auf Geschlossene Verteilernetze solche für Energieverteilernetze und deren Betreiber geltende Vorschriften des EnWG **keine Anwendung** finden, die (i) in der Aufzählung des Absatzes 1 enthalten sind (→ Rn. 23 ff.) oder (ii) deren Nichtanwendbarkeit sich aus einer sonstigen Regelung des EnWG ausdrücklich ergibt (→ Rn. 47 ff.). Abweichend von der amtlichen Begründung der aktuellen Fassung des § 110 (BT-Drs. 17/6072, 94) ist die Aufzählung in Absatz 1 nicht (mehr) als „abschließend" anzusehen (Baur/Salje/Schmidt-Preuß Energiewirtschaft/Wolf Kap. 69 Rn. 25; Kment EnWG/Schex § 110 Rn. 4; Theobald/Kühling/Jacobshagen/Kachel § 110 Rn. 8 und 74). Denn in Absatz 4 Satz 1 Halbsatz 2 wurde die Regelung des § 31 betreffend das besondere Missbrauchsverfahren auf Geschlossene Verteilernetze schon in der ursprünglichen Fassung des § 110 für unanwendbar erklärt, soweit eine Überprüfung der geforderten Netznutzungsentgelte einschlägig ist (→ Rn. 270 ff.). Darüber hinaus ist die vorgenannte amtliche Begründung mittlerweile insoweit unzutreffend geworden, als sie noch davon ausgeht, alle für Energieverteilernetze und deren Betreiber geltenden Regelungen, die in Absatz 1 nicht genannt würden, seien auf die Betreiber von Geschlossenen Verteilernetzen ohne Weiteres anzuwenden (BT-Drs. 17/6072, 94). Zwischenzeitlich existiert aber mit **§ 6b Abs. 4 und 7** im EnWG eine Vorschrift, die in der Aufzählung des Absatzes 1 zwar (noch) nicht enthalten ist, die aber dennoch auf die Betreiber von Geschlossenen Verteilernetzen kraft ausdrücklicher Regelung in § 6b Abs. 8 S. 1 keine Anwendung findet (Baur/Salje/Schmidt-Preuß Energiewirtschaft/Wolf Kap. 69 Rn. 25; Säcker EnergieR/Wolf § 110 Rn. 114 und 118; überholt daher Gemeinsames Positionspapier der Regulierungsbehörden, 14; Bourwieg/Hellermann/Hermes/Bourwieg § 110 Rn. 51 f.). Bei der Nichterwähnung dieser Vorschrift in Absatz 1 könnte es sich um ein **Redaktionsversehen** des Gesetzgebers handeln, dessen Korrektur sich bei nächster Gelegenheit anbieten würde (→ Rn. 49 f.). Alle sonstigen Vorschriften des EnWG, die für Energieverteilernetze und deren Betreiber gelten, finden auch auf Geschlossene Verteilernetze **uneingeschränkt Anwendung,** insofern ist die amtliche Begründung der Neufassung des § 110 (BT-Drs. 17/6072, 94) als zutreffend anzusehen.

22   Hiervon zu unterscheiden sind Regelungen des EnWG, die nicht den Betrieb eines Energieverteilernetzes betreffen, sondern **sonstige Marktrollen** (vor allem diejenigen der Energieerzeugung oder des Energievertriebs), die ein Betreiber eines Geschlossenen Verteilernetzes ggf. zusätzlich wahrnimmt, oder die von einem Dritten in einem Geschlossenen Verteilernetz eventuell wahrgenommen werden (dies gilt insbesondere für die Belieferung von Letztverbrauchern in einem Geschlossenen Verteilernetz mit Energie). Solche Vorschriften bleiben nach der amtlichen Begründung von Absatz 1 „unberührt" (BT-Drs. 17/6072, 94) und finden somit auch in einem als Geschlossenes Verteilernetz eingestuften Energieverteilernetz grundsätzlich uneingeschränkte Anwendung. Allerdings existieren auch aus diesem Bereich zwei Vorschriften, die in Geschlossenen Verteilernetzen **keine Anwendung** finden, obwohl diese in Absatz 1 nicht genannt werden (Kment EnWG/Schex § 110 Rn. 4; Theobald/Kühling/Jacobshagen/Kachel § 110 Rn. 8). Hierbei handelt es sich zum einen um die Regelung des **§ 5 S. 1 Hs. 1** betreffend die Anzeige der Belieferung von Haushaltskunden, die nach § 5 S. 1 Hs. 2 keine Anwendung findet, wenn ausschließlich innerhalb eines Geschlossenen Verteilernetzes Haushaltskunden beliefert werden. Zum anderen handelt es sich hierbei um die Grundversorgungspflicht nach **§ 36 Abs. 1–3,** die nach § 36 Abs. 4 in Geschlossenen Verteilernetzen nicht gilt (Gemeinsames Positionspapier der Regulierungsbehörden, 15; Baur/Salje/Schmidt-Preuß Energiewirtschaft/Wolf Kap. 69 Rn. 26; Bourwieg/Hellermann/Hermes/Bourwieg § 110 Rn. 61). Angesichts der Formulierung der amtlichen Begründung (BT-Drs. 17/6072, 94: „bleiben […] unberührt") dürfte der Hintergrund der Nichterwähnung der vorgenannten Vorschriften in Absatz 1 darin bestehen, dass diese eben nicht den Betrieb eines Energieverteilernetzes betreffen, sondern die Marktrolle des Energievertriebs (→ Rn. 52 ff.).

I. Nichtanwendbarkeit ausdrücklich aufgeführter Vorschriften

23   Nach Absatz 1 sind folgende Vorschriften, die grundsätzlich für Energieverteilernetze gelten, auf Geschlossene Verteilernetze iSd § 110 **nicht anzuwenden** (BT-Drs. 17/6072, 94; Gemeinsames Positionspapier der Regulierungsbehörden, 14; Baur/Salje/Schmidt-Preuß Energiewirtschaft/Wolf Kap. 69 Rn. 25; Säcker EnergieR/Wolf § 110 Rn. 114; Bourwieg/Hellermann/Hermes/Bourwieg § 110 Rn. 51; Kment EnWG/Schex § 110 Rn. 4 ff.; Theobald/Kühling/Jacobshagen/Kachel § 110 Rn. 74):

1. § 7 Abs. 1 S. 2

Keine Anwendung auf Geschlossene Verteilernetze findet zunächst die Regelung des § 7 Abs. 1 S. 2. Dies bedeutet, dass die Betreiber Geschlossener Verteilernetze – abweichend von der für Betreiber „gewöhnlicher" Energieverteilernetze geltenden Rechtslage – ausnahmsweise Eigentümer von **Energiespeicheranlagen** sein und solche Anlagen auch errichten, verwalten oder betreiben dürfen (BT-Drs. 19/27453, 137).

Die Verweisung auf § 7 Abs. 1 S. 2 wurde **nachträglich** durch das Gesetz zur Umsetzung unionsrechtlicher Vorgaben und zur Regelung reiner Wasserstoffnetze im Energiewirtschaftsrecht vom 16.7.2021 (BGBl. I 3026) in Absatz 1 **eingefügt**. Dies dient der **Umsetzung** von Art. 38 Abs. 2 lit. e Elektrizitäts-Binnenmarkt-Richtlinie (EU) 2019/944, wonach Betreiber Geschlossener Verteilernetze von dem nationalen Gesetzgeber von der diesbezüglichen, aus Art. 36 Abs. 1 Elektrizitäts-Binnenmarkt-Richtlinie (EU) 2019/944 folgenden unionsrechtlichen Verpflichtung befreit werden können (BT-Drs. 19/27453, 137; → Rn. 16).

2. § 7c Abs. 1

Nicht auf Geschlossene Verteilernetze anzuwenden ist weiterhin die Vorschrift des § 7c Abs. 1. Daraus folgt, dass die Betreiber Geschlossener Verteilernetze – anders als die Betreiber „gewöhnlicher" Energieverteilernetze (→ EnWG § 7c Rn. 2) – Eigentümer von **Ladepunkten für Elektrofahrzeuge** sein und solche Ladepunkte auch entwickeln, verwalten oder betreiben dürfen (BT-Drs. 19/27453, 137).

Die Verweisung auf § 7c Abs. 1 wurde durch das Gesetz zur Umsetzung unionsrechtlicher Vorgaben und zur Regelung reiner Wasserstoffnetze im Energiewirtschaftsrecht vom 16.7.2021 (BGBl. I 3026) **nachträglich** in Absatz 1 **eingefügt**. Hierdurch wird Art. 38 Abs. 2 lit. d Elektrizitäts-Binnenmarkt-Richtlinie (EU) 2019/944 in deutsches Bundesrecht **umgesetzt**, wonach der nationale Gesetzgeber Betreiber Geschlossener Verteilernetze von der diesbezüglichen, aus Art. 33 Abs. 2 Elektrizitäts-Binnenmarkt-Richtlinie (EU) 2019/944 folgenden unionsrechtlichen Verpflichtung freistellen kann (BT-Drs. 19/27453, 137; → Rn. 16).

3. § 12h

Keine Anwendung auf Geschlossene Verteilernetze findet darüber hinaus die Vorschrift des § 12h, die die Verpflichtung der Betreiber von Elektrizitätsverteilernetzen zur Beschaffung **nicht frequenzgebundener Systemdienstleistungen** in einem transparenten, diskriminierungsfreien und marktgestützten Verfahren betrifft (§ 12h Abs. 1 S. 1). Betreiber von Elektrizitätsverteilernetzen haben solche nicht frequenzgebundenen Systemdienstleistungen nach § 12h Abs. 2 grundsätzlich nur zu beschaffen, soweit sie diese in ihrem eigenen Elektrizitätsverteilernetz benötigen oder sie diese im Einvernehmen mit den Betreibern der Übertragungsnetze mit Regelzonenverantwortung beschaffen. Die Betreiber Geschlossener Verteilernetze sind jedoch nach Absatz 1 auch von dieser für Betreiber von Elektrizitätsverteilernetzen grundsätzlich geltenden Verpflichtung ausgenommen.

Die Regelung des § 12h wurde durch das Gesetz zur Änderung des Energiewirtschaftsgesetzes zur marktgestützten Beschaffung von Systemdienstleistungen vom 22.11.2020 (BGBl. I 2464) **geschaffen** und dient der Umsetzung des Art. 31 Abs. 6–8 Elektrizitäts-Binnenmarkt-Richtlinie (EU) 2019/944 und Art. 40 Abs. 5–7 Elektrizitäts-Binnenmarkt-Richtlinie (EU) 2019/944 iVm Art. 40 Abs. 1 und 4 Elektrizitäts-Binnenmarkt-Richtlinie (EU) 2019/944 (ABl. 2019 L 158, 125) in deutsches Bundesrecht (BT-Drs. 19/21979, 9). Die Verweisung auf § 12h in Absatz 1 wurde ebenfalls durch das vorgenannte Gesetz **eingefügt** (BGBl. I 2464 (2465); daher noch nicht enthalten in Gemeinsames Positionspapier der Regulierungsbehörden, 14). Durch die Einfügung des § 12h in Absatz 1 wird die durch Art. 38 Abs. 2 lit. a Elektrizitäts-Binnenmarkt-Richtlinie (EU) 2019/944 unionsrechtlich eingeräumte Möglichkeit zur Befreiung von Betreibern Geschlossener Verteilernetze von der Verpflichtung zur marktgestützten Beschaffung von bestimmten Systemdienstleistungen in deutsches Bundesrecht umgesetzt (BT-Drs. 19/21979, 16).

Kresse

4. § 14 Abs. 2

30 Nicht anzuwenden auf Geschlossene Verteilernetze ist darüber hinaus die Regelung des § 14 Abs. 2 betreffend die unter bestimmten Voraussetzungen bestehende Verpflichtung der Betreiber von Elektrizitätsverteilernetzen, einen **Bericht über den Netzzustand** und die Umsetzung der Netzausbauplanung zu erstellen und diesen der zuständigen Regulierungsbehörde vorzulegen (→ § 14 Rn. 22 ff.). Die Berichtspflicht des § 14 Abs. 2 wurde durch das Gesetz zur Umsetzung unionsrechtlicher Vorgaben und zur Regelung reiner Wasserstoffnetze im Energiewirtschaftsrecht vom 16.7.2021 (BGBl. I 3026) geschaffen und ist an die Stelle der durch das vorgenannte Gesetz aufgehobenen Vorschrift des § 14 Abs. 1a getreten (BT-Drs. 19/27453, 99; → § 14 Rn. 8a). Daher wurde die Verweisung auf § 14 Abs. 2 ebenfalls durch das Gesetz zur Umsetzung unionsrechtlicher Vorgaben und zur Regelung reiner Wasserstoffnetze im Energiewirtschaftsrecht vom 16.7.2021 (BGBl. I 3026) **nachträglich** in Absatz 1 **eingefügt.** Weggefallen ist demgegenüber die bisherige Verweisung auf die zwischenzeitlich aufgehobene Vorschrift des § 14 Abs. 1b in der Fassung des Gesetzes zur Änderung der Bestimmungen zur Stromerzeugung aus Kraft-Wärme-Kopplung und zur Eigenversorgung vom 22.12.2016 (BGBl. I 3106; → Rn. 17 und → Rn. 38).

31 Nach der **früheren Fassung des § 14 Abs. 1b,** die seinerzeit von der Verweisung in Absatz 1 erfasst war, waren die Betreiber von Elektrizitätsverteilernetzen auf der Hochspannungsebene mit einer Nennspannung von 110 kV zur jährlichen Erstellung eines Berichts mit Netzkarten der Engpassregionen ihres Hochspannungsnetzes und mit den Planungsgrundlagen zur Entwicklung von Ein- und Ausspeisungen in den nächsten zehn Jahren verpflichtet; dieser Bericht war auf der Internetseite des Unternehmens zu veröffentlichen und der Regulierungsbehörde zu übermitteln. Von diesen Pflichten waren die Betreiber Geschlossener Verteilernetze schon nach damaliger Rechtslage ausgenommen (zur mittlerweile überholten Rechtslage noch Baur/Salje/Schmidt-Preuß Energiewirtschaft/Wolf Kap. 69 Rn. 25; Säcker EnergieR/Wolf § 110 Rn. 124; Kment EnWG/Schex § 110 Rn. 5; Theobald/Kühling/Jacobshagen/Kachel § 110 Rn. 76). Die vorgenannte Vorschrift des § 14 Abs. 1b wurde durch das Gesetz zur Umsetzung unionsrechtlicher Vorgaben und zur Regelung reiner Wasserstoffnetze im Energiewirtschaftsrecht vom 16.7.2021 **aufgehoben** (BGBl. 2021 I 3026 (3034)) und in die neuen Regelungen der §§ 14d, 14e **überführt** (BT-Drs. 19/27453, 99; → Rn. 37). Die vorgenannten neuen Vorschriften der §§ 14d, 14e werden jedoch nach neuer Rechtslage ebenfalls von der Verweisung in Absatz 1 umfasst, sodass auch diese – wie ihre Vorgängerregelung – nicht auf die Betreiber Geschlossener Verteilernetze anwendbar sind (→ Rn. 38).

32 Im Ergebnis hat sich damit die für Geschlossene Verteilernetze geltende **Rechtslage** durch das Gesetz zur Umsetzung unionsrechtlicher Vorgaben und zur Regelung reiner Wasserstoffnetze im Energiewirtschaftsrecht vom 16.7.2021 (BGBl. I 3026) dahingehend **geändert,** dass die Verpflichtung aus § 14 Abs. 2 nach der ausdrücklichen Verweisung in Absatz 1 auf Geschlossene Verteilernetze nicht anwendbar ist. Nach **früherer Rechtslage** war die Verpflichtung aus der Vorgängerregelung des § 14 Abs. 1a S. 1 aF zwar auf Geschlossene Verteilernetze grundsätzlich anwendbar, da diese – anders als § 14 Abs. 1b aF – von der Verweisung in Absatz 1 nicht umfasst war. Allerdings sind an Geschlossene Verteilernetze regelmäßig weniger als 10.000 Kunden unmittelbar oder mittelbar angeschlossen, sodass diese im Regelfall der de-minimis-Ausnahmeregelung des § 14 Abs. 1a S. 4 aF unterfielen und somit die Verpflichtung aus § 14 Abs. 1a S. 1 aF aus diesem Grund keine Anwendung fand. In der Sache ist damit für die Betreiber Geschlossener Verteilernetze regelmäßig keine Änderung eingetreten.

5. § 14a

33 Unanwendbar auf Geschlossene Verteilernetze ist weiterhin die Vorschrift des § 14a betreffend die Berechnung eines reduzierten Netzentgelts für **netzdienliche steuerbare Verbrauchseinrichtungen** auf der Niederspannungsebene. Insbesondere für Elektromobile, die nach § 14a S. 2 als steuerbare Verbrauchseinrichtungen in diesem Sinne anzusehen sind, existiert also in Geschlossenen Verteilernetzen kein Anspruch auf Berechnung eines reduzierten Netznutzungsentgelts (Baur/Salje/Schmidt-Preuß Energiewirtschaft/Wolf Kap. 69 Rn. 25; Säcker EnergieR/Wolf § 110 Rn. 121; Kment EnWG/Schex § 110 Rn. 6).

6. § 14c

Auf Geschlossene Verteilernetze nicht anzuwenden ist ferner die Regelung des § 14c, 34
wonach Betreiber von Elektrizitätsverteilernetzen bei der **Beschaffung von Flexibilitätsdienstleistungen** ein transparentes, diskriminierungsfreies und marktgestütztes Verfahren anzuwenden haben.

Die Verweisung auf § 14c wurde durch das Gesetz zur Umsetzung unionsrechtlicher 35
Vorgaben und zur Regelung reiner Wasserstoffnetze im Energiewirtschaftsrecht vom 16.7.2021 (BGBl. I 3026) **nachträglich** in Absatz 1 **eingefügt.** Dies dient der Umsetzung von Art. 38 Abs. 2 lit. c Elektrizitäts-Binnenmarkt-Richtlinie (EU) 2019/944, wonach Betreiber Geschlossener Verteilernetze von der unionsrechtlichen Verpflichtung zur Beschaffung von Flexibilitätsleistungen nach Art. 32 Abs. 1 Elektrizitäts-Binnenmarkt-Richtlinie (EU) 2019/944 befreit werden können (BT-Drs. 19/27453, 137; → Rn. 16).

7. §§ 14d, 14e

Auf die Betreiber Geschlossener Verteilernetze unanwendbar sind darüber hinaus die Vor- 36
schriften der §§ 14d, 14e. Die Regelung des § 14d betrifft im Kern die Verpflichtung der Betreiber von Elektrizitätsverteilernetzen, der Regulierungsbehörde alle zwei Jahre einen **Netzausbauplan** für ihr jeweiliges Elektrizitätsverteilernetz vorzulegen. Demgegenüber befasst sich § 14e mit der Errichtung und dem Betrieb einer **gemeinsamen Internetplattform** durch die Betreiber der Elektrizitätsverteilernetze (§ 14d Abs. 1 S. 1), auf der unter anderem die vorgenannten Netzausbaupläne iSd § 14d Abs. 1 S. 1 zu veröffentlichen sind (§ 14e Abs. 3 Nr. 2).

Die Vorschriften der §§ 14d, 14e wurden durch das Gesetz zur Umsetzung unionsrechtli- 37
cher Vorgaben und zur Regelung reiner Wasserstoffnetze im Energiewirtschaftsrecht vom 16.7.2021 (BGBl. I 3026) geschaffen. Sie sind an die Stelle der durch das vorgenannte Gesetz aufgehobene **Vorgängerregelung des § 14 Abs. 1b** getreten (BGBl. 2021 I 3026 (3034); BT-Drs. 19/27453, 99; → Rn. 31).

Auch die Verweisung auf die Regelungen der §§ 14d, 14e wurde durch das Gesetz zur 38
Umsetzung unionsrechtlicher Vorgaben und zur Regelung reiner Wasserstoffnetze im Energiewirtschaftsrecht vom 16.7.2021 (BGBl. I 3026) **nachträglich** in Absatz 1 **aufgenommen.** Hierdurch wurde Art. 38 Abs. 2 lit. c Elektrizitäts-Binnenmarkt-Richtlinie (EU) 2019/944 umgesetzt, wonach die Betreiber Geschlossener Verteilernetze von der unionsrechtlichen Verpflichtung zum Netzausbau aufgrund von Netzentwicklungsplänen gem. Art. 32 Abs. 3 Elektrizitäts-Binnenmarkt-Richtlinie (EU) 2019/944 freigestellt werden können (BT-Drs. 19/27453, 137; → Rn. 16). Somit sind die Vorschriften der §§ 14d, 14e nach neuer Rechtslage – ebenso wie ihre Vorgängerregelung in § 14 Abs. 1b – auf die Betreiber Geschlossener Verteilernetze **nicht anwendbar.** Die bisherige Verweisung in Absatz 1 auf § 14 Abs. 1b aF ist demgegenüber konsequenterweise entfallen (→ Rn. 30 f.).

8. § 18

Nicht anwendbar auf Geschlossene Verteilernetze ist ferner der aus § 18 folgende **allge-** 39
meine Netzanschlussanspruch nach allgemeinen Netzanschlussbedingungen, der grundsätzlich in Energieversorgungsnetzen der allgemeinen Versorgung (§ 3 Nr. 17) auf der Niederspannungsebene oder auf der Druckstufe Niederdruck besteht (Baur/Salje/Schmidt-Preuß Energiewirtschaft/Wolf Kap. 69 Rn. 29; Säcker EnergieR/Wolf § 110 Rn. 120; Kment EnWG/Schex § 110 Rn. 7; Ortlieb/Staebe Geschlossene Verteilernetze-HdB/Ortlieb Kap. 4 Rn. 80; Theobald/Kühling/Jacobshagen/Kachel § 110 Rn. 77; zur Anwendbarkeit der Regelung des § 17 → Rn. 71). Aus der Nichtanwendbarkeit des § 18 folgt, dass in Geschlossenen Verteilernetzen weder die Niederspannungsanschlussverordnung (NAV) vom 1.11.2006 (BGBl. I 2477) noch die Niederdruckanschlussverordnung (NDAV) vom 1.11.2006 (BGBl. I 2477 (2485)) Anwendung finden können (Säcker EnergieR/Wolf § 110 Rn. 120; Kment EnWG/Schex § 110 Rn. 17; Theobald/Kühling/Jacobshagen/Kachel § 110 Rn. 90).

9. § 19

40 Keine Anwendung auf Geschlossene Verteilernetze findet darüber hinaus die Vorschrift des § 19 betreffend die Verpflichtung der Betreiber der Energieversorgungsnetze zur Veröffentlichung **technischer Anschlussbedingungen** im Internet (Baur/Salje/Schmidt-Preuß Energiewirtschaft/Wolf Kap. 69 Rn. 25; Säcker EnergieR/Wolf § 110 Rn. 125; Kment EnWG/Schex § 110 Rn. 8; Theobald/Kühling/Jacobshagen/Kachel § 110 Rn. 78).

10. § 21a

41 Unanwendbar auf Geschlossene Verteilernetze ist weiterhin die Regelung des § 21a betreffend die **Anreizregulierung** der Energieversorgungsnetze (Baur/Salje/Schmidt-Preuß Energiewirtschaft/Wolf Kap. 69 Rn. 29 und 34; Kment EnWG/Schex § 110 Rn. 9; Theobald/Kühling/Jacobshagen/Kachel § 110 Rn. 79). Für Geschlossene Verteilernetze müssen also durch die zuständige Regulierungsbehörde keine kalenderjährlichen Erlösobergrenzen nach § 29 Abs. 1 iVm § 32 Abs. 1 Nr. 1 ARegV, § 4 Abs. 1 und 2 ARegV von Amts wegen festgelegt werden, die dann nach § 21 Stromnetzentgeltverordnung (StromNEV) und § 21 Gasnetzentgeltverordnung (GasNEV) durch den Netzbetreiber in Netznutzungsentgelte umzusetzen wären (Gemeinsames Positionspapier der Regulierungsbehörden, 15 und 19 f.; Ortlieb/Staebe Geschlossene Verteilernetze-HdB/Ortlieb Kap. 4 Rn. 62 und 77). Hierbei handelt es sich um die wohl wesentlichste regulatorische Erleichterung für die Betreiber von Geschlossenen Verteilernetzen (Theobald/Kühling/Jacobshagen/Kachel § 110 Rn. 79): Anders als die Betreiber von Kundenanlagen (§ 3 Nr. 24a und 24b) dürfen die Betreiber von Geschlossenen Verteilernetzen für die Gewährung des Netzzuganges zu ihren Energieanlagen **Netznutzungsentgelte** fordern (→ Rn. 91), müssen sich aber – im Gegensatz zu den Betreibern von Energieverteilernetzen der allgemeinen Versorgung (§ 3 Nr. 17) – nicht dem hochkomplexen und arbeitsaufwendigen ex ante-Regulierungsregime der Anreizregulierung unterwerfen (zur Anwendbarkeit der Regelungen der §§ 20 und 21 → Rn. 72 ff.). Die in einem Geschlossenen Verteilernetz erhobenen Netznutzungsentgelte können nach Absatz 4 Satz 1 einer ex post-Überprüfung (Missbrauchskontrolle) durch die Regulierungsbehörde unterzogen werden, die an die Stelle der ex ante-Regulierung nach § 21a tritt (→ Rn. 270 ff.).

11. § 22 Abs. 1

42 Nicht anzuwenden auf Geschlossene Verteilernetze ist darüber hinaus die Regelung des § 22 Abs. 1 betreffend die Verpflichtung der Betreiber der Energieverteilernetze zur Beschaffung der Energie zur **Erbringung von Ausgleichsleistungen** in einem transparenten, nichtdiskriminierenden und marktorientierten Verfahren. Die Bedeutung dieser Regelung beschränkt sich auf den **Strombereich** (Baur/Salje/Schmidt-Preuß Energiewirtschaft/Wolf Kap. 69 Rn. 25; Säcker EnergieR/Wolf § 110 Rn. 121; Kment EnWG/Schex § 110 Rn. 10; Theobald/Kühling/Jacobshagen/Kachel § 110 Rn. 80).

12. § 23a

43 Nicht anwendbar auf Geschlossene Verteilernetze ist ferner die Vorschrift des § 23a betreffend die Erteilung von **Netznutzungsentgelt-Genehmigungen** (Baur/Salje/Schmidt-Preuß Energiewirtschaft/Wolf Kap. 69 Rn. 29 und 34; Kment EnWG/Schex § 110 Rn. 11; Ortlieb/Staebe Geschlossene Verteilernetze-HdB/Ortlieb Kap. 4 Rn. 78; Theobald/Kühling/Jacobshagen/Kachel § 110 Rn. 81). Damit unterfallen die Betreiber von Geschlossenen Verteilernetzen weder der Anreizregulierung der Energieversorgungsnetze nach der ARegV gemäß dem – ebenfalls unanwendbaren – § 21a (→ Rn. 41) noch muss diesen (subsidiär) eine Netznutzungsentgelt-Genehmigung nach § 23a erteilt werden. Die Erteilung von Netznutzungsentgelt-Genehmigungen hat nach dem Beginn des Regulierungsregimes der Anreizregulierung im Jahr 2009 ohnehin nur noch sehr eingeschränkte Bedeutung: Nach § 1 Abs. 2 ARegV (Holznagel/Schütz/Laubenstein/van Rossum ARegV § 1 Rn. 10 f.) kommt die Erteilung von Netznutzungsentgelt-Genehmigungen nach § 23a nur noch übergangsweise bis zu einem Einstieg in das Regulierungsregime der Anreizregulierung in Betracht (zur Anwendbarkeit der Regelungen der §§ 20 und 21 → Rn. 72). Die Höhe der

in einem Geschlossenen Verteilernetz erhobenen Netznutzungsentgelte unterliegen nach Absatz 4 einer ex post-Überprüfung (Missbrauchskontrolle) durch die Regulierungsbehörde, die an die Stelle der ex ante-Regulierung nach § 23a tritt (→ Rn. 270 ff.; Theobald/Kühling/Jacobshagen/Kachel § 110 Rn. 81).

13. § 32 Abs. 2

Unanwendbar auf Geschlossene Verteilernetze ist weiterhin die Regelung des § 32 Abs. 2 betreffend die Geltendmachung von Beseitigungs- und Unterlassungsansprüchen im Wege der sog. **Verbandsklage** (Baur/Salje/Schmidt-Preuß Energiewirtschaft/Wolf Kap. 69 Rn. 25; Kment EnWG/Schex § 110 Rn. 12; Theobald/Kühling/Jacobshagen/Kachel § 110 Rn. 82). Die Unanwendbarkeit des § 32 Abs. 2 ergibt sich jedoch nur insoweit aus Absatz 1, als die etwaigen Beseitigungs- und Unterlassungsansprüche nicht die Höhe der in einem Geschlossenen Verteilernetz geforderten Netzzugangsentgelte zum Gegenstand haben. Denkbar ist dies beispielsweise bei Beseitigungs- und Unterlassungsansprüchen, die auf die Gewährung eines diskriminierungsfreien Netzzuganges nach § 20 gerichtet sind. In Bezug auf die ex post-Überprüfung der in einem Geschlossenen Verteilernetz geforderten Netzzugangsentgelte nach Absatz 4 ergibt sich die Nichtanwendbarkeit des § 32 Abs. 2 hingegen nicht aus seiner Erwähnung in Absatz 1. Vielmehr ist auf solche Verfahren § 32 Abs. 2 nicht entsprechend anwendbar, da Absatz 4 Satz 3 lediglich auf eine entsprechende Anwendung des § 32 Abs. 1 und 3–5 (nicht jedoch des § 32 Abs. 2) verweist (→ Rn. 323). Zur teilweisen Unanwendbarkeit des § 31 auf Geschlossene Verteilernetze in Bezug auf die Überprüfung der geforderten Netznutzungsentgelte → Rn. 270 ff. 44

14. §§ 33, 35

Keine Anwendung auf Geschlossene Verteilernetze finden weiterhin die Regelungen des § 33 betreffend die **Vorteilsabschöpfung** durch die Regulierungsbehörde (Baur/Salje/Schmidt-Preuß Energiewirtschaft/Wolf Kap. 69 Rn. 25; Kment EnWG/Schex § 110 Rn. 13; Theobald/Kühling/Jacobshagen/Kachel § 110 Rn. 83) und des § 35 betreffend das **Monitoring** durch die BNetzA (Baur/Salje/Schmidt-Preuß Energiewirtschaft/Wolf Kap. 69 Rn. 25; Säcker EnergieR/Wolf § 110 Rn. 126; Kment EnWG/Schex § 110 Rn. 14; Theobald/Kühling/Jacobshagen/Kachel § 110 Rn. 84). 45

15. § 52

Unanwendbar auf Geschlossene Verteilernetze ist schließlich die Vorschrift des § 52 betreffend die Verpflichtung zur jährlichen Erstellung eines Berichts über alle in dem jeweiligen Netzgebiet im letzten Kalenderjahr aufgetretenen **Versorgungsunterbrechungen** und zur Vorlage dieses Berichts bei der BNetzA (Säcker EnergieR/Wolf § 110 Rn. 126; Kment EnWG/Schex § 110 Rn. 15; Theobald/Kühling/Jacobshagen/Kachel § 110 Rn. 85). 46

II. Nichtanwendbarkeit nicht aufgeführter Vorschriften des EnWG

Neben den in Absatz 1 ausdrücklich genannten Vorschriften existieren weitere Regelungen, die **kraft ausdrücklicher Anordnung** im EnWG auf Geschlossene Verteilernetze ebenfalls keine Anwendung finden. Die Aufzählung in Absatz 1 ist nicht als abschließend anzusehen (→ Rn. 21). Unanwendbar sind **insbesondere** die folgenden Vorschriften: 47

1. § 31 in Bezug auf die Netznutzungsentgelte

Wie sich aus **Absatz 4 Satz 1 Halbsatz 2** ausdrücklich ergibt, ist das besondere Missbrauchsverfahren nach § 31 auf die Überprüfung der in einem Geschlossenen Verteilernetz geforderten Netznutzungsentgelte nicht anwendbar. Die Netznutzungsentgelte werden durch die zuständige Regulierungsbehörde in einem **besonderen Verfahren** nach Absatz 4 Satz 1 Halbsatz 1 überprüft (näher → Rn. 270 ff.). Im Übrigen, soweit also nicht die geforderten Netznutzungsentgelte streitig sind, findet § 31 auch auf Geschlossene Verteilernetze Anwendung (Gemeinsames Positionspapier der Regulierungsbehörden, 15; Bourwieg/Hellermann/Hermes/Bourwieg § 110 Rn. 54; Kment EnWG/Schex § 110 Rn. 16; Theobald/Kühling/ 48

Jacobshagen/Kachel § 110 Rn. 72). So kann beispielsweise ein besonderes Missbrauchsverfahren nach § 31 auch gegen den Betreiber eines Geschlossenen Verteilernetzes durchgeführt werden, wenn dieser seiner Verpflichtung zur Gewährung eines Netzanschlusses (§ 17, → Rn. 71) oder zur Gewährung des Netzzuganges (§ 20, → Rn. 72) nicht nachkommt. Zur Durchführbarkeit eines allgemeinen Missbrauchsverfahrens nach § 30, gerade auch in Bezug auf die in einem Geschlossenen Verteilernetz geforderten Netzentgelte, → Rn. 78.

2. § 6b Abs. 4 und 7

49 Nach § 6b Abs. 8 S. 1 Alt. 1 sind Unternehmen, die nur deshalb als vertikal integrierte Energieversorgungsunternehmen (§ 3 Nr. 38) anzusehen sind, da sie auch (also neben einer Tätigkeit in der Marktrolle der Energieerzeugung oder des Energievertriebs; BT-Drs. 17/10754, 22) Betreiber eines Geschlossenen Verteilernetzes sind, von den Verpflichtungen nach § 6b Abs. 4 und 7 **ausgenommen** (Bourwieg/Hellermann/Hermes/Bourwieg § 110 Rn. 57; Baur/Salje/Schmidt-Preuß Energiewirtschaft/Wolf Kap. 69 Rn. 28; Säcker EnergieR/Wolf § 110 Rn. 118; Ortlieb/Staebe Geschlossene Verteilernetze-HdB/Ortlieb Kap. 5 Rn. 55 ff.; Theobald/Kühling/Jacobshagen/Kachel § 110 Rn. 87). Nach § 6b Abs. 8 S. 1 Alt. 2 gilt die Ausnahme von den vorgenannten Verpflichtungen auch für die von dem Betreiber des Geschlossenen Verteilernetzes beauftragten Prüfer des Jahresabschlusses. Dies bedeutet zum einen, dass nach § 6b Abs. 4 der nach § 6b Abs. 3 S. 5 zu erstellende **Tätigkeitsabschluss** nicht gemeinsam mit dem offenzulegenden Jahresabschluss beim Bundesanzeiger elektronisch eingereicht und im Bundesanzeiger bekannt gemacht werden muss. Zum anderen bedeutet dies, dass der Regulierungsbehörde nicht nach § 6b Abs. 7 eine Ausfertigung des Prüfungsberichts über die Prüfung des Jahresabschlusses einschließlich erstatteter Teilberichte zu übersenden ist. Die Regelung des § 6b Abs. 8 S. 1 wurde erst durch das Dritte Gesetz zur Neuregelung energiewirtschaftsrechtlicher Vorschriften vom 20.12.2012 (BGBl. I 2730 (2731)) – also nach der Schaffung der aktuellen Fassung des § 110 im Jahr 2011 (→ Rn. 9 ff.) – an die zu diesem Zeitpunkt bereits bestehende Vorschrift des § 6b angefügt. Bei der Nichterwähnung der § 6b Abs. 4 und 7 in Abs. 1 könnte es sich daher um ein Redaktionsversehen handeln. Nach der amtlichen Begründung zu § 6b Abs. 8 S. 1 sind die Betreiber von Geschlossenen Verteilernetzen im Übrigen (also mit Ausnahme des § 6 Abs. 4 und 7) grundsätzlich dazu verpflichtet, die Vorgaben des § 6b betreffend die buchhalterische Entflechtung zu beachten (BT-Drs. 17/10754, 22; Säcker EnergieR/Wolf § 110 Rn. 118; Ortlieb/Staebe Geschlossene Verteilernetze-HdB/Ortlieb Kap. 5 Rn. 32 ff.). Zur grundsätzlichen Anwendbarkeit der sonstigen für Betreiber von Energieverteilernetzen geltenden Entflechtungsvorschriften der §§ 6 ff. und 7 ff. → Rn. 66 ff.

50 Die BNetzA und einige Landesregulierungsbehörden haben zwischenzeitlich aufgrund § 29 Abs. 1 iVm § 6b Abs. 6 S. 1 und 2, Abs. 1 S. 1 sowohl für den Strombereich als auch für den Gasbereich **Festlegungen** betreffend Vorgaben von zusätzlichen Bestimmungen für die Erstellung und Prüfung von Jahresabschlüssen und Tätigkeitsabschlüssen **erlassen** (Bourwieg/Hellermann/Hermes/Bourwieg § 110 Rn. 59). Von diesen Festlegungen werden die Betreiber von Geschlossenen Verteilernetzen jedoch – nach gegenwärtigem Stand – insgesamt nicht erfasst (also nicht nur in Bezug auf die aus § 6b Abs. 4 und 7 folgenden Verpflichtungen, die nach § 6b Abs. 8 S. 1 ohnehin keine Anwendung finden). Dies ergibt sich auch ausdrücklich aus nachfolgend angegebenen Tenorziffern der einschlägigen Festlegungsbeschlüsse der BNetzA in deren originärer Zuständigkeit als Bundesbehörde (§ 54 Abs. 1) und – beispielhaft – der Regulierungskammer des Freistaates Bayern:

- **BNetzA** – Strombereich (Bundeszuständigkeit): Beschl. v. 25.11.2019 – BK8-19/00002-A, dort Tenorziffer 1.
- **BNetzA** – Gasbereich (Bundeszuständigkeit): Beschl. v. 25.11.2019 – BK9-19/613-1, dort Tenorziffer 1.
- **Regulierungskammer des Freistaates Bayern** – Strombereich: Beschl. v. 12.6.2020 – GR-5940/7/5, dort Tenorziffer 1.3.
- **Regulierungskammer des Freistaates Bayern** – Gasbereich: Beschl. v. 12.6.2020 – GR-5940/8/5, dort Tenorziffer 1.3.

51 Die Regulierungskammer des Freistaates Bayern hat den Verzicht auf die Einbeziehung der Betreiber von Geschlossenen Verteilernetzen in ihren Festlegungen wie folgt **begründet:**

Hintergrund dieser Nichteinbeziehung sei „zum einen die Vermutungsregelung des § 110 Abs. 4 S. 2, die selbst im Falle einer ex post durchgeführten Missbrauchskontrolle der in geschlossenen Verteilernetzen geforderten Netzentgelte dazu führt, dass eine Kostenprüfung nur im Ausnahmefall durchgeführt wird. Zum anderen spricht für diesen Verzicht, dass die Regulierungsbehörden die Betreiber von geschlossenen Verteilernetzen, die für die internationale Wettbewerbsfähigkeit des Standortes Deutschland von beachtlicher Bedeutung sind, von dem zusätzlichen regulatorischen Aufwand, der aus diesem Festlegungsbeschluss folgt, entlasten möchte" (beispielhaft Regulierungskammer des Freistaates Bayern Beschl. v. 12.6.2020 – GR-5940/7/5 S. 1).

3. § 5 S. 1 Hs. 1

52 Nach § 5 S. 1 Hs. 2 findet die Verpflichtung zur **Anzeige** der Belieferung von Haushaltskunden (§ 3 Nr. 22) bei der zuständigen Regulierungsbehörde (nämlich bei der BNetzA → § 5 Rn. 1 ff.) keine Anwendung, wenn diese Belieferung **ausschließlich** innerhalb eines Geschlossenen Verteilernetzes erfolgt (Gemeinsames Positionspapier der Regulierungsbehörden, 15; Baur/Salje/Schmidt-Preuß Energiewirtschaft/Wolf Kap. 69 Rn. 26; Säcker EnergieR/Wolf § 110 Rn. 116; Bourwieg/Hellermann/Hermes/Bourwieg § 110 Rn. 61; Kment EnWG/Schex § 110 Rn. 4; Ortlieb/Staebe Geschlossene Verteilernetze-HdB/Ortlieb Kap. 4 Rn. 61; Theobald/Kühling/Jacobshagen/Kachel § 110 Rn. 86). Dies gilt sowohl für eine Belieferung der Haushaltskunden durch den Betreiber des Geschlossenen Verteilernetzes, sofern dieser also zusätzlich zu der Marktrolle des Netzbetriebs die Marktrolle des Energievertriebs wahrnimmt (→ Rn. 22), als auch für eine Belieferung der Haushaltskunden durch einen Dritten. Entsprechendes gilt für die Belieferung von Haushaltskunden ausschließlich innerhalb einer Kundenanlage (§ 3 Nr. 24a und 24b) oder über nicht auf Dauer angelegte Leitungen. § 5 S. 1 Hs. 2 wurde durch das Gesetz zur Neuregelung energiewirtschaftsrechtlicher Vorschriften vom 26.7.2011 nachträglich in § 5 S. 1 eingefügt (BGBl. 2011 I 1554 (1559)). Zur Begründung führte der Gesetzgeber an, bei der Belieferung von Haushaltskunden ausschließlich innerhalb eines Geschlossenen Verteilernetzes sei eine Anzeige „entbehrlich", da in einer derartigen Konstellation „allenfalls eine geringe Anzahl von Haushaltskunden versorgt" werde (BT-Drs. 17/6072, 53). Hintergrund hierfür ist Absatz 2 Satz 2, wonach eine Versorgung von Letztverbrauchern, die Energie für den Eigenverbrauch im Haushalt kaufen, innerhalb Geschlossener Verteilernetze nur sehr eingeschränkt zulässig ist (→ Rn. 155 ff.). Dabei ist jedoch zu beachten, dass die diesbezüglich in Absatz 2 Satz 2 verwendete Formulierung nicht mit der legaldefinierten Begriff des Haushaltskunden (§ 3 Nr. 22) identisch ist (→ Rn. 158 ff.).

53 Auch im Falle eines Eingreifens des § 5 S. 1 Hs. 2 bleibt für die zuständige Regulierungsbehörde die Möglichkeit bestehen, dem ausschließlich in einem Geschlossenen Verteilernetz aktiven Energieversorger seine Versorgungstätigkeit gem. § 5 S. 4 zu **untersagen**, sofern es an seiner personellen, technischen oder wirtschaftlichen Leistungsfähigkeit oder Zuverlässigkeit fehlt (→ § 5 Rn. 38 ff.; Baur/Salje/Schmidt-Preuß Energiewirtschaft/Wolf Kap. 69 Rn. 26; Säcker EnergieR/Wolf § 110 Rn. 116; Ortlieb/Staebe Geschlossene Verteilernetze-HdB/Ortlieb Kap. 4 Rn. 61).

4. § 23b

54 Die Veröffentlichungspflichten der Regulierungsbehörde nach § 23b laufen für die Betreiber Geschlossener Verteilernetze ins Leere und sind damit **bedeutungslos**. Denn die Regelung des § 23b Abs. 1 S. 1 erfasst nur die Daten solcher Betreiber von Elektrizitäts- und Erdgasversorgungsnetzen, die an dem Regulierungsregime der Anreizregulierung der Energieversorgungsnetze nach § 21a teilnehmen. Auf die Betreiber Geschlossener Verteilernetze findet die Anreizregulierung iSd § 21a nach Absatz 1 jedoch keine Anwendung (→ Rn. 41), sodass für diese die in § 23b Abs. 1 S. 1 aufgeführten Daten **nicht existieren** und damit konsequenterweise nicht von der zuständigen Regulierungsbehörde (§ 54 Abs. 2 S. 1 Nr. 11, → § 54 Rn. 338 ff.) veröffentlicht werden können. Die Beschränkung des Anwendungsbereichs des § 23b auf an der Anreizregulierung teilnehmende Netzbetreiber folgt nicht nur aus dem Wortlaut der Norm, sondern auch aus deren Entstehungsgeschichte: § 23b wurde durch das Gesetz zur Umsetzung unionsrechtlicher Vorgaben und zur Regelung reiner Wasserstoffnetze im Energiewirtschaftsrecht vom 16.7.2021 (BGBl. I 3026) geschaffen und ist an die Stelle der alleine auf die Anreizregulierung bezogenen Veröffentlichungspflichten nach § 31 ARegV aF getreten (näher BT-Drs. 19/27453, 107).

55 Vor diesem Hintergrund hat die Regulierungskammer des Freistaates Bayern (zu deren diesbezüglicher sachlicher Zuständigkeit als Annexzuständigkeit zu § 54 Abs. 2 S. 1 Nr. 11 → § 54 Rn. 346 ff.) die Betreiber ausschließlich auf dem Gebiet des Freistaates Bayern betriebener Geschlossener Verteilernetze ausdrücklich aus dem **Adressatenkreis** ihrer ab dem Kalenderjahr 2022 geltenden Festlegung betreffend die Übermittlung von Daten iSd § 23b Abs. 1 sowie betreffend den Umfang, den Zeitpunkt und die Form der mitzuteilenden Daten nach § 29 Abs. 1 iVm § 23b Abs. 3 vom 16.3.2022, GR-5951/6/5, korrigiert durch Beschluss vom 8.7.2022, Gz. GR – 5951/6/7, **ausgenommen** (s. Tenorziffer 1 lit. b bb der Festlegung). Die Betreiber solcher Geschlossener Verteilernetze werden mithin durch die vorgenannte Festlegung nicht zu einer Übermittlung von (ohnehin nicht existierenden) Daten iSd § 23b Abs. 1 gegenüber der Regulierungskammer des Freistaates Bayern verpflichtet.

5. § 36 Abs. 1–3

56 Nach § 36 Abs. 4 gelten die Vorschriften über die **Grundversorgungspflicht** (§ 36 Abs. 1–3) nicht in Geschlossenen Verteilernetzen (Gemeinsames Positionspapier der Regulierungsbehörden, 15; Baur/Salje/Schmidt-Preuß Energiewirtschaft/Wolf Kap. 69 Rn. 30; Säcker EnergieR/Wolf § 110 Rn. 122 f.; Bourwieg/Hellermann/Hermes/Bourwieg § 110 Rn. 61; Kment EnWG/Schex § 110 Rn. 4; Theobald/Kühling/Jacobshagen/Kachel § 110 Rn. 88). Nach § 36 Abs. 1 S. 1 hat ein Energieversorgungsunternehmen in einem Netzgebiet, in dem es die Grundversorgung von Haushaltskunden (§ 3 Nr. 22) durchführt, Allgemeine Bedingungen und Allgemeine Preise für die Versorgung in Niederspannung oder Niederdruck öffentlich bekannt zu geben und im Internet zu veröffentlichen und zu diesen Bedingungen und Preisen jeden Haushaltskunden zu versorgen. Grundversorger iSd § 36 Abs. 1 S. 1 ist jeweils das Energieversorgungsunternehmen, das die meisten Haushaltskunden (§ 3 Nr. 22) in einem Netzgebiet der allgemeinen Versorgung beliefert (§ 36 Abs. 2 S. 1). Die Ausnahmevorschrift des § 36 Abs. 4 wurde durch das Gesetz zur Neuregelung energiewirtschaftsrechtlicher Vorschriften vom 26.7.2011 nachträglich an § 36 **angefügt** (BGBl. 2011 I 1554 (1581)). Nach der amtlichen Begründung wird durch § 36 Abs. 4 klargestellt, „dass sich die Pflicht zur Grundversorgung nicht an Betreiber geschlossener Verteilernetze richten kann" (BT-Drs. 17/6072, 82). Nimmt ein Betreiber eines Geschlossenen Verteilernetzes also neben der Marktrolle des Netzbetriebs auch die Marktrolle des **Energievertriebs** wahr, so ist § 36 Abs. 1–3 auf ihn unanwendbar (Baur/Salje/Schmidt-Preuß Energiewirtschaft/Wolf Kap. 69 Rn. 30; Säcker EnergieR/Wolf § 110 Rn. 122). In der Folge finden auch die Stromgrundversorgungsverordnung (StromGVV) vom 26.10.2006 (BGBl. I 2391) und die Gasgrundversorgungsverordnung (GasGVV) vom 26.10.2006 (BGBl. I 2391 (2396)) auf den jeweiligen Betreiber des Geschlossenen Verteilernetzes keine Anwendung (Kment EnWG/Schex § 110 Rn. 17; Theobald/Kühling/Jacobshagen/Kachel § 110 Rn. 90).

57 Um eine Grundversorgung von Haushaltskunden nach § 3 Nr. 22 auch in Geschlossenen Verteilernetzen zu gewährleisten, ist die Regelung des § 36 Abs. 4 allerdings richtigerweise **richtlinienkonform** dahingehend auszulegen, dass die Grundversorgungspflicht denjenigen Energieversorger trifft, der in dem das jeweilige Geschlossene Verteilernetz **umgebenden** Energieversorgungnetz der allgemeinen Versorgung als Grundversorger nach § 36 Abs. 2 S. 1 anzusehen ist (näher Baur/Salje/Schmidt-Preuß Energiewirtschaft/Wolf Kap. 69 Rn. 30; Säcker EnergieR/Wolf § 110 Rn. 123; offengelassen Theobald/Kühling/Jacobshagen/Kachel § 110 Rn. 88).

58 Ist jedoch nicht der Betreiber des Geschlossenen Verteilernetzes, sondern ein **anderer Energielieferant** in dem Netzgebiet des Geschlossenen Verteilernetzes als Grundversorger iSd § 36 Abs. 2 S. 1 zu betrachten, gelten die Vorschriften über die Grundversorgungspflicht nach § 36 Abs. 1–3 für diesen Dritten auch in dem Geschlossenen Verteilernetz. Die Ausnahmeregelung des § 36 Abs. 4 greift in diesem Fall **nicht** Platz. Zu begründen ist dies damit, dass nach der amtlichen Begründung die Grundversorgungspflicht nur die „Betreiber geschlossener Verteilernetze" nicht treffen soll (anderer Auffassung offenbar Baur/Salje/

Schmidt-Preuß Energiewirtschaft/Wolf Kap. 69 Rn. 30; Kment EnWG/Rasbach § 36 Rn. 39; Theobald/Kühling/Heinlein/Weitenberg § 36 Rn. 116). In diesen Fällen finden konsequenterweise auch die StromGVV und die GasGVV Anwendung.

III. Anwendbarkeit sonstiger Vorschriften des EnWG

Sonstige Vorschriften des EnWG, die (i) in der Aufzählung des Absatzes 1 nicht enthalten sind (näher zu Absatz 1 → Rn. 23 ff.) und (ii) deren Nichtanwendbarkeit sich nicht aus einer sonstigen Regelung des EnWG ausdrücklich ergibt (näher → Rn. 47 ff.), sind auf Geschlossene Verteilernetze und deren Betreiber sowie in Geschlossenen Verteilernetzen **uneingeschränkt anwendbar** (Kment EnWG/Schex § 110 Rn. 16 f.). Ergänzend wird nachfolgend jeweils dargestellt, in welchen Punkten die aktuelle Fassung des Absatzes 1 von der für Objektnetze geltenden Vorgängerregelung in der Fassung des Zweiten Gesetzes zur Neuregelung des Energiewirtschaftsrechts vom 7.7.2005 (BGBl. I 1970 (2007)) abweicht. Auf Geschlossene Betreiber anwendbar sind **insbesondere** die folgenden Regelungen: 59

1. Genehmigung der Aufnahme des Netzbetriebs (§ 4)

Auf Geschlossene Verteilernetze grundsätzlich **anzuwenden** ist die Regelung des § 4 betreffend die Erteilung einer Genehmigung der Aufnahme des Netzbetriebes durch die „nach Landesrecht zuständige Behörde" (Baur/Salje/Schmidt-Preuß Energiewirtschaft/Wolf Kap. 69 Rn. 27; Säcker EnergieR/Wolf § 110 Rn. 115; Bourwieg/Hellermann/Hermes/ Bourwieg § 110 Rn. 26; Kment EnWG/Schex § 110 Rn. 16; Ortlieb/Staebe Geschlossene Verteilernetze-HdB/Ortlieb Kap. 4 Rn. 59; Theobald/Kühling/Jacobshagen/Kachel § 110 Rn. 71; Jacobshagen/Kachel/Baxmann IR 2012, 2). Hierbei wird gem. § 4 Abs. 2 S. 1 **geprüft,** ob der jeweilige Antragsteller, also der Betreiber des Geschlossenen Verteilernetzes, „die personelle, technische und wirtschaftliche Leistungsfähigkeit und Zuverlässigkeit besitzt, um den Netzbetrieb [...] auf Dauer zu gewährleisten". Bei der „nach Landesrecht zuständigen Behörde" iSd § 4 handelt es sich um die **Energieaufsichtsbehörde** (→ § 54 Rn. 100 ff.), die nicht identisch mit der gem. § 54 Abs. 2 S. 1 Nr. 9 (→ § 54 Rn. 333 ff.) regelmäßig für die Einstufung von Energieverteilernetzen als Geschlossene Verteilernetze nach Absätzen 2 und 3 sachlich zuständigen Landesregulierungsbehörde ist (→ Rn. 186 ff.; Bourwieg/Hellermann/Hermes/Hermes § 4 Rn. 30; Kment EnWG/Kment § 4 Rn. 8; Ortlieb/Staebe Geschlossene Verteilernetze-HdB/Ortlieb Kap. 4 Rn. 59; Theobald/Kühling/Theobald § 4 Rn. 12d). 60

Im Hinblick auf die Anwendbarkeit des § 4 **unterscheidet** sich die aktuelle Fassung des § 110 von ihrer für Objektnetze geltenden Vorgängerregelung in der Fassung des Zweiten Gesetzes zur Neuregelung des Energiewirtschaftsrechts vom 7.7.2005 (BGBl. I 1970 (2007) und näher → Rn. 9 ff.). Nach § 110 Abs. 1 aF war § 4 auf Objektnetze ausdrücklich nicht anzuwenden, sodass nach damaliger Rechtslage **keine Genehmigungsbedürftigkeit** der Aufnahme des Netzbetriebes durch die „nach Landesrecht zuständige Behörde" bestand (Säcker EnergieR/Wolf § 110 Rn. 115; Theobald/Kühling/Theobald § 4 Rn. 11; Ortlieb/ Staebe Geschlossene Verteilernetze-HdB/Klinge Kap. 4 Rn. 53 f.; Theobald/Kühling/Jacobshagen/Kachel § 110 Rn. 71; Jacobshagen/Kachel/Baxmann IR 2012, 2). Allerdings war nach § 110 Abs. 1 aF durch die zuständige **Regulierungsbehörde** im Rahmen der Genehmigung eines Objektnetzes nach § 110 Abs. 4 aF zu prüfen, ob der Betreiber des Objektnetzes oder sein Beauftragter „die personelle, technische und wirtschaftliche Leistungsfähigkeit besitzen, um den Netzbetrieb entsprechend den Vorschriften dieses Gesetzes auf Dauer zu gewährleisten" (Bourwieg/Hellermann/Hermes/Bourwieg § 110 Rn. 26). In der aktuellen Fassung des § 110 stellt die personelle, technische und wirtschaftliche Leistungsfähigkeit des Betreibers des Geschlossenen Verteilernetzes jedoch im Unterschied zu der für Objektnetze geltenden Vorgängerregelung **keine Tatbestandsvoraussetzung** für die Einstufung eines Energieverteilernetzes als Geschlossenes Verteilernetz mehr dar und ist durch die zuständige Regulierungsbehörde daher nicht zu prüfen. Vor diesem Hintergrund ist es als **sachgerecht** anzusehen, dass der Gesetzgeber darauf verzichtet hat, § 4 in die Aufzählung des Absatzes 1 aufzunehmen und die Norm auf Geschlossene Verteilernetze für unanwendbar zu erklären. Durch die Geltung des § 4 auch für Geschlossene Verteilernetze ist sichergestellt, dass die „personelle, technische und wirtschaftliche Leistungsfähigkeit und Zuverlässigkeit" (§ 4 61

Abs. 2 S. 1) des jeweiligen Betreibers bei Aufnahme des Netzbetriebes durch eine Behörde, nämlich die Energieaufsichtsbehörde, überprüft wird. Diese durch den Gesetzgeber nunmehr auch für Geschlossene Verteilernetze vorgenommene Aufgabenverteilung zwischen Regulierungsbehörden und den Energieaufsichtsbehörden ist als überaus sinnvoll zu erachten, da die Energieaufsichtsbehörden aufgrund ihrer sachlichen Zuständigkeit für die Überwachung des § 49 – im Gegensatz zu den Regulierungsbehörden – auch über hinreichenden technischen (ingenieurwissenschaftlichen) Sachverstand verfügen, um die Tatbestandsvoraussetzungen des § 4 Abs. 2 S. 1 zu prüfen (BT-Drs. 15/3917, 50; Bourwieg/Hellermann/Hermes/Hermes § 4 Rn. 30).

62 Nach § 4 Abs. 1 S. 1 **genehmigungspflichtig** ist lediglich die Aufnahme des Netzbetriebs durch den jeweiligen Betreiber. Hierunter ist der tatsächliche Beginn des Netzbetriebs zu verstehen (Bourwieg/Hellermann/Hermes/Hermes § 4 Rn. 10; Kment EnWG/Kment § 4 Rn. 4; Schneider/Theobald EnergieWirtschaftsR-HdB/Franke § 3 Rn. 7; Theobald/Kühling/Theobald § 4 Rn. 11a). Eine bloße Änderung oder Erweiterung eines bereits aufgenommenen Netzbetriebs ist grundsätzlich nicht nach § 4 Abs. 1 S. 1 genehmigungspflichtig (näher Bourwieg/Hellermann/Hermes/Hermes § 4 Rn. 13 ff.; Schneider/Theobald EnergieWirtschaftsR-HdB/Franke § 3 Rn. 9; Theobald/Kühling/Theobald § 4 Rn. 12a).

63 Wie sich aus dem Rechtsgedanken des § 4 Abs. 2 S. 2 ergibt, ist eine Genehmigung der Aufnahme des Netzbetriebes nach § 4 Abs. 1 S. 1 dann **entbehrlich,** wenn der Netzbetrieb durch einen Betreiber lediglich fortgeführt wird. Dies ist zum einen der Fall bei solchen Energieversorgungsnetzen, die bei Inkrafttreten des § 4 in der Fassung des Zweiten Gesetzes zur Neuregelung des Energiewirtschaftsrechts vom 7.7.2005 (BGBl. I 1970 (1975)) bereits existierten und auch durch den jeweiligen Betreiber betrieben wurden (**sog. Altfälle,** → § 4 Rn. 13; BT-Drs. 15/3917, 80; Bourwieg/Hellermann/Hermes/Hermes § 4 Rn. 54; Kment EnWG/Kment Rn. 15; Schneider/Theobald EnergieWirtschaftsR-HdB/Franke § 3 Rn. 26; Theobald/Kühling/Theobald § 4 Rn. 12b und 19). Eine Genehmigung nach § 4 Abs. 1 S. 1 ist in solchen Altfällen unter **analoger Anwendung** des § 4 Abs. 3 auch dann nicht erforderlich, wenn das jeweilige Energieversorgungsnetz in bestimmten Fällen durch einen **Rechtsnachfolger** des früheren Netzbetreibers betrieben wird (Bourwieg/Hellermann/Hermes/Hermes § 4 Rn. 44; Kment EnWG/Kment § 4 Rn. 21; Schneider/Theobald EnergieWirtschaftsR-HdB/Franke § 3 Rn. 17; Theobald/Kühling/Theobald § 4 Rn. 32). Dies gilt für die Fälle (i) einer Gesamtrechtsnachfolge, (ii) einer Rechtsnachfolge nach dem Umwandlungsgesetz und (iii) einer sonstigen Rechtsnachfolge, sofern diese durch eine rechtliche Entflechtung des Netzbetriebs veranlasst wurden (BT-Drs. 15/3917, 50; Kment EnWG/Kment § 4 Rn. 17 ff.; Schneider/Theobald EnergieWirtschaftsR-HdB/Franke § 3 Rn. 14 ff.).

64 Eine Genehmigung der Aufnahme des Netzbetriebes nach § 4 Abs. 1 S. 1 ist – über die soeben dargestellten Altfälle hinaus – weiterhin dann **entbehrlich,** wenn ein Energieversorgungsnetz erst nach der bereits erfolgten Aufnahme des Netzbetriebes durch rechtliche Änderungen in den Anwendungsbereich des § 4 gefallen ist. Hierunter fallen insbesondere solche Fallgestaltungen, in denen ein bereits betriebenes Energieversorgungsnetz zunächst der für **Objektnetze** geltenden Vorgängerregelung in der Fassung des Zweiten Gesetzes zur Neuregelung des Energiewirtschaftsrechts vom 7.7.2005 (BGBl. I 1970 (2007) und näher → Rn. 9 ff.) unterfiel, auf das die Regelung des § 4 – wie vorstehend beschrieben – gerade nicht anwendbar war. Unterfällt ein solches Energieversorgungsnetz nach aktueller Rechtslage der gegenwärtigen Regelung des § 110 und ist es als Geschlossenes Verteilernetz anzusehen, so ist der Anwendungsbereich des § 4 zwar grundsätzlich eröffnet. Allerdings liegt jedenfalls im Grundsatz keine „Aufnahme des Betriebs" iSd § 4 Abs. 1 vor, sondern lediglich eine Fortführung des Netzbetriebs. Daher ist der Betreiber eines solchen Energieversorgungsnetzes regelmäßig nicht dazu verpflichtet, einen Antrag auf Genehmigung der Aufnahme des Netzbetriebes nach § 4 Abs. 1 bei der Energieaufsichtsbehörde zu stellen, jedenfalls sofern er das Energieversorgungsnetz nur im bisherigen Umfang fortführt (Säcker EnergieR/Wolf § 110 Rn. 147; Bourwieg/Hellermann/Hermes/Hermes § 4 Rn. 54; Ortlieb/Staebe Geschlossene Verteilernetze-HdB/Ortlieb Kap. 4 Rn. 60; Theobald/Kühling/Theobald § 4 Rn. 11 und 19; Jacobshagen/Kachel/Baxmann IR 2012, 2 (5)).

65 Für die vorgenannten Fallgestaltungen, die nicht einer Genehmigungspflicht nach § 4 Abs. 1 S. 1 unterliegen, ist in § 4 Abs. 2 S. 2 jedoch eine **Untersagungsbefugnis** der

Energieaufsichtsbehörde vorgesehen, sofern es seitens des jeweiligen Netzbetreibers an der personellen, technischen und wirtschaftlichen Leistungsfähigkeit und Zuverlässigkeit fehlt, um den Netzbetrieb auf Dauer sicherzustellen (BT-Drs. 15/3917, 80; Bourwieg/Hellermann/Hermes/Hermes § 4 Rn. 55; Kment EnWG/Kment § 4 Rn. 16; Schneider/Theobald EnergieWirtschaftsR-HdB/Franke § 3 Rn. 26; Theobald/Kühling/Theobald § 4 Rn. 19 f.).

2. Entflechtungsvorschriften

Grundsätzlich auf Geschlossene Verteilernetze **anwendbar** sind die für Energieverteilernetze geltenden Entflechtungsvorschriften in Teil 2 des EnWG (Gemeinsames Positionspapier der Regulierungsbehörden, 15; Baur/Salje/Schmidt-Preuß Energiewirtschaft/Wolf Kap. 69 Rn. 28; Säcker EnergieR/Wolf § 110 Rn. 117; Bourwieg/Hellermann/Hermes/Bourwieg § 110 Rn. 57 ff.; Kment EnWG/Schex § 110 Rn. 16; Theobald/Kühling/Jacobshagen/ Kachel § 110 Rn. 87; Schalle ZNER 2011, 406 (409)), sofern deren Anwendungsbereich nach § 6 Abs. 1 eröffnet ist. Dies ist nach § 6 Abs. 1 Alt. 1 zum einen dann der Fall, wenn es sich bei dem Betreiber des Geschlossenen Verteilernetzes selbst um ein **vertikal integriertes Energieversorgungsunternehmen** (§ 3 Nr. 38) handelt. Der Betreiber eines Geschlossenen Verteilernetzes ist als vertikal integriertes Energieversorgungsunternehmen iSd § 3 Nr. 38 zu betrachten, wenn er neben der Funktion der Energieverteilung zudem mindestens eine der Funktionen Energieerzeugung oder Energievertrieb wahrnimmt (Bourwieg/Hellermann/Hermes/Bourwieg § 110 Rn. 25; Ortlieb/Staebe Geschlossene Verteilernetze-HdB/Ortlieb Kap. 5 Rn. 3). Zum anderen ist der Anwendungsbereich der Entflechtungsvorschriften nach § 6 Abs. 1 Alt. 2 eröffnet, wenn der Betreiber des Geschlossenen Verteilernetzes zwar als rechtlich selbstständiger Netzbetreiber anzusehen, er aber iSv § 3 Nr. 38 mit einem vertikal integrierten Energieversorgungsunternehmen verbunden ist. In der Praxis treten erfahrungsgemäß beide Konstellationen auf. Es sind jedoch auch Fallgestaltungen denkbar, in denen der Anwendungsbereich der Entflechtungsvorschriften **nicht eröffnet** ist. Dies ist dann der Fall, wenn der Betreiber des Geschlossenen Verteilernetzes neben der Funktion des Netzbetriebs keine weiteren Funktionen im Energiebereich wahrnimmt und er zugleich nicht mit einem vertikal integrierten Energieversorgungsunternehmen iSd § 3 Nr. 38 verbunden ist. 66

Zu **unterscheiden** ist bei Eröffnung des Anwendungsbereichs nach § 6 Abs. 1 zwischen folgenden Entflechtungsvorschriften: 67
- informationelle Entflechtung (§ 6a),
- buchhalterische Entflechtung (§ 6b),
- rechtliche Entflechtung (§ 7), sowie
- operationelle Entflechtung (§ 7a).

Ausnahmsweise **nicht** auf Betreiber von Geschlossenen Verteilernetzen anwendbar sind 68
- gemäß der Verweisung in Absatz 1 die Regelung des **§ 7 Abs. 1 S. 2,** wonach Betreiber von Energieverteilernetzen nicht Eigentümer von Energiespeicheranlagen sein und solche Anlagen auch nicht errichten, verwalten oder betreiben dürfen (→ Rn. 24 f.),
- gemäß der Verweisung in Absatz 1 die Vorschrift des **§ 7c Abs. 1,** wonach Betreiber von Energieverteilernetzen nicht Eigentümer von Ladepunkten für Elektrofahrzeuge sein und solche Ladepunkte auch nicht entwickeln, verwalten oder betreiben dürfen (→ Rn. 26 f.), sowie
- gem. **§ 6b Abs. 8 S. 1** einzelne Vorschriften aus dem Bereich der buchhalterischen Entflechtung, nämlich § 6b Abs. 4 und 7 (→ Rn. 49 ff.),

Im Hinblick auf die grundsätzliche Anwendbarkeit der Entflechtungsvorschriften **unterscheidet** sich die aktuelle Fassung des § 110 wiederum signifikant von ihrer Vorgängerregelung betreffend Objektnetze, nach der der gesamte Teil 2 des EnWG betreffend die Entflechtungsvorschriften in ihrer damaligen Fassung auf Objektnetze unanwendbar war (→ Rn. 11; Baur/Salje/Schmidt-Preuß Energiewirtschaft/Wolf Kap. 69 Rn. 28; Säcker EnergieR/Wolf § 110 Rn. 117). Die unionsrechtlichen Vorgaben in Art. 28 Elektrizitäts-Binnenmarkt-Richtlinie 2009/72/EG (ABl. 2009 L 211, 55) und in Art. 28 Gas-Binnenmarkt-Richtlinie 2009/73/EG (ABl. 2009 L 211, 94) ließen bei Schaffung der gegenwärtigen Fassung des § 110 eine derartig weitreichende Ausnahmeregelung von den Entflechtungsvorschriften für Geschlossene Verteilernetze nicht zu (→ Rn. 13). 69

EnWG § 110

70   Hinsichtlich der Vorschriften zur rechtlichen und operationellen Entflechtung sind auch bei Geschlossenen Verteilernetzen die dort geltenden **de-minimis-Regelungen** (§§ 7 Abs. 2 und 7a Abs. 7) zu beachten, sofern es sich bei diesen um vertikal integrierte Energieversorgungsunternehmen (§ 3 Nr. 38) handelt. Demnach sind die Betreiber von Energieverteilernetzen von den Vorschriften über die rechtliche (§ 7) und operationelle (§ 7a) Entflechtung grundsätzlich ausgenommen, wenn an deren Energieverteilernetz weniger als 100.000 Kunden unmittelbar oder mittelbar angeschlossen sind. Dies ist bei den Betreibern von Geschlossenen Verteilernetzen regelmäßig der Fall (Gemeinsames Positionspapier der Regulierungsbehörden, 15; Baur/Salje/Schmidt-Preuß Energiewirtschaft/Wolf Kap. 69 Rn. 28; Säcker EnergieR/Wolf § 110 Rn. 117; Bourwieg/Hellermann/Hermes/Bourwieg § 110 Rn. 57; Ortlieb/Staebe Geschlossene Verteilernetze-HdB/Klinge Kap. 4 Rn. 17 ff.; Theobald/Kühling/Jacobshagen/Kachel § 110 Rn. 70, 72 und 87; Schalle ZNER 2011, 406 (409); Strohe CuR 2011, 105 (106)). Die §§ 7 Abs. 2 und 7a Abs. 7, die sprachlich allerdings schwer verständlich sind, enthalten jeweils eine **sog. Verbundklausel.** Demnach findet bei der Bestimmung des vorgenannten Schwellenwertes eine Zusammenrechnung derjenigen Kunden statt, die an sämtliche Energieverteilernetze, die von iSd § 3 Nr. 38 verbundenen Unternehmen betrieben werden, unmittelbar oder mittelbar angeschlossen sind (→ § 7 Rn. 35; zu dem abweichend formulierten Schwellenwert in § 54 Abs. 2 S. 1 → § 54 Rn. 258; zu dem abweichend formulierten Schwellenwert in § 24 Abs. 1 ARegV Holznagel/Schütz/Kresse ARegV § 24 Rn. 64 ff.). Insbesondere wenn der Betreiber eines Geschlossenen Verteilernetzes mit einem oder mehreren anderen Betreibern von Energieverteilernetzen nach § 3 Nr. 38 verbunden ist, kommt aufgrund der Verbundklausel eine **Überschreitung** des in §§ 7 Abs. 2 und 7a Abs. 7 genannten Schwellenwertes in Betracht, sodass die Vorschriften über die rechtliche und operationelle Entflechtung auf diesen Betreiber eines Geschlossenen Verteilernetzes vollumfänglich Anwendung finden.

3. Netzanschluss (§ 17)

71   Ebenfalls anwendbar ist die in Absatz 1 nicht erwähnte Regelung des § 17, aus der sich ebenfalls ein Netzanschlussanspruch ergibt, der jedoch grundsätzlich gegenüber der Spezialregelung des § 18 zurücktritt, sofern deren Anwendungsbereich eröffnet ist (→ § 17 Rn. 2 ff.). Da § 18 jedoch in Geschlossenen Verteilernetzen nach Absatz 1 keine Anwendung findet, wird § 17 nicht verdrängt und greift vorliegend als lex generalis Platz. Betreiber von Geschlossenen Verteilernetzen sind damit nach § 17 dazu **verpflichtet,** Netzanschluss zu gewähren (Gemeinsames Positionspapier der Regulierungsbehörden, 15; Baur/Salje/Schmidt-Preuß Energiewirtschaft/Wolf Kap. 69 Rn. 29; Säcker EnergieR/Wolf § 110 Rn. 120; Bourwieg/Hellermann/Hermes/Bourwieg § 110 Rn. 55; Ortlieb/Staebe Geschlossene Verteilernetze-HdB/Ortlieb Kap. 4 Rn. 80 ff.; Theobald/Kühling/Jacobshagen/Kachel § 110 Rn. 71; Schalle ZNER 2011, 406 (410)). Dies gilt auch für einen etwaigen Netzanschluss eines Letztverbrauchers auf der **Niederspannungsebene** oder auf der **Druckstufe Niederdruck,** da § 17 vorliegend aufgrund der Nichtanwendbarkeit der Spezialregelung des § 18 in Geschlossenen Verteilernetzen nicht durch diesen verdrängt wird (Baur/Salje/Schmidt-Preuß Energiewirtschaft/Wolf Kap. 69 Rn. 29; Säcker EnergieR/Wolf § 110 Rn. 120; in diese Richtung auch Ortlieb/Staebe Geschlossene Verteilernetze-HdB/ Ortlieb Kap. 4 Rn. 81). In diesem Punkt unterscheidet sich die Neufassung des § 110 signifikant von ihrer für Objektnetze geltenden Vorgängerregelung, wonach der vollständige Teil 3 des EnWG betreffend die Regulierung des Netzbetriebs, einschließlich sämtlicher Vorschriften zum Netzanschlussanspruch (§§ 17 und 18), auf Objektnetze unanwendbar war (→ Rn. 11). Auf die Betreiber Geschlossener Verteilernetze ist – im Gegensatz zur NAV und zur NDAV (→ Rn. 39) – die Kraftwerks-Netzanschlussverordnung (KraftNAV) vom 26.6.2007 (BGBl. I 1187) anwendbar (Baur/Salje/Schmidt-Preuß Energiewirtschaft/Wolf Kap. 69 Rn. 29; Säcker EnergieR/Wolf § 110 Rn. 120; Theobald/Kühling/Jacobshagen/Kachel § 110 Rn. 90; krit. Schalle ZNER 2011, 406 (410)).

4. Netzzugang (§§ 20, 21)

72   Anwendbar auf Geschlossene Verteilernetze sind die in Absatz 1 nicht erwähnten Vorschriften der §§ 20 und 21. In Geschlossenen Verteilernetzen gilt daher der Anspruch auf

Gewährung diskriminierungsfreien **Netzzuganges** nach § 20, einschließlich der einschlägigen Festlegungen der Regulierungsbehörden (BT-Drs. 17/6072, 94; Gemeinsames Positionspapier der Regulierungsbehörden, 15; Baur/Salje/Schmidt-Preuß Energiewirtschaft/Wolf Kap. 69 Rn. 29; Bourwieg/Hellermann/Hermes/Bourwieg § 110 Rn. 55; Kment EnWG/Schex § 110 Rn. 16; Ortlieb/Staebe Geschlossene Verteilernetze-HdB/Ortlieb Kap. 4 Rn. 91 ff.; krit. zu der Geltung der Festlegungen der Regulierungsbehörden Schalle ZNER 2011, 406 (410)). Die für den Netzzugang zu entrichtenden **Netznutzungsentgelte** dürfen die Betreiber Geschlossener Verteilernetze nicht nach ihrem Belieben bemessen, sondern haben hierbei die gesetzlichen Vorgaben des § 21 zu beachten. Nach § 21 Abs. 1 müssen die Netznutzungsentgelte u.a. angemessen, diskriminierungsfrei und transparent sein (→ § 21 Rn. 1 ff.). Außerdem sind die Netznutzungsentgelte nach § 21 Abs. 2 kostenbasiert zu bestimmen (Gemeinsames Positionspapier der Regulierungsbehörden, 19 f.; Bourwieg/Hellermann/Hermes/Bourwieg § 110 Rn. 80; Ortlieb/Staebe Geschlossene Verteilernetze-HdB/Ortlieb Kap. 4 Rn. 62 f.). Die Betreiber der Geschlossenen Verteilernetze haben bei der Bemessung der Netznutzungsentgelte die Vorgaben der StromNEV und der GasNEV zu beachten (im Einzelnen zur Kalkulation der Netzentgelte Ortlieb/Staebe Geschlossene Verteilernetze-HdB/Ortlieb Kap. 4 Rn. 63 ff.; Theobald/Kühling/Jacobshagen/Kachel § 110 Rn. 90).

73 Die die Netznutzungsentgelte enthaltenden sog. **Preisblätter** sind durch die Betreiber der Geschlossenen Verteilernetze nach § 21 Abs. 3 zu **veröffentlichen** (→ § 21 Rn. 34; noch zur früheren Rechtslage nach § 27 Abs. 1 S. 1 StromNEV aF und § 27 Abs. 1 S. 1 GasNEV aF Gemeinsames Positionspapier der Regulierungsbehörden, 15 und 19 f.; Bourwieg/Hellermann/Hermes/Bourwieg § 110 Rn. 56; Kment EnWG/Schex § 110 Rn. 17; Ortlieb/Staebe Geschlossene Verteilernetze-HdB/Ortlieb Kap. 4 Rn. 98). Durch das Gesetz zur Umsetzung unionsrechtlicher Vorgaben und zur Regelung reiner Wasserstoffnetze im Energiewirtschaftsrecht vom 16.7.2021 (BGBl. I 3026) wurde die vorgenannte Veröffentlichungspflicht von § 27 Abs. 1 S. 1 StromNEV aF und § 27 Abs. 1 S. 1 GasNEV aF in die aktuelle Regelung des § 21 Abs. 3 verlagert (BT-Drs. 19/27453, 140 f.). Nach früherer Rechtslage stellte ein Verstoß gegen die Veröffentlichungspflicht nach § 27 Abs. 1 S. 1 StromNEV aF und § 27 Abs. 1 S. 1 GasNEV aF einen bußgeldbewehrten **Ordnungswidrigkeitstatbestand** gem. § 95 Abs. 1 Nr. 5 dar (Ortlieb/Staebe Geschlossene Verteilernetze-HdB/Ortlieb Kap. 4 Rn. 98). Durch die vorgenannte gesetzliche Änderung wird ein Verstoß gegen § 21 Abs. 3 nicht mehr von dem auf die StromNEV und die GasNEV bezogenen Ordnungswidrigkeitstatbestand des § 95 Abs. 1 Nr. 5 erfasst und auch ein gesonderter Ordnungswidrigkeitstatbestand wurde nicht geschaffen. Hierbei dürfte es sich um ein redaktionelles Versehen des Gesetzgebers handeln.

74 Für Geschlossene Verteilernetze gelten auch die Vorschriften des § 19 StromNEV (Gemeinsames Positionspapier der Regulierungsbehörden, 15 f.; Säcker EnergieR/Wolf § 110 Rn. 130; Kment EnWG/Schex § 110 Rn. 17; Ortlieb/Staebe Geschlossene Verteilernetze-HdB/Ortlieb Kap. 5 Rn. 59 ff.) und des § 20 GasNEV betreffend die **Gewährung individueller Netzentgelte.** Die an ein Geschlossenes Verteilernetz iSd § 110 angeschlossenen und über dieses mit Elektrizität versorgten Letztverbraucher können somit im Falle des Vorliegens einer atypischen Netznutzung (§ 19 Abs. 2 S. 1 StromNEV) oder im Falle einer intensiven Netznutzung (§ 19 Abs. 2 S. 2 StromNEV) einen Anspruch auf Abschluss einer Vereinbarung eines individuellen Netzentgelts haben (FAQ-Katalog der BNetzA zur sachgerechten Ermittlung individueller Netzentgelte nach § 19 Abs. 2 StromNEV vom 11.12.2013, 9; Säcker EnergieR/Wolf § 110 Rn. 130). Anders zu beurteilen ist dieser Punkt jedoch im Hinblick der Betreiber von Geschlossenen Verteilernetzen: Nach der einschlägigen (nach § 54 Abs. 3 S. 2 bundeseinheitlichen, → § 54 Rn. 420 ff.) Festlegung der BNetzA sind die Betreiber Geschlossener Verteilernetze nicht als Letztverbraucher iSd § 3 Nr. 25 EnWG und des § 19 Abs. 2 S. 1 und 2 StromNEV anzusehen, sondern vielmehr – jeweils im Grundsatz – „wie ein ganz normaler Betreiber eines Elektrizitätsversorgungsnetzes zu behandeln". In der Folge haben Betreiber Geschlossener Verteilernetze keinen Anspruch gegen den Betreiber des vorgelagerten Elektrizitätsversorgungsnetzes auf Abschluss einer Vereinbarung eines individuellen Netzentgelts nach § 19 Abs. 2 S. 1 und 2 StromNEV (näher BNetzA Beschl. v. 11.12.2013 – BK4-13-739, S. 52; Säcker EnergieR/Wolf § 110 Rn. 130).

75 Betreiber Geschlossener Verteilernetze haben nach § 19 Abs. 2 S. 13 StromNEV einen Anspruch gegen die Betreiber der Übertragungsnetze auf Ersatz der durch die Gewährung individueller Netznutzungsentgelte entgangenen Erlöse. Außerdem nehmen sie an dem **bundesweiten Wälzungsmechanismus** nach § 19 Abs. 2 S. 15 StromNEV teil. Dies folgt nach gegenwärtiger Rechtslage daraus, dass § 19 Abs. 2 S. 15 Hs. 2 StromNEV auf §§ 26 und 28 KWKG verweist. Diese Vorschriften gelten für alle Netzbetreiber im Sinne der Legaldefinition des § 2 Nr. 21 KWKG. Unter diesen Begriff fallen nach aktueller Rechtslage ausdrücklich auch die Betreiber Geschlossener Verteilernetze nach § 110 EnWG (→ Rn. 80; BT-Drs. 18/6419, 40; Säcker EnergieR/Wolf § 110 Rn. 130; Säcker EnergieR/Fricke KWKG § 2 Rn. 170). Nach § 27 Abs. 1 S. 2 StromNEV und § 27 Abs. 1 S. 2 GasNEV sind auch etwaige individuelle Netzentgelte iSd § 19 StromNEV und des§ 20 GasNEV zu veröffentlichen.

76 In diesen zentralen Punkten **unterscheidet** sich die aktuelle Fassung des § 110 ebenfalls deutlich von ihrer Objektnetze betreffenden Vorgängerregelung in der Fassung des Zweiten Gesetzes zur Neuregelung des Energiewirtschaftsrechts vom 7.7.2005 (BGBl. I 1970 (2007) und näher → Rn. 10 ff.), nach der der gesamte Teil 3 des EnWG betreffend die Regulierung des Netzbetriebs, einschließlich der Vorschriften zum Netzzugangsanspruch (§ 20) und zur Bemessung der Netznutzungsentgelte (§ 21), auf Objektnetze unanwendbar war. In Objektnetzen konnte daher nach damaliger Rechtslage der jeweilige Betreiber die Gewährung diskriminierungsfreien Netzzuganges verweigern und etwaige Netznutzungsentgelte nach ihrem Belieben bemessen. Die Nichtanwendbarkeit des Anspruches auf Gewährung diskriminierungsfreien Netzzuganges war dann in der **Citiworks-Entscheidung** für den EuGH (NVwZ 2008, 769 Rn. 65) der ausschlaggebende Grund, die Regelung des § 110 Abs. 1 Nr. 1 aF für teilweise unionsrechtswidrig und insoweit unanwendbar zu erklären (→ Rn. 12).

5. Veröffentlichungspflichten (§ 23c)

77 Neben der nunmehr in § 21 Abs. 3 geregelten Veröffentlichungspflicht der Netzbetreiber im Hinblick auf die in einem Geschlossenen Verteilernetz geforderten Netznutzungsentgelte (näher → Rn. 73) haben die Betreiber Geschlossener Verteilernetze auch die jeweils für den Strom- oder Gasbereich geltenden allgemeinen Veröffentlichungspflichten nach **§ 23c** zu beachten. Durch das Gesetz zur Umsetzung unionsrechtlicher Vorgaben und zur Regelung reiner Wasserstoffnetze im Energiewirtschaftsrecht vom 16.7.2021 (BGBl. I 3026) wurde § 23c als **„zentrale Norm"** geschaffen, in der zuvor in verschiedenen Rechtsverordnungen enthaltene Veröffentlichungspflichten „gebündelt" wurden (BT-Drs. 19/27453, 113). Die Betreiber Geschlossener Verteilernetze haben vor diesem Hintergrund im Strombereich die aus § 23c Abs. 1 und 3 und im Gasbereich die aus § 23c Abs. 4 und 6 folgenden Veröffentlichungspflichten **vollumfänglich** zu beachten. Insofern unterscheidet sich die Rechtslage hinsichtlich der Veröffentlichungspflichten der Betreiber Geschlossener Verteilernetze von dem Mindestinhalt des Antrages auf Einstufung als Geschlossenes Verteilernetz gem. Absatz 3 Satz 2 Nummer 2, der im Falle von Elektrizitätsverteilernetzen lediglich § 23c Abs. 1 (→ Rn. 212 f.) und im Falle von Erdgasverteilernetzen nur § 23c Abs. 4 Nr. 1–5 (→ Rn. 214 f.) erfasst.

6. Allgemeines Missbrauchsverfahren (§ 30)

78 Grundsätzlich auf Geschlossene Verteilernetze anzuwenden ist die Vorschrift des § 30 betreffend das allgemeine Missbrauchsverfahren (Baur/Salje/Schmidt-Preuß Energiewirtschaft/Wolf Kap. 69 Rn. 35; Kment EnWG/Schex § 110 Rn. 16; Theobald/Kühling/Jacobshagen/Kachel § 110 Rn. 72). Dies gilt – abweichend von dem besonderen Missbrauchsverfahren nach § 31 (näher → Rn. 48) – **insbesondere** auch für die Überprüfung der in einem Geschlossenen Verteilernetz geforderten **Netznutzungsentgelte**. Eine diesbezügliche Anwendung des § 30 auf Geschlossene Verteilernetze wird weder durch Absatz 1 noch durch Absatz 4 Satz 1 Halbsatz 2 ausgeschlossen. Entsteht bei der zuständigen Regulierungsbehörde aufgrund bestimmter tatsächlicher Anhaltspunkte der Eindruck, dass der Betreiber eines Geschlossenen Verteilernetzes seine **Marktstellung** iSd § 30 Abs. 1 S. 1 missbraucht, so kann sie von Amts wegen ein allgemeines Missbrauchsverfahren nach § 30 einleiten und das Verhalten des Betreibers überprüfen (→ § 30 Rn. 12 ff.; Bourwieg/Hellermann/Hermes/Hollmann § 30 Rn. 10; Kment EnWG/Wahlhäuser § 30 Rn. 14 ff.; Theobald/Kühling/

Boos § 30 Rn. 8 ff.). Zur Anwendbarkeit des besonderen Missbrauchsverfahrens nach § 31 auf Betreiber Geschlossener Verteilernetze → Rn. 48.

Im Falle eines Missbrauchs der Marktmacht durch den Betreiber des Geschlossenen Verteilernetzes iSd § 30 Abs. 1 S. 1 kommt die Verhängung eines **Bußgeldes** in einem Ordnungswidrigkeitenverfahren nach § 95 Abs. 1 Nr. 4 in Betracht (Baur/Salje/Schmidt-Preuß Energiewirtschaft/Wolf Kap. 69 Rn. 35). 79

IV. Anwendbarkeit sonstiger Vorschriften außerhalb des EnWG

Ob und inwieweit energierechtliche Vorschriften außerhalb des EnWG auf Geschlossene Verteilernetze und deren Betreiber Anwendung finden, ist jeweils im Einzelnen zu prüfen. Das **Kraft-Wärme-Kopplungsgesetz** (KWKG) differenziert seit der Fassung des Gesetzes zur Neuregelung des KWKG vom 21.12.2015 (BGBl. I 2498 (2500)) ausdrücklich zwischen Netzen der allgemeinen Versorgung iSd § 2 Nr. 22 KWKG, der wiederum auf die Regelung des § 3 Nr. 17 verweist, und Geschlossenen Verteilernetzen iSd § 110. Sowohl die Betreiber von Netzen der allgemeinen Versorgung als auch die Betreiber von Geschlossenen Verteilernetzen sind gem. § 2 Nr. 21 KWKG als **Netzbetreiber** anzusehen. Die sich aus dem KWKG ergebenden Rechte und Pflichten von Netzbetreibern gelten damit grundsätzlich auch für die Betreiber Geschlossener Verteilernetze (Bourwieg/Hellermann/Hermes/Bourwieg § 110 Rn. 22; Säcker EnergieR/Wolf § 110 Rn. 127; Säcker EnergieR/Fricke KWKG § 2 Rn. 170; Kment EnWG/Schex § 110 Rn. 18; Theobald/Kühling/Jacobshagen/Kachel § 110 Rn. 27 f.). Nach dem ausdrücklichen Willen des Gesetzgebers (BT-Drs. 18/6419, 40) haben die Betreiber Geschlossener Verteilernetze die Zuschläge nach §§ 6 ff. KWKG zu zahlen und werden auch in die KWKG-Umlage nach §§ 26 ff. KWKG einbezogen (→ Rn. 80; näher Säcker EnergieR/Wolf § 110 Rn. 127; Säcker EnergieR/Fricke KWKG § 2 Rn. 170; Bourwieg/Hellermann/Hermes/Bourwieg § 110 Rn. 22). Darüber hinaus enthält das KWKG eine Regelung, in der die Geltung für Geschlossene Verteilernetze ausdrücklich angeordnet wird. Nach § 13 Abs. 1 S. 1 Nr. 1 KWKG besteht unter bestimmten Voraussetzungen ein Anspruch auf Zahlung eines Zuschlags für KWK-Strom auch dann, wenn eine Lieferung über ein Geschlossenes Verteilernetz erfolgt. Nach früherer (überholter) Rechtslage waren die Betreiber Geschlossener Verteilernetze nicht als Netzbetreiber, sondern als Letztverbraucher anzusehen (näher Säcker EnergieR/Fricke KWKG § 2 Rn. 170 unter Hinweis auf BGH NVwZ-RR 2015, 331 Rn. 20 ff.). 80

Abweichend von der aktuellen Rechtslage im KWKG ist nach § 3 Nr. 36 **Erneuerbare-Energien-Gesetz** (EEG) Netzbetreiber iSd EEG der Betreiber eines Elektrizitätsversorgungsnetzes der allgemeinen Versorgung. Es stellt sich daher die **Frage,** ob Betreiber Geschlossener Verteilernetze als Elektrizitätsversorgungsnetze der allgemeinen Versorgung angesehen werden können (näher Baur/Salje/Schmidt-Preuß Energiewirtschaft/Wolf Kap. 69 Rn. 32 f.; Säcker EnergieR/Wolf § 110 Rn. 127 ff.; verneinend Bourwieg/Hellermann/Hermes/Bourwieg § 110 Rn. 23 f.; Kment EnWG/Schex § 110 Rn. 18; Theobald/Kühling/Jacobshagen/Kachel § 110 Rn. 31 und 89; Jacobshagen/Kachel/Baxmann IR 2021, 2 (7)). In § 11 Abs. 2 EEG 2021 ist jedenfalls eine entsprechende Geltung der Regelung des § 11 Abs. 1 EEG 2021 für den Fall angeordnet, dass eine Erzeugungsanlage in das „Netz des Anlagenbetreibers oder einer dritten Person, die nicht Netzbetreiber ist", einspeist und eine kaufmännisch-bilanzielle Weitergabe in ein Elektrizitätsversorgungsnetz der allgemeinen Versorgung erfolgt. Diese Regelung kann auf die Betreiber Geschlossener Verteilernetze angewendet werden, selbst wenn man diese nicht als Elektrizitätsversorgungsnetze der allgemeinen Versorgung ansieht (Kment EnWG/Schex § 110 Rn. 18). 81

F. Tatbestandsvoraussetzungen für das Vorliegen eines Geschlossenen Verteilernetzes (Abs. 2)

Ein Geschlossenes Verteilernetz iSd § 110 liegt vor, wenn die in Absatz 2 Sätze 1 und 2 genannten Tatbestandsvoraussetzungen **erfüllt** sind. Dies ist der Fall, wenn 82
- es sich um ein Energieverteilernetz handelt (→ Rn. 87 ff.) und
- durch dieses Energieverteilernetz ein geografisch begrenztes Gebiet versorgt wird (→ Rn. 105 ff.) und

- es sich bei dem versorgten Gebiet entweder um ein Industriegebiet, um ein Gewerbegebiet oder um ein sonstiges Gebiet handelt, in dem Leistungen gemeinsam genutzt werden (→ Rn. 114 ff.) und
- entweder (i) die Tätigkeiten oder Produktionsverfahren der über das Energieverteilernetz versorgten Letztverbraucher aus konkreten technischen oder sicherheitstechnischen Gründen verknüpft sind (Absatz 2 Satz 1 Nummer 1, → Rn. 126 ff.) oder (ii) über das Energieverteilernetz in erster Linie Energie an den Netzeigentümer oder -betreiber oder an mit diesem verbundene Unternehmen verteilt wird (Absatz 2 Satz 1 Nummer 2, → Rn. 144 ff.) und
- über das Energieverteilernetz entweder (i) keine Letztverbraucher, die Energie für den Eigenverbrauch im Haushalt kaufen, versorgt werden oder (ii) nur eine geringe Zahl von solchen Letztverbrauchern versorgt werden, wenn diese ein Beschäftigungsverhältnis oder eine vergleichbare Beziehung zum Netzeigentümer oder -betreiber unterhalten (→ Rn. 155 ff.).

83 Bei § 110 handelt es sich um eine unionsrechtlich begründete **Ausnahmevorschrift** von den für Energieverteilernetzen grundsätzlich geltenden Vorschriften, insbesondere von den Regelungen über die ex ante-Regulierung der Netznutzungsentgelte. Die Regelung des § 110 ist daher im Grundsatz **eng auszulegen,** die nachfolgend dargestellten Tatbestandsvoraussetzungen dürfen insbesondere nicht dahingehend überdehnt werden, dass keine hinreichende Abgrenzung mehr zu einem Energieversorgungsnetz der allgemeinen Versorgung (§ 3 Nr. 17) erfolgt (Bourwieg/Hellermann/Hermes/Bourwieg § 110 Rn. 31). Zugleich ist bei der Anwendung des § 110 auf eine **richtlinienkonforme Auslegung** zu achten. Die Tatbestandsvoraussetzungen des Absatzes 2 müssen also dergestalt ausgelegt werden, dass hierdurch insbesondere dem Willen des Richtliniengebers Rechnung getragen wird, Energieverteilernetze in bestimmten Gebieten unter bestimmten Voraussetzungen tatsächlich von einem „unnötigen Verwaltungsaufwand" entlasten zu können (→ Rn. 1; Säcker EnergieR/Wolf § 110 Rn. 9). In Erwägungsgrund 66 Elektrizitäts-Binnenmarkt-Richtlinie (EU) 2019/944 (früher: Erwägungsgrund 30 Elektrizitäts-Binnenmarkt-Richtlinie 2009/72/EG) und in Erwägungsgrund 28 Gas-Binnenmarkt-Richtlinie 2009/73/EG können Geschlossene Verteilernetze **beispielsweise** gegeben sein bei Energieverteilernetzen in „Bahnhofsgebäuden, Flughäfen, Krankenhäusern, großen Campingplätzen mit integrierten Anlagen und Standorten der Chemieindustrie". Die Tatbestandsvoraussetzungen des Absatzes 2 dürfen in der Praxis keinesfalls so eng ausgelegt werden, dass den Betreibern von Energieverteilernetzen in den vorgenannten Fallgruppen deren Erfüllung rechtlich oder praktisch unmöglich gemacht wird. Vielmehr ist das Vorliegen der Tatbestandsvoraussetzungen in jedem Einzelfall, auch in den soeben genannten Beispielfällen, ergebnisoffen zu prüfen. Auch der Richtliniengeber geht in den zitierten Erwägungsgründen (Wortlaut: „können") davon aus, dass in den Beispielfällen nicht „automatisch" ein Geschlossenes Verteilernetz vorliegt, sondern dass die hierfür erforderlichen Tatbestandsvoraussetzungen erfüllt sein müssen (Gemeinsames Positionspapier der Regulierungsbehörden, 11; Säcker EnergieR/Wolf § 110 Rn. 9; Bourwieg/Hellermann/Hermes/Bourwieg § 110 Rn. 39).

84 In der **Literatur** (Bourwieg/Hellermann/Hermes/Bourwieg § 110 Rn. 11) wird teilweise die Auffassung vertreten, wonach die Formulierung der vorgenannten Erwägungsgründe des Richtliniengebers im Vergleich zu dem Wortlaut des Art. 38 Abs. 1 Elektrizitäts-Binnenmarkt-Richtlinie (EU) 2019/944 und des Art. 28 Abs. 1 Gas-Binnenmarkt-Richtlinie 2009/73/EG als **widersprüchlich** anzusehen seien. So könnten im Fall eines Bahnhofsgebäudes oder eines Campingplatzes die Tatbestandsvoraussetzungen einer konkreten technischen oder sicherheitstechnischen Verknüpfung der Tätigkeiten iSd Absatzes 2 Satz 1 Nummer 1 nicht erfüllt sein. Dieser Ansicht kann **nicht gefolgt** werden. Richtigerweise ist es bei einer richtlinienkonformen Auslegung des § 110 im Einzelfall durchaus denkbar, dass zB in den genannten Fällen (Bahnhofsgebäude und Campingplätze) eine konkrete sicherheitstechnische Verknüpfung der Tätigkeiten nach Absatz 2 Satz 1 Nummer 1 Alternative 2 vorliegt (→ Rn. 143). Weder die Regelung des § 110 noch die diesem zugrundeliegenden Richtlinien setzen voraus, dass die Anschlussnehmer aus konkreten technischen oder sicherheitstechnischen Gründen „gemeinsam versorgt" (so aber Bourwieg/Hellermann/Hermes/Bourwieg § 110 Rn. 11) werden. Ausreichend ist nach dem Wortlaut eindeutig eine konkrete technische oder sicherheitstechnische Verknüpfung der Tätigkeiten oder Produktionsverfahren (Absatz 2 Satz 1 Nummer 1).

Sind die vorgenannten Tatbestandsvoraussetzungen für das Vorliegen eines Geschlossenen 85 Verteilernetzes gegeben und stellt der Betreiber des Geschlossenen Verteilernetzes nach Absatz 3 Satz 1 einen entsprechenden Antrag, so besteht ein **Anspruch** auf Einstufung als Geschlossenes Verteilernetz durch die zuständige Regulierungsbehörde (→ Rn. 247). Nach dem Wortlaut der Norm (Absatz 2 Satz 1: „Die Regulierungsbehörde stuft [...] als geschlossenes Verteilernetz ein") handelt es sich nicht um eine Ermessensvorschrift.

I. Energieversorgungsnetz zur Verteilung von Energie zum Zwecke der Versorgung von Kunden (Abs. 2 S. 1)

Nach Absatz 2 Satz 1 muss es sich bei der fraglichen Energieanlage (§ 3 Nr. 15) um ein 86 Energieversorgungsnetz handeln, durch das Energie zum Zwecke der Versorgung von Kunden verteilt wird:

1. Energieversorgungsnetz

Ein Energieversorgungsnetz ist eine **Energieanlage** (§ 3 Nr. 15) zur Fortleitung von 87 Energie (→ § 3 Nr. 15 Rn. 10). Als Energieversorgungsnetz sind nach der Legaldefinition des § 3 Nr. 16 **Elektrizitäts**versorgungsnetze über eine oder mehrere Spannungsebenen und **Gas**versorgungsnetze über eine oder mehrere Druckstufen anzusehen. Bei einem Netz handelt es sich um die Gesamtheit der miteinander verbundenen Anlagen zum Transport oder zur Verteilung von Energie, die der Versorgung Dritter dienen (speziell zu Absatz 2 Satz 1 OLG Düsseldorf BeckRS 2015, 10692 Rn. 24; Gemeinsames Positionspapier der Regulierungsbehörden, 6; Bourwieg/Hellermann/Hermes/Bourwieg § 110 Rn. 13; Theobald/Kühling/Jacobshagen/Kachel § 110 Rn. 21; allg. BGH BeckRS 2012, 8875 Rn. 8f.; NVwZ 2014, 1600 Rn. 35). Bei der Einstufung von Geschlossenen Verteilernetzen nach § 110 sind Elektrizitäts- und Gasbereich **getrennt** zu betrachten und zu prüfen (→ Rn. 206; Gemeinsames Positionspapier der Regulierungsbehörden, 9; Bourwieg/Hellermann/Hermes/Bourwieg § 110 Rn. 27; Kment EnWG/Schex § 110 Rn. 29). Eine bestimmte räumliche Ausdehnung, eine bestimmte Größe im Hinblick auf die fortgeleitete Energiemenge oder das Bestehen eines weitverzweigten Leitungssystems ist für das Vorliegen eines Energieversorgungsnetzes **nicht zwingend** erforderlich. Daher kann auch eine einzelne Leitung grundsätzlich ein Energieversorgungsnetz darstellen (BGH NVwZ-RR 2017, 492 Rn. 60 ff.; Gemeinsames Positionspapier der Regulierungsbehörden, 6; Bourwieg/Hellermann/Hermes/Bourwieg § 110 Rn. 13). Kein Energieversorgungsnetz stellen hingegen **Direktleitungen** nach § 3 Nr. 12 dar (Baur/Salje/Schmidt-Preuß Energiewirtschaft/Wolf Kap. 68 Rn. 23; Kment EnWG/Schex § 110 Rn. 20; Schneider/Theobald EnergieWirtschaftsR-HdB/Theobald/Zenke/Dessau § 15 Rn. 15; Theobald/Kühling/Jacobshagen/Kachel § 110 Rn. 22 und 40).

Anders als die die Objektnetze betreffende Vorgängerregelung in der Fassung des Zweiten 88 Gesetzes zur Neuregelung des Energiewirtschaftsrechts vom 7.7.2005 (BGBl. I 1970 (2007)) setzt die aktuelle Regelung in Absatz 2 Satz 1 **nicht** ausdrücklich voraus, dass es sich bei dem Energieverteilernetz nicht um ein Energieversorgungsnetz der **allgemeinen Versorgung** nach § 3 Nr. 17 handeln darf (Säcker EnergieR/Wolf § 110 Rn. 25; Theobald/Kühling/Jacobshagen/Kachel § 110 Rn. 25; daher Schneider/Theobald EnergieWirtschaftsR-HdB/Theobald/Zenke/Dessau § 15 Rn. 17). Ob Geschlossene Verteilernetze zugleich – also selbst im Falle einer Einstufung – auch Energieversorgungsnetze der allgemeinen Versorgung nach § 3 Nr. 17 darstellen können, ist **umstritten** (näher Säcker EnergieR/Wolf § 110 Rn. 25; Theobald/Kühling/Jacobshagen/Kachel § 110 Rn. 23 ff.). Diese Diskussion hat Auswirkungen darauf, ob Vorschriften des **EEG** auf Geschlossene Verteilernetze Anwendung finden (näher → Rn. 81).

a) Abgrenzung zur Kundenanlage. Nicht als Energieversorgungsnetz zu betrachten 89 sind nach § 3 Nr. 16 hingegen Kundenanlagen iSd § 3 Nr. 24a und 24b (→ § 3 Nr. 24a Rn. 1 ff. und → § 3 Nr. 24b Rn. 1 ff.). Geschlossene Verteilernetze sind daher stets zu Kundenanlagen in dem vorgenannten Sinn abzugrenzen, insbesondere zu Kundenanlagen zur betrieblichen Eigenversorgung nach § 3 Nr. 24b (Gemeinsames Positionspapier der Regulierungsbehörden, 6 ff.; Baur/Salje/Schmidt-Preuß Energiewirtschaft/Wolf Kap. 69 Rn. 8; Säcker EnergieR/Wolf § 110 Rn. 4, 22 und 26; Bourwieg/Hellermann/Hermes/

Bourwieg § 110 Rn. 5 und 15 ff.; Kment EnWG/Schex § 110 Rn. 21 ff.; Schneider/Theobald EnergieWirtschaftsR-HdB/Theobald/Zenke/Dessau § 15 Rn. 6 und 26 f.; Theobald/Kühling/Jacobshagen/Kachel § 110 Rn. 32; Strohe CuR 2011, 105 (106 f.)). Zwischen Geschlossenen Verteilernetzen und Kundenanlagen bestehen folgende **wesentliche Unterschiede:**

90 Kundenanlagen nach § 3 Nr. 24a und 24b stellen im Gegensatz zu Geschlossenen Verteilernetzen **keine Energieversorgungsnetze** dar, was sich ausdrücklich aus der Legaldefinition des § 3 Nr. 16 ergibt (Theobald/Kühling/Jacobshagen/Kachel § 110 Rn. 32).

91 Im Unterschied zu Geschlossenen Verteilernetzen, für deren Nutzung der Betreiber innerhalb gewisser gesetzlicher Schranken Netznutzungsentgelte fordern darf (→ Rn. 72), müssen Kundenanlagen „zum Zwecke der Belieferung der angeschlossenen Letztverbraucher im Wege der Durchleitung [...] unentgeltlich zur Verfügung gestellt werden" (§ 3 Nr. 24a lit. d und § 3 Nr. 24b lit. d – Hervorhebung nicht im Original). Dies bedeutet, dass die Betreiber von Kundenanlagen keine Nutzungsentgelte fordern dürfen. Allerdings liegt die Tatbestandsvoraussetzung der Unentgeltlichkeit regelmäßig vor, wenn die Kundenanlage im Rahmen eines **„vertraglichen Gesamtpaketes"**, etwa eines Miet- oder Pachtvertrages, zur Verfügung gestellt wird. Unzulässig sind jedoch Umgehungstatbestände im Sinne verdeckter Netznutzungsentgelte (BT-Drs. 17/6072, 51 und → § 3 Nr. 24a Rn. 42 ff.). In der Rechtsprechung werden allerdings teilweise sehr hohe Anforderungen an den Nachweis des Nichtvorliegens eines (verdeckten) Netznutzungsentgelts gestellt (OLG Frankfurt a. M. EnWZ 2018, 182 Rn. 41 ff.). Der Betreiber einer Energieanlage muss also die **ökonomische Entscheidung** treffen, ob er für deren Nutzung Netznutzungsentgelte erheben möchte oder nicht. Ist dies der Fall, so scheidet für seine Energieanlage eine Einordnung als Kundenanlage aus (Bourwieg/Hellermann/Hermes/Bourwieg § 110 Rn. 17; Säcker EnergieR/Wolf § 110 Rn. 4; Schneider/Theobald EnergieWirtschaftsR-HdB/Theobald/Zenke/Dessau § 15 Rn. 27).

92 Über Kundenanlagen iSd **§ 3 Nr. 24a** dürfen im Unterschied zu der für Geschlossene Verteilernetze geltenden Rechtslage nach Absatz 2 Satz 2 (→ Rn. 155) in größerem Umfang Kunden versorgt werden, die Energie für den Eigenverbrauch im Haushalt kaufen (also Privathaushalte) (→ § 3 Nr. 24a Rn. 22 ff.). Wird über eine Energieanlage eine größere Anzahl von **Privathaushalten** in dem vorgenannten Sinn mit Energie versorgt, so spricht dies aus der Sicht des Betreibers eher dafür, diese möglichst als Kundenanlage einzuordnen, sofern er eine Behandlung als vollumfänglich reguliertes Energieversorgungsnetz der allgemeinen Versorgung (§ 3 Nr. 17) vermeiden möchte (→ Rn. 7 f.). Maßgeblich für die maximale Anzahl der über eine Kundenanlage versorgten Privathaushalte ist das Tatbestandsmerkmal des § 3 Nr. 24a lit. c betreffend die fehlende Bedeutung der Energieanlagen für die Sicherstellung eines wirksamen und unverfälschten Wettbewerbs. Nach der Rechtsprechung des **BGH** ist die Frage, ob eine Energieanlage **„unbedeutend"** in dem vorgenannten Sinn ist, „auf der Grundlage einer Gesamtwürdigung zu entscheiden". Bei dieser **Gesamtwürdigung** sind nach Auffassung des BGH die Anzahl der angeschlossenen Letztverbraucher, die geografische Ausdehnung der Energieanlage, die Menge der durchgeleiteten Energie, aber auch sonstige Merkmale wie beispielsweise weitere angeschlossene Kundenanlagen oder Vertragsgestaltungen zu berücksichtigen (BGH EnWZ 2020, 265 Rn. 28 – Gewoba; unter Bezugnahme auf BT-Drs. 17/6072, 51 und → § 3 Nr. 24a Rn. 22 ff.; zu dem in der Folge durch den BGH eingeleiteten Vorabentscheidungsverfahren nach Art. 267 AEUV betreffend die Auslegung des Tatbestandsmerkmals der Unbedeutendheit siehe BGH NJOZ 2023, 154 Rn. 5 ff.). Der BGH hat hierzu folgende **Schwellenwerte** entwickelt, bei deren Überschreitung „im Regelfall" eine fehlende Bedeutung einer Energieanlage für die Sicherstellung eines wirksamen und unverfälschten Wettbewerbs iSd § 3 Nr. 24a lit. c nicht mehr angenommen werden kann (BGH EnWZ 2020, 265 Rn. 32):

- Anschluss von mehreren Hundert Letztverbrauchern,
- Versorgung einer Fläche von deutlich über 10.000 m²,
- Menge der durchgeleiteten Energie von deutlich über 1.000 MWh und
- Anschluss von mehreren Gebäuden.

93 Nach der Rechtsprechung des BGH liegt **regelmäßig** eine nach § 3 Nr. 24a lit. c für die Sicherstellung eines wirksamen und unverfälschten Wettbewerbs unbedeutende Energieanlage vor, wenn deren Größe „in **mehreren** dieser Punkte hinter den genannten Werten

zurück[bleibt]" (BGH EnWZ 2020, 265 Rn. 32 – Hervorhebung nicht im Original). Aus dieser Rechtsprechung folgt, dass über Kundenanlagen iSd § 3 Nr. 24a zulässigerweise bis zu unter 200 Letztverbraucher, darunter gerade auch Privathaushalte, versorgt werden können, wenn zugleich **einer** der vorgenannten Schwellenwerte für die versorgte Fläche, die durchgeleitete Energiemenge oder die Anzahl der angeschlossenen Gebäude unterschritten wird. Werden im Falle einer Energieanlage mehrere der Schwellenwerte betreffend die versorgte Fläche, die durchgeleitete Energiemenge und die Anzahl der angeschlossenen Gebäude unterschritten, so kommt nach dieser Rechtsprechung des BGH sogar eine Versorgung von über 200 Letztverbrauchern in Betracht, ohne dass hierdurch das Tatbestandsmerkmal des § 3 Nr. 24a lit. c entfallen würde. Hierbei handelt es sich jedoch stets um eine Gesamtwürdigung, die im Einzelfall vorzunehmen ist (BGH EnWZ 2020, 265 Rn. 32). Zu beachten ist in diesem Zusammenhang allerdings, dass der BGH im Jahr 2023 durch einen Vorlagebeschluss ein **Vorabentscheidungsverfahren beim EuGH** nach Art. 267 AEUV **eingeleitet** hat, um die Vereinbarkeit des Tatbestandsmerkmals der Unbedeutendheit im Sinne der vorstehend beschriebenen Rechtsprechung des BGH mit dem Unionsrecht zu klären (BGH NJOZ 2023, 154 Rn. 5 ff.).

Ein weiterer Unterschied zu Geschlossenen Verteilernetzen ergibt sich bei Kundenanlagen **94** zur betrieblichen Eigenversorgung nach **§ 3 Nr. 24b.** Gemäß § 3 Nr. 24b lit. c müssen Kundenanlagen zur betrieblichen Eigenversorgung „fast ausschließlich" der **betrieblichen Eigenversorgung** innerhalb des eigenen Unternehmens oder zu verbundenen Unternehmen dienen. Die Regulierungsbehörden des Bundes und der Länder gehen übereinstimmend davon aus, dass diese Tatbestandsvoraussetzung dann erfüllt ist, wenn im jährlichen Mittel regelmäßig nicht mehr als 5–10 Prozent der über die Energieanlage abgegebenen Energie an Dritte abgegeben wird (→ § 3 Nr. 24b Rn. 8; Gemeinsames Positionspapier der Regulierungsbehörden, 8; Kment EnWG/Schex § 110 Rn. 27; Schneider/Theobald EnergieWirtschaftsR-HdB/Theobald/Zenke/Dessau § 15 Rn. 26; krit. zur Abgrenzung Baur/Salje/Schmidt-Preuß Energiewirtschaft/Wolf Kap. 69 Rn. 16). Im Falle von Geschlossenen Verteilernetzen in der Variante des Absatzes 2 Satz 1 Nummer 2 muss die Energie hingegen nur „**in erster Linie**" an den Netzeigentümer oder -betreiber oder an mit diesen verbundene Unternehmen verteilt werden (→ Rn. 144 ff.). Die Regulierungsbehörden des Bundes und der Länder vertreten hierzu übereinstimmend die Ansicht, dass die vorgenannte Tatbestandsvoraussetzung jedenfalls dann nicht vorliegt, wenn der Anteil der der Eigenversorgung dienenden Energie 50 Prozent der insgesamt verteilten Energie regelmäßig nicht überschreitet (→ Rn. 152); Gemeinsames Positionspapier der Regulierungsbehörden, 13). Über Geschlossene Verteilernetze in der Variante des Absatzes 2 Satz 1 Nummer 2 kann demnach zulässigerweise ein Anteil von bis zu knapp 50 Prozent der insgesamt verteilten Energie an Dritte geliefert werden, also wesentlich mehr als bei Kundenanlagen zur betrieblichen Eigenversorgung nach § 3 Nr. 24b lit. c.

b) Netzbezogene Betrachtungsweise. Betreibt ein und derselbe Betreiber **mehrere** **95** räumlich getrennte Energieverteilernetze, die physikalisch nicht miteinander verbunden sind, so stellt sich die Frage, ob diese bei der Prüfung der Tatbestandsvoraussetzungen des § 110 als **ein** Energieverteilernetz (sog. unternehmensbezogene Betrachtungsweise) oder als **mehrere** Energieverteilernetze (sog. netzbezogene Betrachtungsweise) anzusehen sind. Anders formuliert ist fraglich, ob eine Einstufung nach Absatz 2 Satz 1 nur einheitlich für die Gesamtheit der Energieverteilernetze des Betreibers erfolgen oder aber separat für jedes seiner Energieverteilernetze an **verschiedenen Standorten** durchgeführt werden muss.

Das **OLG Düsseldorf** hat im Hinblick auf die Prüfung der sachlichen Zuständigkeit nach **96** § 54 Abs. 2 S. 1 (näher → Rn. 188 und → § 54 Rn. 260 ff.) und hinsichtlich der Prüfung der Teilnahmeberechtigung am vereinfachten Verfahren der Anreizregulierung nach § 24 Abs. 1 ARegV (Holznagel/Schütz/Kresse ARegV § 24 Rn. 70) entschieden, dass eine „**unternehmensbezogene Betrachtung**" vorzunehmen ist (Stichwort: „Ein Netzbetreiber, ein Netz"). Dies bedeutet, dass sämtliche von einem Betreiber betriebenen Energieverteilernetze und deren Bestandteile in den genannten Regelungszusammenhängen als „ein Verteilernetz" anzusehen sind (OLG Düsseldorf BeckRS 2010, 27801). Die **Regulierungsbehörden** des Bundes und der Länder folgen bei der Prüfung ihrer sachlichen Zuständigkeit nach § 54 Abs. 2 S. 1 und 2 dieser Rechtsprechung des OLG Düsseldorf, was gerade auch in energiewirtschaftlichen Verwaltungsverfahren zu beachten ist, die eine Einstufung als Geschlossenes Verteilernetz nach Absatz 2 Satz 1 zum Gegenstand haben (→ Rn. 188).

97 Die Literatur geht richtigerweise davon aus, dass sich diese Rechtsprechung des OLG Düsseldorf **nicht** ohne Weiteres auf andere Regelungszusammenhänge **übertragen** lässt (Bourwieg/Hellermann/Hermes/Bourwieg § 110 Rn. 27 und 62). Hintergrund hierfür ist, dass das OLG Düsseldorf die Durchführung einer unternehmensbezogenen Betrachtungsweise spezifisch mit dem Sinn und Zweck der Zuständigkeitsregelung des § 54 Abs. 2 S. 1 (OLG Düsseldorf BeckRS 2010, 27801) und der Regelung des § 24 Abs. 1 ARegV betreffend die Teilnahmeberechtigung am vereinfachten Verfahren der Anreizregulierung (OLG Düsseldorf BeckRS 2010, 27801) begründet hat. Diese Überlegungen lassen sich nicht auf die Bestimmung des Verfahrensgegenstandes eines energiewirtschaftlichen Verwaltungsverfahrens zur Einstufung eines Geschlossenen Verteilernetzes übertragen. Es ist daher in Bezug auf den Verfahrensgegenstand nach Absatz 2 Satz 1 davon auszugehen, dass keine unternehmensbezogene Betrachtungsweise, sondern eine **netzbezogene Betrachtungsweise** Anwendung zu finden hat (Bourwieg/Hellermann/Hermes/Bourwieg § 110 Rn. 27 und 62). Dies bedeutet, dass ein und derselbe Betreiber – in diesem Regelungszusammenhang – durchaus mehrere räumlich getrennte Energieverteilernetze, die physikalisch nicht miteinander verbunden sind, betreiben kann. Ist dies der Fall, so sind diese verschiedenen Energieverteilernetze sowohl bei der Antragstellung nach Absatz 3 Satz 1 (näher → Rn. 207), als auch bei der Prüfung der Tatbestandsvoraussetzungen für die Einstufung als Geschlossenes Verteilernetz gem. Absatz 2 Sätze 1 und 2 getrennt zu betrachten.

98 **c) Hervorgehen aus teilweisem Netzübergang.** Eine **Sonderkonstellation** entsteht dann, wenn ein als Geschlossenes Verteilernetz einzustufendes Energieverteilernetz im Wege eines teilweisen Netzüberganges (§ 26 Abs. 2–6 ARegV) aus einem Energieversorgungsnetz der allgemeinen Versorgung (§ 3 Nr. 17), für das die zuständige Regulierungsbehörde kalenderjährliche Erlösobergrenzen nach § 29 Abs. 1 iVm § 32 Abs. 1 Nr. 1 ARegV, § 4 Abs. 1 und 2 ARegV festgelegt hat, **herausgelöst** wird. In diesem Fall muss der auf den übergehenden Netzteil (also das künftige Geschlossene Verteilernetz) **entfallende Anteil** der kalenderjährlichen Erlösobergrenze entweder auf übereinstimmenden Antrag der Beteiligten (§ 26 Abs. 2 ARegV) oder von Amts wegen (§ 26 Abs. 3 ARegV) durch die zuständige Regulierungsbehörde festgelegt werden (näher Holznagel/Schütz/Thäsler ARegV § 26 Rn. 30 ff.). Nach § 26 Abs. 2 S. 2, Abs. 3 S. 2 sind die für den **abgebenden Netzbetreiber**, also den Betreiber des Energieversorgungsnetzes der allgemeinen Versorgung, ursprünglich festgelegten kalenderjährlichen Erlösobergrenzen um den auf den übergehenden Netzteil entfallenden Anteil der kalenderjährlichen Erlösobergrenze zu vermindern. Hierdurch wird gewährleistet, dass der auf den übergehenden Netzteil entfallende Anteil der kalenderjährlichen Erlösobergrenze nicht bei dem abgebenden Netzbetreiber verbleibt und er diesen nicht mehr nach § 21 Abs. 1 StromNEV oder § 21 Abs. 1 GasNEV bei der Kalkulation seiner Netznutzungsentgelte berücksichtigen kann. Anderenfalls würden die Netzkunden in den verbleibenden Netzgebiet des abgebenden Netzbetreibers unzulässigerweise mit den auf den übergehenden Netzteil entfallenden Netzkosten belastet.

99 Anders vorzugehen ist im Hinblick auf den **übernehmenden Netzbetreiber,** also den Betreiber des künftigen Geschlossenen Verteilernetzes. Sobald die Fiktionswirkung des Absatzes 3 Satz 3 eingetreten (→ Rn. 219 ff.) oder die Einstufung als Geschlossenes Verteilernetz nach Absatz 2 Satz 1 erfolgt ist (→ Rn. 247 ff.), findet nach Absatz 1 die Regelung des § 21a und damit die Anreizregulierung der Energieversorgungsnetze **keine Anwendung** mehr (→ Rn. 41). Der auf den übergehenden Netzanteil entfallende Anteil der kalenderjährlichen Erlösobergrenze iSd § 26 Abs. 2 S. 1, Abs. 3 S. 1 kann mithin nicht nach § 26 Abs. 2 S. 3, Abs. 3 S. 2 ARegV berücksichtigt werden. Die Netznutzungsentgelte des Betreibers des Geschlossenen Verteilernetzes bestimmen sich nach § 21 sowie nach der StromNEV sowie der GasNEV (→ Rn. 72).

2. Verteilung von Energie

100 Nach Absatz 2 Satz 1 muss das fragliche Energieversorgungsnetz dazu dienen, Energie zu verteilen. Nach der **Legaldefinition** in § 3 Nr. 37 ist unter dem Begriff der Verteilung von Energie deren Transport zum Zwecke der Ermöglichung der Versorgung von Kunden zu verstehen, sofern diese (i) über **Elektrizitätsverteilernetze** auf den Netzebenen Nieder-, Mittel- oder Hochspannung oder (ii) über **Gasverteilernetze** durch örtliche oder regionale

Leitungsnetze erfolgt (→ § 3 Nr. 37 Rn. 1; Säcker EnergieR/Wolf § 110 Rn. 24). Bei Geschlossenen Verteilernetzen iSd § 110 handelt es sich nach der amtlichen Begründung ausdrücklich um eine **„Untergruppe"** der Energieverteilernetze (BT-Drs. 17/6072, 94). Nicht von dem Begriff der Verteilung erfasst ist nach § 3 Nr. 37 die Belieferung der Kunden selbst, also die von der Funktion des Netzbetriebs zu unterscheidende Marktrolle des Energievertriebs (→ § 3 Nr. 37 Rn. 4). Die Regelung des § 110 bezieht sich damit allein auf den **Netzbetrieb** auf der Ebene der Energieverteilernetze, nicht jedoch auf die Marktrolle des Energievertriebs, die der jeweilige Betreiber ggf. zusätzlich wahrnimmt (Bourwieg/Hellermann/Hermes/Bourwieg § 110 Rn. 25).

Von der Verteilung von Energie über die vorgenannten Energieverteilernetze zu unterscheiden ist der Transport von Energie über **Transportnetze** iSd § 3 Nr. 31d, also über Übertragungsnetze im Strombereich und Fernleitungsnetze im Gasbereich. Eine Einstufung als Geschlossenes Verteilernetz ist nur bei Energieverteilernetzen möglich. Übertragungsnetze und Fernleitungsnetze können daher **nicht** als Geschlossene Verteilernetze **eingestuft** werden (Säcker EnergieR/Wolf § 110 Rn. 24; Baur/Salje/Schmidt-Preuß Energiewirtschaft/Wolf Kap. 69 Rn. 8). 101

3. Zum Zwecke der Versorgung von Kunden

Gemäß Absatz 2 Satz 1 muss das fragliche Energieversorgungsnetz zum Zwecke der Versorgung von Kunden dienen. Das Tatbestandsmerkmal der „Versorgung von Kunden" ist bereits in der Legaldefinition des § 3 Nr. 37 (Verteilung) enthalten, sodass dessen Wiederholung in Absatz 2 Satz 1 im Grunde **überflüssig** ist (Säcker EnergieR/Wolf § 110 Rn. 23; Theobald/Kühling/Jacobshagen/Kachel § 110 Rn. 20). Nach der Legaldefinition des § 3 Nr. 36 ist unter dem Begriff der Versorgung „die Erzeugung oder Gewinnung von Energie zur Belieferung von Kunden, der Vertrieb von Energie an Kunden und der Betrieb eines Energieversorgungsnetzes" zu verstehen. Da sich die Regelung des § 110 auf die Funktion des **Netzbetriebs** beschränkt (→ Rn. 20 ff.), ist unter der Formulierung „zum Zwecke der Versorgung von Kunden" iSd Absatzes 2 Satz 1 im Grundsatz lediglich der Betrieb des jeweiligen Energieverteilernetzes zu verstehen. Als **Kunden** sind nach der Legaldefinition in § 3 Nr. 24 Großhändler, Letztverbraucher und Unternehmen, die Energie kaufen, anzusehen. Ein Kunde in diesem Sinne ist nur gegeben, wenn es sich hierbei um eine nicht mit dem Betreiber des Energieversorgungsnetzes identische Rechtsperson handelt. 102

Dient eine Energieanlage (§ 3 Nr. 15) lediglich der **Eigenversorgung** des jeweiligen Betreibers, so fehlt es an der Tatbestandsvoraussetzung „zum Zwecke der Versorgung von Kunden" (Bourwieg/Hellermann/Hermes/Bourwieg § 110 Rn. 12). Energieanlagen, die ausschließlich der (unternehmensinternen) Eigenversorgung dienen, stellen keine regulierungsbedürftigen Energieversorgungsnetze dar (Baur/Salje/Schmidt-Preuß Energiewirtschaft/Wolf Kap. 68 Rn. 22). Die Rechtsprechung stellt die Versorgung Dritter generell in den Mittelpunkt der Prüfung des Vorliegens eines Energieversorgungsnetzes (→ Rn. 87; BGH BeckRS 2012, 8875 Rn. 8 f.; NVwZ 2014, 1600 Rn. 35; OLG Düsseldorf BeckRS 2015, 10692 Rn. 24). 103

II. Gebietsbezogene Tatbestandsvoraussetzungen (Abs. 2 S. 1)

Nach Absatz 2 Satz 1 kann ein Geschlossenes Verteilernetz nur dann als solches eingestuft werden, wenn das durch das fragliche Energieverteilernetz versorgte Gebiet bestimmte gebietsbezogene Tatbestandsvoraussetzungen erfüllt: 104

1. Geografische Begrenztheit

Das versorgte Gebiet, auf dem das Energieverteilernetz liegt, muss geografisch begrenzt sein. Das Erfordernis der geografischen Begrenztheit gilt richtigerweise für **alle Gebietsvarianten** des Absatzes 2 Satz 1 gleichermaßen, also sowohl für Industrie- und Gewerbegebiete als auch für Gebiete, in denen Leistungen gemeinsam genutzt werden (OLG Düsseldorf BeckRS 2015, 10692 Rn. 40; Gemeinsames Positionspapier der Regulierungsbehörden, 10; Baur/Salje/Schmidt-Preuß Energiewirtschaft/Wolf Kap. 69 Rn. 10; Säcker EnergieR/Wolf § 110 Rn. 30; Bourwieg/Hellermann/Hermes/Bourwieg § 110 Rn. 33; Ortlieb/Staebe 105

Geschlossene Verteilernetze-HdB/Klinge Kap. 4 Rn. 12; Kment EnWG/Schex § 110 Rn. 30; Schneider/Theobald EnergieWirtschaftsR-HdB/Theobald/Zenke/Dessau § 15 Rn. 18; Theobald/Kühling/Jacobshagen/Kachel § 110 Rn. 41; zweifelnd Schalle ZNER 2011, 406 (407)). Dieses Ergebnis folgt aus einer **richtlinienkonformen Auslegung** des Absatzes 2 Satz 1. Nach dem Wortlaut des Absatzes 1 Satz 1 scheint sich das Erfordernis der geografischen Begrenztheit nur auf Industrie- und Gewerbegebiete zu beziehen, nicht jedoch auf Gebiete, in denen Leistungen gemeinsam genutzt werden (Wortlaut: „in einem geografisch begrenzten Industrie- oder Gewerbegebiet oder einem [sic!] Gebiet [...], in dem Leistungen gemeinsam genutzt werden"). Bei der Formulierung des Absatzes 2 Satz 1 hat sich der Gesetzgeber zwar eng an den unionsrechtlichen Vorgaben orientiert (→ Rn. 13), jedoch abweichend von Art. 28 Abs. 1 Elektrizitäts-Binnenmarkt-Richtlinie 2009/72/EG und Art. 28 Abs. 1 Gas-Binnenmarkt-Richtlinie 2009/73/EG vor dem Wort „Gebiet" das Wort „einem" eingefügt, ohne jedoch konsequenterweise die Wörter „geografisch begrenzten" ebenfalls zu ergänzen. Hierdurch entsteht der unzutreffende Eindruck, das Erfordernis der geografischen Begrenztheit beziehe sich lediglich auf Industrie- und Gewerbegebiete. Aus dem Wortlaut der vorgenannten **unionsrechtlichen Vorgaben** („in einem geographisch begrenzten Industrie- oder Gewerbegebiet oder [sic!] Gebiet, in dem Leistungen gemeinsam genutzt werden") ergibt sich jedoch eindeutig, dass sich das Erfordernis der geografischen Begrenztheit auch auf solche Gebiete bezieht, in denen Leistungen gemeinsam genutzt werden; dies ist bei der Auslegung des Absatzes 2 Satz 1 zu berücksichtigen. **Bestätigt** wird dieses Ergebnis durch den insoweit eindeutigen englisch- und französischsprachigen Wortlaut der einschlägigen unionsrechtlichen Vorgaben (Baur/Salje/Schmidt-Preuß Energiewirtschaft/Wolf Kap. 69 Rn. 10; Säcker EnergieR/Wolf § 110 Rn. 30; Ortlieb/Staebe Geschlossene Verteilernetze-HdB/Klinge Kap. 4 Rn. 12; Theobald/Kühling/Jacobshagen/Kachel § 110 Rn. 41).

106 **Geografisch begrenzt** iSd Absatzes 2 Satz 1 ist ein Gebiet dann, wenn das fragliche Energieverteilernetz nach dem objektiven Gesamteindruck auf einem sich als Einheit darstellenden und räumlich abgeschlossenen Gelände gelegen ist (OLG Düsseldorf BeckRS 2015, 10692 Rn. 40 f.; Gemeinsames Positionspapier der Regulierungsbehörden, 10; Baur/Salje/Schmidt-Preuß Energiewirtschaft/Wolf Kap. 69 Rn. 10; Bourwieg/Hellermann/Hermes/Bourwieg § 110 Rn. 33; Ortlieb/Staebe Geschlossene Verteilernetze-HdB/Klinge Kap. 4 Rn. 13; Theobald/Kühling/Jacobshagen/Kachel § 110 Rn. 43). Unerheblich ist dabei, wer als **Eigentümer** des oder der fraglichen Grundstücke anzusehen ist (Baur/Salje/Schmidt-Preuß Energiewirtschaft/Wolf Kap. 69 Rn. 10; Ortlieb/Staebe Geschlossene Verteilernetze-HdB/Klinge Kap. 4 Rn. 13). Die vorgenannten Voraussetzungen sind insbesondere erfüllt, wenn das fragliche Gelände über eine **physische Begrenzung** nach außen verfügt (beispielsweise durch Zäune, Mauern oder eine Heckenbepflanzung) und jedenfalls in gewissem Maße eine **Zugangskontrolle** zu dem Gelände oder zumindest zu den auf dem Gelände befindlichen Gebäuden erfolgt (etwa durch eine Schrankenanlage an der Zufahrt oder eine code- oder schlüsselbasierte Schließanlage an den Gebäudeeingängen; OLG Düsseldorf BeckRS 2015, 10692 Rn. 41; krit. Säcker EnergieR/Wolf § 110 Rn. 32). Die **Netzanschlüsse** der Letztverbraucher, die über das Energieverteilernetz versorgt werden, müssen sich innerhalb dieser geografischen Begrenzung befinden (Baur/Salje/Schmidt-Preuß Energiewirtschaft/Wolf Kap. 69 Rn. 12; Säcker EnergieR/Wolf § 110 Rn. 37; Ortlieb/Staebe Geschlossene Verteilernetze-HdB/Klinge Kap. 4 Rn. 15; Kment EnWG/Schex § 110 Rn. 32; Theobald/Kühling/Jacobshagen/Kachel § 110 Rn. 43; großzügiger Schalle ZNER 2011, 406 (407)). Im Gegensatz dazu ist es für eine Einstufung als Geschlossenes Verteilernetz **unproblematisch**, wenn das einzustufende Energieverteilernetz nur einen Teil des geografisch begrenzten Gebiets iSd Absatzes 2 Satz 1 versorgt, selbst wenn die in einem anderen Gebietsteil ansässigen Letztverbraucher an ein Energieversorgungsnetz der allgemeinen Versorgung (§ 3 Nr. 17) angeschlossen sind (Baur/Salje/Schmidt-Preuß Energiewirtschaft/Wolf Kap. 69 Rn. 12; Säcker EnergieR/Wolf § 110 Rn. 38).

107 Gerade **große Industriegebiete,** insbesondere Standorte der Chemieindustrie, verfügen typischerweise über eine durchgehende physische Begrenzung nach außen durch aufwendige Zaunanlagen und über eine strikte Zugangskontrolle über Schrankenanlagen an den Zufahrten, die häufig durch Angehörige des Werksschutzes besetzt sind. Zudem sind Zaun- und Schrankenanlagen solcher großen Industriegebiete regelmäßig mit einer Videoüberwa-

chungsanlage ausgestattet. Hierbei handelt es sich gewissermaßen um das **„Musterbeispiel"** für das Erfordernis der geografischen Begrenztheit. Allerdings dürfen die hohen Anforderungen, die dieses „Musterbeispiel" erfüllt, nicht auf andere Fallgestaltungen übertragen werden, da dies zu einer zu engen Auslegung des Tatbestandsmerkmals der geografischen Begrenztheit führen würde (in diese Richtung auch Baur/Salje/Schmidt-Preuß Energiewirtschaft/Wolf Kap. 69 Rn. 10 und Säcker EnergieR/Wolf § 110 Rn. 30: Umzäunung nicht zwingend erforderlich; Ortlieb/Staebe Geschlossene Verteilernetze-HdB/Klinge Kap. 4 Rn. 13: „Hilfskriterium").

Das Erfordernis der geografischen Begrenzung wird nicht dadurch ausgeschlossen, dass **108** Teile des fraglichen Gebiets nach deren bestimmungsgemäßem Gebrauch **öffentlich zugänglich** sind, hierfür also keine Zugangskontrolle in dem vorgenannten Sinne existiert. So sind beispielsweise bestimmte Teile von Bahnhofsgebäuden und Flughäfen sowohl für Passagiere als auch für Besucher ohne Zugangskontrolle öffentlich zugänglich. Für diese Sichtweise spricht eine richtlinienkonforme Auslegung des Absatzes 2 Satz 1: Nach dem Willen des Richtliniengebers stellen gerade „Bahnhofsgebäude" und „Flughäfen" Beispiele für das Bestehen Geschlossener Verteilernetze dar (Erwägungsgrund 66 Elektrizitäts-Binnenmarkt-Richtlinie (EU) 2019/944 (früher: Erwägungsgrund 30 Elektrizitäts-Binnenmarkt-Richtlinie 2009/72/EG) und Erwägungsgrund 28 Gas-Binnenmarkt-Richtlinie 2009/73/EG. Das Erfordernis der geografischen Begrenztheit darf mithin nicht allein daran scheitern, dass bestimmte Teile von Bahnhofsgebäuden und Flughäfen nach deren bestimmungsgemäßen Gebrauch öffentlich zugänglich sind. Entsprechendes muss dann gelten, wenn bestimmte Teile von Gewerbegebieten, Einkaufszentren oder Bürokomplexen nach deren bestimmungsgemäßem Gebrauch öffentlich ohne Zugangskontrolle zugänglich sind, beispielsweise im Fall von in solchen Gewerbegebieten oder Bürokomplexen gelegenen Einzelhandelsgeschäften.

Der **BGH** hat sich bereits zu der Auslegung des – nicht gleichlautenden, aber ähnlichen – **109** Tatbestandsmerkmals des „räumlich zusammengehörenden Gebiet[s]" iSd § 3 Nr. 24a lit. a (→ § 3 Nr. 24a Rn. 13 ff.) geäußert. Demnach soll es sich bei diesem Tatbestandsmerkmal nur um einen **„Grobfilter"** (Baur/Salje/Schmidt-Preuß Energiewirtschaft/Wolf Kap. 68 Rn. 12; Wolf EnWZ 2018, 387 (390)) handeln, „der nicht an die räumliche Ausdehnung oder die Einheitlichkeit eines äußeren Eindrucks anknüpft, sondern auf die räumliche Zuordnung abstellt" (BGH EnWZ 2020, 265 Rn. 24 – Gewoba; anderer Auffassung noch OLG Düsseldorf NJOZ 2019, 1087 Rn. 69 ff.). Im Rahmen der Prüfung des § 3 Nr. 24a lit. a EnWG sei daher darauf abzustellen, ob das von der jeweiligen Energieanlage versorgte Gebiet „in dem Sinne räumlich abgegrenzt und geschlossen ist, dass sich innerhalb des durch die Anlage versorgten Gebietes keine Letztverbraucher befinden, zu deren Versorgung **weitere Energieanlagen** zur Abgabe von Energie eingerichtet oder notwendig sind" (BGH EnWZ 2020, 265 Rn. 24 – Hervorhebungen nicht im Original). Fraglich und **ungeklärt** ist, ob sich diese Überlegungen des BGH ohne Weiteres auf das Tatbestandsmerkmal der geografischen Begrenztheit iSd Absatzes 2 Satz 1 übertragen lassen. Wolf spricht jedenfalls auch im Zusammenhang mit dem Tatbestandsmerkmal der geografischen Begrenztheit iSd Absatzes 2 Satz 1 von einem „Grobfilter" (Säcker EnergieR/Wolf § 110 Rn. 28). Bejahte man vor diesem Hintergrund die Übertragbarkeit, so dürften sich innerhalb eines Gebiets, das durch ein als Geschlossenes Verteilernetz einzustufendes Energieverteilernetz versorgt wird, keine Kundenanlagen iSd § 3 Nr. 24a und 24b befinden. Dieses Ergebnis wäre jedoch **lebensfremd**, da Geschlossenen Verteilernetzen – ebenso wie gewöhnlichen Energieverteilernetzen der allgemeinen Versorgung – typischerweise Kundenanlagen nachgelagert sind. An dem Erfordernis der geografischen Begrenztheit iSd Absatzes 2 Satz 1 könnte es jedoch vor dem Hintergrund der vorgenannten Rechtsprechung des BGH dann fehlen, wenn einzelne Gebäude innerhalb eines Geländes, das grundsätzlich durch ein als Geschlossenes Verteilernetz einzustufendes Energieverteilernetz versorgt wird, durch **„Stichleitungen"** an das vorgelagerte Energieverteilernetz der allgemeinen Versorgung angeschlossen sind und auf diese Weise eine Art „Enklave" bilden (→ Rn. 183).

Ebenfalls nicht in jedem Fall ausgeschlossen wird das Erfordernis der geografischen **110** Begrenztheit iSd Absatzes 2 Satz 1 dadurch, dass das fragliche Gebiet durch **öffentliche Straßen** und Wege, öffentliche Schienenwege oder öffentliche Wasserstraßen durchzogen wird. Entscheidend ist, dass das jeweilige Gebiet sich nach dem objektiven Gesamteindruck als Einheit darstellt und als räumlich abgeschlossenes Gelände anzusehen ist. Die räumliche

Kresse

Zusammengehörigkeit des Geländes darf nach objektiver Betrachtung nicht entfallen (OLG Düsseldorf BeckRS 2015, 10692 Rn. 40; Gemeinsames Positionspapier der Regulierungsbehörden, 10; Baur/Salje/Schmidt-Preuß Energiewirtschaft/Wolf Kap. 69 Rn. 10; Säcker EnergieR/Wolf § 110 Rn. 31; Bourwieg/Hellermann/Hermes/Bourwieg § 110 Rn. 34; Ortlieb/Staebe Geschlossene Verteilernetze-HdB/Klinge Kap. 4 Rn. 14; Theobald/Kühling/Jacobshagen/Kachel § 110 Rn. 43). Nach der vorgenannten Rechtsprechung des **BGH** betreffend die Auslegung des Tatbestandsmerkmals des „räumlich zusammengehörenden Gebiet[s]" iSd § 3 Nr. 24a lit. a (→ § 3 Nr. 24a Rn. 13 ff.) ist es für das Vorliegen einer Kundenanlage nach § 3 Nr. 24a als **„unschädlich"** anzusehen, wenn ein durch eine Energieanlage versorgtes Gebiet „Straßen, ähnliche öffentliche Räume oder vereinzelte, nicht ins Gewicht fallende andere Grundstücke einschließt, welche nicht durch die Energieanlage versorgt werden" (BGH EnWZ 2020, 265 Rn. 24 – Gewoba; in diesem Sinne speziell zu Absatz 2 Satz 1 auch OLG Düsseldorf BeckRS 2015, 10692 Rn. 40). Das vorgenannte Tatbestandsmerkmal des § 3 Nr. 24a lit. a ist richtigerweise als **enger** anzusehen als das Tatbestandsmerkmal der geografischen Begrenztheit nach Absatz 2 Satz 1. Die erwähnte Rechtsprechung des BGH lässt sich daher in diesem Fall im Wege eines Erst-recht-Schlusses auf die Auslegung des Erfordernisses der geografischen Begrenztheit iSd Absatzes 2 Satz 1 übertragen.

111 Ein geografisch begrenztes Gebiet iSd Absatzes 2 Satz 1 kann sich über eine **erhebliche Fläche** erstrecken, insbesondere auf mehrere oder sogar eine Vielzahl von im Grundbuch eingetragene Grundstücke (Gemeinsames Positionspapier der Regulierungsbehörden, 10; Bourwieg/Hellermann/Hermes/Bourwieg § 110 Rn. 33; Ortlieb/Staebe Geschlossene Verteilernetze-HdB/Klinge Kap. 4 Rn. 16). Nach der Rechtsprechung des **BGH** zur Auslegung des Tatbestandsmerkmals des „räumlich zusammengehörenden Gebiet[s]" iSd § 3 Nr. 24a lit. a ist ein solches im Falle der Versorgung mehrerer Grundstücke durch eine Energieanlage (in diesem Fall eine Kundenanlage) dann gegeben, wenn „die Grundstücke aneinander angrenzen und nicht verstreut liegen und auf diese Weise ein geschlossenes, von den äußeren Grundstücksgrenzen begrenztes Gebiet darstellen" (BGH EnWZ 2020, 265 Rn. 24 – Gewoba). Fraglich ist, ob sich das durch den BGH für § 3 Nr. 24a lit. a aufgestellte Erfordernis des **unmittelbaren Angrenzens** der versorgten Grundstücke aneinander auf das Tatbestandsmerkmal der geografischen Begrenztheit iSd Absatzes 2 Satz 1 übertragen lässt. Nach zutreffender Auffassung ist für das Vorliegen einer geografischen Begrenztheit **nicht** zwingend erforderlich, dass die durch ein Energieverteilernetz versorgten Grundstücke unmittelbar aneinander angrenzen (Bourwieg/Hellermann/Hermes/Bourwieg § 110 Rn. 33; anderer Auffassung Baur/Salje/Schmidt-Preuß Energiewirtschaft/Wolf Kap. 69 Rn. 10; Säcker EnergieR/Wolf § 110 Rn. 31). Zu begründen ist dies damit, dass nach Absatz 2 Satz 1 nur ein „geografisch abgegrenztes" Gebiet erforderlich ist, während die Regelungen zu Kundenanlagen nach § 3 Nr. 24a lit. a und § 3 Nr. 24b lit. a strengere Anforderungen stellen, indem diese ein „räumlich zusammengehörende[s]" (Betriebs-)Gebiet voraussetzen. Entscheidend ist auch in einer solchen Fallkonstellation der **objektive Gesamteindruck** (→ § 3 Nr. 24a Rn. 13; Bourwieg/Hellermann/Hermes/Bourwieg § 110 Rn. 33).

112 In Deutschland existieren zahlreiche **große Industriegebiete,** die sich durchaus auf eine weitläufigere Fläche als die benachbarten Ortschaften erstrecken können; als plastisches Beispiel hierfür seien die Standorte der Chemieindustrie im sog. Südostbayerischen Chemiedreieck (Region Burghausen/Trostberg/Burgkirchen) genannt. Entsprechendes gilt für Großflughäfen (beispielsweise in Berlin, Frankfurt, Düsseldorf, Leipzig oder München) und See- oder Binnenhäfen, die regelmäßig enorme Flächen einnehmen. Gerade im Falle solcher großen Industriegebiete und Großflughäfen muss nach einer richtlinienkonformen Auslegung (→ Rn. 83) – bei Vorliegen der sonstigen Tatbestandsvoraussetzungen des Absatzes 2 Satz 1 – die Möglichkeit bestehen, die dort befindlichen Energieverteilernetze als Geschlossene Verteilernetze einzustufen (in dieser Richtung auch Ortlieb/Staebe Geschlossene Verteilernetze-HdB/Klinge Kap. 4 Rn. 17). Dies entspricht dem Willen des Richtliniengebers, der in Erwägungsgrund 66 Elektrizitäts-Binnenmarkt-Richtlinie (EU) 2019/944 (früher: Erwägungsgrund 30 Elektrizitäts-Binnenmarkt-Richtlinie 2009/72/EG) und Erwägungsgrund 28 Gas-Binnenmarkt-Richtlinie 2009/73/EG gerade „Standorte der Chemieindustrie" und „Flughäfen" als Beispiel für das Bestehen Geschlossener Verteilernetze nennt. Entsprechendes muss für See- und Binnenhäfen gelten. Die Einstufung als Geschlossenes

Verteilernetz darf in solchen Fällen **nicht** alleine daran **scheitern,** dass aufgrund der großen flächenmäßigen Ausdehnung des jeweiligen Gebietes das Erfordernis der geografischen Begrenztheit verneint wird. Andererseits darf das durch das Energieverteilernetz versorgte Gebiet **nicht beliebig groß** sein, da ansonsten das Erfordernis der geografischen Begrenztheit ins Leere liefe (Gemeinsames Positionspapier der Regulierungsbehörden, 10; Bourwieg/Hellermann/Hermes/Bourwieg § 110 Rn. 35).

113 Das Erfordernis der geografischen Begrenzung ist jedoch nicht erfüllt, wenn nach dem objektiven Gesamteindruck **mehrere Gelände (Standorte),** insbesondere mit einer deutlichen räumlichen Entfernung voneinander, vorliegen und die Energieverteilernetze zur Versorgung dieser Gelände lediglich über eine rein physikalische Verbindung durch (Stich-)Leitungsanlagen verfügen. Erst recht liegt das Erfordernis der geografischen Begrenzung dann nicht vor, wenn die Energieverteilernetze auf mehreren Geländen (Standorten) sogar nur über eine rechtliche oder organisatorische Verknüpfung verfügen (Gemeinsames Positionspapier der Regulierungsbehörden, 10; Säcker EnergieR/Wolf § 110 Rn. 40; Bourwieg/Hellermann/Hermes/Bourwieg § 110 Rn. 33). Betreibt also beispielsweise ein Industrieunternehmen mehrere über Deutschland **verteilte** Industriegebiete mit den zugehörigen Energieverteilernetzen, so sind diese nicht nur aufgrund des identischen Betreibers als ein geografisch begrenztes Gebiet anzusehen. Vielmehr ist zu prüfen, ob jedes dieser Industriegebiete für sich das Erfordernis der geografischen Begrenztheit nach Absatz 2 Satz 1 erfüllt. In solchen Fällen sind ggf. **getrennte Anträge** auf Einstufung als Geschlossenes Verteilernetz nach Absatz 3 zu stellen (→ Rn. 207; Säcker EnergieR/Wolf § 110 Rn. 40). Insofern unterscheidet sich die Beurteilung von der Prüfung der Tatbestandsvoraussetzungen für die sachliche Zuständigkeit der Regulierungsbehörden des Bundes und der Länder nach § 54 Abs. 2 S. 1 und 2, wo eine **unternehmensbezogene Betrachtungsweise** vorzunehmen ist und die verschiedenen Energieverteilernetze, auch bei einer fehlenden physikalischen Verbindung miteinander, jedenfalls nach Auffassung der Regulierungsbehörden des Bundes und der Länder als ein einziges Energieverteilernetz zu betrachten sind (→ Rn. 188).

2. Industrie- oder Gewerbegebiet (Abs. 2 S. 1 Alt. 1)

114 Durch das fragliche Energieverteilernetz muss nach Absatz 2 Satz 1 Alternative 1 Energie in einem Industrie- oder Gewerbegebiet verteilt werden. Die Praxis zeigt, dass **reine** Industrie- oder Gewerbegebiete, in denen also ausschließlich industrielle oder gewerbliche Letztverbraucher angesiedelt sind, kaum oder sogar gar nicht existieren (Schalle ZNER 2011, 406 (407)). Forderte man das Vorliegen eines reinen Industrie- oder Gewerbegebiets, würde dies zu einer zu engen Auslegung des Tatbestandsmerkmals „Industrie- oder Gewerbegebiet" führen, was mit der Zielsetzung des Richtliniengebers nicht vereinbar wäre (→ Rn. 83 f.). Für das Vorliegen eines Industrie- oder Gewerbegebiets nach Absatz 2 Satz 1 Alternative 1 ist es daher richtigerweise als **ausreichend** anzusehen, wenn ein Gelände im Wesentlichen durch eine industrielle oder gewerbliche Nutzung **geprägt** ist (Gemeinsames Positionspapier der Regulierungsbehörden, 10; Baur/Salje/Schmidt-Preuß Energiewirtschaft/Wolf Kap. 69 Rn. 11; Säcker EnergieR/Wolf § 110 Rn. 34; Bourwieg/Hellermann/Hermes/Bourwieg § 110 Rn. 32; Kment EnWG/Schex § 110 Rn. 31; Ortlieb/Staebe Geschlossene Verteilernetze-HdB/Klinge Kap. 4 Rn. 11; Theobald/Kühling/Jacobshagen/Kachel § 110 Rn. 42; Schalle ZNER 2011, 406 (407)). Unter den Begriff des Gewerbegebiets können auch solche Gebiete subsumiert werden, die ausschließlich von Dienstleistungsunternehmen genutzt werden (Säcker EnergieR/Wolf § 110 Rn. 34). Eine **förmliche** Ausweisung als Industrie- oder Gewerbegebiet in einem Bebauungsplan ist nicht erforderlich (Kment EnWG/Schex § 110 Rn. 31).

115 Eine industrielle oder gewerbliche Prägung entfällt nicht dadurch, dass auf einem Gelände **vereinzelte** Letztverbraucher angesiedelt sind, die – je nachdem – keine Industrie- oder Gewerbeunternehmen sind: So ist es in großen Industriegebieten nicht unüblich, dass sich dort zB die Büros einer (betrieblichen) Krankenkasse oder eines Reisebüros zur Buchung von Geschäftsreisen, die Praxis eines Betriebsarztes und Einzelhandelsgeschäfte zur Nahversorgung der Beschäftigten befinden (so bereits Schalle ZNER 2011, 406 (407)). Bei großen Gebäudekomplexen, die ganz überwiegend durch Gewerbeunternehmen genutzt werden, ist es nicht untypisch, dass einzelne Räumlichkeiten zB durch Behörden, Wohlfahrtsorganisa-

tionen oder Freiberufler (Ärzte und sonstige Heilberufe sowie Rechtsanwälte, Wirtschaftsprüfer und Steuerberater) genutzt werden. Fehlt es an einer industriellen oder gewerblichen Prägung eines Gebiets, so kommt alternativ das Vorliegen eines Gebiets mit gemeinsam genutzten Leistungen (Absatz 2 Satz 1 Alternative 2, → Rn. 117 ff.) in Frage.

116   Ist ein Gelände in dem vorgenannten Sinne weder durch eine industrielle noch durch eine gewerbliche Nutzung geprägt, sondern wird dieses zu vergleichbaren Anteilen sowohl industriell als auch gewerblich genutzt, handelt es sich also um eine „**Mischung**" aus Industrie- und Gewerbegebiet, so scheidet deswegen trotz des Wortlauts des Absatzes 2 Satz 1 sowie des Art. 38 Abs. 1 Elektrizitäts-Binnenmarkt-Richtlinie (EU) 2019/944 und des Art. 28 Abs. 1 Gas-Binnenmarkt-Richtlinie 2009/73/EG (Wortlaut jeweils: „oder") eine Einstufung als Geschlossenes Verteilernetz nach Absatz 2 Satz 1 Alternative 1 nicht automatisch aus. Für die Einstufung als Geschlossenes Verteilernetz gem. Absatz 2 Satz 1 Alternative 1 kann es unter Berücksichtigung der Zielsetzung des Richtliniengebers (→ Rn. 83 f.) richtigerweise nicht entscheidend darauf ankommen, ob ein Energieverteilernetz der Versorgung eines im Wesentlichen „reinen" Industrie- oder Gewerbegebiets oder eines industriellgewerblichen Mischgebiets dient. Unabhängig hiervon dürften im Falle solcher industriellgewerblicher Mischgebiete häufig die Voraussetzungen des Absatzes 2 Satz 1 Alternative 2 („Gebiet, in dem Leistungen gemeinsam genutzt werden" → Rn. 117 ff.) gegeben sein.

3. Gebiet, in dem Leistungen gemeinsam genutzt werden (Abs. 2 S. 1 Alt. 2)

117   Durch das fragliche Energieverteilernetz muss nach Absatz 2 Satz 1 Alternative 2 Energie verteilt werden in einem Gebiet, in dem Leistungen gemeinsam genutzt werden („**shared services site**"). Bei der Gebietsvariante des Absatzes 2 Satz 1 Alternative 2 (Wortlaut: „Gebiet") handelt es sich um einen „**Auffangtatbestand**" (Baur/Salje/Schmidt-Preuß Energiewirtschaft/Wolf Kap. 69 Rn. 11; Säcker EnergieR/Wolf § 110 Rn. 35), der im Unterschied zu Industrie- oder Gewerbegebieten (→ Rn. 114) keine Prägung durch eine industrielle oder gewerbliche Nutzung voraussetzt. Der vorgenannten Gebietsvariante können daher beispielsweise auch Gebiete unterfallen, die durch kirchliche Organisationen oder sonstige Wohlfahrtsorganisationen betrieben werden (→ Rn. 122). Bei dem Merkmal der gemeinsamen Nutzung von Leistungen handelt es sich jedoch um ein zusätzliches Tatbestandsmerkmal, das bei Industrie- oder Gewerbebetrieben (Absatz 2 Satz 1 Alternative 1, → Rn. 114 ff.) nicht zu prüfen ist. Aus Sicht eines Antragstellers iSd Absatzes 3 Satz 1 sollte daher auf die Variante des Absatzes 2 Satz 1 Alternative 2 nur dann zurückgegriffen werden, wenn ein durch ein Energieverteilernetz versorgtes Gebiet nicht als Industrie- oder Gewerbegebiet angesehen werden kann.

118   Eine gemeinsame Nutzung von Leistungen in dem vorgenannten Sinne ist dann gegeben, wenn die auf dem fraglichen Gelände ansässigen Letztverbraucher eine bestimmte **besondere Infrastruktur** und/oder bestimmte **besondere Dienstleistungen** gemeinsam in Anspruch nehmen (Gemeinsames Positionspapier der Regulierungsbehörden, 10; Baur/Salje/Schmidt-Preuß Energiewirtschaft/Wolf Kap. 69 Rn. 11; Bourwieg/Hellermann/Hermes/Bourwieg § 110 Rn. 32; Kment EnWG/Schex § 110 Rn. 31; Schneider/Theobald EnergieWirtschaftsR-HdB/Theobald/Zenke/Dessau § 15 Rn. 18; Theobald/Kühling/Jacobshagen/Kachel § 110 Rn. 42). Ob in einem Einzelfall eine gemeinsame Nutzung von Leistungen in einem Umfang oder einer Intensität vorliegt, die eine Bejahung des Absatzes 2 Satz 1 Alternative 2 sachlich rechtfertigt, ist im Rahmen einer **objektiven Gesamtbetrachtung** zu klären. Typische Beispiele für Gebiete, in denen Leistungen iSd Absatzes 2 Satz 1 Alternative 2 gemeinsam genutzt werden, sind Flughäfen, Bahnhofsgebäude, Bürokomplexe und Einkaufszentren. In Erwägungsgrund 66 Elektrizitäts-Binnenmarkt-Richtlinie (EU) 2019/944 (früher: Erwägungsgrund 30 Elektrizitäts-Binnenmarkt-Richtlinie 2009/72/EG) und Erwägungsgrund 28 Gas-Binnenmarkt-Richtlinie 2009/73/EG werden große Campingplätze mit integrierten Anlagen ebenfalls als Beispiel genannt (zu weiteren Beispielen → Rn. 121 ff.).

119   **Nicht ausreichend** für das Vorliegen einer gemeinsamen Nutzung von Leistungen ist die Inanspruchnahme einer Infrastruktur oder von Dienstleistungen, die nicht über die **gewöhnliche** öffentliche Infrastruktur oder gewöhnliche öffentliche Dienstleistungen hinausgehen (Gemeinsames Positionspapier der Regulierungsbehörden, 10; Baur/Salje/Schmidt-Preuß Energiewirtschaft/Wolf Kap. 69 Rn. 11; Bourwieg/Hellermann/Hermes/

Bourwieg § 110 Rn. 32; Kment EnWG/Schex § 110 Rn. 31; Schneider/Theobald Energie-WirtschaftsR-HdB/Theobald/Zenke/Dessau § 15 Rn. 18; Theobald/Kühling/Jacobshagen/Kachel § 110 Rn. 42). Das Bestehen eines Gebiets iSd Absatzes 2 Satz 1 Alternative 2 lässt sich daher beispielsweise nicht alleine begründen mit der Existenz folgender Infrastruktureinrichtungen oder Dienstleistungen (sofern diese nicht jeweils Besonderheiten aufweisen, die über das „Übliche" hinausgehen):
- Straßen und Wege,
- Elektrizitäts- oder Gasversorgungsnetz,
- Telekommunikationsnetz,
- Fernwärmeversorgung,
- Wasserversorgung,
- Abwasserentsorgung und
- Abfallentsorgung.

Gemeinsam genutzte Leistungen (Infrastruktureinrichtungen und Dienstleistungen) iSd **120** Absatzes 2 Satz 1 Alternative 2 können nach den Erfahrungen der Praxis beispielsweise in den nachfolgend genannten Fallgestaltungen vorliegen, die sich häufig zugleich dazu eignen, eine – je nachdem – konkrete technische oder sicherheitstechnische Verknüpfung der Tätigkeiten oder Produktionsverfahren nach Absatz 2 Satz 1 Nummer 1 (→ Rn. 126 ff.) zu begründen:
- **Rohrleitungssystem,** über das Abwärme, bestimmte Gase (zB Sauerstoff) oder andere chemische Substanzen an die angesiedelten Unternehmen verteilt oder zwischen diesen weitergeleitet werden (→ Rn. 134; OLG Düsseldorf BeckRS 2015, 10692 Rn. 44).
- Besonders leistungsfähiges **Elektrizitätsversorgungssystem,** bestehend aus einem hochwertigen Elektrizitätsverteilernetz einschließlich Notstromversorgung und zentrale Betreuung durch ein Team qualifizierter Elektrotechniker zur Gewährleistung einer besonders stabilen und zuverlässigen Elektrizitätsversorgung der ansässigen Unternehmen (näher → Rn. 139 f.).
- Besonders leistungsfähige und abgeschirmte **Internetanbindung,** besonders leistungsfähiges und abgeschirmtes Telekommunikationsnetz und ggf. zentrale Betreuung der IT-Einrichtungen der ansässigen Unternehmen durch ein Team qualifizierter IT-Techniker, sodass die ansässigen Unternehmen auf eigene IT-Mitarbeiter verzichten können (Nutzung von Synergieeffekten).
- **Zentrale Einrichtungen** zur Verladung und zum Transport von Waren, beispielsweise in Form von Verladekränen, sonstiger Verladeanlagen, eines speziell für das Gebiet eingerichteten Güterbahnhofs mit entsprechenden Schienenanlagen oder eines speziell für das Gebiet zur Verfügung stehenden Logistikgebäudes mit Laderampen für Lastkraftwagen.
- Zentrale **Klimatisierung** für das gesamte Gelände oder zumindest weite Teile des Geländes (typischerweise der Fall bei Bürokomplexen und Einkaufszentren).
- Zentrales **Brandmelde- und Brandschutzsystem,** beispielsweise bestehend aus einer Brandmeldezentrale mit dezentral angebrachten Rauch- und Feuermeldern, einer Sprinkleranlage, einer Rauchabzugsanlage sowie dezentral angebrachten Hydranten, Löschschläuchen und Feuerlöschern. Auf großen Industriegebieten, insbesondere Standorten der Chemieindustrie, existiert häufig eine eigene Werksfeuerwehr.
- Zentrale **Sicherheitseinrichtungen und -systeme,** beispielsweise bestehend aus einer physischen Begrenzung des gesamten Geländes durch Zäune oder Mauern, der Durchführung von Zugangskontrollen, etwa durch Schranken- und Schließanlagen, einer zentralen Alarmanlage, einer Videoüberwachungsanlage und einer Lautsprecheranlage zur Durchführung von Notfalldurchsagen. In großen Industriegebieten existiert regelmäßig ein eigener Werksschutz, Bürokomplexe und Einkaufszentren verfügen häufig über einen eigenen Sicherheitsdienst oder zumindest über Empfangsmitarbeiter.
- Zentrale **Erbringung von Bürodienstleistungen** für die ansässigen Unternehmen, beispielsweise in Form eines gemeinsam genutzten Schreibdienstes oder einer gemeinsam genutzten Poststelle.
- Zentrale **Mitarbeiterkantine,** die durch die Mitarbeiter aller ansässigen Unternehmen und allen Besuchern genutzt werden kann.
- Zentrale **Gesundheits- und Sanitätseinrichtungen,** etwa bestehend aus der Praxis eines Betriebsarztes, einer Sanitätsstation oder zumindest einer gewissen Anzahl von Mitarbeitern

EnWG § 110 Teil 9. Sonstige Vorschriften

mit einer Ausbildung als Sanitäter/Notfallhelfer, die allen ansässigen Unternehmen und allen Besuchern des Geländes zur Verfügung stehen.
- Zentrale **Hausmeisterei**, die auf dem Gelände sämtliche technische Wartungs- und Instandhaltungsaufgaben übernimmt, sodass die ansässigen Unternehmen auf eigene Hausmeister verzichten können (Nutzung von Synergieeffekten).
- **Integrierte Anlagen** großer Campingplätze (Erwägungsgrund 66 Elektrizitäts-Binnenmarkt-Richtlinie (EU) 2019/944 und Erwägungsgrund 28 Gas-Binnenmarkt-Richtlinie 2009/73/EG), beispielsweise allen Gästen zur Verfügung stehende Restaurants, Sanitäreinrichtungen, Wäscherei, Schwimmbäder, Sport- und Fitnesseinrichtungen.

121 Gerade Geschlossene Verteilernetze in der Gebietsvariante des Absatzes 2 Satz 1 Alternative 2 können eine enorme Vielgestaltigkeit aufweisen. Beispielsweise können neben Flughäfen auch **See- und Binnenhäfen** als Gebiete iSd Absatzes 2 Satz 1 Alternative 2, in denen Leistungen gemeinsam genutzt werden, betrachtet werden. In solchen Hafenanlagen wird in aller Regel eine umfassende Infrastruktur für die Umschlag- und Logistiktätigkeit der jeweiligen Hafennutzer zur Verfügung gestellt, etwa Verladekräne, Verladeanlagen für bestimmte Güter (zB Kohle, Mineralöl, Getreide oder Futtermittel), Güterbahnhöfe mit Schienenanlagen, Lagerhäuser und Speditionseinrichtungen. Hierdurch werden die Verkehrsträger Schiff, Lastkraftwagen und Güterbahn miteinander vernetzt und können durch die Hafennutzer in ihrer Gesamtheit genutzt werden. Genau zu prüfen ist im Falle von See- und Binnenhäfen allerdings das Vorliegen der Tatbestandsvoraussetzungen des Absatzes 2 Satz 1 Nummer 1 (deren Vorliegen für den Regelfall verneinend Baur/Salje/Schmidt-Preuß Energiewirtschaft/Wolf Kap. 69 Rn. 15; Säcker EnergieR/Wolf § 110 Rn. 58).

122 Weiterhin seien in diesem Zusammenhang Energieverteilernetze genannt, die durch **kirchliche Organisationen** (beispielsweise die Caritas oder die Diakonie und deren Unterorganisationen) oder andere **Wohlfahrtsorganisationen** zur Versorgung von Gebieten betrieben werden, in denen sich etwa Krankenhäuser, Alten- und Pflegeheime, Schulen, Berufsbildungseinrichtungen sowie Einrichtungen für Menschen mit Behinderung befinden. In solchen Gebieten befinden sich allerdings auch häufig Unterkünfte für Pflege- und Lehrpersonal sowie für Menschen mit Behinderung, die ebenfalls über das fragliche Energieverteilernetz versorgt werden (zu Krankenhäusern „der Maximalversorgung" Säcker EnergieR/Wolf § 110 Rn. 60; zu Seniorenzentren Säcker EnergieR/Wolf § 110 Rn. 62). In diesen Fällen scheitert eine Einstufung des Energieverteilernetzes als Geschlossenes Verteilernetz daher mitunter daran, dass durch das fragliche Energieverteilernetz auch solche reinen Privatwohnungen versorgt werden (Absatz 2 Satz 2 Alternative 1, → Rn. 161 ff.), deren Bewohner über kein Beschäftigungsverhältnis oder eine vergleichbare Beziehung zu dem Netzeigentümer oder dem Netzbetreiber verfügen (Absatz 2 Satz 2 Alternative 2, → Rn. 169 ff.).

123 Als **Beispiel** für Gebiete iSd Absatzes 2 Satz 1 Alternative 2, in denen Leistungen gemeinsam genutzt werden, können schließlich sog. **Quartierslösungen** angesehen werden, in denen ein Gebäudekomplex („Quartier") nicht nur durch ein eigenes Energieverteilernetz versorgt wird, sondern auch durch dezentrale Erzeugungsanlagen Energie erzeugt und zusätzlich durch den jeweiligen Betreiber verschiedenste Dienstleistungen angeboten werden. In solchen Quartieren werden mitunter Gewerbe- oder Büroeinheiten als sog. Co-Working-Spaces oder als sog. Office-Sharing angeboten, die den Mietern eine große räumliche und zeitliche Flexibilität ermöglichen. Die Miete für diese Gewerbe- oder Büroeinheiten ist häufig **all inclusive** ausgestaltet, dh in der Miete enthalten ist in solchen Fällen neben der Zurverfügungstellung der reinen Gewerbe- und Büroräumlichkeiten auch deren gesamte Infrastruktur (Möblierung, Internetanbindung, IT- und Kommunikationsgeräte, voll ausgestattete Besprechungsräume, Teeküchen, Sanitäreinrichtungen etc), die Energieversorgung, Heizung und Klimatisierung sowie sonstige Dienstleistungen (Telefonservice, Rezeption, Reinigung etc).

124 Ebenso wie im Falle des Absatzes 2 Satz 1 Alternative 1 (→ Rn. 114 f.) ist es auch für das Vorliegen eines Gebietes mit gemeinsam genutzten Leistungen iSd Absatzes 2 Satz 1 Alternative 2 **nicht erforderlich,** dass sämtliche auf dem Gebiet ansässigen und durch das fragliche Energieverteilernetz versorgten Letztverbraucher die jeweiligen besonderen Infrastruktureinrichtungen oder besonderen Dienstleistungen tatsächlich nutzen. Als ausreichend ist es vielmehr anzusehen, wenn das Gebiet im Wesentlichen durch die gemeinsame Nutzung dieser Leistungen **geprägt** ist. Der Annahme eines Gebietes, in dem Leistungen gemeinsam

genutzt werden, steht es mithin nicht entgegen, wenn bestimmte besondere Infrastruktureinrichtungen oder besondere Dienstleistungen in dem oben dargestellten Sinn nur durch die Mehrheit der ansässigen Letztverbraucher genutzt werden.

III. Letztverbraucherbezogene Tatbestandsvoraussetzungen

Weiterhin muss auf dem durch das fragliche Energieverteilernetz versorgten Gebiet **eine** 125
der in Absatz 2 Satz 1 Nummern 1 und 2 aufgeführten letztverbraucherbezogenen Tatbestandsvoraussetzungen erfüllt sein, damit diese als Geschlossenes Verteilernetz eingestuft werden kann. Die Regelungen des Absatzes 2 Satz 1 Nummern 1 und 2 schließen sich **nicht** gegenseitig aus (Säcker EnergieR/Wolf § 110 Rn. 20). Im Rahmen der Antragstellung nach Absatz 3 Satz 1 empfiehlt es sich dennoch, eine **Konkretisierung** dahingehend vorzunehmen, nach welcher Variante des Absatzes 2 Satz 1 eine Einstufung als Geschlossenes Verteilernetz beantragt wird (→ Rn. 192 ff.). Zu unterscheiden ist zwischen folgenden Varianten:

1. Verknüpfung der Tätigkeiten oder Produktionsverfahren (Abs. 2 S. 1 Nr. 1)

Nach Absatz 2 Satz 1 Nummer 1 müssen die Tätigkeiten oder Produktionsverfahren der 126
Anschlussnehmer des Energieverteilernetzes entweder aus konkreten technischen Gründen (→ Rn. 133 ff.) oder aus konkreten sicherheitstechnischen Gründen (→ Rn. 137 ff.) miteinander verknüpft sein. Ob eine Verknüpfung in diesem Sinne vorliegt, ist im Rahmen einer **objektiven Gesamtbetrachtung** sämtlicher Umstände des Einzelfalles zu klären (Gemeinsames Positionspapier der Regulierungsbehörden, 11; Bourwieg/Hellermann/Hermes/Bourwieg § 110 Rn. 37).

a) Verknüpfung der Tätigkeiten oder Produktionsverfahren. Nach Absatz 2 Satz 1 127
Nummer 1 müssen die Tätigkeiten oder Produktionsverfahren der Anschlussnutzer miteinander verknüpft sein. Nicht erforderlich – aber auch nicht schädlich – ist eine Verknüpfung mit den Tätigkeiten oder Produktionsverfahren des jeweiligen Netzbetreibers, der jedoch im Einzelfall über die Funktion des Netzbetriebs hinaus eine „Mittlerfunktion" für die Anschlussnutzer einnehmen kann (Säcker EnergieR/Wolf § 110 Rn. 45; Theobald/Kühling/Jacobshagen/Kachel § 110 Rn. 45).

Im Falle der vorgenannten Tatbestandsvoraussetzungen des Absatzes 2 Satz 1 Nummer 1 128
ist es ebenfalls **nicht erforderlich,** dass diese (i) im Hinblick auf die Tätigkeiten oder Produktionsverfahren sämtlicher Anschlussnutzer (Letztverbraucher) und/oder (ii) im Hinblick auf sämtliche Tätigkeiten oder Produktionsverfahren der Anschlussnutzer gegeben sind. Würde man demgegenüber fordern, dass alle Tätigkeiten oder Produktionsverfahren sämtlicher Anschlussnehmer in dem vorgenannten Sinn verknüpft sein müssen, würde dies zu einer zu engen Auslegung der Tatbestandsmerkmale des Absatzes 2 Satz 1 Nummer 1 führen und es verblieben in der Praxis kaum mehr Anwendungsfälle, die unter diese Norm subsumiert werden könnten (so bereits Schalle ZNER 2011, 406 (407)). Dieses Ergebnis wäre nicht mit dem Normzweck und insbesondere nicht mit dem Willen des Richtliniengebers zu vereinbaren. Im Übrigen zeigt auch die Regelung des Absatzes 2 Satz 2, wonach unter bestimmten Voraussetzungen auch eine geringe Anzahl von Privathaushalten an ein Geschlossenes Verteilernetz mit Energie angeschlossen sein darf, dass eine Verknüpfung iSd Absatzes 2 Satz 1 Nummer 1 nicht bei allen Anschlussnehmern vorliegen muss (Gemeinsames Positionspapier der Regulierungsbehörden, 12; Baur/Salje/Schmidt-Preuß Energiewirtschaft/Wolf Kap. 69 Rn. 15; Bourwieg/Hellermann/Hermes/Bourwieg § 110 Rn. 42; Ortlieb/Staebe Geschlossene Verteilernetze-HdB/Klinge Kap. 4 Rn. 21; Theobald/Kühling/Jacobshagen/Kachel § 110 Rn. 47; Schalle ZNER 2011, 406 (407); Strohe CuR 2011, 105 (107)). Die **Praxis** hat gezeigt, dass in den Gebietsvarianten des Absatzes 2 Satz 1 in aller Regel bestimmte Anschlussnehmer vorhanden sind, bei denen eine Verknüpfung (sämtlicher) Tätigkeiten oder Produktionsverfahren aus konkreten technischen oder sicherheitstechnischen Gründen nicht gegeben ist. Als Beispiele hierfür sind im Falle eines großen Industriegebiets die Existenz einer zentralen Mitarbeiterkantine, eines Geldautomaten, des Büros einer (betrieblichen) Krankenkasse, eines Reisebüros zur Buchung von Geschäftsreisen, der Praxis eines Betriebsarztes und eines Einzelhandelsgeschäfts (Kiosk) zur Nahversorgung der Beschäftigten zu nennen (Gemeinsames Positionspapier der Regulierungsbehörden, 12; Baur/Salje/

Schmidt-Preuß Energiewirtschaft/Wolf Kap. 69 Rn. 15; Säcker EnergieR/Wolf § 110 Rn. 50; Bourwieg/Hellermann/Hermes/Bourwieg § 110 Rn. 42 f.).

129 Ausreichend für das Vorliegen der Tatbestandsvoraussetzungen des Absatzes 2 Satz 1 Nummer 1 ist richtigerweise, dass die Verknüpfung der Tätigkeiten oder Produktionsverfahren der überwiegenden Anzahl der Anschlussnutzer aus konkreten technischen oder sicherheitstechnischen Gründen für das jeweilige Gebiet im Wesentlichen **prägend** ist. Ob eine solche Prägung vorliegt, ist in jedem Einzelfall zu klären. Eine Prägung des Gebiets in dem vorgenannten Sinn ist insbesondere gegeben, wenn eine konkrete technische oder sicherheitstechnische Verknüpfung iSd Absatzes 2 Satz 1 Nummer 1 nur (i) im Hinblick auf einzelne Tätigkeiten oder Produktionsverfahren der Anschlussnehmer oder (ii) hinsichtlich sämtlicher Tätigkeiten oder Produktionsverfahren einzelner Anschlussnehmer fehlt, deren Tätigkeiten oder Produktionsverfahren aber für die anderen Anschlussnehmer eine **dienende Funktion** hat. Letzteres ist beispielsweise bei einer zentralen Mitarbeiterkantine, einem Geldautomaten und einem Einzelhandelsgeschäft (Kiosk) zur Nahversorgung der Beschäftigten der Fall (Gemeinsames Positionspapier der Regulierungsbehörden, 12; Baur/Salje/Schmidt-Preuß Energiewirtschaft/Wolf Kap. 69 Rn. 15; Säcker EnergieR/Wolf § 110 Rn. 47 und 50; Bourwieg/Hellermann/Hermes/Bourwieg § 110 Rn. 43; Ortlieb/Staebe Geschlossene Verteilernetze-HdB/Klinge Kap. 4 Rn. 21; Kment EnWG/Schex § 110 Rn. 36; Schneider/Theobald EnergieWirtschaftsR-HdB/Theobald/Zenke/Dessau § 15 Rn. 20; Theobald/Kühling/Jacobshagen/Kachel § 110 Rn. 47; offengelassen OLG Düsseldorf BeckRS 2015, 10692 Rn. 45).

130 Soweit in der **Literatur** die Ansicht vertreten wird, Einzelhandelsgeschäfte in Flughäfen oder in Bahnhöfen hätten keine dienende Funktion in dem vorgenannten Sinne, sondern würden vielmehr eine „**begleitende Tätigkeit**" darstellen (Baur/Salje/Schmidt-Preuß Energiewirtschaft/Wolf Kap. 69 Rn. 15; Säcker EnergieR/Wolf § 110 Rn. 55 ff.), ist dies als zu eng abzulehnen. Entscheidend ist in diesen Fallgestaltungen die Prägung des jeweiligen Gebiets durch die auf den Betrieb des Flughafens oder Bahnhofs gerichteten Tätigkeiten der Anschlussnutzer.

131 Siedeln sich **zeitlich nach** einer durch die zuständige Regulierungsbehörde erfolgten Einstufung als Geschlossenes Verteilernetz nach Absatz 2 Satz 1 Nummer 1 mit der Zeit immer mehr Anschlussnehmer (Letztverbraucher), bei denen es an einer Verknüpfung der Tätigkeiten oder Produktionsverfahren aus konkreten technischen oder sicherheitstechnischen Gründen fehlt, auf dem fraglichen Gebiet an und werden diese über das Geschlossene Verteilernetz mit Energie versorgt, so kann eine **Prägung** des Gebiets in dem vorgenannten Sinn **nachträglich entfallen** (Gemeinsames Positionspapier der Regulierungsbehörden, 12; Bourwieg/Hellermann/Hermes/Bourwieg § 110 Rn. 43). Hält man die energiewirtschaftsrechtliche Sonderregelung des § 29 Abs. 2 S. 1 auf die Einstufung eines Geschlossenen Verteilernetzes für nicht anwendbar (näher → Rn. 265 ff.), so ist ein **Widerruf** der diesbezüglichen Entscheidung der Regulierungsbehörde nach § 49 Abs. 2 S. 1 Nr. 3 VwVfG oder nach der entsprechenden landesgesetzlichen Regelung denkbar (→ Rn. 269). Hält man § 29 Abs. 2 S. 1 hingegen grundsätzlich für anwendbar, so kommt in einer derartigen Fallgestaltung eine **Änderung** der Einstufungsentscheidung der zuständigen Regulierungsbehörde in Betracht, wobei hiervon nach der Rechtsprechung des **BGH** auch eine „**ersatzlose Aufhebung**" einer vorausgegangenen Entscheidung umfasst ist (BGH EnWZ 2017, 80 Rn. 18 ff.; Theobald/Kühling/Boos EnWG § 29 Rn. 55).

132 b) **Erfordernis der Konkretheit.** Die Regelung des Absatzes 2 Satz 1 Nummer 1 fordert ausdrücklich eine Verknüpfung aus konkreten technischen oder sicherheitstechnischen Gründen. Es ist davon auszugehen, dass das Erfordernis der Konkretheit sich auf **beide Alternativen** des Absatzes 2 Satz 1 Nummer 1 bezieht, also nicht nur auf eine Verknüpfung aus technischen Gründen, sondern auch auf eine Verknüpfung aus sicherheitstechnischen Gründen. **Nicht ausreichend** für eine konkrete Verknüpfung der Tätigkeiten oder Produktionsverfahren iSd Absatzes 2 Satz 1 Nummer 1 ist eine rein wirtschaftliche Verknüpfung der Anschlussnehmer im Sinne eines übergeordneten Geschäftszwecks oder die Zugehörigkeit der Anschlussnehmer zu derselben Wirtschaftsbranche (zB der Chemieindustrie oder der Automobilindustrie). Ebenfalls nicht genügend für das Vorliegen einer Verknüpfung der Tätigkeiten oder Produktionsverfahren iSd Absatzes 2 Satz 1 Nummer 1 ist das Vorhandensein von Infrastruktureinrichtungen oder von Dienstleistungen auf dem Gelände, die nicht über die gewöhnliche öffentliche Infrastruktur oder gewöhnliche öffentliche Dienstleistungen hinausgehen (OLG Düsseldorf BeckRS 2015, 10692 Rn. 43; Gemeinsames Positionspapier der Regulierungsbehörden, 11; Baur/Salje/Schmidt-Preuß Energiewirtschaft/Wolf Kap. 69 Rn. 14; Säcker EnergieR/Wolf § 110 Rn. 48; Bourwieg/Hellermann/Hermes/Bourwieg § 110 Rn. 38). Hierzu zählen insbesondere

- Straßen und Wege,
- Elektrizitäts- oder Gasversorgungsnetze,
- Telekommunikationsnetze,
- Fernwärmeversorgung,
- Wasserversorgung,
- Abwasserentsorgung und
- Abfallentsorgung.

c) Verknüpfung aus konkreten technischen Gründen (Abs. 2 S. 1 Nr. 1 Alt. 1). Die 133
Tätigkeiten oder Produktionsverfahren der an das fragliche Energieverteilernetz angeschlossenen Letztverbraucher müssen nach einer Alternative des Absatzes 2 Satz 1 Nummer 1 aus konkreten technischen Gründen miteinander verknüpft sein. Dies ist der Fall, wenn die Tätigkeiten oder Produktionsverfahren in technischer Hinsicht **aufeinander aufbauen**, insbesondere dann, wenn die Tätigkeiten oder Produktionsverfahren der Anschlussnutzer in dem Sinne eine „**Wertschöpfungskette**" bilden, dass die „einzelnen Anschlussnutzer zueinander in einem Verhältnis von Zulieferer und Abnehmer stehen" (Gemeinsames Positionspapier der Regulierungsbehörden, 11; Baur/Salje/Schmidt-Preuß Energiewirtschaft/Wolf Kap. 69 Rn. 14; Säcker EnergieR/Wolf § 110 Rn. 51 f.; Bourwieg/Hellermann/Hermes/Bourwieg § 110 Rn. 40; Ortlieb/Staebe Geschlossene Verteilernetze-HdB/Klinge Kap. 4 Rn. 19; Kment EnWG/Schex § 110 Rn. 34; Schneider/Theobald EnergieWirtschaftsR-HdB/Theobald/Zenke/Dessau § 15 Rn. 20; Theobald/Kühling/Jacobshagen/Kachel § 110 Rn. 46).

Das Gemeinsame Positionspapier der Regulierungsbehörden, 11, nennt hierfür die folgenden drei Beispiele: 134

- Das **erste Beispiel** bildet die **Abnahme** von durch einen Anschlussnehmer erzeugten chemischen Substanzen oder industriellen Produkten durch einen oder mehrere andere Anschlussnehmer zum Zwecke der Weiterverarbeitung. Diese Voraussetzung kann typischerweise in **Chemieparks** erfüllt sein, wenn die durch einen Anschlussnehmer erzeugten chemischen Substanzen, insbesondere über ein spezielles Rohrleitungssystem (→ Rn. 120; OLG Düsseldorf BeckRS 2015, 10692 Rn. 44), an einen anderen Anschlussnehmer weitergeleitet werden, der diese chemische (Ausgangs-)Substanz dann im Rahmen seiner eigenen Produktion verwendet und weiterverarbeitet. Auch in **Industrieparks** außerhalb der Chemiebranche ist das Vorliegen dieses Beispiels denkbar, wenn die ansässigen Unternehmen derselben Branche, etwa der Automobilbranche, angehören.
- Das **zweite Beispiel** betrifft die **zentrale Versorgung** der ansässigen Unternehmen mit chemischen Substanzen (zB bestimmten Gasen) oder industriellen Produkten für ihre eigenen Tätigkeiten oder Produktionsverfahren, wobei allerdings beispielsweise das Bestehen zB eines Energieverteilernetzes samt Energieversorgung, einer Fernwärmeversorgung oder einer Wasserversorgung nicht dem Erfordernis der Konkretheit der Verknüpfung genügt, sofern diese nicht über die gewöhnliche öffentliche Infrastruktur oder gewöhnliche öffentliche Dienstleistungen hinausgehen (→ Rn. 119).
- Das **dritte Beispiel** erfasst schließlich solche Fallgestaltungen, in denen die **Abwärme** aus der Energieerzeugung eines ansässigen Unternehmens weitergeleitet und für die Tätigkeit oder das Produktionsverfahren eines oder mehrerer anderer ansässiger Unternehmen genutzt wird.

In der **Literatur** (näher Kment EnWG/Schex § 110 Rn. 34; Theobald/Kühling/Jacobshagen/Kachel § 110 Rn. 46) wird **teilweise** die Auffassung vertreten, dass unter das Tatbestandsmerkmal der Verknüpfung der Tätigkeiten oder Produktionsverfahren aus konkreten technischen Gründen nach Absatz 2 Satz 1 Nummer 1 Alternative 1 auch solche Fallkonstellationen zu subsumieren seien, in denen mehrere Letztverbraucher ein **besonderes Verteilungssystem** nutzen, durch das zB eine Optimierung der Energieversorgung erfolgt oder das zur Erfüllung bestimmter technischer Standards oder Sicherheitsstandards erforderlich sei. Nach der hier vertretenen Auffassung können diese Fallgestaltungen richtigerweise entweder 135 unter das soeben genannte zweite Beispiel der konkreten technischen Verknüpfung fallen, sofern das besondere Verteilungssystem nicht nur gewöhnliche öffentliche Infrastruktur darstellt, oder aber als konkrete sicherheitstechnische Verknüpfung iSd Absatzes 2 Satz 1 Nummer 1 Alternative 2 angesehen werden (→ Rn. 137 ff.).

136 Die **Praxis** hat gezeigt, dass eine Verknüpfung aus konkreten technischen Gründen iSd Absatzes 2 Satz 1 Nummer 1 Alternative 1 eher **selten** vorliegt. Wesentlich häufiger sind in der Praxis Fallkonstellationen, in denen eine Verknüpfung aus konkreten sicherheitstechnischen Gründen nach Absatz 2 Satz 1 Nummer 1 Alternative 2 gegeben ist (→ Rn. 137 ff.).

137 **d) Verknüpfung aus konkreten sicherheitstechnischen Gründen (Abs. 2 S. 1 Nr. 1 Alt. 2).** Die Einstufung eines Energieverteilernetzes als Geschlossenes Verteilernetz kann alternativ oder auch kumulativ auf eine Verknüpfung der Tätigkeiten oder Produktionsverfahren der Anschlussnutzer (Letztverbraucher) aus konkreten sicherheitstechnischen Gründen gestützt werden. Eine solche konkrete sicherheitstechnische Verknüpfung kann richtigerweise (i) einen **Bezug** zu dem jeweiligen Energieverteilernetz aufweisen, über das das Gebiet mit Energie versorgt wird (→ Rn. 138 ff.), oder (ii) sich aus sonstigen konkreten sicherheitstechnischen Maßnahmen und Einrichtungen **ohne Netzbezug**, die in dem Gebiet existieren, ergeben (→ Rn. 141 ff.).

138 Eine konkrete sicherheitstechnische Verknüpfung **mit Netzbezug** ist insbesondere dann gegeben, wenn die überwiegende Anzahl (→ Rn. 128 f.) der Anschlussnutzer vergleichbare **besondere Anforderungen** an die technische Ausgestaltung und Qualität des Energieverteilernetzes hat, die von einem Energieversorgungsnetz der allgemeinen Versorgung (§ 3 Nr. 17) grundsätzlich nicht erfüllt werden. **Nicht ausreichend** ist hingegen die Existenz eines gewöhnlichen Energieversorgungsnetzes auf dem Gelände (→ Rn. 132) und der gemeinsame Energiebezug der Anschlussnutzer (Gemeinsames Positionspapier der Regulierungsbehörden, 11 f.; Baur/Salje/Schmidt-Preuß Energiewirtschaft/Wolf Kap. 69 Rn. 14; Säcker EnergieR/Wolf § 110 Rn. 45; Bourwieg/Hellermann/Hermes/Bourwieg § 110 Rn. 41; Ortlieb/Staebe Geschlossene Verteilernetze-HdB/Klinge Kap. 4 Rn. 22; Kment EnWG/Schex § 110 Rn. 35; Schneider/Theobald EnergieWirtschaftsR-HdB/Theobald/Zenke/Dessau § 15 Rn. 20).

139 Die besonderen Anforderungen an die technische Ausgestaltung und Qualität des jeweiligen Energieverteilernetzes können **beispielsweise** (Gemeinsames Positionspapier der Regulierungsbehörden, 12) bestehen in

- dem Vorhandensein einer **leistungsfähigen Notstromversorgung** über Notstromgeneratoren oder Batterien,
- dem Vorhandensein einer gemeinsamen Netzschaltwarte,
- der Gewährleistung einer **Inselbetriebsfähigkeit** des Energieverteilernetzes, dh der Fähigkeit der Aufrechterhaltung des Betriebes des Energieverteilernetzes, ohne dabei (zwingend) auf eine Anbindung an das vorgelagerte Energieversorgungsnetz der allgemeinen Versorgung angewiesen zu sein,
- der Gewährleistung der **Schwarzstartfähigkeit** des Energieverteilernetzes, dh der Fähigkeit, die Energieversorgung, insbesondere im Falle einer Versorgungsunterbrechung, unabhängig vom vorgelagerten Energieversorgungsnetz der allgemeinen Versorgung und ausgehend vom abgeschalteten Zustand hochzufahren,
- dem Vorhandensein eines besonderen **Überspannungsschutzes** und/oder einer besonderen **Frequenzhaltung,**
- der Gewährleistung einer besonders hohen **Versorgungssicherheit,** die über das in Energieversorgungsnetzen der allgemeinen Versorgung grundsätzlich übliche Kriterium (n-1) hinausgehen, dh dass bei Ausfall von mehr als einer Komponente (beispielsweise eines Stromkreises) ein vollständiger Systemausfall des Energieverteilernetzes durch Redundanzen verhindert wird.

140 Der **Hintergrund** dieser besonderen Anforderungen mancher Anschlussnutzer an die technische Ausgestaltung und Qualität des Energieverteilernetzes kann zum einen darin bestehen, dass es sich bei den versorgten Gebieten um **kritische Infrastrukturen** iSd § 8a des Gesetzes über das Bundesamt für Sicherheit in der Informationstechnik (BSIG) vom 14.8.2009 (BGBl. I 2821) handelt. Deren Betreiber sind nach § 8a Abs. 1 S. 1 BSIG u.a. dazu verpflichtet, organisatorische und technische Vorkehrungen zur Vermeidung von Störungen der Verfügbarkeit und der Integrität der von ihnen betriebenen Einrichtungen zu treffen. Nach § 8

der Verordnung zur Bestimmung Kritischer Infrastrukturen nach dem BSI-Gesetz (BSI-KritisV) vom 22.4.2016 (BGBl. I 958) sind beispielsweise **Bahnhöfe** und **Flughäfen** als kritische Infrastrukturen in diesem Sinne anzusehen. Zum anderen können sich besondere Anforderungen mancher Anschlussnehmer an die technische Ausgestaltung und Qualität des Energieverteilernetzes daraus ergeben, dass eine Beeinträchtigung der Tätigkeiten oder Produktionsverfahren durch eine etwaige Versorgungsunterbrechung aus wirtschaftlichen Gründen möglichst vermieden werden muss. Manche industrielle oder gewerbliche Anschlussnehmer verfügen über extrem empfindliche **Produktionsanlagen,** die durch eine Versorgungsunterbrechung (insbesondere einen Stromausfall) beschädigt oder sogar zerstört werden könnten. Andere Produktionsanlagen sind höchst anfällig bei geringsten Frequenzschwankungen, wie sie in Energieversorgungsnetzen der allgemeinen Versorgung mitunter vorkommen.

141 Eine konkrete sicherheitstechnische Verknüpfung nach Absatz 2 Satz 1 Nummer 1 Alternative 2 muss allerdings **nicht zwingend** einen **Netzbezug** in dem soeben dargestellten Sinne aufweisen (Säcker EnergieR/Wolf § 110 Rn. 47). Für das zwingende Erfordernis eines solchen Netzbezuges ergeben sich aus dem Wortlaut des § 110 und der zugrundeliegenden Richtlinien (→ Rn. 1) sowie aus der Formulierung der amtlichen Begründung des § 110 (BT-Drs. 17/6072, 94) keinerlei Anhaltspunkte. Vielmehr handelt es sich hierbei nur um ein Beispiel für das Vorliegen einer konkreten sicherheitstechnischen Verknüpfung (Gemeinsames Positionspapier der Regulierungsbehörden, 11: „kann etwa vorliegen"; Bourwieg/Hellermann/Hermes/Bourwieg § 110 Rn. 41: „kann etwa vorliegen"; Schneider/Theobald EnergieWirtschaftsR-HdB/Theobald/Zenke/Dessau § 15 Rn. 20: „insbesondere"). Aus einem Vergleich mit den englisch- und französischsprachigen Fassungen der zugrundeliegenden Richtlinien, in deren Lichte die Regelung des Absatzes 2 Satz 1 Nummer 1 Alternative 2 auszulegen ist, folgt demgegenüber sogar, dass eine konkrete „sicherheitstechnische" Verknüpfung **nicht** notwendigerweise **technischer Art** sein muss (so zutr. Baur/Salje/Schmidt-Preuß Energiewirtschaft/Wolf Kap. 69 Rn. 14; Säcker EnergieR/Wolf § 110 Rn. 52). Richtigerweise kann sich eine konkrete sicherheitstechnische Verknüpfung der Tätigkeiten und Produktionsverfahren der Anschlussnutzer nach Absatz 2 Satz 1 Nummer 1 Alternative 2 daher auch aus sonstigen konkreten sicherheitsbezogenen Maßnahmen und Einrichtungen ohne Netzbezug, die in dem Gebiet vorhanden sind, ergeben. **Nicht ausreichend** hierfür ist allerdings die Existenz gewöhnlicher öffentlicher Infrastruktur oder gewöhnlicher öffentlicher Dienstleistungen in oder neben dem Gebiet, wenn also beispielsweise in oder neben einem fraglichen Gelände zufälligerweise eine Polizeidienststelle, eine Feuerwache oder ein Krankenhaus liegen.

142 Eine konkrete sicherheitstechnische Verknüpfung **ohne Netzbezug** ist insbesondere dann gegeben, wenn die überwiegende Anzahl (→ Rn. 128 f.) der Anschlussnutzer konkrete sicherheitstechnische Maßnahmen und Einrichtungen in dem Gebiet nutzt oder von diesen profitiert, die über die gewöhnliche öffentliche Infrastruktur oder gewöhnliche öffentliche Dienstleistungen hinausgehen (krit. hierzu Säcker EnergieR/Wolf § 110 Rn. 53 und 54 ff.). Konkrete sicherheitstechnische Maßnahmen und Einrichtungen ohne Netzbezug können **beispielsweise** sein (näher zu deren denkbaren Bestandteilen und Ausgestaltungen → Rn. 120):
- besonders leistungsfähige und abgeschirmte Internetanbindungen und/oder Telekommunikationsnetze,
- zentrale Brandmelde- und Brandschutzsysteme,
- zentrale Sicherheitseinrichtungen und -systeme,
- zentrale Gesundheits- und Sanitäreinrichtungen,
- zentrale Hausmeisterei.

143 Legt man das Tatbestandsmerkmal der konkreten sicherheitstechnischen Verknüpfung der Tätigkeiten oder Produktionsverfahren der Anschlussnehmer richtigerweise dahingehend aus, dass ein **Netzbezug** und selbst eine **technische Einrichtung** hierfür nicht zwingend erforderlich sind (→ Rn. 141), so können auch Energieverteilernetze beispielsweise zur Versorgung von Einkaufszentren, Bürokomplexen, Bahnhofsgebäuden und Campingplätzen grundsätzlich als Geschlossene Verteilernetze eingestuft werden, sofern auf dem jeweiligen Gelände nach einer objektiven Gesamtbetrachtung in einem hinreichenden Umfang sonstige konkrete sicherheitstechnische Maßnahmen und Einrichtungen iSd Absatzes 2 Satz 1 Nummer 1 Alternative 2 gegeben sind. Dieses Ergebnis entspricht im Übrigen auch dem Willen des Richtliniengebers, der in Erwägungsgrund 66 Elektrizitäts-Binnenmarkt-Richtlinie (EU) 2019/944 (früher: Erwägungsgrund 30 Elektrizitäts-Binnenmarkt-Richtlinie 2009/72/EG) und in Erwägungsgrund 28 Gas-Binnenmarkt-Richtlinie 2009/73/EG ausdrücklich davon ausgeht, dass Geschlossene Verteilernetze insbesondere bei „Bahnhofsgebäuden" und „großen Campingplätzen mit integrierten Anlagen" gegeben sein können. In diesen Sachverhaltskonstellationen weisen etwaige konkrete sicherheitstechnische Maßnahmen und Einrichtungen typischerweise gerade keinen Netzbezug auf. Der teilweise vertretenen **Gegenauffassung** (in diese Richtung tendierend Baur/Salje/Schmidt-Preuß Energiewirtschaft/Wolf Kap. 69 Rn. 15; Säcker EnergieR/Wolf § 110 Rn. 54 ff.), wonach zB bei Bahnhofsgebäuden und Campingplätzen keine konkrete sicherheitstechnische Verknüpfung iSd Absatzes 2 Satz 1 Nummer 1 Alternative 2 denkbar sein soll und die vorgenannten Erwägungsgründe des Richtliniengebers daher widersprüchlich sein sollen, kann daher **nicht gefolgt** werden (so nunmehr offenbar auch Bourwieg/Hellermann/Hermes/Bourwieg § 110 Rn. 11).

2. „In erster Linie" Versorgung des Netzeigentümers oder -betreibers oder mit diesen verbundenen Unternehmen (Abs. 2 S. 1 Nr. 2)

144 Eine Einstufung eines Energieverteilernetzes als Geschlossenes Verteilernetz kommt alternativ oder kumulativ zu den Varianten des Absatzes 2 Satz 1 Nummer 1 dann in Betracht, wenn dieses gemäß Absatz 2 Satz 1 Nummer 2 Teilsatz 1 „in erster Linie" der Eigenversorgung des Netzeigentümers, des Netzbetreibers oder von mit diesen verbundenen Unternehmen dient (Gemeinsames Positionspapier der Regulierungsbehörden, 12; Baur/Salje/Schmidt-Preuß Energiewirtschaft/Wolf Kap. 69 Rn. 16; Säcker EnergieR/Wolf § 110 Rn. 63; Bourwieg/Hellermann/Hermes/Bourwieg § 110 Rn. 44; Ortlieb/Staebe Geschlossene Verteilernetze-HdB/Klinge Kap. 4 Rn. 23 ff.; Schneider/Theobald EnergieWirtschaftsR-HdB/Theobald/Zenke/Dessau § 15 Rn. 21; Theobald/Kühling/Jacobshagen/Kachel § 110 Rn. 48 ff.).

145 **a) Netzeigentümer, Netzbetreiber und verbundene Unternehmen.** Die Eigenschaft als Netzeigentümer, Netzbetreiber und mit diesen verbundenes Unternehmen iSd Absatzes 2 Satz 1 Nummer 2 Teilsatz 1 setzt **keine bestimmte Rechtsform** voraus. Bei Netzeigentümern, Netzbetreibern und den mit diesen verbundenen Unternehmen wird es sich allerdings in aller Regel entweder um juristische Personen des Privatrechts, insbesondere in der Rechtsform der Gesellschaft mit beschränkter Haftung (GmbH) und der Aktiengesellschaft (AG), oder aber um teilrechtsfähige Personenhandelsgesellschaften, namentlich offene Handelsgesellschaften (oHG) und Kommanditgesellschaften (KG), handeln. Denkbar ist grundsätzlich auch, dass etwa natürliche Personen als Einzelkaufleute oder Unternehmen in öffentlich-rechtlicher Organisationsform als Netzeigentümer und/oder Netzbetreiber iSd Absatzes 2 Satz 1 Nummer 2 Teilsatz 1 auftreten.

146 **Netzeigentümer** ist derjenige, der das Eigentum an dem fraglichen Energieverteilernetz nach den einschlägigen zivilrechtlichen Vorschriften des BGB innehat. Steht das Energieverteilernetz im **Miteigentum** mehrerer Rechtspersonen nach §§ 1008 ff. BGB, ist jeder der Miteigentümer als Netzeigentümer iSd Absatzes 2 Satz 1 Nummer 2 Teilsatz 1 anzusehen. Besteht über das jeweilige Energieverteilernetz ein Pachtvertrag nach §§ 581 ff. BGB, so ist der Netzeigentümer regelmäßig der Verpächter.

147 Der Begriff des **Netzbetreibers** ist in § 3 Nr. 27 – allerdings wenig zielführend – legal definiert. Demnach ist Netzbetreiber ein Netz- oder Anlagenbetreiber iSd § 3 Nr. 2–7 und 10. Netzbetreiber ist derjenige, der faktisch die (energie-)wirtschaftliche Verfügungsgewalt über das fragliche Energieverteilernetz ausübt und in technischer und wirtschaftlicher Hinsicht für den ordnungsgemäßen Betrieb des Energieverteilernetzes verantwortlich ist (Bourwieg/Hellermann/Hermes/Bourwieg § 11 Rn. 36; Kment EnWG/Tüngler § 11 Rn. 28). Der Netzbetreiber kann mit dem Netzeigentümer identisch sein, es kann sich jedoch auch um verschiedene Rechtspersonen handeln. In der Praxis ist es nicht unüblich, dass ein Netzeigentümer die Stellung des Netzbetreibers durch Abschluss eines **Betriebsführungsvertrags** auf einen Dritten (insbesondere ein mit ihm verbundenes Unternehmen oder einen externen Dienstleister) überträgt (Baur/Salje/Schmidt-Preuß Energiewirtschaft/Wolf

Kap. 69 Rn. 14). Besteht über das jeweilige Energieverteilernetz ein Pachtvertrag nach §§ 581 ff. BGB, so ist der Netzbetreiber regelmäßig der Pächter.

Ob ein mit dem Netzeigentümer oder dem Netzbetreiber **verbundenes Unternehmen** 148 vorliegt, ist nach den Vorschriften des Konzernrechts nach §§ 15 ff. AktG zu beantworten (Gemeinsames Positionspapier der Regulierungsbehörden, 12; Baur/Salje/Schmidt-Preuß Energiewirtschaft/Wolf Kap. 69 Rn. 16; Bourwieg/Hellermann/Hermes/Bourwieg § 110 Rn. 44; Ortlieb/Staebe Geschlossene Verteilernetze-HdB/Klinge Kap. 4 Rn. 24; krit. Säcker EnergieR/Wolf § 110 Rn. 66; Kment EnWG/Schex § 110 Rn. 38; Theobald/Kühling/Jacobshagen/Kachel § 110 Rn. 48). Der Begriff des verbundenen Unternehmens ist in § 15 AktG **legal definiert.** Demnach handelt es sich hierbei um rechtlich selbstständige Unternehmen, die im Verhältnis zueinander anzusehen sind als
- in Mehrheitsbesitz stehende Unternehmen und mit Mehrheit beteiligte Unternehmen (§ 16 AktG),
- abhängige und herrschende Unternehmen (§ 17 AktG),
- Konzernunternehmen (§ 18 Abs. 1 AktG), nicht jedoch Unternehmen in Gleichordnungskonzernen (§ 18 Abs. 2 AktG; Baur/Salje/Schmidt-Preuß Energiewirtschaft/Wolf Kap. 69 Rn. 16; Säcker EnergieR/Wolf § 110 Rn. 67),
- wechselseitig beteiligte Unternehmen (§ 19 AktG) oder
- Vertragsteile eines Unternehmensvertrags (§§ 291, 292 AktG).

Bei der Prüfung des Vorliegens verbundener Unternehmen iSd Absatzes 2 Satz 1 Nummer 2 149 Teilsatz 1 **nicht zurückzugreifen** (ebenso Säcker EnergieR/Wolf § 110 Rn. 66 (Fn. 112)) ist hingegen auf die Legaldefinition des vertikal integrierten Energieversorgungsunternehmens nach **§ 3 Nr. 38,** die im Hinblick auf die Verbundenheit von Unternehmen nicht auf die §§ 15 ff. AktG verweist, sondern auf die Verordnung (EG) Nr. 139/2004 des Rates vom 20.1.2004 über die Kontrolle von Unternehmenszusammenschlüssen (EG-Fusionskontrollverordnung) (ABl. 2004 L 24, 1). **Anders** war dies bei der **Objektnetze** betreffenden Vorgängerregelung des § 110 in der Fassung des Zweiten Gesetzes zur Neuregelung des Energiewirtschaftsrechts vom 7.7.2005 (BGBl. I 1970 (2007)) zu handhaben, wo in § 110 Abs. 1 Nr. 1 aF ausdrücklich auf verbundene Unternehmen „im Sinne des § 3 Nr. 38" abgestellt wurde. An einer solchen ausdrücklichen Verweisung fehlt es im Falle des Absatzes 2 Satz 1 Nummer 2 Teilsatz 1, daher sind die §§ 15 ff. AktG heranzuziehen (krit. Säcker EnergieR/Wolf § 110 Rn. 66; Kment EnWG/Schex § 110 Rn. 38; Theobald/Kühling/Jacobshagen/Kachel § 110 Rn. 48).

b) „In erster Linie". Nach Absatz 2 Satz 1 Nummer 2 Teilsatz 1 muss das fragliche 150 Energieverteilernetz „in erster Linie" der Eigenversorgung des Netzeigentümers, des Netzbetreibers oder von mit diesen verbundenen Unternehmen dienen. Ob dies der Fall ist, bestimmt sich nach dem Verhältnis der **Energiemenge,** die an den Netzeigentümer, den Netzbetreiber oder an mit diesen verbundene Unternehmen durch das Energieverteilernetz verteilt wird (Gemeinsames Positionspapier der Regulierungsbehörden, 13; Baur/Salje/Schmidt-Preuß Energiewirtschaft/Wolf Kap. 69 Rn. 17; Säcker EnergieR/Wolf § 110 Rn. 70; Bourwieg/Hellermann/Hermes/Bourwieg § 110 Rn. 45; Kment EnWG/Schex § 110 Rn. 39; Schneider/Theobald EnergieWirtschaftsR-HdB/Theobald/Zenke/Dessau § 15 Rn. 21; Theobald/Kühling/Jacobshagen/Kachel § 110 Rn. 49; Schalle ZNER 2011, 406 (408)). Ins Verhältnis zueinander zu setzen sind dabei (i) die insgesamt verteilte Energiemenge, (ii) die zum Zwecke der Eigenversorgung verteilte Energiemenge sowie (iii) die an Dritte verteilte Energiemenge. Trotz des Wortlauts des Absatzes 2 Satz 1 Nummer 2 Teilsatz 1 („oder") sind die an den Netzeigentümer, den Netzbetreiber und die mit diesen verbundene Unternehmen verteilten **Energiemengen** bei der Bestimmung des der Eigenversorgung dienenden Anteils der Energiemenge an der insgesamt verteilten Energiemenge **zu addieren.**

Dem **Wortsinn** nach ist unter der Formulierung „in erster Linie" zu verstehen, dass die 151 durch das fragliche Energieverteilernetz verteilte Energie hauptsächlich oder vor allem an den Netzeigentümer, den Netzbetreiber oder mit diesen verbundene Unternehmen verteilt wird. Insofern **unterscheidet** sich Absatz 2 Satz 1 Nummer 2 Teilsatz 1 von der Regelung für Kundenanlagen zur betrieblichen Eigenversorgung nach § 3 Nr. 24b lit. c, wonach diese „fast ausschließlich dem betriebsnotwendigen Transport von Energie innerhalb des eigenen Unternehmens oder zu verbundenen Unternehmen" dienen müssen (→ Rn. 94). Die For-

EnWG § 110 Teil 9. Sonstige Vorschriften

mulierung **„fast ausschließlich"** stellt nach ihrem Wortsinn deutlich höhere Anforderungen als der Wortlaut „in erster Linie", den der Gesetzgeber in Absatz 2 Satz 1 Nummer 2 Teilsatz 1 in Anlehnung an die einschlägigen unionsrechtlichen Vorgaben gewählt hat. Die Regulierungsbehörden des Bundes und der Länder (Gemeinsames Positionspapier der Regulierungsbehörden, 8) gehen vor diesem Hintergrund übereinstimmend davon aus, dass von einer Kundenanlage zur betrieblichen Eigenversorgung nach § 3 Nr. 24b lit. c dann ausgegangen werden kann, wenn der Anteil der durch die fragliche Energieanlage an Dritte abgegebenen Energiemenge an der insgesamt abgegebenen Energiemenge im jährlichen Durchschnitt regelmäßig 5–10 Prozent nicht überschreitet (→ § 3 Nr. 24b Rn. 8). Diese hohen Anforderungen an den Anteil der Eigenversorgung lassen sich jedoch aufgrund der durch den Gesetzgeber gewählten unterschiedlichen Formulierungen **nicht** auf Absatz 2 Satz 1 Nummer 2 Teilsatz 1 **übertragen** (Gemeinsames Positionspapier der Regulierungsbehörden, 13; Bourwieg/Hellermann/Hermes/Bourwieg § 110 Rn. 45; krit. Säcker EnergieR/Wolf § 110 Rn. 69).

152 Richtigerweise hat sich die Auslegung des Wortlauts „in erster Linie" an der Auslegung der in der **Objektnetze** betreffenden Vorgängerregelung des § 110 in der Fassung des Zweiten Gesetzes zur Neuregelung des Energiewirtschaftsrechts vom 7.7.2005 (BGBl. I 1970 (2007)) verwendeten Formulierung **„überwiegend"** zu orientieren (Gemeinsames Positionspapier der Regulierungsbehörden, 13; Bourwieg/Hellermann/Hermes/Bourwieg § 110 Rn. 45; Kment EnWG/Schex § 110 Rn. 39; Ortlieb/Staebe Geschlossene Verteilernetze-HdB/Klinge Kap. 4 Rn. 25; Schneider/Theobald EnergieWirtschaftsR-HdB/Theobald/Zenke/Dessau § 15 Rn. 21). Nach § 110 Abs. 1 Nr. 1 aF setzte die Eigenschaft als Objektnetz u.a. voraus, dass das fragliche Energieversorgungsnetz „überwiegend dem Transport von Energie innerhalb des eigenen Unternehmens oder zu im Sinne des § 3 Nr. 38 verbundenen Unternehmen" dient. Nach ganz überwiegender Auffassung war dies der Fall, wenn der Anteil der zum Zwecke der Eigenversorgung transportierten Energiemenge an der insgesamt transportierten Energiemenge mehr als 50 Prozent betrug (Salje EnWG § 110 Rn. 25). Vor diesem Hintergrund gehen die Regulierungsbehörden des Bundes und der Länder (Gemeinsames Positionspapier der Regulierungsbehörden, 13) davon aus, dass eine Einstufung als Geschlossenes Verteilernetz auf der Grundlage des Absatzes 2 Satz 1 Nummer 2 jedenfalls dann **ausgeschlossen** ist, wenn der Anteil der zum Zwecke der Eigenversorgung verteilten Energiemenge an der insgesamt verteilten Energiemenge **50 Prozent nicht überschreitet** (Baur/Salje/Schmidt-Preuß Energiewirtschaft/Wolf Kap. 69 Rn. 17; Säcker EnergieR/Wolf § 110 Rn. 71; Bourwieg/Hellermann/Hermes/Bourwieg § 110 Rn. 45; Kment EnWG/Schex § 110 Rn. 39; Ortlieb/Staebe Geschlossene Verteilernetze-HdB/Klinge Kap. 4 Rn. 25; Schneider/Theobald EnergieWirtschaftsR-HdB/Theobald/Zenke/Dessau § 15 Rn. 21; Theobald/Kühling/Jacobshagen/Kachel § 110 Rn. 49; krit. Strohe CuR 2011, 105 (107)). Anders ausgedrückt, muss der Anteil der zum Zwecke der Eigenversorgung verteilten Energiemenge an der insgesamt verteilten Energiemenge demnach mehr als 50 Prozent betragen, damit die Tatbestandsvoraussetzungen des Absatzes 2 Satz 1 Nummer 2 Teilsatz 1 erfüllt sind.

153 **Maßgeblich** für die Bestimmung des Anteils der zum Zwecke der Eigenversorgung verteilten Energiemenge an der insgesamt verteilten Energiemenge ist nach Absatz 2 Satz 1 Nummer 2 Teilsatz 2 der **Durchschnitt** der letzten drei Kalenderjahre. Abzustellen ist damit auf den durchschnittlichen Energieverbrauch der einzelnen Anschlussnehmer (insbesondere des Netzeigentümers, des Netzbetreibers und der mit diesen verbundenen Unternehmen) der letzten drei Kalenderjahre. Die **ratio** dieser Regelung besteht darin, einen Ausgleich für etwaige Schwankungen des kalenderjährlichen Energieverbrauchs der Anschlussnehmer zu schaffen. Hierdurch soll vermieden werden, dass besondere und/oder außerhalb der Einflusssphäre der einzelnen Anschlussnehmer liegende Ereignisse innerhalb eines Kalenderjahres (beispielsweise Versorgungsunterbrechungen aufgrund technischer Störungen oder von Unfällen oder Abschaltung von Produktionsanlagen zum Zwecke der Revision) einen zu großen Einfluss auf die Prüfung der Tatbestandsvoraussetzungen des Absatzes 2 Satz 1 Nummer 2 Teilsatz 1 erlangen (Gemeinsames Positionspapier der Regulierungsbehörden, 13; Baur/Salje/Schmidt-Preuß Energiewirtschaft/Wolf Kap. 69 Rn. 17; Säcker EnergieR/Wolf § 110 Rn. 72; Bourwieg/Hellermann/Hermes/Bourwieg § 110 Rn. 46; Kment EnWG/Schex § 110 Rn. 40; Schneider/Theobald EnergieWirtschaftsR-HdB/Theobald/Zenke/

Dessau § 15 Rn. 21; Theobald/Kühling/Jacobshagen/Kachel § 110 Rn. 49). Bei der Durchschnittsbildung heranzuziehen ist der Energieverbrauch der letzten drei **abgeschlossenen** Kalenderjahre vor der Antragstellung nach Absatz 3, sodass das jeweils laufende Kalenderjahr nicht in die Betrachtung einzubeziehen ist (Baur/Salje/Schmidt-Preuß Energiewirtschaft/Wolf Kap. 69 Rn. 17; Säcker EnergieR/Wolf § 110 Rn. 72; Theobald/Kühling/Jacobshagen/Kachel § 110 Rn. 49).

Nach Absatz 2 Satz 1 Nummer 2 Teilsatz 3 sind bei der Bestimmung des Anteils der zum Zwecke der Eigenversorgung verteilten Energiemenge an der insgesamt verteilten Energiemenge gesicherte Erkenntnisse über **künftige Anteile** zu berücksichtigen (unzutr. daher Schneider/Theobald EnergieWirtschaftsR-HdB/Theobald/Zenke/Dessau § 15 Rn. 21). Bei dieser Regelung handelt es sich um eine **Ausnahmeregelung** zu Absatz 2 Satz 1 Nummer 2 Teilsatz 2. Bestehen im Einzelfall gesicherte Erkenntnisse, also hinreichende tatsächliche Anhaltspunkte dafür, dass der Anteil der zum Zwecke der Eigenversorgung verteilten Energiemenge an der insgesamt verteilten Energiemenge in der Zukunft mit an Sicherheit grenzender Wahrscheinlichkeit in erheblichem Umfang von dem auf der Grundlage des Absatzes 2 Satz 1 Nummer 2 Teilsatz 2 (Durchschnitt der letzten drei Kalenderjahre) ermittelten Wert abweichen wird, so ist ausnahmsweise auf den höchstwahrscheinlichen zukünftigen Wert abzustellen. Diese Vorschrift trägt der Tatsache Rechnung, dass eine Einstufung eines Energieverteilernetzes als Geschlossenes Verteilernetz gewissermaßen **zukunftsgerichtet** ist. Erfasst werden durch diese Regelung insbesondere Fallgestaltungen, in denen künftig beabsichtigt ist, **große Verbrauchseinrichtungen** (zB Produktionsanlagen) in Betrieb oder außer Betrieb zu nehmen und sich aus diesem Grund der Energieverbrauch in der Zukunft ändern wird (Gemeinsames Positionspapier der Regulierungsbehörden, 13; Baur/Salje/Schmidt-Preuß Energiewirtschaft/Wolf Kap. 69 Rn. 17; Säcker EnergieR/Wolf § 110 Rn. 72; Bourwieg/Hellermann/Hermes/Bourwieg § 110 Rn. 46; Kment EnWG/Schex § 110 Rn. 40; Theobald/Kühling/Jacobshagen/Kachel § 110 Rn. 49). Die Ausnahmeregelung des Absatzes 2 Satz 1 Nummer 2 Teilsatz 3 kann aber auch in solchen Sachverhaltskonstellationen Anwendung finden, in denen es künftig – beispielsweise aufgrund gesellschaftsrechtlicher Umstrukturierungen – mit an Sicherheit grenzender Wahrscheinlichkeit zu **Änderungen** im Hinblick auf (i) die Stellung als Netzeigentümer, (ii) die Stellung als Netzbetreiber oder (ii) die Verbundenheit von Unternehmen mit dem Netzeigentümer oder dem Netzeigentümer iSd §§ 15 ff. AktG kommen wird.

154

IV. Vorhandensein von Letztverbrauchern, die Energie für den Eigenverbrauch im Haushalt kaufen (Abs. 2 S. 2)

Gemäß Absatz 2 Satz 2 Alternative 1 kann ein Energieverteilernetz nur dann als Geschlossenes Verteilernetz eingestuft werden, wenn über dieses **keine Letztverbraucher**, die Energie für den Eigenverbrauch im Haushalt kaufen, über das Netz versorgt werden (→ Rn. 161 ff.). Nach Absatz 2 Satz 1 Alternative 2 steht es hingegen einer Einstufung als Geschlossenes Verteilernetz nicht entgegen, wenn über ein Energieverteilernetz eine **geringe Anzahl** von Letztverbrauchern, die Energie für den Eigenverbrauch im Haushalt kaufen, versorgt werden, diese aber über ein Beschäftigungsverhältnis oder eine vergleichbare Beziehung zum Netzeigentümer oder zum Netzbetreiber verfügen (→ Rn. 169 ff.).

155

Die Regelung des Absatzes 2 Satz 2 dient der **Umsetzung** der unionsrechtlichen Vorgaben des Art. 28 Abs. 1 und 4 Elektrizitäts-Binnenmarkt-Richtlinie 2009/72/EG (ABl. 2009 L 211, 55) und des Art. 28 Abs. 1 und 4 Gas-Binnenmarkt-Richtlinie 2009/73/EG (ABl. 2009 L 211, 94) **in** deutsches Bundesrecht. Für den **Strombereich** findet sich in eine aktuellere Fassung dieser unionsrechtlichen Vorgaben in Art. 38 Abs. 1 und 4 Elektrizitäts-Binnenmarkt-Richtlinie (EU) 2019/944 (ABl. 2019 L 158, 125). Der deutsche Gesetzgeber hat sich bei der Formulierung des Absatzes 2 Satz 2 zwar eng an den durch den Richtliniengeber verwendeten Begrifflichkeiten **orientiert**, weicht jedoch in verschiedener Hinsicht von dem Richtlinientext ab (näher Säcker EnergieR/Wolf § 110 Rn. 73). Dies ist bei der Auslegung und Handhabung des Absatzes 2 Satz 2 maßgeblich zu berücksichtigen (→ Rn. 83). Der **Sinn und Zweck** des Absatzes 2 Satz 2 besteht in dem Schutz von Letztverbrauchern, die Energie für den Eigenverbrauch im Haushalt kaufen. Werden solche Letztverbraucher durch ein Energieverteilernetz versorgt, so sollen nach dem Willen des Richtliniengebers

156

Kresse 1953

EnWG § 110 Teil 9. Sonstige Vorschriften

und des deutschen Gesetzgebers grundsätzlich **keine Ausnahmen** von den allgemein für Energieverteilernetze geltenden Vorschriften nach Absatz 1 (→ Rn. 20 ff.) zugelassen werden.

157 Die gegenwärtige Regelung des Absatzes 2 Satz 2 **unterscheidet** sich damit erheblich von der für **Objektnetze** geltenden Vorgängerregelung in der Fassung des Zweiten Gesetzes zur Neuregelung des Energiewirtschaftsrechts vom 7.7.2005 (BGBl. I 1970 (2007)), wonach lediglich kein Energieversorgungsnetz der allgemeinen Versorgung iSd § 3 Nr. 17 vorliegen durfte (Schneider/Theobald EnergieWirtschaftsR-HdB/Theobald/Zenke/Dessau § 15 Rn. 16).

1. Hintergrund und Abgrenzung

158 Der deutsche Gesetzgeber hat die Begrifflichkeit „Letztverbraucher, die Energie für den Eigenverbrauch im Haushalt kaufen", für die im EnWG keine eigenständige Legaldefinition existiert, **wörtlich** aus Art. 28 Abs. 1 Elektrizitäts-Binnenmarkt-Richtlinie 2009/72/EG und Art. 28 Abs. 1 Gas-Binnenmarkt-Richtlinie 2009/73/EG übernommen. Die durch den Richtliniengeber verwendete Formulierung („die Energie für den Eigenverbrauch im Haushalt kaufen") geht auf die Legaldefinition des **unionsrechtlichen Begriffes** des Haushaltskunden in Art. 2 Nr. 10 Elektrizitäts-Binnenmarkt-Richtlinie 2009/72/EG (neue erweiterte Fassung in Art. 2 Nr. 4 Elektrizitäts-Binnenmarkt-Richtlinie (EU) 2019/944) und Art. 2 Nr. 25 Gas-Binnenmarkt-Richtlinie 2009/73/EG zurück. Ein Haushaltskunde im unionsrechtlichen Sinne ist demnach ein Letztverbraucher, der Elektrizität oder Erdgas „für den Eigenverbrauch im Haushalt kauft" (Baur/Salje/Schmidt-Preuß Energiewirtschaft/Wolf Kap. 69 Rn. 18; Säcker EnergieR/Wolf § 110 Rn. 74). In Art. 2 Nr. 10 Elektrizitäts-Binnenmarkt-Richtlinie 2009/72/EG und Art. 2 Nr. 4 Elektrizitäts-Binnenmarkt-Richtlinie (EU) 2019/944 finden sich jeweils **klarstellende Ergänzungen** dahingehend, dass „gewerbliche und berufliche Tätigkeiten" durch den unionsrechtlichen Begriff des Haushaltskunden nicht umfasst sind (Kment EnWG/Schex § 110 Rn. 42).

159 Im **EnWG** enthalten sind Legaldefinitionen für die Begriffe „Letztverbraucher" und „Haushaltskunde": **Letztverbraucher** sind nach § 3 Nr. 25 natürliche oder juristische Personen, die Energie für den eigenen Verbrauch, einschließlich des Strombezuges von Ladepunkten für Elektromobile, kaufen (→ § 3 Nr. 25 Rn. 1 ff.). Bei einem Letztverbraucher iSd Absatzes 2 Satz 2, der Energie für den Eigenverbrauch im Haushalt kauft, kann es sich definitionsgemäß nur um eine **natürliche Person** (§ 3 Nr. 25 Alt. 1) handeln. Nur natürliche Personen führen einen Haushalt und können damit Energie für den eigenen Verbrauch in diesem Haushalt kaufen. Kauft eine **juristische Person** Energie, leitet sie die Energie anschließend an eine natürliche Person weiter und wird die Energie dann durch die natürliche Person in deren Haushalt verbraucht, handelt es sich nicht um einen eigenen Verbrauch der juristischen Person iSd Absatzes 2 Satz 2.

160 **Haushaltskunden** sind gem. § 3 Nr. 22 Letztverbraucher, die Energie überwiegend für den Eigenverbrauch im Haushalt **oder** für den einen Jahresverbrauch von 10.000 Kilowattstunden nicht übersteigenden Eigenverbrauch für berufliche, landwirtschaftliche oder gewerbliche Zwecke kaufen (→ § 3 Nr. 22 Rn. 1 ff.). Festzuhalten ist damit, dass für die Begrifflichkeit des Haushaltskunden im EnWG und im Unionsrecht **unterschiedliche Legaldefinitionen** existieren. Die in Absatz 2 Satz 2 verwendete Formulierung „die Energie für den Eigenverbrauch im Haushalt kaufen" ist mit dem vorgenannten Begriff des Haushaltskunden nur **teilweise deckungsgleich,** nämlich mit § 3 Nr. 22 Alt. 1. Hingegen werden hiervon Haushaltskunden iSd § 3 Nr. 22 Alt. 2, die Energie (auch) für berufliche, landwirtschaftliche oder gewerbliche Zwecke kaufen, nicht erfasst (Gemeinsames Positionspapier der Regulierungsbehörden, 13; Baur/Salje/Schmidt-Preuß Energiewirtschaft/Wolf Kap. 69 Rn. 18; Säcker EnergieR/Wolf § 110 Rn. 74; Bourwieg/Hellermann/Hermes/Bourwieg § 110 Rn. 48; Kment EnWG/Schex § 110 Rn. 42; Ortlieb/Staebe Geschlossene Verteilernetze-HdB/Klinge Kap. 4 Rn. 28 f.). Wohl aus diesem Grund sah sich der deutsche Gesetzgeber dazu veranlasst, die **sperrige Formulierung** „Letztverbraucher, die Energie für den Eigenverbrauch im Haushalt kaufen" wörtlich zu übernehmen, und konnte nicht stattdessen die eingängigere Begrifflichkeit des Haushaltskunden iSd § 3 Nr. 22 in Absatz 2 Satz 2 einfügen.

2. Grundsatz: keine Privathaushalte als Letztverbraucher (Abs. 2 S. 2 Alt. 1)

Nach Absatz 2 Satz 2 Alternative 1 dürfen über das fragliche Energieverteilernetz **keinerlei** 161 Letztverbraucher, die Energie für den Eigenverbrauch im Haushalt kaufen, versorgt werden. Wie sich schon aus dem Wortlaut der Norm („Einstufung erfolgt nur") ergibt, ist diese Regelung **eng auszulegen** und wird durch die Regulierungsbehörden des Bundes und der Länder auch strikt angewendet. Damit schließt bereits die Versorgung eines einzigen Letztverbrauchers, der Energie für den Eigenverbrauch im Haushalt kauft und der zugleich nicht unter die Ausnahmeregelung des Absatzes 2 Satz 2 Alternative 2 fällt (→ Rn. 169 ff.; krit. Ortlieb/Staebe Geschlossene Verteilernetze-HdB/Klinge Kap. 4 Rn. 39; Strohe CuR 2011, 105 (107)), eine Einstufung des jeweiligen Energieverteilernetzes als Geschlossenes Verteilernetz aus. Zu den **Gestaltungsmöglichkeiten** zur Vermeidung dieser Rechtsfolge → Rn. 180 ff.

Bei Letztverbrauchern, die Energie für den Eigenverbrauch im Haushalt kaufen, handelt 162 es sich bei Zugrundelegung der soeben dargestellten Grundsätze (→ Rn. 158 ff.) um **natürliche Personen,** die über das fragliche Energieverteilernetz mit Elektrizität oder Erdgas versorgt werden und diese Energie **ausschließlich** für ihren eigenen privaten Bedarf im Rahmen ihrer Haushaltsführung verwenden. Von der Regelung des Absatzes 2 Satz 2 Alternative 1 werden mithin typischerweise **reine Privathaushalte** erfasst (Gemeinsames Positionspapier der Regulierungsbehörden, 13; Baur/Salje/Schmidt-Preuß Energiewirtschaft/Wolf Kap. 69 Rn. 18; Säcker EnergieR/Wolf § 110 Rn. 74; Bourwieg/Hellermann/Hermes/Bourwieg § 110 Rn. 48; Kment EnWG/Schex § 110 Rn. 42; Ortlieb/Staebe Geschlossene Verteilernetze-HdB/Kleinge Kap. 4 Rn. 29; Theobald/Kühling/Jacobshagen/Kachel § 110 Rn. 50).

Nicht erfasst werden von Absatz 2 Satz 2 Alternative 1 hingegen Letztverbraucher, die die 163 von ihnen erworbene Energie nur für berufliche, landwirtschaftliche und/oder gewerbliche Zwecke nutzen. Deren Vorhandensein steht einer Einstufung als Geschlossenes Verteilernetz nicht entgegen. Dies gilt auch dann, wenn der jährliche Stromverbrauch solcher Letztverbraucher zu beruflichen, landwirtschaftlichen und/oder gewerblichen Zwecken **10.000 Kilowattstunden** nicht übersteigt und diese somit als Haushaltskunden iSd § 3 Nr. 22 Alt. 2 anzusehen sind (→ Rn. 160). Unter dem Gesichtspunkt des Absatzes 2 Satz 2 ist es daher als unproblematisch anzusehen, wenn über das fragliche Energieverteilernetz zB ein Geldautomat, das Büro einer (betrieblichen) Krankenkasse, ein Reisebüro zur Buchung von Geschäftsreisen, die Praxis eines Betriebsarztes oder ein Einzelhandelsgeschäft (Kiosk) zur Nahversorgung der Beschäftigten versorgt werden, sofern die gekaufte Energie **ausschließlich** für den Eigenverbrauch zu beruflichen oder gewerblichen Zwecken genutzt wird (Gemeinsames Positionspapier der Regulierungsbehörden, 13; Baur/Salje/Schmidt-Preuß Energiewirtschaft/Wolf Kap. 69 Rn. 18; Säcker EnergieR/Wolf § 110 Rn. 74; Bourwieg/Hellermann/Hermes/Bourwieg § 110 Rn. 48; Kment EnWG/Schex § 110 Rn. 42; Ortlieb/Staebe Geschlossene Verteilernetze-HdB/Klinge Kap. 4 Rn. 29; Theobald/Kühling/Jacobshagen/Kachel § 110 Rn. 50). Entsprechendes gilt, wenn durch das fragliche Energieverteilernetz ein **landwirtschaftlicher Betrieb** mit Energie versorgt wird und die gekaufte Energie ausschließlich für landwirtschaftliche Zwecke genutzt wird.

Vor allem in Industrie- oder Gewerbebetrieben (Absatz 2 Satz 1 Alternative 1) sind häufig 164 auch verschiedene **Beherbergungsbetriebe** vorhanden, nämlich Hotels, Pensionen und zunehmend auch **sog. Boardinghouses.** Bei Boardinghouses (auch Serviced Apartments genannt) handelt es sich um Beherbergungsbetriebe, die möblierte Zimmer oder Apartments sowie hotelähnliche Dienstleistungen für einen längeren Aufenthalt zur Verfügung stellen. Diese Boardinghouses werden bevorzugt von Beschäftigten genutzt, die für einen begrenzten Zeitraum (zB ein bestimmtes Projekt) vor Ort, insbesondere in dem jeweiligen Industrie- oder Gewerbegebiet, tätig sind. Es stellt sich die Frage, ob die Gäste von Hotels, Pensionen und insbesondere von Boardinghouses als **Letztverbraucher** iSd Absatzes 2 Satz 2 Alternative 1 betrachtet werden müssen, die Energie für den Eigenverbrauch im Haushalt kaufen. Bejaht man dies, würde die Existenz von Hotels, Pensionen und Boardinghouses eine Einstufung von Energieverteilernetzen als Geschlossenes Verteilernetz grundsätzlich gem. Absatz 2 Satz 2 Alternative 1 ausschließen, wenn nicht im Einzelfall die Ausnahmevorschrift des Absatzes 2 Satz 2 Alternative 2 Platz greift. Dieses Ergebnis **widerspräche** jedoch nicht nur der **Lebenswirklichkeit,** sondern trüge auch nicht dem Sinn und Zweck des Absatzes 2 Satz 2 Rechnung (→ Rn. 156; in diese Richtung auch Baur/Salje/Schmidt-Preuß Energiewirtschaft/Wolf Kap. 69 Rn. 20; Säcker EnergieR/Wolf § 110 Rn. 27; für Campingplätze und Ferienparks Ortlieb/Staebe Geschlossene Verteilernetze-HdB/Klinge Kap. 4 Rn. 31). Denn die Gäste von Hotels, Pensionen und Boardinghouses sind nicht in vergleichbarer Weise schutzbedürftig wie die Bewohner gewöhnlicher Privathaushalte. Der **BGH** hat sich in einer Entscheidung aus dem Jahre 2011 im Rahmen eines obiter dictum dahingehend geäußert, dass es neben den Regelungen zur Kundenanlage (§ 3 Nr. 24a und 24b) auch **ungeschriebene Ausnahmen** von dem Begriff des Energieversorgungsnetzes (§ 3 Nr. 16) gebe, in denen kein Recht zur Wahl des Energieanbieters bestehe (BGH BeckRS 2012, 08875 Rn. 14 – Campingplatz). Hierzu zählen nach Auffassung des BGH gerade Hotels und „andere Konstellationen", in denen (i) die Energieversorgung als nur ein (regelmäßig untergeordneter) Bestandteil im Rahmen eines vertraglichen „Gesamtpaket[s]" angeboten wird, (ii) die Energieversorgung „nicht gesondert abgerechnet", sondern von einem Gesamtpreis (all inclusive-Preis) erfasst wird, sowie (iii) die Leistungen einschließlich der Energieversorgung „nur kurzfristig und nicht für eine gewisse Dauer" bezogen werden (BGH BeckRS 2012, 08875 Rn. 14 f.). In diesen Fallgestaltungen soll es aus Sicht des BGH „nicht angemessen" sein, „dem Nutzer [also zB dem Hotelgast] die Wahl des Stromlieferanten zu überlassen" (BGH BeckRS 2012, 08875 Rn. 15; näher Baur/Salje/Schmidt-Preuß Energiewirtschaft/Wolf Kap. 68 Rn. 24 ff.). Ist aber in solchen Sachverhaltskonstellationen nach (zutreffender) Ansicht des BGH noch nicht einmal ein Recht zur Wahl des Energielieferanten gegeben, so sind die jeweiligen Leistungsempfänger erst recht im Hinblick auf die in Absatz 1 vorgesehenen Ausnahmen von den für Energieverteilernetze allgemein geltenden Regelungen **nicht schutzwürdig.** Liegen die oben genannten Voraussetzungen vor, so sind die Gäste von Beherbergungsbetrieben mithin **nicht** als **Letztverbraucher** nach Absatz 2 Satz 2 Alternative 1 anzusehen, die Energie für den Eigenverbrauch im Haushalt kaufen. Letztverbraucher ist in diesem Fall der Betreiber des jeweiligen Beherbergungsbetriebs (in diese Richtung für Campingplätze Baur/Salje/Schmidt-Preuß Energiewirtschaft/Wolf Kap. 69 Rn. 20; für Hotels Säcker EnergieR/Wolf § 110 Rn. 27). Die Existenz von Beherbergungsbetrieben steht dann der Einstufung eines Energieverteilernetzes als Geschlossenes Verteilernetz nicht entgegen. Die vorstehenden Überlegungen lassen sich grundsätzlich zB auf Patienten in **Krankenhäusern** sowie auf Bewohner von **Alten- und Pflegeheimen** übertragen, sofern die durch den BGH aufgestellten Voraussetzungen im Einzelfall erfüllt sind.

165   Bisher – soweit ersichtlich – durch die Rechtsprechung **ungeklärt** ist, wie solche Fallgestaltungen zu handhaben sind, in denen ein über ein Energieverteilernetz versorgter Letztverbraucher Energie **sowohl** für den Eigenverbrauch im Haushalt **als auch** zu beruflichen, landwirtschaftlichen und/oder gewerblichen Zwecken kauft. Diese Sachverhaltskonstellationen sind von gewisser Praxisrelevanz, da es insbesondere in Industrie- und Gewerbegebieten erfahrungsgemäß nicht unüblich ist, dass die **Inhaberfamilien** kleinerer und mittlerer Unternehmen unmittelbar neben oder sogar in der Betriebsstätte ihres Unternehmens auch über eine Privatwohnung verfügen. Denkbar ist auch, dass auf dem jeweiligen Gelände ein landwirtschaftlicher Betrieb mit zugehöriger **Privatwohnung der Landwirtsfamilie** gelegen ist. Da in derartigen Fällen in der Regel kein Beschäftigungsverhältnis oder eine ähnliche Beziehung zum Netzeigentümer oder zum Netzbetreiber iSd Absatzes 2 Satz 2 Alternative 2 bestehen dürfte, könnte die Existenz solcher Privatwohnungen der Einstufung als Geschlossenes Verteilernetz möglicherweise nach Absatz 2 Satz 2 Alternative 1 entgegenstehen. Richtigerweise ist in derartigen Fallgestaltungen wie folgt zu differenzieren:

166   Wird die jeweilige Privatwohnung **nicht ausschließlich** zu Wohnzwecken genutzt, sondern auch zu beruflichen, landwirtschaftlichen und/oder gewerblichen Zwecken (insbesondere als Büro), so wird die durch den Letztverbraucher gekaufte Energie nicht nur für den privaten Bedarf im Rahmen seiner Haushaltsführung verwendet (→ Rn. 162). Es liegt damit kein Eigenverbrauch im Haushalt iSd Absatzes 2 Satz 2 Alternative 1 vor, sodass die Existenz einer derartig **gemischt genutzten Privatwohnung** einer Einstufung als Geschlossenes Verteilernetz nicht entgegensteht (Kment EnWG/Schex § 110 Rn. 42).

167   Wird die jeweilige Privatwohnung hingegen **ausschließlich** zu Wohnzwecken genutzt, so ist danach zu **differenzieren,** ob die Betriebsstätte und die zugehörige Privatwohnung über einen gemeinsam genutzten oder zwei getrennte Netzanschlüsse an das fragliche Ener-

gieverteilernetz verfügen. Bei kleinen Einzelunternehmen ist es denkbar, dass die Betriebsstätte und die zugehörige Privatwohnung über einen gemeinsam genutzten **Netzanschluss** mit Energie versorgt werden. In einem solchen Fall wird die durch den Letztverbraucher gekaufte Energie nicht nur für den privaten Bedarf im Rahmen seiner Haushaltsführung verwendet (→ Rn. 162), sondern in der jeweiligen Betriebsstätte auch zu beruflichen, landwirtschaftlichen und/oder gewerblichen Zwecken. Es ist mithin **kein** ausschließlicher Eigenverbrauch im Haushalt iSd Absatzes 2 Satz 2 Alternative 1 gegeben, sodass das Bestehen der Privatwohnung einer Einstufung als Geschlossenes Verteilernetz grundsätzlich nicht entgegensteht. Etwas anderes muss jedoch dann gelten, wenn es sich bei dem Anschlussnehmer (Letztverbraucher) nicht um eine natürliche Person, nämlich den besagten Einzelunternehmer, sondern um eine juristische Person handelt (→ Rn. 162).

Häufig werden jedoch die Betriebsstätte und die Privatwohnung über **zwei getrennte Netzanschlüsse** verfügen. Meist liegen dann auch zwei unterschiedliche Anschlussnehmer vor, nämlich einerseits das Unternehmen (zB eine GmbH oder eine KG) und andererseits eine natürliche Person (den Inhaber). Wird in einer derartigen Sachverhaltskonstellation die Privatwohnung noch dazu ausschließlich zu Wohnzwecken genutzt, so liegen im Hinblick auf deren Netzanschluss und die hierüber bezogene Energie die Tatbestandsvoraussetzungen des Absatzes 2 Satz 2 Alternative 1 vor, denn die von dem Letztverbraucher gekaufte Energie wird nur für den Eigenverbrauch im Haushalt verwendet. Eine Einstufung des Energieverteilernetzes als Geschlossenes Verteilernetz scheidet in diesem Fall aus (zu den denkbaren Gestaltungsmöglichkeiten → Rn. 180 ff.). 168

3. Ausnahme: geringe Zahl von Privathaushalten in Dienst- und Werkswohnungen oÄ als Letztverbraucher (Abs. 2 S. 2 Alt. 2)

Nach Absatz 2 Satz 2 Alternative 2 ist eine Einstufung eines Energieverteilernetzes als Geschlossenes Verteilernetz im Falle des Vorhandenseins von „solchen Letztverbrauchern" ausnahmsweise dann möglich, wenn (i) es sich nur um eine **geringe Zahl** dieser Letztverbraucher handelt und (ii) diese in einem Beschäftigungsverhältnis oder in einer ähnlichen Beziehung zum Netzeigentümer oder zum Netzbetreiber stehen. Mit der Formulierung „solchen Letztverbrauchern" nimmt der Gesetzgeber auf Absatz 2 Satz 2 Alternative 1 Bezug, wo von Letztverbrauchern, die Energie für den Eigenverbrauch im Haushalt kaufen, die Rede ist. Der Begriff des **Letztverbrauchers** ist mithin übereinstimmend mit Absatz 2 Satz 2 Alternative 1 auszulegen (→ Rn. 158 ff.). 169

Die Regelung des Absatzes 2 Satz 2 Alternative 2 dient der **Umsetzung** des Art. 38 Abs. 4 Elektrizitäts-Binnenmarkt-Richtlinie 2009/72/EG (ABl. 2009 L 211, 55) und des Art. 28 Abs. 4 Gas-Binnenmarkt-Richtlinie 2009/73/EG (ABl. 2009 L 211, 94) in deutsches Bundesrecht. Für den Strombereich findet sich eine aktuelle Fassung dieser unionsrechtlichen Vorgabe in Art. 38 Abs. 4 Elektrizitäts-Binnenmarkt-Richtlinie (EU) 2019/944 (ABl. 2019 L 158, 125). Es handelt sich um eine Ausnahmevorschrift von Absatz 2 Satz 2 Alternative 1, die schon aus diesem Grund **eng auszulegen** ist (Gemeinsames Positionspapier der Regulierungsbehörden, 13; Bourwieg/Hellermann/Hermes/Bourwieg § 110 Rn. 49). 170

a) Geringe Zahl. Gemäß der Regelung des Absatzes 2 Satz 2 Alternative 2 darf nur eine geringe Zahl von Letztverbrauchern, die Energie für den Eigenverbrauch im Haushalt kaufen, über das fragliche Energieverteilernetz versorgt werden. Bei der Auslegung dieser Begrifflichkeit ist zu beachten, dass in den vorgenannten EU-Richtlinien nicht nur von einer geringen Anzahl dieser Letztverbraucher die Rede ist, sondern **zusätzlich** von einer „**gelegentliche[n] Nutzung**" des Energieverteilernetzes durch eben diese Letztverbraucher. Nach dem Wortsinn ist hierunter eine Netznutzung zu verstehen, die bei (passender) Gelegenheit erfolgt. Der Richtliniengeber verfolgte mit dieser Formulierung offenbar das Ziel, nur solche Fallgestaltungen innerhalb von Geschlossenen Verteilernetzen zuzulassen, in denen die Versorgung von Letztverbrauchern, die Energie für den Eigenverbrauch im Haushalt kaufen, nur einen **Nebenzweck** des Energieverteilernetzes darstellt, also gewissermaßen nebenbei erfolgt (Baur/Salje/Schmidt-Preuß Energiewirtschaft/Wolf Kap. 69 Rn. 19; Säcker EnergieR/Wolf § 110 Rn. 75). Auch wenn der deutsche Gesetzgeber darauf verzichtet hat, die Formulierung der „gelegentlichen Nutzung" in Absatz 2 Satz 2 Alternative 2 zu übernehmen, ist der Begriff der geringen Zahl **richtlinienkonform** dahingehend auszule- 171 gen, dass die Versorgung derjenigen Letztverbraucher, die Energie für den Eigenverbrauch im Haushalt kaufen, durch das jeweilige Energieverteilernetz keinesfalls dessen Hauptzweck darstellen darf (in diese Richtung auch Baur/Salje/Schmidt-Preuß Energiewirtschaft/Wolf Kap. 69 Rn. 19; Säcker EnergieR/Wolf § 110 Rn. 75 f.).

172 Die Regulierungsbehörden des Bundes und der Länder gehen zutreffend davon aus, dass in Übereinstimmung mit dem Wortlaut des Absatzes 2 Satz 2 Alternative 2 („geringe Zahl") auf die **absolute Zahl** von Letztverbrauchern, die Energie für den Eigenverbrauch im Haushalt kaufen, abzustellen ist (Gemeinsames Positionspapier der Regulierungsbehörden, 13; Bourwieg/Hellermann/Hermes/Bourwieg § 110 Rn. 49; Kment EnWG/Schex § 110 Rn. 44; Schneider/Theobald EnergieWirtschaftsR-HdB/Theobald/Zenke/Dessau § 15 Rn. 16; Theobald/Kühling/Jacobshagen/Kachel § 110 Rn. 51). **Nicht maßgeblich** ist hingegen das Verhältnis der an diese Letztverbraucher verteilten Energiemenge an der durch das Energieverteilernetz insgesamt verteilten Energiemenge. Hintergrund hierfür ist, dass der Energieverbrauch von durch Absatz 2 Satz 2 Alternative 2 erfassten reinen Privathaushalten insbesondere im Vergleich zu Industrie- und Gewerbebetrieben regelmäßig „verschwindend gering" ist. Ein Abstellen auf das Verhältnis der verteilten Energiemengen würde daher gerade bei großen Industrie- und Gewerbegebieten dazu führen, dass nach Absatz 2 Satz 2 Alternative 2 zulässigerweise eine Vielzahl von Letztverbrauchern, die Energie für den Eigenverbrauch im Haushalt kaufen, versorgt werden dürfte. Eine derartige Auslegung würde dessen Rechtsnatur als eng auszulegender Ausnahmevorschrift widersprechen (Gemeinsames Positionspapier der Regulierungsbehörden, 13; Bourwieg/Hellermann/Hermes/Bourwieg § 110 Rn. 49).

173 Die Frage, ob eine geringe Zahl von Letztverbrauchern iSd Absatzes 2 Satz 2 Alternative 2 vorliegt, ist unter Berücksichtigung der Umstände des **Einzelfalles** zu beantworten. Die Regulierungsbehörden des Bundes und der Länder vertreten die Ansicht, dass von einer geringen Zahl grundsätzlich nicht mehr ausgegangen werden kann, wenn **mehr als 20** reine Privathaushalte über das jeweilige Energieverteilernetz versorgt werden (Gemeinsames Positionspapier der Regulierungsbehörden, 13; Baur/Salje/Schmidt-Preuß Energiewirtschaft/Wolf Kap. 69 Rn. 19; Bourwieg/Hellermann/Hermes/Bourwieg § 110 Rn. 49; Kment EnWG/Schex § 110 Rn. 44; Ortlieb/Staebe Geschlossene Verteilernetze-HdB/Klinge Kap. 4 Rn. 33; Schneider/Theobald EnergieWirtschaftsR-HdB/Theobald/Zenke/Dessau § 15 Rn. 16; zweifelnd Säcker EnergieR/Wolf § 110 Rn. 76; Theobald/Kühling/Jacobshagen/Kachel § 110 Rn. 51). Auch bei dem Vorhandensein einer Zahl von **unter 20 Letztverbrauchern,** die Energie für den Eigenverbrauch im Haushalt kaufen, darf deren Versorgung jedoch im Sinne der oben dargestellten richtlinienkonformen Auslegung (→ Rn. 171) nicht den Hauptzweck des jeweiligen Energieverteilernetzes bilden (in diese Richtung auch Baur/Salje/Schmidt-Preuß Energiewirtschaft/Wolf Kap. 69 Rn. 19; Säcker EnergieR/Wolf § 110 Rn. 75). Soweit jedoch in der Literatur (Schalle ZNER 2011, 406 (408); in diese Richtung auch Theobald/Kühling/Jacobshagen/Kachel § 110 Rn. 51) vertreten wird, auch die Versorgung **ganzer Werkswohnungsanlagen** mit mehreren hundert Letztverbrauchern sei unter dem Gesichtspunkt des Absatzes 2 Satz 2 Alternative 2 als zulässig anzusehen, ist dies als zu weitgehend abzulehnen (so zutr. Baur/Salje/Schmidt-Preuß Energiewirtschaft/Wolf Kap. 69 Rn. 19; Säcker EnergieR/Wolf § 110 Rn. 76).

174 **b) Beschäftigungsverhältnis oder vergleichbare Beziehung.** Nach Absatz 2 Satz 2 Alternative 2 müssen diejenigen Letztverbraucher, die Energie für den Eigenverbrauch im Haushalt kaufen, über ein Beschäftigungsverhältnis oder eine vergleichbare Beziehung mit dem Netzeigentümer oder dem Netzbetreiber verfügen. Abzustellen ist hierbei – jedenfalls im Grundsatz – ausschließlich auf den jeweiligen **Anschlussnutzer,** nicht auf eventuell ebenfalls in der Wohneinheit lebende Familienangehörige oder sonstige Dritte (Baur/Salje/Schmidt-Preuß Energiewirtschaft/Wolf Kap. 69 Rn. 20; Säcker EnergieR/Wolf § 110 Rn. 77; in diese Richtung auch Ortlieb/Staebe Geschlossene Verteilernetze-HdB/Klinge Kap. 4 Rn. 37; anderer Auffassung offenbar Theobald/Kühling/Jacobshagen/Kachel § 110 Rn. 53: Haushaltsangehöriger). Eine **Ausnahme** von diesem Grundsatz ist zB dann zuzulassen, wenn der frühere Anschlussnutzer, für den die Tatbestandsvoraussetzungen des Absatzes 2 Satz 2 Alternative 2 vorlagen, verstorben ist und seine Familienangehörigen in der Wohneinheit verbleiben (Theobald/Kühling/Jacobshagen/Kachel § 110 Rn. 53).

175 Unter einem **Beschäftigungsverhältnis** ist eine abhängige Beschäftigung im Sinne eines Arbeitsvertrages gem. § 611a BGB zu verstehen (noch unter Bezugnahme auf § 611 BGB

Gemeinsames Positionspapier der Regulierungsbehörden, 14; Baur/Salje/Schmidt-Preuß Energiewirtschaft/Wolf Kap. 69 Rn. 20; Säcker EnergieR/Wolf § 110 Rn. 77; Bourwieg/Hellermann/Hermes/Bourwieg § 110 Rn. 50; Kment EnWG/Schex § 110 Rn. 43; Ortlieb/Staebe Geschlossene Verteilernetze-HdB/Klinge Kap. 4 Rn. 34; Schneider/Theobald EnergieWirtschaftsR-HdB/Theobald/Zenke/Dessau § 15 Rn. 16; Theobald/Kühling/Jacobshagen/Kachel § 110 Rn. 52). Nach § 611a Abs. 1 S. 1 BGB zeichnet sich ein Arbeitsvertrag dadurch aus, dass der Arbeitnehmer im Dienste eines anderen zur Leistung weisungsgebundener, fremdbestimmter Arbeit in persönlicher Abhängigkeit verpflichtet wird. Das Weisungsrecht kann gem. § 611a Abs. 1 S. 2 BGB Inhalt, Durchführung, Zeit und Ort der Tätigkeit betreffen. Weisungsgebunden ist nach § 611a Abs. 1 S. 3 BGB, wer nicht im Wesentlichen frei seine Tätigkeit gestalten und seine Arbeitszeit bestimmen kann. Der Grad der persönlichen Abhängigkeit hängt dabei nach § 611a Abs. 1 S. 4 BGB auch von der Eigenart der jeweiligen Tätigkeit ab. Für die Feststellung, ob ein Arbeitsvertrag vorliegt, ist nach § 611a Abs. 1 S. 5 BGB eine Gesamtbetrachtung aller Umstände vorzunehmen. Zeigt die tatsächliche Durchführung des Vertragsverhältnisses, dass es sich um ein Arbeitsverhältnis handelt, kommt es gem. § 611a Abs. 1 S. 6 BGB auf die Bezeichnung im Vertrag nicht an. **Typische Fälle** des Vorliegens von Letztverbrauchern mit solchen Beschäftigungsverhältnissen iSd Absatzes 2 Satz 2 Alternative 2 sind Hausmeister (Säcker EnergieR/Wolf § 110 Rn. 77; Schneider/Theobald EnergieWirtschaftsR-HdB/Theobald/Zenke/Dessau § 15 Rn. 16) oder Angehörige des Werksschutzes oder der Werksfeuerwehr, die (ggf. mit ihren Familien) Dienst- oder Werkswohnungen nutzen, die auf dem durch das fragliche Energieverteilernetz versorgten Gebiet liegen. Ein weiteres Beispiel sind Wohnheime für Pflegepersonal auf dem Gelände einer kirchlichen Organisation oder einer anderen Wohlfahrtsorganisation, auf dem Krankenhäuser sowie Alten- und Pflegeheime betrieben werden.

176 Eine einem Beschäftigungsverhältnis **vergleichbare Beziehung** nach Absatz 2 Satz 2 Alternative 2 ist dann gegeben, wenn der jeweilige Letztverbraucher, der Energie für den Eigenverbrauch im Haushalt kauft, sich hierdurch in einem ähnlichen persönlichen Abhängigkeitsverhältnis befindet. Eine vergleichbare Beziehung kann dann vorliegen, wenn eine Fortsetzung eines früheren Beschäftigungsverhältnisses gegeben ist, beispielsweise in Form eines betrieblichen **Pensionärsverhältnisses**. Ein reiner **Mietvertrag** über Wohnraum nach §§ 535 ff. BGB auf dem durch das fragliche Energieverteilernetz versorgten Gelände ist jedenfalls nicht ausreichend für die Inanspruchnahme der Ausnahmeregelung des Absatzes 2 Satz 2 Alternative 2 (Gemeinsames Positionspapier der Regulierungsbehörden, 14; Baur/Salje/Schmidt-Preuß Energiewirtschaft/Wolf Kap. 69 Rn. 20; Säcker EnergieR/Wolf § 110 Rn. 78; Bourwieg/Hellermann/Hermes/Bourwieg § 110 Rn. 50; Kment EnWG/Schex § 110 Rn. 43; Ortlieb/Staebe Geschlossene Verteilernetze-HdB/Klinge Kap. 4 Rn. 36; Theobald/Kühling/Jacobshagen/Kachel § 110 Rn. 52 f.). Durch einen **Werkvertrag** nach § 631 BGB wird ebenfalls keine vergleichbare Beziehung begründet, da der Erbringer der Werkleistung nicht in einem ähnlichen persönlichen Abhängigkeitsverhältnis zu seinem Auftraggeber steht (anderer Auffassung Säcker EnergieR/Wolf § 110 Rn. 78; Ortlieb/Staebe Geschlossene Verteilernetze-HdB/Klinge Kap. 4 Rn. 36). Der Regelung des Absatzes 2 Satz 2 Alternative 2 unterfallen daher nicht solche Dienst- oder Werkswohnungen, die externen **Subunternehmern** und deren Beschäftigten zur Verfügung gestellt werden. Fraglich und ungeklärt ist die Behandlung von Fällen der **Arbeitnehmerüberlassung** (Leiharbeit). Wird einem Leiharbeiter von seinem Entleiher eine Dienst- oder Werkswohnung auf dem durch das Energieverteilernetz versorgten Gebiet zur Verfügung gestellt, so könnte aufgrund der Eingliederung des Leiharbeiters in die betriebliche Organisation des Entleihers und aufgrund des Bestehens eines Weisungsrechts des Entleihers möglicherweise von dem Vorliegen einer vergleichbaren Beziehung iSd Absatzes 2 Satz 2 Alternative 2 zu dem jeweiligen Entleiher auszugehen sein. Hierbei handelt es sich jedoch um eine Frage des Einzelfalles (ebenso Ortlieb/Staebe Geschlossene Verteilernetze-HdB/Klinge Kap. 4 Rn. 36).

177 **c) Mit dem Netzeigentümer oder dem Netzbetreiber.** Gemäß Absatz 2 Satz 2 Alternative 2 muss das Beschäftigungsverhältnis oder die vergleichbare Beziehung des Letztverbrauchers, der Energie für den Eigenverbrauch im Haushalt kauft, mit dem Eigentümer oder dem Betreiber des Netzes bestehen (Gemeinsames Positionspapier der Regulierungsbehörden, 14; Baur/Salje/Schmidt-Preuß Energiewirtschaft/Wolf Kap. 69 Rn. 21; Säcker EnergieR/Wolf § 110 Rn. 80; Bourwieg/Hellermann/Hermes/Bourwieg § 110 Rn. 50; Kment

EnWG/Schex § 110 Rn. 43; Schneider/Theobald EnergieWirtschaftsR-HdB/Theobald/Zenke/Dessau § 15 Rn. 16; Theobald/Kühling/Jacobshagen/Kachel § 110 Rn. 54). Bei der Auslegung dieser Tatbestandsvoraussetzungen ist zu beachten, dass der deutsche Gesetzgeber bei der diesbezüglichen Formulierung bereits über die einschlägigen unionsrechtlichen Vorgaben **hinausgegangen** ist: Nach Abs. 28 Abs. 4 Elektrizitäts-Binnenmarkt-Richtlinie 2009/72/EG (ABl. 2009 L 211, 55) und Art. 28 Abs. 4 Gas-Binnenmarkt-Richtlinie 2009/73/EG (ABl. 2009 L 211, 94) beschränkt sich die Zulässigkeit einer Ausnahmeregelung iSd Absatzes 2 Satz 2 Alternative 2 auf solche Fallgestaltungen, in denen der Letztverbraucher über eine vertragliche Beziehung mit dem Netzeigentümer bezieht. In den unionsrechtlichen Vorgaben wird eine vertragliche Beziehung mit dem Netzbetreiber **nicht erwähnt.** Entsprechendes gilt für den **Strombereich** für die aktuelle Fassung des Art. 38 Abs. 4 Elektrizitäts-Binnenmarkt-Richtlinie (EU) 2019/944 (ABl. 2019 L 158, 125). In der **Literatur** wird hierzu teilweise mit beachtlichen Argumenten die Auffassung vertreten, dass es sich um ein **„Redaktionsversehen"** des Richtliniengebers handele. Die vorgenannten Richtlinien seien dahingehend auszulegen, dass auch ein Beschäftigungsverhältnis oder die vergleichbare Beziehung mit dem Netzbetreiber als zulässig zu erachten sei (näher Baur/Salje/Schmidt-Preuß Energiewirtschaft/Wolf Kap. 69 Rn. 21; Säcker EnergieR/Wolf § 110 Rn. 80; Theobald/Kühling/Jacobshagen/Kachel § 110 Rn. 54).

178 Die Begriffe des **Netzeigentümers** und des **Netzbetreibers** sind ebenso auszulegen wie im Rahmen der Regelung des Absatzes 2 Satz 1 Nummer 2; auf die diesbezüglichen Ausführungen wird verwiesen (→ Rn. 145 ff.). Das Beschäftigungsverhältnis oder die vergleichbare Beziehung des Letztverbrauchers muss zwingend mit dem Eigentümer oder dem Betreiber des fraglichen Energieverteilernetzes bestehen. Insbesondere werden mit dem Netzeigentümer oder dem Netzbetreiber **verbundene Unternehmen** in Absatz 2 Satz 2 Alternative 2 – anders als in Absatz 2 Satz 1 Nummer 2 (→ Rn. 148 f.) – nicht genannt. Für eine Inanspruchnahme der Ausnahmeregelung des Absatzes 2 Satz 2 Alternative 2 ist es daher nicht ausreichend, wenn ein Letztverbraucher, der Energie für den Eigenverbrauch im Haushalt kauft, über ein Beschäftigungsverhältnis oder eine vergleichbare Beziehung mit einem mit dem Netzeigentümer oder dem Netzbetreiber nach §§ 15 ff. AktG verbundenen Unternehmen verfügt (Kment EnWG/Schex § 110 Rn. 43; anderer Auffassung Baur/Salje/Schmidt-Preuß Energiewirtschaft/Wolf Kap. 69 Rn. 21; Säcker EnergieR/Wolf § 110 Rn. 81; Ortlieb/Staebe Geschlossene Verteilernetze-HdB/Klinge Kap. 4 Rn. 38; Theobald/Kühling/Jacobshagen/Kachel § 110 Rn. 55). Ebenfalls nicht anwendbar ist die Ausnahmeregelung des Absatzes 2 Satz 2 Alternative 2 nach ihrem eindeutigen Wortlaut auf solche Sachverhaltskonstellationen, in denen ein solcher Letztverbraucher ein Beschäftigungsverhältnis oder eine vergleichbare Beziehung mit einem auf dem durch das Energieverteilernetz versorgten Gebiet **ansässigen (Standort-)Unternehmen** hat, das nicht zugleich Netzeigentümer oder Netzbetreiber ist (anderer Auffassung Baur/Salje/Schmidt-Preuß Energiewirtschaft/Wolf Kap. 69 Rn. 21; Säcker EnergieR/Wolf § 110 Rn. 82; zu den denkbaren Gestaltungsmöglichkeiten → Rn. 180 ff.).

179 Die Tatbestandsvoraussetzungen der Ausnahmevorschrift des Absatzes 2 Satz 2 Alternative 2 können auch **nachträglich,** also nach bereits erfolgter Einstufung eines Energieverteilernetzes als Geschlossenes Verteilernetz nach Absatz 2, wieder **entfallen.** Dies ist dann der Fall, wenn bisher ausschließlich als Dienst- oder Werkswohnungen für Beschäftigte des Netzeigentümers oder des Netzbetreibers genutzte Räumlichkeiten im Laufe der Zeit auch an solche Personen vermietet werden, die über kein Beschäftigungsverhältnis oder eine vergleichbare Beziehung mit dem Netzeigentümer oder dem Netzbetreiber verfügen. Hält man die energiewirtschaftsrechtliche Sonderregelung des § 29 Abs. 2 S. 1 auf die Einstufung Geschlossener Verteilernetze für nicht anwendbar (näher → Rn. 265 ff.), so ist ein **Widerruf** der diesbezüglichen Entscheidung der Regulierungsbehörde nach § 49 Abs. 2 S. 1 Nr. 3 VwVfG oder nach der entsprechenden landesgesetzlichen Regelung zu prüfen (→ Rn. 269). Ist man hingegen der Ansicht, die Vorschrift des § 29 Abs. 2 S. 1 sei auf die Einstufung Geschlossener Verteilernetze anwendbar, so kommt in einer solchen Fallkonstellation eine **Änderung** der Einstufungsentscheidung in Frage, die nach der Rechtsprechung des BGH auch eine **„ersatzlose Aufhebung"** einer vorausgegangenen Entscheidung zulässt (näher → Rn. 266; BGH EnWZ 2017, 80 Rn. 18 ff.; Theobald/Kühling/Boos § 29 Rn. 55).

4. Gestaltungsmöglichkeiten

Anhand der vorstehenden Ausführungen wird deutlich, dass es sich bei Absatz 2 Satz 2 **180** um eine äußerst **restriktive Regelung** handelt, die der Lebenswirklichkeit gerade von Industrie- und Gewerbegebieten in Deutschland nicht in allen Fällen Rechnung trägt (→ Rn. 13). Nachfolgend sollen daher einige Gestaltungsmöglichkeiten aufgezeigt werden, mit deren Hilfe bei einem Vorliegen von reinen Privathaushalten auf dem durch das fragliche Energieverteilernetz versorgten Gelände möglicherweise doch eine Einstufung als Geschlossenes Verteilernetz erreicht werden kann, ohne dass dem Absatz 2 Satz 2 noch entgegenstünde:

Verfügt der Inhaber eines auf einem Gelände iSd Absatzes 2 Satz 1 ansässigen Unternehmens in oder unmittelbar neben der Betriebsstätte über eine Privatwohnung, die bislang nur zu **Wohnzwecken** genutzt wird, und haben die Betriebsstätte und die Privatwohnung zwei getrennte Netzanschlüsse, so steht Absatz 2 Satz 1 Alternative 1 einer Einstufung als Geschlossenes Verteilernetz grundsätzlich entgegen (zu dieser Fallgruppe → Rn. 168). Diese Rechtsfolge könnte unter Umständen vermieden werden, indem die Privatwohnung künftig nicht mehr nur zu Wohnzwecken, sondern auch zu beruflichen und/oder gewerblichen Zwecken genutzt wird (beispielsweise durch die Einrichtung eines oder mehrerer Büros in der Privatwohnung). In diesem Fall wäre Absatz 2 Satz 1 Alternative 1 nicht einschlägig, da die durch den Letztverbraucher gekaufte Energie nicht nur für den privaten Bedarf im Rahmen seiner Haushaltsführung verwendet würde (→ Rn. 162). Folglich läge kein Eigenverbrauch im Haushalt iSd Absatzes 2 Satz 2 Alternative 1 mehr vor, sodass das Bestehen einer derartig **gemischt genutzten Privatwohnung** einer Einstufung als Geschlossenes Verteilernetz nicht entgegenstünde.

Sind auf einem durch das fragliche Energieverteilernetz versorgten Gebiet reine Privatwohnungen vorhanden und verfügen die dort wohnenden Letztverbraucher bislang **nicht** über ein **Beschäftigungsverhältnis** oder eine vergleichbare Beziehung mit dem Netzeigentümer oder dem Netzbetreiber iSd Absatzes 2 Satz 2 Alternative 2, sondern über ein Beschäftigungsverhältnis oder eine vergleichbare Beziehung mit einem mit diesen nach §§ 15 ff. AktG **verbundenen Unternehmen,** so greift die Ausnahmeregelung des Absatzes 2 Satz 2 Alternative 2 nicht Platz und eine Einstufung als Geschlossenes Verteilernetz scheidet aus (zu dieser Fallgruppe → Rn. 178). In einer derartigen Fallgestaltung wäre es denkbar, das Beschäftigungsverhältnis oder die vergleichbare Beziehung des Letztverbrauchers mit dem verbundenen Unternehmen auf den Netzeigentümer oder den Netzbetreiber zu überführen, beispielsweise im Wege eines Betriebsübergangs nach § 613a BGB, oder aber ein neues Beschäftigungsverhältnis oder eine vergleichbare Beziehung des Letztverbrauchers mit dem Netzeigentümer oder dem Netzbetreiber neu zu begründen. In der Folge wäre die Ausnahmeregelung des Absatzes 2 Satz 2 Alternative 2 als erfüllt anzusehen und das Energieverteilernetz könnte grundsätzlich (bei Vorliegen der sonstigen Tatbestandsvoraussetzungen) als Geschlossenes Verteilernetz eingestuft werden.

Existiert auf dem durch das fragliche Energieverteilernetz versorgten Gebiet ein Gebäude **183** mit einer oder mehreren **Privatwohnungen,** die zu reinen Wohnzwecken genutzt werden (→ Rn. 162), und liegen auch die Tatbestandsvoraussetzungen der Ausnahmeregelung des Absatzes 2 Satz 2 Alternative 2 nicht vor, so könnte ein Lösungsweg darin bestehen, das betroffene Gebäude gewissermaßen aus dem als Geschlossenen Verteilernetz einzustufenden Energieverteilernetz „auszugliedern" und zu diesem Zweck über einen eigenen, neu erstellten Netzanschluss (ggf. verbunden mit einer „Stichleitung") an das vorgelagerte Energieversorgungsnetz der allgemeinen Versorgung (§ 3 Nr. 17) anzubinden (Säcker EnergieR/Wolf § 110 Rn. 41 f. und 76; Ortlieb/Staebe Geschlossene Verteilernetze-HdB/Ortlieb Kap. 6 Rn. 24 und 26 ff.). In diesem Fall würden dann keine Letztverbraucher iSd Absatzes 2 Satz 2 Alternative 1, die Energie für den Eigenverbrauch im Haushalt kaufen, mehr über das fragliche Energieverteilernetz versorgt und eine Einstufung als Geschlossenes Verteilernetz wäre grundsätzlich möglich. Bei dieser Vorgehensweise besteht jedoch das **Risiko,** dass unter Berücksichtigung der oben näher dargestellten (→ Rn. 109) Rechtsprechung des BGH zur Auslegung des § 3 Nr. 24a lit. c (BGH EnWZ 2020, 265 Rn. 24 – Gewoba) eventuell das Erfordernis der **geografischen Begrenztheit** des versorgten Gebiets nach Absatz 2 Satz 1 (→ Rn. 105 ff.) entfallen könnte. Denn nach dieser Rechtsprechung des BGH dürfen „sich innerhalb des durch die Anlage versorgten Gebietes keine Letztverbraucher befinden, zu deren Versorgung weitere Energieanlagen zur Abgabe von Energie eingerichtet oder notwendig sind" (BGH EnWZ 2020, 265 Rn. 24). Das vorstehend geschilderte Risiko dürfte vor allem in solchen Fällen bestehen, in denen ein Gebäude mit reinen Privatwohnungen **im Inneren** eines Geländes, das grundsätzlich durch ein als Geschlossenes Verteilernetz einzustufendes Energieverteilernetz versorgt wird, durch eine „Stichleitung" an das vorgelagerte Energieversorgungsnetz der allgemeinen Versorgung angeschlossen werden muss und im Anschluss eine Art „Enklave" bildet. Liegt ein solches Gebäude mit reinen Privatwohnungen hingegen **am Rand** eines Geländes, das grundsätzlich durch ein als Geschlossenes Verteilernetz einzustufendes Energieverteilernetz versorgt wird, so dürfte nach einem erfolgten Netzanschluss dieses Gebäudes an das vorgelagerte Energieversorgungsnetz der allgemeinen Versorgung das Erfordernis der geografischen Begrenztheit jedenfalls nicht aufgrund der Übertragung der beschriebenen Rechtsprechung des BGH entfallen. Auch in diesem Fall empfiehlt es sich jedoch zur Risikominimierung, dafür Sorge zu tragen, dass das betroffene Gebäude nicht mehr in die physische Begrenzung des Geländes und die Zugangskontrollen zu dem Gelände einbezogen wird (→ Rn. 106). Zu diesem Zweck sollten ggf. zB Zaunanlagen oder Mauern verlegt werden.

G. Einstufung durch die Regulierungsbehörde (Abs. 2 S. 1 und Abs. 3)

184   Liegen im Fall eines Energieverteilernetzes die Tatbestandsvoraussetzungen des Absatzes 2 vor, so kann sich dessen Betreiber nicht ohne Weiteres auf die **Privilegierungen** des Absatzes 1 (→ Rn. 23 ff.) und auf die **Nichtanwendbarkeit** sonstiger Vorschriften des EnWG (→ Rn. 47 ff.) berufen. Erforderlich ist vielmehr grundsätzlich, dass das von ihm betriebene Energieverteilernetz durch eine wirksame Entscheidung der zuständigen Regulierungsbehörde (→ Rn. 186 ff.) nach Absatz 2 Satz 1 als Geschlossenes Verteilernetz eingestuft wird (→ Rn. 247 ff.). Eine solche Einstufung setzt nach Absatz 3 Satz 1 eine **Antragstellung** durch den Betreiber des Energieverteilernetzes voraus (→ Rn. 192 ff.).

185   Weist der vorgenannte Antrag den in Absatz 3 Satz 2 aufgeführten **Mindestinhalt** auf (→ Rn. 208 ff.), so löst die Antragstellung nach Absatz 3 Satz 2 eine **Fiktionswirkung** dergestalt aus, dass das fragliche Energieverteilernetz bis zu einer Entscheidung der zuständigen Regulierungsbehörde als Geschlossenes Verteilernetz gilt (→ Rn. 219 ff.).

I. Zuständigkeit der Regulierungsbehörde

186   Die Einstufung eines Energieverteilernetzes als Geschlossenes Verteilernetz erfolgt nach Absatz 2 Satz 1 durch die Regulierungsbehörde. Hierbei kann es sich nach § 54 Abs. 1 entweder um die BNetzA oder um eine Landesregulierungsbehörde handeln, deren sachliche Zuständigkeiten voneinander abzugrenzen sind. Die Regulierungsbehörde ist strikt zu **unterscheiden** von der Energieaufsichtsbehörde („nach Landesrecht zuständige Behörde"), die für die Erteilung der auch für die Betreiber Geschlossener Verteilernetze grundsätzlich erforderlichen Genehmigung für die Aufnahme des Netzbetriebes nach § 4 sachlich zuständig ist (→ Rn. 60 und → § 54 Rn. 100 ff.). Eine etwaige sachliche oder örtliche **Unzuständigkeit** der handelnden Regulierungsbehörde ist nach Maßgabe des § 66a geltend zu machen (näher → § 54 Rn. 215 f.).

1. Sachliche Zuständigkeit

187   Für die Einstufung eines Energieverteilernetzes als Geschlossenes Verteilernetz nach Absatz 2 Satz 1 ist nach § 54 Abs. 2 S. 1 Nr. 9 (→ § 54 Rn. 333 ff.) die **Landesregulierungsbehörde** sachlich zuständig, wenn (i) an das durch den jeweiligen Betreiber betriebene Energieverteilernetz weniger als 100.000 Kunden unmittelbar oder mittelbar angeschlossen sind (→ § 54 Rn. 233 ff.) und (ii) dieses Energieverteilernetz nicht über das Gebiet eines Landes hinausreicht (§ 54 Abs. 2 S. 2, → § 54 Rn. 374 ff.; Baur/Salje/Schmidt-Preuß Energiewirtschaft/Wolf Kap. 69 Rn. 4; Säcker EnergieR/Wolf § 110 Rn. 85; Kment EnWG/Schex § 110 Rn. 45; Ortlieb/Staebe Geschlossene Verteilernetze-HdB/Klinge Kap. 4 Rn. 141; Schneider/Theobald EnergieWirtschaftsR-HdB/Theobald/Zenke/Dessau § 15 Rn. 24; Theobald/Kühling/Jacobshagen/Kachel § 110 Rn. 58; Strohe CuR 2011, 105 (106)). Liegen diese Tatbestandsvoraussetzungen vor, verfügt aber das jeweilige Land nicht

über eine eigene Landesregulierungsbehörde, so nimmt die BNetzA die Aufgaben der Landesregulierungsbehörde im Wege der **sog. Organleihe** wahr (→ § 54 Rn. 89 ff.; Baur/Salje/Schmidt-Preuß Energiewirtschaft/Wolf Kap. 69 Rn. 4; Säcker EnergieR/Wolf § 110 Rn. 85; Kment EnWG/Schex § 110 Rn. 45; Theobald/Kühling/Jacobshagen/Kachel § 110 Rn. 62). Ist hingegen mindestens eine der vorgenannten Tatbestandsvoraussetzungen nicht gegeben, so ist die **BNetzA** in ihrer **originären Zuständigkeit** nach § 54 Abs. 1 für die Einstufung als Geschlossenes Verteilernetz nach Absatz 2 Satz 1 sachlich zuständig (Baur/Salje/Schmidt-Preuß Energiewirtschaft/Wolf Kap. 69 Rn. 4; Säcker EnergieR/Wolf § 110 Rn. 85; Kment EnWG/Schex § 110 Rn. 45; Schneider/Theobald EnergieWirtschaftsR-HdB/Theobald/Zenke/Dessau § 15 Rn. 24).

188 Fraglich ist, wie bei der Prüfung der sachlichen Zuständigkeit nach § 54 Abs. 2 vorzugehen ist, wenn ein und derselbe Betreiber **mehrere,** physikalisch nicht miteinander verbundene Energieverteilernetze betreibt (näher → § 54 Rn. 260 ff.). Nach Auffassung des OLG Düsseldorf ist jedenfalls bei der Prüfung des Schwellenwertes von 100.000 unmittelbar oder mittelbar angeschlossenen Kunden in § 54 Abs. 2 S. 1 eine **„unternehmensbezogene Betrachtung"** vorzunehmen. Hierunter ist zu verstehen, dass sämtliche von einem Betreiber betriebenen Energieverteilernetze und deren Bestandteile als „ein Verteilernetz" anzusehen sind, sodass alle an dieses unmittelbar oder mittelbar angeschlossenen Kunden „zusammenzurechnen" sind (OLG Düsseldorf BeckRS 2010, 27801). Entsprechendes gilt nach Ansicht des OLG Düsseldorf bei der Prüfung des identisch formulierten (allerdings deutlich niedrigeren) Schwellenwertes für die Teilnahme am sog. vereinfachten Verfahren nach § 24 Abs. 1 ARegV (OLG Düsseldorf BeckRS 2010, 27801; Holznagel/Schütz/Kresse ARegV § 24 Rn. 70). Die **Regulierungsbehörden** des Bundes und der Länder folgen bei der Prüfung ihrer sachlichen Zuständigkeit grundsätzlich dieser Rechtsprechung des OLG Düsseldorf, wenden die vorgenannte unternehmensbezogene Betrachtungsweise (Stichwort: „Ein Netzbetreiber, ein Netz") aber auf sämtliche Tatbestandsvoraussetzungen des § 54 Abs. 1 S. 1 und 2 an. Die unternehmensbezogene Betrachtungsweise gilt demnach nicht nur bei der Prüfung des Schwellenwerts von 100.000 unmittelbar oder mittelbar angeschlossenen Kunden nach § 54 Abs. 2 S. 1, sondern auch bei der Prüfung der Frage, ob das betriebene Energieverteilernetz gem. § 54 Abs. 2 S. 2 über das Gebiet eines Landes hinausreicht. Für ein Hinausreichen eines Energieverteilernetzes iSd § 54 Abs. 2 S. 2 ist es damit nicht erforderlich, dass die Grenze zwischen zwei oder mehreren Ländern durch eine physikalische Verbindung von Energieverteilernetzen gequert wird (Gemeinsames Positionspapier der Regulierungsbehörden, 17; BNetzA Beschl. v. 27.10.2010 – BK6-10-136, S. 8 – DB Energie GmbH; Bourwieg/Hellermann/Hermes/Bourwieg § 110 Rn. 62; krit. Baur/Salje/Schmidt-Preuß Energiewirtschaft/Wolf Kap. 69 Rn. 4 (Fn. 18); Säcker EnergieR/Wolf § 110 Rn. 85 (Fn. 144); Kment EnWG/Schex § 110 Rn. 45; Ortlieb/Staebe Geschlossene Verteilernetze-HdB/Klinge Kap. 4 Rn. 142 und 145 ff.; Theobald/Kühling/Jacobshagen/Kachel § 110 Rn. 60 f.; Strohe CuR 2011, 105 (106)).

189 Anders als die vorstehend beschriebenen Sachverhalte (→ Rn. 188) sind Fallkonstellationen zu handhaben, in denen der jeweilige Betreiber des als Geschlossenes Verteilernetz einzustufenden Energieverteilernetzes tatsächlich nur ein (physikalisch verbundenes) Energieverteilernetz betreibt, auf das sich sein Antrag nach Absatz 3 Satz 1 bezieht, er aber mit anderen Unternehmen iSd § 3 Nr. 38 **verbunden** ist, die weitere Energieverteilernetze betreiben. Die Regelung des § 54 Abs. 2 enthält, anders als die Vorschriften zur rechtlichen und operationellen Entflechtung (§§ 7 Abs. 2 und 7a Abs. 7), **keine sog. Verbundklausel.** Dies bedeutet, dass bei der Prüfung der Tatbestandsvoraussetzungen des § 54 Abs. 2 keine Gesamtbetrachtung sämtlicher durch die verbundenen Unternehmen betriebenen Energieverteilernetze stattfindet (näher → § 54 Rn. 256 ff.). Abzustellen ist daher bei der Prüfung der sachlichen Zuständigkeit alleine auf das eine durch den jeweiligen Betreiber betriebene Energieverteilernetz, das Gegenstand des Antrages auf Einstufung als Geschlossenes Verteilernetz nach Absatz 3 Satz 1 ist.

2. Örtliche Zuständigkeit

190 Die örtliche Zuständigkeit der Regulierungsbehörde folgt aus § 3 Abs. 1 Nr. 2 Var. 1 oder Var. 2 VwVfG oder der entsprechenden landesgesetzlichen Regelung, da es sich bei dem Betrieb von Energieverteilernetzen, auf die sich die Einstufungsentscheidung nach Absatz 2 Satz 1 bezieht, um den **Betrieb** eines Unternehmens oder einer **Betriebsstätte** handelt. Örtlich zuständig ist damit diejenige Behörde, in deren Bezirk das jeweilige Energieverteilernetz betrieben wird (näher → § 54 Rn. 210 ff.; Ortlieb/Staebe Geschlossene Verteilernetze-HdB/Klinge Kap. 4 Rn. 144).

191 Ist nach § 54 Abs. 2 S. 1 Nr. 9 die **Landesregulierungsbehörde** für die Einstufung eines Energieverteilernetzes als Geschlossenes Verteilernetz nach Absatz 2 Satz 1 sachlich zuständig (→ Rn. 187), so ist mithin die Landesregulierungsbehörde desjenigen Landes örtlich zuständig, in dem das jeweilige Energieverteilernetz betrieben wird. Ist hingegen wegen des Nichtvorliegens einer der Tatbestandsvoraussetzungen des § 54 Abs. 2 S. 1 und 2 eine sachliche Zuständigkeit der **BNetzA** gegeben (→ Rn. 187), so ergibt sich deren örtliche Zuständigkeit daraus, dass das fragliche Energieverteilernetz im Bundesgebiet betrieben wird.

II. Antrag des Netzbetreibers

1. Antragsverfahren (Abs. 3 S. 1)

192 Bei dem energiewirtschaftsrechtlichen Verwaltungsverfahren der zuständigen Regulierungsbehörde zur Einstufung eines Energieverteilernetzes als Geschlossenes Verteilernetz nach Absatz 2 Satz 1 handelt es sich um ein Antragsverfahren (BT-Drs. 17/6072, 94) iSd § 66 Abs. 1 Alt. 2 (→ § 66 Rn. 5). Dies bedeutet, dass das vorgenannte Verfahren nicht von Amts wegen **eingeleitet** wird, sondern gem. Absatz 3 Satz 1 nur **auf Antrag** des jeweiligen Betreibers des fraglichen Energieverteilernetzes (Gemeinsames Positionspapier der Regulierungsbehörden, 15; Baur/Salje/Schmidt-Preuß Energiewirtschaft/Wolf Kap. 69 Rn. 3; Bourwieg/Hellermann/Hermes/Bourwieg § 110 Rn. 63; Säcker EnergieR/Wolf § 110 Rn. 83; Kment EnWG/Schex § 110 Rn. 46; Schneider/Theobald EnergieWirtschaftsR-HdB/Theobald/Zenke/Dessau § 15 Rn. 23). Bei Vorliegen der Tatbestandsvoraussetzungen für die Einstufung als Geschlossenes Verteilernetz nach Absatz 2 Sätze 1 und 2 hat der Netzbetreiber also ein **Wahlrecht,** ob er sein Energieverteilernetz als eingeschränkt reguliertes Geschlossenes Verteilernetz iSd § 110 oder als vollumfänglich reguliertes Energieversorgungsnetz der allgemeinen Versorgung (§ 3 Nr. 17) betreiben will. Dieses Wahlrecht kann der jeweilige Betreiber durch die (Nicht-)Stellung eines Antrags nach Absatz 3 Satz 1 ausüben (→ Rn. 7 f.).

193 Bereits im Rahmen des Antrags sollten zum Zwecke der Verfahrensbeschleunigung möglichst die **konkrete** Gebietsvariante iSd Absatzes 2 Satz 1 (→ Rn. 114 ff.) sowie die **konkrete** Variante der letztverbraucherbezogenen Tatbestandsvoraussetzungen iSd Absatzes 2 Satz 1 Nummern 1 und 2 (→ Rn. 125 ff.) **benannt** werden, auf deren Grundlage seitens des Netzbetreibers eine Einstufung als Geschlossenes Verteilernetz angestrebt wird.

2. Antragsberechtigung (Abs. 3 S. 1)

194 Nur der **Netzbetreiber** des als Geschlossenes Verteilernetz einzustufenden Energieverteilernetzes ist gem. Absatz 3 Satz 1 dazu **berechtigt,** den Antrag auf Einstufung bei der zuständigen Regulierungsbehörde zu stellen. Der Begriff des Netzbetreibers ist ebenso auszulegen wie im Rahmen der Regelung des Absatzes 2 Satz 1 Nummer 2; auf die diesbezüglichen Ausführungen wird verwiesen (→ Rn. 147). Nicht zur Stellung des Antrages nach Absatz 3 Satz 1 berechtigt ist der **Eigentümer** (→ Rn. 146) des fraglichen Energieverteilernetzes. Sind der Betreiber und der Eigentümer des jeweiligen Energieverteilernetzes **nicht identisch,** so ist nur der Netzbetreiber antragsberechtigt (Gemeinsames Positionspapier der Regulierungsbehörden, 15; Baur/Salje/Schmidt-Preuß Energiewirtschaft/Wolf Kap. 69 Rn. 3; Säcker EnergieR/Wolf § 110 Rn. 83; Bourwieg/Hellermann/Hermes/Bourwieg § 110 Rn. 63; Kment EnWG/Schex § 110 Rn. 47; Theobald/Kühling/Jacobshagen/Kachel § 110 Rn. 57). Lässt sich der Netzbetreiber bei der Antragstellung durch einen gesetzlichen oder bevollmächtigten Vertreter vertreten, so gilt hierfür § 14 VwVfG oder die entsprechende landesgesetzliche Regelung (Baur/Salje/Schmidt-Preuß Energiewirtschaft/Wolf Kap. 69 Rn. 3; Säcker EnergieR/Wolf § 110 Rn. 83).

195 Im Laufe des durch die Antragstellung eingeleiteten energiewirtschaftlichen Verwaltungsverfahrens ist darauf zu achten, dass die **Antragsberechtigung** iSd Absatzes 3 Satz 1, also

die Stellung als Netzbetreiber, nicht zB durch die Kündigung des bislang existierenden Pacht- oder Betriebsführungsvertrages oder durch gesellschaftsrechtliche Umstrukturierungen entfällt. Tritt eine solche Situation doch auf, so ist der durch den ehemaligen Netzbetreiber gestellte Antrag – im Fall seiner Aufrechterhaltung – gegenüber der zuständigen Regulierungsbehörde dahingehend **abzuändern,** dass der Antrag durch den neuen Betreiber des verfahrensgegenständlichen Energieverteilernetzes gestellt wird.

In der **Praxis** treten insbesondere die nachfolgend dargestellten Sachverhaltskonstellationen im Hinblick auf die Eigenschaft als Netzbetreiber auf: **196**

a) **Klassische Industrieunternehmen oder Tochtergesellschaft.** In der ersten Fallgruppe wird das nach Absatz 2 Satz 1 als Geschlossenes Verteilernetz einzustufende Energieverteilernetz aus **historischen Gründen** durch ein Industrieunternehmen betrieben. Ist dies der Fall, so ist eben dieses Industrieunternehmen als **antragsberechtigt** iSd Absatzes 3 Satz 1 anzusehen. Hintergrund hierfür ist, dass einige der heute existierenden großen Industriegebiete ursprünglich durch einzelne Industrieunternehmen (zB aus der Chemiebranche) gegründet wurden, die zunächst alleine zum Zwecke der Eigenversorgung vor Ort Energieanlagen – heute würde man von Kundenanlagen zur betrieblichen Eigenversorgung (§ 3 Nr. 24b) sprechen – errichteten und diese auch betrieben. Mit der Zeit wurden diese Industrieunternehmen dann in verschiedene Unternehmensbereiche aufgespalten und/oder es siedelten sich **Tochtergesellschaften** in dem jeweiligen Industriegebiet an. In manchen Fällen stießen noch andere (nicht verbundene) Industrieunternehmen dazu, errichteten ebenfalls Produktionsanlagen in dem Industriegebiet und wurden durch die dort befindliche Energieanlage mit Energie versorgt. In der Folge ist in solchen Industriegebieten aktuell eine Vielzahl unterschiedlicher Industrieunternehmen ansässig, die nicht notwendigerweise miteinander verbunden sind. Hierbei handelt es sich genau um diejenigen Fallkonstellationen, die der deutsche Gesetzgeber im Auge hatte, als er seinerzeit die für Objektnetze geltende Vorgängerregelung der aktuellen Fassung des § 110 ursprünglich schuf (BT-Drs. 15/3917, 75 und → Rn. 11). Manche Industrieunternehmen haben zwischenzeitlich eigene **spezialisierte Tochtergesellschaften** gegründet, die ausschließlich oder neben anderen Aufgaben für den Betrieb des auf dem Industriegebiet befindlichen Energieverteilernetzes zuständig sind. In einem solchen Fall ist die fragliche Tochtergesellschaft als nach Absatz 3 Satz 1 antragsberechtigt zu betrachten. **197**

b) **Spezialisierte Unternehmen.** In die zweite Fallgruppe fallen (Dienstleistungs-) Unternehmen, die sich auf den Betrieb von Energieverteilernetzen, die Gebiete iSd Absatzes 2 Satz 1 versorgen, spezialisiert haben. Solche Unternehmen betreiben – teilweise über das gesamte Bundesgebiet verstreut – eine **Vielzahl** solcher Energieverteilernetze, für die in aller Regel jeweils eine Einstufung als Geschlossenes Verteilernetz nach Absatz 2 Satz 1 angestrebt wird. Diese spezialisierten Unternehmen haben die Stellung als Netzbetreiber teilweise durch den Abschluss eines **Pacht- oder Betriebsführungsvertrages** mit dem jeweiligen Netzeigentümer inne (Baur/Salje/Schmidt-Preuß Energiewirtschaft/Wolf Kap. 69 Rn. 14), zum Teil stehen die von ihnen betriebenen Energieverteilernetze jedoch auch in ihrem **Eigentum.** In all diesen Fällen ist das jeweilige spezialisierte Unternehmen als antragsberechtigt iSd Absatzes 3 Satz 1 anzusehen. **198**

Betreibt ein solches spezialisiertes Unternehmen in räumlich getrennten Gebieten **mehrere** Energieverteilernetze, auch wenn diese physikalisch nicht miteinander verbunden sind, so sind im Hinblick auf die Prüfung der **sachlichen Zuständigkeit** der Regulierungsbehörden des Bundes und der Länder nach § 54 Abs. 2 S. 1 und 2 (→ Rn. 188) und hinsichtlich des **Antragsgegenstandes** iSd Absatzes 3 Satz 1 (→ Rn. 207) Besonderheiten zu beachten; auf die diesbezüglichen Ausführungen wird verwiesen. **199**

c) **Klassische Netzbetreiber oder verbundene Unternehmen.** Als dritte Fallgruppe sind solche Fallgestaltungen anzusehen, in denen klassische Netzbetreiber (zB die Netz-Tochtergesellschaften großer Stadtwerke) oder mit ihnen verbundene Unternehmen in **Konkurrenz** mit den vorgenannten spezialisierten Unternehmen treten und versuchen, in Gebieten iSd Absatzes 2 Satz 1 die Stellung als Netzbetreiber zu erlangen. Teilweise streben sie dabei den Abschluss eines **Pacht- oder Betriebsführungsvertrages** mit dem jeweiligen Netzeigentümer an und werden im Erfolgsfalle auf diese Weise zum Netzbetreiber des jeweiligen Energieverteilernetzes (Baur/Salje/Schmidt-Preuß Energiewirtschaft/Wolf Kap. 69 Rn. 14). Zum Teil, gerade bei neu errichteten Objekten, steht das fragliche Energieverteiler- **200** netz auch im Eigentum des klassischen Netzbetreibers oder des mit ihm verbundenen Unternehmens. Antragsberechtigt iSd Absatzes 3 Satz 1 ist in den vorgenannten Fällen jeweils dasjenige Unternehmen, das in Bezug auf das verfahrensgegenständliche Energieverteilernetz die Stellung als Netzbetreiber innehat.

201 Insbesondere in dieser dritten Fallgruppe wird die Frage relevant, ob ein Unternehmen nicht nur mehrere Geschlossene Verteilernetze iSd § 110, sondern **zeitgleich** auch ein Energieversorgungsnetz der allgemeinen Versorgung (§ 3 Nr. 17) betreiben kann. In der Literatur wird diese Frage unter Verweisung auf die Regelung des Absatzes 3 Satz 2 Nummer 5, wonach im Rahmen der Antragstellung anzugeben ist, ob der jeweilige Antragsteller „weitere Verteilernetze" betreibt (→ Rn. 218), **bejaht** (Bourwieg/Hellermann/Hermes/ Bourwieg § 110 Rn. 28). Diese Argumentation ist zwar nicht zwingend, da in der Regelung des Absatzes 3 Satz 2 Nummer 5 lediglich allgemein von „Verteilernetze[n]" und nicht spezifisch von Energieversorgungsnetzen der allgemeinen Versorgung iSd § 3 Nr. 17 die Rede ist. Andererseits enthält die Vorschrift des § 110 keine ausdrückliche Regelung dahingehend, dass der gleichzeitige Betrieb von Geschlossenen Verteilernetzen und Energieversorgungsnetzen der allgemeinen Versorgung durch ein und dasselbe Unternehmen verboten sei. Schließt man sich daher der oben genannten Literaturansicht an und hält den gleichzeitigen Betrieb von Geschlossenen Verteilernetzen und Energieversorgungsnetzen der allgemeinen Versorgung für grundsätzlich denkbar, so stellt sich allerdings ein **regulatorisches Folgeproblem:** Denn für Energieversorgungsnetze der allgemeinen Versorgung müssen regelmäßig kalenderjährliche Erlösobergrenzen nach § 29 Abs. 1 iVm §§ 4 Abs. 1 und 2, 32 Abs. 1 Nr. 1 ARegV festgelegt werden. Diese kalenderjährlichen Erlösobergrenzen basieren auf einem sog. Ausgangsniveau, das im Rahmen einer **Kostenprüfung** bei dem jeweiligen Netzbetreiber ermittelt wird (§ 6 Abs. 1 ARegV). Betreibt dieser Netzbetreiber zeitgleich ein oder mehrere Geschlossene Verteilernetze, die nach Absatz 1 gerade nicht der Anreizregulierung der Energieversorgungsnetze unterfallen (→ Rn. 41), so müssen die Kosten für den Betrieb der Geschlossenen Verteilernetze zum Zwecke einer ordnungsgemäßen Kostenprüfung **buchhalterisch** von den Kosten für den Betrieb des Energieversorgungsnetzes der allgemeinen Versorgung **getrennt** sowie entsprechend zugeordnet werden. Anderenfalls würde eine gegen die Vorgaben des § 21 Abs. 1 und 2, insbesondere den Grundsatz der Verursachungsgerechtigkeit, verstoßende Ausgestaltung der Netzentgelte sowohl in den Geschlossenen Verteilernetzen (→ Rn. 72) als auch in dem Energieversorgungsnetz der allgemeinen Versorgung drohen (Bourwieg/Hellermann/Hermes/Bourwieg § 110 Rn. 29). Die für die Kostenprüfung des Energieversorgungsnetzes der allgemeinen Versorgung iSd § 6 Abs. 1 ARegV zuständige Regulierungsbehörde würde dann untersuchen, ob diesem durch den Betreiber nicht unzulässigerweise Kosten für den Betrieb der Geschlossenen Verteilernetze zugeordnet wurden. Hierdurch käme es – gewissermaßen „durch die Hintertür" – zu einer ex ante-Kostenprüfung der für den Betrieb von Geschlossenen Verteilernetzen anfallenden Kosten. Eben dies soll jedoch nach Absatz 1, der eine Anwendung des § 21a (→ Rn. 41) und des § 23a (→ Rn. 43) ausschließt, bei Geschlossenen Verteilernetzen nicht erfolgen.

202 Auch wenn es daher grundsätzlich denkbar sein mag, dass Geschlossene Verteilernetze nach § 110 und Energieversorgungsnetze der allgemeinen Versorgung (§ 3 Nr. 17) durch ein und denselben Betreiber betrieben werden, **empfiehlt** es sich vor diesem Hintergrund, eine solche Sachverhaltskonstellation in der Praxis möglichst zu vermeiden. Der Betrieb Geschlossener Verteilernetze und Energieversorgungsnetze der allgemeinen Versorgung sollte vielmehr vorzugsweise durch **unterschiedliche** (Schwester-)Gesellschaften (innerhalb der jeweiligen Konzernstruktur) erfolgen. Sollte der Betrieb einer Mehrzahl Geschlossener Verteilernetze zB für ein großes Stadtwerk ein neues und dauerhaftes „Geschäftsmodell" darstellen, so ist anzuraten, für den Betrieb von Geschlossenen Verteilernetzen iSd § 110 eine **gesonderte Betreibergesellschaft** zu gründen, die dann zukünftig ausschließlich Geschlossene Verteilernetze betreibt.

3. Form des Antrages

203 Für die Stellung eines Antrages iSd Absatzes 3 Satz 1 ist eine bestimmte Form **nicht** gesetzlich vorgeschrieben. Anders als zB in § 31 Abs. 2 S. 1 ist eine Unterschrift des Antrag-

stellers nicht zwingend erforderlich. Nach dem Grundsatz der Nichtförmlichkeit des Verwaltungsverfahrens kann die Antragstellung daher **grundsätzlich formlos,** beispielsweise auch (fern-)mündlich, erfolgen (BeckOK VwVfG/Heßhaus VwVfG § 22 Rn. 21; Stelkens/Bonk/Sachs/Schmitz VwVfG § 22 Rn. 30). In der Praxis **empfiehlt** sich jedoch eine Antragstellung in Schriftform (entsprechend § 126 Abs. 1 BGB) oder zumindest in Textform (entsprechend § 126b BGB). Hintergrund hierfür ist, dass der Antrag nicht nur nach Absatz 3 Satz 2 bestimmte Mindestangaben enthalten muss (→ Rn. 208 ff.), sondern auch umfangreiche weitere Angaben zum Sachverhalt umfassen sollte, die außerdem durch unterschiedliche Anlagen zu belegen sind (→ Rn. 234 f.). Da das Vorliegen eines vollständigen Antrages iSd Absatzes 3 Satz 2 Voraussetzung für den Eintritt der Fiktionswirkung nach Absatz 3 Satz 3 ist, sollte der Inhalt des jeweiligen Antrages für den Antragsteller auch **nachweisbar** sein (→ Rn. 219 ff.).

4. Antragsfrist

Auch eine Frist für die Stellung des Antrages iSd Absatzes 3 Satz 1 ist nicht gesetzlich 204 vorgeschrieben, vielmehr hat der Betreiber des jeweiligen Energieverteilernetzes ein **Wahlrecht** dahingehend, ob er einen diesbezüglichen Antrag stellen möchte oder nicht (→ Rn. 7 f.; Ortlieb/Staebe Geschlossene Verteilernetze-HdB/Klinge Kap. 4 Rn. 154; Theobald/Kühling/Jacobshagen/Kachel § 110 Rn. 30). Da sowohl die Festlegung der kalenderjährlichen Erlösobergrenzen nach § 29 Abs. 1 iVm §§ 4 Abs. 1 und 2, 32 Abs. 1 Nr. 1 ARegV als auch die Erteilung von Netznutzungsentgelt-Genehmigungen nach § 23a grundsätzlich **kalenderjährlich** (also vom 1.1. bis zum 31.12.) erfolgen, **empfiehlt** es sich, den (vollständigen) Antrag nach Absatz 3 Satz 1 und 2 möglichst vor dem nächsten Jahreswechsel bei der zuständigen Regulierungsbehörde einzureichen. Hierdurch wird gewährleistet, dass die Fiktionswirkung des Absatzes 3 Satz 3 bereits von Anbeginn des nächsten Folgejahres eintritt und damit Wirkung entfaltet.

5. Antragsgegenstand

Bei der Ausgestaltung des Antrages nach Absatz 3 Satz 1 ist darauf zu achten, dass dieser den 205 Antragsgegenstand, also das nach Absatz 2 Satz 1 als Geschlossenes Verteilernetz einzustufende Energieverteilernetz, möglichst **eindeutig bezeichnet.** Das fragliche Energieverteilernetz ist exakt unter der Angabe der Eigentumsgrenzen von dem vorgelagerten Energieversorgungsnetz der allgemeinen Versorgung (§ 3 Nr. 17) und den regelmäßig nachgelagerten Kundenanlagen zur Versorgung der einzelnen angeschlossenen Letztverbraucher (§ 3 Nr. 24a und 24b) **abzugrenzen.**

Weiterhin ist bei der Einstufung als Geschlossenes Verteilernetz **strikt** zwischen **Elektrizi-** 206 **täts**verteilernetzen einerseits und **Erdgas**verteilernetzen andererseits zu unterscheiden (→ Rn. 87; Gemeinsames Positionspapier der Regulierungsbehörden, 9; Bourwieg/Hellermann/Hermes/Bourwieg § 110 Rn. 27; Kment EnWG/Schex § 110 Rn. 29). Betreibt ein Unternehmen in einem Gebiet iSd Absatzes 2 Satz 1 sowohl ein Elektrizitätsverteilernetz als auch ein Erdgasverteilernetz, so sind hierfür ggf. **separate Anträge** nach Absatz 3 Satz 1 bei der zuständigen Regulierungsbehörde zu stellen (Säcker EnergieR/Wolf § 110 Rn. 40).

Betreibt ein Unternehmen hingegen an verschiedenen, räumlich getrennten Standorten 207 **mehrere** Energieverteilernetze, die physikalisch nicht miteinander verbunden sind, so ist im Rahmen der sog. netzbezogenen Betrachtungsweise für jedes dieser Energieverteilernetze ein **gesonderter Antrag** nach Absatz 3 Satz 1 bei der zuständigen Regulierungsbehörde zu stellen. Auch das Vorliegen der Tatbestandsvoraussetzungen für die Einstufung als Geschlossenes Verteilernetz nach Absatz 2 Sätze 1 und 2 ist **getrennt** für jedes dieser Energieverteilernetze **zu prüfen** (→ Rn. 95 ff.; Gemeinsames Positionspapier der Regulierungsbehörden, 9; Baur/Salje/Schmidt-Preuß Energiewirtschaft/Wolf Kap. 69 Rn. 9; Bourwieg/Hellermann/Hermes/Bourwieg § 110 Rn. 27; Kment EnWG/Schex § 110 Rn. 29). Abweichend hiervon ist bei der Prüfung der sachlichen Zuständigkeit der Regulierungsbehörden des Bundes und der Länder nach § 54 Abs. 2 S. 1 und 2 vorzugehen (sog. unternehmensbezogene Betrachtungsweise, → Rn. 188).

6. Mindestinhalt des Antrages (Abs. 3 S. 2)

208 Ein Antrag auf Einstufung eines Energieverteilernetzes als Geschlossenes Verteilernetz iSd Absatzes 3 Satz 1 muss die in Absatz 3 Satz 2 Nummern 1–5 aufgeführten Angaben als Mindestinhalt enthalten. Die genannten Mindestaufgaben haben nach der amtlichen Begründung zum einen den Sinn und Zweck, der zuständigen Regulierungsbehörde die **vorrangige Prüfung** „zweifelhafte[r] Anträge" zu ermöglichen (BT-Drs. 17/6072, 94). Zum anderen knüpft die in Absatz 3 Satz 3 genannte **Fiktionswirkung** einer vollständigen Antragstellung (→ Rn. 219 ff.) an die Regelung des Absatzes 3 Satz 2 an: Nur wenn ein Antrag iSd Absatzes 3 Satz 1 alle in Absatz 3 Satz 2 aufgeführten Mindestangaben enthält, ist dieser Antrag als **vollständig** anzusehen und kann grundsätzlich die Fiktionswirkung nach Absatz 3 Satz 3 auslösen (BT-Drs. 17/6072, 94; Gemeinsames Positionspapier der Regulierungsbehörden, 16; Bourwieg/Hellermann/Hermes/Bourwieg § 110 Rn. 64; Kment EnWG/Schex § 110 Rn. 47; Theobald/Kühling/Jacobshagen/Kachel § 110 Rn. 63).

209 Der in Absatz 3 Satz 2 aufgeführte Mindestinhalt des Antrages **ermöglicht** es der zuständigen Regulierungsbehörde jedoch **nicht,** die Genehmigungsfähigkeit des Antrages iSd Absatzes 3 Satz 1 **abschließend** zu prüfen. Der Antrag sollte daher möglichst schon zu Beginn des energiewirtschaftsrechtlichen Verwaltungsverfahrens alle weiteren – über den Mindestinhalt hinausgehenden – Angaben enthalten, die die zuständige Regulierungsbehörde in die Lage versetzen, das Vorliegen sämtlicher Tatbestandsvoraussetzungen des Absatzes 2 zu prüfen (näher → Rn. 82 ff.). Durch die Regelung des Absatzes 3 Satz 2 wird weder die aus § 26 Abs. 2 VwVfG oder der entsprechenden landesgesetzlichen Regelung folgende **Mitwirkungsobliegenheit** des Antragstellers noch die sich aus § 24 VwVfG oder der entsprechenden landesgesetzlichen Regelung ergebende **Amtsermittlungspflicht** der zuständigen Regulierungsbehörde eingeschränkt (BT-Drs. 17/6072, 94; Gemeinsames Positionspapier der Regulierungsbehörden, 16; Säcker EnergieR/Wolf § 110 Rn. 86; Bourwieg/Hellermann/Hermes/Bourwieg § 110 Rn. 66; Kment EnWG/Schex § 110 Rn. 48; Ortlieb/Staebe Geschlossene Verteilernetze-HdB/Klinge Kap. 4 Rn. 149; Theobald/Kühling/Jacobshagen/Kachel § 110 Rn. 63 und 65). Durch einen Antrag, der nicht nur die Mindestangaben des Absatzes 3 Satz 2 enthält, sondern darüber hinaus eine Prüfung sämtlicher Tatbestandsvoraussetzungen des Absatzes 2 ermöglicht, können Zeitverzögerungen durch Nachfragen der zuständigen Regulierungsbehörde vermieden werden.

210 Vor dem Hintergrund der Fiktionswirkung nach Absatz 3 Satz 3 muss bei der Antragstellung unbedingt darauf geachtet werden, dass der Antrag die in Absatz 3 Satz 2 Nummern 1–5 aufgeführten Angaben **vollumfänglich** enthält. Hierbei handelt es sich im Einzelnen um folgende Angaben (Gemeinsames Positionspapier der Regulierungsbehörden, 16):

211 **a) Firma und Sitz des Netzbetreibers und des Netzeigentümers des als Geschlossenes Verteilernetz einzustufenden Energieverteilernetzes (Abs. 3 S. 2 Nr. 1).** Die Begriffe des Netzbetreibers (→ Rn. 147) und des Netzeigentümers (→ Rn. 146) sind auszulegen wie in der Regelung des Absatzes 2 Satz 1 Nummer 2; auf die dortigen Ausführungen wird verwiesen.

212 **b) Angaben nach § 23c Abs. 1 im Falle der Einstufung eines Elektrizitätsverteilernetzes (Abs. 3 S. 2 Nr. 2).**
- die **Stromkreislänge** jeweils der Kabel- und Freileitungen in der Niederspannungs-, Mittelspannungs-, Hoch- und Höchstspannungsebene zum 31.12. des Vorjahres,
- die **installierte Leistung** der Umspannebenen zum 31.12. des Vorjahres,
- die im Vorjahr **entnommene Jahresarbeit** in kWh pro Netz- und Umspannebene,
- die Anzahl der **Entnahmestellen** jeweils für alle Netz- und Umspannebenen,
- die **Einwohnerzahl** im Netzgebiet von Betreibern von Elektrizitätsversorgungsnetzen der Niederspannungsebene zum 31.12. des Vorjahres,
- die **versorgte Fläche** zum 31.12. des Vorjahres,
- die **geographische Fläche** des Netzgebietes zum 31.12. des Vorjahres,
- jeweils zum 31.12. des Vorjahres die Anzahl der **Entnahmestellen** mit einer viertelstündlichen registrierenden Leistungsmessung oder einer Zählerstandsgangmessung und die Anzahl der sonstigen Entnahmestellen,
- den **Namen** des grundzuständigen Messstellenbetreibers, sowie
- einen **Ansprechpartner** im Unternehmen für Netzzugangsfragen.

Die Verweisung auf § 23c Abs. 1 wurde erst durch das Gesetz zur Umsetzung unionsrechtlicher Vorgaben und zur Regelung reiner Wasserstoffnetze im Energiewirtschaftsrecht vom 16.7.2021 (BGBl. I 3026) in Absatz 3 Satz 2 Nummer 2 **eingefügt** (→ Rn. 18). Hierdurch wurde die dort zuvor enthaltene Verweisung auf die zwischenzeitlich aufgehobene (BGBl. 2021 I 3026 (3058)) Vorschrift des § 27 Abs. 2 StromNEV **ersetzt**. Es handelt sich um eine „redaktionelle Folgeänderung" (BT-Drs. 19/27453, 137). Hintergrund hierfür ist, dass die bisher in § 27 Abs. 2 StromNEV aF enthaltenen Veröffentlichungspflichten der Betreiber von Elektrizitätsversorgungsnetzen in § 23c Abs. 1 überführt (BT-Drs. 19/27453, 113 und 141) und in einem Punkt ergänzt wurden: Im Vergleich zu der früheren Rechtslage **neu hinzugekommen** ist die in § 23c Abs. 1 Nr. 10 enthaltene Pflicht, einen Ansprechpartner im Unternehmen für Netzzugangsfragen zu veröffentlichen. Von der Verweisung in Absatz 3 Satz 2 Nummer 2 werden nach dem Wortlaut („§ 23c Abs. 1") und dem systematischen Vergleich mit der eingeschränkten Verweisung für den Gasbereich (→ Rn. 215) **sämtliche** in § 23c Abs. 1 aufgeführten Veröffentlichungspflichten der Betreiber von Elektrizitätsversorgungsnetzen erfasst. 213

c) Angaben nach § 23c Abs. 4 Nr. 1–5 **im Falle der Einstufung eines Erdgasverteilernetzes (Abs. 3 S. 2 Nr. 2)**. 214
- die **Länge des Gasleitungsnetzes** jeweils getrennt für die Niederdruck-, Mitteldruck- und Hochdruckebene zum 31.12. des Vorjahres,
- **die Länge des Gasleitungsnetzes** in der **Hochdruck**ebene nach Leitungsdurchmesserklassen,
- die im Vorjahr durch Weiterverteiler und Letztverbraucher **entnommene Jahresarbeit** in kWh oder in Kubikmetern,
- die Anzahl der **Ausspeisepunkte** jeweils für alle Druckstufen und
- die **zeitgleiche Jahreshöchstlast** aller Entnahmen in MW oder Kubikmetern pro Stunde und den **Zeitpunkt** des jeweiligen Auftretens.

Die Verweisung auf § 23c Abs. 4 Nr. 1–5 war in der ursprünglichen Fassung des Absatzes 3 Satz 2 Nummer 2 noch nicht enthalten. Sie wurde erst durch das Gesetz zur Umsetzung unionsrechtlicher Vorgaben und zur Regelung reiner Wasserstoffnetze im Energiewirtschaftsrecht vom 16.7.2021 (BGBl. I 3026) **eingefügt** und ist **an die Stelle** der dort zuvor enthaltenen Verweisung auf die mittlerweile aufgehobene (BGBl. 2021 I 3026 (3057)) Vorschrift des § 27 Abs. 2 Nr. 1–5 GasNEV **getreten** (→ Rn. 18). Hierbei handelt es sich um eine „redaktionelle Folgeänderung" (BT-Drs. 19/27453, 137), da die bisher in § 27 Abs. 2 Nr. 1–5 GasNEV aF enthaltenen Veröffentlichungspflichten der Betreiber von Erdgasversorgungsnetzen in § 23c Abs. 4 Nr. 1–5 überführt wurden (BT-Drs. 19/27453, 113 und 140). Anders als im Strombereich (→ Rn. 213) erfasst die Verweisung in Absatz 3 Satz 2 Nummer 2 ausdrücklich **nicht sämtliche** in § 23c Abs. 4 aufgeführten Veröffentlichungspflichten der Betreiber von Erdgasversorgungsnetzen, sondern nur die in § 23c Abs. 4 Nr. 1–5 enthaltenen Veröffentlichungspflichten. 215

d) **Anzahl der über das einzustufende Energieverteilernetzes versorgten Haushaltskunden (Abs. 3 S. 2 Nr. 3)**. Diesbezüglich ist angesichts des eindeutigen Wortlautes der Norm die Anzahl der Haushaltskunden iSd § 3 Nr. 22 Alt. 1 und 2 zu nennen, also **einschließlich** solcher Kunden, die für einen Eigenverbrauch, der einen Jahresverbrauch von 10.000 kWh nicht übersteigt, Energie für berufliche, landwirtschaftliche oder gewerbliche Zwecke kaufen (Säcker EnergieR/Wolf § 110 Rn. 89; Kment EnWG/Schex § 110 Rn. 47; aA Ortlieb/Staebe Geschlossene Verteilernetze-HdB/Klinge Kap. 4 Rn. 148; zu dem hiervon zu unterscheidenden Begriff des Letztverbrauchers iSd Absatzes 2 Satz 2 → Rn. 158 ff.). 216

e) **Vorgelagertes Netz, einschließlich der Spannung oder des Drucks, mit der oder dem das Verteilernetz angeschlossen ist (Abs. 3 S. 2 Nr. 4)**. Das vorgelagerte Energieversorgungsnetz ist in einer Art und Weise zu bezeichnen, die dessen eindeutige Identifikation ermöglicht. Hierzu empfiehlt es sich, den Netzbetreiber des vorgelagerten Energieversorgungsnetzes mit dessen Firma und Sitz anzugeben und ggf. das (Teil-)Netzgebiet zu bezeichnen. Weiterhin ist die Netz- oder Umspannebene oder die Druckstufe zu benennen, auf der das einzustufende Energieverteilernetz an das vorgelagerte Netz angeschlossen ist (zur eindeutigen Abgrenzung des verfahrensgegenständlichen Energieverteilernetzes von dem vorgelagerten Netz → Rn. 205). 217

218 **f) Weitere Verteilernetze, die der Netzbetreiber des einzustufenden Energieverteilernetzes betreibt (Abs. 3 S. 2 Nr. 5).** Zu nennen sind hierbei **alle** von dem jeweiligen Betreiber betriebenen Energieverteilernetze, nämlich Geschlossene Verteilernetze iSd § 110 **ebenso** wie Energieversorgungsnetze der allgemeinen Versorgung (§ 3 Nr. 17). Die Angaben sollten vorsorglich sämtliche betriebenen Elektrizitäts- und Erdgasverteilernetze zu enthalten, unabhängig davon, ob im konkreten Einzelfall die Einstufung eines Elektrizitäts- oder Erdgasverteilernetzes als Geschlossenes Verteilernetz begehrt wird.

7. Fiktionswirkung (Abs. 3 S. 3)

219 Nach Absatz 3 Satz 3 gilt ein Energieverteilernetz nach einer vollständigen Antragstellung „bis zur Entscheidung der Regulierungsbehörde" als Geschlossenes Verteilernetz. Die **ratio** dieser **„Einstufungsfiktion"** (Scholtka/Helmes ER 2014, 53 (54)) besteht nach der amtlichen Begründung darin, zu verhindern, dass solche Energieverteilernetze, die die Tatbestandsvoraussetzungen des Absatzes 2 Sätze 1 und 2 tatsächlich erfüllen, nur deswegen nicht in den Genuss der Privilegierungen nach Absatz 1 (→ Rn. 23 ff.) kommen und damit vorübergehend einer ex ante-Regulierung der Netznutzungsentgelte nach § 21a oder § 23a unterfallen, da der gestellte Antrag durch die zuständige Regulierungsbehörde nicht schnell genug bearbeitet werden kann (BT-Drs. 17/6072, 94; Säcker EnergieR/Wolf § 110 Rn. 93; Kment EnWG/Schex § 110 Rn. 47; Theobald/Kühling/Jacobshagen/Kachel § 110 Rn. 66). Es handelt sich um eine zeitlich befristete gesetzliche Fiktion, die – ganz im Gegensatz zu einer Vermutung – **nicht widerlegt** werden kann (Baur/Salje/Schmidt-Preuß Energiewirtschaft/Wolf Kap. 69 Rn. 5; Säcker EnergieR/Wolf § 110 Rn. 93; Schalle ZNER 2011, 406 (407); Theobald/Kühling/Jacobshagen/Kachel § 110 Rn. 66; Scholtka/Helmes ER 2014, 53 (54); irreführend Gemeinsames Positionspapier der Regulierungsbehörden, 16; Ortlieb/Staebe Geschlossene Verteilernetze-HdB/Klinge Kap. 4 Rn. 155: „Vermutungswirkung").

220 **a) Eintritt der Fiktionswirkung.** Die Fiktionswirkung tritt nach Absatz 3 Satz 3 „ab vollständiger Antragstellung" ein. Eine **vollständige Antragstellung** in diesem Sinne ist nach zutreffender Ansicht grundsätzlich gegeben, wenn ein Antrag (i) sämtliche in Absatz 3 Satz 2 aufgeführten **Mindest**angaben enthält (so ausdrücklich BT-Drs. 17/6072, 94) und (ii) der zuständigen Behörde zugegangen ist (Gemeinsames Positionspapier der Regulierungsbehörden, 16 f.; Bourwieg/Hellermann/Hermes/Bourwieg § 110 Rn. 64; Kment EnWG/Schex § 110 Rn. 47; Scholtka/Helmes ER 2014, 53 (55); krit. Ortlieb/Staebe Geschlossene Verteilernetze-HdB/Klinge Kap. 4 Rn. 149 und 156; Theobald/Kühling/Jacobshagen/Kachel § 110 Rn. 68).

221 Ein Teil der Literatur fordert für das Vorliegen einer vollständigen Antragstellung iSd Absatzes 3 Satz 3 einen Antrag, der nicht nur die Mindestangaben nach Absatz 3 Satz 2 enthält, sondern **sämtliche** zur Prüfung der Tatbestandsvoraussetzungen des Absatzes 2 erforderlichen **Sachverhaltsangaben.** Begründet wird dies im Wesentlichen damit, dass die „Hürden" für den Eintritt der Fiktionswirkung aus unionsrechtlichen Gründen hoch anzusetzen seien (Baur/Salje/Schmidt-Preuß Energiewirtschaft/Wolf Kap. 69 Rn. 5; Säcker EnergieR/Wolf § 110 Rn. 96). Diese Gegenansicht widerspricht jedoch der ausdrücklichen amtlichen Begründung zu Absatz 3 Sätze 2 und 3 (BT-Drs. 17/6072, 94) und ist daher – jedenfalls aus der Perspektive des Rechtsanwenders betrachtet – abzulehnen.

222 Nach der vorgenannten ratio der Norm (→ Rn. 219) müssen die Mindestangaben iSd Absatzes 3 Satz 2 **zutreffend** sein, um zu einem wirksamen Eintreten der Fiktionswirkung nach Absatz 3 Satz 3 zu führen (Gemeinsames Positionspapier der Regulierungsbehörden, 16; Baur/Salje/Schmidt-Preuß Energiewirtschaft/Wolf Kap. 69 Rn. 5; Säcker EnergieR/Wolf § 110 Rn. 95; Bourwieg/Hellermann/Hermes/Bourwieg § 110 Rn. 64). Ein Antragsteller, der gegenüber der zuständigen Regulierungsbehörde unzutreffende Angaben macht, ist im Sinne der amtlichen Begründung (BT-Drs. 17/6072, 94) nicht als schutzwürdig anzusehen. Entsprechendes gilt bei **rechtsmissbräuchlich** gestellten Anträgen. Ein solcher Rechtsmissbrauch liegt insbesondere dann vor, wenn ein Antrag auf Einstufung als Geschlossenes Verteilernetz „erkennbar" einzig zu dem Zweck gestellt wird, um die Fiktionswirkung nach Absatz 3 Satz 3 zu bewirken. Dies ist insbesondere dann der Fall, wenn ein Antrag auf Einstufung eines Energieverteilernetzes gestellt wird, bei dem die Tatbestandsvoraussetzungen des Absatzes 2 offensichtlich nicht vorliegen (Gemeinsames Positionspapier der Regulierungsbehörden, 16; Baur/Salje/Schmidt-Preuß Energiewirtschaft/Wolf Kap. 69 Rn. 7; Säcker EnergieR/Wolf § 110 Rn. 97; Bourwieg/Hellermann/Hermes/Bourwieg § 110 Rn. 64; Theobald/Kühling/Jacobshagen/Kachel § 110 Rn. 67). An den Tatbestandsvoraussetzungen für die Einstufung als Geschlossenes Verteilernetz fehlt es namentlich dann offensichtlich, wenn über das fragliche Energieverteilernetz eine große Anzahl von Letztverbrauchern iSd Absatzes 2 Satz 2 (→ Rn. 155 ff.) versorgt wird, die Energie für den Eigenverbrauch im Haushalt kaufen (Bourwieg/Hellermann/Hermes/Bourwieg § 110 Rn. 64).

Der **Zugang** von Anträgen bei Behörden richtet sich nach den in § 130 Abs. 1 S. 1, **223** Abs. 3 BGB enthaltenen allgemeinen Grundsätzen. Demnach wird ein Antrag nur dann wirksam, wenn dieser der **zuständigen** Behörde zugeht (näher BeckOK VwVfG/Heßhaus VwVfG § 22 Rn. 19; Stelkens/Bonk/Sachs/Schmitz VwVfG § 22 Rn. 50). Daraus folgt, dass ein vollständiger Antrag auf Einstufung eines Energieverteilernetzes als Geschlossenes Verteilernetz, um zu einer Fiktionswirkung nach Absatz 3 Satz 3 zu führen, der sachlich und örtlich zuständigen Regulierungsbehörde (näher → Rn. 186 ff.) zugehen muss. Geht der Antrag hingegen versehentlich bei einer unzuständigen Regulierungsbehörde oder bei einer anderen unzuständigen Behörde ein, zB bei der für den Vollzug des § 4 zuständigen Energieaufsichtsbehörde (→ Rn. 60), so tritt die **Fiktionswirkung** des Absatzes 3 Satz 3 **nicht** ein (Gemeinsames Positionspapier der Regulierungsbehörden, 17; Säcker EnergieR/Wolf § 110 Rn. 94; Bourwieg/Hellermann/Hermes/Bourwieg § 110 Rn. 67; anderer Auffassung Ortlieb/Staebe Geschlossene Verteilernetze-HdB/Klinge Kap. 4 Rn. 156). Es **empfiehlt** sich, vor einer etwaigen Antragstellung nach Absatz 3 Satz 1 die sachliche und örtliche Zuständigkeit durch eine Rücksprache mit Behördenvertretern abschließend zu klären.

Geht ein Antrag nach Absatz 3 Satz 1 bei einer unzuständigen Behörde ein, so ist diese **224** mangels einer entsprechenden gesetzlichen Regelung im EnWG grundsätzlich **nicht** dazu verpflichtet, den Antrag an die sachlich und örtlich zuständige Regulierungsbehörde **weiterzuleiten** und eine entsprechende Abgabenachricht an den Antragsteller zu erteilen (näher Stelkens/Bonk/Sachs/Kallerhoff/Fellenberg VwVfG § 24 Rn. 81). Es entspricht jedoch der **ständigen Verwaltungspraxis** der Regulierungsbehörden des Bundes und Länder, „Irrläufer" an die jeweils sachlich und örtliche zuständige Regulierungsbehörde weiterzuleiten; hierbei kann es jedoch erfahrungsgemäß zu erheblichen Verzögerungen kommen. Die **Fiktionswirkung** des Absatzes 3 Satz 3 tritt auch im Fall einer solchen Weiterleitung erst dann ein, wenn der weitergeleitete vollständige Antrag bei der sachlich und örtlich zuständigen Regulierungsbehörde eingeht (Gemeinsames Positionspapier der Regulierungsbehörden, 17; Säcker EnergieR/Wolf § 110 Rn. 94; Bourwieg/Hellermann/Hermes/Bourwieg § 110 Rn. 67). Hält der Antragsteller die Regulierungsbehörde, an die sein Antrag weitergeleitet wurde, für sachlich und/oder örtlich **unzuständig**, so muss er die angebliche Unzuständigkeit nach § 66a Abs. 1 S. 1 bis zum Abschluss des energiewirtschaftsrechtlichen Verwaltungsverfahrens geltend machen; tut er dies nicht, ist er mit dem Vortrag der Unzuständigkeit der Regulierungsbehörde nach § 66a Abs. 2 grundsätzlich **präkludiert** (näher → § 54 Rn. 215 ff.).

b) Wirkung. Mit dem Eintritt der Fiktionswirkung „gilt" das Energieverteilernetz nach **225** Absatz 3 Satz 3 „bis zur Entscheidung der Regulierungsbehörde" als Geschlossenes Verteilernetz. Anders als zB im Fall des § 23a Abs. 4 S. 2 (→ § 23a Rn. 14) handelt es sich hierbei **nicht** um eine **Genehmigungsfiktion** iSd § 42a VwVfG oder der entsprechenden landesgesetzlichen Regelung, die das Erfordernis einer regulierungsbehördlichen Entscheidung in der jeweiligen Angelegenheit vollständig entfallen lassen würde. Vielmehr kommt der Fiktionswirkung des Absatzes 3 Satz 3 nur eine **Überbrückungsfunktion** bis zum Ergehen der regulierungsbehördlichen Entscheidung zu (Gemeinsames Positionspapier der Regulierungsbehörden, 17; Baur/Salje/Schmidt-Preuß Energiewirtschaft/Wolf Kap. 69 Rn. 7; Säcker EnergieR/Wolf § 110 Rn. 93; Bourwieg/Hellermann/Hermes/Bourwieg § 110 Rn. 68; Ortlieb/Staebe Geschlossene Verteilernetze-HdB/Klinge Kap. 4 Rn. 155; Schalle ZNER 2011, 406 (407); Scholtka/Helmes ER 2014, 53 (56)).

Mangels einer diesbezüglichen Regelung im EnWG besteht **kein gesetzlicher Anspruch 226** auf eine regulierungsbehördliche **Bescheinigung** über das Wirksamwerden der Fiktionswirkung nach Absatz 3 Satz 3 (Gemeinsames Positionspapier der Regulierungsbehörden, 17; Baur/Salje/Schmidt-Preuß Energiewirtschaft/Wolf Kap. 69 Rn. 6; Säcker EnergieR/Wolf

Kresse

§ 110 Rn. 101; Bourwieg/Hellermann/Hermes/Bourwieg § 110 Rn. 69). Dies schließt freilich nicht aus, Kontakt mit dem jeweiligen Sachbearbeiter bei der zuständigen Regulierungsbehörde aufzunehmen und diesen – unbeschadet § 25 Abs. 2 S. 2 VwVfG oder der entsprechenden landesgesetzlichen Regelung – um eine **informelle Einschätzung** über das Vorliegen der Fiktionswirkung sowie über das Bestehen eines etwaigen Ergänzungsbedarfs im Hinblick auf den gestellten Antrag zu bitten. Weiterhin kann der Antragsteller ggf. eine **Bestätigung** der zuständigen Regulierungsbehörde über den **Zugang des Antrages** erbitten (Baur/Salje/Schmidt-Preuß Energiewirtschaft/Wolf Kap. 69 Rn. 6; Säcker EnergieR/Wolf § 110 Rn. 101).

227   Der Eintritt der Fiktionswirkung nach Absatz 3 Satz 3 ist im Falle einer **Unterlassungsbeschwerde** nach § 75 Abs. 3 EnWG richtigerweise bei der Bestimmung der **Angemessenheit** der regulierungsbehördlichen Entscheidungsfrist (→ § 75 Rn. 39) zu berücksichtigen. Da sich der Antragsteller auf den Eintritt der Fiktionswirkung berufen kann, tritt sein Interesse an einer zügigen regulierungsbehördlichen Entscheidung nach Absatz 2 Satz 1 in den Hintergrund (so zutr. Baur/Salje/Schmidt-Preuß Energiewirtschaft/Wolf Kap. 69 Rn. 24; Säcker EnergieR/Wolf § 110 Rn. 91).

228   **c) Entfallen.** Die Fiktionswirkung nach Absatz 3 Satz 3 entfällt zum einen mit dem **Wirksamwerden** einer Entscheidung der zuständigen Regulierungsbehörde über den gestellten Antrag. Abzustellen ist hierbei nach § 43 Abs. 1 S. 1 VwVfG oder der entsprechenden landesgesetzlichen Regelung grundsätzlich auf den Zeitpunkt der **Bekanntgabe** der regulierungsbehördlichen Entscheidung. **Genehmigt** die zuständige Regulierungsbehörde den gestellten Antrag und stuft das verfahrensgegenständliche Energieverteilernetz nach Absatz 2 Satz 1 als Geschlossenes Verteilernetz ein, so schließt die Wirksamkeit dieser Entscheidung zeitlich unmittelbar an die entfallende Fiktionswirkung iSd Absatzes 3 Satz 3 an. **Lehnt** die zuständige Regulierungsbehörde hingegen den gestellten Antrag **ab** und verweigert damit eine Einstufung des verfahrensgegenständlichen Energieverteilernetzes als Geschlossenes Verteilernetz, so entfällt die Fiktionswirkung nach Absatz 3 Satz 3 grundsätzlich ersatzlos mit dem Wirksamwerden dieser Entscheidung (Gemeinsames Positionspapier der Regulierungsbehörden, 17; Baur/Salje/Schmidt-Preuß Energiewirtschaft/Wolf Kap. 69 Rn. 7; Säcker EnergieR/Wolf § 110 Rn. 98; Bourwieg/Hellermann/Hermes/Bourwieg § 110 Rn. 68; Kment EnWG/Schex § 110 Rn. 47; Ortlieb/Staebe Geschlossene Verteilernetze-HdB/Klinge Kap. 4 Rn. 157; Theobald/Kühling/Jacobshagen/Kachel § 110 Rn. 69; Scholtka/Helmes ER 2014, 53 (56)).

229   Zum anderen entfällt die Fiktionswirkung nach Absatz 3 Satz 3 im Falle einer **Rücknahme** des Antrages nach Absatz 3 Satz 1 vor dem Ergehen einer regulierungsbehördlichen Entscheidung. Im Grundsatz entfällt die Fiktionswirkung in einem derartigen Fall ex tunc (also rückwirkend auf den Zeitpunkt der vollständigen Antragstellung), da ein Entfallen mit ex nunc-Wirkung auf den Zeitpunkt der Antragsrücknahme ein „**hohes Missbrauchspotential**" hätte (zutr. Baur/Salje/Schmidt-Preuß Energiewirtschaft/Wolf Kap. 69 Rn. 7; Säcker EnergieR/Wolf § 110 Rn. 99; in diese Richtung auch Theobald/Kühling/Jacobshagen/Kachel § 110 Rn. 68). Eine **Ausnahme** von diesem Grundsatz und somit ein Entfallen der Fiktionswirkung ex nunc kommt dann in Betracht, wenn die Tatbestandsvoraussetzungen des Absatzes 2 aufgrund einer Veränderung der tatsächlichen Umstände nachträglich entfallen sind (Baur/Salje/Schmidt-Preuß Energiewirtschaft/Wolf Kap. 69 Rn. 7; Säcker EnergieR/Wolf § 110 Rn. 99).

230   Schließlich entfällt die Fiktionswirkung iSd Absatzes 3 Satz 3 **ohne Antragsrücknahme** vor dem Ergehen einer regulierungsbehördlichen Entscheidung dann, wenn die verfahrensgegenständliche Energieanlage nachträglich die Tatbestandsvoraussetzungen für das Vorliegen einer **Kundenanlage** nach § 3 Nr. 24a und 24b erfüllt. Zu begründen ist dies damit, dass die Fiktionswirkung nach dem ausdrücklichen Wortlaut des Absatzes 3 Satz 3 nur für Energieverteilernetze eingreift (Baur/Salje/Schmidt-Preuß Energiewirtschaft/Wolf Kap. 69 Rn. 7; Säcker EnergieR/Wolf § 110 Rn. 99).

8. Sonstiger zur Prüfung erforderlicher Inhalt des Antrages

231   Der nach Absatz 3 Satz 2 vorgeschriebene Mindestinhalt des Antrages ist **nicht ausreichend**, um der zuständigen Regulierungsbehörde eine abschließende Prüfung sämtlicher

Tatbestandsvoraussetzungen des Absatzes 2 zu ermöglichen. Der Antrag sollte mithin alle **weiteren Sachverhaltsangaben** enthalten, die die zuständige Regulierungsbehörde hierzu in die Lage versetzen (Gemeinsames Positionspapier der Regulierungsbehörden, 16; Baur/Salje/Schmidt-Preuß Energiewirtschaft/Wolf Kap. 69 Rn. 6; Säcker EnergieR/Wolf § 110 Rn. 96; Bourwieg/Hellermann/Hermes/Bourwieg § 110 Rn. 66). Hierbei sollten insbesondere die **folgenden Fragen** beantwortet werden:
- Liegt ein Elektrizitäts- und/oder Erdgas**verteiler**netz vor (→ Rn. 87 ff.)? Falls **mehrere** Energieverteilernetze in dem Gebiet betrieben werden, auf welches hiervon bezieht sich der konkrete Antrag?
- Ist der Betreiber des verfahrensgegenständlichen Energieverteilernetzes innerhalb oder außerhalb des versorgten Gebiets auch in der **Marktrolle** der Energieerzeugung und/oder des Energievertriebs tätig?
- Wird den Netznutzern des verfahrensgegenständlichen Energieverteilernetzes diskriminierungsfrei **Netzzugang** gewährt (→ Rn. 72), besteht also für die versorgten Letztverbraucher eine uneingeschränkte Möglichkeit zum Stromanbieterwechsel? Existiert eine Bindung der versorgten Letztverbraucher an einen bestimmten Stromanbieter?
- Werden die für die Nutzung des verfahrensgegenständlichen Energieverteilernetzes erhobenen **Netznutzungsentgelte** nach den Vorgaben des § 21 sowie der StromNEV oder der GasNEV bemessen oder ist dies beabsichtigt (→ Rn. 72)?
- Wird ein **geografisch begrenztes** Gebiet versorgt? Falls ja, woraus folgt die geografische Begrenztheit des Gebiets im Einzelnen (→ Rn. 105 ff.)?
- Wer ist Eigentümer und/oder Betreiber **des Gebiets,** das durch das verfahrensgegenständliche Energieverteilernetz versorgt wird?
- Handelt es sich bei dem versorgten Gebiet um ein **Industrie- oder Gewerbegebiet?** Falls ja, woraus ergibt sich die industrielle oder gewerbliche Prägung des Gebiets (→ Rn. 114 ff.)?
- Handelt es sich beim versorgten Gebiet um ein **sonstiges Gebiet,** in dem Leistungen gemeinsam genutzt werden? Falls ja, um welche gemeinsam genutzten Leistungen handelt es sich dabei konkret (→ Rn. 117 ff.)?
- Sind die Tätigkeiten oder Produktionsverfahren der versorgten Letztverbraucher aus konkreten technischen oder sicherheitstechnischen Gründen **verknüpft?** Falls ja, um welche Art der konkreten Verknüpfung handelt es sich dabei (→ Rn. 126 ff.)?
- Wird **in erster Linie** Energie an den Netzeigentümer oder -betreiber oder an mit diesen verbundene Unternehmen verteilt? Falls ja, wie ist das Verhältnis zwischen der zum Zweck der Eigenversorgung verteilten Energiemenge und der insgesamt durch das verfahrensgegenständliche Energieversorgungsnetz verteilten Energiemenge (→ Rn. 144 ff.)?
- Werden Letztverbraucher versorgt, die Energie für den Eigenverbrauch im **Haushalt** kaufen (→ Rn. 155 ff.)? Falls ja, um wie viele solche Letztverbraucher handelt es sich?
- Verfügen die einzelnen versorgten Letztverbraucher, die Energie für den Eigenverbrauch im Haushalt kaufen, über ein **Beschäftigungsverhältnis** oder eine vergleichbare Beziehung zum Netzeigentümer oder -betreiber (→ Rn. 169 ff.)?
- Sind dem verfahrensgegenständlichen Energieverteilernetz **Kundenanlagen** nach § 3 Nr. 24a und 24a nachgelagert? Falls ja, wo liegen die (Eigentums-)Grenzen zu diesen nachgelagerten Kundenanlagen?

Reicht ein Antragsteller nach Absatz 3 Satz 1 **entgegen** seiner Mitwirkungsobliegenheit (→ Rn. 209) die für eine abschließende Prüfung sämtlicher Tatbestandsvoraussetzungen des Absatzes 2 erforderlichen und in seiner Verantwortungssphäre liegenden Angaben und Unterlagen fortgesetzt **nicht** bei der zuständigen Regulierungsbehörde ein, so kann diese – sofern sie den Sachverhalt nicht in für sie zumutbarer Weise selbst aufklären kann – den Antrag auf Einstufung als Geschlossenes Verteilernetz **ablehnen** (Kment EnWG/Schex § 110 Rn. 48; Theobald/Kühling/Jacobshagen/Kachel § 110 Rn. 63). 232

Die **BNetzA** stellt zum Zwecke der Verfahrensvereinfachung und -beschleunigung auf ihrer Internetseite einen **Erhebungsbogen** im Excel-Format zur Verfügung, der durch den Antragsteller befüllt werden kann. Dieser Erhebungsbogen **sollte** verwendet werden im Falle einer originären sachlichen Zuständigkeit der BNetzA oder im Falle der sachlichen Zuständigkeit der BNetzA als Landesregulierungsbehörde im Wege der Organleihe (Baur/Salje/Schmidt-Preuß Energiewirtschaft/Wolf Kap. 69 Rn. 6; Säcker EnergieR/Wolf § 110 Rn. 90; 233

Kment EnWG/Schex § 110 Rn. 49; Ortlieb/Staebe Geschlossene Verteilernetze-HdB/Klinge Kap. 4 Rn. 150 ff.). Der Erhebungsbogen **kann** grundsätzlich auch im Falle einer Antragstellung bei einer Landesregulierungsbehörde verwendet werden, manche Landesregulierungsbehörden bestehen jedoch nicht auf dessen Verwendung (Ortlieb/Staebe Geschlossene Verteilernetze-HdB/Klinge Kap. 4 Rn. 153). In der Praxis **empfiehlt** es sich, die Verwendung dieses Erhebungsbogens im Vorfeld der Antragstellung mit dem Sachbearbeiter der zuständigen Landesregulierungsbehörde **abzustimmen.** Je nach der zur Anwendung gebrachten Prüfungstiefe wird die zuständige Landregulierungsbehörde, auch über diesen Erhebungsbogen hinaus, weitere Sachverhaltsangaben fordern.

234 Dem Antrag sind jedenfalls **folgende Anlagen** beizufügen (Gemeinsames Positionspapier der Regulierungsbehörden, 17; Säcker EnergieR/Wolf § 110 Rn. 90; Bourwieg/Hellermann/Hermes/Bourwieg § 110 Rn. 66; Kment EnWG/Schex § 110 Rn. 48; Ortlieb/Staebe Geschlossene Verteilernetze-HdB/Klinge Kap. 4 Rn. 149; Theobald/Kühling/Jacobshagen/Kachel § 110 Rn. 65):

- Eine **Flurkarte** des versorgten Gebiets mit Kennzeichnung der geografischen Begrenzung; hierbei kann auf die durch die Vermessungsverwaltungen der Länder zur Verfügung gestellten Internetportale (zB in Bayern „BayernAtlas", in Nordrhein-Westfalen „Geoportal.NRW", in Sachsen „Geoportal.Sachsen") zurückgegriffen werden, über die amtliche Parzellarkarten und Luftbilder ausgedruckt werden können.
- Ein **Netzplan** des verfahrensgegenständlichen Energieversorgungsnetzes mit Schaltzustand im Normalbetrieb; zusätzlich sollten Kennzeichnungen der (Eigentums-)Grenzen zu dem vorgelagerten Energieversorgungsnetz und der (Eigentums-)Grenzen zu den nachgelagerten Kundenanlagen iSd § 3 Nr. 24a und 24b enthalten sein (→ Rn. 205).

235 Beispiele für **weitere Anlagen,** die dem Antrag – soweit existent und für die Antragstellung relevant – beigefügt werden sollten, sind:

- **Liste** der in dem jeweiligen Gebiet iSd Absatzes 2 Satz 1 **ansässigen Letztverbraucher** (Standortunternehmen) unter Angabe der Branche, aus der sich zB die industrielle oder gewerbliche Prägung eines Gebiets iSd Absatzes 2 Satz 1 Alternative 1 ergeben kann,
- Kopie des **Pacht- oder Betriebsführungsvertrages** über das verfahrensgegenständliche Energieverteilernetz, sofern der Netzbetreiber nicht zugleich Netzeigentümer ist,
- Muster der **Miet- oder Pachtverträge** von in dem jeweiligen Gebiet iSd Absatzes 2 Satz 1 ansässigen Letztverbraucher, aus denen sich zB das Bestehen eines Anspruches auf diskriminierungsfreien Netzzugang nach § 20 (Recht auf Wechsel des Energieanbieters) ergeben kann,
- Muster der mit den in dem jeweiligen Gebiet iSd Absatzes 2 Satz 1 ansässigen Letztverbrauchern eventuell abgeschlossenen „**Standortvereinbarung**" oÄ, aus der sich zB die in dem Gebiet gemeinsam genutzten Leistungen iSd Absatzes 2 Satz 1 Nummer 1 Alternative 2 ergeben können,
- **Prospekte** und sonstige Werbemittel des Gebietsbetreibers über das Gebiet iSd Absatzes 2 Satz 1 (insbesondere zum Zwecke der Standortwerbung) mit für die Antragstellung relevanten Informationen und Abbildungen,
- Ausdrucke der **Internetseite** des Gebietsbetreibers über das Gebiet iSd Absatzes 2 Satz 1 mit für die Antragstellung relevanten Informationen und Abbildungen.

236 Vor der Antragstellung nach Absatz 3 Satz 1 hat der Betreiber des als Geschlossenes Verteilernetz einzustufenden Energieverteilernetzes die Vergabe einer **sog. Organisationsnummer** bei der BNetzA zu beantragen, sofern er über eine solche noch nicht verfügt (Säcker EnergieR/Wolf § 110 Rn. 84; Kment EnWG/Schex § 110 Rn. 49; Ortlieb/Staebe Geschlossene Verteilernetze-HdB/Klinge Kap. 4 Rn. 152). Auch hierfür existiert auf der Internetseite der BNetzA ein **Erhebungsbogen** im Excel-Format.

III. Verwaltungsverfahren der Regulierungsbehörde

1. Verfahrenseinleitung

237 Nach Antragstellung durch den Betreiber des verfahrensgegenständlichen Energieverteilernetzes nach Absatz 3 Satz 1 leitet die Regulierungsbehörde das energiewirtschaftsrechtliche Verwaltungsverfahren nach Absatz 2 Satz 1 ein (§ 66 Abs. 1 Alt. 2) und prüft anschließend

ihre sachliche und örtliche **Zuständigkeit** (§ 54 Abs. 1 und Abs. 2 S. 1 Nr. 9, → Rn. 186 ff.). Ist die sachliche und/oder örtliche Zuständigkeit nicht gegeben, so leitet die unzuständige Regulierungsbehörde den Antrag in aller Regel an die zuständige Regulierungsbehörde weiter (→ Rn. 224).

Ist die sachliche und örtliche Zuständigkeit hingegen **gegeben**, so prüft die zuständige **238** Regulierungsbehörde die Vollständigkeit der Antragsunterlagen. Gegebenenfalls wird die zuständige Regulierungsbehörde im Anschluss nach § 25 Abs. 2 S. 2 VwVfG oder der entsprechenden landesgesetzlichen Regelung eine Vervollständigung der Antragsunterlagen anregen (Baur/Salje/Schmidt-Preuß Energiewirtschaft/Wolf Kap. 69 Rn. 6; Säcker EnergieR/Wolf § 110 Rn. 100). Weiterhin wird die zuständige Regulierungsbehörde im Rahmen der Mitwirkungsobliegenheit des Antragstellers nach § 26 Abs. 2 VwVfG oder der entsprechenden landesgesetzlichen Regelung **weitere Sachverhaltsangaben** anfordern. Darüber hinaus wird die zuständige Regulierungsbehörde im Rahmen ihrer Amtsermittlungspflicht nach § 24 VwVfG oder nach der entsprechenden landesgesetzlichen Vorschrift **eigene Sachverhaltsermittlungen** durchführen (BT-Drs. 17/6072, 94; Gemeinsames Positionspapier der Regulierungsbehörden, 16; Bourwieg/Hellermann/Hermes/Bourwieg § 110 Rn. 66).

2. Beteiligung

An dem energiewirtschaftsrechtlichen Verwaltungsverfahren ist zunächst der **Antragstel- 239 ler** nach Absatz 3 Satz 1, also der Betreiber des verfahrensgegenständlichen Energieverteilernetzes, beteiligt (§ 66 Abs. 2 Nr. 1; Gemeinsames Positionspapier der Regulierungsbehörden, 17; Säcker EnergieR/Wolf § 110 Rn. 150; Bourwieg/Hellermann/Hermes/Bourwieg § 110 Rn. 70; Kment EnWG/Schex § 110 Rn. 50).

Ob und unter welchen Tatbestandsvoraussetzungen im Anwendungsbereich des EnWG **240** eine **notwendige Beiladung** iSd § 13 Abs. 2 S. 2 VwVfG oder der entsprechenden landesgesetzlichen Regelung existiert, ist nicht abschließend geklärt (näher → § 66 Rn. 12; Bourwieg/Hellermann/Hermes/Burmeister § 66 Rn. 18; Kment EnWG/Turiaux § 66 Rn. 12 f.). Hält man eine notwendige Beiladung auch im Anwendungsbereich des EnWG für denkbar, so können die Tatbestandsvoraussetzungen für eine solche gem. § 66 Abs. 2 Nr. 3, ggf. iVm § 13 Abs. 2 S. 2 VwVfG, im Falle der Einstufung eines Energieverteilernetzes als Geschlossenes Verteilernetzes nach Absatz 2 Satz 1 nach wohl herrschender Auffassung im Falle der jeweiligen Netznutzer (§ 3 Nr. 28) grundsätzlich vorliegen (OLG Düsseldorf BeckRS 2015, 10692 Rn. 17; Baur/Salje/Schmidt-Preuß Energiewirtschaft/Wolf Kap. 69 Rn. 41; Säcker EnergieR/Wolf § 110 Rn. 154; Kment EnWG/Schex § 110 Rn. 50 ff.). Die **Regulierungsbehörden** des Bundes und der Länder **verneinten** dies hingegen früher mit dem Argument, die Rechtsfolgen einer Einstufung als Geschlossenes Verteilernetz, insbesondere die Privilegierungen des Absatzes 1, beträfen in aller Regel nicht subjektive Rechte Dritter (Netznutzer iSd § 3 Nr. 28, insbesondere von Letztverbrauchern und Energielieferanten), sodass eine notwendige Beiladung zu deren Schutz grundsätzlich nicht erforderlich sei (Gemeinsames Positionspapier der Regulierungsbehörden, 17 f.; Bourwieg/Hellermann/Hermes/Bourwieg § 110 Rn. 72 ff.; krit. hierzu Säcker EnergieR/Wolf § 110 Rn. 154).

Geht man von dem Nichtvorliegen der Tatbestandsvoraussetzungen für eine notwendige **241** Beiladung aus, so sind jedenfalls die Tatbestandsvoraussetzungen für eine **einfache Beiladung** nach § 66 Abs. 2 Nr. 3 im Falle der Einstufung als Geschlossenes Verteilernetzes nach Absatz 2 S. 1 bei Netznutzern (§ 3 Nr. 28) des fraglichen Energieverteilernetzes, also namentlich bei Letztverbrauchern und Energielieferanten, regelmäßig gegeben. Nach § 66 Abs. 2 Nr. 3 setzt eine einfache Beiladung (i) eine erhebliche Interessenberührung durch die Entscheidung und (ii) eine entsprechende Antragstellung durch den Betroffenen voraus (näher Baur/Salje/Schmidt-Preuß Energiewirtschaft/Wolf Kap. 69 Rn. 41; Säcker EnergieR/Wolf § 110 Rn. 152 f.; Bourwieg/Hellermann/Hermes/Bourwieg § 110 Rn. 71; allg. → § 66 Rn. 13 ff.; Bourwieg/Hellermann/Hermes/Burmeister § 66 Rn. 20 ff.; Kment EnWG/ Turiaux § 66 Rn. 14 ff.). Eine **erhebliche Interessenberührung** folgt bei der Einstufung eines Energieverteilernetzes als Geschlossenes Verteilernetz nach Absatz 2 Satz 1 in der Regel aus deren Rechtsfolgen, insbesondere aus den Privilegierungen des Absatzes 1. Die Entscheidung über die einfache Beiladung steht, sofern ein entsprechender Antrag gestellt wurde, im **pflichtgemäßen Ermessen** (näher → § 66 Rn. 13; Bourwieg/Hellermann/

Hermes/Burmeister § 66 Rn. 22; Kment EnWG/Turiaux § 66 Rn. 17) der zuständigen Regulierungsbehörde (näher Gemeinsames Positionspapier der Regulierungsbehörden, 18; Bourwieg/Hellermann/Hermes/Bourwieg § 110 Rn. 71; Kment EnWG/Schex § 110 Rn. 55). Nach den Erfahrungen der **Praxis** erfolgt jedoch regelmäßig keine einfache Beiladung nach § 66 Abs. 2 Nr. 3, da schon kein entsprechender Antrag gestellt wird.

242 Auch die **BNetzA** ist nach § 66 Abs. 3 an den durch die Landesregulierungsbehörden geführten energiewirtschaftsrechtlichen Verwaltungsverfahren **beteiligt**. Nach dem Wortlaut der Norm ist dies zwar nicht der Fall, da mit der Begrifflichkeit „nach Landesrecht zuständige Behörde" grundsätzlich die Energieaufsichtsbehörde, nicht jedoch die Landesregulierungsbehörde, angesprochen ist (BT-Drs. 15/3917, 69 und → § 54 Rn. 100 ff.). Der **BGH** hat jedoch zu der vergleichbar formulierten Parallelvorschrift des § 79 Abs. 2 entschieden, dass die BNetzA entgegen des Wortlauts der Norm an den durch die Landesregulierungsbehörden geführten energiewirtschaftsrechtlichen Beschwerdeverfahren beteiligt sei (BGH ZNER 2008, 103 ff.). In der Begründung dieser Entscheidung führte der BGH ausdrücklich aus, dass dies nach § 66 Abs. 3 auch für die energiewirtschaftsrechtlichen Verwaltungsverfahren der Landesregulierungsbehörden gelte (BGH ZNER 2008, 103 (104); zust. Bourwieg/Hellermann/Hermes/Burmeister § 66 Rn. 25; Theobald/Kühling/Theobald/Werk § 66 Rn. 61). Die **Literatur** geht im Hinblick auf den eindeutigen Wortlaut der Norm teilweise davon aus, dass auf solche Sachverhaltskonstellationen § 66 Abs. 3 analog anzuwenden und die BNetzA auf der Grundlage dieser Analogiebildung an sämtlichen energiewirtschaftsrechtlichen Verwaltungsverfahren der Landesregulierungsbehörden zu beteiligen sei (Kment EnWG/Turiaux § 66 Rn. 20). In der **Praxis** spielt die Beteiligung der BNetzA an den energiewirtschaftsrechtlichen Verwaltungsverfahren der Landesregulierungsbehörden jedoch keine große Rolle.

3. Anhörung

243 Hat die zuständige Regulierungsbehörde die Prüfung des Vorliegens der Tatbestandsvoraussetzungen des Absatzes 2 Satz 1 abgeschlossen und sich eine vorläufige Meinung über den Inhalt ihrer Entscheidung gebildet, so ist sie aufgrund des aus § 67 Abs. 1 folgenden sog. **Informationsrechts** der Beteiligten dazu verpflichtet, diesen die entscheidungserheblichen Tatsachen sowie den wesentlichen Inhalt der von ihr beabsichtigten Entscheidung **mitzuteilen** (→ § 67 Rn. 4; Bourwieg/Hellermann/Hermes/Burmeister § 67 Rn. 3; Kment EnWG/Turiaux § 67 Rn. 4; Theobald/Kühling/Theobald/Werk § 67 Rn. 10). Hat die Regulierungsbehörde bereits einen **Entwurf** ihrer beabsichtigten Entscheidung erstellt, wird sie diese Entwurfsfassung in aller Regel zum Zwecke der Durchsicht zur Verfügung stellen. Weiterhin muss die Regulierungsbehörde den Beteiligten hierzu nach § 67 Abs. 1 eine **Gelegenheit zur Stellungnahme** innerhalb einer angemessenen Frist einräumen, also eine Anhörung durchführen. Einen etwaigen Vortrag der Beteiligten wird die Regulierungsbehörde in der endgültigen Fassung ihrer Entscheidung berücksichtigen.

244 Für den **Antragsteller** auf Einstufung eines Energieverteilernetzes als Geschlossenes Verteilernetz iSd Absatzes 3 Satz 1 **empfiehlt** es sich, eine etwaig übermittelte Entwurfsfassung der beabsichtigten Entscheidung gründlich durchzusehen, insbesondere im Hinblick auf die hierin enthaltene Sachverhaltsdarstellung, da diese regelmäßig auch auf eigenen Sachverhaltsermittlungen der Regulierungsbehörde beruht.

245 Auf die vorstehend geschilderte Vorgehensweise darf auch dann **nicht verzichtet** werden, wenn die Regulierungsbehörde eine **antragsgemäße** Entscheidung beabsichtigt; die außerhalb energiewirtschaftsrechtlicher Verwaltungsverfahren anwendbare Regelung des § 28 Abs. 2 Nr. 3 VwVfG oder die entsprechende landesgesetzliche Vorschrift ist jedenfalls auf abschließende Sachentscheidungen nicht anwendbar (Bourwieg/Hellermann/Hermes/Burmeister § 67 Rn. 6; Kment EnWG/Turiaux § 67 Rn. 3; Theobald/Kühling/Theobald/Werk § 67 Rn. 12).

246 Nach § 67 Abs. 4 ist u.a. **§ 45 VwVfG** betreffend die **Heilung** von Verfahrensfehlern in energiewirtschaftsrechtlichen Verwaltungsverfahren der Regulierungsbehörden des Bundes und der Länder anzuwenden. Nach § 45 Abs. 1 Nr. 3 VwVfG ist eine unterlassene oder fehlerhafte Anhörung eines Beteiligten iSd § 67 Abs. 1 **unbeachtlich**, wenn diese durch die Regulierungsbehörde nachgeholt wird (näher → § 67 Rn. 15 ff.; Bourwieg/Hellermann

Hermes/Burmeister § 67 Rn. 15 f.; Kment EnWG/Turiaux § 67 Rn. 13 f.; Theobald/ Kühling/Theobald/Werk § 67 Rn. 33).

IV. Entscheidung durch die Regulierungsbehörde

Nach Abschluss der Anhörung iSd § 67 Abs. 1 trifft die zuständige Regulierungsbehörde 247 ihre Entscheidung über die Einstufung des verfahrensgegenständlichen Energieverteilernetzes als Geschlossenes Verteilernetzes nach Absatz 2 Satz 1. Hierbei handelt es sich um einen **Verwaltungsakt** iSd § 35 S. 1 VwVfG oder der entsprechenden landesgesetzlichen Regelung, der **Dauerwirkung** entfaltet (Baur/Salje/Schmidt-Preuß Energiewirtschaft/Wolf Kap. 69 Rn. 22; Säcker EnergieR/Wolf § 110 Rn. 106 f.). Liegen die Tatbestandsvoraussetzungen des Absatzes 2 Sätze 1 und 2 vor, so hat der Antragsteller einen **Anspruch** auf Einstufung des fraglichen Energieverteilernetzes als Geschlossenes Verteilernetz; es handelt sich um eine **gebundene Entscheidung**. Die Entscheidung liegt also nicht im pflichtgemäßen (Entschließungs-)Ermessen der zuständigen Regulierungsbehörde (→ Rn. 85; Baur/ Salje/Schmidt-Preuß Energiewirtschaft/Wolf Kap. 69 Rn. 24; Säcker EnergieR/Wolf § 110 Rn. 91 f.; Theobald/Kühling/Jacobshagen/Kachel § 110 Rn. 57).

1. Rechtsgrundlage

Die Rechtsgrundlage der Entscheidung der zuständigen Regulierungsbehörde bildet 248 **Absatz 2 Satz 1.** Da das energiewirtschaftsrechtliche Verwaltungsverfahren zur Einstufung als Geschlossenes Verteilernetz ein **Antragsverfahren** darstellt (→ Rn. 192), handelt es sich bei der Entscheidung der zuständigen Regulierungsbehörde begrifflich um eine Genehmigung. Entscheidet die zuständige Regulierungsbehörde durch eine Kammer als Kollegialorgan, so erfolgt die Entscheidung durch **Beschluss**. Über solche Kollegialorgane verfügen die BNetzA (Beschlusskammern, → § 54 Rn. 78 ff.) und größtenteils auch die Landesregulierungsbehörden (Regulierungskammern, → § 54 Rn. 85).

Die Einstufung eines Geschlossenen Verteilernetzes dürfte hingegen **nicht** der Regelung 249 des § 29 Abs. 1 unterfallen. Zum einen enthält § 110 keine Verweisung auf diese Regelung, sodass es sich hierbei nicht um einen der „benannten" Fälle der regulierungsbehördlichen Entscheidungen nach § 29 Abs. 1 Alt. 1 handelt. Zum anderen stellt die Einstufung Geschlossener Verteilernetze keine Entscheidung über die Bedingungen und Methoden für den Netzanschluss und für den Netzzugang nach den in § 29 Abs. 1 Alt. 2 aufgeführten Rechtsverordnungen dar. In der Folge wird § 110 in der Kommentarliteratur auch nicht unter den Regelungen aufgeführt, die dem Anwendungsbereich des § 29 Abs. 1 unterfallen (Bourwieg/ Hellermann/Hermes/Britz/Hermes § 29 Rn. 17 ff.; Kment EnWG/Wahlhäuser § 29 Rn. 5 ff.). Geht man von der Nichtanwendbarkeit des § 29 Abs. 1 auf die Einstufung Geschlossener Verteilernetze aus, so hat dies zur **Folge**, dass auch die energiewirtschaftsrechtliche Sonderregelung des § 29 Abs. 2 S. 1 zur Änderung regulierungsbehördlicher Entscheidungen nach § 29 Abs. 1 keine Anwendung finden kann (näher → Rn. 265 f.; ebenfalls von der Unanwendbarkeit des § 29 Abs. 2 S. 1 ausgehend Baur/Salje/Schmidt-Preuß Energiewirtschaft/Wolf Kap. 69 Rn. 44).

Andererseits hat die Einstufung als Geschlossenes Verteilernetz nach Absatz 2 Satz 1 250 wegen der in Absatz 1 enthaltenen Ausnahmeregelungen direkte Auswirkungen darauf, aus welchen Vorschriften sich der Anspruch auf die Gewährung von Netzanschluss ergibt (→ Rn. 39) und in welcher Form die regulierungsbehördliche Kontrolle der Netznutzungsentgelte erfolgt (→ Rn. 41). Mit dieser Argumentation wäre durchaus die Auffassung **vertretbar**, dass die Einstufung Geschlossener Verteilernetze doch dem Anwendungsbereich des § 29 Abs. 1 **unterfällt**. Auch auf die Regelung des § 23a betreffend die Erteilung von Netznutzungsentgelt-Genehmigungen findet § 29 Abs. 1 Anwendung, obwohl sich dies aus dem Wortlaut der Normen nicht ergibt (Bourwieg/Hellermann/Hermes/Britz/Hermes § 29 Rn. 7; Kment EnWG/Wahlhäuser § 29 Rn. 7).

2. Konstitutive Wirkung

Die regulierungsbehördliche Entscheidung wirkt „**konstitutiv**" (Strohe CuR 2011, 105 251 (106); Schalle ZNER 2011, 406 (407); ebenso Gemeinsames Positionspapier der Regulierungsbehörden, 15; Baur/Salje/Schmidt-Preuß Energiewirtschaft/Wolf Kap. 69 Rn. 22; Säcker EnergieR/Wolf § 110 Rn. 104; Bourwieg/Hellermann/Hermes/Bourwieg § 110 Rn. 63; Ortlieb/Staebe Geschlossene Verteilernetze-HdB/Schreiner Kap. 2 Rn. 21; Kment EnWG/Schex § 110 Rn. 46; Schneider/Theobald EnergieWirtschaftsR-HdB/Theobald/ Zenke/Dessau § 15 Rn. 23; Theobald/Kühling/Jacobshagen/Kachel § 110 Rn. 56). Die Wirksamkeit der regulierungsbehördlichen Entscheidung ist also – abgesehen von der Fiktionswirkung des Absatzes 3 Satz 3 (→ Rn. 219 ff.) – **alleine maßgeblich** für den Eintritt der Rechtsfolgen der Einstufung als Geschlossenes Verteilernetz (Baur/Salje/Schmidt-Preuß Energiewirtschaft/Wolf Kap. 69 Rn. 22; Säcker EnergieR/Wolf § 110 Rn. 104 und 108). Alleine das Vorliegen der Tatbestandsvoraussetzungen des Absatzes 2 Sätze 1 und 2 genügt hierfür nicht. Dies ergibt sich schon aus dem Wortlaut des Absatzes 2 Satz 1, des Absatzes 2 Satz 2 und des Absatzes 3 Satz 1, wo jeweils von der Einstufung durch die zuständige Regulierungsbehörde die Rede ist (Säcker EnergieR/Wolf § 110 Rn. 104; Kment EnWG/ Schex § 110 Rn. 46; Schneider/Theobald EnergieWirtschaftsR-HdB/Theobald/Zenke/ Dessau § 15 Rn. 23). Weiterhin spricht hierfür der systematische Zusammenhang mit der Fiktionswirkung des Absatzes 3 Satz 3, wonach ein Energieverteilernetz erst nach einer vollständigen Antragstellung nach Absatz 3 Satz 2 – also gerade nicht bei bloßer Erfüllung der Tatbestandsvoraussetzungen des Absatzes 2 Sätze 1 und 2 – als Geschlossenes Verteilernetz gilt (Säcker EnergieR/Wolf § 110 Rn. 104; Kment EnWG/Schex § 110 Rn. 46; Schneider/ Theobald EnergieWirtschaftsR-HdB/Theobald/Zenke/Dessau § 15 Rn. 23; Strohe CuR 2011, 105 (106)). Schließlich wird in der amtlichen Begründung ausdrücklich ausgeführt, dass Absatz 2 die „materiellen Voraussetzungen für die Einstufung" enthalte (BT-Drs. 17/ 6072, 94). Auch diese Formulierung zeigt, dass alleine das Vorliegen der Tatbestandsvoraussetzungen des Absatzes 2 Sätze 1 und 2 **nicht ausreichend** ist, um sich auf die Rechtsfolgen des Vorliegens eines Geschlossenen Verteilernetzes berufen zu können.

252   Unter dem Gesichtspunkt der konstitutiven Wirkung **unterscheidet** sich die Entscheidung über die Einstufung eines Geschlossenen Verteilernetzes nach Absatz 2 Satz 1 von der für **Objektnetze** geltenden Vorgängerregelung in der Fassung des Zweiten Gesetzes zur Neuregelung des Energiewirtschaftsrechts vom 7.7.2005 (BGBl. I 1970 (2007); Baur/Salje/ Schmidt-Preuß Energiewirtschaft/Wolf Kap. 69 Rn. 22; Säcker EnergieR/Wolf § 110 Rn. 104; Schneider/Theobald EnergieWirtschaftsR-HdB/Theobald/Zenke/Dessau § 15 Rn. 23). Bezüglich dieser Regelung wurde teilweise die Auffassung vertreten, dass die zuständige Regulierungsbehörde nach § 110 Abs. 4 aF auf Antrag **lediglich deklaratorisch** über das Vorliegen der Tatbestandsvoraussetzungen eines Objektnetzes entscheide (Rosin RdE 2006, 9 (16); Scholtka/Helmes NVwZ 2008, 1310 (1311); Schroeder-Czaja/Jacobshagen IR 2006, 78 (83 f.); anderer Auffassung schon zur damaligen Rechtslage Boesche/Wolf ZNER 2005, 285 (287 f.); Boesche/Wolf ZNER 2008, 123 (128); Krebs RdE 2006, 115; differenzierend Salje EnWG § 110 Rn. 54 f.).

253   Durch die regulierungsbehördliche Entscheidung nach Absatz 2 Satz 1 wird das verfahrensgegenständliche Energieverteilernetz lediglich als Geschlossenes Verteilernetz **eingestuft** bzw. der durch den Antragsteller gestellte Antrag **genehmigt.** Eine Befreiung des Netzbetreibers von bestimmten gesetzlichen Vorschriften erfolgt nicht etwa aus der regulierungsbehördlichen Entscheidung, sondern **direkt** aus den jeweiligen gesetzlichen Regelungen, insbesondere aus Absatz 1 (→ Rn. 23 ff.; Baur/Salje/Schmidt-Preuß Energiewirtschaft/Wolf Kap. 69 Rn. 22; Säcker EnergieR/Wolf § 110 Rn. 104 und 108; Strohe CuR 2011, 105 (106); Schalle ZNER 2011, 406 (407)).

3. Formelle Anforderungen

254   Nach § 73 Abs. 1 S. 1 ist die Entscheidung der zuständigen Regulierungsbehörde zu **begründen,** mit einer **Rechtsbehelfsbelehrung** (→ § 73 Rn. 8) zu versehen und nach den Vorschriften des Verwaltungszustellungsgesetzes (VwZG) **zuzustellen** (→ § 73 Rn. 9 f.). In der Begründung sind gem. § 39 Abs. 1 S. 2 VwVfG oder der entsprechenden landesgesetzlichen Regelung die **wesentlichen** tatsächlichen und rechtlichen Gründe mitzuteilen, die die Behörde zu ihrer Entscheidung bewogen haben (→ § 73 Rn. 7; Bourwieg/Hellermann/ Hermes/Burmeister § 73 Rn. 4; Kment EnWG/Turiaux § 73 Rn. 4; Theobald/Kühling/ Theobald/Werk § 73 Rn. 13). Auf eine Begründung der Entscheidung darf auch dann

nicht verzichtet werden, wenn hierdurch dem Antrag nach Absatz 3 Satz 1 vollumfänglich entsprochen wird. Die Ausnahmeregelung des § 39 Abs. 2 Nr. 1 Alt. 1 VwVfG oder einer entsprechenden landesgesetzlichen Vorschrift, wonach eine Begründung im Falle einer antragsgemäßen Entscheidung entbehrlich ist, findet auf energiewirtschaftsrechtliche Verwaltungsverfahren keine Anwendung (Bourwieg/Hellermann/Hermes/Burmeister § 73 Rn. 5; Kment EnW/Turiaux § 73 Rn. 4; Theobald/Kühling/Theobald/Werk § 73 Rn. 12). Etwaige **Verfahrensfehler** im Zusammenhang mit der Begründung können nach § 67 Abs. 4 iVm § 45 Abs. 1 Nr. 2, Abs. 2 VwVfG grundsätzlich bis zum Abschluss eines bereits eingeleiteten energiewirtschaftsrechtlichen Beschwerdeverfahrens **geheilt** werden (Bourwieg/Hellermann/Hermes/Burmeister § 73 Rn. 5; Kment EnWG/Turiaux § 73 Rn. 5; Theobald/Kühling/Theobald/Werk § 73 Rn. 15 ff.).

Die **Zustellung** der Entscheidung erfolgt nach der Verweisung in § 73 Abs. 1 S. 1 unter Anwendung des Verwaltungszustellungsgesetzes **des Bundes** (VwZG). Dies gilt aufgrund des eindeutigen Wortlauts der Norm unabhängig davon, ob die Entscheidung durch die BNetzA in ihrer originären Zuständigkeit oder durch eine Landesregulierungsbehörde (ggf. durch die BNetzA in Organleihe; → § 54 Rn. 89 ff.) getroffen wird (Theobald/Kühling/Theobald/Werk § 73 Rn. 22 (Fn. 6)). Etwaige **Zustellungsmängel** können durch die Nachholung einer korrekten Zustellung oder nach § 8 VwZG **geheilt** werden. Nach § 8 VwZG gilt die Entscheidung als in dem Zeitpunkt zugestellt, in dem sie dem Empfangsberechtigten tatsächlich zugegangen ist (Bourwieg/Hellermann/Hermes/Burmeister § 73 Rn. 9; Kment EnWG/Turiaux § 73 Rn. 10; Theobald/Kühling/Theobald/Werk § 73 Rn. 29).

4. Kosten

Bei der Entscheidung über die Einstufung eines Energieverteilernetzes als Geschlossenes Verteilernetz handelt es sich nach § 91 Abs. 1 Nr. 4 um eine „**gebührenpflichtige Leistung**", für die die zuständige Regulierungsbehörde Kosten (Gebühren und Auslagen) erhebt (Gemeinsames Positionspapier der Regulierungsbehörden, 18; Baur/Salje/Schmidt-Preuß Energiewirtschaft/Wolf Kap. 69 Rn. 3; Säcker EnergieR/Wolf § 110 Rn. 92; Bourwieg/Hellermann/Hermes/Bourwieg § 110 Rn. 76; Kment EnWG/Schex § 110 Rn. 56). Kosten werden auch dann erhoben, wenn die zuständige Regulierungsbehörde dem Antrag nicht entspricht (§ 91 Abs. 2 S. 1). **Kostenschuldner** ist nach § 91 Abs. 6 Nr. 2 Alt. 1 der Antragsteller iSd Absatzes 3 Satz 1, also regelmäßig der Betreiber des jeweiligen Energieverteilernetzes. Teilweise verbindet die zuständige Regulierungsbehörde die Kostenentscheidungen mit der jeweiligen Einstufungsentscheidung nach Absatz 2 Satz 1 in einem einheitlichen Beschluss oder Bescheid, zum Teil erfolgen die Einstufungsentscheidung und die Kostenentscheidung in zwei unterschiedlichen Beschlüssen oder Bescheiden.

Im Hinblick auf den **anzuwendenden Gebührenrahmen** ist danach zu differenzieren, ob es sich bei der zuständigen Regulierungsbehörde um die BNetzA oder um eine Landesregulierungsbehörde handelt (→ Rn. 186 ff.): Ist die **BNetzA** sachlich zuständig für die Einstufung des Geschlossenen Verteilernetzes nach Absatz 2 Satz 1, so ergibt sich der anzuwendende Gebührenrahmen aus § 91 Abs. 8 S. 1 iVm der Energiewirtschaftskostenverordnung vom 14.3.2006 (EnWGKostV) (BGBl. 2016 I 540). Für die Einstufung Geschlossener Verteilernetze durch die BNetzA gilt nach GV 10.1 EnWGKostV ein Gebührenrahmen von 500–30.000 EUR (Säcker EnergieR/Wolf § 110 Rn. 92; Kment EnWG/Schex § 110 Rn. 56). Ist hingegen für die Einstufung nach Absatz 2 Satz 1 eine **Landesregulierungsbehörde** (ggf. auch die BNetzA in Organleihe, → § 91 Rn. 53) sachlich zuständig, so folgt der anzuwendende Gebührenrahmen aus § 91 Abs. 8a in Verbindung mit dem Kostenrecht des jeweiligen Landes (Säcker EnergieR/Wolf § 110 Rn. 92; Kment EnWG/Schex § 110 Rn. 56). Beispielsweise gilt für Entscheidungen der Regulierungskammer des Freistaates Bayern iSd Absatzes 2 Satz 1 ein Gebührenrahmen von 1.000–50.000 EUR, der sich aus Tarifnummer 5.III.3/1.15.1 des Kostenverzeichnisses (KVz) vom 12.10.2001 (GVBl. 766) ergibt. Entsprechende landesrechtliche Regelungen existieren auch für die anderen Landesregulierungsbehörden; die Gebührenrahmen können dabei voneinander abweichen.

5. Rechtsschutz

258 Kommt es zu einer **Ablehnung** eines Antrages auf Einstufung als Geschlossenes Verteilernetz nach Absatz 3 Satz 1, so kann der Antragsteller hiergegen, da es sich um einen Verwaltungsakt handelt (→ Rn. 247), eine Verpflichtungsbeschwerde in der Form der **Weigerungsbeschwerde** nach § 75 Abs. 3 S. 1 erheben (Baur/Salje/Schmidt-Preuß Energiewirtschaft/Wolf Kap. 69 Rn. 42; Säcker EnergieR/Wolf § 110 Rn. 155; allg. hierzu Britz/Hellermann/Hanebeck § 75 Rn. 8; Kment EnWG/Huber § 75 Rn. 6; Theobald/Kühling/Boos § 75 Rn. 47). Entscheidet die Regulierungsbehörde hingegen nicht in einer angemessenen Frist über den Antrag nach Absatz 3 Satz 1, so steht dem Antragsteller die Verpflichtungsbeschwerde in der Form der **Untätigkeitsbeschwerde** nach § 75 Abs. 3 S. 2 und 3 offen (Baur/Salje/Schmidt-Preuß Energiewirtschaft/Wolf Kap. 69 Rn. 42; Säcker EnergieR/Wolf § 110 Rn. 155; allg. hierzu Bourwieg/Hellermann/Hermes/Burmeister § 75 Rn. 8; Kment EnWG/Huber § 75 Rn. 6; Theobald/Kühling/Boos § 75 Rn. 49). Bei der Bemessung der Angemessenheit der Frist nach § 75 Abs. 3 S. 2 ist die Existenz der Fiktionswirkung des Absatzes 3 Satz 3 zu berücksichtigen (→ Rn. 227). In beiden Fällen der Verpflichtungsbeschwerde macht der Antragsteller einen **Anspruch** auf Erteilung der Einstufungsentscheidung geltend, da es sich um eine gebundene Entscheidung handelt (→ Rn. 247).

259 Gegen eine Einstufung eines Energieverteilernetzes als Geschlossenes Verteilernetz nach Absatz 2 Satz 1 können **Dritte** grundsätzlich **Anfechtungsbeschwerde** nach § 75 Abs. 1 S. 1 erheben (OLG Düsseldorf BeckRS 2015, 10692 Rn. 17; Baur/Salje/Schmidt-Preuß Energiewirtschaft/Wolf Kap. 69 Rn. 43; Säcker EnergieR/Wolf § 110 Rn. 157; allg. hierzu Bourwieg/Hellermann/Hermes/Laubenstein/Bourazeri § 75 Rn. 4; Kment EnWG/Huber § 75 Rn. 5; Theobald/Kühling/Boos § 75 Rn. 28). Im Falle einer Teilbarkeit der Einstufungsentscheidung ist auch eine **Teilanfechtung** möglich (OLG Düsseldorf BeckRS 2015, 10692 Rn. 19; Baur/Salje/Schmidt-Preuß Energiewirtschaft/Wolf Kap. 69 Rn. 43; Säcker EnergieR/Wolf § 110 Rn. 157). **Beschwerdebefugt** sind dabei nicht nur sämtliche Beteiligte des regulierungsbehördlichen Verfahrens (§ 75 Abs. 2, § 66 Abs. 2 und 3, → Rn. 239 ff.), sondern auch sonstige Dritte, bezüglich derer die subjektiven Voraussetzungen für eine einfache oder notwendige Beiladung nach § 66 Abs. 2 Nr. 3 zwar vorlagen, sie aber – insbesondere mangels Antragstellung – nicht förmlich beigeladen wurden (allg. hierzu Bourwieg/Hellermann/Hermes/Laubenstein/Bourazeri § 75 Rn. 12 ff.; Kment EnWG/Huber § 75 Rn. 13; Theobald/Kühling/Boos § 75 Rn. 35 ff.). Dies gilt **insbesondere** für die an ein Geschlossenes Verteilernetz angeschlossenen Letztverbraucher (OLG Düsseldorf BeckRS 2015, 10692 Rn. 17; Baur/Salje/Schmidt-Preuß Energiewirtschaft/Wolf Kap. 69 Rn. 43; Säcker EnergieR/Wolf § 110 Rn. 158).

260 Der **Antragsteller** iSd Absatzes 3 Satz 1 ist hingegen im Fall einer **antragsgemäßen** Einstufungsentscheidung der zuständigen Regulierungsbehörde **nicht beschwert** (Baur/Salje/Schmidt-Preuß Energiewirtschaft/Wolf Kap. 69 Rn. 42; Säcker EnergieR/Wolf § 110 Rn. 157). Zum Rechtsschutz des Antragstellers im Fall der Erteilung einer Einstufungsentscheidung nach Absatz 2 Satz 1 unter Beifügung von **Nebenbestimmungen** iSd § 36 Abs. 1 Alt. 2 VwVfG oder der entsprechenden landesgesetzlichen Regelung Baur/Salje/Schmidt-Preuß Energiewirtschaft/Wolf Kap. 69 Rn. 42; Säcker EnergieR/Wolf § 110 Rn. 157.

V. Aufhebung der Entscheidung durch die Regulierungsbehörde

261 Die Aufhebung der Einstufung eines Energieverteilernetzes als Geschlossenes Verteilernetz kommt unter **verschiedenen Gesichtspunkten** in Betracht, nämlich (i) auf Antrag des jeweiligen Netzbetreibers trotz des weiteren Vorliegens, (ii) bei anfänglichem Nichtvorliegen und (iii) bei nachträglichem Entfallen der Tatbestandsvoraussetzungen des Absatzes 2 Sätze 1 und 2. Die Rechtslage in den Fallgruppen (ii) und (iii) ist wiederum davon abhängig, ob man die energiewirtschaftsrechtliche Sonderregelung des § 29 Abs. 2 S. 1 auf Einstufungen Geschlossener Verteilernetze für anwendbar hält oder nicht. Im Einzelnen:

1. Aufhebung auf Antrag

262 Der Betreiber eines Energieverteilernetzes, für das die Tatbestandsvoraussetzungen für die Einstufung als Geschlossenes Verteilernetz nach Absatz 2 vorliegen, hat ein **Wahlrecht**

dahingehend, ob er sein Energieverteilernetz als in vollem Umfang reguliertes Energieversorgungsnetz der allgemeinen Versorgung (§ 3 Nr. 17) oder als eingeschränkt reguliertes Geschlossenes Verteilernetz betreiben möchte (→ Rn. 7). Hat der Netzbetreiber dieses Wahlrecht durch die Stellung eines Antrages nach Absatz 3 Satz 1 **ausgeübt** (→ Rn. 192) und die zuständige Regulierungsbehörde sein Energieverteilernetz daraufhin durch eine wirksame Entscheidung antragsgemäß gem. Absatz 2 Satz 1 als Geschlossenes Verteilernetz eingestuft, so ändert dies nichts daran, dass die rechtliche Einordnung seines Energieverteilernetzes weiterhin zu seiner **Disposition** steht. Es steht dem Betreiber eines nach Absatz 2 Satz 1 eingestuften Energieverteilernetzes daher grundsätzlich frei, bei der zuständigen Regulierungsbehörde einen **Antrag auf Aufhebung** derjenigen Entscheidung zu stellen, durch die sein Energieverteilernetz als Geschlossenes Verteilernetz eingestuft wurde.

Der **Hintergrund** eines solchen Aufhebungsantrages könnte beispielsweise darin bestehen, dass sich der Betreiber des Energieverteilernetzes im Interesse der versorgten Letztverbraucher künftig – entgegen Absatz 1 – einer ex ante-Regulierung der Netznutzungsentgelte unterwerfen möchte. Da sowohl die Festlegung der kalenderjährlichen Erlösobergrenzen nach § 29 Abs. 1 iVm §§ 4 Abs. 1 und 2, 32 Abs. 1 Nr. 1 ARegV als auch die Erteilung von Netznutzungsentgelt-Genehmigungen nach § 23a grundsätzlich kalenderjährlich (also vom 1.1. bis zum 31.12.) erfolgen, **empfiehlt** es sich, den Aufhebungsantrag zu einem **Zeitpunkt** zu stellen, der es der zuständigen Regulierungsbehörde ermöglicht, ihre diesbezügliche Entscheidung mit Wirksamkeit zum nächsten Jahreswechsel zu treffen. Die **Rechtsgrundlage** für eine durch den Netzbetreiber beantragte Aufhebung durch die zuständige Regulierungsbehörde erfolgte Einstufung eines Geschlossenes Verteilernetzes ergibt sich im Umkehrschluss aus der Regelung des Absatzes 2 Satz 1 (für die Zulässigkeit eines Widerrufs im Einverständnis mit dem durch den Verwaltungsakt Begünstigten Stelkens/Bonk/Sachs/Sachs VwVfG § 49 Rn. 34; Kopp/Ramsauer VwVfG § 49 Rn. 26). 263

Auch **Dritte**, beispielsweise an ein Geschlossenes Verteilernetz angeschlossene Letztverbraucher, können bei der zuständigen Regulierungsbehörde einen **Antrag auf Aufhebung** der Einstufungsentscheidung iSd Absatzes 2 Satz 1 stellen. Sie haben dann einen Anspruch auf **ermessensfehlerfreie Entscheidung** durch die zuständige Regulierungsbehörde über das Vorliegen der Voraussetzungen für eine Aufhebung der Entscheidung (näher Baur/Salje/Schmidt-Preuß Energiewirtschaft/Wolf Kap. 69 Rn. 45; Säcker EnergieR/Wolf § 110 Rn. 164). 264

2. (Nicht-)Anwendbarkeit des § 29 Abs. 2 S. 1

Der **BGH** geht von einem „einheitlichen Verständnis von Festlegungs- und Abänderungsverfahren" nach § 29 Abs. 1 und Abs. 2 S. 1 aus. Demnach ergibt sich aus § 29 Abs. 2 S. 1 zwar eine **„umfassende Änderungsbefugnis"**, diese gilt jedoch nur regulierungsbehördlichen Entscheidungen iSd § 29 Abs. 1, und zwar unabhängig davon, ob diese im Wege der Festlegung oder im Wege der Genehmigung ergehen (BGH EnWZ 2019, 309 Rn. 19; krit. Theobald/Kühling/Boos § 29 Rn. 47 ff.). Da die Einstufung eines Geschlossenen Verteilernetzes nach Absatz 2 Satz 1 aber wohl gerade **keine** regulierungsbehördliche Entscheidung iSd § 29 Abs. 1 darstellen dürfte (→ Rn. 249 f.; ebenso Baur/Salje/Schmidt-Preuß Energiewirtschaft/Wolf Kap. 69 Rn. 44; Säcker EnergieR/Wolf § 110 Rn. 159), ist wohl auch die energiewirtschaftliche Sonderregelung des § 29 Abs. 2 S. 1 betreffend die Änderung solcher Entscheidungen nicht anwendbar. Im Ergebnis dürfte sich damit die Aufhebung von Einstufungen Geschlossener Verteilernetze **alleine** nach den allgemeinen Vorschriften der **§§ 48, 49 VwVfG** oder den entsprechenden landesgesetzlichen Vorschriften richten (ebenso Baur/Salje/Schmidt-Preuß Energiewirtschaft/Wolf Kap. 69 Rn. 44). 265

Hält man hingegen **§ 29 Abs. 2 S. 1** auf Einstufungen Geschlossener Verteilernetze doch für **anwendbar** (zur Argumentation → Rn. 250), so ist zu beachten, dass das Verhältnis zwischen dieser energiewirtschaftsrechtlichen Sonderregelung und allgemeinen Vorschriften der §§ 48, 49 VwVfG betreffend die Aufhebung von Verwaltungsakten im Einzelnen nicht abschließend geklärt ist (Bourwieg/Hellermann/Hermes/Britz/Hermes § 29 Rn. 36; Kment EnWG/Wahlhäuser § 29 Rn. 41; Theobald/Kühling/Boos § 29 Rn. 56 f.). Weiterhin ist darauf hinzuweisen, dass die Regelung des § 29 Abs. 2 S. 1 trotz ihres Wortlauts („zu ändern") nach der Rechtsprechung des **BGH** auch eine **„ersatzlose [...] Aufhebung"** 266 regulierungsbehördlicher Entscheidungen **zulässt** (BGH EnWZ 2017, 80 Rn. 18 ff.; Theobald/Kühling/Boos § 29 Rn. 55). Dies gilt nach Auffassung des BGH **unabhängig** davon, ob die regulierungsbehördliche Entscheidung als rechtmäßig oder als rechtswidrig anzusehen ist (BGH EnWZ 2017, 80 Rn. 35 ff.; Kment EnWG/Wahlhäuser § 29 Rn. 37). Allerdings gestattet § 29 Abs. 2 S. 1 – im Gegensatz zu der Rücknahme rechtswidriger Verwaltungsakte nach § 48 Abs. 1 S. 1 VwVfG – nach der Rechtsprechung nur eine Aufhebung oder Änderung regulierungsbehördlicher Entscheidungen mit Wirkung **für die Zukunft** (OLG Düsseldorf BeckRS 2016, 19233 Rn. 54 ff.; noch offen gelassen von BGH BeckRS 2019, 3895 Rn. 11; EnWZ 2017, 80 Rn. 33; Theobald/Kühling/Boos § 29 Rn. 60).

267 Angesichts der ungeklärten Rechtslage im Hinblick auf die Anwendbarkeit des § 29 Abs. 2 S. 1 auf Einstufungen Geschlossener Verteilernetze nach Absatz 2 Satz 1 **empfiehlt** es sich in der Praxis, im Falle einer Aufhebung einer solchen Entscheidung höchst vorsorglich die (strengeren) Anforderungen der allgemeinen Vorschriften der §§ 48, 49 VwVfG einzuhalten.

3. Anfängliches Nichtvorliegen der Tatbestandsvoraussetzungen

268 Geht man von der Unanwendbarkeit der energiewirtschaftsrechtlichen Sonderregelung des § 29 Abs. 2 S. 1 aus (→ Rn. 249), so kommt im Falle eines **anfänglichen** Nichtvorliegens der Tatbestandsvoraussetzungen des Absatzes 2 Satz 1 im Grundsatz (BeckOK VwVfG/ Abel VwVfG § 49 Rn. 2; Stelkens/Bonk/Sachs/Sachs VwVfG § 49 Rn. 6) eine **Rücknahme** nach § 48 VwVfG oder gemäß der entsprechenden landesgesetzlichen Regelung in Betracht. Bei einer Einstufung als Geschlossenes Verteilernetz nach Absatz 2 Satz 1 handelt es sich um einen **begünstigenden Verwaltungsakt** iSd § 48 Abs. 1 S. 2 VwVfG oder der entsprechenden landesgesetzlichen Regelung, sodass eine Rücknahme nur unter Beachtung der Einschränkungen des § 48 Abs. 3 und 4 VwVfG oder der entsprechenden landesgesetzlichen Vorschrift zulässig ist. Die in § 48 Abs. 2 VwVfG oder der entsprechenden landesgesetzlichen Regelung enthaltene Einschränkung ist nicht einschlägig, da eine Einstufung als Geschlossenes Verteilernetz nach Absatz 2 Satz 1 keine Gewährung einer Geld- oder Sachleistung zum Gegenstand hat oder hierfür Voraussetzung ist. Eine Rücknahme einer Einstufung als Geschlossenes Verteilernetz setzt die **Rechtswidrigkeit** der diesbezüglichen Entscheidung der Regulierungsbehörde nach Absatz 2 Satz 1 voraus (näher BeckOK VwVfG/Müller VwVfG § 48 Rn. 29 ff.; Stelkens/Bonk/Sachs/Sachs VwVfG § 48 Rn. 49 ff.). Dies ist beispielsweise dann der Fall, wenn der Betreiber des verfahrensgegenständlichen Energieverteilernetzes in seinem Antrag nach Absatz 3 Satz 1 in wesentlicher Beziehung unzutreffende oder unvollständige Angaben gemacht hat und die Tatbestandsvoraussetzungen für die Einstufung als Geschlossenes Verteilernetz nach Absatz 2 Sätze 1 und 2 im Zeitpunkt des Erlasses tatsächlich nicht vorlagen. In diesem Fall kann die Regulierungsbehörde die Einstufung als Geschlossenes Verteilernetz nach Absatz 2 Satz 1 nach pflichtgemäßem Ermessen mit Wirkung für die Zukunft oder für die Vergangenheit zurücknehmen (§ 48 Abs. 1 S. 1 VwVfG). Dabei ist grundsätzlich der Ausgleichsanspruch (§ 48 Abs. 3 VwVfG) und die Rücknahmefrist (§ 48 Abs. 4 VwVfG) zu beachten.

4. Nachträgliches Entfallen der Tatbestandsvoraussetzungen

269 Hält man die energiewirtschaftsrechtliche Sonderregelung des § 29 Abs. 2 S. 1 für unanwendbar (→ Rn. 249), so kommt im Falle eines **nachträglichen** Entfallens von im Zeitpunkt des Erlasses der Einstufungsentscheidung noch vorliegenden Tatbestandsvoraussetzungen des Absatzes 2 Satz 1, entweder eine **Rücknahme** nach § 48 VwVfG oder nach der jeweiligen landesgesetzlichen Vorschrift mit Wirkung ex nunc (Säcker EnergieR/Wolf § 110 Rn. 160 ff.; allg. für Dauerverwaltungsakte BVerwG NVwZ-RR 2005, 341; NVwZ 1990, 672; BeckOK VwVfG/Müller VwVfG § 48 Rn. 32; Stelkens/Bonk/Sachs/Sachs VwVfG § 48 Rn. 54) oder jedenfalls ein **Widerruf** nach § 49 VwVfG oder nach der jeweiligen landesgesetzlichen Regelung ebenfalls mit Wirkung ex nunc in Betracht (Baur/Salje/Schmidt-Preuß Energiewirtschaft/Wolf Kap. 69 Rn. 44; Säcker EnergieR/Wolf § 110 Rn. 163). Da es sich bei einer Einstufung als Geschlossenes Verteilernetz nach Absatz 2 Satz 1 um einen **begünstigenden Verwaltungsakt** iSd § 49 Abs. 2 S. 1 VwVfG oder der entsprechenden landesgesetzlichen Regelung handelt, darf die diesbezügliche regulierungsbehördliche Entscheidung im Falle eines Widerrufs nur in den in der vorgenannten Norm

oder in der entsprechenden landesgesetzlichen Regelung aufgeführten Fallgruppen widerrufen werden (näher BeckOK VwVfG/Abel VwVfG § 49 Rn. 23 ff.; Stelkens/Bonk/Sachs/ Sachs VwVfG § 49 Rn. 28 ff.). Insbesondere kommt ein Widerruf dann in Betracht, wenn sich die tatsächlichen Verhältnisse, auf die die Einstufung als Geschlossenes Verteilernetz nach Absatz 2 Satz 1 gestützt wurde, nachträglich geändert haben, die Tatbestandsvoraussetzungen für die Einstufung nach Absatz 2 Sätze 1 und 2 nicht mehr vorliegen und wenn ohne die Widerrufsentscheidung das öffentliche Interesse gefährdet würde (§ 49 Abs. 2 S. 1 Nr. 3 VwVfG; Baur/Salje/Schmidt-Preuß Energiewirtschaft/Wolf Kap. 69 Rn. 22 und 44; Säcker EnergieR/Wolf § 110 Rn. 163; allg. BeckOK VwVfG/Abel VwVfG § 49 Rn. 42 ff.; Stelkens/Bonk/Sachs/Sachs VwVfG § 49 Rn. 58 ff.). Diese Tatbestandsvoraussetzungen können namentlich dann vorliegen, wenn durch das fragliche Energieverteilernetz zwischenzeitlich mindestens ein Letztverbraucher, der Energie für den Eigenverbrauch im Haushalt kauft (Absatz 2 Satz 2 Alternative 1, → Rn. 161 ff.), versorgt wird, ohne dass dieser über ein Beschäftigungsverhältnis oder eine ähnliche Beziehung zu dem Netzeigentümer oder -betreiber verfügt (Absatz 2 Satz 2 Alternative 2, → Rn. 169 ff.). In solchen Fallgestaltungen ist ein Widerruf der Einstufung als Geschlossenes Verteilernetz gem. Absatz 2 Satz 1 nach pflichtgemäßem Ermessen der Regulierungsbehörde mit Wirkung für die Zukunft möglich. Hierbei ist grundsätzlich der Ausgleichsanspruch (§ 49 Abs. 6 VwVfG) und die Widerrufsfrist (§ 49 Abs. 2 S. 1 VwVfG, § 48 Abs. 4 VwVfG) zu beachten.

H. Überprüfung der Netzentgelte (Abs. 4)

In Absatz 4 ist ein **spezielles Überprüfungsverfahren** im Hinblick auf die in einem Geschlossenen Verteilernetz iSd § 110 geforderten Netznutzungsentgelte geregelt: Nach Absatz 4 Satz 1 Halbsatz 1 kann jeder Netznutzer (§ 3 Nr. 28) eines Geschlossenen Verteilernetzes **ex post** eine Überprüfung der Netznutzungsentgelte durch die zuständige Regulierungsbehörde verlangen (Säcker EnergieR/Wolf § 110 Rn. 131). 270

Durch die Regelung des Absatzes 4 wurden Art. 28 Abs. 3 Elektrizitäts-Binnenmarkt-Richtlinie 2009/72/EG (ABl. 2009 L 211, 55) und Art. 28 Abs. 3 Gas-Binnenmarkt-Richtlinie 2009/73/EG (ABl. 2009 L 211, 94), wonach die Netznutzungsentgelte „auf Verlangen eines Benutzers des geschlossenen Verteilernetzes [durch die zuständige Regulierungsbehörde] überprüft und genehmigt" werden, in deutsches Bundesrecht **umgesetzt** (BT-Drs. 17/6072, 94). Für den Strombereich findet sich eine aktuelle Fassung dieser unionsrechtlichen Vorgaben in Art. 38 Abs. 3 Elektrizitäts-Binnenmarkt-Richtlinie (EU) 2019/944 (ABl. 2019 L 158, 125). 271

Nach Absatz 4 Satz 1 Halbsatz 2 **verdrängt** das vorgenannte spezielle Überprüfungsverfahren das besondere Missbrauchsverfahren iSd § 31, allerdings nur insoweit, als die Überprüfung der in einem Geschlossenen Verteilernetz **geforderten Netznutzungsentgelte** verfahrensgegenständlich ist. Auf das spezielle Überprüfungsverfahren finden jedoch nach Absatz 4 Satz 3 die Regelungen des § 31 Abs. 1, 2 und 4 betreffend das besondere Missbrauchsverfahren **entsprechende Anwendung** (Baur/Salje/Schmidt-Preuß Energiewirtschaft/Wolf Kap. 69 Rn. 34). Im Übrigen, sofern also nicht die geforderten Netznutzungsentgelte verfahrensgegenständlich sind, findet das besondere Missbrauchsverfahren gem. **§ 31** auch auf Geschlossene Verteilernetze Anwendung (Gemeinsames Positionspapier der Regulierungsbehörden, 15; Bourwieg/Hellermann/Hermes/Bourwieg § 110 Rn. 54; Theobald/Kühling/Jacobshagen/Kachel § 110 Rn. 72). Nicht verdrängt durch das spezielle Überprüfungsverfahren wird das allgemeine Missbrauchsverfahren nach **§ 30** (→ Rn. 78). 272

I. Zuständigkeit der Regulierungsbehörde

Das spezielle Überprüfungsverfahren nach Absatz 4 Satz 1 Halbsatz 1 wird durch die zuständige Regulierungsbehörde durchgeführt, der gegenüber auch das entsprechende Verlangen des Netznutzers ist **zu erheben** (Gemeinsames Positionspapier der Regulierungsbehörden, 19; Bourwieg/Hellermann/Hermes/Bourwieg § 110 Rn. 77; Kment EnWG/Schex § 110 Rn. 58; Theobald/Kühling/Jacobshagen/Kachel § 110 Rn. 92). Die sachliche und örtliche Zuständigkeit der Regulierungsbehörde richtet sich nach **vergleichbaren Grundsätzen** wie bei dem Antrag auf Einstufung eines Geschlossenes Verteilernetzes nach Absatz 2 Satz 1; auf die diesbezüglichen Ausführungen wird verwiesen (näher → Rn. 186 ff.). 273

II. Verlangen (Antrag) eines Netznutzers

1. Antragsverfahren

274 Die Durchführung eines speziellen Überprüfungsverfahrens durch die zuständige Regulierungsbehörde setzt nach Absatz 4 Satz 1 Halbsatz 1 voraus, dass ein **Netznutzer** des jeweiligen Geschlossenen Verteilernetzes dies **verlangt**. Mit der Begrifflichkeit des „Verlangens" hat der deutsche Gesetzgeber die entsprechende Formulierung des Richtliniengebers in Art. 28 Abs. 3 Elektrizitäts-Binnenmarkt-Richtlinie 2009/72/EG (ABl. 2009 L 211, 55) und Art. 28 Abs. 3 Gas-Binnenmarkt-Richtlinie 2009/73/EG (ABl. 2009 L 211, 94) **übernommen**. Da aber nach Absatz 4 Satz 3 die Regelung des § 31 Abs. 1 S. 1 entsprechend anzuwenden ist, handelt es sich bei dem Verlangen des Netznutzers im Ergebnis um einen **Antrag** auf Überprüfung des Verhaltens eines Netzbetreibers im Sinne der vorgenannten Norm, in diesem Fall speziell bezogen auf Überprüfung der in einem Geschlossenen Verteilernetz geforderten Netznutzungsentgelte. Bei dem speziellen Überprüfungsverfahren nach Absatz 4 Satz 1 Halbsatz 1 handelt es sich mithin um ein Antragsverfahren iSd § 66 Abs. 1 Alt. 2 (→ § 66 Rn. 5). Daraus folgt, dass das vorgenannte Verfahren durch die zuständige Regulierungsbehörde nicht von Amts wegen eingeleitet wird, sondern gem. Absatz 4 Satz 1 Halbsatz 1 und § 31 Abs. 1 S. 1 analog nur auf Antrag (Verlangen) eines Netznutzers.

275 Jedoch ist die Durchführung eines allgemeinen Missbrauchsverfahrens nach **§ 30** in einem Geschlossenen Verteilernetz **nicht ausgeschlossen**, auch nicht in Bezug auf die in einem Geschlossenen Verteilernetz geforderten Netznutzungsentgelte (→ Rn. 78). Ein solcher Ausschluss ergibt sich weder aus Absatz 1 noch aus Absatz 4 Satz 1 Halbsatz 2. Sollte bei der zuständigen Regulierungsbehörde aufgrund bestimmter tatsächlicher Anhaltspunkte der Eindruck entstehen, dass die in einem Geschlossenen Verteilernetz geforderten Netznutzungsentgelte nicht den Vorgaben des § 21, der StromNEV oder der GasNEV entsprechen (→ Rn. 72), kann sie – auch ohne das Vorliegen eines Antrages eines Netznutzers nach Absatz 4 Satz 1 Halbsatz 1 – **von Amts wegen** ein allgemeines Missbrauchsverfahren nach § 30 einleiten und diese überprüfen.

2. Antragsberechtigung

276 Dazu berechtigt, ein Verlangen (Antrag) iSd Absatzes 4 Satz 1 Halbsatz 1 zu erheben, ist **jeder Netznutzer** des fraglichen Geschlossenen Verteilernetzes. Nach der **Legaldefinition** des § 3 Nr. 28 sind Netznutzer „natürliche oder juristische Personen, die Energie in ein Elektrizitäts- oder Gasversorgungsnetz einspeisen oder daraus beziehen". Die unionsrechtlichen Vorgaben des Art. 28 Abs. 3 Elektrizitäts-Binnenmarkt-Richtlinie 2009/72/EG und Art. 28 Abs. 3 Gas-Binnenmarkt-Richtlinie 2009/73/EG sprechen von einem Verlangen des **„Benutzers"** eines Geschlossenen Verteilernetzes, sodass sich der deutsche Gesetzgeber bei der Formulierung des Absatzes 4 Satz 1 Halbsatz 1 offenkundig auch diesbezüglich an den einschlägigen Richtlinien orientiert hat. Nach Art. 2 Nr. 18 Elektrizitäts-Binnenmarkt-Richtlinie 2009/72/EG und Art. 2 Nr. 23 Gas-Binnenmarkt-Richtlinie 2009/73/EG ist ein Netzbenutzer eine „natürliche oder juristische Person, die in das Netz einspeist oder daraus versorgt wird". Auch in der aktuelleren unionsrechtlichen Vorgabe des Art. 38 Abs. 3 Elektrizitäts-Binnenmarkt-Richtlinie (EU) 2019/944 ist von dem Verlangen eines „Benutzers" eines Geschlossenen Verteilernetzes die Rede. In Art. 2 Nr. 36 Elektrizitäts-Binnenmarkt-Richtlinie (EU) 2019/944 ist nunmehr eine Legaldefinition für den Begriff des **Netznutzers** (und eben **nicht** des Netzbenutzers) enthalten. Netznutzer in diesem Sinne ist eine „natürliche oder juristische Person, die Elektrizität in ein Übertragungs- oder Verteilernetz einspeist oder daraus versorgt wird".

277 Hieraus lässt sich ableiten, dass sich die Antragsberechtigung iSd Absatzes 4 Satz 1 Halbsatz 1 auf solche Netznutzer **beschränkt**, die derzeit (also im Zeitpunkt der Antragstellung) in dem jeweiligen Geschlossenen Verteilernetz **aktiv** sind und dies nicht nur für die Zukunft beabsichtigen. Absatz 4 Satz 1 Halbsatz 1 eröffnet damit keine Möglichkeit zu einer vorsorglichen Überprüfung der Netznutzungsentgelte durch potentiell künftige Netznutzer. Antragsberechtigt sind mithin zum einen **Letztverbraucher** (§ 3 Nr. 25), die bereits an das Geschlossene Verteilernetz angeschlossen sind und über dieses versorgt werden. Nicht iSd Absatzes 4 Satz 1 Halbsatz 1 antragsberechtigt sind solche Personen, die sich erst künftig an das Geschlos-

sene Verteilernetz anschließen und über dieses versorgt werden wollen. Antragsberechtigt sind weiterhin **Energielieferanten,** die bereits über das Geschlossene Verteilernetz dort angeschlossene Letztverbraucher mit Energie beliefern. Nicht ausreichend ist, dass ein Energielieferant erst in Zukunft einen an das Geschlossene Verteilernetz angeschlossenen Letztverbraucher mit Energie versorgen will (Gemeinsames Positionspapier der Regulierungsbehörden, 19; Bourwieg/Hellermann/Hermes/Bourwieg § 110 Rn. 77; Ortlieb/Staebe Geschlossene Verteilernetze-HdB/Klinge Kap. 4 Rn. 159 ff.; wohl auch Theobald/Kühling/Jacobshagen/Kachel § 110 Rn. 92; anderer Auffassung Baur/Salje/Schmidt-Preuß Energiewirtschaft/Wolf Kap. 69 Rn. 34; Säcker EnergieR/Wolf § 110 Rn. 142). Hierbei handelt es sich um eine **„gewisse Privilegierung"** der Betreiber Geschlossener Verteilernetze gegenüber den Betreibern von Energieversorgungsnetzen der allgemeinen Versorgung (Ortlieb/Staebe Geschlossene Verteilernetze-HdB/Klinge Kap. 4 Rn. 161).

3. Antragsbefugnis

Wie sich aus der Verweisung des Absatzes 4 Satz 3 auf eine entsprechende Anwendung 278 des § 31 Abs. 1 S. 1 ergibt (Gemeinsames Positionspapier der Regulierungsbehörden, 19; Bourwieg/Hellermann/Hermes/Bourwieg § 110 Rn. 78), muss der Netznutzer iSd Absatzes 4 Satz 1 Halbsatz 1 über eine Antragsbefugnis dahingehend verfügen, dass eine **erhebliche Interessenberührung** durch die in dem Geschlossenen Verteilernetz geforderten Netznutzungsentgelte **zumindest möglich** erscheint (→ § 31 Rn. 10). Bezüglich der Prüfung der Antragsbefugnis in diesem Sinne kann grundsätzlich auf die Literatur zu § 31 Abs. 1 S. 1 verwiesen werden (→ § 31 Rn. 9 ff.; Bourwieg/Hellermann/Hermes/Hollmann § 31 Rn. 9 ff.; Kment EnWG/Wahlhäuser § 31 Rn. 9 ff.; Theobald/Kühling/Boos § 31 Rn. 13 ff.). Für das spezielle Überprüfungsverfahren nach Absatz 4 Satz 1 Halbsatz 1 erscheinen folgende Gesichtspunkte **praxisrelevant:**

a) Erheblichkeit. Das Kriterium der Erheblichkeit in § 31 Abs. 1 S. 1 hat den Sinn und 279 Zweck der Begrenzung des Antragsrechts (Bourwieg/Hellermann/Hermes/Hollmann § 31 Rn. 9; Kment EnWG/Wahlhäuser § 31 Rn. 11). Eine erhebliche Interessenberührung ist dann gegeben, wenn sich die in dem Geschlossenen Verteilernetz geforderten Netznutzungsentgelte **spürbar,** also nicht nur entfernt oder lediglich geringfügig, auf den jeweiligen Netznutzer auswirken (→ § 31 Rn. 13; Bourwieg/Hellermann/Hermes/Hollmann § 31 Rn. 13; Kment EnWG/Wahlhäuser § 31 Rn. 11; Theobald/Kühling/Boos § 31 Rn. 16). Jedenfalls im Falle von Anträgen von **Energielieferanten** werden aus dem Kriterium der Erheblichkeit iSd § 31 Abs. 1 S. 1 grundsätzlich keine besonders hohen Anforderungen abgeleitet (Bourwieg/Hellermann/Hermes/Hollmann § 31 Rn. 13; Kment EnWG/Wahlhäuser § 31 Rn. 11; Theobald/Kühling/Boos § 31 Rn. 16). Bei Anträgen **einzelner Letztverbraucher** ergibt sich aus dem Kriterium der Erheblichkeit des § 31 Abs. 1 S. 1 jedoch in der Praxis eine erhöhte Zulässigkeitsschwelle. Nicht ausreichend für eine erhebliche Interessenberührung ist richtigerweise das Vorliegen einer auf einen Einzelfall bezogenen Streitigkeit, die keine energiewirtschaftsrechtlichen Grundsatzfragen zum Gegenstand hat (krit. Theobald/Kühling/Boos § 31 Rn. 17). Einfach gelagerte Einzelfallstreitigkeiten ohne grundsätzliche Bedeutung („Bagatellfälle") sind daher durch die zuständige Regulierungsbehörde auf den **Zivilrechtsweg** zu verweisen (Kment EnWG/Wahlhäuser § 31 Rn. 11).

Überträgt man die vorstehenden Überlegungen auf spezielle Überprüfungsverfahren nach 280 Absatz 4 Satz 1 Halbsatz 1, so bedeutet dies, dass jedenfalls im Falle solcher über ein Geschlossenen Verteilernetz versorgten **Letztverbraucher,** die nur einen **geringen Energieverbrauch** aufweisen und daher durch die geforderten Netznutzungsentgelte nur geringfügig betroffen sind, eine erhebliche Interessenberührung iSd § 31 Abs. 1 S. 1 **regelmäßig nicht** vorliegen dürfte. Dies gilt in besonderem Maße für Letztverbraucher, die Energie für den Eigenverbrauch im Haushalt kaufen und trotzdem zulässigerweise (Absatz 2 Satz 2 Alternative 2) über ein Geschlossenes Verteilernetz versorgt werden.

Die Regelung des **§ 31 Abs. 1 S. 4** betreffend die Prüfung des Erheblichkeitskriteriums 281 bei Anträgen von Verbraucherzentralen und -verbänden ist zwar über die Verweisung in Absatz 4 Satz 3 im Grundsatz ebenfalls auf das spezielle Überprüfungsverfahren anwendbar. Allerdings setzt diese für das Vorliegen einer erheblichen Interessenberührung nach § 31 Abs. 1 S. 1 voraus, dass sich eine Entscheidung der zuständigen Regulierungsbehörde auf eine

Kresse

„Vielzahl von Verbrauchern" auswirken muss und hierdurch die Interessen der Verbraucher insgesamt" erheblich berührt werden (→ § 31 Rn. 11; Bourwieg/Hellermann/Hermes/Hollmann § 31 Rn. 14). Da über ein Geschlossenes Verteilernetz aufgrund der Regelung des Absatzes 2 Satz 2 unter bestimmten Voraussetzungen nur eine sehr begrenzte Anzahl von Letztverbrauchern, die Energie für den Eigenverbrauch im Haushalt kaufen, versorgt werden dürfen (näher → Rn. 155 ff.), dürfte eine entsprechende Anwendung des § 31 Abs. 1 S. 4 in einem speziellen Überprüfungsverfahren nach Absatz 4 Satz 1 Halbsatz 1 in der Praxis **kaum in Betracht** kommen.

282 **b) Gegenwärtige Interessenberührung.** Aus dem Wortlaut des § 31 Abs. 1 S. 1 („berührt werden") wurde in der **Vergangenheit** abgeleitet, dass die Interessenberührung des Antragstellers gegenwärtig sein muss. Dies bedeutete, dass (i) das zu überprüfende Verhalten noch nicht abgeschlossen sein und (ii) es sich bei dem zu überprüfenden Verhalten nicht um eine abstrakte zukünftige Frage handeln durfte (OLG Düsseldorf EnWG 2017, 178 Rn. 60 aE; OLG Düsseldorf EnWZ 2017, 228 Rn. 73; Britz/Hellermann/Hermes/Robert, 3. Aufl., § 31 Rn. 8; Kment EnWG/Wahlhäuser § 31 Rn. 14; teilweise abl. Theobald/Kühling/Boos § 31 Rn. 20 ff.). Im Falle eines speziellen Überprüfungsverfahrens nach Absatz 4 Satz 1 Halbsatz 1 handelt es sich bei dem zu überprüfenden Verhalten des Betreibers eines Geschlossenen Verteilernetzes um die Forderung von Netznutzungsentgelten.

283 Vor diesem Hintergrund entsprach es seinerzeit der ständigen Verwaltungspraxis der Regulierungsbehörden des Bundes und der Länder, eine **nachträgliche Überprüfung** eines bereits abgeschlossenen Verhaltens im Sinne eines Fortsetzungsfeststellungsantrages als **unzulässig** abzulehnen (Britz/Hellermann/Hermes/Robert, 3. Aufl., § 31 Rn. 8; Kment EnWG/Wahlhäuser § 31 Rn. 14; abl. Theobald/Kühling/Boos § 31 Rn. 20). Auch das **OLG Düsseldorf** hielt diese Vorgehensweise grundsätzlich für zutreffend und rechtmäßig (OLG Düsseldorf EnWG 2017, 178 Rn. 60 aE; OLG Düsseldorf EnWZ 2017, 228 Rn. 73). Allerdings nahm das OLG Düsseldorf eine gegenwärtige Interessenberührung auch dann an, wenn sich ein Antrag nach § 31 Abs. 1 S. 1 zwar auf einen in der Vergangenheit liegenden Zeitraum bezog, das diesbezügliche Verhalten des Netzbetreibers aber noch andauerte (zum Abschluss einer Vereinbarung eines individuellen Netznutzungsgelts OLG Düsseldorf EnWG 2017, 178 Rn. 59 ff.; zur „gepoolten" Abrechnung von Netznutzungsentgelten OLG Düsseldorf EnWZ 2017, 228 Rn. 71 ff.).

284 Der **BGH** ging jedoch im Jahr 2018 demgegenüber unter Hinweis auf den systematischen Zusammenhang mit der Regelung des § 65 Abs. 3 davon aus, dass die Regulierungsbehörden des Bundes und der Länder im Rahmen besonderer Missbrauchsverfahren nach § 31 Abs. 1 S. 1 auch ein bereits **beendetes Verhalten** überprüfen können und müssen, sofern der jeweilige Antragsteller hieran ein rechtliches Interesse hat (BGH EnWZ 2018, 412 Rn. 15 ff.; bestätigt durch BGH NJOZ 2019, 129 Rn. 14 ff.). Nach Auffassung des BGH durfte das Vorliegen eines solchen rechtlichen Interesses – im Unterschied zu der Vorschrift des § 65 Abs. 3 – nicht verneint werden, wenn der Antragsteller durch die Einschaltung der Regulierungsbehörde die Geltendmachung zivilrechtlicher Ansprüche vorbereitet (BGH EnWZ 2018, 412 Rn. 19).

285 Durch das Gesetz zur Umsetzung unionsrechtlicher Vorgaben und zur Regelung reiner Wasserstoffnetze im Energiewirtschaftsrecht vom 16.7.2021 (BGBl. I 3026) ist eine Änderung der vorstehend beschriebenen und durch den BGH seinen Entscheidungen zugrunde gelegten Rechtslage dahingehend eingetreten, dass mit **§ 30 Abs. 3** für den Bereich des allgemeinen Missbrauchsverfahrens eine speziellere Parallelregelung zu der allgemeinen Vorschrift des § 65 Abs. 3 eingefügt wurde (BT-Drs. 19/27453, 122; → § 30 Rn. 47). Demnach kann die Regulierungsbehörde in einem allgemeinen Missbrauchsverfahren nach § 30 eine Zuwiderhandlung ausdrücklich auch dann feststellen, nachdem diese beendet ist. Dies setzt jedoch – ebenso wie § 65 Abs. 3 – das Bestehen eines **berechtigten Interesses** voraus (→ § 30 Rn. 47). Die Neuregelung des § 30 Abs. 3 dürfte auf besondere Missbrauchsverfahren entsprechend anwendbar sein (aA Bourwieg/Hellermann/Hermes/Hollmann § 31 Rn. 15 und 30).

286 Für den Fall eines **speziellen Überprüfungsverfahrens** nach Absatz 4 Satz 1 Halbsatz 1 bedeutet all dies, dass die in einem Geschlossenen Verteilernetz – auch für einen in der Vergangenheit liegenden Zeitraum – geforderten Netznutzungsentgelte im Grundsatz selbst dann überprüft werden können, wenn der Netzbetreiber sein diesbezügliches Verhalten

bereits vollständig „abgestellt" und zB die an ihn entrichteten Netznutzungsentgelte, soweit diese als überhöht anzusehen waren, **zurückerstattet** hat. Voraussetzung für einen solchen Fortsetzungsfeststellungsantrag ist jedoch, dass der Antragsteller hieran ein **berechtigtes Interesse** iSd § 30 Abs. 3 analog hat, das sich beispielsweise aus dem Bestehen einer Wiederholungsgefahr ergeben kann (→ § 30 Rn. 47; Bourwieg/Hellermann/Hermes/Hollmann § 31 Rn. 15; zu der gleichlautenden Parallelvorschrift des § 65 Abs. 3 näher → § 65 Rn. 17; Kment EnWG/Turiaux § 65 Rn. 34 f.; Theobald/Kühling/Theobald/Werk § 65 Rn. 33 ff.). Anders als nach der einschlägigen Rechtsprechung des BGH (EnWZ 2018, 412 Rn. 15 ff.; NJOZ 2019, 129 Rn. 14 ff.) ist hierfür ein Rückgriff auf die allgemeine Vorschrift des § 65 Abs. 3 richtigerweise nicht mehr erforderlich; die Entscheidungen des BGH sind in diesem Punkt durch die Schaffung der spezielleren Regelung des § 30 Abs. 3 überholt.

4. Form des Antrages

287 Nach der Regelung des § 31 Abs. 2 S. 1, die gem. Absatz 4 Satz 3 auf das spezielle Überprüfungsverfahren entsprechende Anwendung findet, muss der Antrag iSd Absatzes 4 Satz 1 die **Unterschrift** des Antragstellers enthalten (Gemeinsames Positionspapier der Regulierungsbehörden, 19; Bourwieg/Hellermann/Hermes/Bourwieg § 110 Rn. 78; Kment EnWG/Schex § 110 Rn. 59). Daraus folgt, dass der Antrag grundsätzlich dem Schriftformerfordernis des § 126 Abs. 1 BGB genügen muss. Allerdings kann die Schriftform nach § 3a Abs. 2 S. 1 VwVfG oder nach der entsprechenden landesgesetzlichen Regelung durch die **elektronische Form** ersetzt werden (BT-Drs. 15/3917, 63; Bourwieg/Hellermann/Hermes/Hollmann § 31 Rn. 25; Kment EnWG/Wahlhäuser § 31 Rn. 19; Theobald/Kühling/Boos § 31 Rn. 24).

288 Sind diese Anforderungen **nicht erfüllt**, so hat die zuständige Regulierungsbehörde den Antrag zur Klarstellung als unzulässig abzulehnen (§ 31 Abs. 2 S. 2; BT-Drs. 15/3917, 63; Gemeinsames Positionspapier der Regulierungsbehörden, 19). Bevor diese Ablehnung als unzulässig erfolgt, wird die Regulierungsbehörde dem Antragsteller jedoch – spätestens im Rahmen der Anhörung nach § 67 Abs. 1 – eine Gelegenheit einräumen, einen formgerechten Antrag **nachzureichen** (Theobald/Kühling/Boos § 31 Rn. 40).

5. Mindestinhalt des Antrages

289 Nach der Vorschrift des § 31 Abs. 2 S. 1, die gem. Absatz 4 Satz 3 auf das spezielle Überprüfungsverfahren entsprechende Anwendung findet, muss der Antrag iSd Absatzes 4 Satz 1 folgende **Mindestangaben** enthalten (Gemeinsames Positionspapier der Regulierungsbehörden, 19; Bourwieg/Hellermann/Hermes/Bourwieg § 110 Rn. 78; Ortlieb/Staebe Geschlossene Verteilernetze-HdB/Klinge Kap. 4 Rn. 169):
- **Name** und **Anschrift** des Antragstellers (§ 31 Abs. 2 S. 1),
- **Firma** und **Sitz** des betroffenen Netzbetreibers (§ 31 Abs. 2 S. 1 Nr. 1),
- zu überprüfendes **Verhalten** des betroffenen Netzbetreibers (§ 31 Abs. 2 S. 1 Nr. 2),
- im Einzelnen anzuführende **Gründe**, weshalb **ernsthafte Zweifel** an der Rechtmäßigkeit des Verhaltens des Netzbetreibers bestehen (§ 31 Abs. 2 S. 1 Nr. 3) und
- im Einzelnen anzuführende **Gründe**, weshalb der Antragsteller durch das Verhalten des Netzbetreibers **betroffen** ist (§ 31 Abs. 2 S. 1 Nr. 4).

290 Sind die vorgenannten Mindestangaben nicht in dem Antrag enthalten, so hat die zuständige Regulierungsbehörde den Antrag als **unzulässig** abzulehnen (§ 31 Abs. 2 S. 2; BT-Drs. 15/3917, 63; Gemeinsames Positionspapier der Regulierungsbehörden, 19). Zuvor wird die Regulierungsbehörde dem Antragsteller allerdings – spätestens im Rahmen der Anhörung nach § 67 Abs. 1 – eine Gelegenheit zur **Vervollständigung** seines Antrages einräumen (Theobald/Kühling/Boos § 31 Rn. 40).

291 Der Antrag nach Absatz 4 Satz 1 Halbsatz 1 muss **keine** konkrete Antragstellung in dem Sinne enthalten, dass eine bestimmte regulierungsbehördliche Maßnahme gegenüber dem Betreiber des Geschlossenen Verteilernetzes begehrt wird. Es steht dem Antragsteller jedoch frei, eine konkrete Antragstellung in dem vorgenannten Sinne in seinen Antrag aufzunehmen. Die zuständige Regulierungsbehörde ist jedoch an eine solche konkrete Antragstellung nicht gebunden (Theobald/Kühling/Boos § 31 Rn. 27 f.).

III. Verwaltungsverfahren der Regulierungsbehörde

1. Verfahrenseinleitung

292　Nach Antragstellung nach Absatz 4 Satz 1 Halbsatz 1 iVm § 31 Abs. 1 S. 1 leitet die Regulierungsbehörde das energiewirtschaftsrechtliche Verwaltungsverfahren ein (§ 66 Abs. 1 Alt. 2). Hierbei besteht seitens der Regulierungsbehörde, ebenso wie im besonderen Missbrauchsverfahren (Bourwieg/Hellermann/Hermes/Hollmann § 31 Rn. 2; Theobald/Kühling/Boos § 31 Rn. 53), **kein Aufgreifermessen**. Die Regulierungsbehörde prüft in der Folge ihre sachliche und örtliche Zuständigkeit (§ 54 Abs. 1 und Abs. 2 S. 1 Nr. 9, → Rn. 273 ff.). Liegt die sachliche und/oder örtliche Zuständigkeit nicht vor, so leitet die unzuständige Regulierungsbehörde den Antrag regelmäßig an die zuständige Regulierungsbehörde weiter. Ist die sachliche und örtliche Zuständigkeit gegeben, so prüft die zuständige Regulierungsbehörde die Vollständigkeit des Antrages iSd § 31 Abs. 2 S. 1.

2. Beteiligung

293　An dem energiewirtschaftsrechtlichen Verwaltungsverfahren ist zunächst der **Antragsteller** nach Absatz 4 Satz 1 Halbsatz 1 beteiligt (§ 66 Abs. 2 Nr. 1, → § 66 Rn. 9). Daneben ist der Betreiber des fraglichen Geschlossenen Verteilernetzes als Antragsgegner auf Antrag gem. § 66 Abs. 2 Nr. 3 beizuladen. Ob es sich hierbei auch im Anwendungsbereich des EnWG um eine **notwendige Beiladung** iSd § 13 Abs. 2 S. 2 VwVfG oder der entsprechenden landesgesetzlichen Regelung handeln kann, ist nicht abschließend geklärt (→ § 66 Rn. 12; Kment EnWG/Turiaux § 66 Rn. 12 f.). Jedenfalls werden jedoch im Falle des Betreibers des fraglichen Geschlossenen Verteilernetzes die Tatbestandsvoraussetzungen für eine **einfache Beiladung** nach § 66 Abs. 2 Nr. 3 gegeben sein (näher → § 66 Rn. 13 ff.; Bourwieg/Hellermann/Hermes/Burmeister § 66 Rn. 20 ff.; Kment EnWG/Turiaux § 66 Rn. 14 ff.). Eine erhebliche Interessenberührung des Betreibers des Geschlossenen Verteilernetzes iSd § 66 Abs. 2 Nr. 3 ist zu bejahen, da die durch ihn geforderten Netznutzungsentgelte verfahrensgegenständlich sind. Auch die **BNetzA** ist nach § 66 Abs. 3 an den durch die Landesregulierungsbehörden geführten energiewirtschaftsrechtlichen Verwaltungsverfahren beteiligt (näher → Rn. 242).

3. Materieller Prüfungsmaßstab

294　Nach der Verweisungsnorm des Absatzes 4 Satz 4 ergibt sich der materielle Prüfungsmaßstab des speziellen Überprüfungsverfahrens aus einer analogen (auf die geforderten Netzentgelte beschränkten) Anwendung des § 31 Abs. 1 S. 2. Demnach hat die zuständige Regulierungsbehörde zu prüfen, ob die in dem jeweiligen Geschlossenen Verteilernetz geforderten Netznutzungsentgelte mit den materiellen **Vorgaben des § 21** sowie der einschlägigen Rechtsverordnungen (insbesondere der **StromNEV** oder der **GasNEV**) übereinstimmen (BT-Drs. 17/6072, 94). Dies bedeutet, dass die geforderten Netznutzungsentgelte nach § 21 Abs. 1 namentlich angemessen, diskriminierungsfrei und transparent sein müssen (→ § 21 Rn. 1 ff.). Darüber hinaus sind die Netznutzungsentgelte nach § 21 Abs. 2 kostenbasiert zu bestimmen (→ § 21 Rn. 17 ff.; Gemeinsames Positionspapier der Regulierungsbehörden, 19 f.; Baur/Salje/Schmidt-Preuß Energiewirtschaft/Wolf Kap. 69 Rn. 35; Säcker EnergieR/Wolf § 110 Rn. 132; Bourwieg/Hellermann/Hermes/Bourwieg § 110 Rn. 80; Kment EnWG/Schex § 110 Rn. 60; Ortlieb/Staebe Geschlossene Verteilernetze-HdB/Klinge Kap. 4 Rn. 163 ff.; Theobald/Kühling/Jacobshagen/Kachel § 110 Rn. 90; Schalle ZNER 2011, 406 (409); Strohe CuR 2011, 105 (106)).

295　Eine zentrale Rolle für das Vorgehen der zuständigen Regulierungsbehörde spielen die **Vermutungsregelungen** des Absatzes 4 Satz 2: Nach der amtlichen Begründung hat die zuständige Regulierungsbehörde im Falle eines Eingreifens der Vermutungsregelungen des Absatzes 4 Satz 2 nur dann eine „detaillierte Kontrolle" der Netznutzungsentgelte durchzuführen, wenn seitens des Antragstellers nach Absatz 4 Satz 1 Halbsatz 1 „substantielle Gründe gegen die Richtigkeit der Vermutung vorgetragen werden" (BT-Drs. 17/6072, 94; Kment EnWG/Schex § 110 Rn. 61; Ortlieb/Staebe Geschlossene Verteilernetze-HdB/Klinge Kap. 4 Rn. 168; krit. Baur/Salje/Schmidt-Preuß Energiewirtschaft/Wolf Kap. 69 Rn. 37; Säcker

EnergieR/Wolf § 110 Rn. 140). Diese Vermutungsregelungen dienen der **Vereinfachung der Überprüfung der Rechtmäßigkeit** von in einem Geschlossenen Verteilernetz geforderten Netznutzungsentgelten (Theobald/Kühling/Jacobshagen/Kachel § 110 Rn. 93). Zu unterscheiden sind folgende Vermutungsregelungen:

Nach der Vermutungsregelung des **Absatzes 4 Satz 2 Halbsatz 1** wird die Rechtmäßigkeit der in dem Geschlossenen Verteilernetz geforderten Netznutzungsentgelte **vermutet**, wenn diese nicht höher sind als diejenigen Netznutzungsentgelte, die der Betreiber des dem Geschlossenen Verteilernetz vorgelagerten Energieversorgungsnetzes der allgemeinen Versorgung (§ 3 Nr. 17) auf der gleichen Netz- oder Umspannebene fordert. Ein Energieversorgungsnetz der allgemeinen Versorgung ist dem Geschlossenen Verteilernetz dann vorgelagert, wenn das Geschlossene Verteilernetz bei diesem über einen Netzanschluss (§ 17) verfügt und somit als sog. **Weiterverteiler** fungiert (krit. zu dem durch den Gesetzgeber gewählten Vergleichsmaßstab Theobald/Kühling/Jacobshagen/Kachel § 110 Rn. 96; Schalle ZNER 2011, 406 (409)). Verfügt der Betreiber des dem Geschlossenen Verteilernetz in dem vorgenannten Sinn vorgelagerten Energieversorgungsnetzes hingegen gerade nicht über eine solche gleiche Netz- oder Umspannebene und somit auch nicht über diesbezügliche Netznutzungsentgelte, so kann jedenfalls nach Auffassung der Regulierungsbehörden des Bundes und der Länder unter **analoger Anwendung** des Absatzes 4 Satz 2 Halbsatz 1 auf die Netznutzungsentgelte eines anderen (dritten) Betreibers eines Energieversorgungsnetzes der allgemeinen Versorgung auf gleicher Netz- oder Umspannebene abgestellt werden, sofern dieses Netz hierfür **geeignet** ist (Gemeinsames Positionspapier der Regulierungsbehörden, 20; Bourwieg/Hellermann/Hermes/Bourwieg § 110 Rn. 81; Ortlieb/Staebe Geschlossene Verteilernetze-HdB/Klinge Kap. 4 Rn. 167; Theobald/Kühling/Jacobshagen/Kachel § 110 Rn. 95; ähnlich Schalle ZNER 2011, 406 (409); anderer Auffassung Baur/Salje/Schmidt-Preuß Energiewirtschaft/Wolf Kap. 69 Rn. 36; Säcker EnergieR/Wolf § 110 Rn. 137; Schalle ZNER 2011, 406 (409)). Ein anderes (drittes) Energieversorgungsnetz der allgemeinen Versorgung **eignet** sich dann für eine Heranziehung im Rahmen einer analogen Anwendung des Absatzes 4 Satz 2 Halbsatz 1, wenn dieses dem Geschlossenen Verteilernetz in seiner Struktur ähnlich ist und vergleichbaren Rahmenbedingungen unterliegt. Im Hinblick auf das Erfordernis der vergleichbaren Rahmenbedingungen bietet es sich in der Regel an, auf ein Energieversorgungsnetz der allgemeinen Versorgung mit einem Versorgungsgebiet in der räumlichen Nähe des Versorgungsgebiets des Geschlossenen Verteilernetzes abzustellen (in diese Richtung auch Schalle ZNER 2011, 406 (409)).

Die Vermutungsregelung des **Absatzes 4 Satz 2 Halbsatz 2** erfasst demgegenüber solche Fallgestaltungen, in denen **mehrere** Energieversorgungsnetze der allgemeinen Versorgung (§ 3 Nr. 17) auf gleicher Netz- oder Umspannebene an das Geschlossene Verteilernetz angrenzen: In diesem Fall wird die Rechtmäßigkeit der in dem Geschlossenen Verteilernetz geforderten Netznutzungsentgelte **vermutet**, wenn diese nicht höher sind als das niedrigste Netznutzungsentgelt der angrenzenden Energieversorgungsnetze der allgemeinen Versorgung (krit. Theobald/Kühling/Jacobshagen/Kachel § 110 Rn. 96; Schalle ZNER 2011, 406 (409)). Wie aus dem Wortlaut der Norm („grenzen [...] an") folgt, müssen die anderen Energieversorgungsnetze der allgemeinen Versorgung dem Geschlossenen Verteilernetz nicht zwingend vorgelagert iSd Absatzes 4 Satz 2 Halbsatz 1 (→ Rn. 296) sein. Das Geschlossene Verteilernetz muss also nicht jeweils über einen Netzanschluss (§ 17) an die angrenzenden Energieversorgungsnetze der allgemeinen Versorgung verfügen und als deren Weiterverteiler fungieren. Anderenfalls hätte der Gesetzgeber in Absatz 4 Satz 2 Halbsatz 2 – parallel zu Absatz 4 Satz 2 Halbsatz 1 – von mehreren „vorgelagerten" Energieversorgungsnetzen der allgemeinen Versorgung gesprochen. Ein **Angrenzen** eines Energieversorgungsnetzes der allgemeinen Versorgung an das Geschlossene Verteilernetz iSd Absatzes 4 Satz 2 Halbsatz 2 ist dann gegeben, wenn diese sich in einem „so engen räumlichen Zusammenhang" zueinander befinden, dass ein Netzanschluss der an das Geschlossene Verteilernetz angeschlossenen Letztverbraucher – im hypothetischen Falle der Nichtexistenz des Geschlossenen Verteilernetzes – an die anderen Energieversorgungsnetze der allgemeinen Versorgung in Betracht käme (Gemeinsames Positionspapier der Regulierungsbehörden, 20; Säcker EnergieR/Wolf § 110 Rn. 134 f.; Bourwieg/Hellermann/Hermes/Bourwieg § 110 Rn. 81; Theobald/Kühling/Jacobshagen/Kachel § 110 Rn. 95).

Greifen die Vermutungsregelungen des Absatzes 4 Satz 2 im Einzelfall ein und gelingt es dem Antragsteller iSd Absatzes 4 Satz 1 Halbsatz 1 nicht, diese zu **widerlegen**, so muss der

Betreiber des Geschlossenen Verteilernetzes regelmäßig die Rechtmäßigkeit seiner Netznutzungsentgelte nicht nachweisen. Insbesondere ist die Durchführung einer Kostenprüfung durch die zuständige Regulierungsbehörde nach der StromNEV oder der GasNEV dann nicht erforderlich. In einer solchen Fallkonstellation wird die zuständige Regulierungsbehörde dann den Antrag iSd Absatzes 4 Satz 1 Halbsatz 1 ablehnen (Gemeinsames Positionspapier der Regulierungsbehörden, 20; Bourwieg/Hellermann/Hermes/Bourwieg § 110 Rn. 82; Kment EnWG/Schex § 110 Rn. 61; krit. hierzu jedenfalls für den Fall eines laufenden zivilgerichtlichen Verfahrens Baur/Salje/Schmidt-Preuß Energiewirtschaft/Wolf Kap. 69 Rn. 37).

299 Die Vermutungsregelungen des Absatzes 4 Satz 2 hindern den Betreiber des Geschlossenen Verteilernetzes jedoch nicht daran, **höhere Netznutzungsentgelte** zu fordern als die Betreiber vorgelagerter oder angrenzender Energieversorgungsnetze der allgemeinen Versorgung (§ 3 Nr. 17). In diesem Fall kann er sich jedoch nicht auf die Vermutungsregelungen des Absatzes 4 Satz 2 berufen und trägt die volle Darlegungs- und Beweislast für die Rechtmäßigkeit seiner Netznutzungsentgelte nach § 21 sowie nach der StromNEV sowie der GasNEV (Gemeinsames Positionspapier der Regulierungsbehörden, 20; Bourwieg/Hellermann/Hermes/Bourwieg § 110 Rn. 83; Kment EnWG/Schex § 110 Rn. 62; Theobald/Kühling/Jacobshagen/Kachel § 110 Rn. 94; anderer Auffassung Baur/Salje/Schmidt-Preuß Energiewirtschaft/Wolf Kap. 69 Rn. 38; Säcker EnergieR/Wolf § 110 Rn. 138). Die zuständige Regulierungsbehörde hat in einer derartigen Sachverhaltskonstellation, nämlich wenn die Angemessenheit (§ 21 Abs. 1) und Kostenorientierung (§ 21 Abs. 2) der Netznutzungsentgelte im Streit steht, unter Umständen eine **Kostenprüfung** nach der StromNEV oder der GasNEV durchzuführen.

4. Keine Entscheidungsfrist

300 Nach der Verweisungsnorm des Absatzes 4 Satz 3 findet die in § 31 Abs. 3 für das besondere Missbrauchsverfahren geregelte Entscheidungsfrist (→ § 31 Rn. 24; Bourwieg/Hellermann/Hermes/Hollmann § 31 Rn. 33; Theobald/Kühling/Boos § 31 Rn. 41 ff.), die von der vorgenannten Verweisung gerade nicht erfasst wird (Wortlaut: „§ 31 Absatz 1, 2 und 4"), im speziellen Überprüfungsverfahren nach Absatz 4 Satz 1 Halbsatz 1 **keine Anwendung**. Die Regelung des Absatzes 4 Satz 3 ist für die Regulierungsbehörden des Bundes und der Länder – unabhängig von unionsrechtlichen Erwägungen (→ Rn. 301) – in ihrer Verwaltungspraxis bindend. Die zuständige Regulierungsbehörde unterliegt daher im speziellen Überprüfungsverfahren nach Absatz 4 Satz 1 Halbsatz 1 keiner Entscheidungsfrist (Theobald/Kühling/Jacobshagen/Kachel § 110 Rn. 97). Dies ist auch sachgerecht, da eine ex post-Überprüfung der Netznutzungsentgelte des Betreibers eines Geschlossenen Verteilernetzes häufig die Durchführung einer personal- und zeitaufwendigen Kostenprüfung nach der StromNEV oder der GasNEV voraussetzen wird. Hintergrund hierfür ist, dass aufgrund der Ausnahmeregelung des Absatzes 1 in Geschlossenen Verteilernetzen gerade keine ex ante-Regulierung der Netznutzungsentgelte existiert, für die bereits eine entsprechende Kostenprüfung durchgeführt worden wäre.

301 Für das besondere Missbrauchsverfahren ist die Entscheidungsfrist des § 31 Abs. 3 ausdrücklich **unionsrechtlich vorgegeben** (Art. 37 Abs. 11 Elektrizitäts-Binnenmarkt-Richtlinie 2009/72/EG und Art. 41 Abs. 11 Gas-Binnenmarkt-Richtlinie 2009/73/EG). Fraglich ist, ob dies auch für das spezielle Überprüfungsverfahren gilt: Die unionsrechtlichen Vorgaben betreffend Geschlossene Verteilernetze (Art. 28 Abs. 3 Elektrizitäts-Binnenmarkt-Richtlinie 2009/72/EG und Art. 28 Abs. 3 Gas-Binnenmarkt-Richtlinie 2009/73/EG) verweisen für das vorliegende spezielle Überprüfungsverfahren nach Absatz 4 Satz 1 Halbsatz 1 allgemein auf eine Überprüfung der Netznutzungsentgelte nach Art. 37 Elektrizitäts-Binnenmarkt-Richtlinie 2009/72/EG und Art. 41 Gas-Binnenmarkt-Richtlinie 2009/73/EG. Von dieser Verweisung ist auch der jeweilige Absatz 11 der vorgenannten unionsrechtlichen Vorschriften erfasst, sodass die Entscheidungsfrist des § 31 Abs. 3 aus unionsrechtlicher Perspektive auch auf das spezielle Überprüfungsverfahren Anwendung finden müsste. Hiergegen spricht jedoch jedenfalls für den Strombereich, dass in der aktuellen Fassung des Art. 38 Abs. 3 Elektrizitäts-Binnenmarkt-Richtlinie (EU) 2019/944 betreffend Geschlossene Verteilernetze auf eine Überprüfung der Netznutzungsentgelte nach Art. 59 Abs. 1 Elektrizitäts-Binnen-

markt-Richtlinie (EU) 2019/944 verwiesen wird. Die unionsrechtliche Grundlage für die Entscheidungsfrist des § 31 Abs. 3 findet sich jedoch in Art. 60 Abs. 2 Elektrizitäts-Binnenmarkt-Richtlinie (EU) 2019/944, der von der Verweisung **nicht erfasst** wird.

5. Anhörung

Hat die zuständige Regulierungsbehörde die Prüfung der Netznutzungsentgelte des Betreibers des Geschlossenen Verteilernetzes nach Absatz 4 Satz 1 Halbsatz 1 iVm § 31 Abs. 1 S. 1 abgeschlossen und sich eine vorläufige Auffassung über den Inhalt ihrer beabsichtigten Entscheidung gebildet, ist sie aufgrund § 67 Abs. 1 dazu verpflichtet, eine Anhörung der Beteiligten durchzuführen (näher → Rn. 243 ff. und → § 67 Rn. 2 ff.). 302

IV. Entscheidung durch die Regulierungsbehörde

1. Entscheidung in der Sache

Nach Abschluss des Anhörungsverfahrens iSd § 67 Abs. 1 trifft die zuständige Regulierungsbehörde ihre Entscheidung über den Antrag nach Absatz 4 Satz 1 Halbsatz 1. Im Falle einer Entscheidung der Regulierungsbehörde in der Sache (zur Verfahrensbeendigung ohne Sachentscheidung → Rn. 316 ff.) existieren insbesondere folgende **Varianten:** 303

a) **Unzulässigkeit des Antrages.** Entspricht ein Antrag iSd Absatzes 4 Satz 1 Halbsatz 1 schon nicht den **formalen Anforderungen** des § 31 Abs. 2 S. 1 (→ Rn. 287 ff.), so ist der Antrag durch die zuständige Regulierungsbehörde aufgrund Absatz 4 Satz 3 iVm § 31 Abs. 2 S. 2 als unzulässig abzulehnen. Dies folgt aus der Verweisung des Absatzes 4 Satz 3 auf die vollständige Regelung des § 31 Abs. 2 (Bourwieg/Hellermann/Hermes/Hollmann § 31 Rn. 26; Kment EnWG/Wahlhäuser § 31 Rn. 19; Theobald/Kühling/Boos § 31 Rn. 39). 304

b) **Unbegründetheit des Antrages.** Kommt die zuständige Regulierungsbehörde zu dem Ergebnis, dass die in dem Geschlossenen Verteilernetz geforderten Netznutzungsentgelte unter Berücksichtigung des oben genannten materiellen Prüfungsmaßstabs (→ Rn. 294 ff.) als **rechtmäßig** anzusehen sind, so lehnt sie den Antrag nach Absatz 4 als unbegründet ab. Die Rechtsgrundlage dieser ablehnenden Entscheidung ergibt sich aus Absatz 4 Satz 1 Halbsatz 1 iVm Absatz 4 Satz 3 und § 31 Abs. 1 S. 2. In der Literatur wird hierzu im Hinblick auf die Formulierung der zugrundeliegenden unionsrechtlichen Vorgaben teilweise gefordert, die in dem Geschlossenen Verteilernetz geforderten Netznutzungsentgelte müssten **ausdrücklich genehmigt** werden (Baur/Salje/Schmidt-Preuß Energiewirtschaft/Wolf Kap. 69 Rn. 34). 305

c) **Begründetheit des Antrages.** Stellt die zuständige Regulierungsbehörde im Rahmen des speziellen Überprüfungsverfahrens fest, dass die in dem Geschlossenen Verteilernetz geforderten Netznutzungsentgelte unter Berücksichtigung des oben dargestellten materiellen Prüfungsmaßstabs (→ Rn. 294 ff.) als **rechtswidrig** zu betrachten sind, so steht die zu treffende Entscheidung in ihrem pflichtgemäßen Ermessen. Dies gilt sowohl für das „**Ob**" des Einschreitens (sog. Entschließungsermessen) als auch für das „**Wie**" des Einschreitens (sog. Auswahlermessen), also die im Einzelnen zu treffenden Maßnahmen (Bourwieg/Hellermann/Hermes/Hollmann § 31 Rn. 28; Kment EnWG/Wahlhäuser § 31 Rn. 23 sowie Kment EnWG/Wahlhäuser § 30 Rn. 68 und 72). 306

Entschließt sich die zuständige Regulierungsbehörde zu einem Einschreiten, so kann sie gegenüber dem Betreiber des Geschlossenen Verteilernetzes nach pflichtgemäßem Auswahlermessen Maßnahmen nach **§ 30 Abs. 2 analog** treffen. Die Regelung des § 30 Abs. 2 findet auf das besondere Missbrauchsverfahren nach § 31 analoge Anwendung (näher Bourwieg/Hellermann/Hermes/Hollmann § 31 Rn. 27; Kment EnWG/Wahlhäuser § 31 Rn. 22; Theobald/Kühling/Boos § 31 Rn. 51). Diese **Analogiebildung** zu § 30 Abs. 2 ist vor dem Hintergrund der Verweisung des Absatzes 4 Satz 3 auf die Vorschriften des besonderen Missbrauchsverfahrens auch auf das spezielle Überprüfungsverfahren nach Absatz 4 Satz 1 Halbsatz 1 zu übertragen. 307

Die **Rechtsgrundlage** einer Entscheidung der zuständigen Regulierungsbehörde bildet im Fall einer Begründetheit des Antrages also Absatz 4 Satz 1 Halbsatz 1 und Absatz 4 Satz 3 iVm § 31 Abs. 1 S. 2, § 30 Abs. 2 analog. Ergänzend kommt die Verhängung eines **Bußgeldes** 308 in einem Ordnungswidrigkeitenverfahren nach § 95 Abs. 1 Nr. 4 in Frage (Baur/Salje/Schmidt-Preuß Energiewirtschaft/Wolf Kap. 69 Rn. 35). Nach § 30 Abs. 2 analog sind gegenüber dem Betreiber des Geschlossenen Verteilernetzes **folgende Maßnahmen** der Regulierungsbehörde möglich (näher Bourwieg/Hellermann/Hermes/Hollmann § 30 Rn. 46 ff.; Kment EnWG/Wahlhäuser § 30 Rn. 68 ff.; Theobald/Kühling/Boos § 30 Rn. 46 ff.):

- **Verpflichtung** zum Abstellen der Zuwiderhandlung (§ 30 Abs. 2 S. 1),
- **Aufgabe** aller Maßnahmen, die zu einem wirksamen Abstellen der Zuwiderhandlung erforderlich ist (§ 30 Abs. 2 S. 2), insbesondere Aufgabe von Änderungen im Hinblick auf die Bildung und Anwendung der Netznutzungsentgelte, soweit diese von den bestehenden gesetzlichen Vorgaben abweichen (§ 30 Abs. 2 S. 3 Nr. 1).

309 Bei der Verpflichtung zum Abstellen der Zuwiderhandlung nach **§ 30 Abs. 2 S. 1 analog** spricht die Regulierungsbehörde ein **Verbot** des rechtswidrigen Verhaltens aus. Die Entscheidung kann auch eine Feststellung einer Zuwiderhandlung gegen § 21 und Vorschriften der StromNEV oder der GasNEV enthalten, um hierdurch im Falle der Geltendmachung zivilrechtlicher Schadensersatzansprüche eine Bindungswirkung nach Absatz 4 Satz 3 iV. § 32 Abs. 4 (→ Rn. 325 ff.) herbeizuführen (Theobald/Kühling/Boos § 30 Rn. 46). Diese Bindungswirkung kann sowohl durch eine entsprechende Feststellung im Tenor als auch in der Begründung der jeweiligen Entscheidung herbeigeführt werden (Bourwieg/Hellermann/Hermes/Hollmann § 32 Rn. 32). Im Hinblick auf den Bestimmtheitsgrundsatz nach § 37 Abs. 1 VwVfG oder der entsprechenden landesgesetzlichen Regelung sollte die Regulierungsbehörde möglichst die konkreten Maßnahmen benennen, die zum Zwecke des Abstellens der Zuwiderhandlung erforderlich sind (Bourwieg/Hellermann/Hermes/Hollmann § 30 Rn. 46; Kment EnWG/Wahlhäuser § 30 Rn. 69).

310 Bei **§ 30 Abs. 2 S. 2 analog** handelt es sich um eine „**Generalklausel**" (Theobald/Kühling/Boos § 30 Rn. 47), nach der die Regulierungsbehörde dazu befugt ist, unter Beachtung des Bestimmtheitsgrundsatzes nach § 37 Abs. 1 VwVfG oder der entsprechenden landesgesetzlichen Regelung (Bourwieg/Hellermann/Hermes/Hollmann § 30 Rn. 46f; Kment EnWG/Wahlhäuser § 30 Rn. 75) alle Maßnahmen zu treffen, die zu einem wirksamen Abstellen der jeweiligen Zuwiderhandlung erforderlich sind. Die Regulierungsbehörde kann damit den Betreiber des Geschlossenen Verteilernetzes nicht nur zu einem bestimmten **Unterlassen,** sondern auch zu einem **aktiven Tun** verpflichten (Bourwieg/Hellermann/Hermes/Hollmann § 30 Rn. 47; Kment EnWG/Wahlhäuser § 30 Rn. 73; Theobald/Kühling/Boos § 30 Rn. 47). Insbesondere kann der Betreiber des Geschlossenen Verteilernetzes dazu verpflichtet werden, die durch die Forderung rechtswidriger Netznutzungsentgelte erwirtschafteten wirtschaftlichen Vorteile an die benachteiligten Netznutzer **zurückzuerstatten** (Bourwieg/Hellermann/Hermes/Hollmann § 30 Rn. 51; Kment EnWG/Wahlhäuser § 30 Rn. 51).

311 Durch die Regelung des **§ 30 Abs. 2 S. 3 Nr. 1 analog** wird die „Generalklausel" des § 30 Abs. 2 S. 2 beispielhaft („insbesondere") konkretisiert (Kment EnWG/Wahlhäuser § 30 Rn. 74; Theobald/Kühling/Boos § 30 Rn. 49). Für ein regulierungsbehördliches Vorgehen gegen den Betreiber eines Geschlossenen Verteilernetzes im Rahmen eines speziellen Überprüfungsverfahrens ist § 30 Abs. 2 S. 3 Nr. 1 analog (näher Bourwieg/Hellermann/Hermes/Hollmann § 30 Rn. 48) als Rechtsgrundlage **besonders geeignet** und dem § 30 Abs. 2 S. 2 grundsätzlich vorzuziehen, da sich dieser explizit auf eine rechtswidrige Bildung oder Anwendung der Netznutzungsentgelte bezieht.

2. Formelle Anforderungen

312 Die Entscheidung der zuständigen Regulierungsbehörde ist nach § 73 Abs. 1 S. 1 zu **begründen,** mit einer **Rechtsbehelfsbelehrung** zu versehen und nach den Vorschriften des Verwaltungszustellungsgesetzes (VwZG) **zuzustellen** (näher → Rn. 254 ff.).

3. Kosten

313 Die Entscheidung in einem speziellen Überprüfungsverfahren nach Absatz 4 Satz 1 Halbsatz 1 ist nach § 91 Abs. 1 Nr. 4 eine „**gebührenpflichtige Leistung",** für die die zuständige Regulierungsbehörde Kosten (Gebühren und Auslagen) erhebt (Gemeinsames Positionspa-

pier der Regulierungsbehörden, 19; Bourwieg/Hellermann/Hermes/Bourwieg § 110 Rn. 79). Kosten werden auch dann erhoben, wenn die zuständige Regulierungsbehörde dem Antrag nicht entspricht (§ 91 Abs. 2 S. 1). **Kostenschuldner** ist nach § 91 Abs. 6 Nr. 2 Alt. 1 der Antragsteller iSd Absatzes 4 Satz 1 Halbsatz 1. Zum Teil verbindet die zuständige Regulierungsbehörde die Kostenentscheidungen mit der jeweiligen Entscheidung nach Absatz 4 Satz 1 Halbsatz 1 in einem einheitlichen Beschluss oder Bescheid, teilweise erfolgen die Einstufungsentscheidung und die Kostenentscheidung in zwei unterschiedlichen Beschlüssen oder Bescheiden. Zu den Kosten im Falle einer Verfahrensbeendigung ohne Entscheidung in der Sache, zB durch Antragsrücknahme oder Erledigungserklärung → Rn. 318 f.

Hinsichtlich des anzuwendenden **Gebührenrahmens** ist danach zu unterscheiden, ob es **314** sich bei der zuständigen Regulierungsbehörde um die BNetzA oder um eine Landesregulierungsbehörde handelt (→ Rn. 273 ff.): Ist die **BNetzA** sachlich zuständig für die Entscheidung in dem speziellen Überprüfungsverfahren nach Absatz 4 Satz 1 Halbsatz 1, so folgt der anzuwendende Gebührenrahmen aus § 91 Abs. 8 S. 1 iVm der Energiewirtschaftskostenverordnung vom 14.3.2006 (EnWGKostV) (BGBl. 2006 I 540). Für die Entscheidung durch die BNetzA in einem speziellen Überprüfungsverfahren gilt nach GV 10.2 **EnWGKostV** ein Gebührenrahmen von 1.000–50.000 EUR. Ist aber für die Entscheidung nach Absatz 4 Satz 1 Halbsatz 1 eine **Landesregulierungsbehörde** (ggf. auch die BNetzA in Organleihe, → § 91 Rn. 53) sachlich zuständig, so ergibt sich der anzuwendende Gebührenrahmen aus § 91 Abs. 8a in Verbindung mit dem Kostenrecht des jeweiligen Landes. Beispielsweise gilt für Entscheidungen der Regulierungskammer des Freistaates Bayern gem. Absatz 4 Satz 1 Halbsatz 1 ein Gebührenrahmen von 5.000–50.000 EUR, der sich aus Tarifnummer 5.III.3/ 1.15.2 des Kostenverzeichnisses (KVz) vom 12.10.2001 (GVBl. 766) ergibt. Entsprechende landesrechtliche Regelungen existieren auch für die anderen Landesregulierungsbehörden; die Gebührenrahmen können dabei voneinander abweichen.

Die Kosten einer **Beweiserhebung,** beispielsweise Kosten für die Einschaltung eines **315** Sachverständigen, kann die Regulierungsbehörde nach § 31 Abs. 4 S. 2 den Beteiligten nach billigem Ermessen auferlegen. Diese Regelung ergänzt die gleichlautende Vorschrift des § 73 Abs. 3 (Theobald/Kühling/Boos § 31 Rn. 65).

4. Keine Entscheidung in der Sache

Kommt es in einem speziellen Überprüfungsverfahren **nicht** zu einer Entscheidung der **316** zuständigen Regulierungsbehörde über die materielle Rechtmäßigkeit der Netznutzungsentgelte iSd Absatzes 4 Satz 1 Halbsatz 1 iVm § 31 Abs. 1 S. 2, so existieren hierfür folgende **Sonderregelungen:**

Wird ein spezielles Überprüfungsverfahren **nicht** mit einer den Beteiligten **zugestellten 317 Entscheidung** nach § 73 Abs. 1 abgeschlossen, so ist die Beendigung des speziellen Überprüfungsverfahrens den Beteiligten schriftlich oder elektronisch mitzuteilen (Absatz 4 Satz 4 iVm § 31 Abs. 4 S. 1). Die Regelung des § 31 Abs. 4 S. 1 ergänzt dabei die allgemeine Vorschrift des § 73 Abs. 2 und lässt zusätzlich eine elektronische Mitteilung zu (Theobald/ Kühling/Boos § 31 Rn. 61). Ein besonderes Überprüfungsverfahren endet insbesondere ohne eine den Beteiligten zugestellte Entscheidung iSd § 31 Abs. 4 S. 1 im Falle der **Rücknahme** eines Antrages (näher Stelkens/Bonk/Sachs/Schmitz VwVfG § 22 Rn. 67 ff.) iSd Absatzes 4 Satz 1 Halbsatz 1 oder im Falle einer **Erledigungserklärung** durch die Beteiligten (Theobald/Kühling/Boos § 31 Rn. 62).

Im Hinblick auf die **Kosten** im Falle einer Beendigung eines speziellen Überprüfungsver- **318** fahrens ohne Entscheidung in der Sache ist § 91 Abs. 2 S. 2 Alt. 1 zu beachten, wonach bei einer **Antragsrücknahme** die Hälfte der Gebühr zu entrichten ist. Bei einer **beiderseitigen Erledigungserklärung** durch den Antragsteller und den Antragsgegner (also den Betreiber des Geschlossenen Verteilernetzes) kommt eine analoge Anwendung des § 91 Abs. 2 S. 2 Alt. 2 in Betracht, wonach im Falle der beiderseitigen Erledigungserklärung eines besonderen Missbrauchsverfahrens (§ 91 Abs. 1 S. 1 Nr. 5) ebenfalls nur die Hälfte der Gebühr zu entrichten ist. Da Absatz 4 Satz 3 größtenteils auf die Vorschriften über das besondere Missbrauchsverfahren verweist, liegt eine derartige Analogiebildung in einem speziellen Überprüfungsverfahren nahe.

319 Auch in dem Fall einer Beendigung eines speziellen Überprüfungsverfahrens ohne Entscheidung in der Sache kann die Regulierungsbehörde die **Kosten einer Beweiserhebung,** beispielsweise Kosten für die Einschaltung von Sachverständigen, nach § 31 Abs. 4 S. 2 den Beteiligten **nach billigem Ermessen** auferlegen. Hierin dürfte die Bedeutung der Regelung des § 31 Abs. 4 S. 2 neben der gleichlautenden Vorschrift des § 73 Abs. 3 liegen (zweifelnd Theobald/Kühling/Boos § 31 Rn. 65).

I. Beseitigungs-, Unterlassungs- und Schadensersatzanspruch

320 Nach Absatz 4 Satz 3 sind die Vorschriften des § 32 Abs. 1 und 3–5 entsprechend anzuwenden. Diese Regelungen befassen sich mit Beseitigungs-, Unterlassungs- und Schadensersatzansprüchen bei Verstößen gegen (i) Vorschriften der Abschnitte 2 und 3 des EnWG, (ii) eine aufgrund der vorgenannten Vorschriften dieser Abschnitte erlassene Rechtsverordnung oder (iii) eine auf Grundlage dieser Vorschriften ergangene Entscheidung einer Regulierungsbehörde (näher BT-Drs. 15/3917, 63 f.; Bourwieg/Hellermann/Hermes/Hollmann § 32 Rn. 6 ff.; Kment EnWG/Wahlhäuser § 32 Rn. 4 ff.; Theobald/Kühling/Boos § 32 Rn. 7 ff.). Die Gesetzessystematik, nämlich die Positionierung der Verweisung in Absatz 4 Satz 2, spricht dafür, dass die Regelungen des § 32 Abs. 1 und 3–5 auf Energieverteilernetze, die entweder als Geschlossene Verteilernetze gelten (Absatz 3 Satz 3) oder als solche eingestuft sind (Absatz 2 Satz 1), nur insoweit entsprechend anzuwenden sind, als eine **Überprüfung** der durch den jeweiligen Betreiber geforderten **Netznutzungsentgelte** nach dem oben genannten materiellen Prüfungsmaßstab (→ Rn. 294 ff.) verfahrensgegenständlich ist (im Ergebnis ebenso Theobald/Kühling/Jacobshagen/Kachel § 110 Rn. 99). **Im Übrigen,** soweit ein anderweitiges (angeblich) rechtswidriges Verhalten des Betreibers eines Geschlossenen Verteilernetzes verfahrensgegenständlich ist, ist die Vorschrift des § 32 unter Beachtung der für Geschlossene Verteilernetze geltenden Ausnahmevorschriften (Absatz 1, → Rn. 44) unmittelbar anwendbar. Zur Überprüfung von in Geschlossenen Verteilernetzen geforderten Netznutzungsentgelten nach § 315 BGB Ortlieb/Staebe Geschlossene Verteilernetze-HdB/Klinge Kap. 4 Rn. 180 ff.

I. Umfang der Verweisung in Abs. 4 S. 3

321 Verstößt ein Betreiber eines Geschlossenen Verteilernetzes bei der Bemessung oder Anwendung der durch ihn geforderten **Netznutzungsentgelte** gegen gesetzliche Vorgaben, so können hierdurch Betroffenen nach der Verweisung in Absatz 4 Satz 3 folgende **zivilrechtliche Ansprüche** zustehen, die nach § 102 Abs. 1 S. 1 in die ausschließliche Zuständigkeit der Landgerichte fallen (→ § 102 Rn. 6 ff.):

- Anspruch auf **Beseitigung** der Beeinträchtigung (entsprechend § 32 Abs. 1 S. 1 Alt. 1, → § 32 Rn. 3 ff.),
- Anspruch auf **Unterlassung** der Beeinträchtigung bei Bestehen einer Wiederholungsgefahr (entsprechend § 32 Abs. 1 S. 1 Alt. 2, → § 32 Rn. 3 ff.),
- Anspruch auf **Schadensersatz** im Falle einer vorsätzlichen oder fahrlässigen Begehung (entsprechend § 32 Abs. 3 S. 1, → § 32 Rn. 14 ff.).

322 Von der Verweisung in Absatz 4 Satz 3 werden weiterhin § 32 Abs. 4 und 5 **umfasst.** Die Regelung des **§ 32 Abs. 4** befasst sich mit auf den Schadensersatzanspruch nach § 32 Abs. 3 S. 1 gestützten sog. Follow-On-Klagen regulierungsbehördlicher Entscheidungen (→ Rn. 303 ff.). Die Vorschrift des **§ 32 Abs. 5** regelt die Hemmung der Verjährung eines Schadensersatzanspruchs nach § 32 Abs. 3 durch die Einleitung eines regulierungsbehördlichen Verfahrens (→ Rn. 329 ff.).

323 Ausdrücklich **nicht** von der Verweisung des Absatzes 4 Satz 3 **erfasst** ist die Regelung des § 32 Abs. 2, der für den Fall der Geltendmachung eines Beseitigungs- oder Unterlassungsanspruches nach § 32 Abs. 1 ein sog. **Verbandsklagerecht** regelt (näher Bourwieg/Hellermann/Hermes/Hollmann § 32 Rn. 12 ff.; Kment EnWG/Wahlhäuser § 32 Rn. 9 ff.; Theobald/Kühling/Boos § 32 Rn. 25 ff.). Verstößt also der Betreiber eines Geschlossenen Verteilernetzes im Zusammenhang mit der Bemessung oder Anwendung seiner Netznutzungsentgelte gegen gesetzliche Vorschriften, so können etwaige Beseitigungs- und Unterlassungsansprüche nach Absatz 4 Satz 3 iVm § 32 Abs. 1 analog nur durch den hierdurch

Betroffenen (also insbesondere einen Letztverbraucher oder einen Energielieferanten) geltend gemacht werden. Ein diesbezügliches Verbandsklagerecht existiert ausdrücklich nicht.

II. Verteilung der Darlegungs- und Beweislast

Im Falle einer unmittelbaren Anwendung der Beseitigungs-, Unterlassungs- und Schadensersatzansprüche nach § 32 Abs. 1 S. 1 und Abs. 3 S. 1 richtet sich die Darlegungs- und Beweislast für das Vorliegen eines Verstoßes in dem oben dargestellten Sinne (→ Rn. 294 ff.) im Grundsatz nach den **„allgemeinen Grundsätzen"** (so ausdrücklich BT-Drs. 15/3917, 63). Dies bedeutet, dass grundsätzlich der **Anspruchsteller**, also der jeweilige Betroffene, die Darlegungs- und Beweislast für das Vorliegen eines Verstoßes trägt (näher Bourwieg/Hellermann/Hermes/Hollmann § 32 Rn. 23; Theobald/Kühling/Boos § 32 Rn. 23).

1. Tatbestandswirkung

Für **Schadensersatzansprüche** nach § 32 Abs. 3 S. 1 (jedoch **nicht** für Beseitigungs- und Unterlassungsansprüche nach § 32 Abs. 1 S. 1; Theobald/Kühling/Boos § 32 Rn. 36) ergibt sich eine **Besonderheit** aus § 32 Abs. 4 S. 1 und 2, wonach eine „Tatbestandswirkung" für auf den Schadensersatzanspruch nach § 32 Abs. 3 S. 1 gestützte **„Follow-On-Klagen"** gilt (so ausdrücklich BT-Drs. 15/3917, 64). Diese Tatbestandswirkung greift über die Verweisung in Absatz 4 Satz 3 auch für eine entsprechende Anwendung des § 32 Abs. 3 S. 1 auf die von einem Betreiber eines Geschlossenen Verteilernetzes geforderten Netznutzungsentgelte Platz (Ortlieb/Staebe Geschlossene Verteilernetze-HdB/Klinge Kap. 4 Rn. 174; Theobald/Kühling/Jacobshagen/Kachel § 110 Rn. 99).

Dies bedeutet, dass das für den Schadensersatzanspruch **zuständige Zivilgericht** nach § 32 Abs. 4 S. 1 zugunsten des jeweils Betroffenen an eine durch eine Regulierungsbehörde in einem energiewirtschaftsrechtlichen Verwaltungsverfahren oder einem Ordnungswidrigkeitenverfahren (Bußgeldverfahren) **bestandskräftig** erfolgte Feststellung eines Rechtsverstoßes gebunden ist. Nach § 32 Abs. 4 S. 2 ist das zuständige Zivilgericht im Hinblick auf das Vorliegen eines Rechtsverstoßes auch an eine **rechtskräftige Gerichtsentscheidung** gebunden, die infolge der Überprüfung von regulierungsbehördlichen Entscheidungen im soeben genannten Sinne ergangen ist. Die vorstehend beschriebene Tatbestandswirkung nach § 32 Abs. 4 S. 1 und 2 gilt **nur** für die Annahme des Rechtsverstoßes, nicht jedoch für die sonstigen Tatbestandsvoraussetzungen des Schadensersatzanspruches iSd § 32 Abs. 3 S. 1, also etwa zur Schadenskausalität oder zum eingetretenen Schaden (BT-Drs. 15/3917, 64; Bourwieg/Hellermann/Hermes/Hollmann § 32 Rn. 32; Kment EnWG/Wahlhäuser § 32 Rn. 31 ff.; Theobald/Kühling/Boos § 32 Rn. 35 ff.). Im Falle einer **analogen Anwendung** des § 32 Abs. 4 über die Verweisung in Absatz 4 Satz 3 tritt die vorstehend beschriebene Tatbestandswirkung ein, wenn die Rechtswidrigkeit der in einem Geschlossenen Verteilernetz geforderten Netznutzungsentgelte bestands- oder rechtskräftig festgestellt wurde.

Alleine aus der Existenz der Regelung des § 32 Abs. 4 S. 1 und 2 (analog) lässt sich jedoch richtigerweise **nicht ableiten**, dass zivilrechtliche Schadensersatzansprüche nach § 32 Abs. 3 (analog) erst dann geltend gemacht werden dürfen, nachdem ein energiewirtschaftsrechtliches Verwaltungsverfahren oder ein Ordnungswidrigkeitenverfahren (Bußgeldverfahren) durch die zuständige Regulierungsbehörde bzw. ein diesbezügliches Gerichtsverfahren bestands- oder rechtskräftig **abgeschlossen** wurden (aA Ortlieb/Staebe Geschlossene Verteilernetze-HdB/Klinge Kap. 4 Rn. 174 f.; offengelassen Theobald/Kühling/Jacobshagen/Kachel § 110 Rn. 99). **Zutreffend** ist vielmehr, dass im Falle einer „isolierten" zivilrechtlichen Geltendmachung eines Schadensersatzanspruches nach § 32 Abs. 3 (analog) – also ohne vorherige Einschaltung der zuständigen Regulierungsbehörde – der Anspruchsteller sich lediglich nicht auf die Tatbestandswirkung des § 32 Abs. 4 S. 1 und 2 (analog) berufen kann.

2. Vermutungsregelungen des Abs. 4 S. 2

Findet die Regelung des § 32 Abs. 1 S. 1 und Abs. 3 S. 1 über Absatz 4 Satz 3 auf die durch den Betreiber eines Geschlossenen Verteilernetzes geforderten Netznutzungsentgelte entsprechende Anwendung, so gilt im Hinblick auf die Darlegungs- und Beweislast eine **weitere Besonderheit:** Richtigerweise sind auch in einem **zivilgerichtlichen Verfahren**, in dem Beseitigungs-, Unterlassungs- und/oder Schadensersatzansprüche iSd § 32 Abs. 1 und 3 geltend gemacht werden, die Vermutungsregelungen des Absatzes 4 Satz 2 (näher → Rn. 295 ff.) **anzuwenden** (ebenso Baur/Salje/Schmidt-Preuß Energiewirtschaft/Wolf Kap. 69 Rn. 23 und 37; Säcker EnergieR/Wolf § 110 Rn. 141). Dieses Ergebnis folgt zum einen aus der Gesetzessystematik: Die Vermutungsregelungen des Absatzes 4 Satz 2 und die Verweisungsnorm des Absatzes 4 Satz 3 sind in demselben Absatz enthalten. Zudem bezieht sich die Verweisungsnorm des Absatzes 4 Satz 3 sowohl auf Vorschriften des (regulierungsbehördlichen) besonderen Missbrauchsverfahrens nach § 31 als auch auf Regelungen betreffend zivilrechtliche Anspruchsgrundlagen nach § 32. Auch im Hinblick auf die ratio der Vermutungsregelungen des Absatzes 4 Satz 2, die Überprüfung der Rechtmäßigkeit von in Geschlossenen Verteilernetzen geforderten Netznutzungsentgelten zu vereinfachen (→ Rn. 295), sind keine Gründe ersichtlich, warum die Vermutungsregelungen nicht auch in einem auf § 32 Abs. 1 S. 1 und/oder Abs. 3 S. 1 gestützten zivilrechtlichen Gerichtsverfahren gelten sollten.

III. Hemmung der Verjährung des Schadensersatzanspruches

329 Auf Schadensersatzansprüche nach § 32 Abs. 3 (analog), die aus der rechtswidrigen Forderung von Netznutzungsentgelten in Geschlossenen Verteilernetzen folgen, findet die **dreijährige Regelverjährungsfrist** des § 195 BGB Anwendung (Theobald/Kühling/Boos § 32 Rn. 45). Der **Fristlauf** dieser Regelverjährungsfrist ergibt sich grundsätzlich aus § 199 Abs. 1 und 3 BGB.

330 Nach der Verweisungsnorm des Absatzes 4 Satz 3 findet die Regelung des **§ 32 Abs. 5** (näher Theobald/Kühling/Boos § 32 Rn. 45 ff.) auf solche Schadensersatzansprüche aus § 32 Abs. 3 (analog) **entsprechende Anwendung.** Aus § 32 Abs. 5 S. 1 (analog) ergibt sich, dass die Verjährung des Schadensersatzanspruches durch die Einleitung eines diesbezüglichen regulierungsbehördlichen Verfahrens **gehemmt** wird. Hemmung der Verjährung bedeutet, dass der Zeitraum, während dessen die Verjährung gehemmt ist, in die jeweilige Verjährungsfrist nicht eingerechnet wird (§ 209 BGB). Die Hemmung wird dabei sowohl durch die Einleitung eines energiewirtschaftlichen Verwaltungsverfahrens (spezielles Überprüfungsverfahren nach Absatz 4 Satz 1 Halbsatz 1) als auch durch die Einleitung eines Ordnungswidrigkeitenverfahrens (Bußgeldverfahren) ausgelöst (Theobald/Kühling/Boos § 32 Rn. 45 unter Bezugnahme auf kartellrechtliche Rechtsprechung: BGH NJW 2018, 2479 Rn. 74).

331 Gemäß § 32 Abs. 5 S. 2 (analog) findet die Regelung des **§ 204 Abs. 2 BGB** ebenfalls **entsprechende Anwendung.** Daraus folgt zum einen, dass die Hemmung der Verjährung sechs Monate nach der rechtskräftigen Entscheidung oder anderweitigen Beendigung des eingeleiteten Verfahrens **endet** (§ 204 Abs. 2 S. 1 BGB analog). Wird also gegen eine regulierungsbehördliche Entscheidung ein **Rechtsmittel eingelegt,** so endet die Hemmung der Verjährung erst sechs Monate nach rechtskräftigem Abschluss des diesbezüglichen Gerichtsverfahrens (Theobald/Kühling/Boos § 32 Rn. 48 unter Bezugnahme auf kartellrechtliche Rechtsprechung: BGH NJW 2018, 2479 Rn. 74). Gerät das regulierungsbehördliche Verfahren oder das anschließende Gerichtsverfahren dadurch in **Stillstand,** dass die Beteiligten es nicht betreiben, so tritt an die Stelle der Beendigung des Verfahrens iSd § 204 Abs. 2 S. 1 BGB (analog) die letzte Verfahrenshandlung der Beteiligten, des Gerichts oder der sonst mit dem Verfahren befassten Stelle (§ 204 Abs. 2 S. 3 BGB analog). Die Hemmung **beginnt** gem. § 204 Abs. 2 S. 4 BGB (analog) erneut, wenn einer der Beteiligten das jeweilige Verfahren weiter betreibt (krit. Theobald/Kühling/Boos § 32 Rn. 48).

§ 111 Verhältnis zum Gesetz gegen Wettbewerbsbeschränkungen

(1) [1]Die §§ 19, 20 und 29 des Gesetzes gegen Wettbewerbsbeschränkungen sind nicht anzuwenden, soweit durch dieses Gesetz oder auf Grund dieses Gesetzes erlassener Rechtsverordnungen ausdrücklich abschließende Regelungen getroffen werden. [2]Die Aufgaben und Zuständigkeiten der Kartellbehörden bleiben unberührt.

(2) Die Bestimmungen des Teiles 3 und die auf Grundlage dieser Bestimmungen erlassenen Rechtsverordnungen sind abschließende Regelungen im Sinne des Absatzes 1 Satz 1.

(3) In Verfahren der Kartellbehörden nach den §§ 19, 20 und 29 des Gesetzes gegen Wettbewerbsbeschränkungen, die Preise von Energieversorgungsunternehmen für die Belieferung von Letztverbrauchern betreffen, deren tatsächlicher oder kalkulatorischer Bestandteil Netzzugangsentgelte im Sinne des § 20 Abs. 1 sind, sind die von Betreibern von Energieversorgungsnetzen nach § 20 Abs. 1 veröffentlichten Netzzugangsentgelte als rechtmäßig zugrunde zu legen, soweit nicht ein anderes durch eine sofort vollziehbare oder bestandskräftige Entscheidung der Regulierungsbehörde oder ein rechtskräftiges Urteil festgestellt worden ist.

Überblick

§ 111 wurde mit dem zweiten Gesetz zur Neuregelung des Energiewirtschaftsrechts vom 7.7.2005 eingeführt. Die Vorschrift regelt das Verhältnis des EnWG zu dem GWB (→ Rn. 2 ff.). Das bis zur Einführung der Norm geltende Nebeneinander von EnWG und GWB wurde zugunsten eines weitreichenden Vorrangs der EnWG-Vorschriften aufgegeben (→ Rn. 1). Grundlegende Fragen des Verhältnisses zwischen Kartell- und Regulierungsrechts wirft das Verhältnis zwischen EnWG und AEUV auf (→ Rn. 5 ff.).

A. Sinn und Zweck

§ 111 **verhindert** grundsätzlich **ein Nebeneinander** von EnWG und GWB im Bereich 1 der leitungsgebundenen Energieversorgung. Die Vorschrift bestimmt, inwieweit die Regelungen des EnWG vorrangig vor den Regelungen des GWB angewendet werden müssen (BT-Drs. 15/3917, 75). Insbesondere will § 111 einen Zuständigkeitskonflikt von Regulierungs- und Kartellbehörden vermeiden (Bourwieg/Hellermann/Stelter § 111 Rn. 2). § 111 wurde mit dem zweiten Gesetz zur Neuregelung des Energiewirtschaftsrechts vom 7.7.2005 eingeführt. Bis dahin galten EnWG und GWB nebeneinander.

B. Vorrang des EnWG (Abs. 1 S. 1, Abs. 2)

I. Gegenüber dem GWB

§ 111 Abs. 1 S. 1 ordnet den **Vorrang der Vorschriften des EnWG gegenüber den** 2 **§§ 19, 20 und 29 GWB** an, soweit durch das EnWG oder aufgrund des EnWG erlassener Rechtsverordnungen ausdrücklich abschließende Regelungen getroffen wurden. Spiegelbildlich zu § 111 regelt § 185 Abs. 3 GWB, dass die Vorschriften des EnWG der Anwendung der §§ 19, 20 und 29 GWB nicht entgegenstehen, soweit in § 111 keine andere Regelung getroffen ist.

Eine Definition, wann eine Regelung als ausdrücklich abschließend anzusehen ist, findet 3 sich nicht. Für die Bestimmungen des dritten Teils und die auf Grundlage dieser Bestimmungen erlassenen Rechtsverordnungen schafft der Gesetzgeber Rechtsklarheit, indem er diese Vorschriften in § 111 Abs. 2 zu **abschließenden Regelungen** iSv § 111 Abs. 1 erklärt. Darüber hinaus könnte der Gesetzgeber in einer neuen Rechtsverordnung, die nicht auf den Bestimmungen des Teiles 3 beruht, die sie enthaltenen Regelungen ebenfalls als abschließend iSv § 111 Abs. 1 S. 1 definieren. Soweit ersichtlich, existieren solche über § 111 Abs. 2 hinausgehende Regelungen derzeit nicht. Ob eine Regelung auch als abschließend angesehen werden kann, ohne dass sie vom Gesetzgeber im Gesetz als solche bezeichnet wird, ist umstritten (s. dazu die Darstellung bei Sennekamp, Der Diskurs um die Abgrenzung von Kartell- und Regulierungsrecht, 2016, S. 48 ff. mwN).

Folge des Vorrangs der abschließenden Regelungen im EnWG gegenüber den Vorschrif- 4 ten des GWB ist, dass letztere nicht mehr angewendet werden können (Sennekamp, Der Diskurs um die Abgrenzung von Kartell- und Regulierungsrecht, 2016, S. 48, 52 f. mwN). Die sich über den Wortlaut von § 111 Abs. 1 S. 1 hinwegsetzende Mindermeinung hält das GWB weiterhin für subsidiär anwendbar (Schmidt-Volkmar, Das Verhältnis von kartellrechtlicher Missbrauchsaufsicht und Netzregulierung, 2010, S. 115 f.). Relevant wird die Frage für den Fall, in dem ein Unternehmen einen Netzbetreiber im Wege der privaten Rechtsdurchsetzung ohne Beteiligung der Behörde wegen eines Missbrauchs iSd § 30 Abs. 1 S. 2 Nr. 2–6 in Anspruch nehmen will. Dies liegt daran, dass § 32 Abs. 1 sich nur auf die Abschnitte 2 und 3 des dritten Teils des EnWG bezieht, nicht aber auf den in Abschnitt 4 verorteten § 30 (→ § 32 Rn. 23). Folgt man also der herrschenden Ansicht, dass die §§ 19, 20 und 29 GWB nicht angewendet werden können, ist eine private Rechtsdurchsetzung wegen eines von § 30 Abs. 1 S. 2 Nr. 2–6 erfassten Verhaltens auf der Grundlage der §§ 33, 33a aufgrund der in diesen Paragrafen enthaltenen Bezugnahme auf das GWB nicht möglich, soweit nicht auch Art. 102 AEUV Anwendung findet (so wohl auch Bourwieg/Hellermann/Hermes/Stelter § 111 Rn. 6; → Rn. 4).

II. Gegenüber dem AEUV

5   Nach der herrschenden Ansicht ist eine Anwendung von Art. 102 AEUV durch nationale Behörden aufgrund des **Anwendungsvorrangs des Unionsrechts** vollständig auch im Bereich von marktmissbräuchlichem Verhalten von Betreibern von Energieversorgungsnetzen möglich (Baur RdE 2004, 277 (279 f.); Immenga/Mestmäcker/Körber GWB § 29 Rn. 14; Kment EnWG/Schex § 111 Rn. 4 f.; Petzold, Die Kosten-Preis-Schere im EU-Kartellrecht, 2012, S. 67 mwN; Säcker EnergieR/Weyer § 30 Rn. 164; Schmidt-Volkmar, Das Verhältnis von kartellrechtlicher Missbrauchsaufsicht und Netzregulierung, 2010, S. 158 ff.; Sennekamp, Der Diskurs um die Abgrenzung von Kartell- und Regulierungsrecht, 2016, S. 112 ff. mwN; im Rahmen des Postrechts Kölner Komm KartellR/Vollrath Syst. IV Rn. 61). Allerdings ist nach der Rechtsprechung eine Handlung in einem Gebiet, das auf EU-Ebene abschließend harmonisiert wurde, anhand der Bestimmungen dieser Handlung der abschließenden Harmonisierung und nicht der des AEUV zu bewerten (EuGH BeckRS 2019, 14019 Rn. 44; vgl. Nettesheim EuR 2006 Heft 6, 737 (757 ff.); Schwarze/Becker AEUV Art. 34 Rn. 95 ff.; Winkler/Baumgart/Ackermann Europäisches EnergieR Teil I Rn. 119). Dies gilt aufgrund von Art. 103 AEUV erst für die Durchsetzung des EU-rechtlichen Missbrauchsverbots (vgl. OLG Düsseldorf BeckRS 2019, 1359 Rn. 143 mwN). Auch das Energiekartellrecht des EnWG beruht auf EU-Sekundärrecht. Art. 60 Abs. 4 S. 2 Elektrizitäts-Binnenmarkt-Richtlinie (EU) 2019/944 und Art. 41 Abs. 13 S. 2 Gas-Binnenmarkt-Richtlinie 2009/73/EG (zuletzt geändert durch Gas-Binnenmarkt-Richtlinie (EU) 2019/692) ordnen an, dass die von den Mitgliedstaaten für die leitungsgebundene Energieversorgung einzuführenden Kontrollmechanismen Art. 102 AEUV Rechnung zu tragen haben. Das wäre nicht notwendig, wenn die durch die Mitgliedstaaten zu schaffenden Vorschriften eine Anwendung von Art. 102 AEUV durch die nationalen Behörden nicht ausschließen würden. Deshalb spricht vieles dafür, dass die Energiebinnenmarkt-Richtlinien den **Anwendungsbereich von Art. 102 AEUV** in Bezug auf marktmissbräuchliches Verhalten von Betreibern von Energieversorgungsnetzen im Sinne der angeführten EuGH-Rechtsprechung **abschließend harmonisieren.** Die Gegenauffassung interpretiert die in den Richtlinien enthaltene Aufforderung, insbesondere Art. 102 AEUV Rechnung zu tragen, in dem Sinne, dass der europäische Gesetzgeber gerade von einem verbleibenden Anwendungsbereich des Art. 102 AEUV ausgeht (Ludwigs WuW 2008, 534 (537); Salje EnWG § 111 Rn. 18 ff.). Die sekundärrechtlichen Regulierungsvorschriften verfolgten formal und inhaltlich einen anderen Ansatz als das allgemeine Marktmachtmissbrauchsverbot und bezweckten daher keine ausschließliche Konkretisierung (Schreiber Regulierungsinstrumente, S. 96 f.).

6   Nach der hier vertretenen Rechtsauffassung harmonisieren die Energiebinnenmarktrichtlinien den Bereich der Marktmachtmissbrauchskontrolle bei der leitungsgebundenen Energieversorgung also abschließend. Daraus folgt, dass dann auch der Rückgriff auf das Primärrecht durch eine nationale Behörde neben den auf dem EU-Sekundärrecht beruhenden nationalen Vorschriften in den von den Richtlinien erfassten Fällen versperrt ist. Art. 5 VO (EG) 1/2003 tritt in diesen Fällen zurück.

7   Die Energiebinnenmarktrichtlinien verlangen jedoch nur von den Mitgliedstaaten die Einführung von Kontrollmechanismen. Sie regeln folglich nicht das **Tätigwerden der EU-Kommission.** Dieser ist es daher nicht verwehrt, sich weiterhin auf Art. 102 AEUV zu

berufen. Beruft sie sich allerdings auf Art. 102 AEUV, ist fraglich, inwieweit dem betroffenen Betreiber von Energieversorgungsnetzen ein kartellrechtlicher Vorwurf gemacht werden kann, wenn die durch ihn erhobenen Netzentgelte vorher durch die Regulierungsbehörde genehmigt wurden (ausführlich Baur RdE 2004, 277 (279 f.); allgemein zu der Diskussion, ob der Tatbestand von Art. 102 AEUV wegen der Regelung eines Sachverhalts durch das Regulierungsrecht und der Konsequenz, dass die Unternehmen deshalb keinen Entscheidungsspielraum mehr haben, erfüllt ist: Sennekamp, Der Diskurs um die Abgrenzung von Kartell- und Regulierungsrecht, 2016, S. 115 ff. mwN).

C. Nicht-Berührung von Aufgaben und Zuständigkeiten der Kartellbehörden (Abs. 1 S. 2)

§ 111 Abs. 1 S. 2 ordnet an, dass die Aufgaben und Zuständigkeiten der Kartellbehörden **unberührt** bleiben. Zwar bezieht die Vorschrift ihrem Wortlaut nach die „Befugnisse" der Kartellbehörden gerade nicht mit ein (Britz/Hellermann/Hermes/Hölscher, 3. Aufl., § 111 Rn. 10). Letztlich kann sie aber auch mit Blick auf ihren Sinn und Zweck nur so verstanden werden, dass in den Bereichen, die nicht durch das EnWG erfasst und durch die Regulierungsbehörde überprüft werden, die Kartellbehörden ohne Einschränkungen tätig werden können (Britz/Hellermann/Hermes/Hölscher, 3. Aufl., § 111 Rn. 10; Kment EnWG/Schex § 111 Rn. 6). Nur dieses Verständnis führt zu der lückenlosen Sicherstellung eines wirksamen und unverfälschten Wettbewerbs bei der Versorgung mit Elektrizität und Gas iSv § 1 Abs. 2 Var. 1. Bei den Bereichen, in denen die Kartellbehörden ohne Einschränkungen tätig werden können, handelt es sich vorrangig um **Vertriebs- und Bezugstätigkeiten** eines Betreibers von Energieversorgungsnetzen, die nicht dem Netzbetrieb unterfallen (Baur RdE 2004, 277 (281); Kment EnWG/Schex § 111 Rn. 6). Bei solchen Tätigkeiten könnte es sich zB um den Verkauf von Strom an Letztverbraucher in einem Fall des § 7 Abs. 2 S. 1 handeln oder aber um wirtschaftliche Tätigkeiten in Bereichen, die gänzlich außerhalb des Bereichs der Energieversorgung liegen. 8

D. Rechtmäßigkeitsfiktion von Energiepreisen in Verfahren der Kartellbehörden (Abs. 3)

Zur **Verhinderung von kollidierenden Entscheidungen der Regulierungs- und Kartellbehörden** (Baur RdE 2004, 277 (279, 282 f.); Kment EnWG/Schex § 111 Rn. 6) trifft § 111 Abs. 3 besondere Regelungen für Verfahren der Kartellbehörden nach den §§ 19, 20 und 29 GWB, die Preise von Energieversorgungsunternehmen für die Belieferung von Letztverbrauchern betreffen, deren tatsächlicher oder kalkulatorischer Bestandteil Netzzugangsentgelte iSd § 20 Abs. 1 sind. In diesen Verfahren sind die von Betreibern von Energieversorgungsnetzen nach § 20 Abs. 1 veröffentlichten Netzzugangsentgelte als rechtmäßig zugrunde zu legen, soweit nicht ein anderes durch eine sofort vollziehbare oder bestandskräftige Entscheidung der Regulierungsbehörde oder ein rechtskräftiges Urteil festgestellt worden ist (vertiefend Immenga/Mestmäcker/Körber GWB § 29 Rn. 15). 9

Diese **Bindungswirkung** beschränkt sich schon ihrem Wortlaut nach nur auf ein Vorgehen nach §§ 19, 20 und 29 GWB, nicht aber nach Art. 102 AEUV. Überdies wird sie für Art. 102 AEUV auch mit Verweis auf den Anwendungsvorrang des Unionsrechts abgelehnt (Baur RdE 2004, 277 (282 f.); Immenga/Mestmäcker/Körber GWB § 29 Rn. 15 mwN). 10

Die Bindungswirkung greift ausweislich des Wortlauts der Vorschrift erst **ab dem Zeitpunkt der Veröffentlichung.** Sie wird nicht wirksam, soweit eine sofort vollziehbare oder bestandskräftige Entscheidung der Regulierungsbehörde oder ein rechtskräftiges Urteil die Rechtswidrigkeit der Netzzugangsentgelte feststellt (ausführlich dazu Britz/Hellermann/Hermes/Hölscher, 3. Aufl., § 111 Rn. 16 ff.). 11

§ 111a Verbraucherbeschwerden

¹**Energieversorgungsunternehmen, Messstellenbetreiber und Messdienstleister (Unternehmen) sind verpflichtet, Beanstandungen von Verbrauchern im Sinne des**

§ 13 des Bürgerlichen Gesetzbuchs (Verbraucher) insbesondere zum Vertragsabschluss oder zur Qualität von Leistungen des Unternehmens (Verbraucherbeschwerden), die den Anschluss an das Versorgungsnetz, die Belieferung mit Energie sowie die Messung der Energie betreffen, innerhalb einer Frist von vier Wochen ab Zugang beim Unternehmen zu beantworten. ²Wird der Verbraucherbeschwerde durch das Unternehmen nicht abgeholfen, hat das Unternehmen die Gründe in Textform darzulegen und auf das Schlichtungsverfahren nach § 111b unter Angabe der Anschrift und der Webseite der Schlichtungsstelle hinzuweisen. ³Das Unternehmen hat zugleich anzugeben, dass es zur Teilnahme am Schlichtungsverfahren verpflichtet ist. ⁴Das Unternehmen hat auf seiner Webseite auf das Schlichtungsverfahren nach § 111b, die Anschrift und die Webseite der Schlichtungsstelle sowie seine Pflicht zur Teilnahme am Schlichtungsverfahren hinzuweisen. ⁵Das mit der Beanstandung befasste Unternehmen hat andere Unternehmen, die an der Belieferung des beanstandenden Verbrauchers bezüglich des Anschlusses an das Versorgungsnetz, der Belieferung mit Energie oder der Messung der Energie beteiligt sind, über den Inhalt der Beschwerde zu informieren, wenn diese Unternehmen der Verbraucherbeschwerde abhelfen können.

Überblick

§ 111a regelt Anwendungsbereich (→ Rn. 5 ff.), Voraussetzungen und Rechtsfolgen (→ Rn. 9 ff.) der Verbraucherbeschwerde gegenüber Energieunternehmen, die zugleich der notwendige erste Schritt zu einer Verbraucherschlichtung (§ 111b) ist.

A. Allgemeines

1   Die Regelungen der §§ 111a–111c gehen auf Vorgaben des EU-Energiebinnenmarktrechts für die Einrichtung außergerichtlicher Streitschlichtungsmechanismen zwischen Verbrauchern und Energieunternehmen zurück. Diese Bestimmungen fanden sich zunächst in dem im Sommer 2003 beschlossenen sog. Beschleunigungspaket, das häufig auch als zweites Energiebinnenmarktpaket bezeichnet wird; dort war jeweils in Anhang A lit. f RL 2003/54/EG (Strom) bzw. Anhang A lit. f RL 2003/55/EG (Gas) vorgesehen, dass die Energiekunden „**transparente, einfache und kostengünstige Verfahren** zur Behandlung ihrer Beschwerden in Anspruch nehmen können. Diese Verfahren müssen eine gerechte und zügige Beilegung von Streitfällen ermöglichen (...)" und „sollten, soweit möglich, den in der Empfehlung 98/257/EG der Kommission dargelegten Grundsätzen folgen" (zu dieser Empfehlung → Rn. 3). Bei der Umsetzung dieses Pakets durch das EnWG 2005 (Zweites Gesetz zur Neuregelung des Energiewirtschaftsrechts v. 7.7.2005, BGBl. I 1970) waren diese Regelungen allerdings unbeachtet geblieben.

2   Die Bestimmungen dieser Richtlinien wurden dann kaum verändert in das im Herbst 2009 beschlossene dritte Energiebinnenmarktpaket übernommen; dort finden sie sich in Art. 3 Abs. 7 mit Anhang I (1) lit. f RL 2009/72/EG (Strom) bzw. in Art. 3 Abs. 3 mit Anhang I lit. f RL 2009/73/EG (Gas); daneben wird ein „unabhängiger Mechanismus" zur Beschwerdebehandlung nun auch im „Haupttext" der Richtlinien – in Art. 3 Abs. 13 RL 2009/72/EG und Art. 3 Abs. 9 RL 2009/72/EG – vorgegeben. Bei der Umsetzung dieses Pakets, die Deutschland mit der Anpassung des EnWG im Jahr 2011 vorgenommen hat (Gesetz v. 26.7.2011 zur Neuregelung energiewirtschaftsrechtlicher Vorschriften, BGBl. 2011 I 1554), wurden dann erstmals mit den §§ 111a–111c auch die geforderten **Regelungen zur Verbraucherschlichtung** getroffen (dazu Lange RdE 2012, 42 ff.; Recknagel FS Salje, 2013, 357 ff.).

3   Für die nähere Ausgestaltung dieser alternativen Streitbeilegung (alternative dispute resolution – ADR) verweisen die Energie-Binnenmarktrichtlinien der Jahre 2003 und 2009 auf die Empfehlung 98/257/EG der Kommission v. 30.3.1998 betreffend die Grundsätze für Einrichtungen, die für die außergerichtliche Beilegung von Verbraucherrechtsstreitigkeiten zuständig sind (ABl. 1998 L 115/31), auf die auch in der ersten Fassung des § 111b Abs. 4 Bezug genommen wurde. Dieser Rahmen war aufgrund der Rechtsform als Empfehlung für sich genommen noch unverbindlich und wurde auch durch den Verweis in den Energie-

binnenmarktrichtlinien nicht zu einer „harten" Vorgabe, weil seine Einhaltung dort nur „soweit möglich" vorgesehen war (→ Rn. 1). Er wurde zwischenzeitlich abgelöst durch die RL 2013/11/EU v. 21.5.2013 über die alternative Beilegung verbraucherrechtlicher Streitigkeiten, ABl. 2013 L 165/63 (sog. ADR-Richtlinie); diese Richtlinie enthält nun **verbindliche Vorgaben,** die der deutsche Gesetzgeber mit dem **Gesetz über die alternative Streitbeilegung in Verbrauchersachen** v. 19.2.2016 (VSBG; BGBl. 2016 I 254; dazu Gössl NJW 2016, 838 ff.) umgesetzt hat. Auch in die Regelungen des EnWG zur Verbraucherstreitbeilegung wurde bei der Umsetzung der RL 2013/11/EU der Verweis auf diesen allgemeineren Rahmen des VSBG aufgenommen (→ § 111b Rn. 3, → § 111b Rn. 6).

Die Vorgaben der RL 2009/73/EG gelten in Bezug auf die Gasversorgung weiterhin; in Bezug auf den Stromsektor wurden die Bestimmungen der RL 2009/72/EG dagegen durch die Elektrizitäts-Binnenmarkt-Richtlinie (EU) 2019/944 des EP und des Rates v. 5.6.2019 mit gemeinsamen Vorschriften für den Elektrizitätsbinnenmarkt, ABl. 2019 L 158/125, abgelöst. Die Bestimmungen zur Verbraucherschlichtung im Stromsektor finden sich nun in Art. 26 Elektrizitäts-Binnenmarkt-Richtlinie (EU) 2019/944, deren Vorgaben insoweit bis zum 31.12.2020 umzusetzen waren (Art. 71 Abs. 1 Elektrizitäts-Binnenmarkt-Richtlinie (EU) 2019/944), was schließlich verspätet durch das Gesetz zur Umsetzung unionsrechtlicher Vorgaben und zur Regelung reiner Wasserstoffnetze im Energiewirtschaftsrecht v. 16.7.2021, BGBl. I 3026, geschehen ist (zur Frage des Anpassungsbedarfs → Rn. 8). 4

B. Die Verbraucherbeschwerde

I. Beschwerdeberechtigte und Beschwerdeadressaten

§ 111a sieht zunächst das im Ausgangspunkt in gewisser Weise selbstverständliche Recht jedes Verbrauchers vor, Beanstandungen gegenüber Energieunternehmen in Bezug auf ihre Leistungen vorzubringen; als Adressaten einer solchen Verbraucherbeschwerde sind in § 111a **Energieversorgungsunternehmen, Messstellenbetreiber und Messdienstleister** aufgeführt. Eigenständige Bedeutung gewinnt die Regelung dadurch, dass den Unternehmen Verfahrenspflichten zur Behandlung der Beschwerde auferlegt werden (→ Rn. 10) und die erfolglose Einlegung der Beschwerde den Zugang zur Verbraucherschlichtung nach § 111b eröffnet (→ § 111b Rn. 1, → § 111b Rn. 10). 5

Beschwerdeberechtigt gem. § 111a sind **Verbraucher iSd § 13 BGB,** also natürliche Personen, die Rechtsgeschäfte zu einem Zweck abschließen, der nicht ihrer gewerblichen oder selbständigen Tätigkeit zuzuordnen ist; der abweichende weitere Verbraucherbegriff des EnWG (s. § 3 Nr. 22 zur Definition des Haushaltskunden; dazu zB Gundel GewArch 2012, 137 (138)) ist danach hier – und insgesamt im Bereich der §§ 111a–111c – nicht anwendbar (Recknagel FS Salje, 2013, 357 (365); Säcker EnergieR/Keßler § 111a Rn. 4). Bei **gemischten Verträgen,** bei denen die Energie zu teils privaten Zwecken und teils gewerblich bezogen wird, ist seit der Neufassung von § 13 BGB durch Gesetz v. 20.9.2013 (BGBl. I 3642) maßgeblich, ob die Leistung zum Zeitpunkt des Vertragsabschlusses überwiegend – dh zu mehr als 50 Prozent – dem privaten Zweck zuzuordnen ist. 6

II. Die unionsrechtlichen Vorgaben

Diese Beschränkung des Kreises der Beschwerdeberechtigten ist mit den bisherigen Vorgaben des Unionsrechts vereinbar, weil die Anhänge I RL 2009/72/EG und 2009/73/EG zwar allgemein Rechte von Energiekunden definieren, in Bezug auf den Zugang zur Schlichtung dann aber doch von Verbrauchern sprechen und mit der Empfehlung 98/257/EG (→ Rn. 2) einen Rechtsakt in Bezug nehmen, der sich ausdrücklich auf Verbraucherrechtsstreitigkeiten bezieht. 7

Der neue Art. 26 Elektrizitäts-Binnenmarkt-Richtlinie (EU) 2019/944 (→ Rn. 4) weitet den Anwendungsbereich potentiell aus, indem Art. 26 Abs. 1 Elektrizitäts-Binnenmarkt-Richtlinie (EU) 2019/944 festlegt, dass für alle Endkunden – also Kunden, die Elektrizität für den eigenen Verbrauch auch gewerblicher Art kaufen (Art. 2 Nr. 1 Elektrizitäts-Binnenmarkt-Richtlinie (EU) 2019/944) – „über eine unabhängige Einrichtung wie einen Bürgerbeauftragten für Energie, einen Verbraucherverband oder eine nationale Regulierungsbe- 8 hörde Zugang zu einfachen, fairen, unabhängigen, wirksamen und effizienten Mechanismen für die außergerichtliche Beilegung von Streitigkeiten haben (...)". Soweit Verbraucher im engeren Sinn betroffen sind, müssen diese Mechanismen den Anforderungen der RL 2013/11/EU (→ Rn. 3) entsprechen (Art. 26 Abs. 1 S. 2 Elektrizitäts-Binnenmarkt-Richtlinie (EU) 2019/944). Art. 26 Abs. 3 Elektrizitäts-Binnenmarkt-Richtlinie (EU) 2019/944 sieht in einem eigenartigen Kompromiss vor, dass die Mitwirkung der Elektrizitätsunternehmen an der außergerichtlichen Streitbeilegung in Bezug auf Haushaltskunden verbindlich ist, „es sei denn, der jeweilige Mitgliedstaat weist gegenüber der Kommission nach, dass andere Mechanismen gleichermaßen wirksam sind." Das Umsetzungsgesetz (→ Rn. 4) geht stillschweigend davon aus, dass insoweit kein Anpassungsbedarf besteht; Änderungen der §§ 111a–111c sind nicht vorgesehen.

C. Beschwerdegegenstand und Handlungspflichten des Unternehmens

9   Gegenstand der Verbraucherbeschwerde können die **verschiedensten Fälle von Unternehmenspflichten gegenüber Verbrauchern** im Anwendungsbereich des EnWG sein: Streitigkeiten um Abrechnungen, Zählerstände und Abschlagszahlungen, Vertragslaufzeiten und versprochene Bonusleistungen, die Wirksamkeit von Kündigungen oder Verzögerungen beim Lieferantenwechsel. Streitigkeiten aus Energielieferverträgen, die nicht die leitungsgebundene Energieversorgung mit Strom und Gas betreffen (zB Fernwärme, Öl), unterfallen dagegen nicht dem Regime der §§ 111a–c (s. Theobald/Kühling/Ahnis Vor §§ 111a–111c Rn. 16 f.). Die Breite der Sachverhalte wird in den jährlichen Tätigkeitsberichten der Schlichtungsstelle Energie (verfügbar unter www.schlichtungsstelle-energie.de/presse; zur Schlichtungsstelle → § 111b Rn. 2 f.) erkennbar; nachdem dem Schlichtungsantrag stets eine erfolglose Verbraucherbeschwerde vorausgehen muss (→ § 111b Rn. 1, → § 111b Rn. 10), bietet sich hier auch ein Bild der Themen der Verbraucherbeschwerden.

10 Das mit der Beschwerde konfrontierte Unternehmen ist verpflichtet, binnen einer **Frist von vier Wochen** nach Eingang der Beschwerde zu antworten. Eine Fristverlängerung ist nicht vorgesehen, sodass der Verbraucher nach Verstreichen der Frist in jedem Fall das Schlichtungsverfahren nach § 111b einleiten kann (→ § 111b Rn. 10 ff.), auch wenn die Untersuchung des Unternehmens noch andauert und binnen der Frist nur eine spätere Entscheidung angekündigt wird oder zusätzliche Angaben erbeten werden (Theobald/Kühling/Ahnis § 111a Rn. 25; Bourwieg/Hellermann/Hermes/Rüdiger § 111a Rn. 19 f.; anders Kment EnWG/Schex § 111a Rn. 15, nach dem in der Vier-Wochen-Frist nur eine Erstreaktion oder ein Zwischenbescheid gefordert ist; so wohl auch Säcker EnergieR/Keßler § 111a Rn. 12; dann bliebe aber offen, zu welchem Zeitpunkt der Schlichtungsantrag zulässig wäre).

11 Eine **ablehnende Antwort** muss das Unternehmen gem. Satz 2 **in Textform begründen** und mit dem **Verweis auf die Möglichkeit des Schlichtungsverfahrens** nach § 111b verbinden; die durch Gesetz v. 19.2.2016 (BGBl. I 254) eingefügten Sätze 3 und 4 des § 111a bekräftigen die Funktion der Verbraucherbeschwerde als Vorstufe des Schlichtungsverfahrens, indem sie das Unternehmen sowohl generell als auch speziell in seiner Antwort auf die Beschwerde zum Hinweis auf die Möglichkeit des Schlichtungsverfahrens verpflichten.

12 Zudem muss das mit der Beschwerde befasste Unternehmen nach dem mit Gesetz v. 16.1.2012 (BGBl. I 74) eingefügten heutigen Satz 5 (zunächst Satz 3) andere an der Leistungserbringung beteiligte Unternehmen informieren, die Abhilfe schaffen könnten; auch diese Verpflichtung steht im Zusammenhang mit dem ggf. folgenden Schlichtungsverfahren, in das diese Unternehmen durch die Schlichtungsstelle einbezogen werden können (→ § 111b Rn. 5).

13 Eine **Beachtung dieser Verpflichtungen** kann der Verbraucher selbst **nicht erzwingen,** er kann in Reaktion auf eine Pflichtverletzung nur die nächste Stufe des Schlichtungsverfahrens einleiten (→ § 111b Rn. 10 ff.) oder zur Klärung seiner Rechte vor Gericht ziehen; ein Pflichtverstoß des Unternehmens bei der Behandlung der Beschwerde kann jedoch gem. § 65 – ggf. auch auf Antrag eines Verbrauchers – **durch die Regulierungsbehörde sanktioniert** werden (Elspas/Graßmann/Rasbach/Höffgen § 111a Rn. 3; Säcker EnergieR/Keßler § 111a Rn. 13; Kment EnWG/Schex § 111a Rn. 19). Aus den jährlichen Tätigkeitsberichten der Schlichtungsstelle Energie (→ Rn. 9) ergibt sich aber, dass die meis-

ten Unternehmen inzwischen über ein funktionierendes Beschwerdemanagement verfügen (siehe zB den Tätigkeitsbericht 2020 der Schlichtungsstelle Energie, 6).

Eine Regelung zur Kostentragung für die Beschwerde und für ihre Behandlung ist im Gesetz nicht vorgesehen; damit trägt jede Seite ihre eigenen Kosten, wenn sich ein Anspruch nicht im Einzelfall aus anderen Grundlagen herleiten lässt (Elspas/Graßmann/Rasbach/Höffken § 111a Rn. 36; Kment EnWG/Schex § 111a Rn. 21). 14

§ 111b Schlichtungsstelle, Verordnungsermächtigung

(1) [1]Zur Beilegung von Streitigkeiten zwischen Unternehmen und Verbrauchern über den Anschluss an das Versorgungsnetz, die Belieferung mit Energie sowie die Messung der Energie kann die anerkannte oder beauftragte Schlichtungsstelle angerufen werden. [2]Sofern ein Verbraucher eine Schlichtung bei der Schlichtungsstelle beantragt, ist das Unternehmen verpflichtet, an dem Schlichtungsverfahren teilzunehmen. [3]Der Antrag des Verbrauchers auf Einleitung des Schlichtungsverfahrens ist erst zulässig, wenn das Unternehmen im Verfahren nach § 111a der Verbraucherbeschwerde nicht abgeholfen hat. [4]Die Schlichtungsstelle kann andere Unternehmen, die an der Belieferung des den Antrag nach Satz 2 stellenden Verbrauchers bezüglich des Anschlusses an das Versorgungsnetz, der Belieferung mit Energie oder der Messung der Energie beteiligt sind, als Beteiligte im Schlichtungsverfahren hinzuziehen. [5]Das Recht der Beteiligten, die Gerichte anzurufen oder ein anderes Verfahren nach diesem Gesetz zu beantragen, bleibt unberührt.

(2) Sofern wegen eines Anspruchs, der durch das Schlichtungsverfahren betroffen ist, ein Mahnverfahren eingeleitet wurde, soll der das Mahnverfahren betreibende Beteiligte auf Veranlassung der Schlichtungsstelle das Ruhen des Mahnverfahrens bewirken.

(3) [1]Das Bundesministerium für Wirtschaft und Energie kann im Einvernehmen mit dem Bundesministerium der Justiz und für Verbraucherschutz eine privatrechtlich organisierte Einrichtung als zentrale Schlichtungsstelle zur außergerichtlichen Beilegung von Streitigkeiten nach Absatz 1 anerkennen. [2]Die Anerkennung ist im Bundesanzeiger bekannt zu machen und der Zentralen Anlaufstelle für Verbraucherschlichtung nach § 32 Absatz 2und 4 des Verbraucherstreitbeilegungsgesetzes vom 19. Februar 2016 (BGBl. I S. 254), das durch Artikel 1 des Gesetzes vom 30. November 2019 (BGBl. I S. 1942) geändert worden ist, mitzuteilen.

(4) Eine privatrechtlich organisierte Einrichtung kann nach Absatz 3 Satz 1 als Schlichtungsstelle anerkannt werden, wenn sie die Voraussetzungen für eine Anerkennung als Verbraucherschlichtungsstelle nach dem Verbraucherstreitbeilegungsgesetz erfüllt, soweit das Energiewirtschaftsgesetz keine abweichenden Regelungen trifft.

(5) [1]Die anerkannte Schlichtungsstelle hat dem Bundesministerium für Wirtschaft und Energie und dem Bundesministerium der Justiz und für Verbraucherschutz jährlich über ihre Organisations- und Finanzstruktur zu berichten. [2]§ 34 des Verbraucherstreitbeilegungsgesetzes bleibt unberührt.

(6) [1]Die anerkannte Schlichtungsstelle kann für ein Schlichtungsverfahren von den nach Absatz 1 Satz 2 und 4 beteiligten Unternehmen ein Entgelt erheben. [2]Die Höhe des Entgelts nach Satz 1 muss im Verhältnis zum Aufwand der anerkannten Schlichtungsstelle angemessen sein und den ordnungsgemäßen Geschäftsbetrieb sicherstellen. [3]Bei offensichtlich missbräuchlichen Anträgen nach Absatz 1 Satz 2 kann auch von dem Verbraucher ein Entgelt verlangt werden, welches 30 Euro nicht überschreiten darf. [4]Einwände gegen Rechnungen berechtigen gegenüber der anerkannten Schlichtungsstelle zum Zahlungsaufschub oder zur Zahlungsverweigerung nur, soweit die ernsthafte Möglichkeit eines offensichtlichen Fehlers besteht. [5]Für Streitigkeiten über Schlichtungsentgelte ist örtlich ausschließlich das Gericht zuständig, in dessen Bezirk die anerkannte Schlichtungsstelle ihren Sitz hat.

(7) ¹Solange keine privatrechtlich organisierte Einrichtung als Schlichtungsstelle nach Absatz 4 anerkannt worden ist, hat das Bundesministerium für Wirtschaft und Energie die Aufgaben der Schlichtungsstelle durch Rechtsverordnung im Einvernehmen mit dem Bundesministerium der Justiz und für Verbraucherschutz ohne Zustimmung des Bundesrates einer Bundesoberbehörde oder Bundesanstalt (beauftragte Schlichtungsstelle) zuzuweisen und deren Verfahren sowie die Erhebung von Gebühren und Auslagen zu regeln. ²Soweit dieses Gesetz keine abweichenden Regelungen trifft, muss die beauftragte Schlichtungsstelle die Anforderungen nach dem Verbraucherstreitbeilegungsgesetz erfüllen.

(8) ¹Die anerkannte und die beauftragte Schlichtungsstelle sind Verbraucherschlichtungsstellen nach dem Verbraucherstreitbeilegungsgesetz. ²Das Verbraucherstreitbeilegungsgesetz ist anzuwenden, soweit das Energiewirtschaftsgesetz keine abweichenden Regelungen trifft. ³Die Schlichtungsstellen sollen regelmäßig Schlichtungsvorschläge von allgemeinem Interesse für den Verbraucher auf ihrer Webseite veröffentlichen.

(9) Die Befugnisse der Regulierungsbehörden auf der Grundlage dieses Gesetzes sowie der Kartellbehörden auf Grundlage des Gesetzes gegen Wettbewerbsbeschränkungen bleiben unberührt.

Überblick

§ 111b enthält die zentralen Regelungen zur Verbraucherschlichtung nach dem EnWG: Geregelt werden der institutionelle Rahmen der Schlichtungsstelle (→ Rn. 2 ff.), das Verfahren (→ Rn. 4 ff.) und insbesondere die Kosten (→ Rn. 21 ff.).

Übersicht

	Rn.		Rn.
A. Allgemeines	1	5. Das Verhältnis zu gerichtlichen und behördlichen Verfahren	16
B. Die anerkannte Schlichtungsstelle	2		
C. Das Schlichtungsverfahren	4	D. Die Kosten der Schlichtung	21
I. Die Verfahrensbeteiligten	4	I. Der gesetzliche Rahmen	21
II. Der Verfahrensablauf	6	II. Die Ausfüllung durch die Kostenordnung der Schlichtungsstelle	23
1. Die Regelungen zum Verfahrensablauf	6		
2. Der Schlichtungsantrag	10	III. Die Beurteilung durch die Rechtsprechung	29
3. Der weitere Ablauf des Verfahrens	11		
4. Die abschließende Entscheidung/Empfehlung	13	IV. Die Durchsetzung der Kostenforderung	32

A. Allgemeines

1   Das Schlichtungsverfahren nach § 111b bildet die **zweite Stufe der außergerichtlichen Streitbeilegung** nach der zuvor zwingend notwendigen Verbraucherbeschwerde gem. § 111a. Ein Konflikt zwischen Verbraucher und Energieversorgungsunternehmen kann danach einer Schlichtungsstelle unterbreitet werden, die für zulässige Anträge (→ Rn. 10 ff.) einen für die Parteien nicht verbindlichen Lösungsvorschlag (Empfehlung) vorlegt (→ Rn. 13 ff.).

B. Die anerkannte Schlichtungsstelle

2   Die § 111b Abs. 3–5 sehen als vorrangige Lösung die Übernahme der Schlichtung durch eine **vom Staat anerkannte private Schlichtungsstelle** vor. Eine solche Schlichtungsstelle wurde im September 2011 mit der **Schlichtungsstelle Energie e.V.** gegründet (s. Wolst EnWZ 2013, 455 ff.; Ehricke Energiesektor/Wolst S. 91 ff.; www.schlichtungsstelle-energie.de) und im Anschluss durch das BMWi anerkannt (BAnz. 2011, 3977); eine Beleihung ist mit dieser Anerkennung nicht verbunden, weil der Schlichtungsstelle keine hoheitlichen Aufgaben übertragen werden (zutr. Theobald/Kühling/Ahnis § 111b Rn. 57; zum damit verbundenen Problem der Einforderung der Schlichtungskosten → Rn. 32 ff.).

Diese Schlichtungsstelle nimmt die gesetzliche Aufgabe seitdem wahr, sodass auf die in § 111b Abs. 7 als Auffanglösung vorgesehene Benennung einer Behörde als beauftragte Schlichtungsstelle bisher nicht zurückgegriffen werden musste. Mitglieder des Trägervereins sind Unternehmen des Energiesektors sowie Verbände der Unternehmens- wie der Verbraucherseite (s. zum Mitgliederstand den Tätigkeitsbericht 2022 der Schlichtungsstelle Energie, 4). Eine **staatliche Kontrolle über die Tätigkeit der Schlichtungsstelle** wird durch die in § 111b Abs. 5 festgehaltene jährliche Berichtspflicht gesichert. Zusätzlich verweist die Bestimmung auf die Regelung in § 34 des Gesetzes über die alternative Streitbeilegung in Verbrauchersachen v. 19.2.2016 (BGBl. I 254; dazu Gössl NJW 2016, 838 ff.), die zusätzliche Transparenzpflichten gegenüber der Öffentlichkeit vorsieht; hierzu gehört gem. § 34 Abs. 1 VSBG u.a. die Veröffentlichung eines jährlichen Tätigkeitsberichts. Aus dem VSBG ergeben sich zudem zentrale Vorgaben für die Struktur von Verbraucherschlichtungsstellen (§§ 6 ff. VSBG), die angesichts des Fehlens spezieller Bestimmungen im EnWG auch für die Schlichtungsstelle Energie maßgeblich sind (§ 111b Abs. 8 S. 2). 3

C. Das Schlichtungsverfahren

I. Die Verfahrensbeteiligten

Auf der Kundenseite sind diejenigen Verbraucher antragsberechtigt, die auch die vorgelagerte Verbraucherbeschwerde erheben können (→ § 111a Rn. 6); im Bereich der §§ 111a–111c gilt einheitlich der enge Verbraucherbegriff, nach dem nur der Erwerb zu privaten Zwecken erfasst ist. Für Unternehmen besteht die **Verpflichtung zur Teilnahme am Verfahren,** wenn es durch den Verbraucher eingeleitet wird; diese Teilnahmepflicht wird in der Literatur insbesondere aufgrund der aus der Teilnahme resultierenden Kostenbelastung (→ Rn. 21 ff.) kritisiert (s. Lange RdE 2012, 41 (42); Bourwieg/Hellermann/Hermes/Rüdiger § 111b Rn. 15), sie entspricht aber im Grundsatz unionsrechtlichen Vorgaben, da der von den Energiebinnenmarktrichtlinien geforderte Zugang des Verbrauchers zu einem Schlichtungssystem effektiv nur gewährleistet werden kann, wenn die Gegenseite zur Teilnahme verpflichtet wird (Kment EnWG/Schex § 111b Rn. 2; anders wohl Bourwieg/Hellermann/Hermes/Rüdiger § 111b Rn. 15). Nur bei der Regelung der Kostenfolgen, die letztlich den Kern der Kritik bilden, hätte der nationale Gesetzgeber weitergehende Gestaltungsfreiheit (dazu OLG Köln EnWZ 2016, 180 (184) mAnm Ahnis). Über Zwangsmittel zur Durchsetzung der Teilnahmepflicht verfügt die Schlichtungsstelle allerdings nicht; im Fall einer Verweigerung bleibt ihr nur die Entscheidung nach Aktenlage (Kment EnWG/Schex § 111b Rn. 2). 4

Nach § 111b Abs. 1 S. 4, der durch Art. 3 Nr. 4 des Gesetzes zur Änderung des EnWG v. 16.1.2012 (BGBl. I 74) eingefügt wurde, kann die Schlichtungsstelle auch **Drittunternehmen,** die an der Erbringung der Leistung gegenüber dem Verbraucher beteiligt sind, mit verpflichtender Wirkung **zum Verfahren hinzuziehen;** die Regelung hat vor allem zur Konsequenz, dass diese Drittunternehmen gemäß der Formulierung in § 111b Abs. 6 auch an den Verfahrenskosten beteiligt werden, was dem zunächst allein in Anspruch genommenen Unternehmen insoweit einen eigenständigen Regress erspart (s. Bourwieg/Hellermann/Hermes/Rüdiger § 111b Rn. 17 f.; Kment EnWG/Schex § 111b Rn. 3). Die hinzugezogenen Unternehmen haben die gleichen Verfahrensrechte (rechtliches Gehör, Akteneinsicht) wie die ursprünglich Beteiligten. 5

II. Der Verfahrensablauf

1. Die Regelungen zum Verfahrensablauf

Das **Schlichtungsverfahren** ist in § 111b **nur in Ansätzen geregelt.** Zusätzlich gelten seit 2016 die Regelungen des Gesetzes über die alternative Streitbeilegung in Verbrauchersachen (→ Rn. 3), die mit der RL 2013/11/EU v. 21.5.2013 über die alternative Beilegung verbraucherrechtlicher Streitigkeiten, ABl. 2013 L 165/63, ebenfalls auf eine unionsrechtliche Grundlage zurückgehen (zu dieser Richtlinie s. zB Engel NJW 2015, 1633 ff.; Hakenberg EWS 2014, 181 ff.; Owsiany-Hornung RDUE 2014, 87 ff.; Wagner 51 CMLRev. (2014), 165 ff.); sie sind gem. § 111b Abs. 8 S. 2 anwendbar, soweit das EnWG keine Regelung 6 trifft (Theobald/Kühling/Ahnis § 111b Rn. 66; Elspas/Graßmann/Rasbach/Höffken § 111b Rn. 1).

7   Dieser Verweis betrifft zB die für das Verfahren geltenden Fristen, nachdem gem. § 20 Abs. 2 VSBG Schlichtungsverfahren **binnen 90 Tagen** nach Vorliegen der vollständigen Beschwerdeakte (was gem. § 20 Abs. 1 S. 2 VSBG auch die Gelegenheit der Parteien zur Stellungnahme erfasst) abgeschlossen werden sollen. Auch diese Frist geht auf immer weiter präzisierte unionsrechtliche Vorgaben zurück: Anhang I (1) lit. f RL Elektrizitäts-Binnenmarkt-Richtlinie 2009/72/EG und Anhang I lit. f Gas-Binnenmarkt-Richtlinie (RL 2009/73/EG, → § 111a Rn. 2) hatten noch ohne Angaben zum Fristbeginn eine Frist von drei Monaten genannt. Art. 8 lit. e RL 2013/11/EU (→ Rn. 6) sieht die nun maßgeblichen 90 Tage **ab Eingang der Beschwerdeakte** vor; auch die in § 20 Abs. 3 VSBG vorgesehene Möglichkeit der Verlängerung der Frist durch die Schlichtungsstelle „bei besonders schwierigen Streitigkeiten" geht auf eine Vorgabe in Art. 8 lit. e RL 2013/11/EU zurück.

8   Auch für die **Verfahrenssprache** besteht eine Regelung in § 12 VSBG: Danach ist die Verfahrenssprache grundsätzlich Deutsch, durch die Satzung der Schlichtungsstelle oder individuelle Vereinbarungen mit den Parteien können aber auch andere Sprachen zugelassen werden (s. Elspas/Graßmann/Rasbach/Höffken § 111b Rn. 10).

9   Im Übrigen gelten die Regeln der von der Schlichtungsstelle erlassenen **Verfahrensordnung** (derzeit in der Fassung v. 1.1.2018; verfügbar unter www.schlichtungsstelle-energie.de), die gem. § 1 Abs. 1 S. 2 VSBG aber von den Vorgaben der §§ 2 und 41 VSBG nicht abweichen darf.

2. Der Schlichtungsantrag

10 Eingeleitet wird das Verfahren durch den Schlichtungsantrag (§ 3 VerfO), dem zwingend die **erfolglose Verbraucherbeschwerde** gegenüber dem Unternehmen gem. § 111a vorangegangen sein muss; diese Voraussetzung ist auch im Fall einer Teilabhilfe durch das Unternehmen erfüllt. Im Regelfall wird der Antrag durch den Verbraucher gestellt werden. Ob auch Unternehmen die Einleitung des Schlichtungsverfahrens gegen einen Verbraucher beantragen können, wird nach dem Wortlaut von § 111b nicht ausdrücklich entschieden; eindeutig ergibt sich im Umkehrschluss aus § 111b Abs. 1 S. 2 nur, dass der Verbraucher in diesem Fall nicht zur Teilnahme verpflichtet ist. In der Literatur wird aus der **Verbraucherorientierung des Schlichtungsverfahrens** teils der Schluss gezogen, dass die Antragstellung der Verbraucherseite vorbehalten ist (so Alexander/Grubert VuR 2020, 336 (349); Theobald/Kühling/Ahnis § 111b Rn. 22; anders wohl Theobald/Kühling/Ahnis Vor §§ 111a–c Rn. 15). Das erscheint aber nicht zwingend, auch weist die unterschiedliche Formulierung der ersten beiden Sätze von § 111b Abs. 1 in die entgegengesetzte Richtung, sodass grundsätzlich auch der Antrag eines Unternehmens zulässig ist, das einer Verbraucherbeschwerde nach § 111a nicht abgeholfen hat (dafür Salje RdE 2011, 325 (331); Bourwieg/Hellermann/Hermes/Rüdiger § 111b Rn. 10). Aufgrund der in dieser Konstellation fehlenden Teilnahmepflicht der Gegenseite und der für die Unternehmen nachteiligen Kostenregelung (→ Rn. 21 ff.) erscheint dies aber als eher theoretische Option (so zu Recht Elspas/Graßmann/Rasbach/Höffgen § 111b Rn. 12).

3. Der weitere Ablauf des Verfahrens

11 Nach Prüfung der Zulässigkeit des Antrags (§ 5 VerfO) wird dieser dem Antragsgegner übermittelt, dem Gelegenheit zur Einigung mit dem Antragsteller binnen drei Wochen gegeben wird (§ 6 Abs. 1 VerfO, sog. sofortige Abhilfe). Im Anschluss kann die Schlichtungsstelle in einem zweiten Schritt den Beteiligten einen **Einigungsvorschlag** unterbreiten (§ 6 Abs. 2 VerfO, sog. **Moderationsverfahren**). Wenn diese beiden Stufen erfolglos durchlaufen sind, ist geklärt, dass das Verfahren durch eine **Schlichtungsempfehlung** abgeschlossen werden muss (§ 6 Abs. 3 VerfO). Zuletzt war dies bei 4 Prozent der im Jahr 2022 behandelten über 14.000 Anträgen der Fall, womit nur ein kleiner Teil der Anträge mit einer förmlichen Empfehlung abgeschlossen wurde. Demgegenüber wurden 12 Prozent der Anträge als unzulässig eingestuft und weitere 12 Prozent zurückgenommen; 40 Prozent der Anträge wurden durch sofortige Abhilfe und 32 Prozent durch Moderation erledigt (Tätigkeitsbericht 2022 der Schlichtungsstelle Energie, 8).

Das weitere Verfahren richtet sich dann nach § 7 VerfO (zu den Vorgaben in § 111b **12**
und im VSBG → Rn. 6 ff.): Danach erfolgt das Verfahren ohne mündliche Verhandlung
schriftlich oder in Textform (§ 7 Abs. 4 S. 1 VerfO); eine mündliche Erörterung ist möglich, wenn die Beteiligten dies beantragen (§ 7 Abs. 4 S. 6 VerfO). Eine förmliche **Beweisaufnahme erfolgt nicht** (§ 7 Abs. 4 S. 5 VerfO), was die Effektivität des Schlichtungsverfahrens insbesondere bei den häufigen Streitigkeiten um die Abrechnung von vermeintlich
überhöhten Verbrauchsmengen einschränkt (s. dazu zB den Tätigkeitsbericht 2020 der
Schlichtungsstelle Energie, 12). Die gesetzlichen, ihrerseits unionsrechtlich vorgegebenen
Fristenrahmen für die Erledigung (→ Rn. 7) werden in § 7 Abs. 5 VerfO wiederholt. Der
Verfahrensökonomie dient § 7 Abs. 6 VerfO, nach dem bei mehreren Beschwerden in gleichgelagerten Fällen ein Beschwerdefall als **Musterfall** vorab geschlichtet werden kann, bis zu
dessen Entscheidung die anderen Verfahren ruhen.

4. Die abschließende Entscheidung/Empfehlung

Der für die abschließende Empfehlung der Schlichtungsstelle maßgebliche **Beurteilungs-** **13**
maßstab wird weder in den Energiebinnenmarktrichtlinien noch im EnWG ausdrücklich
festgelegt (s. Recknagel FS Salje, 2013, 357 (367)). § 8 VerfO schließt diese Lücke und hält
fest, dass die Empfehlung „**nach Recht und Gesetz**" erfolgt; Entscheidungen nach Billigkeit sind danach nicht zulässig. Dem entspricht, dass gem. § 1 Abs. 1 S. 4 VerfO die für die
Empfehlungen der Schlichtungsstelle verantwortliche Ombudsperson die **Befähigung zum**
Richteramt haben muss.

Die von der Schlichtungsstelle ausgesprochene Empfehlung ist aus sich heraus für keine **14**
Seite verbindlich (krit. dazu Lange RdE 2012, 41 (43 f.)); die zunächst in der Satzung
vorgesehene Möglichkeit einer Bindung der Unternehmen, die Mitglied des Trägervereins
der Schlichtungsstelle sind, an die Empfehlung (s. Recknagel FS Salje, 2013, 357 (370))
wurde bereits 2013 wieder gestrichen (s. Rosin/Pohlmann/Gentzsch/Metzenthin/Böwing/
Heublein § 111b Rn. 25 f.) – zu Recht, weil damit eine unterschiedliche Behandlung der
beteiligten Unternehmen und auch eine unterschiedliche Bindung von Unternehmen und
Verbrauchern begründet worden wäre. Zwischenzeitlich hält § 5 Abs. 2 VSBG generell fest,
dass Empfehlungen von Verbraucherschlichtungsstellen **keine Verbindlichkeit** entfalten.

In § 9 Abs. 2 S. 3 VerfO ist jedoch vorgesehen, dass sich die Parteien binnen 14 Tagen **15**
dazu äußern sollen, ob sie die Empfehlung anerkennen. Wenn dies übereinstimmend erfolgt,
kann das als **verbindliche vertragliche Einigung zwischen den Parteien** verstanden
werden (Elspas/Graßmann/Rasbach/Höffken § 111b Rn. 21); die Schlichtungsstelle fungiert
insoweit als Empfangsbotin für die Erklärungen der Parteien, wird aber selbst nicht Vertragspartei (Alexander/Grubert VuR 2020, 336 (339)); einen Vertrag zugunsten Dritter erwägend
dagegen Theobald/Kühling/Ahnis § 111b Rn. 4).

5. Das Verhältnis zu gerichtlichen und behördlichen Verfahren

Das Verhältnis zwischen Streitschlichtung und **gerichtlichen Verfahren** ist in § 111b **16**
nur in Ansätzen geregelt, während das Verhältnis zu behördlichen Verfahren in § 111c eine
gesonderte und ausführlichere Regelung gefunden hat (→ § 111c Rn. 1 ff.). § 111b Abs. 1
S. 5 macht nur deutlich, dass der Rechtsweg durch die Einleitung eines Schlichtungsverfahrens nicht versperrt wird; tatsächlich bildet die Schlichtungsstelle **keine Gütestelle nach**
§ 15a EGZPO, es handelt sich also nicht um ein obligatorisches vorgerichtliches Verfahren
(Theobald/Kühling/Ahnis § 111b Rn. 3; Bourwieg/Hellermann/Hermes/Rüdiger § 111b
Rn. 22).

Nähere Bestimmungen finden sich dann in der Verfahrensordnung: Nach § 4 Abs. 4 Nr. 2 **17**
VerfO findet sogar umgekehrt ein **Schlichtungsverfahren nicht statt, wenn ein gerichtli-**
ches Verfahren rechtshängig oder schon abgeschlossen ist; eine Ausnahme gilt nach dieser
Bestimmung, wenn das Gericht nach § 278a Abs. 2 ZPO im Hinblick auf das Schlichtungsverfahren das Ruhen des Verfahrens anordnet. Wird ein gerichtliches Verfahren **nach Einlei-**
tung der Schlichtung anhängig, kann die Schlichtungsstelle die weitere Durchführung des
Verfahrens gem. § 5 Abs. 2 VerfO ebenfalls ablehnen (noch → Rn. 26). Diese Einschränkungen entsprechen dem Zweck der gesetzlichen Regelung, weil in diesen Konstellationen das

Ziel der Vermeidung einer gerichtlichen Auseinandersetzung nicht mehr erreichbar ist (krit. aber Salje RdE 2011, 325 (331)).

18 Eine Ausnahme sieht § 111b Abs. 2 allerdings für **Mahnverfahren** vor: Hier soll die betreibende Seite das Ruhen des Verfahrens während der Schlichtung herbeiführen (krit. zu dieser abweichenden Behandlung Recknagel FS Salje, 2013, 357 (369)). Diese Gegenausnahme lässt sich damit rechtfertigen, dass mit dem Mahnverfahren zunächst noch keine inhaltliche Klärung der Rechtslage verbunden ist. Ein förmliches Ruhen des Verfahrens ist im Mahnverfahren der ZPO allerdings nicht vorgesehen; § 111b Abs. 2 ist daher dahin zu verstehen, dass dieses Verfahren nicht aktiv weiter betrieben werden soll (s. Kment EnWG/Schex § 111b Rn. 15).

19 Während des Laufs des Schlichtungsverfahrens ist gem. § 204 Abs. 1 Nr. 4 lit. a BGB die **Verjährung der betroffenen Ansprüche gehemmt,** da ein Verfahren vor einer „staatlich anerkannten Streitbeilegungsstelle" im Sinne dieser Bestimmung vorliegt (Säcker EnergieR/Keßler § 111b Rn. 22; Elspas/Graßmann/Rasbach/Höffken § 111b Rn. 31 ff.); die Hemmung endet gem. § 204 Abs. 2 BGB nach Ablauf von sechs Monaten nach Beendigung des Schlichtungsverfahrens.

20 Das Verhältnis zu behördlichen Verfahren wird in § 111b Abs. 9 nur knapp mit der Feststellung angesprochen, dass die **Zuständigkeiten der Kartell- und Regulierungsbehörden unberührt** bleiben; die unmittelbare Regelung dazu findet sich in § 111c Abs. 1 (→ § 111c Rn. 1 ff.).

D. Die Kosten der Schlichtung

I. Der gesetzliche Rahmen

21 Ein neuralgischer Punkt der Schlichtungsregelungen, der auch schon zu gerichtlichen Auseinandersetzungen geführt hat (→ Rn. 29 ff.), ist die Frage der Kosten: § 111b Abs. 6 hält insoweit fest, dass die Schlichtung **für die Verbraucher** – vorbehaltlich der Erhebung einer Missbrauchsgebühr von maximal 30 EUR (§ 111b Abs. 6 S. 6; parallel § 23 Abs. 1 VSBG) – **kostenfrei** ist. Die Regelung geht damit über die Vorgaben des Unionsrechts hinaus, die nur eine für die Verbraucher kostengünstige Schlichtungsmöglichkeit verlangen (Art. 8 lit. c RL 2013/11/EU, → Rn. 6): „für den Verbraucher kostenlos oder gegen eine Schutzgebühr zugänglich"; aA Säcker EnergieR/Keßler § 111b Rn. 27, der die Kostenfreiheit als Vorgabe des EU-Rechts sieht und sich dafür auf die Empfehlung 98/257/EG (→ § 111a Rn. 1) bezieht; diese Empfehlung ist jedoch nicht verbindlich (→ § 111a Rn. 1) und verlangt zudem Kostenfreiheit auch nicht uneingeschränkt (s. Pkt. IV der Empfehlung: „Unentgeltlichkeit des Verfahrens oder zumindest gesicherte Inanspruchnahme zu moderaten Kosten"; s. zutr. Recknagel FS Salje, 2013, 357 (370 f.)).

22 Im Übrigen beschränkt sich das Gesetz auf die Feststellung, dass die Schlichtungsstelle von den beteiligten Unternehmen ein Entgelt erheben kann, und dass dessen Höhe im Verhältnis zum Aufwand der Schlichtungsstelle angemessen sein muss; eine nähere Regelung der Gebühren im Verordnungsweg sieht nur § 111b Abs. 7 S. 1 für den Fall der nicht Realität gewordenen beauftragten Schlichtungsstelle (→ Rn. 3) vor (zu den Konsequenzen dieses Regelungsverzichts auch noch → Rn. 32 ff.). Der damit gesetzte Rahmen wird durch die von der Schlichtungsstelle beschlossene Kostenordnung ausgefüllt.

II. Die Ausfüllung durch die Kostenordnung der Schlichtungsstelle

23 Die Kostenbelastung der an der Schlichtung beteiligten Unternehmen wird vor allem durch die von der Schlichtungsstelle beschlossene **Kostenordnung** (verfügbar unter www.schlichtungsstelle-energie.de) bestimmt, die von der Schlichtungsstelle jährlich überprüft wird und bereits mehrfach angepasst wurde. Sie sieht grundsätzlich Fallpauschalen vor und verzichtet auf eine Orientierung an Streitwerten, sodass die für die Unternehmen anfallenden Gebühren „damit deutlich höher als die staatlicher Gerichte" sein können (so LG Berlin EnWZ 2014, 226; s. auch LG Düsseldorf BeckRS 2017, 153491 Rn. 15).

24 Dieses Ergebnis erscheint zunächst befremdend; es ist aber wohl unvermeidlich, nachdem zum einen gemäß der gesetzlichen Vorgabe die Verbraucherseite von Kosten freizuhalten ist und zum anderen in diesem Segment typischerweise eher niedrige Streitwerte vorliegen,

sodass die im Bereich der Gerichtsgebühren mögliche „Quersubventionierung" der Kosten kleinerer Verfahren durch solche mit hohen Streitwerten nicht durchführbar ist (s. Gundel RdE 2014, 136 (137)). Gegenüber Verbrauchern sieht die KostO entsprechend den gesetzlichen Vorgaben (→ Rn. 21) nur eine **Missbrauchsgebühr von maximal 30 EUR** vor (§ 5 Abs. 2 KostO).

In der Literatur finden sich Bedenken gegen die Gestaltung, weil sie zum einen in Fällen, **25** in denen die Position des Unternehmens sich als rechtmäßig erweist, dem Gerechtigkeitsempfinden widerspricht (Elspas/Graßmann/Rasbach/Höffken § 111b Rn. 52) und zum anderen für die Unternehmen einen Anreiz setzt, auch unberechtigte Verbraucherforderungen anzuerkennen, um den Anfall der Fallpauschale zu vermeiden, die eben auch bei einem Ausgang zugunsten des Unternehmens zu seinen Lasten geht (Rüdiger IR 2012, 146 (148); Theobald/Kühling/Ahnis § 111b Rn. 52, 54a).

Zur Abwehr von als unberechtigt angesehenen Forderungen können die Unternehmen **26** auch die für den Verbraucher nachteilige Taktik verfolgen, selbst unmittelbar eine gerichtliche Klage zu erheben, was zur Einstellung des Schlichtungsverfahrens (→ Rn. 17) und damit nur zum Anfall der geringeren Einstellungsgebühr führt, während der Verbraucher dadurch in eine gerichtliche Auseinandersetzung verwickelt werden, die sie mit der Wahl des Wegs der Schlichtung vermeiden wollten (dazu Britz/Hellermann/Hermes/Rüdiger, 3. Aufl., § 111b Rn. 25 f.; s. auch den Beklagtenvortrag in LG Düsseldorf BeckRS 2017, 153491 Rn. 15; tatsächlich ist diese Reaktion vereinzelt weiter festzustellen, s. den Tätigkeitsbericht 2020 der Schlichtungsstelle Energie, 10).

Diese eher rechtspolitischen Einwände können die Geltung der gesetzlichen Weichenstel- **27** lung, mit der die Kosten bei den beteiligten Unternehmen verortet werden, allerdings nicht in Frage stellen (noch → Rn. 30 f. zur verfassungsrechtlichen Bewertung). Zudem wurden mit der Neufassung der KostO 2017 weitere Differenzierungen vorgenommen, die die Gefahren einer solchen Fehlsteuerung begrenzen: Danach kann die Regelpauschale von 450 EUR für Fälle, in denen eine Empfehlung zur Begründetheit ausgesprochen wurde, auf 150 EUR reduziert werden, wenn die Empfehlung der Beschwerde für unbegründet erklärt und das Unternehmen dies schon mit zutreffender Begründung im Beschwerdeverfahren nach § 111a geltend gemacht hatte (§ 4 Abs. 6 S. 4 KostO idF 1.1.2017).

Ebenso wie schon im Beschwerdeverfahren nach § 111a (→ § 111a Rn. 14) ist eine **28** Erstattung der Kosten der Verfahrensbeteiligten durch die Gegenseite nicht vorgesehen (s. explizit § 11 Abs. 3 VerfO).

III. Die Beurteilung durch die Rechtsprechung

Auch vor Einführung der Differenzierungen bei der Kostenbelastung der Unternehmen **29** hatte die Rechtsprechung die Entgeltregeln der Schiedsstelle grundsätzlich gebilligt (LG Berlin 13.2.2014 – 93 O 114/12, RdE 2014, 132 mAnm Gundel = IR 2014, 65 mAnm Wollschläger/Wirth zur KostO 2012, aber mit Zweifeln an der Angemessenheit der dort nicht anwendbaren KostO 2013; zur KostO 2013, mit der die Fallpauschale von zuvor 350 auf 450 EUR erhöht worden war, dann positiv LG Köln BeckRS 2014, 15383, bestätigt durch OLG Köln EnWZ 2016, 180 mAnm Ahnis; die Beschwerde gegen die Nichtzulassung der Revision wurde zurückgewiesen durch BGH 15.11.2016 – EnZR 19/16; weiter LG Düsseldorf BeckRS 2017, 153491; LG Berlin BeckRS 2018, 39314; bestätigt durch KG BeckRS 2021, 36478; dazu Ahnis/Gerth IR 2022, 13 f.).

Grundsätzliche **verfassungsrechtliche Einwände** gegen die Regelung eines für die **30** Unternehmen verpflichtenden und kostenpflichtigen Schlichtungsverfahrens hat vor allem das Urteil des OLG Köln zurückgewiesen und dazu festgehalten, dass die gesetzliche Regelung weder einen Entzug des gesetzlichen Richters noch eine Verletzung des Justizgewährungsanspruchs bedeutet, da der **Rechtsweg nicht abgeschnitten** wird. Auch eine Verletzung der Berufsfreiheit der Unternehmen wurde verneint, weil die Regelung vernünftigen Belangen des Gemeinwohls dient und die Verhältnismäßigkeit wahrt; ebenso eine Verletzung des rechtsstaatlichen Bestimmtheitsgebots durch die knappen gesetzlichen Vorgaben (dazu insgesamt zust. Alexander/Grubert VuR 2020, 336 (340 ff.)).

Einschränkend hat das OLG Köln allerdings in **verfassungskonformer Interpretation** **31** der gesetzlichen Vorgaben festgehalten, dass die erhobenen Kosten sich nicht allein auf den tatsächlichen Aufwand der Schlichtungsstelle beziehen können – dem dann keine effektiven Grenzen gesetzt wären –, sondern dieser Aufwand sich auch in einem **angemessenen Verhältnis zur Bedeutung der Sache** halten muss.

IV. Die Durchsetzung der Kostenforderung

32   Zugleich machen die zu den Schlichtungskosten ergangenen Urteile, die jeweils auf Klagen der Schlichtungsstelle zurückgehen, aber auch deutlich, dass die Schlichtungsstelle diese Kosten bei fehlender Zahlungsbereitschaft des Unternehmens als **zivilrechtliche Forderungen** einklagen muss, nachdem ihr durch die staatliche Anerkennung keine hoheitlichen Befugnisse verliehen wurden (→ Rn. 2); die hoheitliche Erhebung von Gebühren und Auslagen sieht § 111b Abs. 7 S. 1 nur für die Auffanglösung der beauftragten (behördlichen) Schlichtungsstelle vor, die bisher aufgrund der Existenz einer anerkannten (privaten) Schlichtungsstelle nicht realisiert werden musste. Diese Einschränkung kann unter Umständen – etwa bei einer Häufung von Schlichtungsverfahren gegen ein zahlungsunwilliges oder -unfähiges Unternehmen – die Arbeitsfähigkeit der Schlichtungsstelle gefährden (s. Alexander/Grubert VuR 2020, 336 (343)).

33   Die durch Gesetz v. 17.7.2017 (Netzentgeltmodernisierungsgesetz, BGBl. 2017 I 2503) eingefügten Ergänzungen des § 111b Abs. 6 S. 2–5 tragen diesen Problemen Rechnung. Hierzu wird zunächst durch Ergänzung von § 111b Abs. 6 S. 2 festgehalten, dass die Höhe der Entgelte den „ordnungsgemäßen Geschäftsbetrieb sicherstellen" muss; damit soll auch die Bildung von Rücklagen durch die Schlichtungsstelle abgedeckt werden, mit der Schwankungen bei den Antragseingängen und mögliche Forderungsausfälle durch Insolvenzen aufgefangen werden können (Säcker EnergieR/Keßler § 111b Rn. 27; BT-Drs. 18/12999, 19).

34   Die zugleich eingefügten § 111b Abs. 6 S. 4 und 5 treffen zudem Regelungen, die die Durchsetzung der Kostenforderungen der Schlichtungsstelle erleichtern: Nach § 111b Abs. 6 S. 4 besteht eine Berechtigung der Schuldner zur Zahlungsverweigerung nur, wenn die **„ernsthafte Möglichkeit eines offensichtlichen Fehlers besteht"**. Wenn diese Voraussetzung nicht erfüllt ist, bleibt den Verpflichteten nur die **Möglichkeit der Leistung unter Vorbehalt** mit anschließender Rückforderung(-sklage) (s. Elspas/Graßmann/Rasbach/Höffken § 111b Rn. 64; Säcker EnergieR/Keßler § 111b Rn. 27a; BT-Drs. 18/12999, 20).

35   § 111b Abs. 6 S. 5 begründet für Kostenstreitigkeiten die ausschließliche örtliche **Zuständigkeit der Gerichte am Sitz der Schlichtungsstelle.** Damit wird zum einen die Einheitlichkeit der Rechtsprechung gefördert, weil nun nur noch ein Eingangsgericht örtlich für die Forderungen der Schlichtungsstelle zuständig ist, zum anderen wird aber natürlich auch die Arbeit der Schlichtungsstelle faktisch erleichtert.

36   Diese Regelung gilt nach dem eindeutigen Wortlaut des § 111b Abs. 6 S. 5 und entgegen einer Bemerkung in der Beschlussempfehlung des Bundestagsausschusses für Wirtschaft und Energie (BT-Drs. 18/12999, 20) nicht „nur gegenüber Unternehmen", sondern auch für Rechtsstreitigkeiten der Schlichtungsstelle mit Verbrauchern (so zu Recht Elspas/Graßmann/Rasbach/Höffken § 111b Rn. 66; aA Säcker EnergieR/Keßler § 111b Rn. 29, der diese Begründung zu Unrecht mit dem ausdrücklichen Willen des Gesetzgebers gleichsetzt). Der Anwendungsbereich dürfte sich insoweit allerdings auf die Einforderung der Missbrauchsgebühr (→ Rn. 21) beschränken.

37   In Bezug auf die **sachliche Zuständigkeit** wird teils angenommen, dass § 102 einschlägig und damit stets die Zuständigkeit des Landgerichts gegeben ist (so Säcker EnergieR/Keßler § 111b Rn. 29; s. auch BT-Drs. 18/12999, 20); angesichts der teils vertretenen engen Auslegung des § 102, die nur direkt auf dem EnWG beruhende Forderungen einbezieht und Forderungen auf der Grundlage von Verordnungen, die wiederum auf einer Grundlage im EnWG beruhen, ausschließt (s. Elspas/Graßmann/Rasbach/Lerinc § 102 Rn. 6), könnte man sich demgegenüber auf den Standpunkt stellen, dass die Gebührenforderungen sich unmittelbar auf die KostO stützen und damit nicht § 102 unterfallen (für ein Verständnis der KostO als Rechtsgrundlage LG Berlin RdE 2014, 132 (133), das darauf aber nicht abgestellt, sondern die Anwendbarkeit von § 102 offengelassen hat). Allerdings hat der BGH ein solches enges Verständnis zwischenzeitlich verworfen (BGH EnWZ 2018, 152 mAnm Fricke); und auch nach dem engen Verständnis würde damit die eigenständige Tragfähigkeit der KostO, die nicht die Geltungskraft einer auf das EnWG gestützten Rechtsverordnung besitzt, wohl

Zusammentreffen von Schlichtungs- u. Missbrauchs- o. Aufsichtsverfahren **§ 111c EnWG**

überfordert, sodass die Kostenforderung letztlich doch **unmittelbar aus dem EnWG abzuleiten** und damit **§ 102 einschlägig ist**. Die Frage wird allerdings nicht entscheidungserheblich, wenn durch die Zusammenfassung mehrerer Forderungen der Schiedsstelle gegen dasselbe Unternehmen die Streitwertgrenze überschritten wird (so im Fall von LG Köln BeckRS 2014, 15383).

§ 111c Zusammentreffen von Schlichtungsverfahren und Missbrauchs- oder Aufsichtsverfahren

(1) ¹Erhält die Schlichtungsstelle Kenntnis davon, dass gegen den Betreiber eines Energieversorgungsnetzes im Zusammenhang mit dem Sachverhalt, der einem Antrag auf Durchführung eines Schlichtungsverfahrens nach § 111b zugrunde liegt, ein Missbrauchsverfahren nach § 30 Absatz 2 oder ein besonderes Missbrauchsverfahren nach § 31 oder gegen ein Unternehmen (§ 111a Satz 1) ein Aufsichtsverfahren nach § 65 eingeleitet worden ist, ist das Schlichtungsverfahren auszusetzen. ²Die Schlichtungsstelle teilt den Parteien mit, dass sich die Dauer des Schlichtungsverfahrens wegen besonderer Schwierigkeit der Streitigkeit verlängert.

(2) Das nach Absatz 1 ausgesetzte Schlichtungsverfahren ist mit Abschluss des Missbrauchsverfahrens oder Aufsichtsverfahrens unverzüglich fortzusetzen.

(3) ¹Die Schlichtungsstelle und die Regulierungsbehörden können untereinander Informationen einschließlich personenbezogener Daten über anhängige Schlichtungs- und Missbrauchsverfahren austauschen, soweit dies zur Erfüllung ihrer jeweiligen Aufgaben erforderlich ist. ²Es ist sicherzustellen, dass die Vertraulichkeit wirtschaftlich sensibler Daten im Sinne des § 6a gewahrt wird.

Überblick

§ 111c regelt das Verhältnis zwischen dem Verfahren der Verbraucherschlichtung nach § 111b und behördlichen Verfahren nach dem EnWG.

A. Verpflichtung zur Aussetzung des Schlichtungsverfahrens

§ 111c regelt das Verhältnis zwischen der Tätigkeit der Schlichtungsstelle und ggf. parallel 1 bestehenden **Eingriffsmöglichkeiten der Regulierungsbehörde**. Grundsätzlich gilt dabei ein Vorrang der behördlichen Verfahren, das Schlichtungsverfahren ist bis zu ihrem Abschluss auszusetzen; die Verfahrensbeteiligten sind von der Verzögerung nach § 111c Abs. 1 S. 2 zu unterrichten. Die Lösung erscheint auch sachgerecht, weil die Einleitung des behördlichen Verfahrens nahelegt, dass ein Problem vorliegt, das über den im Schlichtungsweg zu erledigenden Einzelfall hinausreicht und **eine verbindliche Lösung erfordert** (s. BT-Drs. 17/6072, 96). Der Begriff des Zusammenhangs mit dem Sachverhalt des Schlichtungsverfahrens ist dabei im Interesse einer einheitlichen Anwendungspraxis grundsätzlich weit auszulegen (Bourwieg/Hellermann/Hermes/Rüdiger § 111c Rn. 6; Elspas/Graßmann/Rasbach/Höffgen § 111c Rn. 4).

Schon rein tatsächliche Voraussetzung für dieses Vorgehen ist die **Kenntnis der Schlich- 2 tungsstelle** von dem parallelen Behördenverfahren. Die Information hierüber kann von den Verfahrensbeteiligten stammen, sie kann aber auch auf anderen Wegen, etwa durch Presseberichte vermittelt werden; in solchen Fällen erscheint aber eine Rückversicherung bei der betroffenen Behörde geboten, um Missverständnisse zu vermeiden und sicherzustellen, dass die Voraussetzungen der Aussetzung tatsächlich vorliegen (Elspas/Graßmann/Rasbach/Höffgen § 111c Rn. 2); die Grundlage für den Informationsaustausch bildet § 111c Abs. 3 (→ Rn. 5 f.).

Für den Verbraucher sollen durch die Aussetzung keine Nachteile entstehen; insbesondere 3 wirkt die **Hemmung der Verjährung** durch das Schlichtungsverfahren gem. § 204 Abs. 1 Nr. 4 BGB (→ § 111b Rn. 19) in dieser Zeit weiter (Säcker EnergieR/Keßler § 111c Rn. 1; Kment EnWG/Schex § 111c Rn. 3; BT-Drs. 17/6072, 96). Die Regelfrist von 90 Tagen für die Behandlung des Schlichtungsantrags (→ § 111b Rn. 7) wird in diesen Fällen allerdings

Gundel

EnWG § 111c Teil 9. Sonstige Vorschriften

häufig nicht eingehalten werden können; § 111c Abs. 1 S. 2 geht dabei davon aus, dass in dieser Konstellation stets eine „besondere schwierige Streitigkeit" iSd § 20 Abs. 3 VSBG (→ § 111b Rn. 7) vorliegt, die eine Verlängerung der Bearbeitungsfrist ermöglicht (skeptisch zu dieser Lösung Kment EnWG/Schex § 111c Rn. 3).

B. Fortführung der Schlichtung nach Abschluss des Behördenverfahrens

4   Die gesetzliche Regelung zum Ruhen und ggf. zur Wiederaufnahme des Schlichtungsverfahrens in § 111c Abs. 2 wird auch in § 4 Abs. 4 VerfO der Schlichtungsstelle wiedergegeben. Die inhaltliche **Fortsetzung des Schlichtungsverfahrens nach Abschluss des behördlichen Verfahrens** kann auch dann sinnvoll sein, wenn das behördliche Verfahren zum Nachteil des Unternehmens entschieden wurde: Durch eine solche Entscheidung ist die Erfüllung privatrechtlicher (Folge-)Ansprüche nicht abgedeckt, sodass die Fortsetzung des Schlichtungsverfahrens für den Verbraucher weiterhin die kostengünstigere Alternative zu einer Durchsetzung im Klageweg bieten kann (s. Elspas/Graßmann/Rasbach/Höffgen § 111c Rn. 11; Kment EnWG/Schex § 111c Rn. 4; BT-Drs. 17/6072, 96). In anderen Fällen ist ggf. nur noch über die Kosten des Schlichtungsverfahrens zu entscheiden.

C. Informationsaustausch zwischen Schlichtungsstelle und Behörden

5   Den **Informationsaustausch zwischen der Schlichtungsstelle und den Regulierungsbehörden** regelt § 111c Abs. 3. Danach können der Schlichtungsstelle die konkreten Angaben übermittelt werden, die zur Feststellung der Einleitung eines Behördenverfahrens in Zusammenhang mit dem Sachverhalt eines Schlichtungsverfahrens (→ Rn. 1) nötig sind; in Gegenrichtung kann auch die Schlichtungsstelle Informationen über Unternehmen mitteilen, die für Behördenverfahren benötigt werden. Zu diesen Behördenverfahren gehört auch das Aufsichtsverfahren nach § 65, auch wenn § 111c Abs. 3 (anders als Abs. 1) nur das Missbrauchsverfahren erwähnt (allg. Auffassung, s. Kment EnWG/Schex § 111c Rn. 6; Elspas/Graßmann/Rasbach/Höffgen § 111c Rn. 14; Theobald/Kühling/Ahnis § 111c Rn. 18).

6   Teils wird einengend angenommen, dass die Schlichtungsstelle bei diesem Informationsaustausch ausschließlich auf Anfrage der Behörde tätig werden dürfe (so Elspas/Graßmann/Rasbach/Höffgen § 111c Rn. 15); dafür gibt es keinen Anhalt im Text, allerdings wird eine solche proaktive Information der Behörden durch die Schlichtungsstelle nur in schweren und eindeutigen Fällen in Betracht kommen (Kment EnWG/Schex § 111c Rn. 6).

Teil 9a. Transparenz

§ 111d Einrichtung einer nationalen Informationsplattform

(1) ¹Die Bundesnetzagentur errichtet und betreibt spätestens ab dem 1. Juli 2017 eine elektronische Plattform, um der Öffentlichkeit jederzeit die aktuellen Informationen insbesondere zu der Erzeugung von Elektrizität, der Last, der Menge der Im- und Exporte von Elektrizität, der Verfügbarkeit von Netzen und von Energieerzeugungsanlagen sowie zu Kapazitäten und der Verfügbarkeit von grenzüberschreitenden Verbindungsleitungen zur Verfügung zu stellen (nationale Informationsplattform). ²Zu dem Zweck nach Satz 1 veröffentlicht sie auf der nationalen Informationsplattform in einer für die Gebotszone der Bundesrepublik Deutschland aggregierten Form insbesondere die Daten, die
1. von den Betreibern von Übertragungsnetzen nach Artikel 4 Absatz 1 in Verbindung mit den Artikeln 6 bis 17 der Verordnung (EU) Nr. 543/2013 der Kommission vom 14. Juni 2013 über die Übermittlung und die Veröffentlichung von Daten in Strommärkten und zur Änderung des Anhangs I der Verordnung (EG) Nr. 714/2009 des Europäischen Parlaments und des Rates (ABl. L 163 vom 15.6.2013, S. 1; Transparenzverordnung) an den Europäischen Verbund der Übertragungsnetzbetreiber (ENTSO-Strom) übermittelt und von ENTSO-Strom veröffentlicht werden oder
2. von Primäreigentümern im Sinne von Artikel 2 Nummer 23 nach Artikel 4 Absatz 2 der Transparenzverordnung an ENTSO-Strom übermittelt und von ENTSO-Strom veröffentlicht werden.
³Die Bundesnetzagentur kann über die Daten nach Satz 2 hinaus zusätzliche ihr vorliegende Daten veröffentlichen, um die Transparenz im Strommarkt zu erhöhen.

(2) ¹Die Bundesnetzagentur kann die Übermittlung der Daten nach Absatz 1 Satz 2 von den Betreibern von Übertragungsnetzen sowie den Primäreigentümern im Sinne von Absatz 1 Satz 2 verlangen. ²In diesem Fall müssen die Betreiber von Übertragungsnetzen sowie die Primäreigentümer auf Verlangen der Bundesnetzagentur dieser die Daten nach Absatz 1 Satz 2 über eine zum automatisierten Datenaustausch eingerichtete Schnittstelle innerhalb der von der Bundesnetzagentur gesetzten Frist zur Verfügung stellen. ³Die Möglichkeit der Betreiber von Übertragungsnetzen, Informationen zu Anlagen und deren Standorten nach Artikel 10 Absatz 4 und nach Artikel 11 Absatz 4 Satz 2 der Transparenzverordnung nicht anzugeben, bleibt hiervon unberührt. ⁴Die Bundesnetzagentur darf die ihr nach Satz 1 zur Kenntnis gelangten Daten, die Betriebs- und Geschäftsgeheimnisse enthalten, nur in anonymisierter Form veröffentlichen. ⁵Die Bundesnetzagentur darf Daten, die geeignet sind, die Sicherheit oder Zuverlässigkeit des Elektrizitätsversorgungssystems oder die Sicherheit und Ordnung zu gefährden, oder die europäische kritische Anlagen betreffen, nur im Einvernehmen mit den Betreibern der Übertragungsnetze veröffentlichen; Absatz 4 Satz 1 bleibt hiervon unberührt.

(3) ¹Die Bundesnetzagentur soll die in Absatz 1 Satz 2 und 3 genannten Daten in einer für die Gebotszone der Bundesrepublik Deutschland aggregierten Form und in deutscher Sprache unter Berücksichtigung der in der Transparenzverordnung festgelegten Zeitpunkte veröffentlichen, soweit dies jeweils technisch möglich ist. ²Die Art der Veröffentlichung der Daten soll in einer für die Öffentlichkeit verständlichen Darstellung und in leicht zugänglichen Formaten erfolgen, um die Öffentlichkeit besser in die Lage zu versetzen, die Informationen des Strommarktes und die Wirkungszusammenhänge nachvollziehen zu können. ³Die Daten müssen frei zugänglich sein und von den Nutzern gespeichert werden können.

(4) Die Bundesnetzagentur wird ermächtigt, wenn die nach den Nummern 1 und 3 zu übermittelnden Daten für den Zweck der nationalen Informationsplattform erforderlich sind und soweit diese Daten bei den Betreibern der Elektrizitäts-

versorgungsnetze vorliegen, Festlegungen nach § 29 Absatz 1 zu treffen insbesondere
1. zur Übermittlung von Daten und zu der Form der Übermittlung durch die Betreiber von Elektrizitätsversorgungsnetzen,
2. zu den Zeitpunkten der Übermittlung der Daten unter Berücksichtigung der in der Transparenzverordnung festgelegten Zeitpunkte sowie
3. zur Übermittlung von Daten zu Erzeugungseinheiten mit einer installierten Erzeugungskapazität zwischen 10 Megawatt und 100 Megawatt.

Überblick

§ 111d schafft die gesetzliche Grundlage für die Einrichtung und den Betrieb einer nationalen Informationsplattform durch die BNetzA (→ Rn. 9 ff.) und regelt, welche Daten zu diesem Zwecke genutzt werden dürfen (→ Rn. 14 ff.). Die Norm enthält nähere Regelungen zur Datenerhebung durch die BNetzA (→ Rn. 22 f.) und zum Schutz vertraulicher Daten der Übertragungsnetzbetreiber und Primäreigentümer (→ Rn. 24 ff.). Zudem bestimmt § 111d die Art und Weise der Informationsveröffentlichung (→ Rn. 29 ff.) und enthält eine Festlegungskompetenz der BNetzA zur Regelung weiterer Einzelheiten im Zusammenhang mit der nationalen Informationsplattform (→ Rn. 34 ff.).

Anmerkung der Redaktion: § 111d bezeichnet die VO (EU) 543/2013 als „Transparenzverordnung". Dieser Begriff ist jedoch uneindeutig und wird auch für die VO (EG) Nr. 1049/2001 und die VO (EU) 2019/2088 verwendet. Die Kommentierung verwendet im Folgenden daher den Begriff „EU-Strommärkte-Daten-ÜbermittlungsVO" für die VO (EU) 543/2013.

Übersicht

	Rn.		Rn.
A. Normzweck	1	D. Datenerhebung und Umgang mit vertraulichen Informationen (Abs. 2)	21
B. Entstehungsgeschichte	6	I. Datenzugriffsrecht der BNetzA (Abs. 2 S. 1 und 2)	22
C. Einrichtung, Betrieb und Inhalt der Nationalen Informationsplattform (Abs. 1)	8	II. Schutz von vertraulichen Daten (Abs. 2 S. 3–5)	24
I. Einrichtung und Betrieb (Abs. 1 S. 1)	9	E. Art und Weise der Informationsveröffentlichung (Abs. 3)	29
II. Nutzbare Daten (Abs. 1 S. 2 und 3)	14	F. Festlegungskompetenz der BNetzA (Abs. 4)	34
1. Pflicht- bzw. Mindestdaten (Abs. 1 S. 2)	15		
2. Optionale Zusatzdaten (Abs. 1 S. 3)	20		

A. Normzweck

1 § 111d schafft die gesetzliche Grundlage für die Einrichtung und den Betrieb einer nationalen Informationsplattform für Strommarktdaten. Das primäre Ziel der nationalen Informationsplattform ist eine **Steigerung der Transparenz** am Strommarkt, indem umfangreiche Strommarktdaten für Deutschland transparent und aktuell für die Öffentlichkeit in Form einer (Online-) Plattform verfügbar gemacht werden (BT-Drs. 18/7317, 127). Die nationale Informationsplattform hat im Jahr 2017 unter dem Namen „SMARD" (steht für StroMARktDaten) ihren Betrieb aufgenommen und ist unter der Internetadresse www.smard.de zu erreichen.

2 Bereits vor der Einführung des § 111d und der Einrichtung der nationalen Informationsplattform wurden Informationen insbesondere zu Erzeugung und Verbrauch auf der Grundlage der europäischen Transparenzverordnung (im weiteren Verlauf EU-Strommärkte-Daten-ÜbermittlungsVO genannt) im Internet veröffentlicht. Diese Daten waren aber zum Teil unvollständig und regelmäßig nicht in aktueller Form oder nicht in deutscher Sprache verfügbar (BT-Drs. 18/7317, 127). Mit der Einrichtung der nationalen Informationsplattform wollte der Gesetzgeber für den deutschen Strommarkt daher eine umfassende Informationsbasis schaffen, die auf den Daten der europäischen EU-Strommärkte-Daten-ÜbermittlungsVO aufbauen, aber in Inhalt und Aktualität darüber hinaus gehen sollte.

Nach der Vorstellung des Gesetzgebers soll die nationale Informationsplattform eine sehr 3
breite Zielgruppe haben: So soll die Online-Plattform eine wichtige **Informationsbasis**
für Bürger, Fachöffentlichkeit, politische Entscheidungsträger und Wissenschaft darstellen
(BT-Drs. 18/7317, 127). Ein solch breiter Zugang zu Informationen soll zu einer sachlichen
Diskussion über die Energiewende beitragen und die gesellschaftliche Akzeptanz für die
Energiewende erhöhen. Zudem ermöglicht eine solche Informationsbasis auch ein valides
Monitoring der Energiewende und des weiteren Ausbaus der erneuerbaren Energien.

Die Einführung des § 111d und die Schaffung einer nationalen Informationsplattform 4
geht auf das Weißbuch des BMWi „Ein Strommarkt für die Energiewende" vom 3.7.2015
zurück, welches als eine zentrale Maßnahme auch die Steigerung der Transparenz am Strommarkt enthielt. Bereits in diesem Weißbuch wurde ausgeführt, dass das Strommarktgesetz
die gesetzliche Grundlage für eine Online-Plattform schaffen soll, um die Strommarktdaten
in Deutschland zu bündeln und sie anwenderfreundlich und möglichst in Echtzeit darzustellen (Maßnahme 17 des Weißbuchs). Nach dem Willen des BMWi sollte sich die Einrichtung
der Informationsplattform dabei am Vorbild ähnlicher Plattformen orientieren, die es in
anderen europäischen Ländern wie etwa Dänemark oder Frankreich bereits gab. Dementsprechend forderte das BMWi die Darstellung der Informationen auf einer Webseite, die interaktive und anwenderfreundliche Abbildungen sowie die Möglichkeit zur Datenabfrage enthalten sollte.

Das hohe Maß an Transparenz der Strommarktdaten, die für die Zwecke der nationalen 5
Informationsplattform erforderlich sind, führt zu einem gewissen Spannungsverhältnis zwischen dem Informationsinteresse der Öffentlichkeit einerseits und der Berufsfreiheit bzw.
dem Datenschutzinteresse der Energieversorgungsunternehmen anderseits. Der Gesetzgeber
hat bei der Einführung des § 111d daher klargestellt, dass unter wettbewerblichen Gesichtspunkten ein gewisses Maß an Geheimwettbewerb notwendig ist, um ein wettbewerbskonformes Marktergebnis zu erzielen (BT-Drs. 18/7317, 127). Vor diesem Hintergrund dient
§ 111d zugleich auch dem Zweck, die Betriebs- und Geschäftsgeheimnisse der Energieversorgungsunternehmen bei der Veröffentlichung von Strommarktdaten hinreichend sicherzustellen (→ Rn. 24 ff.).

B. Entstehungsgeschichte

§ 111d wurde durch das Gesetz zur Weiterentwicklung des Strommarktes („Strommarktge- 6
setz") vom 26.7.2016 (BGBl. I 1786 ff.) mit Wirkung zum 30.7.2016 in den neuen
Abschnitt 9a des EnWG eingefügt. Im Rahmen des Gesetzgebungsverfahren zur Einführung
des § 111d war die Norm in ihrer jetzigen Fassung schon Gegenstand des ursprünglichen
Gesetzesentwurfs der Bundesregierung (BT-Drs. 18/7317, 35 f.) und blieb im weiteren parlamentarischen Verfahren unverändert (vgl. BT-Drs. 18/8915).

Seit dem Inkrafttreten des § 111d gab es keine weiteren gesetzlichen Änderungen der 7
Norm.

C. Einrichtung, Betrieb und Inhalt der Nationalen Informationsplattform (Abs. 1)

§ 111d Abs. 1 enthält eine Legaldefinition der nationalen Informationsplattform (→ 8
Rn. 9) sowie Regelungen zur Zuständigkeit (→ Rn. 10), zur Einrichtung und Betrieb (→
Rn. 11) sowie zum Inhalt der nationalen Informationsplattform (→ Rn. 12 ff.) sowie zu
den Daten, die für die Veröffentlichung genutzt werden sollen (→ Rn. 14 ff.).

I. Einrichtung und Betrieb (Abs. 1 S. 1)

Nach der **Legaldefinition** des § 111d Abs. 1 S. 1 ist die nationale Informationsplattform 9
eine elektronische Plattform, um der Öffentlichkeit jederzeit die aktuellen Informationen
insbesondere zu der Erzeugung von Elektrizität, der Last, der Menge der Im- und Exporte
von Elektrizität, der Verfügbarkeit von Netzen und von Energieerzeugungsanlagen sowie
zu Kapazitäten und der Verfügbarkeit von grenzüberschreitenden Verbindungsleitungen zur
Verfügung zu stellen.

10 Die **Zuständigkeit** für die Einrichtung und den Betrieb der Informationsplattform liegt bei der BNetzA. Grundsätzlich ergehen Entscheidungen der BNetzA gem. § 59 Abs. 1 S. 1 durch die Beschlusskammern. Als Ausnahme hiervon hat der Gesetzgeber allerdings ausdrücklich klargestellt, dass die Aufgaben der Einrichtung und des Betriebs der nationalen Informationsplattform gerade nicht von den Beschlusskammern wahrgenommen werden sollen (BR-Drs. 542/15, 144). Eine entsprechende Ausnahme von der grundsätzlichen Zuständigkeit der Beschlusskammern ist in § 59 Abs. 1 S. 2 Nr. 18 verankert.

11 Die Errichtung und die Aufnahme des Betriebs der nationalen Informationsplattform musste nach § 111d Abs. 1 S. 1 spätestens bis zum 1.7.2017 erfolgen. Die BNetzA nahm den Betrieb der nationalen Informationsplattform SMARD am 3.7.2017 auf und damit unter Berücksichtigung allgemeiner Fristregelungen (der 1.7.2017 war ein Samstag) im Einklang mit der gesetzlichen Umsetzungsfrist.

12 § 111d Abs. 1 bestimmt zudem die Anforderungen an die **Inhalte** der nationalen Informationsplattform. Die BNetzA ist demnach verpflichtet, Informationen zu
- der Erzeugung von Elektrizität,
- der Last,
- der Menge der Im- und Exporte von Elektrizität,
- der Verfügbarkeiten von Netzen und von Energieerzeugungsanlagen und
- den Kapazitäten und der Verfügbarkeit von grenzüberschreitenden Verbindungsleitungen

auf der Online-Plattform zur Verfügung zu stellen. Die Informationsplattform beschränkt sich angesichts dieses Informationskatalogs ausschließlich auf die Veröffentlichung von Daten zum deutschen Strommarkt. Informationen zum deutschen Gasmarkt sind demnach nicht durch die BNetzA zu veröffentlichen.

13 Nach dem Sinn und Zweck der Vorschrift handelt es sich bei den in § 111d Abs. 1 S. 1 explizit genannten Informationen nicht um eine abschließende Auflistung, sondern eher um einen Mindestbestand von zu veröffentlichenden Informationen. Die BNetzA und das BMWi haben auch bereits bei der Einführung der nationalen Informationsplattform signalisiert, dass mittelfristig noch weitere Informationen zur Verfügung gestellt werden sollen (vgl. BMWi/BNetzA, Gemeinsame Pressemitteilung vom 3.7.2017).

II. Nutzbare Daten (Abs. 1 S. 2 und 3)

14 § 111d Abs. 1 S. 2 und 3 benennen die auf der nationalen Informationsplattform zu veröffentlichenden Daten. Bei diesen Daten ist zu unterscheiden zwischen **Pflicht- bzw. Mindestdaten** nach § 111d Abs. 1 S. 2, die die BNetzA zwingend auf der nationalen Informationsplattform zu veröffentlichen hat (→ Rn. 15 ff.), und **optionalen Zusatzdaten** nach § 111d Abs. 1 S. 3, die die BNetzA, sofern sie ihr zur Verfügung stehen, zusätzlich zum Zwecke der Gewährleistung einer umfassenden Datenverfügbarkeit nutzen und veröffentlichen kann (→ Rn. 20 ff.).

1. Pflicht- bzw. Mindestdaten (Abs. 1 S. 2)

15 Als Pflicht- bzw. Mindestdaten für die nationale Informationsplattform nutzt die BNetzA die gem. Art. 4 VO (EU) 543/2013 an den Verband Europäischer Übertragungsnetzbetreiber (ENTSO-E) übermittelten und veröffentlichten Strommarktdaten. Hierbei handelt es sich um die von den Übertragungsnetzbetreibern gem. Art. 4 Abs. 1 VO (EU) 543/2013 bzw. die von den Primäreigentümern nach Art. 4 Abs. 2 VO (EU) 543/2013 an ENTSO-Strom übermittelten Daten, die ENTSO-E auf der zentralen Informationstransparenzplattform (https://transparency.entsoe.eu), dh der europaweiten Plattform, veröffentlicht. Die BNetzA kann für die Einrichtung und den Betrieb der nationalen Informationsplattform somit auf bereits veröffentlichte Daten des ENTSO-E zurückgreifen. Durch diese Regelung werden der administrative Aufwand und die Kosten für die BNetzA sowie für die Betreiber der Übertragungsnetze soweit wie möglich reduziert. Dies erscheint schon deswegen sinnvoll, da die BNetzA gem. Art. 4 Abs. 6 VO (EU) 543/2013 auch für die Überwachung der Mitteilungspflichten der Übertragungsnetzbetreiber und Primäreigentümer verantwortlich ist und somit in den bestehenden Prozess der Übermittlung von Daten bereits eingebunden ist.

Verpflichtete iSv § 111d Abs. 1 S. 2 sind die (deutschen) Übertragungsnetzbetreiber (dh **16** TenneT TSO GmbH, 50Hertz Transmission GmbH, Amprion GmbH und TransnetBW GmbH) und sämtliche **Primäreigentümer**. Der Begriff der Primäreigentümer wird im EnWG nicht legaldefiniert, § 111d Abs. 1 S. 2 Nr. 2 verweist insoweit auf die Begriffsdefinition der EU-Strommärkte-Daten-ÜbermittlungsVO. Nach Art. 2 Nr. 23 VO (EU) 543/2013 ist der „Primäreigentümer der Daten" legaldefiniert als die Stelle, die die Daten generiert. Dies ist typischerweise der Betreiber von Kraftwerken, Speichern oder Verbrauchseinheiten, Stromnetzbetreiber oder auch sonstiger Marktteilnehmer (zB Strombörsen oder Auktionsbüros für Übertragungskapazitäten).

Für die nationale Informationsplattform sind zunächst die Daten nach Art. 6–17 VO (EU) **17** 543/2013 durch die BNetzA zu nutzen. Der Wortlaut („insbesondere") macht deutlich, dass es sich hierbei nicht um eine abschließende Aufzählung der Daten handelt, sondern vielmehr sämtliche Daten im Zusammenhang mit den Meldungen an die zentrale Informationstransparenzplattform von ENTSO-E sowie jede sonstigen von den Übertragungsnetzbetreibern und Primäreigentümern veröffentlichten und nutzbaren Daten gemeint sein sollen. Bei den Daten nach Art. 6–17 VO (EU) 543/2013 handelt es sich insbesondere um Daten zur Gesamtlast (Art. 6 VO (EU) 543/2013), zur Übertragungsinfrastruktur (Art. 9 VO (EU) 543/2013), zu prognostizierten und tatsächlichen Erzeugungsleistungen (Art. 14 und 16 VO (EU) 543/2013), zur Nichtverfügbarkeit von Verbrauchseinrichtungen, Übertragungsinfrastrukturen oder Erzeugungsleistungen (Art. 7, 10 und 15 VO (EU) 543/2013), zum Angebot und der Nutzung zonenübergreifender Kapazitäten (Art. 11 und 12 VO (EU) 543/2013), zum Engpassmanagement (Art. 13 VO (EU) 543/2013) sowie zur Regel- und Ausgleichsenergie (Art. 17 VO (EU) 543/2013). Der Umfang der an ENTSO-E nach der EU-Strommärkte-Daten-ÜbermittlungsVO zu meldenden Daten macht bereits deutlich, dass die BNetzA den Großteil der für die nationale Informationsplattform erforderlichen Daten direkt von der Transparenzplattform des ENTSO-E erhält.

Für die nationale Informationsplattform hat die BNetzA indes ausschließlich die Daten **18** für die Gebotszone der Bundesrepublik Deutschland zu nutzen. In der Gesetzesbegründung stellt der Gesetzgeber klar, dass es sich dabei nicht um die Gebotszone Deutschland/Österreich/Luxemburg bzw. Deutschland/Luxemburg handelt, sondern dass nur Informationen für die Bundesrepublik Deutschland veröffentlicht werden sollen (BT-Drs. 18/7317, 127).

§ 111d Abs. 1 S. 2 bestimmt nicht nur den Umfang der von der Transparenzplattform **19** des ENTSO-E zu nutzenden Daten, sondern verpflichtet die BNetzA zugleich, diese Daten in „aggregierter Form" zu veröffentlichen (→ Rn. 30).

2. Optionale Zusatzdaten (Abs. 1 S. 3)

Nach § 111d Abs. 1 S. 3 kann die BNetzA über die direkt von der Transparenzplattform **20** des ENTSO-E erhaltenen Daten hinaus zusätzliche, ihr vorliegende Daten veröffentlichen, um die Transparenz im Strommarkt zu erhöhen. Mit dieser Möglichkeit zur Nutzung von optionalen Zusatzdaten soll sichergestellt werden, dass eine umfassende Datenverfügbarkeit für die nationale Informationsplattform gewährleistet wird. Ob und in welchem Umfang die BNetzA solche optionalen Zusatzdaten nutzt, steht – vorbehaltlich der Wahrung der Betriebs- und Geschäftsgeheimnisse – im Ermessen der BNetzA („kann"). Zu diesen Daten gehören etwa die Stammdaten aus der Kraftwerksliste der BNetzA, welche die BNetzA ebenfalls zum Zwecke der nationalen Informationsplattform nutzt, um detaillierte Informationen zu den Erzeugungsanlagen in Deutschland gewährleisten zu können (vgl. BNetzA, SMARD Handbuch, Februar 2021, 8). Mittelfristig sollen noch weitere Informationen durch die BNetzA zur Verfügung gestellt werden (vgl. BMWi/BNetzA, Gemeinsame Pressemitteilung vom 3.7.2017).

D. Datenerhebung und Umgang mit vertraulichen Informationen (Abs. 2)

§ 111d Abs. 2 regelt nähere Einzelheiten zu den Rechten der BNetzA im Zusammenhang **21** mit der Erhebung der für die nationale Informationsplattform erforderlichen Daten (→ Rn. 22 f.) und enthält Regelungen zum Schutz von vertraulichen Informationen der Übertragungsnetzbetreiber und Primäreigentümer bei der Erhebung und Veröffentlichung ihrer Daten (→ Rn. 24 ff.).

I. Datenzugriffsrecht der BNetzA (Abs. 2 S. 1 und 2)

22 § 111d Abs. 2 S. 1 regelt ein unmittelbares, aber **subsidiäres Datenzugriffsrecht** der BNetzA (BT-Drs. 18/7317, 127). Danach kann die BNetzA die für die nationale Informationsplattform zu veröffentlichenden Daten direkt von den Betreibern der Übertragungsnetze sowie den Primäreigentümern verlangen. Dieses Datenzugriffsrecht bezieht sich auf sämtliche Daten nach § 111d Abs. 1 S. 2 und somit sowohl auf die Pflicht- bzw. Mindestdaten als auch auf die optionalen Zusatzdaten. Die Ausübung dieses Datenzugriffsrechts steht im Ermessen der BNetzA. Macht die BNetzA von diesem Recht Gebrauch, so sind die Übertragungsnetzbetreiber und Primäreigentümer verpflichtet, diese Daten an die BNetzA zu liefern. Diese Verpflichtung wird ausdrücklich in § 111d Abs. 2 S. 2 geregelt.

23 § 111d Abs. 2 S. 2 enthält Regelungen für die Art und Weise der **Datenübermittlung**. Sofern die BNetzA von ihrem Datenzugriffsrecht Gebrauch macht, sind ihr die erforderlichen Daten über eine zum automatisierten Datenaustausch eingerichtete Schnittstelle zur Verfügung zu stellen. Ferner hat die BNetzA das Recht, gegenüber den Übertragungsnetzbetreibern und Primäreigentümern eine Frist zu setzen, innerhalb derer die von der BNetzA verlangten Daten zur Verfügung gestellt werden müssen. § 111d Abs. 2 S. 2 bestimmt, dass die Frist angemessen sein muss. Die Bestimmung der Angemessenheit der Fristsetzung muss insbesondere unter Berücksichtigung des Sinn und Zwecks des § 111d, auf der nationalen Informationsplattform eine möglichst aktuelle Verfügbarkeit von Strommarktdaten sicherzustellen, erfolgen. Vor diesem Hintergrund ist der BNetzA zugestehen, gegenüber den Übertragungsnetzbetreibern und Primäreigentümern recht kurze Fristen zu setzen.

II. Schutz von vertraulichen Daten (Abs. 2 S. 3–5)

24 Die Regelungen zur Einrichtung und zum Betrieb der nationalen Informationsplattform bewegen sich in einem Spannungsverhältnis zwischen dem Informationsinteresse der Allgemeinheit und dem **Datenschutzinteresse der Übertragungsnetzbetreiber** und Primäreigentümern. Um den Schutz von besonders vertraulichen Informationen im Zusammenhang mit der nationalen Informationsplattform hinreichend zu gewährleisten, enthält § 111d Abs. 2 zugleich Regelungen zu einem Verweigerungsrecht der Übertragungsnetzbetreiber und Primäreigentümern sowie zu einer Anonymisierungspflicht der BNetzA.

25 Zu den schützenswerten vertraulichen Daten zählen insbesondere Informationen über den **Schutz kritischer Infrastrukturen**. Zu den kritischen Infrastrukturen im Bereich der Stromversorgung gehören nach § 10 Abs. 1 BSIG iVm § 2 Abs. 5 BSI-KritisV und Anlage 1 Teil 3 Spalte C zur BSI-KritisV und je nach Überschreitung der in Anlage 1 Teil 3 Spalte D zur BSI-KritisV festgelegten Schwellenwerte u.a. Stromerzeugungsanlagen, Speicheranlagen, Übertragungs- und Verteilnetze und Messstellen. In Bezug auf diese kritischen Infrastrukturen stellt § 111d Abs. 2 S. 3 klar, dass die Übertragungsnetzbetreiber vertrauliche Informationen über den Schutz kritischer Infrastrukturen entsprechend den Vorgaben der EU-Strommärkte-Daten-ÜbermittlungsVO nicht veröffentlichen müssen. Entgegen dem engen Wortlaut des § 111d Abs. 2 S. 3, der das Verweigerungsrecht nur für die Übertragungsnetzbetreiber einräumt, wird man aus systematischen Gründen und in europarechtskonformer Auslegung dieses Recht aber auch Primäreigentümern einräumen müssen, jedenfalls soweit ein Primäreigentümer nach Art. 4 Abs. 2 VO (EU) 543/2013 die Daten mit vorheriger Zustimmung des Übertragungsnetzbetreibers übermittelt. Denn es macht zum Zwecke der Sicherstellung des Schutzes der Informationen über kritische Infrastrukturen keinen Unterschied, ob die Daten unmittelbar von den Primäreigentümern nach vorheriger Zustimmung durch die Übertragungsnetzbetreiber oder von den Übertragungsnetzbetreibern selbst, die diese Daten wiederum von den Primäreigentümer gem. Art. 4 Abs. 1 S. 1 VO (EU) 543/2013 übermittelt bekommen haben, der BNetzA zur Verfügung gestellt werden (so auch Theobald/Kühling/Ahnis § 111d Rn. 15).

26 Bei § 111d Abs. 2 S. 3 handelt es sich um eine Ausnahme von der Pflicht der Übertragungsnetzbetreiber und Primäreigentümer, die für die nationale Informationsplattform erforderlichen Daten an die BNetzA zur Verfügung zu stellen. Soweit es sich um vertrauliche Informationen über den Schutz kritischer Infrastrukturen handelt, können die Übertragungsnetzbetreiber und Primäreigentümer die Zurverfügungstellung dieser Daten verweigern, sodass die BNetzA von vornherein keine Kenntnis dieser Daten erlangt. § 111d Abs. 2 S. 3 verweist

in Bezug auf die Fälle, in denen die Übertragungsnetzbetreiber und Primäreigentümer zur Verweigerung der Datenherausgabe für die nationale Informationsplattform berechtigt sind, auf die in Art. 10 Abs. 4 und Art. 11 Abs. 4 S. 2 VO (EU) 543/2013 geregelten Fälle, die Übertragungsnetzbetreiber und Primäreigentümer zur Verweigerung der Datenherausgabe gegenüber ENTSO-E berechtigen. Dies betrifft anlagen- und standortbezogene Informationen über die Nichtverfügbarkeit von Übertragungsinfrastrukturen (Art. 10 Abs. 4 VO (EU) 543/2013) und über die Schätzung und das Angebot von zonenübergreifenden Kapazitäten.

27 Zu den vertraulichen Informationen gehören neben den Informationen zu den kritischen Infrastrukturen ferner sämtliche **Betriebs- und Geschäftsgeheimnisse** der Übertragungsnetzbetreiber oder Primäreigentümer. Zum Schutz von Betriebs- und Geschäftsgeheimnissen bestimmt § 111d Abs. 2 S. 4, dass die BNetzA solche Daten, die Betriebs- und Geschäftsgeheimnisse enthalten, ausschließlich in anonymisierter Form auf der nationalen Informationsplattform veröffentlichen darf. Der Schutz von Betriebs- und Geschäftsgeheimnissen ist bereits zum Schutz der Berufsfreiheit (Art. 12 GG) zwingend geboten (vgl. Kment EnWG/Kment § 111d Rn. 3). Dies setzt voraus, dass die BNetzA unmittelbar nach Erhalt der Daten von den Übertragungsnetzbetreibern oder Primäreigentümern festzustellen muss, ob und inwieweit die übermittelten Daten Betriebs- und Geschäftsgeheimnisse enthalten und, sofern dies der Fall ist, dass die darin enthaltene Betriebs- und Geschäftsgeheimnisse geschützt werden (vgl. BT-Drs. 18/7317, 128).

28 Nach § 111d Abs. 2 S. 5 Hs. 1 darf die BNetzA Daten, die geeignet sind, die **Sicherheit oder Zuverlässigkeit des Elektrizitätsversorgungssystems** oder die **Sicherheit und Ordnung** zu gefährden oder die **europäischen kritischen Anlagen** betreffen, nur im Einvernehmen mit den Betreibern der Übertragungsnetze veröffentlichen. Die Veröffentlichung solcher Daten darf also nur erfolgen, wenn die Übertragungsnetzbetreiber zuvor zugestimmt haben. Nicht nachzuvollziehen ist, dass der Wortlaut des § 111d Abs. 2 S. 3 – ebenso wie bereits in § 111d Abs. 2 S. 3 – lediglich auf die Übertragungsnetzbetreiber abstellt. Auch dieses Einvernehmenserfordernis sollte im Zweifel ebenfalls gegenüber Primäreigentümern gelten, sofern ein Primäreigentümer nach Art. 4 Abs. 2 VO (EU) 543/2013 die Daten mit vorheriger Zustimmung des Übertragungsnetzbetreibers an die BNetzA übermittelt hat (→ Rn. 25). Die Tatbestandsmerkmale des § 111d Abs. 2 S. 5 enthalten zahlreiche unbestimmte Rechtsbegriffe (Sicherheit und Zuverlässigkeit, Sicherheit und Ordnung). Hierbei ist angesichts des Schutzzwecks des § 111d Abs. 2 S. 5 der BNetzA ein weiter Beurteilungsspielraum zuzugestehen. Abweichend von § 111d Abs. 2 S. 3, der Regelungen für kritische Infrastrukturen in Deutschland enthält, betrifft § 111d Abs. 2 S. 5 zudem den Umgang mit europäischen kritischen Infrastrukturen. Hierunter sind gem. Art. 2 lit. b der EU-InfrastrukturschutzRL (RL 2008/114/EG) in einem Mitgliedstaat gelegene kritische Infrastrukturen, deren Störung oder Zerstörung erhebliche Auswirkungen in mindestens zwei Mitgliedstaaten hätte, gemeint. Nach § 111d Abs. 2 S. 5 Hs. 2 bleibt die Festlegungskompetenz nach § 111d Abs. 4 von dem Einvernehmenserfordernis unberührt.

E. Art und Weise der Informationsveröffentlichung (Abs. 3)

29 § 111d Abs. 3 enthält nähere gesetzliche Vorgaben zur Art und Weise der Veröffentlichung der Daten auf der nationalen Informationsplattform, insbesondere zum Zeitpunkt, zur Form und zur Abrufbarkeit der Daten.

30 Nach § 111d Abs. 3 S. 1 soll die BNetzA die nach der EU-Strommärkte-Daten-ÜbermittlungsVO zu veröffentlichenden Daten grundsätzlich in einer für die Gebotszone der Bundesrepublik Deutschland **aggregierten Form** und in deutscher Sprache veröffentlichen. Dadurch soll sichergestellt werden, dass sämtliche Nutzer die Strommarktdaten verwenden können (BT-Drs. 18/7317, 128). Was genau unter der Darstellung in aggregierter Form zu verstehen ist, bestimmt der Gesetzgeber nicht näher. Eine solche Aggregation der an die BNetzA übermittelten Daten ist aber insbesondere erforderlich, da diese Daten unterschiedliche Originalgranularitäten haben, in denen die Daten bezüglich des jeweiligen Zeitintervalls aufbereitet und übermittelt werden. Die kleinste Granularität, in der zB Stromerzeugungswerte angegeben werden, ist eine viertelstündige Auflösung. Daten anderer Datenkategorien werden je Stunde, Woche, Monat oder Jahr veröffentlicht. Um diese unterschiedlichen Originaldaten daher für die Nutzung auf der nationalen Informationsplattform gewährleisten zu

können, ist es erforderlich, dass die BNetzA die übermittelten Quelldaten zum Zweck der Veröffentlichung auf der nationalen Informationsplattform näher aufbereitet, insbesondere zunächst validiert und anschließend für die Aufbereitung auf der Online-Plattform weiterverarbeitet. Damit die verschiedenen Strommarktdaten mit unterschiedlichen Granularitäten zusammen in einem Diagramm auf der Online-Plattform angezeigt werden können, ist von der BNetzA sicherzustellen, dass die Daten den gleichen Aggregationsgrad haben, dh einheitlich je Viertelstunde, Stunde usw. berechnet und angezeigt werden können (vgl. BNetzA, SMARD Handbuch, Februar 2021, 9).

31 Im Hinblick auf die **Fristen** regelt § 111d Abs. 3 S. 1 zudem, dass die Veröffentlichung der Daten auf der nationalen Informationsplattform unter Berücksichtigung der in der EU-Strommärkte-Daten-ÜbermittlungsVO festgelegten Zeitpunkte erfolgen soll. Die EU-Strommärkte-Daten-ÜbermittlungsVO enthält zahlreiche verschiedene Regelungen zu den Zeitpunkten der Veröffentlichung, die sich insbesondere nach der Art der zu übermittelnden Informationen unterscheiden (vgl. Art. 6 Abs. 2, Art. 7 Abs. 2, Art. 8 Abs. 1, Art. 9 S. 4, Art. 10 Abs. 2, Art. 11 Abs. 2, Art. 12 Abs. 2, Art. 13 Abs. 2, Art. 14 Abs. 2, Art. 15 Abs. 2, Art. 16 Abs. 2, Art. 17 Abs. 2 VO (EU) 543/2013). Sofern die Einhaltung der Zeitpunkte aus der EU-Strommärkte-Daten-ÜbermittlungsVO technisch nicht möglich sein sollte, kann von der EU-Strommärkte-Daten-ÜbermittlungsVO abgewichen werden (BT-Drs. 18/7317, 128).

32 § 111d Abs. 3 S. 2 behandelt die **Art der Veröffentlichung.** Danach sollen die Daten aufbauend auf der nach der EU-Strommärkte-Daten-ÜbermittlungsVO vorgesehenen Form in einer für die Öffentlichkeit verständlichen Form veröffentlicht werden. Dadurch wird sichergestellt, dass Dateninkonsistenzen oder unterschiedliche Veröffentlichungsformen möglichst vermieden werden. Die Daten sollen zudem in graphischer Hinsicht so aufbereitet werden, dass die Nutzer besser in die Lage versetzt werden, die Daten des Strommarktes und die Wirkzusammenhänge des Strommarkts – bestehend insbesondere aus Erzeugung, Last, Ex- und Importen von Elektrizität, der Verfügbarkeit von Kapazitäten, Netzen und Energieerzeugungsanlagen sowie grenzüberschreitenden Verbindungsleitungen – ohne zusätzliche Informationen nachzuvollziehen (BT-Drs. 18/7317, 128). Zu diesem Zwecke lassen sich auf der Online-Plattform verschiedene Marktdaten visualisieren, etwa in Form von Diagrammen für bestimmte Zeiträume oder für bestimmte Datenkategorien (zB Stromerzeugung, Stromverbrauch, Systemstabilität) unter Nutzung zahlreicher Filtermöglichkeiten (zB ausgewählter Energieträger).

33 § 111d Abs. 3 S. 3 ermöglicht die freie **Nutzbarkeit der Daten.** Diese müssen für jedermann frei zugänglich sein und sollen gespeichert werden können. Dadurch soll vermieden werden, dass für die Nutzung der Daten ein Entgelt verlangt wird, welches die freie Zugänglichkeit der Daten für potenzielle Nutzer einschränken könnte. Zugleich wird ausdrücklich geregelt, dass die Daten auch speicherbar sein müssen, die Strommarktdaten von den Nutzern der Plattform somit auch vollumfänglich verwendet werden können (BT-Drs. 18/7317, 128). Anders als etwa auf der zentralen Informationstransparenzplattform von ENTSO-E bedarf es bei der nationalen Informationsplattform der BNetzA daher auch nicht der Einrichtung eines Nutzerkontos, um bestimmte Marktdaten speichern und exportieren zu können.

F. Festlegungskompetenz der BNetzA (Abs. 4)

34 § 111d Abs. 4 enthält Festlegungskompetenzen der BNetzA zur näheren Ausgestaltung der nationalen Informationsplattform. Hiernach wird die BNetzA ermächtigt, nach § 29 Abs. 1 Festlegungen zu treffen, insbesondere zu
- der Übermittlung von Daten und zu der Form der Übermittlung durch die Betreiber von Elektrizitätsversorgungsnetzen (Nummer 1),
- den Zeitpunkten der Übermittlung der Daten, wobei die BNetzA die in der EU-Strommärkte-Daten-ÜbermittlungsVO festgelegten Zeitpunkte berücksichtigen soll (Nummer 2), sowie
- der Übermittlung von Daten zu Erzeugungseinheiten mit einer installierten Erzeugungskapazität zwischen 10 und 100 Megawatt (Nummer 3).

Für eine Festlegung nach § 29 Abs. 1 wird in § 111d Abs. 4 insgesamt klargestellt, dass sämtliche Daten nach Nummer 1 und 3 nur dann zu übermitteln sind, wenn diese für den Zweck der nationalen Informationsplattform erforderlich sind und soweit diese bei den Betreibern der Elektrizitätsversorgungsnetze überhaupt vorliegen. Mit dieser Einschränkung sollen zusätzliche Datenerhebungen und damit verbundene weitere Bürokratiekosten vermieden werden. 35

Die Bezugnahme auf die EU-Strommärkte-Daten-ÜbermittlungsVO in § 111d Abs. 4 Nr. 2 resultiert daraus, dass in der EU-Strommärkte-Daten-ÜbermittlungsVO spezifische Zeitpunkte genannt sind, zu denen einzelne Daten zu veröffentlichen sind. Die BNetzA soll sich bei der Festlegung der Zeitpunkte an den Regelungen orientieren und kann nur in begründeten Fällen hiervon abweichen. 36

Die Regelung in Nummer 3 in Bezug auf Daten zu Erzeugungseinheiten mit einer installierten Erzeugungskapazität zwischen 10 und 100 Megawatt resultiert ebenfalls aus den Regelungen der EU-Strommärkte-Daten-ÜbermittlungsVO, da zahlreiche Informationspflichten nach der EU-Strommärkte-Daten-ÜbermittlungsVO erst an eine Erzeugungskapazität von mindestens 100 Megawatt anknüpfen. Auf diese Weise kann durch eine Festlegung nach § 29 Abs. 1 sichergestellt werden, dass auch Daten von kleineren Erzeugungseinheiten zum Zweck der nationalen Informationsplattform stets aktuell verfügbar sind. Dass in Nummer 3 wiederum an eine Erzeugungskapazität von mindestens 10 Megawatt angeknüpft wird, ist dahingehend zu verstehen, dass administrativer Aufwand und Bürokratiekosten in Bezug auf sehr kleine Erzeugungseinheiten mit einer Leistung von weniger als 10 Megawatt möglichst vermieden werden sollen. 37

Bei den in § 111d Abs. 4 Nr. 1–3 ausdrücklich genannten Regelungsgegenständen handelt es sich nicht um eine abschließende Liste („insbesondere"), sodass die BNetzA auch weitere Aspekte zur näheren Ausgestaltung der nationalen Informationsplattform mittels Festlegung nach § 29 Abs. 1 regeln könnte. 38

§ 111e Marktstammdatenregister

(1) ¹Die Bundesnetzagentur errichtet und betreibt ein elektronisches Verzeichnis mit energiewirtschaftlichen Daten (Marktstammdatenregister). ²Das Marktstammdatenregister dient dazu,
1. die Verfügbarkeit und Qualität der energiewirtschaftlichen Daten zur Unterstützung des Zwecks und der Ziele nach § 1 für die im Energieversorgungssystem handelnden Personen sowie für die zuständigen Behörden zur Wahrnehmung ihrer gesetzlichen Aufgaben zu verbessern,
2. den Aufwand zur Erfüllung von Meldepflichten zu verringern und
2a. die Prozesse der Energieversorgung durchgängig zu digitalisieren und dafür insbesondere den Netzanschluss und den Anlagenbetrieb im Hinblick auf Energievermarktung, Förderung, Abrechnung und die Besteuerung auf eine einheitliche Datenbasis zu stellen,
3. die Transformation des Energieversorgungssystems gegenüber der Öffentlichkeit transparent darzustellen.

³Die Bundesnetzagentur stellt durch fortlaufende Weiterentwicklung sicher, dass das Marktstammdatenregister jederzeit dem Stand der digitalen Technik und den Nutzungsgewohnheiten in Onlinesystemen entspricht.

(2) Das Marktstammdatenregister umfasst folgende Daten über die Unternehmen und Anlagen der Elektrizitäts- und Gaswirtschaft:
1. in der Elektrizitätswirtschaft insbesondere Daten über
   a) Anlagen zur Erzeugung und Speicherung von elektrischer Energie sowie deren Betreiber,
   b) Betreiber von Elektrizitätsversorgungsnetzen und
   c) Bilanzkreisverantwortliche und
2. in der Gaswirtschaft insbesondere Daten über
   a) Gasproduktionsanlagen und Gasspeicheranlagen sowie deren Betreiber,
   b) Betreiber von Gasversorgungsnetzen,

c) Marktgebietsverantwortliche und
d) Bilanzkreisverantwortliche.

(3) Die Bundesnetzagentur muss bei der Errichtung und bei dem Betrieb des Marktstammdatenregisters
1. europarechtliche und nationale Regelungen hinsichtlich der Vertraulichkeit, des Datenschutzes und der Datensicherheit beachten sowie
2. die erforderlichen technischen und organisatorischen Maßnahmen zur Sicherstellung von Datenschutz und Datensicherheit ergreifen, und zwar
   a) unter Beachtung der Artikel 24, 25 und 32 der Verordnung (EU) 2016/679 des Europäischen Parlaments und des Rates vom 27. April 2016 zum Schutz natürlicher Personen bei der Verarbeitung personenbezogener Daten, zum freien Datenverkehr und zur Aufhebung der Richtlinie 95/46/EG (Datenschutz-Grundverordnung) (ABl. L 119 vom 4.5.2016, S. 1; L 314 vom 22.11.2016, S. 72; L 127 vom 23.5.2018, S. 2) in der jeweils geltenden Fassung und
   b) unter Berücksichtigung der einschlägigen Standards und Empfehlungen des Bundesamtes für Sicherheit in der Informationstechnik.

(4) ¹Die Bundesnetzagentur muss in einem nach der Rechtsverordnung nach § 111f Nummer 8 Buchstabe c zu bestimmenden Umfang Behörden den Zugang zum Marktstammdatenregister eröffnen, soweit diese Behörden die gespeicherten Daten zur Erfüllung ihrer jeweiligen Aufgaben benötigen. ²Daten, die im Marktstammdatenregister erfasst sind, sollen von Organisationseinheiten in Behörden, die für die Überwachung und den Vollzug energierechtlicher Bestimmungen zuständig sind oder Daten zu energiestatistischen Zwecken benötigen, nicht erneut erhoben werden, soweit
1. die organisatorischen und technischen Voraussetzungen für den Zugriff auf das Marktstammdatenregister gewährleistet sind,
2. nicht zur Umsetzung europäischen Rechts eine eigenständige Datenerhebung erforderlich ist und
3. die jeweils benötigten Daten nach Maßgabe der Rechtsverordnung nach § 111f vollständig und richtig an das Marktstammdatenregister übermittelt worden sind.

(5) Die Bundesnetzagentur nimmt ihre Aufgaben und Befugnisse nach den Absätzen 1 bis 4 sowie nach der Rechtsverordnung nach § 111f nur im öffentlichen Interesse wahr.

(6) ¹Die Bundesnetzagentur berichtet der Bundesregierung erstmals zum 31. Dezember 2022 und danach alle zwei Jahre über den aktuellen Stand und Fortschritt des Marktstammdatenregisters. ²Im Bericht ist insbesondere darauf einzugehen, wie das Marktstammdatenregister technisch weiterentwickelt wurde, wie die Nutzung des Registers und der registrierten Daten zur Erfüllung von Meldepflichten beigetragen haben, wie durch die Digitalisierung die Prozesse der Energieversorgung vereinfacht wurden und welche organisatorischen und technischen Maßnahmen zur Verbesserung der öffentlichen Datenverfügbarkeit getroffen wurden.

(7) Die Übertragungsnetzbetreiber erstatten der Bundesnetzagentur die Sachmittel für den Betrieb, die Erhaltung und die Weiterentwicklung des Registers, soweit diese von der Bundesnetzagentur für externe Dienstleistungen zu entrichten sind, als Gesamtschuldner.

Überblick

§ 111e schafft die gesetzliche Grundlage für die Einrichtung und den Betrieb des Marktstammdatenregisters (→ Rn. 10 ff.), welches bestehende Meldeprozesse in der Energiewirtschaft erheblich vereinfachen und sich zu einem generellen „One-Stop-Shop" der Stammdaten der Akteure und Anlagen des deutschen Strom- und Gasmarktes weiterentwickeln soll (→ Rn. 1 ff.). Die Norm enthält die wesentlichen Regelungen über das bei der BNetzA einzuführende und von dieser zu betreibende Marktstammdatenregister. Dies umfasst die

Bestimmung der Zwecke des Marktstammdatenregisters (→ Rn. 14 ff.), den Mindestumfang der zu erhebenden Daten (→ Rn. 31 ff.) und grundlegende Vorgaben zur Sicherstellung der Vertraulichkeit, des Datenschutzes und der Datensicherheit (→ Rn. 37 f.). Zudem regelt § 111e die Nutzung des Marktstammdatenregisters durch andere Behörden (→ Rn. 39 ff.) und enthält gesetzliche Vorgaben zu regelmäßigen Berichtspflichten der BNetzA über das Marktstammdatenregister gegenüber der Bundesregierung (→ Rn. 45 ff.). Schließlich regelt § 111e Abs. 7 auch die Erstattungspflicht der Übertragungsnetzbetreiber für die Kosten der BNetzA im Zusammenhang mit dem Marktstammdatenregister (→ Rn. 50 f.).

Übersicht

	Rn.		Rn.
A. Normzweck	1	III. Weiterentwicklung des Marktstammdatenregisters (Abs. 1 S. 3)	28
B. Entstehungsgeschichte	6	D. Inhalt und Daten des Marktstammdatenregisters (Abs. 2)	31
C. Einrichtung, Betrieb und Ziele des Marktstammdatenregisters (Abs. 1)	9	E. Sicherstellung von Vertraulichkeit, Datenschutz und Datensicherheit (Abs. 3)	37
I. Einrichtung und Betrieb (Abs. 1 S. 1)	10	F. Zugang von Behörden zum Marktstammdatenregister (Abs. 4)	39
II. Zielkatalog (Abs. 1 S. 2)	14	G. Wahrnehmung im öffentlichen Interesse (Abs. 5)	43
1. Verbesserung der Verfügbarkeit und Qualität energiewirtschaftlicher Daten (Nr. 1)	15	H. Berichtspflichten der BNetzA (Abs. 6)	45
2. Reduzierung des Aufwands zur Erfüllung von Meldepflichten (Nr. 2)	19	I. Erstattungspflicht der Übertragungsnetzbetreiber (Abs. 7)	50
3. Digitalisierung der Prozesse der Energiewirtschaft (Nr. 2a)	22		
4. Transparenz (Nr. 3)	26		

A. Normzweck

§ 111e schafft die gesetzliche Grundlage für die Einrichtung und den Betrieb des Marktstammdatenregisters. Die Norm enthält die wesentlichen Regelungen zur Einrichtung und zum Betrieb des Marktstammdatenregisters (→ Rn. 10 ff.), seiner Zielsetzung (→ Rn. 14 ff.) und Inhalte (→ Rn. 31 ff.) sowie zu seiner Nutzung durch andere Behörden (→ Rn. 39 ff.). 1

Die Einführung des § 111e geht unter anderem auf die vom Bundeskabinett am 11.12.2014 beschlossenen „Eckpunkte zur weiteren Entlastung der mittelständischen Wirtschaft von Bürokratie", insbesondere Eckpunkt 10, der das zentrale Register für die Energiewirtschaft betrifft, zurück. Hintergrund für die im Eckpunktepapier enthaltene Forderung eines zentralen energiewirtschaftlichen Registers war unter anderem, dass sich die Informationspflichten für Unternehmen mit der Liberalisierung des Energiemarkts und der Energiewende stark erhöht haben (500 Meldepflichten im Energierecht) und Statistik- und Informationspflichten einen großen Teil der Bürokratiekosten von Unternehmen ausmachen. Mit der zentralen Speicherung der relevanten Daten in einem Register sollen die Belastungen der Energiewirtschaft im Hinblick auf diese Informationspflichten reduziert und damit „klassische" Bürokratiekosten abgebaut werden (BT-Drs. 18/8915, 4). 2

Das Marktstammdatenregister wurde am 31.1.2019 in Betrieb genommen. Bis zu diesem Zeitpunkt wurden die Daten von Anlagen und Marktakteuren in verschiedenen, untereinander nicht abgestimmten Registern erfasst, sodass sich viele Akteure mehrfach registrieren und ihre Daten an verschiedenen Stellen aktuell halten mussten (zB EEG-Anlagenregister, PV-Melderegister oder Stammdatenmeldungen im Rahmen des EnStatG). Das Marktstammdatenregister hat unter anderem die Aufgaben des seit August 2014 existierenden EEG-Anlagenregisters vollständig übernommen. Zugleich werden Überschneidungen oder Doppelungen mit bestehenden Meldepflichten an die Markttransparenzstelle nach den §§ 47e und 47g GWB vermieden und können andere Behörden wie etwa das Statistische Bundesamt (für die Erstellung der jeweiligen Bundesstatistik, § 14 S. 1 Nr. 1 EnStatG) die Daten nutzen, die im Marktstammdatenregister gespeichert sind. Im Marktstammdatenregister sollen somit alle wesentlichen Stammdaten des Strom- und Gasmarktes in einem zentralen Register erfasst und zusammengeführt werden und auf diese Weise zu einer deutlichen Steigerung der Daten- 3 qualität führen. Durch die zentrale Erfassung im Marktstammdatenregister werden die energiewirtschaftlichen Prozesse vereinfacht, die Bürokratiebelastung der Bürger und Unternehmen reduziert und die behördlichen Meldepflichten vereinheitlicht. Insgesamt soll das Marktstammdatenregister somit zum zentralen Speicherort für die Anlagendaten werden (vgl. Schneider/Theobald EnergieWirtschaftsR-HdB/Bartsch § 7 Rn. 75).

4   Nach etwa zwei Jahren des Betriebs des Marktstammdatenregisters hat der Gesetzgeber bereits konstatiert, dass die Einführung des Marktstammdatenregisters zu einer spürbaren Bürokratieentlastung geführt hat und die Wirkungen des Marktstammdatenregisters spürbar über den Bereich des Energiemarktes im engeren Sinne hinausreichen (BT-Drs. 19/25326, 39). Aus diesem Grund soll sich das Marktstammdatenregister aus Sicht des Gesetzgebers zu einem generellen „One-Stop-Shop" der Stammdaten von Akteuren und Anlagen des deutschen Strom- und Gasmarktes weiterentwickeln (BT-Drs. 19/25326, 39). Daher soll der Grad der Automatisierung weiter vorangebracht werden. Zudem soll das elektronisch betriebene Marktstammdatenregister auch ein wesentliches Element der weiter zunehmenden Digitalisierung der Energiewirtschaft bilden und als solide, zuverlässige und transparente Datenbasis der Ausgangspunkt aller weiteren Verträge und Prozesse sein, zB wenn ausgeförderte Anlagen im Strommarkt wettbewerblich weiterbetrieben, wenn im Rahmen der Sektorenkopplung Effizienzen gehoben, wenn energiewirtschaftliche Verträge standardisiert oder wenn mit künftigen technologischen Werkzeugen wie Blockchain oder Künstlicher Intelligenz Anlagen und Akteure digital vernetzt werden sollen (BT-Drs. 19/25326, 39 f.).

5   Für die nähere Ausgestaltung der in § 111e enthaltenen, grundlegenden Regelungen zum Marktstammdatenregister wurde mit § 111f die rechtliche Grundlage für eine Rechtsverordnung des Bundesministeriums für Wirtschaft und Energie (BMWi) geschaffen. Auf dieser Grundlage wurde am 10.4.2017 die MaStRV (MaStRV) erlassen (BGBl. 2017 I 842 ff.).

Der Gesetzeswortlaut adressiert in § 111f noch das „Bundesministerium für Wirtschaft und Energie" (BMWi), welches nunmehr das Bundesministerium für Wirtschaft und Klimaschutz (BMWK) ist. Die Kommentierung orientiert sich indes am Gesetzeswortlaut und verwendet daher ebenso weiterhin den Begriff des Bundesministeriums für Wirtschaft und Energie (BMWi).

B. Entstehungsgeschichte

6   § 111e wurde durch das Gesetz zur Weiterentwicklung des Strommarktes (Strommarktgesetz) vom 26.7.2016 (BGBl. I 1786 ff.) mit Wirkung zum 30.7.2016 in den neuen Abschnitt 9a des EnWG eingefügt. Im Rahmen des Gesetzgebungsverfahren zur Einführung des § 111e war die Norm in ihrer jetzigen Fassung schon Gegenstand des ursprünglichen Gesetzesentwurfs der Bundesregierung (BT-Drs. 18/7317, 36 f.) und blieb im weiteren parlamentarischen Verfahren unverändert (vgl. BT-Drs. 18/8915).

7   § 111e wurde durch das Zweite Datenschutz-Anpassungs- und Umsetzungsgesetz EU (2. DSAnpUG-EU) vom 20.11.2019 (BGBl. I 1626 ff.) mit Wirkung zum 26.11.2019 erstmals geändert. Gegenstand der Neuerungen waren die datenschutzrechtlichen Regelungen in § 111e Abs. 3, die in ihrer ursprünglichen Fassung auf § 9 BDSG verwiesen. Durch Art. 89 Nr. 6 des 2. DSAnpUG-EU wurde in § 111e Abs. 3 der Verweis auf das BDSG mit Inkrafttreten der ohnehin unmittelbar geltenden Datenschutz-Grundverordnung (VO (EU) 2016/679) gestrichen und durch einen klarstellenden Verweis auf die Datenschutz-Grundverordnung ergänzt (BT-Drs. 19/4674, 321).

8   § 111e wurde durch Art. 2 Nr. 5 Gesetz zur Änderung des Erneuerbaren-Energien-Gesetzes und weiterer energierechtlicher Vorschriften (EEG2021-EG) vom 31.12.2020 (BGBl. I 2682 ff.) mit Wirkung zum 1.1.2021 geändert. Diese Neuregelungen betrafen Regelungen in § 111e Abs. 1 sowie die Neufassung des § 111e Abs. 6. Die Änderungen in § 111e Abs. 1 dienten dazu, den Zielkatalog des Marktstammdatenregisters um den fundamentalen Zielaspekt der Digitalisierung vertraglicher und außervertraglicher Abwicklungsprozesse zu ergänzen (→ Rn. 26 f.) und eine grundlegende Verpflichtung der BNetzA zur Weiterentwicklung und Modernisierung des Marktstammdatenregisters (→ Rn. 28 ff.) einzuführen (BT-Drs. 19/25326, 40). Mit der Neufassung des § 111e Abs. 6 wurden zudem Berichtspflichten der BNetzA über den aktuellen Stand und Fortschritt des Marktstammdatenregisters eingeführt (→ Rn. 45 ff.).

8a Eine weitere Änderung des § 111e erfolgte durch Art. 1 Nr. 60 des Gesetzes zur Umsetzung unionsrechtlicher Vorgaben und zur Regelung reiner Wasserstoffnetze im Energiewirtschaftsrecht vom 16.7.2021 (BGBl. I 3026 ff.) mit Wirkung zum 27.7.2021. Diese Änderung betraf rein redaktionelle Anpassungen in § 111e Abs. 2 Nr. 2 lit. a („Gasspeicheranlagen") in Bezug auf veränderte Legaldefinitionen im EnWG (vgl. § 3 Nr. 19c), die ebenfalls mit Wirkung zum 27.7.2021 in Kraft traten.

8b Zuletzt wurde § 111e durch Art. 5 Nr. 11 des Gesetzes zu Sofortmaßnahmen für einen beschleunigten Ausbau der erneuerbaren Energien und weiteren Maßnahmen im Stromsektor vom 20.7.2021 mit Wirkung zum 1.1.2023 geändert. Mit dieser Änderung wurde der neue Absatz 7 hinsichtlich der Erstattung der Sachmittel der BNetzA für den Betrieb des Marktstammdatenregisters durch die Übertragungsnetzbetreiber (→ Rn. 50 f.).

C. Einrichtung, Betrieb und Ziele des Marktstammdatenregisters (Abs. 1)

9 § 111e Abs. 1 enthält neben einer Legaldefinition des Marktstammdatenregisters (→ Rn. 10 f.) grundlegende Vorgaben für die Einrichtung und den Betrieb (→ Rn. 12 f.) sowie die Weiterentwicklung (→ Rn. 28 ff.) des Marktstammdatenregister sowie einen Zielkatalog, der die Zweckbestimmung des Marktstammdatenregisters näher konkretisiert (→ Rn. 14 ff.).

I. Einrichtung und Betrieb (Abs. 1 S. 1)

10 § 111e Abs. 1 S. 1 enthält die **Legaldefinition** des Marktstammdatenregisters. Hiernach handelt es sich um ein elektronisches Verzeichnis mit energiewirtschaftlichen Daten, das von BNetzA zu errichten und zu betreiben ist. Der Begriff des Marktstammdatenregisters wird innerhalb der energierechtlichen Gesetze indes nicht einheitlich verwendet. Insbesondere das EEG verwendet lediglich – verkürzt – den Begriff des „Registers", womit aber gem. § 3 Nr. 39 EEG 2023 ebenfalls das Marktstammdatenregister iSv § 111e gemeint ist; Gleiches gilt für § 2 Nr. 13 EnFG sowie § 2 Nr. 19 StromPBG.

11 Auch wenn die Legaldefinition lediglich von „Daten" spricht, geht aus dem Begriff des Marktstammdatenregisters und der Gesetzesbegründung hervor, dass es sich hierbei ausschließlich um **Stammdaten** handelt (BT-Drs. 18/7317, 128). Unter den Stammdaten sind solche Daten zu verstehen, die weitgehend konstant bleiben, wie zB Name oder Adresse eines Marktakteurs, Zuordnung von Anlagen zu Netzen, Anlagengröße, Anlagenleistung, Angaben zur Fernsteuerbarkeit oder auch zu Technologien oder Leistungswerten von Anlagen. Hingegen sollen Daten, die mit der energiewirtschaftlichen Aktivität eines Marktakteurs oder den Vorgängen innerhalb von Anlagen verbunden und daher steten Änderungen unterworfen sind, dh die sogenannten Bewegungsdaten (zB Produktionsmengen, Lastflussdaten, Speicherfüllstände), keine Stammdaten iSv § 111e darstellen und somit auch nicht im Marktstammdatenregister verwaltet werden (BT-Drs. 18/7317, 128).

12 Die **Zuständigkeit** für die Einrichtung und den Betrieb des Marktstammdatenregisters liegt bei der BNetzA. Grundsätzlich ergehen Entscheidungen der BNetzA gem. § 59 Abs. 1 S. 1 durch die Beschlusskammern der BNetzA. Als Ausnahme hiervon hat der Gesetzgeber allerdings klargestellt, dass die Aufgaben im Zusammenhang mit dem Marktstammdatenregister nach § 111e gerade nicht von einer Beschlusskammer wahrgenommen werden sollen und eine entsprechende Ausnahme von der grundsätzlichen Zuständigkeit der Beschlusskammern in § 59 Abs. 1 S. 2 Nr. 19 verankert.

13 § 111e enthält – anders etwa wie § 111d für die Errichtung und die Aufnahme des Betriebs der nationalen Informationsplattform – keine gesetzliche Frist, bis zu welcher das Marktstammdatenregister eingerichtet werden musste. Nach dem Willen des Gesetzgebers sollte das Marktstammdatenregister ursprünglich Anfang 2017 seinen Betrieb aufnehmen (BT-Drs. 18/7317, 128). Aufgrund zahlreicher (technischer) Verzögerungen wurde das Marktstammdatenregister tatsächlich erst am 31.1.2019 in Betrieb genommen. Das Marktstammdatenregister kann von jedermann online unter www.marktstammdatenregister.de aufgerufen werden.

II. Zielkatalog (Abs. 1 S. 2)

14 § 111e Abs. 1 S. 2 enthält einen Zielkatalog und konkretisiert damit die Zielsetzungen des Marktstammdatenregisters. Die Beschreibung dieser unterschiedlichen Zielsetzungen in

den Nummern 1–3 hat unter anderem den Zweck, den Rahmen für die konkretisierenden Bestimmungen der auf § 111f beruhenden Marktstammdatenregisterverordnung (MaStRV) vorzugeben.

1. Verbesserung der Verfügbarkeit und Qualität energiewirtschaftlicher Daten (Nr. 1)

15   Nach § 111e Abs. 1 S. Nr. 1 soll die Verfügbarkeit und Qualität der Daten zur Unterstützung des Zwecks und der Ziele nach § 1 für die im Energieversorgungssystem handelnden Personen sowie für die zuständigen Behörden zur Wahrnehmung ihrer gesetzlichen Aufgaben verbessert werden. Nach Ansicht des Gesetzgebers schafft das Prinzip einer zentralen Erfassung der relevanten Daten in einem bundesweiten Register mit individuellen Zugriffsrechten für betroffene Personen und Behörden die notwendige Grundlage für die Verfügbarkeit und Qualität energiewirtschaftlicher Daten (BT-Drs. 18/7317, 129). Vor diesem Hintergrund dürfte der Verweis auf § 1 in erster Linie auf die energiewirtschaftlichen Ziele der Verbraucherfreundlichkeit und der (Kosten-) Effizienz zu verstehen sein. Mittelbar soll das Marktstammdatenregister aber auch positive Effekte auf die Versorgungssicherheit haben (so Säcker EnergieR/Säcker EnWG § 111e Rn. 3).

16   Die zentrale Datenerfassung soll zu einer konsistenten Erhebung und Pflege energiewirtschaftlicher Stammdaten führen. In der auf Grundlage des § 111f beruhenden MaStRV, ggf. ergänzt durch Festlegungskompetenzen der BNetzA, ist im Einzelnen definiert, welche Daten zur Erreichung dieses Zwecks bereitgestellt werden müssen.

17   § 111e enthält keine strikten Vorgaben zur **Datenverantwortlichkeit** (vgl. auch Bartsch/Wagner/Hartmann IR 2016, 197 (199)). Die nähere Ausgestaltung der Datenverantwortlichkeit erfolgt nach Maßgabe der MaStRV. Hiernach trägt für die Richtigkeit, Vollständigkeit und Aktualität der Daten im Marktstammdatenregister originär der jeweilige Dateninhaber selbst (zB Marktakteure, Betreiber von Einheiten, Netzbetreiber) die Verantwortung. Die Konzeption nach der MaStRV ist so ausgestaltet, dass die Dateninhaber weitestgehend zur Erfüllung der Verfügbarkeit und Qualität energiewirtschaftlicher Daten in die Pflicht genommen werden. Um die Verfügbarkeit der Daten im Marktstammdatenregister nach § 111e Abs. 1 S. 2 Nr. 1 sicherzustellen, ist die Registrierung und die Aktualisierung der Daten in der MaStRV als Verpflichtung ausgestaltet, da es für viele Aspekte des Energiemarktes und der Energiepolitik von großer Bedeutung ist, dass eine vollständige Registrierung erfolgt. Aus diesem Grund enthalten die Regelungen in der MaStRV oder auch dem EEG weitergehende Regelungen, wonach etwa die Fälligkeit von Förderzahlungen (und der entsprechenden Abschlagszahlungen) gehemmt bzw. reduziert wird, bis eine Registrierung im Marktstammdatenregister erfolgt ist. Auch die Teilnahme an Ausschreibungen oder die Ausstellung von Zahlungsberechtigungen nach dem EEG wird von der Registrierung im Marktstammdatenregister abhängig gemacht. Zusätzlich ist die Verletzung der Registrierungspflicht mit einer Bußgeldbewehrung ausgestattet. Durch diese unterschiedlichen Verknüpfungen im sonstigen Energierecht mit Registrierungen im Marktstammdatenregister wird sichergestellt, dass die registrierungspflichtigen Akteure einen Anreiz haben bzw. für sie die Notwendigkeit besteht, an der Verfügbarkeit und Qualität der Daten im Marktstammdatenregister aktiv mitzuwirken.

18   Um die Qualität der Daten im Marktstammdatenregister nach § 111e Abs. 1 S. Nr. 1 sicherzustellen, ist in der MaStRV zusätzlich vorgesehen, dass ein Teil der im Marktstammdatenregister von den Marktakteuren oder Anlagenbetreibern registrierten oder aktualisierten Daten in gewissen Fällen der Prüfung durch den Anschlussnetzbetreiber unterliegen. Diese Daten werden anlassbezogen automatisch an den Anschlussnetzbetreiber zur Überprüfung übermittelt. Der Anschlussnetzbetreiber bestätigt die Richtigkeit der Daten oder meldet ggf. einzelne Daten als fehlerhaft und gibt, soweit verfügbar, die nach seiner Kenntnis korrekten Daten an. Zur Konkretisierung der Datenqualität wird bei Einheiten im Marktstammdatenregister öffentlich angegeben, ob die Netzbetreiberprüfung durchlaufen wurde (Anzeige „Netzbetreiberprüfung: geprüft"). Auf diese Weise ist bei der Einsichtnahme in das Marktstammdatenregister für jedermann ersichtlich, ob es sich bei den registrierten Daten auch um überprüfte Daten handelt, von deren Richtigkeit ausgegangen werden kann.

2. Reduzierung des Aufwands zur Erfüllung von Meldepflichten (Nr. 2)

§ 111e Abs. 1 S. 2 Nr. 2 bestimmt, dass das Marktstammdatenregister auch dazu dienen soll, den Aufwand zur Erfüllung von Meldepflichten zu verringern. Hintergrund dieser Zielbestimmung ist, dass durch das Marktstammdatenregister ein substanzieller Beitrag zur Reduzierung des Bürokratieaufwands der im Energieversorgungssystem handelnden Personen geleistet werden soll (BT-Drs. 18/7317, 129).

Durch die zentrale Erfassung von energiewirtschaftlichen Daten im Marktstammdatenregister und der Weiterentwicklung des Registers zu einem „One-Stop-Shop" der Stammdaten der Akteure und Anlagen des deutschen Strom- und Gasmarktes sollen frühere Mehrfachmeldungen von Anlagenbetreibern und anderen Akteuren an verschiedene Register und Stellen (zB EEG-Anlagenregister, PV-Melderegister oder Stammdatenmeldungen im Rahmen des EnStatG) wesentlich vereinfacht werden. Durch die zentrale Erfassung im Marktstammdatenregister werden die energiewirtschaftlichen Prozesse vereinfacht, die Bürokratiebelastung der Bürger und Unternehmen reduziert und die behördlichen Meldepflichten vereinheitlicht.

Bereits nach den ersten zwei Jahren des Betriebs des Marktstammdatenregisters hat der Gesetzgeber in einem ersten Zwischenfazit festgehalten, dass die Einführung des Marktstammdatenregisters zu einer spürbaren Bürokratieentlastung geführt hat (BT-Drs. 19/25326, 39) und somit die bisherige Ausgestaltung des Marktstammdatenregisters das Ziel der Reduzierung des Aufwands zur Erfüllung von Meldepflichten aus § 111d Abs. 1 S. 2 Nr. 2 bereits hinreichend erfüllt hat.

3. Digitalisierung der Prozesse der Energiewirtschaft (Nr. 2a)

Nach § 111e Abs. 1 S. 2 Nr. 2a soll das Marktstammdatenregister ferner dazu dienen, die Prozesse der Energiewirtschaft durchgängig zu digitalisieren. Zu diesem Zweck sollen insbesondere der Netzanschluss und der Anlagenbetrieb im Hinblick auf die Energievermarktung, die Förderung, die Abrechnung und die Besteuerung auf eine einheitliche Datenbasis gestellt werden.

Das Ziel der Digitalisierung wurde erst nachträglich in den Zielkatalog des Marktstammdatenregister aufgenommen (→ Rn. 8) und ist Ausdruck des generellen politischen Ziels einer zunehmenden Digitalisierung der Energiewende. Im vormaligen Zielkatalog des Marktstammdatenregisters fehlte der fundamentale Zielaspekt der Digitalisierung vertraglicher und außervertraglicher Abwicklungsprozesse (BT-Drs. 19/25326, 39). Das Ziel der Digitalisierung soll insbesondere dazu beitragen, dass Potenzial des Marktstammdatenregisters für in Zukunft zunehmende digitale Prozesse und Produkte nutzbar zu machen (vgl. BT-Drs. 19/25326, 39). Insofern dient die Zielbestimmung der Digitalisierung nicht nur, aber insbesondere der Weiterentwicklung des Marktstammdatenregisters hin zu einem generellen „One-Stop-Shop" der Stammdaten der Akteure und Anlagen des deutschen Strom- und Gasmarktes. Bei dieser Weiterentwicklung wird auch angestrebt, den Grad der Automatisierung weiter voranzubringen (BT-Drs. 19/25326, 39).

Die Zielbestimmung in § 111e Abs. 1 S. 2 Nr. 2a enthält einen allgemeinen Grundsatz zur Digitalisierung der Prozesse der Energiewirtschaft (Halbsatz 1) und einzelne Regelbeispiele, die ausgewählte energiewirtschaftliche Prozesse aufzählen, für deren Zwecke eine weitergehende Digitalisierung zweckmäßig ist (Halbsatz 2). Im Hinblick auf diese Regelbeispiele hat der Gesetzgeber bei der Einführung der neuen Zielbestimmung bereits deutlich gemacht, dass die Aufzählung in Halbsatz 2 nur den Ausschnitt der heute absehbaren, häufigen Anwendungsfälle beinhaltet und sich in Zukunft deutlich mehr und vielfältigere Optionen entwickeln, auf die mit dem Marktstammdatenregister durch die jeweils erforderlichen technischen Anpassungen und Weiterentwicklungen proaktiv zu reagieren sein wird (BT-Drs. 19/25326, 40).

Mit dem Ziel der Digitalisierung unterstreicht der Gesetzgeber, dass das elektronisch betriebene Marktstammdatenregister ein wesentliches Element der Digitalisierung der Energiewirtschaft bilden soll. Das Marktstammdatenregister soll für jedwede neuen digitalen Produkte und Prozesse in der Energiewirtschaft die erforderliche solide, zuverlässige und transparente Datenbasis bieten. Als mögliche Anwendungsbereiche kommen etwa in Betracht: der künftige Wechsel von Stromerzeugungsanlagen unter 100 kW in die Direktvermarktung, der wettbewerbliche Weiterbetrieb ausgeförderter Anlagen, die Steigerung von Effizienzen im Rahmen der Sektorenkopplung, die Standardisierung von Verträgen in der Energiewirtschaft oder die digitale Vernetzung von Anlagen und Akteuren mit künftigen technologischen Werkzeugen wie Blockchain oder Künstlicher Intelligenz (BT-Drs. 19/25326, 39).

4. Transparenz (Nr. 3)

26 § 111e Abs. 1 S. 2 Nr. 3 gibt vor, dass die Transformation des Energieversorgungssystems gegenüber der Öffentlichkeit transparent darzustellen ist. Das Marktstammdatenregister soll eine zentrale Rolle dabei spielen, die Transparenz der Energiewende in Deutschland zu verbessern und die Akzeptanz der Energiewende zu erhöhen (Kment EnWG/Kment § 111e Rn. 7). Mit dem Marktstammdatenregister soll so eine Informationsbasis für alle Akteure entstehen, die in energiepolitischen Prozessen auf verschiedenen Ebenen beteiligt sind oder diese begleiten. Damit wird nicht zuletzt auch die sachliche Diskussion um die Energiewende und die zu ihrer Umsetzung notwendigen Maßnahmen unterstützt (BT-Drs. 18/7317, 129).

27 Zugleich soll die Vorgabe zu einer möglichst hohen Transparenz der zu veröffentlichenden Daten im Marktstammdatenregister der Umsetzung weiterer gesetzlicher Transparenz- und Veröffentlichungspflichten dienen, um somit auf einer Plattform sämtliche Informationen und Daten zu bündeln, für die bestimmte Veröffentlichungspflichten staatlicher Akteure bestehen. So dient § 111e Abs. 1 S. 2 Nr. 3 etwa der Umsetzung von § 11 GeoZG, wonach zB Zurverfügungstellung geeigneter kartographischer Darstellungen der in Deutschland vorhandenen Stromerzeugungsanlagen zu veröffentlichen sind. Ferner kann der Staat durch die Veröffentlichungen im Marktstammdatenregister auch seiner Pflicht zur aktiven und systematischen Unterrichtung der Öffentlichkeit über die Umwelt gem. § 10 UIG nachkommen, da zu den relevanten Umweltinformationen gem. § 2 Abs. 3 Nr. 2 UIG auch Daten über den Energiesektor zählen. Sofern diese Daten zentral von der BNetzA im Marktstammdatenregister zur Verfügung gestellt werden, kann ferner Verwaltungsaufwand reduziert werden, da staatliche Stellen auf kommunaler, Landes- und Bundesebene von eigenen Veröffentlichungen absehen und auf das Marktstammdatenregister verweisen können (BT-Drs. 18/7317, 129).

III. Weiterentwicklung des Marktstammdatenregisters (Abs. 1 S. 3)

28 § 111e Abs. 1 S. 3 verpflichtet die BNetzA, durch eine fortlaufende Weiterentwicklung sicherzustellen, dass das Marktstammdatenregister jederzeit dem Stand der digitalen Technik und den Nutzungsgewohnheiten in Onlinesystemen entspricht. Die zunehmende Bedeutung des Marktstammdatenregisters als genereller „One-Stop-Shop" der Stammdaten von Akteuren und Anlagen des deutschen Strom- und Gasmarktes und die gewünschte Bürokratieentlastung der betroffenen Akteure und Anlagenbetreiber korrespondiert mit der Verpflichtung der BNetzA zur fortwährenden Weiterentwicklung des Marktstammdatenregisters. Der Entlastung der vielen Akteure in der Energiewirtschaft steht damit eine hohe und gebündelte Belastung der BNetzA beim Betrieb und der Weiterentwicklung des Marktstammdatenregisters gegenüber. Die Belastung ist jedoch gerechtfertigt, da es für die Erreichung der Ziele des Marktstammdatenregisters nach § 111e Abs. 1 S. 2 unabdingbar ist, dass die zentrale Datenhaltung mit einer hohen Verfügbarkeit, Modernität und Aktualität betrieben wird.

29 Das Marktstammdatenregister kann die gesetzlich vorgegebene Aufgabe nur erfüllen, wenn es kontinuierlich weiterentwickelt und modernisiert wird (BT-Drs. 19/25326, 40). Über die Verpflichtung der BNetzA in § 111e Abs. 1 S. 3 soll sichergestellt werden, dass das Marktstammdatenregister technisch nicht hinter dem üblichen Standard zurückfallen wird. Die technische Ausgestaltung des Marktstammdatenregisters muss jederzeit aktuell und zukunftsorientiert sein, muss sich an veränderte Nutzergewohnheiten anpassen und auf die aktuellen Erwartungen und Erforderlichkeiten der Nutzer eingehen, was u.a. auch die Gewährleistung der Datensicherheit und des Datenschutzes umfasst (BT-Drs. 19/25326, 40).

30 Damit der grundlegende Aspekt der Bürokratieentlastung eintreten kann, muss das Register stets dem aktuellen Stand der privaten und der professionellen Nutzererwartungen in Online-Systemen entsprechen und zugleich alle Aspekte der Datensicherheit und des Datenschutzes umfassend gewährleisten.

D. Inhalt und Daten des Marktstammdatenregisters (Abs. 2)

§ 111e Abs. 2 enthält Vorgaben zum Mindestmaß der im Marktstammdatenregister zu erfassenden Daten über die Unternehmen und Anlagen der Energiewirtschaft. Welche Daten im Einzelnen zum Zwecke des Marktstammdatenregisters erhoben werden, wird durch die MaStRV näher konkretisiert.

Bei den Daten, die im Marktstammdatenregister zu erfassen sind, handelt es sich um die sogenannten Stammdaten (→ Rn. 11); die sogenannten Bewegungsdaten oder sonstige Strommarktdaten werden hingegen nicht im Marktstammdatenregister bzw. allenfalls auf der nationalen Informationsplattform nach § 111d veröffentlicht (vgl. auch Kment EnWG/Kment § 111e Rn. 9).

§ 111e Abs. 2 konkretisiert die im Marktstammdatenregister abzubildenden Daten. Die Vorgaben in § 111e Abs. 2 beschränken sich dabei auf die Daten über die Unternehmen und deren Anlagen der Elektrizitäts- und Gaswirtschaft. Zudem wird der Inhalt durch die Vorgabe der mindestens zu erfassenden Energieanlagen und Personen näher bestimmt.

§ 111e Abs. 2 Nr. 1 regelt, welche Anlagen und Personen aus dem **Elektrizitätsbereich** betroffen sind:
- Anlagen zur Erzeugung und Speicherung von elektrischer Energie sowie deren Betreiber,
- Betreiber von Elektrizitätsversorgungsnetzen (→ § 3 Nr. 2 Rn. 1 ff.), und
- Bilanzkreisverantwortliche.

§ 111e Abs. 2 Nr. 2 enthält wiederum Vorgaben für den **Gasbereich** und erfasst Daten über:
- Gasproduktionsanlagen und neuerdings auch Gasspeicheranlagen (→ § 3 Nr. 19c Rn. 1 ff.) sowie deren Betreiber,
- Betreiber von Gasversorgungsnetzen (→ § 3 Nr. 7 Rn. 1 ff.),
- Marktgebietsverantwortliche, und
- Bilanzkreisverantwortliche.

Mit der gesetzlichen Vorgabe in § 111e Abs. 2, wonach neben Energieanlagen auch die wesentlichen im Energiemarkt aktiven Akteure (wie etwa Netzbetreiber) Teil des Marktstammdatenregisters werden, wollte der Gesetzgeber den Anspruch unterstreichen, ein Instrument für den Energiemarkt zu schaffen, von dem nicht allein staatliche Stellen profitieren (BT-Drs. 18/7317, 130).

E. Sicherstellung von Vertraulichkeit, Datenschutz und Datensicherheit (Abs. 3)

§ 111e Abs. 3 enthält Vorgaben zur Sicherstellung der Vertraulichkeit, des Datenschutzes und der Datensicherheit. Die BNetzA als registerführende Behörde hat die Verpflichtung, bei der Errichtung und bei dem Betrieb des Marktstammdatenregisters sämtliche europarechtlichen und nationalen Regelungen hinsichtlich der Vertraulichkeit, des Datenschutzes und der Datensicherheit zu beachten. Darüber hinaus ist die BNetzA verpflichtet, die erforderlichen technischen und organisatorischen Maßnahmen zur Sicherstellung von Datenschutz und Datensicherheit zu ergreifen, die sich aus der Datenschutz-Grundverordnung (VO (EU) 2016/679) und aus den einschlägigen Standards und Empfehlungen des Bundesamtes für Sicherheit in der Informationstechnik (BSI) ergeben.

Die Vorgaben zur Sicherstellung der Vertraulichkeit, des Datenschutzes und der Datensicherheit stellen ein notwendiges Korrektiv zur weitreichenden Informationspreisgabe und Transparenz im Marktstammdatenregister dar. Die Regelungen machen zudem deutlich, in welchem Spannungsverhältnis sich § 111e bewegt, indem einerseits eine größtmögliche Transparenz zum Zwecke des Marktstammdatenregisters erforderlich ist und andererseits aber auch die datenschutzrechtlichen Belange der betroffenen Akteure und Anlagenbetreiber gewahrt bleiben müssen (vgl. auch Kment EnWG/Kment § 111e Rn. 13).

F. Zugang von Behörden zum Marktstammdatenregister (Abs. 4)

§ 111e Abs. 4 regelt den Zugang von anderen Behörden zu den Informationen und Daten im Marktstammdatenregister. Die Möglichkeit von anderen Behörden, Zugang zum Marktstammdatenregister zu erlangen und die registrierten Daten zu nutzen, ist ein weiteres gesetzliches Instrument, das zur Verringerung der energiewirtschaftlichen Meldepflichten beitragen soll.

40 § 111e Abs. 4 S. 1 enthält eine allgemeine Regelung zum Zugang von Behörden. Die BNetzA ist hiernach verpflichtet, anderen Behörden den Zugang zum Marktstammdatenregister zu eröffnen, soweit diese Behörden die darin gespeicherten Daten zur Erfüllung ihrer jeweiligen Aufgaben benötigen. Die Regelung in § 111e Abs. 4 S. 1 bezieht sich dabei auf Behörden im weitesten Sinne, ohne dass die Funktionen oder wahrzunehmenden Aufgaben dieser Behörden näher konkretisiert werden.

41 § 111e Abs. 4 S. 2 enthält zudem eine Sonderregelung für Organisationseinheiten in Behörden, die für die Überwachung und den Vollzug energierechtlicher Bestimmungen zuständig sind. Hierbei handelt es sich allen voran um das BMWi und die Behörden, die Aufgaben im Geschäftsbereich des BMWi erfüllen. Für die Bestimmung, welche weiteren Organisationseinheiten in Behörden, die für die Überwachung und den Vollzug energierechtlicher Bestimmungen zuständig sind, Zugang nach § 111e Abs. 4 S. 2 erhalten, soll eine funktionale Betrachtung zugrunde gelegt werden. Für den Fall, dass eine Behörde neben dem Vollzug energierechtlicher Bestimmungen auch Aufgaben nach anderen Rechtsbereichen vollzieht, adressiert § 111e Abs. 4 S. 2 lediglich solche Organisationseinheiten, die tatsächlich energierechtliche Bestimmungen vollziehen. Die übrigen Einheiten können nach § 111e Abs. 4 S. 1 Zugang zum Marktstammdatenregister erhalten (BT-Drs. 18/7317, 130). Ungeachtet dessen bleiben Berichtspflichten aus anderen Rechtsbereichen (zB Umweltrecht, Emissionshandel) hiervon unberührt. Für diese Organisationseinheiten bestimmt § 111e Abs. 4 S. 2 als Grundsatz, dass die für die Wahrnehmung von Aufgaben erforderlichen Daten nicht erneut erhoben werden sollen. Voraussetzung hierfür ist zum einen, dass die organisatorischen und technischen Voraussetzungen für den Zugriff der Behörden auf das Marktstammdatenregister gewährleistet sind und nicht ausnahmsweise zur Umsetzung europäischen Rechts eine eigenständige Datenerhebung erforderlich ist. Ferner findet die Bestimmung nur Anwendung, wenn die jeweils von der Behörde benötigten Daten auch vollständig und richtig an das Marktstammdatenregister übermittelt worden sind. Sofern dies nicht der Fall sein sollte, kann die für den Vollzug der jeweiligen Bestimmung zuständige Behörde nach wie vor auf eigene Datenerhebungsbefugnisse nach dem jeweiligen Fachrecht zurückgreifen (BT-Drs. 18/7317, 130).

42 Näheres zur Umsetzung des Behördenzugangs, insbesondere zum Kreis der zugangsberechtigten Behörden, ist auf Grundlage von § 111f Nr. 8 lit. c MaStRV geregelt (→ § 111f Rn. 26 ff.). Bei dieser näheren Ausgestaltung enthält § 16 MaStRV u.a. auch besondere Regelungen für die behördliche Verwendung von solchen Daten, die von der BNetzA nicht öffentlich zugänglich gemacht werden. Die Behörden, die Zugang auch zu solchen Daten haben, sind in § 16 Abs. 3 MaStDV explizit und abschließend genannt (zB Bundeskartellamt, Umweltbundesamt oder Finanzbehörden des Bundes und der Länder).

G. Wahrnehmung im öffentlichen Interesse (Abs. 5)

43 § 111e Abs. 5 bestimmt, dass die BNetzA die ihr im Rahmen der Absätze 1–4 und der MaStRV zugewiesenen Aufgaben und Befugnisse ausschließlich im öffentlichen Interesse wahrnimmt. Diese Klarstellung hat insbesondere den Zweck, individuelle Ansprüche von Nutzern des Marktstammdatenregisters gegenüber der BNetzA auszuschließen.

44 Der Betrieb des Marktstammdatenregisters soll insgesamt durch die Durchführung von Plausibilisierungen, Prüfroutinen und Nachprüfungen dazu führen, dass eine hohe Datenqualität erreichen wird. Da in erster Linie aber die Dateninhaber, dh die Akteure und Anlagenbetreiber, die Verantwortlichkeit für die Richtigkeit und Vollständigkeit der Daten haben, kann nicht ausgeschlossen werden, dass es im Einzelfall zu Fehlern im Marktstammdatenregister kommt. Um diese Fehler auszuschließen bzw. im Rahmen der Netzbetreiberprüfung erkannte Fehler zu korrigieren, sieht die MaStRV bereits Korrekturmechanismen für erkannte Fehler vor. Sollten nichtsdestotrotz Fehler im Marktstammdatenregister verbleiben, wird aufgrund der Wahrnehmung der Aufgabe des Betriebs des Marktstammdatenregister im öffentlichen Interesse deutlich gemacht, dass die Nutzung fehlerhafter Daten aus dem Marktstammdatenregister nicht Grundlage für Schadensersatzansprüche sein können (vgl. auch Säcker EnergieR/Säcker EnWG § 111e Rn. 12).

H. Berichtspflichten der BNetzA (Abs. 6)

§ 111e Abs. 6 enthält Berichtspflichten der BNetzA gegenüber der Bundesregierung. Die BNetzA ist verpflichtet, der Bundesregierung erstmals zum 31.12.2022 und anschließend alle zwei Jahre über den aktuellen Stand und den Fortschritt des Marktstammdatenregister zu berichten. Die regelmäßigen und in kurzen Abständen zu erfolgenden Berichte der BNetzA dienen dem Ziel, dass sich die Bundesregierung Gewissheit verschaffen kann, ob das Datenfundament der Energiepolitik den Anforderungen gerecht werden kann und ob es insbesondere hinreichend zuverlässig, stabil, nutzerfreundlich, modern und verfügbar ist (BT-Drs. 19/25326, 40).

§ 111e Abs. 6 S. 2 regelt, was Gegenstand des Berichts der BNetzA sein soll. Inhalt des Berichts sollen hiernach insbesondere Informationen sein zu
- der technischen Weiterentwicklung des Marktstammdatenregisters,
- dem Beitrag der Nutzung des Marktstammdatenregisters und der registrierten Daten zur Erfüllung der Meldepflichten,
- der Vereinfachung der Prozesse der Energieversorgung durch die Digitalisierung, und
- den getroffenen organisatorischen und technischen Maßnahmen zur Verbesserung der öffentlichen Datenverfügbarkeit.

Bereits der Wortlaut („insbesondere") macht dabei deutlich, dass es sich hierbei nicht um eine abschließende Liste von Berichtsinhalten handelt, sondern die BNetzA auch über ebenso relevante Aspekte der Weiterentwicklung und Nutzung des Marktstammdatenregisters zu berichten hat.

Bei den in § 111e Abs. 6 S. 2 ausdrücklich geregelten Inhalten der Berichtspflicht der BNetzA ging es dem Gesetzgeber allen voran darum, eine Möglichkeit zur Evaluierung zu schaffen, ob und inwieweit die Bürokratiebelastung der Bürger im Zusammenhang mit Daten- und Meldeprozesse nachhaltig reduziert wird und ob und wie durch technische und organisatorische Weiterentwicklungen des Marktstammdatenregisters auf Nutzererwartungen und Nutzungsgewohnheiten reagiert wird.

Die von der BNetzA übermittelten Berichte kann die Bundesregierung für die Erfüllung ihrer Berichtspflichten nach § 24 MaStRV nutzen. Hiernach ist die Bundesregierung verpflichtet, dem Bundestag im Monitoring-Prozess „Energie der Zukunft" jährlich über Erfahrungen mit dem Marktstammdatenregister und dessen Entwicklung zu berichten.

I. Erstattungspflicht der Übertragungsnetzbetreiber (Abs. 7)

Nach dem mit Wirkung zum 1.1.2023 neu eingeführten § 111e Abs. 7 haben die Übertragungsnetzbetreiber die Pflicht, der BNetzA die Sachmittel, die sie für das Marktstammdatenregister aufwendet, zu erstatten. Zu den erstattungsfähigen Sachmitteln zählen die Sachmittel für den Betrieb (zB für Hosting- oder Hotline-Dienstleistungen), die Erhaltung und die Weiterentwicklung des Marktstammdatenregister (vgl. BT-Drs. 20/1630, 248). Zudem bestimmt § 111e Abs. 7, dass zu den erstattungsfähigen Sachmitteln nur solche zu zählen sind, soweit diese von der BNetzA für externe Dienstleistungen zu entrichten sind. Im Umkehrschluss bedeutet dies, dass sich die Erstattungspflicht der Übertragungsnetzbetreiber nicht auf eine eigene Sachmittel der BNetzA im Zusammenhang mit dem Betrieb, der Erhaltung und der Weiterentwicklung des Marktstammdatenregisters erstreckt.

Diese Erstattungspflicht obliegt den vier Übertragungsnetzbetreibern als Gesamtschuldner. Nach Nr. 5.8 der Anlage 1 zum EnFG sind die Übertragungsnetzbetreiber wiederum berechtigt, die erforderlichen Sachmittel für die Finanzierung des Marktstammdatenregisters als spezifische Ausgaben für die Förderung der erneuerbaren Energien nach dem EEG 2023 aus dem EEG-Konto zu begleichen. Letztlich handelt es sich somit um Kosten, die als gesamtgesellschaftliche Aufgabe gewälzt werden. Diese Kostentragungspflicht soll nach Ansicht des Gesetzgebers aufgrund der Bedeutung des Marktstammdatenregisters für die Energiewende sachgerecht sein, da das Marktstammdatenregister in der Energiewirtschaft eine umfassende Transparenz im Bereich von Förderung und Netzanschluss und einen weitreichenden Bürokratieabbau bezweckt und erreicht, dessen Wirkungen die Höhe der Sachmittel für das Marktstammdatenregister dauerhaft deutlich übersteigen (BT-Drs. 20/1630, 244).

§ 111f Verordnungsermächtigung zum Marktstammdatenregister

Zur näheren Ausgestaltung des Marktstammdatenregisters wird das Bundesministerium für Wirtschaft und Energie ermächtigt, durch Rechtsverordnung ohne Zustimmung des Bundesrates zu regeln:
1. zur Umsetzung des § 111e Absatz 2 die registrierungspflichtigen Personen und die zu erfassenden Energieanlagen,
2. welche weiteren Personen registriert und welche weiteren Anlagen zur Erreichung der Zwecke nach § 111e Absatz 1 erfasst werden müssen oder können; dies sind insbesondere:
   a) Personen:
      aa) Betreiber von geschlossenen Verteilernetzen,
      bb) Direktvermarktungsunternehmer nach § 3 Nummer 17 des Erneuerbare-Energien-Gesetzes,
      cc) Strom- und Gaslieferanten, die Letztverbraucher beliefern,
      dd) Messstellenbetreiber,
      ee) Marktteilnehmer nach Artikel 2 Nummer 7 der Verordnung (EU) Nr. 1227/2011 des Europäischen Parlaments und des Rates über die Integrität und Transparenz des Energiegroßhandelsmarkts,
      ff) Betreiber von organisierten Marktplätzen nach Artikel 2 Nummer 4 der Durchführungsverordnung (EU) Nr. 1348/2014 der Kommission vom 17. Dezember 2014 über die Datenmeldung gemäß Artikel 8 Absatz 2 und 6 der Verordnung (EU) Nr. 1227/2011 des Europäischen Parlaments und des Rates über die Integrität und Transparenz des Energiegroßhandelsmarkts (ABl. L 363 vom 18.12.2014, S. 121),
   b) Anlagen, wobei auch ihre Betreiber zur Registrierung verpflichtet werden können:
      aa) energiewirtschaftlich relevante Energieverbrauchsanlagen,
      bb) Netzersatzanlagen,
      cc) Ladepunkte für Elektromobile,
3. die Erfassung öffentlich-rechtlicher Zulassungen für Anlagen und die Registrierung ihrer Inhaber,
4. die Registrierung von Behörden, die energiewirtschaftliche Daten zur Erfüllung ihrer jeweiligen Aufgaben benötigen,
5. die Voraussetzungen und den Umfang einer freiwilligen Registrierung von Personen, die nicht nach den Nummern 1 bis 3 hierzu verpflichtet sind,
6. welche Daten übermittelt werden müssen und wer zur Übermittlung verpflichtet ist, wobei mindestens folgende Daten zu übermitteln sind, soweit diese nicht bereits der Bundesnetzagentur vorliegen; in diesen Fällen kann eine Speicherung der Daten im Marktstammdatenregister ohne ihre Übermittlung geregelt werden:
   a) der Name des Übermittelnden, seine Anschrift, seine Telefonnummer und seine E-Mail-Adresse,
   b) der Standort der Anlage,
   c) die genutzten Energieträger,
   d) die installierte Leistung der Anlage,
   e) technische Eigenschaften der Anlage,
   f) Daten zum Energieversorgungsnetz, an das die Anlage angeschlossen ist,
7. das Verfahren der Datenübermittlung einschließlich
   a) Anforderungen an die Art, die Formate und den Umfang der zu übermittelnden Daten,
   b) der anzuwendenden Fristen und Übergangsfristen,
   c) Regelungen zur Übernahme der Verantwortung für die Richtigkeit der Daten in Fällen, in denen nach Nummer 6 zweiter Halbsatz die Daten ohne ihre vorherige Übermittlung im Marktstammdatenregister gespeichert werden,

7a. die Überprüfung der im Marktstammdatenregister gespeicherten Daten einschließlich der hierzu erforderlichen Mitwirkungspflichten von Personen nach Nummer 1 und 2,
8. die Nutzung des Marktstammdatenregisters einschließlich der Möglichkeit zum automatisierten Abruf von Daten durch
   a) die zur Registrierung verpflichteten Personen einschließlich ihrer Rechte, bestimmte Daten einzusehen und diese zu bestimmten Zwecken zu nutzen,
   b) freiwillig registrierte Personen,
   c) Behörden einschließlich
      aa) ihrer Befugnis, bestimmte Daten einzusehen und zum Abgleich mit eigenen Registern und Datensätzen oder sonst zur Erfüllung ihrer Aufgaben zu nutzen,
      bb) der Regelung, welche Behörden in den Anwendungsbereich des § 111e Absatz 4 fallen, sowie bei Behörden nach § 111e Absatz 4 Satz 2 die Rechte der Dateninhaber, die Übermittlung von Daten an diese Behörden zu verweigern, wenn die Voraussetzungen des § 111e Absatz 4 Satz 2 erfüllt sind; hierfür sind angemessene Übergangsfristen vorzusehen, die es den betroffenen Behörden erlauben, ihrerseits die organisatorischen und technischen Maßnahmen zur Anpassung eigener Prozesse, Register und Datenbanken zu ergreifen,
9. die Art und den Umfang der Veröffentlichung der im Marktstammdatenregister gespeicherten Daten unter Beachtung datenschutzrechtlicher Anforderungen, der Anforderungen an die Sicherheit und Zuverlässigkeit des Energieversorgungssystems sowie unter Wahrung von Betriebs- und Geschäftsgeheimnissen,
10. die Pflichten der für die Übermittlung der Daten Verantwortlichen, die im Marktstammdatenregister gespeicherten Daten bei Änderungen zu aktualisieren,
11. die Rechtsfolgen in Fällen der Nichteinhaltung von Verpflichtungen auf Grund einer Rechtsverordnung nach den Nummern 1, 2, 3, 6 und 7; dies umfasst insbesondere Regelungen, wonach die Inanspruchnahme einzelner oder sämtlicher der folgenden Förderungen und Begünstigungen die Datenübermittlung an das Marktstammdatenregister voraussetzt, wenn und soweit die betreffenden Bestimmungen dies zulassen, wobei angemessene Übergangsfristen vorzusehen sind:
    a) die finanzielle Förderung nach § 19 des Erneuerbare-Energien-Gesetzes,
    b) die Zahlung des Zuschlags nach § 7 des Kraft-Wärme-Kopplungsgesetzes,
    c) die Zahlung vermiedener Netznutzungsentgelte nach § 18 der Stromnetzentgeltverordnung,
    d) Begünstigungen
       aa) nach § 19 Absatz 2 und 3 der Stromnetzentgeltverordnung,
       bb) nach den §§ 20 und 20a der Gasnetzentgeltverordnung und nach § 35 der Gasnetzzugangsverordnung,
       cc) nach den §§ 3, 3a, 44, 46, 47, 53a und 53b des Energiesteuergesetzes sowie
       dd) nach § 9 des Stromsteuergesetzes,
12. nähere Vorgaben zu den Folgen fehlerhafter Eintragungen einschließlich Regelungen über Aufgaben und Befugnisse der Bundesnetzagentur zur Sicherung der Datenqualität,
13. nähere Vorgaben zur Gewährleistung von Datensicherheit und Datenschutz; dies umfasst insbesondere Regelungen zum Schutz personenbezogener Daten im Zusammenhang mit den nach Nummer 6 zu übermittelnden Daten einschließlich Aufklärungs-, Auskunfts- und Löschungspflichten,
14. die Ermächtigung der Bundesnetzagentur, durch Festlegung nach § 29 Absatz 1 unter Beachtung der Zwecke des § 111e Absatz 1 sowie der Anforderungen des Datenschutzes zu regeln:
    a) Definitionen der registrierungspflichtigen Personen sowie der zu übermittelnden Daten,

EnWG § 111f   Teil 9a. Transparenz

b) weitere zu übermittelnde Daten, einschließlich der hierzu Verpflichteten,
c) dass abweichend von einer Rechtsverordnung nach Nummer 3 oder einer Festlegung nach Buchstabe a bestimmte Daten nicht mehr zu übermitteln sind oder bestimmte Personen, Einrichtungen oder öffentlich-rechtliche Zulassungen nicht mehr registriert werden müssen, soweit diese nicht länger zur Erreichung der Ziele nach § 111e Absatz 1 Satz 2 erforderlich sind; hiervon ausgenommen sind die nach Nummer 6 zweiter Halbsatz mindestens zu übermittelnden Daten.

Überblick

Unter Berücksichtigung der in § 111e getroffenen wesentlichen Regelungen zum Marktstammdatenregister schafft § 111f die zur rechtlichen Umsetzung erforderliche Verordnungsermächtigung für das Bundesministeriums für Wirtschaft und Energie (BMWi) (→ Rn. 1 ff.). Gegenstand der Verordnungsermächtigung sind etwa Regelungen zum Adressatenkreis (→ Rn. 7 ff.), zur Erfassung von öffentlich-rechtlichen Zulassungen (→ Rn. 16 ff.), zur freiwilligen Registrierung (→ Rn. 19) oder Registrierung von Behörden (→ Rn. 17), zum Umfang der Daten (→ Rn. 20 ff.) oder auch zu Sanktionen (→ Rn. 31). Die Ermächtigungsgrundlage aus § 111f wurde mit dem Erlass der Marktstammdatenregisterverordnung (MaStRV) umgesetzt.

Übersicht

	Rn.		Rn.
A. Normzweck	1	VII. Verfahren der Datenübermittlung (Nr. 7)	24
B. Entstehungsgeschichte	4	VIII. Datenüberprüfung (Nr. 7a)	25
C. Verordnungsermächtigung	7	IX. Nutzung des Marktstammdatenregisters (Nr. 8)	26
I. Zwingender Adressatenkreis (Nr. 1)	7	X. Art und Umfang der Veröffentlichung (Nr. 9)	29
II. Optionaler Adressatenkreis (Nr. 2)	11	XI. Datenaktualisierung (Nr. 10)	30
III. Erfassung öffentlich-rechtlicher Zulassungen (Nr. 3)	16	XII. Sanktionen (Nr. 11)	31
IV. Registrierung von Behörden (Nr. 4)	17	XIII. Fehlerhafte Eintragungen (Nr. 12)	32
V. Freiwillige Registrierung (Nr. 5)	19	XIV. Datensicherheit und Datenschutz (Nr. 13)	35
VI. Datenumfang und Datenverantwortlichkeit (Nr. 6)	20	XV. Festlegungskompetenz der BNetzA (Nr. 14)	36

A. Normzweck

1   Mit dem Marktstammdatenregister sollen eine Vielzahl von Daten, die vormals mehrfach an unterschiedliche staatliche und nicht-staatliche Empfänger übermittelt werden mussten, über eine benutzerfreundliche Online-Plattform einmalig vom Dateninhaber gemeldet, dort laufend gepflegt und allen betroffenen Behörden und Marktakteuren stets aktuell zur Verfügung gestellt werden (BT-Drs. 18/7317, 61). Dabei soll sich das Marktstammdatenregister zu einem generellen „One-Stop-Shop" der Stammdaten der Akteure und Anlagen des deutschen Strom- und Gasmarktes weiterentwickeln (BT-Drs. 19/25326, 39). Für die Einrichtung und den Betrieb des Marktstammdatenregisters hat der Gesetzgeber mit der Vorschrift des § 111e eine gesetzliche Grundlage geschaffen (→ § 111e Rn. 1 ff.). Die Einzelheiten des Marktstammdatenregisters sind jedoch nicht abschließend bundesgesetzlich durch § 111e geregelt. Rechtliche Grundlage für die nähere Ausgestaltung des Marktstammdatenregisters soll nach der gesetzlichen Konzeption der §§ 111d und 111e vielmehr eine **Rechtsverordnung** sein.

2   Unter Berücksichtigung der in § 111e getroffenen wesentlichen Regelungen zum Marktstammdatenregister schafft § 111f die zur rechtlichen Umsetzung erforderliche **Verordnungsermächtigung** für das BMWi. Die Ermächtigungsgrundlage aus § 111f wurde mit dem Erlass der MaStRV umgesetzt, die mit Wirkung zum 1.7.2017 in Kraft trat (BGBl. 2017 I 842 ff.) und die nähere Ausgestaltung des Marktstammdatenregisters regelt.

Verordnungsermächtigung zum Marktstammdatenregister §111f EnWG

Der Gesetzeswortlaut adressiert in § 111f noch das „Bundesministerium für Wirtschaft und Energie" (BMWi), welches nunmehr das Bundesministerium für Wirtschaft und Klimaschutz (BMWK) ist. Die Kommentierung orientiert sich indes am Gesetzeswortlaut und verwendet daher ebenso weiterhin den Begriff des „Bundesministeriums für Wirtschaft und Energie" bzw. „BMWi". 2.1

Die Verordnungsermächtigung des § 111f wurde zudem in den Bußgeldkatalog in § 95 Abs. 1 aufgenommen. Auf der Grundlage von § 95 Abs. 1 Nr. 5 lit. d und e kann das BMWi in der Verordnung nach § 111f somit auch Tatbestände definieren, die eine Ordnungswidrigkeit iSd § 95 darstellen und mit einer Geldbuße geahndet werden können. 3

Von dieser Möglichkeit hat das BMWi beim Erlass der MaStRV Gebrauch gemacht und mit § 21 MaStRV einen entsprechenden Ordnungswidrigkeiten Tatbestand geschaffen. Hiernach handelt insbesondere ordnungswidrig iSv § 95 Abs. 1, wer eine Registrierung als Marktakteur (§ 3 MaStRV), einer Einheit oder einer EEG- und KWK-Anlage (§ 5 MaStRV) oder von Änderungen (§ 7 MaStRV) nicht, nicht richtig, nicht in der vorgeschriebenen Weise oder nicht fristgerecht vornimmt. 3.1

B. Entstehungsgeschichte

§ 111f wurde durch das Gesetz zur Weiterentwicklung des Strommarktes (Strommarktgesetz) vom 26.7.2016 (BGBl. I 1786 ff.) mit Wirkung zum 30.7.2016 in den neuen Abschnitt 9a des EnWG eingefügt. Im Rahmen des Gesetzgebungsverfahren zur Einführung des § 111e war die Norm in ihrer jetzigen Fassung schon Gegenstand des ursprünglichen Gesetzesentwurfs der Bundesregierung (BT-Drs. 18/7317, 37 ff.) und blieb, mit Ausnahme einer rein redaktionellen Änderung, im weiteren parlamentarischen Verfahren inhaltlich unverändert (vgl. BT-Drs. 18/8915, 21). 4

§ 111f ersetzte die vormalige Ermächtigung in § 53b aF, welche eine vergleichbare Verordnungsermächtigung des BMWi für die nähere Ausgestaltung des Gesamtanlagenregisters enthielt, welches jedoch durch das Marktstammdatenregister ersetzt wurde. 4.1

Die Norm wurde sodann durch das Gesetz zur Änderung der Bestimmungen zur Stromerzeugung aus Kraft-Wärme-Kopplung und zur Eigenversorgung (KWKStrRÄndG) vom 22.12.2016 mit Wirkung zum 1.1.2017 erstmals geändert. Durch Art. 3 Nr. 15 KWKStrRÄndG wurde die Regelung in § 111f Nr. 7a, welche die Überprüfung der im Marktstammdatenregister gespeicherten Daten einschließlich der hierzu erforderlichen Mitwirkungspflichten regelt, neu eingeführt. Die Neuregelung sollte der Klarstellung dienen, dass der Datenbestand des Marktstammdatenregisters ohne die Vorgabe von verpflichtenden Überprüfungen nicht die gewünschte Güte erreichen wird. 5

§ 111f wurde durch Art. 89 Nr. 7 des Zweiten Datenschutz-Anpassungs- und Umsetzungsgesetzes EU (2. DSAnpUG-EU) vom 20.1.2019 (BGBl. I 1626 ff.) mit Wirkung zum 26.11.2019 erneut geändert. Gegenstand der Neuregelung waren die datenschutzrechtsbezogenen Regelungen in den § 111f Nr. 6, Nr. 7 und Nr. 10. Mit den Änderungen wurden die bestehenden Begrifflichkeiten an die Datenschutz-Grundverordnung angepasst. Der bisher in § 111f verwendete Begriff des „Datenverantwortlichen" deckte sich nicht mit der Definition des „Datenverantwortlichen" in der Datenschutz-Grundverordnung, weswegen der bisherige Begriff durch andere Formulierungen ersetzt wurde (BT-Drs. 19/4674, 321). 6

Zuletzt wurde § 111f durch Art. 5 Nr. 12 des Gesetzes zu Sofortmaßnahmen für einen beschleunigten Ausbau der erneuerbaren Energien und weiterer Maßnahmen im Stromsektor vom 20.7.2021 mit Wirkung zum 1.1.2023 geändert. Diese Änderungen betrafen redaktionelle Änderungen in Nr. 2 sowie Folgeänderungen in Nr. 11 aufgrund der Änderungen im EEG 2023 und der Einführung des EnFG. 6a

C. Verordnungsermächtigung

I. Zwingender Adressatenkreis (Nr. 1)

§ 111f Nr. 1 ermächtigt das BMWi zur Umsetzung des in § 111e Abs. 2 zwingend vorgegebenen Adressatenkreises. In der Rechtsverordnung kann insbesondere bestimmt werden, in welchem Umfang die registrierungspflichtigen Personen und Energieanlagen (iSv § 3 Nr. 15) registriert bzw. erfasst werden müssen. 7

Groneberg

EnWG § 111f   Teil 9a. Transparenz

7.1   Die Umsetzung von § 111f Nr. 1 erfolgte durch die Regelungen in §§ 3 Nr. 1, Nr. 2, Nr. 3, Nr. 5, 5 MaStRV.

8   Zu den registrierungspflichtigen Energieanlagen gehören gem. § 111e Abs. 2 Anlagen zur Erzeugung und Speicherung von elektrischer Energie und Gasproduktionsanlagen und Speicheranlagen.

8.1   Es ist zu beachten, dass die MaStRV eigene Begriffsdefinitionen enthält und dabei nicht auf den Begriff der „Energieanlage" iSv § 3 Nr. 15, sondern auf den Begriff der „**Einheiten**" abstellt. Hintergrund ist, dass das Marktstammdatenregister für verschiedene energiewirtschaftliche Zwecke verwendet wird und somit nicht der Anlagendefinition eines bestimmten Gesetzes gefolgt wird. § 2 Nr. 4 MaStRV enthält eine abschließende Liste der von der MaStRV erfassten Einheiten: Gaserzeugungseinheiten, Gasspeicher, Gasverbrauchseinheiten, Stromerzeugungseinheiten, Stromspeicher und Stromverbrauchseinheiten. Neben den Einheiten sind nach dem Marktstammdatenregister zudem „EEG-Anlagen" und „KWK-Anlagen" registrierungspflichtig. Diese Anlagen stellen ebenfalls „Anlagen zur Erzeugung von elektrischer Energie" iSv § 111e Abs. 2 dar. Die MaStRV enthält aber auch für diese Anlagen eigenständige Begriffsdefinitionen, vgl. § 2 Nr. 3 und Nr. 6 MaStRV.

9   Die registrierungspflichtigen Personen umfassen Betreiber von den registrierungspflichtigen Energieanlagen sowie Betreiber von Elektrizitäts- und Gasversorgungsnetzen, Marktgebietsverantwortliche im Gasbereich und Bilanzkreisverantwortliche im Elektrizitäts- und Gasbereich.

9.1   Es ist zu beachten, dass die MaStRV auch für die registrierungspflichtigen Personen eigene Begriffsdefinitionen enthält. Als Oberbegriff der registrierungspflichtigen Personen stellt § 3 MaStRV auf den Begriff der „**Marktakteure**" ab, worunter gem. § 2 Nr. 9 MaStRV jede natürliche oder juristische Person, die am Energiemarkt teilnimmt, zu verstehen ist. Welche Personen im Einzelnen als Marktakteur gelten, wird durch § 3 Abs. 1 MaStRV näher bestimmt, zB Betreiber von Einheiten, Bilanzkreisverantwortliche, Netzbetreiber. Dabei gilt, dass alle registrierungspflichtigen Personen iSv § 111f Nr. 1 zugleich Marktakteure iSv § 3 Abs. 1 MaStRV sind; andersherum aber nicht alle Marktakteure iSv § 3 Abs. 1 MaStRV zugleich auch registrierungspflichtige Personen iSv § 111f Nr. 1 darstellen müssen. Vielmehr ist der Begriff des Marktakteurs weiter und erfasst auch Personen des optionalen Adressatenkreises iSv § 111f Nr. 2 (→ Rn. 11 ff.) bzw. Personen, die sich freiwillig registriert haben (→ Rn. 19). Ferner ist bei den Registrierungen von Personen zu beachten, dass die MaStRV eine **marktrollenbezogene Registrierungspflicht** enthält. Sofern ein Marktakteur in mehr als einer registrierungspflichtigen Marktrolle am Energiemarkt teilnimmt, besteht nach § 3 Abs. 1 S. 2 MaStRV eine gesonderte Registrierungspflicht für jede einzelne dieser Marktfunktionen. So muss sich etwa ein Akteur mit der Marktfunktion „Netzbetreiber" sowohl stets als Netzbetreiber als auch in der Marktrolle als Bilanzkreisverantwortlichen registrieren, soweit er nicht im Einzelfall durch die StromNZV von der Pflicht zur Führung von Bilanzkreisen ausgenommen ist.

10   Von der Ermächtigung des § 111f Nr. 1 soll nach dem Willen des Gesetzgebers auch die Möglichkeit umfasst sein, Ausnahmeregelungen oder Bagatellgrenzen festzulegen (BT-Drs. 18/7317, 131).

10.1   Von dieser Ermächtigung hat das BMWi Gebrauch gemacht und etwa bei den registrierungspflichtigen Einheiten oder EEG- und KWK-Anlagen bestimmte Einheiten bzw. Anlagen von der Registrierungspflicht ausgenommen, zB Stromerzeugungseinheiten oder EEG- und KWG-Anlagen, die weder unmittelbar noch mittelbar an ein Stromnetz angeschlossen sind oder auch Einheiten militärischer Einrichtungen, die der Landesverteidigung dienen (vgl. § 5 Abs. 2 MaStRV).

II. Optionaler Adressatenkreis (Nr. 2)

11   § 111f Nr. 2 ermächtigt den Verordnungsgeber zur Bestimmung weiterer registrierungspflichtiger Personen und zu erfassender Anlagen. Anders als bei dem Adressatenkreis nach § 111f Nr. 1 handelt es sich bei den weiteren registrierungspflichtigen Personen und Anlagen iSv § 111f Nr. 2 um einen optionalen Adressatenkreis. Die Frage, ob und in welchem Umfang weitere Personen und Anlagen einer Registrierung im Marktstammdatenregister unterliegen sollen, wird damit dem BMWi zugewiesen.

12   § 111 Nr. 2 enthält eine Auflistung von weiteren registrierungspflichtigen Personen (lit. a) und weiteren Anlagen (lit. b). Wie der Wortlaut deutlich macht („insbesondere"), ist die

Auflistung unter den Buchstaben a und b dabei nicht abschließend. Soweit dies zur Errei‐
chung der Zwecke des § 111e Abs. 1 erforderlich ist, können in den Anwendungsbereich
also auch weitere Personen und Anlagen aus der Elektrizitäts- und Gaswirtschaft einbezogen
werden (BT-Drs. 18/7317, 131).

Von der Befugnis, auch über die ausdrücklich in § 111f Nr. 2 lit. a aufgelisteten Personen hinaus, **12.1**
für weitere Personen eine Registrierungspflicht zu bestimmen, hat das BMWi Gebrauch gemacht und
in § 3 Abs. 1 Nr. 7 MaStRV etwa auch eine Registrierungspflicht für Personen (als Marktakteur)
bestimmt, die Projekte (dh Einheiten in der Entwurfs- oder Errichtungsphase, deren Inbetriebnahme
geplant ist) registrieren.

Zu den ausdrücklich genannten weiteren Personen, für die das BMWi zu einer Registrie‐ **13**
rungspflicht ermächtigt ist, zählen
- Betreiber von geschlossenen Verteilernetzen,
- Direktvermarktungsunternehmer iSv § 3 Nr. 17 EEG 2023,
- Strom- und Gaslieferanten, die Letztverbraucher beliefern,
- Messstellenbetreiber,
- Marktteilnehmer nach Art. 2 Nr. 7 REMIT-VO („Verordnung (EU) Nr. 1227/2011 des
  Europäischen Parlaments und des Rates über die Integrität und Transparenz des Energie‐
  großhandelsmarkts"),
- Betreiber von organisierten Marktplätzen nach Art. 2 Nr. 4 Energiegroßhandel-Datenmel‐
  dung-VO („Durchführungsverordnung (EU) Nr. 1348/2014 der Kommission vom
  17.12.2014 über die Datenmeldung gemäß Art. 8 Abs. 2 und 6 der Verordnung (EU)
  Nr. 1227/2011 des Europäischen Parlaments und des Rates über die Integrität und Trans‐
  parenz des Energiegroßhandelsmarkts" (ABl. L 363 vom 18.12.2014, 121)).

Zu den ausdrücklich in § 111f Nr. 2 lit. b genannten Anlagen, bezüglich derer das BMWi **14**
ermächtigt wurde, eine Registrierungspflicht zu schaffen, zählen
- energiewirtschaftlich relevante Energieverbrauchsanlagen,
- Netzersatzanlagen,
- Ladepunkte für Elektromobile.

Sofern das BMWi in der Rechtsverordnung weitere Anlagen der Registrierungspflicht unter‐ **15**
stellt, ermächtigt § 111f Nr. 2 lit. b zugleich auch dazu, eine Registrierungspflicht für die
jeweiligen Betreiber dieser weiteren Anlagen einzuführen

Die Umsetzung von § 111f Nr. 2 erfolgte durch die Regelungen in § 3 Nr. 2, Nr. 4–9 MaStRV. **15.1**

III. Erfassung öffentlich-rechtlicher Zulassungen (Nr. 3)

§ 111f Nr. 3 ermächtigt das BMWi zur Erfassung öffentlich-rechtlicher Zulassungen für **16**
Energieanlagen sowie die Registrierung ihrer Inhaber im Marktstammdatenregister. Hinter‐
grund dieser Ermächtigung waren bereits positive Erfahrung mit einer derartigen Erfassung
unter dem vorherigen EEG-Anlagenregister. Eine solche zeitlich im Vorfeld der Inbetrieb‐
nahme von Energieanlagen liegende Erfassung ermöglicht insbesondere bessere Prognosen
über den Zubau von Anlagen (BT-Drs. 18/7317, 131). Diese Prognosemöglichkeit ist insbe‐
sondere für Projektentwickler von großem Vorteil, die bei der Planung von EEG-Anlagen,
die eine Förderung nach dem EEG erhalten sollen, etwaige Risiken von Anlagenzusammen‐
fassungen nach § 24 EEG 2023 belastbarer beurteilen und minimieren zu können.

Die Umsetzung von § 111f Nr. 3 erfolgte durch die Regelungen in § 5 Abs. 4 MaStRV. Eine Pflicht **16.1**
zur Erfassung öffentlich-rechtlicher Zulassungen besteht hiernach für Projekt. Hierunter sind gem. § 2
Nr. 10 MaStRV alle Einheiten in der Entwurfs- oder Errichtungsphase zu verstehen, deren Inbetrieb‐
nahme geplant ist. Nach § 5 Abs. 4 MaStRV gilt eine Registrierungsplicht von Projekten allerdings
nur für bestimmte Arten von öffentlich-rechtlichen Zulassungen, nämlich für Zulassungen nach dem
BImSchG, WindSeeG oder sonstigem Bundesrecht. Projekte, die etwa „nur" einer Baugenehmigung
bedürfen, unterliegen keiner Pflicht, diese Baugenehmigung als öffentlich-rechtliche Zulassung im
Marktstammdatenregister erfassen zu müssen.

IV. Registrierung von Behörden (Nr. 4)

§ 111f Nr. 4 ermächtigt das BMWi, die Registrierung von Behörden zu regeln, die **17**
energiewirtschaftliche Daten zur Erfüllung ihrer Aufgaben benötigen. Durch die Bezug‐

nahme auf die „energiewirtschaftlichen" Daten wird deutlich gemacht, dass eine Registrierungspflicht in erster Linie Energiebehörden eingeräumt werden soll.

18 Mit dieser Ermächtigung soll nach dem Willen des Gesetzgebers der unter dem Gesichtspunkt des Bürokratieabbaus zielführende Ansatz im Konzept der BNetzA umgesetzt werden, Behörden einschließlich der BNetzA selbst eine den übrigen Registerteilnehmern vergleichbare Rolle zuzuweisen. Dies schafft einen einfachen Zugang dieser Behörden zu den für sie relevanten Daten und beugt so der mehrfachen individuellen Erhebung gleicher Stammdaten bei den Betroffenen vor (BT-Drs. 18/7317, 131 f.).

18.1 Die Umsetzung von § 111f Nr. 4 erfolgte durch die Regelungen in § 4 MaStRV. Hiernach hat sich das BMWi für ein Konzept bestehend aus einer Registrierungspflicht für ausgewählte Behörden und eine freiwillige Registrierungsmöglichkeit für jede anderen Behörden entschieden. Eine ausdrückliche Registrierungspflicht besteht nach der abschließenden Liste des § 4 Abs. 1 MaStRV für das BMWi selbst, das Umweltbundesamt, die Bundesanstalt für Landschaft und Ernährung sowie das Statistische Bundesamt. Die freiwillige Registrierung dürfte insbesondere für solche Behörden in Betracht kommen, die die registrierten Daten nutzen und nicht mehr auf eigene Erhebungen zu bereits registrierten Tatsachen zurückgreifen wollen.

V. Freiwillige Registrierung (Nr. 5)

19 § 111f Nr. 5 enthält die Ermächtigung des BMWi, auch eine freiwillige Registrierung von Personen vorzusehen, für die keine Registrierungspflicht nach § 111f Nr. 1–3 besteht. Die freiwillige Registrierung bezieht sich nur auf Personen, nicht hingegen auf Einheiten oder Anlagen. Bei der freiwilligen Registrierung hatte der Gesetzgeber insbesondere wissenschaftliche Institutionen im Blick (BT-Drs. 18/7317, 132).

19.1 Die Umsetzung von § 111f Nr. 5 erfolgte durch die Regelungen in § 3 Abs. 3 MaStRV. Hiernach können sich Marktakteure, die nicht zur Registrierung verpflichtet sind, und andere Personen im Marktstammdatenregister freiwillig registrieren. Eine freiwillige Registrierung kommt somit grundsätzlich für jedermann in Betracht. Für die freiwillige Registrierung gelten auch keine besonderen Fristen. Im Übrigen sind aber die Regelungen der MaStRV entsprechend anzuwenden.

VI. Datenumfang und Datenverantwortlichkeit (Nr. 6)

20 § 111f Nr. 6 enthält eine Ermächtigung des BMWi, in der Verordnung Regelungen zu den Daten, die zu den betroffenen Einrichtungen und Personen übermittelt werden müssen, sowie zu der übermittlungspflichtigen Person (Datenverantwortlicher) zu treffen.

21 Zur Datenverantwortlichkeit enthält § 111f Nr. 6 ebenso wenig wie § 111e (→ § 111e Rn. 17) strikte Vorgaben (vgl. auch Bartsch/Wagner/Hartmann IR 2016, 197 (199)), sondern überlässt dies der näheren Ausgestaltung durch den Verordnungsgeber. Dem Verordnungsgeber bleibt es somit überlassen zu regeln, wer zB Daten über Erzeugungsanlagen übermitteln muss. Nach dem Willen des Gesetzgebers wird dies typischerweise der Betreiber selbst sein; denkbar ist aber im Bereich der nach dem EEG geförderten Anlagen auch, dass etwa der jeweilige Anschlussnetzbetreiber die ihm vorliegenden Daten über die jeweilige Anlage übermittelt (BT-Drs. 18/7317, 132).

21.1 Die Umsetzung von § 111f Nr. 6 im Hinblick auf die Datenverantwortlichkeit erfolgte durch die Regelungen in § 5 Abs. 1, Abs. 2 und Abs. 3 MaStRV. Hiernach ist der Betreiber für die Daten seiner jeweiligen Einheiten, Anlagen und Speicher verantwortlich. Die vom Gesetzgeber angedachte Möglichkeit, auch den Anschlussnetzbetreiber zu verpflichten, die ihm vorliegenden Daten über die jeweilige EEG-Anlagen zu übermitteln, wurde vom BMWi in der Marktstammdatenregister hingegen nicht umgesetzt. Vielmehr obliegt den Netzbetreibern nach § 13 MaStRV in erster Linie die Pflicht zur Überprüfung der von den Betreibern registrierten Daten. Darüber hinaus trifft die Netzbetreiber lediglich eine Datenverantwortlichkeit für die Daten bezüglich ihrer zu registrierenden Netze. Ähnliches gilt für die sonstigen Marktakteure, die ebenfalls jeweils für ihre eigenen Stammdaten verantwortlich sind.

22 § 111f Nr. 6 lit. a–f enthalten zur näheren Konkretisierung der Ermächtigung einen Mindestkatalog übermittlungspflichtiger Daten. Hierzu zählen Name, Adresse und Kontaktdaten des Datenübermittelnden, der Standort der Anlage, die genutzten Energieträger, die installierte Leistung und technischen Eigenschaften der Anlage sowie Daten zum Energiever-

sorgungsnetz, an welches die Anlage angeschlossen ist. Hierbei handelt es sich um sog. Stammdaten des Marktstammdatenregisters (ausführlich → § 111e Rn. 11).

Die Umsetzung von § 111f Nr. 6 im Hinblick auf den Mindestkatalog übermittlungspflichtiger **22.1** Daten erfolgte durch die Regelung in § 6 MaStRV. Hiernach müssen bei der Registrierung jeweils diejenigen Daten im Marktstammdatenregister eingetragen werden, die nach der Anlage zur MaStRV erforderlich sind. Die Anlage zur MaStRV enthält in tabellarischer Auflistung sehr detaillierte Vorgaben zu den registrierungspflichtigen Daten und unterscheidet je nach Ereignis der Meldung und Art des zu meldenden Akteurs oder Objekts. Die Anlage zur MaStRV gibt im Einzelnen vor, zu welchen Einheiten welche Daten zu welchen Ereignissen gemeldet werden müssen. Es wird für die verschiedenen Meldepflichten unterschieden, ob das jeweilige Feld in der Anlage zur MaStRV eine Registrierungsvoraussetzung (R) oder ein sonstiges Pflichtfeld (P) ist. Weitere Daten können freiwillig eingegeben werden, ohne dass diese jedoch einer behördlichen Vollständigkeitskontrolle unterliegen.

§ 111f Nr. 6 ermächtigt das BMWi darüber hinaus zu Regelungen, die von einer Über- **23** mittlungspflicht absehen, wenn der BNetzA bereits die zu erfassenden Daten vorliegen. So soll vermieden werden, dass bereits im Zusammenhang mit anderen Datenaustauschprozessen oder Meldepflichten an die BNetzA übermittelte Daten zur Befüllung des Marktstammdatenregisters erneut übermittelt werden müssen (BT-Drs. 18/7317, 132).

Von dieser Ermächtigung hat das BMWi Gebrauch gemacht und mit § 11 MaStRV eine Regelung **23.1** erlassen, die die Übernahme von (Bestands-)Daten, die der BNetzA zu Anlagen, die vor dem 1.7.2017 in Betrieb gegangen sind, ermöglichen. Die BNetzA hat hiernach also insbesondere solche Daten zu übernehmen, die ihr vor dem Start des Marktstammdatenregisters übermittelt wurden. Hierbei handelt es sich insbesondere um bereits übermittelte Daten aus dem Anlagenregister oder dem PV-Meldeportal.

VII. Verfahren der Datenübermittlung (Nr. 7)

§ 111f Nr. 7 enthält die Ermächtigung des BMWi, in der Verordnung das Verfahren der **24** Datenübermittlung näher auszugestalten. Hiernach können die Anforderungen an die Art, die Formate und den Umfang der zu übermittelnden Daten und die für die Datenübermittlung anzuwendenden Fristen einschließlich Übergangsfristen geregelt werden. Ferner erlaubt § 111f Nr. 7 Regelungen zur Übernahme der Datenverantwortung für bereits bei der BNetzA vorhandene Daten. Nach dem Willen des Gesetzgebers soll die Ermächtigung aus § 111f Nr. 7 insbesondere die Möglichkeit umfassen, die Erfüllung der Verpflichtungen aus der Verordnung zum Marktstammdatenregister ausschließlich unter Nutzung einer von der BNetzA zur Verfügung gestellten Web-Applikation zuzulassen (BT-Drs. 18/7317, 132).

Die Umsetzung von § 111f Nr. 7 erfolgte durch zahlreiche unterschiedliche (Einzel-)Regelungen **24.1** in der MaStRV. Das Verfahren zur Datenübermittlung wird allgemein in § 8 MaStRV für die Registrierung von neuen Daten sowie in den §§ 10, 11 MaStRV für die Übernahme bereits vorhandener Daten geregelt. Die Art und das Format der Datenübermittlung wird ebenfalls in § 8 Abs. 1 MaStRV geregelt, wonach die Marktakteure das **Webportal** des Marktstammdatenregisters zu nutzen haben. Nähere Vorgaben zu den **Registrierungsfristen** sind in § 3 Abs. 2 MaStRV (Registrierung von Marktakteuren), in § 5 Abs. 5 MaStRV (Registrierung von Einheiten sowie EEG- oder KWK-Anlagen), in § 7 Abs. 1 MaStRV (Registrierung von Änderungen), in § 18 Abs. 2 und Abs. 6 MaStRV (Sonderregelungen für Biomethan- und Wasserkraftanlagen) sowie in § 25 Abs. 2, Abs. 3 und Abs. 4 MaStRV (Übergangsregelungen für Registrierungsfristen) enthalten.

VIII. Datenüberprüfung (Nr. 7a)

§ 111f Nr. 7a ermächtigt das BMWi, Regelungen zur Überprüfung der im Marktstamm- **25** datenregister gespeicherten Daten einschließlich der hierzu erforderlichen Mitwirkungspflichten der registrierten Personen vorzusehen. Mit dieser, erst nachträglich eingeführten (→ Rn. 5) Ermächtigung zur Schaffung von Überprüfungspflichten wollte der Gesetzgeber klarstellen, dass der Datenbestand des Marktstammdatenregisters ohne verpflichtende Überprüfungen nicht die gewünschte Güte erreichen kann (BT-Drs. 18/10209, 127). Zu diesem Zweck sollte das BMWi insbesondere entsprechende Überprüfungen durch die Netzbetreiber vorsehen: Die Netzbetreiber sollen verpflichtet werden, die Daten von an ihrem Netz angeschlossenen Anlagen zu überprüfen (BT-Drs. 18/10209, 127). Vergleichbare Regelungen, nach denen die Verteilernetzbetreiber die eingetragenen Anlagendaten zu überprüfen

EnWG § 111f   Teil 9a. Transparenz

haben, sah bereits die Anlagenregisterverordnung vor, was dazu führte, dass hierdurch viele fehlerhafte Eintragungen bereinigt werden konnten.

25.1   Die Umsetzung von § 111f Nr. 7a erfolgte insbesondere durch die Regelungen in §§ 10, 13 MaStRV. Die MaStRV hat zwei zentrale Überprüfungsmechanismen der registrierten Daten: einerseits eine Überprüfung durch die BNetzA und andererseits eine Überprüfung durch die Netzbetreiber. Die **Überprüfung durch die BNetzA** ist in § 10 MaStRV geregelt. Hiernach ist die BNetzA jederzeit befugt, die im Marktstammdatenregister gespeicherten Daten mit den ihr aus anderen Quellen bekannten Daten abzugleichen und, im Fall von Widersprüchen, die Marktakteure zur Berichtigung zu verpflichten. Sofern die Marktakteure einer Aufforderung zur Berichtigung nicht nachkommen sollten, ist die BNetzA zudem zum Erlass von erforderlichen Anordnungen berechtigt. Die **Überprüfung durch die Netzbetreiber** (sog. Netzbetreiberprüfung) richtet sich nach § 13 MaStRV und dient insbesondere dazu, dass der Anschlussnetzbetreiber die registrierten Daten einer Einheit mit den ihm vorliegenden Daten zu überprüfen hat. Die Netzbetreiberprüfung erfolgt in der Regel bei der Inbetriebnahme der Einheiten und muss innerhalb einer bestimmten Frist erfolgen. Der Status der Netzbetreiberprüfung ist zudem im Marktstammdatenregister gekennzeichnet.

IX. Nutzung des Marktstammdatenregisters (Nr. 8)

26   § 111f Nr. 8 enthält eine umfassende Ermächtigung des BMWi zur näheren Ausgestaltung der Nutzung des Marktstammdatenregisters. Vor dem Hintergrund des mit dem Marktstammdatenregister beabsichtigten Bürokratieabbaus (ausführlich → § 111e Rn. 1 ff.) soll die Ermächtigung in § 111f Nr. 8 die Regelung differenzierter Nutzungskonzepte und -befugnisse ermöglichen mit dem Ziel, dass jene Personen und Institutionen auf die Daten jeweils anderer zugreifen können, die sie entweder zur Erfüllung ihrer gesetzlichen Pflichten bzw. Aufgaben benötigen, für die sie ein berechtigtes Interesse nachweisen können oder zu denen der Dateninhaber freiwillig den Zugang eröffnet (BT-Drs. 18/7317, 132).

27   Zu diesem Zweck ermächtigen § 111f Nr. 8 lit. a und b das BMWi, nähere Regelungen zur Möglichkeit des automatisierten Abrufs von Daten durch die zur Registrierung verpflichteten Personen und die freiwillig registrierten Personen zu erlassen.

27.1   Die Umsetzung von § 111f Nr. 8 lit. a und b erfolgte insbesondere durch die Regelungen in §§ 15, 17, 20 MaStRV. Nach § 15 Abs. 1 S. 1 MaStRV sind die im Marktstammdatenregister gespeicherten Daten grundsätzlich öffentlich zugänglich. Unter der öffentlichen Zugänglichkeit ist dabei eine Veröffentlichung auf der Internetseite des Marktstammdatenregisters (www.marktstammdatenregister.de) gemeint. Im Rahmen der Nutzung werden dabei technische Analysewerkzeuge zur Verfügung gestellt, um die Nutzer bei Auswahl, Auswertung und Herunterladen der Daten zu unterstützen (SäckerEnergieR/Säcker EnWG § 111f Rn. 25). § 15 MaStRV bestimmt indes, dass einige Daten aufgrund ihrer Personenbezogenheit oder Vertraulichkeit nicht zur öffentlichen Nutzung zur Verfügung stehen. Hiervon normiert § 17 Abs. 1 MaStRV indes wieder eine Ausnahme, da Netzbetreibern auch zu personenbezogenen und als vertraulich eingestuften Daten zu an ihr Netz angeschlossenen Einheiten Zugang gewährt wird, sofern die Daten zur Erfüllung ihrer gesetzlichen Aufgaben erforderlich sind. Ferner räumt § 17 Abs. 2 MaStRV jedem Marktakteur die Möglichkeit ein, anderen Marktakteuren und Behörden selbst Zugang zu vertraulichen oder personenbezogenen Daten einzuräumen. § 20 MaStRV sieht zudem die Möglichkeit vor, dass die BNetzA durch Allgemeinverfügung allgemeine Nutzungsbedingungen für das Marktstammdatenregister vorsieht.

28   In Bezug auf die Zugriffsmöglichkeiten von Behörden ermächtigt § 111f Abs. 8 lit. c den Verordnungsgeber, auch die Nutzung des Marktstammdatenregister durch Behörden näher auszugestalten. Ferner kann das BMWi auch Behörden bestimmen, die wegen ihrer Zuständigkeit insbesondere für die Überwachung und den Vollzug energierechtlicher Bestimmungen unter § 111e Abs. 4 S. 2 fallen (→ § 111e Rn. 41 f.) und die im Marktstammdatenregister enthaltenen Daten nicht erneut bei Betroffenen erheben sollen. Dabei soll der Verordnungsgeber mit angemessenen Übergangsfristen dafür Sorge tragen, dass die betroffenen Behörden ausreichend Zeit für die Anpassung eigener Prozesse, Register und Datenbanken an das Marktstammdatenregister haben (BT-Drs. 18/7317, 132).

28.1   Die Umsetzung von § 111f Nr. 8 lit. c erfolgte durch die Regelungen in § 16 MaStRV. Hiernach sollen Behörden grundsätzlich die ihnen zugänglichen Daten verwenden, soweit sie diese Daten zur Erfüllung ihrer jeweiligen Aufgaben benötigen. Bei dieser näheren Ausgestaltung der Zugriffsmöglichkeiten der Behörden enthält § 16 Abs. 3 MaStRV auch besondere Regelungen für die behördliche Verwendung von solchen Daten, die von der BNetzA nach § 15 MaStRV nicht öffentlich zugänglich gemacht wurden. Die Behörden, die Zugang auch zu solchen Daten haben, sind in § 16 Abs. 3 MaStDV explizit genannt (zB Bundeskartellamt, Umweltbundesamt oder Finanzbehörden des Bundes und der Länder).

X. Art und Umfang der Veröffentlichung (Nr. 9)

§ 111f Nr. 9 enthält eine Ermächtigung des BMWi zur näheren Regelung von Art und Umfang der Veröffentlichung der im Marktstammdatenregister gespeicherten Daten. Dabei stellt die Ermächtigungsgrundlage in § 111f Nr. 9 ausdrücklich klar, dass bei dieser näheren Ausgestaltung datenschutzrechtliche Anforderungen, die Anforderungen an die Sicherheit und Zuverlässigkeit des Energieversorgungssystems sowie die Anforderungen zu beachten, die sich aus der Speicherung von Betriebs- und Geschäftsgeheimnissen im Marktstammdatenregister ergeben. Mit dieser Klarstellung wollte der Gesetzgeber sicherstellen, dass insoweit von einer Veröffentlichung von Daten im Marktstammdatenregister abgesehen werden soll, wie dies zum Schutz der Privatsphäre natürlicher Personen (zB der Betreiber kleiner Photovoltaikanlagen), zur Wahrung von Betriebs- und Geschäftsgeheimnissen oder der Sicherheit und Zuverlässigkeit des Elektrizitätsversorgungssystems erforderlich ist (BT-Drs. 18/7317, 132). 29

Die Umsetzung von § 111f Nr. 9 erfolgte durch die Regelungen in §§ 15 Abs. 1, 16, 17 MaStRV. Zu diesem Zweck enthält § 15 Abs. 1 MaStRV eine Auflistung mit verschiedenen Daten, die im Marktstammdatenregister nicht öffentlich verfügbar sein sollen. Mit dem hierdurch statuierten Verzicht auf eine öffentliche Zugänglichkeit dieser Daten wird indes nicht ausgeschlossen, dass Daten, die zwar registriert, aber nicht öffentlich zugänglich sind, nicht trotzdem an Dritte weitergegeben werden dürfen. So enthalten die §§ 16, 17 MaStRV weitergehende Regelungen dazu, ob und inwieweit auch personenbezogene und vertrauliche Daten für Behörden und andere Marktakteure, wenn auch nur unter eingeschränkten Bedingungen, einsehbar und nutzbar sein sollen. 29.1

XI. Datenaktualisierung (Nr. 10)

§ 111f Nr. 10 ermöglicht dem BMWi, in der Verordnung die Pflichten der Datenverantwortlichen, die im Marktstammdatenregister gespeicherten Daten bei Änderungen zu aktualisieren, näher auszugestalten. Diese Vorgabe zur Datenaktualisierung ist nach Ansicht des Gesetzgebers ein wesentlicher Baustein, um das Ziel des Verbesserung der Qualität energiewirtschaftlicher Daten (ausführlich → § 111e Rn. 15 ff.) im Marktstammdatenregister zu erreichen (BT-Drs. 18/7317, 132). 30

Die Umsetzung von § 111f Nr. 10 erfolgte durch die Regelungen in § 10 MaStRV. Hiernach sind Änderungen, die die im Marktstammdatenregister eingetragenen Daten betreffen, innerhalb eines Monats nach ihrem jeweiligen Eintritt im Marktstammdatenregister zu registrieren. Sofern eine solche Änderung nicht, nicht richtig, nicht in der vorgeschriebenen Weise oder nicht fristgerecht vorgenommen wird, handelt es sich hierbei zudem um eine Ordnungswidrigkeit iSv § 21 Nr. 1 MaStRV, die mit einer Geldbuße geahndet wird. 30.1

XII. Sanktionen (Nr. 11)

§ 111f Nr. 11 ermöglicht dem BMWi, Sanktionen für die Nichteinhaltung von Verpflichtungen aus der MaStRV vorzusehen. Für den Verordnungsgeber wird hiermit die Möglichkeit geschaffen, die Inanspruchnahme verschiedener energierechtlicher Förderungen und Begünstigungen von der Einhaltung der Pflichten in der MaStRV abhängig zu machen. Insoweit kann der Verordnungsgeber den Ansatz ausweiten, den man beim EEG-Anlagenregister bereits für Anlagen zur Erzeugung von Strom aus erneuerbaren Energien etabliert ist und der für die Inanspruchnahme der EEG-Förderung die vorherige Übermittlung von bestimmten Angaben vorausgesetzt hat (BT-Drs. 18/7317, 133). 31

Die Umsetzung von § 111f Nr. 11 erfolgte durch die Regelungen in §§ 21, 23 MaStRV. Die MaStRV sieht **zwei Arten von Sanktionen** vor: einerseits stellen bestimmte Verstöße gegen die Verpflichtungen aus der MaStRV gem. § 21 MaStRV eine Ordnungswidrigkeit dar; andererseits knüpft 31.1

die Fälligkeit von Zahlungsansprüchen nach dem EEG oder KWKG gem. § 23 MaStRV an die ordnungsgemäße Registrierung im Marktstammdatenregister an. § 21 MaStRV bestimmt, in welchen Fällen die Nichteinhaltung von Verpflichtungen aus der MaStRV eine **Ordnungswidrigkeit** darstellt. Hiernach handelt ordnungswidrig iSv § 95 Abs. 1, wer eine Registrierung als Marktakteur (§ 3 MaStRV), einer Einheit oder einer EEG- und KWK-Anlage (§ 5 MaStRV) oder von Änderungen (§ 7 MaStRV) nicht, nicht richtig, nicht in der vorgeschriebenen Weise oder nicht fristgerecht vornimmt. Gemäß § 95 Abs. 2 S. 1 kann die Ordnungswidrigkeit iSv § 21 MaStRV mit einer Geldbuße von bis zu 50.000 EUR geahndet werden. § 23 MaStRV regelt demgegenüber die Auswirkungen einer Nichteinhaltung von Verpflichtungen aus der MaStRV auf die **Fälligkeit der Zahlungsansprüche nach dem EEG und KWKG**. Nach § 23 Abs. 1 MaStRV werden Ansprüche auf Zahlung von Marktprämien, Einspeisevergütungen und Flexibilitätsprämien nach dem EEG sowie Ansprüche auf Zuschlagszahlungen nach dem KWKG erst mit Registrierung der Einheiten fällig. Bei KWK-Anlagen findet § 23 MaStRV zudem auch auf die Wiederaufnahme des Betriebs nach Modernisierung Anwendung. Die Netzbetreiber dürfen somit an die Betreiber von EEG- und KWK-Anlagen, die nicht als in Betrieb genommen im Marktstammdatenregister registriert sind, keine Zahlungen leisten; auch Abschläge werden nicht fällig. In Bezug auf die Sanktionen sind zudem Sonderregelungen in den Übergangsbestimmungen zu beachten, vgl. § 25 Abs. 6 MaStRV.

XIII. Fehlerhafte Eintragungen (Nr. 12)

32 § 111f Nr. 12 ermächtigt den Verordnungsgeber zu weiteren Regelungen für die Folgen fehlerhafter Eintragungen einschließlich der Aufgaben und Befugnisse der BNetzA zur Sicherung der Datenqualität.

33 Im Hinblick auf die rechtlichen Folgen von fehlerhaften Eintragungen im Marktstammdatenregister hat der Gesetzgeber in der Begründung zum § 111f Nr. 12 klargestellt, dass die Wahrnehmung der Regulierungsaufgaben erschwert würde, wenn sich Marktakteure gegenüber der BNetzA auf fehlerhafte Angaben im Marktstammdatenregister berufen könnten. Darüber hinaus sei es praktisch nicht leistbar, dass die BNetzA flächendeckend die Eintragungen überprüft und die Gewähr für ihre Richtigkeit übernimmt. Insoweit kann der Verordnungsgeber insbesondere regeln, dass Eintragungen im Marktstammdatenregister keine tatbestandliche Wirkung in Rechtsverhältnissen der Akteure untereinander oder im Verhältnis zu Behörden zukommt (BT-Drs. 18/7317, 133).

33.1 Die Umsetzung von § 111f Nr. 12 im Hinblick auf die Folgen fehlerhaften Eintragungen erfolgte durch die klarstellende Regelung in § 8 Abs. 3 MaStRV, wonach Registrierungen keine feststellende Wirkung im Hinblick auf das Vorliegen von Tatsachen haben.

34 Die Ermächtigung in § 111f Nr. 12 unterstreicht zudem, dass die Gewährleistung einer hohen Datenqualität Grundbedingung eines erfolgreichen Marktstammdatenregister ist. Um dies dauerhaft sicherzustellen, ist das BMWi zudem ermächtigt, im Rahmen der MaStRV Aufgaben und Befugnisse der BNetzA zu bestimmen, nach denen etwa die Dateninhaber behördlich zur Richtigstellung fehlerhafter Eintragungen verpflichtet werden oder nach denen die Korrektur der Daten von Seiten der BNetzA erfolgt, wenn der Dateninhaber nicht binnen einer bestimmten Frist widerspricht (BT-Drs. 18/7317, 133).

34.1 Die Umsetzung von § 111f Nr. 12 im Hinblick auf die Bestimmung von Aufgaben und Befugnissen zur Sicherung der Datenqualität erfolgte insbesondere durch die Regelungen in § 10 MaStRV. Nach § 10 Abs. 1 MaStRV ist die BNetzA befugt, die gespeicherten Daten jederzeit im Rahmen der Registerführung zu überprüfen und mit anderen, bereits vorliegenden Daten abzugleichen. Bei offensichtlich fehlerhaften Daten kann die BNetzA gem. § 10 Abs. 2 MaStRV ohne Mitwirkung der Marktakteure Berichtigungen von registrierten Daten vornehmen. Bei sonstigen fehlerhaften Daten ist die BNetzA befugt, registrierte Marktakteure zu verpflichten, die von ihnen eingetragenen Daten zu prüfen und, soweit notwendig, berichtigte Daten einzutragen. Ferner hat die BNetzA gem. § 10 Abs. 3 MaStRV das Recht, zur Herstellung der Richtigkeit der Daten im Marktstammdatenregister entsprechende Anordnungen zu treffen, deren Nichtbefolgung durch die Marktakteure eine Ordnungswidrigkeit iSv § 21 Nr. 2 MaStRV darstellt.

XIV. Datensicherheit und Datenschutz (Nr. 13)

35 § 111f Nr. 13 ermächtigt das BMWi, Regelungen zu Datensicherheit und Datenschutz, insbesondere zu Aufklärungs-, Auskunfts- und Löschungspflichten zum Schutz personenbe-

zogener Daten zu treffen. § 111f Nr. 13 entspricht weitgehend dem Wortlaut des § 53b Nr. 7 aF und ergänzt diesen um mögliche Vorgaben zur Gewährleistung der Datensicherheit der im Marktstammdatenregister gespeicherten Daten (BT-Drs. 18/7317, 133).

Die Umsetzung von § 111f Nr. 13 erfolgte insbesondere durch die Regelungen in §§ 9, 15 Abs. 1, 17 Abs. 3, 20 Abs. 3 MaStRV. Die zentrale Regelung für die Sicherstellung der Datensicherheit und des Datenschutzes stellt § 9 MaStRV dar. Nach dem allgemeinen Grundsatz aus § 9 Abs. 1 MaStRV darf die BNetzA Daten einschließlich personenbezogener Daten nur verarbeiten, soweit dies zur Registerführung erforderlich ist. Ferner sehen die Regelungen in §§ 9 Abs. 2, Abs. 3, 17 Abs. 3 MaStRV entsprechende Verpflichtungen zur Löschung von registrierten Daten vor. Zudem ist die BNetzA dazu verpflichtet, für das Marktstammdatenregister technische und organisatorische Maßnahmen im Einklang mit der Datenschutz-Grundverordnung zu treffen (§ 9 Abs. 4 MaStRV) und für die Datenübermittlung ein angemessenes, dem Schutzbedarf angemessenes Verschlüsselungsverfahren vorzugeben (§ 20 Abs. 3 MaStRV). **35.1**

XV. Festlegungskompetenz der BNetzA (Nr. 14)

§ 111f Nr. 14 ermächtigt das BMWi ferner, in der MaStRV der BNetzA eine Kompetenz zu Festlegungen nach § 29 einzuräumen. Der Gesetzgeber stellt es somit dem Verordnungsgeber anheim, bestimmte Regelungen nicht durch das BMWi selbst im Wege der MaStRV, sondern vielmehr durch die BNetzA im Wege von Festlegungen nach § 29 getroffen werden. Nach Ansicht des Gesetzgebers kann sich dies insbesondere wegen der umfassenden Beteiligung betroffener Kreise nach § 67 EnWG (sog. Konsultation der Marktteilnehmer) als die sachnähere und den Bedürfnissen der im Marktstammdatenregister agierenden Nutzer angemessenere Regelungsebene erweisen (BT-Drs. 18/7317, 133). **36**

Die Festlegungskompetenz kann das BMWi der BNetzA allerdings nur für die abschließend in § 111f Nr. 14 aufgeführten Regelungsgegenstände einräumen. Dies gilt für die Definitionen der registrierungspflichtigen Personen sowie der zu übermittelnden Daten (§ 111f Nr. 14 lit. a), für weitere zu übermittelnde Daten, einschließlich der hierzu Verpflichteten (§ 111f Nr. 14 lit. b) sowie dafür, dass bestimmte Daten nicht mehr zu übermitteln sind oder bestimmte Personen, Einrichtungen oder öffentlich-rechtliche Zulassungen nicht mehr registriert werden müssen, soweit diese nicht länger zur Erreichung der Ziele nach § 111e Abs. 1 S. 2 erforderlich sind (§ 111f Nr. 14 lit. b). **37**

Die Umsetzung von § 111f Nr. 14 erfolgte insbesondere durch die Regelung in § 22 MaStRV, die einen Katalog abschließender Regelungsgestände enthält, zu denen die BNetzA befugt ist, Festlegungen nach § 29 zu treffen. **37.1**

Teil 10. Evaluierung, Schlussvorschriften

§ 112 Evaluierungsbericht

¹Die Bundesregierung hat den gesetzgebenden Körperschaften bis zum 1. Juli 2007 einen Bericht über die Erfahrungen und Ergebnisse mit der Regulierung vorzulegen (Evaluierungsbericht). ²Sofern sich aus dem Bericht die Notwendigkeit von gesetzgeberischen Maßnahmen ergibt, soll die Bundesregierung einen Vorschlag machen. ³Der Bericht soll insbesondere

1. Vorschläge für Methoden der Netzregulierung enthalten, die Anreize zur Steigerung der Effizienz des Netzbetriebs setzen,
2. Auswirkungen der Regelungen dieses Gesetzes auf die Umweltverträglichkeit der Energieversorgung darlegen,
3. Auswirkungen der Netzregulierung sowie der Regelungen nach Teil 4 auf die Letztverbraucher untersuchen,
4. eine Prüfung beinhalten, ob für die Planung des Verteilernetzausbaus die Aufnahme einer Ermächtigung zum Erlass einer Rechtsverordnung notwendig wird um sicherzustellen, dass nachfragesteuernde und effizienzsteigernde Maßnahmen angemessen beachtet werden,
5. die Bedingungen der Beschaffung und des Einsatzes von Ausgleichsenergie darstellen sowie gegebenenfalls Vorschläge zur Verbesserung des Beschaffungsverfahrens, insbesondere der gemeinsamen regelzonenübergreifenden Ausschreibung, und zu einer möglichen Zusammenarbeit der Betreiber von Übertragungsnetzen zur weiteren Verringerung des Aufwandes für Regelenergie machen,
6. die Möglichkeit der Einführung eines einheitlichen Marktgebiets bei Gasversorgungsnetzen erörtern und Vorschläge zur Entwicklung eines netzübergreifenden Regelzonenmodells bei Elektrizitätsversorgungsnetzen prüfen sowie
7. den Wettbewerb bei Gasspeichern und die Netzzugangsbedingungen für Anlagen zur Erzeugung von Biogas prüfen.

Überblick

§ 112 verpflichtete die Bundesregierung, dem Deutschen Bundestag und dem Bundesrat bis zum 1.7.2007 einmalig einen Evaluierungsbericht vorzulegen. Die Verpflichtung zur Vorlage des Berichts etwa zwei Jahre nach Inkrafttreten des EnWG 2005 stand vor dem Hintergrund der grundlegenden Änderung des energiewirtschaftlichen Ordnungsrahmens durch die EnWG-Novelle vom 7.7.2005 und die anschließend erlassenen Rechtsverordnungen (Begr. BT-Drs. 15/3917, 75) (→ Rn. 1). Der „Evaluierungsbericht der Bundesregierung über die Erfahrungen und Ergebnisse mit der Regulierung durch das Energiewirtschaftsgesetz" ist als BT-Drs. 16/6532 vom 28.9.2007 veröffentlicht worden (→ Rn. 2 ff.). Mithin ist die Vorschrift gegenstandslos geworden.

A. Normzweck

1 Zweck des § 112 war eine **Evaluierung** der mit der **EnWG-Novelle 2005** (Zweites Gesetz zur Neuregelung des Energiewirtschaftsrechts vom 7.7.2005, BGBl. I 1970) eingeführten Änderungen. Im Rahmen der Umgestaltung wurden umfassende regulative Elemente in das EnWG und ergänzende Rechtsvorschriften (StromNZV, GasNZV, StromNEV, GasNEV, EnWGKostV, NAV, NDAV, StromGVV, GasGVV, KraftNAV) aufgenommen. Der Bericht diente der Überprüfung der neuen Regelungen und sollte bei Bedarf Ausgangspunkt für weitere Gesetzgebungsvorschläge sein. Mit Erstellung des einmaligen Berichts ist die Vorschrift gegenstandslos geworden. Aufgrund der Komplexität und Intensität der wirtschaftssteuernden Wirkung der Regulierung erscheint allerdings eine fortlaufende Evaluierung angebracht.

B. Vorschläge für Methoden der Netzregulierung (Nr. 1)

Die BNetzA hatte der Bundesregierung gem. § 112a bis zum 1.7.2006 einen Bericht zur Einführung einer Anreizregulierung nach § 21a vorzulegen. Gemäß § 118 Abs. 5 aF (nunmehr § 118 Abs. 1) sollte die Bundesregierung unverzüglich nach Vorlage des Berichts der BNetzA den Entwurf einer Rechtsverordnung nach § 21a Abs. 6 vorlegen. Dem ist die Bundesregierung nachgekommen. Da im Evaluierungszeitraum bereits das Verfahren zum Erlass der Anreizregulierungsverordnung (**ARegV**) begonnen wurde, lief der Berichtsauftrag nach § 112 S. 3 Nr. 1 ins Leere (vgl. dazu Evaluierungsbericht, 9 f.).

C. Auswirkungen auf die Umweltverträglichkeit der Energieversorgung (Nr. 2)

In § 1 ist zwischen den dort genannten Zielen ein Konflikt angelegt. Mit dem Evaluierungsauftrag sollte geprüft werden, wie die Zielkonflikte tatsächlich aufgelöst werden und ob das Ziel der umweltverträglichen Versorgung ausreichend zur Geltung kommt: wie sich also zB unter Umweltschutzgesichtspunkten der Einsatz von Primärenergieträgern, etwa betreffend das Ausmaß von Kohlendioxidemissionen und radioaktiven Abfall, entwickelt. Die Bundesregierung räumte allerdings ein, noch nicht ausreichend Datenmaterial für einen Umweltverträglichkeitsbericht gehabt zu haben (vgl. dazu Evaluierungsbericht, 17).

D. Auswirkungen auf die Letztverbraucher (Nr. 3)

Auch die Auswirkungen der Netzregulierung und der Neuordnung der Grundversorgung auf die Entwicklung der Letztverbraucherpreise sollten evaluiert werden. Vorbereitend dazu hatte die BNetzA in ihren Monitoringberichten explizit die Preisentwicklungen für Haushalte berücksichtigt (vgl. dazu Evaluierungsbericht, 11 ff.). Die Monitoringberichte gem. § 63 Abs. 3 (BT-Drs. 16/6532, 11 ff.) enthalten nach § 35 Abs. 1 Nr. 10 auch weiterhin einen Abschnitt zur Energiepreisentwicklung. Zudem bestand nach Einschätzung der Bundesregierung Handlungsbedarf bei der wettbewerblichen Öffnung des Mess- und Zählwesens. Die gesetzliche Grundlage hierfür war mit § 21b Abs. 2 aF geschaffen worden (Begr. BT-Drs. 16/8396, 7).

E. Notwendigkeit einer Ermächtigung zum Erlass einer Rechtsverordnung (Nr. 4)

Da im Rahmen des Gesetzgebungsverfahrens zur EnWG-Novelle 2005 bereits eine Verordnungsermächtigung zur Planung des Verteilernetzausbaus in § 14 Abs. 2 S. 2 aufgenommen wurde, war dieser Berichtsauftrag zum Zeitpunkt der Auswertung bereits obsolet geworden (vgl. dazu Evaluierungsbericht, 10).

F. Beschaffung und Einsatz von Ausgleichsenergie (Nr. 5)

Auszuwerten waren zudem die Erfahrungen mit den Beschaffungsumständen für Ausgleichsleistungen gemäß den Regelungen in §§ 22, 23 und den aufgrund § 24 S. 2 Nr. 3 ergangenen Rechtsverordnungen. Der Bericht befasst sich lediglich mit den Preisentwicklungen für die Beschaffung von Ausgleichsleistungen und fordert mehr Markttransparenz (vgl. dazu Evaluierungsbericht, 17 f.).

G. Einführung eines einheitlichen Marktgebiets bei Gasversorgungsnetzen (Nr. 6)

Auch sollte aus Kostengründen die Möglichkeit zur Einführung eines einheitlichen Marktgebiets für das Gasnetz sowie eines netzübergreifenden Regelzonenmodells im Elektrizitätsbereich geprüft werden. Während die Einführung eines einheitlichen Marktgebiets und netzübergreifender Regelzonen nach Ansicht des Gesetzgebers nicht auf die Verordnungsermächtigung in § 24 S. 2 Nr. 3 iVm § 24 S. 4 gestützt werden konnte (vgl. dazu Evaluierungsbericht, 18 ff.), hat die BNetzA gem. § 27 Abs. 1 Nr. 3 StromNZV durch Festlegung die

Einführung eines Netzregelverbunds angeordnet (BK6-08-111). Mit § 27 Abs. 1 Nr. 3a StromNZV hat nun auch der Verordnungsgeber eine neue Festlegungskompetenz zur Bildung einer einheitlichen Regelzone geschaffen.

H. Wettbewerb bei Gasspeichern, Netzzugangsbedingungen für Biogasanlagen (Nr. 7)

8 Die Wettbewerbssituation für Gasspeicher und Biogasanlagen im Hinblick auf den Netzzugang sollte evaluiert werden (vgl. dazu Evaluierungsbericht, 23 ff.). Dieser Bericht ergänzte die regelmäßigen Monitoringberichte der BNetzA hierzu gem. § 35 Abs. 1 Nr. 7.

§ 112a Bericht der Bundesnetzagentur zur Einführung einer Anreizregulierung

(1) ¹Die Bundesnetzagentur hat der Bundesregierung bis zum 1. Juli 2006 einen Bericht zur Einführung der Anreizregulierung nach § 21a vorzulegen. ²Dieser Bericht hat ein Konzept zur Durchführung einer Anreizregulierung zu enthalten, das im Rahmen der gesetzlichen Vorgaben umsetzbar ist. ³Zur Vorbereitung und zur Erstellung des Berichts stehen der Bundesnetzagentur die Ermittlungsbefugnisse nach diesem Gesetz zu.

(2) ¹Die Bundesnetzagentur soll den Bericht unter Beteiligung der Länder, der Wissenschaft und der betroffenen Wirtschaftskreise erstellen sowie die internationalen Erfahrungen mit Anreizregulierungssystemen berücksichtigen. ²Sie gibt den betroffenen Wirtschaftskreisen nach der Erstellung eines Berichtsentwurfs Gelegenheit zur Stellungnahme; sie veröffentlicht die erhaltenen Stellungnahmen im Internet. ³Unterlagen der betroffenen Wirtschaftskreise zur Entwicklung einer Methodik der Anreizregulierung sowie der Stellungnahme nach Satz 2 sind von den Regelungen nach § 69 Abs. 1 Satz 1 Nr. 1 und 3 sowie Satz 2 ausgenommen.

(3) ¹Die Bundesnetzagentur hat der Bundesregierung zwei Jahre nach der erstmaligen Bestimmung von Netzzugangsentgelten im Wege einer Anreizregulierung nach § 21a einen Bericht über die Erfahrungen damit vorzulegen. ²Die Bundesregierung hat den Bericht binnen dreier Monate an den Deutschen Bundestag weiterzuleiten; sie kann ihm eine Stellungnahme hinzufügen.

Überblick

§ 112a ermächtigte und verpflichtete die BNetzA, zwei Berichte zu erstellen. Der erste (gem. § 112a Abs. 1 S. 1 und S. 2) war der Bundesregierung bis zum 1.7.2006 vorzulegen, um die Einführung einer Anreizregulierung nach § 2a, insbesondere durch Erstellung eines Konzeptes für eine entsprechende Verordnung, vorzubereiten (→ Rn. 3 ff.). Dieser Verpflichtung kam die BNetzA mit ihrem „Bericht der BNetzA nach § 112a zur Einführung der Anreizregulierung nach § 21a" vom 30.6.2006 nach. Zwei Jahre nach der erstmaligen Bestimmung von Netzzugangsentgelten nach dieser Methode sollte der zweite Bericht (gem. § 112a Abs. 3 S. 1) einen Überblick über die damit gemachten Erfahrungen liefern (→ Rn. 9 ff.). Die Veröffentlichung des zweiten Berichts erfolgte am 12.2.2014 als BT-Drs. 18/536. Der Regelungsinhalt der Norm wurde mithin erfüllt. Neben dieser gesetzlichen Berichtspflicht sieht § 33 ARegV zusätzliche Berichtspflichten mit gleicher Zielsetzung vor, allerdings ohne gesetzliche Ermächtigung (vgl. Theobald/Kühling/Hummel ARegV § 33 Rn. 2, 7).

A. Normzweck

1 Der Bericht nach § 112a Abs. 1 (Anreizregulierungsbericht) sollte die Einführung der Anreizregulierung ermöglichen und die Bundesregierung bei der Einführung entlasten. Unter **Anreizregulierung** (incentive regulation) wird allgemein ein Regulierungsansatz verstanden, der durch die Entkoppelung der Entgelte/Erlöse eines regulierten Unternehmens von seinen Kosten einen Anreiz zur Effizienzsteigerung setzt, weil ineffizienteren Unterneh-

men geringere und effizienten Unternehmen höhere Renditen zugestanden werden. Die mit besonderer Sachkompetenz und Ermittlungsbefugnissen ausgestattete **BNetzA** sollte hierfür gegenüber der grundsätzlich für den Erlass der Verordnung nach § 21a Abs. 6 zuständigen Bundesregierung die wesentlichen Vorarbeiten leisten. Potenziell Betroffene sollten entsprechend § 112a Abs. 2 direkt gestaltend in den Prozess des Konzeptentwurfs einbezogen werden, um dadurch die Qualität und die Akzeptanz des Konzepts zu steigern. Der Bericht nach § 112a Abs. 3 (Erfahrungsbericht) dagegen sollte der Überprüfung der letztlich eingeführten Anreizregulierung durch den Gesetzgeber dienen (BT-Drs. 15/5268, 123) und somit kontrollieren, wie das ursprünglich vorgeschlagene Konzept umgesetzt wurde und in der Praxis funktionierte.

B. Entstehungsgeschichte

Der Bundesrat forderte bereits im Jahr 2004 in seiner Stellungnahme zum ersten Gesetzentwurf eine genauere Darlegung und Verankerung eines Konzepts der Anreizregulierung im Gesetz, um die Einführung nicht immer weiter zu verschieben (BT-Drs. 15/3917, 83 f.). Der Bundestagsausschuss für Wirtschaft und Arbeit schlug schließlich den neuen § 21a vor, ergänzt durch den ebenfalls neuen § 112a, der eine genaue fachliche Ausarbeitung eines Konzepts durch die Experten der BNetzA unter Beteiligung von Wissenschaft und betroffener Wirtschaftskreise vorsah. Diese Norm entsprach bereits weitestgehend dem § 112a in seiner heutigen Form (vgl. BT-Drs. 15/5268, 83 f.). Im Vermittlungsausschuss wurde lediglich in § 112a Abs. 2 der dritte Satz sowie die Klarstellung eingefügt, dass auch die Länder bei der Erarbeitung des Berichts zu beteiligen sind (BT-Drs. 15/5736, 8).

2

C. Bericht der BNetzA gem. § 112a Abs. 1 und 2 zur Einführung der Anreizregulierung nach § 21a (Anreizregulierungsbericht)

Absatz 1 verpflichtete die BNetzA zur Erstellung eines Konzepts zur zukünftigen Durchführung der Anreizregulierung iSd § 21a, wobei § 21a selbst bereits eine Reihe von Festlegungen für das (künftige) Regulierungsregime enthält, die die Behörde in dem vorzulegenden Konzept zu berücksichtigen hat.

3

Nach § 112a Abs. 1 S. 1 sollte der anzufertigende Bericht der Bundesregierung bis zum 1.7.2006 vorgelegt werden. Nach § 112a Abs. 1 S. 2 hatte der Bericht ein Konzept zur Durchführung einer Anreizregulierung zu enthalten, das im Rahmen der gesetzlichen Vorgaben umsetzbar sein musste. § 112a Abs. 1 S. 3 wies der BNetzA hierfür die **Ermittlungsbefugnisse** nach dem EnWG zu. Die Behörde war also in der Lage, auf Grundlage einer Erhebung von Unternehmensdaten die Ausgangslage zu analysieren und auf dieser Basis die abstrakten Konzepte zur Anreizregulierung optimal an die tatsächlichen Verhältnisse anzupassen. Ausgenommen von dieser Datenabfrage waren nach § 112a Abs. 2 S. 3 diejenigen Unterlagen, die den Betroffenen selbst in Bezug auf die Entwicklung einer Methodik der Anreizregulierung und den hierzu abzugebenden Stellungnahmen nach § 112a Abs. 2 S. 2 dienten. Die Auskunftsanordnung wurde zunächst mit den Verbänden abgestimmt, um den Aufwand für die betroffenen Unternehmen möglichst gering zu halten. Darüber hinaus wurde sie mit den Datenabfragen für die Vergleichsverfahren Strom und Gas zusammengelegt, zumal da die dafür benötigten Daten teils für beide Abfragen erforderlich und nutzbar waren (BNetzA, Jahresbericht 2005, 123). Dennoch gab es verschiedene gegen die Datenabfrage gerichtete Beschwerden, die allerdings mit der Begründung auf einen umfangreichen planerischen Einschätzungs-, Bewertungs- und Gestaltungsspielraum der Behörde zurückgewiesen wurden (vgl. OLG Düsseldorf BeckRS 2006, 3672). In den anschließenden Rechtsbeschwerden stellte der BGH in seinen Beschlüssen allerdings klar, dass die behördliche Auswahl, welche Auskünfte aus ex-ante-Sicht erforderlich seien, uneingeschränkt richterlich überprüft werden könnten (BGH BeckRS 2007, 13417).

4

Nach § 112a Abs. 2 S. 1 sollte die BNetzA den Bericht unter **Beteiligung der Länder, der Wissenschaft und der betroffenen Wirtschaftskreise** erstellen sowie die **internationalen Erfahrungen** mit Anreizregulierungssystemen berücksichtigen. Entsprechend wurden im Arbeitskreis Anreizregulierung die Vertreter der Landesregulierungsbehörden, die vom Länderausschuss nach § 60a bestimmt wurden, sowie des BMWi und des BKartA von der

5

EnWG § 112a Teil 10. Evaluierung, Schlussvorschriften

BNetzA zu den Vorarbeiten und den „wesentlichen Grundzügen des auszugestaltenden Systems der Anreizregulierung" informiert. Über den Konsultationskreis Anreizregulierung wurden die energiewirtschaftlichen Verbände und Unternehmensgruppen von Netzbetreibern und Netznutzern in den Prozess eingebunden. Beide Gremien tagten monatlich. Zusätzlich wurde der Wissenschaftliche Arbeitskreis für Regulierungsfragen bei der BNetzA (WAR) regelmäßig informiert und die Wissenschaft über die Vergabe von Gutachten und Beratungsprojekten mit Workshops an der Erarbeitung eines Konzepts zur Anreizregulierung beteiligt. Um auch internationale Erfahrungen mit Anreizregulierungssystemen berücksichtigen zu können, hat die BNetzA im Rahmen des Council of European Energy Regulators (CEER) die Leitung einer Taskforce zum Thema „Incentive regulation" übernommen.

6 Den **Berichtsentwurf** hatte die BNetzA nach § 112a Abs. 2 S. 2 den betroffenen Wirtschaftskreisen zur Stellungnahme bereitzustellen und die erhaltenen Stellungnahmen im Internet zu veröffentlichen. Dieser Pflicht ist sie am 2.5.2006 nachgekommen. Die angeforderten Stellungnahmen der betroffenen Wirtschaftskreise zu diesem Berichtsentwurf wurden entsprechend der gesetzlichen Anforderung des § 112a Abs. 2 S. 2 aE im Internet veröffentlicht. Diskutiert wurden insbesondere die Orientierung der Effizienzvorgaben am effizientesten Unternehmen und die pauschale initiale Absenkungsvorgabe (zu beiden Ruge IR 2006, 122 ff. sowie Ruge ZNER 2006, 200 ff.). Aufgrund der erhobenen Einwände hat die BNetzA schließlich auf die zunächst vorgesehene pauschale initiale Absenkung der Netznutzungsentgelte zugunsten einer sog. individualisierten regulatorischen Kostenprüfung verzichtet (Anreizregulierungsbericht, Rn. 132 ff.).

7 Fristgerecht zum 30.6.2006 wurde der endgültige „Bericht der BNetzA nach § 112a zur Einführung der Anreizregulierung nach § 21a" (**Anreizregulierungsbericht**) dem BMWi überreicht. Im dritten Kapitel des Anreizregulierungsberichts waren bereits Umsetzungsempfehlungen für eine Verordnung erarbeitet worden. Als möglicher Starttermin für die Anreizregulierung war der 1.1.2008 vorgesehen (Anreizregulierungsbericht, Rn. 32). Letztlich werden die Netzentgelte nach § 1 Abs. 1 S. 2 ARegV jedoch erst seit dem 1.1.2009 auf Basis der Anreizregulierung bestimmt.

8 Mit Fertigstellung und Übergabe des Anreizregulierungsberichts ist dieser Prozess abgeschlossen und die Norm hinsichtlich Absätzen 1 und 2 gegenstandslos geworden.

D. Erfahrungsbericht gem. § 112a Abs. 3

9 Der **Erfahrungsbericht** gem. § 112a Abs. 3 richtet sich auf die Erfahrungen, die die BNetzA bei der Umsetzung des zuvor gem. Absätzen 1 und 2 vorgeschlagenen Konzepts nach Einführung der Anreizregulierung gemacht hat und war der Bundesregierung zwei Jahre nach der erstmaligen Bestimmung von Netzzugangsentgelten im Wege einer Anreizregulierung vorzulegen. Erstmalig bestimmt nach § 21a wurden die Netzzugangsentgelte ab dem Jahr 2009 im Wege der Anreizregulierung. Die Veröffentlichung des Erfahrungsberichts erfolgte etwas verspätet am 12.2.2014 als BT-Drs. 18/536.

10 Der Erfahrungsbericht umfasst sechs Kapitel: Nach einer Einleitung wird in Kapitel 2 der gesetzliche Auftrag nach § 112a Abs. 3 konkretisiert; Kapitel 3 beschreibt die Grundsätze der Anreizregulierung; **Kapitel 4** stellt detaillierter die Umsetzung des in der ARegV fixierten Konzepts durch die BNetzA in die regulatorische Praxis dar. Alle zur Ermittlung der Erlösobergrenze und damit der Netznutzungsentgelte erforderlichen Verfahrensschritte werden umfassend erörtert und hinsichtlich der operativen Handhabbarkeit bewertet: Zunächst wird die erstmalige Bestimmung der Erlösobergrenze besprochen (Abschnitt 4.1). Daraufhin werden die sonstigen Prozesse und Verfahren der Anreizregulierung, die Wirkungen auf die Höhe der Erlösobergrenze entfalten, beschrieben (Abschnitt 4.2). Abschließend folgt die Zusammenfassung der Erfahrungen im Hinblick auf die Effektivität des Instruments bezüglich der Zielerreichung (Abschnitt 4.3). Kapitel 5 beleuchtet daraufhin (vor dem Fazit im Schlusskapitel) weitere Prozessschritte im Rahmen der ARegV. Der Bericht bleibt dabei deskriptiv. Er beschreibt die Erfahrungen bei der Umsetzung der ARegV und enthält, anders als die Evaluierungsberichts nach § 33 ARegV, keine Bewertung hinsichtlich Änderungs- und Anpassungsbedarf oder Rückwirkungen auf das Investitionsverhalten.

11 Erkannt wurde, dass „Kostensteigerungen, insbesondere im Strombereich, durch den Umbau der Energieinfrastruktur im Rahmen der Energiewende zwangsläufig und unabhän-

gig vom Regulierungssystem bedingt" sind, sodass das „Ziel der Anreizregulierung unter diesen Bedingungen bereits erreicht [ist], wenn der Kostenzuwachs auf das erforderliche, dh effiziente, Maß beschränkt wird" (BT-Drs. 18/536, 4 Rn. 18). Die Anreizregulierung wird mithin von der **Energiewende** überlagert. Nichtsdestotrotz zeigt die Erfahrung, dass das Konzept der Anreizregulierung nicht vernachlässigt werden darf, da der erforderliche Netzausbau in jedem Fall effizient erfolgen sollte.

§ 112b Berichte des Bundesministeriums für Wirtschaft und Klimaschutz sowie der Bundesnetzagentur zur Evaluierung der Wasserstoffnetzregulierung

(1) ¹Das Bundesministerium für Wirtschaft und Klimaschutz veröffentlicht bis zum 31. Dezember 2023 ein Konzept zum weiteren Aufbau des deutschen Wasserstoffnetzes. ²Bis zum 30. Juni 2023 ist ein validierter Zwischenbericht vorzulegen. ³Das Konzept soll im Lichte sich entwickelnder unionsrechtlicher Grundlagen vor dem Hintergrund des Ziels einer Anpassung des regulatorischen Rahmens zur gemeinsamen Regulierung und Finanzierung der Gas- und der Wasserstoffnetze Überlegungen zu einer Transformation von Gasnetzen zu Wasserstoffnetzen einschließlich einer schrittweise integrierten Systemplanung beinhalten.

(2) ¹Die Bundesnetzagentur hat der Bundesregierung bis zum 30. Juni 2025 einen Bericht über die Erfahrungen und Ergebnisse mit der Regulierung von Wasserstoffnetzen sowie Vorschläge zu deren weiterer Ausgestaltung vorzulegen. ²In diesem Bericht ist darauf einzugehen, welche Erfahrungen mit der Regulierung von Gasversorgungsnetzen im Hinblick auf die Beimischung von Wasserstoff gesammelt wurden und insbesondere welche Auswirkungen auf die Netzentgelte sich hieraus ergeben haben.

Überblick

§ 112b enthält verschiedene Berichtspflichten des Bundesministeriums für Wirtschaft und Klimaschutz (BMWK) (Abs. 1) und die BNetzA (Abs. 2). Diese schließen an die Regelungen des Abschnitts 3b an und dienen zunächst der Aufbereitung und Veröffentlichung von Erfahrungen mit der Regulierung von Wasserstoffinfrastruktur, die sodann Basis für die weitere Entwicklung sein sollen. Die Vorschrift bezweckt in Verbindung mit den §§ 28j–28q, 43l und 112c–113c einen ersten Schritt in die Richtung einer übergeordneten Regulierung von Wasserstoffnetzen (BT-Drs. 19/27453, 82).

A. Normzweck und Bedeutung

Zweck des § 112b ist es, durch die Verpflichtung des BMWK zur Erstellung eines Konzepts zum Ausbau des Wasserstoffnetzes (Absatz 1) und die Berichtspflichten der BNetzA (Absatz 2) den Auf- und Ausbau des deutschen Wasserstoffnetzes möglichst schnell und effizient voranzutreiben. 1

B. Entstehungsgeschichte

§ 112b wurde mit dem Gesetz zur Umsetzung unionsrechtlicher Vorgaben und zur Regelung reiner Wasserstoffnetze im Energiewirtschaftsrecht neu in das EnWG eingeführt (BGBl. 2021 I 3026 (3054)). Zunächst sah der Gesetzesentwurf in Absatz 1 eine Veröffentlichungsfrist des BMWK bereits bis zum 30.6.2022 vor, mit um drei Jahre nachgelagerter Berichtspflicht der BNetzA zum 30.6.2025. Aufgrund eines Änderungsantrags der CDU/CSU und der SPD wurde die Veröffentlichungsfrist des BMWK bis zum 31.12.2022 verlängert. Hierbei handelte es sich allerdings nur um eine Folgeänderung zur Anpassung an die Fristen des § 28q Abs. 1 S. 1. Dem BMWK soll hierdurch ausreichend Zeit gegeben werden, bei seinem Bericht nach § 112b Abs. 1 auch den Bericht der Wasserstoff- und Fernleitungsnetzbetreiber nach § 28q Abs. 1 S. 1 zu berücksichtigen. Die nachgelagerte Berichtspflicht der BNetzA zum 30.6.2025 wurde hingegen nicht angepasst. 2

3 Auch der Wortlaut von Satz 2 wurde innerhalb des Gesetzgebungsverfahrens nochmals angepasst, um die Zielsetzung zu spezifizieren (BT-Drs. 19/31009, 19).

4 Zuletzt wurde der § 112b durch das zweite Gesetz zur Änderung des Energiesicherungsgesetzes und anderer energiewirtschaftlicher Vorschriften vom 25.11.2022 geändert (BGBl. 2022 I 2102 (2104)). Dadurch wurde die Bezeichnung des Bundesministeriums für Wirtschaft und Klimaschutz (statt Energie) angepasst, die Frist für die Erstellung eines Konzeptes zum Aufbau eines Wasserstoffnetzes um ein Jahr verlängert und in Satz 2 wurde die Pflicht zur Erstellung eines validierten Zwischenberichts bis zum 30.6.2023 eingefügt.

C. Konzept zum Aufbau eines Wasserstoffnetzes (Abs. 1)

5 In Absatz 1 wird das BMWK beauftragt, bis zum 31.12.2023 ein Konzept zum weiteren Auf- und Ausbau des deutschen Wasserstoffnetzes zu veröffentlichen. Dieses Konzept soll insbesondere Fragen der regulatorischen Rahmenbedingungen, der Finanzierung einer solchen Infrastruktur und Überlegungen zu einer Transformation von Gasnetzen zu Wasserstoffnetzen einschließlich einer schrittweise integrierten Systemplanung beinhalten (BT-Drs. 19/27453, 137). Bei Erstellung des Konzepts sind die sich entwickelnden unionsrechtlichen Grundlagen in diesem Bereich zu berücksichtigen.

6 Zwecks Berücksichtigung unionsrechtlicher Vorgaben wurde die Frist für die Erstellung des Konzepts im Rahmen der letzten Änderung um ein Jahr verlängert (BGBl. 2022 I 2102 (2104)). Ursprünglich war eine Frist bis zum 31.12.2022 vorgesehen, da man bei Einführung des § 112b im Jahr 2021 davon ausging, dass das als Ausgangspunkt maßgebliche Gas- und Wasserstoff-Binnenmarkt-Paket der Europäischen Kommission bis zum 31.12.2022 verabschiedet sein würde. Dies ist insbesondere für die Netzentwicklung relevant, da darin umzusetzende Pflichten sowie Vorgaben für die Organisationsform der Netzbetreiber und für die Wasserstoffnetzentwicklungsplanung bestimmt werden sollen (BT-Drs. 20/4328, 20). Aufgrund von Verzögerungen wird nun erst im 2. Halbjahr 2023 mit einer Verabschiedung gerechnet, weshalb eine Fristverlängerung notwendig wurde (BT-Drs. 20/4328, 20). Ende März 2023 haben sich die EU-Energieministerinnen und -minister im Rat auf eine sog. allgemeine Ausrichtung verständigt, dh auf eine politische Einigung auf Ebene des Rates, um dem Parlament einen politischen Standpunkt für die weitere EU-politische Willensbildung zu vermitteln. Auf diese allgemeine Ausrichtung folgt nun das Trilogverfahren mit Europäischer Kommission und Europäischem Parlament, in dem die Beratungsergebnisse zusammengeführt werden.

7 Der neu eingefügte Satz 2 verpflichtet das BMWK, dem Bundestag bis zum 30.6.2023 einen validierten Zwischenbericht vorzulegen. Dieser Zwischenbericht soll Eckpunkte für ein Konzept zum weiteren Ausbau des deutschen Wasserstoffnetzes, insbesondere zu den Aspekten der Sektorenkopplung, der Umsetzung des Trennungsgebots und zu dem Rahmen der Finanzierung der Wasserstoffinfrastruktur, beinhalten (BT-Drs. 20/4561, 6). Der Zwischenbericht wurde der Bundesregierung am 26.7.2023 übersandt. Die Unterrichtung des Bundestages erfolgte am 27.7.2023 (vgl. hierzu: BT-Drs. 20/7915, 1). Dabei behandelt der Bericht primär die laufenden Arbeiten für ein Wasserstoff-„Kernnetz" in Deutschland, welches bis 2032 realisiert werden soll. Bundesweit soll eine anschlussfähige Infrastruktur für die ersten Wasserstoffnutzer bereitgestellt werden.

8 Durch Satz 3 soll es zu einer „integrierten Systemplanung" kommen, um einen Umbau des Energiesystems möglichst schnell voranzubringen (Hermes EnWZ 2022, 99). Die Vorschrift könnte die vom BMWK angestrebte Koordinierung zwischen den Planungsprozessen verschiedener Netzinfrastrukturen vorantreiben (https://www.bmwk.de/Redaktion/DE/Schlaglichter-der-Wirtschaftspolitik/2021/03/kapitel-1-7-wie-kann-das-energiesystem-der-zukunft-aussehen.html).

9 Der Wortlaut der Vorschrift verdeutlicht, dass es sich hierbei nur um eine Übergangsregelung handeln und eine spätere Anpassung und Fortentwicklung vornehmlich im Rahmen des Unionsrechts erfolgen soll.

D. Verpflichtung zur Berichterstattung (Abs. 2)

10 Absatz 2 verpflichtet die BNetzA nachgelagert zur Berichterstattung über Erfahrungen und Ergebnisse mit der Regulierung von Wasserstoffnetzen, sowie zu Vorschlägen zu deren Verbesserung.

Sinn und Zweck der Regelung ist, insbesondere den Markthochlauf von Wasserstoff zu 11
evaluieren (BT-Drs. 19/27453, 135). Daher trifft die BNetzA hier eine Berichtspflicht zum
30.6.2025. Auf Grundlage des Berichts soll die Entscheidung über die weitere Ausgestaltung
der Regulierung von Wasserstoffnetzen vorangetrieben werden. Trotz Verlängerung der in
Absatz 1 bestimmten Veröffentlichungsfrist des BMWK blieb die Berichtspflicht der BNetzA
unverändert.

Die zukünftige Entwicklung des Wasserstoffnetzes ist mitunter abhängig von den Marktge- 12
gebenheiten und der Zuverlässigkeit der Verfügbarkeit und dem Zugangs- und Nutzungsre-
gime. Zunächst aber maßgeblich von Angebot und Nachfrage, welche maßgeblich durch
(zukünftige) Technologie- und Kostenentwicklungen aber auch Förderungen und der Bereitschaft insbesondere der Industrie beeinflusst wird, bislang auf Strom oder Gas basierende
Produktionsprozesse auf Wasserstoff zu transformieren. Bei der Beobachtung dieser Entwicklungen kommt dem Bericht der BNetzA eine maßgebliche Bedeutung zu. Denn von der
BNetzA wird nicht durch die Aufbereitung und Veröffentlichung verlangt, sondern vor
allem auch, durch Vorschläge zu deren weiteren Ausgestaltung vorzulegen, was eine vertiefte
Befassung mit einer technisch anspruchsvollen Materie erfordert. Denn Bestandteil des Erfahrungsberichts sollen vor allem Erfahrungen im Zusammenhang mit der Beimischung von
Wasserstoff und deren Auswirkung auf die Netzentgelte sein (https://www.bundesnetzagen-
tur.de/DE/Fachthemen/ElektrizitaetundGas/Wasserstoff/Ausblick/start.html).

§ 113 Laufende Wegenutzungsverträge

Laufende Wegenutzungsverträge, einschließlich der vereinbarten Konzessionsabgaben, bleiben unbeschadet ihrer Änderung durch die §§ 36, 46 und 48 im Übrigen unberührt.

Überblick

§ 113 stellt klar, dass Wegenutzungsverträge, die vor Inkrafttreten der §§ 36, 46 und 48
abgeschlossen worden sind, in ihrer Wirksamkeit nicht beeinträchtigt werden durch die
genannten Neuregelungen. Insoweit schafft die Norm **Bestandsschutz** für die unter altem
Recht gültig zustande gekommenen Wegenutzungsverträge. Gleichzeitig lässt sich dem § 113
aber entnehmen, dass die laufenden Wegenutzungsverträge durch die §§ 36, 46 und 48
inhaltlich verändert werden („unbeschadet ihrer Änderung durch"). Die Norm regelt damit
eine **Anpassung** der bestehenden Konzessionsverträge an geänderte gesetzliche Rahmenbedingungen. Eine solche ist im Hinblick auf die lange Laufzeit von Konzessionsverträgen
geboten (Theobald/Kühling/Theobald § 113 Rn. 1).

§ 113 wurde 2005 eingeführt (BR-Drs. 613/04, 149), zusammen mit den in der Norm
genannten Vorschriften. § 113 gilt aber auch für **alle nachfolgenden Änderungen** der
§§ 36, 46 und 48.

A. Entfall Grundversorgungspflicht für Netzbetreiber (§ 36)

Dass in § 113 auch § 36 genannt ist, erklärt sich dadurch, dass bis zur Einführung von 1
§ 36 die Grundversorgungspflicht beim jeweiligen Netzbetreiber lag (damals noch bezeichnet
als „**allgemeine Versorgung**"). Die alten vor Inkrafttreten von § 36 abgeschlossenen Konzessionsverträge enthielten daher auch Regeln über die allgemeine Versorgung durch den
Netzbetreiber.

Mit Inkrafttreten von § 36 haben die Netzbetreiber die **Grundversorgerrolle verloren**. 2
Dies hat die Wirksamkeit der laufenden Wegenutzungsverträge nicht beeinflusst, wie sich
dem § 113 entnehmen lässt. Allerdings wirkt sich § 36 insoweit auf die laufenden Wegenutzungsverträge aus, als diese nunmehr ohne Grundversorgerrolle des Netzbetreibers fortgesetzt
werden. Alle vertraglichen Regelungen, die auf die Versorgertätigkeit des Netzbetreibers
zugeschnitten waren, werden damit unwirksam.

B. Veränderte Anforderungen an Konzessionsvergaben (§ 46)

3   Im Hinblick auf die laufend weiter entwickelten Vorgaben des § 46 an die **Durchführung von Konzessionierungsverfahren** ist § 113 dahingehend zu verstehen, dass Konzessionsverträge wirksam bleiben, auch wenn sie in einem Verfahren bzw. aufgrund einer Auswahlentscheidung zustande gekommen sind, die heute nicht mehr den Anforderungen von § 46 entsprechen würde. Aus den späteren Anpassungen von § 46 ergibt sich also keine Pflicht, bereits abgeschlossene Verträge neu auszuschreiben unter Beachtung der aktuellen Vorgaben an die Konzessionsvergabe.

4   Unzulässig wäre es aber, die Laufzeit derartiger Alt-Verträge nach Inkrafttreten der Neuerungen von § 46 zu **verlängern**, ohne die neuen dann geltenden Anforderungen von § 46 zu beachten. Dies ergibt sich aus **§ 46 Abs. 3 S. 3**. Diese Regelung findet auch auf Konzessionsverträge Anwendung, die vor ihrem Inkrafttreten am 3.2.2017 abgeschlossen worden sind. Denn insoweit gewährt § 113 gerade keinen Schutz auf die Fortgeltung alten Rechts. Das ergibt sich daraus, dass § 113 nur für **bestehende („laufende") Wegenutzungsverträge** gilt, die wegen späterer Rechtsänderungen ihre Wirksamkeit nicht verlieren sollen. Im Falle von Verlängerungen derartiger Verträge besteht kein Vertrauensschutz und gilt § 113 insoweit nicht.

C. Veränderte Vorgaben an Konzessionsabgaben (§ 48)

5   Durch den Verweis auf § 48 wird zudem klargestellt, dass vertragliche Vereinbarungen zu Konzessionsabgaben nicht dadurch in ihrer Wirksamkeit berührt werden, dass Zulässigkeit und Höhe der Konzessionsabgabe später gesetzlich neu geregelt werden. Das hat vor allem für den Fall einer **Neufassung oder Reform der Konzessionsabgabenverordnung** (KAV) praktische Bedeutung. Die Bezugnahme von § 113 auf § 48 dürfte nach dem Sinn und Zweck von § 113 auch die in § 48 Abs. 2 genannte KAV umfassen, auch wenn der Wortlaut insoweit enger ist.

6   § 113 schützt bestehende Vereinbarungen über die Zahlung von Konzessionsabgaben vor einer Nichtigkeit gem. § 134 BGB wegen Verstoßes gegen neue Vorgaben in der KAV. Das dient vor allem dem **Schutz der Gemeinden.** Denn ohne eine wirksame Vereinbarung von Konzessionsabgaben haben die Gemeinden keinen Anspruch gegen den Konzessionsnehmer auf Zahlung von Konzessionsabgaben (→ § 48 Rn. 17). Gleichzeitig wird – auch im Interesse des Konzessionsnehmers – sichergestellt, dass der Wegenutzungsvertrag nicht **insgesamt unwirksam wird gem. § 139 BGB** aufgrund einer Unwirksamkeit der Vereinbarung zu den Konzessionsabgaben.

7   Allerdings bezieht sich der Bestandsschutz durch § 113 **nicht auf den Inhalt** der Vereinbarung zu den Konzessionsabgaben. Das ergibt sich aus der Formulierung „unbeschadet ihrer Änderung durch § 48". Konzessionsabgaben-Abreden passen sich damit an die neuen gesetzlichen Vorgaben an. Diese Anpassung erfolgt **unmittelbar durch das Gesetz** und muss nicht erst vertraglich vereinbart werden (Säcker EnergieR/Kermel § 113 Rn. 6).

§ 113a Überleitung von Wegenutzungsrechten auf Wasserstoffleitungen

(1) ¹Ist nach bestehenden Gestattungsverträgen, beschränkt persönlichen Dienstbarkeiten oder sonstigen Vereinbarungen, die keine Eintragung einer beschränkt persönlichen Dienstbarkeit vorsehen, für Grundstücke, die Errichtung und der Betrieb von Gasversorgungsleitungen gestattet, so sind diese im Zweifel so auszulegen, dass von ihnen auch die Errichtung und der Betrieb der Leitungen zum Transport von Wasserstoff umfasst ist. ²Dies umfasst auch die Begriffe „Gasleitung", „Ferngasleitung" oder „Erdgasleitung".

(2) Solange zugunsten der Betreiber von Energieversorgungsnetzen Wegenutzungsverträge im Sinne des § 46 für Gasleitungen einschließlich Fernwirkleitungen zur Netzsteuerung und Zubehör bestehen, gelten diese auch für Transport und Verteilung von Wasserstoff bis zum Ende ihrer vereinbarten Laufzeit fort.

(3) Werden die Voraussetzungen nach Absatz 2 Satz 1 nicht mehr erfüllt, haben die Gemeinden dem Betreiber des Wasserstoffnetzes ihre öffentlichen Verkehrswege

Überleitung von Wegenutzungsrechten auf Wasserstoffleitungen § 113a EnWG

auf Basis von Wegenutzungsverträgen nach § 46 zur Verfügung zu stellen, die für einzelne oder alle Gase im Sinne dieses Gesetzes gelten, einschließlich der Gestattungen nach § 46 Absatz 1 Satz 1 für Wasserstoffleitungen, und deren Bedingungen nicht schlechter sein dürfen als die der Verträge nach Absatz 2 Satz 1.

Überblick

§ 113a will durch verschiedene Mechanismen dazu beitragen, dass bestehende Leitungsrechte, die für Gasleitungen oder Gasversorgungsnetze gewährt worden sind, auch für die Errichtung und den Betrieb von Wasserstoffleitungen (weiter) genutzt werden können. Dies soll gewährleisten, dass die Berechtigten auf Grundlage ihrer bestehenden Leitungsrechte **möglichst einfach Wasserstoffleitungen realisieren** können (BR-Drs. 165/21, 160). Die Norm regelt ausschließlich die zivilrechtliche Gestattung und sagt nichts über die öffentlich-rechtliche Zulässigkeit von Wasserstoffleitungen aus.

§ 113a erfasst die beiden denkbaren Formen von Gasleitungsrechten: Absatz 1 gilt für **Leitungsrechte** an Grundstücken, die nicht als öffentlicher Verkehrsweg gewidmet sind (→ Rn. 1 ff.). Demgegenüber regeln Absatz 2 und Absatz 3 Leitungsrechte auf **öffentlichen Verkehrswegen,** die durch Gemeinden eingeräumt werden (sog. **Wegenutzungsrechte**) (→ Rn. 12 ff.). Entsprechend dem unterschiedlichen Rechtsrahmen für diese beiden Formen von Gasleitungsrechten enthält § 113a verschiedene Regelungen:
- Für **Leitungsrechte** enthält Absatz 1 eine Auslegungsregel zur Bestimmung von deren Umfang.
- Für **Wegenutzungsrechte** führt Absatz 2 eine Erweiterung bestehender Gasnetzkonzessionen ein und regelt Absatz 3, wie nach Auslaufen bestehender Gaskonzessionsverträge zu verfahren ist.

Übersicht

	Rn.
A. Gasleitungsrechte auf nicht dem öffentlichen Verkehr gewidmeten Grundstücken (Abs. 1)	1
I. Anwendungsbereich	2
II. „Zweifel" am Umfang des Leitungsrechts (Abs. 1 S. 1)	6
III. „Gasleitung", „Ferngasleitung", „Erdgasleitung (Abs. 1 S. 2)	9
IV. Rechtsfolge: Auslegungsregel	10
B. Wegenutzungsrechte für Gasleitungen (Abs. 2, 3)	12
I. Anwendungsbereich	13
II. Erweiterung bestehender Wegenutzungsverträge auf Wasserstoff (Abs. 2)	16
1. Umgestellte Leitungen und neu errichtete Wasserstoffleitungen	17
2. Gesetzliche Fiktion: Gasnetzbetreiber nunmehr auch Wasserstoffnetzbetreiber	19
3. Sperrwirkung durch Abs. 2 gegenüber neuer Konzessionsvergabe?	21
III. Eigenständige Vergabe von Wegerechten für Wasserstoff (Abs. 3)	24
1. Pflicht der Gemeinden zur Vergabe von Wegerechten	25
2. „für einzelne oder alle Gase"	28
3. Keine schlechteren Bedingungen als für Gas-Wegenutzungsrechte	30
4. Durchführung Konzessionsverfahren für Wasserstoffnetze und Vergabe Wegenutzungsvertrag für Wasserstoffleitungen	32

A. Gasleitungsrechte auf nicht dem öffentlichen Verkehr gewidmeten Grundstücken (Abs. 1)

Absatz 1 enthält eine **Auslegungsregel,** nach der zivilrechtlich eingeräumte Leitungsrechte für Gasleitungen „im Zweifel" auch für Wasserstoffleitungen gelten. Dies soll für die Inhaber von Gasleitungsrechten die **Rechtssicherheit schaffen,** dass sie das Leitungsrecht auch für die Errichtung und den Betrieb von Wasserstoffleitungen nutzen können (BR-Drs. 165/21, 160). 1

I. Anwendungsbereich

Absatz 1 gilt ausschließlich für Leitungsrechte an Grundstücken, die **nicht für den öffentlichen Verkehr** gewidmet sind. Hierzu gehören zum einen Grundstücke, die zwar im Eigentum öffentlicher Rechtsträger (insbesondere Gemeinden und Städte) stehen, aber nicht dem 2 öffentlichen Verkehr gewidmet sind (sog. **fiskalische Grundstücke**). Zum anderen sind Grundstücke tatbestandlich, die sich in privater Hand (natürliche Personen, juristische Personen des Privatrechts und rechtsfähige Personengesellschaften) befinden (**Privatgrundstücke**).

3   Absatz 1 findet nur Anwendung, sofern auf solchen fiskalischen Grundstücken oder Privatgrundstücken **Leitungsrechte** eingeräumt worden sind, die zur Errichtung und zum Betrieb von Gasleitungen berechtigen. Das Leitungsrecht muss **wirksam begründet** sein; Absatz 1 Satz 1 kann nicht herangezogen werden, um Wirksamkeitsmängel zu überwinden. In welcher rechtlichen Form das Leitungsrecht eingeräumt worden ist, ist unerheblich. Erfasst sind im Einzelnen insbesondere:
- Zivilrechtliche **Gestattungsverträge**, durch die Leitungsrechte eingeräumt werden.
- Beschränkte persönliche **Dienstbarkeiten**, die zur Errichtung und zum Betrieb von Gasleitungen berechtigen.
- Mit den darüber hinaus genannten „**Vereinbarungen, die keine Eintragung einer beschränkt persönlichen Dienstbarkeit vorsehen**", sind Gestattungsverträge mit öffentlich-rechtlichen Rechtsträgern (Städte und Gemeinden) gemeint (BR-Drs. 165/21, 160). Bei diesen Gestattungsverträgen ist die Eintragung einer dinglichen Sicherung im Grundbuch untypisch, weil der Inhaber des Leitungsrechts auch ohne Eintragung ausreichend gesichert ist. Erfasst sind also insbesondere Leitungsrechte an sog. **fiskalischen Grundstücken** der öffentlichen Hand.

4   Das Wort „**bestehenden**" in Absatz 1 Satz 1 macht deutlich, dass der Gesetzgeber bei Einführung von § 113a zum 27.7.2021 primär Leitungsrechte im Blick hatte, die zu diesem Zeitpunkt bereits bestanden haben. Eine **Rückwirkung auf** derartige **Altrechte** ist allerdings nicht unproblematisch. Zum Schutz des Grundstückseigentümers darf Absatz 1 Satz 1 nicht dazu führen, dass Leitungsrechte nachträglich zum Nachteil des Grundstückseigentümers erweitert werden. Auf bestehende Leitungsrechte ist Absatz 1 Satz 1 daher „behutsam" anzuwenden.

5   Absatz 1 Satz 1 gilt aber auch für **neue Leitungsrechte**, die erst nach Inkrafttreten der Regelung am 27.7.2021 begründet worden sind. Insoweit dürften die Grundstückseigentümer weniger schutzwürdig sein, weil sie bei Einräumung des Leitungsrechts Absatz 1 Satz 1 kannten oder jedenfalls hätten kennen müssen. Auf diese Leitungsrechte kann die Auslegungsregel von Absatz 1 Satz 1 daher ohne Einschränkungen angewendet werden.

II. „Zweifel" am Umfang des Leitungsrechts (Abs. 1 S. 1)

6   Absatz 1 Satz 1 ist nur auf Gasleitungsrechte anwendbar, bei denen Zweifel bestehen, ob sie auch zur Errichtung und zum Betrieb von Wasserstoffleitungen berechtigen. Vorrangig ist also der tatsächliche Inhalt der Gestattung zu ermitteln und zu klären, ob Inhaltszweifel bestehen. Dies ist durch **Auslegung gem. §§ 133/157 BGB** zu klären, da es sich um zivilrechtliche Rechtsgeschäfte handelt. Primär ist daher der **tatsächliche Willen** zu ermitteln, den die Parteien bei Abschluss des Gestattungsvertrages bzw. bei Bestellung der Grunddienstbarkeit im Hinblick auf die Errichtung einer Wasserstoffleitung (oder allgemein sonstiger Leitungen) hatten.

7   Sofern die Parteien hierzu nichts vereinbart bzw. besprochen haben, ist im Wege **ergänzender Vertragsauslegung** zu ermitteln, was wahrscheinlich ihrem Willen entsprochen hätte, wenn sie den Aspekt der zusätzlichen (Wasserstoff-)Leitungen bedacht hätten. Nur sofern nach Durchführung dieser Auslegung **Zweifel** verbleiben, ob die Gestattung auch Wasserstoffleitungen umfassen sollte, ist Platz für die Anwendung von Absatz 1 Satz 1 und davon auszugehen, dass auch die Errichtung und der Betrieb von Wasserstoffleitungen gestattet sein sollte.

8   An **Auslegungszweifeln** und damit an der Anwendbarkeit von Absatz 1 Satz 1 **fehlt es**, wenn sich der Gestattung entnehmen lässt, dass der Grundstückeigentümer die Errichtung und den Betrieb von Wasserstoffleitungen auf seinem Grundstück **nicht gestatten wollte oder nicht gestattet hätte**, wenn er nach einer solchen Gestattung gefragt worden wäre.

8.1   Absatz 1 Satz 1 kann insbesondere dann nicht angewendet werden, wenn im Gestattungsvertrag ausdrücklich vereinbart ist, dass die Gestattung **nicht auch für andere Leitungen** gelten soll, oder dass die Errichtung weiterer Leitungen auf dem Grundstück der ausdrücklichen Zustimmung des Grundstückseigentümers bedarf.

An Auslegungszweifeln kann es aber auch dann fehlen, wenn andere vertragliche Regelungen klar dafür sprechen, dass der Grundstückseigentümer mit der Verlegung weiterer Leitungen **nicht einverstanden gewesen wäre,** wenn dieses Thema bei Erteilung der Gestattung besprochen worden wäre. Dies könnte beispielsweise dann gegeben sein, wenn im Vertrag vereinbart ist, dass die genaue Lage und Ausführung der Gasleitung im Einzelnen mit dem Grundstückseigentümer abzustimmen sind. In einer derartigen vertraglichen Regelung kommt der Wille des Grundstückseigentümers zum Ausdruck, detailliert mitbestimmen zu wollen, welche Leitungen verlegt werden. Dies könnte es ausschließen, über Absatz 1 Satz 1 nachträglich ein Recht zur Verlegung von Wasserstoffleitungen in den Vertrag hineinzulesen.   **8.2**

Schließlich können durch ergänzende Vertragsauslegung weitere **bei Vertragsschluss erkennbare sonstige Umstände** berücksichtigt werden, die dagegen sprechen, dass der Grundstückseigentümer mit der Verlegung von Wasserstoffleitungen auf dem Grundstück einverstanden gewesen wäre, wenn dieser Punkt bei Vertragsschluss besprochen worden wäre. Dies ist etwa dann denkbar, wenn die sonstige Nutzung des Grundstücks nicht kompatibel ist mit der Verlegung weiterer Wasserstoffleitungen auf dem Grundstück (etwa weil als Folge des Betriebs der Wasserstoffleitung strengere Sicherheitsvorschriften auf dem Grundstück zu beachten sind).   **8.3**

III. „Gasleitung", „Ferngasleitung", „Erdgasleitung (Abs. 1 S. 2)

Absatz 1 Satz 2 stellt klar, dass die Auslegungsregel von Absatz 1 Satz 1 (die nach ihrem Wortlaut unmittelbar nur für „Gasversorgungsleitungen" gilt) auch auf Leistungsrechte anwendbar ist, die sich auf die Errichtung und den Betrieb von „Gasleitungen", „Ferngasleitungen" und „Erdgasleitungen" beziehen. Die Aufzählung dürfte **nur beispielhaft** zu verstehen sein (so auch BR-Drs. 165/21, 160), sodass Absatz 1 Satz 1 auch bei anderen Bezeichnungen für Gasleitungen angewendet werden kann. Voraussetzung ist allerdings, dass sich das Leitungsrecht auf eine Gasleitung bezieht, die dem Anwendungsbereich des EnWG unterfällt, die also den Transport von **Gas iSv § 3 Nr. 19a** bezweckt.   **9**

IV. Rechtsfolge: Auslegungsregel

Sofern nach Durchführung der Auslegung (wie unter → Rn. 6 ff. beschreiben) **Zweifel verbleiben,** ist die zivilrechtliche Gestattung gem. Absatz 1 Satz 1 so auszulegen, dass sie auch zur Errichtung und zum Betrieb von Wasserstoffleitungen berechtigt. Diese gem. Absatz 1 Satz 1 ermittelte Berechtigung bezieht sich allgemein auf „Leitungen zum Transport von Wasserstoff" und erfasst damit gleichermaßen einzelne **Stichleitungen für Wasserstoff** und **Wasserstoffnetze** iSv § 3 Nr. 39a. Diese können sowohl bei Neuerrichtung als auch im Fall der Umstellung einer Gasleitung auf Wasserstoff gem. § 113b und § 113c Abs. 3 auf Grundlage des Leitungsrechts errichtet werden (BR-Drs. 165/21, 160).   **10**

Für die beschränkten **persönlichen Dienstbarkeiten** ist zusätzlich die Auslegungsregel des **§ 1091 BGB** zu beachten, nach der sich der Umfang einer beschränkten persönlichen Dienstbarkeit im Zweifel „nach dem persönlichen Bedürfnis des Berechtigten" bestimmt. § 1091 BGB kann aber nicht zur Erweiterung der beschränkten persönlichen Dienstbarkeit herangezogen werden, sondern dient nur deren Konkretisierung. So kann § 1091 BGB beispielsweise nicht dazu führen, dass ein Gasleitungsrecht auch für den Betrieb von Telekommunikationslinien berechtigt (BGH 7.7.2000 – V ZR 435/98, MMR 2000, 689). Genauso wenig könnte über § 1091 BGB ein Gasleitungsrecht auf eine Wasserstoffleitung erweitert werden. Insoweit geht § 113a Abs. 1 S. 1 also deutlich weiter (BR-Drs. 165/21, 160).   **11**

B. Wegenutzungsrechte für Gasleitungen (Abs. 2, 3)

Absatz 2 und Absatz 3 gelten ausschließlich für Gasleitungsrechte, die Gemeinden auf öffentlichen Verkehrswegen **gem. § 46** eingeräumt haben (sog. Wegenutzungsrechte). Für derartige Wegenutzungsrechte ist nur nach Absatz 2 und Absatz 3 zu beurteilen, inwieweit das jeweilige Wegenutzungsrecht auch zur Errichtung und zum Betrieb von Wasserstoffleitungen und -netzen berechtigt. Für die von Absatz 2 und Absatz 3 erfassten Wegenutzungsrechte **gilt Absatz 1 nicht.**   **12**

I. Anwendungsbereich

13 Absatz 2 und Absatz 3 gelten in erster Linie für **qualifizierte Wegenutzungsrechte** iSv § 46 Abs. 2, die zur Errichtung und zum Betrieb eines ganzen Gasversorgungsnetzes berechtigen (auch bezeichnet als „**Gaskonzessionsverträge**") (BR-Drs. 165/21, 161). Darüber hinaus finden Absatz 2 und Absatz 3 aber auch auf sog. **einfache Wegenutzungsverträge** iSv § 46 Abs. 1 Anwendung, die nur zur Errichtung und zum Betrieb **einzelner Gasleitungen** berechtigen.

13.1 Für Absatz 2 ergibt sich die Anwendbarkeit auf Verträge iSv § 46 Abs. 1 aus dem Wortlaut von Absatz 2, da ausdrücklich Wegenutzungsverträge für „Gasleitungen" genannt werden. Konzessionsverträge bezeichnet das Gesetz demgegenüber als Wegenutzungsverträge für „Leitungen, die zu einem Energieversorgungsnetz der allgemeinen Versorgung im Gemeindegebiet gehören", vgl. § 46 Abs. 1. In Absatz 3 sind die einfachen Wegenutzungsverträge sogar ausdrücklich genannt.

14 Von Absatz 2 sind alle Wegenutzungsverträge erfasst, die bei Inkrafttreten von § 113a am 27.7.2021 bestanden haben (**Bestands-Wegenutzungsverträge**). In zeitlicher Hinsicht ist Absatz 2 aber **nur so lange** auf einen Bestands-Wegenutzungsvertrag anwendbar, bis dieser ausläuft (vgl. Tatbestandsmarkmal „bis zum Ende ihrer vereinbarten Laufzeit"). Hinsichtlich der Restlaufzeit ist zu unterscheiden:
- **Qualifizierte Wegenutzungsverträge** iSv § 46 Abs. 2 laufen spätestens nach 20 Jahren aus. Sobald ein qualifizierter Wegenutzungsvertrag ausgelaufen ist, muss die Gemeinde ihn unter Beachtung von Absatz 3 gem. § 46 Abs. 2 ff. neu vergeben (→ Rn. 24 ff.).
- **Einfache Wegenutzungsverträge** iSv § 46 Abs. 1 können auch länger laufen (und tun dies in der Regel auch) und unterfallen dementsprechend länger dem Absatz 2. Werden sie neu vergeben, gilt hierfür § 46 Abs. 1 unter Beachtung von § 113a Abs. 3.

15 Für nach dem 27.7.2021 **neu abgeschlossene** – einfache oder qualifizierte – Wegenutzungsverträge gilt Absatz 2 in zeitlicher Hinsicht nicht.

II. Erweiterung bestehender Wegenutzungsverträge auf Wasserstoff (Abs. 2)

16 Absatz 2 regelt eine **gesetzliche Anpassung** aller am 27.7.2021 bestehenden Wegenutzungsverträge für Gasleitungen und Gasversorgungsnetze. Nach dieser sind die bestehenden Wegenutzungsverträge **automatisch** ab dem Inkrafttreten der Vorschrift am 27.7.2021 auf Wasserstoffleitungen bzw. -netze erweitert worden. So sind seitdem insbesondere alle Inhaber von Gaskonzessionen berechtigt, auf allen öffentlichen Verkehrswegen in ihrem Netzgebiet ein Wasserstoffnetz zu errichten und zu betreiben.

1. Umgestellte Leitungen und neu errichtete Wasserstoffleitungen

17 Absatz 2 berechtigt nicht nur zur Umstellung bestehender Gasleitungen auf Wasserstoff, sondern **auch zur Errichtung und zum Betrieb neuer Wasserstoffleitungen.** Diese weite Auslegung der Vorschrift findet unmittelbar zwar keine Stütze in der Gesetzesbegründung zu Absatz 2. Denn dort wird der Zweck der Regelung dahingehend beschrieben, dass die Konzession „für umgestellte Erdgasleitungen" fortgelten solle (BT-Drs. 19/27453, 138).

18 Dass Absatz 2 auch für neue Wasserstoffleitungen gilt, folgt aber aus seinem **Wortlaut**, der keine Einschränkung auf einfache Leitungsrechte enthält, sondern allgemein für **Wegenutzungsrechte iSv § 46** gilt, also auch für solche, die zum Betrieb eines Netzes der allgemeinen Versorgung berechtigen. Für diese Auslegung spricht schließlich auch der systematische **Zusammenhang mit Absatz 3**, wonach die Gemeinden Wasserstoffkonzessionen erst nach Auslaufen der bestehenden Gaskonzession vergeben können. Bis zu diesem Zeitpunkt liegt die Wasserstoffkonzession offenbar beim Gaskonzessionsnehmer.

2. Gesetzliche Fiktion: Gasnetzbetreiber nunmehr auch Wasserstoffnetzbetreiber

19 Bei Absatz 2 handelt es sich um eine **gesetzliche Fiktion**, die zur **Inhaltsänderung von Verträgen** ex lege führt. Diese bewirkt hier keine verfassungsrechtlich problematische Verletzung des Vertrauens in den **unveränderten Fortbestand bestehender Verträge**. Denn die Regelung gilt nur für Verträge mit öffentlichen Rechtsträgern, die sich gegenüber ihren Vertragspartnern nicht auf verfassungsrechtlichen Bestandsschutz berufen können. Auch die Inhaber der Wegenutzungsrechte auf der anderen Seite werden durch die automatische Vertragsänderung nicht in ihrem Vertrauen auf den unveränderten Fortbestand des Vertrages verletzt, weil ihre Rechte durch die Änderung nur erweitert werden.

Die automatische Erweiterung von Gaskonzessionen gem. Absatz 2 hielt der Gesetzgeber offenbar deswegen für sinnvoll, weil andernfalls die Gemeinden erst Verfahren zur Vergabe von Wasserstoffnetzkonzessionen gem. § 46 durchführen müssten. Stattdessen sind durch Absatz 2 alle **Gaskonzessionsnehmer** „auf einen Streich" auch **zum Wasserstoffkonzessionsnehmer geworden.** Gleichzeitig hat man bei den bestehenden Gasnetzbetreibern eine Art Ausgangszuständigkeit geschaffen für den Aufbau der Wasserstoffnetze im jeweiligen Konzessionsgebiet. 20

3. Sperrwirkung durch Abs. 2 gegenüber neuer Konzessionsvergabe?

Die verlockende Einfachheit dieser Regelung darf aber nicht über ihre gleichzeitige Lückenhaftigkeit hinwegtäuschen. Insbesondere lässt Absatz 2 offen, ob durch die Erweiterung der bestehenden Gaskonzessionen auf Wasserstoff zugleich ausgeschlossen ist, dass die Gemeinde **bereits vor Ende der Gaskonzession die Wasserstoffkonzession für das Gemeindegebiet ausschreibt** und anderweitig vergibt. Der Wortlaut „gelten ... bis zum Ende ihrer vereinbarten Laufzeit fort" in Absatz 2 könnte für eine solche **Sperrwirkung durch die bestehende Gaskonzession** sprechen, zumal § 46 Abs. 2 nicht vorsieht, dass für dasselbe Gebiet zwei Wasserstoffkonzessionen erteilt werden. Auch das Interesse des Inhabers der Bestandskonzession könnte eine solche Sperrwirkung nahelegen. Denn diese verschafft dem Bestandskonzessionsnehmer eine **Exklusivitätsstellung** auch für den Aufbau des Wasserstoffnetzes im Konzessionsgebiet. § 113a soll jedenfalls auch gewährleisten, dass der Wegerechtsinhaber möglichst einfach Wasserstoffleitungen umrüsten oder neu errichten kann (BR-Drs. 165/21, 160). 21

Andererseits soll der Ausbau der Wasserstoffinfrastruktur nach der gesetzgeberischen Intention vorangetrieben werden. Jedenfalls dann, wenn der Inhaber der bestehenden Gaskonzession **kein Interesse** daran hat, im Konzessionsgebiet ein Wasserstoffnetz aufzubauen, muss es der Gemeinde daher möglich sein, die **Wasserstoffkonzession eigenständig zu vergeben, bevor die Gaskonzession ausläuft.** Dies ist unproblematisch umsetzbar, wenn der Gaskonzessionsinhaber gegenüber der Gemeinde einen **Verzicht** auf die Wasserstoffkonzession erklärt (bildlich gesprochen: den Wasserstoffteil der Gaskonzession an die Gemeinde zurückgibt). Fehlt ein solcher Verzicht des Gaskonzessionsnehmers, ist unklar, ob die Gemeinde dennoch die **Wasserstoffkonzession vorzeitig getrennt vergeben** kann. Richtigerweise sollte dies aber möglich sein, um vorzeitig einen Wettbewerb um die Wasserstoffkonzession zu ermöglichen. Es ist durchaus denkbar, dass der bisherige Gasnetzbetreiber für das Wasserstoffnetz weniger geeignet ist als ein externer Neubewerber, der sich auf Wasserstoff spezialisiert hat. Hier sollte Absatz 2 nicht zu einem Ausschluss von Wettbewerb um das Wasserstoffnetz führen. 22

Absatz 2 schließt es eindeutig nicht aus, dass die Gemeinde bereits während der Laufzeit der Gaskonzession **einfache Wegenutzungsverträge iSv § 46 Abs. 1** für Wasserstoffleitungen an Dritte ausgibt. 23

III. Eigenständige Vergabe von Wegerechten für Wasserstoff (Abs. 3)

Absatz 3 regelt die Neuvergabe von Konzessionen für Wasserstoffnetze und von einfachen Wegenutzungsverträgen für Wasserstoffleitungen durch die Gemeinde. Vergabe und Abschluss dieser Wegerechte richten sich allerdings nach § 46 (→ Rn. 32 f.). Absatz 3 enthält nur ergänzende Vorgaben zur Frage, **wann** die Wegerechte für Wasserstoff zu vergeben sind (→ Rn. 25 ff.), zum **Verhältnis zwischen Gas- und Wasserstoffkonzession** (→ Rn. 28 f.) und schließt eine **unterschiedliche Behandlung** beider aus (→ Rn. 30 f.). 24

1. Pflicht der Gemeinden zur Vergabe von Wegerechten

Gemäß Absatz 3 sind Gemeinden verpflichtet, für ihre öffentlichen Verkehrswege qualifizierte Wegenutzungsverträge iSv § 46 Abs. 2 auszuschreiben, die zur Errichtung und zum 25

Betrieb von Wasserstoffnetzen berechtigen. Diese Pflicht besteht allerdings erst, **sobald im Konzessionsgebiet die Gaskonzession ausläuft,** die bei Inkrafttreten von § 113a am 27.7.2021 bestanden hat. Dies bringt Absatz 1 durch die Formulierung „Werden die Voraussetzungen von Absatz 2 Satz 1 nicht mehr erfüllt" zum Ausdruck (dass auf einen in Absatz 2 nicht vorhandenen Satz 1 Bezug genommen wird, ist ein Redaktionsversehen). Solange die Gaskonzession noch läuft, ist die Gemeinde also nicht verpflichtet, möglicherweise aber berechtigt (→ Rn. 22), eine Wasserstoffkonzession auszuschreiben. Absatz 3 gewährleistet damit also, dass bestehende Gaskonzessionsverträge auch für Wasserstoffnetze genutzt werden können, ohne dass zuvor Konzessionsverfahren durchgeführt werden müsste.

26   Die in Absatz 3 geregelte Pflicht bedeutet aber nicht, dass die Gemeinde in jedem Fall ein Verfahren zur Vergabe der Wasserstoffkonzession gem. § 46 Abs. 2 ff. durchführen muss, sobald die Gaskonzession ausläuft bzw. – wenn im Gemeindegebiet keine Gaskonzession besteht – mit Inkrafttreten der Vorschrift. Die Gemeinde muss ein Konzessionsverfahren vielmehr nur durchführen, bevor sie einen Wasserstoffkonzessionsvertrag abschließt. Gibt es im Gemeindegebiet **keinen Bedarf für ein Wasserstoffnetz** bzw. ist kein Interessent an einer Wasserstoffkonzession vorhanden, besteht keine Pflicht der Gemeinde zur Durchführung eines Konzessionsverfahrens.

27   Absatz 3 gilt auch für **einfache Wegenutzungsverträge** iSv § 46 Abs. 1, die lediglich zur Errichtung und zum Betrieb einzelner Wasserstoffleitungen berechtigen. Dies kommt in dem etwas kryptisch geratenen Einschub „einschließlich Gestattungen nach § 46 Abs. 1 Satz 1" zum Ausdruck. Insoweit beschränkt sich der Regelungsbehalt von Absatz 3 auf die Klarstellung, dass die Gemeinde auf Wunsch ihre öffentlichen Verkehrswege auch für einfache Wasserstoffleitungen zur Verfügung stellen muss.

2. „für einzelne oder alle Gase"

28   Absatz 3 lässt sich entnehmen, dass die Gemeinde qualifizierte Wegenutzungsverträge „für einzelne oder alle Gase im Sinne dieses Gesetzes" vergeben kann. Dies dürfte so zu verstehen sein, dass die Gemeinde frei festlegen kann, ob sie die Konzessionen für Gas und Wasserstoff isoliert vergibt oder vielmehr eine **kombinierte Konzessionierung für Gas und Wasserstoff** durchführt.

29   In den meisten Fällen dürfte es aber nur praktikabel sein, die Wasserstoffkonzession isoliert von der (allgemeinen) Gaskonzession auszuschreiben (**getrennte Konzessionierung**). Denn die Eignungs- und Auswahlkriterien, auf deren Grundlage die Gemeinde das Konzessionsverfahren durchführt, müssen für das Gas- und das Wasserstoffnetz zwangsläufig unterschiedlich ausgestaltet sein. Außerdem dürfte es den Wettbewerb um die Konzession empfindlich einschränken, wenn von allen Bewerbern verlangt würde, sowohl für das Wasserstoff- als auch das Gasnetz geeignet zu sein. Eine solche Doppelqualifikation kann die Gemeinde nur verlangen, wenn es **besondere technische oder energiewirtschaftliche Gründe** dafür gibt, dass das Gas- und das Wasserstoffnetz im Konzessionsgebiet an einen einheitlichen Konzessionär vergeben werden.

3. Keine schlechteren Bedingungen als für Gas-Wegenutzungsrechte

30   Absatz 3 regelt überdies, dass die Bedingungen von Wegenutzungsverträgen für Wasserstoffleitungen und -netze nicht schlechter sein dürfen als die Bedingungen von Wegenutzungsverträgen für Gasleitungen und -netze. Damit wird ein **spartenübergreifendes Diskriminierungsverbot** festgelegt, das die Gemeinde bei der Vergabe von Wegenutzungsverträgen nach § 46 Abs. 1 und § 46 Abs. 2 beachten muss.

31   Konkret bedeutet dies, dass Wasserstoffkonzessionen mindestens genauso gute Bedingungen (Laufzeit, Konzessionsabgaben, Zustimmungsvorbehalte, Folgeregelungen, etc) für den Konzessionsnehmer vorsehen müssen wie die **Gaskonzession.** Auf die Bedingungen der Stromkonzession kommt es nicht an. Auch in ihrer Verwaltungspraxis für die Vergabe und die Konditionen **einfacher Wegerechte** darf die Gemeinde Wasserstoffleitungen nicht schlechter behandeln als sonstige Gasleitungen.

4. Durchführung Konzessionsverfahren für Wasserstoffnetze und Vergabe Wegenutzungsvertrag für Wasserstoffleitungen

Die formellen Voraussetzungen an die Vergabe von Wegenutzungsverträgen, die materiellen Anforderungen an die Auswahl des Berechtigten und die inhaltlichen Vertragsanforderungen richten sich nach § 46. Dies ergibt sich für Wasserstoffnetze aus § 3 Nr. 16 aE und für Wasserstoffleitungen daraus, dass Wasserstoff dem **Energiebegriff von § 3 Nr. 14** unterfällt und damit **Leitungen für Wasserstoff Leitungen iSv § 46 Abs. 1** darstellen. Es wird daher an dieser Stelle auf die Kommentierung zu § 46 verwiesen (→ EnWG § 46 Rn. 1 ff.). 32

Im Rahmen von Wasserstoffkonzessionsverfahren muss die Eignungsprüfung und die Auswahlentscheidung auf die Besonderheiten von Wasserstoff zugeschnitten sein. Dies ist bei der **Gestaltung der Kriterien** zu berücksichtigen, wobei auch insoweit die Vorgaben von § 46 Abs. 4 zu beachten sind (→ EnWG § 46 Rn. 56 ff.). Ergänzend sind die Vorgaben von § 113a Abs. 3 zu beachten. 33

§ 113b Umstellung von Erdgasleitungen im Netzentwicklungsplan Gas der Fernleitungsnetzbetreiber

¹Fernleitungsnetzbetreiber können im Rahmen des Netzentwicklungsplans Gas gemäß § 15a Gasversorgungsleitungen kenntlich machen, die perspektivisch auf eine Wasserstoffnutzung umgestellt werden könnten. ²Es ist darzulegen, dass im Zeitpunkt einer Umstellung solcher Leitungen auf Wasserstoff sichergestellt ist, dass das verbleibende Fernleitungsnetz die dem Szenariorahmen zugrunde gelegten Kapazitätsbedarfe erfüllen kann; hierfür kann der Netzentwicklungsplan Gas zusätzliche Ausbaumaßnahmen des Erdgasnetzes in einem geringfügigen Umfang ausweisen. ³Die Entscheidung nach § 15a Absatz 3 Satz 5 kann mit Nebenbestimmungen verbunden werden, soweit dies erforderlich ist, um zu gewährleisten, dass die Vorgaben des Satzes 2 erfüllt werden.

Überblick

§ 113b regelt, dass Fernleitungsnetzbetreiber im Rahmen des Netzentwicklungsplans Gas (NEP Gas) gemäß § 15a die Gasversorgungsleitungen kenntlich machen können, die perspektivisch auf eine Wasserstoffnutzung umgestellt werden können. Durch diese Regelung soll vornehmlich klargestellt werden, dass die nicht mehr für den Transport von Erdgas benötigte Infrastruktur zum Zwecke der Umrüstung auf Wasserstoff aus dem Fernleitungsnetz herausgenommen werden kann (aber keineswegs muss), auch wenn dazu in geringerem Umfang ein Neubau von Erdgasinfrastruktur erforderlich ist, um die im vorgelagerten Szenariorahmen Netzentwicklungsplan Gas von den Fernleitungsnetzbetreibern ermittelten und von der BNetzA bestätigten Kapazitätsbedarf im Fernleitungsnetz zu erfüllen. In der Umsetzung haben die Fernleitungsnetzbetreiber der BNetzA in jedem ungeraden Kalenderjahr zum 1. April einen gemeinsam erarbeiteten Umsetzungsbericht vorzulegen.

Der aktuell noch in Erarbeitung und Konsultation befindliche NEP Gas 2022–2032 basiert auf dem von den Fernleitungsnetzbetreibern am 16.8.2021 vorgelegten Szenariorahmen zum Netzentwicklungsplan 2022–2032, der am 20.1.2022 von der BNetzA bestätigt wurde (Az. 4.13.01/002#6). Die BNetzA forderte dabei eine stärkere Berücksichtigung der Klimaschutzziele im NEP Gas 2022–2032, insbesondere der für 2045 politisch vorgegebenen Treibhausgasneutralität. Grundlage der Erarbeitung und Konsultation bildete auch die Marktabfrage „Wasserstoff Bedarf und Erzeugung" des FNB Gas (Vereinigung der Fernleitungsnetzbetreiber Gas e.V.) aus September 2021, der in einer Aufbereitung der Notwendigkeit zum Aufbau einer Wasserstoffinfrastruktur in Deutschland mündete und belegte, dass die Nachfrage und der Bedarf die in der Wasserstoffstrategie der Bundesregierung festgelegten Ziele fast um das 6-fache übersteigen.

A. Normzweck und Bedeutung

Die Vorschrift dient durch Klarstellung der Transformation von Erdgasleitungen auf Wasserstoffleitungen durch Integration in den NEP Gas. Danach sind die Fernleitungsnetzbetrei- 1

EnWG § 113b

ber ermächtigt, solche Gasversorgungsleitungen kenntlich zu machen, die perspektivisch auf eine Wasserstoffnutzung umgestellt werden können.

2   Sinn der Regelung ist es, eine volkswirtschaftlich effiziente Weiternutzung von bereits vorhandener Erdgasinfrastruktur zum Zwecke des Wasserstofftransports – bei gleichzeitiger Unterbindung eines unverhältnismäßigen Neubaus von Erdgasinfrastruktur – zu ermöglichen. (BR-Drs. 165/21, 161).

B. Entstehungsgeschichte

3   Der § 113b wurde mit dem Gesetz zur Umsetzung unionsrechtlicher Vorgaben und zur Regelung reiner Wasserstoffnetze im Energiewirtschaftsrecht neu in das EnWG eingeführt (BGBl. 2021 I 3026 (3054)).

C. Adressat

4   Die Vorschrift richtet sich an die in § 113b S. 1 genannten Fernleitungsnetzbetreiber. Der Begriff der Fernleitungsnetzbetreiber ist in § 3 Nr. 5 legaldefiniert.

D. Perspektivische Umstellung (S. 1)

5   Nach Satz 1 können Fernleitungsnetzbetreiber im Rahmen des nach § 15a zu erstellenden NEP Gas solche Gasversorgungsleitungen kenntlich machen, die perspektivisch auf Wasserstoff umgestellt werden könnten. Dem immanent ist die im Rahmen der Netzentwicklungsplanung anzustellende Bedarfsplanung und Prüfung durch die Fernleitungsnetzbetreiber, ob die bestehende Erdgasinfrastruktur aus dem Fernleitungsnetz herausgetrennt und in eine Wasserstoffinfrastruktur überführt werden kann. Wie sich auch mittelbar aus § 28p Abs. 4 ableitet, bedarf es dazu einer Feststellung, dass eine Umrüstung voraussichtlich keine negativen Auswirkungen auf das Kapazitätsangebot und die Versorgungssicherheit im Erdgasnetz bewirkt (BR-Drs. 165/21, 140).

E. Szenariorahmen als Grundlage (S. 2)

6   Die Kapazitätssicherung und damit Gewährleistung der Versorgungssicherheit als Entscheidungsgrundlage ist auch in Satz 2 angelegt. Dieser gibt zur Umstellung der Nutzung des Gasversorgungsnetzes für den Aufbau einer Wasserstoffinfrastruktur vor, dass im NEP Gas darzulegen ist, dass bei Leitungsumstellung auf Wasserstoff sichergestellt ist, dass das verbleibende Fernleitungsnetz die im Szenariorahmen zugrunde gelegten Kapazitätsbedarfe erfüllen kann.

7   Der Szenariorahmen bildet die Grundlage für die Erstellung des NEP Gas. Im Rahmen dieses Szenariorahmens werden auf Grundlage verschiedener Annahmen über die Entwicklung der Gewinnung, Versorgung und des Verbrauchs von Gas, aber auch über geplante Investitionsvorhaben in die Netze und Speicher sowie denkbare Versorgungsströme getroffen (https://www.bundesnetzagentur.de/DE/Fachthemen/ElektrizitaetundGas/NetzentwicklungSmartGrid/Gas/start.html).

8   Um dies sicherzustellen, kann der NEP Gas zusätzliche Ausbaumaßnahmen des Erdgasnetzes in geringfügigem Umfang ausweisen (Satz 2 2. Halbsatz). Der Begriff „geringfügig" wird eher weit auszulegen sein, da die Vorschrift den volkswirtschaftlich sinnvollen Zweck verfolgt, aus Effizienzgründen eine Weiternutzung der bereits vorhandenen Erdgasinfrastruktur für den Aufbau der Wasserstoffinfrastruktur zu ermöglichen (BT-Drs. 19/27453, 57, 138; Elspas/Lindau/Ramsauer N&R 2021, 258 (266)).

F. Rechtsgrundlage Nebenbestimmungen (S. 3)

9   Überdies enthält Satz 3 eine Rechtgrundlage für den Erlass von Nebenbestimmungen im Zusammenhang mit der Entscheidung nach § 15a Abs. 3 S. 5, soweit dies erforderlich ist, um zu gewährleisten, dass die Vorgaben des Satzes 2 erfüllt werden. § 15a Abs. 3 S. 5 erlaubt es der BNetzA als Regulierungsbehörde innerhalb von drei Monaten nach Veröffentlichung des Konsultationsergebnisses von den Fernleitungsnetzbetreibern Änderungen am Entwurf

des Netzentwicklungsplans zu verlangen. Eine denkbare Nebenbestimmung wäre hier etwa eine Auflage oder Bedingung bezogen auf eine geplante Umstellung einer Gasversorgungsleitung auf Wasserstoff zu erlassen, die auf einen Ausbau des Erdgasnetzes an anderer Stelle gerichtet ist, um die Versorgungssicherheit zu gewährleisten. Ebenfalls sind Auflagen oder Bedingungen denkbar, die der Einhaltung der Klimaschutzziele dienen.

§ 113c Übergangsregelungen zu Sicherheitsanforderungen; Anzeigepflicht und Verfahren zur Prüfung von Umstellungsvorhaben

(1) Für Wasserstoffleitungen, die für einen maximal zulässigen Betriebsdruck von mehr als 16 Bar ausgelegt sind, ist die Gashochdruckleitungsverordnung vom 18. Mai 2011 (BGBl. I S. 928), die zuletzt durch Artikel 24 des Gesetzes vom 13. Mai 2019 (BGBl. I S. 706) geändert worden ist, entsprechend anzuwenden.

(2) ¹Bis zum Erlass von technischen Regeln für Wasserstoffanlagen ist § 49 Absatz 2 entsprechend anzuwenden, wobei die technischen Regeln des Deutschen Vereins des Gas- und Wasserfaches e.V. auf Wasserstoffanlagen unter Beachtung der spezifischen Eigenschaften des Wasserstoffes sinngemäß anzuwenden sind. ²Die zuständige Behörde kann die Einhaltung der technischen Anforderungen nach § 49 Absatz 1 regelmäßig überprüfen. ³§ 49 Absatz 5 bis 7 bleibt unberührt.

(3) ¹Die Umstellung einer Leitung für den Transport von Erdgas auf den Transport von Wasserstoff ist der zuständigen Behörde mindestens acht Wochen vor dem geplanten Beginn der Umstellung unter Beifügung aller für die Beurteilung der Sicherheit erforderlichen Unterlagen schriftlich oder durch Übermittlung in elektronischer Form anzuzeigen und zu beschreiben. ²Der Anzeige ist die gutachterliche Äußerung eines Sachverständigen beizufügen, aus der hervorgeht, dass die angegebene Beschaffenheit der genutzten Leitung den Anforderungen des § 49 Absatz 1 entspricht. ³Die zuständige Behörde kann die geplante Umstellung innerhalb einer Frist von acht Wochen beanstanden, wenn die angegebene Beschaffenheit der zu nutzenden Leitung nicht den Anforderungen des § 49 Absatz 1 entspricht. ⁴Die Frist beginnt, sobald die vollständigen Unterlagen und die gutachterliche Äußerung der zuständigen Behörde vorliegen.

Überblick

§ 113c regelt zwei verschiedene Aspekte der **technischen Sicherheit** von „Wasserstoffanlagen": Absatz 1 und Absatz 2 regeln, welche **technischen Regeln** für Wasserstoffleitungen und Wasserstoffanlagen gelten (→ Rn. 1 ff.). Ergänzend hält Absatz 3 spezielle Verfahrensregeln bereit, die bei der **Umstellung** von (Erd-)Gasleitungen **auf Wasserstoff** zu beachten sind (→ Rn. 6 ff.).

A. Technische Regeln für Wasserstoffanlagen (Abs. 1, 2)

Im Zuge der Wasserstoffnovelle 2021 (BGBl. I 3026) hat der Gesetzgeber auch die technischen Anforderungen für Wasserstoffanlagen geregelt durch Erweiterung des **sachlichen Anwendungsbereichs von § 49**. 1

- Indem Wasserstoff in den Energiebegriff (§ 3 Nr. 14) aufgenommen worden ist, gilt der auf Energieanlagen anwendbare § 49 nun auch für **Wasserstoffanlagen**.
- Zusätzlich wurde § 49 Abs. 2 S. 1 Nr. 2 ergänzt und enthält nun auch die Vermutung, dass mit der Einhaltung des **DVGW-Regelwerks für Wasserstoff** die allgemein anerkannten Regeln der Technik für Wasserstoff eingehalten werden.

Bei Inkrafttreten der Wasserstoffnovelle gab es aber noch keine technischen Regeln für Wasserstoff. Der Gesetzgeber hielt es daher für erforderlich, in § 113c Abs. 1 und Abs. 2 die auf Gas anwendbaren Regeln übergangsweise für **entsprechend anwendbar** zu erklären.

Absatz 1 bezieht sich auf die **GasHDrLtgV**, die auf Grundlage von § 49 Abs. 4 in der Fassung von 2011 erlassen worden ist und deshalb nicht unmittelbar für Wasserstoffleitungen gilt. Absatz 1 erweitert den Anwendungsbereich auf Wasserstoff. Die sonstigen sachlichen 2

Anwendungsvoraussetzungen der GasHDrLtgV bleiben aber unverändert, sodass – entsprechend § 1 Abs. 1 GasHDrLtgV – nur Wasserstoff**leitungen, die für einen maximal zulässigen Betriebsdruck von mehr als 16 Bar** ausgelegt sind, erfasst sind.

3   **Absatz 2 Satz 1** ist nur solange einschlägig, bis der DVGW eigenständige technische Regeln für Wasserstoffanlagen erlassen hat. Bis zu diesem Zeitpunkt findet die in § 49 Abs. 2 S. 1 Nr. 2 enthaltene Vermutungsregel entsprechende Anwendung, sofern der Betreiber der Wasserstoffanlage das **technische Regelwerk des DVGW für Gas** einhält. Dabei gilt aber die Einschränkung, dass das Gas-Regelwerk nur „unter Beachtung der spezifischen Eigenschaften des Wasserstoffs" sinngemäß anwendbar ist. Je nach Regelungsaspekt kann dies dazu führen, dass die Vorgaben des Gas-Regelwerk **strenger oder großzügiger anzuwenden** sind.

4   Da im Einzelfall zweifelhaft sein kann, was „sinngemäße" Anwendung des Gas-Regelwerks bei Wasserstoffanlagen konkret bedeutet, kann die zuständige **Energieaufsichtsbehörde** gem. Absatz 2 Satz 2 „regelmäßig" prüfen, ob die Wasserstoffanlagen tatsächlich so betrieben werden, dass die technische Sicherheit gewährleistet ist und die allgemein anerkannten Regeln der Technik eingehalten werden (wie von § 49 Abs. 1 verlangt).

4.1   § 113c Abs. 2 S. 2 dürfte als vorübergehende (bis zum Erlass von Wasserstoff-Regelwerk) **Einschränkung der Vermutungsregelung in § 49 Abs. 2 S. 1 Nr. 2** zu verstehen sein. Denn auch wenn die Wasserstoffanlage unter Einhaltung des DVGW-Regelwerkes für Gas betrieben wird, ermöglicht § 113c Abs. 2 S. 2, dass die Energieaufsichtsbehörde „regelmäßig" überprüfen kann, ob § 49 Abs. 1 eingehalten wird. Diese behördliche Kompetenz geht damit über § 49 Abs. 5 hinaus, der nur ein Einschreiten „im Einzelfall" vorsieht.

4.2   Welche die **„zuständige Behörde" iSv § 113c** ist, regelt die Vorschrift nicht. Aufgrund der sachlichen Nähe zu § 49 ist aber davon auszugehen, dass iRv § 113c dieselbe Behörde zuständig ist, die nach Landesrecht gem. § 49 Abs. 5 zuständig ist.

5   Die in Absatz 2 Satz 2 geregelte Einschränkung gilt aufgrund der systematischen Stellung der Vorschrift hinter Absatz 2 Satz 1 aber nur, solange der DVGW noch kein eigenes technisches Regelwerk für Wasserstoff erlassen hat. **Absatz 2 Satz 3** stellt schließlich klar, dass § 49 Abs. 5–7 auch gelten, solange § 49 Abs. 2 S. 1 Nr. 2 nur entsprechend anwendbar ist.

B. Verfahren zur Umstellung Gasleitungen auf Wasserstoff (Abs. 3)

6   Um bei der Umstellung von (Erd-)Gasleitungen auf Wasserstoff die technische Sicherheit zu gewährleisten, regelt Absatz 3, dass im Vorfeld die **Energieaufsichtsbehörde** einzubinden ist. Dies soll eine präventive Kontrolle der technischen Sicherheit ermöglichen. Hierzu muss die beabsichtigte Umstellung zunächst gem. **Absatz 3 Satz 1 und Satz 2** gegenüber der Energieaufsichtsbehörde angezeigt werden (→ Rn. 13f.). Daraufhin hat die Behörde gem. **Absatz 3 Satz 3 und Satz 4** die Möglichkeit, die Umstellung zu beanstanden (→ Rn. 15).

7   Eine solche präventive Behördenbeteiligung ist iRv § 49 nicht vorgesehen und schränkt die darin verankerte **technische Selbstverwaltung** der Gasindustrie ein. Außerhalb des Anwendungsbereichs der GasHDrLtgV, also für alle Gasleitungen mit einem maximalen von 16 bar, wird die technische Sicherheit der Gasleitungen nicht präventiv vor Inbetriebnahme behördlich überprüft. Mit § 113c Abs. 3 hat der Gesetzgeber die behördliche Präventivkontrolle nun auf Gasleitungen aller Druckebenen ausgeweitet (sofern sie auf Wasserstoff umgestellt werden). Offenbar meint der Gesetzgeber, dass es wegen des mit der Umstellung einhergehenden **Wechsels der anwendbaren technischen Vorschriften** von Gas zu Wasserstoff ein besonderes Schutzbedürfnis gebe. Es erscheint allerdings sehr fraglich, ob die zusätzliche Bürokratie durch eine derartige Ausweitung der behördlichen Kontrolle sinnvoll ist.

8   Bei der Ausgestaltung von Absatz 3 hat sich der Gesetzgeber offenbar an **§ 5 GasHDrLtgV** orientiert, der ebenfalls ein **Verfahren zur Prüfung der technischen Sicherheit von Leitungsvorhaben** regelt. Zweifelsfragen iRv Absatz 3 können daher unter Heranziehung von § 5 GasHDrLtgV gelöst werden.

I. Anwendungsbereich

Absatz 3 gilt in erster Linie für umgestellte **Wasserstoffnetze iSv § 3 Nr. 39a** – unabhängig davon, ob diese als **reguliertes Netz** nach §§ 28k ff. oder **unreguliert** betrieben werden. Das lässt sich § 28j Abs. 1 S. 1 entnehmen, wonach § 113c in beiden Fällen anwendbar ist. 9

Darüber hinaus dürfte § 113c Abs. 3 auch auf **alle umgestellten Wasserstoffversorgungsleitungen** anwendbar sein, auch wenn sie nicht Teil eines Wasserstoffnetzes sind. Der Wortlaut spricht zwar von Leitungen zum „Transport von Wasserstoff". Unter Heranziehung von § 3 Nr. 32 könnte dies dafür sprechen, dass nur Wasserstoffleitungen mit einer übergeordneten Transportfunktion tatbestandlich sind. Da es aber im Bereich Wasserstoff keine Unterscheidung zwischen der Verteil- und der Transportebene gibt (→ EnWG § 3 Nr. 39a Rn. 15 f.), ist der Bezug auf „Transport" untechnisch zu verstehen und meint alle Leitungen zur Versorgung mit Wasserstoff. Für diese Auslegung spricht auch der **Sinn und Zweck der Vorschrift,** die sicherstellen will, dass umgestellte Leitungen die technischen Anforderungen von § 49 Abs. 1 erfüllen (BR-Drs. 165/21, 162). § 49 Abs. 1 gilt sowohl für Netze als auch einzelne Leitungen. 10

§ 113c Abs. 3 gilt aber **nicht für** auf Wasserstoff umzustellende **Gasleitungen ohne Versorgungsfunktion.** Die Vorschrift erfasst also insbesondere keine Leitungen innerhalb von Kundenanlagen. Das ergibt sich zum einen aus der Gesetzesbegründung, wonach § 113c als Übergangsvorschrift ausdrücklich nur für „Wasserstoffnetze" gedacht ist (BR-Drs. 165/21, 66). Zum anderen würde es über das Ziel hinausschießen, wenn innerhalb von Kundenanlagen nur mit präventiver behördlicher Einbindung Leitungen auf Wasserstoff umgestellt werden könnten. 11

Das in Absatz 3 geregelte Verfahren gilt nur für **Umstellungen** von (Erd-)Gas auf Wasserstoff. Werden Wasserstoffleitungen neu errichtet, ist Absatz 3 demgegenüber nicht einschlägig. **Einspeisungen von Wasserstoff** in bestehende Gasleitungen unterfallen ebenfalls nicht dem Absatz 3. Solche Wasserstoff-Einspeisungen sind auch im Rahmen des für Gasleitungen geltenden technischen Regelwerks des DVGW möglich (vgl. § 49 Abs. 2 S. 1 Nr. 2 bzw. – in dessen Anwendungsbereich – § 36 GasNZV) und verändern daher nicht den Status als Gasleitung. 12

II. Anzeige Umstellungsvorhaben (Abs. 3 S. 1, 2)

Die beabsichtigte Umstellung einer Gasleitung auf Wasserstoff muss gem. Absatz 3 Satz 1 der nach Landesrecht zuständigen (→ Rn. 4.2) Energieaufsichtsbehörde spätestens acht Wochen vor dem geplanten Beginn der Umstellung angezeigt werden. Der Anzeige sind alle **Unterlagen beizufügen,** die zur Beurteilung der technischen Sicherheit erforderlich sind. 13

Mit der Umstellungsanzeige muss gem. Absatz 3 Satz 2 zudem ein **Sachverständigengutachten** vorgelegt werden, in dem bestätigt wird, dass die Leitung auch bei einer Wasserstoff-Nutzung technisch sicher ist iSv § 49 Abs. 1. Welche **Anforderungen der Gutachter** erfüllen muss, um iRv Absatz 3 Satz 2 als Sachverständiger agieren zu können, regelt die Vorschrift nicht. Richtigerweise sind sowohl Sachverständige, die **nach § 11 GasHDrLtgV anerkannt** sind, oder solche, die durch den DVGW als **DVGW-Sachverständiger** zertifiziert sind, als Gutachter geeignet. 14

III. Keine Beanstandung durch Behörde (Abs. 3 S. 3, 4)

Nachdem die Umstellungsanzeige zusammen mit den Unterlagen und der gutachterlichen Stellungnahme bei der Energieaufsichtsbehörde eingegangen ist, beginnt gem. Absatz 3 Satz 4 die **Acht-Wochen-Frist** iSv Absatz 3 Satz 3 zu laufen. Innerhalb dieser Frist kann die Behörde die Umstellung beanstanden, sofern die umzustellende Leitung nach Umstellung nicht die technische Sicherheit iSv § 49 Abs. 1 gewährleisten kann. Im Fall einer behördlichen Beanstandung kann die Leitung erst umgestellt werden, nachdem der beanstandete Mangel behoben worden ist, vgl. **§ 5 Abs. 4 S. 2 GasHDrLtgV.** 15

Wird die (Erd-)Gasleitung umgestellt, ohne dass vorher rechtzeitig eine vollständige Umstellungsanzeige durchgeführt worden ist, kann dies gem. § 95 Abs. 1 Nr. 2 als **Ordnungswidrigkeit** geahndet werden. Wird trotz Beanstandung durch die Behörde umgestellt, kann diese **gem. § 49 Abs. 5** einschreiten. 16

§ 114 Wirksamwerden der Entflechtungsbestimmungen

¹Auf Rechnungslegung und interne Buchführung findet § 10 erstmals zu Beginn des jeweils ersten vollständigen Geschäftsjahres nach Inkrafttreten dieses Gesetzes Anwendung. ²Bis dahin sind die §§ 9 und 9a des Energiewirtschaftsgesetzes vom 24. April 1998 (BGBl. I S. 730), das zuletzt durch Artikel 1 des Gesetzes vom 20. Mai 2003 (BGBl. I S. 686) geändert worden ist, weiter anzuwenden.

1   Die Vorschrift des § 114 ist infolge Zeitablaufs **gegenstandslos**. Mit dem Verweis auf das „Inkrafttreten dieses Gesetzes" ist das EnWG 2005 gemeint, welches am 13.7.2005 in Kraft trat (BGBl. 2005 I 1970 (2017)). Die Vorschriften betreffend die Rechnungslegung und interne Buchführung (sog. buchhalterische Entflechtung) finden sich seit dem Jahr 2011 nicht mehr in dem in § 114 S. 1 genannten § 10, sondern in § 6b (BT-Drs. 17/6072, 56). Durch die Übergangsregelung des § 114 sollte seinerzeit verhindert werden, dass „die betroffenen Unternehmen […] gezwungen werden, im Verlauf eines Geschäftsjahres ihre Rechnungslegung zu ändern" (BT-Drs. 15/3917, 76).

§ 115 Bestehende Verträge

(1) ¹Bestehende Verträge über den Netzanschluss an und den Netzzugang zu den Energieversorgungsnetzen mit einer Laufzeit bis zum Ablauf von sechs Monaten nach Inkrafttreten dieses Gesetzes bleiben unberührt. ²Verträge mit einer längeren Laufzeit sind spätestens sechs Monate nach Inkrafttreten einer zu diesem Gesetz nach den §§ 17, 18 oder 24 erlassenen Rechtsverordnung an die jeweils entsprechenden Vorschriften dieses Gesetzes und die jeweilige Rechtsverordnung nach Maßgabe dieser Rechtsverordnung anzupassen, soweit eine Vertragspartei dies verlangt. ³§ 19 Absatz 1 in Verbindung mit Absatz 2 Nummer 1 des Gesetzes gegen Wettbewerbsbeschränkungen findet nach Maßgabe des § 111 Anwendung.

(1a) Abweichend von Absatz 1 Satz 2 sind die dort genannten Verträge hinsichtlich der Entgelte, soweit diese nach § 23a zu genehmigen sind, unabhängig von einem Verlangen einer Vertragspartei anzupassen.

(2) ¹Bestehende Verträge über die Belieferung von Letztverbrauchern mit Energie im Rahmen der bis zum Inkrafttreten dieses Gesetzes bestehenden allgemeinen Versorgungspflicht mit einer Laufzeit bis zum Ablauf von sechs Monaten nach Inkrafttreten dieses Gesetzes bleiben unberührt. ²Bis dahin gelten die Voraussetzungen des § 310 Abs. 2 des Bürgerlichen Gesetzbuchs als erfüllt, sofern die bestehenden Verträge im Zeitpunkt des Inkrafttretens dieses Gesetzes diese Voraussetzungen erfüllt haben. ³Verträge mit einer längeren Laufzeit sind spätestens sechs Monate nach Inkrafttreten einer zu diesem Gesetz nach § 39 oder § 41 erlassenen Rechtsverordnung an die jeweils entsprechenden Vorschriften dieses Gesetzes und die jeweilige Rechtsverordnung nach Maßgabe dieser Rechtsverordnung anzupassen.

(3) ¹Bestehende Verträge über die Belieferung von Haushaltskunden mit Energie außerhalb der bis zum Inkrafttreten dieses Gesetzes bestehenden allgemeinen Versorgungspflicht mit einer Restlaufzeit von zwölf Monaten nach Inkrafttreten dieses Gesetzes bleiben unberührt. ²Bis dahin gelten die Voraussetzungen des § 310 Abs. 2 des Bürgerlichen Gesetzbuchs als erfüllt, sofern die bestehenden Verträge im Zeitpunkt des Inkrafttretens dieses Gesetzes diese Voraussetzungen erfüllt haben. ³Verträge mit einer längeren Laufzeit sind spätestens zwölf Monate nach Inkrafttreten einer zu diesem Gesetz nach § 39 oder § 41 erlassenen Rechtsverordnung an die entsprechenden Vorschriften dieses Gesetzes und die jeweilige Rechtsverordnung nach Maßgabe dieser Rechtsverordnung anzupassen. ⁴Sonstige bestehende Lieferverträge bleiben im Übrigen unberührt.

Überblick

§ 115 enthält **Übergangsregelungen für langfristige energierelevante Verträge**, die zum Zeitpunkt des Inkrafttretens des Zweiten Gesetzes zur Neuregelung des Energiewirtschaftsrechts vom 7.7.2005, BGBl. I 1970 (**EnWG 2005**) bereits bestanden. Erfasst sind damit ausschließlich Verträge, die vor dem 13.7.2005 abgeschlossen worden sind: Netzanschluss- und Netzzugangsverträge (→ Rn. 2 ff.), Verträge über die Belieferung von Letztverbrauchern (→ Rn. 7 ff.) und Verträge über die Belieferung von Haushaltskunden sowie sonstige Lieferverträge (→ Rn. 11 ff.). Soweit diese Verträge nicht zwischenzeitlich ohnehin beendet sind, dürfte deren Überführung mittlerweile weitestgehend erfolgt sein. Die praktische Relevanz der Vorschrift ist daher inzwischen äußerst gering.

A. Normzweck

Die Vorschrift bezweckte die angemessene Überführung vor dem 13.7.2005 abgeschlossener bestehender Verträge in das neue Regime des EnWG 2005. 1

B. Netzanschluss- und Netznutzungsverträge (Abs. 1 und 1a)

§ 115 Abs. 1 betrifft zum Zeitpunkt des Inkrafttretens des EnWG 2005 (13.7.2005) bestehende Netzanschluss- und Netznutzungsverträge. 2

§ 115 Abs. 1 S. 1 regelt für bis 13.1.2006 (sechs Monaten nach Inkrafttreten des EnWG 2005) laufende Verträge über den Netzanschluss und den Netzzugang, dass diese unverändert fortbestehen durften. Bei diesen Verträgen war von vornherein keine Anpassung an die Vorgaben des EnWG 2005 und auf dessen Grundlage ergangener Rechtsverordnungen erforderlich. 3

§ 115 Abs. 1 S. 2 erfasst alle damals bestehenden Verträge mit einer Restlaufzeit von über sechs Monaten. Diese mussten auf Verlangen einer Vertragspartei (also keinesfalls automatisch) angepasst werden, wenn Rechtsverordnungen zum Netzanschluss (§ 17), zum Netzanschluss in Niederspannung oder Niederdruck (§ 18) oder zum Netzzugang und zu Netzentgelten (§ 24) erlassen wurden (NAV, NDAV, StromNZV, GasNZV, StromNEV, GasNEV und KraftNAV). Während die Sechsmonatsfrist zur Umsetzung einer ursprünglich verlangten Vertragsanpassung längst verstrichen ist, kann eine Vertragsanpassung (nunmehr ex nunc, vgl. BGH BeckRS 2016, 1905) auch heute noch verlangt werden. Das entsprechende Verlangen stellt dabei wohl einen Spezialfall von § 313 Abs. 1 BGB dar (vgl. OLG Düsseldorf BeckRS 2013, 3145). 4

Der Verweis in § 115 Abs. 1 S. 3 auf die Geltung des § 19 Abs. 1 iVm Abs. 2 GWB nach Maßgabe des § 111 hat keine eigenständige Bedeutung. In § 111 ist das Verhältnis der kartellrechtlichen zur regulierungsrechtlichen Aufsicht in der Weise geregelt, dass für Regelungen aufgrund des EnWG (oder dessen Rechtsverordnungen) nur die regulierungsrechtliche Aufsicht und gerade nicht die kartellrechtlichen Überprüfung nach § 19 GWB gilt. Soweit sich eine Diskriminierung aus den Produktions- bzw. Vertriebsstrukturen ergibt, steht den Kartellbehörden hingegen die Anwendung des § 19 GWB offen, allerdings ohne, dass es der Verweisung in § 115 Abs. 1 S. 3 bedarf und ohne, dass § 111 Abs. 3 dem entgegensteht. 5

§ 115 Abs. 1a wurde aufgrund der Beschlussempfehlung des Vermittlungsausschusses vom 15.6.2005 (BT-Drs. 15/5736, 8) in das EnWG aufgenommen, um die Höchstpreise nach § 23a Abs. 2 sicherzustellen. Danach sind die von § 115 Abs. 1 S. 2 erfassten Verträge auch ohne Verlangen einer Vertragspartei an die nach § 23a genehmigten Netzzugangsentgelte anzupassen, sofern sie über den genehmigten Netznutzungsentgelten liegen (LG Düsseldorf BeckRS 2009, 7099). 6

C. Verträge über die Belieferung von Letztverbrauchern (Abs. 2)

§ 115 Abs. 2 betrifft zum Zeitpunkt des Inkrafttretens des EnWG 2005 (13.7.2005) bestehende Lieferverträge über Elektrizität und Gas (vgl. § 3 Nr. 14) mit Letztverbrauchern iSv § 3 Nr. 24, soweit es sich um Verträge handelt, die in Erfüllung der gem. § 10 Abs. 1 EnWG 1998 bis zum Inkrafttreten des EnWG 2005 geltenden allgemeinen Versorgungspflicht abgeschlossen wurden (**Tarifkundenverträge**, Begr. BT-Drs. 15/3917, 76). 7

Zunächst regelt § 115 Abs. 2 S. 1 für bis 13.1.2006 (sechs Monate nach Inkrafttreten des EnWG 2005) laufende Verträge über die Belieferung von Letztverbrauchern, dass diese unverändert fortbestehen durften. 8

9   Für die von Satz 1 erfassten Verträge regelt § 115 Abs. 2 S. 2, dass die Voraussetzungen des § 310 Abs. 2 BGB für die restliche Vertragslaufzeit als erfüllt gelten, wenn dessen Voraussetzungen zur Zeit des Inkrafttretens des EnWG 2005 erfüllt waren. Damit wurde eine AGB-Kontrolle aufgrund der §§ 308 und 309 BGB ausgeschlossen.

10 Damals bestehende Verträge mit einer längeren Laufzeit waren gem. § 112 Abs. 2 S. 3 spätestens zum 8.5.2007 (sechs Monate nach Inkrafttreten der nach § 39 oder § 41 erlassenen Grundversorgungsverordnungen (StromGVV und GasGVV) am 8.11.2006) an die Vorschriften des EnWG und die entsprechende Rechtsverordnung anzupassen. Anders als in den Fällen des § 115 Abs. 1 S. 2 bestand diese Anpassungspflicht unabhängig vom Verlangen einer Vertragspartei.

D. Verträge über die Belieferung von Haushaltskunden und sonstige Lieferverträge

11 § 115 Abs. 3 betrifft Verträge mit Haushaltskunden iSv § 3 Nr. 22 außerhalb der bisherigen allgemeinen Versorgungspflicht (**Sonderkundenverträge**, vgl. Begr. BT-Drs. 15/3917, 76) und sonstige Lieferverträge.

12 § 115 Abs. 3 S. 1–3 enthält eine Absatz 2 entsprechende Regelung. Es gelten lediglich andere Fristen als für Tarifkundenverträge: Unberührt bleiben gem. Satz 1 Verträge mit einer Restlaufzeit von nicht mehr als zwölf Monaten (bis zum 13.7.2006). Auch für diese Verträge ist gem. Satz 2 die AGB-Kontrolle aufgrund der §§ 308 und 309 BGB ausgeschlossen. Verträge mit einer über den 13.7.2006 hinausgehenden Laufzeit waren gem. Satz 3 spätestens zum 8.5.2007 anzupassen.

13 § 115 Abs. 3 S. 4 regelt, dass sonstige Lieferverträge „im Übrigen" unberührt bleiben. Die Bedeutung der Regelung erschließt sich vom Wortlaut her zunächst nicht eindeutig. Es könnte ihr eine rein deklaratorische Bedeutung zukommen, dh dass sonstige Verträge, soweit sie mit dem EnWG 2005 und seinen Rechtsverordnungen übereinstimmen, „im Übrigen" unberührt bleiben, also über die in § 115 Abs. 3 S. 2 geregelte Anpassungspflicht hinaus keine Anpassung erforderlich ist. Allerdings wäre in diesem Fall die Hervorhebung der sonstigen Verträge überflüssig. Sinnvoll erscheint dagegen die Auslegung, dass bei den übrigen Verträgen, die nicht unter § 115 Abs. 3 S. 2 fallen, gar keine Anpassung an das Regime des EnWG 2005 erforderlich ist. Diese Nichtanpassungspflicht hat dabei auch keineswegs zur Folge, dass die Verträge einer Anpassung gänzlich verschlossen blieben. Vielmehr unterliegen sie sowohl der kartellrechtlichen Missbrauchskontrolle als auch, soweit keine Individualvereinbarung vorlag, der AGB-Kontrolle.

§ 116 Bisherige Tarifkundenverträge

¹Unbeschadet des § 115 sind die §§ 10 und 11 des Energiewirtschaftsgesetzes vom 24. April 1998 (BGBl. I S. 730), das zuletzt durch Artikel 126 der Verordnung vom 25. November 2003 (BGBl. I S. 2304) geändert worden ist, sowie die Verordnung über Allgemeine Bedingungen für die Elektrizitätsversorgung von Tarifkunden vom 21. Juni 1979 (BGBl. I S. 684), zuletzt geändert durch Artikel 17 des Gesetzes vom 9. Dezember 2004 (BGBl. I S. 3214), und die Verordnung über Allgemeine Bedingungen für die Gasversorgung von Tarifkunden vom 21. Juni 1979 (BGBl. I S. 676), zuletzt geändert durch Artikel 18 des Gesetzes vom 9. Dezember 2004 (BGBl. I S. 3214), auf bestehende Tarifkundenverträge, die nicht mit Haushaltskunden im Sinne dieses Gesetzes abgeschlossen worden sind, bis zur Beendigung der bestehenden Verträge weiter anzuwenden. ²Bei Änderungen dieser Verträge und bei deren Neuabschluss gelten die Bestimmungen dieses Gesetzes sowie der auf Grund dieses Gesetzes erlassenen Rechtsverordnungen.

1   Die Vorschrift enthält eine **Übergangsbestimmung für Tarifkundenverträge (mit grundversorgten Kunden),** die vor Inkrafttreten des EnWG 2005 zum 13.7.2005 mit einem Letztverbraucher geschlossen wurden, soweit dieser Letztverbraucher nicht mehr als Haushaltskunde iSd § 3 Nr. 22 anzusehen ist. Relevant ist die Vorschrift damit insbesondere

für alte (unbefristete) Tarifkundenverträge mit Gewerbetreibenden mit einem Jahresenergieverbrauch von über 10.000 kWh. Die Bestimmung ist damit **kaum noch von praktischer Relevanz**.

§ 116 betrifft Tarifkundenverträge im Strom- und Gasbereich gleichermaßen. 2

Tarifkunden nach Maßgabe von § 116 gelten gleichzeitig auch als Tarifkunden iSd Konzes- 3
sionsabgabenverordnung, vgl. § 1 Abs. 3 KAV.

Obwohl der Grundversorger gem. § 36 Abs. 2 seit EnWG 2005 nicht mehr zur Grundver- 4
sorgung des von der Übergangsbestimmung umfassten Letztverbrauchers verpflichtet ist, ordnet Satz 1 die Fortgeltung der §§ 10 und 11 aF sowie der AVBElt und AVBGas an. Die außer Kraft gesetzten Bestimmungen über die Allgemeine Anschluss- und Versorgungspflicht gem. § 10 EnWG 1998 und zu den Allgemeinen Tarifen und Versorgungsbedingungen gem. § 11 EnWG 1998 gelten für die von § 116 umfassten Tarifkunden damit weiter fort.

Die Übergangsbestimmung gilt gem. Satz 2 nur bis zu dem Zeitpunkt, zu dem zwischen 5
den Vertragsparteien eine **Änderung des Vertrages** oder ein **Neuabschluss** eines Vertrages erfolgt. Dabei ist zu beachten, dass einseitige Preisänderungen des Grundversorgers nicht zu einer Vertragsänderung im Sinne des Tatbestandsmerkmals führen, denn anderenfalls liefen die Übergangsregelungen der Sätze 1 und 2 Alternative 1 angesichts der Häufigkeit von Preisänderungen faktisch leer (vgl. BGH BeckRS 2016, 6316). Vielmehr ist hinsichtlich beider Tatbestandsmerkmale (Vertragsänderung und Neuabschluss) eine **Willensübereinstimmung beider Parteien** erforderlich (BGH BeckRS 2016, 6316). Dies folgt daraus, dass der Gesetzgeber ausweislich der Gesetzesbegründung (BT-Drs. 15/3917, 76) das Vertrauen der bisherigen Tarifkunden in das Fortbestehen des Tarifkundenverhältnisses für besonders schutzwürdig erachtet.

§ 117 Konzessionsabgaben für die Wasserversorgung

Für die Belieferung von Letztverbrauchern im Rahmen der öffentlichen Wasserversorgung gilt § 48 entsprechend.

Überblick

Gemäß § 117 findet § 48 entsprechende Anwendung auf die Belieferung von Letztverbrauchern mit Wasser. Der in Bezug genommene § 48 enthält Regelungen zu den Konzessionsabgaben für die Bereiche der Strom- und Gasversorgung, die entsprechend für die öffentliche Wasserversorgung gelten. Die Regelung ist ein Fremdkörper im EnWG, dessen sachlicher Anwendungsbereich ist auf die leitungsgebundene Versorgung mit Strom und Gas beschränkt.

A. Hintergrund und Zweck der Regelung

Historisch erklärt sich § 117 dadurch, dass die Konzessionsabgaben für die Bereiche Elekt- 1
rizität, Gas und Wasser ursprünglich **einheitlich geregelt** waren durch die „Anordnung über die Zulässigkeit von Konzessionsabgaben der Unternehmen und Betriebe zur Versorgung mit Elektrizität, Gas und Wasser an Gemeinden und Gemeindeverbände" vom 4.3.1941 (RAnz. 1941, Nr. 57, 120) (**KAEAnO**). Rechtsgrundlage für die KAEAnO war das „Gesetz zur Durchführung des Vierjahresplans – Bestellung eines Reichskommissars für die Preisbildung" vom 29.10.1936 (RGBl. I 927). Die KAEAnO wurde durch die „Ausführungsanordnung zur Konzessionsabgabenordnung" (**A/KAE**) von 1943 konkretisiert.

Im Jahr 1992 wurden die Konzessionsabgaben für Gas und Strom neu geregelt durch 2
Erlass der Konzessionsabgabenverordnung (**KAV**) (BGBl. 1992 I 12, 407) auf Grundlage von § 12 EnWG 1978. Durch die KAV wurden gleichzeitig die KAEAnO und die A/KAE für die Bereiche Strom und Gas aufgehoben (vgl. § 9 KAV idF vom 9.1.1992). Für die Wasserversorgung wurde die **Konzessionsabgabe nicht neu geregelt** erlassen. Insoweit gelten nach wie vor die KAEAnO und die A/KAE.

1998 hat der Gesetzgeber die heute in § 48 enthaltene Regelung der Konzessionsabgaben 3
für die Bereiche Strom und Gas erlassen (als § 14 EnWG 1998). Hierdurch hat sich an der

Anwendbarkeit der KAV nichts geändert. Gleichzeitig hielt es der Gesetzgeber für geboten, perspektivisch auch **im Bereich der Wasserversorgung** die Konzessionsabgaben neu zu regeln, sodass die KAEAnO (zusammen mit der A/KAE) vollständig aufgehoben werden kann (BR-Drs. 806/96, 47). In Vorbereitung eines solchen Schrittes wurde der heutige § 117 (als § 15 EnWG 1998) erlassen. Dabei ging es dem Gesetzeber ausdrücklich darum, die heute in § 48 Abs. 2 enthaltene Ermächtigungsgrundlage auch für den Bereich der Wasserversorgung zu nutzen und auf deren Grundlage die **Konzessionsabgaben für Wasser-Leitungsrechte** neu zu regeln (BR-Drs. 806/96, 47). Die Erstreckung der weiteren im EnWG enthaltenen Vorgaben an die Konzessionsabgaben auf die Wasserversorgung war nicht (jedenfalls nicht vorrangig) intendiert.

4   Von § 117 iVm § 48 Abs. 2 ist bislang nicht Gebrauch gemacht worden. Eine Verordnung für die Konzessionsabgaben für Wasser wurde **bis heute nicht erlassen**. § 117 hat damit bislang keine Funktion. Konkrete Pläne über eine Neuregelung der Konzessionsabgaben für Wasser-Leitungsrechte sind nicht bekannt.

B. Tatbestandsvoraussetzungen

5   § 117 gilt nur für die **öffentliche Wasserversorgung**. Eine solche liegt vor, wenn die Allgemeinheit mit Wasser versorgt wird (Britz/Hellermann/Hermes/Hellermann, 3. Aufl., § 117 Rn. 5). Man kann sich insoweit an der Begriffsbestimmung von § 3 Nr. 17 („Energieversorgungsnetz der allgemeinen Versorgung") orientieren. **„Allgemeine Versorgung"** liegt demnach vor, wenn die Tätigkeit nicht von vornherein nur auf die Versorgung bestimmter, von Anfang an feststehender oder bestimmbarer Letztverbraucher ausgerichtet ist. Ob die Wasserversorgung öffentlich-rechtlich oder privatrechtlich erbracht wird, wirkt sich auf die Anwendbarkeit von § 117 nicht aus.

6   Wie auch § 48 gilt § 117 nur für die Belieferung von **Letztverbrauchern.** Hierunter fallen in entsprechender Anwendung von § 3 Nr. 22 alle Kunden, die Wasser für den eigenen Verbrauch kaufen (Britz/Hellermann/Hermes/Hellermann, 3. Aufl., § 117 Rn. 6). **Eigenversorger** und **Weiterverteiler** sind daher gem. § 117 iVm § 48 nicht zur Zahlung von Konzessionsabgaben verpflichtet. Allerdings ist die Wertung von § 48 Abs. 1 S. 2 (→ § 48 Rn. 9) auch hier zu berücksichtigen. Demnach kann auch im Wasserbereich von Weiterverteilern die Zahlung der Konzessionsabgabe verlangt werden, soweit sie das Wasser an Letztverbraucher innerhalb des Gemeindegebiets liefern.

C. Rechtsfolge

7   In der Rechtsfolge sieht § 117 vor, dass § 48 entsprechend gilt. Daher findet die Definition der Konzessionsabgabe (§ 48 Abs. 1 S. 1) entsprechende Anwendung. Ferner gilt gem. § 48 Abs. 3, dass die Konzessionsabgabe nur bei Vorliegen einer entsprechenden vertraglichen Vereinbarung zu zahlen ist. Schließlich kann die Bundesregierung mit Zustimmung des Bundesrates gem. § 48 Abs. 2 eine Konzessionsabgabenverordnung für den Bereich Wasser erlassen.

§ 117a Regelung bei Stromeinspeisung in geringem Umfang

[1]Betreiber
1. von Anlagen im Sinne des § 3 Nummer 1 des Erneuerbare-Energien-Gesetzes mit einer elektrischen Leistung von bis zu 500 Kilowatt oder
2. von Anlagen im Sinne des § 2 Nummer 14 des Kraft-Wärme-Kopplungsgesetzes mit einer elektrischen Leistung von bis zu 500 Kilowatt,

die nur deswegen als Energieversorgungsunternehmen gelten, weil sie Elektrizität nach den Vorschriften des Erneuerbare-Energien-Gesetzes oder des Kraft-Wärme-Kopplungsgesetzes in ein Netz einspeisen oder im Sinne des § 3 Nummer 16 direkt vermarkten, sind hinsichtlich dieser Anlagen von den Bestimmungen des § 10 Abs. 1 ausgenommen. [2]Mehrere Anlagen zur Erzeugung von Strom aus solarer Strahlungsenergie gelten unabhängig von den Eigentumsverhältnissen und ausschließlich zum Zweck der Ermittlung der elektrischen Leistung im Sinne des

Satzes 1 Nummer 1 als eine Anlage, wenn sie sich auf demselben Grundstück oder sonst in unmittelbarer räumlicher Nähe befinden und innerhalb von zwölf aufeinanderfolgenden Kalendermonaten in Betrieb genommen worden sind. ³Satz 1 gilt nicht, wenn der Betreiber ein vertikal integriertes Unternehmen ist oder im Sinne des § 3 Nr. 38 mit einem solchen verbunden ist. ⁴Bilanzierungs-, Prüfungs- und Veröffentlichungspflichten aus sonstigen Vorschriften bleiben unberührt. ⁵Mehrere Anlagen im Sinne des Satzes 1 Nr. 1 und 2, die unmittelbar an einem Standort miteinander verbunden sind, gelten als eine Anlage, wobei die jeweilige elektrische Leistung zusammenzurechnen ist.

Überblick

§ 117a normierte ursprünglich eine Ausnahme (→ Rn. 1) von den Vorschriften zur Rechnungslegung und internen Buchführung nach § 10 in der vor dem 4.8.2011 geltenden Fassung: bestimmte Erzeuger iSd EEG sowie iSd KWKG mit einer elektrischen Leistung von bis zu 500 Kilowatt wurden von den Pflichten des § 10 Abs. 1 (aF) befreit. Mehrere Anlagen werden zum Zweck der Ermittlung der elektrischen Leistung unter den Voraussetzungen der Sätze 2 und 5 zusammengerechnet (→ Rn. 3 f.). Seit 4.8.2011 finden sich die Buchführungspflichten nicht mehr in § 10 Abs. 1, sondern in § 6b (funktionaler Nachfolger), dh der Verweis auf § 10 Abs. 1 ist falsch. Seit der Fassung des § 6b vom 28.12.2012 ist zudem die ursprünglich von § 117a intendierte Privilegierung unnötig, da die zu privilegierenden Unternehmen schon nach § 6b nicht mehr den Pflichten für die Jahresabschlüsse unterliegen (→ Rn. 2). Die Vorschrift ist mithin nach geltender Rechtslage **gegenstandslos**.

A. Normzweck

Zweck des § 117a war eine Erleichterung für Betreiber von Anlagen, die auf Grundlage des EEG und KWKG elektrische Energie in verhältnismäßig geringem Umfang in das Netz einspeisen oder direkt vermarkten und lediglich aus rechtlichen Gründen durch die Einspeisung in das Netz der öffentlichen Versorgung die Eigenschaft als Lieferanten und damit als Energieversorgungsunternehmen erhielten. Solange noch sämtliche Energieversorgungsunternehmen nach § 10 Abs. 1 aF zum Jahresabschluss nach den für Kapitalgesellschaften geltenden Vorschriften des Handelsgesetzbuchs verpflichtet waren, erschien dies unverhältnismäßig für die in Satz 1 genannten Anlagen (BR-Drs. 559/08, 35 f.). 1

B. Rechtsfolge (S. 1) und Ausnahmen vom Anwendungsbereich (S. 3)

§ 117a S. 1 normiert die Unanwendbarkeit der Bestimmungen von § 10 Abs. 1 (gemeint ist § 6b Abs. 1) für Kleinunternehmen bis zu einer elektrischen Leistung von 500 kW. Die dort festgelegten Werte stellen eine Bagatellgrenze dar. Von dieser Befreiung ausgenommen sind vertikal integrierte Unternehmen oder Unternehmen, die iSv § 3 Nr. 38 mit einem solchen verbunden sind (Satz 3). Da die Bestimmungen des § 6b seit deren Änderung durch Art. 1 Gesetz vom 20.12.2012 (BGBl. I 2730) ohnehin nur noch für vertikal integrierte Energieversorgungsunternehmen iSd § 3 Nr. 38 gelten, hat die Vorschrift keinen rechtlichen Anwendungsbereich mehr. Dennoch wurden mit Gesetz vom 21.7.2014 (BGBl. I 1066), vom 21.12.2015 (BGBl. I 2498) und vom 13.10.2016 (BGBl. I 2258) weiterhin die Verweise angepasst (nicht aber der Verweis auf § 10 Abs. 1), obwohl die Streichung der Norm 2012 bereits empfohlen worden war (BR-Drs. 520/12, 1–2 vom 31.8.2012, BT-Drs. 17/10754, 9 vom 24.9.2012). 2

C. Mehrere Anlagen als eine Anlage (S. 2 und 5)

Gemäß Satz 2 gelten Solaranlagen zum Zweck der Ermittlung der elektrischen Leistung iSv Satz 1 Nummer 1 (bis zu 500 kW) als eine Anlage, sofern sie sich erstens auf demselben Grundstück oder sonst in unmittelbarer Nähe (allein geografisch gemeint und losgelöst von Netznutzungsfragen) befinden und zweitens innerhalb von zwölf aufeinanderfolgenden Kalendermonaten in Betrieb genommen worden sind. 3

4 Gemäß Satz 5 gelten sämtliche Anlagen iSv Satz 1 zum Zweck der Ermittlung der elektrischen Leistung iSv Satz 1 Nummern 1 und 2 (bis zu 500 kW) als eine Anlage, sofern sie unmittelbar an einem Standort miteinander verbunden sind. Anders als bei Solaranlagen gem. Satz 2 wird also ein zusammenhängendes, unter der Herrschaftsbefugnis eines Netzbetreibers stehendes Netzgebilde vorausgesetzt. Sofern diese physische Verbundenheit besteht, tritt die Zusammenrechnungsklausel bezüglich der elektrischen Leistung, wiederum anders als bei Solaranlagen gem. Satz 2, auch dann in Kraft, wenn eine Anlage mehr als 12 Kalendermonate nach der anderen Anlage in Betrieb genommen wurde.

D. Geltung sonstiger Pflichten (S. 4)

5 Hinsichtlich der sonstigen insbesondere handelsrechtlichen Pflichten kommt es auf die Rechtsform der Betriebe an. Satz 4 erwähnt deklaratorisch, dass sämtliche Anlagenbetreiber die jeweils einschlägigen rechtsformspezifischen Vorgaben zu beachten haben.

§ 117b Verwaltungsvorschriften

Die Bundesregierung erlässt mit Zustimmung des Bundesrates allgemeine Verwaltungsvorschriften über die Durchführung der Verfahren nach den §§ 43 bis 43d sowie 43f und 43g, insbesondere über
1. die Vorbereitung des Verfahrens,
2. den behördlichen Dialog mit dem Vorhabenträger und der Öffentlichkeit,
3. die Festlegung des Prüfungsrahmens,
4. den Inhalt und die Form der Planunterlagen,
5. die Einfachheit, Zweckmäßigkeit und Zügigkeit der Verfahrensabläufe und der vorzunehmenden Prüfungen,
6. die Durchführung des Anhörungsverfahrens,
7. die Einbeziehung der Umweltverträglichkeitsprüfung in das Verfahren,
8. die Beteiligung anderer Behörden und
9. die Bekanntgabe der Entscheidung.

Überblick

§ 117b soll im Kompetenzgefüge zwischen Bund und Ländern die Möglichkeit kompetenzrechtlicher Beschleunigung bei Verfahren nach §§ 43–43d sowie §§ 43f und 43g eröffnen. Dabei erhält die Bundesregierung auf Grundlage des Art. 84 Abs. 2 GG die Ermächtigung zum Erlass von Verwaltungsvorschriften (→ Rn. 3), die eine (bundes-)einheitliche Ausführung der oben genannten Verfahren gewährleisten können und bei der § 117b eine Erinnerungs- und Klarstellungsfunktion zuzukommen scheint (→ Rn. 2). Da eine Verwaltungsvorschrift – soweit ersichtlich – bisher nicht erlassen wurde, entfaltet § 117b bislang keinerlei Wirkung.

A. Historie, Regelungszweck und Systematik

1 Eingeführt wurde § 117b durch das Gesetz über Maßnahmen zur Beschleunigung des Netzausbaus Elektrizitätsnetze (NABEG) vom 28.7.2011 (BGBl. I 1690). Der Gesetzeszweck besteht in der Beschleunigung der Verfahren, die auch auf der exekutiven Umsetzungsebene der Länder ermöglicht werden soll. Dafür soll mit § 117b das Beschleunigungspotential auf allen Ebenen konsequent ausgeschöpft werden (Kment EnWG/Kment § 117b Rn. 1).

2 Systematisch ordnet sich § 117b als eine Vorschrift ein, der rechtlich eine Erinnerungsfunktion (Bourwieg/Hellermann/Hermes/Hermes § 117b Rn. 1), aber auch eine Klarstellungsfunktion zukommen kann. Die Rechtsgrundlage des Bundes zum Erlass von vereinheitlichenden Verwaltungsvorschriften ergibt sich nämlich zunächst unmittelbar aus Art. 84 Abs. 2 GG (Sachs/Winkler GG Art. 84 Rn. 39 ff.). Da Art. 84 Abs. 2 GG auf Aufgaben abstellt, die die Länder in eigener Angelegenheit ausführen (Landeseigenverwaltung), ist eine Vereinheitlichung in Bezug auf die Umsetzung der Energieleitungsvorhaben mit Planfeststellungs- bzw. Plangenehmigungsverfahren nach §§ 43–43d, 43f und 43g möglich. Davon sind

Übergangsregelungen § 118 EnWG

allerdings die Planungen von Höchstspannungsleitungen und Anbindungen zu Offshore-Windparks ausgenommen, da diese nach NABEG bzw. EnLAG von der BNetzA durchgeführt werden. Die in § 117b angelegte Klarstellung bezieht sich auf den möglichen Anwendungsbereich, in dem Vereinheitlichungen nach Auffassung des Gesetzgebers sinnvoll wären. Somit erwächst diese Klarstellung sowohl für die Bundesregierung als auch für die Länder zu einem eigenständigen Gesetzeszweck (ähnlich BT-Drs. 17/6073, 35).

B. Anwendungsbereich

Wie bereits dargelegt, konkretisiert § 117b die Ermächtigungsnorm des Art. 84 Abs. 2 GG, nach der die Bundesregierung – mit Zustimmung des Bundesrates – allgemeine Verwaltungsvorschriften erlassen kann. Nach BVerfG stehen Verwaltungsvorschriften unter der Voraussetzung, dass „sie für eine abstrakte Vielfalt von Sachverhalten des Verwaltungsgeschehens verbindliche Aussagen treffen, ohne auf eine unmittelbare Rechtswirkung nach außen gerichtet zu sein" (BVerfGE 26, 338 (397)). Gerade bei der konkreten Durchführung der Verfahren nach §§ 43–43d, 43f und 43g können die Abweichungen durch vorhandene Spielräume zum Teil erheblich sein (Bourwieg/Hellermann/Hermes/Hermes § 117b Rn. 3). Eine vereinheitlichende Verwaltungsvorschrift ist hier in Einklang mit Art. 84 Abs. 2 GG gerechtfertigt, die Zustimmung des Bundesrates wäre – durch schlichten Beschluss – einzuholen (Sachs/Winkler GG Art. 84 Rn. 41). 3

Die Bundesregierung muss die Verwaltungsvorschrift als Kollegialorgan erlassen, ein einzelner Bundesminister ist dazu nicht berechtigt (Sachs/Winkler GG Art. 84 Rn. 38 mwN). 4

Der mögliche Inhalt der Verwaltungsvorschrift wird durch die in § 117b Nr. 1–9 genannten Regelbeispiele konkretisiert, wobei diese nicht abschließend zu verstehen sind („insbesondere", Kment EnWG/Kment § 117b Rn. 4; Säcker EnergieR/Pielow § 117b Rn. 7). Die äußere inhaltliche Grenze ergibt sich aus Art. 84 GG und den hierzu vom BVerfG entwickelten Grundsätzen (→ Rn. 3), wobei sich das Vereinheitlichungsbedürfnis auf das EnWG beziehen und dem Gesetzeszweck (Beschleunigung) dienen muss (Theobald/Kühling/Missling § 117b Rn. 6). 5

Auch wenn bereits Ende 2010 eine Bund-Länder-Arbeitsgruppe eingerichtet wurde („Energiekonzept" v. 29.9.2010, BT-Drs. 17/3049, 11), um Muster-Planungsleitlinien für die energiewirtschaftsrechtliche Planfeststellung iSd § 117b zu erarbeiten, liegen bisher noch keine Ergebnisse vor (Theobald/Kühling/Missling § 117b Rn. 3; Säcker EnergieR/Pielow Rn. 2). Das überrascht in Anbetracht der propagierten Beschleunigung. 6

§ 118 Übergangsregelungen

(1) (weggefallen)

(2) (weggefallen)

(3) (weggefallen)

(4) (weggefallen)

(5) (weggefallen)

(6) ¹Nach dem 31. Dezember 2008 neu errichtete Anlagen zur Speicherung elektrischer Energie, die ab 4. August 2011, innerhalb von 15 Jahren in Betrieb genommen werden, sind für einen Zeitraum von 20 Jahren ab Inbetriebnahme hinsichtlich des Bezugs der zu speichernden elektrischen Energie von den Entgelten für den Netzzugang freigestellt. ²Pumpspeicherkraftwerke, deren elektrische Pump- oder Turbinenleistung nachweislich um mindestens 7,5 Prozent oder deren speicherbare Energiemenge nachweislich um mindestens 5 Prozent nach dem 4. August 2011 erhöht wurden, sind für einen Zeitraum von zehn Jahren ab Inbetriebnahme hinsichtlich des Bezugs der zu speichernden elektrischen Energie von den Entgelten für den Netzzugang freigestellt. ³Die Freistellung nach Satz 1 wird nur gewährt, wenn die elektrische Energie zur Speicherung in einem elektrischen, chemischen, mechanischen oder physikalischen Stromspeicher aus einem Transport- oder Verteilernetz entnommen und die zur Ausspeisung zurückgewonnene elektri-

sche Energie zeitlich verzögert wieder in dasselbe Netz eingespeist wird. ⁴Die Freistellung nach Satz 2 setzt voraus, dass auf Grund vorliegender oder prognostizierter Verbrauchsdaten oder auf Grund technischer oder vertraglicher Gegebenheiten offensichtlich ist, dass der Höchstlastbeitrag der Anlage vorhersehbar erheblich von der zeitgleichen Jahreshöchstlast aller Entnahmen aus dieser Netz- oder Umspannebene abweicht. ⁵Sie erfolgt durch Genehmigung in entsprechender Anwendung der verfahrensrechtlichen Vorgaben nach § 19 Absatz 2 Satz 3 bis 5 und 8 bis 10 der Stromnetzentgeltverordnung. ⁶Als Inbetriebnahme gilt der erstmalige Bezug von elektrischer Energie für den Probebetrieb, bei bestehenden Pumpspeicherkraftwerken der erstmalige Bezug nach Abschluss der Maßnahme zur Erhöhung der elektrischen Pump- oder Turbinenleistung und der speicherbaren Energiemenge. ⁷Die Sätze 2 und 3 sind nicht für Anlagen anzuwenden, in denen durch Wasserelektrolyse Wasserstoff erzeugt oder in denen Gas oder Biogas durch wasserelektrolytisch erzeugten Wasserstoff und anschließende Methanisierung hergestellt worden ist. ⁸Diese Anlagen sind zudem von den Einspeiseentgelten in das Gasnetz, an das sie angeschlossen sind, befreit. ⁹Die Betreiber von Übertragungsnetzen haben ab dem 1. Januar 2023 nachgelagerten Betreibern von Elektrizitätsverteilernetzen entgangene Erlöse zu erstatten, die aus der Freistellung von den Entgelten für den Netzzugang von Anlagen nach Satz 7 resultieren, soweit sie durch Wasserelektrolyse Wasserstoff erzeugen. ¹⁰Satz 9 ist für nach dem 1. Januar 2023 neu errichtete Anlagen nur anzuwenden, wenn der zuständige Betreiber von Übertragungsnetzen dem Anschluss der Anlage an das Verteilernetz zugestimmt hat. ¹¹§ 19 Absatz 2 Satz 14 und 15 der Stromnetzentgeltverordnung ist für die Zahlungen nach Satz 9 entsprechend anzuwenden.

(7) (weggefallen)

(8) (weggefallen)

(9) (weggefallen)

(10) (weggefallen)

(11) (weggefallen)

(12) Auf Windenergieanlagen auf See, die bis zum 29. August 2012 eine unbedingte oder eine bedingte Netzanbindungszusage erhalten haben und im Falle der bedingten Netzanbindungszusage spätestens zum 1. September 2012 die Voraussetzungen für eine unbedingte Netzanbindungszusage nachgewiesen haben, ist § 17 Absatz 2a und 2b in der bis zum 28. Dezember 2012 geltenden Fassung anzuwenden.

(13) (weggefallen)

(14) (weggefallen)

(15) Für § 6c in der durch das Gesetz zur Änderung des Handelsgesetzbuchs vom 4. Oktober 2013 (BGBl. I S. 3746) geänderten Fassung gilt Artikel 70 Absatz 3 des Einführungsgesetzes zum Handelsgesetzbuch entsprechend.

(16) (weggefallen)

(17) (weggefallen)

(18) (aufgehoben)

(19) (weggefallen)

(20) ¹Der Offshore-Netzentwicklungsplan für das Zieljahr 2025 enthält alle Maßnahmen, die erforderlich sind, um einen hinreichenden Wettbewerb unter den bestehenden Projekten im Rahmen der Ausschreibung nach § 26 des Windenergie-auf-See-Gesetzes zu gewährleisten. ²Der Offshore-Netzentwicklungsplan für das Zieljahr 2025 soll für die Ostsee die zur Erreichung der in § 27 Absatz 3 und 4 des Windenergie-auf-See-Gesetzes festgelegten Menge erforderlichen Maßnahmen mit einer geplanten Fertigstellung ab dem Jahr 2021 vorsehen, jedoch eine Übertragungskapazität von 750 Megawatt insgesamt nicht überschreiten. ³Der Offshore-Netzentwicklungsplan für das Zieljahr 2025 soll für die Nordsee die zur Erreichung

der Verteilung nach § 27 Absatz 4 des Windenergie-auf-See-Gesetzes erforderlichen Maßnahmen mit einer geplanten Fertigstellung ab dem Jahr 2022 vorsehen.

(21) Für Windenergieanlagen auf See, die eine unbedingte Netzanbindungszusage nach Absatz 12 oder eine Kapazitätszuweisung nach § 17d Absatz 3 Satz 1 in der am 31. Dezember 2016 geltenden Fassung erhalten haben, sind die §§ 17d und 17e in der am 31. Dezember 2016 geltenden Fassung anzuwenden.

(22) [1]§ 13 Absatz 6a ist nach dem 30. Juni 2023 nicht mehr anzuwenden. [2]Zuvor nach § 13 Absatz 6a geschlossene Verträge laufen bis zum Ende der vereinbarten Vertragslaufzeit weiter. [3]Nach § 13 Absatz 6a in der Fassung bis zum 27. Juli 2021 geschlossene Verträge laufen bis zum Ende der vereinbarten Vertragslaufzeit weiter.

(23) § 47 ist auf Verfahren zur Vergabe von Wegenutzungsrechten zur leitungsgebundenen Energieversorgung, in denen am 3. Februar 2017 von der Gemeinde bereits Auswahlkriterien samt Gewichtung im Sinne des § 46 Absatz 4 Satz 4 bekannt gegeben wurden, mit der Maßgabe anwendbar, dass die in § 47 Absatz 2 Satz 1 bis 3 genannten Fristen mit Zugang einer Aufforderung zur Rüge beim jeweiligen Unternehmen beginnen.

(24) § 17f Absatz 5 Satz 2 darf erst nach der beihilferechtlichen Genehmigung durch die Europäische Kommission und für die Dauer der Genehmigung angewendet werden.

(25) [1]Stromerzeugungsanlagen im Sinne der Verordnung (EU) 2016/631 sind als bestehend anzusehen, sofern sie bis zum 31. Dezember 2020 in Betrieb genommen wurden und für sie vor dem 27. April 2019
1. eine Baugenehmigung oder eine Genehmigung nach dem Bundes-Immissionsschutzgesetz erteilt wurde oder
2. der Anschluss an das Netz begehrt wurde und eine Baugenehmigung oder eine Genehmigung nach dem Bundes-Immissionsschutzgesetz nicht erforderlich ist.
[2]Der Betreiber der Anlage kann auf die Einstufung als Bestandsanlage verzichten. [3]Der Verzicht ist schriftlich gegenüber dem Netzbetreiber zu erklären.

(25a) [1]Auf Maßnahmen nach § 13 Absatz 1, die vor dem 1. Oktober 2021 durchgeführt worden sind, ist § 13a in der bis zum 30. September 2021 geltenden Fassung anzuwenden. [2]Für Anlagen nach § 3 Nummer 1 des Erneuerbare-Energien-Gesetzes, die nach dem am 31. Dezember 2011 geltenden Inbetriebnahmebegriff nach dem Erneuerbare-Energien-Gesetz vor dem 1. Januar 2012 in Betrieb genommen worden sind, und für KWK-Anlagen, die vor dem 1. Januar 2012 in Betrieb genommen worden sind, ist § 13a Absatz 2 Satz 3 Nummer 5 mit der Maßgabe anzuwenden, dass für die Bestimmung des angemessenen finanziellen Ausgleichs 100 Prozent der entgangenen Einnahmen anzusetzen sind.

(26) Bis zum 31. Dezember 2023 ist in dem Netzentwicklungsplan nach § 12b höchstens eine Testfeld-Anbindungsleitung mit einer Anschlusskapazität von höchstens 300 Megawatt erforderlich.

(27) Auf Anträge nach § 28a Absatz 3 Satz 1, die vor dem 12. Dezember 2019 bei der Regulierungsbehörde eingegangen sind, sind die bis zum Ablauf des 11. Dezember 2019 geltenden Vorschriften weiter anzuwenden.

(28) Die Verpflichtung nach § 14c Absatz 1 ist für die jeweilige Flexibilitätsdienstleistung ausgesetzt, bis die Bundesnetzagentur hierfür erstmals Spezifikationen nach § 14c Absatz 2 genehmigt oder nach § 14c Absatz 3 festgelegt hat.

(29) Bis zur erstmaligen Erstellung der Netzausbaupläne nach § 14d ab dem Jahr 2022 kann die Regulierungsbehörde von den nach § 14d verpflichteten Betreibern von Elektrizitätsverteilernetzen Netzausbaupläne nach § 14d Absatz 1 und 3 verlangen.

(30) Die Bundesnetzagentur soll eine Festlegung nach § 41d Absatz 3 erstmalig bis zum 31. Dezember 2022 erlassen.

(31) Die bundesweit einheitliche Festlegung von Methoden zur Bestimmung des Qualitätselements nach § 54 Absatz 3 Satz 3 Nummer 4 ist erstmals zum 1. Januar 2024 durchzuführen.

Peiffer 2073

(32) § 6b Absatz 3 sowie die §§ 28k und 28l in der ab dem 27. Juli 2021 geltenden Fassung sind erstmals auf Jahresabschlüsse sowie Tätigkeitsabschlüsse für das nach dem 31. Dezember 2020 beginnende Geschäftsjahr anzuwenden.

(33) [1]Für besondere netztechnische Betriebsmittel, für die bis zum 30. November 2020 ein Vergabeverfahren begonnen wurde, ist § 11 Absatz 3 in der bis zum 27. Juli 2021 geltenden Fassung anzuwenden. [2]Satz 1 ist auch anzuwenden, wenn ein bereits vor dem 30. November 2020 begonnenes Vergabeverfahren aufgrund rechtskräftiger Entscheidung nach dem 30. November 2020 neu durchgeführt werden muss.

(34) [1]Ladepunkte, die von Betreibern von Elektrizitätsverteilernetzen bereits vor dem 27. Juli 2021 entwickelt, verwaltet oder betrieben worden sind, gelten bis zum 31. Dezember 2023 als aufgrund eines regionalen Marktversagens im Sinne von § 7c Absatz 2 Satz 1 genehmigt. [2]Betreiber von Elektrizitätsverteilernetzen haben ihre Tätigkeiten in Bezug auf diese Ladepunkte der Bundesnetzagentur in Textform bis zum 31. Dezember 2023 anzuzeigen und bis zum 31. Dezember2023 einzustellen, wenn nicht die Bundesnetzagentur zuvor eine Genehmigung nach § 7c Absatz 2 erteilt hat. [3]Der Zugang zu diesen Ladepunkten ist Dritten zu angemessenen und diskriminierungsfreien Bedingungen zu gewähren.

(35) [1]§ 6b Absatz 4 und § 6c Absatz 1 und 2 in der ab dem 1. August 2022 geltenden Fassung sind erstmals auf Rechnungslegungsunterlagen für das nach dem 31. Dezember 2021 beginnende Geschäftsjahr anzuwenden. [2]Die in Satz 1 bezeichneten Vorschriften in der bis einschließlich 31. Juli 2022 geltenden Fassung sind letztmals anzuwenden auf Rechnungslegungsunterlagen für das vor dem 1. Januar 2022 beginnende Geschäftsjahr.

(36) [1]§ 35b Absatz 6 ist auf Nutzungsverträge zwischen Betreibern und Nutzern von Gasspeicheranlagen, die vor dem 30. April 2022 geschlossen wurden und keine Bestimmungen nach § 35b Absatz 6 enthalten, erst nach dem 14. Juli 2022 anzuwenden. [2]Stimmt der Nutzer der Gasspeicheranlage der Aufnahme von Bestimmungen nach § 35b Absatz 6 in den Vertrag bis zum 1. Juli 2022 nicht zu, kann der Betreiber den Vertrag ohne Einhaltung einer Frist kündigen.

(37) [1]Grundversorger sind verpflichtet, zum 1. Juli 2022 ihre Allgemeinen Preise für die Versorgung in Niederspannung nach § 36 Absatz 1 Satz 1 und für die Ersatzversorgung in Niederspannung nach § 38 Absatz 1 Satz 2 vor Umsatzsteuer um den Betrag zu mindern, um den die Umlage nach § 60 Absatz 1 des Erneuerbare-Energien-Gesetzes gemäß § 60 Absatz 1a des Erneuerbare-Energien-Gesetzes zum 1. Juli 2022 gesenkt wird. [2]§ 41 Absatz 6 ist anzuwenden. [3]Eine öffentliche Bekanntmachung ist nicht erforderlich; es genügt eine Veröffentlichung auf der Internetseite des Grundversorgers.

(38) [1]Soweit die Umlage nach § 60 Absatz 1 des Erneuerbare-Energien-Gesetzes in die Kalkulation der Preise von Stromlieferverträgen außerhalb der Grundversorgung einfließt und dem Energielieferanten ein Recht zu einer Preisänderung, das den Fall einer Änderung dieser Umlage umfasst, zusteht, ist der Energielieferant verpflichtet, für diese Stromlieferverträge zum 1. Juli 2022 die Preise vor Umsatzsteuer um den Betrag zu mindern, um den die Umlage nach § 60 Absatz 1 des Erneuerbare-Energien-Gesetzes gemäß § 60 Absatz 1a des Erneuerbare-Energien-Gesetzes für den betreffenden Letztverbraucher zum 1. Juli 2022 gesenkt wird. [2]§ 41 Absatz 6 ist anzuwenden. [3]Es wird vermutet, dass die Umlage nach § 60 Absatz 1 des Erneuerbare-Energien-Gesetzes in die Kalkulation der Preise eingeflossen ist, es sei denn, der Stromlieferant weist nach, dass dies nicht erfolgt ist.

(39) [1]Bei Stromlieferverträgen außerhalb der Grundversorgung, die nicht unter Absatz 38 fallen, ist der Energielieferant verpflichtet, die Preise vor Umsatzsteuer für den Zeitraum vom 1. Juli 2022 bis zum 31. Dezember 2022 um den Betrag pro Kilowattstunde zu mindern, um den die Umlage nach § 60 Absatz 1 des Erneuerbare-Energien-Gesetzes gemäß § 60 Absatz 1a des Erneuerbare-Energien-Gesetzes für den betreffenden Letztverbraucher zum 1. Juli 2022 gesenkt wird, sofern

1. die Umlage nach § 60 Absatz 1 des Erneuerbare-Energien-Gesetzes ein Kalkulationsbestandteil dieser Preise ist und
2. die Stromlieferverträge vor dem 23. Februar 2022 geschlossen worden sind.
²§ 41 Absatz 6 ist entsprechend anzuwenden. ³Es wird vermutet, dass die Umlage nach § 60 Absatz 1 des Erneuerbare-Energien-Gesetzes gemäß Satz 1 Nummer 1 Kalkulationsbestandteil ist, es sei denn, der Stromlieferant weist nach, dass dies nicht erfolgt ist. ⁴Endet ein Stromliefervertrag vor dem 31. Dezember 2022, endet die Verpflichtung nach Satz 1 zu dem Zeitpunkt, an dem der bisherige Stromliefervertrag endet.

(40) ¹Sofern in den Fällen der Absätze 37 bis 39 zum 1. Juli 2022 keine Verbrauchsermittlung erfolgt, wird der für den ab dem 1. Juli 2022 geltenden Preis maßgebliche Verbrauch zeitanteilig berechnet, dabei sind jahreszeitliche Verbrauchsschwankungen auf der Grundlage der maßgeblichen Erfahrungswerte angemessen zu berücksichtigen. ²Der Betrag, um den sich die Stromrechnung nach den Absätzen 37 bis 39 gemindert hat, ist durch den Energielieferanten in den Stromrechnungen transparent auszuweisen. ³Eine zeitgleiche Preisanpassung aus einem anderen Grund in Verbindung mit einer Preisanpassung nach den Absätzen 37 bis 39 zum 1. Juli 2022 ist nicht zulässig; im Übrigen bleiben vertragliche Rechte der Energielieferanten zu Preisanpassungen unberührt.

(41) Bei der Prüfung und der Bestätigung des Netzentwicklungsplans nach den §§ 12b und 12c, der sich an die Genehmigung des am 10. Januar 2022 von den Betreibern von Übertragungsnetzen mit Regelzonenverantwortung vorgelegten Szenariorahmens anschließt, werden die erweiterten Betrachtungszeiträume im Sinne des § 12a Absatz 1 einbezogen.

(42) ¹§ 10c Absatz 4 Satz 1 ist für die übrigen Beschäftigten des Unabhängigen Transportnetzbetreibers mit der Maßgabe anzuwenden, dass Beteiligungen an Unternehmensteilen des vertikal integrierten Unternehmens, die vor dem 3. März 2012 erworben wurden, bis zum Ablauf des 30. September 2025 zu veräußern sind. ²Für Beteiligungen an Unternehmensteilen des vertikal integrierten Unternehmens im Sinne des § 3 Nummer 38, die ab dem 3. März 2012 durch die übrigen Beschäftigten erworben wurden und die solche Unternehmensteile betreffen, die erst mit Inkrafttreten der Anpassung von § 3 Nummer 38 am 29. Juli 2022 der Begriffsbestimmung des § 3 Nummer 38 unterfallen, ist die Frist zur Veräußerung nach Satz 1 entsprechend anzuwenden.

(43) § 13 Absatz 6b Satz 7 darf erst nach der beihilferechtlichen Genehmigung durch die Europäische Kommission und nur für die Dauer der Genehmigung angewendet werden.

(44) Grundversorger sind verpflichtet, die Allgemeinen Bedingungen und Allgemeinen Preise ihrer Grundversorgungsverträge, die am 28. Juli 2022 bestanden haben, spätestens bis zum 1. November 2022 an die ab dem 29. Juli 2022 geltenden Vorgaben nach § 36 anzupassen.

(45) § 21b Absatz 1 in der ab dem 29. Juli 2022 geltenden Fassung ist anzuwenden auf Jahresabschlüsse, Tätigkeitsabschlüsse und Konzernabschlüsse, die sich jeweils auf Geschäftsjahre mit einem nach dem 30. Dezember 2022 liegenden Abschlussstichtag beziehen.

(46) ¹Die Regulierungsbehörde kann für Unternehmen, die im Zusammenhang mit erheblich reduzierten Gesamtimportmengen nach Deutschland ihre Produktion aufgrund einer Verminderung ihres Gasbezuges reduzieren, durch Festlegung nach § 29 Absatz 1 bestimmen, dass für das Kalenderjahr 2022 ein Anspruch auf Weitergeltung der Vereinbarung individueller Netzentgelte nach § 19 Absatz 2 Satz 2 bis 4 der Stromnetzentgeltverordnung besteht, sofern
1. eine solche Vereinbarung bis zum 30. September 2021 bei der Regulierungsbehörde angezeigt worden und die angezeigte Vereinbarung rechtmäßig ist,
2. die Voraussetzungen für diese Vereinbarung im Kalenderjahr 2021 erfüllt worden sind und

3. die Alarmstufe oder Notfallstufe nach Artikel 8 Absatz 2 Buchstabe b und Artikel 11 Absatz 1 der Verordnung (EU) 2017/1938 des Europäischen Parlaments und des Rates vom 25. Oktober 2017 über Maßnahmen zur Gewährleistung der sicheren Gasversorgung und zur Aufhebung der Verordnung (EU) Nr. 994/2010 (ABl. L 280 vom 28.10.2017, S. 1), die durch die Delegierte Verordnung (EU) 2022/517 (ABl. L 104 vom 1.4.2022, S. 53) geändert worden ist, in Verbindung mit dem Notfallplan Gas des Bundesministeriums für Wirtschaft und Energie vom September 2019, der auf der Internetseite des Bundesministeriums für Wirtschaft und Klimaschutz veröffentlicht ist, ausgerufen worden ist.

²Wird im Fall einer Festlegung nach Satz 1 der Anspruch geltend gemacht, ist für die tatsächliche Erfüllung der Voraussetzungen eines solchen individuellen Netzentgeltes auf das Kalenderjahr 2021 abzustellen. ³Die Regulierungsbehörde kann in der Festlegung nach Satz 1 insbesondere auch vorgeben, wie Unternehmen eine Verminderung ihres Gasbezugs als Voraussetzung zur Weitergeltung der Vereinbarung individueller Netzentgelte nachzuweisen haben.

(46a) ¹Um die Flexibilisierung der Netznutzung zu fördern sowie Beiträge zur Stützung der netztechnischen Leistungsbilanz oder zur Gewährleistung des sicheren Netzbetriebs zu ermöglichen, kann die Regulierungsbehörde durch Festlegung nach § 29 Absatz 1 für den Zeitraum bis zum 31. Dezember 2025 Regelungen zu den Sonderfällen der Netznutzung und den Voraussetzungen für die Vereinbarung individueller Entgelte für den Netzzugang treffen, die von einer Rechtsverordnung nach § 24 abweichen oder eine Rechtsverordnung nach § 24 ergänzen. ²Im Rahmen einer Festlegung nach Satz 1 kann die Regulierungsbehörde insbesondere
1. die Methoden zur Ermittlung sachgerechter individueller Netzentgelte näher ausgestalten und
2. die Voraussetzungen anpassen oder ergänzen, unter denen im Einzelfall individuelle Entgelte für den Netzzugang vorgesehen werden können.

³Voraussetzungen nach Satz 2 Nummer 2 können insbesondere auch auf eine von den Unternehmen bei ihrem Strombezug zu erreichende Benutzungsstundenzahl bezogen sein sowie Vorgaben dazu sein, wie bei der Bemessung oder Ermittlung einer erforderlichen Benutzungsstundenzahl eine Teilnahme von Unternehmen am Regelleistungsmarkt oder eine Reduzierung sowie spätere Erhöhung oder eine Erhöhung sowie spätere Reduzierung ihres Strombezugs bei in der Festlegung bestimmten Preishöhen am börslichen Großhandelsmarkt für Strom zu berücksichtigen ist. ⁴Sofern eine Vereinbarung über individuelle Netzentgelte bis zum 30. September 2021 oder bis zum 30. September 2022 bei der Regulierungsbehörde angezeigt wurde, die angezeigte Vereinbarung rechtmäßig ist und die Voraussetzungen der Vereinbarung im Jahr 2021 oder 2022 erfüllt worden sind, darf die Regulierungsbehörde nicht zu Lasten der betroffenen Unternehmen von den Voraussetzungen abweichen. ⁵Sonstige Festlegungsbefugnisse, die sich für die Regulierungsbehörde aus einer Rechtsverordnung nach § 24 ergeben, bleiben unberührt.

(46b) Abweichend von § 23a Absatz 3 Satz 1 können Entgelte für den Zugang zu im Jahr 2022 oder im Jahr 2023 neu errichtete oder neu zu errichtende LNG-Anlagen von dem Betreiber dieser Anlagen auch weniger als sechs Monate vor dem Zeitpunkt, zu dem die Entgelte wirksam werden sollen, beantragt werden, sofern die Regulierungsbehörde das Verfahren nach § 23a voraussichtlich in weniger als sechs Monaten abschließen kann und die Regulierungsbehörde dem Betreiber darüber schriftlich oder elektronisch informiert.

(46c) Auf Planfeststellungsverfahren von Offshore-Anbindungsleitungen nach § 43 Absatz 1 Satz 1 Nummer 2 und 4, für die der Antrag auf Planfeststellung vor dem 13. Oktober 2022 gestellt wurde, ist § 43b Absatz 2 nicht anzuwenden.

(46d) ¹Die Bundesnetzagentur kann zur Sicherstellung der Investitionsfähigkeit der Betreiber von Verteilernetzen oder zur Wahrung der Grundsätze insbesondere einer preisgünstigen Versorgung nach § 1 durch Festlegung nach § 29 Absatz 1 Regelungen für die Bestimmung des kalkulatorischen Fremdkapitalzinssatzes tref-

fen, die von einer Rechtsverordnung nach § 21a in Verbindung mit § 24 abweichen oder diese ergänzen. ²Die Bundesnetzagentur kann dabei insbesondere
1. davon absehen, eine Bestimmung des Fremdkapitalzinssatzes für die jeweilige Regulierungsperiode insgesamt vorzunehmen,
2. die Festlegung auf neue Investitionen begrenzen sowie
3. einen Bezugszeitraum oder Bezugsgrößen für die Ermittlung kalkulatorischer Fremdkapitalzinsen bestimmen.

(46e) ¹Die Bundesnetzagentur kann im Interesse der Digitalisierung der Energiewende nach dem Messstellenbetriebsgesetz durch Festlegung nach § 29 Absatz 1 Regelungen für die Anerkennung der den Betreibern von Elektrizitätsversorgungsnetzen nach § 3 Absatz 1 in Verbindung mit § 7 des Messstellenbetriebsgesetzes vom 27. Mai 2023 entstehenden Kosten treffen, die von einer Rechtsverordnung nach § 21a in Verbindung mit § 24 oder von einer Rechtsverordnung nach § 24 abweichen oder diese ergänzen. ²Sie kann dabei insbesondere entscheiden, dass Kosten oder Kostenanteile als dauerhaft nicht beeinflussbar angesehen werden.

(47) Auf Zuschläge, die in den Jahren 2021 und 2022 nach § 23 des Windenergieauf-See-Gesetzes in der Fassung vom 10. Dezember 2020 erteilt wurden, ist das Energiewirtschaftsgesetz in der am 31. Dezember 2022 geltenden Fassung anzuwenden.

Überblick

Das EnWG findet grundsätzlich nur in seiner jeweils aktuellen Fassung Anwendung. Dieser Grundsatz ist nicht ausdrücklich geregelt, wird aber in § 118 vorausgesetzt. Nur in einzelnen Sonderkonstellationen wird er durchbrochen, in denen weiterhin Regelungen aus alten Fassungen des EnWG anwendbar sind. Diese **Ausnahmen zum zeitlichen Anwendungsbereich** sind der eigentliche Regelungsgegenstand von § 118 (→ Rn. 68 ff.). Darüber hinaus enthält die Vorschrift in Absatz 6 – systematisch nicht gerade passend – **Netzentgeltbefreiungstatbestände** für Stromspeicher, Pumpspeicherkraftwerke und sog. Power to Gas-Anlagen (→ Rn. 1 ff.).

Übersicht

	Rn.		Rn.
A. Netzentgeltbefreiung für Stromspeicher, Pumpspeicher und Power to Gas-Anlagen (Abs. 6)	1	Windenergieanlagen auf See (Abs. 12)	68
I. Normgeschichte	2	C. Fortgeltung alter Ordnungsgeldvorschriften (Abs. 15)	71
II. Netzentgeltbefreiung für neue Stromspeicher (S. 1, 3, 6)	9	D. Sonderregel für Offshore-Netzentwicklungsplan 2025 (Abs. 20)	72
1. Technische Voraussetzungen (S. 1, 3)	10	E. Bestandsschutz für bis 31.12.2016 erteilte Netzanschlusszusagen für Windenergieanlagen auf See (Abs. 21)	77
2. Zeitliche Voraussetzungen (S. 1, 6)	22		
3. Kein Genehmigungsverfahren	24		
4. Rechtsfolge der Befreiung	25		
III. Befreiung für erweiterte Pumpspeicherkraftwerke (S. 2, 4–6)	36	F. Befristung und Bestandsschutz für Abschaltvereinbarung mit KWK-Anlagen gem. § 13 Abs. 6a (Abs. 22)	79
1. Technische Voraussetzungen	37		
2. Erweiterungsmaßnahme nach dem 4.8.2011	38		
3. Atypisches Nutzungsverhalten (S. 4)	45	G. Rückwirkende Anwendung von § 47 auf Alt-Konzessionsverfahren (Abs. 23)	82
4. Genehmigungserfordernis (S. 5)	48		
5. Rechtsfolge	50		
IV. Befreiung für Power to Gas-Anlagen (S. 7–11)	51	H. Beihilferechtliche Genehmigung von § 17f Abs. 5 S. 2 in der bis zum 31.12.2022 geltenden Fassung (Abs. 24)	84
1. Befreiung von den Stromnetzentgelten (S. 7 iVm S. 1)	52		
2. Befreiung von den Entgelten für die Einspeisung in das Gasnetz (S. 8)	61	I. Geltung RfG-Verordnung für bestehende Stromerzeugungsanlagen (Abs. 25)	86
3. Bundesweite Wälzung der Einnahmeausfälle (S. 9–12)	62		
B. Bestandsschutz für bis 29.8.2012 erteilte Netzanschlusszusagen für		J. Übergangsbestimmung Redispatch-Regelung in § 13a (Abs. 25a)	90

	Rn.		Rn.
K. Testfeld-Anbindungsleistung im NEP (Abs. 26)	92	I. Hintergrund der Regelungen	114
L. Alt-Anträge nach § 28a Abs. 3 (Abs. 27)	94	II. In der Grundversorgung (Abs. 37)	116
M. Aussetzung Beschaffung Flexibilitätsdienstleistungen (Abs. 28)	95	III. Außerhalb der Grundversorgung mit vertraglichem Preisanpassungsrecht (Abs. 38)	119
N. Vorwirkung Pflicht zur Vorlage von Netzausbauplänen (Abs. 29)	97	IV. Außerhalb der Grundversorgung ohne vertragliches Preisanpassungsrecht (Absatz 39)	123
O. Frist für Erweiterung Aggregatoren-Festlegung gem. § 41d Abs. 3 (Abs. 30)	98	V. Rechnerische Strommengenabgrenzung (Abs. 40 S. 1) und Transparenzgebot (Abs. 40 S. 2)	128
P. Frist für Festlegung gem. § 54 Abs. 3 S. 3 Nr. 5 (Abs. 31)	100	VI. Verbot zeitgleicher weiterer Preisanpassungen (Abs. 40 S. 3)	130
Q. Zeitliche Geltung neuer Regeln zur Sonderrechnungslegung (Abs. 32)	101	W. Weitere Übergangsbestimmungen	132
R. Bestandsschutz für besondere netztechnische Betriebsmittel (Abs. 33)	103	I. (Abs. 41–45, 46c)	132
		II. Festlegungskompetenzen für individuelle Netzentgelte in 2022 bis 2025 insbesondere für Bandlastkunden (Abs. 46, 46a)	138
S. Übergangsregelung für von Netzbetreibern betriebene Ladepunkte (Abs. 34)	105	1. Festlegungskompetenz für 2022 (Abs. 46)	141
		2. Festlegungskompetenz für 2023–2025 (Abs. 46a)	143
T. Übergangsregelung für Form zur Veröffentlichung Tätigkeitsabschlüsse iSv § 6b Abs. 4 (Abs. 35)	108	III. Schnellere Entgeltgenehmigung für neue LNG-Terminals (Abs. 46b)	148
U. Vereinbarung vertraglicher Pflichten zur Freigabe von Gasspeicherkapazitäten (Abs. 36)	110	IV. Festlegungskompetenz für höhere Fremdkapitalverzinsung in Verteilernetzen (Abs. 46d)	150
V. Weitergabe der Ersparnisse durch Absenkung der EEG-Umlage an Letztverbraucher (Abs. 37–40)	112	V. Festlegungskompetenz zur Kostenanerkennung für moderne Messeinrichtungen und intelligente Messsysteme (Abs. 46e)	152a
		VI. Zuschläge nach WindSeeG vor dem 31.12.2022 (Abs. 47)	153

A. Netzentgeltbefreiung für Stromspeicher, Pumpspeicher und Power to Gas-Anlagen (Abs. 6)

1   Absatz 6 regelt praktisch wichtige Fälle, in denen Stromspeicher, Pumpspeicherkraftwerke und Power to Gas-Anlagen befristet von der Zahlung von Stromnetzentgelten befreit sind. Mit dem Instrument der **befristeten Netzentgeltbefreiung** will der Gesetzgeber den Zubau derartiger Anlagen fördern, um die zunehmende Erzeugungsleistung aus fluktuierender erneuerbarer Energie besser ins Gesamtsystem integrieren zu können (vgl. nur BT-Drs. 17/6072, 97). Systematisch ist Absatz 6 in § 118 allerdings wenig passend, weil es sich hierbei nicht um eine Übergangsbestimmung handelt.

I. Normgeschichte

2   Die Netzentgeltbefreiung für Pumpspeicherkraftwerke und sonstige Stromspeicher wurde bereits zum **26.8.2009** eingeführt als damaliger Absatz 7 mit dem Ziel, im Hinblick auf die zunehmende Windstromeinspeisung den weiteren Zubau von Pumpspeicherkraftwerken und anderen Anlagen zur Speicherung elektrischer Energie zu steigern (BT-Drs. 16/12898, 20). Nach der ursprünglichen Regelung galt die Netzentgeltbefreiung für **10 Jahre** ab Inbetriebnahme des Stromspeichers bzw. Pumpspeicherkraftwerkes.

3   Mit der Einführung von Absatz 7 im Jahr 2009 stellte der Gesetzgeber zugleich klar, dass Stromspeicher (bzw. deren Betreiber) **im Grundsatz netzentgeltpflichtige Letztverbraucher** sind (BGH BeckRS 2010, 4706 Rn. 12). Bis dahin waren Pumpspeicherkraftwerke nach der Spruchpraxis der BNetzA hinsichtlich des Bezugs von elektrischer Energie von den Netzentgelten freigestellt (Stappert/Vallone/Groß RdE 2015, 62).

Übergangsregelungen § 118 EnWG

Mit Wirkung zum **4.8.2011** wurde die Regelung neu gefasst und im Wesentlichen auf den heutigen Stand gebracht. Seitdem sind Pumpspeicherkraftwerke und sonstige Stromspeicher getrennt geregelt und müssen zur Inanspruchnahme der Netzentgeltbefreiung unterschiedliche Anforderungen erfüllen. Im Zuge der Neuregelung wurde die Netzentgeltbefreiung für Stromspeicher **von 10 auf 20 Jahre verlängert,** um die wirtschaftlichen Anreize zur Investition in neue Stromspeicher weiter zu erhöhen (BT-Drs. 17/6072, 97). Pumpspeicherkraftwerke sind weiterhin nur für 10 Jahre befreit. Gleichzeitig wurde die – heute in Absatz 6 Satz 7 enthaltene – Netzentgeltbefreiung für sog. **Power-to-Gas-Anlagen** eingeführt (BT-Drs. 17/6365, 34). Diese Anlagen mussten nach der damaligen Regelung keine weiteren Voraussetzungen erfüllen, um Strom frei von Netzentgelten beziehen zu können. Insbesondere regelte die Vorschrift damals jedenfalls ausdrücklich keine Anforderungen an die Nutzung des in der Anlage erzeugten Gases. 4

Mit Wirkung zum **28.12.2012** wurde Satz 3 dahingehend neu gefasst, dass auch die sog. **Speicherverluste** von den Netzentgelten befreit sind (BT-Drs. 520/12, 44). 5

Zum **17.5.2019** wurde die Netzentgeltbefreiung für Power to Gas-Anlagen in Satz 7 neu gefasst (BT-Drs. 19/8913, 32). Nunmehr konnten Power to Gas-Anlagen eine Netzentgeltbefreiung nur dann in Anspruch nehmen, wenn der Wasserstoff bzw. das synthetische Methan aus der Power to Gas-Anlage **zur Stromerzeugung eingesetzt** wird. Diese Änderung ist – überraschend – erst in der Ausschuss-Befassung aufgenommen worden und war erheblicher Kritik aus der Wasserstoffbranche ausgesetzt. Nach der Neufassung hätten Elektrolyseure allenfalls noch **als Stromspeicher** wirtschaftlich betrieben werden können. Beim Einsatz **zur Sektorenkopplung,** bei der das erzeugte Gas nicht zur Rückverstromung genutzt, sondern bspw. in das Erdgasnetz eingespeist wird, hätte keine Netzentgeltbefreiung mehr in Anspruch genommen werden können. 6

Angesichts der starken Kritik hat der Gesetzgeber bereits durch Gesetz vom **25.11.2019** korrigierend eingegriffen und Satz 7 rückwirkend zum 17.5.2019 wieder auf den alten Rechtszustand zurückgestellt (BT-Drs. 19/11186, 11). Nunmehr sind Elektrolyseure wieder allgemein von den Netzentgelten befreit, unabhängig davon, wie das erzeugte Gas genutzt wird. Durch diese generelle Befreiung will der Gesetzgeber die Grundlage für Investitionen in „PtX-Anlagen" schaffen mit der langfristigen Absicht, die **Rahmenbedingungen** für PtX-Anlagen zukünftig **„insgesamt zu gestalten"** (BT-Drs. 19/11186, 11). Eine solche Neugestaltung steht bis heute aus, sodass Power to Gas-Anlagen weiterhin allgemein für 20 Jahre von Netzentgelten befreit sind (→ Rn. 51 ff.). 7

Durch das „Gesetz zur Umsetzung unionsrechtlicher Vorgaben und zur Regelung reiner Wasserstoffnetze im Energiewirtschaftsgesetz" vom 24.6.2021 (BGBl. I 3026) wurden schließlich mit Wirkung zum 27.7.2021 die Sätze 9–11 angefügt, die eine **bundesweite Wälzung** der Netzentgeltausfälle für Power to Gas-Anlagen vorsehen (→ Rn. 62 ff.). 8

II. Netzentgeltbefreiung für neue Stromspeicher (S. 1, 3, 6)

Die Netzentgeltbefreiung für Stromspeicher ist in den Sätzen 1, 3 und 6 geregelt. Stromspeicher, die die darin niedergelegten technischen (→ Rn. 10 ff.) und zeitlichen (→ Rn. 22 ff.) Voraussetzungen erfüllen, sind für 20 Jahre von den Netzentgelten befreit (→ Rn. 25 ff.). 9

1. Technische Voraussetzungen (S. 1, 3)

Gemäß Satz 1 profitieren „Anlagen zur Speicherung elektrischer Energie" von der Netzentgeltbefreiung. Dieser Begriff ist im Gesetz nicht weiter definiert. 10

a) Weiter Speicherbegriff. Allerdings lässt sich dem Satz 3 entnehmen, dass „elektrische, chemische, mechanische oder physikalische" Stromspeicher tatbestandlich sind. Diese Aufzählung macht klar, dass ein **technologieoffener Speicherbegriff** gilt. Begünstigt sind daher beispielsweise Batterien (chemischer Speicher), Druckluftanlagen (physikalischer Speicher), Kondensatoren (elektrischer Speicher) oder Schwungräder (mechanischer Speicher). 11

Stromspeicher sind demnach alle Anlagen, die zunächst elektrische Energie aus dem Netz entnehmen, in eine speicherbare Energieform verwandeln und aus dieser anschließend wieder elektrische Energie erzeugen und in das Netz einspeisen. Sog. **Sektorenkopplungsanla-** 12

Peiffer

gen, die die elektrische Energie in eine andere Energieform umwandeln (etwa sog. „Power to Heat-Anlagen") sind daher nicht gem. Satz 1 privilegiert.

13   b) **Ortsfeste Speicher.** Die Netzentgeltbefreiung kann nur durch ortsfeste Speicher genutzt werden (BT-Drs. 17/6072, 97). **Mobile Batterien** in Elektrofahrzeugen oder anderen Verbrauchsgeräten sind nicht tatbestandlich.

14   Ebenso wenig können **unterbrechbare Verbrauchseinrichtungen** iSv § 14a von der Befreiung profitieren (BT-Drs. 17/6072, 97). Solche Verbrauchseinrichtungen ermöglichen zwar eine Lastverschiebung und können damit auch zur Integration fluktuierender Erzeugungseinrichtungen beitragen. Sie sind aber schon nach dem Wortlaut nicht von den Netzentgelten befreit, weil sie keine elektrische Energie „einspeisen".

15   c) **Netzanbindung und Netzrückspeisung.** Des Weiteren ergibt sich aus Satz 3, dass der Strom „aus einem Transport- oder Verteilernetz entnommen" werden und zeitlich verzögert wieder in „**dasselbe Netz**" eingespeist werden muss. Diese tatbestandlichen Anforderungen sollen sicherstellen, dass die bezogene Energie auch tatsächlich zur Speicherung eingesetzt wird (BT-Drs. 17/6072, 97).

16   Dem Satz 3 lässt sich schließlich entnehmen, dass netzentgeltbefreite Speicher sowohl auf Ebene des **Verteilernetzes** (§ 3 Nr. 37) als auch des **Übertragungsnetzes** (§ 3 Nr. 10) betrieben werden können. Die Netzentgeltbefreiung kann auch dann genutzt werden, wenn der Energiespeicher innerhalb eines **geschlossenen Verteilernetzes** iSv § 110 betrieben wird (Stappert/Vallone/Groß RdE 2015, 62 (64)). Denn auch diese gehören zu den Verteilernetzen.

17   Dem in Satz 3 genannten Tatbestandsmerkmal des **zeitlichen Verzugs** zwischen Entnahme und Einspeicherung dürfte keine eigenständige Bedeutung zukommen. Denn denklogisch ist es ohnehin ausgeschlossen, dass eine kWh gleichzeitig entnommen und eingespeist wird. Ein **zeitlicher Mindestabstand** zwischen Entnahme und Einspeisung ist (jedenfalls ausdrücklich) nicht geregelt und wäre auch nicht geboten, weil aus netzwirtschaftlicher Sicht auch kurzfristige Ein- und Ausspeisevorgänge sinnvoll sein können.

18   d) **Keine ausschließliche Rückspeisung.** Unklar ist, ob Absatz 6 Satz 1 auch für sog. **Hybrid-Speicher** gilt, die zwar Strom aus dem Netz einspeisen, aber nur einen Teil des Stroms wieder in das Netz einspeisen und den anderen Teil in Verbrauchsanlagen vor Ort (ohne Netztransport) nutzen.

19   Der **Wortlaut** von Absatz 6 Satz 3 könnte dagegen sprechen, dass eine teilweise Rückspeisung tatbestandlich ist. Denn die Netzentgeltbefreiung gilt ausdrücklich nur „**wenn**" die entnommene elektrische Energie wieder in das Netz eingespeist wird. Hätte der Gesetzgeber einen Mischbetrieb regeln und nur den wieder eingespeisten Anteil von den Netzentgelten freistellen wollen, hätte er das Wort „**soweit**" verwendet. Allerdings kommt dem Wortlaut insoweit nur untergeordnete Bedeutung zu, weil der Gesetzgeber bei Erlass der Regelung Hybrid-Speicher offenbar nicht im Blick hatte. Weder in der Gesetzesbegründung noch in der Norm selbst finden sich Hinweise darauf, dass Hybrid-Speicher geregelt werden sollten.

20   Der **Sinn und Zweck** von Satz 1 schließt es nicht aus, dass Hybrid-Speicher die Netzentgeltbefreiung **anteilig** für die Strommengen in Anspruch nehmen können, die wieder in das Netz eingespeist werden. Auch der **technologieoffene Ansatz**, der der Regelung zugrunde liegt (→ Rn. 11), spricht dafür, dass Hybrid-Speicher tatbestandlich sind.

21   Im Ergebnis dürften auch Hybrid-Speicher von der Netzentgeltbefreiung profitieren, soweit der Strom wieder in das Netz zurückgespeist wird. Unter Heranziehung des Rechtsgedankens von § 61l EEG 2021 müssten die Strommengen **bilanziell aufgeteilt werden** in einen Anteil, der wieder eingespeist wird (insoweit erfolgt die Entnahme aus dem Netz netzentgeltfrei) und in einen nicht mehr eingespeisten Anteil (insoweit fallen beim Netzbezug Netzentgelte an). Die Speicherverluste müssten aufgeteilt werden und wären anteilig von den Netzentgelten befreit.

2. Zeitliche Voraussetzungen (S. 1, 6)

22   Die Netzentgeltbefreiung gilt gem. Satz 1 nur für Speicher, die zwischen dem 4.8.2011 und dem 3.8.2026 **in Betrieb genommen** werden („innerhalb von 15 Jahren..."). Maßgeblich ist der **Inbetriebnahme-Begriff** von Satz 6. Demnach gilt der Stromspeicher mit dem **erstmaligen Strombezug** für den Probebetrieb als in Betrieb genommen. Auf diese

Bestimmung kommt es nicht nur an, um die Voraussetzungen der Befreiung zu prüfen, sondern auch zur Bestimmung von Beginn und damit Ende des 20-jährigen Befreiungszeitraums.

Zusätzlich ist erforderlich, dass der Speicher nach dem 31.12.2008 **neu errichtet** wird. Diese Stichtagsregelung soll Mitnahmeeffekte ausschließen, die entstehen könnten, wenn Bestandsspeicher erneut in Betrieb genommen würden, um die Netzentgeltbefreiung zu nutzen. Eine Inbetriebnahme von Altspeichern will die Regelung gerade nicht fördern. Bei der Anwendung der Stichtagsregelung kommt es auf den **Zeitpunkt des Baubeginns** (nicht auf den Zeitpunkt der Fertigstellung) an (Stappert/Vallone/Groß RdE 2015, 62 (63)). Andernfalls könnten durch die Stichtagsregelung Mitnahmeeffekte nicht verhindert werden. Der Baubeginn darf folglich nicht vor dem 1.1.2009 liegen.

3. Kein Genehmigungsverfahren

Anders als Pumpspeicherkraftwerke (vgl. Absatz 6 Satz 5) können Stromspeicher die Netzentgeltbefreiung in Anspruch nehmen, ohne dass dies vorher durch die zuständige Regulierungsbehörde genehmigt werden muss. Es liegt daher in der **Verantwortlichkeit des Anschlussnetzbetreibers,** die Voraussetzungen der Netzentgeltbefreiung zu prüfen und, sofern sie erfüllt sind, von der Erhebung von Netzentgelten auf den Bezugsstrom Abstand zu nehmen.

4. Rechtsfolge der Befreiung

a) Grundsatz. Die Netzentgeltbefreiung gem. Satz 1 gilt **für den Bezug** des eingespeicherten Stroms. Sie kann während eines Zeitraums von 20 Jahren ab Inbetriebnahme iSv Satz 6 in Anspruch genommen werden. Die Befreiung ist an keine weiteren Anforderungen geknüpft. Insbesondere gelten keine Vorgaben an die Betriebsweise des Speichers. Die Befreiung setzt ferner nicht voraus, dass der Speicher zur Erbringung von Regelleistung oder anderen Systemdienstleistungen eingesetzt wird.

b) Rückspeisung; Speicherverluste. Aus Satz 3 ergibt sich, dass die Netzentgeltbefreiung für den gesamten „zur Speicherung ... entnommenen" Strom gewährt wird, „wenn" die **ausgespeiste Energie wieder eingespeist** wird. Die Netzentgeltbefreiung kann daher nur in Anspruch genommen werden, wenn das **Betriebskonzept** des Speichers eine Netzeinspeisung vorsieht. Das Gesetz beschreibt die Voraussetzung mit „wenn" (und nicht mit „soweit") und stellt damit klar, dass die Netzentgeltbefreiung nicht auf die Energiemenge beschränkt ist, die wieder in das Netz eingespeist wird. Vielmehr sind auch diejenigen Strommengen, die dem Netz entnommen werden, aber durch **Speicherverluste** verbraucht und damit nicht mehr eingespeist werden, von den Netzentgelten befreit (BR-Drs. 520/12, 44).

c) Befreiung auch von anderen Stromnebenkosten? Die Befreiung gem. Absatz 6 bezieht sich nur auf die Netzentgelte, also deren Komponenten **Leistungs- und Arbeitspreis.**

Früher war umstritten, ob die Befreiung auch die sog. **netzentgeltbezogenen Umlagen** umfasst. Hierzu gehören die **KWKG-Umlage** iSv § 26 KWKG 2023 iVm § 12 EnFG, die die **Offshore-Netzumlage** iSv § 17f Abs. 1 EnWG iVm § 12 EnFG, die **Umlage iSv § 19 Abs. 2 S. 15 StromNEV,** und (in 2023 noch) die Umlage für Abschaltbare Lasten iSv § 18 Abs. 1 S. 2 AbLaV, die jeweils als „Aufschlag auf die Netzentgelte" erhoben werden (vgl. insb. § 12 Abs. 1 EnFG). Wegen dieser tatbestandlichen Anknüpfung dieser Umlagen an die Netzentgelte vertrat die herrschende Literatur die Ansicht, dass Speicher mit der Netzentgeltbefreiung auch von den netzentgeltbezogenen Umlagen befreit seien (Lehnert/Vollprecht ZNER 2012, 356 (361); Stappert/Vallone/Groß RdE 2015, 62 (66 f.); Schäfer-Stradowsky/Boldt ZUR 2015, 451 (454); Krebs RdE 2015, 336).

Dieser Auslegung ist der **BGH** zwischenzeitlich entgegengetreten und hat entschieden, dass der Anspruch auf Netzentgeltbefreiung gem. Absatz 6 **nicht die gesetzlichen Umlagen,** Konzessionsabgaben, Entgelte für Messstellenbetrieb, Messung und Abrechnung erfasst (BGH EnWZ 2017, 454; zuvor bereits OLG Düsseldorf EnWZ 2016, 318). Nach Auffassung des BGH sind diese Umlagen keine Gegenleistung für die Inanspruchnahme der Netznutzung, sondern werden nur „**anlässlich der Erhebung** von Netzentgelten" vereinnahmt.

Aus der Befreiung von Netzentgelten könne sich daher nach Auffassung des BGH keine Befreiung von Umlagen ergeben, die nicht für die Netznutzung zu zahlen sind.

30 Dasselbe galt für die **Stromsteuer**, die ohnehin nicht als Aufschlag zu den Netzentgelten erhoben werden. Auf den vom Stromspeicher bezogenen Strom fällt daher Stromsteuer an, sofern sich nicht aus § 5 Abs. 4 StromStG eine Befreiung ergibt.

30.1 Im Übrigen schließt die Netzentgeltbefreiung gem. Absatz 6 Satz 1 einen Anspruch auf vermiedene Netzentgelte aus § 18 Abs. 1 StromNEV nicht aus (OLG Düsseldorf 2.2.2022 – 3 Kart 37/21 Rn. 170). Dies ergibt sich aus dem Sinn und Zweck von Absatz 6 Satz 1, der Speicher fördern und nicht schlechter stellen soll.

31 **d) Befreiung vom Baukostenzuschuss?** Manche Stromnetzbetreiber erheben für die Herstellung des Netzanschlusses für Stromspeicher einen Baukostenzuschuss (**BKZ**). Es stellt sich die Frage, ob eine solche Forderung gegenüber Stromspeichern durch Absatz 6 Satz 1 ausgeschlossen ist. Nach bislang offenbar unbestrittener Auffassung in der Literatur beinhaltet die Freistellung von „Entgelten für den Netzzugang" auch eine Befreiung von Baukostenzuschüssen (Schwintowski/Wojanowski/Sauer EWeRK 2016, 94 (97); de Wyl/Weise/Blumenthal-Barby RdE 2015, 507 (510)).

32 Angesichts des **Wortlauts** von Absatz 6 Satz 1 kann man zweifeln, ob der Gesetzgeber mit der Vorschrift auch die Erhebung von BKZ ausschließen wollte. Denn hierbei handelt es sich nicht um „Netzentgelte" im eigentlichen Sinne. Der **Zweck** des Befreiungstatbestandes, einen Anreiz für Investitionen in Speicheranlagen zu schaffen (→ Rn. 1), spricht aber klar dafür, dass Stromspeicher auch von der Pflicht zur Zahlung von BKZ freigestellt sind.

33 Es kommt hinzu, dass ein enger innerer **Zusammenhang zwischen BKZ und Netzentgelten** besteht. Dieser ist insbesondere daran erkennbar, dass die Einnahmen der Netzbetreiber aus BKZ als kostenmindernde Erlöse von der Erlösobergrenze abgezogen werden (vgl. § 9 Abs. 1 S. 1 Nr. 4 StromNEV) und damit die Netzentgelte absenken. Es kann vom Zweck des Absatz 6 Satz 1 nicht gedeckt sein, wenn Batteriespeicher BKZ zahlen müssen und die Batteriespeicher damit zu einer Absenkung der Netzentgelte im gesamten Netzgebiet beitragen. Nach der Wertung des Absatz 6 Satz 1 müssen sich die Batteriespeicher gerade nicht an der Netzfinanzierung beteiligen, weil sie selbst netzdienlich eingesetzt werden können.

34 Schließlich spricht auch die **Funktion von BKZ** dagegen, dass diese gegenüber Stromspeichern erhoben werden können. Die Erhebung von BKZ soll eine Verhaltenssteuerung dahingehend bewirken, dass Anschlussnehmer keine überdimensionierten Anschlüsse bestellen und damit eine überflüssige und gesamtwirtschaftlich sinnlose Netzdimensionierung auslösen (BNetzA, Positionspapier zur Erhebung von BKZ, 5.1.2009, 2). Eine solche Gefahr ist bei Stromspeichern nicht ersichtlich. Denn bei diesen steht von Anfang an fest, welche Anschlussleistung sie benötigen.

35 Im **Ergebnis** dürfte Absatz 6 Satz 1 die Erhebung von BKZ gegenüber Stromspeichern ausschließen.

III. Befreiung für erweiterte Pumpspeicherkraftwerke (S. 2, 4–6)

36 Absatz 6 Satz 2 und Sätze 4–6 regeln die Netzentgeltbefreiung für Strom, den Pumpspeicherkraftwerke aus dem Netz beziehen. Anders als sonstige Stromspeicher haben Pumpspeicherkraftwerke nur dann einen Anspruch auf Netzentgeltbefreiung, wenn sie nach dem 4.8.2011 erweitert worden sind (→ Rn. 38 ff.).

1. Technische Voraussetzungen

37 Der in Satz 2 verwendete Begriff der Pumpspeicherkraftwerke ist gesetzlich nicht definiert. Solche Anlagen bestehen aus dem höher gelegenen Speicher- und dem tieferliegenden Tiefbecken. Wenn ein Stromüberangebot besteht, wird das Wasser vom Tief- in das Speicherbecken gepumpt. Wird Strom benötigt, wird das Wasser von oben nach unten abgelassen. Hierbei werden Turbinen angetrieben, die die im herabfließenden Wasser enthaltene Höhenenergie in Strom umwandeln.

Übergangsregelungen § 118 EnWG

2. Erweiterungsmaßnahme nach dem 4.8.2011

Gemäß Satz 2 können Pumpspeicherkraftwerke die Netzentgeltbefreiung nur dann in 38
Anspruch nehmen, wenn ihre Speicherkapazität oder -leistung durch technische Maßnahmen
nach dem 4.8.2011 **signifikant** erhöht worden ist (BT-Drs. 17/6072, 97). Diese Anforderung trägt dem Umstand Rechnung, dass angesichts strenger Umwelt- und Naturschutzvorgaben und wegen umstrittener Eingriffe in Landschaft und Natur nur selten neue Pumpspeicherkraftwerke errichtet werden. Der Gesetzgeber will daher durch Absatz 6 Satz 2 primär dazu anreizen, dass die Betreiber **bestehender Pumpspeicherkraftwerke** Erweiterungsmaßnahmen durchführen.

a) Erweiterungsoptionen. Gemäß Satz 2 sind **zwei alternative** Erweiterungsoptionen 39
tatbestandlich: Zum einen reicht es aus einem, die **Pump- oder Turbinenleistung um mindestens 7,5 Prozent** zu erhöhen. Durch eine erhöhte Leistung kann die Anlage einen besseren Beitrag zur Netzstabilität leisten (BT-Drs. 17/6072, 97). Eine solche Leistungssteigerung kann durch den Einbau einer größeren oder den Zubau einer weiteren Generator-Turbinen-Einheit erreicht werden.

Zum anderen reicht es aus, die **Speicherkapazität**, also die Menge des maximal speicher- 40
baren Stroms, um **mindestens 5 Prozent** zu erhöhen. Die erhöhte Speicherkapazität ermöglicht es, mehr überschüssigen Strom aus volatiler Erzeugung einzuspeisen (BT-Drs. 17/6072, 97). Die Speicherkapazität kann technisch dadurch erhöht werden, dass das Wasser aufnehmende Becken erweitert oder der Wirkungsgrad der Anlage gesteigert wird (durch letzteres erhöht sich die Strommenge, die mit derselben Wassermenge erzeugt bzw. gespeichert werden kann).

b) Baulich-technische Veränderungen erforderlich. Satz 2 verlangt, dass die Erhö- 41
hung der Pump- und Turbinenleistung auf eine „konkrete, mit tatsächlichen baulich-technischen Veränderungen einhergehende Umbau- oder Erweiterungsmaßnahme zurückzuführen" ist; bloße organisatorische oder leittechnische Maßnahmen, die keine Erhöhung der Pump- oder Turbinenleistung zur Folge haben, sind nicht ausreichend (OLG Düsseldorf EnWZ 2016, 318 Rn. 40). Andernfalls könnte die Netzentgeltbefreiung ihren Zweck nicht erfüllen, der darin besteht, gezielt einen Anreiz für Investitionen in Umbau- und Erweiterungsmaßnahmen zu schaffen (BT-Drs. 17/6072, 97).

Durch die Verwendung des Wortes „nachweislich" bringt der Gesetzgeber zum Ausdruck, 42
dass die jeweils durchgeführte Erweiterung **im Einzelfall** nachgewiesen werden muss.

c) Zeitpunkt der Maßnahme. Satz 2 verlangt, dass die Erweiterung **nach dem 4.8.2011** 43
durchgeführt worden ist. Für die Anwendung dieser Frist kommt es gem. Satz 6 darauf an, wann das Pumpspeicherkraftwerk nach Abschluss der Erweiterungsmaßnahme erstmals Strom bezieht.

Es ist nicht ausdrücklich geregelt, ob auch Pumpspeicherkraftwerke, die nach dem 44
4.8.2011 **neu errichtet worden sind,** von der Netzentgeltbefreiung gem. Satz 2 profitieren können. Aufgrund eines Erst-Recht-Schlusses ist dies zu bejahen. Wenn schon die Erweiterung um 5 bzw. 7,5 Prozent tatbestandlich ist, muss dies erst recht für einen kompletten Neubau gelten.

3. Atypisches Nutzungsverhalten (S. 4)

Anders als sonstige Stromspeicher können Pumpspeicherkraftwerke die Netzentgeltbefrei- 45
ung gem. Satz 4 nur dann in Anspruch nehmen, wenn sie ein atypisches Strombezugsverhalten aufweisen. Diese tatbestandliche Einschränkung soll sicherstellen, dass die befreiten Anlagen tatsächlich durch ein netzdienliches Verhalten **zur Netzentlastung beitragen** (BT-Drs. 17/6072, 97). Die Voraussetzungen von Satz 4 sind erfüllt, wenn der voraussichtliche Höchstlastbeitrag des Pumpspeicherkraftwerks erheblich von der Jahreshöchstlast im jeweiligen Netz abweicht. Dieser Tatbestand wurde aus § 19 Abs. 2 S. 1 StromNEV übernommen und ist daher genauso auszulegen wie dort.

Es gilt die Festlegung der BNetzA vom 11.12.2013 (Az. BK4-13-739) in der Fassung der 46
Festlegung der BNetzA vom 29.11.2017 (Az. BK4-13-739A02) (sog. **§ 19 Abs. 2 Strom-NEV-Festlegung**). Demnach ist wie folgt zu ermitteln, ob ein atypisches Nutzungsverhalten vorliegt:

- zunächst ist im jeweiligen Netzgebiet für jede Jahreszeit eine **Maximalwertkurve** zu bilden, indem alle Tagesprofile innerhalb der Jahreszeit übereinandergelegt werden und in jeder Viertelstunde jeweils die maximale Bezugslast berücksichtigt wird (Festlegung Ziff. 2.a–c).
- Sodann wird in jeder Maximalwertkurve 5 Prozent unterhalb der Jahreshöchstlast eine horizontale **Trennlinie** eingezogen. Nur die Zeitfenster, in denen sich die Maximalwertkurve oberhalb der Trennlinie befindet, sind Hochlastzeitfenster (Festlegung Ziff. 2.d–e).
- Auf Grundlage der so bestimmten Hochlastzeitfenster ist das Netznutzungsverhalten atypisch iSv Satz 4, wenn die voraussichtliche Höchstlast des Pumpspeicherkraftwerkes innerhalb des Hochlastzeitfensters einen **ausreichenden Abstand** zur voraussichtlichen Jahreshöchstlast außerhalb der Hochlastzeitfensters aufweist. Dies setzt voraus, dass die **Erheblichkeitsschwellen** von Ziff. 2.g der Festlegung eingehalten werden. Abhängig von der Spannungsebene muss ein Unterschied von 5–30 Prozent bestehen.

47 Nachdem die Netzentgeltbefreiung tatbestandlich an das atypische Nutzungsverhalten anknüpft, kann sie nur von solchen Pumpspeicherkraftwerken in Anspruch genommen werden, die ohnehin schon gem. § 19 Abs. 2 S. 1 StromNEV reduzierte Netznutzungsentgelte zahlen.

4. Genehmigungserfordernis (S. 5)

48 Gemäß Satz 5 können Pumpspeicherkraftwerke die Netzentgeltbefreiung nur dann in Anspruch nehmen, wenn des nach Maßgabe von § 19 Abs. 2 Sätze 3–5 und Sätze 8–10 StromNEV durch die Regulierungsbehörde genehmigt worden ist. Der Verweis auf die Regelungen in § 19 Abs. 2 StromNEV ist nicht mehr aktuell. Unter Berücksichtigung der zwischenzeitlichen Änderungen in § 19 Abs. 2 StromNEV dürften richtigerweise dessen Sätze 5, 11, 12, 18 und 19 anwendbar sein. Das in § 19 Abs. 2 S. 7 ff. StromNEV geregelte Anzeigeverfahren kommt daher nicht zur Anwendung. Vielmehr ist eine **positive Genehmigung** durch die für den Anschlussnetzbetreiber jeweils zuständige Regulierungsbehörde erforderlich.

49 Der **Antrag** ist gem. § 19 Abs. 2 S. 11 StromNEV durch den Letztverbraucher, also in der Regel den Betreiber des Pumpspeicherkraftwerkes zu stellen. Zusammen mit dem Antrag sind gem. § 19 Abs. 2 S. 12 StromNEV die zur Beurteilung der Voraussetzungen erforderlichen Unterlagen vorzulegen. Die **Prüfungsbefugnis** der Regulierungsbehörde ist nicht auf die Voraussetzungen von Absatz 6 Satz 4 beschränkt, sondern umfasst die auch in Absatz 6 Satz 2 genannten Anforderungen. Die Genehmigung der Netzentgeltbefreiung wird gem. § 19 Abs. 2 S. 18 StromNEV unter dem **Vorbehalt** erteilt, dass die Voraussetzungen von Absatz 6 Satz 2 und Satz 6 erfüllt sind.

5. Rechtsfolge

50 Die Netzentgeltbefreiung für Pumpspeicherkraftwerke gem. Satz 7 hat denselben Umfang wie die Netzentgeltbefreiung für sonstige Speicher gem. Satz 1 (→ Rn. 25 ff.). Die Betreiber von Pumpspeicherkraftwerken müssen also auf den bezogenen Strom keine Netzentgelte zahlen, wohl aber die sonstigen Stromnebenkosten. Hinsichtlich der Stromsteuer ist § 12 Abs. 1 Nr. 2 StromStV iVm § 9 Abs. 1 Nr. 2 StromStG zu beachten. Auch Speicherverluste sind gem. Satz 3 von den Netzentgelten befreit (→ Rn. 26).

IV. Befreiung für Power to Gas-Anlagen (S. 7–11)

51 Absatz 6 Sätze 7–11 enthalten Sonderregeln für die von **Elektrolyseuren** („Power to Gas-Anlagen") zu zahlenden Netzentgelte. Der umständlich formulierte Satz 7 führt im Ergebnis dazu, dass Power to Gas-Anlagen **über 20 Jahre netzentgeltfrei Strom** beziehen können (→ Rn. 52 ff.). Für den Fall, dass das im Elektrolyseur erzeugte Gas in das Gasnetz eingespeist wird, enthält Satz 8 ergänzend eine Befreiung von den **Gasnetzeinspeiseentgelten** (→ Rn. 61). Die Einnahmeausfälle, die den Stromnetzbetreibern durch die Netzentgeltbefreiung entstehen, werden nach Maßgabe der Sätze 9–11 **bundesweit gewälzt** (→ Rn. 62 ff.).

Übergangsregelungen § 118 EnWG

1. Befreiung von den Stromnetzentgelten (S. 7 iVm S. 1)

Aus Satz 7 ergibt sich für Power to Gas-Anlagen eine Befreiung von den Stromnetzentgelten. Diese wird in der Vorschrift allerdings nicht ausdrücklich geregelt. Vielmehr lässt sich dem Satz 7 nur entnehmen, dass die Sätze 2 und 3 nicht auf Elektrolyseure anwendbar sind. Die Vorschrift kodifiziert eigentlich also nur eine Ausnahme, aus der sich ergibt, dass die in Satz 1 geregelte Netzentgeltbefreiung auf Power to Gas-Anlagen anwendbar ist. 52

a) Voraussetzungen der Netzentgeltbefreiung. Die **technischen Mindestanforderungen** für die Inanspruchnahme der Netzentgeltbefreiung ergeben sich in erster Linie aus Satz 7. Demnach muss es sich um Anlagen zur Wasserstofferzeugung „durch Elektrolyse" handeln. Es sind also **nur Elektrolyseure** tatbestandlich, andere Technologien zur Erzeugung von Wasserstoff (Dampfreformation, Pyrolyse, etc) demgegenüber nicht. 53

Darüber hinaus gilt die Netzentgeltbefreiung auch für sog. **Methanisierungsanlagen**, in denen Wasserstoff zu Gas (§ 3 Nr. 19a) oder Biogas (§ 3 Nr. 10f) umgewandelt wird. Auch bei diesen Anlagen ist allerdings Voraussetzung, dass der eingesetzte Wasserstoff durch Elektrolyse erzeugt worden ist. Weitere technische Anforderungen an die Methanisierung sind nicht geregelt, sodass sowohl die sog. biologische Methanisierung als auch die chemische Methanisierung (Sabatier-Prozess) tatbestandlich sind. 54

b) Nutzung des erzeugten Gases. Eine **Einspeisung des erzeugten Wasserstoffs** bzw. des erzeugten Methans in das Erdgasnetz ist keine Voraussetzung für die Inanspruchnahme der Netzentgeltbefreiung. Eine solche Voraussetzung kann auch nicht aus Satz 8 abgeleitet werden, da dieser auf die Stromnetzentgelte nicht anwendbar ist, sondern nur die Entgelte für die Einspeisung in das Gasnetz betrifft. Auch die Gesetzgebungsgeschichte bestätigt, dass die Netzentgeltbefreiung auch dann in Anspruch genommen werden kann, wenn das in Elektrolyseur bzw. Methanisierungsanlage gewonnene Gas nicht in das Gasnetz eingespeist wird. Denn nach der Fassung von Satz 7, die im Jahr 2019 zeitweise gegolten hat, setzte die Netzentgeltbefreiung voraus, dass das entstehende Gas in das Gasnetz eingespeist wird (→ Rn. 6 f.). Genau diese Voraussetzung hat der Gesetzgeber rückwirkend wieder aufgehoben und damit zum Ausdruck gebracht, dass eine Einspeisung in das Gasnetz nicht erforderlich ist. 55

Im Übrigen kann die Netzentgeltbefreiung unabhängig von der **Verwendung des erzeugten Gases** (etwa zur Rückverstromung, Wärmeerzeugung oder im stofflichen Einsatz in industriellen Prozessen) in Anspruch genommen werden. Dass eine Rückverstromung nicht erforderlich ist, folgt schon daraus, dass Satz 7 ausdrücklich den Satz 3 für unanwendbar erklärt. 56

c) Zeitliche Grenzen. In zeitlicher Hinsicht gilt die Netzentgeltbefreiung gem. Satz 1 nur, wenn die Power to Gas-Anlage **nach dem 31.12.2008 neu errichtet** und zwischen dem 4.8.2011 und dem 3.8.2026 in Betrieb genommen wird. Der Inbetriebnahmezeitpunkt ist nach Satz 6 zu bestimmen, der auch iRv Satz 7 anwendbar ist. 57

d) Strombezugsverhalten. Power to Gas-Anlagen müssen zur Inanspruchnahme der Netzentgeltbefreiung **kein atypisches Netznutzungsverhalten beachten**. Satz 4 findet keine Anwendung. Das ergibt sich daraus, dass diese Vorschrift tatbestandlich an den Satz 2 anknüpft, der wiederum aufgrund von Satz 7 nicht für Power to Gas-Anlagen gilt. 58

e) Kein Genehmigungserfordernis. Die Netzentgeltbefreiung für Power to Gas-Anlagen ist nicht davon abhängig, dass diese durch die Regulierungsbehörde genehmigt worden ist. Satz 5 findet schon deshalb keine Anwendung, weil in dem darin geregelten Genehmigungsverfahren in erster Linie das atypische Nutzungsverhalten iSv Satz 4 geprüft wird. Ein solches müssen Power to Gas-Anlagen ohnehin nicht erfüllen, um die Netzentgeltbefreiung in Anspruch nehmen zu können. Außerdem gilt Satz 5 nur für die Freistellung nach Satz 2, wie der vorangehende Satz 4 zeigt. 59

f) Rechtsfolge. Sofern die vorstehend dargestellten Voraussetzungen erfüllt sind, sind Elektrolyseure für einen Zeitraum von **20 Jahren ab Inbetriebnahme** von den Netzentgelten für den Bezug von Strom freigestellt. Die hierdurch bei den Stromnetzbetreibern entstehenden Einnahmeausfälle werden gem. Sätze 9–11 bundesweit gewälzt. Wie auch Stromspeicher sind Elektrolyseure durch Absatz 6 nicht von den sonstigen Stromnebenkosten befreit (→ Rn. 27 ff.). Hinsichtlich der Stromsteuer kann sich aber aus **§ 9a Abs. 1 Nr. 1 StromStG** eine Befreiung ergeben. Die Offshore-Netzumlage iSv § 17f Abs. 1 EnWG iVm 60

§ 12 EnFG und die KWKG-Umlage iSv § 26 KWKG 2023 iVm § 12 EnFG können gem. **§§ 25, 26 EnFG** (bei Einsatz von Grünstrom) auf null reduziert oder gem. **§ 36 EnFG** (bei Einsatz von Graustrom) begrenzt sein.

2. Befreiung von den Entgelten für die Einspeisung in das Gasnetz (S. 8)

61 Sofern der im Elektrolyseur erzeugte Wasserstoff bzw. das erzeugte Methan in das Gasnetz eingespeist wird, greift zusätzlich gem. Satz 8 eine Befreiung von den Entgelten für die Einspeisung in das Gasnetz. Dieser Befreiungstatbestand hat allerdings nur **geringe eigenständige Bedeutung**. Denn für die Einspeisung von Gas auf Ebene der Gasverteilernetze fallen gem. § 18 Abs. 1 S. 2 GasNEV ohnehin keine Netzentgelte an. Bei einer Einspeisung auf Ebene der Fernleitungsnetze greift zudem § 19 Abs. 1 S. 3 GasNEV. Nach dieser Vorschrift sind keine Netzentgelte zu zahlen, sofern es sich bei dem eingespeisten Wasserstoff um Biogas iSv § 3 Nr. 10f handelt.

3. Bundesweite Wälzung der Einnahmeausfälle (S. 9–12)

62 Die zum 27.7.2021 neu eingeführten Sätze 9–12 regeln die bundesweite Umlage der Einnahmeausfälle, die den Verteilernetzbetreibern durch die Netzentgeltbefreiung für Elektrolyseure entstehen. Durch diese Wälzung sollen die übrigen Netznutzer im selben Netzgebiet vor einem Anstieg der Netzentgelte infolge der Befreiung für Elektrolyseure geschützt werden (BT-Drs. 19/31009, 19).

63 Die Netzentgeltbefreiung gem. Satz 7 gilt nur für den Strombezug durch Elektrolyseure aus dem Verteilernetz. Demgegenüber schuldet der Betreiber des Verteilernetzes für den aus dem vorgelagerten Netz bezogenen Elektrolyse-Strom Netzentgelte in regulärer Höhe (die Netzentgeltbefreiung gem. Satz 7 gilt nicht zugunsten des Verteilernetzbetreibers). Die Netzentgeltbefreiung gem. Satz 7 würde daher im Ergebnis dazu führen, dass die Netzkosten auf weniger Schultern innerhalb des Verteilernetzes verteilt würden. Zum Schutz der Netznutzer werden die durch die Befreiung nach Satz 7 ausgelösten Kostenbelastungen daher bundesweit gewälzt.

64 **a) Anwendbarkeit.** Die Kostenwälzung gem. Sätze 9–11 ist nur auf die Netzentgeltbefreiungen **für Elektrolyseure** anwendbar. Einnahmeausfälle aus der Netzentgeltbefreiung für Speicher und Pumpspeicherkraftwerke sind demgegenüber nicht wälzbar. Die Kostenwälzung findet erst ab dem 1.1.2023 Anwendung. Die Kostenwälzung gilt nur für die entgangenen Stromnetzentgelte (nicht für die gem. Satz 8 entgangenen Gasnetzentgelte).

65 Die Netzentgeltbefreiungen für Elektrolyseure, die **nach dem 1.1.2023 neu errichtet** werden, sind gem. Satz 10 nur dann wälzbar, wenn der **Übertragungsnetzbetreiber** dem Anschluss des Elektrolyseurs an das Verteilernetz **zugestimmt** hat. Durch diese tatbestandliche Einschränkung wird der Verteilernetzbetreiber dazu angehalten, den Anschluss neuer Elektrolyseure dem Übertragungsnetzbetreiber anzuzeigen. Unklar ist allerdings, ob der Übertragungsnetzbetreiber auch die Befugnis hat, dem Anschluss eines Elektrolyseurs an das Verteilernetz zu widersprechen. Dies ist im Ergebnis kaum denkbar, weil die Verteilernetzbetreiber gem. § 17 verpflichtet sind, für Elektrolyseure einen Netzanschluss herzustellen, und dieser Anspruch nicht von einer Zustimmung durch den Übertragungsnetzbetreiber abhängig ist. Satz 10 dürfte daher eher im Sinne einer **formellen Abstimmung** zwischen Anschlussnetzbetreiber und Übertragungsnetzbetreiber zu verstehen sein.

66 **b) Stufen des Wälzungsmechanismus.** Der in den Sätzen 9–11 niedergelegte Wälzungsmechanismus besteht – wie einst im EEG und noch im EnFG – aus **fünf Stufen**: Die Netzentgeltbefreiung, die der Verteilernetzbetreiber dem Anlagenbetreiber gem. Satz 7 iVm Satz 1 gewährt (= **Stufe 1**), wird zunächst gem. Satz 9 durch den Übertragungsnetzbetreiber an den Verteilernetzbetreiber erstattet (= **Stufe 2**). Sodann gleichen die Übertragungsnetzbetreiber gem. Satz 11 iVm § 19 Abs. 2 S. 14 StromNEV die Erstattungszahlungen untereinander aus (= **Stufe 3**). Im nächsten Schritt reichen die Übertragungsnetzbetreiber die gezahlten Erstattungen an die Verteilernetzbetreiber weiter (= **Stufe 4**). Diese legen die hierdurch entstehenden Kosten gem. Satz 11 iVm § 19 Abs. 2 S. 15 StromNEV als Aufschlag auf die Netzentgelte um („**Wasserstoffumlage**"), die im Ergebnis von den Letztverbrauchern zu tragen sind (= **Stufe 5**).

Gemäß Satz 11 iVm § 19 Abs. 2 S. 15 StromNEV können Letztverbraucher eine **Begrenzung der Wasserstoffumlage** in Anspruch nehmen, sofern sie zur Letztverbrauchergruppe B (mehr als 1 GWh Jahresverbrauch) oder Letztverbrauchergruppe C (zusätzlich Stromkosten mehr als 4 Prozent des Umsatzes) gehören. 67

B. Bestandsschutz für bis 29.8.2012 erteilte Netzanschlusszusagen für Windenergieanlagen auf See (Abs. 12)

Absatz 12 enthält eine **Bestandsschutzregelung** für Netzanschlusszusagen für Offshore-Anbindungsleitungen, die Netzbetreiber noch vor Inkrafttreten der §§ 17a–17d erteilt haben. Nach der alten, bis zum 28.12.2012 geltenden Rechtslage hatten die Betreiber von Offshore-Anlagen einen individuellen Anschlussanspruch sowie Anspruch darauf, dass die Anbindungsleitung zum Zeitpunkt der technischen Betriebsbereitschaft der Offshore-Anlage hergestellt wird (§ 17 Abs. 2a S. 1 aF). Voraussetzung dieses Anspruchs war jeweils das Vorliegen einer unbedingten Netzanschlusszusage. Diese Rechtslage wurde durch die Neuregelung in §§ 17a–17d dahingehend umgestaltet, dass die Übertragungsnetzbetreiber nunmehr nur nach den Vorgaben des **Offshore-Netzentwicklungsplans** verpflichtet sind, Offshore-Anbindungsleitungen herzustellen (vgl. § 17d Abs. 1 S. 1). 68

Zum Schutz der Betreiber von Offshore-Windkraftanlagen, die bereits **unter dem alten Recht eine Netzanschlusszusage** erhalten haben, regelt Absatz 12 einen Bestandsschutz. Denn die Neufassung der Netzanschlussverpflichtung kann für die Betreiber von Offshore-Windanlagen einen Nachteil bedeuten. Insbesondere ist denkbar, dass Offshore-Windkraftanlagen unter der neuen Rechtslage später angeschlossen werden als unter der alten Rechtslage (BR-Drs. 520/12, 44). Sofern Anlagenbetreiber bereits **vor dem 29.8.2012** (= Tag der Veröffentlichung der Pressemitteilung des BMWi über Kabinettsbeschluss zur geplanten Anpassung) eine wirksame Netzanschlusszusage hatten, werden sie durch Absatz 12 in ihrem Vertrauen darauf geschützt, dass ihr Netzanschlussanspruch entsprechend der bisherigen Rechtslage bestehen bleibt. Die Übergangsbestimmung erreicht dies dadurch, dass auf diese „Alt-Zusagen" § 17 Abs. 2a und Abs. 2b aF weiterhin anwendbar ist. 69

Demgegenüber haben Projektierer von Offshore-Windkraftanlagen, die zum 29.8.2012 noch keine Netzanschlusszusage erhalten haben, kein schützenswertes Vertrauen darauf, dass die bestehende Rechtslage unverändert bleibt. Ihnen mutet das Gesetz daher zu, dass ihr Netzanschlussanspruch den aktuellen Regelungen des EnWG unterliegt (BR-Drs. 520/12, 45). 70

C. Fortgeltung alter Ordnungsgeldvorschriften (Abs. 15)

Absatz 15 trägt dem im Ordnungswidrigkeitenrecht geltenden **Rückwirkungsverbot** (Art. 103 Abs. 2 GG) Rechnung, nach dem eine Ahndung nur möglich ist, soweit die dem Täter vorgeworfene Handlung zur Zeit der Begehung bereits mit Ordnungswidrigkeiten bedroht war. Gemäß § 6c finden bei Verletzung der in § 6b geregelten Pflichten zur Rechnungslegung und Buchführung in vertikal integrierten Energieversorgungsunternehmen die Ordnungsgeldvorschriften des §§ 335–335b HBG Anwendung. Diese sind durch Gesetz vom 4.10.2013 (BGBl. I 3746) geändert worden. Da die neuen Ordnungsgeldvorschriften wegen des Rückwirkungsverbotes nur für Verstöße nach dem Inkrafttreten der Neuregelungen gelten können, findet die in Art. 70 Abs. 3 EGHGB enthaltene Übergangsbestimmung auch iRv § 6c Anwendung. Dies regelt Absatz 15. 71

D. Sonderregel für Offshore-Netzentwicklungsplan 2025 (Abs. 20)

Absatz 20 regelt besondere inhaltliche Anforderungen an die Ausgestaltung des Offshore-Netzentwicklungsplans 2025 (**O-NEP 2025**). Der O-NEP 2025 ist am 29.2.2016 von den ÜNB vorgelegt und am 25.11.2016 durch die BNetzA bestätigt worden (BNetzA 25.11.2016 – 613-8572/1/1). Der Anwendungsbereich von Absatz 20 hat sich damit erledigt. 72

Anlass für Absatz 20 war der Erlass des Windenergie-auf-See-Gesetzes, das zum 1.1.2017 in Kraft getreten ist (**WindSeeG 2017**) und den rechtlichen Rahmen für Offshore-Windenergie neu gestaltet hat. Gem. § 5 Abs. 1 WindSeeG 2017 erfolgt der Ausbau der Windkraft auf See auf Grundlage eines sog. **Flächenentwicklungsplans** (**FEP**), den das Bundesamt 73 für Seeschifffahrt und Hydrographie bereits 2019 erstellt hat (**FEP 2019**) und seitdem fortschreibt. Der FEP hat den O-NEP als Planungsinstrument für den Ausbau der Windkraft auf See abgelöst. Windenergieprojekte auf See, die vor dem 1.1.2026 in Betrieb gehen (sog. „**bestehende Projekte**" iSv § 26 Abs. 2 WindSeeG 2017), wurden dennoch schon nach den Regelungen des WindSeeG 2017 ausgeschrieben (sog. „**Übergangsphase**"). Der für die Realisierung bestehender Projekte erforderliche Netzausbau wird auf Grundlage des O-NEP 2025 durchgeführt. Damit ist die Planung im O-NEP 2025 Grundlage für die bestehenden Projekte, die gem. § 26 WindSeeG in der Übergangsphase ausgeschrieben werden.

74 Aus diesem Grund waren die ÜNB gem. Absatz 20 **Satz 1** verpflichtet, im O-NEP 2025 die erforderlichen Maßnahmen aufzunehmen, damit bei der Ausschreibung der bestehenden Projekte gem. § 26 WindSeeG ein hinreichender Wettbewerb herrscht. Dies soll sicherstellen, dass die bestehenden Projekte an den Ausschreibungen in der Übergangsphase teilnehmen können (BT-Drs. 18/9096, 377). Der O-NEP 2025 war daher so zu gestalten, dass die **Ausbauvorgaben des WindSeeG** für die Übergangsphase berücksichtigt werden (Uibeleisen NVwZ 2017, 7 (9)).

75 Außerdem verlangt Absatz 20 **Satz 2**, dass die in § 27 Abs. 3 und 4 WindSeeG geregelte sog. „**Ostseequote**" bereits im O-NEP 2025 berücksichtigt wird. Demnach ist das Netz zunächst so auszubauen, dass ab 2021 in der Ostsee mindestens 500 MW (maximal jedoch 750 MW) Übertragungskapazität vorhanden ist (BT-Drs. 18/9096, 377). Der Netzausbau musste sich zunächst also vorrangig auf das Ostseegebiet beziehen.

76 Für die Zeit ab 2022 sieht Absatz 20 **Satz 3** vor, dass der Ausbau der Übertragungskapazität auf **Nord- und Ostsee** zu verteilen ist entsprechend der Vorgaben von § 27 Abs. 4 WindSeeG.

E. Bestandsschutz für bis 31.12.2016 erteilte Netzanschlusszusagen für Windenergieanlagen auf See (Abs. 21)

77 Absatz 21 enthält eine **Übergangsregelung** für Windenergieanlagen auf See, die vor der Anpassung des § 17d und § 17e zum 1.1.2017 über eine unbedingte Netzanbindungszusage nach Absatz 12 oder eine Kapazitätszuweisung nach § 17d Abs. 3 S. 1 in der damaligen Fassung verfügten. Derartige Bestands-Netzanbindungszusagen oder -Kapazitätszuweisungen werden weiterhin nach § 17d und § 17e in der bis zum 31.12.20216 geltenden Fassung behandelt (BT-Drs. 18/8860, 339).

78 Die Übergangsbestimmung in Absatz 21 erklärt sich dadurch, dass der in § 17d und § 17e geregelte Netzanschlussanspruch für Windenergieanlagen auf See zum 1.1.2017 neu geregelt worden ist. Seitdem sind die ÜNBs nur nach den Vorgaben des O-NEP und des FEP verpflichtet, Netzanbindungen für Offshore-Windanlagen herzustellen. Vorher richtete sich die Netzanschlusspflicht ausschließlich nach dem O-NEP. Die Übergangsbestimmung stellt daher sicher, dass **Netzanschlussansprüche**, die einmal unter Geltung des alten Rechts erworben worden sind, **nicht nachträglich ausgehöhlt** oder entwertet werden.

F. Befristung und Bestandsschutz für Abschaltvereinbarung mit KWK-Anlagen gem. § 13 Abs. 6a (Abs. 22)

79 Absatz 22 regelt den zeitlichen Anwendungsbereich von § 13 Abs. 6a. Diese Vorschrift ermöglicht es den ÜNB, mit Betreibern von KWK-Anlagen eine Abschaltvereinbarung zur Nutzung der KWK-Anlagen beim Redispatch abzuschließen, ohne dass vorher ein transparentes und diskriminierungsfreies Ausschreibungsverfahren durchgeführt werden muss. Von dieser Möglichkeit kann gem. Absatz 22 **Satz 1** allerdings nur befristet bis zum 30.6.2023 Gebrauch gemacht werden. Denn nach Vorstellung des Gesetzgebers sollen Vereinbarungen nach § 13 Abs. 6a nur **vorübergehende Maßnahmen** sein bis zum Ausbau der Netze (BT-Drs. 18/8860, 339).

79.1 Ursprünglich – bei Einführung von § 13 Abs. 6a zum 1.1.2017 – war die Anwendbarkeit der Regelung zeitlich begrenzt bis zum 31.12.2023. Durch die Novelle zum 29.7.2022 wurde die zeitliche Grenze vorverlegt, so dass die Regelung nun schon zum 30.6.2023 ausläuft.

80 Die in Satz 1 geregelte Frist gilt nur für den Abschluss von Neuverträgen (BT-Drs. 20/2402, 48). Nach dem 30.6.2023 können keine neuen Vereinbarungen iSv § 13 Abs. 6a mehr

abgeschlossen werden. Absatz 22 **Satz 2** schafft allerdings Bestandsschutz, weil Vereinbarungen iSv § 13 Abs. 6a in jedem Fall bis zum **Ende der vereinbarten Vertragslaufzeit**, also ggf. über den 30.6.2023 hinaus, weiterlaufen. Eine Verlängerung bestehender Abschaltvereinbarungen nach dem 30.6.2023 ist demgegenüber nicht möglich.

Satz 3 wurde durch das Gesetz vom 16.7.2021 (BGBl. I 3026) eingeführt und enthält die Klarstellung, dass auch Abschaltvereinbarungen, die auf Basis des alten, **bis einschließlich 26.7.2021 geltenden § 13 Abs. 6a** abgeschlossen worden sind, bis zum Ende der Vertragslaufzeit weiterlaufen (BR-Drs. 165/21, 162). Zu dieser Klarstellung hat sich der Gesetzgeber veranlasst gesehen, weil mit Wirkung zum 27.7.2021 die in § 13 Abs. 6a niedergelegten Voraussetzungen für den Abschluss von Abschaltvereinbarungen neu geregelt worden sind. Vereinbarungen, die bis zum 26.7.2021 nach dem bis dahin geltenden § 13 Abs. 6a abgeschlossen worden sind, laufen gem. Absatz 22 Satz 3 also bis zur vereinbarten Vertragslaufzeit weiter. Auf diese Abschaltvereinbarungen ist weiterhin § 13 Abs. 6a in der alten Fassung anwendbar. Abschaltvereinbarungen, die **zwischen dem 27.7.2021 und dem 30.6.2023** auf Grundlage des neuen § 13 Abs. 6a abgeschlossen werden oder worden sind, laufen ebenfalls bis zum Ende der vereinbarten Vertragslaufzeit weiter; insoweit gilt der neue § 13 Abs. 6a weiter. Dies ergibt sich aus Absatz 22 Satz 2. 81

G. Rückwirkende Anwendung von § 47 auf Alt-Konzessionsverfahren (Abs. 23)

Absatz 23 ermöglicht die teilweise Anwendung des mit Wirkung zum 3.2.2017 eingeführten § 47 auf Konzessionsverfahren, die bereits vor dem 3.2.2017 gestartet worden sind. § 47 regelt für insgesamt drei Ereignisse im Konzessionsverfahren eine Rügeobliegenheit: erstens, nach der **Bekanntmachung** der Konzessionsvergabe gem. § 46 Abs. 3; zweitens, nach der **Mitteilung** der Auswahlkriterien samt Gewichtung gem. § 46 Abs. 4 S. 4; und drittens, nach der **Information** an die unterlegenen Bieter gem. § 46 Abs. 5 S. 1. Grundsätzlich ist § 47 nur auf Konzessionsverfahren anwendbar, deren verfahrenseröffnende Bekanntmachung am 3.2.2017 oder später erfolgt ist. Das wird in Absatz 23 vorausgesetzt. 82

Wurde das Konzessionsverfahren bereits vor dem 3.2.2017 gestartet, kann § 47 ausnahmsweise dennoch zur Anwendung kommen und **auf der zweiten Stufe** der Mitteilung gem. § 46 Abs. 4 S. 4 und **auf der dritten Stufe** der Information gem. § 46 Abs. 5 S. 1 eine Rügeobliegenheit und Präklusionswirkung auslösen. Dies setzt gem. Absatz 23 allerdings voraus, dass die Gemeinde die Bieter ausdrücklich zur Rüge auffordert. Eine solche Aufforderung wäre gem. § 47 eigentlich nicht erforderlich, ist hier aber wegen der rückwirkenden Anwendung der Vorschrift geboten. Der Zugang der Aufforderung beim Bieter löst die in § 47 geregelten Rügefristen aus. Auf der ersten Stufe der Bekanntmachung gem. § 46 Abs. 3 kann § 47 nicht rückwirkend zur Anwendung kommen. 83

H. Beihilferechtliche Genehmigung von § 17f Abs. 5 S. 2 in der bis zum 31.12.2022 geltenden Fassung (Abs. 24)

Absatz 24 enthält den beihilferechtlichen Genehmigungsvorbehalt für die Tatbestände zur Reduktion der sog. Offshore-Netzumlage für Letztverbraucher, die ehemals in § 17f Abs. 5 S. 2 (in der bis zum 31.12.2022 geltenden Fassung) geregelt waren. Demnach konnte § 17f Abs. 5 S. 2 aF **erst nach** der beihilferechtlichen Genehmigung durch die Europäische Kommission und auch nur **für die Dauer der Genehmigung** angewendet werden. Zwischenzeitlich sind die Privilegierungstatbestände zur Offshore-Netzumlage in das EnFG verschoben worden (in Bezug genommen durch § 17f Abs. 1). Der beihilferechtliche Genehmigungsvorbehalt nach Absatz 24 hat damit nur noch Gültigkeit für die Altfälle im Anwendungsbereich von § 17f Abs. 5 S. 2 aF. Das EnFG (anwendbar ab 1.1.2023) enthält in § 68 EnFG einen eigenen Beihilfevorbehalt. 84

§ 17f Abs. 5 S. 2 aF enthält im Einzelnen folgende **Privilegierungstatbestände**, die wie folgt genehmigt worden sind: 85
- Für Letztverbraucher, die die sog. **Besondere Ausgleichsregelung** in Anspruch nehmen (§ 17f Abs. 5 S. 2 EnWG aF iVm § 27 Abs. 1 Nr. 1 S. 1 Nr. 1 KWKG 2020 iVm § 63

Nr. 1 EEG 2021 iVm § 64 EEG 2021): Genehmigt durch Beschluss der Europäischen Kommission (Az.: SA.49416); die Genehmigung endet zum 31.12.2028.
- Für Letztverbraucher, **die Wasserstoff herstellen** und deshalb die spezielle **Besondere Ausgleichsregelung** in Anspruch nehmen (§ 17f Abs. 5 S. 2 EnWG aF iVm § 27 Abs. 1 Nr. 1 S. 1 Nr. 2 KWKG 2020 iVm § 63 Nr. 1a EEG 2021 iVm § 64a EEG 2021).
- Für Letztverbraucher, die **Kuppelgase verstromen** (§ 17f Abs. 5 S. 2 EnWG aF iVm § 27a KWKG 2020): Genehmigt durch Beschluss der Europäischen Kommission (Az.: SA.49416); die Genehmigung endet zum 31.12.2028.
- Für **Stromspeicher** (§ 17f Abs. 5 S. 2 EnWG aF iVm § 27b KWKG 2020): Genehmigt durch Beschluss der Europäischen Kommission (Az.: SA.49416); die Genehmigung endet zum 31.12.2028.
- Für **Schienenbahnen** (§ 17f Abs. 5 S. 2 EnWG aF iVm § 27c KWKG 2020): Genehmigt durch Beschluss der Europäischen Kommission (SA.50395); die Genehmigung endet zum 27.3.2023.
- Für Letztverbraucher, die **Grünen Wasserstoff** herstellen (§ 17f Abs. 5 S. 2 EnWG aF iVm § 27d KWKG 2020 iVm § 69b EEG 2021).

I. Geltung RfG-Verordnung für bestehende Stromerzeugungsanlagen (Abs. 25)

86   Absatz 25 wurde angesichts der europäischen Verordnung (EU) 2016/631 zur Festlegung eines Netzkodex mit Netzanschlussbedingungen für Stromerzeuger vom 14. April 2016 („Network Code Requirements for Generators" – NCRfG; daher bezeichnet als „**RfG-Verordnung**") eingeführt. Die RfG-Verordnung regelt europaweit einheitlich technische Mindestanforderungen für den Netzanschluss von Stromerzeugungsanlagen. Die technischen Anforderungen der RfG-Verordnung müssen gem. Art. 72 S. 2 RfG-Verordnung **ab dem 27.4.2019** eingehalten werden („Anwendungsbeginn"), gelten aber gem. Art. 3 Abs. 1 grundsätzlich nur für **neue Stromerzeugungsanlagen.**

87   **Bestehende Stromerzeugungsanlagen** sind gem. Art. 4 Abs. 1 RfG-Verordnung vom Anwendungsbereich ausgenommen. Hierzu gehören zum einen Anlagen, die bereits am 27.5.2016 an das Netz angeschlossen waren (Art. 4 Abs. 2 lit. a RfG-Verordnung), zum anderen Anlagen, über deren Hauptkomponenten bis zum 27.5.2018 bereits ein verbindlicher Kaufvertrag abgeschlossen worden ist (Art. 4 Abs. 2 lit. b RfG-Verordnung). Die Übergangsbestimmungen der RfG-Verordnung führen dazu, dass Stromerzeugungsanlagen, deren Hauptkomponenten erst nach dem 27.5.2018 verbindlich beschafft werden, bis zum 26.4.2019 die bisherigen technischen Anschlussanforderungen erfüllen müssen und danach die neuen Anforderungen aus der RfG-Verordnung. Hierin sah der deutsche Gesetzgeber eine **unzumutbare Härte** für Anlagenbetreiber, weil **erhebliche Nachrüstungen der Anlagen** erforderlich werden könnten, die aus Gründen der Versorgungssicherheit nicht geboten wären (BT-Drs. 19/5523, 120). Daher wurde in Absatz 25 eine **Bestandschutzregelung** eingeführt. Diese dürfte **europarechtskonform** sein, weil Art. 4 Abs. 2 S. 3 RfG-Verordnung eine entsprechende Öffnungsklausel enthält (wenngleich diese auf die Regulierungsbehörde der Mitgliedstaaten verweist).

88   Gemäß Absatz 25 **Satz 1** müssen Stromerzeugungsanlagen **zwei kumulative Voraussetzungen** erfüllen, um als Bestandsanlage zu gelten: Zum einen muss die Anlage spätestens **am 31.12.2020 in Betrieb** gegangen sein. Zum anderen ist erforderlich, dass die Anlage vor dem Anwendungsbeginn der RfG-Verordnung am 27.4.2019 entweder bereits nach Bau- bzw. Bundesimmissionsschutzrecht **genehmigt** worden ist (Satz 1 Nummer 1) oder – sofern es sich um eine genehmigungsfreie Anlage handelt – für die Anlage das **Netzanschlussbegehren** gestellt worden ist (Satz 1 Nummer 2). Die Regelung stellt auf den Genehmigungszeitpunkt bzw. den Zeitpunkt des Netzanschlussbegehrens ab und nicht auf die Herstellung des Netzanschlusses, weil der Zeitpunkt für den Anlagenbetreiber vorhersehbar sein muss (BT-Drs. 19/5523, 120). Wann der Netzanschluss hergestellt wird, liegt außerhalb der Kontrollsphäre des Anlagenbetreibers.

89   Absatz 25 Satz 2 und Satz 3 gibt dem Anlagenbetreiber die Möglichkeit, **auf den Bestandsschutz zu verzichten.** Von diesem Verzicht können Anlagenbetreiber Gebrauch

machen, wenn sie in den Rechtsrahmen der RfG-Verordnung fallen und nicht mehr an die alten technischen Anschlussanforderungen gebunden sein wollen.

J. Übergangsbestimmung Redispatch-Regelung in § 13a (Abs. 25a)

Absatz 25a beinhaltet Übergangsregelungen zu § 13a, der die Durchführung von Redispatch-Maßnahmen regelt und zum 1.10.2021 neu gefasst worden ist. Absatz 25a **Satz 1** stellt klar, dass Redispatch-Maßnahmen, die vor dem Inkrafttreten des aktuellen § 13a am 1.10.2021 durchgeführt worden sind, weiterhin nach Maßgabe des alten § 13a durchgeführt und finanziell bzw. bilanziell ausgeglichen werden. Dies verhindert eine **unechte Rückwirkung** des neuen § 13a auf Maßnahmen, die vor Inkrafttreten der Neuregelung durchgeführt worden sind (BT-Drs. 19/5523, 120). 90

Absatz 25a Satz 2 stellt klar, dass **EEG-Anlagen,** die vor dem 1.1.2012 in Betrieb genommen worden sind, unbeachtlich des § 13a Abs. 2 S. 3 Nr. 5 einen finanziellen Ausgleich in Höhe von 100 Prozent der entgangenen Einnahmen erhalten. Für die Bestandsanlagen erfolgt damit der finanzielle Ausgleich weiterhin wie nach den alten Regeln des EEG 2009. Dasselbe gilt für **KWK-Anlagen** im Anwendungsbereich des KWKG 2009 (Inbetriebnahme vor dem 1.1.2012). 91

K. Testfeld-Anbindungsleistung im NEP (Abs. 26)

Absatz 26 gehört sachlich zu § 12b Abs. 1 S. 4 Nr. 7. Nach dieser Vorschrift muss der Netzentwicklungsplan (NEP) Strom auch Maßnahmen zur Optimierung, Verstärkung und zum Ausbau von Anbindungsleistungen für Testfelder iSv § 3 Nr. 9 WindSeeG enthalten. In diesen Testfeldern können **Pilotwindenergieanlagen auf See** angebunden werden. Absatz 26 konkretisiert, dass bis 31.12.2023 eine Testfeld-Anbindung mit einer Anschlusskapazität von höchstens 300 MW erforderlich ist. 92

Nach Vorstellung des Gesetzgebers soll **zunächst überprüft werden,** wie groß der Bedarf nach Testfeldern zur Erprobung von Pilotwindenergieanlagen auf See ist (BT-Drs. 19/9027, 17). Sollte sich ab 2023 abzeichnen, dass der Bedarf höher ist, kann dies in späteren Flächenentwicklungsplänen und Netzentwicklungsplänen berücksichtigt werden. 93

L. Alt-Anträge nach § 28a Abs. 3 (Abs. 27)

Absatz 27 stellt klar, dass Anträge gem. § 28a Abs. 3 auf Freistellung von den Entflechtungsvorgaben und von der Netzzugangsregulierung weiterhin nach den bis 11.12.2019 geltenden Vorschriften behandelt werden, sofern sie vor dem 12.12.2019 bei der Regulierungsbehörde eingegangen sind. Dieser Stichtag erklärt sich dadurch, dass am 12.12.2019 die §§ 28b und 28c in Kraft getreten sind. 94

M. Aussetzung Beschaffung Flexibilitätsdienstleistungen (Abs. 28)

Absatz 28 ordnet an, dass der zum 27.7.2021 in Kraft getretene § 14c einstweilen nicht anwendbar ist. Durch § 14c sind Elektrizitätsverteilernetzbetreiber verpflichtet, sog. **Flexibilitätsdienstleistungen** für ihr Netz in einem transparenten, diskriminierungsfreien marktgestützten Verfahren zu beschaffen. Diese Regelung geht auf Art. 32 Abs. 1 und Abs. 2 Elektrizitäts-Binnenmarkt-Richtlinie (EU) 2019/944 zurück, den der deutsche Gesetzgeber in Erfüllung der europarechtlichen Pflicht in nationales Recht umgesetzt hat, **ohne einen konkreten Bedarf oder Anwendungsbereich** zu sehen (BR-Drs. 165/21, 76). 95

Da ein konkreter Anwendungsbereich von § 14c gegenwärtig nicht absehbar sei, hat der Gesetzgeber in Absatz 28 angeordnet, dass die darin vorgeschriebene marktgestützte Beschaffung so lange nicht erfolgen muss, bis die BNetzA durch Genehmigung oder Festlegung nach § 14c Abs. 2 oder Abs. 3 die erforderlichen **technischen Spezifikationen** geschaffen hat (BR-Drs. 165/21, 76). Gegenwärtig plant die BNetzA keine Festlegung iSv § 14c. 96

N. Vorwirkung Pflicht zur Vorlage von Netzausbauplänen (Abs. 29)

Gemäß § 14d sind Elektrizitätsverteilernetzbetreiber mit mehr als 100.000 Kunden verpflichtet, spätestens 2022 Netzausbaupläne vorzulegen. In der Zwischenzeit bis dahin kann 97 die Regulierungsbehörde bereits gem. Absatz 29 von den Elektrizitätsverteilernetzbetreibern die Vorlage von Netzausbauplänen verlangen. Dies soll einen **reibungsfreien Übergang** von der bisher geltenden Transparenzpflicht hinsichtlich Netzzustand und Netzausbauplanung (§ 14 Abs. 1a und Abs. 1b in der bis 26.7.2021 geltenden Fassung) hin zum neuen in § 14d geregelten Prozess gewährleisten. Absatz 29 soll einen **reibungsfreien Informationsfluss** zwischen Netzbetreibern und Regulierungsbehörden sicherstellen (BR-Drs. 165/21, 162).

O. Frist für Erweiterung Aggregatoren-Festlegung gem. § 41d Abs. 3 (Abs. 30)

98   Gemäß Absatz 30 ist die BNetzA verpflichtet, bis 31.12.2022 erstmalig von der Festlegungskompetenz nach § 41d Abs. 3 Gebrauch zu machen und Marktregeln zu schaffen, auf deren Grundlage Letztverbraucher und Betreiber von Erzeugungsanlagen **Dienstleistungen iSv § 41d Abs. 1 und Abs. 2** gegen Entgelt erbringen können. Der Gesetzgeber sieht ein hohes Interesse an einer schnellen Konkretisierung der hierfür erforderlichen Marktregeln (BR-Drs. 165/21, 162) und hat daher der BNetzA aufgegeben, bis 31.12.2022 entsprechend tätig zu werden.

99   Die Festlegungskompetenz in § 41d Abs. 3 ist § 27 Abs. 2 Nr. 23 StromNZV nachgebildet, auf dessen Grundlage die BNetzA die sog. **Aggregatoren-Festlegung** (BNetzA Beschl. v. 14.9.2017 – BK6-17-046) erlassen hat. Die Aggregatoren-Festlegung gilt nur für die Erbringung von Regelleistung durch Letztverbraucher (vgl. § 26a StromNZV). Demgegenüber hat § 41d Abs. 1 und Abs. 2 einen weitergehenden Anwendungsbereich, weil er auch Dienstleistungen eines flexiblen Last- und Erzeugungsverhaltens in anderen Marktsegmenten (etwa am Spot Markt) erfasst. Aufgrund von Absatz 30 ist daher zu erwarten, dass die BNetzA die Aggregatoren-Festlegung zeitnah auf diese anderen Marktsegmente erweitert.

P. Frist für Festlegung gem. § 54 Abs. 3 S. 3 Nr. 5 (Abs. 31)

100   Absatz 31 enthält ein Redaktionsversehen und bezieht sich richtigerweise auf die Festlegung gem. § 54 Abs. 3 S. 3 Nr. 5. Demnach hat die BNetzA erstmals zum 1.1.2024 durch Festlegung Methoden zur Bestimmung des Qualitätselements nach § 54 Abs. 3 S. 3 Nr. 5 vorzugeben.

Q. Zeitliche Geltung neuer Regeln zur Sonderrechnungslegung (Abs. 32)

101   § 6b Absatz 3 regelt die getrennte Rechnungslegung für die buchhalterisch entflochtenen Tätigkeiten. Die Anforderungen an die getrennte Rechnungslegung wurden **mit Wirkung zum 27.7.2021** erweitert. Gleichzeitig wurde mit der Einführung der Wasserstoffregulierung in **§ 28k Abs. 2** auch hier die Pflicht zur getrennten Rechnungslegung eingeführt (mit Sanktionierung gem. **§ 28l**).

102   Absatz 32 regelt die zeitliche Anwendbarkeit der neuen Regelungen zur Sonderrechnungsregelung. Demnach gelten die neuen Pflichten zur Sonderrechnungslegung erst in Geschäftsjahren, die nach dem 31.12.2020 beginnen. Sofern das Geschäftsjahr unterjährig beginnt, finden die neuen Vorgaben also erst ab dem Geschäftsjahr Anwendung, das im Laufe des Kalenderjahres 2022 beginnt.

R. Bestandsschutz für besondere netztechnische Betriebsmittel (Abs. 33)

103   Absatz 33 wurde anlässlich der Neufassung von § 11 Abs. 3 zum 27.7.2021 eingeführt. Nach § 11 Abs. 3 in der bis zum 26.7.2021 geltenden Fassung konnten die Übertragungsnetzbetreiber sog. **besondere netztechnische Betriebsmittel** vorhalten, um die Sicherheit und Zuverlässigkeit des Elektrizitätsversorgungssystems zu gewährleisten. Diese Betriebsmittel wurden von Dritten betrieben, die die ÜNB nur auf Grundlage eines transparenten und wettbewerblichen Vergabeverfahrens beauftragen durften. Mit der Neuregelung des Redispatch-Regimes zum 1.10.2021 wurden die besonderen netztechnischen Betriebsmittel ersatzlos aus dem EnWG gestrichen (BT-Drs. 19/31009, 11). Die Übergangsbestimmung

in Absatz 33 **schützt die Vergabeverfahren** zu Beschaffung besonderer netztechnischer Betriebsmittel, die noch auf Grundlage des alten § 11 Abs. 3 gestartet worden sind.

Gemäß Absatz 33 **Satz 1** findet auf die besonderen netztechnischen Betriebsmittel, für die am oder vor dem **30.11.2020** ein Vergabeverfahren gestartet worden ist, weiterhin § 11 Abs. 3 in der bis 26.7.2021 geltenden Fassung (das Gesetz nennt fälschlicherweise den 27.7.2021) Anwendung. Diese Vergabeverfahren können also noch zu Ende geführt werden und ÜNB dürfen die hierbei bezuschlagten Betriebsmittel vorhalten nach Maßgabe von § 11 Abs. 3 aF. Abs. 33 **Satz 2** stellt klar, dass die alte Fassung von § 11 Abs. 3 auch dann Anwendung findet, wenn das **Vergabeverfahren** spätestens am 30.11.2020 gestartet worden ist, aber aufgrund einer rechtskräftigen Entscheidung nach diesem Stichtag **wiederholt werden muss.** Das ist insbesondere denkbar, wenn gegen das Vergabeverfahren ein Nachprüfungsverfahren gem. §§ 155 ff. GWB (iVm § 11 Abs. 3 S. 6 EnWG aF) eingeleitet worden ist.

S. Übergangsregelung für von Netzbetreibern betriebene Ladepunkte (Abs. 34)

Absatz 34 enthält eine Übergangsbestimmung zu der in § 7c neu eingeführten **Entflechtung von Netz-Tätigkeiten und Ladepunkt-Tätigkeiten.** Diese am 27.7.2021 in Kraft getretene Regelung schließt es aus, dass die Betreiber von Elektrizitätsverteilernetzen Ladepunkte halten, entwickeln, verwalten oder betreiben. Die Einführung dieser strikten Trennung könnte Elektrizitätsverteilernetzbetreiber, die bereits vor Inkrafttreten von § 7c eine Tätigkeit im Zusammenhang mit Ladepunkten aufgenommen haben, **unzumutbar belasten,** etwa weil sie Investitionen getätigt haben, die sich noch nicht amortisiert haben. Um diese Härten abzufangen, ermöglicht Absatz 34 einen **schrittweisen Ausstieg** aus den Ladepunkt-Tätigkeiten und regelt eine Übergangsphase, in der Ladepunkte weiterbetrieben werden können.

Gemäß Absatz 34 **Satz 1** gelten Ladepunkte, die Elektrizitätsverteilernetzbetreiber bereits vor dem 27.7.2021 entwickelt, verwaltet oder betrieben haben, bis zum 31.12.2023 als genehmigt iSv § 7c Abs. 2 S. 1. Diese **Fiktion** führt dazu, dass die Elektrizitätsverteilernetzbetreiber diese Ladepunkte jedenfalls **bis 31.12.2023** weiter halten, betreiben oder verwalten dürfen. Gemäß Absatz 34 **Satz 2** ist der Netzbetreiber jedoch verpflichtet, seine Tätigkeit in Bezug auf die Ladepunkte gegenüber der BNetzA **anzuzeigen.** Die BNetzA kann daraufhin die angezeigte Ladepunkt-Tätigkeit nach Maßgabe von § 7c Abs. 2 genehmigen, sofern die Voraussetzungen von § 7c Abs. 2 erfüllt sind. Nur wenn eine solche Genehmigung vorliegt, ist der Netzbetreiber berechtigt, die Ladepunkte **über den 31.12.2023 hinaus** weiter zu halten, zu verwalten oder zu betreiben. Fehlt es an einer solchen Genehmigung, muss er die Ladepunkt-Tätigkeit einstellen.

In jedem Fall ist der Netzbetreiber gem. Absatz 34 **Satz 3** verpflichtet, Dritten zu angemessenen und diskriminierungsfreien Bedingungen **Zugang** zu den von ihm gehaltenen, betriebenen oder verwalteten Ladepunkten **zu gewähren.**

T. Übergangsregelung für Form zur Veröffentlichung Tätigkeitsabschlüsse iSv § 6b Abs. 4 (Abs. 35)

Durch das am 1.8.2022 in Kraft getretene **Gesetz zur Umsetzung der Digitalisierungsrichtlinie** vom 5.7.2021 (BGBl. I 3338) wurde die Form für die Offenlegung von Geschäftsberichten neu geregelt. Nach dem neuen § 325 Abs. 1 S. 2 HGB sind Rechnungslegungsunterlagen und Unternehmensberichte (**Jahresabschlüsse**) nun nicht mehr beim Bundesanzeiger zur Veröffentlichung einzureichen, sondern in elektronischer Form (mit elektronischer Identifikation) direkt an die das Unternehmensregister führende Stelle zu übermitteln. Dies gilt allerdings erst für Jahresabschlüsse mit Geschäftsjahresbeginn nach dem 31.12.2021.

Da der **Tätigkeitsabschluss** iSv § 6b Abs. 4 S. 1 „gemeinsam" mit dem Jahresabschluss offenzulegen ist, soll auch er zukünftig in elektronischer Form an das Unternehmensregister übermittelt werden. Hierzu wurden **§ 6b Abs. 4 und § 6c Abs. 1 und 2** entsprechend mit Wirkung zum 1.8.2022 angepasst (BR-Drs. 144/21, 191). **Absatz 35** enthält eine ergänzende Übergangsbestimmung, nach der erst die Tätigkeitsabschlüsse für Geschäftsjahre, die nach dem 31.12.2021 beginnen, in der neuen Form eingereicht werden müssen (**Satz 1**). Für Tätigkeitsabschlüsse für Geschäftsjahre, die vor dem 1.1.2022 enden, gilt weiterhin die alte Form gem. § 6b Abs. 4 und § 6c Abs. 1 und 2 EnWG alte Fassung (**Satz 2**).

U. Vereinbarung vertraglicher Pflichten zur Freigabe von Gasspeicherkapazitäten (Abs. 36)

110 Da die Gasimporte aus Russland im Zusammenhang mit dem Ukraine-Krieg im Jahr 2022 zunächst signifikant zurückgegangen und schließlich ganz eingestellt worden sind und die Gasversorgung damit insgesamt unsicher geworden ist, wurden mit Wirkung zum 30.4.2022 im neuen Teil 3a Füllstandsvorgaben für Gasspeicheranlagen eingeführt, um die Versorgungssicherheit zu verbessern (BGBl. 2022 I 674). Adressaten der Füllstandsvorgaben aus § 35b Abs. 1 sind die Betreiber der Gasspeicheranlagen. Damit die Betreiber der Gasspeicheranlagen diese Vorgaben erfüllen können, müssen sie gem. 35b Abs. 6 mit den Nutzern der Gasspeicheranlage vertragliche Regelungen treffen, auf deren Grundlage sie von den Nutzern die Freigabe ungenutzter Speicherkapazitäten verlangen können.

111 Durch **Absatz 36 Satz 1** wurde den Betreibern von Gasspeicheranlagen noch bis zum 14.7.2022 eine Übergangsfrist gewährt, um in die bestehenden Vereinbarungen mit Nutzern von Gasspeicheranlagen die Mindestinhalte iSv § 35b Abs. 6 zu ergänzen. Für den Fall, dass Nutzer von Gasspeicheranlagen bis zum 1.7.2022 einer vertraglichen Anpassung nicht zugestimmt haben, regelt Absatz 36 **Satz 2** zudem ein gesetzliches Sonderkündigungsrecht.

V. Weitergabe der Ersparnisse durch Absenkung der EEG-Umlage an Letztverbraucher (Abs. 37–40)

112 Die Absätze 37–40 wurden zusammen mit der Absenkung der EEG-Umlage auf Null zum 1.7.2022 eingeführt durch das Gesetz vom 23.5.2022 (BGBl. I 747). Die Absätze regeln **verschiedene Mechanismen zur Reduktion des Strompreises** und sollen sicherstellen, dass die Stromversorger die Ersparnisse, die ihnen durch die **vorzeitige unerwartete Absenkung** der EEG-Umlage entstehen, an ihre Kunden weitergeben (BT-Drs. 20/1025, 13). Mit der Absenkung der EEG-Umlage sollen die Stromkunden angesichts steigender Energiekosten entlastet werden (→ Rn. 114 f.).

113 Welcher Absatz anwendbar ist richtet sich nach der Art des Stromliefervertrages:
- Innerhalb der **Grundversorgung** gilt Absatz 37 (→ Rn. 116 ff.).
- Für Stromlieferverträge außerhalb der Grundversorgung, die für den Fall einer Veränderung der EEG-Umlage ein **vertragliches Preisanpassungsrecht** enthalten, gilt Absatz 38 (→ Rn. 119 ff.).
- Für Stromlieferverträge außerhalb der Grundversorgung, in denen Veränderungen der EEG-Umlage **nicht zu einer Preisanpassung berechtigen,** gilt Absatz 39 (→ Rn. 123 ff.).

Ergänzend für alle drei Strompreisreduktionsmechanismen regelt Absatz 40 Sätze 1–2, wie Strommengen, die nicht mit EEG-Umlage belastet sind, von umlagepflichtigen Strommengen abzugrenzen sind (→ Rn. 128 f.). Absatz 40 Satz 3 regelt das Verhältnis zu anderen Preisanpassungen (→ Rn. 130 f.).

I. Hintergrund der Regelungen

114 Bereits seit Beginn der 20. Legislaturperiode war geplant, die **EEG-Umlage zum 1.1.2023 abzuschaffen** und ab diesem Zeitpunkt die EEG-Förderung aus dem Bundeshaushalt zu finanzieren (Koalitionsvertrag zwischen SPD, Bündnis 90/Die Grünen und FDP v. 7.12.2021, S. 48). Dies wurde zwischenzeitlich auch umgesetzt durch Art. 2 und Art. 3 des Gesetzes vom 20.7.2022 (BGBl. I 2022), durch das mit Wirkung zum 1.1.2023 u.a. § 60 EEG 2021 aufgehoben und das **EnFG (Energiefinanzierungsgesetz)** eingeführt worden ist. Nachdem aber im Zusammenhang mit dem Ukraine-Krieg in der ersten Hälfte des Jahres 2022 die Energiepreise auf den Großhandelsmärkten extrem gestiegen sind, hat der Gesetzgeber vorzeitig regiert und durch Gesetz v. 23.5.2022 (BGBl. I 747) **bereits zum 1.7.2022 die EEG-Umlage auf Null** abgesenkt durch Einführung der Absätze 1a–1c in § 60 EEG 2021, die nur für die Übergangszeit bis 31.12.2022 gelten.

Übergangsregelungen § 118 EnWG

Durch die Absenkung der EEG-Umlage auf Null im zweiten Halbjahr 2022 sollen Verbraucher und Unternehmen, die keine EEG-Umlage-Privilegierungstatbestände in Anspruch nehmen, **kurzfristig entlastet werden** (BT-Drs. 20/1025, 1). Da in den meisten Fällen aber nicht die Kunden zur Zahlung der EEG-Umlage verpflichtet waren, sondern die Energieversorger (vgl. § 60 Abs. 1 EEG 2021), kommt die Absenkung der EEG-Umlage in der Regel zunächst nur den Versorgern zugute. Die Absätze 37–40 sollen daher sicherstellen, dass die Versorger ihre **Entlastung von der EEG-Umlage an ihre Kunden weitergeben.** 115

II. In der Grundversorgung (Abs. 37)

Gem. Absatz 37 Satz 1 waren alle Stromgrundversorger verpflichtet, ihre Allgemeinen Preise für die Versorgung und die Ersatzversorgung in Niederspannung zum 1.7.2022 um den Betrag abzusenken, um den die EEG-Umlage zum 1.7.2022 abgesenkt worden ist. Nachdem die EEG-Umlage **im Kalenderjahr 2022 3,723 ct/kWh** betragen hat (www.netztransparenz.de), musste der Grundversorger also seinen Grundversorgungstarif zum 1.7.2022 um diesen Betrag absenken. Zudem musste die Absenkung „**vor Umsatzsteuer**" erfolgen, so dass nicht vorsteuerabzugsberechtigte Letztverbraucher einen zusätzlichen Kostenvorteil dadurch erhielten, dass sie auf die EEG-Umlage keine Umsatzsteuer zahlen mussten. Das hatte der Grundversorger bei der Rechnungsstellung zu berücksichtigen. 116

Absatz 37 Satz 1 geht damit über **§ 5a Abs. 1 S. 2 StromGVV** hinaus, nach dem der Grundversorger verpflichtet ist, Verringerungen der sog. staatlich veranlassten Kostenbestandteile lediglich „unverzüglich" an die Kunden weiterzugeben. Absatz 37 **Satz 1** setzt hier mit dem 1.7.2022 einen klaren Termin, zu dem die Preisanpassung erfolgen muss. Außerdem wäre der Grundversorger gem. § 5a Abs. 1 S. 2 StromGVV nur zur Neukalkulation seiner Preise verpflichtet. Demgegenüber enthält Absatz 37 Satz 1 direkt die Pflicht zur Preisabsenkung, zumal der Betrag der Absenkung feststeht (BT-Drs. 20/1025, 14). 117

Absatz 37 **Satz 2** ergänzt, dass bei der Weitergabe der Kostenvorteile aus der vollständigen Absenkung der EEG-Umlage die **Erleichterungen von § 41 Abs. 6** gelten, d.h. der Grundversorger muss den Kunden nicht vorher unterrichten und dieser hat aufgrund der Preisanpassung kein außerordentliches Kündigungsrecht. Außerdem ist gem. Absatz 37 **Satz 3** die öffentliche Bekanntmachung iSv § 5 Abs. 2 S. 1 StromGVV entbehrlich. 118

III. Außerhalb der Grundversorgung mit vertraglichem Preisanpassungsrecht (Abs. 38)

Absatz 38 gilt für Stromlieferverträge außerhalb der Grundversorgung, in denen sich der Versorger ein vertragliches Preisanpassungsrecht vorbehalten hat. Bei diesen Verträgen waren die Versorger verpflichtet, im Rahmen des Preisanpassungsrechts ihre Entlastung durch die Absenkung der EEG-Umlage zum 1.7.2022 an die Kunden weiterzugeben, wenn kumulativ die beiden folgenden Voraussetzungen erfüllt waren: 119

- **1. Voraussetzung:** Nach den vertraglichen Regelungen fließt die EEG-Umlage in die Kalkulation des Stromlieferpreises ein. Das ist dann **nicht** der Fall, wenn im Vertrag vereinbart ist, dass die EEG-Umlage ohnehin separat als Aufschlag zum vereinbarten Stromlieferpreis berechnet wird (in diesem Fall kommt dem Kunden die Absenkung der EEG-Umlage auch ohne die Preisanpassung nach Absatz 37 zugute, weil der Aufschlag wegfällt). Wird die EEG-Umlage demgegenüber **nicht als eigener Kostenaufschlag** ausgewiesen, ist sie im Strompreis enthalten (bzw. in dessen Kalkulation eingeflossen) und ist die 1. Voraussetzung erfüllt. Hierbei gilt ergänzend die **Vermutungsregelung** von Absatz 38 **Satz 3**, nach der im Zweifel davon auszugehen ist, dass die EEG-Umlage in die Preiskalkulation eingeflossen ist. Eine gegenteilige Behauptung hätte der Stromversorger im Streitfall zu beweisen.
- **2. Voraussetzung:** Im Stromliefervertrag ist ein **Preisanpassungsrecht** vereinbart, das auch für den Fall einer Änderung der EEG-Umlage gilt. Das ist durch Auslegung des Vertrages zu klären. Es kommt darauf an, dass die Vertragsbedingungen dem Versorger das Recht gewähren, bei Veränderungen der EEG-Umlage den Strompreis anzupassen. Das kann auch bei Verträgen mit einer sog. **Preisgarantie** erfüllt sein, sofern sich die Preisgarantie nicht auch auf die EEG-Umlage bezieht (BT-Drs. 20/1025, 14).

Peiffer

120 Waren die beiden vorstehend genannten Voraussetzungen erfüllt, war der Stromversorger verpflichtet, von seinem vertraglichen Preisanpassungsrecht Gebrauch zu machen und auf dieser Grundlage die Absenkung der EEG-Umlage zum 1.7.2022 in voller Höhe (also 3,723 ct/kWh) an den Kunden weiterzugeben. Die Norm regelt also eine **gesetzliche Pflicht zur Ausübung des vertraglichen Preisanpassungsrechts.** Zugleich regelt Absatz 38 Satz 1, **in welcher Höhe** und **zu welchem Termin** der Versorger sein Preisanpassungsrecht ausüben musste. Der Versorger kann daher auch nicht die Kostenvorteile aus der abgesenkten EEG-Umlage mit ggf. eingetretenen Mehrbelastungen durch Erhöhungen anderer staatlich veranlasster Preisbestandteile saldieren (BT-Drs. 20/1025, 14). Die Norm konkretisiert damit die Pflichten des Versorgers aus § 315 BGB.

121 Die Preisanpassung gem. Absatz 38 Satz 1 musste „**vor Umsatzsteuer**" erfolgen, so dass den nicht vorsteuerabzugsberechtigten Kunden zusätzlich ein Steuervorteil zugutekommt. **Satz 2** ergänzt, dass bei der Weitergabe der Kostenvorteile aus der vollständigen Absenkung der EEG-Umlage die **Erleichterungen von § 41 Abs. 6 gelten,** d.h. der Versorger musste den Kunden nicht vorher unterrichten und es galt kein außerordentliches Kündigungsrecht aufgrund der Preisanpassung.

122 Bei Stromlieferverträgen, die die beiden oben (→ Rn. 119) genannten Voraussetzungen nicht erfüllen, kommt eine Preisanpassung gem. Absatz 39 in Betracht, sofern die darin geregelten Anforderungen erfüllt sind.

IV. Außerhalb der Grundversorgung ohne vertragliches Preisanpassungsrecht (Absatz 39)

123 Absatz 39 ist auf alle Stromlieferverträge außerhalb der Grundversorgung anwendbar, in denen kein Preisanpassungsrecht wegen einer veränderten EEG-Umlage vereinbart ist. Erfasst sind zum einen Verträge, die **gar kein Preisanpassungsrecht** enthalten. Zum anderen gilt Absatz 39 für Verträge, in denen zwar ein Preisanpassungsrecht geregelt ist, das aber nicht für Fälle gilt, in denen sich die EEG-Umlage verändert. Absatz 39 greift damit am stärksten in die privatautonome Vereinbarung der Parteien des Stromlieferverhältnisses ein. Denn obwohl es hier kein vertragliches Preisanpassungsrecht gibt, ist der Versorger gem. Absatz 39 verpflichtet, seine Ersparnisse durch die Absenkung der EEG-Umlage an den Kunden weiterzugeben. Die Vorschrift enthält also eine **gesetzliche Preissenkungspflicht** innerhalb bestehender Vertragsverhältnisse.

124 Hierin sieht der Gesetzgeber **keine unzumutbare Störung des Äquivalenzverhältnisses,** also des Verhältnisses von Leistung und Gegenleistung (BT-Drs. 20/1025, 15). Denn der Stromversorger musste bei seiner ursprünglichen Preiskalkulation fest davon ausgegangen sein, dass er auch für die Stromlieferungen in der zweiten Hälfte des Jahres 2022 EEG-Umlage abzuführen hat. Seine berechtigten und gesicherten Gewinnerwartungen aus dem Vertrag werden daher nicht beeinträchtigt, wenn er seine Mehreinnahmen aus der Absenkung der EEG-Umlage an den Kunden weitergibt. Mit diesen konnte er bis 31.12.2022 ohnehin nicht kalkulieren. Anders verhält es sich aber für den Zeitraum ab 1.1.2023: Dass ab diesem Zeitpunkt keine EEG-Umlage mehr zu zahlen ist, war bereits seit Ende 2022 klar (→ Rn. 114). Aus diesem Grunde gilt die gesetzliche Preissenkungspflicht gem. Absatz 39 nur bis 31.12.2022.

125 Die Preissenkungspflicht aus Absatz 39 greift, sofern der Stromliefervertrag die folgenden beiden Voraussetzungen kumulativ erfüllt:
- **1. Voraussetzung (Absatz 38 Satz 1 Nr. 1):** Die EEG-Umlage ist Kalkulationsbestandteil des Stromlieferpreises, d.h. im Vertrag ist nicht geregelt, dass die EEG-Umlage separat als Aufschlag auf den Stromlieferpreis abgerechnet wird. Dabei gilt gem. **Absatz 38 Satz 3** die **Vermutung,** dass die EEG-Umlage Kalkulationsbestandteil ist. Eine gegenteilige Behauptung wäre im Streitfall durch den Stromversorger zu beweisen.
- **2. Voraussetzung (Absatz 38 Satz 1 Nr. 2):** Der Stromliefervertrag wurde vor dem 23.2.2022 abgeschlossen. Dieser Stichtag entspricht dem Zeitpunkt, an dem sich die Regierungsparteien auf eine vorgezogene „Abschaffung" der EEG-Umlage geeinigt haben (BT-Drs. 20/1025, 15). Bei Verträgen, die nach diesem Zeitpunkt abgeschlossen worden sind, kann daher nicht ausgeschlossen werden, dass die Versorger den Entfall der EEG-Umlage bereits in ihrer Preiskalkulation berücksichtigt haben. Angesichts dessen wäre

ihnen eine gesetzliche Preisanpassungspflicht unzumutbar, weil sie das Äquivalenzverhältnis stören könnte. Außerdem ist davon auszugehen, dass die Versorger in den Stromlieferverträgen, die sie ab diesem Zeitpunkt abgeschlossen haben, aufgrund des Wettbewerbsdrucks die Kostenvorteile durch die Absenkung der EEG-Umlage bereits weitergegeben haben. Sofern die beiden vorstehend dargestellten Voraussetzungen erfüllt sind, war der Versorger kraft Gesetzes verpflichtet, den vertraglichen Strompreis für den **Zeitraum vom 1.7.2022 bis zum 31.12.2022** abzusenken (zum Grund für diese zeitliche Beschränkung Rn. 124). Läuft der Stromliefervertrag über diesen Zeitraum hinaus, kann der Versorger ab dem 1.1.2023 wieder den ursprünglichen Preis verlangen. Endete der Vertrag vor dem 31.12.2022, endete auch die Pflicht zur Preissenkung gem. **Absatz 39 Satz 4** mit Vertragsende. 126

Die gesetzliche Preissenkung gem. Absatz 39 Satz 1 erfolgte **„vor Umsatzsteuer"**, so dass den nicht vorsteuerabzugsberechtigten Kunden zusätzlich ein Steuervorteil zugutekam. Satz 2 ergänzt, dass bei der gesetzlichen Preissenkung die **Erleichterungen von § 41 Absatz 6** gelten, d.h. der Versorger musste den Kunden nicht vorher unterrichten und es galt kein außerordentliches Kündigungsrecht. 127

V. Rechnerische Strommengenabgrenzung (Abs. 40 S. 1) und Transparenzgebot (Abs. 40 S. 2)

In allen drei der vorstehend dargestellten Preisreduktionsmechanismen gilt ergänzend Absatz 40 Satz 1, sofern der Stromversorger keine unterjährige Verbrauchserfassung zum 1.7.2022 („**Zwischenablesung**") durchgeführt hat. In diesem Fall lässt sich messtechnisch nicht nachweisen, welchen Anteil seines Gesamtjahresverbrauchs der Kunde bis zum 30.6.2022 zum hohen Preis und wieviel Strom er danach zum niedrigen Preis bezogen hat. Daher gestattet Absatz 40 Satz 1 eine rechnerische **zeitanteilige Aufteilung** des Gesamtjahresverbrauchs, wobei auch **jahreszeitliche Verbrauchsschwankungen** berücksichtigt werden können. Absatz 40 Satz 1 ist aber nur anwendbar, wenn tatsächlich keine Zwischenablesung erfolgt ist (BT-Drs. 20/1025, 16). 128

In jedem Fall ist der Versorger gem. Absatz 40 Satz 2 verpflichtet, in den Stromrechnungen (also sowohl in den Abschlagsrechnungen als auch in der Jahresabrechnungen) den Betrag auszuweisen, um den sich die Kosten reduziert haben aufgrund der Absätze 37–39. Hierdurch soll der Kunde in die Lage versetzt werden, die Senkungen der Strompreise transparent nachvollziehen zu können (BT-Drs. 20/1025, 16). 129

VI. Verbot zeitgleicher weiterer Preisanpassungen (Abs. 40 S. 3)

Absatz **40 Satz 3 Hs. 1** verbietet es dem Versorger, zeitgleich mit einer Preissenkung nach den Abs. 37–39 eine weitere Preisanpassung vorzunehmen. Hierdurch soll verhindert werden, dass eine Preissenkung nach den Absätze 37–39 durch eine zeitliche Preiserhöhung „aufgefressen" bzw. überdeckt wird und der Kunde daher nicht nachvollziehen kann, ob ihm die Preissenkung tatsächlich zugutegekommen ist. Das Verbot von Absatz 40 Satz 3 Hs. 1 gilt aber nur zum 1.7.2022. Zu anderen Zeitpunkten danach können wieder Preisanpassungen aufgrund anderer vertraglicher Tatbestände durchgeführt werden (BT-Drs. 20/1025, 16). 130

Absatz **40 Satz 3 Hs. 2** stellt zudem klar, dass vertragliche Preisanpassungsrechte im Übrigen unberührt bleiben und insbesondere nicht durch die Preissenkungsmechanismen in Absätze 37–39 ausgeschlossen sind. Lediglich zum 1.7.2022 konnten die Preisanpassungsrechte nicht ausgeübt werden. 131

W. Weitere Übergangsbestimmungen

I. (Abs. 41–45, 46c)

Die Absätze 41–45 enthalten die Übergangsvorschriften zu dem am **29.7.2022 in Kraft getretenen** „Gesetz zur Änderung des Energiewirtschaftsrechts im Zusammenhang mit dem Klimaschutz-Sofortprogramm und zu Anpassungen im Recht der Endkundenbelieferung" (BGBl. 2022 I 1214). Im Einzelnen: 132

133 **Absatz 41** stellt klar, dass der Szenariorahmen, der auf Grundlage von § 12a in der bis zum 28.7.2022 geltenden Fassung erstellt und bereits am 10.1.2022 durch die BNetzA genehmigt worden ist, weiterhin Grundlage für die Prüfung und Bestätigung des Netzentwicklungsplans ist. Hierbei ist aber der zum 29.7.2022 in § 12a Abs. 1 eingeführte erweiterte Betrachtungszeitraum mit einzubeziehen. Der Netzentwicklungsplan muss also auch die gem. § 12a Abs. 1 S. 3 erforderlichen drei Szenarien bis 2045 berücksichtigen.

134 **Absatz 42 Satz 1** trägt dem Umstand Rechnung, dass durch die Neufassung von § 10c Abs. 4 S. 1 zum 29.7.2022 nunmehr alle Beschäftigten eines Unabhängigen Transportnetzbetreibers verpflichtet sind, ihre Anteile am vertikal integrierten Unternehmen oder eines seiner Unternehmensteile zu veräußern. Alle Beschäftigten des Unabhängigen Transportnetzbetreibers, die nicht der Geschäftsleitung angehören, müssen diese Pflicht erst bis zum 30.9.2025 erfüllen. Aus Gründen der Verhältnismäßigkeit wollte der Gesetzgeber ihnen noch genug Zeit geben, um ihre Anteile ohne Druck veräußern zu können (BT-Drs. 20/2402, 48). Gem. **Absatz 42 Satz 2** gilt diese Übergangsregelung auch für solche Beschäftigten, die durch die Erweiterung des Begriffs des vertikal integrierten Unternehmens in § 3 Nr. 38 zum 29.7.2022 in den Anwendungsbereich von § 10c Abs. 4 gefallen sind.

135 **Absatz 43** stellt die Anwendbarkeit von § 13 Abs. 6b S. 7 unter den Vorbehalt der beihilferechtlichen Genehmigung der EU-Kommission.

136 **Absatz 44** regelt, bis wann Grundversorger die Allgemeinen Bedingungen und Preise der bestehende Grundversorgungsverträge an die Neuregelung des § 36 Abs. 1 S. 2 anpassen müssen.

137 **Absatz 45** enthält die Übergangsvorschrift, dass § 21b Abs. 1 anzuwenden ist auf Jahresabschlüsse, Tätigkeitsabschlüsse und Konzernabschlüsse, die sich jeweils auf Geschäftsjahre mit einem nach dem 30. Dezember 2022 liegenden Abschlussstichtag beziehen, mithin erstmals auf Abschlüsse mit dem Stichtag 31.12.2022.

137a **Absatz 46c** wurde zum 13.10.2022 eingeführt zusammen mit dem § 43b Abs. 2 (BGBl. 2022 I 1726). Zur Beschleunigung des Ausbaus der Windenergieerzeugung im Offshore-Bereich enthält § 43b Abs. 2 seit 13.10.2022 nun eine Beschleunigungsregelung für das Planfeststellungsverfahren für Offshore-Anbindungsleitungen (definiert in § 3 Nr. 29c). Grundsätzlich sollen die Planfeststellungsverfahren innerhalb von 12 Monaten abgeschlossen werden. Diese Frist gilt allerdings gem. Absatz 46c nicht für **Planfeststellungsanträge, die vor dem 13.10.2022 gestellt** worden sind.

II. Festlegungskompetenzen für individuelle Netzentgelte in 2022 bis 2025 insbesondere für Bandlastkunden (Abs. 46, 46a)

138 **Absatz 46 und 46a** enthalten Festlegungskompetenzen **zum Schutz industrieller Stromverbraucher**, die individuelle Netzentgelte gem. § 19 Abs. 2 StromNEV in Anspruch nehmen. In Reaktion auf die **Gasmangellage** im Jahr 2022 haben viele Industriebetriebe ihre Produktion reduziert, um ihre Energiekosten zu senken, und damit auch ihr Strombezugsverhalten verändert. Dies hat teilweise dazu geführt, dass die Industriebetriebe die abnahmebezogenen Voraussetzungen für die Inanspruchnahme der Netzentgeltprivilegierung (insbesondere **Bandabnahme**) nicht mehr erfüllen. Aus diesem Grund hat der Gesetzgeber mit der Einführung von Absatz 46 und Absatz 46a gegengesteuert und übergangsweise Möglichkeiten zum Erhalt der Netzentgeltprivilegierungen in 2022 (Absatz 46) und für deren Weiterentwicklung bis 2025 (Absatz 46a) geschaffen.

139 Beide Festlegungskompetenzen sind **zeitlich befristet:**
- **Absatz 46** (→ Rn. 141) wurde mit Wirkung zum 17.7.2022 eingeführt (BGBl. 2022 I 1054) und gilt nur für das **Jahr 2022.**
- **Absatz 46a** (→ Rn. 143) wurde mit Wirkung zum 13.10.2022 eingeführt (BGBl. 2022 I 1726), sollte ursprünglich nur für das Jahr 2023 gelten, wurde aber durch Gesetz v. 4.1.2023 (BGBl. I Nr. 9) **bis Ende 2025** verlängert.

140 Beide Festlegungskompetenzen erklären sich vor dem Hintergrund der unsicheren Gasversorgung ab dem Jahr 2022, verfolgen aber **leicht abweichende Zwecke:**
- **Absatz 46** ermöglicht es, die im Jahr 2021 **bestehenden Netzentgeltprivilegien** trotz Gasmangellage für das Jahr 2022 zu **erhalten.**

Übergangsregelungen § 118 EnWG

- Auf Grundlage von **Absatz 46a** können die **Netzentgeltprivilegien ab 2023 bis 2025 weiterentwickelt** werden, damit gerade in Zeiten unsicherer Gasversorgung das Lastflexibilitätspotential industrieller Großverbraucher besser genutzt werden kann, um zu einer sicheren und preisgünstigen Stromversorgung sowie zur Netzstabilisierung beizutragen.

1. Festlegungskompetenz für 2022 (Abs. 46)

Absatz 46 schafft die Grundlage dafür, dass die BNetzA durch Festlegung gem. § 29 Abs. 1 bestimmen kann, dass ein Anspruch auf Weitergeltung der individuellen Netzentgeltvereinbarungen für 2022 besteht, sofern die Inhaber solcher Netzentgeltvereinbarungen im Jahr 2021 das hierfür erforderliche Verbrauchsverhalten erfüllt haben (vgl. **Absatz 46 Satz 2**). 141

Auf Grundlage von Absatz 46 hat die BNetzA am 24.11.2022 die **Festlegung Az. BK4-22-086** erlassen, die ausschließlich für das Kalenderjahr 2022 und **nur für Bandlastkunden** gilt. Nach dieser Festlegung haben Unternehmen, die im Jahr 2022 aufgrund der **Verminderung des Gasbezugs ihre Produktion** reduziert haben, Anspruch auf individuelle Netzentgelte Strom, sofern ihre individuelle Netzentgeltvereinbarung bis 30.9.2021 angezeigt worden ist und die Voraussetzungen einer solchen Vereinbarung in 2021 erfüllt waren. Eine **gasbezugsbedinge Produktionsreduktion** in Sinne der Anordnung liegt vor, wenn das Unternehmen nachweisen kann, dass es in seiner Produktion gezielt Maßnahmen getroffen hat, um den Gasbezug „signifikant" zu reduzieren (Festlegung BK4-22-086, Tenor-Ziffer 3a). Es reicht also nicht allein aus, dass der Gasverbrauch im Unternehmen zurückgegangen ist. Vielmehr muss dies Folge einer gezielten Umstrukturierung der Produktionsprozesse gewesen sein, die das Unternehmen mit dem Ziel einer Reduktion seines Gasverbrauchs durchgeführt hat. 142

2. Festlegungskompetenz für 2023–2025 (Abs. 46a)

In **Absatz 46a** wurde zudem eine weitergehende Festlegungskompetenz eingeführt, auf deren Grundlage die BNetzA die allgemeinen Voraussetzungen für die Inanspruchnahme individueller Netzentgelte nach § 19 Abs. 2 StromNEV durch Festlegung übergangsweise für die Jahre 2023-2025 modifizieren kann. Solche Modifikationen sollen insbesondere dazu beitragen, dass industrielle Stromkunden das Potential für eine Flexibilisierung ihres Verbrauches besser nutzen. Vor dem Hintergrund einer unsicheren Versorgung mit Erdgas soll der gezielte Einsatz von Lastflexibilitäten die Stromversorgung sicherer und preisgünstiger machen (BT-Drs. 20/3497, 43). 143

Die Regelung trägt bereits der **Entscheidung des EuGH vom 2.9.2021** (Rechtssache C-718/18) Rechnung, in der der EuGH eine unzureichende **Unabhängigkeit der BNetzA** beanstandet hat. Die europarechtlich geforderte Unabhängigkeit der BNetzA schließt es aus, dass die veränderten Voraussetzungen für individuelle Netzentgelte weiterhin in der StromNEV, also durch Exekutivrechtsakt, geregelt werden (BT-Drs. 20/3497, 43 f.). Vielmehr muss dies zukünftig direkt im EnWG oder – wie in Absatz 46a vorgesehen – durch Festlegung der BNetzA selbst erfolgen. Absatz 46a ist zeitlich befristet bis zum 31.12.2025 und soll dann durch eine Nachfolgeregelung abgelöst werden, in der die europarechtlich erforderliche Unabhängigkeit der BNetzA legislativ umgesetzt wird (BT-Drs. 20/3497, 43 f.). 143.1

Durch die Festlegung nach Absatz 46a können sowohl die Regelungen für **atypische Netznutzer** (§ 19 Abs. 2 S. 1 StromNEV) als auch für **Bandlastkunden** (§ 19 Abs. 2 S. 2–4 StromNEV) so weiterentwickelt werden, dass es für industrielle Verbraucher zukünftig leichter möglich ist, ihre Lastflexibilität am **Regelenergiemarkt** oder im Rahmen von **Arbitragegeschäften** zu vermarkten oder die wirtschaftlichen Potentiale durch eine **Flexibilisierung des eigenen Stromverbrauchs** zu nutzen. Die aktuell geltenden Anforderungen nach § 19 Abs. 2 StromNEV machen es den industriellen Großverbrauchern schwer, ihre Lasten flexibel einzusetzen oder im Rahmen von Flexibilitätsdienstleistungen zu vermarkten. Hierbei riskieren sie nach aktueller Rechtslage, ihren Anspruch auf individuelle Netzentgelte zu verlieren und dadurch mit erheblichen Mehrkosten belastet zu werden. 144

Gem. Absatz 46a **Satz 2** kann die BNetzA einerseits auf der Rechtsfolgenseite die **Methodik zur Ermittlung** der individuellen Netzentgelte modifizieren (**Nr. 1**); andererseits kann sie die **Voraussetzungen** für die Inanspruchnahme individueller Netzentgelte anpassen (**Nr. 2**). Absatz 46a **Satz 3** lässt sich zudem entnehmen, dass hierbei insbesondere die Anwen- 145

Peiffer

dung des **7000-Stunden-Kriteriums** für die Bandlastabnahme iSv § 19 Abs. 2 S. 2 StromNEV modifiziert werden kann. Darüber hinaus kann gem. Absatz 46a Satz 3 in der Festlegung geregelt werden, wie die erforderliche Benutzungsstundenzahl bei Unternehmen zu ermitteln ist, die **Lastverschiebungen** („Reduzierung sowie spätere Erhöhung oder eine Erhöhung sowie spätere Reduzierung ihres Strombezugs") durchführen.

146 Durch die **Festlegung BK4-22-089** vom 15.2.2023 hat die BNetzA von der Festlegungskompetenz in Absatz 46a Gebrauch gemacht. Diese Festlegung gilt allerdings **nur für Bandlastkunden iSv § 19 Abs. 2 S. 2-4 StromNEV** und nur bis Ende 2023 (obwohl die Festlegungskompetenz eine längere Gültigkeit ermöglicht hätte). Nach dieser Festlegung gefährdet ein Letztverbraucher sein sog. 7000-Stunden-Kriterium nicht, wenn er seine Leistung erhöht oder reduziert und dabei folgende Voraussetzungen kumulativ erfüllt sind:
- Die Leistungserhöhung bzw. -absenkung muss **durch den zuständigen Übertragungsnetzbetreiber** auf Grundlage einer Ab- oder Zuschaltvereinbarung gem. § 13 Abs. 6 EnWG durchgeführt worden sein.
- Die Leistungserhöhung bzw. -absenkung muss zur Vorbereitung auf Mangellagen und Maßnahmen nach § 13 Abs. 2 EnWG durchgeführt worden sein, um **drohende Schaltmaßnahmen des Netzbetreibers zu vermeiden**.
- Der Letztverbraucher muss die eingesparten Strommengen diskriminierungsfrei und möglichst börslich **anderweitig vermarkten**. Dies soll ausschließen, dass der Letztverbraucher durch eine Lastreduktion zusätzliche Gewinne erzielt.

147 Absatz 46a **Satz 4** enthält schließlich eine **Bestandsschutzregelung** für individuelle Netzentgeltvereinbarungen aus 2021 (Anzeigefrist: 30.9.2021, vgl. BNetzA-Festlegung BK4-13-739, S. 48) und aus 2022 (Anzeigefrist: 30.9.2022): Derartige individuelle Netzentgeltvereinbarungen werden in ihrer Wirksamkeit nicht berührt durch eine Festlegung nach Absatz 46a. Voraussetzung ist aber, dass die Altvereinbarung rechtzeitig angezeigt worden ist und der Netznutzer die ursprünglich geltenden Privilegierungs-Voraussetzungen erfüllt. Satz 4 nennt nur die Netzentgeltvereinbarungen aus 2021 und 2022. Erst recht dürfte die Bestandsschutzregelung auch für ältere individuelle Netzentgeltvereinbarungen aus der Zeit vor 2021 gelten.

III. Schnellere Entgeltgenehmigung für neue LNG-Terminals (Abs. 46b)

148 Mit Wirkung zum 13.10.2022 wurde **Absatz 46b** eingeführt, um dem Umstand Rechnung zu tragen, dass in 2022 und 2023 in Deutschland **erstmals LNG-Terminals in Betrieb** gehen sollen (BGBl. 2022 I 1726). Im Interesse der Betreiber solcher Anlagen ermöglicht die Vorschrift der Regulierungsbehörde, **Entgelte für den Zugang zu LNG-Anlagen** (→ § 3 Nr. 26 Rn. 1) **schneller zu genehmigen**. Da für LNG-Anlagen keine Anreizregulierung gilt, können für den Zugang zu solchen Anlagen nur Entgelte erhoben werden, die gem. § 23a durch die Regulierungsbehörde genehmigt worden sind. Für das Genehmigungsverfahren gilt gem. § 23a Abs. 3, dass der Antrag grundsätzlich mindestens 6 Monate, bevor die Entgelte angewendet werden sollen, gestellt werden muss. Von diesem Grundsatz macht Absatz 46b eine Ausnahme für **LNG-Anlagen, die 2022 oder 2023 neu errichtet** wurden bzw. werden.

149 Für diese Neu-Anlagen kann die Entgelt-Genehmigung auch mit einem geringeren zeitlichen Vorlauf als 6 Monate beantragt werden. Ein solcher **Antrag im beschleunigten Verfahren** setzt allerdings voraus, dass die Regulierungsbehörde nach eigener Einschätzung das Genehmigungsverfahren „voraussichtlich" in weniger als sechs Monaten abschließen kann und sie den Betreiber der LNG-Anlage hierüber informiert. Die Regulierungsbehörde kann also von sich aus die **Option eines schnelleren Antragsverfahrens eröffnen**. Die gem. § 23a Abs. 3 regulär geltende Sechsmonatsfrist dient dem Schutz der Regulierungsbehörde (BT-Drs. 20/3497, 44). Es ist daher unschädlich, wenn die Frist verkürzt und schneller entschieden wird.

IV. Festlegungskompetenz für höhere Fremdkapitalverzinsung in Verteilernetzen (Abs. 46d)

150 Durch **Absatz 46d** wurde mit Wirkung zum 24.12.2022 (BGBl. I 2512) eine Festlegungskompetenz eingeführt, auf deren Grundlage die BNetzA eine von § 10a Abs. 7 S. 3 ARegV iVm § 7 Abs. 7 StromNEV/GasNEV abweichende höhere Fremdkapitalverzinsung für die

Strom- und Gasverteilernetze einführen kann. Dies ermöglicht es der BNetzA, kurzfristig und flexibel auf das im Jahr 2022 **drastisch gestiegene Zinsniveau** zu reagieren (BT-Drs. 20/4915, 156).

Im Grundsatz wird der Fremdkapitalzinssatz gem. **§ 7 Abs. 7 StromNEV/GasNEV** 151 anhand einer pauschalen Methode im Basisjahr für die gesamte nächste Regulierungsperiode ermittelt auf Grundlage eines gewichteten Durchschnitts zweier Umlaufsrenditen der letzten zehn abgeschlossenen Kalenderjahre. Da diese pauschale Methode den kurzfristigen Veränderungen am Zinsmarkt nicht angemessen Rechnung tragen kann, wurde sie durch die Festlegungskompetenz der BNetzA in Absatz 46d ergänzt (BT-Drs. 20/4915, 156). Die Regelung ermöglicht der BNetzA eine schnelle punktuelle Anhebung der Verzinsung.

Absatz 46d trägt der **Entscheidung des EuGH vom 2.9.2021** (Rechtssache C-718/18) 152 Rechnung, in der der EuGH eine unzureichende **Unabhängigkeit der BNetzA** beanstandet hat. Aufgrund der europarechtlich geforderten Unabhängigkeit der BNetzA wollte der Gesetzgeber eine kurzfristige Anhebung der Fremdkapitalverzinsung nicht in der StromNEV/GasNEV, also durch Exekutivrechtsakte, regeln (BT-Drs. 20/4915, 156). Absatz 46d ist aber nur als Übergangsbestimmung gedacht, bis neue Regelungen erlassen werden, die der Unabhängigkeit der BNetzA gerecht werden (BT-Drs. 20/4915, 156).

V. Festlegungskompetenz zur Kostenanerkennung für moderne Messeinrichtungen und intelligente Messsysteme (Abs. 46e)

Abs. 46e wurde durch das „Gesetz zum Neustart der Digitalisierung der Energiewende" 152a vom 27.5.2023 (BGBl. I Nr. 133) aufgenommen zusammen mit der Neufassung des Messstellenbetriebsgesetzes. Die Regelung soll verhindern, dass der **Smart Meter-Rollout** bei **grundzuständigen Messstellenbetreibern** durch die Wirkungsweise der Netzentgeltregulierung behindert wird. Zu diesem Zweck kann die BNetzA gem. **Satz 1** im Wege der Festlegung Vorgaben machen, durch die die Kosten, die dem grundzuständigen Messstellenbetreiber durch den Einbau und den Betrieb moderner Messeinrichtungen und intelligenter Messsysteme entstehen, im Rahmen der Kostenprüfung nach StromNEV und der Genehmigung der Erlösobergrenze nach ARegV **leichter anerkannt** werden können. **Satz 2** ermöglicht es der BNetzA insbesondere, die dem Netzbetreiber entstehenden Kosten als **dauerhaft nicht beeinflussbar iSv § 11 Abs. 2 ARegV** anzuerkennen, so dass sie nicht dem Effizienzvergleich unterliegen.

Abs. 46e hat nur die Funktion einer **Übergangsregelung** bis zur geplanten Neuregelung 152b der Kompetenzen der BNetzA. In Umsetzung der **Entscheidung des EuGH vom 2.9.2021** (Rechtssache C-718/18) wird die BNetzA insgesamt die Zuständigkeit für die Netzentgeltregulierung übernehmen. Bis es so weit ist, gelten StromNEV und ARegV weiter. Die BNetzA kann aber einstweilen schon auf Grundlage von Abs. 46e Festlegungen treffen, damit die bestehenden Vorschriften der Netzentgeltregulierung die **Digitalisierung der Energiewende** nicht behindern.

VI. Zuschläge nach WindSeeG vor dem 31.12.2022 (Abs. 47)

Mit der Neufassung des WindSeeG zum 1.1.2023 (BGBl. I 1325) wurde das Ausschreibungsdesign für Flächen im Offshore-Bereich umgestaltet. In diesem Zusammenhang wurden auch die für Offshore-Anbindungsleitungen geltenden Netzanschlussregelungen (§§ 17d ff.) und Planfeststellungs-Vorgaben (§ 43) angepasst. Die **Übergangsbestimmung** in **Absatz 47** stellt hierzu klar, dass die alten Regelungen des EnWG weiterhin anwendbar sind auf Zuschläge, die nach der alten bis zum 31.12.2022 geltenden Fassung des WindSeeG erteilt worden sind.

§ 118a Regulatorische Rahmenbedingungen für LNG-Anlagen; Verordnungsermächtigung und Subdelegation

¹Das Bundesministerium für Wirtschaft und Klimaschutz wird ermächtigt, durch Rechtsverordnung, die nicht der Zustimmung des Bundesrates bedarf, Regelungen zu erlassen zu

1. den Rechten und Pflichten eines Betreibers von ortsfesten oder ortsungebundenen LNG-Anlagen,
2. den Bedingungen für den Zugang zu ortsfesten oder ortsungebundenen LNG-Anlagen, den Methoden zur Bestimmung dieser Bedingungen, den Methoden zur Bestimmung der Entgelte für den Zugang zu ortsfesten oder ortsungebundenen LNG-Anlagen,
3. der Ermittlung der Kosten des Anlagenbetriebs und
4. der Anwendbarkeit der Anreizregulierung nach § 21a.

²Das Bundesministerium für Wirtschaft und Klimaschutz kann die Ermächtigung nach Satz 1 durch Rechtsverordnung auf die Bundesnetzagentur übertragen. ³Die Sätze 1 und 2 treten mit Ablauf des 31. Dezember 2027 außer Kraft.

Überblick

Satz 1 regelt eine befristete Verordnungsermächtigung des BMWK zum Erlass eines Regulierungsrahmens für LNG-Anlagen. Nach **Satz 2** kann das BMWK diese Verordnungsermächtigung durch eine eigene Rechtsverordnung an die BNetzA subdelegieren. Von dieser Möglichkeit hat das BMWK mit der **§ 118a EnWG-SubVO** (BGBl. 2022 I 2002) Gebrauch gemacht. Die BNetzA hat auf dieser Grundlage ihrerseits die **LNG-Verordnung** (LNGV – BAnz AT 17.11.2022 V1) erlassen und damit die regulatorischer Rahmenbedingungen für ortsfeste und ortsungebundene LNG-Anlagen ausgestaltet. In Entsprechung zur Befristung der Verordnungsermächtigung nach **Satz 3** tritt die LNGV mit Ablauf des 31.12.2027 wieder außer Kraft (§ 24 LNGV). Der BNetzA bleibt es im Anschluss unbenommen, den Regulierungsrahmen für LNG-Anlagen gemäß § 26 mittels Festlegungen zu regeln.

Übersicht

	Rn.		Rn.
A. Normzweck und Bedeutung	1	2. Regelungsgegenstände (Nr. 1–4)	11
B. Entstehungsgeschichte	2	E. Subdelegation an die BNetzA (S. 2)	12
C. Systematik	4	F. Befristung (S. 3)	13
D. Verordnungsermächtigung (S. 1)	7	G. Praktische Umsetzung (LNGV)	14
I. Adressat	7	I. Kapazitätsvergabe und Kapazitätsmanagement	16
II. Umfang der Verordnungsermächtigung	9		
1. LNG-Anlagen	9	II. Ermittlung von Entgelten und Kosten	21

A. Normzweck und Bedeutung

1 Die Verordnungsermächtigung des § 118a ergänzt die kurz zuvor im Mai 2022 (BGBl. I 730)) eingeführte Festlegungskompetenz des § 26, mit welcher der BNetzA die Möglichkeit eingeräumt wurde, einen Regulierungsrahmen für LNG-Anlagen einzuführen. Auf dieser Grundlage hatte die BNetzA bereits am 28.6.2022 ein Festlegungsverfahren (BK7-22-060) zur Ausgestaltung des Zugangs zu LNG-Anlagen („ZuLA") eröffnet, dieses aber am 28.11.2022 wegen der in der Zwischenzeit am 18.11.2022 in Kraft getretenen LNGV wieder eingestellt. Mit § 118a sollte nunmehr für einen befristeten Zeitraum die Möglichkeit eröffnet werden, noch zügiger als im Wege des üblichen Festlegungsverfahrens einen stabilen und rechtssicheren Regulierungsrahmen für LNG-Anlagen zu schaffen, um damit kurzfristig für die erforderlichen Investitionsbedingungen für die schnelle Errichtung solcher Anlagen zu sorgen. Mit der Verordnungsermächtigung und der auf dieser Grundlage zu erlassenen Rechtsverordnungen soll mithin der Hochlauf der Errichtung von LNG-Anlagen unterstützt werden.

B. Entstehungsgeschichte

2 § 118a ist im Zuge des Gesetzes zur Änderung des Energiesicherungsgesetzes und anderer energiewirtschaftlicher Vorschriften vom 8.10.2022 ins EnWG eingefügt worden (BGBl. 2022 I 1726). Mit Blick auf den russischen Angriffskrieg gegen die Ukraine, die dadurch

angespannte geopolitische Lage und die drohende Gasmangellage in Deutschland und Europa stufte der Gesetzgeber es als notwendig ein, die Gasversorgung insbesondere hinsichtlich der Herkunftsquellen so schnell wie möglich diversifizieren zu können (BT-Drs. 20/3497, 44). Dabei wurde ein besonderer Fokus auf den Import von LNG (Liquefied-Natural-Gas) und die hierfür notwendige Errichtung ortsfester oder schwimmender LNG-Anlagen gelegt. Aus Gründen der Versorgungssicherheit sollten bestimmte Projekte im Bereich der LNG-Anlagen noch im Jahr 2022 umgesetzt werden. Insofern bestand die Notwendigkeit, kurzfristig für hinreichend klare Investitionsbedingungen zu sorgen. Hierfür wurde die Festlegung – als die übliche Handlungsform der Bundesnetzagentur – wegen der Dauer des damit einhergehenden Verwaltungsverfahrens als weniger geeignet eingestuft (BT-Drs. 20/3497, 44; vgl. auch Begründung des Entwurfes der LNGV, S. 20 → Rn. 14). Im Verordnungswege sollen die regulatorischen Rahmenbedingungen für LNG-Anlagen noch zügiger erlassen werden können als im üblichen Festlegungsverfahren der BNetzA.

Mit der Befristung der Verordnungsermächtigung bis zum 31.12.2027 sollte nach dem Vorstellungsbild des Gesetzgebers die wesentliche Phase der Errichtung von LNG-Anlagen abgebildet werden (BT-Drs. 20/3497, 45). In dieser Vorstellung entfällt danach die Notwendigkeit zur verordnungsrechtlichen Ausgestaltung des Regulierungsrahmens. Mit Ablauf des 31.12.2027 bleibt es der BNetzA aber unbenommen, die regulatorischen Rahmenbedingungen für LNG-Anlagen in der üblichen Handlungsform der Festlegung auszugestalten (§ 26). **3**

C. Systematik

In rechtlicher Hinsicht sind LNG-Anlagen in Deutschland als Gasversorgungsnetz einzustufen (vgl. §§ 3 Nr. 20) und unterliegen folglich auch grundsätzlich den dafür vorgesehenen Regelungen des Entflechtungsregimes sowie der Zugangs- und Entgeltregulierung (§§ 20 ff.). Der Zugang zu LNG-Anlagen muss transparent und diskriminierungsfrei ausgestaltet werden. Durch die nach § 118a vorgesehene Verordnungsermächtigung können die regulatorischen Rahmenbedingungen für den Zugang einschließlich der Entgelte zu sowohl ortsfesten als auch ortsungebundenen LNG-Anlagen bestimmt und insoweit auch von den derzeit geltenden verordnungsrechtlichen Vorgaben der GasNZV, GasNEV und ARegV, die an Betreiber von Gasversorgungsnetzen und damit grundsätzlich auch an LNG-Anlagenbetreiber adressiert sind, abgewichen werden. Mit Blick auf die Vorgaben aus der Verordnung (EG) Nr. 715/2009, welche ebenfalls auf den Zugang zu LNG-Anlagen unmittelbare Anwendung finden, kann hingehenden nichts Abweichendes geregelt werden. **4**

Die Verordnungsermächtigung des § 118a tritt neben die Festlegungskompetenz der BNetzA nach § 26. Das heißt, dass es der BNetzA unbenommen ist, jederzeit in die übliche Handlungsform der Festlegung zu wechseln. Nach Ablauf der Befristung der hiesigen Verordnungsermächtigung (Satz 3) bleibt der BNetzA hingegen nur noch die Möglichkeit, gemäß § 26 im Wege von Festlegungen zu agieren. **5**

Obschon dies in § 118a nicht ausdrücklich geregelt wird, ergibt sich schon aus dem systematischen Zusammenhang, dass sich die Verordnungsermächtigung nicht auf die Regelung von Zugangsbedingungen für LNG-Anlagen erstreckt, denen nach § 28a eine befristete Ausnahme von den Bestimmungen der §§ 20–28 gewährt wurde. **6**

D. Verordnungsermächtigung (S. 1)

I. Adressat

Die Verordnungsermächtigung ist im Ausgangsfall des Satz 1 an das BMWK adressiert. Das ist insofern bemerkenswert, als es dem BMWK oder anderen staatlichen Institutionen nach dem Urteil des EuGH vom 2.9.2021 (EuGH EuZW 2021, 893) untersagt ist, in den exklusiven Aufgaben- und Zuständigkeitsbereich der nationalen Regulierungsbehörde durch eigene Regelungen einzugreifen. Die Bestimmung der Bedingungen für Zugang zu LNG-Anlagen sowie der hierfür maßgeblichen Tarife oder Berechnungsmethoden obliegen gemäß Art. 41 Abs. 6 GasRL der nationalen Regulierungsbehörde. Für das BMWK besteht insoweit kein Regulierungsmandat. Die Frage kann allerdings dahinstehen. Denn mit der **§ 118a EnWG-SubVO** hat das BMWK die Verordnungsermächtigung an die BNetzA subdelegiert. **7**

8   Nach Satz 1 ist das BMWK oder im Fall der Subdelegation nach Satz 2 die BNetzA ermächtigt, die Verordnung zur Ausgestaltung der Zugangsbedingungen für LNG-Anlagen ohne Zustimmung des Bundesrates zu erlassen. Der Gesetzgeber begründet dies damit, dass die Regulierung von LNG-Anlagen allein in der Zuständigkeit des Bundes bzw. der BNetzA fällt (BT-Drs. 20/3497, 44) und insofern keine Länderinteressen berührt werden.

II. Umfang der Verordnungsermächtigung

1. LNG-Anlagen

9   Die Verordnungsermächtigung umfasst die Möglichkeit der Ausgestaltung der Bedingungen einschließlich der Entgeltregulierung für Zugang zu LNG-Anlagen im Sinne des § 3 Nr. 26 (→ § 3 Nr. 26 Rn. 1 ff.), die an die Betreiber von LNG-Anlagen im Sinne des § 3 Nr. 9 adressiert werden können. Für LNG-Anlagen, die gemäß § 28a befristet von der Anwendung der §§ 20–28 ausgenommen worden sind, gelten hingegen auch die auf der Grundlage des § 118a erlassenen verordnungsrechtlich konkretisierten Zugangsbedingungen nicht (Elspas/Graßmann/Rasbach/Elspas § 118a Rn. 3).

10   § 118a erwähnt ausdrücklich ortsfeste LNG-Anlagen (zB LNG-Terminals) und ortsungebundene, also vor allem schwimmende LNG-Anlagen (sog. Floating Storage and Regasification Units – FSRU). Eine von § 3 Nr. 9, Nr. 26 abweichende Begriffsbestimmung ist damit aber nicht verbunden.

2. Regelungsgegenstände (Nr. 1–4)

11   Mittels Rechtsverordnung können gegenüber den Betreibern von LNG-Anlagen deren Rechte und Pflichten näher bestimmt werden (**Nummer 1**). Nach **Nummer 2** umfasst die Verordnungsermächtigung die Regelung der Bedingungen für den Zugang zu den LNG-Anlagen oder der Methoden zur Bestimmung dieser Bedingungen. Zugangsbedingungen in diesem Sinne sind solche Regelungen, unter denen Betreiber von LNG-Anlagen jedermann nach sachlich gerechtfertigten Kriterien diskriminierungsfrei Zugang zu gewähren haben (BT-Drs. 20/3497, 44). Die Grundsätze des Zugangs sind in den §§ 20 und 21 geregelt und werden mit Blick auf Gasnetze, zu denen gemäß § 3 Nr. 20 definitorisch auch LNG-Anlagen gehören, derzeit noch durch die Bestimmung der GasNZV sowie der GasNEV konkretisiert (nach Art. 17 des Referentenentwurfes eines Gesetzes zur Anpassung des Energiewirtschaftsrechts an unionsrechtliche Vorgaben [Stand: 2.5.2023] soll die GasNZV mit Ablauf des 31.12.2025 und die GasNEV mit Ablauf des 31.12.2027 aber ohnehin außer Kraft treten). Die Verordnungsermächtigung nach Nummer 2 ermöglicht es somit, von diesen Bestimmungen abweichende Regelungen zu erlassen. Mit der Ermächtigung in **Nummer 3** wird die Kostenermittlung des Anlagenbetriebs adressiert. Im Bereich der LNG-Anlagen können nach dem Vorstellungsbild des Gesetzgebers Besonderheiten (zB spezifische Risiken) vorliegen, denen durch spezielle Regelungen, die von den allgemeinen Grundsätzen der regulatorischen Kostenermittlung abweichen, Rechnung getragen werden muss (BT-Drs. 20/3497, 44). Nach **Nummer 4** können Regelungen zur Anwendbarkeit der Anreizregulierung nach § 21a erfolgen. Dies umfasst auch Vorgaben, die von den Regelungen der Anreizregulierung abweichen. In seiner Begründung hebt der Gesetzgeber beispielhaft hervor, dass aktuell ein Effizienzvergleich für LNG-Anlagen nicht sinnvoll durchführbar sei, da es zu wenige Anlagen für einen Vergleich gebe. Zudem könne in der Hochlaufphase das Prinzip der Regulierungsperioden möglicherweise nicht sinnvoll sein (BT-Drs. 20/3497, 44). Mit Blick auf die Regelungen zur Anwendbarkeit der Anreizregulierung nach § 21a kann der Verordnungsgeber zwischen verschiedenen Arten von LNG-Anlagen unterschieden werden, zB zwischen ortsfesten Anlagen (zB LNG-Terminals) und ortsungebunden Anlagen (sog. FSRU) (BT-Drs. 20/3497, 44).

E. Subdelegation an die BNetzA (S. 2)

12   Nach Satz 2 wird das BMWK ermächtigt, die Verordnungsermächtigung nach Satz 1 durch eine eigene Rechtsverordnung auf die BNetzA zu übertragen. Von dieser Möglichkeit, die im Kontext des exklusiven Aufgaben- und Kompetenzbereich der BNetzA eher als

Obliegenheit zu betrachten ist, hat das BMWK mit der § 118a EnWG-SubVO Gebrauch gemacht. Die BNetzA hat auf dieser Grundlage ihrerseits die **LNGV** erlassen (→ Rn. 14).

F. Befristung (S. 3)

Die Verordnungsermächtigung ist zeitlich befristet und tritt zum Ablauf des 31.12.2027 **13** außer Kraft. Bis dahin soll nach dem Vorstellungsbild des Gesetzgebers die wesentliche Phase der Errichtung von LNG-Anlagen abgeschlossen sein und somit auch die Notwendigkeit, von der üblichen Handlungsform der Festlegung abzuweichen, entfallen. Der BNetzA bleibt es im Anschluss unbenommen, den Regulierungsrahmen für LNG-Anlagen gemäß § 26 mittels Festlegungen zu regeln und damit zu ihrer üblichen Handlungsform zurückzukehren.

G. Praktische Umsetzung (LNGV)

Nachdem zuvor das BMWK mit der § 118a EnWG-SubVO, die BNetzA zum Erlass **14** von Verordnungen nach Maßgabe des § 118a Satz 1 ermächtigt hat, erließ die BNetzA die sog. **LNGV** (der Verordnungsentwurf mit Begründung ist auf der Homepage der BNetzA abrufbar unter: https://www.bundesnetzagentur.de/DE/Fachthemen/ElektrizitaetundGas/ LNGAnlagen/ReferentenentwurfLNGV.pdf?__blob=publicationFile&v=1). Mit der Verordnung werden regulatorischen Rahmenbedingungen für den Zugang einschließlich der Entgelte zu sowohl ortsfesten als auch ortsungebundenen LNG-Anlagen geregelt. Diese Verordnung ist gem. § 1 S. 2 LNGV ausdrücklich nicht auf LNG-Anlagen anzuwenden, solange und soweit diese nach § 28a von der Anwendung der §§ 20–28 befristet ausgenommen sind. Die LNGV ist zum 18.11.2022 in Kraft getreten und tritt in Entsprechung zur Befristung der Verordnungsermächtigung nach Satz 3 mit Ablauf des 31.12.2027 wieder außer Kraft (§ 24 LNGV).

In der LNGV werden die Grundzüge für den Zugang zu diesen Anlagen, insbesondere **15** den Bedingungen für die Kapazitätsvergabe und das Kapazitätsmanagements (Teil 2), die Ermittlung von Entgelten für den Zugang bzw. der zugrundeliegenden Bestimmung der Kosten für den Betrieb von LNG-Anlagen sowie eine gesonderte Eigenkapitalverzinsung geregelt (Teil 3). Darüber hinaus werden Regelungen zur Anwendbarkeit der Anreizregulierung nach § 21a getroffen. Außerdem werden verschiedene Dokumentations- und Berichtspflichten der Betreiber von LNG-Anlagen geregelt (Teil 4), die sich einerseits auf die Darlegung der Ermittlung der Entgelte und Kosten und andererseits auf die in der betreffenden LNG-Anlage angelandeten Gasarten beziehen.

I. Kapazitätsvergabe und Kapazitätsmanagement

Die LNGV enthält in Teil 2 (§§ 3–13 LNGV) nähere Bestimmungen für den Zugang **16** zu LNG-Anlagen und regelt dabei Mindestvorgaben, die von den Betreibern der LNG-Anlagen bei der Kapazitätsvergabe und beim Kapazitätsmanagement zu beachten sind. Um eine möglichst hohe Auslastung der LNG-Anlagen zu erreichen, besteht für Betreiber einer LNG-Anlage die Verpflichtung zur Vermarktung der gesamten Kapazität der Anlage. Die Vermarktung kann dabei auf langfristiger oder kurzfristiger Basis erfolgen.

Zunächst wird aber in Entsprechung der etablierten Praxis im Bereich der Kapazitätsver- **17** marktung im Fernleitungsbereich in § 3 LNGV geregelt, dass der Betreiber einer LNG-Anlage verlangen kann, dass sich potentielle Nutzer einer LNG-Anlage vor der Abgabe von Buchungsanfragen beim Betreiber der entsprechenden LNG-Anlage registrieren lassen. Die vorherige Registrierung kann vom Betreiber zur Voraussetzung für die Teilnahme an den Verfahren zur Vergabe von langfristigen und kurzfristigen Kapazitäten und für eine Übertragung von Kapazitäten im Rahmen der Sekundärvermarktung und des Verfahrens zur Vergabe ungenutzter Kapazitäten gemacht werden (§ 3 Abs. 3 LNGV). Inwieweit der Betreiber der LNG-Anlage bei der Registrierung weitergehende Prüfungen, wie Bonitätsprüfungen oder sonstige Überprüfungen potenzieller Nutzer vornimmt, soll dabei seiner unternehmerischen Entscheidungsfreiheit unterliegen, solange der Grundsatz der Diskriminierungsfreiheit gewahrt bleibt und die Prüfungen keine unangemessenen Marktzugangsbarrieren darstellen (Begründung des Verordnungsentwurfs, S. 25 → Rn. 14).

18 In den §§ 5–7 LNGV werden Vorgaben geregelt, die bei der **langfristigen Vergabe von Kapazitäten** zu beachten sind, welche sich gemäß § 2 Nr. 1 LNGV auf einen Buchungszeitraum von mindestens zwölf Monaten beziehen. Den Betreiber von LNG-Anlagen können zB Mindestbuchungshöhen und -dauern für die Kapazitätsvergabe festlegen. Außerdem sind bestimmte Verfahrensvorschriften für die Kapazitätsvergabe zu beachten. Es handelt sich um Mindestvorgaben, die auf der einen Seite für einen diskriminierungsfreien und transparenten Zugang im Interesse des Wettbewerbs und der Versorgungssicherheit erforderlich sind. Auf der anderen Seite sollen diese Mindestvorgaben die Investitionen in LNG-Anlagen auch nicht hemmen. § 5 Abs. 1 LNGV eröffnet den Betreibern von LNG-Anlagen, interessierten Nutzern verschiedene Produkte anzubieten, wobei das Angebot von Produkten und Dienstleistungen dem Gebot der Diskriminierungsfreiheit und der Transparenz unterliegt. Diese Regelung erstreckt sich auf alle Ausgestaltungsvarianten, unabhängig davon, ob es sich um ein gebündeltes oder ein ungebündeltes Produkt handelt und welche Laufzeit diese aufweisen (Begründung des Verordnungsentwurfs, S. 25 → Rn. 14). Um eine hinreichende Markttransparenz zu erlangen, haben die Betreiber von LNG-Anlagen nähere Informationen zur Ausgestaltung der angebotenen Produkte oder Dienstleistungen offenzulegen und bei etwaigen Änderungen mit angemessener Vorlaufzeit zu kommunizieren. Dies ergibt sich bereits aus Art. 19 VO (EG) Nr. 715/2009. Nach Art. 13 VO (EU) 2022/2576 sollen diese Informationen über eine europäische LNG-Transparenzplattform veröffentlicht werden, was nach Ansicht der BNetzA über die Plattform „Alsi" der Organisation Gas Infrastructure Europe (GIE – https://alsi.gie.eu) erfolgen könne.

19 In den §§ 8 und 9 LNGV werden Regelungen zur kurzfristigen Vergabe von Kapazitäten getroffen. Gemäß § 2 Nr. 2 LNGV gelten Kapazitätsvergaben von LNG-Anlagen bei einem Buchungszeitraum von weniger als zwölf Monaten als kurzfristig. In diesem Zuge wird LNG-Anlagenbetreibern auferlegt, dass sie eine Reservierungsquote in Höhe von mindestens zehn Prozent der Jahresdurchsatzkapazität für eine kurzfristige Vergabe von Kapazitäten zurückhalten sollen. Auch für die kurzfristige Vergabe von zurückgehaltenen Kapazitäten werden dem Betreiber einer LNG-Anlage im Übrigen detaillierte Vorgaben gemacht.

20 In den §§ 10–14 LNGV werden Regelungen zur **Sekundärvermarktung** und zur **Vergabe ungenutzter Kapazitäten** geregelt. Nutzer der LNG-Anlage wird das Recht gewährt, ihre kontrahierten Kapazitäten auf einem Sekundärmarkt zu handeln (§ 10 LNGV). In § 11 LNGV werden nähere Modalitäten dieser Sekundärvermarktung geregelt. Art. 13 VO (EU) 2022/2576 bestimmt überdies, dass alle Betreiber von LNG-Anlagen einzeln oder auf regionaler Ebene eine transparente und diskriminierungsfreie Buchungsplattform für die Nutzer von LNG-Anlagen einzurichten haben, auf der kontrahierte Kapazitäten auf dem Sekundärmarkt weiterverkauft werden können. Alternativ kann eine bereits vorhandene Plattform dazu genutzt werden. Diese Vorgabe richtet sich sowohl an die der Zugangs- und Entgeltregulierung unterfallenden als auch an die nach § 28a von der Regulierung ausgenommenen LNG-Anlagen. Nach §§ 12 und 13 LNGV werden die Betreiber von (regulierten) LNG-Anlagen zudem verpflichtet, ungenutzte Kapazitäten auf dem Markt anzubieten und entsprechende Regelungen in den Kapazitätsverträgen vorzusehen.

II. Ermittlung von Entgelten und Kosten

21 Die Verordnung konkretisiert zudem in Teil 3 (§§ 14–21 LNGV) den regulatorischen Rahmen für die Anerkennung der effizienten Kosten für den Betreiber einer LNG-Anlage und regelt zugleich die Grundzüge der Entgeltermittlung, die im Ergebnis die Transparenz und Vergleichbarkeit der gebildeten Entgelte für den Kunden erhöhen.

22 Für die Anlandung, ggf. erforderliche Zwischenspeicherung und Regasifizierung erheben die Betreiber von LNG-Anlagen von ihren Kunden Nutzungsentgelte. Die Nutzungsentgelte für LNG-Anlagen umfassen nicht die von den Fernleitungsnetzbetreibern erhobenen Netzentgelte für die Einspeisung in das Fernleitungsnetz, welche ebenfalls von den Kunden zu tragen sind. Anders als regulierte Gasnetzbetreiber bedürfen Betreiber von LNG-Anlagen aber einer Netzentgeltgenehmigung nach § 23a, die nicht für eine Regulierungsperiode, sondern für eine jährliche Kalkulationsperiode gilt. Die Genehmigung ist rechtzeitig (i. d. R. mindestens sechs Monate vor dem geplanten Wirksamwerden) unter Verwendung des Erhe-

Sonderregeln f. Energieliefervtr. außerh. Grundversorgung § 118b EnWG

bungsbogens bei der Beschlusskammer zu beantragen und richtet sich nach den Bestimmungen der §§ 14 ff. LNGV.

Der in der LNGV vorgesehene Regulierungsrahmen normiert eine jährliche kostenorientierte Entgeltbildung auf Basis eines Plan-Ist-Kostenabgleichs einschließlich einer Verzinsung der entstehenden Salden, die annuitätisch über die Folgejahre zu verteilen sind. Ähnlich wie im Rahmen der GasNEV (§§ 4–10 GasNEV) werden die anerkennungsfähigen Kostenarten zum Teil aufwandsgleich und zum Teil kalkulatorisch bestimmt (§§ 14–20 LNGV). 23

Die **aufwandsgleichen Kosten** (§ 16 LNGV) umfassen alle Betriebskosten eines Kalenderjahres, die einem effizienten und strukturell vergleichbaren Betreiber einer LNG-Anlage entsprechen. Als Basis hierfür ist auf die Gewinn- und Verlustrechnung des Tätigkeitsabschlusses für die Tätigkeit des Betriebs von LNG-Anlagen (§ 6b Abs. 3) abzustellen. Auch Zinsen für die Aufnahme von Fremdkapital fallen hierunter, soweit diese die kapitalmarktüblichen Zinsen für vergleichbare Kreditaufnahmen nicht überschreiten. 24

Die **übrigen Kapitalkosten** der Kalkulationsperiode (Kalenderjahr) werden gemäß §§ 17–19 LNGV kalkulatorisch bestimmt. Hierzu gehören kalkulatorische Abschreibungen, die kalkulatorische Eigenkapitalverzinsung sowie kalkulatorische Steuern. Die Regelungen sind konzeptionell mit den Regelungen der §§ 6, 7 und 8 GasNEV vergleichbar. Im Rahmen der **kalkulatorischen Eigenkapitalverzinsung** wird das vom Betreiber einer LNG-Anlage hierfür eingesetzten Kapital bis zu einer Eigenkapitalquote von 40 Prozent am betriebsnotwendigen Vermögen mit einem EK-Zinssatz in Höhe von **9 Prozent** vor Steuern verzinst. Das über die Eigenkapitalquote von 40 Prozent hinausgehende Eigenkapital wird mit einem fremdkapitalähnlichen Zinssatz verzinst (§ 18 Abs. 4 LNGV). 25

Nach § 21 LNGV hat eine jährliche Kostenprüfung und ein Abgleich von Plan- und Ist-Kosten zu erfolgen. Zur Vorgehensweise hat die BNetzA ein Hinweispapier veröffentlicht (abrufbar unter: https://www.bundesnetzagentur.de/DE/Beschlusskammern/BK09/BK9_05_LNG/_Downloads/KP/Hinweispapier_LNG.pdf?__blob=publicationFile&v=6). Die BNetzA (BK 9) prüft und genehmigt dabei die voraussichtlichen Kosten für das jeweils nächste Kalenderjahr (Plan-Kosten). Nach dem Bezugsjahr prüft und genehmigt sie die tatsächlich angefallenen Kosten (Ist-Kosten). Die Differenz aus tatsächlichen Ist-Kosten und erzielten Erlösen wird mit den aktuellen und zukünftigen Plankosten verrechnet. Die nach dieser Verrechnung verbleibenden Plankosten werden sodann auf die voraussichtlich zu vermarktenden Dienstleistungen verteilt, um die genehmigungsfähigen Entgelte zu bestimmen (Hinweise unter: https://www.bundesnetzagentur.de/DE/Fachthemen/Elektrizitaetund-Gas/LNGAnlagen/start.html). 26

Die festgestellten Kosten können von den Betreibern einer LNG-Anlage in Entgelte für den Zugang zu den LNG-Anlagen umgelegt werden. Umfassende Vorgaben zur Methodik, nach welcher der genehmigte Kostenblock in Entgelte umzusetzen ist, sind hingegen in der LNGV nicht vorgesehen worden. Dies soll insbesondere die Phase der Errichtung der LNG-Anlagen im aktuellen Kontext der Quellendiversifizierung zur Sicherstellung der Versorgungssicherheit unterstützen und überdies den unterschiedlichen Vermarktungsmodellen bei LNG-Anlagen Rechnung tragen (Begründung des Verordnungsentwurfs, S. 20 → Rn. 14). 27

§ 118b Befristete Sonderregelungen für Energielieferverträge mit Haushaltskunden außerhalb der Grundversorgung bei Versorgungsunterbrechungen wegen Nichtzahlung

(1) ¹Bis zum Ablauf des 30. April 2024 ist § 41b Absatz 2 auf Energielieferverträge mit Haushaltskunden außerhalb der Grundversorgung mit den Maßgaben der Absätze 2 bis 9 anzuwenden. ²Von den Vorgaben der Absätze 2 bis 9 abweichende vertragliche Vereinbarungen sind unwirksam. ³Im Übrigen ist § 41b unverändert anzuwenden.

(2) ¹Bei der Nichterfüllung einer Zahlungsverpflichtung des Haushaltskunden trotz Mahnung ist der Energielieferant berechtigt, die Energieversorgung vier Wochen nach vorheriger Androhung unterbrechen zu lassen und die Unterbrechung beim zuständigen Netzbetreiber zu beauftragen. ²Der Energielieferant kann

Sauer

mit der Mahnung zugleich die Unterbrechung der Energieversorgung androhen, sofern die Folgen einer Unterbrechung nicht außer Verhältnis zur Schwere der Zuwiderhandlung stehen oder der Haushaltskunde darlegt, dass hinreichende Aussicht besteht, dass er seinen Zahlungsverpflichtungen nachkommt. ³Im Falle einer Androhung nach Satz 1 hat der Energielieferant den Haushaltskunden einfach verständlich zu informieren, wie er dem Energielieferanten das Vorliegen von Voraussetzungen nach Absatz 3 in Textform mitteilen kann. ⁴Der Energielieferant hat dem Haushaltskunden die Kontaktadresse anzugeben, an die der Haushaltskunde die Mitteilung zu übermitteln hat.

(3) ¹Die Verhältnismäßigkeit einer Unterbrechung im Sinne des Absatzes 2 Satz 2 ist insbesondere dann nicht gewahrt, wenn infolge der Unterbrechung eine konkrete Gefahr für Leib oder Leben der dadurch Betroffenen zu besorgen ist. ²Der Energielieferant hat den Haushaltskunden mit der Androhung der Unterbrechung über die Möglichkeit zu informieren, Gründe für eine Unverhältnismäßigkeit der Unterbrechung, insbesondere eine Gefahr für Leib und Leben, in Textform mitzuteilen und auf Verlangen des Energielieferanten glaubhaft zu machen.

(4) ¹Der Energielieferant darf eine Unterbrechung wegen Zahlungsverzugs nur durchführen lassen, wenn der Haushaltskunde nach Abzug etwaiger Anzahlungen in Verzug ist
1. mit Zahlungsverpflichtungen in Höhe des Doppelten der rechnerisch auf den laufenden Kalendermonat entfallenden Abschlags- oder Vorauszahlung oder
2. für den Fall, dass keine Abschlags- oder Vorauszahlungen zu entrichten sind, mit mindestens einem Sechstel des voraussichtlichen Betrages der Jahresrechnung.

²Der Zahlungsverzug des Haushaltskunden muss mindestens 100 Euro betragen. ³Bei der Berechnung der Höhe des Betrages nach den Sätzen 1 und 2 bleiben diejenigen nicht titulierten Forderungen außer Betracht, die der Haushaltskunde form- und fristgerecht sowie schlüssig begründet beanstandet hat. ⁴Ferner bleiben diejenigen Rückstände außer Betracht, die wegen einer Vereinbarung zwischen Energielieferant und Haushaltskunde noch nicht fällig sind oder die aus einer streitigen und noch nicht rechtskräftig entschiedenen Preiserhöhung des Energielieferanten resultieren.

(5) ¹Der Energielieferant ist verpflichtet, den betroffenen Haushaltskunden mit der Androhung einer Unterbrechung der Energielieferung wegen Zahlungsverzuges nach Absatz 2 zugleich in Textform über Möglichkeiten zur Vermeidung der Unterbrechung zu informieren, die für den Haushaltskunden keine Mehrkosten verursachen. ²Dazu können beispielsweise gehören:
1. örtliche Hilfsangebote zur Abwendung einer Versorgungsunterbrechung wegen Nichtzahlung,
2. Vorauszahlungssysteme,
3. Informationen zu Energieaudits und zu Energieberatungsdiensten und
4. Hinweise auf staatliche Unterstützungsmöglichkeiten der sozialen Mindestsicherung und bei welcher Behörde diese beantragt werden können oder auf eine anerkannte Schuldner- und Verbraucherberatung.

³Ergänzend ist auf die Pflicht des Energielieferanten nach Absatz 7 hinzuweisen, dem Haushaltskunden auf dessen Verlangen innerhalb einer Woche sowie unabhängig von einem solchen Verlangen spätestens mit der Ankündigung der Unterbrechung eine Abwendungsvereinbarung anzubieten, und dem Haushaltskunden ein standardisiertes Antwortformular zu übersenden, mit dem der Haushaltskunde die Übersendung einer Abwendungsvereinbarung anfordern kann. ⁴Die Informationen nach den Sätzen 1 bis 3 sind in einfacher und verständlicher Weise zu erläutern.

(6) ¹Der Beginn der Unterbrechung der Energielieferung ist dem Haushaltskunden acht Werktage im Voraus durch briefliche Mitteilung anzukündigen. ²Zusätzlich soll die Ankündigung nach Möglichkeit auch auf elektronischem Wege in Textform erfolgen.

(7) ¹Der betroffene Haushaltskunde ist ab dem Erhalt einer Androhung der Unterbrechung nach Absatz 2 Satz 1 berechtigt, von dem Energielieferanten die

Übermittlung des Angebots für eine Abwendungsvereinbarung zu verlangen. ²Der Energielieferant ist verpflichtet, dem betroffenen Haushaltskunden im Falle eines Verlangens nach Satz 1 innerhalb einer Woche und ansonsten spätestens mit der Ankündigung einer Unterbrechung der Energielieferung nach Absatz 6 zugleich in Textform den Abschluss einer Abwendungsvereinbarung anzubieten. ³Das Angebot für die Abwendungsvereinbarung hat zu beinhalten:
1. eine Vereinbarung über zinsfreie monatliche Ratenzahlungen zur Tilgung der nach Absatz 4 ermittelten Zahlungsrückstände sowie
2. eine Verpflichtung des Energielieferanten zur Weiterversorgung nach Maßgabe der mit dem Haushaltskunden vereinbarten Vertragsbedingungen, solange der Kunde seine laufenden Zahlungsverpflichtungen erfüllt, und
3. allgemein verständliche Erläuterungen der Vorgaben für Abwendungsvereinbarungen.

⁴Unabhängig vom gesetzlichen Widerrufsrecht des Haushaltskunden darf nicht ausgeschlossen werden, dass er innerhalb eines Monats nach Abschluss der Abwendungsvereinbarung Einwände gegen die der Ratenzahlung zugrunde liegenden Forderungen in Textform erheben kann. ⁵Die Ratenzahlungsvereinbarung nach Satz 3 Nummer 1 muss so gestaltet sein, dass der Haushaltskunde sich dazu verpflichtet, die Zahlungsrückstände in einem für den Energielieferanten sowie für den Haushaltskunden wirtschaftlich zumutbaren Zeitraum vollständig auszugleichen. ⁶Als in der Regel zumutbar ist je nach Höhe der Zahlungsrückstände ein Zeitraum von sechs bis 18 Monaten anzusehen. ⁷Überschreiten die Zahlungsrückstände die Summe von 300 Euro, beträgt dieser Zeitraum mindestens zwölf bis höchstens 24 Monate. ⁸In die Bemessung der Zeiträume nach den Sätzen 6 und 7 soll die Höhe der jeweiligen Zahlungsrückstände maßgeblich einfließen. ⁹Nimmt der Haushaltskunde das Angebot vor Durchführung der Unterbrechung in Textform an, darf die Energielieferung durch den Energielieferanten nicht unterbrochen werden. ¹⁰Der Haushaltskunde kann in dem Zeitraum, den die Abwendungsvereinbarung umfasst, von dem Energielieferanten eine Aussetzung der Verpflichtungen nach Satz 3 Nummer 1 hinsichtlich der monatlichen Ratenzahlungsvereinbarung in Höhe von bis zu drei Monatsraten verlangen, solange er im Übrigen seine laufenden Zahlungsverpflichtungen aus dem Liefervertrag erfüllt. ¹¹Darüber hat der Haushaltskunde den Energielieferanten vor Beginn des betroffenen Zeitraums in Textform zu informieren. ¹²Im Falle eines Verlangens auf Aussetzung nach Satz 10 verlängert sich der nach den Sätzen 6 und 7 bemessene Zeitraum entsprechend. ¹³Kommt der Haushaltskunde seinen Verpflichtungen aus der Abwendungsvereinbarung nicht nach, ist der Energielieferant berechtigt, die Energielieferung unter Beachtung des Absatzes 6 zu unterbrechen.

(8) In einer Unterbrechungsandrohung nach Absatz 2 Satz 1 und in einer Ankündigung des Unterbrechungsbeginns nach Absatz 6 ist klar und verständlich sowie in hervorgehobener Weise auf den Grund der Unterbrechung sowie darauf hinzuweisen, welche voraussichtlichen Kosten dem Haushaltskunden infolge der Unterbrechung nach Absatz 2 Satz 1 und einer nachfolgenden Wiederherstellung der Energielieferung nach Absatz 9 in Rechnung gestellt werden können.

(9) ¹Der Energielieferant hat die Energielieferung unverzüglich wiederherstellen zu lassen, sobald die Gründe für ihre Unterbrechung entfallen sind und der Haushaltskunde die Kosten der Unterbrechung und Wiederherstellung der Belieferung ersetzt hat. ²Die Kosten können für strukturell vergleichbare Fälle pauschal berechnet werden. ³Dabei muss die pauschale Berechnung einfach nachvollziehbar sein. ⁴Die Pauschale darf die nach dem gewöhnlichen Lauf der Dinge zu erwartenden Kosten nicht übersteigen. ⁵Auf Verlangen des Haushaltskunden ist die Berechnungsgrundlage nachzuweisen. ⁶Der Nachweis geringerer Kosten ist dem Haushaltskunden zu gestatten. ⁷Die in Rechnung gestellten Kosten dürfen, auch im Falle einer Pauschalierung, die tatsächlich entstehenden Kosten nicht überschreiten.

(10) ¹Das Bundesministerium für Wirtschaft und Klimaschutz überprüft im Einvernehmen mit dem Bundesministerium für Umwelt, Naturschutz, nukleare

Sicherheit und Verbraucherschutz bis zum 31. Dezember 2023 die praktische Anwendung dieser Vorschrift und die Notwendigkeit einer Weitergeltung über den 30. April 2024 hinaus. ²In die Überprüfung sollen die Regelungen in den Rechtsverordnungen nach § 39 Absatz 2 einbezogen werden, soweit diese bis zum 30. April 2024 befristet sind.

Überblick

§ 118b enthält spezielle Vorgaben für Lieferunterbrechungen wegen Nichtzahlung eines Haushaltskunden außerhalb der Grundversorgung. Die in den Absätzen 2–9 geregelten Voraussetzungen entsprechenden den Bestimmungen der §§ 19 Abs. 2–7 Strom-/GasGVV. Im Gegensatz zur Grundversorgung gelten die Vorgaben nach § 118b allerdings nur für einen Übergangszeitraum vom 24.12.2022 bis zum 30.4.2024. Das BMWK prüft bis zum 31.12.2023, ob eine darüber hinausgehende Weitergeltung notwendig sein wird (Absatz 10).

Übersicht

	Rn.		Rn.
A. Normzweck und Bedeutung	1	G. Unterbrechungsankündigung (Abs. 6)	31
B. Anwendungsbereich (Abs. 1)	4	H. Abwendungsvereinbarung (Abs. 7)	35
I. Sachlicher Anwendungsbereich (Abs. 1 S. 1 und 3)	4	I. Pflicht zum Angebot einer Abwendungsvereinbarung (Abs. 7 S. 1 und 2)	36
II. Zeitlicher Anwendungsbereich (Abs. 1 S. 1)	5	II. Inhalt der Abwendungsvereinbarung (Abs. 7 S. 3, 5–8)	37
III. Unwirksamkeit abweichender Vereinbarungen (Abs. 1 S. 2)	6	1. Ratenzahlungsvereinbarung (Abs. 7 S. 3 Nr. 1, S. 5–8)	37
C. Unterbrechungsandrohung und Informationen des Lieferanten (Abs. 2)	7	2. Pflicht des Lieferanten zur Weiterversorgung (Abs. 7 S. 3 Nr. 2)	38
I. Mahnung und Unterbrechungsandrohung (Abs. 2 S. 1)	7	3. Erläuterungen der Regelungen (Abs. 7 S. 3 Nr. 3)	39
II. Verbindung von Mahnung und Unterbrechungsandrohung und Ausschluss der Unterbrechung (Abs. 2 S. 2)	11	III. Einwände gegen die Forderungen aus der Abwendungsvereinbarung (Abs. 7 S. 4)	40
III. Information zur Abwendung wegen Unverhältnismäßigkeit (Abs. 2 S. 3 und 4)	13	IV. Annahme durch den Kunden (Abs. 7 S. 9)	41
IV. Rechtsfolgen bei unterlassener Mahnung, Unterbrechungsandrohung und Kundeninformation	14	V. Aussetzung der Verpflichtungen des Kunden (Abs. 7 S. 10–12)	43
D. Ausschluss einer Unterbrechung wegen Unverhältnismäßigkeit (Abs. 3)	15	VI. Unterbrechung wegen Verletzung der Abwendungsvereinbarung (Satz 13)	44
I. Konkrete Gefahr für Leib oder Leben (Abs. 3 S. 1)	16	I. Hinweise zum Grund der Unterbrechung und zu den Kosten (Abs. 8)	45
II. Weitere Gründe	17	J. Wiederherstellung der Energielieferung (Abs. 9)	46
III. Ermöglichung des Kundenvortrages (Abs. 3 S. 2)	18	I. Wiederherstellungsgründe (Abs. 9 S. 1)	47
E. Schwellenwerte des Zahlungsrückstände (Abs. 4)	22	1. Entfallen der Gründe für die Unterbrechung	48
I. Schwellenwerte (Abs. 4 S. 1 und 2)	22	2. Kostentragung	51
II. Relevante Forderungen (Abs. 4 S. 3 und 4)	26	II. Kosten (Abs. 9 S. 2–6)	52
F. Informationen zu Möglichkeiten der Vermeidung der Unterbrechung (Abs. 5)	28	III. Unverzügliche Wiederherstellung und Verzug des Lieferanten	53
		K. Prüfung einer Weitergeltung (Abs. 10)	55

A. Normzweck und Bedeutung

1 Die Regelungen des § 118b wurden mit dem Gesetz zur Einführung einer Strompreisbremse und zur Änderung weiterer energierechtlicher Bestimmungen vom 20.12.2022 (BGBl. I 2512) ins EnWG eingefügt. Sie sind als Reaktion auf die massiven Preissteigerungen bei Gas und Strom getroffen worden, die seit dem Herbst 2021 auf den Energiemärkten zu

verzeichnen waren und durch den russischen Angriffskrieg gegen die Ukraine noch verschärft wurden. Mit den Regelungen sollen die Folgen der gravierenden Preissteigerungen auch für Haushaltskunden außerhalb der Grundversorgung abgeschwächt werden. Der Gesetzgeber hat für eine Gleichstellung sämtlicher Haushaltskunden sorgen wollen, indem er die Schutzbestimmungen für Haushaltskunden außerhalb der Grundversorgung an die Vorgaben der Grundversorgung angeglichen hat. In der Gesetzesbegründung (BT-Drs. 20/4685, 124) wird ausdrücklich darauf hingewiesen, dass die Bestimmungen des § 118b Abs. 2–9 den Regelungen der §§ 19 Abs. 2–7 Strom-/GasGVV entsprechen und auf die Begründung der dortigen Regelungen (BR-Drs.724/21, 20 ff.) zurückgegriffen werden kann.

Die in Bezug genommenen Vorgaben der Strom-/GasGVV sind mit der Verordnung zur Anpassung der Stromgrundversorgungsverordnung und der Gasgrundversorgungsverordnung an unionsrechtliche Vorgaben (GVVEUAnpV) vom 22.11.2021 (BGBl. I 4946) davor erheblich verschärft worden. **1.1**

§ 118b vermittelt dem Lieferanten kein Recht zur Lieferunterbrechung. Ob und inwieweit **2** ein Lieferant wegen der Nichtzahlung seines Kunden zur Unterbrechung der Belieferung und damit zur Verweigerung seiner eigenen Leistung berechtigt ist, ergibt sich vielmehr aus dem betreffenden Liefervertrag und den allgemeinen zivilrechtlichen Vorschriften (§§ 273, 320 BGB). Die dort geregelten Voraussetzungen müssen also in jedem Fall erfüllt sein, sonst wäre eine Versorgungsunterbrechung unrechtmäßig. Bei den Vorgaben des § 118b handelt es sich um spezialgesetzliche Modifikationen bzw. Einschränkungen der allgemeinen zivilrechtlichen Zurückbehaltungsrechte des Lieferanten. Im Interesse des Kundenschutzes müssen vor Ausübung seines Leistungsverweigerungsrechts (Versorgungsunterbrechung) die zusätzlichen Voraussetzungen des § 118b erfüllt werden. Werden diese Voraussetzungen nicht eingehalten und gleichwohl eine Lieferunterbrechung vorgenommen, macht sich der Lieferant gegenüber dem Haushaltskunden als seinen Vertragspartner und möglicherweise sogar gegenüber den von der Unterbrechung sonst betroffenen Dritten ggf. schadensersatzpflichtig. Eine unrechtmäßige Versorgungsunterbrechung kann auch eine widerrechtliche Besitzstörung (§ 858 BGB) darstellen.

In § 118b Abs. 2–9 werden verschiedene Prozessschritte bzw. Eskalationsstufen (Mahnung, **3** Unterbrechungsandrohung und Unterbrechungsankündigung) vorgeschrieben, die als Wirksamkeitsvoraussetzungen vor einer Versorgungsunterbrechung durchlaufen werden müssen, um dem Kunden die Folgen seiner Nichtzahlung deutlich vor Augen zu führen und mehrfach die Gelegenheit zu bieten, seine Zahlungsrückstände zu begleichen oder die Lieferunterbrechung auf andere Weise abzuwenden. Im Zentrum steht das in § 118b Abs. 7 geregelte Instrument der Abwendungsvereinbarung, das bisher nur in der Grundversorgung vorgesehen war. Hiernach muss nunmehr auch Haushaltskunden außerhalb der Grundversorgung die Möglichkeit eröffnet werden, aufgelaufene unstreitige Zahlungsrückstände mittels Ratenzahlung zu begleichen (→ Rn. 37), um dadurch einer drohenden Versorgungsunterbrechung zu entgehen.

B. Anwendungsbereich (Abs. 1)

I. Sachlicher Anwendungsbereich (Abs. 1 S. 1 und 3)

Die in § 118b geregelten Vorgaben für Lieferunterbrechungen gelten für Energielieferverträge mit Haushaltskunden außerhalb der Grundversorgung, was zunächst dem Anwendungsbereich des § 41b (→ § 41b Rn. 4 ff.) entspricht. Konkret ergänzen und modifizieren die Vorgaben der Absätze 2–9 die bislang geltenden Lieferantenpflichten des § 41b Abs. 2. Sie sind somit auf den Fall von Versorgungsunterbrechungen wegen Nichtzahlung des Haushaltskunden beschränkt. Darunter fallen alle Zahlungspflichten des Haushaltskunden (zB Zahlung Energiepreises, Sicherheitsleistungen, etc.); unter den Voraussetzungen des § 273 BGB auch solche aus anderen Lieferverträgen zwischen dem Haushaltkunden und dem Lieferanten. Versorgungsunterbrechungen aus anderen Gründen (zB wegen Energiediebstahl oder anderen Pflichtverletzungen des Kunden) stehen nicht unter den speziellen Voraussetzungen des § 118b Abs. 2–9, sondern richten sich nach den vertraglichen Vereinbarungen bzw. allgemeinen zivilrechtlichen Regelungen. **4**

Sauer

EnWG § 118b Teil 10. Evaluierung, Schlussvorschriften

II. Zeitlicher Anwendungsbereich (Abs. 1 S. 1)

5   Die Geltung der in § 118b geregelten Vorgaben für Lieferunterbrechungen außerhalb der Grundversorgung ist vom 24.12.2022 bis zum Ablauf des 30.4.2024 befristet. Der Gesetzgeber wollte hiermit einen Gleichlauf mit der längstmöglichen Geltungsdauer der Regelungen zur Strom- und Gaspreisbremse nach dem Strompreisbremsegesetz (BGBl. 2022 I 2512) bzw. dem Erdgas-Wärme-Preisbremsengesetz (BGBl. 2022 I 2560) herstellen (BT-Drs. 20/4685, 124). Einen sachlichen Grund hierfür nannte der Gesetzgeber allerdings nicht. Nach § 118b Abs. 10 soll das BMWK bis zum 31.12.2023 die praktische Anwendung dieser Vorschrift und die Notwendigkeit einer Weitergeltung über den 30.4.2024 hinaus überprüfen. Ob und inwieweit es zu einer Verlängerung der Geltungsdauer kommen wird, ist derzeit offen. Läuft der Geltungszeitraum des § 118a Abs. 1 ab, gelangt die Regelung des § 41b Abs. 2 wieder uneingeschränkt zur Anwendung.

III. Unwirksamkeit abweichender Vereinbarungen (Abs. 1 S. 2)

6   Nach § 118b Abs. 1 S. 2 sind vertragliche Vereinbarungen, die von den Vorgaben der Absätze 2 bis 9 abweichen, unwirksam. Dies bezieht sich zuvörderst auf die Vorgaben zum Inhalt der Abwendungsvereinbarung nach § 118b Abs. 7 S. 3, 5–8 (→ Rn. 36) sowie Abs. 7 Satz 4 (→ Rn. 40). Im Übrigen wird man die Regelung im Kontext des Satzes 1 so verstehen dürfen, dass abweichende Vereinbarungen zwar getroffen, während des Geltungszeitraums des § 118b – derzeit bis zum 30. April 2024 – aber nicht wirksam werden können. § 118b Abs. 1 Satz 2 regelt kein gesetzliches Verbot im Sinne des § 134 BGB, dessen Folge die Nichtigkeit der entsprechenden Vereinbarungen wäre. Ebenso sind in der Vergangenheit getroffene abweichende Vereinbarungen nicht nichtig, sondern nur deren Wirksamkeit während des Geltungszeitraums des § 118b ausgesetzt.

C. Unterbrechungsandrohung und Informationen des Lieferanten (Abs. 2)

I. Mahnung und Unterbrechungsandrohung (Abs. 2 S. 1)

7   Mit der Regelung des § 118b Abs. 2 S. 1 wird die Versorgungsunterbrechung wegen Nichtzahlung des Kunden unter einen zweifachen Vorbehalt gestellt. Zum einen muss gegenüber dem Kunden eine Mahnung ausgesprochen worden sein („trotz Mahnung"). Dabei handelt es sich gewissermaßen um die erste Eskalationsstufe, an deren Ende die Lieferunterbrechung steht. Es genügt für das Instrument der Lieferunterbrechung also nicht, dass der Kunde auf andere Weise (vgl. § 286 Abs. 2 BGB) in Verzug geraten ist. Die Mahnung ist ein zwingendes Erfordernis, um dem Kunden die Folgen seiner Nichtzahlung bewusst zu machen (Säcker EnergieR/Busche, 4. Aufl. 2018, StromGVV § 19 Rn. 7).

8   Als weitere formelle Rechtmäßigkeitsvoraussetzung einer Lieferunterbrechung (zweite Eskalationsstufe) wird vorgegeben, dass der Unterbrechung eine an den Kunden gerichtete unmissverständliche Unterbrechungsandrohung vorausgehen und zwischen Androhung und Unterbrechung ein Zeitraum von mindestens vier Wochen liegen muss. Die Unterbrechung darf mithin frühestens mit Ablauf der vierwöchigen Androhungsfrist umgesetzt werden. Entscheidend für den Fristbeginn ist der Zugang der Androhung beim Kunden. Mit dieser Frist soll der Haushaltskunde in die Lage versetzt werden, von einer angedrohten Unterbrechung Kenntnis zu nehmen und Maßnahmen zur Abwendung ergreifen zu können. Ein genaues Datum der Unterbrechung braucht in der Androhung nach Abs. 2 noch nicht angegeben werden; dies ist dem Haushaltskunden in der weiteren Eskalation der Unterbrechungsankündigung nach Absatz 6 (→ Rn. 31 ff.) zu nennen.

9   Die Mahnung und Unterbrechungsandrohung hat der Lieferant an seinen Vertragspartner zu adressieren (BR-Drs. 306/06, 39). Er muss sich mithin nicht darauf einlassen, gegenüber ihm typischerweise unbekannten Dritten, die von der Unterbrechung mitbetroffen wären (zB Mitbewohner, etc.), eine separate Unterbrechungsandrohung zu übermitteln. Für den Zugang der Mahnung sowie der Unterbrechungsandrohung an seinen Vertragspartner trägt der Lieferant die Darlegungs- und Beweislast.

10 In praktischer Hinsicht wird die Lieferunterbrechung typischerweise vom Netzbetreiber durch eine technische Unterbrechung des Netzanschlusses und der Anschlussnutzung vollzo-

gen. Hierzu wird der Netzbetreiber vom Lieferanten beauftragt (vgl. § 24 NAV/NDAV). Etwas missverständlich heißt es in § 118b Abs. 2 S. 2, dass der Lieferant unter den genannten Voraussetzungen berechtigt ist, die Energieversorgung vier Wochen nach vorheriger Androhung unterbrechen zu lassen und die Unterbrechung beim zuständigen Netzbetreiber zu beauftragen. Richtigerweise bezieht sich die Vier-Wochenfrist allein auf den Zeitraum zwischen Androhung und berechtigter Unterbrechung und nicht auch auf den Zeitraum zwischen Androhung und Beauftragung des Netzbetreibers. Der Lieferant muss also mit der Beauftragung des Netzbetreiber nicht vier Wochen ab Androhung zuwarten, sondern kann den Auftrag auch schon früher auslösen. Nur der praktische Vollzug muss mindestens vier Wochen auf sich warten lassen.

II. Verbindung von Mahnung und Unterbrechungsandrohung und Ausschluss der Unterbrechung (Abs. 2 S. 2)

Unter den Voraussetzungen des § 118b Abs. 2 S. 2 darf die Mahnung des Lieferanten mit 11 der Unterbrechungsandrohung verbunden werden; was dazu führt, dass der zeitliche Vorlauf zur Unterbrechung verkürzt werden kann. Die Möglichkeit steht dem Lieferanten nicht zu, wenn die Folgen einer Unterbrechung außer Verhältnis zur Schwere der Zuwiderhandlung stünden (zur Unverhältnismäßigkeit der Unterbrechung → Rn. 20 ff.) oder der Haushaltskunde darlegt, dass hinreichende Aussicht dafür besteht, dass er seinen Zahlungsverpflichtungen nachkommt. Letzteres kann zB der Fall sein, wenn der Kunde darlegt, dass sich seine finanzielle Situation gebessert hat oder ein Dritter (zB ein Sozialträger) die Zahlungsverpflichtungen übernehmen wird. Hierfür trägt der Kunde die Darlegungs- und Beweislast. Aus den kundenseitig vorgetragenen Umständen muss objektiv auf eine hinreichende Aussicht auf Erfüllung seiner Zahlungsverpflichtungen geschlossen werden können. Dabei sind sowohl die Höhe der bisher aufgelaufenen Rückstände als auch seine laufenden Zahlungsverpflichtungen mitzuberücksichtigen.

Trotz des missverständlichen Wortlautes sind die in Absatz 2 Satz 2 geregelten Hinderungs- 12 gründe als generelle Ausschlussgründe einer Versorgungsunterbrechung zu behandeln. Dies entspricht auch den Regelungen des § 19 Abs. 2 S. 2 Strom-/GasGVV, denen ausweislich der Gesetzesbegründung die Vorgaben des § 118b entsprechen sollen (BT-Drs. 20/4685, 124).

III. Information zur Abwendung wegen Unverhältnismäßigkeit (Abs. 2 S. 3 und 4)

Zusammen mit der Unterbrechungsandrohung hat der Lieferant den Haushaltskunden 13 einfach und verständlich darüber zu informieren, dass eine Unterbrechung unterbleibt, wenn diese nach Absatz 3 unverhältnismäßig wäre und wie der Kunde dem Lieferanten das Vorliegen der entsprechenden Voraussetzungen des Absatzes 3 (→ Rn. 15 ff.) in Textform mitteilen kann. Dabei ist dem Kunden die Kontaktadresse anzugeben, an die der Haushaltskunde die Mitteilung zu übermitteln hat. Mit der Bekanntgabe der Kontaktadresse soll verhindert werden, dass der Haushaltskunde sich über den Adressaten oder die Kontaktadresse irrt oder aufgrund von Unsicherheiten eine sachgerechte Mitteilung unterlässt (BT-Drs. 20/4685, 124).

IV. Rechtsfolgen bei unterlassener Mahnung, Unterbrechungsandrohung und Kundeninformation

Nur wenn die in Absatz 2 geregelten Voraussetzungen kumulativ erfüllt werden, kann 14 der Lieferant (vorbehaltlich der übrigen Voraussetzungen des § 118b) eine Unterbrechung vornehmen. Werden diese Voraussetzungen nicht eingehalten und gleichwohl eine Lieferunterbrechung vorgenommen, macht sich der Lieferant gegenüber dem Haushaltskunden als seinen Vertragspartner und möglicherweise sogar gegenüber den von der Unterbrechung sonst betroffenen Dritten ggf. schadensersatzpflichtig.

D. Ausschluss einer Unterbrechung wegen Unverhältnismäßigkeit (Abs. 3)

Nach § 118b Abs. 2 S. 2 und Abs. 3 darf der Lieferant eine Versorgungsunterbrechung 15 wegen Zahlungsrückständen nicht vornehmen (lassen), wenn die Folgen der Unterbrechung für den Kunden außer Verhältnis zur Schwere seiner Zuwiderhandlung (Höhe der Zahlungsrückstände; Häufigkeit der Säumnisse) stehen. Der Lieferant hat hiernach eine Abwägungsentscheidung vorzunehmen, bei der sein Interesse an der Vermeidung von Zahlungsausfällen mit den Interessen des Kunden an einer Weiterversorgung ins Verhältnis zu setzen ist. Er hat dabei sämtliche abwägungsrelevante Aspekte zu würdigen, die ihm bekannt sind oder bekannt gemacht wurden.

I. Konkrete Gefahr für Leib oder Leben (Abs. 3 S. 1)

16 § 118b Abs. 3 S. 1 beschreibt eine Fallkonstellation, die als unverhältnismäßige und damit als unzulässige Unterbrechung anzusehen ist. Die Regelung gibt insofern das Ergebnis der vom Lieferanten abverlangten Abwägungsentscheidung selbst vor, indem die Verhältnismäßigkeit einer Unterbrechung für die Fälle verneint wird, in denen eine konkrete Gefahr für Leib oder Leben der Betroffenen zu besorgen ist. Kann festgestellt werden, dass in Folge der Unterbrechung eine konkrete Gefahr für Leib oder Leben des Kunden oder anderer von der Unterbrechung betroffener Personen eintreten würde, darf eine Unterbrechung nicht vorgenommen werden.

II. Weitere Gründe

17 Bei dem in Satz 1 beschriebenen Fall der Unverhältnismäßigkeit handelt es sich nur um einen möglichen Grund einer Unverhältnismäßigkeit. Die schließt es nicht aus, dass in Fällen, in denen zwar noch keine konkrete Gefahr für Leib oder Leben zu besorgen ist, eine Unterbrechung gleichwohl unverhältnismäßig sein kann. Der Gesetzgeber hat in Absatz 4 (→ Rn. 22 ff.) zwar selbst vorgeschrieben, ab welcher Höhe aufgelaufene Zahlungsrückstände zum Anlass einer Unterbrechung genommen werden dürfen. Dabei handelt es sich aber nur um eine Mindestvoraussetzung, die die in § 118b Abs. 2 S: 2 geregelte Voraussetzung der Verhältnismäßigkeit gerade nicht obsolet macht. Es ist stets eine umfassende einzelfallbezogene Interessenabwägung durch den Lieferanten geboten (ebenso im Rahmen der Grundversorgung: BR-Drs. 724/21, 20; Säcker EnergieR/Busche, 4. Aufl. 2018, StromGVV § 19 Rn. 12). Für eine Unverhältnismäßigkeit kann im Einzelfall sprechen, wenn nur relativ geringe Zahlungsrückstände in Rede stehen, die Wahrscheinlichkeit einer Begleichung der Forderungen groß ist und/oder die Folgen der Unterbrechung für den Kunden und ggf. weiteren von der Unterbrechung betroffenen Personen gravierend wären.

III. Ermöglichung des Kundenvortrages (Abs. 3 S. 2)

18 Der Lieferant hat im Rahmen seiner Entscheidung über die Versorgungsunterbrechung eine eigene Abwägung vorzunehmen und dabei sämtliche ihm bekannte Umstände heranzuziehen. Darüber hinaus hat er dem Haushaltskunden die Möglichkeit zu eröffnen, selbst Gründe für die Unverhältnismäßigkeit vorzutragen, mit denen sich der Lieferant in seiner Verhältnismäßigkeitsprüfung auseinandersetzen muss. Für den Lieferanten empfiehlt es sich, die kundenseitig vorgetragenen Gründe zu dokumentieren.

19 Nach Satz 2 muss der Energielieferant den Haushaltskunden mit der Androhung der Versorgungsunterbrechung (Absatz 2 → Rn. 7 ff.) einfach verständlich darüber informieren, dass der Haushaltskunde Gründe für eine Unverhältnismäßigkeit der Unterbrechung, insbesondere eine Gefahr für Leib oder Leben, dem Energielieferanten in Textform mitteilen kann (vgl. auch § 118b Abs. 2 S. 3). Nach dem Vorstellungsbild des Gesetzgebers soll es dem Haushaltskunden mit dieser Information so einfach wie möglich gemacht werden, eventuell vorliegende Gründe gegenüber dem Energielieferanten nachvollziehbar vorzutragen (BT-Drs. 20/4685, 124). Dabei hat der Energielieferant dem Haushaltskunden die Kontaktadresse mitzuteilen, an die eine dahingehende Mitteilung zu versenden ist (vgl. § 118b Abs. 2 S. 4). Zudem sollte der Energielieferant prüfen, in welcher Weise dem Haushaltskunden (zB über die Angabe der Vertragsnummer sowie sonstiger Angaben) geholfen werden kann, eine einfache Zuordnung seiner Mitteilung zu unterstützen (BT-Drs. 20/4685, 124). Die erforderliche Textform für den Vortrag der Kunden von Gründen für eine Unverhältnismäßigkeit dient der Vermeidung von Missverständnissen und dem Schutz von Kunden, die den Vortrag dadurch belegen können (BR-Drs. 724/21, 21).

Der Lieferant kann gemäß § 118b Abs. 3 S. 2 aE verlangen, dass der Haushaltskunde seine 20 vorgebrachten Gründe für eine Unverhältnismäßigkeit glaubhaft macht. Mit der Glaubhaftmachung ist im allgemeinen juristischen Sprachgebrauch ein herabgesetztes Beweismaß verbunden, wonach die Richtigkeit einer Tatsachenbehauptung nicht zweifelsfrei feststehen muss, sondern lediglich eine überwiegende Wahrscheinlichkeit der Richtigkeit der Behauptung bestehen soll. Ob der Lieferant damit per se berechtigt ist, eine Lieferunterbrechung wegen Unverhältnismäßigkeit erst dann zu unterlassen, wenn ihm eine eidesstattliche Versicherung über die tragenden Gründe der Unverhältnismäßigkeit vorgelegt werden, erscheint zweifelhaft. In Anbetracht der Schutzziele der Vorschrift des § 118b ist davon auszugehen, dass der Lieferant zunächst nur einen plausiblen, widerspruchsfreien und nachvollziehbaren Sachvortrag des Kunden verlangen darf. Ergeben sich hierbei ernstliche Zweifel an der Richtigkeit der behaupteten Tatsachen, kann der Lieferant weitere Nachweise verlangen. Bleiben diese Nachweise aus, kann er die Lieferunterbrechung vornehmen. Sind dem Lieferanten hingegen Umstände bekannt, die die Unverhältnismäßigkeit einer Unterbrechung rechtfertigen, muss er diese bekannten Umstände unabhängig von der ausdrücklichen Darlegung durch den Haushaltskunden bei seiner Abwägungsentscheidung mitberücksichtigen.

Wird unter Verletzung von § 118b Abs. 3 eine unverhältnismäßige Unterbrechung vorgenommen, macht sich der Lieferant gegenüber dem Haushaltskunden als seinen Vertragspartner und möglicherweise sogar gegenüber den von der Unterbrechung sonst betroffenen Dritten ggf. schadensersatzpflichtig. 21

E. Schwellenwerte des Zahlungsrückstände (Abs. 4)

I. Schwellenwerte (Abs. 4 S. 1 und 2)

Neben der Unverhältnismäßigkeit der Lieferunterbrechung nach § 118b Abs. 3 (→ 22 Rn. 15) regelt § 118b Abs. 4 eine weitere spezialgesetzliche Einschränkung des lieferantenseitigen Zurückbehaltungsrechts. Hiernach darf eine Lieferunterbrechung wegen Nichtzahlung trotz Mahnung nicht vorgenommen werden, wenn die Zahlungsrückstände des Haushaltskunden nicht ein bestimmtes Ausmaß erreicht haben. Liegt die Höhe der Zahlungsrückstände unter dem in Satz 1 und 2 vorgegebenen Schwellenwerten, die kumulativ gelten, hat der Lieferant auch kein Recht, die Unterbrechung anzudrohen (BT-Drs. 20/4685, 124). Die in § 118b Abs. 3 und Abs. 4 geregelten Einschränkungen des lieferantenseitigen Rechts zur Lieferunterbrechung bestehen nebeneinander. Es ist also denkbar, dass eine Lieferunterbrechung wegen Unverhältnismäßigkeit gemäß Absatz 3 unzulässig ist, obschon die erreichten Zahlungsrückstände des Kunden über den Absatz 4 geregelten Schwellenwerten liegen. Veranlasst der Lieferant eine Lieferunterbrechung, die den Regelungen des Absatz 3 und 4 widerspricht, macht er sich gegenüber dem Haushaltskunden als seinen Vertragspartner und möglicherweise sogar gegenüber den von der Unterbrechung sonst betroffenen Dritten ggf. schadensersatzpflichtig.

In § 118b Abs. 4 S. 1 Nr. 1 und Nr. 2 werden relative Schwellenwerte geregelt, deren 23 Überschreitung eine Lieferunterbrechung rechtfertigen. Dahinter steht die Idee, den Zahlungsrückstand des Haushaltskunden ins Verhältnis zur Höhe seiner vertraglichen Zahlungsverpflichtung zu setzen, um so die tatsächlichen Verhältnisse des jeweiligen abzubilden (BR-Drs. 724/21, 21).

Nach Nummer 1 ist eine Unterbrechung gerechtfertigt, wenn der Kunde mit seinen 24 Zahlungsverpflichtungen in Höhe des Doppelten der rechnerisch auf den laufenden Kalendermonat entfallenden Abschlags- oder Vorauszahlung in Verzug ist. Für den Fall, dass keine Abschlags- oder Vorauszahlungen zu entrichten sind, gibt Nummer 2 vor, dass der Kunde mit mindestens einem Sechstel des voraussichtlichen Betrages der Jahresrechnung in Verzug sein muss. In beiden Fällen hat der Lieferant bei der Bestimmung des Überschreitens der Schwellenwerte, etwaige Anzahlungen des Kunden zu berücksichtigen, das heißt vom Zahlungsrückstand des Kunden abzuziehen (§ 118b Abs. 4 Satz 1).

Soweit die nach Satz 1 berechneten relativen Schwellenwert unter einem Wert von 100 25 EUR liegen, ist eine Unterbrechung gemäß § 118b Abs. 4 S. 2 unzulässig. Die absolute Mindestgrenze eines Zahlungsrückstandes (unter Abzug etwaiger Anzahlungen des Kunden), deretwegen eine Lieferunterbrechung gerechtfertigt sein kann, wird gemäß § 118b Abs. 4

S. 2 auf 100 EUR festgelegt. Der Betrag (100 EUR) bezieht sich auf den Zahlungsverzug, das heißt der Rechnungs- oder Abschlagsbetrag muss inklusive Umsatzsteuer mindestens 100 EUR betragen.

II. Relevante Forderungen (Abs. 4 S. 3 und 4)

26 Absatz 4 Satz 3 und 4 geben vor, welche Forderungen der Lieferant zur Berechnung des maßgeblichen Zahlungsrückstandes und damit zur Begründung einer Lieferunterbrechung heranziehen darf. Nach Satz 3 müssen diejenigen nicht titulierten Forderungen außer Betracht bleiben, die der Haushaltskunde form- und fristgerecht sowie schlüssig begründet beanstandet hat (zB mit dem Einwand der Unwirksamkeit einer Preiserhöhung). Der Haushaltskunde ist unter diesen Bedingungen berechtigt, eine Forderung bis zur gerichtlichen Klärung in angemessenem Umfang zu kürzen, ohne eine Lieferunterbrechung zu riskieren.

27 Satz 4 gibt vor, dass diejenigen Rückstände außer Betracht bleiben müssen, die wegen einer Vereinbarung zwischen dem Energielieferanten und dem Haushaltskunde noch nicht fällig sind oder die aus einer streitigen und noch nicht rechtskräftig entschiedenen Preiserhöhung des Energielieferanten resultieren. Der Lieferant hat also die Zahlungsrückstände des Kunden um die, in den Sätzen 3 und 4 genannten Forderungen, zu bereinigen. Wenn der verbleibende Betrag des Zahlungsrückstandes, von dem noch etwaige Anzahlungen des Kunden in Abzug zu bringen sind, über den Schwellenwerten des Absatz 4 Satz 1 Nummer 1 bzw. Nummer 2 und Satz 2 liegt, kann eine Unterbrechung gerechtfertigt sein. Es obliegt dann dem Kunden, die Unverhältnismäßigkeit der Unterbrechung gemäß § 118b Abs. 3 in Textform mitzuteilen und ggf. glaubhaft zu machen.

F. Informationen zu Möglichkeiten der Vermeidung der Unterbrechung (Abs. 5)

28 § 118b Abs. 5, der überwiegend mit den Informationspflichten des § 41b Abs. 2 übereinstimmt und Art. 10 RL (EU) 2019/944 umsetzt, trägt dem Energielieferanten auf, mit der Androhung der Versorgungsunterbrechung (Absatz 2 → Rn. 7 ff.) über Möglichkeiten des Haushaltskunden zur Vermeidung einer Unterbrechung wegen Zahlungsverzugs zu informieren (Satz 1); mit denen für den Haushaltskunden keine Mehrkosten verbunden sind. In Satz 2 werden einige Beispiele genannt; wobei fraglich ist, inwieweit Informationen zu Energieaudits und zu Energieberatungsdiensten dabei helfe können, Versorgungsunterbrechungen zu vermeiden.

29 Zusammen mit der Unterbrechungsandrohung ist der Haushaltskunde nach § 118b Abs. 5 S. 3 darüber zu informieren, dass er vom Energielieferanten nach Absatz 7 eine Abwendungsvereinbarung (→ Rn. 34 ff.) verlangen kann. Hierbei sollte der typische Inhalt einer Abwendungsvereinbarung sowie die Abschlussmodalitäten erläutert werden. Ein konkretes Angebot, das u.a. Ratenhöhe und Rückzahlungszeitraum regelt, muss dem Kunden in diesem Prozessschritt noch nicht unterbreitet werden. Der Lieferant muss dem Kunden im Rahmen der Unterbrechungsandrohung zunächst nur ein in einfacher und verständlicher Sprache verfasstes standardisiertes Antwortformular übersenden, mit dem der Haushaltskunde die Übersendung einer Abwendungsvereinbarung anfordern kann. Bei der Antwort soll es sich um eine einfache Bejahung des Verlangens nach Übersendung einer Abwendungsvereinbarung handeln. Durch das Antwortformular soll dem Haushaltskunden nicht nur die Bekundung seines Interesses vereinfacht, sondern auch den Energielieferanten ermöglicht werden, durch eine entsprechende Gestaltung eine schnellere und einfachere Zuordnung entsprechender Verlangen zu den jeweilige Vertragsverhältnissen zu gewährleisten (BT-Drs. 20/4685, 124). Sollte der Haushaltskunde das Angebot einer Abwendungsvereinbarung verlangen, ist der Lieferant verpflichtet, dieses Angebot innerhalb einer Woche zu übersenden. Der Kunde ist mit der Unterbrechungsandrohung zudem darauf hinzuweisen, dass der Lieferant eine Abwendungsvereinbarung auch ohne ein solches Verlangen des Haushaltskunden spätestens mit der Unterbrechungsankündigung (Absatz 6 → Rn. 31 ff.) anbieten muss.

30 Sämtliche Informationen nach den Sätzen 1–3 sollen vom Lieferanten in einfacher und verständlicher Weise erläutert werden.

G. Unterbrechungsankündigung (Abs. 6)

§ 118b Abs. 6 regelt die nächste Eskalationsstufe, die auf die Unterbrechungsandrohung 31
nach Absatz 2 folgen und vor der praktischen Umsetzung der Lieferunterbrechung eingehalten werden muss. Veranlasst der Lieferant eine Lieferunterbrechung, die den Regelungen des Absatz 6 widerspricht, macht er sich gegenüber dem Haushaltskunden als seinen Vertragspartner und möglicherweise sogar gegenüber den von der Unterbrechung sonst betroffenen Dritten ggf. schadensersatzpflichtig.

Nach Absatz 6 Satz 1 ist der Energielieferant verpflichtet, den Beginn der Versorgungsunterbrechung acht Werktage im Voraus per Brief anzukündigen. Entscheidend für den Fristbeginn ist der Zugang beim Kunden. Der Lieferant trägt die Darlegungs- und Beweislast für den Zugang der Unterbrechungsankündigung. Nach Satz 2 soll die Ankündigung zusätzlich, soweit die Möglichkeit hierzu besteht, den Kunden auch auf elektronischem Weg in Textform über die anstehende Versorgungsunterbrechung informieren. Die Unterbrechungsankündigung hat der Lieferant an seinen Vertragspartner zu adressieren. Er muss sich mithin nicht darauf einlassen, gegenüber ihm typischerweise unbekannten Dritten, die von der Unterbrechung betroffen wären (zB Mitbewohner etc), eine separate Unterbrechungsankündigung zu übermitteln. Ergeben sich für den Lieferanten objektive begründete Anhaltspunkte dafür, dass sein Vertragspartner an der betreffenden Entnahmestelle gar nicht selbst, sondern Dritte die gelieferte Energie verbrauchen, kann sich aus allgemein zivilrechtlichen Sorgfaltspflichten die Obliegenheit ergeben, auch gegenüber diesen Dritten die Unterbrechung anzukündigen.

Die Zeitvorgabe (acht Werktage) wird man als Mindestfrist zu verstehen haben, die der 33
Lieferant im Rahmen der praktischen Umsetzung auch überschreiten darf. Nach dem Sinn und Zweck der Vorschrift ist aber entscheidend, dass der Kunde mit der Unterbrechungsankündigung in die Lage versetzt werden soll, sich praktisch auf die bevorstehende Lieferunterbrechung vorzubereiten. Für den Kunden muss aus der Ankündigung ersichtlich werden, zu welchem Zeitpunkt die Versorgungsunterbrechung erfolgen soll. Das bedeutet zugleich, dass der vom Lieferanten einmal genannte Termin zur Lieferunterbrechung nicht vorverlegt werden darf, selbst wenn der neue Termin ausgehend von der Ankündigung des Lieferanten noch innerhalb der Frist von mindestens acht Tagen liegen mag.

Mit der Ankündigung der Lieferunterbrechung hat der Lieferant den Kunden noch einmal 34
auf den Grund der Unterbrechung und die Kosten für die Unterbrechung und Wiederherstellung der Belieferung hinzuweisen (Absatz 8). Zugleich ist dem Kunden in Textform der Abschluss einer Abwendungsvereinbarung im Sinne des Absatz 7 anzubieten (§ 118b Abs. 7 S. 2). Hat der Lieferant diese Abwendungsvereinbarung freiwillig oder auf Verlangen des Kunden schon früher angeboten, muss er dies zwar nach dem Wortlaut des § 118b Abs. 7 S. 1 und 2 („ansonsten spätestens") nicht noch einmal im Rahmen der Unterbrechungsankündigung wiederholen. Der mit dem Instrument der Abwendungsvereinbarung nach Absatz 7 verfolgte Schutz des Haushaltskunden spricht allerdings dafür, dem Kunden in jeder Eskalationsstufe die Möglichkeiten zur Abwendung der Versorgungsunterbrechung erneut vor Augen zu führen. Dies schließt gegebenenfalls auch ein mehrfaches Angebot der Abwendungsvereinbarung ein. In jedem Fall ist dem Kunden also mit der Unterbrechungsankündigung zugleich ein Angebot zur Abwendungsvereinbarung im Sinne des Absatz 7 zu unterbreiten.

H. Abwendungsvereinbarung (Abs. 7)

Im Zentrum der Vorschrift des § 118b steht das in Absatz 7 geregelte Instrument der 35
Abwendungsvereinbarung, die der Lieferant dem säumigen Haushaltskunden anzubieten hat. Die in diesem Zusammenhang geregelten Vorgaben sind ohne Zweifel mit intensiven Einschränkungen der rechtlichen und wirtschaftlichen Position des Lieferanten verbunden. An dieser Stelle soll nicht auf die Frage der Verfassungskonformität dieser Regelung außerhalb der Grundversorgung eingegangen werden. Ob es angesichts der inzwischen stabilisierten Energiemärkte eine verfassungsrechtlich tragfähige Grundlage für einen etwaigen gesetzlichen Beschluss zur Weitergeltung dieser Vorgaben (vgl. § 118b Abs. 10) geben kann, muss allerdings sehr deutlich bezweifelt werden.

I. Pflicht zum Angebot einer Abwendungsvereinbarung (Abs. 7 S. 1 und 2)

36 § 118b Abs. 7 S. 1 und 2 regelt einen Kontrahierungszwang des Lieferanten. Hiernach kann der betroffene Haushaltskunde ab dem Erhalt einer Unterbrechungsandrohung (Absatz 2 → Rn. 7 ff.) von dem Energielieferanten die Übermittlung des Angebots für eine Abwendungsvereinbarung verlangen. Sollte der Kunde dies verlangen, muss der Energielieferant ihm innerhalb einer Woche und ansonsten spätestens mit der Ankündigung einer Unterbrechung der Energielieferung in Textform den Abschluss einer Abwendungsvereinbarung anbieten, die inhaltlich den in Absatz 7 Sätze 3 und 5–8 geregelten Vorgaben entsprechen muss.

II. Inhalt der Abwendungsvereinbarung (Abs. 7 S. 3, 5–8)

1. Ratenzahlungsvereinbarung (Abs. 7 S. 3 Nr. 1, S. 5–8)

37 Das Angebot für die Abwendungsvereinbarung muss gemäß § 118b Abs. 7 S. 3 Nr. 1 eine Vereinbarung über zinsfreie monatliche Ratenzahlungen zur Tilgung der entstandenen Zahlungsrückstände enthalten. Nach Absatz 7 Satz 5 muss diese Ratenzahlungsvereinbarung so gestaltet sein, dass der Haushaltskunde sich dazu verpflichtet, die Zahlungsrückstände in einem für den Energielieferanten sowie für den Haushaltskunden wirtschaftlich zumutbaren Zeitraum vollständig auszugleichen. Nach Satz 6 ist, je nach Höhe der Zahlungsrückstände, ein Zeitraum von sechs bis 18 Monaten in der Regel als zumutbar anzusehen. Dieser Zeitraum soll nach Satz 7 auf mindestens zwölf bis höchstens 24 Monate erhöht werden, wenn die Zahlungsrückstände die Summe von 300 Euro überschreiten; andernfalls kann die Begleichung der Zahlungsrückstände für den Kunden nicht mehr erreichbar sein. In die Bemessung der Zeiträume nach den Sätzen 6 und 7 soll gemäß Satz 8 die Höhe der jeweiligen Zahlungsrückstände maßgeblich einfließen. Dem Haushaltskunden bleibt eine schnellere Tilgung unbenommen (BT-Drs. 20/4685, 125). Ausweislich der Gesetzesbegründung sollen Einwände des Kunden im Hinblick auf Zeitraum und Höhe der Raten zu berücksichtigen sein (BT-Drs. 20/4685, 125).

2. Pflicht des Lieferanten zur Weiterversorgung (Abs. 7 S. 3 Nr. 2)

38 Darüber hinaus ist nach Nummer 2 vorzusehen, dass der Lieferant zur Weiterversorgung auf Grundlage der geltenden Vertragsbedingungen verpflichtet ist, solange der Kunde seine laufenden Zahlungsverpflichtungen (zB Abschlagszahlungen) erfüllt. Im Rahmen des Sperrprozesses ist eine Umstellung auf eine Vorauszahlung, was auch den Einbau von Prepaidzählern umfasst, nicht mehr möglich (BT-Drs. 20/4685, 125). Hat der Lieferant aber bereits vorher auf ein Vorauszahlung umgestellt, ist es vertretbar, dass er diese auch beibehalten darf (Schwaibold/Wesselmann VersorgW 2023, 101 (104)).

3. Erläuterungen der Regelungen (Abs. 7 S. 3 Nr. 3)

39 § 118b Abs. 7 S. 3 Nr. 3 gibt vor, dass mit dem Angebot der Abwendungsvereinbarung der Energielieferant den Haushaltskunden in allgemein verständlicher Form über die geltenden Regelungen zur Abwendungsvereinbarung sowie über die Rechte und Möglichkeiten des Kunden informieren muss (BT-Drs. 20/4685, 125).

III. Einwände gegen die Forderungen aus der Abwendungsvereinbarung (Abs. 7 S. 4)

40 In der Regel wird der Haushaltskunde die Abwendungsvereinbarung innerhalb kurzer Fristen annehmen müssen. Er befindet sich in einer Zwangslage. Mit der Vorgabe des § 118b Abs. 7 S. 4 soll verhindert werden, dass der Kunde in der Abwendungsvereinbarung Forderungen als unstreitig anerkennt, gegen die er rechtliche Einwände bei näherer Prüfung geltend machen würde (BT-Drs. 20/4685, 125). Daher dürfen Einwände bzw. Einreden gegen die Regelungen der Abwendungsvereinbarung dem Kunden innerhalb des ersten Monats nach Abschluss der Abwendungsvereinbarung nicht verwehrt werden. Dem Lieferanten wird es deshalb untersagt, es zur Voraussetzung einer Abwendungsvereinbarung zu machen, dass

der Haushaltskunde vertraglich innerhalb des ersten Monats nach Abschluss der Abwendungsvereinbarung auf rechtliche Einwände bzw. Einreden gegen die der Abwendungsvereinbarung zugrunde liegenden Forderungen verzichtet. Abweichende vertragliche Vereinbarungen, wozu auch ein uneingeschränktes Schuldanerkenntnis gehört, sind gemäß § 118b Abs. 1 S. 2 unwirksam.

IV. Annahme durch den Kunden (Abs. 7 S. 9)

Nach Satz 9 darf die Energielieferung durch den Energielieferanten nicht unterbrochen werden, wenn der Haushaltskunde das Angebot der Abwendungsvereinbarung vor Durchführung der Unterbrechung in Textform annimmt. Wird gleichwohl eine Unterbrechung (auf Veranlassung des Lieferanten) vorgenommen, macht sich der Lieferant gegenüber dem Haushaltskunden als seinen Vertragspartner und möglicherweise sogar gegenüber den von der Unterbrechung sonst betroffenen Dritten ggf. schadensersatzpflichtig. 41

Die Annahme des Angebots durch den Kunden kann bis zur tatsächlichen Unterbrechung der Versorgung („vor Durchführung der Unterbrechung") erfolgen (so ist dies auch mit § 19 Abs. 6 Strom-/GasGVV intendiert worden; vgl. BR-Drs. 724, 22). Zur Frage des Abschlusses einer Abwendungsvereinbarung (Ratenzahlung) nach erfolgter Unterbrechung (→ Rn. 49). 42

V. Aussetzung der Verpflichtungen des Kunden (Abs. 7 S. 10–12)

Absatz 7 Satz 10 gewährt dem Haushaltskunden das einseitige Recht, vom Energielieferanten eine Aussetzung seiner Ratenzahlungsverpflichtungen, die der Begleichung seiner Zahlungsrückstände dienen, während der Laufzeit der Abwendungsvereinbarung für insgesamt bis zu drei Monatsraten zu verlangen. Darauf muss der Lieferant hinweisen. Die Aussetzungsrahmen von drei Monaten kann am Stück ausgeschöpft oder auf verschiedene Monate verteilt werden. Die Möglichkeit steht aber unter der Bedingung (Satz 11), dass der Haushaltskunde den Energielieferanten vor dem Beginn des jeweiligen Monats, in dem er die Zahlung aussetzen möchte, in Textform darüber informiert. Darüber hinaus muss er seinen anderen laufenden Zahlungsverpflichtungen, insbesondere zur Zahlung der Abschlagszahlung aus dem Energieliefervertrag, weiter nachkommen. Soweit der Kunde eine Aussetzung der Ratenzahlung verlangt, verlängert sich der Ratenzahlungszeitraum (→ Rn. 36) entsprechend. Ausweislich der Gesetzesbegründung kann der Haushaltskunde im Zeitraum der Abwendungsvereinbarung die Stundung flexibel in Anspruch nehmen. So soll er zB sowohl die Aussetzung der Zahlungen in bis zu drei aufeinander folgenden Monaten als auch in bis zu drei einzelnen und frei wählbaren Monaten verlangen können (BT-Drs. 20/4685, 125). 43

VI. Unterbrechung wegen Verletzung der Abwendungsvereinbarung (Satz 13)

Die Energielieferung durch den Energielieferanten darf nicht unterbrochen werden, solange der Haushaltskunde seinen Verpflichtungen aus der Abwendungsvereinbarung nachkommt. Kommt der Haushaltskunde seinen Verpflichtungen aus der Abwendungsvereinbarung nicht nach, ist der Energielieferant nach Satz 13 berechtigt, die Energielieferung unter Beachtung des Absatzes 6 (Unterbrechungsankündigung) zu unterbrechen. Einer erneuten Unterbrechungsandrohung samt Kundeninformationen nach Absatz 2 bedarf es dann nicht. Ebenso wenig ist der Lieferant dann verpflichtet, dem Kunden eine neue Abwendungsvereinbarung anzutragen; es sei denn, dies wäre aus Gründen der Verhältnismäßigkeit geboten (BR-Drs. 724/21, 22). 44

I. Hinweise zum Grund der Unterbrechung und zu den Kosten (Abs. 8)

Nach Absatz 8 ist der Energielieferant verpflichtet, in der Unterbrechungsandrohung nach Absatz 2 und in der Ankündigung der Versorgungsunterbrechung nach Absatz 6 klar, verständlich und in hervorgehobener Weise auf den Grund der Unterbrechung hinweisen. Er hat in derselben Weise auch darauf hinzuweisen, welche voraussichtlichen Kosten dem Haushaltskunden infolge der Unterbrechung nach Absatz 2 Satz 1 und einer nachfolgenden Wiederherstellung der Energielieferung nach Absatz 9 in Rechnung gestellt werden können. Damit sollen die Konsequenzen einer Versorgungsunterbrechung aufgezeigt werden, so dass 45

Sauer

dem Kunden auch die zusätzlichen finanziellen Belastungen einer solchen Maßnahme bewusst werden. Auch soll dies den Willen der Kunden, sich um Hilfe und Alternativen zu bemühen, weiter fördern und Versorgungsunterbrechungen verhindern (zu § 19 Strom-/GasGVV: BR-Drs. 724/21, 22). Nähere Vorgaben dazu, welchen konkreten Transparenz- und Detailliertheitsgrad die geforderten Informationen aufweisen müssen und in welcher konkreten Darstellungsform diese zu präsentieren sind, enthält weder das Gesetz noch die Gesetzesbegründung. Mit Blick auf den Sinn und Zweck der Vorschrift, im Interesse des Schutzes von Haushaltskunden eine größtmögliche Transparenz über die Voraussetzungen und Folgen einer Versorgungsunterbrechung herzustellen, dürfte allerdings klar sein, dass der Lieferant keine Sach- und Fachkunde von Haushaltskunden unterstellen darf. Er muss die geforderten Informationen prägnant und leicht auffindbar präsentieren.

J. Wiederherstellung der Energielieferung (Abs. 9)

46 Absatz 9 regelt eine gesetzliche Pflicht des Energielieferanten nach einer vorgenommenen Unterbrechung die Energiebelieferung des Haushaltskunden unverzüglich wiederherstellen zu lassen.

I. Wiederherstellungsgründe (Abs. 9 S. 1)

47 Die Vorschrift nennt zwei Wiederherstellungsgründe, die kumulativ erfüllt sein müssen. Zum einen müssen die Gründe für die Versorgungsunterbrechung weggefallen sein (→ Rn. 47 ff.). Zum anderen müssen die Kosten für die Unterbrechung und Wiederherstellung beglichen worden sein (→ Rn. 50). Liegen diese Voraussetzungen vor, muss der Energielieferant die Energielieferung unverzüglich wiederherstellen lassen (→ Rn. 52).

1. Entfallen der Gründe für die Unterbrechung

48 Die Formulierung „Gründe" (Plural) in § 118b Abs. 9 S. 1 ist zunächst etwas missverständlich. Denn die Vorschrift des § 118b bezieht sich nur auf einen einzigen Unterbrechungsgrund, nämlich die Nichterfüllung einer Zahlungsverpflichtung des Haushaltskunden trotz Mahnung (Zahlungsverzug). Demgemäß hat der Lieferant die Lieferunterbrechung aufzuheben, sobald die Geldschuld des betreffenden Haushaltskunden im Sinne der §§ 362 ff. BGB erfüllt wurde; egal durch wen (§ 267 BGB). Es ist allerding nicht auszuschließen, dass noch andere Gründe als der Zahlungsverzug des Haushaltskunden vorliegen, deretwegen der Lieferant zur Unterbrechung berechtigt ist. In diesem Fall ergibt sich aus der Zahlung der offenen Forderungen noch nicht die in § 118b Abs. 9 S. 1 geregelte Pflicht des Lieferanten zur Wiederherstellung der Energielieferung.

49 Das Recht des Lieferanten zur Zurückbehaltung seiner Leistung (Energielieferung), womit das Recht zur Lieferunterbrechung einhergeht, ist im Hinblick auf den Unterbrechungsgrund der Nichtzahlung durch die Vorschriften des § 118b Abs. 3 und 4 beschränkt worden. Möchte ein Lieferant die Lieferunterbrechung wegen Zahlungsverzug durchsetzen, müssen die in den Absätzen 3 und 4 geregelten Voraussetzungen vorliegen. Namentlich darf die Unterbrechung nicht unverhältnismäßig sein (§ 118b Abs. 2 S. 2), was insbesondere dann der Fall ist, wenn infolge der Unterbrechung eine konkrete Gefahr für Leib oder Leben der dadurch Betroffenen zu besorgen ist (§ 118b Abs. 3). Eine Unterbrechung wegen Zahlungsverzug darf gemäß § 118b Abs. 2 S. 2 auch nicht erfolgen, wenn der Kunde darlegt, dass eine hinreichende Aussicht dafür besteht, dass er seinen Zahlungsverpflichtungen nachkommt (→ Rn. 11 f.). Zu einer Unterbrechung wäre der Lieferant auch dann nicht berechtigt, wenn die offenen Forderungen bestimmte Schwellenwerte nicht überschreiten (§ 118b Abs. 4); wobei noch geregelt wird, wie die Höhe der unterbrechungsrechtfertigenden Zahlungsrückstände zu berechnen ist (§ 118b Abs. 4 S. 3 und 4). Bei systematischer Auslegung wird man auch diese gesetzlichen Unterbrechungsvoraussetzungen als „Gründe" für die Unterbrechung im Sinne des § 118b Abs. 9 Satz 1 zu behandeln haben. Sobald die Lieferunterbrechung nach § 118b Abs. 2 S. 2, Abs. 3 und Abs. 4 nicht mehr gerechtfertigt ist und die Kosten der Unterbrechung und Wiederherstellung der Belieferung beglichen worden sind, greift die Wiederherstellungspflicht des § 118b Abs. 9 S. 1. Damit hat der Haushaltskunde auch nach einer vorgenommenen Unterbrechung die Möglichkeit, etwaige Gründe für eine Unverhältnismäßigkeit der Unterbrechung, insbesondere eine Gefahr für Leib und Leben, in Textform mitzuteilen und auf Verlangen des Energielieferanten glaubhaft zu machen. Gelingt ihm dies, muss der Lieferant die Energiebelieferung gemäß § 118b Abs. 9 wiederherstellen. Ebenso verhält es sich, wenn die in § 118b Abs. 4 geregelten Schwellenwerte unterschritten werden. In diesen Fällen darf der Lieferant keine Lieferunterbrechung vornehmen. Er muss somit auch die Lieferung wiederherstellen lassen, sobald die offenen Forderungen zumindest insoweit beglichen wurden, als die hiernach noch offenen Restforderungen unter den genannten Schwellenwerten liegen.

Nach § 118b Abs. 7 S. 9 darf die Energielieferung durch den Energielieferanten nicht 50 unterbrochen werden, wenn der Haushaltskunde das Angebot der Abwendungsvereinbarung vor Durchführung der Unterbrechung in Textform annimmt. Ob und inwieweit diese Möglichkeit auch nach einer bereits erfolgten Lieferunterbrechung wahrgenommen werden kann, hängt davon ab, welche Annahmefrist mit dem Angebot zur Abwendungsvereinbarung verbunden ist. Der Wortlaut des § 118b Abs. 7 S. 9 legt nahe, dass die Bindefrist des Angebots bis zur praktischen Unterbrechung reicht. Dass der Lieferant verpflichtet wäre, nach einer vorgenommenen Unterbrechung dem Haushaltskunden nochmals eine Abwendungsvereinbarung (v.a. Ratenzahlung) anzubieten, kann der Regelung des § 118b Abs. 7 nicht entnommen werden und ergibt sich auch nicht aus § 118b Abs. 9. Der Begriff „Abwendung" mag auch schon darauf hindeuten. Auf der anderen Seite ist der Lieferant nicht davon entbunden, die Verhältnismäßigkeit der Unterbrechung und insoweit auch die Verhältnismäßigkeit der Aufrechterhaltung der Unterbrechung zu prüfen (zu § 19 Strom-/GasGVV: BR-Drs. 724/21, 22). Hieraus kann sich im Einzelfall auch die Pflicht des Lieferanten ergeben, ein neues Angebot einer Abwendungsvereinbarung zu unterbreiten. Im Übrigen liegt es im Ermessen den Lieferanten, dem Haushaltskunden die Möglichkeit zu eröffnen, auch nach der Liefersperre eine Abwendungsvereinbarung im Sinne des § 118b Abs. 7 abzuschließen. In diesen Fällen muss der Lieferant die Lieferung wiederherstellen lassen. Der Haushaltskunde wird in die Rechtsposition versetzt, in der er sich befände, wenn er die angebotene Abwendungsvereinbarung vor der Unterbrechung angenommen hätte.

2. Kostentragung

Die Pflicht des Lieferanten zur Wiederherstellung der Energielieferung steht überdies 51 unter der weiteren Bedingung, dass die Kosten der Unterbrechung und Wiederherstellung der Belieferung ersetzt worden sind. Davon erfasst ist der eigene Aufwand des Lieferanten (v.a. Personalaufwand, etc.) als auch weitere Kosten, die der Netzbetreiber dem Lieferanten für die Unterbrechung des Netzanschlusses des Kunden und dessen Wiederherstellung in Rechnung stellt. Bei der Kostenberechnung hat der Lieferant die Regelungen des § 118b Abs. 9 S. 2–6 zu beachten (→ Rn. 51). Der Wortlaut des § 118b Abs. 9 S. 1 spricht davon, dass der Haushaltskunde diese Kosten ersetzt. Es ist allerdings kein Grund dafür ersichtlich, weshalb diese Kosten nicht auch von Dritten beglichen werden könnten.

II. Kosten (Abs. 9 S. 2–6)

Nach § 118b Abs. 9 Satz 2 wird dem Lieferanten die Möglichkeit zugestanden, die Kosten 52 für die Unterbrechung und Wiederherstellung der Belieferung für strukturell vergleichbare Fälle pauschal zu berechnen. In der Tat können sich kostenmäßige Unterschiede bei der Unterbrechung und Wiederherstellung der Belieferung ergeben, insbesondere dadurch, dass die Einsatzkosten des Netzbetreibers je nach Entfernung des Kunden zum Standpunkt des Netztechnikers. Die Pauschalierungsoption eröffnet dem Lieferanten die Möglichkeit, seinen Bearbeitungsaufwand gering zu halten. Bedingung hierfür ist aber, dass die Pauschalierung und damit die kostenmäßige Gleichbehandlung nur für strukturell vergleichbare Fälle angewandt werden darf. Das bedeutet, dass Kunden nur solche Kosten zu tragen haben, die in ihrem Abnahmeprofil und ihrem Standort typischerweise entstehen können. Im Einzelfall kann dies dazu führen, dass der Mandant verschiedene Fallgruppen zu bilden hat. Des Weiteren muss die pauschale Berechnung einfach nachvollziehbar sein (Satz 3). Sie darf die üblichen Kosten nicht übersteigen (Satz 4). Die Berechnungsgrundlage ist dem Haushaltskunden auf dessen Verlangen hin nachzuweisen (Satz 5). Dem Kunden ist zu gestatten, geringere Kosten nachzuweisen (Satz 5). Die in Rechnung gestellten Kosten dürfen, auch im Falle einer Pau-

III. Unverzügliche Wiederherstellung und Verzug des Lieferanten

53 Werden die Wiederherstellungsgründe erfüllt, ist der Lieferant verpflichtet, die Energielieferung unverzüglich wiederherstellen zu lassen. Nach allgemeinem juristischem Sprachgebrauch wird mit der Formulierung „unverzüglich" ein Handeln bezeichnet, das „**ohne schuldhaftes Zögern**", das heißt ohne fahrlässiges oder vorsätzliches Zögern erfolgt (§ 121 Abs. 1 S. 1 BGB). Unverzüglichkeit verlangt in diesem Sinne zwar nicht, dass sofort gehandelt werden muss. Vielmehr sind bei der Bestimmung des für die Handlung maßgeblichen Zeitpunkts die berechtigten Belange der Beteiligten angemessen zu berücksichtigen. Aus dieser Interessenabwägung lässt sich je nach Sach- und Rechtsmaterie eine zeitliche Obergrenze bestimmen, innerhalb derer eine Handlung objektiv noch als fristgemäß angesehen werden kann. In diesem Kontext und mit Rücksicht auf den Sinn und Zweck der Vorschrift, die darin besteht, die Folgen der gravierenden Preissteigerungen für Haushaltskunden abzuschwächen, wird man aber ein Handeln des Lieferanten innerhalb weniger Tage verlangen können. Wenn man bedenkt, dass die praktische Umsetzung der Wiederherstellung der Versorgung meist beim Netzbetreiber liegt, ist auch nicht ersichtlich, weshalb der Lieferant nach Vorliegen der Wiederherstellungsgründe berechtigterweise damit zuwarten darf, den Netzbetreiber zur Aufhebung der Unterbrechung des Netzanschlusses bzw. der Anschlussnutzung zu beauftragen.

54 Verletzt der Lieferant die gesetzliche Pflicht des § 118b Abs. 9 S. 1, indem er die Wiederherstellung der Energielieferung unberechtigterweise unterlässt oder zeitlich verzögert, macht er sich gegenüber dem Haushaltskunden und möglicherweise sogar gegenüber den von der Unterbrechung sonst betroffenen Dritten ggf. schadensersatzpflichtig.

K. Prüfung einer Weitergeltung (Abs. 10)

55 Nach Absatz 10 evaluiert das BMWK im Einvernehmen mit dem Bundesministerium für Umwelt, Naturschutz, nukleare Sicherheit und Verbraucherschutz bis zum 31.12.2023 die Vorschrift des § 118b und prüft, ob und inwieweit ihre Fortgeltung über den 30.4.2024 hinaus notwendig ist. Die Evaluierung soll auch entsprechend befristete Regelungen der Strom- und Gasgrundversorgungsverordnungen umfassen.

§ 118c Befristete Notversorgung von Letztverbrauchern im Januar und Februar des Jahres 2023

(1) ¹Die Betreiber von Verteilernetzen sind berechtigt, Entnahmestellen von Letztverbrauchern, die ab dem 1. Januar 2023 keinem Energielieferanten zugeordnet sind, ab dem 1. Januar 2023 befristet bis spätestens zum 28. Februar 2023 dem Bilanzkreis des Energielieferanten zuzuordnen, der den betroffenen Letztverbraucher bis zum 31. Dezember 2022 an der jeweiligen Entnahmestelle mit Energie beliefert hat. ²Satz 1 ist nur für Letztverbraucher anzuwenden, die an das Energieversorgungsnetz in Mittelspannung oder Mitteldruck oder, soweit nicht die Ersatzversorgung nach § 38 anwendbar ist, in der Umspannung von Nieder- zu Mittelspannung angeschlossen sind.

(2) ¹Energielieferanten, denen nach Absatz 1 Satz 1 eine Entnahmestelle zugeordnet wurde, sind verpflichtet, Letztverbraucher im Sinne des Absatzes 1 Satz 2, die sie aufgrund eines in dem Zeitraum vom 31. Dezember 2022 bis zum 31. Januar 2023 beendeten oder auslaufenden Energieliefervertrages bis zu diesem Datum beliefert haben, bis längstens zum 28. Februar 2023 vorbehaltlich der Absätze 3 bis 5 entsprechend der bis zum 31. Dezember 2022 geltenden Vertragsbedingungen weiter zu beliefern, sofern die betroffenen Letztverbraucher für die von dem bisherigen Liefervertrag erfasste Entnahmestelle ab dem 1. Januar 2023 noch keinen neuen Energieliefervertrag abgeschlossen haben (Notversorgung). ²Schließt der

betroffene Letztverbraucher einen neuen Energieliefervertrag, endet die Notversorgung nach Satz 1 mit dem Tag des Beginns der Energielieferung auf der Grundlage des neuen Energieliefervertrages.

(3) Der zur Notversorgung verpflichtete Energielieferant ist berechtigt, hierfür ein angemessenes Entgelt zu verlangen, das nicht höher sein darf als die Summe
1. der Kosten einer kurzfristigen Beschaffung der für die Notversorgung erforderlichen Energiemengen über Börsenprodukte sowie Beschaffungsnebenkosten zuzüglich eines Aufschlags von 10 Prozent,
2. der für die Belieferung des betroffenen Letztverbrauchers anfallenden Kosten für Netzentgelte und staatlich veranlasste Preisbestandteile sowie
3. sonstiger, in dem bisherigen Liefervertrag vereinbarten Preis- und Kostenbestandteile.

(4) ^{1}Der zur Notversorgung verpflichtete Energielieferant ist berechtigt, den Energieverbrauch des Letztverbrauchers in Zeitabschnitten nach seiner Wahl abzurechnen, die einen Tag nicht unterschreiten dürfen. ^{2}Er ist berechtigt, von dem Letztverbraucher eine Zahlung bis zu fünf Werktage im Voraus oder eine Sicherheit zu verlangen. ^{3}Sofern der Letztverbraucher eine fällige Forderung nicht innerhalb von zwei Werktagen begleicht, ist der Energielieferant berechtigt, die Notversorgung nach Absatz 2 fristlos zu beenden. ^{4}Der Energielieferant hat den Verteilernetzbetreiber über den Zeitpunkt der Beendigung der Notversorgung nach Satz 3 des betreffenden Letztverbrauchers zu informieren. ^{5}Im Fall des Satzes 3 und nach der Information nach Satz 4 entfällt das Recht des Verteilernetzbetreibers nach Absatz 1 Satz 1.

(5) Die Betreiber von Verteilernetzen haben den zur Notversorgung verpflichteten Energielieferanten unverzüglich nach dem 24. Dezember 2022 zu informieren, welche Entnahmestellen ab dem 1. Januar 2023 bisher keinem Energieliefervertrag zugeordnet werden können.

(6) Das Recht der Betreiber von Verteilernetzen nach Absatz 1 und die Pflicht des Energielieferanten zur befristeten Notversorgung nach den Absätzen 2 bis 4 bestehen nicht
1. für Energielieferanten, die ihre Geschäftstätigkeit als Energielieferant vollständig und ordnungsgemäß zum 31. Dezember 2022 beendet haben, oder
2. sofern die Versorgung für den zur Notversorgung verpflichteten Energielieferanten aus wirtschaftlichen Gründen, die für die Zwecke dieser Vorschrift insbesondere in der Zahlungsfähigkeit des Letztverbrauchers liegen können, nicht zumutbar ist.

Überblick

§ 118c regelt (erstmalig) eine befristete Notversorgung von Letztverbrauchern, die an das Energieversorgungsnetz in Mittelspannung bzw. Mitteldruck oder in der Umspannung von Nieder- zu Mittelspannung angeschlossen sind und in den Monaten Januar und Februar des Jahres 2023 über keinen gültigen Energieliefervertrag verfügten. Nach Absatz 1 durfte diese Letztverbrauchergruppe weiterhin dem Bilanzkreis des Energielieferanten zugeordnet werden, der den Letztverbraucher bis zum 31.12.2022 versorgt hat. Absatz 2 verpflichtete spiegelbildlich den Energielieferanten grundsätzlich zur weiteren Versorgung innerhalb des Zeitraums oder bis zum Abschluss eines neuen Energieliefervertrages. Ausnahmen von dieser Belieferungspflicht sind in Absatz 6 geregelt. Die Abwicklung der (zwangsweisen) Weiterbelieferungen folgt aus den Absätzen 3 (Entgeltbestimmung) und 4 (Abrechnungsmodalitäten). Absatz 5 verpflichtete die Verteilernetzbetreiber zur unverzüglichen Information der von der Notversorgungspflicht betroffenen Energielieferanten.

Übersicht

	Rn.		Rn.
A. Normzweck und Systematik	1	I. Recht zur Bilanzkreiszuordnung (Abs. 1)	25
I. Regelungszweck	2	1. Kein Handlungsspielraum bei der Rechtsausübung	30
II. Normsystematik und Regelungsmethodik	4	2. (zwingende) Zuordnung zum bisherigen Versorger	32
1. Systematik	4	II. Pflicht zur unverzüglichen Mitteilung (Abs. 5)	37
III. Methodik	9		
B. Entstehungsgeschichte und Ausblick	12	**E. Rechte und Pflichten des (bisherigen) Energielieferanten (Abs. 2, Abs. 3, Abs. 4)**	39
I. Hintergrund und Gesetzgebungsverfahren	13	I. Kompensationsmechanismus (Abs. 3)	43
II. Ausblick	17	II. Konditionengestaltung (Abs. 4)	49
C. Anwendungsbereich Notversorgung	19	1. Abrechnungszeitraum	50
I. Personeller Anwendungsbereich	20	2. Vorauszahlungsverlangen	52
II. Zeitlicher Anwendungsbereich	22	3. Sonderkündigungsrecht	55
III. Ausnahmetatbestände	23	**F. Ausschlussgründe (Abs. 6)**	61
D. Rechte und Pflichten des Verteilernetzbetreiber (Abs. 1, Abs. 5)	24	I. Vollständige Aufgabe der Geschäftstätigkeit	62
		II. Verweigerung der Notversorgung (Unzumutbarkeitseinwand)	63

A. Normzweck und Systematik

1 Nach seiner amtlichen Begründung soll § 118c den zum damaligen Zeitpunkt herrschenden „außergewöhnlichen Bedingungen am Energiemarkt Rechnung tragen und für eine begrenzte Dauer des Übergangs die Fälle regeln, in denen [...] die Unterbrechung der Energieversorgung droht" (BT-Drs. 20/4915, 156 f.). Ziel des Gesetzes ist damit die Wiederherstellung einer Versorgungssicherheit, die insbesondere aufgrund der Entwicklungen auf den Energiemärkten merklich ins Wanken gekommen ist.

I. Regelungszweck

2 Mit § 118c wurde damit erstmalig eine Norm zur weiteren Versorgung (und bilanziellen Zuordnung zu einem Energielieferanten) ohne gültigen Versorgungsvertrag abseits der Niederspannung/Niederdruck geschaffen. Die selbstständige Klärung der Versorgungssituation von Letztverbrauchern in höheren Spannungs- und Druckebenen wurde vom Gesetzgeber seit Einführung der Ersatzversorgung am 13.7.2005 stets vorausgesetzt (OLG Düsseldorf NVwZ-RR 2022, 756, Rn. 42; so selbst BT-Drs. 20/4915, 177; Haun EnWZ 2023, 29). In der Tat ließ sich aber Ende 2022 beobachten, dass Unternehmen in diesen Spannungs- und Druckebenen auch noch im November und Dezember keine Versorgungssicherheit herstellen konnten (BT-Drs. 20/4915, 157). Betroffen waren dabei nicht nur Letztverbraucher, die in Schieflage geraten sind und denen deshalb eine schlechtere Bonität unterstellt wurde (Enoplan: „Viele Geschäftskunden ab Januar noch ohne Energieliefervertrag", https://www.enoplan.de/kunden-ohne-energieliefervertrag/), sondern auch vereinzelt systemkritische Einrichtungen, wie Krankenhäuser, Bildungseinrichtungen und Altenheime, deren Trennung von der Energieversorgung sicherlich nicht im allgemeinen Interesse liegt (Haun EnWZ 2023, 29, 30).

3 Ein Auffangen im Rahmen der Ersatzversorgung des § 38 scheitert am expliziten Wortlaut dieser Norm. Aber auch der methodische Schluss zur analogen Anwendung des § 38 geht zu Recht fehl. Denn hierzu fehlt es bereits an einer Regelungslücke im „energiewirtschaftsrechtlichen Ordnungsrahmen" (ausf Tüngler EnWZ 2022, 404 (407)). An einer Planwidrigkeit dürfte zudem bereits deshalb zu zweifeln sein, da § 38 Abs. 1 seit seiner Einführung 2005 andauernden Novellen unterzogen wurde, ohne, dass der Gesetzgeber einen Regelungsbedarf für diese Spannungs- und Druckebenen auch nur erkennen ließ (Haun EnWZ 2023, 29). Jedenfalls fehlt es an einer vergleichbaren Interessenslage, da die Ersatzversorgung aus dem Leitbild des besonders schutzbedürftigen Haushaltskunden entwickelt wurde (Britz/Hellermann/Hermes/Hellermann, 3. Aufl., § 38 Rn. 2, 8; Kment EnWG/W. Rasbach § 38 Rn. 2). Dieser ist an das Netz der allgemeinen Versorgung in Niederspannung/Niederdruck angeschlossen und wird dann logisch konsequent vom Grundversorger als Ersatzversorger, § 38 Abs. 1, auch bei Eintritt des Ersatzversorgungstatbestand weiterversorgt.

II. Normsystematik und Regelungsmethodik

1. Systematik

Der systematische Aufbau der Norm verwundert auf den ersten Blick. Der eigentlichen Legaldefinition der Notversorgung (Absatz 2; → Rn. 19 ff.) zur Eröffnung des Anwendungsbereichs ist das Recht zur Bilanzkreiszuordnung des Verteilernetzbetreiber vorangestellt (Absatz 1; → Rn. 24). 4

Störgefühle löst diese Systematik deshalb aus, weil die Legaldefinition der (befristeten) Notversorgung, gleichzeitig sowohl den (teilweisen) personellen als auch den temporären Anwendungsbereich der Norm regelt und damit auch Grundvoraussetzung dafür ist, dass der Verteilernetzbetreiber eine Bilanzkreiszuordnung vornehmen kann. Abseits dieser genau bestimmten Personengruppe und dieses Zeitkorridors ist eine Bilanzkreiszuordnung ohne gültiges Energielieferverhältnis weiterhin unzulässig. 5

Das Voranstellen der Regelung zur Bilanzkreiszuordnung spaltet regelungsmethodisch die Legaldefinition des personellen Anwendungsbereichs auf, sodass dieser zum Teil durch Absatz 1 Satz 2 („Letztverbraucher […], die an das Energieversorgungsnetz in Mittelspannung oder Mitteldruck oder, soweit nicht die Ersatzversorgung nach § 38 anwendbar ist, in der Umspannung von Nieder- zu Mittelspannung angeschlossen sind") und durch Absatz 2 Satz 1 bestimmt wird „Letztverbraucher im Sinne des Absatzes 1 Satz 2, die […] aufgrund eines in dem Zeitraum vom 31. Dezember 2022 bis zum 31. Januar 2023 beendeten oder auslaufenden Energielieferverträges bis zu diesem Datum beliefert [wurden]". Dies hätte durch eine einheitliche Legaldefinition in Absatz 1, bestehend aus den Aspekten aus Absatz 1 und Absatz 2, vermieden werden können. 5.1

Systematisch ergibt diese Anordnung in Hinblick auf die gelebten Marktprozesse Sinn. Die Verhinderung der physischen Unterbrechung des Netzanschlusses des betroffenen Letztverbrauchers ist Grundvoraussetzung für jede (vertragliche) Weiterbelieferung. 6

Dennoch erweckt der Stellenwert, der den betroffenen Marktrollen Verteilernetzbetreiber und Energielieferant im Rahmen der amtlichen Begründung eingeräumt wird, den Eindruck, dass hier die Interessen dieser Marktrollen im Vordergrund standen (Haun EnWZ 2023, 29). Nachvollziehbar wird dies in Hinblick auf die Folgen der Versorgungsunterbrechung bspw. für regional bedeutsame Arbeitgeber. Eine Unterbrechung der Energieversorgung ohne absehbare Wiederaufnahme hat faktisch die Unternehmensaufgabe zur Folge. Verteilernetzbetreiber mit kommunaler Beteiligung standen so Ende 2022 vor dem Dilemma zwischen der rechtmäßigen Pflichtausübung und der (politisch ungewollten) Folge eine Versorgungsunterbrechung im Einzelfall. Die Möglichkeit der Duldung einer weiteren Entnahme sieht das EnWG nicht vor (vgl → § 38 Rn. 2 Theobald/Kühling/Heinlein/Weitenberg § 38 Rn. 3; Kment EnWG/W. Rasbach § 38 Rn. 1). Die Möglichkeit der Bilanzkreiszuordnung schlug gerade diesen Verteilernetzbetreibern eine goldene Brücke und vermied so (regionale) Härtefallentscheidungen unter faktischer Missachtung des EnWG. 6.1

Darüber hinaus verfangen die gewählte Systematik und Regelungsmethodik. An die Regelungen der Pflicht zur Fortführung der Versorgung für Energielieferanten schließen sich die Kompensationsmechanik (Absatz 3) und die besonderen Lieferkonditionen, insbesondere Kündigungsmöglichkeiten an (Absatz 4). Durch die Festlegung, dass die Belieferung „entsprechend der bis zum 31. Dezember 2022 geltenden Vertragsbedingungen" erfolgen muss, modifizieren diese Regelungen die Lieferbeziehung nur hinsichtlich einzelner Faktoren und besonders ausgehandelte Vertragskonditionen behalten abseits dieser Regelungen ihre Wirksamkeit. 7

Die Verpflichtung verschiedenen gegenseitigen Informationspflichten der betroffenen Verteilernetzbetreiber und Energielieferanten (Absatz 3 Satz 4; Absatz 5) ergeben in der Sache Sinn. Eine vermeintlich wesentliche Informationspflicht fehlt im Regelungsgefüge der Norm hingegen: Der Umstand, dass der Energielieferant ausnahmsweise nicht zur Notversorgung 8

III. Methodik

9 Nach der amtlichen Begründung begründet die Notversorgung ein „gesetzliches Schuldverhältnis [...] in den Grenzen des Absatzes [6] und zu den Bedingungen der Absätze [3 und 4]" (BT-Drs. 20/4915, 157; dort jedoch mit unzutreffenden Binnenverweisen). Dieses schafft den Rechtsgrund für die tatsächliche Entnahme und die Grundlage für die Kompensationsmechanik.

10 Insoweit gleichen sich die Notversorgung des § 118c und die Ersatzversorgung des § 38 (→ § 38 Rn. 1). Die Mechanik des § 118c entspricht aber darüber hinaus nicht der des § 38 und wurde daher auch zu Recht nicht als Ersatzversorgung in höheren Spannungs- bzw. Druckebenen betitelt. § 118c regelt vielmehr eine eigenständige Kompensationsmechanik, die eher einer Fortentwicklung der Rechtsprechung des BGH zur unberechtigten Entnahme von Energie (BGH NVwZ-RR 2022, 756) gleicht (Haun EnWZ 2023, 29 (31 ff.); → Rn. 28 f.). Anders als die hier gewillkürte Entnahme erfolgt die Entnahme im Rahmen der Notversorgung (politisch) legitimiert.

11 Die Notversorgung stellt einen Eingriff in verfassungsrechtlich gewährleistete Rechtspositionen der Energielieferanten dar (BT-Drs. 20/4915, 157) und führt faktisch zu einem (wenn auch nur zeitlich befristeten) Kontrahierungszwang. Dieser wird nach der amtlichen Begründung dadurch gerechtfertigt, dass die Notversorgung zeitlich stark beschränkt, etwaige Mehrkosten finanziell durch die Entgeltbemessung kompensiert würden (Absatz 3) und Ausfallsrisiken durch das Kündigungsrechts (Absatz4) und die Einschränkung des Anwendungsbereichs (Absatz 6) abgemildert sind (BT-Drs. 20/4915, 157).

11.1 Im Verhältnis zur „Schwere" des Eingriffs bleiben die Erwägungen im Rahmen der amtlichen Begründung etwas hinter den Erwartungen zurück. Zwar lassen die Ausführungen zur Kompensation durch die großzügigen Entgeltbemessung des Absatz 3, dem Schutz vor etwaigen Ausfallrisiken durch Absatz 4/Absatz 6 sowie der zeitlichen Befristung Grundzüge einer Verhältnismäßigkeitsprüfung erkennen, können in diesem Ausmaß aber nicht als hinreichende Legitimierungsgrundlage gesehen werden. Schließlich wählt der Gesetzgeber in der Form des Kontrahierungszwangs den größten Eingriff in die Vertragsfreiheit als Ausprägung der Privatautonomie. Ein Eingriff der sonst nur ultima ratio gerechtfertigt erscheint (vgl. beispielhaft: Podszun/Offergeld ZEuP 2022, 244 (265) zum kartellrechtlichen Kontrahierungszwang bei der Plattformregulierung).

B. Entstehungsgeschichte und Ausblick

12 Die Einführung einer befristeten Notversorgung weicht nicht nur hinsichtlich ihres zeitlichen Anwendungsbereichs, sondern auch hinsichtlich ihrer Entstehungsgeschichte merklich von bisherigen Änderungen des EnWG ab.

I. Hintergrund und Gesetzgebungsverfahren

13 Der Regelungsvorschlag einer befristeten Notversorgung diese Letztverbrauchergruppe im Januar und Februar 2023 fand erst über die Beschlussempfehlungen und Bericht des Ausschusses für Klimaschutz und Energie Einzug in das Gesetzgebungsverfahren. Der ursprüngliche Regierungsentwurf vom 29.11.2022 sah eine vergleichbare Regelung – im Hinblick auf die bisherige Risikoeinschätzung (→ Rn. 2) wenig überraschend – nicht einmal im Ansatz vor.

14 Zeitlich wurde ein erster Entwurf zu § 118c erst am 14.12.2022, und damit lediglich einen Tag vor Beschluss durch den Bundestag, offiziell veröffentlicht (BT-Drs. 20/4915, 1, 114 f.) und trat mit dem Gesetz zur Einführung einer Strompreisbremse und zur Änderung weiterer energierechtlicher Bestimmungen (StromPBGEG) mit Wirkung zum 24.12.2022 in Kraft (BGBl. 2022 I 2512). Trotz des übereinstimmenden und prominenten Datums kann man auf die geschaffene Notversorgung nur bedingt als ein Weihnachtsgeschenk des Gesetzgebers für die betroffenen Marktteilnehmer bezeichnen.

14.1 Möglichkeit zur Stellungnahme auf die in der Beschlussempfehlungen und Bericht (BT-Drs. 20/4915) enthaltenen Änderungen des bisherigen Gesetzesentwurfs, wurde damit auch für zahlreichen

Interessensvertreter faktisch ausgeschlossen. Auch diese Gruppe hatte lediglich wenige Tage vor der offiziellen Veröffentlichung Kenntnis der Ausgestaltung der Regelung erlangt. Bezogen auf die (mögliche) Tragweite (zu den tatsächlichen Auswirkungen → Rn. 17) der Einführung eines Novums „Notversorgung" für Letztverbraucher in Mittelspannung/Mitteldruck ein zulässiges, aber durchaus kritikwürdiges Gesetzgebungsverfahren.

Neben redaktionellen Versehen im Rahmen der Begründung (Verweisungsfehler auf § 39, anstelle des § 38; BT-Drs. 20/4915, 157) hatte das beschleunigte Verfahren ohne Stellungnahme Möglichkeit auch einzelne systematische und methodische Fehler, wobei die Kündigungsmechanik hierbei besonders heraussticht (→ Rn. 56 f.), zur Folge, die diese Kritik verstärken. Etwaige Auswirkungen dieser handwerklichen Fehler zeigten sich bisher nicht. Hierzu sind mögliche Folgeprozesse abzuwarten. **14.2**

Politischer Anlass der Regelung war die Warnung vor drohenden Versorgungsausfällen zahlreicher Letztverbraucher. Gerade zu Beginn des vierten Quartals des Jahres 2022 wurden diese Stimmen lauter, wiesen darauf hin, dass Letztverbraucher entweder überhaupt keine Vertragsangebote für die benötigten Mengen erhielten oder diese Mengen nur zu unhaltbaren Konditionen zu beschaffen seien. **15**

Beispielhaft reicht hier ein Blick in die Presse, die im Vorfeld lautstark auf die Schwierigkeiten der Letztverbraucher hingewiesen hatte (Markt und Mittelstand: „Betriebe finden keine Versorger mehr", https://www.marktundmittelstand.de/zukunftsmaerkte/betriebe-finden-keine-versorger-mehr-1303321/; WirtschaftsWoche: „Strom wird nicht nur teurer – sondern ist auch immer schwerer zu bekommen.", https://www.wiwo.de/my/unternehmen/energie/da-kann-einem-angst-und-bange-werden-mittelstand-ohne-strom-stadtwerke-kuendigen-ueber-1000-kunden/28681358.html; WirtschaftsWoche: „Deutschlands Unternehmen droht ab Neujahr der Energieschock" https://www.wiwo.de/my/unternehmen/energie/problemfall-mittelspannung-und-mitteldruck-deutschlands-unternehmen-droht-ab-neujahr-der-energieschock/28773172.html). Auch wenn Energielieferanten bei einzelnen Letztverbrauchern, aufgrund der angespannten Wirtschaftslage seit 2020, ein größeres Ausfallrisiko in die Versorgung ab 2023 einpreisen mussten, befeuerten insbesondere veränderte Beschaffungssituationen auf Ebene der Energielieferanten die Veränderungen in der Preis- und Konditionengestaltung (Haun EnWZ 2023, 29 (30)). **15.1**

Etablierten Energielieferanten wurde mit einem rapiden Zuwachs im Massenkundengeschäft sowie durch, insbesondere durch eine Zunahme der Anzahl der ersatz- und grundversorgten Kunden (vgl. nur beispielhaft den Kundenzuwachs der Stadtwerke Leipzig GmbH von über 10.000 Neukunden, Leipziger Zeitung: „Strompreisanstieg und insolvente Anbieter: Stadtwerke Leipzig bekamen 10.000 Neukunden in die Grundversorgung", https://www.l-iz.de/wirtschaft/verbraucher/2022/02/strompreisanstieg-und-insolvente-anbieter-stadtwerke-leipzig-bekamen-10-000-neukunden-in-die-grundversorgung-433132) die Beschaffung bisher nicht prognostizierbare Mengen aufgebürdet, die aufgrund des sprunghaften Anstiegs zumindest teilweise nur auf dem Spotmarkt zu deutlich höheren Preisen und einem höheren Liquiditätsnachweis beschafft werden konnten (Hierzu beispielhaft aus der Pressberichterstattung: NTV.de vom 14.9.2022: „Energiepreise belasten massiv – „Erste Stadtwerke geraten in Zahlungsschwierigkeiten", https://www.n-tv.de/wirtschaft/Erste-Stadtwerke-geraten-in-Zahlungsschwierigkeiten-article23585567.html; Handelsblatt vom 16.9.2022: Energiepreise treiben kleinere Gasversorger in die Not https://www.handelsblatt.com/unternehmen/stadtwerke-energiepreise-treiben-kleinere-gasversorger-in-die-not/28671732.html). **15.2**

In tatsächlicher Hinsicht erschwerte der Rückgang des Angebots im OTC-Handel, sprich dem Handel mit Terminmengen, der gerade bei den Grund- und Ersatzversorgenden Stadtwerken den wichtigsten und primären Beschaffungsmarkt bildet (zu den Schwierigkeiten nur beispielhaft NTV.de vom 14.9.2022: „Energiepreise belasten massiv – „Erste Stadtwerke geraten in Zahlungsschwierigkeiten", https://www.n-tv.de/wirtschaft/Erste-Stadtwerke-geraten-in-Zahlungsschwierigkeiten-article23585567.html). **15.3**

Die Notversorgung fügt sich letztlich als (notwendiges) Puzzleteil in das Regelungsziel der Energiepreisbremsen ein, auf deren Grundlage dann Verträge auch mit den von der Notversorgung betroffenen Letztverbrauchern möglich sein sollen (BT-Drs. 20/4915, 157). Denn die Mechanismen der Energiepreisbremse, insbesondere die darin enthaltene Entlastung der Letztverbraucher senken die allgemeine Kostenbelastung und ermöglichen dadurch auch eine Konditionengestaltung, zu denen (Neu-)Verträge abgeschlossen werden können. Wird die Versorgung hingegen zwischenzeitlich (zwangsweise) unterbrochen, kommt der Entlastungsmechanismus schlicht zu spät. **16**

II. Ausblick

17 Die befürchtete Kettenreaktion (gemeinsamer Appel des Deutschen Städtetags, Deutschen Städte- und Gemeindebunds, des BDEW und des VKU: „Appell zur Unterstützung der regionalen und kommunalen Energielieferant – Erfordernis einer Sonderfinanzministerkonferenz", https://www.dstgb.de/publikationen/pressemitteilungen/situation-spitzt-sich-fuer-viele-energieversorger-immer-weiter-zu/2022-10-17-mpk-bdew-vku-staedtetag-dstgb.pdf?cid=su1 https://www.dstgb.de/publikationen/pressemitteilungen/situation-spitzt-sich-fuer-viele-energieversorger-immer-weiter-zu/) blieb erfreulicherweise zum Jahreswechsel 2023 aus. Auch wenn die Notversorgung sicherlich vereinzelt als Auffangtatbestand eingesprungen ist, geht die Wiederherstellung eines hinreichenden Maßes an Versorgungssicherheit (wohl) eher auf die sich bereits zum Jahresende hin beruhigenden Energiemärkte zurück (vgl Marktdaten des Markts für Großhandelspreise Deutschland/Luxemburg im Zeitraum 1.1.2022 bis 31.12.2022, https://www.smard.de/sharing/page/3736). Ein Trend, der sich auch im Jahr 2023 fortgeführt hat (vgl Großhandelspreise Deutschland/Luxemburg im Zeitraum 1.1.2023 bis 30.04.2023, https://www.smard.de/sharing/ogp/4485) und anhält.

18 Dies hat gleichzeitig zur Folge, dass es nur in wenigen Fällen, und auch dann wohl aufgrund der Konditionen (→ Rn. 42 ff.) nur für einen überschaubaren Zeitraum zur Notversorgung gekommen ist.

C. Anwendungsbereich Notversorgung

19 Der Anwendungsbereich der Notversorgung bestimmt sich in einem Zusammenspiel aus den Regelungen in den Absatz 1 und 2 (hierzu bereits → Rn. 5.1). Anwendung findet die Notversorgung auf „Letztverbraucher, die an das Energieversorgungsnetz in Mittelspannung oder Mitteldruck oder, soweit nicht die Ersatzversorgung nach § 38 anwendbar ist, [die] in der Umspannung von Nieder- zu Mittelspannung angeschlossen sind" und die „aufgrund eines in dem Zeitraum vom 31. Dezember 2022 bis zum 31. Januar 2023 beendeten oder auslaufenden Energieliefervertrages bis zu diesem Datum" von einem Energielieferanten auf dieser Grundlage beliefert wurden.

I. Personeller Anwendungsbereich

20 Personell betrifft die Notversorgung in erster Linie Letztverbraucher in Mittelspannung oder Mitteldruck. Letztverbraucher in höheren Spannungs- und Druckebenen werden nicht vom Anwendungsbereich umfasst. Die ebenfalls angesprochene Gruppe der in der Umspannung von Nieder- zu Mittelspannung angeschlossenen Letztverbraucher ist – wie schon der Wortlaut zeigt („soweit nicht die Ersatzversorgung nach § 38 anwendbar ist") – auf wenige, technische Sonderkonstellationen in der sog. „Umspannebene" (Theobald/Theobald Grundzüge EnergiewirtschaftsR, S. 226 f.; Säcker EnergieR/Mohr StromNEV § 2 Rn. 10a) beschränkt.

20.1 Unter Umspannung sind in der Regel die Anschlussverhältnisse gemeint, in denen der Anschlussnehmer direkt an eine Ortsnetzstation angeschlossen ist (ausführlich Weise/Bartsch/Hartmann IR 2015, 2 ff.). Für die Frage der Anwendbarkeit der Ersatz- und der Notversorgung kommt es nach dem Wortlaut der Normen darauf an, von welcher Spannungsebene innerhalb der umspannenden Ortsnetzstation tatsächlich Energie bezogen wird. Dadurch dürfte sich der Anwendungsbereich auf die Letztverbrauchergruppen beschränken, die mithilfe eigener Betriebsmittel den Strom direkt auf Ebene der Mittelspannung in der Ortsnetzstation entnehmen (Weise/Bartsch/Hartmann IR 2015, 2 ff.). Diese sind dann aber ohnehin dem Mittelspannungsnetz zuzuordnen, sodass der Verdacht nahe liegt, dass Absatz 2 Satz 2 rein deklaratorisch ist und deshalb in das Gesetz Einzug gefunden hat, um möglichst keinen besonderen Nachforschungsaufwand seitens der Verteilernetzbetreiber und Energielieferanten zu erzeugen (Haun EnWZ 2023, 29 (32)). Letztverbraucher, die innerhalb der Ortsnetzstation der Niederspannung zugeordnet werden, werden im Rahmen der Ersatzversorgung versorgt; Letztverbraucher für die dies bisher unklar war, können jedenfalls im Übergangszeitraum auf die Notversorgung zurückgreifen.

21 Zudem gelten die Regelungen zur Notversorgung nur für solche Letztverbraucher, deren Energieliefervertrag im Zeitraum zwischen dem 31.12.2022 und 31.01.2023 (einseitig) durch Kündigung beendet wurde oder in diesem Zeitraum durch Zeitablauf endet, Absatz 2 Satz 1, und soweit für die jeweils betroffene Entnahmestelle kein Neuvertrag abgeschlossen wurde,

Absatz 2 Satz 2. Maßgebliche Voraussetzung ist also, dass ein Energieliefervertrag unmittelbar vor Aufnahme der Notversorgung (ab 1.1.2023) bestand. Letztverbraucher, deren Energieliefervertrag vor dem 31.12.2022 beendet wurde oder endete sind von der Notversorgung nicht erfasst.

II. Zeitlicher Anwendungsbereich

Die Notversorgung endet unmittelbar mit der Aufnahme eines neuen Energieliefervertrages („mit dem Tag des Beginns der Energielieferung"). Vor dem Hintergrund der auch im Rahmen der Notversorgung geltenden Geschäftsprozesse zur Kundenbelieferung mit Elektrizität („**GPKE**") sowie Wechselprozessen bei der Belieferung mit Gas („**GeLi Gas**") kann damit aber lediglich die schuldrechtliche Zuordnung des Letztverbrauchers zu einem Energielieferanten gemeint sein. Ein Lieferantenwechsel – wie dabei vorausgesetzt – innerhalb von 24 Stunden ist erst ab dem 1.1.2026 gesetzlich verpflichtend, § 20a Abs. 2 (→ § 20a Rn. 8 ff.), und das diesbezügliche Festlegungsverfahren der BNetzA erst eröffnet (Az: BK6-22-024). Auch unter Anwendung der Regelungen zur Notversorgung wird man hier eine gewisse Verzögerung mit einrechnen müssen. Rückwirkende An- und Abmeldungen, die sich einem 24-Stunden-Wechsel zumindest nähern könnten, sieht die GPKE nur in besonderen Konstellationen vor (vgl. nur beispielhaft für Strom GPKE, S. 20, 36). Für die Abwicklung der Zuordnung im Rahmen der Notversorgung rät die BNetzA zur bilateralen Abstimmung zwischen Verteilernetzbetreiber und Energielieferant (BNetzA, Mitteilung Nr. 69 zur Umsetzung der Beschlüsse GPKE und GeLi Gas vom 19.12.2022) 22

III. Ausnahmetatbestände]

Letztlich findet die Notversorgung auch keine Anwendung, wenn die Ausnahme des Absatz 6 erfüllt sind. → Rn. 59 ff.) 23

D. Rechte und Pflichten des Verteilernetzbetreiber (Abs. 1, Abs. 5)

§ 118c verpflichtet die Verteilernetzbetreiber zur unverzüglichen Information nach Inkrafttreten (am 24.12.2022) der jeweiligen Energielieferanten (Absatz 5; → Rn. 36) und räumt ihnen das Recht zur Bilanzkreiszuordnung trotz fehlender (vertraglicher) Zuordnung ein (Absatz 1; → Rn. 25 ff.). 24

I. Recht zur Bilanzkreiszuordnung (Abs. 1)

Gemäß § 118c Abs. 1 sind die Verteilnetzbetreiber im Zeitraum vom 1.1.2023 bis 28.2.2023 berechtigt, Letztverbraucher, die ab dem 1.1.2023 keinem Bilanzkreis zugeordnet wären (die ab dem 1. Januar 2023 keinem Energielieferanten zugeordnet sind"), (erneut/ weiterhin) dem Bilanzkreis des Energielieferanten zuzuordnen, welcher den Letztverbraucher bis zum 31.12.2022 beliefert hat. Die Regelung zielt dabei zum einen darauf ab, dass aufgrund der Spannungs-/Druckebene durchaus relevante Energiemengen „bilanzkreislos" würden (BT-Drs. 20/4915, 157) und zum anderen diese deshalb pflichtgemäße Reaktion in Form der Anschlussunterbrechung durch den Verteilernetzbetreiber zur Folge haben (→ Rn. 26 f.). 25

Die Pflicht zur Versorgungsunterbrechung steht gleichwertig neben seinen Sperrpflichten zum Schutz der Integrität des ihm zur Verantwortung gegebenen Netzes (§§ 17 Abs. 1 NAV/NDAV; für höhere Druck- und Spannungsebenen in entsprechender Anwendung, vgl Große/Schnelle EnWZ 2014, 507, 508) und der sog. Sperrung auf Zuruf (Eder/Ahnis ZNER 2007, 129 f; Schneider/Theobald EnergieWirtschaftsR-HdB/de Wyl/Thole/Bartsch, Rn. 115, 157 ff.) zum Schutz subjektiver Rechtsgüter des Energielieferanten. 25.1

Absatz 1 Satz 1 ist dabei explizit als Recht und nicht als eine Pflicht ausgestaltet (zum vermeintlichen Ermessensspielraum für die Rechtsausübung → Rn. 30 ff.). Eine Begründung hierzu findet sich in den Gesetzesmaterialien nicht. Einen Begründungsansatz liefert die Systematik des EnWG. Die Formulierung einer separaten Pflicht zur Bilanzkreiszuordnung bedarf es im Regelungsgefüge des EnWG nicht. Zur Bilanzkreiszuordnung ist der Verteilernetzbetreiber bereits aufgrund des Prinzips der Netzstabilität, § 20 Abs. 1a S. 5, verpflich- 26 tet (vgl BGH NVwZ-RR 2021, 570 Rn. 20). Eine Zuordnung kann dabei nur zu einem Lieferantenbilanzkreis erfolgen. Dem Bilanzkreis des Verteilernetzbetreiber sind in Hinblick auf die Entflechtungsvorgaben, §§ 6 ff., ausschließlich die Energiemengen zuzuordnen die er „entweder selbst verbraucht hat oder die als verbleibende Differenz keinem […] zuzuordnen" seien (für Strom: BGH NVwZ-RR 2022, 756 Rn. 22; RdE 2021, 275 Rn. 24). Keinesfalls zugeordnet werden dürfe hingegen solche Mengen, die der Letztverbraucher zum Verbrauch entnimmt (Mit Hinweis auf § 12 Abs. 3 S. 2 StromNZV für die Entnahme von Strom in Niederspannung wiederholt BGH NVwZ-RR 2022, 756 Rn. 22; RdE 2021, 275 Rn. 24).

26.1 Auch wenn die Entscheidungen des BGH ausschließlich in Niederspannung ergingen, sind die darin getroffenen Schlussfolgerungen auch auf die höhere Spannungsebenen bzw. für die Entnahme von Gas, entsprechend übertragbar. Es ist nicht ersichtlich, wieso die Bilanzkreiszuordnung von über Niederspannung/Niederdruck entnommener (kleinerer) Mengen anders zu beurteilen sein sollte als dies bei (idR) größeren Mengen in Mittelspannung/Mitteldruck, der Fall ist.

27 Zudem entspricht es auch dem Interesse des Verteilernetzbetreibers möglichst Energiemengen nicht im eigenen Bilanzkreis auszugleichen, da er zur (kosten-)effizienten Mengenbeschaffung in der Regel nicht ausgelegt ist. Dabei ist zu berücksichtigen, dass etwaige Beschaffungskosten, zumindest temporär, zu wirtschaftlichen Last des Verteilernetzbetreibers gehen (BT-Drs 20/4915, 157).

28 Mengen die der Verteilernetzbetreiber nicht selbst verbraucht, sind nach dem Regelungsgefüge des EnWG nur im Rahmen der Verlustenergie nach § 22 auszugleichen (vgl BGH NVwZ-RR 2022, 756 Rn. 22; RdE 2021, 275 Rn. 24 mwN – Unberechtigt genutzte Lieferstellen, mit Hinweis auf § 12 Abs. 3 S. 2 StromNZV für die Entnahme von Strom in Niederspannung). Eine Beschaffung als Verlustenergie nach § 22 ginge jedoch zu Lasten aller Letztverbraucher (Allgemeinheit), da diese in die Kalkulation der Netzentgelte einfließen (BGH BeckRS 2010, 6574 Rn. 23; Tüngler EnWZ 2022, 404 (406)). Insoweit ist die Erfassung als Verlustenergie zum Schutze der Allgemeinheit begrenzt. Entnommene Energiemengen, die die diesbezüglichen Voraussetzungen nicht erfüllen, können nur über das Bereicherungsrecht ausgeglichen werden.

28.1 Die Kosten für die Entnahme von Energiemengen, die keinem Bilanzkreis zugeordnet sind, gehen nach den Grundsätzen des Bereicherungsrecht nur temporär zu Lasten des Verteilernetzbetreibers, weil den Verteilernetzbetreiber ein Ausgleichsanspruch entweder gegenüber dem Letztverbraucher (vgl. Tüngler EnWZ 2022, 404 (410) mwN) oder – sofern die Grundsätze der BGH-Rechtsprechung, BGH NVwZ-RR 2022, 756, künftig auch auf höhere Spannungs- und Druckebenen Anwendung finden (Haun EnWZ 2023, 31 f.) und damit diese Energiemengen dem bisherigen Lieferanten wirtschaftlich zugeordnet werden – gegenüber dem Energielieferanten nach den Grundsätzen des Bereicherungsrecht zusteht.

29 Letztlich lässt die Ausgestaltung als Recht auch vermuten, dass der Gesetzgeber keinen Drittanspruch auf Bilanzkreiszuordnung schaffen wollte, insbesondere nicht eines Letztverbrauchers, ggü demjenigen der bisherige Energielieferant signalisiert hat, dass eine Notversorgung aufgrund des Ausschlussgrundes des Absatz 6 Nummer 2 nicht in Betracht käme.

1. Kein Handlungsspielraum bei der Rechtsausübung

30 Die nach dem Wortlaut als offen ausgestaltete Regelung („sind berechtigt") räumt aufgrund der klaren gesetzlichen Anforderungen keinen Beurteilungsspielraum im Sinne eines nur beschränkt überprüfbaren Handels ein.

31 Der Verteilernetzbetreiber kann insbesondere nicht über das OB der Bilanzkreiszuordnung entscheiden. Wenn die Tatbestandsvoraussetzung der Notversorgung (Absatz 1, Absatz 2) und keine Ausschlussgründe (Absatz 4, Absatz 6) vorliegen, hat er die Bilanzkreiszuordnung im Rahmen seiner Marktrolle (und im eigenen Interesse siehe → Rn. 27) vorzunehmen. Umgekehrt kann er auch keine Bilanzkreiszuordnung vornehmen, wenn diese Voraussetzungen nicht oder die entsprechenden Ausschlussgründe vorliegen. Diese dann wiederum unberechtigt entnommenen Energiemengen sind mangels systemkonformer Bilanzkreiszuordnung umgehend durch Sperrung der hiervon betroffenen Entnahmestelle zu verhindern.

2. (zwingende) Zuordnung zum bisherigen Versorger

Ebenso wenig wird dem Verteilernetzbetreibers ein Wahlrecht bei der Auswahl des Bilanzkreis eingeräumt. Eine Zuordnung hat zwingend zum Bilanzkreis des Energielieferanten, der den Letztverbraucher zuvor versorgt hatte, zu erfolgen, § 118c Abs. 1 S. 1 aE.

Die zwingende Zuordnung zum bisherigen Lieferanten ist methodisch weder zwingend noch im Hinblick auf die EnWG-Systematik und der Marktrolle des Grund- und Ersatzversorger systemimmanent (Haun EnWZ 2023, 29 (31)). Für Letztverbraucher, die keinem Bilanzkreis zugeordnet werden können (oder soweit diese fehlschlägt), sieht das EnWG eine Zuordnung zu einem allgemein bestimmten Energielieferanten vor, dem Grund-/Ersatzversorger vor (§ 38 Abs. 1 iVm § 36 Abs. 1). Dieser ist zu dieser Aufgabe deshalb berufen, weil er aufgrund objektiver empirischer Marktgegebenheiten (Theobald/Kühling/Heinlein/Weitenberg § 36 Rn. 85) die Anforderungen an einen sog „Versorger letzter Instanz" (→ Rn. 33.1) am besten erfüllen könne.

Die Figur des Versorgers letzter Instanz geht zurück auf Art. 3 Abs. 3 S. 2 der Richtlinie 2009/73/EG des Europäischen Parlaments und des Rates vom 13. Juli 2009 über gemeinsame Vorschriften für den Erdgasbinnenmarkt und zur Aufhebung der Richtlinie 2003/55/EG (Erdgasbinnenmarkt-Richtlinie 2009) und Art. 3 Abs. 3 S. 2 der Richtlinie 2009/72/EG des Europäischen Parlaments und des Rates vom 13. Juli 2009 über gemeinsame Vorschriften für den Elektrizitätsbinnenmarkt und zur Aufhebung der Richtlinie 2003/54/EG (Elektrizitätsbinnenmarkt-Richtlinie 2009)

Für die Aufgabe der Notversorgung sieht der Gesetzgeber wiederum den bisherigen Energielieferanten als „am besten geeignet" an (BT-Drs. 20/4915, 157), da dieser „aufgrund der zuvor mit dem jeweiligen Letztverbraucher eingegangenen Vertragsbeziehung am besten kurzfristig in der Lage erscheint" sowohl die Belieferung zu gewährleisten als auch die Verweigerungsgründe des Absatz 6 einzuschätzen.

Während letzteres sicherlich zutrifft, lässt sich die Eignung zur Versorgung gerade in diesen Spannungs- und Druckebenen in Zweifel ziehen. Auch die nur zeitlich befristete Versorgung von Kunden und Mittelspannung und Mitteldruck bedarf hinreichender Planung und Beschaffung von teilweise signifikanten Mengen. Hierzu ist auch ein Energielieferant, der zuvor einen Letztverbraucher in dieser Spannungs-/Druckebene beliefert hat, nicht zwangsläufig ad-hoc fähig. Auch wenn Absatz 3 dem Energielieferanten zu nahezu allen Konditionen ermöglicht (→ Rn. 43 ff.), mag der einzelne Energielieferant dennoch nicht in der Lage sein, selbstständig diese Mengen ohne besonderen Aufwand zu beschaffen, insbesondere, wenn er üblicherweise Mengen über die OTC Märkte langfristig kontrahiert.

Durch die Wahl des bisherigen Energielieferanten zur Durchführung der Notversorgung lehnt sich der Gesetzgeber an die Rechtsprechungslinie des BGH zur Entnahme von Mengen ohne berechtigte Bilanzkreiszuordnung an (BGH NVwZ-RR 2022, 756; RdE 2021, 275). Der BGH hat hier in Fällen der Entnahme von Strom in Niederspannung eine (wirtschaftliche) Zuordnung dieser Mengen zum bisherigen Energielieferanten angenommen (BGH NVwZ-RR 2022, 756 Rn. 23; RdE 2021, 275 Rn. 19). Da es sich jeweils um Sachverhaltskonstellationen nach vorheriger Versorgung durch den Grundversorger im Rahmen der Ersatzversorgung handelte, fiele der bisherige Energielieferant zwangsläufig mit der Marktrolle des Grundversorgers zusammen (BGH NVwZ-RR 2022, 756 Rn. 23; RdE 2021, 275 Rn. 19, 25). Die – zumindest bei der Ersatzversorgung – über den Versorgungszeitraum, sprich über die Laufzeit des gesetzlichen Schuldverhältnisses, hinaus, fortgeltende bilanzielle Zuordnung wird vom BGH damit begründet, „dass an den betreffenden Lieferstellen gerade mit [diesem Energielieferanten] zuletzt ein vertragliches oder gesetzliches Lieferverhältnis bestanden hat" (BGH NVwZ-RR 2021, 570 Rn. 25). Der weiterhin an der Entnahmestelle Energie entnehmende Letztverbraucher setze faktisch dieses Rechtsverhältnis – ohne Berechtigung einseitig – fort und greife damit in die subjektiven Rechtsgüter des Ersatzversorgers widerrechtlich ein (BGH NVwZ-RR 2022, 756 Rn. 24). Den Fortführungsgedanken äußert auch die amtliche Begründung zu § 118c.

Unter der Prämisse, dass stets eine Bilanzkreiszuordnung erfolgen muss und die Verbrauchsmengen nur einem Energielieferanten entflechtungskonform zugeordnet werden können (→ Rn. 35), steht der Rückgriff auf den bisherigen Energielieferanten, zur Erreichung des gesetzgeberischen Ziels, in Einklang mit den Grundsätzen der Verhältnismäßigkeit (Haun EnWZ 2023, 31). Denn die Zuordnung zu diesem Energielieferanten stellt wohl das unter Berücksichtigung einer notwendigen Zuordnung mildeste, geeignete und erforderliche Mittel dar (aaO.) Die hinzukommenden Praktikabilitätserwägungen (BT-Drs. 20/4915, 157; BGH NVwZ-RR 2021, 570 Rn. 26), wonach der vorangegangene Lieferant den Letztverbrauchers als Schuldner wohl am besten einschätzen kann, es bereits ein (vertragliches) Grundgerüst für die Abwicklung gibt und der letzte Versorger die Ausfallrisiken des Letztverbrauchers am besten einschätzen kann, verleihen der Auswahl des bisherigen Energielieferanten zusätzliches Gewicht.

II. Pflicht zur unverzüglichen Mitteilung (Abs. 5)

37 § 118c Abs. 5 verpflichtet den Verteilernetzbetreiber zur „unverzüglichen" Information möglicherweise betroffener Energielieferanten. Konkret sind die Energielieferanten zu informieren, die bisher Entnahmestellen von Letztverbrauchern belieferten, die ab dem 1.1.2023 voraussichtlich keinem Energieliefervertrag zugeordnet werden können, Absatz 5. Durch den Hinweis auf die Terminologie „unverzüglich" des BGB, hatte auch die Information ohne schuldhaftes Zögern zu erfolgen. Ein allzu großer Vorlauf für die betroffenen Energielieferanten wurde durch diese Fristbestimmung hingegen im Ergebnis nicht erreicht. Denn mit 24.12.2022 zum Auftakt der Weihnachtsfeiertage konnte auch bei strenger Anwendung des Begriffs „schuldhaften Zögerns" nicht mit einem konnte sinnvollen (Informations-)Zugang vor dem 27.12.2022 gerechnet werden.

37.1 Teilweise hat die Unsicherheit hinsichtlich der Frist dazu geführt, dass Netzbetreiber im vorauseilenden Eifer ihre Pflichten bereits vor Inkrafttreten des Gesetzes oder zeitgleich erfüllt haben. Dadurch konnte man zusätzlichen Aufwand nach den Feiertagen zumindest vermeiden. Ein gewisses Zuwarten zwischen Beschluss durch den Bundestag am 15.12.2023 und Bundesrat am 16.12.2023 war hingegen angezeigt. Denn theoretisch war ein Zugang einer Anmeldung zum 1.1.2023 bis zum letzten Werktag des Jahres möglich und auch unter Berücksichtigung der Fristen der Marktkommunikation der GPKE von 7 bzw. 10 Werktagen (GPKE, S. 15) noch in der Woche vor den Weihnachtsfeiertagen realistisch. Durch das Inkrafttreten am Heiligen Abend hatten sich diese Überlegungen faktisch egalisiert.

38 Informationspflichten an die Letztverbraucher sieht die Norm nicht vor. Ob diese abseits der Tagespresse über die Notversorgung informiert wurden, überlässt selbst die amtliche Begründung dem freien Ermessen der Energielieferanten (BT-Drs. 20/4915, 158, „diese können [...] hinweisen").

E. Rechte und Pflichten des (bisherigen) Energielieferanten (Abs. 2, Abs. 3, Abs. 4)

39 Die Pflicht zur Notversorgung trifft nach dem Wortlaut nur die Energielieferanten, „denen nach Absatz 1 Satz 1 eine Entnahmestelle zugeordnet wurde", Absatz 2 Satz 1. Diese aufgrund der Regelungsmethodik etwas verunglückte Formulierung erweckt den Eindruck, als ob dem Verteilernetzbetreiber hier eine Entscheidungskompetenz (und damit einhergehend Prüfungspflicht) eingeräumt wird. Gemeint ist vielmehr, dass diejenigen Energielieferanten zur Notversorgung verpflichtet sind, die zuletzt Letztverbraucher iSd Definition in Absatz 1 Satz 2 (→ Rn. 20) bis zum 31.12.2022 beliefert haben (BT-Drs. 20/4915, 157).

40 Die Versorgungspflicht ist bis einschließlich 28.2.2023 befristet und steht unter dem Vorbehalt, dass zwischenzeitlich kein neuer Energieliefervertrag abgeschlossen wurde, Absatz 2 Satz 2 (zu den faktischen Grenzen eines unmittelbaren Endes bereits → Rn. 22), die Notversorgung vorzeitig beendet wurde, Absatz 4, Satz 3f (→ Rn. 49 ff.) oder bereits aufgrund der Umstände des Einzelfalls nicht zur Anwendung kam, Absatz 6 → Rn. 61 ff.).

41 Die Notversorgung begründet ein gesetzliches Schuldverhältnis (BT-Drs. 20/4915, 157) unter Fortgeltung der Vertragsbedingungen des zwischen dem 31.12.2022 und 31.1.2023 beendeten oder auslaufenden Energieliefervertrages, modifiziert durch die (Sonder-)Konditionen der Notversorgung, Absatz 3, Absatz 4 (zur Bedeutung der Modifikationen siehe → Rn. 11 f.). Nach der amtlichen Begründung werde „ein auslaufendes Vertragsverhältnis [in den Grenzen der Zumutbarkeit] gesetzlich verlängert" (BT-Drs. 20/4915, 157).

42 Die amtliche Begründung hebt hervor, dass der Energielieferant über die Notversorgung hinaus nicht verpflichtet wird (BT-Drs. 20/4915, 157). Dies erscheint im Hinblick auf eine zeitliche Betrachtung redundant. Die Ableitung, an eine ausgelaufene Notversorgungsperi-

ode könne sich erneut eine Notversorgungsperiode anschließen, wie sie etwa vereinzelt im Rahmen der Ersatzversorgung diskutiert wurde (hierzu BGH NVwZ-RR 2022, 756 Rn. 14 f.) scheitert bereits am fixierten Enddatum. Die Formulierung erscheint dabei rein deklaratorisch.

In Betracht käme hier aber auch eine konkludente Positionierung des Gesetzgebers gegen die bilanzielle und wirtschaftliche Zuordnung entnommener Strommengen ohne wirksamen Energieliefervertrag in diesen Spannungs- und Druckebenen und damit einer Absage einer Fortentwicklung der BGH-Rechtsprechung auch in die Mittelspannung/Mitteldruck (vgl BGH NVwZ-RR 2022, 756 Rn. 14 f; ausf. Haun EnWZ 2023, 29). Umgekehrt scheint die Regelung des § 118c als geeignete Blaupause eines Ausgleichs unberechtigt entnommener Energiemengen, die bisher mühsam und rechtsunsicher mithilfe der Grundsätze der ungerechtfertigten Bereicherung kompensiert werden mussten. **42.1**

I. Kompensationsmechanismus (Abs. 3)

Nach Absatz 3 ist der Energielieferant berechtigt ein „angemessenen Entgelt zu verlangen" und nennt zur Bestimmung der Angemessenheit drei enumerativ aufgezählte Faktoren. Im Vergleich zur Ersatz- und Grundversorgung ist der Energielieferant im Rahmen der Notversorgung berechtigt erst bei Abrechnung die Preise festzulegen, während im Rahmen der Ersatzversorgung im Voraus als „Allgemeine Preise", § 38 Abs. 1 S. 2, veröffentlicht werden müssen. **43**

Angemessen ist das Entgelt, wenn es nicht höher ist, **44**
- als die Summe der kurzfristigen Beschaffungskosten der erforderlichen Energiemengen über Börsenprodukte inklusive Beschaffungsnebenkosten zuzüglich eines (Sicherheits-)Aufschlags von 10 Prozent (Nummer 1),
- zuzüglich anfallender Kosten für Netzentgelte und staatlich veranlasster Preisbestandteile (Nummer 2),
- sowie sonstiger zwischen den Parteien vereinbarter Preis- und Kostenbestandteile (Nummer 3).

Grundsätzlich orientiert sich das Entgelt damit an den Spotmarktpreisen („Beschaffung der für die Notversorgung erforderlichen Energiemengen über Börsenprodukte"), lässt aber dem Energielieferanten eine weiten Gestaltungsspielraum. **45**

Nach einer im Wortlaut lediglich angelegten ex-post Kontrolle der Entgeltberechnung auf Angemessenheit bleiben dem Energielieferanten prinzipiell alle Beschaffungsmöglichkeiten und spiegelbildlich hierzu Abrechnungsmodalitäten. Der Energielieferant kann somit sowohl strukturiert Mengen für den Zeitraum beschaffen als auch tagesaktuell die Energiepreise an den Letztverbraucher weiterreichen (zur Einschränkung → Rn. 46.1). Grenze dürfte jedenfalls der (Rechts-)Missbrauch sein. Auf einen Sondertatbestand zur Missbrauchskontrolle (anders bspw. in den Energiepreisbremsen § 39 StromPBG / § 27 EWPBG) hat der Gesetzgeber hingegen verzichtet. **46**

Limitierender Faktor bei der Abrechnung bildet lediglich Absatz 4 Satz 1, wonach die abgerechneten Zeitabschnitte einen Tag nicht unterschreiten dürfen. Diese Regelung limitiert jedoch lediglich den Abrechnungszyklus, nicht aber den Beschaffungsrythmus. Energielieferanten sind zur (mehrfache) intraday Beschaffung berechtigt, können diese Beschaffungsvorgänge nur als Tagesdurchschnitt dem Letztverbraucher in Rechnung stellen. Ob der konkret betroffene Energielieferant zu einer derartigen kleinteiligen Beschaffung in der Lage ist, lässt die Gesetzesbegründung offen. **46.1**

Mitkompensiert werden auch die sog. „Beschaffungsnebenkosten". Laut amtlicher Begründung fallen hierunter die „erhöhte[n] Vertriebskosten im Zusammenhang mit der Notversorgung" (BT-Drs. 20/4915, 157). Jedenfalls erfasst sind damit die reinen Nebenkosten für die Beschaffung. Ob darüber hinaus aufgrund der offenen Formulierung im Rahmen der Gesetzesbegründung auch Kosten für externe Dienstleister, die zur Beschaffung eingesetzt werden, miterfasst sind, ist ungeklärt. Etwas gegenteiliges lässt sich jedenfalls durch die offene Formulierung des Gesetzeswortlaut samt Begründung sowie vor dem Hintergrund des weiten Handlungsspielraums nicht erkennen. **47**

Jedenfalls kompensiert würde der Einsatz externer Dienstleister über den gewährten Sicherheitsaufschlag von 10 Prozent. Zwar dient dieser ausweislich der Gesetzesbegründung als Anreiz für den Letztverbraucher zum Abschluss eines neuen Energieliefervertrages (BT- **48**

Drs. 20/4915, 157), kompensiert aber gleichzeitig ein möglicherweise gesteigertes Ausfallrisiko des Letztverbrauchers und kann als Ausgleich des durch Einsatz eines externen Dienstleisters gesteigerten Aufwands verwandt werden (Haun EnWZ 2023, 29 (33)).

II. Konditionengestaltung (Abs. 4)

49 Wesentliche Änderungen erfährt das „gesetzlich verlängerte Vertragsverhältnis" (→ Rn. 41) durch die Konditionentrias des Absatz 4 in Form eines verkürzten Abrechnungszeitraums, großzügigen Vorauszahlungsmöglichkeiten sowie verkürzte Kündigungsfristen. Die Veränderung dieser Vertragskonditionen durch Absatz 4 dienen primär der Absicherung eines möglichen Ausfallrisikos des Letztverbrauchers (BT-Drs. 20/4915, 158, „Um das finanzielle Risiko des Energielieferanten zu minimieren").

1. Abrechnungszeitraum

50 Nach Absatz 4 Satz 1 ist der Energielieferant frei die Länge der Abrechnungszeiträume selbst frei zu bestimmen. Der Abrechnungszeitraum darf lediglich einen Tag nicht unterschreiten, Absatz 4 Satz 1 aE. Dies minimiert bestehende Liquiditätsrisiken bei der Beschaffung. Faktische Grenze bilden somit der Grenzwert des (Verwaltungs-)Mehraufwand durch eine zu kleinteiligen Abrechnungszyklus.

51 Die Norm enthält keine Pflicht zur Mitteilung des gewählten Abrechnungszyklus, sodass die konkludente Mitteilung durch Rechnungslegung ausreichen dürfte. Um hingegen alle Schutzmechanismen des Energielieferanten vollständig zur Geltung zu bringen, empfiehlt sich eine frühzeitige Ankündigung gegenüber dem Letztverbraucher oder frühzeitige (erste) Rechnungslegung. Denn auch im Rahmen der Notversorgung wird die Pflicht zur Zahlung des Entgelts erst fällig, wenn diese hinreichend bestimmt ist.

2. Vorauszahlungsverlangen

52 Neben der nahezu freien Gestaltung des Abrechnungszeitraums räumt Absatz 4 Satz 2 dem Energielieferanten das Recht eine Zahlung bis zu fünf Werktage im Voraus als Sicherheit zu verlangen. Orientierungswerte für ein erstmaliges Vorauszahlungsverlangen können Bezugswerte aus dem Vorjahr sein (BT-Drs. 20/4915, 178). Ab dem Zeitpunkt der ersten Rechnungslegung oder Mitteilung (→ Rn. 51) bilden das angepasste Entgelt die maßgebliche Orientierung.

53 Alternativ darf der Energielieferant auch eine Sicherheit verlangen.

53.1 Aufgrund des Wortlauts („oder") könnte hierbei eine elektive Konkurrenz gemeint sein, wodurch durch einmalige Wahl des Sicherungsmittels, die andere Alternative ausgeschlossen wäre (vgl zum BGB MüKoBGB/Krüger BGB § 262 Rn. 11). Elektive Konkurrenz ist dann gegeben, wenn sich zwei sich ausschließende Ansprüche gegenüberstehen oder eine spätere (Neu-)Wahl nicht mehr interessensgerecht wäre (BGH DNotZ 2015, 916 Rn. 26 f., nur exemplarisch zu § 213 BGB, aber hinsichtlich des Rechtsgedanken abstraktionsfähig).

53.2 Da beiden Sicherheitsinstrumente in erster Linie dazu dienen, etwaige (Liquiditäts-)Risiken des Energielieferanten abzumildern, sprechen zunächst gute Gründe für einen Interessensgleichlauf und damit gegen eine elektive Konkurrenz. Auch für den betroffenen Letztverbrauchers dürfte eine (Neu-)Wahl des Sicherungsinstrument nicht mit unangemessenen Nachteilen verbunden sein. Im Einzelfall kann gerade die Vorauszahlung für die nächsten fünf Entnahmetage sogar günstiger als die zuvor abstrakt bezifferte Sicherheit sein und umgekehrt (Haun EnWZ 2023, 29 (34)). Die Diskrepanz zwischen Kündigungsrecht und den allgemeinen Fälligkeitsregeln (→ Rn. 57) führen dazu, dass eine (höhere) abstrakte Sicherheit etwaige Liquiditätsengpässe besser abfangen kann, als dies in Vorauszahlungsverlangen könnte.

54 Zur Höhe der Sicherheit macht der Gesetzeswortlaut keine Vorgaben. Die zu erwartende Einschränkung, dass die Sicherheit im konkreten Einzelfall angemessen sein muss, um gegen eine Übersicherung vorzubeugen, hat der Gesetzgeber entweder vergessen oder schlicht bewusst nicht geregelt. Aus dem Grundsatz von Treu und Glauben, § 242 BGB, wird man (wohl) die Bemessung der Sicherheitsleistung ebenfalls qualitativ an der Vorauszahlung anlehnen müssen, um sich im Zweifelsfall nicht dem Vorwurf der Übersicherung auszusetzen (Haun EnWZ 2023, 29 (34)). Zwingend ist dieser Schluss freilich nicht.

3. Sonderkündigungsrecht

Letztlich ist der Energielieferanten zur außerordentlichen, fristlosen Kündigung berechtigt („fristlos beenden"), sofern der Letztverbraucher eine fällige Forderung nicht innerhalb von zwei Werktagen begleicht, Absatz 4 Satz 3. Diese Kündigungsmöglichkeit soll dabei das finanzielle Risiko des Energielieferanten minimieren (BT-Drs. 20/4915, 158). Trotz vermeintlicher Kündigungsfrist von zwei Werktagen bedingt das Gesamtgefüge des EnWG und sowie die gelebten Marktprozesse einen deutlich längeren Kündigungsprozess. 55

Aufgrund der Voraussetzung einer fälligen Forderung sind die Voraussetzung des § 40c zu wahren (ausführlich → § 40c Rn. 1 ff.). Demnach werden Rechnungsbeträge und Abschläge frühestens zwei Wochen nach Zugang der Zahlungsaufforderung fällig, § 40c Abs. 1. Wenngleich die Regelung zur Stärkung von Verbraucherschutzrechten verabschiedet wurde und teilweise auf europarechtliche Vorgaben zurückgeht (Anhang I Elektrizitäts-Binnenmarkt-Richtlinie (EU) 2019/944) hat der Gesetzgeber diese Verbraucherschutzrechte jedenfalls dem Wortlaut nach überschießend umgesetzt (→ § 40c Rn. 4). 56

Die Diskrepanz beider Regelungsziele hat der Gesetzgeber entweder nicht gesehen oder bewusst von einem Ausschluss der Geltung von § 40c Abs. 1 für den Fall der Notversorgung abgesehen. Letzteres scheint vor dem Regelungsziel des Absatz 4 Satz 3 abwegig. Denn dann müsste der Gesetzgeber faktisch von mindestens 16 Tagen zwischen Rechnungslegung und Kündigungsmöglichkeit (14 Tage bis zur Fälligkeit zuzüglich zweier Werktage bis zur Sonderkündigung, Absatz 4 Satz 3) ausgegangen sein, was die Möglichkeit zur schnellen Lösung konterkariert. Zudem scheint dann die Beschränkung der Vorauszahlung auf (nur) fünf Werktage deutlich zu gering bemessen und im Ergebnis wenig geeignet zur Risikominimierung. 57

Der naheliegende Schluss, die Regelungen in Absatz 4 Satz 3 führten implizit zur Abbedingung des § 40c Abs. 1 ist ohne methodischen nicht Kunstgriff. Denn § 118c macht zur Fälligkeit des Anspruches keine Vorgaben, die die des § 40c Abs. 1 konkludent verdrängen könnten. In Betracht kommt lediglich eine teleologische Reduktion des § 40c Abs. 1 zum Erhalt des gesetzgeberischen Willens in § 118c Abs. 4. Deutlich rechtssicherer wäre hingegen eine gesetzgeberische Klarstellung gewesen, die jedoch im Geltungszeitraum nicht erfolgt ist. 57.1

Rein faktisch wirken die Zeitverzögerungen im Rahmen der Marktkommunikation (→ Rn. 22) sowie die Notwendigkeit einer physischen Unterbrechung durch den Verteilernetzbetreiber. Denn unter der Prämisse einer Fortgeltung der in Niederspannung entwickelten Grundsätze des BGH (BGH NVwZ-RR 2022, 756; RdE 2021, 275) auch in höheren Spannungs- und Druckebenen, wären vom Letztverbraucher zwischen Zugang der Kündigung (und ggf. schuldrechtlicher Beendigung der Notversorgung) und tatsächliche Unterbrechung der Versorgung entnommene Mengen bilanzielle und wirtschaftliche weiterhin dem Bilanzkreis des bisherigen Energielieferanten, samt Ausfallrisiko, zuzuordnen. 58

Eine Beschleunigung dieser Prozesse lässt sich folglich auch im System der Notversorgung nur durch eine zügige Mitteilung gegenüber dem Netzbetreiber verwirklichen, zu der der Energielieferant sowieso verpflichtet ist, Absatz 4 Satz 4. 59

Neben den zu berücksichtigenden Verzögerungen im Rahmen der Markkommunikation sind aus Energielieferantensicht auch die Anforderungen an die Versorgungsunterbrechung zu berücksichtigen. Wenngleich die bei Verzug geltenden Androhungs- und Ankündigungspflichten nach Sinn und Zweck des § 118c Abs. 4 S. 3 entweder bereits nicht anwendbar sind oder jedenfalls stark einzuschränken sind, hat der Verteilernetzbetreiber dennoch eine Verhältnismäßigkeitsabwägung im Einzelfall vorzunehmen (ausführlich zu § 19 StromGVV/GasGVV aber im Ergebnis übertragbar: Schneider/Theobald EnergieWirtschaftsR-HdB/de Wyl § 15, Rn. 58 ff.). Neben Verzögerungen durch diese Abwägungsentscheidung ist zudem die Gegenwehr des bisher versorgten Letztverbrauchers mit einzukalkulieren (Zander/Riedel/Kraus Energiebeschaffung-HdB/vom Wege, II.1.3.8). 60

F. Ausschlussgründe (Abs. 6)

Zur Notversorgung sind Energielieferanten nicht verpflichtet, die bis zum 31.12.2022 ihre Geschäftstätigkeit vollständig aufgegeben haben (Nummer 1) oder wenn ihnen die Versorgung des betroffenen Letztverbrauchers nicht zumutbar ist (Nummer 2). Fragen werfen die Ausschlussgründe in Absatz 6 insbesondere hinsichtlich etwaiger Prüfpflichten auf. 61

Besonders ist hier an den Netzbetreiber zu denken, der im Rahmen seiner Bilanzkreiszuordnung zur Prüfung verpflichtet sein könnte. Eine derartige Pflicht sieht § 118c hingegen nicht vor, sodass von einer Verpflichtung wohl nicht auszugehen ist. Eine Kontrolle obliegt somit den Gerichten, wobei das Vorliegen beider Ausschlussgründe vollständig justiziabel ist.

I. Vollständige Aufgabe der Geschäftstätigkeit

62 Bei Aufgabe der Geschäftstätigkeit des Energielieferanten besteht für den Letztverbraucher keine Möglichkeit einer Bilanzkreiszuordnung im Rahmen des § 118c. Denn eine Auffangregelung, sprich einen einspringen „Notversorger" sieht das Gesetz nicht vor. Für die Anwendung fehlt der zur bilanziellen Zuordnung in Betracht kommende Energielieferant. Es droht dann die Sperrung der Entnahmestellung, sollte der Letztverbraucher die bilanzielle Zuordnung aufgrund eines Energielieferantvertrages schaffen. Eine Erklärung hierzu liefern die Gesetzesmaterialien nicht. Vor „besonderen Herausforderungen" (BT-Drs. 20/4915, 157) steht freilich auch diese Letztverbrauchergruppe.

62.1 Absatz 6 ist ein weiteres Indiz dafür, dass die Notversorgung eher eine Kompensationsmechanik, analog der BGH-Rechtsprechung ist, als eine Grund- oder Ersatzversorgung in höheren Spannungs- und Druckebenen.

II. Verweigerung der Notversorgung (Unzumutbarkeitseinwand)

63 Ferner sind Energielieferanten berechtigt die Notversorgung aus wirtschaftlichen Gründen als unzumutbar ablehnen (Absatz 6 Nummer 2). Gründe hierfür sind insbesondere Liquiditätsschwierigkeiten des Letztverbrauchers, wovon auszugehen ist, wenn der Letztverbraucher in vergangenen Geschäftsbeziehungen Zahlungspflichten regelmäßig nicht oder nicht rechtzeitig nachkam (BT-Drs. 20/4915, 158). Die Weigerungsmöglichkeit trägt wesentlich zur verfassungsrechtlichen Rechtfertigung des Eingriffs in die Privatautonomie bei (→ Rn. 11 f.). Eine aufgrund des unbestimmten Rechtsbegriffs der „Unzumutbarkeit" verbleibende Rechtsunsicherheit ist aus Gründen der Einzelfallgerechtigkeit hinzunehmen (Haun EnWZ 2023, 29 (35)).

§ 119 Verordnungsermächtigung für das Forschungs- und Entwicklungsprogramm „Schaufenster intelligente Energie – Digitale Agenda für die Energiewende"

(1) ¹Die Bundesregierung wird ermächtigt, durch Rechtsverordnung ohne Zustimmung des Bundesrates für Teilnehmer an dem von der Bundesregierung geförderten Forschungs- und Entwicklungsprogramm „Schaufenster intelligente Energie – Digitale Agenda für die Energiewende" Regelungen zu treffen, die von den in Absatz 2 Nummer 1 bis 3 genannten Vorschriften abweichen oder Zahlungen im Rahmen dieser Vorschriften erstatten. ²Die Regelungen dürfen in folgenden Fällen getroffen werden:
1. im Fall von Maßnahmen zur Gewährleistung der Sicherheit oder Zuverlässigkeit des Elektrizitätsversorgungssystems nach § 13 Absatz 1 bis 2 und § 14 Absatz 1,
2. im Fall von Maßnahmen, die netzbezogene oder marktbezogene Maßnahmen des Netzbetreibers nach § 13 Absatz 1 bis 2 und § 14 Absatz 1 vermeiden, oder
3. in Bezug auf Zeiträume, in denen der Wert der Stundenkontrakte für die Preiszone Deutschland am Spotmarkt der Strombörse im Sinn des § 3 Nummer 43a des Erneuerbare-Energien-Gesetzes in der Auktion des Vortages oder des laufenden Tages null oder negativ ist.

(1a) Die Bundesregierung wird ermächtigt, durch Rechtsverordnung ohne Zustimmung des Bundesrates in den in Absatz 1 genannten Fällen und unter den in den Absätzen 3 bis 5 genannten Voraussetzungen zu regeln, dass
1. bei Netzengpässen im Rahmen von § 13 Absatz 1 die Einspeiseleistung nicht durch die Reduzierung der Erzeugungsleistung der Anlage, sondern durch die Nutzung von Strom in einer zuschaltbaren Last reduziert werden kann, sofern die eingesetzte Last den Strombezug nicht nur zeitlich verschiebt und die ent-

sprechende entlastende physikalische Wirkung für das Stromnetz gewahrt ist, oder
2. von der Berechnung der Entschädigung nach § 13a Absatz 2 Satz 3 Nummer 5 abgewichen werden kann.

(2) In der Rechtsverordnung können von den in den Nummern 1 bis 3 genannten Vorschriften abweichende Regelungen oder Regelungen zur Erstattung von Zahlungen im Rahmen dieser Verordnung getroffen werden
1. zur Erstattung von Netznutzungsentgelten oder einer abweichenden Ermittlung der Netznutzungsentgelte durch den Netzbetreiber bei einem Letztverbraucher, soweit es um die Anwendung von § 17 Absatz 2 sowie von § 19 Absatz 2 Satz 1 und 2 der Stromnetzentgeltverordnung geht,
2. für Anlagen zur Stromspeicherung oder zur Umwandlung elektrischer Energie in einen anderen Energieträger eine Befreiung von der Pflicht zur Zahlung oder eine Erstattung
   a) der Netzentgelte nach § 17 Absatz 1 und § 19 Absatz 2 Satz 15 und Absatz 4 der Stromnetzentgeltverordnung,
   b) eines Aufschlags auf Netzentgelte nach § 17f Absatz 5 Satz 1 und
   c) der Umlage nach § 18 Absatz 1 Satz 2 der Verordnung zu abschaltbaren Lasten
   vorzusehen,
3. zur Beschaffung von ab- und zuschaltbaren Lasten auch ohne Einrichtung einer gemeinsamen Internetplattform aller Verteilernetzbetreiber nach § 14 Absatz 1 Satz 1 in Verbindung mit § 13 Absatz 6.

(3) Regelungen nach Absatz 2 dürfen nur getroffen werden, wenn
1. sie zur Sammlung von Erfahrungen und Lerneffekten im Sinn der Ziele des Förderprogramms nach Absatz 4 beitragen,
2. sichergestellt wird, dass bei Anwendung dieser abweichenden Regelungen
   a) resultierende finanzielle Veränderungen auf den Ausgleich von wirtschaftlichen Nachteilen der Teilnehmer nach Absatz 1 beschränkt werden, die bei der Anwendung des Rechts ohne diese abweichende Regelung entstanden wären,
   b) beim Ausgleich von wirtschaftlichen Vor- und Nachteilen gegebenenfalls entstandene wirtschaftliche Vorteile und daraus folgende Gewinne an den Netzbetreiber zur Minderung seines Netzentgelts abgeführt werden, an dessen Netz die jeweilige Anlage angeschlossen ist, und
3. diese Regelungen auf die Teilnehmer an dem Förderprogramm beschränkt sind und spätestens am 30. Juni 2022 auslaufen.

(4) Die Ziele des Förderprogramms im Sinn des Absatzes 3 Nummer 1 sind
1. ein effizienter und sicherer Netzbetrieb bei hohen Anteilen erneuerbarer Energien,
2. die Hebung von Effizienz- und Flexibilitätspotenzialen markt- und netzseitig,
3. ein effizientes und sicheres Zusammenspiel aller Akteure im intelligenten Energienetz,
4. die effizientere Nutzung der vorhandenen Netzstruktur sowie
5. die Verringerung von Netzausbaubedarf auf der Verteilernetzebene.

(5) In der Rechtsverordnung darf die Bundesregierung die Anzeige, Überwachung und Kontrolle der Befreiungen oder Erstattungen aufgrund von abweichenden Regelungen im Rahmen des Forschungs- und Entwicklungsprogramms „Schaufenster intelligente Energie – Digitale Agenda für die Energiewende" sowie die mit Absatz 3 Nummer 2 verbundenen Aufgaben der Bundesnetzagentur oder Netzbetreibern übertragen.

Überblick

§ 119 Abs. 1 S. 1 und Abs. 1a enthalten Verordnungsermächtigungen an die Bundesregierung (→ Rn1). Unter den Voraussetzungen des § 119 Abs. 1 S. 2 (→ Rn. 8) können von

EnWG § 119 Teil 10. Evaluierung, Schlussvorschriften

den geltenden netzregulatorischen Bestimmungen abweichende Regelungen für Teilnehmer des SINTEG-Förderungsprogramms getroffen werden, um neue digitale Methoden zu erproben, die als Prototyp für einen weiteren Ausbau und Integration von erneuerbaren Energien in den Strommarkt dienen soll. Durch § 119 Abs. 1a wird die Bundesregierung dazu ermächtigt, in den in Absatz 1 geregelten Fällen unter den Voraussetzungen der Absätze 3–5, Rechtsverordnungen zu erlassen, durch die bei Netzengpässen von den Regelungen in § 13 Abs. 1 und § 13a Abs. 2 S. 3 Nr. 5 abgewichen werden kann (→ Rn. 14a). Die Grenzen der Ermächtigung sowie die Voraussetzungen für finanzielle Erstattungen sind in § 119 Abs. 2 (→ Rn. 15) und Abs. 3 geregelt (→ Rn. 20). Die Ziele des Förderungsprogramms werden in § 119 Abs. 4 definiert (→ Rn. 6). Des Weiteren erhält die Bundesregierung in § 119 Abs. 5 die Befugnis zur Subdelegation an die BNetzA (→ Rn. 34). Mit dem Erlass der SINTEG-Verordnung hat der Gesetzgeber von seiner Befugnis Gebrauch gemacht; dort stellte er die Grundzüge des Förderprogramms, insbesondere die abweichenden Netzentgelte und Nachteilsausgleichungen dar (→ Rn. 24).

Übersicht

	Rn.		Rn.
A. Regelungsgegenstand und Normzweck	1	E. Die SINTEG-Verordnung (Überblick)	24
B. Entstehungsgeschichte und Ziele des Förderprogramms (Abs. 4)	6	I. Erstattungsanspruch	25
I. Anwendungsbereich (Abs. 1 S. 2)	8	II. Anrechnung Wirtschaftlicher Vorteile	27
II. Erweiterter Anwendungsbereich (Abs. 1a)	14a	III. Formelles Antragserfordernis	28
C. Abweichung von gesetzlichen Netzentgelten (Abs. 2)	15	IV. Veröffentlichungspflichten und aktueller Stand	30
D. Grenzen Verordnungsermächtigung (Abs. 3)	20	F. Delegation an die BNetzA (Abs. 5)	34

A. Regelungsgegenstand und Normzweck

1 § 119 Abs. 1 S. 1 und Abs. 1a enthalten an die Bundesregierung gerichtete und im Einzelnen ausdifferenzierte Ermächtigungen, Rechtsverordnungen zu erlassen, die darauf gerichtet sind, für Teilnehmer an dem von der Bundesregierung geförderten Forschungs- und Entwicklungsprogramm „**Schaufenster intelligente Energie – Digitale Agenda für die Energiewende**" (kurz: **SINTEG**) Regelungen zu treffen. Das Ziel dieser „**Experimentierklausel**" (so Theobald/Kühling/Lietz § 119 Rn. 1) besteht darin, einen rechtlichen Rahmen für innovative Projekte zu schaffen, um die Chancen und Gestaltungsmöglichkeiten auf dem Energieversorgungsmarkt durch Maßnahmen in der **Digitalisierung** zu erproben (vgl. BT-Drs. 18/10209, 94). Das BMWK formuliert den mit § 119 verbundenen Auftrag so: „skalierbare Musterlösungen für eine sichere, wirtschaftliche und umweltverträgliche Energieversorgung bei hohen Anteilen fluktuierender Stromerzeugung aus Wind- und Sonnenenergie zu entwickeln und zu demonstrieren" (→ Rn. 26).

2 Mit der SINTEG-Verordnung sollte dem Umstand Rechnung getragen werden, dass aufgrund des weiteren Ausbaus volatiler erneuerbarer Energien und eines gleichzeitig stagnierenden Netzausbaus, ein stabiler Netzbetrieb nur mit Mitteln der **Digitalisierung** sichergestellt werden kann (vgl. Kment EnWG/Winkler § 119 Rn. 1). Bevor jedoch der Energiemarkt vollständig auf digitale Maßnahmen umgestellt werden kann, ist es sinnvoll, diese Technologien, Verfahren und Prozesse auf ihre Leistungsfähigkeit, Kompatibilität und Sicherheit zu testen und aus den gewonnenen Erkenntnissen zu lernen (vgl. Kment EnWG/Winkler § 119 Rn. 2 f.; Säcker EnergieR/Groebel § 119 Rn. 2). Allen voran sollte beispielsweise die „smart meter Technologie" (dazu Bretthauer EnWZ 2017, 56 ff.) geprüft und getestet werden (vgl. Barometer Digitalisierung der Energiewende, Berichtsjahr 2018, 20).

3 Damit ordnete sich die SINTEG in die größere energiepolitische Strategie der Bundesregierung ein, die nichts weniger als die „**Digitalisierung der Energiewende**" zum Ziel hat (vgl. Säcker EnergieR/Groebel § 119 Rn. 3; vgl. Kment EnWG/Winkler § 119 Rn. 1; Barometer Digitalisierung der Energiewende, Berichtsjahr 2018). In fünf sogenannten Schaufensterregionen sollten Maßnahmen im Sinne der in § 119 Abs. 4 beschriebenen Ziele getes-

tet werden. Das BMWK förderte diese fünf Schaufensterregionen mit über 200 Mio. EUR, um mit umfassenden Ressourcen experimentelle Entwicklung zu betreiben (BMWK, Schlaglichter der Wirtschaftspolitik Juni 2021 Monatsbericht, 24). Die SINTEG-V ist gemäß § 14 Abs. 2 SINTEG-V am 30.6.2022 außer Kraft getreten.

Mit der Erprobung der Technologien können zusätzliche Kosten verbunden sein. Damit die Teilnehmer die mit der Teilnahme an den Schaufensterprojekten verbundenen zusätzlichen Kosten und sonstige finanzielle Nachteile nicht tragen müssen, ist eine Abweichung von einzelnen Regelungen des EnWG erforderlich (vgl. → Rn. 15).

Der Sache nach handelt es sich um eine Ermächtigung zur Zuteilung einer **Subvention** aus Bundesmitteln gem. §§ 23, 24 BHO, wobei über die Mittelvergabe nach pflichtgemäßem Ermessen im Rahmen der verfügbaren Haushaltsmittel entschieden wird.

B. Entstehungsgeschichte und Ziele des Förderprogramms (Abs. 4)

Eingeführt wurde § 119 durch Artikel 3 des Gesetzes zur Änderung der Bestimmungen zur Stromerzeugung aus Kraft-Wärme-Kopplung und zur Eigenversorgung vom 22.12.2016 mit Wirkung zum 1.1.2017 (BGBl. I 3106). Durch Art. 1 des Gesetzes zur Beschleunigung des Energieleitungsausbaus vom 13.5.2019 (BGBl. I 706) wurde die Vorschrift mit Wirkung vom 1.10.2021 um einen Absatz 1a ergänzt, der eine zusätzliche Ermächtigung enthält (dazu → Rn. 14a). Der Erlass einer Rechtsverordnung ist ohne Zustimmung des Bundesrates möglich. Geförderte Projekte („**Schaufenster**" oder auch „**Reallabore**", vgl. BMWK, Schlaglichter der Wirtschaftspolitik Juni 2021 Monatsbericht, 24) listet das BMWK auf der eigenen Homepage auf. Darüber hinaus wurden die Verweisungen in Absatz 1 Nummern 1 und 2 auf den gesamten § 14 Abs. 1 sowie die durch dasselbe Gesetz eingefügten Absätze 1a–c des § 13 ausgedehnt. Aus redaktionellen Gründen fiel zudem die dortige Verweisung auf § 14 EEG weg. Beide Änderungen sind auf die Überführung des Einspeisemanagements in den Redispatch zurückzuführen (BT-Drs. 11/19, 74).

In Absatz 4 regelt der Gesetzgeber die mit der Regelung verbundenen Ziele des Förderprogramms, die schon in der Förderbekanntmachung vom 19.1.2015 (Bekanntmachung zur Förderung von Forschung, Entwicklung und Demonstration „Schaufenster intelligente Energie – Digitale Agenda für die Energiewende" (SINTEG)) der Öffentlichkeit zur Verfügung gestellt wurden. Diese sind: ein **effizienter** und **sicherer Netzbetrieb** bei **hohen Anteilen erneuerbarer Energien** (Nummer 1); die **Hebung von Effizienz- und Flexibilitätspotenzialen** markt- und netzseitig (Nummer 2), ein effizientes und sicheres **Zusammenspiel** aller Akteure im **intelligenten Energienetz** (Nummer 3); die **effizientere Nutzung** der vorhandenen Netzstruktur (Nummer 4) sowie die **Verringerung von Netzausbaubedarf** auf der Verteilernetzebene (Nummer 5). Diese Ziele sollten als Orientierungshilfe für den Verordnungsgeber dienen und Kriterien für die gerechte Mittelvergabe präsentieren (BT-Drs. 18/10209, 128). Mit dem Gesetz zur Änderung des Energiewirtschaftsrechts im Zusammenhang mit dem Klimaschutz-Sofortprogramm und zu Anpassungen im Recht der Endkundenbelieferung vom 19.7.2022 (BGBl. I 1214) wurde die Bezeichnung Verteilnetzebene aus redaktionellen Gründen in Verteilernetzebene angepasst (BT-Drs. 20/1599, 63).

I. Anwendungsbereich (Abs. 1 S. 2)

Der Anwendungsbereich für den Gebrauch der Verordnungsermächtigung wird durch den § 119 Abs. 1 S. 2 bestimmt. Die Fallgruppen sind zugleich die auslösenden Momente für die Abweichungen und Erstattungen nach Maßgabe von § 119 Abs. 2.

Es dürfen Maßnahmen zur Gewährleistung der Sicherheit oder Zuverlässigkeit des Elektrizitätsversorgungssystems nach § 13 Abs. 1–2, § 14 Abs. 1 (**Nummer 1**) getroffen werden. Die Vorschrift richtet sich demnach an **Übertragungs- und Verteilernetzbetreiber** (Säcker EnergieR/Groebel § 119 Rn. 11). Die Übertragungsnetzbetreiber sind im Falle einer Gefährdung der Sicherheit oder Zuverlässigkeit des Elektrizitätsversorgungssystems berechtigt und verpflichtet, netz- und marktbezogene Maßnahmen sowie Reservemaßnahmen zur Beseitigung durchzuführen (§ 13 Abs. 1) bzw. für den Fall, dass dies nicht oder nicht rechtzeitig möglich ist, sämtliche Stromeinsparungen, Stromtransite und Stromabnahmen anzupassen (§ 13 Abs. 2) bzw. diese Anpassung zu verlangen, sog. **Einspeisemanagement** (vgl. Säcker EnergieR/Groebel § 119 Rn. 11). Der Eingriff darf ausweislich der Gesetzesbegründung in

EnWG § 119   Teil 10. Evaluierung, Schlussvorschriften

keiner Weise die Sicherheit der Versorgung betreffen, sondern nur die **Abwicklung** der jeweiligen Maßnahme (BT-Drs. 18/10209, 127).

10   Unter denselben Voraussetzungen zulässig sind Maßnahmen, die solche stabilisierenden netz- oder marktbezogenen Maßnahmen des Netzbetreibers **vermeiden (Nummer 2)**. Die positiven Auswirkungen auf Netzstabilität und Versorgungssicherheit, die das spätere Eingreifen entbehrlich machen, müssen dabei unmittelbar und direkt eintreten; es müssen also zusätzlich Beiträge zur Netz- und Systemstabilität erzielt werden (BT-Drs. 18/10209, 127). Wie schon bei Maßnahmen nach Nummer 1 darf der Eingriff nur die Abwicklung der jeweiligen Maßnahme, nicht die Sicherheit der Versorgung selbst betreffen (BT-Drs. 18/10209, 127).

11   Außerdem dürfen von den geltenden Bestimmungen abweichende Regelungen in Bezug auf Zeiträume getroffen werden, in denen der Wert der Stundenkontrakte für die Preiszone Deutschland am Spotmarkt der Strombörse iSd § 3 Nr. 43a EEG 2021 in der Auktion des Vortages oder des laufenden Tages **null oder negativ ist (Nummer 3)**. Ziel in diesen Fällen ist es, die technische Verfügbarkeit von flexiblen zusätzlichen Lasten bei negativen Preisen zu erproben und auf diese Weise die Abregelung von Strom aus erneuerbaren Energien zu vermeiden (BT-Drs. 18/10209, 127).

12   Die vorgenannten Ziffern beschreiben damit Situationen, in denen erneuerbare Energien nur mit besonderen Kosten in das Stromnetz aufgenommen werden können (vgl. Säcker EnergieR/Groebel § 119 Rn. 10).

13   Ausweislich der Gesetzesbegründung ist die Ermächtigung restriktiv auszulegen und auf die enumerative Auflistung begrenzt (BT-Drs. 18/10209, 127; vgl. Säcker EnergieR/Groebel § 119 Rn. 5). Eine solche restriktive Einschränkung ist nicht nur verfassungsrechtlich gefordert (BVerfGE 7, 282 (302), sog. Selbstentscheiderformel; jüngst auch BVerfGE 150, 1 (100); vgl. BeckOK GG/Uhle GG Art. 80 Rn. 19; Dreier/Bauer GG Art. 80 Rn. 32 ff. mwN), sondern auch sinnvoll, um mit der Förderung einhergehende Wettbewerbsverzerrungen von vornherein auszuschließen (vgl. Säcker EnergieR/Groebel § 119 Rn. 4). Es lässt sich zudem festhalten, dass, je geringer die Eingriffe durch den Verordnungsgeber im Rahmen der Schaufensterprojekte sind, sich desto bessere Erkenntnisse über die Wirksamkeit der Maßnahmen (und ggf. damit verbundene Kosten) ableiten lassen (Säcker EnergieR/Groebel § 119 Rn. 4). Denn nur auf Basis einer realistischen Einschätzung lassen sich später auch realistische wirtschaftspolitische und regulatorische Entscheidungen treffen.

14   Die Rechtsverordnung kommt ausweislich des Wortlautes (Satz 1) **ohne** die Zustimmung des Bundesrates aus und kann allein auf Prärogative der Bundesregierung gestützt werden. Federführend tätig bei der Ausgestaltung sowie der Gewährung der Beihilfen auf Grundlage der Verordnung ist als sachlich zuständiges Ministerium das BMWK.

II. Erweiterter Anwendungsbereich (Abs. 1a)

14a   Zum 1.10.2021 wurde § 119 inhaltlich um einen **Absatz 1a** ergänzt (dazu → Rn. 6). Damit wird die bislang in § 95 Nr. 6 lit. b und c EEG 2017 geregelte Ermächtigung in das EnWG überführt (vgl. BR-Drs. 11/19, 74) und ein zusammenhängender Regelungsstandort verwirklicht. Hiernach ist die Bundesregierung ermächtigt, durch Rechtsverordnung, die ebenfalls ohne Zustimmungserfordernis des Bundesrates auskommt, in den in Absatz 1 bezeichneten Fällen und unter den in den Absätzen 3–5 genannten Voraussetzungen zu regeln, dass bei Netzengpässen iRv § 13 Abs. 1 die Einspeiseleistung nicht durch die Reduzierung der Erzeugungsleistung der Anlage, sondern durch die Nutzung von Strom in einer zuschaltbaren Last reduziert werden kann, sofern die eingesetzte Last den Strombezug nicht nur zeitlich verschiebt und die entsprechende entlastende physikalische Wirkung für das Stromnetz gewahrt ist (**Nummer 1**), oder von der Berechnung der Entschädigung nach § 13a Abs. 2 S. 3 Nr. 5 abgewichen werden kann (**Nummer 2**). Die Regelung in Nummer 2 hat dabei zum Ziel, das Funktionieren von regionalen Märkten testen zu können, indem die Möglichkeit besteht, Anlagenbetreiber für die regional spezifischen Preise zu kompensieren (BT-Drs. 18/10209, 123).

C. Abweichung von gesetzlichen Netzentgelten (Abs. 2)

Absatz 2 beschreibt detailliert den Regelungsgegenstand im engeren Sinne. Ist der Anwendungsbereich nach Absatz 1 Satz 2 (→ Rn. 8) eröffnet, kann durch die Rechtsverordnung von den bestehenden gesetzlichen Vorgaben für Netzentgelte abgewichen werden (**Abweichungsbefugnis**). Dafür hat der Gesetzgeber abschließende Fallgruppen unter Bezeichnung der jeweiligen Norm und der adressierten Akteure gebildet: 15

Möglich ist demnach, in Abweichung zu den Vorgaben aus § 17 Abs. 2 sowie von § 19 Abs. 2 S. 1 und 2 StromNEV, eine Erstattung von Netznutzungsentgelten oder eine abweichende Ermittlung der Netznutzungsentgelte durch den Netzbetreiber bei einem **Letztverbraucher** (**Nummer 1**). Die Höhe der Erstattung entspricht dem wirtschaftlichen Nachteil, der aus der Projektteilnahme resultiert und wird aus der Differenz zwischen dem tatsächlich geschuldeten Netzentgelt und dem fiktiven Netzentgelt, das bei Wegdenken der Projekttätigkeit angefallen wäre, ermittelt (§ 7 Abs. 2 SINTEG-V; dazu → Rn. 26). 16

Des Weiteren kann für Anlagen zur **Stromspeicherung** oder zur **Umwandlung** elektrischer Energie in einen anderen Energieträger eine **Befreiung** von der Pflicht zur Zahlung oder eine Erstattung der Netzentgelte nach § 17 Abs. 1 und § 19 Abs. 2 S. 15 und Abs. 4 StromNEV sowie vom Aufschlag auf Netzentgelte nach § 17f Abs. 5 S. 1 und von der Umlage nach § 18 Abs. 1 S. 2 AbLaV (Verordnung zu abschaltbaren Lasten) vorgesehen werden (**Nummer 2**). In der Sache handelt es sich um einen Nachteilsausgleich (so auch Säcker EnergieR/Groebel § 119 Rn. 15), der den Aufbau von Speicherkapazitäten, die im Zuge der Energiewende für die Versorgungssicherheit und Netzstabilität stetig an Bedeutung gewinnen, fördern soll. 17

Ferner darf eine Beschaffung von ab- und zuschaltbaren Lasten ohne Einrichtung einer gemeinsamen Internetplattform aller Verteilernetzbetreiber nach § 14 Abs. 1 S. 1 iVm § 13 Abs. 6 erfolgen (**Nummer 3**). Durch diese Erleichterung soll ermöglicht werden, dass einzelne Verteilernetzbetreiber Lastzuschaltung kontrahieren, ohne eine Abstimmung mit allen Verteilernetzbetreibern herzustellen (BT-Drs. 18/10209, 127). 18

Die Fallgruppen zielen demnach darauf ab, Projektteilnehmern eine besonders eigenständige Position zu verschaffen, in der sie frei von Marktzwängen agieren und eigene Lösungsmodelle ausprobieren können (vgl. BT-Drs. 18/10209, 127). Andernfalls könnten sie aufgrund von Marktzwängen und wirtschaftlichen Erwägungen abgehalten werden, das System durch neue Lösungen zu stärken. 19

D. Grenzen Verordnungsermächtigung (Abs. 3)

Gleichzeitig sollen jedoch nur die finanziellen Nachteile, die den Teilnehmer entstehen, ausgeglichen werden. Durch **Absatz 3** wird das Ermessen der Bundesregierung hinsichtlich des Umfanges der Regelungsbefugnis erheblich eingeschränkt: Eine solche Einschränkung gebieten nicht zuletzt das Prinzip der **Gewaltenteilung** aus Art. 20 Abs. 2 S. 2 GG sowie die Vorgaben des Art. 80 Abs. 1 GG mit der dazu ergangenen Rechtsprechung (BVerfGE 7, 282 (302) = NJW 1958, 540; zuletzt BVerfGE 150, 1 (100) = BeckRS 2018, 22100; vgl. BeckOK GG/Uhle Art. 80 GG Rn. 18; Dreier/Bauer GG Art. 80 Rn. 32 ff. mwN; Kment EnWG/Winkler § 119 Rn. 4). Die nachfolgenden Voraussetzungen müssen **kumulativ** vorliegen (vgl. Säcker EnergieR/Groebel § 119 Rn. 18). 20

Abweichungen zu den gesetzlichen Regelungen durften daher im Rahmen der SINTEG-V nur getroffen werden, wenn sie zur Sammlung von Erfahrungen und Lerneffekten beitrugen (**Nummer 1**). Andernfalls fehlte es schon am förderungswürdigen Zweck (zu den Zielen des Förderprogramms → Rn. 6). 21

Darüber hinaus muss im Rahmen einer zu beschließenden Verordnung sichergestellt werden, dass bei der Anwendung dieser abweichenden Regelungen resultierende finanzielle Veränderungen auf den Ausgleich von wirtschaftlichen Nachteilen der Teilnehmer nach Absatz 1 beschränkt werden, die bei der Anwendung des Rechts ohne diese abweichende Regelung entstanden wären oder beim Ausgleich von wirtschaftlichen Vor- und Nachteilen gegebenenfalls entstandene wirtschaftliche Vorteile und daraus folgende Gewinne an den Netzbetreiber zur Minderung seines Netzentgelts abgeführt werden, an dessen Netz die jeweilige Anlage angeschlossen ist (**Nummer 2**). Es handelt sich somit um eine reine **Nachteilsausgleichung**. Darüber hinausgehende finanzielle Vorteile für einzelne Netzbetreiber 22 sind unzulässig. Diese Beschränkung ergibt sich nach Meinung des Gesetzgebers bereits unmittelbar aus dem Gebot der Wettbewerbsneutralität (dazu Hidien/Jürgens/Hidien, Die Besteuerung der öffentlichen Hand, 2017, § 2 Rn. 187 mwN zur Herleitung aus Art. 12 Abs. 1, Art. 3 Abs. 1 und Art. 101 ff. AEUV; vgl. ferner SächsOVG BeckRS 2011, 49437) und dem EU-Beihilferecht (vgl. BT-Drs. 18/10209, 127).

23 Die Zielsetzung der Norm besteht allein in der Schaffung von Gestaltungsspielräumen frei von Marktzwängen und der Erprobung neuer, intelligenter Technologien im Bereich der Stromnetze. Die Teilnahme an den Schaufensterprojekten soll jedoch nicht zu einer generellen Querfinanzierung der Teilnehmer führen. Eine solche Querfinanzierung wäre auch mit den Vorgaben des Grundgesetzes nicht vereinbar. Selbstredend sind die Regelungen auf die Teilnehmer an dem Förderprogramm beschränkt und sind zum Enddatum des Projekts, dh zum **30.6.2022** ausgelaufen (**Nummer 3**).

E. Die SINTEG-Verordnung (Überblick)

24 Von der Ermächtigung hat der Gesetzgeber mit der **SINTEG-Verordnung** vom 14.6.2017 (BGBl. I 1653) Gebrauch gemacht. Die Regelungen waren bis zum **30.6.2022 befristet** und traten nach Ablauf dieses Datums außer Kraft (§ 14 Abs. 2 SINTEG-V). Eine Verlängerung über den 30.6.2022 hinaus wurde vom Gesetzgeber nicht vorgenommen.

I. Erstattungsanspruch

25 Durch die Verordnung wurde die Erstattung von wirtschaftlichen Nachteilen, die Teilnehmern des Programms aufgrund der Projekttätigkeit entstanden, im Einzelnen entsprechend dem Gesetzeszweck geregelt (vgl. §§ 1 S. 2, 6 ff. SINTEG-V). Solche Nachteile waren insbesondere infolge des Projektes anfallende erhöhte Netzentgelte, Netzentgeltaufschläge und Umlagen (§ 6 Abs. 1 SINTEG-V). Die Zeiträume, in denen sich Teilnehmer für die Beihilfen qualifizierten, waren zu dokumentieren und auf Verlangen der BNetzA vorzulegen (§ 6 Abs. 3 SINTEG-V). Ein Anspruch auf Erstattung bestand ausschließlich für solche Projekttätigkeiten, die der Teilnehmer **zuvor** angezeigt hatte, für die eine Bestätigung der BNetzA **vorlag** und soweit der Anspruch **festgestellt** worden war (§ 6 Abs. 4 SINTEG-V). Eine nachträgliche Geltendmachung war ausgeschlossen.

26 Die Erstattung des wirtschaftlichen Nachteils bei Letztverbrauchern wurde iRd § 7 SINTEG-V näher ausgeformt: Hiernach blieb der Letztverbraucher auch im Rahmen der Projekttätigkeit verpflichtet, das nach den Maßgaben der Stromnetzentgeltverordnung ermittelte Netzentgelt zu entrichten. Der zu erstattende wirtschaftliche Nachteil errechnete sich aus der Differenz zwischen dem tatsächlich geschuldeten und einem fiktiven Netzentgelt, dessen Berechnung auf Grundlage der Entnahmeleistung innerhalb bestimmter Zeitfenster erfolgte. Auch für die Erstattung wirtschaftlicher Nachteile von Betreibern von Stromspeichern oder Anlagen zur Umwandlung von elektrischer Energie in andere Energieträger blieb die Pflicht zur Entrichtung des Netzentgeltes und anfallender Umlagen grundsätzlich bestehen. Es wurden aber erstattet und außerdem um 60 Prozent der gezahlten EEG-Umlage aufgestockt (§ 8 SINTEG-V). Die Erstattung wirtschaftlicher Nachteile bei Betreibern von Anlagen zur Erzeugung von Strom aus erneuerbaren Energien richtete sich nach § 9 SINTEG-V. Hiernach durfte ein Teilnehmer, der eine Anlage zur Erzeugung von Strom aus erneuerbaren Energien iSv § 3 EEG 2021 betrieben hat, die vom Netzbetreiber geregelt werden sollte, im Rahmen der Projekttätigkeit anstelle der Reduzierung der Erzeugungsleistung die Einspeiseleistung in das Netz der allgemeinen Versorgung durch die Nutzung einer zuschaltbaren Last reduzieren, wenn die zusätzlich eingesetzte Last ausschließlich in der Zeit der Anforderung zum Einspeisemanagement eingesetzt wurde, die zusätzlich eingesetzte Last den Strombezug nicht nur zeitlich verschob und die einer Reduzierung der Erzeugungsleistung der Anlage entsprechende entlastende physikalische Wirkung für das Elektrizitätsversorgungsnetz gewahrt war. Dabei fiel kein bilanzieller Ausgleich nach § 13a Abs. 1a und kein finanzieller Ausgleich nach § 13a Abs. 2 an (§ 9 Abs. 2 S. 1 SINTEG-V). Der Netzbetreiber war jedoch verpflichtet, dem Teilnehmer den durch die entgangene Entschädigung entstandenen wirtschaftlichen Nachteil zu erstatten.

II. Anrechnung Wirtschaftlicher Vorteile

Wirtschaftliche Vorteile, die durch die Projektteilnahme entstanden sind, mussten gem. 27
§ 10 Abs. 1 SINTEG-V auf die Höhe der Förderung angerechnet werden. Darunter waren insbesondere Einnahmen und sonstige Vergütungen zu verstehen, die durch den Verkauf elektrischer Energie oder aus der Erbringung von Systemdienstleistungen erzielt wurden, abzüglich etwaiger hiermit zusammenhängender operativer Kosten sowie Aufwendungen aus der Anzeige und dem Antragsverfahren (§ 10 Abs. 2 SINTEG-V). Kosten konnten dabei grundsätzlich nur zu **50 Prozent** angerechnet werden. Eine Ausnahme bestand für Kosten, die dadurch entstanden, dass sich der Projektteilnehmer die Richtigkeit seiner Angaben gem. § 12 Abs. 4 SINTEG-V durch einen Wirtschaftsprüfer, eine Wirtschaftsprüfungsgesellschaft, einen vereidigten Buchprüfer oder eine Buchprüfungsgesellschaft bestätigen ließ; diese konnten zu **100 Prozent** angesetzt werden. Keine wirtschaftlichen Vorteile in diesem Sinne waren die Einnahmen durch den Verkauf von industriell gefertigten Gütern oder von Fernwärme, die im Rahmen der üblichen Geschäftstätigkeit des Teilnehmers hergestellt wurden (§ 10 Abs. 3 SINTEG-V). Soweit nach dieser Anrechnung noch weitere wirtschaftliche Vorteile beim Teilnehmer verblieben, war er verpflichtet, diese Restvorteile an den Netzbetreiber auszuzahlen, an dessen Netz die jeweilige Anlage angeschlossen war (§ 11 SINTEG-V).

III. Formelles Antragserfordernis

Auf Antrag des Projektteilnehmers stellte die BNetzA die Ansprüche nach §§ 6 ff. SIN- 28
TEG-V fest (§ 12 Abs. 1 S. 1 SINTEG-V). Allerdings konnte ein solcher Antrag nur in dem Kalenderjahr gestellt werden, der auf das Kalenderjahr folgte, in dem die Projekttätigkeit stattfand (§ 12 Abs. 2 S. 2 SINTEG-V). Lediglich bei der Inanspruchnahme von § 9 Abs. 1 SINTEG-V war der Teilnehmer zu einer jährlichen Antragstellung verpflichtet (§ 12 Abs. 1 S. 3 SINTEG-V). Die inhaltlichen Anforderungen an einen solchen Förderungsantrag wurden iRd § 12 Abs. 2 S. 1 SINTEG-V bestimmt: Anzugeben waren das Vorliegen der Anspruchsvoraussetzungen nach den §§ 6–9 SINTEG-V, die Anspruchshöhe, im Einzelnen nachgewiesen durch die Vorlage einer nachvollziehbaren Differenzberechnung, und im Fall von § 9 Abs. 1 Nr. 1 SINTEG-V der Nachweis, dass die eingesetzte Last den Strombezug nicht nur zeitlich verschoben hatte. Der Teilnehmer war verpflichtet, im Rahmen der Differenzberechnung sämtliche nach § 10 SINTEG-V anrechenbare Vorteile (→ Rn. 26) anzugeben (§ 12 Abs. 2 S. 2 SINTEG-V). Dazu waren der BNetzA, die hierfür Datenvorgaben mitteilen konnte, alle notwendigen Angaben zur Ermittlung der Differenzberechnung und deren Ergebnis zu übermitteln.

Jeder Projektteilnehmer war darüber hinaus verpflichtet, der BNetzA sämtliche Tatsachen 29
vorzulegen, die eine Vorteilsanrechnung und eine Auszahlung verbliebener Vorteile begründeten (§ 12 Abs. 3 SINTEG-V). Hierbei musste die Richtigkeit der Angaben verpflichtend durch einen zugelassenen Wirtschaftsprüfer, eine Wirtschaftsprüfungsgesellschaft, einen vereidigten Buchprüfer oder eine Buchprüfungsgesellschaft bestätigt werden (§ 12 Abs. 4 SINTEG-V). Des Weiteren trafen die Teilnehmer Vorlagepflichten beim jeweils zuständigen Netzbetreiber über die Feststellung nach § 12 Abs. 1 SINTEG-V und nach § 6 Abs. 4 SINTEG-V (§ 12 Abs. 5 S. 1 SINTEG-V). Sollten nach der Vorteilsanrechnung noch wirtschaftliche Nachteile beim Teilnehmer verblieben sein, war der zuständige Netzbetreiber verpflichtet, aus dem jeweiligen Konto für Entgelte oder Umlagen den jeweils festgestellten Betrag an den erstattungsberechtigten Teilnehmer zu entrichten (§ 12 Abs. 5 S. 2 SINTEG-V). Dabei minderten die Erstattungen von Netzentgelten die im Regulierungskonto nach § 5 der Anreizregulierungsverordnung die erzielbaren Erlöse (§ 12 Abs. 5 S. 3 SINTEG-V). Für die weitere Erstattung der anteiligen EEG-Umlage nach § 8 S. 2 Nr. 2 SINTEG-V war der vorgelagerte Übertragungsnetzbetreiber nach § 57 Abs. 1 EEG 2021 zuständig. Verbliebene wirtschaftliche Vorteile waren auszuzahlen. Der nach § 11 SINTEG-V ausgezahlte Betrag war zur Senkung der Netzentgelte zu verwenden.

IV. Veröffentlichungspflichten und aktueller Stand

Im Übrigen verpflichtete § 13 der SINTEG-V die Bundesregierung, einen Bericht zu den 30
gewonnenen Erfahrungen, den wirtschaftlichen Auswirkungen sowie zu daraus abgeleiteten

rechtlichen oder regulatorischen Fragestellungen in den geförderten Projekten anzufertigen und auf der Internetseite des Bundesministeriums für Wirtschaft und Klimaschutz zu **veröffentlichen**. Dieser Verpflichtung kam die Bundesregierung im Mai 2022 durch die Veröffentlichung von fünf **Syntheseberichten** nach, wobei eine inhaltliche Unterteilung in folgende **Synthesefelder** erfolgte: (1) Flexibilitätspotenziale/Sektorkopplung; (2) Netzdienliche Flexibilitätsmechanismen; (3) Digitalisierung; (4) Reallabor und (5) Partizipation und Akzeptanz (Syntheseberichte und grafische Zusammenfassung durch das BMWK aufrufbar auf der Website der SINTEG).

31   Zur Auswertung wurden alle Berichte der Projektpartner danach untersucht, ob sie **konkrete Vorschläge** für Rechtsänderungen enthalten. Die identifizierten Vorschläge wurden nach folgenden Fragen geordnet:
• Welche der fünf SINTEG-Synthesefelder adressiert der Vorschlag?
• Welche derzeit bestehenden Hemmnisse sollen durch den Vorschlag abgebaut werden?
• Für welche Gesetze oder Verordnungen werden Anpassungen empfohlen?
• Wie konkret ist der Vorschlag?

32   Bis Ende Mai 2021 identifizierte die zuständige Stelle im BMWK insgesamt 52 relevante Publikationen aus den Schaufenstern, die sich mit dem Rechtsrahmen auseinandersetzen und über 87 Rechtsänderungsvorschläge enthielten. Die Vorschläge wurden inhaltlich umfassend analysiert, miteinander verglichen und in die aktuelle energiepolitische Debatte eingeordnet.

33   Ausgehend von der untersuchten Frage, ob es gelungen ist, „Musterlösungen für die Energiewende zu entwickeln, massentauglich auszugestalten und in breiter Fläche zu übertragen" (BMWK, Schlaglichter der Wirtschaftspolitik Juni 2021 Monatsbericht, 25), enthalten die einzelnen Syntheseberichte **Blaupausen,** die als Handlungshilfe zur Skalierung und Nachahmung von Modellbeispielen dienen sollen.

F. Delegation an die BNetzA (Abs. 5)

34   Des Weiteren darf die Bundesregierung die Anzeige, Überwachung und Kontrolle der Befreiungen oder Erstattungen aufgrund von abweichenden Regelungen sowie die mit Absatz 3 Nummer 2 verbundenen Aufgaben der **BNetzA** oder Netzbetreibern **übertragen (Absatz 5).** Die Bundesregierung hat von dieser Befugnis zur Subdelegation Gebrauch gemacht (vgl. §§ 3, 4 Abs. 1, § 12 Abs. 1 SINTEG-V).

§ 120 Schrittweiser Abbau der Entgelte für dezentrale Einspeisung; Übergangsregelung

(1) Bei Einspeisungen von Elektrizität aus dezentralen Erzeugungsanlagen darf in einer Rechtsverordnung nach § 24 Satz 5 keine Erstattung eingesparter Entgelte für den Netzzugang vorgesehen werden
1. für Erzeugungsanlagen, die ab dem 1. Januar 2023 in Betrieb genommen worden sind,
2. für Anlagen mit volatiler Erzeugung, die ab dem 1. Januar 2018 in Betrieb genommen worden sind.

(2) ¹Wird eine Erzeugungsanlage nach dem für sie maßgeblichen in Absatz 1 genannten Zeitpunkt an eine Netz- oder Umspannebene angeschlossen, die ihrer bisherigen Anschlussebene nachgelagert ist, erhält sie keine Entgelte für dezentrale Einspeisung mehr. ²Eine Erzeugungsanlage, die am 31. Dezember 2016 allein an die Höchstspannungsebene angeschlossen war, erhält ab dem 22. Juli 2017 auch dann keine Entgelte für dezentrale Einspeisung, wenn sie nach dem 31. Dezember 2016 an eine nachgelagerte Netz- oder Umspannebene angeschlossen worden ist oder wird.

(3) ¹Für Anlagen mit volatiler Erzeugung dürfen ab dem 1. Januar 2020 keine Entgelte für dezentrale Erzeugung mehr gezahlt werden. ²Die Rechtsverordnung nach § 24 kann vorsehen, dass die Höhe der Entgelte für dezentrale Einspeisungen aus solchen Anlagen bis dahin stufenweise abgesenkt wird und dies näher ausgestal-

ten. ³Die Absenkung kann, ausgehend von dem sich unter Beachtung der Absätze 4 und 5 ergebenden Wert, in prozentualen Schritten oder anteilig erfolgen.

(4) ¹Bei der Ermittlung der Entgelte für dezentrale Einspeisungen, die für den Zeitraum ab dem 1. Januar 2018 gezahlt werden, sind als Obergrenze diejenigen Netzentgelte der vorgelagerten Netz- oder Umspannebene zugrunde zu legen, die für diese Netz- oder Umspannebene am 31. Dezember 2016 anzuwenden waren. ²Satz 1 ist auch für Erzeugungsanlagen anzuwenden, die nach dem 31. Dezember 2016 in Betrieb genommen worden sind oder werden.

(5) ¹Bei der Ermittlung der Obergrenzen nach Absatz 4 sind ab dem 1. Januar 2018 von den Erlösobergrenzen der jeweiligen Übertragungsnetzbetreiber, so wie sie den jeweiligen Netzentgelten für das Kalenderjahr 2016 zugrunde lagen, die Kostenbestandteile nach § 17d Absatz 7 dieses Gesetzes und § 2 Absatz 5 des Energieleitungsausbaugesetzes in Abzug zu bringen, die in die Netzentgelte eingeflossen sind. ²Für die Zwecke der Berechnungsgrundlage zur Ermittlung der Entgelte für dezentrale Einspeisungen sind die Netzentgelte für das Kalenderjahr 2016 auf dieser Grundlage neu zu berechnen. ³Die Übertragungsnetzbetreiber sind verpflichtet, diese fiktiven Netzentgelte gemeinsam mit der Veröffentlichung ihrer Netzentgelte nach § 20 Absatz 1 Satz 1 und 2 auf ihrer Internetseite zu veröffentlichen und als Berechnungsgrundlage für die Entgelte für dezentrale Einspeisung zu kennzeichnen.

(6) Für die Höhe der Obergrenze, die bei der Ermittlung der Entgelte für dezentrale Einspeisung nach Absatz 4 zugrunde zu legen ist, sind die Netzentgelte des Netzbetreibers maßgebend, an dessen Netz der Anlagenbetreiber am 31. Dezember 2016 angeschlossen war.

(7) ¹Die für den jeweiligen Verteilernetzbetreiber nach Absatz 4 geltenden Obergrenzen sind je Netz- und Umspannebene den nach Absatz 5 ermittelten Obergrenzen der Übertragungsnetzbetreiber entsprechend anzupassen und unter Berücksichtigung dieser Absenkungen ebenfalls neu zu ermitteln. ²Nachgelagerte Verteilernetzbetreiber berücksichtigen dabei ebenfalls die Obergrenzen nach Satz 1 eines vorgelagerten Verteilernetzbetreibers. ³Die Netzbetreiber sind verpflichtet, ihre jeweiligen nach Satz 1 ermittelten Netzentgelte je Netz- und Umspannebene gemeinsam mit ihren Netzentgelten nach § 20 Absatz 1 Satz 1 und 2 auf ihrer Internetseite zu veröffentlichen und als Berechnungsgrundlage für die Ermittlung der Entgelte für dezentrale Einspeisungen zu kennzeichnen und für die Kalkulation der vermiedenen gewälzten Kosten heranzuziehen.

(8) ¹In einer Rechtsverordnung nach § 24 Satz 5 kann die Ermittlung der Entgelte für dezentrale Einspeisung nach den Absätzen 1 bis 7 und 9 näher geregelt werden. ²Insbesondere können in der Rechtsverordnung die Ergebnisse der fiktiven Ermittlung nach Absatz 5 für Übertragungsnetzbetreiber festgelegt werden. ³Dabei können kaufmännisch gerundete Prozentangaben festgelegt werden.

Überblick

§ 120 regelt die **grundsätzlichen Vorgaben** für das Entgelt für dezentrale Einspeisung, welches die Betreiber von Erzeugungsanlagen vom Verteilernetzbetreiber nach § 18 StromNEV erhalten können, wenn sie Strom in das Elektrizitätsverteilernetz einspeisen (sog. **vermiedene Netzentgelte**). § 120 normiert, für **welche Anlagen** und in **welcher Höhe** vermiedene Netzentgelte noch vorgesehen werden dürfen. Die Regelung bezweckt primär die **zukünftige Abschaffung der vermiedenen Netzentgelte,** regelt aber gleichzeitig einen teilweisen **Bestandsschutz** für bestehende Anlagen. Dabei unterscheidet sie zwischen „normalen" Erzeugungsanlagen (§ 3 Nr. 18d) und sog. Anlagen mit volatiler Erzeugung (§ 3 Nr. 38a).

Nach **Absatz 1** werden die vermiedenen Netzentgelte für neue Erzeugungsanlagen abgeschafft. Für Bestandsanlagen, die bis zum 31.12.2022 in Betrieb genommen worden sind, werden die vermiedenen Netzentgelte aktuell für unbeschränkte Dauer weitergezahlt (→ Rn. 14). Demgegenüber wurden die vermiedenen Netzentgelte für Anlagen mit volatiler

Erzeugung insgesamt, also auch für Bestandsanlagen, abgeschafft und dürfen gem. Absatz 3 Satz 1 bereits seit dem 1.1.2020 nicht mehr gezahlt werden (→ Rn. 24).

Um Ausweichbewegungen in niedrigere Netzebenen und damit einhergehend Versuche einer wirtschaftlichen Selbstoptimierung der Anlagenbetreiber zu verhindern, regelt **Absatz 2,** dass bei einem Netzebenenwechsel die vermiedenen Netzentgelte entfallen können, auch wenn die Anlage eigentlich entgeltberechtigt wäre (→ Rn. 32).

In **Absatz 3** ist die Abschaffung der vermiedenen Netzentgelte für Anlagen mit volatiler Erzeugung genauer ausgestaltet. Insbesondere können die vermiedenen Netzentgelte für solche Anlagen stufenweise abgesenkt werden (→ Rn. 25).

Absatz 4 legt eine Obergrenze für die Höhe der vermiedenen Netzentgelte für sämtliche Erzeugungsanlagen fest. So werden die **Berechnungsgrundlagen auf dem Niveau von 2016 eingefroren,** um einen weiteren Anstieg der vermiedenen Netzentgelte auszuschließen.

Genauere Vorgaben zur Berechnung der Obergrenze ergeben sich aus den **Absätzen 5 und 7.** Absatz 5 betrifft die Ebene der Übertragungsnetze und Absatz 7 die Ebene der Verteilernetze. Daraus ergeben sich fiktive Netzentgelte (Referenzpreisblätter), die durch die Netzbetreiber zu veröffentlichen sind (→ Rn. 42).

Absatz 6 legt fest, dass ein Wechsel des Netzbetreibers nicht zu einer Änderung der Obergrenze führt. Maßgeblich sind vielmehr die Netzentgelte des Netzbetreibers, an dessen Netz der Anlagenbetreiber am 31.12.2016 angeschlossen war (→ Rn. 45).

Absatz 8 enthält eine unselbstständige Ergänzung der Verordnungsermächtigung in § 24 S. 5, wonach die Vorgaben der Absätze 1–7 in der StromNEV näher festgelegt werden können (→ Rn. 47).

Übersicht

	Rn.		Rn.
A. Normzweck und Entstehungsgeschichte	1	III. Vermiedene Netzentgelte zwischen Netzbetreibern	28
B. Begrenzung der vermiedenen Netzentgelte (Abs. 1 und 3)	11	C. Keine vermiedenen Netzentgelte bei Netzebenenwechsel (Abs. 2)	32
I. Nicht-volatile Erzeugungsanlagen (Abs. 1 Nr. 1)	13	D. Berechnungsgrundlage für die vermiedenen Netzentgelte (Abs. 4–7)	36
1. Bestandsschutz	14	I. Netzentgelte 2016 als Obergrenze (Abs. 4)	37
2. Begriff der Erzeugungsanlage	18	II. Bereinigung der Netzentgelte (Abs. 5 und 7)	40
3. Begriff der Inbetriebnahme	20	III. Maßgeblicher Netzbetreiber (Abs. 6)	45
II. Anlagen mit volatiler Erzeugung (Abs. 1 Nr. 2)	23	E. Verordnungsermächtigung (Abs. 8)	47

A. Normzweck und Entstehungsgeschichte

1 Erzeugungsanlagen, die unterhalb der Höchstspannungsebene Strom in das Netz der allgemeinen Versorgung einspeisen, erhalten herkömmlicherweise ein Entgelt für dezentrale Einspeisung. Dies wird insbesondere damit begründet, dass durch die dezentrale Einspeisung energiewirtschaftlich die Netznutzung gegenüber der vorgelagerten Netz- oder Umspannebene vermieden werde, dh Kosten für die Nutzung der vorgelagerten Netz- oder Umspannebene werden erspart, wenn der Strom direkt auf der nachgelagerten Ebene erzeugt und eingespeist wird. Daher wird das Entgelt für dezentrale Einspeisung auch als **vermiedenes Netzentgelt** bezeichnet.

2 Das System der vermiedenen Netzentgelte ist allerdings **energiepolitisch hoch umstritten.** Die BNetzA vertritt die Ansicht, dass die vermiedenen Netzentgelte insgesamt abgeschafft werden sollten. Denn nach Beobachtung der BNetzA sei eine Einsparung von Netzinfrastrukturkosten aufgrund von dezentralen Kraftwerken nicht festzustellen (s. hierzu die Themenseite „vermiedene Netzentgelte" der BNetzA, abrufbar unter www.bundesnetzagentur.de).

3 Die BNetzA konnte sich mit ihrer Ansicht allerdings im Gesetzgebungsprozess nicht durchsetzen. Nach langwierigen Diskussionen wurde durch das **Netzentgeltmodernisierungsgesetz** (NEMoG) vom 17.7.2017 (BGBl. I 2503) ein Kompromiss verabschiedet, der

sich im aktuellen § 120 wiederfindet. Die vermiedenen Netzentgelte werden demnach nicht insgesamt abgeschafft, sondern nur für bestimmte Neuanlagen. Für bestehende Erzeugungsanlagen werden die vermiedenen Netzentgelte hingegen auf unbestimmte Dauer fortgezahlt (solange keine Neuregelung erfolgt).

Seit seiner Einführung im Jahr 2017 ist § 120 unverändert geblieben. Lediglich in Absatz 5 erfolgte eine Korrektur der Jahreszahl durch Berichtigung vom 31.8.2017 (BGBl. I 3343). **4**

Das **Konzept der vermiedenen Netzentgelte** hat seinen Ursprung vor 2005 in den Verbändevereinbarungen II/II+ (Elspas/Graßmann/Rasbach/Graßmann/Joly-Müller § 120 Rn. 3). Die Verbändevereinbarungen wurden zwischen den Interessenvertretungsverbänden der Industrie und der Energieversorgungsunternehmen geschlossen und dienten dazu, den zwischen 1998 und 2005 geltenden sog. verhandelten Netzzugang auszugestalten (Schneider/Theobald EnergieWirtschaftsR-HdB/de Wyl/Thole/Bartsch § 16 Rn. 230). Konzeptionell fußte das vermiedene Netzentgelt darauf, dass Kraftwerke in nachgelagerten Netzebenen in der Regel kleiner dimensioniert sind als Großkraftwerke in der Höchstspannung. Aufgrund der Größenvorteile können Großkraftwerke Strom günstiger erzeugen als nachgelagerte Kraftwerke. Beide Anlagentypen konkurrieren jedoch an der Strombörse anhand des Strompreises. **5**

Gleichzeitig bieten nachgelagerte Kraftwerke nach (umstrittener) Begründung den Vorteil, dass durch sie **Netzausbaukosten eingespart** werden können. Denn die nachgelagerten Kraftwerke befinden sich „näher" am Stromverbraucher. Sie können also Leitungs- und Transformationskosten vermeiden. Dieser Vorteil für das Stromnetz wird aber an der Strombörse nicht vergütet, da dort nur ein einheitlicher Strompreis unabhängig von der Netzebene der Einspeisung gebildet wird. Aus diesem Grund hat man sich in den Verbändevereinbarungen II/II+ entschlossen, einen finanziellen Ausgleich an die nachgelagerten Kraftwerke in Form des Entgelts für dezentrale Einspeisung zu zahlen (Verbändevereinbarungen II, Ziffer 2.3.3; Schneider/Theobald EnergieWirtschaftsR-HdB/de Wyl/Thole/Bartsch § 16 Rn. 232). Ob und in welchem Umfang durch nachgelagerte Kraftwerke aber tatsächlich Netzausbaukosten eingespart werden können, ist allerdings umstritten. **6**

Mit dem Netzentgeltmodernisierungsgesetz (NEMoG) hat der Gesetzgeber anerkannt, dass die Einspeisung durch dezentrale Erzeugungsanlagen „in immer geringerem Maße einen Beitrag zur Verringerung von Netzkosten" leistet (BT-Drs. 18/11528, 17). **Neuanlagen mit volatiler Erzeugung** können nach Auffassung des Gesetzgebers das Netz nicht entlasten, da sie unregelmäßig Strom erzeugen. Aufgrund der schlechten Planbarkeit können sie sogar einen zusätzlichen Netzausbaubedarf erzeugen. Anlagen, die nicht dauerhaft und netzauslastungsorientiert in das Netz einspeisen, können die Vorhaltung von Netzinfrastruktur nicht vermeiden (BT-Drs. 18/11528, 17). **7**

Das Stromnetzsystem erfährt mit dem **zunehmenden Anteil an volatiler Erzeugung** auch eine Funktionsänderung (BT-Drs. 18/11528, 17). Ursprünglich waren die Netze für eine Verteilung von Strom ausgelegt, der weitgehend aus oberen Spannungsebenen gespeist und auf den nachgelagerten Ebenen entnommen wird. Nunmehr bestehen viele dezentrale Erzeugungsanlagen, deren Strom zwischen den Spannungsebenen verteilt wird. Dies bedarf einer geänderten Auslegung der Netze. Dezentrale Einspeisung führt daher nicht mehr zu einer Netzentlastung. **8**

Vor diesem Hintergrund hat sich der Gesetzgeber entschieden, die **vermiedenen Netzentgelte schrittweise abzuschaffen.** **9**

Nach den Untersuchungen der BNetzA hat das NEMoG die Kosten für vermiedene Netzentgelte gesenkt und damit auch die allgemeinen Netzentgelte in Deutschland entlastet. In den Jahren vor der Einführung des NEMoG stieg die Höhe der ausgezahlten vermiedenen Netzentgelte stetig an und erreichte im Jahr 2017 mit 2,5 Mrd. EUR ihren Höchstwert. In Folge des NEMoG reduzierten sich die vermiedenen Netzentgelte auf 1,2 Mrd. EUR im Jahr 2019, wovon noch 0,2 Mrd. EUR auf Anlagen mit volatiler Erzeugung entfielen (s. hierzu die Themenseite „vermiedene Netzentgelte" der BNetzA, abrufbar unter www.bundesnetzagentur.de). Die BNetzA erwartet, dass die vermiedenen Netzentgelte auf dem Niveau von etwas über **1 Mrd. EUR pro Jahr stagnieren** und dauerhaft einen erheblichen Kostenfaktor in den Netzentgelten ausmachen (s. hierzu die Themenseite „vermiedene Netzentgelte" der BNetzA, abrufbar unter www.bundesnetzagentur.de). **10**

B. Begrenzung der vermiedenen Netzgelte (Abs. 1 und 3)

11 § 120 regelt die schrittweise **Begrenzung der vermiedenen Netzentgelte.** Der Anspruch auf vermiedene Netzentgelte selbst ist nicht in § 120 geregelt, sondern in § 18 StromNEV. Im Wege einer unselbständigen Ergänzung der Verordnungsermächtigung des § 24 S. 5 macht § 120 allerdings Vorgaben, in welchem Umfang vermiedene Netzentgelte in der StromNEV vorgesehen werden dürfen. Die Vorgaben des § 120 wurden gleichzeitig mit dessen Inkrafttreten in § 18 StromNEV umgesetzt.

12 **Absatz 1** regelt im Einzelnen, für welche Anlagen und für welchen Zeitraum vermiedene Netzentgelte noch vorgesehen werden dürfen. Zu unterscheiden ist hierbei zwischen allgemeinen Erzeugungsanlagen und Anlagen mit volatiler Erzeugung (PV-/Windkraft-Anlagen).

I. Nicht-volatile Erzeugungsanlagen (Abs. 1 Nr. 1)

13 Absatz 1 Nummer 1 sieht vor, dass für **neue Erzeugungsanlagen,** die ab dem 1.1.2023 in Betrieb genommen werden, keine vermiedenen Netzentgelte mehr gezahlt werden dürfen. Neue Erzeugungsanlagen sind ab diesem Zeitpunkt also von vermiedenen Netzentgelten ausgeschlossen.

1. Bestandsschutz

14 Im Gegensatz dazu bleiben die vermiedenen Netzentgelte für **Bestandsanlagen** erhalten. Bestandsanlagen sind Erzeugungsanlagen, die bis zum 31.12.2022 in Betrieb genommen worden sind. Diese erhalten auf derzeit unbestimmte Zeit weiterhin vermiedene Netzentgelte.

15 Nicht geschützt sind die Bestandsanlagen vor **zukünftigen Verschärfungen** des § 120. Die Norm garantiert nach ihrem Wortlaut nicht, dass Bestandsanlagen für immer vermiedene Netzentgelte erhalten, sondern regelt nur, für welche Anlagen keine vermiedenen Netzentgelte vorgesehen werden dürfen. Rechtlich ist es damit – im Rahmen der verfassungsmäßigen Grenzen des Vertrauensschutzes und des Rückwirkungsverbots – möglich, dass Bestandsanlagen den Anspruch auf vermiedene Netzentgelte verlieren und § 120 entsprechend durch den Gesetzgeber angepasst wird.

16 Ob sich zukünftig ein entsprechender politischer Konsens bilden wird, ist offen. Bei Einführung des § 120 durch das Netzentgeltmodernisierungsgesetz sah der Gesetzentwurf ursprünglich vor, dass auch Bestandsanlagen nur noch bis 31.12.2029 vermiedene Netzentgelte gezahlt bekommen dürfen (BT-Drs. 18/11528, 8). Die vermiedenen Netzentgelte sollten also insgesamt abgeschafft werden. Im Gesetzgebungsverfahren hat dieser Vorschlag aber keine Mehrheit gefunden.

17 Auch an anderer Stelle konnte sich eine schärfere Vorgabe aus dem Gesetzentwurf nicht durchsetzen. So sollte ursprünglich der Stichtag für die Unterscheidung von Neu- und Bestandsanlagen auf den 1.1.2021 festgesetzt werden (BT-Drs. 18/11528, 8). Im Gesetzgebungsverfahren wurde dieser Stichtag dann aber um zwei Jahre nach hinten auf den 1.1.2023 vorschoben.

2. Begriff der Erzeugungsanlage

18 Absatz 1 Nummer 1 gilt für Erzeugungsanlagen. Der **Begriff der Erzeugungsanlage** ist in § 3 Nr. 18d definiert und umfasst sämtliche Anlagen zur Erzeugung von elektrischer Energie (→ § 3 Nr. 18d Rn. 1). In Betracht kommt eine Stromerzeugung insbesondere aus Braun- und Steinkohle, Erdgas, Mineralöl, Abfall, Biomasse, Lauf- und Speicherwasser oder Geothermie. Daneben fallen auch **Batteriespeicher** in ihrer Erzeugungsfunktion unter den Begriff der Erzeugungsanlage und haben damit ebenso Anspruch auf vermiedene Netzentgelte wie andere Erzeugungsanlagen (so auch BNetzA Beschl. v. 18.12.2020 – BK8-20-10465-M1; BT-Drs. 17/10314, 12; Elspas/Graßmann/Rasbach/Graßmann/Joly-Müller § 120 Rn. 36). Nach Ansicht des OLG Düsseldorf sind Batteriespeicher hingegen keine Erzeugungsanlagen iSd § 3 Nr. 18d (OLG Düsseldorf 2.2.2022 – 3 Kart 37/21 Rn. 107 ff., noch nicht rechtskräftig). Das OLG Düsseldorf gewährt Batteriespeicher aber einen Anspruch auf vermiedene Netzentgelte aus analoger Anwendung des § 18 Abs. 1 S. 1 StromNEV, sodass kein anderes Ergebnis folgt (OLG Düsseldorf EnWZ 2022, 276 Rn. 131 ff.).

Schrittweiser Abbau der Entgelte für dezentrale Einspeisung § 120 EnWG

Der Anspruch auf vermiedene Netzentgelte besteht aber nur für **dezentrale** Erzeugungs- 19
anlagen. Dies ist nach der Begriffsdefinition des § 3 Nr. 11 dann erfüllt, wenn es sich um
eine an das Verteilernetz angeschlossene verbrauchs- und lastnahe Erzeugungsanlage handelt
(→ § 3 Nr. 11 Rn. 1). Ausgeschlossen von den vermiedenen Netzentgelten sind damit
Erzeugungsanlagen, die nicht auf der Ebene der Verteilung (vgl. § 3 Nr. 37), sondern auf
Ebene der Übertragung (vgl. § 3 Nr. 32) in das Stromnetz einspeisen. Bei einer Einspeisung
in das Höchstspannungsnetz (220 kV oder 380 kV) kann also kein Anspruch auf vermiedene
Netzentgelte entstehen (vgl. BGH ZNER 2018, 419; ebenfalls nicht bei einem parallelen
Anschluss an das 110 kV- und das 380 kV-Netz: BGH BeckRS 2020, 41702; vorgehend
BNetzA Beschl. v. 16.5.2018 – BK8-17-3764-01-M). Nach Rechtsprechung des OLG Düsseldorf erfordert die Klassifizierung als dezentrale Erzeugungsanlage nicht, dass die Anlage
tatsächlich der lokalen Versorgung dient, sondern es genügt, wenn die „Anlage in räumlicher
Nähe zu Letztverbrauchern gelegen ist und diese aufgrund der Anlagendimensionierung
zugleich eine relativ geringe Erzeugungskapazität besitzt (kleine Anlage mit begrenzter Leistungsfähigkeit), so dass typischerweise davon ausgegangen werden kann, dass der erzeugte
und in das Netz eingespeiste Strom von den in der näheren Umgebung angeschlossenen
Stromverbrauchern verbraucht wird" (OLG Düsseldorf EnWZ 2022, 276 Rn. 147 ff.).

3. Begriff der Inbetriebnahme

Für den Anspruch auf vermiedene Netzentgelte kommt dem Begriff der **Inbetriebnahme** 20
maßgebliche Bedeutung zu. Abhängig von dem Zeitpunkt der Inbetriebnahme entscheidet
sich, ob eine Erzeugungsanlage Anspruch auf vermiedene Netzentgelte hat. Der Begriff der
Inbetriebnahme ist in § 120 nicht definiert. Die Inbetriebnahme wird aber in verschiedenen
anderen Vorschriften als Anknüpfungspunkt gewählt (vgl. §§ 3 Nr. 29a, 12 Abs. 3a, 118
Abs. 6). Nach **§ 118 Abs. 6 S. 6** gilt der erstmalige Bezug von elektrischer Energie für den
Probebetrieb als Inbetriebnahme.

Eine Inbetriebnahme-Definition findet sich ferner in **§ 3 Nr. 30 EEG 2021**. Danach 21
ist Inbetriebnahme „die erstmalige Inbetriebsetzung der Anlage (…) nach Herstellung der
technischen Betriebsbereitschaft der Anlage; die technische Betriebsbereitschaft setzt voraus,
dass die Anlage fest an dem für den dauerhaften Betrieb vorgesehenen Ort und dauerhaft
mit dem für die Erzeugung von Wechselstrom erforderlichen Zubehör installiert wurde."
Wenngleich die Definition des EEG 2021 nicht unbesehen in das EnWG übernommen
werden kann, insbesondere nicht für konventionelle Erzeugungsanlagen, kann sie gleichwohl
als Orientierung dienen. Die **erstmalige Inbetriebsetzung** der Erzeugungsanlage nach
Herstellung der technischen Betriebsbereitschaft an dem für den dauerhaften Betrieb vorgesehenen Ort wird daher auch im Rahmen des EnWG als Grundvoraussetzung für die Inbetriebnahme maßgeblich sein (so auch Theobald/Kühling/Missling § 120 Rn. 6). Es genügt
damit auch ein Testbetrieb für eine Inbetriebnahme (Theobald/Kühling/Missling § 120
Rn. 6).

Die Inbetriebnahme einer Erzeugungsanlage ist unabhängig von einer Mitwirkung des 22
Netzbetreibers, etwa der rechtzeitigen Ausführung des Netzanschlusses (im Rahmen des
EEG 2021 s. BeckOK EEG/Ruttloff, 12. Ed. Stand 14.6.2022, EEG 2021 § 3 Nr. 30 Rn. 4),
da die Netzeinspeisung nach dem Wortlaut keine Inbetriebnahmevoraussetzung ist.

II. Anlagen mit volatiler Erzeugung (Abs. 1 Nr. 2)

Eine Sonderregelung hinsichtlich der vermiedenen Netzentgelte besteht für **Anlagen mit** 23
volatiler Erzeugung. Nach der Begriffsdefinition in § 3 Nr. 28a sind dies Anlagen, die
Strom aus Windenergie und aus solarer Strahlungsenergie erzeugen, also **Windkraft- oder**
Photovoltaik-Anlagen. Stromspeicher sind hingegen keine Anlagen mit volatiler Erzeugung, auch wenn sie mit Windkraft- oder Photovoltaik-Strom gespeist werden (Elspas/
Graßmann/Rasbach/Graßmann/Joly-Müller § 120 Rn. 41).

Nach Absatz 1 Nummer 2 erhalten neue Anlagen mit volatiler Erzeugung bereits ab dem 24
1.1.2018 keine vermiedenen Netzentgelte mehr. Anders als die sonstigen Erzeugungsanlagen
erhalten aber auch die Bestandsanlagen mit volatiler Erzeugung, die vor dem 31.12.2017 in
Betrieb genommen worden sind, nicht für unbestimmte Zeit die vermiedenen Netzentgelte
weiter. Denn nach der Regelung in **§ 120 Abs. 3 S. 1** dürfen an solche **Bestandsanlagen**

Assmann

seit dem 1.1.2020 **keine vermiedenen Netzentgelte** mehr gezahlt werden. Im Ergebnis wurden die vermiedenen Netzentgelte für Windkraft- oder Photovoltaik-Anlagen daher **insgesamt abgeschafft.**

25   Für den **Übergangszeitraum** zwischen dem 1.1.2018 und dem 1.1.2020 sieht Absatz 3 Satz 2 vor, dass die vermiedenen Netzentgelte im Verordnungswege stufenweise abgesenkt werden können. Von dieser Ermächtigungsgrundlage hat der Verordnungsgeber in § 18 Abs. 5 StromNEV Gebrauch gemacht. Danach wurden die vermiedenen Netzentgelte für Anlagen mit volatiler Erzeugung schrittweise jährlich, jeweils zum 1. Januar des Jahres, um einen Betrag von einem Drittel des ursprünglichen Ausgangswertes abgesenkt.

26   Grund für die abweichende Regelung von Anlagen mit volatiler Erzeugung gegenüber nicht-volatilen Erzeugungsanlagen ist, dass Anlagen mit volatiler Erzeugung **nicht geeignet sind, einen Netzausbau zu vermeiden,** da sie nicht dauerhaft und netzauslastungsorientiert in das Netz einspeisen (BT-Drs. 18/11528, 17). Die Gründe, wegen derer die vermiedenen Netzentgelte für dezentrale Erzeugungsanlagen gestrichen wurden, treffen daher insbesondere auf Anlagen mit volatiler Erzeugung zu (hierzu auch → Rn. 7).

27   Zudem ist zu beachten, dass den Anlagen mit volatiler Erzeugung ohnehin die vermiedenen Netzentgelte nicht ausgezahlt wurden, wenn sie nach dem Erneuerbare-Energie-Gesetz gefördert werden (vgl. **§ 19 Abs. 2 EEG 2021**). Vermiedene Netzentgelte, die nicht für derartige Anlagen mit volatiler Erzeugung ausgezahlt werden, zahlen die Netzbetreiber zur Verringerung der EEG-Umlage auf das EEG-Konto ein (vgl. § 57 Abs. 3 EEG 2021). Die BNetzA hat für den Fall einer vollständigen Abschaffung vermiedener Netzentgelte für Strom aus EEG-geförderten Anlagen eine Erhöhung der EEG-Umlage von 0,2 Cent pro Kilowattstunde geschätzt (BT-Drs. 18/11528, 17). Die Abschaffung der vermiedenen Netzentgelte für Anlagen mit volatiler Erzeugung hat also keinen Betreiber unmittelbar wirtschaftlich betroffen, sondern eine Erhöhung der EEG-Umlage zugunsten der Netzentgelte bewirkt.

III. Vermiedene Netzentgelte zwischen Netzbetreibern

28   Vermiedene Netzentgelte können nicht nur entstehen, wenn Erzeugungsanlagen in ein Verteilernetz einspeisen, sondern auch bei einer **Rückspeisung eines nachgelagerten Netzbetreibers** in die vorgelagerte Spannungsebene (Bourwieg/Brockmeier ER 2017, 234 (237)). Derartige Situationen entstehen, wenn es in einem Verteilernetz zu mehr dezentraler Einspeisung als Last kommt.

29   Die §§ 120 und 24 S. 5 enthalten zu dieser Konstellation keine ausdrückliche Vorgabe. Allerdings lässt sich die Einspeisung in die vorgelagerte Spannungsebene auch als Einspeisung von Elektrizität aus dezentralen Erzeugungsanlagen subsumieren, da die Rückspeisung die Summe der Erzeugungsanlagen ist, die an das vorgelagerte Netz angeschlossen sind. Es ist daher wohl noch vom Begriff der Ermächtigungsgrundlage gedeckt, wenn § 18 Abs. 1 S. 5 StromNEV vorsieht, dass Netzbetreiber den Betreibern dezentraler Erzeugungsanlagen gleichstehen, sofern sie in ein vorgelagertes Netz einspeisen und dort Netzentgelte in weiter vorgelagerten Netzebenen vermeiden.

30   Gleichwohl stellt sich ein **Nachweisproblem,** ob es sich bei einer Rückspeisung um eine nicht-volatile Erzeugungsanlage oder eine Anlage mit volatiler Erzeugung handelt. Denn der vorgelagerte Netzbetreiber muss als Anspruchsberechtigter darlegen und beweisen, aus welcher Anlagenart er Strom einspeist, da dies für die Anspruchsberechtigung entscheidend ist.

31   Wenn der Netzbetreiber darlegen kann, inwieweit die Rückspeisung ausschließlich aus nicht-volatilen Erzeugungsanlagen stammt, hat er insoweit auch einen Anspruch auf vermiedene Netzentgelte nach Maßgabe des § 120. Zu unterscheiden sind demnach Neuanlagen und Bestandsanlagen im nachgelagerten Verteilernetz. Der Netzbetreiber hat hingegen keinen Anspruch auf ein vermiedenes Netzentgelt, soweit die Rückspeisung aus nicht-volatilen Erzeugungsanlagen stammt, die ab dem 1.1.2023 in Betrieb genommen worden sind, oder aus Anlagen mit volatiler Erzeugung.

C. Keine vermiedenen Netzentgelte bei Netzebenenwechsel (Abs. 2)

§ 120 Abs. 2 möchte **Ausweichbewegungen** in andere Netzebenen verhindern, die 32
Anlagenbetreiber dazu nutzen könnten, sich zulasten der allgemeinen Netzentgelte wirtschaftlich zu optimieren (BT-Drs. 18/11528, 17). In den nachgelagerten Netzebenen sind die vermiedenen Netzentgelte höher als in der vorgelagerten Netzebene (Bourwieg/Brockmeier ER 2017, 234 (235)). Anlagenbetreiber könnten deshalb versucht sein, von einer höheren in eine niedrigere Netzebene zu wechseln, um von den höheren Zahlungen auf der niedrigeren Ebene zu profitieren.

Um dies zu verhindern, ist in Absatz 2 Satz 1 vorgesehen, dass ein Wechsel in die nachgelagerte 33
Netz- oder Umspannebene dazu führt, dass der Anspruch auf vermiedene Netzentgelte für die jeweilige Anlage insgesamt entfällt. Dies gilt für Erzeugungsanlagen bei einem **Netzebenenwechsel ab dem 1.1.2023**. Anlagen werden also im Falle eines Netzebenenwechsels wie Neuanlagen behandelt. Die in Absatz 2 angeordnete Rechtsfolge des Entfalls vermiedener Netzentgelte nimmt den Anlagenbetreibern den wirtschaftlichen Anreiz für einen Wechsel der Netzebene.

Unberührt bleibt die Möglichkeit eines **Wechsels in die höhere (vorgelagerte) Netz-** 34
ebene. Dies ist allein unter dem Gesichtspunkt der vermiedenen Netzentgelte wirtschaftlich nicht mit einem Vorteil verbunden, kann aber aus anderen Gründen erforderlich sein.

Des Weiteren erfasst Absatz 2 auch den Fall, dass ein **Kraftwerk** bisher auf der **Höchst-** 35
spannungsebene angeschlossen war und keinen Anspruch auf vermiedene Netzentgelte hatte, da es sich definitionsgemäß nicht um eine dezentrale Erzeugungsanlage handelte (→ Rn. 19). Der Gesetzgeber wollte verhindern, dass derartige Anlagen in die nachgelagerte Netzebene wechseln, um somit erstmals einen Anspruch auf vermiedene Netzentgelte zu erwerben (BT-Drs. 18/11528, 17). In diesem Sinne sieht Absatz 2 Satz 2 vor, dass eine Erzeugungsanlage, die am Stichtag 31.12.2016 allein an die Höchstspannungsebene angeschlossen war, keinen Anspruch auf ein vermiedenes Netzentgelt erwirbt, wenn sie nach dem 31.12.2016 in eine nachgelagerte Netzebene wechselt.

D. Berechnungsgrundlage für die vermiedenen Netzentgelte (Abs. 4–7)

Zusätzlich zur Beschränkung der Erzeugungsanlagen, die überhaupt berechtigt sind, ver- 36
miedene Netzentgelte in Anspruch zu nehmen (vgl. Absatz 1), hat der Gesetzgeber auch die **Höhe der vermiedenen Netzentgelte** für die verbliebenen Anlagen begrenzt. Hierzu wurde in Absatz 4 eine Obergrenze eingeführt.

I. Netzentgelte 2016 als Obergrenze (Abs. 4)

Zur Berechnung der vermiedenen Netzentgelte sind die Entgelte der vorgelagerten Netz- 37
ebene des jeweiligen Jahres und des Jahres 2016 zu betrachten. Sollten die Entgelte der vorgelagerten Netzebene aus dem Jahr 2016 geringer gewesen sein als im jeweils betrachteten Jahr, so müssen die Entgelte des Jahres 2016 zur Kalkulation der vermiedenen Netzentgelte verwendet werden (Bourwieg/Brockmeier ER 2017, 234 (236)). Die vermiedenen Netzentgelte sind also **auf das Niveau von 2016 gedeckelt.**

Absatz 4 Satz 2 stellt klar, dass dies für alle Erzeugungsanlagen gilt, unabhängig davon, ob 38
sie vor oder nach dem Jahr 2016 in Betrieb genommen worden sind.

Absatz 4 bewirkt die Deckelung der vermiedenen Netzentgelte dadurch, dass bei deren 39
Ermittlung die Netzentgelte (also nicht die „vermiedenen" Netzentgelte) auf dem Niveau von 2016 herangezogen werden können. Dies erklärt sich dadurch, dass die **Netzentgelte maßgeblicher Einflussfaktor** für die Berechnung der vermiedenen Netzentgelte sind. Dies ist im Einzelnen in **§ 18 StromNEV** geregelt. Nach § 18 Abs. 2 S. 2 StromNEV werden die vermiedenen Netzentgelte einer Erzeugungsanlage anhand der tatsächlichen Vermeidungsarbeit (in Kilowattstunden), der tatsächlichen Vermeidungsleistung (in Kilowatt) und der Netzentgelte der vorgelagerten Netz- oder Umspannebene ermittelt. Die Netzentgelte der vorgelagerten Netz- oder Umspannebene sind also ein wesentlicher Berechnungsfaktor für die vermiedenen Netzentgelte. Bleiben die beiden anderen Berechnungsfaktoren gleich, reduzieren sich bei sinkenden Netzentgelten daher auch die vermiedenen Netzentgelte.

II. Bereinigung der Netzentgelte (Abs. 5 und 7)

40 Zusätzlich zur Obergrenze nach Absatz 4 findet zudem eine Bereinigung der Netzentgelte 2016 um bestimmte Kostenfaktoren statt, die bundesweit auf **Ebene der Übertragungsnetze** gewälzt wurden und von vornherein nicht durch dezentrale Einspeisung vermieden werden konnten (BT-Drs. 18/11528, 18). Dies bewirkt eine zusätzliche Verringerung der vermiedenen Netzentgelte.

41 So sind nach Absatz 5 Satz 1 die Offshore-Anbindungskosten gem. § 17d Abs. 7 und die Kosten für die Erdverkabelung nach § 2 Abs. 5 Energieleitungsausbaugesetz (EnLAG) herauszurechnen, soweit diese in die Netzentgelte eingeflossen sind. Beide Kostenbestandteile können nicht durch dezentrale Einspeisung verringert werden und es wäre sachlich daher nicht begründbar, wenn die vermiedenen Netzentgelte durch diese Kostenbestandteile erhöht würden (BT-Drs. 18/11528, 18).

42 Die Übertragungsnetzbetreiber sind daher verpflichtet, **fiktive Netzentgelte** zu berechnen (Absatz 5 Satz 2) und zu veröffentlichen (Absatz 5 Satz 3), die um beide Kostenbestandteile bereinigt sind. Die Bereinigung erfolgte erstmal mit Wirkung ab dem 1.1.2018. Die veröffentlichten Preisblätter werden gemäß Anlage 4a StromNEV als **Referenzpreisblatt** für die Netzentgelte von Übertragungsnetzbetreibern bezeichnet.

43 Nach Absatz 7 haben die **nachgelagerten Verteilernetzbetreiber** ihre Netzentgelte entsprechend der Obergrenze nach Absatz 4 und der fiktiven Netzentgelte nach Absatz 5 in der Kaskade ebenfalls neu zu berechnen. Auf dieser Grundlage besteht damit für jeden Verteilernetzbetreiber ein eigenes Referenzpreisblatt, welches für die Berechnung der vermiedenen Netzentgelte heranzuziehen ist.

44 Die Referenzpreisblätter sind nach Absatz 7 Satz 3 ebenfalls auf der Internetseite des Verteilernetzbetreibers zu veröffentlichen und entsprechend zu kennzeichnen. Die bereinigten Referenzpreisblätter bleiben seit 2018 konstant.

III. Maßgeblicher Netzbetreiber (Abs. 6)

45 Absatz 6 stellt klar, welche Netzentgelte für eine Erzeugungsanlage zur Berechnung der vermiedenen Netzentgelte heranzuziehen sind. Dies sind die Netzentgelte **des Netzbetreibers**, an dessen Netz die Erzeugungsanlage am 31.12.2016 angeschlossen war. Die Regelung bezieht sich nicht auf Netzentgelte für eine bestimmte Netzebene, sondern die Netzentgelte eines konkreten Netzbetreibers, also die juristische Person. Ein nachträglicher Wechsel des Netzbetreibers führt also nicht dazu, dass sich die Berechnungsgrundlagen für die Ermittlung der vermiedenen Netzentgelte ändern (BT-Drs. 18/11528, 19). Der Gesetzgeber hielt Absatz 6 für erforderlich, weil ein Netzbetreiberwechsel zu veränderten Netzentgelten für denselben Netzteil führen kann, etwa weil der neue Netzbetreiber insgesamt eine andere Netzgebietsstruktur hat als der bisherige.

46 Die Regelung des Absatzes 6 kann allerdings bei strenger Wortlautauslegung zu komplizierten Folgen für die Praxis führen (s. hierzu Bourwieg/Brockmeier ER 2017, 234 (239)). Denn der in der Praxis häufigste Fall eines Netzbetreiberwechsels ist der **Netzübergang nach Konzessionswechsel** gem. § 46. Der neue Netzbetreiber darf aufgrund der Regelung des Absatzes 6 für die vermiedenen Netzentgelte nicht seine eigenen Netzentgelte zugrunde legen, sondern hat für die Berechnung weiterhin die Netzentgelte des Netzbetreibers heranzuziehen, der das Netz am 31.12.2016 betrieben hat. Es müssten demnach durch den neuen Netzbetreiber zwei Referenzpreisblätter berechnet und veröffentlicht werden. Ob diese Folge vom Gesetzgeber gewollt war, ist unklar. Die Gesetzesbegründung spricht lediglich den Fall einer Ausgründung eines Teilnetzes an, wobei der frühere Netzbetreiber hier fortbesteht (BT-Drs. 18/11528, 19).

E. Verordnungsermächtigung (Abs. 8)

47 Absatz 8 enthält eine unselbstständige Ergänzung der Verordnungsermächtigung in § 24 S. 5. Sie ermächtigt den Verordnungsgeber zu einer näheren Gestaltung der Regelungen der Absätze 1–7.

48 Der Verweis auf Absatz 9 ist ein redaktionelles Versehen. Im Gesetzentwurf war noch eine Übergangsregelung in Absatz 9 vorgesehen. Diese wurde aber letztendlich nicht in die verabschiedete Fassung der Norm aufgenommen (vgl. BT-Drs. 18/11528, 19). Der Gesetzgeber hat vergessen, den Verweis in Absatz 8 anzupassen.

§ 121 Außerkrafttreten der §§ 50a bis 50c und 50e bis 50j

¹§ 50g tritt mit Ablauf des 31. März 2023 außer Kraft. ²Die §§ 50a bis 50c sowie 50e, 50f, 50h und 50i treten mit Ablauf des 31. März 2024 außer Kraft. ³§ 50j tritt mit Ablauf des 30. Juni 2024 außer Kraft.

Die Maßnahmen zur Reduzierung des Gasverbrauchs im Kraftwerkssektor werden zeitlich befristet, da der Gesetzgeber von einer befristeten Gasmangellage ausgeht (BT-Drs. 20/2356, 13). 1

Das Gesetz wurde mit BGBl. 2022 I 2560 vom 24.12.2022 geändert. § 50g tritt nunmehr mit Ablauf des 30.4.2024 außer Kraft. Die §§ 50a–50c sowie 50e, 50f, 50h und 50i treten weiterhin mit Ablauf des 31.3.2024 außer Kraft. § 50j tritt mit Ablauf des 30.6.2024 außer Kraft. 2

Die Rechtsänderung betrifft damit § 50g (→ § 50g Rn. 1). Die Gesetzesänderungen beruhen insgesamt auf Empfehlungen die die „ExpertInnen-Kommission Gas und Wärme" am 23.9.2022 ausgesprochen hat (BT-Drs. 20/4911, 7 f.). Damit wird der Weiterverkauf beziehungsweise die Rückgabe von Gasmengen durch industrielle Verbraucher während der Laufzeit der Erdgas- und Wärmepreismengen bis zum Ablauf des 31. Dezember 2023 (sic!) weiter ermöglicht (BT.-Drs 20/4683, 109). Die Verlängerung stärkt nach Auffassung des Gesetzgebers den Anreiz, Erdgas einzusparen, und trägt zur Sicherung der Gasversorgung und zur Stabilisierung der Gasmärkte bei (BT. 20/4683, 109). 3

Anlage. Berechnung der Vergütung

Anlage (zu § 13g) Berechnung der Vergütung

1. Die Entschädigung der Betreiber von stillzulegenden Anlagen nach § 13g wird nach folgender Formel festgesetzt:
2. Ergibt sich bei der Berechnung der Summe aus $H_{it} + FSB_{it} - FHIST_i$ ein Wert kleiner null, wird der Wert der Summe mit null festgesetzt.
3. Im Sinne dieser Anlage ist oder sind:

V_{it} die Vergütung, die ein Betreiber für eine stillzulegende Anlage i in einem Jahr t der Sicherheitsbereitschaft erhält, in Euro,

P_t der rechnerisch ermittelte jahresdurchschnittliche Preis aller verfügbaren Handelstage im Zeitraum vom 1. Oktober 2014 bis zum 30. September 2015 für die beiden für das jeweilige Jahr der Sicherheitsbereitschaft t relevanten Phelix-Base-Futures am Terminmarkt der Energiebörse European Energy Exchange AG in Leipzig für die jeweilige Preiszone in Euro je Megawattstunde; der Preis für die Lieferung im ersten für das jeweilige Sicherheitsbereitschaftsjahr relevanten Kalenderjahr geht dabei zu einem Viertel und der Preis für die Lieferung im darauffolgenden Kalenderjahr zu drei Vierteln in die Berechnung ein; soweit an der Energiebörse noch kein Preis des Futures für ein relevantes Lieferjahr ermittelt wurde, wird der Preis für das letzte verfügbare relevante Lieferjahr in Ansatz gebracht,

RD_i die für eine stillzulegende Anlage i von dem Betreiber nachgewiesenen Erlöse für Anpassungen der Einspeisung nach § 13a als jährlicher Durchschnitt der Jahre 2012 bis 2014 in Euro je Megawattstunde,

RE_i die für eine stillzulegende Anlage i von dem Betreiber nachgewiesenen Regelenergieerlöse als jährlicher Durchschnitt der Jahre 2012 bis 2014 in Euro je Megawattstunde,

O_i die für eine stillzulegende Anlage i von dem Betreiber nachgewiesenen Optimierungsmehrerlöse in den Jahren 2012 bis 2014 gegenüber dem jahresdurchschnittlichen Spotmarktpreis als jährlicher Durchschnitt der Jahre 2012 bis 2014 in Euro je Megawattstunde,

W_i die für eine stillzulegende Anlage i von dem Betreiber nachgewiesenen Wärmelieferungserlöse als jährlicher Durchschnitt der Jahre 2012 bis 2014 in Euro je Megawattstunde,

RHB_i die für eine stillzulegende Anlage i von dem Betreiber nachgewiesenen kurzfristig variablen Betriebskosten für Brennstoffe, Logistik sowie sonstige Roh-, Hilfs- und Betriebsstoffe zur Erzeugung einer Megawattstunde Strom als jährlicher Durchschnitt der Jahre 2012 bis 2014 in Euro je Megawattstunde; bei konzernintern bezogenen Lieferungen und Leistungen bleiben etwaige Margen außer Betracht (Zwischenergebniseliminierung); wenn Kraftwerksbetrieb und Tagebaubetrieb bei verschiedenen Gesellschaften liegen, sind für Brennstoffe und Logistik die variablen Förder- und Logistikkosten der Tagebaugesellschaften zu berücksichtigen; im Falle eines Eigentümerwechsels in den Jahren 2012 oder 2013 kann der Betreiber auf die Daten aus dem Jahr 2014 abstellen, wobei konzerninterne Eigentümerwechsel nicht berücksichtigt werden; bei den variablen Logistikkosten kann ausnahmsweise auf die Belieferung mit Braunkohle aus dem nächstgelegenen Tagebau abgestellt werden, sofern die Belieferung in dem maßgeblichen Zeitraum zu mehr als 60 Prozent aus diesem Tagebau erfolgte; bei den variablen Brennstoffkosten kann bei einer Mischbelieferung aus verschiedenen Tagebauen ein Tagebau unberücksichtigt bleiben, wenn dieser Tagebau im maßgeblichen Zeitraum zu mehr als 90 Prozent ausgekohlt war,

C_i die für eine stillzulegende Anlage i von dem Betreiber nachgewiesenen Kohlendioxidemissionen als jährlicher Durchschnitt der Jahre

Anlage (zu § 13g) Berechnung der Vergütung EnWG

	2012 bis 2014 in Tonnen Kohlendioxid; im Falle eines Eigentümerwechsels in den Jahren 2012 oder 2013 kann der Betreiber auf die Daten aus dem Jahr 2014 abstellen, wobei konzerninterne Eigentümerwechsel nicht berücksichtigt werden,
E_i	die für eine stillzulegende Anlage i von dem Betreiber nachgewiesene an das Netz der allgemeinen Versorgung und in Eigenversorgungsnetze abgegebene Strommenge der stillzulegenden Anlage (Netto-Stromerzeugung) als jährlicher Durchschnitt der Jahre 2012 bis 2014 in Megawattstunden; im Falle eines Eigentümerwechsels in den Jahren 2012 oder 2013 kann der Betreiber auf die Daten aus dem Jahr 2014 abstellen, wobei konzerninterne Eigentümerwechsel nicht berücksichtigt werden,
EUA_t	der rechnerisch ermittelte jahresdurchschnittliche Preis aller verfügbaren Handelstage im Zeitraum vom 1. Oktober 2014 bis zum 30. September 2015 für die beiden für das jeweilige Jahr der Sicherheitsbereitschaft t relevanten Jahresfutures für Emissionsberechtigungen (EUA) am Terminmarkt der Energiebörse European Energy Exchange AG in Leipzig für die jeweilige Preiszone in Euro je Tonne Kohlendioxid; der Preis für die Lieferung im ersten für das jeweilige Sicherheitsbereitschaftsjahr relevanten Kalenderjahr geht dabei zu einem Viertel und der Preis für die Lieferung im darauffolgenden Kalenderjahr zu drei Vierteln in die Berechnung ein; soweit an der Energiebörse noch kein Preis des Jahresfutures für ein relevantes Lieferjahr ermittelt wurde, wird der Preis für das letzte verfügbare relevante Lieferjahr in Ansatz gebracht,
H_{it}	die für eine stillzulegende Anlage i in einem Jahr t der Sicherheitsbereitschaft von dem Betreiber nachgewiesenen Kosten zur Herstellung der Sicherheitsbereitschaft mit Blick auf die Stilllegung in Euro; in der Sicherheitsbereitschaft werden auch nachgewiesene Kosten zur Herstellung der Sicherheitsbereitschaft berücksichtigt, die vor Beginn der Sicherheitsbereitschaft entstanden sind,
FSB_{it}	die für eine stillzulegende Anlage i in einem Jahr t der Sicherheitsbereitschaft von dem Betreiber nachgewiesenen fixen Betriebskosten während der Sicherheitsbereitschaft in Euro; in der Sicherheitsbereitschaft werden auch nachgewiesene fixe Betriebskosten der Sicherheitsbereitschaft berücksichtigt, die vor Beginn der Sicherheitsbereitschaft entstanden sind,
$FHIST_i$	die für eine stillzulegende Anlage i von dem Betreiber nachgewiesenen fixen Betriebskosten ohne Tagebau und Logistik als jährlicher Durchschnitt der Jahre 2012 bis 2014 in Euro; im Falle eines Eigentümerwechsels in den Jahren 2012 oder 2013 kann der Betreiber auf die Daten aus dem Jahr 2014 abstellen, wobei konzerninterne Eigentümerwechsel nicht berücksichtigt werden,
i	die jeweilige stillzulegende Anlage und
t	das jeweilige Jahr der Sicherheitsbereitschaft, das sich jeweils auf den Zeitraum vom 1. Oktober bis 30. September erstreckt.

Die Anlage konkretisiert mittels einer Formel die Entschädigung, die die Betreiber der nach § 13g vorzeitig stillzulegenden Braunkohlekraftwerke erhalten. Die Berechnungsformel folgt der in § 13g Abs. 5 S. 1 niedergelegten Entschädigungslogik, wonach die während der vierjährigen Sicherheitsbereitschaft durch das Verbot der Teilnahme an den Strommärkten entgangenen Erlöse abzüglich der kurzfristig variablen Erzeugungskosten erstattet werden sollen (→ § 13g Rn. 17 ff.). Die Formel differenziert die entsprechenden Erlös- und Kostenpositionen aus und benennt die jeweiligen Bezugsgrößen, nach denen die einzelnen Erlös- und Kostenpositionen ermittelt werden. Auf diese Weise hat der Gesetzgeber sichergestellt, dass eine verlässliche Berechnungsgrundlage besteht, die Rechtsunsicherheiten weitgehend beseitigt. Zu den Grundsätzen der Bemessung der Entschädigung wird auf die Kommentierung zu § 13g verwiesen. 1

Sachverzeichnis

Fett gedruckte Zahlen bezeichnen Paragraphen und Artikel, mager gedruckte Randnummern.

2,75-Kostengrenze **43h** 23.1
2K-Kriterium **17d** 14
7000-Stunden-Kriterium **118** 145

Ab- oder Zuschaltleistung
– Beschaffung **13** 109
Abänderungsvorbehalt 29 45
Abdrängende Sonderzuweisung 75 4, 53
Abgabeverpflichtungen 50 4
Abgrenzung von Änderung und Erweiterung 43f 6, 7
Abgrenzung zur Errichtung 43f 9
Abgrenzung zur Instandhaltung 43f 10, 11, 12
Abrechnung
– Entgelt **40b** 7
– Fälligkeit **40c** 3
Abrechnungsinformation 3 Nr. 1 1; **40b** 12
Abrechnungszeitraum 40b 4; **40c** 6
Abregelung 11 160
Abschaltbare Lasten 13i 3
Abschaltbarkeit 12 38
Abschaltreihenfolge 16 25
Abschaltvereinbarung 14b 3; **118** 79
Abschlagszahlung 40c 5; **41b** 15
Abschöpfung von Vorteilen 95 5
Absoluter Rechtsbeschwerdegrund 83 6
abstraktes Interesse 12f 19
Abwägung 43 103; **43m** 16
Abwägungsentscheidung 43m 16; **43h** 27
Abwägungsgebot 12b 22, 32; **12c** 26
Abweichungen zu § 49a 49b 7, 8, 9, 10, 12, 13
Abweichungsbefugnis 119 15
additiv 29 34
Administrative Leistungsfähigkeit 54 237, 268
Administrativplanung 12c 42
Adressat 5b 4; **29** 14
Adressatenkreis 2 3
AGB Kontrolle 18 19
Aggregationsverbot 13e 14
Aggregator 3 Nr. 1a 1; **20a** 15
– Ausschlussverbot **41** 31
– Branchenleitfaden **41d** 2
– Messung **41d** 6
– Bilanzkreisöffnung **41d** 9
– angemessenes Entgelt **41d** 12
– Textformerfordernis **41e** 2
Aggregatoren-Festlegung 118 98
Agrarfrost-Beschluss 17 20
Akteneinsicht 11 103
– Konzessionsverfahren **47** 13
– Geheimnisschutz **47** 16
– Anspruchsumfang **47** 14
Akteneinsichtsrecht 84 1
– uneingeschränktes **84** 4
– Gegenstand **84** 5
– Beteiligte **84** 6

– Beigeladene **84** 6
– Verfahren **84** 7
– Zuständigkeit **84** 9
– elektronische Prozessakten **84** 10
– Gerichts- und Anwaltskosten **84** 11
– eingeschränktes **84** 12
– Gegenstand **84** 13, 14
– Betriebs- und Geschäftsgeheimnisse **84** 18
– Zwischenverfahren **84** 19
– Verwertungsverbot **84** 20, 21
– Zwischenverfahren **84** 22, 23
– Voraussetzungen **84** 24
– Verfahren **84** 29
– Rechtsbehelfe **84** 30
– einfach Beigeladene **84** 31
– notwendig Beigeladene **84** 32
– einfach Beigeladene **84** 33
Akzeptanz 1 32; **12f** 1; **43a** 3, 8; **43h** 1
– Steigerung **1a** 16
ALIZ-BIL-Leitungsauskunft 49a 8
Alleinzuständigkeit 54 15
allgemeine Gültigkeit des § 43f Abs. 2 43f 31
Allgemeine Weisungen 61 12
Allgemeines Verwaltungshandeln 75 45
Allgemeinverfügung 29 16; **75** 14
Alternativenprüfung 12b 22; **12c** 33, 46; **43** 106
Amtsermittlungsgrundsatz 68 2
Anbieter von Lastmanagement 12 56
Anbindungsleitung 43 50; **43I** 24; **12e** 19
Änderung 29 31, 33, 36, 40, 43; **43** 24
– des Plans vor Fertigstellung **43m** 13
Änderung des Betriebskonzeptes 43f 14
– Genehmigungsfreistellung **43f** 15
Änderungen oder Erweiterungen von Gasversorgungsleitungen 43f 16
Änderungsbefugnis 29 38
Änderungsumfang 29 43
Änderungsverlangen 12c 19
Anfangsverdacht 69 4
Anfechtbarkeit 29 22
Anfechtung 75 17
– Anfechtungsgegenstand **75** 14
– Eilverfahren **77** 31
Anfechtungsbeschwerde 12f 28; **30** 50; **31** 30; **33** 18
angefochtene Entscheidung
– Rechtskraft **76** 9
– Bestandskraft **76** 9
– Hemmung der Vollziehbarkeit **76** 10
Angelegenheiten der örtlichen Gemeinschaft 46 79
Angemessenheit 29 31; **21** 6
Angstklausel 54 418
Anhörung 12c 21; **31** 27; **43a** 3; **43b** 2
Anhörungsbehörde 43a 6, 7
Anhörungsrüge 83a 1
– Anwendung **83a** 3

2157

Sachverzeichnis

Fette Zahlen = §§ und Art.

- Verfassungsbeschwerde **83a** 4
- Statthaftigkeit **83a** 6
- Zwischenentscheidungen **83a** 8
- Verletzung rechtlichen Gehörs **83a** 9
- Form **83a** 10
- Frist **83a** 11, 12
- Begründung der Schrift **83a** 13
- Inhalt **83a** 14
- analoge Anwendung **83a** 15
- Entscheidung **83a** 16, 17
- Entscheidungsbegründung **83a** 18
- Entscheidung **83a** 19
- Stellungnahme der Beteiligten **83a** 20
- Rechtskraft der angegriffenen Entscheidung **83a** 21
- Kosten **83a** 22

Anhörungsverfahren 43a 1, 3, 5, 8, 17
Anknüpfungstat 96 4
Anlage 13d 33
- zur Speicherung elektrischer Energie **17** 16
- zur Erzeugung von elektrischer Energie aus Windenergie an Land **11** 150
- zur Stromerzeugung aus solarer Strahlungsenergie **11** 150

anlasslose Bevorratung 50 1
Anonymisierung 5a 13
Anordnungsanspruch 72 10
Anordnungsgrund 72 10
Anreizregulierung 3 Nr. **18b** 1; **21b** 24; **29** 26; **33** 4; **43h** 3
- Wettbewerb zwischen den Netzen **21a** 1
- Definition der Anreizregulierung **21a** 4
- Budgetprinzip und Effizienzvergleich **21a** 5
- Erlösobergrenzen **21a** 9
- Yardstick **21a** 11
- Regulierungsperioden **21a** 15
- Abbau von Ineffizienzen **21a** 18
- dauerhaft nicht beeinflussbare Kosten **21a** 24
- Mengenschwankungen **21a** 25
- beeinflussbare und nicht beeinflussbare Kosten **21a** 32
- vorübergehend nicht beeinflussbare Kosten **21a** 36
- beeinflussbare Kosten **21a** 38
- volatile Kosten **21a** 42
- Produktivitätsfaktor **21a** 43
- Effizienzvergleich **21a** 63
- Qualitätsvorgaben **21a** 72
- DEA und SFA **21a** 78
- Netzzuverlässigkeit **21a** 87
- Netzleistungsfähigkeit **21a** 88
- Engpassmanagementkosten **21a** 89a

Anreizregulierungsbericht 112a 7
Anreizregulierungsverordnung 28i 3, 14
Anschluss
- unmittelbarer oder mittelbarer **54** 247
- dauerhafte Aktivität **54** 255
- maßgeblicher Zeitpunkt **54** 271

Anschluss- und Netzzugangsbedingungen 29 8
Anschluss- und Versorgungspflicht 36 4
Anschlussbedingungen 18 17
- Wasserstoff **28n** 23

Anschlussleitung 17 10
Anschlussnehmer 14a 11; **17** 26
Anschlusspflicht 17 3

Anspruch 29 25
- auf Kostentragung **49a** 18
- auf Netzanschluss, Durchsetzung **17** 27
- auf Übereignung Netz **46** 122

Anspruchskonkurrenz 102 21
Antrag 76 17
- Bescheidungs- **75** 33
- Verpflichtungs- **75** 33
- Zulässigkeit **76** 19
- Wiederherstellung der aufschiebenden Wirkung **77** 4

Antragsbedürfnis 29 23
Antragsbefugnis 66 9
Antragserfordernis 12f 13; **43h** 32
Antragsgegner 66 10
Antragsverfahren 28f 10
Antragsvoraussetzungen 31 18, 19
Anwaltszwang 77 21; **78** 14, 16.1, 21; **80** 1, 4, 5; **98** 9
- Umfang **80** 6
- Ausnahmen **80** 7
- Umfang der Prozessvollmacht **80** 9
- Regulierungsbehörde **80** 10
- Einverständnis über schriftliches Verfahren **81** 10

Anwendungsbereich 1 10; **43f** 4; **44c** 8
- und Abgrenzung zum Verteilnetz **49a** 2
- und öffentliche Unternehmen **109** 9
- in räumlicher Hinsicht **109** 26

Anwendungsvorrang 54 159
Anzeige 50a 9
- Umstellung auf Wasserstoff **113c** 13
- vorzeitige Beendigung **50c** 4

Anzeigenvorbehalt 43l 45
Anzeigepflicht 5b 1; **13b** 2, 16; **13e** 45; **49b** 4; **68a** 3
- Energielieferung **5** 5
- Energielieferung an Haushaltskunden **5** 8
- für Energielieferung
  - Anknüpfungspunkt **5** 18
  - Leistungsfähigkeit **5** 44
  - Zuverlässigkeit **5** 50
- Ausnahme für europäische EVU **5** 64

Anzeigeverfahren 43h 4
- sicherheitstechnisches **43l** 53
- energierechtliches **43l** 64
- formelle Vorgaben **43f** 41, 42, 43, 45, 46, 47
- und § 43e **43f** 54
- und Rechtsschutz **43f** 53

Arealnetz 3 Nr. **16** 11; **3** Nr. **17** 6; **110** 4
ARegV s. *Anreizregulierungsverordnung*
Atomausstieg 13d 2
Atomkraftwerk 50a 3
Atomrecht 11 79
atypisches Nutzungsverhalten 118 45
Auffangzuständigkeit 54 67, 198, 416
Aufgabe der Geschäftstätigkeit des Energielieferanten 118c 62
Aufgreifermessen 30 43
Aufhebung 29 32, 34, 43; **31** 29
Auflage 75 18
Aufrechterhaltung der Systemsicherheit 2 8
aufschiebende Wirkung 76 5, 6, 7, 8, 10, 12; **77** 1, 14; **43e** 2
- Rückwirkung **76** 7
- Ende **76** 9
- Feststellung **76** 11

Magere Zahlen = Randnummern **Sachverzeichnis**

– Ende **76** 15
– Wiederherstellung **77** 11
– Anordnung **77** 12
– Gerichtliche Feststellung **77** 13
– Wiederherstellung **77** 15
– Anordnung **77** 18, 19
– Wiederherstellung **77** 19
– Anordnung **77** 23
– Wiederherstellung **77** 23
– Anordnung **77** 24
– Wiederherstellung **77** 29
– Anordnung **77** 29
Aufsichtsverfahren 31 5
Aufwand 11 126
Ausbauverpflichtung 12c 61
Ausbeutungsmissbrauch 30 2, 17, 38
– Strukturmissbrauch **30** 40
Ausfall 11 91
Ausgangsniveau 23b 28
Ausgleichsenergie 3 Nr. 1b 1; **3 Nr. 26a** 2
Ausgleichsleistung 3 Nr. 1b 1; **22** Überblick; **23** Überblick
– Beschaffung **22** Überblick
– Unionsrecht **23** 4
– Entgelte **23** 13
Auskunft 69 6; **11** 104
Auskunftsanspruch
– Gemeinde **46a** Überblick
– Gemeinde gegen Konzessionär **46** 26
– Reichweite **46a** 9
Auskunftsverweigerung 69 23
Auskunftsverweigerungsrecht 5b 10
Auslegung 31 3
– unionsrechtskonforme **31** 23
– EU-rechtskonforme **31** 23
– Gaskonzession **113a** 23
Auslösekriterien 50a 2
Ausnahme 76 6
Aussageverweigerungsrecht 69 22
Ausschließlichkeitsprinzip 13b 34; **13c** 19, 33
– Ausnahme **13c** 34a
Ausschließlichkeitsvereinbarung 3 Nr. 12 17
Ausschluss weiterer Ansprüche 49a 22
Ausschreibungsverfahren 13e 12; **53** 1
Ausschreibungszeitraum 13e 13
außerwettbewerbliche Ziele 30 19
Aussetzen des Vollzugs 77 8; **76** 5
Ausspeisekapazität 3 Nr. 1c 1
Ausspeisepunkt 3 Nr. 1d 1
Ausstattung Netzbetreiber 46 67
Auswahlentscheidung
– Rüge **47** 11
Auswahlermessen 13d 13; **53** 8
Auswahlkriterien
– Netzkonzession **46** 57
– Effizienz **46** 74
– Preisgünstigkeit **46** 68
– Umweltverträglichkeit **46** 77
– Verbraucherfreundlichkeit **46** 71
– Versorgungssicherheit **46** 66
– funktionale Beschreibung **46** 65
– Gewichtung **46** 61
– Transparenz **46** 64
– Unveränderbarkeit **46** 63
Authentizität 11 90

BaFin s. *Bundesanstalt für Finanzdienstleistungsaufsicht*
Bagatellgrenze 117a 2
Bandlastkunden 118 142
Batteriespeicher 3 Nr. 15d 1
Bauausführung 43m 16
Baukostenzuschuss 17 23; **46** 69; **118** 31
Bedarf der Allgemeinheit 51 1
Bedarfsanalyse 13d 52
Bedarfsfeststellung 12e 24
Bedarfsgerechtigkeit 11 29; **43l** 28
Bedarfsprüfung
– Netzausbau Wasserstoffnetz **28n** 9
– Wasserstoffnetz **28o** 7
Bedingung 75 18; **29** 5
Bedingungen und Methoden 29 2
Bedingungsregulierung 29 11
beeinflussbare Kostenanteile 23b 20
Beeinträchtigung 11 91
Beendigung der Energielieferung
– Anzeigepflicht **5** 20
– Informationspflicht **5** 35
Befreiung 5a 15
– Entgelte Gaseinspeisung **118** 61
befristete Maßnahmen 121 1
Befristung 75 18
Befugnisse
– des Beschwerdegerichts **76** 19
– der Energieaufsichtsbehörde **49** 47
Begründung 73 7
– Ablehnung Wasserstoffnetzanschluss **28n** 11
Begründungserfordernis 43b 13
Begründungsfrist 43e 3
Begründungspflicht 43b 11
Behinderungsmissbrauch 30 2, 17, 26
Behörden 54 71
Beigeladene 75 70; **79** 9, 10, 11
– Rechtsstellung **79** 12
Beihilfenkontrolle 13d 15
– und Dienste von allgemeinem wirtschaftlichem Interesse **109** 6
Beihilfeverbot 13c 38
Beiladung 29 14; **66** 8, 11
– Dritter **12c** 18
Beirat
– Aufgabe **60** Überblick
– Bedeutung **60** 1
– Geschichte der Regelung **60** 2
– BNAG **60** 3
– TKG **60** 4
– Legislative **60** 5
– Landesregierung **60** 6
– Sitzungen **60** 7
– Begleitgremium **60** 8
– weitere Beiräte **60** 9
– allgemeine Aufgaben **60** 10
– Aufgaben EnWG **60** 11
– Auskunftspflicht der BNetzA **60** 13
– Wehrfähigkeit **60** 14
– Vorschlagsrecht **60** 15
Bekanntgabe 29 23
Bekanntmachung 43a 8; **43b** 7, 9
– Konzessionsvergabe **46** 90
– Fehler **46** 98
– Frist **46** 91
– Inhalt **46** 93

2159

Sachverzeichnis

Fette Zahlen = §§ und Art.

Belastungsausgleich 13e 37
- erstattungsfähige Kosten **17f** 1
- Energiefinanzierungsgesetz **17f** 1
- Entschädigungszahlungen **17f** 2
- Investitionskosten Anbindungsleitungen **17f** 5
- Minderung Erstattungsanspruch **17f** 7
- Kostenbestimmung Offshore-Anbindungsleitungen **17f** 9
- Schadensminderungskonzept **17f** 27
- Pflicht des Geschädigten zur Schadensminderung **17f** 27a
- Begrenzung Wälzungsbetrag **17f** 31
Beleihung 13d 11.1
Benachrichtigung der Regulierungsbehörde 104 3, 4
- Informationen **104** 5
- Kosten **104** 6
berechtigtes Interesse 12f 19, 15
Bereitstellung und Betrieb im Verbund 15 10
Bericht
- über Mindesterzeugung **63** 38
- über Netzsicherheitsmaßnahmen **63** 27
- zur Versorgungssicherheit **63** 18
Berichterstattung 112b 10
Berichtspflicht 112b Überblick
- BNetzA **63** 1
- Bundesregierung **63** 1
- BMWi **63** 1
Berücksichtigungsfähigkeit neuer Tatsachen und Beweismittel 75 61
berufliche Geheimnisträger 5b 7
Berührung öffentlicher Belange 43f 32
Beschaffung 12 36a
Beschaffungspflicht
- Systemdienstleistungen **12h** 5
Beschlagnahme 69 20; **70** 2
Beschleunigung von Planungs- und Genehmigungsverfahren 11c Überblick
Beschleunigungsaufschlag 49a 21
Beschlusskammern 54 78
- Energiebereich **54** 79
- Aufgaben **54** 79
- Zuständigkeit **59** 24
- Kammerentscheidung **59** 25
- Einrichtung **59** 34
- Weisungsrecht **59** 38
- Zusammensetzung **59** 43
- Inkompatibilität **59** 45
Beschuldigte 5b 11
Beschwer 83a 13
- Materielle **75** 22, 23, 26
- Formelle **75** 26
- Materielle **75** 27, 29, 43
- Formelle **75** 43
Beschwerde 12a 52; **29** 22, 41; **30** 50; **31** 30, 31; **33** 18; **66a** 8; **67** 9; **68** 10, 19; **70** 10
- Anfechtungs- **75** 10, 11
- Verpflichtungs- **75** 11
- Anfechtungs- **75** 12
- Verpflichtungs- **75** 12, 30
- allgemeine Leistungs- **75** 31
- Verpflichtungs- **75** 31, 32
- Weigerungs- **75** 32
- Untätigkeits- **75** 32
- Verpflichtungs- **75** 33

- vorbeugende Unterlassungs- **75** 47
- Fortsetzungsfeststellungs- **75** 48
- Anfechtungs- **75** 48
- Verpflichtungs- **75** 48
- allgemeine Feststellungs- **75** 50
- Wirkung **76** 5
- Einlegen **76** 7
- Zulässigkeit **76** 8
- Anhängigkeit **77** 22
- Frist **77** 23
- Anhängigkeit **77** 24
- Frist **78** 4, 5, 6, 7
- Rechtsmittelbelehrung **78** 8
- Frist **78** 9
- Form **78** 14, 15
- Frist **78** 19
- mehrere in derselben Sache **78** 26
- Statthaftigkeit **78** 27
- Zulässigkeit **78** 27
- Form **78** 27
- Frist **78** 27
- Rechts- **88** 31
Beschwerdebefugnis 30 50; **75** 21, 22, 34
- formalisierte **75** 20
- Fehlen der **75** 35
- Dritte
 - Unterbliebene Beiladung **75** 23
 - Unverschuldetes Versäumnis **75** 24
 - Notwendige Beiladung **75** 25
Beschwerdebegründung 78 26
- Form **78** 18
- Frist **78** 18, 20
- Form **78** 21
- Inhalt **78** 23, 24, 25
Beschwerdeentscheidung 83 5
- Form **83** 3
- formelle und materielle Rechtskraft **83** 4
- Begründung **83** 6
- Rechtsmittelbelehrung **83** 7
- Rechtsbehelfsbelehrung **83** 8
- Rechtsmittelbelehrung **83** 9
- Beweiswürdigung **83** 10
- rechtliches Gehör **83** 10
- Beweiswürdigung **83** 11, 12, 13, 14
- rechtliches Gehör **83** 15, 16, 17, 18
- Akteneinsichtsrecht **83** 18
- rechtliches Gehör **83** 19
- Beigeladene **83** 19
- rechtliches Gehör **83** 19.1
- Inhalt **83** 20
- kassatorische Entscheidung **83** 24
- Ergänzungsermittlungen **83** 25
- Aufhebung **83** 26, 27, 28
- Spruchreife **83** 30
- Änderungen der Sach- und Rechtslage **83** 31
- übereinstimmende Erledigung **83** 35, 36
- Verpflichtungssituation **83** 37
- einseitige Erledigung **83** 38, 39
- Feststellungsinteresse **83** 42, 43, 44, 45
- Beurteilung der Sach- und Rechtslage **83** 46
- Rechtmäßigkeit **83** 47
- Feststellungsinteresse **83** 48
- Rechtmäßigkeit **83** 48, 49
- Zweckmäßigkeitskontrolle **83** 50
- Rechtmäßigkeitskontrolle **83** 50
- Anwendungsbereich der Nachprüfung **83** 51
- Nachprüfung der Ermessenserwägungen **83** 52

2160

Magere Zahlen = Randnummern

Sachverzeichnis

– Regulierungsermessen **83** 53
– gerichtliche Kontrolldichte **83** 53, 54, 55
– wertende Auswahlentscheidung **83** 55, 56
– gerichtliche Kontrolldichte **83** 56, 57
– Methode **83** 57, 58
– gerichtliche Kontrolldichte **83** 59, 60
Beschwerdegericht 75 53
– Maßnahmen **76** 21
Beschwerdenhäufung
– objektive **75** 67
– subjektive **75** 68
Beschwerderücknahme 75 62
Beschwerdeschrift 78 10, 17
– Fehler **78** 13
– Form **78** 15
Beschwerdeverfahren 75 1, 3
– Abschluss des **76** 15
– Beteiligte **79** 1, 2, 3
– Beschwerdeführer **79** 5, 6, 7
– Regulierungsbehörde **79** 8
– Beigeladene **79** 9
– Beiladung **79** 10, 11
– Beteiligte **79** 13, 14, 15, 16, 17, 18
– mündliche Verhandlung **81** 1, 2
– Rechts- **81** 2
– mündliche Verhandlung **81** 3, 4
– Rechts- **81** 6
Beseitigung 30 11
Beseitigungsanspruch 32 1, 3, 4, 5, 6, 7, 8, 11, 12, 13
Besitzeinweisung 44b 7
Besitzeinweisungsbeschluss 44b 55
Besitzeinweisungsverfahren 44b 28
besondere Gemeinwohlverantwortung 2 4
bestandskräftig 29 35
Bestandsschutz
– Konzessionsverträge **113** Überblick
– Netzanschlusszusage **118** 68
Bestandstrasse 43h 15, 16
Bestellleistung 14b 13
Bestimmtheitsgebot 65 13
Bestimmtheitsgrundsatz 30 45
Bestimmung konkreter Schutzmaßnahmen 49a 16
Beteiligte 66 7; **79** 1, 2, 3
– geborene **75** 21
– gekorene **75** 22
– BNetzA **79** 14
– Landesregulierungsbehörden **79** 15
– Rechtsstellung **79** 16
– Haupt- **79** 16
– Neben- **79** 16
– Befugnisse **79** 17
– Haupt- **79** 17
– Neben- **79** 17
– Haupt- **79** 18
– Neben- **79** 18
– Befugnisse **79** 18
Beteiligtenfähigkeit 89 2
– Unternehmen **89** 5
– juristische Personen **89** 6
– natürliche Personen **89** 6
– juristische Personen des öffentlichen Rechts **89** 7
– Europäische Gesellschaft **89** 8
– nichtrechtsfähige Personenvereinigungen **89** 9, 10

– Teilrechtsfähigkeit **89** 10
– nichtrechtsfähige Personenvereinigungen **89** 11, 12
– BNetzA **89** 13
– Behörden **89** 14
– öffentlich-rechtliche Organisationen **89** 15
– Verfahren **89** 16, 17
– natürliche Personen **89** 18, 19
Beteiligung der Regulierungsbehörde
– Ermessensentscheidung **104** 7
– Befugnisse des Vertreters **104** 8
– Praxis **104** 9
– Kosten **104** 10
Beteiligungsrechte 43a 7
Beteiligungsverfahren 43a 3
Betreiber 3 Nr. 2 5
– Elektrizitätsversorgungsnetz **3 Nr. 2** 1
– technischer Infrastrukturen **3 Nr. 9a** 1
– von Anlagen zur Speicherung von elektrischer Energie **12** 52
– von Elektrizitätsversorgungsnetzen **28i** 11
– Informationsanspruch **12** 48
– von Elektrizitätsverteilernetzen **12** 53
– Aufgaben **14** 1, 2
– Berichtspflichten **14** 22, 23, 24, 25, 26, 27, 28, 29, 30, 31
– von Energieanlagen **11** 88, 144
– von Energieversorgungsnetzen **3 Nr. 4** 1; **11** 86, 144; **30** 13; **31** 1, 8, 12; **32** 6; **33** 3
– Rechtsstellung **11** 2
– von Erzeugungsanlagen **12** 51
– von Fernleitungsnetzen **3 Nr. 5** Überblick
– von Fernwärme- und Fernkältesystemen **14** 33
– von Gasspeicheranlagen **3 Nr. 6** Überblick; **5a** 8
– Entflechtung **7b** 5
– von Gasversorgungsnetzen **3 Nr. 7** 1; **12** 54
– von Gasverteilernetzen **3 Nr. 8** Überblick
– von grenzüberschreitenden Elektrizitätsverbindungsleitungen **3 Nr. 31** 1
– von LNG-Anlagen **3 Nr. 9** Überblick
– von Transportnetzen **4a** Überblick
– von Übertragungsnetzen **12** 32; **2d** 11, 13; **28g** 1, 7, 18; **28i** 16
– Aufgaben **12** 1
– Berichtspflicht **12** 40
– von Übertragungsnetzen mit Regelzonenverantwortung **28d** 6, 11; **28g** 1, 7, 18; **28i** 16
Betreiberbegriff 3 Nr. 10c 3; **3 Nr. 25** 9
Betreiberrolle 3 Nr. 3 5; **3 Nr. 5** 9
Betretungsrecht 69 13
– bei Marktraumumstellung **19a** 29
Betrieb 11 24
– eines Energieversorgungsnetzes ohne Genehmigung **95** 13
– eines Transportnetzes ohne Zertifizierung **95** 14
betriebliche Schwierigkeiten 50 8
Betriebs- und Geschäftsgeheimnis 71 5; **12** 60, 63; **12f** 26; **23c** 25; **23d** 1, 13; **69** 25; **13e** 23
Betriebsbereitschaft zum Dauerbetrieb 50b 5
Betriebsbereitschaftsauslagen 13c 12, 14, 27
Betriebsbereitschaftshaltung 50a 10
Betriebsbereitschaftspflicht 50b 7

2161

Sachverzeichnis

Fette Zahlen = §§ und Art.

Betriebskundenanlage 3 Nr. 24b Überblick
Betriebsmittel
– besondere netztechnische **118** 103; **13d** 32.1
betroffene Gemeinden 49b 14
Betroffenheit 66 14
Beurteilungsspielraum 12a 53; **54** 188, 428
– Unabhängigkeit der Regulierungsbehörden **54** 188
– Rechtsprechung des BVerfG **54** 189
– Voraussetzungen **54** 429
– Rechtsfolgen **54** 430
– Fallgruppen **54** 433
Bevorratungspflichten 50 1
Bevorratungsrichtlinie 50 2
Beweiserhebung
– Kosten **31** 28
Beweislast 30 37, 41; **32** 11
Beweismittel 68 5
Beweissicherung 69 20, 21
Beweisverwertungsverbot 69 24
Bewerberauswahl Netzkonzession 46 56, 107
bidirektionaler Lastflüsse 54a 13
Bietergespräch Konzessionsverfahren 46 106
bilanzieller Ausgleich
– Redispatch **13a** 45
Bilanzkreis 3 Nr. 10d 1; **3 Nr. 26a** 2; **3 Nr. 30** 2
Bilanzkreis- und Ausgleichsenergiesystem 1a 7
Bilanzkreissystem 20 51
Bilanzkreistreue 1a 7, 8
Bilanzkreisvertrag Strom 20 66
Bilanzkreiszuordnung 118c 5
Bilanzpositionen 23b 28
Bilanzzone 3 Nr. 10e 1; **3 Nr. 30** 3
Bindefrist 13e 14
Bindungswirkung 29 27
Binnenmarkt 1 41.1
Biogas 3 Nr. 10f Überblick; **3 Nr. 18c** 4; **3 Nr. 19a** 3
Biogasanlage 3 Nr. 10f 3; **54** 363
Biogasaufbereitungsanlage 3 Nr. 13b 4; **17** 13
Biomasseverordnung 3 Nr. 10f 7
Biomethaneinspeisung 3 Nr. 10f 3, 6; **3 Nr. 19** 5
BKartA s. *Bundeskartellamt*
Blaupause 119 33
BMWi
– Weisungsrechte **61** 2
– Berichtspflicht **63** 1
– Bericht über Netzsicherheitsmaßnahmen **63** 27
– Marktstammdatenregister **111f** 7
BMWK
– Marktstammdatenregister **111f** 7
BNetzA s. *Bundesnetzagentur*
Börsen 5b 5
börsenmäßige Vergabe von Kraftwerkkapazitäten 53 10
„böser Schein" fehlender Objektivität 46 155
Braunkohlekraftwerke
– Sicherheitsbereitschaft **13g** 6
– Reduktion von CO2-Emissionen **13g** 2
– befristete Marktrückkehr **13g** 3a

Brennstoffwechsel 13f 18
Brennwert 23c 35
Broker 5b 5
BSI s. *Bundesamt für Sicherheit in der Informationstechnik*
buchhalterische Entflechtung 54 304
– Servicegesellschaften **6b** 13
– Eigenbetrieb **6b** 20
– Anstalt des öffentlichen Rechts **6b** 20
– Genossenschaft **6b** 20
– Personenhandelsgesellschaften **6b** 20
– kleine und mittelgroße Kapitalgesellschaften **6b** 21
– Kleinstkapitalgesellschaften **6b** 21
– Konzernprivileg **6b** 22
– Geschäfte größeren Umfangs **6b** 24
– getrennte Kontenführung **6b** 33
– Tätigkeitsbereiche **6b** 35
– Tätigkeitsabschluss **6b** 41
– Servicegesellschaften **6b** 43
– Veröffentlichungspflichten **6b** 47
– kleine und mittelgroße Kapitalgesellschaften **6b** 52
– Kleinstkapitalgesellschaften **6b** 52, 53
– kleine und mittelgroße Kapitalgesellschaften **6b** 54
– Prüfung des Jahresabschlusses **6b** 54
– kleine und mittelgroße Kapitalgesellschaften **6b** 55
– Kleinstkapitalgesellschaften **6b** 55
– Festlegungskompetenz der Regulierungsbehörden **6b** 59
– Übermittlungspflicht **6b** 65
– Veröffentlichungspflicht **6b** 68
– Servicegesellschaften **6b** 70
– Ausnahmeregelungen **6b** 72
Bündelungsoptionen 12b 9a
Bundesamt für Seeschifffahrt und Hydrographie 54 124
Bundesamt für Sicherheit in der Informationstechnik 11 93, 107
Bundesanstalt für Finanzdienstleistungsaufsicht 58 41
Bundesbedarfsplan 12e 1
Bundesbedarfsplangesetz 12e 33
Bundeseinheitliche Festlegungen 54 223, 420
– Bundeseinheitlichkeit **54** 423
– gestuftes Verfahren **54** 426
– Generalklausel **54** 436
– Erforderlichkeit **54** 439
– Praxisbeispiele **54** 448
– ausdrücklich geregelte Fälle **54** 451
– Preisindizes **54** 454
– Eigenkapitalzinssätze **54** 461
– Effizienzvergleich **54** 465
– genereller sektoraler Produktivitätsfaktor **54** 477
– Qualitätselement **54** 481
– vollständig integrierte Netzkomponenten **54** 484
– Einbindung des Länderausschusses **54** 489
Bundesfachplan Offshore 17a 1; **54** 124
Bundesfachplanung 54 69, 77
Bundeskartellamt 54 123; **29** 49
– Vetorecht **58** 5

2162

Magere Zahlen = Randnummern

Sachverzeichnis

Bundesnetzagentur 30 46; **31** 20; **54** 73; **29** 8
– Unabhängigkeit **24** 12a
– Präsidium **54** 75
– Abteilung 6 **54** 76
– Abteilung 8 **54** 77
– Beschlusskammern **54** 78
– Planfeststellungsverfahren **54** 106
– Superbehörde **54** 174
– Anforderung **12** 42
– Informationsübermittlung **12** 68
– Festlegungen **12** 70
– Beschlusskammern **59** 24
– Berichtspflicht **63** 1
– Bericht zur Versorgungssicherheit **63** 18
– Bericht über Mindesterzeugung **63** 38
– wissenschaftliche Beratung **64** 4
– Nationale Informationsplattform **111d** 10
– Festlegungskompetenz **111d** 34
– Marktstammdatenregister **111e** 12
– Berichtspflichten Marktstammdatenregister **111e** 45
– Festlegungskompetenz **111f** 36
– Unabhängigkeit **118** 152
Bundesregierung
– Berichtspflicht **63** 1
– Monitoringbericht **63** 13
Bundesregulierungsbehörde 54 11, 15
bürgerliche Rechtsstreitigkeiten 102 5
– Abgrenzung **102** 4
Bußgeld 5b 14; **12g** 33; **76** 10
– Bemessung **95** 44
– Bestimmtheitsgebot **95** 28
– Verfahren **96** 2
Bußgeldbescheide
– Rechtsschutz **95** 53

Campingplatz 3 Nr. 24a 38
Charge Point Operator 3 Nr. 18 8; **3 Nr. 25** 13; **18** 6
Citiworks-Entscheidung 110 12, 76
Clearingstelle EEG/KWKG 54 326
Clusterinterne Netzanbindung 17d 29
CNG *s. Erdgas*
Contracting 3 Nr. 24b 9
Cooling-off 10c 56
Cooling-on 10c 22
CPO 3 Nr. 18

Dampfreformation 3 Nr. 19a 11
Dargebotsabhängigkeit 13e 1
Daseinsvorsorge 36 1
Daten 12f 6
Datenaufbewahrung 5a 10
Datenblatt 23b 11
datengestützte Netzausbauplanung 12f 10
Datenübermittlung 12f 25
Dauerbetrieb 50b 3
dauerhaft nicht beeinflussbare Kostenanteile 23b 18
deklaratorisch 29 45
Demand-Side-Management 12a 325
Demarkationsvertrag 46 13
De-minimis-Regelung 54 235, 302
– informatorische Entflechtung **6a** 24
– rechtliche Entflechtung Verteilernetzbetreiber **7** 24
– angeschlossene Kunden **7** 25

– operationelle Entflechtung Verteilernetzbetreiber **7a** 108
Demokratieprinzip 29 51
Deponiegas 3 Nr. 10f 6
Detailierungsgrad 43h 23
dezentrale Erzeugungsanlage 3 Nr. 11 1
dezentrale Gaserzeugung 3 Nr. 12 15
Dienste von allgemeinem wirtschaftlichem Interesse 109 5
digitale Netzberechnung 12f 6
Digitalisierung 119 1, 2
– der Energiewende **118** 152b; **119** 3
Direct Air Capture 3 Nr. 10f 16
Direktlieferung 3 Nr. 10f 12; **3 Nr. 12** 1; **3 Nr. 16** 10
diskriminierend 29 31
diskriminierungsfreie Offenlegung 28m 41
Diskriminierungsfreiheit 11 31
Diskriminierungsverbot 3 Nr. 24a 40; **30** 31, 32, 33, 35
– Netzanschluss **17** 39
– Wasserstoffnetz **28n** 19
– Wegenutzungsvertrag **46** 44
Dispositionsbefugnis 79 18
Doppelkontrolle 71a 3
Doppelstellung Bürgermeister 46 152
Drittbelieferung 3 Nr. 18 6
Drittstaat 4b 4; **3 Nr. 19d** 1; **3 Nr. 20a** 2
Druckstufe 3 Nr. 37 2
DS-GVO 43k 29
Duldungsanordnung 44 47
Duldungspflicht der Betreiber technischer Infrastrukturen 49a 7
Durchführung im jeweiligen Verantwortungsbereich 49a 25
Durchführungsverbot 13e 49a
Durchsuchung 69 15
Durchsuchungsbeschluss 69 15
DVGW 3 Nr. 15 1; **3 Nr. 19a** 8
dynamischer Tarif 3 Nr. 31b 1

Echtzeitdaten 12 59
EDIFACT 20a 7
EEG-Konto 24b 7
EEG-Umlage 118 112
– Abschaffung **118** 114
effektive Störungsbeseitigung 16 21, 22, 23, 28
Effektivität 1 6; **29** 31
Effizienz 1 29
Effizienz- und Flexibilitätspotenzial 119 7
Effizienzvergleich 21 29
– gerichtlicher Prüfungsmaßstab **54** 475
Effizienzwert 23b 25
Eigenanlage 3 Nr. 13 1
Eigenbedarf 18 33; **37** 7
Eigenerzeuger 50 5, 9a
Eigenerzeugung 18 39
Eigenkapitalverzinsung 21 21
Eigenkapitalzinssatz 21 24
Eigentumsgarantie 13d 22
eigentumsrechtliche Entflechtung Transportnetzbetreiber
– Hinweispapier der BNetzA **8** 7
– Umfang Transportnetz **8** 12
– unmittelbares Eigentum am Transportnetz **8** 21

2163

Sachverzeichnis

Fette Zahlen = §§ und Art.

- mittelbares Eigentum am Transportnetz **8** 23
- Nutzungsrechte am Transportnetz **8** 28
- personelle Entflechtung **8** 33
- gemeinsame Kontrolle **8** 35
- Ausübung von Rechten **8** 36
- Minderheitsbeteiligung **8** 37
- Finanzinvestoren **8** 41
- Bestellung der Organe des Transportnetzbetreibers **8** 45
- Besetzung der Organe des Transportnetzbetreibers **8** 48
- Energiespeicheranlage **8** 50a
- Ausstattung **8** 51
- materielle Ausstattung **8** 53
- technische Ausstattung **8** 53
- personelle Ausstattung **8** 54
- finanzielle Ausstattung **8** 55
- informatorische Entflechtung **8** 58

Eigenüberwachung 43i 8
Eigenverantwortlichkeit 11 39
Eigenverbrauch 36 10
Eigenversorgung 3 Nr. 24a 11
Eignungsprüfung Netzkonzession 46 53
Einhaltung der Grenzwerte für die elektrische Feldstärke 49b 5
Einsichtnahme 69 12
Einspeise- und Lastdaten 12f 8, 24
Einspeisekapazität 3 Nr. 13a 1
Einspeiseleistung 3 Nr. 13a 3
Einspeisemanagement 119 9
Einspeisepunkt 3 Nr. 13b 1
Einstufung als Geschlossenes Verteilernetz 110 184

- Widerruf **110** 131, 179
- Zuständigkeit **110** 186
- sachliche Zuständigkeit **110** 187
- örtliche Zuständigkeit **110** 190
- Antrag **110** 192
- Antragsverfahren **110** 192
- Antragsberechtigung **110** 194
- Form des Antrags **110** 203
- Antragsfrist **110** 204
- Antragsgegenstand **110** 205
- Mindestinhalt des Antrages **110** 208
- Mitwirkungsobliegenheit **110** 209
- Amtsermittlungspflicht **110** 209
- Fiktionswirkung **110** 219
- sonstiger Antragsinhalt **110** 231
- Amtsermittlungspflicht **110** 232
- Erhebungsbogen **110** 233
- Anlagen zum Antrag **110** 234
- Organisationsnummer **110** 236
- Einleitung des Verwaltungsverfahren **110** 237
- Amtsermittlungspflicht **110** 238
- Mitwirkungsobliegenheit **110** 238
- Beteiligung **110** 239
- Beteiligung der Bundesnetzagentur **110** 242
- Anhörung **110** 243
- Entscheidung der Regulierungsbehörde **110** 247
- Rechtsgrundlage **110** 248
- konstitutive Wirkung **110** 251
- keine deklaratorische Wirkung **110** 252
- formelle Anforderungen **110** 254
- Zustellung **110** 255
- Kosten **110** 256
- Gebührenrahmen **110** 257
- Rechtsschutz **110** 258
- Aufhebung der Entscheidung **110** 261
- Aufhebung auf Antrag **110** 262
- Rücknahme **110** 268
- Widerruf **110** 269

einstweiliger Rechtsschutz 76 2, 18
Einvernehmen 29 49
Einwendungen 43a 10, 13
- Frist **43a** 15

Einzelfallprüfung Wasserstoffnetzanschluss 28n 10
Einzelgenehmigung 43h 7
Einzelzulassungsverfahren 43h 8
Einziehung von Taterträgen 33 7
Eisenbahnrecht 3a 1
- Anwendungsbereich **3a** 2, 3, 4, 9, 10, 11, 12
 - Versorgung **3a** 5
 - Eisenbahn **3a** 6, 7
 - Energie **3a** 8
- Zuständigkeit **3a** 13

Elektizitätsversorgungsnetz 3 Nr. 16 Überblick
Elektrizitäts- und Gasversorgungsnetze 1 35
Elektrizitätsbinnenmarkt 1a 21
Elektrizitätsbinnenmarktrichtlinie 53 3
Elektrizitätsbinnenmarktverordnung 13d 21
Elektrizitätsmonitoring 51 15
Elektrizitätsnetze 51 14
Elektrizitätsverbindungsleitungen s. auch länderübergreifende Netze
- grenzüberschreitend **28d** 1, 5, 10, 11, 12; **28e** 1; **28f** 1, 7; **28g** 1, 7, 8, 18; **28h** 1, 5, 9; **28i** 2, 10, 11, 12, 15, 16; **3 Nr. 20a** 1; **3 Nr. 34** 2; **3 Nr. 31** 1

Elektrizitätsversorgungsnetz 17 9; **1a** 15; **12** 2
- Kooperation der Betreiber **12** 26

Elektrizitätsversorgungsnetzbetreiber 23c 6
Elektrizitätsversorgungssystem
- Stabilität **12** 37
- technische Sicherheit **12** 37

Elektrizitätsverteilernetz 3 Nr. 3 Überblick
Elektrizitätsverteilernetzbetreiber 23c 15
- Systemverantwortliche **12** 27, 32, 41
- Berichtspflicht **12** 45

Elektrolyse 3 Nr. 10f 10; **3 Nr. 19a** 11
Elektrolyseur 3 Nr. 15 6; **17** 13; **118** 51, 53
Elektromobilität 1a 14; **14a** 39; **41b** 7; **12a** 26
elektronische Datenverarbeitungssysteme 11 50
Energie 3 Nr. 14 1
Energieabgabe 3 Nr. 15 11
Energieanlage 3 Nr. 15 1; **11** 144
Energieaufsicht 54 102; **49** 45
- Maßnahmen **49** 44

Energiebinnenmarkt 1 41; **30** 5; **31** 3; **111** 5, 6, 7
Energiecharta 109 8
Energiederivat 3 Nr. 15a 1; **5a** 7
Energieeffizienz 1 30
Energieeffizienzmaßnahme 15 Nr. 15b 1
Energieeinsparung 41a 3
Energiefortleitung 3 Nr. 15 10
Energiegroßhandelsprodukt 5b 5
Energiekopplungsanlagen 43 74
Energielieferant 3 Nr. 15c 1

Energielieferung
- Anzeigepflicht 5 5
- Ausnahmen zur Anzeigepflicht 5 13
- Anzeigefrist 5 27
- Form der Anzeige 5 39
- Untersagungsverfügung 5 54
- Zahlungsmöglichkeiten 41 12
- Zusammenfassung wesentlicher Vertragsbedingungen 41 17

Energielieferverträge
- Anwendungsbereich 41 4
- Transparenzgebot 41 7
- Mindestangaben 41 11
- Kündigung 41b 20

Energierecht
- europäisches 1 40

Energierechtsbegriff 57 11
Energiesicherheit 1 16
Energiesicherungsrecht 50 1
Energiespeicheranlage 3 Nr. 15d 1; 3 Nr. 25 10
- Verteilernetzbetreiber 7 23a
- Betreiben 7 23d
- Verwalten 7 23e
- Errichten 7 23l
- geschlossene Verteilernetze 7 23m
- De-minimis-Regelung 7 23n
- Gasverteilernetzbetreiber 7 23p
- eigentumsrechtlich entflochtener Übertragungsnetzbetreiber 8 50a
- Fernleitungsnetzbetreiber 8 50a
- unabhängiger Systembetreiber 9 21
- unabhängiger Transportnetzbetreiber 10b 42a
- Eigentum an 11b 1

Energiespeicheranlange
- Ausschreibung von 11a 1

Energiespeicherung 3 Nr. 15 8
Energieübertragung
- Regelung 12 17

Energieunion 1 41
Energieversorgungsnetz 3 Nr. 16 Überblick
- der allgemeinen Versorgung 3 Nr. 17 Überblick
- informationstechnische Sicherheit 11 48
- grenzüberschreitend 57 25

Energieversorgungsnetzbetreiber 30 13; 31 1, 8, 12; 32 6; 33 3
Energieversorgungssicherheit 1 16; 4b 14
Energieversorgungsunternehmen 2 1, 3; 3 Nr. 18 Überblick; 5a 6
Energieversorgungsvertrag 3 Nr. 18a 1; 5a 7
Energiewende 12 35; 13e 1
Energiewirtschaftsrecht
- konkurrierende Gesetzgebung 54 9

energiewirtschaftsrechtliche Aufgabenordnung 2 2
Energiezivilprozess
- Zuständigkeit 108 4
- Zuständigkeitsvereinbarungen 108 9

Energieliefervertrag
- Änderungen 41 20

Energy-Only-Markt 13d 6
Engpasserlöse 28d 2, 7; 28g 7; 28h 1, 5, 8, 9, 10; 28i 16
- Höhe 28h 9

Engpassmanagement 3 Nr. 38b 2; 13 26; 23b 35; 28i 16

Engpassmanagementprognose 13 160
EnSiG 50a 4; 50i Überblick
Enteignung 45 15; 45a 3
Enteignungsentschädigung 45 73
Enteignungsverfahren 45 43; 45b 7; 45a 12; 45b 2
Entflechtung 3 Nr. 38 1; 18 3
- Auslegungshilfen BNetzA 6 14
- Auslegungshilfen Europäische Kommission 6 15
- vertikal integrierte Unternehmen 6 18
- ausschließliche Netzbetreiber 6 22
- Betreiber von LNG-Anlagen 6 36
- Betreiber von Gasspeicheranlagen 6 36
- Betreiber von LNG-Anlagen 6 48
- Betreiber von Gasspeicheranlagen 6 48
- ertragsteuerliche Privilegierung 6 53
- Umwandlungssteuergesetz 6 58
- Fiktion einseitige Teilbetriebs 6 58
- ertragsteuerliche Sperrfristen 6 73
- grunderwerbsteuerliche Privilegierung 6 78
- informatorische Entflechtung 6a 1
- wirtschaftlich sensible Daten 6a 15
- Netzkundeninformationen 6a 15
- Drittinformationen 6a 15
- De-minimis-Regelung 6a 24
- gesellschaftsrechtliche Informationsrechte 6a 28
- diskriminierungsfreie Offenlegung 6a 30
- buchhalterische Entflechtung 6b 1
- rechtliche und operationelle 76 6
- Maßnahmen 76 6

Entgelt 75 25.1; 76 21.1
entry-exit-Modell 3 Nr. 31d 1
entry-exit-System 3 Nr. 1c 2; 3 Nr. 1d 1; 3 Nr. 13b 1; 3 Nr. 29d 2
Entschädigung 29 39; 44a 26; 45a 1, 7
Entschädigungsfestsetzung 45a 3
Entschädigungshöhe 45a 2, 8
Entschädigungspflicht 45a 5
Entschädigungsregelung 13c 1
Entscheidungen 29 5
Entscheidungserheblichkeit 83a 9, 13
Entscheidungsgewalt
- Verteilernetzbetreiber 7a 35

Entschließungsermessen 51 23
Entwicklungsvorhaben 23b 21
enumerativer Zuständigkeitskatalog 54 275
EnWG 2005 30 4
Erbringungszeitraum 13e 13, 15
Erdgas 3 Nr. 19a 1; 3 Nr. 14 5
Erdgasmonitoring 51 11
Erdgastankstelle 3 Nr. 14 5
Erdkabel 43 63; 43h 10
Erdkabelvorrang 43h 1, 2, 19
Erfahrungsbericht 112b 12
Erforderlichkeit 23d 16; 29 44
- Anschluss Wasserstoffnetz 28n 3
- zur Erfüllung der konkreten behördlichen Aufgaben 12f 11

ergänzendes Verfahren 43d 5
Erhaltungsauslagen 13c 25
erhebliche Beeinträchtigung 30 28, 29
Erledigung 30 50
- übereinstimmende 75 65
- einseitige 75 66
- der Hauptsache 76 9

2165

Sachverzeichnis

Fette Zahlen = §§ und Art.

Erledigungsstreit **75** 66
Erlösobergrenze **3 Nr. 18b** 1; **21b** 12; **23b** 14; **28g** 22; **75** 36, 69.1; **24b** 6
– Wasserstoffnetz **28o** 4
Ermächtigungsgrundlage **30** 42; **33** 1
Ermessen **5a** 13; **14a** 9; **29** 13, 42; **31** 6, 21, 31; **33** 13, 14; **51a** 3; **65** 10
– Aufgreifermessen **30** 44
– Auswahlermessen **30** 44
– Entschließungsermessen **33** 13
– Auswahlermessen **33** 13
– Entschließungsermessen **33** 14
– der Regulierungsbehörde **75** 37
– Aufgreifermessen **75** 37
Ermessensreduzierung **29** 42
Ermessensspielraum **65** 10
– Konzessionsvergabe **46** 62
Ermittlungsbefugnisse **69** 29
Ermittlungsmaßnahme **69** 2
Ermittlungsverfahren **5b** 12
erneuerbare Energien **3 Nr. 18c** 1; **1** 20b
erneuerbarer Kohlenstoff **3 Nr. 10f** 17
ernstliche Zweifel
– tatsächliche **77** 16
– rechtliche **77** 16
– Anforderungen **77** 17
Erörterung **43b** 2, 6
Erörterungspflicht **43a** 9
Erörterungstermin **43a** 9, 11; **43b** 6
Errichtung **43** 12
Ersatz- und Parallelneubauvorhaben **43h** 33
Ersatzkraftwerkebereithaltungsgesetz **13d** 41a
Ersatzneubau **43h** 16
Ersatzversorgung **118c** 2
– Mieterstrom **37** 10
– gesetzliches Schuldverhältnis **38** 1
– Zeitraum **38** 2
– Berechtigte **38** 5
– Verhältnis zu Grundversorgung **38** 16
– Ausweis von Kosten **38** 18
– Anpassungsbefugnis **38** 19
– höhere Spannungs-/Druckebenen **118c** 10
– analog **118c** 3
Erstattungsansprüche bei Marktraumumstellung **19a** 27
erster Projektbericht – Definition und Monitoring der Versorgungssicherheit an den europäischen Strommärkten **51** 12
Erstinbetriebnahmedatum **50b** 21
Ertragswertverfahren **46** 131
erweiterter Bilanzkreisausgleich **3 Nr. 10f** 3
Erzeugungsanlage **3 Nr. 15** 6; **3 Nr. 18d** 1; **12** 38; **11** 74
Erzeugungsauslage **13c** 15, 28
Erzeugungskapazitäten **50a** 1
EuGH **24** 12a; **29** 50
– normative Regulierung **24** 12a
EU-Recht **30** 25, 30, 34, 36, 38; **31** 3, 23, 26; **32** 23, 24, 25; **111** 1, 5, 6, 7
EU-rechtskonforme Auslegung **31** 23
europäische Importleitung **3 Nr. 5** 6
europäische Interkonnektivität der Elektrizitätsnetze **51** 14
Europäische Kommission **4b** 18; **5a** 10; **29** 50; **4a** 21
europäischer Gasmarkt **3 Nr. 19** 2

Europäisches Programm für den Schutz kritischer Infrastrukturen **12g** 4
Evaluierung der EnWG-Novelle 2005 **112** 1
EVU **3 Nr. 18** Überblick
ex nunc **29** 40
ex-ante **53** 5
ex-ante Regulierung **29** 3
Experimentierklausel **119** 1
ex-post Bekanntmachung **46** 114
externes Projektmanagement **43g** 6
Extremsituation **51** 1

Fachkunde
– als persönliches Merkmal **12f** 18
– Nachweis **12f** 16
– Prüfung **12f** 17
Fälligkeit **41b** 18
– Auskunftsanspruch **46a** 3
– des Herausgabeanspruchs **28h** 8
Fehlen der Spruchreife **75** 33
Fernauslesung **23c** 37
Fernkommunikationsanlage **3 Nr. 15** 15
Fernleitung **3 Nr. 19** 1
Fernleitungsnetz **3 Nr. 19** 1
Fernleitungsnetzbetreiber **3 Nr. 5** Überblick; **23c** 26; **113b** 4
Fernsprechanlage **3 Nr. 15** 15
Fertigstellungstermin **17d** 17
Festlegung **5b** 9; **12g** 11; **29** 5, 10, 12, 15; **75** 14, 16, 18
– Marktstammdatenregister **111f** 36
– als Allgemeinverfügungen **54** 367
– Nationale Informationsplattform **111d** 34
Festlegung der europäisch kritischen Anlagen **12g** 12
Festlegungs- und Genehmigungsverfahren **29** 1
Festlegungsbefugnis **29** 4
Festlegungskompetenz **13e** 19a; **23b** 48; **29** 12
– der BNetzA **21b** 26
feststellungsfähiges Rechtsverhältnis **75** 51
Feststellungsinteresse **75** 52.1
Fiktionswirkung **110** 219
– Eintritt **110** 220
– Wirkung **110** 225
– Überbrückungsfunktion **110** 225
– Bescheinigung **110** 226
– bestätigung des Antragszuganges **110** 226
– bei Rücknahme des Antrages **110** 229
– bei Vorliegen einer Kundenanlagen **110** 229
finanzielle Ausstattung
– Verteilernetzbetreiber **7a** 45
– eigentumsrechtlich entflochtener Transportnetzbetreiber **8** 55
– unabhängiger Systembetreiber **9** 22
finanzieller Ausgleich **43m** 24
Finanzinstrument **3 Nr. 15a** 2
fiskalische Grundstücke **46** 7
Flächenentwicklungsplan **12b** 28
Flaschengas **3 Nr. 19a** 5
Flexibilisierung **1a** 12
– Stromverbrauch **118** 144
– von Angebot und Nachfrage **1a** 12
Flexibilität **14a** 2; **29** 11, 35
Flexibilitätsdienstleistung **14a** 5; **118** 95
– Begriff **14c** 3

2166

Magere Zahlen = Randnummern

Sachverzeichnis

– Regelungsverhältnis **14c** 7
– Beschaffungspflicht **14c** 12
– Beschaffungsverfahren **14c** 15
– Ausnahmen von der Beschaffungspflicht **14c** 25
– zeitlicher Anwendungsbereich **14c** 28
Flexibilitätspotenzial 119 7
Flüssiggas 3 Nr. 19a 4
Flüssiggasversorgungsnetz 3 Nr. 19a 6
Folgekosten 46 81
Folgen- und Störungsbeseitigungsansprüche 75 46
Folgepflicht 46 81
Follow-On-Klagen 32 2, 18, 19, 20
Form 73 6
– der Akteneinsicht **47** 18
– der Bekanntmachung **46** 95
– der Rüge **47** 22
Formanforderungen 23c 36
Forschungsvorhaben 23b 21
Fortgeltung behördlicher Zulassungen 43l 41
Fortsetzungsfeststellungsbeschwerde
– Zulässigkeitsvoraussetzungen **75** 49
Freileitung 43 32.1
Freileitungsplanung 43h 29
Freileitungsstrasse 43h 32
freiwillige Entflechtung 6 81
Frist 31 25
– zur behördlichen Entscheidung **43f** 44
Fusionskontrollverordnung 4b 5

Gas 3 Nr. 19a Überblick
– emissionsarm **3 Nr. 10f** 2
– Begriff **3 Nr. 19a** 13
gasbezugsbedinge Produktionsreduktion 118 142
Gasfamilie 3 Nr. 19a 15
Gasfernleitung 3 Nr. 5 2
Gasflasche 3 Nr. 14 4, 6
Gasgewinnung 3 Nr. 5 7; **3 Nr. 19c** 2; **3 Nr. 20** 6; **3 Nr. 39** 1
Gashochdruckleitungsverordnung 113c 2
Gaslagerstätte 3 Nr. 13b 3
Gaslieferant 3 Nr. 19b 1
Gasmangellage 35d 1
Gasnetzbetreiber 3 Nr. 7 1; **3 Nr. 8** Überblick
– als Wasserstoffnetzbetreiber **113a** 19
Gasproduktion 3 Nr. 13b 3
Gasproduktionsanlage 3 Nr. 5 7; **3 Nr. 13b** 4
Gas-SOS-VO 50a Überblick; **50f** 1
Gasspeicher 3 Nr. 6 Überblick
– Genehmigungserfordernis für Stilllegung **35h** 4
– Verfassungsmäßigkeit Stilllegungsverbot **35h** 11
– Betriebspflicht **35h** 13
– Entschädigungspflicht bei Versagung der Stilllegung **35h** 20
Gasspeicheranlage 3 Nr. 13b 3; **3 Nr. 19c** Überblick; **3 Nr. 20** 2
– Zugang **28** Überblick
– Zugangsbedingungen **28** 17
– Zugangsverweigerung **28** 20
Gasspeicherbewirtschaftung
– unionsrechtliche Befüllungsvorgaben **35a** 3

– Marktgebietsverantwortlicher **35a** 6
– LNG-Anlagen **35a** 18
– Füllstandsvorgaben **35b** 5
– Gasspeicherfüllstandsverordnung **35b** 6
– use-it-or-lose-it Prinzip **35b** 17
– Kapazitätsübertragung **35b** 25
– Fortzahlungspflicht Speicherentgelt trotz Kapazitätsentzug **35b** 28
– strategische Gas Optionen **35c** 1
– Kontrahierungszwang **35c** 7
– Verhältnismäßigkeit von Eingriffen des Marktgebietsverantwortlichen **35c** 8
– Freigabe von Speichermengen **35d** 8
– Befristung der gesetzlichen Regelungen **35g** 1
Gasspeicherkapazitäten 118 110
Gasspeicherumlage
– Genehmigung durch die BNetzA **35e** 5
– Höhe **35e** 6
GasSV 50a 4
Gastank 3 Nr. 14 4
Gastrailer 3 Nr. 14 4
Gastransport
– Regelung **15** 6
Gasverbindungsleitung 3 Nr. 19d 1
Gasverbindungsleitung Drittstaat 28b 1, 4; **28c** 1; **3 Nr. 34** 3
– Freistellungsmöglichkeit **28b** 2
– Freistellungsentscheidung **28b** 3, 5, 6, 6a, 40
– Voraussetzungen **28b** 7, 8, 9, 10, 11, 12, 13, 14, 15, 16, 17, 18, 19, 20, 21, 22, 23, 24, 25, 26
– Umfang der Entscheidung **28b** 27, 28, 29, 30, 31, 32, 33, 34
– Antrag **28b** 35, 36, 37
– Antragsfrist **28b** 38
– Entscheidungsfrist **28b** 39
– Zuständigkeit **28b** 43
– technische Vereinbarung **28c** 2, 3, 4
– Anzeigepflicht **28c** 5, 6
– Zuständigkeit **28c** 7
– Rechtsschutz **28c** 8
Gasversorgung
– geschützte Kunden **53a** 4
Gasversorgungsleitung 43 45
Gasversorgungsnetz 3 Nr. 16 Überblick; **3 Nr. 20** 1
Gasversorgungsnetzbetreiber 23c 18; **52** 3
Gasversorgungssystem 16 14
Gasverteilernetzbetreiber 23c 31
Gazprom Germania 109 18a.1
Gebietsmonopol 46 12
Gebot lückenlosen Rechtsschutzes 75 44
Gebotsabgabe 13e 14
Gebühren 12f 27; **12g** 31
– der Rechtsanwälte **75** 70.3
gebundene Entscheidung 29 25
gechlossene Verteilernetze
– Organisationsnummer **110** 236
Gefährdung des Elektrizitätsversorgungssystems 13 17
Gefährdungslage 53 5
Gegenmaßnahmen 12g 27
Gegenwärtigkeit 31 15, 16, 17
Geheimhaltungsanspruch 71 2
Geheimhaltungsbedürfnisse 12f 1, 21
Geheimhaltungsgrad 12f 21; **12g** 28
Geheimnisschutz Akteneinsicht 47 16

2167

Sachverzeichnis

Fette Zahlen = §§ und Art.

Geldbuße 30 49; **33** 7; **95** 3
Geltung der Begriffsbestimmungen des NABEG 43f 48
Geltung der Vorschriften des GVG und der ZPO 85 1
– Verweisung auf das GVG **85** 3.1
– Verweisung auf die ZPO **85** 4.6
– Ausfüllung von Regelungslücken **85** 5
gemeinsamer ÜNB-Bericht 12g 18
Gemeinwohlbindung des Energiewirtschaftsrechts 1 6
gemischt-genutzte Leitung 3 Nr. 37 3; **46** 34, 127
Genehmigung 29 5, 10, 23, 27
– beihilferechtliche **118** 84
– des Netzbetriebs
 – Genehmigungspflicht **4** 6
 – Adressat **4** 7
 – Kundenanlagen **4** 14
 – Genehmigungsbehörde **4** 19
 – Form und Verfahren **4** 23
 – Genehmigungsfrist **4** 29
 – Genehmigungsvoraussetzungen **4** 34
 – Leistungsfähigkeit **4** 39
 – Zuverlässigkeit **4** 47
 – Rechtsschutz **4** 50
 – Untersagungsverfügung **4** 55
 – Rechtsnachfolge **4** 59
 – illegaler Netzbetrieb **4** 72
 – bei Geschlossenen Verteilernetzen **110** 60
 – Altfälle **110** 63
 – Untersagungsbefugnis **110** 65
Genehmigungserfordernis 29 25
Genehmigungsfiktion 13b 32
Genehmigungsfreistellung
– Änderung des Betriebskonzeptes **43f** 15
genereller sektoraler Produktivitätsfaktor
– bundeseinheitliche Festlegungen **54** 477
Geodaten 43k 1, 2, 3, 4, 5, 8, 9, 12, 15, 16, 17, 18, 19, 20, 25, 26, 27, 28, 29, 30
– Schutzbedürftigkeit **43k** 24, 23
geodatenhaltende Stellen 43k 11, 17
Geodatenherausgabe 43k 19
Geodateninfrastruktur 43k 3
Geodatenzurverfügungstellung 43k 12
Geoinformationssystem 12c 44
gerichtliches Rügeverfahren 47 30
Gerichtskosten 75 70.2
Geschäftsgeheimnis 69 26
Geschäftsprozesse 20a 4, 5
Geschäftszeiten 69 17
geschlossene Verteilernetze 33 4; **110** 7
– sachliche Zuständigkeit **54** 333
– Normzweck **110** 1
– Netzkategorie **110** 4
– Abgrenzung **110** 6
– Entstehungsgeschichte **110** 9
– Unterschied zu Objektnetzen **110** 11
– Änderungsgeschichte **110** 14
– Rechtsfolgen **110** 19
– nicht anwendbare Vorschriften **110** 23
– Netzanschluss **110** 39
– Anreizregulierung **110** 41
– Netzentgelte **110** 41
– Netzentgeltgenehmigung **110** 43
– Verbandsklage **110** 44
– Vorteilsabschöpfung **110** 45

– nicht anwendbare Vorschriften **110** 47
– Missbrauchsverfahren **110** 48
– besonderes Missbrauchsverfahren **110** 48
– buchhalterische Entflechtung **110** 49
– Tätigkeitsabschlüsse **110** 49
– Anzeige der Energiebelieferung **110** 52
– Veröffentlichungspflichten **110** 54
– Grundversorgung **110** 56
– anwendbare Vorschriften **110** 59
– Genehmigung des Netzbetriebs **110** 60
– Unterschied zu Objektnetzen **110** 61
– Entflechtungsvorschriften **110** 66
– Energiespeicheranlagen **110** 68
– Ladepunkte für Elektrofahrzeuge **110** 68
– buchhalterische Entflechtung **110** 68
– Unterschied zu Objektnetzen **110** 69
– De-minimis-Regelungen **110** 70
– Verbundklausel **110** 70
– Netzanschluss **110** 71
– Unterschied zu Objektnetzen **110** 71
– Netzentgelte **110** 72
– Veröffentlichungspflichten **110** 73
– Preisblätter **110** 73
– individuelle Netzentgelte **110** 74
– Wälzungsmechanismus **110** 75
– Unterschied zu Objektnetzen **110** 76
– Citiworks-Entscheidung **110** 76
– Veröffentlichungspflichten **110** 77
– allgemeines Missbrauchsverfahren **110** 78
– anwendbare Vorschriften **110** 80
– KWKG **110** 80
– EEG **110** 81
– Tatbestandsvoraussetzungen **110** 82
– enge Auslegung **110** 83
– richtlinienkonforme Auslegung **110** 83
– Auslegung **110** 83
– netzbezogene Tatbestandsvoraussetzungen **110** 86
– Energieversorgungsnetz **110** 87
– getrennte Betrachtung von Strom und Gas **110** 87
– Unterschied zu Objektnetzen **110** 88
– Abgrenzung zu Kundenanlagen **110** 89
– Unterschied zu Kundenanlagen **110** 89
– Wahlrecht **110** 91
– Privathaushalte **110** 92
– netzbezogene Betrachtungsweise **110** 95
– mehrere Netzgebiete **110** 95
– unternehmensbezogene Betrachtungsweise **110** 96
– Hervorgehen aus Teilnetzübergang **110** 98
– Teilnetzübergang **110** 98
– Netzkategorie **110** 100
– Verteilung von Energie **110** 100
– Transport von Energie **110** 101
– Versorgung von Kunden **110** 102
– Eigenversorgung **110** 103
– gebietsbezogene Tatbestandsvoraussetzungen **110** 104
– geografische Begrenztheit **110** 105
– physische Begrenzung **110** 106
– Chemieparks **110** 107
– Grobfilter **110** 109
– öffentliche Straßen und Wege **110** 110
– räumliche Ausdehnung **110** 111
– Chemieparks **110** 112
– mehrere Standorte **110** 113

2168

Magere Zahlen = Randnummern   **Sachverzeichnis**

– mehrere Netzgebiete 110 113
– Industriegebiet 110 114
– Gewerbegebiet 110 114
– Prägung des Gebiets 110 114
– Mischgebiete 110 116
– gemeinsame Nutzung von Leistungen 110 117
– Shared services sites 110 117
– Flughäfen 110 118
– Bahnhöfe 110 118
– Einkaufszentren 110 118
– Häfen 110 121
– soziale Einrichtungen 110 122
– Quartierslösungen 110 123
– letztverbraucherbezogene Tatbestandsvoraussetzungen 110 125
– Verknüpfung 110 127
– dienende Funktion 110 129
– begleitende Tätigkeit 110 130
– Konkretheit der Verknüpfung 110 132
– konkrete technische Gründe 110 133
– Wertschöpfungskette 110 133
– Chemieparks 110 134
– Industriegebiet 110 134
– konkrete sicherheitstechnische Gründe 110 137
– Flughäfen 110 140
– Bahnhöfe 110 140
– in erster Linie 110 144
– Netzeigentümer 110 146
– Netzbetreiber 110 147
– Betriebsführungsvertrag 110 147
– verbundene Unternehmen 110 148
– Unterschied zu Objektnetzen 110 149
– in erster Linie 110 150
– Privathaushalte 110 155
– Unterschied zu Objektnetzen 110 157
– Letztverbraucher 110 159
– Haushaltskunden 110 160
– Privathaushalte 110 161
– Beherbergungsbetriebe 110 164
– Boardinghouses 110 164
– soziale Einrichtungen 110 164
– Privatwohnungen von Inhaberfamilien 110 165
– gemischt genutzte Privathaushalte 110 166
– Dienstwohnungen 110 169
– Werkswohnungen 110 169
– geringe Zahl von Privathaushalten 110 171
– gelegentliche Nutzung 110 171
– Beschäftigungsverhältnis 110 174
– Pensionärsverhältnisse 110 176
– Vertragspartner bei Beschäftigungsverhältnissen 110 177
– Netzbetreiber 110 177
– Netzeigentümer 110 177
– verbundene Unternehmen 110 178
– Gestaltungsmöglichkeiten 110 180
– Privathaushalte 110 181
– gemischt genutzte Privathaushalte 110 181
– Beschäftigungsverhältnis 110 182
– Ausgliederung von Privathaushalten 110 183
– Einstufung 110 184
– unternehmensbezogene Betrachtungsweise 110 188
– Verbundklausel 110 189
– Wahlrecht 110 192

– klassische Industrieunternehmen 110 197
– spezialisierte Unternehmen 110 198
– klassische Netzbetreiber 110 200
– gesonderte Betreibergesellschaft 110 202
– getrennte Betrachtung von Strom und Gas 110 206
– mehrere Standorte 110 207
– Fiktionswirkung 110 219
– Unterschied zu Objektnetzen 110 252
– Überprüfung der Netzentgelte 110 270
– Beseitigungsansprüche 110 320
– Unterlassungsansprüche 110 320
– Schadensersatzansprüche 110 320
geschützte Kunden 16 42
gesellschaftsrechtliche Informationsrechte 6a 28
Gesetz gegen Wettbewerbsbeschränkungen 32 24, 25; 111 1, 2, 3, 4
Gesetz über das Bundesamt für Sicherheit in der Informationstechnik 12g 8
Gesetzesverstoß 65 5
Gestattung 54 42
Gestuftes Verfahren 54 426
Gewaltenteilung 119 20
Gewerbegebiet 3 Nr. 24a 28
Gewerbepark 3 Nr. 24a 33a
Gewinnabführungsvertrag 7a 48
Gewinnerzielungsabsicht 65 9
GGPSSO 28 18
Gigawattstunde 51a 3
Gleichbehandlungsbeauftragter
– Verteilernetzbetreiber 7a 82
– unabhängiger Transportnetzbetreiber 10e 9
Gleichbehandlungsbericht
– Verteilernetzbetreiber 7a 89
– unabhängiger Transportnetzbetreiber 10e 28
Gleichbehandlungsgebot 21 7
Gleichbehandlungsgrundsatz 21 8
Gleichbehandlungsprogramm
– Verteilernetzbetreiber 7a 68
– unabhängiger Transportnetzbetreiber 10e 4
Gleichzeitigkeiten 14a 17
Grenzübergangspunkt 3 Nr. 5 5
grenzüberschreitende Ausgleichseffekte 51 16
Großhandelskunde 5a 8
Großhandelspreise 50h 4
Großhändler 3 Nr. 21 1; 12 57
Großspeicheranlagen 43 76
Großverbraucher 51a 1, 3, 7
Grubengas 3 Nr. 10f 8
Grundfreiheiten 13d 19
Grundrechtsverzicht 13d 24
Grundsatz der Amtsaufklärung 75 7
Grundsatz der gleichmäßigen Kostenteilung 28f 14
Grundsatz der mündlichen Verhandlung 81 3
Grundsatz der Rechtsmittelklarheit 102 20
Grundsatz des rechtlichen Gehörs 81 8
Grundsatz des Sofortvollzugs 76 5
Grundversorgung
– Tarifspaltung 36 7a
– Veröffentlichung im Internet 36 24
– wirtschaftliche Unzumutbarkeit 36 31
– zeitlich begrenzter Ausschluss 36 42
– Bestimmung 36 46

2169

Sachverzeichnis

Fette Zahlen = §§ und Art.

Grundversorgungspflicht 46 16
Grundversorgungstarif
– öffentliche Bekanntgabe 36 20
Guthaben
– Auszahlungszeitraum 40c 9

H2-ready-Maßnahmen 43l 82
Haftung 11 165
Handlungsinstrumente 29 9
Handlungsunabhängigkeit
– Verteilernetzbetreiber 7a 28
Härteklausel 77 19
Hauptabsperreinrichtung 3 Nr. 15 12
Hauptfrage 102 8
Hauptgutachten 62 7
Hauptsacheentscheidung 72 6
Hauptsacheverfahren 43e 7
Hausanschlussleitung 3 Nr. 15 12
Haushaltskunde 3 Nr. 22 Überblick; 36 9
– Privilegierung 37 5
Haushaltswärmepumpen 12a 27
Hebesatz 23b 28
Herausgabe 69 6
Herausgabeanspruch 12f 1; 28f 2; 28h 5, 10; 12f 12
Herausgabepflicht 12f 4
Herkunftsnachweis 3 Nr. 10f 13; 42 24
– regionale Kennzeichnung 42 27
H-Gas 3 Nr. 19a 1; 3 Nr. 21a 1
H-Gasversorgungsnetz 3 Nr. 21a 1
HGÜ 12b 16
hierarchische Trennung 46 152
Hilfsdienste 3 Nr. 23 1
Hinweispapier 4a 18
Historie 44c 2
Hochdruckebene 3 Nr. 19 2
Hochspannung 3 Nr. 10 4; 3 Nr. 11 4; 3 Nr. 32 2
Hochspannungsfreileitungen 43b 4
Hochspannungsleitung 43h 33, 6
Hochspannungsleitungsvorhaben 43h 9
Höchstlaufzeit
– Konzession 46 15
– Wegenutzungsvertrag 46 47
Höchstsätze Konzessionsabgabe 48 13
Höchstspannung 3 Nr. 10 4; 3 Nr. 11 4; 3 Nr. 32 2
Höchstspannungsleitungen 12e 17
Höchstwert 13e 22
Höherauslastung
– allgemeines zur temporären 49b 1
– dauerhafte 49b 15, 16
höhere Fremdkapitalverzinsung 118 151
Hotel 3 Nr. 24a 37
HTLS 12b 16
Hybrid-Speicher 118 19, 20

Ideenwettbewerb 46 65
Immissionen durch elektromagnetische Felder und Lärm 43f 37, 38, 39, 40
immissionsschutzrechtliche Genehmigung 50a 14
Indienstnahme Privater 13d 23
individuelle Betroffenheit
– Verband 75 29
Indizwirkung der Netzentgeltgenehmigung 21 6
Industriegebiet 3 Nr. 24a 28

industrielle Nutzung 3 Nr. 14 2
Information an unterlegene Bewerber 46 109
Informationen zu Impedanzen und Kapazitäten von Leitungen und Transformatoren 12f 24
Informationsanspruch 46 136
Informationsinteresse 12f 1
Informationspflicht 15 14; 41a 15
– für Gaslieferanten 50h 1
– des Übertragungsnetzbetreibers 49a 11
informationspflichtige Stellen 43k 11
Informationsrecht 67 5
Informationssicherheits-Managementsystems 11 58, 61
Informationstechnik 11 90
Informationsübermittlung 57 40
informatorische Entflechtung 28m 28
– De-minimis-Regelung 6a 24
– gesellschaftsrechtliche Informationsrechte 6a 28
– diskriminierungsfreie Offenlegung 6a 30
informatorische Trennung 46 150
Infrastrukturinvestitionen 109 8, 34
Inhaltsbestimmung 75 18
Inhaltskontrolle 1 23.2
Innovation 1 6
Innovationskompetenz 1 24
Insiderhandel 5b 1
integrierte Systemplanung 112b 5
Integrität 11 57, 90
intelligente Messsysteme 14a 4; 41a 11
intelligentes Energienetz 119 7
inter omnes 29 22
inter partes 29 22
interbehördliche Transparenz 55 1
Interesse
– überwiegendes ~ eines Beteiligten 77 5
– öffentliches 77 5, 6
– überwiegendes ~ eines Beteiligten 77 6
Interessenbekundungsverfahren 13d 55
Interessenberührung 31 10, 11, 13, 14
Interessensbekundung 46 93
– Netzkonzession 46 101
Interkonnektivität 51 14
Internetauftritt
– Verteilernetzbetreiber 7a 56
Internetveröffentlichung 43a 7.1
Interoperabilität 19 27
Investitionsmaßnahmen 23b 32
Investitionsverpflichtungen 65 16
isoliertes Bußgeldverfahren 95 52
IT-Sicherheitskatalog 11 54, 70, 143

Jahresabschluss 21b 8

kalkulatorische Kosten 21 4
Kapazitätserweiterung Wasserstoffnetz 28n 8
Kapazitätsmarkt 1 43; 1a 4, 4.1; 13d 7
Kapazitätsmechanismen 13e 2; 13d 6
Kapazitätspuffer 13e 4
Kapazitätsreserve 13d 48
– Kapazitätsreserveverordnung 13h 4
– Verordnungsermächtigung 13h 5
– Festlegungskompetenzen 13j 20
Kapazitätsreservevertrag 13e 26
Kapazitätssicherung 113b 6

Magere Zahlen = Randnummern **Sachverzeichnis**

Kapazitätsverlagerung **17d** 31
Kapitalerhöhung
– Verteilernetzbetreiber **7a** 46
– eigentumsrechtlich entflochtener Transportnetzbetreiber **8** 57
– unabhängiger Transportnetzbetreiber **10b** 13
Kapitalkostenaufschlag 23b 17
Kartellbehörden 54 123
Kartellrecht 30 8; **32** 24, 25; **33** 2; **111** 1, 2, 3, 4, 5, 6, 7, 8, 9, 10, 11; **58** 1
kartellrechtlicher Anspruch auf Leitungsrecht 46 7a.1, 35
kartellrechtlicher Missbrauchsbegriff 30 3
Kartellsenat 75 1, 54
Katalog der Bußgeldvorschriften 95 1
Kaufpreis Netz 46 30
Kausalität 31 12; **32** 8, 15
Kavernenspeicher 3 Nr. 19c 1
– Wasserstoff **3 Nr. 39b** 2
Keine UVP-Pflicht 43f 28, 29
Klagebefugnis 51a 8
Klärgas 3 Nr. 10f 6
Kleinstunternehmen 3 Nr. 23a 1
Klimaschutz 12c 10
Kohleausstieg 13b 6, 7; **13e** 29; **109** 6.3
Kohleausstiegsgesetz 13e 29; **51** 7
Kombinationsnetzbetreiber 6d 4
Kommunalrabatt 46 84
Kommunikationsverhalten
– Verteilernetzbetreiber **7a** 94
– Auslegungsgrundsätze der Regulierungsbehörden **7a** 95
Kompetenzen 29 11
– der BNetzA **51** 10
Konfliktlösung 49a 24, 26, 27
Konkurrentenklage 13e 52
konkurrierende Gesetzgebung 54 9
Kontaktstelle 11 107, 116
Kontinuität der Verfahrensbeteiligung 79 2, 13; **87** 9; **88** 14
Kontrahierungszwang 14a 29; **18** 21; **36** 15; **118c** 11
Kontrolle 4b 5
Konversionsanlage 3 Nr. 13c 3
Konverterstation 43 57.3
Konzernabschluss 21b 8
Konzession
– Höchstlaufzeit **46** 15
Konzession für Gas und Wasserstoff 113a 28
Konzessionsabgabe 46 29, 42; **48** 1
– bei Netzbetreiberwechsel **48** 20
– Wasser **117** Überblick
Konzessionsabgabenverordnung 48 3, 12
Konzessionsverfahren 46 10; **118** 82
– Bietergespräch **46** 106
– erster Verfahrensbrief **46** 102
– Fehler **46** 115
– Gestaltungsfreiheit **46** 58
– Präklusion **47** Überblick
– Rechtssicherheit **47** 1; **46** 24
– Rügeobliegenheit **118** 83; **47** 5
– bei Bekanntmachung des **47** 6
– Verfahrensrüge **47** Überblick
– zweiter Verfahrensbrief **46** 106
Konzessionsvergabe 1 13.1
– Unterkriterien **46** 64.1

Konzessionsvertrag 46 4
– Bestandsschutz **113** Überblick
– Nichtigkeit **46** 86
Kooperation 11 40; **57** 5
Kooperationsvereinbarung Gas 16 5
Kooperationsvereinbarungen 57 36
Kosten 30 48; **31** 28; **33** 17; **43h** 22; **75** 69, 70
– Rechtsbeschwerdeverfahren **75** 63
– Beschwerdeverfahren **75** 63
– Rechtsbeschwerdeverfahren **75** 64
– Auslagen **91** 3
– Gebühren **91** 3
– Amtshandlungen **91** 5, 6, 7, 8, 9, 10, 11, 12, 13, 14, 15, 16, 17, 18, 19, 20, 21, 22
– behördeninterne Vorgänge **91** 23
– öffentliche Bekanntmachungen **91** 24
– Ablehnung von Anträgen **91** 25, 26
– Rücknahme von Anträgen **91** 27
– mündliche und schriftliche Auskünfte **91** 29
– Anregung einer Tätigkeit **91** 30
– unrichtige Behandlung einer Sache **91** 31
– Kostendeckungsprinzip **91** 34
– Äquivalenzprinzip **91** 35
– Billigkeitserwägungen **91** 36, 37
– Gemeinwohlkostenabzug **91** 37
– Pauschalgebührensätze **91** 38
– Kostenschuldner **91** 39, 40, 41, 42, 43, 44, 45
– Kostengläubiger **91** 46
– Festsetzungsverjährung **91** 47
– Zahlungsverjährung **91** 47
– Festsetzungsverjährung **91** 48
– Zahlungsverjährung **91** 49
– Verordnungsermächtigung **91** 51, 52, 53, 54
– VwKostG **91** 55
Kosten der Schlichtung 111b 21
– Verbraucher **111b** 21
– Kostenordnung **111b** 23
– Durchsetzung der Kostenforderung **111b** 31
– zuständiges Gericht **111b** 35
Kosten Netzanschluss Wasserstoffnetz 28n 17
Kosten Netzzugang Wasserstoffnetz 28n 17
Kostenanteile 23b 18
Kosteneffizienz 1 29; **1a** 16
– Wasserstoffnetz **28o** 8
Kostenentscheidung 90 26
– isolierte **90** 32, 33
Kostenermittlung 21 20
Kostenerstattung 50c 6
Kostenerstattungsanspruch
– Umfang **49a** 19, 20
Kostengrenze 43h 22
Kosten-Nutzen-Analyse 12c 9
Kostenorientierung 21 17; **30** 39
Kostenpflicht 91 3, 4
Kostenprüfung 43h 23
– Wasserstoffnetz **28o** 6
Kostentragung 90 13
– Anwendungsbereich **90** 2, 3
– Kostengrundentscheidung **90** 4
– Kostenhöhe **90** 4
– Anwendungsbereich **90** 5, 6
– Kostenbegriff **90** 7, 8
– notwendige Kosten **90** 8, 9, 10, 11
– Kostenhöhe **90** 34, 35, 36, 37, 38
Kostenverteilung 90 13
– billiges Ermessen **90** 13, 14

2171

Sachverzeichnis
Fette Zahlen = §§ und Art.

- Ausgang des Verfahrens **90** 14, 15
- Ausnahmen **90** 16
- Hauptsacheerledigung **90** 17
- billiges Ermessen **90** 17
- Offener Verfahrensausgang **90** 19
- billiges Ermessen **90** 20
- Beschwerderücknahme **90** 21, 22
- andere Verfahrensbeteiligte **90** 23
- Nebenbeteiligte **90** 24
- andere Verfahrensbeteiligte **90** 24
- Nebenbeteiligte **90** 25
- andere Verfahrensbeteiligte **90** 25, 26
- Nebenbeteiligte **90** 26
- unbegründetes Rechtsmittel **90** 27, 28
- grobes Verschulden **90** 29
- Kostenhöhe **90** 34, 35, 36, 37, 38

Kostenwälzungsumfang der Marktraumumstellung 19a 16

kritische Anlagen
- europäisch **12g** 10

kritische Infrastruktur
- europäisch **12g** 1

Kritische Infrastruktur 1 17; **11** 64, 144; **43k** 21, 22

kritische Komponenten 11 141

Kritsiche Infrastruktur
- nationale Informationsplattform **111d** 25

Kunden 3 Nr. 24 1
- unmittelbar oder mittelbar angeschlossene **54** 233, 244, 247
- unmittelbar angeschlossene **54** 248
- mittelbar angeschlossene **54** 249

Kundenanlage 3 Nr. 24a Überblick; **17** 4
- zur betrieblichen Eigenversorgung **3 Nr. 24b** Überblick
- Schwellenwerte **110** 92
- Gesamtwürdigung **110** 93
- Vorabentscheidungsverfahren **110** 93
- Betreiber **3 Nr. 18** 11

Kundenbegriff 54 233, 244
- einheitliche Auslegung **54** 239
- Zählpunkte **54** 243
- Netzbezogenheit **54** 245
- Mehrfamilienhaus **54** 251
- verbundene Unternehmen **54** 256
- Verbundklausel **54** 258
- Teilnetzgebiete **54** 260
- unternehmensbezogene Betrachtungsweise **54** 260
- Kooperationsmodell **54** 263
- nachgelagerte Netze **54** 264
- Weiterverteiler **54** 264
- Zählpunkte **54** 265
- Verbundklausel **54** 267
- administrative Leistungsfähigkeit **54** 268
- Teilnetzgebiete **54** 268
- maßgeblicher Zeitpunkt **54** 271

Kündigung 13e 27
- Sonderkündigungsrecht **41d** 11

Kündigungsausschluss 13e 27

Kündigungsbestätigung 41b 10

Kündigungsfrist 41b 21

KWK-Anlage 3 Nr. 15 7; **12a** 28; **13d** 41; **13e** 48
- Festlegungskompetenz **13j** 26

Ladepunkt 3 Nr. 14 5; **3 Nr. 25** 13
- Betrieb **7c** 4

- Verwalten **7c** 5
- Entwickeln **7c** 15
- Eigengebrauch **7c** 16
- regionales Marktversagen **7c** 23
- für Elektromobile **17** 12
- Netzbetreiber **118** 105

Ladesäule 20a 16

Ladestation 3 Nr. 25 5

Ladestrom 3 Nr. 18 8

Ladevorgang 3 Nr. 14 6

Länderausschuss
- Entstehungsgeschichte **54** 19
- bundeseinheitliche Festlegungen **54** 489
- Aufgabe **60a** Überblick
- Vollzug Regulierungsrecht **60a** 1
- Ursprungsfassung **60a** 2
- Bundesrat **60a** 3
- Gegenäußerung **60a** 4
- Vermittlungsausschuss **60a** 5
- Vermittlungsergebnis **60a** 6
- informelle Regelungen **60a** 7
- gemeinsame Leitfäden **60a** 8
- Zusammensetzung **60a** 9
- Organleihe **60a** 10
- Organisation **60a** 11
- bundeseinheitlicher Vollzug **60a** 12
- allgemeines Abstimmungserfordernis **60a** 13
- Allgemeinverfügungen **60a** 14
- Stellungnahme-Gelegenheit **60a** 15
- Auskunftsrecht **60a** 16
- Berichtspflicht Anreizregulierung **60a** 17

länderübergreifende Netze 54 374; *s. auch Elektrizitätsverbindungsleitungen*
- Überschreitung von Landesgrenzen **54** 376
- geringfügige Grenzüberschreitung **54** 377
- galvanische Grenzüberschreitung **54** 378
- fehlende galvanische Grenzüberschreitung **54** 379
- Überschreitung der Staatsgrenze **54** 383
- maßgeblicher Zeitpunkt **54** 387
- Mitteilungspflicht der Netzbetreiber **54** 389

Landeskartellbehörden 54 123

Landesregulierungsbehörden 30 46; **31** 20; **54** 81, 82
- eigene Landesregulierungsbehörden **54** 82
- Geschichte **54** 83
- Unabhängigkeit **54** 84
- Regulierungskammern **54** 85
- keine Kammerstruktur **54** 87
- Hansestadt Hamburg **54** 88
- Organleihe **54** 89
- keine Kammerstruktur **54** 144
- Aufgaben **54** 217
- sachliche Zuständigkeit **54** 217
- enumerativer Zuständigkeitskatalog **54** 275
- Annexkompetenzen **54** 275
- Unterstützungspflicht **64a** 6
- Mitwirkungspflicht **64a** 7

landseitige Stromversorgung 3 Nr. 24d 1

Landstromanlage 3 Nr. 24e 1; **3 Nr. 25** 5, 17; 49 30; **3 Nr. 24d** 1

langfristige Netzanalyse der Übertragungsnetzbetreiber 51 24

Lastnähe 3 Nr. 11 5

laufender Netzbetrieb 7a 56

lebenswichtiger Bedarf 16 76

Lebenszyklusemissionen 12c 11

Magere Zahlen = Randnummern

Sachverzeichnis

Leerrohre 43 71.1; 43j 4
Leichtfertigkeit 95 9
Leistungsbilanzdefizit 13e 7
Leistungsdurchmesserklassen 23c 22
Leistungsfähigkeit 11 23
leistungsstärkeres Seilsystem 43f 19, 20, 21, 22
Leit- und Positionspapiere 29 20
leitender Angestellter
– personelle Entflechtung Verteilernetzbetreiber 7a 12
Leitfaden Krisenvorsorge Gas 16 6
Leitung 3 Nr. 14 3
leitungsgebundene Versorgung 1 10; 3 Nr. 14 1; 3 Nr. 15 5
Leitungsrecht 46 Überblick
– Wasserstoff 113a Überblick
Letztverbraucher 3 Nr. 25 Überblick; 12 55; 14a 11; 50g 3; 119 16
– schutzwürdig 36 3
L-Gas 3 Nr. 19a 1; 3 Nr. 21a 1; 3 Nr. 24c 1
– Netzanschluss 17 42, 43
– Versorgungsnetz 3 Nr. 24c 1; 11 45
Liberalisierung Energiemarkt 46 14
Lichtwellenleiterkabel 43f 25.3
Lieferanten 12 57; 14a 11
Lieferantenrahmenvertrag 3 Nr. 28 2; 14a 12
– Strom 20 42
Lieferantenwahlrecht 3 Nr. 24a 33
Lieferantenwechsel 20a 2, 3
Lieferbeginn 20a 3
LNG 3 Nr. 19a 2
LNG-Anlage 3 Nr. 5 7; 3 Nr. 19a 2a; 3 Nr. 19c 2; 3 Nr. 26 1; 17 15
– Festlegungsbefugnis 26 10
– Festlegungsverfahren 26 10a
LNG-Anlagen 3 Nr. 5
LNG-Beschleunigungsgesetz 3 Nr. 26 5
LNG-Infrastruktur 3 Nr. 19a 2a
LNG-Tankstelle 3 Nr. 14 5; 3 Nr. 19a 2
LNG-Terminal 3 Nr. 26 1; 118 148
LNG-Verordnung 3 Nr. 26 4
Lokalisationsprinzip 103 9
LPG 3 Nr. 19a 5

Markenpolitik
– Verteilernetzbetreiber 7a 94
– Auslegungsgrundsätze der Regulierungsbehörden 7a 95
marktbasierte Maßnahmen 53a 15
marktbeherrschende Stellung 30 12
Marktgebiet 3 Nr. 10e 1; 3 Nr. 26a 1
– Übergangpunkt 3 Nr. 5 5
Marktgebietsverantwortlicher 3 Nr. 10e 1; 3 Nr. 26a 1
Marktgegenseite 29 14
Markthochlauf Wasserstoff 28o 3
Marktkoppelung 1a 23
Marktlokation 20a 9, 11
– Lieferbeginn/Lieferende 20a 12
Marktmachtmissbrauch 30 18
Marktmanipulation 5b 1; 95 36
Marktmechanismen 1a 5
Marktmodellierung 12b 37.3
Marktraumumstellung 19a 4
Marktstammdatenregister 12 71; 12a 15
– Zweck 111e 1

– Errichtung 111e 10
– Betrieb 111e 10
– Zielsetzung 111e 14
– Inhalt 111e 31
– Zugang 111e 39
– Verordnungsermächtigung 111f 1
Markttransparenz 5a 2; 35 2; 51 7
Maßgabebeschlüsse des Bundesrates 54 191
Maßnahmen
– Netz- und marktbezogene 14 19
Maßnahmen ohne Regelungsgehalt 75 19
Maßnahmeneffizienz 13d 14
Mastveränderungen bei Zubeseilung 43f 25.1
materielle Ausstattung
– Verteilernetzbetreiber 7a 44
– eigentumsrechtlich entflochtener Transportnetzbetreiber 8 53
– unabhängiger Systembetreiber 9 22
materieller Prüfungsmaßstab 76 13
Mécanisme d'obligation de capacité 13d 8
mehrfacher Netzanschluss 17 20
Mehrkosten 43h 20
Mehrkostengrenze 43h 21
Meldepflicht 11 84
– als Obliegenheit 49a 12
– der Betreiber technischer Infrastrukturen 49a 10
Mengeneffekte 23b 23
Messstellenbetreiber 3 Nr. 26b 1
Messstellenbetrieb 3 Nr. 26c 1; 54 307
Messung 3 Nr. 26d 1
Messzahl 23b 28
Methanisierung 3 Nr. 10f 14; 3 Nr. 19a 12
Methanisierungsanlage 118 54
Methodenregulierung 29 11, 17
Mieterstrom 42a 1
– Personenidentität 42a 3
– Definition 42a 5
– Begünstigte 42a 8
– Kopplungsverbot 42a 13
– Vollversorgung 42a 26
– Kündigungsfrist 42a 30
– Stromkennzeichnung 42a 40
Minderungsmaßnahmen 43m Überblick, 19
– geeignet und verhältnismäßig 43m 21
Mindestabnahmeverpflichtung 50g 2
Mindestbevorratung 50b 7
Mindestdimensionierung Wasserstoffnetz 3 Nr. 39a 11
Mindesterzeugung 12 66
Mischverwaltung 54 13, 93
Missbrauch 30 18
– einer Marktstellung 96 5
Missbrauchsaufsicht 18 46; 65 18
Missbrauchsbegriff 30 14, 24
Missbrauchsverbot 30 1
– EU-rechtliches 30 6
Missbrauchsverfahren
– allgemeines
– geschlossene Verteilernetze 110 78
– besonderes
– geschlossene Verteilernetze 110 48
Mitbeschuldigte 5b 12
Mitteilung der BNetzA 93 1, 2
– Anwendungsbereich 93 3, 4
– Veröffentlichungspflicht 93 5, 6, 7

2173

Sachverzeichnis

Fette Zahlen = §§ und Art.

– Anpassungspflicht **93** 8, 9, 10
Mittelspannung oder Mitteldruck 118c 19
Mitwirkungspflichten 43e 7
– der Betreiber technischer Infrastrukturen **49a** 6
Mobility Service Provider 3 Nr. 18 8
Monitoring 3 Nr. 18e 3; **12** 64, 67; **12d** 8; **13e** 49; **35** 1; **43i** 1
– der Versorgungssicherheit **75** 55
– des Lastmanagements **51a** 5
– Bericht **63** 13
– Pflicht **43k** 2
Monopol 30 12
Monopolkommission 62 3
– Gutachten **62** 3
– Unabhängigkeit **62** 3
– Sektorgutachten **62** 7
– Hauptgutachten **62** 7
– Sondergutachten **62** 7
MSP 3 Nr. 18 8; **3 Nr. 25** 13
mündliche Verhandlung 76 20; **81** 1, 2, 6
– Anwendung **81** 3, 4
– Zwischenentscheidung **81** 5
– Ablauf und Einzelheiten **81** 7, 7.1, 7.2, 7.3, 8
– Anwaltszwang beim Einverständnis **81** 10
– schriftliches Verfahren **81** 10
– Frist **81** 11
– schriftliches Verfahren **81** 11, 12
– Ausbleiben der Beteiligten **81** 13
– rechtzeitige Benachrichtigung **81** 14
– Ausbleiben der Beteiligten **81** 15
– richterliche Hinweispflicht **82** 21

(n°1)-Kriterium 12b 36

NABEG s. *Netzausbaubeschleunigungsgesetz*
nach Landesrecht zuständige Behörde 65 19; **54** 100
– Zuständigkeitswechsel **54** 396
– Energieaufsicht **54** 102
– Planfeststellungsverfahren **54** 104
– Enteignungs- und Entschädigungsverfahren **54** 107
– Verwaltungsverfahren **54** 108
– Rechtsschutz **54** 108
– Beteiligungsvorschriften **54** 111
Nachbarstaaten 51 16
Nachfrageorientiertheit 15 24
Nachfragesteuerung 53 1
Nachteilsausgleichung 119 22
nachträgliche Beeinflussungssituationen 49a 23
nachträgliche Feststellung 65 17
nationale Artenhilfsprogramme 43m Überblick
nationale Informationsplattform
– Zweck **111d** 1
– Zuständigkeit **111d** 10
– Inhalt **111d** 12
– Daten **111d** 14
– Datenerhebung **111d** 21
– Informationsveröffentlichung **111d** 29
nationale Regulierungsbehörde 54 7
Natura 2000-Verträglichkeitsprüfung 12c 36
natürliche Monopole 1 35; **17** Überblick
naturschutzfachlichen Belange 43m 25
Nebenbestimmung 75 18; **4a** 26; **113b** 9

Nebenkomponenten Wasserstoffnetz 3 Nr. 39a 17
Nebenleistungsverbot 46 43, 81, 85; **48** 17
Negativattest 75 47
negativer Kompetenzkonflikt 102 19
Net Transfer Capacities 12a 43
Netz 3 Nr. 16 8
– Übertragungskapazität **12** 34
– Zuverlässigkeit **12** 34
– Zustand **14** 26
– der allgemeinen Versorgung **3 Nr. 17** Überblick
– Sachzeitwert **46** 132
Netzanalyse 12b 37.4; **51** 24
Netzanbindungsanspruch 17d 41
Netzanbindungsverpflichtung 17d 6
Netzanschluss 18 4; **19** 10; **29** 5, 10; **30** 23; **31** 22
– steuerbarer Netzanschluss **14a** 17
– Anschlusspflicht **18** 2
– Bedingungen **18** 13
– Anspruch **19** 2
– Biogasanlagen **54** 321
– Sonderregelungen in EEG und KWKG **54** 325, 332
– Biogasanlagen **54** 361
– Wasserstoff
– Verweigerung **28n** 6
Netzanschlusskosten 46 69
Netzanschlussleitung 3 Nr. 15 12
Netzanschlussnutzung 17 25
Netzanschlussverfahren Wasserstoff 28n 23
Netzanschlussvertrag/
Netzanschlussnutzungsvertrag 17 22
Netzausbau 3 Nr. 11 4; **11** 28; **12** 34; **43h** 4
Netzausbaubeschleunigungsgesetz 43h 4; **12e** 15
Netzausbauplanung 12f 2
– Umsetzung **14** 27
Netzbetreiber 3 Nr. 4 1; **3 Nr. 27** 1; **29** 14; **51** 8; **51a** 7; **54** 227
– Aufgaben **11** 36
– Zusammenarbeit **12** 26
– Zusammenwirken **14** 13, 14, 15, 16, 17, 18, 19, 20, 21
netzbetreiberbezogene Daten 23b 4
Netzbetrieb 28i 12
Netzbetriebsgenehmigung 46 55
netzbezogene Daten 12f 4
Netzbooster 11b 11
Netzdaten 12f 24
Netzdienlichkeit 28m 25
Netzebene 3 Nr. 2 8; **3 Nr. 10** 4; **3 Nr. 32** 2
Netzeinspeisung Wasserstoff 28n 5
Netzengpassvermeidung 14b 6
Netzentflechtungskonzept 46a 13
Netzentgeltbefreiung
– Power-to-Gas **118** 51, 1
– Pumpspeicher **118** 1, 36
– Stromspeicher **118** 1, 9
Netzentgeltbildung 21 1a; **28g** 22
– Wasserstoff
– kostenorientiert **28o** 2
Netzentgelte 28g 22; **28i** 13; **13e** 36; **71a** 1
– Wasserstoff
– diskriminierungsfrei **28o** 1
– Festlegung individueller **118** 138

2174

Magere Zahlen = Randnummern

Sachverzeichnis

- individuelle
  - sachliche Zuständigkeit **54** 292
- Wasserstoff
  - Kontrolle **28o** 3
- Reduktion **14b** 1, 10
- Genehmigung nach § 23a **23a** 2
- kostenorientierte Entgeltbildung **23a** 3
- Rechtsverordnungen **24** 1
- Verordnungsermächtigungen **24** 11
- Vereinheitlichung der Übertragungsnetzentgelte **24a** 1
- Reduktion **14a** 16
- Veröffentlichung von **21** 34

Netzentgeltmodernisierungsgesetz 3 Nr. 38a 1
Netzentgeltprivilegien 118 140
Netzentgeltregulierung 23b 1; **29** 17
Netzentgeltüberprüfung in geschlossenen Verteilernetzen 110 270
- Verhältnis zum Missbrauchsverfahren **110** 272
- Zuständigkeit **110** 273
- Antragsverfahren **110** 274
- Antragsberechtigung **110** 276
- Antragsbefugnis **110** 278
- Erheblichkeit **110** 279
- gegenwärtige Interessenberührung **110** 282
- Antragsform **110** 287
- Mindestinhalt des Antrags **110** 289
- Verfahrenseinleitung **110** 292
- Beteiligung **110** 293
- materieller Prüfungsmaßstab **110** 294
- keine Entscheidungsfrist **110** 300
- Anhörung **110** 302
- Entscheidung **110** 303
- Entscheidung in der Sache **110** 303
- Kosten **110** 313
- keine Sachentscheidung **110** 316
- Beseitigungs-, Unterlassungs- und Schadensersatzansprüche **110** 320

Netzentnahme Wasserstoff 28n 4
Netzentwicklungsplan 12b 1; **12c** 1; **12e** 3, 7; **113b** 5
- bestätigter **28d** 13
- Gas **15a** 25
  - Modellierung **15a** 26
  - Öffentlichkeitsbeteiligung **15a** 36
  - Konsultation **15a** 42
  - Prüfungskompetenz der BNetzA **15a** 45
  - Änderungsverlangen der BNetzA **15a** 49
  - Verbindlichkeit duch Zeitablauf **15a** 54
  - Festlegungskompetenz der BNetzA **15a** 59
  - Umsetzungsbericht **15b** 4
- Wasserstoff **28q** 1

Netzersatzanlagen 3 Nr. 13 4
Netzinformationen 46 103
Netzkodizes 19 32
Netzkopplungspunkt 3 Nr. 13b 2
Netzkosten 28e 1, 6, 7; **28f** 1, 2, 7; **28g** 7, 8, 14, 19, 22; **28i** 2, 10, 11
Netzkostendeckung 28g 29
Netzkostenermittlung 21 5; **28e** 1, 6, 7; **28f** 8; **28i** 2, 10, 11
Netzkostenfeststellung 28f 10
Netzkostenverrechnung 28g 14
Netznutzer 3 Nr. 28 1; **18** 4
Netznutzungsentgelte Wasserstoff 28o Überblick

Netznutzung 14a 13
Netznutzungsentgelte Wasserstoff 28n 23
Netznutzungsvertrag
- Einspeiser **20** 47

Netzplanung 12 33
Netzpufferung 3 Nr. 29 1
netzrelevante Daten 23c Überblick
Netzreserve 13d 6; **50a** 14
Netzreserveverordnung 13d 5; **13i** 17
Netzreservevertrag 13d 29, 42, 49
Netzsicherheitsmaßnahmen 13 14
- marktbezogene Maßnahmen **13** 21
- Auswahlentscheidung **13** 29
- Rangverhältnis **13** 30
- EE-Anlagen **13** 44
- KWK-Anlagen **13** 65
- Netzreserven **13** 69
- Ausnahmen von Abruffreihenfolge **13** 87
- Informationspflichten **13** 151

Netzsteuerung 11 51
Netzstrukturdaten 46a 12
Netzstrukturmerkmale 23c Überblick
Netzübereignungsanspruch
- Umfang **46** 125

Netzübertragung auf neuen Konzessionär 46 121
Netzverknüpfungspunkt 12e 29
Netzzugang 14a 6; **28i** 12; **29** 5, 6, 10; **30** 23, 38; **31** 22
- Verpflichtete **20** 1a
- Berechtigte **20** 2
- Bedingungen **20** 3
- sachlich gerechtfertigte Kriterien **20** 5
- Diskriminierungsfreiheit **20** 9
- Musterverträge **20** 14
- Netzentgelte **20** 16
- Massengeschäftstauglichkeit **20** 23
- Strom **20** 25
- Netznutzungsvertrag Strom **20** 38
- Netzanschlussvertrag Strom **20** 40
- Lieferantenrahmenvertrag Strom **20** 42
- GPKE **20** 46
- MaBiS **20** 46
- Bilanzkreisabrechnung **20** 51
- Regel- und Ausgleichsenergie **20** 62
- Bilanzkreisvertrag Strom **20** 66
- Gas **20** 79
- Messstellenbetrieb **20** 95
- Aggregierungsverträge **20** 98a
- Kundenanlagen **20** 99
- Unterzähler **20** 101
- virtuelle Summenzähler **20** 104a
- Verweigerung **20** 107
- Unmöglichkeit und Unzumutbarkeit **20** 108
- Durchführung der Zugangsverweigerung **20** 123
- Netzausbau **20** 129
- Rechtsverordnungen **24** 1
- Nichtzumutbarkeit **25** Überblick
- Gas
  - Adressaten **20** 70
  - transaktionsunabhängige Ein- und Ausspeisekapazitäten **20** 79
  - Einspeisevertrag **20** 80
  - Ausspeisevertrag **20** 85
  - Zusammenarbeitspflichten **20** 88
  - Entry-Exit-System **20** 93

2175

Sachverzeichnis   Fette Zahlen = §§ und Art.

– Strom
 – Adressaten **20** 26
Netzzugangsregeln Elektromobilität 20a 16
Neubewertung 4c 11
neue Infrastrukturen 3 Nr. 29a 1; **28a** Überblick
 – Voraussetzungen **28a** 16
 – Rechtsfolgen **28a** 18
 – Ausnahmen **28a** 21
 – Verfahren **28a** 23
 – Veröffentlichungspflicht **28a** 28
 – Rechtsschutz **28a** 30
neue Tatsachen 75 60
neue Tatsachen und Beweismittel 75 59
neue Trasse 43h 15, 17, 13, 19
nicht frequenzgebundene Systemdienstleistungen
 – Begriff **12h** 6
Nicht-Abhilfe Rüge 47 29
Nichtigkeit 29 30
Nichtzulassungsbeschwerde
 – Statthaftigkeit und Zulässigkeit **87** 3
 – iVm Rechtsbeschwerde **87** 4
 – Beschwerdebefugnis **87** 5
 – Form **87** 6
 – Anwaltszwang **87** 6
 – Frist **87** 6, 7
 – Anwaltszwang **87** 7
 – Inhalt der Beschwerdebegründung **87** 8
 – Verfahren **87** 9
 – mündliche Verhandlung **87** 10
 – Entscheidung **87** 10
 – iVm Rechtsbeschwerde **87** 11
 – Entscheidung **87** 11
 – Frist **87** 11
 – Entscheidung **87** 12
 – Entscheidungsbegründung **87** 13
Nord Stream 2 109 7.1, 31
normative Regulierung 14a 8; **54** 148
 – Unionsrechtswidrigkeit **54** 151
Normenkonkurrenz 30 7, 9, 10; **31** 4, 5
Normkubikmeter 3 Nr. 1c 3; **3 Nr. 13a** 2
Normzweck 44c 1
Norwegen 3 Nr. 18e 2
Notfallmaßnahmen 13 74; **16** 46
 – Informationspflicht **13** 83
 – Haftungsbeschränkung **13** 96
 – netzbezogene Maßnahmen **16** 29, 30, 31
 – marktbezogene Maßnahmen **16** 32, 33
 – Durchführung **16** 34
 – Ruhen der Leistungspflichten **16** 63
 – Haftung **16** 65
Notfallplan Gas 50a 4; **53a** 17
Notfallstufe 16 3a
Notfall-Verordnung 12c 30
Notfrist 78 6
Notversorgung 118c 19
 – gesetzliches Schuldverhältnis **118c** 9
 – persönlicher Anwendungsbereich **118c** 20
 – Pflichten Verteilernetzbetreiber **118c** 24
 – Bilanzkreiszuordnung **118c** 25
 – Informationspflichten VNB **118c** 37
 – gesetzliches Schuldverhältnis **118c** 41
 – Entgelt **118c** 43
NOVA-Prinzip 12b 25
Numerus clausus 54 218
oberste Unternehmensleitung 3 Nr. 29b 1

objektivierter Ertragswert 46 30
Objektnetze 110 9
 – Citiworks-Entscheidung **110** 12
 – richtlinienkonforme Auslegung **110** 12
öffentliche Bekanntmachung 29 14; **73** 10
öffentliche Unternehmen 109 4, 9
öffentliche Verkehrswege 45a 3; **46** 5
öffentliches Interesse 30 47
Öffentlichkeitsbeteiligung 12c 12; **43a** 1; **43b** 2, 6
öffentlich-rechtlicher Vertrag 29 29
Offshore 12b 26
 – Entschädigung Störung Netzanbindung **17e** 4
 – Höhe Entschädigung **17e** 7
 – Entschädigung teilweise Störung **17e** 8
 – Entschädigung Vermögensschäden **17e** 10
 – Entschädigung verzögerte Fertigstellung Anbindungsleitung **17e** 14
 – Betriebsbereitschaft Windenergieanlage **17e** 15
 – Entschädigung bei Wartungsarbeiten **17e** 25
 – Haftungsbegrenzung Übertragungsnetzbetreiber **17g** 1
 – Versicherungen für Vermögens- und Sachschäden **17h** 1
 – Verordnungsermächtigung **17j** 1
Offshore-Anbindungsleitung 3 Nr. 29c 1; **12c** 49; **43b** 11
Offshore-Netzanbindung 17d 1
Offshore-Netzentwicklungsplan 17b 1; **17c** 6; **54** 124; **118** 68, 72
Offshore-Windkraftanlagen 11 150
Operationelle Entflechtung Verteilernetzbetreiber
 – Auslegungsgrundsätze der Regulierungsbehörden **7a** 4
 – personelle Entflechtung **7a** 7
 – Handlungsunabhängigkeit **7a** 28
 – Entscheidungsgewalt **7a** 35
 – Mindestausstattung **7a** 40
 – personelle Ausstattung **7a** 43
 – materielle Ausstattung **7a** 44
 – technische Ausstattung **7a** 44
 – finanzielle Ausstattung **7a** 45
 – gesellschaftsrechtliche Einflussnahme und Kontrolle **7a** 49
 – Weisungsverbot **7a** 55
 – laufender Netzbetrieb **7a** 56
 – Gleichbehandlungsprogramm **7a** 68
 – Gleichbehandlungsbeauftragter **7a** 82
 – Gleichbehandlungsbericht **7a** 89
 – Kommunikationsverhalten **7a** 94
 – Markenpolitik **7a** 94
 – De-minimis-Regelung **7a** 108
Opportunitätskosten 13c 29, 37; **13d** 42
Opportunitätsprinzip 66 4; **95** 51
Optimierung 11 27
Optimierungsgebot 43h 27
ordentliche Gerichte 75 53
Ordnungsgeldverfahren 6c 3
Ordnungsgeldvorschriften 6c 3
Ordnungswidrigkeit 5a 16; **12g** 33; **13b** 21; **30** 49; **69** 11; **95** 3, 4; **43m** 17
 – vorsätzliches Handeln **95** 8
 – fahrlässiges Handeln **95** 8
 – der Aufsichtspflichtverletzung **96** 6

2176

organisatorische und personelle Trennung 46 140
Organleihe 54 20, 89; **75** 56
- Organleiheabkommen **54** 90
- Parlamentsvorbehalt **54** 91
- Entstehungsgeschichte **54** 92
- Begriff **54** 93
- Mischverwaltung **54** 93
- Haftung **54** 94
- Landesverwaltung **54** 94
- Aufsicht über Bundesnetzagentur **54** 95
- Kosten **54** 95
- zuständiges Beschwerdegericht **54** 96
- Rechtsbehelfsbelehrung **54** 96
- Organleiheländer **54** 97
- Kündigung **54** 98
- Übergangsvereinbarung **54** 99
- Organleiheabkommen **54** 219
- Zuständigkeitswechsel **54** 407
örtliche Zuständigkeit 54 2, 209
- Zuständigkeitswechsel **54** 212, 395
örtliches Verteilernetz 3 Nr. 29d 1
Osterpaket 21b 3
Ostseequote 118 75

Parallelführung 45b 1
personelle Ausstattung
- Verteilernetzbetreiber **7a** 43
- eigentumsrechtlich entflochtener Transportnetzbetreiber **8** 54
- unabhängiger Systembetreiber **9** 22
personelle Entflechtung
- Verteilernetzbetreiber **7a** 14
- eigentumsrechtlich entflochtener Transportnetzbetreiber **8** 33
- unabhängiger Transportnetzbetreiber **10a** 12
- Verteilernetzbetreiber
  - Personen mit Leitungsaufgaben **7a** 9
  - leitender Angestellter **7a** 12
  - Prokurist **7a** 12
  - Personen mit Letztentscheidungsbefugnis **7a** 13
  - Inkompatibilität der Angehörigkeit **7a** 16
  - Shared Services **7a** 27
personelle Trennung 46 149
Personen mit Letztentscheidungsbefugnis 7a 13
personenbezogene Daten 43k 28
Personenidentität 18 7
Personenvereinigungen 31 9
Pflichtenkollision 2 8
Pilotprojekte 12b 13
Pilotwindenergieanlagen auf See 118 92
Planänderung 43a 17; **43d** 6
Planauslegung 43a 6; **43b** 7
Planergänzung 43d 3
Planfeststellung 43h 7, 8
- obligatorische **43** 10
- fakultative **43** 52
- obligatorische **43l** 18
- fakultative **43l** 20
Planfeststellungsfähigkeit 43h 7
Planfeststellungsverfahren 43 120; **43a** 5; **43b** 18
Planfeststellungszuweisungsverordnung 54 106
Plangenehmigungsverfahren 43h 18

Plan-Ist-Kosten-Abgleich 21b 13
Plankosten 21b 12
Planrechtfertigung 1 17; **12b** 39; **12c** 62; **12e** 25; **43** 81; **43j** 6; **43l** 27
Planungsdaten 12 59
Planungsentscheidung 43c 3
planungsrelevante Geodaten 43k 18
Planungsverfahren 43a 9; **43c** 1
Pönale 17d 56
Postulationsfähigkeit 89 2
Power to Gas-Anlage 118 4
Power to Gas-Umlage 118 62
Präferenzraum 12c 37; **43m** 9, 11
präkludierte Einwendungen 43a 11
Präklusion 43b 8; **47** 45
- Konzessionsverfahren **47** Überblick
- Wirkung **78** 24
präventiv 29 5
Preisbildung 1a 5; **5a** 2
Preisgünstigkeit 1 6, 22
Preisstabilität 1 24
Price Cap 13e 22
private enforcement 32 1, 23
private Rechte 44c 37
- nicht beeinträchtigt **43f** 34
Privatweg für öffentlichen Verkehr 46 6
Prognosespielraum 13d 14
Projektmanager 43g 1, 2; **43h** 4
Prokurist
- personelle Entflechtung Verteilernetzbetreiber **7a** 12
- unabhängiger Transportnetzbetreiber **10c** 26; **10d** 8
Prozess der Marktraumumstellung 19a 11
Prozessökonomie 29 42
Prüfung 69 14
Prüfungsumfang Rüge 47 37
PSPP-Urteil des BVerfG 54 181
Publikationspflichten des Übertragungsnetzbetreibers 49a 9
Pumpspeicher 3 Nr. 18d 2
Pumpspeicherkraftwerk 3 Nr. 25 10
Punktmaßnahmen 12b 10
Pyrolyse 3 Nr. 19a 11

Qualitätselement 23b 34
- bundeseinheitliche Festlegungen **54** 481
Quersubventionierung 13e 39; **109** 6.3
- Wasserstoffnetze **3 Nr. 39a** 2

räumlicher Anwendungsbereich
- § **49a** 4
räumlicher Gebietszusammenhang 3 Nr. 24a 13
Raumordnungsverfahren 43h 8a; **43l** 80
Realisierungsfahrplan 17d 25
Realisierungsfristen 17d 52
Reallabore 119 6
Rechnungstellung
- Pflichtangaben **40** 8
- Preisbestandteile **40** 16
- Berechnungsfaktoren **40** 19
- Schätzwerte **40a** 11
Recht auf informationelle Selbstbestimmung 12f 15
Rechtfertigung
- sachliche **30** 40, 41

2177

Sachverzeichnis

Fette Zahlen = §§ und Art.

rechtliche Entflechtung Verteilernetzbetreiber
- Konzernstruktur **7** 8
- Rechtsform **7** 12
- Pachtmodell **7** 21
- De-minimis-Regelung **7** 24

rechtliches Gehör 67 2
rechtmäßig 29 37
Rechtsanspruch 75 30, 34
Rechtsbehelfsverfahren 43e 1
Rechtsbeschwerde
- Statthaftigkeit **86** 4
- Zulassungsgründe **86** 5, 6, 7, 8
- Zulassungsverfahren **86** 9
- Entscheidung über Zulassung **86** 10, 11, 12
- Verfahrensmängel **86** 13
- fehlerhafte Besetzung **86** 14, 15, 16
- Anhörungsrüge **86** 17, 18
- mangelnde Vertretung **86** 19
- Verletzung des Öffentlichkeitsgrundsatzes **86** 20
- Verletzung der Begründungspflicht **86** 21
- Beschwerdebefugnis **88** 2
- Antragsgegnerin **88** 3
- Beteiligte **88** 4
- formelle und materielle Beschwer **88** 5
- Frist **88** 6
- Beschwerdeschrift **88** 7
- Anwaltszwang **88** 7
- Begründung **88** 8
- Anwaltszwang **88** 8
- Frist **88** 8
- Inhalt der Begründung **88** 9, 10, 11
- Anschlussrevision **88** 12
- aufschiebende Wirkung **88** 13
- Verfahren **88** 14
- Aussetzen des Verfahrens **88** 15
- Rücknahme **88** 16, 17
- Erledigung **88** 18, 19, 20
- Umfang der Nachprüfung **88** 21
- Bindung an Vorinstanz **88** 22
- Rechtsänderungen seit Vorinstanz **88** 23
- Bindung an Vorinstanz **88** 24, 25
- Gesetzesverletzung **88** 26
- Revisionsmöglichkeiten **88** 27
- Verfahrensrüge **88** 28
- Verletzung materiellen Rechts **88** 29
- Kontrolldichte des Gerichts **88** 30
- Auslegung von Willenserklärungen **88** 31
- Auslegung öffentlich-rechtlicher Verträge **88** 32
- Eigenkapitalzinssatz **88** 33
- tatrichterliche Beurteilung **88** 34, 35
- Entscheidung **88** 36, 37, 38, 39, 40

Rechtsbeschwerdeverfahren 75 63
Rechtsfolgen 44c 49
Rechtsgrundlage
- allgemeine **29** 9

Rechtsmittel 76 23; **90** 28
Rechtsmittelbelehrung 73 8; **83** 7.1
Rechtsnatur der Entscheidung im Anzeigeverfahren 43f 50
Rechtsschutz 13e 50; **31** 30, 31; **33** 18; **44c** 53; **70** 8; **75** 38; **76** 23; **77** 1
- gegen Nebenbestimmungen **75** 12

Rechtsschutzbedürfnis
- besonderes **75** 49

- qualifiziertes **75** 52, 52.2

Rechtsschutzinteresse 75 26
Rechtsschutzsystem
- Kartellverwaltungssachen **75** 1

Rechtssicherheit 29 1; **75** 38; **76** 7
- Konzessionsverfahren **47** 1; **46** 24

Rechtsverhältnis mit Dritten 75 52.1
Rechtsverordnung 29 50; **50a** 6; **53** 1
rechtswidrig 29 37
„Rechtzeitige" Trennung 46 154
Rechtzeitigkeitsgebot 17d 11
Redaktionsversehen 29 6; **30** 37
Redispatch 13 23; **13d** 6.1; **24b** 1; **53** 7; **118** 90
- Abruffreihenfolge **13** 35
- verpflichtete Anlagen **13a** 7
- Informationspflichten der Anlagenbetreiber **13a** 25
- berechtigte Netzbetreiber **13a** 27
- Voraussetzungen **13a** 30
- Anspruch auf bilanziellen Ausgleich **13a** 46
- finanzieller Ausgleich **13a** 62
- finanzieller Ausgleich für konventionelle Anlagen **13a** 86
- finanzieller Ausgleich für EE- und KWK-Anlagen **13a** 92
- Netzbetreiberkoordinierung **13a** 99
- Kostenausgleich zwischen Netzbetreibern **13a** 107
- Festlegungskompetenz **13j** 4
- von EE-Anlagen
  - Festlegungskompetenz **13j** 23
- Maßnahmen **13c** 3
- Vereinbarungen **13** 114

Regel- und Ausgleichsenergie 20 62
Regelbeispiele 30 14, 15, 20
Regelenergie 3 Nr. 1b 1; **3 Nr. 38b** 2; **13** 22; **22** 18
- Beschaffung **22** 12
- Festlegung **22** 25

Regelleistung
- Internetplattform **22** 22

Regeln der Technik 12b 15
- allgemein anerkannte **49** 14

Regelungscharakter 75 15
Regelungsinstrument 29 31
Regelungswirkung 75 16
Regelverantwortung 14 10
- Übertragung **12** 19

Regelzone 3 Nr. 10d; **3 Nr. 10e** 3; **3 Nr. 30** 1
- einheitliche **12** 23

Regelzonenverantwortung 12a 6; **12b** 2; **28d** 6, 11

Regelzuständigkeit 45a 11
regionales Marktversagen 7c 23
Regionalisierung 12b 37.2
Registrierung 11 106
regulatorische Ansprüche 21b 5, 9
regulatorischer Missbrauchsbegriff 30 3
Regulierung 1 35
- mit Augenmaß **54** 193
- Wasserstoffnetz **3 Nr. 39a** Überblick; **28n** Überblick
- Wasserstoffspeicher **28n** 27

Regulierungsbehörde
- parallele Zuständigkeit **96** 3, 4, 5, 6

Magere Zahlen = Randnummern **Sachverzeichnis**

– Sitz **75** 55, 56
Regulierungsbehörden 29 1, 2, 31; **65** 2; **54** 73
– auf regionaler Ebene **54** 5
– Unzuständigkeit **54** 64
– Aufgaben **54** 65
– Begriff **54** 65
– ausdrückliche Aufgabenzuweisung **54** 66
– Auffangzuständigkeit **54** 67
– regulatorische Aufgaben **54** 69
– Bundesnetzagentur **54** 73
– Organleihe **54** 89
– Unabhängigkeit **54** 126
– Auffangzuständigkeit **54** 198
– örtliche Zuständigkeit **54** 209
– Unzuständigkeit **54** 215
– Zuständigkeitswechsel **54** 390
– Auffangzuständigkeit **54** 416
– Zusammenarbeit **64a** Überblick
– bundeseinheitlicher Vollzug **64a** 1
– Geschichte der Regelung **64a** 2
– Information & Kooperation **64a** 3
– bundestreues Verhalten **64a** 4
– Landesregulierungsbehörden **64a** 5
– der Länder **54** 81
Regulierungsentscheidungen 23b 2
Regulierungsermessen 54 188, 428
Regulierungskammer 54 85, 140
– des Freistaates Bayern **54** 86
Regulierungskonto 21b 10
Regulierungskontosaldo 21b 16
Regulierungsrecht 29 3, 19; **31** 23
– Verhältnis zum Kartellrecht **111** 1, 2, 3, 4, 5, 6, 7, 8, 9, 10, 11
Regulierungsstreitsachen 75 5
Regulierungsverzicht 57 24
Reichweite
– Auskunftsanspruch **46a** 9
– des behördlichen Ermessens im Anzeigeverfahren **43f** 51
Rekommunalisierung 46 24
REMIT-VO 65 20; **58a** 1; **58b** 2; **68** 9; **69** 30
Reserveanlagen 50e 3
Reservekraftwerksverordnung 13d 1
Reserveversorgung 37 4
– wirtschaftliche Zumutbarkeit **37** 22
Restwert 13c 21
– Restwertberechnung **13c** 34
Revisibilität 29 31
RfG-Verordnung 118 86
richtlinienkonforme Auslegung 29 34
Risikoanalyse 12g 23
Rückkehrverbot 13d 39; **13e** 42
Rücknahme der Rechtsbeschwerde 75 64
Rückspeisung 118 18
Rüge
– Abhilfe **47** 28
– Form **47** 22
– Nicht-Abhilfe **47** 29
– Prüfungsumfang **47** 37
– Auswahlentscheidung **47** 11
– bei Bekanntmachung des Konzessionsverfahrens **47** 6
– erster Verfahrensbrief **47** 8
– gegen Akteneinsicht **47** 18a
– gegenüber der Gemeinde **47** 24
– Frist **47** 19

– subjektive Rechtsverletzung **47** 39
– Substantiierung **47** 25
Rügeobliegenheit 13e 51; **46** 28
– Konzessionsverfahren **47** 5; **118** 83
Rügerecht 66a 4
Sabotage 52 7
sachbezogene Kriterien 46 60
Sachdaten 43k 28
sachliche Zuständigkeit 54 1
– Normzweck **54** 1
– unionsrechtlicher Hintergrund **54** 4
– verfassungsrechtlicher Hintergrund **54** 8
– Entstehungsgeschichte **54** 14
– Änderungsgeschichte **54** 21
– Prüfungsreihenfolge **54** 63
– Aufteilung **54** 70
– Bundesnetzagentur **54** 197
– Transportnetzbetreiber **54** 199
– Betreiber von Energieverteilernetzen **54** 202
– Betreiber von Kombinationsnetzen **54** 208
– Zuständigkeitswechsel **54** 214
– Landesregulierungsbehörden **54** 217
– Netzentgeltgenehmigungen **54** 280
– Anreizregulierung **54** 284
– teilweiser Netzübergang **54** 289
– individuelle Netzentgelte **54** 292
– Entflechtungsvorgaben **54** 296
– Annexkompetenzen **54** 299
– buchhalterische Entflechtung **54** 304
– Messstellenbetrieb **54** 307
– Systemverantwortung **54** 309
– Netzanschluss **54** 320
– Annexkompetenzen **54** 324
– technische Vorschriften **54** 327
– Annexkompetenzen **54** 329
– Missbrauchsaufsicht **54** 330
– Vorteilsabschöpfung **54** 330
– geschlossene Verteilernetze **54** 333
– Umstellung der Gasqualität **54** 336
– Datenveröffentlichung **54** 338
– vollständig integrierte Netzkomponenten **54** 349
– Biogasanlagen **54** 361
– Allgemeinverfügungen **54** 367
– länderübergreifende Netze **54** 374
– Zuständigkeitswechsel **54** 390, 402
– teilweise Netzübergänge **54** 413
sachlicher Grund 30 33
sachlicher und zeitlicher Anwendungsbereich 49b 2
Sachverhaltsaufklärung 68 4
Sachverhaltsermittlung bei potentieller Beeinflussung 49a 5
Sachverständige 68 7
Sachverständigengutachten Wasserstoffumstellung 113c 14
Sachzeitwert Netz 46 132
Saldierungsgrundsatz 33 8
Scenario Report 12a 40
Schadensersatz 30 11, 47; **32** 1, 14, 15, 16, 17, 18, 19, 20, 21, 22; **33** 7
Schaufenster 119 6
Schiffsverkehr 3 Nr. 24d 2
Schlichtungsstelle 111b 2
– anerkannte Schlichtungsstelle **111b** 2
Schlichtungsverfahren 31 7; **111b** 1
– Verfahrensbeteiligten **111b** 5

2179

Sachverzeichnis
Fette Zahlen = §§ und Art.

- Ablauf **111b** 9
- Schlichtungsantrag **111b** 10
- Entscheidung **111b** 12, 15
- Verbindlichkeit **111b** 15
- Hemmung der Verjährung **111b** 19
- Kosten **111b** 20

Schutz
- von Betriebs- und Geschäftsgeheimnissen **46a** 5
- kritischer Infrastrukturen **12f** 21; **12g** 4
- von Betriebs- und Geschäftsgeheimnissen **15** 21

schutzbedürftige Informationen 43k 23
Schutzmaßnahmen 49a 15
schutzwürdig 43k 27
Schwachlast 14a 2
Schwachstellenanalyse 13 158; **14** 12
Schwarzstartfähigkeit
- marktgestützte Beschaffung **12h** 40

Schwärzung 71 7
Schweiz 3 Nr. 18e 2
sektoraler Produktivitätsfaktor 23b 40
Sektorenkoppelungsanlage 11c 5
Sektorenkopplung 118 6
Sektorenkopplungsanlage 3 Nr. 15d 1
sektorenspezifische Kriterien 12g 9
Sektorgutachten 62 7
Sektoruntersuchung 69 27
Selbstablesung
- Widerspruchsrecht **40a** 4

selbständige Bundesoberbehörden 54 11
Selbstbindung 29 20
selbständige Betreiber 28d 1, 5, 11; **28e** 1; **28f** 1, 7; **28g** 1, 7; **28h** 1, 5, 9; **28i** 10, 15, 16
- von grenzüberschreitenden Elektrizitätsverbindungsleitungen **28d** 1, 5, 11; **28e** 1; **28f** 1, 7; **28g** 1, 7; **28h** 1, 5, 9; **28i** 10, 15, 16

selbstständiges Unternehmensbußgeldverfahren 95 10
Selbstverwaltung der Rechtsanwaltschaft 80 2
- Postulationsfähigkeit **80** 8

Selbstverwaltungshoheit 46 31
Sensitivitätsanalyse 12a 10
Shared Services
- informatorische Entflechtung **6a** 23
- Entflechtung Verteilernetzbetreiber **7a** 27
- unabhängiger Transportnetzbetreiber **10** 19

Sicherheit 11 21
- der Energieversorgung **4a** 1
- oder Zuverlässigkeit des Gasversorgungssystems **50a** 2
- und Zuverlässigkeit des Elektrizitätsversorgungssystem **50b** 4

Sicherheitsbeauftragter 12g 20
Sicherheitsbereitschaft
- Beihilferecht **13g** 21

Sicherheitsleistung 13e 20; **44c** 38; **76** 14
- Nachweis **76** 15

Sicherheitsplan 12g 22
Sicherheitsüberprüfung 12g 27
Sicherstellung
- der Energieversorgung **51** 2
- eines wirksamen und unverfälschten Wettbewerbs **30** 2

Sicherungsmittel 76 14
- vorläufiges **76** 21

Signalübertragungsanlage 3 Nr. 15 14
SINTEG 119 7
Smart Grids 53 2
Smart Meter Gateway 14a 43
Smart Meter Rollout 41a 1
Smart Meter-Rollout 118 152a
SNG 3 Nr. 10f 14; **3 Nr. 18c** 4; **3 Nr. 19a** 12
Sofortvollzug 76 2, 9; **77** 1
- Anordnung **77** 4
- Begründung der Anordnung **77** 7
- Aussetzung **77** 10
- Voraussetzungen der Anordnung **77** 15
- öffentliches Interesse **77** 20

Sonderabgabe 13d 45; **13e** 38
Sonderausnahme von UVP-Pflicht 43f 36
Sonderfälle der Änderung 43f 13
Sondergutachten 62 7
Sonderkundenverträge 41b 4
Sonderregelung zur Beeinträchtigung privater Rechte 43f 35
sonstige Vermögensgegenstände 21b 19
Spannungsebene 3 Nr. 2 8; **3 Nr. 3** 2; **3 Nr. 10** 4; **3 Nr. 37** 2
spätere Tatsachen 43e 6
Speicheranlagen 11 74
Speicherdauer 5a 9
Speicherungspflicht 5a 5, 6, 15
Speicherverluste 118 5, 26
Sperrung 118c 31
spezielle artenschutzrechtliche Prüfung 43m Überblick, 15
Spitzenglättung 14a 3
Spitzenkappung 11 146, 147, 152; **12a** 36; **12b** 34
Spitzenzeiten 51 1
Spotmarktpreise 118c 45
Spruchkörperzuständigkeiten 108 5, 10
staatliche Stellen 5b 8
Staatsanwaltschaft 68a 2; **58b** 2
Stadtgas 3 Nr. 19a 5
Stammdaten 12 59, 71
standortnahe Mastanänderungen 43f 26
Statistisches Bundesamt 63 48
Statthaftigkeit 75 10, 30, 31; **76** 23
Stellungnahme 67 2
steuerbare Verbrauchseinrichtung 14a 40
Steuerung 14a 4, 43
- netzorientierte Steuerung **14a** 14
- netzdienliche steuerung **14a** 31

Stichleitung 3 Nr. 12 8, 14; **3 Nr. 16** 9; **3 Nr. 24a** 12
Stilllegung
- vorläufig **13b** 12
- endgültig **13b** 13
- vorläufig **13b** 26
- endgültig **13b** 31
- vorläufig **13c** 8
- endgültig **13c** 22
- Netzanlagen **46** 83
- von Braunkohlekraftwerken **13i** 21

Stilllegungsphase 50a 6; **50b** 3
Stilllegungsverbot 13b 16; **50a** 11
- kleines Stilllegungsverbot **13b** 2
- großes Stilllegungsverbot **13b** 31
- kleines Stilllegungsverbot **13b** 42; **13c** 2

Stimmbindungsvertrag 3 Nr. 38 10

Sachverzeichnis

Störung 11 91
– der öffentlichen Sicherheit **12g** 10
– der Sicherheit oder Zuverlässigkeit des Elektrizitätsversorgungssystems **13f** 6
– des Elektrizitätsversorgungssystems **13** 18
Straftatbestand 96 5
Strafvorschriften
– Marktmanipulation **95a** 5, 7
– Preiseinwirkung **95a** 8
– Versuchsstrafbarkeit **95a** 9
– Nutzung von Insiderinformationen **95a** 10, 11, 12
– Verwendung von Insiderinformationen **95a** 13, 14
– Primärinsider **95a** 17
– Sekundärinsider **95a** 18
– Weitergabe von Insiderinformationen **95a** 19
– Kontaktaufnahme unter Verwendung der Insiderinformationen **95a** 20
– Insiderinformationen **95a** 20
– Versuchsstrafbarkeit **95a** 21
– Strafrahmen **95a** 22
– unterlassener Schutz von Betriebsgeheimnissen **95b** 3
– Haftung **95b** 4, 5
– Wiederholung von Verstößen **95b** 6, 7
Strahlennetz 3 Nr. 12 9; **3 Nr. 16** 9; **3 Nr. 39a** 7
Straßenbaulastträger 46 7a
Strategische Umweltprüfung 43m 12, 12a
Streitschlichtungsverfahren 31 1
Streitwert 75 69, 69.2, 70
Streitwertanpassung 105 1, 2, 4
– praktische Bedeutung **105** 3
– Anwendungsbereich **105** 5, 6, 7
– antragsberechtigte Partei **105** 8
– Form **105** 9
– Anwaltszwang **105** 9
– Inhalt **105** 10
– zeitliche Vorgaben **105** 11, 12, 13, 14
– materielle Voraussetzungen **105** 15, 16, 17, 18, 19
– Entscheidung **105** 21
– Verfahren **105** 21
– Rechtsfolgen **105** 22
Stromaustausch 12a 38
Stromeinspeiseverhalten 12f 8
Stromerzeugung 12 38
Stromhandel
– europäischer **1a** 21
– grenzüberschreitend **1a** 23
Stromkennzeichnung
– Leitfaden **42** 4
– Werbematerial **42** 7
– Gesamtenergieträgermix **42** 10
– Produktdifferenzierung **42** 16
– Entso-E **42** 19
Stromlieferant 3 Nr. 31a 1
Stromliefervertrag mit dynamischen Tarifen 3 Nr. 31b 1
Strommarkt 1 43; **3 Nr. 18e** 1
– europäischer **3 Nr. 18e** 2
– Grundprinzipien **1a** 1
Strommarkt 2.0 1 43; **1a** 4, 4.2; **13d** 7; **13e** 3
Stromnebenkosten 3 Nr. 35a 2; **118** 28
Stromnetzausbau 43h 1
Stromnetzbetreiber 3 Nr. 3 Überblick

Stromnetzentgeltverordnung 28f 8; **28i** 2, 9, 2
Stromspeicher 3 Nr. 11 3; **3 Nr. 15d** 1; **3 Nr. 18d** 2
Stromspeicherung 119 17
Stromtarife
– dynamische **41a** 2
Stromverbrauch 12a 31, 34
Stromversorgungskrisen 54b 15
Strukturmerkmale 23c 6
Strukturmissbrauch 30 40
Studentenwohnheim 3 Nr. 24a 38
subjektive Rechtsverletzung 47 39
subjektives Recht 75 36
– Verletzung **75** 25, 34
subsidiärer Charakter 75 52
substitutiv 29 34
Substraktionsverfahren 54 197, 207
Subvention 119 5
sui generis 29 32
SUP 12c 29
Superbehörde 54 174
Suspensiveffekt 76 2, 7, 8, 9, 11; **77** 1, 4, 8
Swap 3 Nr. 15a 3
Synthesebericht 119 30
Synthesefeld 119 30
synthetisches Methan 3 Nr. 10f 14
Systemdienstleistung 12 36; **23b** 38
– Blindleistung **12h** 7
– Trägheit der lokalen Netzstabilität **12h** 9
– Kurzschlussstrom **12h** 10
– Blindstrom **12h** 12
– Schwarzstartfähigkeit **12h** 13
– Inselbetriebsfähigkeit **12h** 15
– Pflicht zur marktgestützten Beschaffung **12h** 5
– Erforderlichkeit der marktgestützten Beschaffung **12h** 16
– Ausnahmen zur Beschaffungspflicht **12h** 22
– Verfahren zur marktgestützten Beschaffung **12h** 30
– Übergangsregelung zur marktgestützten Beschaffung **12h** 37
Systeme zur Angriffserkennung 11 123, 129
Systementwicklungsplan 12c 34
systemrelevante Kraftwerke 16 45, 53, 54
– Ausweisung **16** 55
– Anweisung **16** 57
systemrelevantes Gaskraftwerk 13f 1
– Abregelung **13f** 3
Systemrelevanz 13b 3, 11, 23; **13d** 32; **16** 25a; **50b** 4
Systemstabilität 1a 15
Systemstabilitätsverordnungen 12 39
Systemverantwortung 2 8; **3 Nr. 1b** 2; **11** 159; **12g** 15; **13f** 3; **16** 8, 11
Szenarientrichter 12a 9
Szenariorahmen 12a 2; **12b** 33; **113b** 6
– Gas **15a** 10

TAB Wasserstoffnetz 28n 18
Tarife
– lastvariabel **41a** 6
– zeitabhängig **41a** 6
Tarifkundenverträge
– Übergangsbestimmung **116** 1
Tarifspaltung
– sachlicher Grund **36** 26

2181

Sachverzeichnis

Fette Zahlen = §§ und Art.

Tatbestandsvoraussetzungen 43f 5
- der Unwesentlichkeit 43f 27
Tätigkeitsabschluss 21b 8; 118 109
- Aufstellung 6b 42
- Servicegesellschaften 6b 43
- Prüfung 6b 45
- Veröffentlichungspflicht 6b 48
- Übermittlungspflicht 6b 65
- Veröffentlichungspflicht 6b 68
Tätigkeitsverbot für Betreiber von Wasserstoffnetzen 28m 24
tatsächliche Kosten 21 4
technisch sichere Versorgung 1 15
technische Anschlussbedingungen 19 3
technische Ausstattung
- Verteilernetzbetreiber 7a 44
- eigentumsrechtlich entflochtener Transportnetzbetreiber 8 53
- unabhängiger Systembetreiber 9 22
technische Energieaufsicht
- Energieaufsicht 49 Überblick, 1
technische Infrastrukturen 49a 3
technische Machbarkeit 41a 1
technische Mindestanforderungen 19 30
- Mitteilungspflicht 19 38
technische Möglichkeit 18 26
technische Selbstverwaltung 113c 7
technische Sicherheit 3 Nr. 19a 8; 49 10
technisches Regeln Wasserstoff 113c 1
technisches Regelwerk 3 Nr. 15 1
Technologieoffenheit 17d 12
Technologiesouveränität 1 24
Teilbarkeit 29 43
Teilnahmeverpflichtung 14a 9
Teilnahmevoraussetzungen 13e 18
Teilnetz 3 Nr. 31c 1
teilweise Netzübergänge
- sachliche Zuständigkeit 54 289, 413
Telekommunikationssysteme 11 50
Termingeschäft 3 Nr. 15a 3
Territorialitätsprinzip 109 27
THG-Quote 3 Nr. 10f 5
Trading Hub Europe 3 Nr. 10e 2
Transaktionen 4c 6; 5a 7
Transformation 17 58; 112b 5; 113b 1
Transparenz 1a 18; 23c 6; 28m 17
- Anschluss Wasserstoffnetz 28n 22
- Auswahlkriterien 46 64
Transparenzgebot 1 28; 21 12
Transparenzregelung 23d Überblick
Transportkunde 3 Nr. 31d 1
Transportnetz 3 Nr. 16 4; 3 Nr. 31f 1
Transportnetzbetreiber 3 Nr. 31e 1; 5a 8
Transportnetzeigentümer
- Entflechtung 7b 2
Transportverlust 3 Nr. 15b 2
Treibhausgasemissionen 12c 11
Trennbarkeit 29 22
Trennungsgebot
- Anwendbarkeit 46 147
Überführung von Altverträgen 115 1
Übergangsbestimmungen 118 Überblick
Übergangsfrist 29 42
Übermittlung 5a 11
Übermittlung Verbrauchsdaten 40b 19
Überprüfbarkeit der Netzausbauplanung 12f 7

Überprüfungsverfahren 57a Überblick
überragendes öffentliches Interesse 11c 1; 43l 14a
Überraschungsentscheidung 82 19
Überschusseinspeisung 3 Nr. 13 3
Überschusserlösabschöpfung 24b 3
übertragener Wirkungskreis 54b 10; 54a 11
Übertragung 3 Nr. 32 1
Übertragungskapazität 12 31, 34
Übertragungsnetz 3 Nr. 10 5; 12e 14
- Verbund 12 15
- Entgelte 28i 13
Übertragungsnetzbetreiber 119 9; 3 Nr. 10 Überblick; 3 Nr. 10a 1; 12a 5; 13b 10; 23c 10; 28d 12; 28g 7; 28h 5; 28i 13, 16
- regelzonenenverantwortlicher 3 Nr. 10a 1
- Informationspflichten 12 26, 27, 28, 29, 30
- Marktstammdatenregister 111e 50
Überwachung 5a 2; 43i 4
ultima ratio 53 7
Ultra-vires-Kontrolle 54 181
Umbeseilung
- Anwendungsfälle 43f 22.1, 22.2
- Definition 43f 17, 18
- und Masterhöhung 43f 23
- und Mastertüchtigungen 43f 24
Umlagefinanzierung 13d 44; 13e 36
Umsetzung der Schutzmaßnahmen 49a 28
Umsetzungsbericht 12d 2
Umsetzungskontrolle 43i 1
Umspannung von Nieder- zu Mittelspannung 118c 19
Umspannverluste 3 Nr. 15b 2
Umstellung
- Gasleitung auf Wasserstoff 113c 6
- sonstiger Leitungen 43l 74
- von Erdgasleitungen 43l 39
- von Gasverbrauchsgeräten von L-Gas auf H-Gas 19a Überblick
Umwandlung 119 17
Umweltbericht 12c 32; 12e 31
Umweltinformationen 43k 27
Umweltschutz 43h 1
Umweltverträglichkeit 1 20; 3 Nr. 33 1
Umwidmung 3 Nr. 12 17
Unabhängiger Systembetreiber
- Erweiterung des Transportnetzes 9 15
- Kontrollverbot 9 20
- Beteiligungsverbot 9 20
- Energiespeicheranlage 9 21
- Ausstattung 9 22
- Pachtvertrag 9 23
- Betriebsführungsvertrag 9 23
- Eigentum an Netzausbau 9 30
- Kooperation und Unterstützung 9 33
- Finanzierung 9 35
- Leistungsfähigkeit des Transportnetzeigentümers 9 42
- Haftungsfreistellung 9 44
Unabhängiger Transportnetzbetreiber
- Hinweispapier der BNetzA 7
- Rechtsform 10 23
- Eigentum am Transportnetz 10a 6
- Eigentümerähnliche Rechtsposition am Transportnetz 10a 10
- Personelle Entflechtung 10a 12
- personelle Ausstattung 10a 16

Magere Zahlen = Randnummern

Sachverzeichnis

– Arbeitnehmerüberlassung **10a** 19
– Dienstleistungen des viEVU **10a** 22
– Dienstleistungen für das viEVU **10a** 33
– Marktauftritt **10a** 41
– Außenauftritt **10a** 43
– IT-Systeme **10a** 51
– Software **10a** 52
– Hardware **10a** 56
– IT-Berater **10a** 59
– räumliche Trennung **10a** 60
– Abschlussprüfer **10a** 62
– Konzernabschluss **10a** 65
– Entscheidungsbefugnisse **10b** 4
– Finanzmittel **10b** 10
– Kapitalerhöhung **10b** 13
– Satzung **10b** 23
– Einflussnahmeverbot **10b** 25
– laufendes Geschäft **10b** 27
– Berichterstattung gegenüber dem viEVU **10b** 30
– Beherrschungsvertrag **10b** 34
– Gewinnabführungsvertrag **10b** 35
– Cash Pool **10b** 36
– Minderheitsbeteiligung **10b** 40
– Energiespeicheranlage **10b** 42a
– notwendige Mittel **10b** 43
– kommerzielle und finanzielle Beziehung **10b** 46
– Haftungsausschluss **10b** 54
– oberste Unternehmensleitung **10c** 5
– Ernennung oberste Unternehmensleitung **10c** 6
– Bestätigung oberste Unternehmensleitung **10c** 6
– Vertragsbeendigung oberste Unternehmensleitung **10c** 14
– Cooling-on **10c** 22
– Prokurist **10c** 26
– Generalbevollmächtigter **10c** 27
– Handlungsbevollmächtigter **10c** 28
– Interessen- oder Geschäftsbeziehung **10c** 34
– Anstellungsverbot **10c** 41
– Interessen- oder Geschäftsbeziehung **10c** 44
– Beteiligungsverbot **10c** 47
– Vergütungsregelungen **10c** 52
– Cooling-off **10c** 56
– Interessen- oder Geschäftsbeziehung **10c** 62
– zweite Führungsebene **10c** 65
– Aufsichtsrat **10d** 3
– Prokurist **10d** 8
– Gewinnabführungsvertrag **10d** 13
– laufendes Geschäft **10d** 14
– Finanzplan **10d** 16
– Zustimmungsvorbehalt **10d** 17
– Berichterstattung gegenüber dem viEVU **10d** 18
– Aufsichtsratsmitglied **10d** 22
– unabhängiges Aufsichtsratsmitglied **10d** 26
– Gleichbehandlungsprogramm **10e** 4
– Gleichbehandlungsbeauftragter **10e** 9
– Gleichbehandlungsbericht **10e** 28
Unabhängigkeit der BNetzA 118 152
Unabhängigkeit der Regulierungsbehörden 54 126
– unionsrechtliche Vorgaben 54 127
– Umsetzung bei der Bundesnetzagentur 54 136
– Umsetzung durch die Länder 54 139

– Regulierungskammern 54 140
– normative Regulierung 54 148
– Verordnungsermächtigungen 54 149
– Rechtsprechung des BGH 54 154
– Anwendungsvorrang 54 159
– Vertragsverletzungsverfahren 54 161
– Europäische Kommission 54 162
– Generalanwalt 54 164
– Rechtsprechung des EuGH 54 165
– Bewertung 54 173
– Rechtsprechung des BGH 54 175
– weitere Anwendbarkeit bestehender Regelungen 54 175
– Umsetzung der Rechtsprechung des EuGH 54 180
– Umsetzungsfrist 54 186
– Effektivität des Rechtsschutzes 54 188
– künftige Einbindung der Länder 54 191
unangemessene Beeinträchtigung 23d 12
Unberührtheitsklausel 2 7; **43k** 26
unbillige Behinderung 30 27, 29
unbillige Härte 77 19
– Vermeiden 77 24
Unbundling 13d 27; **13e** 9
unionsrechtskonforme Auslegung 31 23
unionsrechtskonforme Rechtsfolgenreduktion 110 12
Unmöglichkeit 17 48
– Wasserstoffnetzanschluss **28n** 7
Untätigkeitsbeschwerde 31 30; **75** 38, 41
– prozessual überholt 75 42
Untätigkeitsklage 75 41
– angemessene Zeit **75** 39
– zureichender Grund **75** 40
Unterlagen 69 8
Unterlassung 30 11
– der Regulierungsbehörde **75** 32
– Konzessionierung **47** 33
Unterlassungsanspruch 32 1, 3, 4, 5, 6, 7, 8, 9, 10, 11, 12, 13
Unternehmensbegriff 30 30, 34, 36, 38; **65** 8; **23d** 9
– gemischtwirtschaftliche Unternehmen **109** 10
– öffentliche Unternehmen **109** 4, 9
– Unternehmen unter Treuhandverwaltung **109** 16
unternehmensbezogene Betrachtungsweise 54 260
unternehmensbezogene Daten 12f 7
Unternehmensleitung 3 Nr. 33a 1
Unternehmensvereinigungen 23d 10
Unterrichtungspflicht 4c 4
Untersuchungsgrundsatz 4a 41; **12c** 27; **75** 59; **82** 2
– richterliche Ermittlungspflicht **82** 3
– Umfang der Ermittlungen **82** 4
– Erledigung **82** 5
– Begrenzung der Ermittlungen **82** 6, 7, 8
– Beweisaufnahme **82** 9
– zuständig für Ermittlungen **82** 10
– Beweis- oder Feststellungslast **82** 11
– Eingriffsbefugnisse **82** 12
– Beweis- oder Feststellungslast **82** 13, 14, 15
– Verfahrensfehler **82** 16
– Verfahrensverstoß **82** 17
– richterliche Hinweispflicht **82** 18, 19, 20, 21, 22

2183

Sachverzeichnis

Fette Zahlen = §§ und Art.

– Frist für Beteiligte **82** 23, 25
– erleichterte Beweisführung **82** 26
Untersuchungsrahmen 12c 31
unzulässiger Rechtsbehelf 76 8
unzulässiger Rechtsweg 75 58
Unzulässigkeit 75 58
Unzumutbarkeit 17 51; **18** 23
Unzumutbarkeit Wasserstoffnetzanschluss 28n 8
unzuständiges Oberlandesgericht 75 58
Unzuständigkeit einer Regulierungsbehörde 54 64, 215
UVP 43m 15

VDE 3 Nr. 15 1
– **DVGW 49** 22
Veränderungssperre 44a 7
Verbandsgeldbuße 96 4
Verbandsklagerecht 32 5
verbindlich 29 13
verbindliche Zulassungsentscheidung 43f 52
Verbindungsleitung 3 Nr. 34 1
– grenzüberschreitend **3 Nr. 10** 4, 3
Verbot sachfremder Kriterien 46 59
Verbotsgesetz 30 11
Verbraucher 1 27; **5a** 2
Verbraucherbeschwerde 111a 5
– Beschwerdeadressaten **111a** 5
– Beschwerdeberechtigte **111a** 5
– Gegenstand **111a** 9
– Handlungspflichten für Unternehmen **111a** 13
– Kosten **111a** 14
Verbraucherfreundlichkeit 1 28
Verbraucherschutz 1 26
Verbrauchsermittlung 40a 3
Verbrauchsinformation 3 Nr. 1 4
Verbrauchsnähe 3 Nr. 11 5
Verbundklausel 54 258, 267, 303
Verbundnetz 3 Nr. 35 1
Verdachtsfälle 5b 1
Vereinbarkeit mit EU-Recht
– § 43f Abs. 2 **43f** 30
Verfahren 44c 39
– Hauptsache **75** 16
– Nebenverfahren **75** 17
Verfahrensbrief
– erster
 – Konzessionsverfahren **46** 102
– zweiter
 – Konzessionsverfahren **46** 106
Verfahrenseinleitung 66 3
Verfahrensfehler 67 15
Verfahrensfristen 43b 2
Verfahrensgebühren 75 70.1
Verfahrensordnung 75 7
Verfahrensrüge
– Konzessionsverfahren **47** Überblick
verfassungskonforme Auslegung 29 39
Verfügbarkeit 11 57, 90
Vergabe
– Wasserstoffwegerecht **113a** 24
– Wegenutzungsvertrag **46** 49
Vergleichsinstrument
– Unentgeltlichkeit **41c** 6
– Ausgestaltung **41c** 11
– Vertrauenszeichen **41c** 17
– Datenformat **41c** 21

Vergleichsportal 41c 2
Vergütung 13e 34
Verhaltenspflichten 30 21
Verhältnis § 43f EnWG zu § 74 Abs. 7 VwVfG 43f 3
Verhältnis von Kartell- und Regulierungsrecht 111 1, 2, 3, 4, 5, 6, 7, 8, 9, 10, 11
Verhältnis von Schlichtungsverfahren und Missbrauchs- oder Aufsichtsverfahren 111c 1
Verhältnis zur 26. BImSchV 49b 3, 6
Verhältnismäßigkeit 29 42; **65** 11
Verhältnismäßigkeitsgrundsatz 13d 11.1; **65** 12
verhandelter Netzanschluss 28n 16
verhandelter Netzzugang 28n Überblick, 12
Verhandlung 67 11
Verjährung
– Ordnungswidrigkeiten **95** 46, 47, 48
Verlängerungsentscheidung 43c 8
Verlängerungsfrist 43c 5
Verlängerungsverfahren 43c 6
Verletzungshandlung 65 6
Verlustausgleich 23 2
Verlustenergie 22 10
Vermarktungsverbot 13d 36; **13e** 32, 40
vermiedene Netzentgelte 3 Nr. 10f 3; **3 Nr. 11** 2
– Sinn und Zweck **120** 1
– Begrenzung **120** 12
– Bestandsschutz **120** 14
– EE-Anlagen **120** 23
– zwischen Netzbetreibern **120** 28
– Netzebenenwechsel **120** 32
– Höhe **120** 36
– Bereinigung der Netzentgelte **120** 40
– maßgeblicher Netzbetreiber **120** 45
Vermögensgegenstand 21b 9
Veröffentlichung von Daten 5a 12
Veröffentlichungspflicht 18 14, 30; **19** 12; **23c** Überblick; **74** 2; **23b** Überblick
– Wasserstoffnetz **28n** 21
Verordnungen 29 11
Verordnungsermächtigung 12g 25; **23d** Überblick; **28i** 7, 18; **29** 48
Verpflichtete 43k 10
Verpflichtungsbeschwerde 12f 28; **30** 50; **31** 30
Verringerung von Netzausbaubedarf 119 7
Verschlusssache 12f 23; **12g** 28
Verschulden 30 49; **33** 12; **65** 7
Verschwiegenheitspflicht 5b 1, 6, 7, 11
Verselbstständigung der Unternehmensgeldbuße 96 2, 4
Versorger letzter Instanz 118c 33
Versorgeranteil 3 Nr. 35a 1; **41b** 19
Versorgung 1 16; **3 Nr. 36** 1
– der Allgemeinheit **2** 1
Versorgungsengpass 12g 10
Versorgungsfunktion Wasserstoffnetz 3 Nr. 39a 10
Versorgungskonzession 46 13
Versorgungsreserve 50d 2
Versorgungssicherheit 1a 7, 15, 21; **2** 8; **11** 19; **12** 31; **13d** 11, 19; **13e** 31; **14b** 2; **16** 9; **36** 2; **43b** 4; **46** 8; **118c** 1
– im Energiesystem **12g** 8

2184

Magere Zahlen = Randnummern

Sachverzeichnis

Versorgungssicherheitsdefizit 53 5
Versorgungsstörungen 1 19b; 13 156
Versorgungsunterbrechung 41b 12; 118c 60
Versorgungszuverlässigkeit 52 1
Verstärkung 11 27
Versteigerungsverfahren 53 10
Verstoß gegen eine Unterrichtspflicht 95 15
Verstoß gegen Nebenleistungsverbot 46 120
Verteilernetz 3 Nr. 16 4
Verteilernetzbetreiber 119 9; 11 42; 14a 10
– Mindestausstattung 7a 40
– personelle Entflechtung
– Personen mit Leitungsaufgaben 7a 9
– leitender Angestellter 7a 12
– Prokurist 7a 12
– Personen mit Letztentscheidungsbefugnis 7a 13
– Inkompatibilität der Angehörigkeit 7a 16
– Shared Services 7a 27
– rechtliche Entflechtung
– Konzernstruktur 7 8
– Rechtsform 7 12
– Pachtmodell 7 21
– De-minimis-Regelung 7 24
– Energiespeicheranlage 7 23a
Verteilung 3 Nr. 37 1
vertikal integriertes Unternehmen 3 Nr. 38 Überblick; 11 42
– Aktivitätskriterium 6 20
– geographisches Kriterium 6 30
vertikale Entflechtung 28m 21
Vertrag 30 16
– nicht unterbrechbar 14b 16
Vertragsanalyse 50h 2
Vertragsformverbot 29 29
Vertragsschluss 13d 56
Vertragsstrafen 12f 22
Vertragsverletzungsverfahren 29 50
Vertrauen 29 42
Vertrauensschutz 29 39, 40, 42
Vertraulichkeit 11 57, 90
Vertraulichkeitsanforderungen 28m 35
Vertraulichkeitserklärung 12f 22
Vertraulichkeitsvereinbarung 46a 6
Verwahrung 69 20
Verwahrungsverhältnis 70 3
Verwaltungsakt 4a 5; 12a 52; 29 23; 75 14; 31
– abstrakt-generell 29 17
Verwaltungshandlung sui generis 29 15
Verwaltungshelfer 43g 4
Verwaltungskompetenz 54 10
Verwaltungsstreitverfahren 75 7
Verwaltungsvorschriften 117b 2
Verwechslungsgefahr
– Verteilernetzbetreiber 7a 103
Verweigerungsoption 43k 20
Verweis auf die Begriffsbestimmungen des NABEG 49a 29
Verzicht auf die Durchführung einer Bundesfachplanung 43m 14
Verzichtserklärung 43a 14
Verzögerung des Lieferantenwechsels 20a 19
Virtueller Handelspunkt 3 Nr. 10e 1; 3 Nr. 26a 2
virtuelles Kraftwerk 3 Nr. 1a 2

volatile Erzeugung 3 Nr. 38a 1
volatile Kostenanteile 23b 19
völkerrechtlichen Vereinbarungen 4b 16
Vollmacht (Wechselprozess) 20a 10
vollständig integrierte Netzkomponente 3 Nr. 38b 1; 54 349
Vollstreckungsmaßnahmen 76 10
Vollversorgung 3 Nr. 13 2
Vollzugsmaßnahmen 76 10
Vorabentscheidung 66a 3
Vorarbeiten 44 25
Vorauszahlung 41b 15; 17 37
Vorfrage 102 8, 9, 11, 11a, 12
Vorgaben zur Brennstoffbevorratung 50b 19
vorgelagerte Rohrleitungsnetze 3 Nr. 19 6; 3 Nr. 39 1
– Zugang 27 Überblick
– Zugangsverweigerung 27 18
– grenzüberschreitende Streitigkeiten 27 22
vorgesehenes Gebiet 43m 10, 12, 12b
Vorgreiflichkeit 102 8, 9
Vorhaben 43 11; 43l 22
Vorhabenträgerschaft 12c 52
Vorhaltepflicht 13d 43
Vorhaltungskosten 13e 35
vorhandene Daten 43m 20
Vorkaufsrecht 44a 34
vorläufige Anordnung 72 2; 76 1
Vorliegen der erforderlichen behördlichen Entscheidungen 43f 33
Vorrang der erneuerbaren Energien 1 20a
Vorteilsabschöpfung 33 1, 2, 3, 5, 6, 7, 8, 9, 10, 11, 12, 13, 14, 15, 16, 17, 18
vorübergehend nicht beeinflussbare Kostenanteile 23b 20
Vorwegnahme der Hauptsache 72 11
vorzeitige Verlängerung Netzkonzession 46 96

Wahrung gleichwertiger wirtschaftlicher Verhältnisse 29 8, 21
Wasserstoff 3 Nr. 14 2; 3 Nr. 19a 9; 3 Nr. 39a 4; 112b 12; 113b 5
– grüner 3 Nr. 10f 9; 3 Nr. 39a 4
– methanisierter 3 Nr. 18c 4; 3 Nr. 19a 12
– Netzeinspeisung 28n 5
– Netzentnahme 28n 4
– Netznutzungsentgelte 28o Überblick; 28n 23
Wasserstoffarealnetz 3 Nr. 39a 13
Wasserstoffbeimischung 3 Nr. 39a 1
Wasserstoffbetriebsnetz 3 Nr. 39a 12
Wasserstoff-Binnenmarkt-Paket 112b 6
Wasserstoffcontracting 28n 4
Wasserstoffeinspeisung 3 Nr. 10f 13.1; 3 Nr. 19 5; 118 55; 61
– Gasnetz 113c 12
Wasserstofferzeugungsanlage 3 Nr. 13b 4; 3 Nr. 15 6
Wasserstoffleitung 3 Nr. 39a 7; 43l 23; 113b 1
– auf Gaskonzession 113a 1
Wasserstofflieferant 3 Nr. 18 3
Wasserstoffliefervertrag 3 Nr. 18a 1
Wasserstoffnetz 3 Nr. 10b 1; 3 Nr. 16 15; 3 Nr. 39a Überblick; 112b 1; 28k Überblick; 43l 13
– Begriff 28j 5

2185

Sachverzeichnis

Fette Zahlen = §§ und Art.

– anzuwendende Vorschriften **28j** 8
– fakultative Regulierung **28j** 12
– Opt-In-Modell **28j** 12
– Regulierungsunterwerfung **28j** 15
– Verfahren zur Regulierungsunterwerfung **28j** 23
– Kooperationspflicht der Betreiber **28j** 29
– Netzentgelte **28k** Überblick
– Entflechtung **28l** Überblick
– Prüfung der Bedarfsgerechtigkeit **28p** 4
– Regelbeispiele für Bedarfsgerechtigkeit **28p** 11
– Umstellungen im Fernleitungsnetz **28p** 12
– Entscheidung zu Bedarfsgerechtigkeit **28p** 14
– Entscheidungsfrist für Bedarfsgerechtigkeit **28p** 18
Wasserstoffnetzbetreiber 3 Nr. **10b** 1
Wasserstoffnetzkonzession 46 50
WasserstoffNEV 28n 8; **28o** 9
Wasserstoffnovelle 30 4; **31** 2, 26
Wasserstoffspeicheranlage 3 Nr. **39b** 1; **28j** 19
Wasserstoffspeicheranlagenbetreiber 3 Nr. **10c** 1
Wasserstoffumlage 118 62, 67
Wasserstoffversorger 3 Nr. **39b** 4
Wasserstoffversorgung 3 Nr. **39a** 8
Wechsel der Kontrolle 4c 20
Wechselfrist 20a 13
Wechselgebühr 20a 17, 18
Wechselprozess 20a 8
Wegenutzungsrecht
– Bestands- **46** 31b
– einfaches
– Verweigerung **46** 38
– für Wasserstoff **46** 1
– Wasserstoffnetz **46** 31a
– für Wasserstoff **113a** Überblick
Wegenutzungsvertrag 46 Überblick
– Diskriminierungsverbot **46** 44
– einfacher **46** Überblick, 32
– Höchstlaufzeit **46** 47
– Inhouse-Vergabe **46** 137
– einfacher
 – Laufzeit **46** 36
– Pflicht zur Vergabe **46** 51
– Pflicht zum Abschluss **46** 2
– qualifizierter **46** Überblick, 46
– Vergabe **46** 49
– Verlängerung **46** 52
– Willkürverbot **46** 45
Weisungsfreiheit 12c 28
Weisungsrecht 61 2
Weisungsverbot
– Verteilernetzbetreiber **7a** 55
weiter Netzbegriff 3 Nr. **10** 2; **3** Nr. **16** 5
weiter Speicherbegriff 118 11
weitere Informationspflichten des Übertragungsnetzbetreibers 49a 13, 14
Weitergabe Kostenvorteile EEG-Umlage 118 112
Weiterverteiler 54 264
Werksnetze 110 10
werktäglicher Lieferantenwechsel 20a 14
Werteverbrauch 13c 17, 31
Wesentlichkeitstheorie 54 156
Wettbewerb um das Netz 46 9
wettbewerbliche Grundsätze 1a 6

Wettbewerblichkeit 1 22
Wettbewerbsanalogie 21 31
Wettbewerbsrelevanz 3 Nr. **24a** 22
Wettbewerbsschutz 30 22
Widerruf 4c 21
– Zertifizierungsentscheidung **4d** 1, 3
 – Anknüpfungspunkt **4d** 2
 – Ermächtigungsgrundlage **4d** 4
 – Widerrufsgrund **4d** 5
 – Verhältnismäßigkeitsgrundsatz **4d** 6
 – Wirkung **4d** 7
 – Rechtsschutz **4d** 12
 – Zuständigkeit **4d** 15
Widerrufsvorbehalt 75 18
Widmung als öffentlicher Verkehrsweg 46 5
Wiederaufgreifen 29 47
Wiederaufnahme von Bußgeldverfahren
– Ablauf **100** 5
Wiederholungsgefahr 30 47; **32** 9, 10; **65** 17
Willkürverbot Wegenutzungsvertrag 46 45
Winterhalbjahr 3 Nr. **40** 1
Winterreserve 13d 1
Wirkleistung 13e 11
Wirkung 44c 51
wirtschaftlich angemessene Vergütung 46 130
wirtschaftlich sensible Informationen 28m 29
wirtschaftliche Informationen Netz 46a 14
wirtschaftliche Zumutbarkeit 18 26; **41a** 5
wirtschaftlicher Vorteil 33 8
Wirtschaftlichkeit 12c 8
– von Schutzmaßnahmen **49a** 17
Wirtschaftskreise 67 8
wissenschaftliche Beratung 64 4
wissenschaftliche Kommission 64 5

Zählpunkt 14a 35; **54** 243, 265
– Marktlokation **14a** 36
Zahlungsanspruch 28f 2; **28g** 1, 7, 8, 11, 12, 13
– Berechnung **28g** 8
– Entstehung **28g** 11
– Erfüllung **28g** 12
– Fälligkeit **28g** 13
Zahlungsaufforderung 3 Nr. **1** 4
Zeitenwende 54 173
Zertifizierung 4a 1
– Fiktion **4a** 47
Zertifizierungsentscheidung
– Erweiterung
 – Grund **4d** 9
 – Rechtsschutz **4d** 13
– Widerruf **4d** 1, 3
 – Anknüpfungspunkt **4d** 2
 – Ermächtigungsgrundlage **4d** 4
 – Widerrufsgrund **4d** 5
 – Verhältnismäßigkeitsgrundsatz **4d** 6
 – Wirkung **4d** 7
 – Rechtsschutz **4d** 12
 – Zuständigkeit **4d** 15
 – Auflagenvorbehalt **4d** 10, 11
Zertifizierungsfähigkeit 4a 25
Zeugen 68 7
Ziel der Raumordnung 43m 12c
Zielbestimmung 3 Nr. **33** 1
Zieldreieck des Energiewirtschaftsrechts 1 1

Magere Zahlen = Randnummern

Sachverzeichnis

Zinsen 32 17
Zivilrechtliche Umsetzung 75 28
Zubeseilung 43f 25
Zubeseilung und Bestandsschutz 43f 25.2
Zugang Gasspeicheranlagen 28 Überblick
– Anspruch 28 8
– Adressat 28 9
– Hilfsdienste 28 11
– Veröffentlichungspflicht 28 23
– Verordnungsermächtigung 28 26
– Rechtsschutz 28 28
Zugang LNG-Anlagen 26 Überblick; 3 Nr. 26 4; 3 Nr. 19a 2a
Zugang Wasserstoffspeicher 28n 1
Zugangsverweigerung
– Voraussetzungen 25 10
– Rechtsfolge 25 10
– Antrag 25 17
– Rechtsschutz 25 29
Zulässigkeit 75 67
Zulassung im Anzeigeverfahren 43f 49
Zulassungsvoraussetzungen 44c 11
– positive Prognose 44c 12
– berechtigtes oder öffentliches Interesse 44c 25
– Reversibilität 44c 28
– Schadensersatz und Herstellung eines im wesentlichen gleichartigen Zustands 44c 36
Zumutbarkeit
– wirtschaftliche 11 32
Zumutbarkeitsschwelle 45a 6
Zusatzversorgung 37 3
zuschaltbare Lasten
– Ausschreibung 13 127
– Ausschreibungsverfahren 13 130
– teilnahmeberechtigte Lasten 13 137
Zuschlag 13e 25
zuständige Behörde 49b 17
Zuständigkeit 29 8, 21, 24; 30 46; 31 20; 56 2; 66a 3; 75 1, 54, 55, 57, 67
– sachliche 75 54
– örtliche 75 55
– Anordnung des Sofortvollzugs 77 4
– Beschwerdegericht 77 22
– Wiederaufnahme von Bußgeldbescheiden 100 2
– Wiederaufnahme von Bußgeldverfahren 100 3, 4, 5
– bürgerliche Rechtsstreitigkeiten 102 5
– energiewirtschaftsrechtliche Streitigkeiten iwS 102 8
– ausschließliche 108 1
– Prüfung der Zuständigkeit 108 7
– Prüfung von Amts wegen 108 8
– unzulässiger Rechtsweg 108 8
– Klage beim unzuständigen Gericht 108 9
– Verletzung der Zuständigkeit 108 10
Zuständigkeit bei Rechtsbeschwerden 99 1, 2
– Vorschriften im Verfahren 99 3
– Zurückverweisung 99 4
Zuständigkeit bei Vollstreckung 101 1, 2
– unzuständige Behörde 101 3
– gerichtliche Entscheidung 101 4, 5
Zuständigkeit der Landgerichte
– bürgerliche Rechtsstreitigkeiten 102 3, 4

– energieverwaltungsrechtliche Streitigkeiten 102 4
– energiewirtschaftsrechtliche Streitigkeiten ieS 102 6, 7
Zuständigkeit der OLG 98 6
– sachliche 98 3
– materielle 98 3
– örtliche Zuständigkeit 98 5
– sachliche 98 7
– Verfahren 98 8
– Anwaltszwang 98 9
– Besetzung des Gerichts 98 10
– Spruchkörperzuständigkeiten 106 3
– Bußgeldverfahren 106 4
– bürgerliche Rechtsstreitigkeiten 106 4
– Energieverwaltungsverfahren 106 4
– Verwaltungssachen 106 5
– örtliche Zuständigkeit 106 6
– Bußgeldverfahren 106 7, 8
– bürgerliche Rechtsstreitigkeiten 106 9
– Zuständigkeitsbestimmung 106 10
– unzuständiger Senat 106 11
– Zuständigkeitskonzentration 106 12, 13
Zuständigkeit des Kartellsenats 107 1
– Energiebußgeldverfahren 107 3
– bürgerliche Rechtsstreitigkeiten 107 4
– Zivil- oder Strafsenat 107 5
Zuständigkeit für die Vollstreckung 97 5
– BNetzA 97 4
– Bundeskasse 97 6, 7
Zuständigkeitskonzentration 103 1, 2, 4, 6, 7
– Zuständigkeitsregelung 103 3
– ausschließliche Zuständigkeiten 103 5
– Staatsverträge 103 8
– Erweiterung der Postulationsfähigkeit 103 9
Zuständigkeitsregelung 103 3
Zuständigkeitswechsel 54 390
– örtliche Zuständigkeit 54 212
– sachliche Zuständigkeit 54 393
– örtliche Zuständigkeit 54 395
– begonnenes Verfahren 54 397
– Zuständigkeit zu Verfahrensbeginn 54 400
– sachliche Zuständigkeit 54 402
– Zeitpunkt 54 403
– Grund 54 405
– Organleihe 54 407
– Rechtsfolgen 54 412
– analoge Anwendung auf Teilnetzübergänge 54 413
Zustellung 29 14; 73 9
Zustimmungserfordernis 75 62
Zuverlässigkeit 11 22
– des Elektrizitätsversorgungssystems 13f 2
Zuweisungsbefugnis 12c 52
Zwangsgeld 94 1, 2
– bei juristischen Personen des öffentlichen Rechts 94 3
– Zwangsgeldrahmen 94 4, 5, 6
– Rechtsmittel 94 7
Zwangsmaßnahmen 14 19
Zweckbestimmung 43k 18
Zweckbestimmungen 1 8
Zweifel 76 11, 13
Zwischenentscheidung 77 28

2187

2

3, 4, 5

102, 8

2

102, 4

102, 6, 7

413